共百数十人。任教者除教育会会员外,多为一时知名之士,如马相伯之拉丁文及名学、钟衡章之博物学等。

通雅 书名。明末清初方以智撰。五十二卷(另有卷首三卷)。系综合性博物名词汇编。初稿写于崇祯末年,顺治初避居两广后,又加增订。最早由姚文燮于康熙五年(1666)刊印,系次子方中通和学生揭暄所整理。光绪间又有重刊本,版式与姚刻不同,附有乾隆时桐城张裕叶据原稿整理编写的《通雅刊误补遗》一册,辑补了初刊时因避忌或其他原因删除之部分。卷首三卷分《音义杂论》、《读书类略》、《小学大略》、《诗说》及《文章薪火》五目,反映著者对于文字、声韵及诗文写作等方面的观点。内容包括天文、地舆、身体、称谓、姓名、官制、事制、礼仪、乐曲、乐舞、器用、衣服、宫室、饮食、算数、植物、动物、金石、切韵、声原、脉考、古方解等项目。钱澄之称之为"博物之要典"(《通雅·序》)。书中着重介绍十七世纪之自然科学及由利玛窦、金尼阁等传来之西方天文、地理知识和阿拉伯数字。主张古代文化应为今日所用,谓"考古所以决今,然不可泥古也"。书中也杂有神秘主义糟粕。

通掖郎 散官名号。金置。正七品上,为宦官第十四阶。

通艺录 书名。清程瑶田著。二十一种,四十七卷,另附所辑《嘉定赠别诗文》一卷。其中《仪礼丧服文足征记》订正郑玄《仪礼注》之失;《禹贡三江考》驳辨以《禹贡》扬州"三江"为三条水之说;《宗法小记》、《考工创物小记》、《数度小记》、《声律小记》、《九势碎事》等,对制度、器物、数学、天文、音律、书法等进行考证、论述;《论学小记》阐述人性观点。嘉庆间初刊。有十三种于道光间收入《皇清经解》,编为三十卷。1933年所印《安徽丛书》第二期本,除原刻外,增入《莲饮集濠上吟稿》、《果赢转语记》、《仪礼经注疑直》三种七卷,计二十四种,五十四卷。

通艺司 官署名。清末商部所属四司之一。光绪二十九年(1903)设,掌管工艺、制造、铁路、行轮、邮电及开矿诸事。置郎中、员外郎、主事各一人。三十二年,商部改农工商部,遂改为工务司,所辖铁路、邮电诸务移交邮传部。

通艺学堂 学校名。清光绪二十三年(1897)正月张元济与陈昭常、张荫棠等人在北京创办。初名西学堂,八月改称通艺学堂。招收京员及官绅子弟四五十人入学肄业,聘同文馆学生一名及严复之侄严君潜为教习。拟订章程,先习英文、数学、舆地等课程,俟外语熟练后再分门专习,以资深造。二十四年戊戌政变后,张元济被革职永不叙用,该学堂停办,遂将图书、仪器等移交京师大学堂。

通议大夫 散官名号。隋炀帝始置,为从四品文散官。大业三年(607)罢。唐代复置,定正四品下。宋初沿唐制。太平兴国元年(976)改通奉大夫。元丰三年(1080)后,复设为新寄禄官,正四品,取代旧寄禄官给事中。金再置为文散官,正四品中。元代改正三品,宣授。明沿元制,定正三品,升授。清初为文、武散官正三品封赠。后只封赠文官。

通议郎 官名。隋开皇六年(586)吏部别置散官八郎之一,从六品上;大业三年(607)罢。唐武德七年(624)置为文散官,从六品上,贞观元年(627)改为奉议郎。

通译官 官名。清代出使大臣之属官。光绪元年(1875)始设。掌使馆翻译事。分为三等。三十二年定员额,头等,正五品,无定员;二等、三等分别为从五品、从六品,各使馆均一名。俱奏补。

通易论 书名。三国魏阮籍撰。一卷。约正始年间成书。此书认为《易》乃"覆焘天地之道、囊括万物之情",主张"名教"与"自然"结合。被视为阮籍前期思想代表作。后人辑入《阮嗣宗集》。

通施 亦作通货、通移。战国时财政术语。泛指作为当时流通手段的几种主要货币。《管子·国蓄》:"黄金刀币,民之通施也。"又《轻重乙》:"黄金刀布者,民之通货也。"《轻重甲》:"今君铸钱立币,民通移。"

通引官 吏名。北宋三司、开封府、殿前司、马步军司皆置,隶三司者,任满五年,授三班奉职;隶开封府者,任满七年,授三班奉职;隶殿前司者,任满三年,授三班奉职;隶马步军司者,任满三年,授三班借职。南宋时,御史台亦置。负责本部门有关杂务。

通御郎 散官名号。金为宦官第十五阶,正七品下。元为第八阶,从五品。

通原算法 书名。明严恭撰。一卷。刊刻于洪武五年(1372)。朝列大夫潮州府赵瑞为书作序。已佚。仅《永乐大典》中录有三十五题,《诸家算法》中录有二十九题,涉及商业、手工业、借贷、物体比重等。书中采用百分数,讨论开方法、一次同余式组解法、等差级数求和等内容。

通远渠 亦称漕渠。隋大业二年(606),土木监丞任洪则开凿。自东都洛阳宫城南永福门外分流洛水,排除石碛、阔深浅滩,东下六十余里,至偃师西复入洛水,通大船入北市。唐时,自洛阳北市通济桥以东,渠上舟船云集,常万余艘。沿岸商旅贸易,车马填塞,若西京之崇仁坊,为东都最繁华之地。

通远市 见"北市"。

通远县 五代晋置。治今甘肃环县,先后为威州、通远军、环州治。蒙古至元七年(1270)省入环州。

通僎 官名。太平天国朝上职官。永安建制始设。分左、右,左单右双,各八人,共十六人。称如左一通僎、右二通僎等。职同检点。主天王视朝时出入言语。

通赞 官名。明初侍仪司属官,从九品,掌典赞朝会、宾客、吉凶仪礼之事。洪武九年(1376)改侍仪司为殿庭仪礼司,遂改置为鸣赞及序班。

通正 五代前蜀高祖王建年号(916)。

通正元宝 五代前蜀通正元年(916)所铸铜钱。径七分,重三铢。形制粗恶。一云重五铢。

通政 官名。明代通政使司正官。洪武十年(1377)设,左、右各一员,正四品。建文中改通政少卿。永乐时复旧称。佐通政使,受理内外章疏和臣民密封申诉之件。

通政使 官名。明代通政使司长官。洪武十年(1377)设。正三品。建文中改通政卿。永乐时,仍复旧称。掌受理内外章疏、敷奏封驳之事。清沿置,顺治元年(1644)设满、汉各一人,正三品。九卿之一。掌收各省题本,校阅后送内阁,随本之揭帖则送关系部、科。并稽核程限,对违式之本进行参劾,可以参预九卿会议,商讨大政。凡有冤民击鼓,兼司讯供。光绪二十四年(1898)后一度改隶内阁。二十八年裁。

通政使司 官署名。别称银台。明清管理章奏文书之中央机构。命名通政,系以政比水,"欲其常通"之意。掌内外章疏臣民密封申诉之事,凡在外题本、奏本,在京之奏本,并受而进之。明洪武十年(1377)置。设通政使一人,左、右通政各一人,誊黄右通政一人,左、右参议各一人。所属经历司,设经历、都事各一人。洪熙元年(1425)南京亦置,设官略同。清顺治元年(1644)沿置。设通政使、副使、参议,皆满、汉各一人,下设经历、都事,满、汉各一人,笔帖式八人,经承十五人,分置启奏科、稿房、吏房、礼房、上房、火房等办事机构。所属有登闻鼓厅。光绪二十四年(1898)后一度并入内阁。二十八年裁。

通政寺 官署名。明建文中改通政使司为通政寺,改通政为少卿。成祖朱棣即位,复旧。

通政院 官署名。元代置。秩从二品。世祖至元十三年(1276),由诸站都统领使司改立,掌驿传。十四年,分置大都、上都两院。至大四年(1311)罢,事归兵部。同年复立,只掌蒙古驿站。延祐七年(1320),恢复旧制,仍兼领汉地驿站。

通直郎 官名。(1)通直散骑侍郎的简称。(2)隋大业三年(607)谒者台置,员三十人,从六品,据事大小出使。唐武德七年(624)置为从六品下文散官。宋初因之。元丰三年(1080)废文散官,遂用为新寄禄官,正八品,取代旧寄禄官太子中允、赞善大夫、中舍、洗马。

通直散骑常侍 官名。三国魏末散骑常侍有在员外者。西晋泰始十年(274)使二人与散骑常侍通员当值,故名。东晋增至四员。属散骑省。职同散骑常侍,参平尚书奏事,并掌讽谏、侍从,位颇重。南朝属集书省,多以衰老之士担任,地位渐低。梁武帝欲提高其地位,以比御史中丞,但终不为世所重,常为加官。梁十一班,陈四品、秩二千石。北魏太和十五年(491)亦置,员六人,属集书省。初定为三品下,二十三年改四品。北齐沿置,除集书省置六员外,集书省所辖起居省亦设一员,皆四品。隋初属门下省,掌值朝陪从,员四人,正四品,大业三年(607)罢。唐武德七年(624)置为正四品文散官,贞观元年(627)废。

通直散骑侍郎 官名。晋武帝置员外散骑侍郎四人。东晋太兴元年(318)使二人与散骑侍郎通值,故名。后增至四人,属散骑省。职同散骑侍郎,参平尚书奏事,兼掌侍从、讽谏,地位较高。南朝属集书省,宋以后地位渐低,常授衰老之士,多为加官,不被人重。梁六班,陈八品、秩千石。北魏太和十五年(491)亦置,属集书省,员六人。初定四品中,二十三年改从五品上。北齐沿置,除集书省置六员外,集书省所辖起居省亦置一员,从五品上。隋初属门下省,掌陪从值朝,员四人,从五品上,大业三年(607)罢。唐武德七年(624)置为从五品上文散官,贞观元年(627)废。

通志 书名。南宋郑樵撰。二百卷。纪传体通史。凡本纪十八卷,年谱四卷,略五十二卷,世家三卷,列传一百一十五卷,载记八卷。仿司马迁之作,于《史记》五体外,本《晋书》为载记,又改表为谱,改书为略。记事上起三皇,下迄于隋,惟二十略中涉及典章制度之处至唐。本纪、世家、列传、载记系综合诸史旧文,损益而成。惟年谱略出于新创,二十略尤为精心结撰之作。其中礼、职官、选举、刑法、食货五略,系节录《通典》;氏族、六书、七音、天文、地理、都邑、谥、器服、乐、艺文、校雠、图谱、金石、灾祥、昆虫草木十五略,则为多年搜讨,独出心裁之作。如氏族略记载了各个氏族的由来;校雠略阐明了整理图书、辨章学术的方法;图谱略指出了图表与书籍的相互作用;金石略扩大了史料研究的范围;六书略、七音略开启了文字、音韵之学的新途径,均为诸史所不及载。

通志堂经解 书名。一名《九经解》,又名《传是楼经解》。清徐乾学辑。一千七百八十一卷。纳兰性德校刊,即以其书室名"通志堂"命名。是书汇集唐、宋、元、明以来解经之书,多为传世所罕见者,为研究经学的重要资料。

通制条格 见"大元通制"。

通州 ❶西魏废帝二年(553)"以万州居四达之路,改为通州"(《太平寰宇记》)。治石城县(隋改名通川县,今达川市)。隋大业三年(607)改为通川郡。唐武德元年(618)复为通州。天宝元年(742)改为通川郡,乾元元年(758)复为通州。辖境相当今四川达川、开江、宣汉、万源,重庆城口等市县地。北宋乾德三年(965)改为达州。❷五代周显德五年(958)改静海军置。治静海县(今江苏南通市)。北宋天圣元年(1023)改为崇州。明道二年(1033)复为通州。属淮南东路。辖境相当今江苏南通、海门、如东、通州等市、县地。元至元十五年(1278)升为通州路,二十一年复为通州,属扬州路。明洪武初以州治静海县省入,属扬州府。清雍正二年(1724)升为直隶州,属江苏省。辖境相当今江苏长江以北南通、泰兴、如皋、如东、通州等市、县地。因直隶顺天府有通州,故俗称此为南通州。1912年废,改本州为南通县。❸金天德三年(1151)置。治潞县(今北京市通州区)。辖境相当今通州区及河北三河市地。属中都路。元属大都路。明扩大至今天津武清、宝坻二县。属顺天府。清不辖县。1913年改为县。俗称北通州。元浚修通惠河,自大都东至州城南,为运粮要道。

通州监 官署名。明永乐五年(1407)始置,初属北京苑马寺,十八年随该寺并入太仆寺。掌蓄养马匹,以备军需。设监正一人,正九品;监副一人,从九品;录事一人。下辖河阳、崇义、兴宁、永成四苑,苑设圉长一人,从九品。

通州师范(範)学校 学校名。中国第一所民间自立师范学校。清光绪二十八年春(1902)张謇在江苏通州(今南通)创办。该校以造就小学教师为宗旨,招收举贡生监为师范生,学生入学年龄在十八岁至三十岁,学习年限,本科四年。毕业时可自愿加习随意科一年。随意科设有政治经济学、农艺化学、英文三科。

通州运粮河 元大运河中从通州往南至白河(大沽河)的一段河道。上接通惠河,下通大沽河,是南北航行的要道。因所依赖的潞河(由白、榆、浑三水合流而成)水源不足、河道浅涩,元世祖至元三十年(1293)采纳漕运使司的建议,另开一渠导水入榆河,增加流量,便利行舟。

通州之役 朱元璋夺取元都的一次战役。明洪武元年(1368),朱元璋命诸将进取元大都(今北京)。闰七月,大将军徐达等会师临清,率马步舟师循运河北上,进至通州(今北京通州区)。郭英乘大雾布伏兵于道,自率精骑三千直抵城下。元将五十八国公率敢死士万余出战,中明军埋伏,死伤惨重,通州失守。元顺帝决计弃大都,避兵北行。

通状 见"鼓状"。

通奏 明代通政使处理各衙门上奏公文的方式。每年终时,对所有抄发、照驳之诸司公移、勘合、公牒及勾提件数、给繇人员等有关公文,一并奏报皇帝。

tóng

同 古代算学术语。(1)相等之谓。《墨子·经上》:"圜,一中同长也。"(2)齐同术的两种运算之一,使诸分数或诸率关系相与通同的运算。详"齐同"。

同安郡 隋大业三年(607)改熙州置。治怀宁县(今潜山县)。辖境相当今安徽天柱山、桐城市以南,铜陵县以西的长江以北地区。唐武德四年(621)改为舒州。天宝元年(742)又改同安郡。至德二载(757)改为盛唐郡。

同榜 科举考试用语。指科举考试中同科考中的人。

同胞受虐记 书名。署名支那自愤子撰。章节体,共三章。刊印于光绪三十一年(1905)。主要记叙华人赴美源起及对美国经济发展的贡献、十九世纪后期美国颁行限禁华工条例的过程,以及华工受歧视、受剥削的悲惨境况。用白话文,通俗易懂,字里行间充满着强烈的爱国主义感情。

同产 指同母兄弟。秦汉时法令对同产有明文规定,如:"父母妻子同产相坐及收"(《汉书·刑法志》)。汉文帝时下诏除之,但实际上其后依然施行。元帝初元五年(前44)诏除光禄大夫以下至郎中保父母同产之令。颜师古注引应劭曰:"旧时相保,一人有过,皆当坐之。"东汉在赐民爵时多规定,爵过公乘得移与子若同产或同产子。

同仇会 清末革命团体。光绪三十年(1904)春,华兴会领导人黄兴与两湖哥老会头目马福益在湖南成立。为华兴会联络会党的外围组织。仿日本将、佐、尉军事编制,由黄兴任大将兼会长,刘揆一任中将管理陆军事务,马福益任少将管理会党事务。会众达十万余人。拟在长沙起事。事泄,遭严重损失。次年马福益遇害后,该会遂停止活动。

同出身 科举考试登第者的一种身份。宋代殿试进士合格者一般分为五甲,第四、五甲赐"同进士出身",简称"同出身"。其他如诸科举人,亦有赐同本科出身者。明清殿试合格者分为三甲,第三甲赐同进士出身。取得"同出身"身份后,终身享用,成为选任官员的资格之一。

同典人 西夏文书用语。与典当者同立契约文书者,多为典当者的家属。

同东西台三品 宰相职衔。即同中书门下三品。唐龙朔二年(662)改中书、门下为东、西台,故名。咸亨元年(670),复为同中书门下三品。

同都督 见"都督诸路军马"。

同娥设 即"沙钵罗咥利失可汗"。

同凤阁鸾台平章事 宰相职衔。即同中书门下平章事。唐武则天光宅元年(684)改中书省为凤阁、门下省为鸾台,遂有此称。神龙元年(705)复称同中书门下平章事。

同谷县 西魏末改白石县置。治今甘肃成县。为广业郡治。隋属河池郡,唐属成州。乾元二年(759),诗人杜甫寓此,感伤安史离乱,作《同谷七歌》。宝应元年(762)地入吐蕃。咸通十三年(872)复置。后为成州治。蒙古至元七年(1270)废入成州。

同光 五代后唐庄宗年号(923—926)。凡四年。

同光新政 见"洋务运动"。

同光刑律统类 法典名。五代后唐同光时,刑部尚书卢质纂。十三卷。已佚。

同华节度使 见"匡国军"、"镇国军"。

同济德文医学堂 学校名。清光绪三十一年九月(1905.10),由德国医学博士埃里希·宝隆创办。校址在原上海白克路(今凤阳路)23号同济医院内。宝隆为校董会总监督(董事长)兼学堂首任总理。以"培养施诊医生","让德国、德国人和德意志气质适当参与对中国的改革的影响"为宗旨。初设德文和医学两科。德文科是医科的预备学校。医科又分为预科和正科。每科设德文、汉文、拉丁文、生物学、物理学、疗治法等十三门课程。学制德文科三年(1913年起改为四年),医预科二年,医正科三年,八年毕业后方可成为施诊医生。1912年,德人贝伦子筹建的同济工学堂与德文医学堂合并,旋改校名为同济医工学堂。1922年改为同济医工大学。后又称同济大学。

同进士出身 见"同出身"。

同考官 全称同考试官。明清乡试、会试中协同主考或总裁阅卷官之统称。乡试同考官,明代定制四人,由保举中选,多用科甲,兼用教职;清代多用科甲出身之属官。会试同考官,明初定八人,其后渐多,至十七八人,乃至二十人,翰林、京官并用,由部科简任,清沿之。试卷先由同考官选阅,以蓝笔加批后荐给主考或总裁。因在闱中各居一房,又称房考官,简称房官。

同里 市镇名。即今江苏吴江东同里镇。唐初称铜里,宋改今名。明初置税务局于此,寻废。有巡检司一。

同律度量衡 语出《书·舜典》:"岁二月,东巡守,至于岱宗,柴,望秩于山川,肆觐东后,协时月正日,同律度量衡。"原指舜帝"东巡守"时,在各部落间作了一次统一历法、统一度量衡和统一音高标准的工作。汉儒不解其意,误译为以律同度量衡,遂致从汉代起将律与度量衡混在一起的中国传统,也导致近代有人认为,以声音频率作为度量衡标准的所谓古代伟大发现之说。

同伦判官 唐代南诏中央官制,置同伦判官两人,国君有所处分,即记之,转付六曹实施。

同罗 古部落名。又作东纥罗。铁勒之一部。为回纥外九部之一。游牧于土拉河北,属突厥汗国。薛延陀强盛时,又臣属于薛延陀汗国。贞观二十年(646),唐灭薛延陀。次年,以其地置龟林都督府,隶于燕然都护府。天宝初,首领阿布思率万余落入塞。后复迁回漠北,为回纥所破。阿布思逃入葛逻禄,被执送至长安,部落离散。

同盟会 即"中国同盟会"。

同盟会南方支部 中国同盟会下属组织。清宣统元年(1909)秋冬间在香港建立,专任南方各省革命发动与组织诸工作。支部长胡汉民,书记汪精卫,下设筹饷、军事、民军、宣传等组。二年,曾策动广州新军起义。

同盟会宣言 见"军政府宣言"。

同年 科场称谓。最初作为科举同榜及第进士的俗称。唐李肇《唐国史补》卷下"叙进士科举"条云:进士俱捷者谓之同年。宋以后均以同榜登科者为同年。至清代,优贡、拔贡及乡试、会试等同时中式者亦皆称同年。

同年会 科场称谓。唐宋以来称同榜登科者为"同年",同年聚会则称"同年会"。

同年录 科举时代称同榜登科者为"同年"。将同年之姓名、年龄、籍贯等刊刻成册,称"同年录"。唐已有之。宋有《绍兴同年小录》。清制,乡、会试榜后,并有同年录之刻。分为两种:一种为某科乡试同年录,有以同省同榜为限者,按全榜名次为序,登载姓名、年岁、籍贯,录前载主考、同考、监临、提调、监试等姓名与官阶,以及是科各场之题目;有合本科各省取中举人副榜,分省按中式先后次序,将该省全榜照刊者,录内仅登姓名与年岁、籍贯。会试则称某科同年全录。另一种为某科同年齿录,则以乡试、会试本科同榜者为限,不以名次为先后,年长者居前,齿少者顺序排下,姓名为纲,附载另号、生辰、籍贯、中式名次等。此种乡试同年录,皆分省成录,未见各省汇刊者。

同平章事 见"同中书门下平章事"。

同佥宣徽院事 官名。宣徽院官员。金制:正五品,低于同知宣徽院事。元制:至元十五年(1278)始置二员,正四品,低于佥宣徽院事。

同签书枢密院事 官名。北宋太平兴国八年(983),始置同签署枢密院事。后避英宗赵曙名讳改称同签书,元丰改制罢。元祐后复置。

同签枢密院事 签亦作佥。官名。金枢密院在签书枢密院事之下设同签枢密院事一员,正四品。元枢密院于大德十年(1306)始于佥院下置同签枢密院事三员,后定置二员,正四品。

同庆 于阗王李圣天年号(912—940)。凡二十九年。一说凡三十八年(912—949)。

同式形 古代算学术语。即今相似形。《数理精蕴·几何原本八》:"有众多边形,其边数同相当,各角俱等,而相当界之比例又同,则谓之同式形也。"

同恕(1255—1332) 元奉元(今陕西西安)人,字宽甫。家世业儒。世祖至元间选名士为吏属,辞不赴。至大间聘为儒林郎国子司业,不受。延祐初陕西置鲁斋书院,奉旨领教事。延祐六年(1319),应召为奉议大夫、太子左赞善。次年,以疾归。致和元年(1328),拜集贤侍读学士,以老疾辞。有《矩庵集》。

同泰寺 六朝佛寺。遗址在今江苏南京城北鸡鸣山东麓。原为三国吴后苑,晋为廷尉署。南朝梁大通元年(527)武帝在此建同泰寺。据《建康实录》:武帝创同泰寺;寺在宫后,别开一门,名大通门,对寺之南门,取"以协同泰"为名。武帝晨夕讲议,多游此门。该寺有大殿六座,小殿及堂十余座,有高七层的大佛阁和高九层的宝塔,供奉有十方金像和十方银像等。规模宏大,在南朝四百八十寺中首屈一指。梁武帝曾四次舍身同泰寺。太清三年(549),叛将侯景兵困台城,该寺被毁。直至五代吴顺义元年(922),才在同泰寺遗址上建台城千佛院。南唐置净居寺,又改名圆寂寺。宋为法宝寺。明洪武二十年(1387)重建鸡鸣寺。

同提举一行事务 见"提举一行事务"。

同文馆 ❶官署名。北宋熙宁中创置,为四方馆之一。掌接待高丽使者。元丰改制,归鸿胪寺。南宋改属礼部。❷学馆名。即"京师同文馆"。

同文馆试 宋代科举考试方式之一。绍兴十四年(1144),命远离原籍一千里以上居住临安(今杭州)的举人,附于国子监发解试,另立号考校,考试场屋设在同文馆,称"同文馆试"。

同文馆狱 宋代刑狱名。神宗前,只置开封府、御史台狱。元丰、绍圣间,蔡确、章惇、蔡卞相继在同文馆置刑狱,审问元祐旧党官员,称"同文馆狱"。

同文沪报 报纸名。日本东亚同文会在华机关报。前身为英人主办的《字林沪报》,于清光绪二十六年(1900)顶办改名而成,馆设上海。田野橘次经理,井手三郎主编,华人高太痴、周品珊助编。发行副刊《同文消闲录》一张,随报附送。

同文汇考 书名。朝鲜李朝外交文书集。朝鲜正宗八年(清乾隆四十九年,1784)命礼曹判书郑昌顺等人编纂，至十一年完成。自顺治元年(1644)至乾隆五十二年与中国清朝往来之文书，按年代顺序分类编纂为原编；又搜集崇德元年(1636)至顺治元年间散佚的往来文件编纂为别编；将使臣行录、闻见录、译官手本及其他各种资料，收集编纂为补编；朝鲜与日本往来之文书编纂为附编。其后时有增补，又编纂原续编、补续编、附续编、原编续、附编续等，共计十编(包括洋舶情形之报告为原编一册)，九十六册。收录之文件迄止于高宗十八年(清光绪七年，1881)。此书不仅是研究中国清朝与朝鲜诸王朝关系的重要史料，其中还收有研究清代史的中国文献中难见的原始文件。台湾珪庭出版社于1978年将此书作为《中韩关系史料辑要》丛书之第四种影印出版。韩国国史编纂委员会于同年也影印出版。

同文书会 清光绪十三年(1887)英国苏格兰长老会传教士韦廉臣等在上海设立，后改为广学会。会员有英国人李提摩太、慕维廉、艾约瑟，美国人林乐知、李佳白，德国人花之安等。总税务司赫德任董事长。广学会出版发行《万国公报》，并编译出版历史、地理、伦理、宗教、教育等书籍多种。1949年以后该会撤离中国。

同文书局 原名同文石印书局。中国人自营的第一所石印图书企业。清光绪七年(1881)由徐鸿复、徐润在上海集股创办。最初购置石印机十二架，雇用职工五百名，主要是翻印二十四史及《图书集成》等善本古籍。二十四年停办。

同文寺 官署名。唐龙朔二年(662)，由鸿胪寺改置，鸿胪寺卿为同文寺正卿，少卿为大夫。咸亨元年(670)冬复原名。

同文算指 书名。明李之藻著。主要根据利玛窦之师丁先生(C. Clavius，1537—1612)《实用算术概论》一书编译而成。分为前编、通编、别编三部分。前编主要论述整数和分数的四则运算；通编涉及比例、盈不足、级数、多元一次方程组、开方与带从开平方等；别编只有截圆弦算一节涉及数学内容。其他则多为天文学知识，抄本现藏巴黎国民图书馆。是介绍欧洲笔算的第一部著作，对后世有一定影响。

同修国史 官名。纂修国史的主要官员。始置于宋。通常以他官兼任，无品秩，其位次于修国史。天圣间修真宗朝国史，欲重其事，以殿阁学士以上官员任之。元丰改制，以侍从官任之。金国史院设二员(女真、汉人各一)。元以后废，以翰林院修撰官代其职。

同押衙 官名。唐末、五代盐铁、户部、度支三司所置属官。五代后唐长兴四年(933)以盐铁转运使额职极多，将其设为尚书省省职，作转迁之序，位正押衙下、衙前都虞候上。

同正参领 官名。清末改革兵制，陆军从大将军至下士，分十四阶。从第五阶的正参领到第十阶的协军校，每阶都有加"同"字的，即同正参领、同副参领、同协参领、同正军校、同副军校、同协军校。有"同"字者，不能任带兵官，只能担任军需、军医、军法、军乐、书记等职。

同正员 指正员官以外所置的员外官中，可与正员官享受同等俸禄待遇者。

同知 ❶副贰之义。宋、辽、金某些官署副长官或佐贰官多带此衔。宋代有同知枢密院事、同知贡举、同知国用事等。辽有同知汉儿行营都部署事、同知度支使事、同知府(州)事等。金置同知审官院事、同知刺史等。❷官名。元、明、清置，为副长官。元代枢密院同知正二品，侍正府同知正三品，京畿都漕运使司同知正四品。明制，州同知从六品，府同知正五品。都转运盐使司设同知，从四品，佐都转运使理盐政。清有转运同知，事繁之府以同知为辅佐，设厅之区多以同知为长官。

同知閤门事 官名。宋代閤门使、副使阙，则置知閤门事、同知閤门事。南宋绍兴五年(1135)，令左武大夫以上称知閤门事，官未及右武大夫者即称同知閤门事。

同知贡举 官名。宋礼部试时，由朝廷在六部侍郎、台谏等长官中选差二至三员(最多达九员)，任权同知贡举，协助权知贡举主持本届考试。皆临时差遣，以防事前请托。

同知国用事 见"国用司"。

同知枢 宋代同知枢密院事的简称。

同知枢密院事 官名。亦称同知枢。北宋淳化二年(991)始置，枢密院副长官，元丰改制，定为正二品。辽代北、南枢密院各设同知北院、同知南院枢密使事，位枢密副使下。元世祖至元七年(1270)置一员，后定置四员，正二品，为知枢密院事副职，位枢密副使上。

同知宣徽院事 官名。辽代宣徽院设，低于宣徽副使。金沿置，位左、右宣徽使下，秩正四品。元世祖至元十五年(1278)置二员，大德二年(1298)增二员。后定制二员，正二品，为本院副长官，仅低于院使。历代职掌不尽相同。参见"宣徽院"。

同知右率府使 见"同知左率府使"。

同知詹事院事 官名。明初太子官属。洪武元年(1368)置。时尚未置詹事院。以勋旧大臣兼领。二十二年置詹事院后，不置。

同知左率府使 官名。明初太子官属有同知左、右率府使。洪武元年(1368)置。以勋旧大臣兼领。仅为虚职，不专掌辅导太子之事。二十二年，置詹事院，遂革。

同职犯公坐 唐律术语。同职指同僚，此处指主管审判的大理寺同僚；公坐指非因有意偏私而犯的过失。大理寺的同职为卿、少卿、正、丞、主簿、录事、府、史等。共分四等：卿(长官)，少卿及正(通判官)，丞(判官)，府及史。如某一等在断案过程中有失(称为首，即主要负责人)，其余三等(称第一、第二、第三从)亦受程度不同的惩罚，故称。参见"公坐相承减"。

同治 清穆宗年号(1862—1874)。凡十三年。

同治朝筹办夷务始末 书名。清宝鋆等纂辑。一百卷。所录资料自咸丰十一年(1861)七月起，至同治十三年(1874)十二月止。编成于光绪六年(1880)。体例如《道光朝筹办夷务始末》。凡上谕廷寄、臣僚奏章及中外照会等,其有对外交涉者,悉编年纪月,按日详载。是书所载均为原始资料,如英法支持清廷镇压太平军,京师开设同文馆,派学生出洋,江南设制造总局,福建创立船政局等重要史事,收录咸备。

同治帝　见"清穆宗"。

同治以来督抚表　书名。清吴廷燮撰。一册。有光绪三十年(1904)刊本。

同治中兴　同治年间清政府对内重用汉族地主阶级实力派曾国藩、胡林翼、李鸿章、左宗棠等,对外勾结外国侵略者共同绞杀了太平天国和各族人民起义,恢复了封建统治秩序。奕䜣、曾国藩、李鸿章、左宗棠等还开展了以引进西方资本主义的军事装备、机器生产和科学技术为主要内容的洋务运动以图"自强"。清统治者自诩为"同治中兴"。

同治中兴京外奏议约编　书名。清末陈弢辑。八卷。辑录同治朝邸抄中有关政治、经济、学术、兵政、刑政等奏疏而成。惟诸折不载年月。可补同治朝实录、外交史料之缺。有光绪刻本。

同中书门下二品　宰相职衔。唐前期以同中书门下三品为宰相职衔。大历二年(767)中书令、侍中升正二品,同三品名不复用。五代后唐长兴四年(933)冯赟为相,因平章事字犯其父名,敕改同中书门下平章事为同中书门下二品。后周显德中,枢密使吴延祚亦加此衔。

同中书门下平章事　官名。简称同平章事。唐初以尚书令(或仆射)、中书令、侍中为正宰相,太宗或以他官加此名义行宰相事。贞观八年(634)诏李靖三两日一至中书门下平章政事,始有"平章事"之名。永淳元年(682)以黄门侍郎郭待举、兵部侍郎岑长倩同中书门下平章事,始以"同平章事"入衔。其后,渐成宰相专称。武则天、玄宗时,一度随省名改称同凤阁鸾台平章事、同紫微黄门平章事。节度使带此衔,号称使相。北宋前期为宰相、使相所带,元丰改制废。南宋尚书左、右仆射为相一度加此衔。辽偶置为中书省长官,职同宰相,参预朝政。然多用为功臣加官及死后赠官。

同中书门下三品　宰相职衔。唐初以中书、门下两省长官共知政事,皆为宰相。两省长官中书令、侍中,皆为正三品。贞观十七年(643),以太子太保萧瑀、太子詹事李勣同知政事,号为同中书门下三品,意即同于中书令、侍中,得出入于政事堂议政。其后,非两省长官而受诏预知政事者,皆加此号,尚书省长官左、右仆射亦不例外。再后,即为副相职衔。高宗、武则天、玄宗时,一度随省名改称同东西台三品、同凤阁鸾台三品、同紫微黄门三品。大历二年(767)升中书令、侍中为正二品,遂不再用此号。

同州　西魏废帝三年(554)改华州置。治武乡县(隋改名冯翊县,今大荔县)。唐辖境相当今陕西大荔、合阳、韩城、澄城、白水等市、县地。属关内道。北宋属永兴军路。金属京兆府路。元属奉元路。明属西安府。清雍正三年(1725)升为直隶州,十三年升为府。其地扼关、河之要,西魏宇文泰、北周宇文护常居此以御北齐。北周诸帝又时巡幸,故建有同州宫。

同州府　清雍正十三年(1735)升同州置。治大荔(今县)。辖境相当今陕西大荔、蒲城、白水、澄城、合阳、韩城、华县、华阴、潼关等市、县地。属陕西省。1913年废。

同州圣教序　为《大唐三藏圣教序》(亦称《慈恩寺圣教序》)和《大唐皇帝述三藏圣教序记》合刻之碑,唐龙朔三年(663)立。二十九行,行五十八字,楷书。原在同州(今陕西大荔),故通称《同州圣教序》。今迁入陕西西安碑林,尚少损泐。字画绝似《雁塔圣教序》,稍见瘦硬,不如《雁塔圣教序》空灵,可能为褚遂良所书别本,为好事者所得,因褚曾任同州刺史,遂在褚身后于同州刊刻此碑。碑末有"大唐褚遂良书在同州倅厅"一行,字画滞拙,显非褚手书,乃后人妄加。

同州羊　又名苦泉羊、沙苑羊。唐代育成之优良羊种。唐在同州朝邑,即今陕西大荔沙苑地区设"沙苑监",牧养陇右诸牧牛羊。因牧草丰茂,又有含某些矿物质之苦泉水,经长期风土驯化和人工选育育成同州羊。被毛细柔、羔皮洁白、花穗美观、肉质肥嫩、有硕大尾脂。苏东坡《澄怀录》:"蒸烂同州羊,灌以杏酪,食之以匕,不以箸,亦大快事。"

同转运使　见"转运使"。

佟凤彩(1622—1677)　清汉军正蓝旗人,字高冈。额驸佟养性从孙。初授国史院副理事官。顺治七年(1650)巡按湖南。十七年,擢四川巡抚,筑成都府城,浚都江堰。康熙六年(1667)为贵州巡抚,更定本省赋役全书,以均赋役。十一年,改抚河南,疏请均定里甲派役,蠲免供应江南河工柳木,为河南民所称道。后卒于任。著有《栖友堂集》。

佟国纲(?—1690)　清满洲镶黄旗人,佟佳氏。佟图赖长子,圣祖舅。初隶汉军,任侍卫。历任内大臣。康熙十四年(1675),察哈尔布尔尼叛,以安北将军出镇宣府。十六年袭一等公。二十年,特许以本支改入满洲。二十八年,为副使,与内大臣索额图同沙俄签订《中俄尼布楚条约》。次年,随裕亲王福全参赞军务,出讨噶尔丹,于乌兰布通之役中阵亡。

佟国维(?—1719)　清满洲镶黄旗人,佟佳氏。佟图赖次子,圣祖孝懿仁皇后父。初任侍卫。康熙九年(1670)任内大臣。十二年,三藩叛起,疏请斩吴三桂子应熊于京师。二十一年,升领侍卫内大臣。后封一等公。曾三次从圣祖征噶尔丹。四十三年以老解任。四十八年,因在废太子事件中支持允禩,获咎。后病死。

佟佳江　亦作同嘉江、佟家江。即今浑江。源出长白山南分水岭,南流会鸭绿江。明时建州卫首领李满住于两岸"累岁住居,营建家舍,耕牧自在"。建州女真董鄂部亦居于此。

佟图赖(1606—1658)　清满洲镶黄旗人,原隶汉军,佟佳氏,原名盛年。额驸佟养性侄,世祖孝康章皇后父。天命六年(1621)袭游击世职,屡从征有功。崇德七年(1642)晋一等参将,任固山额真。顺治元年(1644)入关后,从征山东、山西、河南、湖广等地。历任定南将军、礼部侍郎,晋爵至三等子。后卒于家。康熙十六年(1677),以为皇太后父,特赠一等公。

佟养性(?—1633) 明辽东抚顺(今属辽宁)人,佟佳氏。初以商为业,资雄一方。天命初归附后金,娶太祖侄女,号西屋里(一作施吾礼)额驸,充归附汉人总兵官,与李永芳同管汉民事务。天聪五年(1631),监铸"天祐助威大将军"红衣大炮,授乌真超哈固山额真。旋携炮随清军攻明,作战有功。后卒于任。

佟养正(?—1621) 明辽东抚顺(今属辽宁)人,佟佳氏。原名佟养真,避清世宗讳改。额驸佟养性弟,侍郎佟图赖父。万历二十四年(1596),以游击充辽东抚标中军。二十七年随大军入朝抗倭。四十六年于抚顺降后金。天命六年(1621)从征辽阳,因功授游击,驻守镇江(今丹东),为城中兵民所擒,送明将毛文龙,被杀。

彤 ❶西周畿内封国。姒姓。在今陕西华县西南。《尚书·顾命》:成王"乃同召太保奭、芮伯、彤伯、毕公、卫侯、毛公、师氏、虎臣、百尹、御事"。❷战国秦邑。在今陕西华县西南。《史记·魏世家》:惠王二十一年(前349)"与秦会彤";《六国年表》:秦孝公二十四年(前338),"孝公薨。商君反,死彤地",皆即此。

彤史 官名。唐代始置,为后宫女官,隶尚仪局。设二人,正六品,掌纪功书过。明代亦置,同唐制,掌宴见进御之事。凡后妃宫人御于君所,谨记其月日。永乐以后职归宦官。

彤鱼氏 相传为上古族名。黄帝之次妃即彤鱼氏女,生夷鼓。

重穋稙稚 农作物品种类型名称。《诗经·閟宫》:"黍稷重穋,稙稚菽麦。"毛传:"后熟曰重,先熟曰穋";"先种曰稙,后种曰稚。"这说明当时黍稷和菽麦等作物,都已经培育和选择了不同熟期的品种。此乃中国古籍中出现的最早的几个作物品种类型名称,对后世作物品种命名有一定影响。

桐 ❶《路史》引《世本》作"空桐"。西周国名。偃姓。殷之后。春秋时为楚附庸。在今安徽桐城市北。《左传》定公二年(前508):"桐叛楚",即此。一说在今河南虞城县东北。❷春秋晋邑。在今山西闻喜县东北;一说在今闻喜县西南。《竹书纪年》:"翼侯伐曲沃,大捷。武公请成于翼,至桐乃返"(《水经·涑水注》引),即此。秦、汉为桐乡,属左邑县。见"桐乡"。

桐柏观 在今浙江天台县西北桐柏山上。唐大中十四年(860)春正月,裘甫起义军与官军战于桐柏观前,官军失利,即此。

桐槽 在今四川喜德县西冕山。明万历中,建昌酋王大咱据此。

桐城 见"刺桐"。

桐城派 清代著名散文流派。创始人为方苞,刘大櫆、姚鼐等继之,因均为安徽桐城人,故名。但后来的桐城派,并非都是桐城人。其文论注重"义法",强调"义理"、"考证"、"文章"三者兼备,主张学习《左传》、《史记》与唐、宋八大家等,以传统古文为"阐道翼教"服务,崇尚文字"雅洁"。此派"以孔、孟、韩、欧、程、朱以来之道统自任"(梁启超《清代学术概论》),提倡程朱理学,攻击汉学,为当时与汉学家相抗衡之势力。

桐城吴先生全书 书名。清吴汝纶撰。十八卷。包括说经、诗文及尺牍之作,间涉有关中日战争等时事之文字。

桐城吴先生日记 书名。清吴汝纶撰,吴闿生辑。十六卷。始于清同治五年(1866),迄光绪二十九年(1903)正月,凡三十八年。依资料性质分为经学、史学、时政、外事等十二类。作者为桐城派古文家,博通经史,曾师曾国藩,入李鸿章幕,任京师大学堂总教习。所记多涉近代史事,尤以洋务文字为多。有1928年莲池书社刻本。

桐城县 唐至德二载(757)改同安县置。治今安徽桐城市东南。属舒州。宋末移治今枞阳县,后又曾移治贵池市西南李阳河,元移今桐城市治。南宋属安庆府,元属安庆路。明、清属安庆府。

桐宫 商代伊尹囚太甲处,因建有宫室,故名。《史记·殷本纪》:"帝太甲既立三年,不明,暴虐,不遵汤法,乱德,于是伊尹放之于桐宫。"张守节正义引《晋太康地记》云:"尸乡南有亳阪,东有城,太甲所放处也。"故址在今河南偃师市西。或说在今河南虞城东北。

桐过县 西汉置。治今内蒙古清水河县西黄河东岸。属定襄郡。东汉末废。

桐华布 即木棉布。亦作橦华布,或称白氎、帛叠、白緤,又谓搨布、荅布、都布。纳西语至今仍称棉布曰"拖布"。东汉以前,哀牢地(即永昌郡,今澜沧江至伊洛瓦底江流域)盛产此布。幅广五尺,以洁白不受污而著称。蜀贾人曾以此布转贸西亚诸国,西汉使者张骞在大夏(今阿富汗)所见之"蜀布",当即指此。

桐江集 书名。元方回撰。八卷。桐江指建德(今属浙江),方回任建德路总管七年,解官留居又五年,其诗初编集于此时,故以桐江名集。通行有《宛委别藏》本。另有四卷抄本,与八卷本内容相同,编次略异。传世别有《桐江续集》,不知何人所编,有元刻本,原本五十卷,今存其残本三十六卷,凡诗二十八卷,文八卷。《四库全书》所著录,即出此元刻残本。

桐君 上古黄帝时人。善于识草木、金石性味,定三品药物,以为君臣佐使。民间曾奉为药王。据《隋书·经籍志》载,著有《药性》、《采药录》,已佚。

桐门 春秋宋国都城(在今河南商丘市南)北门。《左传》襄公十年(前563):楚、郑围宋,"门于桐门",即此。

桐谱 书名。北宋陈翥撰。一卷。成书于皇祐元年(1049)。分十目,包括叙源、类属、种植、所宜、所出、所采、器用、杂说、记志、诗赋等项。其中记志部分包括“西山植桐源”和“西山桐竹志”两篇文章，是作者关于植桐的记述。收入《说郛》、《唐宋丛书》、《适园丛书》以及《丛书集成》，现有点校本。

桐丘 春秋郑地。在今河南扶沟县西。《左传》庄公二十八年(前666)：楚侵郑，“郑人将奔桐丘”，即此。

桐溪达叟自编年谱 书名。清严辰撰。因其别号桐溪达叟，故名。严氏为咸丰进士，选庶吉士，散馆后分刑部，旋告归浙江桐乡讲学。是谱叙起道光二年(1822)，迄光绪十四年(1888)。其中咸丰九年(1859)条记廷试及咸丰十年条记英法联军入侵北京事，尤为翔实。有光绪十四年刊本。

桐乡 ❶本春秋晋桐邑。秦、汉属左邑县，称为桐乡。在今山西闻喜县东北。《水经·涑水注》：涑水“又西径桐乡城北”。《汉书·武帝纪》：元鼎六年(前111)，“将幸缑氏，至左邑桐乡，闻南越破，以为闻喜县”。一说在今闻喜县西南。《元和郡县志》绛州闻喜县：“桐乡故城，汉闻喜县也。在县西南八里。俗以此城为伊尹放太甲于桐宫之所。”❷春秋楚附庸桐国地。汉始称桐乡，属舒县，见《汉书·朱邑传》。在今安徽桐城市北。晋潘岳《河阳县作》诗：“齐都无遗声，桐乡有余谣。”

铜壁关 明腾越八关之一。在今云南盈江县西南布岭山顶。接缅甸界。清时在此置有公署。

铜场 古代官营采炼铜之管理机构。一般设于产铜地区。如明初于江西德兴、铅山分设。其后又增设四川梁山，山西五台，陕西宁羌、略阳及云南等处。正德后屡开云南铜场。至清代，云南已成为全国主要产铜地。

铜鞮 春秋晋邑，有离宫。在今山西沁县南。《左传》成公九年(前582)：“郑伯如晋，晋人讨其贰于楚也，执诸铜鞮”，即此。后置县。

铜鞮县 春秋晋置。治今山西沁县南。《左传》昭公二十八年(前514)：晋分羊舌氏田为三县，“乐霄为铜鞮大夫”，即此。秦以后属上党郡。北魏属乡郡。隋开皇中置沁州，大业初又属上党郡。唐武德中属沁州、韩州。贞观中属潞州。自东晋以后治所屡迁，北宋太平兴国中始移治今沁县。为威胜军治。金、元皆为沁州治。明洪武初废入沁州。

铜发熕 管形火器。明嘉靖中制造。形体粗大，每座约重五百斤，药室鼓起，装药较多，发射铅子，每个约重四斤，或大如小斗的石弹。发射时会产生巨大冲击波，须掘土坑以使放者藏身。为攻坚夺险之利器。

铜范(範) 一种永久性铸型。青铜质，多用以铸造货币。春秋时已有“卢氏”空首布铜范，战国前期有平首布“梁一釿”铜范。1976年在辽宁宁城(今属内蒙古)黑城古城发现一座王莽钱范作坊遗址，出土有“大泉五十”和“小泉直一”两种铜范的陶范母。陕西西安也曾出土汉代铸钱铜范。其优点是可反复使用多次，从而提高了生产率。

铜符 铜质符信。历代多有，一般用作发兵符信，由皇帝或主管机构颁发。铜符以虎、豹、鱼等为图案，作两个半符的勘合，还须附以文件，方有发兵效用。参见“铜虎符”、“铜鱼符”。

铜鼓 古代南方少数民族的重器、乐器。年代约自春秋中期至清末不等。在东南亚国家也有发现。用铜铸造。形似坐墩，中空无底。鼓面平展正圆，中心有日光纹。少数鼓面边沿铸有蛙、鸟、龟、马、牛、骑士等浮雕。鼓身屈曲成胸、腰、足三段，层层花纹环绕，胸腰两边有弧形环耳或扁耳。大小不一，最大者面径160多厘米，高约70厘米，重300多公斤；最小者面径仅10余厘米，重数十公斤。原系统治权力的象征，用以传信和指挥军旅，并作祭祀的礼器及赏赐进贡的重器。明清以来，逐渐成为一般的娱乐乐器，至今犹为壮、仡佬、布依、侗、水、瑶、苗等民族所珍爱。

铜鼓厅 清宣统二年(1910)以义宁州铜鼓营置。属南昌府。治今江西铜鼓县。1912年废厅为县。

铜鼓葬 汉时畇町、夜郎地区少数民族的一种葬俗。属二次葬。用铜鼓作装殓人骨的葬具，无墓碑，仅有少数陪葬品。在广西西林、百色和贵州赫章等地发现多处。可能是统治阶级的葬制。

铜官 ❶官署名。汉代郡国产铜地区多置。置长、丞主之，掌采铜、铸作器用之事。❷清代办理铜政之官员。康熙四十四年(1705)始设于云南，主办本省局铜厂。后统称各路采买及职司京运、经管铜政之各级地方官。

铜官山煤矿 商办企业。此矿原由英商凯约翰领照开采，清光绪三十一年(1905)合同期满后收回自办。宣统元年(1909)四月，当地绅商学界发起成立铜官山煤矿抵制会，“争废约”、“谋自办”。次年正式创办安徽泾县煤矿铜官山铜矿有限公司。

铜匦 唐垂拱二年(686)，武则天采鱼保家(宗)之议，命铸铜为匦，置于朝堂。其器共为一室，中有四隔，上各有窍，以受四方表疏，可入不可出。以青、红、白、黑四色别东、南、西、北方位。东置青匦名“延恩”，告养人、劝农之事者投之；南置赤匦名“招谏”，论时政得失者投之；西置素匦名“申冤”，陈抑屈者投之；北置黑匦名“通玄”，告天文、秘谋者投之。命谏议大夫、补阙、拾遗一人充知匦使，以御史中丞、侍御史一人充理匦使。每日有所投书，至暮并进，后合四窍为一。

铜焊 以铜基合金为焊料的焊接工艺，属硬钎焊。始见于战国时期。战国曾侯乙尊、盘，及秦始皇陵铜车马都曾使用。其焊接强度较锡焊为高。明《天工开物》卷十记载：治青铜时，“用锡末者为小焊，用响铜(不杂铅的高锡青铜)者为大焊(钟广言注：碎铜为末，用饭粘和打，入水洗去饭，铜末具存，不然则撒散)。若焊银器，则用红铜末”。沿用至今。

铜虎符 虎形铜符。省称铜虎、铜符。汉代以此作为符信。自文帝二年(前178)始，颁与郡守作为发兵信物。铜虎符第一至第五，国家当发兵遣使者，至郡合符，符合乃听受之。符分两半，右留京师，左与郡守。后或沿用。北魏委派都督重臣出征时给铜虎符十,以示有调兵权。宋代以虎(豹)为图案,由枢密院颁发。

铜活字 铜铸印刷字块。亦称活字铜板、聚珍铜板、同板等。明永乐时由朝鲜传入。曾于江浙及福建建宁(今建瓯)、建阳一带流行。其制法先用黄杨木刻字,翻成砂模,注入铜液成字。弘治、正德间,以无锡华燧之会通馆、华坚之兰雪堂所印书最为有名。

铜镜 古代生活用具。以铜制成,用以照容,主要为圆板形,镜面光洁,镜背饰以花纹,背中央有钮,可穿绳握持。已知最早实例属于齐家文化,或素背,或有星形纹饰。商至西周的镜仍少,纹饰也限于弦纹、叶脉纹等。春秋时期开始发展,有动物形纹、蟠螭纹等图案,但尚不多。战国时盛行,楚镜特别发达,有饕餮纹、兽纹、鸟纹、蟠螭纹、羽纹、鳞纹、云雷纹、花叶纹、山字纹、菱纹、连弧纹等美观纹饰,并有透雕、镶嵌、彩绘、错金银等工艺。这时还出现有方形、多纽、夹层之类的特种镜。利用制造时镜面的微观变化,能映照出镜背花纹的“透光镜”,战国时也已存在。边远地区的镜,还另有传统。西周至战国的镜,只有极个别例子有符号或文字,镜铭到汉初才真正流行。有一种镜面内凹的镜,实际是聚焦取火用的阳燧。铜制的镜沿用甚久,直至清代才逐渐被玻璃镜代替。

铜陵县 南朝宋文帝置龙潭县,隋改名,以境内铜山为名。治今广东阳春市北。属信安郡。唐为勤州治。宋属春州。熙宁六年(1073)废入阳春县。

铜岭 地名。在今广东东莞市东。宋末邑人熊飞结集义勇,与元将姚文虎力战于此。

铜绿山古矿冶遗址 春秋至汉代的铜矿及冶炼场。1965年在湖北大冶县(今市)西北3公里的铜绿山一带发现而得名。遗址长2公里,宽1公里,发现矿井和炼铜炉。矿井分竖井、斜井、水平井三种,深入地下40米—50米。坑道用木架支撑,井下有排水系统和通风设施。在不同时期的井内出土的开采工具有:木质的锤、铲、锹、钩,船形木斗,铜质的斧、锛、凿、锄,铁质的斧、锤、锄、耙等。炼炉为竖炉,由炉基、炉缸、炉身构成,有风沟、风口、金门,作鼓风、排渣和出铜液用。炉壁各部位用不同的耐火材料建造。矿石碎成3厘米—4厘米的球状,加入溶剂配料后入炉。据模拟试验,炉温达1 200℃。据化验,铜块含铜91%—93%,炉渣含铜量0.7%。此遗址是目前中国发现最早、规模最大的采炼工场。为研究古代冶炼技术提供了可靠资料。

铜锣峡 在今重庆市区东。因悬崖临长江,下有圆石如铜锣状而名。明初平蜀,廖永忠引舟师至铜锣峡,明升出降,即此。

铜马 新莽末年活动于河北地区的一支农民起义军。同时在这一地区活动的尚有大彤、高湖、重连、五校等数十支农民起义军。他们或以山川土地为名,或以军营强盛为号,众上百万。铜马是其中最大的一支,首领为东山荒秃、上淮况等。河北地区的农民起义军活动分散,没有形成统一力量,后被东汉王朝分化瓦解,各个击破。公元24年,铜马兵败投降刘秀,有数十万众被收编。关中时称刘秀为“铜马帝”。铜马等部余众后拥立孙登为帝,不久失败。

铜马帝 即东汉光武帝刘秀。更始二年(24),刘秀受更始帝刘玄封为萧王后,击降河北地区铜马、高湖、重连等部农民起义军,封其渠帅为列侯,将降众分配属下,遂众至数十万。故关西称刘秀为铜马帝。

铜马法 西汉东门京以铜铸作的相马法式。东门京,以善相马著名。曾铸作铜马法献于汉武帝。

铜钱牌 见“镴牌”。

铜雀台 邺都三台之一。雀亦作爵。在今河北临漳县邺镇北古邺城北城西北隅。东汉建安十五年(210)曹操修筑。《水经·浊漳水注》:“(邺)城之西北有三台,皆因城为之基。巍然崇举,其高若山。”“中曰铜雀台,……南则金虎台,……北曰冰井台。”因在三台之中,亦称中台。为曹操游晏之所,并历为兵争要地。后赵石虎曾改名鹳雀台,又作铜雀于楼顶,展翅若飞(《水经·浊漳水注》)。北齐因其旧基予以增高加宽,改铜雀台为金凤台。北周灭北齐,台上宫殿悉被拆毁。大象二年(580)杨坚破尉迟迥,焚烧邺城及邑居,铜雀台唯存土阜。元代亦曾修筑,至明经漳水冲刷,残基高仅3米。

铜人腧穴针灸图经 书名。北宋王惟一著。三卷,附《穴腧都数》一卷。刊于天圣四年(1026)。上卷首载仰伏人尺寸图,十二经脉及任脉图等,并按手、足阴阳十二脉等记述了经脉循行、主病及所在经穴位置;中卷载针灸避忌太乙图,并按头、面、肩、颈的顺次及经穴的排列详论经穴的部位、主治、针法及宜忌等;下卷载十二经气血多少及井、荥、俞、经、合穴名,并按手、足、阴、阳十二经脉顺序论其四肢各部穴位、主治、针法。而附卷《穴腧都数》之内容则分别记以头、面、颈、项、背、肩、胸、腋、腹、肋及手足十二经穴,在四肢的经穴部穴及“修明堂诀式”(即周身骨度尺寸)、“五脏六腑,大小形状”等,文字扼要,具有全书经穴索引性质。现存明正统八年(1443)重刊此书后的复刻本数种。该书总结了北宋以前针灸腧穴的主要成就,为针灸学者所推崇。

铜仁府 明永乐十一年(1413),分思州宣慰司地设置。正统三年(1438),革乌罗府,以其部分土地并入。治所在贵州今市,隶贵州布政司。

铜仁长官司 土司名。明洪武五年(1372)改元铜人大小江等处军民长官司置。隶思南宣慰司。长官李姓。治今贵州铜仁市。万历二十六年(1598)改设县。

铜山 在今四川荥经县东北。《续资治通鉴长编》:北宋乾德四年(966),蜀故将全师雄党谢行本、罗七君等据铜山之险为寨,为西川兵马都监康延泽攻拔,即此。

铜山丘湾祭祀遗址 商代遗址。位于江苏铜山县檀山集东南。范围约3000平方米。1959年以来已发掘733平方米。遗址内除少数龙山文化遗物外,主要是商代遗存,有居住地基(包括柱洞和火塘)、窖穴、大量生产工具和生活用具、卜用甲骨及装饰品等。在遗址中部发现一特殊葬地:四块未经人工制作的大石紧靠一起而立,其中央一块最大,下端如楔,插入土中,其他三块在其南、北、西三方。周围二十具人骨、两个人头及十二具狗架的分布,都以大石为中心。学者认为此是商代社祭遗址。

铜石并用时代 又称红铜时代。是新石器时代到青铜时代之间一个过渡时代。是从新石器时代的最后阶段出现第一种金属工具——红铜器之时开始。因红铜质软,这一阶段的主要生产工具仍使用大量磨制石器。有人主张中国铜石并用时代应包括龙山文化晚期、齐家文化等,也有人认为仰韶文化晚期即已进入早期铜石并用时代。

铜台驿 在魏州城(今河北大名县东大街)内。《资治通鉴》:五代梁乾化二年(912)宣义帅杨师厚军于魏州,欲图魏博,"馆于铜台驿",会朱友珪杀父朱温自立为帝,师厚引兵入牙城,据有魏博,即此。

铜瓦厢 地名。在今河南兰考县西北16公里、明清黄河北岸(今黄河东岸)。明正德六年(1511)于此置管河主簿。为沿河集镇。清乾隆四十九年(1784)置兰阳县丞。明、清黄河本自此东出江苏徐州、淮安府夺淮入海。即今淤黄河。清咸丰五年(1855)六月黄河大决于铜瓦厢三堡,冲没铜瓦厢镇,全河分成三股,东北至张秋镇会合穿运河,夺大清河入海;光绪初新河全线大堤告成;决溜合并为一,即今黄河。

铜印 铜质官印。汉代吏秩比二百石以上,比二千石以下的官员皆授铜印,绶带以官秩高低有黑、黄之分。秩比六百石以上,铜印黑绶;比二百石以上,铜印黄绶。后或沿用。南朝齐尚书令、仆,中书监、令,秘书监、丞,太子二率,诸府长史、卿、尹、丞、尉、中丞、都水使者,诸州刺史,皆铜印。唐制,诸司皆用铜印。宋因之,惟三省、枢密院用银印,六部以下用铜印。清由礼部铸印局铸造。中央机构中詹事府、光禄寺、太仆寺、国子监、太医院、武备院、上驷院、奉宸苑,以及各部、院、寺司务厅;各省按察使司、盐运使司,以及各府、州、县等皆用之。印之大小,随各机构地位而定,方厚不等。多以满、汉两种文字并用,亦有用满、汉、蒙三种文字(如厄鲁特总管)及满蒙两种文字(如察哈尔总管)者。字体有钟鼎、小篆、重露篆等数种。

铜印黄绶 汉代凡秩比二百石以上,比二千石以下的官员皆授铜质官印,以其柄上所系绶带颜色区分高低等级。凡秩比二百石、四百石、六百石的官员,用铜印黄绶,刻文为"某官之印"。

铜印墨绶 汉代秩在比六百石以上至千石的官员,授铜质官印,印柄系以黑色绶带。低于银章(印)青绶,高于铜印黄绶。魏、晋、南北朝时,虽官职品位、职掌已有很大变化,仍沿用汉代旧制。如尚书令、仆射主政务,实际权位远在九卿(银章青绶)之上,州刺史作为地方行政长官,亦超过郡太守(银章青绶),然印绶仍沿旧制不改。

铜鱼符 鱼形铜符。省称铜符、铜鱼。多作为调兵或执行皇帝命令的凭信,亦为显示官员身份的证明。《隋书·高祖下》:"丁亥,制京官五品已上,佩铜鱼符。"《旧唐书·职官志二》:"凡国有大事,则出纳符节,辨其左右之异,藏其左而班其右,以合中外之契焉。一曰铜鱼符,所以起军旅,易守长。"亦作为郡县长官或官职的代表。

铜元 清末货币之一。光绪二十六年(1900)六月两广总督李鸿章在广州仿照香港铜仙式样试铸铜元。用铜、铅、锡三种金属配制而成,每枚重二钱,币面龙纹精致,式样美观。面额分一文、二文、五文、十文、二十文五种。其中当十铜元流通最广,俗称单铜板或单铜元。次年清政府饬各省设厂仿铸,至三十一年各省铸造铜元总额为七十五亿枚。

童琮 清末江苏镇江人,字印琮,号雪蘁。回族。曾在江苏镇江创办穆原学堂,自编教材,倡导回民学习新学。光绪三十二年(1906)发起组织东亚穆民教育总会,后改称东亚清真教育总会,号召各地成立分会,兴办学堂,提倡回族教育。

童贯(1054—1126) 北宋开封人,字道夫(一作道辅)。宦官。因善迎合徽宗意图而获宠。与蔡京相勾结。京为相,他被荐监西北边军,积军功迁武康军节度使。使契丹还,开府仪同三司,领枢密院事,权比宰相,握兵权二十年,骄恣专横,势倾一时。时称蔡京为"公相",他为"媪相",为*六贼之一。政和初使辽,载马植(后改名赵良嗣)归,与谋联金灭辽。宣和时统兵镇压方腊起义。进为太师。宣和四年(1122),攻辽失败,密使金人图燕,又以岁币赂金换取檀、顺、景、蓟四州空城。侈言收复有功,被封为广阳郡王。及金攻宋,自太原仓皇遁归,随徽宗南逃。钦宗即位,贬窜英州(今广东英德),处死于南雄州。

童华(1818—1889) 清浙江鄞县人,字惟充,号徽研。道光进士。同治三年(1864)起,历授光禄、太常、大理寺卿,充任湖北、山东、顺天乡试考官。六年任江苏学政。历迁左副都御史,工部、吏部侍郎,曾与礼部尚书恩承赴四川查办川督丁宝桢被劾案。光绪五年(1879)擢都察院左都御史兼管顺天府尹事务,历三年降职为礼部右侍郎。卒于任。

童仆(僕) 即"仆❹"。

童容海(约1832—?) 清安徽无为人,原姓洪,参加太平军后,因避讳改姓,诨号"童大锣"。先隶石达开部。咸丰七年(1857)随石出走,转战赣、浙、闽、湘、桂,为观天豫。十年与吉庆元等离开石达开。次年投入李秀成部,封观天燕。十二年封主将、天将。随军克杭州,封保王。同治元年(1862)初焚掠杭州,出走余杭。七月在安徽广德州降清,任游击。复姓洪。三年在江西助鲍超招降太平军陈炳文部,后不知所终。

童瑞(1455—1528) 明四川犍为人,字世奇。弘治进士。任户科给事中,迁浙江左参政。历官湖广、河南布政使。嘉靖六年(1527)进工部尚书,次年病死。

童山 即今河南浚县西南同山。《资治通鉴》:唐武德元年(618),宇文化及自黎阳“渡永济渠,与(李)密战于童山之下”,即此。

童生 明清对士子未经录取入府、州、县学读书前之称谓。无论老幼皆称,别称文童或儒童。入学后则称生员。

童生试 即“童试”。

童试 科举考试制度之一。儒童入学考试称童试,也称童生试,或称小考、小试。明清童试包括县试、府(或直隶州、厅)试和院试三个阶段。三年内举行两次。童试合格的方能入官学读书,取得生员资格。

童子举 见“童子科”。

童子科 选举制度。唐代始设,十岁以下能通一经及《孝经》、《论语》,卷诵文十,全通者授官,通七者授出身。应试者由本贯申送礼部,同明经举人之例,考试讫奏闻。宋沿置,十五岁以下能通经赋诗者,州举送朝廷,先由国子监验,继由中书复试,合格者再由皇帝亲试,所赐出身及授给官职皆临时裁决。仁宗时一度罢,后复。南宋因之。初无定格,孝宗淳熙八年(1181)始分合格者为三等,上等与推恩,中等免文解两次,下等免文解一次。宁宗嘉定十四年(1221)定制岁取三人。度宗咸淳三年(1267)废。西夏亦设,得中得为童子举。金代亦设,凡士庶子年十三以下,能诵二大经、三小经,又诵《论语》、诸子及五千字以上,府试十五题通十三以上,会试三场四十五题通四十一以上,为中选。殿试合格,赐出身,给钱粟官舍,肄业入学。

童子郎 东汉专授未成年者之郎官。《后汉书·左雄传》:“及汝南谢廉、河南赵建年始十二,各能通经,雄并奏拜童子郎。”

童子世界 杂志名。以青少年为宣传对象的革命刊物。清光绪二十九年三月九日(1903.4.6)在上海创刊。爱国学社主办,何梅士等主编,陈君衍等撰文。初为日刊,石印。自第二十一号起改为双日刊,自第三十一号起又改为旬刊,铅印。文章短小通俗,宣传“外拒白种,内覆满洲”,反对“忠君法古”,希望童子“做现在革命的‘圣贤’”,肩负振兴二十世纪之中国的历史重任。闰五月,因爱国学社遭解散,被迫停刊,共出三十三号。

童子试 即“童子科”。

僮 或作童。旧指奴婢。多称家僮,又有僮仆、僮奴、僮隶、僮指等称谓。《史记·货殖列传》:“僮手指千。”裴骃集解引《汉书音义》:“僮,奴婢也。古者无空手游日,皆有作务,作务须手指,故曰僮指,以别马牛蹄角也。”自秦汉始,贵戚官僚以至富商大贾占有大量家僮。《史记·司马相如列传》:“临邛中多富人,而卓王孙家僮八百人。”《汉书·司马相如传》中“家僮”作“僮客”。颜师古注:“僮,谓奴。”故家僮亦称“僮客”。《三国志·蜀志·糜竺传》:“祖世货殖,僮客万人,赀产巨亿。”僮除任家内杂役,也常承担农业、手工业或商业劳动。其生活亦很困苦。《史记·货殖列传》:白圭“能薄饮食,忍嗜欲,节衣服,与用事僮仆同苦乐,趋时若猛兽挚鸟之发”。魏、晋、南北朝时期,占有僮仆数量亦很大,且依附性甚强。除从事农业及家内劳动外,遇有战事,亦被征发为兵。不经放免不能成为良人。唐以后历代均有,称呼或有不同。迄至清代巨富之家,家僮数量仍然不少。康有为《大同书》甲部第一章:“其投胎为巨富之子也,生而锦衣玉食,金银山积,僮指盈千。”

僮客 ❶指奴仆。汉代已有此称。《汉书·司马相如传》:“临邛多富人,卓王孙僮客八百人。”颜师古注:“僮,谓奴。”三国蜀糜竺祖世货殖,有僮客万人。南朝宋孝武帝曾诏,内外官有田在近道,听遣所给吏僮附业,可知官府亦有僮客并从事官田耕作。❷北宋时受雇于人,从事农业生产者亦称僮客。

僮隶 即奴婢。参见“僮”。

僮仆(僕) 即奴婢。参见“僮”、“奴婢”。

僮仆(僕)都尉 匈奴官名。西边日逐王置于焉耆、危须、尉黎间,掌诸国赋税。匈奴视诸国为僮仆,故名。汉宣帝神爵二年(前60),日逐王降汉,汉使郑吉为西域都护,并护南北两道,僮仆都尉由此罢。

僮县 秦置。治今安徽泗县东北潼城。属泗水郡。西汉属临淮郡,东汉、魏、晋属下邳国或下邳郡。北周废。

僮约 篇名。西汉王褒撰。内容为买奴的券约,券中将僮应服之役一一写明。包括各种生产劳动和家内杂事,甚至要远出奔走为主人经商谋利。从清晨到半夜,必须勤心力作,雨天也不得休息,虽年老力衰,仍要“织席种莞”。又规定不得骑马、乘车,不得大声说话,“事事当关白,如不听教,当笞一百。”虽近似游戏文章,但其内容在一定程度上反映了当时奴仆的悲惨处境。

僮指 即奴婢。参见“僮”。

潼川府 北宋重和元年(1118)升梓州置。治郪县(今三台县。明废入州)。辖境相当今四川三台、中江、射洪、盐亭等县地。明洪武九年(1376)降为州。清雍正十二年(1734)复升为府。治三台县。辖境扩大至今蓬溪、遂宁、乐至、安岳和重庆潼南等市、县地。宋属潼川府路,元、明、清属四川省。1913年废。

潼川府路 北宋重和元年(1118)改梓州路置。治潼川府。辖境约当今四川嘉陵江下游,涪江中、下游,沱江中、下游和筠连县以北、合江县以西地区。蒙古废。

潼川郡 西魏置。治今梓潼县。辖境相当今四川梓潼县地。属潼州。隋开皇三年(583)废。

潼川州 明洪武九年(1376)降潼川府为州。治今三台县。辖境相当今四川三台、射洪、中江、盐亭、蓬溪、遂宁、安岳、乐至和重庆潼南等市、县地。属四川省。清雍正十二年(1734)复升为府。

潼关 东汉置。在今陕西潼关县东北杨家庄附近。当陕西、河南、山西三省交通要冲,自古为军事重地。建安十六年(211)曹操破马超于此;东晋末刘裕伐秦,复由此进取长安。唐天授二年(691)于此置潼津县,移治今潼关县东北港口。后废。明洪武九年(1376)改置潼关卫。清雍正四年(1726)置潼关县,乾隆十二年(1747)升为厅。1913 年复改为潼关县。1958 年撤销,1961 年复置县,移驻吴村而故关仍存。

潼州 南朝梁置。治取虑城(今安徽灵璧县东北)。东魏武定六年(548)改为睢州。《资治通鉴》:梁太清元年(547),东魏慕容绍宗“引步骑万人攻(梁)潼州刺史郭凤营”,即此。

tǒng

统 官名。北齐僧官。《隋书·百官志中》:“昭玄寺,掌诸佛教。置大统一人,统一人。”

统带 官名。清末新军军官之一种。时新军统带一标(团)之长官称统带,亦称标统。又清末禁卫军亦遵新军之制,每标署统带官一人。

统府 官署名。十六国时后燕慕容垂称燕王时所置。晋太元九年(384),慕容垂自称大将军、大都督、燕王,承制行事,合称统府,府置四佐。

统副 官名。南朝宋置。当时大军出征,以名位高者一人为统或大统,号令诸将,又置此职佐理军务,多以皇帝亲信之人充任。

统管 官名。太平天国后期增设之朝上职官。天历庚申十年(1860)始设,职务未详。低于掌率,高于尽管。又曾置“京畿统管”,专治天京内政事。

统和 辽圣宗年号(983—1012)。凡三十年。

统和元宝 辽铜钱。圆形方孔,汉字,铸于辽圣宗统和年间。

统会 亦称通会。官署名。明末李自成农民军政府置。崇祯十七年(1644),在北京,改原布政使司而置,其职掌仍因袭明代。

统计局 官署名。清宣统三年(1911)五月设立,为责任内阁下属机构之一。掌管统一各部统计事宜并其他统计事宜。设局长、副局长各一人管理。

统军 官名。(1)北魏孝文帝时始置。位在军主之上、别将之下。可因事立名,冠以专职之称。由朝廷或州府、都督、镇将任命。领兵五百、一千、三千、五千不等。北周定为五命,隋朝从八品。(2)唐初秦王、齐王左右六护军府皆置,左一右一护军府五员,分领亲、勋卫及外军府兵,左二右二、左三右三护军府各减三员。左右亲事府各一员,正四品下,掌率左右别将,侍卫陪从。左右帐内府亦置,同护军府。(3)唐高祖武德七年(624)改骠骑将军府为统军府,骠骑将军为统军。贞观十年(636)改统军为折冲都尉。(4)唐德宗兴元元年(784)正月敕左右羽林、左右龙武、左右神武各置一员,秩从二品(一说正三品)。贞元十四年(798),左右神策军亦置,品秩同六军。(5)西夏置。元昊建国初于监军司内设,以党项贵戚豪右领其职。

统军府 官署名。即折冲都尉府。唐武德七年(624)改骠骑将军府置,贞观十年(636)改为折冲都尉府。

统军司 官署名。辽、夏、金、元时期的重要军事机构。(1)辽有东京统军司,统东京道诸州军事;东北路统军司,统领泰州、长春州、宁江州及东北诸部兵事;南京统军司,统领南京(今北京)汉军;乌古敌烈统军司,统领乌古等部族军队;道宗时设西北统军司,征讨阻卜(鞑靼)。北面行军官另有东征、西征、南征统军司。诸统军司一般设有统军使、副使、都监等官。(2)西夏统军司,参见“左右厢十二监军司”。(3)金代统军司设于河南、山西、陕西、益都(山东东路)四路,督领军马,镇驻一方。统军司设统军使一员,正三品;以及副统军、判官、知事、知法等官及其他属官。(4)元中统三年(1262),立河南统军司,辖东起亳州(今属安徽),西至均州(今湖北丹江口西北)各万户;山东统军司,辖西起宿州(今属江苏),东至海宁州(今江苏连云港)各万户。辖境内之军民官由统军司选任,原由各万户管领的诸路汉军科征差税,改隶两统军司。至元十年(1273),两统军司改为荆湖和淮西两行枢密院,掌调遣军马征南宋事。又有统军司都元帅府,掌各路军民科差、征发及调遣,总摄军马公事。至元二十一年罢。改立蒙古军都万户府。

统领 官名。(1)南宋置,为各屯驻大军之统兵官。一般各军设二人,位都统制、统制之下,以为偏裨。(2)明末郑成功设。其军队分为五军,下辖陆军七十二镇、水师二十镇。每镇有官兵一千二百人,各设提督、统领,掌一镇之军务。凡有战事,则与提督率队出征。(3)清置,八旗的前锋营、护军营分设前锋统领、护军统领。又步军营设提督九门步军巡捕五营统领。咸丰以后,各省招募勇营成军,其统军之官亦称统领。清末新军制称一协(旅)的长官为统领,也叫协统。各省巡防队分路的统兵官也称统领。

统史 ❶官名。北魏置。太和十七年(493)定为从九品上,二十三年复次职令,未见。❷书名。唐姚康复撰。三百卷。已佚。

统矢府 大理国段氏置,又号姚府,为八府之一。治姚安,辖境约当今云南姚安、大姚、永仁等县地。蒙古宪宗七年(1257)改为千户所,元至元十二年(1275)改为姚州。

统天 属于天。《易·乾·彖》:“大哉乾元,万物资始,乃统天。”《三国志·管辂传》裴松之注载《管辂别传》引此三句而释之曰:“夫统者,属也。”意谓万物赖天而有始,故万物属于天。

统天历(曆) 南宋杨忠辅造。施行于庆元五年(1199)至开禧三年(1207)。岁实为

$$365\frac{2\,910}{12\,000}\text{日}=365.242\,5\text{日},$$

$$\text{朔策 }29\frac{6\,368}{12\,000}\text{日}=29.530\,594\,16\text{日}。$$

岁实只比地球绕太阳一周的时间差 26 秒;与欧洲于 1582 年通用的“公历”年长一致,但早了 383 年。《统天历》不采用上元积年,有进步意义。但为避免守旧派攻击起见,仍虚立一个上元。此上元至庆元五年(己未)积 3 835 年;然其上元甲子并非十一月甲子夜半合朔冬至的甲子年,需经“气差”、“闰差”、

"转差"与"交差"四项订正，这四项的值，是他根据绍熙五年的实测结果算出。《统天历》不注岁差而另立周天差 338 920；如以策法（12 000）除周天分（4 383 090），得周天 365.257 5 度，由此得岁差每年退0.015 0度，或六十六年八个月退一度。杨忠辅发现回归年日数"古大今小"，不是常数；每年减少 0.000 002 12日。上推古代或下测将来，认为须用"斗分差"来校正。究其成因，来源于自汉代以来，每一历法常改用一岁实，损益无一定标准。因为古人根据圭表景长来定冬至，其所测得之值是"定冬至"而非"平冬至"，于是所定的岁实为"定岁实"而不是"平岁实"。当时尚不知道冬至和近日点有远近，岁实应有消长分数。杨忠辅始立"斗分差"，示岁实有消长，这是天文历法史上大贡献。《统天历》中的四项订正，周天差及斗分差，皆为前所未有。清梅文鼎称"宋历莫善于纪元，尤莫善于统天"。但亦有不足之处，在历法颁行的第四年，嘉泰二年（1202）五月甲辰朔日食，《统天历》推算时刻比实际天象早了一个半时辰。

统万城 十六国时期夏凤翔元年（413）赫连勃勃筑。在今陕西靖边县北白城子。当时发民十万蒸土修筑，建为首都。赫连勃勃自以为将统一天下，君临万邦，因取"统万"为名；一说为胡语汉译。五年，于长安置南台，以此为北京。承光三年（427）为北魏太武帝攻取，在此置统万镇。自太和以后至唐，曾为夏州治所；贞观以后又为夏绥（唐末号定难军）节度使治所。北宋淳化五年（994）毁。残址今存，尚有可观。

统叶护可汗（?—628） 西突厥雄主。射匮可汗弟。唐武德初嗣位，建牙石国北之千泉（今吉尔吉斯斯坦托克马克以西吉尔吉斯山北）。三年（620）高祖遣使约其合攻东突厥，颉利可汗惧而请和。在位时，北并铁勒，西拒波斯，南接罽宾，控弦数十万，霸有西域。印度僧波罗颇迦罗蜜多罗曾赴突厥传教，受其礼遇。玄奘亦曾面谒之于碎叶城，记其国强盛殷富，军容极壮。唐许与和亲，以颉利可汗发兵阻挠未成。后因内乱，为其伯父莫贺咄所杀。

统制 官名。南宋屯驻大军的各军、各部统兵官有统制、同统制、副统制、统领、同统领、副统领等名目。各军往往设统制一员、统领二员。元明未置。清末新设陆军中设有统制官，为陆军中一镇（师）之长官，正二品，掌领全镇军务。

筒车 一种灌溉提水机械。发明于唐代，当时发明的是以水为动力的水转筒车。元代出现以驴为动力的驴转筒车，以水力或人力、畜力为动力的高转筒车。元《王祯农书》有详细记载。

筒拱 多道券并列或纵联而成的跨空砌体。由空心砖梁板、尖拱、折拱演变而来，西汉初叶成形。初用于墓室顶，多道券并列而成，后发展为各道券间砖石互相交错的纵联方式。东汉开始用于拱桥建筑，北宋用于城墙水门，南宋用于城门洞，明初用于建造仿木砖石结构的无梁殿。

tòng

痛史 书名。(1)历史小说。近人吴趼人（署我佛山人）著。清光绪二十九年（1903）至三十一年在《新小说》连载，宣统三年（1911）上海广智书局出版单行本。只写二十七回，未完。作者以小说为正史之"辅翼"，写南宋灭亡之惨，元人淫杀之酷。赞扬文天祥等"忠臣义士"，痛诋贾似道等"汉奸佞臣"，隐喻清廷腐败，宣传种族革命。1938 年 11 月编入《海角遗编》，风雨书屋重印。(2)历史丛书名。清末乐天居士编辑。二十种，附录九种。明末清初野史笔记丛书。所收如《福王登极实录》、《哭庙纪略》、《丁酉北闱大狱记略》、《庄氏史案》、《研堂见闻杂记》、《淮城纪事》、《浙东纪略》、《崇祯长编》、《江上孤忠录》和《蜀记》等，均为记述明朝覆亡、清初反清斗争和清代文字狱等史事之清代禁书秘籍。编者意图在以此唤起民众，推翻清朝统治。有1911 年印本。

tōu

输石 古矿物、金属名。有两义：(1)三国至六朝时主要指黄铜矿（$CuFeS_2$）、黄铁矿（FeS_2）一类金黄色矿物。(2)南朝梁至宋元时又指铜锌合金（黄铜）。梁宗懔《荆楚岁时记》、明末清初方以智《物理小识》都曾提及。作为黄铜的输石又包括真输和假输两种，程大昌《演繁露》认为，真输、假输皆是金属，真输是天然自生者，假输是赤铜入炉甘石炼成者。

输勿崘 十六国时人。鲜卑族。南凉秃发利鹿孤时任安国将军。曾建议处汉人于城郭，事农桑以供军国，帅鲜卑人习战射专事武备，避强击弱，迁徙不常。为利鹿孤采纳。

tóu

头车 攻城器械，是一种组合战车。其宽七尺，前高七尺，后高八尺。以巨木为框架，上铺木为盖，其上铺皮笆一重，皮笆以竹编成，幔以生牛皮。笆上铺穰藁厚尺余，穰藁上又施皮笆。中留方窗，容人上下。车三面以木牌密遮，木牌外再垂皮笆以御砲矢石。车顶前方施屏风笆，中开箭窗。进车用大木二条，谓之揭竿，施于车下，插前桄压后桄，使车首昂起。以三十人用木橛、铁梃推挑撬杠使进抵城下，并用大麻绳系车，以绞车绞之助力。攻城凿地道时，以车蔽人。旧头车无轮，无头牌。宋时车下加轮，车前加屏风牌，掩手，使用更便。头车后以*绪棚接续车后，车备泥浆、麻搭、水袋等以备敌火焚。宋《武经总要》载有其制及图形。

头等参赞 官名。清末头等出使大臣属官。正三品。佐出使大臣办理交涉事务。

头等出使大臣 官名。清末派驻外国的高级官员。光绪二年（1876）始设。三十三年，定制为正一品，特简。掌处理重大国际交涉事务。无定员，有事权置，毕乃省。其属官有头等参赞官、头等通译官等。参见“出使大臣”。

头等学堂 学校等级之一。清末兴新学之初期，盛宣怀仿西洋学制于光绪二十一年(1895)在天津创设头等学堂、二等学堂，学制均为四年。头等学堂专攻工程、采矿、机械等专科；二等学堂为头等学堂之预备科，习满升入头等。时因初设，采通融求速办法，教员既苦乏才，学生亦难精择，故无甚成效。二十三年，盛宣怀又于上海创设南洋公学，对头等、二等学制加以改进，而分为四院，其中之中院、上院即二等、头等学堂，寓中学堂、高等学堂之意。详见“天津头等二等学堂”、“南洋公学”。

头鹅宴 辽帝在春捺钵捕杀天鹅，头鹅由辽帝亲自放猎鹰海东青捕杀，群臣献酒果致贺，各插鹅毛于头上，举乐宴饮，称为头鹅宴。

头关提船将军 官名。太平天国朝上职官。定都天京(今江苏南京)后，设于天京沿江三关(提头关、提中关、提下关)之提头关，专主头关船舶，职同将军。

头家廍 清时台湾由业主单独出资经营的糖厂。因台湾及南洋华侨社会佣工称主人曰头家，故名。

头克汗 即“泰吾坎汗”。

头会箕敛 秦代征收人头税的方式，后用以形容秦代赋敛之重。《史记·张耳陈余列传》：“头会箕敛，以供军费。”裴骃集解引《汉书音义》曰：“家家人头数出谷，以箕敛之。”此处箕敛之物当为谷。然《睡虎地秦墓竹简·金布律》：“官府受钱者，千钱一畚。”据此可知所敛者是钱。《淮南子·氾论训》作“头会箕赋”，高诱注：“头会，随民口数人责其税；箕赋，似箕然敛民财，多取意也。”

头曼 即“头曼单于”。

头曼单于(？—前209) 匈奴单于。挛鞮氏。原据有河南地(今内蒙古伊克昭盟)，东与东胡邻，建牙头曼城(今内蒙古包头市东)。西与月氏邻。秦始皇三十二年(前215)，因蒙恬将兵取河南地，率部北徙。秦末边防废弛，又渡河南下。秦二世元年(前209)，后欲废长立幼，为其子冒顿所杀。

头曼城 匈奴头曼单于统治中心。据《汉书·地理志》载，城在五原郡稒阳(治今内蒙古包头东)西北。

头面库 官署名。金代置，属宣徽院。掌内府头面(首饰)。大定二年(1162)，从内藏库析出。设都监、同监领库事，秩正九品、从九品。另有本把七人，知书二人。

头囊 又谓囊角。唐宋间，南诏、大理君长、高级官吏及侍卫人员的一种头帕装饰。状为椭圆形，高约尺余，上有帽顶，两侧帽耳状若角。以绫绢制成，君长的头帕用红绫，余均用黑绫，以示等级尊卑。羽仪(高级卫士)以下有殊勋的官员亦可戴此头帕。云南剑川石宝山石窟造像、《南诏画卷》及《张胜温画卷》，皆有描绘。

头辇哥 元蒙古人。扎剌儿氏。木华黎后裔。世祖初年袭国王位。至元六年(1269)高丽权臣林衍废其国王王禃，他奉诏与赵璧行中书省事于东京(今辽宁辽阳)，以兵压高丽境。王禃复位后来朝世祖，又率兵偕王禃回国。八年，行尚书省于北京(今内蒙古宁城西大名城)、辽东等路。十一年，被告扰民，世祖遣廉希宪同行省事于北京。不久，奉诏回藩。

头山满(1855—1944) 日本福冈县人，别号云翁。出身藩士家庭。1876年以暗杀大久保利通嫌疑入狱一年。出狱后参加坂垣退助领导的国会请愿运动。1879年与平冈浩太郎等组成向阳社，两年后又创设玄洋社。1900年组成国民同盟会。清末，经宫崎滔天、内田良平等介绍结识孙中山、黄兴、宋教仁。曾介入辛亥革命。但一贯坚持侵华立场，为右翼势力首脑。在日本政界和财界有很大影响。

头司 唐宋尚书省六部二十四司中吏部、户部、礼部、兵部、刑部、工部等六司通称。

头痛山 始见《汉书·西域传》，有大、小头痛之分。据《通典》，山在渴槃陀(今新疆塔什库尔干塔吉克自治县)西南。乃西域南道险阻之处，海拔太高，空气稀薄，登者头痛，故名。

头陀教 元代佛教的一个苦行派别。头陀(梵文Dhūta的音译)义为“抖擞”，即去掉尘垢烦恼。传自天竺，盛于南朝齐、梁。有十二种修行规定，称“头陀行”。如著粪扫衣(用被遗弃的破布缝制的僧服)、常乞食、住阿兰若(远离人家的空闲处)等。元代成为独立的教门，朝廷设诸路头陀教门都提点，各路设头陀教禅录，管理治下头陀禅师。头陀禅师与俗人诉讼，由禅录与地方官员共同裁断。

头陀军 元代闽浙地区农民起义军称号。至元十五年(1278)，浙东庆元(治今浙江宁波)起义军以此为号。二十年，福建黄华起义，军士剪发文身，也以此为号。头陀，佛教苦行的一种。农民军以此为号，当是取苦行之义。

头围 一作头围堡(街)，即今台湾宜兰县东北头城镇。清嘉庆元年(1796)漳州人吴沙率移民在此垦殖成第一个土围，称头城。后改称头围。噶玛兰厅所属巡检司和宜兰县丞驻此。

头下军州 头下又作投下。辽代对外作战，诸王、外戚、大臣和诸部可以私军从征，所获俘虏，即归诸王、外戚、大臣和诸部所有，加以私奴，建立头下军州。大者称节度州，小者称刺史州。节度使由中央任命，刺史以下则由本主任命。头下军州税收，除酒税外，概归本主所有。《辽史·地理志》：“头下军州，皆诸王、外戚、大臣及诸部从征俘掠，或置生口，各团集建州县以居之。横帐诸王、国舅、公主许创立州城，自余不得建城郭。朝廷赐州县额。其节度使朝廷命之，刺史以下皆以本主部曲充焉。官位九品之下及井邑商贾之家，征税各归头下；唯酒税课纳上京盐铁司。”又云：“以征伐俘户建州襟要之地，多因旧居名之；加以私奴置投下州。”《百官志》四：“其间宗室、外戚、大臣之家，筑城赐额，谓之头下州军。”综合《辽史》和《契丹国志》记载，可考知的头下军州约四十个。头下军州外，还有较小的头下军、城、堡等。

辽宋澶渊之盟前,头下军州较多,以后逐渐减少。到元代,头下军州不置节度使,成为诸王的分地或勋臣的食邑。

头项 ❶西夏军事组织。各部族首领所将本部兵为一溜,八溜为一头项。❷蒙古时期,自大汗以下,诸王、驸马、大将,凡自领一部者称为头项。如灭金时,围汴京(今河南开封),宋、金人记载称其各路军马将帅共有十七头项,或作十七投下。参见“投下”。

头役 明清时期,府、州、县署衙役的敬称,口语或称之为头翁。

头鱼宴 辽帝在春捺钵凿冰钓鱼,头鱼由辽帝亲自用绳钩(带长绳的鱼叉)捕取,与群臣欢宴,称为头鱼宴。

头子 又称头引,宋时官方文书的一种。官员差出或赴任,有走马头子,可乘递马。官吏向商人购物,不即时付钱而给头子作债务凭证。

头子钱 唐宋官府征收租赋和支付钱币时的附加税。其制始于唐,抽取于民,以补公用。《唐敕修文宣庙牒》:“摧破处,量破仓库头子钱修葺。”至五代时已很普遍,如后唐天成二年(927),户部奏苗子一布袋令纳钱八文,以三文作仓司吃食补衬;长兴元年(930),见钱每贯七文,秆草每束一文;后汉隐帝时,旧制钱出入皆以八十为陌,三司使王章始令入者八十,出者七十七,陌外又取头子。至宋,头子钱之征收与使用渐有规制。开宝六年(973),为弥补仓耗,令川、陕人户两税以上输纳钱帛,每贯收七文,每匹收十文,丝绵一两、茶一斤、草一束各一文。所收钱,一半纳官,一半公用。后推广各路,所收均需缴入官库。神宗时规定,役钱每千文征收五文,此后不断加重。南宋高宗时,明令将头子钱从每千文征收十三文提高到四十三文,孝宗时达五十六文。北宋末至南宋,又行*经制钱,凡公家出纳均收头子钱,并不断增加,成为经制钱的主要来源。

投充 清初弊政之一。顺治二年(1645),摄政王多尔衮下谕,允许各旗招收贫民供役使。皇室及八旗贵族官僚遂大量逼民投充,一时形成近京数百里内,不论贫富,相率投充。法令规定,投充人即系奴仆,本主可以买卖。投充人成为满族奴仆的重要组成部分。

投充地 清初在京畿圈占土地,安置东来八旗官兵。一些汉族地主为求得政治庇护,带地来投。其所带田地称投充地。

投刺王官 投刺,谓递呈书有姓名之奏文。东晋司马睿称帝,一反以往诸帝初即位时率赐民爵一级的惯例,仅赐诸吏投刺劝进者加位一等,民投刺者皆除吏,凡二十余万人,时人称之为“投刺王官”。名虽为官,实乃乌有,其多数并未授职,仍是“吏充征役,复依旧民”。

投供验到 清制,凡赴吏部候选、候补官员,均须取具本旗都统、本籍或原住省分督抚咨文。汉京官郎中以下,外官道以下还需取具同乡六品以上京官印结,到部投供验到。到部之员,均令书写履历单呈交查校,谓之投供;投供之员,尚需书写本人官衔、姓名一纸,呈交文选司,称职揭;候选、候补官员到京后,即赴吏部报到,并呈交咨文、印结和履历单,吏部主管官员验其文结、年貌等,称为验到。

投壶 周代贵族宴飨时的游戏之一。游戏的工具是箭和壶。箭用未去树皮的柘木或棘木制成,长短视投壶的场地而定:室中,用两尺箭;堂中,用两尺八寸箭;庭中,用三尺六寸箭。壶是颈长七寸、深五寸、口径二寸半的长颈大肚壶。壶和投掷者之间的距离为“二矢半”;室内为五尺,堂上为七尺,庭中为九尺。游戏时,游戏者每人持四支箭,依次向壶中投箭,以箭头先入壶者为中。如一方连续投箭,虽入亦不算中。以投中的多少决定胜负。胜方酌酒,负方饮之;且为胜方立一“马”(马形筹码),立马为一局的终结。倘一方三局二败,其所立之一马即拨归对方。得三马者饮庆贺之酒,游戏告一段落。见《礼记·投壶》。春秋时已有此戏,战国时甚为流行。

投书 刑法名目。即投递匿名诽谤的书信。《睡虎地秦墓竹简·法律答问》:“有投书,勿发,见辄燔之,能捕者购臣妾二人,系投书者,鞫审谳之。”《晋书·刑法志》:“改投书弃市之科。”

投税 明代税收用语。客商按官府所定时间及则例纳税,官府发给官券,以为凭证。其后方许发卖货物。

投下 元代诸王、驸马、勋臣所属的人户。词源于辽之头下,元代称投下,或作头项,蒙古语称爱马。元太祖建蒙古国,将被征服民分赐给诸弟、诸子、驸马、功臣;后用兵中原和西域,又将俘虏带回草原,作为各自的私属,形成若干投下。投下人平时向领主纳赋服役,战时由领主率领出外作战,如进军河南灭金时,史载有十七头项,也称十七投下。由于中原人不适应草原的生产和生活,投下领主又将俘虏寄留于各州县,派人管理。元朝陆续专设官府,有本投下人匠总管府之类各种名目。从太宗开始,曾几次在中原括户,并将人户按州县分封,每五户应向领主纳丝一斤。因为这类人户集中在固定的州县,故又有汤沐邑、五户丝分地之称。元平江南,又将江南各县人户分赐给各个贵族,向领主纳钞。无论是漠南北、中原、江南的人户,凡属某领主所有者,通称某投下或某位下,由领主世袭继承。漠南北投下事务由领主自理,中原投下事务由朝廷派官治理,由领主派达鲁花赤监收应纳五户丝。

投献 明代农户逃避赋役之方法。农户因不堪国家赋役苦累,将土地投献给官豪势要,并为其佃户,以求存活。

投子 即“骰子”。

骰子 传为三国时曹植所造,取投掷之意,曰投子。因用玉制作,又称明琼。初为两颗,作正方形六面体,各面分别刻一、二、三、四、五、六之数。投掷时以面上数决胜负。若同时出现“四”,曰“重四”,最贵胜。相传唐玄宗与杨贵妃彩战不利,唯得“重四”则可转败为胜。玄宗掷而呼叫,骰子宛转良久而成“重四”,大悦,乃命高力士赐“四”着绯,故“四”为红色。

因见色数为胜负,乃有色子之名。晚唐李郃撰《叶子格》,改用六颗,并多用骨制作,遂称骰子。

tòu

透光镜　一种能够反射背面花纹的铜镜。出现于汉代,隋唐时有文字记载。其制造方法传到日本,近代日本仍有制造。经近人研究,一般认为它是磨制而成,也有人认为是采用冷却方法。磨制和冷却二法均能得到透光效果。

tū

秃八　部族名。即唐代的都波或都播。《元朝秘史》以复数形式译为秃巴思。居于唐麓岭(今唐努山)北今乌鲁克穆河和克穆齐克河流域,蒙古人以此两河之名称呼此部,汉译谦谦州。当今土瓦人。

秃巴思　即"秃八"。

秃赤　又译秃只、秃忽赤。元蒙古阿儿剌氏。御史大夫玉昔帖木儿弟。以勋贵出任御史中丞。元贞二年(1296),继兄职为御史大夫。大德八年(1304),受赐籍没朱清、张瑄田六十顷。

秃儿合黑　即"秃鲁花"。

秃发(有髮)利鹿孤(?—402)　十六国时河西鲜卑秃发部人。南凉国君。秃发乌孤弟。南凉太初三年(399)继立,徙都西平(今青海西宁)。次年,改元建和,击败后凉吕纂。建和二年(401),称河西王。后病死。谥康王。

秃发(髮)令　西夏建国前的革新措施之一。显道元年(1032),元昊下令推行党项传统发式秃发,禁止汉人风俗结发。元昊本人先自秃发,境内人民限三日内秃发,不从者杀。

秃发(髮)傉檀(365—415)　十六国时河西鲜卑秃发部人。南凉国君。兄利鹿孤在位时,掌军国大权。建和三年(402)继立,号凉王,改元弘昌,迁都乐都(今属青海)。弘昌三年(404)去年号,降后秦。后秦弘始八年(406),被姚兴任为凉州刺史,遂得据姑臧(今甘肃武威)。十年,大败后秦军,复称凉王,年号嘉平。后屡与夏、北凉争战,势衰。嘉平三年(410),北凉围姑臧,还都乐都。七年,率军征乙弗部,为西秦乞伏炽磐击败,投降。次年被毒死。谥景王。

秃发(髮)氏　又称河西鲜卑。鲜卑拓跋部的一支。原居塞北,三世纪时始祖匹孤率部迁至河西。其子寿阗生于被中,鲜卑语谓"被"曰"秃发",因以为氏。或说秃发即拓跋之异译,鲜卑父匈奴母所生子之意。东晋隆安元年(397)首领秃发乌孤建南凉,传三主,至南凉嘉平七年(414)为西秦所灭。北魏时一部分改姓源氏。

秃发(髮)树机能(?—279)　西晋河西鲜卑秃发部首领。泰始六年(270)杀晋秦州刺史胡烈,数败晋军。咸宁五年(279)袭取凉州。后为晋将马隆所败,部下杀之降晋。

秃发(髮)乌孤(?—399)　十六国时河西鲜卑秃发部首领。南凉创立者。初臣属后凉,为河西鲜卑大都统、广武县侯和广武郡公。东晋隆安元年(397),自称大单于、西平王,年号太初,取后凉河湟之地,后更称武威王。都乐都(今属青海)。在位三年,因酒醉坠马受伤死。

秃忽赤　即"秃赤"。

秃忽剌河　即"土兀剌河"。

秃忽鲁帖木儿(1330—1363)　别失八里(蒙兀儿斯坦)第一任汗。元至正八年(1348),被杜格拉特部首领布拉吉拥立为汗。自称笃哇之孙。时元朝衰败,无暇西顾,突厥化之蒙古各部诸侯割据中亚,察合台汗形同傀儡。他为重新统一察合台汗国,于二十年对河中(以撒麻耳干为中心的阿姆、锡尔两河之间地区)用兵,获胜。次年,攻下撒麻耳干,以其子也里牙思火者为河中总督。在位期间,致力于推行伊斯兰教,信众达十六万。是当时新疆第一个信仰伊斯兰教的蒙古汗。死后葬于今新疆霍城,其墓尚存。

秃忽鲁帖木儿陵　秃忽鲁帖木儿为别失八里(蒙兀儿斯坦)第一任汗,元至正二十三年(1363)卒。陵在今新疆霍城东北约15公里处。傍阿力玛里故城。穹顶,高14米。面阔10.8米,面积约150平方米。正面用各色琉璃砖镶饰成花纹图案,阿拉伯文联、额,亦组成图案,颇具伊斯兰教特色。

秃花太傅　即"耶律秃花"。

秃坚　又名秃坚不花。蒙古诸王。至顺元年(1330)与万户伯忽等攻陷中庆(今昆明),杀云南行省官吏,自立为云南王。乌蒙(今昭通)、乌撒(今威宁)、东川、罗罗斯(今西昌)、大理等地土官,皆与之相呼应。元文宗图帖睦尔命豫王、镇西武靖王、荆王等率四川、陕西、湖广、江浙、河南等省数十万军讨平之。次年,从叛的万户、将校以上皆被杀,惟他不知所终。

秃剌(?—1309)　元察合台玄孙。大德十一年(1307)成宗死,拥立武宗海山为帝,以功封越王。至大二年(1309),以怨望不逊罪被杀。

秃里　又译吐里、秃鲁。辽金管理边疆诸部族、部落的官职。掌理词讼和防察背叛之事,从七品,下有司吏、通事各一人。元初沿用。

秃鲁　❶即"秃里"。❷(?—约1328)又译秃忽鲁。元蒙古克烈氏。也先不花次子。成宗时,为宗正府也可扎鲁忽赤。武宗即位,任中书右丞,加司徒。至大元年(1308),知枢密院事。二年,遥授左丞相。皇庆二年(1313),代铁木迭儿任中书右丞相。延祐元年(1314)罢,复知枢密院事。三年,皇侄和世㻋以周王出镇云南,他以遥授左丞相为周王常侍府常侍。和世㻋西走金山(今阿尔泰山),改陕西行省左丞相。至治三年(1323),任御史大夫。泰定二年(1325),加太保。四年,加太傅。不久死。文宗天历二年(1329),追封广阳王。

秃鲁班　即"朵鲁班"。

秃鲁花　又译睹鲁花、秃鲁华、秃儿合黑。源于突厥语,指蒙、元怯薛中的散班。成吉思汗建怯薛,征调万户、千户、百户、十户子弟及其随从，组成八千秃鲁花。此后蒙、元功臣将帅子弟多入宿卫，充秃鲁花，故亦称质子军。

秃鹿麻 又名兜罗棉、妬罗棉。即棉布。长春真人丘处机在阿里马所见，“其毛类中国棉花，鲜洁细软，可为线、为绳、为帛、为绵”。《诸蕃志》：“南毗国产兜罗棉”，“以吉贝为布，最坚厚者称兜罗棉”。

秃麻 部族名。又译途马、秃满、吐麻、秃马惕。常同火里连称。约住在贝加尔湖以西山地。成吉思汗时首领带都剌莎合儿归降蒙古，死后其妻孛脱灰塔儿浑起义，被镇压，居地被斡亦剌部占据。元代火里秃麻居地是太仆寺所属十四处官马牧地之一。

秃马惕 即“秃麻”。

秃满 即“秃麻”。

秃满伦 成吉思汗女。嫁弘吉剌部按陈之子赤窟。元太宗八年(1236)，受赐濮州(治今山东鄄城北旧城)五户丝户三万。元代追谥郓国公主。

秃思马 即“朵思麻”。

秃土哈 即“脱脱哈”。

秃只 即“秃赤”。

突地稽 隋末唐初靺鞨族酋长。隋末，率部千余人内附，居营州(治今辽宁朝阳)，授辽西太守。曾从攻高丽，每有功，赏赐优厚。唐初以其部为燕州，授总管。后上书秦王李世民，请助攻刘黑闼，以功封耆国公，徙部居昌平(今属北京)。尝率军于幽州击败高开道所率突厥军。贞观初，进位右卫将军，赐姓李。寻卒。

突甘斯 即“朵甘思”。

突火枪 宋代兵器名。理宗时，寿春府(治今安徽寿县)创制一种管形火器，以巨竹为筒，实以火药，安上子窠，火药点燃后，子窠射出。为后世管形枪炮之始。

突举部 契丹遥辇氏八部之一，与突吕不部为兄弟部落。

突厥 古族名、国名。鄂尔浑突厥文碑作Turk。广义包括突厥、铁勒诸部落，狭义专指突厥汗国。六世纪时游牧于金山(今阿尔泰山)以南，因金山形似兜鍪(古战盔)，俗称“突厥”，遂以名其部落。初臣属于柔然，为其锻奴。西魏大统十二年(546)，首领土门称雄，击破铁勒，收其众五万余落。废帝元年(552)，大破柔然，自号伊利可汗，建立突厥汗国，树庭于郁督军山(今蒙古国杭爱山东段)。有文字、官制、刑法、税法等。可汗皆出阿史那氏族。可汗之下，有小可汗、叶护、设、特勤、俟利发、吐屯等二十八级官员，皆为世袭。汗国全盛时，疆域东起辽海，西抵西海(今咸海，一说里海)，南至阿姆河以南，北过贝加尔湖，控制中西交通及丝绸贸易之路，与中原的北齐、北周相抗衡。齐、周两朝惧其势力，争与通婚，岁倾府藏金帛以博其欢心。土门可汗弟室点密远征西方，灭嚈哒，败波斯，因立为西面可汗，分治汗国西境。隋开皇二年(582)，西面可汗达头与大可汗沙钵略不睦，分裂为东突厥与西突厥两汗国。

突厥文 古代操突厥语民族使用的一种拼音文字。有四十个字母，其中一半以上都见于不同文献的变体。突厥汗国、回纥汗国、高昌回鹘、黠戛斯(今柯尔克孜族)、骨利干(在西伯利亚)等都曾使用这种文字。因字形与古代北欧日耳曼民族使用的卢尼文相似，故亦称为“突厥卢尼文”。近世其重要文献发现于蒙古鄂尔浑河和叶尼塞河流域，故又称为“鄂尔浑—叶尼塞文”。现存突厥文文献最重要的有《暾欲谷碑》、《阙特勤碑》、《毗伽可汗碑》、《回纥英武威远毗伽可汗碑》。

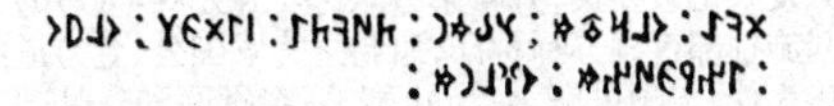

(这时坐上了[汗位]。你们都聆我的话，首先是我的诸弟和诸子)

突厥文

突厥语大辞典 亦称《突厥语辞典》。书名。哈喇汗朝时代的语言学巨著，世界上第一部完整、系统的突厥语辞典。马合木·喀什噶里编著。成书于1071—1077年。原著以阿拉伯文写成，分八卷。卷分上下，卷内有章。名词与动词分列，单音节、双音节、多音节分列。词条以阿拉伯文拼写并释义，内容涉及天文、地理、政治、经济、历史、民俗、金石、草木、饮食、服饰等。录有民歌数十首，格言、谚语、俚语二百余条，并附中亚地图一幅，被誉为突厥文化的百科全书。原本佚失，现存唯一的抄本为1266年波斯人穆罕默德·本·艾比伯克尔·伊本·艾比尔法蒂赫的手抄本。1915—1917年土耳其出版此抄本。1981年中国出版维吾尔文译本。

突利可汗 ❶即“启民可汗”。❷(603—631)唐时东突厥小可汗，名什钵苾。始毕可汗子，颉利可汗侄。领东牙兵，号泥步设。妻隋淮南公主。颉利嗣位，以之为突利可汗。牙帐在幽州北，统奚、霫等十数部。武德七年(624)从颉利攻唐，旋奉使议和，乃与秦王李世民结盟兄弟。然待下无恩，征税无度，属部多叛，北攻薛延陀又丧师，颉利因而挞之。唐军北伐，率兵归唐。贞观四年(630)，授右卫大将军，封北平郡王，以其部众为顺州都督府，拜为都督。五年，入朝，至并州病卒。

突利设(?—645) 薛延陀真珠毗伽可汗庶长子，名曳莽。唐贞观十二年(638)九月被太宗册为突利莫贺咄叶护，统东方异姓杂部。十九年父死，为弟拔灼袭杀。

突吕不部 契丹遥辇氏八部之一。辽设节度使，属西北路招讨司。

突沦川 一作突伦川。即图伦碛，一说即塔里木河。唐贞观九年(635)，契苾何力率精骑袭吐谷浑王伏允于此。

突骑 兵种名。汉代专指精锐骁勇的骑兵。两汉之际，渔阳、上谷等诸郡突骑尤为天下劲旅，成为刘秀建立东汉政权的基本力量。东汉初罢骑士，然缘边诸郡仍置突骑，幽州又有乌桓突骑，公孙瓒为辽东属国长史时，曾督领之。

突骑施 古族名。原为西突厥五咄陆部之一。

首领乌质勒,初隶阿史那斛瑟罗下。斛瑟罗为政残暴,部众离心。而乌质勒能抚下,有威信,诸部归附,乃置二十都督,屯碎叶城西北。后攻占碎叶城,为"大牙",以伊犁河畔弓月城为"小牙"。唐圣历中,乌质勒受任为瑶池都督;神龙中,受封为怀德郡王。乌质勒死,子娑葛继位,唐封之为金河王、归化可汗。得安西大都护郭元振信赖,但与唐宰相宗楚客所支持之部将阿史那忠节不和,因而引起战乱。娑葛与其弟遮弩又不和,遮弩逃奔后突厥默啜可汗。后突厥发兵击破娑葛,并其弟皆杀之。开元四年(716)突骑施别部首领苏禄称汗,唐封之为顺国公、金方道经略大使、忠顺可汗,复与吐蕃、后突厥联和。时部众分为黄、黑二姓,以娑葛部为黄姓,苏禄部为黑姓。二十六年苏禄被杀,子骨啜被立为吐火仙可汗,但势力日衰。大历后,臣属葛逻禄。

突骑施守节 即"遮弩"。

突骑施守忠 即"娑葛"。

突骑施铜钱 突骑施汗国通用货币。铸于怛逻斯城,流行于中亚,中国库车亦有发现。圜边圆孔,一面为蛇形花纹,一面为粟特字母突厥文(即回鹘文)。形制仿自唐开元通宝。

tú

图伯特 ❶(1755—1823)一译图默特。清新疆伊犁锡伯营正黄旗人,伊拉里氏。幼随父母自盛京(今沈阳)移驻伊犁。嘉庆四年(1799)任锡伯营总管。七年至十三年间,创修锡伯渠,垦地七万余亩。十五年,任塔尔巴哈台领队大臣。❷清代西藏之别称。又作退摆特、土伯特或图白忒,是唐代吐蕃的音变。近代外语中对西藏的称谓如 Tibet, Thebet, Tobut 等即源于此。

图谶 即谶书。谶为方士、巫师和儒生等制作的以隐语为形式预决吉凶之宗教预言。因附有图,故称为图谶或图录。如《易纬·乾凿度》载有"四正、四维,皆合于十五"之图,宋刘牧认为是河图,朱熹和蔡元定认为是洛书。图谶盛行于西汉末和东汉时期。《后汉书·光武帝纪》:"宛人李通等以图谶说光武云:'刘氏复起,李氏为辅。'"李贤注:"图,河图也;谶,符命之书。谶,验也。言为王者受命之征验也。"自南北朝起统治者禁绝图谶,故完整保留下来者甚少。参见"谶纬"。

图尔都(?—1779) 清新疆叶尔羌(今莎车)人。维吾尔族。额色尹从子。乾隆二十二年(1757)因不从霍集占叛,自伊犁避居布鲁特(今柯尔克孜族)牧区。二十四年附清,晋京入觐,授头等台吉,留京师。二十七年追论攻喀什噶尔(今喀什)之功,封辅国公。

图尔格(1596—1645) 清满洲镶白旗人,钮祜禄氏。弘毅公额亦都第八子。少从太祖征战。天聪二年(1628)擢本旗固山额真,为八大臣之一。四年以弃守滦州罪削爵革职。九年,从征察哈尔,降林丹汗子额哲,复任固山额真。崇德七年(1642)与阿巴泰等统军毁边墙入关攻明,陷州县数十,掳掠其众,晋三等公。旋卒于盛京。

图尔根哈屯 今内蒙古自治区呼和浩特市郊大黑河的蒙古语名称。

图甘可汗(?—1017) 又译陀甘可汗。哈喇汗朝乙利汗弟。1013 年嗣位大可汗,辽开泰六年(1017)圣宗遣大军进攻,逼近八拉沙衮(今吉尔吉斯斯坦楚河流域之托克马克)止三站程,他率军奋战,破其军,穷追阅三月。复渡河南侵可疾宁王朝,其王马赫木德率印度战象战车拒战,大败而归,失河北地。卒于回军八拉沙衮途中。

图海(?—1682) 清满洲正黄旗人,马佳氏,字麟洲。顺治时官至弘文院大学士,列议政大臣,摄刑部尚书事,后以故削职。康熙初,改中和殿大学士,以都统授定西将军,镇压郧襄李来亨农民军。三藩之乱起,圣祖以筹饷需才,命摄户部尚书。康熙十四年(1675),佐信郡王鄂札平察哈尔布尔尼叛乱。次年为抚远大将军,逼使叛将王辅臣投降,肃清陕甘,以功封三等公。十八年,与毕力克图、王进宝、赵良栋等四路进取兴安、汉中,攻四川,大败吴三桂军。二十年以疾还京,旋病卒。

图画署 官署名。金代置,属少府监。掌图画镂金匠。设令、丞领署事,秩从六品、从七品。曾设直长一职,正八品,明昌三年(1192)罢。七年,并入祗应司。

图画新报 杂志名。清光绪六年四月(1880.5)在上海创刊。月刊。中国圣教会主编。以宣传基督教教义为主,兼刊评论、故事、诗词、格致浅说、五洲新闻等内容,每期第一页刊印人物、风光、新闻照片或图片。1913 年停刊。

图绘宝鉴 书名。元夏文彦编。五卷。文彦,字士良,松江人。本书于至正二十五年(1365)编成,记述历代画家一千五百余人生平。前四卷多录自《历代名画记》、《图画见闻志》、《宣和画谱》等书。第五卷有关元代画家的记载,或取当代著作,或据亲身见闻,价值最高。传世诸本以《宸翰楼丛书》本为最佳。

图记 ❶清代印信之一种。管理伊犁索伦领队大臣、管理额鲁特领队大臣、管理锡伯营领队大臣、管理察哈尔领队大臣、塔尔巴哈台领队大臣、乌里雅苏台札萨克班上办事、八旗佐领、盛京防御、移驻宗室正旗长、宗室觉罗族长等均用之,俱铜质,文体和尺寸,依其品级大小而异。❷即"图经"。

图经 亦称图记或图志。介于地图与方志之间的一种图籍。体例是一图一说或图说并举。最早见于著录的是东汉的《巴郡图经》。南北朝时期,渐趋发展,隋唐、北宋时期,最为发达。现存最早的图经是在敦煌发现的《沙州都督府图经》(简称《沙州图经》)和《西州图经》的残卷,大约成于公元八世纪中叶盛唐时期。除载行政建制和区域外,还记叙该地的河流、堤堰、湖泊、驿道、古城、学校和谣谚等,内容已接近宋以后的方志。唐代图经已有图少经多的趋势,北宋末年图经中文字记载增多,图渐退居附录地位,向方志过渡。尔后的方志中,一般卷首附有地图,可以说是图经形式的某种保留。

图经本草 即“本草图经”。

图赖(1600—1646) 清满洲正黄旗人,瓜尔佳氏。费英东子。天聪三年(1629)以军功授备御,后任议政大臣。顺治元年(1644)随多尔衮入关,败大顺军唐通部于山海关外一片石。次年入陕西进攻大顺军,旋下江南,俘南明弘光帝,晋一等公。三年率兵进攻浙江、福建,执南明隆武帝。旋卒于军。

图垒青古拉齐 即“铁雷”。

图理琛(1667—1740) 清满洲正黄旗人,阿额觉罗氏,字瑶圃。康熙二十五年(1686)由监生任内阁中书,后晋侍读。五十一年,奉命与侍读学士殷礼纳等假道俄国,出使土尔扈特部,历时三载。雍正元年(1723)官广东布政使。三年晋陕西巡抚。五年,任吏部侍郎,参预订立《中俄恰克图条约》。乾隆初,任内阁学士。后病免。所著《异域录》一书,记载出使土尔扈特部行程所经各处情况,被译成多种文字。

图龙禅 亦作图龙恰、多伦禅。清达斡尔部首领。索伦部长额驸巴尔达齐之婿。顺治八年(1651)夏,沙俄入侵者突然袭击,与其兄弟托尔加、奥姆捷等徒手搏斗,力竭被俘。

图鲁拜琥 即“固始汗”。

图鲁博罗特 即“铁力摆户”。

图鲁起拜 清东布鲁特(今柯尔克孜族)萨雅克部首领。乾隆二十三年(1758),定边将军兆惠追剿准噶尔残部至布鲁特界。请附清朝。后入觐受赏。

图伦碛 即“突沦川”。

图门江 作驼门、统门、徒门、土们。源出白头山,东北流至图们,折向东南流入海。上源有三:北为大浪河;中为红丹江;南为西豆水。三水汇流后至朝鲜茂山东,始称图们江。支流大浪河今为中朝界河。为历代女真人、瓦尔喀人和朝鲜族人住牧之地。

图们汗 即“土蛮”。

图们泊 即今吉林东南中朝边境白头山顶的天池。“图们”,意为“万”,言为万水之源。松花江发源于此。

图弥三菩札 即通密缴布喇,亦作端美三布扎。唐时吐蕃学者。早年被松赞干布派赴印度学习。学成返藏,潜心于语言学和佛经的翻译工作。曾参照梵文字体创制藏文。著有《三十颂论及相转论》,《通密谷风声论》等。

图默特 即“图伯特❶”。

图南日报 报纸名。南洋华侨团体“中和堂”机关报。清光绪三十年(1904)春在新加坡创刊。陈楚楠、张永福主办,陈诗仲主编,尢烈为名誉编辑,黄伯耀、何德如等编撰。以“振民族之精神,鼓同胞之热血”,“倡世界之公益,诱民智之开通”为宗旨。宣传革命思想,鼓吹反清革命。发行万份。三十一年秋,资竭停刊。冬,复刊,更名《南洋总汇报》。

图清格 清满洲正红旗人,字牧山,号月波。雍乾时官大同同知。工诗,善书钟鼎、蝌蚪文。亦擅画山水,学石涛,以草书法画菊花,自辟蹊径。卒年八十六。

图撒拉克齐 官名。清代新疆回部官员之一。乾隆十九年(1754)设,二人,一驻哈密,一驻辟展。佐总理回务扎萨克郡王理回部事务。又称协理图撒拉克齐。因归诚著绩,封爵世袭。

图什墨尔 蒙古语官吏之意。准噶尔参预最高政务官员。相当于枢密大臣或宰相。处理有关鄂拓克和昂吉的一切重大事件。定员四名。

图书 ❶河图洛书的省称。《后汉书·班固传》:“夫图书亮章,天哲也。”李贤注:“图书,《河图》、《洛书》也。”❷谶纬符命之类。《史记·秦始皇本纪》:“因奏录图书,曰‘亡秦者胡也。’”《后汉书·桓谭传》:“增益图书,矫称谶记。”李贤注:“图书即谶纬符命之类也。”

图书通译局 官署名。清邮传部下属机构,掌搜集、翻译各国船、路、电、邮四政图书资料。设提调、帮办、编辑等官职,下置编译、测绘、官报、总务四处和交通研究所。

图书月报 杂志名。图书出版情报刊物。清光绪三十二年五月十五日(1906.7.6)在上海创刊。月刊。上海书业商会主办,陆费逵主编。分社论、出版界谈丛、本会纪事、小说、杂录等栏目。以报道出版动态和新出图书介绍为主要内容。

图斯池 一称特穆尔图淖尔。即吉尔吉斯斯坦境内伊塞克湖。本属清伊犁将军辖地,见《大清一统志》。后为沙俄割占。

图斯库勒 见“阗池”。

图算学堂 学校名。清光绪二十八年(1902)由周学熙在天津铜元局附设。仿日本办法,选招聪颖子弟,半日学习图算、机理、浅近化学,半日在厂练习使用各种机器,造就振兴工业的实用人才。为中国最早的半工半读技工学校。

图帖睦尔 即“元文宗”。

图欲 即“耶律倍”。

图注难经脉诀 书名。明张世贤图注。世贤,字天成,号静斋,四明(今浙江宁波)人。鉴于《难经》一书文义隐奥,以前各代学者注本中,除诠释文义外,每多附以图形,然皆属个别儿帼,故重新为之增绘图表,成《图注八十一难经》八卷,使每一问难均附一图,以助读者领会原文。世贤又取世传一卷本《王叔和脉诀》予以图注,成《图注王叔和脉诀》四卷,并加附方一卷。此书图解明晰,注文亦通俗,影响颇为广泛。《图注八十一难经》初刻于明正德五年(1510),清顺治年间,武林马之骥将二书校订后合序刊行,称《图注难经脉诀》。康熙年间,沈薇垣又予删注,名为《图注脉诀辨真》,已失原著其貌。

徒 ❶门徒。《吕氏春秋·遇合》:“孔子……委质为弟子者三千人,达徒七十人。”《孟子·滕文公上》:“陈良之徒陈相。”赵岐注:“陈相,(陈)良之门徒也。”❷下层居民。《管子·立政》:“闾有司观出入者,以复于里尉。凡出入不时,衣服不中,圈(眷)属、群徒不顺于常者,闾有司见之,复无时。”戴望注:“群徒,众作役也。”❸奴仆。《商君书·垦令》:“以商之口数使商,令之厮、舆、徒、重(童)者必当名,则农逸而商劳。"高亨注:"厮、舆、徒、童都是奴仆的别称。"❹服役者。《墨子·非攻下》:"若使中兴师,君子庶人也,必且数千,徒倍十万,然后足以师而动矣。"❺刑徒。《史记·秦始皇本纪》:"始皇初即位,穿治郦山,及并天下,天下徒送诣七十余万人。"

徒单 又作徒丹。金女真部落姓氏。部人散布于活剌浑水(今呼兰河)、按出虎水(今阿什河)、速苏海水(今黑龙江尚志市马延镇东南苇河、亮河一带)等地,有十四分部,世与完颜氏贵族通婚。入中原后,改汉姓为单氏、杜氏。

徒单阿里出虎(?—1154) 金会宁府(治今黑龙江阿城南白城)人,后徙居懿州。兴中尹拔改子。皇统九年(1149),为护卫十人长。海陵王以女嫁其子,同谋废立。手刺熙宗。海陵王即位,为右副点检。次年,留守东京,加仪同三司,改河间尹。后为太原尹。贞元二年(1154),以占卜天命,被处死。

徒单公弼(?—1221) 金河北东路(治今河北河间)算主海猛安人,本名习烈。父府君奴,尚熙宗女,加驸马都尉,仕至武定军节度使。他初任奉御。大定二十七年(1187),尚世宗女息国公主,加驸马都尉。泰和二年(1202),任武安军节度使,为贺宋正旦使。大安初,知大兴府事。拜参知政事,升右丞、左丞。至宁元年(1213),拜平章政事,封定国公。宣宗即位,升右丞相。贞祐二年(1214),知河中府。历任定国军节度使事、太子太师、同判大睦亲府事。

徒单合喜(?—1171) 金上京(今黑龙江阿城)人。皇统二年(1142),为陇州防御使,先后与宋兵战于高陵、秦州、凤翔、饶风关。历任平凉、临洮、延安三府尹、元帅左都监、陕西统军使兼河中府尹、西蜀道兵马都统。世宗即位,为陕西路统军使,又改元帅右都监,破宋兵于华州,取临洮、巩、秦、河、陇等十六州府。大定七年(1167),入为枢密副使,改东京留守。九年,入为平章政事。

徒单后(?—1161) 金人。完颜宗干妻,海陵王完颜亮嫡母。天德二年(1150),与海陵生母大氏俱尊为皇太后。贞元三年(1155),移居中都。因谏止攻宋,遭海陵忌恨,被杀于南京(今河南开封)。

徒单克宁(?—1191) 金莱州(今属山东)人,女真徒单部。原名习显。随猛安徙山东,占籍莱州。完颜希尹之甥,娶宗室完颜宗干女。善骑射,通契丹、女真字。熙宗时,充护卫,改忠顺军节度使。海陵王时,历任宿州防御使、胡里改路节度使、曷懒路兵马都总管。世宗初,以本路兵会东京(今辽宁辽阳),镇压移剌窝斡。大定三年(1163),改益都尹,兼山东路兵马都总管、行军都统。次年出军攻宋,取楚州(今江苏淮安)。改大名尹。十一年,从纥石烈志宁出兵北征。次年,为枢密副使,兼知大兴府事。改太子太保、平章政事。十九年,为右丞相。二十一年改左丞相。次年,赐名克宁。二十五年,太子允恭病死,表请立皇太孙。二十八年,受世宗顾命,辅完颜璟(章宗)即帝位,以太尉兼尚书令。旋进拜太傅。明昌元年(1190)十二月,为太师、尚书令,封淄王。次年正月病死。

徒单兀典(?—1232) 一作徒单吾典。金女真人。累官至武胜军节度使,驻邓州(今属河南)。迁中京留守,知金昌府事,驻洛阳。在邓州、洛阳修城,招亡命徒千人,号"飞熊军",剽掠宋境。正大间,以兵部尚书权参知政事,行省事于徐州。天兴元年(1232)正月,蒙古军渡汉江北上,奉调行省阌乡(今河南卢氏北),守备潼关。又奉命入援汴京(今河南开封)。领军士十余万及家属、难民从行。取道向南,至铁岭(今河南卢氏北),遭蒙古军追击,兵败被擒杀。

徒单习烈 即"徒单公弼"。

徒单益都(?—1232) 金女真人。官至延安总管。开兴元年(1232)正月,代完颜庆山奴行省事于徐州。六月以埽兵总领王祐等作乱,奔宿州(今属安徽)。宿州镇防千户高腊哥等杀节度使纥石烈阿虎,降杨妙真,请他主持帅府。不从,领众往归德,至谷熟东,被蒙古军执杀。

徒单镒(?—1214) 金上京路(治今黑龙江阿城)女真人,本名按出。大定进士。章宗时,累官至尚书右丞,罢为外任,以张万公荐,复拜平章政事。泰和六年(1206)充陕西宣抚使,改革驿递制度,设急递铺以通军情。大安三年(1211),金兵败于蒙古,奉诏入卫中都,拜尚书右丞相。纥石烈执中废卫绍王,建策立宣宗。宣宗即位,拜左丞相。著有《弘道集》,已佚。

徒单贞(?—1182) 金女真人。本名特思。开府仪同三司婆鲁火子。娶皇室完颜宗干女、海陵王亮同母妹为妻。皇统九年(1149),从海陵王杀熙宗。海陵王即位,为驸马都尉、殿前都点检、太子少保、大兴尹。正隆二年(1157)为枢密副使、同判大宗正事。六年,降为安武军节度使。从海陵王攻宋,进军扬州。海陵王死,北还,见世宗,为太原尹,改咸平尹。以贪污罪降为博州防御使。转河中尹,改东京留守。大定二十二年(1182),以参与海陵王杀熙宗罪,被处死。

徒附 东汉后期世家豪族控制的一种依附人口。《后汉书·仲长统传》:"豪人之室,连栋数百,膏田满野,奴婢千群,徒附万计。"李贤注:"徒,众也;附,亲也。"

徒各 见"独孤"。

徒骇河 《书·禹贡》谓黄河下游"北播为九河"。《尔雅·释水》指为九河之一。据《汉书·沟洫志》,成帝时,河堤都尉许商言:徒骇河为九河中最北的一支,在成平县界。《汉书·地理志》勃海郡成平县(今河北沧州市西南)境内的"虖池河,或曰徒骇河"。可知西汉时虖池河即《禹贡》时代徒骇河,亦即黄河下游九河中的干流。故道自今深州南折而东北,经青县,至静海县东南入海。今徒骇河,元、明称土伤河或土河。清时始称今名,与古徒骇河无涉。

徒河城 在今辽宁锦州市。相传虞舜时已有此城。春秋时齐桓公救燕,破屠河,或以为即徒河。

徒河县 西汉置。治今辽宁锦州市。属辽西郡。三国魏废。西晋慕容廆复置。北魏太平真君八年(447)废入广兴。

徒隶 指狱中服役的犯人。《管子·轻重乙》:"今发徒隶而作之,则逃亡而不守;发民则下疾怨上。"《战国策·燕策一》:"若恣睢奋击,呴藉叱咄,则徒隶之人至矣。"

徒林 西周地名。在今陕西麟游县西北。《国语·晋语八》:叔向曰:"昔吾先君唐叔射兕于徒林",即此。影宋本《太平御览》卷八百九十引《竹书纪年》:周"夷王猎于杜林",即徒林。

徒属 门徒属隶。《韩非子·亡征》:"太子尊显,徒属众强,多大国之交,而威势早具者,可亡也。"又《五蠹》:"其带剑者,聚徒属,立节操,以显其名而犯五官之禁。"

徒刑 刑罚名。即剥夺罪犯自由,强制其服劳役的刑罚。其名始于北周,并列入五刑之一,年数为一至五年。隋改为一至三年,唐、宋、元、明、清因之。唐律规定,徒刑分一年、一年半、二年、二年半、三年五等。劳役地点在京师(长安)者送将作监,在外州者供当地官役使。刑期带枷。能赎罪者(见"赎章"),一年赎铜二十斤,一年半三十斤,二年四十斤,二年半五十斤,三年六十斤。宋承唐制,亦分五等,并依折杖法,五等徒刑可改为责打脊杖二十至十三下,即予释放。明制折杖为一百至六十下。

徒役 ❶服役者。《史记·孔子世家》:陈蔡大夫"相与发徒役,围孔子于野"。❷卑贱者之称。《墨子·尚贤中》:"不肖者抑而废之,贫而贱之,以为徒役。"❸门徒弟子。《韩非子·显学》:"藏书策,习谈论,聚徒役,服文学而议说,世主必从而礼之。"

途鲁吉 古族名。即元代突厥的汉译。

途马 即"秃麻"。

途思 地名。在今伊朗霍腊散省马什哈德附近。元太宗至宪宗时期,为蒙古统治波斯地区行政长官的治所。后属伊利汗国。

涂官濬(?—1894) 清江西东乡人,字邵卿。光绪进士。历署陕西富平、泾阳、长安诸县知县。光绪十三年(1887)补授宜君知县。十五年调补泾阳。任间清厘积案,倡率修渠凿井,劝课农桑,增设义塾。

涂河 即"土河"。

涂(塗)山 传说为禹会诸侯处,又传说为禹娶妻涂山氏处。明王樕《野客丛谈》云:"涂山有四,一会稽,二渝州,三濠州钟离县,四宣州当涂县。"(1)在会稽者即在今浙江绍兴市西北四十五里。《越绝书》云:涂山者,禹所取妻之山也。去县五十里。(2)在渝州者则在今重庆东。《华阳国志》:"禹娶涂山,今江州涂山是也。"(3)在濠州者即在今安徽怀远县东南八里淮河东岸,又名当涂山。《左传》昭公四年(前538):椒举言于楚子曰:"穆有涂山之会。"又哀公七年(前488):子服景伯曰:"禹会诸侯于涂山,执玉帛者万国。"杜预注涂山在寿春县东北,即禹会诸侯处。(4)在宣州之说后出,纯系后人附会。因为涂县东晋以后侨治江南,遂以江南当涂之山当作涂山。今人杨伯峻《春秋左传注》则云:"《水经·伊水注》谓'陆浑县之西南王母涧,涧北山上有王母祠,即古三涂山。'《方舆纪要》亦谓'三涂山在河南嵩县西南十里。'似禹之涂山即三涂山。"

涂水县 春秋晋县。在今山西榆次市西南。《左传》昭公二十八年(前514):"知徐吾为涂水大夫。"西汉为涂水乡。见《汉书·地理志》。

涂田 沿海地区垦殖的耕地。海潮挟带泥沙,淀积于海滨,状若涂泥,筑堤围垦,遂成耕地。宋代已经开发。近海种水稗,稍远植水稻,若雨水调和,略有收获,相当于下等田。经改良,其收获可在常田之上。

涂文辅 明保定安肃(今河北徐水)人。天启时冒姜姓入宫为宦官,曾教客氏子读书,复谄附魏忠贤,由司礼秉笔太监历掌御马监,总督太仓、节慎二库。夺宁安大长公主皇亲李承恩宅为私署,名之曰"户工总部",横行一时。思宗即位,谪至南京闲住。

涂镇兴(1825—?) 清广西人。参加金田起义。初为萧朝贵部卒,后隶杨秀清。咸丰三年(1853)任指挥,七月升东殿丞宣,职同检点,十月升恩赏丞相。四年率军西征,守田家镇。后在九江、湖口堵击清军。六年任春官丞相,参加破江南大营之役。后不详。

涂宗濬(?—1621) 明江西南昌人,字镜源。万历进士。累迁兵部侍郎、宣大总督。万历四十一年(1613)促忠顺夫人三娘子传"顺义王"印信于卜失兔,并对蒙古诸部进行安抚,边事遂宁。明年召为兵部尚书,未赴。后病死。著有《榆塞稿》等。

涂宗瀛(1811—1894) 清安徽六安人,字朗轩。举人出身。初铨知县,奉两江总督曾国藩令办理军粮,保授江宁知府。同治九年(1870)擢苏松太道。累官至湖南布政使。光绪二年(1876)授广西巡抚,广建学塾,使苗、瑶等少数民族习儒家经典。次年调河南巡抚。七年调湖南巡抚。次年迁湖广总督,旋去官。

菟裘 春秋鲁地。在今山东新泰市西楼德镇。《左传》隐公十一年(前712):"羽父请杀桓公,将以求大宰。公曰:为其少故也,吾将授之矣。使营菟裘,吾将老焉。"后世因称士大夫告老退隐的处所为"菟裘"。

屠 西周邑名。在今陕西合阳县东。《诗·大雅·韩奕》:"韩侯出祖,出宿于屠",即此。

屠岸贾 相传为春秋晋景公时人。参见"程婴"。

屠各 见"独孤"。

屠光禄疏稿 书名。清屠仁守撰。此书辑录其疏稿四十篇,所论关涉时政者甚多,但作者思想守旧,疏中多保守论调,如奏请禁开铁路,并代山西巡抚胡聘之草拟奏陈变通书院章程疏,谓西洋格致之学,古已有之,勿须效法。1922年刊印。

屠何 即"不屠何"。

屠寄(1856—1921) 清末江苏武进(今常州)人,字敬山,号结一宧主人。早年工诗词骈文。光绪十四年(1888)入张之洞幕,任广东舆图局总纂,主修

《广东舆地图》,并在广雅书局与缪荃孙同校《宋会要》辑稿。十八年中进士,选庶吉士。散馆,改任工部主事。二十二年任黑龙江舆图局总纂,主修《黑龙江舆地图》并撰《图说》。戊戌变法前后主张译洋书、兴教育以开民智,先后任扬州仪董学校总教习、京师大学堂正教习、奉天大学堂总教习和南通国文专修馆馆长。辛亥革命后历任武进县民政长、北京大学国史馆总纂。其治学长于史地,学风严谨,重实地考察。尤致力于蒙古史、元史研究,集二十余年精力,博采旧籍和外文史料,撰《蒙兀儿史记》一百六十卷(内有缺卷),对《元史》的缺误有所补正。尚著有《京师大学堂中国史讲义》、《结一宧骈体文》、《结一宧诗略》,辑有《国朝常州骈体文录》。未刊的有《洛阳伽蓝记疏证》。

屠隆(1542—1605)　明浙江鄞县(今宁波)人,字长卿、纬真,号赤水、鸿苞居士。万历进士。除颍上知县,调任青浦知县,迁礼部主事,遭人诬陷,罢官归家,遨游吴越间,寻山访道,啸吟赋诗。作传奇《昙花记》、《修文记》、《彩毫记》。诗文率不经意,一挥数纸,有《白榆集》、《由拳集》、《鸿苞集》等。

屠耆王　匈奴官名。单于之下的最高官职,分左、右,以单于子弟充任。一般统辖万余骑,各有分地。单于居中,左右屠耆王分居东西方。匈奴尚左,常以太子为左屠耆王。屠耆为匈奴语"贤",汉人因称左右屠耆王为左右贤王。《汉书·匈奴传》:"左右贤王,左右谷蠡最为大国。"下各置千长、百长、什长、裨小王、相、都尉、当户、且渠等官属,以管理辖地军政事务。

屠侨(1480—1555)　明浙江鄞县(今宁波)人,字安卿,号东洲。正德进士。以御史巡视居庸诸关,曾力谏阻武宗擒献活虎、活豹之旨。嘉靖二十六年(1547)官至刑部尚书,改左都御史。三十四年卒于任。著有《东洲杂稿》、《南雍集》。

屠仁守(？—1900)　清湖北孝感人,字梅君。同治进士,选庶吉士,授编修。转都察院御史。光绪十四年(1888)支持康有为上书光绪帝,请求变法,并疏请仿行乾隆帝训政往事,请太后居慈宁宫,节游观。诏严责,革职永不叙用。既归,主讲山西令德堂。二十六年起复五品京堂,授光禄寺少卿。有《屠光禄疏稿》。

屠黍　一作屠余。春秋末、战国初人。晋出公之太史。因见晋内政不修,出公骄而无德义,遂以其图法归周。周威公曾与之议论天下之国孰先亡,对以晋先亡,中山次之。皆应验。又预言周威公将亡,威公惧,乃优礼国之长者,纳谏议,去苛令,以图存。事见《吕氏春秋·先识》。

屠睢　秦代人。曾任尉职。秦始皇时,奉命率兵五十万分五路进攻南越,三年不解甲弛弩,终杀西瓯君译吁宋,统并南越。秦于其地置南海、桂林、象郡三郡。

屠特若尸逐就单于(？—177)　东汉时南匈奴单于。史失其名。伊陵尸逐就单于之子。熹平元年(172)继单于位。六年,与东汉中郎将臧旻出兵击鲜卑檀石槐,大败而还。同年死。

屠文漪　清江苏松江(今属上海)人,字莼洲,一字涟水。康熙时,著《九章录要》十二卷。是书根据所见诸书,芟其繁谬,补其缺遗,因袭九章之术,杂以今法而写成。

屠余(餘)　即"屠黍"。

酴　古代酿酒术语。《说文解字》:酴为酒母。宋何剡《酒尔雅》:"酴,酒母也。"酒母,即酿酒用的曲。明李时珍《本草纲目》:"酒非曲不生,故曰酒母。"又《玉篇》:酴指麦酒不去滓饮也。扬雄《蜀都赋》:"蒟浆酴清。"

酴酒　俗称酒酿、酒娘,民间常见酒的品种之一。酴,酒母也。即麦酒不去滓而饮之。北魏贾思勰《齐民要术》载有酴酒法:"蜀人作酴酒法:十二月朝,取流水五斗,渍小麦曲二斤,密泥封。至正月,二月,冻释,发,漉去滓。但取汁三斗,杀米三斗。炊作饭,调强软,合和;复密封。数十日,便熟。合滓餐之,甘、辛、滑,如甜酒味,不能醉人。多啖,温温小煖而面热也。"这种酿酒法,后人对此有所发展,选择了更好的酒曲,缩短了发酵期。

tǔ

土把总　官名。明清土官名号之一。武职。明设于云南,清于四川、云南、甘肃、贵州、湖北、湖南等省置。正七品。管所属兵士,受地方武官约束。世袭,其承袭事隶兵部。云南亦有非世袭者,初为世袭,雍正二年(1724)改拔补。

土弁　清代对土官中低级武职的统称。亦有指高级武职者,则带有贬意。

土别燕　又译土别干、土伯夷、秃伯、拓跋等。蒙古克烈部的一支,常与克烈连称。因人数众多,或称土绵土别干、土满土伯夷(土绵、土满,蒙古语,意为万)。为克烈汪罕作战主力之一。汪罕败,被成吉思汗瓜分给蒙古各部。

土兵　❶宋称本地军队为土兵。❷宋神宗时,于禁兵、厢兵外,另设土兵,隶各地巡检司,作为地方治安部队。因土兵往往屯驻于各巡检司砦,故又称砦兵。❸明地方兵之一。选边民精壮者编伍,使护田里妻子。如成化二年(1466),因边警命御史往延安、庆阳(今属甘肃)选编五千人。❹明清对土司所辖兵之统称。如湖南"苗兵"、广西"狼兵"等。

土兵阵法　古时湖广土兵习用的作战方式。其法以一、三、五、七、九人为重横列,类似塔形,其余人居后呐喊助威。前列败绩,后列依次进补,胜负以五重为限。行连坐法,进退节制极严,一旗全退斩旗长,一总全退斩把总,故将士无不奋力作战。抗倭名将谭纶、戚继光的鸳鸯阵法,是在总结土兵阵法的基础上制定的。

土伯特　亦作图伯特、退摆特。为吐蕃一词的音变。屡见于清康熙、雍正、乾隆朝官书,指今西藏地方。康熙三十四年(1695)曾封第巴桑结嘉错为"土伯特国王"。有时此名也用以指藏族,如"西海大小土伯特",常与"唐古特"混用。

土城 在今北京市西北。《明史·景帝纪》:正统十四年(1449),"右通政王复、太常少卿赵荣使也先营,朝上皇于土城",即此。

土德 五德之一。战国末期,阴阳家邹衍创五德终始说,认为土、木、金、火、水五德相胜的循环变化,决定着历史上王朝的递嬗。秦始皇自居于水德,汉初沿而未改。文帝时,公孙臣、贾谊奏称汉承秦后,当为土德,鼓吹更改制度服色,未果。至武帝太初元年(前104)改制,定汉为土德,以正月为岁首,服色尚黄,数用五。

土墱 墱一作磴、隥,又作土墱寨。即今山西宁武县东北盘道梁。《资治通鉴》:南朝梁大同九年(543),东魏"丞相高欢筑长城于肆州北山,西自马陵,东至土墱"。《续资治通鉴长编》:北宋雍熙三年(986),契丹寇代州,循胡卢河南而西,知州"张齐贤伏步卒二千于土墱寨,掩击,大败之",即此。

土墱寨 即"土墱"。

土地陂 在今河南南召县东北。明正德中,刘三为官军所败,走死土地陂,即此。

土典史 官名。明清土官名号之一,文职。于云南省置。无品级。有自己所管辖之地区,受地方官约束。世袭,其承袭事隶吏部。

土丁 宋代乡兵之一。湖南、湖北、广西及四川部分州县,或募本地壮丁,或籍主户为之,农闲教习武艺,藉以备边和维护当地治安。

土丁弓弩手 一作土丁刀弩手。宋荆湖路募土丁充任的乡兵。主要用于防守少数民族所居溪洞地界。辰、澧、施、归等州土家、苗、汉杂居地区均先后募集。计口给田,蠲免其他徭役,番戍砦栅时给以口粮。以土酋为长,设都指挥使、都头等职,受宋将节制,亦有与宋将吏混合编制者。熙宁间,与保甲制结合,编为保或都保。北宋末曾调往河东助战。

土都司 官名。清代土官名号之一。武职。四川、云南等省置。正四品。管所辖兵士,受地方武官约束。世袭,其承袭事隶兵部。

土断 两晋、南朝时重要措施之一。即以土著为断。指以现居地为准,将人户著之于籍。其旨意、方法因时而有差异。西晋武帝太康五年(284),汝南王司马亮、司空卫瓘上疏,咸用土断,使举善进才,各由乡论,以纠九品中正制之流弊,是为土断之始。晋廷东迁后,北方侨人日回月徙,南方流民去来纷杂。政府为明考课、定税收,先后于成帝咸和中、咸康七年(341)、哀帝兴宁二年(364)和安帝义熙九年(413)多次实行土断。其中后两次分别由大司马桓温和太傅刘裕主持,史称"庚戌土断"及"义熙土断",一时"财阜国丰","豪强肃然"。南朝宋孝武帝大明元年(457)、宋后废帝元徽元年(473)、齐高帝建元三年(481)、梁武帝天监元年(502)和陈文帝天嘉元年(560),亦曾多次土断,但执行中巧伪甚多,或窃注黄籍,或却而复注,故成效甚微。

土尔番 即"土鲁番"。

土尔扈特 清代厄鲁特蒙古四部之一。原游牧于塔尔巴哈台及额尔齐斯河中游迤西。十七世纪三十年代,西迁至额济勒河(今俄罗斯伏尔加河)下游居留。乾隆三十六年(1771)不堪俄国压迫,在渥巴锡率领下举族东返,跋涉万里,历经多次战斗,回归祖国。清政府置旧、新二部。旧土尔扈特分南、北、东、西四路,设四盟,游牧于珠勒都斯(今新疆焉耆北)、精河(今属新疆)、库尔喀喇乌苏(今新疆乌苏)和布克赛尔(今属新疆)一带。新土尔扈特置二旗,游牧于阿勒泰地区。另有甘肃西部额济纳土尔扈特,为康熙时东归的阿拉布珠尔台吉后裔,一部一旗,不设盟;青海土尔扈特,当年未曾西迁,而随和硕特部顾实汗徙牧于青海,为保兰阿噶勒琥、莽海及翁贵后裔,雍正三年(1725)分为四旗。

土尔扈特部银印 清乾隆三十六年(1771),土尔扈特部由伏尔加河流域返回祖国,到达伊犁。清政府颁赐银印,以为褒奖。已发现十三方,均银质、方形、虎纽,印文为满文。给渥巴锡汗银印印文为"忠诚的旧土尔扈特部英勇之王"。旁刻汉文"乾隆四十年九月"、"礼部造"字样。有八方现藏新疆维吾尔自治区博物馆。

土尔扈特档 档案名称。清代军机处档册之一。汇集乾隆年间有关土尔扈特回归祖国及其安置情形之文件。以满文为主,少量为汉文。

土尔扈特全部归顺记 清碑刻。乾隆帝撰。乾隆三十六年(1771)承德普陀宗乘之庙落成时,适蒙古土尔扈特汗渥巴锡率众回归祖国,入觐承德,遂作是记。以满、汉、蒙、藏文镌刻。叙述土尔扈特蒙古西迁一百多年后重返祖国始末,及清廷接纳经过。现藏承德普陀宗乘之庙。

土番社学 学校名。明末清初台湾番族(高山族)村社学校。荷兰侵台时期(1624—1662),在部分番社设立学校。郑成功及郑经时,令新港、肖垅、麻豆、目加溜湾四社番番族子弟之入乡塾读书者,免其徭役。清康熙三十四年(1695),台湾知府靳志扬创立社学于台湾凤山部分番社。雍正十二年(1734),南北路熟番各社设社学五十余所,择汉人通文理者为师,教番童读书。光绪十六年(1890),台湾巡抚刘铭传又设番学堂,选番童入学。

土方 商代方国(见殷墟甲骨文)。武丁时常与商及其诸侯发生战事,武丁曾亲自或遣将加以征讨,用兵一次最多达五千人(《殷墟书契后编》卷上第三十一页第六片)。其地望有学者认为在今山西石楼一带。

土方氏 官名。先秦时掌理土圭标准,以测日影,测量土地,选择居住、建立邦国之地之官。

土方中士 官名。西魏恭帝三年(556)仿《周礼》土方氏置,为夏官府职方中大夫属官,正二命。下设土方下士佐其职。北周沿置。隋开皇元年(581)罢。

土府 地方行政区名。明清对世袭土官所管府之统称。元代已有土官掌府事者,至明代始分流、土。以别于流官所辖之府,故名。广西、四川、云南等省均设。与府平级,长官为土知府。其他职官及品级均同于内地之府,有同知、通判、推官、经历、知事等。其佐贰官多由流官充任。另,明之军民府亦属此类。

土副巡检 官名。清代土官名号之一。文职。四川省置。无品级。有自己所管辖之地区,受地方长官约束。世袭,其承袭事隶吏部。

土工 官名。主管陶瓷用具制造。《礼记·曲礼下》:“天子之六工,曰土工、金工、石工、木工、兽工、草工,典制六材。”郑玄注:“此亦殷时制也,周则皆属司空。土工,陶、旊也。”

土观 藏传佛教格鲁派(黄教)活佛名。其母寺为佑宁寺(在今青海互助土族自治县境内)。第一世活佛洛桑拉卜旦(?—1679),生于青海西宁东川之土官庄,因称“土官”活佛,后改称“土观”。第二世活佛却吉嘉错(1680—1736),于清康熙五十四年(1715)赴北京,受封为“呼图克图”、“净修禅师”。第三世活佛罗桑却吉尼玛(1737—1802)为藏族著名学者,所著《土观宗派源流晶鉴》最为著名。曾多次到内地和蒙古各地传教。乾隆二十八年(1763)受清封为“静悟禅师”。至建国前已传至第七世。

土观宗派源流晶鉴 书名。清土观·罗桑曲吉尼玛(1737—1802)撰。三百零九叶。嘉庆六年(1801)成书。作者土族人,青海佑宁寺(藏籍概称郭隆寺)土观仓第二辈转世活佛。幼年入寺学经,及长,进藏,入哲蚌寺郭莽札仓,潜修多年。返回内地后,常驻京师,袭前辈“净修禅师”封号。兼通汉、满、蒙、藏多种语文。博闻强记,思辨绵密,一生著述甚丰,身后汇有全集。以六十五岁高龄,衰病之身,勉力草成此书。书成,次年即去世。本书条缕明晰,意简言赅,深受藏、蒙佛学界推崇。原版刻于佑宁本寺。后青海塔尔寺、拉萨印经院、德格印经院均有翻刻本。以德格版校雠最精。本书之体例,先述教史,后论义理。对宗教人物、教法传承均有评议。全书除首尾各一节颂赞之词外,共分四大章。日本东洋文库于1974年、1978年分别出版立川武藏、西冈祖秀二人的译本。刘立千氏汉译本已经完竣,并已印行。

土官 ❶古官名。即掌管有关土地事务之官。《礼记·月令》注:“后土,亦颛顼氏之子,曰黎,兼为土官。”又,按五行说,司空为五行属土之官,亦称土官。《宋书·礼志》:“社主土神。司空,土官,故祭社使司空行事。”❷古代对少数民族地区酋长、头人之称谓。如《容斋四笔·渠阳蛮俗》:“蛮酋自称曰官,……邦人称之曰土官。”明清之际,荷兰殖民者侵占台湾时所置村社头人,在汉文记载中亦称为土官。❸元、明、清三代对部分少数民族聚居地区世袭地方官统称。明中期后又称土司。元始设,凡以少数民族首领任地方官者即称之,其名号与流官无别。明清沿元制,且有发展。专设名号,以别于流官。又以领土兵及守土之别,分为武职及文职两职,共数十种。分别设于湖广、四川、云南、广西、贵州等省。均由中央政府任命,颁发印信、号纸。世守其土,世长其民,世袭其职,分别受地方文武长官约束。向中央政府承担义务,定期交纳贡赋,随时备征调。其任命、承袭之事,元代隶吏部;明初沿之,洪武三十年(1397)改以武职吏兵部,文职隶吏部,但不严格。至清,较为严格。另有少数隶理藩院者。自明初起,中央政府即逐渐实行改土归流,废除土官,但不彻底,直至清亡,在边远地区仍然存在。

土官底簿 书名。二卷。明代吏部关于云南、广西、四川、贵州、湖广、广东诸省土官之记录。大体以府州县相属,记知府、知州、知县、驿丞、巡检、经历等土官各家之官称、世系、承袭、削除等事,所记年月以嘉靖十九年(1540)四月为最晚。明制,各府州县土官属布政使司管辖,统隶于吏部验封司;宣慰、宣抚、安抚、长官等土司属都指挥使司管辖,统隶于兵部武选司。此书收入《四库全书·职官类》,涵芬楼影印《四库全书珍本》初集收此书。所据为文渊阁本。又有振绮堂等不同抄本,其一抄本藏中国科学院图书馆。

土官生 明代入国子监读书的土司之子弟。始于洪武中,播州宣慰使杨铿及其所属宣抚司官,乌撒土知府阿能,乌蒙、芒部、建昌土官,天全招讨使,皆先后派子弟入朝,并在国子监读书。

土圭 简称圭。古代量度日影长度的仪器。《周礼·考工记》:“土圭尺有五寸,以致日、以土地。”《周礼·地官·大司徒》:“以土圭之法测土深,正日景,以求地中……,日至之景,尺有五寸,谓之地中。”《周礼·夏官·土方氏》:“掌土圭之法,以致日景,以土地相宅,而建邦国都鄙。”可见土圭测景在天文、地理上的重要性。《说文通训定声》:“土借为度。”土圭,亦称度圭。《周礼》所载土圭,原是一种石或玉制的尺子,所指长度只是“圭”本身的尺寸。东汉郑玄引郑众曰:“土圭之长尺有五寸,以夏至之日,立八尺之表,其景适于土圭等,谓之地中,今颍川阳城地为然。”然而,对于阳城来说,一年除夏至日外,每天正午日影皆长于一尺五寸。另外,对于和阳城不同纬度的全国广大地区而言,夏至日中八尺表的影长也不是一尺五寸。经过长期实践,可以挪动的土圭发展成为固定于南北方向上的石刻或铜制长尺,其长度大大长于土圭的尺寸。此长尺仍称为圭。它与高为八尺的“表”结合而成为圭表,以进行天文测量。

土河 即今内蒙古西拉木伦河支流老哈河。相传契丹始祖奇首可汗居于潢河(今西拉木伦河)与此水合流处。

土黑勒威勒 满语音译,意为“应得之罪”。为清初刑罚体系中一种特殊科罚法则。草创于后金天命中,至清崇德年间规范化。其特点是按品级罚罪。凡贵族、官员等过误犯事,俱照本身爵号、世职罚一定银两;众人同犯一事,世爵愈高,科罚愈重。无前程的白身因公务轻微触法照例鞭责,亦称土黑勒威勒。入关以后改为照职罚俸。顺治十八年(1661)定,部院官员凡罚土黑勒威勒,俱各照职俸每十两罚一两。康熙中尚沿旧制,未久停止。

土湖 在唐江南道饶州鄱阳(今江西波阳)北六里。刺史马植筑以溉田。

土护真水 一作吐护真河。即今内蒙古西拉木伦河支流老哈河。隋时称为托纥臣水，辽时称为陶猥思没里，皆一音之转。唐时奚族“多依土护真水”（《新唐书·北狄传》）。

土化之法 用粪肥改良土壤的方法。《周礼·地官·草人》：“掌土化之法，以物地，相其宜而为之种。”依据土壤质地，因地制宜，施用不同的畜粪。一说为用各种不同的兽骨骨汁或粪便进行种子处理（粪种），然后再播种到相应的土地上去。

土家族 中国少数民族之一。自称“毕兹卡”，意为“本地人”。分布在湘西、鄂西、黔东北、川东南，与汉、苗等族杂居。人口5725049人（1990年）。其族源一般认为出自古代巴人，亦有来自贵州的乌蛮之一部及唐末五代初随从彭瑊自江西迁至湘西的百工匠人之后裔等说。原称“土人”、“土民”，清末始用“土家”名称。操土家语，属汉藏语系藏缅语族，多通用汉语文。信仰多神，崇拜祖先，敬“白帝天王”。主要从事农业，精于刺绣编织，所产土花被面尤为著名。曾多次起义反抗封建王朝的统治。建国后实现社会改革，各项事业均有发展。

土经历(歴) 官名。明清土官名号之一。文职。湖广省置，设于府或土府内。正八品。有自己所管辖之地区，受地方长官约束。世袭，其承袭事隶吏部。

土军丁 清代人丁之一。明代在边疆一些州县设土军，以防御寇盗。清沿置。其课役繁重，既要与民一样交纳田赋，又要承担军役，还要完纳重于民丁的丁银。雍正四年（1726），清政府免除云南太和、邓州等地土军丁银。

土军县 西汉高帝十一年（前196）封宣义为土军侯，武帝元朔三年（前126）封代共王子郢客为土军侯，后置县，治今山西石楼县。属太原郡。东汉废。

土均 官名。《周礼》地官之属。掌邦国都鄙土地之政令。

土昆 土族语音译，意为土人。青海民和县和三川一带土族的自称。土昆系吐浑的音讹，也有讹成土观、托红、土户的。

土喇河 又作土赖河、土拉河、图拉河。即今蒙古国境内的土拉河。明洪武五年（1372）李文忠败元太师哈喇章于此。

土吏目 官名。明清土官名号之一。文职。广西、贵州等省置，设于州或土州内。从九品。有自己所管辖之地区，受地方官约束。世袭，其承袭事隶吏部。

土僚 又称土老、山僚、山子。李京《云南志略》：“土僚蛮，叙州南、乌蒙北皆是。”源于汉晋以来的僚人和鸠僚。元、明、清时分布在云南昭通、广南、开化、广西、临安、澄江等府。其在广南、开化两府者，又分别有花土僚、黑土僚、白土僚之称。土僚中部分为今壮族，部分为仡佬族。

土鲁番 又作土尔番。古西域地名。即今新疆吐鲁番地区。高昌畏兀儿亦都护辖地，后属蒙古。海都、笃哇之乱，常遭侵扰，但始终在元中央政府控制之下。明初土鲁番并火州、柳城诸地，自为一国。后渐为蒙兀儿斯坦所并，然明仍称之为土鲁番。其首领一面与明朝通好，遣使入贡，受明朝封赐；另一面又与明朝争夺哈密，派兵侵扰河西西部。正德八年（1513），哈密终为土鲁番首领满速儿所据。然迄万历年间仍与明朝通贡不绝。

土蛮（1539—1592） 又作土买罕、图们汗等。明代蒙古可汗。打来孙长子。嘉靖三十七年（1558）即汗位，驻帐于察哈尔万户。势力强盛，控制蒙古左翼诸部，东侵建州女真，并在蒙古六万户中任命五名执政，号为札萨克图汗。继俺答汗后，提倡信仰藏传佛教格鲁派（黄教），开始翻译《甘珠尔》经。曾屡犯辽东、蓟镇诸边，强索市赏，明朝视为巨患。

土门城 在今四川茂县东北。明正德中，州将何卿破羌族于此。为茂州东部要塞。

土绵 蒙古语，意为“万”，或用以简称万户。

土默特 清内蒙古部名。左翼首领姓乌梁罕，世居三卫地。右翼首领姓博尔济吉特，明末率部由归化城至兀良合三卫之地，与乌梁罕塔布囊所部同牧。后金天聪间同附后金。崇德元年（1636）置左翼旗，顺治二年（1645）置右翼旗。嘉庆间左旗有佐领七十八，右旗有佐领九十七。二旗牧地在今辽宁朝阳，同隶卓索图盟，俗称东土默特。

土默特万户 即“十二土默特”。

土木堡 在今河北怀来县东。本名统漠镇。后讹为“土木”。明永乐初置堡。地处京师与宣府、大同二镇间交通孔道。正统十四年（1449）瓦剌侵大同，宦官王振挟英宗率军亲征，师还，于此为瓦剌所围，明军大败，英宗被俘，史称“土木堡之变”。堡遂毁。嘉靖四十五年（1566）就故堡修复。隆庆三年（1569）重修。

土木之变 又作土木堡之变、土木之役。明正统十四年（1449）七月，瓦剌也先因入贡索赏未得满足，遂率众攻扰明边。当权宦官王振怂恿明英宗亲征，英宗与王振调集官军五十万，仓促而行，军心混乱，将士乏粮，至大同后，得知前军失利，即欲回师。本应入紫荆关而还，但王振拟经其家乡蔚州（今河北蔚县），邀英宗往其宅第，既又恐军队损其乡里禾稼田地，军行数十里，复改道而行，于八月十三日至土木堡（在今河北怀来东），为瓦剌军追及，被困数日。十五日，王振传令移营，而瓦剌军四面攻至，明军大乱，伤亡惨重。随征官员英国公张辅，尚书邝埜、王佐，学士曹鼐、张益等被杀，英宗被俘，王振死于乱军之中。

土目 ❶明清对西南地区少数民族头领之称呼。❷或称土司头目、土官头目。明清土司佐治官之统称。无职衔。多为土司宗亲充任，或亦参以异姓。均由土司自行指派。有自己管辖之地面，为土司征税治民。其名称视地区之不同，有营长、伙目、内甲、板栏、隘目、寨目、版目、所目、堡目、兵目等。改土归流后，或为齐民；或改充保甲长；或仍留此名，改归地方官管辖，视同保甲长。❸清代土司等级之一。其设置情况有三:一为土司支庶子弟降等分管土地,至无等可降,则为土舍、土目,无号纸;一为对新招抚的少数民族头领之实授,有号纸;一为对获罪土司之降授,亦有号纸;均属政府委派。

土千总 官名。清代土官名号之一。武职。正六品。四川、云南、甘肃、贵州、湖北、湖南等省设置。管理所辖之土兵,受地方武官约束。世袭,其承袭事隶兵部。云南亦有非世袭者,初为世袭,雍正二年(1724)改拔补。

土山 在今江苏江宁县东北。《晋书·蔡谟传》:东晋咸康中,为防御前赵石虎南犯,徐州刺史蔡谟"所戍东至土山,西至江乘",即此。

土商 即"山商"。

土舍 ❶明清对土官子弟、族人之称呼。❷明清土司之属官。无职衔,多为土官宗亲充任,或参以异姓,掌庶务。子孙可世袭其职。土官因故不能执政时,得以护理。另,清制规定:承袭土司者,若年幼未满十五岁,则由督抚选本族土舍护理。❸清代土司等级之一。定制,土司支庶分地管理者,准降等给与职衔,至无等可降,则为土舍、土目。是为土司之最低等级。❹清代指少数民族地区管理村寨的头目。类似于内地的乡、保长,云南、贵州、广西、海南等地均有。❺挹娄人居住的土穴。挹娄居地分布于长白山以北、东滨大海的广大地区,因天寒故居土穴。

土守备 官名。清代土官名号之一。武职。云南、甘肃等省置。正五品。管所辖兵士,受地方武官约束。世袭,其承袭事隶兵部。云南亦有非世袭者,初为世袭,雍正二年(1724)改拔补。

土司 ❶见"土官❸"。❷明中期以后对少数民族地区由土官所管辖的地方行政机构之统称。如宣慰使司、宣抚司、安抚司、招讨司、长官司、土府、土州、土县等。

土司田 清代民田之一种。即由少数民族土司管辖之田地。主要分布在甘肃、四川、贵州等省。甘肃每亩科银七分五厘、粮二升四合二勺五抄。四川每亩科银三厘四毫至二分三厘一毫。贵州每亩科银八厘至一钱、米七合二勺三抄至一斗五升等。

土通判 官名。明清土官名号之一。文职。四川、云南、贵州等省置,设于府或土府内。正六品。有自己所管辖之地区,受地方长官约束。世袭,其承袭事隶吏部。

土同知 官名。明清土官名号之一。文职。云南、广西、贵州等省置,隶于府或土府之下。正五品。有自己所管辖之地区,受地方长官约束。世袭,其承袭事隶吏部。

土土哈(1237—1297) 元钦察人。班都察之子。中统元年(1260),与父从世祖征阿里不哥。袭父职为宿卫哈剌赤长。至元十四年(1277),率钦察军千骑从伯颜北征叛王脱脱木儿、昔里吉等。以功受赏,诏括钦察人系民籍及隶诸王者另行立籍,属他管领。二十年,拜枢密副使。二十三年,兼钦察亲军卫都指挥使,得自任族人为官属。不久,奉旨率部戍守按台山(今阿尔泰山)沿边。二十四年,平定乃颜党也不干,又越哈剌温山(今大兴安岭),击败叛王合丹。二十六年,从皇孙甘麻剌御海都,战于杭海岭。三十年,进取吉利吉思,收复五部,置兵戍守。元贞二年(1296),护送叛王玉木忽儿等入朝。次年,进上柱国、同知枢密院事,还边,死于道。

土推官 官名。明清土官名号之一。文职。贵州省置,设于府内。正七品。有自己所管辖之地区,受地方长官约束。世袭,其承袭事隶吏部。

土屯 清代在四川西北藏、羌族聚居区实行改土归流后所设立的"寓兵于农"的制度。为与"汉满屯"区别而谓之"土屯"。详"屯守备制"。

土屯制 即"屯守备制"。

土兀剌河 土兀剌又译秃兀剌、秃忽剌、秃剌。元河流名。即今蒙古国土拉河。

土县 地方行政区名。明清对世袭土官所管县之统称。以别于流官所辖之县,故名。广西、云南等省置。与县平级,长官为土知县。其他职官及品级均同于内地之县,有县丞、主簿、典史等。其佐贰官多由流官充任。

土县丞 官名。明清土官名号之一。文职。云南、贵州等省置,设于县或土县内。正八品。有自己所管辖之地区,受地方长官约束。世袭,其承袭事隶吏部。

土谢图汗部 清代喀尔喀蒙古四部之一。地处外蒙古中部,至京师二千八百余里。清崇德三年(1638),土谢图汗与其族车臣汗、札萨克图汗归附清朝,岁献"九白之贡"。康熙二十七年(1688),土谢图汗与准噶尔部噶尔丹战败,率属众南逃,入居苏尼特界内。三十年于多伦会盟。三十六年还旧牧地。雍正三年(1725),以该部人众繁衍,编佐领积三十七旗,遂分出赛音诺颜部,以二十一旗隶之。所剩十六旗,增四旗,为二十旗,称喀尔喀后路,盟地在土拉河南汗山。

土薛 又译秃薛。蒙古土别燕氏。从成吉思汗平定各部。蒙古灭金之战,在拖雷西路军中充前锋,经武休关(今陕西留坝南),沿汉水而下,再北进,破金兵于钧州(今河南禹州)三峰山。金亡,领兵攻宋兴元(今陕西汉中)及四川阆、利等州,任都元帅。元太宗十三年(1241),攻占成都,杀宋四川制置使陈隆之。宪宗七年(1257),受赐兴元等处种田户六百。

土巡检 官名。明清土官名号之一。文职。四川、云南、贵州、广西等地置。从九品。有自己所管辖之地区,受地方官约束。世袭,其承袭事隶吏部。

土训 官名。《周礼》地官之属。掌说九州形势山川所宜,告王以施其事。

土训中士 官名。《周礼》地官之属有土训中士,掌观察天下土地山川形势及所生异物,以供王者行事参考,并随王巡狩。西魏恭帝三年(556)仿《周礼》设,隶地官司徒府保氏下大夫。正二命。下设土训下士,正一命。北周沿置。隋开皇元年(581)罢。

土盐 清代产销食盐种类之一。系陕西布政司属及直隶宣化、西宁县,山西太原、徐沟县,甘肃皋兰县等处所产之盐,在当地销售。

土药统税总局 官署名。又称土药捐局。清光绪三十一年(1905)四月开办,初隶户部,后隶度支部。掌管统一征收烟土税。总局设于武昌。有督办、帮办大臣各一人。各省均于扼要之地设分局,至三十二年已由最初时的八省推广为十八省。宣统二年(1910)因禁种鸦片而裁撤部分分局,所存各局专司查缉。三年,各税局全裁。

土宜之法 一种因地制宜的土地利用方法。《周礼·地官·大司徒》:"以土宜之法,辨十有二土之名物,以相民宅,而知其利害,以阜人民,以蕃鸟兽,以毓草木,以任土事;辨十有二壤之物,而知其种,以教稼穑、树艺。"根据土地的性质,即称为"土"的自然土壤和称为"壤"的农业土壤,协调其与人、动物、植物和作物的关系。

土驿丞 官名。明清土官名号之一。文职。云南省置。无品级。有自己所管辖地区,受地方官约束。世袭,其承袭事隶吏部。

土垠县 ❶西汉置,治今河北唐山市新区南银城铺。属右北平郡。东汉为右北平郡治。西晋属北平郡。北魏属渔阳郡。后废。❷北魏太平真君九年(448)置,在今河北承德、宽城二县境内。东魏天平中,安州陷。安乐郡及安市、土垠二县并治今北京市密云县东北。属安乐郡。北齐废入安市县。

土引 清代贩茶凭证之一。谓四川茶引行于各少数民族土司者。每引征银一钱五分。

土营 太平军工兵营。清咸丰二年(1852)设立。共两军,编制与陆营同。主要从事挖地道、筑城墙,配合陆营作战。建都天京(今南京)后亦兼管建筑。

土游击 官名。清代土官名号之一。武职。四川省置。从三品。管所属兵士,受地方武官约束。世袭,其承袭事隶兵部。

土镇兵 简称土镇。唐敦煌文书中有土镇兵,主要以土著白丁充当。

土知府 官名。明清土官名号之一。文职。云南、广西等省置,系土府之长官。明为正四品,清为从四品。管所属之府事,受地方长官约束。世袭,其承袭事隶吏部。

土知事 官名。明清土官名号之一。文职。四川、云南等省置。设于府或土府内。正九品。有自己所管辖的地区,受地方长官约束。世袭,其承袭事隶吏部。

土知县 官名。明清土官名号之一。文职。云南、广西等省置,系土县之长官。正七品。管所属之县事,受地方长官约束。世袭,其承袭事隶吏部。

土知州 官名。明清土官名号之一。文职。云南、广西等省置,系土州之长官。从五品。管所属之州事,受地方长官约束。世袭,其承袭事隶吏部。

土州 地方行政区名。明清对世袭土官所管州之统称。元代已有土官掌州事者,至明代始分流、土。为别于流官所辖之州,故名。广西、云南等省置。与州平级,长官为土知州。其他职官及品级均同于内地之州,有州同、州判、吏目等。其佐贰官多由流官充任。

土州判 官名。明清土官名号之一。文职。云南、广西等省设,置于州或土州内。从七品。有自己所管辖之地区,受地方长官约束。世袭,其承袭事隶吏部。

土州同 官名。明清土官名号之一。文职。云南、广西等省置,隶于州或土州之下。从六品。有自己所管辖之地区,受地方长官约束。世袭,其承袭事隶吏部。

土主簿 官名。明清土官名号之一。文职。云南、贵州等省置,设于县或土县内。正九品。有自己所管辖之地区,受地方长官约束。世袭,其承袭事隶吏部。

土庄茶 见"茶栈"。

土族 中国少数民族之一。自称不一,青海互助一带土族自称察罕蒙古尔(白蒙古)、蒙古尔;民和土族多自称土昆;也有自称土户家的。附近汉、回族称之为土人、土民;藏族称霍尔;蒙古族称达尔达;汉文史书中称西宁州土人、青海土人。主要居住在青海河湟地区。人口192568人(1990年)。来源和形成,主要有两说:一说以吐谷浑人为主体吸收部分蒙古人及其他民族而形成;一说以阴山鞑靼为主体吸收部分吐谷浑人及其他民族而形成。也有主张远溯到匈奴遬濮或源于土达的。此外,在青海同仁土族来源中有汉族屯军成份。操土族语,兼通汉语,用汉文。信奉藏传佛教,也保存民间信仰。从事农业,兼营牧业和林业。明初在该族中封授十多家土司,1930年改土归流。建国后实行社会改革,各项事业均有发展。

土作 官署名。明代内府所属机构,隶内官监,设宦官进行管理。同木作、石作、瓦作等负责营造宫室、陵墓等工程。

吐番等处宣慰司都元帅府 官署名。元世祖至元初置,从二品,隶宣政院。治河州(今甘肃临夏)。掌朵思麻路(今青海东部、甘肃南部、四川阿坝一带)军民政务,又称朵思麻宣慰司。置宣慰使五人,僧俗并用。下设经历、都事、捕盗官各二人。领朵思麻路军民万户府、西夏中兴河州等处军民总管府。

吐番等路宣慰司都元帅府 官署名。元置,从二品,隶宣政院。掌朵甘思(今青海东南、四川甘孜、西藏昌都一带)军民政务,又称朵甘思宣慰司。设宣慰使四人,同知二人,副使一人,经历、都事各二人,捕盗官三人,镇抚二人。领朵甘思、剌马儿刚、奔不田地里、六番、天全、长河西等六招讨使司。

吐蕃 古族名、政权名。其名或谓由西羌中之"发羌"音转;或谓本南凉秃发氏之后,因曾用"秃发"为国号,语讹而称吐蕃。隋初,势力渐盛。囊(朗)日论赞时,励精图治,平息叛乱,兼并赤邦松辖区,势力向外发展,统治中心由山南迁至逻些(今西藏拉萨),各部尊为赞普(意为强雄丈夫或有权势君主)。唐贞观三年(629)其子松赞干布即赞普位,先后统一苏毗、羊同、白兰、党项诸部,建立起强大的吐蕃王朝。仿唐制改革机构,严密军制,修订法典,创立文字,统一度量衡。又多次遣使至唐请婚。十五年,文成公主出嫁松赞干布,汉藏关系密切,中原农具制造、纺织、缫丝、建筑、造纸、酿酒、制陶、碾磨、冶金等生产技术与历算、医药等科技知识先后传入其地,促进当地社会经济文化发展。自神龙元年(705)至长庆二年(822)唐蕃会盟达八次之多。长庆三年,双方建立唐蕃会盟碑,明确"和同一家","社稷如一",长期保持甥舅关系。八世纪中叶,赤松德赞在位时,吐蕃王朝强盛一时,西攻大食,南侵天竺,乘"安史之乱",攻占唐河西、陇右、安西四镇,统治数百万汉族及西域各族人民。并于广德元年(763),一度攻入长安。后内部矛盾日益加剧,军队叛变,下层群众反抗,社会动荡不安。会昌二年(842),吐蕃赞普达磨遇刺死,王室内部纷争,统一王朝从此瓦解。共历九世赞普,二百余年。

吐蕃简牍 新疆南部若羌、且末及和田一带地下出土之木质简牍。上为吐蕃文字。藏语称为byangbu,又称为 Khram。学术界称吐蕃简牍。大致是吐蕃占有西域(670—692,755—868)时期,在当地遗留的文牍。以若羌—米兰故城及和田慕士塔格最为集中。1949 年前出土者约四百余件,均被劫运国外,分别藏于伦敦大英博物馆和圣彼得堡东方研究所图书馆。英国人托玛斯(F. W. Thomas)曾就木牍做过解读。1949 年后,特别是 1973 年又有出土,由新疆维吾尔自治区博物馆收藏。吐蕃简牍多为军事、社会、经济资料,与吐蕃碑刻、吐蕃手卷并列,合称吐蕃文献,为研究吐蕃古代史、唐蕃关系及西域文明史的资料。

吐贺真(?—464) 柔然可汗。吴提子。北魏太平真君五年(444)继立,号处可汗(一作处罗可汗,意为"唯王")。太延十年(444)、太安四年(458)先后为魏军击败,远遁,部众数千落降北魏。

吐护真河 即"土护真水"。

吐浑 "吐谷浑"的省称。

吐火罗 古国名。北魏时称吐呼罗。隋唐时始称吐火罗,亦称土豁罗、兜沙罗、睹货罗、都佉、睹火罗。故地在今阿富汗北部。俗信佛教,以盛产汗血马著名。其王曰叶护,隋唐时数遣使朝贡。唐贞观九年(635)遣使至唐。永徽元年(650)献鸵鸟,三年遣使至其国。龙朔元年(661),唐以其阿缓城(今阿富汗昆都士)置月氏都督府,领州二十五,以其王阿史那为都督。开元十七年(729),又册封其君骨吐禄顿达度为吐火罗叶护、悒怛王。安史之乱中,曾以兵助唐平乱。后为大食人所并。

吐火罗文 见"焉耆—龟兹文"。

吐吉 即"始毕可汗"。

吐鲁番天文图 古星图。1973 年新疆吐鲁番阿斯塔那唐墓中发现。为彩绘壁画示意性星图。绘在墓室四壁上部和顶部。四壁上部绘有二十八星宿图,东北和西南壁上部分别绘有金乌、桂兔,分别表示太阳和月亮。在月亮边上画有一弯月,象征月相。有一束白色线条横贯墓顶,象征银河。星图所绘为中原地区的星象知识和神话传说,反映了新疆地区与中原地区的文化联系。

吐鲁番文书 新疆吐鲁番所出古代文书。现藏新疆维吾尔自治区博物馆。出土地点为阿斯塔那、喀拉和卓和高昌古城。文书被用为死者的冠、带、鞋等,甚至作成纸棺。主要为汉文,也有回鹘文、粟特文等。1949 年前出土的大量被掠至国外。1949 年后出土近三千件,内容涉及晋至唐政治、经济、文化、宗教等各个方面,可补文献记载的不足。

吐麻 即"秃麻"。

吐门 即"阿史那土门"。

吐迷度(?—648) 唐时回纥初兴第三代首领。公元 646—648 年在位。菩萨之子。贞观十七年(643)起兵反薛延陀,建号胡禄颉利发。二十年助唐灭薛延陀。次年,唐以其地置瀚海都督府,拜为都督,加怀化大将军,隶燕然都护府,私号可汗。二十二年为其侄乌纥所杀。

吐屈真川 一作屈真川。吐谷浑四大戍地之一。或说在今青海乌兰县东茶卡盐池附近柴集河一带。

吐突承璀(?—820) 唐福州闽县(今属福建)人,字仁贞。敏慧有才干。幼以小黄门事东宫太子。宪宗即位,授内常侍,知内省宦官事。擢左神策军护军中尉,封蓟国公。元和四年(809),王承宗叛,为河中等道赴镇州行营兵马招讨等使,督师讨伐。以朝官李鄘等谏,改授招讨处置宣慰使。征讨无功,私通王承宗,降为军器使,俄复知内侍省。后因受贿事发,宰相李绛列论其过,出为淮南节度监军使。八年,李绛罢相,复召为左神策军护军中尉。以谋立澧王李宽为太子不果,及宪宗死,宦官梁守谦等拥立穆宗,被杀。

吐屯 突厥语音译。又作吐屯发。古代突厥汗国官名。由可汗派遣,常驻属国,负责监督行政和征收赋税。世袭,无员限。《周书·突厥传》:"大官有叶护,次设,次特勤,次俟利发,次吐屯发,及余小官凡二十八等,皆世为之。"

吐屯发 即"吐屯"。

吐万绪(?—613) 隋代郡(治今山西代县)人,字长绪。鲜卑族。有武略。仕北周,数从征伐,累迁大将军、少司武。入隋,历襄、青、朔、徐、夏诸州总管,颇有治声。杨广(炀帝)为太子,引为虞候率。炀帝即位后,从杨素击破汉王杨谅,授左武候将军,转光禄卿。复为左屯卫大将军,从攻高丽。大业九年(613),刘元进起兵江南,受命前往镇压。战胜后因士卒疲惫,请息兵待至来春再战,有司劾其怯懦违诏,除名为民,愤懑而卒。

吐延(约 295—约 329) 十六国时吐谷浑首领。慕容鲜卑吐谷浑长子。喜汉族文化,自号"项羽"。东晋建武元年(317)父死继立,统治今甘肃南部、青海及四川西北羌、氐等族。约咸和四年(329),为昴城(今四川阿坝)羌族首领姜聪刺死。

吐谷浑 ❶(246—317)鲜卑慕容部人。首领涉归庶长子,慕容廆兄。公元三世纪末率部分出,西迁阴山。晋永嘉末又西迁至今甘肃南部、青海等地。其后子孙以吐谷浑为姓氏。❷古族名。亦指其所建政权。一作退浑、吐浑,西北各族又称之为阿柴虏、赀虏、野虏等。原为鲜卑慕容部的一支,游牧于徒河青山(今辽宁锦州、义县)一带。三世纪末,首领吐谷浑与弟慕容廆析居,率部沿阴山西迁至今甘肃南部、青海等地,征服当地羌、氐等族。传至孙叶延,始以吐谷浑为姓氏、族名,亦为国号。南北朝时先后属宋、齐、北魏,其王夸吕始称可汗,居*伏俟城。吐谷浑国从四世纪初建立至七世纪六十年代灭亡,共存三百多年,传二十余主。盛时疆域东起甘南,西领若羌、且末,南至青海南,北抵祁连山脉。在中西交通史上占有重要地位。以游牧为主,兼营农业。官制多效内地,有简单的刑律,不定期向富户商人收税。唐龙朔三年(663)为吐蕃所灭,后散处青海一带。残部投唐,被置于灵州、安乐州(今宁夏中卫东北)等地。安史乱后,又东徙朔方(今陕西靖边)、河东(今山西永济),部族分散。五代时,余部散处蔚州,并于契丹。

吐谷浑玑(480—516) 南北朝时吐谷浑王阿柴曾孙。字龙宝。祖头颓率众降北魏,世代为官。善文艺,爱琴书,官至魏直寝奉车都尉、汶山侯。

吐峪沟石窟 唐西州丁谷寺遗址。在今新疆鄯善西吐峪沟乡。窟群位于高昌故城东北约15公里的火焰山吐峪沟内。现存四十一窟,分布吐峪沟水东、西崖壁。为高昌石窟早期代表,下延至唐。多汉文题记。为重点文物保护单位。

tù

兔耳山 在今河北抚宁县西七里。《金史·阇母传》:天会元年(1123)张觉据平州归宋,金将"阇母败觉军于楼峰口。复与觉战于兔耳山,阇母大败",即此。

兔力帖木儿(?—1425) 明哈密王。脱脱从弟。永乐八年(1410),脱脱暴疾卒。次年,受明封为忠义王。十七年,成祖因朝使往来西域,皆受其礼接,命中官赍绮帛劳之。

兔园册府 书名。亦作《兔园册》、《兔园策》。唐杜嗣先撰。三十卷。盛行于五代,为村塾学童读本。据宋王应麟《困学纪闻》卷十四,为唐蒋王李恽令僚佐杜嗣先仿应科目策,自设问对,引经史为训注。恽,太宗子,用汉梁王兔园名其书。一说十卷,唐虞世南撰(《郡斋读书志》卷十四)。今佚,仅在敦煌发现序文残篇。收入《鸣沙石室佚书》。王国维有《唐写本兔园册府残卷跋》(《观堂集林》)。

tuān

湍河 即今河南南阳盆地湍河。《续资治通鉴》:元顺帝至元二年(1336)五月乙卯至六月甲申,"湍河、白河大溢,水为灾",即此。

tuán

团 ❶西魏、北周府兵领兵机构。《北史》卷六十"史臣曰":"每大将军督二开府,凡为二十四员,分团统领,是二十四军。每一团,仪同二人。自相督率,不编户贯。"❷隋唐府兵基层组织。隋代左右卫、武卫、武候、领军府及东宫领兵开府、仪同府均置,设团主一人、团佐二人,检查门户,劝课农桑。唐代折冲府,每府领八团至十五团不等,每团三百人,以一校尉领之。其属有旅、队、伙等。❸元明时各盐场建立之生产组织。明制,每二三户聚团公煎,生产设备共用,并设团首,督催灶课,防止私煎。

团柏谷 在今山西祁县东。《资治通鉴》:五代晋天福元年(936),石敬瑭及契丹围晋安寨,唐以康思立"帅扈从骑兵赴团柏谷";周显德元年(954),北汉谋大举入侵,"与契丹自团柏南趣潞州",皆即此。北汉天会十三年(969),北汉在此凿山采银,因置宝兴军。北宋及金置团柏镇。

团槽法 明代集中喂养官马之一种方式。行于边镇,内地亦有。既可统一解决马厩,保证草料,避免冬季冻伤马匹,又便于官府监视。

团风镇 亦名团风口。即今湖北团风县驻地。为滨长江要地。明、清置巡司于此。明正德中刘六起义军活动于此。

团钢 见"灌钢"。

团甲 唐代吏部铨选毕,得留人各依本色出身编号登录,称为甲。一甲多为一百人。汇总录奏,称为团甲。一般在三月三十日前团甲完毕,凭此发给告身与敕牒。

团结兵 亦称团练兵、团兵。唐武后时始置。一般自殷实、强壮丁男中选点。定期集训,免其差徭,口粮官给,性质介于府兵与官健之间。初河北、陇右、关中、剑南等处皆有团结兵参与镇防。至德以后,诸州亦置之,有团练使。大历十二年(777)明令:"当上百姓名曰团练,春秋归,冬夏追集,日给一身粮及酱菜。"

团军 一作国军,又称拔山军。五代南唐初,令客户有三丁者出一卒,谓之团军。

团练 亦称乡团、团勇、民团等,意为团集训练,系历代官绅在地方编练的乡兵,以自卫身家、防范起义、维护封建统治为宗旨。创始于唐代安史之乱,时诸州皆置团练使。清雍正、乾隆时曾招募乡兵,旋募旋散。嘉庆年间镇压川楚白莲教起义,战守均赖乡兵,遂有乡勇、团勇之别。随营打仗,官给口粮者为乡勇;地主筑堡防守,口粮不自官出者为团勇。道光二十三年(1843)令广东省以团练助防海口,各乡遂团练十万乡兵,升平社学公所为团练总汇之地。咸丰二年(1852)为镇压太平天国,申谕各直省办理团练。在籍侍郎曾国藩奉命办理湖南团练,后转化为正规军(即湘军),则为特殊之例,曾氏自云所练为官勇,非团丁。三年各地纷以官率绅,以绅劝民,按户抽丁,广为团练,联村结寨,自筹经费,自订章程。惟组织不尽相同,大体上每乡一团,每州、县若干团,每团设团总、团长、团正,下设百长、什长。每团人数一百至五百人不等。十年,各省设立团练大臣。光绪二十四年(1898)海疆不靖,谕令各省重订章程、积谷团练。各州城中设立团练总局,城外东西南北四乡各设团练分局,均以本地绅士主其事。造册报官批准者为官团或公团;不报官者为私团或黑团,屡遭取缔。义和团运动时期,有"奉旨团练"参与运动。光绪末年,云贵、四川、广西等地仍办团练,直至清亡。团练多为地方劣绅狡吏所把持,借以逼勒供应,苛派银钱,加抽厘金,为害颇甚。

团练副使 官名。唐始置,为团练使副职。五代沿置,后周显德五年(958),定为准从六品。宋代常用以安置贬降官员,无职掌,元祐中定为从八品。辽代诸州或置,为团练使司副长官。

团练使 官名。唐肃宗时置于诸道,大者领十州,小者领三五州,掌本辖区防务,又称团练守捉使。有副使一人、判官二人。代宗时诸州刺史皆兼本州团练使,旋废。其后,多为诸州刺史加官,不兼防御使者多带此衔。诸道不设节度使者,多以都团练使(或都防御使)总领军务。宋代团练州置,多不驻本州,往往为武臣寄禄官。元丰改制,定为从五品。辽代为南面方州官,团练使司长官,有副使、判官。西夏亦置,为军职,位刺史上,领三至五百族帐。元顺帝至正十八年(1358)于耀州、汾州置团练安抚劝农使司,每司设使二人。明废。

团练州 以团练使为长官之州。宋代为六等州的第五等,位防御使州下、刺史州上。团练使不赴任者,以他官判、知州事。其属有团练推官等,团练副使则专授左降官。辽亦置,设使、副使、判官。

团貌 古代注明人丁的形貌,谓之团貌。又名貌阅、貌定。隋开皇五年(585),文帝命各州县貌阅,严防脱漏户口,隐瞒年龄,逃避赋役。大业五年(609),再度貌阅。唐初,实行小团,即每年把人口实际情况,包括年龄、性别、健康等登记注册。开元二十九年(741),取消小团,改为三年造籍,一次团貌。因查阅时,按邻里成批集体进行,故称团貌。

团首 见"团❸"。

团营 见"三大营"。

团主 官名。隋代左右卫、武卫、武候、领军府及东宫领兵开府、仪同府所统乡团长官,各置一员,掌检查门户,劝课农桑。

团煮 即聚团公煎。明代盐业用语。为各盐场普遍采用的一种生产形式。场分若干团,每团四周环以墙垣,前后开二门,在团首、秤子监督下,后门运盐沙入团煎熬,前门运净盐出团入仓。

tuàn

彖多 即"抹撚尽忠"。

tuī

推 《墨经》逻辑术语。一种推理方法。《墨子·小取》:"推也者,以其所不取之同于其所取者予之也。"今人或认为具有归纳推理的意义,或认为相当于用类比法进行归纳推理,或认为相当于归纳和演绎两种推理形式。

推背图 书名。《宋史·艺文志》著录有《推背图》一卷,不著撰人。相传为唐李淳风或袁天纲撰。一卷。凡六十图像,以卦分系之。每像之下有谶语,预言兴亡变乱之事。因最后一图有颂曰"万万千千说不尽,不如推背去归休"句而得名。凡所预言,均模棱两可,随意多解,借以迷惑世人。另有清光绪十三年(1887)抄本,号东海野人题识,有六十七图像。

推策郎 散官名。金置。属司天台。二十五阶之第十八阶。正八品上。

推丞 官名。(1)宋大理寺属官。元丰二年(1079)设,员四人,属右治狱,掌审理京师百司当推治之事,制勘刑狱,追究官物。(2)清末大理院属官。光绪三十二年(1906),大理寺改大理院,始置。正四品,分刑科推丞与民科推丞。

推侈 推或作雅、雎,侈又作移、哆、多,又称侯侈。夏人。桀臣。力大,能手格猛兽,生裂兕虎,助桀为虐。商汤伐桀,夏亡,为汤擒杀。

推垛子 宋代军职升迁程序之一。即由皇帝亲临殿庭阅试将校武艺,依高下定升迁。通常三年举行一次。

推恩 ❶帝王对臣属推广封赠以示恩典,称推恩。❷清代封赠外戚的制度。定制,皇太后、皇后之父封三等承恩公;非嫡后者,封一等承恩侯;已故者追赠,俱世袭罔替。

推恩令 汉代法令。据《汉书·主父偃传》,汉武帝为削弱诸侯王势力,于元朔二年(前127)采纳主父偃建议,颁行此令。规定诸侯王得推恩将其封地分封给继承王位的嫡长子以外的子弟,并上报朝廷,由皇帝制定列侯封号,诸侯王无权废除或更改。所分王子侯其国归郡统辖,不得过问政事,仅收纳封地内租税。此后诸侯王权势、封地愈益缩减,名存实亡。

推割 即"过割"。

推官 官名。唐代始置,节度使、观察使、团练使、防御使、采访处置使下皆设一员,位次判官、掌书记,掌推勾狱讼之事。五代因之。宋三司各部设一员,主管各案公事。开封府亦设左、右厅推官各一员,分日轮流审判案件。临安府设节度推官、观察推官各一员。诸州幕职也有节度、观察推官。金代始为地方官,诸留守司、路总管府、府均设,分判刑狱及其他政务,品秩从六品或正七品。元各路总管府及各府亦沿置,掌治刑狱。明为各府佐贰官。洪武三年(1370)设,正七品,属顺天、应天二府者从六品。定制,每府设一员,亦有因事而增设者。掌理刑名,赞计典。清初沿明制,于府设推官及挂衔推官。顺治三年(1646)省挂衔推官。康熙六年(1667)省推官。

推鞫 又称推勘或勘鞫。司法审讯程序。即推究审问。宋时定各州由司理参军主管。元丰官制行,大理寺丞等亦兼推鞫狱事。以后历朝沿用其制,而所用官吏略有不同。

推勘 即"推鞫"。

推勘公事 即"三司推勘公事"。

推勘官 官名。宋代隶御史台,淳化元年(990)置。掌审讯重大刑狱案件。元丰改制后废。又三司亦置推勘官,专管审讯有关财务刑狱案件,以京朝官充任,治平三年(1066)废。熙宁二年(1069)复置管勾推勘官,以京朝官或幕职州县官充任。

推勘院 宋临时审讯机构之一。神宗以来,由中书下令临时立案审问判决,称推勘院,结案后撤销。

推拿 中医名词。古称按摩、按跷、案扤等。一种治疗方法,属于中医外治法范畴。是医生根据病人的病情施用各种手法进行治疗的一门中医学科。推拿者通过手法作用于人体体表的特定部位,以调节机体的生理、病理状况,达到治疗效果,另外它还是正骨八法之一。包括推法和拿法。《医宗金鉴·正骨心法要旨》:"推者,谓以手推之,使还旧处也。拿者,或两手或一手捏定患处,酌其宜轻宜重,缓缓焉以复其位也。"适用于骨折愈合后或其他疾患所遗留的关节等处僵直者。

推排 谓推算人户家产,编排户等。宋时乡村三岁一推排,编造五等丁产簿,进产则升其户等,减产则降其户等,目的在使差役负担相对均平。但乡书手、保正副等乡役人私受人户财物,升排不公,奸弊百出。或不依条限推排,边远县邑有一二十年未尝升降物力者。

推排法 又称经界推排法。宋理宗景定五年(1264),为厘正赋税隐漏,次第推行于各地。其法以县统都,以都统保,依据嘉定经界籍帐,逐段检核其亩步有无欺隐,订正其业主、佃户变动情况,使民有定产,产有定税,税有定籍。时乡都官多豪家大姓,虽经检核,赋税仍不得其实。惟贫弱者尺地寸土皆有税,民力益困。

推升 任官制度。明代凡未满考之官升任官职,由廷臣公推,再经皇帝决定任命。因所升任官职不同,又分部推、会推等。清代官吏论俸序升迁亦称推升。凡推升官员,掣签得缺后,具题开缺,由该管官出具考语,办清经办事务,赴部引见,给凭赴新任。知县以下毋庸引见。

推事 官名。清末各级审判厅审判官。光绪三十二年(1906)后设大理院等各级审判机构,始置,品秩自从五品至正七品不等。职掌刑名案件审理。

推事院 官署名。唐垂拱二年(686),来俊臣为左台御史中丞,召集无赖数百人,令其告事,共为罗织。载初元年(689)于丽景门别置推事院,作大枷凡十号,专令来俊臣推勘,亦号新开门。入新开门者百不存一。

推事长 官名。清末高等审判分厅与地方审判厅长官。光绪三十三年(1907)后,各省城、府设地方审判厅,大商埠设高等审判分厅,始置。每厅一人,从五品,奏补。掌本厅审判事宜,并监督所属各员。

推授 清代官缺补授方法之一。指凡不经开列具题,而以应升之员论俸推取、经引见而授官之例。在京钦天监监副,翰詹坊缺及其他司官等员,或论俸推取二十人,引见奉旨补授;或拟定正陪,引见奉旨补授。

推选 选官制度。清代文职官员推选由吏部文选司执掌,武职官员推选由兵部武选司执掌。凡推选分仕进之途,文职官视科甲及恩、拔、副、岁、优贡生及荫生出身者为正途,余为异途;武职官以行伍出身为正途,科目次之。别流品以严登进,文武官俱分九品十八级,附以未入流之杂职。别满汉之畛域,依缺分而授职,文职官有宗室缺、满洲缺、包衣缺、汉军缺、汉缺;武职官有旗缺、门缺、卫缺。定升迁降黜之法,文职官三年京察,六年大计,迁转依月选而进;武职官考绩分四格,举劾与文职相同。补铨法之不足,文职官有捐纳、劳绩之途;武职官惟军功保举为盛。

推移 即"推侈"。

推直官 官名。宋代初年御史台置,员二人,专治狱事。元丰改制废。

推置 北宋时,京东、京西、河北、陕西等路曾检刮民间存粮,强行征购,谓之推置。

tuǐ

隤 春秋周邑,后属郑。在今河南获嘉县西北。《左传》隐公十一年(前712):周桓王"与郑人苏忿生之田:温、原、絺、樊、隰郕、欑茅、向、盟、州、陉、隤、怀"。

隤敳 相传为高阳氏时*八恺之一。

tuì

退庵自订年谱 书名。清梁章鉅撰。一卷。梁氏晚号退庵,故名。自乾隆四十年(1775)起,至道光二十四年(1844)止。逐年记载了梁氏一生事迹。凡梁氏家庭情况、师友关系、所任官职及所经历之重大事件、著作等均有记述,可供研究晚清历史者参考。

退材场 官署名。宋代将作监所属机构,掌拣选京城内外退弃木材,区分长短曲直,合用者供营造,余作薪柴。设监官一人,以京朝官充任。

退浑 吐谷浑的讹称。

退火 一种热处理工艺。发明于战国前。战国广泛使用,沿用至今。依操作方法和技术目的之不同,中国古代主要有四种:(1)再结晶退火,如战国刻纹铜器。(2)铸铁可锻化退火。流行于春秋至隋唐。(3)消除应力退火。如宋应星《天工开物》所云针坯之慢火炒熬。(4)组织均匀化退火,如《天工开物》所说黄铜退火处理。中国古代退火技术的主要成就是较早发明和使用铸铁可锻化退火,对含锌稍高的黄铜进行组织均匀化退火。

退圈地 清代八旗官兵携眷属驻防直省,前在畿辅圈占土地悉行交还属旗,称退圈地。康熙四十八年(1709)统计实在退圈地七十七万二千四百零七亩八分。

退田 隋唐时,指依均田令规定退还的口分田。

唐代《田令》规定，当受田者年满六十或死亡时，免交租庸调，口分田必须交还政府。还公之土地，谓之退田。由于民户受田时大部分占田未达法定应受田限额，因此，实际上还公者不多。根据吐鲁番地区发现的唐代西州退田文书，可知实际退田的情况为：户绝退田、逃死退田、死亡退田、移户退田，以及无力耕种的还公田，即所谓退田，主要是无主土地。

蜕庵集 书名。近人麦孟华撰。一册。录麦氏诗三十余篇，词十七首，多为戊戌变法以后之作。附有诗文十篇，为作者死后，亲友罗惇曧、梁启超、曾广钧等之挽辞。1936年印行。

蜕庵诗集 书名。元张翥撰。四卷。翥以诗文名一时，平生所作甚多。此集为洪武初释大杼选编，多应酬赠答，纪行杂咏。有《四部丛刊续编》影印洪武刊本；今传四卷本，皆从此出。别有五卷抄本，分卷序次，与洪武本迥异。

tūn

吞阿娄拔奚利邲咄陆可汗 即"咄陆可汗阿史那泥孰"的汗号全称。

吞刀吐火 汉代西域杂技。张衡《西京赋》："吞刀吐火，云雾杳冥。"据《汉书·张骞传》，骞通西域后，大宛诸国以"黎轩善眩人献于汉。"颜师古注："即今吞刀吐火、植瓜种树、屠人截马之术皆是也。"

吞列县 西汉置。治今朝鲜平安南道东北大同江南岸一带。属乐浪郡。东汉称乐都县。

吞弥桑布札 吐蕃松赞干布时名臣。曾奉松赞干布之命去印度学习语言文学，返蕃后根据印度与喀什弥罗文字，结合吐蕃语言特点，改进和创新吐蕃文字。并翻译印度声明学书籍和佛经。又同噶尔东赞域松迎泥婆罗墀尊公主入蕃，与松赞干布结婚。

吞霄 本台湾土著番社名，即今苗栗县西南通霄镇驻地。清康熙三十八年(1699)，土官卓介卓雾亚生起事被擒杀于此。

暾社学谭 杂志名。清宣统三年二月十五日(1911.3.15)在西安创刊。月刊。文学社团暾社社刊。主要刊载社员论著、笔记、考订、札记、诗词一类文字。发行七期，辛亥革命后停刊。

暾欲谷 后突厥大臣。历事颉跌利施、默啜、毗伽三可汗。原属单于都护府降落。唐永淳二年(683)从骨咄禄起兵。后拜裴罗莫贺达干，率兵二千，破铁勒九姓，复定漠北。奇袭黠戛斯，又随大度设等西渡珍珠河(锡尔河上游)，降粟特，至铁门关。阙特勤诛默啜之党，立毗伽可汗，他独以女系毗伽可汗可敦而得免。毗伽欲修城堡，兴浮屠，他力谏止之，而主张守故习，逐水草，习骑射，以弘扬尚武精神。开元八年(720)先发制人，破拔悉蜜于北庭东北，破坏唐军大规模进攻的计划。晚年力主与唐和亲。卒时年近八十。丹麦、美、俄、日等学者认为暾欲谷即助骨咄禄可汗复国的阿史德元珍。

暾欲谷鄂尔浑突厥文碑 古突厥文碑铭。暾欲谷撰。碑约立于唐开元五年(717)至七年。通篇用第一人称，自叙为突厥"献红血、流黑汗"事迹，风格猷古劲峭，为突厥古文典范。

tún

屯 ❶指屯田单位。晋武帝咸宁元年(275)十二月，诏以邺城奚官奴婢代替田兵于新城种稻，五十人为一屯，屯置司马，皆如屯田之法。❷封略山泽范围。南朝齐高帝建元元年(479)四月，诏"二宫诸王悉不得营立屯邸，封略山湖"。❸绵的计量单位。唐制，六两为屯。

屯表律 律名。关于边塞防守的单行法律，见于《睡虎地秦墓竹简·秦律杂抄》。其中规定，应募的军士未到期而归，罚戍边服役四个月。

屯部 见"屯田部"。

屯丞 官名。唐代司农寺诸屯副长官，每屯置一或二人，从八品下，佐长官屯监掌本屯稼穑之事。宋初仅存空名而未尝除授，神宗元丰改制罢。

屯丁 清代人丁之一种。明代军队按卫所编组，三分守城，七分屯田，谓之军丁。清改卫所军丁为屯丁，仍耕种屯田，交纳田赋，在有漕地区，则负责运送漕粮。初不纳丁银，康熙十三年(1674)，以三藩乱起，军费开支浩大，始照州县人丁之例，派征丁银。为保证漕粮运输，不使民屯相混，政府令其另立户籍，每五年编审一次。编定册籍，由粮道掌管。如私改户籍，窜入民籍，按律治罪。雍正二年(1724)后，无漕地区卫所陆续并入州县，屯丁亦相继改归民籍，惟有漕地区仍保留之，协济漕运，直至清末。又，乾隆年间，台湾高山族人组成屯田防卫组织，其兵丁亦称屯丁。参见"屯番"。

屯丁编审 又称运丁编审。清代定期对卫所屯丁进行的户口清查。顺治五年(1648)，开始编审全国人丁，屯丁负有耕种屯田、运送漕粮之责，故别立户籍，另行编审。乾隆三十七年(1772)，清政府停止编审人丁，因屯丁直接关系漕粮的运输，特规定，除向不归运屯丁一体停其编审外，各省运漕军丁继续编审，每四年一次，由粮道负责清查造册，送总漕核查题奏。直至清末。

屯番 清代台湾高山族人组成之屯田防卫组织。乾隆五十三年(1788)始置"熟番"屯丁，在本社防守，稽查盗贼，拨近山未垦之地，供屯丁养赡。五十六年正式举办，南路设大屯(辖屯丁四百一)，小屯(辖屯丁三百二)，置千总一、外委三，隶南路营参将，辖十三社；北路设大屯三，小屯九，置千总一、把总三、外委十二，隶北路协副将，辖八十三社。道光中，水沙中连六社归隶，增设一大屯，属北路。此后屯务渐废。

屯户 清代屯种国家荒芜土地之民户。

屯监 官名。隋时诸屯有监，畿内者隶司农寺，畿外者隶诸州，各掌其屯之稼穑。唐时诸屯亦各置监一人，从七品下；丞一人，从八品下。另有屯主、屯副各一人，督敛地课。

屯粮 明清田赋之一种。即指屯田兵丁所缴纳之田赋粮。明初规定每亩税一斗,弘治间减至三升,隆庆时复税一斗。清代屯田征收,各省多寡不一,然清初高于民田科则,顺治七年(1650)始照各省民田起科。又,明代屯田军士所生产之粮、清代屯田兵丁所领之口粮亦称屯粮。

屯留 一作纯留。春秋晋邑,战国属赵。在今山西屯留南。《史记·赵世家》记赵肃侯元年(前369)"夺晋君端氏,徙处屯留"。即此。西汉置县。

屯留县 西汉置。治今山西屯留县南。北魏移治今长治市西北。北齐废。隋开皇十六年(596)复置,移治今屯留县西。唐武德五年(622)移治今县。两汉至北魏及隋属上党郡。唐至明属潞州。清属潞安府。

屯门镇 在今广东深圳市西南山区附近,或说在九龙屯门。唐置镇以防海寇。

屯民 北朝时在国有土地上屯种之民户。北魏孝文帝太和十二年(488),秘书丞李彪上表建议取州郡户十分之一以为民屯,进行屯田。官给以耕牛,凡百亩岁交谷六十斛。屯民虽可免正课及征戍杂役,但其地位较低。北齐天保二年(551)乃有免屯民、牧户等为白户之诏令。

屯目 清代屯居旗人之头目。由地方官府选旗人充任。凡旗人有事来京或往其他处所,均报明给予期限。偏远零散旗户就近受管。

屯齐(1614—1663) 一作吞齐。清宗室。贝勒图伦次子。崇德时屡从征明,有战功。顺治元年(1644)封贝子,随多铎攻陕西大顺军,又随军下江南,授镶蓝旗满洲都统。六年封多罗贝勒。十年为定远大将军,进攻李定国部。次年追坐随尼堪衡州(今衡阳)败没罪,削爵。十五年复从征云南,攻明桂王。后卒于京。

屯骑校尉 官名。汉武帝初置,为北军八校尉之一。秩二千石,有丞、司马。掌骑士,戍卫京师,兼任征伐。东汉初改为骁骑,建武十五年(39)复旧。比二千石。掌宿卫兵。有司马一人,千石。属北军中候,为五校(五营)之一。东汉五校官显职闲,而府寺宽敞,舆服光丽,伎巧毕给。故多以宗室外戚近臣任之。三国时定制为四品官,属下有司马一人,七品,秩一千石;主簿一人,九品。但所掌营兵常缺,或与其余四校尉之兵合为一营。两晋、南北朝皆沿置。参见"五校尉"。

屯骑尉 官名。隋开皇六年(586)置,为从六品散官,番直出使监检。大业三年(607)罢。

屯氏河 黄河下游故道之一。西汉元封二年(前109)堵河水决口瓠子以后不久,又于馆陶县(今属河北)北决,分为屯氏河,流经魏郡、清河、信都、勃海四郡,约在今东光县境归入正流。全长一千五百里。因广深与黄河正流相等,时人不分主次。故《汉书·地理志》金城郡河关县下记河水、魏郡馆陶县下记屯氏河,并作"东北至章武入海"。屯氏河与黄河正流分水达七十年之久,使兖州以南六郡无水忧(《汉书·沟洫志》)。至永光五年(前39)河水又在灵县鸣犊口(今山东高唐县南)决口,屯氏河遂淤绝。《水经注》中仍有屯氏河故渎,下游又支分为屯氏别河故渎,别河又支分为南、北二故渎入海。这些故渎当系永光后决徙所形成,具体时间无法详知。其流经地大致在今山东、河北两省接壤一带。隋炀帝开永济渠,其在今山东境内一段(即今卫河),一部分即利用屯氏河故道修浚而成。

屯守备 官名。清代土官名号之一。武职。设于四川省。正五品。管所辖之兵士,受地方武官约束。世袭,其承袭事隶兵部。

屯守备制 又称土屯制。清乾隆十七年(1752)废杂谷土司,在其地南部杂谷脑、乾堡、上孟董、下孟董、九子寨内,设屯总土守备,以投降头人充任,简称"五屯"。土屯制寓兵于农,屯民平时务农,战时为军。屯内土地由守备分给屯兵耕种,其收入除作为饷粮外,还须交纳正粮。屯内土地禁止买卖。屯守备名义上不管民事,但仍利用特权役使屯民,其残酷有如土司。清末,土屯制发生变异,九子寨土地已能买卖,地主出现,屯民所纳正粮亦改折色;地主经济渐占上风,然土屯制之名未改。

屯田 ❶亦称屯垦。即对田地所行之有组织垦种。西汉以来,历代为解决军粮供给、军费开支及补充国库储备,多组织兵士、利用人犯或召募农户垦种。主要采取军屯和民屯两类形式。军屯即以军事组织形式由军兵及其家属进行屯种,民屯即以民户为主体之有组织屯种,其中包括一般民户屯种及罪犯屯种。此外,明代尚有商屯记录,即由商人招募农户所行之屯种。民屯始于西汉文帝十一年(前169),募民垦北方边郡。军屯始于武帝元狩四年(前119),以军兵五六万于西北屯垦。后历代多沿其制,至设专门机构管理屯田事宜。唐宋时,称军屯为屯田,民屯为营田。金元屯田甚盛,元代除军屯、民屯外,并有军民混合屯田,分隶枢密院各卫、大司农司、宣徽院及行省。明代掌于工部屯田司。清沿明制,而屯田规模更大,有旗屯、卫所屯田、民屯数种,乾隆间,又设新疆屯田、回屯等,后因裁撤卫所,仅于漕运各地、甘肃、安西一带,新疆及湖广、云贵等地保持一定数量屯田。光绪二十八年(1902),因改漕运为海运,裁撤屯卫弁丁,屯户将所占田地纳地价于官,报明税契,听其管业,漕运屯田废罢。历代所行屯田,组织性强,耕地面积大,便于水利建设,变大片荒地为良田,对当时减轻农民负担、恢复发展生产、开发边疆起到积极作用。详"军屯"、"民屯"、"商屯"、"营田"、"卫所屯田"、"旗屯"等。❷官署名。即"屯田曹"、"屯田司"之简称。参见"屯田曹"、"屯田司"。

屯田部 官署名。明代工部属部。洪武六年(1373)置。设郎中、员外郎各一人,主事四人。十三年,改名屯部,减主事二人。掌屯种、抽分征商、薪炭、夫役、坟茔之事。二十九年,再改屯田清吏司。

屯田曹 官署名。(1)尚书省六曹之一。西晋置,掌管全国屯田事务,以尚书为长官。太康中改称田曹。(2)尚书省诸郎曹之一。西晋置(一说三国魏已置)。掌管屯田事务,以郎(郎中)为长官。东晋省。南朝宋、齐以民部郎中兼理屯田事务。梁复置,隶左民尚书。陈沿置。北魏亦置,一说隶仪曹尚书。北齐沿置,掌籍田及诸州屯田事务,隶祠部尚书。

屯田都使　官名。北齐武成帝河清三年(564)以沿边城守之地,可垦殖者,皆营屯田,置都使、子使以统之。一子使当田五十顷,岁终以其所入多少为考课。

屯田都尉　官名。东汉末及三国魏、吴置。主屯田事务。一说即典农都尉。

屯田校尉　官名。西汉武帝置,掌西域诸屯田。自张骞通西域,李广利征伐大宛之后,轮台、渠犁皆有屯田卒数百人,置使者、校尉领护之,以给外国使者。后车师、乌孙、焉耆等国皆有屯田,亦以校尉领护。神爵二年(前60)置西域都护后,诸屯田校尉皆属之。

屯田客　即参加屯田之农民。东汉建安元年(196)曹操开始屯田,其劳动力为招募而来的农民,称屯田客。其产品按收成多寡与政府分成。屯田客初专以农桑为业,不负担力役、兵役。三国魏文帝以后,屯田制度逐渐破坏,屯田客遂成为官僚大族依附农民。吴亦推行屯田,主要以被征服之山越人为屯田客。

屯田郎　官名。即屯田曹(司)郎。西晋太康间始置(一说三国魏已置),六品,掌尚书屯田曹事,与屯田郎中互称。东晋废。南朝梁、陈复置。北魏亦置,太和十七年(493)定郎为从五品中,郎中五品上,二十三年均称郎中,六品,仍可通称为郎。北齐沿置,六品上。隋初改称屯田侍郎,为工部屯田司长官,大业三年(607)复名屯田郎,从五品。唐初改名屯田郎中。

屯田郎中　官名。魏、晋、南北朝与"屯田郎"互称,为尚书省屯田曹长官。唐武德三年(620)定为尚书省工部第二司屯田司长官,从五品上。掌天下屯田、京官职田及诸司公廨田等政,实则闲简无事。龙朔二年(662)改司田大夫,咸亨元年(670)复旧。五代因之。北宋初为五品寄禄官,不预司务。元丰改制后始为职事官,从六品。南宋建炎三年(1129)兼领水部之事。明初亦置,正五品,洪武二十九年(1396)改名屯田清吏司郎中,掌屯田清吏司事。清沿明制。

屯田千户所　官署名。明代专为屯垦而设。多置于北部边境。设正千户、副千户、镇抚、百户等官与一般千户所同,往往不隶卫,而直属都司或行都司。

屯田清吏司　官署名。简称屯田司。明清工部所属四司之一。掌设置屯垦,增益军储,抽分征商,伐薪烧炭,百官茔制,以及四司匠役工食之事。明洪武二十九年(1396)置,设郎中一人,员外郎一人,主事三人,南京工部屯田清吏司亦设郎中一人,主事一人。顺治元年(1644)沿置,设郎中五人,满洲四人,汉一人;主事五人,宗室一人,满洲二人,汉二人,以及笔帖式、经承若干人。所属有都吏科、准支科、拒科、杂科、匠科等办事机构。并掌检查监督四司匠役,审核海、苇、煤课及本衙门汉官之升补。光绪三十二年(1906)罢,所掌之事归民政部。

屯田尚书　官名。掌屯田政令。西晋初置,为尚书省六曹尚书之一。位三品。武帝太康中改名田曹尚书。

屯田使　官名。宋代置。掌屯田事务。有都大制置屯田使、制置屯田使、管勾屯田司公事、提点制置河北沿边屯田事、措置屯田、屯田副使、提点某司屯田公事等名目,常以安抚使、知州、通判等兼任。其官署有屯田司、屯田务等。

屯田司　官署名。(1)隋始设,为工部四司之一。初置侍郎、员外郎为长贰,大业三年(607)改置郎、承务郎。唐武德三年(620)沿置,设郎中、员外郎为长贰。掌全国屯田、京官职田、诸司公廨田等政,实则闲简无事。龙朔二年(662)改司田司,咸亨元年(670)复旧。五代沿置。宋初亦置,设判屯田事一人,以无职事朝官充任。无职掌。元丰改制,设郎中、员外郎,掌屯田、营田、职田、学田、官庄等事务。(2)明清工部屯田清吏司之简称。

屯田员外郎　官名。工部屯田司次官。隋开皇六年(586)始置,大业三年(607)改为承务郎。唐武德三年(620)复旧名,从六品上。龙朔二年(662)改司田员外郎,咸亨元年(670)复旧。闲简无事。五代因之。宋初为六品寄禄官。元丰改制,为职事官,正七品。南宋建炎三年(1129),兼领水部事。明初亦置,从五品,洪武二十九年(1396)改名为屯田清吏司员外郎,佐郎中掌屯田清吏司事。清沿明制。

屯田子使　见"屯田都使"。

屯田卒　屯田士兵。简称田卒。西汉时缘边诸郡设有田官,征发各郡国屯田卒戍田。后通西域,又于渠犁、轮台、车师等地置屯田卒戍田,置使者、校尉领护之。

屯卫　清代屯田、漕运之军事组织。顺治三年(1646),定其官制,卫设守备一人,兼管屯田,下设千总、把总,分理卫事。有漕地区又根据漕船之多寡,分设漕帮,每帮有领运千总二人,随船督运。雍正二年(1724),裁撤内地屯卫,归并地方州县,惟负责漕运之屯卫及边塞地区无州县可归之屯卫,设卫如故。清末,漕粮改由海运,屯丁不再运漕。光绪二十八年(1902),除屯丁、运军名目,并属州县。

屯溪西周墓　西周前期墓地。位于安徽屯溪市弈棋村,1959和1965年两次发掘,其中1959年发掘的大小两座皆无墓坑的土墩墓。墓底高出现在地表,上铺约0.25米厚的鹅卵石,上放棺及随葬品,加封土成堆,封土为调拌的纯净粘土。未经夯打。现存墓堆高1.75米,堆径33.1米。2号墓略小,结构与1号墓基本相同。两墓遗物置墓底东部,有较多的原始瓷器,器形有尊、盉、碗、豆、盂、罐等。青铜器有卣、盂、尊、盘、鼎、五柱器等,纹饰有较明显的地方色彩。1965年清理的一座墓,出土大批青铜器,其中有带铭文的卣,年代为周穆王时期。屯溪西周墓的发现对研究西周早期长江下游的历史文化有重要意义。

屯有县　西汉元封时置。治今朝鲜黄海北道黄州。属乐浪郡。西晋后废。

屯长 军吏名。《睡虎地秦墓竹简·秦律杂抄》亦作敦长。战国时秦国已置,为五人之长。后地位稍高,但仍属低级军吏。《汉书·陈胜传》:"发闾左戍渔阳九百人,胜、广皆为屯长。"颜师古注:"人所聚曰屯,为其长帅也。"东汉亦置。据《后汉书·百官志》,将军领军皆有部曲,部有校尉,曲有军候,"曲下有屯,屯长一人,比二百石"。

屯主 官名。南朝宋置。唐代属司农寺,每屯置屯主一员,属官有屯副、主簿、录事、府、史等。掌劝率营农、督敛地课。

屯驻 北宋时,禁军实行更戍法,轮流出戍各地。出戍军由各州管辖者,称屯驻。废更戍法后,屯驻无固定含义。

屯驻大军 南宋正规军。南宋初,军队经过整编,形成韩世忠、刘光世、张俊、吴玠和岳飞五支屯驻大军,后分别以行营前、左、中、右、后护军作番号。绍兴十一年(1141),解除岳飞、韩世忠等兵权,先后撤销各行营护军番号,改名为某州府驻扎御前诸军。至南宋中期为止,陆续在兴州、兴元府、金州、江陵府、鄂州、江州、池州、建康府、镇江府设御前诸军,由都统制和副都统制统辖。后鄂州和江陵府两军名义上合并,兴州改名沔州,又分出利州一军,连同殿前司、侍卫马、步军司三军,共十三支屯驻大军,各有一万至几万兵力。南宋后期,另设各种名目新军,各都统制司兵力锐减,仅占正规军一小部分。

屯租 清代招募农民及官兵余丁承种屯田所征之租。其数量各地不一。如乾隆四年(1739)清廷招民承种安西口外屯田,所获粮谷交官四分,民留六分。

囤户 明代盐商之一种。亦名坐司大商。拥有巨资,低价收买囤积边商盐引,待可支盐时,再倍价转卖与内商,每引可获利八、九钱。所收盐引多者数十万,少者数万,每岁巧赚白银几万乃至几十万两,为明代商人中实力最雄厚者。

囤韭 温室栽培韭菜技术之一。文字记载见于元《王祯农书》:"至冬,移(韭)根藏于地屋荫中,培以马粪,暖而即长,高可尺许,不见风日,其叶黄嫩,谓之韭黄。比常韭易利数倍,北方甚珍之。"此法是利用马粪发酵所产生热量,于冬天培育韭菜,比用屋内升火增温简便得多。

纯留 地名。在今山西屯留县南。原留吁国,晋灭之为邑,称纯留,一作屯留。《左传》襄公十八年(前555):"晋人执卫行人石买于长子,执孙蒯于纯留",即此。

豚水 豚又作遯。在古夜郎县(今贵州关岭县西)境内。《水经·温水注》:"郁水即夜郎豚水也,……东北流经谈稾县,东经牂柯郡且兰县,谓之牂柯水。"此水从无定说,一般以为即今云贵二省境内的北盘江。

tuō

托 计量长度单位。成年人伸开两臂之长为一托。元代官府在计算纺织品长度时常以托为单位。

托定村 在今广西鹿寨县洛容东北。明正德十五年(1520),僮人覃万贤起事,据西乡、托定、洛斗诸村,久之始平,即此。

托高会 清代台湾番族(高山族)村社比武集会。集会时土官及众番各执长竿,束草为球(或作人头状)掷于空中,众人迎而刺之,中者为胜,称"麻丹毕"(好汉),捧酒祝贺。一般五年举行一次,南部琅峤诸社约三年一次。

托古改制 意谓孔子假托古代圣王之名以推行其政治主张。源出康有为《孔子改制考》:孔子有患于"布衣改制,事大骇人,故不如与之先王,既不惊人,自可避祸"。认为六经系孔子为改制而作,"六经中之尧、舜、文王,皆孔子民主、君主之所寄托"(同上),视孔子为古代的改革家。并以"公羊三世说"为孔子托古改制之内容,将"据乱世"、"升平世"、"太平世",比附为君主制、君主立宪制、民主共和制三种政治制度。借以论证变法维新合乎圣人之道,中国社会之进化势在必然,为其改良主张提供理论根据。

托(託)纥臣水 即"土河"。

托欢 即"脱欢❹"。

托浑布(1799—1843) 清蒙古正蓝旗人,博尔济吉特氏,字安敦,号爱山。嘉庆进士。历任知府、直隶按察使、直隶布政使等职。道光十九年(1839)任山东巡抚。次年七月,英舰北犯天津大沽时,支持直隶总督琦善乞和。英军南撤,途经山东洋面,又偕鲍鹏等赴登州迎送,向侵略军馈赠肉粮犒劳,并向道光帝谎报"夷情极为恭顺"。后又将鲍鹏推荐给琦善充通事,专事媚外活动。

托脚 建筑构件。下层梁头和上层檩间斜置的木条。在抬梁式构架中,主要起扶持平檩的作用。多见于唐、宋、金、元建筑中,明清极少使用。

托津(1755—1835) 清满洲镶黄旗人,富察氏,字知亭。乾隆四十三年(1778)充军机章京。嘉庆初奉命办理四川军需,以镇压川楚白莲教起义。嘉庆十八年(1813)镇压天理教起义,获林清,授协办大学士。旋赴开州(今濮阳)搜捕李文成余部。次年授正白旗领侍卫内大臣,拜东阁大学士。曾充国史馆、会典馆总裁及实录馆监修总裁,纂修《明鉴》。道光十一年(1831)致仕。

托克托日晷 天文仪器。为一尺见方石板。石板中央有一较深圆孔,圆孔之外有一半径近四寸的大圆,周边刻有六十九个浅孔,孔距相等,共占圆周三分之二略多。从每个浅孔有直线引至圆心;浅孔上标数码,按顺时针排列,书法为小篆,可能为秦汉之际遗物,清光绪二十三年(1897)在内蒙古托克托城(今托克托县)出土,现藏中国历史博物馆。此日晷显然按一天百刻分划。其所测量的时间,并非从夜半开始的时刻,而是以日出前三刻(或后来的二刻半)为零点的与汉代漏刻相适应的时刻。日晷的安置方向应平行于天赤道,仪器正中十字线对准东西和南北方向,浅孔则置于仪器北端。当太阳在赤道以北时,立于圆心且垂直盘面的圆柱形"定表",投影在仪器平面上,可直接读数;而当太阳在赤道以南时,仪器本身挡住了太阳,"定表"影子投落在仪器之外,就须用"游表"来进行观测,"游表"可移动插在浅孔里;只要选取足够长的"游表"和"定表",就不难由"游表"和"定表"构成的平面,与太阳中心相合,就可得到时刻读数。

托克托厅 清政区。原为明东胜左卫,嘉靖中入蒙古,西土默台吉脱脱在此驻牧,建脱脱城,亦称托克托城。清乾隆二十五年(1760)置厅,兼辖河西鄂尔多斯右翼后旗地,治所即今内蒙古托克托县。1912年降为县。

托逻台 在今山西宁武县西北阳方口河(恢河上游)。北宋雍熙三年(986)杨业引兵自石峡路趋朔州,嘱潘美与王侁领兵阵于陈家谷口以援,侁使人登托逻台望之,以为契丹败,欲争其功,即领兵离谷口,以致杨业兵败身亡,即此。

托马斯·斯丹东(George Thomas Staunton,1781—1859) 英国人。哃哃咮子。通晓汉语。清乾隆五十八年(1793)随父来华。嘉庆三年(1798)任职于英国东印度公司广州办事处。二十一年,升任特派员,奉命充阿美士德使团副使,北上来京。死于伦敦。著有《阿美士德勋爵使华记》(1824)、《中国与中英商业关系杂评》(1822)、《英中关系评议及改善方案》(1836)、《对华商务观察报告》(1850)及《托马斯·斯丹东回忆录》(1856)等,并译《大清律例》、《异域录》成英文。

托明阿(1787—1865) 清满洲正红旗人,栋鄂氏。由侍卫擢护军参领、游击、总兵等职。道光二十七年(1847)授乌鲁木齐提督,旋擢绥远城将军。咸丰三年(1853)率所部堵截太平天国北伐军。次年命为钦差大臣,授江宁将军,统率江北大营,屯兵扬州。六年因太平军击溃江北大营,被革职。八年复授直隶提督,迁西安将军,驻兵杨村,防英法联军侵犯北京。十年与英法侵略军战于通州(今属北京)八里桥,败归。同治元年(1862)伤病退职。

托漠河城 又作托木河城(《清太祖武皇帝实录》)、土木河寨(《筹辽硕画》)、托摩和城(《圣武记》)。在今辽宁抚顺市东。原属建州女真哲陈部,明万历十四年(1586)为努尔哈赤所并。

托时(?—1760) 清满洲正黄旗人,佟佳氏。雍正七年(1729),以侍郎衔出使俄国,奉命祝贺俄皇彼得二世(Пётр Ⅱ)登极,并交涉准噶尔问题,为中国首次出使欧洲国家之使臣。次年抵俄京时,彼得二世已死,安娜·伊凡诺夫娜女皇(Анна Ивановна)继位当政,表示愿与清政府商谈引渡准噶尔逃人问题。

托忒文 又称卫拉特文。清顺治五年(1648),厄鲁特蒙古喇嘛咱雅班第达据回鹘式蒙古文创制而成。行于厄鲁特蒙古。有十五字头,每一字头有七音,共一百零五音。以木笔书写,直下,右行。与通用蒙古文相比,元音字母及辅音字母均根据厄鲁特方言特点有所增加,能较清楚地表达该方言的语言,故名"托忒",为明了、清楚之意。

托温 ❶古水名。明托温江,即今流经黑龙江省东部的汤旺河,为松花江左岸支流之一。❷古城站名。明通往奴儿干地方的海西东水陆两路城站之一。故址在今黑龙江汤原境内的汤旺河侧。辽属五国部,金有蒲与路屯河猛安,元置桃温军民万户府,明设屯河卫,清为布尔和革珊(村落),均系女真各部渔猎、农牧的所在地。

托音 蒙古地区藏传佛教徒的称呼之一。源自汉语"道人"。在元代,突厥-蒙古语中称"和尚"为"道因"。明清以后作"托音",用以称呼贵族出身的高僧。

托云(?—1880) 清满洲正黄旗人,彦扎氏。咸丰四年(1854)任正蓝旗蒙古副都统。八年署正白旗护军统领,旋补镶蓝旗护军统领。同治三年(1864)调正白旗护军统领,兼管火器营事务。十一年补銮仪卫銮仪使。光绪四年(1878)累擢正红旗蒙古都统,旋坐事降级留任。次年因病告假。

托子 古器皿。其状如盘,中央有承托碗盏的突起圈座,多用金银或瓷制成。唐建中初,崔宁女以金盏无储,嫌其烫手,取楪子承盛之,饮则倾倒,乃以蜡环楪子中坐之,杯遂定。复遣匠以漆环代蜡,取名托子。流行后,环底渐趋美观。

拖克索 满语。汉译庄屯。清初满族贵族役使阿哈(奴隶或农奴)耕种的庄园。清初,汗、贝勒和八旗官员皆有拖克索。天命十年(1625),努尔哈赤新编大批拖克索,金派汉民充丁,每庄置庄头一人,庄丁十三名,耕牛七头,耕地百垧(八十垧庄丁自食,二十垧作官赋)。顺治元年(1644)以后,八旗王公贵族又在关内外新设拖克索多处,仅欧欧哈公主设在盛京章库达者即有五个,每个拖克索有耕地一百二十垧。这些新设的拖克索已属于具有劳役地租性质的农奴庄园。参见"八旗庄田"。

拖雷(?—1232) 成吉思汗幼子。尊称"也可那颜"(大官人)。元太祖十六年(1221)西征中,领军进入呼罗珊,破马鲁、你沙不儿,迫降也里。二十二年成吉思汗死,继承成吉思汗在斡难河怯绿连河的遗产及军队。充监国。后年召集忽里台,遵从成吉思汗遗嘱,推举兄窝阔台(太宗)继大汗位。太宗三年(1231)攻金,率师出宝鸡,入汉中,沿汉水东下。次年,趋钧州(今河南禹州),败金将完颜合达、移剌蒲阿于三峰山。北还途中病死,年四十余。子蒙哥(宪宗)、忽必烈(世祖)相继称帝,追上庙号睿宗。

拖沙喇哈番 爵名。清初所定世爵第八等。乾隆元年(1736)定汉名为"云骑尉"。

脱必赤颜 书名。即《纽察脱卜赤颜》。蒙古语义为"秘史"。最早记载成吉思汗、窝阔台汗两代的事,元朝历代也都续修。修成后,即置之金匮,藏于秘府,不得传于外。元朝皇帝有时也命人把《秘史》译成汉文。仁宗时察罕译的《圣武开天记》,即为《脱必赤颜》的译本。成书于元世祖时的《圣武亲征录》,实由《脱必赤颜》译出,很可能与《圣武开天记》同出一源,但并非一书。元代所修的《脱必赤颜》,原本均佚。

脱卜察安 即"脱卜赤颜"。

脱卜赤颜 又译脱必赤颜、脱卜察安。蒙古语。蒙、元时代蒙文宫廷史册。

脱儿赤颜 即"佤头"。

脱儿火察 又译脱儿豁察儿、脱鲁忽察儿。明代蒙古兀良合部人。世居多延温都儿(即朵颜山)、溯木连(绰儿河)一带。洪武二十二年(1389),明太祖设置兀良合三卫,授朵颜卫指挥同知。永乐二年(1404)赴明朝贡,升左军都督府都督佥事,掌朵颜卫事。此后与明朝贡不绝。

脱儿豁察儿 即"脱儿火察"。

脱古思帖木儿(1342—1388) 明代蒙古可汗。元顺帝妥欢帖睦尔之子。洪武十二年(1379)即汗位,号乌萨哈尔汗,年号天元。明太祖致书劝降,不从。次年,被明将沐英击败于和林(今蒙古国乌兰巴托西南)。十四年又遭明将徐达袭击,损失惨重。二十一年,与明将蓝玉所率十五万军战于捕鱼儿海(今贝尔湖),兵败,仅偕数十骑脱走,行至土剌河,为蒙古别部领主也速迭儿袭杀。庙号益宗。

脱果法 果树嫁接之法。宋代的一种空中压条技术,即在果树枝条基部,进行刻伤和环剥,再在伤口处包扎,并保持一定湿度促其生根,然后截断,使之与母株分离而成为一新植株。南宋《分门琐碎录·接果木法》说:"木生之果,八月间以牛滓和,包其鹤膝处如木杯,以纸裹囊之,麻绕令密致,重则以杖拄之,任其发花结实。明年夏、秋间,试发一包视之,其根生则断其本,埋土中,其花实皆安然不动,如巨木所结子。"

脱黑鲁帖木儿(约 1330—1363) 察合台汗国汗。世系不详。1360—1363 年在位。即位时,察合台汗国已分裂为东西两部。在位期间,治理东察合台汗国,迅速强大。1360 年、1361 年两度率大军进入河中地区,使察合台汗国在长期分裂之后得到短暂统一。死后,察合台汗国进一步瓦解。

脱黑帖木儿 即"脱脱木儿"。

脱虎脱(? —1311) 又译脱脱。元人。大德十一年(1307)武宗即位,任中书平章政事,加太尉。九月,诏立尚书省,分理财用,奉旨与教化等任尚书省事。十一月,仍任职中书,领宣政院事。至大二年(1309),又议立尚书省,更改钞法,任尚书省左丞相。又升右丞相,领右卫率府事。三年六月,奉命总治百司庶务,皆从尚书省奏行。十一月,加太师,录军国重事,封义国公。四年武宗死,仁宗罢尚书省,以"变乱旧章,流毒百姓"罪被处死。

脱户 户籍制度用语。亦称漏户。指一家俱不在户籍上登记的人户。历代都有,主要为逃避差徭。北魏孝文帝时已很严重,《魏书·食货志》:"自昔以来,诸州户口,籍贯不实,包藏隐漏,废公罔私。"北齐文宣帝时,户口益多隐漏。唐代曾多次检括户口,许漏户、脱户自实。明清法律规定,凡全家不附籍者,将他人隐蔽在户不报者,合户附籍者,隐漏已成丁人口不附籍或增减其年状,妄作老幼废疾,以免差役者,均称脱户。明代亦许脱户自实。历代法律大多有对脱户处罚的条文。如唐律规定,脱户者家长徒三年,无课役者减二等,女户(妇女为家长)又减三等。诸州县里正不觉脱漏,依其口数处以相应刑罚。清律规定:凡一户全不附籍,及将他人隐蔽在户,有赋役者,家长杖一百;无赋役者,杖八十,附籍当差。若将另居亲属隐蔽在户不报,及相冒合户附籍者,各减二等,所隐之人并与同罪,改正立户,别籍当差。若隐漏自己成丁人口及他人丁口不附籍,及增减年状妄作老幼废疾以避差役者,一口至四口,家长杖六十,每三口加一等,罪至杖一百,入籍当差,所隐之人与同罪。若里长及本县提调正官、首领官吏失于取勘,致有脱户者,各按情节杖、笞有差。知情者,并与犯人同罪;受财者,计赃以枉法从重论。

脱欢 ❶(? —1301)元世祖子。伯岳吾真皇后所出。至元二十一年(1284),封镇南王,镇鄂州(今湖北武汉),与大将李恒攻占城,假道云南。次年,败归。二十四年,再次率兵攻安南,又败。世祖怒其丧师无功,终身不许入朝。二十八年,移镇扬州。死后,子老章袭封。❷(1292—1328)习称脱欢答剌罕。元蒙古斡剌纳儿氏。哈剌哈孙子。年十二,以大臣子入国学。大德十一年(1307)武宗即位,入宿卫,后为太子爱育黎拔力八达(仁宗)宾客。至大四年(1311)仁宗即位,拜御史中丞,袭号答剌罕。又升御史大夫。英宗即位,转江南行台御史大夫。至治元年(1321),拜江浙行省平章政事。泰定二年(1325),进行省左丞相,兼领行宣政院。时吴松江淤塞,奉命提调疏浚之役。喜读经史。卒于任。❸元蒙古札剌儿氏。江淮行省左丞相阿剌罕子。任西台御史中丞。延祐三年(1316),仁宗封和世㻋为周王,迁云南,他附和周王常侍教化、陕西行省丞相阿思罕、平章政事塔察儿等发关中兵作乱,兵至河中府(治今山西永济蒲州镇),又与塔察儿杀阿思罕、教化。后历任江西、湖广、江浙行省平章。泰定间,任南台御史大夫,被劾罢职。顺帝至元六年(1340),任中书省平章政事。次年,复任南台御史大夫。❹(? —1439)即脱懽。又译托欢。明时瓦剌贵族首领。顺宁王马哈木之子。永乐十六年(1418)袭爵。后兼并太平、把秃孛罗之众,统一瓦剌诸部。宣德九年(1434),袭杀东蒙古太师阿鲁台,悉收其部,立脱脱不花为可汗,自称太师,居漠北主政。正统三年(1438),灭阿鲁台所立阿岱汗,占领亦集乃路(今内蒙古额济纳旗一带)。与明联系甚密,部属屡受封爵,以朝贡和大同马市等与中原地区进行经济交流。

脱欢答剌罕 即"脱欢❷"。

脱欢帖木儿(? —1437) 明哈密王。*免力帖木儿弟。宣德三年(1428),受明封为忠义王,与卜答失里同理国事。

脱懽 即"脱欢❹"。

脱口 户籍制度用语。亦称漏口。指一家之内有不登入户籍者。历代都有,主要为逃避差徭。唐律规定,脱口及增减年状(谓疾、老、中、小之类)以免课役者,一口徒一年,二口加一等,罪止徒三年。清律对此则施杖刑。参见"脱户"。

脱里 又译脱斡璘、脱斡邻勒。即"汪罕"。

脱列哥那(? —1246) 亦作朵列格捏、秃剌乞纳。元太宗皇后。乃马真氏。原为兀洼思蔑里乞部长带儿兀孙妻,一说为部长脱脱子忽都妻。成吉思汗灭蔑里乞部,赐予窝阔台(太宗)为妻,生五子。1241年太宗死,称制摄政。罢逐旧臣耶律楚材、镇海等,以西域商人奥都剌合蛮主管汉地政事,宠任女巫法梯玛。1246年,主持召开忽里台,选贵由为汗。世祖至元二年(1265),追封昭慈皇后。

脱列思 又译脱额列思、脱斡劣思。蒙古部名。成吉思汗降服此部,将它赐给八邻部贵族豁儿赤,《元史》称为"八邻脱列思"。

脱劣勒赤 即"脱栾赤"。

脱漏户口律 指防止隐漏人丁之法令。参见"脱户"。

脱鲁忽察儿 即"脱儿火察"。

脱栾 即"脱伦阇里必"。

脱栾赤 又译脱劣勒赤。斡亦剌部长忽都花之子。娶成吉思汗女阇阇干公主。子八立托,娶皇室一悉基公主。女亦勒只海迷失,为阿里不哥长妃。另一女兀鲁忽乃,为察合台孙合剌旭烈妻。

脱伦 即"脱伦阇里必"。

脱伦阇里必 又译脱栾、脱伦、脱忽阑、夺忽阑、掇忽阑。蒙古晃合丹部人。明里之子。成吉思汗初建怯薛军,任阇里必,从征乃蛮太阳汗。元太祖元年(1206),受封为右翼千户长。八年,从哈撒儿等所率左手军,攻掠蓟、平、滦及辽西诸州。十年,奉命领蒙古、契丹、汉军南攻。克真定、大名。十四年,从征花剌子模,屡立战功。二十一年,从征西夏。次年,奉成吉思汗遗旨,杀西夏末帝,屠夏王城中兴府军民。

脱罗干 明代蒙古满都鲁汗部下首领。成化十五年(1479),与亦思马因协助满都鲁汗诛杀乩加思兰太师。次年,立巴图蒙克为汗。

脱思麻 即"朵思麻"。

脱思麻路军民万户府 官署名。又称脱思马路元帅府。元代置,秩正三品。隶吐蕃等处宣慰司都元帅府。置达鲁花赤、万户(元帅)、副达鲁花赤、副万户各一员。

脱思麻探马军四万户府 元代地方军府名。秩正三品。隶吐蕃等处招讨使司,掌探马赤军,镇守脱思麻地区。置万户五员,千户八员,经历一员,镇抚一员。

脱思马 即"朵思麻"。

脱胎瓷器 陶瓷名词。形容瓷器的胎极薄,似乎纯以釉汁制成,是一种经精心加工到几乎无胎的瓷器。明永乐年间的甜白瓷胎骨稍厚,称为半脱胎。成化时期,瓷器胎薄如竹纸,称为真脱胎。隆庆、万历时期一些民窑也能烧制出脱胎瓷器,反映了明代制瓷技术的高超水平。

脱忒哈 即"脱脱哈"。

脱铁木儿 即"脱脱木儿"。

脱脱 ❶(? —1208)又译脱黑脱阿。兀都夷蔑里乞部首领。氏族长老,善巫术,称"别乞"。与铁木真家族为世仇,曾率领三姓蔑里乞人掳获铁木真庶母和妻子。为铁木真、汪罕、札木合联军击败,逃往巴儿忽真隘(今贝加尔湖东)。后参加以札木合为首的同盟,多次与铁木真等作战。札木合、汪罕相继失败,随乃蛮等部联军与蒙古军战于杭海(杭爱山)。乃蛮军溃,与太阳罕之子屈出律逃奔盃禄可汗处,被蒙古军追及。又逃往也儿的石河(今额尔齐斯河)支流不黑都儿麻河(今布赫塔尔马河)附近。蒙古军掩至,中乱箭死。❷(1264—1307)元蒙古扎剌儿氏。木华黎五世孙。曾值宿卫。元世祖至元二十四年(1287),从征乃颜。次年,又从皇太孙铁穆耳(成宗)征哈丹。成宗即位,拜上都留守、通政院使、虎贲亲军都指挥使。大德三年(1299),为江浙等处行省平章政事。❸即"康里脱脱"。❹即"脱虎脱"。❺(? —1312)钦察汗国第八代汗。忙哥帖木儿第五子。1291年,杀第七代汗秃剌不花,登汗位。1293年,遣军出击斡罗思,攻破十四城。1298—1300年,击溃宗王那海军,那海死。1302年,出兵助元朝攻打察合台后王笃哇、窝阔台后王察八儿。1308年,受元武宗册封为宁肃王。在位时与伊利汗国和好,互遣使者并通商,国内经济逐渐繁荣。❻(1314—1355)元蒙古蔑里乞氏,字大用。父马札儿台。幼为伯父伯颜抚养。十五岁为皇太子怯怜口怯薛官。顺帝元统间官至同知枢密院事。时伯颜擅政,惧为所累。至元六年(1340),与世杰班、阿鲁等乘伯颜狩猎柳林(在今北京东南),奉顺帝诏,罢逐伯颜。至正元年(1341),任右丞相,监修国史。三年诏修辽、金、宋三史,为都总裁。废伯颜旧政,雪诸王冤狱,复科举,一时被誉为"贤相"。四年,因病辞位。九年,复相。更改钞法,印行至正交钞。用贾鲁治黄河,功成,赐号答剌罕。十二年,率兵败徐州芝麻李红巾军,屠城。十四年,统兵围攻高邮张士诚,城将下,为朝中政敌所劾,罢官流放云南。后被哈麻毒死。❼(? —1410)明哈密王。*安克帖木儿之侄。永乐三年(1405),袭封为忠顺王。四年,明设哈密卫,命马哈麻火者等为指挥、千户、百户,周安为长史,刘行为纪善,协助其治理哈密。❽即"恰台吉"。

脱脱不花(1422—1452) 明代蒙古可汗。元裔阿寨台吉之长子。或称为不花王、普化可汗。初与脱欢合作,宣德九年(1434)大败东蒙古太师阿鲁台。正统三年(1438)攻杀阿鲁台所立阿岱汗,同年被脱欢立为可汗,号岱总汗。领有阿鲁台属众,驻牧于蒙古东部,势及兀良合三卫。次年脱欢卒,也先继称大师淮王,欲控制蒙古各部,篡夺汗位。景泰二年(1451)与也先战,败逃被杀。

脱脱哈(? —1320) 又译脱忒哈、秃土哈。元蒙古阿儿剌氏。玉昔帖木儿第三子。仁宗时,任御史中丞。延祐六年(1319),升御史大夫。次年正月仁宗死,奉皇太后答己旨,与中书右丞相铁木迭儿等审处御史中丞杨朵儿只、中书平章萧拜住。五月,以谋废立罪被处死。

脱脱禾孙 又译脱脱火孙、脱脱和孙。蒙古语,意为"查验者"。元代于重要驿站所设盘查往来使臣、防止诈伪的官员。《元史·百官七》:"各处脱脱禾孙，掌辨使臣奸伪，正一员，从五品；副一员，正七品。”

脱脱和孙　即“脱脱禾孙”。

脱脱火孙　即“脱脱禾孙”。

脱脱木　即“脱脱木儿”。

脱脱木儿　又译脱脱木、脱铁木儿、脱黑帖木儿。元诸王。拖雷庶子岁哥都之子，封荆王。骁勇善射。至元八年（1271），从北平王那木罕出镇阿力麻里（今新疆霍城）。十三年，策动宗王昔里吉、撒里蛮等叛，执那木罕及丞相安童等。次年，进掠和林（今蒙古国哈尔和林），为元军所败，退至也儿的石河（今额尔齐斯河），复攻占吉利吉思、谦谦州等地。与昔里吉不和，改奉撒里蛮为主，领兵攻宗王玉木忽儿，兵败被杀。

脱因　元代蒙古语中的汉语借词，源于汉语道人。元代文献中音译作“脱因”或道人，义译和尚。

tuó

佗钵可汗（？—581）　北朝时突厥可汗。公元572—581年在位。又作他钵可汗。土门可汗子，木杆可汗弟。命其侄摄图为尔伏可汗，统领东面；以其弟褥但可汗子为步离可汗，统领西面。拥兵数十万骑，北齐与北周皆惮之，争结姻好，倾库藏金帛以给之。妻北周千金公主，掠得齐国僧人惠琳，听其说教，始信佛法，创建寺庙。突厥族人信仰佛教，实其首倡。

陀罗尼经咒　唐印佛经版画。为中国现存最古版画。1944年于四川成都东门外唐墓中发现。印本纵31厘米，横34厘米，茧纸，极薄而有韧力。中央方栏内刻菩萨像坐于莲台，八臂手执法器。栏周绕刻梵文经咒。咒文外刻双栏，四角各刻一菩萨，每边又刻三菩萨，间以佛教贡品图像。印本右题“成都府成都县龙池坊……近卞……印卖咒本”。圆润劲道，为晚唐流行的徐浩一派书法。刻本对角卷裹，藏于葬者所戴银镯内。

陀酋　唐代南诏地方政府中管理文牍的官员。《新唐书·南诏传》：“府有陀酋，若管记。”

陀西　唐代南诏地方政府中佐理政务的官员。类似内地州、府的判官。《新唐书·南诏传》：府“有陀西，若判官”。

沱江驿　在今四川新都县西北新繁镇南。唐置驿，以沱江为名。唐咸通十一年（870），南诏兵败，宋威进军沱江驿，距成都三十里，南诏请和，即此。

沱口　地名。今河南郾城县东南沱沟。《资治通鉴》：唐元和十二年（817），裴度讨淮西，“筑城于沱口”。胡三省注：“《九域志》郾城县有沱口镇”，即此。

沱水　《禹贡》荆、梁二州皆有“沱”。《汉书·地理志》作“江沱”，《水经·禹贡山水泽地所在》作“沱水”。据《汉志》、《水经》，梁州沱水有二：一在今四川茂县西南，一在今郫县西南。前者当今何水无考。后者一说即今郫江的前身。古时此水自县西别流江（古人以此为长江正流）东出至成都还入流江。一说上游即今毗河，自都江堰市别岷江东出；下游即今自金堂以下的沱江，至泸州还入长江。荆州沱水在今湖北枝江市东；古长江至此分为南北二派，南为长江正流，北为沱水，后世南流日微，沱水转成正流，即今江口镇附近一段长江。此外历代学者对《禹贡》的“沱”还有很多解释。

驰满　又译陀满、陀陧。女真部落和姓氏之一。部人居咸平路窟吐忽河（今浑河上游）等地。

驼坊　官署名。宋代置，属太仆寺。掌牧养骆驼，以供负载搬运。设监官二人，以三班使臣充任。

驼峰　建筑构件。两层梁枋间起支承托垫作用的墩木，通常做成骆驼背峰式样，故名。有全驼峰和半驼峰两种做法，前者较多，有鹰嘴、掐瓣、笠帽、卷云等式样；后者少见，辽金又有两侧斜削成梯形的。清代改用柁墩，为高度小于直径的短木。

驼涧　在今安徽蒙城县西北。《资治通鉴》：南朝梁大通元年（527）陈庆之、韦放合兵攻魏涡阳，魏遣元昭等赴援，“前军至驼涧，去涡阳四十里”，为陈庆之所破，即此。

驼口　地名。在今湖南长沙市北浏阳河入湘江口。《资治通鉴》：五代汉乾祐三年（950），楚马希萼以朗州兵袭攻长沙，马希广遣李彦温“自驼口引兵救之”，即此。

驼罗口　地名。在今河北涿州市东北。《辽史·圣宗纪》：统和四年（986），宋兵攻入涿州，辽圣宗与皇太后“驻兵驼罗口，诏趣东征兵马以为应援”，即此。

驼牛署　官署名。北魏置，掌饲驼骡驴牛。北齐沿置，设令、丞，隶太仆寺。领典驼、特牛、牸牛三局，各设都尉，亦常作为囚禁官员之所。《魏书·萧宝寅传》：“乃于太仆驼牛署赐死。”《北齐书·高昂传》：“（尔朱）荣入洛，以昂自随，禁于驼牛署。”北周不置，其职属典驼中士。

鮀江辑译报　报纸名。清光绪二十九年（1903）初在广东汕头创刊。日出一大张。袁守明主办。设论说、日俄战记、专件、潮记、粤记、京省新闻、各国新闻、小说、笑林、粤讴、谜语等栏目。后改名《鮀江公理报》。

鮀浦镇　在今广东汕头市西北鮀浦。明嘉靖三十七年（1558），倭寇犯鮀浦，即此。

橐　见“韝”。

橐泉宫　战国秦国宫名。故址在陕西凤翔西。秦孝公时建成。董说《七国考》引《庙记》谓亦作嘉泉宫。

橐县　西汉高帝八年（前199）封将军陈错（一作陈锴）为橐侯于此，武帝元鼎五年（前112）侯千秋坐酎金国除为县。治今山东邹城市西南，属山阳郡。东汉改为高平县。

tuǒ

妥得璘（？—1872）　清人。一名妥明，经名达吾提。陕西（一说河州）回族阿訇。同治元年（1862）陕西回民起义,赴新疆乌鲁木齐与提标参将索焕章密谋反清。三年自称清真王(哈里发),占据乌鲁木齐、玛纳斯、吐鲁番等地。汉民或逃或结团自保。九年初,击退浩罕阿古柏入侵。秋,阿古柏遣兵反扑,他兵败求和。十年,与汉族民团徐学功部议和,共击阿古柏,将侵略势力逐出乌鲁木齐。次年,阿古柏又犯乌鲁木齐。不敌,退走玛纳斯,城陷自尽。

妥欢帖木尔　妥欢贴睦尔的异译。即“元顺帝”。

妥欢帖穆尔　妥欢贴睦尔的异译。即“元顺帝”。

妥欢贴睦尔　即“元顺帝”。

妥明　即“妥得璘”。

tuò

拓跋　鲜卑族的一支。以部为氏。初居大鲜卑山(在今内蒙古呼伦贝尔盟大兴安岭北段)。首领第一推寅时南迁大泽(今呼伦湖)。七传至第二推寅(邻),参加檀石槐所建鲜卑部落大联盟,为西部大人之一。其孙力微兼并邻部,统骑兵二十余万。三国魏甘露三年(258),从五原迁至定襄郡盛乐(今内蒙古和林)。西晋怀帝时,拓跋猗卢入据代郡,受封代公、代王。拓跋什翼犍建国三十九年(376)时,为前秦苻坚所灭,部众被分为河东、河西两部。前秦太初元年(386),拓跋珪收集旧部,即代王位,建元“登国”。北魏天兴元年(398)即皇帝位,定都平城(今山西大同市东北),建立北魏王朝。孙拓跋焘时,攻灭北燕、北凉、夏,统一北方。原以牧猎为业,进入中原后,农业日趋发展。

拓跋朝光　唐时党项拓跋部首领。唐代宗时部族散居灵(今宁夏灵武)、盐(治今陕西定边)、庆(今甘肃庆阳)等州,唐置静边州处之,受封都督、左羽林大将军。后被迁银州(今陕西米脂)以北,夏州(今陕西靖边北)以东,因其地俗称“平夏”,故称平夏部。

拓跋赤辞　唐时党项拓跋部首领。唐初臣属于吐谷浑,与吐谷浑主慕容伏允结为姻亲。贞观八年(634)唐行军大总管李靖攻吐谷浑,他率所部屯狼道峡抵抗,并拒绝劝降,被击败于肃远山,宗党离异,乃与从子思头率众归附唐朝。唐在其地分设懿、嵯、麟、可等三十二州,以松州(今四川松潘)为都督府,授赤辞西戎州都督,赐姓李。

拓跋焘　即“北魏太武帝”。

拓跋道符(?—467)　北魏人。鲜卑族。东平王翰子。袭爵,任中军大将军。献文帝时为长安镇都大将。皇兴元年(467),谋反,杀副将万古真等,寻被其司马段太阳所杀。

拓跋珪　即“北魏道武帝”。

拓跋弘　即“北魏献文帝”。

拓跋宏　即“北魏孝文帝”。

拓跋晃(428—451)　北魏太武帝长子。延和元年(432)立为皇太子。太平真君四年(443),从帝北击柔然。五年,总统百揆。从司徒崔浩等议,课畿内凡无牛家以人牛力相贸,遂使垦田日辟。及司徒崔浩之狱,竭力维护中书侍郎高允。正平元年(451),为中常侍宗爱所谗,东宫属官多遭杀害,乃日夕惊恐,寻病死。谥景穆太子,文成帝时追尊为景穆皇帝,庙号恭宗。

拓跋濬　即“北魏文成帝”。

拓跋恪　即“北魏宣武帝”。

拓跋力微(175—278)　魏晋时鲜卑族拓跋部首领。拓跋诘汾次子。曾兼并没鹿回部,有控弦之士二十余万。魏曹髦甘露三年(258),率部迁于盛乐城(今内蒙古和林格尔西北)。景元二年(261),遣子沙漠汗至魏洛阳。北魏建立,尊为始祖,谥神元皇帝。

拓跋宁丛　隋时党项拓跋部首领。部族原居今青海东南部和四川松潘以西山谷地带。开皇五年(585)始率部族至旭州(今甘肃庆阳)内附,受封为大将军。十六年,又进攻会州(今四川茂县),被隋文帝遣兵击败。又相率请降,遣子弟入朝谢罪。后部族定居,对隋朝贡不绝。

拓跋乞梅　唐时党项拓跋部首领。唐代宗时为思乐州刺史,入朝觐见。其部族后居庆州(今甘肃庆阳),以其地在陇山(六盘山)以东,故称东山部。

拓跋绍(394—409)　北魏道武帝子。字受洛拔。天兴六年(403),封清河王。凶狠险悖,好劫夺。母贺氏为帝幽于宫,密告其营救,乃杀帝,欲自立,后被执杀。

拓跋什翼犍(318—376)　十六国时代国国君。鲜卑族。郁律次子。性温厚,初质于后赵石虎。兄翳槐临终,以为必迎什翼犍,社稷可安。高凉王孤排除群臣异议,诣邺(今河北临漳西南)迎之。晋咸康四年(338)十一月,即代王位于繁畤(今山西浑源西南)北,改元建国。次年春,始置百官,分掌众职。六年移都于云中(治今内蒙古和林格尔西北土城子)之盛乐宫,又于故城南筑盛乐城。七年,于代西部击退匈奴刘虎之进犯。虎卒,子务桓求和,遂通婚。兴宁元年(363),又大破高车,俘获万余口,马、牛、羊百余万头。太元元年(建国三十九年,376),为前秦所败,乃帅诸部奔阳山北,高车杂种尽叛。前秦兵稍退,迁还云中。另据《晋书》、《宋书》、《南齐书》载,战败被俘至长安,后放回。不久,诸子内讧,竟为庶长子寔君所杀。后被北魏尊为高祖昭成皇帝。

拓跋寔(?—371)　十六国时期代王拓跋什翼犍子。鲜卑族。被立为拓跋部世子。建国三十四年(371),部将长孙斤谋刺什翼犍,他与之格斗,伤胁而亡。后追谥为献明皇帝,子珪即北魏道武帝。

拓跋氏　❶鲜卑族的一支,以部为氏。详“拓跋”。❷党项羌八部之一。势力最强。首领唐代赐姓李,宋赐姓赵。元昊建立西夏王朝,改姓嵬名氏,自称出于鲜卑帝胄。

拓跋守寂　唐时党项拓跋部首领。拓跋赤辞孙。开元时封右监门都督、西平公。安史之乱,有战功,擢容州刺史,领天柱军使。后赠灵州都督。

拓跋思恭(?—895)　党项拓跋部首领。唐咸通末,占据宥州(今内蒙古鄂托克旗南城川),自称刺史。中和元年(881),助唐镇压黄巢起义军;三年,随李克用攻占长安。僖宗以夏州(今陕西靖边北)为定难军,封之为节度使,进爵夏国公,赐姓李。统夏、绥、银、宥、静五州地。文德元年(888),遣弟思孝袭取鄜延路诸州。卒后,弟思谏嗣。

拓跋嗣 即“北魏明元帝”。

拓跋魏 即北魏。以皇室属鲜卑族之拓跋部,史称拓跋魏。参见“北魏”。

拓跋诩 即“北魏孝明帝”。

拓跋猗卢(?—316) 十六国时代国创建者。鲜卑族拓跋部。拓跋力微子禄官于晋元康五年(295),分其国为三部,猗卢主西部,居盛乐。禄官卒,三部归之统摄,有控弦骑士四十余万。时值西晋末大乱,并州刺史刘琨欲借拓跋部之援以抗刘渊、石勒,遂与之约为兄弟。永嘉四年(310),琨请朝廷封其为代公、大单于。并割陉岭以北五县与之,势益盛。六年出兵二十余万,助刘琨败汉收复晋阳(今山西太原西南)。晋愍帝建兴元年(313),以盛乐为北都,筑新平城(今山西大同市东北)为南都。三年,进封为代王,置官署,严刑法。次年被子六脩所杀。北魏时追谥穆帝。

拓跋猗㐌(?—305) 十六国时鲜卑拓跋部首领。拓跋力微孙。公元295年为拓跋部中部酋长,居代郡参合陂(今内蒙古凉城东北)北。以汉人卫操为辅相。曾远渡漠北,降服三十余部落而还。又两次助晋击败刘渊,晋署为大单于。

拓跋翳槐(?—338) 十六国时代王拓跋郁律子。贺傉纥那兄弟当政时,他避居于母舅贺兰部大人蔼头处。公元329年,贺兰部及诸部大人共驱逐纥那,拥他为代王。即位后,遣弟什翼犍质于石虎以请和。后诸部皆叛,纥那复辟,乃投奔后赵。诸部复多归之。337年,得后赵支援复为代王,筑新盛乐城为都。北魏时,追谥为烈皇帝。

拓跋悦(?—409) 北魏人。鲜卑族。陈留王虔子。道武帝时为左将军,封朱提王。恃宠骄矜,后遇事被谴,乃逃亡雁门(今山西代县),欲为乱,被执。及明元帝即位,引以入侍,说帝诛其非类及雁门人,以泄私忿,不从,乃怀刀入宫谋逆。为卫将军叔孙俊察知,赐死。

拓地钱 亦称邸直。唐武宗时,诸道节度观察使设邸店供茶商居停,按斤收税,谓之拓地钱。

拓东城 即“柘东城”。

拓西可汗 见“移涅可汗”。

拓远将军 官名。南朝梁置。天监七年(508)定为施用于境外武职二十四班中的十六班,拟智武将军等号。大通三年(529)定制后依旧。

W

wā

窆运 明代漕运制度之一种。各地粮仓出入漕粮皆有定数。如有改拨它镇者,即令坐派镇军领兑者给价,州县官督车户运至远仓。

wǎ

瓦当 古代建筑材料之一种。即筒瓦下端附带的圆形或半圆形部分。圆形瓦当通称为圆瓦当,半圆形瓦当通称为半瓦当。带瓦当的筒瓦覆盖于屋檐椽端之上,用以避风雨,保护椽木。除素面外,多有纹饰和文字,因而亦作装饰之用,瓦当至迟在西周晚期即已出现。在陕西扶风召陈西周建筑群遗址西周晚期地层中曾发现有带重环纹、弦纹、同心圆纹等纹饰的半瓦当及素面半瓦当。东周时各国或流行圆瓦当,或流行半瓦当,所饰图案反映出各国独特的文化艺术风格。洛阳东周王城遗址主要出土各式云纹半瓦当。临淄齐国故城出土的半瓦当,多饰以树木双兽纹或树木卷云纹。赵邯郸故城发现有三鹿纹与变形云纹的圆瓦当。易县燕下都等燕遗址出土的半瓦当,主要饰以饕餮、双龙、双鸟与山云纹。秦国各遗址出土的圆瓦当,盛行各种动物图案,形象异常生动,并有各种植物纹、变形植物纹、卷云纹等。列国之间不同风格的瓦当也有少数发现于他国,应是各地区文化互相影响的结果。秦、汉以后主要流行圆瓦当,除饰以图案外,也多饰以文字,内容主要是吉语。

瓦德西(Alfred Waldersee, 1832—1904) 德国元帅。普鲁士波茨坦人。早年加入普鲁士边防炮队。1870 年普法战争时任上校、参谋长。1882 年晋中将。1888 年任德国总参谋长。1900 年升陆军元帅。同年 8 月任八国联军统帅。11 月抵北京,指挥侵略军作战。次年 6 月回国。著有《瓦德西回忆录》,中文节译为《瓦德西拳乱笔记》。

瓦甸 土司名。明宣德二年(1427)置长官司,隶金齿军民司。九年直隶云南都指挥司。正统五年(1440),麓川思任发侵掠其地,长官早贵携家归明。朝廷嘉其忠顺,升长官司为安抚司。嘉靖元年(1522)改属永昌军民府。辖境在今云南保山一带。

瓦窦 古代装置在地道中之陶制管道。分上下两片,合而成圆管,用以通烟熏敌或排水。《墨子·备穴》:"令陶者为瓦窦,长二尺五寸,六围,中判之,合而施之穴中。"河南登封市告城镇战国韩国城遗址,发现有陶制排水管道。

瓦尔喀部 清初东海三部之一。因河得名。指自完颜金迄明末,进入朝鲜及其近境的女真人。大体分为两部:一、东海瓦尔喀,北沿今乌苏里江口至江源,图们江口至江源两岸,鸭绿江与图们江之间诸海岛,清初辖有额赫库伦部、斐优城、安楚拉库部等地;二、长白山瓦尔喀,由兴京南瓦尔喀江抵鸭绿江两岸,辖有今怀仁、通化、辑安,乃至珲春(此为北境)等地。明万历三十五年(1607)为努尔哈赤所并。

瓦岗 古地名。隋时属东郡,在今河南滑县东南。隋末翟让起义,以此为根据地。

瓦岗军 隋末,翟让起义于瓦岗(在今河南滑县东南),后人因称其军为瓦岗军。实际上,翟让虽聚众瓦岗,但日后发展壮大都不在此地。隋末及唐朝俱无瓦岗军名称。这一名称乃受清人所撰隋唐演义小说而形成。参见"翟让"、"李密❷"。

瓦岗寨 即今河南滑县东南瓦岗。隋末,翟让、李密等领导的农民军曾聚众于此起义,号称"瓦岗军"。

瓦官寺 一作瓦棺寺。东晋兴宁二年(364)建。在今江苏南京市西南秦淮河畔凤凰台西花露岗上。其地本为东晋元帝时官营陶器作坊,称为瓦官,故名。寺内有顾恺之画及其他珍贵佛像。建筑宏丽,闻名于世。唐韩翃《送客之江宁》诗有"楚云朝下石头城,江燕双飞瓦官寺"句。

瓦棺寺 见"瓦官寺"。

瓦罐子 明末河南农民军首领。崇祯十三年(1640)李自成入豫后,率部归附,后又投奔张献忠。

瓦克达(1606—1652) 清太祖孙,礼亲王代善第四子。天聪、崇德间屡从征明,有战功。崇德八年(1643)因兄硕托、侄阿达礼谋立多尔衮罪,坐黜宗室。入关后,追击李自成农民起义军。顺治三年(1646)叙功复宗籍。历封三等镇国将军、镇国公、多罗郡王。六年任征西大将军,平山西。八年掌工部,预议政。次年受多尔衮事株连,解职,旋病死。

瓦剌 明代对西部蒙古诸部的总称。蒙元时称斡亦剌。游牧于札布汗河、科布多河流域及额尔齐斯河、叶尼塞河上游一带。以畜牧业为主,兼营狩猎、手工业及部分农业。使用以回鹘文字母为基础创制的蒙古文。初奉萨满教,后改格鲁派藏传佛教。明初由猛哥帖木儿统率,号称四万户。后马哈木、太平、把秃孛罗分领其地,明廷分别册封为顺宁王、贤义王及安乐王。马哈木子脱欢袭位,对内兼并太平、把秃孛罗两部,对外击败阿鲁台部,一时合并东西蒙古。也先承其势,威临中亚及女真各部。“土木之役”大败明军,震动中原。也先死后,瓦剌渐衰,主力移向漠西,主要活动地区以坤奎河、札布汗河为中心,东到杭爱山,西至额尔齐斯河上游,北越唐努山。仍与明廷保持联系。后为东蒙古所逼,向天山北路发展。

瓦里 ❶辽契丹贵族役使奴隶的组织。契丹人犯罪,罚为奴隶,编入瓦里为奴隶主贵族服役,制作器物。辽朝皇室和皇族后族诸斡鲁朵均有瓦里,役使奴隶。❷见“斡里”。

瓦里苏尔坦 即“斡里”。

瓦梁城 一名瓦梁垒。在今江苏六合县西。南朝陈太建五年(573)北伐,北齐瓦梁城降;元至正十四年(1354),朱元璋分兵军瓦梁垒,皆即此。

瓦器 即陶器。古陶瓷术语。《说文》段玉裁注:“凡土器未烧之素,皆谓之坯;已烧皆谓之瓦。”

瓦桥关 唐置。在今河北雄县西南。五代晋初地入契丹。周显德六年(959)收复,建为雄州。与益津、淤口合称三关。五代梁乾化二年(912)周德威遣李存晖攻瓦桥关,即此。

瓦撒夫史(Tāʼrīkh-i Waṣṣaf) 书名。原名《土地之分割与世纪之推移》(Kitab tajaiyat al-amṣṣār wa tazjiyat al Aʼṣṣār),通称《瓦撒夫史》。作者为伊利汗国泄剌头(Shīrāz)人法迪剌之了合剌甫丁·奥都剌(Sharaf al-Dīn ʻAbd Allāh Ibn Faḍl Allāh),后称Waṣṣāf al-Ḥaḍrat,意为“陛下之称颂人”。全书分五卷,上接志费尼的《世界征服者史》(1257),下止伊利汗不赛因时代(1328)。书中有关于阿里不哥之乱,察合台汗国、窝阔台汗国、钦察汗国、伊利汗国以及元世祖、成宗、武宗、仁宗诸帝的描述。1853年孟买出版全书的波斯文本,1953年德黑兰也出版波斯文刊本。第一卷有哈默·普尔格施塔勒的德文译本(Hammer Purgstall, Geschichte Wassafs, Wien, 1856)。

瓦舍 见“瓦子”。

瓦氏夫人(1497—1555) 明人。抗倭女将。壮族。广西归顺州(今靖西)土官岑璋女,田州(治今广西田阳)土官岑猛妻。夫死,摄州政,有政绩。嘉靖三十四年(1555),她应征领广西“狼兵”六千八百余至苏州,隶俞大猷部,为参将,抗击侵犯东南沿海的倭寇。在王江泾(今浙江嘉兴北)等战役中,联合湘西“土兵”获取大胜,倭寇败逃。同年夏,因病回乡,不久去世。

瓦寺宣慰司 土司名。明置。治所在今四川汶川县涂禹山,涂禹山亦名铜山,故当地又称该宣慰司为铜土司。正统年间,茂州、威州、汶川等地羌人暴动,明军屡征不获平息。旋令董卜韩胡琼布思六本出兵镇压,因其年迈,由弟雍中罗洛思代之领兵,战后留涂禹山,为瓦寺土司,影响及于威州、汶川、灌县、河西一带。清顺治九年(1652),土司曲翊伸归附,授安抚司。康熙五十九年(1720)用兵西藏,土司桑郎温恺从征,并派巴塘护送粮食,因功加宣慰司衔。乾隆五十五年(1790)清军抗击廓尔喀入侵,该土司曾遣土兵助战。嘉庆元年(1796)参与镇压白莲教起义,寻升宣慰司,为藏、羌地区历时最久、影响甚大的土司之一。

瓦肆 见“瓦子”。

瓦亭关 为陇山要隘。有二:一为西瓦亭,在今宁夏隆德县西北。东汉建武八年(32),隗嚣使牛邯军瓦亭,自率众围略阳;唐贞观二十年(646),太宗逾陇山至西瓦亭观马牧,均即此。一为东瓦亭,即今宁夏固原县东南瓦亭。北宋置寨于此,明置瓦亭驿。

瓦屋 春秋地名。确址不详,约在今河南温县境。又有在今清丰县东南瓦屋头、尉氏县西南洧川南及滑县东诸说。《左传》隐公八年(前715):“齐人卒平宋、卫于郑。秋会于温,盟于瓦屋”,即此。

瓦子 宋代游艺场所集中之处。又称瓦舍、瓦肆。内设置围栏或布帘划分表演区域与观众区域,称为“勾栏”或“勾阑”。游艺项目甚多,上演技艺可达百种,尤以说话、傀儡、杂技、杂剧、影戏为盛。瓦子内开设有经营服装、玩物、杂货、茶楼、酒肆、理发等店铺。瓦子原盛行于北宋,南渡后盛行于临安(今浙江杭州),城内瓦子由修内司管理,城外则隶殿前司。

瓦作 明代内府所属机构。隶内官监,设宦官进行管理。与木作、石作、土作等负责营造宫室、陵墓等事。

佤族 中国少数民族之一。自称有佤、布饶克、巴敖克、阿佤、阿卧。他称有阿佤、佧瓦·拉等。分布在云南省沧源、西盟、孟连、耿马、澜沧、双江、镇康等县和西双版纳傣族自治州及德宏傣族景颇族自治州,以沧源和西盟为其主要聚居地。人口351 980人(1990年)。其先民在先秦时为百濮的一支。唐时称望蛮,分布在云南永昌一带,隶属于南诏、大理国。明清时期,称哈瓦、古剌、哈剌、哈杜,受永昌、腾越、顺宁、普洱等府、州管辖。使用佤语,属南亚语系孟高棉语族佤德昂语支,分巴饶克、阿佤、佤三种方言,每种方言又分若干土语。无文字。主要从事农业,兼营捕猎业。史称其耕作方法为“不用牛耕,惟妇人用钁锄之”。多数山区保留自然崇拜和精灵崇拜,部分人信仰小乘佛教和基督教。行土葬,一般村寨家族都有公共墓地。行一夫一妻制个体家庭。解放前,部分地区已进入封建领主或地主经济阶段,但澜沧及孟连的部分地区仅初步确立生产资料私有制,甚至尚保留原始公社制残余。建国后,通过一系列社会改革,实现了民族平等,建立了民族自治县,学校、卫生所、商业网点遍及各村寨。

wà

嗢昆河　一作颏根河。即今蒙古国的鄂尔浑河。公元五至九世纪时为柔然、高车、回纥部族的活动中心。

嗢鹿州都督府　唐羁縻都督府。显庆四年(659)破西突厥后,在突骑施索葛莫贺部内置。在今新疆伊宁市西伊犁河附近。约八世纪前期废。

嗢末　亦作浑末。公元九世纪中叶吐蕃论恐热称兵作乱时出现的一个新部落。其众多为吐蕃豪室从征时随带的奴仆及河、陇地区陷没的唐人。论恐热屡战败,所属奴众溃散,自相纠合为部落,散居甘、肃、瓜、沙、河、渭、岷、廓(今青海贵德南)、叠(今甘肃迭部)、宕(今甘肃宕昌)等州。一时势盛,吐蕃平民亦依附之。唐咸通三年(862)曾向唐廷进贡。亦曾与沙州起义首领张义潮相呼应。十年推翻占领河陇的吐蕃奴隶主政权,一部分南归参加吐蕃本部的奴隶起义,一部分留居甘青藏区。

嗢娘改　即"斡朗改"。

wāi

歪脖　亦称歪头。明天启、崇祯间私铸铜币之一种。质地滥恶。

歪思　明亦力八里王。别失八里王纳黑失只罕从弟。永乐十六年(1418),弑兄自立,徙部落西至今伊犁地区,都亦力八里(今新疆伊宁),明朝即以亦力八里为其国号。遣使赠弓刀、甲胄及文绮、彩币,其属下头目一并受赐。自此,朝贡不绝。

歪头　❶即"偭头"。❷即"歪脖"。

wài

外按使　一作外按小儿。唐五坊小儿之另一名称。每年秋冬之际,五坊小儿率徒众数百,携带鹰犬在长安外各州县狩猎,称外按使。所到之处,强住民舍,扰民极甚,官吏必厚礼犒饷,百姓畏之如寇盗。

外八卦　现称外八方。古时推拿之穴名。出自陈氏《小儿按摩经》,位于手背中心周围,八个穴位的总称。与手背相对的手心周围八穴为内八卦,现称内八方。

外班　清制,凡禁城宿卫,以太和门为外班。每日派外班侍卫什长三人(上三旗各一人)率亲军四十人值班警卫,越日而代。

外班承应戏档　档案名称。清末升平署记载奉旨传宫外民间戏班入宫唱戏情形的档册。因慈禧太后常令在宫中演戏,除令升平署内外学及宫中太监承应外,有时也传宫外戏班入内演唱。外班承应戏档除记载某日某处传某外班入内外,并记载其所演戏目、演唱人及演唱时刻等内容。

外兵　❶官署名。见"外兵省"、"外兵曹"。❷外兵参军的简称。《梁书·南平元襄王伟传》:"府迁骠骑,转外兵。"❸兵制名。又称外军。为中央属兵驻于外地者。始置于三国魏。有中直兵、外兵、骑兵参军。北齐之制,尚书郎有中兵、外兵,各分左、右。左外兵掌河南及潼关以东诸州,右外兵掌河北及潼关以西诸州丁帐及发召征兵等事。

外兵参军　见"外兵曹参军"。

外兵曹　官署名。(1)魏、晋、南北朝尚书省诸郎曹之一。设郎(郎中)为长官,掌京畿以外各地军队政令军务,属五兵尚书(北魏及北齐初年属七兵尚书)。西晋武帝太康中分为左、右两曹,东晋南朝仍并为一曹。北魏与左、右外兵曹并置,北齐罢,唯置左、右外兵曹。(2)诸公、军府僚属诸曹之一。西晋末司马睿始置于丞相府,东晋南北朝诸公、军府沿置。设参军掌其事。高欢为东魏丞相时,相府外兵曹掌全国军队之政令。高洋建北齐,相府诸曹归并尚书省,外兵曹则改外兵省,直接禀命于皇帝。

外兵曹参军　官名。三国魏公府及位从公开府者有兵曹掾,掌兵事。西晋亦设。司马睿(东晋元帝)为镇东大将军,分兵曹置中兵、外兵参军,中兵曹典掌近卫亲兵,其余兵将皆以外兵参军主之。南北朝沿置,为幕府僚属,凡公府、位从公开府者、将军都督府及州刺史府等多有之,其品秩依府主地位高低而有不同,一般在五至九品之间。

外兵郎　官名。尚书省外兵曹长官通称,亦称外兵郎中。三国魏始置,属五兵尚书,六品。西晋太康中分设左、右外兵郎。东晋、南朝并为一官,晋、宋六品,梁五班,陈四品,秩六百石。北魏与左、右外兵郎并置,属七兵尚书。太和十七年(493)定郎为从五品中,郎中五品上;二十三年皆称郎中,六品,仍可通称为郎。北齐罢,以左、右外兵郎属五兵尚书。

外兵郎中　官名。魏、晋、南北朝与外兵郎互称,为尚书省外兵曹长官。参见"外兵郎"。

外兵省　官署名。北齐改相府外兵曹置。北魏后期至东魏,大丞相、相国等权臣用事,相府诸曹实掌国家政务,其外兵、骑兵曹掌全国军队机密政令,"总为诸军节度"。据《北齐书·唐邕传》,天保元年(550),北齐代魏,遂罢相国府,诸曹多并尚书省,唯外兵、骑兵特置为省,分掌军机枢务,直接禀命于皇帝。外兵省掌全国军队,位权极重。参见《北齐书·文宣帝纪》、《唐邕传》、《白建传》。

外丙　殷墟甲骨文作卜丙。商王。名胜,汤之子,太丁之弟。卜丙是庙号。汤死后继位,殷墟卜辞中列为旁系先王祭祀。

外部掾　官名。晋代置,为太常、大鸿胪属官,职掌不详。见《晋书·舆服志》。

外察　明代考察地方官的制度。始行于洪武初年,地方官每年一次朝觐,后改每隔三年一次,即辰、戌、丑、未年为朝觐之期。届时,吏部会同都察院考察,奏请皇帝定夺,故又称朝觐考察。州、县每月考察,上报于府,府上下其考,每年上报于布政使司。至三年,巡抚、按察使司通核其属事状,开写考语,造册具报,作为朝觐时考察依据。凡属贪、酷、浮躁、不及、老、病、疲、不谨八类者,处以致仕、降调、闲住、为民。

外厂 官署名。即明原建之东厂。万历初,宦官冯保提督东厂事,建内厂,而以初建之东厂为外厂。

外场 科举考试用语。科举考试中,武举考校武艺称外场。一般试马、步射,开弓,舞刀,掇石。清代童生试一般由各省总督、巡抚、提督、总兵于就近副将、参将等人内委派他省籍贯一人会同学政考试。顺天府乡试和会试都以内大臣、大学士、都统四人担任考试官。会试知武举,则由兵部侍郎担任。外场考试为武举录取的主要依据。

外朝 相传周制天子诸侯皆有三朝:外朝一;内朝二:燕朝、治朝,为国君听政之所。秦至汉初,京师诸官本无内外之分,丞相为百官之长,协助皇帝处理全国政务。汉武帝为强化皇权,以侍中、常侍、给事中等近臣组成内朝,参与国家大事决策;以丞相为首下至六百石的朝官组成外朝,变为执行一般政务的机关。东汉初年,置司徒、司空、太尉三公,实际权力归于尚书台。安帝以后,遇有灾变,则策免三公。三国魏仍有内、外朝之分。

外朝大人 官名。北魏登国元年(386)置,无常员。统率侍中以下至中散等官员。主受诏命,出入禁中,参议军国大事及奉命出使。在建国初期权力很大,尚书省设立后,遂废。

外臣 ❶春秋战国时列国大夫、士对别国君主的自称。《仪礼·士相见礼》:“凡自称于君”,“他国之人,则曰外臣”。《左传·成公三年》:“以赐君之外臣首。”❷汉代对有朝请贡纳关系的周边少数民族国家的称呼。《汉书·匈奴传》:“丞相长史任敞曰:‘匈奴新困,宜使为外臣,朝请于边。’”

外城工巡局 见“工巡总局”。

外城巡警厅 官署名。清光绪三十一年(1905)由原外城工巡局改设,隶巡警部。管理京师外城一切警务。置厅丞一员,下设警务、总务、卫生三处,每处置参事一员。设四分厅,每厅置知事一员。附设外城教养局。三十二年改隶民政部,增司法处,改警务处为行政处,每处置总佥事一人。下辖四分厅,分厅下设若干区。总厅辖有官医院、教养局、预审厅、警备队和侦缉队、戒烟局等。

外刺 官名。东汉将军府(大将军、骠骑将军及左右前后将军等)所部职吏,主罪法。

外刺奸 官名。东汉大将军府属官,掌罪法事。

外大夫 春秋时期本国称别国的大夫。《公羊传·定公四年》:“刘卷者何?天子之大夫也。外大夫不卒,此何以卒?我主之也。”

外丹 道教方术之一。与“内丹”相对。用铅汞等矿物冶炼而成的丹药,称“仙丹”、“金丹”,认为服食后可长生不死。战国、秦汉时已有炼丹术,系方士所为。东汉魏伯阳《周易参同契》是系统论述炼丹术的最早著作,道教奉为“丹经王”。后经东晋葛洪进一步总结发挥,写入《抱朴子·内篇》。宋、金时期某些道教学派,排斥金石炼丹的方法,主张用“吐故纳新”的方法锤炼身体内部的精、气、神,形成无形的“内丹”,遂以金石所炼之丹称“外丹”。

外道 佛教名词。原意为“心游道外”,即心被邪法所蔽而在佛法之外。佛教对其他宗派或学说的贬称。诸经说法不一,种类繁多,陈、隋间天台宗智顗集外道为三:一佛法外外道,如释迦牟尼在世时的“九十六种外道”(指当时天竺社会中某些非佛教的人士寻求“超生”的多种方法);二附佛法外道,即附托佛法而立邪说者;三学佛法成外道,即谬解佛之教义,而陷于邪说者。

外殿中监 官名。南朝置。除与内殿中监共掌皇帝衣食住行外,兼掌传达皇帝诏敕。品卑而亲近皇帝,幸臣常居此以弄权。

外都大官 即北魏外都坐大官的省称。

外都督曹 官署名。西晋置,属御史台。掌监察京畿以外诸军府长官。设侍御史掌其事。东晋,南朝宋、南齐沿置。梁、陈不详。

外都水丞 官名。北宋元丰改制后,南、北外都水丞司各置,为本司长官,分治河事。宣和三年(1121)罢。南宋绍兴九年(1139)复置,南、北外都水丞司各一员。十年,以都水事归工部,遂废。

外都水使者 官名。北宋元丰改制置,掌外都水监事。后废。元祐四年(1089)复置。

外都下大夫 官名。北魏置。外都坐大官的属官,佐其审理案件。《魏书·沈文秀传》:“显祖重其节义,稍亦加礼之,拜(文秀)为外都下大夫。太和三年(479),迁外都大官。”太和改制罢。

外都坐大官 官名。北魏置。多简称为外都大官,并与中都坐大官、内都坐大官合称为三都大官。掌刑狱,听理民诉讼。属官有外都下大夫、外都曹令及内廷派驻的外都曹奏事中散等。任此职者多为宗室诸王、外戚及胡汉重臣,权势很大。吊祭时位在三公、尚书令之上。太和改制时罢。

外藩宴 清帝每年除夕及上元节例宴朝正入觐之蒙古王公及年班回部等少数民族首领,称外藩宴。满、汉一二品大臣照例可以参与此宴。礼仪程序与其他宫廷筵宴同,惟增加有蒙、回、金川及各少数民族音乐、杂技等。外藩初到京有例宴,或御赐恩宴,或由礼部设宴。皇帝夏秋到热河,常宴外藩于山庄。属国朝贡之使到京亦有例宴,有时并特命人外藩宴观礼。

外方山 今河南登封市北之嵩山。《书·禹贡》:“熊耳、外方、桐柏至于陪尾。”《汉书·地理志》颍川郡崈高县:“武帝置,以奉太室山,是为中岳。有太室、少室山庙。古文以嵩高为外方山也。”参见“嵩高山”。

外夫人 春秋时期本国称别国诸侯的配偶。《公羊传·庄公四年》:“齐侯葬纪伯姬。外夫人不书葬。此何以书?隐之也。”

外服 西周分封之诸侯,在朝廷之外,故称。《书·酒诰》:“越在外服,侯、甸、男、卫、邦伯。”

外府 ❶官名。《周礼·天官》冢宰属官。上士爵。掌国家财政收支,供应君王及后妃世子服装等。❷汉以后州、郡府别称。《南史·王劢传》:“王生才地,岂可游外府乎?”❸隋唐诸折冲(都尉)府统称。

即左右卫亲、勋、翊等五府之外府兵诸府。

外府寺 官署名。即太府寺,唐龙朔二年(662)改,咸亨元年(670)复名太府寺。

外褂 清代官服之一。其长及股,其袖端平,对襟,罩于袍外,俗称外套。官员穿戴,有朝褂、行褂、常服褂之别。颜色多为石青、绀色(即黑里透红),乾隆中尚玫瑰紫,嘉庆以后尚泥金、浅灰色。所用布料按季节更换,或布、绸,或棉、皮,惟不得用亮纱及羊皮。

外官 ❶古以九卿为外官。《国语·周语中》:“内官不过九御,外官不过九品。”高诱注:“九品,九卿也。”❷侍卫臣僚以外官员通称。《汉书·终军传》:“臣年少材下,孤于外官,不足以亢一方之任。”颜师古注:“外官谓非侍卫之臣。”隋制,非禁中诸省及禁卫之官皆为外官。❸指地方官。《后汉书·章帝纪》:“尧试臣以职,不直以言语笔札。今外官多旷,并可以补任。”《魏书·孝文帝纪下》:“(太和二十二年,498)夏四月甲寅,从征武直之官进位三阶,文官二级,外官一阶。”唐代以后多用为地方官总称。宋代外官分亲民、厘务二等。明清两代,凡京城以外,在各省的文武官员皆称外官。❹天文学名词。泛指二十八宿带以南的各个星官。参见“中官”。

外馆 官署名。清代理藩院所属办事机构之一。掌理外札萨克年班来京人员所居馆舍之事。设监督一人为主官,由都察院保送科道官充任,每年一更代。光绪三十二年(1906),改隶理藩部。

外国生 明代入国子监读书的海外各国学生。洪武中,日本、琉球、暹罗、高丽等国先后派遣子弟入南京国学。各国留学生来者约六、七十人,皆予以厚赐,并及其从人。永乐、宣德间,来学者仍络绎不绝。琉球等国到成化、嘉靖、隆庆时犹有至者。

外国师船图表 书名。清许景澄编辑。十二卷。附图二百三十幅。许景澄曾奉诏出使西欧各国,收辑各国甲船有关文献,损益旧文,更定义例,分别船式,以类相从,间系以说明,摹图列之,编辑成初稿。过二年,于光绪十三年(1887)又重加修订,在柏林付诸石印。全书叙及英国、法国、俄国、德国、意大利、荷兰、葡萄牙、希腊、日本等十九个国家的舰船情况,对各种舰船制造、验定、性能、武器装备、舰船管理、战船使用的战术及舰船管理的有关章程作了说明,并附有大量图表,详记各种舰船的船名、长度、宽度、舱深、吃水、马力、航速、装甲厚、火力配置、造成时间等。是研究世界舰船制造史和航海史的宝贵资料。

外国往来汇兑票 清光绪三十年(1904)江苏候补道刘世珩所拟中国国家行使钞票种类之一。此票为内地与各国都会口岸往来汇兑之用,由中国汇往外国者,在中国收国币,至外国则付外币;由外国汇来中国者,在外国收外币,至中国则付国币。汇水(即汇费)照时价提取。票至目的地,兑付有限期。

外耗钱 清代钱币之一。雍正四年(1726)命云南省城与临安府两铸局以准耗铜铅料(每炉每卯铸正额铜铅一千斤,准耗九十斤)加铸制钱称外耗钱。所得利息以为添给在局官役养廉工食之用。除本省流通外,准四川、湖广、广西等省以藩库银一两易换一串。

外河 明清时指淮安府城北的黄河为外河,与里河(今里运河)相对而言。参见“里河”。

外化 道家用语。人体行为顺物而变化。《庄子·知北游》:“古之人外化而内不化。”庄子认为,做一个符合道的人,应该外形随物变化,即“外化”,内心凝静专一,即“内不化”。

外患史 书名。清末陈崎编译。正篇五章,附篇二章。陈氏搜集日本各书述中国一败于英、再败于英法、三败于法、四败于日、五败于八国联军的情况,分交通、战争、贸易、耶稣教等章论述。以简洁文字,激发人民奋起抵抗侵略者。

外黄 又作黄。战国邑名。在今河南民权县西北。《史记·苏秦列传》:苏代说燕王曰:“决白马之口,魏无外黄、济阳。”《战国策·宋卫策》有《魏太子自将过宋外黄章》。秦置县。

外黄县 秦置。治今河南民权县西北。《资治通鉴》:秦二世二年(前208),“项羽、沛公攻外黄未下”,即此。两汉属陈留郡,西汉又为都尉治。西晋属陈留国。北魏废。北齐复置。隋属曹州,唐初属杞州。贞观六年(632)废。

外黄徐子 即“徐子❶”。

外纪簿 档案名称。清代内阁汉票签处抄录之部分官员奏折。清制,京内外官员的奏折,奉旨允行及交部议复者,内阁抄录一份,每月一册,称外纪簿。乾隆六年(1741)以前,又称“别样档”。

外家 ❶即外戚。指皇太后或皇后的家族。《汉书·外戚传》颜师古注:“外家谓后之家族,言在外也。”汉代外戚常以裙带关系执掌朝政,东汉尤甚。❷指儒家经典以外的书籍。《史记·滑稽列传》褚少孙补:“臣幸得以经术为郎,而好读外家传语。”司马贞索隐:“东方朔亦多博观外家之语,则外家非正经,即史传杂说之书也。”

外监试 见“监试”。

外监 即“制局监”。

外匠上士 官名。西魏恭帝三年(556)置,北周沿置。冬官府匠师中大夫属官,正三命。下设外匠中士以佐其职。隋开皇元年(581)罢。

外交报 杂志名。研究国际关系专刊。清光绪二十七年十一月二十五日(1902.1.4)创刊于上海。旬刊。维新派人士张元济主编,马裕藻、蔡元培参与撰述和翻译。以译报、译论为主要内容。商务印书馆发行。宣统元年(1909)增辟外交大事记、世界大事记栏目。主张改良,反对革命;提倡教育救国和“文明排外”,反对公开与帝国主义对抗。二年十二月停刊,共出三百期。

外厩局 官署名。南朝齐、梁、陈皆置,掌太子车马事。

外军 即“外兵❸”。

外科大成 书名。清祁坤撰。坤字广生,山阴(今浙江绍兴)人。初刊于康熙四年(1665)。四卷。

卷一为总论，论述痈疽等证诊治要点，与各种外治法及方药；卷二、三为分治部，按头面、颈项、背、腰、胸、腹等身体部分，分述各种外科病证证治与验案；卷四不分治部，论大毒小疵及小儿疮毒证治，末附炼取诸药法。详细介绍内痈、流注、瘿瘤、金疮等多种外科疾病的证候、诊法、经络、治法。并提出失荣、舌疳、乳岩、肾岩翻花为疡科四绝症。辨证详明，是清代外科著作中较有影响的一种，《医宗金鉴·外科心法要诀》即以此书为蓝本。现存有初刻本及乾隆年间诸刻本。1957年上海卫生出版社出版铅印本。

外科精义 书名。元齐德之著。成书于至元元年(1335)。二卷。上卷记述痈疽辨证法则，计三十五篇。下卷收诸家行之有效的汤、丸、散、膏、丹等方一百四十五首。对二十六种脉象变化结合疡科所见作了详细阐述，如辨虚实、辨深浅、辨症候等，并首次把肺疽等列为外科之内。在治疗上主张灸法、针烙法、内消法及止痛法。本书所论内容全面系统，多为元以前外科文献中所未收，较全面地反映了金元时期外科学术的主要观点与成就，颇有学术价值。现流传明初刻本、嘉靖本、《医统正脉》本、《四库全书》本及《中国医学大成》本等。今有人民卫生出版社出版影印本。

外科理例 书名。明汪机著。刊于嘉靖十年(1531)。七卷，并附有方剂一卷。汪机颇推崇金元医家，故本书辑刘河间、朱丹溪、李东垣等有关疡科之论，并同时收载当代医家薛己疡科临证经验，加以阐述。列医论一百五十四篇，选方二百六十五首。每论一证，均附有医案。特别主张对痈疽的治疗应以调补元气、先固根本为主，反对滥用刀针，不轻易投以寒凉之剂。由于该书联系实践，处方遣药随证变通，对后世外科治疗有一定影响。此书后收入《汪石山医书八种》。今有排印本出版。

外科枢要 书名。明薛己撰。四卷。收入《薛氏医案》中。为薛氏治疗疮疡之经验总结，凡六十条，先论诊治后附方药。认为疡科临床必须在明虚实、本末，以及调阴阳和气血的基础上，正确运用疏通、托里、荣卫三大法则。强调整体治疗，即便以针刺排脓，也应先药后针。是一部有实用价值的外科专著。

外科正宗 书名。明陈实功撰。初刊于万历四十五年(1617)。四卷。卷一为痈疽门，总论痈疽的病源、诊断和治疗；卷二为上部痈毒门，卷三为下部痈毒门；卷四为杂疮毒门。首论病理，次叙症象，较全面系统。记述了一百五十余种病证的证治。除介绍因、证、治法外，多附有验案。主张内外并治，尤重调理脾胃，多用消、托、补三法，对乳癌等恶性肿瘤的症状亦作详细描述。内容丰富，是一部较有影响的外科专著，流传较广。现存有清康熙年间刻本、日本重刻康熙本及徐大椿评注的十二卷本。

外科证治全生集 书名。又名《外科全生集》。清王洪绪撰。约成书于康熙五年(1666)，初刊于乾隆五年(1740)。四卷。系依据家传外科经验撰成。全书分为六部分：(一)论治，总述痈疽诊治要点；(二)治法，分论各种外科病证的治疗；(三)医方，共载医方七十五首；(四)杂证；(五)制药；(六)作者治案。主张"阳和通腠，温补气血"，创制了"阳和汤"、"犀黄丸"、"小金丹"等著名方剂，有一定影响。但反对刀针及腐蚀药治疗，实属片面。现存多种刊本。1956年人民卫生出版社出版影印本。

外剌 即"斡亦剌"。

外郎 ❶汉代对散郎之称呼。汉之郎官，有议郎、中郎、侍郎、郎中，掌宫殿门户，出充车骑。没有固定职务的散郎称外郎。《汉书·惠帝纪》："赐民爵一级，中郎、郎中满六岁爵三级，四岁二级。外郎满六岁二级"，"谒者、执楯、执戟、武士、驺比外郎"。颜师古注引苏林曰："外郎，散郎也。"或谓给事宫外之郎，在郎官中地位最低。❷宋元时对衙门书吏之称呼。《元曲选》孟汉卿《魔合罗》二："官人清如水，外郎白如面，水面打一合，糊涂成一片。"❸明代对吏员之称呼。《日知录》卷二十四《外郎》："今以吏员为外郎。"❹官名。清代置，为衙门中的低级官员。如八旗都统衙门、驻防将军衙门、兵部武选司、盛京五部等机构内均设，员额不等，位笔帖式之下。一般由官学生考试后选用，秩从九品。属兵部武选司者，由兵部于领催内遴选咨部补授，五年期满并无过犯，经一一交待清楚，本司出具印结，咨部以八品笔帖式即用。属盛京五部者，多为汉军缺，由候补笔帖式内挨补，六年期满，除授州同、州判、县丞。

外吏 指在地方各衙门办事之吏，相对于"京吏"而言。清制，外吏有四：书吏、承差、典吏、攒典。

外帘 即"外帘官"。

外帘官 见"帘官"。

外蒙古 指大漠以北的蒙古地区，以别于大漠以南的内蒙古地区。清代光绪以前，专指外札萨克喀尔喀蒙古土谢图汗、三音诺颜汗、札萨克图汗、车臣汗四部八十六旗游牧区域，属驻扎在乌里雅苏台(今蒙古国扎布汗省扎布哈朗特)的定边左副将军统辖。清末，兼指归定边左副将军管辖的唐努乌梁海，属科布多参赞大臣统辖的杜尔伯特、明阿特、札哈沁、额鲁特部十九旗，归阿尔泰办事大臣管辖的新土尔扈特、新和硕特、阿尔泰乌梁海部十旗。1911年，外蒙古封建主在沙俄策动下，宣布独立。1915年，中、俄、蒙三方在恰克图签订《中俄蒙协约》，规定："外蒙古承认中国宗主权，中国、俄国承认外蒙古自治，为中国领土之一部分。"1917年，俄国沙皇政权被推翻，外蒙古遂于1919年撤销自治。1921年初，外蒙古封建主在白俄残匪策划下，再次宣布独立；同年七月，蒙古国民党在苏俄支持下击败白俄，成立君主立宪政府。1924年5月31日《中俄解决悬案大纲协定》中，规定"苏联政府承认外蒙为完全中华民国之一部分。"同年11月26日，蒙古废除君主立宪制，成立蒙古人民共和国。

外命夫 指任朝官的卿大夫、士。相对于任宫中官职的卿大夫、士而言。《周礼·天官·阍人》："凡外、内命夫命妇出入，则为之辟。"贾公彦疏："内命夫，卿大夫、士之在宫中者"，"对在朝卿大夫、士为外命夫”。

外命妇 宫外命妇通称。旧指官员母、妻之授予封号者，可享受一定的地位和待遇。始于周代，时指卿大夫之妻。西汉皇帝女皆尚列侯，称公主；皇帝外祖母、大臣夫人，有封为郡君者。东汉皇女皆封县公主，仪服同列侯；尊崇者加号长公主，仪服同藩王。诸王女皆封乡亭翁主，仪服同乡亭侯。南朝宋，诸王女封县主。北周，帝姑、帝姊称长公主，帝女称公主，王母为王太妃，王妻为王妃，柱国以下、帅都督以上母、妻，授太夫人、夫人、郡君、乡君等。唐代公主及王妃以下，诸王母、妻及职事五品以上勋官四品以上有封者，其母、妻等，享有朝参皇后等礼节上的荣誉。宋代有十四种号：大长公主、长公主、公主、郡主、县主、国夫人、郡夫人、淑人、硕人、令人、恭人、宜人、安人、孺人。叙赠之制：三公、宰臣、执政、节度使三代，金紫、银青光禄大夫二代，余官一代。父及嫡母存，不得请所生母封赠。所生母未封，亦不许先及其妻。元代一品封国夫人，二品郡公夫人，三品郡侯夫人，四品郡君，五品县君，六品恭人，七品宜人。明代之号有九，分十等：公曰国夫人，侯曰侯夫人，伯曰伯夫人，一品曰夫人(后称一品夫人)，二品曰夫人，三品曰淑人，四品曰恭人，五品曰宜人，六品曰安人，七品曰孺人。因其子孙封者，加“太”字，夫在则否。封赠之次，七品至六品一次，五品一次，三品、二品、一品各一次。三母不并封，两封从优品。清代一、二品为夫人，三品为淑人，四品为恭人，五品为宜人，六品为安人，七、八、九品为孺人。民爵之公、侯、伯妻，宗室爵自长子至辅国将军正室亦称夫人，奉国将军正室为淑人，奉恩将军正室为恭人。

外牛录 属于国家所有的牛录，为旗分所属。与八家家内的“内牛录”相对而言。清入关前，外牛录通称牛录。即努尔哈赤分拨给诸子侄管辖的牛录，为八旗的主体。

外仆(僕) 官名。春秋时郑国置。主设坛和行舍。《左传·襄公二十八年》：“子产相郑伯以如楚。舍不为坛。外仆言曰：‘昔先大夫相先君适四国，未尝不为坛。’”

外七鄂拓克喀尔喀 又称外喀尔喀。明代蒙古喀尔喀万户的一部分，内分七个鄂拓克。初驻牧哈尔哈河流域，后占据漠北地区，为清代外蒙古的前身。

外戚 见“外家❶”。

外戚恩泽侯 汉指在军功之外，以外戚重臣身份，或因祖荫、宠幸而恃恩泽获封列侯者。《汉书》专门列有《外戚恩泽侯表》。东汉光武帝时，因外戚恩泽封侯者四十五人。

外切密率 书名。清戴煦著。四卷。成书于咸丰二年(1852)。因明安图介绍的“杜氏九法”仅有弦矢术，无求切线割线方法，遂着手研究三角函数幂级数展开式。主要包括正切、正割及其反函数的幂级数展开式。因切割二线出于圆外，故名《外切密率》。作者熟练运用多项式长除法，采用试商办法，进行无穷级数除法运算，得出由角度(弧度)求正切、余切、正割、余割的级数展开式；并用级数反求法得出三角函数反函数的幂级数展开式，即由正割和正切直接求角度(弧度)，是明安图《割圜密率捷法》的继承与发展。

外壬 殷墟甲骨文作卜壬。商王。名发，太戊之子，仲丁之弟。卜壬是庙号。继仲丁即位。殷墟卜辞中列为旁系先王祭祀。

外三关 见“三关(5)”。

外膳上士 官名。西魏恭帝三年(556)仿《周礼》外饔置，北周沿置。天官府膳部中大夫属官，正三命。其下设外膳中士、下士。隋开皇元年(581)罢。参见“外饔”。

外舍 宋代学校实行三舍法，第三等称外舍。熙宁元年(1068)，太学外舍招生一百人，入斋听读，官府不贴食钱，为太学非正式学生。四年，太学行三舍法，外舍生始为正式学生，名额不限。五年，限七百人，由官府给食。元丰二年(1079)，增至二千人。元符二年(1099)，州学推行三舍法，每年贡上舍、内舍生一至二人，补入太学外舍、内舍。崇宁三年(1104)，太学外舍划归辟雍。南宋重建太学，外舍生陆续增至千人以上。

外史 官名。(1)春秋时鲁国置。主司盟等。《左传·襄公二十三年》：“将盟臧氏，季孙召外史掌恶臣而问盟首焉。”(2)《周礼》史官之一。春官之属。《周礼·春官》：“外史，上士四人，中士八人，下士十有六人，胥二人，徒二十人”，“掌书外令，掌四方之志，掌三皇五帝之书，掌达书名于四方，若以书使于四方，则书其令”。

外史论要 书名。清末郑传笈撰。一册。作者汇辑有关各国史论而成。分论俄、英、法、德、美、日六国历史及介绍国际公法、海军规模，特叙述六国政治变革后，由弱变强经过，以供中国变革借鉴。附《中国矿积方里表序》、《中国兵战、商战、艺战师泰西论》、《江海防论》。有竞化书局铅印本。

外史梼杌 即“蜀梼杌”。

外史下大夫 官名。西魏恭帝三年(556)仿《周礼》外史置，北周沿置。春官府外史司长官，掌记录君王言行，以为国志(即起居注)，兼掌书籍。正四命。下设外史上士以佐其职，领著作上士、校书下士等官属。隋开皇元年(581)罢。

外市 明代指北京城内一般的集市，以别于由宫廷开设之内市而称。

外收掌 见“收掌”。

外司 ❶泛指京都官以外的官员。《后汉书·郎𫖮传》：“方今中官外司，各各考事。”❷司隶校尉别称。《三国志·崔林传》：“及为外司，万里肃齐。”崔林时为司隶校尉。❸州属吏。《梁书·安成康王秀传》：“外司请依旧僦度，收其价直。”

外四家 明正德年间入卫京师的四镇边军。正德七年(1512)，以边将江彬所请，调辽东、宣府，大同、延绥四镇突骑家丁数万人，入京操练，由江彬统领。

外寺 指九卿官舍。魏、晋、南北朝时九卿所居谓之寺,在禁闼之外,因称外寺。

外算官 唐代南诏官名。由清平官或大军将兼领,统摄六曹长,类似唐尚书省长官左右仆射。

外台 ❶汉代谒者台别称。参见“三台”。❷刺史别称。《后汉书·谢夷吾传》:“寻功简能,为外台之表。”王先谦集解引沈钦韩曰:“《通典·职官·十四》:或谓州府为外台。即此。《魏志》,贾逵曰:州本以御史出监诸郡,故云台。”❸宋代监司别称。宋诸路转运使、提点刑狱公事等,有监察辖区官员之权,其官署通称监司,号为外台。❹金代提刑司别称。章宗设九路提刑司,除提点刑狱之事外,兼黜陟官吏,荐举人才,号称外台。❺元代亦指行御史台。❻明清按察使之别称。

外台秘要 书名。唐王焘撰。四十卷。成书于天宝十一载(752)。一至二十卷为内科病;二十一至二十二卷为五官病;二十三至二十四卷为瘿瘤、痈疽病;二十五至二十七卷为二阴病;二十八至三十卷为中恶、金疮、大风;三十一至三十二卷为采药、丸散;三十三至三十四卷为妇人病;三十五至三十六卷为小儿病;三十七至三十八卷为乳石;三十九卷为针灸;四十卷为虫兽伤及畜疾。共一千一百零四门,载医方六千余首。全书内容丰富,包括内、外、妇、儿、五官、精神病、外伤急救与兽医等科。先论后方,收唐以前古方五、六十家,凡引录各书,均注明出处。为研究唐前医学的重要典籍。后经北宋校正医书局校正,刊于熙宁二年(1069)。明崇祯十三年(1640)程衍道校勘,世称善本。1955年人民卫生出版社影印出版。

外提调 见“提调❶”。

外委 官名。为清代绿营中的低级军官,有外委千总、外委把总,通称外委。其职掌与额设千总、把总相同。但因系额外差委之官,其品秩较额设千总、把总为低。另有额外外委,其品秩又低于外委,系绿营中最低级军官。

外吾 即“畏兀儿”。

外五 即“畏兀儿”。

外务部 官署名。清末新设的中央机构之一,为办理外交行政事务的总机构。光绪二十七年(1901),改总理各国事务衙门设。班列各部之首。掌管对外交涉。置总理王大臣、会办大臣、尚书兼会办大臣及左右侍郎,各一人。改总办章京为左、右丞,左、右参议,均各一人。并置郎中以次各官,不分满、汉。下设承政、参议、司务三厅,和会、考工、榷算、庶务四司,以及储才馆、总税务司等机构,兼领驻各国使馆、总领事馆、领事馆。宣统三年(1911),省总理、会办兼职,改尚书为大臣、侍郎为副大臣。清亡,民国改称外交部。

外务部参议 官名。清末外务部职官。光绪二十七年(1901),改总理各国事务衙门总办章京设。正四品,左、右各一员,请简。掌审议法令。

外务部丞 官名。清末外务部职官。光绪二十七年(1901),改总理各国事务衙门总办章京设。正三品,左、右各一员,请简。掌机密文移,综领众务。

外务部大臣 官名。清末外务部长官。宣统三年(1911),改外务部尚书设。从一品,特简。掌主交涉,昭布信德,保护侨人佣客,以慎邦交。民国改称外交部总长。

外务部会办大臣 官名。清末外务部长官。光绪二十七年(1901)设。正一品或从一品。佐外务部总理亲王办理交涉事务。宣统三年(1911)省。

外务部会办大臣兼尚书 官名。清末外务部长官。光绪二十七年(1901)设。从一品。佐外务部总理亲王主持交涉事务。宣统三年(1911)省会办兼职,改尚书为外务部大臣。

外务部总理王大臣 官名。清末外务部长官。光绪二十七年(1901)设。于亲王内特简,专任总理部务。又称总理亲王。宣统三年(1911)省。

外物料库 见“物料库”。

外兴安岭 一作大兴安岭,在今黑龙江流域和俄罗斯勒拿河中游流域之间。清康熙二十八年(1689),中、俄签订《尼布楚条约》,规定:外兴安岭南属中国,北属俄国。

外徭 汉代徭役制度。百姓至所在郡县以外服役称为外徭。《汉书·沟洫志》:“治河卒非受平贾者,为著外徭六月。”在京师任卫士,或在边境充戍卒,均称外徭。

外饔 官名。《周礼》天官之属。掌对天地山川社稷等外祭祀用牲时的切割烹调,并负责致宴飨宾客的食物。

外喻部落 唐代南诏境内望蛮部落之一。居地在永昌(今云南保山)西北。

外越 亦称外粤。指春秋时越国疆域以外越人居住的地区。即包括今浙江南部、福建、江西、广东、广西、台湾等地。

外织染局 见“织染局”。

外制 ❶外朝所拟诏书,与“内制”相对而言。唐玄宗开元二十六年(738)置翰林学士后,翰林学士所撰,直接发自禁中者为内制;中书舍人或他官知制诰者所撰,为外制,较内制为轻。外制所拟,为一般诏书,需经门下省,由符宝郎加盖天子之宝。宋代中书所下制命,亦称外制。❷外朝草拟诏书官的别称。宋代为中书舍人、知制诰、直舍人院的统称。明代称知制诰为外制。

外转 即外用。指京官转任地方同级官职。明沈德符《野获编·督抚·许中丞》:“其在吏部,为佞人王篆所排,外转佥事,后渐陟南京兆。”清代京官外用有定制。其例始于顺治十年(1653),以少詹事等官外用为司、道。后又定为:詹事、侍读学士、中允、编、检可外用布政使、按察使、参政、副使等官。康熙二十五年(1686),翰林官外用同知、运副、提举、通判,后又用为知府。雍正初以编、检、庶吉士外用道、府、州、县。京官外用,京察外有截取保送,皆俟俸满保送。依班次改外用为府、牧、令、丞、倅。

外宗 《周礼》女官之一。指王诸姑姊妹之女有爵位者。辅佐王后掌宗庙祭祀。《周礼·春官》:“外宗,凡外女之有爵者”,“掌宗庙之祭祀,佐王后荐玉豆，眡豆笾。及以乐彻，亦如之。王后以乐羞齍，则赞。凡王后之献，亦如之。王后不与，则赞宗伯。小祭祀，掌事宾客之事，亦如之。大丧，则叙外内朝莫哭者。哭诸侯，亦如之”。郑玄注：“外女，王诸姑姊妹之女谓之外宗。”贾公彦疏：“外宗，外女也。郑不解有爵者已于内宗注讫，明此亦是嫁与大夫及士可知也。言‘凡’，亦是无常数之言也。”参见“内宗”。

外奏事处　官署名。清代内廷传递事件之机构。设立年代无考，位于宫内景运门内，由御前大臣兼管，于御前侍卫、乾清门侍卫内特旨简派一人掌其事，设章京六人、奏蒙古事侍卫六人。具体职掌详“奏事处”。

外左库曹　官署名。东晋分库曹置，属御史台。与内左库曹并掌审核厩牧牛马市租，设侍御史掌其事。南朝宋省。

wān

湾头　即今江苏扬州市东北湾头。踞运河分流处，为扬州东面门户。《续资治通鉴》：南宋绍兴四年(1134)，毁湾头港口牐，以遏金兵，使不得积水通舟。

wán

丸都城　在今吉林集安市西北。209年高句丽自国内城移都于此，427年迁都平壤。

完　去鬓发而服役的刑罚。《睡虎地秦墓竹简》屡见“完为城旦”，即剔去鬓毛后服四年劳役。《汉书·刑法志》：“完者使守积。”颜师古注：“完，谓不亏其体，但居作也。”一说完刑即耐刑。

完璧归赵　战国时赵惠文王得楚国和氏璧，秦昭王闻之，表示愿以十五城易璧。赵臣蔺相如遂于赵惠文王十六年(前283)奉璧使秦。既入秦，奉璧奏秦王。秦王得璧却无意偿城，相如便以璧有瑕，指示秦王为名，将璧收回，声言如以武力索逼，即以璧与头俱碎于柱相挟，制止秦王逼索，并要秦王斋戒五日，举行隆重的受璧礼。秦王得璧心切，不得已而应允。相如乘机暗中差人将璧送回赵国。在秦王的受璧礼上，相如告以璧已归赵，要秦王先予赵十五城，赵即将璧奉秦，并表示“臣知欺大王之罪当诛，臣请就汤镬”。相如以其机智勇敢，终使完璧归赵。

完水　又名望建河。即今中国东北边境上的额尔古纳河和黑龙江省与俄罗斯滨海地区间的黑龙江。《魏书·乌洛侯传》：“(乌洛侯)西北有完水，东北流合于难水，东入于海”；《旧唐书·室韦传》：“大山之北有大室韦部落，其部落傍望建河居”，皆即此。

完颜阿骨打　即“金太祖”。

完颜阿里不孙(?—1217)　金曷懒路(治今朝鲜咸镜北道吉州)泰申必剌猛安人，字彦成。明昌进士。贞祐初，累迁国子祭酒。兴定元年(1217)，任参知政事，权右副元帅，行尚书省、元帅府于婆速路(治今辽宁丹东东北)。与所属知广宁府事温迪罕青狗不和，蒲察移剌都奏请以青狗另属他人。宣宗召青狗，青狗不听，遂奉命杀之。不久，为青狗义兄弟伯德胡土所杀。

完颜阿邻(?—1218)　金中都(今北京)人。本姓郭氏。卫绍王时，与完颜仲元同应募抗蒙，所部兵称黄鹤袖军。宣宗南迁，领兵驻清州(今河北青县)、沧州(治今河北沧州东关)之间，为同知河间府事兼清州防御使。迁横海军节度使，赐姓完颜。改山东西路宣抚使，镇压泗水红袄军。蒙古军攻陕西，领兵八千赴援。兴定元年(1217)，为元帅右都监，出兵秦州(今甘肃天水)。次年，败宋军于皂郊堡(今天水南)。进军至稍子岭，兵败战死。

完颜昂　❶(?—1142)本名吾都补。金穆宗盈歌子，太祖从弟。尝从太祖征伐。天会六年(1128)，权元帅左都监。十五年，为西京留守。天眷三年(1140)，为平章政事。皇统元年(1141)，封漆水郡王。次年进封郓王。❷(1100—1163)金宗室。原名奔睹。幼侍太祖。佩金牌。年十七，从攻辽。后从宗望攻宋，为河南诸路兵马都统，称“金牌郎君”。受宗弼命，攻取河西郡县。天眷元年受镇国上将军、东平尹，改益都尹。迁东北路招讨使。海陵王即位，迁元帅右都监，转左监军。世袭猛安。进为枢密使、尚书左丞相，加太保。随海陵王南侵。海陵王死，遣人杀太子光英，奉表贺世宗即位。大定二年(1162)，拜都元帅，置府山东。次年，至京师病死。

完颜弼　❶(?—1217)金盖州(治今辽宁盖州南)女真人，原名达吉不。章宗时，充护卫，从丞相完颜襄戍边，为宿直将军、深州刺史。泰和六年(1206)，从完颜匡攻襄阳。八年，除南京副留守、寿州防御使。大安二年(1210)，入朝为武卫军副都指挥使。次年，领兵驻宣德(今河北宣化)。在会河堡(今河北怀安境)败于蒙古军，迁右副都点检。至宁元年(1213)，出御辽东。以罪降为云内州防御使。宣宗即位，除元帅左都监，驻真定(今河北正定)。贞祐二年(1214)，改陕西路统军使。三年，改知东平府事、山东西路宣抚副使，招降刘二祖余部孙邦佐、张汝楫等。四年，坚守东平，拒蒙古木华黎。次年蒙古军退，旋病死。❷即“完颜匡”。

完颜秉德(?—1150)　金宗室。本名乙卒。勃者后裔。宗翰孙。初为西南路招讨使，改汴京留守，兵部尚书。皇统六年(1146)，为参知政事。八年，进平章政事。次年为尚书左丞相兼中书令，与尚书左丞唐括辩等刺杀熙宗于寝殿。海陵王即位，为左丞相兼侍中、左副元帅，封萧王。天德二年(1150)，出领行台尚书省事，被诬与宗本谋反。四月，海陵王遣使杀于燕京行台。

完颜伯嘉(?—1223)　金北京路(治今内蒙古宁城西南大明城)讹鲁古必剌猛安人，字辅之。明昌进士。贞祐四年(1216)，任震武军节度使兼宣抚副使，提控太和岭诸隘。奏荐西京副统程琢为同知西京留守，兼领一路义军，以图恢复山西。迁元帅左监军、知太原府事、河东北路宣抚使。兴定二年(1218)，任御史中丞。次年，权参知政事、元帅左监军，行尚书省、元帅府于河中府，控制河东南北路，不久罢归。

时相臣拟为河朔群雄置公府,他向宣宗进言,封建九公。元光二年(1223),权参知政事,行尚书省于河内,率陕西精锐与平阳公史咏共复河东。

完颜部 ❶辽生女真诸部之一。分布在按出虎水(今阿什河)。北宋时,阿骨打以完颜部为核心,于政和五年(1115)建立女真政权,国号金,建元收国,都会宁(今黑龙江阿城)。❷亦作王甲、王家。明建州女真诸部之一。万历十六年(1588),努尔哈赤往攻完颜城(今吉林通化城南王家堡子附近),杀其首领戴度墨尔根,收其部众。

完颜昌 即"挞懒"。

完颜陈和尚(1192—1232) 金丰州(今内蒙古呼和浩特东)人,女真族。原名彝,字良佐。父乞哥,同知阶州军事,对宋作战中败死。金宣宗时,年二十余,被蒙古军俘虏,年余后,还丰州省母,与兄斜烈渡河归金。斜烈行寿泗元帅府事,他充宣差提控。正大二年(1225)斜烈罢帅,驻方城(今属河南),他随往,被诬系狱年余。后被赦,为忠孝军提控。五年,充前锋,大败蒙古军于大昌原(今甘肃宁县东南),以功授定远大将军,平凉府判官,世袭谋克。后屡败蒙古军。开兴元年(1232)正月,金兵大败于三峰山时,退守钧州城(今河南禹州)巷战,兵败被俘,拒降被杀。

完颜承晖(?—1215) 金女真完颜部人,字维明,本名福兴,或讹为复兴。世宗朝为近侍局直长,调中都右警巡使。章宗时,自外路官召为刑部尚书,兼知审官院,改知大兴、大名两府事。迁山东路统军使。改知兴中府事。卫绍王时,入为御史大夫,拜参知政事,进尚书左丞。蒙古兵南下,行省事于宣德,因完颜承裕在会河堡战败,坐罪除名。宣宗时,拜尚书右丞,进为平章政事,兼都元帅,封邹国公。宣宗南迁,与抹撚尽忠佐太子留守中都。不久太子南奔,中都粮尽,尽忠弃城出逃,他服毒自尽。

完颜承立 即"完颜庆山奴"。

完颜承麟 即"金末帝"。

完颜承庆 即"完颜琮"。

完颜承裔 即"白撒"。

完颜承裕 金宗室。本名胡沙,又作忽沙。原为符宝祗候,自中都左警巡副使进至西南路招讨副使。泰和六年(1206)攻宋,屯兵成纪,数败吴曦军。八年罢兵,历归德、临潢两府尹。大安三年(1211),拜参知政事,与独吉思忠北御蒙古,败于乌沙堡(今河北张北西北)、会河堡(在今河北万全西),精锐尽没。崇庆元年(1212),起复为陕西安抚使。次年迁元帅右都监,兼咸平府路(治所在今辽宁开原老城镇)兵马都总管,又败于耶律留哥。改辽东宣抚使。贞祐初卒。

完颜从恪(?—1233) 金卫绍王子。大安元年(1209),封胙王,任左丞相。次年,立为皇太子。卫绍王被杀后,他被禁锢二十年。天兴二年(1233)崔立作乱,以太后令封梁王,监国。四月,与荆王守纯及诸宗室被崔立送至京城南青城蒙古军前,被杀。

完颜从坦(?—1218) 金宗室。大安中,任尚书省祗候郎君。贞祐二年(1214),自募义兵数千,任宣差都提控,奉诏安抚山西军民,应援中都(今北京)。四年,行枢密院于河南府。兴定元年(1217),权元帅左监军,与参知政事李革共守平阳(今山西临汾)。次年,蒙古军破城,自杀。

完颜从宪(?—1208) 金世宗孙。本名吾里不。世宗赐名琦,章宗赐名从宪。刘妃所生。章宗即位,封寿王。承安元年(1196),封英王。四年,改封瀛王。

完颜从彝(?—1214) 金世宗孙。本名阿怜,又作阿邻。世宗赐名瓒,章宗赐名从彝。大定二十五年(1185),封宿国公。章宗即位(1189),封沂王。明昌四年(1193),诏追封故鲁王孰辇为赵王,以从彝为赵王后人。承安元年(1196),任兵部尚书,改封蔡王。泰和八年(1208),封霍王。

完颜琮(?—1194) 金显宗子,章宗弟。本名承庆。母田氏。世宗选名进士纳坦谋嘉为其师,通习女真小字及汉字。又善吟咏、骑射、绘塑。大定十八年(1178),封道国公。二十六年,加崇进。章宗即位,封郓王。

完颜亶 即"金熙宗"。

完颜定奴(?—1219) 金内族。完颜纲弟。绰号三脆羹。初任护卫。累官至真定府同知,从平章政事仆散揆攻宋。大安二年(1210),升元帅右都监。蒙古军攻西京(今山西大同),奉令赴援。元帅奥屯襄救西京,全军被歼于墨谷口,坐失期不至及不奏军败实情降职。后累迁签枢密院事,行院于归德府和徐州。仕至参知政事。

完颜讹可 ❶金宣宗孙。荆王守纯长子。封肃国公。天兴元年(1232)三月,南京(今河南开封)被围,进封曹王,出质于蒙古军前,由蒙古使臣唐庆送至官山(今内蒙古卓资山灰腾梁),见窝阔台。❷见"板子讹可"、"草火讹可"。

完颜福寿(?—1163) 金曷速馆女真人。父合住,金初投附,授猛安。袭父职为定远大将军,累加金吾卫上将军。海陵王攻宋,受命领二猛安兵至泰安,中道北还,据东京(今辽宁辽阳)拥立世宗。为元帅右监军,败白彦敬等,又进兵镇压窝斡军。授兴平军节度使,领济州路诸军事,世袭猛安。

完颜福兴 即"完颜承晖"。

完颜甫 即"张甫"。

完颜纲(?—1213) 金内族,字正甫,本名元。明昌中,入宫为奉御。累迁工部郎中。泰和四年(1204),与乔宇等编辑陈言文字,凡关涉宫廷及大臣者摘进,其余以省台六部各为一类,凡二十卷。六年,任蜀汉路安抚使、都大提举兵马事。至洮州,招降叠州十八部羌人首领青宜可,升拱卫直都指挥使。又奉诏招降宋四川宣抚副使吴曦以全蜀归金,取宋五州。七年,升陕西宣抚副使。宋将杀吴曦,又陷阶州、散关等地,他以失职降官一阶。卫绍王即位,任陕西路按察使,累升至尚书左丞。至宁元年(1213),将兵行省事于缙山,为蒙古军大败。纥石烈执中作乱时被杀。

完颜杲 ❶(?—1130)金女真完颜部人,本名斜也。劾里钵子,太祖同母弟。收国元年(1115),为昃勃极烈。天辅元年(1117),下金山县,降女直皮室四部,克泰州(今黑龙江泰来塔子城)。徙所降诸部于女真之地。五年,为忽鲁勃极烈,都统内外诸军。六年,克辽中京(今内蒙古宁城)及高、恩等州,降奚王。与宗翰合兵袭辽天祚帝,出兵青岭。辽西京(今山西大同)已降复叛,出兵复取。奏请徙西南招讨司所属诸部于女真之地。从太祖下燕京。太宗时,为谙班勃极烈,与宗干同治国政。天会三年(1125)领都元帅。追封辽王,谥智烈。为开国功臣之一。❷即"撒离喝"。

完颜瓌(?—1192) 金章宗兄。妃田氏生。本名桓笃,又作欢睹。世宗大定二十二年(1182),封崇国公。章宗即位,封瀛王。

完颜哈达 即"完颜合达"。

完颜合达(?—1232) 合达又作合打、合答、哈达。金女真人,名瞻,字景山。贞祐初,充护卫,送岐国公主赴蒙古。贞祐三年(1215),以平州之众降于石抹也先之子燕京行省官咸得不。旋率部下傍海道归金。先驻山东,接应蒙古纲。自兴定元年至正大八年(1217—1231),历任河西、陕西重镇守令,参与对宋及西夏的战争。先后屯京兆、平凉、阌乡,行尚书省事,官至平章政事,封芮国公。八年冬,蒙古兵绕道饶峰关,由金州东出,渡汉江而北。他与移剌蒲阿入邓州截击。次年正月,与蒙古军遭遇于钧州三峰山(今河南禹州境),兵败被杀。

完颜合打 即"完颜合达"。

完颜合周 金宗室。一名永锡。贞祐三年(1215),任元帅左监军,兼知真定府事,领兵援中都,溃逃而归。四年,任御史大夫,权尚书右丞,领兵赴陕西拒蒙古军,至京兆(今陕西西安)避兵不战。后蒙古军破潼关,直抵汴京城郊。兴定元年(1217),免死除名。三年,复起。正大四年(1227),奉使与蒙古议和。天兴元年(1232)汴京被围,建言京城括粟可得百余万石,旋与左丞李蹊总其事,大肆搜刮。哀宗出走,任同判大睦亲府事,兼都点检,管宫掖事。

完颜亨(?—1154) 金宗室。本名孛迭。宗弼子。熙宗时封芮王,加银青光禄大夫。海陵王时遭忌,出为真定尹,历任中京、东京留守,改广宁尹。海陵王命李老僧同知广宁尹事,以监视。不久,被李老僧与其家奴六斤(渤海人)诬为谋反,遂死狱中。世宗时,追复官爵,封韩王。

完颜浑黜 又作浑啜。金女真人。随太祖起兵,败辽兵于宾州(今吉林农安东北红石堡),助娄室攻黄龙府(今吉林农安)及其近地白马泊。败契丹、奚人于高州(今内蒙古赤峰东北哈拉木头),破奚七岩,击辽兵于古北口。为开国功臣之一。

完颜火燎 即"草火讹可"。

完颜济安(1142—1143) 金熙宗长子。母悼平皇后裴满氏。皇统二年(1142)二月生。三月,立为皇太子。金朝立太子之制,自此始。十二月病死。谥英悼太子。

完颜玠(1182—1192) 金章宗之弟。本名谋良虎。章宗即位(1189),封温王。

完颜璟 即"金章宗"。

完颜开 即"张开"。

完颜匡(1152—1209) 金始祖子斡鲁八世孙。本名撒速,又名弼。世宗时为太子侍读,善女真文。大定二十五年(1185),中礼部策论进士。章宗时,掌近侍局多年。承安初,行枢密院于抚州。入为守尚书左丞兼修国史,主持修《世宗实录》,改枢密副使,授世袭谋克。泰和六年(1206),为右副元帅,辅佐仆散揆迎击宋韩侂胄军,以兵二万五千出唐、邓,攻下枣阳、光化、随州,断襄汉路,进围德安,徇下安陆、应城、云梦、汉川、荆山等城。时吴曦以蜀地降金,他奉命先取襄阳以为屏蔽,但久围不克。七年,为平章政事,兼左副元帅,封定国公,代宗浩总诸军,行省事于汴京(今河南开封)。宋金和议成,返朝。与李元妃受章宗遗诏立卫绍王。旋诬杀李元妃。拜尚书令,封申王。

完颜老 即"完颜宗浩"。

完颜亮 即"海陵王"。

完颜娄室(1077—1130) 金女真完颜部人,字斡里衍。年二十一,代父为雅挞懒等七水部长。从阿骨打(金太祖)起兵,屡胜辽军。以万户守黄龙府。进为都统,从完颜杲取中京(今内蒙古宁城),与阇母破西京(今山西大同)。擒获辽天祚帝后,取河中府(今山西永济西)、京兆府(今陕西西安附近)、凤翔,进克延安府,降境内诸州、寨、堡。与婆卢火守延安。进为右副元帅,总陕西征伐诸军事。死于泾州,追封金源郡王,谥壮义。为开国功臣之一。

完颜蒙葛 又作完颜蒙刮、完颜蒙适,更称蒙刮孛堇。金女真人。收国元年(1115),从太祖战辽天祚帝于驼门,身被数创,奋勇力战,功论最。太宗时,从宗望军攻真定。天会七年(1129),随拔离速袭宋高宗于扬州。封银青光禄大夫。为开国功臣之一。

完颜讷申 即"完颜奴申"。

完颜奴申(?—1233) 一作完颜讷申。金女真人,字正甫。素兰之弟。女真策论进士。正大五年(1228),任翰林侍讲学士,以御史大夫出使蒙古,至龙驹河(今克鲁伦河)见窝阔台。七年,升吏部尚书,再出使。天兴元年(1232),奉命往郑州海滩寺蒙古军驻地求和。升参知政事,又兼任枢密副使,与完颜习捏阿不留守汴京。二年正月,召官民聚议省中,欲推荆王监国出降。次日崔立变起,被杀。

完颜蒲察(?—1129) 金穆宗(盈歌)子。收国二年(1116),会斡鲁古孛堇等击高永昌,破其兵,取东京(今辽宁辽阳)。后与习古迺等击奚王霞末于中京(今内蒙古宁城大明城)之西。又败辽军于奉圣州(今河北涿鹿)及西京(今山西大同)。天会四年(1126),宗望等攻宋,与娄室等专事晋陕,为东路军策应,下平定军、辽州。六年,复败宋兵于临真,取延安府。次年,再取鄜(今陕西富县)、坊(今陕西黄陵)以及绥德、静边、怀远等城寨。还守蒲州(今山西永济)。死于中山(今河北正定)。追封齐国公(一作济国公)。为开国功臣之一。

完颜琦 即"完颜从宪"。

完颜庆山奴(?—1232) 金宗室。字献甫,又名承立。平章白撒从弟。迎立宣宗有功,任西京副留守,权近侍局直长。贞祐三年(1215),任宣差便宜都提控,募兵往援中都(今北京)。兴定元年(1217),击蒙古及西夏军于宁州(今甘肃宁县),升元帅左都监兼保大军节度使,行帅府事于鄜州(今陕西富县),累败夏军。正大八年(1231)留守京兆(今陕西西安),旋弃京兆还朝。代徒单兀典行省事于徐州。次年,引兵入援汴京,于杨驿店为肖乃台军所败,被执杀。

完颜撒合辇(?—1232) 金女真人,字安之。累迁同签枢密院事。宣宗病危,拥哀宗即帝位有功,甚见亲信。正大元年(1224),以原职兼同判大睦亲府事。后被谏官劾以谄佞纳贿及不公等事,出任中京留守,兼行枢密院事。九年,中京为蒙古军所破,投水死。

完颜赛不(?—1233) 金始祖函普弟保活里之后。初补亲卫军,章宗时选充护卫。泰和六年(1206),任右翼都统,从平章仆散揆攻宋。贞祐三年(1215),历任知临洮、凤翔府事,兼元帅右都监,累与宋、夏军作战。后任签枢密院事、枢密副使。兴定五年(1221),进兵河东,取晋安(今山西绛县)、平阳(今山西临汾)。元光二年(1223),复河中府(今山西永济蒲州镇)。正大元年(1224),升平章政事,右丞相。五年,行尚书省于京兆(今陕西西安)。天兴元年(1232),任右丞相、枢密使,兼左副元帅,封寿国公,扈从哀宗迁归德。次年七月,行尚书省事于徐州。十月,徐州将士欲出降,不从,自缢死。

完颜石柱(?—约1283) 元女真人。同州管民达鲁花赤兼征行千户完颜拿住之子。宪宗时袭父职为征行千户,总管八都军。中统二年(1261),升征行万户。次年,从都元帅帖哥攻嘉定。至元四年(1267),败宋兵于九顶山。五年,攻泸州水寨,渡马湖江,败宋兵。后从攻建都、重庆等地,有战功。十六年,授四川东道宣慰使。次年,为四川西道宣慰使,总管随路八都万户。二十年,任四川行省参知政事。

完颜守纯(?—1233) 金宣宗第二子。本名盘都。贞祐元年(1213),封濮王。次年,任殿前都点检兼侍卫亲军都指挥使,权都元帅。三年,任枢密使。四年,任平章政事。兴定三年(1219),封英王。正大元年(1224),封荆王,罢平章政事,判睦亲府。天兴元年(1232)冬,被蒲察官奴等谋立为帝,未成。次年,与梁王等宗室被崔立送至京城南青城,被蒙古军杀死。

完颜守绪 即"金哀宗"。

完颜守忠(?—1215) 金宣宗长子。贞祐元年(1213),立为皇太子。二年四月,宣宗迁南京(今河南开封),留守中都(今北京)。七月,奉召至南京。卒谥庄献太子。

完颜思烈(?—1233) 金宗室。幼年入宫任奉御,得宠幸,人称"自在奉御"。由提点近侍局升都点检。天兴元年(1232),权参知政事,行省事于邓州(今属河南)。奉召会武仙军入援汴京,大败于京水。十月,领军民十余万入洛阳,行省事于中京。次年三月,蒙古军自汴京送其子于城下诱降,不从。病死。

完颜素兰 金女真人,一名翼,字伯阳。至宁元年(1213),举策论进士。贞祐初,累迁应奉翰林文字,权监察御史。贞祐三年(1215)正月,自中都计议军事归,首次揭发术虎高琪罪恶,深得宣宗赏识,再任监察御史,擢内侍局直长。迁谏议大夫,进侍御史。兴定二年(1218),因蒲鲜万奴反,与近侍局副使完颜讹可过海使辽东。还授翰林待制。正大二年(1225),任京西司农卿,改司农大卿,转御史中丞。七年,权元帅右都监、参知政事,行省于京兆。复迁金安军节度使兼同华安抚使。应召归南京,中道被杀。

完颜铁哥(?—约1215) 金女真人。年二十四,袭父职为速频路(治今俄罗斯乌苏里斯克〔双城子〕)曷懒合打猛安。承安二年(1197),任先锋万户,从平章政事完颜襄行省于北京。泰和六年(1206),任副统,随右副元帅完颜匡攻宋。贞祐二年(1214),任都统,奉召入卫中都(今北京)。迁东北路招讨使兼德昌军节度使,驻泰州(今吉林洮南境)。咸平守将蒲鲜万奴有异志,牒调所部兵迁咸平(今辽宁开原北),他不许。后奉辽东宣抚使完颜承充召赴上京(今黑龙江阿城),伐蒲与路(治今黑龙江克东)。军还,被新任宣抚使蒲鲜万奴拘捕害死。

完颜霆(?—1223) 金中都宝坻(今属天津)人,本姓李,名二措。贞祐元年(1213),为御蒙古军入侵,纠集义兵,与弟李云巡逻固安、永清之间,任义军都统。派军护清、沧河路,募商船运粮饷供中都。移屯滨、棣、淄州,迁棣州防御使,赐姓完颜氏,屯海州。兴定元年(1217),奉侯挚令降泰安、滕、兖州红袄军余部。次年,败宋兵于朐山。元光元年(1222),同知京兆府事,兼安抚使,镇抚迁避京兆南山之官民近百万人。

完颜惟中 即"完颜永中"。

完颜乌带(?—1152) 金宗室。汉名言。行台左丞相阿鲁补之子。熙宗时,官至大理卿。左丞相秉德与唐括辩等谋废立,他首告海陵王亮。熙宗被杀,海陵王即位,为平章政事。天德二年(1150),诬告秉德与宗本谋反,海陵王杀宗本、秉德等。拜右丞相,尽得秉德家产,进为司空、左丞相兼侍中。不久,被罢,出为崇义军节度使。妻唐括氏与海陵王私通。四年,被唐括氏奉海陵王命杀死。

完颜希尹(?—1140) 金女真完颜部人。欢都之子。女真名谷神,又译兀室、悟室、骨舍。太祖时,受命制女真字,天辅三年(1119),制成。后世称女真大字。六年,从宗翰破辽兵于北安州,追袭辽天祚帝,权西南、西北两路都统。太宗时任元帅右监军攻宋,俘宋帝还,又从宗翰逐宋康王赵构于扬州。太宗死,拥立熙宗,官拜尚书左丞相兼侍中。天眷二年(1139),封陈王,与宗干等杀宗磐、宗隽诸王。次年,被熙宗处死。旋昭雪,追谥贞宪。

完颜襄(1140—1202) 金皇族。本名唵,与卫王襄(又名永庆)同名,故又称内族襄。蒙古人称王京丞相。祖什古,东京留守,为昭祖曾孙。父阿鲁带,皇统初年以征鞑靼等部有功,拜参知政事。他善骑射,袭世爵,世宗时领兵镇压移剌窝斡,又击退宋兵。大定二十三年(1183),拜平章政事,封萧国公,进右丞相,与徒单志宁、张汝霖同受顾命。章宗即位,复拜右丞相,与完颜安国等分两路进攻鞑靼,直抵斡里札河以北。承安元年(1196)获胜,杀鞑靼部长。还朝后,拜左丞相,封常山郡王。次年,屯兵北京,进发临潢府,征服诸部,筑界壕。拜司空,仍领左丞相。

完颜勗(1099—1157) 金穆宗盈歌第五子。本名乌野,亦作乌也、乌拽马,字勉道。初从太祖征战,太宗时预谋政事。喜读书。天会六年(1128),奉诏访求金建国前遗事,编撰《祖宗实录》三卷,记始祖以下十帝事迹。熙宗时参与平定宗磐之乱,历任镇东军节度使、尚书左丞、同中书门下平章事、平章政事、监修国史、尚书左丞相、领行台尚书省、领三省事;拜太保、太师;封鲁国王、汉国王、秦汉国王。海陵王时进封周宋国王,撰有《太祖实录》二十卷、《女直郡王姓氏谱》及诗文《射虎赋》等。

完颜珣 即"金宣宗"。

完颜言 即"完颜乌带"。

完颜彝 即"完颜陈和尚"。

完颜银术可(1072—1140) 金宗室。辽末,与习古迺充使至辽,既还,建言攻辽,阿骨打遂决意起兵。攻黄龙府(今吉林农安),屯宁江州(今黑龙江拉林河南)。又从都统完颜杲克辽中京(今内蒙古宁城)。天辅六年(1122),从攻燕京(今北京)。次年,使宋,议划疆、岁币等事宜。辽天祚帝西奔,以兵绝其后,遂俘天祚。从攻宋,留兵围太原,数破宋援军,攻陷汴京(今河南开封)。师还,守太原。天会十年(1132),为燕京留守。十三年,致仕,加保大军节度使,迁中书令,封蜀王。为开国功臣之一。

完颜雍 即"金世宗"。

完颜永蹈(?—1193) 金世宗子,元妃李氏生。本名银术可,初名石狗儿。世宗时,封滕王、徐王,加开府仪同三司,为大兴尹。章宗即位,进封卫王、郑王,定武军节度使。明昌四年(1193),结内侍谋夺皇位,被家奴告发,处死。

完颜永济 即"卫绍王"。

完颜永锡 即"完颜合周"。

完颜永中(?—1194) 又作完颜惟中、完颜允中。金世宗长子。元妃张氏所生。本名实鲁剌,又名万僧。封许王。判大兴尹。进封越王、赵王,拜枢密使。大定二十一年(1181),改任大宗正事。太子允恭死后,加开府仪同三司,复为枢密使。章宗即位,进封汉王、并王、镐王。明昌五年(1194),舅张汝弼妻高氏以左道为永中母子祈福,坐诅呪罪诛。他及二子以"语涉不道"处死。

完颜寓(?—1218) 金西南路(治今内蒙古呼和浩特东)猛安人,本名讹出。大定进士。累迁右司郎中、翰林待制,兼侍御史。累迁密州安化军节度使,兼山东路统军副使。兴定元年(1217),奉诏以本官权元帅左都监,行元帅府事,督苗道润收复中都,并和辑苗道润和河间招抚使移剌铁哥两军。十二月,蒙古军破密州,被杀。

完颜昱 即"蒲家奴"。

完颜元(?—1149) 金太祖孙宗峻子,熙宗弟。本名常胜。熙宗时为北京留守。封胙王。皇统七年(1147),因熙宗赐酒,不能饮,逃出。九年,河南军士孙进反,自称皇弟按察大王。熙宗疑皇弟即常胜,海陵王亮助成其狱,遂被杀。

完颜元奴 即"完颜纲"。

完颜元宜(?—1164?) 金契丹人,本姓耶律氏,名阿列,又名移特辇。随父慎思降金太祖,赐姓完颜。熙宗时为护卫。海陵王即位,为兵部尚书。正隆六年(1161),随海陵王攻宋,以本官领神武军都总管,在和州大败宋兵,进为浙西道兵马都统制,佩金牌。十月,在扬州瓜洲渡杀死海陵王,领兵北还。次年,入见世宗,拜御史大夫,进平章政事。奉命往泰州路镇压契丹移剌窝斡起义军。大定四年(1164),罢为东京留守,致仕。病死于家。

完颜允迪 即"完颜允恭"。

完颜允恭(1146—1185) 金世宗次子。本名胡土瓦,后赐名允迪、允恭。大定元年(1161),封楚王。次年,立为皇太子。信用汉官。二十四年,世宗往巡上京,留中都守国近一年,亲理国政,减免朔望日朝臣公服参拜等繁礼。次年,病死,谥宣孝太子,葬于大房山。二十九年,子璟(章宗)即帝位,上庙号显宗。

完颜允中 即"完颜永中"。

完颜瓒 即"完颜从彝"。

完颜忠(?—1136) 本名迪古乃,字阿思魁。金女真耶懒路(今俄罗斯滨海边区塔乌黑河流域)完颜部人。石土门之弟。首赞阿骨打举兵。奉命守达鲁古城。与斡鲁等破高永昌,降下东京(今辽宁辽阳)。又败辽耶律捏里兵于蒺藜山,得辽显、乾、成、川、懿、豪、惠数州。从诸将西袭辽帝,降奉圣州。为耶懒路都孛堇。天会二年(1124),因耶懒地薄斥卤,迁于速频水(今绥芬河)。熙宗即位,加太子太师。十四年,加保大军节度使,同中书门下平章事。死后追封金源郡王。为开国功臣之一。

完颜仲德(?—1234) 金合懒路(治今朝鲜吉州)人。本名忽斜虎。泰和进士。宣宗时从军,为蒙古兵所俘。在蒙古军中约一年,习蒙语,率众万人归金。任邳州刺史兼从宜,守邳州。哀宗即位,遥授同知归德府事,同签枢密院事,行枢密院事于徐州。正大六年(1229),移知巩昌府,兼行总帅府事。八年,授巩昌行省。天兴元年(1232),拜工部尚书、参知政事,行尚书省事于陕州。领兵入援汴京。哀宗东迁,拜尚书右丞兼枢密副使。次年,哀宗至归德,奉诏行尚书省事于徐州。旋随哀宗至蔡州,兼领尚书省枢密院事。蒙古军围蔡州,领兵守城。三年,城破,率众巷战。哀宗自缢,遂投水自杀。

完颜仲元 金中都(今北京)人,本姓郭。卫绍王大安三年(1211),蒙古成吉思汗军攻中都时,应李雄募从军抗蒙,人称郭大相公,所部兵称花帽军。宣宗贞祐三年(1215),赐姓完颜,授永定军节度使,改知济南府事,权山东东路宣抚副使。四年,领兵镇压涟水红袄军,遥授知归德府事,驻军卢氏。兴定元年(1217),为单州(今山东单县)经略使,屡败宋军及红袄军。三年,奉诏屯宿州(今属安徽),与右都监纥石烈德同行元帅府事。元光元年(1222),以蒙古军攻陕西,调知凤翔府事抗蒙。凤翔围解,以功升元帅右监军。哀宗即位,授兵部尚书。

完颜众家奴 即"移剌众家奴"。

完颜宗本(?—1150) 金太宗子。本名阿鲁。封原王。熙宗朝为右丞相兼侍中,进太保,领三省事。海陵王立,进太傅。被诬告谋反。天德二年(1150)被杀,太宗子孙株连致死者七十多人。

完颜宗弼(?—1148) 金女真族完颜部人,本名斡啜,又作兀朮、斡出、晃斡出。阿骨打第四子。早年从都统杲追袭辽天祚帝于鸳鸯泺(今河北张北西北安固里淖),又从宗望攻宋。宗望死,为宗辅副帅,所至克捷。宋帝奔江南,他率军分道进攻,沿途击破归德、江宁各州县,取越、湖、杭三州,逼宋帝入海。北撤时与韩世忠相持于长江黄天荡,苦战后败宋兵。渡江北还,旋从宗辅定陕西。败张浚于富平,攻吴玠于和尚原受挫。天会十五年(1137),为右副元帅,封沈王。天眷二年(1139),进拜都元帅。奏请诛挞懒,收回与宋之河南、陕西地。金既置行台于燕京,以他为太保,领行台尚书省、都元帅如故,总军事、民政大权于一身。再议南攻,自趋汴京,迭为刘锜、岳飞所败。三年,渡淮,迫宋乞和,结为"绍兴之盟"。还朝,进拜太傅,赐与金券。率兵北攻蒙古。七年为太师,领三省事,都元帅,领行台尚书省事如故。死后封梁王,谥忠烈。

完颜宗辅(1096—1135) 金太祖子。本名讹里朵,死后更名宗尧。金初攻辽,常参帷幄。天会五年(1127),为右副元帅,驻兵燕京。攻宋,取大名,平河北。八年,败宋张浚于富平,平陕西五路。还上京,与宗翰、希尹等议立熙宗为皇嗣。十年,为左副元帅。子世宗即位后,追谥简肃皇帝,庙号睿宗。

完颜宗干(斡)(?—1141) 金太祖子。本名斡本。从太祖破辽,屡战有功。太宗时,为国论勃极烈辅政,参订官制、礼仪。改国论左勃极烈。熙宗时,拜太傅,领三省事。与希尹等诛宗磐、宗隽。进太师,封梁宋国王,监修国史。入朝不拜,设坐奏事。皇统元年(1141),从熙宗至燕京,在还上京途中,至野狐岭病死。归葬上京。子海陵王亮即位,追谥睿明皇帝,庙号德宗。世宗即位,削去庙号,改谥明肃皇帝。又削帝号,封皇伯、太师、辽王,谥忠烈。

完颜宗翰(1080—1137) 金宗室。撒改长子。女真名粘没喝,又译粘罕。早年参预拥立太祖阿骨打及对辽战争,随太祖取燕京(今北京)。太宗时对宋作战,为西路军统帅。天会四年(1126),与东路军统帅宗望会兵汴京(今河南开封)城下。次年四月,俘宋徽、钦二帝。迁移洛阳、襄阳、颍昌、汝、郑、均、房、唐、邓、陈、蔡之民于河北,另派娄室等人攻取陕西州郡。奉命南下,进兵东平,取徐州,袭宋高宗赵构于扬州。还朝,建策立太祖孙合剌(熙宗)为谙班勃极烈,受命为国论勃极烈,兼都元帅。熙宗即位,拜太保、尚书令,领三省事,封晋国王。病死。为开国功臣之一。

完颜宗浩(?—1207) 金皇族。完颜昂子。本名老,字师孟。世宗时,官至参知政事。承安三年(1198),佩金虎符,镇守泰州,破广吉剌(弘吉剌)、合底忻(哈答斤)、山只昆(散只兀)诸部,进军至移米河(今伊敏河)、呼歇水(今辉河)以北,以功拜枢密使,封荣国公。五年,进拜尚书右丞相,与完颜襄等建言修筑边壕。泰和七年(1207),兼都元帅,行省事于汴京;亲赴襄阳阅军,迫使南宋求和。九月,卒于军中。

完颜宗隽(?—1139) 金太祖子。本名讹鲁观。天会十四年(1136),为东京留守。天眷元年(1138)入朝,为尚书左丞相,加开府仪同三司,兼侍中,封陈王。与宗磐、挞懒结纳。次年,拜太保,领三省事,进封兖国王,以谋反罪被杀。

完颜宗峻(?—1124) 金太祖子。本名绳果。金初从都统完颜杲攻辽,领合札猛安,克中京,追袭辽帝,随下西京。天会元年(1123),与宗干拥立太宗。次年死。子熙宗即位后,追尊为景宣皇帝,庙号徽宗。

完颜宗敏(?—1150) 金太祖子。本名阿鲁补。天眷元年(1138),封邢王。皇统三年(1143),为东京留守,拜左副元帅,兼会宁牧。进拜都元帅,判大宗正事。九年,进太保,领三省事,兼左副元帅,领行台尚书省,封曹国王。海陵王立,被杀。

完颜宗磐(?—1139) 金太宗子。本名蒲鲁虎,又作蒲路虎。曾从都统完颜杲取辽中京。天会十年(1132),为国论忽鲁勃极烈。熙宗朝为尚书令,封宋国王,拜太师,与宗干、宗翰并领三省事。和宗隽、挞懒等相结,倡议将河南、陕西地还宋,迫宋称臣;又主保存女真旧俗,为宗干、希尹所抵制。后以谋反罪被杀。

完颜宗望(?—1127) 金太祖第二子。女真名斡鲁补,又译斡离不。金建国前,每从阿骨打征战,常在左右。天辅六年(1122),领兵追逐辽天祚帝,屡建军功。随太祖定燕京,为副都统。次年,领兵大败天祚帝军。天会三年(1125),受命自平州(今河北卢龙)攻宋,至三河县,破郭药师军于白河。次年正月,围困汴京城,迫宋上誓表称侄。八月,为右副元帅,再攻宋。十二月,与左副元帅宗翰灭宋。军还,病死。为开国功臣之一。

完颜宗贤 ❶(?—1150)金皇族。本名赛里。习不失之孙。太祖时,从都统完颜杲取辽中京,袭辽天祚帝于鸳鸯泺。累官至左副点检。太宗时一度夺官。熙宗时,授世袭谋克,转都点检,封豳国公,拜平章政事,进拜右丞相兼中书令,拜太保左丞相,进太师,领三省事,兼都元帅、监修国史,与海陵王同在相位。皇统九年十二月(1150年初)海陵王杀熙宗,同时被杀。❷金宗室。本名阿鲁。从太祖攻宁江州及临潢府。太宗时历官归德、武定、永定军节度使。天德初,袭谋克,封定国公,除忠顺军节度使,改曷懒路兵马都总管、广宁尹,封广平郡王,改崇义军节度使,兼领北京宗室事。大定初,世宗召见于辽阳。除同签大宗正事,封景国公,致仕。后起为婆速路兵马都总管,复致仕。

完泽 ❶(1246—1303)元蒙古土别燕氏。大将土薛之孙,右丞相线真子。早年侍太子真金,任燕王府僚、太子詹事。至元二十八年(1291)桑哥罢后,出任中书右丞相,停止钩考钱粮,蠲免积年拖欠的租税。成宗即位,仍任右丞相。大德四年(1300)加太傅、录军国重事。❷(?—1323)元畏兀儿人。叶仙鼐子。武宗时,任太子詹事。至大四年(1311)仁宗即位,任中书平章政事。后改任宣徽院使、知枢密院事、云南行省平章政事。英宗至治三年(1323)八月,与御史大夫铁失杀英宗于南坡(今内蒙古正蓝旗东)。泰定帝即位,任知枢密院事。次月,以谋逆罪被诛。

完泽笃皇帝 即“元成宗”。

完者忽都 高丽人,姓奇氏。初为元顺帝第二皇后,生皇太子爱猷识理达腊。至正十九年(1359),与皇太子策划内禅,未成。二十五年,被孛罗帖木儿矫旨幽执于诸色总管府,百日后还宫。孛罗帖木儿死,传旨扩廓帖木儿领兵拥皇太子入城,图谋胁迫顺帝禅位,不果。十二月,立为皇后。二十八年,明兵攻大都,随顺帝北走,不知所终。

完者帖木儿 元蒙古许慎氏。月赤察儿孙。幼任怯薛官。顺帝至元元年(1335),与右丞相伯颜捕杀左丞相唐其势及其党人。袭爵淇阳王,任御史大夫,加太傅。十月,被监察御史弹劾,流放于广海安置。

完者秃王 即“本雅失里”。

玩斋集 书名。元贡师泰撰。十卷,拾遗一卷。师泰平生著有《友迂》、《玩斋》、《东轩》、《蟆窍》、《闽南》等集,卒后其门人谢肃、刘中辑为一书,名曰《玩斋集》,久已散佚。明天顺间沈性重加搜辑编成是集,凡诗五卷,文五卷,又补逸一卷,附其年谱之类别为一卷。所载多为顺帝时事。通行清乾隆四十年(1775)南湖书塾刻本。

wǎn

宛顶 地名。在今云南德宏傣族景颇族自治州南部。清代属云南永晋府龙陵厅,地交缅甸界。

宛陵县 西汉置。治今安徽宣州市。为丹阳郡治。有铜官。两晋、南朝为宣城郡治,梁、陈并为南豫州治。隋大业初改为宣城县。

宛平县 辽开泰元年(1012)以幽都县改置。治今北京市城区西南隅。为南京道析津府治。金为大兴府治。元为大都路治。明、清为顺天府治。1914年废府留县。1913年移治卢沟桥,次年还治城内,1928年仍移治卢沟桥。1952年废。

宛濮 春秋卫邑。在今河南长垣县西南。《左传》僖公二十八年(前632):“甯武子与卫人盟于宛濮”,即此。

宛丘 丘阜名。在今河南淮阳县。春秋时,陈国都于此丘之侧。《诗·陈风·宛丘》:“宛丘之上兮。”《尔雅·释丘》:“丘上有丘,为宛丘。陈有宛丘。”北宋时尚高二丈,今无遗迹。

宛丘县 隋开皇初改项县置。因县南宛丘得名。治今河南淮阳县。历为陈州、淮阳郡、淮宁府治。明洪武初废入陈州。

宛署杂记 书名。明沈榜编著。二十卷。榜,湖广临湘(今属湖南)人。万历时任顺天宛平(今北京城西南)知县。据府中档册文件,兼采掌故时事,编成此书。记载明代北京社会经济、政治制度和风俗掌故资料。万历二十一年(1593)初刻。今有1961年北京出版社和1980年北京古籍出版社印本。

宛唐 地名。也作宛塘。《通典》误作死虎。在今安徽寿县东南。《资治通鉴》:南朝宋泰始二年(466),“殷琰将刘顺、柳伦、皇甫道烈、庞天生等马步八千人东据宛唐”,以拒刘勔。即此。

宛塘 即“宛唐”。

宛田 古代算学术语。又称丘田。多认为是球冠形,如图。《九章算术·方田》宛田术给出其面积公式为$\frac{1}{4}$(周×径)。刘徽注谓“此术不验”,而是圆锥体的侧面积。然可视为近似公式。亦有人认为是平面优扇形,而刘徽所论不当。

宛王 金代封爵。大国一字王号。完颜永升由曹王改封。

宛温县 西汉元鼎二年(前115)置。治今云南砚山县北、清水江西岸。属牂牁郡。三国蜀后主建兴三年(225),为兴古郡治所。东晋桓温改名宛暖县。

挽词汇编 书名。清末龚尚毅、郭兆芳编。三卷。集录李鸿章、严复、俞樾、刘坤一、陈宝箴、王先谦等人悼郭嵩焘的挽词而成。分诔辞、挽诗、祭文、挽联及补逸等类。对郭嵩焘生平行事,如随同李鸿章办洋务、处置中外交涉等事,多有记述揄扬。有光绪十九年(1893)养知书屋刊本。

挽河之议 明崇祯初总河尚书刘荣嗣所提引河通漕方案。时骆马湖(在今江苏)一带运河溃淤,荣嗣遂创议自南直隶宿迁(今属江苏)至徐州(今属江苏)别凿新河,分黄河之水注之,以通漕运。后因所开新河多沿黄河故道,沙易淤积,而骆马湖运道时或可通,荣嗣遂遭劾瘐死。其后骆马湖复阻,舟行新河,人思其功。

挽郎 执事于皇帝、皇后等丧礼之仪仗队员。又称挽僮。晋制,帝后出殡,选公卿以下六品子弟为挽郎,牵行灵柩唱挽歌。南朝宋陈、北魏、唐、宋置,均选品官子弟担任,为入仕途径之一。南朝宋制,选六品以上子弟为之,人数自二十至六十不等。北魏制,被选挽郎后,可除奉朝请或将军府参军等官。唐代亦选五、六品以上子弟。宋代诸帝陵墓置,与斋郎出身同,许于南曹投状铨选注官。

挽路 即栈道。唐开元二十九年(741),陕郡太守李齐物开三门运渠,并于两边夹山的岩壁上凿栈道,窄长七十米。漕运船至此须挽绳引舟,故称挽路。

晚朝 即"午朝"。

晚晴园 新加坡华侨张永福家别墅。清光绪三十一年(1905)后,孙中山多次下榻是园,并在此亲建新加坡同盟会分会,遂成为革命机关。现重修,辟为纪念地,改称"孙逸仙别墅"。

晚唐 唐诗分期名称。元、明、清学者为唐诗分期,有始于元和初、大和初或开成初等说。亦有将五代列入晚唐时期者。用于划分唐代历史,时限亦无定论。参见"四唐"。

婉容 内官名。北宋大中祥符六年(1013)置,位在昭仪之上。

婉仪 内官名。北魏始置。唐开元中置,为六仪之一,位顺仪下,芳仪上,员一人,正二品。宋代属嫔,位顺容下,为正二品内命妇。

婉约派 宋词主要流派名。此派上承晚唐五代绮丽词风,多写男女艳情、离愁别绪、个人遭际;形式上讲求音律,遣词造意宛转曲折,含蓄蕴藉。宋代词人多属此派,而风格各异:或清疏峻洁,或和婉明丽,或清新凄怨,或典丽精工,或密实验涩,未可一概而论。其代表作家,北宋有晏殊、欧阳修、柳永、秦观、李清照、周邦彦,南宋有姜夔、吴文英等。此派历来影响极大,前人论词,每奉为正宗。参见"豪放派"。

绾曹郎中 又名都绾曹郎中。官名。新疆吐鲁番文书所见麴氏高昌政务部门之实际长官。由宗室、外戚充任,相当于中原各朝尚书左右仆射或尚书左右丞。名为郎中是受北凉时置官限丞郎以下惯例之限制。

琬 夏桀宠爱之美女。参见"岷山"。

皖 安徽省的简称。因安徽省旧治安庆系春秋皖国地,后境内又有皖县、皖山(天柱山)、皖水等而得名。

皖变始末记 书名。清末尹郎编纂。汇集与徐锡麟案有关的报章资料而成。分图照、奏稿、事实、供词、舆论、闲评、词林、函件八目,并附《研讯徐锡麟情形》、《时报 · 徐锡麟论》等件。光绪三十三年(1907)九月由新小说社刊行。

皖口 又名南皖口。今安徽怀宁县东北山口,当皖河入长江之口。为长江沿岸军事要地。《资治通鉴》:三国吴嘉禾六年(237)诸葛恪率兵屯庐江皖口;南朝陈永定三年(559)遣镇北将军徐度将兵城南皖口,皆指此。宋置皖口镇,后亦名山口镇。

皖南古矿冶遗址 古代重要矿冶遗址。1984年发现于安徽南部繁昌、南陵、铜陵、贵池、青阳等地。据调查和发掘,其时代上起西周晚期,下迄北宋。遗址分布面积达 2 000 平方公里。已清理的铜陵金牛洞西汉矿井,系露采后再坑采;南陵小破头山六朝采场,系浅地层群井式采法。冶炼遗址以南陵江木冲、冷水冲,铜陵万迎山、木鱼山时代最早,可溯至西周晚期。江木冲遗址达 1.5 平方公里,发现了大量炼渣、烧土和炼炉残壁,还有少量冰铜锭。

皖南军务纪略 书名。清陈钟秀撰。不分卷。是书按年月记录咸丰三年(1853)至同治三年(1864)清军与太平军在安徽作战概况。末附"匹夫从戎事实",述作者咸丰三年至鄱阳投清军,被太平军战败后,回安徽乡里举办团练,继续与太平天国作战的经历。所记多作者亲所见闻,其中有关安庆、太平、休宁、宁国诸城争夺得失过程,叙述尤清楚,而对清军内部军纪腐败、指挥无能以及太平军骁勇善战之情,亦有所披露。有光绪二年(1876)刊本。

皖派 清代经学派别之一。始于江永,成于戴震。因江、戴二人均为皖南人,故名。为学不拘泥于汉儒经说,以考据详博、别择谨严见长,且多出已见,尤精于音韵、文字、训诂之学。以断制精审为乾嘉学者所推重。提出"志乎闻道"的为学宗旨,主张寓义理于考证,于儒家经典的训诂中讲求义理。戴震所撰《孟子字义疏证》、《原善》等为其代表著作。在清代学术史上占有重要地位。段玉裁、王念孙及其子王引之等亦宗此派。

皖樵纪实 书名。清储枝芙撰。上下卷。咸丰三年(1853)太平军进入安徽,作者居乡里组织团练与太平军对抗。本书内容大都为作者亲自见闻。上卷记咸丰三年太平军进入安徽起至十年退出潜山止,曾附载于《潜山守御志》中;下卷续记至同治七年(1868)捻军退出安徽止。体例如日记,所记太平天国在安徽实施乡官、考试、赋税等制度情况颇详。有光绪十四年(1888)刊本。

皖省褒忠录 书名。清王茂荫辑。不分卷。是书前载王氏与方濬颐等皖籍官员向清廷奏请赐恤因对抗太平军而死的皖省官兵的原折,及清廷有关议恤上谕、公启、恤典和旌恤条例。后录咸丰九年(1859)奏报的皖省各府州县死亡人员名单、死者身份,间附死事简况。

皖县 西汉置。治今安徽潜山县。属庐江郡。东汉末为庐江郡治。西晋永嘉末废。

皖中发(髮)匪纪略 书名。清李应珏撰。按地区汇辑清军与太平军在安徽军事斗争始末。有光绪年间刻本。

碗口筒 即碗口铳。管形火器。为一种形体显得粗短的中型火铳,因铳口部分形似大碗而得名。明洪武年间用铜铸造。铳身由大碗形口部、前膛、药室和尾銎四部分构成。发射大石弹。主要用于水上作战。现出土的此类火铳有几口,藏于中国革命军事博物馆的一口铸于洪武五年(1372),通长 36.5 厘米,口径 11 厘米,镌刻有"水军左卫,进字四十二号,大碗口筒,重二十六斤,洪武五年十二月吉日,宝源局造"等铭文。

碗子城 在今河南沁阳市北太行山中。山势险峻,为羊肠道所经,处南北要隘。《续资治通鉴》:元至正十八年(1358),红巾军进攻山西,察罕特穆尔自河东进屯泽州,“塞碗子城”,即此。明初大军攻山西,自碗子城北出,破泽、潞诸州。

wàn

万安(? —1489) 明四川眉州(今眉山)人,字循吉。正统进士。历官编修、礼部左侍郎。成化五年(1469)因附宦官入阁,疏于学术,惟谄事万贵妃、结诸阉以固其位。七年,宪宗召见大臣,议事未毕,乃首呼万岁,召见遂毕,得“万岁内阁”之讥。后屡阻欲见帝者。十四年居首辅,排挤北籍官吏。十八年见汪直宠衰,疏奏罢西厂。孝宗立,遭劾,惶遽致仕。

万安规运提点所 见“寿福总管府”。

万安军 北宋熙宁七年(1074)改万安州置。治万宁县(今万宁市北,南宋绍兴中改名万安县,移今万宁市治)。辖境相当今海南万宁、陵水、琼海等市、县地。属广南西路。大观后割今琼海市地属琼州。元属湖广行省海北海南道宣慰司。明洪武初改置万州。

万安桥 见“洛阳桥”。

万安县 唐贞观五年(631)置。治今海南万宁市北。五代南汉改名万宁县,南宋复旧,移治今市(万城)。明正统四年(1439)省入万州。历为万安州、万安军、万州治。

万安营缮司 官署名。元天历三年(1330)置,掌万安寺营建修缮。秩正五品,隶寿福总管府,置达鲁花赤、司令、大使、副使各一员。

万安苑 官署名。明永乐五年(1407),置北京苑马寺六监二十四苑,万安苑属卢龙监。掌牧养马匹,以备军需。苑设圉长一人,从九品,下分各群,设群长。十八年并入太仆寺。

万安州 唐龙朔二年(662)置。治万安县(今海南万宁县北,宋移治今县)。开元九年(721)移治陵水县(今县东北)。贞元元年(785)复还治万安县。辖境相当今海南万宁、陵水、琼中三市县和保亭县部分地区。宋属广南西路,熙宁七年(1074)改置万安军。

万宝常(约556—约595) 隋人。幼随父万大通归北齐。因父图返江南,事泄被诛,故坐配乐户。妙达音律,善奏多种乐器。开皇初,郑译等定乐,召为参议,所言多不用。他以自制水尺为律,调整并制造乐器,撰《乐谱》六十四卷,具论八音旋相为宫之法,改弦移柱之变,为八十四调,一百四十四律。然其成就为权贵所排毁,终身潦倒,贫病饿死。死时自焚生平著作。

万表(1498—1556) 明安徽定远人,字民望,号鹿园。世袭宁波卫指挥佥事。正德武进士,任都指挥,督全浙粮道。嘉靖十三年(1534)抗倭于苏州娄门,获胜。官至南京中军都督府都督佥事。善文,以督漕经验撰《海寇议》,另著有《万氏家抄济世良方》、《玩鹿亭稿》等。

万病回春 书名。明龚廷贤撰。成书于万历十五年(1587)。八卷。该书理论以《内经》、《难经》为本,临床以金元四家及历代名家论述为准,参以己见,编纂而成。卷一首以“万金一统述”为题,论述天地人、阴阳五行、脏腑功能、主病脉症等基础理论问题,次载药性歌、诸病主药、形体、脏腑、经络等总论;卷二至卷八分论内、外、妇、儿、五官各科病证,后附医案及“云林暇笔”、“龚氏家训”。共载一百八十六种病证,所述病证脉图证治俱备,辨证详明,论治精辟,选方得当。是一部较有价值的综合性医书。有万历三十年重刊本、清康熙元年(1662)等刊本。

万部华严经塔 辽、金砖塔。在今内蒙古呼和浩特市白塔村西南。相传建于辽圣宗时,金世宗大定二年(1162)重修。塔为楼阁式,平面八角形,每边6.05米,高七层,约为43米。每层设腰檐平座,塑天王、力士、菩萨等像,姿态优美,衣纹流畅。各斗栱、柱枋、门窗、飞檐,均按木结构用砖砍磨雕制,规整精致。塔内保存金、元以来游人题记百余处,包括契丹、女真、畏兀儿、蒙、藏等民族文字和古叙利亚、古波斯等外国文字。现为全国重点文物保护单位。

万承州 唐置。治今广西大新县东北。属邕州羁縻。元属太平路。明属太平府。辖境相当今大新县东北地区。1929年改置万承县。1951年与养利、雷平二县合并,改置大新县。

万城堤 清代长江中游北岸的一段堤防。从湖北江陵城西北的万城到江陵(今荆州)、监利两县交界的拖茆埠,全长约126公里。清初,该地区的北岸地面比汛期水位已低数米之多,是防汛重点堤段。乾隆五十三年(1788),江陵城西南堤防决口二十二处,洪水入城,损失惨重。高宗拨银二百万两进行救灾和修堤,旋又制定严格的堤防修守制度,从此该堤段倍受重视。万城堤之名也始于此时。1918年改称荆江大堤。

万春 地名。北周属龙门县,在今山西河津市东北。为与北齐分界处。据《周书·韦孝宽传》,建德四年(575),孝宽向武帝陈平齐三策。其第二策云:“若国家更为后图,未即大举,宜与陈人分其兵势。三鸦以北,万春以南,广事屯田,预为贮积。”即此。唐武德五年(622)分龙门县置万春县,贞观十七年(643)又并入龙门县。

万春宫 在今河北永年县东南旧永年。《旧唐书·窦建德传》:唐武德二年(619),窦建德攻陷洺州,“迁都于洺州,号万春宫”,即此。

万大洪告示 天地会文献之一。发布于清咸丰二年(1852)。文前署名“太平天国总理军机大元帅万大洪”,后署“天德二年”,可知出于天地会之手。文中斥责清朝“天下贪官,甚于强盗,衙门污吏,何异虎狼”;指出“民之财尽矣,民之苦极矣”,要“将各府州县之贼官狼吏,尽行除灭,救民于水火之中”,号召“富厚者预备粮食,以助吾之兵饷”,“有勇力者,同心竭力,共兴义举”。

万弹地雷炮 地雷类火器。多用于明代。以大坛一个,盛满炸药,坛口用土填紧,中间凿一眼,以装药线,埋于敌人出没之处。掘地丈余,埋下,将竹竿作为药路引出,连于曳索、绊索、钢轮发火装置,或连于火种机关,再在地上堆放鹅卵石,用泥土盖平。敌如触绊其机,则坛炸,乱石冲天,杀伤力极大。

万度归 北魏人。太武帝时为散骑常侍、成周公。太平真君六年(445),为沟通西域,被遣率凉州轻骑五千西渡流沙,至鄯善(今新疆若羌)。时鄯善人众布野,乃严令吏卒不得侵掠。鄯善王真达面缚出降,遂留军屯守,与真达同诣平城。后又击破焉耆、龟兹等国,西域复通。所获奇宝珍物亿万以上,驼马等无数,国库为之盈积。

万佛堂石窟 石窟名。在今辽宁义县西北9公里万佛堂村南、大凌河北岸悬崖上。分东、西两区。西区共九窟,建于北魏太和二十三年(499),分上下两层。第五窟内有《平东将军营州刺史元景造像碑》。东区共七窟,景明三年(502)韩贞等七十四人开凿。在第五窟门楣上刻有《韩贞造像题记》。现石窟内造像风化严重。遗存的碑刻、题记,是研究辽宁地方历史的宝贵资料。元景碑书法,后世赞誉颇高。

万佛峡 即"榆林窟"。

万福华(1865—1920) 安徽合肥人,字绍武。教员。早年倾向维新。清光绪三十年(1904)夏与吴旸谷等在南京组织暗杀团,谋刺铁良未果。是年冬在上海谋刺出卖国家利权、联法联俄的前广西巡抚王之春,未中,被捕系狱。1912年获释。次年至北京。1914年曾极论帝制之害。后避居边远地区。1916年袁世凯死后,被黎元洪召至北京,主张兴办实业。后病死。

万恭(1515—1591) 明江西南昌人,字肃卿,号两溪。嘉靖进士。任南京文选主事,历光禄寺少卿、大理寺少卿。嘉靖四十二年(1563),以兵部右侍郎兼佥都御史巡抚山西,授民农耕、水车诸法。隆庆六年(1572)总理河道,于邳县(今江苏邳州)至宿迁筑长堤拦河,又于高邮、宝应筑水闸导洪,河患减除。万历二年(1574)受劾罢官。卒于家。

万贵妃(1430—1487) 明山东诸城人。四岁入宫。天顺时选侍东宫,成化二年(1466)封贵妃。年长宪宗几二十岁。然性机警,有权谋,深得宠爱。凡后妃有孕,皆逼使坠胎,以固己宠。又纵任太监钱能、汪直等苛敛民财,倾竭府库之藏。后暴病死。

万国公报 ❶杂志名。初名《教会新报》。清同治七年七月十九日(1868.9.5)由美国传教士林乐知创办于上海。中文周刊。专事宗教宣传。十三年七月二十五日第三峣一卷起更名《万国公报》。改以时事为主的综合性刊物。至光绪九年六月二十五日(1883.7.28)第七五峣卷停刊。十五年正月一日复刊,改月刊,册次重起,始为同文书会(后改称广学会)机关报,仍由林乐知主编,多载时事论文及中外重大政治法令,传播西方宗教和文化。该刊宣传"西学",对维新变法有很大影响。三十三年底终刊。❷报刊名。光绪二十一年六月二十七日(1895.8.17)康有为在北京创办一种报道中外政治新闻的两日刊。出至四十五号,因与广学会《万国公报》同名乃改称《中外纪闻》。

万国近政考略 书名。清末邹弢编辑。十六卷。应洋务之需,分《天文考》、《地舆考》、《沿革考》、《风俗考》、《军政考》、《教派考》、《杂考》七类,分别介绍近代世界主要国家有关情况。其中于政治制度沿革尤加重视。末卷为《列国编年纪要》,略记世界各国大事,起《旧约·创世记》所谓公元前4963年"上帝造人",讫1890年。有光绪二十八年(1902)上海书局石印本。

万国俊 唐河南洛阳人。性谲异险诈。垂拱后,为司刑评事。与来俊臣等共撰《罗织经》,教其徒网罗无辜,织成反状。天授二年(691),任右台监察御史。常与来俊臣同审判案狱,专以屠戮李氏宗枝及朝贵为事。长寿二年(693),往广州审判岭南流人,滥杀三百余人,诈为反状还奏,并请早诛诸道流人怨望谋反者。擢授朝散大夫、肃政台侍御史。武则天遂遣刘光业、王德寿等分往剑南、黔中、安南诸道,残杀流人。后则天知冤滥,下制放免六道流人家属。他与刘光业等相继死或得罪流窜。

万国历(歷)史 书名。章节体世界通史。清末作新社编译。三卷。分古代、中世、近世三期,叙十九世纪前世界各国历史。记事简扼,注重各时代民智程度、地理物产、工商业、道德风俗、宗教美术、政治变迁及伟人业绩考察,旨在明历史进化轨迹。并揭露近代西方列强在东方的侵略扩张,赞扬日本变法自强,对其时中国国势日蹙深表担忧。印行于光绪二十八年(1902),曾被清朝学部列为教科书。

万国商业月报 杂志名。清光绪三十四年(1908)三月在上海创刊。月刊。以宣传介绍西方各国工商业情况为主旨。每期刊有商务、实业、财政、路矿、航业、农务论说与纪闻,以及新机器、新艺术(工艺)的发明创造,并逐月刊载上海市价、股票、金属市价一览表。

万国社会党大会略史 篇名。近人宋教仁译编。凡《叙论》、《万国社会党之起原》、《第一回巴黎万国社会党大会》等八节。述第一国际第一至第五次代表大会、第二国际第一至第六次代表大会概况。介绍了马克思及其学说,以及与无政府主义等各派别的斗争。从日本《社会主义研究》杂志中译出,略有修改。初刊于《民报》。收入《宋教仁集》。

万国史纲 书名。日本元良勇次郎、家永丰吉著,清末邵希雍译。七章。分上古史(公元476年以前的古代东方、希腊、罗马史),中古史(476年西罗马覆亡至十五世纪末),近代史(十五世纪末至十九世纪末)三个时期。于自古至近的世界政治变迁、文化演进、宗教改革、资产阶级革命等均有记述。有光绪二十九年(1903)排印本。

万国史记 书名。日本冈本监辅编著。二十卷。书成于1879年(日本明治十二年)。据当时中、日有关世界史的译著数十种,摘其要者,复参以见闻,用汉文编成。仿照西方史书体例,分洲编纂。每洲首冠总说,后分记洲内各国历史和典章、制度、人口、地理、文化、宗教、人情、风俗等。所叙以亚、欧两洲为详,而尤侧重日、中两国。作者强调史学之作用在励人才、劝风俗,其史论注重推究列国政治利弊和国家兴亡原因。该书在中国曾广为流传，对当时中国史学产生过影响。

万国史略 书名。章节体世界通史。清末作新社编译。四卷。分上古、中古、近世、现世四期，记古代至十九世纪末以西方为主的世界各国政治、军事、宗教、文化诸重大史事。极简略，类似大事记。印行于光绪二十八年底(1903年初)。

万国通史 书名。英国李思(J. L. Rees)与清末蔡尔康、徐荩臣、曹曾涵译。前编十卷，续编十卷，三编十卷。前编述太古迄希腊、罗马历史，为李思译，蔡氏笔述。续编叙英、法两国历史，李思译，徐氏笔述，曹氏润色。三编记德、俄两国历史，李思译，曹氏笔述。有光绪末年广学会印本。

万汗 即"王台"。

万户 ❶明人。据记曾将座椅装上四十七枚巨大焰花式火箭，将自己捆在椅上，两手各持一大风筝，让人点燃火箭，企图飞行。一说其名不详，万户为其官职。是世界上第一个企图利用火箭作飞行的人。❷官名。(1)金太祖时，对"材堪统众"的军官授以万户官职，统领猛安、谋克，隶属于都统，子孙世袭。海陵王天德三年(1151)充枢密院统军，下诏罢废万户官职，后不复设。(2)蒙古成吉思汗建国封授右、左、中三万户，分领所属军民。蒙古语作土绵。元代承袭，成为军制。中枢及外路均设万户，子孙世袭。设万户府统千户所，置万户一员。(3)明初置万户府，设万户，正四品。旋废，改置指挥使及千户等官，仅在西番(今西藏地区)设沙尔河、乃竹、罗思端、别思麻四万户府，以少数民族首领为万户。

万户府 官署名。蒙古成吉思汗建国，封右、中、左三万户，分领属下军民。元代分设于中枢及各路，置官万户，开府治事，统属下千户。明初沿设，置官正万户，正四品，副万户，从四品。后以名不称实而罢。然于西番(今西藏地区)设置沙儿可、乃竹、罗思端、别思麻四万户府，以当地少数民族首领统之。

万户谷 在今湖北秭归县西。南宋嘉熙三年(1239)，蒙古达海入蜀，孟拱分兵屯据要害，为夔州声援，增兵守归州隘口万户谷，即此。

万户侯 爵名。即食邑万户的列侯。战国秦、赵等国均置，食邑万户。汉初沿袭秦制，最高爵为列侯，其食邑"大侯不过万家，小者五六百户"。四五世后，户口蕃息，大侯有至四、五万户者。

万户酒 宋时官府为确保榷酒收入，许民自酿，将原来向坊场征收的酒课额，按地亩均摊税户承担，称为万户酒。

万火飞砂神炮 投抛弥漫烟毒性火器。多用于明代。据载，用烧酒炒制诸药，如矿砂、石灰末、皂角等，亦可内装细砂、铁砂、铁蒺藜等，盛于磁罐，中有木分，引信于外，暗藏发药，掷于城下，火发罐破，烟飞迷障，或迷，或毒，或以伤敌。

万金渠 在今河北临漳县南境。本东魏天平渠。咸亨三年(672)复开。《新唐书·地理志》相州尧城县(今河南安阳市东)：北四十五里有万金渠，引漳水入故齐都领渠以溉田。

万金堰 水堰名。在唐河北道赵州柏乡(今属河北)西。开元时，县令王佐浚筑，以疏积潦。

万经(1659—1741) 清浙江鄞县人，字授一，号九沙。康熙进士。由庶吉士授编修。曾充山西乡试副考官、提督贵州学政。乾隆初，荐举博学鸿儒科，不就。少入证人书院，从黄宗羲学，长受家学，后师事阎若璩。曾继其父万斯大增补《礼记集解》，续纂《春秋》，继兄万言续纂《尚书说》、《明史举要》。著有《分隶偶存》。

万燝(？—1624) 明江西南昌人，字闇夫。少好学，砥砺名行。万历进士。授刑部主事，天启初，调任工部主事，迁虞衡员外郎，司鼓铸，疏请拨内府废铜助庆陵工程，忤魏忠贤意，假中旨诘责。旋进屯田郎中，督陵务。时忠贤肆虐，廷臣交章弹劾，皆严旨斥责。他抗疏极论忠贤罪。忠贤大怒，矫旨廷杖，斥为民。复命群阉至其家痛打，伤重而死。

万里长城 秦汉后对秦始皇时所建长城的俗称。见"长城"。

万里长沙 明代以后典籍中中国南海诸岛中一些岛屿的名称。见明黄衷《海语》、张燮《东西洋考》，清魏源《海国图志》等。

万里桥 ❶在今四川成都市南锦江上。三国蜀汉费祎使吴，诸葛亮于此设宴送别，祎称"万里之行始于此"，桥因以名。唐玄宗入蜀时曾至此。杜甫草堂在其西，故其诗中有"万里桥西一草堂"句。❷在今广西兴安县东北漓江上。唐李勃建。

万里沙 在今山东莱州市东北。夹万岁河，两岸皆沙，长三百里。《汉书·郊祀志》：武帝元封元年(前110)，"是岁旱，天子既出亡名，乃祷万里沙"，即此。

万里石塘 宋代以后典籍中中国南海诸岛中一些岛屿的名称。见南宋王象之《舆地纪胜》引《琼管志》、祝穆《方舆胜览》、赵汝适《诸蕃志》(作"万里石床")，元汪大渊《岛夷志略》、《元史·史弼传》，明正德《琼台志》、黄衷《海语》、张燮《东西洋考》，清屈大钧《广东新语》等。

万历(曆) 明神宗年号(1573—1620)。凡四十八年。

万历(曆)邸抄 书名。不著撰人。明抄本共三十二册。北京图书馆藏抄本十八册。录万历元年(1573)至十一年，二十年至二十一年，三十三年至三十五年，四十四年至四十五年之邸抄。每年择要酌抄数条，眉间有明人朱笔点勘。凡万历一朝大事，均详载之。史料价值极高。现有1969年台湾影印本。

万历(曆)三大征 明万历年间三次大的军事行动。即宁夏之役、朝鲜之役、播州之役。为此三役，朝廷调集全国各地军队，耗费大量人力物力，用银共达一千一百多万两，成为明后期国库空虚、财政拮据的重要原因。

万历(曆)三大征考 书名。明茅瑞征著。一册。记万历二十年(1592)至二十八年三次用兵经过。(1)二十年以哱拜为首之边镇兵叛，勾结俺答，据宁夏拥众作乱，经数月始平定。(2)派兵援助朝鲜抵抗日本丰臣秀吉之侵,先后历时七年,日本撤兵。(3)二十六年平定播州宣慰司杨应龙起兵。取材于案牍抄稿,杂以见闻,记事翔实,行文朴茂无饰而有条理。书末附有《宁夏总图》、《日本总图》、《播州总图》三幅。有1934年燕京大学据明抄排印本。

万历(曆)疏抄 书名。明吴亮辑。十二卷。亮字严所,号采于,常州武进(今属江苏)人。万历进士,官至大理寺少卿。是书载万历朝内外臣工奏疏,始于隆庆六年(1572)神宗即位,止于万历三十六年(1608),分圣治、圣德、国本、政本、纲常、国是、臣道、民瘼、史职、言路、省亲、台宪、时务十三类。书前有万历三十七年钱一本、顾宪成等序及编者自序。有万历万宝刊本,流传极少。

万历(曆)通宝 明万历朝铸行之铜币。万历四年(1576)始铸。有*金背、火漆钱,每文重一钱二分五厘,*鏇边钱,每文重一钱三分。初定金背八百文,火漆、鏇边各一千文抵白银一两,后因钱价增高,金背五百文即抵银一两。后命南北宝源局拓地增炉铸钱,南钱轻薄,价低北钱三之一。

万历(曆)武功录 书名。明瞿九思编。十四卷。记述万历初年至中期镇压各地农民起义,以及少数民族与明廷之间关系,共计一百七十六篇,按地区编次。绝大部分记东北、西北、西南各族,其余则记内地民间秘密结社及贫苦农民、矿工、盐贩、叛兵等斗争事迹。成书于万历四十年(1612)。清列入禁毁书目,海内仅存孤本,1962年中华书局影印出版。

万历(曆)野获编 书名。简称《野获编》。明沈德符撰。初成二十卷,续成《续编》十二卷。上记朝廷典章制度、治乱得失,下及风土人情、遗闻轶事,内容博洽详实。原未分类,清康熙间桐乡钱枋(字尔载)苦其难以查考,重予排纂,分为三十卷,四十八门。沈氏后人又搜集散佚二百三十余条,编成《补遗》四卷(始作八卷)附后,遂为定本。今有1959年中华书局《元明史料笔记丛刊》本。

万历(曆)云南通志 书名。明李元阳纂修。十七卷。元阳曾官监察御史。晚岁受巡抚邹应龙委托纂修省志,以明《正德云南志》为底本重加编次,地理、列传、艺文仍旧志,并补后六十年事;增建设、赋役、兵食、学校等类,总分十二志,五十八目,取材矜审,其中《地理志》与《羁縻志》考述尤详。《内阁书目》、《千顷堂书目》、《明史·艺文志》均著录。惟清代几次修滇志,无见之者。天津任氏藏旧本,载《任氏方志书目》,经北京图书馆晒蓝二份,1934年据以排印。

万密斋医学全书 医学丛书。又名《万密斋医书十种》。明万全撰。刊于嘉靖二十八年(1549)。一百零八卷。收录十种医书,为万家历代行医的诊疗经验。包括《保命歌括》、《伤寒摘锦》、《养生四要》、《万氏女科》、《幼科发挥》、《片玉新书》、《育婴秘诀》、《痘疹心法》、《片玉痘疹》、《广嗣纪要》。万氏尤擅儿科,故《幼科发挥》对后世影响较大。现存康熙五十一年(1712)视履斋刊本,雍正二年(1724)胡略刊本。

万木草堂 学校名。清光绪十七年(1891)康有为在广州长兴里创办。后迁卫边街邝氏祠,再迁广府学宫仰高祠。有为自任总教授、总监督,以《长兴学记》为学规。以康著《新学伪经考》、《孔子改制考》为讲学主要内容。讲解中国数千年之学术源流、历史政治沿革得失和西方哲学、社会学、政治原理,探求救中国之法,倡言托古改制,造就维新人才。学生二十名,嗣增至百余名。设有图书室、仪器室,注重体育、音乐。二十年被迫解散,后又有讲学活动。

万木草堂丛书目录 书名。张伯桢编。一册。录康有为所著书一百三十七种,分经、史、子、集四类。计经部十八种,史部六十二种,子部二十二种,集部二十六种,复列康氏所辑他人之文,与四部补目,为研究康氏思想之重要参考资料。

万年宫 见“九成宫”。

万年宫铭 唐碑刻。今存陕西麟游。永徽五年(654)刻。高宗撰并书。二十六行,行三十七至四十二字不等。篆额“万年宫铭”。万年宫即九成宫,亦即隋仁寿宫。碑文已模糊不清,碑阴自长孙无忌始,刻从臣题名凡四十八人,亦可观。碑空处有宋熙宁戊申(元年,1068)王竦题名。

万年吉地 旧指皇帝生前选定的陵寝所在地。

万年历(曆) 古历名。(1)旧称预推未来若干年的历书,一称永年历。《汉书·王莽传》:“乃令太史推三万六千岁历纪,六岁一改元,布天下。”为万年历的起源。《新唐书·艺文志·历算类》著录王勃《千岁历》,已佚。《宋史·艺文志》著录《万年历》,不知作者。直到清代,还编有《康熙永年历》,光绪还有《万年书》(为避清高宗讳,将“历”字改为“书”字)。(2)元世祖忽必烈所颁布的历法。忽必烈在潜邸时,回回天文学家札马鲁丁应聘前往,至元四年(1267),撰成此历进呈,在部分地区推行。十八年,郭守敬等制订的《授时历》在全国实行,此历渐被代替,元末已失传。

万年桥 明代石桥。(1)在今江西分宜县。明嘉靖三十五年(1556)少师严嵩出资白银万两创建,取名万年。桥跨秀江,长约400米,宽约8米,两侧有石栏,共十一孔。(2)在今江西南城县。明崇祯七年(1634)副使吴麟瑞倡立,清顺治四年(1647)完工。桥跨盱江,长500米,共十九孔。

万年县 ❶西汉高帝十年(前197),葬太上皇于栎阳北原,号万年陵。因分置万年县以为奉陵邑,与栎阳县同城而治。在今陕西西安市东北武屯镇东。属内史。武帝时属左冯翊。东汉省栎阳入万年。西晋属京兆郡。北魏属冯翊郡。北周明帝二年(558)省入广阳县。隋复改广阳县为万年县,初属雍州,大业三年(607)属京兆郡,治今陕西西安市东北栎阳镇。唐武德元年(618)改为栎阳县。❷北周明帝二年分长安、霸城、山北三县别置万年县,与长安并治京城,在今陕西西安市西北汉故城。隋开皇三年(583)改万年为大兴,与长安同治新建都城大兴城(今西安市旧城一带)。唐武德元年复改为万年县。天宝七载(748)改名咸宁。乾元元年(758)复故名。

五代梁改名大年县，唐复名万年县。北宋宣和七年(1125)改名樊川县。❸明正德七年(1512)分鄱阳、余干、乐平、贵溪四县地置，因县北万年山(峰)得名。治今江西万年县西南城厢镇。属饶州府。1961年移今治。❹清顺治十八年十二月(1662)，郑成功收复台湾设，以管辖台湾南部地区。治兴隆里(今高雄市北旧城)。属承天府。康熙三年(1664)，郑经升为万年州。

万年尹 官名。北魏延和元年(432)由代尹改名，后复旧。

万年州 清康熙三年(1664)台湾郑经升万年县置。二十二年郑克塽降清，州废。参见"万年县❹"。

万骑 匈奴军政单位、官名。匈奴自左、右贤王以下，直至左、右大当户、骨都侯，大者统领万余骑，小者统领数千骑，统称"万骑"，其长亦称"万骑"。下设有千长、百长、什长。匈奴前期，统领"万骑"者凡二十四长。

万骑将军 官名。北魏前期临时设置。

万全(约1496—1585) 明罗田(今属湖北)人，字密斋。以祖传儿科蜚声于时，治病全活甚多。在儿科理论上，受儿科医圣钱乙五脏辨证的影响，强调小儿肝常有余，脾常不足的病理特点，重视调理其脾胃。治疗小儿痘疹及急性、慢性惊风等证，经验尤富，并采用和提倡推拿诸法。著有《保命歌括》、《伤寒摘锦》、《内科要诀》、《幼科发挥》、《万氏女科》等。多为其祖传和个人临证实践的汇集。

万全都指挥使司 明宣德五年(1430)置。治宣府卫(今河北宣化县)。辖境相当今河北省内外长城间的赤城、怀来以西，怀安、阳原以东地区。位于京师门户居庸关外，为防卫京畿重地。在开平、兴和等卫所徙废之后，其地位尤为重要，分屯置军，倍于他镇。清初废。

万人敌 明末兵器。以火药、硝黄、毒物、丸弹填入空心泥团，再置于泥桶中，附以长引火线。守城时点燃引线，将桶吊下，或自城上抛下，以炸攻城之敌。

万人迷(1881—1926) 北京人，原名李佩亭，更名德锡。幼随父习相声，师事恩绪、徐有禄等，博采众长，艺事大进。擅长冷面滑稽，单口、对口、三人相声俱佳。与师弟张德泉合作，以改编演出《大审案》、《耍猴儿》等节目成名。风格冷隽，灵俏中见谐趣。时有"笑话大王"之称。后与马德禄、张寿臣合作，加工演出《老老年》、《对对子》、《哭当票》、《全德报》等，颇受欢迎。

万仞关 明万历二十二年(1594)所筑腾越八关之一。在今云南盈江县西北猛弄山上。

万僧 即"完颜永中"。

万善镇 即今河南沁阳市北万善村。《资治通鉴》：唐会昌三年(843)，"河阳节度使王茂元以步骑三千守万善"，即此。《元丰九域志》怀州河内县有万善镇。

万胜(？—1366) 元黄陂(今属湖北)人。明玉珍部将。初从明玉珍姓，称明二(一作明三)。至正十九年(1359)，引兵攻克成都，俘元四川行省平章郎革歹。二十二年明玉珍建大夏国，任司马，复姓名万胜。次年领兵攻云南，深入大理，不久引兵还。二十四年，领兵攻兴元城(今陕西汉中)，不克而还。二十五年，为右丞相。次年明玉珍死，在内讧中被杀。

万胜佛郎机 管形火器。明仿佛郎机形制制造，而略有变化，有母铳、子炮。母铳管长一尺六寸，上有照星、照门，管侧部有孔，旁安铁销，底至火门一寸六分；子炮长一尺七寸，可装药三钱、铅子一个重三钱，从孔锁住子炮。每个母铳有子炮三套九支，三人共用一炮，一人掌铳棍以作其架，一人瞄准以发射，一人装填弹药。战时将子炮依次装入母铳循环不断，可连续发射，平放可及二百余步。

万胜冈 在今江西宜春市东。《资治通鉴》：五代梁乾化四年(914)，吴袁州刺史刘崇景叛附于楚。吴将柴再用等进讨，破崇景于万胜冈，即此。

万胜镇 在今河南中牟县北万胜村。晚唐时为戍。《资治通鉴》：唐长庆二年(822)，"韩充败宣武兵于郭桥，斩首千余级，进军万胜"，即此。宋时为镇，见《元丰九域志》。时为沿汴重地，置有斗门，分泄汴河涨水且兼放淤之利。清初犹为开封城外围一个商业繁盛的集镇。后因时罹河患，渐见衰落。道光二十三年(1843)河决中牟九堡，万胜首当其冲，遂被黄水所毁。

万乘 元时杜万一(又名可用)年号(1280)。

万石 汉代官吏秩禄等级。凡丞相、太师、太保等皆为万石，实得月俸三百五十斛，一岁四千二百斛。发放时往往折合为钱，或钱谷兼发。

万石君 见"石奋"。

万士和(1516—1586) 明常州宜兴(今属江苏)人，字思节，号履庵。嘉靖进士。历任山东按察使、广东布政使。隆庆中以礼部左侍郎请病归。万历元年(1573)官至礼部尚书。后忤张居正，三年遭劾，谢病归。著有《履庵集》，编有《二妙集》等。

万氏尸逐鞮单于(？—124) 东汉时南匈奴单于。名檀。胡邪尸逐侯鞮单于之子。永元十年(98)亭独尸逐侯鞮单于死后，继单于位。连年兴兵击北匈奴。北单于困迫，遣使向东汉王朝贡献，请求和亲。永初三年(109)，乘关中水涝，起兵反汉。次年，为西域校尉行度辽将军梁慬与辽东太守耿夔所破，遣使乞降，归还所抄掠及转卖匈奴的汉民男女合万余人。东汉王朝待之如初。立二十七年死。

万寿节 旧指皇帝的诞辰。亦作万寿圣节。《册府元龟·帝王》："后唐庄宗以光启元年十月癸亥生于晋阳宫……同光元年十月壬辰万寿节，百官齐会于开封府。"《二刻拍案惊奇》卷四："时值万寿圣节将近，两司里头例该一人赍表进京朝贺。"清昭梿《啸亭续录·万寿节》："本朝万寿节，王公大臣、文武职官等，咸蟒袍补服，于黎明时排班圆明园之正大光明殿前。"每逢万寿节，例有宴仪，称万寿宴。清制，定于太和殿举行，与宴者有内外王公、文武百官及外国贡使等。时，皇太后寿宴亦称万寿宴。

万寿盛典初集 书名。清王原祁、李绂等奉敕纂修。一百二十卷。清圣祖六十寿辰活动的专集。分宸藻、圣德、典礼、恩赉、庆祝、歌颂六门,刊载圣祖的诗文,以及文武百官的歌功颂德之作,记述朝贺礼仪和圣祖的各种赏赉。书中另用图画表现庆贺活动的场面,从中可见当时北京城的风貌。有康熙五十六年(1717)养心殿刊本及刻本。

万寿宴 见"万寿节"。

万树(1625—1688) 清江苏宜兴人,字红友、花农,号山翁。顺治国子监生。康熙时曾作幕宾于广东。精于音律,编有《词律》二十卷。又擅传奇,作有《空青石》、《念八翻》等杂剧、传奇二十多种。

万爽 官名。南诏置,主财用。以清平官、酋望、大军将兼。

万斯大(1633—1683) 明末清初浙江鄞县人,字充宗,晚号跛翁,学者称褐夫先生。与兄斯选、弟斯同师事黄宗羲,以经史之学闻名。一生不务举业,锐志经学,于诸经皆有撰著。治经由博致精,以新见长,自成一家。主张"非通诸经,不能通一经;非悟传注之失,则不能通经;非以经释经,则亦无由悟传注之失"(黄宗羲《南雷文定》卷八《万充宗墓志铭》),力指《古文尚书》、《周礼》为伪托。精于《三礼》、《春秋》,根柢《三礼》,以释《三传》,笃实有法。著有《学春秋随笔》、《学礼质疑》、《仪礼商》、《礼记偶笺》、《周官辨非》等。

万斯同(1638—1702) 明末清初浙江鄞县人,字季野,号石园。明鲁王监国,授户部主事。少从黄宗羲受业,熟读二十一史及明各朝实录,名重一时。明亡守节不仕,以纂修明史为己任。出游四方,就故家长老求遗书,问往事,于郡志、邑乘、杂家志传,靡不网罗参伍,而要以实录为指归。凡实录之难详者,则以他书证之,他书之诬且滥者,则以实录裁之。康熙十七年(1678)诏征博学鸿儒,力辞得免。次年开局修《明史》,总裁徐元文荐入史局,辞不就,乃延主其家,委以刊削之事,以布衣参史局,不署衔,不受俸,而稿皆由其审定。历时十多年,成《明史稿》五百卷。著有《历代史表》、《历代宰辅汇考》、《宋季忠义录》、《纪元汇考》、《儒林宗派》、《群书疑辨》、《石经考》、《书学汇编》、《两浙忠贤录》、《明季两浙忠义考》等。因客死京邸,遗著大多散失。徐乾学《读礼通考》,据全祖望云亦出自斯同之手。又据《万氏宗谱》记载,他还著有《明通鉴》,今北京大学图书馆藏有残本。

万松 即"行秀"。

万岁登封 周武则天年号(696)。

万岁通天 周武则天年号(696—697)。凡二年。

万泰(1598—1657) 明末清初浙江鄞县人,字履安,一字悔庵。明崇祯举人,曾参加复社。入清服道士服,隐居不仕。他与黄宗羲为友,曾以计助宗羲弟宗炎出狱,又令子斯大、斯同等从宗羲学,传其经史之学。著有《寒松斋稿》。

万镗(1485—1565) 明江西进贤人,字仕鸣,号治斋。弘治进士。正德中由刑部主事迁大理少卿。嘉靖中历顺天府尹、南京右都御史。因上疏论时政忤世宗意,斥为民,家居十年。嘉靖三十年(1551),因附严嵩,出任刑部尚书,改吏部。三十二年为赵文华排挤,夺职归。卒于家。

万舞 古舞名。《诗经·邶风·简兮》:"简兮简兮,方将万舞。"毛传:"以干羽为万舞,用之宗庙山川。"夏、商、周三代祭祀时,举行祭礼,以舞者手执干戈、羽毛而舞,多用于郊祀山川河帝等自然神祇。

万物一马 庄子命题。《庄子·齐物论》:"天地一指也,万物一马也。"郭象注:"故浩然大宁,而天地万物各当其分,同于自得,而无是无非也。"成玄英疏:"天地虽大,一指可以蔽之;万物虽多,一马可以理尽。何以知其然邪?今以彼我是非反复相喻,则所是者非是,所非者非非。故知二仪万物,无是无非者也。"认为任何事物均无确定不变的是非标准,可同而为"一",是《庄子·齐物论》的中心思想。或说马即码,古代计算用的筹。《礼记·投壶》:"请为胜者立马。"

万象一原 书名。清夏鸾翔撰。九卷。夏氏继承明安图、项名达、戴煦、徐有壬和李善兰诸家成果,运用中算家无穷级数展开方法及西方微积分学方法,对圆锥曲线进行全面研究,遂成是书。包括自著《致曲术》及《致曲术图解》的成果,给出有关开方,对数,一次、二次曲线等问题的一百三十多个公式,其中八十余个是他创造的"新术",为夏氏数学研究工作的总结,代表了中国数学界在十九世纪六十年代对圆锥曲线研究的水平。

万脩(?—26) 新莽末扶风茂陵(今陕西兴平东北)人,字君游。更始时任信都令。后归附刘秀,为偏将军,封造义侯。及破邯郸,任右将军,从平河北。建武二年(26)更封槐里侯,旋病卒军中。明帝时图画功臣,列为云台二十八将之一。

万言书 古代上呈皇帝的长篇奏章,称万言书。

万亿四库都提举 官名合称。元世祖至元二十五年(1288),于万亿宝源、赋源、绮源、广源四库各设都提举一员,秩正四品。下置提举、同提举、副提举等。

万有学报 杂志名。清光绪三十四年(1908)五月在上海创刊。月刊。杨同衡主编。以普及理科知识为主旨。

万元吉(1598或1603—1646) 明末清初江西南昌人,字吉人,号茹余。明天启进士。初官南京兵部主事。南明弘光朝时进太仆寺少卿,监理江北军务。弘光覆亡,入闽中,事隆武帝,以兵部右侍郎兼右副都御史总督江西、湖广,驻守吉安。隆武二年(顺治三年,1646)因清兵进逼,诸军不战而溃,遂入赣州据守,城陷,投赣江死。

万载县 五代南唐保大十年(952)升万载场置。治今江西万载县。属筠州。北宋开宝八年(975)改属袁州,宣和三年(1121)改名建城,南宋绍兴元年(1131)复名万载。元属袁州路。明清属袁州府。

万章 战国时齐国人。孟轲弟子。属儒家。曾随孟子出游,后从孟子居邹,整理《诗》、《书》,并作

《孟子》七章，其一曰《万章》，载与孟子问答事。

万正色(？—1691) 清福建晋江(今泉州)人，字惟高。行伍出身。康熙三年(1664)授兴安游击。十二年从征吴三桂，数擢至岳州水师总兵。十七年招降三桂部将，复岳州(今岳阳)。次年入闽与郑经作战，会拉哈达、姚启圣等复厦门，擢福建陆路提督。二十五年调云南提督。次年因索贿革职。

万州 ❶南朝梁大同二年(536)置，“以州界内有地万余顷，因以数名之”(《太平寰宇记》)。治石城(今达川市)。辖境约当今四川达川、万源市及达县、开江、宣汉等县地，和重庆城口县。西魏废帝二年(553)改为通州。❷唐贞观八年(634)改浦州置。治南浦(今万州区)。辖境相当今重庆万州区和梁平县。北宋开宝三年(970)分置梁山军，辖境缩小。属夔州路。元省南浦入州。明洪武六年(1373)降为县。❸明洪武元年(1368)改万安军置。治万安县(正统中省入万州，今万宁县)。辖境相当今海南万宁、陵水等市县地，属琼州府。光绪三十一年(1905)改置万县。1914年改名万宁县。

wāng

汪 春秋秦邑。在今陕西白水县境；一说在今澄城县境。《左传》文公二年(前625)：“晋先且居、宋公子成、陈辕选、郑公子归生伐秦，取汪及彭衙而还”，即[illegible]

汪安钧(?—1863) 清湖北人。早年参加太平军。隶李秀成部，封天将。咸丰十一年(1861)参加攻克杭州之役。同治元年(1862)封康王。次年与郜永宽等守苏州，暗中通敌，与郜永宽等刺杀谭绍光，献城降清。后为江苏巡抚李鸿章所杀。

汪昂(1615—约1695) 明末清初安徽休宁人，字讱庵。明诸生。壮年弃科举，殚究经史百家，尤嗜岐黄之书，采诸家之长，辑为《本草备要》、《医方集解》。本草则字笺句绎，医疗则诠症释方，兼百家之论辨。另著有《素灵类纂》、《汤头歌诀》、《日食药物》等书。皆浅显明了，为学者所称。

汪伯彦(1069—1141) 宋徽州祁门(今属安徽)人，字廷俊。第进士。靖康元年(1126)，献河北边防十策，以直龙图阁知相州。康王使金至磁州，以兵迎于河上，还相州，因受知遇。未几康王开大元帅府，被任为副元帅。建炎初，与黄潜善同居相位，专权自恣，力主高宗南迁，不作战守之计。扬州失守后被劾，落职居永州。绍兴初，复职知池州，为江东安抚大使。绍兴四年(1134)以舍人王居正议，复夺前职。后以献所著《中兴日历》，拜检校少傅、保信军节度使。

汪澈(1109—1171) 宋饶州浮梁(今江西景德镇北)人，原籍新安(今安徽歙县)，字明远。第进士。教授衡州、沅州。历监察御史、殿中侍御史。见和议日久，边防寖弛，力主养兵严备，振作士气。迁御史中丞，寻为湖北、京西宣谕使。绍兴三十一年(1161)，金兵南下，完颜亮为部下所杀，他请出兵淮甸，与荆襄军夹击金人归路。次年，召入为参知政事。孝宗即位，督军荆、襄，兴修水利，募闲民、汰冗卒以屯田。乾道元年(1165)，任枢密使。先后荐知名士达一百十八人。后以知福州、福建安抚使致仕。

汪大燮(1859—1929) 浙江钱塘(今杭州)人，原名尧俞，字伯唐。举人出身。历任户部郎中、总理衙门章京等职。光绪二十八年(1902)任留日学生监督，次年为外务部左参议。三十一年任出使英国大臣，次年升外务部右侍郎。三十三年授考察宪政大臣，出使英、德等国。宣统元年(1909)任邮传部左侍郎。二年又出使日本，1913年始回国。历任民国政府教育总长、参政院副院长、外交总长、暂代国务院总理。晚年致力于红十字会、平民大学等社会事业。著有《分类编辑不平等条约》。

汪大猷(1120—1200) 南宋庆元鄞县(今属浙江)人，字仲嘉。绍兴进士。历官礼部员外郎兼吏部侍郎。善于议论，兼庄文太子(孝宗子)侍讲，多寓规戒。迁秘书少监，修《五朝会要》。孝宗每访以政事，多所建议。权刑部侍郎，以刑法新制与旧法轻重抵牾，请降诏编纂，书成上进。改权吏部尚书。后知泉州，徙隆兴府。著有《适斋存稿》等，今佚。

汪大渊(1311—?) 元江西南昌人，字焕章。自幼好游。于至顺元年(1330)、至元三年(1337)两次从泉州出海航行，曾到达今菲律宾、马来西亚、越南、印度尼西亚、印度等数十个国家、近百个地区，最远到达东非沿海一带。所访诸地，所有山川、风土、物产之奇异，建筑、服饰之好尚，撰成《岛夷志略》，对九州、四海等有较正确的认识；较早提出“东洋”和“西洋”概念；并提出以婆罗国(即文莱)东洋尽，西洋自起。收集外国地名一百多个。对中外交流作出贡献。

汪道贯 明徽州歙县(今属安徽)人，字仲淹。汪道昆弟。博闻强记，工词赋，擅书法，人呼小司马。与从弟道会齐名，时称二仲。著有《汪次公集》。

汪道昆(1525—1593) 明徽州歙县(今属安徽)人，字伯玉，号太函、南溟等。嘉靖进士，授义乌知县。教民讲武，曾与戚继光募民编练新军，世称义乌兵，参与浙、闽抗倭战争，官至兵部左侍郎，与王世贞并称“两司马”。后以亲老乞归。著有《楞严纂注》、《太函集》，杂剧《高唐梦》、《远山戏》、《洛水悲》、《五湖游》等，并辑有《春秋左传节文》。

汪德臣(1222—1259) 元巩昌盐川镇(今甘肃漳县)人。汪古部人。字舜辅。又名田哥。汪世显子。少入侍阔端。乃马真后二年(1243)，袭父职为巩昌便宜都总帅，领兵入蜀。定宗三年(1248)，从攻西羌。宪宗元年(1251)，率部援汉中，进攻隆庆府(今陕西略阳)。三年，驻益昌，筑城屯田居守，数败宋军。八年，从攻宋，援成都，降苦竹、长宁、青居等寨。九年，引军至合州钓鱼山下，病死。

汪凤藻(1851—1918) 清江苏元和(今吴县)人，字云章，号芝房。早年毕业于同文馆英文班。光绪进士，授翰林院庶吉士。光绪十七年(1891)以编修赏二品顶戴署理驻日大臣，次年以记名知府实授。

二十年朝鲜东学党起义,他负责与日本交涉朝鲜事宜,屡向清廷提出建议,尽力维护中国权益。中日战争爆发后应召返回国内,遂拒返仕途。二十八年任南洋公学总办。旋回京任日讲起居注官。

汪绂(1692—1759) 清安徽婺源(今属江西)人,初名烜,字灿人,号双池。幼家贫,未尝从师,自力于学。曾为景德镇窑工,后漂泊至福建,在浦城授学,从游者众,名渐著。读书务博,自六经、乐律、天文、舆地、阵法、术数,无不研究。著书多达三十余种,主要有《易经诠义》、《诗经诠义》、《尚书诠义》、《春秋集传》、《理学逢源》、《双池文集》等。

汪纲 南宋徽州黟县(今属安徽)人,字仲举,号恕斋。以祖任入官。淳熙十四年(1187)中铨试,调镇江府司户参军。累除外任,历知高邮军、绍兴府。在任兴修水利,发展农业生产,并恢复淮东煮盐之利。理宗即位,授右文殿修撰,加宝谟阁待制。绍定元年(1228),召赴行在。权户部侍郎,越数月,上章致仕,特畀二秩,守户部侍郎。其学有本原,多闻博记,于兵农、医卜、阴阳、律历诸书无不研究,著有《恕斋集》、《左帑志》、《漫存录》等,均佚。

汪革(?—1181) 南宋严州遂安(今浙江淳安西南)人。后迁舒州宿松,募流民烧炭冶铁,渐擅酤坊之利,役使渔民数百户,武断乡曲,曾请以两淮兵恢复中原。因嫌隙被人诬为"有异谋"。淳熙八年(1181)拒捕起事,发铁冶之众五百余人,以舟分载入湖苇间。遭池州守军镇压。遁入行都,为厢吏所执,被杀。余部转入广南。

汪古 部族名。又译雍古、旺古、瓮古、王孤、汪古惕。散居于阴山以北,辽、金时称为白达达。金章宗时,为金朝守净州以北边墙,一说蒙古语称边墙为汪古,因以为部名。成吉思汗侵金,汪古军为向导,汪古部长阿剌兀思后裔在元代被封为高唐王、鄃王、赵王。领地包括集宁、净州、砂井、德宁等城,设四路。部人信仰聂思脱里派基督教,经济、文化水平高于蒙古各部。元代汪古人中,有净州马氏迁开封,阴山塞上赵氏迁四川,巩昌另有汪氏。

汪古惕 即"汪古"。

汪广洋(?—1379) 明扬州高邮(今属江苏)人,字朝宗。元末进士。朱元璋率军渡江,召至。累官元帅府令史、江南行省都事、江西参政等。洪武元年(1368)理山东行省事。三年,召任中书左丞,为杨宪倾轧,远徙海南。宪诛召还,封忠勤伯,任右丞相,嗜酒荒政,无所建白。十二年十二月,以朋党胡惟庸谪广南,旋被杀。善篆刻,工诗文。著有《凤池吟稿》。

汪桂芬(1860—1906) 清湖北汉川人,一说安徽人。名谦,字艳秋,号美仙,外号汪大头。九岁师陈兰笙习老生兼老旦。倒嗓后为程长庚操琴。光绪六年(1880)嗓音恢复,搭春台班,出演老旦,一鸣惊人。唱老生,唱腔激越,自成风格,世称"汪派",与谭鑫培、孙菊仙并称"老生新三杰"。曾被选入升平署外学。十六年赴上海演出,二十四年返京,搭福寿等班。性孤傲,晚年生活潦倒,着头陀和尚装束,称"德心大师"。代表剧目有《长亭会》、《文昭关》、《龙虎斗》等。

汪海洋(约1830—1866) 清安徽全椒人。早年参加太平军,隶石达开部。天京内讧后,随石达开至广西。咸丰十年(1860)率部脱离石达开。次年随李秀成入浙,克杭州,守富阳,后守余杭。同治元年(1862)封康天义。三年底封康王。杭州陷,率众入赣,隶李世贤部。天京(今南京)陷落,由闽入粤,屡破清军堵截。次年擅杀李元茂,继又惧罪刺死李世贤。五年十二月在嘉应州(今梅州市)与清军交战,负伤死。

汪罕(?—1203) 又译王罕、王汗。克烈部长。本名脱里,嗣父忽儿扎胡思为汗,因残杀兄弟,被逐,逃奔也速该。得也速该助复位,结为按答。驻牧地在土拉河之黑林。铁木真(成吉思汗)势弱时,曾入其帐下,叙父子礼。金承安元年(1196),金丞相完颜襄伐塔塔儿,他奉檄合攻有功,受封为王,故称王罕,讹为汪罕。其后,乃蛮部来攻,被迫经河西远走西辽,又逃归。得铁木真之助,收复部众,重申父子之盟。联兵伐乃蛮部,临敌之夜,潜退。泰和二年(1202),扎木合集诸部来攻,大战于阙奕坛,败扎木合军。见铁木真部日强,疑忌日深。次年,谋袭铁木真,谋泄,无功。秋,遭铁木真袭击,败逃,被乃蛮人捕杀。

汪河 明庐州舒城(今属安徽)人。有才华,善作文。元末投朱元璋,历行中书省掾属,大都督府都事。至正二十一年(1361)充使者,通好察罕帖木儿。为其养子扩廓帖木儿扣留,凡六年,完节不屈。洪武元年(1368)始归,擢吏部侍郎,备陈西征方略。次年,改御史台侍御史。后迁晋王左相,卒于官。

汪鋐(?—1536) 明徽州婺源(今属江西)人,字宣之。弘治进士,授南京户部主事。嘉靖初擢副都御史,提督南赣军务。后以首进甘露媚帝,擢右都御史。嘉靖十一年(1532)进吏部尚书,十三年兼兵部尚书,权倾一时。次年因事失宠,致仕。卒于家。

汪皇后(?—1506) 明顺天(今北京)人。正统十年(1445)册为郕王朱祁钰妃。景帝即位,立为皇后。因反对易立皇太子被废。英宗复辟,称郕王妃。卒谥贞惠,葬金山。

汪辉祖(1731—1807) 清浙江萧山人,字焕曾,号龙庄,晚号归庐。乾隆进士,授湖南宁远知县,并两为湖南乡试同考官,两署道州,又兼摄新田县事。在官未及四年,以足疾请告,时大吏已疏调辉祖至善化,疑诡疾规避,夺职。归里,闭户读书,不问外事。早年学刑名家言,善治狱。所著《学治臆说》、《佐治药言》,皆阅历有得之言,为临民者所称。精于史,尤留意名姓之学,著有《元史本证》、《读史掌录》、《史姓韵编》、《九史同姓名略》及诗文集共十数种。

汪悔翁自书记年 书名。清汪士铎撰。谱主为晚清著名学者,有《南北史补志》、《水经注图》等多种著作存世。是谱起嘉庆七年(1802),迄光绪四年(1878)。记经历及家事变迁颇为简略,惟著述与学术造诣甚详。近人邓之诚录入所撰《骨董琐记》卷四,有1926年和济印刷局排印本。

汪机(1463—1539) 明祁门(今属安徽)人,字省之,别号石山居士。汪渭之子。随父习医,凡素灵经典、诸家之说,无不潜心探讨,务求明了而后已。行医几十年,尤擅治异疾奇病、疑难杂症,因而得名于医界。对内、外、针灸、痘疹等科,亦有独立见解。在医术上深得《内经》之精蕴,认为人体应阴阳平衡,气血调和,不能偏执一端。强调疗疾以调补气血为主,更偏重于理气。并主张外证应本于内。著有《医学原理》、《读素问钞》、《外科理例》、《针灸问答》、《伤寒选录》等书。弟子陈桷辑其临床医案成《石山医案》一书,为明代医案较完备之专书。

汪吉河 元太宗至宪宗时的驻冬地。《元史》作"汪吉之地"。罗洪先《广舆图》作汪吉河。今蒙古国翁金河。

汪精卫(1883—1944) 广东番禺人,祖籍安徽婺源(今属江西),后迁居浙江山阴(今绍兴),名兆铭,字季新。清秀才出身。光绪二十九年(1903)留学日本法政大学。三十一年往见孙中山,加入同盟会,被举为评议部议长。曾任《民报》主笔。宣统二年(1910)与黄复生等谋炸摄政王载沣被捕,判终身监禁。武昌起义爆发后获释。与杨度等发起国事共济会,阻挠革命。在天津组织京津保同盟会,任会长。后参加南北和议,主张推袁世凯为总统。1913年宋教仁案发生,力主调和。1917年参加护法运动。1921年任广东教育会会长。1924年在国民党一大上当选为中央执行委员。次年任广东国民政府常委会主席兼军事委员会主席、宣传部长。1927年任武汉国民政府主席,发动七一五政变。1928年与陈公博在上海成立改组派。后任国民党中央政治会议主席、行政院长兼外交部长等职。1931年九一八事变后,主张对日妥协。抗日战争爆发后,任国民党副总裁、中央政治委员会主席、国民参政会议长。1938年12月离开陪都重庆至河内发表《艳电》,公开投降日本,成为汉奸头目。1940年在南京成立伪国民政府,并任代主席、主席。后病死于日本。有《汪精卫文集》等。

汪景祺《西征随笔》案 清雍正朝文字狱。汪景祺,浙江钱塘(今杭州)人,康熙举人,雍正二年(1724)初往西安佐抚远大将军年羹尧幕。所作《读书堂西征随笔》,中有《功臣不可为》一文,系献年羹尧者。次年,年羹尧得罪,在抄检其杭州住宅时,发现汪景祺所著书,清世宗恨其讥评杀功臣,即以其诗中有攻击清圣祖书法和雍正年号的罪名处斩,妻子发黑龙江给穷披甲人为奴。亲属受株连者多人。

汪俊 明江西弋阳人,字抑之。弘治进士,授庶吉士,进编修。正德时参修《孝宗实录》,因不附刘瑾、焦芳,调南京工部员外郎。嘉靖元年(1522)官至吏部左侍郎。二年进礼部尚书。以议大礼忤帝意,次年致仕。后削职为民,病死。

汪康年(1860—1911) 清末浙江钱塘(今杭州)人,原名灏年,字梁卿、穰卿,号毅伯、恢伯。光绪进士。曾入张之洞幕,后任自强书院编辑、两湖书院史学斋分教。中日甲午战争后,知非变法不足以图存,拟创设中国公会。光绪二十一年(1895)参加上海强学会。次年办《时务报》(后改为《昌言报》),任经理,撰文介绍西方议院制度,言中国宜复民权、瀹民智、崇公理。次年助罗振玉办农学会,与梁启超等办不缠足会,与曾广铨办蒙学公会。二十四年又在上海设东文学社;刊《时务日报》(旋易名《中外日报》),拥护清季新政。三十年任内阁中书。次年与张元济等商办浙江铁路。三十三年在京师办《京报》。宣统二年(1910)以评论和记载旧闻为主,改办《刍言报》。此外还曾办过《农学报》、《蒙会学报》等。又在上海译印西文地图分会中,助邹代钧精印中外舆图。为戊戌前后主张开拓民智、鼓吹维新的著名人物之一。有《汪穰卿遗著》、《汪穰卿笔记》等。

汪克宽(1304—1372) 元末明初祁门(今属安徽)人,字德辅,一字仲裕,号环谷先生。泰定间中选乡试,因会试下第,遂弃科举业,家居著书讲学,致力于经学,著《春秋经传附系纂疏》、《程朱传义音考》、《集传音义会通》、《礼经补逸》等。洪武初,应聘至京师,预修《元史》,书成,以老疾辞归,病卒。有《环谷集》。

汪莱(1768—1813) 清安徽歙县人,字孝婴,号衡斋。通经史百家及推步历算天文之术。自制浑天简平等仪器进行观测,所著《衡斋数学》于割圆术、级术、方程式论等方面都有独到之处,方程论求根的理论和欧洲笛卡儿发明的理论完全相同。他列举了九十六个互不相同的方程式详加研究,得出三次方程式的正根可以是一个、两个,或者三个的结论。于地理、经学、音乐均有较深研究,曾参加治理黄河之测量,纂修天文志、时宪志等。另著有《叁两算经》、《校正九章算术》、《今有录》等,编入《衡斋遗书》。

汪立信(?—1275) 南宋安丰军六安(今属安徽)人,字诚甫,号紫源。淳祐进士。历任江西、湖南安抚使等职。咸淳九年(1273)任京湖安抚制置使、知江陵府,上书贾似道,建议加强江防,分屯置府,不见用。襄樊失守,又请严惩范文虎等以励人心。次年,为沿江制置使、江淮招讨使。时大势已去,遂率部数千至高邮,欲为后图。旋闻似道兵溃,乃扼吭而死。

汪良臣(1231—1281) 元巩昌盐川镇(今甘肃漳县)人。汪古部人。汪世显子。少从兄德臣出征。宪宗三年(1253),为元帅,领部屯田白水。八年,还巩昌,经办军需。中统元年(1260),奉命率部在甘州(今甘肃张掖)耀碑谷大败阿里不哥西路军,杀大将阿蓝答儿,以功权便宜都总帅。二年,讨平火里,转同金便宜都总帅。屡败宋军。后历任征南都元帅、东川副统军、枢密院副使。至元十一年(1274),率军攻取嘉定(今四川乐山)等地。十三年,败宋将杨立。十五年,败宋将张钰,擢四川行省左丞。

汪芒氏 芒或作罔。古国名。釐姓,一作漆姓。其故地在今浙江德清东。历虞、夏、商,至周北迁为长翟(狄),春秋时称鄋瞒、大人。参见"防风氏"。

汪鸣銮(1839—1907) 清浙江钱塘(今杭州)人,字柳门,号郋亭。同治进士。历督陕甘、江西、山东、广东学政。光绪二十年(1894)充任五城团防大臣,调吏部右侍郎。次年《马关条约》签订,日本坚索台湾、澎湖。他力陈海疆重地不可弃。光绪帝多次召见朝臣,其奏对尤直切,遂招慈禧太后忌恨,被革职,永不叙用。既罢归,主讲杭州诂经精舍、敷文书院。

汪乔年(?—1642) 明浙江遂安(今淳安)人,字岁星。天启进士。崇祯十四年(1641)官至兵部右侍郎,总督三边军务。次年被李自成农民军俘杀于河南襄城。

汪穰卿遗著 书名。清末汪康年撰,近人汪诒年编。八卷,首墓志铭、小传、年谱一卷。为汪康年论文集。汪氏一生办报颇多,1920年弟诒年将其在各报所撰论说及未刊诸文,以年月先后为序,裒集成编。其中卷一为《时务报》时论说,主张开启民智,维新变法。以后各卷的《京报》、《刍言报》论说,多拥护清政府立宪。其《中外日报》的论说,以当时未署名,不得已而从缺。是研究戊戌变法及清末立宪等的重要资料。有1920年印本。

汪叡 明徽州婺源(今属江西)人,字仲鲁。元末聚众保乡里,不就元官。后归附朱元璋,历官安庆税令、左春坊左司直等。曾请春夏停决死罪,太祖呼为“善人”。与刘三吾、朱善合称三老,朴实简静,不妄言笑。著有《蓉峰集》。

汪若海(1101—1161) 宋歙县(今属安徽)人,字东叟。未冠游京师,入太学。靖康元年(1126),以金人攻扰,应诏上书,擢高等。请立康王为大元帅,镇抚河北,牵制金兵,以解京师之围。徽、钦二帝被俘北行,见康王于济州,谓当早即帝位以图中兴。高宗即位,迁江南经制使,监登闻检院。因论事忤执政,通判沅州,复贬英州。说节制江夏军马李允文及其所部归顺宋廷。事成,又献《平寇策》,论不可失英雄为国患。绍兴九年(1139),以功迁承议郎,通判顺昌府。累官知江州。为人深沉有度,耻为世俗章句之学。著有《麟书》等。

汪若霖 明河南光州(今潢川)人,字时甫。万历进士,授行人。万历三十三年(1605)擢户科给事中,进礼科给事中,因屡进直言,失帝意,出为颍州判官。卒于官。

汪士铎(1803—1889) 清江苏江宁人,字振庵,别字梅村。道光举人。精史志舆地之学,为《水经注》释文,于戴东原、赵清常两家外,搜补疏栉,释以今地,而尤于山川阨塞陂池水利为详尽。咸丰三年(1853)太平军攻克江宁,他逃居安徽绩溪,居山间五年,继续讲学。后被胡林翼迎至湖北,从事讲学和著述。光绪十一年(1885),经江苏学政黄体芳疏荐,授国子监助教衔。说孔子“过仁”,道学“无用”,儒家思想“误人家国”,提出“不用孔孟”,主张“以威断多杀为主”,镇压太平天国(《乙丙日记》)。认为“人多”是“世乱之由”,把农民起义与外来侵略均归结为人口过剩所致;主张以溺女婴、禁丧偶再嫁、禁早婚、鼓励为僧尼、广施不生育方药等手段减少人口。著有《汪梅村先生文集》、《悔翁笔记》、《乙丙日记》、《南北史补志》、《悔翁诗钞》、《水经注图》等。

汪士慎(1686—1759) 清安徽休宁人,字近人,号巢人,又号溪东外史。流寓扬州,与金农、华喦相友善。擅画水仙梅竹,清妙独绝。为“扬州八怪”之一。老年失明,为人画梅或作八分书,据传工妙胜于失明前。兼精篆刻。著有《巢林诗集》。

汪世显(1195—1243) 金巩昌盐川镇(今甘肃漳县)人,字仲明。系出汪古部。贞祐二年(1214),以战功升千户。后历任同知平凉府事、陇州防御使、巩昌府治中。开兴元年(1232)为巩昌府便宜总帅。金亡,据地自守。元太宗七年(1235),降蒙古,仍袭原职。从蒙古军南下攻宋,败宋播、思州诸军。十年,引军出葭萌,取宋嘉定、峨嵋、资州诸城。十三年率部攻成都,杀宋将陈隆之。乃马真后二年(1243),为便宜都总帅,领秦、巩等二十余州事。

汪寿昌 元巩昌盐川镇(今甘肃漳县)人。汪惟正次子。成宗时,任巩昌等处便宜都总帅。泰定帝时,任陕西行御史台御史中丞。文宗时,任四川行省平章政事。至顺元年(1330),讨云南伯忽等之叛,奉命调遣马匹、兵器、军官俸给及军士行粮。后官至江南行台御史中丞。

汪台符 五代时歙州(治今安徽歙县)人。博学善文,有匡霸之才。吴睿帝(杨溥)时,徐知诰(李昪)镇金陵,乃上书陈民间九患及利害十余条。尝请括定田赋,徐知诰善之。寻以讥诮宰相宋齐丘,被沉杀于石头蚵蚾矶下。

汪田哥 即“汪德臣”。

汪廷珍(1757—1827) 清江苏山阳(今淮安)人,字玉粲,号瑟庵。乾隆进士,授翰林院编修。嘉庆元年(1796)入值上书房。曾督安徽、江西学政,力戒摹拟剽窃习气,士风为之一变。后以学问渊博,充翰林院掌院学士、上书房总师傅。为人端正,不附权贵,有清节名。道光初官至礼部尚书、协办大学士,卒于任。

汪同(?—1362) 元婺源州(今江西婺源)人。土豪出身。至正十二年(1352)婺源为天完红巾军所破,聚众保山谷。次年助元兵复婺源,署义兵千户。又助元兵复饶州(今江西波阳),任余干州同知。屡与红巾军战,历官浙东道佥都元帅、浙东同知副都元帅。十七年,领兵攻朱元璋部邓愈军于徽州,旋为友人诱至邓愈军中,遂往金陵,见朱元璋。次年,迁家属金陵,以院判镇婺源,筑城治兵。二十年,领兵攻饶,单骑往见元江浙行省丞相达识帖睦迩。后往平江(今江苏苏州)见张士诚,又北上见察罕帖木儿,元廷授以资善大夫、淮南等处行中书省左丞。二十二年还平江,被张士诚杀死。

汪琬(1624—1691) 清江苏长洲(今苏州)人,字苕文,号钝翁。顺治进士。由主事累官刑部郎中,以疾假归。结庐尧峰山,闭户著述者九年,学者称尧峰先生。康熙十八年(1679)召试博学鸿词,授翰林院编修,预修《明史》,在史馆六十日,撰稿一百七十五篇。旋乞病归。著有《东都事略跋》、《古今五服考异》、《钝翁类稿》等。

汪惟和 元巩昌盐川镇(今甘肃漳县)人。汪德臣第三子。袭巩昌等处便宜都总帅。至元二十六年(1289),率所部军万人北征。二十九年,任巩昌等处宣慰使,兼便宜都总帅、巩昌府尹。三十年,发所部攻吐蕃,戍瓜、沙等州。后仕至昭文馆大学士。

汪惟能 元巩昌盐川镇(今甘肃漳县)人。汪德臣第五子。初任管军万户。至元二十六年(1289),充征西都元帅,将所部军北征。大德十年(1306),任云南行省右丞,领兵镇压罗雄州军火主阿邦龙少等。

汪惟勤 元巩昌盐川镇(今甘肃漳县)人。汪良臣长子。成宗时,官陕西四川行省参知政事兼四川宣慰使。大德六年(1302),奉旨与平章政事也速带儿率川陕军镇压亦奚不薛起义。又与湖广行省平章刘国杰军会于播州(今贵州遵义),击退蛇节等军十万。后官至云南行省平章政事。

汪惟贤(?—约1306) 元巩昌盐川镇(今甘肃漳县)人,字安卿。汪德臣次子。年弱冠,任巩昌等二十四处军前便宜都总帅。迁中书吏部尚书。历任江淮等行省左丞、平章政事,仕至荣禄大夫、大司徒。

汪惟孝(1246—1297) 元巩昌盐川镇(今甘肃漳县)人,字公善。汪世显之孙,直臣之子。至元九年(1272),任巩昌路总管,知府事,佩金虎符。历任兴元路总管,巩昌平凉等二十四处军前便宜都总帅,潼川路、四川东道宣慰使。二十三年后,又历任四川南道、四川西道宣慰使兼巩昌平凉等处万户,佩三珠虎符。二十七年,升四川行尚书省右丞兼万户。次年改行中书省右丞。三十年,复除巩昌平凉等二十四处便宜都总帅兼府尹。

汪惟正(1242—1285) 元巩昌盐川镇(今甘肃漳县)人,字公理。汪世显之孙,汪德臣之子。父死,袭爵为巩昌便宜都总帅。支持世祖即帝位。至元八年(1271),代叔父汪良臣主持四川军务,对南宋作战。十四年,平叛王土鲁于六盘山。十七年为中书左丞,行秦蜀中书省事,分省于四川。二十二年,为陕西行省左丞,病死。

汪文进 隋婺州(治今浙江金华)人。隋灭陈,江南世家豪族纷纷起兵。开皇十年(590),他举兵反,攻占东阳等地,自称天子。旋被杨素督诸将镇压,不知所终。

汪文台(1796—1844) 清安徽黟县人,字南士。通经史,与同县俞正燮相善。治经宗汉儒,以《论语》邢昺疏疏略,因取证古义,博采子史笺传,依韩婴《韩诗外传》例作《论语外传》。认为阮元《十三经注疏校勘记》有益于后学,然因成于众手,时有驳文,乃别为表识,作《校勘记识语》,寄示阮元,阮服其精博,函聘至扬州。又辑《七家后汉书》,撰《红毛番英吉利考略》、《淮南子校勘记》等。

汪文言(?—1625) 明徽州歙县(今属安徽)人,初名守泰,字士克。万历末游北京,捐监生,用计破齐、楚、浙三党。又结交东宫伴读王安,为安所重。天启时魏忠贤杀王安,一度受累下狱。天启四年(1624)因与东林党人友善,忤魏党,下镇抚司狱。后得黄尊素援救,改廷杖除名。魏忠贤欲借其事陷害东林杨涟、左光斗等,乃再逮之,下镇抚司狱。次年用其名造假供词后,以酷刑杀之。

汪兀都剌台吉 又译翁衮都喇尔等。明代蒙古汗卜赤第三子,打来孙之弟。乌珠穆沁部之祖。

汪笑侬(1858—1918) 清末人,名僢,满名德克津(金),字舜人,号仰天、孝农,别署竹天农人。满族。举人出身。曾任河南太康知县。因刚直罢职后往来京津,演唱京戏老生,世称"汪派"。后居上海,以清廷腐败,屈辱媚外,常愤而自编新戏以抒发感怀。文字通俗而有文采,时颇负盛名。其传统戏《哭祖庙》、《将相和》具有一定进步意义,改良新剧《党人碑》、《博浪椎》引进现实生活内容。曾赞助创办《二十世纪大舞台》杂志,鼓吹戏曲改良。宣统二年(1910)至济南,被聘为戏剧改良所所长。辛亥革命后曾任天津正乐育化会副会长,主持"戏剧改良社",一生创作改编、整理剧本多种。有《汪笑侬戏曲集》、《汪笑侬诗钞》。

汪兴祖(?—1371) 明初庐州巢县(今安徽巢湖市)人。一名张同。元末,从养父张德胜归朱元璋。德胜死,嗣其职为枢密院佥事,从徐达取山东,优礼孔府,兖东州县闻风而下。复取山西,守大同。洪武三年(1370)拜晋王棡以武傅兼山西行都督府佥事。次年从伐蜀,中飞石死。追封东胜侯。

汪锜(?—前484) 一作汪踦。春秋时人。鲁国童子。鲁哀公十一年(前484),齐侵鲁,战于鲁,近邑郊,他随昭公子公为(即公叔务人,公叔禺人)参加抗齐,战死。鲁人以其年幼有功,欲以成人之礼待之,问于孔子,孔子以其能拿起武器保卫国家,可不以夭殇对待。遂以成人之礼葬之。

汪应辰(1119—1176) 南宋信州玉山(今属江西)人,本名洋,字圣锡。绍兴五年(1135)进士第一。官至权户部侍郎兼侍讲、吏部尚书兼翰林学士并侍读,后以端明殿学士知平江府,甚有政声。秦桧力主和议时,他上疏以"因循无备"、"上下相蒙"为"可畏",强调"思患预防",大忤秦桧,出通判建州、袁州、广州等地,流落岭峤十七年。桧死,始还朝。不喜为文,以为不宜敝精神于无用。然每作辄过人。在翰苑二年,所撰制诰,温雅典实。为学博综诸家,本师张九成,又师吕本中,与师相反,不好佛学。治学"以至诚为本",强调"尽其在我","惟行法以俟命,推诚以待物","学问之道止是揆于心而安,稽于古而合,措于事而宜",反对"放弃典刑,阔略世务",强调"体究涵养,躬行日用"(《宋元学案》卷四十六)。提出:"正,或未必中也",对程颐所谓"中则正矣"表示异议。著有《玉山文集》,今存《文定集》、《石林燕语辨》。

汪应庚 清人。徽州大盐商。乾隆初任两淮总商,富至千万。乾隆三年(1738)、七年,因扬州水、旱灾,曾两次捐输银十万七千余两,又曾捐资六万五千两修建江甘学宫,购置土地以助乡试。

汪应蛟(?—1627) 明徽州婺源(今属江西)人,字潜夫。万历进士。授南京兵部主事。万历二十六年(1598)擢右佥都御史,巡抚天津。募民垦荒,营作水田。天启元年(1621)官至户部尚书。次年因阻客氏滥求墓地,被讦致仕。著有《计部奏疏》、《中铨》、《古今彝语》等。

汪由敦(1692—1758) 清浙江钱塘(今杭州)人,字师茗,号谨堂,又号松泉居士。雍正进士。乾隆元年(1736)入值上书房。历官兵部侍郎、户部尚书等。十一年授军机大臣、协办大学士,充《平定准噶尔方略》正总裁。长于文学,博闻强记,聪颖过人,诏谕多出其手,高宗御制诗文亦有为其代作者。又善书法,所书曾被高宗集为《时晴斋法帖》十卷。著有《松泉诗文集》。

汪元亨 元饶州路(治今江西波阳)人,字协贞。徙居常熟(今属江苏)。至正间,任江浙省掾,与曲家贾仲明交。官至尚书。工曲,有杂剧《斑竹记》、《仁宗认母》、《桃源洞》三种,均佚;南戏《父子梦栾城驿》一种,亦佚。有曲集《小隐余音》(一名《云林清赏》)、文集《归田录》。

汪元量(约1241—约1317) 宋末元初钱塘(今浙江杭州)人,字大有,号水云。宋咸淳进士。原为南宋宫廷琴师,元军下临安,随恭帝及后妃北上,留大都,供奉帝后。时文天祥被俘,监禁狱中,他常去探望,两人以诗唱和。至元二十五年(1288),得元世祖许可,为道士,离大都至江南,结纳抗元志士,在浙、赣一带鼓动反元。与谢翱友善,翱作《续琴操·哀江南》,歌颂其抗元活动。晚年居杭州为道士。工诗,有《湖山类稿》、《水云集》。

汪曰桢(1813—1882) 清浙江乌程(今湖州)人,字刚木,号谢城,又号薪甫。喜好历史和天文历算之学。著《二十四史日月考》五十卷,将历书中的历法部分,各依当时行用的方法推算,得其朔闰及二十四节气,并附有《古今推步诸术考》二卷、《甲子纪元表》一卷。后以该书卷帙浩繁,遂删为《历代长术辑要》十卷,仍附《古今推步诸术考》二卷。

汪藻(?—1150) 宋饶州德兴(今属江西)人,字彦章。崇宁进士。任著作佐郎。高宗时,累官翰林学士、龙图阁直学士、知湖州。上书请修日历、实录,遂奉命编次元符三年(1100)至宣和七年(1125)诏旨,绍兴八年(1138)上之,共六百六十五卷。其后历任左中大夫、显谟阁学士,知徽州,徙宣州。以被诬夺职居永州。工文章,一时诏令多出其手。著有《金人背盟录》、《浮溪集》。

汪兆麟(?—1647) 明安庆桐城(今属安徽)人。崇祯十四年(1641)归附张献忠,为其婿,以智谋受信任。十七年任左丞相。挑拨离间农民军内部团结。张献忠死后,被艾能奇所杀。

汪肇 明徽州休宁(今属安徽)人,字德初,号海云。善绘草鸟、小兽,墨润色鲜,宛然有生机。与蒋嵩齐名。同为正德时画坛名家。绘有《芦雁图》、《起蛟图》、《柳禽白鹇图》等。

汪直 明广西大藤峡(今桂平)人。瑶族。幼年入宫为宦官。成化时侍万贵妃,迁御马监太监,为帝所宠信。成化十三年(1477)设西厂,受命督其事,所领缇骑倍东厂。屡兴大狱,排陷朝臣,倚权势占夺民田达两万余顷。十五年巡边,为监军,论功监督十二团营,诸官迎拜马首,威势倾天下。喜用兵,屡监军征北边。后与东厂太监尚铭争,宠日衰,遂出镇宣府(今河北宣化),改大同。十八年,西厂罢,次年调南京御马监。

汪志伊(1743—1818) 清安徽桐城人,字稼门。乾隆举人。历知县、知府、按察使、布政使等。嘉庆二年(1797)擢福建巡抚。十一年授湖广总督,搜捕白莲教起义军余众。十六年,调闽浙总督,屡破获天地会组织。后因固执偏信,逼供属吏致死,革职永不叙用。著有《稼门诗文草》。

汪中(1745—1794) 清江苏江都(今扬州)人,字容甫。拔贡生。少孤家贫,刻苦于学。年十四,迫于生计,入书肆为佣,得阅经史百家。始擅词章,作《哀盐船文》,称"一字千金"。后博览经史,有志用世,于古今沿革民生利病,皆所切究。重视诸子之研究,校勘考释《老子》、《墨子》、《荀子》、《贾谊新书》、《吕氏春秋》等。一反儒学传统,推崇荀子,为墨子辩护。又否定《大学》为孔子所作,厌恶程朱理学,抨击封建礼教,驳斥理学家之妇女殉节、死节说。晚年校《四库全书》于杭州文澜阁。所著有《述学》内外篇、《广陵通典》、《大戴礼记正误》等。

汪忠臣(1219—1266) 元巩昌盐川镇(今甘肃漳县)人,字汉辅。汪世显长子。世显降蒙古,留质于太宗处。后从父攻宋四川,任管军总领。乃马真后元年(1242),破土番叠州(今甘肃迭部)有功,赐银符。次年父死,皇子阔端命其弟德臣袭父职,任他为巩昌元帅、知府事。宪宗三年(1252),代行都总帅事,于临洮见忽必烈,奉令造舟楫,修栈道,水陆并进,督军粮沿嘉陵江南运,供应利州(今四川广元)德臣所领驻军。八年,从宪宗攻四川。世祖中统元年(1260),任巩昌便宜副都总帅,佐侄惟正戍清居山(今四川南充南)。

wáng

亡国惨记 书名。近人恨海(田桐)辑。一卷。田氏辑日本图书馆藏有关晚明史籍成本书,计有韩菼《江阴城守纪》、许重熙《江阴城守记》、瞿其美《粤游见闻》及《东明闻见录》、《嘉定屠城纪略》、《江南闻见录》、《赐姓始末》等。并附录黄道周《招征军中谏鲁王不奉诏笺》、王夫之《原始》、刘宗周《皇明北虏考序》等。

亡命 法律用语。因罪逃亡,脱离本籍。《史记·张耳列传》:"张耳、陈余尝亡命游外黄。"司马贞索隐引晋灼云:"命者,名也,谓脱名籍而逃。"也用以指罪犯。《汉书·武帝纪》元封六年(前105),"益州、昆明反,赦京师亡命令从军"。亡命时列为七科谪之一。

亡命社 宋徽宗时扬州(今属江苏)民间秘密组织。在乡里行侠仗义,反抗封建统治。石公弼任知州时,捕其首领,残酷加以镇压。

王 ❶古代最高统治者之称谓,如夏、商、周三代之王。此外边远诸侯或民族亦有称王者,殷墟甲骨文和西周金文中皆有,如《散氏盘》铭中的“矢王”、《录伯㦰簋》中的“釐王”、《乖伯簋》中的“武乖几王”等。春秋战国时诸侯国君或历代割据一方的统治者也称王。❷官名。清代有“总理国务王”、“议政王”、“辅政王”。❸爵名。汉代以后为爵位的最高一等,在公之上,多用以封授宗室,少数建有殊勋的功臣亦封王,但历代皆不多见。

王阿崇(1778—1797) 又名阿从、阿秀。清贵州南笼府(治今安龙)洞洒寨人。布依族。因行巫治病,被称为“囊仙”(布依语,仙姑)。嘉庆二年(1797),与当丈寨人韦朝元在南笼发动反清起义,称皇仙娘娘,年号仙大。属下战将中有妇女多人。连克册亨永丰(今贞丰)、捧鲊(今兴义)、罗斛(今罗甸)、归化(今紫云)等县地。清廷调集湘、滇、黔数省兵力围攻,乃退守洞洒、当丈。同年八月洞洒寨失陷被俘,旋在北京就义。

王安(?—约1621) 明保定雄县(今属河北)人,字允逸,号宁宇。万历六年(1578)选为宦官,隶冯保名下。二十二年任太子朱常洛伴读。光宗即位,升司礼秉笔太监。后助杨涟等拥熹宗即位,迫李选侍移宫,曾为熹宗所器重。天启元年(1621)受客氏、魏忠贤倾轧,降充南海子净军,不久被杀。

王安国 ❶(1028—1074)北宋抚州临川(今属江西)人,字平甫。王安石弟。幼敏悟,以文章称于世,然屡举进士不第。熙宁元年(1068),韩绛等荐其才行,赐进士及第,除西京国子监教授,未几授崇文院校书,改著作佐郎、秘阁校理。与兄政见不合,非议新法,且结怨于吕惠卿;及安石罢相,遂被惠卿以事夺官,放归田里而卒。著作有《王校理集》。❷(1694—1757)清江苏高邮人,字书城(一作书臣),号春圃。雍正进士,授翰林院编修。乾隆五年(1740)累迁至左都御史,寻以查勘广东巡抚王謩徇纵案得实,兼管广东巡抚事,颇有政绩。九年晋兵部尚书。次年转礼部尚书,充《大清会典》总裁官。二十年迁吏部尚书。后以疾解职回籍。有清操名。通经典,娴习礼制,辑有《通礼》。

王安节(?—1275) 南宋人。王坚子。开庆元年(1259)从父守合州,击退蒙古军围攻,以功授官,咸淳末为东南第七副将。德祐元年(1275),元军南下,上疏请求募兵抵御,授閤门祗候、浙西添差兵马副都监。曾在平江(今江苏苏州)配合张世杰,与元军战于凤凰港,有功,转三官。后守常州,筑栅严防,元军久攻不下。城破后,他挥双刀,率勇士巷战,因臂伤遭擒,不屈被杀。

王安礼(1035—1096) 北宋抚州临川(今属江西)人,字和甫。王安石弟。嘉祐进士。熙宁中为崇文院校书,出知润州、湖州。历开封府判官、直舍人院、同修起居注。与安石政见不一,苏轼因作诗讽刺新法下御史狱,曾予营救。进知制诰,以翰林学士知开封府,处事有决断。元丰五年(1082)拜尚书右丞,次年转左丞,七年罢知江宁府。元祐中历知扬、青、蔡、舒州,绍圣初移知永兴军,徙太原府。著作有《王魏公集》。

王安石(1021—1086) 北宋抚州临川(今属江西)人,字介甫,号半山。庆历二年(1042)进士,授签书淮南判官。七年,改知鄞县,起堤堰,决陂塘,兴修水利;贷谷与民,出息还官。历舒州通判、群牧判官。嘉祐二年(1057),知常州。次年,移提点江东刑狱,入为三司度支判官,向仁宗上万言《言事书》,主张培养人才,变法革新,未被采纳。迁知制诰,以母丧去职。神宗即位,起知江宁府,召为翰林学士兼侍讲,上《本朝百年无事札子》,列举北宋建国以来各项制度弊端,阐述改革必要,与神宗意合。熙宁二年(1069),拜参知政事,设制置三司条例司,主持变法,陆续颁行农田水利、青苗、均输、保甲、免役(募役)、市易、保马、方田等新法,史称王安石变法。次年,拜同中书门下平章事。新法遭保守派强烈反对。七年,罢相,以观文殿大学士出知江宁府。八年,复相。九年,再罢相,出判江宁府,退居江宁(今江苏南京)半山园。次年,封舒国公。元丰二年(1079),复拜尚书左仆射、观文殿大学士,改封荆国公。卒,赠太傅。绍圣中,谥文。崇宁三年(1104),追封舒王。他在执政期间,曾与子雱及吕惠卿等重新注释《周官》、《尚书》、《诗经》,颁之学官,各书不用先儒传注,时称《三经新义》。退居江宁府时,又撰《字说》,文字训诂亦多与前人不同。善属文,其诗词亦清新高峻,为唐宋八大家之一。其文集今传有《王文公文集》、《临川先生文集》两种,后人并辑有《周官新义》、《诗义钩沉》等。

王安石变法 北宋神宗时以王安石为首的改革派的一次政治改革。宋自庆历新政失败,积贫积弱政局日趋严重。嘉祐三年(1058),王安石上《言事书》,提出改革主张,但未被采纳。熙宁二年(1069)二月,神宗以王安石为参知政事,开始从政治、经济、军事各方面进行改革。首先设制置三司条例司,议行新法。七月,相继颁行均输法、青苗法、农田水利法。次年,条例司撤销,以司农寺为制定与推行新法的机构。十二月,王安石任宰相。理财的免役、市易、方田均税诸法,强兵的置将、保甲、保马诸法,陆续推行。还改革学校、科举制度,裁并州县,整顿军队等。变法侵犯了部分统治阶级的利益,推行中也有些缺点,遭到韩琦、司马光等的强烈反对。七年四月,王安石第一次辞去相位。次年二月复相,但已得不到神宗的全力支持;面对改革派内部的分裂,改革也无法进一步开展。九年十月,王安石第二次辞去相位。其后,在神宗主持下,新法基本上继续推行,但王安石所强调的“摧制兼并”,推行显见无力。变法扭转了北宋积贫的局势,军事力量也有所加强。元丰八年(1085),神宗死,子哲宗即位,宣仁太后垂帘听政,起用司马光为相,新法全被废罢。

王安中(1076—1134) 宋中山曲阳(今属河北)人,字履道,号初寮。元符进士。调瀛州司理参军。政和间历中书舍人,擢御史中丞,上疏劾蔡京,迁翰林学士承旨。宣和元年(1119)拜尚书右丞,迁左丞。五年,为燕山府路宣抚使、知燕山府,辽降将郭药师为同知府事,骄横跋扈,府事皆专行,他不能制。召还,任北京留守。靖康元年(1126)为言者所论,提举嵩山崇福宫,累贬象州(今属广西)安置。善属文,尤工四六。著有《初寮集》、《初寮词》。

王翱(1384—1467) 明盐山(今属河北)人,字九皋。永乐进士。选庶吉士,授大理寺左寺正,左迁行人。宣德元年(1426)擢御史。英宗即位,以右佥都御史偕都督武兴镇江西,惩贪抑奸。正统七年(1442)镇陕西,次年提督辽东军务。自山海关抵开原,缮城垣,浚沟堑、为屯堡,烽燧相接,十余年间,边用以饶。渐进右都御史。景泰三年(1452)召还掌院事。易储,加太子太保。任两广总督,两广有总督始此。次年召为吏部尚书,时召对便殿,称先生不名。成化元年(1465),进太子太保,三年致仕。

王鏊(1450—1524) 明苏州吴县(今江苏苏州)人,字济之。成化进士。授编修。弘治时历侍讲学士,充讲官。以周文王不敢盘于游田,喻阻孝宗嬉游,反复规劝。正德元年(1506)官至吏部左侍郎,入阁预机务。四年以刘瑾擅权,志不得行,力求去。卒于里。博学有识,善诗文,文章典雅,议论明畅。著有《震泽集》、《震泽长语》、《姑苏志》等。

王霸 ❶(?—59)东汉颍川颍阳(今河南许昌西)人,字元伯。少为狱吏。昆阳之战时,随刘秀袭破王寻所部新莽军。又至河北,追斩王郎,得其玺绶,封王乡侯。刘秀称帝后,更封富波侯。与诸将破苏茂,平河南,击卢芳,数有战功。后任上谷太守二十余年,治飞狐道,筑亭障二百余里。凡与匈奴、乌桓大小数十百战。曾上言宜与匈奴和亲。是后南单于、乌桓降服,北边安宁。定封淮陵侯。永平二年(59)病免,旋卒。明帝时图画功臣,列为云台二十八将之一。❷唐时黄巢年号(878—880)。凡三年。

王柏(1197—1274) 南宋婺州金华(今属浙江)人,字会之。少慕诸葛亮为人,自号长啸。三十六岁以后潜心道学,更名鲁斋。从何基受朱熹之学。先后主讲于金华丽泽书院与天台上蔡书院,终生不仕。学识广博,精通经史,于天文、地理、历算、物理、诗词、书画无不究及。对南宋弊政有所批评。对儒家经书尤多怀疑,如谓《洪范》"五皇极"以下六十四字为皇极经,非箕子之言;《诗》之《野有死麕》等篇为郑、卫淫奔之诗,皆所当删。故被后儒视为"异端"。著作约五六十种,八百余卷,大部分已散佚。现存有《诗疑》、《书疑》、《研几图》、《鲁斋遗集》等。

王柏心(1798—1873) 清湖北监利人,字子寿。道光进士。授刑部主事,旋辞官归里。博涉经史,肆力诗古文辞,林则徐以"国士"许之。曾为张亮基、胡林翼等赞划军务、政务,屡出奇计,深为嘉纳。著有《枢言》、《导江三议》、《子寿诗钞》等,纂修《黄冈县志》、《东湖县志》、《宜昌府志》、《当阳县志》。其文汇为《百柱堂全集》。

王邦瑞(1495—1562) 明河南宜阳人,字惟贤,或作维贤,号凤泉。正德进士。任广德知州。嘉靖初,历官陕西提学佥事、吏部左侍郎等。嘉靖二十九年(1550)庚戌之变,以巡视九门功任兵部尚书。次年被仇鸾排挤夺职。三十九年复任。不久病死。谥襄毅。著作有《王襄毅公集》。

王褒 ❶西汉犍为资中(今四川资阳)人,字子渊。宣帝时,因益州刺史王襄荐其有逸才,征至长安,待诏金马门。擢为谏大夫,以辞赋著称。后方士言益州有金马碧鸡之宝,可祭祀致之。乃奉使往祀,于道病死。作有《僮约》等文。明人辑有《王谏议集》。❷南北朝时琅邪临沂(今山东临沂北)人,字子渊。博览史传。弱冠举秀才,除南朝梁秘书郎、太子舍人。从国子祭酒萧子云学草隶,名亚子云。梁元帝嗣位,召拜吏部尚书、右仆射,宠遇日甚。梁承圣三年(554),江陵城陷,至长安,西魏丞相宇文泰以为车骑大将军。北周孝闵帝即位,封石泉县子。周明帝笃好文学,常侍左右赋诗谈论。周武帝作《象经》,受命注释。建德以后,颇参朝议,亦草诏册。寻出为宜州刺史。卒于位,年六十四。

王保保 即"扩廓帖木儿"。

王豹 西晋顺阳(今河南淅川南)人。初为豫州别驾,继为齐王冏主簿。冏骄纵,屡谏不纳,被杀。

王贝勒佐领 即"王府佐领"。

王弼 ❶(226—249)三国魏山阳高平(今山东邹城西南)人,字辅嗣。出身于经学世家。少有高名,通辩能言。曾任尚书郎。与何晏、夏侯玄等同开玄学清谈风气,史称"正始之音"。曾阐释《老子》、《周易》、《论语》,论述有无、本末、体用、一多、动静、言意、自然和名教等一系列哲学、政治观点及其相互关系,将日趋衰微的两汉经学,改造为偏重哲理的玄学。认为"道者'无'之称也,无不由也"(邢昺《论语注疏》引),万物及其变化(末)皆由寂然不动的"无"(本)所派生,故谓"万物万形,其归一也,何由致一?由于无也"(《老子注》四十二章)。与何晏并为"贵无派"的创始人。好论儒道,尊孔子为圣人,称孔子已做到与"无"同体,而老子却还未摆脱"有"的境界,借以"援老入儒",合儒道为一。肯定"贤愚有别,尊卑有序"的"名教"出于"自然"。提出"以君御民,执一统众"(《老子注》)的政治主张。宣传"言不尽意",否认语言、概念能反映客观事物的真相。乐游宴,解音律,善投壶。因其"天才卓出",每为时人所叹服。但颇以所长鄙人,故又为士人"所疾"。著有《老子注》、《老子指略》、《周易注》、《周易略例》。另著有《论语释疑》,已佚,部分散见于皇侃《论语义疏》和邢昺的《论语正义》。❷(1331—1394)明初凤阳(今属安徽)人。善用双刀,号"双刀王"。元末聚众保乡里,后率部投朱元璋。累官骁骑右卫亲军指挥使、大都督府佥事。洪武十二年(1379)以征西功封定远侯。二十一年从蓝玉出塞,为先锋,追元嗣主脱古思帖木儿至扑鱼儿海,尽获其辎重。二十六年召还,因言太祖年高将死,被杀。

王襞(1511—1587) 明泰州安丰场(今江苏东台)人,字宗顺,号东厓。泰州学派学者。王艮次子。少随父求学于王守仁门下,以王畿为师,受其思想影响较深。谓自心之妙用与饥食倦眠同,不容一毫人力于其间,盖以有滞之心不足以窥圣人圆神之妙,故主务沏人心之障，勘破坐见之病。实以宗教式之修持代替对客观事物之认识，近于禅学。著作有《王东厓先生遗集》。

王辩(563—618)　隋冯翊蒲城(今属陕西)人，字警略。少通兵书，善骑射。仕北周为帅都督。入隋，为大都督、车骑将军。参与平汉王杨谅从征吐谷浑及高丽，俱有功。迁虎贲郎将。大业末，献攻灭起义军方略，镇压高士达、郝孝德、魏刀儿等。后为瓦岗军所败，溺死于洛水。

王彪(？—1471)　明人，荆、襄农民起义军将领。成化二年(1466)，起义军为官军所败，与李原等脱险后，集合旧部，活动于湖广、河南、陕西交界山区，流民附者至百万。六年再度起义。次年被俘杀。

王彪之(305—377)　东晋琅邪临沂(今山东临沂北)人，字叔虎(一作叔武)。年少须白，世称"王白须"。初为佐著作郎，累迁廷尉，执法严明。转吏部尚书，主选人以才，不得以卜术兼进。时众官渐多，迁徙太速，进"省官、并职、考绩得贤"之议。出为镇军将军、会稽内史，在郡八年，豪右敛迹，归亡户三万余口。复为尚书仆射。桓温将废海西公，乃据《汉书·霍光传》定礼度仪制，迎立简文帝。及简文帝卒，郡臣疑惑，未敢立嗣，则力主太子代之，不须桓温处分，朝议乃定。与谢安阻抑桓温谋篡，共掌朝政。官至尚书令。

王彬　西晋琅邪临沂(今山东临沂北)人，字世儒。与兄廙俱渡江，琅邪王睿引为镇东贼曹参军。讨华轶，封都亭侯。转军咨祭酒。东晋建，迁侍中。素与周顗善，王敦举兵害顗，往哭甚恸并斥责敦杀戮忠良，图谋不轨。敦怒欲杀之，殊无惧容。后累迁前将军、江州刺史。苏峻之乱后，改筑新宫，任为大匠。营创有功，赐爵关内侯，迁尚书右仆射。卒年五十九。

王斌(？—1457)　明人。出家为僧。法名悟真。景泰年间在陕西褒城(今勉县)山中秘密组织群众。天顺元年(1457)元旦，他率领流民数千人起事，国号极乐，年号天绣，设置职官。不久在攻汉中时，被俘遇害。

王冰(约710—805)　唐人，自号启玄子。仕为太仆令，后医家称"王太仆"。对世传《黄帝素问》残本，考校纰缪，削去繁杂，精勤博访，诠次注释，历时十二年，并将自言所得旧藏亡逸之卷补足，至宝应元年(762)编成《黄帝内经素问》八十一篇，合二十四卷。又著《天元玉策》等。另著有《元和纪用经》、《玄珠密语》等，据考证为后人伪托。

王禀(？—1126)　北宋开封(今属河南)人，字正臣。行伍出身。宣和元年(1119)，官至婺州观察使、步军都虞候。次年，改统制，参与镇压方腊起义。四年，为宣抚司都统制，从童贯攻辽，败于白沟。七年，金攻宋，童贯弃太原还京，留他为副都总管，统领宣抚司兵守太原。靖康元年(1126)六月，除建武军节度使。九月，太原援绝，军民断粮，城陷，犹率疲兵巷战，身中数十枪，后投河而死。守太原凡二百五十余日。

王波(？—344)　十六国时人。后赵石勒时初任牙门将。赵王八年(326)，为记室参军，典定九流，始立秀才、孝廉试经之制。又与裴宪共撰朝仪，勒始宪章文物，拟于王者。石虎称摄赵天王，为中书令。后武乡(今山西榆社北)获玄玉玺来献，为虎上《玄玺颂》以谀之。转中书监，建武六年(340)，因进议失计被黜以白衣守中书监。后石虎欲杀贵臣以厌天变，遂追其前失腰斩之。寻以无罪追赠司空。

王播(759—830)　唐扬州(今属江苏)人，祖籍太原(今山西太原西南)，字明敭。贞元进士，又登贤良极谏科。历三院御史、京畿县令，累迁工部郎中，知御史台杂事，刺举不阿，有能名。领盐铁副使，擢御史中丞。元和中，任京兆尹、刑部侍郎，充诸道盐铁转运使。颇精吏治，善断刑狱，为宰相皇甫镈所忌，出为剑南西川节度使。及镈被贬，于长庆元年(821)，召还拜相，并领盐铁转运使。然唯结权幸自保，无众望，出为淮南节度使，仍掌盐铁。聚敛无度，岁进"羡余"百万缗。大和元年(827)入朝，进奉甚巨，因再拜相。

王伯大(？—1253)　南宋福州(今属福建)人，字幼学，号留耕。嘉定进士。知临江军，赈荒有法。历知信阳军、提举江东常平兼知池州。累迁枢密副都承旨兼左司郎中，进对以危亡为言，请理宗反身自省，改善朝政，又极言边事。出知婺州。淳祐七年(1247)，签书枢密院事兼权参知政事。次年，拜参知政事，不久即罢知建宁府。

王伯当(？—619)　隋济阳(今河南兰考东北)人。大业十二年(616)率众起义，引李密投翟让。旋与之合军，击杀隋将张须陀。次年，李密杀翟让，自称魏公，与徐世勣、单雄信分统部众。武德元年(618)，从李密入关降唐，封左武卫大将军。后因反唐被杀。

王伯胜(？—1326)　元霸州文安(今属河北)人。十一岁为世祖宿卫。至元二十五年(1288)，从征乃颜，以功授拱卫直都指挥使。武宗时，任也可扎鲁花赤、刑部尚书、中书右丞等职。仁宗时，任辽阳等处行中书省平章政事，英宗时为大都留守、武卫亲军都指挥使，兼大都屯田事，监修文武楼、咸宁殿、太庙。

王勃(649—676)　唐绛州龙门(今山西河津)人，字子安。王通孙。少年对策高第。乾封初，为沛王府修撰。后为虢州参军，因罪革职。南下省父时，渡海溺水卒。与杨炯、卢照邻、骆宾王齐名，称初唐四杰。反对绮靡文风，提倡表现浓郁的感情与壮大的气势。文以《滕王阁序》最著名。原集已佚，有辑本《王子安集》。

王薄(？—622)　隋齐郡邹平(今山东邹平西北)人。大业七年(611)，与同郡孟让首先起兵反隋，占据长白山(今山东邹平南)，转战山东诸郡，称知世郎。作《无向辽东浪死歌》，百姓避役者争归之，至众数万。九年，被隋将张须陀击败于泰山下。引余众渡黄河，北上与孙宣雅、郝孝德等部起义军联合，众至十余万人。攻章丘(今山东章丘西北)，遭张须陀军袭击，败走。后降宇文化及，与之共守聊城（今山东聊城东北）。唐武德二年(619)开城降窦建德。旋又降唐，任齐州总管，参与镇压徐圆朗。五年，为仇人所杀。

王粲(177—217) 汉末山阳高平（今山东邹城西南）人，字仲宣。善诗赋，以博洽著称，为"建安七子"之一。先在荆州依附刘表，后归曹操，任丞相掾、侍中。著有《汉末英雄记》。原有集，已佚，明人辑有《王侍中集》。

王昌 即"王郎"。

王昌龄(约690—约756) 唐京兆（今陕西西安）人，一作太原（今山西太原西南）人，字少伯。开元进士。补校书郎，又中宏词科，授汜水尉，迁江宁丞。晚年贬龙标尉。世乱还乡，道出亳州被杀。工诗，时称诗家夫（一作天）子王江宁，推为圣手。长于七绝，写边塞军旅生活，风格雄浑，音调铿锵；写宫怨、离愁，含蓄婉转。某些诗间接反映统治者的荒淫，也有些流露消极隐退思想。原有集，已散佚，后人辑有《王昌龄集》。

王长寿(？—1004) 北宋人。原为逃卒。真宗时在曹（治今河南曹县西北）、濮（治今山东鄄城北）、澶（治今河南濮阳南）州一带率众起义。景德元年(1004)率百余人攻打陈留，转战澶、濮间，部众扩展至五千余人。同年五月，在胙城为磁州刺史许均所败，被俘遇害。

王长述 隋京兆霸城（今陕西西安东北）人，名述，以字显。西魏时，为宇文泰赏识，任中书舍人。北周时，任宾部大夫，出为晋州刺史，累迁司宪大夫，出任广州刺史。后历襄、仁二州总管。治理有方，蛮夷归附者三万余户。及杨坚（隋文帝）为丞相，授信州总管，以讨王谦有功，进位柱国。入隋，献平陈策，修营战舰，组练水师，文帝颇加赏劳，以行军总管出击南宁，卒于道。

王长文 西晋广汉郪县（今四川中江东南）人，字德叡。少以才学知名，放荡不羁，州府辟命皆不就。后为江源令。梁王肜为丞相，引为从事中郎。终于洛阳，卒年六十四。著书四卷，拟《易》，名为《通玄经》，时人比之扬雄《太玄》。

王常(？—36) 新莽末颍川舞阳（今河南舞阳西）人，字颜卿。与王匡、王凤等人起义于云杜绿林山（今湖北大洪山）。旋率下江兵与刘縯、刘秀所部春陵兵联合，攻杀新莽将领甄阜、梁丘赐。诸将议立宗室刘玄为帝，惟常与南阳地主集团拥立刘縯，遭农民军将领张卬等人反对。更始政权建立后，任廷尉、大将军，封知命侯。后参加昆阳之战，大败新莽将领王寻部。及更始西都长安，又行南阳太守事，进封邓王，赐姓刘氏。建武二年(26)归降东汉，任左曹，封山桑侯。后数从征伐，以功封横野大将军，位在诸将之上。

王昶 ❶(？—259)三国时太原晋阳（今山西太原西南）人，字文舒。初为太子文学，迁中庶子。魏文帝即位，任洛阳典农，劝百姓垦田特多，迁兖州刺史。明帝时，加扬烈将军，赐爵关内侯。著《治论》二十余篇。正始中，为征南将军。司马懿诛曹爽，奏问大臣得失，乃陈崇道笃学，绝侈靡等五事。嘉平二年(250)，上言吴国流放良臣、嫡庶纷争，可乘机击之，乃奉命攻江陵（今湖北荆州），大破吴军，迁征南大将军。正元二年(255)，毌丘俭等叛乱，以拒俭有功，进位骠骑将军。甘露三年(258)，时诸葛诞反，因据夹石以逼江陵，使吴军不能救援诞军。迁司空。❷即"闽康宗"。❸(1724—1806)清江苏青浦（今属上海市）人，字德甫，号述庵，又号兰泉。乾隆进士。由内阁中书擢军机章京。曾从征缅甸及大小金川，在军中九年，官至刑部右侍郎。休归后，历主娄东、敷文书院讲席。少善诗，为"吴中七子"之一。又从惠栋问学，精于考证。尝参与《平定两金川方略》、《重修大清一统志》、《通鉴辑览》诸书之纂修。多次充乡试、会试考官。与朱筠历主坛坫，时有"南王北朱"之称。生平著述甚富，主要有《春融堂诗文集》、《金石粹编》、《明词综》、《国朝词综》等。

王朝(？—前115) 西汉齐人。武帝时，曾任右内史，已而失官。后与边通、朱买臣等俱为丞相长史。因受御史大夫张汤排挤，于元鼎二年（前115）合谋陷之，致汤自杀。他旋亦被诛。

王朝先(？—1651) 明末清初浙江舟山人，一说四川土司。骁勇善战。初从张国柱等入海，被黄斌卿留为部下，然不任以事，郁郁不得志。后受张名振之招，领众数千，归鲁王，封平西伯。鲁监国四年（顺治六年，1649），与阮进击杀斌卿，旋迎鲁王入舟山，渐自恣。六年为名振袭杀。

王朝佐(？—1599) 明山东临清人。编筐工匠（一说以负贩为业）。万历二十七年(1599)，宦官马堂征税临清，召聚亡命，横征强索，甚至白日抢掠。众愤税监马堂所为，数千人围焚马堂住所，毙其党羽三十七人。朝廷追治民变首领时，挺身独担其罪，被杀。死后地方为立祠致祀。

王潮(？—898) 唐末光州固始（今属河南）人，字信臣。初为县佐吏。王绪攻陷县城，召置军中，署为军正。光启元年(885)，随绪至漳州，与诸将囚绪。绪死，自为帅。次年，攻取泉州，唐任为刺史。景福二年(893)，攻入福州，尽有闽中五州之地，任福建观察使。乾宁三年(896)，唐于福州建威武军，为节度使。卒后，弟审知建闽国。

王臣 ❶辅佐王室之臣。《易·蹇》："六二，王臣蹇蹇，匪躬之故。"王弼注："执心不回，志匡王室者也。"❷君王之臣民。《诗·小雅·北山》："溥天之下，莫非王土；率土之滨，莫非王臣。"

王沈 ❶(？—266)西晋晋阳（今山西太原西南）人，字处道。武帝时为骠骑将军录尚书事，加散骑常侍。先在曹魏时曾任秘书监，典著作，与荀顗、韦诞、应璩、阮籍、孙该、傅玄等共撰《魏书》，其后独自撰写成书。❷西晋高平（治今山东巨野南）人，字彦伯。少有俊才，出于寒素，为时豪所仰。仕郡为文学掾，郁郁不得志，乃作《释时论》。终于里闾。❸十六国时人。汉刘聪时为中常侍。聪不理朝政，遂宠幸用事，其子弟、中表为内史令长者三十余人，车服宅宇逾于诸王。刘易、陈元达等上表劾之，聪反封之为列侯。与刘粲、靳准等诬陷皇太弟刘乂。聪纳其养女为左皇后，势倾一时，群臣切齿。

王忱 ❶东晋太原晋阳(今山西太原西南)人，字元达，小字佛大。王坦之子。弱冠知名，与王恭、王珣俱流誉一时。起家吏部郎。太元中，出为荆州刺史，都督荆、益、宁三州军事，建武将军。桓玄时在江陵(今湖北荆州)，每为其裁抑。性任达不拘，末年尤嗜酒，裸体而游。每叹三日不饮，便觉形神不相亲。卒于官。❷(1237—1315)元赵州宁晋(今属河北)人，字允中。王玉子。世祖时，为太子真金宿卫，掌钱谷计簿。后出任山北辽东道、河北河南道提刑按察副使。因弹劾镇南帅唐兀台遭诬陷，逮至京师。旋起为燕南河北道肃政廉访副使。后历任岭南广西、河东山西两道肃政廉访使，江陵、汴梁两路总管。至大元年(1308)，任云南行省参知政事。延祐元年(1314)，为昭文馆大学士。旋病死。

王称 旧作“王偁”，误。南宋眉州(今四川眉山)人，字季平。历知龙州、直秘阁。庆元间终吏部郎中。其父赏，曾参与编修实录。他有志于史学，广搜北宋九朝事迹，撰《东都事略》一百三十卷，无表志，为纪传体北宋史。淳熙十二年(1185)，洪迈修四朝国史时奏进。其书据国史、实录，旁及野史等有关史料，记事信而有征，叙述简明扼要，有较高史料价值。又著《西夏事略》。

王成 西汉人。宣帝时为胶东相。治甚有声。地节三年(前67)，因奏言流民自占附业达八万余口，赐爵关内侯，秩中二千石。未及征用，病卒。后人或言其虚增户口，以蒙显赏。

王承 西晋太原晋阳(今山西太原西南)人，字安期。弱冠知名。惠帝永宁初，为骠骑参军。八王之乱时，避难南下，迁司空从事中郎。东海王越镇许，以为记室参军。迁东海太守，政尚清净，不为细察。寻去官，至建邺(今江苏南京)，为镇东从事中郎。为渡江名臣。年四十六卒。

王承恩(？—1644) 明顺天(今北京)人。宦官。崇祯时累升至司礼秉笔太监。十七年(1644)三月，奉命提督京营。李自成农民军攻克北京，随思宗同缢于万岁山(今景山)。

王承美(？—1012) 北宋党项族藏才部人。父事契丹。开宝二年(969)随父归宋，授丰州牙内指挥使。四年，改天德军蕃汉都指挥使，知州事。次年，移丰州刺史。太平兴国七年(982)，与契丹战，斩获甚多，擒其天德军节度使韦太以献。八年，又败契丹。以功授本州团练使。淳化二年(991)入朝，遣还本任。大中祥符五年(1012)，于城内置孔庙。十一月，病卒。

王承元(801—834) 唐契丹怒皆部人。王武俊孙，王士真次子，王承宗弟。元和十五年(820)，承宗死，部将使主留后，不受，穆宗授滑州刺史、义成军节度使。河北强藩及部将劝其割据，不听。军乱，朝廷遣使宣谕，他拜求诸将，又散家财赏军，军中始定。后徙凤翔节度使，为防吐蕃进扰，于要冲筑垒，分兵防守，居民始安，封岐国公。太和五年(831)，移平卢军节度使、淄青登莱观察使。遵行唐廷盐法，行政宽惠，颇有政绩。

王承宗(？—820) 唐契丹怒皆部人。居于蓟县(今北京西南)。王士真长子。元和四年(809)，父死，自为留后，朝廷未置可否，惧而献德、棣二州。已而拒朝官赴任，宪宗发兵讨之，乃上表认罪，仍为成德节度使。十年，上疏阻讨淮西吴元济，又与李师道勾结，刺杀宰相武元衡。次年，唐廷发兵讨伐。十二年，淮西平，大惧，贡租赋，遣子入朝。李师道平，奉法益谨。

王城 ❶西周的东都。成王时周公所筑。在今河南洛阳市王城公园一带，在涧水之东，瀍水之西。公元前770年平王东迁，定都于此。前516年，敬王避王子朝之乱，迁都成周城，赧王又还都于此。战国时改建为河南城。《汉书·地理志》河南郡河南县：“故郏鄏地。周武王迁九鼎，周公致太平，营以为都，是为王城，至平王居之”。一说王城为成周内城，其名始见于春秋，周敬王时并未迁都。参见“雒邑”。❷春秋时大荔戎筑以为都。在今陕西大荔县东，久为黄河泛滥改道所淤没。《左传》僖公十五年(前645)：“晋阴饴甥会秦伯，盟于王城”；《史记·秦本纪》：厉共公十六年(前461)，“以兵二万伐大荔，取其王城”，皆此。❸见《明史·鸡笼传》。即今台湾台南市西安平堡。参见“台湾城”。

王城岗遗址 河南西北部的一处古代遗址。位于登封告成镇西的王城岗，总面积近10000平方米。1977—1980年共发掘8575平方米，文化内涵包括裴李岗文化、龙山文化、二里头文化、商文化二里岗期、晚商和春秋战国文化堆积，其中以龙山文化时间延续较长，可分为五期，各期陶器形制、纹饰等特征一脉相承，晚期部分陶器与二里头文化一期接近。发现王城岗二期(相当龙山文化中、晚期)城址两座，东城已被水冲毁，仅存残余部分。西城较完整，南墙长82.4米，西墙长92米，北墙残长29米。南墙东有宽10米缺口，当为城门。据碳-14测定，距今约四千年。城内有不同时期灰坑、窖穴和与城墙同时的奠基坑多座。奠基坑每坑埋二至六具人骨，当与附近建筑基址有关。出土物有大量陶器、石器，值得注意的是发现一件青铜容器残片。此城址为目前中国发现最古城址之一，有人认为即禹都阳城，为研究城市起源和探索夏文化提供了重要资料。

王澄 ❶(269—312)西晋琅邪临沂(今山东临沂北)人，字平子。兄王衍尝评天下人士次第，称“阿平第一”，由是显名。善品评人物。累迁成都王司马颖从事中郎。颖嬖竖孟玖谮杀陆机兄弟，天下切齿。因劝颖杀之，士庶称善。颖败，为东海王司马越司空长史。惠帝末，为荆州刺史，纵酒博弈，不亲庶事，由是上下离心。杜弢起于荆湘，王冲叛于豫州，遂惧而出奔，迁孱陵(今湖北公安西)，奔沓中(今湖北仙桃一带)。元帝征为军咨祭酒，经豫章，诣王敦。敦素惮其盛名，使力士扼杀之。❷西晋太原晋阳(今山西太原西南)人，字道琛。王浑子。辩慧有才藻，并历清要，封亭侯。❸东晋魏兴(治今湖北郧西西)人。曾受父王逊遣，奉表劝进于元帝。袭爵褒中县公，历魏兴太守、散骑常侍。

王充(27—约 97) 东汉会稽上虞(今属浙江)人，字仲任。出身"细族孤门"。年青时受业太学，师事班彪，勤奋好学，博通九流百家之言。历任郡功曹、州治中等。因与权贵不合，几次辞职。生活穷困，一生潦倒。勤于著述，著作宏富。称"元气"为天地万物之物质基础，"天地，含气之自然也"(《论衡·谈天》)，"天地合气，万物自生，犹夫妇合气，子自生矣"(《论衡·自然》)。人也是禀受天地元气而成，"夫人，物也，虽贵为王侯，性不异于物"(《论衡·道虚》)。反对天人感应论，批判祥瑞、谴告说和谶纬迷信。依据"烛火喻形神"的观点，抨击有鬼论，指出："人之死犹火之灭也"，"天下无独燃之火，世间安得有无体独知之精?"(《论衡·论死》)反对"生知"，主张"学知"，既强调"须任耳目以定情实"(《论衡·实知》)，又重视"心意"，即思维的作用，并主张以"效验"作为检验知识可靠性之标准。反对当时儒者"好信师而是古"之风气，提出"汉高于周"之历史进化思想。然又认为国家之治乱安危，个人之贵贱寿夭均受"期"、"时"、"数"等必然因素的支配。"人之死生，在于命之寿夭，不在行之善恶；国之存亡，在期之长短，不在政之得失"(《论衡·异虚》)，"世之治乱，在时不在政；国之安危，在数不在教"(《论衡·治期》)，具有命定论的思想。其著作在《后汉书》本传仅提到《论衡》和《养性书》。《论衡·自纪》则说有《讥俗》、《政务》、《论衡》、《养性》等四部。流传至今者有《论衡》八十四篇。

王重荣(? —887) 唐太原祁县(今属山西)人。以父荫补为军校，勇冠军中，又多权谋。广明元年(880)，为河中马步军都虞候。黄巢克长安，降起义军，为节度副使。既而杀黄巢使者叛，并击败朱温、黄邺起义军，受唐封为河中节度使，联合忠武监军杨复光，大败起义军。中和二年(882)，收降据守同州的起义军大将朱温。与杨复光计议，征召沙陀李克用镇压起义军。三年，李克用攻入长安，他以功封琅邪郡王。光启元年(885)，与宦官田令孜争河中安邑、解县两池盐课，令孜结邠宁朱玫、凤翔李昌符攻之，他联李克用，败邠宁、凤翔兵。后令孜与朱玫拥嗣襄王李煴称帝，他又与李克用共讨朱玫，杀李煴，迎僖宗复位。终因用法过严，为部将常行儒所杀。

王重阳 即"王喆"。

王崇 ❶西汉琅邪皋虞(今山东即墨东北)人。少以父任为郎。历任刺史、郡守，治有能名。哀帝建平三年(前 4)，以河南太守征入为御史大夫。因上封事忤旨，左迁大司农。后徙卫尉左将军。平帝即位，任大司空，封扶平侯。岁余，病免就国。为傅婢毒杀，国除。❷三国时广汉郪县(今四川中江东南)人，字幼远。学业渊博，任蜀东观郎。蜀亡后，辟为梁州别驾、举秀才、尚书郎。与陈寿等同至洛阳。泰始中为上庸太守，迁蜀郡太守。著有《蜀书》及诗赋数十篇，其书与陈寿《蜀志》颇不同，已佚。其论后主及姜维之文略见于《华阳国志》。

王崇古(1515—1588) 明山西蒲州(今永济西)人，字学甫，号鉴川。嘉靖进士。授刑部主事，累进右佥都御史，巡抚宁夏。隆庆初任兵部侍郎，总督陕西、延宁、甘肃军务，以功迁右都御史总督宣大、山西军务。力主准俺答封贡，开宣大马市。万历三年(1575)进刑部尚书。五年改兵部尚书。不久致仕归。著有《庄浪漫记》、《督府奏议》、《山堂汇稿》等。

王宠(1494—1533) 明苏州吴县(今属江苏)人，字履仁，又字履吉，号雅宜，别号雅宜山人。少从学于蔡羽，后读书石湖。屡试不第，由诸生贡入国子监。晚年居常熟虞山白雀寺。喜诗画，书法以行草见长。有《王履吉诗集》。

王宠惠(1881—1958) 广东东莞人，字亮畴。天津北洋大学毕业。先后留学日、美、英等国，获耶鲁大学法学博士。清光绪三十年(1904)结识孙中山。宣统三年(1911)广东光复，加入同盟会，并作为民军代表伍廷芳的参赞参与南北议和。1912 年南京临时政府成立，任外交总长，临时政府北迁后改任司法总长。1916 年参加护国运动。国民政府成立后，历任司法部长、外交部长、国防最高委员会秘书长及代理行政院长，并曾任海牙国际法庭法官六年。1945 年代表中国出席联合国成立大会。后病死台湾。

王畴(? —1065) 北宋曹州济阴(今山东曹县西北)人，字景彝。以父荫补将作监主簿。第进士，累迁太常博士、翰林学士。吏治审密，文辞严丽，以贾昌朝荐，编修《唐书》。在书局十余年，编写志草，探讨唐事甚详。书成，迁一秩。官至枢密副使。

王处存(831—895) 唐京兆万年(今陕西西安)人。世籍神策军，为京师富家。初任右军镇使，累迁检校刑部(一说户部)尚书、定州制置使、义武节度使。黄巢义军攻克长安，僖宗出逃，他遣二千人间道往山南护卫僖宗。又与王重荣连盟，进屯渭桥。任东南面行营招讨使。后又任京城东面都统，前后遣使十数人迎李克用，合军攻下长安。进检校司徒、同中书门下平章事。田令孜讨王重荣时，命他代重荣为河中节度使，赴镇被拒而止。

王处回(? —951) 五代时彭城(今江苏徐州)人，字亚贤。性宽厚有机略。后蜀高祖(孟知祥)时，官至枢密使，同受顾命。后主即位，以拥戴功，加兼侍中，领武泰军节度使。广政元年(938)，兼武信军节度使、同平章事。恃定策功，专权贪纵，卖官鬻狱，家赀巨万，及内藏三分之二。十一年，黜为武德节度使，兼中书令，归私第，以太子太傅致仕。

王处一(1148—1217) 金宁海(今山东烟台)人。大定八年(1168)，从王喆出家学道，训名处一，字玉阳，世称玉阳真人。往来山东一带。二十七年，世宗召见，问以延生之理，以"惜精全神，修身之要；端拱无为，治天下之本"作答。次年还山东。二十九年，奉诏再至京师，为世宗主醮。承安三年(1198)，章宗复召问养生之道，赐号体玄大师。有《云光集》行世。元世祖追封玉阳体玄广度真人，武宗加封玉阳体玄广慈普度真君。

王处直(862—922) 唐末五代时万年(今陕西西安)人,字允明。王处存之弟。初为定州后院军都知兵马使。光化三年(900)逐处存子郜,代为义武留后,倚朱全忠,被表为义武节度使。入梁,封北平王。后绝梁附晋。后梁龙德元年(921)为养子王都所囚废,次年初忧愤死。

王船山 即"王夫之"。

王次翁(1079—1149) 宋齐州历城(今山东济南)人,字庆曾。崇宁进士。授恩州司理参军,后知道州。绍兴中,以附秦桧得进,累官中书舍人、参知政事。迎合桧意,力主和议,劾赵鼎,罢韩世忠、张俊、岳飞等三大将兵柄,皆不遗余力。绍兴十二年(1142),为奉迎扈从礼仪使,迎接高宗生母韦氏南归,因未得桧命,不肯偿还太后向金使所借之金,相持境上凡三日。太后归,泣诉于帝。高宗欲诛之,桧力为营救,遂以资政殿学士奉祠。

王聪儿(1777—1798) 清湖北襄阳人。襄阳白莲教首齐林妻,人称"齐王氏"。江湖艺人出身,善马上使双刀,矫捷如飞。嘉庆元年(1796)齐林遇害,遂被推为"总教师",与刘启荣、王廷诏、姚之富等于襄阳黄龙垱起事,攻吕堰驿、樊城等地。旋进逼孝感,威胁武昌。次年率众入川,与四川义军会师于东乡(今宣汉),被推为襄阳黄号首领。后转战于川楚陕各地。三年率主力自陕返楚,途中被清将明亮、德楞泰围于郧西三岔河,跳崖遇难。

王存(1023—1101) 北宋润州丹阳(今属江苏)人,字正仲。庆历进士。调嘉兴主簿。治平中为国子监直讲,历馆阁校勘、集贤校理、史馆检讨、知太常礼院。素与王安石友善,熙宁中安石执政,论事不合,即谢不往。元丰初,除国史编修官,修起居注,进右正言、知制诰兼判太常寺,迁知开封府,改兵部、户部尚书。元祐二年(1087)拜尚书右丞,次年迁左丞。在朝遇事必争,尝反对罢京畿保甲。后出知蔡州,徙扬州。入为吏部尚书,复出知大名府、杭州。绍圣初提举崇禧观,致仕。著有《元丰九域志》。

王嵯巅(?—859) 又作蒙嵯颠。唐南诏弄栋节度使、清平官。元和十一年(816),杀国王劝龙晟立王弟劝利。劝利封之为"大容"(容,意为兄),赐姓蒙(或说初论罪,不久赦之)。任清平官,专国事。大和三年(829),借口西川节度使杜元颖与南诏不睦,率兵内犯,连陷嶲、戎、邛三州(今四川西昌、宜宾、邛崃),引兵抵成都,又犯梓州(今三台县),领西川节度使郭钊修书切责,退兵。军留成都西郭十日,其始慰抚蜀人。将行,大掠子女、工技数万(一说九千)人及经籍、珍货而还,至大渡河,被掠人众望乡恸哭,赴水死者以千计。大中末,于南诏国王丰祐死后摄政,旋为南诏臣段宗牓所杀。

王错 一作王钟。战国时魏国大臣。曾谮毁吴起于魏武侯,吴起惧,遂离魏往楚。魏惠王二年(前368),他出奔于韩。

王达马傻子起义 清咸丰、同治年间东北农民起义。咸丰十年(1860)义州(今辽宁义县)王达领导农民起义,得到朝阳、昌图一带矿工和农民的响应。次年王达战死,起义军由李维藩(即李维忠)率领,继续斗争。同治四年(1865)与王起、马傻子(即马振隆)等汇合,攻占梨树、伊通、长春、铁岭,围攻盛京(今辽宁沈阳)。后又在朝阳、赤峰、法库、昌图等地抗击清军。次年春王起因起义军内讧被杀,四月,马傻子败死,起义失败。

王打文(?—1886) 清海南岛人。黎族。光绪十一年(1885)与陈中明、陈中清等率陵水、万宁黎汉人民攻占定安县南闾峒与澄迈县新吴市,州县告急。两广总督张之洞令钦廉提督冯子材渡海镇压,起义军在琼中县什密、陵水县廖二弓等地痛击冯军。清军收买内奸杀害陈中清。他孤军作战失利,被俘遇害。

王大梁(?—1629) 又名王异。明末人。陕西农民起义首领。崇祯元年(1628)在陕南举义,称大梁王,拥众四百人。一度攻克略阳,进逼汉中,俘获关南道中军王首成。二年为商洛道刘应遇所败,被俘杀于西乡、紫阳境内之大石川。

王大用(1479—1553) 明福建莆田人,字时行,号檗合。正德进士。授工部主事。十一年(1516)任广东兵备佥事。嘉靖初因镇压农民起义功迁右副都御史,巡抚大同。十一年(1532)官至右都御史。二十五年任南京刑部右侍郎,遭劾罢官。晚年居扬州仪真(今江苏仪征)。著有《书经旨略》。

王岱舆(约1570—1660) 明末清初金陵(今江苏南京)人,名涯,以字行,别署真回老人。回族。先世为天方(阿拉伯)人。世代精天文历算。幼承家学,习伊斯兰教经典及儒、佛、道典籍,从事译著。以儒家学说铨释古兰经,为中国伊斯兰教两大学派之一的汉学派创始人。明亡,北上京师(今北京)于正阳门外讲经论道。译著有《正教真诠》、《清真大学》、《希真正答》等。

王亶望(?—1781) 清山西临汾人。巡抚王师子。自举人捐纳知县,累迁至浙江布政使。乾隆三十九年(1774)移甘肃布政使,与总督勒尔谨改"监粮"为输银,又捏灾冒赈,贪污银两。四十二年擢浙江巡抚。四十五年迎高宗南巡,供张侈靡。次年甘肃贪污事发,处斩,籍没,得金银逾百万。

王旦(957—1017) 北宋大名莘县(今属山东)人,字子明。王祐子。太平兴国进士。以著作佐郎预编《文苑英华》。淳化二年(991)累迁知制诰。历任同判吏部流内铨、知考课院、理检院等。真宗即位,擢翰林学士兼知审官院、通进银台封驳司。咸平三年(1000)同知枢密院事,逾年,参知政事。契丹进犯,他随真宗至澶州,后因东京留守雍王遇暴疾,驰还权留守事。景德三年(1006)拜相,监修《两朝国史》。天书封祀事起,为天书仪仗使、大礼使。为相,主张守祖宗之法。能知人,多提拔厚重之士。寇准对他屡加非议,但他常称准之美。天禧元年(1017)以疾罢相,还极力推荐寇准继其任。卒谥文正。

王当 北宋眉州眉山(今属四川)人,字子思。幼好学,举进士不第,专事著述。元祐中,苏辙以贤良方正荐,廷对慷慨,不避权贵。调龙游县尉。蔡京知成都,举为学官,不就。及京为相,遂不复仕。卒年七十二。博览古今,尤精《易》与《春秋》。著有《春秋列国诸臣传》等。

王导(276—339) 晋琅邪临沂(今山东临沂北)人,字茂弘,小字阿龙。少有风鉴,识量清远。袭祖爵即丘子,西晋末参东海王越军事。琅邪王睿出镇下邳,任为安东司马,军国之事,无不咨访。又为睿献策移镇建康(今江苏南京),因南人不附,乃笼络江东士族顾荣、贺循等,参与军府政事。永嘉五年(311)汉刘曜攻陷洛阳,中州士族避乱江左者众,乃劝睿收罗其贤能,与之共图国事,于是尤见委任。建兴四年(316)西晋灭亡,建武元年(317)睿即晋王位,以为丞相军咨祭酒。次年晋王称帝,进骠骑大将军、仪同三司。时有"王与马共天下"之说。为政清静,善处兴废,历仕元、明、成三帝,德高望重,朝野号称"仲父"。他领导南迁门阀,联合江左士族,调和方镇矛盾,稳定了东晋偏安局面。

王焘(约670—755) 唐郿县(今陕西眉县)人。王珪孙。历任徐州司马、给事中、邺郡太守。有治才。因母疾,数从名医学,遂精医业。在弘文馆任职二十余年,博览秘籍,采集诸家医方,编成《外台秘要》,集唐以前方书之大成。

王道 儒家的政治主张。指以"仁义"治天下,与"霸道"相对。《孟子·梁惠王上》:"养生丧死无憾,王道之始也。"孟子提出施行王道的要点是:"以德行仁","制民之产","不违农时","省刑罚,薄税敛","尊贤使能,俊杰在位","谨庠序之教,申之以孝悌之义"等。孟子认为"仲尼之徒"都不称道"齐桓(公)"、"晋文(公)"之霸业,对管仲助齐桓公称霸诸侯持否定态度。儒家王道、霸道之分,始于孟子,后为历代帝王巩固其统治之两种手段。

王道焜(?—1645) 明钱塘(今浙江杭州)人,字昭平。天启举人。崇祯时为南平知县,迁南雄同知,改邵武同知,知光泽县事。崇祯帝破格求贤,被荐。方待命而京师陷,南还。清兵破杭州,自缢死。

王道隆(?—474) 南朝宋吴兴乌程(今浙江湖州)人。初为主书,湘东王刘彧(宋明帝)镇彭城时,使补典签,署内监。与主衣阮佃夫等合谋废杀前废帝。及彧即帝位,封吴平县侯。泰始二年(466),以为员外散骑侍郎、南兰陵太守,兼中书通事舍人。五年出侍东宫,仍兼舍人,宠信过于佃夫。后废帝时,官右军将军,太守、兼舍人如故。元徽二年(474)桂阳王刘休范举兵反,兵至新亭,乃率羽林军奔朱雀门御之,兵败被杀。

王道直 明湖广阳川(治今广西平南西北)人,字履之。天启进士。崇祯元年(1628)擢御史,巡按江南,请停织造恤灾。十三年迁左都御史。十五年免职归。著有《按吴疏稿》、《严关盾墨》等。

王得臣(1036—1116) 北宋安州安陆(今属湖北)人,字彦辅,号凤台子。初受学于郑獬,又受学于胡瑗。嘉祐进士。历提举开封府界常平等事、开封府判官、知唐州、军器少监、司农少卿等。绍圣四年(1097),管勾崇禧观,致仕。学问博洽,著有《麈史》。

王得禄(1770—1842) 清福建嘉义(今属台湾)人,字百道,号玉峰。乾隆间,曾参加镇压林爽文及陈周全起义。嘉庆初随福建水师提督李长庚追击蔡牵、朱濆海上起义军,迁南澳总兵,后任福建水师提督。嘉庆十四年(1809)与浙江提督邱良功会攻蔡牵于定海渔山,蔡牵战败自沉死。二十五年调浙江提督。道光二年(1822)以病乞休。二十一年,英军入侵厦门,受命驻澎湖,旋卒。

王得仁(?—1649) 明末清初陕西米脂人。初隶李自成农民军将领王体忠,骁勇善战,号王杂毛。永昌二年(顺治二年,1645)李自成死,从体忠降清。旋杀体忠代为副将,举兵附金声桓,连下江西诸州府。永历二年(顺治五年,1648)因功不得叙,怂恿声桓据南昌叛清,自称建武侯。后困守南昌,援绝粮尽,城破,被清军俘杀。

王德 ❶北朝时代郡武川(今内蒙古武川西)人,字天恩。鲜卑族。善骑射。北魏永安二年(529),从丞相尔朱荣讨北海王元颢;又随贺拔岳攻万俟丑奴,以功授龙骧将军。岳被秦州刺史侯莫陈悦杀害,与寇洛等定议拥戴宇文泰,加征西将军、平凉郡守。魏孝武帝西迁,以迎奉功,进封下博县伯,行东雍州事,赐姓乌丸氏。西魏大统元年(535),进爵为公,加车骑大将军、北雍州刺史。从泰破东魏高欢于沙苑(今陕西大荔南),又抚羌人于河、渭间,历河州、泾州刺史。卒于任。❷(1088—1155)宋通远军熟羊寨(今甘肃渭源东南)人,字子华。北宋末从军,以功补进武校尉,因敢战号"夜叉"。建炎元年(1127),率部勤王,隶刘光世部。三年,迁前军统制。讨伐苗傅、刘正彦时,因擅杀韩世忠部将,编管郴州,不久复职。后改隶张俊。绍兴十年(1140),宋军攻金,他下宿州、亳州,所向披靡。拜侍卫亲军马步军都虞候,封陇西郡侯。十一年,柘皋之捷,先发制敌,勇立首功,为刘锜所重。拜清远军节度使,建康府驻扎御前诸军都统制。

王德榜(1837—1893) 清湖南江华人,字朗青。咸丰初与兄吉昌办乡团,后随湘军在江西、安徽等地与太平军作战。官至知州,加捐道员。后其部归左宗棠节度。同治四年(1865)擢福建按察使,迁布政使,参与镇压太平军余部。十年随左宗棠镇压陕甘回民起义。光绪六年(1880)率部屯兵张家口以御沙俄。次年入京教练火器健锐营,兼办畿辅水利。中法战争期间,奉命募新军八营,号"定边军",在谅山、丰谷一带抗法。后配合冯子材在镇南关战役中阻击法军获胜,收复谅山。十五年授贵州布政使,卒于任。

王德标 清人。刘永福黑旗军将领。光绪二十年(1894)中日甲午战争爆发,随刘永福赴台湾,官至守备。次年春,统带亲兵七星队驻台南。不久率部奉命援彰化,抗击来犯日军。继协同分统杨泗洪守嘉义,并率部与简精华诸义军收复云林,反攻彰化。伤毙日军近卫师团第二旅团长山根信成少将以下官兵多人。因寡不敌众,旋退扼曾文溪。后不知所终。

王德用　❶(980—1058)北宋郑州管城(今河南郑州)人,字元辅。年十七从父超出击李继迁。累迁内殿崇班,历殿前左班都虞候、英州团练使等。仁宗即位,以博州团练使知广信军。历殿前都虞候、步军副都指挥使、桂福二州观察使。明道中,知枢密院事,领安德军节度使。契丹要求关南地,以兵压境,拜保静军节度使,徙真定府、定州路都总管,训练士卒,加强战备。加同中书门下平章事,判澶州。皇祐三年(1051),以太子太师致仕。又起为河阳三城节度使、同中书门下平章事、判郑州。至和元年(1054),为枢密使,后封鲁国公。❷清直隶雄县(今属河北)人,原名成德。光绪二十六年(1900)春,在家乡设坛,属乾字义和团,与白沟河义和团相呼应。五月底统率文安、霸州(今属河北)义和团抵天津,在大佛寺设总坛。先后在马家口、西沽武库、东局子等处打击外国侵略军。后奉命赴北京攻打东交民巷与西什库教堂。北京失陷后,率众返回冀中继续抗击侵略军。后不详。

王德渊　元广平(治今河北永年东南)人。曾任翰林修撰承直郎。尝从李冶学算。冶殁,受冶子克修之托为《测圆海镜》作序。

王登　战国初人。赵襄子时为中牟(今河南鹤壁西)令。据《韩非子·外储说左上》他曾一日内向赵襄子推荐中章、胥已二人为中大夫,并予之田宅。使当时中牟人见有利可图,相率"弃其田耘,卖宅圃,而随文学者邑之半"。一说王登当作壬登,《吕氏春秋·知度》王登作壬登可证。

王登联(？—1667)　清汉军镶红旗人,字捷轩。顺治中由贡生授郑州知州,累迁直隶巡抚,兼理原顺天巡抚事。康熙五年(1666)因请停镶黄、正白两旗换地事革职,后被鳌拜矫旨处绞,籍没。

王觌　北宋泰州如皋(今属江苏)人,字明叟。举进士。熙宁中为编修三司令式删定官,历润州推官、颍昌府签书判官。因事免,家居数年,起为太仆寺丞,徙太常。哲宗即位,累上数十章劾新党蔡確、章惇等,请尽罢青苗法,惟采掇免役法中有助于差役者数十事上之。迁侍御史、右谏议大夫,以论事出知润州。入拜刑、户部侍郎,使辽,为辽人所礼重。绍圣初,贬鼎州团练副使,澧州安置。徽宗立,起为工部侍郎,迁御史中丞,改翰林学士,出知润、海州。罢主管太平观。又因弹劾章惇,除名安置临江军。卒年六十八。

王鼎　❶北宋大名馆陶(今属河北)人,字鼎臣。王沿子。第进士。累迁太常博士,历提点江东、两浙刑狱。庆历新政期间,以擿发所部官吏过失无所隐,与杨紘、王绰被目为"三虎"。入朝为开封府及三司盐铁判官等。明敏强直,不避权贵。后为淮南两浙荆湖制置发运使,一反前任所为,对京城权贵无所馈遗,惟尽力吏事。入为三司盐铁副使,迁刑部侍郎、天章阁待制、河北都转运使,徙使河东。卒于任。❷(？—1106)辽涿州(今属河北)人,字虚中。清宁五年(1059)进士第一,调易州(今河北易县)观察判官,累迁翰林学士。大安初,升观书殿学士。因醉出怨言,杖黥夺官,流放镇州可敦城(今蒙古国布尔根省哈达桑东)。撰《焚椒录》一卷,记述宣懿皇后被诬案。五年,燕王延禧(天祚帝)生子大赦,他为贺表,被召还,复职。❸(1768—1842)清陕西蒲城人,字定九,一字省厓。嘉庆进士。累迁内阁学士,历工部、吏部、刑部、户部侍郎。道光五年(1825)命军机大臣上行走。六年补户部尚书。十一年署直隶总督。十八年拜东阁大学士。二十年英国发动鸦片战争,力主抗英。二十一年夏黄河决于祥符,奉命前往治理,暂署河道总督,次年工竣,晋太子太师。林则徐被革职查办,他还朝力争,自草遗疏,劾大学士穆彰阿误国,闭户自缢,冀以尸谏。谥文恪。著有《淮河源流考》。

王定保(870—?)　唐末五代南昌(今属江西)人。唐光化进士。唐末避乱至湖南,旋任容管巡官。刘隐招为幕属。南汉刘龑称帝,任宁远军节度使。大有十三年(940)继赵损为中书侍郎、同平章事。善文辞。著有《唐摭言》,记唐代科举制度及文人轶事,颇为详赡。

王东厓集　书名。明王襞撰。二卷。卷首有《年谱纪略》等,卷一有《语类遗略》、《启明公书略》、《文类杂录》;卷二有《诗类》、《补遗》等。其思想接近王畿,禅学色彩甚浓。焦竑序谓是书为门人汇辑。初刻于万历间,清嘉庆间王氏后人搜访遗版,与心斋集、一庵集合印成《淮南王氏三贤全书》,清末民初袁承业重订此书,与《东厓集》一并附入《明儒王心斋先生遗集》。

王栋(1503—1581)　明泰州姜堰镇(今江苏姜堰市)人,字隆吉,号一庵。泰州学派学者。王艮族弟。从王艮受格物之旨。嘉靖三十七年(1558)由岁贡授江西建昌府南城县训导,被聘主持白鹿洞书院、南昌正学书院,后迁南丰教谕、深州学正等职。致仕归乡后,被聘主持海陵安定书院。其学重在发挥王艮"百姓日用"之学,反对克欲,认为"察私防欲,圣门从来无此教法",孔子所言"克己","己即谓身也,而非身之私欲也","克者,力胜之辞",有"自强不息"之意(《会语正集》、《王一庵集》)。不以"意"为"心"之所发。又倡平民教育,要求建立士农工商"人人共同共明之学",反对学术为经生文士所独占,颇得王艮学说之精意。著作有《王一庵集》。

王斗　战国时齐国人。亦作王升。修道不仕。曾往见齐宣王,讥讽其好色好马好狗好酒,唯不好士。齐宣王纳其言,举士五人,任之官,齐国大治。事见《战国策·齐策四》。

王都中(1278—1341)　元福宁州(今福建霞浦)人,字元俞,号本斋。王积翁子。十七岁时,世祖特授平江路总管府治中。武宗时任江淮泉货监,后为海北海南道肃政廉访使,巡视三十四盐场,使役平课足。元统初两淮盐法久坏,为两淮都转运盐使,整饬盐法。升河南行省参知政事,途中病归。于家中拜江浙行省参知政事。有《小山堂稿》三卷,已佚。

王度　❶晋人。曾任北中郎参军。著有《二石传》、《二石伪治时事》。❷隋绛州龙门(今山西河津)

人。文中子王通之弟，王绩之兄。隋末官御史，大业八年(612)兼著作郎，修国史。次年出兼芮城令，持节河北道，赈济陕东饥民。唐高祖武德初卒。著《古镜记》一篇，记其与王绩用所得古镜照妖魅、疗奇病，并述古镜与日月同亏蚀明暗及平定风浪等十二个故事。虽未摆脱六朝小说志怪余风，但按时间顺序连成一故事，在结构上已有新发展，是唐代杂传记小说的前驱。见《太平广记》卷二百三十引《异闻录》。因其事迹不见史传，有人认为是小说家依托。

王端淑 清浙江山阴(今绍兴)人，字玉映，号映然子。明侍郎王思任女，诸生丁肇圣妻。博学，工诗文，善书画，长于花草，疏落苍秀。顺治中欲仿汉代曹大家故事，令入宫中，教诸妃公主，力辞不受。年八十余卒。著有《吟红集》。

王敦(266—324) 晋琅邪临沂(今山东临沂北)人，字处仲。王导从兄，娶武帝女襄城公主。永嘉之乱，散资财，弃青州刺史，单骑还洛阳。从琅邪王司马睿渡江，为扬州刺史，都督征伐诸军事，总征讨，与导同心翼戴，时称"王与马共天下"。建兴三年(315)击平杜弢，加都督江、扬、荆、湘、交、广六州诸军事，江州刺史，封汉安侯，自选置刺史以下官吏，兼统州郡。元帝即位，拜侍中，大将军，江州、荆州牧。手控强兵，欲专制朝廷。元帝惧而引刘隗、刁协、戴渊为心腹。永昌元年(322)，以讨隗等为名，在武昌(今湖北鄂州)起兵，大破官军于石头城(今江苏南京清凉山)，杀刁协、戴渊等，刘隗奔后赵。遂还屯武昌。既得志，四方贡献多入其府，将相大臣悉出其门，兄弟子侄皆居要害，自领益、宁二州都督，并以官属留府建康，遥控朝政。明帝即位，移镇姑孰(今安徽当涂)，自为扬州牧。太宁二年(324)，患病。明帝下诏讨之。因病重不能自将，以兄含为元帅，命部将钱凤等率众向京师，败于越城(今南京秦淮河以南)。旋病死。事平，发柩斩尸。

王钝(1336—1406) 明河南太康人，字士鲁。元末为猗氏县尹。洪武十年(1377)，征授礼部主事，历福建参政、浙江左布政使。建文初升任户部尚书。成祖即位，罢官。复命经理北平(今北京)屯种。永乐二年(1404)以布政使致仕，郁郁而卒。著有《野庄集》。

王铎 ❶(？—884)唐太原(今山西太原西南)人，字昭范。会昌进士。大中初，为监察御史。咸通七年(866)，以户部侍郎判度支，迁礼部尚书。十二年，以本官同平章事。乾符六年(879)，自请督诸将镇压黄巢起义军。充荆南节度使、南面行营招讨都统，守江陵。及义军入潭州(今湖南长沙)，所部不战而溃，贬为太子宾客。起义军入据长安。从僖宗入蜀。中和二年(882)，为中书令，充诸道行营都统，传檄天下，纠合周岌、王重荣等六镇，征召李克用所率沙陀兵，镇压起义军。后徙义昌节度使，途中过魏州(今河北大名东南)时，侍妾成列，服御鲜华，为节度使乐彦贞之子从训劫杀。❷(1592—1652)明末河南孟津人，字觉斯、觉之，号嵩樵、十樵、痴仙道人、瀍水渔人、烟潭渔叟等。天启进士，选庶吉士。历官检讨、侍讲，与修《三朝要典》。崇祯八年(1635)转任南京，十五年回乡，读书嵩山。后流落江南。十七年夏，任弘光朝礼部尚书兼东阁大学士。顺治二年(1645)降清。先后充《明史》、《太宗实录》副总裁。工行草、楷书，有《拟山园帖》。山水画仿王维，兼绘竹石。著有《拟山园选集》。

王堕(？—356) 十六国时京兆霸城(今陕西西安东北)人，字安生。博学有才，明于天文图纬。后赵末，从苻洪镇压梁犊起义军，任司马。后以"苻氏应王"之谶言说洪。洪子苻健即秦天王位，为尚书右仆射。后迁尚书令、司空。健病重，受遗命辅苻生。性刚峻疾恶，雅好直言，苻生宠任董荣等人，竟疾之如仇。卒遭荣谗，被生所杀。

王谔 明浙江奉化人，字廷直。好摹唐宋古画，又爱奇山怪石，所绘山水、人物，颇得妙趣。弘治时应征入京，值仁智殿，孝宗以宋人马远相誉。正德初官至锦衣千户。后以病乞归。绘有《踏雪寻梅图》、《溪桥访友图》、《松石人物图》等。

王鹗(1190—1273) 金曹州东明(今山东东明南)人，字百一。正大进士，授应奉翰林文字。累擢尚书省左右司郎中。金亡，被万户张柔招纳，在保定十余年。忽必烈(元世祖)在藩邸，遣使聘之，进讲经史，甚得敬重。世祖即位，首授翰林学士承旨。制诰典章，多所裁定。奏立史院，纂修辽、金二史，置十道提举学校官。至元五年(1268)致仕，岁给廪禄终身，朝廷有大事仍遣使就问。有《汝南遗事》。

王锷(740—815) 唐人，字昆吾。自称太原(今山西太原西南)人。原为湖南团练府裨将，机警干练，深得湖南团练使、江西节度使李皋信任，以军功历邵州、江州刺史。德宗擢为鸿胪少卿，岁省接待西域首领费用五十万缗。授岭南节度使，以市税充两税，除上供外，余皆入己。又侵吞市舶税，并以大船十余载犀角珠玉，贸易求财。由是家资富于官库，乃贿京师权门，得召为刑部尚书。历淮南、河中、河东节度使。在任善经营，河东兵备充足，财用丰余，并纳钱二千万缗于朝。时回鹘强大，他列兵五十里迎回鹘使，以威慑之。元和九年(814)，加同平章事。

王二(？—1629) 明陕西白水人。天启七年(1627)为饥荒所迫，杀澄城知县，聚众起义。崇祯元年(1628)合山西逃兵活动于蒲城、韩城。后劫宜君县狱，与王嘉胤会合，众至五千余，固守延庆黄龙山。次年，为商洛道刘应遇官军击败，被杀。

王二娘(？—1216) 南宋琼州(治今海南琼山)人。黎族。其先世世袭琼管(今海南北部各县)安抚司，辖三十六峒黎族。绍兴间，其母黄氏以"抚谕"诸峒有功，受封为宜人，无子。淳熙八年(1181)宋廷准王氏袭封。以治理本族有方著名。

王蕃(228—266) 三国吴庐江(治今安徽庐江西南)人，字永元。始为吴尚书郎，吴永安元年(258)，为散骑中常侍，加驸马都尉。使蜀，还为夏口监军。元兴元年(264)，复为中常侍。宝鼎元年(266)，孙皓大宴群臣，他因酒后失态，为皓所杀。博学多才，精于天算。继承刘洪《乾象历》，依其法制浑仪，并立论考度,著《浑天说》。是浑天说发展史上的重要文献。又得圆周率 $\pi=\frac{142}{45}=3.155$。

王璠(?—835) 唐人,字鲁玉。元和进士,又登宏词科。任监察御史。与宰相李逢吉善。长庆末以职方郎中知制诰,转御史中丞。宝历二年(826),为河南尹,惩杀内厩小儿扰民尤暴者,远近畏服。太和四年(830),宰相宋申锡引为京兆尹,密与议除宦官王守澄,他反泄于宦官。迁尚书左丞、判太常卿事,出为浙西观察使。李训用事累荐之,召还,由是倾心附结。累迁户部尚书、判度支,河东节度使。甘露之变时被杀。

王范(範) 西晋人。官广州大中正。撰《交广二州春秋》。

王梵志(约590—660) 唐卫州黎阳(今河南浚县东北)人,原名梵天。诗僧。其诗多用俚言俗语,素朴质直,广泛流行于西北边陲,反映唐初社会赋役繁重,贫富悬殊的现实。另有类似佛家偈语、家训格言式诗,蕴含哲理,宣传佛教思想。其诗一卷,已佚。敦煌残卷存诗三百多篇,见《全唐诗外编》。1983年中华书局出版《王梵志诗校辑》。

王方庆(?—702) 唐雍州咸阳(今属陕西)人,名綝,以字行。年十六,起家为越王府参军。武后临朝,擢广州都督,不冒求番舶货物,严治属吏,为政清肃,议者谓有唐以来,治广州者无出其右。万岁通天元年(696),任鸾台侍郎,同平章事。明练朝章,尤精《三礼》,每据以奏疏,制皆从之。以老疾乞闲职,授麟台监,修国史。博学好著述,其家藏书不减秘府,所著杂书二百余卷,又有《杂礼答问》,为门人所编答客礼仪书,皆佚。今存《园林草木疏》一卷。

王方翼(623—685) 唐并州祁县(今属山西)人,字仲翔。高宗王皇后族人。早孤,以垦田植树,烧松制墨而富。太宗时,补右千牛。高宗即位,因皇亲授安定令,诛豪族大姓世家,执法严峻。五迁肃州刺史,筑城壕,造水碾硙以救饥馁,州人立碑颂之。调露元年(679),随裴行俭攻西突厥,筑碎叶城,四面十二门,皆屈曲作隐伏出没之状,边民叹为奇观。徙庭州刺史。永淳元年(682),西突厥阿史那车薄围弓月城(今新疆霍城西北),力战破之,西域遂定。迁夏州都督,与程务挺平绥州稽胡白铁余。武后临朝,以其为王皇后亲属,阴欲除之。及程务挺被杀,受株连,流崖州,卒于道。

王汾 北宋济州巨野(今属山东)人,初名元宗,字彦祖。王禹偁曾孙。皇祐进士。召试学士院,治平中,为集贤校理、诸王府翊善。后同知太常礼院。元祐中,直秘阁。仕至工部侍郎、宝文阁待制。入元祐党籍,绍圣四年(1097)落职致仕。

王贲 秦频阳(今陕西富平东北)人,字典。王翦之子。秦王政兼并六国时,奉命率兵先后攻楚、灭魏、平定齐国,以功封武通侯。统一后,曾从秦始皇东巡。

王逢 ❶(1005—1063)北宋太平当涂(今属安徽)人,字会之。少试进士不第,讲学苏州,学者多至数百人。晚始登第,权南雄州军事判官,又为袁州军事判官。入为国子监直讲兼陇西郡王宅教授。李玮从之学,岐国公主嫁玮,玮为之求迁,辞不受。未几,以太常博士通判徐州,以疾不赴。与胡瑗友善。喜《易》,著有《易传》、《乾德指说》、《复书》等。❷(1319—1388)元末江阴(今属江苏)人,字原吉,号梧溪子、席帽山人。至正中,作《河源颂》献于朝。元末农民起义爆发,徙居松江乌泥泾。张士诚弟士德用其策,降元,以拒朱元璋军。明初,朝廷屡以文学征用,以老疾辞。有《梧溪集》。

王逢时(?—前9) 西汉魏郡元城(今河北大名东)人,字季卿。元帝皇后王政君庶弟。成帝建始元年(前32),赐爵关内侯。河平二年(前27)与兄谭等五人同日受封,为高平侯。

王凤 ❶(?—前22)西汉魏郡元城(今河北大名东)人,字孝卿。元帝皇后王政君之兄。永光二年(前42)嗣父爵为阴平侯。成帝即位后,任大司马大将军领尚书事,专擅朝政,王氏秉权自此始。河平二年(前27)诸弟五人同日封侯,世称"五侯"。专擅朝政,排除异己,奏遣定陶恭王归国,又诬害丞相王商和京兆尹王章。王氏子弟皆卿大夫侍中诸曹,郡国守相、刺史多出其门。五侯群弟争为奢侈,后庭姬妾各数十人,僮奴以千百数。后病卒。❷新莽末新市(今湖北京山东北)人。天凤四年(17),聚众绿林山(今湖北大洪山)起义反莽,被推为渠帅。地皇三年(22),因疾疫流行,与王匡等率众北入南阳,号新市兵。次年二月,与诸将拥立刘玄为帝,建更始政权,拜成国上公。昆阳之战时,与刘秀里应外合,袭破王邑所部数十万莽军。更始移都长安,封宜城王,后不知所终。

王夫人(?—前91) 即王翁须。西汉涿郡广望(今河北高阳西)人。汉宣帝生母。武帝太始年间,与卫太子之子史皇孙结合。征和二年(前91)生皇曾孙,旋因巫蛊事遭害。皇曾孙立为宣帝后,追谥其为悼后。

王夫之(1619—1692) 明末清初湖南衡阳人,字而农,号薑斋。明崇祯举人。清兵南下,曾于衡山举兵抵抗。失败后走桂林,任南明桂王行人司行人。既知事不可为,归衡阳,于石船山筑土室,备尝艰辛,杜门著述以终,学者因称"船山先生"。学识渊博,思想深邃,自成体系。批判佛家、老庄的"万法唯心"、"有生于无",以及程朱陆王的"理在气先"、"心外无物"。提出"虚空皆气"、"理在气中"、"天下唯器而已"、"无其器则无其道",肯定了世界的物质统一性,认为气是一切变化的实体,规律不能离开客观事物本身而独立存在。又肯定感官的认识作用,指出客观对象不依赖认识而独立存在,认识是主观和客观的统一,只有感觉器官(形)、思维活动(神)与客观事物(物)相结合,才会有认识。认为物质是运动的、变化的、并且"静即含动,动不含静",运动是绝对的,静止是相对的。又将这种运动变化的观点,运用于社会历史,肯定人类社会历史不断处于发展变化之中。一生著述宏富,有《周易外传》、《尚书引义》、《张子正蒙注》、《思问录》、《老子衍》、《庄子通》、《读通鉴论》、《宋论》以及《薑斋诗文集》等,后人辑为《船山遗书》。

王绂(1362—1416) 明常州无锡(今属江苏)人,字孟端,号友石生、九龙山人。洪武十一年(1378)以博士弟子员征入京师,后因胡惟庸案所累,谪戍朔州(今属山西)。建文二年(1400)南归,隐居无锡九龙山(即惠山)。永乐十年(1412)拜中书舍人。后卒于北京。善绘山水竹石,有王蒙笔意。博学能诗,著有《王舍人诗集》。

王浮 西晋人。道士。曾编造《老子化胡经》以张其教。传曾与佛教徒帛远论华戎之优劣先后,称老子曾西出流沙,弘化释迦牟尼,始有佛教。南北朝佛道之争时,多以此经作为贬低佛教之依据。

王符(约85—162) 东汉安定临泾(今甘肃镇原)人,字节信。活动于桓、灵二帝时期。出身平庶,然耿介不同于俗,一生不得仕进,以著述终老于家。其学折衷儒学,博采道、法。认为"道者气之根","气者道之使"(《潜夫论·本训》),万物之产生与变化则是气的作用。承认鬼神之存在,但排斥卜筮、祭祀、祥瑞、灾异等鬼神迷信。以黄帝师风后,孔子师老子为例,证明"人不可以不就师"(《潜夫论·赞学》)。但以"先圣经典"为知识来源。批评时政和社会风气,认为"人之善恶,不必世族;性之贤鄙,不必世俗"(《潜夫论·论荣》)。抨击民贫国富、民瘠君肥之现象,主张"德化"为主,刑威为辅,重本抑末,减轻剥削,要求人君废除世卿世禄制,用贤纳谏,励精图治,以挽救社会危机。著作有《潜夫论》。

王福 金人。金宣宗时加入河北义军,积战功升同知横海军节度使事、沧州经略副使,据沧州。兴定元年(1217),遣提控张聚、王进分兵收复滨、棣二州。三年,有众万余,受朝命任沧州经略使。加遥授同知东平府事,权元帅右都监。四年,受封沧海公,辖清、沧、观州及盐山、无棣、乐陵、东光、宁津、吴桥、将陵、阜城、蓨县。七月,宋军与红袄军入河北,沧州被围,又遭益都张林、棣州张聚攻击,乃降张林。

王甫(?—179) 东汉人。灵帝初为长乐食监,受中常侍曹节等矫诏为黄门令,将兵诛杀大将军窦武等人,因迁中常侍。后与节诬奏勃海王刘悝谋反,封冠军侯。由此操纵朝政,父兄子弟皆为公卿列校、牧守令长,布满天下。光和二年(179),与养子永乐少府萌、沛相吉并为司隶校尉阳球收捕,磔尸于城门。

王斧(1880—1942) 广东琼山(今属海南)人,号斧军、玉父。清光绪二十七年(1901)在香港结交陈少白等,得识孙中山。后入同盟会。历任香港《民报》、《少年报》、《人报》,新加坡《中兴日报》,泰国《华暹日报》主笔,宣传革命,与保皇派论战。曾充同盟会暹罗分会主盟人。宣统三年(1911)筹饷购械,支援黄花岗之役。广东光复后返国任琼崖安抚使。1913年当选众议员,赴北京,嗣南下广东举兵讨袁(世凯),为龙济光所败,亡命海外。1921年任国民党琼崖办事处处长。次年入京回任议员。1923年反对曹锟贿选总统。1930年后任国民党中央党史史料编纂委员会编纂、监察院监察委员。

王府伴读 官名。明代王府官属。建文中置,设官一人,与伴讲、伴书同称王府三伴。进见亲王时,侍坐,称名而不称臣,王待之如宾师。成祖即位,废。

王府参军事 见"参军"。

王府承奉 官名。明在亲王府设宦官机构,名承奉司,设承奉正、承奉副、秩正、从六品。

王府护卫 简称护卫。由亲王直接控制之军队。明洪武五年(1372),置亲王护卫指挥使司,设指挥使、指挥同知、指挥佥事等官。每王府三护卫,卫设左、右、前、后、中五千户所,另有围子手二所。甲士隶籍兵部,少者三千人,多者至万九千人。有征调则听命于朝。亲王有过犯则削减护卫。靖难之役及高煦之乱后,护卫军日渐削弱。

王府护卫指挥使司 官署名。明太祖洪武五年(1372),始置于诸亲王府,每府设三护卫,每护卫设指挥使、指挥同知、指挥佥事等官,俱与京卫同。各卫下辖左、右、前、后、中五个千户所,负责护卫王邸。

王府教授 官名。明代亲王府属官。从九品。掌以德义迪王,校勘经籍。与纪善所纪善同为宗学之师长。

王府司马 见"司马(7)"。

王府仪卫司 官署名。明洪武三年(1370)置,掌王府侍卫仪仗。设仪卫正一人,正五品;仪卫副二人,从五品;司仗六人,正六品。后改司仗为典仗。建文中,改为王府仪仗司。成祖即位,复旧名。

王府长史 见"长史(1)"。

王府长史司 官署名。明代管理亲王府事务的机构。洪武三年(1370),始定亲王府官制,设王相府、参军府等。四年改参军府为参军司。九年又改参军司为长史司。十三年罢王相府后,升秩,总领王府庶务。长官为左、右长史,各一人,正五品。首领官为典簿。下辖审理、典膳、奉祠、典宝、纪善、良医、典仪、工正各所,及伴读、教授、引礼舍人等官。

王府佐领 亦称王贝勒佐领、下五旗包衣佐领。清代下五旗各王、贝勒、贝子、公等府属包衣佐领之统称。满名"德勒赫图牛录"。佐领下人或系从盛京带来,或系由内务府属佐领下分出,均为王等之府属家仆,食本府钱粮,供本府役使。参见"包衣佐领"。

王辅臣(?—1681) 清山西大同人。明末聚众起义,号马鹞子。后降清,隶汉军正白旗,授侍卫。曾从洪承畴、吴三桂与明桂王朱由榔作战,授援剿右镇总兵。康熙九年(1670)晋陕西提督。十三年因不为清廷重用,于宁羌(今陕西宁强)叛应三桂,受平远大将军伪职,戕杀经略莫洛,盘踞平凉。十五年势穷降清。二十年云南平,奉诏入京,中途死于西安。

王黼(1079—1126) 北宋开封祥符(今河南开封)人,字将明,初名甫,赐改今名。崇宁进士。多智善佞。历校书郎、左司谏。因助蔡京复相,骤迁至御史中丞。宣和元年(1119),拜特进、少宰,势倾一时。后代蔡京执政,伪顺民心,悉反蔡京所为。不久即苛取四方水土珍异之物,据为己有。时朝廷欲联金攻辽,他大肆搜括,计口出钱,得六千余万缗,买得五六空城,而伪称胜利,率百官称贺,进太傅。为六贼之一。钦宗即位,籍没其家,贬崇信军节度副使,被开封府尹聂山遣人诛杀。

王阜 一作王追。汉蜀郡成都人,字世公。少好经学。初仕重泉(今陕西蒲城)令。章帝时为益州(治今云南晋宁东)太守。始兴学校,有政绩。著有《鸾鸟集》,久佚。

王傅 官名。亦称"傅"。西汉诸侯王国官署置太傅,东汉沿置,改称傅或王傅。三国魏置,六品,为诸王之师。晋初称师,因避司马师之讳,复称傅。南朝宋再改称师,北魏曾于诸王置傅,后皆称师。隋沿置。唐开元初始定名为傅,从三品,掌辅正过失,实为闲职。宋代置为亲王府官,而未尝除授。辽、金、元、明初亦置。金王傅秩正四品。掌师范辅导、参议可否,如亲王在外,兼本京节镇同知。元王傅总领诸王部下军需,封地内诉讼及本位下诸事。元文宗时,威顺王宽彻不花至齐王位下,共四十五王,各设王傅官一至三员。

王傅府 官署名。明洪武三年(1370)置。与王相府、参军府同为诸王府官属。置左、右傅各一人,皆从二品。其武傅皆以勋旧大臣充任,位文傅上。九年罢。

王刚中(1103—1165) 宋饶州乐平(今属江西)人,字时亨。绍兴进士。曾任普安郡王(即孝宗)王府教授,历中书舍人、知成都府、四川制置使。绍兴末,金兵犯大散关,他单骑夜驰二百里,促吴璘进兵,击退金军。治蜀有成效。孝宗时官至同知枢密院事,反对和议,力主战守。又奏陈开屯田、省浮费、选将帅、汰冗兵等四事。著有《易说》、《春秋通义》、《东溪集》等。

王杲 ❶明山东汶上人,字景初,号蒲湾。正德进士。历官临汾知县、御史。嘉靖时擢太仆少卿,进户部右侍郎。后以右都御史总督漕运,请改折征运部分漕粮,以省转输之资。二十一年(1542)官至户部尚书。二十六年被诬下狱。充军雷州,死于戍所。❷(?—1575)明建州女真首领之一。喜塔拉氏。幼慧,解番、汉语文,尤精占卜之术。长女妻塔克世,生努尔哈赤等。嘉靖年间,为建州右卫都指挥使,屡犯明边,先后杀明指挥、把总等数十人。隆庆六年(1572),部人哈哈纳等三十余人投明,他屡索不与,遂犯抚顺。万历二年(1574),诱杀抚顺备御裴承祖等,李成梁以六万骑败之于五味子冲,进围其寨,斩千余人。次年,匿于阿哈纳寨,复谋犯边,为官兵围困,突围脱走,为海西王台所擒献,槛至京师,被杀。

王根(?—前2) 西汉魏郡元城(今河北大名东)人,字稚卿。元帝皇后王政君庶弟。成帝建始元年(前32),赐爵关内侯。河平二年(前27),与兄谭等五人同日受封,为曲阳侯。元延元年(前12),以光禄勋代王商为大司马骠骑将军。因受定陶王祖母傅太后重赂,使定陶王得立为太子。绥和元年(前8)因病免官,荐王莽自代。哀帝即位,为司隶校尉解光所劾,遣就国,所荐举为官者皆罢。

王艮 ❶(1278—1348)元绍兴诸暨(今属浙江)人,字止善,号止斋,又号鹦游子。初被淮东廉访司辟为书吏,后累迁为江浙行省掾史,历建德县尹、两浙都转运盐使司经历、海道万户府经历、江浙行省检校官、广州市舶提举、江浙行省员外郎。在任期间,对所在地的市舶及海运之法多有改进。以淮东道宣慰副使致仕。❷(?—1402)明江西吉水人,字敬止。建文进士。廷试第一,因貌丑屈为第二,授修撰。预修《太祖实录》等书。燕师将下南京,服毒而死。著作有《翰林集》。❸(1483—1541)明泰州安丰场(今江苏东台)人,初名银,王守仁为其改名艮,字汝止,号心斋。家世蒸盐,少时为亭子(即灶丁)。后商贩山东,瞻拜孔庙,遂发奋自学儒家经典。正德十五年(1520),赴南昌求见王守仁,经"反复论难",始称弟子。嘉靖初自制蒲轮车,穿古冠服,二仆相随,周游四方,随处讲学。入京,都人轰动,"以怪魁目之"。王守仁遣人招还会稽(今浙江绍兴),痛加裁抑。守仁死,回乡自立门户讲学,创泰州学派。提出"百姓日用即道",强调"愚夫愚妇与知能行",吃饭穿衣便是"圣人经世"。谓"即事是学,即事是道",道即"中也,良知也,性也,一也。"其释"格物",以"格"为"格式"之格,即絜矩之谓;而物有本末,身与天下国家为一物,身为本,天下国家为末。谓"吾身是个矩,天下国家是个方,絜矩则知方之不正,……矩正,则方正矣。方正,则成格矣。"(《明儒学案》卷三十二)故后有"淮南格物"之称。强调尊身立本,爱己及人。同情人民疾苦,以尧舜时代"人人君子,比屋可封"为社会理想。著作有《王心斋先生遗集》。

王公 ❶一说指天子诸侯。一说即太师、太傅、太保三公。《考工记·总序》:"坐而论道,谓之王公。"❷古代被封为王爵、公爵者的统称。❸清代满蒙各族首领封爵统称。王,指亲王、郡王等;公,指镇国公、辅国公等。

王公生辰簿 档案名称。清代宗人府档册之一,记载清代王、公封爵,年岁生辰及字辈。

王公宗室庄田 清代庄田种类之一。即分给王、公及各旗宗室之田地。分布于直隶、奉天等地。以故明宗室王公、驸马田地及无主荒地、圈占民田拨给。宗室庄田分整庄、半庄、果园、菜园、牧地、靛地、网户地、猎户地等。亲王、贝勒、贝子、公、公主、郡主、县主、郡君、县君、镇国将军、辅国将军、奉国将军、奉恩将军拨给大庄、半庄、园地各有差。总计王、公、宗室庄田一万三千三百余顷。庄头组织生产,壮丁参加劳动,实行一种农奴制生产关系。雍乾后向租佃关系转化。

王宫 ❶天子之宫殿。《书·大诰》:"民不静,亦惟在王宫邦君室。"孔颖达疏:"四国之民不安而叛者,亦惟在我天子王宫与邦君之室教化之过。"❷周代祭日神之坛。《礼记·祭法》:"王宫,祭日也;夜明,祭月也。"孔颖达疏:"王宫,祭日也者;王,君也;宫,亦坛也。"后世亦以此为祭名。

王恭(?—398) 东晋太原晋阳(今山西太原西

南)人,字孝伯。孝武帝皇后兄。少有美誉,起家为著作郎。孝武帝时为前将军,镇京口。孝武帝死后,疾会稽王道子执政,宠用王国宝,遂结桓玄、殷仲堪抗表京师,迫道子杀国宝以谢。及道子使王愉为江州刺史以自固,又与玄等起兵讨愉,道子使其子元显及王珣、谢琰等拒之,并说降刘牢之反戈袭之,遂败奔桓玄,至长塘湖(今江苏宜兴西)被俘,斩于建康之倪塘。

王恭厂 明代制造军器之官办手工场。制造盔甲、刀枪、铳炮、火药、大小铅弹等。设掌厂太监一员,辖匠头六十名。规模较盔甲厂略小。天启六年(1626),因失事爆炸起火,改名为安民厂。

王巩 北宋大名莘县(今属山东)人,字定国,自号清虚。王旦孙,张方平婿。神宗时上书言事,冯京荐之,不为王安石所用。历大理评事、秘书省正字、太常博士。坐与苏轼往来,谪监宾州盐酒税。司马光执政,为宗正寺丞,屡更外任。哲宗末,新党再起,编管全州。徽宗时,列名元祐党籍。生平练达世务,好臧否人物,议论时政,屡遭贬逐,诗文为苏轼兄弟所推重。著有《甲申杂记》、《闻见近录》、《随手杂录》等。

王拱辰(1012—1085) 北宋开封咸平(今河南通许)人,字君贶,原名拱寿。天圣八年(1030)进士第一,深受仁宗赞赏。累迁权知开封府,拜御史中丞。反对庆历新政。新政罢,以翰林学士权三司使,出知郑、澶等州。皇祐四年(1052),任翰林学士承旨。至和元年(1054),拜三司使。以使契丹受非常之礼遇,又以宝物赂送张贵妃,被劾,出任外官多年。熙宁元年(1068)始召还,因王安石言其旧过,复出任外官。八年入朝,为中太一宫使。元丰元年(1078)为武安军节度使,对训练保甲颇有异辞。哲宗即位,为彰德军节度使。卒,赠开府仪同三司。

王构(1245—1310) 元东平(今属山东)人,字肯堂,号瓠山。年二十,以词赋中选,为东平行台掌书记。至元十一年(1274),任翰林国史院编修官。宋亡,奉旨赴杭取图籍、礼器仪仗等至京,迁应奉翰林文字,升修撰。丞相和礼霍孙执政,参与谋画。世祖时官至翰林侍讲学士。成宗即位,升学士,与修实录,书成,参议中书省事,反对搜括田赋。以病归东平,后起为济南路总管。武宗时,应召至京修《成宗实录》,任翰林学士承旨。有《修辞鉴衡》。

王孤 即"汪古"。

王古(?—约1106) 北宋大名莘县(今属山东)人,字敏仲。第进士。元丰四年(1081),累迁提举京西常平,颇论常平法不便。元祐末,为秘书少监兼国子祭酒。绍圣初,迁户部侍郎,主张复用差役法。建中靖国中,为户部尚书。崇宁间,入元祐党籍,贬温州安置。喜佛学,著有《法宝标目》。删晁迥《道院别集》为《道院集要》。

王观 ❶辽南京(今北京西南)人。兴宗重熙七年(1038),中进士乙科。进为兵部侍郎。兴宗死,充报哀使,出使西夏。为给事中。道宗咸雍初,为翰林学士,五年(1069)兼乾文阁学士。改南院枢密副使。七年,赐国姓耶律。八年,为参知政事兼知南院枢密使事。后以矫制营私第,削官为民。❷明河南祥符(今开封)人,字尚宾。洪武时以乡荐入太学,简授苏州知府。为政严整,于岁荒时劝富户出贷,助贫民完赋。为姑苏五太守之一。

王官 ❶春秋晋邑。在今山西闻喜县南。《左传》成公十三年(前578):晋侯使吕相绝秦曰:"康犹不悛,入我河曲,伐我涑川,俘我王官",即此。一说在今永济市虞乡南。《元和郡县志》河中府虞乡县:"王官故城,在县南二里。"❷商、周王室的官位。《左传·定公元年》:"若复旧职,将承王官,何故以役诸侯。"

王官福 见"王马"。

王贯三(?—1856) 即王冠三。清河南夏邑三官集王楼人。武秀才出身。咸丰三年(1853)太平军北伐时,与其弟王藩结捻起义,树立黑旗,有众数千人,以归德马牧集、牛王堌为领旗地区,多次与清军作战。五年参加雉河集会议,为黑旗总目兼先锋(一说五旗中无王贯三)。六年在豫皖边界三河尖(一说在亳州)与清军作战时牺牲。

王光鲁 明淮安(今属江苏)人,字汉恭。师事周亮工,于戏曲颇有造诣。曾托名卢柟,著《想当然》传奇。著有《阅史约书》。

王广 ❶(?—251)三国魏太原祁(今属山西)人,字公渊。王淩之子。因父罪牵连,被司马懿所诛,死时年约四十余。在才性论辩四派中,持"才性离"的观点,认为才能与德行未必一致,有德行的人未必尽善,有才能的人未必十全。其著作已佚。❷西晋人。武帝时任并州刺史。❸(?—约313)西晋人。愍帝时为将军。刘曜攻长安,战死。❹即"王旷"。

王广渊(1026—1085) 北宋大名成安(今属河北)人,字才叔。仁宗朝进士,为大理法直官,迁殿中丞,编排中书户房公事。治平间,为英宗所亲信,除直集贤院,为群牧判官、三司户部判官,为英宗书《洪范》于殿屏,加直龙图阁。神宗即位,出知齐州,改京东转运使,请以钱贷民取息,事与青苗法合,为王安石所重视,在仕力行新法。徙河东转运使,迁知庆州、环庆路经略使,平定部卒叛乱。迁龙图阁直学士、知渭州、泾原路经略安抚使。

王规(492—536) 南朝梁琅邪临沂(今山东临沂北)人,字威明。历任秘书郎、中书黄门侍郎、左民尚书等。集后汉众家异同,注《续汉书》二百卷。

王珪 ❶(571—639)唐太原祁县(今属山西)人,世居岐州郿县(今陕西眉县东北),字叔玠。南朝梁王僧辩孙。隋开皇末,为太常奉礼郎。唐初,事太子建成,累迁中允。太宗即位,素知其才,召为谏议大夫。每推诚直谏,多所献替。贞观二年(628),任侍中,自诩激浊扬清,嫉恶好善,与房玄龄、魏征等同知国政。参与修订"五礼",评论执政朝臣,颇有识见。八年,任礼部尚书,兼魏王李泰师。显贵虽久,而薄于自奉,宗族亲戚贫乏者,必周济之。❷(1019—1085)北宋成都华阳(今属四川)人,字禹玉。庆历进士。通判扬州,召直集贤院,修起居注。进知制诰,为翰林学士、知开封府。神宗即位,迁学士承旨。熙宁三年(1070),拜参知政事。九年,进同中书门下平章事、集贤殿大学士。元丰五年(1082),拜尚书左仆射兼门下侍郎。善文翰,其文宏侈瑰丽,自成一家。典内外制十八年,朝廷典策,多出其手。然自执政至宰相,凡十六年,无所建明。尝监修《两朝国史》,书成奏进。著作有《华阳集》。❸北宋开封(今属河南)人。少拳勇,善骑射,累迁殿前第一班押班、礼宾副使、泾原路驻泊都监。康定初,对西夏战有功,为泾原路行营都监。好水川之战,伤目,卒于军中。

王珪之 南朝齐琅邪临沂(今山东临沂北)人。宋时奉命考历代职官。入齐,以为长水校尉,撰《齐职仪》五十卷,未刊定。旋卒。永明九年(491)其子颢奏上,诏付秘阁。

王轨(?—579) 北周太原祁县(今属山西)人,小名沙门。鲜卑族。冒称汉司徒王允之后。北周武帝即位,授前侍下士,迁内史下大夫,亲遇日重。助帝密图权相宇文护,转内史中大夫,参预军国大政。建德五年(576),从平并、邺,以功进位上大将军,拜郯国公。六年,与陈司空吴明彻战于淮口(今江苏淮阴),俘敌三万余人,擒明彻,威震陈境,以奇功进位柱国,拜徐州总管、七州十五镇诸军事。曾向武帝言太子宇文赟失德,不堪后嗣,及赟登位,遭忌,被杀于徐州。

王贵(?—1153) 宋相州汤阴(今属河南)人。岳飞部将,曾任中军统制,兼提举一行事务。绍兴十年(1140),从岳飞大举北伐,他部署克复郑州、西京等战役,又与董先、岳云等军于颍昌府大破金帅完颜宗弼(兀术)主力。累官至承宣使。十一年岳飞罢兵柄,他继任鄂州御前诸军都统制,屈从秦桧、张俊,以王俊诬告岳飞状呈报宋廷,遂铸成冤狱。十二年,引疾辞职,改任侍卫亲军步军副都指挥使、福建路副都总管等闲职。

王贵妃(?—1420) 明苏州(今属江苏)人。永乐初选入宫,永乐七年(1409)封贵妃,为成祖所重,宗室多赖其调护。卒谥昭献。

王国宝(?—397) 东晋太原晋阳(今山西太原西南)人。王坦之子,谢安婿。少无士操,为安所恶,抑而不用。从妹为会稽王司马道子妃,因与道子游处。道子辅政,为秘书丞,迁侍中、中书令、中领军。时朝政紊乱,僧尼乳母竞相亲党,与道子恃威权,煽动内外。骄蹇不遵法度,贪纵聚敛,伎妾百数,珍玩满室。舅父中书郎范宁疾其阿谀,反为所谮。安帝即位,与道子并参朝政。迁尚书左仆射,领选,加后将军、丹阳尹,配以东宫兵。兖州刺史王恭发兵讨之,道子遂委罪杀之。

王国昌(?—1271) 元胶州高密(今属山东)人。中统元年(1260),任左武卫亲军千户。至元五年(1268),奉命探视经高丽黑山海道攻宋途径。先后两次率兵护送赴日使臣。后病死于军中。

王国栋(?—1736) 清汉军镶红旗人,字左吾。康熙进士。康熙六十年(1721)官侍读。雍正二年(1724)为河南学政。四年授观风整俗使,巡阅浙江。曾于杭州、嘉兴、湖州等地浚河修塘,兴建水利。次年,擢湖南巡抚。七年,以审理曾静案不力革职。后复授刑部右侍郎、浙江巡抚。

王国光 明山西阳城人,字汝观,号疏庵。嘉靖进士。授吴江知县,历官户部右侍郎,总督仓场。神宗即位,进户部尚书。万历四年(1576)告归。次年召为吏部尚书。九年因京察徇张居正意,遂遭劾。十年致仕归。编有《万历会计录》。

王国吏 汉代诸侯王国官吏。西汉自武帝后颁行左官律,称王国官吏为左官,对其在朝廷任职有种种限制。

王国三令 官名合称。南朝宋、梁称王府所置典祠令、学官令、典卫令。梁时品位自流外五班至三班不等。

王国维(1877—1927) 浙江海宁人,字静安,一字伯隅,晚号观堂。清末秀才。初至上海时务报馆掌书记事,后赴日本留学,习自然科学并研究哲学、心理、伦理学等,深受德国叔本华与尼采的思想影响。试图以康德哲学解释中国传统哲学之"性"、"理"等范畴。光绪二十九年(1903)起任通州、苏州等地师范学堂教习。中年主攻文学,撰有《人间词话》及《宋元戏曲史》等。其观念糅合有叔本华悲观主义、尼采天才论以及王氏本人崇奉自然之艺术观。辛亥革命后,随罗振玉东渡日本,1916 年回国。自 1913 年起,从事考订中国古代史料、古文字学、音韵学等,尤致力于甲骨文、金文以及历代石经的考释,均卓有成绩。他主张以地下史料参订文献史料,同时提出以实物与文献互证的史学研究方法,对史学界有较深的影响。撰有《胡服考》、《毛公鼎考释》、《汉代古文考》、《魏石经考》,以及《周开国年表》、《殷卜辞中所见先公先王考》、《续考》、《殷周制度论》等。1919 年后致力敦煌所出唐写本、西北史地、唐宋尺度的研究,先后撰成《唐写本敦煌县户籍跋》、《西域井渠考》、《记现存历代尺度》等。1921 年夏,辑辛亥后重要论著成《观堂集林》,1923 年刊行,为国内外学术界所重视。同年夏,任清逊帝溥仪南书房行走。1925 年任清华学校国学研究院导师。其间致力古器物、西北地理、蒙古史研究,撰《散氏盘考释》、《古史新证》、《鞑靼考》、《辽金时蒙古考》等文。1927 年夏,自沉于颐和园昆明湖。王氏遗著,有罗振玉汇辑的《海宁王忠悫公遗书》和赵万里等重订的《海宁王静安先生遗书》。

王亥 即"亥"。

王汗 即"汪罕"。

王含(?—324) 晋琅邪临沂(今山东临沂北)人,字处弘。王敦兄。凶顽刚暴,贪污狼藉,时所不齿,因敦贵显。累迁荆州刺史,征东大将军,都督扬州、江西诸军事。永昌元年(322),从敦举兵反。太宁二年(324)为骠骑大将军、开府仪同三司,率水陆五万人攻京师。至江宁南岸,温峤烧朱雀桥,不得渡江,大败于越城(今秦淮河以南),烧营夜遁。奔荆州王舒,被舒沉于江。

王罕 即"汪罕"。

王汉(1883—1905) 清湖北蕲水(今浠水)人,字竹庵,后名潮,号怒涛。光绪三十年(1904)到武昌读书,加入科学补习所。与胡瑛等谋响应华兴会长沙起义,事泄不果。次年户部侍郎铁良南下搜刮钱财,抵鄂时,他与胡瑛由武昌尾追至河南彰德,以手枪击之不中,逸去。清吏搜捕急,遂投井死。

王翰 即王澣。唐并州晋阳(今山西太原西南)人,字子羽。景云进士。少豪荡,恃才纵酒赌博。张说镇并州,甚礼遇之。举直言极谏科,调昌乐尉。说复知政事,召为秘书正字,擢通事舍人、驾部员外郎。家畜伎乐,遭人嫉妒。说罢相,他出为汝州长史,改仙州别驾。与文士祖咏、杜华等游乐,行为狂放,贬道州司马,约卒于开元后期。诗以《凉州曲》著名。有集已佚,《全唐诗》存诗十四首。

王好古 元赵州(今河北赵县)人,字进之,号海藏。受业于张元素、李杲,曾任赵州医学教授。著有《医垒元戎》、《此事难知》、《汤液本草》、《阴证略例》等,长于脾胃学和本草学。

王好贤(?—1624) 明顺天蓟州(今天津蓟县)人。王森之子。原为袁应泰属下千总,万历三十八年(1610)充遵化标下副旗鼓。四十八年投兵部,筹办兵器。森死后与徐鸿儒、于弘志共传闻香教。天启二年(1622)起义。后惧祸脱离起义队伍,潜回遵化。不久南逃。于扬州被捕,押至北京处斩。

王皞(?—约1064) 北宋青州(今属山东)人,字子融。后以字为名,而更字熙仲。大中祥符进士。由将作监主簿累官至尚书工部侍郎、集贤院学士,以刑部侍郎致仕。英宗即位,进兵部。尝论次宋初以来典礼因革,著《礼阁新编》。又著有《唐余录》。

王和顺(1869—1934) 广西邕宁(今南宁)人,字德馨,号寿山。曾在刘永福部任哨官,后弃官加入会党。清光绪二十九年(1903)领导农民起义,与清军相持两载。三十二年入同盟会。三十三年被孙中山委为中华国民军南军都督,参与发动钦廉防城起义,克防城,转战广西,后走河内。次年参与云南河口起义。武昌起义后,举兵光复惠州。所部惠军为陈炯明武力解散,去北京被袁世凯任为总统府军事顾问。1916年在护国运动中曾组织义军响应反袁。1922年联合滇军讨陈炯明,不久解职。

王龁(?—前244) 又作王齮。战国时秦将。昭王时任左庶长,率军攻韩、赵,拔韩上党,取赵皮牢(今山西翼城东北)。曾以尉裨将与白起在长平之战中大败赵军。后代王陵为将,围困赵都邯郸(今属河北),不克。庄襄王三年(前247)复攻取上党诸城。

王贺 西汉济南东平陵(今山东章丘西)人,字翁孺。武帝时为绣衣直指御史,镇压魏郡坚卢起义。吏有畏懦逗遛当坐者,皆纵不诛,遂以奉使不称免。因与东平陵终氏结怨,乃徙魏郡元城(今河北大名东)委粟里,为三老。子禁之女政君后为元帝皇后。

王恒 "恒"殷墟甲骨文作"亘"。商先公。《楚辞·天问》有"该秉季德"、"恒秉季德"。王国维据此认为"季"是史书中所载的商先公冥,"该"就是亥,在"王亥与上甲微之间当有王恒一世"(《殷卜辞中所见先公先王考》)。

王弘(379—432) 南朝宋琅邪临沂(今山东临沂北)人,字休元。王导曾孙。初为晋会稽王司马道子骠骑参军主簿。后转刘裕镇军府咨议参军。宋初,迁尚书仆射,掌选举。奏弹世子左卫率谢灵运滥杀,灵运因之免官。迁江州刺史。景平二年(424),司空徐羡之等谋废立,被召入朝。文帝即位后,累迁司徒、扬州刺史、录尚书事。元嘉五年(428),大旱,引咎降为卫将军。曾与八座丞郎论士人犯法科罪事,以为士人可不受同伍之谪,而罪其奴客。无奴客,可令输赎。文帝从之。又上言以年十五至十六为半丁、十七为全丁,以改旧制十三为半役、十六为全役,亦从之。九年,进位太保,领中书监。著有《书仪》,已佚。

王弘立(?—869) 唐徐州(今属江苏)人。咸通九年(868),从桂林戍卒兵变首领刘行及攻克濠州(今安徽凤阳东北)。后助吴迥攻泗州,克都梁城(今江苏盱眙北),俘唐将李湘、郭厚本,又于淮口全歼戴可师部三万人。次年,因战胜轻敌,在濉水附近被康承训所领沙陀军击败,损失二万余人。自请攻取泗州以补过失,庞勋益其兵,遣屯泗州城西,被唐将马举火攻,战死。

王闳 西汉末魏郡元城(今河北大名东)人。平阿侯王谭之子。哀帝时为中常侍。王莽代汉,出为东郡太守。新莽败,以郡降更始,任琅邪太守。因张步据郡,乃晓谕吏人降,得赣榆等六县,收兵数千人,后诣步相劝,遂得关掌郡事。建武五年(29)与步俱降光武。

王宏(?—284) 西晋高平(治今山东巨野南)人,字正宗。魏时辟公府,累迁尚书郎,历给事中。晋泰始初,为汲郡太守,后迁卫尉、河南尹、大司农。为政苛碎,棰楛罪人,泥墨涂面,置深坑,不与饮食。又擅纵五岁刑以下二十一人,为有司劾,帝以累有政绩,听赎罪。太康中为司隶校尉,使车服异制,庶人不得衣紫绛及锦绣,时论以为暮年谬妄。复坐免官。后起为尚书。

王宏祚(1603—1674) 一作王弘祚。明末清初云南永昌(今保山)人,字懋自,一字玉铭,号思斋。明崇祯举人,官至户部郎中。明亡,降清。顺治二年(1645)仍授户部郎中,以谙习掌故,主修《赋役全书》。十五年书成,晋户部尚书。康熙七年(1668)以失察罪革职。次年复为兵部尚书。寻与大学士巴哈纳等校订律例。后以老乞休。辑有《永思录》。

王竑(1413—1488) 明陕西河州(今甘肃临夏)人,字公度,号休庵。正统进士。授户科给事中。土木之变后郕王监国,他率众击毙锦衣指挥马顺。不久,以右佥都御史镇守居庸关,拒也先入犯。景泰二年(1451)巡抚淮、扬,开仓赈饥,并安置流民。天顺八年(1464)官至兵部尚书。次年受李贤排挤,致仕归。

王洪绪 清吴县(今属江苏)人,名维德,号林屋先生、安定子。世代均为外科医家,继承其曾祖王若谷"除疔疮用针刺外，皆不轻用刀针"之遗法，又兼通内、妇、儿科之病理，施治数十年，济人甚多，誉重医林。著有《外科证治全生集》，把各种外科疾病分为阴阳两大类，反对以寒凉清火之法治阴证，主张以"阳和通腠，温补气血"。故善治阴证外疡是其医疗技术的主要特点。

王铁(？—752) 唐太原祁县(今属山西)人。开元间，为鄠县尉，历监察御史、户部员外郎。天宝时，任京城和市和籴使，户口色役使，兼京畿、关内采访等使，御史中丞。依附权相李林甫，为其爪牙。时有敕百姓免税一年，他奏征其脚钱，以其钱转成轻货，令百姓间关输送，倍于正赋。输纳物如有浸损变质，则折价令本郡补偿。又令诸郡高户摊派租庸脚夫，致使富户亦遭破产。岁进钱货达万亿，名曰税外物，供天子及内宫费用。玄宗以其有富国之术，宠遇益厚。九载(750)，升御史大夫兼京兆尹，领二十余使职，益加骄纵。后坐弟銲不法，赐死。

王鸿儒(？—1519) 明南阳(今属河南)人，字懋学，号凝斋。成化进士。历任山西提学佥事、国子祭酒、南京户部侍郎、南京户部尚书等职。曾师事段坚。为学崇儒抑道，认为"孟子之学，明在于事亲事长，而幽极于知性知天，上下本末一以贯之，此所以为醇乎醇之儒也"(《凝斋笔语》)。批评老庄之学"幽明二致，首尾衡决"，不可"尊以为圣哲"。反对玩弄政治权术，主张"惟诚与直能济国事"。著有《凝斋笔语》。

王鸿绪(1645—1723) 清江苏华亭(今上海松江)人，初名度心，字季友，号俨斋，又号横云山人。康熙进士。康熙十九年(1680)官侍读学士，曾疏奏二眉山人朱方旦左道惑众。二十一年充《明史》总裁官。二十六年晋左都御史。二十八年因与少詹事高士奇揽权纳贿，被劾休致。后复回明史馆，历工、户部尚书。四十八年因倡言举胤禩为太子获咎，复休致，携《明史》书稿回籍，删改成《明史稿》，署以己名。著有《赐金园集》。又通医学，著有《王鸿绪外科》。

王后 简称后。天子的配偶。后宫女官之长。

王厚(？—1106) 北宋江州德安(今属江西)人，字处道。王韶子。少从父征战，官至通直郎。绍圣中，勾当熙河公事，与河州守将同议收复湟、鄯。元符初，出师邈川(今青海乐都南)，降瞎征、陇拶等部，平定湟、鄯，知湟州(治今青海乐都南)。宋弃湟、鄯，贬贺州别驾。崇宁初，知河州兼洮西安抚，与童贯出师洮西，击败多罗巴部，取湟州，迁熙河路经略安抚使。又出师宗哥川，大败溪赊罗撒部，鄯州降，复下青唐，降廓州(治今青海尖扎北)，拜武胜军节度观察留后。后入朝，提举醴泉观，卒。

王华(385—427) 南朝宋琅邪临沂(今山东临沂北)人，字子陵。王弘从祖弟。居吴(今江苏苏州)。晋末，领徐州刺史刘裕辟为州主簿。宋初，随宜都王刘义隆镇江陵，屡迁镇西府司马、南郡太守，行府州事。景平二年(424)，执政徐羡之、傅亮废少帝，迎立义隆。义隆以少帝被杀，疑不敢行。乃固劝义隆入京，己留总后任。及义隆即帝位，以为侍中、右卫将军。元嘉三年(426)，杀徐羡之、傅亮，迁护军将军，侍中如故。

王化澄(？—1653) 明末清初江西金溪人，字登水，一字昭阳。明崇祯进士。授知县。隆武时擢为监察御史，巡按广东。永历立，以拥戴功擢副都御史，总制两广，官至礼部尚书、东阁大学士。后以独主封孙可望为秦王，被金堡等所劾。永历四年(顺治七年，1650)，清兵复攻两广，挟厚资避居平南(一说北流)山中。七年因清军逼降，乃吞金自杀。

王化基(944—1010) 北宋真定(今河北正定)人，字永图。太平兴国进士。历通判常州，知岚州，改淮南节度判官，入为著作郎。迁左拾遗，抗疏自荐，召试，授知制诰。擢御史中丞，以为朝廷治则边鄙安。慕范滂为人，献《澄清略》，议复尚书省、慎公举、惩贪吏、省冗官。知京朝官考课，出知杭州。至道三年(997)，参知政事。咸平四年(1001)，罢知扬州，移河南府，官至礼部尚书。善笔札，曾作《南行诗》百韵，时人传诵。

王化贞(？—1632) 明山东诸城人，字肖乾。万历进士。由户部主事，历右参议，分守广宁(今辽宁北宁)，抚蒙古炒花诸部。天启元年(1621)，后金兵攻陷辽阳、沈阳后进右佥都御史，巡抚广宁，与辽东经略熊廷弼有隙，经抚不和。为人愚而愎，素不习兵。二年正月，兵败西平堡，部将孙得功叛，失广宁，退走入关，获罪被逮，后被杀。

王淮(1126—1189) 南宋婺州金华(今属浙江)人，字季海。绍兴进士。为临海尉。后除监察御史，迁右正言。曾劾罢宰相汤思退，举荐学者郑伯熊、李焘等。淳熙二年(1175)除同知枢密院事、参知政事。八年，拜右丞相，兼枢密使。不久，迁左丞相。与唐仲友善，朱熹劾仲友，他多方袒护。又擢迁陈贾、郑丙官，使两人协力攻道学，开庆元党禁之先声。后以观文殿大学士判衢州，改提举洞霄宫。

王欢 东晋乐陵(今山东乐陵东南)人，字君厚。安贫乐道，好学，不营产业，常丐食诵《诗》，遂为通儒。前燕慕容暐即帝位，以为国子博士，亲就受经。迁祭酒。建熙十一年(370)，前燕亡于苻坚，遂隐退。前秦建元十一年(375)，坚以安车蒲轮征为国子祭酒。官至太子少傅。死于长安。

王奂(435—493) 南朝齐琅邪临沂(今山东临沂北)人，字道明。出身著作佐郎、太子舍人。升明初，迁丹阳尹。后转掌吏部。武帝时累迁尚书右仆射。素无学术。出为雍州刺史，以与宁蛮长史刘兴祖不睦，永明十一年(493)，诬杀兴祖。帝遣使收之，其子彪领兵闭门拒战，兵败，俱被杀。

王涣(？—105) 东汉广汉郪县(今四川中江东南)人，字稚子。和帝时为郡功曹，以茂才除温县令。历任兖州刺史、侍御史。永元十五年(103)为洛阳令。善理冤狱，为京师百姓所称。

王涣之(1060—1124) 北宋衢州常山(今属浙江)人，字彦舟。元丰进士。除武胜军节度推官，为知县、州学教授。元祐中召为太学博士，校对秘书省黄本书籍，通判卫州。绍圣五年(1098)被选入修《两朝鲁卫信录》。徽宗即位,充国史院编修官,兼《哲宗实录》检讨官,累官吏部侍郎。坐曾与元祐党人交游,削职知舒州。崇宁三年(1104)入党籍,罢提举鸿庆宫,寻起知数州。大观末召为给事中,迁吏部侍郎,次年复罢。政和中起知滁州,徙潭州、定武军,复提举宫观以卒。

王澣 即"王翰"。

王皇后 ❶(? —前126)西汉槐里(今陕西兴平东南)人。景帝皇后,武帝生母。初为金王孙妇。文帝时,其母以其女当贵,夺之金氏,纳于太子(即景帝)宫。及景帝即位,生子刘彻,封胶东王。前七年(前150),立为皇后,胶东王立为太子(即武帝)。武帝即位,尊为皇太后。❷(? —前16)西汉长陵(今陕西泾阳南)人。宣帝皇后。宣帝早年养育民间时,与其父奉光相识。宣帝即位,被召入宫,进位倢伃。霍皇后废,遂代立为后,抚育许后所生太子,然无宠。元帝即位,为皇太后。成帝即位,为太皇太后,又号邛成太后。❸(? —655)唐并州祁县(今属山西)人。李治(高宗)为晋王时纳为妃。贞观十七年(643)为皇太子妃。永徽元年(650)立为皇后。无子。时萧淑妃有宠,因劝高宗召立武昭仪入宫以间之。武氏入宫得幸,她与淑妃俱失宠。六年被废为庶人,旋为武后害死。❹(? —1518)明应天上元(今江苏南京)人。英宗时选配东宫。宪宗废吴皇后后,被册立为皇后。孝宗即位,尊为皇太后,正德时尊为太皇太后。卒谥孝贞,葬茂陵。

王恢(? —前133) 西汉燕人。数为边吏,熟谙匈奴情形。武帝初年任大行。建元六年(前135),因闽越王郢击南越,受命与大农令韩安国分道并出豫章、会稽征讨之。匈奴请求和亲,朝廷群臣多表赞同,独其极力反对。元光二年(前133),雁门马邑(今山西朔州)豪聂壹因恢奏言,以利诱致单于,伏兵击之。遂与御史大夫韩安国廷辩,力主出兵。旋奉命与韩安国等率车骑、材官三十万匿马邑旁谷中,阴使聂壹诱单于入马邑。因单于觉察,引兵归去,遂还。他坐首谋不进,下狱死。

王翚(1632—1717) 清江南常熟(今属江苏)人,字石谷,号耕烟散人、剑门樵客、乌目山人、清晖老人。幼年嗜画山水,运笔构思,迥出时流。王鉴见其画甚惊异,收为弟子,亲自指授,又引谒王时敏。时敏挈之游江南北,尽得观摹收藏家秘本,画大进,后遂为一代大家。论者称其能以南宗笔墨写北宗丘壑,冶各家技法为一炉。曾奉圣祖诏主绘《南巡图》。身后所画益为世所重,当时有"画圣"之称。从学弟子颇多,称"虞山派"。世称王时敏、王鉴、王翚、王原祁为"四王"。

王徽之(? —约387) 东晋琅邪临沂(今山东临沂北)人,字子猷。王羲之子。放诞不羁,好声色,时人钦其才而秽其行。为桓冲骑兵参军,不综职事。性爱竹,谓不可一日无此君。居山阴(今浙江绍兴),夜月清朗,忽忆戴逵,即夜乘舟至剡(今浙江嵊州),至其门不入而返。人问其故,称"乘兴而行,兴尽而返,何必见安道(逵)!"官至黄门侍郎。后弃官归山阴,病卒。

王回 ❶(1023—1065)北宋福州侯官(今福建福州)人,迁居颍州汝阴(今安徽阜阳),字深父(亦作深甫)。嘉祐进士。为亳州卫真簿,称病未赴。退居颍州,不仕。其学宗欧阳修。曾作《告友》一文,阐述君臣、父子、夫妇、兄弟、朋友之道。❷(1048—1100)北宋兴化仙游(今属福建)人,字景深。熙宁进士。调松滋令,知鹿邑县。入为宗正寺主簿,元符中为睦睦亲宅讲书。其好友邹浩数忤宰相章惇,又谏哲宗勿册贤妃刘氏为皇后,均预其议。及浩得罪羁管新州,又敛钱与治行装,遂下诏狱,除名停废。徽宗即位,召还旧官,擢监察御史,数日卒。

王会篇笺释 书名。清何秋涛撰。三卷。书成于道光二十九年(1849)。《周书·王会》自晋孔晁、宋王应麟之后,少有注释。清乾隆、嘉庆时期虽有继起校正者,多详于字句考辨,何氏以王应麟补注为底本,兼取众家之长,增采音义,遍考群籍,复加校刊笺释,对《禹贡》方域、商周古国部落、春秋地名及先秦史迹,皆予疏证。是书曾经过许多著名学者审定,其中训诂、古地理考证,尤有所长。

王会清吏司 官署名。简称"王会司"。清代理藩院所属六司之一。掌颁发内蒙古各王、公等的俸禄及办理朝贡、燕飨、赏赉、随围等事宜。顺治十八年(1661)初置时为宾客司,乾隆二十二年(1757)改为王会清吏司。设郎中三人(满洲一人、蒙古二人)掌司务,下设员外郎、主事、笔帖式、经承等。光绪三十二年(1906)改隶理藩部。

王荟 东晋琅邪临沂(今山东临沂北)人,字敬文,别字小奴。王导幼子。恬虚守静,不竞荣利。少历清官,累迁吴国内史。时年饥粟贵,人多饿死,乃以私米作粥以饴饿者,济活甚众。转督浙江东五郡,左将军,会稽内史,进号镇军将军,加散骑常侍。

王晦(约1155—1214) 金泽州高平(今属山西)人,字子明。明昌进士。累迁户部郎中。贞祐元年(1213)中都(今北京)被蒙古军围困,他募兵万余,护送通州粮入中都。领所部守顺州(今北京顺义)。二年,因攻牛栏山解通州围有功,升翰林侍读学士,加劝农使。九月,顺州被围,坚守月余,城破被俘,不屈死。

王惠定(? —499) 北魏幽州(治今北京西南)人。孝文帝太和二十三年(499),聚众起事,自称明法皇帝。寻被刺史李肃捕杀。

王慧龙(391—440) 北魏太原晋阳(今山西太原西南)人。晋尚书仆射王愉之孙。晋元兴三年(404),全家被徐州刺史刘裕所杀,他独为人所匿得免,乃逃江陵,入后秦。泰常二年(417)投北魏。拜洛城镇将。娶崔浩弟恬女。授南蛮校尉、安南大将军左长史。以在滑台(今河南滑县东滑县城)击退宋军有功,授龙骧将军,拜荥阳太守。在郡十年,农战并修,边民归附者万余家。太平真君元年(440),拜虎牢镇都副将,途中卒。

王浑 ❶(223—297)西晋太原晋阳(今山西太原西南)人,字玄冲。王昶子。袭爵京陵侯。晋初,为安东将军、都督扬州诸军事,镇寿春,破吴皖城及诸别屯。咸宁五年(279)与王濬同领兵伐吴。次年破吴中军,屯北岸,不敢渡江,致进入建邺在王濬后,意甚愧恨,频奏濬罪状,时人讥之。吴平,转征东大将军,复镇寿阳。拜尚书左仆射,迁司徒。惠帝即位,加侍中。楚王玮举兵杀汝南王亮与卫瓘,引为参乘,乃辞疾归第,以家兵闭门拒玮。玮被杀,乃率兵赴宫。以功录尚书事。❷西晋琅邪临沂(今山东临沂北)人,字长厚。有才望,历尚书、凉州刺史,封贞陵亭侯。子戎袭爵。

王浑妻钟(鍾)氏 西晋颍川(治今河南许昌东)人,字琰,一作琰之。幼即能文,及长,博览记籍,美容止,善啸咏。虽贵门,与浑弟湛妻郝氏妯娌雅相亲重。不以贵凌郝氏,郝亦不自贱下之,时谓"鍾氏之礼、郝氏之法"。著《遐思赋》、《莺赋》等,有《钟夫人集》五卷,已散佚。

王机(?—315) 西晋长沙(治今湖南长沙)人,字令明。年十七率众击破作乱于江州之陈恢。与王澄友善,用为成都内史。永嘉五年(311),巴蜀流民杜弢起兵,与澄终日醉酒,不理政事,百姓怨恨,为弢所败。六年,广州人背刺史郭讷迎之,遂将奴客门生千余人入广州,自为刺史。建兴三年(315),以击降杜弘有功,转交州刺史。为梁硕所拒,与杜弘、温邵、刘沈叛于郁林(今广西桂平西)。广州刺史陶侃遣将讨之,败走,病死于道。

王积翁(1229—1284) 南宋福宁州(今福建霞浦)人,字良臣。南宋末为福建制置使。至元十三年(1276)降元,任福建宣抚使。十九年,任江西行省参知政事,建议开新河以通漕运。二十一年,为国信使,出使日本,途中为船夫所杀。

王积薪 唐人。家贫,父母早亡,以砍柴谋生,因以"积薪"名。常与山僧对弈,并得指点,从此弈艺大进。开元初,为翰林院棋待诏,与国手冯汪对弈九局,以五比四取胜,成为唐代第一国手。至天宝末尚在世。著有《金谷园九局谱》、《凤池图》、《棋势图》等。

王姬 周代天子女儿的称号。汉代以后亦称帝王之女为王姬。

王基(190—261) 三国时东莱曲城(今山东莱州东北)人,字伯舆,一作伯兴。少游学琅邪(治今山东临沂北),师承郑玄,与王肃所论不同。魏黄初中,察孝廉,除郎中,司马懿擢为中书侍郎。明帝时,曹爽请为从事中郎。及爽专权,风化陵迟,遂著《时要论》加以针贬。爽被诛,因其为爽属官,随例罢官。旋出为荆州刺史。正元二年(255)领前军从司马师征毌丘俭、文钦,速战克敌,迁豫州刺史,封安乐乡侯。甘露二年(257),督扬、豫诸军从司马昭征诸葛诞。四年,转征南将军,都督荆州诸军事。未接纳吴将邓由等降,论者以为失策。著有《毛诗驳》,今存辑本一卷。

王稽(?—前255) 战国时人。秦昭王初年为谒者令。秦昭王三十六年(前271),奉昭王令使魏,私见魏之罪臣范雎,携其入秦。范雎相秦后,为谢其恩,向昭王力荐之。昭王四十一年,被任命为秦河东守,允其三年不上计。后因"与诸侯交通"罪名,被杀。

王畿 ❶(1498—1583)明浙江山阴(今绍兴)人,字汝中,号龙谿。嘉靖进士。官至南京兵部郎中。王守仁弟子。与王艮并称"王门二王"。黄宗羲认为王学因"二王"而风行天下,亦因"二王"而"渐失其传"。因大学士夏言斥王学为"伪学",乃谢病归。讲学四十余年,江苏、湖北、福建、浙江皆有讲舍。每讲杂以禅机,力主"一念灵明",谓"千古学术,只在一念之微上求"(《明儒学案》卷十二),而以"致知见性"为宗旨。以"王门四句"(无善无恶心之体,有善有恶意之动,知善知恶是良知,为善去恶是格物)为师门权宜教法,认为"心、意、知、物只是一事,若悟得心是无善无恶之心,则意、知、物俱是无善无恶",提倡"四无"之说。参见"天泉证道"。有《龙谿王先生全集》。❷京都周围千里之地。《周礼·职方》:"乃辨九服之邦国,方千里曰王畿。"唐杜甫《巴西闻收宫阙送班司马入京》诗:"念君经世乱,匹马向王畿。"

王及善(618—699) 唐洺州邯郸(今属河北)人。袭父爵邢国公。高宗时,累除卫尉卿。垂拱中,历春官尚书、益州长史,以老病致仕。万岁通天二年(697),契丹扰河北,起授滑州刺史。临行备陈治乱之要十余条,武后留为内史。时来俊臣系狱当死,武后欲赦之,经他谏后乃诛。又密助庐陵王(中宗)还立为太子。居官清正自持,临事不可夺。时张易之兄弟怙宠骄纵,数裁抑之,武后不悦,改文昌左相。旬日卒。

王吉 ❶(?—前48)西汉琅邪皋虞(今山东即墨东北)人,字子阳。兼通《五经》,能为《驺氏春秋》,以《诗》、《论语》教授。初以郡吏举孝廉为郎,后举贤良为昌邑中尉,数谏昌邑王刘贺。王被废黜后,得减死髡为城旦。宣帝时,先后任益州刺史、博士、谏大夫,奏言外戚不宜居位,又请除任子之令,去角抵,减乐府,省尚方,示天下以俭。宣帝以为迂阔,遂称病免归。元帝即位被征,于途中病卒。平生号称清廉,然好车马衣服,自奉甚奢。❷(?—179)东汉陈留浚仪(今河南开封市)人。灵帝时,依其养父中常侍王甫权势,年二十余为沛相。性残忍,杀人皆碎尸载于车上,标立罪名,示众属县。夏季尸体腐烂,则以绳连其骨,周遍一郡乃止,见者无不骇惧。在任五年,凡杀万余人,百姓无以自保。后为司隶校尉阳球劾奏收捕,与其父并被拷掠致死。

王檝(1184—约1243) 金凤翔虢县(今陕西宝鸡)人,字巨川,道号紫岩翁。金卫绍王时授副统军,守涿鹿隘。元太祖八年(1213),兵败,降蒙古,从军攻略华北。后受命掌诸色工匠事。太宗元年(1229),创燕京庙学。奉命使南宋,前后凡五次。卒于宋。

王籍 南朝梁琅邪临沂(今山东临沂北)人,字文海。博学有文才。仕齐为余杭令,入梁为湘东王咨议参军,随府在会稽(今浙江绍兴)。遍游郡境名山。至若邪溪赋诗,得"蝉噪林逾静,鸟鸣山更幽"句。当时以为文外独绝。仕不得志,卒于荆州作唐令任内。有文集十卷。

王纪(?—1624) 明山西芮城人,字惟理。万历进士。历任右佥都御史,巡抚保定。天启二年(1622)官至刑部尚书,以忤魏党革职。著有《畿南奏议》。

王纪刺 辽北边部族名。辽末耶律大石西行途中招聚十八部之一。

王季 又称公季。周先王。名季历。古公亶父之幼子,文王之父。其兄太伯、仲雍逃奔江南后继位,遵循古公之法,诸侯多归顺。入朝商王武乙,受赏赐。数次征戎狄获胜,商王文丁命为牧师,为西方诸侯之长,国势日强,终为文丁所杀(《古本竹书纪年》)。一说勤劳国事而死(《吕氏春秋·首时》高诱注)。

王季烈(1873—1952) 江苏苏州人,字君九,号螾庐。早年与传教士合译有《通物电光》等数种物理学、化学著作。光绪二十六年(1900)参与第一本中文《物理学》的翻译和重编工作。二十八年据日文原著编译《理科》。著有《螾庐曲谈》。

王济 ❶西晋太原晋阳(今山西太原西南)人,字武子。王浑子,尚常山公主。好弓马,有勇力。少有逸才,善《易》及《庄》、《老》,文词俊茂,有名当世。起家中书郎,累迁侍中。善于清谈。因谏遣齐王攸就国忤旨,左迁国子祭酒。后坐事免官。性极豪侈,丽服玉食,传以人乳蒸肫。后以白衣领太仆。先浑卒,年四十六。❷十六国时人。仕辽东慕容廆长史。曾受廆遣浮海劝琅邪王司马睿即帝位。❸(952—1010)北宋深州饶阳(今属河北)人,字巨川。雍熙中,得试学士院,补龙溪主簿。历任县、州、路等地方官,所至兴修水利,知杭州时曾疏浚西湖。前后三召入朝,历权大理寺丞、刑部详复官、权判大理寺、判司农寺等。奏请删定制敕,受命同修《刑统》。屡劝真宗居安思危,献备边策十五条。因与王钦若、丁谓等权臣不合,多次被排挤出外。卒于知洪州任。

王继恩 ❶(?—999)北宋陕州陕县(今属河南)人。宦官。累为内侍行首。太祖死,皇后命召贵州防御使赵德芳,而他径召晋王(太宗)入,遂得宠遇。李顺起义军攻占成都时,受命为剑南两川招安使,率兵镇压,攻陷成都,特立宣政使授之。他久握重兵,骄横恣肆,专事宴饮,放纵所部剽掠人民,荼毒一方。真宗时专贪日甚,并泄露朝廷机密,与李昌龄、胡旦等相结,多有请托,为真宗所忌,黜为右监门卫将军,均州安置,籍没资产,卒于贬所。❷北宋棣州(今山东惠民)人。辽圣宗时,承天太后南攻宋,俘掠居民。他不满十岁,被俘掳至凉陉,阉为宦官。习契丹语。后擢为内谒者,内侍左厢押班。圣宗亲政,累迁尚衣库使、左承宣、监门卫大将军、灵州观察使、内库都提点。宋使臣来辽时,多充宣赐使。

王继先(1098—1181) 宋开封(今属河南)人。建炎初,以医术得幸,后渐贵宠。奸黠善佞,累官荣州防御使、昭庆军承宣使。权势匹于秦桧,富埒王室,桧妻王氏与之叙拜兄弟。子弟皆通朝籍,姻党盘踞要津。绍兴末,金兵将至,大将刘锜请为战备。他请斩新进主兵官一二人以固和好。侍御史杜莘老劾其十罪,诏福州居住,子孙并勒停,放还奴婢者凡百余人,籍其家资以千万计。孝宗即位,诏任便居住,但不准再到临安。

王继勋 ❶(?—977)北宋邠州新平(今陕西彬县)人。太祖王皇后弟。初为内殿供奉官、都知,后领虎捷左右厢都虞候、权侍卫步军司事。所为多不法。乾德四年(966)为部曲所讼,解兵权,留京师奉朝请。专以脔割奴婢为乐,被害者多,由此削夺官爵。不久配流登州,未至,改右监门率府副率。开宝三年(970),分司西京(今河南洛阳),杀食奴婢,残虐愈甚。太宗即位后,被杀。❷北宋陕州平陆(今属山西)人。后周时历宪、麟、石、磁四州刺史,宋初迁磁州团练使。荆襄平,为道州刺史,伐南汉时为贺州道行营马步军都监。有武勇,在军阵常用铁鞭、铁槊、铁杻,军中目为"王三铁"。

王继忠(?—1023) 北宋开封(今属河南)人。宋真宗即位前,得事左右。真宗即位,补内殿崇班,累迁至殿前都虞候,领云州观察使,出为深州副都部署,后徙定州。辽圣宗统和二十一年(1003),被辽军所俘,降辽。为户部使,娶康默记族女为妻。次年,加左武卫上将军,摄中京留守。奉命与宋使议和。开泰二年(1013),为中京留守,检校太师。五年,为汉人行宫都部署,封琅邪郡王。从枢密使萧合卓侵高丽,为副都统。六年,进封楚王,赐国姓耶律,改名显忠,又改名宗信。八年,为南院枢密使。太平三年(1023),致仕。

王祭酒年谱 即"葵园自订年谱"。

王绩(585—644) 唐绛州龙门(今山西河津)人,字无功。王通弟。嗜酒,自称五斗先生。隋大业中,为秘书省正字,出为六合丞。唐武德初,待诏门下省,一日给酒一斗,人称斗酒学士。后归隐东皋,号东皋子。临终遗命薄葬,自志其墓。通阴阳历数之术,诗多写饮酒及田园闲适情趣,鄙弃仕途,藐视礼法,流露彷徨无依颓废消极思想。原集已佚,明人辑《东皋子集》。有1987年上海古籍出版社出版点校本《王无功文集》。

王骥(1378—1460) 明直隶束鹿(今河北辛集)人,字尚德。永乐进士。官至兵部尚书。正统三年(1438),麓川(今云南瑞丽)宣慰使思任发反明,明兵两次进攻均告失败。六年,奉命总督军务,与蒋贵、李安、刘聚诸将率师分道进击。攻潞江(今保山西南),进腾冲,克沙木笼,抵陇把(今陇川),思任发奔孟养(今缅甸喀钦邦孟养)。七年,以军功封靖远伯。是时,思任发子思机发屡遣头目,求贡谢罪,不许。八年,复破思机发于者蓝(今缅甸姐兰)。十三年,再次出兵,次年至大金沙江(今伊洛瓦底江)以西,与思任发少子思陆订约,大获宝石奇货而还。凡三征麓川,终不得思机发,颇招物议。后曾镇压苗民起义。

王骥德(?—约1623) 明浙江会稽(今绍兴)人,字伯良、伯骏,号方诸生、秦楼外史。精研词曲,以散曲负名于时。著有《曲律》,杂剧《男王后》、《倩女离魂》，传奇《题红记》等，又校注《西厢记》、《琵琶记》。

王家屏(1536—1604) 明山西山阴人，字忠伯，号对南。隆庆进士。万历十二年(1584)以吏部左侍郎兼东阁大学士，预机务。疏请立国本。十九年继申时行任首辅，次年引病归。家居十余年病死。谥文端。著作有《王文端集》。

王家尉 官名。北魏前期王国属官。太和十七年(493)，定为从七品中。

王嘉 ❶(？—前2)西汉平陵(今陕西咸阳西北)人，字公仲。以明经射策甲科为郎。成帝鸿嘉年间，超迁为太中大夫。后历任九江、河南太守、大鸿胪、京兆尹、御史大夫等职。哀帝建平三年(前4)为丞相，封新甫侯。见哀帝欲封宠臣董贤，数上封事切谏，并封还诏书。元寿元年(前2)，哀帝借故责以欺君罔上，召诣廷尉诏狱。系狱二十余日，不食呕血而死。❷(？—约385)十六国时陇西安阳(今甘肃秦安东北)人，字子年。初隐东阳谷，石虎末年潜隐于终南山、倒兽山。累征不起，前秦主苻坚、后秦主姚苌遇事多咨之，言未然之事，传说事过常验。后为苌所杀。著有《拾遗记》。

王嘉胤(？—1631) 明陕西府谷人。原为定边营逃卒。崇祯元年(1628)率众于府谷起义。与王二农民军合于延庆黄龙山，拥众五千余。后转战陕、甘、晋，称王署官，部属三万余，高迎祥、张献忠曾受其指挥。四年于山西阳城为叛徒杀害。一说为明副将曹文诏部所杀。

王坚(？—1264) 南宋人。为孟珙部将，曾袭邓州顺阳镇(今河南淅川南)烧蒙古军所积船材，后入蜀，官武功大夫。淳祐十一年(1251)击败蒙古军，收复兴元(今陕西汉中)。宝祐二年(1254)任兴元都统制兼知合州(今重庆合川)。开庆元年(1259)蒙哥汗(元宪宗)遣使谕降，被拒，遂亲督大军进围合州钓鱼城。他率军民坚守，蒙哥病死于城下，蒙古军被迫撤走。因功加宁远军节度使，封清水县开国伯。景定元年(1260)，召回临安，任侍卫马步军司都指挥使。四年，知和州兼管内安抚使，因受贾似道疑忌排斥，郁郁而死。

王俭(452—489) 南朝齐琅邪临沂(今山东临沂北)人，字仲宝。王导之后。宋时起家秘书郎，迁秘书丞，尚宋明帝阳羡公主。依《七略》撰《七志》四十卷，又撰定《元徽四部书目》。萧道成为相，屡以不居人臣之言诱之。入齐，迁尚书右仆射，领吏部。时制度草创，多请议决。永明三年(485)，领国子祭酒。宋时国学颓废，天下悉以文采相向，因提倡经学，于宅内开学士馆，儒学因此大兴。七年，改领中书监，参掌选事。旋病卒。

王翦 战国末频阳东乡(今陕西富平东北)人。少好军事。事秦王政。秦王政十一年(前236)，与桓齮、杨端和率兵攻赵，取九城。十八年，复攻赵。次年，拔赵，赵王降。二十年，攻燕，燕王喜走辽东，拔蓟城(今北京西南)。二十三年，率军六十万攻楚，大破楚军，杀其将项燕，乘胜略定楚地城邑。岁余，虏楚王负刍，楚亡。又南征百越之君。其子贲、孙离皆为秦将军。

王建 ❶北魏广宁(今河北涿鹿)人。鲜卑族。少尚公主。道武帝初，为外朝大人。曾出使后燕，还为左大夫，稍迁中部大人。登国十年(395)从帝破后燕慕容宝军于参合陂(在今内蒙古凉城东北)力主坑杀降众，死者四五万人。及攻信都(今河北冀州)、中山(今河北定州)，燕军因此据城坚守，帝悟而唾其面。后奉命讨平乌桓库傉官鸣，迁太仆，徙为真定公，加冀、青二州刺史。❷(约768—？)唐颍川(治今河南许昌)人，字仲初。出身寒微，早年从军塞上。大历进士。元和中，任昭应丞。长庆初，迁太府寺丞，转秘书郎。终陕州司马。工乐府歌行，与张籍齐名，世称"张王"。多写人民困苦生活，以《田家行》、《羽林行》为代表作；也写宫廷生活琐事与帝王奢靡生活，有《宫词》百首。著作有《王司马集》。1950年中华书局出版《王建诗集》。❸(847—918)五代时前蜀建立者。公元907—918年在位。许州舞阳(今属河南)人，一作陈州项城(今河南沈丘)人，字光图。少无赖，以屠牛、盗驴、贩私盐为业，绰号贼王八。曾因抢劫，判刑入狱。唐末，为忠武军卒，参与镇压王仙芝起义。后被宦官田令孜收为养子，因护卫僖宗入蜀有功，升禁军将领。光启二年(886)授利州刺史。大顺二年(891)攻取成都，杀西川节度使陈敬瑄，下狱饿死田令孜，进而兼并两川，任剑南西川节度使，并有山南西道要地。天复三年(903)封为蜀王。天祐四年(907)称帝于成都，国号蜀，史称前蜀，改元武成。恃险而富，士人多往依以避乱。所用皆名臣世族，尚能纳谏，保境安民。曾颁劝农令，奖励农桑。但养子众多，专恣不法。晚年多内宠，后妃徐氏姐妹弄权，遂致内患并发。传为徐贤妃等毒毙，葬永陵(在今四川成都)，谥神武圣文皇帝，庙号高祖。

王建立(871—940) 五代时辽州榆社(今属山西)人。少年勇猛，不识文字。后唐明宗时，以军校历拜成德军节度使。后以右仆射同平章事，判三司事。以与安重诲不协罢相。末帝时，为天平军节度使。入后晋，徙平卢、昭义军节度使，累封韩王。为政严酷，凶残好杀，时人目为"王垛叠"。后奉佛，戒杀生，所至民稍安之。

王建墓 即"永陵❶"。

王鉴 ❶(278—318)晋堂邑(治今江苏六合北)人。少以文笔著称，初为琅邪王司马睿侍郎。杜弢领导荆湘流民起事时，劝睿亲自率军镇压。东晋建立，出补永兴令。王敦请为记室参军，未就而卒。❷(？—318)十六国时人。前赵刘聪时任尚书令。聪宠任中常侍王沈，立沈养女为左皇后，乃与中书监崔懿之等谏阻，被聪所杀。❸十六国时武都(治今甘肃成县西北)人。前秦苻坚时任武卫将军。苻双叛秦，乃与吕光平之。秦建元七年(371)，晋叛将袁瑾被大司马桓温围于寿春(今安徽寿县)，遣使求援于秦。他受苻坚遣，率军相救，为淮南太守桓伊所败。后任豫州刺史。❹(1598—1677)明末清初江苏太仓人，字元照，自号湘碧，又号染香庵主。明尚书王世贞孙(一作曾孙)。崇祯举人,以荫官廉州知府,后罢归。家富收藏,精通画理,尤长摹古,被誉为“先民遗矩,后学指南”,为清代正统画派四王、吴恽之首。著有《染香庵集》。

王江泾 市镇名。相传以王、江二姓居此而名。位居浙江嘉兴府秀水之北,即今浙江嘉兴北王江泾。傍运河。明嘉靖三十四年(1555)张经总督军务,于此取得了抗倭的大胜利。设巡检司一。

王江泾镇 即今浙江嘉兴市北王江泾。为运河所经,地当冲要。元为市,明初升镇,以“有王氏、江氏所居,因以名镇”(万历《秀水县志》)。属秀水县。丝绸业发达,嘉靖、万历时日益繁荣。清乾隆、嘉庆时成为“烟户万家”的巨镇。咸丰后日趋衰落。

王接(267—305) 西晋河东猗氏(今山西临猗南)人,字祖游。父蔚,世修儒史之学。少以孝闻。为郡主簿,举秀才,除中郎,补征虏将军司马。河间王颙欲迁惠帝至长安时,表转临汾公相国。东海王越率诸侯讨颙,补尚书殿中郎,未至而卒。博学,特精《礼》、《传》,更注《公羊春秋》,多有新义。撰《列女后传》七十二人,又有杂论议、诗赋、碑颂、驳难等十余万言,今佚。

王杰 ❶(515—579)北朝时金城直城(今陕西汉阴西)人,本名文达。北魏末,从孝武帝西迁,赐爵都昌县子。西魏丞相宇文泰爱其才,赞誉有“万人敌”之勇。从复潼关,破沙苑,争河桥,战邙山,皆以勇闻名,赐姓宇文氏。除岐州刺史,讲爵为公。累迁侍中、骠骑大将军、开府仪同三司。西魏恭帝元年(554),从柱国将军于谨围江陵(今湖北荆州),多战功。北周建立,累迁大将军,后为泾州总管。所任州府,颇得民心。宣帝即位,拜上柱国。寻卒。❷(1725—1805)清陕西韩城人,字伟人,号惺园,晚号葆醇(一作葆淳)。乾隆状元。乾隆三十六年(1771)入值南书房,以文学受知于高宗,旋晋内阁学士。历工、刑、礼、吏四部侍郎,充四库、三通馆副总裁,擢兵部尚书。五十一年充上书房总师傅、军机大臣。次年晋东阁大学士。虽与和珅同列,然终不附。嘉庆四年(1799)充实录馆总裁。七年致仕。未行,疏论高宗末年官吏贪污,致各省亏空及驿站扰民事。著有《葆醇阁集》等。

王结(1275—1336) 元中山府(治今河北定州)人,字仪伯。祖籍易州定兴(今属河北)。祖王逖勤曾从成吉思汗西征,娶阿鲁浑氏,自西域徙居中山。他幼习经学,仁宗爱育黎拔力八达为皇太子时,任东宫典牧太监。仁宗嗣位后,历任顺德、扬州、东昌诸路总管,所到之处,劝农桑,修水利,有名于时。至治二年(1322),参议中书省事。后历任行省参知政事、中书参知政事。元统元年(1333),任翰林学士,参与修泰定帝、文宗两朝实录。同年,任中书左丞。顺帝至元元年(1335)致仕。有《文忠集》。

王介(1158—1213) 南宋婺州金华(今属浙江)人,字元石,自号浑尺居士。从朱熹、吕祖谦游。绍熙进士。孝宗死,力请光宗过宫执丧,言辞激切。宁宗初,迁太学博士,以忤权臣韩侂胄,出为州郡官。庆元党禁起,被劾奉祠。侂胄死后,起为国子祭酒。上疏论时政,乞令史弥远终丧。升太子右谕德,迁权中书舍人,封驳不避权贵。除起居舍人,累徙知庆元府兼沿海制置使。

王金发(1883—1915) 清末浙江嵊县(今嵊州)人,原名逸,字季高。秀才出身。义和团运动后,参加会党,从事反清斗争。光绪三十一年(1905)在绍兴加入光复会,旋赴日本大森体育学校学习。回国后,任绍兴大通学堂体操教员,为秋瑾得力助手。三十三年入同盟会。宣统三年(1911)参加上海、杭州光复诸役。旋组绍兴军政分府,任都督。次年解职。“宋案”发生后,在上海助捕凶手,并招集旧部响应“二次革命”。1915年回杭州,被督理浙江军务朱瑞杀害。

王金刚奴(?—1409) 又作金刚奴。明初阶州(今甘肃武都)人。洪武初,与田九成等起事。自称“四天王”,推田九成为“汉明皇帝”(一作“后明皇帝”),建元龙凤,以示继承元末白莲教起义,反抗朱元璋对白莲教背叛之举。义军为明将耿炳文镇压,田九成被杀。他与仇占儿等率余部据沔县(今陕西勉县西)西黑山天池,直至永乐七年(1409)七月,兵败被杀。

王金铭(1880—1912) 清末山东武城人,字子箴。光绪二十四年(1898)投入武卫军充学兵,后升至新军管带。曾与冯玉祥等组织武学研究会,从事反清活动。武昌起义后与革命党人白毓昆及施从云等率部举义,于1912年1月宣布滦州独立,成立北方革命军政府,被推为都督。旋率部进攻津京,在雷庄与清军激战。驻开平的通永镇总兵王怀庆诡称停战议和,他与施从云身入敌营,被执遇害(一说阵亡)。

王金珠 南朝梁人。制南朝乐府《吴声十曲》中之《上声》、《欢闻》、《欢闻变》、《阿子》、《丁督护》、《团扇郎》六曲。

王瑾 明时交阯(今越南北方)人,初名陈芜。永乐时入宫为宦官,侍皇太孙。宣宗即位,为御用监太监,赐姓名。从征汉王朱高煦,参与四方军事,赏赐累巨万。景泰时卒。

王进宝(1626—1685) 清甘肃靖远人,字显吾。顺治时从军镇压河西回民起义军,复随张勇于贵州进攻李定国部。康熙十二年(1673)擢西宁总兵。十五年因平叛将王辅臣功晋陕西提督,封一等男爵,授奋武将军。十九年率兵败吴三桂部将吴之茂、王屏藩,复四川。后以疾乞休。

王禁(?—前42) 西汉魏郡元城(今河北大名东)人,字稚君。少学法律于长安,为廷尉史,好酒色,多取妻妾,有四女八男。其女政君,后立为元帝皇后。以此得封阳平侯,位特进。

王缙(700—781) 唐太原祁县(今属山西)人,字夏卿。王维弟。客居河中(治今山西永济西)。少好学,与兄俱有文誉。举草泽、文辞清丽科。累官黄门侍郎、同平章事。大历三年(768),幽州节度使李怀仙为部将所杀,代宗任以卢龙节度使,至幽州,委军于朱希彩而还。时元载专朝，曲意附之，不问是非。素奉佛，不茹荤。妻死，以宅第为佛祠，每讽诸道节度、观察使出财佐其营建。侈谈生死报应，与元载、杜鸿渐说代宗佞佛。认为唐国运不衰，皆福报所致，非关人力，代宗笃信其说，于禁中设内道场，每有寇乱，即召僧众诵《护国仁王经》以禳之。性贪冒，招纳财贿。元载败，连坐当死。代宗怜其耄，贬括州刺史。后迁太子宾客。

王京丞相 即"完颜襄"。

王荆公 即"王安石"。

王荆公年谱 书名。清顾栋高撰。三卷。作者在撰成《司马温公年谱》后，又撰此书，以记叙王安石生平，按年月先后为上、中、下三卷。末附"卷后"、"遗事"两卷。成于雍正十三年(1735)九月。书中对王安石多有贬辞。

王荆公年谱考略 书名。清蔡上翔撰。二十五卷，杂录二卷，附录一卷。作者以王安石因新法受诬，乃竭数十年精力，查阅正史及百家杂说不下千卷，逐事考证，意欲扫除浮说，还历史之本真，于嘉庆九年(1804)撰成是书。采用编年体，按年系事，于王安石生平叙述甚详。

王景 ❶东汉琅邪不其(今山东即墨西南)人，字仲通。博览群书，通天文、术数，尤精于水利。明帝时，受命与将作谒者王吴共修浚仪渠。永平十二年(69)，又主持治理河患。发卒数十万，自荥阳东至千乘海口千余里间，修渠作堤，十里立一水门，由是河、汴分流，河不侵汴。黄河受南北长堤制约，水势可冲刷泥沙，顺利流通入海。此后数百年，黄河不再改道。竣工后，明帝亲往巡视。以功迁侍御史、河渠谒者。建初八年(83)，任庐江太守，修治芍陂水利，教民用牛耕、铁犁及养蚕织帛。又参阅诸家术数著作，择其"适于事用"者，集为《大衍玄基》，今佚。❷(889—963)五代时莱州掖县(今山东莱州)人。家世业农。善骑射，不事生业，少从军，历后梁、后唐。后晋天福初，任相州刺史。开运元年(944)，任侍卫马军左厢都校。二年，大破南下的契丹军于戚城，以功迁侍卫马军都指挥使，迁横海军节度使，出镇沧州。后汉乾祐初，加同平章事。临政不尚刻削，部民便之。后周初，加兼侍中，迁凤翔节度使。世宗即位，加兼中书令。显德二年(955)，奉世宗命攻后蜀，取秦州(今甘肃秦安西北)、凤州(今陕西凤县东北)、成州(今甘肃礼县南)、阶州(今甘肃武都东南)。入宋，封太原郡王，充西面沿边都部署。❸(1336—1408)明松阳(今属浙江)人，字景彰，号常斋。洪武初为怀远教谕，以博学奉诏，定朝享乐章及藩王朝觐仪。累官山西参政，坐事谪云南。建文初召入翰林院，与修《太祖实录》，官至礼部侍郎兼翰林侍讲。成祖即位，升翰林学士，上言宜以天子礼葬建文帝。与修《永乐大典》，为总裁。擅于古文，又善笔札。

王景弘 明初人。宦官。航海家。永乐三年(1405)与郑和等奉命通使西洋。五年出使东南诸国，七年再使西洋，均与郑和等同任正使。宣德五年(1430)奉使忽鲁谟斯等十七国，九年出使苏门答腊，相传死于南洋爪哇。明宣宗曾赐诗表彰其航海出使之功。南洋诸国及台湾省称之为王三保或王三宝。

王景晖 十六国时赵郡(治今河北高邑西南)人。其舅高鲁仕后秦姚兴为太史令。后燕永康二年(397)范阳王慕容德遣刘藻求救于姚兴，不成而返。鲁私遣之随藻入燕献玉玺及图谶于德。及德建南燕，遂仕德及其子超，官中书侍郎，撰德、超二主《起居注》。超亡，仕北燕冯跋，官至中书令。撰有《南燕录》，今佚。

王景仁(?—约914) 五代时庐州合肥(今属安徽)人，本名茂章。少从杨行密起兵淮南。唐天复三年(903)，率兵救王师范，大破朱温兵，杀朱温子友宁。朱温自攻青州，望见他指挥若定，深为叹服。天祐三年(906)，因与行密子渥有私怨，投奔两浙，钱镠命改名景仁。后梁开平二年(908)，奉钱镠命赴大梁，被朱温所留。四年，任北面招讨使，谋攻镇、定，至柏乡(今属河北)。次年，为李存勖所败。末帝时，为淮南招讨使，攻庐、寿，无功而还，旋卒。

王璟(1447—1533) 明山东沂州(今临沂)人，字廷采。成化进士。为登封知县，历两京御史。弘治十四年(1501)，以南京鸿胪寺卿拜右佥都御史，理两浙盐政。十七年巡抚保定，疏劾太监擅权之弊。正德六年(1511)巡抚山西。累官左都御史。世宗即位，以病致仕。

王敬 明人。宦官。成化十九年(1483)奉使南方，伪为诏搜索书画古玩。于苏州时辱诸生，巡抚王恕奏其事，黜充孝陵卫净军。

王敬则(约435—498) 南朝齐临淮射阳(今江苏盐城)人。少时屠狗为业，后仕宋为侠毂队主，领细铠左右。泰始元年(465)与主衣寿寂之等杀前废帝。明帝以为直阁将军。元徽二年(474)追随萧道成平桂阳王刘休范之叛，又杀苍梧王，迁辅国将军，知殿内宿卫兵事。入齐以功除中领军。齐武帝永明元年(483)，出守会稽，立塘丁税。永明末，再守会稽。虽不大识书，而性警黠，临郡令省事读辞，下教判决，皆不失理。明帝即位，进大司马。自以旧臣，心怀忧恐，遂于永泰元年(498)举兵反于会稽，百姓檐篙荷锸，随之者十余万众。未几败死。

王静安先生遗书 即"海宁王静安先生遗书"。

王静斋(1880—1949) 天津人，原名文清。回族。伊斯兰教阿訇。自幼随双亲学习阿拉伯文，后就学于京津地区各伊斯兰寺院。清光绪三十一年(1905)后在北京、奉天(沈阳)等地担任阿訇。1921年至埃及爱资哈尔大学学习并朝觐麦加。回国后在天津创办中阿大学，并从事《古兰经》、《英阿双解新字典》等书的翻译工作。1927年主办《伊光》月报。1928年后在东北、天津等地担任教长，积极倡导"遵经革俗"。1936年在北京组织"中国回教经典编译社"。抗日战争爆发后，与时子周等人在河南发起成立"中国回民抗日救国协会"。后在重庆、宁夏等地继续组织回教经典翻译工作，曾用很大精力翻译《古兰经》，先后出版过三种《古兰经译解》。著有《阿汉字典》、《伟嘎业》(回教律书)等。

王九龄(? —1710) 清江苏华亭(今上海松江)人,字子武。王鸿绪弟。康熙进士,授编修。康熙三十九年(1700)任内阁学士。四十六年官左都御史。著有《艾纳山房集》。

王九思(1468—1551) 明陕西鄠县(今户县)人,原籍陕西高陵,字敬夫,号渼陂。弘治进士,选庶吉士。历官翰林院检讨、吏部郎中。正德五年(1510)以刘瑾案谪寿州同知,次年致仕。与康海相往还,制乐作戏自娱,终老乡里。著有杂剧《中山狼》、《游春记》,散曲《碧山乐府·续稿·新稿》,诗文《渼陂集》及《王氏族谱》、《鄠县志》等。

王居安 南宋台州(今属浙江)人,字资道,始名居敬,字简卿。淳熙进士。开禧三年(1207),擢右司谏,建言当诛韩侂胄以谢天下。嘉定三年(1210),权工部侍郎,以集英殿修撰知隆兴府。在任曾镇压郴州瑶族李元砺起义。不久,移镇襄阳,以言者罢。闲居十一年。嘉定十五年起用,知温州。理宗即位后,知福州。汀州一带盐贩反抗初起时,他主张招降,与同事者议不合,乃去官家居。

王居起(? —1232) 南宋琼山(今属海南)人。黎族。绍定四年(1231)自号南王,率黎族起义军攻临高、澄迈、文昌等地,进围琼州。宋廷调兵镇压。次年夏,被俘牺牲。

王居卿 北宋登州蓬莱(今属山东)人,字春明。进士及第。历知齐州、提点京东刑狱,改京东转运使。青州河贯城中,常泛溢为害。他依城立飞梁,上设楼橹,下建闸门,以时启闭,水害得免。徙河北路转运使。河决澶州曹村,他改变强行堵塞办法,立软横二埽,阻遏激流,水患以息。后依此为都水法。迁户部副使、提举市易。元丰五年(1082)改知太原府。卒年六十二。

王居正(1087—1151) 宋扬州(今属江苏)人,字刚中。第进士。建炎间,以范宗尹荐,为太常博士。累迁起居郎。上疏论省费,以为凡非御寇备敌,皆可省置。素与秦桧善,桧入相,他疾其诡诈,言于高宗,因此得罪,出知婺州。不久召入,为兵部侍郎。出知饶州,改吉州。被劾,罢官。起知温州。自知不为秦桧所容,以目疾请祠。屏居常州凡十年,言不及时事,客至只谈经、史。学术为杨时所器重。不满王安石经义,著有《书辨学》、《诗辨学》、《周礼辨学》、《辨学外集》。

王琚(? —747) 唐怀州河内(今河南沁阳)人。聪敏有才略。神龙初,与驸马都尉王同皎等谋刺武三思,事泄亡命。睿宗时还京,拜太子舍人,擢中书侍郎。先天二年(713),助玄宗诛太平公主,进户部尚书,封赵国公,眷宠特异,时称"内宰相"。后稍疏之,令持节巡天兵以北诸军。历十五州刺史、二郡太守。生活豪侈放纵,受贿数百万。玄宗念旧,常优容之。后李林甫使人劾其赃,贬江华员外司马,闻酷吏将至治罪,畏惧自缢死。

王举 北宋人。景祐间官殿中丞、通判桂州。著有《天下大定录》。

王均(? —1000) 北宋人。真宗时在益州(治今四川成都)任神卫都虞候。咸平三年(1000)正月,部卒赵延顺疾钤辖符昭寿驭下苛刻,率众杀之,复逐知州牛冕,被拥为帅,建号"大蜀",年号"化顺",设官职,攻略汉州等地,有众数万人。又率众攻绵州、剑门不下,复归益州。宋将雷有终等率兵八千进攻,他率众坚守数月。十月,城破,突围至富顺。不久,兵败被杀(一说自杀)。

王君㚟(? —727) 唐瓜州常乐(今甘肃安西南)人,字威明。骁勇善骑射。初为河西、陇右节度使郭知运别奏,以战功累除右卫副率。开元中,继为节度使,迁右羽林将军,判凉州都督事。十四年(726),大破吐蕃悉诺逻军,升右羽林军大将军,摄御史中丞,封晋昌伯。次年,吐蕃陷瓜州(今甘肃安西东南),攻玉门军,他不敢出兵。因与迁居甘、凉州回纥不睦,为回纥瀚海州司马护输袭杀于甘州(今甘肃张掖)。

王君廓(? —627) 唐并州石艾(今山西平定)人,一说上谷(治今河北易县)人。少孤贫,经商无行,后为盗。隋末聚众起兵,转战长平、夏县,投李密,后率众归唐。官右武卫将军,封彭国公。从秦王李世民平王世充。武德八年(625)击突厥,获马五千匹,以勇悍险诈闻名。后庐江王李瑗与太子李建成谋害秦王,及玄武门之变建成被诛,他绐杀李瑗,以功任左领军大将军,兼幽州都督。后居官骄纵不法,征入朝,惧告发治罪,行至渭南,杀驿吏奔突厥,为乡民所杀。

王君政 隋人。炀帝时,任虞部主事。大业三年(607),与屯田主事常骏等出使赤土(在今马来西亚马来亚的吉打,或说在今巨港、马六甲等),携织物五千段,以赐赤土王。十月,自南海郡乘舟出发,途经焦石山、师子石等岛屿,南达鸡笼岛,至赤土界。月余至国都,受隆重接待。赤土王并遣使随入隋贡方物,献金芙蓉冠、龙脑香。六年春,于弘农归谒炀帝,授秉义尉。

王俊(? —1651) 明末清初山东梁丘(今费县西南)人,一名王巨,字小吾。明崇祯十三年(1640)率众起义。清兵南下时,与其他农民军分据苍山、花盘山、抱犊崮抗清,被推为九山王。屡次进攻费县、峄县(今枣庄)等地,斗争达八九年之久。顺治九年(1652)失败,被杀害。

王俊民 北宋莱州掖县(今山东莱州)人,字康侯。嘉祐六年(1061)进士第一,为应天府发解官。得狂疾,未几卒。后有人托名夏噩,作《王魁传》以传其事,不可信。

王峻(902—约953) 五代时相州安阳(今属河南)人,字秀峰。少为歌童。后汉高祖时,官客省使。隐帝时,为宣徽使。郭威起兵于邺(今河北大名东北),为监军,参与谋划,助郭威称帝建周,加户部侍郎,平章事。广顺元年(951)冬,北汉、契丹联兵围晋州,帅兵解围。自以为有佐命之功,骄横益甚。三年,既为枢密使兼宰相,又求领平卢节度使。太祖郭威因之于别所,寻谪商州司马而卒。

王浚(252—314) 西晋太原晋阳(今山西太原西

南)人，字彭祖。袭父爵博陵县公，拜驸马都尉。惠帝时为东中郎将。承贾后旨，参与杀害愍怀太子。徙宁朔将军、都督幽州诸军事，镇蓟。为自安计，结姻鲜卑段部。八王之乱时，率鲜卑兵入邺(今河北临漳西南)讨成都王司马颖。惠帝还宫，加骠骑大将军、都督东夷河北诸军事，领幽州刺史。怀帝即位，以为司空。永嘉中，败石勒，兼领冀州。后称受中诏承制。永嘉五年(311)，刘聪将陷洛阳，杀太子，俘怀帝。他乃假立皇太子，自领尚书令，欲谋僭号。勒乃诈降，发兵袭杀之。

王骏(？—前15)　西汉琅邪皋虞(今山东即墨东北)人。王吉之子。初以孝廉为郎。元帝时为司隶校尉，奏免丞相匡衡，迁少府。成帝阳朔四年(前21)任京兆尹，有能名。次年为御史大夫。卒于官。

王濬(206—286)　西晋弘农湖县(今河南灵宝西北)人，字士治。博涉典籍，不修名行，不为乡里所称。然恢廓有大志。州郡辟河东从事，后为羊祜参军。除巴郡太守，郡临吴境，兵士苦役，生男多不养。乃严其科条，宽其徭课，全活者众。迁益州刺史。造舟舰，练水师，力主伐吴。太康元年(280)受命进军，自成都出兵，克武昌，入建业，受孙皓降。以功封襄阳县侯，累迁抚军大将军。

王凯泰(1823—1875)　清江苏宝应人，初名敦敏，字幼徇、幼轩，号补帆。道光进士。同治二年(1863)入李鸿章幕。历任浙江督粮道、浙江按察使。六年迁广东布政使。七年擢福建巡抚，任内课吏兴学，禁械斗、溺女、淫祀旧俗，颇有时望。光绪元年(1875)移驻台湾，以御日本，旋病卒。

王闿运(1832—1916)　清末湖南湘潭人，字壬秋，室名湘绮楼。咸丰举人。太平天国运动时期，应肃顺之请进京，甚被尊礼。继入曾国藩幕。后从事讲学，应四川总督丁宝桢之请主讲成都尊经书院。归后任长沙思贤讲舍、衡州船山书院山长及江西高等学堂总教习，弟子数千人。光绪三十四年(1908)授翰林院检讨，加侍读衔。民国初年，任清史馆馆长。以治经学为主，宗法公羊。诗文仿汉魏六朝。著有《湘军志》、《湘绮楼日记》、《湘绮楼诗文集》等，门人辑其著作为《湘绮楼全书》。

王恺　❶西晋东海郯县(今山东郯城北)人，字君夫。司马昭妻弟。历位清显，封山都县公。官至后将军。性豪侈，用赤石脂泥壁，与石崇斗富。有才力而无行检。又以与崇养鸩为毒之事，有司论正重罪，诏特原之。由是肆意行事，无所顾惮。后病卒。❷东晋太原晋阳(今山西太原西南)人，字茂仁。王坦之子。少袭爵兰田县侯，与弟愉、国宝、忱贵盛莫比。太元末为侍中，领右卫将军。隆安元年(397)，王恭讨国宝，解职。国宝死，出为吴郡内史，迁丹阳尹。病卒。❸(1317—1362)元太平当涂(今属安徽)人，字用和。通经史，为府吏。至正十五年(1355)，朱元璋克太平，召为掾属。迁中书省都事，抚民治军，多有建树。复迁左司郎中，佐治省事。二十二年，金华苗帅蒋英等叛，欲拥之西逃。不从，与子皆被杀。追赠奉直大夫、飞骑尉，封当涂县男。

王康德　北齐代郡(治今山西大同)人，一作康德。乌桓族。初从高欢起兵，以军功历任数州刺史、并省尚书左仆射，封新蔡郡王。后主时，与并州刺史斛律光镇守河、汾间以御周师。武平二年(571)，周军来攻，未战即遁。七年，周军至晋阳(今山西太原南)，后主密遣其送皇太后、皇太子于北朔州。齐亡后不知所终。

王抗　南朝齐琅邪(治今山东临沂北)人。善弈围棋，为当时第一品。曾奉齐高帝命与二品吴郡褚思庄对弈。自食时至日暮，一局始竟至五更方决。官至给事中。永明中，奉命与萧惠基评定棋者优劣，以分品第。

王克敬(1275—1335)　元大宁(今内蒙古宁城西大明城)人，字叔能。曾任江浙行省照磨、检校，后升监察御史。英宗时为左司都事。泰定初出为绍兴路总管。文宗时累官参议中书省事、吏部尚书。元统初为江浙行省参知政事，调兵镇压岭海瑶民起义。

王肯堂(1549—1613)　明末金坛(今属江苏)人，字宇泰，一字损仲，号损庵，自号念西居士。万历进士，选庶吉士，授检讨，官至福建参政。因上书论抗倭事被降职，后称病还乡。好读书，尤精于医，留意寻访民间医方，结合治病经验，著有《证治准绳》(包括《伤寒准绳》、《疡科准绳》、《幼科准绳》、《女科准绳》)，采摭繁富，为医家所宗。另辑有《古今医统正脉全书》。又爱好天算、艺术，尚著有《郁冈斋笔麈》。

王宽(1848—1919)　清北京人，字浩然，回名哈志阿布杜拉合曼。新疆穆斯林称之为“白十阿衡”。光绪三十二年(1906)朝觐麦加并赴欧、亚、非各伊斯兰教国家考察。次年归国后与王友三等在北京牛街礼拜寺创办回教师范学堂。宣统元年(1909)又与马振五等创办京师公立清真第一两等小学堂，于经课之外设各项学科，成为宗教教育与普通教育相结合的新式学校。1913年在京倡导成立中国回教俱进会，任副会长，提出重视文化教育、回汉团结及对外贸易等主张。

王匡　❶(？—23)西汉末魏郡元城(今河北大名东)人。王舜之子。王莽居摄元年(6)封同心侯，后为兆域大将军，封褒新侯。始建国三年(11)父死，继任太师。地皇三年(22)，受命与更始将军廉丹率众十余万人残酷镇压青、徐地区农民起义。百姓为之语曰：“宁逢赤眉，不逢太师，太师尚可，更始杀我。”因进击无盐索卢恢有功，晋爵为公。后与哀章守洛阳。更始元年(23)新莽覆灭后，为更始政权定国上公王匡所杀。❷新莽末新市(今湖北京山东北)人。天凤四年(17)，聚众绿林山(今湖北大洪山)起义反莽，被推为渠帅。地皇三年(22)，因山中疾疫流行，与王凤等分兵北入南阳，号新市兵。次年二月，与诸将拥立刘玄为帝，建更始政权，为定国上公。更始移都长安，封比阳王。赤眉军西进关中时，受命屯新丰以拒之。后张卬等谋劫更始东归南阳，事泄，更始疑其同谋，因惧而与卬合兵，归附赤眉。后投降刘秀，为刘秀部将所杀。

王旷 一作王广。西晋琅邪临沂(今山东临沂北)人,字世宏。王导从弟。晋末丧乱,琅邪王司马睿南渡,首创建江东之策。永嘉初,为淮南内史,率兵镇压王弥流民起义。官至淮南、丹阳太守。陈敏之乱,弃官出逃。善书,与卫氏世为中表,得蔡邕书法于卫夫人,以授子羲之。

王逵(?—956) 五代时朗州武陵(今湖南常德)人,或名进逵。少为静江军卒,后从马希萼为指挥使。广顺元年(951),因希萼重役朗州兵修治宫室,与周行逢率众哗变,还朗州,逐留后马光赞等,拥刘言为武平节度使,自为副使。随刘言攻长沙,逐南唐边镐,为武安节度使。寻又与刘言决裂。三年,攻朗州,囚刘言,后周削其官职。次年,后周以为武平、武安军节度使,移治朗州,遂专制湖南。后为部将潘叔嗣所杀。

王葵园四种 书名。清王先谦撰。三十九卷。分年谱、书札、诗存、文集四部分,以诗文为多。有光绪三十四年(1908)长沙王氏刻本。

王颏(551—604) 隋太原祁县(今属山西)人,字景文。少好游侠,随兄入关。二十岁始读书,遍览群籍,通达五经。仕北周,为露门学士。遍记异书,又晓兵法,时称博物。常以将相自许。开皇五年(585),授著作佐郎,以学识渊博超授国子博士。坐事免,配岭南。后授汉王杨谅府咨议参军,劝谅缮治兵甲,举兵反炀帝。旋兵败自杀。撰有文集十卷,《五经大义》三十卷,已佚。

王扩(1156—1219) 金中山永平(今河北顺平)人,字充之。明昌进士。累迁德州防御使。泰和六年(1206),镇压德、博等州农民起义。八年,任监察御史。反对置三司治财。贞祐三年(1215),任户部侍郎,迁河南路都转运使。建言封河北苗道润官爵,以使自为守。四年,蒙古兵破潼关东进,任刑部尚书,奉命规办关陕军储,以畏避后期罪被平章政事术虎高琪所奏劾。兴定元年(1217),降陇州防御使,行六部侍郎,规办秦巩军食。二年,任陕西东路转运使,行六部尚书。致仕。

王来咸(1616—1669) 明末清初浙江鄞县人,字征南。从同乡单思南习内家拳法。任侠,常为人抱不平。明末从军为把总,从钱肃乐起兵浙东,事败,隐居于家。曾与黄宗羲等人交往,宗羲之子百家亦从其学,将其说集为《内家拳法》。

王速(1117—1178) 宋陈州宛丘(今河南淮阳)人,字致君。建炎初,年才十一,避乱南下失散。在金十年,间关南归。入太学,第隆兴元年(1163)进士,为监察御史,终国子司业。志强学博,为文闳辩该贯。著作有《西汉决疑》及《王司业集》,今佚。

王兰生(1679—1737) 清直隶交河(今河北泊头)人,字振声,别字坦斋。自乐律音韵,以及中西象数皆有造诣。以大学士李光地之荐参与编著《律吕正义》、《音韵阐微》诸书。为圣祖所重,赐举人,复赐进士。历安徽、陕西学政,内阁学士,刑部侍郎。

王览(206—278) 西晋琅邪临沂(今山东临沂北)人,字玄通。王祥异母弟。生母每虐待祥,而已则谏母护祥,以孝友恭恪闻。汉末随兄避乱于庐江(治今安徽舒城)。及祥出仕,应本郡召,稍迁司徒西曹掾、清河太守。转大中大夫,位至光禄大夫。

王郎(?—24) 即王昌。新莽末赵国邯郸(今属河北)人。本以卜相为业。后自称为汉成帝之子刘子舆,被西汉宗室刘林和大豪李育等立为汉帝,都邯郸。不久,刘秀攻破邯郸,他被杀。

王朗(?—228) 汉末三国初东海郯县(今山东郯城北)人,字景兴。以通经拜郎中,除菑丘长。弃官为其师太尉杨赐行服。后拜会稽太守。建安元年(196),孙策渡浙江略地,发兵拒之,于固陵战败,浮海至东冶(在今福建福州),为策所破,乃降策。旋受曹操征,入为谏议大夫,迁御史大夫,封安陵亭侯。魏文帝即位,拜司空,明帝时转司徒。在官政务宽恕,奏疏多所劝谏。

王老志(?—1114) 北宋濮州临濮(今山东鄄城西南)人。初为转运小吏。后因服丹药发狂,弃妻子,结庐田间,为人言休咎。政和三年(1113)召至京师,寓蔡京宅,徽宗封为"洞微先生"。次年请归,旋卒。

王棱 晋琅邪临沂(今山东临沂北)人,字文子。王导从弟。西晋末渡江,为司马睿丞相从事中郎。出为豫章太守,加广武将军。知从兄敦骄傲自负,有罔上心,日夕谏诤,敦不能容,潜使人害之。

王离 秦频阳东乡(今陕西富平东北)人,字明。王翦之孙。秦始皇时封武城侯,曾从始皇东巡。初为蒙恬裨将。秦二世即位后杀蒙恬,以恬军属之,驻兵上郡。二世二年(前208),奉命从章邯率兵击赵。与项羽所率义军激战于巨鹿,兵败被俘。

王立(?—3) 西汉魏郡元城(今河北大名东)人,字子叔。元帝皇后王政君庶弟。成帝建始元年(前32)赐爵关内侯。河平二年(前27),与兄谭等五人同日受封,为红阳侯。性骄奢,父子藏匿奸猾亡命,宾客为群盗。永始二年(前15)位特进,领城门兵。大将军王商卒,依次第当辅政,以使客勾结南郡太守李尚占垦草田数百顷,入官贵取其值,为丞相司直孙宝所劾,成帝由是废之。复以定陵侯淳于长伏罪事牵连,被劾不道,就国。哀帝时,还京师。平帝即位,因遭王莽忌惮,奏遣就国。后自杀。

王立刚 即"蒙古纲"。

王利用 元通州潞县(今北京通州)人,字国宾,号山木。世祖时,为翰林待制,兼兴文署。升直学士,参与修实录。后出为河东等处提刑按察副使、四川提刑按察使。大德二年(1298)起,历任安西、兴元两路总管及太子宾客等职,卒年七十七。

王连 三国时南阳(治今河南南阳)人,字文仪。刘璋时入蜀,为梓潼令。刘备攻蜀时,闭城不降。备嘉其义,平定成都后,任为什邡令。有政绩,迁司盐校尉,入利甚多。选良才为官属,吕乂等皆其所拔。建兴元年(223),拜屯骑校尉,领丞相长史,封平阳亭侯。曾力谏诸葛亮不宜亲自率军冒险南征。

王濂(1314—1370) 元末明初凤阳定远(今属安徽)人,字习古。李善长妻兄。元末投朱元璋,任执法官,治狱公允。升中书省员外郎。出为浙江按察佥事,有治行。

王梁(?—38) 东汉初渔阳要阳(今河北滦平西北)人,字君严。新莽败亡后,数从刘秀征战,平定河北。赐爵关内侯,任野王令。刘秀称帝后,以赤伏符有"王梁主卫作玄武"之文,得任为大司空,封武强侯。建武二年(26)违诏免官。旋任中郎将行执金吾事,率兵镇压赤眉别校、五校等部农民军,平定割据势力。后历任山阳太守、河南尹、济南太守等职,定封阜成侯。卒于官。明帝时图画功臣,列为云台二十八将之一。

王谅(?—323) 晋丹阳(治今江苏南京)人,字幼成。少有干略。初参大将军王敦府事,累迁交州刺史。时梁硕自领交趾太守,迎前刺史修则子湛行州事。广州刺史陶侃诱湛至谅所,遂杀之。又谋刺硕,为硕举兵围于龙编(今越南北宁仙游东),城破被俘,不屈死。

王临(?—21) 西汉末年人。王莽少子。平帝元始四年(4)封赏都侯。及莽称帝,立为皇太子。久病。地皇元年(20),被贬为统义阳王。后与莽所幸侍者原碧私通,恐事泄,共谋杀莽。事发,自刺而死。

王琳(526—573) 南朝时会稽山阴(今浙江绍兴)人,字子珩。本兵家。梁元帝居藩,姊妹并入后庭,因得在左右。少好武,遂为将帅,随王僧辩破侯景,后拜湘州刺史。元帝忌其所部强盛,于承圣三年(554)出为广州刺史。是年,江陵(今湖北荆州)为魏所攻,元帝乃征之为湘东刺史,使入援,军至长沙(今属湖南),江陵城已破,元帝被杀。次年,长沙王韶及上游诸将推之为盟主。太平元年(556)与西魏太师宇文泰通,魏授以大将军、长沙郡公。及宇文泰建周,以之为司空。梁亡,立永嘉王萧庄于荆州,降于北齐。累封巴陵郡王,终特进侍中。永定三年(559),陈武帝死,遂奉永嘉王庄从大雷(在今安徽望江)引兵东下,次年,在芜湖大败,奔齐。天嘉二年(561),齐以为骠骑大将军、扬州刺史,镇寿阳(今安徽寿县)。太建五年(573),为陈将吴明彻所败,于寿阳城破后被俘杀。

王遴(1523—1608) 明顺天霸州(今属河北)人,字继津。嘉靖进士,授绍兴推官。迁兵部员外郎。当杨继盛获死罪时,为资粥馆,并以女字其子,遂忤严嵩下狱。后复职,进兵部右侍郎,又因忤张居正致仕。万历十一年(1583)官至礼部尚书。次年改兵部,受宦官排挤,解职归。

王蔺(?—1201) 南宋无为军庐江(今属安徽)人,字谦仲。乾道进士。历监察御史、起居舍人、礼部尚书,进参知政事。光宗即位,迁知枢密院事兼参政,拜枢密使。耿直敢言,所论时政得失,皆切中要害。宁宗即位,因得罪权贵被劾罢归里。

王凌(172—251) 三国魏太原祁县(今属山西)人,字彦云。东汉司徒王允兄子。献帝时举孝廉,为发干长,迁中山太守。魏文帝时,与张辽等讨吴有功,封宜城亭侯,加建武将军,历任扬州、豫州刺史,有政绩。正始初,为征东将军,假节都督扬州诸军事,进封南乡侯,迁车骑将军,后又迁司空、太尉。其甥令狐愚为兖州刺史,舅甥并典兵,密计拥立楚王彪以代魏主齐王芳。嘉平三年(251),遣将军杨弘以废立事告兖州刺史黄华。华、弘联名向太傅司马懿告发,乃为懿所讨,自知势穷,出降,被解送洛阳。至项(今河南项城),饮药死。子屯骑校尉广亦被诛。

王陵 ❶战国时秦将。爵五大夫。秦昭王四十八年(前259),率军攻赵都邯郸(今属河北),久攻不下。次年正月,秦增兵助之,再战失利,亡五校之兵,被免职。❷(?—前181)秦末泗水沛(今属江苏)人。始为县豪。刘邦微时兄事之。及刘邦起兵反秦,聚众数千人,据南阳。楚汉战争时以兵属汉,从定天下,封安国侯。为人少文任气,好直言。惠帝六年(前189),为右丞相。吕后称制,欲立诸吕为王。他以高祖与群臣约"非刘氏而王者,天下共击之"为由,据理廷争。以此为吕后所恶,迁为帝太傅,实夺其相权。遂谢病免,杜门不朝,十年而卒。

王令(1032—1059) 北宋元城(今河北大名东)人,长于广陵(今江苏扬州)。初字钟美,改字逢原。少孤贫,授徒为生。王安石推重其人品文章,为之延誉,他亦钦佩安石,以为自扬雄以后无与能比。擅诗文,于传统思想多所怀疑,反对天命论与性善论。诗风奇崛,富于现实性。著作有《十七史蒙求》、《广陵先生文集》;又有《论语解》、《孟子讲义》,今不传。

王鎏(1786—1843) 清江苏吴县人,初名仲鎏,字子兼,一字亮生,晚号荷盘山人。应乡试屡不第。尝为幕僚。早年习古文,年三十后嗜考据学。生平以所著《钱币刍言》自负。自称"竭其三十余年之心力纂辑成书"(《钱币刍言跋》)。继著《钱币刍言续刻》、《钱币刍言再续》。认为行钞为"理财之大经",主张印发纸币;建议于发行一贯至千贯七等钞币同时,铸当百、当十大钱,禁银为币。为学主张"义理"、"经济"、"考据"、"词章"四者统一,而"以义理为本"(《小学大学广义叙》)。另著有《壑舟园初稿》、《乡党正义》、《四书地理考》、《毛诗·多识编》等。

王六具 见"王马"。

王鸬鹚 宋初人。曾参加李顺农民起义军,李顺失败后,复于至道二年(996)率众起义,称"邛南王",率众攻打邛、蜀等地。不久,为西川都提举捉贼使石普率军镇压。

王鲁斋遗集 书名。南宋王柏撰。发挥程朱理学,对汉代经学多有怀疑。《四库全书总目提要》斥其"好妄逞私臆,窜乱古经"。原集七十五卷,已佚。其十三世孙承秀重辑《遗集》十三卷。《四库全书》二十卷本为清康熙间冯如京所刻,外间罕见。胡凤丹编《金华丛书》收有十卷本。胡宗楙从江安傅阮叔处得明正统本二十卷,重刻收入《续金华丛书》。

王旅 商代军队编制名。指由商王亲自统领的军队,故名。

王履 ❶(1080—1127)宋开封(今属河南)人,字坦翁。以父荫为三班奉职。元符间,因上书言朝政阙失,编管新州,崇宁中入元祐党籍。政和初复官,宣和二年(1120)又上书极谏,追官勒停;六年叙复,监西左藏库。靖康元年(1126)为和议副使出使金军,不为所屈。次年正月扈从钦宗至金营,遂同被执。因痛骂金人被杀。❷(约1332—约1391)元末明初苏州昆山(今属江苏)人,字安道,号奇(畸)翁、抱独老人等。从朱震亨学医,尊崇张仲景为医祖,创"阳常有余,阴常不足"之说,后世称为"养阴派"。工诗画。著有《溯洄集》、《百病钩玄》、《医韵统》、《标题原病式》、《伤寒立法考》等。

王伦 ❶(?—1043)北宋人。初为沂州(治今山东临沂东南)虎翼军卒。庆历三年(1043)五月,率数十人策动兵变,杀巡检使朱进,转战于密、青二州境内。因遭京东都提举巡检傅永吉镇压,遂南下转攻楚、泗、真、泰、海、扬等州及高邮军,有众数百人。他衣黄衫,士卒面刺"天都圣捷指挥"六字。后在扬州山光寺南与官军激战失利。七月,在和州(治今安徽和县)被杀。❷(1084—1144)北宋大名莘县(今属山东)人,字正道。建炎元年(1127),以朝奉郎假刑部侍郎使金,被拘留。绍兴二年(1132),金欲议和,他被释放归报,至临安,言金人内情甚悉,迁右文殿修撰。七年又充迎奉梓宫使,赴金见完颜昌(挞懒),与金使同返,约定和议。九年,以端明殿学士签书枢密院事,充迎梓宫、奉还两宫、交割地界使,被拘于中山府(治今河北定州),再迁河间(今属河北),终以不屈被杀。❸(约1734—1774)清山东寿张(今阳谷东南)人,一说山东阳谷人。初充县役,后被斥革。乾隆十六年(1751)从张既成入清水教,以行医传教及教练拳棒为掩护,于寿张、堂邑(今聊城西北)、阳谷诸县密谋反清。三十九年因年岁歉收,官吏额外加征,与徒弟王经隆分别起于寿张党家庄及堂邑张四孤庄,连克寿张、阳谷、堂邑及临清旧城。后遭大学士舒赫德镇压,乃率众据守临清旧城,巷战兵败,自焚死。

王纶 ❶(?—1161)南宋建康(治今江苏南京)人,字德言。绍兴进士。历诸王宫大小学教授,兼权兵部郎官。绍兴二十四年(1154),以御史中丞魏师逊荐,为监察御史,忤秦桧意,罢去。桧死,召为起居舍人、崇政殿说书、兼权礼部侍郎。二十六年,官中书舍人,为高宗进讲《春秋左氏传》,诏命多其所草,除同知枢密院事。二十九年,为称谢使使金。归后除资政殿大学士、知福州。三十一年,知建康府兼行宫留守。❷明浙江慈溪人,字汝言,号节斋。成化进士。正德中,以右副都御史巡抚湖广。精医术,留心民间秘方。卒年七十八。著有《本草集要》、《明医杂著》。

王洛儿(?—413) 北魏京兆(治今陕西西安东北)人。善骑射。初为东宫给事,曾救拓跋嗣于冰河之中。天赐六年(409),道武帝猝死,清河王元绍有夺位之意。时嗣居于外,赖之通问于大臣,乃得还宫。及嗣即帝位,恩宠日隆,拜散骑常侍,赐爵新息公,加直意将军。追赠其父为列侯。

王麻奴 唐幽州(治今北京西南)人。民间艺人,善觱篥,推为河北第一手。恃艺高而性傲。大历中,赴长安与尉迟青见高低。于"高般涉"调中吹《勒部羝》一曲,汗流浃背。尉迟青以"平般涉"调吹出,他自愧不如,乃碎乐器,不复言音律。

王马(?—1337) 元琼州(治今海南琼山)人。黎族。至顺年间,地方官吏搜刮民财,兴建佛寺。因不堪苛捐,与澄迈王官福、王六具等率黎族人民起义,攻陷南宁军(今儋州)、万安军(今万宁)、吉阳军(今三亚)、会同、乐会(今琼海)、文昌、南建州(今定安)等地。元政府调集赣、湘、粤、闽四省兵力进攻,历四五年,始将起义镇压,将其捕杀。

王买德 十六国时人。初为后秦姚兴镇北参军,后投夏。夏主赫连勃勃问以灭秦之策,乃劝蓄力待机,勃勃善之,拜军师中郎将。凤翔五年(417)晋刘裕灭后秦,留子义真守长安,因献策攻长安,勃勃以其子抚军大将军璝帅军向长安,将军赫连昌屯潼关,以之为抚军右长史,屯青泥(在今陕西蓝田)。次年,义真东归,被邀击于青泥,擒晋将傅弘之等,遂破长安。勃勃遂任之为都官尚书,加冠军将军,封河阳侯。

王满渡 汴河津渡名。在今河南中牟县北。《资治通鉴》:唐中和四年(884),李克用追及黄巢于中牟(今中牟县东)北王满渡,"乘其半济,奋击,大破之",即此。

王曼 西汉魏郡元城(今河北大名东)人,字元卿。王莽之父,元帝皇后王政君弟。因早死,不得封侯。成帝永始元年(前16)追封为新都哀侯,由莽嗣爵。

王莽(前45—后23) 新朝皇帝。公元8—23年在位。字巨君。魏郡元城(今河北大名东)人。汉元帝皇后王政君之侄。初任黄门郎,迁射声校尉。成帝永始元年(前16)封新都侯,迁骑都尉光禄大夫给事中。因劾奏外戚定陵侯淳于长,获正直名。矫情伪饰,示人俭约。绥和元年(前8)任大司马。哀帝时,因外戚丁、傅用事,罢官就第。哀帝死,王政君以太皇太后临朝称制,复任以为大司马,与议立平帝,进封安汉公。为笼络人心,出钱献田赋给贫民,增加博士名额,网罗儒生士人。元始五年(5)平帝死后,选立年仅两岁的孺子婴,仿效周公居摄践祚,自称"假皇帝"。初始元年(8)自立为帝,改国号曰"新",建元"始建国"。旋托古改制,更名天下田为"王田",奴婢为"私属",禁止买卖;设立五均赊贷和六筦;屡次改变币制,造成社会经济极大混乱。法禁烦苛,人民因铸钱犯法,伍人相坐,罚为官奴婢者以十万数。加以连年灾荒,饥馑疾疫相继,以致民不聊生。又强迫各少数民族统治者改换汉朝封授的印绶,贬王为侯,引起各族反抗,社会危机进一步加深,终于爆发赤眉绿林农民大起义。地皇四年(23)九月,绿林起义军攻入长安,遂被商人杜吴砍死,新朝灭亡。

王莽故河 亦称王莽河。东汉以后对西汉时黄河自濮阳以下故道的俗称。因改徙于王莽时,故名。故道自今河南濮阳市西南折北流经南乐县西,又东北经河北大名县、馆陶县东,折东经山东聊城市、茌平县北,又折北经高唐县东、平原县西,再由德州市经河北东光县、南皮县、沧州市，东北至黄骅市、天津市入海。《水经注》称大河故渎。唐宋时故道尚存，犹可容水。北宋初有人建议作为黄河北岸分洪道。嘉祐五年(1060)，自今河北大名县至山东陵县一段故道中部分河段(时称四界首河)，为黄河东流所夺。金、元以后堙废。

王毛仲(？—731) 唐时高丽人。少事临淄王李隆基(玄宗)。授将军，掌东宫马驼鹰狗等坊，升大将军。先天二年(713)，预除太平公主，授辅国大将军、左武卫大将军、检校内外闲厩兼知监牧使，封霍国公。奉公正直，不避权贵。于监牧事尤力，初监马二十四万，后乃至四十三万，牛羊皆数倍，甚受恩宠。开元九年(721)，持节充朔方道防御讨击大使。因宠而骄，求兵部尚书未得而怨，又与禁军将领相倚为奸，蔑视宦官。十九年，为高力士诬构，贬瀼州别驾，追诏缢死。

王茂(456—515) 南朝梁太原祁县(今属山西)人，字休远，一字茂先。宋末起家奉朝请。齐末为江州刺史。永元三年(501)萧衍起兵雍州，为前驱，与郢州刺史曹景宗大破齐军于朱雀航(在今江苏南京秦淮河)南。建康平，为侍中、领军将军。天监元年(502)，江州刺史陈伯之反，以征南将军、江州刺史领军南讨。在州务农省役，百姓安之。累官尚书仆射、司空。八年，复为江州刺史。卒于州。

王茂荫(1798—1865) 清安徽歙县人，字椿年，一字子怀。道光进士。历官户部主事、太常寺卿、户部右侍郎兼管钱法堂事务、工部侍郎。咸丰元年(1851)上《条议钞法折》，认为行钞币与铸大钱均"难以经久"，但前者较后者利重害轻，故可作权宜之计；并拟钞法十条，主张通过银号发行丝织钞币，以一千万两为限，由银号负责兑换现银，均被部议驳。咸丰三年上《改行大钱折》，反对铸当百、当五百、当千大钱，认为"官能定钱之值，而不能限物之值"，铸大钱必将引起物价涌贵。次年三月又上《再议钞法折》，提出把自上年以来所发行之不兑换钞币，改为可兑换钞币，以"通商情，利转运"；并主张发挥私商在钞币流通中作用。被严厉申斥。马克思曾在《资本论》卷一中论及其主张。著作有《王侍郎奏议》。

王懋竑(1668—1741) 清江苏宝应人，字予中，号白田。康熙进士，授安庆府学教授。雍正元年(1723)，特召直内廷，改翰林院编修。丁母忧，遂不复出。他精于考订，尤于朱熹著述用功至深，竭二十余年之力，成《朱子年谱》，以此知名。所著尚有《读书记疑》、《白田草堂存稿》。

王门四句教 明王守仁为学宗旨。《阳明全书·传习录下》："我的宗旨：'无善无恶是心之体，有善有恶是意之动，知善知恶是良知，为善去恶是格物。'只依我这话头，随人指点，自没病痛，此原是彻上彻下功夫。"世谓之"王门四句教"，或称"四句宗旨"。盖以"无善无恶"为良知本体，意念(思想和欲望)方有善恶之别，主张以"致良知"为修养方法，以"良知"克服"恶念"，做到"为善去恶"。陈建、顾宪成直斥之为禅，而刘宗周、黄宗羲则疑为王畿所伪托。参见"天泉证道"。

王蒙(约1301—1385) 明初浙江吴兴(今湖州)人，字叔明，号香光居士。元书法家赵孟頫外孙。师法王维，工山水、人物画，与倪瓒齐名。元末在张士诚部下任职，后隐于杭州黄鹤山，自称黄鹤山樵。洪武二年(1369)任泰安知州。因曾于胡惟庸家观画，为胡案所累，下狱病死。有《黄鹤樵者诗集》。

王盟(？—545) 北朝时代郡武川(今内蒙古武川西)人，字子件。高丽族。北周文帝母之兄。北魏孝昌初，从萧宝寅西征，后因宝寅叛魏称帝失败，遂逃匿。后随贺拔岳，俘万俟丑奴，拜征西将军。西魏丞相宇文泰讨秦州刺史侯莫陈悦，征赴原州为留后、大都督，镇高平(今宁夏固原)。悦平，除原州刺史。西魏初，历车骑大将军、司空、司徒。大统三年(537)，迎西魏文帝悼后于柔然，迁太尉。又从泰东征，都督雍州，节度关中诸军。四年，赵青雀于长安子城作乱，平之。进长乐郡公，赐姓拓王氏。八年，东魏高欢围玉壁，乃以兵守蒲坂(今山西永济西南)，还迁太保。九年，进位太傅。卒于官。

王濛(309—347) 晋太原晋阳(今山西太原西南)人，字仲祖，小字阿奴。晋哀帝靖皇后之父。少放纵不羁，不为乡曲所齿。晚乃虚己应物，以清约见称，与沛国刘惔齐名。司徒王导辟为掾，出补长山令，徙中书郎。善隶书，能言理。会稽王昱辅政，益贵幸，为"入室之宾"。后转司徒左长史。

王猛 ❶(325—375)十六国时北海剧县(今山东寿光南)人，字景略。出身寒门，少贫贱，鬻畚箕为业。性严谨，博学好兵书。初隐居华阴山，东晋桓温进兵关中，乃往见，扪虱而谈天下大势。温邀之南下，恐不为所容，乃止。后佐前秦主苻坚，迭任中书侍郎、京兆尹、吏部尚书、尚书左仆射、司隶校尉等职，参与枢机决策。抑制贵戚豪强，加强集权，擢拔贤俊，实行法治，刷新吏治，发展农桑，使前秦国力强盛。建元六年(370)，率十万大军灭前燕，留镇邺(今河北临漳西南)，都督关东六州诸军事。后入朝为丞相，军国内外机务，莫不归之。临终坚问以后事，劝勿攻东晋；坚不听，遂有淝水之败。谥武侯。❷(？—约590)南朝陈琅邪临沂(今山东临沂北)人，本名勇，字世雄。博涉经史，兼习孙吴兵法。陈宣帝太建初，始任鄱阳王府中兵参军，尝上疏陈安边拓境之策，随大都督吴明彻略地淮南，旋为晋陵太守。时广州刺史马靖不接受征调命令，至德二年(584)为都督东衡州刺史，与武州刺史陈方庆共讨马靖，擒之。陈末为镇南大将军、都督二十四州军事，镇广州。隋师渡江，总督所部入援建康。陈亡降隋，与行军总管韦洸经略岭南，讨平山越。卒于广州(今属广东)。

王孟 盛唐诗人王维和孟浩然的并称。王、孟皆善用五言诗写景抒情，艺术风格比较相近，论成就，王高于孟。

王弥(？—311) 西晋青州东莱(今山东莱州)人。出身大族。惠帝末，起兵东莱，拥众数万。刘渊称汉王，他以众附之，被任为司隶校尉，加侍中。光兴二年(311)与刘曜等攻取洛阳,劝曜说聪迁都洛阳,曜以天下未定,不听,由是与曜有隙。后奔石勒,勒斩之,并其众。

王弥大 南宋宁宗时人,字约父。编有《青溪弄兵录》。

王谧(361—408) 东晋琅邪临沂(今山东临沂北)人,字稚远。王导孙。少有美誉,袭爵武岗侯。起家秘书郎,历侍中。桓玄深敬昵,以为司徒。玄篡位,他手解安帝绶带,奉玺册至姑孰(今安徽当涂)诣玄,封武昌县开国公。刘裕为布衣时,尝谓裕当为一代英雄。元兴三年(404),裕破玄,使以本官加侍中,领扬州刺史,录尚书事。以曾为玄佐命元臣,常不自安,惧而出奔。裕笺白武陵王,追回,委任如前。

王沔(950—992) 北宋齐州(今山东济南)人,字楚望。太平兴国进士。授大理评事,擢直史馆。出为京西转运副使,知怀州。太平兴国八年(983),同知贡举,连擢枢密直学士,同签书枢密院事,改枢密副使。端拱元年(988)参知政事,怙恩招权,多决政事,视士大夫犹吏卒,与张齐贤、陈恕不协。淳化二年(991)罢职。三年,同知京朝官考课,立法苛察。

王冕(?—1359) 元诸暨(今属浙江)人,字元章,号会稽外史、梅花屋主。屡试科举,不中。奔走于大都、上都等地,谋官不成。元末投入朱元璋军,不久病死。以画梅、竹著称,传世作品以墨梅居多。著有《竹斋诗集》。

王旻 党项人。西夏太宗李德明牙校。北宋景德二年(1005),被派往宋朝献降表,真宗命宦臣张崇贵令其转谕德明纳灵州土地、止居平夏,遣子弟入宿卫等七事。

王珉(351—388) 东晋琅邪临沂(今山东临沂北)人,字季琰,小字僧弥。王导孙。少有才艺,善行书,名出兄珣右。时有外国沙门提婆,善解法理,为其兄弟讲《毗昙经》。时尚幼,讲未半,便云已解,即于别室与沙门法纲等自讲。后历著作郎、散骑郎、国子博士、黄门侍郎、侍中。代王献之为长兼中书令,二人齐名,世谓献之为"大令",称其为"小令"。

王明清(1127—约1205) 南宋颍州汝阴(今安徽阜阳)人,字仲言。王铚次子。少承家学,习知历朝史实及典章制度。孝、光、宁三朝,历官滁州来安令、签书宁国军节度判官、泰州通判、浙西参议官。陈傅良曾荐其修史,未果。鉴于南渡后史料散亡,因搜采逸闻遗献,成《挥麈录》二十卷,所记颇为详尽,为《建炎以来系年要录》及《高宗实录》所采。又著有《玉照新志》。

王鸣盛(1722—1798) 清江苏嘉定(今属上海)人,字凤喈,号礼堂,又号西庄,晚号西沚居士。少从父学,年长入苏州紫阳书院读书习经。乾隆十二年(1747)以五经中乡试,十九年成进士。与修秦蕙田所撰《五礼通考》。后擢侍讲学士,官至光禄寺卿。后辞官居苏州,闭门治经。晚年穷困,鬻文为生。其学受阎若璩、惠栋影响,研治《尚书》,著有《尚书后案》,力斥伪古文《尚书》。谓五经注疏,惟有《诗》、"三礼"、《公羊传》尚存汉人家法,其余经注出于魏晋,多失汉意,唐宋以下疏解,更无可取。又撰《十七史商榷》,对史事作校勘、补正,辨其异同。另有说经之作《蛾术编》和诗文集。此外,尚治小学、舆地及典章制度。

王铭(?—1393) 明和州(今安徽和县)人,字子敬。元末投朱元璋,选充宿卫。前后数十战,屡受创伤。后以管军百户守松江、太仓,捕斩倭寇千余人。洪武四年(1371),累官至长淮卫指挥佥事,移守温州。扩建其城,为浙东巨镇。二十六年坐蓝玉党死。

王命 周代天子对臣的册命诰命。

王命传龙节 战国时楚国的一种信节。青铜制,长条形,首端铸龙头形纹饰,正背两面分镌"王命命传赁一棓飤之。"共九字。此种铜节已发现多枚,凡因公事往来之人,持之可以宿止驿传,并得饮食。

王命旗牌 清制,各省督抚提镇,均颁给王命旗牌以重其权。旗与牌各四件,旗用蓝缯制作,牌用椴木涂以金漆。各于反正两面书写满、汉文"令"字,并钤以兵部印信。遇有紧急要务,如处决重囚等,不及请旨,即以此旗牌传命,也称请王命而执行之。

王谟 ❶(?—350)十六国时人,字思贤。后赵石勒时,将拜曲阳令,勒始以其言不清畅,貌无威仪而疑其能,后试用中因政教严明,于诸城中为最,迁为都部从事。石虎时,任尚书令。时虎宠臣中谒者令申扁,操纵生杀,权倾内外,乃与常侍卢谌等与之抗礼。冉闵、李农起兵反后赵,以为尚书令。后与李农同为闵所杀。❷清江西金溪人,字仁圃,又字汝麋。乾隆进士。授知县,乞就教职,选建昌府教授,后告归。卒年七十六。好博览,读书有心得,辄为札记,仿《困学纪闻》,类别区分为《汝麋玉屑》二十卷。尝以《江西通志》详今而略古,著《江西考古录》一卷。又以六朝五代人物废阙,江右人文见于史者多疏略,因网罗旧闻,著《豫章十代文献略》五十二卷。此外尚著有《补史记世家》、《古今人表问》、《汉唐地理书》等数十卷及《汝麋诗钞》、《文钞》,又辑《汉魏遗书钞》五百余种,刊行者有经部一百零八种。晚年于诸经用力尤勤,且皆有诠释。

王枏 南宋大名莘县(今属山东)人,字汝良。以祖王伦荫,为通州海门尉。开禧北伐失利,他假右司郎中,两度使金。和议成,奏请录前使方信孺之功,时人称之。后守军器少监,知楚州,累官至太府卿。告归,以右文殿修撰知太平州,加集英殿修撰,致仕。

王赧 即"周赧王"。

王曩仙 即"王阿崇"。

王尼(?—约312) 西晋城阳(今山东莒县)人,或云河内(治今河南沁阳)人,字孝孙,一作季孙。兵家子,寓居洛阳,卓荦不羁,结交名士。初为护军府军士,深为王澄、胡毋辅之等器重,为其请解军籍,未果。后护军给长假免兵。东嬴公司马腾辟为车骑将军府舍人,不就。汉刘曜攻陷洛阳,避乱江夏,后饿死。

王倪 倪又作兒。相传为尧时贤人,啮缺之师(《庄子·天地》)。

王念经(?—1130) 亦作王念九。宋人。建炎四年(1130)四月,借宗教集教徒、农民数万人起义于信州贵溪(今属江西)。攻克贵溪、弋阳两县,众至二十余万人。浙西江东制置使张俊、江东宣抚使刘光世等率兵镇压,起义失败,他被俘遇害。

王念孙(1744—1832) 清江苏高邮人,字怀祖,号石臞。少从学戴震,于文字、声韵、训诂之学,尽得其传。乾隆进士。授工部主事,擢陕西道御史,转礼科给事中。嘉庆亲政时,首劾大学士和珅,名益振。后官直隶永定河道、山东运河道,任职十余年,精熟水利,曾著《导河议》上、下篇,又奉旨撰《河源纪略》。道光六年(1826),以永定河道复溢被劾罢归。后专意读书著述。学识渊博,尤专于校勘、训诂。所撰《读书杂志》,以校勘及语法分析方法,博涉子史,考订《逸周书》、《战国策》、《管子》、《荀子》、《史记》、《汉书》等十种书中之音训句读、文字讹误,一字之证,博及万卷,多有创见。子引之,传其学,世称"高邮王氏父子"。另著有《广雅疏证》、《广雅疏证补正》、《群经字类》、《王石臞先生遗文》等。

王宁 明凤阳寿州(今安徽寿县)人。洪武十五年(1382)召为怀庆公主驸马,掌后军都督府事。建文时通燕王,泄朝中事,被抄家,下锦衣卫狱。成祖即帝位,进封永春侯。因劝帝事佛失宠。

王凝之(?—399) 东晋琅邪临沂(今山东临沂北)人,字叔平。王羲之次子。善书法,工草隶(楷)。历任江州刺史、左将军、会稽内史。笃信五斗米道。隆安三年(399),孙恩攻会稽(治今浙江绍兴),不为兵防,每日但入静室,祷鬼神相助。会稽陷,被杀。

王弄山长官司 土司名。明初置,治今云南文山壮族苗族自治州文山县西回龙。居民主要有今壮族。

王磐 ❶(?—46)东汉初年人,字子石。王莽从兄平阿侯仁之子。新莽败亡,拥巨资居故国,喜士好施,名扬江、淮间。东汉初,游京师。与卫尉阴兴、大司空朱浮等相善。马援观其言行,曾谓其必败。后果与司隶校尉苏邺狱事相连,死于洛阳狱中。❷(1202—1293)金广平永年(今河北永年东南)人,字文炳,号鹿庵。正大进士。蒙古兵南下,避难淮、襄间,任南宋小吏。元太宗八年(1236)北归,为杨惟中收容,寓河内(今河南沁阳),又被东平总管严实聘为师。中统元年(1260),世祖立十路宣抚使,遂任益都、济南等路宣抚副使。后入为翰林直学士,协助世祖制定礼仪。三年,出任真定、顺德等路宣慰使,以打击贪暴为郡人称颂,复入为翰林学士。至元间,世祖欲用兵日本,他竭力反对。后年老辞官。有《王文忠公集》,已佚。

王雱(1044—1076) 北宋抚州临川(今属江西)人,字元泽。王安石子。性敏悟,未冠已著书数万言。治平进士,调旌德尉。熙宁四年(1071)除太子中允、崇政殿说书,受诏撰《诗义》、《书义》,擢天章阁待制兼侍讲。八年书成,迁龙图阁直学士,以病辞。著作多佚,今仅存《南华真经新传》。

王鹏运(1848—1904) 清广西临桂人,原籍浙江山阴。字幼霞,自号半塘老人,晚号鹜翁。同治举人。授内阁中书,擢内阁侍读。后授江西道监察御史,升礼科给事中。光绪二十一年(1895)代康有为上疏,请修京城道路,弹劾徐用仪阻挠变法。秋参加北京强学会。复请设商务局于沿海各省、京师鼓铸银元、准民间集股开矿。二十四年请开办京师大学堂。戊戌政变后,上疏请端学术,以正人心,藉以自保。二十八年南归寓扬州,主仪董学堂。以词名世。与况周颐、朱孝臧、郑文焯称清末四大家。著有《半塘定稿》。

王伾 唐杭州(今属浙江)人。德宗末,为翰林侍书待诏。累迁殿中丞、太子(顺宗)侍书。貌陋,操吴语,为太子宠狎,与王叔文深相结纳。贞元二十一年(805)正月,顺宗即位,迁左散骑常侍、翰林学士。顺宗患风疾,不能听政,他出入宫中,传受政令,与王叔文、刘禹锡等人谋议唱和,力图革新朝政。一时其门车马如市,亦接受贿赂。后改革受阻,他一日三表,请起叔文为相,且总北军,皆为宦官所阻。宪宗即位后,贬开州司马,死于贬所。

王罴(?—541) 北朝时京兆霸城(今陕西西安东北)人,字熊罴。北魏太和中,为殿中将军。平定南岐、东益两州氐、羌反抗,拜冠军将军,镇梁州(今陕西汉中)。建义元年(528),梁将曹义宗围荆州,率援军解围,拜荆州刺史,进抚军将军。继与梁军相持三年,迫使曹义宗撤退,以功封霸城县公,迁车骑大将军,镇华州(治今陕西华县)。西魏大统三年(537),固守华州,使东魏高欢不敢进攻。未几,移镇河东(治今山西夏县西北),进爵扶风郡公。卒于镇。

王苹(蘋)(1082—1153) 宋福州福清(今属福建)人,后徙吴(今江苏苏州),字信伯。平江守臣孙祐荐其学行,赐进士出身,除秘书省正字。尝上书谓"人心广大无垠,万美皆备",认为鬼神"是阴阳之功用,非世所谓鬼神"(《记善录》)。后与修《神宗实录》,兼史馆校勘,迁著作郎,通判常州,主管台州崇道观致仕。与杨时等同师事程颐,而年辈稍后。深得杨时称许,以为"师门后来成就者,惟信伯也"。南宋初,传洛学于吴中。朱震、胡安国、尹焞均曾向朝廷推荐其学识。生平著述不多。晚年著《论语集解》,未成而卒。又有《易传》见尹焞书中,当时曾镂板。《宋元学案》中择录其《震泽语录》数语。陈振孙《直斋书录解题》录其《王著作集》四卷。今存《王著作集》及其部分遗文。

王平(?—248) 三国时巴西宕渠(今四川渠县东北)人,字子均。本随外家姓何,后复姓。从曹操征汉中,降于刘备,任牙门将、裨将军。建兴六年(228),从马谡进军至街亭(今甘肃张家川西北),谡舍水上山,因规谏之,不纳。谡为张郃所败,各军星散,唯其部独全。丞相诸葛亮嘉之,进位讨寇将军,封亭侯。九年,亮出祁山,魏大将军司马懿率军来攻,奉命坚守南围拒张郃,亮得以在中道大破魏军。十二年,又平前军师魏延之乱。以军功卓著,累迁前监军、镇北大将军,统汉中事。延熙七年(244)春,曹爽率步骑十余万向汉川,蜀军仅三万,乃使所部固守兴势(今陕西洋县北)待援,魏军无功而退。与邓芝、马忠均有名于时。

王裒 西晋城阳营陵(今山东昌乐东南)人,字伟元。博学多能。父仪为司马昭所杀,终身不西向坐,示不臣晋。隐居教授,三征七辟皆不就。性至孝。家贫躬耕。永嘉之乱,亲族悉移渡江东。因恋坟垄未及行,遇害。

王朴 ❶(915—959)五代时东平(今山东鄄城东)人,字文伯。后汉乾祐状元。为校书郎。见隐帝少弱,将相交恶,知其必乱,乞告归里。后周灭后汉,柴荣(世宗)起为节度掌书记、开封府推官。世宗即位,由比部郎中累进至枢密使。显德二年(955),奉诏撰《平边策》,主张"攻取之道,从易者始",先取江淮,再逐一消灭南方割据势力,最后平定北汉,为世宗所纳。并奉诏考正历法,撰成《钦天历》,世宗嘉之。后世宗两次征淮,为东京副留守、留守。广京城,通道路,皆所经度。六年,奉诏考正雅乐,得八十四调,并造"律准",世宗善之,诏有司依调制曲。后奉命树斗门于汴口,归朝卒。❷(?—1385)明陕西同州(今大荔)人,原名权。洪武进士。太祖为改名。历官吏科给事中、御史等。耿直敢言,屡与太祖辩论,终触帝怒被杀。刑前经国史馆,大呼曰:"学士刘三吾志之:某年某月某日,皇帝杀无罪御史王朴。"

王溥 ❶(922—982)北宋并州祁县(今属山西)人,字齐物。后汉乾祐进士。隶郭威(后周太祖)为从事。入周,授左谏议大夫、枢密直学士。太祖末年,迁中书侍郎、平章事。世宗即位后,加兼礼部尚书、监修国史,后与范质并参知枢密院事。宋初,进位司空,罢参知枢密院。乾德二年(964),罢相,改太子太保。五年,加太子太傅。开宝二年(969),迁太子太师。太平兴国初,封祁国公。曾据苏冕所编唐九朝《会要》及杨绍复等所编《续会要》,重加整理,撰成《唐会要》一百卷,于建隆二年(961)奏上。乾德元年,又奏上据五代历朝实录撰成的《五代会要》三十卷。❷明江西安仁(今余江)人。元末为陈友谅平章,守建昌(今江西南城)。至正二十一年(1361)归降朱元璋,仍命守之。次年从元璋归应天(今江苏南京),赐宅第,号其街为"宰相街"。复取抚州,从克武昌,进中书右丞。洪武元年(1368)兼詹事府副詹事。官至河南行省平章。

王齐翰 五代时江宁(今江苏南京)人。南唐后主时,为翰林待诏。善画佛道、鬼神,兼擅花鸟、猿獐。所画罗汉十六幅,辗转流入开封,被宋太宗称为应运罗汉,俱以细笔为胜。存世作品有《挑耳图》,又名《勘书图》,今藏南京大学。另有《荷亭婴戏图》团扇,藏美国波士顿美术院。

王圻 明上海人,字元翰。嘉靖进士。除清江知县,调万安,征授云南道御史。忤时相,出为福建按察佥事,谪邛州判官,迁进贤知县,改曹县,后迁开州知州,历青州通判,擢湖广提学佥事、陕西布政司参议。乞养归。筑室淞江之滨,以著书为事。年逾古稀,犹篝灯帐中,半夜不辍。著有《续文献通考》、《洪州类稿》、《谥法通考》、《两浙盐志》、《海防志》、《三吴水利考》、《稗史汇编》。

王琦 清钱塘(今浙江杭州)人,字琢崖。早鳏,杜门著述。与齐召南、杭世骏友善。有《清贻堂賸稿》、《李太白诗集注》、《李长吉歌诗汇解》。

王芑孙(1755—1817) 清江苏长洲(今苏州)人,字念丰,号铁夫,又号惕甫。乾隆举人,官华亭教谕。客京师馆董诰、梁诗正、王杰、刘墉、彭元瑞诸显宦家,为诸人代笔,朝廷有大典,文章多出其手。交游甚广,当时文人学士之知名者,多为其友。论学主稽古效今,凡所规切,深中当世学者病痛。工诗善书,诗以五言古体最工,书仿刘墉。选辑有《宋元八家》、《碑版广例》,自著有《渊雅堂集》。

王起(760—847) 唐扬州(今属江苏)人,祖籍太原(今山西太原西南),字举之。王播弟。贞元进士,又登直言极谏科。元和中,以比部郎中知制诰。穆宗立,拜中书舍人,寻迁礼部侍郎,奏请所取进士杂文先送宰相阅视,然后放榜,被议者讥为避是非,失贡职。文宗时,为户部尚书判度支,奏于灵武、邠宁置营田,以供西北军实。历河中、山南东道节度使,皆有政声。开成三年(838),入为翰林侍讲学士。武宗即位,充山陵卤簿使。枢密使刘弘逸等谋废立,他密奏诛之。累迁左仆射、知礼部贡举。凡四典贡职,时称公正。会昌四年(844),以使相出镇山南西道。后卒于镇。博洽经史,富于文学,有集一百二十卷,已佚。

王洽 ❶(323—358)东晋琅邪临沂(今山东临沂北)人,字敬和。王导诸子中最知名。弱冠历散骑、中书郎,累迁吴郡内史。征拜领军,寻加中书令,固让不受。卒于官。❷(?—804)唐人。一名默。以其能泼墨成画,时人称其为王泼墨或王墨。作画时先以墨泼于绢上,乃足蹴手抹,因其形像,或为山,为石,为林、泉,为云、水,而云霞卷舒,烟雨惨淡,自然天成,不见墨污之迹,为中国泼墨画的创始者。朱景玄《唐朝名画录》以其非画之本法,前古未有,列其画为"逸品"。早年从郑虔学笔法,后师项容。漫游江湖间,嗜酒,醉后始作画。贞元末卒于润州(今江苏镇江)。有《严光钓濑图》、《乔松图》。❸(?—1630)明山东临邑人,字和仲。万历进士。授东光知县。历吏部考功、文选郎中等。天启三年(1623)以右佥都御史巡抚浙江。五年受魏忠贤排挤遭劾罢官。崇祯元年(1628)召为工部右侍郎,旋擢兵部尚书。二年因后金(清)兵入关围北京,坐失职罪。次年瘐死。著有《王洽集》。

王谦(?—580) 北朝时太原(今山西太原西南)人,字勑万。高丽族。北周太保王雄之子。以父功,累进骠骑大将军,袭爵庸国公。建德五年(576),从周武帝攻齐,力战有功,进上柱国。六年,授益州总管。大象二年(580),不满丞相杨坚擅政,图谋匡复,据所辖益、潼等十八州反,嘉、渝等十州响应。后为行军元帅梁睿所败,被杀。

王嫱 即"王昭君"。

王峤 西晋太原晋阳(今山西太原西南)人,字开山。少有风尚。永嘉末,携二弟避乱渡江。晋室屡征不拜。王敦请为参军,爵九原县公。因力谏敦禁私伐蔡洲荻事，敦不悦。后敦将杀周顗、戴渊，又于坐谏曰："济济多士，文王以宁，安可戮诸名士，以自全生！"敦大怒欲杀之，赖谢鲲求免，出为领军长史。敦死，频迁吏部郎、御史中丞、秘书监，领本州大中正，拜庐陵太守。

王伽 隋河间章武（今河北大城）人。开皇末，为齐州行参军。尝押送囚犯七十余人去京师，行至荥阳，怜其痛苦，去枷，与囚犯约定期到京。囚犯至期皆至。文帝知而称赞，赦群囚，擢为雍令。

王钦若（962—1025） 北宋临江军新喻（今江西新余）人，字定国。淳化进士。咸平四年（1001）为参知政事。景德元年（1004）契丹大举南下，他密请真宗往金陵（今江苏南京），为寇准所阻。出判天雄军（治今河北大名东），闭门待敌，束手无策。次年还朝，因与寇准不合，去职。判尚书都省，领修《册府元龟》，功揽于己而咎归于人。指责澶渊之盟为"城下之盟"，排斥寇准。大中祥符中，荐引丁谓，迎合真宗旨意，伪造天书，争献符瑞，为封泰山、祀汾阴制造舆论。大中祥符五年（1012）除枢密使、同平章事。天禧元年（1017）为相。三年，出判杭州，仁宗即位后复被重用，天圣元年（1023）再相。为人奸邪险伪。与丁谓、林特、陈彭年及内侍刘承规交结，时人目为"五鬼"。

王清穆（1860—1941） 江苏崇明（今属上海市）人，字丹揆。清光绪进士。历官商部右丞、直隶按察使。光绪三十二年（1906）因病辞归。投资大生纱厂一、二两厂，后又投资大通、富安两纱厂。曾任上海南洋公学监督、大同商业银行董事长。参加收回路权斗争，被举为江苏铁路公司总理，并加入预备立宪公会。民国成立后，历任浙江财政清理官、江苏财政司司长、太湖水利局督办等职。

王清任（1768—1831） 清玉田（今属河北）人，字勋臣。嘉庆二年（1797）游于滦州，其时瘟疫痢疾严重流行，幼童十死八九。他每日见儿尸之外露者即掩鼻细审，了解人体脏腑，发现古代医书所载人体脏腑图形，与实际多有失真不符之处。于是历经数十年，撰成《医林改错》一书，纠正前人关于脏腑图形的某些错误，如云"肺外无透窍，亦无行气之二十四孔"等。又述脑髓说，从实际解剖阐述耳、目、鼻、舌之功能均归于脑等。绘成人体脏腑图形，收入此书。所论多发前人所未发，绘及前人所未绘，震动当时医界。在治疗方面强调"活血化瘀"，创制了许多具体方剂，在临床治疗上有较广泛的实用价值。还撰有《论抽风不是风》、《论痘非胎毒》等。

王庆端（1225—1304） 元真定藁城（今属河北）人，字正甫。初为水军提领，参加平李璮之役，升千户。至元十六年（1279），升侍卫军都指挥使。世祖北征乃颜，以所部从。成宗即位，升中书右丞，行徽政副使。大德二年（1298），升平章政事，佥书枢密院事。

王庆云（1798—1862） 清福建闽县（今福州）人，号雁汀。道光进士。道光二十七年（1847）任侍读学士，迁通政司副使。通知时事，善治财政。咸丰元年（1851）疏请广通言路，宽惜民力。授户部右侍郎，兼署顺天府尹。三年授陕西巡抚，旋调山西巡抚。五年擢四川总督，镇压川贵农民起义。十一年擢左都御史，继工部尚书。著有《熙朝纪政》。

王琼 ❶（？—947）五代时澶州（今河南濮阳）人。为水运什长。后晋开运四年（947），契丹灭后晋，以耶律朗五为澶州节度使。契丹官兵贪虐，澶州吏民不堪其苦，纷起反抗。他联络夏津渡起义首领张乙，众至千余人，攻入北城，围朗五。数日后契丹援兵至，他兵败战死。耶律德光闻而惧甚，无久留河南之意。❷（1459—1532）明山西太原人，字德华，号晋溪。成化进士。正德八年（1513）由户部侍郎进尚书。十年改兵部尚书，筹划镇压农民起义。十五年任吏部尚书。世宗即位，因与钱宁、江彬友善，获罪充军。嘉靖七年（1528）复召为兵部尚书兼右都御史，提督陕西三边军务。主抚吐鲁番，使其通贡。十年进吏部尚书。卒于官。著有《双溪杂记》、《西番事迹》、《晋溪奏议》等。

王丘（？—743） 唐相州安阳（今属河南）人，字仲山。王同皎从侄。十一岁应童子举，弱冠又登制科。开元初，迁考功员外郎，取士务取实才，不受请托，年登第者仅百人。复为吏部侍郎，选官公正。开元十一年（723），山东旱灾，为怀州刺史，在职清廉。入为尚书左丞、知制诰。二十一年，宰相萧嵩又引知政事，固辞，自荐韩休。历御史大夫，礼部尚书致仕。为官清俭，致仕后药费不能自给，玄宗特给全禄。

王球（393—441） 南朝宋琅邪临沂（今山东临沂北）人，字蒨玉。昙首从弟。晋末，任琅邪王大司马行参军。入宋，为太子中舍人，转咨议参军。以疾去职。元嘉四年（427），起为义兴太守，入为侍中。累迁吏部尚书。居选职，铨衡有序。颇好文义，与颜延之相善。文帝尝命球与中书舍人徐爰相知，球以"士庶区别，国之章"为辞拒之。卒官尚书仆射、庐陵王师。

王权（？—1352） 元人，号布王三。至正十一年（1351），举兵反元，于十二月攻占邓州（今属河南）、南阳，称北琐红军。后又攻占唐、嵩、汝、洛等地。次年夏，为元将答失八都鲁击败，被俘。

王全斌（908—976） 北宋并州太原（今属山西）人。五代时历仕唐、晋、周，累官相州留后。宋建隆元年（960）与慕容延钊等讨平李筠之乱，以功拜安国军节度使。乾德二年（964）冬，宋伐后蜀，任西川行营前军都部署，将兵三万出凤州路，连战皆捷，遂克剑门。三年正月，军次绵州魏城，蜀主孟昶奉表请降。自出师至受降，仅六十六日。既入成都，昼夜宴饮，不恤军务，纵部下掠夺子女财物。既而诏发蜀兵赴汴，并优给装钱，他不即奉命，激成蜀军兵变。坐降崇义军节度观察留后。开宝末为武宁军节度使，至镇数月卒。

王人 ❶君王。❷王室的臣子。

王仁恭（558—617） 隋天水上邽（今甘肃天水）人，字元实。少刚毅，善骑射。从杨素击突厥于灵武，以功拜上开府。炀帝即位，从杨素讨平汉王杨谅,以功进位大将军。历吕、卫二州刺史,汲郡、信都太守,以能闻名。后随炀帝征辽东,进左光禄大夫。因侄仲伯参预杨玄感起事,坐免官。大业十二年(616),以突厥屡攻隋境,领马邑太守,与李渊击退突厥始毕可汗军。时战乱频繁,百姓冻馁,他不开仓赈恤。部下校尉刘武周借此激怒军士吏民,率众杀之。

王仁俊(1866—1914) 清末江苏吴县人,字捍郑,一字感莼。初为黄彭年、张之洞幕僚。光绪十八年(1892)中进士,授庶吉士。后任吏部主事。中日甲午战争时,于上海创办《实学报》。二十三年应召携报馆复入武昌张之洞幕,力倡旧学,抵制变法维新。二十六年参与镇压自立军起义。曾赴日本考察学务,回国曾先后主持武昌、苏州存古学堂。三十三年任学部图书局副局长兼京师大学堂教习。辛亥革命后蛰居上海。其治学尊经卫道,肆力考据,多属补史笺经。著有《辽文萃》、《辽史艺文志补正》、《西夏文缀》、《西夏艺文志》、《说文引汉律令考》、《汉书许注辑证》、《敦煌石室真迹录》、《太原王氏家谱》等数十种,编有《玉函山房辑佚书补编》。

王仁堪(?—1893) 清福建闽县(今福州)人,字可庄。光绪进士。授翰林院修撰。光绪六年(1880)提督山西学政。十三年命在上书房行走。次年上疏痛陈列强侵凌之势,历数各地水旱蝗灾,请朝廷励精图治,整顿纪纲,赈恤灾民,停罢颐和园工程。十五年充会典馆绘图处帮总纂官,次年改任总纂官。十七年出任镇江知府,办理丹阳教案,提出明订涉外例律,杜绝使臣要挟。十九年调苏州知府。

王仁求碑 唐初云南碑刻。武后圣历元年(698)立。清乾隆五十二年(1787)被王昶发现,今存云南安宁县大石庄。碑高约2.81米,宽1.50米,额十字;文三十四行,行五十三字,均正书。闾丘均撰文,仁求之子王善宝自书。仁求,唐安宁郡人,世代为官,本人官至河东刺史。碑文记述仁求镇压滇西一次起事之经过及建议唐廷在云南设置郡县事。对研究中原文化与云南的联系及云南民族史有一定参考价值。

王仁睿(947—987) 北宋人。宦官。年十余岁即事太宗于晋王府,甚勤谨。太宗即位,授洛苑副使,典宫闱出纳之命,最居亲近。曾与枢密副使柴禹锡等揭发秦王廷美隐秘。

王仁赡(917—982) 北宋唐州方城(今属河南)人,字子丰。初为牙校,后周显德中隶赵匡胤帐下。宋初,授武德使、知秦州。历枢密承旨,荆南巡检使、知军府事。乾德二年(964),为枢密副使,以凤州路行营前军都监伐蜀。蜀平,因掠夺生口财货,擅开公库,杀降兵致乱,责授右卫大将军。开宝九年(976),判三司,兼权宣徽北院事。太宗北巡,常为大内部署。因在三司纵吏为奸,被罢职。

王仁裕(880—956) 五代时天水(今属甘肃)人,字德辇。唐末任秦州节度使判官,嗣为后蜀中书舍人,充翰林学士。入后唐,末帝召为司封员外郎知制诰,充翰林学士。后晋时,累官左散骑常侍。后汉时,任户部侍郎,充翰林院承旨学士。后周时,累官太子少保。著有《开元天宝遗事》、《唐末闻见录》、《王氏见闻录》、《玉堂闲话》、《国风总类》、《南行记》、《入洛记》、《西江集》、《紫泥集》等。

王戎(234—305) 西晋琅邪临沂(今山东临沂北)人,字濬冲。裴頠之岳父。父卒,故吏赠银助办丧事,辞而不受,由是显名。善于辨名析理,为“竹林七贤”之一。不修仪表,不拘礼法,与阮籍相交最密。阮籍、嵇康亡故,自称“使为时之所羁绁”,而与时浮沉。历吏部黄门郎、散骑常侍、河东太守、荆州刺史,迁豫州刺史,加建威将军,曾受诏伐吴。吴平后拜太子太傅,转中书令,加光禄大夫,迁尚书左仆射,领吏部。以裴頠连累免官。惠帝时,复官尚书令、司徒。吝啬好利,广收八方园田水碓,积实聚财,贪而无厌。对子女亦苛刻计较。家有好李,常出售之,恐人得种,皆钻其核,为时人所讥。

王融(467—493) 南朝齐琅邪临沂(今山东临沂北)人,字元长。举秀才,为中书郎。有才辩。永明九年(491),武帝于芳林园宴朝臣,尝使为《曲水诗序》,词藻富丽,名噪一时。为“竟陵八友”之一。郁林王既立,以其曾欲拥立萧子良,被杀。素有文才,与沈约、谢朓等以气类相推,为文皆用五音、四声,共创“永明体”。有集十卷。

王鎔(874—921) 唐末人。其先回鹘阿布思族,自四世祖王庭凑起,世领成德节度使。中和三年(883),继父王景崇为节度使。河东李克用与宣武朱温相继用兵河北时,他为自保而先后结纳之。与卢龙节度使李匡威善,匡威被逐,他迎入军中父事之。旋反被匡威劫持,要其四州,后赖镇兵击杀匡威。朱温称帝,奉其正朔,迁中书令、尚书令,封为赵王。晚年崇佛求仙,筑馆宇,供应浩繁,军民苦之。后梁贞明七年(921),激起兵变,为军将王德明所杀。

王如(?—315) 西晋京兆新丰(今陕西西安东北)人。初为州武吏,遇乱流移至宛(今河南南阳)。时诏遣流人还乡,以关中荒残,不愿归。征南将军山简、南中郎将杜蕤遣兵送之,遂暗结流人,聚众四五万,自号大将军,领司、雍二州牧。与石勒结为兄弟。活动于沔汉一带。永嘉六年(312),因军中缺粮降于王敦,后为敦所杀。

王汝训(1551—1610) 明山东聊城人,字古师,号泓阳。隆庆进士。万历初任刑部主事,改兵部,累官至光禄寺少卿,因忤大学士王锡爵,谪任南京。万历二十二年(1594)迁右副都御史,巡抚浙江,因与巡按御史彭应参力锄豪右,革职家居十五年。三十七年以工部右侍郎署部事。后卒于任。

王叡(434—481) 北魏太原晋阳(今山西太原西南)人,字洛诚。羌族。解天文卜筮。容貌伟丽,为文明太后所宠,超迁给事中。旋为散骑常侍、侍中、吏部尚书,赐爵太原公。太和四年(480),迁尚书令,进爵中山王。出入帷幄,内参机密,外掌政事。

王若虚(1174—1243) 金藁城(今属河北)人,字从之,号慵夫。少时以舅周昂为师,得其作文要领。擢承安经义进士。累迁应奉翰林文字,奉使夏国。后任著作佐郎。正大初年,预修《宣宗实录》成,迁平凉府判官,累迁翰林直学士。金亡,北归真定。有《慵夫集》、《滹南遗老集》。

王三槐(1764—1799) 清四川东乡(今宣汉)人。巫师出身,以禳灾治病为生。乾隆五十七年(1792)拜冷天禄为师,习白莲教。嘉庆元年(1796)与冷天禄等率众七百余人起事于东乡莲池沟,旋与徐天德共破东乡城。各路义军会师后,被推为东乡白号首领。后率部转战川北,屡败清军。三年被勒保、刘清诱擒于云阳安乐坪,解京,次年遇害。

王三善(?—1624) 明河南永城人,字彭伯。万历进士。由荆州推官入为吏部主事,累迁太常少卿。天启元年(1621),擢佥都御史巡抚贵州。次年,贵州水西土司安邦彦叛。他从沅州出发率兵进讨,大破叛兵,解贵州围。以功晋兵部右侍郎。后鏖战逾年,进至大方(今属贵州),后为叛兵断路,还师击敌,兵败被执不屈死。

王森(1542—1619) 明顺天蓟州(今天津蓟县)人,后迁居永平府滦州石佛口。原名石自然,改名王道森。皮匠出身。万历时创白莲教新派闻香教,自称教主,徒众数十万,遍及北直隶、鲁、豫、晋、陕、川。二十三年(1595)下滦州狱论绞,后用贿得释。乃入京师,结交外戚宦官,传教敛财。四十二年再次被捕。后瘐死。其子*王好贤承其业。

王僧辩(?—555) 南朝梁太原祁县(今属山西)人,字君才。天监中,随父神念自魏投梁,起家湘东王萧绎左常侍。以勇略称。为竟陵太守,大宝元年(550),奉湘东王萧绎命攻河东王萧誉于长沙(今属湖南),杀之。以为左卫将军。继而克郢州(今湖北武汉),迁领军将军。二年,加大都督,帅军讨侯景,破之于巴陵(今湖南岳阳),与陈霸先会盟于湓城白茅洲(在今江西九江)。三年,遂克复建康(今江苏南京),军人大肆掳掠,百姓失望。萧绎即位为元帝,进授镇卫将军、尚书令。其后西讨湘州陆纳、益州萧纪。承圣元年(552)大破北齐军,因功迁太尉、车骑大将军。及元帝死,先与霸先共奉萧方智为太宰,承制。后北齐送贞阳侯萧渊明来主梁嗣,竟又纳之,遂为霸先攻杀。

王僧达(423—458) 南朝宋琅邪临沂(今山东临沂北)人。王弘少子。文帝妻以临川王刘义庆女。年未二十,为始兴王刘濬后军参军。元嘉二十八年(451),魏太武帝率军逼瓜步,乃求入卫京师,旋除宣城太守。及太子劭杀父自立,以义兴太守率众从武陵王刘骏入讨。骏即位,以为尚书右仆射,后为护军将军,又为吴郡太守,一年五迁,甚不得意。在郡遣门生义故劫沙门,得钱数百万。又置立佐领兵逾制,建宅多役公力,坐免官。孝建三年(456),除太常,意更不悦,上表解职,以词不逊,又坐免官。寻复起用,大明二年(458),至中书令。常凌傲犯忤,后被赐死。

王僧虔(426—485) 南朝齐琅邪临沂(今山东临沂北)人。王导之后。王昙首子。起家秘书郎。后官御史中丞、会稽太守,以不肯曲意于倖臣阮佃夫,坐免官,寻迁侍中。宋明帝时,出为湘州刺史,曾上表割益阳、罗、湘西三县缘江民立湘阴县。屡迁尚书令。升明中,曾以朝廷礼乐多违正典,表请釐改,被采纳。齐永明初,授侍中、特进、左光禄大夫。善隶书,好文史,解音律,曾评论古今书家优劣,又著《书赋》传于世。

王僧孺(465—522) 南朝梁东海郯县(今山东郯城北)人。王肃八世孙。家贫,常佣书以养母。仕齐为太学博士,梁天监初,出为南海太守,禁断杀牛。外国舶物、高凉生口至郡,旧时州郡常买而即卖,获利数倍,因叹称不以此遗子孙,独无所取。在郡两年,颇著声绩。召拜中书侍郎,领著作,复直文德省,撰《起居注》、《中表簿》。后除游击将军,兼御史中丞。复为北中郎南康王咨议参军,寻病卒。好典籍,聚书至万余卷。著述颇多,有《十八州谱》、《百家谱》,另有文集及《东宫新记》等。明人辑有《王左丞集》。

王僧佑 南朝齐琅邪临沂(今山东临沂北)人,字胤宗。王导之后。举秀才,齐初迁司空祭酒。好老庄,工草书,善鼓琴,罕与人交游。太尉王俭每到门候之,辄称疾不见。其赠俭诗云:“汝家在市门,我家在南郭,汝家饶宾侣,我家多鸟雀。”竟陵王萧子良闻其工琴,请奏,亦不从命。时人嘉其不趋炎附势。后为中丞沈约所弹,坐赎论。卒于黄门郎。

王掞(1645—1728) 清江苏太仓人,字藻儒(一作藻如),号颛庵。明大学士王锡爵曾孙。康熙进士。初仕学官,颇多建树。后调吏部,继监修河工。康熙四十三年(1704)授刑部尚书,复历工、兵、礼部。五十一年晋文渊阁大学士。五十六年、六十年两次疏请复立*胤礽为太子,获谴。后休致。

王善 ❶宋濮州(治今山东鄄城北)人。北宋末为雷泽尉。建炎元年(1127)起兵,聚众数十万围濮州、光州,后受东京留守宗泽招安,为统制官。二年,宗泽命其收复两河,适泽卒,继任杜充不善抚驭,复叛去。与张用等犯淮宁府,声称“天下大乱,乃贵贱贫富更变之时”。旋与用分兵,由宿、亳而南,犯庐州。降金被拘,其众流窜于两淮。❷(1183—1243)金真定藁城(今属河北)人,字子善。金末权中山府治中,率众降蒙古军。元太祖时,以功升中山真定等路招讨使、右副元帅、左副元帅。太宗时,从攻河南,任河北西路兵马副都总管、知中山府事等职。❸(?—1353)元末人。天完红巾军将领。至正十二年(1352)七月率部攻克福安、宁德(今属福建),称新州道都元帅。十一月,克福宁州(今福建霞浦)。次年春,下罗源、连江。围攻福州,兵败,被暗杀(一说病死)。

王禅(?—1328) 元宗王。梁王松山之子。甘麻剌孙。延祐七年(1320)英宗即位,封云南王,出镇云南。泰定元年(1324),改梁王,子帖木儿袭云南王。三年,奉命往北方镇抚北军。次年八月,泰定帝病死,他在上都与倒剌沙等奉皇太子阿剌吉八为帝,出兵攻打在大都称帝的图帖睦尔(文宗),战败逃还。十月,上都被围,出逃,被擒处死。

王赡(?—1101) 北宋秦州宁远(今甘肃武山)人。以宦官李宪荐而进身,立战功,积官皇城使。元符二年(1099),任熙河兰会路都监、知河州,以冒赏得罪,遂密画取青唐之策。率军攻取青唐、邈川,建为鄯州、湟州,招降瞎征,迁正任团练使,知鄯州、湟州,为路钤辖。纵部下剽掠,引起羌人反抗,与西夏合围邈川,屡损大将,势危弃归,被劾,安置房州,旋配昌化军,途中自缢死。

王商 ❶(?—前25)西汉涿郡蠡吾(今河北博野西南)人,字子威。家徙杜陵(今陕西西安东南)。少为太子中庶子,嗣父爵为侯。迁诸曹侍中中郎将。元帝时,官至右将军、光禄大夫。以外戚重臣辅政,护佑太子甚力。成帝即位,徙左将军,颇见信重。建始四年(前29)为丞相,素与大司马大将军王凤不和。河平四年(前25),凤使人劾奏其闺门不修,执左道以乱政。成帝不得已,诏使者收其印绶。免相三日,发病呕血死。❷(?—前12)西汉魏郡元城(今河北大名东)人,字子夏。元帝皇后王政君庶弟。成帝建始元年(前32)赐爵关内侯。河平二年(前27),与弟立等五人同日受封,为成都侯。鸿嘉四年(前17),以特进领城门兵,置幕府,得举吏如将军。永始二年(前15)为大司马、卫将军,辅政四岁,更为大将军。旋病卒。

王尚 十六国时人。后秦姚兴以其文章雅正,参管机密,任中书侍郎。后为尚书左仆射齐难司马。后凉主吕隆降秦,乃随难迎于姑臧(今甘肃武威),难署为凉州刺史。还为尚书。尝以儒术侍讲于太子姚泓。

王韶 ❶隋太原晋阳(今山西太原西南)人,字子相。世居京兆(今陕西西安)。性刚直。仕北周,累官内史中大夫,丰州刺史,封昌乐县公。入隋,转灵州刺史,加位大将军。受命辅导晋王杨广(炀帝),为并州行台右仆射,谏杨广去奢行俭,文帝嘉奖之。开皇八年(588),以本官为元帅府司马,从晋王攻陈,与高颎共决军事。次年平陈,留镇江宁。年余征还,进位柱国。复为并州长史,卒时年六十八。❷(1030—1081)北宋江州德安(今属江西)人,字子纯。嘉祐进士。调新安主簿、建昌军司理参军。熙宁初,上《平戎策》,主张"欲制西夏,当复河湟"。任管勾秦凤路经略司机宜文字,降青唐蕃俞龙珂部。建市易司于古渭以通贸易,为日后行市易法的先导。古渭改通远军,任知军,大败羌族蒙罗角等部。熙河路设置,任经略安抚使兼知熙州,复河、宕、岷州,叠、洮州羌族首领降附,河、湟平定。召为枢密副使。不久罢职,出知洪州。

王韶之(380—435) 东晋、南朝宋琅邪临沂(今山东临沂北)人,居乌程(今浙江湖州),字休泰。曾据其父伟之所录东晋孝武帝太元及安帝隆安时事,撰《晋安帝阳秋》(一作《晋安帝纪》或《晋纪》)。既成,人谓宜居史职,遂任著作佐郎,并续事迄义熙九年(413)。义熙末,为中书侍郎,受刘裕指使,鸩杀安帝。又与著作佐郎荀伯子助著作郎徐广撰晋史。恭帝时,任黄门侍郎领著作郎,凡诸诏命皆出其手。入宋,历任侍中、祠部尚书、吴兴太守。

王劭 隋太原晋阳(今山西太原西南)人,字君懋。少好读书,博学强记。仕北齐,历开府军事、太子舍人、中书舍人。入隋,授著作佐郎。以母忧去职,在家著《齐书》,文帝览而善之,因起为员外散骑常侍,修起居注。数上表言符命以取媚文帝。炀帝即位,迁秘书少监。与刘焯等人同修国史。著有《齐志》、《齐书》、《隋书》等,今存辑本《读书记》一卷,余皆佚。

王绍徽 明陕西咸宁(治今西安)人。万历进士。授邹平知县,擢户科给事中,与汤宾尹等共排东林党人。三十九年(1611)出为山东参议,称病不就。天启四年(1624)召为左佥都御史,次年晋吏部尚书。仿民间《水浒传》编东林一百零八人为《点将录》,献于魏忠贤,按名汰黜。后因阉党内争,落职归。崇祯初定逆案,削籍论徒。

王绍宗(?—约705) 唐江都(今江苏扬州)人,原籍琅邪(今山东临沂),字承烈。少贫而嗜学,遍览经史。居僧房为人写佛经,取佣自给,凡三十年。光宅元年(684),拒徐敬业之征,武则天召赴东都,擢太子文学,迁秘书少监。后坐与张易之兄弟交往罪,罢归乡里卒。工草隶,亦善画,画风与殷仲容相似。虽出于经生,终以书名显。

王社 又称帝社。古代帝王祭祀畿内土地之处。《礼记·祭法》:"王自为立社曰王社。"孔颖达疏引崔氏说:"王社在藉田,王自所祭,以供粢盛。"《独断上》:"天子之社曰王社,又曰帝社。"

王侁(?—994) 北宋开封浚仪(今河南开封)人,字秘权。王朴子。开宝中,领兵败南唐于宣州以功加閤门祗候。太平兴国初,镇压梅山洞蛮。时契丹来贡,诏送其使,并使灵州、通远军,归言主帅所留牙兵交结边人,桀黠难制,悉请代还。后从太宗灭北汉,留为岚、宪巡检,后迁西上閤门使。雍熙三年(986),北攻契丹,为云、应等州兵马都监,陷杨业战败于陈家谷,除名,配隶金州。后赦还,病死。

王诜(1048—约1104) 北宋太原(今属山西)人,居开封(今属河南),字晋卿。妻为英宗女蜀国公主,官至定州观察使。家有宝绘堂,收藏法书名画。能诗善画,与苏轼、黄庭坚、米芾等皆有交往。好写江上云山、幽谷寒林与平远风景,用李成皴法,金碧设色师李思训,墨竹学文同。存世作品有《烟江叠嶂》、《渔村小雪》等图。

王审邽 唐末五代光州固始(今属河南)人,字次都。闽太祖(王审知)兄。唐乾宁三年(896),授泉州刺史。光化三年(900),授威武军节度副使。后封开国公。在政十二年,安辑流民,勤于吏治,又遣子延彬作招贤院,礼待士人,中原公卿多往依之。

王审琦(925—974) 北宋洛阳(今属河南)人,字仲宝。有方略,善骑射,后周末以战功累迁殿前都虞候。宋初,擢殿前都指挥使,从太祖征李筠,又副石守信讨平李重进之乱。建隆二年(961)* 杯酒释兵权,解军职,罢宿卫,出为忠正军节度使,在镇八年,为政宽简。开宝二年(969)从征太原,任御营四面都巡检。三年,改镇许州,赐甲第,留京师。六年,加同平章事。

王审知(862—925)　五代时闽国建立者。公元909—925年在位。光州固始(今属河南)人,字信通,一作详卿。僖宗时,与兄王潮、王审邽随王绪略地江南,由赣入闽。后囚绪,推潮为帅。景福二年(893),攻克福州,唐以王潮为福建观察使,他为副使。王潮卒,自称留后,旋升威武军节度使。为人状貌雄伟,常乘白马,军中号白马三郎。开平三年(909),封闽王。选任良吏,宽刑薄赋,与民休息。曾开黄崎港,扩大海上贸易。公私富实,境内以安。外则奉后梁、后唐正朔,贡使不断;联姻吴越、南汉,借以自固。自奉俭朴,礼贤下士,十国中堪与南唐烈祖李昪相比。统治福建三十年,一境晏然。卒葬宣陵,追谥昭武皇帝,庙号太祖。

王慎中(1509—1559)　明福建晋江人,字道思,号南江、遵岩居士,别号仲子。嘉靖进士。授户部主事,监税通州,不久调礼部祠祭司。嘉靖十二年(1533)迁吏部考功员外郎,主广东乡试,进验封郎中。谪常州通判。历南都户部主事、南都礼部员外郎、山东提学佥事、河南参政等。二十年,以忤夏言,罢官归。晚年好禅学,卒于家。善诗文,宗唐宋八大家,与唐顺之齐名。著有《遵岩文集》。

王升　即"王斗"。

王省(?—1402)　明江西吉水人,字子职。洪武五年(1372)领乡举,至京,诏免会试,命吏部授官。乞归养亲。寻以文学征。太祖亲试称旨。历任浮梁、济阳等教官。"靖难"之役时,燕兵至济阳(今属山东),坐明伦堂中击鼓聚诸生,说君臣之义,以头触柱死。

王圣　东汉人。安帝乳母。建光元年(121)安帝亲政,参与诛灭外戚邓氏,封野王君。后与宦官江京、樊丰等干乱朝政,合谋废黜皇太子刘保为济阴王。安帝死,外戚阎显秉政,被徙于雁门。

王师　见"师❶(1)"。

王师范(範)(874—908)　唐青州(今属山东)人。龙纪元年(889),其父平卢节度使王敬武死,他逐唐廷所派新帅,自立为节度使。天复二年(902),唐昭宗在凤翔被朱温所围,诏诸道兵救援。他出兵欲劫杀朱温,未果,由是两镇交恶。三年,朱温遣将破棣州(治今山东惠民)。遂请降,任为河阳节度使。后梁建国,为右金吾卫上将军,居洛阳。开平二年(908),全族二百人在洛阳被坑杀。

王十朋(1112—1171)　宋温州乐清(今属浙江)人,字龟龄,号梅溪。初讲学授徒,后入太学。绍兴二十七年(1157)进士第一。任秘书郎、王府教授、著作郎。数次建议整顿朝政,起用抗金将领。孝宗立,力陈抗敌恢复大计,历官国史院编修、起居舍人、侍御史等职。隆兴元年(1163),张浚北伐失利,主和派非议蜂起,他上疏称恢复大业不当以一败而动摇。出知饶、湖等四郡,救灾除弊,有治绩。诗文刚健晓畅,有《梅溪集》。

王石谷　即"王翚"。

王时敏(1592—1680)　明末清初江苏太仓人,字逊之,号烟客、西庐老人。明大学士王锡爵孙。万历进士,官至太常寺少卿。入清隐居不仕。姿性颖异,淹雅博物,工诗文、善书法,对黄公望、董其昌刻意摹仿,运腕虚灵。笔墨苍润,随意点染,丘壑自成,为清初画坛之领袖。平生爱才若渴,奖掖后进,故四方从学者接踵。清初著名画家王鉴为其侄,王原祁为其孙,王翚、恽寿平、吴历皆出其门。著有《西田集》、《西庐画跋》。

王时中(1466—1542)　明山东黄县(今龙口)人,字道夫,号海山。弘治进士。正德初以御史出按宣、大,治贪官,忤刘瑾,被充军辽东铁岭卫。世宗即位复官,嘉靖五年(1526)擢兵部尚书。十年改刑部尚书。十二年致仕。卒于家。

王实甫　元大都(今北京)人。一说名德信。著录剧作十四种。现存杂剧有《西厢记》、《丽春堂》等。《西厢记》取材唐代传奇《莺莺传》,以金代董解元《西厢记诸宫调》为蓝本,演为五本二十一折的长剧。在当时杂剧中,号为"天下夺魁",对后世影响很大。

王始(?—403)　十六国时人。南燕建平四年(403)四月,与父及兄弟聚众数万于泰山,自称太平皇帝,署置公卿百官。未几,为南燕桂林王慕容镇俘杀。

王士诚(?—1362)　元末人。大宋红巾军将领。至正十七年(1357)六月,与关先生等率军北上。次年二月,由益都攻怀庆路(治今河南沁阳),战败。三月,入晋宁路(治今山西临汾)。十九年,自称扫地王。二十年七月,被元将孛罗帖木儿击败于台州(今山西五台)。二十一年八月,降元。次年六月,与田丰合谋,刺杀元将察罕帖木儿。十一月,在益都(今山东青州)被察罕帖木儿义子扩廓帖木儿杀死。

王士点(?—1358)　元东平(今属山东)人,字继志。王构次子。曾任淮西廉访司佥事。文宗时以通事舍人预修《经世大典》。顺帝时为监察御史,出为四川廉访司副使。至正十八年(1358),领兵与大宋红巾军李喜喜部战,被俘,绝食死。撰有《禁扁》,又与商企翁合撰《秘书监志》。

王士骐　明苏州太仓(今属江苏)人,字冏伯。王世贞长子。万历进士。由礼部仪制主事,改吏部稽勋员外郎。坐妖书逮狱,削籍。屡荐不起。著有《驭倭录》、《武侯全书》、《醉花庵诗集》等。

王士熙　元东平(今属山东)人,字继学。王构子。英宗时任右司员外郎,泰定帝时由治书侍御史升为参知政事。泰定帝死,被燕铁木儿逮捕下狱,流远州。文宗天历二年(1329),放归乡里。不久被起用。至正二年(1343)升南台御史中丞,未几卒。有《王陌庵诗集》。

王士性(1546—1598)　明浙江临海人,字恒叔,号太初。万历进士。由确山知县征授给事中。首陈天下大事数千言,深切时弊。又言朝廷用人不宜专取容身缄默,缓急不足恃者,语刺当道。寻迁吏科给事中,出为四川参议,历太仆少卿,终官鸿胪寺卿。有《广志绎》。

王士雄(1808—1868)　清浙江海宁人,后徙居钱塘(今杭州),字孟英,号梦隐,别号半痴山人。家世为医，读书砺行，家贫乃以医自给。精研医理，尤深明温热病诊治。为著名温病学家，咸丰中途经上海，时值霍乱流行，暴发者生命危殆，顷刻无救，他悉心诊治，多全活。著有《霍乱论》、《温热经纬》等书，并将自己病证医案辑成《王氏医案》。

王士珍(1861—1930)　直隶正定(今属河北)人，字聘卿。行伍出身。北洋武备学堂肄业。甲午战后助袁世凯小站练兵，任工程学堂总办兼工程营管带。清光绪二十八年(1902)任步兵第一协协统。为"北洋三杰"之一。二十九年任练兵处军学司正使，后兼署北洋军第六镇统制，署陆军部右侍郎。三十三年授江北提督，次年以病辞。武昌起义后一度任陆军大臣。民国初曾任陆军总长、参谋总长、代国务总理等职。

王士真(? —809)　唐契丹怒皆部人。居于蓟县(今北京西南)。王武俊长子，李宝臣婿。沉谋善断，勇冠军中。建中二年(781)，宝臣死，子惟岳叛唐。次年，他佐父擒杀惟岳。后为卢龙军节度副使，封清河郡王，累迁成德军节度使，恒、冀、深、赵、德、棣等州观察使。擅置吏，私赋税，然能息兵自守，岁贡货财数十万缗，较幽、魏二镇恭顺。

王士祯(1634—1711)　即王士禛。清山东新城(今桓台)人，字贻上，号渔洋山人。顺治进士。康熙十七年(1678)官侍读，入值南书房，纂修《明史》。三十七年擢左都御史。次年，下议裁减吏部、都察院冗员，力言御史必不可裁，从其议。寻晋刑部尚书。后以失举职。重著述，为文丰富，熟谙典章制度。工诗，有"一代宗匠"之称，与朱彝尊并称"朱王"。著有《带经堂集》、《渔洋诗话》、《池北偶谈》、《居易录》、《香祖笔记》等。

王氏家藏集　书名。一名《浚川集》。明王廷相撰。六十五卷。包括《家藏集》四十一卷、《内台集》七卷、《慎言》十三卷、《雅述》两卷、《丧礼备纂》两卷。明嘉靖中刊本。《家藏集》为诗文书信集，哲学上继承张载气本论，其《太极辩》、《横渠理气辩》、《答何粹夫》诸篇极言虚不离气，气不离虚，理根于气，不能独存。《答薛君采论性书》、《性辩》诸篇，反对宋儒将人性分为本然之性和气质之性，以为性、气相资，不可相离，离气言性，性无处所。《答天问》九十五首，阐发天地自然造化之秘，剔剥历来诬谬神怪之说。《答许廷纶》指出河图、洛书与五行先天之学，"出于异端穿凿傅会"，妄议天地造化。《内台集》中《答何柏斋造化论》认为"道体本有，本实"，阴阳互相依存，反驳何瑭《阴阳管见》关于"道体兼有无"、"阴阳相离"之见，并批评其"以五行配四时"，援纬附经。《慎言》、《雅述》系王氏主要哲学著作，思想观点与《家藏集》相合。

王氏六经　书名。隋王通撰。八十卷。书成于大业九年(613)。包括《礼论》十卷二十五篇，《乐论》十卷二十篇，《续书》二十五卷一百五十篇，《续诗》十卷三百六十篇，《元经》十五卷七十篇。唐代尚存七十五卷六百六十五篇。后均佚，仅有《元经》伪本传世。

王氏育才书塾　即"育才书塾"。

王世昌　明山东历城(今济南)人。工山水，兼绘人物。弘治时征入京，官至武英殿锦衣镇抚。绘有《二仙图》、《捕鱼图》、《松阴书屋图》等。

王世充(? —621)　隋新丰(今陕西临潼东北)人，字行满。本西域人支颓耨之孙，父为王粲养子，故姓王。读书传，好兵法，利口善辩。开皇中，为左翊卫，以军功为仪同，授兵部员外郎。炀帝时，任江都郡丞，监领宫监。善观颜色，阿谀奉迎，阴献远方珍物，颇受炀帝赏识。隋末起义军纷起，他暗结豪强，厚赏士兵，以收人心。大业九年(613)，自江都渡江，镇压刘元进、管崇等义军。十年，大败孟让义军。十二年，迁江都通守，先后镇压格谦、卢明月等部义军。旋受命北上东都，与李密义军大战洛口，败绩，越王杨侗召令还都。宇文化及杀炀帝，他与元文都等于东都立侗为帝，自为吏部尚书，封郑国公。寻杀元文都等，进拜尚书左仆射，总督内外军事。复于偃师大破李密军，拜太尉，自称郑王。唐武德二年(619)，废侗称帝，国号郑，年号开明。四年，唐军围困东都，被迫降唐，至长安，为仇人所杀。

王世积(? —599)　隋阐熙新囶(今陕西靖边西)人。北周时，以军功拜上仪同，从韦孝宽击尉迟迥，以功拜上大将军。入隋，进封宜阳郡公，授蕲州总管。及攻陈，率舟师自蕲水进发，下豫章、庐陵、浔阳、巴山等地，以功进柱国、荆州总管。开皇十八年(598)，从汉王杨谅攻高丽，还任凉州总管。后被诬阴谋叛变，为文帝所杀。

王世懋(1536—1588)　明苏州太仓(今属江苏)人，字敬美，号麟洲、损斋、墙东生、少美。王世贞弟。嘉靖进士。历南京礼部主事、江西参议、陕西提学副使、福建布政司左参政、南京太常寺少卿等。万历十五年(1587)以病归。好文学，习农艺。著作有《学圃杂疏》、《艺圃撷余》、《墙东类稿》、《闽疏》、《王奉常集》等。

王世贞(1526—1590)　明太仓(今属江苏)人，字元美，自号凤洲，又号弇州山人。右都御史王忬之子。少有才名，十九岁中进士。历官刑部主事、员外郎、郎中、兵备副使。不附权贵，曾拒严嵩党羽陆炳请托；好友杨继盛被害后，为之发丧，结怨于严嵩。其父为严嵩陷害致死，解官救父，未成。隆庆初复得荐用，历官大名副使、参政、右布政使等。张居正当国，与之不合，罢官归。后起为应天府尹、南京兵部右侍郎、南京刑部尚书。好古诗文，与李攀龙等结社，称"后七子"，为文坛盟主。攀龙死后，独主文坛二十年。主张文必西汉，诗必盛唐，与"前七子"李梦阳等说相倡和。于史学亦是古非今，崇尚《史记》、《汉书》，否定史汉以下诸史。晚年持论有所变化，改而提倡"博古通今"。著作甚丰，主要有《弇州山人四部稿、续稿》、《弇山堂别集》、《嘉靖以来首辅传》等。

王式　❶西汉东平(今属山东)新桃人，字翁思。为昌邑王刘贺师。昭帝卒，昌邑王嗣立，旋以淫乱废。他系狱当死，使者责其为师何以无谏书，自言以《诗》三百五篇朝夕谏，是以得减死论。后征为博士，谢病免归,终于家。❷唐太原(今山西太原西南)人。以门荫入仕,又登贤良方正科。累迁至殿中侍御史。大中时,任晋州刺史,收纳河曲(今山西芮城西风陵渡一带黄河曲流处)诸地流民数千人,以善政著称。大中十二年(858),为安南都护,减轻赋税,修筑边壕栏栅,开谕边民。咸通元年(860),为浙东观察使,率河南、淮南及吐蕃、回鹘兵,于剡县(今浙江嵊州)镇压裘甫起义。三年,任武宁军节度使,镇压徐州银刀军兵变,视事三日,杀徐卒三千余人。终左金吾大将军。

王侍郎奏议 书名。清王茂荫著。十一卷。其门人易佩绅于光绪十一年(1885)刻卷一至卷十于四川,嗣于光绪十三年又补刻卷十一于苏州。所收为咸丰元年(1851)至同治元年(1862)任御史迄侍郎期间奏议。书中有多篇论及货币问题。认为行钞"不能无弊",只可作"权宜"之计,发行钞币以一千万两为限;反对铸大钱,指出"大钱以虚作实,似实而虚"(《论行大钱折》),铸大钱必将"亏国"、"病民";主张发行可兑换纸币,反对发行不兑换纸币,在钞币流通中发挥银号等私商作用(见《再议钞法折》)。同时主张反抗外来侵略,建议重刊《海国图志》,认为"果能如法以守各口,英夷似不敢近"。也有部分奏议为清廷镇压太平天国出谋划策。

王守澄(? —835) 唐人。宦官。元和中,为徐州监军。后召还,与内常侍陈弘志毒杀宪宗,迎立穆宗。长庆中,知枢密事。宝历二年底(827年初),宦官刘克明等杀敬宗,他与梁守谦等杀克明,立文宗。复为右神策中尉。太和五年(831),宰相宋申锡谋诛宦官,事泄,他使人诬申锡谋反而加贬逐。八年,荐引李训、郑注。次年,李训、郑注秉文宗意,引宦官仇士良分其权,寻遭鸩杀。

王守恩(? —约955) 五代时太原(今山西太原西南)人,一说辽州榆社(今属山西)人,字保信。后汉高祖时,为昭义军节度使。隐帝时,官西京留守。性贪鄙,专事聚敛,丧车非输钱不许出城,虽病残行乞者亦不免其税,民甚苦之。官至右金吾卫上将军。

王守仁(1472—1529) 明余姚(今属浙江)人,初名云,后改今名。字伯安,谥文成。尝筑室于绍兴会稽山阳明洞侧,学者称阳明先生。弘治进士。授刑部主事,改兵部。正德元年(1506),因忤宦官刘瑾,谪贵州龙场驿丞。瑾诛,迁南京刑部主事。十一年,擢右佥都御史,巡抚南赣。官至南京兵部尚书。尝先后镇压闽、粤、湘、赣等地农民起义和广西边民起义,平定明宗室宁王朱宸濠之乱。封新建伯。少时即有四方之志,尝游历居庸、山海诸关隘,纵观山川形势。及长,师事娄谅。其学凡三变:始泛滥于词章;继而转向朱学,"循序格物",终无所得,又转而出入于佛、老之学;及贬谪贵州龙场,"忽悟格物之旨",其学大变,遂转向陆学。谓"惟象山陆氏,简易直捷,有以接孟氏之传"(《明史·王守仁传》)。是时学者翕然从之,为明代心学所宗。其学以"心"为宗,认为"学者,学此心也;求者,求此心也"(《传习录》中);"知心即知道、知天"(《传习录》上)。以"心"为宇宙本体,提出"心即理"的命题,断言"心外无物,心外无事,心外无理"(《语录》)。倡言"知行合一"说,谓"知之真切笃实处即是行,行之明察精觉处即是知"(《传习录》上),意在贯彻其"求理于吾心"之为学宗旨。历官江右以后,专主"致良知"说,反对程、朱之"格物致知"说。认为"良知"即"天理",不学而知,不虑而能,为吾心所固有,不假外求;致良知者,"致吾心良知之天理于事事物物,则事事物物皆得其理矣"(《传习录》中),强调从内心去体察天理,以达到"存天理,去人欲"之目的。其思想实集陆九渊以来心学之大成,世称其学为"王学",而与陆学并称。著作有《王文成公全书》。

王寿(1251—1310) 元雄州新城(治今河北高碑店东南旧新城)人,字仁卿。因通蒙古文得为中书省掾吏,又以朝臣荐入侍真金太子。至元十九年(1282),任兵部员外郎。成宗时,历任燕南河北道廉访副使、吏部尚书等职。大德十一年(1307),武宗即位,任御史中丞。一度改任中书省右丞。至大三年(1310),迁太子宾客、集贤大学士,卒于任。

王叔和 西晋高平(治今山东巨野南)人,名熙,以字行。秉性沉静,博好经方,曾为太医令。辑集整理张仲景《伤寒杂病论》,凡三十六卷,使得以流传。又综集前此有关脉证论述,结合治病经验,著《脉经》十卷,分脉为二十四种,及《脉诀》、《脉赋》等篇,为医学经典。

王叔文(753—806) 唐越州山阴(今浙江绍兴)人。颇知书,好谈治道。德宗时,以棋待诏,与王伾同侍读东宫。常与太子(顺宗)议论政事及宫市之弊,由是为太子所重。贞元二十一年(805)正月,顺宗立,初为翰林学士,不久兼判度支、盐铁副使,转尚书户部侍郎。推韦执谊为相,与王伾、柳宗元、刘禹锡等相结,力图除弊革新。贬贪残之京兆尹李实,罢宫市,禁五坊小儿扰民,停地方官员进奉。又谋夺宦官所掌神策军兵权,以范希朝为西北诸镇行营兵马使,为宦官俱文珍等所阻。八月,宪宗即位,贬渝州司户参军。次年被杀。

王叔英(? —1402) 明浙江黄岩(今台州)人,字原采,一作元采。洪武中,与方孝孺等同征至京,辞归。后以乡荐为仙居训导,累迁汉阳知县。建文初,召为翰林修撰,与孝孺友善,然反对复古改制。燕师逼淮上,奉旨募师至广德。京师陷,书绝命词自杀。著有《静学集》等。

王舒 晋琅邪临沂(今山东临沂北)人,字处明。王导从弟。元帝镇建康,参镇东军事;宣城公司马裒镇广陵,为车骑司马。建武元年(317)裒卒,代镇,除北中郎将、监青徐二州军事。转少府,徙廷尉。从兄敦表为荆州刺史、监荆州沔南诸军事。敦反晋失败,遂杀敦兄王含父子。历会稽内史,转行扬州刺史事。咸和三年(328)率属郡助平苏峻。以功封彭泽县侯。咸和中卒。

王述 ❶(303—368)晋太原晋阳(今山西太原西南)人,字怀祖。袭父爵蓝田县侯。年三十,司徒王导以门第辟为中兵属。见导每发言,一座莫不赞美,遂正色曰:“人非尧舜,何得每事尽善!”导改容谢之。初家贫,求为宛陵令,颇受遗赠,为州司所检。后累官临海太守、会稽内史、扬州刺史,禄赐皆散之亲故,宅宇旧物,不革于昔。官至尚书令。❷即“王长述”。

王树枏(1857—1936) 河北新城(今高碑店)人,字晋卿,号陶庐。清光绪进士,散馆授户部主事。历任铜梁(今属重庆)、中卫(今属宁县)县令和甘肃平庆、兰州诸道,又曾入张之洞、陶模幕。后为新疆候补道。光绪三十二年(1906)署新疆布政使。在伊犁设武备学堂,主持督练新军,并总纂《新疆图志》。辛亥革命后,任省议会议员、众议员、约法会议委员、参政院参政等职。1915年后为国史馆协修、编纂处总纂,参与编修《清史稿》。著述甚多,除参与《畿辅通志》、《畿辅先哲传》等编撰外,著有《欧洲列国战争本末》、《欧洲族类源流略》、《彼得兴俄记》、《武汉战记》、《希腊学案》和《陶庐文集》等。多刊入《陶庐丛刻》。

王恕(1416—1508) 明陕西三原人,字宗贯,号介庵、石渠。正统进士。授大理寺左评事,迁扬州知府。成化初进南京刑部右侍郎。成化十二年(1476)以右都御史巡抚云南,饬边备、治内奸,因功改抚南畿。均田赋,赈水灾,有声誉。二十年任南京兵部尚书。孝宗立,召为吏部尚书。以刚正清严称,所引荐皆一时名臣。后受刘吉排挤,弘治六年(1493)致仕。好学问,创“三原学派”,以学《易》为乐。卒谥端毅。著作有《王端毅公文集》、《介庵奏稿》、《玩易意见》等。

王庶(?—1142) 宋庆阳(今属甘肃)人,字子尚,自号当叟。崇宁进士。以种师道荐,通判怀德军。建炎初,为鄜延路经略使兼知延安府,累立战功。绍兴年间,历官利夔路制置使、湖北安抚使及兵部尚书、枢密副使。秦桧再相,他力诋和议,出知潭州,绍兴十二年(1142),贬向德军节度副使,道州安置。

王舜(?—11) 西汉末年人。王莽从弟。成帝时为中郎将。哀帝时嗣爵安阳侯。哀帝死,以车骑将军迎立中山王为平帝,旋为太保,助王莽议定制度。又与议莽称“安汉公”、“宰衡”之号。王莽称帝后,以太傅、左辅、骠骑将军为太师,封安新公。因内心恐惧,病悸转剧而死。

王舜鼎(?—1624) 明浙江会稽(今绍兴)人,字墨池。万历进士,累迁刑部郎中。天启三年(1623)官至工部尚书。卒于任。究心律法,著有《宣慈录》、《司空奏疏》。

王朔(?—1665) 明末清初云南临安府王弄山(今文山西回龙)土长。苗族。弘光元年(1645)与沙定洲反明,攻陷大理、蒙化(今巍山)等地。定洲死后,聚其余部据王弄山及安南地。后降清,仍授王弄山长官司长官。康熙四年(1665),与宁州(今华宁)、新兴(今玉溪)、嶍峨(今峨山)、蒙自土官,联合石屏、路南、陆凉(今陆良)、弥勒等地彝、壮、苗、瑶、哈尼各族数万人,起兵反抗清朝统治,攻临安(今建水),陷蒙自、嶍峨、宁州、易门,围弥勒、通海、石屏、宜良诸州、县。总督卞三元派兵镇压,他被俘遇害,或谓自焚而死。

王司舆 明浙江山阴(今绍兴)人,名文辕,以字行,号黄轝子。习静隐居,励志力行,与王守仁为莫逆交。尝与许半圭、王守仁等于阳明洞中“相对危坐,忘言冥契”。嘉庆《山阴县志》称其“不主陈言”,“每读书,多自得”。著有《茹澹稿》。

王思礼(?—761) 唐营州(今辽宁朝阳)高丽人。少习戎旅,持法严整。事陇右节度使哥舒翰,以拔石堡城功授关西兵马使兼河源军使。天宝十四载(755),安禄山反,哥舒翰奏为元帅府马军都将,遇事与其商酌。曾劝翰诛杨国忠,翰不听。旋潼关失守,西走灵武。肃宗欲治其罪,房琯救之得免。至德二载(757),从广平王李俶、郭子仪复两京,数有战功,迁户部尚书。乾元二年(759),九节度使围邺(今河南安阳)溃败,惟其与李光弼军独全。后代光弼为河东节度使。上元元年(760),加司空。

王思廉(1238—1320) 元真定路获鹿(今河北鹿泉)人,字仲常。元好问弟子。至元十年(1273),因董文忠荐,为符宝局掌书。十四年,任翰林待制。为帝、后、大臣讲《资治通鉴》等书。二十九年为枢密院判官。大德十一年(1307),授太子宾客。仁宗即位,以翰林学士承旨致仕。

王思任(1574—1646) 明末浙江山阴(今绍兴)人,字季重,号遂东、谑庵。万历进士。历官刑、工二部主事,九江佥事。清兵破南京后,鲁王监国,任礼部尚书。顺治三年(1646)绍兴为清兵所破,退居孤竹庵,绝食而死。诗文独具一格,亦工画。著作有《弈律》、《避园拟存》、《尔尔集》、《王季重集》。

王思政 北朝时太原祁县(今属山西)人。有武略。初为员外散骑侍郎,曾从北魏北海王元颢出讨关陇万俟丑奴,平阳王元修闻其名,引为宾客。元修即帝位时,使总宿卫。曾劝帝西迁以摆脱丞相高欢之控制,帝纳之。西魏大统四年(538),随丞相宇文泰与高欢战于河桥(今河南洛阳北),苦战有功,迁并州刺史,升骠骑大将军。十三年,乘侯景叛东魏之机,入据颍川(治今河南许昌),攻取其七州十二镇,寻拜大将军。后又击杀东魏慕容绍宗等,因众寡悬殊,终为高澄所败,遂降。入齐为都官尚书。

王嗣奭(1566—1648) 明末浙江鄞县人,字右仲,号于越。万历举人。荐宣平教授,升宿迁知县,改永福知县、洛州知州。早有文名,遍览经史,尤嗜杜甫诗。辞官归乡,诠注杜诗,历三十余年,成《杜臆》一书。另有《夷困文编》、《冷然草诗编》。

王松年(?—562) 北齐太原晋阳(今山西太原西南)人。有才名。初从并州刺史高澄为主簿,东魏武定五年(547)随李纬使梁,还为尚书郎中。因谤魏收《魏书》,遭杖罚,配甲坊,岁余复为临漳令、本州大中正。齐孝昭帝擢为给事黄门侍郎。武成帝时,加散骑常侍,参定律令,兼御史中丞。后自晋阳至邺途中病卒。

王松寿 十六国时略阳(治今甘肃秦安东南)人。西秦乞伏乾归时历主簿、民部尚书,乞伏炽磐时为平东将军、光禄勋。从征吐谷浑树洛干、后秦将姚艾等,所在有功。迁秦州刺史,镇马头,以逼后秦上邽(今甘肃天水)。后入为尚书左仆射。永康八年(419)出为益州刺史,镇溉川。

王崧(1752—1837) 清云南浪穹(今洱源)人,字伯高,别号乐山,原名藩,号酉山。白族。自幼嗜学,博通经史,为一方之名士。嘉庆四年(1799)进士,官山西武乡知县,在职九年,曾治理漳河,免摊捐压派,修葺鞸山书院,主晋阳书院讲席。嘉庆末解官回滇。云贵总督阮元重其学识,聘为《云南通志》总纂,寻以病归里,省志将成而中辍。生平著有《乐山制义》、《说纬》六卷、《乐山集》二卷,《乐山集》收入《道光云南志钞》之地理、建置、盐法、矿厂、封建、土司、边裔数门,又搜集前人记载滇事之书,勒为一篇,名《云南备征志》,为研究云南民族史及地方史的重要参考资料。尚有《布公集》、《江海集》、《提钩集》,以及《乐山诗集》诸书,惟未付梓。

王颂蔚(1848—1895) 清江苏长洲(今吴县)人,号芾卿,又号蒿隐。咸丰六年(1856)为邑庠生,分撰《苏州府志》艺文古迹诸门。后又为常熟瞿氏校定铁琴铜剑楼书目。光绪六年(1880)中进士,选庶吉士,散馆,改官户部。十三年,补军机章京,利用入值余暇,至方略馆整理殿板初印《明史》残本,知为乾隆时拟撰考证未竟之本,因为之考订,采其精要,成《明史考证攟逸》。尚著有《写礼庼文集》、《写礼庼诗集》、《古书经眼录》、《读碑记》及《周礼义疏》未竟稿等。

王苏州遗书 书名。清王仁堪撰。十二卷。王氏以进士授修撰,外放镇江、苏州等府知府。是书所辑奏议、简牍、杂文,大部分涉及光绪年间时政。刊行于光绪年间。

王肃 ❶(195—256)三国魏东海郯(今山东郯城北)人,生于会稽(今浙江绍兴),字子雍。司马昭妻父。黄初中,为散骑黄门侍郎。太和三年(229),拜散骑常侍。后以常侍领秘书监,兼崇文观祭酒。曾上疏明帝"务畜积而息疲民","省徭役而勤稼穑"。正始元年(240),出为广平太守,旋入为侍中,迁太常,恶曹爽任用何晏等人。通群经,喜贾逵、马融之学,不好郑玄之学,并创立"王学"与"郑学"相对。其注经亦不分今文、古文,综合各家经义,为《尚书》、《诗》、《论语》、《三礼》、《左传》作解,并撰定父朗所注《易传》,皆列于学官。他笃信儒家名教,但亦受道家影响。以"夫妇别,男女亲,君臣信"为"人道"之"政",为政之要在顺应"天道","无为而物成"(《孔子家语·大婚解》),宣传"贫者士之常,死者人之终,处常得终"为人生"乐"事。著有《圣证论》、《孔子家语》等。❷(464—501)北魏琅邪临沂(今山东临沂北)人,字恭懿。涉猎经史。初仕齐,为著作郎。永明十一年(493),因父奂为南朝齐武帝萧赜所杀,遂奔北魏。得孝文帝器重,受委改革旧俗,定朝仪国典,制官品百司,综合南北二系统之礼仪制度。后受遗诏为尚书令,与咸阳王禧等同为宰辅。封昌国县开国侯。寻为都督淮南诸军事、扬州刺史。

王素(1007—1073) 北宋大名莘县(今属山东)人,字仲仪。王旦幼子。赐进士出身。庆历初,累迁知谏院,以论事无所畏避,获仁宗嘉奖,擢天章阁待制、淮南都转运按察使。两次召知开封府,出知华、汝、定、成都、许等州府。为官敢于断事,以吏才为时所称。两知渭州,任边帅亦有建树。晚年历知成德军、太原府。官至工部尚书。

王绥(?—404) 东晋太原晋阳(今山西太原西南)人,字彦猷。王恭、殷仲堪反晋,父愉被俘,存亡莫测,在都忧形于色,居处饮食,每事贬降,人谓"试守孝子"。后为太尉桓玄右长史,玄篡位,迁中书令。刘裕起兵,为冠军将军,旋拜荆州刺史。后裕以谋反罪杀之。

王随(973—1039) 北宋河南府(治今河南洛阳)人,字子正。咸平进士。累擢淮南转运使、知制诰,以不善制辞,出知应天府及扬州。入京权知开封府,旋复出知杭、通等州及江宁府。曾在淮南和江宁救灾。天圣间,由知河南府召为御史中丞。明道二年(1033),拜参知政事。景祐二年(1035),知枢密院事,不久拜相。四年,以无所建树,及与同僚屡起忿争,为韩琦所弹劾,罢相。卒于判河阳任上。

王遂(?—819) 唐雍州咸阳(今属陕西)人。王方庆五世孙。元和中,以善理财自邓州刺史入为太府卿。后坐事出为柳州刺史。讨淮西时,宪宗知其强干,用为宣州刺史、宣歙观察使,集江南财赋以供军用。元和十三年(818),讨李师道。召充淄青行营诸军粮料使,献羡余百万,宪宗以为能,即拜沂州刺史,沂、兖、海等州观察使。用刑严酷,所制杖笞皆逾格。对下粗暴,斥将卒为"反虏",将卒不胜其忿。后为牙将王弁所杀。

王孙包胥 即"申包胥"。

王孙贾 战国时齐国人,姓王孙,名贾。年十五事齐湣王。齐湣王十七年(前284),燕将乐毅率兵攻齐,破齐都临淄(今山东淄博东北)。湣王逃亡,被楚将淖齿所杀。他入市中聚众四百人,攻杀淖齿。

王孙满 春秋时周大夫。周襄王二十五年(前627),秦军袭郑,经过王都时轻佻无礼。他时年尚幼,对周襄王说,轻佻即寡谋,无礼则遇事疏略,入险地而无谋,岂能不败!秦军后果于殽山被晋之伏军歼灭。周定王元年(前606),楚庄王陈兵周境,周定王派他慰问楚王。楚王问周鼎之大小轻重,意欲代周。他答以"周德虽衰,天命未改。鼎之轻重,未可问也"。楚王只得退兵。

王孙牟 或称康伯、康伯髦、牟伯。西周初诸侯,名髦。康叔之子。继位为卫君,与伯禽、晋侯燮、吕伋等一起服事成王。

王孙卿 西汉末人。资产巨万,以财养士,与豪杰相交。新莽时,任京司市师、汉司东市令。

王孙庆(?—16) 西汉末年人。有勇力,明兵法。王莽居摄二年(7),随东郡太守翟义起兵反莽。天凤三年(16)被捕,莽令太医与巧屠共剖割之,量度五脏,以竹筳导其脉,知所终始,云可以治病。

王孙胜 即"白公胜"。

王孙子 书名。又称《巧心》。战国人撰，撰者不详。《汉书·艺文志》著录一篇，列于儒家。《隋书·经籍志》著录"梁有《王孙子》一卷，亡"。清马国翰、王仁俊等有辑本，分别见《玉函山房辑佚书》、《玉函山房辑佚书续编》。内容主要讲仁政及治国之道。

王台（？—1582） 明海西女真族首领，哈达部长。名万，又称万汗，姓纳喇氏。祖克什纳（明人称速黑忒），嘉靖初曾掌塔山左卫，被杀。与父彻彻穆奔绥哈城。哈达部遂由其叔旺济外兰（即王忠）为部长。旺济外兰于内乱被杀后，始代为部长。善用部众，远招近攻，势更盛，海西、建州各部皆附，地跨千里，立国称汗。因防建州王杲与鞑靼相合有功，被明晋封都督。万历二年（1574），捕王杲献于朝廷，晋右柱国、龙虎将军，二子俱授都督佥事。以女妻叶赫杨吉奴。晚年黩货，部众离散，子婿交兵，争夺季勒等八寨，遂忧愤而死。

王泰阶（1830—1870） 清四川峨嵋（今峨眉山市）人。咸丰三年（1853）投太平军石达开部，为帐前文书。四年因作战负伤掉队，后辗转进入云南哀牢山区，协助李文学发动反清起义，任参军，筹划军政方略，献议炼铁矿、制火药等策。十年率军攻克他郎、碧处等地。同治九年（1870）清军联合土司合攻他郎之通关哨，兵败受伤而亡。

王泰林（约1798—1862） 清江苏无锡人，字旭高，晚号退思居士。少业儒，后改习医，从舅学，精研医经奥旨，尽得其传。初学疡科，后究心于内科诸证，临证应手取效，求治者日众，遂专以内科行。著有《医方证治汇编歌括》、《退思集类方歌注》、《西溪书屋夜话录》、《环溪草堂医案》、《医方歌括串解》、《医学刍言》等。卒后，门人方耕霞录其医案，辑《王旭高临证医案》刊于世。

王昙首（394—430） 南朝宋琅邪临沂（今山东临沂北）人。王弘少弟。兄弟分财，惟取图书。初辟琅邪王大司马属。后随宜都王刘义隆，历冠军府功曹、镇西府长史。时宋少帝游戏无度，执政徐羡之、傅亮密谋废立，他力劝义隆自江陵东下，入承帝位。元嘉初，为侍中，预谋诛徐羡之、傅亮，击平谢晦。迁太子詹事，侍中如故。为文帝亲委，任兼两宫。

王谭（？—前17） 西汉魏郡元城（今河北大名东）人，字子元。元帝皇后王政君庶弟。成帝建始元年（前32）赐爵关内侯。河平二年（前27）与弟崇等五人同日受封，为平阿侯。以位次当继兄大将军王凤辅政，因性倨傲，不肯事凤，故凤临终时荐王音自代。成帝使位特进，领城门兵，辞让不受。

王坦之（330—375） 东晋太原晋阳（今山西太原西南）人，字文度。王述子。弱冠与郗超齐名。抚军大将军司马昱辟为掾。累迁参军、从事中郎，大司马桓温长史。后拜侍中。袭父爵蓝田县侯。领本州大中正。简文帝临终欲诏桓温摄政，以温擅权，恐不利晋室，力阻之。温死，与谢安共辅政。宁康二年（374），迁中书令，领丹阳尹，寻授都督徐、兖、青三州诸军事，北中郎将，徐、兖二州刺史，镇广陵（今江苏扬州）。临终与谢安、桓冲书，言不及私，惟忧国事。不敦儒学，尚刑名，尤非时俗放荡。著有《废庄论》、《王坦之集》，已佚。

王堂 ❶东汉广汉郪县（今四川中江东南）人，字敬伯。初举光禄茂才，迁谷城令。安帝永初中，任巴郡太守，率兵镇压羌人反抗。再迁右扶风太守，拒绝安帝乳母王圣、中常侍江京请托。征入为将作大匠。后历任议郎、鲁相、汝南太守，治政清简，搜才礼士，委政于陈蕃、应嗣等。因忤大将军梁商旨，被奏免归家。年八十六卒。❷明山东青州人。嘉靖元年（1522）率矿工于青州颜神镇发动起义，活动于东昌、兖州、济南一带，击杀临清指挥佥事杨浩。后又转战河南考城、北直隶东明、南直隶徐州等地，大败东明指挥赵太等官军八百余人。二年遭俞谏镇压失败。一说失败于三年四月。

王涛 东晋堂邑（治今江苏六合北）人，字茂略。元帝时历仕著作郎、无锡令。著有《三国志序评》。

王韬（1828—1897） 清江苏长洲（今苏州）人，初名利宾，字紫诠，号仲弢，别号天南遁叟、弢园老民。年十八，中秀才。后以家贫赴上海，任职于英人所办之墨海书馆。在太平天国运动和第二次鸦片战争中，曾上书"御戎"、"平贼"，未被采纳。咸丰十一年底（1862年初），化名"黄畹"，向太平军献策，事发，被下令缉拿，逃往香港。同治六年（1867）至九年间，随英人理雅各至英国"佐译经籍"，得遍游法、俄等国。同治十二年，在香港办《循环日报》，鼓吹变法。光绪五年（1879）游历日本。十年返居上海，任格致书院掌院以终。曾指责顽固派"动循古昔，不知变通"，认为"变古以通今者势也"（《弢园文录外编·变法上》）。批评"重农而轻商"，提出"富强即治之本"（《兴利》）。反对外国资本主义经济侵略，建议"握利权"，使"中国之利权仍归诸中国"。主张"行泰西之法"兴"开矿"、"织纴"、"造轮船"、"筑轮车铁路"等"利"，大力发展新式工商业，并"许民间自立公司"，"令富民出其资，贫民殚其力"（《重民中》），以推行资本主义雇佣关系。早年曾反对"君民同治"（《弢园尺牍·与周弢甫征君》），后来则转而认为"惟君民共治……犹有中国三代以上之遗意"（《重民下》），主张行君主立宪政体。著有《弢园文录外编》、《弢园尺牍》、《瀛壖杂志》等数十种。

王陶（1020—1080） 北宋京兆万年（今陕西西安）人，字乐道。庆历进士。嘉祐四年（1059）为监察御史里行。仁宗末年，赞立皇侄宗实（英宗）为皇子。英宗立，迁右司谏、判司农寺，为淮阳王（神宗）府、颍王（神宗）府翊善，知制诰、知永兴军。治平四年（1067）迁御史中丞，旋因奏劾韩琦，出知陈州。熙宁中，入权三司使，为吕公著劾罢。后出知河南府、许州等。

王绹 ❶（1074—1137）宋开封（今属河南）人，字唐公。崇宁五年（1106），赐上舍第，授和州含山尉。仕太学、辟雍十余年，累迁给事中。宰相蔡京排斥异己，求去。靖康中，知寿春府。高宗即位，迁礼部侍郎兼权直学士院，论经义不当专主王氏之说。建炎三年（1129），拜参知政事兼御营副使，于时政得失多所建明。以议事不合求去,除资政殿大学士、提举醴泉观兼侍读。绍兴三年(1133),除知绍兴府兼浙东安抚使。著有《论语解》、《孝经解》、《群史编》等,今佚。❷(1085—1134)宋相州安阳(今属河南)人,字敏功。元祐八年(1093)为太庙斋郎,历知真阳、崇城等县。金兵犯京师,募士抗敌有功。建炎四年(1130),知兴国军。卒赠太保。

王体乾(?—1640) 明顺天昌平(今属北京)人。万历时入宫为宦官。熹宗初,掌尚膳监印,迁司礼监秉笔。以媚客氏、魏忠贤,得掌司礼监印,朋比为奸。崇祯初定"逆案",被革职抄家。后瘐死。

王天杰 ❶(1887—1911)清末河南巩县(今巩义)人,字超万。曾任开封图书公司经理。以国事日非,立志革命。宣统三年(1911)武昌起义后,赴豫东联络当地会党仁义会,约期赴开封响应,事泄被捕遇害。为河南辛亥革命十一烈士之一。❷(1890—1913)清末四川荣县人,字子骧。光绪三十二年(1906)加入同盟会。宣统三年(1911)举为本县民团训练所督办。保路运动高涨时,率民团起义,任四川东路革命军副统领,与龙鸣剑等率部进攻成都,失利后返荣县,与吴玉章等宣布荣县独立,建立辛亥革命时期第一个县级革命政权。1912年四川军政府成立,当选为临时省议会议员。二次革命中起兵讨袁(世凯),任川南招讨军司令长。后被袁军杀害于永川(今属重庆)。

王天纵(约1879—1916) 清末河南嵩县人,原名天从,字旭九,号光复。早年因对清廷不满,入羊山聚众,打富济贫。宣统二年(1910)游日本,归国后在山上设立学堂,兴办牧畜。武昌起义后,率众在豫西响应,被举为临时丁部大将军,先后光复潼关、陕州、内乡、镇平等地。后率部援陕。1912年北上,任陆军部中将顾问兼京师军警督察处副处长。1916年在鄂西起兵讨袁世凯,后病死。

王田 新莽土地制度,为王莽改制的重要内容。始建国元年(9)颁布。《汉书·王莽传》:"今更名天下田曰王田,奴婢曰私属,皆不得买卖。其男口不盈八,而田过一井者,分余田予九族邻里乡党。故无田,今当受田者,如制度。"王莽试图废除土地私有制,实行土地国有,并以孟子提出的一夫一妇授田百亩的井田制标准授田。后因遭普遍抵制,无法推行。始建国四年,被迫宣布废除王田制,准许土地和奴婢买卖。

王恬 东晋琅邪临沂(今山东临沂北)人,字敬豫,小字螭虎。王导次子。少好武,不为公门所重,导恶之。袭爵即丘子。性傲诞,不拘礼法。好士,多技艺,善弈,范汪《棋品》列为中兴第一。迁中书郎,除后将军、魏郡太守,加给事中,领兵镇石头。转吴国、会稽内史,加散骑常侍。

王廷(1504—1589) 明四川南充人,字子正,号南岷。嘉靖进士。历任户部主事、苏州知府等。嘉靖三十九年(1560)迁南京户部右侍郎,总督漕运。穆宗即位,进左都御史。因与徐阶友善,遭高拱忌,隆庆四年(1570)受排挤致仕,夺职为民。

王廷相(1474—1544) 明仪封(今河南兰考)人,字子衡,号浚川。弘治进士。历任兵科给事中、四川佥事、山东副使等职,因忤宦官刘瑾等,屡遭贬谪。嘉靖初,以右副都御史巡抚四川,累迁南京兵部尚书,参赞机务。后因事斥为民。博学好议论,于星历、舆图、乐律、河图、洛书及周、程、张、朱之书,皆有所论辩。能诗文,名列"前七子"。认为"天地未生,只有元气"(《雅述》上篇),反对朱熹所谓"天地之先,只有此理"说,指出"气"是实有之物,虽有聚散,但无灭息。提出"理根于气,不能独存"(《横渠理气辨》)。强调人性是人之知觉运动过程,反对宋儒将人性分为"气质之性"与"本然之性",宣称"离气无性"(《慎言·君子》),与朱熹"本然之性超乎形气之外"论相对立。注重"见闻"、"接习",批评张载"德性之知",谓其"不为幽闭之孩童者几希"(《雅述》上篇)。指斥王守仁"致良知"说实"误人家国之事"(同上,下篇)。还批驳"天地生物为人"之目的论,指出:"天地之生物,势不得不然也,天何心哉?"(同上,五行篇)反对五行灾异之说与鬼神、风水等迷信。著有《雅述》、《慎言》等,编入《王氏家藏集》。

王廷诏(1745—1801) 清河南西华人。佣工出身。嘉庆元年(1796),与王聪儿、姚之富等起义于襄阳黄龙垱,被推为襄阳黄号首领,尊称"老掌柜",转战于川、楚、陕、甘等省。六年被俘于西乡鞍子沟,遇害。

王庭凑(?—834) 一作王廷凑。唐时回纥阿布思族人。曾祖为王武俊养子,故姓王氏。喜读兵书,事成德王承宗为都知兵马使。长庆元年(821),结牙兵杀节度使田弘正,自称留后,又取冀州,进围深州。穆宗发诸道兵马进讨,屡为所败,被迫授节度使。太和元年(827),又助横海李同捷为乱。及同捷败,惧而降。死后子元逵嗣位。

王庭珪(1079—1171) 宋吉州安福(今属江西)人,字民瞻,号卢溪先生。政和进士。绍兴中,胡铨上书乞斩秦桧,贬吉阳军,他独以诗送行。绍兴十九年(1149),坐讪谤停官,辰州编管。桧死,许自便。孝宗召对内殿,除国子主簿、直敷文阁。著作有《卢溪集》等。

王庭秀 宋明州慈溪(今属浙江)人,字颖彦。政和进士。历官州县。以弃伪楚南归,擢为监察御史。迁殿中侍御史,曾论黄潜善卖官售宠之恶。建炎三年(1129),苗刘之变,他与郑瑴力争不宜去高宗帝号,出知瑞州。复召为吏部郎,累迁检正中书门下省诸房公事。与宰相议事多不合,引疾求去,主管崇道观。不苟趋时好,立朝敢言,为学造诣深远。著有《航海记》、《磨衲集》等,今佚。

王庭筠(1156—1202) 金辽东熊岳(今辽宁盖州西南)人,字子端,号黄华山主。大定进士。任恩州(今山东武城东南)军事判官,有政绩。再调馆陶(今属山东)主簿,被劾致仕。明昌三年(1192)起为应奉翰林文字,复迁翰林修撰,因罪解职,不久复官。与父遵古,兄庭玉、庭坚,弟庭琰俱名于时。善诗文,书法学米芾,画以山水墨竹著称,诗书画并称"三绝”。传世有《幽竹枯槎图卷》。又著有《藁辨》、《黄华集》。

王庭州都督府 唐羁縻都督府。龙朔元年(661)置于久越得犍国步师城,约在今塔吉克斯坦卡菲尔尼汗河、瓦赫什河之间。隶于安西都护府。约八世纪中叶后,因大食势力东进而废。

王霆 南宋婺州东阳(今属浙江)人,字定叟。应科举试不利,改就武举,嘉定四年(1211)中绝伦异等科。从军于鄂,寻率兵守黄州。绍定间,隶镇江都统赵胜为计议官,参与镇压李全之役。召试为閤门舍人。入对,受理宗赏识,升武功大夫,知濠州。继知光州兼沿边都巡检使,整饬战备,抗击蒙古军。后带行左领军卫大将军,充沿江制置副使司计议官。

王通 ❶(584—618)隋绛州龙门(今山西河津)人,字仲淹。隋秀才高第,官蜀郡司户书佐、蜀王侍读。大业时弃官退于河、汾间,以著书讲学为业,撰《十二策》、《续六经》等,均已亡佚。门徒甚广。主张儒、佛、道三教合一,但以儒学为主,以“明王道”为己任,欲重振孔子之学,当时有“王孔子”之称,后世有“河汾道统”之誉。死后门人谥文中子。子福郊、福畤仿《论语》,据门人所记通生前言论,以问答形式整理成《中说》(即《文中子》)一书。❷元胶州高密(今属山东)人。王国昌子。世祖时,袭爵为左卫亲军千户,从攻宋。后任侍卫亲军千户、金左卫亲军都指挥使等职,屯田瓜、沙等州。武宗时,总京城卫兵。后任屯储卫亲军都指挥使,镇海口。病死。❸(?—1452)明湖广咸宁(今属湖北)人,字彦亨。金乡侯王真之子。“靖难”之役中,袭职为都指挥使,转战有功,累进都督佥事。成祖即位,封武义伯。督建长陵,进封成山侯。屡从成祖北征。仁宗时掌后军都督府,加太子太保。宣德初,以征夷将军主持交阯军事,屡战失利。后与黎利盟,退兵广西。还京后,以群臣交劾系狱。正统初得释。景帝立,起为都督佥事,守京城。卒于官。

王同皎(?—703) 唐相州安阳(今属河南)人。长安中,娶中宗女定安公主为妻。初为朝散大夫,行太子典膳郎。神龙元年(705),参与张柬之诛张易之兄弟。中宗即位,升右千牛将军,封琅邪郡公,为驸马都尉。次年,与张仲之等人谋诛武三思,谋泄被诛。

王湾 唐洛阳(今属河南)人。先天进士。开元初,为荥阳主簿。从马怀素等校正群籍,治集部,又参与校丽正院书。终洛阳尉。诗名早著,其佳句“海日生残夜,江春入旧年”,颇受张说倾赏,曾手题于政事堂,令为楷式。《全唐诗》存其诗十首。

王湾遗址 黄河中游新石器时代晚期遗址。在河南洛阳西郊涧河右岸。1959—1960年进行两次发掘。文化堆积层厚3米左右,内涵丰富,除上层有周以后的文化堆积外,新石器时代文化可分为三期:一期属仰韶文化,三期属河南龙山文化,二期则介于两者之间,属过渡性文化层。一期仰韶层发现房基墙基槽内填以红烧土块,有的铺以平整的大块砾石,上面筑墙。地面以草泥火烧或以石灰质铺成,显得光而平。还发现有灰坑,墓葬,陶、石、骨诸器。二期发现各种形状的窖穴、房基、墓葬和石、骨、蚌等器物。陶器以夹砂灰褐陶为主,泥质黑陶增多,红陶少,彩陶纹饰由繁而简,技术却显得进步,显示出向龙山文化过渡的趋势。三期发现窖穴增大而密集,石、骨、蚌器进步,黑陶成为主要陶器,形制、纹饰均为河南龙山文化所常见。三层文化的发现,为研究仰韶文化向龙山文化的过渡增加了新材料。

王绾 秦人。秦始皇二十六年(前221)统一全国后,任丞相,奉命与御史大夫冯劫、廷尉李斯议立帝号。又以六国初定,燕、齐、楚等地遥远,奏请分封诸子为王,遭李斯驳斥。秦始皇终依李斯之议,令天下为郡县,分封之议遂罢。

王万 南宋婺州(今浙江金华)人,字处一。嘉定进士。生长濠州(治今安徽凤阳东北),熟悉淮上情况。金亡后,蒙古进攻南宋,他任镇江府通判,畅论抗战形势,主张“振厉奋发,兴感人心”,并条具沿边事宜,遍告大臣要官。官至监察御史。卒年四十八。

王微(415—453) 南朝宋琅邪临沂(今山东临沂北)人,字景玄。王弘侄。少好学,善为文,能书画,兼解音律、医方、阴阳术数。起家司徒祭酒。后为始兴王刘濬府吏。累迁官不就。常住门屋一间,寻书玩古。

王惟俭 明祥符(今河南开封)人,字损仲。万历进士。授潍县知县,迁兵部职方主事。万历三十年(1602)被责不推代削籍归,家居二十年。光宗立,起为光禄丞,三迁大理少卿。天启三年(1623)擢右佥都御史,巡抚山东。五年入为工部右侍郎,为魏忠贤党所劾,落职闲住。致力于经史百家。尝苦《宋史》繁芜,亲自删繁就简,著成《宋史记》。又著有《史通训故》。

王惟一(约981—1067) 北宋人,字维德。曾任太医局翰林医官,殿中省尚药奉御。由于宋以前的针灸医书多有错乱,故天圣四年(1026)仁宗诏其整理中医针灸文献,对经络、腧穴进行考订,著成《铜人腧穴针灸图经》,铸成针灸铜人模型两具,外形与成年男子相似,躯壳四肢可拆卸,并将经穴、穴名刻于铜人之上,作为针灸教学和医生测试之教具。是医学教育中的一大创举。

王惟忠 南宋钟离(今安徽凤阳东北)人,字移孝。结寨韭山(今安徽定远西北),垒石为城,周围四里,其外又作大寨七里,与乡人共同坚守,抗击金兵。有众万人。建炎四年(1130)归宋将刘位节制,被任为左军统领官。

王维(699—761) 唐太原祁县(今属山西)人,父迁居蒲州(今山西永济西),又称河东人,字摩诘。开元进士。初授大乐丞,坐贬济州司仓参军。后得张九龄荐拔,任右拾遗,累迁给事中。至德元载(756),安禄山叛军陷长安,他受伪职。乱平,降为太子中允。乾元二年(759),官尚书右丞,世称王右丞。后半官半隐,笃信佛教,长斋素服,丧妻不娶。晚年居蓝田辋川别业,又称王辋川。工诗,以五言独步诗坛,意境动人。其边塞诗慷慨雄健。晚年以山水田园诗表现悠闲情趣。精通音律,兼善书画。苏轼评为"诗中有画,画中有诗"。著画论《山水诀》,绘《辋川图》,以"破墨"写山水,独具风格。擅画人物、丛竹,存世作品《雪溪图》、《写济南伏生像》,恐非真迹。有1961年中华书局本清赵殿成《王右丞集笺注》。

王维德(1669—1749) 清江苏吴县人,字洪绪,自号林屋山人。世业医,传其先世之学,尤精疡医,所创"阳和汤"、"犀黄丸"等方,甚有疗效,为后世所重。著有《外科全生集》等。

王蔚 金大兴府香河(今属河北)人,字叔文。皇统进士。晓析吏事,由良乡县丞官至左司郎中。大定二年(1162),升河东北路转运使。历任中都路都转运使、吏部尚书、知河中府、南京留守等职。十五年,任参知政事。次年,出任知真定府事,累转知河中府。明昌元年(1190),任尚书右丞。致仕。

王温舒(?—前104) 西汉左冯翊阳陵(今陕西咸阳市东)人。少时作奸犯法,后为吏,治狱至廷尉史,事张汤。由御史迁广平都尉,择郡中豪吏为爪牙,使督"盗贼",齐、赵之郊"盗"以此不敢近广平。迁河内太守,捕郡中豪猾,相连坐千余家,大者至族,小者至死,流血十余里。武帝闻之,以为能,迁中尉。善事有势者,势家有罪弗治,无势则虽贵戚必见侵辱。故势家多称其为能吏,其吏皆以权贵富。后坐法免。因营建通天台,拜少府。历任右内史、右辅、行中尉。太初元年(前104),因罪至族,遂自杀。其两弟及两婚家亦各坐他罪而族,故人称王温舒罪至五族。死后,家累千金。

王文(1393—1457) 明束鹿(今河北辛集)人,初名强,字千之。永乐进士。历官御史、大理寺卿等。景泰元年(1450)掌都察院事。沮迎英宗,且迎合景帝易储。三年改吏部尚书,兼翰林院学士,直文渊阁。英宗复位,被斩于市。

王文成公全书 书名。亦称《阳明全书》。明王守仁撰。三十八卷。计《传习录》三卷(附《朱子晚年定论》)、《文录》五卷、《别录》十卷、《外集》七卷、《续编》六卷、《年谱》五卷、《世德纪》二卷。内容包括语录、书札、序、记、说、杂著、奏疏、公移、赋、骚、诗、墓志铭、墓表、墓碑、传、碑、赞、箴、祭文等,为研究王守仁"心学"之主要资料。清俞鳞依类分辑,编为二十二卷,颇便检阅。今有隆庆刻本《王文成公全书》、四部备要本《阳明全书》及上海古籍点校本《王阳明全集》。

王文干(斡) 元大名南乐(今属河南)人。王珍子。袭父职为行军千户。宪宗九年(1259),从忽必烈攻鄂州。中统三年(1262),与平李璮之乱,改同知大名路总管府事。累迁河东山西道提刑按察副使,升佥东川行枢密院事,全州、卫辉、东平总管,江东建康道提刑按察使等职。卒年五十八。

王文公文集 书名。北宋王安石撰。凡一百卷。参见"临川先生文集"。

王文矩 唐时渤海(今山东滨州)人。历官政堂省左允、永宁县丞。娴于辞令,喜好击球,有仪容。长庆元年(821,日本弘仁十二年),首次使日本。大和元年(827,日本天长四年),率百余人二次出使日本。大中二年(848,日本嘉祥元年),率百余人三次使日本。

王文敏公遗集 书名。清末王懿荣撰。八卷。全书分奏疏、诗文、福文金石残稿、汉碑存目、天壤间杂记等类。对研究近代学术、伦理思想、民间风俗及封建士子的思想格局有重要参考价值。有1923年刊本。

王文韶(1830—1908) 清浙江仁和(今杭州)人,字夔石,号耕娱(一作赓虞),晚号退圃。咸丰进士。历官湖北按察使、湖南布政使。同治十年(1871)署湖南巡抚。光绪十五年(1889)授云贵总督。二十年中日甲午战争时,奉调帮办北洋军务。次年出任直隶总督兼北洋大臣,捐金列名强学会。建议筹修旅大炮台和扩充水师与武备学堂,开办吉林金矿、煤矿,修筑京汉铁路,又奏设北洋大学堂、铁路学堂、育才馆、俄文馆,以造就人才。二十四年以户部尚书、协办大学士入赞军机,在总理各国事务衙门上行走。百日维新时,受命办理矿务铁路总局。二十六年八国联军陷北京,力主对外妥协,晋体仁阁大学士。转文渊阁大学士,晋武英殿大学士。有《王文韶日记》。

王文素(约1465—1535) 明山西汾州(治今汾阳)人,字尚彬。成化年间随父到真定饶阳(今属河北)定居。擅长算学,潜心钻研诸家算法。著有《通证古今算学宝鉴》。嘉靖元年(1522)又增韵语三百余首续于其后。三年经人赞助刊行。

王文统(?—1262) 元益都(今山东青州)人,字以道。初为李璮幕僚,以女妻璮。世祖即位,立中书省,为平章政事。订立各种制度,主持推行钞法。中统三年(1262),李璮反,因与璮通谋被杀。

王文治(1730—1802) 清江苏丹徒人,字禹卿,号梦楼。乾隆探花。官至翰林院侍讲,出为云南姚安知府。擅书法,与梁同书齐名,世称"梁王"。时刘墉书法为当世所重,刘墉专讲魄力,文治专注风神,因有"浓墨宰相,淡墨探花"之论。间亦作画,擅墨梅。有《梦楼集》。

王渥(?—1232) 金太原(今属山西)人,字仲泽,以字行。兴定进士。博学善谈,工书法尺牍,能诗。历任寿州、商州防御使,武胜军节度使经历官,在军中凡十年。正大七年(1230),奉使至宋扬州制置司议和。八年,任左右司员外郎,从完颜思烈行省邓州。又从入援汴京,兵败于京水,殁于阵。

王屋县 本长平县,北周武成元年(559)改名,并置王屋郡。因县北王屋山为名。治今河南济源市西王屋。隋大业中属河内郡。唐武德元年(618)改为邵伯县。显庆二年(657)复为王屋县。属洛州。开元后属河南府。北宋熙宁五年(1072)属孟州。蒙古至元三年(1266)废入济源县。

王五(1854—1900) 清直隶顺天府(今北京)人,原名正谊,字子斌,一作字宾或子彬。善武术,尤精刀槊,人称"大刀王五"。以"保镖"为业,急公好义,锄强扶弱,常出入于燕、豫、秦、陇之间。与谭嗣同交谊颇深,支持变法维新。戊戌政变后,南下武汉参加唐才常发动的自立军起义。事败后又回北京。光绪二十六年(1900)参加反对八国联军的斗争,死于敌手。

王武(1632—1690) 清江苏吴县人,字勤中,号忘庵,又号雪颠道人。以诸生入太学,不屑意举子业。精鉴赏,富收藏,多为宋、元、明诸大家名迹。临摹鉴赏,功力深厚,多得其法。所作花鸟,颇富生趣。

王武俊(735—801) 唐契丹怒皆部人,号没诺干,字元英。善骑射。初为李宝臣部将,从安史叛乱。宝应初,说宝臣降唐。因功拜御史中丞,封维川郡王。大历十年(775),见宝臣为宦官所辱,说宝臣反唐,与田承嗣、李正己联合。建中二年(781),宝臣死,从李惟岳拒命反叛。后杀惟岳降唐,任恒州刺史、恒冀都团练观察使。因唐廷收其所辖赵、定二州,又与朱滔、田悦、李纳等三镇联合叛唐,自称赵王。兴元初,德宗下诏罪己大赦,遂去王号归唐,任成德军节度使,兼幽州、卢龙两道节度使,封琅邪郡王。会李怀光反,朱滔引回纥兵将与朱泚合势攻唐,李希烈称帝,攻陷大梁,朝廷危急,人心惴恐。他与李抱真等合兵大破朱滔,以功加检校太尉、中书令,子弟虽在襁褓,亦官之。

王兀堂 明建州女真首领,居佟佳江(今浑江)流域,与王杲分领建州三卫事。以其位于建州东境,又称逸东都督。嘉靖末,据十岔口,以宽甸为猎区。嘉靖四十年(1565)、四十五年、隆庆四年(1570),先后犯洒马吉、叆阳及沿江各地。万历元年(1573),率诸部首领请修堡塞道,不得围猎,愿质子通市。巡边都御史张学颜请于朝,准于宽甸、永甸开互市。王杲死后,独主建州,势与海西王台相埒,悉遵汉制。后以明边官强减参价,殴打市易女真人,遂数掠宽甸、永甸、新甸等堡。八年,率兵分掠叆阳、黄关岭、永甸堡,先后为明将李成梁、姚大节击败于鸭儿匮(今桓仁附近)、葛禄寨等地,势遂衰。

王昔剌 元保定(今属河北)人。初事忽必烈,以勇略赐名昔剌拔都。攻钓鱼山及阿里不哥有功,授武卫亲军千户。中统三年(1262),从征李璮。至元十五年(1278),攻夔府(今重庆奉节)有功。十六年,徙镇万州(今属重庆)。卒于军。

王晞(511—581) 北朝时北海剧县(今山东寿光南)人,字叔朗,小名沙弥。前秦丞相王猛之后。少有才名,屡辞不仕。后随魏丞相高欢至晋阳(今山西太原西南),与欢子常山公高演为友,补中外府功曹参军。北齐天保初,随演行太原郡事。高殷立,乃劝演废之自立。演死,弟湛立,使出为东徐州刺史。武平初,迁大鸿胪,加仪同三司,监修起居注,待诏文林馆。齐亡,仕周为仪同大将军、太子谏议大夫。隋初卒于洛阳。

王锡阐(1628—1682) 明末清初江苏吴江人,字寅旭,又字昭冥,号晓庵。明亡,隐居乡里教书。精天文历算,常卧屋顶观察星象竟夜,自制仪晷测日、月、星。兼通中西之学。与薛凤祚齐名,有“南王北薛”之称。著有《晓庵新法》、《历说》、《大统历法启蒙》等。

王锡蕃 清山东黄县(今龙口)人。詹事府少詹事。光绪二十四年(1898)擢署礼部左侍郎。后因保荐林旭而被攻击“增长逆焰,助成奸谋”,遭革职,永不叙用。

王锡爵(1534—1610) 明苏州太仓(今属江苏)人,字元驭,号荆石。嘉靖进士。授编修,累迁祭酒。万历十二年(1584)以礼部尚书兼文渊阁大学士,预机务。二十一年任首辅。在*争国本中,阿神宗意旨,起草三王并封诏书,廷臣多反对。后又屡请速立朱常洛为太子。二十二年称病引退。卒赠太保,谥文肃。著作有《王文肃奏草》、《王文肃集》。

王锡朋(1786—1841) 清顺天宁河(今属天津)人,字樵慵。嘉庆武举人出身。道光十二年(1832)擢宝庆协副将。次年擢汀州镇总兵。十八年授寿春镇总兵。二十年偕提督陈化成防守吴淞。次年奉调援宁波,旋偕葛云飞等守定海。二十一年八月英军再犯定海,与葛云飞、郑国鸿二总兵协力抗英,血战六昼夜,壮烈牺牲。

王熙(1628—1703) 清顺天宛平(今北京)人,字子雍,一字胥庭,号慕斋。顺治进士。官翰林院掌院学士。曾受召为世祖草拟汉文遗诏。康熙五年(1666)任左都御史,因吴三桂势盛,疏请裁减绿营及云贵兵饷。十二年调兵部尚书,三桂叛,建言斩其子吴应熊。寻奉命专管密本,与闻军机。二十一年拜保和殿大学士。四十年致仕。

王羲之(321—379 或 303—361) 东晋琅邪临沂(今山东临沂北)人,字逸少。王导从子。太尉郗鉴使人求婿,以“东床坦腹”获选。起家秘书郎,官至右军将军、会稽内史,世称“王右军”。素与王述不和,耻官于述下,以病辞。定居会稽,好服食养性,常与诸名士游宴。永和九年(353),与谢安等会于山阴兰亭,作《兰亭序》。善书。少从卫夫人学,后博采众长,备精诸体,尤工隶、正、行。字势妍美,一改汉魏质朴书风,为后代学书者所崇尚,尊为“书圣”。性好鹅,曾写经换道士鹅。书迹刻本甚多,散见于宋以后所刻丛帖。有《王羲之集》。

王仙芝(?—878) 唐濮州(治今山东鄄城北)人。私盐贩出身。乾符二年(875),率众于濮州濮阳(今河南濮阳西南)起义,一说于长垣(今属河南)起义。发布檄文,指斥唐廷吏贪赋重,赏罚不公,自称天补平均大将军兼海内诸豪都统。旋攻克濮州、曹州等地,黄巢聚众响应,众至数万。三年,转攻河南诸州,破阳翟(今河南禹州)、郏城(今河南郏县),克汝州(今属河南),执刺史王镣,东都大震。领军南进湖北,先后破复、郢、随、安、黄等州。蕲州刺史裴偓降,为其向朝廷求官,唐授以左神策军押牙兼监察御史,因黄巢等反对,不敢受命,旋与巢分军作战。四年,克鄂州(今属湖北),西攻复、郢二州,东迫蕲、黄等地。唐监军杨复光再度诱降,他使部将尚君长洽降,因君长为唐将宋威所杀而未成。乃帅军南攻江陵(今湖北荆州),战不利。次年,于黄梅(今湖北黄梅西北)为唐将曾元裕所败,战死。

王先谦(1842—1917) 清末湖南长沙人,字益吾,人称葵园先生。同治进士。历任翰林院编修、国子监祭酒,参与国史馆编纂工作。后任云南、江西、浙江等地乡试考官,江苏学政及湖南岳麓、城南书院院长。戊戌维新时期反对变法,攻击梁启超、谭嗣同等主讲的时务学堂,阻挠湖南巡抚陈宝箴实施政治改革。光绪三十三年(1907),所著《尚书孔传参正》经湖南巡抚岑春蓂进呈,赐内阁学士衔,任湖南学务公所议长、咨议局筹办处会办。辛亥革命后,改名遯,迁居乡间,闭门著书。著述甚富,编有《十一朝东华录》、《皇清经解续编》,著有《荀子集解》、《汉书补注》、《日本源流考》、《合校水经注》、《庄子集解》、《后汉书集解》、《虚受堂诗文集》、《新旧唐书合注》等。

王显(? —515) 北魏阳平乐平(今山东聊城西)人,字世荣。少历本州从事,以医术自通,乃补侍御师。宣武帝以为御史中尉,多所弹劾,百僚肃然。诏撰药方凡三十五卷,颁布天下。封卫国县伯。然恃势使威,为众所疾。及孝明帝立,领军中军于忠以"侍疗无效"为由执之,遂为忠左右所杀。

王险城 在今朝鲜平壤市。公元前二世纪为古朝鲜的都城。

王宪(约1465—约1537) 明山东东平人,字维纲,号荆山。弘治进士。正德十六年(1521)官至兵部尚书。世宗即位,被劾罢官。嘉靖四年(1525)任陕西三边总制。十年以军功复任兵部尚书,立京营分伍操练法等。十四年致仕。

王宪章(1885—1914) 清末贵州遵义人。贵阳警察学堂肄业。光绪三十四年(1908)入湖北新军三十标为兵。次年与蔡济民等共组将校研究团,被推为团长。宣统三年(1911)将校团并入文学社后,任副社长。武昌首义后,举兵光复汉阳、汉口,任总指挥兼标统,后充湖北军政府参议。次年春改任第二师师长。"二次革命"中任讨贼军师长,败走日本,加入中华革命党。1914年回国谋大举,被冯国璋捕杀于南京。

王献之(343—387) 东晋琅邪临沂(今山东临沂北)人,字子敬。少有盛名,起家州主簿、秘书郎转丞。累迁至中书令。初娶郗氏,后以选尚新安公主。卒于官。女为安帝皇后。与父羲之同工书法,后世合称"二王"。尤擅草书,善丹青。七八岁习父及张芝书法,兼精诸体。变古拙书风,别创一格,有破体之称。著作有《王大令集》。

王襄 宋邓州南阳(今属河南)人,初名宁,改名宓。第进士。崇宁二年(1103)擢库部员外郎,察访陕西。还,权知开封府。历知郓州、永兴军、潭州。大观三年(1109),出使高丽,还对称旨,诏赐名襄。历工部、吏部尚书。政和元年(1111)同知枢密院事,坐荐引近侍罢职。宣和六年(1124)为河南尹,任西道都总管,入援京师,故意迟留。高宗即位,责永州(今属湖南)安置。

王详(? —397) 十六国时人。后凉吕光时历中书令、尚书左仆射。龙飞二年(397),太常郭黁以光老病,太子谙弱,吕纂凶武,欲谋反。乃许为内应,事发,被杀。

王祥(184—268) 魏晋之际琅邪临沂(今山东临沂北)人,字休征。王览异母兄。早丧亲,继母不慈,仍侍之恭谨。父母有疾,衣不解带,汤药必先尝。母常欲生鱼,时天寒冰冻,乃解衣欲"剖冰求之",被封建社会视为至孝的标本之一。汉末遭乱,扶母携弟避居庐江(治今安徽舒城)二十余年。后应召为别驾。高贵乡公时,与定策功,封关内侯,拜光禄勋,转司隶校尉。从讨毌丘俭,迁太常,封万岁亭侯,遂为三老,位同国师。晋武帝时,拜太保,进爵为公。曾著遗令训子孙,认为"生之有死,自然之理",主张"薄葬","不须送丧",提倡以"言行可覆"、"推美引过"、"扬名显亲"等为"立身之本"。

王相府 官署名。明洪武三年(1370)置,与王傅府、参军府同为王府官属。置左、右相各一人,均正二品。其武相皆以勋旧大臣充任,位文相上。下设奉祠所、典宝所、典膳所、典仪所、典服所、良医所、工正所等。十三年罢。

王象晋 明山东新城(今桓台)人,字荩臣。万历进士。官至浙江右布政使。博极群书,爱好生物,尤喜植物学、农学,著《群芳谱》,述谷蔬、茶竹、桑麻、药木、花卉、鹤鱼之大略,条分缕析,精赅详细。又著《秦张诗余》、《翦桐载笔》、《清寤斋欣赏编》等。

王象乾(1546—1629) 明山东新城(今桓台)人,字子廓,号霁宇。隆庆进士。万历二十二年(1594)擢右佥都御史,巡抚宣府(治今河北宣化)。四十年晋兵部尚书。次年兼署吏部。四十二年避党争乞归。天启元年(1621)任总督蓟辽,力主抚赏朵颜诸部。崇祯元年(1628)总督山西、宣大军务。以抚定虎墩兔、款和插汉功,累加太子太师。后请病归,卒于家。

王象之 南宋婺州金华(今属浙江)人,字仪父。庆元进士。曾官长宁军文学、分宁知县。精史地之学,约于宝庆三年(1227)成*《舆地纪胜》二百卷,为宋代地理学名著。又有《舆地图》十六卷,编绘颇周密。

王小波(? —994) 亦作王小皤、王小博。北宋永康军青城(今四川都江堰市)人。淳化四年(993)春,率旁户百余人起义,提出"吾疾贫富不均,今为汝均之"的口号,受到群众拥护。率部攻打青城、彭山诸县,转战邛、蜀二州,众至万余人。十二月,在江原县与官军激战,被敌将张玘射伤,仍奋勇杀死张玘,他亦伤重牺牲。所部由李顺等领导继续斗争,至道二年(996)失败。

王小航 即"王照"。

王孝迪 宋寿州下蔡(今安徽凤台)人。宣和七年(1125)知庐州,历官礼部、吏部尚书,翰林学士。靖康元年(1126)正月除中书侍郎,领收簇金国犒军金银所,出榜文,籍士庶所有之物,声称不如此"则男子杀尽,妇人虏尽,宫室焚尽,金银取尽"。时人谓之"四尽中书"。二月即罢。建炎三年(1129)三月复拜中书侍郎,与卢益同为奉使金国信使。四月复罢,提举西京嵩山崇福宫。

王孝籍 隋平原(治今山东陵县)人。少好学,博览群书,遍习五经,颇有文翰。开皇中,召入秘书,协助王劭修国史,在省多年,不免输税。后归乡里,以教书为业,卒于家。曾注《书》、《诗》,已佚。

王孝杰(?—697) 唐京兆新丰(今陕西临潼东北)人。仪凤三年(678),以副总管从刘审礼攻吐蕃,被俘,留居数年,颇知虚实。后得释归。长寿元年(692),为武威军总管,与阿史那忠节攻吐蕃,复碎叶等安西四镇,安西都护府复由西州(今新疆吐鲁番)迁龟兹(今新疆库车)。以功拜左卫大将军。历任夏官尚书,同凤阁鸾台三品,瀚海道行军总管、朔方道总管。后任清边道总管讨契丹,身先士卒,因无后继,兵溃坠谷死。

王孝廉(?—815) 唐时渤海(今山东滨州)人。官太守。元和九年(814,日本弘仁五年),与副使高景秀出使,入日京献国书。能诗,与日僧空海及诸臣唱和。次年归途遇风感疾卒。

王孝祺(?—1899) 清安徽合肥人,原名得胜,号福臣。早年在家乡办团练,旋投效淮军。同治元年(1862)赴上海镇压太平军,累迁至总兵。八年参与攻灭捻军张宗禹部,以提督记名。光绪六年(1880)起历署广东潮州、碣石镇总兵。九年任广西右江镇总兵。中法战争时,奉两广总督张之洞命,率军赴镇南关抗法,与诸将举冯子材为帅,协同作战。所部为右路,守西岭,大败法军,乘胜收复谅山、文渊等地。战后调署广东高州镇总兵。十二年授北海镇总兵。次年署广东水师提督。二十一年病归。

王孝通 唐人。高祖时,为算历博士。后升任太史丞。武德六年(623),与吏部郎中祖孝孙,奉诏考订傅仁均戊寅元历得失。九年,又与大理卿崔善为校勘戊寅元历,驳正术错三十余处。著有《缉古算经》。

王心斋 即"王艮"。

王心斋集 即"王心斋先生遗集"。

王心斋先生遗集 书名。简称《王心斋集》。明王艮(号心斋)撰。五卷。包括《明哲保身论》、《勉仁方》、《王道论》、《均分草荡议》、《答问补遗》、《乐学歌》等。艮重口传心授,不喜著述,现存语录诗文,由其子孙门人纂集。旨在明辨与王阳明学术之异同,阐述"百姓日用即道"的思想。明代有六种刻本,清嘉庆间其后裔搜访遗版,与王襞、王栋著作汇印成《淮南王氏三贤全书》。清末民初袁承业重加校订,编成《明儒王心斋先生遗集》,并附《王心斋先生弟子师承表》一卷。

王䜣(?—前76) 西汉济南(治今山东章丘西)人。以郡县吏积功为被阳令。武帝末,因绣衣御史暴胜之推荐,征为右辅都尉。昭帝时,官至御史大夫。元凤四年(前77)为丞相,封宜春侯。

王昕(?—559) 北齐北海剧县(今山东寿光南)人,字元景。前秦丞相王猛六世孙。初为北魏汝南王元悦骑兵参军,迁东莱太守。太昌初还洛阳,充常侍,加金紫光禄大夫。东魏元象元年(538),与通直散骑常侍魏收使梁。北齐时拜七兵尚书,以参议礼,封宜君县男。因疏诞削官徙幽州为百姓。未几征还,复奉敕送永嘉王萧庄入梁为君,除银青光禄大夫。后以称疾不赴朝宴,被杀。有文集二十卷。

王廞 东晋琅邪临沂(今山东临沂北)人,字伯舆。王导孙。历任太子中庶子,司徒左长史。母丧,居吴(今江苏苏州)。隆安元年(397),王恭起兵讨王国宝,合众应恭。后国宝被杀,恭罢兵,令其去职解兵,怒不从命,回兵讨恭。众溃,单骑出走,义熙年间卒。

王新命(?—1708) 清四川三台人,字纯嘏。顺治四年(1647)归清,隶汉军镶蓝旗。由翰林院笔帖式官刑部郎中。康熙十七年(1678)迁江西布政使。时江西民散地芜,遂募民垦田八万余顷。十九年擢湖广巡抚。二十三年晋两江总督,后调闽浙总督。二十七年官江南河道总督。三十一年因勒取库银革职。后复出督理永定河工,又以浮冒亏空罪拟斩监候,遇赦。后病卒于家。

王信 ❶(?—前132)西汉槐里(今陕西兴平东南)人。景帝王皇后兄。中元五年(前145)封盖侯。武帝时曾任太常。❷(988—1048)北宋太原(今属山西)人,字公亮。少勇悍,大中祥符中从军潞州,以功补龙、神卫指挥使,迁龙卫都虞候兼鄜延路巡检。康定初,宋夏三川口之战,宋军战败,独他所部有斩获。擢知镇戎军,徙保安军兼鄜延路兵马都监。始至之夕,夏军数万围城,他率精兵二千出战,击走之。定川砦之战,拒夏军有功。庆历末,为贝州城下都总管,率军镇压王则起义。召为步军副都指挥使,未至而卒。❸(1137—1194)南宋处州丽水(今属浙江)人,字诚之。绍兴进士。历官权考功郎官,升左司员外郎。论收抚逃卒、遴选官吏、练兵及屯田利害等,都被孝宗采纳。尝假礼部尚书使金,归言金人必衰,提出防备计划。遇事刚果,论奏不避权贵,为人所嫉。后知绍兴府,奏请减免欠官钱、绢、绵、米;又创启斗门,导积涝入海,化獏狳湖四周土地为良田,被名为"王公湖"。徙知鄂州、池州。以通议大夫致仕。著有《是斋集》,今佚。

王兴宗 元末明初人。奴隶出身。朱元璋下婺州(今浙江金华),以其勤廉能断,命为金华知县。任职三年,有治行。历南昌判官、嵩州知州、苏州知府。官至河南布政使,卒于官。

王行 官名。西周置。掌率王族所组成的军队。

王行满 唐人。高宗时,官门下录事。善书法,后人评价不在褚遂良之下。遗迹有《韩仲良碑》、《昭提寺圣教序》、《周护碑》等。

王行瑜(?—895) 唐邠州(治今陕西彬县)人。初为邠宁节度使朱玫偏将。光启二年(886),以朱玫立襄王李煴为帝,受到李克用等反对,乃杀朱玫,归朝廷,得任为静难军(邠州)节度使。景福元年(895),与李茂贞、韩建要求朝廷以王珙为河中节度使,被拒,引兵入京师。旋闻李克用南下,退还本镇。河东兵逼邠州,他弃城逃走,被部下所杀。

王修 ❶三国时北海营陵(今山东昌乐东南)人,字叔治。年二十,游学南阳(今属河南)。东汉初平中，孔融以为主簿，融每有难，常赖以免。附袁绍，为袁谭别驾。绍部官吏多仗势贪财，家财以万数，而独自守清廉。后归曹操，为司空掾，行司金中郎将，管理冶铸。旋升任魏郡太守，抑强扶弱，赏罚严明，为时人称道。后任大司农郎中令、奉常等职。病卒于官。❷(1133—1207)修一作脩。金涿州(今属河北)人，字脩然。皇统进士。章宗即位，累迁礼部尚书兼大理卿。明昌元年(1190)，为贺宋主生辰使。二年，改知大兴府事。坐故放犯人罪，解职。三年，出任定海军节度使。致仕。

王修植 清浙江定海(今舟山)人。光绪进士，授翰林院编修。后充天津北洋大学堂总办。悉知天文历算声光化电之学。光绪二十三年(1897)与严复、夏曾佑等在天津创办《国闻报》，主张通上下中外之情，维新救亡。

王须拔(？—约617) 隋上谷(治今河北易县)人。大业十一年(615)，起兵反隋，拥众十余万，自称漫天王，国号燕，北连突厥，南攻云燕之地。后攻幽州，中流矢身亡，所部归魏刀儿统领。一说被窦建德所败，亡归突厥。

王顼龄(1642—1725) 清江苏华亭(今上海松江)人，字颛士，号瑁湖。王鸿绪兄。康熙进士。康熙十八年(1679)与博学鸿词试，授编修，与修《明史》。历侍读、四川学政、侍讲学士。二十八年左都御史郭琇疏劾高士奇、王鸿绪，辞连顼龄，圣祖特原之。四十二年官礼部右侍郎。五十二年晋工部尚书。五十七年授武英殿大学士。著有《世恩堂集》。

王旭 唐太原祁县(今属山西)人。王珪曾孙。武周时，为兖州兵曹。神龙元年(705)，张柬之等诛张易之、昌宗兄弟，他自行处决张昌宗兄昌仪，持首级赴东都，迁并州录事参军。唐隆元年(710)，李隆基(玄宗)诛韦后，他又斩韦后党羽周仁轨，持其首赴西京邀功。开元二年(714)，累迁左台侍御史。审理光禄少卿卢崇道私逃案，制造冤狱数十人，朝野畏鄙之。五年，迁左司郎中，常兼侍御史。刑具酷烈，囚犯被逼逆服。曾审讯剑南令赃罪，杀县令而淫其妻，并贪赃数百万。与监察御史李嵩、李全交皆严酷，京师人称“三豹”。时人语曰：“若违教，值三豹。”寻以赃贬龙平尉，愤恚而死，人皆称快。

王玄 晋琅邪临沂(今山东临沂北)人，字眉子。王衍子。有俊才，与卫玠齐名。东海王越辟为掾，行陈留太守，大行威罚，人情不附，将赴祖逖，为坞人所杀。

王玄策 唐洛阳(今属河南)人。太宗时，为黄水令。贞观十七年(643)，中天竺摩揭陀国王尸罗逸多(戒日王)使者回国，以副使随卫尉丞李义表伴送。历西域百余国，十九年正月至王舍城。次年回国。二十一年又为正使，至中天竺。时尸罗逸多死，阿罗那顺立，发兵阻其入境。乃奔吐蕃，得兵一千二百，并泥婆罗国(今尼泊尔)七千骑，破其都城，俘阿罗那顺归长安。擢朝散大夫。显庆二年(657，一说三年)，第三次出使中天竺，仍取道泥婆罗，西至罽宾(今阿富汗卡菲里斯坦)，五年归。著《中天竺国行记》，已佚，《法苑珠林》等书中有零星遗文。

王玄览(626—697) 唐广汉绵竹(今属四川)人，字晖，法名玄览。曾往茅山求道，半途而返，谓得道在心，因专以心证为务。武则天神功元年(697)，奉召入京，行至洛阳卒。号“洪元先生”。其思想渊源于道家而兼有佛家的印记。因袭《老子》“道可道非常道”的命题，分道为“可道”与“常道”。认为“常道”生天地，“可道”生万物。万物有生有死，生死均属虚妄；天地则可不老，故“可道”无常，而“常道”才是先于万物而存在的精神实体。宣传修道而修“可道”是“滥道”，主张“一切众生欲求道，当灭知见，知见灭尽，乃得道矣”(《玄珠录》卷上)。门人辑其谈论经教的语录为《玄珠录》，收入《道藏》。

王玄谟(387或388—468) 南朝宋太原祁县(今山西祁县)人，字彦德。晋末，领徐州刺史刘裕辟为从事史。元嘉中，为长沙王刘义欣镇军参军，领汝阴太守。屡陈北伐之策。元嘉二十七年(450)大举攻魏，以宁朔将军将前锋入河，围攻滑台(今河南滑县东)，数旬不下，终为魏太武帝军所败。三十年，太子刘劭杀父自立，武陵王骏(孝武帝)起兵讨劭，他以冀州刺史遣兵助骏。及南郡王刘义宣受江州刺史臧质支持，起兵与骏争位，他与柳元景率军破之于梁山。后为雍州刺史，迁徐州，尝散私谷十万斛、牛千头以赈饥馑。明帝初，晋安王在寻阳(今江西九江)即位，各地响应，被任为大统，领水军南讨。卒官左光禄大夫、车骑将军、护军将军。

王学 经学流派之一。三国魏王肃所传之学。代表人物还有西晋孔晁、孙毓等。为学兼采经今古文，遍注群经，综合各家经义。但反对郑学。或以今文说驳郑的古文说，或以古文说驳郑的今文说，且假托孔子之言以为反郑之理论根据。并借其外戚之权位，将其所注《尚书》、《论语》、《三礼》、《左氏解》和其父朗的《易传》列于学官，遂使王学流行于晋初。《旧唐书·元行冲传》：“子雍(王肃)规玄数十百件，守郑学者，时有中郎马昭，上书以为肃谬。诏王学之辈，占答以闻。”主要典籍有《孔子家语》、《孔丛子》、《圣证论》等。

王恂 ❶(？—278)西晋东海郯县(今山东郯城北)人，字良夫。王肃子。司马昭妻弟。初为魏给事黄门侍郎。累迁河南尹。建立二学，崇明五经。甥司马炎即帝位，诏禁募田客，遂明峻其防，所部莫敢犯。年四十余卒。❷(1235—1281)元中山唐县(今属河北)人，字敬甫。少从刘秉忠学，精于算术。宪宗三年(1253)，因刘秉忠荐，辅导忽必烈子真金。世祖中统二年(1261)，擢太子赞善。至元十三年(1276)，受命与郭守敬、杨恭懿等创制新历。又与郭守敬共创招差术，为独特的球面三角学。十五年，任太史令。十七年，所制新历完成，号《授时历》，颁行天下。次年病死。

王珣(349—400) 东晋琅邪临沂(今山东临沂北)人，字元琳，小字法护。王导孙。初为桓温掾，转主簿，为温所敬重。温经略中原，军中机务悉见委。从温讨袁真，封东亭侯。转给事黄门郎。为谢氏婿，因猜嫌致隙，谢安与之绝婚。安卒，迁侍中，转尚书仆射，领吏部。孝武帝好典籍，与殷仲堪等并以才学文章见昵于帝。隆安二年(398)，进卫将军。王恭举兵，司马道子命守建康北郊以拒。事平，加散骑常侍。四年，以疾解职。

王逊(？—323)　晋魏兴(今湖北郧西西)人，字邵伯。初任本郡太守。太安元年(302)以来，南中(今云南、四川及黔西诸地)大姓，以及"五苓夷"(今彝族)首领纷纷起兵抗晋。永嘉四年(310)，晋怀帝以其为南夷校尉、宁州刺史，统领府(南夷府)、州(宁州)事。他至任，任用贤才，招集离散，诛豪门大姓不法者数十家，又"征伐诸夷"，分置郡县以治之。数年之间，州境始安。官至安南将军，加散骑常侍，封褒中县公。但因严猛太过，边境太守多附成汉李雄。太宁元年(323)，李雄攻宁州，他使姚岳、爨深拒战，李雄败走。因姚岳不乘胜穷追，愤恚而死。

王涯(？—835)　唐太原(今山西太原西南)人，字广津。贞元进士，登博学宏辞科。召为翰林学士，知制诰，迁起居舍人。博学善属文。元和十一年(816)，加中书侍郎、同平章事，以循默不称职守罢相。穆宗即位，为梓州刺史、剑南东川节度使。曾调兵抵御吐蕃攻雅州，又上疏请结回鹘以御吐蕃。长庆三年(823)迁户部尚书、盐铁转运使。宝历二年(826)，领山南西道节度使。文宗时，入为太常卿，编《云韶乐》。大和四年(830)，守吏部尚书，复领盐铁转运使。收李师道所据河南十二州盐铁，岁赋百万归中央。七年，以本官同平章事，合度支、盐铁为一使兼领之，又兼江南榷茶使。变茶法，徙民茶树于官场，焚其旧积者，天下大怨。贪权保位，取悦权臣李训等，积家财巨万。酷爱书画，藏书数万卷。甘露之变时，不预李训之谋，但仍为宦官仇士良擒杀，年七十余。以榷茶苛急，临刑民怨恨诟骂，投瓦砾击之。著有《唐循资格》五卷、《太玄经注》六卷及文集十卷等，皆佚。《四部丛刊》存有《说玄》一卷。

王雅(334—400)　东晋东海郯县(今山东郯城北)人，字茂达。少知名，历永兴令、丹阳尹，以干练著称。孝武帝深加礼遇，虽在外职，多参廷议。人以佞幸目之。太元中为太子太傅。曾谏孝武帝勿擢用王恭、殷仲堪，帝不纳其言，升用殷、王，其后均叛。迁领军、尚书、散骑常侍。将参副相而孝武帝卒，不获顾命。

王延(？—318)　晋西河(治今山西离石)人，字延元。幼以孝闻。西晋末，避乱随刘渊迁于平阳。年六十，始仕于刘聪，稍迁尚书左丞，至金紫光禄大夫，多有讽谏。靳准谋乱，以其耆德时望，拜为左光禄大夫，大骂不受，遂被杀。

王延德　❶(937—1000)北宋开封东明(今河南兰考北)人。为赵光义亲校，主庖膳。太平兴国初，为御厨使，从征太原，加尚食使。俄领刺史，兼掌武德司、御辇院、左藏库。八年(983)兼充亲王诸宫使。咸平初，出知华州，官至正任防御使。好撰集近事，修太祖、太宗实录时，史官曾受诏访以国初之事。著有《司膳录》、《皇城纪事录》、《南郊录》、《版筑记》、《永熙皇堂录》、《山陵提辖诸司记》、《下车奏报录》、《太宗南宫事迹》等，今多不存。❷(939—1006)北宋大名(今属河北)人。少给事晋王邸。太平兴国初，补殿前承旨，迁供奉官。六年出使高昌，雍熙二年(985)还，撰《西州程记》，掌御厨。后出知庆州。淳化三年(992)，监折博仓。五年，提点三司衙司、磨勘凭由司，迁枢密都承旨、度支使。咸平初，出知郓州、青州。坐事降左武卫将军，因病致仕。

王延德历(歷)叙高昌行程所见　即"高昌行记"。

王延德使高昌记　即"高昌行记"。

王延翰　即"闽嗣王"。

王延钧　即"闽惠宗"。

王延世　西汉犍为资中(今四川资阳)人，字长叔。成帝时任校尉。建始四年(前29)，河决东郡金堤。次年，受命以河堤使者治河。用竹落长四丈，大九围，盛以小石，两船夹载而下之，三十六日河堤成，遂迁光禄大夫，秩中二千石，赐爵关内侯。河平三年(前26)，河复决平原，又奉诏与丞相史杨焉等治之，六月乃成。

王延寿　东汉南郡宜城(今属湖北)人，字文考，一字子山。王逸子。少游山东曲阜，后渡湘水溺死，年仅二十余岁。作有《鲁灵光殿赋》，为蔡邕所称，叙述汉代建筑及壁画等，可考见当时社会生活的一个侧面。原有集，已失传。

王延羲　即"闽景宗"。

王延政　即"闽天德帝"。

王延之(421—484)　南朝齐琅邪临沂(今山东临沂北)人，字希季。宋时举秀才，仕司徒左长史，为官清贫自守，俸禄之外，一无所纳。居宇穿漏，明帝曾敕材官为起斋屋三间。后为吴郡太守，历吏部尚书、尚书左仆射。是时萧道成辅政，人怀彼此，独与尚书令王僧虔持"中立"，时人语云："二王持平，不送不迎。"道成以此善之。升明三年(479)出为江州刺史。入齐，官至特进。

王岩(巖)叟(1044—1094)　北宋大名清平(今山东高唐西南)人，字彦霖。嘉祐六年(1061)举明经科第一，调栾城主簿。熙宁中，韩琦留守北京，辟管勾国子监，又辟管勾安抚司机宜文字，监晋州折博、炼盐务，后知安喜县。哲宗即位，以刘挚荐为监察御史，即上书谓"不可以小利失民心"，请复差役旧法；复劾罢新党蔡确、章惇。元祐元年(1086)迁左司谏兼权给事中，历侍御史、起居舍人、中书舍人、权知开封府等，六年，除签书枢密院事。与刘挚等同为*朔党领袖，挚罢相，被劾为挚党。七年，罢知郑州，徙河阳卒。

王炎　❶(1115—1178)南宋相州安阳(今属河南)人，字公明。以荫入仕。高宗时，历蕲水令、司农寺丞。乾道二年(1166)，为两浙路计度转运副使，历知临安、荆南府，训练义勇民兵以加强战备。四年，赐同进士出身，签书枢密院事。次年，为参知政事兼同知国用事、同知枢密院事，旋以执政为四川宣抚使，用陆游为幕僚，经营川蜀。八年，召回，任枢密使,旋罢为观文殿大学士、提举洞霄宫。淳熙二年(1175)落职,袁州居住。❷(1137或1138—1218)南宋徽州婺源(今属江西)人,字晦叔,一字晦仲,号双溪。乾道进士。历潭州教授、知湖州,官至军器少监。与朱熹交谊笃挚。其经学著作《读易笔记》、《尚书小传》等今多佚。能诗文,有《双溪集》传世。

王炎午(1252—1324) 南宋吉州安福(今属江西)人,初名应梅,字鼎翁,号梅边。咸淳间补太学生。元军陷临安(今浙江杭州),他倾家资助文天祥起兵抗元,留置幕府。旋以母病归里。天祥被俘,他作生祭文勉其必死,以全大节。后杜门不出,一意为诗文,更名炎午,以示不仕异代之意。著有《吾汶稿》。

王沿(?—1044) 北宋大名馆陶(今属河北)人,字圣源。第进士。历监察御史、开封府推官,数知州、军、府及都转运使。对时政多所建白,曾请罢河北监牧所占地为屯田,引漳河灌溉淤田,教河北强壮民兵以渐代禁兵。为泾源路经略、安抚、招讨使兼知渭州。西夏来攻,坐副都总管葛怀敏定川之败,移知虢州,徙成德军,又徙河中府,卒。著有《唐志》。

王颜 五代时人。任南唐滁州刺史。著有《南唐烈祖开基志》。

王衍 ❶(256—311)西晋琅邪临沂(今山东临沂北)人,字夷甫。王戎从弟。少知名。为元城令,终日清谈,推重何晏、王弼,唯谈老庄,每捉玉柄麈尾,与手同色。义理有所不安,随即改变,世号"口中雌黄"。贾后专权时,官中领军、尚书令。女为愍怀太子妃,太子为贾后所诬,惧祸,自表离婚,志在苟免。赵王司马伦废杀贾后,令禁锢终身。伦被杀,拜河南尹、尚书、中书令。齐王冏专权,去官。成都王颖以为中军师,累迁司徒。虽居宰辅,不念经国,专谋自保。永嘉五年(311)东海王越死,众推为元帅,与石勒战,被俘,劝勒称帝,以图苟活。勒杀之,临死曰:"向若不祖尚浮虚,戮力以匡天下,犹可不至今日!"❷即"前蜀后主"。

王琰 南朝梁人。曾任吴兴令。著有《宋春秋》。

王彦(1090—1139) 宋隆德上党(今山西长治)人,一说泽州高平(今属山西)人,徙怀州河内(今河南沁阳),字子才。曾从种师道御西夏。建炎元年(1127)隶张所部,任都统制,率七千兵渡河,收复新乡。未几,遭金兵围困,突围入共城(今河南辉县)西山,创"八字军",屡败金兵,众至十余万。后率部南下,至行在,力陈两河民众切盼恢复之意,为黄潜善、汪伯彦所忌。后为川陕宣抚制置使张浚部前军统制,金、均、房州安抚使,击退金及伪齐军,收复秦、金等州。绍兴五年(1135),知荆南府,屯田八百余顷。次年,率八字军万人赴临安,旋解兵柄,后出知邵州。

王彦超(914—986) 北宋大名临清(今河北临西)人,字德升。五代时历仕唐、晋、汉、周,有战功。周末为凤翔节度使,加检校太师、西面缘边副都部署。宋初加兼中书令,乾德二年(964)复镇凤翔。开宝二年(969)入朝,与诸镇节度使武行德、郭从义、白重赞、杨廷璋等侍曲宴,太祖授意解兵权。次日,与行德等俱罢镇,改右金吾卫上将军判街仗事。太平兴国六年(981)封邠国公,次年致仕。

王彦升(昪)(917—974) 五代时蜀人,后唐同光中徙居洛阳(今属河南),字光烈。残忍多力,善击剑,人称"王剑儿"。后唐时为东班承旨,后晋时以功迁护圣指挥使。仕后周,累擢散员都指挥使。*陈桥兵变,赵匡胤被将士拥立为帝,他以所部先入汴京,擅杀后周侍卫亲军马步军副都指挥使韩通。后历京城巡检,夜入宰相王溥家,意欲索贿,因出为唐州刺史。开宝二年(969)任原州防御使。

王彦威 ❶唐太原(今山西太原西南)人。中明经举,补太常寺检讨官。采辑隋至唐宪宗间典礼沿革,以类区分,成《元和新礼》三十卷。迁太常博士。文宗时累官弘文馆学士、谏议大夫兼史馆修撰,预修《穆宗实录》。又纂集唐初以来至德宗时世代功臣事迹,以编年体著为《唐典》。❷(1843—1904)清浙江黄岩(今台州)人,字弢夫,原名禹堂,字渠城。同治举人。尝从俞樾、孙衣言受经术及古文义法,入黄体芳幕。历官工部主事、员外郎、军机章京,方略馆、会典馆纂修。光绪二十六年(1900)慈禧太后、光绪帝西逃,召赴行在。三十年,补太常寺少卿。长于经史,曾将未刻之道光、咸丰、同治三朝《筹办夷务始末》录副收藏,复抄辑光绪朝中外交涉文件成光绪朝《筹办洋务始末记》。又辑有《西巡大事记》。还著有《清朝掌故》、《清朝大典》、《藜庵丛稿》、《史汉校勘记》等。

王彦章(863—923) 五代时郓州寿张(今山东梁山西北)人,字贤明,一作子明。骁勇有力。事朱温,每战,持铁枪冲坚陷阵,军中号王铁枪。后梁建立,先后为濮、澶州刺史,汝、郑州防御使,许、滑州节度使。常为先锋,与李存勖军对垒。龙德三年(923),晋王李存勖称帝建后唐,后梁失郓州,他临危受命为北面招讨使。时后唐已尽有河北,乃以铁锁断德胜口,筑河南、北为两城,号夹寨。并攻下德胜南城,率舟师攻杨刘,凡百余战,后唐以大军来援乃退。后屯兵兖、郓之境,为李嗣源所袭,退保中都,又败,被擒。庄宗欲全活之,对曰:"岂有朝事梁而暮事晋",遂被杀。

王晏 ❶(?—497)南朝齐琅邪临沂(今山东临沂北)人,字休默,一字士彦。仕宋为建安国左常侍,后随萧赜镇湓口城(在今江西九江)。及赜为齐武帝,迁侍中祭酒、右仆射,参议机密。明帝时,以废立功迁骠骑大将军。自谓佐命惟新,言论常非武帝故事,明帝疑其欲反,卒杀之。❷(890—966)五代时徐州滕县(今山东滕州)人。家世力田。后唐同光中,应募隶禁军。后晋末,驻守陕州(今河南三门峡西),与都校赵晖等率众袭杀契丹将刘愿,归附后汉,以功授建雄军节度使。后周广顺初,驻守晋州(今山西临汾),击败北汉兵围攻。授武宁军节度使,还治徐州,境内以安。显德三年(956),移凤翔节度使。六年,随世宗北攻辽,任益津关一路马军都部署,收复三关。宋初,为安远军节度使,卒于洛阳。

王晏球(871或873—932) 唐末五代洛阳(今属

河南)人,字莹之。朱温镇汴,招为帐下亲兵。以征战有功,累迁厅子都指挥使。同光元年(923)降后唐。赐姓李,名绍虔。明宗时,拜宋州节度使、齐州防御使,驻瓦桥关抵御契丹。天成三年(928)定州节度使王都叛乱,勾引契丹,他为北面招讨使,大败叛军。次年,收复定州,不戮一卒,获王都首级,擒契丹将秃馁。以功授天平军节度使,后移镇青州。

王阳 十六国时人。西晋永嘉元年(307),石勒起兵反晋,为随勒起事十八骑之一。勒向河北发展势力,任之为游击将军。勒称赵王,实行胡汉分治,使与支雄并领门臣祭酒,专主胡人辞讼。东晋祖逖卒后,受勒命屯于豫州以逼祖约。曾奉命教石勒次子弘击刺。赵王八年(326)弘镇邺(今河北临漳西南),遂被任为骁骑将军领门臣祭酒,专统六夷以辅之。

王阳明 即"王守仁"。

王杨卢骆 即初唐四杰。杜甫《戏为六绝句》:"王杨卢骆当时体。"

王尧臣(1003—1058) 北宋应天虞城(今属河南)人,字伯庸。天圣五年(1027)进士第一。授将作监丞、湖州通判,累擢权知制诰、翰林学士。宋夏战事起,历任陕西体量安抚使、泾原路安抚使,于边防部署、将帅任用等事多所建白。还为权三司使,谏止增收民房钱及夔州盐井岁课。迁翰林学士承旨兼端明殿学士,为群牧使。皇祐三年(1051),充枢密副使,裁抑侥幸,得仁宗信任。至和三年(1056),拜参知政事。编有《崇文总目》。

王尧封 明保定定兴(今属河北)人,字伯圻,号南皋。弘治进士,授襄阳府推官。嘉靖二十一年(1542)官至南京兵部尚书。次年遭劾致仕。

王药城 在今河南巩义市东北滨河。《资治通鉴》:陈太建七年(575),周齐王宪入齐境,"所向克捷,降拔三十余城,皆弃而不守,唯以王药城要害,令仪同三司韩正守之",即此。

王一庵集 书名。明王栋撰。文集二卷,卷首有《年谱纪略》。由其裔孙汇集编定。栋字隆吉,号一庵,嘉靖三十七年(1558)以岁贡授江西南城县训导,曾受聘主持白鹿洞书院。历官南平教谕、深州学正。致仕后曾主持海陵安定书院。书中多发挥王艮思想。清嘉庆间,收入《淮南王氏三贤全书》。清末民初,经袁承业重校,附入《明儒王心斋先生遗集》。

王一鹗(?—1591) 明广平曲周(今属河北)人,字子荐,号春陵。嘉靖进士。万历中以兵部侍郎总督蓟辽、保定军务。万历十五年(1587)任兵部尚书。十九年致仕。著有《春陵集》、《总督四镇奏议》。

王一亭(1867—1938) 浙江吴兴(今湖州)人,名震,号白龙山人。早年在上海慎余钱庄学徒,并在广方言馆学外文。后在经营南北洋航线海运业的天余号任经理。清光绪三十三年(1907)任日清轮船公司买办。上海预备立宪公会成立,被推为董事。在此前后曾从事多方面投资活动,任上海信成银行董事长、上海内地电灯厂、沈阳地产公司等企业董事。宣统元年(1909)当选沪南商务总会总理,并任城厢内外总工程局和自治公所的议董。次年参加同盟会。曾参与上海光复之役。沪军都督府成立后,一度任交通部长(后改商务部长)。后历任上海总商会协理,上海面粉交易所理事长,华商电气公司、中华银行、大达轮船公司董事等职。晚年信佛,致力慈善事业。善画,有《白龙山人画集》。另有《王一亭选集》、《孔子哲学》等。

王祎(1322—1374) 明浙江义乌人,字子充。少时从学于黄溍、柳贯,遂以文章名世。元至正十八年(1358),朱元璋用为中书省掾史,称其才思之雄胜于宋濂。置礼贤馆,使居之。累迁侍礼郎,掌起居注,同知南康府事。二十七年忤旨,谪为漳州通判。明洪武二年(1369)召修《元史》,与宋濂同充总裁官。书成,擢翰林待制,同知制诰兼国史院编修官。五年,赴云南召谕元梁王,被杀。赠翰林学士,谥文节,改忠文。著有《造邦勋贤录》及《王忠文公集》等。

王仪 明文安(今属河北)人,字克敬,号肃庵。嘉靖进士。历灵璧、嘉定知县,以御史巡抚陕西,夺秦王府霸占民产还百姓。巡按河南,劾赵王府辅国将军裕椋,使夺爵禁锢。调任苏州知府,革除赋役积弊,履亩定税。进为浙江副使饬苏松常镇兵备,佐巡抚欧阳铎均田赋。官至宣府巡抚、甘肃右参政。俺答犯京师,诏镇守通州,因捕答仇鸾部下,被斥为民。著有《吴中田赋录》。

王沂孙(约1230—约1291) 南宋绍兴会稽(今浙江绍兴)人,字圣与,号碧山,又号中仙。宋亡,出为庆元路学正,未几归隐。与周密、张炎、唐珏等遗民往来密切,结成词社。所作词,多借咏物以抒兴亡及身世之感,词旨隐晦。著有《花外集》(一名《碧山乐府》)。

王贻永(?—1056) 北宋并州祁县(今属山西)人,字季长,初名光明。咸平六年(1003)娶太宗女郑国公主,授右卫将军、驸马都尉。为徐州团练使时,河决,大水,他作堤城南,进怀州防御使,知澶、定等州。后徙保宁军节度使、知郓州,州多水患,令筑东西道三十余里。庆历五年(1045)进枢密使,后加同中书门下平章事。至和元年(1054),以疾罢枢密使。

王以旂(1486—1553) 明应天江宁(今江苏南京)人,字士招,号石冈。正德进士。历任御史、兵部右侍郎。嘉靖二十五年(1546)官至工部尚书,次年改兵部,力主收复河套之议,后遭世宗严斥,遂一反前说。出任陕西三边总督,修延绥城堡,筑兰州边垣,有战功。卒谥襄敏。著作有《漕河奏议》、《王襄敏公集》。

王倚(1240—1292) 元宛平(今北京市)人,字辅臣。世祖子真金侍从。任工部尚书,行太子位下随路民匠都总管。至元二十一年(1284),为太子家丞,兼掌储用司,主管货币出纳。二十八年,进礼部尚书,随皇孙答剌麻八剌出镇怀孟。

王齮 即"王龁"。

王义(1181—1249) 金赵州宁晋(今属河北)人,字宜之。金末摄宁晋县事。降木华黎,为宁晋令,兼赵州(今河北赵县)以南招抚使。元太祖十年

(1215)，任赵州太守，赵、冀二州招抚使。十三年，克深州(今属河北)，为深州节度使，深、冀、赵三州招抚使。在束鹿大败金将武仙军。十五年，攻占冀州(今属河北)，为安武军节度使，行深、冀二州元帅府事。太宗六年(1234)，以病解职。

王义方(615—669)　唐泗州涟水(今属江苏)人。少孤贫，博通五经，事母甚孝。举明经，补晋王府参军，直弘文馆。魏征甚礼之，妻以侄女。后坐事贬为儋州(今属海南)吉安丞，边民悦顺。显庆元年(656)擢侍御史。宰相李义府逼死大理丞毕正义，无人敢言，他独劾奏义府之罪。高宗恶其以孤士触宰相，贬莱州司户参军。后家于昌乐(今河南南乐)，聚徒教授，不复仕进。撰有《笔海》、文集各十卷，皆佚。

王义山(1214—1287)　宋末元初丰城(今属江西)人，字元高，号稼村。宋景定进士，知新喻县，历永州司户，通判瑞安军府事，宋末罢官。入元，提举江西学事。后居东湖，名其读书之室为“稼村”。平生好学，著作甚多，有《稼村类稿》。

王义深(？—约1233)　金人。初隶宋涟水忠义军统辖季先。宋嘉定十三年(1220)，以季先被淮东制置使贾涉诱杀，与诸将迎石珪于盱眙，奉为统帅。被涉授为修武校尉、京东路钤辖，分统石珪军。理宗宝庆元年(1225)，随彭义斌拓地至河北，义斌战死，乃归李全。三年降金，受封为东平郡王。天兴元年(1232)，起为元帅。随哀宗出京师。次年，听完颜承裔节制，领兵从蒲城攻卫州。大败于白公庙。

王邑(？—23)　西汉末魏郡元城(今河北大名东)人。王商之子。哀帝时封成都侯。王莽居摄二年(7)，东郡太守翟义起兵反莽，受命破之，拜步兵将军。莽即帝位，迁大司空，封隆新公。更始元年(23)，因绿林军将领王凤、刘秀攻占昆阳(今河南叶县)，乃与司徒王寻征发郡兵四十二万进围之。大败，逃归洛阳。旋征还长安，拜大司马。绿林起义军攻入长安时被杀。

王绎　元杭州(今属浙江)人，字思善，号痴绝生。至正五年(1345)，年十二三岁已能作画。后成为著名人物肖像画家。著有《写像秘诀》(收入陶宗仪《辍耕录》)。传世作品有《杨竹西小像》。

王益之　南宋婺州金华(今属浙江)人，字行甫。王象之仲兄。淳熙进士。尝官大理司直，熟于两汉史事及制度。著有《汉官总录》，已佚，今存《永乐大典》辑本，《西汉年纪》三十卷及《职源撮要》。

王谊(540—585)　隋河南洛阳人，字宜君。少慷慨，有大志，娴熟弓马，博览群书。仕北周，累迁内史大夫，封杨国公。宣帝惮其刚正，出为襄州总管。大象二年(580)，杨坚辅政，司马消难起兵，受命为行军元帅讨平之。坚以女妻其子奉孝。拜大司徒。入隋，进封郢国公。其子奉孝死，因上表言公主年少，请除服，为杨素所劾，渐为文帝疏远，心甚怨望。后与元谐往来，发泄不满，被告发，赐死于家。

王逸　东汉南郡宜城(今属湖北)人，字叔师。安帝时为校书郎，顺帝时官侍中。所作《楚辞章句》，是《楚辞》最早的完整注本。作有赋诔书论等二十一篇，又作《汉诗》百二十三篇，今多亡佚。为哀悼屈原而作的《九思》，存于《楚辞章句》中。原有集，已散佚，明人辑有《王叔师集》。

王翊(1616—1651)　明末清初浙江慈溪人，字完勋，号笃庵。明庠生。弘光元年(顺治二年，1645)，清军入浙江，乃招兵举义抗清，鲁王授兵部职方主事。鲁监国二年(顺治四年，1647)，入四明山安营扎寨，称大岚洞主，率部攻克上虞，转战天台，众至万余人。旋设五营五司，且耕且屯，履亩而税，军纪严明，受封兵部右侍郎。后兵败走舟山。六年，赴天台招兵途中，为团练所捕，解至定海遇害。

王廙(？—322)　晋琅邪临沂(今山东临沂北)人，字世将。王导从弟。少能属文，工书画。初辟太傅掾、参军，封武陵县侯，出为濮阳太守。司马睿镇江左，弃郡相从，为司马，任庐江、鄱阳二郡太守。参预讨伐周馥、杜弢，除冠军将军，镇石头(今江苏南京西清凉山)，领丞相军咨祭酒。司马睿即帝位，上《中兴赋》。建兴三年(315)王敦左迁陶侃，使代为荆州刺史，为侃将吏所拒。敦令甘卓等率军助其强行入州，大肆屠杀陶侃旧将佐，颇失人望，百姓转迎杜弢。元帝乃征为散骑常侍，转左卫将军。敦举兵反，元帝遣其喻之，反受职任。寻病卒。

王毅　❶元东平汶上(今属山东)人，字栗夫。累官翰林学士承旨、太子詹事。仁宗即位，劾铁木迭儿营私蠹政。延祐三年(1316)，为中书左丞，升平章政事。六年，致仕。仁宗死，英宗即位，复为中书平章政事。铁木迭儿欲加杀害，赖英宗庇护得免，夺爵罢官。泰定帝即位，召还，历任太子宾客、大司农。文宗天历二年(1329)正月，复为中书平章政事，八月罢。❷(1303—1354)元龙泉(今属浙江)人，字刚叔。从许谦受理学，讲学乡里。元末，助元将石抹宜孙镇压农民起义。后遭县尹宝忽丁猜忌，被杀。有《木讷斋文集》。

王懿德(？—1861)　清河南祥符(今开封)人，字绍甫。道光进士。历任襄阳知府、山东盐运使、山东按察使。道光三十年(1850)升陕西布政使。咸丰元年(1850)擢福建巡抚，兼署闽浙总督。派兵镇压境内小刀会起义，攻陷厦门、金门等地；倡议推行纸币，解决清廷银钱日缺、财政困难。四年授闽浙总督。八年太平军从赣入闽，督兵顽抗。后病死。

王懿荣(1845—1900)　清山东福山(今烟台西南)人，字正孺，号廉生。光绪进士。光绪二十年(1894)迁侍读。次年入直南书房，署国子监祭酒。是年日军攻占威海，分陷荣成，奏请回籍办团练以御侮。《马关条约》签订后还都，特旨补祭酒。泛涉书史，世称其博学，尤酷爱金石文物，于二十五年与刘铁云一同辨认甲骨文，确认为商代文字。二十六年五月与侍郎李端遇同被任命为京师团练大臣。七月八国联军进攻北京东便门，率勇拒之，众勇溃不成军，遂投井死。著作有《汉石存目》、《福山金石志》、《六朝石存目》、《王文敏公遗集》等。

王音(？—前15)　西汉魏郡元城(今河北大名东)人。元帝皇后王政君从弟。成帝时，为侍中、太仆。亲附大将军王凤，卑恭如子。得悉京兆尹王章劾凤专权，乃具以告凤，以此得为御史大夫。阳朔三年(前22)凤病危，固荐以自代。凤死，遂为大司马车骑将军，领尚书事，封安阳侯。辅政八岁，卒于官。

王寅清(？—1882) 清河南上蔡人。拔贡。以知县分发安徽，初摄凤台，督团勇对抗捻军。旋移摄太和，赈灾荒，访下情。同治九年(1870)为皖抚英翰以循良荐，得旨嘉奖。后调宣城，捐牛种，建义仓，筑城池，立学校，行保甲。

王尹 官名。春秋时楚国置。一说主管楚王宫内纠察政令。大夫爵。

王引之(1766—1834) 清江苏高邮人，字伯申。嘉庆进士。授翰林院编修，累官学政，官至工部尚书。年二十一，始治小学。年二十五入都，从其父王念孙问学，于古韵二十一部之分合、《说文》谐声之义例、《尔雅》、《方言》及汉代经师诂训之本原，均有所得，遂传其父之学，世称高邮王氏父子。精于小学，并用以说经和校经，自谓"吾用小学校经，有所改，有所不改"：凡属写官、椠工之误而有书为证者，则改；反之，群书无佐证者则不改。凡唐、宋以来士人因不知声音、文字而妄改者，则改其所改；反之，周末汉初经师所改而自己又不能"择一以定"者，则不改(龚自珍《王文简公墓表铭》)。治学严谨。道光八年(1828)，擢侍讲，受命详考《康熙字典》讹字，校正二千余条，又辑考证十二册。次年，充《皇朝词林典故》纂修官，后充实录馆副总裁。道光年间，充国史馆副总裁、武英殿总裁。凡著一书，立一说，必广求参证；触类引申，务求精当。著有《经义述闻》、《经传释词》等。

王隐 东晋陈郡陈(今河南淮阳)人，字处叔。父铨，仕历阳令，有著述之志，私撰西晋史事及功臣行状，未成而卒。他继父业，熟悉西晋旧事，记载颇多。晋元帝太兴元年(318)与郭璞同为著作郎，撰晋史。后以平王敦乱有功，封平陵乡侯。同时著作郎虞预私撰《晋书》，以生长江南，不知北方旧事，数来访问，并借其所著书窃写之。后遭虞预排斥，被免官归家，贫无资用。乃依征西将军庾亮于武昌，亮供给纸笔，方于成帝咸康六年(340)写成《晋书》。卒年七十余。

王应麟(1223—1296) 南宋庆元(治今浙江宁波)人，原籍浚仪(今河南开封)。字伯厚，号深宁，学者称厚斋先生。淳祐进士。疾当时学风虚浮，乃发愤致力于典章制度之学。宝祐四年(1256)中博学宏词科。曾任太常寺主簿、礼部尚书兼给事中等。对朝廷懦弱无能和各项弊政，正直敢言。先后触迕权臣丁大全、贾似道、留梦言，屡遭贬斥。报国无门，辞官归里。宋亡不仕，专事著述。学术上"私淑东莱"，"独得吕学之大宗"(《宋元学案》卷八十)，兼绍朱、陆而偏于陆学，又旁逮永嘉之学。认为决定天下趋势的是"人事"不是"鬼神"(《困学纪闻·评文》)，提出"民心之得失，此兴亡之大几"(《困学纪闻·孟子》)等观点。对天文、地理、经史百家均有研究和考证，开清初考据学之先河。著有《困学纪闻》、《玉海》、《论语孟子考异》、《汉制考》、《六经天文编》、《通鉴地理通释》、《深宁集》等三十余种。

王应熊(？—1647) 明四川巴县(今重庆巴南)人，字非熊，号春石。万历进士。天启中历官詹事，以丁忧归。崇祯三年(1630)拜礼部侍郎。六年因附温体仁，擢礼部尚书兼东阁大学士，入参机务。八年遭劾归。十五年受周延儒荐复召，未任而周延儒获罪，乃归。福王立，任为兵部尚书，总督川、湖、云、贵军务，驻遵义。永历初孙可望破遵义，遂遁入永宁山，旋死于毕节。

王英(1376—1450) 明江西金溪人，字时彦，号泉坡。永乐进士，选庶吉士。掌机密文字。与修《太祖实录》，历翰林修撰、侍读，洪熙时进右春坊大学士。宣德初，与修《太宗、仁宗实录》，迁詹事府少詹事等。正统元年(1436)，侍经筵，总裁《宣宗实录》。进礼部侍郎。在翰林四十余年，性耿直，好规人过，*三杨皆不喜，故不得重用。十三年进南京礼部尚书。历仕四朝，卒谥文安。著有《泉坡集》等。

王永(？—386) 十六国时北海剧(今山东寿光南)人。王猛子。苻坚时为幽州刺史。坚死，拥苻丕为帝，任使持节侍中、车骑大将军、尚书令、清河公，寻为左丞相，执掌军政大权。太初元年(386)在襄陵(今河南睢县)为慕容永所败，被杀。

王永光 明大名长垣(今属河南)人，字有孚，号射斗。万历进士。天启初，擢南京右佥都御史，不久掌南京都察院事。后遭东林党人排挤，罢官归。天启五年(1625)召为兵部尚书。次年以不附魏忠贤，称病归。崇祯元年(1628)任户部尚书，改吏部。四年被劾致仕。著有《冰玉堂集》。

王永吉(1600—1659) 明末清初扬州高邮(今属江苏)人，字修之。明天启进士，官至蓟辽总督。后降清，授大理寺卿。顺治八年(1651)授户部侍郎，曾疏陈减兵足饷救荒之策。十年擢兵部尚书。次年晋秘书院大学士，寻以鞫断窝逃案未当，左授仓场侍郎。后仍授国史院大学士，领吏部尚书。十五年以侄王树德科场关节事发，左授太常寺少卿。

王柡 南宋庐江无为军(今安徽无为)人，寓居绍兴府山阴。字叔永，号求志老叟。嘉定初，知泾县，撰《泾川志》十三卷。又著有《燕翼贻谋录》。

王勇 北朝时代郡武川(今内蒙古武川西)人，本名胡仁。高丽族。少雄健，善弓马。北魏永安中，随军进攻万俟丑奴，以功授宁朔将军。宇文泰为西魏丞相，引为帐内直荡都督，封包信县子。以擒窦泰，复弘农(今河南灵宝北)，战沙苑(今陕西大荔南)，气盖众军，进爵为公。邙山之役，西魏军初战失利，独率卒冲击，殊立战功，拜雍州刺史，赐名勇。西魏恭帝元年(554)，随柱国赵贵破柔然，进爵新阳郡公，赐姓库汗氏。寻进位大将军。北周初，为柱国侯莫陈崇当众折辱，惭恚疽发背而卒。

王用宾 ❶(？—1579)明陕西咸宁(今西安)人。正德进士。历官礼部侍郎、吏部侍郎。嘉靖三十三年(1554)官至礼部尚书。三十五年因处理赵文华讦吏部尚书李默案，忤帝意，改任南京吏部尚书。后致仕，久之卒。❷(1882—1944)山西猗氏(今临猗)人,字太蕤。清光绪三十年(1904)留学日本法政大学。次年同盟会成立后充该会山西支部长。与景梅九等创办《晋话报》于东京。宣统元年(1909)为抗议日本强夺安奉铁路路权而返国,任太原《晋阳公报》总编辑,进行革命宣传。武昌起义后赴石家庄及北京策动响应,拟组燕晋联军袭取京师,未果。后返山西,充河东兵马节度使,并在运城组织河东军政府。民国初年任山西临时议会议长、国民党山西支部副支部长、参议院议员,追随孙中山反袁(世凯)、护法。后历任国民政府立法院、考试院委员,司法行政部部长等职。1935 年被选为国民党中央执行委员。

王友 ❶(? —1414)明荆州(今属湖北)人。洪武中袭父职为燕山护卫百户。"靖难"之役从燕王起兵。成祖即位,论功当封侯,以骄纵授都指挥佥事。后以丘福奏请,封清远伯。永乐二年(1404)充总兵官帅舟师于沿海捕倭。四年从征交阯,以功进侯。八年,从成祖北征,督中军,以避敌受责。十二年,因妾举告其夫妇诽谤,夺爵。❷官名。王府属官,掌侍从游处,规讽道义。三国魏各王府均置一员,六品。晋代、南北朝诸王各置一员,南朝宋六品,北魏孝文帝太和十七年(493),定为从四品下。隋代以皇伯、叔、昆弟、皇子为亲王,王府置二员,从五品下。唐代诸王府各置一员,从五品下。宋真宗大中祥符九年(1016)置二员,以常参官兼任。

王友直 南宋博州(治今山东聊城)人,字圣益。幼谙兵法。绍兴三十一年(1161),金人渝盟,他聚众数万抗金,克大名(今属河北)。三十二年,授检校少保、天雄军节度使,屡立战功。孝宗初年,张浚都督江淮,用为建康前军统制。隆兴二年(1164),以孤军坚守昭关,力拒金兵。淳熙五年(1178)进殿前指挥使,赐田平江。晚节宴安,军政稍失律。后徙居信州,终年六十一。

王有龄(1810—1862) 清福建侯官(今福州)人,字英九,号雪轩。道光时捐纳浙江盐大使,后任慈溪、定海等县知县。长于理财,深受两江总督何桂清赏识,擢升知府、按察使。咸丰七年(1857)迁江苏布政使。十年奉命援杭州,抗拒太平军,擢浙江巡抚。次年太平军二克杭州,遂自缢死。

王右丞集 书名。唐王维撰。维字摩诘,官至尚书右丞,故以名集。其弟王缙编成于代宗宝应年间。十卷,凡诗四百余篇。原集已佚。元明以降,刻家益出,版本杂驳。今有《四部丛刊》影印刘须溪评点元刻本《王右丞集》,六卷。1961 年中华书局出版清赵殿成《王右丞集笺注》二十八卷,分诗十五卷,文十三卷。

王右军 即"王羲之"。

王玙(? —768) 唐雍州咸阳(今属陕西)人。少习礼学。玄宗时,以上疏请筑坛祀青帝于东郊,为帝所纳,擢为太常博士,充祠祭使。祠祷时,多焚纸钱,是为纸钱见于记载之始。肃宗时,迁太常卿,以祠祷见宠。乾元时擢宰相,颇遭物议。肃宗有疾,太卜云祟在山川。他说肃宗遣中使、女巫乘车分祷名山大川。中使与女巫恃势干托所在州县,以求贿赂。二年(759),罢为刑部尚书。后任扬州、越州长史,御史大夫,充淮南、浙江东道节度使,仍兼祠祭使。

王愉 ❶(? —404)东晋太原晋阳(今山西太原西南)人,字茂和,小字驹。王坦之子。为骠骑司马,加辅国将军。王恭讨王国宝时,自请解职。因与国宝系异母生,素不和,得免祸。国宝死,出为江州刺史,都督豫州四郡。王恭反晋,殷仲堪、桓玄等举兵应恭,乘流奄至。乃仓皇奔临川(今江西临川西),为玄所得。恭败,除会稽内史。玄篡位,以为尚书仆射。刘裕起兵讨玄,加前将军。因原系桓氏婿,父子宠贵,又曾侮裕,心不自安,谋作乱,为裕所杀。❷晋人。平北将军祖逖参军。大兴三年(320),逖据谯(今安徽亳州),练兵积谷,石勒下书求通使互市。逖奉逖命使于勒,赠以方物,修结和好。

王与马共天下 西晋灭亡时,琅邪王导、王敦诸兄弟以其所处关键地位,辅佐琅邪王司马睿(即晋元帝)创建东晋;司马氏偏安王朝元、明、成三帝则以殊礼待王导等,结成了士族高门与东晋皇室"天下与共,御床同登"的特殊关系,时人谓之曰"王与马,共天下"。此乃士族门阀制度发展的必然结果。

王宇(? —3) 西汉魏郡元城(今河北大名东)人。王莽长子。因见莽隔绝平帝外家卫氏,使不得至京师,恐日后受祸,遂与其师吴章谋议,以莽好鬼神,可为变怪以惊惧之。乃使其妻兄吕宽以血洒莽第宅。事发入狱,饮药死。

王禹偁(954—1001) 北宋济州巨野(今属山东)人,字元之。世务农。太平兴国进士,授成武主簿。端拱初,召试,直史馆,献《端拱箴》以寓规讽。朝廷访以边事,上《御戎十策》。迁知制诰,判大理寺。为徐铉雪诬,坐贬商州团练副使。后召入,再知制诰。至道元年(995),兼翰林学士,坐讪谤罢知滁州,改扬州。屡上书主张变法,为北宋政治改革派先驱。真宗即位,复知制诰,预修《太祖实录》,以直书史事,降知黄州,作《三黜赋》以见志。奏请增江淮以南诸郡兵备,为真宗嘉纳。遇事敢言,奖掖后进。有诗名,早岁嗜白居易诗,后重杜甫,诗风为之一变。文章通俗畅达,首倡"文以传道而明心"之说,主张改革时弊而复古。著有《五代史阙文》、《小畜集》等。

王寓 ❶古代最高统治者之称谓,如夏、商、周三代之王。此外边远诸侯或民族亦有称王者,殷墟甲骨文和西周金文中皆有,如《散氏盘》铭中的"矢王"、《录伯 𢦏 簋》中的"釐王"、《乖伯簋》中的"武乖几王"等。春秋战国时诸侯国君或历代割据一方的统治者也称王。❷官名。清代有"总理国务王"、"议政王"、"辅政王"。❸爵名。汉代以后为爵位的最高一等,在公之上,多用以封授宗室,少数建有殊勋的功臣亦封王,但历代皆不多见。

王玉(1191—1260) 金赵州宁晋(今属河北)人。为万户,镇赵州(今河北赵县)。元太祖时,降木华黎,从攻河北、山东、山西等地。大败金将武仙军,攻占真定(今河北正定),以功被授为权真定五路万户,假赵州庆源军节度副使。因身高,号称长汉万户。

王玉汝(？—1255) 元郓城(今属山东)人,字君璋。少习吏事,东平行台严实署之为掾吏,迁补行台令史。又被耶律楚材授为东平路奏差官。迁行台知事,遥领平阴令。十三年,实子忠济袭职,任左右司郎中,遂总行台政务。累官至泰定军节度使兼兖州管内观察使,充行台参议。宪宗二年(1252),以病辞官。

王忬(1507—1560) 明苏州太仓(今属江苏)人,字民应、思质。嘉靖进士。嘉靖二十九年(1550)任御史,巡按顺天,主持通州防务以御俺答。因功擢右佥都御史。三十一年奉命提督军务,巡视浙、闽,任用俞大猷、汤克宽,屡破倭寇。三十三年为大同巡抚。次年任蓟辽总督,进右都御史,抵抗鞑靼攻扰。三十八年遭严嵩诬陷下狱。次年被杀。

王郁 五代后唐京兆万年(今陕西西安)人。王处直养子。唐亡,处直仕于梁。他奔晋,娶晋王李克用之女,为晋新州防御使。神册六年(921),携家室兵马降辽,辽太祖以为养子。随皇太子耶律倍攻略定州。天赞元年(922),从攻镇州。二年,随萧阿古只攻略河北。次年,随太祖征渤海。以功加同政事门下平章事,改崇义军节度使。辽太祖死,加政事令。太宗即位,为兴国军节度使,守中书令。

王育 晋京兆(治今陕西西安西北)人,字伯春。少孤贫,为人牧羊,路过小学,必歔欷流涕。有暇,即折蒲学写字。同郡许子章闻而嘉之,给衣食,使与子同学,遂博通经史。初为太守主簿,累迁并州督护。为政清约,成都王颖以为振武将军。永兴元年(304),为刘渊所拘,遂仕汉。刘聪时为太傅。

王豫 北宋大名(今属河北)人,字悦之,又字天悦。为人不事羁检,以大理寺丞知伊阙(今河南伊川),后弃官游江湖间。精于《易》,年辈与邵雍同,相传秘受邵雍象数学,后其书失传。全祖望谓:“百源弟子承密授者,曰王豫,曰张珸。皆早死,故不传”(《宋元学案》卷三十三《序录》)。

王彧 (413—472) 南朝宋琅邪临沂(今山东临沂北)人,字景文。王球从子,明帝皇后兄。好言理,少与谢庄齐名。起家太子太傅主簿。历仕文、孝武、前废、明四帝。官至中书监,领太子太傅、散骑常侍、扬州刺史。明帝病危,虑其门族强盛,恐日后为害,赐死。

王渊 ❶(1077—1129)宋熙州(治今甘肃临洮)人,字几道。应募击西夏,以功迁熙河兰湟路第三将部将。宣和三年(1121),从刘延庆镇压方腊起义。四年,又从延庆攻辽,被俘逃归。靖康元年(1126),为真定府路马步军副总管,守辽州。建炎元年(1127),转御营使司都统制,扈从高宗。三年春,金军攻扬州,仓皇护高宗南走,拜同签书枢密院事。因结权阉而骤入枢府,诸将多不悦,为苗傅、刘正彦所杀。❷元钱塘(今浙江杭州)人,字若水,号澹轩。画家。长于山水、花鸟、人物。曾受赵孟頫指点。传世作品有《竹鸡图》等。

王元 新莽末年长陵(今陕西咸阳东北)人,字惠孟。隗嚣割据河西时,任大将军。劝说嚣北收西河、上郡,东收三辅,据函谷关自守。旋率兵侵三辅,为东汉大将冯异等击败。建武八年(32)光武帝率诸将西征,乃入蜀求救,与汉军作殊死战,收复安定、北地、天水、陇西。次年嚣死,又立其少子纯为王。及隗纯降汉,复奔蜀投公孙述,为将军。后举众诣降东汉。初拜上蔡令,迁东平相。后坐垦田不实,下狱死。

王元感 唐人。著有《尚书纠缪》、《姓氏实论》。皆佚。

王元逵(812—854) 唐时回鹘阿布思族人。王庭凑次子。初为镇州右司马。太和八年(834),父死,军中推主军事,文宗授为成德军节度使。岁时献纳,效忠朝廷,一改父风。开成二年(837),娶寿安公主,加驸马都尉。会昌三年(843),昭义刘稹叛,他为北面招讨使进击,收复山东三州,并拔三郡。以功封太原郡公。

王元启 清浙江嘉兴人,字宋贤,号惺斋。乾隆进士。曾任将乐知县。究心律历勾股之学。著有《惺斋杂著》,考证《史记》中的律书、历书、天官书和《汉书·律历志》。未刻的著作有《历法记疑》、《勾股衍》、《角度衍》、《九章杂论》。

王元寿(？—477) 北魏秦州略阳(今甘肃秦安东北)人。因怨愤秦州刺史于洛侯贪婪残酷,于太和元年(477)聚众五千余家反,自号冲天王。旋为秦、益二州刺史武都公尉于洛侯所败。

王元膺(892—913) 五代时许州舞阳(今属河南)人,字昌美,初名宗懿,更名元坦。前蜀高祖(王建)次子。善骑射,多才艺,性猜忌。武成元年(908),立为皇太子,判六军,创天武神机营,开永和府,置官署。不喜儒生,日与乐工群小嬉戏。后与内枢密使唐道袭倾轧,起兵杀道袭,高祖发兵击杀之。

王原祁(1642—1715) 清江苏太仓人,字茂京,号麓台、石师道人。王时敏孙。康熙进士。由知县擢给谏,改中允,值南书房。累官至户部侍郎。圣祖嘉其画,命供奉内廷,鉴定古今名画。又命编纂《佩文斋书画谱》,充总裁。该书凡明以前有关书画之论、跋、考证、鉴藏和书画家传等,无不采录,后世誉为“书画宝典”。其弟子甚众,为“娄东派”之首。著有《雨窗漫笔》、《扫花庵题跋》等。

王源 ❶南朝齐东海郯县(今山东郯城北)人。官南郡丞。出身士族,收五万聘金嫁女于富阳庶族满璋之,又以所聘余钱纳妾,永明八年(490)为御史中丞邑中正沈约所劾。被免官,禁锢终身。❷(1648—1710)清直隶大兴(今属北京)人,字昆绳,一字或庵。康熙举人。尝从魏禧学古文。喜谈兵。曾预修《明史稿·兵志》。与刘献廷相友善,常论天地阴阳之变、兵法治略、古今兴亡之故等。后结识李塨,年五十六师事颜元,为颜李学派重要成员。为学重经世,认为程、朱“迂阔实不足有为”,批评王守仁“学入于禅”。其军事思想,以“自治”与“制敌”并重,强调“用兵之道存乎变”(《居业堂文集·韩蕲王记》),认为善战者应求敌之短以破其长。经济上,反对轻商,指出“本宜重,末亦不可轻”(《平书订》卷十一)。主张置大司均管理商业,使其位列九卿。提出“有田者必自耕,毋募人以代耕”。强调“官无大小皆不可以有田,惟农为有田”(《平书订》卷七)。并主张实行畺田制。哲学上,认为“太极实有,不可以言无”。著作有《居业堂文集》、《平书》、《兵法要略》、《学易通言》、《或庵评春秋三传》等。《平书》久无传本,其内容见于李塨《平书订》。

王远知(510—635) 唐扬州(今属江苏)人,祖籍琅邪(治今山东临沂),字广阳(一作广德)。父为南朝陈扬州刺史。曾师事陶弘景。陈后主召入宫廷,特加礼敬。隋开皇十二年(592),晋王杨广(炀帝)迎入扬州镇所。大业七年(611),炀帝召见于涿郡临朔宫,执弟子礼。后又在洛阳为建玉清玄坛。隋末,暗向李渊传符命,又恭维李世民(唐太宗)为“太平天子”。及太宗即位,将加重位,固辞,求归茅山(在今江苏金坛西南)。太宗特命资给人船、法服,为造太平观,赐田,度道士二十七人。高宗时谥升真先生,武则天时改谥升玄先生。门徒有潘师正、徐道邈等。

王约(1252—1333) 元真定(今河北正定)人,字彦博。至元十三年(1276)为从仕郎、翰林国史院编修官。累迁监察御史、中书右司员外郎。成宗时,拜翰林直学士、知制诰同修国史。仁宗时历任集贤大学士、枢密副使。英宗时,复为集贤大学士,商议中书省事。尝奉诏与中书省官条定国初以来律令,名《大元通制》。著有《史论》、《高丽志》、《潜丘稿》。

王悦(?—561) 北朝时京兆蓝田(今属陕西)人,字众喜。初为尔朱天光府骑兵参军。及宇文泰入关,乃募乡勇从之,屡有战功。西魏大统四年(538),东魏侯景攻洛阳,又率乡勇随泰赴援。十三年,侯景据河南叛,求援于西魏,他力阻以兵援景。授雍州大中正,加卫将军。十七年,率部从达奚武攻梁、汉,说降城主杨贤,遂平梁州,行刺史事。废帝二年(553),领兵还乡里,心怀不满。因其子骄纵,父子除名远配。北周初,复其官,授郢州刺史,寻拜骠骑大将军,赐姓宇文氏,进爵河北县公。卒于位。

王越(1423或1426—1498) 明河南濬县(今浚县)人,字世昌。景泰进士。历官御史、按察使。天顺末任大同巡抚,成化初兼宣府巡抚,后总制三边。收复河套失地身经十余战,出奇取胜。以军功晋威宁伯。成化十九年(1483)汪直败,乃受累被黜。孝宗时复职。卒谥襄敏。著作有《王襄敏集》。

王爚(?—1275) 南宋绍兴新昌(今属浙江)人,字仲潜,一字伯晦。嘉定进士。咸淳初参知政事。咸淳十年(1274),为左丞相兼枢密使。德祐元年(1275),元军日迫,力求罢相回乡招募忠义抗击元兵,未获允许,遂渡钱塘江至萧山。被召回后,言贾似道专权误国之罪。寻进平章军国重事。因素与陈宜中不协,求去不已,罢相奉祠。

王云(?—1126) 北宋泽州(治今山西晋城)人,字子飞。举进士,从使高丽,撰《鸡林志》以进。擢秘书省校书郎,出知简州,迁陕西转运副使。靖康元年(1126),以给事中使完颜宗望(斡离不)军,议割三镇以和。使还,罢为徽猷阁待制、知唐州。金人陷太原,召拜刑部尚书,再出使,不得达而还。旋以资政殿学士副康王赵构使金,至磁州,被州人指为奸贼杀死。

王筠 ❶(482—550)南朝梁琅邪临沂(今山东临沂北)人,字元礼,一字德柔。王僧虔孙。起家临川王行参军,累迁太子洗马、中舍人,并掌东宫管记,为昭明太子所倍重。官至太子詹事。以能文与声韵为世所称。编次所作,以一官为一集。自太子洗马历中书郎、尚书吏部郎、太子中庶子、司徒左长史、临海太守,至太府卿,各为十卷,又度支尚书三十卷。凡一百卷。❷(1784—1854)清山东安丘人,字贯山,号菉友。道光举人。曾任山西乡宁县知县。为官不废治学,博涉经史,治《说文》前后三十余年,所著《说文释例》、《说文句读》、《句读补正》、《说文补正》、《说文系传校录》,合称《王氏说文五种》。

王允(137—192) 东汉太原祁县(今属山西)人,字子师。灵帝时,以司徒高第为侍御史。中平元年(184)特选为豫州刺史,镇压黄巾起义。因得罪宦官,被诬下狱,后得释。献帝即位,为太仆,守尚书令。初平元年(190)为司徒。及董卓迁都长安,收藏兰台、石室图籍,经籍赖以得存。后与司隶校尉黄琬等密谋诛杀卓,不久为卓部将李傕、郭汜所杀。

王允之(303—342) 晋琅邪临沂(治今山东临沂北)人,字深猷。为从伯王敦所爱。及知敦与钱凤谋叛,至都白其父舒,舒与王导俱启明帝。敦平,随舒往会稽。咸和三年(328),随舒起兵讨苏峻有功,封番禺县侯,除建武将军、钱唐令、领会稽都尉。转宣城内史,监扬州江西四郡事,镇于湖(治今安徽当涂)。咸康中,迁南中郎将、江州刺史,官至卫将军、会稽内史。未到任卒。

王恽(1227—1304) 元卫州汲县(今河南卫辉)人,字仲谋,号秋涧。中统元年(1260),由东平评议官选至京师,任翰林修撰。至元五年(1268)拜监察御史。十四年为翰林待制。其后历任河南、河北、山东、福建等地提刑按察使。二十九年,起为翰林学士。成宗时参与纂修《世祖实录》。著有《秋涧集》等。

王蕴(330—384) 东晋太原晋阳(今山西太原西南)人,字叔仁,一作仁叔。孝武帝定皇后父。初为佐著作郎,累迁尚书吏部郎。性和平,不抑寒素。以才进达,出补吴兴太守。时吴兴(治今浙江湖州)灾荒饥馑,未表奏辄开仓赈贷,以违科免官,士庶诣阙为讼,乃左迁晋陵太守。后授都督京口诸军事、徐州刺史,镇京口(今江苏镇江)。拜尚书左仆射,迁丹阳尹,加散骑常侍。自以外戚,苦求外出,复都督浙东五郡,会稽内史。晚年嗜酒,终日不醒。

王宰 唐怀州温县(今属河南)人,初名晏宰。武宁节度使王智兴子。元和时,为先锋将从父讨李师道,后隶神策军。甘露之变中立功,为光州刺史,累擢邠宁节度使。会昌三年(843),徙镇忠武,率兵出磁州讨昭义节度使刘稹,进破天井关,逼泽州。昭义部将杀稹来降,以功徙镇河东。宣宗初,结交权幸,求兼使相不果,改镇河阳。后以太子少傅分司东都。

王在晋 明苏州太仓(今属江苏)人,字明初。万历进士,授中书舍人。累官兵部左侍郎。天启二年(1622)升兵部尚书,经略辽东等地。旋改南京兵部尚书,转兵部。崇祯元年(1628)历刑、兵两部尚书,坐事削籍归。著有《三朝辽事实录》、《海防纂要》、《历代山陵考》、《国朝山陵考》、《通漕类编》等。

王臧(?—前139) 西汉东海兰陵(今山东苍山西南兰陵镇)人。曾从鲁人申公受《诗》。景帝时为太子少傅,后免。武帝即位,上书宿卫。丞相窦婴、太尉田蚡荐为郎中令。与御史大夫赵绾议立明堂以朝诸侯,草巡狩封禅改历服色事。后绾又请毋奏事东宫,以此触怒太皇窦太后,与绾俱被下狱。旋自杀。

王则 ❶(502—549)北魏末太原(治今山西太原西南)人,字元轨。有武艺。初随叔广平内史王老生征讨,以军功除给事中,赐爵白水子。永安二年(529),从并州刺史元天穆讨邢杲被俘。永安二年(529)降梁之北海王元颢入洛阳,与叔俱降。叔被杀,逃奔广州刺史郑先护,联合拒颢。颢败,因功迁征虏将军,出为东徐州防城都督。转从徐州刺史尔朱仲远,后归高欢。东魏天平初,为荆州刺史,转洛州刺史。在官贪赃,毁洛阳佛像以铸钱,时号“河阳钱”。出镇徐州时,复因受贿被锁送晋阳(今山西太原西南),高澄恕其罪。寻卒。❷(?—1048)北宋涿州(今属河北)人。逃荒至贝州(今河北南宫东南)为人牧羊。后投宣毅军为小校,信奉弥勒教。庆历七年(1047)十一月,与州校张峦、卜吉等谋,拟联合德、齐诸州教徒,于次年正月初一同时起义。事泄,提前于冬至日在贝州发动兵变,被推为“东平王”(一作“东平郡王”),建号“安阳”,改元“得圣”(亦作“得胜”或“德圣”),设官置署。战士面刺“义军破赵得胜”六字。次年,宋廷遣明镐、文彦博率重兵围攻,久不能下,后隧地破城,峦、吉等战死,他被俘至京师,遇害。

王曾(978—1038) 北宋青州益都(今山东青州)人,字孝先。咸平五年(1002)进士第一。累官吏部侍郎,两拜参知政事。真宗制造天书时,有所规谏。仁宗即位,刘太后听政,拜为宰相,朝廷倚以为重。后因裁抑太后姻亲,罢知青州。仁宗亲政,召入为枢密使。景祐二年(1035)复拜相,封沂国公。旋因与吕夷简不协,与之俱罢。卒,谥文正。著有《王文正公笔录》。

王湛(249—295) 西晋太原晋阳(今山西太原西南)人,字处冲。王浑弟。少有识度,少言语,兄弟皆以为痴,不交当世。兄子济轻之,无子侄之敬,及闻之解《周易》,剖析玄理,皆济所未闻,乃肃然起敬,比于“山涛以下,魏舒以上”。历仕秦王文学、太子洗马、尚书郎、太子中庶子、汝南内史。

王章 西汉泰山巨平(今山东泰安西南)人,字仲卿。少以文学为官。稍迁至谏大夫,敢直言。元帝初,擢为左曹中郎将,与御史中丞陈咸劾奏中书令石显,遂被陷害免官。成帝时任司隶校尉,为大臣贵戚所敬惮。后任京兆尹,指斥大将军王凤专权,建议更选忠贤,以冯野王代之。凤得悉后以辞职相挟,成帝遂使尚书劾章罪至大逆。死狱中,妻子徙合浦。

王彰(?—313) 十六国时匈奴左部人,居太原兹氏(今山西汾阳东南)。西晋惠帝时,外戚杨骏辅政,欲辟为司马,不受。汉主刘渊倚为左右手,刘聪拜为中军大将军。曾以聪游猎无度,谏之,几被杀。寻进骠骑将军、定襄郡公、太尉。

王璋(1275—1325) 高丽王朝第二十六代国王。字仲昂,初名源,后改名璋,蒙古名益智礼普花。高丽忠烈王王昛与元世祖女忽都鲁揭里迷失所生。三岁立为世子。元世祖至元二十九年(1292),入朝,遂留宿卫。元贞二年(1296),娶晋王甘麻剌女宝塔实怜公主。大德二年(1298)初,受父禅为高丽国王。同年八月,以“专擅”罪被元廷所废,召入朝宿卫,王昛复位。璋与皇侄海山(武宗)、爱育黎拔力八达(仁宗)兄弟友善。十一年成宗死,与爱育黎拔力八达、右丞相哈剌哈孙等拥立武宗即位,以功封沈阳王。至大元年(1308)王昛死,归国嗣为高丽国王,不久返居大都,委国事于大臣。三年,进封沈王。皇庆二年(1313),让位于次子王焘,寓居大都。筑万卷堂于邸中,时招大儒讲论书史以自娱。尤佞佛。延祐七年(1320)英宗即位,因参预宫廷斗争得罪,被流放到吐蕃萨斯迦地。至治三年(1323),泰定帝即位,赦还大都。

王长次兄亲目亲耳共证福音书 太平天国印书。又名《福音敬录》。是书以洪仁发、洪仁达名义记清道光十七年(1837)洪秀全灵魂上天及还魂事,录天王上天预诏,以证明洪秀全曾上大受命,下凡救世,确为真命天子。咸丰十年(1860)刊行。

王昭君 西汉南郡秭归(今属湖北)人,名嫱,字昭君。晋代避司马昭讳,改称明妃或明君。汉元帝时,以良家子选入宫中。竟宁元年(前33)匈奴呼韩邪单于入朝求和亲,自请嫁呼韩邪为妻,称宁胡阏氏。呼韩邪死,上书求归。成帝命其遵从胡俗,复为呼韩邪子复株累若鞮单于阏氏。昭君和亲对汉匈通好起了积极作用,并成为后代诗词、戏曲、小说、说唱的流行题材。

王昭素(894—982) 北宋开封酸枣(今河南延津西)人。少笃学不仕,聚徒教学以自给,博通九经,兼习《老子》、《庄子》,尤精于《诗》、《易》,著有《易论》。开宝三年(970),宋太祖召见,问以《易经》及治世养生之术。求归,拜国子博士致仕。

王昭禹 北宋徽、钦时人,字光远。王与之作《周礼订义类编》,列其名于杨时后。著有《周礼详解》,因当时王安石《三经新义》列在学官,故多循安石“新义”而不改。然其发明义旨,则有与安石“新义”不尽同;阐发经义,有足订注疏之误。宋人王与之、林之奇疏释《周礼》,多采其说。

王昭远 五代时成都(今属四川)人。好读兵书,以方略自诩。后蜀后主时,为茶酒库使。广政十一年(948),为通奏使,知枢密院事。出为宁江军节度使,兼领山南西道节度使,同平章事。说后主潜结北汉以拒宋。及宋师入蜀,与赵崇韬率军拒战,闻宋师已破剑门,股栗色战,免胄弃甲走投东川,被俘送汴京,授左领军卫大将军。开宝中卒。

王照(1859—1933) 直隶宁河(今属天津)人,字小航,号水东,别署芦中穷士。光绪进士,由庶吉士改授礼部主事。光绪二十四年(1898)百日维新期间,上疏清光绪帝游历日本等国,遭礼部尚书怀塔布、许应骙等守旧派阻挠。光绪帝旋下诏将礼部六堂官革职,赏赐他三品顶戴,以四品京堂候补,用昭激励。戊戌政变后,被革职通缉,流亡日本,曾参与孙中山、康有为两派谋联合的谈判。后潜心研究汉语拼音字母,拟订"官话字母",一度流行于北方各省。三十一年创办拼音官话书报社。1913 年任读音统一会副会长。晚年持"教育救国"主张。著有《水东集》、《小航文存》。

王照圆(1763—?) 清山东福山(今烟台)人,字瑞玉,号婉佺。郝懿行之妻。博涉经史,擅训诂之学。懿行著《尔雅义疏》,曾采其说。时有高邮王(念孙)父子、栖霞郝(懿行)夫妇之称。懿行卒后,辑其遗书行世。能诗。著有《诗经小记》、《列女传补注》、《晒书堂闺中文存》等。

王喆(1112—1170) 金咸阳(今属陕西)人,原名中孚,字允卿。天眷初,应武举,易名德威,字世雄。正隆四年(1159),学道,改名喆(亦作嚞),字知明,号重阳子,又自称害风。世称重阳真人。大定元年(1161),凿穴居终南县南,自号"活死人墓"。三年,迁刘蒋村结茅庵以居,后世称为"祖庭重阳万寿宫"。七年,赴山东宁海(牟平)传道,当地豪富马钰、孙不二夫妇为之筑庵,题名"全真",由此称全真道;宗其道者,号全真道士。继传道于昆嵛山、莱州、登州等地,创立"三教七宝会"、"三教金莲会"、"三教三光会"、"三教玉华会"、"三教平等会"等,主儒、释、道三教合流。提倡修真养性,制定出家制度。著作有《重阳全真集》、《重阳教化集》、《立教十五论》等。元世祖至元六年(1269)赠号"重阳全真开化真君",武宗至大三年(1310)加赠"重阳全真开化辅极帝君"。弟子有马钰、谭处端、刘处玄、丘处机、王处一、郝大通、孙不二等。

王贞仪(1768—1797) 清江苏上元(今南京)人,原籍安徽天长,字德卿,自号江宁女史。幼随祖母,无师自学。习历算诸籍,研究勾股、测量、方程,二十四岁写成《术算简存》。研读梅文鼎著述,在《岁差日至辨疑》中指出岁差是一种天文现象。在《地圆论》中反复阐述地体浑圆之说。又通晓地理、医学,兼善诗。著有《德风亭初集》、《德风亭二集》、《筹算易知》、《重订策算证讹》、《象数窥余》等,惜多未刊行,惟部分书序由蒋国榜收刻于《金陵丛书·丁集》。

王珍 金大名南乐(今属河南)人,字国宝。金末降蒙古,从速鲁忽破宋将彭义斌,为大名路治中,升同知大名府事,兼兵马都元帅。从速不台攻河南,破武仙于郑州;又从太赤破国用安。后从军攻宋,太宗授总帅本路军马管民次官,定宗时升征行万户。卒年六十五。

王珍国(?—515) 南朝梁沛国相(今安徽濉溪西北)人,字德重。起家齐冠军行参军。齐末雍州刺史萧衍起兵东下,率军入援建康(今江苏南京),屯朱雀门。为衍将王茂、曹景宗所破,遂潜结衍,杀东昏侯于内殿。以功封右将军。梁天监初封滠阳县侯。天监五年(506),北魏大举围攻钟离(今安徽凤阳东北),时任都官尚书假节,与众军击退魏军。除南秦、梁二州刺史。著有《答释法云书难范缜神灭论》。

王真(?—1402) 明湖广咸宁(今属湖北)人。洪武中起卒伍,积功至燕山右护卫百户。建文初,从燕王起兵"靖难",官至都指挥使。肥河之战,设伏诱敌,反被围,自刎死。成祖即位,追封金乡侯,谥忠壮。仁宗时再封宁国公,加号效忠。

王真儒 唐人。国子监算学助教。奉诏在李淳风主持下与梁述等注释《周髀算经》、《九章算术》等汉唐十部算经,显庆元年(656)十二月书成,颁令国学行用。

王祯 元东平(今属山东)人,字伯善。元贞元年(1295),任旌德(今属安徽)县尹。大德四年(1300),任永丰(今属江西)县尹。倡导种植桑麻黍麦,推广先进农具。皇庆二年(1313),著《农书》。又创制木活字三万字,设计转轮排字盘,印成《旌德县志》。兼善诗文,有《农务集》。

王祯农书 书名。元王祯著。成书于皇庆二年(1313)。原书三十七集,二百七十个子目,分《农桑通诀》(六集)、《谷谱》(十一集)、《农器图谱》(二十集)三部分,是一部内容丰富、图文并茂的农学专著。今本系清代编《四库全书》时,从明《永乐大典》中辑出,分二十二卷,正文十三万六千余字,农具图三百零六幅,已非原书面目。《农桑通诀》属农业总论性质;《谷谱》属农业各论性质,分别论述各种谷类、菜蔬、果树、竹木以及其他经济作物;《农器图谱》占全书篇幅五分之四,为本书重点,论述二百六十余种农机具,每种农机具都有图和文字说明,并附长诗一首,为元以前中国农机具之集大成者。1956 年中华书局据商务印书馆万有文库本重印出版。1981 年农业出版社出版王毓瑚校本。

王鑫(1825—1857) 清湖南湘乡人,字璞山,号四愿居士、返璞山人,别署养拙子。诸生。咸丰二年(1852)从罗泽南办团练,因镇压兴宁农民起义,擢同知直隶州。四年与广西清军合力镇压胡有禄起义。六年罗泽南被击毙,李续宾代领其众,他率军协助,遂进屯岳州(今岳阳),加按察使衔。七年调援江西,与太平军激战于吉安、宁都、广昌、乐安之间。九月卒于军。谥壮武。著有《练勇刍言》、《阵法新编》等,辑入《王壮武公遗集》。

王轸 北宋人。景祐三年(1036)任工部郎中,奏上所著《五朝春秋》,擢直秘阁。

王振(?—1449) 明山西蔚州(今河北蔚县)人,一说北直隶宣府(今河北宣化)人。永乐时入宫为宦官。宣宗时入内书堂就学,后为皇太子教师。英宗即位,掌司礼监。初,受制于太皇太后张氏及内阁三杨。正统七年(1442),张氏卒,三杨或死或退,遂掌朝中大权,是为明宦官专权之始。有宠于帝,英宗以先生呼之。大兴土木,广收贿赂。使用重刑,威逼满势,出兵麓川(今云南西部),转饷半天下。受瓦剌贿赂,私运兵器与其贸易。十四年,瓦剌部首领也先率大军南犯,乃排众议,策动英宗亲征,于土木堡(今河北怀来东)兵败,为乱军所杀。

王振鹏 元永嘉(今浙江温州)人,字朋梅,号孤云居士。以画艺为仁宗所知,得赐官职,为秘书监典簿,后迁海运千户。长于界画,为元代第一人。传世作品有《金明池龙舟图》等。

王镇恶(373—418) 东晋北海剧县(今山东寿光)人。王猛孙。年十三,苻氏败,随叔父归晋,客居荆州。为天门郡临沣令。参加镇压卢循起义,封博陆五等县子。刘裕伐南燕,署为前部贼曹。义熙八年(412)从刘裕讨刘毅,为前锋,克江陵,城破二十日后大军方至。十二年,以龙骧将军,领前锋伐后秦,大破姚绍于潼关,率师入渭,身先士卒,克长安,后秦主姚泓降。抚慰城中胡汉六万余户,号令严肃,百姓安堵,以征虏将军领安西司马、冯翊太守,戍关中。性贪,收敛子女玉帛无计。十四年,夏将赫连璝攻长安,与中兵参军沈田子共拒之。因素与田子不和,被田子诱杀。

王征(徵)(1571—1644) 明陕西泾阳人,字良甫,号葵心,又号了一道人。天启进士。曾任广平府、扬州府推官和辽海监军道山东按察司佥事。自少年起即对机具制作感兴趣,曾创制机具多件。后结识传教士龙华民、邓玉函、汤若望等。与邓玉函一起翻译介绍西方科技,为中国历史上第一批注意学习和推广西方科学技术的学者之一。崇祯四年(1631),在任山东按察司佥事时,因发生吴桥孔有德兵变致使登州陷落,被革职入狱。后获赦回乡。死于明末战乱,私谥端节。除与邓玉函编译《奇器图说》外,还著有《诸器图说》、《两理略》、《额辣济亚牖造诸器图说》、《王端节公遗集》等。

王正谊 即“王五”。

王政 孟子用语。指统一天下的理想政治方案。见于《孟子·梁惠王下》:“王曰:‘王政可得闻与?’”孟子对以文王治岐之法。认为“得民心”是政权存亡的基础。主张省刑罚,修教化,制恒产,遵农时,薄税敛,关市不征,尊贤使能,养老抚幼,与民同忧乐。以此,“四海之内皆举首而望之,欲以为君”(《滕文公下》)。认为凭借武力可使人服从,但不能得人心,周文王为政施仁而得民心,为武王统一奠定了基础。

王政君 即“元后”。

王之臣 明陕西潼关卫(今潼关)人。万历进士。授知县,累迁宣大巡抚。天启六年(1626)经略蓟辽,因与袁崇焕不协,受命专督关内。次年任兵部尚书,不久代袁崇焕督师,兼辽东巡抚。崇祯元年(1628)召还。著有《行边疏草》、《督师疏草》等。

王之春(1842—?) 清湖南清泉(今衡阳)人,字爵棠。曾任浙江、广东按察使。光绪十六年(1890)迁湖北布政使。二十年出使俄国。二十四年在四川布政使任内镇压余栋臣起义。次年升山西巡抚,旋调安徽巡抚。二十八年任广西巡抚,主张以矿权换取法军协同镇压广西会党反清起义,激起拒法运动。次年被革职。著有《防海纪略》、《谈瀛录》、《使俄草》、《国朝柔远记》、《椒生随笔》等。

王之诰 明湖广石首(今属湖北)人,字告若,号鉴川、西翁。嘉靖进士。以军功官至兵部左侍郎,总督宣大、山西军务。隆庆初因俺答陷石州被贬。神宗即位,召拜刑部尚书。万历三年(1575)乞养亲致仕归。

王之侯 即“越王无余之”。

王之涣(688—742) 唐晋阳(今山西太原西南)人,字季陵。豪爽任侠,击剑悲歌。历任衡水主簿、文安尉。与王昌龄、高适齐名。诗以描写边塞风光著称,意境阔大,感情豪放,传乎乐章,布在人口。存诗仅六首。以《出塞》(一作《凉州词》)和《登鹳雀楼》最有名。

王之仁(?—1646) 明末清初保定(今属河北)人,字九如。明崇祯末官定海总兵。弘光时为镇倭将军。弘光元年(顺治二年,1645),与钱肃乐缔盟抗清,共守宁波。旋被鲁监国封武宁侯。次年率水师掩击清军于钱塘江,获胜。旋因粮饷不继,诸军溃,遂沉家眷于水,扬帆抵松江,为清军执送江宁(今南京),被杀害。

王之寀(?—1626) 明陕西朝邑(今大荔东)人,字心一。万历进士。授清苑知县,迁刑部主事。万历四十三年(1615)张差受人指使闯宫欲击太子,以疯癫罪逮入狱中。他至狱中秘密审讯张差,获知详情,首发梃击案,遂陷入党争,旋被劾,削籍。天启初复故官,又以红丸案疏言方从哲、崔文升用药之罪。后累官至刑部右侍郎。天启中,魏忠贤专权,翻梃击案,坐除名。后被列为罪首,逮下诏狱,瘐死。

王之枢(1668—1733) 清初直隶定州(今属河北)人,字恒麓。康熙进士。官至内阁学士兼礼部侍郎。康熙二十七年(1688),充会试同考官。四十年,以侍读督学云南,多所建树,循例请增添教职,振兴昆明书院,著《性理正宗》分发诸生。四十四年以少詹典试江南,次年充武会试总裁。四十六年奉命撰《历代纪事年表》,历五年而成。五十六年巡抚湖南,因事获罪。雍正十年(1732)被赦,后卒于湖南。

王之望(1103—1170) 南宋襄阳谷城(今属湖北)人,寓居台州,字瞻叔,号汉滨。绍兴进士。累迁太府少卿、总领四川财赋。孝宗时,除户部侍郎、川陕宣谕使,擢为参知政事兼同知枢密院事。依附汤思退,力主和议,专以割地啖敌为得计。乾道元年(1165),知福州兼福建路安抚使,加资政殿大学士,移知温州。有《汉滨集》。

王知敬 唐怀州河内(今河南沁阳)人,一说洛阳(今河南洛阳西南)人,或称太原(今属山西)人。武则天时,为麟台少监。官至太子家令。工楷、行、草书。与赵模、殷仲容、高正臣等齐肩。尤善题署大字。曾与仲容同题长安诸寺额,俱为绝妙。楷书肤骨兼有,峻利丰秀。草书如“麒麟将腾,鸾凤欲翥”。遗迹有《李靖碑》、《少林寺金刚经》。

王直(?—1560) 明徽州(今安徽歙县)人,《明史》误作汪直。嘉靖十九年(1540)出海走私硝黄、丝绵等,以此致富,称五峰船主。后勾结倭寇,据定海双屿岛从事武装贸易。二十七年为明军所败,遁至烈港,称净海王。又逃至日本肥前平户,改称徽王。三十一年遣徐海、陈东等引倭犯东南沿海。三十六年被胡宗宪诱降捕获。后处决于杭州。

王植 一作植之。南朝齐武帝时,为尚书删定郎,奉命集定张斐、杜预旧注《晋律》合为一书,凡二十卷,一千七百三十二条,于永明七年(489)奏上。寻定《律文》二十卷、《录叙》一卷,然未施行,后为《梁律》蓝本。

王志(1335—1386) 明凤阳临淮(今安徽凤阳东北)人。元末组织乡兵,以所部投朱元璋。英勇作战,身先陷阵。历官右副元帅、亲军卫指挥使、六安卫指挥使等。洪武三年(1370)进同知都督府事,封六安侯。用兵持重,征沙漠、云南,皆不败。十六年督兵往云南品甸。防边安民,多所建置。卒后追封许国公。

王志愔(?—722) 唐博州聊城(今山东聊城东北)人。进士出身。神龙中,为左台侍御史。执法刚正,百官畏惧,时称皂雕。迁大理正,著《应正论》,主张君臣严格执法,不以喜怒制刑、废法。历齐、汴、魏州刺史,河南道按察使,扬州长史等。所至令行禁止,奸猾敛迹。进刑部尚书,后为西京留守。时左领军兵曹权楚璧等作乱,立其侄权梁山为帝,诈称襄王李重茂之子。他惊惧而卒。

王制 ❶《荀子》篇名。认为治理国家必须遵循后王之礼法制度,用等级名分确定统治秩序。通过总结历史上王霸、安存、危殆之经验,主张加强君主集权。提出"平政爱民"、"隆礼敬士"、"尚贤使能"、宽猛相济等统治方策以争取士民之心。尝引古训以舟、水之喻,阐明君民关系:"君者,舟也;庶人者,水也。水则载舟,水则覆舟。"❷《礼记》篇名。内容为秦汉间人所记西周封国、班爵、朝觐、授禄、祭祀、刑政、学校、养老等制度。其说当有所本,然与真实的商周礼制不尽相符。但亦可考见古代政治制度及儒家的政治思想。

王致诚(Jean Denis Attiret,1702—1768) 法国人。天主教耶稣会传教士。清乾隆三年(1738)来华,充内廷画师。后死于北京。善画马和人物,作品有《十骏图》等,并曾与郎世宁、艾启蒙和安德义(Joannes Damasenus Salusti)合绘大型历史画册《乾隆西域武功图》(即《平定伊犁回部战图》),送至法国制成铜版画。

王致远 南宋永嘉(今浙江温州)人。嘉熙年间任慈溪知县,累迁湖北路、浙西路提刑及台州知州等职。后召为吏部郎,未赴任,回乡创立永嘉书院。淳祐七年(1247)任提点浙西刑狱公事时,摹刻"天文图"、"地理图"和"帝王绍运图"等四碑。原存放于苏州文庙。"天文图"即著名的《苏州石刻天文图》。

王铚 宋汝阴(治今安徽阜阳)人,字性之,人称雪溪先生。绍兴初,官迪功郎,权枢密院编修官,因纂集《祖宗兵制》,受到宋高宗赏识,诏改京官,后罢为右承事郎,主管台州崇道观。晚年遭受秦桧的摈斥,避地剡溪山中。曾参与编修《祖宗兵制》、《七朝国史》、《哲宗皇帝元祐八年补录》、《太玄经义解》、《国老谈苑》。著有《四六话》、《雪溪集》等。

王智深 南朝齐琅邪临沂(今山东临沂北)人,字云才。历仕太学博士、豫章王大司马参军兼记室、竟陵王司徒参军。于齐武帝时奉命撰《宋纪》。

王智兴(758—836) 唐怀州温县(今属河南)人,字匡谏。骁勇善战,初为徐州牙兵,后为滕、丰、沛、狄镇将二十余年。元和十三年(818),以伐李师道等有功,迁御史中丞,授沂州刺史。长庆初,河朔复乱,授武宁军节度副使,率军出战,逐正使崔群,掠盐铁院财物,劫商旅,朝廷不能制,改授节度使。始税泗口(今江苏淮阴西南泗水入淮口),设僧尼戒坛,卖度牒以取利。结交权幸,以求自固。太和初,李同捷叛,请自备粮饷,出全军三万进讨。乱平,以功封雁门郡王,历授忠武、河中、宣武节度使。

王穉登(1535—1612) 明长洲(今江苏苏州)人,字百谷(一作伯谷),号玉遮山人。少年时即有文名,十岁能诗,善书法。嘉靖末、隆庆初两游京师,诗才颇负盛名。万历时召修国史,未赴而史局罢。其诗风格接近公安派,师承文征明,遥接其风,擅吴中词翰之席三十余年,居当时布衣诗人之首,声华最为显赫。著作有《吴骚集》、《吴郡丹青志》、《南有堂诗集》、《尊生斋集》、《王百谷全集》。

王中正(1029或1031—1099) 北宋开封(今属河南)人,字希烈。初为入内黄门。迁东头供奉官,历勾当御药院,鄜延、环庆路公事,分治河东边事。对西夏战有功,授带御器械。随王韶入熙河,修整城垒守具,迁作坊使、嘉州团练使,擢内侍押班。吐蕃围茂州,奉诏往援,围解,进昭宣使、入内副都知。元丰四年(1081),宋军五路进攻西夏,因会师灵州失期,士兵多死,改金州观察使。绍圣初,复嘉州团练使,卒。

王忠 ❶(1359—1409)明孝感(今属湖北)人。靖难之役中,与李远守蔚州(今河北蔚县),举城降燕。每战常帅精骑为奇兵,屡破强敌。以战功累升都督佥事。永乐初,封靖安侯。永乐七年(1409)与丘福率师北征本雅失里,于胪朐河战死。❷见"王台"。

王忠嗣(705—749) 唐太原祁县(今属山西)人,家居华州郑县(今陕西华县),初名训。开元初,父战死,玄宗养于宫中,赐名忠嗣,与忠王(肃宗)游。及长,威武有方略。被引为河西兵马使,勇敢善战。开元二十八年(740),累官河东节度使。天宝元年(742),兼灵州都督,三败奚、怒皆部于桑干河,又破突厥乌苏米施可汗,西叶护等率其部千余帐入朝,边塞晏然。遂兼为河东、朔方、河西、陇右四镇节度使,控制万里,不尚攻伐,唯以安边守塞为务。宰相李林甫忌其功,日求其过。天宝六载(747),以不愿强攻吐蕃石堡城,忤玄宗意。李林甫乘机诬其欲尊奉太子(肃宗)为帝,遂下狱受审,几遭极刑,后贬汉阳太守,卒汉东郡太守任上。

王忠植(?—1140) 宋河东(治今山西太原)步佛山人,字义节。太行义士。绍兴九年(1139),取石州(治今山西离石)等十一郡,授华州观察使、统制河东忠义军马、知代州。官至河东经略安抚使。绍兴十年(1140),金兵围庆阳(今属甘肃),他率部赴援,行至延安,为叛将赵惟青械送金右副元帅撒离曷。后被执至庆阳城下迫其谕降。他勉励将士坚守,遂遇害。

王钟(锺) 即"王错"。

王钟(鐘)声(1882—1911) 清浙江上虞人,名希普(一作熙普)。光绪二十四年(1898)留学德国,三十二年返国,执教于广西法政讲习所,加入同盟会,以言论激烈而被辞。次年赴上海,得马相伯赞助,组建话剧团体春阳社,借以宣传革命。演出《黑奴吁天录》等剧,以油画、灯光布置舞台,开中国新式舞台布景先河。与任天知创办第一所戏剧学校通鉴学校,并率学生赴苏、杭演出。三十四年春阳社解散后赴京,与京剧玉成班同台演出。又在天津与人合作创建大观戏园新舞台。宣统三年(1911)在京被清廷以"聚赌"罪递解回籍。九月参加上海起义,攻打江南制造局。光复后任沪军都督府参谋。旋辞职赴天津密谋起义,被直隶总督逮捕杀害。

王仲舒(762—823) 唐太原祁县(今属山西)人,字弘中。贞元中,登贤良方正,直言极谏科,超拜右拾遗。德宗时,反对以裴延龄领度支,累转尚书郎。元和五年(810),自职方郎中知制诰。善为文,所拟诰书颁发后,人多传抄。历婺、苏州刺史,使户口增加,征税有定期,颇有政绩。穆宗立,以其文有古风,最宜为诰,召拜中书舍人。后求为地方官,授江西观察使,罢榷酒弊法,因水旱出官钱二千万贯代贫户输税。卒赠左散骑常侍。

王仲宣 隋番禺(今广东广州)人。俚族首领。曾为陈东衡州刺史王勇部将,抵抗隋师。开皇十年(590)聚众起兵反,岭南少数民族首领多应之。旋率众围广州,击杀隋行军总管韦洸。又遣部围东衡州。终为裴矩所破,高凉冼夫人又遣部助隋军,部众遂溃散而逃。

王仲泽 即"王渥"。

王舟瑶(1858—1925) 浙江黄岩(今台州)人,字玫伯,一字星垣,号默庵。清光绪举人。光绪十七年(1891)入福建学政沈源深幕。二十一年又入江苏学政龙湛霖幕。会台州修府志,归主纂修,兼主讲清献、东湖文达诸书院。二十八年入京师为师范馆、仕学馆经史教习,有《经学讲义》风行于世。三十年由岑春煊调至广东为师范学堂监督。入民国辞职归。一意纂辑乡邦文献。尚著有《中国学术史》、《郑注禹贡引地理志释》、《周官孟子异义疏证》、《谷梁逸礼考证》、《读经札记》、《经师家法述》、《群经大义述》、《光绪台州府志》以及日记、文集、年谱等。

王胄(558—613) 隋琅邪临沂(今属山东)人,字承基。陈时,累官太子舍人、东阳王文学。入隋,晋王杨广引为学士。炀帝即位,任著作佐郎。进朝散大夫。大业九年(613),杨玄感起兵反隋失败,他因与玄感交好,受株连被杀。年五十六。著有《大业起居注》。

王洙 ❶(997—1057)北宋应天宋城(今河南商丘)人,字原叔(源叔),一说字尚汶。天圣进士。累擢史馆检讨、知制诰、翰林学士。出知濠、襄、徐、亳等州。博览多闻,图纬、方技、阴阳五行、算数、音律、训诂、篆隶之学无所不通。曾校定《史记》、《汉书》,预修《崇文总目》、《国朝会要》、《集韵》、《三朝经武圣略》等书。仁宗朝参与制定明堂礼仪、雅乐制度。著有《王氏谈录》(一说其子钦臣编)。❷明临海(今属浙江)人,字一江。正德进士。著有《宋史质》。

王蠋(?—前284) 战国时齐国画邑(今山东淄博临淄西北)人。布衣有贤声。齐湣王十七年(前284)燕军攻入齐国,闻其贤,令军卒勿入画邑。已而燕军又迫他为将军,封以万家。如不从命,将屠画邑。他以"国既破亡,吾不能存,今又劫之以兵为君将,是助桀为暴也",遂自杀。事见《史记·田单传》。一说王蠋即颜斶。见吴师道《战国策》补注所引《春秋后语》。参见"颜斶"。

王著(1255—1282) 元益都(今山东青州)人,字子明。曾为吏,后从军,任千户。世祖至元间,平章政事阿合马执政,苛征暴敛,人心怨愤。至元十九年(1282)三月,世祖与太子真金在上都,阿合马留守大都。十八日,他与高和尚托称真金回大都作佛事,击杀阿合马。事后,两人均被杀。

王庄 明代庄田种类之一。即"王府庄田",亦称官庄。明代封藩就国之诸王庄田。土地来源于钦赐、奏讨、纳献、夺买和侵占的官民田地。世代承袭,夺爵或封除时还官。大多坐落于封地的各府州县,有的跨越两三省区。初期,从受赐的牧马草场、废壤荒闲地、河水退滩地、山场、湖陂淤地等扩展而逐步形成。历仁宗至宣宗之后,愈演愈大。蜀府庄田自灌县延至彭山,占据成都府属平原沃野十分之七。楚府庄田,从封地湖广远跨陕西平凉之固原。秦府庄田明末尚有近九千顷。晋府坐落于山西太原等地的庄田有七千二百多顷。兴府在湖广有一万四千余顷庄田。崇府封藩河南汝宁,庄田万顷。景府、潞府庄田各四万顷。万历时,福王就藩河南府,庄田两万顷。天启时,汉中府的瑞王括有庄田八千顷。王庄由佃户承种。佃户由钦赐、被赐地的原主、应召承佃之贫民和逃避赋役投托王府的人户构成。王府对庄田多自行管业,于庄田所在地区设官庄红墙衙门,派驻内官旗校和家人奴仆为管庄人役,下设庄头或承奉,管理佃户,催收庄租子粒。官定租额每亩征银三分或谷物五升。实际上租额和银、谷形态都由王府自定,并不一致。长沙吉府庄田实物租谷高达四斗二升至四斗五升;子粒征银者每亩多至一钱以上。清代的亲王、郡王亦有庄田。参见"王公宗室庄田"。

王壮武公年谱 书名。清罗正钧编。以记王錱在湘、鄂、粤、桂等地镇压太平军经过为主,兼述其求学及家事等。中记谱主参与组织湘勇及撰《练勇刍言》一书,对研究湘军营制有一定参考价值。有光绪十八年(1892)刻本。

王壮武公遗集 书名。清王鑫撰。二十四卷。汇集王鑫禀牍、书札、日记、杂著以及有关练兵的《练勇刍言》。其中保留了一些有关太平天国时期史料。并附有年谱、传记。有光绪十八年(1892)刻本。

王追 即"王阜"。

王擢 十六国时秦州(治今甘肃天水)人。休屠族。其叔王羌反叛石勒,陇右大扰,助勒将石生击败羌。石虎时历镇远将军、西中郎将。后赵建武中,数受虎命迭攻前凉。后赵亡后,遣使请降于东晋,拜为征西将军、秦州刺史。后请降于燕王慕容儁,被任为益州刺史。前秦苻雄攻陇西(今甘肃陇西东南),遂投前凉,凉主张重华署为征虏将军、秦州刺史。寻为苻雄所败,弃秦州,奔姑臧。后复率军克秦州。晋永和十年(354),晋桓温北伐入关,遂攻前秦陈仓(今陕西宝鸡市东)以应温。温败后,亦被苻雄所败,奔略阳(今甘肃秦安南)。后又为凉王张祚遣军击败,遂降于秦,秦署为尚书。

王子安集 书名。唐王勃撰。勃字子安,故以名集。三十卷,一作二十卷。原集已佚,序今尚存。明张燮辑编为十六卷。凡赋二卷,诗一卷,文十三卷,附录一卷。另有明朱警、张逊业、许自昌、杨统一等四种辑《王勃集》本,均为诗集。清蒋清翊撰《王子安集注》,二十卷,笺注翔实。近人罗振玉辑有《王子安佚文》一卷,校记一卷。1980 年青海人民出版社出版《王勃诗解》。

王子比干 即"比干"。

王子朝(? —前 505) 春秋时周景王之子。景王因太子早死,欲立之为嗣。周景王二十五年(前 520)景王死,刘子、单子拥立王子猛继位,是为悼王。他依靠旧官、百工及灵王、景王之族发动叛乱,攻悼王,悼王出走。后晋出兵护悼王回王城,悼王旋死,弟丐继位,是为敬王。周敬王元年(前 519),他至尹(今河南宜阳西北),得尹文公之助,败刘子,敬王随刘子出居狄泉(今河南洛阳境内)。他旋入王城,于是"二王并存"。四年,晋荀跞、赵鞅帅师纳敬王,他被召伯盈所逐,遂偕同党携周之典籍奔楚。后敬王乘吴攻破楚,使人杀之。

王子带(? —前 635) 又称叔带、太叔带。春秋周惠王之子,襄王之弟。食邑于甘,故又称甘昭公。周惠王卒,母惠后欲立之为王,未及而卒。诸侯立太子郑为襄王。周襄王三年(前 649),他召扬、拒、泉、皋、伊、雒之戎同伐京师,为秦、晋之师所败。次年,惧诛奔齐。十四年,被襄王召回。后与狄后私通,襄王废狄后。十六年,勾结狄伐京师,迫使襄王出逃,遂与狄后同居于温(今河南温县西南)。次年,晋文公"勤王",晋师围温,他被俘,杀于隰城(今河南武陟南)。

王子多父 即"郑桓公"。

王子侯 汉代诸侯王子弟封侯者。西汉初已有。汉武帝采纳主父偃建议,又于元朔二年(前 127)诏令诸侯王推私恩分与子弟封邑者上书朝廷,由皇帝制定名号,以此进一步削弱诸侯王势力。

王子克 春秋时周桓王之子。名克,字子仪。周庄王之弟。得桓王宠爱,桓王生前将他嘱托于周公黑肩。桓王死,庄王即位。周庄王三年(前 694),周公黑肩欲谋杀庄王而立他为王。辛伯将此事告庄王,庄王杀周公,他逃燕。

王子郎君班 官署名。辽代置。王子院之下级机构。管理王子班郎君。设详稳主管班事。

王子禄父 即"武庚"。

王子山寨 在今河南淅川县西南。《续资治通鉴》:南宋绍定六年(1233),孟珙大败金武仙于马蹬山,"复令壮士擒王子山寨,斩金将首而出,遂围马蹬,杀戮山积",即此。

王子韶 北宋太原(今属山西)人,字圣美。未冠中进士。熙宁二年(1069),为监察御史里行。三年,以疏奏与面奏事反复不一,贬知上元县。历湖南转运判官、提举两浙常平。元丰二年(1079),入为集贤校理,与陆佃修定《说文》。历知礼院兼太常寺丞、吏部郎中、卫尉卿、秘书少监。元祐七年(1092),迎伴辽使,以御下苛刻,为军吏刃伤,出知济州。绍圣二年(1095),复入为太常少卿,进秘书监。三年,拜集贤殿修撰、知明州。熙宁初,以善于交结要人子弟,被称为"衙内钻"。

王子颓(? —前 673) 春秋时周庄王庶子。周惠王之叔。惠王二年(前 675),在五大夫(蒍国、边伯、子禽、祝危、詹父)支持下进攻周惠王,失败奔卫,卫和南燕出兵助其伐周,被立为王。次年,郑厉公调解王室冲突未成,遂执南燕伯仲父,迎惠王回郑。四年,郑厉公和虢叔率兵攻入王城,他和五大夫被杀,惠王复位。

王子午 即"子庚"。

王子武庚 即"武庚"。

王子余臣(? —前 760) 或作王子余,又称携王。西周末人。周幽王之子。犬戎灭周,幽王死,申侯、鲁侯、许文公前已立原太子宜臼于申,是为平王。虢公翰又立之于携(在今陕西境内),二王并立。平王十一年(前 760),他为晋文侯所杀。

王子院 官署名。辽代北面官。掌王子各帐之事。设王子太师、太保、司徒、司空等职。

王子直(? —554) 北朝时京兆杜陵(今陕西西安东南)人,字孝正。北魏正光中,从临淮王元彧援寿春(今安徽寿县),击杀梁将夏侯景超,并受命招抚淮南流亡。北魏末,随雍州刺史贺拔岳入关,为开府主簿。西魏大统初,率军镇压南山屠各胡。大统四年(538),从宇文泰解洛阳围,大败东魏军。兼尚书左丞,出为秦州总管府司马。又随陇右大都督独孤信击破叛西魏之凉州刺史宇文仲和,并经略陇右。恭帝初,征拜黄门侍郎。卒于位。

王仔昔(? —1117) 北宋洪州(治今江西南昌)人。自称遇许逊(许真君),得道术,能道人未来事。出游嵩山。政和中,徽宗召见,赐号"冲隐处士",进封"通妙先生"。建议九鼎神器不可藏于外,遂在禁中建阁贮放。徽宗常待以客礼。后为道士林灵素陷害,下开封府狱死。

王紫稼 明末清初苏州(今属江苏)人,一名子嘉,又作子玠。戏曲演员。顺治间,曾在北京演唱,显贵多与往还。后又返苏州。善新声，以饰演《西厢记》红娘，名重一时。后为御史李森先所逮捕，枷死于苏州。

王自用(？—1633) 明陕西宜川人，一说绥德人，别号紫金梁。崇祯四年(1631)随王嘉胤起义军入晋，任左丞。王嘉胤死后，联合各路起义军组成三十六营，为盟主，拥众二十余万。次年与张献忠克辽州。六年战死于济源(今属河南)。一说八年战死于太和(今属安徽)。

王宗佶(？—908) 唐末五代洪州(今江西南昌)人。前蜀高祖王建养子，本姓甘氏。佐王建据蜀，多立军功，累迁武信军节度使，封晋国公。王建称帝，拜中书令。恃功骄恣，多树党友，与内枢密使唐道袭倾轧。及罢相，谋作乱。道袭益毁之，遂为高祖所杀。

王宗沐(1523—1591) 明临海(今属浙江)人，字新甫，号敬所。嘉靖进士。授刑部主事。任江西提学副使时，修白鹿洞书院，引诸生讲习其中。后迁山西布政使，改广西左布政使，再补山东。隆庆五年(1571)为右副都御史，总督漕运，兼巡抚凤阳。后迁南京刑部右侍郎，召改工部，寻进刑部左侍郎。万历九年(1581)以京察拾遗罢归。著有《宋元资治通鉴》、《海运详考》、《海运志》、《敬所文集》等。

王宗望(1023—1099) 北宋光州固始(今属河南)人，字磻叟。以荫入仕，累擢夔州路转运副使。哲宗初，击平万州(今属重庆)兵乱。历仓部郎中、司农少卿，为江淮发运使，开支氏渠，导涟水通淮河以利航运。后任都水使者，力主勒黄河回东流故道，闭北流，创立金堤七十里。迁河北都转运使。擢工部侍郎，知郓州。

王宗献(？—1846) 清湖南祁阳人。初在东安进行秘密结社，拥有会众数百人。道光二十六年(1846)九月组织起义，占据芦洪司(今东安东北)，与土豪劣绅进行斗争，受到当地地主团练的围攻。后率起义群众转战至祁阳县文明铺，被清军追杀。

王宗炎(1755—1826) 清浙江萧山人，原名琰，字以除，号谷塍，晚号晚闻居士。乾隆进士。学问渊博，藏书甚富，筑十万卷楼。工古文词，研习经史。喜提掖后进，汤金钊曾师事之。著有《晚闻居士遗集》。

王族 ❶王的部属。《国语·楚语上》："楚师可料也，在中军王族而已。"《左传·成公十六年》："楚之良，在其中军王族而已。"均指军中王所属族人。❷商代与军事有关的组织。如卜辞有"已亥贞，命王族追召方，及于……"(《战后南北所见甲骨录》明第六百十六片)，即命王族与召方作战之事。有学者认为是商王所自出的父权家族。一说与❶所述《国语》、《左传》的意义相同，与多子族对称。

王尊 西汉涿郡高阳(今河北高阳东)人，字子赣。少孤，牧羊泽中。初为郡小吏，称病辞。旋师事郡文学官，治《尚书》、《论语》，略通大义。元帝时任安定太守，诛锄豪强，威震郡中。后坐事免职。复起为护羌将军转校尉，镇压羌人起义。成帝初，以司隶校尉劾奏丞相匡衡、御史大夫张谭阿谀曲从秉权宦官石显等。旋以"涂污宰相，摧辱公卿"遭御史劾奏，左迁高陵令。后南山傰宗等聚众数百人攻打官府，京师城门为之警戒，又拜谏大夫，守京辅都尉，率兵镇压。后历任徐州刺史、东郡太守。数岁，卒官。

王左挂(？—1630) 明陕西清涧人，一说宜川人。又名王之爵。崇祯元年(1628)起义于宜川、洛川、清涧。二年攻韩城龙门渡，击毙千总王佐，转战真宁、耀州。破洪承畴包围，攻部阳。三年受挫，降延安知府张辇。不久欲再举于绥德，事泄被杀。

王佐 ❶(1126—1191)南宋越州山阴(今浙江绍兴)人，字宣子。绍兴十八年(1148)状元。二十一年，为秘书省校书郎。时秦桧当政，桧子熺提举秘书省，他未尝与交一语。桧死熺斥，起为吏部员外郎。历知永、吉、临安等州府，政颇简直。淳熙六年(1179)，知潭州，因镇压陈峒起义，超拜显谟阁待制，进权户部尚书。奉祠卒。❷明浙江鄞县人，字翼卿。万历进士。历任南昌知府、江西布政使，以副都御史巡抚江西。熹宗即位，拜工部尚书。天启二年(1622)致仕归。卒年七十三。

wǎng

网罟 一种捕鱼工具。传说庖牺氏已使用。新石器时代遗址中已有发现，如形制大小各异，由石、陶、蚌壳制作之网坠、木浮标等。1958年陕西宝鸡市出土一件新石器时代仿独木舟烧制陶壶，两侧绘有鱼网状花纹，是当时人们乘船撒网捕鱼之艺术反映。周代，网具已多样化，据《诗经》记载，除一般称之为网外，还有罛(大鱼网)、九罭(一种带有许多囊，捕小鱼用的网)、汕(撩网)、罩(竹制鱼笼)等。适用于不同水域捕取不同鱼类。

网师园 园林名。在今江苏苏州市。原为南宋侍郎史正志"万卷堂"故址，清乾隆三十五年(1770)更名网师园。中间池塘，环以亭台轩榭，西为院落，西南角开一泉，南墙下山峰罗列。园内幽深曲折，占地约九市亩，建筑占地三分之一，为江南中型古典园林之代表。为全国重点文物保护单位。

网梭船 亦称网船。明代兵船。定海、临海、象山一带制造。形如织梭，竹桅布帆，吃水七、八寸，仅容二、三人。行驶灵活迅速，遇风涛可移入山麓。供联络、哨探之用。

网状纹 古代陶器纹饰。是以交错线条构成的网形。为陶器成型后以拍拍印、或以尖形工具刻划而成，也有彩绘的。多见于新石器时代。

枉法赃 罪行名。唐律六赃之一。指主管官吏受人财而枉法的赃物。唐律规定，赃一尺杖一百，一匹加一等(徒一年)，十五匹绞。

枉渚 ❶"枉"指枉水，源出今湖南常德市南金霞山，东北流经善德山入沅江；"渚"一作"陼"，枉水注入沅江的小水湾，在常德市南。《水经·沅水注》：沅水"又东历小湾，谓之枉渚。"《楚辞·九章·涉江》："朝发枉渚兮，夕宿辰阳(今辰溪县西南)。"❷今甘肃两当县南三十里琵琶洲，洲渚迂回，人迹罕到，称为枉渚，其下流注入嘉陵江。唐杜甫《两当县吴十侍御江上宅》诗："鹍鸡号枉渚"，即此。

罔萌讹 西夏党项人。夏惠宗母梁太后侍臣。乾道元年(1068)，谋隐匿杀宋知军杨定凶手，与国相梁乙埋有隙；又谋以宋降臣景询易夏臣嵬名山。次年，受太后遣与宋使定地界。天赐礼盛国庆元年(1069)，遣宋贺正旦，不至而还。大安七年(1081)，夏将李清说惠宗以河南地归宋，太后知之，与他定谋置酒诱李清，执而杀之，囚禁惠宗。

罔氏 ❶西夏党项族姓。❷党项人。宋银州防御使李光旷妻，党项首领夏国王李继迁母。宋雍熙元年(984)宋将曹光实袭破地斤泽时，被俘。淳化五年(994)继迁降宋，被封为河西郡太夫人，留养京师。继迁复叛，被羁于延州(今陕西延安)，病死。❸(?—1007)党项人。李继迁妻，生德明。❹(?—1165)党项人。夏仁宗仁孝妻，大庆元年(1140)立为皇后。聪慧知书，爱行汉礼。在宫禁中立小学，常与仁孝议政，对仁孝各项施政多所赞助。

往来国信所 官署名。北宋景德四年(1007)置管勾往来国信司，属内侍省。后改称。掌宋辽通使交聘事务，管勾官二人，以都知、押班充任。元丰改制后属鸿胪寺。南宋并归礼部。

往流 又译罔留、翁里郭特。蒙古语音译，意为"王的人民"。明蒙古部名。因元代此部分人为斡赤斤后王属民，故名。明置泰宁卫。今翁牛特旗名来源于此。

往五天竺国传 书名。唐僧人慧超撰。记其在印度各地求法时见闻，间记西亚、中亚各国情况。书虽残缺不全，仍可补史缺略，有史料价值。原书久佚。二十世纪初法国伯希和在敦煌石室中发现此残卷，首尾皆缺，无书名及撰者。经罗振玉发现慧琳《一切经音义》卷一百载有慧(或作惠)超《往五天竺国传》，与此残卷相合，始知其名。卷中有"开元十五年十一月上旬至安西，于时节度大使赵君"，此赵君即赵颐贞，时为安西副大都护(新、旧《唐书·玄宗纪》)，知慧超于此年自陆路回国。有罗振玉《敦煌石室遗书》校录札记本一卷及日本藤田丰八《笺释》本。

辋川 即辋谷水。在今陕西蓝田县南，源出秦岭北麓，北流至县南入灞水。以诸水所会如车辋环辏，故名。唐诗人王维曾得宋之问别墅于辋口，称"辋口庄"，辋水周于舍下。尝聚其田园所为诗，号《辋川集》。

辋口庄 见"辋川"。

魍港 始见于明。陈第《东番记》："东番在澎湖外洋中，……其地起魍港、加老湾……"杜臻《澎湖台湾述略》："自新港社西南五十里至麻豆社，水西出，曰莽港，即陈第所谓魍港也。"一作茅港。乾隆余文仪《台湾府志》台湾县图有茅港，即是。在今台南县西南茅港村。

wàng

妄念 佛教名词。指虚妄见和虚妄心识(念)。佛教认为客观世界为虚幻，故在此基础上产生的一切认识，均被称为虚妄见；凡夫俗子贪着六尘境界之心，被称为虚妄心识(念)。《坛经·坐禅品》："人性本净，由妄念故，盖复真如，但无妄想性自清净。"

旺出儿监藏(?—1325) 元乌思藏萨斯迦(今西藏萨迦)人。至治三年(1323)立为帝师。

旺古 即"汪古"。

旺钦巴勒(1795—1847) 清内蒙古卓索图盟土默特右旗(今辽宁北票)人。蒙古族。汉名宝金山。曾任本旗协理台吉。道光二十一年(1841)鸦片战争时，奉命率本旗蒙古军在营口附近重创英国侵略军。喜文学，熟通蒙、满、汉文。著作有《大元盛世青史演义》，未竟稿。后由其子尹湛纳希续成。

旺兀察都 见"中都❷"。

望 ❶古族名。唐时分布在澜沧江以西及永昌西北(今云南思茅、临沧、保山一带)，受南诏管辖。其被征为兵者，甚武勇，称"望苴子"。为佤族先民。❷西汉时东瓯越人首领。继父摇为东海王。汉建元三年(前138)，闽越王郢率兵进犯，告急，武帝派严助发会稽兵解围，乃请归汉，率众迁居江淮。❸唐、宋州县的等级名。参见"紧"。

望蔡县 东汉灵帝中平中，汝南郡上蔡县民徙分建城县地置上蔡县，西晋太康元年(280)以县人思念改为望蔡县。治今江西上高县。属豫章郡。隋开皇九年(589)并入建昌县。

望都县 ❶西汉置。治今河北唐县东北高昌店。属中山国。北魏改属北平郡。北齐省入北平县。隋开皇六年(586)复置，大业初废。唐武德四年(621)又分安喜、北平二县置，治今定州市东南，属定州。贞观八年(634)移治今望都县。五代梁龙德二年(922)，晋王李存勗追败契丹主阿保机于此。金改为庆都县。清乾隆十一年(1746)复改为望都县。❷辽太祖以所俘望都县户置。治今河北卢龙县南。属平州。金大定七年(1167)改为海山县。

望海岛 古代重要算题。三国魏刘徽《海岛算经》第一问。立等高两表，与岛峰参相直。从两表却行，人目著地，取望岛峰，与表末参合。两却行之差为相多。则

$$岛高=\frac{表高\times表间}{相多}+表高,$$

$$前表去岛=\frac{前表却行\times表间}{相多}。$$

其法与日高术相同，是为重差术的基本方法。《海岛算经》本名《重差》，单行后因此问而得名。

望海埚 地名。在今辽宁大连市东北。地高临海，形势险要。明洪武初，耿忠在此筑堡以备倭。永乐年间总兵刘江复加增筑，永乐十七年(1419)倭寇来侵，尽为所歼。

望汉城 在今四川理县东。唐大历十二年(777)，西川节度使崔宁破吐蕃于望汉城，即此。

望候郎 官名。魏晋时置，为太史令属吏，定员二十，职责为观测天象。

望建河 古河名。见《旧唐书·室韦传》。即今

额尔古纳河。

望江县 隋开皇十八年(598)改义乡县置。治今安徽望江县。属熙州。大业中属同安郡。唐初曾为高州、智州治。后属舒州。宋属安庆府。元属安庆路。明清属安庆府。

望京馆 辽以孙侯馆改名,即今北京市朝阳区望京。为中京大定府(治今内蒙古宁城县西南大明城)通往南京析津府(治今北京城西南隅)使臣最后宿息之所。北宋大中祥符五年(1012)王曾使辽、治平四年(1067)陈襄使辽、熙宁八年(1075)沈括使辽,并经此。

望苴子蛮 唐代澜沧江以西之“望蛮”。南诏征之为兵,勇捷善战,称之为“望苴子”。南诏白蛮语:“苴,俊也。”“苴子”,当为勇士之意。参见“望❶”。

望楼车 见“巢车”。

望蛮 即“望❶”。

望气 古代占星术中的一种。又名望云气、候气、望氛等。《左传·僖公五年》:“春,王正月。辛亥朔,日南至。公既视朔,遂登观台以望,而书。礼也。凡分、至、启、闭,必书云物。”孔颖达疏:“诸侯有观台,所以望气祥也。公……登观台之上,以瞻望云及物之气色。”又《左传·昭公二十年》:“春,王二月己丑,日南至。梓慎望氛曰。”杜预注:“氛,气也。”据《史记·天官书》,望气所观察的客体有不同地区的地气:“自华以南,气下黑上赤。”大队人群运动所扬起的尘埃色彩和形状:“徒气白,土功气黄。车气乍高乍下,往往而聚。骑气卑而布。”云的颜色和形状:“稍云精白者,其将悍,其士怯。……阵云如立垣。杼云类杼。轴云抟两端兑(锐),……诸此云见,以五色合占。”海市蜃楼现象:“海旁蜃气象楼台,广野气成宫阙然。”日旁的大气光学现象:“两军相当,日晕;……抱为和,背不和。……白虹屈短,上下兑,有者下大流血。”乃至现今所谓的北极光(如“卿云”)、气象现象(雷、电、蝦[霞]、虹、辟历[霹雳])”等。望气在后世有不同的发展。比较《隋书·天文志》所载可知:对云的观测发展出预报风、雨等气象突变的内容,与日旁气及和军事有关的望气得到很详细的阐述。至于《史记·天官书》中所提到的所谓藏钱币及金宝之处,上必有气之类的说法则未见复述。

望气台 战国韩国台名。在今河南延津西南。郦道元《水经注》卷八:酸枣“城西有韩王望气台”。

望乘 商人。武丁时将领(见殷墟甲骨文)。常随王或奉命出征,地位与*沚馘相同。

望士 官名。望士,即有声望之人士。北魏孝明帝孝昌二年(526)置望士之官四百人,称为望士队,以“肺腑之族”有武艺者充任。

望士队 见“望士”。

望舒 战国时楚国人祭祀的月亮神的驾车者。屈原《离骚》:“前望舒使先驱兮。”王逸注:“望舒,月御也。”

望亭 即今江苏吴县西北望亭。三国吴置御亭,隋开皇时置驿。唐时常州刺史李袭誉改名。光启中于此置屯。光化元年(898),钱镠将顾全武拔苏州,追败淮南将周本于此。为运河所经,唐至德时即置有堰牐,宋时屡经修建,有漕运、灌溉之利。

望筒 见“窥管”。

望厦条约 即“中美五口贸易章程”。美国强加给中国的不平等条约。清道光二十四年五月十八日(1844.7.3)两广总督耆英与美国专使顾盛在澳门附近望厦村签订。凡三十四款,附有《海关税则》。主要内容:规定美国享受协定关税、五口通商、领事裁判权、片面最惠国等特权,比《南京条约》又有扩大;准许美国人在通商口岸租地建楼,设立教堂、医院;美国兵船可任意到中国沿海各港口“巡查贸易”。

望乡 唐玄宗时,命天下各乡取耆年宿望,谙识事宜之乡绅为望乡。开元二十九年(741)定制,上、中、下县分别不得超过二十人、十五人、十人,长安、万年两县各不得过五十人,太原、上党、晋阳三县各不得过三十人。

望夷宫 秦代宫名。故址在今陕西咸阳市东北四十里顺陵村东北,北临泾水,以望北夷,故名。据《史记·秦始皇本纪》,秦二世三年(前207),二世“斋于望夷宫”,赵高乘机指使其婿咸阳令阎乐逼二世自杀于此。

望云县 辽置。因在望云川地得名。治今河北赤城县北。属奉圣州。金因之。元世祖至元二年(1265)省入云州。

望诊遵经 书名。二卷。清汪宏撰。宏字广庵,安徽歙县人。成书并刻于光绪元年(1875)。是从《内经》、《难经》、《伤寒杂病论》等著作中搜集有关资料编纂而成。上卷叙述望诊重要性,及其掌握运用的基本原则,包括周身部位、四时、五方、气质等因素,阐明气色与病证关系。下卷分述体表各部位的望诊提纲以及汗、血、便、溺、痰、月经的变化。该书是一本与临床实际联系密切的望诊专著,有一定影响。

望诸 泽薮名。即“孟诸”。

望柱 建筑构件。立于每段钩阑(栏杆)或栏板两端、顶端带有雕刻的柱子。断面有方、圆、八角、多瓣形(瓜楞),柱头雕刻式样有莲、狮、卷云、盘龙等。墓道两侧也有用望柱者,陵墓前的墓表亦称望柱。自宋一直沿用至清。

望族 魏、晋、南北朝时各州大姓谓之望族。后为泛称,指有声望的家族。

wēi

危方 商代方国(见殷墟甲骨文)。商王多次征伐,曾擒杀其首领。其地有学者认为在今河南永城与安徽宿州之间。

危全讽(?—909) 唐末五代初临川南城(今江西南城东南)人。家世业农。乾符末,为讨捕将,曾镇压当地起义军。中和五年(885),乘隙入据抚州(今江西临川),为刺史。在任延揽宾客,招怀流散,兴修署郭,不数年抚州城完如故。后归附钟传。天祐三年(906)传卒,淮南杨行密军下洪州(今江西南昌),虏钟传子匡时,他自称江西留后,得外援,一时军势复盛。五年,为吴将周本所俘,送扬州,次年卒。

危素(1303—1372) 元抚州金溪(今属江西)人,字太朴。至正元年(1341),以大臣荐授经筵检讨。历官国子助教、翰林编修、太常博士、监察御史、大司农丞、礼部尚书等。预修宋、辽、金三史。十八年,参议中书省事,兼经筵官。二十年,拜参知政事。二十四年,除翰林学士承旨。及孛罗帖木儿入相,出为岭北行省左丞。次年,弃官居房山(今属北京)。二十八年(洪武元年)闰七月,顺帝北奔,淮王帖木儿不花监国,复起为翰林学士承旨。明兵入大都,劝止明兵入史库,《元实录》得存。应召至南京。洪武二年(1369),授翰林侍讲学士。太祖数访以元兴亡之故,且令撰《皇陵碑》。次年,兼弘文馆学士。同年冬,被御史劾以"亡国之臣,不宜重用",免官,出居和州含山(今属安徽)。有《尔雅略义》、《元海运志》、《危太朴集》。

危宿 ❶星官名。二十八宿之一。北方玄武七宿的第五宿。有星三颗:危宿一(宝瓶座 α)在天赤道上,危宿二(飞马座 θ),危宿三(飞马座 ε)。以南星为距星。《史记·天官书》:"危为盖屋。"司马贞索隐:"宋均云:危上一星高,旁两星隋下,似乎盖屋也。"《礼记·月令》:"仲夏之月,旦,危中;孟冬之月,昏,危中。"❷天区名。除主体危宿星官外,还有人星、杵星、臼星、车府、天钩、造父、盖屋、虚梁、天钱等星官,以及附座坟墓等共包含十个星官。

危须国 汉时王治危须城,在今新疆和硕县一带。属西域都护。后并于焉耆。

危亦林(1277—1347) 元南丰(今属江西)人,字达斋。曾任南丰医学教授。家世业医,积五世医方,著《世医得效方》,其中有关于麻醉药物的使用方法;关于骨折复位之悬吊复位法,为世界最早之创造。

危稹 南宋抚州临川(今属江西)人,旧名科,字逢吉,号巽斋。淳熙进士。调南康军教授,累迁诸王宫教授,请立宗子学,行课试法如太学、武学。擢著作郎兼屯田郎官。曾对宁宗论宋金间和、战、守三者关系,请专意于守。出知潮州,坐事奉祠。久之,知漳州。漳俗视不葬亲为常,乃筑义冢。又兴学校,劾贪吏,奏请免除每年经、总制及无名钱五千余缗。卒年七十四。著有《巽斋集》。

威楚城 南诏立国前爨族酋长威楚筑城居此,因名。即今云南楚雄市。

威楚府 大理国以威楚城置。治今云南楚雄市。辖境相当今云南楚雄彝族自治州及思茅地区大部。蒙古宪宗六年(1256)改为万户府,至元八年(1271)改为路。

威楚路 蒙古宪宗六年(1256)置威楚万户府,至元八年(1271)改为威楚路。治威楚(今云南楚雄市)。属云南行省。辖境相当今云南楚雄、牟定、南华、双柏、景东、镇沅、景谷等市、县地,明洪武十五年(1382)改名楚雄府。

威德城 在今辽宁朝阳市东北。《资治通鉴》:东晋建元二年(344)前燕慕容皝伐宇文逸豆归,逸豆归遣南罗大涉夜干逆战,为燕军斩杀,遂克其都城,逸豆归走死漠北,"更命涉夜干所居城曰威德城"。胡三省注:"南罗,城名。大,城大也。慕容既克宇文,改南罗城为威德城。"

威定王 元代诸王封号,授驼纽金印。大德九年(1305),阿里不哥子药木忽尔由定远王进封。

威蕃城 在今四川北川县西。即唐之威蕃栅,为吐蕃通川北要道所经。宋称威蕃亭。神宗时筑城,扼其冲要,防御静州蛮来攻。

威福军司 全称黑山威福监军司。西夏监军司名。景宗元昊建国初所建十二监军司之一。驻地在河套地区。防卫契丹。

威海卫熸师记 书名。清末罗惇曧撰。所记光绪二十一年(1895)春北洋海军覆没情形相当简明。为中日甲午战争的重要史料。

威海卫水师学校 学校名。又名山东刘公岛水师学堂。清光绪十五年(1889)北洋海军提督丁汝昌开办;次年开学。丁汝昌任总办,聘美国人马吉芬(Philo N. McGiffin)为教习。课程有英国语言文字、史论、算学、海图、星象、测量、格致等门,以培养枪炮、水鱼雷、船艺等军事人才。学生从上海、广东和福建招收三十六名。

威海卫之战 中日甲午战争中著名战役。黄海海战后,李鸿章令海军避战自保,使北洋舰队困守威海卫(今山东威海市)基地。清光绪二十年十二月二十五日(1895.1.20),日军出动二十五艘兵舰运送陆军二万余人在荣城湾登陆,并以军舰封锁港口。次年正月,南岸炮台经三天激战后被攻陷。旋北岸炮台不战自溃。北洋舰队受敌水陆夹攻,爱国官兵仍英勇抵抗,击沉敌舰两艘和鱼雷艇五艘。北洋舰队先后有四艘军舰被击沉,十二艘鱼雷艇突围被掳,人员伤亡惨重。北洋海军中的洋员煽动部分兵弁哗变,胁迫丁汝昌投降。二月十八日丁汝昌拒绝投降,被迫自杀。余舰十一艘为日军所获。至此北洋海军彻底覆亡。

威靖王 元代诸王封号,授螭纽金印。泰定二年(1325),泰定帝岳父、弘吉剌部火留察儿受封。

威垒 或为春秋时秦官名。《史记·秦本纪》:"大庶长弗忌、威垒三父废太子而立出子为君。"冈白驹曰:"大庶长、威垒官名,弗忌、三父人名。"陈直赞成其说,云:"威垒虽不见于其他文献,当与汉代中垒校尉相似。"说见《史记新证》。中华书局标点本以"威垒"为人名。又《史记·秦始皇本纪》后附记,"威垒"作"威累"。

威龙州长官司 土司名。明置。在今四川米易县西北部。元至元十五年(1278)置威龙州。明洪武七年(1374),云南大理人张起朝随征月鲁帖木儿,因军功授威龙州土知州职,旋改长官司(一说洪武十八年吉撒如归附,仍为威龙州)。清顺治十六年(1659)其裔孙归附,仍授此职。所属有倮罗等。

威陇将军 将军名号。南朝梁置。武帝天监七年(508)定为施用于境外的武职二十四班中的十五班,拟智武将军等号,大通三年(529)定制后,仍拟智武将军等号。

威茂土丁 南宋乡兵之一。孝宗乾道七年(1171),于威州、茂州各设土丁二百名。威州土兵,月给米三斗,足资糊口,骁捷可用。茂州土兵则甚贫困,多为羌人佣耕,每逢操练,竟借威州土兵衣甲器械。

威宁府 清康熙五年(1666)以乌撒土府改流置府。治今贵州威宁县。辖境相当今威宁县一带。属贵州省。雍正七年(1729)降为州。

威宁海子 湖泊名。在今内蒙古商都东南。明塞下属部驻牧处。成化十六年(1480)王越袭败蒙古于此。

威宁州 清雍正七年(1729)降威宁府置。治今贵州威宁县。属大定府。1913年降为威宁县。

威戎军 ❶唐置。在今四川汶川县境。后地入吐蕃。北宋政和六年(1116)收复,改名延宁,后废为寨。❷唐开元二十六年(738)置。治新城(今青海门源县)。宝应元年(762)地入吐蕃。

威胜军 见"义胜军❶"。

威顺王 元代诸王封号,授螭纽金印。泰定三年(1326),世祖第九子脱欢之子宽彻普化受封。

威妥玛(Thomas Francis Wade,1818—1895) 英国外交官。清道光二十一年(1841)随英军侵华。咸丰二年(1852)任英国驻上海副领事。四年,英、法、美取得上海海关控制权后,任江海关第一任外人税务司。八年,任英国侵华全权代表额尔金翻译,参与迫订中英《天津条约》、《北京条约》。后任英国驻华使馆参赞。同治五年(1866)向清政府呈递《新议略论》。十年任英国驻华公使。光绪二年(1876)借口马嘉理案,强迫清政府签订《烟台条约》。九年退职回国。在华期间曾编汉语课本《语言自迩集》,设计拉丁字母拼写汉字,其拼法称威妥玛式,为过去所沿用。

威卫 隋初置领军府,炀帝改屯卫。唐初因之,龙朔二年(662)改威卫,别置屯营。光宅元年(684)改豹韬卫,神龙元年(705)复旧。皆分左右,各置大将军一人,正三品,将军二人,从三品。下有长史、录事参军及仓、兵、骑、胄等曹参军事。掌宫禁宿卫,位次武卫下,并分兵主守皇城东面助铺。各统有翊府及数十折冲府,其军士名羽林。

威武城 五代前蜀筑。在今陕西凤县东北。周显德二年(955),王景伐后蜀,与后蜀将李廷珪等战于威武城东,即此。

威武将军 官名。明末李自成农民军政府所设武官。五品,位次于果毅将军。崇祯十六年(1643)在襄阳始设。中营制将军下,设正、副、左、右各一人;左营制将军下,设一人;通达卫、襄阳卫各设左右二人;汝宁卫设一人,其他各营、卫则不设。

威武军 ❶唐方镇名。乾宁四年(897)升福建观察使为威武军节度使,治福州(今属福建)。领福、泉、建、汀四州,约当今福建除华安、漳州、龙海以南外的全省之地。五代时,为王潮、王审知等割据。后周广顺元年(951),改为彰武军。❷唐禁军名。约肃宗时置,代宗广德以后无闻。

威武西宁王 元代诸王封号,授驼纽金印。大德八年(1304),察合台后裔出伯受封。

威严将军铁炮 见"神威将军炮"。

威仪 两晋及南朝官员特赐之随从。因手持仪仗,称为威仪。时尚书令、仆和御史中丞,各有威仪十人。南朝齐国学内亦有威仪二人。

威仪司 官署名。元代管理道教事务之机构,设于各县,掌理道人词讼。凡遇道人与百姓发生词讼,则与地方官府共同处理。

威远城 俗名呜咽城。明末清初重要军事城堡之一,位于山海关东一公里处的欢喜岭上。顺治元年(1644)四月,清军入关之前,在此驻防设营。明守将吴三桂为抵抗农民军的进攻,亲赴城内向清军统帅多尔衮乞降。今遗址犹存。

威远将军 将军名号。三国吴置。权任很重,孙邵以丞相兼任此职。三国魏、两晋时地位稍低,五品。十六国西凉沿置。北魏太和十七年(493)定为五品,二十三年改为从五品。北周沿置,命品不详。麴氏高昌国亦置,位在鹰扬将军之下。见《吐鲁番出土文书》第三册《阿斯塔那一五五号墓文书》。

威远六营 见"神机营"。

威远炮 管形火器。明以旧制大将军炮改装。原大将军炮周围铁箍,且点放亦不准。此炮身改为光素,装药处加厚,前后装准星、照门。分大小二号;二号长二尺八寸,口径二寸二分,重一百二十斤,火门上有活盖,以防阴雨。用药八两,射大铅子一枚重三斤六两,小铅子一百枚,每个重六钱。发射时将炮口垫高,依垫高尺寸,射程有所不同。若垫高三寸,大铅子可远射达十里余,小铅子四五里,阔散四十余步。一号重二百斤,车载行,大铅子重六斤,远可二十里。其炮后坐不大,点放较便。

威远石炮 明末兵器。石制。形如腰鼓,内装火药与散弹百枚,口塞以大石弹,引线处封蜡以防水浸入。使用时预伏敌人将临之处,点燃引线即可杀敌,威力达方圆数里。

威远赕 宋大理国置,驻地即今云南景谷县。元至元二十五年(1288)改为威远州。明洪武中升为威远府,旋废,后又复置为威远州。清雍正三年(1725)改为威远厅。

威远厅 清雍正三年(1725)以威远州改置直隶厅。治今云南景谷县。属云南省。乾隆三十五年(1770)降为散厅,属普洱府。1913年废厅为县,1914年改名景谷县。

威远王 元代诸王封号,授驼纽金印。至治三年(1323),察合台后裔忽都帖木儿受封。

威远卫 明正统三年(1438)置并筑堡。在今山西右玉县南。清顺治十年(1653)废为城。

威远营 ❶唐禁军名。肃宗时已置,分左右,属鸿胪寺。建中元年(780)改隶金吾卫。元和二年(807)英武军废入其营。天祐二年(905)废。❷地名。在明蛮莫安抚司治所(今缅甸八莫)附近。万历中,参将刘綎用兵西南,于其地建大将行署,召孟养、木邦、孟密、陇川诸土司歃血盟誓,立碑为记,其地因而得名。

威远州 元至元十二年(1275)以威远赕改置。治今云南景谷县。隶威楚路。明洪武十七年(1384)升为府,后废;三十五年复置威远州,直隶云南布政司。清改为厅。

威州 ❶唐大中三年(849)以安乐州改名威州。治今宁夏同心县东北韦州。辖境约当今宁夏中卫县以东、同心县以北、吴忠市以南地区。后废。西夏置韦州。蒙古废。❷本维州,北宋景祐三年(1036)以与潍州声相乱,改为威州(《宋史·地理志》)。治保宁县(今理县东北)。辖境相当今四川理县地。属成都府路。元至元十九年(1282)省保宁入州,为宣政院辖地。明宣德中移治今汶川县,有今理县及汶川县部分地区。属成都府。清雍正五年(1727)废入保县。

威州大索桥 一名绳桥,古代又称为"笮",是羌族传统的建筑艺术。因横跨威州(治今四川汶川)境内岷江与杂谷脑河交叉处,故名。相传始建于唐代,全长100余米,宽1.5米。桥两岸垒石为洞门,以二十四根木柱,系拳头粗大的竹绳,二十根为底,上铺木板,左右以竹绳为栏,跨越江上,以便交通往来。

微 ❶商代畿内国名。子姓,帝乙长子微子启所封,在今山西潞城东北。❷古族名。曾参与周武王伐纣八国之一。《书·牧誓》:"及庸、蜀、羌、髳、微、卢、彭、濮人。"居今四川彭山。一说在今陕西眉县。❸即"上甲微"。

微分 算学术语。(1)面积、体积之奇零部分。刘徽开方、开立方不尽时,求其微数,以微数为分。他求圆周率云"得三千七十二觚之幂,而裁其微分"。分割堑堵"至细曰微,微则无形"。是将面积、体积看成微分的积累的思想,因而称为积分。(2)清末李善兰与伟烈亚力翻译《代微积拾级》所使用的微积分学基本概念,表示$dy=f'(x)dx$,为刘徽思想与现代数学之会通,并以"微"之偏旁"彳"作为其符号,如彳即dx。

微积溯源 书名。英国华莱士(W. Wallace)原著。八卷。清华蘅芳同英国傅兰雅合译,同治十二年(1873)初刊。乃继《代微积拾级》之后又一部介绍西方微积分的著作。前四卷论微分法及其应用,包括高阶导数,复合函数求导,求极值,曲线的切线、曲率,曲线与曲线相切,偏微分和全微分等内容;后四卷论积分法及其在求曲线弧长、面积和体积等问题中的应用,以及微分方程大意。

微数 算学术语。《九章算术》开方时遇到不可开的情形"当以面命之"。刘徽认为"虽粗相近,不可用也"。"不以面命之,加定法如前,求其微数",即十进分数逼近无理根。这种方法在求圆周率近似值时有重大作用,也开宋元间十进小数之先河。

微行 帝王和高级官员隐匿身份外出。

微阳县 西晋武帝时改建始县置。治今湖北竹山县西北。属上庸郡。南朝梁废。

微员 地位卑微之官员。特用于官员的谦称。

微至 指车轮正圆着地之处少。始见《考工记·官序》:"凡察车之道,欲其朴属而微至。不朴属,无以为完之也;不微至,无以为戚速也。"郑玄注:"微至,谓轮至地者少,言其圜甚,著地者微耳。著地者微,则易转,故不微至,无以为戚速。"

微子 即"微子启"。

微子开 即微子启。汉人避景帝刘启名讳,以开代启。

微子启 微或作魏,启或避汉景帝讳作开,又称殷公。商帝乙之长子,纣同母庶兄,名启。出生时,其母尚未立为正妃,因不得嗣(或说与纣异母,其母贱,故不得嗣),封于微(今山西潞城东北)。因见商代将亡,数谏纣王不听,遂出走。周武王伐纣,他持祭器前往军门,袒身反缚以告,武王释之,并复其位。周公东征平"三监"后,以他代替武庚奉守商祀,封于宋(今河南商丘),为宋国第一代国君。

艉舻 亦作威弧、葳瓠等。满语小船之意。独木船的别名。东北诸民族滨水而居者早期的生产和交通运输工具。制法,破取粗直树干,凿空而成。长二丈,宽容膝,头尖尾锐,利于行驶。

巍山𡶴屽图山遗址 南诏古迹。在今云南巍山彝族回族自治县𡶴屽图山,1959年试掘,得莲花纹瓦当、有字瓦、滴水、鸱吻、石柱础砖等。此地传说为南诏细奴逻未建政权前射耕之处。在南诏统一六诏统治中心移居洱海以前,此处曾为重要城镇。

wéi

韦 相传即豕韦国,祝融之后,彭姓,夏少康时封。在今河南滑县东南。《续汉书·郡国志》东郡白马县(今滑县东南)刘昭注引杜预云:"县东南有韦城。古豕韦氏之国。"为汤所灭。《国语·郑语》:"彭姓彭祖、豕韦诸稽,则商灭之矣。"

韦安石(651—714) 唐雍州万年(今陕西西安)人。举明经。累授乾封尉、雍州司兵。以苏良嗣荐,擢膳部员外郎、并州司马。有政绩,受武后表奖。历并、德、郑州刺史。性持重,为政清严。久视元年(700),拜鸾台侍郎、同凤阁鸾台平章事。武三思及张易之兄弟恃宠用权,数面折之,朝臣赞为"真宰相"。中宗、睿宗复位后,历任侍中、中书令,进爵郇国公。太平公主谋废太子(玄宗),欲引同谋,拒不往。后以事罢谪,愤懑卒。

韦澳 唐京兆杜陵(今陕西西安东南)人,字子斐。元和宰相韦贯之子。太和进士,又登宏词科,十年不仕。后入周墀幕府。历考功员外郎、史馆修撰。寻以本官知制诰,充翰林学士,累迁兵部侍郎、学士承旨。宣宗亲信之。大中八年(854)曾与商讨制伏宦官之策。十年,改京兆尹,逮捕国舅郑光庄吏,勒令出积年官赋,由是豪右敛迹。出为河阳节度使。懿宗朝,历平卢、邠宁二镇,迁河南尹。辞归樊川别业而卒。撰《处分语》,详载州郡风俗,宣宗派遣方镇刺史时,取以参考,已佚。

韦弁 冠名。韦系熟兽皮，即柔皮，弁即冠。韦弁即柔皮所制之冠。《荀子·大略》："士韦弁。"《周礼·司服》："凡兵事，韦弁服。"郑玄注："韦弁，以 韎韦为弁。"贾公彦疏："韎 是旧染谓赤色也，以赤色韦为弁。"

韦彪（？—89） 东汉扶风平陵（今陕西咸阳西北）人，字孟达。建武末，举孝廉，除郎中。明帝永平六年（63），召拜谒者，三迁魏郡太守。章帝时，历任左中郎将、长乐卫尉、奉车都尉、大鸿胪，备受恩宠。建议追录高祖、宣帝功臣；又选士宜以才行为先，不可纯以阀阅，尤应重二千石之选，多被纳用。元和二年（85）行司徒事，从帝巡狩，还，因病乞身。著书十二篇，号曰《韦卿子》。

韦斌（？—755） 唐京兆万年（今陕西西安）人。韦安石子。世为关中著姓。少善文艺。景云初，授太子通事舍人。天宝中，为中书舍人，兼集贤院学士、太常少卿。天宝五载（746），李林甫陷韦坚下狱，以亲属牵累贬巴陵、临安太守。安史之乱中，受伪黄门侍郎，旋忧愤卒。

韦昌辉（1826—1856） 清广西桂平人，祖籍广东，原名志正，又名正。一说壮族。地主出身，稍知文义。道光二十八年（1848）加入拜上帝会，后献家产，参加金田起义，任后护又副军师，领右军主将。太平军克永安（今蒙山）后，封北王。从永安突围北上，曾亲临指挥战斗。咸丰三年（1853）定都天京（今南京）后，与石达开协助杨秀清总理天朝军事、政治、外交大事。六年破江南大营后，赴江西督师。八月奉召回京议事，率部杀害杨秀清及其家属部众数千人。又欲诛杀石达开，继而围困天王府。十月被诛死。他先后残杀将士及家属二万多人（一说四万多人）。死后削封号。

韦朝元（1768或1771—1797） 清贵州南笼（今安龙）人，又名德明，小名阿成，号七绺须。布依族。农民出身。善拳通医，免费治病，被尊称为"韦大先生"。嘉庆二年（1797）与王囊仙等于南笼普坪率众起义，自任大王玉帝仙官，建元天顺，以当丈寨为仙城，并攻占城镇十余座。后遭清军围攻，寨破被俘，解京遇害。

韦承庆 唐郑州阳武（今河南原阳）人，字延休。韦思谦子。弱冠举进士，补雍王府参军，以文辞知名。仪凤中，累迁太子司仪郎。时太子李贤嗜声色，亲奴仆，上书切谏。后三掌天官选事，号称平允。长安四年（704），拜凤阁侍郎，同平章事。神龙元年（705），坐附张易之，流岭表。岁余，入为秘书员外少监，监修国史，寻卒。有集六十卷，已佚。

韦城县 隋开皇六年（586）分白马县置。治今河南滑县东南。属滑州。金时废入白马县。

韦冲（540—605） 隋京兆杜陵（今陕西西安东南）人，字世冲。家本关右著姓。仕北周，累迁汾州刺史。入隋，进位开府，兼散骑常侍，以能安抚南汾胡人，拜石州刺史。历任南宁州总管，检校括州事，镇压陶子定、罗慧方等起义军。开皇十五年（595），任营州总管，致力于怀抚靺鞨、契丹、奚、霫等族事。仁寿三年（603），拜民部尚书。女嫁豫章王杨暕为妃。

韦处厚（773—828） 唐京兆万年（今陕西西安）人，字德载，本名淳，避宪宗讳改。元和进士，又登才识兼茂科、贤良方正等科。初为咸阳尉，迁右拾遗，兼史职。修《德宗实录》五十卷，时称信史。历左补阙、户部郎中、知制诰。穆宗以其学有师法，召为翰林侍讲学士。与路隋合辑《六经法言》二十篇，以开导穆宗。敬宗初，李逢吉为相，谗害李绅，他极力救之。敬宗荒纵不理朝政，又上疏切谏。宝历二年（826），文宗继位，主持即位礼仪，以功拜中书侍郎、同平章事，监修国史，封灵昌郡公。善用人，重理财，数言裴度忠良，宜任用不疑。为官刚正，僚属不敢以私事请托，时称贤相。爱治学，藏书万卷，多自刊校。著有《大和国计》二十卷，文集七十卷，皆佚。

韦慈藏（644—约741） 唐京兆（治今陕西西安）人，名讯。以医术知名，为当时三大名医之一。天授初为侍御医，后曾任光禄卿。常带黑犬随行，施药济人。玄宗时擢官不受，赐号为"药王"。医家多祀之。

韦琮 唐人，字礼玉。进士出身。为殿中侍御史，坐讯狱不实，改太常博士。大中元年（847），为中书侍郎同平章事。次年，兼礼部尚书。因无所作为，罢为太子宾客，分司东都。

韦凑（658—722） 唐京兆万年（今陕西西安）人，字彦宗。永淳中，始任婺州参军，累迁扬州法曹参军，杖杀奸豪，远近称服。景龙中，迁将作少匠、司农少卿，出为贝州刺史。睿宗时，官太府少卿。切谏睿宗勿为二女金仙、玉真公主造观。开元中，历将作大匠、右卫大将军，数上书言事，多见采纳。迁河南尹，封彭城郡公。卒太原尹。

韦待价（？—约689） 唐雍州万年（今陕西西安）人。韦挺子。江夏王李道宗婿。初为左千牛备身。高宗时，累迁兰、肃州刺史，检校凉州都督。武后临朝，摄司空、护营乾陵。垂拱元年（685），以天官尚书同凤阁鸾台三品。无才识，铨选失当，为时所嗤。次年，拜文昌右相，仍知政事，累表辞职，不许。永昌元年（689），拜安息道行军大总管，进爵扶阳郡公。率军攻吐蕃，无将领之才，兵败除名，流绣州。寻卒。

韦丹（753—810） 唐京兆万年（今陕西西安）人，字文明。颜真卿外孙。明经及第。历咸阳尉，佐邠宁幕府。德宗时，累迁太子舍人、驾部员外郎。新罗国君死，受命往吊。旧例出使，可卖州县十官取钱，谓"私觌官"，他以所需请官府资助而不卖官。未成行，转为容州刺史。筑州城，兴学校，禁掠民为奴，置屯田，教种茶麦。入为谏议大夫。元和元年（806），刘辟反，力请诛讨。任晋慈隰州观察使。二年，改江西观察使。罢冗员，收其财，教民修瓦屋，官为制瓦，低价售民，筑捍江堤，凿斗门以排积水，为陂塘五百余处，灌田万余顷，颇著政声。后被诬告罢官，使未至而卒。

韦诞 三国时京兆杜陵（今陕西西安东南）人，字仲将。汉太仆韦端子。建安中，为郡上计吏。魏太和中,为武都太守,以能书改授侍中,迁中书监。官至光禄大夫,卒年七十五。善书法,与邯郸淳、卫觊等齐名。魏王室宝器铭题皆其所书。

韦番长官司 土司名。明洪武十五年(1382)改元韦番蛮夷长官司置。长官韦姓。唐末,其先祖随南宁州刺史龙得寿戍南宁(今贵州惠水县卧龙),守其地,号韦番,又号牟韦番,宋时曾入贡。元至元十五年(1278)归附,授长官职。入明,改韦番长官司。治今贵州惠水县西南,管韦番、山顶等处村寨,居民有布依族、苗族。

韦方质(? —690) 唐雍州万年(今陕西西安)人。韦云起孙。光宅元年(684),官至凤阁侍郎、同平章事。曾改修《垂拱格式》,多所损益。次年,同凤阁鸾台三品。武承嗣、武三思恃宠用事,诸宰相皆倾附之,唯其托疾不礼,不折节近戚。俄为酷吏周兴所陷,流死儋州(今属海南)。神龙初昭雪。

韦非 战国时人。曾为楚使齐,与齐湣王约定攻秦。见《战国纵横家书》十二。

韦皋(745—805) 唐京兆万年(今陕西西安)人,字城武。初为建陵(肃宗墓)挽郎,擢监察御史。建中三年(782),凤翔节度使张镒奏为营田判官,以殿中侍御史知陇州行营留后事。四年,朱泚反,遣使劝降,他选斩来使,因功拜陇州刺史、奉义军节度使。贞元元年(785),授成都尹、剑南西川节度使,联南诏,招东谢蛮,屡破吐蕃。西南西山羌女国、诃陵等八部酋长皆因请内附,以功兼云南安抚使。十三年,收复巂州(今四川西昌)。十七年,又分路出击吐蕃,进围维州(今四川理县),破吐蕃兵十万,生擒其内大相,以功封南康郡王,德宗制碑褒之。顺宗立,遣使求尽领剑南、三川(西川、东川、山南西道)之地,未遂,即表请太子(宪宗)监国,诋毁王叔文等,寻暴卒。

韦工中士 官名。西魏恭帝三年(556)置,北周沿置。冬官府司皮下大夫属官,掌皮革加工,正二命。下设韦工下士以佐其职。隋开皇元年(581)罢。

韦贯之(760—821) 唐京兆(治今陕西西安)人,名纯。因避宪宗讳,以字行。为人沉厚寡言,不附权幸。建中进士。贞元初,登贤良科。历校书郎、渭南尉、长安丞,礼、吏二部员外郎。元和三年(808),同杨於陵等为贤良考策官,因署牛僧儒、皇甫湜、李宗闵为上第,为宰相李吉甫所诉,贬巴州刺史。后征为礼部侍郎,选士抑浮华,趋竞者稍息。九年,为尚书右丞,同平章事。讨淮西吴元济之役,诸多建议不被采纳,后果如所料。为相严身律下,以清流品为先,门无杂宾。十一年,受倖臣诬构,罢为吏部侍郎,再贬湖南观察使,不以横赋加民。穆宗即位,擢河南尹。旋以工部尚书召,未行而卒。身居俭约,死后家无余财。有文集三十卷,已佚。

韦纥 隋铁勒之一部,亦即南北朝高车袁纥部。维吾尔族先祖。原游牧于土拉河北。开皇末,晋王杨广北征,于是铁勒诸部分散。大业元年(605),西突厥泥撅处罗可汗屠杀铁勒诸部首领,铁勒诸部反叛,时韦纥居于娑陵水(色楞格河),首领称俟斤。

韦后(? —710) 唐京兆万年(今陕西西安)人。中宗皇后。中宗为太子时,选为妃。嗣圣元年(684)立为后。旋中宗被废,随赴贬所。及中宗复位,干预朝政,使武三思掌权,以女安乐公主嫁三思子崇训。又杀功臣王同皎、敬晖、桓彦范;卖官鬻爵,大置员外官、斜封官,出卖度牒,滥营佛寺。后与安乐公主合谋毒死中宗,立少帝,亲族皆把持军政要职,欲临朝称制,仿武后所为。临淄王李隆基(玄宗)引兵入宫,乱兵杀之。

韦华 十六国时京兆(治今陕西西安)人。仕前秦为黄门郎,后归东晋。隆安初,帅襄阳流民一万人叛晋,降于后秦姚兴。兴问晋政,答"政出多门,宽猛失中"。拜中书令,兼司徒,迁尚书右仆射、兖州刺史。义熙十二年(416)晋刘裕北伐后秦,降裕,用为雍州别驾。十四年,夏王赫连勃勃攻晋军,复投夏。

韦坚(? —746) 唐京兆万年(今陕西西安)人,字子全。姊妹皆为太子(肃宗)妃,故早出仕。开元二十五年(737),为长安令,有干才。转运江淮租赋,岁收巨万,玄宗以为能。天宝元年(742),升陕郡太守、水陆转运使。改革关中旧渠,截灞、浐二水,与渭水平行而东,至永丰仓(今陕西华阴东北)与渭水合流,以通山东租赋。又于长安禁苑东望春楼下,凿广运潭,以聚漕船。结船队二三百只,绕列潭周,展诸郡土特产,锣鼓歌喧,以献玄宗,由是宠信日深。特进三品,官江淮南租庸、转运、处置等使。三载,加兼御史中丞,权倾宰相,为李林甫所嫉。五载,李林甫诬以与边将通,谋立太子为帝,贬缙云太守,再贬江夏员外别驾,长流岭南,旋被杀。

韦见素(687—762) 唐京兆万年(今陕西西安)人,字会微。进士出身。累迁谏议大夫。天宝五载(746),充江西等道黜陟使,纠绳吏治,所至肃然。迁吏部侍郎,典选累年,铨叙平允。时杨国忠用事,以其柔雅易制,遂引为已助。十三载,拜武部尚书、同平章事,知门下省事。次年,因安禄山表请以蕃将三十二人代汉将,极陈禄山反迹,玄宗不听。未几安史之乱爆发,从玄宗入蜀。进左相,封邠国公。肃宗即位灵武,与房琯等奉命送传国玺。因曾附杨国忠,礼遇独薄。拜尚书左仆射,罢知政事。迁太子太师,受命入蜀迎玄宗还京,后以疾致仕。

韦节 隋人。任侍御史。炀帝时,受命与司隶从事杜行满出使西域,至罽宾,得玛瑙杯。抵王舍城,获佛经。达史国,收十舞女、师子皮、火鼠毛。撰有《西蕃记》,佚文见于《通典》。大业六年(610),从炀帝西巡,奉诏会西突厥处罗可汗于大斗拔谷。后附王世充,不知所终。

韦景骏(? —732) 唐京兆万年(今陕西西安)人。举明经。神龙中,为肥乡令,筑堤防,修浮桥,治境内漳水泛溢。赡恤河北饥民,使免于流离。又兴办学堂、馆舍,百姓立碑颂之。开元中,历贵乡令。曾于母子相讼者前流涕自责,取《孝经》令习之,母子感悟。转赵州长史。开元十七年(729),迁房州刺史。始开贡举,除淫祠,通隘道,作传舍,行旅便之。二十年,转奉天令,未行而卒。

韦居安 南宋湖州吴兴(今浙江湖州)人。咸淳进士。摄教历阳。宋亡,受谢太后诏,降元。所撰《梅硐诗话》三卷,多论南宋人诗作。

韦巨源(631—710) 唐雍州万年(今陕西西安)人。长寿二年(693),以文昌右丞同平章事,为治委碎无大体。中宗复位,迁吏部尚书,同中书门下三品。旋进侍中、中书令,封舒国公。奉制与唐休璟等定《垂拱格》及《格后敕》。附韦后属籍,叙为兄弟。阴导韦后行武后故事,代唐称制。李隆基(玄宗)起兵,为乱军所杀。

韦眷 明人。宦官。成化时为广东市舶太监。纵商贾与外国通商以牟利,聚珍宝甚富。请以广南均徭户六十隶市舶司,诏给其半。又以诬奏逮布政使陈选。弘治初,因冒充纪太后族事降左少监,召还。

韦抗(?—726) 唐京兆万年(今陕西西安)人。韦安石从侄。举明经,累迁吏部郎中。景云初,为永昌令。为政宽猛得中,升右御史台中丞。开元三年(715),出为益州长史。次年,入为黄门侍郎,迁御史大夫兼京畿按察使。所举者后皆名位显达,有知人之誉。官至刑部尚书,分掌吏部选事。为官清廉,不务产业,卒后无资办丧,玄宗特给灵车还乡。

韦力转 明人。宦官。景泰时以右少监镇守大同,僭用金器,强娶所部女为妾,多行不法事。天顺元年(1457)被劾,下锦衣卫狱。旋即得宽宥。

韦廉臣(Alexander Williamson, 1829—1890) 英国伦敦布道会传教士。清咸丰五年(1855)来华,后返国。同治二年(1863)代表苏格兰圣经会再度来华,在山东传教,并在中国北部广泛旅行,著《华北、满洲、东蒙游记》。曾在英国格拉斯哥创立中国同文学会(The Chinese Book & Tract Society in Glascow),后又在上海成立同文学会,1906年改名广学会。著有《格物探原》、《基督宝录》、《治国要务》、《古教汇参》等。

韦伦(716—798) 唐京兆(治今陕西西安)人。少以荫调蓝田尉,后任铸钱内作使判官,整顿铸钱,监修宫内土木。天宝十五载(756),随玄宗避安史之乱入蜀,历任监察御史、剑南行军司马,平襄州裨将康楚元、张嘉延叛乱。代宗时,数任州刺史,贬寓洪州十数年。德宗即位,任太常少卿,充和吐蕃使。两次入蕃,修睦盟交,吐蕃敬服。因直言朝廷得失,为卢杞所恶,以太子少师致仕。

韦孟 西汉彭城(今江苏徐州)人。为楚元王傅,历相三代,至王戊荒淫无道,他作诗讽谏。后去楚,徙家于邹(今山东邹城)。

韦霈 隋京兆(今陕西西安)人。开皇中,搜访异书,受诏与南阳杜頠等于秘书内补续残缺。开皇九年(589),书《广业郡守郑君碑》,已佚。

韦曲 地名。在唐长安城南二十里樊川。其地有林石花亭,风景秀丽,号为胜地。因韦后家及诸韦居此,故名。韦曲与其东十里的杜曲,并称韦杜。因二家为历代显宦,故唐人语云:"城南韦杜,去天尺五。"

韦仁寿 唐京兆万年(今陕西西安)人。隋大业末,为蜀郡司法书佐,断狱平恕,民皆信服。入唐,定巴蜀,授巂州长史。寻检校南宁州都督,将兵至西洱河,开地数千里,置七州十五县,以当地酋长为牧宰,法令清肃,绥靖安民,以循吏称著。及归,父老挥涕相送,遣子弟入朝。武德中卒。

韦叡(442—520) 南朝梁京兆杜陵(今陕西西安东南)人,字怀文。起家宋雍州主簿。齐末为上庸太守,交结雍州刺史萧衍。衍起兵东进,使留守郢州(治今湖北武汉)。萧衍建梁,任廷尉。天监四年(505),以豫州刺史都督众军攻北魏,次年攻克合肥。六年,北魏反攻,围梁军于钟离(今安徽凤阳东北),军号百万,建桥树栅,跨淮通道。他率豫州之众,会合征北将军曹景宗军,乘淮水暴涨,用斗舰火攻,拔栅斫桥,大破魏军,斩、俘数十万。七年,出任南郡太守,时辅国将军马仙琕北伐还军,为魏中山王元英追击,及闻其至,遂退。卒官散骑常侍、护军将军。善抚军众,士争投归。体弱不能骑马,乘板舆督战,魏人畏之,称为"韦虎"。

韦绍光(约1810—约1901) 清广州北郊三元里人,一名进可。道光二十一年四月(1841.4),盘踞四方炮台的英国侵略军窜至三元里一带淫掠骚扰。他与村民奋起反击,杀敌十余名,被推举为首领。旋又联络附近一百零三乡人民,部署作战。诱敌至牛栏冈,分割围歼,伤毙英军近五十名。

韦师 隋京兆杜陵(今陕西西安东南)人,字公颍。少以孝著称州里。略涉经史,尤工骑射。仕北周,为中外府记室,转宾曹参军。熟知周边各国风情物产,接待来使,莫不惊服。迁为宾部大夫。入隋,任吏部侍郎,迁河北道行台兵部尚书,诏为山东河南十八州安抚大使,兼领晋王广司马,颇受文帝信任。隋攻陈,以本官领元帅掾,掌陈国府藏,秋毫无取。卒于汴州刺史任上。

韦世康(531—597) 隋京兆杜陵(今陕西西安东南)人。世为关右士族。初仕西魏,娶文帝女襄乐公主。后仕北周,历沔、峡二州刺史。从武帝平北齐,授司州总管长史。迁绛州刺史。有惠政。入隋,擢为礼部尚书,转吏部尚书。举贤荐才,以廉平称著。后出任荆州总管,为政简静。卒于官。

韦述 唐京兆万年(今陕西西安)人。景龙进士。家藏书二千卷,幼时即遍读之。开元初,任卫尉少卿,预编四部书目二百卷,《唐六典》三十卷。好谱学,著《开元谱》二十卷。历直学士、集贤学士等。典掌图书四十年,任史官二十年,预修《国史》一百十三卷,并著有《唐职仪》三十卷、《高宗实录》三十卷、《御史台记》十卷、《两京新记》五卷等,校书二万余卷。天宝十五载(756),安禄山叛军入长安,受伪官。乱平流渝州卒。今存《两京新记》二卷,《全唐文》存文九篇,《全唐诗》存诗四首。

韦树模(?—1911) 清广西平南人,又名柱模,字焕初。其先人韦昌辉曾参加太平军,自幼受反清影响。光绪三十一年(1905)加入同盟会。宣统二年(1910)结识罗城李德山等,传习拳术,联络志士,宣传革命。次年同赴广州,参加三月二十九日(1911.

4.27)黄花岗起义。先随黄兴攻入督署,后转战大街。在高阳里源盛米店叠米为垒,苦战两天。清兵纵火焚店,终因弹尽援绝,与荣初、统铃、统淮兄弟四人一起殉难,同入黄花岗七十二烈士之列。

韦思谦(?—689) 唐郑州阳武(今河南原阳)人,名仁约,以字行。弱冠举进士。累授监察御史。曾劾罢中书令褚遂良为同州刺史,及遂良复相,出为清水令。忠于职守,不以为憾。永淳初,历尚书左丞、御史大夫。垂拱元年(685),同凤阁鸾台三品。次年,进纳言。后以年老致仕。

韦嗣立(654—719) 唐郑州阳武(今河南原阳)人,字延构。韦承庆弟。少举进士。圣历二年(699),武则天令其代兄为凤阁舍人。以永淳后学校颓废,刑法滥酷,上疏切谏。长安四年(704),拜凤阁侍郎,同平章事。时朝廷重内官,轻外职,刺史多非其人,即自请补外任,遂以本官检校魏州刺史。坐与张易之善,贬饶州长史。复征为太仆少卿,兼掌吏部选事。景龙三年(709),迁兵部尚书,同中书门下三品。中宗崇饰寺观,滥封食邑,费用百出,极谏,不纳。后被附入韦后属籍,封逍遥公。睿宗立,出为许州刺史。开元初,任国子祭酒。徙陈州刺史。

韦苏州集 书名。或称《韦江州集》。唐韦应物撰。应物曾官江州、苏州刺史,故以名集。宋嘉祐元年(1056)王钦臣校订诸本,分类编定,十卷。但已非原集。元明翻刻校注本甚多,《四部丛刊》影印明嘉靖九江本。

韦瑱(约501—约561) 北朝时京兆杜陵(今陕西西安东南)人,字世珍。幼好学,善骑射。北魏孝昌三年(527),为太尉府法曹参军。西魏大统初,曾随丞相宇文泰与东魏战于沙苑(今陕西大荔南)、河桥(今河南孟州西南)。大统八年(542)又御东魏丞相高欢于汾、绛间,进车骑大将军。魏恭帝二年(555),赐姓宇文氏。三年,除瓜州刺史。为官清俭,周明帝嘉其政绩,进爵平齐县伯,授侍中、骠骑大将军。

韦挺(589—646) 唐雍州万年(今陕西西安)人。少与李建成善。唐兴,事太子(李建成)为左卫率,太子待之甚厚。武德七年(624)坐杨文干谋反事,流越嶲(今四川西昌)。九年,玄武门之变后征为主爵郎中。贞观初,王珪数荐,授尚书右丞、吏部侍郎、御史大夫,与高士廉等同修《氏族志》。复行黄门侍郎,兼魏王李泰府事。迁太常卿。太宗将攻高丽,督运军粮误期,除名。以白衣从军,镇盖牟城。日夜与高丽作战,忧蹙不堪,且以失职怨望,贬象州刺史,岁余卒。

韦同烈(?—1451) 明贵州兴隆卫(今黄平)人。苗族。正统年间与贵州、湖广苗民首领顺天王金台、铲平王虫富等分别起义,称苗王,进攻平越(今福泉)、清平(今凯里)等地。景泰元年(1450)攻长沙、宝庆一带,失败。次年,退守溪洞,在香炉山(今贵州黄平南)被俘遇害。

韦温 ❶(?—710)唐雍州万年(今陕西西安)人。中宗韦后从兄。初试吏,坐赃免。神龙时,累迁礼部尚书,封鲁国公。景龙三年(709),以太子少保同中书门下三品。次年,中宗死,韦后临朝称制,他总知内外守捉兵马事,与宗楚客等假托图谶,密谋韦氏代唐。旋被李隆基(玄宗)起兵捕杀。❷(788—845)唐京兆(今陕西西安)人,字弘育。两经及第,又登制科,补咸阳尉。文宗时,迁右补阙,以率同列辨宋申锡之诬而知名。历侍御史、礼部员外郎、吏部考功员外郎、知制诰、尚书右丞。会昌元年(841),出为陕虢观察使。民当输租而麦未熟,为之缓期。擢吏部侍郎,因与李德裕不合,出为宣歙观察使,卒于官。

韦贤(前143—前62) 西汉鲁国邹(今山东邹城东南)人,字长孺。后徙平陵(今陕西咸阳西北)。兼通《礼》、《尚书》,以《诗》教授,号称邹鲁大儒。征为博士、给事中。进授昭帝《诗》,后官大鸿胪。与谋尊立宣帝,赐爵关内侯,食邑。徙为长信少府。本始三年(前71),为丞相,封扶阳侯。地节三年(前67),以老病辞官就第。丞相致仕自此始。少子玄成复以明经为丞相。汉代父子相继为丞相者唯韦贤、平当两家。

韦贤妃(1080—1159) 宋开封(今属河南)人。高宗母。初入宫为侍御。崇宁末,封平昌郡君。大观初,进婕妤。累迁婉容。靖康元年(1126),进封龙德宫贤妃。二年,从徽宗北迁。建炎元年(1127),遥尊为宣和皇后,由是遣使不绝。绍兴七年(1137),遥尊为皇太后。十二年,归临安,居慈宁宫。卒谥显仁。

韦谀(?—350) 十六国时京兆(今陕西西安)人,字宪道。雅好儒学,著述颇丰。先仕于前赵刘曜,为黄门郎。后为后赵石虎散骑常侍,历守七郡,咸以清化著名,又征为廷尉。位至太子太傅,封京兆公。好直谏,陈军国事宜,多见允纳。曾劝石虎勿田猎无度。冉闵反后赵,署为光禄大夫。以谏阻闵署其子冉胤为大单于事,被杀。著有《伏林》三千言,演为《典林》二十三篇。已佚。

韦孝宽(509—580) 北朝时京兆杜陵(今陕西西安东南)人,名叔裕。涉猎文史,有经略之才。北魏末,历镇潼关、穰城。西魏初,从丞相宇文泰擒东魏窦泰,战河桥(今河南孟州西南),迁南兖州刺史。大统八年(542),转晋州刺史,寻移镇玉壁(今山西稷山西南)。东魏丞相高欢欲西进,以重兵围城。苦攻五十日,智力皆困,终因发疾而退。因功授骠骑大将军,进爵建忠郡公。恭帝元年(554),与柱国将军于谨攻取江陵(今湖北荆州),拜尚书右仆射,赐姓宇文氏。保定元年(561)以其曾立勋于玉壁,乃置勋州于此,并以之为刺史。北周天和五年(570),进爵郧国公。建德后,因周武帝志在平齐,遂陈三策。历大司空、延州总管,进位上柱国。大象元年(579),除徐、兖等十一州十五镇诸军事,徐州总管,经略淮南。二年,相州总管尉迟迥知丞相杨坚将不利于帝室,谋举兵,坚以之为行军元帅,率兵讨平之,关东遂安。寻病卒。

韦夐(502—578) 北朝时京兆杜陵(今陕西西安东南)人,字敬远。北魏正光中,召拜雍州中从事,非其所好,托疾去职。前后十次征召,皆不应命。西魏时,丞相宇文泰遣使辟之,亦不从命,时人号为居士。北周明帝即位,礼敬逾厚,以诗应答,日赐河东酒一斗,号逍遥公。周武帝曾与论佛、道、儒优劣,乃作《三教序》,以三教虽殊,其致理殆无等差。留心著述,手抄录数十万言。卒于家。

韦虚心(675—741) 唐京兆万年(今陕西西安)人,字无逸。举孝廉。神龙中,累官大理丞、侍御史。按狱严明,虽宰相欲宽假,亦不为改。景龙中,西域羌反,诏令尽诛所俘,他奏请但罪其元首,救免千余人。历御史中丞、左右丞、兵部侍郎、荆扬潞长史兼采访使。时荆州有土豪不法,没其财入官,官吏振肃,令行禁止,后官至工部尚书、东都留守。

韦玄成(?—前36) 西汉鲁国邹(今山东邹城东南)人,字少翁。韦贤子。后徙杜陵(今陕西西安东南)。少以父任为郎。宣帝时以明经擢为谏大夫,嗣父爵为侯,历任河南太守、未央卫尉、太常等职。因侍祀庙堂失礼,削爵为关内侯。后拜淮阳中尉。受诏于石渠阁与诸儒杂论《五经》同异。元帝即位,为少府,迁太子太傅。永光中,以御史大夫迁丞相,封侯故国。

韦偃 一作韦鶠。唐长安(今陕西西安)人。父韦鉴,工画龙马。叔韦銮,工山水松石。得家传,善画鞍马、松石、山水、人物,思高格逸,远过父辈。画古松枝如龙蛇,纠结甚异,石亦皴涩不凡。尤善以越笔点簇鞍马、人物、山水、云烟,千变万态,宛然如真。所画松石,咫尺千寻,极烟霞风云变化之妙。

韦曜(约204—273) 三国吴吴郡云阳(今江苏丹阳)人,原名昭,避晋讳改,字弘嗣。孙权时历仕西安令、尚书郎、太子中庶子、黄门侍郎。孙亮时为太史令,撰《吴书》。孙休时,为中书郎、博士祭酒,依刘向故事,校定众书。孙皓时,封高陵亭侯,为中书仆射、侍中,领左国史。孙皓欲为父和作本纪,他以和未登帝位,宜入列传,因此得罪。凤凰二年(273),被收下狱,竟被杀。又撰《国语注》(一称《国语解》),参引郑众、贾逵、虞翻、唐固合五家为注,自发正者三百十事。又著有《洞纪》、《官职训》、《辨释名》等。

韦以德(约1835—1854) 清广西桂平人。韦昌辉侄。参加金田起义。封国宗,提督军务。咸丰四年(1854)在湖北黄州(今黄冈)围歼湖广总督吴文镕部,并参加攻克武昌之役。旋与黄再兴等守武昌,后回天京(今南京)报告军务。九月,湘军陷武昌,奉命率部西援田家镇,在半壁山兵败阵亡。

韦银豹(?—1571) 明广西古田(今永福)人。壮族。出身贫苦,曾随父韦朝威起兵反明,父被俘遇害。嘉靖四十三年(1564)再次领导壮、汉各族人民起义,攻占古田、雒容(今鹿寨),出击义宁(今灵川)、临桂等地,众至万余。嘉靖末,陷灵川,两次攻入桂林,直趋湖南武冈,坚持斗争数十年,转战湘桂十数州县。明朝调集重兵围攻,被迫退守古田。隆庆五年(1571)三月,因叛徒出卖被俘,遇害于北京。

韦应物(737—约791) 唐长安(今陕西西安)人。天宝时,为玄宗侍卫。代宗时,为洛阳丞、京兆府功曹,摄高陵宰,为鄠县、栎阳令。建中时,任比部员外郎、滁州刺史。贞元中,任江州刺史、苏州刺史,卒于苏州,故世称韦江州、韦苏州。少时狂放不检,后折节读书,以文名。工五言诗,好拟古,善写田园风物,有讽刺奸邪、同情人民之作。诗风高雅闲淡。有《韦苏州集》。

韦游沟 水渠名。又名韦游沟渎。在唐淮南道和州乌江(今安徽和县东北)东南二里。开元中,县丞韦尹开。引江水至城郭十五里,溉田五百顷。贞元十六年(800),县令游重彦重修,民享其利,因以二人之姓而名沟。

韦祐(?—549) 北朝时京兆山北(今陕西西安东南)人,字法保。北魏正光末,为员外散骑侍郎。魏孝武帝西迁,赴长安,除右将军,封固安县男。西魏初,迁东洛州刺史,率兵守御东境。寻拜河南尹。大统九年(543),拜车骑大将军,镇九曲城(今河南宜阳西北)。十五年,加骠骑大将军,进爵为公。邀击东魏输粮军于宜阳,转战数十里,为流矢所中,卒于军。

韦月将(?—706) 唐雍州(治今陕西西安)人。神龙二年(706),上书中宗,言武三思潜通韦后,必谋反。中宗大怒,命斩之。黄门侍郎宋璟坚请重审,中宗不准。左御史大夫苏珦、给事中徐坚等皆言不宜杀。中宗命杖流岭南,为广州都督周仁轨所杀。睿宗即位,追赠宣州刺史。

韦说(?—927) 唐末五代京兆万年(今陕西西安)人。唐乾宁进士。为殿中侍御史。入后梁,为礼部侍郎。后唐庄宗时,拜平章事。性谨重,于政事得失,无所措言,承顺而已。明宗时,以高季兴据荆南,要挟朝廷,因与季兴有旧交,坐流合州,被勒令自尽。

韦云起(?—626) 唐雍州万年(今陕西西安)人。隋开皇时以明经举。大业初,为通事谒者。曾督突厥兵破契丹部落,升治书御史。以劾虞世基等左迁大理司直。入唐,以司农卿兼领西麟州刺史,旋调任夔州刺史,迁益州行台兵部尚书,与行台仆射窦轨意见不合。玄武门之变后,诏书至益州。窦轨告以李建成被杀事,他未见诏书,不信,遂以党于建成之罪被杀。

韦云卿(1873—1911) 清末广西南宁人。壮族。光绪三十一年(1905)入清军当兵。次年加入同盟会。曾参加镇南关起义和河口起义。后在广州起义(黄花岗之役)进攻两广督署时被俘牺牲。为黄花岗七十二烈士之一。

韦昭 即"韦曜"。

韦昭度(?—895) 唐末京兆(治今陕西西安)人,字正纪。咸通进士。累迁中书舍人。黄巢起义军入长安时,随僖宗逃往成都,任户部侍郎。历官至同平章事,封岐国公。以受命讨陈敬瑄无功,罢为东都留守。景福二年(893)复为同平章事,与李溪同辅政。藩镇王行瑜、李茂贞、韩建为王珙争河中节度使事,举兵入朝,他与李溪均被杀。

韦执谊 唐京兆(治今陕西西安)人。贞元进士,又登制科。德宗时历任右拾遗、起居舍人,充翰林学士。顺宗即位,擢为宰相监修国史。与王叔文、王伾等改革朝政。曾奏称史官若皆居家修撰国史,史稿不存留史馆,则恐褒贬失当,受害于私见;编次史事,难免有遗漏。请诏令史官各撰《日历》,月终尽送史馆讨论审定封存,不得擅藏副本。诏可,遂成定制。宪宗元和初,因改革事被贬为崖州司户参军。旋卒。著有《翰林故事》。

韦志俊(1827—1883) 清广西桂平人,一名俊,又名十二,字义堂。韦昌辉弟。参加金田起义。初封国宗。咸丰三年(1853)与石祥祯等率军西征,克常德、岳州(今岳阳)、武昌等处。五年镇守武昌,败胡林翼部。六年击毙罗泽南,威名大震。后入赣转战吉安等处。八年授右军主将。九年,守池州(今贵池)降清,授都司,率清军攻陷石埭、太平、枞阳等地。后与清军攻陷宁国,升副将加总兵衔。晚年隐居芜湖。

韦陟(696—760) 唐京兆万年(今陕西西安)人,字殷卿。韦安石子。少聪敏,善文辞,工隶书。常与王维、崔颢唱和。开元中,历中书舍人、礼部侍郎。改革考试制度,参考平时成绩取士。继为吏部侍郎,选拔严格,伪冒者不使得逞。复遭李林甫、杨国忠嫉妒,屡贬襄阳太守、昭州平乐尉。肃宗即位,授御史大夫兼江东节度使。会永王李璘起兵,联高适、来瑱设盟共讨之。后征入朝。为洛阳留守。史思明犯洛阳时,领兵守陕州。晚岁郁郁不得志,终吏部尚书,卒于虢州。

韦忠 西晋平阳(治今山西临汾西南)人,字子节。少以孝闻,好学博通,家贫,不改其乐。裴𬱟、张华并辟不就。太守陈楚迫为功曹。会山羌破郡,俘陈楚,乃冒死求免之。羌以为义士,舍之,得负楚归。后仕汉刘聪为镇西大将军、平羌校尉,在与羌人作战时矢尽被杀。

韦州 见"威州(1)"。

韦宙 唐京兆万年(今陕西西安)人。袭为河南府司录参军。宣宗时,拜侍御史、吏部郎中,出为永州刺史。为政清廉,体恤民情。裁减冗役,设常平仓,贮谷以赈饥民。并教民耕植,集资买牛,解决畜力困难。又办学官,教民读书知法,破除陋俗。不久,还任大理少卿。大中十二年(858),出为江西观察使。咸通三年(862),迁岭南东道节度使,御南诏,抚兵积备。曾揭发康承训假报军功。八年,加检校尚书左仆射,同平章事。善治生业,于江陵有良田,积谷七千堆,故称足谷翁。著有《零陵录》、《韦氏集验独行方》,已佚。

韦庄(约836—910) 唐长安杜陵(今陕西西安东南)人,字端己。乾宁进士。任校书郎、左补阙。西川节度使王建辟为掌书记。王建称帝建前蜀,为吏部侍郎、同平章事,匡定开国制度。诗多近体,伤乱感时,怀乡忆旧。长诗《秦妇吟》反映黄巢起义时社会现实,艺术成就较高。有《浣花集》,词风清丽,长于白描,多写闺情、游宴。1958年人民文学出版社出版《韦庄集》。

为人者天 《春秋繁露》篇名。认为天为万物之创造者,人之"曾祖父",天按照自己的特点创造人:"人之形体,化天数而成;人之血气,化天志而仁;人之德行,化天理而义;人之好恶,化天之暖清;人之喜怒,化天之寒暑;人之受命,化天之四时。"同时又为人立君主,以代己施行教化,使人尽忠向善。

为政忠告 即"三事忠告"。

圩田 又称围田。在低洼田地周围筑围,围外蓄水。由汉以前的围淤湖为田发展而来。至唐代已较发达。五代时,江南开垦濒江土地,以圩为自然单位。圩大如城,围以堤坝,中有河渠,外有闸门。旱则开闸引江水之利,潦则闭闸拒江水之害。旱涝不及,产量甚高。南唐太平州芜湖有圩,广八十里,围田四万顷,岁得米百万斛。北宋时,圩田在南方进一步发展。太平州芜湖县万春圩,有田十二万七千亩,圩中有大道长二十二里。明清所辟圩田,效果明显。《明史·蔡天祐传》:"辟滨海圩田数万顷,民名之曰'蔡公田'。"魏源《秦淮镫船引》:"圩田熟收船价低,惊魂甫定歌喉怆。"

圩垸 沿江滨湖地区的农田灌溉排水工程形式。即在滨湖低地修筑堤防,将农田与外水隔开,圩内修建有灌排渠系,并通过圩堤上的涵闸与外水相通,操纵涵闸,调节圩内水量。自流有困难则辅以提水机械。明清时在长江中下游又有重大发展,湖南、湖北多称垸,长江下游和太湖流域多称圩。

郏 一作"鄬"。春秋郑地。故址不详,一说在今河南鲁山县境。《春秋》襄公七年(前566):"公会晋侯、宋公、陈侯、卫侯、曹伯、莒子、邾子于郏",即此。

违年 宋官员赴任有规定期限,逾限即为过犯,称"违年"。违年情况,记入本人*印纸。

围班 清代皇帝到木兰行围,内外札萨克、回部各王公头领及各处喇嘛等,各按规定之班次,轮班到避暑山庄朝觐,随围,称为"围班"。咸丰之后,秋狝之礼废弛,其制遂罢。

围场 清代皇帝及八旗官兵演武射猎的场所。分木兰围场和东北围场两类。木兰围场亦称木兰秋狝,始置于康熙二十年(1681),地处喜峰口外蒙古各部中间(今河北围场)。东北围场始置于康熙二十一年,有盛京围场、吉林南山(南荒)围场、伯都讷围场。嗣后又设索约尔济围场。除盛京围场有少数御围外,其余皆为"历年应捕围",即八旗官兵操练弓马技艺、捕打贡鲜之所。由各该处将军或副都统主持,以保持"骑射"旧俗。道光以后围场制度渐废。

围场厅 清光绪二年(1876)以承德府的围场置。治今河北围场县东南二道沟,光绪十四年移治今县东克勒沟。三十年改属宣化府。1912年废厅改围场县。1931年移治锥子山,即今县。

围棋 传统娱乐方式之一。亦称弈。《世本·作篇》云:"尧造围棋。"张华《博物志》云:"以教子丹朱。或云舜以子商均愚,故作围棋以教之。"但均无确证。不过,至迟在春秋中期,围棋之戏已广泛流行,以至于有人用围棋比喻政治活动。战国时期,围棋活动有大发展,名手迭出,《孟子·告子上》载,出现了"通国之善弈者"。

围棋州邑 南朝宋明帝好围棋,置围棋州邑,以建安王刘休仁为围棋州都大中正,中书舍人王谌、太子右率沈勃、尚书水部郎庾珪之、彭城丞王抗四人为小中正,朝请褚思庄、傅楚之为清定访问。

围趣栅 地名。在今陕西眉县东南。北魏永安三年(530)万俟丑奴围岐州,遣别将尉迟菩萨等自武功南渡渭水,攻取围趣栅,即此。

围宿军 元代军种之一。宗室诸王大朝会时用以环营驻扎警卫皇帝宫帐。一般从宿卫诸军中抽调人马组成,事毕遣还;也从担任镇戍的蒙古、汉军中抽调。少数围宿军并被用来加强皇宫内外禁门的防卫及守宿府库等事。

围田 宋元时在淤湖、江河或草荡围垦之田。盛于两浙路。势家擅自围占,侵占江湖水面,致涝时水无以蓄,旱时无以溉,造成严重危害,使常赋减少,农民失业。朝廷屡诏严禁围占,或派员决围;或立石为湖界,限制围占。

围魏救赵 即"桂陵之战"。

围子手营 军事编制。明京军五军营的组成部分,掌操练上直叉刀手及京卫步队官军。设坐营官一员,下分四司,各设把总二员。

沣渠 西汉武帝时凿。"水出韦谷"(《汉书·沟洫志》颜师古注引如淳说),在今陕西周至县西。《汉书·沟洫志》:"关中灵轵、成国、沣渠引诸川,……皆穿渠为溉田,各万余顷。"一说在今陕西岐山县东、扶风县西。

沣水 源出陕西岐山县东北沣谷,东南流至扶风县西、岐山县东入雍水,又东南汇入渭水。入雍以后,雍水亦兼称沣水。

闱官 即"场官"。

闱捐 清代地方政府征自典卖土地、房屋等不动产中的一种杂税。业主持契到官府用印,除按成交额每两征银三分作为税契银外,每两还须另交银一分,以佐文武乡试经费之不足。其制,雍正七年(1729)始于广东,后渐及各省。

闱门 ❶庙中之门。指除庙门以外相通的小门。《周礼·冬官·匠人》:"闱门容小扃参个。"郑玄注:"庙中之门曰闱。"❷宫中之门。宫中之巷为闱,因呼巷间相通之门为闱门。《尔雅·释宫》:"宫中之门谓之闱。"郭璞注:"谓相通小门也。"

闱墨 科举考试用语。闱,指试院、考场;墨,指试卷。清制,每届乡试、会试的试卷,由礼部选定录取的程文,编刻成书,名为闱墨,别称试录。《大清会典事例·礼部·贡举》:"康熙九年(1670)议准,嗣后每年乡、会试,礼部选其文字中程者,刊刻成帙,颁行天下。一应坊间私刻,严行禁止。"又,三十二年复准:"刊刻闱墨,务照原卷,若考官不照原卷发刻者,交部议处。"

沩仰宗 唐佛教禅宗五家之一。属南宗南岳怀让系。灵祐及弟子慧寂开创,因先后于潭州沩山(在今湖南宁乡西)、袁州仰山(在今江西宜春西南)阐扬禅风,自成一家,故名。灵祐嗣法百丈怀海。元和末,遵怀海之嘱去沩山开法,历二十余年,渐成规模。弟子慧寂去仰山弘扬,乃成一宗。该宗将主观世界分为"三种生",即"想生"(能思之"心")、"相生"(所思之"境")与"流注生"("心"、"境"皆迁流无常),宣传净尽"三生",即否定"三生"。认为万物有情,皆具佛性;人若明心见性,即可成佛。宗风重父慈子孝,上令下从。于五家之中,兴起最先。五代时繁盛,入宋衰落不传,历时一百五十余年。

唯识论 即"成唯识论"。

唯识述记 即"成唯识论述记"。

唯识宗 亦称法相宗。中国佛教宗派之一。唐玄奘及弟子窥基所创。因其师徒常住长安大慈恩寺,故又称"慈恩宗"。渊于古印度佛教无著、世亲的大乘有宗,中经护法、戒贤,由玄奘传入中国。以"一经(《解深密经》)"、"二论(《瑜伽师地论》、《成唯识论》)"、"三大部(《成唯识论述记》、《成唯识论了义灯》、《成唯识论演秘钞》)"为主要经论。该宗用"五位百法"分析世界各种现象(即"法相"),认为外境非有,一切现象均为"识"之变现,故称"唯识宗"。由穷究"法相"之特点,而表达"唯识真性",建立起"三自性"("遍计所执自性"、"依他起自性"和"圆成实自性")、"三无性"("相无性"、"生无性"和"胜义无性")学说,故又称"法相宗"。同时介绍佛教逻辑因明学。唐初曾盛极一时,仅三传,至晚唐而渐衰,永徽四年(653),日僧道昭入唐从玄奘习法相宗教义,该宗遂传入日本。

帷帽 亦作帷冒。周围垂网的帽子。一说创于隋代。唐初贵妇人外出戴幂䍦,全身障蔽。永徽中,始用帷帽。武则天时,两者兼用。中宗以后,无复用幂䍦。后宫人随驾出行,皆胡服乘马,海内效之。甚至露髻驰骋,于是帷帽亦废。近年所见出土陶俑,有女子所戴自头至颈,似为针织者,当是帷帽。另有妇人所戴笠形帽,四周垂纱帷者,亦称帷帽。至宋代,男子远行亦用之。宋高承《事物纪原·旗旐采章·帷帽》:"帷帽创于隋代,永徽中始用之……今世士人往往用皂纱若青,全帽连缀于油帽或毡笠之前,以障风尘,为远行之服。"

惟扬 扬州或扬州府的别称。盖截取《禹贡》"淮海惟扬州"二字为名。宋费衮《梁溪漫志》:"古今称扬州为惟扬。"南宋有宝祐《惟扬志》、明有嘉靖《惟扬志》,均为扬州地方志。"惟"通"维",故又作"维扬"。

维城库 唐开元后,皇子幼,多居宫内。既长,诏附苑城为大宫,分院而处,号十王宅。诸孙多则于宅外置百孙院。禁中置维城库,以供诸王月俸。

维乘 算学术语。《九章算术》盈不足术中提出,即今之交叉相乘。

维摩诘 略称维摩。佛教菩萨名。意译净名、无垢。传为古印度毗耶离(吠舍离)城大乘居士,家产富足。辅释迦牟尼之教化,声名远布。曾与来探病之释迦使者文殊师利等论辩佛法,提出在家修行亦能超脱之说,备受崇敬。其论述被编成《维摩诘所说经》,简称《维摩经》。其图像以东晋顾恺之在建康(今江苏南京)瓦官寺所绘最为知名。南朝梁昭明太子萧统小字维摩,唐王维字摩诘,皆取此为义。

维摩经 全称《维摩诘所说经》、《维摩诘经》,又名《不可思议解脱经》。佛教经书名。有三国吴支谦、唐玄奘等人译本,其中以十六国后秦鸠摩罗什译本较为通行。维摩诘,旧译净名或无垢。该经所记即为*维摩诘与释迦使者文殊师利等反复论说佛性之语,如以天女散花证佛性有无等。

维那 僧官名。汉语与梵语合称。维即纲,那即梵语羯摩陀那省称,意为寺院中管理僧务的知事僧,或意译为"悦众"者。佛教各寺院皆设,在上坐、寺主之下。北魏、北齐诸州、镇、郡、县皆置,为沙门曹主要长官之一,分管各地僧务,管理僧祇户和僧祇粟等,位在各寺上坐、寺主之上。金代置于各县,管理佛教事务,掌理僧尼词讼,三年一任。

维特(Сергей Юльевич Витте,1849—1915) 旧译微德、威忒。俄国梯比里斯(今属格鲁吉亚)人。曾任俄国财政部铁路司长、交通大臣、财政大臣等。1896年诱使清政府钦差大臣李鸿章签订《中俄密约》,攫取中国东北的铁路权,扩张俄国在华势力。1905年任内阁总理。日俄战争后,与日本缔结《朴茨茅斯和约》。后任国务委员会委员和财政委员会主席。著有《回忆录》、《不得已的说明》等。

维吾尔族 中国少数民族之一。北魏称袁纥,隋称韦纥,唐称回纥、回鹘,元称畏兀儿、畏吾儿,清称回子、缠回等,1935年始定今名。人口7 207 024人(1990)。初游牧于漠北,唐开成五年(840)迁徙西域,与当地居民融合,定居务农。初信萨满教,八世纪中叶盛行摩尼教,西迁后渐改宗佛教,十世纪末叶又渐为伊斯兰教取代。清顺治初,叶尔羌(今莎车)汗及所属吐鲁番等地首领先后遣使奉表贡,接受清室统治。康熙时,伊犁准噶尔部兴起,发兵南下,废察合台后裔诸汗。哈密、吐鲁番两地首领不堪准噶尔贵族的暴虐统治,先后归附清廷。乾隆中,平定准噶尔贵族之乱与大小和卓之乱,统一天山南北。设将军于伊犁,以军府制统治全疆。南疆设置参赞、办事、领队诸大臣,各地民政事务仍依旧俗,以阿奇木等各级伯克治理。哈密、吐鲁番则封郡王,授世袭领地,行扎萨克制。经济以农业为主,手工业、商业皆称发达。光绪十年(1884)建新疆行省,废伯克制。建国后实现社会改革,于1955年建立新疆维吾尔自治区,社会经济有很大发展。语言属阿勒泰语系突厥语族维吾尔语支。文字系用以阿拉伯字母为基础创制的察合台文。历法通用回历。有《十二木卡姆》、《突厥语大词典》、《福乐智慧》、民族医学文献等历史文化遗产,音乐歌舞蜚声国内外,所织丝绸、壁毯,极富艺术特色。

维西见闻记 书名。清余庆远撰。一卷。庆远,字景度,湖北安陆人,乾隆三十四年(1769)随其兄云南丽江府维西通判余庆长至维西(今属云南)。此书纪其见闻,分为四门,详于民族,关于当地么些(今纳西)、古宗(今藏族)、那马(今白族)、巴苴(今普米)、栗粟(今傈僳)、怒子(今怒族)等民族及其宗教、物产等社会生活情况之记载,为后来道光《云南通志稿》等书采用。书中略考维西建置沿革之部分内容,亦不见于史志。《艺海珠尘》、《云南备征志》俱收入。

维西厅 原为达赖喇嘛所据地。清雍正五年(1727)置厅,隶鹤庆府。乾隆三十五年(1770),改隶丽江府。即今云南维西傈僳族自治县,1913年废厅改县。

维新 原作是新、乃新解。《诗·大雅·文王》:"周虽旧邦,其命维新。"后指自上而下变旧法、行新政,改革政治体制之行动。清光绪戊戌间,康有为等倡言变法,即与"维新"并提。其于《以变法定国是折》中,明确要求光绪皇帝:"采万国之良规,行宪法之公议,御门誓众,决定国是,以变法维新,为行政方针。"意在劝说清廷变君主专制政体为君主立宪政体。

维新派 清末资产阶级政治派别之一。以康有为、严复、梁启超、谭嗣同等为主要代表。活动于十九世纪九十年代。因受中日甲午战争以后民族危机严重的刺激,主张变法维新,救亡图存,振兴国家而得名。提倡资产阶级新文化,变君主专制为君主立宪。积极从事变法的理论宣传和组织活动,先后在北京、上海、湖南等地建立强学会、时务学堂、南学会、保国会,传布维新思想,培养变法人才,并创办报纸,著书立说,上书言事,企图依靠光绪帝自上而下的改良,在中国实现资本主义。变法失败后,谭嗣同、康广仁、刘光第、林旭、杨锐、杨深秀"六君子"罹难。康有为、梁启超逃亡国外。此后组织保皇会,反对民主革命。康有为甚至鼓吹复古,并参与张勋的复辟活动。严复继续宣传西方资产阶级政治经济思想,但辛亥革命后,思想日趋保守。梁启超在日本先后主编《清议报》和《新民丛报》,介绍西方资产阶级社会、政治、经济学说,主张君主立宪,与资产阶级革命派为敌。辛亥革命后,曾反对袁世凯恢复帝制。五四时期反对尊孔复古。致力于中国学术思想史之研究,贡献颇多。

维新日报 报纸名。清光绪五年(1879)创刊于香港。陆骥纯、陆建康、黄道生等先后任主编。中法战争时期,以多载中方捷音而受到社会欢迎。三十四年由刘少云接办。宣统元年(1909)易名《国民新报》。1912年停刊。

维新奏议 书名。二十卷,不著辑者。清光绪二十八年(1902)上海书局石印。内容与毛佩之辑《变法自强奏议汇编》几近相同,仅在后三卷内删去前书所录之二十五种奏折及书札。

维扬 扬州、扬州府的别称。《书·禹贡》:"淮海惟扬州。""惟"通"维"。庾信《哀江南赋》:"淮海维扬,三千余里。"后因截取二字以为名。南宋有《维扬巡幸记》一卷(不著撰人名氏),记建炎三年(1129)高宗自扬州奔杭州事。元末朱元璋曾置维扬府,旋改为扬州府。

维扬之变 宋高宗即位后,不敢返回开封,经黄潜善、汪伯彦等怂恿,于建炎元年(1127)十月退遁扬州(今属江苏,维扬是扬州别称),沉湎酒色,以国事付黄、汪。三年春,金军长驱深入,逼近扬州。高宗仓皇渡江而南,官员、军民亦相继争城门而出,自相践踏，金军至，大肆屠掠，死者甚众。宋国库积储、官府案牍为之一空。

维州 唐武德七年(624)以白苟羌内附，于姜维城置。治薛城县(今理县东北薛城)。辖境相当今四川理县地。当蜀西冲要，为吐蕃图蜀必争之地。广德后陷于吐蕃。大中三年(849)复属唐。北宋景祐三年(1036)以与潍州声相乱，改为威州。地险阻，据高山绝顶，三面临江，控扼要冲。吐蕃曾号州城为无忧城。

嵬名阿埋 西夏党项人。夏崇宗乾顺时任六路都统军。永安元年(1098)正月，谋攻宋，反被宋将章楶所图，被执。二年正月，向宋献计，以三万人取灵州。

嵬名阿吴 西夏党项人。皇族。大将。惠宗秉常时牵制权相梁乙埋专权。崇宗乾顺天仪治平二年(1087)，往青唐(今青海西宁)约吐蕃首领阿里骨共举兵图宋。天祐民安五年(1094)，国相梁乙逋专权谋叛，与大将仁多保忠等集部众讨杀乙逋。

嵬名安惠 西夏党项人。皇族。崇宗朝重臣。被尊为尚父，官太师、尚书令、知枢密院事，封正献王。永安元年(1098)随太后梁氏征怀德军(即平夏城，今宁夏同心南)。受崇宗命修中兴府(今宁夏银川)。对政事多所进谏。死后于西夏皇陵置墓陪葬。

嵬名济 西夏党项人。皇族。惠宗、崇宗两朝大臣。大安八年(1082)，投书宋泾源路经略司请和。十一年，出使宋朝，哲宗赐以奉天新历。天祐民安八年(1097)，宋军围洪州(今陕西靖边西南)，他率军驰援，不胜而走。次年，攻鄜延。永安二年(1099)，献计崇宗，使辽国从中斡旋，与宋通好。同年十一月，奉使进誓表于宋。

嵬名浪遇(？—1073) 西夏党项人。夏景宗族弟。知兵事，谙边务。毅宗时尝执国政，惠宗时官都统军。天赐礼盛国庆三年(1071)，以不随附太后梁氏被罢官，并徙其家属。罢官后，日训子孙，教以忠义，口不言兵。卒，遗表以擢用忠良，勿犯宋朝为言，梁氏深恶之，不上奏。

嵬名令公 西夏党项人。皇族。应天四年(1209)，蒙古军攻中兴府外卫，奉襄宗安全命率兵守克夷门。相持两月，后因防备渐弛，被俘。襄宗纳女请和，遂被释还。乾定三年(1226)，蒙古军再攻河西，连破西夏城池，奉末主睍命率十万众救援灵州(今宁夏灵武东南)，兵败，逃回中兴府，被围。次年，随睍奉图籍出降。

嵬名仁忠(？—1148) 西夏党项人。皇族。崇宗、仁宗两朝大臣。有才思，通蕃汉文字。历任秘书监、礼部郎中。元德二年(1120)封为濮王。上疏劾奏晋王察哥横征不法。大德元年(1135)，任中书令。人庆四年(1147)，上言阻止外戚任得敬入朝。卒赠吴王。

嵬名山 西夏党项人。夏毅宗左厢绥州监军。拱化五年(1067)为宋知青涧种谔诱降。毅宗遣军援绥州，与之战，大败。乾道元年(1068)，至宋京，授左监门卫上将军，赐姓名赵怀顺。毅宗后梁氏用其臣罔萌讹计，佯以投夏宋人景询易之，不得。

嵬名氏 又称乌密氏或於弥氏。西夏皇族姓氏。原为党项八部之一拓跋氏。唐赐姓李，宋赐姓赵。元昊立国前改此姓，有"近亲的党项"之意。不包括疏族。

嵬名兀卒 西夏皇帝称号。宋明道元年(1032)夏国王李德明死，太子元昊继立，欲正式称帝，遂废弃唐、宋所赐李、赵姓，自号嵬名氏，称兀卒，汉译亦作吾祖，党项语皇帝意，也作青天子。亲族皆以嵬名为姓。

潍县 明洪武十年(1377)降潍州为县。治今山东潍坊市。属莱州府。1948年原县城设潍坊市后，县治迁驻寒亭。1983年县并入市。

wěi

伟烈亚力(Alexander Wylie, 1815—1887) 英国传教士、汉学家。在英时就自学汉语。清道光二十七年(1847)入华，在上海为伦敦布道会负责印制《圣经》工作，并参加麦都斯经营的"墨海书馆"(后由伟氏主持)。1860年休假回英，辞伦敦会职。翌年返上海为大英圣书公会驻华代理人。足迹遍及中国内地各省。曾任上海《教务杂志》编辑数年。1877年因眼疾回国。卒于伦敦。学识渊博，著述极丰。除教务外，还研究法、德、俄、满、蒙及他种文字。有一些关于科学的著述和对景教的研究。科技方面的译著有《数学启蒙》二卷(1853)、《几何原本》后九卷(与李善兰合作，1856年译完)、《代数学》十三卷(与李善兰合作，1859)、《代微积拾级》十八卷(与李善兰合作，1859)、《谈天》十八卷(与李善兰合作，1859)、《蒸汽引擎》等。1857年在上海编辑《六合丛谈》杂志(月刊)，注重自然科学的介绍。曾用英文向西方介绍中国的传统数学和北京所存元代天文仪器等。关于中国的著作有《满蒙语文典》、《中国文献记略》(1867)、《匈奴中国交涉史》(1874)和《中国研究录》(1887)等。其中、西文藏书在回国前为上海亚洲文会所购，成为该会图书馆之主干(他本人原是该会主要发起人之一)。

伟吾而 即"畏兀儿"。

伟吾尔 即"畏兀儿"。

伟兀 即"畏兀儿"。

伟兀尔 即"畏兀儿"。

伪钞 私铸钞版印造的伪官钞。元初规定，印造伪钞堪行使者，为首处死，为从杖断，捉者、告者赏银五锭；不堪行使者为首流远，为从杖断。后以伪造者多，乃加重刑罚；不论堪用不堪用，为首皆处死，为从杖断。捉事人赏银十锭，其中五锭从犯者追征给付。至元十五年(1278)，再次加刑，凡印造伪钞，不论首从，堪用不堪用，一律处死。由于印造伪钞较易，且获利极大，法虽极严而伪造者日多。大德七年(1303)郑介夫奏议称，当时"天下真伪之钞几若相半"。

伪楚之乱 东晋桓玄系桓温幼子，袭爵南郡公，曾任义兴太守,后弃官居江陵(今湖北荆州)。因朝廷疑惧其父温有不轨谋,玄等弟兄不受重用,赋闲故里。隆安二年(398)与王恭、殷仲堪起兵,讨专擅朝政司马道子父子。道子被迫以玄为江州刺史。次年,荆州大水,玄乘虚发兵西上,侵江陵,驱殷仲堪,据荆州。四年,朝廷迫于既成事实,诏玄都督荆、司、雍、秦、梁、益、宁、江等八州及扬、豫八郡诸军事,领江州刺史。晋室天下三分有其二,司马氏政权受到严重威胁。元兴元年(402),司马元显采谋士议,欲乘玄荆楚暂驻,立足未稳,发兵讨玄。玄举兵迎战。晋将刘牢之临阵倒戈,玄长驱直入建康,控制朝政。二年九月,矫诏为相国,封十郡地为楚。十二月,夺晋帝位,国号楚。次年四月,刘裕伐玄,玄兵败西逃,至枚回洲(今湖北荆州南),为益州督护冯迁所杀。

伪古文尚书 书名。儒家经典《尚书》之一种。五十八篇,序一篇。《汉书》所记孔壁发现之《古文尚书》,约于晋永嘉之乱时佚失。东晋豫章内史梅赜又献出《古文尚书》一部,计有经文五十八篇,其中包括汉今文尚书二十八篇(被析成三十三篇),从古籍中搜缀成二十二篇,另撰《泰誓》(上、中、下)三篇成伪《古文尚书》二十五篇。篇目是:《大禹谟》、《五子之歌》、《胤征》、《仲虺之诰》、《汤诰》、《伊训》、《太甲》(上、中、下)、《咸有一德》、《说命》(上、中、下)、《泰誓》(上、中、下)、《武成》、《旅獒》、《微子之命》、《蔡仲之命》、《周官》、《君陈》、《毕命》、《君牙》、《冏命》,并有汉孔安国传。唐孔颖达等依梅本撰《尚书正义》,作为官方《尚书》定本颁行。宋吴棫、朱熹始疑梅本为伪书。明梅鷟作《尚书考异》,定为伪作。清阎若璩《尚书古文疏证》列举一百二十余条证据,证明此书古文部分二十五篇及孔传皆为伪作。清惠栋《古文尚书考》进而揭发伪《古文尚书》系抄集先秦著作中所引之《尚书》语句及其他语句,加工联缀成篇。清丁晏《尚书余论》认为伪《古文尚书》作者为三国魏王肃。《十三经注疏》本《尚书》系伪《古文尚书》与《今文尚书》的合编。参见“尚书❸”。

伪史 史书分类名目之一。东晋十六国时期,各少数民族首领及汉族割据势力建立政权,称王称帝,各设史官,撰修国史。南朝梁阮孝绪作《七录》,把这种史书称为伪史。《旧唐书·经籍志》及《新唐书·艺文志》均沿用之,列为史书之一类。其后,宋人对于记载五代时期十国事迹的史书,也列为伪史类,如《崇文总目》、《郡斋读书志》、《直斋书录解题》等。

伪学 见“庆元党禁”。

伪褕 即“毁褕”。

芳 春秋郑邑,后为周地。在今河南孟津县东北。《左传》隐公十一年(前712):“王取鄔、刘、芳、邘之田于郑”,即此。

芳敖 即“孙叔敖”。

芳贾(?—前605) 春秋时楚国人,字伯嬴。官工正,后任司马。年幼时,认为子玉刚而无礼,不可带兵治国,后子玉果于城濮兵败自杀。楚庄王三年(前611),楚大饥,戎人自西南来伐,庸人帅群蛮叛,麇人又聚百濮谋攻楚。楚欲迁徙阪高(今湖北襄樊西,一说今湖北当阳东北)。他反对迁徙,主张出兵伐庸,认为麇与百濮必惧楚兵威而散去。楚伐庸,麇与百濮果然散去。九年,助子越谗杀令尹斗般,子越继为令尹,旋为子越所杀。

芳掩(?—前543) 一作蒍掩。春秋时楚国人。芳子冯之子。楚康王十二年(前548)任司马,奉命整理军赋,检核甲兵。清查土地,登记在册,根据土地的收入,制定应出战车、马匹、兵器甲盾的数量。后被公子围所杀。

芳州 唐置羁縻州。《贵阳府志》称其地在镇远府境内。天宝元年(742)属黔中郡,隶黔中道。其后建置沿革失考。

芳子冯(?—前548) 一作蒍子冯。春秋楚国人。孙叔敖之侄。官大司马。楚康王八年(前552)令尹子庚死,康王欲任为令尹,他以“国多宠而王弱”,称病不就。次年,康王杀令尹子南,乃任令尹。十一年,舒鸠叛楚从吴,他谏阻康王出兵攻伐。后病死。

苇课地 清代民地之一种。沮洳生苇之地。不宜稼禾。主要分布于直隶等地。每亩课银一分至五分不等。

苇税 即苇捐。清代杂税之一。奉天东边外苇税,向按五则征收实物。上则、中上则系大苇,亩征二十束,束值百文。中则以下系小苇,亩征三十余束,束值二十文。光绪十三年(1887)奏准,酌收苇捐,值十抽一,大苇百束收东钱四千文,小苇千束收东钱二千文,贮道库以备兵饷。

苇园匠 吏职名。唐代司农寺司竹监置一百人,掌竹苇种植与帘筐供给。

苇泽关 即今山西平定县东北娘子关。《魏书·地形志》:并州乐平郡石艾县有苇泽关。《元和郡县志》太原府广阳县:“苇泽故关在县东北八十里。”相传唐高祖女平阳公主曾驻兵于此,故后世又名娘子关。当太行山区进入华北平原的隘口,与井陉关相唇齿。唐乾元初置承天军,明嘉靖间筑城戍守。

尾尖寨 地名。在今河南安阳市东北。地当要冲径路险隘。明建文三年(1401),遣兵扼尾尖寨,以塞燕师饷道,即此。

尾闾 古代传说中海水归宿之处,后引申指各类水体的归宿。《庄子》中说大海“万川归之,不知何时止而不盈;尾闾泄之,不知何时已而不竭”。后代则常把各河的入海处称为该河的尾闾。

尾宿 ❶星官名。亦称“九江”。二十八宿之一。东方苍龙七宿的第六宿,有星九颗,即天蝎座 $\mu_1,\varepsilon,\zeta_2,\eta,\theta,\iota_1,\kappa,\lambda,\upsilon$ 九颗,形成苍龙尾部。《礼记·月令》:“孟春之月,……旦尾中。”《左传》:“龙尾伏辰。”杜预注:“龙尾,尾星也”。《史记·天官书》:“尾为九子。”张守节正义:“尾为析木之津,于辰在寅,燕之分野。”以西行西第二星为距星。❷天区名。除主体尾宿星官外,还有龟星、天江、傅说、鱼星等星官,以及附座神宫共包含五个星官。

纬车 又称维车。一种人力纺织机械。用于捻丝作纬。由一个大绳轮和一根插置纱锭的铤子组成。人摇转绳轮,从而由绳带动铤子旋转加捻和卷绕。战国秦汉时期已使用纬车。西汉扬雄《方言》:“赵魏之间谓之轣辘车,东齐海岱之间谓之道轨,今又谓之维车。”在山东临沂银雀山西汉墓中出土的帛画上有纬车(又称纺车)。东汉以后,这种纬车一直沿用到二十世纪,基本结构无变化。

纬候 即纬书。《后汉书·方术传》:“纬候之部,钤决之符,皆所以探抽冥赜,参验人区。”李贤注:“纬,七经纬也。候,《尚书中候》也。”《尚书中候》实亦属《尚书纬》。

纬书 与经书相对。汉代以神学迷信附会阐释儒家经义之书。《四库全书总目》称其为“经之支流,衍及旁义”。《后汉书·樊英传》唐李贤等注,谓有《易》、《书》、《诗》、《礼》、《乐》、《孝经》、《春秋》等七经的纬书凡三十五种,称七纬,盛行于东汉。七纬与《论语谶》及《河图》、《洛书》等合称“谶纬”。文辞浅陋,内容荒诞不经。然保存部分汉儒说经古义以及古代天文、历法、地理和神话传说资料。南朝禁绝流传,隋炀帝更明令焚毁,自是失传。明孙瑴《古微书》、清马国翰《玉函山房辑佚书》、黄奭《汉学堂丛书》,皆有辑录。以赵在翰所辑《七纬》和乔松年《纬攟》较完备。

委吏 掌管仓库的小吏。《孟子·万章下》:“孔子尝为委吏矣,曰‘会计当而已矣。’”赵岐注:“委吏,主委积仓廪之吏也,不失会计当直其多少而已。”

委署主事 官名。清制,未实授而由各衙门堂官派委署理主事者。定期任满后可升任主事。

委粟 算学术语。(1)《九章算术》提出计算粟米容积的数学方法,有平地、依垣、依垣内角三种,粟堆呈圆锥、半圆锥、四分之一圆锥。依圆锥术算出其体积,再按程粟一斛积 2 700 立方寸,米一斛积 1 620 立方寸,菽、荅、麻、麦一斛积 2 430 立方寸,计算其中粟、米、菽、荅、麻、麦之数。(2)算学之一类。《永乐大典》有委粟类,在卷一六三五〇,已佚。

委粟山 在今河南洛阳市东南。《资治通鉴》:三国魏景初元年(237),“营洛阳南委粟山为圜丘”;南朝齐建武二年(495),“魏主如委粟山,定圜丘”,皆即此。

委兀 即“畏兀儿”。

委兀儿 即“畏兀儿”。

委质 质通贽。古人相见必执贽为礼。《礼记·曲礼下》载,天子用鬯酒,诸侯用圭,卿用羔,大夫用雁,士用雉鸟,庶人用家鸭。孔颖达疏称“质”为形体,委质是屈膝下拜,委身体于地,以示臣服归顺。委质的方式与意义有多种:向尊长献礼时将贽放在地上,《礼记·曲礼下》:“童子委质而退”,孔颖达解释说,童子见先生或大人时,不敢与对方行授受礼,所以把礼物放在地上便走;向君主献礼,表示服从并确立君臣关系。一旦委质为臣,在任何情况下都必须忠于君主,不得有二心;送礼拜师,《史记·仲尼弟子传》:“子路后儒服委质,因其门人请为弟子。”

洧仓 洧水之邸阁。据《水经·洧水注》,俗以洧水为汶水,故又名汶仓。在今河南鄢陵县西北洧水(双洎河)旁。《资治通鉴》:西晋永嘉五年(311),东海王越将“何伦等至洧仓,遇(石)勒,战败。东海世子及宗室四十八王皆没于勒”。

洧水 即今河南双洎河。故道原经鄢陵、扶沟二县西南,至西华县西入颍水。北宋时为丰富蔡水水量,以资漕运,在长葛县以下,由许田镇(今许昌县东许田)导洧水经鄢陵、扶沟二县之北,东注蔡水。元时蔡河常为黄河所夺,渐被湮没。明以后改入今贾鲁河,名双洎河。

喽嚟多 葡萄牙语 Vereadore 之音译,意为葡萄牙澳门市议会参议员。顺治八年(1651),澳门葡萄牙当局进呈清廷表文,首次使用此名。清初文献多冠以“夷目”二字。

隗嚣(? —33) 西汉末天水成纪(今甘肃静宁西南)人,字季孟。新莽时,为国师刘歆属吏,后罢归乡里。公元 23 年绿林起义军建立更始政权后,其叔父隗崔等起兵,共推其为上将军,移檄郡国,杀新莽雍州牧,降安定。新莽败亡后,又攻夺陇西、武都、酒泉、敦煌、张掖、金城、武威等郡。更始二年(24)归附更始,被召至长安,授右将军、御史大夫等职。后与诸将谋劫更始东归,事泄,亡归天水,自称西州上将军。建武二年(26)归附刘秀,然内心图谋割据。六年,光武帝遣耿弇等由陇道伐蜀公孙述时,阴持两端,勒兵阻击,并称臣于述,以为外援。后以大将王遵等率众十余万降东汉,遂忧愤而死。诸将立其少子纯为王。十年,纯降,隗氏宗族被分徙洛阳以东。

猥剌 即“斡亦剌”。

韪书 彝文经籍名。又有夷经、爨字、倮倮文、西波(毕摩)文诸称。相传是云南彝人首领纳垢后阿畸所撰,字形若蝌蚪状,字母凡一千八百四十,号曰“韪书”。晋常璩撰《华阳国志·南中志》载,蜀汉以前,彝族先民已有经书,谓之夷经。传至阿畸,搜集整理前人“夷经”,编纂成册,并使其“爨字”(彝文)规范化,故名。传世者甚多,内容包括天文、历史、地理、谱牒、诗歌、神话、伦理、祭祀、占卜、契约、文告,以及种植、饲养、医药、译著等。多为明清以来手抄本,间有刻印本及碑石。

鲔渚 在今河南巩义市西北。《水经·河水注》:河水经巩县北,“县北有山,临河,谓之崟崞丘,其下有穴,谓之巩穴,言潜通淮浦,北达于河。直穴有渚,谓之鲔渚。”《资治通鉴》:“东晋永和十年(354),故魏降将周成反,自宛袭洛阳,……河南太守戴施奔鲔渚”,即此。

薳罢 春秋时楚国人,字子荡。曾使晋参加会盟,应对得体,为叔向所称。鲁襄公三十年(前 543)奉楚王郏敖命至鲁聘问,鲁人问楚之政事,他知令尹公子围谋夺权事而隐其情。鲁昭公元年(前 541),公子围杀郏敖自立,他任令尹。

薳澨 春秋楚地。约在今湖北钟祥市南。《左传》昭公二十三年(前 519):吴诸樊入郢,取楚夫人与其宝器以归,楚司马薳越追之,不及,“乃缢于薳澨”,即此。

薳掩 即"芀掩"。

wèi

卫 ❶古代九畿之一。❷西周、春秋、战国时国名。始封之君为周武王弟康叔。成王时,周公平定武庚及三监叛乱后封,居河、淇之间,为当时大国。都朝歌(今河南淇县)。卫懿公九年(前660),为翟所破,依靠齐桓公之助,卫文公二年(前658)迁都楚丘(今河南滑县东),从此成为小国。卫成公六年(前629)又迁都帝丘(今河南濮阳市西南)。到卫昭公时,卫如小侯,属赵。卫成侯时,贬号为"侯"。卫嗣君时,贬号为"君",只有濮阳(今河南濮阳市西南)一地,为魏附庸。秦始皇六年(前241),拔卫,徙卫君角于野王(今河南沁阳市),为秦附庸。秦二世元年(前209),废君角为庶人,卫灭。❸军队编制名。隋唐均置十六卫,各设大将军一人,将军二人。唐贞元二年(786),又各置上将军一人。统领府兵及掌管门禁、侍卫之事。明在各要害地区设置。约五千六百人为一卫。由都司或行都司率领,隶属中央五军都督府。防地可以包括一府或数府。一般驻地在某地即称某卫,如建州卫、天津卫、金山卫等。后相沿成为地名。参见"卫所"。❹旧时西藏四部之一。因在诸藏之中,故一名中藏;又与康(一名喀木)合称前藏。东邻康境,西接藏界,约当今西藏自治区的拉萨市西部、那曲地区中部和山南地区。❺清初于少数民族地区设流官后置,为地方行政区划,长官为守备。

卫安王 元诸王封号,授驼纽金印。大德九年(1305),宪宗蒙哥第三子玉龙答失子完泽受封。

卫包 唐京兆(今陕西西安)人。工八分、小篆,兼通字学。作字落笔,规矩严整。玄宗时任集贤院学士。天宝三载(744),玄宗下诏改《尚书》之古体文字(即西汉之隶古定体,敦煌发现《尚书》残本多此体)为唐时通用之"今字",由他改写,称《今文尚书》(非西汉时的今文尚书),《尚书》所存古字从此废弃。九载,处士崔昌上书请以唐承周、汉正统,废北周、隋之子孙为二王后,右相李林甫赞同其说,他附会天象以支持之,因得擢为虞部员外郎。十二载,右相杨国忠自称隋宗,并以此攻李林甫之短,遂恢复旧制。因以"助邪"罪贬为夜郎(今贵州正安西北)尉。

卫伯玉(?—776) 唐人。少习武技,有膂力。天宝中,投安西(今新疆库车),以边功迁员外诸卫将军。肃宗即位,自安西归长安,任神策兵马使,出镇陕州行营。乾元二年(759),破史思明部,迁羽林大将军,领神策军节度使。上元二年(761),破史朝义于陕州(今河南陕县),封河东郡公,广德元年(763),任荆南节度使,封城阳郡王。后卒于长安。

卫操(?—310) 西晋代(今河北蔚县东北)人,字德元。少任侠,有才能。晋征北将军卫瓘以为牙门将,数使于拓跋鲜卑部,拓跋力微颇自结附。力微死后,与从子卫雄及宗室乡亲姬澹等归附拓跋鲜卑。说拓跋猗㐌、拓跋猗卢招纳晋人,附者稍众。猗㐌嘉其功,以为辅相,任以国事。刘渊、石勒起兵,劝猗㐌匡助晋室。东瀛公司马腾闻而善之,表加将军。猗㐌死后,为立碑于大邗城南,以颂功德。并为猗卢、猗㐌礼重,凡与其入国宗室乡亲,皆表授官爵。

卫成公(?—前600) 春秋时卫国国君。公元前634—前600年在位。名郑。卫文公之子。成公三年(前632),晋欲借道于卫以伐曹,不许。晋破曹,执曹共公,他惧而出奔,大夫元咺立其弟叔武。不久奉晋命返卫,毁约杀叔武,因被晋执送周襄王议处。旋获释返卫。六年,因狄人围卫,由楚丘(今河南滑县东)迁都帝丘(今河南濮阳西南)。九年,因不朝晋,晋遂遣先且居、胥臣伐卫,取戚(今河南濮阳东北)。

卫成侯(?—前346) 战国时卫国国君。公元前375—前346年在位。名不逝,一作遬。卫声公之子。立十六年,卫由公贬号为侯。

卫出公 春秋时卫国国君。名辄。卫灵公之孙,卫庄公之子。灵公四十二年(前493)死,时庄公出亡在外,遂即位。出公十二年,庄公返卫,被逐奔鲁。三年,庄公死于卫内乱,次年由齐返卫,复为君。为政暴虐,役使工匠过甚,又与大夫褚师比等人结怨。后元七年,褚师比等依靠工匠攻打他,被逐奔越。后卒于越。

卫大将军 官名。十六国汉(前赵)、前秦均置。北魏亦有,无实职,用以褒赏勋戚,太和十七年(493)《职令》中为一品下,位次仪同三司;二十三年改制为正二品,位在太子太师之上。北齐沿之。

卫戴公(?—前660) 春秋时卫国国君。公元前660年在位。名申。卫昭伯之子,黔牟之弟。卫懿公在狄人伐卫时被杀。卫人立他为君,不久即死。

卫悼公(?—前465) 战国时卫国国君。公元前469—前465年在位。名黔,又作虔。卫出公之叔父。卫出公死,他攻出公之子而自立。一说为卫人所立。后死于越。

卫定公(?—前577) 春秋时卫国国君。公元前588—前577年在位。名臧。卫穆公之子。曾与鲁、晋、宋、曹联军伐郑。定公三年(前586),与诸侯盟于虫牢(今河南封丘北)。五年,与诸侯盟于马陵(今河南范县西南,一说今河北大名东南)重申"虫牢之盟"。十一年,与晋、鲁、齐、宋、郑、曹、滕等国联军伐秦国。

卫方济(François Noël, 1651—1729) 比利时人。天主教耶稣会传教士。清康熙二十六年(1687)来华,在江苏、安徽、江西等地传教。四十七年返欧。著有《1684—1708年对印度与中国的数学和物理学所作的观察》等,并译《四书》为拉丁文。

卫夫人(272—349) 晋河东安邑(今山西夏县西北)人,名铄,字茂漪。江州刺史李矩妻,世称卫夫人。工书法,少师钟繇,得其正书妙法。尝授王羲之书法。传《笔阵图》为她所作。

卫肤敏(1081—1129) 宋秀州华亭(今上海松江)人,字商彦。宣和进士。宣和六年(1124),使金贺生辰,到燕山而返。七年,再出使,时金人已举兵南下,气焰甚盛,他不为稍屈。建炎间,累官中书舍人、礼部侍郎。力持正议,凡命令不合公议者,皆执奏或即封还。建炎三年(1129)春,召赴行在平江府,请高宗移驻江宁,并陈守长江之策。不久卒。

卫府 ❶卫将军署的省称。❷隋唐置十六卫府,分统禁军。

卫公问对 即"李卫公问对"。

卫恭王 即"朱瞻埏"。

卫瓘(220—291) 西晋河东安邑(今山西夏县西北)人,字伯玉。少孤,袭父觊爵为阌乡侯。初任魏尚书郎,后迁侍中、廷尉卿。景元四年(263),以本官持节监邓艾、钟会伐蜀。蜀平,艾、会构恶,以艾承制专事、会内怀异志,乃奉命收艾父子,又集诸将击平钟会。后复遣人斩艾于绵竹,事平,封菑阳侯。晋泰始初转征东将军,进爵为公。官至尚书令,加侍中。复迁司空。为政清简,上疏议罢九品中正制,复古乡举里选。武帝善之而不能用。素与杨骏不和,以骏总揽朝政,遂告老逊位。骏被杀,复为录尚书事。与汝南王亮辅政。贾后忌其方直,矫诏杀之。善草书,宗尚张芝笔法,与索靖并称"二妙"。

卫海将军 官名。南朝梁置,天监七年(508)定为施于境外武职二十四班中的第十八班,拟于武臣将军等四号将军。大通三年(529)定制后,仍拟武臣将军等号。

卫河船厂 明代官办修造漕船之工场。厂址在顺天府(今北京)。设提举司一员管理。天顺二年(1458),定松木船三年大修,五年改造;杉木船六年大修,十年改造。选留各卫运粮官军,协同工匠修造。

卫盉 西周中期青铜器。1975 年于陕西岐山县董家村出土。通高 29 厘米,口径 20.2 厘米。流鋬相距 39 厘米。鼓腹,束颈,口微外侈,连裆,柱足,有管状流、兽首鋬,盖与鋬间有链相连。颈及盖沿均饰重冠回首分尾夔纹,腹饰双线人字纹,流饰三角雷纹。盖内有铭文一百三十二字,大意是:周王三年三月壬寅日,在丰地举行建旂典礼,矩伯庶人从裘卫处取来觐璋,价值贝币八十朋,以十田(一千亩)相抵。随后,矩又取走二件赤玉琥、二件鹿皮披肩、一件杂色椭圆围裙,其价为贝币二十朋,用三田(三百亩)成交。裘卫将此事向五位王朝大臣报告,他们派三有司前来监处土地交付事宜。卫盉为研究西周土地关系的变化和商品货币关系提供了重要材料。

卫恒(?—291) 西晋河东安邑(今山西夏县西北)人,字巨山。卫瓘子。历官太子舍人、秘书丞、黄门侍郎。工书法,尤善草、章草、隶、散隶四种书体。八王之乱中,与父瓘同为贾后所杀。著有《四体书势》。

卫宏 东汉东海(治今山东郯城西南)人,字敬仲。好古学,从九江谢曼卿学《毛诗》,因作《毛诗序》,颇达风雅的意旨。又从大司空杜林学《古文尚书》,作《训旨》。光武帝时,为议郎。著有《汉旧仪》(亦称《汉官旧仪》),记西京杂事。

卫候直都指挥使司 官署名。元大德十一年(1307),由隆福宫卫候司改名,简称卫候司。秩正四品(或升正三品)。领东宫控鹤卫士,兼掌仪从金银器物。隶詹事院。至治三年(1323)罢,泰定四年(1327)三月复置,隶皇后位下,不久又罢。天历二年(1329)复设,隶储政院。后隶詹事院。置达鲁花赤二员,都指挥使二员,副指挥使二员。下辖六百户所。

卫怀公(?—前 429) 战国时卫国国君。公元前 439—前 429 年在位。名亹,亦称公子亹。卫昭公之子。杀父自立为君。后为公子颓(一作公子穨)所杀。

卫怀君(?—前 266) 战国时卫国国君。公元前 296—前 266 年在位。卫嗣君之子。朝魏时,为魏安釐王所囚杀。

卫桓公(?—前 719) 春秋时卫国国君。公元前 734—前 719 年在位。名完,卫庄公之子,为陈女戴妫所生。继卫庄公即位。其庶弟州吁骄横好兵,为他所黜出奔。后为州吁所杀。

卫辉府 明洪武元年(1368)改元卫辉路置。治汲县(今卫辉市)。属河南布政使司。辖境相当于今河南新乡、卫辉、淇县、辉县、获嘉等市、县地。清属河南省。辖境扩大至今封丘、滑县、浚县、延津等县地。1913 年废。

卫辉路 蒙古中统元年(1260)升卫州置。治汲县(今卫辉市)。属中书省。辖境相当今河南新乡、辉县、卫辉、获嘉等市、县地。至元三年(1266)增辖今淇县地。明洪武元年(1368)改为卫辉府。

卫惠公(?—前 669) 春秋时卫国国君。先后在位二十一年(前 699—前 697 年;前 686—前 669 年)。名朔。卫宣公少子。因宣公听信其母之谗言,废太子伋后,得以继位。即位三年,诸宗族公子不服作乱,乃出奔齐。诸公子立公子黔牟。黔牟立八年,齐襄公率诸侯奉周王之命伐卫,诛除诸公子,黔牟奔周。他得复位。惠公二十五年(前 675),周人夫芀国等奉子颓(周庄王庶子)攻惠王,周有王子颓之乱,他出兵与南燕助子颓。

卫籍 即"军籍"。

卫济宝书 又名《外科痈疽方》。书名。南宋东轩居士撰。一卷。二十二篇。成书于乾道元年(1165)。以问答形式论述痈疽证治,分之为癌、瘭、疽、痼、痈五类并附图说明,载有溃脓法、灸恶疮法、试疮溃法等疗法,列方四十首。最早记载乳癌。影响深远,后世称为"卫家济世"之书。原文已佚,现存为《永乐大典》辑佚本。二卷。先后收入《四库全书》、《当归草堂医学丛书》、《古今医学汇通十一种》等丛书。

卫觊(?—230) 三国时河东安邑(今山西夏县西北)人,字伯儒。以才学称。东汉末曹操辟为司空掾属。建安四年(199),留守关中,建议实行盐监卖,所获购置犁、牛,劝农耕种,招罗远方流民,使关中富饶。又议使司隶校尉留治关中,统率诸将,均被接纳。迁尚书,后为侍中。曹丕称帝,封阳吉亭侯。魏明帝时,进封阌乡侯,请置律博士、教授刑法使官吏知律。又谏减劳役,戒奢华。受诏典著作,著有《魏官仪》等。好古文,善鸟篆、隶草。其文多佚,清严可均辑成一卷。

卫将军 官名。西汉初为将军名号之一,统兵征战,事讫即罢。文帝即位,拜宋昌为之,总领南、北军,始成为重要武职,其后屡典京城、皇宫禁卫军队。东汉位次于大将军、骠骑将军、车骑将军,秩万石,位亚三公。开府置官属。魏、晋、南北朝沿置,位在诸名号大将军上,多作为军府名号,以加大臣、重要州郡长官,无具体职掌。东晋南朝甚重之,常以中书监、尚书令等权臣兼领,统兵出征。梁、陈改为镇卫将军。北魏太和十七年(493)定为一品下,二十三年改为二品。北齐沿之。

卫玠(286—312) 西晋河东安邑(今山西夏县西北)人,字叔宝。好言玄理,但反对强词夺理,故每出一言,无不入微,听者为之"绝倒"。时大将军王澄叹曰:"昔王辅嗣(弼)吐金声于中朝,此子复玉振于江表,微言之绪,绝而复续。不意永嘉之末,复闻正始之音。"官至太子洗马。因避乱辗转至建邺。京都人士闻其姿容,观者如潮。旋劳疾死。时人谓"玠被看杀"。

卫禁律 北齐称为《禁卫》,隋改称《卫禁》,唐因之。唐律第二篇名。《唐律疏议·卫禁》:"卫者,言警卫之法;禁者,以关禁为名。"即关于警卫宫殿、太庙、山陵、关津等要害部门及地区的刑法。如对阑入(不应入而入)太庙、宫门,私度关津,宿卫上番不到,烽候不警(不按规定举烽火)等,皆处以相应刑罚。共三十三条。

卫泾 南宋平江昆山(今属江苏)人,字清叔。淳熙进士。与朱熹友善。宁宗时官至御史中丞。开禧三年(1207),参与谋诛*韩侂胄,事成,除签书枢密院事兼参知政事。后为丞相史弥远所忌,罢知潭州。著有《后乐集》。

卫经历(歷) 官名。明代各卫指挥使司所属经历司设。一人,从七品,为各卫首领官。掌出纳文移等事。

卫敬公(? —前 446) 战国时卫国国君。公元前 464—前 446 年在位。名弗,一作费。卫悼公之子。

卫君角 战国末卫国国君。卫元君之子。公元前 241 年即位。即位后,秦将卫国君及支族自濮阳迁往野王(今河南沁阳),成为秦国附庸。立二十二年,秦并天下。秦二世元年(前 209),被废为庶人。

卫康叔封 即"康叔"。

卫匡国(Martin Martini, 1614—1661)明末清初意大利人。耶稣会士,字济泰。年青时求学于罗马公学,钻研数学、神学。崇祯十六年(1643)渡海至澳门,不久赴浙江兰溪传教。后又活动于江南,并游历闽、晋、豫及北京。顺治七年(1650)任中国区耶稣会驻罗马代表。十五年再度来华。次年由北京返回杭州,建天主教堂,笃心中西文化交流。后染霍乱,卒于杭州。博学多识,于历史学、地理学、神学、哲学皆有研究。著有《中国历史十卷》、《鞑靼战纪》、《中国新地图册》、《天主理证》、《中国文法》、《逑友篇》等。

卫拉特 见"厄鲁特蒙古"。

卫拉特法典 即"蒙古卫拉特法典"。

卫拉特文 即"托忒文"。

卫灵公(? —前 493) 春秋时卫国国君。公元前 534—前 493 年在位。名元。卫襄公之子。继襄公即位。孔子曾两次入卫来见,终不能用。灵公十三年(前 522),齐豹、北宫喜等作乱,他逃出卫都,后北宫氏攻灭齐氏,得返。三十三年,与晋会盟时,遭晋侮,遂叛晋,后遭晋、鲁联军攻伐。晚年,太子蒯聩与夫人南子相恶,太子奔宋。他欲立少子郢,未果而死。

卫律(? —约前 80) 西汉人。匈奴族。先世降汉为胡骑,世居长水(今陕西蓝田西北)。及长,与武帝时朝臣协律都尉李延年友善,延年荐其出使匈奴。他使还,会延年被逮,惧连坐并诛,亡走降匈奴。为单于宠信,封丁灵王。天汉元年(前 100)苏武使匈奴被囚,以富贵相诱劝降,遭武斥责。征和三年(前 90),汉将李广利战败,降匈奴。狐鹿姑单于以女妻之,尊宠在其上。他以计除之。狐鹿姑单于死时遗嘱立弟右谷蠡王。他与颛渠阏氏谋,诈矫单于令,改立单于子为壶衍鞮单于。晚年常言和亲之利于单于,单于遂释苏武等归。

卫率府 官署名。元代东宫卫军机构。设于武宗至大元年(1309)二月,统汉军万人,隶詹事院。置卫率使、副使等职,由詹事院官兼任。仁宗延祐四年(1317)五月,改为中翊府,不久又改名为御临亲军都指挥使司;五年十月,再改为羽林亲军都指挥使司;六年六月,复隶东宫,改为左卫率府。

卫满 西汉初燕人。燕王卢绾叛入匈奴后,他聚党千余人亡命出塞,渡浿水(今朝鲜境内清川江,一说今大同江或鸭绿江),杀朝鲜王箕准,役属真番、朝鲜及故燕、齐亡人。称王,都王险(今朝鲜平壤)。高后时,与辽东太守约,为汉外臣,保塞外诸族。倚汉朝威势降服周围小邑,真番、临屯皆来服属,拓地数千里。

卫慕氏 ❶西夏银州党项族姓。❷(? —1034)党项首领夏国王李德明妻。北宋景德元年(1004),生子元昊。天圣六年(1028)德明立元昊为太子时,被封为皇后。元昊称帝,尊为皇太后。因族人卫慕山喜谋乱,被元昊毒死。❸(? —1034)夏景宗元昊妃。为太后被毒死事责备元昊,元昊怒,尽杀其族。因妃怀孕,幽之别宫。广运元年(1034),生子。因野利后谮告元昊谓此子面貌类似他人,与子并被元昊杀死。

卫穆公(? —前 589) 春秋时卫国国君。公元前 599—前 589 年在位。名遬。卫成公之子。穆公三年(前 597),卫大夫孔达与晋国大夫原縠、宋国大夫华椒、曹国大夫共同在清丘(卫邑,在今河南濮阳市南)结盟,此为大夫结盟之始。九年,派太子臧率军随晋景公伐齐,战于鞍(在今山东济南),大破齐军,攻至齐邑阳谷(今山东阳谷北)。

卫南都巡河官 官名。金代都水监属官,设于新乡，掌河防，管辖崇福上、崇福下、卫南、淇上四埽。领埽兵约二千人。

卫南县 隋开皇十六年(596)改楚丘县置。治今河南滑县东。属滑州。唐仪凤元年(676)移治其城西北滨(黄)河新城，永昌元年(689)又移治故城之南。金废入白马县。

卫平侯(? —前338) 战国时卫国国君。卫成侯之子。公元前345—前338年在位。

卫朴 北宋淮南人。精通历法，能以口算准确推定古今月食、日食。凡术书算数，听人一读，即能暗诵。熙宁元年(1068)七月，日月运行与旧历不协。五年，沈括提举司天监，荐他更造新历。遂测验每夜昏、晓、夜半时分月及五星所在度秒，置簿录之。时司天监官员多食禄而无术者，他不受其沮，终以己学造新历。八年，《奉元历》成，括上于朝，颁行达十八年之久。著有《奉元历经》、《七曜细行》，今佚。

卫气营血辨证 中医名词。是中医诊断学的组成部分。由清代叶桂所倡导。即将外感温病由浅入深、由轻而重的病理过程分为四个阶段："大凡看法，卫之后，方言气，营之后，方言血。"病变按卫、气、营、血逐步发展为顺传；由卫分迅速发展至营分、血分者为逆传。其中两分的证候同时出现者称为同病。卫分为表证阶段，应鉴别不同的病因；气分为热盛阶段，应区别热邪是否结聚：如湿热，则应区分热和湿的轻重；病邪深陷营、血分为伤阴引致内闭或出血的阶段，并须明辨心、肝、肾等脏的病变。由此从病因、阶段、部位、传变及病变程度确立辨证的内容。

卫千总 官名。清代绿营军官。正六品。隶于漕运总督所辖各卫。掌督率运员，领运漕粮。

卫青 ❶(? —前106)西汉河东平阳(今山西临汾西南)人，字仲卿，本姓郑。其父以县吏给事平阳侯家，与主家婢女卫氏私通，生青，遂冒卫姓。少时牧羊，为平阳侯家骑从。后姊卫子夫入宫受武帝宠幸，因得为侍中。元光六年(前129)以车骑将军击匈奴有功，赐爵关内侯。其后，多次统帅大军出征匈奴。元朔二年(前127)兵出云中，驱逐白羊、楼烦王，取河南地为朔方郡，封长平侯。后三年再出高阙、朔方，击败匈奴右贤王，封大将军，三子同时封侯。元狩四年(前119)与霍去病分兵远征漠北，率军出定襄，追击匈奴单于至阗颜山(约为今蒙古高原杭爱山南面的一支)乃还。是役因斩获不及去病，所属前将军李广及右将军赵食其又失道后期，故不得益封。武帝置大司马位，使霍去病与青并为大司马。此后青之宠日衰，而去病益贵。❷(1376—1436)明松江华亭(今上海松江)人，字明德。起自百户，以靖难功，迁至都指挥佥事，备倭山东。永乐十八年(1420)击败山东唐赛儿农民军于安丘，因功擢山东都指挥使。英宗初，官至都督佥事。守山东十余年，卒于任。

卫顷侯 西周时卫国国君。康叔七世孙。厚赂周夷王，命卫为侯。康叔始封为侯，子康伯髡以下均称伯，至此复为侯爵。

卫荣光(? —1890) 清河南新乡人，字静澜。咸丰进士。咸丰九年(1859)由湖北巡抚胡林翼奏调从戎，镇压太平军，转战鄂、皖等地。同治二年(1863)擢翰林院侍讲学士，旋授济东泰武宁道。历署山东盐运使、按察使。四年奉山东巡抚阎敬铭之命督办河防，与捻军对抗。光绪元年(1875)调安徽按察使，后累迁山西巡抚。八年调江苏巡抚。

卫融(905—973) 五代时青州博兴(今属山东)人，字明远。后晋天福进士。历官齐澶二州从事、忠武军掌书记。后汉初，为太原观察支使。刘崇建北汉，授翰林学士，迁中书侍郎、同平章事。宋建隆元年(960)，奉使往潞州李筠处，筠败，为宋军所执。后仕宋为太府卿，改司农卿，曾出知陈、舒、黄三州。

卫汝贵(1836—1895) 清安徽合肥人，字达三。早年从淮军将领刘铭传镇压捻军，累迁至副将，晋河州镇总兵。因李鸿章荐其忠勇，留统北洋防军。光绪二十年(1894)中日战起，奉命率盛军马步六千余人赴援平壤。因治军不严，屡有克扣军饷、纵兵抢掠情事；又恪守妻诫，遇敌则避走，自平壤退至辽东，遭朝士弹劾，被革职逮问。次年被清廷处斩于北京菜市口。

卫飒(? —51) 东汉河内修武(今河南获嘉)人，字子产。早年家贫，常佣以自给。新莽时任州郡官职。东汉建武初，历任侍御史、襄城令、桂阳太守。在郡兴办教育，移风易俗，传播中原先进文化。于含洭、浈阳、曲阳等县凿通山道五百余里，置亭传、邮驿，省息劳役，便利吏民往来。又因郡内耒阳县出铁石，置铁官，禁私铸，一岁增收五百余万钱。任职十年，郡内安定，经济文化得到发展。建武二十五年(49)征还，拟任少府，因病未就，后卒于家。

卫三畏(Samuel Wells Willams，1812—1884) 一译卫廉士。美国基督教(新教)传教士兼外交官。清道光十三年(1833)来华传教，在广州参加编辑《中国丛报》。咸丰五年(1855)起先后任美国驻华公使馆秘书、翻译、代办和代理公使。曾参与策划《中美天津条约》。光绪二年(1876)因病辞去外交官职务。在中国活动达四十年之久，是美国利用宗教侵华的代表人物之一。回国后任美国耶鲁大学教授。著有《中国总论》、《我们同中华帝国的关系》等。

卫殇公(? —前547) 春秋时卫国国君。公元前558—前547年在位。名焱，一作剽、秋，字子叔。卫穆公之孙。卫定公之子。卫献公十八年(前559)；献公被其臣孙林父、宁殖所逐，奔齐，他被孙、宁立为君。殇公十二年(前547)，卫献公与宁殖子宁喜相约，如迎复位，则"政由宁氏，祭则寡人"(《左传·襄公二十六年》)。他遂为宁喜所杀。献公复位。

卫绍王(? —1213) 即完颜永济。原名允济，小字兴胜。金世宗第七子。世宗时封卫王。章宗无子，立为储嗣。泰和八年(1208)章宗死，即帝位。次年，改元大安。时朝政已坏，又值蒙古族兴起，自大安三年(1211)以后蒙古军连年南下，金军一再败北。至宁元年(1213)八月，为败将胡沙虎(即纥石烈执中)逐归故邸，被宦者李思中杀死。在位五年。贞祐四年(1216),追复卫王,谥绍。

卫慎公(?—前387) 战国时卫国国君。公元前428—前387年在位。名颓(一作積)。卫敬公之孙。杀卫怀公自立。

卫生白话报 杂志名。清光绪三十四年(1908)四月在上海创刊。月刊。介绍卫生常识,进行卫生教育。设卫生、戒烟实验谭、卫生问答等栏目。

卫生宝鉴 书名。元罗天益撰。二十四卷,补遗一卷。卷一至三为药误永鉴,结合病例阐析用药错误以致不治,以为借鉴;卷四至二十为名方类集,所载多为有效良方,为本书重点;卷二十一为药类法象,为药物学一般知识;卷二十二至二十四为医验记述,介绍临床经验。补遗系后人增订,介绍罗天益之师李杲的《内外伤辨惑论》。有明刊本。1959年商务印书馆出版排印本。

卫生家宝产科备要 书名。南宋朱端章著。八卷。刊于淳熙十一年(1184)。主要汇集宋以前产科方书中有关胎产诸症的症治(卷一至七是产科的方法)与保婴(卷八为初生儿保育法)内容,并首载产科中"借地、禁草、禁水"三法,重申卧式临产及产科保护法的重要性。系中国较早的一部妇产科专著,对临床研究和文献整理均有一定参考价值。今有宋淳熙刊本及清光绪刊《十万卷楼丛书》本。1959年人民卫生出版社出版影印本。

卫生司 官署名。清末民政部所属机构。光绪三十二年(1906)设。原巡警部警保司卫生科事务归并办理。掌核办防疫卫生,检查医药,设置病院等事。辖保健、检疫、方术三科。置郎中一人总理司务,下设员外郎、主事各二人,七品小京官一人,六七品医官各一人,分司各职。

卫声公(?—前376) 战国时卫国国君。公元前386—前376年在位。名训,一作驯、驰。卫慎公之子。

卫士 士兵名。秦汉时守卫皇宫、陵寝及京城诸官署的士兵,亦称卫卒。西汉时由内郡征发,边郡及王国不发。《汉旧仪》:"民年二十三,为正一岁,而以为卫士。"宿卫皇宫诸门的卫士属卫尉,屯宫垣下,称南军。卫士服役期为一年,岁末轮换。期满者于次年正月在宫中参加飨礼毕,即返回故里。东汉因之。隋大业三年(607)定制,十二卫及东宫六率所领府兵各有名号,如骁骑、豹骑、熊渠、羽林等,总称为卫士。唐因之。开元十一年(723)行卫士上番宿卫制度,乃改名为武士。

卫士丞 官名。秦属卫尉。西汉景帝初改属中大夫令,后元元年(前143)复属卫尉。为卫士令副贰。东汉有南、北宫卫士丞各一人,分掌南、北宫卫士,秩三百石。西魏亦置,九品,秩二百石。北齐为卫尉寺卫士署次官。

卫士令 官名。秦置,西汉沿之,秩六百石。有丞。领未央宫卫士,管理宫城诸门警卫。隶卫尉(中大夫令)。其余诸宫亦置,分隶诸宫卫尉。东汉南、北宫各置一员,皆隶卫尉。三国魏、西晋沿置,七品。东晋、南朝省。北齐复置,为卫尉寺卫士署长官,掌京城及诸门屯卫士兵。

卫士署 官署名。北齐置,属卫尉寺,掌管京城及诸门卫戍士兵。设令、丞。

卫守备 见"守备(3)"。

卫叔 即"康叔"。

卫司马 官名。西汉置。宣帝时,郑吉以侍郎屯田渠黎积谷,发诸国兵攻破车师,迁卫司马,使护鄯善以西南道。

卫嗣君(?—前296) 战国时卫国国君。公元前337—前296年在位。卫平侯之子。立五年,卫由侯贬号曰君。此时卫仅有濮阳(今河南濮阳西南)一邑。他好察臣下隐私,使群吏恐慌;又为避免因偏爱某人受到蒙蔽,故同时重用另一方,使互相抵制。

卫所 卫是卫指挥使司的简称,所即千户所和百户所。明初在京师和各地皆设卫所,屯田设防。数府划为一防区设卫,下设千户所和百户所。大抵以五千六百人为卫,千一百二十人为千户所,百十二人为百户所。百户所设总旗二(每总旗辖五十人)、小旗十(每小旗辖十人)。卫所军士有军籍,世为军户。大部分屯田,小部分驻防。征伐统于诸将,无事散归原地。在内地府州县境内的卫所,军户与屯田错杂于民间,不能自成区域者,为无实土卫所。边地不设府州县区域的卫所,辖民户兼理民政,为实土卫所。其军官,卫称指挥使,所称千户、百户。各卫所分属于各省的都指挥使司(都司)、行都司、留守司,统由中央的五军都督府分别管辖,卫所废置不常。据《大明会典》载,万历初有卫四百九十三,千户所三百五十九。兵额总数连屯田军在内,达二百七十余万人。明中叶后,屯田多被军官吞蚀,军士破产散亡。存者无战斗训练,仅供地主官僚役使,无能防卫。清初卫所或裁废,或改置府州县,不复存在。

卫所屯田 明清屯田之一种。明代始行卫所制,其军士按一定比例进行守城和屯种,时称军屯。清代则指由绿营兵屯种的明代遗留之田地。其制始于顺治元年(1644)。次年差御史一员巡视屯田。三年更定屯田官制:每卫设守备一员兼管屯田,量设千总、把总分理卫事,裁原设指挥、副指挥,改卫军为屯丁。次年裁屯田御史,令各巡按兼理屯卫事宜。十年裁巡按,令各省巡抚督理屯田。卫所驻地无主荒地令屯丁尽力开垦,无力者官给耕牛、种籽,量收折色和本色屯粮。顺治七年始,直省卫所屯田相继准照民田起科。雍正二年(1724),总计直省屯田三十九万四千五百二十九顷九十九亩,屯赋银四十三万六千四百四十六两余,屯粮一百零六万四千五百九十二石多、草四百八十七万一千三百四十五束有奇。又从廷臣请,除漕运地方屯田外,并内地屯卫于州县。五年令卫所屯田照民田给契上税。九年令卫所屯田可典卖与军户,卫所屯田渐向民田转化。光绪二十八年(1902)卫所屯田彻底废止。

卫绾(?—前131) 西汉代郡大陵(今山西文水东北)人。文帝时以戏车为郎,迁中郎将。景帝时为河间王太傅,以击吴楚七国叛乱有功,任中尉,封建陵侯。后历任太子太傅、御史大夫、丞相。武帝初即位,诏百官举贤良方正,乃奏称:"所举贤良,或治申、商、韩非、苏秦、张仪之言,乱国政,请皆罢。"为武帝所采纳。后因失职,坐法免。

卫王 ❶即宋帝昺。南宋景炎元年(1276)五月,端宗即位,改封昺为卫王,世亦以"卫王"称帝昺。❷辽封爵。耶律宛、耶律贴不、耶律完等先后受封。❸金封爵,次国一字王号。完颜宗强、完颜永蹈等先后受封。❹元诸王封号,授兽纽金印。宪宗蒙哥第三子玉龙答失子完泽由卫安王进封。彻彻秃、宽彻哥袭封。

卫王允济 即"卫绍王"。

卫尉 官名。(1)战国秦始置,掌宫廷警卫。西汉沿置,秩中二千石,列位九卿。景帝曾改名中大夫令,后元元年(前143)复故。掌皇帝所居未央宫禁卫,主管宫门屯驻卫士,专司昼夜巡警和检查出入者之门籍。亦称未央卫尉。有丞一员。属官有公车司马、卫士、旅贲三令丞,诸屯卫候、司马二十二官等。京城外建章、甘泉等行宫亦或置,冠宫名,置属官。新莽改名大卫。东汉复旧名,置一员,总领南、北宫卫士令丞,又辖左右都候、诸宫掖门司马。三国沿置,魏三品。西晋兼管武库、冶铸,领江北冶令三十九员、南北东西诸督冶掾,三品。东晋省,亦间作为赠官。南朝宋复置,三品,专掌宫禁及京城防卫。梁、陈及北朝改称"卫尉卿"。(2)太后三卿之一。两汉、魏、晋、南北朝皆置,掌太后宫禁。皆冠太后宫名为官号。隋省。金复置,掌太后两宫官属。中宫别置"卫尉司",以"中卫尉"主之。皆从三品。

卫尉丞 官名。秦、汉、魏、晋、南朝皆置一员,为卫尉副贰,协掌宫门禁卫。西汉秩千石,东汉秩比千石,魏、晋、宋七品,梁四班,陈八品。北魏增置少卿为卫尉副贰,丞降为佐官。太和十七年(493)定为从五品中,二十三年改从六品。北齐置卫尉寺,以卿、少卿为长贰,以丞管理本寺日常事务,从六品。隋、唐、五代沿置,皆置二员,隋从六品,唐从六品上。掌判寺事,辨器械出纳之数。辽代南面官亦有之。北宋设一人,为寄禄官,用以表示品级、俸禄,无具体职掌。元丰改制后,始改为职事官,参领寺务,正八品。南宋建炎三年(1129)罢。

卫尉卿 官名。东汉、魏晋常作为"卫尉"的尊称。南朝梁正式定为官称,十二班,位列十二卿。掌宫门宿卫屯兵,巡行宫外,纠察不法,管理武器库藏,领武库、公车司马令。陈沿置,三品,秩中二千石。北齐置为卫尉寺长官,位列九卿。主管宫殿、京城诸门禁卫及武器、仪仗库藏。隋初罢,开皇十二年(592)复置,惟掌仪仗帷幕供应、武器库藏等事务,政令则仰承兵部。炀帝改为从三品。唐沿置。五代因之。辽代南面官亦有之。北宋初为三品寄禄官,表示俸禄品级,不预本寺公事。元丰改制后,始成为职事官,从四品。南宋建炎三年(1129)罢。

卫尉少卿 官名。北魏置,隋、唐、五代为卫尉寺次官。协助卫尉卿掌供宫廷、祭祀、朝会之仪仗帷幕,通判本寺事务。隋初置一员,正四品上;炀帝加一员,从四品。唐从四品上。高宗、武后时,皆随本寺改称司卫少卿,后复旧。辽南面官亦有之。北宋初为四品寄禄官,仅表示品级俸禄,不预本寺公事,设官一员。元丰改制后,始成为职事官,正六品。南宋建炎三年(1129)罢。

卫尉司 官署名。金代置。掌皇后宫事务。设中卫尉,从三品;副尉,从四品,为长贰;左常侍,从五品,掌周护导从仪礼之事;右常侍,从五品。保卫三十人,奉引八十人,伞子四人,执旗二人。

卫尉寺 官署名。北齐始置,为九寺之一。主管宫殿、京城诸门禁,武器及宫廷仪仗库藏。设卿、少卿、丞各一员,属官有功曹、五官、主簿、录事等。辖城门寺及公车、武库、卫士三署。隋开皇三年(583)罢,其职分隶太常寺、尚书省。十二年复置,只掌武器、仪仗的库藏、供应,政令仰承兵部。辖公车、武库、守宫三署。炀帝增置少卿二员。唐、五代沿置,罢公车署,增武器署。辽南面官亦有之。北宋初,凡兵仗、器械、甲、胄收藏归内库,供帐供幕帟归仪鸾司,本寺无所职掌,置判寺事一人,以郎官以上充任。卫尉卿、少卿、丞则为寄禄官。元丰改制后,始恢复职掌。置卿、少卿各一员为长贰,丞、主簿各一员。辖内弓箭库、南外库、军器弓枪库、军器弩剑箭库、仪鸾司、军器什物库、宣德楼什物库、左右金吾街司、左右金吾仗司、六军仪仗司等署。南宋建炎三年(1129)并入兵部。

卫尉寺主簿 官名。秦始置,汉因之。晋置二人,南朝宋、齐沿置。梁武帝天监七年(508),定位三班,陈沿置。北齐亦置,隋置二人。唐武德中置二人,正八品。贞观中减一人,改从七品上。其后,又改置二人,负责掌印及勾检稽查。北宋前期,用为文臣叙迁之阶。元丰改制,复为职事官,置一人,从八品。南宋建炎三年(1129),卫尉寺并归兵部,遂罢。

卫文公(?—前635) 春秋时卫国国君。公元前659—前635年在位。昭伯顽之子,戴公申之弟。名辟疆,后改名毁。初因内乱奔齐。卫戴公元年(前660),狄人破卫,卫懿公被杀。卫人立昭伯顽之子申为君,是为戴公。戴公即位不久便死。齐桓公伐狄救卫,为卫筑楚丘城(今河南滑县东),立他为君,在位时,能"轻赋平罪,身自劳,与百姓同苦,以收卫民"(《史记·卫康叔世家》)。即位初卫国只有革车三十乘,至其晚年乃有三百乘,卫文公十八年(前642),邢与狄联军攻卫。他率军在訾娄(今河南长垣西北)拒之,狄兵退去。次年卫攻邢。二十五年,卫灭邢。旋卒。

卫吾 即"畏兀儿"。

卫武公(?—前758) 西周末东周初卫国国君。公元前812—前758年在位。名和。卫釐侯之子。周宣王时,父釐侯卒,太子共伯余早逝,乃继位为君。犬戎攻灭西周,杀幽王,他率兵平戎,辅佐周平王有功,被命为公。相传活到九十五岁仍能恭敬谨慎,为后人称道。一说父卒,赂人攻袭已即位的太子余,迫其自杀,卫人谥之为共伯。《诗·大雅·抑》传为其刺厉王之作。

卫兀 即"畏兀儿"。

卫徙野王 魏安釐王二十三年(前254),魏以卫国与秦国连横,出兵灭卫,卫君遂成为魏国附庸。秦王政五年(前242),秦分兵两路攻魏,拔酸枣(今河南延津西南)等二十城,继又攻取魏国原来兼并的卫地,将所得成皋以东土地连同卫的旧都濮阳建置东郡。次年,秦国将卫君角及其支族自濮阳迁往野王(今河南沁阳),成为秦国附庸。史称"卫徙野王"。

卫釐侯(?—前813) 西周时卫国国君。公元前853—前813年在位。卫顷侯之子。曾与诸侯朝周宣王。

卫仙 见"宝林"。

卫贤 五代时长安(今陕西西安)人。仕南唐为内供奉。师法唐尹继昭、吴道子等名家,善画楼观、人物,曾作《游春图》,后主李煜为题《渔父词》。亦画山水,论者以为高崖巨石浑厚可取,而皴法不老;林木虽劲挺而枝梢不称其本,然至妙处唐之画家罕及。存世作品有《高士图》,今藏故宫博物院。另《闸口盘车图》,传为其作,藏上海博物馆。

卫县 隋大业初改朝歌县置。治今河南浚县西南。为汲郡治。唐属卫州。北宋熙宁六年(1073)废,元祐初复置。元初废。

卫献公(?—前544) 春秋时卫国国君。名衎。卫定公之子。继定公即位。先后在位二十一年(前576—前559年,前546—前544年)。曾因宫妾鼓琴不善而笞乐官。又曾召孙林父、宁殖赴宴,而轻慢二人,并令乐工以歌讥讽,招致二人攻击,遂奔齐。林父等立定公弟剽,是为殇公。殇公十二年(前547),他与大夫宁喜相结杀殇公,孙林父奔晋。他入卫复位。因患宁喜权重,杀之。复位三年而死。

卫襄公(?—前535) 春秋时卫国国君。公元前543—前535年在位。名恶。卫献公之子。襄公三年(前541),卫大夫齐恶与鲁、晋、齐、宋、陈、蔡、郑之大夫及许、曹之君,相会于虢(今河南郑州北),重温"弭兵之盟"。六年,楚灵王初会诸侯及淮夷于申(今河南南阳北),他托病不赴会。

卫宣公(?—前700) 春秋时卫国国君。公元前718—前700年在位。名晋。卫桓公之弟。州吁被杀后,卫人迎之即位。夫人夷姜所生子伋立为太子。太子伋去齐迎娶齐女,他见其美而自娶,后齐女生寿、朔二子。夷姜死,听齐女与公子朔谗言,废太子伋,立朔为太子。

卫学 明代学校名目之一。即卫所所设之学。与府、州、县学均儒学。设教授一人,训导二人,职专教授生徒。学生称军生,军生中有廪膳生。洪武十七年(1384)始置于甘肃。二十三年复设于北平行都司及大宁等卫。英宗即位,诏令天下卫所皆置。成化三年(1467),又重申此令,遂为定制。

卫鞅 即"商鞅"。

卫懿公(?—前660) 春秋时卫国国君。公元前668—前660年在位。名赤。卫惠公之子。淫乐奢侈,尤好鹤,鹤有禄位,鹤能乘大夫爵之车出入宫门。大臣、百姓皆有怨言。懿公八年(前660),狄人伐卫,他欲发兵抗狄,国人皆云:鹤有禄位,可使鹤战。遂为狄人所杀。

卫元君(?—前241) 战国时卫国国君。公元前265—前241年在位。卫怀君弟,卫嗣君之子(或说嗣君弟)。魏安釐王十一年(前266),魏囚杀卫怀君,立他为卫君。

卫藏 旧时西藏地区的别称。西藏旧分阿里、藏(后藏)、卫(前藏)、喀木(一译康)四部。卫、藏均系藏语的音译,通见于清代文书;元、明译为乌思藏。据《西藏志》,卫藏西以三桑(今桑木桑)与阿里为界,东约以拉里(今嘉黎)与喀木为界,卫与藏之间约以白地、羊卓雍湖西岸一线为界。《卫藏通志》等记清雍正三年(1725)于巴塘之南墩宁静山上建立界碑,迄西为西藏(卫藏),迄东为四川,通常以"卫藏"概称整个西藏地区。

卫藏道场圣迹志 书名。清末西藏僧人钦则旺波(1820—1892)撰。全书四十叶。相传作者于道光二十年(1840)周游卫藏、山南、热振等地,归后笔录成游记体专著。详载每一圣地寺院之地望、路程、山川、林木、物产等,并将有关现存文物实际状况、有关大德和圣地的关系,与史书相核对,勘其正误,是一部重要的历史地理及寺庙历史著作。如与赞布诺门汗所著专载康区(甘、青、川)的《世间广述》配合研阅,则可尽知全藏区历史地理概貌。有刘立千汉译本,意大利费若瑞英译本(后半部为伯戴克、黎吉生续译完成),书后附黎吉生的大量注释。1958年在意大利罗马出版。

卫藏通志 书名。清代西藏志书。十六卷。作者及成书年代不详。或谓是清驻藏大臣松筠所撰。分类记载卫藏故实,包括考证、疆域、山川、程站、喇嘛、寺庙、番目、兵制、镇抚、钱法、贸易、条例、纪略、抚恤、部落、经典等方面,卷首有御制诗文和校字记。初无刻本,光绪二十二年(1896)刊入《渐西村舍丛刊》,1937年上海商务印书馆复刊入《丛书集成初编》。1982年西藏人民出版社重新出版。

卫藏图识 书名。清马揭、盛绳祖撰。计图考上、下二卷,识略上、下二卷,蛮语一卷,共五卷。卷首例言云是书辑自辛亥(乾隆五十六年,1791)暮冬,匝月付梓。鲁祝华作序。有清刻本传世。此系当时进藏抗击廓尔喀人入侵西藏的官兵编辑的一部指南性读物,边幅狭小,便于携带。图考卷以介绍从成都进藏的里程、驿站和沿途各地藏族风土人情为主,绘有地图。识略卷以介绍藏族地区概况和宗教、历史为主。蛮语卷则分门别类将藏语中的日常用语译为汉语,以备与藏人对话之用。

卫瑍(?—311) 晋河东安邑(今山西夏县西北)人,字仲宝。卫恒子。袭祖瓘兰陵郡公爵,东海王越专权时,改封江夏郡公。怀帝即位,任散骑常侍。永嘉五年(311),刘聪遣石勒歼灭晋军于苦县宁平城(在今河南鹿邑西南),被杀。以善书法著名。

卫展 晋河东安邑(今山西夏县西北)人,字道舒。卫瓘族子。初为尚书郎。永嘉中,为江州刺史,累迁晋王大理。元帝初,为廷尉,上疏宜复肉刑。有《卫展集》。

卫昭公(? —前 440) 战国时卫国国君。公元前 445—前 440 年在位。名纠。卫敬公之子。时三晋强大,卫如小侯,附属于赵。后为公子亹所杀。

卫真县 北宋大中祥符七年(1014)改真源县置。治今河南鹿邑县。属亳州。元废入鹿邑县。

卫臻 三国时陈留襄邑(今河南睢县)人,字公振。东汉末为黄门侍郎,曹操表为参丞相军事。曾拒丁仪等劝拥立曹植为太子。魏文帝时,封安国亭侯,迁尚书,转侍中、吏部尚书。黄初五年(224)以中领军从文帝攻吴。明帝时,转右仆射,典选举。太和五年(231),为征蜀将军,假节督诸军事,在西境与诸葛亮抗衡。后迁司空、司徒,进爵长垣侯。正始九年(248),以不愿党附曹爽而去职。

卫征索博该 即“速把亥”。

卫指挥使司 官署名。明各卫指挥机关。置指挥使、指挥同知、指挥佥事等官,分理卫事。下设镇抚司、经历司等。分辖于各都指挥使司、行都指挥使司。京卫指挥使司则分辖于五军都督府。

卫州 北周宣政元年(578)分相州汲郡置。治枋头城(今浚县西南)。隋大业初改为汲郡。唐武德初复为卫州。贞观元年(627)移治汲县(今卫辉市)。天宝初又改为汲郡。乾元初复为卫州。辖境相当今河南新乡、卫辉、辉县、浚县、淇县、滑县等市、县地。宋、金属河北西路。金大定二十六年(1186)以河患,移治共城县(今辉县市),二十八年复治汲县。贞祐三年(1215)移治胙城县(今河南延津县北胙城)。蒙古宪宗元年(1251)复治汲县。中统元年(1260)升为卫辉路。

卫周祚(1612—1675) 明末清初山西曲沃人,字文锡,号闻石。明崇祯进士,官户部郎中。明末降李自成,复归清,授吏部郎中。历工、吏、户、刑部尚书,晋文渊阁、保和殿大学士,充《世祖实录》总裁。康熙十一年(1672)奏准复铸钱、纂修《一统志》。后以疾休致。

卫庄公 春秋时卫国国君。(1)(? —前 735)公元前 757—前 735 年在位。名杨。卫武公之子。继武公即位,娶齐庄公之女庄姜,美而无子。又娶陈女戴妫,生子完,立为太子。宠妾生子州吁,宠而好武。石碏谏而不听。他死后引起内乱。(2)(? —前 478)公元前 480—前 478 年在位。名蒯聩。卫灵公之子。为太子时,与灵公夫人南子不睦,欲杀之未成,出逃于晋。灵公死,因在外,由其子出公继位。出公十二年(前 480),得姊伯姬之助,潜回,迫执政孔悝立己而逐出公。又二年晋伐卫,他被卫人逐出,晋立襄公之孙般师,晋兵退后,他又返卫,般师被迫出奔。因他与戎州人有宿怨,又役使匠人(工匠)过甚,激起反抗。他逃至戎州己氏家,被杀。

卫子夫(? —前 91) 即卫皇后。西汉河东平阳(今山西临汾西南)人。武帝皇后。出身微贱,原为平阳侯家歌者。武帝见而悦之,召入宫中。后得宠幸,生三女。元朔元年(前 128)生男据,遂立为皇后。其弟卫青以击匈奴有功,封大司马大将军,姊子霍去病亦以军功至大司马骠骑将军。卫氏支属侯者五人。元狩元年(前 122)据立为皇太子。征和二年(前 91)巫蛊事起,太子起兵诛江充。兵败,武帝以策收皇后玺绶,遂自杀。卫氏悉灭。宣帝时追谥曰思后。乃改葬之。

卫佐 隋唐时十六卫及东宫十率府,皆置录事参军事及仓、兵、骑、胄等曹参军事,通称卫佐,并为美职。

为我 杨朱学说的主旨。与“贵己”同义。《吕氏春秋·不二》:“阳生贵己。”阳、杨古通。《孟子·尽心上》:“杨子取为我,拔一毛而利天下,不为也。”意谓杨子以“贵生”为基点,主张轻物贵生,不以物累生。《韩非子·显学》谓其“贵其智而高其行,以为轻物重生之士也”。《淮南子·氾论训》:“全生保真,不以物累形,杨子之所立也。”

未常参官 见“京官”。

未成丁 古代对未到纳税服役年龄男、女之称谓。亦有专指未成年男子者。未成丁之年龄,历代不同,汉初曾定二十三岁为成年,后多为二十岁。清代规定,男子十六岁至六十岁为人丁,十六岁以下为未成丁,不缴纳丁银,不承担徭役,一般不参加人丁编审。但在浙江、江西、福建、广东等省,沿明代旧制,每年须缴纳一定数量的食盐税,为便于科税,单独列项编征。一些地区则作为半丁,合计于成丁人数之内。

未济 《周易》卦名。六十四别卦之一,卦象为䷿,下坎上离,坎为水,离为火。据《象传》解释:“火在水上”,则水不能灭火,救火之功未成,故名未济。

未入流 官制术语。古代官制从三国魏开始,即分为九品。隋代称一品至九品官为流内,不入九品者称流外。流外称未入流,亦分为一品至九品。其后沿袭此制。明清未入流者不分品级,如典吏、驿丞、吏目、闸官、河泊所大使等官。其级附于从九品。

未央宫 西汉主要宫殿建筑群。据初步断定,遗址在今陕西西安市西北郊汉长安故城内西南隅。高帝七年(前 200),丞相萧何主持修建,时有东阙、北阙、前殿、武库、太仓等建筑。武帝时扩建,共有宫殿数十座。其中有宣室、钩弋、白虎、昭阳诸殿,又有麒麟阁、天禄阁、金马门、甲观、画堂、弄田等。自惠帝至平帝为各朝皇帝听朝之处。新莽时改为寿成室,末年毁于战火。东汉末,董卓劫持献帝西迁长安,复修未央宫。经近年发掘勘察,宫垣东西长约 2 300米,南北宽近 2 000 米,前殿台基在今马家寨村,南北长约 200 米,东西宽约 100 米。

未央厩令 即“未央令”。

未央令 官名。《汉书·百官公卿表》太仆属官有“大厩、未央、家马三令”。又《霍光传》作未央厩令,印章中有“未央厩丞”,则未央令当为未央厩令之简称。职掌皇帝车乘及厩中马匹。西汉时有五丞一尉。东汉秩六百石,下有长乐厩丞一人。

未央卫尉 官名。西汉置,掌屯兵,警卫未央宫。汉武帝即位,曾以名将李广任之。

位 算学术语。(1)数位的简称。中国自古采用十进位值制记数法,数位在记数中至关重要。《墨子·经下》说:“一少于二而多于五,说在建位。”《孙子算经》说:“凡算之法,先识其位。”开方术中先要确定商的位数。刘徽注《九章算术》开立方术说:“且置一算定其位。”(2)在线性方程组解法中指以位置表示的各未知数系数。刘徽注《九章算术》正负术说:“然则可得使头位常相与异名”,即此意义。

味经书院　清同治十二年(1873)许振祎督学陕甘,集资在陕西泾阳城内建立。聘史兆熊为院长。该书院提倡实学,分课制艺、论策、经解、诗赋、法戒录。山长日登讲堂,传集诸生,将经史大义及《小学》逐条讲贯,以求达用。光绪十一年(1885)增设求友斋,课以经学、史学、道学、政学为主,天文、地质、算法、掌故各学附之。二十一年,创设时务斋。

味隽斋史义　书名。清周济撰。二卷。周氏与李兆洛、张琦、包世臣等以经世之学相切磋,于学术主张求实。认为司马迁撰《史记》,以“究天人之际,通古今之变,成一家之言”为主旨,其真义是欲申礼制名教之防。是书取《史记·五帝本纪》至《太史公自序》凡五十八篇逐一发论,力求从史中总结出治乱本末。收入《求志堂存稿汇编》。

畏答儿(?—1203)　亦译忽亦勒答儿、忽因答儿、愠里答儿、畏答而。蒙古忙兀部人。忙兀部初依附泰赤乌部,他率众归铁木真,铁木真称之为“薛禅”(聪明),相约为“按答”(契交)。金泰和三年(1203),蒙古与克烈部战于哈阑真沙陀(在今蒙古国东方省南境),与兀鲁兀军同为先锋,连胜只儿斤等部,头中流矢,月余卒。蒙古建国,其子蒙古寒札受封为左翼忙兀诸千户之长。

畏吾　即“畏兀儿”。

畏吾儿　即“畏兀儿”。

畏吾而　即“畏兀儿”。

畏午儿　即“畏兀儿”。

畏兀　即“畏兀儿”。

畏兀儿　维吾尔族在元代的名称。鄂尔浑突厥文碑作 Uigur。南北朝时作袁纥,隋作韦纥,唐作回纥或回鹘,五代宋作西州回鹘。元作畏兀儿,又作瑰古、乌鹆、畏午儿、委兀、委兀儿、畏吾儿、畏吾而、畏吾、畏兀、卫兀、卫吾、外吾、伟吾尔、伟吾而、伟兀、伟兀尔等。蒙古兴起以前,役属于西辽。首领称亦都护。成吉思汗西征时,亦都护巴尔术阿尔忒的斤杀西辽少监,归属蒙古。成吉思汗以公主妻之,巴尔术未及成婚而死,乃改嫁其子。后成立别失八里行尚书省。时其境内主要信仰佛教,但伊斯兰教亦已开始传播。文化昌盛,印刷业发达,遗存地下之回鹘文与其他许多文字的印刷品有不少已被发现。契丹小字之创制,系受回鹘文的启示,而最早的蒙古文乃直接根据回鹘文创制而成;回鹘文在吐鲁番一带一直使用到明代。元末,畏兀儿地区成立蒙兀儿斯坦汗国,明代通称之为别失八里,后改称亦力八里。明后期,分裂为许多互不相属的地区。各个地方与明朝的来往都很密切。

畏斋集　书名。元程端礼撰。六卷。内诗二卷,文四卷。清修《四库全书》本从《永乐大典》辑出。通行有《四明丛书》本。

胃宿　❶星官名。二十八宿之一。西方白虎七宿的第三宿。有星三颗,即白羊座35、39、41三星。《史记·天官书》:“胃为天仓。”以西南星为距星。❷天区名。除主体胃宿星官外,还有天廪、天囷、大陵、天船、积尸、积水等共七星官。

涉　古族名。《后汉书·东夷传》:“涉,北与高句骊、沃沮,南与辰韩接,东穷大海,西至乐浪。”秦汉时分布在今吉林、辽东及朝鲜之地。汉时置乐浪、临屯、玄菟、真番四郡,以辖其地。岁时遣使入朝,并献文豹、果下马、斑鱼皮等。参见“涉貊”、“涉貉”、“貊貉”。

涉貊　又作薉貉、秽貊、涉貉等。亦简称貊、貉。古族名。古代东夷之一种。秦汉时分布于今吉林、辽东及朝鲜之地。东汉元初年间曾在高句骊王宫统率下与马韩进围玄菟。顺帝时归服。寻置玄菟郡屯田六部。参见“涉”、“涉貉”。

涉貉　古族名。先秦时已与中原发生联系。《汉书·匈奴传》:“是时汉东拔涉貉,朝鲜以为郡。”颜师古注:“涉与秽同,亦或作薉。”参见“涉”、“貊貉”、“涉貊”。

軎　古代车上部件。以青铜铸成,呈长筒形,套在车轴两端,用以管束车轮使不脱落,并起保护轴头作用。其靠近轴内处上下各有一长方形穿孔,以容纳长条形辖,使其固定在轴端上。

硙　见“磨”。

硙户　中唐以后敦煌寺院碾硙承租户。归义军时,敦煌诸寺将水硙与舍宅庄田、油梁一起称为“常住之物”,为僧伽资产的重要部分。硙户按契约租用寺硙,寺院支付设备及维修费,硙户每年交纳定额硙课。一轮水硙年硙课约为九十八硕(石),各寺因拥有碾硙、硙户数不一,故年硙课收入有七十二硕、九十八硕、二百七十四硕不等。硙户立契时,以家资担保,不纳硙课则“掣夺家资”。硙户承接寺内外粮食加工。上层硙户雇工经营,收入可观,为承租寺院碾硙的世俗地主。下层硙户为个体经营者,约当于手工业户或有副业的农户。寺院硙户契约租赁的流行,反映寺户“看硙”劳役制的衰落。

尉　官名。武官统称。春秋时晋国上、中、下三军均设尉,主发众使民。战国时,赵国设中尉,掌京师警卫。各国又设国尉、都尉等。秦以国尉为武官之长。县、郡所设掌一县或一郡之兵政。秦始皇统一天下后,中央设太尉等,又分天下为三十六郡,各郡有都尉、县有县尉。汉代沿置。魏、晋、南朝亦置,员数、品秩有所不同;京师及部分重要地区或置都尉、经途尉、左右尉。隋代为郡县属官,位丞下正上,上郡从八品,中郡正九品上,下郡正九品;上县从九品上,中县为从九品。大业三年(607)改称正;唐高祖武德七年(624)复称曰尉,京县六人,从八品下;畿县二人,正九品下;上县二人,从九品上;中下县、下县各一人,从九品下。又,隋太子典书坊内属置二人,掌内车舆之事;武散官有八尉,自正六品至从九品。隋唐诸牧监统领各牧或马牛之群亦置一至二人。宋代为县尉简称。金代亲王府属官亦有此职，掌警卫侍从，秩从四品。

尉曹 官署名。西汉丞相府所属诸曹之一，东汉三公府亦置。《后汉书·百官志》太尉条本注曰："尉曹主卒徒转运事。"主管者为尉曹掾，秩比三百石。郡县亦置，掾秩百石。

尉都犍山 即"於都斤山"。

尉都楗山 即"於都斤山"。

尉景(?—543) 东魏善元(今山西右玉东南)人，字士真。初与高欢投杜洛周，后依秀容酋长尔朱荣。普泰元年(531)，随欢起兵于信都(今河北冀州)讨尔朱氏。次年，欢入洛阳，为冀州刺史，使镇邺(今河北临漳西南)。妻为欢姊，虽极贪贿而受优容。迁太保、太傅。寻授青州刺史，以病卒，后追封长乐王。

尉眷(?—463) 北魏代(治今山西大同市东北)人。鲜卑族。初为大官令。太武帝时先后随军出击柔然、夏赫连昌，进爵渔阳公。太平真君元年(440)从永昌王拓跋健破张掖王秃发保周，加安西将军，镇凉州(今甘肃武威)。后又破吐谷浑。文成帝时，北击伊吾，功迁侍中、太尉，进爵为王。

尉犁 古西域国名。汉时王治尉犁城，在今新疆焉耆县西南紫泥泉一带。汉时属西域都护。后并于焉耆。

尉缭 ❶战国中期魏国(一说齐国)人。曾对魏惠王讲论用兵之道，主张分本末、别宾主、明赏罚。"凡兵，不攻无过之城，不杀无罪之人"，"杀一人而三军震者杀之，赏一人而万人喜者赏之"(《尉缭子·武议》)。认为战争胜负唯"人事而已"(《尉缭子·天官》)。著作有《尉缭子》三十一篇，今存二十四篇。1972年4月在山东临沂银雀山汉墓出土的竹简里，有《尉缭子》书中的六篇。❷战国末魏大梁(今河南开封)人，名缭。秦王政十年(前237)入秦说秦王政，建议以万金重赂诸侯，"毋爱财物，赂其豪臣，以乱其谋"，以破其合纵之谋。秦王政从其计，任为国尉，因称尉缭。《汉书·艺文志》杂家类著录《尉缭子》二十九篇，或即其所作，已佚。

尉缭子 书名。(1)战国魏惠王时人尉缭著。《汉书·艺文志》著录三十一篇，列于兵形势家。但今所见仅五卷二十四篇，宋人收入《武经七书》中。二十四篇是：《天官》、《兵谈》、《制谈》、《战威》、《攻权》、《守权》、《十二陵》、《武议》、《将理》、《原官》、《治本》、《战权》、《重刑令》、《伍制令》、《分塞令》、《束伍令》、《经卒令》、《勒卒令》、《将令》、《踵军令》、《兵教上》、《兵教下》、《兵令上》、《兵令下》，内容主要论述军事学理论和军事法令等。1972年山东临沂银雀山汉墓出土《尉缭子》残简六篇，为《兵谈》、《守权》、《攻权》、《将理》、《原官》、《兵令》，与今存《尉缭子》基本相同，当即《汉书·艺文志》著录的兵形势家《尉缭子》之一部分。反对"天官、时日、阴阳、向背"的方术，认为"举贤用能，不时月而事利；明法审令，不卜筮而获吉；贵功养劳，不祷祠而得福"(《武义》)。强调战争目的在"诛暴乱，禁不义"。(2)战国杂家著作。撰者为另一尉缭。参见"尉缭❷"。

尉马曹 官署名。汉代所置御史台五曹之一。设侍御史主之，掌监督诸厩马署。

尉史 官名。《史记·匈奴列传》："是时雁门尉史行徼，见寇，葆此亭。"司马贞索隐引如淳云："律，近塞郡皆置尉，百里一人，士史、尉史各二人也。"尉即障、塞尉，尉史为其属吏，掌巡徼诸侯、部。内郡则于县尉下置之。

尉氏 春秋时周官名。狱官。《左传·襄公二十一年》栾盈云："臣戮余也，将归死于尉氏。"《汉书·地理志》注引应劭云："古狱官曰尉氏。"

尉氏门 唐汴州城(今河南开封市)南门，因南通尉氏县而名。《资治通鉴》：唐中和四年(884)，朱温围李克用于汴州城内上源驿，"李克用登尉氏门，缒城得出"，即此。

尉氏县 ❶秦置。治今河南尉氏县。属陈留郡。北魏兴安初省入苑陵县，太安三年(457)复置，北齐又省。隋开皇六年(586)再复。历属颍川郡、汴州、开封府。❷晋侨置。治今江苏六合县。隋开皇四年(584)改名六合县。

尉司 官署名。即县尉司。宋于诸县置，掌统领本县弓手，肃清乡村贼盗并受理斗讼，由县尉主其事。咸平元年(998)，令天下县尉司不得置狱。

尉头 古西域国名。汉时王治尉头谷，在今新疆阿合奇县以东以南一带。以畜牧为主，兼营农业。属西域都护。东汉以后，并于龟兹。东晋时属狯胡，曾发兵随狯胡抗吕光。唐为蔚头州，一名郁头州，属安西都护府。清属乌什直隶厅地。

尉文通 隋雁门(治今山西代县)人。大业六年(610)起兵反隋，众至三千人，据保莫壁谷，寻为隋将杨伯泉击破。

尉武 地名。在今安徽寿县西。南朝宋元嘉二十七年(450)，北魏永昌王仁将八万骑追及刘康祖于尉武，即此。

尉元(413—493) 北魏代(治今山西大同北)人，字苟仁。鲜卑族。世为豪宗，魏文成帝时为北部尚书。天安元年(466)，宋将薛安都、毕众敬归魏，献文帝以为持节都督东道诸军事迎之。皇兴元年(467)，败宋镇军将军张永等，遂夺淮北四州及豫州淮西之地。以彭城(今江苏徐州)兵荒之后，公私困竭，乃请运冀、相、济、兖四州粟以赈之。拜镇东大将军、徐州刺史。孝文帝立，进爵淮阳王。太和十三年(489)，进位司徒。十六年，以年迈位尊拜为三老。

尉杂律 律名。秦《尉杂律》见于《睡虎地秦墓竹简·秦律十八种》，简称《尉杂》。尉似指廷尉，为秦代最高司法长官。《尉杂律》应是关于廷尉职务的单行法律。其中规定，廷尉每年要到御史处核对法律。《汉书·昭帝纪》颜师古注引如淳曰："汉有'尉律'。"似与秦《尉杂律》有关。

尉子桥 在今安徽含山县北。南宋绍兴三十一年(1161)，统制姚兴与金人战于尉子桥，即此。

遗人 官名。《周礼》地官之属。掌理结余财物以供馈赠施予及接待宾客等使用。

渭北鄜坊 唐、五代方镇名。唐上元元年(760)

置渭北鄜坊节度使,简称渭北或鄜坊节度使,治坊州(治今陕西黄陵县东南),领鄜、坊、丹、延四州。建中四年(783)徙治鄜州(治今陕西富县)。辖境时有变迁,永泰增领绥州;丹、延州一度别领。中和二年(882)号为保大军,其后所领仅限鄜、坊、翟三州。北宋初废。

渭北河桥 北魏时著名桥梁。由崔亮督建。亮任雍州刺史期间,城北渭水浅不通船,行人艰阻,乃慕杜预造富平津河桥之功,决计立柱架桥。会天大雨,山水暴至,得长木数百根。藉此为用,桥遂成立。百姓利之,名为崔公桥。

渭城曲 即"阳关曲"。

渭城县 本秦都咸阳县,汉王元年(前206)改为新城县,七年废入长安县,元鼎三年(前114)复置,改为渭城县,属右扶风,治今陕西咸阳市东北11公里长陵车站、窑店镇与尚家村一带。东汉废。唐王维《渭城曲》:"渭城朝雨浥轻尘,客舍青青柳色新。劝君更尽一杯酒,西出阳关无故人。"

渭陵 西汉元帝刘奭陵墓。位于今陕西省咸阳市北原上。竟宁元年(前33)五月二十四日(壬辰)元帝卒,七月十九日(丙戌)葬此。

渭龙县 唐武德四年(621)析普宁县置。治今广西容县西南。属容州。北宋开宝五年(972)废。

渭南文集 书名。南宋陆游(曾封渭南县伯)撰。共五十卷,为游自编。包括各体文章四十一卷,《天彭牡丹谱》一卷,《入蜀记》六卷,词二卷。为游幼子子遹所刊。有影印明弘治间华珵活字本。另有明正德间汪大章刊本,凡五十二卷,无《入蜀记》,有诗九卷,词合为一卷。

渭南县 十六国前秦置。治今陕西渭南市北一里许。后废。西魏废帝二年(553)复改南新丰县置,治今市东南四里。隋开皇十四年(594)移今治。属雍州。大业三年(607)属京兆郡。唐初属华州。开元初属京兆府。五代周显德三年(956)复属华州。北宋熙宁六年(1073)废入郑县,元丰元年(1078)复置。明嘉靖三十八年(1559)后及清属西安府。

渭桥 汉、唐时长安渭水上的桥梁,有三:(1)中渭桥。秦始皇建。本名横桥,为通渭水南北离宫而造。汉名渭桥。《汉书·文帝纪》:吕后之乱,大臣迎立代王,"代王乃进至渭桥",即此;又因与长安城横门相对,而桥之北首垒石水中,故又名横门桥、石柱桥。后增建东、西二桥,始有中渭桥之称。原址在秦咸阳城南、汉长安城北稍西,约在今陕西咸阳市东北二十里。东汉末毁于董卓之乱。魏文帝时重建。后复毁。十六国苻生又重建。刘裕北伐入关中毁之。北魏重建。唐贞观十年(636)东移约十里,当今西安市正北。《资治通鉴》:至德二载(757),安庆绪党据长安,唐将王伯伦攻中渭桥,杀守桥千余人,即此。唐末废。(2)东渭桥。在今陕西西安市东北古霸水入渭处。西汉景帝五年(前152)建。北通阳陵路。唐咸亨三年(672)于此置渭桥仓,关东所运漕粮先聚于此,然后转运长安。《资治通鉴》:永泰元年(765)吐蕃、回纥逼京城,命李忠臣屯东渭桥,即此。唐后废。(3)西渭桥。在今陕西咸阳市南。西汉武帝建元三年(前138)建。以东南与汉长安城西门便门相对,故名便桥、便门桥。唐时亦名咸阳桥。《资治通鉴》:至德二载,郭子仪收西京,"与王思礼军合于西渭桥",即此。唐末废。北宋乾德四年(966)重修,后为暴水所毁。淳化三年(992)徙置孙家滩。景德二年(1005)复徙旧址。时为涨水所坏。明嘉靖中改为浮桥。

渭桥仓 唐咸亨三年(672),关中饥,监察御史王师顺运晋绛之粟以赡之,并于渭南县东置此仓,作为渭河与关中漕渠沿岸之继运站。自江淮所运之米,每年留四十万石输于本仓。

渭汭 地区名。指渭水入黄河处。约在今陕西潼关北。《左传》闵公二年(前660):"虢公败犬戎于渭汭",即其地。

渭溪县 武周圣历元年(698)析峨山县置。因西临渭溪,故名。治今湖南新晃县东北。初属巫州,长安四年(704)以后又历改属舞州、鹤州、业州、奖州。五代时废。

渭阳县 唐垂拱三年(687)析麻阳县置。治今湖南凤凰县西南。属锦州。五代以后废。

渭源堡 即今甘肃渭源县。北宋熙宁五年(1072)置。属熙州。金属临洮府。西夏光定五年(1215),败金兵于渭源堡,即此。元至元十三年(1276)升为县。

渭源县 西魏大统十七年(551)以首阳县改名。治今甘肃渭源县东北渭河北岸。为渭源郡治。隋初属渭州,后属陇西郡,唐复属渭州。宝应元年(762)地入吐蕃,遂废。北宋熙宁五年(1072)置渭源堡,元至元十三年(1276)升为县,即今县。属临洮府,清属兰州府。

渭州 北魏永安三年(530)置。因渭水得名。治襄武县(今陇西县东南)。唐辖境相当今甘肃陇西、定西、漳县、渭源、武山等县地。宝应初地属吐蕃。元和四年(809)别置行渭州于原州平凉县(今市),广明元年(880)又为吐蕃攻破。中和四年(884)在平凉复置。北宋属秦凤路,辖境相当今平凉、华亭、崇信及宁夏泾源等市、县地。金升为平凉府。

慰表 官府文书名。宋代皇亲亡故,皇帝或皇太后等持服期间,官员撰表文安慰皇帝或皇太后等,称"慰表"。

慰劳大使 官名。北魏、北齐、北周时每于兵兴之际,或其后向兵兴之地派遣慰劳大使或吊慰大使,以慰劳、安抚、处理善后。见于史传者有东道慰劳大使,西南道慰劳大使,关右慰劳大使,关右慰劳十二州大使,关西慰劳大使,广、洛、北荆、扬、雍、襄六州慰劳大使,河南慰劳大使,慰劳山东大使,东北道吊慰大使等;其余如北周之安集河北,安抚山东,抚慰山东、河北等,亦皆慰劳大使,而兼巡省之职。凡大使皆非常设官,临时遣他官任之。

魏 ❶国名。(1) 西周时分封的诸侯国。姬姓。在今山西芮城西北。春秋时,于前661年为晋所灭。晋以其地封予大夫毕万为食邑。(2) 战国七雄之一。毕万后人以魏为氏，为晋六卿之一。公元前453年，与赵、韩灭知氏，形成三家分晋。公元前403年周王确认魏文侯为诸侯。文侯任用李悝改革内政，西夺秦河西地，南败楚，攻占大梁，北灭中山，成为当时的强国。魏惠王二十六年（前344），在逢泽（今河南开封东）召集秦、韩、宋、卫、鲁等国相会，自称为王。后为齐败于马陵（今河南范县西南，一说今河北大名东南），又屡为秦所败，国势渐衰。魏王假三年（秦始皇二十二年，前225），为秦所灭。其疆土极盛时据有今山西南部、河南北部，西至今陕西东部，东北有今河北大名、广平和山东冠县等地。国都原在安邑（今山西夏县西北），魏惠王九年（前361）迁至大梁（今河南开封），故魏亦称梁。❷朝代名。(1) 三国之一。汉献帝延康元年(220)，曹丕代汉称帝，国号魏，都洛阳（今属河南），史称曹魏。统治区域为今淮河两岸以北中原地区和秦岭以北关中、陇右、河西地区，西包新疆，东抵朝鲜半岛西北。元帝曹奂咸熙二年(265)，为西晋所代。历五帝，四十六年。(2) 见“冉魏”。(3) 见“北魏”。(4) 见“东魏”。(5) 见“西魏”。❸政权名。隋大业十三年(617)，李密称魏公，年号永平。置官署，设行军元帅魏公府于巩县（今河南巩义东北）南，据有今河南大部分郡县。次年，李密降唐，魏亡。凡一主，共二年。

魏安釐王(？—前243) 战国时魏国国君。公元前276—前243年在位。名圉。魏昭王子。魏安釐王四年（前273），魏、赵攻韩华阳（今河南新郑北）。秦白起等救韩，大败魏将芒卯，斩首十三万。二十年，信陵君无忌救赵邯郸之围。二十三年，攻取秦在东方的陶郡，灭卫国。三十年，信陵君联合五国兵攻秦，在河外击败蒙骜。

魏安邑故城 亦称禹王城。战国前期魏国都城遗址。位于今山西夏县西北约7公里，地处青龙河畔。《史记·魏世家》记魏武侯二年（前394）“城安邑、王垣”。魏惠王时“安邑近秦，于是徙治大梁。”故城共分为大、中、小城三部分。大城在最外围，城垣近似于梯形，除北垣为东西走向的直线形外，余三面城垣皆随地形起伏而曲折，已探明北垣长约2 100米，西垣长约4 980米，南垣现长约3 565米，东垣南段未探明。中城位于大城城内西南部，略呈方形，面积约6平方公里，其西、南两垣即分别是大城西、南垣的一部分。小城处于大城中央，形近长方形而缺东南角，其北垣在中城北垣的延长线上，总面积约0.75平方公里。大城即魏安邑都城，小城是安邑都城内的宫城。中城建成时代略晚，可能是秦、汉时期作为河东郡治时所筑。城址内发现的遗物有陶容器、瓦、砖、钱币等，时代自战国初至汉代，所采集之汉代陶片，有“安亭”印文。

魏豹(？—前204) 秦代人。原魏国公子魏咎弟。秦灭魏，废为庶人。秦末，参加反秦武装。及项羽击破秦将章邯，得魏地二十余城，遂被立为魏王。旋引兵从羽入关。公元前206年项羽分封诸侯时，徙为西魏王，都平阳（今山西临汾西南）。汉王刘邦还定三秦时，以国相属，从击楚于彭城（今江苏徐州市）。汉王兵败，又叛汉归楚。后为韩信所虏。刘邦复令其守荥阳。汉高帝三年（前204）楚兵围城，汉将周苛以其反复无常，难与共守，遂杀之。

魏彬 明宦官。弘治时侍太子，与刘瑾等结党。正德初总三千营。瑾诛，代掌司礼监。嘉靖初，因言官论劾，勒令闲住。

魏伯阳 东汉会稽上虞（今属浙江）人，一说名翱，号伯阳，自号云牙子。生平事迹，正史无载。《神仙传》记有其进山修炼，服丹成仙等事。《参同契·五相类》有“邻国鄙夫”一段，似其自述。借《周易》爻象论述炼丹修仙之法，把“大易”、“黄老”、“炉火”三者参合会同成书，名《参同契》。被奉为“丹经之祖”，对宋代理学亦有影响。

魏勃 西汉初人。少时为齐相曹参舍人。后被荐于悼惠王，为内史。齐哀王时为中尉，权重于相。高后死诸吕作乱，朱虚侯刘章欲与大臣诛诸吕，立齐王为帝。齐王遂以勃为将军，悉发国中兵。诸吕既诛，灌婴责以发兵事，他答“失火之家，岂暇先言丈人后救火乎！”得放还。

魏博镇 唐方镇名。河朔三镇之一。广德元年(763)为收抚安史余部而设。初为防御使，寻升节度，治魏州（治今河北大名东北）。辖境屡变，久领魏、博、贝、卫、澶、相六州，约东至今山东武城、茌平，西达河南林州、辉县，北至河北磁县、馆陶、故城，南抵河南新乡、濮阳、范县、山东聊城。历为田承嗣、何进滔、罗弘信等世袭割据，多次叛唐。元和间曾听命朝廷。天祐元年(904)号天雄军。

魏长城 战国时期魏国修筑的长城。共两条：(1)河南长城。亦称“河外长城”。《水经·济水注》：“梁惠成王十二年（前358）龙贾帅师筑长城于西边……《郡国志》曰长城自卷径阳武到密者是矣。”位于黄河以南，大梁（今河南开封）以西。其走向，自卷（今河南原阳西）西滨河之地东行，至阳武（今河南原阳东南）西，再折向东南，经圃田泽（今河南中牟西）西至密（今河南新密东北）。(2)河西长城。筑于魏河西之地西界。《史记·秦本纪》：秦孝公元年（前361）“楚、魏与秦接界，魏筑长城，自郑滨洛以北，有上郡。”《史记·魏世家》：魏惠王十九年（前351）“筑长城，塞固阳（一说即今陕西合阳）。”皆系言此条长城，其始修筑时间在前361年，前351年续建。其走向，南起今华阴西南，沿长涧水西岸北行，越渭水后，经沙苑过洛河，又循洛河东岸北上，于今大荔西境、洛河东岸的长城村附近转向东北，经今澄城东南境到今合阳西北境，遂折向东，止于今韩城南黄河之滨。一说该长城在大荔西境乃沿洛河东岸北去，在今白水东北境孔走河村一带折向东行，止于今韩城南。经实地考察得知，魏河西长城乃夯土筑成，至今仍多有遗存，在大荔、韩城境内遗迹宛然如旧，在澄城、黄龙交界地亦有长城遗迹多段。

魏长生(1744—1802) 清四川金堂人，字婉卿，行三，世称“魏三”。秦腔（同州梆子）演员。十三岁到西安学戏，演花旦。乾隆四十四年(1779)至北京参加双庆部，表演以自然细腻著称，据传旦脚踩跷和化妆"贴片"都由他创始。

魏成子 即魏成。又名公孙季成。战国时魏国人。魏文侯同母弟。食禄千钟,什九居外,一居中。善荐贤举能,所荐卜子夏、田子方、段干木,皆为魏文侯师事。因招徕贤才功,文侯曾任命他为相国。

魏城县 西魏置。治今四川绵阳市东南,属巴西郡。隋改属金山郡。大业十年(614)移治今绵阳市东北魏城镇。唐宋属绵州。元至元二十年(1283)废。五代后唐同光四年(926)李继岌灭蜀军还,李绍琛将后军至魏城谋为变,即此。

魏丑(醜)夫 战国时魏国人。仕于秦。为秦昭王母宣太后所宠幸。秦昭王四十二年(前265)太后病危,嘱死后以其为殉。秦臣庸芮为他说于太后,太后乃止。见《战国策·秦策二》。

魏初(1232—1292) 元弘州顺圣(今河北阳原东)人,字大初,一作太初。金末名士魏璠从孙。中统元年(1260),为中书省掾,兼掌书记。以祖母老,辞归。后为国史院编修,拜监察御史。历官至侍御史、江南行御史台中丞。有《青崖集》。

魏春秋 书名。东晋孔衍撰。九卷。记三国魏史事。仿《春秋》体。已佚。

魏错 战国时魏将。魏惠王三十二年(前338),秦攻魏,他率军与秦战于岸门(今山西河津南),战败被俘。

魏大中(1575—1625) 明浙江嘉善人,字孔时,号廓园。万历进士。授行人。天启四年(1624),累迁吏科都给事中。参与杨涟疏劾魏忠贤事。次年下狱,受酷刑死。著有《藏密斋集》。

魏澹 隋巨鹿下曲阳(今河北晋州西)人,字彦深。北齐时,累官中书舍人。曾与魏收、阳休之等共修《五礼》,与诸学士编纂《御览》,与李德林修撰国史。周武帝灭齐,授纳言中士。入隋,历任礼部侍郎、著作郎。文帝认为魏收《魏书》褒贬失实,是非不公,乃令与颜之推、辛德源纠正其失,撰成《后魏书》。书成不久卒,年六十五。

魏刀儿(?—618) 一作魏刁儿。隋上谷(治今河北易县)人。大业十一年(615),随王须拔起义,自称历山飞。拥众十余万,联合突厥,活动于燕、赵间。次年,遣部将甄翟儿率众十万攻太原,杀隋将潘长文。须拔战死,部众归其统领,据深泽(今属河北)称魏帝。后被窦建德袭杀,尽并其众。

魏德深 隋巨鹿(今河北巨鹿东北)人,祖父时迁居弘农。初为文帝挽郎,历郡书佐,迁贵乡长,为政清静,不扰百姓。转馆陶长,贵乡人赴京请留,得许。大业十三年(617),被征援东都。后在战乱中被杀,地方百姓颇怀念之。

魏典 书名。一作《后魏国典》、《后魏典略》。唐元行冲撰。三十卷。编年体。记事起自北魏道武帝,迄于北周孝闵帝即位。自魏孝武帝永熙三年(534)入关,西魏文帝即位以后,东西魏史事并载,而称东魏为东帝。文约事详,颇受时论赞誉。已佚。

魏璠(1181—1250) 金弘州顺圣(今河北阳原东)人,字邦彦。贞祐进士。补尚书省令史、仪封令。天兴元年(1232),自请持诏往招巩昌帅完颜仲德,为大臣所阻。升翰林修撰,奉诏往邓州招武仙入援,为武仙所疑,几被杀。旋还归德,任元帅府经历官。金亡还乡。蒙古海迷失后二年(1250),受忽必烈召至漠北王府,条陈三十余事,举荐名士六十余人。卒于和林。

魏讽(?—219) 三国时沛国(治今安徽濉溪西北)人,字子京。素有才智,魏相国钟繇辟为西曹掾。建安二十四年(219)曹操西征刘备未返,乃潜结徒党,与长乐卫尉陈祎谋袭邺。未及期,以祎惧告发,遂为曹丕所诛。坐死者数十人。繇坐免。时人将其与曹伟并指为浮华邪党。

魏该(?—328) 晋济北东阿(今山东阳谷东北阿城镇)人,又名亥。侨居京兆阴般(今陕西西安临潼东北),河间王司马颙以为将兵都尉。刘曜攻洛阳,随大司马王浚援洛,领兵据金镛城(今河南洛阳东北阿斗城)。洛阳失陷,余众归之。袭取宜阳一泉坞(今河南宜阳、洛宁间,洛水北岸),自为坞主。东结李矩、郭默,太尉荀藩以为武威将军,统坞西雍、凉流人。元帝承制,加冠军将军、河东太守。刘曜进逼宜阳,乃率众南徙新野(今属河南),助梁州刺史周访讨杜曾,拜顺阳太守。永昌元年(322)大将军王敦起兵,拒不从乱。咸和二年(327)历阳太守苏峻反,以平北将军、雍州刺史率兵援台城,次石头(今江苏南京清凉山),受征西大将军陶侃节度。病笃还屯,卒于道。

魏矼(?—1151) 宋和州历阳(今安徽和县)人,字邦达。宣和进士。建炎末,除详定一司敕令所删定官。绍兴初,迁考功郎。累官权吏部侍郎。屡上书言得失,多所建明。绍兴四年(1134),以侍御史受命赴江上,协调刘光世、韩世忠、张俊三大将关系,使共御金与伪齐兵。绍兴八年拒任馆伴使,不愿接待金人,力言"屈己就和"之非,与秦桧辩论。又请高宗询缙绅以通民情,询大将以悉军心。未几,丁父忧。免丧,除集英殿修撰、知宣州,不就。改提举太平兴国宫,卒。

魏公子 书名。战国魏无忌辑。《汉书·艺文志》著录二十一篇,图十卷。列于兵形势家。魏无忌即信陵君,为魏安釐王弟。《史记·魏公子列传》:"公子威振天下,诸侯之客进兵法,公子皆名之,故世俗称《魏公子兵法》",或即此书。已佚。

魏观(?—1374) 元末明初湖广蒲圻(今湖北赤壁)人,字杞山。元末隐居蒲山。至正二十四年(1364),被朱元璋聘为平江学政,累官两淮都转运使。洪武元年(1368)建大本堂,受命侍太子说书,及授诸王经。历官太常卿、侍读学士、国子祭酒。五年,出为苏州知府,改前任苛政,建学舍,订经史,大兴水利,政绩大著,为姑苏五太守之一。后以在张士诚王府旧址造府廨,被诬杀。有《蒲山牧唱集》。

魏光焘(1837—1916) 清末湖南邵阳人,字午庄。魏源族孙。早年随左宗棠部镇压陕甘回民起义。光绪七年(1881)任甘肃按察使,十年升甘肃、新疆布政使。中日甲午战争中应诏募兵北上,累创日军。后历任江西布政使、陕西巡抚和陕甘、云贵、两江、闽浙总督。三十一年免职。

魏广微(？—1627) 明大名南乐(今属河南)人,字显伯。万历进士。选庶吉士,累迁南京礼部右侍郎。性狡无气节,以同乡、同姓潜结魏忠贤,天启三年(1623)以礼部尚书入阁,益谄附忠贤,倾害异己。人称外魏公。崇祯初名列逆案,削籍遣戍。

魏国统 书名。北魏梁祚撰。二十卷。记三国史事,以魏为正统,取材于陈寿《三国志》。编年体。已佚。

魏汉津(约1017—1106) 北宋蜀(今四川)人。行伍出身。皇祐中,以熟知乐律被荐,不用。崇宁初,年逾八十,被召,献乐议,认为声有太有少,太者清声,少者浊声。当时以为迂怪,唯宰相蔡京深信之,遂请铸九鼎及帝坐大钟、四韵清声钟、二十四气钟,被任为大乐府师、大乐局制造官。崇宁四年(1105)鼎成,赐号"冲显处士";新乐成,赐名《大晟乐》。又加号"虚和冲显宝应先生",旋卒。

魏华存(252—334) 即魏夫人。晋任城樊县(今山东兖州西南)人,字贤安。司徒魏舒女。遍览《庄》、《老》、《三传》、《五经》等。耽玄好道,罕与亲戚往来。常服胡麻散、茯苓丸,吐纳气液,摄生夷静。传二十四岁时嫁为南阳刘文妻,生刘璞、刘瑕二子。及刘文为修武令,子粗立,乃斋于别寝,习诵《太上宝文》、《高仙羽玄》诸经。西晋末,自洛邑南迁,栖衡山修道。后被道教徒奉为南真、南岳夫人。

魏惠王(前400—前319) 即梁惠王。战国时魏国国君。公元前369—前319年在位。名罃。魏武侯之子。惠王九年(前361),从安邑(今山西夏县西北)迁都大梁(今河南开封)。从此魏亦称梁。曾开凿鸿沟,从圃田泽引水溉田,开创选拔武卒制度,筑长城于西边。十七年,被齐败于桂陵(今河南长垣西北),次年,联合韩军败齐、宋、卫联军于襄陵(今河南睢县)。二十六年,于楚外的六国中最先自称王。召集逢泽之会,率十二诸侯以朝周天子。二十九年,被齐大败于马陵(今河北大名东南,一说今河南范县西南,或说今山东郯城马陵山),国势从此衰落。惠王后元元年(前334),与齐威王在徐州(今山东滕州东南)相会,尊齐威王为王,威王亦承认他为王,史称"徐州相王"。十二年,魏将公孙衍以"合纵"之策使魏、韩、赵、燕、中山"五国相王"以抗秦。因数败于军旅,遂卑礼厚币,以招贤者,邹衍、淳于髡、孟轲皆至大梁。晚年屡遭秦国进攻,先后失去河西、上郡。十六年卒,子嗣继位,即魏襄王。

魏纪 书名。晋阴澹撰。十二卷。记曹魏史事。纪传体。久佚。

魏骥(1375—1472) 明浙江萧山人,字仲房,号南斋。永乐副榜进士,授松江训导。参修《永乐大典》,迁太常博士。正统中改吏部侍郎,进南京吏部尚书。景泰元年(1450)致仕。归里倡修萧山塘堰。著有《南斋摘稿》。

魏加 战国时赵国人。楚考烈王二十二年(前241),楚欲与赵、魏、韩等五国攻秦。赵使他见楚春申君,问楚将以何人为将?春申君答以临武君。他认为临武君过去曾败于秦,惊弓之鸟不可以为击秦之将。见《战国策·楚策四》。

魏绛 即魏庄子(一作昭子)。春秋时晋国人。魏犨之子。晋厉公八年(前573),任晋中军司马。晋悼公三年(前570),晋会诸侯,晋悼公弟杨干在曲梁(今河北邯郸东)扰乱军队行列,他杀其车仆,悼公以其用刑得当,升为新军佐。次年,说悼公以和戎有五利,悼公使他与诸戎结盟,晋以此能"以正诸华",八年之内,九会诸侯。九年,建议输财货借贷于民,兴渔泽山林之利于民共之,使国无滞积,民得休养生息,为悼公采纳,施行一年,晋财有节用,国力大增,三次出兵,楚不能与之争。十三年,升下军佐。十八年,任下军将,参加晋、齐平阴之役,率军攻克齐之郜(今山东平阴西)。

魏校(1483—1543) 明昆山(今属江苏)人,字子才,号庄渠。弘治进士。历任刑部郎中、兵部郎中、广东提学副使、江西兵备副使、国子祭酒、太常寺卿等职。提学广东时,曾在曹溪焚慧能法衣,椎碎其钵。私淑胡居仁主敬之学,而贯通诸儒。以"敬"为心之主宰,以"心"为理气之主宰,认为"理自然无为,岂有灵也?"(《体仁说》)"气形而上莫能自主宰"(同上),"心"则虚灵而能主宰。主张"性即理也",反对"性合理与气而成"之说。称赞陆九渊"论学甚正,凡所指示坦然如由大道而行"(《论学书》)。著作有《魏庄渠先生集》。

魏魁 一作魏魋。战国赵悼襄王时人。曾说建信君,劝其处世事君应深谋熟虑,以免被赵王因国家利益而舍弃。见《战国策·赵策三》。

魏晋世语 书名。西晋郭颁撰。十卷。杂记魏晋时事。东晋干宝、孙盛等著史,多采其言。已佚。

魏景湣王(？—前228) 战国时魏国国君。公元前242—前228年在位。名增。魏安釐王子。魏景湣王元年(前242),秦蒙骜攻取魏酸枣(今河南延津西南)等二十城,建立东郡。次年,参与赵、楚、燕、韩等五国合纵攻秦,被击退。后屡为秦所攻,失朝歌(今河南淇县)、汲(今河南卫辉西南)及首垣、蒲、衍氏(均在今河南长垣附近)等地。

魏敬 战国时魏国人。秦昭王欲称帝,秦宜阳(今河南宜阳西)令许绾向魏安釐王诈称秦已称帝。魏王将入朝于秦。他说魏王以利害,魏王乃止。见《吕氏春秋·应言》。

魏咎(？—前208) 秦代人。原为魏国公子,封宁陵君。秦灭魏,废为庶人。秦末陈胜、吴广起义后,投奔农民军。及周市攻下魏地,被立为魏王。二世二年(前208)六月,秦将章邯围攻临济,遂自杀。

魏郡 西汉高帝十二年(前195)置,治邺县(今河北临漳县西南邺镇。北周大象二年(580)移治安阳城,即今河南安阳市)。辖境相当今河北临漳、大名、磁县、涉县、武安、魏县、广平、馆陶等县和邱县部分,河南浚县、内黄等县和滑县部分及山东冠县地。武帝后北部辖境扩大,包有今河北成安、肥乡等县和邯郸市西南部分地。东汉末曾为冀州治。西晋属司州。前秦复改魏郡。北魏为相州治。东魏、北齐均为司州治。北周灭齐，复为魏郡。隋开皇初废。大业初又曾改相州为魏郡。

魏浚(？—314) 西晋济北东阿(今山东阳谷东北阿城镇)人。寓居关中，为雍州小吏。河间王司马颙镇长安，以为武威将军，度支校尉。永嘉之乱，率流人数百家保河阴之硖石(今河南孟津西)。京师饥荒，掠谷麦献怀帝，帝以为扬威将军、平阳太守。以乱不赴任。洛阳陷，屯兵石梁坞(今属洛阳)，抚遗众，修军器，远近归附者渐众。刘琨承制，假为河南尹。永嘉五年(311)太尉荀藩建行台于密县，诣之咨谋军事，共拒刘曜。建兴元年(313)，曜围石梁坞(在洛水北)，被俘杀。

魏魁 即“魏鲵”。

魏兰根(475—535) 北魏巨鹿下曲阳(今河北晋州西)人。起家北海王国侍郎，历定州长流参军。正光末，以长史从尚书令李崇出击柔然，因言边镇兵将地位下降，号曰府户，而在朝者各各显荣，致生愤怨，宜改镇立州。竟不报。屡迁都督泾、岐、东秦、南岐四州军事，寻拜光禄大夫。孝昌末，随上党王元天穆出讨邢杲，升中书令。孝庄帝继位后，出为河北行台，尔朱荣被杀，其部将侯渊自范阳攻中山，乃出战，大败，走依河北大使高乾。又与高乾兄弟劝丞相高欢废节闵帝立孝武帝。因加侍中，封巨鹿县侯。

魏朗(？—168) 东汉会稽上虞(今属浙江)人，字少英。少为县吏。辟司徒府，再迁彭城令。劾奏中官子弟为国相而犯法者。后历任九真都尉、尚书、河内太守等职。因尚书令陈蕃荐，复征为尚书。桓帝延熹九年(166)党锢事发，因受牵连，免官归家。灵帝初，窦武等谋诛宦官事败，被征问罪，于途中自杀。著书数篇，号《魏子》，已佚。

魏良弼(1492—1575) 明南昌新建(今属江西)人，字师说，号水洲。王守仁门人。嘉靖进士。历任松阳知县、礼科都给事中等职，为官敢直言，屡遭廷杖。隆庆初，拜太常少卿，致仕。为学主“良知”说，认为上至君父、士大夫，下至愚夫、孺子，悉具“良知”，若能“致良知，自明而诚，知微以显”，即可与“天地万物之情”，“自相应照”，混然一体。著有《水洲先生集》。

魏良辅(？—约1583) 明苏州昆山(今属江苏)人，号尚泉，一作上泉。乐师，长于歌，善宋、元乐府。改革昆曲，亦能医。著有《南词引正》。

魏了翁(1178—1237) 南宋邛州蒲江(今属四川)人，字华父，号鹤山。庆元进士。开禧二年(1206)知嘉定府。次年，韩侂胄被杀，史弥远擅权，他力辞召命，居白鹤山授徒讲学。嘉定间，历知汉州、眉州，为潼川路提刑兼提举常平等事，关心民瘼，不避权贵。十五年(1222)，入为兵部郎中，改司封郎中兼国史院编修官。理宗即位，论事切中时弊，被劾降三官，靖州居住。绍定四年(1231)复职。次年，进宝章阁待制，潼川路安抚使，知泸州。筑城修武备，兴学校。曾上章论十弊，召还，权吏部尚书兼直学士院，请明君子小人之辨，以为进退人物之本。擢端明殿学士、同签书枢密院事，督视京湖军马，复畀以江淮督府重任。旋改资政殿学士。嘉熙元年(1237)，为福建安抚使知福州。倡言推尊理学，以改变社会风气，奏疏乞与周敦颐、张载、程颢、程颐定爵谥，表彰周、程开创理学之功。初习张栻、朱熹之说，后钻研六经，倾向心学。尝谓：“心者人之太极，而人心又为天地之太极。”指斥道家虚无之说，谓“虚无，道之害也”。长于经学。主张学贵“自得”。著作有《鹤山大全集》、《九经要义》。

魏令 三国魏法令。明帝太和三年(229)，下诏增删旧科，撰就《新律》十八篇，又以令辅律，制《州郡令》四十五篇，《尚书官令》、《军中令》等一百八十余篇。制《魏律》以治民，制《魏令》以治各级官吏及将士。今可考篇名尚有《邮驿令》、《褒赏令》、《设官令》、《选举令》、《明罚令》、《内诫令》、《变事令》、《甲辰令》等。

魏律 三国魏法律。明帝太和三年(229)下诏改定刑制，命司空陈群、散骑常侍刘劭等删约旧科，傍采汉律，比汉九章律增加九章，并改汉具律为刑名，移于律首，制成《新律》十八篇。其全文已佚，仅《晋书·刑法志》中保存有《魏律·序略》。今篇次可考知者为：刑名、盗律、贼律、囚律、捕律、杂律、户律、劫掠律、诈伪律、毁亡律、告劾律、系讯断狱律、请赇律、兴擅律、乏留律、惊事律、偿赃律、免坐律。汉以前旧制，八种人犯罪，须经特别审议，并享有减免刑罚之特权，此制称为“八议”，但并未入律。新律始列入律文。刑名冠于律首、八议入律，开一代之法，乃魏律之创制，为历代法典所沿用。

魏略 书名。三国魏鱼豢撰。五十卷(一作三十八卷)。记曹魏史事。纪传体。其列传标目，多与其他史书不同，如有“儒宗”、“清介”、“纯固”、“勇侠”等。久佚。今有清王仁俊辑本一卷，收入《玉函山房辑佚书补编》；另有近人张鹏一辑本，单行。

魏明帝(205—239) 即曹叡。三国时魏国皇帝。公元226—239年在位。字元仲。文帝长子。历封武德侯、齐公、平原王。黄初七年(226)立为太子。旋即位。好学多识，留意法理，能纳谏，常亲临听讼观断大狱。在位初，抑浮华，于太和四年(230)，免尚书诸葛诞以及邓飏、何晏等官。青龙后，渐奢华，繁兴百役，大营宫室。景初二年(238)，命司马懿帅军伐辽东，破公孙渊，平辽东诸郡。遗诏曹爽与懿辅政。谥明帝。庙号烈祖。

魏謩(793—859) 唐巨鹿(今河北晋州西)人，字申之。魏征后裔。太和进士。文宗时，为右拾遗。直言极谏，擢右补阙，转起居舍人、谏议大夫。文宗索观起居注，为其劝止。武宗时，坐贬汾州刺史。宣宗即位，移郢州刺史，迁御史中丞。揭发驸马都尉杜中立奸赃事，贵戚震慑。大中五年(851)，以户部侍郎同平章事。每议事，他相多徘徊，惟其直谏，无所畏避，宣宗称为“绰有祖风”。历任礼、户、吏三部尚书，监修国史。十年，任剑南西川节度使。终官检校右仆射，太子少保。著有《文宗实录》四卷，类书《魏氏手略》二十卷及文集十卷，皆佚，《全唐文》存文七篇,《全唐诗》存诗一首。

魏默深 即“魏源❷”。

魏牟 战国时人。即魏公子牟。《荀子·非十二子》斥其与它嚣“纵情性,安恣睢,禽兽行,不足合文通治,然而其持之有故,其言之成理,足以欺惑愚众”。《庄子》、《列子》均载其与公孙龙辩诘之事,知其与公孙龙同时,并知其思想近于道家。魏取中山而封之,故又称中山公子牟。曾作书四篇,《汉书·艺文志》道家类著录有《公子牟》,四篇,今佚。

魏齐 战国时魏国公子。相魏昭王。因怀疑范雎泄密于齐,笞之。后范雎更名张禄,逃至秦,为秦昭王相,必欲杀之以报仇,他恐而奔赵,再逃至魏,欲借信陵君之力亡走楚,信陵君畏秦,犹豫未肯见,遂自杀。

魏冉 战国时人。楚国贵族出身。秦昭王母宣太后异父弟。以拥立昭王有功,任将军,卫戍国都咸阳(今陕西咸阳东北)。昭王年少,宣太后掌权,被任为相。封于穰(今河南邓州),号穰侯。后又加封陶邑(今山东定陶北)。与华阳君、泾阳君、高陵君合称“四贵”,富于王室。任相期间,举白起为将,与白起屡败韩、魏、赵、楚等国,向东方扩张,削弱诸侯。秦昭王四十二年(前266),范雎入秦游说秦王,他被免相,由范雎继任。次年,被放逐到陶邑。后死于陶。

魏三祖 即“三祖”。

魏尚 西汉内史槐里(今陕西兴平东南)人。文帝时为云中守,善治军,军市租尽以给士卒。又出私俸钱,杀牛以飨宾客军吏舍人,是以士卒皆愿效命,匈奴不敢近云中塞。后坐上功首虏差六级,被削爵罚作。因郎中署长冯唐向文帝进谏,乃得恢复原职。

魏尚书 书名。东晋孔衍撰。十卷。集录三国魏时有关政治的言论。仿《尚书》体。已佚。

魏胜(1120—1164) 宋淮阳军宿迁(今江苏宿迁西南)人,徙居山阳(今江苏淮安),字彦威。绍兴三十一年(1161),率义士三百,渡淮取涟水军、海州,权知海州事。蠲租税,释罪囚,发仓库,犒战士,部署如宿将。金主亮渡淮,分兵数万攻海州,他与李宝拒战,大败金兵。广结山东、河北忠义,扼守海州,复败金人十万之众。张浚询以军务,差充山东路忠义军都统制兼镇江府驻扎御前前军统制,仍知海州,民安其政。尝创制如意战车数百,炮车数十,被推广于诸军。隆兴二年(1164),因议和撤海州戍,改知楚州。金兵趁和议未决,自清河进攻,他和金人激战于淮阳,终因敌众援绝,中矢坠马死。

魏氏春秋 书名。东晋孙盛著。二十卷。记三国时曹魏史事。编年体。已佚。

魏收(506—572) 北齐巨鹿下曲阳(今河北晋州西)人,字伯起,小字佛助。北魏节闵帝时,为太学博士,迁散骑侍郎,典起居注,并与阳休之、李同轨等修国史,又兼中书侍郎。东魏时,为中外府主簿兼散骑常侍、正常侍领兼中书侍郎,修国史,又转秘书监兼著作郎。东魏孝静帝时,使于梁,旋召赴晋阳为高欢丞相府属。北齐文宣帝天保元年(550)任中书令,仍兼著作郎。其后专力撰修魏史。并与房延祐、辛元植、刁柔、裴昂之、高孝幹共同制定体例,搜集资料,从事撰述。天保五年,完成纪、传一百十卷,志二十卷,共一百三十卷,名《魏书》。书中三十五例、二十五序、九十四论、前后两表一启,皆出于他一人之手。天保八年,任太子少傅,监修北齐史。《魏书》出后,曾有多人讥议叙事不实,责其借修史以报怨酬恩,称为“秽史”。孝昭帝皇建元年(560)命他更加研审,颇有改正。河清二年(563),位至尚书右仆射,位特进。后主天统二年(566),又再度修改。武平二年(571),与阳休之、李德林等讨论北齐史限断。明张溥辑《汉魏六朝百三家集》中有《魏特进集》一卷。

魏受禅碑 三国魏碑刻。黄初元年(220)刻。在今河南临颍县繁城。记述文帝受汉禅事。隶书二十二行,行四十九字。额篆书题“受禅表”三字。世传王朗撰文,梁鹄书写,钟繇镌刻,但均无确证。与《上尊号奏》并称。清翁方纲云,两碑书法,同出一手,均方整,渐开唐隶之门。

魏书 书名。(1)西晋王沉撰。四十四卷(一作四十八卷或四十七卷)。记三国时曹魏史事。纪传体。已佚。(2)北齐魏收撰。一百三十卷。其中本纪十四卷,列传九十六卷,志二十卷。记述鲜卑族拓跋部建立的北魏(包括东魏)王朝兴亡的历史。北魏初期,曾由邓渊编写《国记》十余卷,以后崔浩、高允续修魏史,都是编年体。孝文帝太和十一年(487),李彪参加修史,改为纪传体,记事从开国起,到献文帝时止。以后邢峦、崔鸿、王遵业、温子升相继编撰孝文、宣武、孝明、孝庄四帝起居注。北齐文宣帝天保二年(551),命中书令兼著作郎魏收编撰魏史,置史局,由太保录尚书事高隆之监修,通直常侍房延祐等六人先后参加。五年,书成,其中三十五例、二十五序、九十四论、前后二表一启,皆出于魏收一人之手。问世之后,由于多人责其叙事不实,在孝昭帝、后主时曾两次命魏收修改,始成定本。本书资料较丰富,尤以叙述拓跋部及各族人民的活动、北方门阀制度为详,反映了当时的阶级矛盾与民族矛盾。书中《官氏志》除详记官制、阶品外,还列举拓跋部和所属部落的姓氏及孝文帝所改汉姓,是研究姓氏的重要资料。《释老志》叙述了佛教和道教在北方流传及寺院经济的情况,是宗教史的重要资料。此两志为魏收所独创。又如《食货志》详细记载了均田制度及北方经济情况,也有很高的史料价值。

魏书官氏志疏证 书名。清陈毅撰。一卷。北魏以鲜卑族入居中原,部名为氏,氏名为族,氏姓复重,译无定字,改革繁赜,推究为难。陈毅旁稽诸史,兼综群书,作为疏证,考订精审。为研究鲜卑族历史提供了资料。收入《二十五史补编》。

魏书校勘记 书名。清王先谦编。一卷。清末叶大起在北京购得宋监本《魏书》,王氏等用以校毛晋汲古阁本《魏书》,对勘版本讹误,进行史实考订,汇成此书。参加校勘的有李慈铭、钱振常、缪荃孙、吴祖椿、朱一新等。有《史学丛书》本。

魏书札记 书名。清李慈铭撰。一卷。《越缦堂读史札记》之一种。李氏以明汲古阁本为底本,与

《北史》相校订，其中列传第三十五至四十卷，取宋监本对校，互有更正。是书可与王先谦《魏书校勘记》相参阅。

魏舒 ❶(? —前 509)即魏献子。春秋时晋国人。魏绛之子。晋平公十七年(前 541)，晋与群狄战于大卤(或作大原，今山西太原西南)，他用步兵代替车战，大败群狄。晋顷公十二年(前 514)，任中军帅，执政，分晋宗室祁氏之田为七县、羊舌氏之田为三县，并举荐贤能为各县大夫。晋定公二年(前 510)，和诸侯的大夫盟会狄泉(今河南洛阳)，命诸侯助周王增筑成周城墙。次年卒。❷(209—290)西晋任城樊县(今山东兖州西南)人，字阳元。少孤，好骑射，以渔猎为事。年四十余，郡上计掾察孝廉，对策升第，除渑池长。迁浚仪令，入为尚书郎。迁后将军钟毓长史，转相国司马昭参军。能断大事，深为昭所器重。迁宜阳、荥阳二郡太守，冀州刺史，以简惠称。晋太康初，拜右仆射，官至司徒。以年老辞位，旋复起为兖州中正，又以灾异逊位。

魏塾批江统《徙戎论》案 清乾隆朝文字狱。魏塾，山东寿光人。曾抄录《晋书》江统《徙戎论》，对江统立论称赞不已，叹晋惠帝不能用，遂酿成五胡之祸，并谓“然岂独晋朝五部而已哉，今之回教又其后绪矣”。乾隆四十五年(1780)被寿光知县查出。触高宗之大忌，指为“不法已极”，下令处斩。

魏顺 战国时人。韩宣惠王十五年(前 318)，公孙衍联合楚、赵、韩、魏、燕五国伐秦，以楚怀王为纵长，不胜，驻兵成皋(今河南荥阳西北)。他料及五国必伐市丘(今河南荥阳东)以补偿军费。遂为市丘君南说楚怀王，楚怀王因令毋攻市丘，市丘得存。见《战国策·韩策一》。

魏思温(? —684) 唐人。任监察御史、盩厔尉，多次被贬。光宅元年(684)徐敬业于扬州起兵，他为军师，说敬业并力渡淮，以勤王为名收众取洛阳，敬业不听。事败后被捕杀。

魏泰 宋襄州襄阳(今湖北襄樊)人，字道辅，号溪上丈人。曾布妻弟。崇宁、大观间，章惇数称其长，欲官之，未就。卜居汉上，颇恃布势以患苦乡里。博极群书，有口辩，工文章，喜谈论朝野间事。著有《东轩笔录》、《括异志》及《临汉隐居诗话》。

魏廷珍(1669—1756) 清直隶景州(今河北景县)人，字君璧。康熙进士，授编修。康熙五十四年(1715)入值南书房。五十九年授内阁学士。雍正元年(1723)任偏沅巡抚，旋因办事不力，调盛京工部侍郎。三年，外任安徽巡抚。后累迁兵、礼、工部尚书。历官三十余年，阅康、雍、乾三朝，凡事推诿，无所建白。乾隆五年(1740)，以老病乞休，下诏申斥，革职。

魏王 ❶古代魏国国君之称号，如战国时魏国的魏惠王、魏安釐王等皆称魏王。东汉献帝建安二十一年(216)曹操进爵称魏王。五年后曹丕代汉建立魏国。❷辽代封爵。赵延寿、萧思温、耶律斜轸、萧惠、耶律乙辛、耶律淳等先后受封。❸金代封爵。完颜按答海、完颜道济等先后受封。❹元代诸王封号，授兽纽金印。仁宗弟阿木哥始封，子孛罗帖木儿袭封。

魏王假 战国时魏国国君。名假。魏景王子。公元前 227—前 225 年在位。魏王假三年(前 225)，秦将王贲围攻魏都大梁，决黄河与大沟水灌大梁，大梁城坏，他被虏，魏亡。

魏文帝(187—226) 即曹丕。三国时魏国创建者。公元 220—226 年在位。沛国谯县(今安徽亳州)人，字子桓。曹操次子。东汉建安十六年(211)，任五官中郎将，为丞相副。其弟植原受父宠，后以任性失宠。他因矫情自饰，且又年长，终于二十二年得立为魏王太子。操死，袭为魏王，继任丞相。即令弟鄢陵侯彰等归国，贬植为安乡侯，诛植党羽丁仪等。以陈群为尚书，立九品官人法，改革选举。延康元年(220)十月，代汉称帝，都洛阳，国号魏，改元黄初。曾三次征吴无功。卒谥文帝。庙号世祖。善文学，与操、植并称“三曹”。著《典论》，为文学评论名作。作诗赋百余篇。有《魏文帝集》。

魏文侯 ❶(? —前 396)战国时魏国国君。公元前 445—前 396 年在位。名斯(一说名都)。魏桓公子(《史记·魏世家》误作孙)。招贤纳士，先后重用翟璜、吴起、西门豹、乐羊等人，师卜子夏、友段干木、客田子方，用李悝为相，致力于社会改革。对内实行“食有劳而禄有功，使有能而赏必行、罚必当”的政策，制定《法经》，作“尽地力之教”，行“平籴”法。外败秦国，占有西河(今黄河与北洛河间)；东越赵境，攻取中山，遂使魏成为战国首强。魏文侯四十三年(前 403)，周威烈王承认魏、赵、韩为诸侯。❷书名。题战国魏文侯撰。《汉书·艺文志》著录六篇，列于儒家。久佚。清马国翰认为《礼记·乐记·魏文侯问乐》即汉河间献王辑入之《魏文侯》本书。并从《战国策》、《吕氏春秋》、《韩诗外传》、《淮南子》、《新序》、《说苑》、《通典》等书辑《魏文侯书》一卷，见《玉函山房辑佚书》。记述魏文侯容直纳谏，尊贤下士之事迹。章学诚谓魏文侯无著述，《汉书·艺文志》所载，或为他人著书之篇名，如《孟子》书中梁惠王之类。

魏文魁 明末保定满城(今属河北)人。爱好天文与象数之学。崇祯二年(1629)，以布衣嘱其子进京呈《历元》、《历测》二书，主张以宋人邵雍《皇极经世》为修历书指南，反对西学。后遭徐光启痛斥，其说遂绌。

魏文贞公故事 书名。《新唐书·艺文志》著录有刘祎之撰《文贞公故事》六卷，又有张大业撰《魏文贞故事》八卷。二书俱佚。《资治通鉴考异·唐纪》引《魏文贞故事》五则，其中一则作《魏征故事》，均未指明作者。《艺文志》又有王方庆《文贞公事录》一卷，《通鉴考异》引作《文贞公传录》，与本书不同。

魏无忌(? —前 243) 即信陵君。战国时魏国人。魏安釐王弟。号信陵君。门下养食客三千。魏安釐王二十年(前 257)，秦兵围赵都邯郸(今属河北)，赵向魏求救。魏遣将军晋鄙救赵，半途停留不进。他设法窃得兵符，带勇士朱亥至军中击杀晋鄙，夺取兵权，解赵之围。后十年，为上将军，联合五国击退秦将蒙骜的进攻。《汉书·艺文志》兵家有《魏公子》二十一篇,今佚。

魏无知 秦代末年人。楚汉战争时,从汉王刘邦。陈平背楚降汉,因其求见刘邦,遂得重用。后周勃、灌婴等谗平盗嫂受金。刘邦责其荐人不当,乃对曰:“今楚汉相距,臣进奇谋之士,顾其计诚足以利国家耳,盗嫂受金又安足疑乎?”刘邦于是拜平为护军中尉,尽护诸将,诸将不敢复言。

魏五铢 魏晋时期流通之铜钱。东汉献帝初平中,董卓铸小钱,货轻而物贵,谷一斛至钱数百万。后曹操为相,罢小钱,还用五铢钱。因久不铸钱,钱少谷贱。黄初二年(221)初复五铢钱,旋罢。魏明帝太和元年(227),司马芝等举朝大议,以为用钱非徒丰国,亦所以省刑,乃更立五铢钱。自魏至晋,其间虽一度停罢,然习用未改。其钱似东汉末年五铢,轮郭较浅,钱文草率,书体分布转折似正始三体石经小篆,外郭宽,字画粗,间或有星点与刻文。

魏武帝 见“曹操”。

魏武帝集 书名。三国魏曹操(谥武帝)作。原集久佚。今有明张溥辑《汉魏六朝百三名家集》本一卷,近人丁福保辑《汉魏六朝名家集》本四卷。建国后,据丁本加以整理校点,名《曹操集》,收诗一卷,文三卷,并增加《孙子注》及附录。近人黄节撰《魏武帝诗注》一卷,有排印本。

魏武侯(?—前370) 战国时魏国国君。公元前395—前370年在位。魏文侯长子,名子击。武侯五年(前391),与赵、韩联合攻楚,大破楚军于大梁(今河南开封)、榆关(今河南中牟南)。九年,与齐田和会于浊泽(今河南禹州东北),田和求为诸侯,他为之向周提出要求。十四年,与齐联合出军助卫攻赵。十八年,伐齐至灵丘(今山东高唐南)。二十五年,攻楚取鲁阳(今河南鲁山),使魏地伸展到楚方城北。在位时为魏国较强大时期。

魏徙都大梁 战国时魏国原都安邑(今山西夏县西北),地处河东,受秦、赵、韩三国包围,仅靠上党一地与中原腹地相通。秦献公后期,国力渐强,不断攻魏,魏迭战皆败。为避秦兵和加强对东部的统治,魏惠王九年(前361),迁都大梁(今河南开封西北),自此魏亦称梁。

魏禧(1624—1680) 明末清初江西宁都人,字冰叔,一字叔子,号裕斋,又号勺庭。明末诸生。与兄际瑞(又名祥)、弟礼,俱有文名。明亡,抱亡国之痛,隐居翠微峰,教授山中,以实学倡导后进。康熙十七年(1678)荐试博学鸿儒,以疾辞。学主经世,论文主创而不主因,力求摆脱前人窠臼。为文长于议论,每遇遗民志士题材,则感激奋发,描摹淋漓尽致,兼有欧苏之长。著有《左传经世》、《日录》、《魏叔子文集》、《诗集》等。

魏县 西汉置。治今河北大名县西南魏城。汉至北魏均属魏郡。西汉为魏郡都尉治。北齐省。隋开皇六年(586)复置。唐天宝三载(744)移治今大名县西北魏庄。金移治洹水镇,即今魏县西南旧魏县。明洪武三年(1370)因为漳河所冲啮,移治五姓店,即今治。隋、唐属魏州。宋金明清均属大名府。元属大名路。

魏献子 即“魏舒”。

魏襄王(?—前296) 战国时魏国国君。公元前318—前296年在位。魏惠王子,名嗣。襄王元年(前318),参与五国合纵攻秦,至函谷关(今河南灵宝东北),魏与赵、韩之师失利而回。次年,魏、赵、韩三国联军在修鱼(今河南原阳西南)为秦所败。十八年,遣公孙喜为将,与齐将匡章、韩将暴鸢大破楚军于垂沙(在今河南唐河境),韩、魏得楚宛、叶以北之地。后曾联合齐、韩,连续攻秦,迫使秦归还部分所侵魏地。

魏相 ❶即“吕相”。❷(?—前59)西汉济阴定陶(今山东定陶西北)人,字弱翁。后徙平陵(今陕西咸阳西北)。少学《易》,为郡卒史。昭帝时任茂陵令、河南太守、扬州刺史、谏大夫等职。宣帝即位,征为大司农,迁御史大夫。及霍光死,上书言霍氏骄奢放纵,宜损夺其权。宣帝善之,遂为给事中,旋任丞相,封高平侯。曾谏劝宣帝出兵击匈奴右地,又条理汉兴以来国家便宜行事及贤臣所言,奏请施行,多为宣帝采纳。卒于官。

魏象枢(1617—1687) 清山西蔚州(今河北蔚县)人,字环极,一字环溪,号庸斋,又号寒松。顺治进士,授刑科给事中。顺治四年(1647),疏请整饬吏治,每有建言。康熙十一年(1672),授贵州道监察御史。十三年授户部侍郎,会西南用兵,筹措粮饷,多所规划。十七年晋左都御史,请丁乡试内帘设监察御史,允为定例。又屡参封疆大吏,有直声。十九年迁刑部尚书。二十二年休致。治程朱理学,著有《寒松堂集》、《儒宗录》、《庸斋闲话》等。

魏兴郡 三国魏改西城郡置。治西城县(今陕西安康市西北),属荆州。辖境相当今陕西石泉、湖北郧西二县之间汉水流域一带。西晋太康二年(281)移治锡县(今陕西白河县东南),次年移治兴晋县(今郧西县西),元康中复移治锡县,永嘉后还治西城县。东晋时梁州曾移治此。隋开皇三年(583)废。

魏玄同(617—689) 唐定州鼓城(今河北晋州)人,字和初。进士出身。调长安令,累官司列大夫。麟德元年(664),坐与上官仪善,流岭外,上元初赦还。刘审礼荐其有时务之才,除岐州长史,再迁吏部侍郎。永淳元年(682),与中书、门下同承受进止平章事。上疏言专委吏部选士之弊,不纳。武后临朝,进地官尚书,检校纳言。素与裴炎结交,始终不渝,时人呼为“耐久朋”。永昌初,为周兴所构,被杀。

魏延(?—234) 三国时义阳(今河南桐柏东)人,字文长。以部曲随刘备入蜀,迁牙门将军。及备得汉中,当用重将镇守,乃拔为督汉中镇远将军,领汉中太守,后任凉州刺史。蜀建兴八年(230),奉命入羌中,大破魏雍州刺史郭淮等,迁前军师征西大将军,封南郑侯。每随诸葛亮出征,辄欲请兵万人,冀与亮异道会于潼关,亮以为非十全之计,不许。因常谓亮为怯。十二年,亮死,退军,遗令断后,拒不从命,又本与长史杨仪不协,乃遣兵击仪,而士众不用命,军皆散,逃亡被杀。

魏养蒙　明河南洛阳人。万历进士,授知县。历官刑部员外郎、湖广参议。万历二十八年(1600)参与播州之役,任湖广路监军,指挥攻克海龙屯。四十一年以兵部侍郎署刑部事。四十五年致仕。

魏野(961—1020)　北宋陕州陕县(今属河南)人,字仲先,号草堂居士。筑草堂于州之东郊,不求仕进。大中祥符四年(1011),真宗祀汾阴,他与表兄李瀆同被举荐,上表以病辞。真宗诏命州县常加存问。与寇准、王旦友善,每往来酬唱。诗格清苦,颇类晚唐。著有《东观集》。

魏裔介(1616—1686)　清直隶柏乡(今属河北)人,字石生,号贞庵、昆林。顺治进士,官工科给事中。顺治九年(1652)建言督抚不可均用辽左旧人,请宽逃人法。十三年以右副都御史劾大学士陈之遴植党。次年晋左都御史。康熙三年(1664)拜秘书院大学士。十年休致。著有《兼济堂集》、《圣学知统录》、《希贤录》等。

魏尹　官名。十六国时后赵及前燕皆曾都邺,邺为魏郡治所,故皆以魏郡守为魏尹。东魏孝静帝天平元年(534)自洛阳迁都于邺(魏郡郡治),以魏郡为畿郡,亦以魏郡守为魏尹。北齐文宣帝天保元年(550)改魏尹为清都尹。

魏咏之(?—405)　东晋任城(治今山东济宁东南)人,字长道。世代贫寒,务农。自幼好学。荆州刺史殷仲堪嘉其诚,召医为之治病。初为州主簿,尝见桓玄,玄鄙薄不用。早与刘裕相交,及玄篡位,与裕共谋举兵讨玄。元兴三年(404),玄败,授建威将军、豫州刺史。破桓石绥于白茅(今江苏常熟东白茆口),败桓歆于历阳(今安徽和县),斩其氐帅杨秋。义熙元年(405),进征虏将军、吴国内史。转荆州刺史,持节,都督六州军事,领南蛮校尉。寻卒于官。

魏元帝　即"陈留王"。

魏元忠(?—707)　唐宋州宋城(今河南商丘南)人,原名真宰。初为太学生,累年不调,不以为意,学设险用兵之道。仪凤中,吐蕃屡扰边塞,上书言命将用兵要领,高宗称许,授秘书省正字,除监察御史。光宅元年(684),监李孝逸军平徐敬业,以功擢司刑正,迁洛阳令。为酷吏周兴、来俊臣等所陷,三次配流。圣历二年(699),任凤阁侍郎、同凤阁鸾台平章事。迁左肃政台御史大夫,兼检校洛州长史,政号清严。时突厥与吐蕃数犯塞,皆为行军大总管以拒之。因奏请清除张易之兄弟,易之等恨怒,诬谋不轨,贬端州高要尉。中宗复位,以卫尉卿同中书门下三品。进中书令,封齐国公。寻迁左仆射。不复强谏,惟与时俯仰。景龙元年(707),皇太子李重俊起兵,杀武三思等,被宗楚客等诬与太子通谋,坐贬思州务川尉,卒于途,年七十余。

魏源　❶(1382—1444)明建昌南城(今属江西)人,字文渊。永乐进士。授监察御史,多所建白。迁浙江按察副使,宣德三年(1428)进刑部右侍郎。正统二年(1437)以刑部尚书整饬大同、宣府边务。理屯政,实军伍,清隐占,增亭障,边备大饬。又荐于谦参赞军务,事竣还朝,称一时能臣。致仕卒。❷(1794—1857)清湖南邵阳人,原名远达,字默深。道光进士。从刘逢禄学《公羊春秋》,究心于经世致用之学,与龚自珍同属今文经学派。道光六年(1826)应江苏布政使贺长龄聘,襄辑《皇朝经世文编》;继为江苏巡抚陶澍筹议漕运、水利、票盐诸事,撰《筹漕篇》、《筹嵯篇》、《筹海篇》等。二十一年入两江总督裕谦幕,参与浙东抗英斗争。次年,《南京条约》签订时,感愤而著《圣武记》,以推求盛衰之理,筹划海防之策。曾受林则徐嘱托,以《四洲志》为基础,另辑历代史志与明以来岛志等资料,编成《海国图志》。主张"师夷之长技以制夷",学习西方先进的科学技术及制造轮船、火器与练兵之法。提倡创办民用工业,允许私人设厂。主张革新,要求变法,并抨击腐败政治;提出"变古愈尽,便民愈甚"的观点,成为近代资产阶级改良思想的先驱。咸丰三年(1853)任江苏高邮知州时,曾组织团练镇压太平军。旋感愤"世乱多故"而弃官事佛,"不与人事"。后病死于杭州。能诗文,风格遒劲。著述还有《古微堂集》、《元史新编》、《老子本义》、《诗古微》、《春秋繁露注》等十余种。今人辑有《魏源集》。

魏圜钱　战国时期魏国的青铜铸币。一说为秦占领魏地后所铸。皆圆孔无郭,背平素。主要有:(1)"垣"、"共"圜钱。面文有地名"垣"(今山西垣曲东南)、"共"(今河南辉县境),皆魏邑。"垣"圜钱径约4—4.2厘米,重多在8—10.6克间,少数在5—6克间。"共"圜钱径约4.4—4.65厘米,重14.8—18.5克。"垣"圜钱曾在洛阳涧西出土二十余枚,此外,于洛阳一座战国晚期墓与同属战国晚期的洛阳粮仓遗址62号窖内均各出有一枚,知此种钱曾流入周王畿。(2)"济阴"圜钱。济阴(今山西万荣境),魏邑。径约3.2厘米,重9克左右。(3)"桼(漆)垣"圜钱。面文作"桼(漆)垣一釿",漆垣(今陕西彬县)为魏邑。径3.5—3.8厘米,重12.9—15.7克。

魏越　战国初人。墨子弟子。曾请教墨子:"既得见四方之君子,则将先语?"墨子对以不同情况不同对待:对昏乱之国则语"尚贤尚同",对贫弱之国则语"节用节葬",对喜乐好酒之国则语"非乐非命",对淫僻无礼之国则语"尊天事鬼",对务夺侵凌之国则语"兼爱非攻"。事见《墨子·鲁问》。

魏藻德(1605—1644)　明顺天通州(今属北京)人,字思令。崇祯进士,授修撰。十五年(1642)疏陈兵事。次年召对称旨,骤擢少詹事兼东阁大学士,预机务。十七年任首辅,倡百官捐助军饷。李自成克北京,追赃致死。

魏章　战国时魏国人。初为魏将。后至秦。秦惠王更元十三年(前312),任左庶长,与樗里子攻楚,大败楚军于丹阳(今河南西部丹水之北),俘楚将屈匄等七十余人。取楚汉中,置汉中郡。复战于蓝田(今湖北钟祥西北),再败楚军。秦武王立,被逐至魏。后不知所终。

魏昭王(?—前277)　战国时魏国国君。公元前295—前277年在位。名遫。魏襄王之子。昭王三年(前 293),韩、魏伐秦,秦以白起为将,大败韩、魏之师于伊阙(今河南洛阳东南龙门)。“伊阙之战”中,秦军斩首二十四万,魏将公孙喜(一说为韩将)被虏,秦拔五城。六年,秦相魏冉伐魏,魏以河东四百里之地献于秦。次年,秦大良造白起伐魏至轵(今河南济源东南),取魏六十一城。九年,魏、赵、齐、楚、韩五国联军伐秦,逼秦归还温(今河南温县西南)、轵、高平(今河南济源西南)三城与魏。次年,秦将司马错攻魏,魏割安邑(今山西夏县西北)、河内与秦。十三年,秦伐魏,攻至魏都大梁。十九年卒,子圉继位,即魏安釐王。

魏照乘 明大名滑县(今属河南)人,字仲玖,号瑶海。万历进士,授金乡知县。天启时迁吏科都给事中。崇祯元年(1628)擢佥都御史,巡抚江西。十二年进礼部尚书兼东阁大学士。十五年被劾,遂请病归。著有《天垣谏草》。

魏征(徵)(580—643) 唐魏郡内黄(今河南内黄西北)人,祖籍巨鹿下曲阳(今河北晋州西),一说馆陶(今属河北)人,字玄成。少孤贫好学。隋末,曾为道士。初为魏郡丞幕僚,从丞归从李密,后随密降唐。自请安辑山东,授秘书丞。为窦建德所获,署为起居舍人。建德败,入唐为太子李建成洗马,劝建成防秦王李世民(太宗)夺权。太宗即位,擢为谏议大夫,数引入卧内,访以得失。性刚直,知无不言,常以历代兴亡为鉴,劝太宗任贤去佞、兼听广纳、轻徭薄赋、明赏慎刑。前后进谏达二百余事,多被采纳。贞观三年(629),以秘书监参预朝政,引学者校定四部书。七年,为侍中,主持修撰南朝梁、陈、北齐、北周、隋等史,并亲撰《隋书》序论和《梁书》、《陈书》、《北齐书》总论。后进封郑国公,拜特进,知门下省事。时连年丰稔,天下升平,太宗日渐骄侈,又连上《十思疏》和《十渐疏》提醒太宗“居安思危”,“慎终如始”。后拜太子太傅。以疾卒于官,太宗叹为失一可明得失之镜。卒陪葬昭陵。其言论见于《贞观政要》,著作有《魏郑公文集》三卷、《诗集》一卷,并主编《群书治要》。

魏征(徵)谏事 即“魏郑公谏录”。

魏正始石经残石考 书名。近人王国维撰。一卷。1917 年王氏曾撰《魏石经考》。此篇据 1923 年春洛阳城外汉魏太学遗址出土魏石经残石再作考证,以补前考未备。首列碑图十二,其中《尚书·皋陶谟》十七石,每格中上列古文,下列篆隶二体,成品字形;《高宗肜日》以下诸石则古文、篆、隶三体直下,证为三体石经。次以石经经文与今本比勘,共得异文数十事,以证经文同异。又次认为石经古文,即壁中遗文,与《说文解字》中之古文同源,实即战国时东土通行之文字。末附《隶释》所录魏石经碑图,盖转从前考录入。颇具学术价值。收入《王忠悫公遗书》及《海宁王静安先生遗书》。

魏郑公谏录 书名。亦称《魏征谏事》。唐王方庆撰。五卷。包括谏录二卷,对录二卷,杂录一卷,凡一百三十条。多采摭传闻,参据国典,记唐大臣魏征(封郑国公)对唐太宗的谏诤和对问事迹。唐吴兢《贞观政要》、宋司马光《资治通鉴》记魏征事多从中取资。尚有未见采用之事四十余条,亦多可征信。有《丛书集成》本等。

魏之琇(约 1722—1772) 清浙江杭州人,字玉璜,号柳州。少时家贫,乃于街市间操作自给。家世业医,兼考医籍,遂悬壶行医。对江瓘《名医类案》之未备者增订,对明以后资料进行大量补充,著成《续名医类案》。另著有《柳州医话》。

魏知古(647—715) 唐深州陆泽(今河北深州西南)人。乾封进士。长安中,历凤阁舍人,卫尉少卿。睿宗即位,为黄门侍郎,兼修国史。睿宗为金仙、玉真二公主入道造观,逼夺民居,工役严促,数上书切谏。景云二年(711),以左散骑常侍同中书门下三品。先天初,进侍中,封梁国公。二年(713),窦怀贞与太平公主谋废玄宗,他密奏其谋。次年,改任紫微令,因与姚崇不协,罢为工部尚书。有文集二十卷,已佚。

魏挚 战国时魏国人。魏文侯少子。文侯四十年(前 406)魏灭中山,先封太子击于中山。击处中山三年,乃遣赵仓唐为使说文侯,文侯遂复太子击而改封他为中山君。

魏中立(? —1352) 元济南(今属山东)人,字伯时。至正间,由国子伴读历官至陕西行台御史中丞,迁守饶州(今江西波阳)。十二年(1352),为天完红巾军击败,被俘送蕲水(今湖北浠水)处死。

魏忠贤(1568—1627) 明河间肃宁(今属河北)人,少无赖,自宫后改名李进忠。万历时入宫为宦官,后乃复姓,赐名忠贤。熹宗即位,升为司礼秉笔太监兼提督宝和三店。密结大臣为援,以犬马声色媚帝。天启三年(1623)掌东厂印。与熹宗乳母客氏勾结,排斥异己,专权擅政。参阅奏章,斥逐言官,纵容校尉,横行肆虐,迫害东林党人。次年,杨涟疏劾其二十四大罪,魏大中等七十余人又交章论其不法。遂兴大狱,大臣被罢逐者数十人,凡不附己者一概斥为东林党人,并杀杨涟、左光斗、魏大中等。自内阁、六部、四方总督、巡抚,遍置死党,广建生祠,时有“九千岁”之称。思宗即位,降净军,置凤阳。行至阜城(今属河北),闻逮治令,遂自缢死。

魏州 北周大象二年(580)置。治贵乡县(今河北大名县东北)。隋大业改为武阳郡。唐武德四年(621)复为魏州。龙朔二年(662)改为冀州。咸亨三年(672)复为魏州。天宝、至德间又曾改为魏郡。唐开元中移元城县为附郭,与贵乡同为州治。辖境相当今河北大名、魏县、馆陶,河南南乐、清丰、范县,山东冠县、莘县等县地。州城西濒永济渠(御河),为河北与江淮间水运交通枢纽,船舶辐辏,物资荟萃。开元二十八年(740),“夹州制楼百余间,以贮江淮之货”(《唐会要·漕运》)。为河北平原南部著名都会。广德元年(763)后,魏博节度使治此,为河北军事重镇。大历四年(769)扩建州城,跨永济渠南北二岸。文德元年(888)筑罗城,周八十里。五代唐同光元年(923)李存勗即帝位于此,建为东京,升为兴唐府。

魏庄渠 即“魏校”。

魏庄子 即"魏绛"。

魏子建(471—533) 北魏巨鹿下曲阳(今河北晋州西)人,字敬忠。魏收父。初为奉朝请,累迁太尉从事中郎,复除东益州刺史。正光五年(524),镇压莫折念生、张长命等,以功兼尚书为行台。及归洛阳,拜常侍、卫尉卿。寻加骠骑大将军。

魏宗铨(1881—1907) 清江西萍乡人,字月辉。光绪三十年(1904)入长沙明德学堂肄业,结识黄兴等革命党人。次年返江西,与龚春台等以洪江会为基础,重开山堂,统称天龙山洪江会,进行反满活动。三十二年至上海,加入同盟会。不久与龚春台等发动萍浏醴起义,任中华国民军革命先锋队右卫都统领兼钱库督粮司。旋事败被逮,就义于萍乡。

wēn

温 周畿内国。子爵,已姓。《左传》成公十一年(前580):周武王时,"苏忿生以温为司寇"。在今河南温县西南。春秋初苏氏已绝封。《左传》隐公十一年(前712):周与郑人苏忿生之田十二,温居其一。后仍归周,苏氏续封而仍居温。僖公十年(前650),"狄灭温,……苏子奔卫"。其后为晋邑。僖公二十五年:周与晋侯"阳樊、温、原、欑茅之田"。后晋于其地置温县。战国属魏。《史记·魏世家》:昭王十年(前286),"齐灭宋,宋王死我温"。安釐王二年(前275),秦军大梁下,"予秦温以和"。

温巴什 新疆维吾尔语音译,意为十户长。

温病 简称温。中医病名。(1)多种外感急性热病的总称。后世泛称"温热病"。《素问·详热病论》:"有病温者,汗出辄复热,而脉躁疾不为汗衰,狂言不能食。"一般起病较急,发热较甚,传变较快,容易化燥伤津,后期尤多阴枯液涸等。发病季节不同,临床表现不尽一致,但它们在发生发展过程中都具有温热性质的特点,故有此称。(2)伤寒五种疾患之一。《难经·五十八难》:"伤寒有五,有中风、有伤寒、有湿温、有热病、有温病。"(3)指春季发生的热性病。《素问·热论》:"凡病伤寒而成温者,先夏至日者为病温。"此说成为后世医家"伏气温病"的理论根据。

温布 即"素囊"。

温纯(1539—1607) 明陕西三原人,字景文、叔文,号一斋,晚号亦斋。嘉靖进士。历寿光知县、户科给事中。万历二十六年(1598)官至左都御史,屡疏奏矿监税使之弊,并倡导大臣伏阙泣谏。三十三年忤首辅沈一贯,遂致仕归。卒谥恭毅。著作有《温恭毅公集》。

温达(?—1715) 清满洲镶黄旗人,费莫氏。初为笔帖式。历监察御史、内阁学士、户部侍郎。康熙四十年(1701)列议政大臣,旋擢左都御史。四十三年迁工部尚书,后调吏部。四十六年晋文华殿大学士,充《平定朔漠方略》、《大清一统志》、《明史》总裁官。五十三年致仕。

温大雅(?—约627) 唐并州祁县(今属山西)人,本名彦弘。以才辩知名。任隋东宫学士、长安县尉,因父丧离职。隋末动乱,隐居不仕。李渊起兵太原,引其为大将军府记室参军,掌军中文翰,并参定唐立国礼仪。李渊建唐,迁黄门侍郎,与弟中书侍郎彦博同居中枢,为人所羡。太宗即位,转礼部尚书,封黎国公。曾撰《大唐创业起居注》三卷,今存。又有《今上王业记》六卷,《大丞相唐王官属记》二卷,已佚。

温迪罕 又译温迪痕、温的罕等。女真部落姓氏。分布在统门水(今图们江)、胡论水(今吉林五常县拉林河支流)、移里闵河(今吉林省饮马河)、宋葛斜斯浑(即松花江细流处)等地。译汉姓有二:温氏、张氏。

温迪罕缔达 金女真族人。通女真字,习经史。累官国史院编修官。大定十五年(1175),迁著作佐郎,参与译解经书。十九年,迁左赞善。久之,转翰林待制。

温都赤 即"云都赤"。

温敦 又作温都、温屯等。女真部落姓氏。部人分布在长白山、阿跋斯水(今牡丹江上游)涞流河(今拉林河)、匹古敦水(今蜚克图河)、德邻石(在牡丹江中流)等地,与完颜氏贵族通婚。入中原后改汉姓为空。其分支有耨盌温敦氏。

温放之(?—360或362) 东晋太原祁县(今山西祁县东南)人。温峤子。嗣父爵始安郡公。少历清官,累至给事黄门侍郎。以贫,求为交州刺史,朝廷许之。既至南海,甚有威惠。升平三年(359)十二月,击破林邑而还。卒于官。

温飞卿集 书名。唐温庭筠撰。庭筠字飞卿。据《新唐书·艺文志四》载,其集包括《握兰集》三卷、《金荃集》十卷、《诗集》五卷、《汉南真稿》十卷。宋时,题《温飞卿集》七卷,已佚。《四部丛刊》据述古堂精抄宋本影印。明曾益注、清顾予咸补注为《温飞卿诗集笺注》。1980年上海古籍出版社出版校点本。

温福(?—1773) 清满洲镶红旗人,费莫氏,字履绥。温达孙。自繙译举人入官,曾从定边将军兆惠征大小和卓,累迁至军机大臣、理藩院尚书。乾隆三十六年(1771),以定边右副将军任统帅,征小金川。旋擢武英殿大学士,授定边将军。因刚愎自用,将帅不和,不恤士卒,日置酒高会,无所谋略,故师久无功。三十八年,驻军木果木,突遭夜袭,兵溃,为金川兵所杀。

温国文正司马公文集 书名。亦名《传家集》。北宋司马光(封温国公,谥文正)撰。八十卷。内有赋一卷,诗十四卷,文六十五卷。其中章奏四十卷,反映其政治思想;"论"、"史赞评议"、"疑孟"、"史剡"、"迂书"等反映其史学和哲学思想。今有《四库全书》本及乾隆间陈宏谋校刊本。另有《司马温公文集》十四卷,为清张伯行刻,系散文集。

温恢 三国时太原祁县(今山西祁县东南)人,字曼基。家富于财,会汉末大乱,振施宗族,一朝尽散。举孝廉。曹操用为丞相刺奸主簿,迁扬州刺史,助张辽等守合肥。魏文帝时为侍中、魏郡太守。后迁凉州刺史,领护羌校尉,道中病卒,年四十五。

温江多寺 亦称温江多拉康。吐蕃时期佛教神殿。在拉萨西南约50公里,邻近吉曲(拉萨河)注入雅鲁藏布江处。此地原有温江多宫。唐武后长安二年(702)赞普都松芒布结(《新唐书》作器弩悉弄,676—704在位)母后曾在此地集会议盟,后赞普墀德祖赞(《新唐书》作弃隶缩赞,704—755在位)在此建寺。为营建此寺,曾远到内地和尼泊尔等地延请工匠。赞普达磨禁佛时,此寺尚未建成,被迫停工。今已不存。

温韭 汉代利用温室栽培的韭菜。《盐铁论·散不足篇》:“冬葵温韭。”《汉书·召信臣传》:“太官园种冬生葱韭菜茹,复以屋庑,昼夜难蕴火,待温气乃生。”此为温室栽培之始。

温卷 科举考试用语。唐时,举子应试前,多奔走公卿显贵之间,投献行卷,名曰“求知己”,以扩大影响。数日之后又投之,谓之温卷。

温李 晚唐诗人温庭筠、李商隐的并称。二人诗歌绮丽之风相近,实则李胜于温。

温陵 ❶唐哀帝李柷墓。五代后梁开平二年(908),哀帝遭朱温鸩杀,葬于曹州济阴定陶(今山东定陶西北)。❷福建泉州的别称。《舆地纪胜》引旧图经:“其地少寒,故云。”宋刘克庄《后村大全集》:“温陵为闽巨屏。”明丁自申《三陵集》称金陵、嘉陵和温陵为三陵。

温麻县 西晋武帝太康四年(283)以温麻船屯置。治今福建霞浦县南。属晋安郡。东晋南朝因之,隋开皇九年(589)废。唐武德六年(623)复置,治所徙至今连江县北,同年改称连江县。

温峤(288—329) 晋太原祁县(今山西祁县东南)人,字太真。博学能文。初辟东阁祭酒,补上党潞令,为司空刘琨右司马。琅邪王睿称制,受琨命南渡奉表劝进。与录尚书事王导、丞相右长史周顗等并亲善。明帝即位,参综机密,转中书令。为大将军王敦所忌,请为左司马。设计取得敦之信任,任为丹阳尹,还都具奏敦之逆谋。明帝讨敦,以之为都督东安北部诸军事。敦平,进号前将军。时天下凋敝,因奏军国要务七事,帝多纳之。咸和元年(326),为江州刺史,镇武昌。二年,苏峻作乱,率师讨之。拥征西将军陶侃为盟主,协同处分规略。乱平,拜骠骑将军,封始安郡公。还镇武昌,寻卒。

温泉宫 唐咸亨二年(671)以温汤宫(或名汤泉宫)改称。即今陕西西安市北华清池。天宝六载(747)改名华清池。据载,开元以来玄宗每岁十月临幸,岁尽乃归。

温泉铭 唐太宗撰并书。原在今陕西西安华清宫,石早佚。存世唐拓本有墨书题记:“永徽四年八月围谷府果毅儿”等字样。清光绪时被法人伯希和从敦煌石室中盗去,今藏法国巴黎图书馆。碑书雍和雅正,一如《晋祠铭》,而圆劲流丽过之。宋潘师旦摹勒刻入《绛州帖》;清吴荣光摹入《筠清馆法帖》内,今亦不多见。

温泉汤监 即“温汤监❶”。

温泉县 ❶唐武德二年(619)分新城县置。治今山西交口县东北温泉镇。因南有温泉,故名。为北温州治所。贞观元年(627)州废,改属隰州。宋因之。金初属石州,贞祐四年(1216)改属汾州。蒙古至元三年(1266)废入孝义。❷唐武德三年(620)置。治今山西临猗县西。属蒲州。九年废。❸唐置。治今广西宜州市东,为温泉州治。北宋废。

温泉栅 在今河北滦县西北榛子镇东北。《资治通鉴》:唐广德元年(763),史朝义兵败,“欲北入奚、契丹,至温泉栅,李怀仙遣兵追及之,朝义穷蹙,缢于林中”,即此。

温热经纬 书名。清王士雄辑撰。五卷。成书于咸丰二年(1852)。卷一为“内经伏气温热篇”,编辑了《内经》中与温热病有关的条文,且均有注释及作者之心得;卷二收《伤寒论》、《金匮要略》中有关温热病的论述并确立随症论治的法则;卷三录有叶香岩之《外感温热篇》和《三时伏气外感篇》;卷四集中了清代颇有影响的陈平伯、薛生白、余思愚等温病学家温热病专著;卷五为“方论”,选方一百一十二首。全书以收集资料为主,兼有作者本人新见解,如对暑、湿、火三气的性能体用,即卓有见地,因而成为一部较有影响的温热病专著。自清以来争相翻印,至今已有三十余种版本。1956年人民卫生出版社出版影印本。

温热论 书名。清叶桂讲授,其门人顾景文、华岫云整理而成。在《续临证指南》中称为《外感温热篇》,《温热经纬》中称《叶香岩外感温热病篇》;《医门棒喝》中称《叶天士温热论》;《吴医汇讲》中为《温症论治》。阐述温病发生、发展的规律性,提出温病卫、气、营、血四个发展阶段,介绍辨舌、验齿、辨斑疹与白瘖的意义,充实了诊断学的内容,为温病理论体系形成奠定了基础。现存主要版本有清道光九年(1829)卫生常刻本、周学海《医学丛书》本。

温仁和(1475—1543) 明四川华阳(治今成都)人,字民怀,号托斋。弘治进士,选庶吉士,授编修。嘉靖十六年(1537)官至工部尚书。次年改礼部尚书,掌詹事府,俱兼翰林学士。不久致仕。

温睿临 清浙江乌程(今湖州)人,字邻翼,一字令贻,号哂园。约生于顺治末年。康熙举人,官内阁中书。擅长诗、古文,且熟于史。与鄞县万斯同交善。万氏在史馆纂修《明史》时,他以应礼部试止京师,得时过从,多所参论。万氏嘱他以故明南渡而下三朝事迹撰成一史,因录得野史数十种,著成《南疆逸史》。尚著有《吾征录》、《哂园文集》、《哂园别集》等多种,大都未曾刊印。

温润渠 在今河南温县东。《隋书·卢贲传》:开皇中迁怀州刺史,“决沁水东注,名曰利民渠(《北史》作利人渠),又派入温县,名曰温润渠,以灌舄卤,民赖其利”。

温山县 唐武德初置。治今重庆长寿县东北。属南潾州,后属涪州。北宋熙宁三年(1070)废为镇。

温上贵(?—1723) 清福建上杭人。曾在台湾被朱一贵封为元帅,即回家乡活动。后转移至江西,聚结棚民,谋攻万载县城。雍正元年(1723)事败,与乡勇激战,被俘遇害。

温生才(1870—1911) 清广东嘉应州(今梅州)人,字练生。早年曾入镇平天主教堂肄业。光绪二十九年(1903)至南洋做工,在霹雳(今属马来西亚)加入同盟会。宣统元年(1909)组织广益学堂,讨论革命方略。三年春返国,谋刺清水师提督李准。后将署广州将军孚琦击毙,被捕英勇就义。

温生才行刺始末记 书名。清末天恨生辑。十九章。记述宣统三年(1911)同盟会会员温生才,刺杀副都统兼署广州将军孚琦事件本末。内封题名"徐锡麟第二温生才"。分章记叙温氏生平、行刺经过及其影响,其中四次审讯温氏之供词记述较详。为当时通俗时事读物。

温水 《汉书·地理志》牂柯郡镡封县:"温水东至广郁,入郁。"《水经》:"温水出牂柯夜郎县,东至郁林广郁县为郁水。"即今南盘江。

温宿 古西域国名。王治温宿城,在今新疆乌什一带。汉时土地、物类与鄯善诸国同,属西域都护。东晋时附猃胡,遣兵与之共抗吕光,救龟兹。唐贞观年间,阿史那社尔平龟兹,以其地置温肃州,又名于祝,隶安西都护府。元作倭赤,或乌赤。清为乌什直隶厅治。

温汤监 即"温泉汤监"。❶官署名。唐代司农寺下属机构,置于京兆府昭应县西(今陕西西安一带)温泉处。设监一员、丞二员,掌汤池、宫禁、防堰及修调度;近汤之地所润瓜蔬,先时而熟者,以荐陵庙。北宋初存其名而无职司。❷官名。唐代司农寺温汤监长官,置一员,正七品下。北宋初存其名而罕除授。

温韬(?—928) 唐末五代时京兆华原(今陕西耀县)人。少为盗,后为李茂贞部将,改姓名为李彦韬。先任耀州刺史,继升任义胜军节度使,反复于朱温、李茂贞间。梁时复姓温,改名昭图。在镇盗掘境内唐诸帝陵,取其珍宝,据传太宗昭陵所藏钟繇、王羲之墨迹,均为所得,惟掘乾陵失败。后以李存勗兵逼境,求调他镇,徙忠武。入后唐,庄宗赐姓名为李绍冲。明宗入洛,捕之入狱。后更流放赐死。

温体仁(1573—1639) 明浙江乌程(今湖州)人,字长卿,号圆峤。万历进士。选庶吉士,授编修,累官礼部侍郎。思宗即位,擢礼部尚书。崇祯元年(1628)以讦钱谦益得宠。三年兼东阁大学士,预机务。六年迫周延儒引退,自任首辅。善于排除异己,又欲翻逆案,遭劾失宠。十年罢官归。后病死。

温庭筠(约 812—866 或 824—882) 唐太原祁县(今属山西)人,原名岐,字飞卿。温彦博后裔。貌寝,号温钟馗。早负才名,文辞敏捷。每入试,押官韵,八叉手而成八韵,时称温八叉、温八吟。然因行为不检,累举进士不第。精音律,善鼓琴吹笛。大中末,授方城尉。迁隋县尉,终国子助教。官微而好讥讽权贵,终身坎坷。诗与李商隐齐名,而成就不及,时称"温李"。词作辞采秾丽,多表现艳情生活,大部收入《花间集》,为花间派词人代表。原集已佚,1980年上海古籍出版社出版明曾益注、清顾予咸补注《温飞卿诗集笺注》。

温县 春秋晋置。治今河南温县西南。《左传》昭公三年(前 539):晋赵文子曰:"温,吾县也",即此。汉属河内郡,魏晋因之。东魏天平中徙治今温县东北。北齐县废。隋开皇十六年(596)复置。大业十三年(617)徙治李城(今温县治)。唐武德四年(621)改县曰李城,同年复名温县,属孟州。五代、宋、金、元皆因之。明、清属怀庆府。1960 年废入沁阳县,1961 年又复。

温县招贤村汉代铸铁遗址 汉代重要铸铁遗址。位于河南温县招贤村汉河内郡温县故城外,面积约 1 万平方米。地面散布有大量陶片、铁渣和泥范残片。1974 年在遗址北部发掘了东汉前期烘范窑一座,出土叠铸泥范五百余套。这些泥范均未出窑,整齐排列于烘范窑内,层叠数量不等,外糊草拌泥。这些泥范包括带扣、马衔、轴承、铁权等十六类器物、三十六种器型,一般一副六至十层,每层二至六件。最多的是带扣,共十四层,每层六件,共八十四件。经研究,这些叠铸范具有铸件尺寸精度高、互换性能好、浇铸系统科学、吃泥量小、节省泥料、加工裕量小、生产效率高的特点,反映出叠铸工艺在汉代已高度发达。

温羡(?—307) 西晋太原祁县(今山西祁县东南)人,字长卿。武帝时,齐王司马攸辟为掾,迁尚书郎。惠帝即位,拜豫州刺史,累迁尚书。齐王冏辅政,转吏部尚书。司空张华为赵王伦所杀,冏欲追复其爵,论者或以为非,乃驳之,华因而得复爵位。从讨成都王颖,出为冀州刺史。怀帝立,迁左光禄大夫、开府,领司徒。

温彦博(575—637) 唐并州祁县(今属山西)人,字大临。温大雅弟。隋开皇时,对策高第,授文林郎。后从幽州总管罗艺归唐,累官中书侍郎。武德八年(625),以并州道行军长史与突厥战于太谷,兵败被俘。突厥以其近臣,数问唐虚实及兵马多少,固不肯答,被囚于阴山苦寒之地。太宗即位,始得释还朝。贞观四年(630)任中书令。时突厥降附,太宗从其议,置定襄、云中都督府以安置。自掌机务,杜绝宾客,每进见,必陈政事得失。十年,进尚书右仆射,逾年卒。陪葬昭陵。

温彦博碑 全称《唐故特进尚书右仆射虞恭公温公之碑》。今存陕西礼泉昭陵碑林。唐贞观十一年(637)刻。岑文本撰,欧阳询书。三十六行,行七十七字。下部大都漫漶,近年又中断成二截。书法平正清穆,系欧阳询晚年典型之作。故宫博物院藏宋拓二本。清康熙时,无锡秦氏有翻刻本最精。

温阳关 在今湖南慈利县西。《明史·周德兴传》:明洪武三年(1370),慈利土酋覃垕连诸寨为乱,明将周德兴率兵进剿,拔温阳关而讨平之。

温疫论 书名。明吴有性撰。二卷。成书于崇祯十五年(1642)。作者鉴于瘟疫用伤寒治法致命者颇多,遂推出病源,研究病理。提出"戾气"学说,认为疫病是由戾气从口鼻侵入体内引起,用药可制服。

戾气不同,引起的疫病不同,侵犯的脏腑亦不同。且痘疹与疔疮的化脓感染亦由戾气引起。还将伤寒与温病的病因、侵入途径、证候、传变、治疗进行区别比较,丰富了温病学的内容,为后世温病学说的系统化奠定基础。清乾隆年间,有洪天锡补注本《补注温疫论》、郑重光补注本《温疫论补注》。1955年人民卫生出版社影印出版。

温禺鞮王 匈奴贵族封号。分左右,二十四长之二。地位处左右贤王、左右谷蠡王、左右日逐王之下,与左右日逐王、左右渐将王,号为"六角",受其号者均单于同姓。

温造(766—835) 唐太原祁县(今属山西)人,字简舆。温大雅五世孙。性刚激,不避权贵。初隐居不仕。后为徐州节度使参谋,往说幽州节度使刘济归朝。长庆元年(821),累迁起居舍人,充镇州四面诸军宣慰使,使幽州刘总以所部九州归唐。后出为朗州刺史,开后乡渠九十七里,溉田二千顷,人称右史渠。入为侍御史,累迁御史中丞,改尚书右丞。太和四年(830),兴元军乱,杀节度使李绛,授山南西道节度使,赴镇以计诛肇事将卒。历兵部侍郎、东都留守、河阳节度使。在任修复怀州古秦渠枋口堰,溉田五千顷。召为御史大夫,终礼部尚书。有集八十卷,已佚。

温之会 春秋时晋文公主持的一次诸侯之会。晋文公五年(前632),晋文公于践土(今河南原阳西南)之盟称霸。同年冬,又会齐、鲁、宋、蔡、郑、陈、莒、邾、秦等国君于温(今河南温县),会上执曾亲楚之卫君,送至周王都囚禁。会后又率诸侯之师伐附楚的许国。

温仲舒(944—1010) 北宋河南(治今河南洛阳)人,字秉阳。太平兴国进士。知汾州,坐事除名,得吕蒙正援引,不久复职。端拱元年(988),拜右正言、直史馆、判户部凭由司。三年,为枢密直学士,知三班院。淳化二年(991),拜枢密副使,改同知枢密院事。四年,罢知秦州,经营大洛、小洛门寨,抚定羌戎,深得其心。至道三年(997),参知政事。咸平元年(998)罢知河阳。徙开封府,为御史中丞,知天雄军,徙河南,知审官院。与寇准同时并进,并称"温寇"。

温州 唐上元二年(675)分括州东境置。以其地"恒燠少寒"得名;一说以在温峤岭(今温岭市西)南得名。治永嘉县(今温州市)。辖境约当今浙江温州、瓯海、永嘉、乐清、瑞安、平阳、文成、泰顺、洞头、苍南、玉环等市、县地。天宝元年(742)改为永嘉郡,乾元元年(758)复为温州。北宋属两浙路,南宋属两浙东路。南宋咸淳元年(1265)以度宗赵禥潜邸升为瑞安府。地当滨海交通要冲,宋时曾置市舶司于此。

温州府 明洪武初改温州路为府。属浙江布政使司。治所、辖境同温州。清属浙江省,又为温处道治。光绪二年(1876)中英《烟台条约》开为商埠。1912年废。

温州路 元至元十三年(1276)改瑞安府为温州路。属江浙行省浙东道宣慰司。治所、辖境同温州。明洪武初改为府。元曾置市舶司于此。

温州杂剧 即"南戏"。

温子升(昇)(495—547) 北朝时济阴冤句(今山东曹县西北)人,字鹏举。博览百家。初为北魏广阳王元渊贱客,熙平初,对策高第,补御史。随渊征讨,曾被葛荣所俘。获释后闭门读书。后从上党王元天穆攻邢杲,预孝庄帝杀丞相尔朱荣之谋。历官散骑常侍、中军大将军,领本州中正。及东魏建,为大将军高澄咨议参军。后疑其与尚书祠部郎元瑾等同谋诛澄,被囚于晋阳狱,饿死。著述颇丰。清人辑有《温侍读集》。

辒辌车 古代卧车之一种。《史记·李斯列传》裴骃集解引孟康曰:"如衣车,有窗牖,闭之则温,开之则凉,故名之曰辒辌车也。"汉代多用作丧车。《汉书·霍光传》颜师古注:"辒辌本安车也,可以卧息。后因载丧,饰以柳翣,故遂为丧车耳。"

wén

文安 大理段正淳年号(1105—1108)。凡四年。

文安集 即"揭文安公全集"。

文安县 西汉置。治今河北文安县东北大柳河。高帝时属广阳郡,武帝以后先后属燕国、广阳郡、勃海郡。东汉属河间国。西晋属章武国。隋属河间郡。唐贞观元年(627)移治今县。属瀛州,后属莫州。五代周属霸州,至清不改。

文安之(?—1659) 明末清初湖广夷陵(今湖北宜昌)人,字铁庵。明天启进士。崇祯时官至南京国子监祭酒。后被诬,解官归里。南明弘光、隆武朝授以官,皆不赴。永历四年(顺治七年,1650),以瞿式耜荐,任东阁大学士、礼部尚书。次年,清军日逼,自请总督川湖诸路军务。后至川东,依夔东十三家继续抗清。十三年,攻重庆,兵败。寻郁郁而卒。著有《铁庵稿》。

文案 旧时衙署中草拟文牍、掌管档案的幕僚。在内签押房办公的,与长官关系密切,得预闻机要,称为"内文案"。

文彬(1825—1880) 清满洲正白旗人,辉发那拉氏,字质夫。咸丰进士。授户部主事。咸丰十一年(1861)任山东沂州知府。同捻军、幅军作战,逮捕幅军首领孙化祥。同治四年(1865)起历任兖沂曹济道,山东按察使、布政使。十一年署漕运总督,次年实授。奏请改设黄河两岸运河口以便漕运。后病死家中。

文秉 明苏州长洲(今江苏苏州)人,字荪符,或作孙符。文震孟之子。明亡后,隐居竹坞,著书自号"竹坞遗民"。著有《烈皇小识》、《先拨志始》、《甲乙事案》、《前星野语》、《定陵注略》、《先朝遗事》、《姑苏名贤续记》等。

文部 官署名。唐天宝十一载(752)改尚书省吏部置,至德二载(757)复旧称。

文部尚书 官名。唐天宝十一载(752)改吏部尚书置,至德二载(757)复旧称。

文部侍郎　官名。唐天宝十一载(752)改吏部侍郎置,肃宗至德二载(757)复旧称。

文昌　宋代六曹尚书的别称。

文昌桥　位于今江西临川市东门外,跨汝水。《通志》:宋乾道元年(1165)始作浮桥。联舟为梁,东西百丈,合五十四艘。嘉泰中始建石梁,覆屋其上,屡遭火焚。明嘉靖间券石为洞,以易架木。后六十年又毁。万历三十八年(1610)去柱与板,改以石砌,缩水门之一而增高,上不建阁。清代又多次重修。

文昌台　官署名。唐光宅元年(684)改尚书省置,职掌同。垂拱元年(685)以后又改称文昌省、中台等。神龙元年(705)复称尚书省。

文昌县　唐贞观元年(627)改平昌县置。治今海南文昌市北。元至顺二年(1331)移治今市治。历属崖州、琼州、乾宁安抚司、琼州府。

文昌右丞　官名。唐武则天光宅元年(684),改尚书右丞为文昌右丞。长安三年(703)再改为中台右丞。神龙元年(705)复旧称。

文昌右相　官名。唐光宅元年(684)改尚书右仆射置,职掌同。神龙元年(705)复旧称。

文昌杂录　书名。北宋庞元英撰。六卷,补遗一卷。所记多一时闻见、朝章典故。其中于朝廷礼仪、百官除拜,尤为详悉,为考宋代典制者所依据。

文昌左丞　官名。唐武则天光宅元年(684),改尚书左丞为文昌左丞。长安三年(703)再改为中台右丞。神龙元年(705)复旧称。

文昌左相　官名。唐光宅元年(684)改尚书左仆射置,职掌同。神龙元年(705)复旧称。

文车　施以彩绘的马车。《战国策·齐策四》:齐王"遣太傅赍黄金千斤、文车二驷、服剑一、封书谢孟尝君"。

文成公主(?—680)　唐宗室女,吐蕃赞普松赞干布妻。贞观十四年(640),松赞干布派大相禄东赞至长安献聘金请婚,唐以公主许之。次年,公主由礼部尚书、唐宗室江夏王李道宗护送入藏。松赞干布亲至柏海(今青海扎陵湖、鄂陵湖)迎接,为公主在拉萨建宫室居住。公主信奉佛教,主持修建小昭寺,安放从长安带来的释迦牟尼像(后移大昭寺)。公主入藏,带去谷物、蔬菜种子、药材和各种书籍,唐的酿酒、造纸、纺织、安装碾硙等技艺传到吐蕃。并亲教吐蕃妇女纺织、刺绣,深受人民爱戴。事迹通过戏剧、壁画、民歌在藏族地区广泛流传。推动了藏族经济、文化的发展和两族的文化交流。

文德　年号。(1)唐僖宗李儇年号(888)。(2)大理段思平年号(938—?)。

文德翼　明德化(今江西九江)人,字用昭。崇祯进士,任嘉兴府推官。明亡后,隐居山中。著有《宋史存》。

文丁　殷墟甲骨文作文武丁,《史记·殷本纪》中误作太丁。商王。名托。武乙之子。文武丁是庙号。继武乙即位。即位后,"洹水一日三绝"(《太平御览》卷八十三引《竹书纪年》)。曾任周季历为牧师。后以季历伐诸戎,发展势力,乃杀季历。殷墟卜辞中列为直系先王祭祀。

文房四谱　书名。又称《文房四宝谱》。北宋苏易简撰。五卷。卷一、二为笔谱,卷三为砚谱,卷四为纸谱,卷五为墨谱。其《纸谱》是较为全面论纸的专著。清《四库全书》的《子部·谱录》和道光年间刊本《学海类编·集余六》中收录。光绪七年(1881)陆心源对此书进行文字校勘,收入《十万卷楼丛书》。

文孚(?—1841)　清满洲镶黄旗人,博尔济吉特氏,字秋潭。初由监生考授内阁中书。嘉庆十一年(1806)官内阁侍读学士。十七年授内阁学士,迁刑部侍郎。二十四年受命在军机大臣上学习行走。屡出审理刑狱及督治河防,秉公持正,精心筹划。后官至吏部尚书,历东阁、文渊阁大学士。道光十六年(1836)以疾致仕。

文格　清满洲正黄旗人,字式岩。道光进士。咸丰四年(1854)由衡永郴桂道迁广西按察使。十一年升任湖南布政使,兼署巡抚。调任广东布政使。同治十一年(1872)任广西布政使。光绪元年(1875)改迁四川布政使。次年擢云南巡抚,未赴任即调山东巡抚。五年被降三级调用。十年任金州都统。

文官公　官名统称。晋制,太宰、太傅、太保、司徒、司空、左右光禄大夫、光禄大夫及开府位从公者,均为文官公。

文馆　官署名。后金天聪二年(1628)四月设于盛京,是清朝内阁之早期组织。皇太极命儒臣分为两班,轮流入值,以巴克什达海等四人职任翻译典籍,以巴克什库尔缠等四人记注本朝政事。文馆初设,其组织和制度均不完善,处于"官生杂处,名器弗定"的状况。十年三月,改文馆为内三院。

文馆词林　书名。唐许敬宗、刘伯庄等编,崔玄暐训注。一千卷。书成于显庆二年(657)。分类纂辑先秦至唐初各体诗文。为《文选》之后诗文总集。宋初散佚。残本收入《丛书集成》。

文海　❶(?—1900)清满洲镶红旗人,费莫氏,字仲瀛。同治元年(1862)以缮译举人考取内阁中书,充军机章京。光绪十四年(1888)出任贵州安顺知府。二十二年擢贵州按察使,署布政使,寻加副都统衔,任驻藏大臣。二十五年平息靖远禅师第穆呼图克图的反清起事。不久以病奏请入川治疗,卒于途中。❷书名。以韵分类的西夏文字书。著者不详。成书约在十二世纪中叶。传世为残本,清光绪三十四年(1908)出自黑水城遗址(在今内蒙古额济纳旗),现藏俄罗斯科学院东方学研究所圣彼得堡分所。该书分平声、上声和杂类三部分。现存三千余字条。平声九十七韵,上声全佚,据另一部字书《文海宝韵》知有八十六韵。每韵内以声母和介音的差别为序,同音字集为一组。杂类是平、上两声的补篇,其中又分平、上两部,每部内以声母分类。全书每一字条下分三部分注释:首以四个字注释字形的构造,多采用合成形式;次以解说字义、组成词组、同义词相注、指明类属和用途等方式解释字义;最后以反切法注音。编纂方法兼采《说文》和《广韵》的体例,对研究西夏语言、文字和社会历史都是极为重要的资料。有中国社会科学出版社影印本。

文海杂类 西夏文字典《文海》的一个特殊部分。有人认为是单独的一部书。《文海》分平声、上声、杂类三部分。平声、上声以韵分类,杂类部分则以声分类,但其版本形制、释字方法并无区别。参见“文海❷”。

文翰(Samuel George Bonham,1803—1863) 一译濮亨。英国人。早年在东印度公司任职。清道光二十八年(1848)继德庇时为香港总督、全权公使兼商务总监督。任内包庇鸦片走私,干涉中国海关,并曾多次要求两广总督允许英人进入广州城。三十年派雷纳德号轮船至天津海口,向清政府送交“抗议书”。是年授男爵。咸丰三年(1853)曾鼓动英国政府派兵镇压太平军。同年赴天京(今南京)“访问”,威吓太平军不得“干犯”英国在上海的利益,并将中英《南京条约》中文本交给太平天国,要求兑现所取得的侵略特权,被太平天国断然拒绝。次年奉调回国。

文侯镇 在今山西稷山县西北。《资治通鉴》:南朝陈武帝永定三年(559),齐斛律光将骑一万,击杀周将曹回公,遂取文侯镇,立戍置栅而还,即此。

文华殿 宫殿名。在北京紫禁城东华门内,协和门之东。建于明代。清康熙二十二年(1683)重建,为皇帝御经筵之所。每年春秋二仲(二、八月),皇帝在此举行经筵典礼。届期,殿内设御案、讲案,由经筵讲官内择四人值讲书经,皇帝阐发御论。讲毕,值讲、侍班诸臣列坐殿内赐茶。

文华殿大学士 官名。明洪武十五年(1382)置,掌辅导太子,秩正五品。建文帝时,改称文华殿学士。永乐初复置,并简入内阁参预机要。洪熙、宣德以后,阁权渐重,掌批答章奏,草拟诏令,事实上行使宰相职权。但因品阶低,故常以尚书兼任,以高其品秩。清沿置,升为正一品,但权任反不如明。雍正中设立军机处后,仅掌日常例行政务及发布文告等。

文华殿学士 官名。明建文中改文华殿大学士置,品阶、职掌同。永乐初复旧称。

文华书院 见“文氏学堂”。

文汇阁 见“南三阁”。

文会馆 美国长老会在山东登州开设的小学中学两级制学堂。清同治三年(1864)长老会传教士狄考文(Calvin Wilson Mateer, 1836—1908)与夫人邦就烈(Julia Brown)为培养中国籍传教士在登州设立蒙养学堂,每届六年毕业。十二年添办蒙养学堂正斋(相当于中学程度),遂使之成为包括中学和小学两级制学堂。至光绪二年(1876)正式定名为文会馆。三十年,该馆与英国浸礼会设在青州的广德书院合并,易名广文学堂,迁至潍县,是为齐鲁大学的前身。

文及翁 南宋汉州绵竹(今属四川)人,徙居吴兴(今浙江湖州),字时举,号本心。宝祐进士。德祐初,官至签书枢密院事,逾月即被罢。入元,累征不仕。寓居乌程,闭门著书。通五经,尤长易数之学。诗词皆寓亡国之痛。

文纪女塾 学校名。清咸丰元年(1851)美国圣公会教士琼司女士(Emma Jones)在上海虹口设立。最初学生仅八人,以后稍有增加。除学习浅易《圣经》、《四书》外,主要学纺织、缝纫、园艺、烹调等。光绪七年(1881)迁入梵皇渡新校舍,更名为圣玛利亚女校,聘黄素娥为校长,招收学生四十余名。

文济王 元代诸王封号。授螭钮金印。元统二年(1334)宗王蛮子受封。帖木儿不花袭封。

文家寺 在今河南孟津县南。《续资治通鉴》:南宋建炎二年(1128)翟进复西京,袭金兀朮于河南,败还,“又导(韩)世忠与金战于文家寺”,即此。

文将帅 官名。太平天国天历乙卯五年(1855)至辛酉十一年(1861)间置,地方行政官,由天朝直接派任。初掌一省民政,后改任郡邑政事。全省民政另置官管理。

文阶官 文臣寄禄官阶通称。参见“阶官”。

文津阁 见“北四阁”。

文经 大理段思英年号(945)。

文景之治 西汉文帝、景帝统治期间,社会比较安定,经济得到显著恢复和发展,后世封建史家誉为盛世,称为“文景之治”。《汉书·景帝纪》赞:文景之时“至于移风易俗,黎民醇厚,周云成康,汉言文景,美矣”。文帝即位后,继续推行汉初与民休息的政策,屡次减免田租,算赋减至每人每年四十钱,徭役由丁男一岁一事减至三岁而一事。又省减刑罚,倡导节俭,紧缩国家财政开支。景帝时定田租为三十税一,又减轻笞刑。至武帝即位之初,社会呈现繁荣景象。《史记·平准书》称:“非遇水旱之灾,民则人给家足,都鄙廪庾皆满,而府库余货财。京师之钱累巨万,贯朽而不可校。太仓之粟陈陈相因,充溢露积于外,至腐败不可食。众庶街巷有马,阡陌之间成群,而乘字牝者傧而不得聚会。”这一记载虽不无溢美之词,却也反映了当时社会的繁荣。但文、景时期外有匈奴的严重骚扰,内有淮南王刘长及吴楚七国的叛乱,所谓“太平盛世”,实际上存在着许多不稳定的因素。

文镜秘府论 书名。日本遣唐学问僧空海(即遍照金刚、弘法)撰。分天地东南西北六卷。元和元年(大同元年,806)作者回国后,为助日人学习汉文和介绍汉学,著此书。专论中国南朝以后至中唐以前的骈体文学。所引诗文,今多失传。对研究中国诗歌发展史,从永明体向律体诗的演变过程,由四声律向二元平仄律的发展,有关诗歌体制和声韵、对偶等方面的理论,颇有参考价值。日本今存古代抄本十余种。1957年人民文学出版社出版校点本,1983年中国社会科学出版社出版校注本。

文觉(1664—?) 清江南长洲(今江苏苏州)人。禅僧。雍正间侍世宗于宫中,密参帷幄,曾参与年羹尧、隆科多、允禩、允禟诸案,一时为朝臣礼重。高宗即位,逐回原籍,交地方官管制。

文康 清满洲镶红旗人,费莫氏,字铁仙,一字悔庵。大学士勒保孙。以赀为理藩院员外郎。道光三年(1823)、二十二年两次续修《钦定理藩院则例》,先后充提调官、总纂官和总勘官。后任直隶天津河间兵备道。咸丰初年任安徽凤阳通判、徽州知府,以丁忧归里。后特起为驻藏大臣,因疾未赴,不久卒于家。晚年家道中落,因著书以自遣。所著《儿女英雄传》,本五十三回,今存四十一回,初名《金玉缘》,又名《日下新书》,题"燕北闲人著"。

文康乐 古乐曲名。东晋安西将军庾亮死后,追赠太尉,谥文康。其家伎追思,因假为其面,执翳而舞,故名。行曲有《单交路》,舞曲有《散花》。隋时,尝于九部乐终时奏之,故又名礼毕。唐定十部乐时废。

文澜阁 见"南三阁"。

文立 晋巴郡临江(今重庆忠县)人,字广休。三国蜀时游太学,师事谯周。费祎辟为大将军东曹掾,迁尚书。蜀平,举秀才,除郎中。西晋泰始二年(266),拜济阴太守,入为太子中庶子。表请叙用蜀相子孙,以慰巴蜀人心,收吴人之望。事行,擢为散骑常侍。迁卫尉。咸宁末卒。著章奏诗赋数十篇,今佚。

文吏 ❶文法吏。即通法律之官吏,有别于儒者之吏。《汉书·何武传》:"问文吏必于儒者,问儒者必于文吏,以相参检。"《后汉书·胡广传》:"时尚书令左雄议改察举之制,限年四十以上,儒者试经学,文吏试章奏。"❷文臣泛称。《后汉书·光武纪》:"退功臣而进文吏,戢弓矢而散马牛。"

文林馆 官署名。北齐武平三年(572)置,征召文学之士入馆,称待诏文林馆。掌编撰供皇帝阅览的书籍,撰成后名《修文殿御览》。

文林馆学士 官名。北齐有文林馆学士,征文学之士充任,掌著述。

文林郎 官名。(1)散官。隋开皇六年(586)置,为八郎之一,从九品上。大业三年(607)罢。唐武德七年(624)复置,为从九品上文散官。北宋初沿置,元丰改制罢。金复置,正八品上。元为正七品,敕授。明、清以授正七品文官。(2)职事官。隋大业三年(607)置,掌撰录文史,检讨旧事,员二十人,从八品,隶秘书省。(3)寄禄官。北宋崇宁二年(1103)置,为选人新寄禄阶官,从八品。

文陵 东汉灵帝刘宏陵墓。位于今河南省洛阳市东。中平六年(189)夏四月灵帝卒,六月葬此。

文面健儿 唐末,宣武等镇节度使朱温在士卒脸上刻字,称文面(黥面)健儿。如有士卒逃亡,州县关津即可识别捉拿惩罚。幽州节度使刘仁恭亦将部内男子悉加黥面,文曰"定霸都",士人则黥其臂,文曰"一心事主"。五代及宋均沿袭其制。

文庙 即孔庙。唐开元二十七年(739)封孔子为文宣王,因称孔庙为文宣王庙。元大德年间在北京建孔庙,位置在国子监东侧。明清时期称孔庙为文庙。

文庙祠墓田 清代官田之一。系清官府赐给孔庙祠堂、墓葬之田地。免租赋。

文明 ❶(?—1549)明锦衣卫人,字用晦,号沃焦。正德进士。历任刑部主事、顺天府尹。嘉靖二十六年(1547)官至刑部尚书。卒于任。❷唐睿宗李旦年号(684)。

文明殿学士 官名。北宋太平兴国五年(980)改端明殿学士置,掌侍从顾问,有所献纳则请对或奏对。庆历七年(1047),改称紫宸殿学士。次年又改为观文殿学士。

文明阁火柴局 商办企业。清光绪十五年(1889)创办于广州。1920年改组为文明火柴厂。

文明小史 书名。清末李伯元(署名南亭亭长)著。六十回。清光绪二十九年(1903)至三十一年连载于《绣像小说》半月刊。三十二年,商务印书馆单印成书。全书由独立的若干故事组成,广泛揭露戊戌维新时期的社会矛盾,讽刺、抨击清末官僚贪赃枉法、惧外卖国;侵略者横行贪暴以及维新党中一些败类投机钻营等丑态。反对种族革命,期望社会革新。为晚清社会谴责小说之一。

文命 即"禹"。

文旁 即"旁"。

文彭(1498—1573) 明苏州长洲(今江苏苏州)人,字寿承,号三桥,一作山桥。文征明长子。以贡生授秀水训导,擢南京国子监助教,迁博士。承家风,能诗,工书画,善篆刻,与何震齐名,人称"文何"。

文聘 三国时南阳宛县(今河南南阳)人,字仲业。本为刘表大将。东汉建安十三年(208),表子琮举荆州降曹操,遂归操,为江夏太守,统领北兵。与乐进攻关羽于寻口(今湖北安陆西南),以功封延寿亭侯,加讨逆将军。魏文帝即位,进爵长安乡侯。黄初三年(222),魏大举伐吴,领军屯沔口(今湖北武汉汉水入长江处),因功迁后将军,封新野侯。七年,被孙权率兵五万围于石阳(今湖北黄陂西),坚守不动,迫使权军退走。卒谥壮侯。

文凭 官府发给的证明文书。清制,外省官未上任前,皆由吏部发给证明文书,称文凭,到任时呈交总督或巡抚查照。

文齐(?—36) 汉广汉(今四川梓潼)人,字子奇。出身豪门大姓。约地皇二年(21),被王莽任为益州太守,至任,造起陂池,开通灌溉,垦田二千余顷;厉兵马,修障塞,降集少数民族,颇著政绩。建武元年(25),公孙述据蜀,固守南中不附。十二年述败,东汉封之为成义侯,授镇远将军。卒于赴洛阳道中。

文钦(?—258) 三国时谯郡(治今安徽亳州)人,字仲若。初为西曹掾,因魏讽谋反案株连,下狱当死,曹操以其父稷为名将,赦之。太和中,出为牙门将,转庐江太守。王淩奏其贪残,曹爽以乡里故,庇护之,加冠军将军,贵宠逾前,益骄横。爽诛,以为前将军安其心,又代诸葛诞为扬州刺史。常内惧,且好邀赏,屡为司马师所抑,由是生怨。正元二年(255),遂与镇东将军毌丘俭共矫太后诏,起兵寿春(今安徽寿县)。军败降吴,授都护、镇北大将军。甘露二年(257),诞亦据寿春反,司马昭督军围攻。吴命之入城助诞守。因素与诞有隙,而御昭计划又不合,遂为诞所杀。子鸯、虎出降于昭。

文庆(? —1856) 清满洲镶红旗人,费莫氏,字孔修。道光进士。曾任内阁学士。道光十六年(1836)任户部侍郎。次年在军机大臣上行走。后历任吏部侍郎、内务府大臣、兵部尚书。咸丰五年(1855)复为军机大臣,寻授文渊阁大学士,晋武英殿大学士,并充上书房总师傅。时太平军威震东南,遂请破除满汉畛域,重用汉人,曾推荐曾国藩、胡林翼、袁甲三、骆秉璋等率军镇压太平军及其他农民起义军。

文券 ❶债券。南朝梁萧宏在建康(今江苏南京)有专供借贷钱物之邸舍数十处,借钱者以田宅、邸店作为抵押,悬上文券。期讫,萧宏即驱券主,夺其田宅。❷买卖契约。东晋、南朝凡货卖奴婢、马牛、田宅时所立字据,率钱一万,输估四百入官。卖者三百,买者一百。

文瑞 ❶(? —1862)清满洲镶红旗人,乌苏氏,字叔安。道光进士。选庶吉士,授编修。擢侍讲,五迁至左副都御史。咸丰三年(1853)太平天国北伐军逼近天津时,率兵驻通州防堵。擢刑部右侍郎。四年以病乞罢。曾建议易银钞为钱票;又偕克勤郡王庆惠请捐铜铸四项大钱济兵饷。还京后,与庆惠董其事,设局开炉。❷(? —1911)清满洲镶红旗人,钮祜禄氏,号芝亭。世袭男爵,充头等侍卫,出为马兰镇总兵。中日甲午战争后,任归化城副都统兼绥远将军。义和团运动后调青州,擢西安将军,兴学劝工为治。宣统三年(1911)西安新军响应武昌起义,他率兵顽抗,兵败投井死。

文散官 官制。散官初无文武之分,隋唐时始分置,授不带职事之文官,以酬勤劳。隋初分上柱国、柱国、特进、左右光禄、金紫光禄、银青光禄、朝议、朝散诸大夫,以授文武官员从一品至正四品之有德声者。高祖开皇六年(586)再设朝议、通议、朝请、朝散、给事、承奉、儒林、文林诸郎,以授正六品上至从九品上之官员。炀帝大业三年(607)皆罢。改置光禄、左右光禄、金紫银青光禄、正议、通议、朝请、朝散诸大夫,共九级,以授从一品至从五品官员。唐改置为开府仪同三司、特进、左右光禄大夫、散骑常侍、太中大夫、通直散骑常侍、中大夫、员外散骑常侍、中散大夫、散骑侍郎、通直散骑侍郎、员外散骑侍郎及朝议、承议、通议、通直、朝请、宣德、朝散、宣义、给事、征事、承奉、承务、儒林、登仕、文林、将仕诸郎,自从一品至九品,共二十九阶。太宗贞观十一年(637),改通议郎为奉议郎,并对品阶进行调整,开府仪同三司及特进、光禄大夫皆给俸,预朝会,其余均无俸,不预朝会。宋沿置为二十九阶,名称略有变化:开府仪同三司,特进,光禄、金紫光禄、银青光禄、正奉、中奉、太中、中、中散、朝奉、朝请、朝散诸大夫,朝奉、承直、奉直、通直、朝请、宣德、朝散、宣奉、给事、承事、承奉、承务、儒林、登仕、文林、将仕诸郎。神宗元丰改制罢。金、元复置,增为四十二阶:开府仪同三司,仪同三司,特进,崇进,金紫光禄、银青荣禄、光禄、荣禄、资德、资政、资善、正奉、通奉、中奉、正议、通议、嘉议、大中、中、少中(后改亚中)、中议、中宪、中顺、朝请、朝散、奉德(后改朝列)、奉政、奉议、奉直、奉训诸大夫,承德、承直、承务、儒林、文林、承事、纪事、从仕(后改从事)、登仕、将仕、登仕佐、将仕佐诸郎。金授从一品上至从九品下,元授正一品至从八品。元制,一品至五品为宣授,以制任命,六品以下为敕授,由中书署牒,并定服制,一至五品为紫,六至七品服绯,八品以下服绿。明沿元制,定为四十二阶:特进荣禄、特进光禄、荣禄、光禄、资善、资政、资德、中奉、通奉、正奉、嘉议、通议、正议、亚中、中、大中、中顺、中宪、中议、朝列、朝议、朝请、奉议、奉政、奉训、奉直诸大夫,承直、承德、承务、儒林、宣德、承事、文林、宣议、从仕、征仕、迪功、修职、迪功佐、修职佐、将仕、登仕、将仕佐、登仕佐诸郎,自正一品至从九品,分为初授、升授,正二品至从四品并有加授,即每品文官可有相应二至三阶散阶。清初沿明制,仅用于封赠。

文山 在今江西吉安市东南。宋文天祥为庐陵(今吉安市)人,即取以为号。

文山先生全集 书名。宋末文天祥(号文山)作。二十卷。凡文集十二卷,其中诗、词二卷,文十卷;《指南录》一卷,《指南后录》一卷,《吟啸集》一卷,《集杜诗》一卷,《纪年录》一卷,拾遗一卷,附录二卷为传记、祭文等。有影印明万历刻本。

文社 明末士大夫文学、政治团体之总称。如复社、几社等。明亡后,其成员多投入抗清斗争。

文石津 古黄河津渡。在今河南延津县北胙城东北。《资治通鉴》:晋永嘉四年(310),石勒"围陈留太守王赞于仓垣,为赞所败,退屯文石津",即此。

文史通义 书名。清章学诚撰。作者从三十五岁始撰,历三十余年至逝世时尚未完稿,如《圆通》、《春秋》等篇,未能写成。逝世前将全部文稿委萧山王宗炎代为校定,今流传之《章氏遗书》即刘承干依王氏编目补订刊行。其中《文史通义》分内篇六卷、外篇三卷,是为《章氏遗书》本。道光十二年(1832),学诚次子华绂在开封另行编印《文史通义》内篇五卷,外篇三卷,此即广为流传之"大梁本"。两种版本,内篇除排列次序及分卷不同外,前者多出七篇,大体无多殊异。惟外篇差异较大,前者为"驳议序跋书说",后者为方志之文。1956年古籍出版社曾据《章氏遗书》本排印,"大梁本"未收入。是书虽文史并论,而侧重于史。书中着重阐明"六经皆史"之旨;提出史家必有"史德",论文必有"文德";探讨史体发展及长短得失,学术演变及源流;评论当时学风流弊、世教民俗,提倡学术经世,反对专务考索和空谈义理;论述文学流变及文章得失,反对追求形式;主张著作要有"别识心裁",成一家之言;创立一套修志义例和理论。为论述史学和方志学的重要著作。

文始真经 全称《无上妙道文始真经》,即"关尹子❷"。

文氏学堂 学校名。清同治十年(1871)美国圣公会主教文惠廉(William Jones Boone, Jr.,1846—1891)在湖北武昌设立。初仅有六名学生,教授用华语,课程亦简单。光绪七年(1881)渐增设备,课程加英语及英国文学。十七年,改名为文华书院。二十九年增设高等科。宣统元年(1909)改名文华大学,设中学科,为大学之预备科,修业六年;大学科,分文理科、汉文科、神学科等高等学科,修业二至三年。拥有美籍教员二十二人,华人教员十四人;中学科学生三百十人,大学科学生五十六人。设有图书馆、博物馆等。1916年后改为华中大学。

文书房 官署名。明代置,设于内廷,掌收进章奏题本,发下圣旨御批。设掌房十人,皆宦官。中期以后成为宦官升转要职必经之阶,凡升任司礼监秉笔太监、随堂太监者,皆由文书房出。

文书库 官署名。亦称金耀门文书库、三司文书库,俗称故纸仓。北宋景德三年(1006)置,收贮三司积年旧帐,设专副主管,以三司军大将充任。

文殊山石窟 北魏石窟。在今甘肃肃南裕固族自治县西北部文殊山山谷中。传说文殊菩萨曾居此山,因而得名。洞窟大多分布在前后两山崖壁上,现存窟龛十多个,多已残破。千佛洞、万佛洞两窟较为完整,均属早期北魏支提窟。塑像虽经后代重修,但尚保存早期塑像艺术风格。壁画色彩艳丽,风格典雅。

文硕 清满洲正蓝旗人,费莫氏,字淑南。咸丰同治间,任总理各国事务衙门章京,擢至内阁学士兼礼部侍郎。光绪十一年(1885)奉命任驻藏大臣。十三年抵藏视事。时藏民拒绝与英属印度通商,于热纳宗之隆吐山口设防,阻止英人入藏,清廷受英国压力促藏民撤防,他代僧俗官民呈禀并上地图,请总理衙门据理力争,奏言藏民“并无越界戍守”,“地为藏地,撤无可撤”,章数十上。十四年英军侵隆吐山,以未能遵旨开导藏民撤卡受切责革职。有奏牍八卷。

文思博要 类书名。唐高士廉等奉诏撰。一千二百卷,目十二卷。同撰人有房玄龄、魏征、杨师道、岑文本、许敬宗、吕才、李淳风、褚遂良、姚思廉等。贞观十五年(641)书成。今佚,仅存唐写本第一百七十二卷。

文思殿 宫殿名。五代时后梁置,为皇帝召见群臣之处。开平二年(908),太祖朱温西行洛阳,于文思殿召见许、孟、怀各州刺史。

文思使 官名。(1)五代后梁文思院使省称。(2)宋代武阶官。多不领本职,仅为武臣迁转之阶,属西班诸司使。咸平元年(998)定为同六品,元丰中改为正七品。政和二年(1112)重定武臣阶官名,改为武节大夫。(3)西夏文思院长官。

文思署 官署名。金代置,掌制作内外局署所用印、伞扇、金银、佛塔及车具、亭帐、金线与赠送邻国礼品等。以令、丞为长贰,隶少府监。明昌七年(1196)并入祗应司。

文思院 官署名。五代后梁置,以院使为长官,旋改称乾文院。北宋太平兴国三年(978)复置,掌造金银犀玉等工巧器物,并加彩绘、装钿等装饰,供应宫廷及各府署所需仪物、器仗、权量、舆服等。设监官四人,以京朝官、诸司使副、内侍、三班使臣充任。熙宁三年(1070)以文、武臣各一人为监官。元丰改制,隶少府监。南宋初,随少府监归属工部,置提辖及监官。西夏亦置,以文思使为长官。金代改置文思署。明复旧称,主管朝廷舆辇、册宝、法物和各种器服所需金银犀玉、金彩绘素等装饰物制作与供应,设大使、副使以掌之。

文思院斛 元法定量器。文思院原为宋代制造标准度量衡器的机构。文思院斛每升约等于今市升十分之六弱,每斗等于今市升六升弱。宋亡后,文思院斗斛仍在江南通行。至元二十年(1283)元廷颁行宋文思院小口斛,与省斛并行,同为法定的标准量器。

文溯阁 见“北四阁”。

文台 在今山东东明县东北。《史记·魏世家》信陵君无忌谓魏王曰:“秦七攻魏,五入囿中,边城尽拔,文台堕,垂都焚”;《索隐》引《列士传》曰:“隐陵君施酒文台”,均指此。

文悌(? —1900) 清满洲正黄旗人,瓜尔佳氏,字仲恭。以笔帖式任户部郎中,出为河南知府,改御史。光绪二十四年(1898)诬称主张改革者为人指使紊乱台谏。攻击保国会“集聚匪徒,招诱党羽”,欲“犯上作乱”。指责康有为,旁及宋伯鲁、杨深秀。追礼部尚书被革职,又替许应骙诡辩。遭光绪帝斥责。戊戌政变后,慈禧太后赏予知府衔,旋授职河南。后擢贵西道,乞病归。

文天祥(1236—1283) 南宋吉州庐陵(今江西吉安)人,字宋瑞,一字履善,号文山。宝祐四年(1256)进士第一。开庆元年(1259),蒙古军围鄂州(今湖北武汉武昌),董宋臣主张迁都避兵,他上书请斩宋臣,提出抗蒙建议。后任军器监兼权直学士院时,起草制语讥贾似道,被劾罢。后起为湖南提刑。德祐元年(1275),元军东下,他在知赣州任上组织抗元武装,率兵万人入卫临安。出知平江府,遣将援常州失利,奉命退守余杭(今浙江杭州西)。次年,任右丞相兼枢密使,出使元军议和,痛斥伯颜,被拘至镇江。旋脱逃,由通州(今江苏南通)入海至温州。端宗即位,复任右相兼枢密使,与左相陈宜中主张不合,率兵在福建、广东一带坚持抗元,收复州县多处。后被元重兵击败,祥兴元年(1278)十二月,在五坡岭(今广东海丰北)被俘。次年,坚拒元将张弘范诱降,书《过零丁洋》诗以明心迹。旋被送至大都(今北京),囚禁达三年之久,屡经威逼利诱,誓死不屈,编《指南录》,作《正气歌》,大义凛然。元至元十九年十二月(1283年1月)在柴市从容就义。著作经后人辑为《文山先生全集》,多忠愤慷慨之文,诗风至德祐后一变,气势豪放,允称诗史。

文廷式(1856—1904) 清江西萍乡人,字道希(道燨),号云阁(芸阁),又号芗德、罗霄山人,晚号纯常子。以举人入京会试,与王懿荣、张謇、曾之撰合称“四大公车”。光绪进士,后擢至翰林院侍读学士兼日讲起居注官。中日战起,他支持光绪帝,谏慈禧太后勿预朝政,劾李鸿章挟夷自负。反对签订《马关条约》。遂为后党嫉视,乞假南归。光绪二十一年(1895)与康有为在北京创强学会。常于松筠庵集维新志士，议论时政。强学会被封禁后，总理官书局。旋遭杨崇伊弹劾，革职永不叙用。戊戌政变后，曾东渡日本。二十六年返上海，参与唐才常自立会。所学长史部，工诗词。著有《纯常子枝语》、《春秋学术考》、《补晋书艺文志》、《云起轩词钞》、《文道希先生遗诗》、《闻尘偶记》。

文同(1018—1079) 宋梓州永泰(今四川盐亭东)人，字与可，自号笑笑先生，人称文湖州。早年以文见赏于文彦博。皇祐进士。历汉州通判，陵、洋等州知州。元丰元年(1078)，以尚书司封员外郎充秘阁校理知湖州。与苏轼为表兄弟，交谊极厚，常相唱和。工诗文，善篆、隶、行、草、飞白，尤以画竹著称。著有《丹渊集》。

文童 即童生。相对于武童生而言，亦称儒童。

文王 《诗·大雅》篇名。周代祭祀时歌颂文王的诗。相传系周公作。认为文王勤勉不倦、广施恩惠，因而获得"天命"创立周朝。死后灵魂"在帝左右"，保佑子孙得以百世昌盛。又认为"天命靡常"，获得的"天命"可能失去，应当吸取殷朝灭亡的历史教训，继承文王的传统，勤修德政，以永保天命。反映出西周统治者以德配天的思想。

文王有声 《诗·大雅》篇名。述周文王征伐崇国(今陕西户县东)而建丰邑(今陕西长安沣水西)，武王筑镐京(今陕西长安沣水东)等史事。

文蔚(？—1855) 清满洲正蓝旗人，费莫氏，字豹人，号露轩。嘉庆进士。累擢至兵部、工部侍郎，兼副都统、内务府大臣。道光二十一年(1841)受任参赞大臣，随同扬威将军奕经赴浙江对英作战。二十二年正月下旬，分兵三路反攻宁波、定海、镇海，因英军有所防备，三路皆败。《南京条约》签订后，追论失机，褫职下狱。逾年释出。咸丰初，历喀喇沙尔、哈密办事大臣，驻藏大臣，奉天府尹。

文文忠公自订年谱 书名。清文祥撰。记嘉庆二十三年(1818)至光绪二年(1876)间事。以记就学、仕历为主，间涉时事及清朝统治集团内部人际关系事。其中咸丰三年(1853)条记太平军北伐直逼天津时，京城"人心惶惶"状尤为翔实。有光绪八年刊本。

文翁 西汉庐江舒(今安徽庐江西南)人。少好学，通《春秋》。景帝末年为蜀郡守，以蜀地僻陋，乃选遣郡县小吏十余人诣京师，受业博士，或学律令。学成还归，皆署以要职，后有官至郡守刺史者。又修起学官于成都市中，招邻近各县子弟为学官弟子，免除更徭，成绩优良者补郡县吏，次为孝弟力田。数年，风气大变，吏民争欲为学官弟子，富人至出钱以求之。蜀地学于京师者比于齐、鲁。汉代郡国立学校官自其始。终于蜀，吏民为立祠。

文武帝乙 即"帝乙"。

文武丁 即"文丁"。

文武两朝献替记 书名。一作《两朝献替记》。唐李德裕撰。三卷。自述在文宗、武宗期间任宰相时的重要奏对、议论。已佚。《资治通鉴考异》有征引。

文武之道 西周文王、武王治国之主张与功业。《论语·子张》："子贡曰：'文武之道，未坠于地，在人。贤者识其大者，不贤者识其小者，莫不有文武之道焉。'"朱熹注："文武之道谓文王、武王之谟训功烈与凡周之礼乐文章皆是也。"

文舞 古代宴乐时之舞。古代宫廷乐舞分文舞、武舞两大类，用于祭祀天地、宗庙及朝会享宴。一般认为源于西周甚至尧舜时代，属雅乐舞，因舞时左手执籥(乐器)，右手执翟(羽毛)，历代帝王制定配以歌颂本朝文德致太平之词，故称文舞。但周代尚无此名。约至南北朝时始见于史籍，隋唐雅乐中沿用之。文舞用于歌颂帝王文德，武舞用于歌颂帝王武功。每舞各六十四人，冠服及所执道具不同。唐初，曾改文舞名《治康》，武舞名《凯安》，但文武二舞名仍沿用。在此共名下，具体乐舞仍有专名。如《功成庆善舞》(即"九功舞")属文舞，《神功破阵乐》(即"七德舞")属武舞。明代又称文德舞、车书会同之舞。沿用为宴庆舞蹈。象征以文德致太平。宴会及庆典时用以助兴。洪武三年(1370)定，由舞师二人，执翿引舞，舞士三十二人，皆左手执籥，右手执翟，分为四行，每行八人。舞姿作进退、舒徐、揖让、升降之状。

文贤教 清时白莲教支派。咸丰三年(1853)文贤教首领宋继鹏、郭凤冈等以邹县(今山东邹城)白莲池为中心，聚集民众，购置武器，秘密准备起义。自立"天纵"年号，设置官职。十一年，起义军攻克邹县城。后因清军僧格林沁部进攻，一度乞降，旋复同捻军、幅军联合作战。同治二年(1863)被僧格林沁击败，死难者达三万余人。宋继鹏战死，郭凤冈被俘杀。

文县 明洪武四年(1371)降文州为县。二十三年省入阶州。二十八年改置文县千户所。成化九年(1473)复置县，即今甘肃文县。属阶州。

文献皇后 即"独孤皇后"。

文献通考 书名。元马端临撰。三百四十八卷。杜佑《通典》叙历代典制，至唐天宝而止，其后阙而未备，端临乃因杜书而广之，撰为是书。始于至元二十二年(1285)前后，告成于大德十一年(1307)，历时二十余载。凡分二十四门，其田赋、钱币、户口、职役、征榷、市籴、土贡、国用、选举、学校、职官、郊社、宗庙、王礼、乐、兵、刑、舆地、四裔十九门，皆因《通典》成规，而离析其门类。天宝以前，加以补充；天宝以后，续写至嘉定之末。其经籍、帝系、封建、象纬、物异五门，则为《通典》所未有，采录诸书以成之。其中所载宋制最详，多《宋史》各志所未备。案语亦多能贯穿古今，折衷至当。虽简严稍逊《通典》，而详赡则过之。其自序谓引古经史，谓之文；参以唐宋以来诸臣之奏疏、诸儒之议论，谓之献，故以名书。为研究中国古代典章制度之重要史籍。

文献征(徵)存录 书名。清钱林辑，王藻编。十卷。钱林从嘉庆年间入翰林院起，二十余年间，于当代名流事迹搜讨极勤，积有稿本十一册。卒后，为其门生王藻所得，遂于咸丰年间编定刊行。此编叙清季学者孙奇逢、万斯同、顾炎武、黄宗羲、钱大昕等四百六十余人生平行实，以学术、著述为主，对研究清代学术思想演变颇有价值。有咸丰八年(1858)嘉树轩刻本。

文祥(1818—1876) 清满洲正红旗人，瓜尔佳氏，字博川，号文山。道光进士。授工部主事。咸丰四年(1854)升员外郎。七年授太仆寺少卿。次年署刑部左侍郎，寻迁内阁学士，兼礼部侍郎。历礼、户、吏部右侍郎。九年，命在军机大臣上行走，调户部左侍郎。次年，英法联军陷北京，随恭亲王奕䜣留京议和。十一年任总理各国事务衙门大臣，从此渐行洋务"新政"达十五年之久，成为清朝中央政府中的洋务派首领之一。是年九月，参与祺祥政变。同治元年(1862)擢左都御史，后升工部尚书、吏部尚书、协办大学士、体仁阁大学士。光绪元年(1875)晋武英殿大学士。

文象水 即今右江上源西洋江。《汉书·地理志》牂柯郡句町县："文象水东至增食入郁。"《水经·温水注》："温水又东径增食县，有文象水注之。"

文心雕龙 书名。南朝梁刘勰著。原书二卷，隋时作十卷，凡五十篇。成书时间颇有争议，普遍以为刘勰三十多岁时所作。书中反对追求形式之文风，强调艺术真实，为情而造文，要自然成对，不以繁缛为巧，不以深隐为奇。是中国现存最早自成系统之文学评论专著，对后世影响甚大。

文信侯 即"吕不韦"。

文绣署 官署名。金改文绣院为文绣署。设令、丞为长贰，隶少府监。

文绣院 官署名。北宋崇宁三年(1104)置，掌纂绣，供应乘舆服御及宾客、祭祀之用。隶少府监。

文溆 溆误作淑。唐代僧人。善讲唱变文。宪宗时，被誉为俗讲第一人。其声委婉畅朗，感动里人。宝历二年(826)，敬宗曾亲临兴福寺听讲。文宗时，被流放。武宗时，又回长安开讲。教坊乐工黄米饭曾采其声调，作歌曲《文溆子》，今佚。

文选 书名。又名《昭明文选》。南朝梁萧统(昭明太子)编选。原三十卷，唐李善作注后分为六十卷。以"事归于沉思，义归乎翰藻"为标准，选录自先秦至梁一百三十余家之诗文辞赋共七百余篇，分为赋、诗、表、启、赞、论、碑文、墓志、行状、祭文等三十八类，为中国现存最早之诗文选集，是研究梁以前文学的重要参考资料。李善所注，引用诸经传训诂和诸子之类一百余种，诸史、别传、谱牒等四百种，诏、表、笺、启、杂文等八百余篇，所引诸书大多已散佚，诸多篇什赖此得以保存。后治《文选》者接踵，世称"选学"。李善注本有清胡克家重刻宋刊本，附《考异》十卷。

文选清吏司 官署名。明洪武二十九年(1396)改选部置，为吏部四司之一，简称文选司。掌官吏班秩迁升改调等事务。以郎中、员外郎为长贰。洪熙元年(1425)，南京吏部亦置，设官略同。清顺治元年(1644)沿置，初设汉人郎中、员外郎各一人，满洲、蒙古司官不分曹，唯长官所派。后始分司定缺，遂定为郎中七人，员外郎六人。下设笔帖式、经承等，分置本房、印房，都吏科、求贤科、缺科、凭科等分办司务。宣统三年(1911)裁。

文选司 明清文选清吏司的省称。

文学 ❶汉代察举科目之一，多与贤良连称为贤良文学。❷官名。汉置，为州、郡及王国属官，选用明经者充任，掌地方教育。亦作文学掾。三国魏以后，为太子及诸王、侯均置，掌辅导王侯读书作文。晋、南北朝、隋、唐沿置。唐德宗时又改诸州经学博士为文学，掌以五经教授诸生，从八品上，然实无职事，故衣冠士人耻任之。❸宋代文学参军的省称。

文学博士 官名。明建文时改翰林侍读学士、侍讲学士置，职掌同。永乐初，复旧称。

文学参军 官名。省称文学。宋代置，诸州属官，以特恩授予士人，或安置贬降官员，或授纳粟补官人，无职掌。

文学从事 官名。南朝梁置，州府属官，掌教育。品秩依州府等级而高下不等，皆为流外官。

文学馆 官署名。唐武德四年(621)，秦王李世民于长安宫城之西置，以招纳四方文学之士。杜如晦、房玄龄、于志宁、苏世长、薛收(死后由刘孝孙补)、褚亮、姚思廉、陆德明、孔颖达、李玄道、李守素、虞世南、蔡允恭、颜相时、许敬宗、薛元敬、盖文达、苏勗等十八人，并以本官兼文学馆学士，号曰十八学士。入馆者，时人谓之登瀛洲。李世民常入馆中，与诸学士讨论文籍。

文学馆学士 官名。唐初秦王府置文学馆，以招揽四方之士，时人称入馆者为登瀛洲。秦王府僚属并以本官兼之，号十八学士，食五品珍膳，分三番更直宿阁下，每日引见，讨论文典。

文学祭酒 官名。东汉末置，郡府属官，掌教授生徒，不常设。三国魏沿置。东晋大将军府曾置。南朝省置无常。

文学社 清末湖北革命团体。宣统三年正月一日(1911.1.30)在武昌由振武学社改组而成。举蒋翊武为社长，詹大悲为文书部长，刘复基为评议部长。以同盟会纲领为纲领，借"研究文学"相掩护，以投军为手段，策动新军反正。在下级官佐和士兵中发展社员五千余人。以《大江报》为宣传机关。七月与共进会联合成立起义指挥机关，蒋翊武任起义总指挥。八月发动武昌起义。胜利后全体加入同盟会。

文学社共进会联合会议 清宣统三年(1911)春夏间，经同盟会中部总会推动，文学社和共进会多次筹商联合。七月二十二日(9.14)举行联合会议，成立起义统一机构，并派居正、杨玉如赴沪邀黄兴、宋教仁、谭人凤来汉主持大计。八月三日双方代表再次集议起义计划，确定中秋节(10.6)起义(后展期)，举蒋翊武为临时总司令，孙武为参谋长，制定总动员计划，并推定起义后军政府组成人员，为武昌起义的胜利作了组织准备。

文学社武昌首义纪实 书名。章裕昆撰。一册。专记文学社革命活动和在武昌起义中的作用，详叙武昌首义经过。附录刘复基、彭楚藩、杨洪胜三烈士事略。书成于1936年,遭当局审查、搁置,直至1952年始由三联书店正式出版。

文学守助掾 汉代地方官府中职掌文化教育的属吏。据《后汉书·百官志》刘昭注,东汉河南尹属员吏九百二十七人,其中文学守助掾六十人。

文学掾 吏名。东汉末曹操为丞相,其府置文学掾,主文书校理。

文学掌故 官名。西汉置,掌文学及礼乐制度等典章故事,以备咨询。隶太常。博士弟子经考试选补。

文学主事掾史 文学为汉代郡国职掌教育之官。《巴郡太守张纳碑》有文学主事掾史、文学掾史,当为担任郡国文学职事的官吏。

文巡捕 见"巡捕❶"。

文言 《易传》篇名。"十翼"之一。系对《易经》乾、坤二卦的卦辞、爻辞之解释。因乾、坤位居六十四卦之首,为"《易》之门户,其余诸卦及爻皆从乾坤而出,义理深奥,故特作《文言》以开释之"(唐孔颖达《周易正义》)。其中解乾卦之卦辞与爻辞者称《乾文言》,解坤卦之卦辞及爻辞者称《坤文言》。篇中记孔子答问,系后儒之假托,意在借孔子之言向统治者献治国之方术。

文言报 杂志名。清光绪二十八年四月初一日(1902.5.8)在广州创刊。半月刊。广东蒙学书局主办。辑译于中西各报,设历史、政治、学术、时局、吏治、财政、兵政、教育、杂纂、诗词等栏目。旋停刊。

文偃(864—949) 唐末、五代时苏州嘉兴(今属浙江)人,俗姓张。出家后从学多人,以福州(今属福建)雪峰广福院义存为本师。后往韶州(今广东韶关)云门山,自创云门宗,因称"云门文偃"。以"涵盖乾坤"、"截断众流"、"随波逐浪"三句概括其宗旨。认为"理"是普遍的,合天盖地,然每一事相,如截流,只是一个断面,用"理"是整体,"事"是部分,说明理事关系,并因人施教,"应病与药",犹如"随波逐浪"。指出用语言、概念去理解禅宗教义,犹"头上安头,雪上加霜,棺木里眨眼,灸瘢上更著艾爝"(《景德传灯录》卷十九),毫无意义。宣称以神秘的"内省"工夫,即能达到"解脱"之目的。

文彦博(1006—1097) 北宋汾州介休(今属山西)人,字宽夫。天圣进士。累迁殿中侍御史。宋夏战争爆发后,曾极论将权不专、军法不严之弊。出任河东转运副使、都转运使、知秦州,对加强防御有所贡献。庆历七年(1047),由知益州召拜枢密副使,旋拜参知政事。以镇压贝州王则起义,拜同中书门下平章事。与枢密使庞籍合议裁减冗兵。皇祐三年(1051)被劾罢相,出知许、青、永兴等州军。至和二年(1055)复相。嘉祐三年(1058),出判河南、大名、太原等府,封潞国公。英宗朝入为枢密使。神宗时反对变法,谓天子与士大夫共治天下,不与百姓治天下;又因山崩,谓市易敛民怨,招天变。熙宁六年(1073),出判河阳等地。元丰三年(1080),再判河南。六年,以太师致仕。元祐初,因司马光荐,命平章军国重事。元祐五年(1090),复以太师致仕。历仕四朝,任将相五十年。著作有《潞公集》。

文移档 档案名称。清代军机处档册。内载军机处清档房及方略馆移行各衙门文稿。清档房又名清档案处,为军机处附属机构,专司缮抄满文档案,其办事人员亦兼任方略馆事务。故文移档内所载清档房文稿,有属方略馆者,也有属军机处者。

文益(885—958) 唐末、五代时余杭(今属浙江)人,俗姓鲁。自幼出家,先游学闽、浙,"得法"于漳州(治今福建漳浦)罗汉寺桂琛,后住金陵(今江苏南京)清凉院,因称"清凉文益"。门人众多,问学者达千人。卒后被南唐中主李璟谥为"法眼大禅师",为法眼宗创始人。深受华严宗思想影响,把"真如一心"与华严宗的所谓"总相"相糅合,提出"具理具事"、"理事相资"、"即心是佛",表现出禅教并重的趋向。著有《宗门十规论》。

文谕院 官署名。明末李自成农民军政府设。崇祯十七年(1644)三月,在北京改原文选司(一说文渊阁)而置,其职掌仍因袭明朝。

文煜(?—1884) 清满洲正蓝旗人,费莫氏,字星岩。累迁刑部郎中。出任直隶霸昌道、四川按察使。咸丰三年(1853)升江宁布政使。七年任江苏布政使。先后在江北、江南大营办理粮台,参与镇压太平军。九年,英军进攻大沽口,奉命赴天津,寻擢山东巡抚,与捻军作战。十一年授直隶总督,后因攻捻不力革职。同治七年(1868)出为福州将军,旋兼署闽浙总督。日本侵台时在闽办理防务。光绪三年(1877)内召回京,历任刑部尚书、总管内务府大臣,复拜武英殿大学士,寻卒。

文渊阁 ❶明代藏书阁名。明太祖朱元璋建于南京奉天门东,永乐中迁都北京后,又于皇宫内建文渊阁。在阁内收藏图书典籍,文臣亦在此陪侍皇帝读书并加注解。后以此作为殿阁大学士名号之一,清沿置。❷见"北四阁"。

文渊阁大学士 官名。明洪武十五年(1382)置,简翰林官充任,备顾问应对,秩正五品。永乐时始以殿阁学士衔简入内阁参预机要。洪熙、宣德以后,阁权渐重,掌批答章奏,草拟诏令,事实上行使宰相职权。但因品秩低,故常以尚书兼任,以高其品秩。清沿置,升为正一品,但权任反不如明。雍正中设立军机处后,仅掌日常例行政务及发布文告等。

文渊阁书目 明朝廷藏书目录。杨士奇等编定。不分卷。元朝灭亡,大将军徐达收元廷所藏图书送南京。成祖时又派礼部尚书郑赐四出购求。永乐十九年(1421)迁都,书亦运至北京,收贮于左顺门北廊。正统六年(1441)移于文渊阁。杨士奇等逐一清点,按《千字文》编置字号,凡二十号,分五十橱,共七千二百余种。后书多残缺,世无传本者,赖此书目得以存名。

文源阁 见"北四阁"。

文苑学士 官名。五代时马殷建楚国,置百官,改翰林学士曰文苑学士,职掌文翰制诰。

文苑英华 总集名。北宋太宗时李昉、扈蒙、徐铉、宋白、苏易简等奉敕编。一千卷。"宋四大书"之一。辑集南朝梁末至唐代诗文,以上续《文选》,但因文体日繁,故分类更多。本书保存大量诗文,为以后《古诗纪》、《全唐诗》、《全唐文》等重要总集所取材。有明万历刻本。南宋彭叔夏考订书中的舛误重复,成《文苑英华辨证》十卷,有《知不足斋丛书》本;广东翻刻《武英殿聚珍版书》本,附清劳格撰《辨证拾遗》。中华书局影印宋刊配明刊本,并附印《辨证》和《辨证拾遗》。

文章四友 初唐杜审言与李峤、崔融、苏味道为文章四友,世号“崔李苏杜”。

文贞公传录 书名。一作《文正公事录》(作“正”为避北宋仁宗赵祯讳)。唐王方庆撰。一卷。文贞公,魏征谥号。已佚。《资治通鉴考异》有征引。

文震亨(1585—1645) 明末苏州长洲(今江苏苏州)人,字启美。天启恩贡生。授中书舍人。明亡绝食而卒。工书画。著有《长物志》,为中国造园文献之一。

文震孟(1574—1636) 明苏州长洲(今江苏苏州)人,原名从鼎,字文起,号湛持。文征明曾孙。天启二年(1622)状元,授修撰。以忤魏忠贤,遭廷杖罢归。崇祯元年(1628)召为侍读,改左中允,充日讲官。复因上疏劾魏忠贤余党王永光,忤旨去官。八年复职,旋擢为礼部侍郎兼东阁大学士,入阁预政。寻遭温体仁排挤,落职闲居。病卒,谥文肃。著有《姑苏名贤小记》、《药园文集》等。

文征(徵)明(1470—1559) 明苏州长洲(今江苏苏州)人,原名璧,以字行,后改字征仲,号衡山居士。曾学文于吴宽,学书法于李应祯,学画于沈周。宁王宸濠聘之,以病辞。正德末以岁贡生诣吏部试,授翰林院待诏。嘉靖二年(1523)与修《武宗实录》。五年,弃官还乡,专事创作。能诗善绘工书,长于楷书、行书,山水、人物、花卉,师法王维、赵孟頫,以气韵取胜。著有《甫田集》,编有《停玉馆法帖》等。

文职封赠 封授有功官员及其先世以官爵名号,称封赠。封赠之制,始于晋,至唐而备,各代略有差异。以清制为例,凡覃恩及三年考满,例给封赠,康熙四年(1665)停三年考满封赠之例。办理封赠事宜,文职隶吏部,武职隶兵部。凡需封授、封赠者,据其官职和品级,开列名氏存故题奏,得旨则给予封赠。封赠职官本身称为授,封赠职官之曾祖父母、祖父母、父母及妻,存者称封,殁者称赠。文职封赠之阶,正一品初为特进光禄大夫,顺治九年(1652)改光禄大夫;从一品初为光禄大夫,乾隆三十二年(1767)改荣禄大夫;正二品资政大夫;从二品通奉大夫;正三品通议大夫;从三品中议大夫;正四品中宪大夫;从四品朝议大夫;正五品奉政大夫;从五品奉直大夫;正六品承德郎;从六品儒林郎,吏员出身者宣德郎;正七品文林郎,吏员出身者宣议郎;从七品征仕郎;正八品修职郎;从八品修职佐郎;正九品登仕郎;从九品登仕佐郎。一品封赠三代,二、三品封赠二代,四至七品封赠一代,八、九品只封本身。一至五品授以诰命,六至九品授以敕命。

文治 大理段正严年号(1110—?)。

文挚 战国时人。宋国医者。曾以激怒之法治愈齐湣王疾,却因此获罪,为齐湣王烹杀。见《吕氏春秋·至忠》。

文忠集 书名。元王结撰。六卷。《元史》王结传称有诗文集十五卷,《续文献通考》同,久已散佚。《四库全书》自《永乐大典》辑出,诗、诗余三卷,杂文一卷,问答一卷,《善俗要义》一卷。有《四库珍本丛刊》本。

文种(種) 春秋时楚国郢城(今湖北荆州纪南城)人,字少禽(一作子禽)。曾任楚宛(今河南南阳)令。与范蠡入越,共事越王勾践,任大夫。越王勾践三年(前494),越被吴击破,退守会稽(今浙江绍兴),越王勾践用其计,赴吴请和,得免亡国。勾践返越后,授以国政,经过十年生聚,十年教训,终灭吴国。后勾践听信谗言,赐剑令其自杀。

文州 北周明帝二年(558)置。治建昌县(隋改长松县,今文县西)。隋大业初废。唐初复置,移治曲水县(今文县西南)。辖境相当今甘肃文县一带。北宋属利州路,南宋末废。元复置,以州治曲水县省入,属宣政院辖地脱思麻宣慰司。治今文县。明洪武四年(1371)降为县。地处陇蜀之间,为由陇入蜀捷径。

文资 宋代官场用语。(1)指文臣之官资。(2)指文职官员。

文子 ❶传为老子弟子,与孔子同时,著有《文子》一书。❷书名。撰者不详。二卷。《汉书·艺文志》道家类著录《文子》九篇,注:“老子弟子,与孔子并时,而称周平王问,似依托者也。”《隋书·经籍志》载《文子》十二篇,注:“老子弟子。”《四库全书总目提要》称“其书不出一手”。今人据1973年出土的河北定州市八角廊西汉墓竹简,定为战国时期作品。唐代以其与《老子》、《庄子》并重,天宝元年(742)诏改称《通玄真经》,列为道家经典之一。书中各章均冠以“老子曰”,以老子“道”之思想为宗,杂取儒、墨、名、法诸家语,以解《道德经》。柳宗元《辨文子》称其“皆本《老子》,然考其书,盖驳书也”。今道藏本有唐灵府(默希子)《通玄真经注》十二卷,宋朱弁《文子注》七卷(八卷以下亡)、元杜道坚《文子缵义》十二卷等。

文宗阁 见“南三阁”。

纹银 清定银两标准成色。用于帐目往来结算。每千两纹银含九百三十五两三钱七分四厘之纯银。市面上一般使用的宝银即*实银两多比纹银成色为高,因此折合纹银时要有*升水。

闻尘偶记 书名。清文廷式撰。一卷。撰者曾官翰林院侍读学士,为光绪帝党要员。该书写于光绪二十一年(1895),所记多当时朝野掌故遗闻。对中日甲午战争前后的京城状况、官吏腐败、科场得失,记述尤详。

闻过斋集 书名。元吴海撰。八卷。吴海,闽县(今福建福州)人,字朝宗,至正末遭逢兵乱,绝意仕进,明初守臣欲荐入朝,力辞免。此集为门人王偁编,内多顺帝时事。初刻于明洪武三十一年(1398),

通行有《嘉业堂丛书》本(多遗诗一卷)。

闻见前录 书名。亦名《邵氏闻见录》。北宋邵伯温撰。二十卷。书成于南宋初。《四库全书总目提要》收入子部小说家类。前十六卷记宋太祖以来故事,对王安石新法始末记载较详。第十七卷多记杂事。第十八卷至二十卷记其父邵雍言行。此外,尚包含一些"前知预见"、"因果报应"的内容,《郑堂读书记》称其"颇涉妖妄"。

闻麖嶂 在今广东紫金县东,本名簾紫嶂。相传宋末文天祥兵败屯此,夜闻黄麖鸣,因名。

闻启祥 明末浙江钱塘(今属杭州)人,字子将。举万历四十年(1612)乡试。博综群书,工八股文。授徒为业。好延纳宾客,外服儒风,内修禅律。与同郡张天生等结"读书会",以文会友。崇祯时归入"复社"。卒年五十八岁。著有《自娱斋集》。

闻喜县 西汉武帝元鼎六年(前111)置。治今山西闻喜县东北。属河东郡。东汉移治今闻喜县。北周武帝移治今新绛县西南。隋开皇十年(590)移治今闻喜县东北东镇。唐元和十年(815),移还今闻喜县东北汉时故治。五代又移治今闻喜县。隋至清历属绛郡、解州、绛州。

闻喜宴 唐宋朝廷特赐新进士及诸科及第者之宴会。赐宴之举,始于唐。五代后唐天成二年(927)十二月敕:新及第进士有闻喜宴,今后逐年赐钱四百贯。宋沿之。太平兴国二年(977),赐新及第进士和诸科举人闻喜宴于开宝寺。五年,改于琼林苑。开宴日,侍从以上官员和馆职、知举官皆命押宴;宴罢,新及第人题名刻石于贡院。南宋绍兴十五年(1145),改宴于礼部贡院。明清因宋赐宴于琼林苑,沿称为琼林宴。

闻渊(1480—1563) 明浙江鄞县(今宁波)人,字静中,号石塘。弘治进士。嘉靖时历任应天府尹、南京吏部尚书。嘉靖二十一年(1542)改刑部,二十六年又改吏部。后以论夏言,忤帝意,又受严嵩排挤,二十八年致仕归。卒于家。

闻知 《墨经》对知识的分类之一。《墨子·经上》:"知:闻、说、亲。"知识分为闻知、说知、亲知三种。《墨经·经说上》:"传受之,闻也。"后期墨家指由他人的语言传授或阅读文字所获得的知识。

蚊港 在今台湾云林县台西乡北蚊港村。为虎尾溪入海处。清代曾是台湾西海岸重要港口之一,后因河口淤积而废。

阌乡县 北周明帝二年(558)置。治今河南灵宝市西北阌乡西南。隋开皇三年(583)废。十六年移湖城县于今文乡,改名阌乡县。初属虢州,天宝、至德间属弘农郡,后属虢州。北宋、金、元属陕州。明洪武初移治今灵宝市西北阌乡。1954年并入灵宝县。

wěn

吻兽 建筑屋顶装饰物名称。正脊两端龙头形翘起之雕饰。汉、魏称之鸱尾。据载:汉以宫殿多灾,术者言天上有鱼尾星,宜为其象,冠于室以禳之。又载,鸱为蚩的变音,蚩者海兽也,蚩尾水之精,能辟火灾。其形状较简单,尾尖向内倾伸,外侧施鳍状纹。中唐及辽代鸱尾下部有张口的兽头,尾部逐渐向鱼尾过渡,宋代已分鸱尾、龙尾、兽头几种形式。元代鸱尾渐向外卷曲,已有鸱吻之称。明清时的尾部完全外弯,名称也改为吻兽或正吻、大吻。

wèn

问名 古代定亲仪式。于成婚前举行。即于*纳采后向女方之父问明其女及父母名姓等,以求卜筮。自皇帝纳后,皇太子纳妃,诸王、品官及庶民婚娶各有不同仪式。

问事 吏职名。唐代大理寺置,员额不等。掌行惩罚。府州县亦置。

问水集 书名。明刘天和著。六卷。嘉靖十五年(1536)成书。为论述黄河、运河河道形势及治理方法的重要著作。作者于嘉靖十二年任总理河道。为了解河、运决塞之由,"西问于梁"、"东问于鲁"、"南问于徐"、"北问于齐"(胡缵宗序),故以名书。是书记述了黄河演变的概况和原因及对运河的影响,并收集和总结了有关治理黄、运的工作经验。其中"植柳六法"为黄河护岸的有效措施。

问刑条例 明代补充明律科刑之条文。附于律后,形成明律附例之体例。明律颁行后,各代对法外科刑增广有条例。弘治五年(1492),刑部尚书彭韶请删定问刑条例。十三年,增历年经久可行之问刑条例二百九十七条,此后律、例并行。嘉靖二十八年(1549)诏议增至二百九十四条。三十四年增入九事。万历十三年(1585)辑后颁诏令及宗藩军政条例、捕盗条格、漕运议单与刑名相关者,共三百八十二条,删世宗时苛令甚多。崇祯十四年(1641)刑部复请议定,未及行而明亡。

问学录 书名。清陆陇其著。四卷。书中力辟陆、王之学以尊朱熹,谓王守仁之《朱子晚年定论》"欲以朱合陆","较之显背紫阳者,其失尤甚"(卷一),"阳明致良知之学苟无程朱格物之功,……所认为良知者未必是良知,自必有弊"(同上)。并依据朱熹之理气论,指责罗钦顺"不知理气之分"(卷二)。又认为,"穷理、居敬必无偏废之理"(同上)。收入《正谊堂全书》等。

问影楼舆地丛书 清光绪年间胡思敬辑。仅刊第一集。收书十五种。有彭大雅《黑鞑事略》、李宗昉《黔记》、檀萃《滇海虞衡志》、陆次云《峒溪纤志》、曹廷杰《东三省舆地图说》、戴震《水地记》、孙彤《关中水道记》、祁韵士《万里行程记》、聂士成《东三省韩俄交界道里表》、彭松毓《缅述》、李荣陛《云缅山川志》、朱书《游历记存》、严如熤《三省山内风土杂识》、田雯《长河志籍考》、毛凤枝《陕西南山谷口考》,每种都有辑者的跋。胡氏有《校勘记》一卷附于后。

汶港栅 地名。在今河南正阳县东北。《资治通鉴》:唐元和十二年(817)李愬攻淮西,遣兵"下白狗、汶港二栅"，即此。

汶上县 金贞元元年(1153)改中都县为汶阳县，泰和八年(1208)改为汶上县。因汶水得名。即今山东汶上县。属东平府。元属东平路，明属东平州，清属兖州府。明永乐中，献策浚会通河的白英，即本县人，称为汶上老人。

汶水 ❶即今大汶河。《书·禹贡》青州："浮于汶，达于济。"即《汉书·地理志》及《水经》所载入济之汶水。源出今山东莱芜市北，西南流经古嬴县东南，称嬴汶，又西南会牟汶、北汶、石汶、柴汶至今东平县东戴村坝。自此而下，故道西流经东平县南，至梁山县东南入济水。明永乐年间筑戴村坝，遏汶水南出南旺湖济运，西流故道遂微。清末罢漕运，后主流又西注东平湖，北入黄河。❷即今汶河。《汉书·地理志》琅邪郡："东泰山，汶水所出，东至安丘入维(潍)。"《水经》："汶水朱虚县泰山，北过其县东，又北过淳于县西，又东北入于潍。"源出今山东临朐县东南，东北流至安丘市东北入潍河。❸晋郭缘生《述征记》："泰山郡水皆名曰汶。"《水经注》述牟汶、北汶时或简称汶。❹据《水经注》，桑泉水上源之一叟崮水，俗名汶水。宋元以来遂通称桑泉水全流为汶水。今名东汶河。源出山东蒙阴县西，东南流至沂南县南入沂河。

汶阳 春秋鲁地。在今山东泰安市西南一带。因在汶水(今山东大汶河)北，故名。《左传》僖公元年(前659)："公赐季友汶阳之田。"杜预注："汶阳田，汶水北地。汶水出泰山莱芜县，西入济。"因近齐，曾为齐所侵夺。一说在今山东宁阳县东北，西汉置汶阳县。《元和郡县志》兖州龚丘县："故汶阳城，在县东北五十四里。其城侧土田沃壤，故鲁号汶阳之田，谓此地也。"按唐龚丘县即今宁阳县。

汶阳县 春秋鲁地，西汉置县。治今山东宁阳县东北。汉至东魏属鲁国或鲁郡，北齐、北周属任城郡。隋开皇初废。

wēng

翁村 旧时京族乡村长者或头人的称谓。其职责为监督执行村约，处理村内纠纷，主持"唱哈"祭祀仪式，筹办公益事宜。由群众选举办事公道，有威信的长者担任。

翁方纲(1738—1818) 清直隶大兴(今属北京)人，字正三，号覃溪。乾隆进士。历典江西、湖北、江南、顺天乡试，累官广东、江西、山东三省学政。博学宏览，精研经术，参与《四库全书》编纂。于金石、谱录、书画、词章皆有所长，书法遒劲，为世所重，与永瑆、铁保、刘墉并称清代四大书法家。尤以诗名著称，为嘉庆中期诗坛领袖。论诗推崇王士祯，而试图沟通神韵与格律的关系，提出"肌理说"，所作不免"以学入诗"之弊。著有《两汉金石记》、《苏诗补注》、《石洲诗话》、《复初斋全集》等。

翁观山 亦作翁公山。即今内蒙古呼和浩特北四十里大青山中之一岭。

翁归靡 西汉时乌孙昆莫(王)。军须靡季父大禄子。军须靡死，立为昆弥，号肥王。复依俗妻解忧公主，生三男两女。本始三年(前71)，发兵五万骑，助汉军击败匈奴。元康三年(前63)，复欲为其子元贵靡娶解忧侄女相夫，因本人之死而事未成。

翁衮都喇尔 即"汪兀都剌台吉"。

翁果岱 又作翁刚代。明末蒙古科尔沁部人，号巴图鲁珲台吉。万历二十一年(1593)，与海西女真叶赫、乌拉、哈达、辉发、锡伯、瓜尔佳、朱舍里、讷因等九部三万兵，攻建州女真首领努尔哈赤，会战于古埒山(今辽宁新宾胜利村)，兵败而走。三十六年，出兵援助受努尔哈赤攻击的乌拉部，又遭失败。后与努尔哈赤遣使通好。

翁吉剌惕 即"弘吉剌"。

翁金河 即今蒙古国中南部翁金河。《嘉庆重修一统志》外蒙古喀尔喀："源出鄂尔坤河源相近之东南山中，东南流，历平地凡七百余里，止于瑚尔哈鄂伦泊(今蒙古国乌兰湖)。"

翁卷 南宋温州永嘉(今浙江温州)人，字灵舒，一字续古。登淳祐三年(1243)乡荐，终于布衣。能诗，与赵师秀、徐照、徐玑并称"永嘉四灵"。其诗多尖新刻画之作。著有《西岩集》(一作《苇碧轩集》)。

翁里郭特 又译往流、罔留、翁牛特。参见"往流"。

翁牛特 清代内蒙古部名。明服属察哈尔。后金天聪六年(1632)归附后金。崇德元年(1636)设左右二旗。嘉庆间左旗有佐领三十八，右旗有佐领二十。牧地在热河围场东北老哈河南岸，约当今内蒙古翁牛特旗。隶昭乌达盟。

翁山县 唐开元二十六年(738)分鄮县之海中洲置，以翁山得名。治今浙江舟山市东。属明州。大历六年(771)，因浙东袁晁据此起义，废。

翁同龢(1830—1904) 清江苏常熟人，字声甫，号叔平，晚号松禅、瓶庐居士。翁心存子。咸丰状元。同治帝、光绪帝师傅。历任户部侍郎、都察院左都御史，刑部、工部、户部尚书，军机大臣兼总理各国事务衙门大臣。中法战争时主张抗法，反对李鸿章妥协投降。中日甲午战争时力主抗战，愤于李鸿章割地求和的行径，遂逐步倾向变法图强。主张光绪帝亲政并支持维新派，向光绪帝密荐康有为。因系帝党中坚，为慈禧太后所忌恨，在光绪帝颁布"明定国是诏"后，被开缺回籍。戊戌政变后，又被即行革职，永不叙用，交地方官严加管束。以书法闻名于时。有《翁文恭公日记》、《瓶庐诗稿》、《瓶庐丛稿》等。

翁同爵(1814—1877) 清江苏常熟人，字玉甫。翁心存子，同龢兄。庠生。以父荫授兵部主事。咸丰十年(1860)升员外郎。同治元年(1862)后出任地方司道。长于理事，曾办理湘军裁撤事。十年升陕西巡抚。十三年授湖北巡抚。任内力主川盐、淮盐并行长江各省，增加政府财政收入。光绪元年(1875)兼署湖广总督，死于任所。著有《皇朝兵制考》等。

翁同书(1810—1865) 清江苏常熟人,字祖庚,号药房。翁心存子,同龢兄。道光进士。历任编修、乡试正考官、学政等职。咸丰三年(1853)赴江北大营佐琦善筹划军事,后为江北大营统帅德兴阿帮办军务。八年擢安徽巡抚,节制安徽境内各军,镇压太平军和捻军。十一年苗沛霖攻寿州,他弃城出走。同治元年(1862)被曾国藩奏劾,拟定斩罪,因其父病笃,改戍新疆。三年赴甘肃军营效力。

翁万达(1498—1552) 明广东揭阳人,字仁夫,号东涯。嘉靖进士。历官广西参政、四川按察使、陕西布政使等。嘉靖二十三年(1544)以右副都御史,巡抚陕西。不久进兵部右侍郎兼右佥都御史,总督宣大、山西、保定军务,在任明赏罚,严防御,厚抚降人,先后兴筑大同东路阳和口(今山西阳高)至宣府西阳河(今洋河)边墙及大同西路、宣府东路边墙。二十七年,督周尚文击败入犯之鞑靼军。又力主通贡俺答。二十八年官至兵部尚书,丁忧归。次年,因俺答兵临京师城下,诏令再任本兵,以路远不能即至,为严嵩、仇鸾所谗,降官,又免职为民。三十一年复任,未赴而病死。有《东涯集》。

翁文恭公军机处日记 书名。清翁同龢撰。二册。翁氏曾两度任军机大臣,首次在光绪八年(1882)十一月至十年三月。是编即此次入值枢廷日记。始光绪九年二月一日,迄十年三月十一日。与《翁文恭公日记》所载,每日均有不同,纯为值枢办事日记。于批谕、往来折片内容,均有简要记叙。有1939年燕京大学图书馆手稿影印本。

翁文恭公日记 书名。清翁同龢撰。共四十册。1925年翁氏门生张元济商请翁氏从孙克斋,将其先祖手稿由商务印书馆影印出版。始于咸丰八年六月二十一日(1858.7.31),迄光绪三十年五月十四日(1904.6.27)即翁氏殁前六日,约计四十六年。作者一生身膺重任,所记反映了同治、光绪年间的一些重大史实及翁氏思想的演变。百日维新中翁氏被黜后,曾将有关戊戌变法部分自行改缮。日记亦间有缺失。但仍不失为研究晚清史之重要史料。

翁心存(1791—1862) 清江苏常熟人,字二铭。道光进士。历任广东、江西等地学政,屡入值上书房,授亲贵读书。咸丰元年(1851)任工部尚书,多次疏陈兵事财政,谋划镇压太平军。英法联军入侵时,力言不能允其条件。四年授吏部左侍郎,调户部右侍郎。后历任吏部尚书、国史馆总裁、户部尚书等职。八年授体仁阁大学士,管理户部。因与肃顺不和,固请去职。十年户部"兑换宝钞"等案发,遂革职留任。同治元年(1862)开复原官,以大学士管理工部,任实录馆总裁,并授读同治帝。有《知止斋集》。

翁源县 南朝梁承圣末置。以县界处翁水之源得名(《元和郡县志》)。治今广东翁源县北。属始兴郡。陈于此置清远郡。隋平陈废郡,属广州,大业属南海郡。唐初属番州。贞观后属韶州。贞元元年(785)移治旧县北。北宋淳化中移治今县西北。景祐五年(1038)移治今曲江县南。南宋建炎三年(1129)又移治今县西南。元至元中省入真阳县。大德五年(1301)复置,移治今县西北新江。属英德州。明洪武初移治今县西翁城。至清均属韶州府。1947年迁今治(龙仙)。

翁正春(1553—1626) 明福建侯官(今福州)人,字兆震,号青阳。万历进士。授修撰,累迁少詹事。万历三十八年(1610)擢礼部左侍郎,署部事。天启元年(1621)进礼部尚书。以劾魏忠贤忤旨,次年乞归。后卒于里。

翁之琪(?—1645) 明末浙江仁和(今杭州)人,字玄倩。崇祯武进士。历任舟山水师守备、参将。福王时升总兵官,以讨左良玉功,加太子少师,升左都督,挂镇南将军印,驻芜湖。南京失守,福王奔其营,商议迁浙事,未成。后目见福王被叛将田雄挟去,痛哭自刎死,一说投水死。

翁洲 即今浙江舟山岛。《元和郡县志》明州鄮县:"翁洲,入海二百里,即《春秋》所谓甬东地也。越灭吴,请吴王居甬东";"其洲周环五百里,有良田湖水,多麋鹿"。

翁主 西汉诸侯王女尊号。亦称王主。《汉书·高帝纪》颜师古注:"诸王即自主婚,故其女曰翁主。翁者,父也,言父主其婚也。亦曰王主,言王自主其婚也。"

wèng

瓮哥落城 一作翁鄂洛城(《圣武记》)。在今辽宁桓仁县北。属建州女真董鄂部。明万历十二年(1584),努尔哈赤率师攻瓮哥落城受伤而回,旋又克之,即此。

瓮古 即"汪古"。

瓮棺葬 以某种陶器为葬具的埋葬方式。一般利用日常用的陶器,有的用大口瓮(缸)配盖,或以盆作盖;有的用两个半截尖底瓶,或半截尖底瓶与直筒形缸;也有用陶鼎加豆或器盖的。多见于仰韶文化,其他文化也有发现。多用以葬小儿,于盖上留有小孔,埋于住房附近。也有在成人二次葬时应用的,但不入公共墓地而另葬它处。瓮棺的放置,有的横卧,有的竖立,有的倾斜。有研究者认为,这种葬俗适用于夭折或成人凶死者,并反映着"精灵崇拜"的观念。

瓮吉剌 即"弘吉剌"。

瓮水长官司 土司名。明洪武五年(1372)置,十七年厘定,以犹仕源为长官,属播州宣慰使司(治今贵州遵义)。万历二十九年(1601)省入瓮安县,属平越军民府,隶贵州布政使司。治今瓮安西北。累传至犹登第,顺治十五年(1658)附清,仍授长官职,世袭。咸丰同治年间犹培锦为长官,贵州各族人民大起义后,势衰,后停袭。居民有苗族、布依族。

瓮听 亦曰地听。军用侦听具。穴地如井,深二丈,勿及泉,令听事聪审者以新瓮自覆于井中,坐而听之。数百步之内有凿地道者皆声闻瓮中,并可辨方向远近。这是共鸣原理在军事上的运用。最早记载见于《墨子·备城门》。

瓮牖闲评 书名。南宋袁文撰。文字质甫,鄞县(今浙江宁波)人。不仕,绍熙元年(1190)卒。原本久佚,清人从《永乐大典》辑出。八卷。共四百多条,皆为考订之作,分经史、天文、地理、人事、小学、诗词、书画、衣食、器用、宫室、释道、方技、物产等类。引证颇为繁博。今人校排本另录佚文四十余则。

瓮牖余(餘)谈 书名。清王韬撰。八卷。所记主要为其居住香港及至英、法等国考察之闻见和太平天国运动事实等。是书载有王韬亲见李秀成被俘后之供词。作者曾参考外国报刊书籍所载资料及太平天国文书,对太平天国运动爆发原因、进军情况等作有概括叙述。光绪初年,申报馆尊闻阁主人刊行,后上海进步书局重印。

饔吉里 即"弘吉剌"。

饔牖余(餘)谈 书名。清王韬撰。八卷。此书所记关涉太平军者颇多,其他则记清统治下之忠臣、义士、节妇、烈女诸事,兼辑当时欧亚时事。有光绪元年(1875)申报馆聚珍印本。

wō

倭 古代日本国及其居民的称呼。亦作委。始见于《汉书·地理志》:"乐浪海中有倭人,分为百余国。"居民知农桑,织绩为缣布。男子皆黥面文身,以其文左右大小别尊卑之差。犯法者没入其妻子,重者灭族。汉武帝征服朝鲜后,倭三十余国通使于汉,大倭王居邪马台国。东汉建武中元二年(57),倭奴国奉贡朝汉,光武帝赐以印绶。"汉倭奴国王"金印已在日本福冈志贺岛叶崎村发现。

倭变事略 书名。明采九德撰。四卷。初成书于嘉靖三十七年(1558),附录成于三十八年。作者事迹不详。然所述均其亲闻目睹。起自三十二年,迄于三十五年,附录自三十六年至三十八年。记事详细,甚至逐日而记。正文记徐海之灭,附录记至王直被杀,文字记实,颇为可信。有上海书店复印《中国历史研究资料丛书》本。

倭赤 见"温宿"。

倭缎 一名漳缎。产于漳州、泉州一带。明代始有。在平织上用天鹅绒浮出纹样。其制法来自日本,故名。

倭耳干纳 蒙古人。察合台孙哈剌旭烈兀之妻。察合台死,哈剌旭烈兀主汗国事。贵由即位,以察合台子也速蒙哥代哈剌旭烈兀。蒙哥即位,又命哈剌旭烈兀代也速蒙哥。哈剌旭烈兀由汗廷西还时,死于道,她受大汗命执杀也速蒙哥,自主汗国政事。在位凡十年(1252—1261)。阿里不哥反,迫其以国让察合台孙阿鲁忽,不满,往诉阿里不哥,留营未去。及阿里不哥兵败,因与阿鲁忽不睦,料必乘危来攻,乃遣她往阿鲁忽所言和,及至,反与阿鲁忽成婚。阿鲁忽死,乃扶立其子木八剌沙即位,但不久复为忽必烈派来的八剌所取代。

倭患考源 书名。明黄俣卿撰。二卷。俣卿自称闽人,事迹不详。嘉靖、隆庆间福建濒海郡县常被倭寇侵扰,故撰是书以推其致祸之由。上卷溯洪武初年遣使通倭,终万历初广东林凤攻打吕宋。下卷记宋应昌、杨镐援朝鲜之事。卷末附倭俗考。书中所载,以闽事居多。惟多出民间传闻,较为简略。

倭寇 明时骚扰中国沿海一带的日本海盗。十四世纪初,日本进入南北朝分裂时期,在长期战乱中失败的南朝封建主组织武士、浪人到明朝沿海一带走私抢掠,进行海盗活动。从洪武时起,明朝致力于加强海防。永乐十七年(1419)明军于辽东望海埚全歼来侵之倭,此后海防较为平静。嘉靖以后,日本进入战国时代,在封建诸侯支持下,日本海盗与中国海盗王直、徐海等勾结一起,在江浙、福建沿海攻掠乡镇城邑,明朝东南倭患大起。明廷多次委派官吏经营海防,但因朝政腐败而难有成效。嘉靖后期爱国将领戚继光、俞大猷等在广大军民支持下先后平定江浙、福建、广东倭寇海盗,倭患始平。

倭里罕(?—1866) 清新疆伊斯兰教白山派和卓后裔。张格尔侄。道光二十七年(1847)参与七和卓之乱,后屡犯卡伦。咸丰七年(1857)侵占喀什噶尔回城(今喀什)与英吉沙尔回城,侵及巴尔楚克(今巴楚)、叶尔羌(今莎车)、和阗(今和田)。所至之处滥施杀戮,尝堆人头塔四座,史称"倭里罕之乱"。各城伯克及当地人民协同清军奋力抵御。清援兵到后奔逃出境。同治四年(1865)复自浩罕投奔入侵南疆之阿古柏,被阿古柏秘密处死。

倭泥 即"窝泥"。

倭铅 锌之原名。又曾名白铅、水锡、椀锡。始见于明或之前。《天工开物》:"此物无铜收伏,入火即成烟飞去,以其似铅而性猛,故名之曰倭云。"明代已大量生产和使用。当时主要用途是配制黄铜。

倭人 见"俞人"。

倭仁(1804—1871) 清蒙古正红旗人,乌齐格里氏,字艮峰。道光进士。道光二十四年(1844)任大理寺卿。与曾国藩等从唐鉴讲求理学。同治元年(1862)任工部尚书。两宫皇太后命授穆宗读。曾辑古帝王事迹及奏议,附以按语进呈,被赐名《启心金鉴》,命陈设武英殿,以资讲习。升文渊阁大学士。对奕䜣等实施的"新政"深恶痛绝,力言科甲人士不能入同文馆习天文、算学,聘西人为教习之议尤为不可。认为"立国之道,尚礼义不尚权谋;根本之图,在人心不在技艺"。六年,令在总理衙门行走,称疾乞休,遂罢。九年,管理国子监,卒于任。著作有《倭文端公遗书》。

倭什珲布(?—约1866) 清满洲镶红旗人,字崇庵。累迁乌鲁木齐都统。咸丰七年(1857)授宁夏将军。十年,升理藩院尚书,旋迁礼部尚书。同治五年(1866)以病免。

倭文端公遗书 书名。清倭仁(谥号文端)著。十卷。卷一至卷二为讲义、奏疏,卷三为所辑《为学大指》,卷四至卷七为日记,卷八为序、书等杂稿,卷九至卷十为《吏治辑要》、《嘉善录》与《莎车行纪》。另有所辑《帝王盛轨》与《辅弼嘉谟》各一卷,置于卷首。光绪三年(1877)刊行。书中主张墨守程、朱理学,反对陆、王心学,不赞成调和程、朱与陆、王;强调

“主敬”和严“天理”、“人欲”之辨。反对言利，谓“辨义、利要如太阿断物”，“丝毫不容相混”(《日记》)。信奉“天人感应”论。

涡纹　古代青铜器纹饰。纹形为一圆凸面，上有四至五个钩曲阴线，中间有一小圆圈，似水涡形。盛行于商周时期。

窝本　明清行纲法时，盐商贩盐的专利权证据。明万历四十五年(1617)，淮盐改行纲法，编设纲册。凡纲册上有名者据为窝本，每年照册上旧额派行新引。册上无名者，则不得加入，无权行销食盐。有窝本之盐商可世袭。清沿明制。后改称根窝。

窝单　清盐商贩盐凭证之一。参见“根窝”。

窝根　即“根窝”。

窝集　一作渥集、乌稽、窝稽、阿几等。满语，汉译密林或丛林之意。东海三部之一。其地域甚广，东西狭，南北长，可千余里，故称千里窝集。吉林有四十八个窝集之多。清初，系指乌苏里江西的木伦部，江东的尼满河源、穆棱河流域(今俄罗斯东海滨省的绥芬河流域)，如赫席赫、瑚叶、雅兰、锡林、佛讷和托克索、乌尔固辰、宁古塔、珲春的色勒等地。

窝阔台　即“元太宗”。

窝阔台汗国　蒙古汗国之一。成吉思汗分封窝阔台于金山(今阿尔泰山)之西及叶密立(今新疆额敏)、霍博(今新疆和布克赛尔)诸地，后由子孙分领。蒙哥(宪宗)即位，复以海押立(今哈萨克斯坦科帕尔西)之地封海都。世祖至元初，海都抗命不朝，逐渐兼并窝阔台诸后王属地及八邻万户，复夺取察合台汗国忽章河(今锡尔河)以北地，以伊犁河与答剌速河流域为中心，建立汗国，屡与元朝争战。大德五年(1301)海都死，子察八儿嗣位，始称藩。十年元军乘其内乱派兵进攻，察八儿投奔笃哇，汗国亡。汗国领地一部分直属元朝，一部分被察合台汗国兼并。

窝里陀　即“斡耳朵”。

窝鲁朵城　又称卜古罕城。本回鹘汗国都城。辽代为阻卜(达旦)部落的中心。天赞三年(924)，耶律阿保机西征至此，阻卜诸部臣服。金代为克烈部首领的营地。元代又称之为黑城。故址即今蒙古国北杭爱省鄂尔浑河上游之哈剌巴剌哈孙(蒙古语，意为黑城)。

窝泥　又称斡泥、和尼、俄尼、和泥、禾泥、倭泥、豪泥。元、明、清时今哈尼族的自称。前身为唐代“和蛮”。主要来源于古昆明人。保有父子连名制、火葬等习俗。元明以来，主要聚居在今红河哈尼族彝族自治州及元江、墨江、思茅等地，散及周围一些地方。地区间经济文化发展不平衡，形成多种支系及称谓。见于清代记录的，有以服饰为区别的黑窝泥、白窝泥，又有罗缅、豪尼、卡惰、必约、黑铺、儒比、喇乌等称谓。

wǒ

我托汉卜只剌台吉(1514—?)　又作博迪达喇鄂特罕台吉。明代蒙古永邵卜部领主。赛那剌之子。达延汗统一东蒙古后，夺占其叔五八山只台吉永邵卜部。驻牧地在明宣府边外。

我折黄台吉　蒙文史籍作阿尔苏博罗特。明代蒙古达延汗第四子。蒙古右翼七鄂拓克土默特领主。七鄂拓克土默特又名蒙郭勒津，明人又因其部名称作满官嗔。

我之历(歷)史　见“宋教仁日记”。

我子　❶战国时人。墨子后学。《汉书·艺文志》墨家类著录有《我子》一篇，已佚。❷书名。战国时我子撰。《汉书·艺文志》著录一篇，列于墨家。颜师古注：“刘向《别录》云为墨子之学。”应劭《风俗通·姓氏篇》：“我氏，六国时有我子著书，为墨子之学。”当即指此书。《隋书·经籍志》已不载。久佚。

wò

沃丁　商王。名绚。太甲之子。继太甲即位。伊尹卒，沃丁以王礼葬之，祀以太牢，亲自临丧三年(《初学记》卷二引《帝王世纪》)。

沃甲　又作开甲，殷墟甲骨文作羌甲。商王。名踰。祖乙之子，祖辛之弟。羌甲是庙号。继祖辛即位。殷墟卜辞中列为旁系先王祭祀。

沃沮　古族名。源出涉貊。有东沃沮和北沃沮之分。汉初臣属卫满朝鲜。武帝元封二年(前109)击朝鲜，次年在其境设玄菟郡，治沃沮城(今朝鲜咸兴附近)。东汉时役属于高句骊。农业发达，有貊布、鱼、盐等。语言及衣食住行等风俗，类高句骊。东沃沮分布在今朝鲜咸镜道滨日本海之狭长地带，北沃沮约辖今图们江北珲春、汪清、延吉、和龙等地。

沃沮县　沃沮一作夫租(《汉书·地理志》)。西汉武帝元封三年(前108)置。《三国志·魏志·东沃沮传》：汉武帝“伐朝鲜，杀满孙右渠，分其地为四郡，以沃沮城为玄菟郡”。汉昭帝时郡治内移，仍于其地置沃沮县(今朝鲜咸镜北道咸兴)。属乐浪郡。东汉光武帝封其渠帅为沃沮侯。后属高句骊。

沃阳县　西汉置。治今内蒙古凉城县西南。属雁门郡。东汉废。北魏复置，属善无郡。孝昌中废。

沃野县　西汉武帝元狩三年(前120)置。治今内蒙古临河市西南。属朔方郡。东汉末废。

沃野镇　北魏六镇之一。初年在今内蒙古磴口县，孝文帝时迁至今杭锦旗东北，北魏末又迁至今乌拉特前旗境。正光四年(523)，沃野镇人破六韩拔陵聚众反，各镇纷纷响应，六镇起义始此。《魏书·蠕蠕传》载，孝昌元年(525)，柔然王阿那瓌为魏率众十万讨之，“从武川镇西向沃野，频战克捷”。自后六镇相帅内徙，其地遂废。

沃州寨　地名。在今浙江新昌县东。唐懿宗初，裘甫起义军据此，为王式攻克。

卧碑　明清学碑之一。明洪武十五年(1682)，太祖颁禁例十二条于天下学校，全文刻碑上，置各校明伦堂之左，令在校师生永远遵守，如有不遵，并以违制论。禁例规定：生员不得轻至公门，勾结官府，并须再三劝告父母等人毋得在乡违法非为；凡军民一切弊病,俱不许生员建言;生员在学中对教官的讲授,毋得持己之长,妄行辩解;除近亲受屈外,一般不得代人呈告诉状。清顺治九年(1652)仿明制,另立条款八项,刻于碑上,颁于各学宫。内容大体同明,但特别强调生员不得干预朝政。

卧佛寺 寺院名。(1)西夏佛寺。本名宏仁寺,俗名大佛寺。在今甘肃张掖市区西南隅。永安元年(1098),国师嵬名思能掘地得涅槃佛而倡建。一说为贞观三年(1103),崇宗乾顺为母梁太后祈求冥福而建。明永乐元年(1403)赐额"宝觉寺"。现存大佛殿一座,为木构建筑,系清乾隆年间重建。殿正中塑释迦牟尼涅槃像一尊,为西夏时塑造,身长34.5米,肩宽7.5米,木胎泥塑,金装彩绘,比例匀称,神态自然。寺内尚有藏经阁和一土塔。(2)唐始建之佛寺。初名兜率寺,先后更名昭孝、洪庆、寿安、永安寺等。在今北京海淀区西山北部的寿安山南麓。清雍正十二年(1734)重修后,改名十方普觉寺。因殿内有元代所铸铜卧佛,故自明代以来俗称卧佛寺。卧佛铸造浑朴精致,体现了铸造技术和雕塑艺术的高度成就。

卧龙番长官司 土司名。明洪武五年(1372)改元卧龙番南宁州安抚司置。长官龙姓。唐末,龙得寿授南宁州刺史,世据此土。宋熙宁以后,龙氏势衰,仅守卧龙番。元至元十六年(1279)归附,授卧龙番南宁州安抚使。入明,改置长官司。治今贵州惠水县南,管卧龙、亚水等处村寨,居民主要有布依族、苗族。

卧乌古(Hugh Gough,1779—1869) 一译郭富。爱尔兰人。早年随威灵顿在葡萄牙、西班牙对拿破仑作战。后晋少将。1837年在驻印度英军中任职。清道光二十一年(1841)抵广州,任侵华陆军司令。《南京条约》签订后,晋男爵。返回印度后,在对马拉塔人战争中任英军总司令。1849年晋子爵。

握登 相传为瞽叟之妻,生舜于姚墟。

握槊 古代博戏之一。自天竺(印度)传入,南北朝时盛行。《魏书·术艺传》:"此(握槊)盖胡戏,近入中国,云胡主有弟一人遇罪,将杀之,弟从狱中为此戏以上之,意言孤则易死也。世宗以后,大盛于时。"唐刘禹锡《观博》云:"初,主人执握槊之器,置于庑下,曰:'主进者要约之。'既揖让,即次。有博齿,齿异乎古之齿,其制用骨,觚棱四均,镂以朱墨,耦而合数,取应期月,视其转止,依以争道。"后演变为双陆博弈。参见"双陆"。

握衍朐鞮单于(?—前58) 匈奴单于。名屠耆堂,原为右贤王。汉神爵二年(前60)虚闾权渠单于死后,被颛渠阏氏及其弟左大且渠都隆奇拥立为单于。立后与汉重修和亲,遣弟伊酉若王胜之入汉奉献。然暴虐杀伐,部众不附。四年,匈奴贵臣姑夕王等共立虚闾权渠单于子稽侯狦为呼韩邪单于,发兵击之,遂兵败自杀。

渥巴锡(1742—1774) 清时厄鲁特蒙古土尔扈特部首领。乾隆二十五年(1760)十二月继其父敦罗布喇什之后任土尔扈特部首领。三十三年应俄国征调,率兵二万赴高加索与土耳其作战。因不堪沙俄欺压,三十五年率部三万三千余户,十六万九千多人,从额尔齐勒河(今伏尔加河)下游起程东返祖国。经过九个月浴血战斗,克服千难万险,于次年六月抵达伊犁,仅存七万余人。被清政府封为卓哩克图汗。统辖珠勒都斯旧土尔扈特蒙古乌讷恩素珠克图盟南路四旗(今新疆巴音郭楞蒙古自治州)。后病死。其子策琳纳木扎勒袭位。

渥洼水 在今甘肃敦煌市西南汉龙勒县故址南。《汉书·武帝纪》:元鼎四年(前113)秋,"马生渥洼水中,作宝鼎、天马之歌"。此水出自当金山,北流至龙勒故城南汇为泽,复北流没入沙漠中。唐改龙勒县为寿昌县,泽更名为寿昌泽。建国后在此兴修水库。

斡本 即"完颜宗干"。

斡孛黑 蒙古语,意为氏族。初为同一祖先后裔组成的血缘组织,氏族名称即成为本氏族成员的姓氏,故姓氏亦称斡孛黑。后来氏族组织吸收其他氏族、部落成员作附属人口,加以役使,斡孛黑便具有游牧人村落性质。

斡赤斤 即"铁木哥斡赤斤"。

斡啜 即"完颜宗弼"。

斡道冲(?—1183) 西夏灵州(今宁夏灵武西南)人,字宗圣。祖迁兴州(今银川),世掌夏国史职。年八岁中童子举,及长,通《五经》。译《论语注》,撰《论语小义》二十卷,又作《周易卜筮断》,以西夏文写成,流行境内。仁宗天盛三年(1151),为蕃汉教授。与御史中丞热辣公济、翰林学士焦景颜等反对权臣任得敬专权乱国。得敬被诛后,乾祐二年(1171)擢为中书令,任国相。死后从祀学宫。

斡端宣慰使司都元帅府 元地方官署。斡端(今新疆和田)地区原属西辽,成吉思汗灭西辽后,于其地置达鲁花赤。元世祖至元十三年(1276),派兵镇驻,设斡端宣慰使司都元帅府统治。后经海都、笃哇不断进袭,守军被迫撤出。二十六年罢。

斡朵怜 亦作俄朵怜、鄂多里、斡朵里、吾都里。元代在今黑龙江省依兰一带新建的军民万户府。其属为明建州女真人的先世。

斡儿答 元太祖孙,术赤长子。父死,推举弟拔都嗣父位,分得术赤兀鲁思东部领地(今俄罗斯西西伯利亚一带)。曾参加蒙古军第二次西征。其后子孙世袭,史称白帐汗国。

斡耳朵 又译斡里朵、兀鲁朵、窝里陀,意为"宫帐"、"宫廷"。蒙、元皇帝、皇后斡耳朵各有资产、私属人户,死后由亲族继承,领取岁赐,并有五户丝、江南户钞等收入。成吉思汗有四大斡耳朵,后由拖雷及其后裔晋王一系继承。元世祖亦有四大斡耳朵。成宗、武宗、仁宗、英宗、明宗、宁宗死后,其斡耳朵分设长庆寺、长秋寺、承徽寺、长宁寺、宁徽寺、延徽寺管领。

斡耳罕河 又译斡儿寒、斡鲁欢。元河流名。今蒙古国鄂尔浑河。

斡剌儿古列坚 蒙古斡勒忽讷惕氏。成吉思汗母月伦之弟。蒙古建国,受封为本部千户。

斡剌纳儿 又译斡耳那、斡罗那、斡罗纳儿。蒙古部名。抄真斡儿帖该长子斡剌纳儿的后裔。

斡朗改 又译嗢娘改。辽部名。散居外兴安岭以西、贝加尔湖东西森林地区。以良犬、花鹿等狩猎品进贡于辽。辽有斡朗改属国军及斡朗改国王府,有嗢娘改属部。

斡勒 又作兀勒、斡罗、斡鲁。金女真部落姓氏。部人居按出虎水(今阿什河)之北及盖州(今辽宁盖州南)等地。入居中原后,改汉姓为石。

斡勒忽讷惕 蒙古迭儿列斤部之一支。与乞颜-孛儿只斤氏世代通婚。成吉思汗之母月伦即属此部。

斡勒宋浦 即"斡勒忠"。

斡勒忠(1133—1203) 金盖州(今辽宁盖州南)女真人,本名宋浦。通女真、契丹字。累迁右三部司正。练达边事,曾奉命出使北边部落,得马四千余匹而归。大定二十六年(1186),任监察御史。承安二年(1197),任武宁军节度使,致仕。

斡离不 即"完颜宗望"。

斡里(? —1822) 又作凡利、瓦里。哈萨克汗。阿布赉汗长子。初任苏尔坦,曾奉父命赴京入觐。清乾隆四十六年(1781)父死,袭汗位。次年遣弟沙海素勒坦入朝。五年后又遣弟哈咱木入京朝觐。后又遣阿弥戴入朝。嘉庆八年(1803)、十四年又再度遣使入觐。

斡里朵 即"斡耳朵"。

斡里汗 即"斡里"。

斡里苏尔坦 即"斡里"。

斡里札河 又译浯勒札河,即今蒙古国乌勒吉河。金承安元年(1196),铁木真与克烈部首领脱里汪罕曾沿此河截击塔塔儿残部。

斡鲁(? —1127) 金女真完颜部人。乌古迺长子劾者第三子。辽末,治理苏滨水(今绥芬河)各部。收国二年(1116),讨渤海人高永昌。大破辽兵于益褪水(今伊通河)流域,进取沈州(今沈阳),继而大败高永昌军。攻取辽南路系籍女真(即熟女真)及东京州县,为南路都统、迭勃极烈。烛偎水(今黑龙江嘉荫河)实里古达叛,分兵征讨,直至合挞剌山(今俄罗斯哈巴罗夫斯克〔伯力〕以北万丹山),抚定余众。从都统完颜杲追袭辽天祚帝。又与娄室合军大败援辽的西夏军于天德境。为西南路都统,败辽天祚帝。后行西南、西北两路都统事。追封郑国王。为开国功臣之一。

斡鲁补 即"完颜宗望"。

斡鲁朵 意为宫帐。辽历代皇帝均有斡鲁朵,有直属的军兵、民户、奴隶和州县,为皇帝私有。斡鲁朵设有专官管理。执政的皇后也有自己的斡鲁朵。帝后死后,斡鲁朵由家族后裔继承。辽太祖、太祖述律后、太宗、世宗、穆宗、景宗、承天太后、圣宗、兴宗、道宗及天祚帝各置斡鲁朵,各有专名,分别设"宫"管领。李胡有斡鲁朵,名赤寔得本(义为孝)。耶律隆运特赐设斡鲁朵,由文忠王府管领。

斡鲁古 即"唐括安礼"。

斡鲁古勃堇(? —1122) 金女真完颜部人。宗室子。从阿骨打起兵反辽,屡败敌军,与娄室克咸州(今辽宁开原)及其周边部落,为咸州军帅。率军助斡鲁攻高永昌,狙击辽秦晋国王耶律捏里来犯之军。拔显州,乾、懿、豪、徽、成、川、惠等州以次降附。久在咸州,居功自傲,为人告发,降为谋克。天辅六年(1122)卒于出征途中。

斡鲁欢河 即"斡耳罕河"。

斡鲁速惕 见"斡罗思"。

斡罗思 ❶又译斡罗斯、兀罗思、兀鲁思、阿罗思等,复数作斡鲁速惕,即俄罗斯人。十三世纪时,分为几个公国。元太祖十八年(1223),蒙古军初次败其军于伏尔加河,攻入其南部。拔都西征以后,臣服于金帐汗国。一部分人被掳至蒙古和中原地区为奴。文宗至顺元年(1330)收聚斡罗思人一万,置宣忠扈卫亲军都指挥使司。❷(1258—1313)元康里氏。初为世祖内府必阇赤,至元二十一年(1284)任监察御史,后迁云南行省理问,历官八番罗甸宣慰使、八番顺元宣慰使、都元帅,罗罗斯宣慰使。武宗即位,任中书左丞,领武卫亲军都指挥使;进中书右丞。不久,迁四川行省平章政事。至大二年(1309)因病召还。

斡难河 亦译鄂诺河、俄侬河、敖嫩河。黑龙江上源之一。源出蒙古国肯特山,流入俄罗斯境内为鄂嫩河,下游为石勒喀河。十世纪后,斡难河源为蒙古族世居之地,1206年成吉思汗即位于此。

斡齐尔博罗特 即"阿赤赖台吉"。

斡失帖木儿 即"阿失帖木儿"。

斡惕赤斤 即"铁木哥斡赤斤"。

斡脱 ❶蒙古语的音译。源于突厥语,原义为"合伙",转义为商人。蒙古时期,指经营高利贷的官商。自大汗以至诸王、公主、后妃,各出本银,委托中亚木速蛮商人经商,发放高利贷,称为置斡脱。发放的贷款,称为斡脱钱,年息高达百分之百,次年息转为本,本再生息,时人称为羊羔息。蒙古贵族以此谋取巨利,又可通过斡脱经商获取金银珠宝、皮毛锦缎等生活奢侈品。元代斡脱又有发展,凡持有圣旨、令旨的官商专立户籍,称为斡脱户;并先后设置诸位斡脱总管府、斡脱所、泉府司等掌管斡脱事务的官署,在地方则设斡脱局、斡脱府等。斡脱商人向朝廷和诸王贡献财宝换取了很大的政治和经济特权。有元一代,斡脱商人和斡脱钱始终是各族人民的一大祸害。❷见"喝盏"。

斡脱户 见"斡脱"。

斡脱罗儿 即"兀提剌耳"。

斡脱钱 见"斡脱"。

斡兀立海迷失(? —1252) 元定宗贵由皇后,《元史》称三皇后。斡亦剌部长忽都花女。1248年定宗死,称制监国,谋立窝阔台孙、阔出子失烈门为汗,遭到拔都与拖雷诸子反对。1251年,拔都操纵召开忽里台,立蒙哥为大汗,她与窝阔台诸子拒不参加,密谋兵变。宪宗二年(1252),以厌禳罪被处死。

世祖至元二年(1265),追谥钦淑皇后。

斡亦剌 又译外剌、猥剌,复数为斡亦剌惕。蒙古的一部。居于色楞格河支流德勒格尔河以北地区的首领忽都合别乞曾多次参加对成吉思汗作战的联盟。元太祖二年(1207),忽都合向术赤的北征军投降,并招附各部林木中百姓。受封为全体斡亦剌四千户之长,领地扩至谦河上游(小叶尼塞河)等地,两子娶阔阔干公主和术赤之女火雷,女斡兀立海迷失为贵由汗皇后。元代时,因食邑在延安,首领被封为延安王或延安公主。元末,斡亦剌已扩充至四万户。明代译称瓦剌。

斡亦剌惕 即"斡亦剌"。

斡玉伦徒 元人,唐兀氏,字克庄。父斡仁通,官云南行省理问。以《礼记》举进士,为奎章阁典签。官嘉议大夫、工部侍郎。参与撰修《宋史》。

斡扎篑(?—1260) 元人,唐兀氏。祖父斡道冲为西夏国相。世掌夏国史,夏末守西凉,率父老以城降成吉思汗,授中兴路管民官。太祖西征,为供粮饷,无毫发私,时号满朝清。世祖即位,病卒。

斡准(準) 金女真部落姓氏。部人居苏滨水(今绥芬河)、巴忽岭(今老爷岭兴凯湖西南部分)、毛密水(今兴凯湖南的门河)等地。入居中原后,改汉姓为赵。

wū

乌矮真 官名。乌矮真为鲜卑语,拓跋鲜卑部称外左右为乌矮真。

乌巴繖察青台吉 即"五八山只台吉"。

乌巴什 即"兀把赛"。

乌巴什洪台吉的故事 书名。厄鲁特蒙古著名民间文学作品。叙述十六世纪末喀尔喀乌巴什洪台吉进攻厄鲁特,遭拜巴噶斯联军抵抗,最后受创身亡的故事,反映明代东西蒙古封建主争战不休的社会面貌。由嘎拉桑·贡布耶夫用托忒文整理,1858年首次在彼得堡出版。

乌白盐 西夏盐州(今陕西定边)五原乌池、白池所产青、白盐的统称。唐代已开始生产,供关陇军民之需。党项多用池盐与宋边民交易谷麦。北宋淳化四年(993),太宗用转运副使郑文宝建议,禁止青白盐入境,以控制党项,并保障河东解盐专卖之利。禁盐使双方人民均受其害,边地时常骚乱,太宗遂弛其禁。后复禁。西夏多次要求开禁,并以私市保其利。宋则以入质子相要挟,又以平解盐价,绝私市。

乌布 满语音译,为差事之意。清各部郎中以下官员,凡实际负责掌印、主稿等事务者,皆称乌布。

乌缠 ❶见"乌秅"。❷见"焉耆"。

乌长 见"乌秅"。

乌长那 见"乌秅"。

乌场 见"乌秅"。

乌巢泽 在今河南延津县东南、封丘县西。东汉建安五年(200)曹操纳许攸之策破袁绍军处。

乌承玼 唐张掖(今属甘肃)人,字德润。开元中,为平卢先锋,数败契丹和奚族军。安史之乱时,劝史思明降唐。后思明谋再叛。他和族兄承恩受命设计除思明。谋泄,承恩被杀,他投奔河东节度使李光弼,封冠军将军、昌化郡王,为石岭军使。晚年居京师。卒年九十六。

乌承恩(?—758) 唐张掖(今属甘肃)人。平卢军使乌知义子。开元中,与族弟承玼皆为平卢先锋,沉勇果决,号辕门二龙。后为冀州刺史。至德元载(756),史思明部围信都(今河北冀州),降叛军。次年,乘机劝思明降唐。后奉李光弼命,设计除思明,谋泄被杀。

乌程县 秦置。"古乌、程氏居此能醖酒,故以名县"(《太平寰宇记》引《郡国志》)。治今浙江湖州市南。属会稽郡。东汉改属吴郡。三国吴后期为吴兴郡治。东晋义熙元年(405)移治今湖州市。隋属吴郡。唐为湖州治。北宋太平兴国七年(982)分置归安县,同治一城。元为湖州路治。明、清为湖州府治。1912年仍并为吴兴县。

乌迟散 地名。见于《魏略·西戎传》。其地望主要有叙利亚的安条克和埃及的亚历山大二说。前说似误。

乌赤 见"温宿"。

乌重胤(761—827) 唐张掖(今属甘肃)人,字保君。其先出自乌洛侯族。初为潞州牙将。元和中,王承宗叛,潞帅昭义军节度使卢从史暗通之,他缚从史,潞军不敢动,以功授河阳节度使,封张掖郡公。后参加讨淮西吴元济之战,经百余战平乱,进封邠国公。元和十三年(818),徙横海军节度使。认为河朔藩镇拒命,由于镇将领兵,刺史失权,疏请以所领州兵归刺史管辖。历山南西道、天平军节度使。太和初,兼节度沧、景。虽出自行伍,能与士卒同甘苦,善待宾客,颇得人心,温造、石洪等名士曾为其幕僚。

乌春 女真阿跋斯水(今牡丹江上游,敦化以南部分)温都部人。锻铁为业,因岁歉与族人归属乌古迺。后为本部部长。*劾里钵袭联盟长为节度使,他不服,与跋黑、桓赧等相结起兵。后跋黑死,桓赧兵败,又结斡勒部杯乃反抗,被颇刺淑击败于苏素海甸(今黑龙江尚志马延镇东南,苇河、亮河一带)。又助腊醅反,再败于斜堆(今吉林蛟河市城区及退博、新站之间三角地)。

乌春山 在今湖南桂东县南境。明正德中,土人龚福金等据此起事。

乌带 即"完颜乌带"。

乌丹 古地名。见于《魏略·西戎传》。其地望主要有亚得利亚(Adria)、佩特拉(Petra)、米奥斯霍木斯(Myos Hormos,在红海)和乌迟散(埃及亚历山大)四说。似应以第四说为是。

乌得 地名。即今老挝丰沙里省北部孟乌再。明属云南车里宣慰使司。清于此设土把总。隶普洱府宁洱县(今普洱)。光绪二十一年(1895)割与法国。

乌德犍山 即"於都斤山"。

乌德鞬山 即"於都斤山"。

乌德健山 即"於都斤山"。

乌底改 一作兀的改。古部落名。女真语野人之意。金对黑龙江下游诸族的泛称。《金史·地理志》:"金之壤地封疆,东极吉里迷、乌底改诸野人之境。"金初臣服。天会初叛,太宗命晏以舟师顺混同江而下破之,一境皆定。世宗时又叛,羁縻之。元称兀的哥,明称兀狄哈,清称额登。

乌地也拔勤豆可汗 一作乌地也拔勒豆可汗。唐朝对归附的吐谷浑王诺曷钵及其后代的封号。

乌第河 一作兀的河、乌达河、无底河、乌带河。在今俄罗斯东西伯利亚东部。金属蒲与路,元属开元路,明永乐五年(1407)于此置兀的河卫,属奴儿干都司。十七世纪后期,沙俄多次入侵乌第河地区。康熙二十八年(1689),在尼布楚边界谈判中,将此河以南、外兴安岭以北定为待议地区。咸丰八年(1858),沙俄通过不平等的《瑷珲条约》,强行占去。

乌都鞬山 即"於都斤山"。

乌尔恭额(?—1842) 清满洲镶黄旗人,额富察氏。嘉庆举人。道光元年(1821)充军机章京,后升主事。十四年授浙江巡抚。二十年六月,英军侵略浙江沿海,他防堵不力,以致定海失守。复调度无方,一筹莫展,被革职,解京问罪。二十一年发往军台效力赎罪,旋病死。

乌尔会河之役 清军与蒙古准噶尔部噶尔丹间的战役。康熙二十九年(1690)六月,噶尔丹以追击喀尔喀土谢图汗为名,率军二万越呼伦池而南,进至索岳尔济山附近,旋在乌尔会河(即乌拉桂河)带与清军遭遇,噶尔丹布弓形阵,配以火器迎战,大败清军,并深入乌珠穆沁地区。

乌尔秃布 蒙古杜格拉特部首领。受察合台汗封,获得天山以南地,名为曼噶赖·苏雅,意为"向阳区"。

乌符山 在今湖南祁阳县北。元成宗时,湖南詹一仔起事,左丞相刘国杰讨破之,降其余众。相要地为三屯,衡曰清化,永曰乌符,武冈曰白苍,选众耕屯,乌符即此。

乌格齐哈什哈(?—1415) 明时瓦剌贵族首领。据蒙文史籍,系出克呼古特(一说即土尔扈特),原统辖瓦剌诸部。明建文元年(1399),因不满额勒伯克汗封巴图拉为丞相治理瓦剌,起兵杀汗,为瓦剌称雄之始。永乐十三年(1415),杀巴图拉,旋卒。或谓即汉文史籍中之鬼力赤或猛哥帖木儿。

乌古 亦作于厥里、羽厥里。古族名。与敌烈同为辽代两大强部。有三河乌古部、乌限于厥部、乌古涅刺部、斡突碗乌古部等。广布于辽朝境内:西起今克鲁伦河,东至黑龙江省,北起额尔古纳河流域,南至阴山。辽设乌古敌烈统军司于今蒙古国乔巴山市西,以统辖克鲁伦河及今内蒙古呼伦贝尔盟南部等地的乌古敌烈各部,并加强边防。辽保大四年(金天会二年,1124)降金。金初因辽制,置乌古敌烈统军司,后改招讨司以统之。主要从事牧业,辅以渔猎,盛产良马,有初步农业、手工业,倚牛羊驼马与外界交换。

乌古迪烈统军司 官署名。即乌古敌烈统军司。始置于辽咸雍四年(1068),设统军使、都监等职,负责管理乌古部、迪烈部所在地区军政事务。金初在乌古部、迪烈部所在地区亦置。天德二年(1150)升为招讨司,又名东北路招讨司。后治所迁泰州(指旧泰州,故城一说在今黑龙江泰来县塔子城,一说在今吉林洮南市四家子村古城)。泰和年间,分司于三百里以北的金山县(约当绰尔河上游某地)。

乌古敌烈统军司 即"乌古迪烈统军司"。

乌古里石垒部 女真部落之一。乌古里又译乌虎里,石垒又译十垒。分布在嫩江中游以西雅鲁、绰尔两河流域之地。首领有节度使之职,金于其地设乌古迪烈(即敌烈)统军司,后升为招讨司,又改东北路招讨司。后移于泰州(指旧泰州,故城一说在今黑龙江泰来县塔子城,另一说在今吉林洮南市四家子村古城)。章宗泰和年间,更设分司于金山(今大兴安岭)下的金山县(约当绰尔河上游某地)。

乌古论部 辽女真部落。内分十四部,散居在今图们江及珲春河、绥芬河等地,与完颜部世为婚姻。女真建国后为贵姓之一。

乌古论长寿(?—1218) 金临洮府第五将突门族人,本姓包。袭父包永本族都管职。泰和间攻宋,任绯翮翅军千户。贞祐元年(1213),与夏人战有功,升都统。三年,赐姓乌古论,升提控。兴定元年(1217),抗拒夏军于陇西。二年,领兵攻宋宕昌、西和州等地。升总领都提控,改通远军节度使。固守定西城,累败夏兵。

乌古论德升(?—1218) 金益都路(治今山东青州)女真人,本名六斤。明昌进士。累迁侍御史,出任肇州防御使。宣宗迁南京(今河南开封),任翰林侍读学士、权参知政事。后知太原府事、权元帅左监军,招徕已降蒙古民四千余人。兴定元年(1217),蒙古军攻太原,屡出兵作战。二年,真授左监军。蒙古军再围太原,城破,自缢死。

乌古论镐(?—1234) 金东北路招讨司女真人,本名栲栳。护卫出身,累官庆阳总管。天兴元年(1232),迁蔡、息、陈、颍等州便宜总帅。二年,送粮四百余斛至归德(今河南商丘),请哀宗迁蔡州(今河南汝南),旋加御史大夫,权参知政事。蒙古军围蔡州,分守南面。城破被俘,令招降息州,不下,被杀。

乌古论栲栳 即"乌古论镐"。

乌古迺(1021—约1074) 又作胡来。女真完颜部部落长。自绥可定居按出虎水,完颜部日见兴盛。至乌古迺始建官设制。又自辽境及邻部大量输入铁器,修弓矢,备器械,兵势渐强,白山(今长白山)、统门(今图们江)、五国(今东流松花江一带)各部女真皆听命,被推为都勃极烈。辽兴宗时受封生女真部节度使官号而不系辽籍。金熙宗天会十四年(1136)追谥为惠桓皇帝,庙号景祖。

乌古斯可汗的传说 维吾尔族古代史诗回鹘文残卷。原题缺失,此题系近人所拟。唯一写本藏法国巴黎国民图书馆,共二十一页,四十二面,每面九行。第一面第二行中画一公牛,第五面第九行中画一鸟,第六面第四行中画一独角兽。写成时间约在元代。为散文体英雄史诗,叙述维吾尔族传说中英雄乌古斯的业绩,波斯历史学家拉施都丁《史集》与中亚历史学家阿不勒哈孜的《突厥世系》均收录此传说。另有用察合台语写成的《乌古斯可汗传》和有关此故事的诗体本残卷。有耿世民汉译本。

乌古斯可汗传 见“乌古斯可汗的传说”。

乌古孙良桢 元临潢(今内蒙古巴林左旗)人,字干卿。女真族。乌古孙泽子。至治二年(1322),荫补江阴州判官。历官婺州武义县尹、漳州路推官、延平路判官、监察御史、刑部员外郎、参议中书省事。至正十一年(1351),拜治书侍御史,升中书参知政事、同知经筵事。十四年,迁淮南行省左丞,从太师脱脱镇压高邮张士诚。十八年,升中书右丞,兼大司农。病死。

乌古孙兀屯(?—1213) 金上京路(治今黑龙江阿城)女真人。大定末,袭猛安职。泰和六年(1206),任唐州刺史,累败宋军。升同知河南府事。任右副元帅完颜匡属下右翼都统,从攻襄阳,强渡汉水。后任同知上京留守事。大安三年(1211),领兵二万入卫中都(今北京),累升元帅左监军兼北京留守。贞祐元年(1213),领兵入援中都,战死于定兴(今属河北)。

乌古孙泽(1250—1315) 元临潢(今内蒙古巴林左旗)人,字润甫。先世为女真乌古部。世祖时从军灭宋,升福建行省都事、兴化路总管府事、永州路判官。至元二十九年(1292),从攻海南黎族,升广南西道宣慰副使、广西两江道宣慰副使、佥都元帅府事。后为海北海南道廉访使,教雷州民浚湖筑堤,兴修水利。至大元年(1308),改福建廉访使。后病死。

乌古孙仲端(?—1233) 金女真人,字子正。本名卜吉。承安二年(1197)策论进士。宣宗兴定四年(1220),累官礼部侍郎。七月,与翰林待制安庭珍奉使蒙古求和,见太师国王木华黎。又独往中亚,见成吉思汗。五年冬还。口述使行万里经历,由刘祁记录成篇,名《北使记》。正大元年(1224),任御史中丞,奉诏安抚陕西。五年,贬同州节度使。后归汴京,权参知政事。天兴元年(1232)哀宗自汴京东走,任翰林学士承旨,兼同签大睦亲府事,奉旨留守汴京。次年,崔立之变前一日,自缢死。

乌骨 即“乌护”。

乌哈尔里克 即“绥定城”。

乌哈噶图汗 一作兀哈笃汗。即“元顺帝”。

乌纥提(371—405) 一名大孩。十六国时吐谷浑王。视罴弟。东晋隆安四年(400)继立。后秦灭西秦,吐谷浑乘机攻掠原西秦境。义熙元年(405)乞伏乾归势复振,大破其众,亡入南凉,死于该地。

乌赫哩达 官名。清置,为满语音译,汉译名有三种:(1)九门提督。(2)总管。指专管某项事务的三、四品官,如陵寝总管、围场总管等及蒙古各部、旗所设之总管。(3)苑丞。为内务府所属奉宸苑职官。

乌湖岛 即今山东长岛县北南、北隍城岛。为自山东半岛往高丽、日本的海上重要通道,唐时曾置镇戍于此。贾耽《从边州入四夷》:“登州东北海行,过大谢岛、龟歆岛、末岛、乌湖岛三百里。”(《新唐书·地理志》引)《太平寰宇记》:“乌湖戍在(蓬莱)县北海中二百六十里,置乌湖岛上。贞观二十年(646)为伐东夷,当要路,遂置为镇,至永徽元年(650)废。”

乌鹘 即“乌护”。

乌浒蛮 亦称乌浒人。东汉对岭南部分少数民族的称呼。其人或即包括在古百越族群西方部分的骆越中。东汉建宁三年(170),郁林太守谷永招乌浒人十余万内附,开置七县。其地约当今广西贵港、横县、邕宁、来宾、玉林、桂平一带。魏、晋、南北朝时称俚人或俚僚,唐时称黄峒蛮或乌武僚。为今部分壮族的先民。

乌浒山 一名乌蛮山。在今广西横县东。汉时乌浒蛮所居之地。《后汉书·南蛮西南夷列传》:东汉建宁三年(170),郁林太守谷永以恩信招降乌浒人十余万内属,皆受冠带,开置七县,即此。

乌护 古部族名。又称乌鹘、乌讙、乌骨。铁勒之一部。游牧于高昌(今新疆吐鲁番东南)以北山中。突厥强盛时,臣属于突厥。突厥分裂后,又属西突厥。后西迁至锡尔河下游。一说即鄂尔浑突厥文碑之 Oguz 或 Toguz-oguz(九姓乌护),又说即袁纥。

乌讙 即“乌护”。

乌桓 一作乌丸。古族名。东胡之一支。汉初东胡被匈奴袭破后,部分余众退保乌桓山(在今内蒙古阿鲁科尔沁旗北境大兴安岭山脉南端)。以游牧、狩猎为生,兼营手工业、粗放农业。受匈奴统治,定期向匈奴缴纳牛、马、羊、皮张,逾时不缴,妻、子被没收为奴婢。至汉武帝遣师击破匈奴东部地区,原居今内蒙古赤峰市一带者附汉,徙居上谷、渔阳、右北平、辽西、辽东五郡塞外。东汉初入居塞内,分布于上谷、渔阳、右北平、辽西、辽东属国、广阳、代郡、雁门、太原、朔方等郡。汉武帝时始置护乌桓校尉,东汉初复置护乌桓校尉于上谷郡宁城,职掌赏赐、质子、岁时互市。建安十二年(207),曹操征辽西乌桓,斩其首领蹋顿,迁其余众于幽、并,其人悉入中原,渐与汉族等相融合。唐末辽初时,尚有部分乌桓留居今东北。

乌桓山 桓一作丸。在今内蒙古阿鲁科尔沁旗以北,即大兴安岭山脉南端。公元前三世纪末,东胡为匈奴所破,部分残部退保乌桓山,后称乌桓人。

乌获 战国时人。秦国力士。秦武王力大好戏,他与力士任鄙、孟说为武王所悦,皆至大官。传说他能力举千钧,寿至八十以上。

乌鸡 即“泰和鸡”。

乌稽侯尸逐鞮单于(?—128) 东汉时南匈奴单于。名拔。万氏尸逐侯鞮单于之弟。延光三年(124)万氏尸逐侯鞮单于死后,得立为单于。与汉朝继续通好。因鲜卑屡犯南部,乃上书请求修复朔方以西障塞。顺帝从之,遣黎阳营兵驻屯中山北界,增兵塞下。立四年死。

乌江关 在今贵州遵义县南乌江镇。明万历二十八年(1600)刘绖征播州土官杨应龙,克乌江关,即此。

乌江亭 秦置,因附近有乌江而得名。即今安徽和县东北苏皖界上乌江镇。楚、汉之际,项羽垓下战败,至此亭自刎。西晋太康时置乌江县。明初废为镇。

乌揭 又称呼揭、呼偈、呼得。古族名。位于乌孙西北,与丁零、坚昆相邻。从事畜牧业,出好马,产貂。初见于汉文帝时。宣帝时,匈奴内讧,其首领一度称呼揭单于,旋被匈奴郅支单于击败。三国时,仍活动于故地。

乌碣岩 在今朝鲜钟城附近。明万历三十五年(1607),努尔哈赤弟舒尔哈齐战败乌拉部布占泰于此。

乌介可汗(?—846) 回鹘汗国第十四代可汗。原称乌希特勤。昭礼可汗之弟,彰信可汗之叔。唐开成五年(840)回鹘为黠戛斯所破,近可汗牙帐十三部推以为可汗,南保错子山。会昌元年(841),奉太和公主南徙唐边,为唐军所败。蹙而走依黑车子。六年至金山,余众不及三千,国相逸隐啜怨而杀之。

乌就屠 西汉时乌孙昆弥(王)。翁归靡子,左夫人匈奴女所生。势力壮大后,袭杀其父,自立为昆弥。西域都护郑吉使冯夫人(冯嫽)说降,因惧汉朝威势,声言愿居次位。宣帝乃遣冯夫人锦车持节至赤谷城,立之为小昆弥,另立元贵靡为大昆弥,皆赐印授。自此,乌孙分为大、小昆弥。

乌珂克图汗 即"马可古儿吉思"。

乌克尔博罗素克 见"广仁城"。

乌拉泊古城 古城遗址。在今新疆乌鲁木齐南郊乌拉泊水库旁,扼乌鲁木齐河故道。古城南北略长,东西稍狭,周长2公里,夯土筑成。城分三区,以墙垣为隔。出土大量马、羊骨,灰陶器,覆莲纹铺地方砖。现存主要为元代遗迹。一说为唐轮台故址。

乌拉泊水库区古墓葬 战国时期墓葬。在今新疆乌鲁木齐南郊10公里处。1983—1984年发掘四十六座,分石棺墓室和竖穴土室两种。有单人葬和夫妇双人合葬。尸体以仰身直肢为主,有相向侧身、一仰一侧和屈肢葬等。出土文物以陶器为主,多素面,也有彩陶。主要有单耳罐、壶、钵、碗等。除陶器外,还有金、铜、铁、石等器。墓葬时代大致在战国到汉代。

乌拉喜崇阿 清满洲镶黄旗人,字达峰。咸丰进士。光绪元年(1875)授内阁学士,充赴朝鲜副使。次年起历任兵部右侍郎、浙江乡试正考官、吏部侍郎、都察院左都御史。九年迁理藩院尚书。次年调兵部尚书。十八年兼署礼部尚书。二十年辞休。

乌喇那拉氏(1718—1766) 清满洲正黄旗人。高宗后、佐领那尔布女。高宗继位前为侧福晋。乾隆二年(1737)封娴妃,后进贵妃。孝贤皇后死后进皇贵妃,摄六宫事。十五年册为皇后。三十年随高宗南巡至杭州,因事忤高宗意,复剪发示愤,遂令先回京,旋卒。丧仪令视皇贵妃。高宗从此不再立皇后。

乌喇特 又作吴喇忒。清内蒙古部名。首领为成吉思汗弟哈撒儿后裔。明时游牧于呼伦贝尔,后徙牧黄河河套北岸。天聪七年(1633)归附后金。顺治五年(1648)设前、中、后三旗。嘉庆间前旗有佐领十二、中旗十六、后旗六。牧地在河套北岸、噶札尔山之南,约当今内蒙古乌拉特中旗、后旗及前旗。隶乌兰察布盟。

乌兰布通山 即今内蒙古克什克腾旗西南大红山。清康熙二十九年(1690),清军与准噶尔部噶尔丹大战于此。详见"乌兰布通之战"。

乌兰布通之战 清军与蒙古准噶尔部噶尔丹间的重大战役。康熙二十九年(1690)六月,噶尔丹在乌尔会河(即乌拉桂河)之役中战胜清军,威逼北京。圣祖于七月二十四日进驻博河屯(今河北隆化),是为对噶尔丹战争中的第一次亲征。八月,两军在乌兰布通(今内蒙古克什克腾旗西南)交战。噶尔丹以驼万余缚蹄卧地,背负木箱,上蒙湿毡,环列为营,名为"驼城";士兵依托箱垛,发射弓矢火器。清军以火器为前列,进攻中坚,摧毁"驼阵"。噶尔丹见败局已定,一面派喇嘛向清军伪降,一面乘夜渡西拉木伦河,向漠北撤退,逃回科布多者仅数千人。是役清军歼灭噶尔丹有生力量,蒙古地区得以安定。

乌兰察布盟 清内蒙古诸盟之一。以会盟地在四子部落境内乌兰察布山下,故名。隶理藩院,辖四子部落一旗、茂明安一旗、乌喇特三旗、喀尔喀右翼一旗等四部共六旗。东界锡林郭勒盟,南界察哈尔,北界瀚海,西界阿拉善厄鲁特。今内蒙古仍沿用该盟名称为所辖政区名,辖一市九县五旗,地略同。

乌兰木伦 河名。今青海省大通河上游的蒙古语名称。

乌兰泰(1792—1852) 清满洲正红旗人,索佳氏,字远芳。道光六年(1826)由火器营鸟枪护军从征张格尔有功,升蓝翎长,后擢护军参领、营总、翼长等职。二十七年擢广州副都统。咸丰元年(1851)奉调至广西帮办军务,与向荣攻剿太平军,屡战失利。二年,太平军从永安(今蒙山)突围北上,率兵急追中伏,坠涧受伤。寻尾追太平军至桂林,于南门外将军桥中炮受伤,退屯阳朔,伤重毙命。有《乌兰泰函牍》。

乌雷县 唐总章元年(668)置。以境内乌雷洲为名。治今广西钦州市东南乌雷。上元二年(675)为陆州治。北宋开宝中省入安远县。

乌垒 古西域国名。在今新疆轮台县东策达雅地区。土地肥沃,居西域之中,西汉西域都护治所。东汉初属莎车。建武二十二年(46),莎车王贤以龟兹王则罗年少,分龟兹地为乌垒国,徙驷鞬为乌垒王,后为龟兹所并。东汉设西域都护,遂属之。唐置乌垒州,属安西都护府。清称策特尔、策达雅尔。

乌累若鞮单于(?—18) 西汉末匈奴单于。名咸。呼韩邪单于稽侯狦之子。原为左犁汗王。新莽始建国三年(10)王莽为分化匈奴,封其为孝单于,以对抗乌珠留单于。五年,乌珠留死,复为用事大臣右骨都侯须卜当拥立为单于。天凤二年(15),王莽诱其改称恭奴善于。立五年死。

乌里雅苏台 指清代驻于乌里雅苏台城的定边左副将军辖区。乾隆中叶后统辖喀尔喀四部和科布多、唐努乌梁海二区。相当于今蒙古国、俄罗斯额尔齐斯河上游、斋桑泊以东至东萨彦岭一带和中国新疆阿尔泰地区北部。清季通称外蒙古。

乌里雅苏台城 清雍正间筑,为定边左副将军和乌里雅苏台参赞大臣的驻所,即今蒙古国扎布汗省会扎布哈朗特。

乌里雅苏台将军 即"定边左副将军"。

乌聊山 在今安徽歙县城东南隅。据《三国志·吴志·贺齐传》,东汉建安十三年(208),齐破歙县毛甘万户于此。

乌林 地名。即今湖北洪湖市东北长江北岸邬林矶。《三国志·吴志·吕蒙传》:东汉建安十三年(208),"与周瑜、程普等西破曹公于乌林",即此。

乌林答 又译兀林兀答、忽林答。女真部落。世与金皇室完颜部通婚。分布在孩懒水(又称海罗伊河,今黑龙江省牡丹江支流海浪河)、纳邻河(又称来流河等,今吉林省拉林河)。著名首领有石显、娄诸刊父子。金朝建国后,成为女真姓氏之一。汉姓为蔡。

乌林答胡土(? —1234) 金女真人。正大八年(1231),任破虏都尉,戍潼关。奉旨援京师。九年,至偃师,闻蒙古军已渡河,奔少室山少林寺,夺据登封县官民迁避之太平顶御寨。天兴元年(1232)十二月,奉中京行省完颜思烈檄领军往保洛阳。二年三月思烈病死,代行省事。六月,蒙古军攻城急,领兵弃城奔太平顶,遂失中京。又走蔡州。蒙古军围蔡州,任殿前都点检,分守西面。城破,投水死。

乌林答泰欲 金女真人。天会五年(1127),败宋将李成于淄州。破王善二十万之众,下濮州及其旁近五县。复与拔离速、耶律马五等追袭宋高宗于扬州,以兵助宗弼,连败宋军。卒赠镇国上将军。为开国功臣之一。

乌林答赞谋 又作乌林答赞谟、兀林答赞谋、乌陵思谋。金女真人。初充闸剌(义为行人),办理与辽、宋往来交涉事宜。太宗朝,为行台参知政事,妻为海陵王左丞相秉德之乳母。夫妻俱为温敦思忠所谮杀。大定十二年(1172)诏复官爵,赠特进。

乌林之役 即"赤壁之战"。

乌岭山 在今山西翼城县东北,南接沁水县界,有二岭相对,曰东乌、西乌。《资治通鉴》:唐会昌三年(843),晋绛行营帅石雄袭刘稹,"引兵逾乌岭,破五寨,杀获千计",即此。

乌龙会 明末清初江南奴仆组织。崇祯十七年(1644),太仓(今属江苏)沙溪镇人民得到李自成攻破北京的消息,遂组织乌龙会,置备兵器,与地主大姓斗争。参加者有佃农、家奴、菜佣等,以顾慎卿(家奴出身)、吕茂成(贫寒士人)、陈瑶甫等为首。顾慎卿后自首投官。清兵南下后,乌龙会号召抗清,反对剃发。清将李成栋下乡镇压,大肆屠杀,吕茂成被捕遇害。

乌龙岭 即今浙江建德市乌龙山。元至正十八年(1358),苗帅杨完者屯乌龙岭,李文忠、邓愈击败之,即此。

乌鲁古 又译乌鲁骨。女真语对*群牧司(或称群牧所)的称谓。原义为"蕃息"。

乌鲁木齐都统 官名。清乾隆三十八年(1773)由乌鲁木齐参赞大臣改设。驻乌鲁木齐满城。隶属伊犁将军。统辖乌鲁木齐、巴里坤、古城(今新疆奇台)、库尔喀喇乌苏(今新疆乌苏)、吐鲁番、哈密等地驻军,兼辖镇迪道。光绪十年(1884)新疆建省后裁撤。

乌鲁木齐事宜 书名。清达林、龙铎撰。成书于嘉庆元年(1796)。叙述建制、兵制、官制、山川、城堡、屯田、古迹等。有抄本。

乌鲁木齐提督 官名。清乾隆二十九年(1764)由巴里坤移设。驻乌鲁木齐汉城(今新疆乌鲁木齐)。专辖乌鲁木齐、玛纳斯、库尔喀喇乌苏(今乌苏)、巴里坤、喀喇巴尔噶逊(今乌鲁木齐达坂城)等地绿营官兵之驻防、屯田等事务。光绪十年(1884)新疆建省后裁,原缺改驻喀什噶尔(今喀什)。

乌鲁斯博罗特 即"五路士台吉"。

乌鲁特 蒙古语,意为匠人。准噶尔主管铁匠,负责铸造兵器及各种器具的人。后聚居作业形成乌鲁特鄂拓克。

乌罗德健山 即"於都斤山"。

乌罗洞 即今贵州松桃县西乌罗司。据《续资治通鉴》,南宋祥兴元年(1278),湖南制置使张烈良等起兵以应厓山,为元军所败,奔思州乌罗洞,即此。

乌罗护 即"乌洛侯"。

乌罗浑 古族名。又称乌罗护,元魏时称*乌洛侯。

乌罗长官司 土司名。明洪武初改乌罗龙干等处长官司置。长官杨光威。隶思南宣慰司。永乐十一年(1413)改隶乌罗府,后府废,复隶铜仁府。治今贵州松桃苗族自治县乌罗。境内居民主要为苗族。

乌洛侯 又作乌罗浑、乌罗护。古族名。室韦南部部落之一。游牧于今内蒙古呼伦贝尔盟南部一带,兼营粗放农业,冬季居地室,夏季逐水草而居。部落首领称莫弗,为世袭官号。自北魏至唐多次遣使朝贡。

乌蛮 ❶古族群名。来源于秦汉西南夷中的叟、昆明。三国、两晋至唐,主要分布在今云南、四川南部、贵州西部。其中有:以嶲州(今四川凉山彝族自治州)勿邓部落为首的各部;滇东爨氏统治下的乌蛮各部;洱海周围的"六诏";洱海以北的磨些、施蛮、顺蛮;戎州(今四川宜宾)附近的"昆明十四姓"等。分别从事农业、畜牧,或半农半牧。唐贞观二十三年(649),其首领之一细奴逻建立大蒙国,置首府于巍山(今属云南)。后为南诏主体民族。元明时大部分称为黑爨或罗罗,为形成近代彝族的主要成份。其中,磨些的大部分形成为近代的纳西族,施蛮、顺蛮中的一部分为近代傈僳族的先民。❷见"爨"。❸见

"罗罗"。

乌蛮七部 唐初分布于今云南东北之乌蛮诸部总称。为阿芋路,居曲州、靖州故地,在今鲁甸、大关;阿孟,在今昭通;夔山,居蒙夔山,在今大关、彝良;暴蛮,在今宣威北部及贵州威宁、水城一带;卢鹿蛮,在今巧家、会泽、东川;磨弥殿,在今宣威、曲靖;勿邓,在今四川凉山南部。其中除勿邓外,皆受爨氏统治,属东爨乌蛮中一部分。后又隶属于南诏。

乌蒙部 唐、宋乌蛮部落。居地在今云南昭通,为该地近代彝族的先民。宋时有名阿杓者始封乌蒙王。元初归附,置乌蒙路,隶乌撒乌蒙等处宣慰司。明洪武十五年(1382)改乌蒙军民府。由该部首领世袭土职,保持奴隶制统治。清代实行改土归流,于雍正九年(1731)改为昭通府,土司势力有所削弱。该部与茫布部、闷畔部统治氏族同出于唐代乌蛮之仲牟由,为"宗派一源"的近亲部落。

乌蒙府 明洪武十五年(1382)改乌蒙土司置土府。治今云南昭通市。辖境同元土司。属四川省。清雍正五年(1727)改属云南省。六年改流,并置恩安县(今昭通市)为治所。辖境相当今云南牛栏江以北地区。九年改名昭通府。

乌蒙土司 元至元十五年(1278)于乌蒙部地置乌蒙路总管府。治今昭通市。辖境相当今云南昭通市和鲁甸、大关、盐津、永善等县地。属乌撒乌蒙宣慰司。明洪武十五年(1382)改为乌蒙土府。

乌密 又译嵬名、威名、吾密、于弥。党项族姓氏。北宋明道元年(1032)西夏景宗元昊欲正式称帝,遂废原拓跋姓及唐、宋所赐李、赵姓,自号嵬名氏,亲族皆以此为姓。

乌密氏 见"嵬名氏"。

乌默客(?—1709) 清蒙古喀尔喀车臣汗部人,博尔济吉忒氏。康熙二十七年(1688)归附清朝,附牧乌珠穆沁界外阿尔图,继其父伊勒登阿喇布坦称汗,号车臣,统辖部众,自是始称车臣汗。三十年多伦诺尔会盟后,仍保留其车臣汗号。三十四年归克鲁伦河游牧。准噶尔首领噶尔丹遣使通好,拒之,执使献于清朝,并随清军出征准噶尔。

乌秅 古西域国名。汉时王治乌秅城(今新疆叶城县西南山中),或谓今克什米尔拉达克地区。属西域都护。人民山居,在山石间觅土为田,垒石为屋。产白草,出细步马。北魏时役属于哌哒。《魏书》作"权于摩国"。唐附西突厥。或谓即乌苌、乌仗、乌缠、乌长、乌场、郧茶、乌仗那、乌长那、郁地引那、越底延、乌弥也囊、乌填囊、优填囊。

乌讷博罗特 或误作诺颜博罗特。成吉思汗弟哈撒尔后裔,明代蒙古好儿趁部首领。成化五年(1469),助满都鲁汗追杀毛里孩。向满都鲁汗遗孀满都海彻辰哈屯求婚,因并非成吉思汗后裔,被拒。

乌泥泾镇 在今上海市龙华镇东湾。地当乌泥泾河东通黄浦之枢纽,交通便利。南宋末已成聚落。元代上海是海运要地,曾在此建太平仓,储藏漕粮。人口稠密,市集繁荣,为松江府内大镇。元贞年间,黄道婆从崖州返镇,传授纺织技术,遂成为全国著名的棉纺织手工业中心。明洪武六年(1373),设税课局。明中叶以后,由于乌泥泾河不断淤涸,渐失交通之利,日趋衰落。嘉靖中,经倭寇焚掠,寥落不振,嘉靖三十三年(1554)废税课局。清康熙、雍正间镇废。

乌泥营 又名乌业营。在今贵州铜仁市西北。明嘉靖二十七年(1548),土著聚众为变,官军自铜仁进屯乌泥营,即此。

乌奴山 一名乌龙山。在今四川广元市西。晋宋间,李乌奴据此起事,因名。有乌奴城,南齐尝置东晋寿郡于此。

乌祇 见"焉耆"。

乌耆 见"焉耆"。

乌撒后(後)所 明卫所。在今云南宣威市城区附近。洪武十六年(1383)筑城,属贵州乌撒卫。清康熙五年(1666)废。

乌撒土府 明洪武十五年(1382)改乌撒土司置。治所、辖境同元乌撒土司。属云南省,十六年改属四川省。清康熙五年(1666)改流,改为威宁府。

乌撒乌蒙等处宣慰司 即"乌撒乌蒙宣慰司"。

乌撒乌蒙宣慰司 土司名。即乌撒乌蒙等处宣慰司。元置。属云南行省。初名巴凡兀姑,后名巴的甸。所辖部六:乌撒部、阿头部、易溪部、易娘部、乌蒙部、闷畔部。其东西又有芒布、阿晟二部。乌蛮之裔折怒强大,尽得其地,因取远祖乌撒为部名,至元十年(1273)归附。十三年设乌撒路。十五年为军民总管府。二十 年改军民宣抚司。二十四年升乌撒乌蒙宣慰司。治今贵州威宁。辖境东至今贵州赫章,南邻云南宣威,西至云南永善、彝良、昭通、鲁甸、巧家、会泽、东川等地,北至云南威信、镇雄。居民有罗罗(今彝族)、苗等少数民族。

乌萨哈尔汗 即"脱古思帖木儿"。

乌三娘(约1755—1774) 清山东兖州人。清水教首王伦义女。素有膂力,善武艺,曾随夫走马卖艺。乾隆三十九年(1774)从王伦起义于寿张(今阳谷)。后在临清旧城率众巷战,手舞双刀,杀清兵甚众,中枪阵亡。

乌铩 见"依耐"。

乌伤县 秦置。治今浙江义乌市。属会稽郡。东汉时移会稽西部都尉治此。东汉末吴初分置长山、永康诸县,辖境缩小。三国吴宝鼎元年(266)属东阳郡,隋唐属婺州。唐武德七年(624)改为义乌县。

乌什参赞大臣 见"总理回疆事务参赞大臣"。

乌什之变 见"赖和木图拉"。

乌氏 古族名。西戎八国之一。春秋时活动于今甘肃泾川、宁夏固原至甘肃靖远一带,王城在今甘肃平凉西北。一说乌氏即《穆天子传》中赤乌氏之后裔。战国时为秦惠文王所并。

乌氏县 ❶乌氏一作焉氏(《史记·郦商列传》)、阏氏(《史记·高祖功臣侯者年表》)、乌枝(《续汉书·郡国志》)。本乌氏戎地。战国秦惠王置。治今宁夏固原县东南。属北地郡。秦乌氏倮以畜牧及与戎王交易致富,始皇令比封君。汉属安定郡,北魏废。❷北魏置。治今甘肃泾川县东北。属安定郡。约北周、隋间废。

乌思 又译乌斯、兀速、兀儿速惕。部名。《元史·地理志》:"因水为名,在吉利吉思东,谦河之北。"即萨彦岭北、叶尼塞河东支流乌斯河沿岸居民。蒙古建国初年被征服,元代为驻益兰州断事官所辖五部之一。

乌思藏 亦作乌斯藏。地区名。藏语的音译。乌思指今西藏前藏地区,藏指今西藏后藏地区,另有纳里速古鲁孙指今西藏阿里及其迤西一带地区,元代此三地区合成一个政区,设乌思藏纳里速古鲁孙宣慰使司都元帅府,在乌思藏依当地势力集团分设十三个万户,统归此宣慰使统辖。又建立驿站多处以便利与内地的交通,清点户口以备征调。明洪武七年(1374)设乌思藏行都指挥使司,与朵甘行都指挥使司并为明在藏族地区的行政机构。在今阿里则另有俄力思军民元帅府。乌思藏原有万户,初依元制,仍封授为万户,后多改封为卫指挥使。清初沿用乌斯藏,又多改用危藏、卫藏译名。康熙末年始采用西藏一称。

乌思藏纳里速古鲁孙 地区名。藏语,乌思意为中,清译卫,指前藏;藏指后藏;纳里速古鲁孙意为阿里三路。相当于今西藏地区。元太宗封其子阔端于西夏故地,驻营西凉府(今甘肃武威)。元太宗十一年(1239),阔端派朵儿答进兵乌思藏,随后又邀请萨斯迦班弥怛·公哥·监藏去西凉,通过他说服乌思藏上层归服蒙古。世祖时于此置宣慰司都元帅府,由宣政院管理。乌思藏下分十三万户。纳里速古鲁孙置元帅二员。

乌思藏纳里速古鲁孙等三路宣慰使司都元帅府 官署名。简称乌思藏宣慰司。元置,掌乌思(前藏)、藏(后藏)、纳里速古鲁孙(阿里三路)军民政务,秩从二品,隶宣政院。设宣慰使五员为长官,下设同知、副使、经历、镇抚等。另设乌思藏管蒙古军都元帅二员、纳里速古鲁孙元帅二员,擔里(檐里)管军招讨使一员,分掌戍守这一地区的蒙古军队。下辖十三万户,分掌吐蕃各部军民政务。

乌思藏宣慰司 元"乌思藏纳里速古鲁孙等三路宣慰使司都元帅府"的省称。

乌斯藏 即"乌思藏"。

乌苏里江 水名。黑龙江重要支流之一。古称阿速江,上游由乌拉河和道比河汇合而成,东北流至伯力(今俄罗斯哈巴罗夫斯克)与黑龙江汇合。为历代靺鞨人和女真各部渔猎、住牧之地。清咸丰十年(1860)《北京条约》规定江东割归沙俄。今为中俄界江。

乌苏米施可汗(?—744) 后突厥可汗。判阙特勤之子。开元二十九年(741),拔悉蜜首领阿史那施率回纥、葛逻禄之众杀骨咄禄叶护,立之为汗。既立,以其子葛腊多为西杀(设),阿波达干为东杀(设),遣使请内附于唐。后阿史那施又自立为汗,与之相攻。天宝三载(744)兵败,为回纥磨延啜俘杀。

乌素固室韦 唐室韦二十余部之一。诸部中最西者,在俱伦泊(今呼伦湖)西南,今内蒙古新巴尔虎左旗一带,西与回纥接界,东为移塞没室韦。

乌孙 古族名和古国名。王称昆弥,治赤谷城(今新疆温宿北天山中,一说在新疆特克斯河流域,一说在伊塞克湖东南别代勤山隘西北依什提克)。分布在今伊犁河到天山一带。一般认为其先民系古代坚昆人从叶尼塞河流域南下的一支。原游牧于敦煌、祁连间,西汉初为大月氏所破,部落归服匈奴。匈奴老上单于时,乌孙王借匈奴兵,迫大月氏南徙,据有其地,自立为国,故其民中有塞种及大月氏种。元狩四年(前119)张骞第二次出使西域,乌孙王与汉结盟。汉先后以宗室女细君、解忧两公主妻之。属西域都护。汉于赤谷城驻军、屯田。公元二世纪下半期檀石槐、四世纪初拓跋部耶律曾先后西击乌孙。南北朝时,已南迁葱岭山中。与北魏有密切关系。魏太武帝曾遣董琬等使其国。辽置乌孙国王府。会同元年(938),遣使入贡。其后渐与邻族融合。明清时哈萨克族中尚有乌孙部落。

乌孙马 又名天马、西极马。汉代产于西域乌孙国的一种良马。据《史记·大宛列传》,武帝时"得乌孙马好,名曰'天马'。及得大宛汗血马,益壮,更名乌孙马曰'西极'。名大宛马曰'天马'云"。为仅次于大宛汗血马之善马。

乌台笔补 见"秋涧先生大全文集"。

乌台诗案 宋代文字狱。元丰二年(1079),御史中丞李定、御史舒亶等弹劾苏轼谤讪朝政,作诗讥讽神宗所行新法。举轼诗凡二十余首,如以《秋日牡丹》"化工只欲呈新巧,不放闲花得少休"为讥执政,以"化工"比执政,"闲花"比小民,意为执政出新意,小民不得休息;又指《山村》"杖藜裹饭去匆匆,过眼青钱转手空,赢得儿童闲语好,一年强半在城中",为讥青苗法等。时轼知湖州,朝廷遣官把轼押赴京师,下御史台狱,羁押四个多月。狱成,当徒二年,会赦,责授黄州团练副使。当时受"诗案"牵连的有王诜、苏辙、李清臣、张方平、司马光、范镇、陈襄、孙觉、李常、刘攽、刘挚等二十二人。因御史台别称乌台,故称"乌台诗案"。

乌泰(1866—1920) 清内蒙古哲里木盟科尔沁右翼前旗(又称扎萨克图旗,今属兴安盟)人。蒙古族。早年出家为喇嘛。光绪七年(1881)还俗,袭札萨克图郡王,并任哲里木盟副盟长。二十六年,因阻挠查办"卖荒敛财"案,被革副盟长职。越二年,又因被控"敛财虐众",革札萨克,准留任三年。三十年起,为偿还积年债款,以旗内矿产、山林作抵押,向俄国东清铁路公司及华俄道胜银行借款。1912年8月,裹胁旗众举兵响应外蒙古"独立",被北洋政府通令革爵。为东三省军队击溃。后投附库伦,任哲布尊丹巴政权刑部副大臣。1914年作为哲布尊丹巴政府代表参与中俄蒙恰克图谈判。次年外蒙古改自治后,携家眷回北京寓居。北洋政府恢复其郡王爵,授陆军部顾问。

乌贪訾离 汉西域地名。王治于娄谷,在今新疆呼图壁县南呼图壁河河谷一带。属西域都护。三国以后,并属车师后部。

乌啼虏 十六国时河西部落名。居今甘肃山丹南。北凉玄始二年(413)、六年先后遭沮渠蒙逊攻掠。

乌填囊 见"乌秅"。

乌丸 即"乌桓"。

乌丸山 即"乌桓山"。

乌维单于(? —前105) 匈奴单于。伊稚斜单于之子。汉武帝元鼎三年(前114)立。在位期间,汉置酒泉郡隔绝匈奴与羌人相通之路,又西通月氏、大夏,以宗室女妻乌孙王,分匈奴西方之援国,于是匈奴之势日衰。

乌隗部 契丹遥辇氏八部之一。与涅剌部为兄弟部落。辽设节度使,属东北路招讨司。

乌西 地名。在今贵州大方县东。清康熙三年(1664),贵州水西土司安坤等叛。吴三桂率兵由乌西攻安坤于卧这,即此。

乌希特勤 即"乌介可汗"。

乌延 又作兀颜。金女真部落姓氏。部人分布在阿不塞、蝉春、速频、曷懒、星显、僝春、爱也窟各水(今吉林松花江上源,延边珲春河、绥芬河、海兰河、布尔哈通河、戗牙河及图们江上游)流域和隆安路(治今吉林农安)等广大地区。入中原后,改汉姓为朱。

乌延城 在今陕西横山县南。唐长庆四年(824),朔方节度使李祐筑五城以护塞,此为其中之一。北宋元丰五年(1082),沈括请复城乌延以御西夏,未果。

乌野 ❶即"完颜勗"。❷即"纳合椿年"。

乌衣巷 巷名。六朝时建康(晋改名为建业,后又改为建邺,今江苏南京)城内有乌衣巷,因三国吴时为乌衣营处所,故名。东晋时,琅邪王导、陈郡谢安、丹阳纪瞻等世家大族皆立宅于此,馆宇崇丽。时人把名流士人间交往称为乌衣游;世族子弟称为乌衣郎,后也泛指富贵子弟。侯景之乱后,宅宇荒废。唐刘禹锡作《乌衣巷》诗,用以慨叹六朝兴衰事。

乌夷 见"焉耆"。

乌弋山离 中亚古国名。始见于《汉书·西域传》。约公元前128年,安息以北塞人诸部为西迁月氏所迫,进入安息境内,占有德兰癸亚那(Drangiana)和阿拉科西亚(Arachosia)两郡之地。安息王密司立对提二世(Mithradates Ⅱ,前124—前87年在位)命贵族苏林(Suren)率军往讨。塞人降后,苏林于两郡建立独裁政权,名事安息,实则独立。政治中心在塞斯坦的亚历山大—普洛夫达西亚城(Alexandria-Prophthasia)。"乌弋山离"即Alexandria之音译。以其地绝远,不属都护,汉使稀至。

乌由 元官府发给土地所有者的田土凭证。在编定鱼鳞册后,将各块田土另画一纸,写明田土四至和业主、佃户姓名,发给业主。买卖土地时,必须依法转让。

乌玉河 见"树枝水"。

乌郁 即灰茭。唐《本草拾遗》已有此名。即茭白"内有黑灰如墨者"。因缺少水分和营养物质,食用品质很差。南宋《分门琐碎录》中记载有防治法:"茭首根逐年移动,生者不黑。"此外利用常年分根繁殖,以改善茭草水肥条件,使茭白变黑之厚垣孢子不能过早形成。

乌鸹 即"畏兀儿"。

乌仗 见"乌秅"。

乌仗那 见"乌秅"。

乌者 即"仆散忠义"。

乌真超哈 满语音译。乌真,义为重的、沉重的;超哈,义为兵。后金天聪八年(1634)定随固山额真行营之旧汉兵为乌真超哈。顺治十七年(1660)定汉名为"汉军"。

乌枝县 即"乌氏县"。

乌质勒(? —706) 突骑施汗国创立者。本为唐继往绝可汗阿史那斛瑟罗属下莫贺达干,善于抚下,为众所归。天授元年(690)斛瑟罗返长安,部众推其为主。二年东突厥来犯,大破之。所部有都督二十员,各统兵七千人,屯碎叶西北界。久视元年(700)武后复以斛瑟罗为平西道大总管,还镇碎叶,诸部不服。长安三年(703),他起兵攻逐斛瑟罗,乃以碎叶为大牙,弓月城为小牙,尽并斛瑟罗故地。神龙二年(706)唐册封为嗢鹿州都督、怀德郡王。使未至而卒。

乌珠留若鞮单于(? —13) 西汉末匈奴单于。名囊知牙斯。呼韩邪单于稽侯狦之子。绥和元年(前8)车牙单于死,以弟得立为单于。与汉继续通好,遣子入侍。元寿二年(前1)亲自入朝,受赐衣及锦绣缯帛等物甚众。后与汉朝相约,同意凡中原、乌孙、乌桓及西域诸国逃亡匈奴者,皆不得收受。新莽始建国元年(9)因王莽无端将"匈奴单于玺"易为"新匈奴单于章",以此积愤,是后不断遣骑扰掠边城。莽兴师动众,十道并出,进攻匈奴。数年之间,北边虚空,宣帝以来汉与匈奴之间的友好关系遂遭破坏。立二十一年死。

乌珠穆沁 清内蒙古部名。明属察哈尔。崇德二年(1637)附归清朝。六年,设右翼旗。顺治三年(1646)复设左翼旗。嘉庆间,右翼旗有佐领二十一,左翼旗有佐领九。牧地约当今内蒙古东乌珠穆沁旗。隶锡林郭勒盟。

乌孜别克族 中国少数民族之一。主要分布在新疆维吾尔自治区。人口14 763人(1990年)。族名源自十四世纪蒙古钦察汗国(又称金帐汗国)乌孜别克汗。元译月思别、月即别、月祖伯。十五世纪三十年代起,由阿布勒海尔汗率领南徙。十五世纪末至十六世纪初,又在昔班尼汗统率下更大规模南迁,推翻帖木尔王朝,建布哈拉汗国、基发汗国。十八世纪初,复在锡尔河上游建浩罕汗国,游牧的乌孜别克人与当地农业居民相融合,加以陆续来自中亚被称为安集延人、布哈拉人、浩罕人的乌孜别克商人,遂形成为中国的乌孜别克族。主要从事商业,喀什、伊犁等城市为其主要居住地。亦有少数在北疆与哈萨克族共处经营畜牧业。语言属阿尔泰语系突厥语族。多信伊斯兰教。文化教育较发达。建国后实现社会改革,各项事业均有发展。

扜弥 又作扜冞、扞弥、宁弥、拘弥、捍麽、媲靡、汗弥、绁州。古西域国名。汉时王治扜弥城,即今新疆于田克里雅河东古拘弥城遗址。居民以农为主,兼事畜牧。属西域都护。东汉顺帝永建四年(129),于阗王放前杀扜弥国王兴,另立其子为拘弥王。阳嘉元年(132),敦煌太守徐由更立前王宗族成国为拘弥王。灵帝熹平四年(175),西域长史、戊已校尉辅立拘弥侍子定兴为王。三国时并属于阗。

扜冞 见"扜弥"。

鄔 春秋郑邑,后入周。在今河南偃师市西南。《左传》隐公十一年(前 712):"王取鄔、刘、蒍、邘之田于郑",即此。

鄔荼 见"乌秅"。

鄔景和(? —1569) 明苏州昆山(今属江苏)人,字时济。嘉靖二年(1523)娶明孝宗女永福公主。四年公主死。二十八年掌宗人府事。后以反对崇信道教忤帝,削职为民。隆庆二年(1568)复官。

鄔县 春秋晋分祁氏采邑置。在今山西介休市东北。《左传》昭公二十八年(前 514):晋魏献子为政,"分祁氏之田以为七县",以"司马弥牟为鄔大夫"。战国属赵,秦至三国魏属太原郡,晋属太原国。《史记·曹相国世家》:"因从韩信击赵相国夏说军于鄔东,大破之,斩夏说",即此。晋末废。北魏太和十九年(495)复置。北齐废。

巫 官名。殷商置,掌巫筮,预言吉凶,禳祷以除疾病。周、秦、汉或沿置。

巫蛊 古代法律指祈求鬼神加害于人或以邪术使人迷惑昏狂的犯罪行为。历代均以严刑惩治。汉律规定,巫蛊者处死。北魏律规定:"巫蛊者,负羖羊,抱犬,沉诸渊。"汉武帝时,因巫蛊而兴大狱。参见"巫蛊之祸"。

巫蛊之祸 汉武帝末年封建统治集团内部发生的重大政治事件。巫蛊为一种巫术。当时人认为使巫师祠祭或以桐木偶人埋于地下,诅咒所怨者,被诅咒者即有灾难。征和二年(前 91),丞相公孙贺之子被人告发为巫蛊祝诅武帝。贺父子下狱死,连及卫皇后所生诸邑、阳石两公主皆坐诛。武帝命宠臣江充为使者治巫蛊,百姓辗转相诬,死者前后数万人。江充与卫太子有隙,利用武帝怀疑左右皆为巫蛊的心理,奏言宫中有蛊气。遂掘蛊于太子宫,声称得桐木人。太子惶惧,乃从少傅石德计,捕杀江充,发兵反。武帝命丞相刘屈氂领兵镇压,双方在长安城内混战五日,死者数万人。太子兵败逃亡,旋被围捕不能脱,遂自杀。卫后亦自杀。久之,巫蛊事多不信。车千秋等上书讼太子冤,武帝乃夷江充三族。又作"思子宫",于卫太子被害处作"归来望思之台",以志哀思。

巫郡 战国楚置。因巫山得名。辖有今湖北省清江中、上游及重庆地区。《战国策·楚策一》:"楚地西有黔中、巫郡。"《史记·秦本纪》:秦昭襄王三十年(前 277),"蜀守若伐楚,取巫郡"。

巫凯(?—1438) 明应天句容(今属江苏)人。原为庐州卫百户,永乐时参与交阯、漠北之战,积功至都指挥使。宣宗立,任都督佥事,镇守辽东。请令内地人自塞外脱归者得自便,并请罢松花江造舟之役。英宗初,进都督同知。善驭军,性刚毅,饶智略,居镇三十余年,于边务有所修饬。后卒于任。

巫马 官名。《周礼》夏官之属。掌治马疾。

巫马期 即"巫马施"。

巫马施(前 521—?) 春秋末鲁国(一说陈国)人。姓巫马,名施,字子期,期或作旗,亦称巫马期。孔子学生。曾为鲁国单父(今山东单县)宰,日夜勤政,致单父得治。

巫马子 战国时人。孙诒让疑其为孔子弟子巫马施后人。曾与墨子就鬼神孰与圣人明智以及兼爱、义利等问题进行辩诘。

巫彭 相传为上古巫医,后代尊为神医。

巫沙之会 战国时韩国与魏国的会盟。秦惠文君十三年(前 325)自称为王,秦益强。魏惠王为拉拢与国抗秦,与韩威侯在巫沙(今河南荥阳北)会盟,尊韩威侯为王(即韩宣惠王),韩亦承认魏惠王称王。

巫山 在今山东肥城市西北。春秋齐地,《左传》襄公十八年(前 555),晋伐齐,"齐侯登巫山以望晋师",即此。

巫山神女 战国时楚国人奉祀的巫山女神。宋玉《高唐赋》云,楚襄王与宋玉登云梦之台,见瞬息间变幻无穷的云气。宋玉说,天帝(炎帝)有幼女,名瑶姬,未嫁而亡,葬在巫山之南,故称"巫山之女"。又称,以前楚怀王曾游高唐之台,梦中与神女欢会。临别时,神女说:妾在巫山之阳,高丘之岨,旦为朝云,暮为行雨,朝朝暮暮,阳台之下。怀王遂为其立庙,号为"朝云",祀之。

巫师 ❶各种行使巫术人之泛称。❷吏职名。隋太常寺太卜署有男巫、女巫若干人。唐置巫师十五人,掌巫筮之事。

巫觋 古代占相之人。女曰巫,男曰觋。《荀子·王制》:"相阴阳,占祲兆,钻龟陈卦,主攘择五卜,知其吉凶妖祥,伛巫跛击之事也。"王先谦注:"击,读为觋,男巫也。古者以废疾之人主卜筮巫祝之事,故曰伛巫跛觋。"

巫贤 商臣。巫咸之子,辅佐祖乙治国。

巫咸 商臣。太戊时治王家有功,作《咸乂》、《太戊》。殷墟甲骨文中有咸戊,或以为即巫咸。或说是神农、黄帝或尧时人,占筮的创始者。

巫县 秦置。因巫山得名,属南郡。治今重庆巫山县北。晋徙今治。三国、西晋为建平郡、建平都尉治所。隋开皇初改名巫山县。

巫州 唐州名。贞观八年(634)分辰州置,治龙标(今湖南洪江西北)。天授二年(691)改称沅州。开元十三年(725)复为巫州。天宝元年(742)改为潭阳郡,领龙标、朗溪、潭阳三县,户五千三百六十八,口一万二千七百三十八。辖境约当今湖南怀化、洪江、绥宁、通道、会同、靖县、芷江和贵州天柱等市、县地。乾元元年(758)复为巫州,大历间改称叙州。

诬告 刑法名目。又称诬人,即诬陷他人。《睡虎地秦墓竹简·法律答问》:“葆子狱未断而诬告人,其罪当刑为隶臣。”秦律规定,必须是主观故意,才构成诬告罪。《法律问答》:“甲告乙盗牛若贼伤人,今乙不盗牛,不伤人,问甲何论?端为,为诬人;不端,为告不审。”汉亦有诬告罪,《后汉书·宗室四王三侯传》:“晃及弟利侯刚与母太姬宗更相诬告。章和元年,有司奏请免晃、刚爵为庶人,徙丹阳。”后历朝多有诬告法,并多用反坐定罪。如《大明律·刑律·诉讼》:“凡诬告人……至死罪,所诬人已决者,反坐以死。未决者,杖一百,流三千里,加役三年。”

诬告法 明初制止诬告之法令。永乐元年(1403)定。凡诬告三、四人者杖一百,徒三年;五、六人者杖一百,流三千里;诬告十人以上者,凌迟,家属迁化外。

屋骨朵鲁 即“移剌子敬”。

屋架 古建筑中的主要部分。主要由梁、枋、短柱等部分组成。梁是承弯曲构件,屋顶的重量通过檩梁传递到直立的柱身。每根梁的具体称呼,依所在的位置、承托檩数的多少而定,上一层水平梁托檩条三根称三架梁,而下一层水平梁托檩条五根。若是有廊的建筑物,在檐柱与金柱之间另有短柱,在没有斗栱的建筑中,梁头方直称抱头梁。在有斗栱的建筑中,梁头特地做成较复杂的挑尖形式,似一顶道冠,名为挑尖梁,不承重,只起勾搭联络作用。在廊深较大时,抱头梁上还可以再加一根瓜柱, 条梁和一根檩,下层曰双步梁,上层曰单步梁。双步梁除了勾搭联络之外,也有承重的功能。枋的作用以柱头间勾搭联络为主,有时也承受重量,构成承弯曲构件。在脊瓜柱柱头间者名脊枋,在金瓜柱柱头间者名金枋,在檐柱柱头间名檐枋或额枋。若有廊的建筑,在檐柱头与金柱间还有穿插枋;重檐的建筑,在金柱柱腰之间还有承椽枋。在有斗栱的、开间进深比较大的建筑物中,额枋要用两层,上层名曰大额枋,断面较大,下层名曰小额枋,断面较小;二者之间用厚板填空,名为额垫板,大额枋之上再用一块承托斗栱的扁枋,名为平板枋。依进深方向,直贴梁下,连贯于柱头之间的名为随梁枋,象大额枋、承椽枋等构件均兼有联络与承重作用。短柱位于屋架中两层梁间或檩梁之间,如支木高度超过木身宽度称为瓜柱,反之称柁墩。瓜柱按地位的不同可分为脊瓜柱、金瓜柱等。在高层建筑中,放在横梁上,下端不着地,而上端的功用和位置与檐柱、金柱相同的是童柱。

屋兰县 西汉置。治今甘肃山丹县西北。属张掖郡。北魏废。

屋利啜 即“屈利啜”。

屋税 即“宅税”。

屋税盐 五代时,在城镇按屋税配售食盐,称屋税盐。后周广顺三年(953)敕:“诸州府并外县镇城内,其居人屋税盐,今后不俵,其盐钱亦不征纳。”

屋粟 战国赋税类别之称。《周礼·地官·载师》曰:“凡田不耕者出屋粟。”贾公彦疏:“民有百亩之田不耕垦种作者,罚以三家之税粟”,即为屋粟。《司马法》亦云,屋粟是对荒废耕地之受田农民加征三倍的田税。

wú

亡波 即“毋波”。

无编县 西汉置。治今越南清化省东南靖嘉西。属九真郡。东汉后废。唐复置。属爱州。后又废。

无产税户 宋时乡村无田人户,本应在户籍上列为客户,因对他们的耕具、房屋、船、牛之类估算家业钱,在户籍上亦列为主户,即税户,故称无产税户。

无常 梵文 Anitya 的意译。佛教名词。佛教认为世间一切事物均处于因缘联系和生灭迁流之中,而无常住性,故名。以此否定客观事物的存在。分“刹那无常”和“相续无常”,前者指事物在时间上刹那生灭,流转不息;后者指事物在阶段上此生彼灭,流转不停。

无愁天子 北齐后主高纬,常为无愁之曲,自弹琵琶而唱之,侍和之者以百数,人间谓之“无愁天子”。

无待 与“有待”相对。指无所凭借地进入绝对自由境界。《庄子·逍遥游》郭象注:“唯无所不乘者无待耳。”参见“有待”。

无敌竹将军 管形火器。以毛竹圆厚者,长四尺许,凿通其节,止留头节为底。底节后留一尺四五寸以安木柄,柄头弧度与竹节底合,以抵竹节处,用大钉钉固;以麻绳编成辫,自柄至口紧紧缠固。筒内置润黄泥二寸,上覆一分厚大铁钱一个。傍钱上方竹筒壁开一线眼,引入药线四五寸。入火药一斤,以木杆筑实,上以少许纸团或干土实之,再覆一钻眼如莲房之铁钱,加入径如筒之大圆石弹一个,置铁钱上,或加生铁、小铅弹于钱上。筒口以木盖之,加油纸、漆等封固。发时,以木架架之,可达七八百步。明代始用之。

无棣 春秋齐邑。相传在今河北盐山县东南旧庆云县东。隋置无棣县。《左传》僖公四年(前656):管仲谓周召公奭赐齐先君履,“东至于海,西至于河,南至于穆陵,北至于无棣”,即此。一说指齐所主东北境内诸侯,非谓齐分封之地,应在辽西孤竹,即在今河北卢龙县南。见沈钦韩《春秋左氏传地名补注》。

无棣县 隋开皇六年(586)分阳信、饶安二县置。以南临无棣沟而名,治今河北盐山县东南、旧庆云县东,属沧州。大业时属渤海郡。唐贞观元年(627)省入阳信县。八年复置。属沧州。北宋治平中徙治保顺军(今山东无棣西北)。元于隋、宋旧址设县,遂成二无棣县:旧址之县又称西无棣县,属沧州;新址之县又称东无棣县,属棣州。明洪武初废东无棣县,洪武六年(1373)移西无棣治于旧庆云县,永乐初改为庆云县。

无额上供 见“上供”。

无句 又作毋句氏。相传为尧之臣，磬的制作者(《世本·作篇》)。

无害吏 秦汉官制术语，用以说明官吏的品行和能力。《史记·萧相国世家》:“以文无害为沛主吏掾。”历来注家说法不一，一说以为通晓法律令，无人能与之比者；一说持法公正，不以己意私怨枉法。

无何集 书名。清熊伯龙著。十四卷。首刊于乾隆五十九年(1794)。旨在阐发东汉王充《论衡》中之无神论思想。本名《论衡精选》。一至十二卷主要收录《论衡》反对阴阳迷信资料，并予以评论。十三卷为“辟佛教”而作。十四卷杂取儒家经典中合于《论衡》意旨的资料，由其子熊正笏辑。批判的范围广泛，包括佛教、道教、术数等方面，着重抨击当时流行的迷信习俗和传说。刊行后，甚受学人推崇。另有中华书局校点本。

无怀氏 “无”或作“亡”。相传为上古帝王，在女娲之后。见《管子·封禅》。

无极 古代哲学术语。指无形无象的宇宙本原，即道体本原。《老子》第二十八章:“常德不忒，复归于无极。”言确保常德无亏，就能恢复到道体本原。唐人卫琪注《玉清无极洞仙经》，有《无极》、《太极》两图。五代陈抟隐居华山，以《无极图》刊于石。周敦颐据此图于《太极图说》中提出“无极而太极”之说，以有无为一体。程子讲《易》，绝口不提“无极”、“太极”，道理亦在于此。朱熹注《太极图说》，认为“无极而太极”即“无形而有理”，“无极”被理解为“太极”的形容词，“非太极之外复有无极”。陆九渊则认为在“太极”之上再加个“无极”，属于重叠多余。由此可知，宋儒在道体观上，已泯除“有”、“无”界限，基本趋于一致。

无极而太极 语出北宋周敦颐《太极图·易说》，是关于宇宙生成论之命题。据宋代国史本传载，该书首句原为“自无极而为太极”。南宋朱熹则谓原文本作“无极而太极”，“自”、“为”二字，乃修史者所增(见朱熹《记濂溪传》、《邵州州学濂溪先生祠记》)。后元修《宋史》即采朱说。意谓太极本即无极，是以太极为宇宙本源和中心，而“自无极而为太极”意为太极本于无极，指宇宙生成是从“无”而为“有”，有生于无之意。

无籍军 元攻打南宋时临时组织的军兵，随军作战，无军籍。

无假之关 战国楚地。确址不详。《史记·越世家》:“北围曲沃、於中，以至无假之关者三千七百里。”又云:“复雠、庞、长沙，楚之粟也；竟泽陵，楚之材也。越窥兵通无假之关，此四邑者不上贡事于郢矣。”徐广曰:“‘无’，一作‘西’。”张守节正义:“当在江南长沙之西北也。”

无尽藏 佛教名词。(1)谓真如法性广大无边，作用于万事万物，无穷无尽。(2)僧伽库藏。分信、戒、惭、愧、闻、施、慧、念、持、辩十藏，故又称十无尽藏。隋开皇三年(583)，三阶教创始人信行被召入京，于真寂寺建无尽藏院。京城施舍崇盛。后三论大师吉藏于长安弘法，所得施财“用即有余，乃充十无尽藏”。唐贞观以降，无尽藏院积聚钱帛不可胜计。但因其借佛敛财，有碍王朝统治，曾遭隋文帝等敕禁，只是禁而不断。开元时玄宗命毁化度寺无尽藏院，所有钱帛供京城诸寺。

无尽藏院 唐长安三阶教佛寺内专营高利贷之质库。隋三阶教化度寺信行和尚首创。初名无尽藏，取佛法无边，作用万物，无穷无尽之义，意为本利不断滋生之长生钱。唐称无尽藏院。武则天时，三阶教受皇室、勋贵支持，财力充沛，于长安化度寺、光明寺等皆置此院，以质钱赚取利息，为当时佛寺金融业之巨魁。参见“无尽藏”。

无涓 汉皇帝侍妾称号。元帝定妾媵位号，从昭仪起，分十四等。前十三等皆一等一号，第十四号则包括无涓、共和、娱灵、保林、良使、夜者六号。无涓等禄秩相当于百石官。

无君论 书名。晋鲍敬言著。指出自然万物皆由阴阳二气而生，批判天尊地卑的神学观念，揭露统治者聚敛无度，造成“民乏衣食”，“且冻且饥”。认为“有司设则百姓困，奉上厚则下民贫”，鼓吹建立一个“无君”的社会。葛洪有《抱朴子·诘鲍》篇批驳其说。

无雷国 汉时王治卢城(今新疆塔什库尔干县境)，或谓在今伊西洱库尔以东的帕米尔一带。汉时属西域都护。

无娄 春秋杞邑，后为莒地。在今山东诸城市西。《春秋》宣公十五年(前594):“仲孙蔑会齐高固于无娄”，即此。《公羊传》作“牟娄”。

无虑县 西汉置。因西有医无虑山(即医巫闾山)得名。治今辽宁北宁市东南，属辽东郡。为辽东郡西部都尉治所。东汉末废。

无名 老子用语。意指无以名状。与“有名”相对。语出《老子》第一章:“无名天地之始，有名万物之母。”意谓宇宙之本原不可名状。亦指“道”。“道常无名”，“吾不知其名，字之曰道。”(第二十五章)其属性自然而然，故称“无名之朴”。

无名钱 未列入国家财政收支项目的钱。《汉书·张安世传》:“诏都内别藏张氏无名钱以百万数。”汉代的官钱分别由都内、水衡和少府贮存，度支中往往以钱府为名，如都内钱、水衡钱等。宣帝时，张安世父子封侯，恩宠大盛，安世辞禄不受，天子命都内别藏张氏之钱，未列入国家财政项目，因称“无名钱”。

无名数 不书名数。名数即户籍，无名数即没有户籍。《汉书·石奋传》:“元封四年(前107)，关东流民二百万口，无名数四十万。”颜师古注:“名数，若今户籍。”

无名异 古矿物名。一种含锰、钴元素的矿物。宋《开宝本草》始将其作为药物加以记载，过去炼丹时常用药物，作为氧化剂。宋代开始用于青色瓷釉的配料，明以后使用更广。明《天工开物》载:“凡画碗青料，总一味无名异。”古代桐油炼制中亦用作催干剂。

无明 梵文 Avidyā 的意译。佛教名词。据《成实论》:"邪念即无明别名。"故名。亦名"痴"。《俱舍论》卷四:"此中痴者,所谓愚痴,即是无明、无智、无显。"即无有智慧,愚昧不明,为佛教轮回转生最基本的理论——"十二因缘"之首,宣称由于"无明"而产生之善与不善等行为,能引起死生苦痛无涯,而不得"解脱"。

无难督 官名。三国吴置。统无难士,负责侍卫帝王,亦用于征战。分置左、右部,各以无难左、右部督统之。地位重要,孙虑曾以右将军为之。

无能子 书名。作者自称无能子。撰于唐光启三年(887)。现存三卷,三十四篇。上卷论理,凡十篇,从宇宙本体论及个人修炼;中卷论史,凡十篇,从西周论及魏晋;下卷前十篇,以答问形式述见闻、寓言,最后四篇,与本书体例不合,内容重复,文字拙劣,显系后人增纂。但思想论点尚与原书基本一致。该书近万言,为唐末重要哲学著作。书中抨击中唐以来黑暗腐朽政治,对宇宙本体,道教修持方法、儒佛思想影响作了阐述,反映出儒、佛、道三者既斗争又融合的时代特征。现存以明正统《道藏》本为最古。1981 年中华书局出版校注本。

无念 佛教名词。无妄念之谓。正念、真念、真如之别称。指"六根"(眼、耳、鼻、舌、身、识)的闻见觉知不为世俗之见所动。佛教认为各种"业"和"惑"因"妄念"而生,无有"妄念",就是"真如",故亦称"无念真如"。为禅宗修习的宗旨,《坛经·定慧品》谓:"自性本无一法可得,若有所得,妄说祸福,即是尘劳邪见,故此法门立无念为宗。"并提出"真如即是念之体,念即是真如之用",主张从念的体用上,杜绝外界的影响。"纵见恒沙(恒河沙之略称,譬喻众多)佛来,亦无一念喜心,纵见恒沙众生一时俱灭,亦不起一念悲心"(《神会和尚遗集》),修得如此境界,即是"解脱"。

无任 刑法用语。意为无人作保。《周礼·秋官·司寇》:"使州里任之,则宥而舍之。"贾公彦疏云:"云使州里任之者,仍恐习前为非而不改,故使州长、里宰保任,乃舍之。"又见《管子·大匡》:"吾权任子以死亡。"房玄龄注:"任,保也。""居延汉简"和汉"刑徒砖"中有"无任徒",即无人作保的刑徒。

无上可汗 契丹联盟长李尽忠于唐万岁通天元年(696)起兵反唐,自号无上可汗。

无神论 篇名。近人章炳麟撰。清光绪三十二年(1906)发表于《民报》第八号。谓"惟物之说,犹近平等;惟神之说,崇奉一尊,则与平等绝远也。欲使众生平等,不得不先破神教"。着重运用逻辑方法揭露基督教神学体系之内在矛盾,否定上帝无始无终,全知全能,绝对无二,无所不备,而为创世主说。对印度婆罗门教所谓高等、劣等梵天说亦有所批判。肯定斯宾诺莎(Baruch Spinoza,1632—1677)"以神为寓于万物"之泛神论具有启蒙意义,批评康德(Immanuel Kant,1724—1804)以神之有无,超越认识范围外之不可知论,"可谓千虑一失"。

无事片 文书名。清代上行文之一种。清制,中央各文职衙门及八旗、侍卫处等分班值日。各衙门有应行奏状事件或升官补缺人员带领引见者,均于该衙门值班日办理。如此日无应办事务,亦当呈递折片奏明,俗称无事片。

无题诗 诗类名。古代诗人别有寄托,或有隐避,不便或不愿标明题目,故以"无题"名篇。亦有命题难以概括全诗内容与旨意,以诗起首二字作为标题者,也属"无题诗"。如李商隐《锦瑟》。

无为 ❶道家用语。一指作为宇宙本体之道的属性。老子首倡此说:"道常无为而无不为。"(《老子》第三十七章)二指顺应事物之自然变化而不必人为进行干预。如《老子》第四十三章:"不言之教,无为之益。"《庄子·在宥》:"无为而尊者天道也,有为而累者人道也。"此说后同刑名法术相结合,成为君主驾御臣民之统治方术。儒家亦在此意义上加以运用。❷梵文 Asaṃskṛta 的意译。亦称无为法。佛教名词。与"有为"相对。意谓无因缘造作之法。指非由因缘所成、无生灭变迁的绝对存在。其特点为无生、无住、无异、无灭。《大毗婆沙论》第七十六:"若法无生、无灭、无因、无果,得无为相,是无为义。"

无为而治 西汉初年封建统治者采取的一种统治术。因其标榜黄帝、老子,故称黄老无为而治。刘邦建立汉王朝后,萧何任相国,为稳定封建统治秩序,招抚流亡,奖励生产,同时减省租赋,实行休养生息政策。萧何去世后,继任者曹参根据黄老学派盖公所言"治道贵清静而民自定",遵循高帝和萧何所制定的规章法令,不滋事扰民,以维护社会安定。百姓因而歌曰:"萧何为法,讲若画一;曹参代之,守而勿失。载其清静,民以宁一。"

无为法 即"无为"。

无为教 又称大乘教。明清时秘密宗教。罗教之一支,相传为明代罗孟洪所创。倡言清净无为,劝人修证来世,故名。

无为军 北宋太平兴国三年(978)分庐州巢县无为镇置。因"思与天下安于无事,取无为而治之意以名之"(《元史·地理志》)。治今安徽无为县。辖境相当今安徽无为、庐江、巢湖等市、县地。寻废。淳化中复置。属淮南西路。南宋景定三年(1262)升所属巢县为镇巢军。辖境缩小。元至元十四年(1277)升为路。

无为路 元至元十四年(1277)升无为军置。治今安徽无为县,辖境同宋无为军。二十八年降为州。

无为县 北宋熙宁三年(1070)分巢、庐江二县地置。治今安徽无为县。为无为军治。元为无为州治。明初废入无为州。

无为州 元至元二十八年(1291)降无为路置。治所、辖境同宋无为军,属庐州路。明清属庐州府。1912 年降为县。

无我 梵文 Anātman 的意译。亦称非我、非身。佛教名词。佛教基本教义之一。佛教指无主宰之用的非实在的自体。认为人身系五蕴(色、受、想、行、识)假和合而成,没有自在的自体,称"人无我"(人空);一切事物系种种因缘和合而生,迁流无恒常坚实的自体,称"法无我"(法空)。小乘佛教只言"人空",大乘佛教则主张人、法二空,借以否定世界上一切物质实体的存在。

无锡白话报 杂志名。清光绪二十四年闰三月二十一日(1898.5.11)在江苏无锡出版。由"白话学会"主办。裘廷梁(字可桴)及其侄女裘毓芳(梅侣女史)主编。五日刊。第五期始更名《中国官音白话报》,每两期合出一册。为中国早期白话刊物。分中外纪闻、无锡新闻、富国策、养民新法、海外奇闻、海国妙喻诸栏。意在俾商农工及童塾子弟"略能通知中外古今,及西政西学之足以利天下,为广开民智之助"。停刊时间不详,共见二十四期,最后一册出版于同年八月一日(9.16)。

无锡竢实学堂 学校名。清光绪二十四年(1898)杨模在无锡上元街开办。延华蘅芳为总教习,招收十五至二十五岁子弟入学肄业。课程有经史、修身、地理、算术及英文、日文等。二十九年,改为无锡高等小学堂。

无锡县 西汉置。即今江苏无锡、锡山两市。属会稽郡。东汉属吴郡。三国吴分无锡以西为毗陵典农校尉,省县。西晋太康元年(280)复置。东晋南朝属晋陵郡。唐宋属常州。元升为州,属平江路。明清复为县。属常州府。唐以后相传因周、秦间县西惠山支峰产锡,汉兴锡殚,故名无锡。王莽时锡复出,改名有锡。后汉之世锡又竭,复名无锡。按"无锡"应为越语,此望文生义,不可信。

无向辽东浪死歌 隋大业七年(611),山东邹平人王薄率众于长白山(今山东邹平南)起义,作此歌曰:"长白山头(前)知世郎,纯著红罗锦背裆。横(长)矟侵天半,轮刀耀日光。上山吃獐鹿,下山吃(食)牛羊。忽闻官军至,提刀向前荡。譬如辽东豕(死),斩头何所伤!"见宋曾慥《类说》卷四所引《河洛记》。

无相 佛教名词。指事物的本性如虚如幻,无色无形,无有相状,故名。或指无"十相"(色、声、香、味、触、生、住、坏、男、女),而与"涅槃"同义。《涅槃经》卷三十:"涅槃名为无相","无十相故","故名无相"。禅宗宣称其法门"以无相为体",即以"无相"为"无念"的本体,而"无念"是"无相"的作用,宣称"外离一切相"(《坛经·定慧品》),即可"明心见性"、"见性成佛"。

无盐 战国齐邑。又作毋盐。在今山东东平县东。《水经·汶水注》:"齐宣后之故邑,所谓无盐丑女也。"

无盐君 即"钟离春"。

无盐氏 西汉人。吴楚七国之乱时,京师长安的列侯封君从军,向子钱家借贷。子钱家以关东成败未决,皆不肯借。他出千金借贷,利息十倍。不久,吴楚乱平,他得息十倍,成为关中巨富。

无盐县 本战国齐邑,秦置县。治今山东东平县东。两汉为东平国治。魏、晋属东平国。南朝宋及北魏、东魏为东平郡治。北齐废。

无阳县 西汉置,以在无水之阳得名。治今湖南芷江县东北。东汉废。西晋太康中复置,作舞阳县。东晋义熙中移治故镡成县(今靖州县西南)。南朝齐作潕阳县。梁改为龙檦县。历朝皆属武陵郡。

无弋爰剑 一作袁剑。战国初河、湟间(今青海湟水中下游)羌人。秦厉共公时(前476—前443)曾被秦国虏为奴隶,学会农牧技术。后逃归故地,被羌人推为首领,教部民耕田畜牧,促进了羌族社会生产的发展。羌语称奴隶为"无弋",故名。其后裔为湟中羌人首领。

无逸 《尚书》篇名。一作毋逸。相传为周公作。《史记·鲁周公世家》:"周公归,恐成王壮,治有所淫佚,乃作《多士》,作《毋逸》。"或疑其晚出,作于春秋末年。其内容要求统治者了解"稼穑之艰难",勤于政务,不可耽于安逸;听到"小人"怨詈,要"皇自敬德",不要任意"罚无罪、杀无辜"。

无忧城 见"维州"。

无余(餘) 于越首领。传说是夏少康庶子。少康恐禹祭祀断绝,乃封之于越,号曰无余,于越世系由此始。

无宇 即"田桓子"。

无冤录 书名。元王与撰。二卷。王与,尝官海盐县令。书成于武宗至大元年(1308),以宋慈《洗冤录》为蓝本。上卷为官吏之章程,计十三则,多载至元、元贞、大德间官牒条格;下卷为尸伤之辨别,计四十三则,多引《洗冤》、《平冤》两录,稍为驳正。为著名的法医学专著,曾被译为日文、朝鲜文。有《枕碧楼丛书》、《敬乡楼丛书》、《宋元检验三录》本。

无遮会 即"四部无遮大会"。

无终 古族名。又称山戎、北戎。戎人的一支。原活动于山西北部,后迁今河北涞源,又东迁至玉田西北无终山。燕庄公二十七年(前664)无终侵燕,齐桓公助燕败之于孤竹(今河北卢龙南),得其冬葱、戎菽,移植齐国。后又西迁晋北。晋悼公四年(前569),无终子嘉父派使臣孟乐至晋,献虎豹皮求盟。悼公派魏绛与诸戎结盟。晋平公十七年(前541),晋兵败无终及群狄于太原(今山西太原南)。

无终县 ❶秦置。治今天津蓟县,为右北平郡治。项羽封韩广为辽东王,都无终,即此。汉属右北平郡。三国魏属北平郡。北魏属渔阳郡。隋大业时为渔阳郡治。大业末改名渔阳县。❷唐武德二年(619)分渔阳县置。治今河北玉田县,属幽州。贞观元年(627)省。乾封二年(667)复置。万岁通天二年(697)改为玉田县。

无诸 西汉时越族首领。姓驺氏,越王勾践之后。原为闽粤王,秦统一后废为君长。秦末,随番阳令吴芮起兵反秦。楚汉战争时,率粤人助汉王刘邦。刘邦称帝后,复立为闽粤王,王闽故地,都治(今福建福州冶山之麓)。死后子郢继位。

无住 亦称不住。佛教名词。"住",即缚,"无住",即无所系缚。指事物不为任何固定的性质所系缚,与"法无自性"、"性空"等同义,为现象之共性和本体。《维摩诘经·观众生品》:"从无住本立一切法。"鸠摩罗什注:"法无自性,缘感而起。当其未起,莫知所寄。莫知所寄,故无所住。无所住故,则非有无。非有无而为有无之本。"禅宗宣称其法门"以无住为本",即以"无住"为"人之本性",认为人人都具有摆脱世俗成见,不为外物所"系缚"的能力,只要发挥这种能力,"于诸法上念念不住",即可以从本性空寂的心体上,引发蕴藏着的"成佛"的"智慧"。

毋波 毋亦作亡。西汉牂柯郡句町县(今滇、桂、黔界)侯王名。始元六年(前81)率其邑君长助汉击西南夷反者有功,被立为句町王。

毋端儿 毋或作母。隋龙门(今山西河津)人。于龙门起兵反隋,众至数千。大业十一年(615),为山西、河东抚慰大使李渊所败。

毋极县 西汉置。治今河北无极县西新城。属中山国。西晋省。北魏太和十二年(488)复置。属中山郡。后又省。北齐复置,移治今无极县。隋属博陵郡。唐属定州,万岁通天元年(696)改"毋"为"无"。

毋将隆 西汉东海兰陵(今山东苍山西南兰陵镇)人,字君房。成帝时,任谏大夫、冀州牧、颍川太守等职。哀帝即位,以高第入为京兆尹,迁执金吾。上疏谏赐董贤武库兵,又劾奏傅太后买诸官婢事,以此忤旨,出为沛郡都尉。迁南郡太守。王莽秉政,使大司徒孔光劾其冤陷无辜,以此免官,徙合浦(治今县东北)。

毋盐氏 西汉人。史失其名。大商人兼高利贷者,景帝前三年(前154)吴楚七国反时,长安列侯封君因从军旅,向子钱家借贷。子钱家以战事成败未卜,莫肯予。独其出千金相贷,利息以十倍计。三月后吴楚乱平,毋盐氏以此富关中。

毋乙(?—920) 五代后梁陈州(治今河南淮阳)人。宣传明教,声称"佛是大乘,我法乃上上乘",信奉者渐众。贞明六年(920),组织起义,渐及千人,长吏不能治。后梁累发州兵讨捕,均为其所败,陈、颍、蔡三州悉为占领,因被推为天子。后梁增发禁军及数郡之兵合攻,他与董乙等八十余首领被俘,就义于开封。

毋昭裔 五代河中龙门(今山西河津)人。博学有才名,嗜藏书,精经术。后蜀高祖(孟知祥)时,擢御史中丞。后主时,拜中书侍郎,同平章事。广政三年(940),分判盐铁。后以太子太师致仕。曾出私财营学校,刻九经石于成都学宫,且请镂版印九经,刻版印《文选》、《初学记》、《白氏六帖》,境内文学大盛。著有《尔雅音略》三卷,已佚。

毋自欺室文集 书名。清王炳燮撰。十卷。光绪十二年(1886)刊行。王氏以举人入仕,官至天津知县。是书所辑读书笔记、经论、序跋、疏议、书记、传志、杂记等涉及晚清时事和吏治民生事不少。其中《垦荒用西洋机器》、《上合肥伯相》等篇,于研究洋务运动史尤有参考价值。

芜城 汉广陵城的别称。在今江苏扬州市西北蜀冈上。后汉末荒芜。南朝宋大明三年(459)竟陵王诞之乱后,更甚。故别称"芜城"。宋鲍昭《芜城赋》即登广陵城有感而作,有"直视千里外,唯见起黄埃"句。

芜湖教案 清光绪十七年四月(1891.5),芜湖鹤儿山法国天主堂两位女修士外出探视病人,将两病儿抱回天主堂。路遇病儿亲属,双方发生争执,路人聚集渐众,纷纷指斥天主堂迷拐幼儿,并将女修士押往保甲局,复转押县署处理。法国传教士闻讯赶往县署将两修士要回。两天后,有一妇女向天主堂要求领回寄养在育婴堂的小孩,围观者达数千人,群情愤激,要求驱逐外国传教士。英国驻芜湖领事要求芜湖关道成章派兵镇压。民众则冲入教堂,将教堂、育婴堂及教士住所烧毁。并一度围攻英领事公署,攻击海关及海关职员住宅区,被清军驱散。在英、法、美、德、日、意、比、西、俄九国公使联名抗议下,清政府下令处死二人,赔偿损失十二万六千两,并将芜湖关道及知县撤任。

芜湖县 西汉置。治今安徽芜湖市东。因地卑蓄水而生芜藻,故名。属丹阳郡。三国吴黄武初,移治今芜湖市。东晋义熙中废。五代唐复置,属升州。宋属宣州、太平州。元属太平路,明、清属太平府。为当时交通之要冲,明天启中置榷关于此。1949年析置芜湖市驻芜湖。县治于1951年迁兴国寺(湾沚镇),1952年迁芜湖,1963年迁鲁港,1965年又迁芜湖,1971年迁湾沚镇,即今县治。

芜湖益新面粉公司 亦称益新面粉厂。商办企业。清光绪二十三年(1897)由章惕斋创办于安徽芜湖,资本约二十一万元。开业后"销场甚旺"。宣统元年(1909)被焚。后恢复,1916年增资达三十五万元。

芜蒌亭 在今河北饶阳县东北。刘玄更始二年(24),刘秀率军自蓟(今北京城西南隅)南返,冯异以豆粥劳军于此。东汉属安平国饶阳县。

芜蒌县 原为芜蒌亭,在今河北饶阳县东北。隋开皇十六年(596)分饶阳地置县于此,属深州。大业初省入饶阳县。唐武德四年(621)复置,贞观元年(627)又废。

吾必奎(?—1645) 明末云南元谋人。白族。其先祖世为本地土官。天启七年(1627),因被调出征,屡建军功,由土巡捕升为元谋县土县丞。崇祯时与阿迷州土官普名声联兵击败明军。弘光元年(1645)结县民王清、刘升等反明,连陷武定、禄丰、广通、楚雄诸府州县。黔国公沐天波遣金沧道副使杨畏知率土兵镇压。兵败,逃奔会川(今四川会理)自尽。

吾粲(?—245) 三国时吴郡乌程(今浙江湖州南)人,字孔休。初为县小吏,吴将军孙河拔为将军长史。孙权为车骑将军,召为主簿,后为昭义中郎将。嘉禾五年(236),与镇南将军吕岱率军镇压庐陵民李桓等之乱。迁太子太傅。时鲁王霸之党屡谮毁太子,乃上言以为应明嫡庶之分,请使鲁王出镇夏口(今湖北武汉),出鲁王党杨竺等,使不得在京师。又数通消息于大将军陆逊。为鲁王与竺所共谮,下狱,被杀。

吾都补 即"完颜昂"。

吾儿谷 一作吴儿峪。在今山西黎城县东北。系太行山口军事要塞。《元史·察罕帖木儿传》:至正十八年(1358)分兵"屯上党,塞吾儿谷",即此。明洪武初置吴儿峪巡检司。

吾古孙 又作乌古孙、温古孙、乌孙。金女真部落姓氏。部人居上京路(治今黑龙江阿城白城子)、临潢府(治今内蒙古巴林左旗林东镇南波罗城)等地。

吾里不 即"完颜从宪"。

吾鲁兀 即"兀鲁兀"。

吾丘寿王 西汉赵人,字子赣。武帝时,以善格五(博戏名)为待诏。从中大夫董仲舒受《春秋》,高材通明,迁侍中中郎,坐法免。复召为郎。稍迁,拜东郡都尉。后征入为光禄大夫侍中。丞相公孙弘奏言禁民毋得挟弓弩,因相与辩难,弘不得已而服。后坐事诛。

吾学编 书名。明郑晓撰。六十九卷。本书略仿正史之体,记洪武以迄嘉靖各朝事迹。分记、传、表、述、考,共十四篇。计有大政记、建文逊国记、同姓诸王表传、异姓诸侯表传、直文渊阁诸臣表、两京典诠尚书表、名臣记、逊国臣记、天文述、地理述、三礼述、百官述、四夷考、北虏考等。由于随写随刻,断限殊不一致,或止于正德,或止于嘉靖,甚至有续编至万历者。统记一代史实,当时颇称简当。晓熟谙典故,通达政事,志在经世,其文直抒所见,不以词藻为工。

吾学录 书名。一作《吾学录初编》。清吴荣光编。二十四卷。成于道光十一年(1831)。吴氏以清官方有关典制记载,卷帙浩繁,索阅非易,乃取《大清会典》、《大清通礼》、《刑部律例》、《五部则例》、《学政全书》等,手自节录,复与黄本骐考订论次,编为此书。分典制、政术、风教、学校、贡举、戎政、仕进、制度、祀典、宾礼、昏礼、祭礼、丧礼、律例十四门,简述清代典礼制度。凡所征引,悉以官书为纲,注明出处,间附作者案语,丧礼门考论尤详。颇便检索。有道光南海吴氏刊本。

吾学录初编 即"吾学录"。

吾彦(?—约303) 西晋吴郡吴县(今江苏苏州)人,字士则。出自寒微,有文武才干。初仕吴为通江吏,陆抗奇其勇略,擢用之。稍迁建平太守。时晋将伐吴,因请增兵为备,吴主孙皓不从,乃为铁锁拦江。太康元年(280),晋师临境,诸城望风降附,惟其坚守。吴亡归晋,历任金城、敦煌、雁门太守及顺阳内史。迁员外散骑常侍。后任南中都督、交州刺史,平定九真戍兵之叛,在镇多年。卒于大长秋(一说交州刺史)任。

吾也而(1163—1258) 又译乌叶儿。蒙古珊竹氏。元太祖五年(1210),与哲别克金东京(今辽宁辽阳)。十年,从木华黎下北京(今内蒙古宁城西),任北京总管都元帅。连年从攻山东、陕西、河西,屡立战功。太宗元年(1229),与撒礼答征辽东;三年,又侵高丽。十三年,任北京、东京、盖州、平州、泰州、开元府七路征行兵马都元帅。宪宗元年(1251)病归。

吾祖 即"兀卒"。

吴 ❶先秦国名。姬姓。据载周太王之子太伯、仲雍为使其弟季历能继王位,南奔而建吴国,又称句吴、工吴。初都蕃离(一作梅里,今江苏无锡市东南),后都于吴(今江苏苏州市)。其地有今江苏、上海大部及安徽、浙江两省的一部分地。春秋后期,国力强盛,吴王阖闾九年(前506),大败楚兵,一度攻破楚都郢(今湖北荆州市北纪南城)。其子夫差时,又战胜越国,迫使越王勾践屈服求和,然后率兵北上,会诸侯于黄池(今河南封丘县西南)与晋国争霸。公元前473年为越国所灭。❷汉初同姓诸侯王国。高祖十二年(前195)改荆国为吴国,封侄刘濞为吴王,都广陵(今江苏扬州西北)。辖东阳、鄣郡、会稽三郡五十三城,即今江苏淮河以南和皖南、浙江瓯江流域以北地区。景帝前三年(前154),削吴之鄣郡、会稽郡。吴王濞遂联络楚、胶西、胶东、甾川、济南、赵六国起兵叛乱。濞旋兵败,被杀。国除,地入于汉。❸三国之一。公元222年,吴王孙权所建立。黄龙元年(229),孙权称帝于武昌(今湖北鄂州),国号吴,旋即迁都建业(今江苏南京),史称孙吴、东吴。统治区域为今长江中下游,南至福建、两广以及越南北部和中部。末帝孙皓天纪四年(280)为西晋所灭。历四帝,五十九年。❹唐武德二年(619),李子通据江都(今江苏扬州)称帝,国号吴,建元明政。四年,降唐。凡一主,共二年。❺五代时十国之一。唐景福元年(892),杨行密为淮南节度使,始割据江淮。天复二年(902),行密封吴王。天祐十六年(919),杨隆演称吴国王,建国号大吴,年号武义,都广陵(今江苏扬州)。占有今安徽、江苏、湖北、江西部分地,共二十九州。天祚三年(937),被南唐取代,吴亡。传四主,共三十六年。❻元末朱元璋1367年立国称吴,一年后改称明。

吴安国 宋处州(治今浙江丽水)人,字镇卿。宣和初太学进士,累迁考功郎官。后以太常少卿使金,被金人扣留,不屈,靖康初遣还。后知袁州卒。

吴八月(1729—1796) 清湖南乾州(今吉首)人,又名世宁,教名华领。苗族。粗通汉文,家资饶裕。善骑射,颇受人敬重。乾隆六十年(1795),与石柳邓、石三保、吴陇登等共谋起义反清,写传帖分送各寨。柳邓首义后,于乾州平陇寨起而响应,与陇登同破乾州城,毙乾州同知宋如椿等。旋被推为吴王,率部屡败清军。后为清兵围于凤凰卧盘寨,陇登叛,遂被擒献清军。次年拒降被害。

吴百朋(1519—1578) 明浙江义乌人,字惟锡,号尧山。嘉靖进士,授永丰知县。累迁右佥都御史,巡抚南赣、汀、漳。嘉靖四十四年(1565)以破海丰倭寇功,进右副都御史。曾参与镇压赖清规起义。隆庆初,迁兵部右侍郎。万历初奉命视师山西、宣、大三镇。万历五年(1577)官至刑部尚书。卒于官。

吴半生 即吴天半。清朝官方文书中对他的蔑称。

吴邦(约1540—约1600) 明江西景德镇人,又称吴十九,号壶隐道人。能诗善书,以制瓷为业。所制号壶公窑,以流霞盏、卵幕杯最著名。盏明如朱砂,杯色莹白,均薄而轻。

吴邦策 明末清初四川人,字一匡,自号日樵道人。明崇祯年间拔贡,十五年(1642)冬入都就选。后遇李自成农民军攻入北京,遂将其目睹情况著为《国变录》。

吴蚌颇 明云南石屏州土舍。哈尼族。洪武时,居左能山下,开辟荒山,众推为长,因纳粮捍御安南有功,以其地为一甸,不属思陀,授左能寨长官司副长官世职。传至吴应科,降清,改授土舍,仍世其职。

吴表臣(约1084—约1150) 宋温州永嘉(今浙江温州)人,字正仲,晚号湛然居士。大观进士。绍兴间,官至吏部尚书兼翰林学士。耿直敢言,不附权贵。时秦桧专政,欲命使金议地界,指政事堂曰:"归来可坐此。"他不答。又以议大礼忤意,罢去。不久,起知婺州。后请祠归。

吴彬 明福建莆田人,字文中,号枝隐。万历时以善画授中书舍人。工山水、人物,尤长于白描神怪,笔端秀雅,得神宗称赏,并得如愿赴蜀中观赏山水。天启时因指斥时政,忤魏忠贤,遭逮削职。绘有《云峦秋色图》、《十六应真图》、《明皇幸蜀图》、《达摩祖师图》等。

吴兵将军 官名。北魏泰常七年(422)伐南朝宋时置,以公孙表任之。此后主要职责为统江南籍士兵。孝文帝改定官制后未见。

吴炳(?—1647) 明末清初常州宜兴(今属江苏)人,字可先,号石渠、粲花馆主人。万历进士。授蒲圻知县。崇祯中,累迁杭州府判、江西提学副使。明亡,任隆武政权兵部侍郎,督师汀州。兵败,流寓广东。南明永历时任兵部右侍郎,兼东阁大学士。后因刘承胤出卖,为清兵所俘,绝食死,一说病死。著有传奇《西园记》、《情邮记》、《绿牡丹》、《画中人》、《疗妒羹》等,辑为《粲花馆主人传奇五种》。

吴伯宗(?—1384) 明江西金溪人,名祐,以字行。洪武进士。授礼部员外郎,与修《大明日历》。以不附胡惟庸,谪贬凤阳。后召还,出使安南。历助教、教谕、翰林院检讨。洪武十五年(1382)进武英殿大学士。坐事降职,卒于官。善文辞,著有《南宫集》、《使交集》、《玉堂集》等。

吴不尔(?—1433) 明人。贵州治古、荅意二长官司新朗等寨苗族首领。宣德七年(1432),发动起义。次年为明将张名所破,走湖广筸子坪,结当地苗族龙不登等攻五寨长官司民寨、白崖等处,势力复振。旋在贵州、湖广、四川三省明军镇压下失败,被捕遇害。治古、荅意二长官司并入平头司。

吴昌硕(1844—1927) 清末民初浙江安吉人,名俊卿,一名俊,字昌硕(一作仓石),号缶庐、苦铁,晚号大聋。清末生员。曾任江苏安东(今涟水)县令。后旅沪习画,取明清诸写意画家之长,继承并发扬"扬州八怪"画风,绘花卉以豪健墨画笔致与强烈色彩结合,别具新意。竹石、山水、佛像无不精。能诗,并工书法及篆刻。光绪三十年(1904)与吴隐等在杭州西湖孤山创立西泠印社,任社长。其书画篆刻对近现代画家颇具影响,尤受日本画界推崇。有《缶庐集》、《缶庐印存》等。

吴昌县 三国吴改汉昌县置。治今湖南平江县东南三十里金铺观。属长沙郡。南朝梁改属岳阳郡。隋开皇九年(589)并入罗县。梁普通四年(523)封文学家江淹子艿为吴昌伯,即此。

吴长庆(1834—1884) 清安徽庐江人,字筱轩。世袭云骑尉。继其父领乡团与太平军作战,擢守备。所部称庆字营。同治元年(1862)随李鸿章淮军赴上海,与太平军李秀成部作战,由副将累迁至总兵。自七年起,随刘铭传镇压捻军,转战江苏、河南、山东、直隶。光绪元年(1875)授直隶正定镇总兵,留驻浦口。六年擢浙江提督,旋帮办山东军务,率部驻登州。八年奉命率部赴朝鲜平定兵变。十年移防金州,旋病卒。

吴沉(?—1386) 元末明初浙江兰溪人,字濬仲。元末以学行闻。朱元璋下婺州(今浙江金华),召讲经史,授郡学训导。洪武十二年(1379),官翰林院待制,升东阁大学士。首发孔子封王非礼之说。以老致仕归。辑有《精诚录》等。

吴成(?—1433) 明初辽阳(今属辽宁)人,原名买驴。蒙古族。洪武二十年(1387)附明太祖,更名。建文元年(1399)授永平卫百户。后以参加靖难之役,永乐时迁都指挥使,数从北征,进都督佥事。宣德初以曾宿卫东宫,封清平伯,官至左都督,复进侯。卒赠渠国公。

吴承伯(?—510) 南朝梁人。宣城(今安徽宣州)郡吏。天监九年(510)六月,聚众攻郡城,杀太守朱僧勇。抵吴兴郡治乌程(今浙江湖州),众有二万。为吴兴太守蔡撙所败,死于战阵。余部散入新安(治今安徽歙县),又攻破黟、歙诸县。后为梁军所平。

吴承恩(约1500—1582) 明淮安山阳(今江苏淮安市)人,字汝忠,号射阳山人。少时有文名,屡试不第。嘉靖时举为岁贡生。嘉靖二十八年(1549)迁居南京,卖文为生。三十九年,任长兴县丞,不久辞职归。隆庆四年(1570)开始撰写《西游记》。另著《花草新编》、《禹鼎志》等,大多散佚。今存《射阳先生存稿》四卷、《续稿》一卷。

吴城 即虞城(吴、虞古相通)。周初封虞国于此,春秋时为晋所灭。《汉书·地理志》河东郡大阳县注:"吴山在西,上有吴城,周武王封太伯后于此,是为虞公。为晋所灭。"战国属魏。在今山西平陆县北。《史记·秦本纪》:昭襄王五十三年(前254),"秦使摎伐魏,取吴城",即此。

吴城遗址 商代中、晚期至周初遗址。位于今江西樟树市吴城村,面积约4平方公里,1973—1974年以来共四次发掘,揭露面积约1 800平方米,清理出房基两座、灰坑和窖穴五十五个、墓葬十六座、陶窑两处,出土陶器、青铜器、石器、原始瓷器及石范等共九百余件。房子为半地穴式,墙及地面经火焙烧。陶窑上小下大,顶有圆囱。灰坑有椭圆形、圆形、长条形、不规则形等几种，有的坑内出石范、铜渣、木炭，有的坑壁经焙烧，并沾有铜渣。墓葬多为小型土坑竖穴，随葬品多为陶器鬲、罐、豆，也有的随葬小件青铜器。石范多为红色粉砂岩，背面磨光，有的顶端附有浇注口，多为工具兵器范。陶器和石范上不少刻有文字或符号。当地及其附近出土的青铜器，有礼器、兵器等，形制、纹饰与中原地区近似，同时也有地方特点。遗址的发现，为研究商代南方经济文化的发展提供了丰富资料。

吴乘权　清浙江山阴(今绍兴)人，字楚材。童年即有志于史，然苦无简明易读之史书。康熙四十四年(1705)，与友人周之炯、周之灿，据前人编年之书，删繁就简，编纂《纲鉴易知录》。五十年，成书九十二卷，上起三皇，下迄元末。又作《明鉴易知录》十五卷，与前书合为一书。在编辑此书之前十年，他与吴调侯编辑《古文观止》，风行一时，影响极大。

吴澄　❶(1249—1333)元抚州崇仁(今属江西)人，字幼清。程巨夫题其草屋名草庐，故学者称草庐先生。南宋末，应试中乡贡。入元后居民间，大德后出为江西儒学副提举、国子司业、翰林学士、国史院编修。预修《英宗实录》。拜程若庸为师，被列为朱熹四传弟子，为元代南方理学大师，与北方许衡有“南吴北许”之称。尝作《道统图》，以朱子之后一人自许。但不恪守一家之说，而主张“和会”朱陆，兼容陆学之说，谓“问学不本于德性，则其蔽必偏于语言训释之末，故学必以德性为本”(《宋元学案》卷九十二)。一度被人目为陆学后裔，故死后不得入祀孔庙。其于经籍，多所纂注，尤精注“三礼”，编为《仪礼逸经》、《仪礼传》，成一家言，使汉以来，五经中最为“难读”之《仪礼》得见崖略，故后人视其为儒学经生。著有《五经纂言》、《草庐精语》。其论学及诗词，辑为《吴文正公集》、《外集》。清乾隆万璜汇其所著为《草庐吴文正公全集》。❷清安徽歙县人，字鉴泉，号师朗。聪明好学，博览群籍，后专攻医学，尤精于虚劳一门。翻阅古籍，吸取各虚劳医家之长，结合临床经验，治疗难例甚多。常谓虚劳之病因甚多，须随机活用，因症施治，而以保护脾胃为主。著有《不居集》、《伤寒证治明条》、《推拿神书》、《师朗医案》等书。

吴充(1021—1080)　北宋建州浦城(今属福建)人，字冲卿。吴育弟。未冠，举宝元元年(1038)进士高第，调谷熟主簿，入为国子监直讲、吴王宫教授，以严见惮，作《六箴》(视、听、好、学、进德、崇俭)以献。历知陕州，京西、淮南、河东转运使。英宗立，权盐铁副使。熙宁元年(1068)，知制诰。河北水灾、地震，为安抚使。八年，进检校太傅、枢密使，代王安石为同中书门下平章事。虽与王安石联姻而不同意其变法，曾请召还司马光等人。元丰三年(1080)，罢为观文殿大学士、西太一宫使。

吴楚七国之乱　西汉景帝时吴王刘濞为首七同姓诸侯王的叛乱事件。汉高祖死后，同姓诸侯王势力膨胀，与中央分庭抗礼，以至觊觎帝位，矛盾日益激化。景帝即位后，采纳御史大夫晁错建议，逐步削夺楚、赵、吴、胶西等国封邑。景帝前元三年(前154)，久已蓄谋作乱的吴王刘濞联络楚王戊、胶西王卬、胶东王雄渠、甾川王贤、济南王辟光、赵王遂，以诛晁错、清君侧为名，公开发动武装叛乱。史称“吴楚七国之乱”。景帝命周亚夫为太尉率兵平叛，以大将军窦婴驻屯荥阳，监齐、赵兵，又听袁盎言，处死晁错，企图平息事端。吴楚等国拒绝罢兵。周亚夫乃引兵固守昌邑，以轻兵断绝吴楚军粮道。待吴楚军粮尽溃散，遂遣精兵追击，大破之。楚王戊自杀。吴王濞亡走东越，为东越所杀。其他诸王或被处死，或自杀。前后凡三月，乱平。景帝随后采取削减王国官吏等措施，诸侯王独立地位逐渐被取消。

吴川县　隋置。以境内吴川水为名。治今广东吴川市西南吴阳。历属罗州、化州、化州路、高州府。1949年移治今市西南黄坡，1961年又移治今市。

吴船录　书名。南宋范成大撰。二卷。乃作者淳熙丁酉(1177)五月至十月自成都水行至临安(今杭州市)的日录。记沿途山川、风土、古迹、形胜、里程等，对峨眉山、青城山、三峡、庐山等叙述尤详。

吴春阳(1884—1911)　清安徽合肥人，字旸谷。光绪二十七年(1901)创立强国会，提倡民权。三十年赴上海创办青年学社，密组拒俄会，与万福华谋刺王之春不中。次年至日本，参加发起同盟会，为安徽主盟人。旋归国组织江淮别部武毅会。三十二年，在南京、安庆运动新军，密谋起义。事泄返合肥，主持城西学堂。宣统三年(1911)武昌起义爆发，起兵安庆响应，被举为总经略，光复芜湖。旋为浔军将领黄焕章杀害。

吴淳夫(?—1628)　明福建晋江人。万历进士。历陕西佥事，以京察罢。天启中起兵部郎中，父事魏忠贤，为五虎之一，累官至工部尚书。崇祯时名列“逆案”，被劾下狱，处死。

吴大澂(1835—1902)　清江苏吴县(今苏州)人，字清卿，号恒轩，又号愙斋。同治进士。初授编修，出任陕甘学政、河北道，曾随吉林将军铭安办理边防。光绪七年(1881)授太仆寺卿，会办北洋军务。十年授左副都御史。次年赴吉林会同副都统伊克唐阿与俄使勘界，据理争回被侵占的珲春黑顶子地区。十二年授广东巡抚，反对总理衙门与葡萄牙订约将澳门归葡管辖。十四年擢东河总督，堵塞黄河决口。十八年授湖南巡抚。中日甲午战起，自请率湘军出关御敌。二十一年在辽东战败，被革职留任。二十四年又处以革职永不叙用。精于金石学和古文字学。曾搜集钟鼎、玺印、陶器、货币等文字，撰《说文古籀补》，为古文字学重要著作；撰《字说》，考释文字，颇有创见；又集录所藏各种彝器铭文拓本为《愙斋集古录》；以古物证历代权衡度量制度，成《权衡度量实验考》；另有《恒轩所见所藏吉金录》、《古玉图考》、《愙斋诗文集》等。

吴大帝(182—252)　即孙权。三国时吴国创建者。公元229—252年在位。吴郡富春(今浙江富阳)人，字仲谋。孙策弟。东汉末，郡察孝廉，州举茂才，行奉义校尉。建安五年(200)，策死，继有其兄所据江东五郡，被曹操表为讨虏将军，领会稽太守。又得张昭、周瑜等委心服事，乃招延俊秀，聘求名士，分部诸将，镇抚山越，征讨不从命者。十三年，操占有荆州，挥兵南下。议者多劝迎操，惟周瑜、鲁肃坚决主战，遂与刘备联军大破操军于赤壁(参见“赤壁之战”)。后备求都督荆州，乃许借之。二十四年，遣吕蒙袭取荆州，杀关羽。与刘备交恶。曹魏黄初二年(221)，遣使称臣于魏，拜为大将军，封吴王，加九锡。三年以陆逊为大都督，大败刘备于猇亭(参见“夷陵之战”)。旋改元黄武。黄武二年(223)，遣将军卫温、诸葛直将甲士万人浮海至夷洲(今台湾)，得夷洲数千人还。八年，即皇帝位于武昌(今湖北鄂州)，国号吴，立登为皇太子，改元黄龙，旋即迁都建业(今江苏南京)。赤乌四年(241)，登卒，次年，立和为太子，又封子霸为鲁王，兄弟不睦，臣下各分部党。十三年，幽禁和，并杀霸，立亮为太子，但内部纷争并未平息。太元元年(251)，召大将军诸葛恪辅亮，次年卒。谥大皇帝。庙号太祖。

吴带当风　绘画术语。见“吴道子”、“曹衣吴带”。

吴当(1297—1361)　元抚州崇仁(今属江西)人，字伯尚。吴澄孙。随祖至京，补国子生。吴澄死后，四方从澄学者皆来就业。至正五年(1345)被荐为国子助教，参预编纂辽、金、宋三史。官至翰林直学士。元末农民战争爆发，任江西肃政廉访使，与江西行省参政火你赤等镇压建昌、抚州等地起义军，因遭人诬告，削兵权，改任抚州路总管，旋又除名。不久，诏拜江西行省参政，命未下，陈友谅已破江西，乃穿道士服，杜门不出，友谅屡聘不应，拘留江州(今江西九江)一年。后隐居吉水之谷坪。有《周礼纂言》、《学言诗稿》。

吴党　南明永历朝初期统治集团内部政治派系之一。主要代表人物有朱天麟、张孝起、吴贞毓、李用楫、堵胤锡、王化澄、万翔、程源、郭之奇等。因朱天麟等多为吴人，故称。他们自恃从驾旧臣，内结马吉翔，外结陈邦傅，与楚党互为水火，争权夺势。初楚党势张，陈邦傅、严起恒、马吉翔等屡遭其弹劾。永历三年(1649)，桂王朱由榔由肇庆赴梧州，陈邦傅遣兵入卫。吴贞毓、郭之奇等依势会诸给事御史劾楚党把持朝政、罔上行私罪，楚党主要人物相继被贬或失势。

吴道南(1550—1623)　明江西崇仁人，字会甫，号曙谷。万历进士。授编修，累迁礼部右侍郎，署部事。万历四十一年(1613)以礼部尚书入阁。疏陈宦官充税使之弊，不为帝纳。后因科场案受劾，乃求去。四十五年丁忧归。谥文恪。著作有《吴文恪公集》、《河渠志》等。

吴道玄　即“吴道子”。

吴道子　唐阳翟(今河南禹州)人。少孤贫，性聪慧。学书于张旭、贺知章，不成，改攻丹青。事韦嗣立为小吏。居于蜀，审知蜀道风光，乃变山水画之体，咫尺千里，自成一家。年甫弱冠，已有画名。曾官瑕丘尉。玄宗召入内供奉，改名道玄，而以道子为字。授内教博士，官至宁王友。开元中，随玄宗至东都洛阳，因见将军裴旻舞剑，受其感发，奋笔于东都天宫寺画壁，俄顷而成，蔚为壮观。天宝中，玄宗命往蜀道写山川风貌，目识心记而归，于大同殿画嘉陵江三百里山水，一日而毕。凡画人物、佛像、神鬼、禽兽、山水、台殿、草木皆冠绝于当代。《唐朝名画录》誉为本朝第一，列神品之上。其在寺壁所画地狱变相，京都屠夫渔民见之，有惧而改业者。所画人物笔势圆转，衣服飘举，称吴带当风。敷彩简淡，或于焦墨痕中，略施微染，自然超出缣素，世谓吴装。画山水则“怪石崩滩，若可扪酌”，有立体感。画佛圆光，不用尺度，一笔而成。因笔法超妙，被尊为百代画圣。传世《天王送子图》摹本，今藏日本大阪市立美术馆。

吴地记　书名。(1)旧题唐陆广微撰。然书中“虎疁”一条，称唐讳“虎”，钱氏讳“镠”，改为“浒墅”，另续添吴越置吴江县赋税一项；篇后又称罗城“周敬王六年丁亥造，至今唐乾符三年庚申”及“又至大宋淳熙十三年丙午”等语。盖出自唐人手笔，两宋时有所增修。一卷记载唐苏州所领七县沿革掌故，兼及赋税、城池、户数、山水、坊巷、桥梁、寺观等，尤详于州治吴县、长洲二县。附后集一卷，不署撰者姓名。续陆记并有所增补。建置年号止于宋大中祥符，另有“大元元贞元年”二条。当系北宋人所作，元人又有增补。(2)即“吴地理志”。

吴地理志　书名。一作《吴地记》、《吴录地理志》。晋张勃撰。一卷。记述三国吴时州郡地理、山川土物等。原为张勃所撰《吴录》三十卷中一部分，全书已佚。后人得其地理志一卷，遂名为《吴地记》以传世，群书援引颇多。后又佚。清王谟有辑本一卷，从《尚书释文》、《史记集解》、《三国志注》、《水经注》、《齐民要术》、《初学记》等十七种经注、史注及类书中共辑出八十八条，收入《汉唐地理书钞》。

吴鼎(1264—1316)　元广平(今属河北)人，字鼎臣。世祖太子真金宿卫。至元二十五年(1288)，出任织染杂造局总管府副总管，累官礼部尚书、宣徽副使。武宗时，任保定路总管、同知中政院事等职。仁宗时，为崇祥院使。

吴定彩(?—1861)　清人。太平天国李秀成部将。清咸丰八年(1858)从李秀成破江北大营。次年授平西主将。十年参与破江南大营，以功擢定西主将。十一年率军助陈玉成解安庆之围，后入城助叶芸来守城。城陷，力战牺牲。

吴定规　清人。太平军将领。镇守安徽三河镇，筑城一座、砖垒九座，屯粮与军火，以接济庐州与天京(今南京)。清咸丰八年(1858)配合陈玉成、李秀成全歼湘军主力李续宾部，取得三河大捷。后不详。

吴兑(1525—1596)　明浙江山阴(今绍兴)人，字君泽，号环洲。嘉靖进士。授兵部主事。万历初以右佥都御史总督宣大、山西军务，力主与蒙古修好。万历十年(1582)以功进兵部尚书。次年因历附高拱、张居正遭劾，致仕归。

吴儿谷　地名。在今山西黎城县东北太行山口。《资治通鉴》:五代唐清泰三年(936),赵德钧救援张敬达,将卢龙兵由土门路至镇州,"自吴儿谷趣潞州",即此。

吴范(範)(?—226) 三国时会稽上虞(今浙江上虞西北)人,字文则。善历数与占候。孙权以为骑都尉,领太史令。其术秘不语人,权由是忌恨。后病卒,子尚幼,其业遂绝。

吴房县 西汉置。治今河南遂平县。原房子国,因楚封吴王阖闾弟夫概于此,故名。属汝南郡。北魏改置遂宁县,隋大业复旧名。唐元和十二年(817)李愬平蔡州吴元济,改县名曰遂平。

吴风录 书名。明黄省曾撰。一卷。杂记苏州风俗,于明代江南缙绅、士大夫之奢靡,郡县胥吏之横虐,及官府对铺户、百姓之克剥均有深刻反映。

吴凤(1699—1769) 清福建漳州平和县乌石庄人。康熙中随父至台湾经商,因常与番族(高山族)接触,通晓番语。康熙六十一年(1722),被任为阿里山通事,对番族贸易、赋税、教育文化及番汉两族间的和睦,均有贡献。乾隆三十四年(1769)冒死劝导番族废除"猎首"旧俗,不幸牺牲。其一生事迹,至今在台湾仍被人传颂。

吴夫人(?—207) 东汉末吴(今江苏苏州)人,后徙钱唐(今浙江杭州)。早失父母,与弟景居。孙坚闻其才貌,娶之,生策、权等四子一女。建安七年(202),曹操新破袁绍,下书责权质任子。众说不能决,权乃引周瑜至其前定议,她因从瑜不送质之议,遂定。临终,引见张昭、张纮等,嘱辅权统事。

吴芾(1104—1183) 南宋台州仙居(今属浙江)人,字明可,号湖山居士。绍兴进士。迁秘书省正字。因不附秦桧,被排挤出外,历任处、婺、越三州通判,知处州。后除监察御史,迁殿中侍御史。绍兴三十一年(1161),金兵南下,廷臣争陈退避计,他力劝高宗亲征。孝宗即位,知婺州,劝民义役。知绍兴府,奏免会稽支移、折变,浚治鉴湖。权刑部侍郎,迁给事中,改吏部侍郎,以敷文阁直学士知临安府。内侍家僮殴伤酒家保,加以捕治并徇于市,权豪侧目。以刚直见忌,求去,提举太平兴国宫。起知太平州,以龙图阁直学士致仕。有《湖山集》。

吴复(1321—1383) 明庐州合肥(今属安徽)人,字伯起。元末聚众保乡里。至正十四年(1354)投归朱元璋,历官万户、统军元帅、镇武卫指挥同知。洪武元年(1368)授怀远将军、安陆卫指挥使。三年从征陕西、四川,七年进大都督府佥事。十二年封安陆侯。十四年,充总兵官,从傅友德征云南,取广西。卒于军中,封黔国公,谥武毅。

吴复古 北宋潮州海阳(今广东潮安)人,字子野,号远游。志趣超逸,终身不仕。居父母丧,守墓三年。并葺治园亭,教育子弟。后遣去妻子,筑室邻县潮阳麻田山中。间或出游四方,虽遍交公卿,但一无所求。一时名士如苏轼兄弟俱为知己。及死,轼又为文祭之。

吴高(?—1425) 明凤阳定远(今属安徽)人,字尚志。江阴侯吴良之子。洪武十七年(1384)嗣爵,率番兵,从北征。二十八年因罪谪广西。靖难之役中守辽东,燕王谋去之,施离间计。建文帝果疑,削其爵,徙广西。永乐初,复爵,召镇大同,上言备边方略。永乐八年(1410)因罪废为庶人,爵除。

吴高祖(897—920) 即杨隆演。五代时吴国君。公元908—920年在位。太祖杨行密二子,初名瀛,又名渭,字鸿源。天祐五年(908),左右衙指挥使张颢与徐温杀其兄渥,后徐温与严可求又杀颢,拥其为主。九年,进位吴王。以徐温执政,终止对吴越战争,休兵息民,社会经济有所发展。十六年,即吴国王位,改元武义,置宗庙,设百官,如天子之制。因少年嗣位,不能自持,虽建国称制,而权在徐温,怏怏不快,酣饮少食,遂致疾卒。葬肃陵,追尊为高祖宣皇帝。

吴钩 兵器名。形似剑而弯曲。《吴越春秋·阖闾内传》:"阖闾既宝莫邪,复命于国中作金钩,令曰:'能为善钩者,赏之百金。'吴作钩者甚众。"此钩初产于吴,故名吴钩。秦俑坑出土吴钩二柄,刃体弯曲,柄、体合铸。

吴观礼(?—1878) 清浙江仁和(今杭州)人,字子俊,号圭盦。同治初年入左宗棠幕,先后参与镇压太平军、陕甘回民起义军和捻军,深得左氏倚重,荐保至布政使衔、陕西候补道员。后因目疾辞归。同治十年(1871)应会试中进士,改庶吉士,散馆授编修,对朝政多有建言。著有《读鉴随录》、《圭盦诗文集》、《使蜀日记》等书。

吴光禄奏稿 书名。清吴赞成撰。三卷。吴氏曾于光绪年间督办福建船政和台湾防务,故是书所辑奏折关涉此二事者颇具史料价值。有光绪十二年(1886)刊本。

吴广(?—前208) 秦末阳夏(今河南太康)人,字叔。二世元年(前209)被征屯戍渔阳(治今北京密云西南),为屯长。行至蕲县大泽乡(今安徽宿州东南刘村集),遇雨失期,依法当斩,遂与陈胜共率九百名戍卒起义。为都尉。攻占陈(治今河南淮阳)后,陈胜称王,号"张楚"。起义军发展至数万人,全国各地闻风响应。广为假王,率诸将西征,击荥阳,久攻不克。因周文进兵关中失败,起义形势逆转,秦将章邯乘胜逼进,遂为部将田臧所杀。

吴桂芳(1521—1578) 明江西新建人,字子实,号自湖。嘉靖进士。授刑部主事,迁扬州知府,御倭寇有功,建议增筑扬州外城。擢兵部右侍郎兼右佥都御史,提督两广军务兼理巡抚。倭寇连岁为患,皆次第讨平。隆庆初,转兵部左侍郎,以疾乞归。万历初,任总督漕运兼巡抚凤阳,开草湾及老黄河故道,以广入海之路,修筑高邮东西二堤,以蓄湖水。累官至工部尚书兼右副都御史。

吴国佐(?—1601) 明贵州黎平皮林人。侗族。少入学为永从县生员。万历二十八年(1600),趁播州杨应龙兴兵反明之机,率皮林侗、苗各族起义,自称天皇上将,攻破永从县城,杀守备陈世忠等。同年七月,复以"牛首阵",击退明军。后在明军攻击下,退至根据地特洞,在赤沙被俘遇害。

吴汉(?—44) 东汉初南阳宛(今河南南阳)人,字子颜。曾为亭长。新莽末,亡命渔阳,以贩马为业。及更始政权建立,为安乐令。劝太守彭宠归附刘秀,并率幽州突骑助刘秀征讨王郎。以此拜偏将军,赐号建策侯。迁大将军,袭杀更始幽州牧苗曾、尚书令谢躬。后与诸将拥立刘秀为帝,任大司马,更封舞阳侯。参与镇压铜马、重连、高湖、檀乡、青犊、五校等部农民起义军,翦灭秦丰、刘永、董宪等割据势力,悉平东方。又随刘秀西击隗嚣,屡建战功。建武十一年(35)率军伐蜀,取成都,尽杀公孙述及其宗族。明帝时图画功臣,列为云台二十八将之一。

吴昊 见"张元"。

吴宏 清江西金溪人,字远度,号竹史。寓江宁(今南京)。其画自辟蹊径,不肯囿于前人,于纵横放逸中,见步伍整齐之法。善墨竹,飞舞绝俗。为"金陵八家"之一。

吴皇后 ❶(1115—1197)南宋开封(今属河南)人。年十四,选入康王宫。博习书史,又善翰墨,由是宠遇日至。高宗绍兴十二年(1142),封贵妃。次年,立为皇后。高宗内禅,诏后称太上皇后。高宗死,改称皇太后。光宗即位,更号寿圣皇太后。孝宗死,尊为太皇太后。时光宗称疾不出执丧,她采纳知枢密院事赵汝愚的建议,宣布光宗退位手诏,立皇子嘉王为皇帝,是为宁宗。卒谥宪圣慈烈。❷(?—1509)明顺天(今北京)人。好歌曲。天顺时为皇太子妃,宪宗即位,册为皇后。因杖宪宗宠妃万氏被废。后孝宗待以母后礼。死后,以妃礼葬。

吴回 相传为颛顼裔孙,老童(卷章)之子,重黎之弟。帝喾时共工氏作乱,帝喾命重黎诛共工氏,因未能诛尽被杀。他继为火正,称祝融,为楚国先祖。

吴激(?—1142) 宋建州(治今福建建瓯)人,字彦高,号东山。米芾之婿。工诗善文,字画均有名。尤精乐府。曾奉命至金被留,任为翰林待制。金熙宗皇统二年(1142),出知深州,到官三日卒。著作有《东山集》、《吴彦高词》。

吴纪 书名。西晋环济撰。九卷(一作十卷)。记三国时孙吴史事。久佚。

吴继祖 清人。长芦大盐商。乾隆三十七年(1772),其祖父接替破产大盐商王志德承办内务府遵化、丰润、宁河、玉田、宝坻、大兴、宛平等处引地,共计引四万七千五百七十二道,祖孙三代经营达四十余年。嘉庆十六年(1811),因丰润张庄数千包滩盐被抢,致使资本不能周转。清政府以其办理多年,纲情允服,以巡费银两资其整顿,准其继续认办。

吴家店 地名。在今山东菏泽市西北。清同治四年(1865)四月二十四日夜,僧格林沁率随从冲出高楼寨捻军包围圈,至吴家店时,为捻军砍死。

吴家样 即"吴装"。

吴嘉纪(1618—1684) 明末清初扬州泰州(今属江苏)人,字宾贤,号野人。出身贫苦,烧盐为生,终身为布衣,题所居为"陋轩"。曾参加抗清活动,失败归隐家乡,穷困而死。平生不交当世,独喜吟诗,尤以五言诗清冷淡泊,为诗界称道。其诗多反映劳动人民疾苦,民族感情炽烈,诗风亦质朴清新,多危苦严冷之词。著有《陋轩诗集》。

吴嘉善 清南丰(今属江西)人,字子登。咸丰进士,改翰林院庶吉士,散馆授编修。居京师结识徐有壬,同治算学。同治间又先后结识丁取忠、邹伯奇、夏鸾翔,志同道合,相得益彰。光绪五年(1879)曾出使法国,返国后旋卒。撰《笔算》、《九章翼》、《平三角术》等。又与丁取忠、李善兰等撰《粟布演草》。所著刻入《白芙堂算学初集》(后增补为《白芙堂算学丛书》)。

吴坚 南宋台州天台(今属浙江)人,字彦恺。习《春秋》。淳祐进士。为昆山县主簿,留意教养,诣县学讲肄无虚日。宝祐五年(1257),以太学博士除秘书郎。德祐元年(1275)十二月,除签书枢密院事。时元军大举南下,进迫临安(今浙江杭州),左丞相留梦炎等大臣相继潜逃。次年正月,遂拜左丞相,奉太皇太后谢氏之命,与右丞相文天祥等赴元军议降。旋又与贾余庆等充祈请使,奉使元朝。

吴趼人(1866—1910) 清末广东南海人,原名沃尧,字小允,又字茧人,家居佛山镇(今佛山市),因号我佛山人。成年后赴上海谋生,曾供职江南制造局翻译馆,后转入文字生涯。光绪二十三年(1897)主编《字林沪报》副刊《消闲报》,旋又办《采风报》、《奇新报》、《寓言报》。二十八年,一度至鄂为《汉口日报》编辑。次年返上海,从事小说创作,投稿梁启超主办的《新小说》,著有《电术奇谈》、《九命奇冤》、《痛史》等,尤以《二十年目睹之怪现状》为代表作,被列为晚清四大谴责小说之一。三十一年再赴汉口,充美商《楚报》中文版编辑。反美华工禁约运动时辞职返沪。次年秋主编《月月小说》,创作《劫余灰》、《发财秘诀》、《上海游骖录》等。所作小说对当时黑暗现象有所暴露,表现了爱国主义思想。后在沪设立两广同乡会,主办广志学堂。又撰《近十年之怪现状》、《恨海》、《抵制禁约记》等。

吴健彰(约1815—约1870) 清广东香山(今中山)人,原名天垣,字道普。原为广州十三行"同顺行"商人。鸦片战争后,在上海充当美商旗昌洋行买办,捐候补道。道光二十八年(1848)出任苏松太道兼江海关监督。咸丰三年(1853)八月,上海小刀会起义时被义军捕获,旋在美国领事保护下逃入英租界,重建机构。次年六月与英、美、法三国驻上海领事擅订关于上海海关征税规则九款,答应三国派员在江海关建立"关税管理委员会",还允许英、法、美在上海扩大租界和建立工部局与巡捕房,以换取外国侵略者镇压小刀会起义。因擅自与外国人订约,被革职,发配新疆。

吴江派 明末文学流派。以吴江沈璟为代表。在创作上主张严守格律。冯梦龙、范文若、袁于令、王骥德、沈自晋、汪廷讷等均属此流派。

吴江水则碑 见"水则碑"。

吴江县 五代吴越天宝二年(909)分吴县地置。属苏州。治今江苏吴江市。时筑城于松江(今吴淞江)南北两岸,有南津北津之名,宋并为一城。政和三年(1113)后属平江府。元元贞元年(1295)升为吴江州，属平江路。明初复降为县，属苏州府。

吴玠(1093—1139) 宋德顺军陇干(今甘肃静宁)人，字晋卿。未冠，以良家子从军。通兵法，善骑射，抗夏御边，屡立战功。建炎四年(1130)，破金军于彭原店；再战，因失援败绩。张浚惜其才，擢为秦凤副总管兼知凤翔府。富平败后，收兵与弟璘共保和尚原(今陕西宝鸡西南)。绍兴元年(1131)，大破来犯的金完颜宗弼(兀朮)十万骑，擢镇西军节度使。四年，在仙人关又败兀朮大军。为川陕宣抚副使。用兵务远略，不求小利；屯田治兵，与金兵对垒，使之不敢窥蜀。善读史，凡往事可师者，录置座右。为南宋抗金名将，官终四川宣抚使。

吴经 明人。宦官。正德时任南京织造太监。正德十四年(1519)，武宗南征宁王，使先至扬州，遍掠女子以侍帝。嘉靖初，谪孝陵卫充军。

吴兢(670—749) 唐汴州浚仪(今河南开封)人。少励志勤学，博通经史。武则天时，入史馆，修国史。神龙中，为右补阙，预撰《则天实录》。神龙三年(707)，太子李重俊反，被杀。中宗听诬奏，疑相王李旦(睿宗)同谋，他上疏辩诬。转起居郎。开元初，上疏倡直谏之风。拜谏议大夫兼修国史，时言政治得失。修史近三十年，叙事简要，据事直书，不受情商，不惧干预，时称今之董狐。著《国史》六十五卷，《齐史》、《梁史》、《周史》各十卷，《陈史》五卷，《隋史》二十卷，《唐书》一百卷，《唐春秋》三十卷等多种书，皆佚。家富藏书，编《吴氏西斋书目》一卷以记之。今存《贞观政要》十卷，《全唐文》存文十四篇，《全唐诗》存诗二首。

吴景(?—203) 东汉末吴郡吴县(今江苏苏州)人。孙坚吴夫人弟。随坚转战有功，拜骑都尉，袁术表领丹阳太守。坚死，坚子策载母往依之。兴平元年(194)，为扬州刺史刘繇所逐。旋奉术之命以督军中郎将，还击繇，岁余不下。二年，得折冲校尉孙策之助，乃破繇军。术用为广陵太守。后术欲称帝，复任为丹阳太守。献帝又表为扬武将军。卒于官。

吴景帝(235—264) 即孙休。三国时吴国皇帝。公元258—264年在位。字子烈。孙权第六子。太元二年(252)，封琅邪王，居虎林(今浙江杭州)。权卒，孙亮继位，诸葛恪秉政，被徙于丹杨。数受郡守李衡侵侮，自请徙他郡，遂徙会稽。太平三年(258)，孙𬘭废亮为会稽王，迎立为帝。以𬘭权重谋逆，乃与辅义将军张布定计，杀𬘭于殿堂。永安三年(260)贬孙亮为候官侯，遣赴封地，亮自杀。卒谥景皇帝。

吴景濂(1873—1944) 奉天宁远(今辽宁兴城)人，字莲伯，号述唐、晦庐，晚年自称抱冰老人。清光绪三十三年(1907)京师大学堂毕业，授候补内阁中书。受聘为奉天师范学堂监督，并创办全省教育总会。次年赴日本考察教育。宣统元年(1909)任奉天咨议局议长。武昌起义爆发后，曾参与策划奉天"和平独立"，未果。南京临时政府成立，任临时参议院议员。参与组织统一共和党，后充北京参议院议长。1912年8月国民党成立，任理事。宋教仁被刺后一度代理理事长，竟遵袁世凯令将黄兴等五人开除出党。后为总统府顾问。因反袁氏称帝遭通缉。1917年5月当选为众议院议长。7月南下参加护法。1922年投靠直系军阀，支持曹锟贿选总统。次年闲居天津。1937年"七七"事变后，拒绝与日军合作。

吴敬 明浙江仁和(今杭州)人，字信民。好数学，积二十年之功，于景泰元年(1450)撰成《九章算法比类大全》，推动应用数学之发展。

吴敬恒 即"吴稚晖"。

吴敬梓(1701—1754) 清安徽全椒人，字敏轩，号粒民，晚号文木老人。初入学为生员，后屡困科场，经历世态炎凉之苦。精熟《文选》，诗赋援笔立成。创作小说《儒林外史》，揭露科举制度的弊病，刻划士大夫的各种丑态，反映当时的政治腐败和道德沦丧，其文"戚而能谐，婉而多讽"。晚年还研究经学，并著有《诗说》七卷，今不存。另著有《文木山房诗文集》十二卷，今存四卷。

吴迥(?—869) 唐人。庞勋部将。咸通九年(868)秋，率军围攻泗州，前后凡七月，克都梁城(今江苏盱眙北)，擒唐将李湘、郭厚本。唐将马举率精兵三万救泗州，以火攻击败起义军，退守徐城(今江苏盱眙西北)。后坚守濠州(今安徽凤阳东北)数月之久，及庞勋死，仍坚持不屈。唐兵筑堑围攻，城中粮绝。十年十月，率领义军突围，战死于招义(今江苏盱眙西)。

吴居厚(1038—1114) 北宋洪州(治今江西南昌)人，字敦老。嘉祐进士。熙宁、元丰间，历武安节度推官、提举河北西路常平、京东转运副使，擢京东都转运使。他奉行新法，工于算计，收盐铁羡息钱数百万；于莱芜、利国两监铸钱，岁得十万缗；又请铸大铁钱，岁出二十万贯佐陕西军用，故累受神宗褒奖。元祐初，御史劾其苛刻聚敛，责成州团练副使、黄州安置。哲宗亲政，起为江淮荆浙发运使，召拜户部侍郎，进尚书，知开封府。徽宗朝累官尚书右丞、中书门下侍郎、知枢密院事。著作不传。

吴琚 南宋开封(今属河南)人，字居父，一字云壑。父益，高宗吴皇后弟；母为秦桧长孙女。曾从陈傅良问学。乾道九年(1173)，特授添差临安府通判。绍熙中，至少傅。曾谋请太皇太后主孝宗丧事，立宁宗。后历知鄂州、庆元府，位至少师、判建康府兼留守。工字画，风格与米芾相似。

吴鞠通 即"吴瑭"。

吴均(469—520) 南朝梁吴兴故鄣(今浙江安吉西北)人，字叔庠。梁武帝时任奉朝请，撰《齐春秋》。书中称武帝曾为齐明帝辅佐，致触武帝之怒，令焚其书，并免官。后又被召见，使撰《通史》，草本纪、世家已毕，列传未就而卒。文特清拔，世称吴均体。尚著有《庙记》、《十二州记》、《钱塘先贤传》、《续文释》、《续齐谐记》等。又注范晔《后汉书》。

吴郡 ❶汉初以会稽郡治吴县(今江苏苏州市)，故亦称吴郡。《汉书·高帝纪》：六年(前201)，"以故东阳郡、鄣郡、吴郡五十三县，立刘贾为荆王"。一说楚汉之际分会稽郡置。治吴县。《史记·灌婴传》:既斩项籍,"渡江,破吴郡长吴下,得吴守,遂定吴、豫章、会稽郡"。汉惠帝以后不见记载。❷东汉永建四年(129)分浙江以西置。属扬州。治吴县。辖境相当今江苏长江以南,大茅山、浙江长兴县及湖州市、天目山以东,与建德市以下的钱塘江两岸。三国吴后辖境逐渐缩小。南朝陈祯明元年(587)改属吴州。隋开皇九年(589)废。大业及唐天宝、至德时,又曾改苏州为吴郡。地居太湖流域,有三江五湖之利,陆海之饶,民物繁庶。东晋、南朝建都建康(今江苏南京市),倚为重地。

吴郡白话报 杂志名。清光绪二十九年十二月十五日(1904.1.31)在苏州创刊。半月刊。旨在宣传"粗浅的道理学问"和"时势"。设论说、学术、苏州新闻、歌谣、诙谐、谭丛、调查等栏目。

吴郡图经续记 书名。北宋朱长文撰。三卷。元丰七年(1084)成书。因大中祥符年间曾修《图经》,故名《续记》。记述范围以苏州附郭吴县、长洲二县境为主,涉及昆山、常熟县的仅数条。分封域、城邑、户口、坊市、物产、学校、风俗、牧守人物、州宅、仓务、亭馆、海道、桥梁、祠庙、寺院、山水、治水、往迹、园第、碑碣、事志、杂录等二十八门。内容赅博、叙述简炼。为中国现存最早的地方志之一。

吴郡志 书名。一作《吴门志》。南宋范成大撰。五十卷。绍熙三年(1192)或四年成书。校官汪泰亨等于绍定二年(1229)至宝祐四年(1256)增订,后人续有增补。吴郡时称平江府,治吴县、长洲二县(今江苏苏州市)。全书分沿革、分野、户口租税、土贡、风俗、城郭、学校、官宇、古迹、水利、人物、寺观、异闻、杂咏等三十九门。记载府城尤详,水利一门保存不少有关太湖流域重要资料,人物遗迹所占篇幅亦多。征引浩博、叙述简赅,是古方志中佳作。对研究南宋时期苏州地区经济、文化的发展,有参考价值。惟汪泰亨等所补,体例殊乖,或为正文,或作夹注,颇嫌淆杂。

吴康斋 即"吴与弼"。

吴康镇 在今江苏丰县南。唐文德元年(888),朱全忠遣其将朱珍趋楚州(治今淮安市),感化军节度使时溥率步骑屯吴康镇阻遏,为珍所败。

吴可 宋建康(今江苏南京)人,字思道。宣和末,曾在开封任职。为避战乱,辞官而去,暂居洪州。建炎以后,转徙于楚、粤各地。乾道、淳熙间尚在世。诗文清新,每多警句。为救西昆体秾艳之失,主张诗以用意为主,而附之以华丽,宁可对仗不工,不可使气弱。认为杜甫诗之妙藏于内,苏轼诗之妙发于外,学诗当以杜为体,苏为用。著作有《藏海居士集》、《藏海诗话》。

吴可读(1812—1879) 清甘肃皋兰(今兰州)人,字柳堂。道光进士。授刑部主事,晋员外郎。累迁吏部郎中,转御史。同治年间,上疏请斩恣情残暴的乌鲁木齐提督成禄,因措词失体,降三级归籍。复为兰山书院掌教。后起为吏部主事。光绪五年(1879),同治帝灵柩奉安惠陵,自请随赴襄礼。礼毕,还至蓟州(今天津蓟县)东马伸桥乡庙中服毒自尽,怀中揣有请为同治帝立嗣之遗疏。

吴可忆(约1815—?) 清广西人。业当铺,富资财。金田起义时毁家附义。咸丰二年(1852)封典圣库,总管全军财政。三年,克南京,封恩赏丞相,旋升职同检点。后不详。

吴愙斋中丞电稿 书名。清吴大澂撰。中日甲午战争时吴氏曾率湘军与日军战于牛庄等地。是书所辑电稿多涉及中日甲午战争事。

吴愙斋自订年谱 书名。清吴大澂自编。起道光十五年(1835),迄光绪二十一年(1895)。记求学、仕历及中外交涉事颇详。后又有顾廷龙编《吴愙斋先生年谱》刊本行世,该谱据吴氏《自订年谱》及日记、函札、奏议及著作等钩稽排比而成,史料价值较高。谱后附有《愙斋先生著述目》、《愙斋先生所藏古器物目》。

吴会 ❶《史记》、《汉书》之《吴王濞传》有"吴会稽轻悍"语,一说"稽"字为后人妄增,故"吴会"之称,西汉已有。清赵翼《陔余丛考》:"西汉时会稽郡治本在吴县,时俗以郡县连称,故云'吴会'。"❷东汉顺帝永建四年(129)分会稽郡为吴、会稽两郡,合称"吴会"。《后汉书·蔡邕传》:"亡命江海,远迹吴会。"《三国志·吴志·孙贲传》:"时(孙)策已平定吴、会二郡。"同书《孙韶传》注引《会稽典录》作"孙策平定吴会"。三国后虽分郡渐多,仍通称这一带为"吴会"。❸三国及西晋初又泛指孙吴政权所辖地区为吴会。《三国志·魏志·陈留王奂纪》:"若六军震曜,南临江、汉,吴会之域必扶老携幼以迎王师。"《晋书·马隆传》:泰始中,将兴伐吴之役,下诏曰:"吴会未平,宜得猛士以济武功。"

吴宽(1435—1504) 明苏州长洲(今江苏苏州)人,字原博,号匏庵。成化八年(1472)状元。授修撰,任东宫讲官。孝宗即位,遂迁左庶子,预修《宪宗实录》,累迁掌詹事府事。入东阁专掌敕诰,进礼部尚书。卒赠太子太保,谥文定。善诗文,兼工书法。著有《匏庵集》、《家藏集》等。

吴奎(1010—1067) 北宋潍州北海(今山东潍坊)人,字长文。少聪敏好学,十七岁登进士第。数任州县长吏,以强直著称。博学善文,为大臣所交荐。累迁同知谏院。后三度出外,均不久即召回,历翰林学士、权知开封府、枢密副使,应事敏速,豪强、猾吏不敢肆横,声望甚隆。英宗朝官至礼部侍郎。治平四年(1067)神宗即位,拜参知政事,后因反对起用王安石,出知青州。

吴逵 ❶东晋吴兴乌程(今浙江湖州南)人。时饥荒疾疫流行,合门死者十三人。家贫遂昼为佣工,夜则上山伐木烧砖,终成十三棺七墓。邻里嘉其志而助其丧葬,并皆佣力报答,为太守张崇优礼。南朝宋吴兴太守王韶之擢补为功曹,以寒门固辞不就。举孝廉,卒于家。❷北宋建宁崇安(今福建武夷山市)人,字公路。宣和进士。历官永福县尉、知肇庆府直秘阁、知鼎州。著有《帝王系谱》。

吴崑 ❶(1552—约1620)明歙县(今属安徽)

人,字山甫,别号鹤皋山人,又号参黄子。家藏医书颇多,自幼慕医术,后举子业不第,遂专习岐黄术。从师余午亭,尽得师传。求师访友,医术日精,在宣城一带行医,颇负盛名。重视脉诊,论脉简要。治疗主张针药并施,对历代医方、针术均有考究。著有《医方考》、《脉语》(又名《脉学精华》)、《吴注黄帝内经素问》、《针方六集》、《药纂》、《十三科证治》、《参黄论》等。❷(1881—1942)湖北黄冈人,字寿田,号吼生。清光绪三十一年(1905)与刘静庵等在武昌参加日知会的革命宣传活动。旋东渡日本,加入同盟会,任评议员兼《民报》干事。次年奉孙中山命陪同法人欧几罗赴内地考察党务,先期至鄂。萍浏醴起义失败,脱险至日本。三十三年与宋教仁等设同盟会支部于辽东,被捕后逃脱,再赴日本,一度主持同盟会本部工作。宣统三年(1911)夏回鄂,武昌起义时任汉口军政分府秘书。民国成立,被选为众议员。曾协助宋教仁改组国民党,宋教仁被刺后力主武力讨袁。1917年参与护法。1923年反对曹锟贿选总统。1925年脱离政界。抗日战争期间曾被聘为湖北省银行董事。

吴莱(1297—1340)　元浦江(今属浙江)人,字立夫。博极群书,于制度沿革、阴阳律历、兵谋术数、山经地志及字学族谱之属,尤为精通。延祐中,以《春秋》贡于乡,不第,隐居深袅山中。游览之暇,不废纂述,四方学士慕其名,多负笈从之游。后以荐署饶州路长芗书院山长,未就,卒。门人宋濂等,私谥为渊颖先生。著有《尚书标说》、《古职方录》、《孟子弟子列传》、《春秋世变图》、《春秋传授谱》、《楚汉正声》、《唐律删要》、《乐府类编》、《松阳志略》、《桑海遗录》、《渊颖文集》等。

吴兰庭(1730—1801)　清浙江归安(今湖州)人,字胥石。乾隆举人。少以文名,尤熟于史。凡地理、职官、沿革、建置,钩稽探索,尽得其条贯,为章学诚、钱大昕所推重。年六十余,流寓京师。著有《读通鉴笔记》、《五代史纂误补》、《五代史记考异》、《考订宋大中祥符广韵》、《南雪草堂集》等。

吴兰修　清广东嘉应州(今梅州)人,字石华。嘉庆举人。官广东信宜县训导。曾监课粤秀书院。两广总督阮元设学海堂,首选为学长。禁烟议起,著《弭害论》,主张弛禁鸦片,听民间自种罂粟,与外商竞争,以阻鸦片入口,为太常寺卿许乃济采纳。工诗文,精考据算学,并嗜史学,撰有《南汉纪》。另著《方程考》、《南汉地理志》、《端溪砚史》等。

吴礼部文集　即"礼部集"。

吴历(歷)(1632—1718)　明末清初江苏常熟人,又名子历,字渔山,以字行,号墨井道人、桃溪居士。少孤,受经学于陈确,学诗于钱谦益,学画于王时敏,学琴于陈砥阮,后专意学画。明亡,痛心国事,从耶稣会士柏应理至澳门,学拉丁文,七年而归。传教于上海、嘉定等处约三十年。晚年弃家从天主教,擅山水,与王翚同师王时敏。论者谓王翚以清丽胜,吴历以冷隽胜。与王时敏、王鉴、王翚、王原祁、恽寿平合称"清六家"。兼工书法,又精于刻竹。著有《桃溪集》、《三巴集》等。

吴良(1324—1381)　元末明初凤阳定远(今属安徽)人,初名国兴,赐名良。从朱元璋起兵,为帐前先锋,多立军功。克江阴,守之,进枢密院判官。在镇十年,保障一方,使元璋用兵江、楚无东顾之忧。吴平,加昭勇大将军、苏州卫指挥使,移镇苏州。再进都督佥事,守全州。洪武三年(1370),封江阴侯。率兵降服湖广、广西各少数民族,后奉命于青州(今属山东)营建齐王府,病卒。赠江国公。

吴烈祖(886—908)　即杨渥。五代时吴国君。公元905—908年在位。太祖杨行密长子,字承天(一作奉天)。父死,承制为淮南节度使,称吴王。取岳州、洪州。但素无威望,既得江西,骄侈益甚,杀逐父时旧将,自设卫队"东院马军",击球游畋无度,由是失政。左右衙指挥使张颢与徐温密谋发动政变,杀之于寝室。葬绍陵。

吴猎(1143—1213)　南宋潭州醴陵(今属湖南)人,字德夫,学者称畏斋先生。曾从张栻、朱熹问学。淳熙进士。张栻经略广西,檄摄静江府教授。后知无锡县,得陈傅良推荐,召试,守秘书省正字。宁宗即位,累迁监察御史。因反对禁道学,出为江西转运判官,旋被劾罢。党禁解除后复官。嘉泰四年(1204)总领湖广、江西、京西财赋,请加强枣阳、信阳守备,以御金兵,选拔孟宗政等将领,分列要郡。开禧二年(1206),代薛叔似为湖北、京西宣抚使。次年,为四川安抚制置使。著有《畏斋文集》,今佚。

吴琳　元末明初湖广黄冈(今属湖北)人,字孟阳。世为诗礼名家。元末,朱元璋召为国子助教。吴元年(1367)官浙江按察佥事,入为起居注,奉旨于全国购书。洪武四年(1371)迁太常卿,历兵、吏二部尚书。后乞归,躬耕田亩,太祖闻而叹赏。

吴璘(1102—1167)　宋德顺军陇干(今甘肃静宁)人,字唐卿。少好骑射,积功至閤门宣赞舍人。绍兴初,与兄玠在和尚原、仙人关,合力击败金军进犯,迁秦凤路经略安抚使、知秦州。玠卒。于绍兴十年(1140),节制陕西诸军,败金军于扶风,使之不敢度陇。次年,收复秦州。绍兴末,为四川宣抚使。完颜亮败盟南攻,他督师转战汉中,收复秦凤、熙河、永兴三路所辖十六州军,声势大振。因朝廷主和,受诏班师,新复州军旋被金人所取。守蜀二十余年,威名仅亚于玠,封新安郡王。

吴凌云(?—1863)　清广西新宁(今扶绥)人,一名吴元清。壮族。道光生员。早年借熬酒为业,结盟拜会,遭诬告被捕。咸丰二年(1852)夏越狱,在新宁州聚众起义,四方义军闻风归附。先后攻克新宁、养利、左州、龙州、宁明等州县和太平府城,势力遍及左右江主要地区。十一年初,自称奉太平天国命令创建延陵国,自号延陵王。后在清军重兵围攻下,退守新宁陇罗,与优势的敌人展开激战。同治二年(1863)初在突围时中炮死。

吴六奇(?—1665)　明末清初广东丰顺人,字葛如,一字鉴伯。原为南明桂王朱由榔总兵。顺治六年(1649)降清。郝尚久起兵反清,他参与镇压,以功授潮州总兵，进左都督。又与明将郑成功水师战于泉、漳、潮、惠诸郡。康熙初，查继佐因“明史案”下狱，他竭力营救，继佐得免。

吴陇登 清湖南凤凰人。苗族。副百户。乾隆五十二年(1787)，曾协助清军镇压石满宜苗民起义。六十年，石柳邓首义后，于凤凰鸭保寨起兵响应，与吴八月合攻乾州。旋暗降清军，于凤凰卧盘寨诱擒八月以献，清廷授予四品顶戴。

吴录 书名。西晋张勃撰。三十卷。记三国时孙吴史事。纪传体。久佚。元陶宗仪《说郛》、清王仁俊《玉函山房辑佚书补编》中各有辑本一卷。

吴禄贞(1880—1911) 清湖北云梦人，字绶卿。光绪二十三年(1897)考入湖北武备学堂。二十五年赴日本士官学校留学，与蓝天蔚、张绍曾并称“士官三杰”。二十六年秘密回国参与自立军起事，事败返日。二十八年毕业回鄂，任学务处会办、营务处帮办等职，在学生与新军中宣传革命。次年应黄兴约赴长沙筹划起事。三十年奉调入京任练兵处军学司训练科马队监督。三十三年至奉天任军事参议，旋任延吉边务帮办。通过实地调查，提出《延吉边务报告书》，证明延吉地区自古属于中国领土。宣统元年(1909)升任督办，授以陆军协都统。次年任陆军第六镇统制。武昌起义爆发后，与张绍曾密谋举兵反清，又赴石家庄与山西革命军联络，成立燕晋联军，拟直捣北京，旋被袁世凯(一说良弼)派人刺杀于石家庄。

吴履 明浙江兰溪人，字德基。李文忠镇浙东，聘为郡学正。洪武中为江西南康县丞，治奸猾，施宽政，在任六年，颇得民心。迁安化知县，江阴侯吴良欲籍民为兵，劝止之。再迁潍州知州，令改以牛羊代秋税之习俗，民受其惠。

吴峦(?—944) 五代时郓州卢县(今山东茌平西南)人，字宝川。后唐时，为大同军节度判官。石敬瑭勾引契丹入境，过云州，节度使沙彦珣被虏，军士推主州事。后晋石敬瑭称帝，割幽蓟十六州于契丹，他率将吏闭城拒降，坚守七月不下，由是知名。除以节度，为复州防御使。出帝时，出镇贝州(今河北清河西)。契丹军南下，四面围攻州城，牙将邵珂叛变，城陷，投井死。

吴梅(1884—1939) 江苏长洲(今苏州)人，字瞿安，号霜厓。年少时曾撰《血花飞》传奇，歌颂戊戌六君子。辛亥革命时期，鼓吹革命，填《小桃红曲》悼秋瑾，又在《小说林》上发表《轩亭秋》杂剧反映秋瑾事迹，并参加南社。后历任京、宁、沪、穗等地大学教授，培育曲学人才颇众。于戏曲创作和理论有较高造诣。著有《霜厓文录》、《霜厓诗录》、《霜厓词录》、《霜厓曲录》、《霜厓四剧》及《词学通论》、《顾曲麈谈》、《中国戏曲概论》、《南北词谱》等，又校刻明清杂剧传奇集《奢摩他室曲丛》两集。

吴门 苏州的别称。或专指今江苏苏州市，或泛指平江府、平江路、苏州府。唐张继《阊门即事》诗：“试上吴门看郡郭，清明几处有新烟。”宋范仲淹和范成大并称“吴门二相”；范成大《吴郡志》亦称《吴门志》。明沈周、文征明、唐寅、仇英亦合称“吴门四家”。

吴门四大家 指明中叶苏州画家沈周、文征明、唐寅、仇英。

吴门志 即范成大著《吴郡志》，见《宋史·艺文志二》。

吴猛(?—约340) 晋豫章(治今江西南昌)人，字世云，世称吴真人。有孝名。年四十，邑人丁义授以道术。庾亮为江州刺史时，闻其神异，迎之问病。寻卒。

吴勉(?—1385) 明湖广上里坪司(今贵州黎平)上黄兰洞人。又名吴面儿或吴奋儿。侗族。洪武十一年(1378)率侗、苗等族农民起义。零溪之役，击溃靖州指挥过兴一军，退据深山，与明军周旋达七年之久。十八年，明增设军屯卫所，逐破产农民入深山，吴勉得众号二十万，活跃湘、黔、桂交界地区，称划平王。明廷派楚王朱桢等率大军镇压。后失败被俘送京师就义。

吴敏树(1805—1873) 清湖南巴陵(今岳阳)人，字本深，号南屏。道光举人。以大挑选浏阳训导。因不能行其志，即辞职。曾客居京师，与梅曾亮、曾国藩等友善。曾国藩统湘军时延请入幕，辞不就。其文接近桐城派，但不以“桐城”标榜。文笔洗炼，诗学黄庭坚。著有《柈湖文录》、《柈湖诗录》等。

吴明彻(512—578) 南朝陈秦郡(治今江苏六合北)人，字通昭。起家梁东宫直后。陈太建四年(572)，官至侍中。在朝中力排伐齐之议，既决策，却请行。次年，统军十余万，连克秦郡(今江苏六合)、寿春(今安徽寿县)，俘杀原梁将王琳，尽收淮南之地。授车骑大将军、豫州刺史。七年，复大破齐军于吕梁(今江苏徐州东南)。进位司空。九年，周灭齐，奉诏讨周以争徐、兖二州。次年，为周将王轨所擒，卒于长安。

吴讷(1372—1457) 明常熟(今属江苏)人，字敏德，号思庵。永乐中以医荐至京，受命教授功臣子弟，侍从禁廷，备顾问。洪熙元年(1425)，授监察御史。宣德中，巡按浙江、贵州。宣德五年(1430)，进南京右佥都御史，寻进左副都御史，刚介有为。正统初，为右通政李畛所诬，被劾入狱，不久获释。正统四年(1439)，以老致仕还乡，布衣蔬食，家居十九年而卒。著有《删补棠阴比事》、《祥刑要览》、《文章辨体》、《思庵文粹》等。

吴派 ❶明绘画流派之一，即吴门画派。以吴人沈周、文征明、唐寅、仇英等为代表。该派画家多诗、书、画相兼，含蓄而有诗意。明代中叶以后，该派声势仍盛，然艺术境界不够开阔，摹古风气太盛，故不免趋于衰落。❷清代经学派别之一。始于惠周惕，成于其孙惠栋。因惠氏祖孙及其友好、后学多为江苏吴县一带人，故名。治经尊崇汉儒之说，考证疏通，笃信谨守，鲜下己见，形成与宋学迥异的为学风尚。惠栋墨守汉儒师法，以精研汉代《易》学，而为该派学者尊为鼻祖。钱大昕《十驾斋养新录》、江藩《汉学师承记》为代表著作。王鸣盛、江声、余萧客等皆属此派。

吴彭年(?—1895) 清末浙江余姚人,字季箴。秀才出身。光绪二十一年(1895)春,以县丞至台湾,被刘永福聘为文案。旋奉命率黑旗军七星队七百人赴彰化,守八卦山炮台。不久往援苗栗,驻大甲溪,与敌接仗失利,退彰化,同将士立约,誓与台湾共存亡。日军大举进犯彰化时,率部激战数天,中弹阵亡。

吴鹏(1500—1579) 明浙江秀水(今嘉兴)人,字万里,号默泉。嘉靖进士。授工部主事,历任福建参议、工部右侍郎等。嘉靖三十三年(1554)因谕定安南功进工部尚书。三十五年改吏部尚书。四十年以阿附严嵩遭劾致仕。著有《飞鸿亭集》。

吴平县 东汉中平中置汉平县,三国吴改名吴平县。属豫章郡。治今江西樟树市西。隋开皇十三年(593)并入新喻县。

吴朴 明诏安(今属福建)人,字华甫。著有《龙飞纪略》。

吴普 三国时广陵(治今江苏扬州)人。从华佗学医,疗病依准其师,多所全济。又施行佗所传五禽戏,年九十余,耳目聪明,齿牙完坚。魏明帝时,犹传其法于诸医。撰有《吴普本草》,六卷,已佚,内容散见于后世各家本草书中。另有《华佗方》十卷,已佚。

吴其濬(1789—1847) 清河南固始人,字瀹斋,一字季深,号吉兰,别号雩娄农。嘉庆状元,授编修。历任鸿胪寺卿、内阁学士兼礼部侍郎。道光十八年(1838)擢兵部侍郎,督江西学政。十九年调户部。二十年奉旨往江西查办腐政,旋往湖北查办地方官酷刑峻法。因查办认真,官声大振。署湖广总督,寻授湖南巡抚。二十二年在岳州、湘阴等地镇压钟人杰起义。次年扑灭武冈农民起义,并奏请于洪崖洞设巡卡,编保甲以巩固地方统治。寻调云南巡抚,署云贵总督。二十五年调福建,又调山西,兼管盐政。裁公费一万两,严捕烟贩,时称其清勤。喜寄情山水,对植物颇有研究,编纂有《植物名实图考》及《长编》。《图考》一书为清代植物学、药物学的代表作,亦是中国近代第一部药用植物志。同光年间有德文、日文等译本流传于海外。

吴乞买 即"金太宗"。

吴起 ❶(?—前381)战国时卫国左氏(今山东定陶西)人。少时家累千金,游仕不遂,遂破其家。曾学于曾子,继学兵法。初事鲁君,杀妻以求将,鲁君疑之,遂入魏为将。魏文侯以其善用兵,能得士心,任为西河守,甚有名声。魏武侯时因遭大臣王错排挤,去魏之楚。楚在战国初期版图最大,但政治腐败,经济落后,国力不强。楚悼王十一年(前391),三晋攻楚,楚军连败,楚畏三晋,厚礼赂秦,得与三晋和。楚悼王图强,任之为宛(今河南南阳)守,旋擢令尹,主持变法。明法申令,要在强兵。其主要内容为:废除贵族世卿世禄制,对已传三代之封君,取消爵禄,降为平民;徙贵族于边境,以实广虚之地;裁减冗官,选贤任能;削减官吏禄秩,厚赏选练之士。变法促进楚国富强,使楚南收扬越,取得苍梧(今广西西北角);北并陈、蔡,却三晋,西伐秦,威震诸侯。楚悼王死,宗室大臣作乱,他被杀。《汉书·艺文志》兵权谋家著录《吴起》四十八篇,已佚。今存《吴子》六篇,系后人所编。❷即"吴子"。

吴幵 宋汀州清流(今属福建)人,字正仲。绍圣四年(1097)中宏词科。靖康初,为翰林学士承旨,力主割地,撰议和书,卑词乞求。汴京陷,首引金使检视府库,督求太子,为金人传旨立张邦昌。京师称为"捷疾鬼"。任伪楚同知枢密院事、尚书左丞相。高宗即位,责永州安置。绍兴二年(1132)再贬南雄州(治今广东南雄)居住。著有《优古堂诗话》、《漫堂随笔》。

吴谦 清安徽歙县人,字六吉。致力于医学研究之著述。乾隆时官太医院判,供奉内廷。乾隆中纂修《医宗金鉴》,为总修官。其中伤寒、金匮、正骨为其所撰。还著有《订正伤寒论注》、《订正金匮要略注》。

吴潜(1196—1262) 南宋宣州宁国(今属安徽)人,字毅夫,号履斋。嘉定十年(1217)进士第一。历官江东安抚留守、淮东总领、兵部尚书、浙东安抚使。淳祐七年(1247)签书枢密院事兼权参知政事。淳祐十一年与开庆元年(1259)两度入相。元兵渡江攻鄂州,破广西、湖南等地,他上书论丁大全等误国,未几被劾贬谪,病卒于循州贬所。能诗词。其词多感怀之作,激昂凄劲。明梅鼎祚辑有《履斋遗集》。

吴桥县 金以吴川镇置。治今河北吴桥县东吴桥,属景州。元明因之。清属河间府。1958年迁今治。

吴清卿太史日记 书名。清吴大澂著。抄本。记述作者自咸丰十年(1860)四月初一至五月二十七日间在苏州一带见闻的太平军进军苏南、清军溃败、地方团练动向等情况,内录太平天国文件四篇。收入《中国近代史资料丛刊·太平天国》。

吴庆 战国时魏国人。魏安鳌王二十年(前257)秦奔赵攻魏,取宁邑(今河南获嘉),他恐魏与秦媾和,对魏安鳌王说,与秦媾和就是示魏弱,弱则召攻。事见《战国策·魏策四》。

吴庆坻(1848—1924) 清末民初浙江钱塘(今杭州)人,字子脩,一字敬疆。曾于杭州入俞樾诂经精舍问学。光绪十二年(1886)进士,改翰林院庶吉士,后授编修,入会典馆纂中外图书。三十二年任湖南提学使,赴日本考察学制。辛亥革命后,一度迁居上海,与一些清末遗老结超社、逸社等诗社,并参与续修《浙江通志》,纂定《杭州府志》,又摭拾清代掌故轶闻,成《蕉廊脞录》八卷。另著有《辛亥殉难记》、《补松庐文录》、《补松庐诗录》等。

吴全节(1269—1346) 元饶州安仁(今江西余江)人,字成季,号闲闲。正一道士。十三岁入龙虎山学道,至元二十四年(1287)随师张留孙入京见世祖。成宗即位,奉敕每岁侍从行幸。大德十一年(1307),授玄教嗣师。英宗至治二年(1322),授特进、上卿、玄教大宗师、崇文弘道玄德真人、总摄江淮荆襄等处道教、知集贤院道教事。

吴全美(?—1871) 清广东顺德人。道光末年应募为团练勇目,累擢千总。咸丰初年署水师游击,转战福建、江苏、浙江,擢浙江温州镇总兵。同治三年(1864)升福建水师提督,筹划海防。六年署广东水师提督,九年署琼州镇总兵。

吴仁杰(1137—约1200) 南宋昆山(今属江苏)人,字斗南,一字南英,号蠹隐居士。淳熙进士。历任罗田令、国子学录、四明通守。博物洽闻,尤精汉史。以《三刘汉书标注》未臻尽善,博考而是正之,著《两汉刊误补遗》。又著《汉通鉴》,集编年、纪传之长而去其短,非迁、固本语,一辞弗赘,与《补遗》实相表里。尚著有《古易》、《周易图说》、《乐舞新书》、《盐石论》、《陶渊明年谱》、《杜子美年谱》等。

吴任臣(?—1689) 清浙江仁和(今杭州)人,字志伊,一字尔器,初字征鸣,号托园。其先莆田人,从父至杭,遂补仁和学生员。康熙十八年(1679)以博学鸿词授检讨,入翰林,承修《明史历志》。在翰林十年未迁。清圣祖以秘书命词臣检校,令分阴阳句读地理名氏,诸臣校上多误,付他复校,竭四十昼夜终卷。其学兼通经、史、词章,又精天官、乐律。曾广搜五代诸国史事,著《十国春秋》。又著有《周礼大义》、《礼通》、《春秋正朔考辨》、《山海经广注》、《托园诗文集》等。

吴荣光(1773—1843) 清广东南海人,字伯荣,一字殿垣,号荷屋。嘉庆进士,改庶吉士,散馆授编修。历官福建按察使、贵州布政使、湖南巡抚,署湖广总督。道光中曾镇压瑶族人民起义。道光二十年(1840)以原品休致。生平好金石书画,著有《筠清馆金石志》、《帖镜》等。亦精历代掌故史事,编有《历代名人年谱》。著作还有《吴荷屋自订年谱》、《辛丑消夏记》等。

吴融(?—903) 唐越州山阴(今浙江绍兴)人,字子华。幼力学,工辞章。求功名二纪,年将四十,昭宗龙纪元年(889)及进士第。韦昭度充剑南西川节度使出军征王建,辟为掌书记,从军二年。韦昭度入朝为相,累迁侍御史。乾宁二年(895)韦昭度贬死,去官依荆南节度使成汭。韦昭度昭雪后,召还为左补阙,以礼部郎中为翰林学士,拜中书舍人。天复元年(901)昭宗复帝位,命草诏称旨,进户部侍郎。昭宗被朱全忠逼奔凤翔时,客居阌乡。三年,昭宗还京师,召为翰林承旨卒。为诗多靡丽之作,也多有反映羁旅伤乱,如"湖岸春耕废,江城鼓角喧"(《途中》),颇能感人。著《唐英集》三卷,《全唐诗》编其诗为四卷。

吴如孝(约1815—?) 如一作汝。清广东嘉应州(今梅州)人。曾为十三行商司会计,后入广西经商。参加金田起义,为师帅。咸丰三年(1853)升指挥,与罗大纲同守镇江,旋升检点。六年,配合秦日纲击毙清江苏巡抚吉尔杭阿于高资。七年,镇江为清军所围,全军回天京(今南京)。八年守庐州(今合肥),配合陈玉成在三河大破湘军。十年升前军主将,与定西主将吴定彩援助捻军张乐行。十一年封顾王。同治二年(1863)二月攻克浦口后,在江浦等处进攻清军。

吴汝纶(1840—1903) 清安徽桐城人,字挚父(一作挚甫)。同治进士。师事曾国藩,与李鸿章关系密切。历任直隶深州、冀州知州,主保定莲池书院、京师大学堂总教习,并曾赴日本考察学制。以文名于时,宗法桐城派,气势较为纵肆,并由训诂而通文辞,精经、史、子、集旁及小字音韵,各有诠释。曾为严复所译《天演论》作序,备极称道。著有《东游丛录》、《诗说》,后人辑《桐城吴先生全书》。

吴芮(?—前202) 秦代人。曾任番阳令,能得江湖间民心,号曰"番君"。后率越人举兵反秦,从项羽入关。公元前206年羽分封诸侯时,立为衡山王,都邾(今湖北黄冈西北)。刘邦称帝后,徙为长沙王,都临湘(今湖南长沙市)。旋卒。传国数世绝。

吴瑞登 明武进(今江苏常州)人,字云卿。由贡生官光州训导。著有《两朝宪章录》、《绳武编》。

吴睿帝(901—938) 即杨溥。五代时吴国君。公元920—937年在位。太祖杨行密四子。时徐温养子徐知诰于扬州主政,继续奉行休兵息民政策,奖励农桑,旷土日辟,国以富强。乾贞元年(927)即帝位,以徐知诰为太尉兼侍中,军政大权悉归之。升元元年(937),被迫逊位于知诰,吴国灭亡。次年卒于润州(治今江苏镇江)。葬平陵。

吴三桂(1612—1678) 明末清初扬州高邮(今属江苏)人,字长白。明总兵吴襄子。初以武举承父荫授都督指挥。襄失机下狱,擢他为总兵,守宁远。崇祯十四年(1641),率部从总督洪承畴援锦州,与清军激战于松山,兵败。退宁远(今辽宁兴城)。十七年,大顺农民军进逼北京。以平西伯入卫,至丰润,闻北京陷,遂退还山海关。李自成招降,不从。旋致书清摄政王多尔衮乞师献降,迎清军入关,合兵击败自成主力,封平西王。次年,从英亲王阿济格统兵破延安、鄜州,攻西安,进而下武昌,陷九江,以功进亲王。后移镇汉中。顺治八年(1651),偕李国翰西攻孙可望、李定国大西军余部,连下成都、叙州(今宜宾)、重庆等重镇。十四年,擢平西大将军,统兵进攻云贵。十六年,败李定国军,占昆明。十八年,迫缅甸交出永历帝。次年在昆明杀永历帝。旋受清廷命总理云贵军政事务,封藩割据,拥兵自重,势力渐增。康熙十二年(1673),清廷下令撤藩,遂举兵反,蓄发易冠,自号周王,称天下都招讨大元帅。次年,率军入湖南,陷岳州、长沙,与清军相持。后靖南王耿精忠、平南王尚之信起兵响应,兵锋及于九省,史称"三藩之乱"。十七年,称帝于衡州,国号大周,改元昭武。旋中风死。

吴山 ❶(1470—1542)明苏州吴江(今属江苏)人,字静之,号讱庵。正德进士,历任刑部主事、四川巡抚等。嘉靖二十年(1541)官至刑部尚书。次年因办武定侯郭勋案,忤帝意革职归,病死于途。著有《治河通考》、《尚书疏议》。❷(?—1577)明江西高安人,字曰静,号筠泉。嘉靖进士。嘉靖三十五年官至礼部尚书。因拒与严世蕃结姻亲,受严嵩阻,不得入阁。后又参与促成景王离京就藩,忤帝意。四十年革职。穆宗即位，召为南京礼部尚书，不赴。卒于家。❸山名。(1)又名虞山、虞坂。在今山西平陆县东北。自上及下，七山相重，为太行山重要通道之一。《续汉书·郡国志》：大阳县“有吴山，上有虞城”。(2)又名岍山、汧山、岳山、吴岳山、西镇山。在今陕西陇县西南。《尔雅·释山》以为五岳之一。因冈峦绵亘，隋唐以后志书如《元和郡县志》、《太平寰宇记》等又以其山东部名吴山，西部为汧山。(3)即今浙江杭州市旧城区西南城隍山。相传因山上有伍子胥庙，又名胥山。五代时，山上建城隍庙，又名城隍山。宋时多称吴山，俗称晾网山。左带钱塘江，右瞰西湖，为杭州登高揽胜佳地。金主亮慕其山色之美，有“提兵百万西湖上，立马吴山第一峰”之句(熊克《中兴小纪》卷三十九)。今尚存宋人所题“吴山第一峰”五字。一说“春秋时为吴国南界，以别于越，故曰吴山”(顾祖禹《读史方舆纪要·杭州府·吴山》)。一说山上有伍子胥庙，因“伍”音讹为“吴”音而名吴山。

吴尚先(1806—1886) 清钱塘(今浙江杭州)人，原名樽，又名安业，字师机、杈仙。道光举人，官至内阁中书。后业医，疗人甚多。曾在扬州设存济堂药局。首创内病外治法，以膏药熏洗等法，主治内、外、妇、幼各科疾病。凡求治者不须内服煎剂，一经用药外治，多见良效。吸取前人和古籍中有关外治论述，汇集民间外治疗法，著成中国第一部外治法专书《理瀹骈文》(又名《外治医说》)。

吴少诚(750—809) 唐幽州潞县(今北京通州东)人。初为荆南节度使庾准牙门将，从准入朝。过襄阳，见梁崇义有反状，乃密陈朝廷。建中二年(781)，梁崇义果反，充李希烈前锋讨之。后支持希烈叛乱。希烈死，德宗授申、蔡等州节度使，遂有淮西。贞元十五年(799)，以兵反，攻临颍(今属河南)，围许州(今河南许昌)。德宗尽削其官爵，合十六道兵进讨，官军屡败，只得尽复其官爵。顺宗时，封濮阳郡王。

吴少阳(?—814) 唐沧州清池(今河北沧州东南)人。与吴少诚友善。少诚镇淮西，认为弟，奏授申州刺史。元和四年(809)少诚死，杀其子，自为留后，宪宗授彰义节度使，据蔡州。赋敛无度，畜养马匹，掠寿州茶山，劫商贾，匿亡命以扩军。卒后子吴元济继立。

吴甡 明末扬州兴化(今属江苏)人，字鹿友，号耑愚，晚号柴庵。万历进士。授邵武知县。天启二年(1622)迁御史，后忤魏忠贤，削籍归。崇祯初复原官，崇祯七年(1634)擢右佥都御史，巡抚山西。以镇压农民起义功，进兵部左侍郎。十五年晋礼部尚书兼东阁大学士。次年督师湖广，因慑于农民军威势，畏缩不前，遂被遣戍金齿。南明福王时赦归，后卒于家。著有《柴庵疏集》、《柴庵寤言》、《安危注》等。

吴深(?—389) 十六国时后燕人。寺人。建兴元年(386)十月，据清河(今山东临清东)反，燕主慕容垂攻之，不克。二年杀清河太守丁国。后为燕护军将军平幼等所破，走保绎幕(今山东平原西北)。四年五月，为清河民所杀。

吴声歌 简称吴歌。六朝时长江下游地区民歌之泛称。有《子夜歌》、《读曲歌》、《春歌》、《秋歌》、《华山畿》等。始皆徒歌，既而被之管弦。乐府所集皆为情歌，且喜用双关语，如以“莲”喻“怜”，以“丝”喻“思”，以“芙蓉”喻“夫容”，以黄连之苦喻相思之苦等。既丰富想像力，又增添含蓄性，是为此歌之一大特色。

吴声十曲 六朝时流行于长江下游地区民歌曲调之概称。即《子夜》、《上柱》、《凤将雏》、《上声》、《欢闻》、《欢闻变》、《前溪》、《阿子》、《丁督护》、《团扇郎》等十首。前三曲唐代以后失传；后七曲中之《前溪》传为内人包明月作，余六曲皆传为南朝梁宫人王金珠所制。

吴胜兆(?—1647) 明末清初松江华亭(今上海松江)人。明亡降清，任松江提督。顺治四年(1647)，谋起兵叛清归明，乃密约驻舟山南明军黄斌卿部合力取南京。旋舟山水师于崇明遇风覆灭，事泄，为中军詹世勋等执送洪承畴军前，被杀。

吴师道(1283—1344) 元婺州兰溪(今属浙江)人，字正传。至治进士。为高邮县丞，调宁国路录事，迁池州建德县尹。后以中书左丞吕思诚、侍御史孔思立称荐，为国子助教，寻升博士。至正三年(1343)因母丧南归，次年，以奉议大夫、礼部郎中致仕，卒于家。著有《易杂说》、《书杂说》、《诗杂说》、《春秋胡传附辨》、《战国策校注》、《敬乡录》等。

吴诗派 明初诗坛流派。以吴人高启、杨基、张羽、徐贲等为代表。宗唐初风格，以风骨颖利见长，但格调、体裁稍逊。启等四人又称“吴中四杰”。

吴时来(?—1590) 明浙江仙居人，字惟修，号悟斋。嘉靖进士。授松江推官，擢刑科给事中。嘉靖三十七年(1558)疏劾严嵩，遂谪戍横州。隆庆初复官，又因忤高拱落职。万历十二年(1584)召为湖广副使。十五年官至左都御史。晚年委蛇权贵间，为东林党人所劾，乞休归，未行而死。著有《悟斋稿》、《江防考》。

吴时外国传 书名。又名《扶南传》、《扶南记》、《扶南土俗传》、《外国传》、《吴时外国志》等。三国吴康泰撰。记述约吴赤乌六年(243)至神凤元年(252)间作者与朱应出使南海时所经历及传闻一百数十国情况。其中对扶南(今柬埔寨)记述较详，记述有关扶南的历史、社会、政治、经济等重大问题颇为具体；对其他国家和地区则记述较简。而涉及自然地理方面较多，一般不记述重大的社会问题。此书与朱应的《扶南异物志》同为《梁书·海南诸国传》的主要依据。原书已佚，散见于《水经注》、《北堂书钞》、《艺文类聚》、《初学记》、《通典》、《太平御览》等书，诸书所记仅三十一国。

吴世璠(1666—1681) 清江南高邮(今属江苏)人。平西王吴三桂孙，吴应熊子。三藩叛起，留云南。康熙十七年(1678)三桂死，奔丧至贵阳，为三桂部将胡国柱、马宝等拥立继位，改元洪化，倚方光琛、郭壮图为腹心。二十年，清兵攻陷昆明，部将谋变，遂自杀。

吴栻 北宋瓯宁(今福建建瓯)人,字硕道。熙宁进士。崇宁中为开封府推官。曾以给事中使高丽,还,知开封府。迁工、户二部侍郎,坐事削秩知单州,改知宛丘(今河南淮阳)。宛丘公帑饶富,有二十四库,他书三言诗于其门,有"勿浪费,法最先"之句。大观初知苏州,历徙陈州、河中等州府。著作今不传。

吴殳(1611—1695) 明末清初娄县(今上海松江)人,一说昆山(今属江苏)人,又名乔,字修龄,别号沧塵子。工于诗,深于禅。所著诗集名《舒拂集》,另有《围炉诗话》。又与戴笠合撰《怀陵流寇始终录》。亦善武术,初从枪法名家石敬岩学枪法,后从项元池学双刀法,从渔洋老人学剑术。对各家枪法及单刀法深有研究。著有《手臂录》。

吴书 书名。三国吴韦曜撰。五十五卷。记三国时吴国历史。纪传体。吴大帝(孙权)末年,始命太史令丁孚、郎中项峻撰《吴书》;少帝(孙亮)时,更命韦曜、华覈、薛莹、周昭、梁广等共同访求往事,撰述国史。景帝(孙休)时,昭、广已去世,曜、莹又徙黜,史著中辍。其后曜独撰《吴书》,但因下狱被杀,未能最后完成。已佚。今有清王仁俊辑《吴书钞》,见《玉函山房辑佚书补编》。

吴叔 即"吴广"。

吴淑(947—1002) 宋初润州丹阳(今属江苏)人,字正仪。仕南唐为内史。入宋,以荐试学士院,授大理评事。历太府寺丞、著作佐郎,累迁职方员外郎。先后参加编纂《太平御览》、《太平广记》、《文苑英华》。至道二年(996),预修《太宗实录》。曾献《事类赋》百篇,受诏注释,其书逐句之下,以事解释,注明出处,颇称精博。善笔札,工篆籀,著有《说文五义》、《江淮异人录》、《秘阁闲谈》等。

吴树 东汉下邳(治今江苏睢宁北)人。桓帝元嘉初,为宛令,拒绝大将军梁冀请托。至县,诛杀冀客横行为害者数十人。后迁荆州刺史,临行辞冀,被鸩杀。

吴树声(?—1873) 清云南保山人,字鼎堂。道光举人。以知县分发山东沂水,于任内劝农桑,备水旱,"靖内境"。嗣后历任山东肥城、东阿、寿光、章丘知县。又精熟小学,著述甚丰。著有《六书》、《诗小学》、《论语尊经录》、《孟子小学》、《两汉书小学》、《经传释词续》等。

吴淞江 本名松江。北宋时,又称吴淞江,见于郏亶、郏乔等水利书。明、清时专称吴淞江。鸦片战争后,上海开为通商港埠,上海境内的吴淞江又称苏州河。北宋元丰以前,"自吴江县(今市)过甫里(今苏州市东南甪直镇),径华亭县(今上海市松江区)入青龙镇(今旧青浦),……江流自(太)湖至海,凡二百六十里"(《吴郡图经续记》卷中)。江道广阔,流量浩瀚,"深广可敌千浦",是苏州地区海上交通的重要航道。其中下游故道即今虬江道。北宋庆历年间建吴江县石桥,以为运河牵路,遂使江流受阻,下泄不畅,加以中游江道委曲多弯,水流迂滞,常易漫溢成灾。嘉祐年间对白鹤江至盘龙汇一段截弯取直。崇宁中,复加浚治,中游遂改由今道。元至元年间,下游因受潮沙淤积,江面迅速束狭。到明初,下游淤塞严重,使水患加剧。明永乐元年(1403),户部尚书夏原吉开凿黄浦江后,太湖、淀泖之水遂由黄浦入海。天顺二年(1458),开凿吴淞口下游自新泾至庄家泾一段新道。嘉靖元年(1522)、隆庆三年(1569),相继开导吴淞江入黄浦的新道,于是下游全部改徙今吴淞江,成为黄浦江的一条支流。其部分故道则作为虬江断续残存下来。

吴淞江千户所 明洪武十九年(1386)置。在今上海市宝山旧城东北一里,属太仓卫。地处吴淞江入海之口,为水陆交通要冲。嘉靖初因海潮侵噬,东北隅渐倾圮,乃于旧城西南一里筑土城,嘉靖十九年(1540)移治土城,三十一年甃以砖,称为新城,即原宝山县城。清顺治初改为吴淞营,设副将协守。雍正三年(1725)置宝山县于此。

吴淞铁路 中国土地上第一条营业铁路。清同治十一年(1872),英美商人在其政府支持下,无视中国主权,合资组成"吴淞道路公司",擅自拟定修筑上海至吴淞铁路的计划。十三年,英国伦敦兰逊姆斯·拉披尔(Ronsonmes & Rapier)工程公司组织"吴淞道路有限公司"接办,并以怡和洋行为在华代理人;并以修"马路"为名,强行购地,是年冬动工,铺设从英国购进的铁轨。光绪二年(1876)夏,上海至江湾段通车营业。每天有六次客车往返于上海与吴淞间。乘客颇多,营利丰厚。六月十四日(8.3),火车压死一名士兵,遭沿线居民强烈反对。清政府亦提出抗议。通过交涉,清政府于九月八日(10.24)以二十八万五千两白银买回拆除,将铁轨和车辆运到台湾基隆附近备用。九年,又将铁轨、车辆运回,用于修筑开平煤矿铁路。二十二年,盛宣怀奉命修筑淞沪铁路,二十四年七月十六日(9.1)通车。

吴淞之战 鸦片战争中著名战役。吴淞位于长江入海口,筑有东西两炮台,互为犄角。清道光二十二年五月初一日(1842.6.9)英国舰队驶进吴淞口。江南提督陈化成驻西炮台。初八日,英舰大举进攻吴淞西炮台,陈化成下令开炮,击伤敌舰多艘,两江总督牛鉴闻报,陈列仪仗,领兵观战,遭炮击,溃逃。英军遂由东炮台登陆,水陆夹击西炮台。陈化成孤军奋战,腹背受敌,所部官兵八十余人全部壮烈殉国。吴淞炮台失陷,英军占据宝山、上海。

吴孙子兵法 即"孙子兵法"。

吴太夫人年谱 书名。清董金鉴编。三卷,附《续谱》一卷。谱主吴氏,浙江会稽(今绍兴)人。是谱编者系其嗣子。起嘉庆二十年(1815),迄光绪三十三年(1907)。除按年辑列家事外,间涉太平军入浙诸事。又,董氏系经营丝、茶、钱肆、典当诸业致富者,故书中记有极为丰富的经济资料。有光绪三十三年家刊本。

吴太祖 即"杨行密"。

吴汤兴(1860—1895) 清末台湾苗栗人,祖籍广东。字绍文。秀才出身。光绪二十一年四月

(1895.5)，愤清政府割台湾，在台大会粤籍乡人，盟誓抗日，被巡抚唐景崧委统义民各军。五月，偕义军首领徐骧、姜绍祖等在新竹抗击日军。七月与日军在苗栗激战。旋在保卫彰化之役中，率义勇鏖战于八卦山，中炮阵亡。

吴棠(1812—1876) 清安徽盱眙(今属江苏)人，字仲宣。道光举人。曾任知县。咸丰三年(1853)太平军克扬州，招集乡勇防御，累升至道员。十年帮办江北团练。同治元年(1862)擢江宁布政使兼署漕运总督，督办江北粮台。三年署江苏巡抚。四年调署两广总督，未行。五年擢闽浙总督，旋调四川总督，以饷协济秦陇滇黔等省督抚镇压农民和少数民族起义。十年署成都将军。光绪元年(1875)因病归里。

吴瑭(1736—1820) 清江苏淮阴人，字鞠通。师法名医叶桂。客京师时参与抄写检校《四库全书》，得览明吴又可《温疫论》，遂专心研习，又采辑历代名医著述，去其糟杂，取其精微，附诸已意，辅以验证，成《温病条辨》一书，为医者所重。另著有《医医病书》、《吴氏医案》等。

吴特(William B. Wood) 美国人。清道光七年(1827)，由马地臣资助在广州创办《澳门杂录》(一译《广州纪事报》)，是为外国人在华经营的第一家英文刊物。

吴提(?—444) 柔然可汗。大檀子。北魏神䴥二年(429)继立，号敕连可汗(意为"神圣之王")。曾与北魏和好，娶魏西海公主。太延二年(436)绝和。五年乘北魏进攻北凉，率军入塞，近平城，为魏军所败，远遁走死。

吴天半(1773—1795) 即吴半生。清湖南凤凰人。苗族。乾隆六十年(1795)，石柳邓、石三保起事后，率凤凰苏麻寨苗民起兵响应，自称"吴王转世"，授虎威将军，英勇善战，屡败清军。后为清兵围于凤凰高多寨，乃赴清营降，解至京被害。

吴天玺纪功碑 三国吴碑刻。一名"天发神谶碑"。因石断为三，俗称"三段碑"。天玺元年(276)立，为孙皓亡国前四年，为维护其统治，制造"天命永归大吴"之舆论，伪称天降神谶而刻此石。第一列二十一行，第二列十七行，第三列十行。在篆书中用隶书笔法，字体奇伟。相传为华覈撰文，皇象书，但无确证。石原在南京孔庙，清嘉庆十年(1805)毁于火。北京故宫博物院藏有宋拓本。周在浚、王著、吴玉搢《天发神谶碑考》，汪照《天发神谶碑续考》，罗振玉《天发神谶碑补考》等文，考订甚详。

吴琠(?—1705) 清山西沁州(今沁县)人，字伯美，号铜川。顺治进士。授确山知县。康熙二十八年(1689)为湖北巡抚，适夏逢龙兵变之后，株连甚广，乃惩妄告者，人心遂定。三十三年晋湖广总督。三十五年内迁左都御史。次年圣祖以为"清官好官"，调刑部尚书。三十七年晋保和殿大学士，被圣祖称为"持己清廉"，曾赐所临米芾千字文。后卒于官。

吴廷栋(1793—1873) 清安徽霍山人，字彦甫，一字竹如，晚自号拙修老人。道光拔贡。咸丰、同治两朝历官刑部主事、直隶河间知府、山东布政使、刑部右侍郎等。主张立法必先便于民，方可行；信于民，方能久。同治五年(1866)因病辞官，归寓江宁(今南京)。笃信程朱，服膺朱熹"论是非不计利害"之语；反对调和程朱与陆王之学，谓学宗程朱者，"必不假借于陆王"(《与方鲁生上舍论学书三》)。不同意以"道问学"与"尊德性"区分朱、陆之学，认为"陆子惟不道问学，故不得为尊德性；朱子惟尊德性，故真能道问学"(《书程子养观说后》)。著有《拙修集》。

吴廷燮(1865—1947) 清末民初江苏江宁人，本名承荣，字向之，号次夔。光绪举人。光绪三十一年(1905)为清廷巡警部警政司郎中、民政部右参议，补内阁法制院参议，署副使，寻兼任弼德院参议。1914年起任北洋政府政事堂主计局长。后应张学良之邀，充萃升书院主讲，担任史学，旋充《奉天通志馆》总纂。著有《历代方镇年表》，辑《山右石刻丛编》、《历代封爵考》、《春秋晋地考》、《光绪政要》、《清史稿藩部传》、《方舆纪要补编》等。

吴廷祚(918—971) 宋初并州太原(今属山西)人，字庆之。初事后周太祖为亲校，累迁皇城使。世宗时，任内客省使、宣徽使，判河南府、知西京留守事及权东京留守，擢枢密使。宋初，加同中书门下二品。建隆元年(960)先后献策，击平李筠、李重进之乱。两为东京留守，统掌枢务。三年，出为雄武军节度使。乾德二年(964)改镇京兆。

吴挺(1138—1193) 南宋德顺军陇干(今甘肃静宁)人，字仲烈。璘子。以荫补官。绍兴三十一年(1161)，金军进攻关中，为中军统制，从父御敌，参与秦州争夺战，以功擢熙河经略安抚使。次年，瓦亭之战，又败金军，不久复破巩州之敌。守德顺，使敌军不得前，因朝廷主和而退师。孝宗时曾任主管侍卫步军司公事。乾道末，为鄂州都统制，旋荆、鄂合为一军，仍为都统制。淳熙元年(1174)，改兴州都统制、拜定江节度使，继玠、璘为蜀帅。四年，为利州西路安抚使，知兴州。备边有方，为朝野所重。

吴头楚尾 指今江西北部。其地春秋时为吴楚两国交界处，吴在东，楚在西，故云。见洪刍《职方乘》及祝穆《方舆胜览》。黄庭坚《谒金门》词："山又水，行尽吴头楚尾。"亦作"楚尾吴头"。朱熹《铅山立春》诗曰："春回楚尾吴头。"

吴王 ❶见"刘濞"。❷明太祖朱元璋建明前曾用为王号。❸明太祖朱元璋第五子朱橚。洪武三年(1370)封。十一年，改封周王。❹即"朱允熥"。

吴王夫差剑 春秋末吴国铸造的青铜剑，上有"攻敌王夫差自作其元用"铭文十字，故名。此种剑除有多件传世外，1976年在湖北襄阳蔡坡十二号战国墓和河南辉县检选铜器时各得一件。辉县一件长59.1厘米，宽5厘米，柄有箍两道，格用松绿石镶嵌成兽面纹，剑身满布暗纹，剑刃仍很锋利。

吴王僚(?—前515) 一名州于。春秋时吴国国君。公元前526—前515年在位。吴王余昧(一作夷末)之子(一说庶兄)。楚平王死后，吴王僚十二年(前515)，乘楚丧，派公子盖余和公子烛庸率军围潜

(今安徽霍山东北)。楚左尹郤宛等绝其后,被困不能退。公子光乘机用伍子胥谋,借设宴之时,派勇士专诸藏剑于鱼腹内献馔,他被刺杀。公子光自立为王。

吴伟(1459—1508) 明湖广江夏(今湖北武汉)人,字次翁、士英(一作世英),号小仙、鲁夫。少孤贫,流落常熟,为布政使钱昕收容。后学画成名。成化、弘治间,两度应召至京,官锦衣卫镇抚、百户,赐"画状元"印。以病辞归,寓于南京。武宗即位,复征聘,病死途中。善白描,兼工山水,人物仿吴道子,为江夏派代表人物。

吴伟业(1609—1672) 明末清初江南太仓(今属江苏)人,字骏公,号梅村。少时受业于张溥,擅诗文,系晚明复社成员。明崇祯进士,授编修。曾疏劾大学士张至发,有直声。后充东宫讲读官、南京国子监司业、左庶子。弘光朝任少詹事,马士英、阮大铖擅权,愤而归里。清顺治九年(1652),两江总督马国柱疏荐征起,撰《上马制府书》、《辞荐揭》,以病力辞不果。次年,诏授侍讲,后充清太祖、太宗圣训纂修官,迁国子监祭酒。十三年丁母忧归里。博学多才。工诗,早年多风华绮丽,明亡后多激楚苍凉,尤工七律及七言歌行,《圆圆曲》等传颂至今,有《梅村集》四十卷。另有《复社纪闻》、《绥寇纪略》、《鹿樵纪闻》、《梅村家藏稿》等行世。晚年,又有传奇《秣陵春》、杂剧《通天台》等,调多悲怆,亦伤时之作。

吴文节公年谱 书名。清吴养原撰。谱主吴文鎔卒谥文节,是谱系乃子所作。记其从乾隆五十七年(1792)至咸丰四年(1854)的经历。以记仕历为主。其中涉及近代某些重要史事,诸如鸦片战争时闽防设置、支应战事,战后中国社会的变化,滇、桂等地回汉等族反清斗争、钟人杰起义以及太平军在湖北等地战事等。有同治年间刊本。

吴文鎔(1786—1854) 清江苏仪征人,字甄甫,号竹孙。嘉庆进士。历任侍读学士、顺天学政、刑部侍郎等。道光十九年(1839)任福建巡抚。鸦片战争时,协助总督邓廷桢筹办防务。旋护理闽浙总督。次年改任山西巡抚。在任整饬吏治,任用贤能,颇有政声。三十年擢云贵总督。咸丰三年(1853)调湖广总督。四年在黄州(今湖北黄冈)被太平军击败,投水自杀。其子编有《吴文节公年谱》。

吴文英(约1200—约1260) 南宋四明(今浙江宁波)人,字君特,号梦窗,又号觉翁。曾为苏州仓台幕僚,后复入浙东安抚使、知绍兴府吴潜幕中。晚年为荣王赵与芮(度宗生父)门客。终于布衣。贾似道未相时,他尝作词称颂。或谓,自吴潜为似道所逐,即不复与贾往来。平生所交,皆一时显贵。工词,字句工丽,音律和谐,誉之者称宋词前有清真(周邦彦),后有梦窗,为词家宗匠。毁之者则有如七宝楼台,拆下来不成片段之语。著有《梦窗词》。

吴文正公集 书名。又名《支言集》。元吴澄撰,澄孙吴当编。一百卷。前九十卷文,后十卷诗。包含资料丰富。如董士选、洁实弥尔、伯都(忙兀氏)、邓文原神道碑,岳元镇、赵思恭、邢聚、述哥察儿墓碑,董文用、张弘纲墓表等,多可补史之阙。有明永乐四年(1406)本。又有宣德十年(1435)刻本,《四库全书》所收即此本。另有明成化间刊行《临川吴文正公集》四十九卷本,据百卷本省并而成。通行清乾隆五十一年(1786)万氏刻本,题《草庐吴文正公全集》,四十九卷,卷首一卷,外集三卷。

吴沃尧 即"吴趼人"。

吴曦(1162—1207) 南宋德顺军陇干(今甘肃静宁)人。吴璘孙。以祖荫补右承奉郎。附韩侂胄,求还蜀。为兴州驻扎御前诸军都统制兼知兴州。开禧二年(1206)为四川宣抚副使兼陕西河东招抚使。阴蓄异志,遣使献关外四州地于金,求封蜀王。金人许之,遂引金兵入凤州。次年僭位于兴州(今陕西略阳),议行削发左衽之令,拟约金兵夹攻襄阳。旋为杨巨源与安丙、李好义、李贵等所杀。

吴喜(427—471) 南朝宋吴兴临安(今浙江临安北)人,本名喜公。元嘉时,初为领军府白衣吏。从太子步兵校尉沈庆之攻蛮,使传使命,为武陵王刘骏所知。及骏即帝位(孝武帝),以为主书。历官河东太守殿中御史。明帝即位时,四方不附,晋安王刘子勋即位于寻阳。他自请率军东讨,所至克捷。东土既定,又率部西平荆州,位至骁骑将军、淮陵太守。因原宥东军将帅,明帝衔之。又尝言汉武、魏武本是何人,更为明帝所疑忌。及明帝有疾,疑其不能事幼主,赐死。

吴下谚联 书名。清王有光撰。四卷。成书于嘉庆年间。是书注释谚语三百零四条,揭露清代社会的腐朽,反映农民的悲惨处境。个别处有宿命论、因果报应之说。全书以六条谚语说明其编排体例,有启、正、续、末诸目,每目之内,细目清楚。在清人笔记中别具一格。有嘉庆二十五年(1820)老铁山房原刻本、同治间王氏补刊本。

吴骞(1733—1813) 清浙江海宁人,字槎客,一字葵里,自号兔床山人。诸生。笃嗜典籍,校勘精审,藏书逾五万卷,筑藏书楼名"拜经楼"。尤喜搜罗宋元刻本如陶渊明、谢元晖诸集,皆取之而重刻,学者珍为秘宝。兼好金石,工诗能画。著有《拜经楼诗话》及《愚谷文存》等。

吴贤妃 明镇江丹徒(今属江苏)人。景泰帝生母。宣德三年(1428)封贤妃。景帝即位,尊为皇太后。英宗复辟,改称宣庙贤妃。成化中死。

吴县 秦置县于春秋吴国故都,故名。县治即今江苏苏州市旧城区,惟隋代曾移治市西南横山下,唐还旧治。秦与西汉为会稽郡治,东汉永建以后、吴、晋、南朝为吴郡治,陈又为吴州治,隋、唐、五代、宋初为苏州(隋大业、唐天宝为吴郡)治,宋政和以后为平江府治,元为平江路治,明、清为苏州府治。两汉、三国吴时辖有今苏州、吴县、吴江、常熟等市地。西晋割出今常熟市地置海虞县。武周万岁通天元年(696)分县境东北部置长洲县,与吴县同治苏州城内。五代时吴越又割出今吴江市地置吴江县。清雍正二年(1724)分长洲县南部置元和县,吴、长洲、元和三县同治苏州府郭下,吴县辖有今苏州市及吴县西南部分，东起鲇鱼口，北起马山、东渚、华山，西南包有太湖中洞庭东、西山及附近诸小岛。乾隆元年(1736)分出洞庭东西山置太湖厅治东山镇，光绪三十年(1904)又分太湖厅洞庭西山置靖湖厅，1912年并吴县、长洲、元和三县和太湖、靖湖二厅为吴县一县。1949年划出城区建立苏州市。

吴襄(?—1644) 明末扬州高邮(今属江苏)人，字两环。天启武进士。以辽东战功，官至宁远总兵。崇祯四年(1631)以临阵怯逃罪下狱。六年复官。十七年入京提督京营，后降于李自成。发书劝其子吴三桂降，未成，山海关战役后被农民军杀死。

吴兴记 书名。南朝宋山谦之撰。一卷。唐时已散佚，明董斯张辑逸文一卷，见《湖录》。清王谟亦辑一卷，见《地理书钞》；严可均辑四十四事，见《四录堂类集》。董辑不载所出之书，王、严亦有漏复处。缪荃孙据《续汉书郡国志》注、《世说》注、《初学记》、《太平寰宇记》、《舆地纪胜》、《吴兴志》等校辑六十六事为一卷，可考当时地理情况。

吴兴郡 三国吴宝鼎元年(266)分吴郡、丹阳郡置。治乌程县(今浙江湖州市南，东晋义熙初移今湖州市)。辖境约相当今浙江临安、余杭、德清等市县一线以西北地，兼有今江苏宜兴市地。其后略有缩小。隋开皇九年(589)废。唐天宝、至德时又曾改湖州为吴兴郡。

吴兴塘 在今浙江湖州市东。原名荻塘，晋吴兴太守殷康所开，溉田千余顷。后太守沈嘉重修，更名吴兴塘，可溉田二千余顷。

吴兴县 三国吴永安三年(260)改汉兴县置。治今福建浦城县。属建安郡。隋开皇九年(589)废入建安。

吴兴祚(1632—1697) 清汉军正红旗人，字伯成，号留村。顺治七年(1650)，以贡生授萍乡知县。康熙十五年(1676)任福建按察使。十七年擢福建巡抚，率部屡挫郑经部将刘国轩，并与福建水师提督万正色、宁海将军拉哈达共复金、厦。二十一年，擢两广总督。悉罢尚之信苛政，疏请扩展海界，使民复业，见采纳。后以鼓铸浮冒降副都统，调镇大同右卫。著有《宋元诗声律选》等。

吴熊光(1750—1833) 清江苏昭文(今常熟)人，字望昆，号槐江。乾隆举人。授内阁中书，累迁至通政司参议。嘉庆二年(1797)入值军机处，旋为和珅所忌，出为直隶布政使。仁宗亲政后，擢河南巡抚。时值川、楚、陕白莲教大起义，遂严饬守备，招募新兵，扼守关津，积极参预镇压。六年任湖广总督，训练乡勇进攻起义军余部。十年调两广总督。十三年，英国兵占澳门海口炮台，以未能积极御敌被夺职，戍伊犁。旋召还，病卒于家。著有《伊江别录》、《春明补录》、《葑溪笔录》。

吴煦(1809—1872) 清浙江钱塘(今杭州)人，字晓帆、晓舫，号春池，晚号荔影。初以捐纳任知县，后署理松江知府。咸丰三年(1853)，参与镇压上海小刀会起义。六年办理上海厘捐，供镇压太平军之用。八年任苏松太道，并监督江海关。次年升署江苏布政使。十年，奉江苏巡抚薛焕令，伙同杨坊勾结美国人华尔组织洋枪队，并引英法军队进入上海城，阻击太平军。同治元年(1862)，太平军再次进攻上海时，又与外国侵略者勾结，协助李鸿章对太平军作战。后被劾革职，为李鸿章奏复，旋引疾归里。

吴蕈谱 书名。清吴林撰。林字息园，江苏长洲(今苏州)人。一卷。于康熙二十二年(1683)成书。篇首列载《姑苏志》、《阳山旧志》、《本草纲目》等有关吴中菌类的历史资料。次则按生长季节、土壤质地和性味分为上、中、下三品，记述菌类二十八种(实为四十种)。除考订名称外，形态描述详确，有的可据之以定其种属；重视生长地、季节与菌类性味之关系，菌类之经济用途及烹调和收藏法。篇末"故事"、"药性"、"斸蕈"分别述及蕈类之生境、毒蕈(十种)及采蕈法。是中国十七世纪的一部关于苏州地区食用菌类专著。收入《昭代丛书·乙集》。有《赐砚堂丛书新编》、《农学丛书》等丛书本传世。

吴亚终(?—1869) 一名吴亚忠。清广西新宁(今扶绥)人。吴凌云长子。壮族。早年随其父起义。同治二年(1863)吴凌云牺牲后，率延陵国起义军余部与广西灵山农民起义军小张三等部会合，转战于镇安(今德保)、归顺(今靖安)一带，坚持反清斗争。因被清军追击，多次退入越南境内。八年为清军冯子材部所败，牺牲。

吴炎(1623—1663) 明末清初苏州吴江(今属江苏)人，字赤溟，一字如晦，号悔庵，明亡后不忘故国，更号赤民。在归安诸生中甚负盛望。入清隐居湖州山中，初自放于诗酒，旋与伯叔昆季数人结成惊隐诗社，坚守志节，不仕于清。后专治史学，尤留心明代故实，欲撰明史，以究其兴废得失之故。顺治十年(1653)，与潘柽章等人仿《史记》体例，着手编撰《明史记》，分撰世家和列传。后因"庄氏史案"株连，与柽章同遇害。

吴阳 春秋战国秦邑。当因在吴山之阳得名。在今陕西陇县西南。《史记·封禅书》：秦文公"自未作鄜畤也，而雍旁故有吴阳武畤"；"秦灵公作吴阳上畤，祭黄帝"。

吴易(1612—1646) 明末清初苏州吴江(今属江苏)人，字日生。明崇祯进士。弘光时依史可法，任职方主事。弘光亡，聚众数千，据太湖长白荡抗清。隆武帝授江南总督、兵部尚书，封忠义伯；鲁王授兵部侍郎，封长兴伯。旋为清将吴胜兆所败，泅水逃脱。后再屯长白荡，为巡抚土国宝击破，被俘遇害。有《吴长兴伯集》。

吴一鹏(1460—1542) 明苏州长洲(今江苏苏州)人，字南夫，号白楼。弘治进士，选庶吉士。世宗即位，迁礼部左侍郎，与尚书毛澄、汪俊力争大礼。嘉靖六年(1527)进礼部尚书。后为张璁等排挤，改任南京吏部尚书。两年后致仕。卒谥文端。著作有《吴文端集》。

吴医汇讲 清代具有刊物性质的医书。唐大烈编辑。每年一卷。从乾隆五十六年(1791)刊出第一卷，至嘉庆六年(1801)共出十一卷，共发表四十多位医家一百多篇文章。后汇辑成书。内容广泛,“凡属医门佳话,发前人所未发,可以益人学问者,不拘内、外、妇、幼各科,无不辑入”。编辑文章,只要“能通一理”,便可采用,而且不分年龄地位,“随刊随镌”。是中国最早具有年刊性质的医学著作。

吴仪洛 清浙江海盐人,字遵程。世医出身,于医药甚有造诣。康雍乾时行医四十年,名噪乡里。著有《本草从新》、《成方切用》、《伤寒分经》等。

吴益(1124—1171) 南宋开封(今属河南)人,字叔谦。高宗吴皇后弟。善书法。建炎末,以恩补官,累迁干办御辇院、带御器械。娶秦桧长孙女,与王继先交相荐引,历官至保康军节度使,加太尉、开府仪同三司。以桧故,授文资,直秘阁,累加秘阁修撰、直徽猷阁,又加直宝文阁。桧死,因秦熺奏请,升敷文阁待制。孝宗即位,进少傅,又进太师,封太宁郡王。

吴懿(?—237) 三国时陈留(今河南开封东南县)人,字子远。《三国志》等书因避司马懿讳,改作壹。东汉末随益州刘焉入蜀。刘璋时为中郎将,后降刘备。备定益州,任为护军讨逆将军,备纳其妹为夫人。章武元年(221),为关中都督。建兴八年(230),与凉州刺史魏延同破魏将费瑶,封高阳乡侯,迁左将军。诸葛亮死后,督汉中,任车骑将军,领雍州刺史,进封济阳侯。

吴隐之(?—413) 东晋濮阳鄄城(今山东鄄城北)人,字处默,小字附子。美姿容,善谈论,博涉文史,以清操孝行闻名。因吏部尚书韩康伯之荐,为辅国功曹,转参征虏军事。为桓温知赏,累迁晋陵太守,入为中书侍郎、御史中丞,领著作郎。元兴元年(402),出为广州刺史。赴任时过“贪泉”,饮水赋诗明志。在州清廉愈厉,力矫贪渎时弊。三年,卢循攻广州(今属广东),拒守百余日,城破被执,久方得释。归舟之日,装无余资。入朝,拜度支尚书,迁中领军。以清俭著称。

吴应宾(1565—1634) 明安庆桐城(今属安徽)人,字尚之,号观我、三一老人等。万历时入史馆,以目疾归。笃于佛学,善以《易》理通佛学,宣扬释、道、儒三教合一。著《三一斋稿》、《方外集》、《学易全集》等。

吴应箕(1594—1645) 明末清初池州贵池(今属安徽)人,字风之、次尾。明复社领袖。崇祯十一年(1638),与顾杲、黄宗羲等于南京联名写《留都防乱公揭》,声讨阉党阮大铖。南明弘光朝建立,大铖当政,乃出走亡命。弘光元年(清顺治二年,1645),南京陷,遂起兵抗清,攻池州,复建德、东流。后兵败,逃入祁门、婺源山中,为清兵所获,慷慨就死。著述甚多,有《楼山堂集》、《读书止观录》、《启祯两朝剥复录》、《熹朝忠节死臣列传》、《复社姓氏》、《留都见闻录》、《廿一史史论》等。

吴永(1865—1936) 浙江归安(今湖州)人,字渔川。清光绪二十四年(1898)补怀来知县,于地方利弊多所兴革。二十六年,八国联军陷北京,慈禧太后挟光绪帝等出逃途经怀来,他出城迎驾,由七品升至四品,以办理前路粮台随扈前往太原、西安。二十七年,简放广东雷琼道。民国初年任山东胶东道尹。1919年在济南口述义和团始末及其接驾、随扈、慈禧太后在西安的起居及政事得失等情况,由刘治襄笔录,整理成《庚子西狩丛谈》一书。

吴泳 南宋潼川(治今四川三台)人,字叔永。嘉定进士。累官著作郎,兼权直舍人院,轮对时主张先内修政治,再合内修外攘为一事。后京城火灾,又上书指出战争和酷吏更甚于火。累迁权吏部侍郎,兼直学士院,上疏言谨政体、正道揆、厉臣节、综军务四事。权刑部侍郎兼修玉牒,进宝章阁学士,差知温州。赴官途中闻温州饥,乞蠲租放夏税与秋苗。改知泉州,复以言罢。著有《鹤林集》。

吴友如(?—约1893) 清江苏元和(今苏州)人,名嘉猷,以字行。自幼习画,擅长工笔,仕女、山水、花鸟、虫鱼无不精,尤以人物、肖像见长。寓上海,以卖画为生。同治初年,曾应征为曾国荃绘《克复金陵功臣战绩图》,上闻于朝廷,召至北京作画,遂著声誉。光绪十年(1884)应点石斋书局聘,主绘《点石斋画报》,写风俗、时事,图画精妙,人称圣手。又自创《飞影阁画报》,风行甚广。作品内容反映外国侵略、清廷腐败以及人民疾苦。其风格在中国传统画法基础上吸收西洋画技巧,对以后的年画、连环画、插图颇具影响。有《吴友如画宝》刊行。

吴有性 即“吴又可”。

吴又可(1592—1672) 明末清初吴县(今江苏苏州)人,名有性,以字行。居太湖中洞庭山。崇祯十四年(1641),苏州、吴江等地瘟疫流行,遍及山东、浙江,亡者甚多,当时医家以治伤寒法疗之均无效。他通过实际观察,静心穷理,认为此病“非风非寒,非暑非湿,乃天地间别有一种异气所感”,认为瘟疫与伤寒相似而实异,瘟疫之因,乃无形之“戾气”由口鼻传入人体所致。传染途径分“自天受”之空气传染和“传染受”之接触传染,并可成流行之疫或散发之疾,并提出“达原”、“三消”等治法。崇祯十五年著成《瘟疫论》传世。故后人评价吴有性时说,古无瘟疫专书,自有性书出,从此瘟疫一证,始有绳墨可循。

吴祐 东汉陈留长垣(今河南长垣东北)人,字季英。初举孝廉,迁胶东侯相、齐相。施政重教化,所在有治绩。大将军梁冀表为长史。因斥责马融为梁冀起草奏文诬陷太尉李固,与冀相忤,出为河间相。自请免归,以教授为生。年九十八卒。

吴渔山 即“吴历”。

吴虞(1872—1949) 四川成都人,原名永宽,字幼陵,号爱智。幼习经史,倾慕侠义。戊戌变法时期,受新思潮影响,转求新学。清光绪三十一年(1905)留学日本法政大学,接受卢梭民约论、达尔文进化论影响,开始非儒。三十三年回国,历任成都府立中学、嘉定中学、国学院教习。宣统三年(1911),因著文反对儒家和家族制度,被清政府通缉。民国成立,先后任《西成报》总编辑、《公论日报》主笔等。1917年应柳亚子之邀,加入南社。五四新文化运动中,先后在《新青年》上发表《家族制度为专制主义之根据论》、《儒家主张阶级制度之害》、《女权评议》等文,着力抨击儒学和家族制度。又发表《吃人与礼教》一文,疾呼礼教吃人,被誉为"打倒孔家店的老英雄"。1920年,应蔡元培聘,任北京大学国文系教授。1925年回四川,先后在成都大学、师范大学、四川大学等校任教,曾发表《对祀孔问题之我见》等文,坚持"非儒"。1933年被解聘后,闭门著述。1936年写成《经疑》,征引史实,论证儒家经典之不可靠,否认其神圣性。次年,以吴氏爱智庐名义自刊所著书。著有《吴虞文录》及《续录》、《别录》、《秋水集》、《吴虞日记》等。

吴与弼(1391—1469) 明抚州崇仁(今属江西)人,初名梦祥,字子傅,号康斋,世称聘君。年十九从洗马杨溥学,得见《伊洛渊源录》,遂志于程朱理学,不事科举。天顺元年(1457),权臣石亨荐其为东宫辅导,坚辞不就。上书进"十事",言当行圣道清政。尝谓"宦官、释氏不除,而欲天下治平,难矣!"(《明史·吴与弼传》)为学不轻易著述,重在涵养性情,"务使此心湛然虚明,则应事可以无失。静时涵养,动时省察,不可须臾忽也"(《明儒学案》卷一)。谓"进修不可躐等",当有"打捱岁月"工夫,俾使"上达日新"。弟子有陈献章、胡居仁等。著有《日录》。另门人汇其诗词文字为《康斋文集》。

吴玉章(1878—1966) 四川荣县人,原名永珊。清光绪二十九年(1903)留学日本,参加拒俄义勇队及军国民教育会。三十一年加入同盟会。三十三年在东京创办《四川》杂志,参与组织共进会。宣统三年(1911)春参加黄花岗起义。后返川参与保路运动,与王天杰等宣布荣县独立。寻又在内江举义。南京临时政府成立后,任总统府秘书。参与反袁斗争及护法运动。1915年在巴黎组织留法勤工俭学会。1925年加入中国共产党。1927年参加南昌起义。1928—1937年被派往苏联和西欧工作,曾参加共产国际七大。回国后任延安大学校长、中共四川省委书记等职。1949年后,历任中国人民大学校长、中国文字改革委员会主任等职。著有《辛亥革命》等。

吴育(1004—1058) 北宋建州浦城(今属福建)人,字春卿。天圣进士。历知临安、诸暨等县。景祐元年(1034),举贤良方正,擢著作郎、直集贤院、苏州通判。还,知太常礼院,奏定《太常新礼庆历祀仪》。累迁礼部郎中、知开封府。庆历五年(1045),拜右谏议大夫、枢密副使,改参知政事。出知许州,徙蔡州,又以资政殿学士知河南府,徙陕州,迁礼部侍郎、知永兴军。召兼翰林侍读学士,进资政殿大学士,判尚书都省。后知河中府,徙河南。

吴育仁(?—1888) 清安徽合肥人。同治元年(1862),投效淮军转战苏南、浙北,积功以副将尽先补用。六年,偕道员吴毓兰于扬州城东击败赖文光捻军余部,诏以记名总兵请旨简放。光绪间驻防直隶通永镇。光绪十年(1884)授通永镇总兵,统淮练马步等营。旋调任直隶正定镇总兵。

吴毓兰(?—1882) 清安徽合肥人。咸丰初,与兄毓芬办团练抗御太平军和捻军。同治元年(1862),随李鸿章淮军援江苏,参加攻陷嘉定、青浦、嘉兴、溧阳等地。后以道员选用,调守扬州。六年,俘捻军首领赖文光,以道员记名简放,寻加布政使衔。光绪六年(1880),授天津河间兵备道,兴修水利,修南运河、子牙河堤。

吴渊(1190—1257) 南宋宣城(今安徽宣州)人,字道父。嘉定进士。调建德簿,累迁提点浙西刑狱,镇压衢州、严州人民反抗。朝议欲趁金亡收复河南,他以为国力衰弱,力陈不可。出知江州,改江、淮、荆、浙、福建、广东都大提点坑冶,抄没人民家资以百万计,被劾罢。后知隆兴府、江西安抚使兼转运副使,曾赈济灾民。为沿江制置使兼提举南康军兵甲公事、节制蕲黄州安庆府屯田使,镇压湖南少数族反抗。宝祐五年(1257),拜参知政事,旋卒。

吴元炳(?—1886) 清河南固始人,字子建。咸丰进士。先后授翰林院检讨、侍讲、侍讲学士。咸丰十年(1860)后,同团练大臣毛昶熙、道员张曜等人在河南同捻军陈大喜等部作战。同治十年(1871)署湖南布政使。十二年授湖北巡抚。次年调江苏巡抚。在任期间,奏请变通捐例补缺办法,截漕抚恤灾民,疏通河道,以工代赈。后署两江总督,兼江宁学政。光绪十年(1884)授漕运总督。次年改任安徽巡抚。卒于任。

吴元珪(1251—1323) 元广平永年(今属河北)人,字君璋。至元十四年(1277),为后卫经历。二十六年,参议枢密院事,建议立武卫,专掌缮理宫城。升枢密院判官。大德元年(1297)起,历任吏部尚书、工部尚书、江浙行省参政等职。武宗、仁宗时,两度为枢密副使。后以年老致仕。至治二年(1322)拜住当政,起与王约等商议中书省事。

吴元济(783—817) 唐沧州清池(今河北沧州东南)人。吴少阳子。元和九年(814)少阳死,密不发丧,上表请主军务,未遂。乃用吴少诚婿董重质之谋,焚掠河南数县,关东大恐。次年,又与王承宗、李师道相结。宪宗诏各路军进讨,相持三年而无进展。十二年,宪宗以宰相裴度督率诸军,自是士气振奋,屡有克捷。西路军李愬乘蔡州城(今河南汝南)孤立空虚之际,用降将李祐计,雪夜急行军,袭破蔡州。他被俘斩于长安。

吴元瑜 北宋开封(今属河南)人,字公器。官至合州团练使。善画,师承崔白,自成一家。神宗时,奉吴王之命,赴泰州绘《徐神翁像》,妙绝当世。对当时表现皇家富贵气象的流行绘画程式,颇为不满。为画别开生面,线条纤细活泼,色彩鲜润,力求真实描绘自然景色。作品很多,见于记载者达一百多件。有《荔枝图》传世。

吴越 古国名。五代时十国之一。唐景福二年(893),钱镠任镇海、镇东节度使,以杭州为治所。开平元年(907),后梁封镠为吴越王,有今浙江之地及江苏的一部分。共十三州。北宋太平兴国三年(978),钱俶向北宋纳土,吴越亡。凡五主,共七十二年。

吴越备史 书名。北宋钱俨撰,托名范埛、林禹。传本四卷,补遗一卷。编年体。载五代十国时吴越钱氏政权三世五王事迹。本编起于唐乾符二年(875),终宋开宝元年(968)。今本始于后晋开运元年(944),此前佚去三卷。补遗作者不可详知,记事起开宝二年,终端拱二年(989)。卷首原有年号世系图、诸王子弟官爵封谥表、十三州图、十三州考,今只存考一篇。清吴任臣《十国春秋》吴越部分于本书材料有所采录。有《四部丛刊》续编本等。

吴越备史遗事 书名。北宋钱俨撰。五卷。俨既撰《吴越备史》,又以其遗名坠迹,殊闻异见,阙漏未尽者,撰为是书。已佚。

吴越春秋 书名。东汉赵晔撰。晔,会稽山阴(今浙江绍兴)人。原十二卷,隋以后缺二卷,今流行本多作六卷,分为十篇。《隋书·经籍志》、《旧唐书·经籍志》皆云十一卷,今存十卷。叙句吴自太伯至夫差,於越自无余至勾践事。内容除采自《左传》、《国语》、《史记》、《越绝书》等外,还增入许多民间传说及见闻。《隋书·经籍志》、《旧唐书·经籍志》云:东晋杨方撰有《吴越春秋削繁》五卷,已佚。此书乃删削赵晔所著《吴越春秋》十二卷而成。有人疑赵晔所著不类汉朝文字,乃后人将杨方所著五卷析为十卷而成。又如,《史记》注有徐广所引《吴越春秋》语,而《索隐》以为今无此语。再如《文选》注引季札见遗金事,《吴地记》载阖闾时夷亭事及《水经注》载越事数条,似皆引据《吴越春秋》,今本均无此文。

吴越春秋校勘记 书名。清顾观光撰。一卷。顾氏据元大德本《吴越春秋》为底本,以《太平御览》、《初学记》、《艺文类编》、《文选》、《史记》、《北堂书钞》等校勘。正其讹误,采补逸文,纠正了传抄刊刻中的许多错误。后附《吴越春秋逸文》。

吴越春秋削繁 书名。东晋杨方撰。删削东汉赵晔所著《吴越春秋》十二卷为五卷。已佚。

吴越让王 即“吴越忠逊王”。

吴越文穆王(887—941) 即钱元瓘。五代时吴越国君。公元932—941年在位。武肃王钱镠第五子(一作七子),生于杭州,字明宝,初名传瓘。自幼从军,长于抚驭,立功甚多,军民附之。长兴三年(932),嗣国王位,蠲免租税,以苏民力。置择能院,选用人才,戒诸将不得以私恨杀人。弟元珦骄纵不法,幽禁之。好治宫室,奢侈靡费。后因杭州大火,宫室被焚殆尽,受惊病狂而卒。好儒学,能诗,著有《锦楼集》,已佚。《全唐文》存文四篇。

吴越武肃王 即“钱镠”。

吴越忠献王(928—947) 即钱佐。五代时吴越国君。公元941—947年在位。文穆王钱元瓘第六子,字元祐,初名宏佐。继立时年仅十四岁。以曹仲达摄政事,免境内民间租税,除关梁之禁。黜大将章德安、李文庆,杀内都监杜昭达、统军使阚璠,以戒老臣骄将。天福八年(943),后晋封为吴越国王。开运三年(946),福州李弘达拒南唐兵,求救于吴越,他命海陆两路进兵。次年,败南唐军,占有福州。

吴越忠逊王(约929—约971) 亦作让王。即钱倧。五代时吴越国君。公元947年在位。文穆王钱元瓘第七子,字隆道,初名宏倧。兄佐死继立,虑掌兵者难制,以礼法绳下,宿将旧勋皆不优待。乾祐元年(948)初,统军使胡进思发动政变,被进思禁于东府越州(治今浙江绍兴),以诗酒伎乐消磨岁月而卒。

吴越忠懿王(929—988) 即钱俶。五代时吴越国君。公元948—978年在位。文穆王钱元瓘第九子,字文德,初名宏俶。兄倧被废后继立,后汉封为吴越国王。事中原王朝甚勤,进贡不绝。在位期间蠲免赋税,募民垦田,由是境无弃田,农业发达。后周攻淮南,他尽括民丁以助。宋朝建立,倾力奉献。宋平南唐,出兵策应。太平兴国三年(978)纳土归宋,封淮海国王,迁居开封,吴越亡。累封为邓王。

吴樾(1878—1905) 清安徽桐城人,原名越,字梦霞,后改孟侠。保定高等师范学堂肄业。光绪二十九年(1903)创办两江公学、出版《直隶白话报》,宣传革命。信奉暗杀主义,三十年与杨毓麟等组织北方暗杀团作为军国民教育会保定支部。三十一年八月在北京前门车站谋炸清廷出洋考察宪政五大臣,因拥挤和车身震动,怀中炸弹爆炸,当场牺牲。著有《吴樾遗书》。

吴筠(?—778) 唐华州华阴(今属陕西)人,字贞节。少习经,举进士不第,入嵩山(在今河南登封西北)为道士,师事潘师正,传正一之法。天宝初,待诏翰林。玄宗问以道法,答以“深于道者,无如《老子》五千文,其余徒丧纸札耳”。问以神仙修炼,答以“此野人之事”,“非人主之所宜适意”。所陈多名教事务,颇承玄宗宠信,因为僧徒与高力士所嫉谗。见安禄山将为乱,乃归隐茅山(在今江苏金坛西南)。善诗文,与李白、孔巢父等多有唱和之作,讥佛崇道。卒后弟子私谥宗玄先生。所著多佚,有《宗玄集》、《玄纲论》、《神仙可学论》等,存于《道藏》、《四库全书》、《道藏精华录》。

吴允诚(?—1417) 明人,初名把都帖木儿。蒙古族。居甘肃塞外塔沟地,官平章。永乐三年(1405)归附成祖,遂赐姓名,授右军都督佥事。嗣后北边归附者益众。后从出塞败本雅失里,又追阔脱赤全把力河,以军功官至左都督,封恭顺伯。

吴赞成(?—1884) 清安徽庐江人,字存甫。拔贡出身。咸丰二年(1852)授广东永安知县。七年补德庆知府、署惠潮嘉道。同治四年(1865)与太平军余部对抗。旋调天津制造局,补天津道。后历任顺天府尹,督办福建船政。光绪四年(1878)署福建巡抚,旋以病辞。后被李鸿章招至天津办理水师学堂。

吴藻(1799—1862) 清浙江仁和(今杭州)人,字苹香,自号玉岑子。幼好学,致力于词,又精绘事。曾作饮酒读骚图,自制乐府,取名为乔影,吴中一时传唱。曾自画小影作男装,托名谢絮才。著有《香南雪北庐集》、《花帘书屋诗》等。

吴择仁 北宋兴国军永兴(今湖北阳新)人,字智夫。以父任为雍丘主簿。建中靖国初,知太康县。擢熙河路转运判官、副使,从王厚攻青唐(今青海西宁,一说今青海乐都),克兰廓城栅十三,有功,为京畿都转运使,拜户部侍郎兼知开封府。治狱不避权贵,得罪宦官,出知熙州、永兴军,以擅改茶法免官。历江淮发运使,知渭州。以病提举崇福宫,起知青州而卒,年六十六。

吴曾 南宋抚州崇仁(今属江西)人,字虎臣。应试不第,绍兴十一年(1141),献所著书,补右迪功郎。时秦桧当国,曾以议加九锡等相阿附。历敕令所删定官、宗正寺主簿、太常丞、吏部郎官等。久之,知严州,为陈俊卿所劾,致仕卒。生平因附秦桧为人诟病。惟博学,所著《能改斋漫录》征引繁富,考据颇精,为世所称。

吴章(?—3) 西汉右扶风平陵(今陕西咸阳西北)人,字伟君。治《尚书》为博士,当世称为名儒,弟子千余人。后为王莽长子宇师傅。宇不满莽隔绝平帝外家卫氏,遂与之合谋,使吕宽夜以血涂莽第宅门,以变怪警惧之。事发,坐腰斩。门人皆禁锢,不得仕宦。

吴兆麟(1882—1942) 湖北武昌(今武汉)人,字畏三。湖北参谋学堂和将校讲习所毕业。曾任第八镇工程营队官。清光绪三十一年(1905)加入日知会任干事。宣统三年(1911)武昌起义时,被推为临时总指挥。湖北军政府成立后,任大元帅参谋总长兼第五镇统制(旋改第五师师长)。后回鄂转而从事实业,1922年被举为首义同志会理事会主席。晚年皈依佛教。

吴兆骞(1631—1684) 清江苏吴江人,字汉槎,号季子。顺治十五年(1658)以南闱科场案流放宁古塔,远戍二十三年。著述极富,仅《秋笳集》、《归来草堂尺牍》等得以刊布传世。《秋笳集》以充满爱国感情的诗作,描绘北疆风物和讴歌当地军民的抗俄斗争。

吴贞毓(?—1654) 明末清初江苏宜兴人,字长声(一作元声)。明崇祯进士。南明隆武朝任吏部主事。旋事永历朝,官至户部尚书、东阁大学士。党争起,为吴党首领,与金堡等相攻,并阻孙可望秦王封。永历六年(顺治九年,1652),可望迎永历帝入安隆,谋逼禅位,遂奉永历帝令密敕李定国统兵入卫。后事泄,为可望所杀。同死者十七人,史称"十八先生之狱"。

吴祯(1328—1379) 元末明初凤阳定远(今属安徽)人,初名国宝。江阴侯吴良之弟。元末参加朱元璋起义军,积功至天兴翼副元帅。助兄守江阴,破张士诚水寨,授英武卫亲军指挥使。从围平江(今苏州),进大都督府佥事。以副将从汤和击降方国珍。洪武元年(1368)进军破延平,俘陈友定,拜吴王左相。三年练军海上,封靖海侯。五年,发大兵戍辽东,总舟师数万转运军饷,兵食不乏。七年讨倭寇,追至琉球大洋。后总理海道军务数年,海上无寇。卒封海国公。

吴缜 北宋成都(今属四川)人,字廷珍。治平进士。以左朝请郎知蜀州事。嘉祐中,《新唐书》成,甚负时誉,他独指摘其中讹误,著《新唐书纠谬》。并推本其由,历举史馆修书之失有八,如责任不专,课程不立,多采小说而不精择,务因旧文而不推考,刊修者各徇私好,校勘者惟务苟容等。尚著有《五代史记纂误》。

吴振棫(1792—1871) 清浙江钱塘(今杭州)人,字仲云,号毅甫、再翁。嘉庆进士,选庶吉士,授编修。历任贵州按察使、四川布政使。咸丰二年(1852)升云南巡抚。四年署云贵总督,镇压贵州人民起义,五年擢四川总督。七年,迫于云南回民反清斗争,云贵总督恒春自缢,调为云贵总督。到任后采取剿抚兼施方针。八年局势略定。称病辞职。同治元年(1862),奉命会办陕西军务。著有《养吉斋丛录》。

吴镇(1280—1354) 元嘉兴(今属浙江)人,字仲圭,号梅花道人。画家,长于山水、竹木,传世真迹绝少。长期隐居乡间,生前不甚为人所知,后世誉为元末四大画家之一。

吴正治(1618—1691) 清湖广江夏(今湖北武汉)人,字当世,号赓庵。顺治进士,授编修。历道员、按察使、工刑兵部侍郎。康熙十二年(1673)晋左都御史,就严禁窝藏逃人事例,疏请宽减父子徇隐。二十一年晋武英殿大学士。历充重修《太祖实录》、《三朝圣训》、《会典》、《一统志》、《平定三逆方略》诸书总裁官。二十六年致仕。

吴芝瑛(1868—1933) 安徽桐城人,字紫英。清末桐城派文学家吴汝纶侄女。工诗文。年十九嫁无锡廉泉,住北京。曾助秋瑾留学日本。光绪三十三年(1907)秋瑾遇害后,与徐自华葬秋于杭州西泠桥堍,作"秋瑾传",并亲书墓表。后曾筹款救济江苏与安徽灾民。

吴直方(1275—1356) 元浦江(今属浙江)人,字行可。泰定间,入御史大夫马札儿台馆,教其子脱脱、也先帖木儿。顺帝至元间历官中政院长史。时脱脱伯父右丞相伯颜专权自恣,劝说脱脱大义灭亲,逐伯颜。脱脱执政后,提出复科举等主张,皆被采纳。超授集贤直学士,累进学士,以集贤大学士致仕。

吴质(177—230) 三国时济阴(治今山东定陶西北)人,字季重。出身寒门,年少游于贵戚间。以才学通博,为曹丕所亲信。东汉建安中,为朝歌长,迁元城令。丕称帝,征为北中郎将,迁振威将军、假节、都督河北诸军事。魏太和四年(230),入为侍中,与司马懿相友善。有集五卷,已佚。曹丕《与吴质书》即与之评论当时文学名士之作。后人辑有《吴季重文集》。

吴稚晖(1865—1953) 江苏武进人,名朓,后改敬恒。清光绪举人。早年执教于津沪,后留学日本。光绪二十八年(1902)参加上海爱国学社,任《苏报》撰述,抨击清廷。"苏报案"发,走伦敦。三十一年加入同盟会。三十三年与张静江、李石曾在巴黎创办《新世纪》,宣传无政府主义。民国成立后回国,参与国语统一会和留法勤工俭学活动,并与钮永建创办《中华新报》。1924年起任国民党中央监察委员、国民政府委员等职。1927年4月提出"清党案",反对中国共产党。后死于台北。有《吴稚晖先生全集》。

吴中 ❶(1373—1442)明山东武城人,字思正。洪武末为营州后屯卫经历。燕王取大宁,迎降。永乐二年(1404)升至右都御史,历工部、刑部尚书。十九年,奏言北征乏饷,忤旨下狱。仁宗即位,复官。先后在工部二十余年,营造北京宫殿陵寝,规划井然。然不恤工匠,耽于声色,时论鄙之。卒后追封茌平伯。❷泛指春秋时吴国地。《史记·项羽本纪》:“项梁杀人,与籍避仇于吴中。”❸吴郡或苏州府的别称。唐白居易有《吴中好风景》诗;宋朱长文《吴郡图经续记》卷上云:“吴中地沃而物伙。”

吴中平寇记 书名。清钱勖撰。八卷。作者曾为李鸿章幕僚,据有关奏章和见闻撰成是书。主要记咸丰十年(1860)至同治三年五月(1864.6)陷金陵期间,李鸿章率淮军在江苏镇压太平军事,并涉及淮军、洋枪队的组建,开设制造局仿制西洋火器等事。有光绪元年(1875)刊本。

吴中人物志 书名。明张昶撰。十二卷。本书收辑吴中人物,上自成周,下迄明代。分孝友、忠义、吏治、荐举、宦迹、儒林、文苑、闺秀、逸民、流寓、列仙、方外十二门,各系以论赞。书成于隆庆四年(1570)。同郡皇甫汸为之序。吴中人物,自王宾、杨循吉、祝允明、朱存理等先后皆有撰述。本书在此基础上加以增广,内容较诸家稍为完备,然引述事迹均不著出处,颇难征信。

吴中水利书 书名。(1)北宋单锷撰。一卷。锷,宜兴(今属江苏)人,留心吴中水利,尝独乘小舟,往来苏、常、湖三州之间,凡三十年,通过对太湖水系源流形势的周详调查,著成此书。要旨以为消除太湖地区水患,应实行全面治理,先于下游凿通吴江岸,疏浚太湖泄水道,配合筑堤,导水分别注入江海,次于上源修复荆溪五堰,开通百渎,以分散太湖来水。原书有太湖海图,因其绘制草略,元祐六年(1091)苏轼知杭州时向哲宗推荐时未能附上,今已亡佚。因书中所论切中实际,明永乐中夏原吉、正统间周忱治理太湖水利,多从其说。(2)明张国维撰。二十八卷。国维,浙江东阳人。此书先列东南七府水利总图凡五十二幅,次标水源、水脉、水名等目,又辑诏敕、奏章以及议论、序纪、歌谣等有关水利典故文章,分类汇编,博采古今。作者曾主办东南水利,总督河道,故多阅历之言,指陈详切,足资参考。

吴中四才子 即祝允明、文征明、唐寅、徐祯卿。四人皆苏州人。明弘治、成化时期并以诗文名。

吴中四杰 即明初居住苏州府的诗人高启、杨基、张羽、徐贲。

吴忠堡 即今宁夏吴忠市治。清同治八年(1869)十一月,湘军刘松山部破回民于吴忠堡,清将简敬临战死,即此。

吴仲 即“仲雍”。

吴州 ❶南朝梁太清三年(549)置。治吴县(今江苏苏州市)。大宝元年(550)废。陈祯明元年(587)又置。隋开皇九年(589)平陈改为苏州。大业初又改吴州,三年(607)改为吴郡。❷南朝梁承圣二年(553)置。治鄱阳郡(治今波阳县)。辖境相当今江西信江、乐安江、昌江流域。陈光大元年(567)废。❸北周大象中改东广州置。治广陵县(今江苏扬州市西北蜀冈上)。辖境相当今江苏洪泽湖以东,江北淮南地区。隋开皇九年改为扬州。

吴柱(?—390) 十六国时北平(治今河北遵化东)人。后燕建兴五年(390)九月,聚众千余起事,立沙门法长为天子,破北平郡,转攻广都县(今辽宁建昌),入白狼城(今辽宁喀喇沁左翼西南)。旋为后燕幽州牧慕容隆遣军击溃擒杀。

吴装 或称吴家样。唐吴道子画人物有八面,生意活动,落笔雄健而圆润,衣飞带举,敷彩简淡。每于焦炭痕中略施微染,自然超出缣素。后人继承此种轻拂丹青之妙,谓之吴装。亦流行于古代雕塑之像。

吴子 书名。又称《吴起》、《吴起兵法》。旧题周吴起撰。《汉书·艺文志》兵家类有《吴起》四十八篇,早佚。《隋书·经籍志》作一卷。唐陆希声辑编《吴子》三卷六篇,篇目为:《图国》、《料敌》、《治兵》、《论将》、《变应》、《励士》。今本《吴子》六篇疑为伪书,《变应》作《应变》,余五篇篇名与陆本同。内容为吴起与魏文侯、魏武侯议兵言论辑录。主张“内修文德,外治武备”。认为“图国家者,必先教百姓而亲万民”,依据起兵原因,把战争分为“义兵”、“暴兵”等,并提出“审敌虚实而趋其危”等军事原则。

吴子寿梦 即“寿梦”。

吴宗达(?—1636) 明常州武进(今属江苏)人,字上宇,号青门。万历进士。授编修,累迁国子监祭酒。崇祯元年(1628)擢礼部尚书。三年,兼东阁大学士,预机务。于温体仁多所依顺。八年致仕归。著有《涣亭存稿》。

吴遵路(?—1043) 北宋润州丹阳(今属江苏)人,字安道。大中祥符进士。仁宗时,知常州,储米备荒。累迁淮南转运副使,兼发运司事,于真、楚、泰州、高邮军置斗门十九,以利蓄泄灌溉,增加常平仓储积,以备荒年。后被召修起居注。西夏兵起,建议恢复民兵,并在河东路具体施行,为诸路效法。调兵部郎中、权知开封府,驭吏严肃。迁龙图阁直学士、知永兴军,卒于任。

郚 春秋纪邑,后属齐。在今山东安丘市西南郚山北。《春秋》庄公元年(前693):“齐师迁纪郱、鄑、郚”,即此。西汉置梧成县。

郚乡侯国 西汉阳朔四年(前21)封鲁顷王子闵置。治今山东泗水县东南。属东海郡,东汉省入卞县。

浯汶 即“浯水”。见“五汶”。

浯溪 源出今湖南祁阳县西南松山,东北流入湘江。水清石峻,唐诗人元结爱其胜景,居于溪畔,并起此名。

浯洲屿 简称浯屿。即今福建金门岛。明洪武时置浯屿水寨及金门千户所于岛上,以御倭寇,为海防重地。清时渐以金门作为岛名,浯洲屿之名遂湮。

梧成县 西汉置。治今山东安丘市西南峿山北。属琅邪郡。东汉废。

梧宫 战国齐国宫名。在今山东淄博市临淄区西北。汉时宫废,仅存其台,名梧台。东西百余步,台西有石社碑,汉熹平五年(176)立。

梧桐岭 在今福建福州市北。五代晋天福四年(939),闽连重遇作乱,闽王王昶出北关,至梧桐岭,众逃散,即此。

梧溪集 书名。元王逢撰。七卷。王逢号梧溪子,因以名集。诗多反映元末社会状况。所载人物事迹,每作小序,以标其崖略,可补史传所未及。有明洪武刻本、景泰七年(1456)陈敏政重修本、《知不足斋丛书》本。

梧县 西汉置。治今安徽萧县南。属楚国,东汉属彭城国。西晋后废。

梧州 唐武德五年(622)置。治苍梧县(今梧州市)。辖境相当今广西梧州市、苍梧等县地。属岭南道。北宋属广南西路。元至元十六年(1279)升为梧州路。

梧州府 明洪武元年(1368)改梧州路置。治苍梧县(今梧州市)。辖境相当今广西梧州、苍梧、藤县、岑溪、容县、北流、博白、陆川、玉林和广东怀集等市、县地。属广西省。清雍正三年(1725)改府属郁林州为直隶州,划出今北流、博白、陆川、玉林四市、县,辖境缩小。1913年废。

梧州路 元至元十六年(1279)升梧州置。治苍梧县(今梧州市)。辖境相当今广西梧州市及苍梧县地。属湖广行省。明洪武元年(1368)改为梧州府。

wǔ

五八山只台吉 蒙文史籍作鄂卜锡衮青台吉、乌巴繖察青台吉。明代蒙古达延汗之子。阿速部领主。其领地后为右翼永邵卜万户领主我托汗卜只剌台吉所并。

五伯 即“五霸”。

五霸 霸通伯,诸侯首领。(1)三代五霸:指夏的昆吾氏,商的大彭氏、豕韦氏,周的齐桓公、晋文公。(2)春秋五霸:指齐桓公、晋文公、宋襄公、秦穆公、楚庄王。一说为齐桓公、晋文公、秦穆公、楚庄王、吴王阖闾;一说为齐桓公、晋文公、秦穆公、吴王阖闾、越王勾践;一说为齐桓公、晋文公、秦穆公、宋襄公、吴王夫差。

五百 亦作伍佰。汉代官府执役者,官员出行时充作前导,文武官员因职位不同,人数也不等。据《后汉书·舆服制》璅弩车前伍佰,公八人,中二千石、二千石、千石、六百石皆四人,四百石至二百石皆二人。蜀汉、晋及南朝宋亦置。

五百石 战国秦国所设官禄等级,亦为年俸五百石官吏代称。南朝宋置为小县长官的俸禄等级。《宋书·百官志下》:“县令千石至六百石,长五百石。”

五堡古墓 新疆东部原始社会墓地。距今约三千年。在哈密市西60公里处。1979年、1986年两次发掘。土室竖穴,屈肢葬。随葬品中彩陶器与铜器共存,亦有石器及木农具、木用器,并有大量彩色斜纹毛织物。因气候干燥,部分尸体不朽。

五彪 明天启时魏忠贤爪牙,即田尔耕、许显纯、崔应元、杨寰、孙云鹤,均为武臣。

五兵 五种兵器。解释不一:(1)《周礼·夏官·司兵》:“司兵掌五兵五盾。”郑玄注引郑司农云:“五兵者,戈、殳、戟、酋矛、夷矛也。”又:“军事,建车之五兵,会同,亦如之。”郑玄注:“车之五兵郑司农所云者是也,步卒之五兵,则无夷矛而有弓矢。”(2)《荀子·儒效》:“反而定三革,偃五兵。”杨倞注引范宁云:“五兵:矛、戟、钺、楯、弓矢。”(3)《汉书·吾丘寿王传》:“臣闻古者作五兵。”颜师古注:“五兵谓矛、戟、弓、剑、戈。”

五兵尚书 官名。属尚书省。三国魏始置,掌军事枢务,主管全国军事行政,领中兵、外兵、骑兵、别兵、都兵五郎曹。西晋初不置,武帝太康间复置,分中兵、外兵为左右,共领七郎曹,仍称五兵。东晋、南朝沿置。但宋、南齐仅领中兵、外兵二曹,梁、陈仅领中兵、外兵、骑兵三曹。魏、晋、宋皆位三品,梁十三班,陈三品。十六国后燕及北魏称七兵尚书。北齐初沿北魏之制称七兵,后复称五兵。领左中兵、右中兵、左外兵、右外兵、都兵五曹,管理全国兵籍、征兵、仪仗等军事行政。官三品。但因北齐于尚书省外别置外兵省、骑兵省管理全国兵事,所以五兵之权较以前为轻。隋以后改置为兵部尚书。

五部大都督 官名。西晋置。掌入居塞内的五部匈奴事务,下设左、右、南、北、中五部都尉,分治各部。《晋书·刘元海载记》:“杨骏辅政,以元海为建威将军、五部大都督,封汉光乡侯。”

五部都尉 官名合称。(1)三国蜀后主建兴三年(225),诸葛亮平南中,移南中劲卒青羌万余家于蜀,分为五部,各置都尉统之。(2)东汉献帝建安中,曹操把入居塞内的匈奴人分为五部,各置部帅。西晋武帝太康时改帅为都尉,分为左、右、南、北、中五部。

五部督 晋代二卫下各设命中、武贲、羽林、上骑、异力五部,均以督官主之,合称五部督,分掌宿卫军中各种特选之兵。

五部督邮 汉代郡太守属吏有督邮,分部循行属县,督察吏治,有两部、三部、四部、五部不定。凡分东、西、南、北、中五部者,合称五部督邮。秩六百石。

五部落蛮 又称三王蛮,即唐两面羌。宋黎州诸蛮之一。在黎州(今四川汉源北)西百余里。有郝、赵、王、刘、杨五姓。无君长,唯听命者老。往来汉地,能汉语。淳熙七年(1180),求内附,许互市。

五部遗教 书名。为吐蕃埋于地下的伏藏,共五部:《神鬼遗教》、《王者遗教》、《王妃遗教》、《译师班哲达遗教》及《大臣遗教》。一说此五部书均发掘于山南雅隆水晶岩谷;一说前三者发掘于桑耶寺,《译师班哲达遗教》发掘地不详,《大臣遗教》发掘于雅隆水晶岩谷。发掘人均为乌坚林巴大师。全书虽托云牟尼赞普时所作,但书中却出现十四世纪时期人物事件,故此书当为十四世纪所撰。书中每以宁玛派观点(乌仗那莲花生等所传)记述吐蕃时期史实,保存了许多珍贵的吐蕃史料,如吐蕃与周围邻族的关系,吐蕃政治制度、军事编制,赞普陵墓的具体格局,古代宗教信仰、寺院建造等。许多史料可与其他藏文史料(包括敦煌史料)及汉文史料相印证。此书原有拉萨木刻版(355页)、德格版(279页)传世,两书略有不同。有1986年北京民族出版社排印版。

五材 ❶自然界的五种物质。指金、木、水、火、土。《左传·襄公二十七年》:"天生五材,民并用之,废一不可。"杜预注:"金、木、水、火、土也。"或指金、木、皮、玉、土五种材质。《周礼·考工记·总目》:"或审曲面势,以饬五材,以辨民器。"郑玄注:"此五材:金、木、皮、玉、土。"❷五种品德,指勇、智、仁、信、忠。《六韬·龙韬·论将》:"所谓五材者,勇、智、仁、信、忠也。"

五材将军 官名。十六国前燕所置,盖取宋子罕所谓"天生五材,……谁能去兵"之义。

五彩瓷器 陶瓷名词。属釉上彩瓷器中的一类。釉上彩常见的颜色有红、绿、黄、黑、紫、蓝等,实乃釉上多彩瓷器。创于明成化年间,嘉靖、万历时期和清康熙时期的五彩瓷器均很出色。

五曹算经 书名。北周甄鸾撰。五卷。系为田、兵、集、仓、金五曹之下级官吏编写的简易数学应用书。共收六十七个问题,均十分浅显。唐初收入《算经十书》。尚存南宋本,藏北京大学图书馆。

五单于 西汉匈奴内乱时并立的五个单于,即呼韩邪、屠耆、呼揭、车犁、乌藉。汉宣帝神爵四年(前58),匈奴内乱,乌禅幕及左地贵人共立稽侯狦为呼韩邪单于,发兵击败握衍朐鞮单于,握衍朐鞮自杀。左大且渠都隆奇与右贤王又立日逐王薄胥堂为屠耆单于,击败呼韩邪。屠耆单于信谗妄杀,诸部叛离。汉宣帝五凤元年(前57),呼揭王自立为呼揭单于,右奥鞬王自立为车犁单于,乌藉都尉自立为乌藉单于。凡五单于,史称"五单于争立"。

五常 ❶古时称仁、义、礼、智、信为五常。西汉董仲舒《举贤良对策一》:"夫仁、谊(义)、礼、知(智)、信五常之道,王者所当修饬也。"此后遂与三纲一起成为古代作人的道德规范。❷即五典。《书·泰誓下》:"狎侮五常。"唐孔颖达疏:"五常即五典,谓父义,母慈,兄友,弟恭,子孝;五者,人之常行。"古人因此用以指五种行为准则。❸即五伦。旧指君臣、父子、夫妇、兄弟、朋友。《孟子·滕文公下》:"使契为司徒,教以人伦:父子有亲,君臣有义,夫妇有别,长幼有叙,朋友有信。"❹即五行。指金、木、水、火、土五种物质。❺三国时用以称呼马良五兄弟,五人字号中皆有"常"字,且并有才名,因以得名。乡人曰:"马氏五常,白眉最良。"白眉者乃指马良。

五朝春秋 书名。北宋王轸撰。二十五卷。载五代史事,托始于吴越。景祐三年(1036)献上。已佚。

五车 ❶古代的五种兵车。《周礼·春官·车仆》:"掌戎路之萃,广车之萃,阙车之萃,苹车之萃,轻车之萃。"郑玄注:此五者皆兵车,所谓五戎也。戎路,王在军所乘也;广车,横陈之车也;阙车,所用补阙之车也;苹犹屏也,所用对敌自隐蔽之车也;轻车,所用驰敌致师之车也。❷星官名。属毕宿,共五星,即御夫座ι、α、β、θ星和金牛座β星。《晋书·天文志》:"五车五星,三柱九星,在毕北。五车者,五帝车舍也;五帝坐也。"

五臣注文选 书名。亦作《五臣注》。唐吕向等撰。三十卷。开元时,吕向认为李善注《昭明文选》过于繁冗,遂与吕延济、刘良、张铣、李周翰等另作注解。六年(718)由工部侍郎吕延祚进表呈上,时谓《五臣注》。南宋以后,《五臣注》与李善《文选注》两本合刻,称《六臣注文选》。今有《四部丛刊》本。

五城 即"别失八里"。

五城兵马司 官署名。明清管理京师治安的机构。掌巡捕盗贼,管理街道沟渠、囚犯、火禁之事。元代曾于大都路设兵马司,掌京城治安。明沿元制,洪武时于南北两京的中、东、西、南、北五城分置,始称五城兵马司。设指挥、副指挥及吏目等。清沿置,京师每城设指挥、副指挥、吏目各一人,分别设衙署,隶于巡城御史。并掌宣示条教、平粜、赈恤等事。每城各司二坊,副指挥、吏目各管一坊。乾隆三十一年(1766),东、西、南、北四城副指挥分别移驻朝阳、阜成、永定、德胜诸门外,钤辖关厢。

五城兵马司指挥 官名。明清京城中、东、西、南、北五城兵马指挥司长官。各一人,正六品。洪武二十三年(1390)始置,建文中改称兵马,永乐元年(1403)复称指挥。掌管京城巡捕盗贼事,疏理街道沟渠及囚犯、火禁之事。通常亲王妃之父无官职者,多充任此官,又有以科贡正途任官者。清沿明制,品秩、职掌同。

五城察院 官署名。清代京师中、东、西、南、北五城各一。设巡城御史满、汉各一人,由科道简派,一年一换。下隶五城兵马司。掌稽查地方,厘剔奸弊,整顿风俗。五城街道各事,会同街道厅稽查。

五城饭厂 清代京师赈济贫民机构。顺治九年(1652)始设,于京师内划分五区,各设一厂,每厂日给米二石、作饭银一两,煮粥供贫民之食。每年十一月始,至次年三月底停赈。康熙二十九年(1690),又增五厂,遣满、汉部院官各一人,日莅其事。至乾隆时,于城郊多处设粥厂,日给钱米略有增加,赈济展限之期亦视具体情况不一。

五城米局 清代京师官设售米机构。康熙时,于京师之东城、西城、南城、北城及内城五城设立米局,出售京仓或通州仓所储仓米。雍正四年(1726),于其下各设一米厂;乾隆二年(1737),增至十厂,寻于城外四郊添设八厂。各厂所得米钱,年终统一报销。

五城县 五一作伍。东魏兴和二年(540)义州及其所领五城、泰宁、新安、渑池、恒农、宜阳、金门七郡、十八县皆侨治汲郡陈城,即今河南卫辉市。北齐以后先后废义州及其所领诸郡、县,北周惟存五城县,属汲郡。隋开皇六年(586)改为汲县。

五城御史 见"巡城御史"。

五城御史衙门 官署名。明清稽察京师地方的机构。明正统十三年(1448)置,分设中、东、西、南、北五巡城御史。掌提调锦衣卫、五城兵马司,维持地方治安。清顺治中沿置,中、东、西、南、北五城分置衙署,称"察院",以各城兵马司隶之。每城设巡城御史满、汉各一人,由科道官中简派,任期一年。所属有经承二十人。掌督率所属,厘奸剔弊,整顿风俗,办理地方事务。

五城中学堂 学校名。官立。清光绪二十八年(1902)设立于京师琉璃厂,有职员六人,教员十五人,招收学生一百三十人。教授课程有读经讲经、国文、算学、历史、地理、本朝(清朝)掌故、理科、英文、图画、体操等。为京师较早创办的中学堂。

五池口 在今河南中牟县西。《水经·渠水注》:渠水经圃田泽后,"右合五池沟,谓之五池口。魏嘉平三年(251),司马懿帅中军讨太尉王凌于寿春,自彼而还,帝使侍中韦诞劳军于五池者也。"

五尺道 道路名。秦灭六国后为加强中原与西南各族间的联系,常頞所开筑的一条从今四川盆地通往云贵高原的重要通道。因道宽五尺得名。当即汉唐蒙所开凿的西南夷道和隋、唐石门道的前身。北起今四川宜宾市,南抵今云南曲靖市。

五尺度 专用量地尺。始用于唐代。长五尺,正合一步,以唐一尺长 29.5 厘米计,为 1.475 米。例由太府寺将铜制样器颁给京城诸司及诸州,以为标准。五代沿用,后周太府寺存五尺度,为铁制器。

五重法 李自成农民军转营时所用战术。即最外围为农民,步卒马兵次之,骁骑又次之,家口居中,以保护其老营不被官军所袭击。

五重山 在河南嵩县南。《新唐书·食货志》:开元十五年(727)初税伊阳(今嵩县西南旧县)五重山银、锡,即此。

五大厂 明代工部营缮司所辖五大材料厂。即台基厂、黑窑厂、大木厂、琉璃厂、神木厂。

五大臣 清太祖努尔哈赤以费英东、额亦都、何和礼、扈尔汉、安费扬古为理政听讼大臣,称五大臣。军国要务,皆命集议赞决,诉讼事项,听其审议。

五大臣出洋 清光绪三十一年六月(1905.7)清政府为策划预备立宪,派镇国公载泽、户部侍郎戴鸿慈、兵部侍郎徐世昌、湖南巡抚端方、商部右丞绍英出国考察宪政。临行遭革命党人吴樾狙击,因改期,以山东布政使尚其亨、顺天府丞李盛铎易徐世昌、绍英,十一月分两路往日、英、法、比和美、德、意、奥等国考察。次年回国,奏请实行君主立宪政治。

五大夫 ❶官名。战国时楚、魏两国置。❷爵名。战国秦置,为二十等爵第九级,秦、汉因之。秦代可为官长、将帅,赐邑三百户。西汉初仍得食邑。惠帝时,爵五大夫以上才得免一人徭役,除以军功赐爵外,平民入粟亦可为五大夫。三国魏、十六国后赵石勒亦置,然其地位及待遇或有不同。

五代春秋 书名。北宋尹洙撰。二卷。编年体。记载五代历朝政权兴亡大事,起后梁开平元年(907),终后周显德七年(960)。刻意模拟春秋笔法,于史实记叙较为简略。但编次尚属得体,可备一家之言。有《丛书集成》本等,亦收于作者《河南集》中。

五代帝王论 书名。唐于休烈撰。已佚。

五代会要 书名。北宋王溥撰。三十卷。书成于乾德元年(963,一说建隆二年)。溥为五代后汉进士,后周宰相,谙熟五代典章故实。因据五代历朝实录,参考旧史,搜集旧闻,著成此编。体例略同于《唐会要》。分二百七十三目,记五代时政治、经济、文化制度及少数民族历史。凡连类相及而未宜列目之事,概为杂录,附于本目之后。其中租税、团貌、逃户、盐铁等目内容,可补两《五代史》缺遗。周世宗命制均田图等若干史事,亦赖本书订误考实。书初刊于宋庆历六年(1046)。现有 1978 年上海古籍出版社点校本。

五代纪 书名。北宋孙冲撰。七十七卷。记五代史事。景祐三年(1036)七月献上。已佚。

五代开皇纪 书名。北宋郑向撰。三十卷。编年体。记后梁至后周五代史事。天禧五年(1021)五月表进于朝。已佚。

五代十国 五代指唐亡后在中原地区先后建立的后梁、后唐、后晋、后汉、后周五个王朝,起自开平元年(907),朱温灭唐建后梁,终于建隆元年(960),赵匡胤取代后周建北宋,历时五十四年。十国指同时在南方和山西地区先后出现的吴、南唐、吴越、闽、南汉、楚、荆南(南平)、前蜀、后蜀、北汉等十个国家,此外,尚有刘仁恭、刘守光、李茂贞、周行逢、留从效等建立的割据政权,以及边境契丹、回鹘、于阗、吐蕃、南诏(大理)等少数民族政权。五代十国是唐末方镇割据的继续,分裂局面妨碍了社会安定和经济发展。

五代史 即"旧五代史"。

五代史补 书名。北宋陶岳撰。五卷。书成于大中祥符五年(1012)。补叙薛居正《旧五代史》所载史事阙略,凡一百零七条。今本一百零四条,计后梁二十一条,后唐、后晋、后汉各二十条,后周二十三条。记载多确切可据,首尾详备。《新唐书》、《资治通鉴》多从中取资。清辑本《旧五代史》已将全书收入注文中。唯体近小说,间有传闻之误。有汲古阁本、扫叶山房本等。

五代史记 即"新五代史"。

五代史记补注 即"新五代史补注"。

五代史记注 书名。北宋徐无党撰。七十四卷。欧阳修著《五代史记》,意存褒贬,无党尝从受业,得其指授,为之作注。于书法义例,多所阐明。

五代史记纂误 书名。北宋吴缜撰。原五卷。取欧阳修《新五代史》记事舛误,逐一驳正,凡二百余事。今本三卷。系清四库馆臣辑自《永乐大典》,只存一百一十二事,篇幅居原书强半。于薛居正《旧五代史》记事相互歧异之处,皆加列"馆臣附识"于吴文之下。凡所纠擿指陈,多切中欧史疏失。南宋绍兴时,初刊于吴兴,现仅辑本传世。有《知不足斋丛书》

本等。

五代史记纂误补 书名。清吴兰庭撰。四卷。乾隆四十三年(1778)秋,兰庭校武英殿本《五代史》,以宋吴缜所作《五代史记纂误》一书久佚,武英殿聚珍版所采集者,以晁公武《郡斋读书志》校之,约存原书十之五六,其亡失者甚可惜。乃于点定之间,据其所见,撰为此书。成于是年十月,刊刻于四十八年八月。

五代史记纂误补续 书名。清周寿昌撰。一卷。欧阳修著《五代史记》,宋吴缜撰《五代史记纂误》,清吴兰庭撰《五代史记纂误补》,对欧阳书中史实之缺漏,多所纠正。周氏再为之补订十八条。所举除论实欧阳书之简失外,兼从史实和史法上缕析其失误原因,并补述了吴书指摘之不足。

五代史略 书名。北宋胡旦撰。四十三卷。旦以薛居正《五代史》褒贬失实,撰为此书。天圣五年(1027)献上。已佚。

五代史阙文 书名。北宋王禹偁撰。一卷。书成于真宗初年。补叙薛居正《旧五代史》记事避嫌漏略共十七事。包括后梁三事,后唐七事,后晋一事,后汉二事,后周四事。皆辨正精严,足补史阙。欧阳修《新五代史》多用其说。有汲古阁本等。

五代史志 书名。亦称《隋书十志》。三十卷。计《礼仪志》七卷,《音乐志》三卷,《律历志》三卷,《天文志》三卷,《五行志》二卷,《食货志》一卷,《刑法志》一卷,《百官志》三卷,《地理志》三卷,《经籍志》四卷。唐贞观十年(636),魏征监修梁、陈、北齐、北周、隋五代史书成,均无志。十五年,诏于志宁、李淳风、李延寿等续修五代史志,令狐德棻、长孙无忌先后任监修。显庆元年(656)书成。时梁、陈等书已单独流行,而志的内容详于隋,略于其他四朝,且隋居五代之末,故与《隋书》相合。

五代史志疑 书名。清杨陆荣撰。四卷。成于康熙五十九年(1720)。欧阳修作《新五代史》,刻意仿《春秋》书法,事实多有舛漏。吴缜作《五代史纂误》,书久佚,陆荣尚未得见,遂就欧史本书,互相校勘,析疑摘谬,有吴氏所未纠,及后来吴兰庭《五代史纂误补》所未及。

五代通录 书名。北宋范质撰。六十五卷。质以《五代实录》凡三百六十卷,文繁事杂,不便循览,乃删取其要,以成此书。记后梁开平元年(907)至后周显德六年(959)共五十三年的历史。其中后梁末帝无实录,自乾化二年(912)至梁亡十二年间,简牍散佚,乃采当时制敕碑碣以补其阙。乾德五年(967)其子旻上之于朝。已佚。

五代新记 书名。一作《五代新说》。唐张洵古(一作询古、绚古)撰。二卷。记梁、陈、北齐、北周、隋君臣杂事,共三十门。已佚。

五代新史 即"新五代史"。

五德 ❶战国阴阳家用语。指土、木、金、火、水五行之德。《史记·封禅书》:"自齐威、宣(王)之时,邹子之徒,论著终始五德之运。"《文选·魏都赋》注引《七略》:"邹子有终始五德,从所不胜;(土德后)木德继之,金德次之,火德次之,水德次之。"邹衍认为,王朝之更替,即依五德终始之次序而循环。此说为秦始皇所推崇,并为西汉董仲舒所继承。❷儒家用语。指五种品德。《论语·学而》以温、良、恭、俭、让为"五德"。郑玄注:"夫子行此五德而得之,与人求之异。"《中庸》以"聪明睿智"、"宽裕温柔"、"发强刚毅"、"齐庄中正"、"文理密察"为"五德"。朱熹注:"言五者之德,充积于中,而以时发见于外也。"❸兵家用语。指将帅之五种品德。《孙子兵法·计篇》:"将者,智、信、仁、勇、严也。"曹操注:"将宜五德备也。"

五德将军 杂号将军统称。五德指智、仁、勇、信、严。南朝梁置智威、仁威、勇威、信威、严威等五威将军,为十六班,代替旧征虏将军;又置智武、仁武、勇武、信武、严武等五武将军,为十五班,代替旧冠军将军。五威将军、五武将军统称"五德将军"。陈沿置,拟官四品,秩中二千石。

五德终始 亦称五德转移。古代以五行生克原理解释王朝兴废更替的历史理论。(1)五行相克的五德终始说。《史记·孟子荀卿列传》:邹衍"称引天地剖判以来,五德转移,治各有宜,而符应若兹。"认为土、木、金、火、水五德相克,木克土、金克木、火克金、水克火、土克水,循环不已。历代王朝各占一德,每一王朝兴起时克服代表前一德的王朝,衰落时被代表后一德的王朝取代。每一德兴盛时,天必显现某种征兆以示下民。代表该德而兴的帝王便依天的示意,制定符合该德性质的政事、服色等制度。据说"黄帝之时,天先见大螾大蝼。黄帝曰:'土气胜!'土气胜,故其色尚黄,其事则(效法)土。及禹之时,天先见草木,秋冬不杀。禹曰:'木气胜!'木气胜,故其色尚青,其事则木。及汤之时,天先见金刃生于水。汤曰:'金气胜!'金气胜,故其色尚白,其事则金。及文王之时,天先见火,赤乌衔丹书集于周社。文王曰:'火气胜!'火气胜,故其色尚赤,其事则火。代火者必将水,天且先见水气胜。"(《吕氏春秋·应同》)其中所说黄帝、夏、商、周制度依据五行性质而定,系出于虚构。秦统一中国后,齐人奏"终始五德之运","始皇采用之"(《史记·封禅书》),实行了水德制度。(2)五行相生的五德转移说。刘歆认为五行顺序是木、火、土、金、水,木生火、火生土、土生金、金生水、水生木,循环不已。历史上每一王朝代表的一行为前一王朝代表的一行所生。《三统历》由此说出发,以木德配太昊,以火德配炎帝,以土德配黄帝,以金德配少昊,以水德配颛顼;又以木德配帝喾,以火德配唐尧,以土德配虞帝,以金德配夏禹,以水德配商汤(《汉书·律历志》)。

五德转移 即"五德终始"。

五灯会元 佛教书名。南宋普济编。二十卷。系将《景德传灯录》、《天圣广灯录》、《建中靖国续灯录》、《联灯会要》、《嘉泰普灯录》,删繁就简,合五灯为一,故名。以师徒问答汇辑佛教七佛(毗婆尸、尸弃、毗舍浮、拘留孙、拘那含牟尼、迦叶及释迦牟尼)和禅宗东土六祖(菩提达摩、慧可、僧粲、道信、弘忍、慧能),以及慧能以下两系、五家、七宗各派僧人之传法言论和故事。各卷宗派分明，查阅方便，为研究禅宗之重要资料。有重刻宋宝祐本及元至正本。

五等丁产簿 又称五等簿、五等版簿、人口产业簿、丁产等第簿。征科赋役所依据的基本簿籍，登记乡村户的丁口、产业和户等。户等据税钱或家业钱多少划分，分五等。每逢闰年，即约隔三年，推排产业，升降户等，加以重造。以县为单位，由县令、佐责成耆长、户长、乡书手核实各户产业、丁口，定出户等，注明所服差役，先张榜公布，然后造簿。

五等爵 爵制名。一说夏、商时为公、侯、伯、子、男五等爵，周代为天子、公、侯、伯、子、男六等。一说认为与三等爵同为西周实有制度，并相互为用。即五等爵以定封地大小，三等爵以定其所食：公食其半，侯伯食三分之一，子男食四分之一。《周礼》载诸侯总共受到天子九次册命为公，七次册命为侯伯，五次册命为子男，是从西周的册命制度发展而来的。秦汉未设五等爵制。三国魏咸熙元年(264)复置公、侯、伯、子、男五等。晋以后沿设，多不食本邑。李自成大顺政权永昌元年(1644)亦设。

五狄 古代中原人对北方若干民族的统称。《礼记·王制》引李巡《尔雅注》称五狄为月支、秽貊、匈奴、单于、白屋。

五帝 相传上古的五个帝王。其说不一：(1)伏羲(太昊)、神农(炎帝)、黄帝、尧、舜(《易·系辞下》)；(2)黄帝、颛顼、帝喾、尧、舜(《世本》、《大戴礼·五帝德》、《史记·五帝本纪》)；(3)太昊(伏羲)、炎帝(神农)、黄帝、少昊、颛顼(《礼记·月令》)；(4)少昊、颛顼、帝喾、尧、舜(皇甫谧《帝王世纪》)；(5)黄帝、少皞、帝喾、帝挚、帝尧(《道藏·洞神部·谱录类·混元圣纪》引梁武帝说)。

五斗米道 道教创始时期的关中一派。东汉张陵于永和年间在蜀地鹤鸣山(或作鹄鸣山，今四川大邑县境)创立。受道者须出米五斗，故名。教徒尊张陵为天师，因又称"天师道"。奉老子为教主，以《老子五千文》(即《道德经》)为主要经典。原始教义、仪规皆简陋，大致以诚信无欺教人，以巫术治病。初学道者称鬼卒，已信奉者号祭酒，有祭酒主。并设"义舍"、"义米"等以救助贫苦教徒。设置二十四个传道教区，称二十四治(除北邙山治以外，均在今四川境内)。陵死，子衡称嗣师，孙鲁称系师，世修其业。至鲁子盛移居龙虎山(今江西贵溪境内)，继承道统。东汉张修、张鲁，以及晋陈瑞、孙恩等均曾以此道组织农民起义，或建立政教合一政权。从两晋时起传播于民间及士族阶层，且渗入宫廷而为统治者所利用。

五都 ❶泛指繁华都市。宋玉《登徒子好色赋》："周览九土，足历五都。"李善注："五都，五方之都也。"❷战国齐置五都，性质略同于其他各国的郡，设有经过选练的常备兵。《史记·燕召公世家》：齐宣王曾以五都之兵伐燕。五都无定说，一说为临淄、平陆、高唐、即墨和莒。❸西汉时首都长安以外的五个大都市，即雒阳、邯郸、临淄、宛、成都。王莽时设五均官于此。班固《西都赋》云"五都之货殖"，即指此。❹三国魏都洛阳，黄初二年(221)又以长安(西汉故都)、谯(皇室本贯)、许昌(汉献帝旧都)、邺(曹操时魏都)与洛阳合称五都。见《三国志·魏志·文帝纪》裴注引《魏略》。❺唐宝应元年(762)以京兆府为上都、河南府为东都、凤翔府为西都、江陵府为南都，太原府为北都，合称五都。

五都令史 南朝梁尚书省置殿中、吏部、金部、左户、中兵五都令史，品二班，与尚书左、右丞共理省中各项政务。本皆用寒流。天监九年(510)，武帝革用士流，位视奉朝请。

五都尉 金末兵制名。哀宗天兴二年(1233)，朝廷迁至归德府(治今河南商丘南)，改陈州(今河南淮阳)为金兴军，由粘葛奴申为节度使，拜参知政事，行尚书省于陈。奴申立五都尉以将其兵，即：建威卫来猪粪、虎威卫蒲察合达、振武卫李顺儿、振威卫王义、果毅卫完颜某。凡招抚司援兵至者，皆隶都尉司。

五度 ❶古代指分、寸、尺、丈、引。《汉书·律历志上》："十分为寸，十寸为尺，十尺为丈，十丈为引，而五度审矣。"❷中医谓量度神、气、血、形、志五者之有余不足为五度。一说指十度中的脉、脏、肉、筋、俞五度。《素问·方盛衰论》："取虚实之要，定五度之事，知此，乃足以诊。"

五蠹 《韩非子》篇名。韩非阐述历史发展观点的篇章。文中批判儒家法先王、崇仁义的观点，认为历史是进化的，"上古竞于道德，中世逐于智谋，当今争于气力"，统治方法亦应随时而变，"世异则事异"，"事异则备变"，"不期修古，不法常可，论世之事，因为之备"。主张以法治国，奖励耕战。对于违法犯禁、有碍耕战，危害社会的学者(儒士)、带剑者(侠客)、言谈者(纵横家)、患御者(奸迎私门之党人)、商工之民五种蛀虫，予以严惩。

五端 即"于阗"。

五咄陆 西突厥东厢部落。居碎叶川东。其长称啜，有五啜：突骑施·贺逻施啜、胡禄屋·阙啜、处木昆·律啜、鼠尼施·处半啜、摄舍提·暾啜。与西厢五弩失毕部落共称"十姓"，彼此常相互战争。后频为突厥默啜侵掠，死散殆尽。

五夺 中医术语。夺为耗损之意，指人体正常体液(气血、津液)严重损耗，身体极度虚弱时，禁用泻法的五种情况。《灵枢·五禁》曰："形肉已夺，是一夺也；大夺血之后，是二夺也；大汗出之后，是三夺也；大泄之后，是四夺也；新产及大血之后，是五夺也。此皆不可泻。"

五藩实录 书名。亦称《明末五小史》。清三余氏撰。八卷。记福藩、唐藩、唐王聿鐭、鲁藩、桂藩事。所记唐桂诸王事迹及郑成功起兵南澳等事，均为他书所未详。

五方狮子舞 即"太平乐"。

五坊 官署名。辽代置，属北面坊官，掌鹰犬、海东青鹘等事。管辖五坊人户，设五坊使等官。

五坊宫苑使 使职名。唐武则天圣历中置闲厩使押雕、鹘、鹞、鹰、狗五坊，以供狩猎之需，设使职一员总领之。开元十九年(731),以金吾将军杨崇庆充任,宝应二年(763)改隶内宫苑使,领五坊小儿若干名。

五坊户 见“五坊小儿”。

五坊小儿 唐时在五坊服役者。又称五坊户。五坊指雕坊、鹘坊、鹞坊、鹰坊、狗坊,属殿中省。唐时给役者多称小儿,如苑监小儿、飞龙小儿等。五坊小儿常奉太监令搜捕珍鸟名犬,恣意横暴,借机勒索,扰民甚剧。贞元二十一年(805),顺宗即位,王叔文、王伾执政,始罢之。

五房 即“中书五房”。

五分钱 西汉铸币。铜质。据《汉书·高后纪》:高后六年(前182)“行五分钱”。币面文字曰“半两”,实际为“荚钱”的一种。一说以币面径五分得名。一说因枚重为半两(十二铢)的五分之一而得名。文帝五年(前175)停铸。

五峰石宝长官司 土司名。明洪武七年(1374)置。治今湖北五峰县。十四年废。永乐五年(1407)复置。属施州卫容美宣抚司。清雍正十三年(1735)改置长乐县。居民主要为土家族。

五凤 年号。(1)西汉宣帝年号(前57—前54)。凡四年。(2)三国吴会稽王孙亮年号(254—256)。凡三年。(3)唐初窦建德年号(618—621)。凡四年。

五服 ❶相传古代王朝以王都为中心自近及远的地理区划。《书·禹贡》所列为甸服、侯服、绥服、要服、荒服,《国语·周语上》则改“绥服”为“宾服”。甸服为王朝直接统治地区,侯服为王朝所封诸侯,宾服各国以宾礼待之,要、荒则为“夷蛮戎狄”。或详分为九服。❷古代居丧所着的五种丧服,即斩衰、齐衰、大功、小功、缌麻。❸古代区别尊卑的五种服饰。《书·皋陶谟》:“天命有德,五服五章哉。”孔传:“五服,天子、诸侯、卿、大夫、士之服也。”孔颖达疏:“服有等差所以别尊卑也。”

五福 指古代人生的五种幸福。与六极相对。《书·洪范》:“五福:一曰寿,二曰富,三曰康宁,四曰攸好德,五曰考终命。”即长寿,富裕,健康,好德和不夭折。

五父 即“陈佗”。

五府 ❶官署合称。(1)西汉指丞相、御史大夫、车骑将军、前将军、后将军府。东汉指太傅、太尉、司徒、司空、大将军府。魏、晋以后用作诸公府的泛称。(2)唐代十六卫之左、右卫,各有亲卫之府一,称亲府;勋卫之府二,称勋一府、勋二府;翊卫之府二,称翊一府、翊二府,合称五府。❷明代“五军都督府”的简称。

五父衢 道路名。在今山东曲阜市东南。《礼记·檀弓上》:“孔子少孤,不知其墓,殡于五父之衢”;《左传》襄公十一年(前562):季武子将作三军,“诅诸五父之衢”,皆即此。

五根 佛教名词。对眼、耳、鼻、舌、身五种感官的称谓。《法界次弟初门》:“皆以能生为根,所生为识。”因眼、耳、鼻、舌、身五种感官,能生眼识、耳识、鼻识、舌识、身识五种识,故名。又指“信根”、“勤根”、“念根”、“定根”、“慧根”为“五根”,系修习佛教所必须具备的五种内在条件。

五更 指年老有德行之人,常与“三老”并称。汉代沿袭古制,有尊事三老五更之礼。东汉明帝时定为常制,养三老五更于辟雍,选故太傅、三公中年老德劭者一人为三老,次一人为五更(或言以卿大夫中老者为之)。天子父事三老,兄事五更,赐爵禄以荣之。蔡邕《独断》:“五更或为叟,叟老称,与三老同义也。”

五工正 即“五雉”。

五贡 清代科举制度中五种“贡生”之总称。即恩贡、拔贡、副贡、岁贡、优贡。以五贡资格而获官者,均属正途出身。参见“贡生”。

五谷(穀) 五种粮食作物的总称,始见于《周礼》。古文献记载不一:(1)麻、黍、稷、麦、豆;(2)稻、黍、稷、麦、菽;(3)稻、稷、麦、豆、麻;(4)粳米、小豆、麦、大豆、黄黍等;也有泛指粮食作物的。大致反映某个时代、某个地区的粮食生产结构。

五谷(穀)力胜钱 见“力胜钱”。

五羖大夫 官名。春秋时期秦国大夫百里奚的官号。百里奚本为晋国贱臣,秦国以五张羊皮赎之,故名。

五关 在今豫、鄂交界大别山上。南宋绍兴中,江州都统赵廞建议建五关以拒金兵。嘉定十四年(1221),金人围光州,进犯五关。五关:一说白沙、土门、斗木岭、黄土岭、修善冲;一说木陵、虎头、黄土、白沙、大城。

五观 夏启之子。太康兄弟五人。相传因太康失国,流落于洛汭(今河南巩义东北)。又有五人“胥兴作乱”,致夏中衰的传说(《逸周书·尝麦》)。

五官 ❶传说中执掌木、火、金、水、土五行之神。《左传·昭公二十九年》:“故有五行之官,是谓五官,……木正曰句芒,火正曰祝融,金正曰蓐收,水正曰玄冥,土正曰后土。”孔颖达疏:“此五者,本于五行之神作名耳。”❷一指以金、木、水、火、土五行命名的五种官。《礼记·学记》孔颖达疏:“五官,金、木、水、火、土之官也。”木官司农,火官司马,土官司营,金官司徒,水官司寇。或称司徒、司马、司空、司士、司寇为天子五官,见《礼记·曲礼下》。❸泛指百官。❹西汉宫中女官有五官,秩视三百石。❺魏晋时,领军将军与护军将军、太常等列卿、太子太傅与太子少傅二府,属官中均有五官。❻司历之官。唐代司天台(太史局)以春官、夏官、秋官、冬官、中官等分掌天文、历法、气象,并称五官。乾元元年(758)以后,其司天台官员均加五官之号,如五官挈壶正、五官监候、五官灵台郎等。后代亦沿此称。❼五官中郎将、五官掾等官员的省称。❽中医学认为五官分属五脏。《灵枢·五阅五使》:“鼻者肺之官也,目者肝之官也,口唇者脾之官也,舌者心之官也,耳者肾之官也。”五官与五脏之间有内在联系。

五官保章正 官名。唐长安二年(702),改历博士为保章正,乾元元年(758),加号五官保章正,掌教习历生,与五官监候、司历掌历法及测景分至表准,从七品上,置一至二人,隶司天台。辽为司天监属官,南面官。明钦天监亦设,正八品,掌记录天象变化、占定吉凶。清初沿置,康熙十四年(1675)省。

五官副正　官名合称。唐乾元元年(758)置,为秘书省司天台所置春、夏、秋、冬、中五官正之副职,各一员,正六品上。

五官监候　官名。唐代太史局始置监候五人,乾元元年(758)加号五官监候,置三人,正八品下,掌候天文,隶司天台。辽属司天监,南面官。明钦天监亦设,正九品,佐五官正推历法、定四时。清为钦天监天文科主要职官,员一人,由汉人充任,正九品,掌观测天象。

五官将　五官中郎将之省称。

五官郎　官名。东汉五官中郎、五官侍郎、五官郎中统称。隶光禄勋所属五官郎将,主更值执戟,出充车骑。

五官郎中　官名。东汉隶五官中郎将。秩比三百石,更值执戟,宿卫宫殿门户,出充车骑,实为后备官员,以供选用。三国时吴仍置。

五官灵台郎　官名。唐长安二年(702),改天文博士为灵台郎,乾元元年(758),加号五官灵台郎,员五人,正七品下,掌天文气象观测及教习之事,隶司天台。辽为司天监属官,南面官。明清钦天监亦置,清分设满洲、蒙古、汉军、汉官各一至四人,均从七品,掌观测天象。

五官六府　指古代朝廷掌管民众的五种官职与掌管府库的六种官职。《墨子·节葬下》:"五官六府。"《礼记·曲礼》:"天子之五官,曰司徒、司马、司空、司士、司寇,典司五众;天子之六府,曰司土、司木、司水、司草、司器、司货,典司六职。"郑玄注:"府,主藏六物之税者。此亦殷时制也。"

五官挈壶正　官名。唐长安二年(702),始于太史局置挈壶正二人,乾元元年(758)加号五官挈壶正,掌知更鼓漏刻,员二人,正八品上,隶司天台。辽置为南面官,属司天监,与五官司辰同掌漏刻、报时辰等事。明属钦天监,从八品。清顺治元年(1644),钦天监刻漏科置,初由汉人充任,后定为满、蒙各一人,汉二人,皆从八品。属官有五官司晨、博士、天文生、阴阳生等。掌漏刻、谯楼计时报更之事,遇祭祀、朝会及营建宫室都邑,则事先选良辰吉日。

五官侍郎　官名。东汉隶光禄勋所属五官中郎将,比四百石,无员,主更值执戟,宿卫宫殿门户,出充车骑。

五官司辰　官名。简称司辰。唐代秘书省司天台置,十五员,正九品,与挈壶正等皆掌知漏刻时辰,乾元元年(758)由司辰改名。辽南面官,袭唐制为司天监官员,与五官挈壶正同掌漏刻,报时辰。

五官司晨　官名。简称司晨。明代钦天监置,从九品。佐漏刻博士,掌定时、换时、报更、晨昏、钟鼓诸事。大朝贺时充鸣唱官。明初设员八人,后革为六人。清顺治元年(1644)沿置。

五官司历(曆)　官名。唐初沿隋制置司历,从九品上,肃宗乾元元年(758),加号五官司历,隶司天台。辽代为司天监属官,掌有关历法之事,为南面官。明代钦天监亦设,正九品,佐五官正推定历法。

五官司书　官名。又称司书。清代钦天监时宪科之属官。顺治元年(1644)设。汉官一人,秩正九品。掌校刊时宪书,领布四方。

五官掾　官名。汉代郡国属吏,地位次于功曹,祭祀居诸吏之首,无固定职掌,凡功曹及诸曹员吏出缺即代理其职务。晋至南北朝沿置。晋中央政府诸卿、领军、护军、太子太傅、少傅等及诸郡、国皆置为僚属。南朝宋自太常至长秋,领军、护军等将军、太子二傅、诸郡亦置,主诸曹事,为重要属吏之一。齐沿置。梁诸卿、太子二傅、詹事,领军、护军、左右卫等将军,诸郡皆置,位自三班到流外四班不等。陈沿置,位八、九品不等。北齐诸卿、领护军、太子詹事、诸郡皆置。

五官正　官名合称。唐肃宗乾元元年(758)始置,即春官正、夏官正、秋官正、冬官正、中官正,员各一人,皆正五品上,掌司四时,观察气象灾异,隶司天台。辽司天监亦设,为南面官。宋初隶司天监,元丰改制后改隶太史局,正八品,掌察天文祥异、钟鼓漏刻、写造历书。明属钦天监,正六品,掌推历法,定四时。清顺治元年(1644)沿置,由汉人充任,仍隶钦天监。康熙四年(1665),定为满、蒙各二人,从六品。掌以满文、蒙文颁布时宪书。清亡遂废。

五官中郎　官名。东汉隶五官中郎将,比六百石,无员,更直执戟,宿卫诸殿门,出充车骑,实为后备官员,以供选用。三国时吴亦置。

五官中郎将　官名。秦置,西汉隶光禄勋,主中郎,秩比二千石。东汉时,部分侍郎、郎中亦归其统率。职掌宿卫殿门,出充车骑。东汉初年或参与战事。又协助光禄勋典领郎官选举,有大臣丧事,则奉命持节策赠印绶或东园秘器。东汉末,曹操以曹丕为之,置官属,为丞相副贰。位在魏国诸臣上,僚属有长史、司马、文学、功曹,地位尊崇。三国蜀置,或仍领郎署。吴仍领郎署。晋沿汉制于光禄勋下置五官、左、右三中郎将,为近侍之官。泰始九年(273)省,太康中又见。东晋永和元年(345),授张重华为五官中郎将、凉州刺史,仅为名誉职务,后不复见。

五管　唐永徽以后岭南道的广州、桂州、容州、邕州、交州五都督府,皆隶广府都督统摄,名"岭南五管"。见《旧唐书·地理志》。其后都督称号屡变,广府称岭南节度使,桂、容、邕三府或为经略使,或为观察使,又改交府为安南都护府,咸通后又分置岭南东(广)、西(邕)、静海三节度,但"五管"之名不废。韩愈《刘生》诗:"五管历徧无贤侯。"

五鬼　❶五代南唐元宗李璟时,冯延巳、冯延鲁、陈觉、查文徽、魏岑等邪佞用事,吴人谓之五鬼。一说为宋齐丘、冯延巳、冯延鲁、查文徽,陈觉五人。皆巧于钻营,互为朋党,左右时政。策动伐闽,攻淮南,劳师伤财。南唐政事败坏与五鬼关系密切。❷后蜀后主时,鹿虔扆、欧阳炯、韩琮、阎选、毛文锡五人,俱以工小词供奉,忌之者号曰五鬼。❸宋真宗大中祥符时,王钦若、丁谓、陈彭年、刘承规和林特五人附会与赞助天书封祀等活动,互相勾结,行踪诡秘,得真宗眷遇,时号五鬼。❹宋哲宗元祐时,洛党、蜀党与朔党互相倾轧。朔党刘安世论洛党程颐、欧阳棐、毕仲游、杨国宝与孙朴五人交结执政子弟,搢绅指为五鬼。蜀党孔文仲论程颐为五鬼之魁,颐因之降官。

五贵 隋炀帝时纳言苏威、左翊卫大将军宇文述、黄门侍郎裴矩、御史大夫裴蕴、内史侍郎虞世基等五权臣参掌朝政,因称五贵。

五国城 辽时今黑龙江依兰县以东松花江流域有剖阿里(即伯力,今俄罗斯哈巴罗夫斯克)、盆奴里(今黑龙江汤原县附近)、奥里米(今绥滨县境)、越里笃(今桦川县东北)和越里吉(今依兰县)五个部落,设节度使领之,称为五国城。其中越里吉部称五国城(《建炎以来系年要录》),或作五国头城(《明一统志》)。北宋徽宗被金人所俘,囚死于此。

五国故事 书名。北宋佚名撰。二卷。记五代十国时期南方六国史迹旧闻。上卷为吴杨氏、南唐李氏、前蜀王氏、后蜀孟氏事,下卷为南汉刘氏(彭城氏)、闽王氏事。末附朱文进、卓俨明、李儒赟、留(娄)从效、张汉思、陈洪进事。以前蜀、后蜀计为一国,因称五国。所记多小说传闻之辞,颇为琐碎。亦有若干史事、故实,为史书不载,或有异同,皆有资于考证。有《知不足斋丛书》本等。

五国节度使司 官署名。辽代置。始置于重熙六年(1037)。负责督察越棘等五国部族,设契丹节度使一员。

五国头城 古城名。参见"五国城"。

五国相王 战国时魏、韩、赵、燕、中山五国的合纵活动。秦惠文王时积极推行连横政策,联合齐、楚对付韩、赵、魏等国。魏将公孙衍于魏惠王后元十二年(前323),先约结赵、魏,又联合韩、燕、中山,五国相尊称王,魏国欲借此对抗秦、齐、楚三大国。《战国策·中山策》"犀首(公孙衍)立五王",即指此事。齐国借口中山国小,不承认其称王,欲联合魏、赵、燕三国迫中山取消王号,未获成功。因史书记载歧异,学者对此解释纷纭:一说五王为齐、赵、燕、魏、中山(高诱《战国策》注);一说为秦、赵、韩、燕、中山(金正炜《战国策补释》及雷学淇《战国策义证》);一说为秦、韩、燕、宋、中山(鲍彪《战国策》注);一说为齐、燕、魏、赵、中山(陈梦家《六国纪年表考证》)。

五河县 南宋咸淳七年(1271)置,因淮、漴、浍、沱、潼五河汇流于此得名(《宋史·地理志》)。治今安徽五河县南旧县湾。为淮安军治。元属泗州。明属凤阳府。永乐元年(1403)徙治今县西北,嘉靖二十五年(1546)移今五河县。清雍正初复属泗州。

五侯 东汉桓帝时封侯专权之五宦官。延熹二年(159),宦官单超、徐璜、具瑗、左悺、唐衡受桓帝命收诛专擅朝政之大将军梁冀及其亲党,以功同日封侯,时人谓之五侯。自此朝廷权归宦官,政局更加黑暗。左悺等人骄奢极侈,欺压百姓,时有"左回天、具独坐、徐卧虎、唐雨堕"之谚。

五侯子 战国时人。墨家后学。《庄子·天下》:"相里勤之弟子,五侯之徒,南方之墨者苦获、已齿、邓陵子之属,俱诵墨经,而倍谲不同,相谓别墨。"

五胡 十六国时北方胡(匈奴)、羯、鲜卑、氐、羌五个少数民族之合称。

五胡十六国 旧史称匈奴、羯、鲜卑、氐、羌五个少数民族和前赵、成汉、前凉、后赵、前燕、前秦、后秦、后燕、西秦、后凉、南凉、南燕、西凉、北凉、夏、北燕等十六国。但五胡并非只建此十六国,十六国亦非纯为五胡所建,故"五胡十六国"乃泛指西晋末至北魏初在中国北方及西部地区蜂起递灭之众多割据政权。参见"十六国"。

五湖 ❶《周礼·职方》扬州:"其泽薮曰具区","其浸五湖",《国语·越语》:越伐吴,"战于五湖",《史记·河渠书》:"于吴,则通三江、五湖。"历来注家对五湖解释不一:(1)即太湖。韦昭云:"湖名耳,实一湖,今太湖是也"(裴骃《史记·集解》引)。虞翻云:"太湖有五道,故谓之五湖"(《后汉书·冯衍传》李贤注引)。(2)太湖及其附近四湖,或与太湖相通的五个湖湾。韦昭《三吴郡国志》:"太湖边有游湖、莫湖、胥湖、贡湖,就太湖为五湖",又"胥湖、蠡湖、洮湖、滆湖,就太湖为五湖"(《太平寰宇记》引)。郦道元《水经注》:"谓长荡湖、太湖、射湖、贵湖、滆湖也。"李贤云:"滆湖、洮湖、射湖、贵湖及太湖为五湖,并太湖之小支,俱连太湖,故太湖兼得五湖之名"(《后汉书·冯衍传》注)。张守节《史记·正义》:"菱湖、游湖、莫湖、贡湖、胥湖,皆太湖东岸,五湾为五湖,盖古时应别,今并相连。"❷五个大湖的总称。司马贞《史记·索隐》:"郭璞《江赋》云,具区、洮滆、彭蠡、青草、洞庭是也。"王应麟《小学绀珠》列举五湖有"太湖、射阳、青草、丹阳、宫亭"。按《周礼·职方》具区和五湖并举,具区即太湖,可见五湖不是太湖,也不能包括太湖在内。从《国语·越语》和《史记·河渠书》考之,当泛指太湖流域一带所有湖泊。"五"系虚数,意即众多湖泊,可包括太湖,也可不包括太湖。近代一般以洞庭、鄱阳、太湖、巢湖、洪泽为五湖。

五虎 明天启时魏忠贤爪牙,即崔呈秀、吴淳夫、田吉、倪文焕、李夔龙,五人均为文臣。

五户丝 见"丝料"。

五花爨弄 金元时伎人团体行院演出本(简称院本)名目之一。由五人分别扮副净、副末、引戏、末泥、孤装等五个角色(行当),此为一说。另一说,宋徽宗见爨国人来朝,衣饰奇异,面涂粉墨,举动若优人,即令演员仿习编创为戏,戏或表演宋时叫弄,遂赋予此名。《辍耕曲录》从后说。

五花马 见"三花马"。

五花判事 唐制,中书省议论军国大政,中书舍人若干人得各执所见,分别署名,谓之五花判事。所签署意见由中书令、侍郎审复后,交门下省驳正,再交尚书省颁下执行。

五花台 战国燕国台名。据董说《七国考》引《一统志》曰:五花台在易州治(今河北易县)。相传周武王筑,为日者占候之所,曰候台。至战国,燕昭王建五楼其上,尝游乐其间,更名五花台。

五华楼 亦作五花楼、五华台。云南大理古建筑。楼在今大理市中,相传为唐大中十年(856),南诏王劝丰所建。相传楼方广五里,高百尺,上可容纳万人。蒙氏、段氏时,为"西南夷十六国"聚会之所。

元宪宗三年(宋宝祐元年,1253),忽必烈征大理,驻兵楼前。至元三年(1337),重新修葺。明初,毁于兵火。今遗址尚存。明清时,大理城南门内谯楼亦称五华楼,然仅存其名,并非旧观。

五回山 又称五回岭、广昌岭(《水经·滱水注》)。在今河北易县西南与满城县相交处。山势高峻,山道曲折五回方达其巅。北魏太延元年(435)太武帝拓跋焘东巡经此。

五计司 辽代官署合称。又称五京计司。辽于上京(今内蒙古巴林左旗南波罗城)设盐铁使司,东京(今辽宁辽阳)设户部使司,中京(今内蒙古自治区昭乌达盟宁城西大明城)设度支使司,南京(今北京市)设三司使司,西京(今山西大同)设计司,各领一方赋税、度支、盐铁等事。

五齐 古代酒名。古代按酒的清浊及味的厚薄分为五等,称五齐。《周礼·天官·酒正》:"辨五齐之名,一曰泛齐,二曰醴齐,三曰盎齐,四曰缇齐,五曰沈齐。"五齐均为有渣未经过滤之酒,大都供祭祀之用。郑玄注:"齐者,每有祭祀,以度量节作之。"齐又可解释为造酒调米、曲及水的数量。

五纪 ❶记录天时的五个概念。《书·洪范》:"五纪:一曰岁,二曰月,三曰日,四曰星辰,五曰历数。"中国古代天文学以日行一周天为一岁,划周天为三百六十五度有余,以日行一度为一日,月行三十度有余为一月,日月运行于星辰间的位置为历数。❷一纪为十二年,五纪即六十年。《南齐书·高帝纪论》:"宋氏正位八君,卜年五纪。"唐杜牧《樊川集·冬至日寄小侄阿宜》诗:"家集二百编,上下驰皇王,多是抚州写,今来五纪强。"

五家共井 古代著名算题。载《九章算术》方程章。甲、乙、丙、丁、戊五家共井,依次二、三、四、五、六绠皆不足如下家一绠,如各得所不足一绠,皆逮。问井深、绠长。《九章算术》以正负术入之,用方程术求解,求出井深七百二十一寸,甲二百六十五寸,乙一百九十一寸,丙一百四十八寸,丁一百二十九寸,戊七十六寸。刘徽认为此系"举率以言之",是为中国算学史上首次明确提出不定方程问题。

五家七宗 唐时佛教禅宗六祖慧能死后,南宗又分为南岳与青原两系,后南岳分沩仰、临济二宗;青原分为曹洞、云门、法眼三宗,此五宗各成一家,是谓五家。宋时,临济宗再分为黄龙、杨岐二派,合前五家,号为七宗。

五甲 宋贡举殿试和礼部试所定合格举人的等级。太平兴国二年(977),复试礼部奏名举人,按优劣分为三等。淳化三年(992)殿试进士,始分五等,第一至三等赐及第,第四、五等赐出身。天圣五年(1027)改"等"为"甲"。此后,礼部正奏名分"甲",特奏名分"等",成为制度。

五监 官署名合称。隋初有国子寺、将作寺等,炀帝始于九寺外置五监,即少府监、长秋监、将作监、国子监、都水监。唐改长秋监为内侍省,增置军器监,仍为五监。其性质同于九寺,同为中央事务机关。

五将山 在今陕西岐山县东北。后秦白雀二年(385)姚苌遣将吴忠擒前秦苻坚于此。

五校 ❶西汉时将作大匠属官有左、右、前、后、中校令,合称五校。领工徒修治宫室宗庙园寝。据《汉书·昭帝纪》,元凤四年(前77)孝文庙正殿火灾,"发中二千石将五校作治,六日成"。❷新莽末年河北农民起义军之一部,领袖为高扈。东汉初失败。❸军事编制。东汉专指北军五校,即屯骑、越骑、步兵、长水、射声五校尉所将宿卫兵。亦称"五营"。为东汉中央主要常备军,戍卫京师,宿卫宫廷,亦常从征伐或屯戍边郡。

五校尉 屯骑、越骑、步兵、长水、射声校尉合称。西汉武帝置中垒、屯骑、步兵、越骑、长水、胡骑、射声、虎贲八校尉,掌宿卫兵。东汉省中垒、胡骑、虎贲,余为北军五校,以五校尉领之。官显职闲,待遇优厚,多以皇族及亲近者居之,隶北军中候。三国魏、西晋隶领军(中领军),与中垒将军、武卫将军同领禁军宿卫兵,各立营,设属官。后宿卫之职主要由二卫、四军、骁骑等营担任,其职渐轻,或省营兵。东晋兴宁二年(364)罢。南朝宋永初元年(420)复置,用以安置勋旧,不领营兵,为侍从武官之职,齐、梁、陈因之。北魏员各二十人,北齐员各十人,隶左、右卫府,皆为无职事之散员官。

五教 ❶五伦之教。传说舜时司徒所掌。《左传·文公十八年》:"举八元,使布五教于四方:父义,母慈,兄友,弟共(恭)、子孝。"亦称五典、五常。《书·舜典》:"五典克从。"孔传:"五典、五常之教:父义、母慈、兄友、弟恭、子孝。"❷唐代司徒俗称。因传说中司徒掌五教,故名。

五节堰 水渠名。位于陇州汧源(今陕西陇县)。唐武德八年(625),水部郎中姜行本引陇水开渠,以通漕运。

五金 金、银、铜、铅、铁五种金属统称,与黄、白、赤、青、黑五色相应。始见于汉,沿用至今。《吴越春秋·阖闾内传》:"五金之英,太阳之精。"《汉书·食货志上》唐颜师古注云:"金谓五色之金也,黄者曰金,白者曰银,赤者曰铜,青者曰铅,黑者曰铁。"后人往往理解为金、银、铜、铁、锡,或泛指一般金属和日用金属器。

五京 ❶唐至德二载(757)以西京京兆府为中京,凤翔府建号西京,成都府建号南京,合原有东京河南府,北京太原府共为五京。❷渤海自大仁秀(818—830)后在其境内建有五京:上京龙泉府,中京显德府,东京龙原府,南京南海府,西京鸭渌府。❸辽会同元年(937)改皇都为上京临潢府,南京为东京辽阳府,升幽州为南京幽都府(开泰元年改府名为析津),统和二十五年(1007)增建中京大定府,重熙十三年(1044)又升云州为西京大同府,合称五京。❹金贞元元年(1153)定都中都大兴府后,除中都外又有上京会宁府、东京辽阳府、北京大定府、西京大同府、南京开封府五京。

五京道 辽会同元年(938)置上京道,升幽州为南京道,改旧南京道为东京道;统和二十五年(1007)置中京道,重熙十三年(1044)置西京道,合称"五京道"。

五京乡丁 辽五京州县之兵丁。州县民户丁壮籍为乡兵。契丹本户隶宫帐,不属乡丁。《辽史·兵卫志》载:上京临潢府有丁十六万七千二百;东京辽阳府统县六,有丁四万一千四百;南京析津府统县十,有丁五十六万六千;西京大同府统县七,有丁三十二万二千七百。中京大定府,丁籍失考。

五经 指《诗》、《书》、《礼》、《易》、《春秋》五部儒家经典。汉文帝时,以《诗》列于学官,置诗经博士。景帝时,继以《春秋》列于学官,增春秋博士。武帝建元五年(前132)置五经博士,则五经均列于学官。《白虎通·五经》:"五经何谓?谓《易》、《尚书》、《诗》、《礼》、《春秋》也。"东汉王充指出:"夫五经亦汉家之所立,儒生善政大义,皆出其中。"(《论衡·程材》)经学遂成为封建社会的官学。

五经百石卒史 汉代郡国官府属吏名。元帝时始置,典一经,秩百石。即文学掾及文学史。职掌教化事宜。

五经博士 官名。(1)秦、西汉初太常属官有博士,文帝又增设诸子专书博士和儒家专经博士,建元五年(前136)始置五经博士。初秩比四百石,后升比六百石。除原有议政、制礼、藏书、顾问应对等事外,又增学官职能,掌策试官吏,在太学中教授儒家经典,各置弟子员。有时亦奉命出使,到各地巡行,受命视察灾情或赈济灾民。秩卑而任重,常可直达九卿、守相、刺史等官。以后历朝虽置其官,但已专司教授经学。三国魏设员十九人,五品;别置太常博士掌导引、制礼,位在其上。五经博士不再议礼。十六国后赵复置,设于诸郡国。梁天监四年(505)建国学,开五馆,复置五经博士五员,各主一馆,位六班,在国子博士下,太学博士上。五馆生皆引寒门俊才,不限人数,由官府供应饩廪,学业及格即可为吏。陈沿置,官六品,秩六百石。北朝、隋不置。唐大和七年(833)复置于国子监,每经各一员,后增加为各二员,秩比国子博士,正五品上,以五经教国子生。后或置或罢。宋以后不置。明复置,隶国子监博士厅,员五人,从八品,分掌教授五经,按时考课。(2)翰林院属官。明初设五员,各掌专经,以备讲读,后为圣贤先儒后裔世袭之职,唯居乡给俸,以奉先世祭祀,不治院事,正八品。授孔氏二人、颜氏一人、曾氏一人、仲氏一人、孟氏一人、周氏一人、程氏二人、邵氏一人、张氏一人、朱氏二人、刘氏一人(后革)。清顺治元年(1644)授孔氏北宗一人、颜氏一人、曾氏一人、孟氏一人,随后又授孔氏南宗一人,东野氏、姬氏、仲氏、闵氏、冉氏(仲弓后人)、端木氏、冉氏(伯牛后人)、卜氏、言氏、颛孙氏、有氏、伏氏、韩氏、张氏、邵氏各一人,朱氏二人,关氏三人。皆正八品。清亡,废。

五经大全 书名。明胡广等编定。官修。一百五十四卷。计《周易大全》二十四卷,《书传大全》十卷,《诗经大全》二十卷,《礼记大全》三十卷,《春秋大全》七十卷。永乐十三年(1415),成祖亲制序,置于卷首,颁行全国。多选用宋程颐、朱熹、蔡沈、董楷等人注疏,以推崇理学,为当时科举取士的官定典籍。明清之际顾炎武《日知录》卷十八"四书五经大全"条,谓是书既出,"一时人士尽弃宋元以来所传之实学,上下相蒙,以饕禄利"。

五经解元 科场称谓。自明以来,省乡试即许以五经中式。清康熙四十四年(1705)江南乡试,长洲(今江苏苏州)人蒋学海以五经中式,蒋学海名列《题名录》解元之前,称五经解元。至乾隆十六年(1751)停五经中式之例。

五经科 唐宋贡举科目之一。五经即《周易》、《尚书》、《毛诗》、《礼记》、《春秋》。考试贴经、答墨。宋熙宁年间罢诸科,此科即废。

五经魁 见"经魁"。

五经算术 书名。北周甄鸾撰。二卷。为儒家经典《诗》、《书》、《易》、《周礼》、《礼记》、《春秋》、《论语》七经中涉及算术问题之内容及计算方法。唐李淳风曾作注释。今本由明代《永乐大典》中辑出。

五经文字 书名。唐张参撰。三卷。大历十一年(776)成书。以《说文》、《字林》为本,兼采汉代石经,辨识群经诸字读音,详定五经书体。收三千二百三十五字,依偏旁为百六十部。开成二年(837)刻石,列石经之后,系开成石经之一部分。五代后周广顺三年(953),刻印成书。

五经异义 书名。东汉许慎撰。《隋书·经籍志》、《旧唐书·经籍志》皆作十卷。宋代已佚,仅散见于《初学记》、《通典》、《太平御览》。汉承秦燔之余,五经残亡,经义多出口授,异义纷纭。"慎以五经传说臧否不同,于是撰为《五经异义》"(《后汉书·儒林传》),援古今百家,举先师遗说,考论详尽。而许慎崇尚古文,论断多从古文家说。清陈寿祺辑有《五经异义疏证》较完备。

五井 明清时云南大理府云龙州境内盐井的统称。在今云南云龙北部。有诺邓井、顺荡井、师井、天耳井、山井等盐井。明置盐课大使,驻诺邓井,属五井提举司。万历末废提举司,改属云龙州。

五井盐课提举司 官署名。明代置,治所在云南大理府(治今云南大理),掌该处食盐生产、税课、运销之政。设提举一人,从五品;同提举一人,从六品;副提举无定员,从七品,下设各井盐课司、各盐仓大使、副使等职。

五鸠 相传少昊时以鸟为官名,五鸠是以五种鸠鸟为官名,取其安民、治民之意。祝鸠为司徒,鴡鸠为司马,鳲鸠为司空,爽鸠为司寇,鹘鸠为司事(《左传·昭公十七年》及杜预注)。

五军部 官署名。明末李自成农民军政府置。崇祯十七年(1644)三月,在北京改原五军都督府而置,其职掌仍因袭明朝。

五军都督府 官署名。即中军、左军、右军、前军、后军五都督府。明最高军事机关。洪武十三年(1380)以大都督府分设。每府置左右都督、都督同知、都督佥事等官。下设经历司。由中军断事官总治五军刑狱。掌军旅之事,分领各都指挥使司、行都指挥使司及亲军之外各京卫,以达于兵部。

五军断事官 官名。明洪武时分置于五军都督府中,从五品,掌理军中刑狱。洪武十三年(1380)改置中、左、右、前、后五军都督府,乃以中军都督府断事官为五军断事官。十七年,改五军各设左、右断事二人,分理五军府刑名。建文中革断事及五司官。

五军断事司 官署名。明洪武十七年(1384)于五军都督府各置左、右断事二人,提控案牍一人,并从九品。二十三年升断事正五品,总治五军刑狱。又分设五断事司,各置稽仁、稽义、稽礼、稽智、稽信五人,俱正七品,分理五军府刑名。建文中罢。

五军统制 官名统称。南宋建炎元年(1127)置御营司,下辖行在前、后、左、右等五军,每军各设统制一人为长官,统称五军统制。

五军营 军事编制。明京军三大营之一,由马步军组成,分中军,左、右哨,左、右掖。军士主要来自京卫,同时岁调中都、山东、河南、大宁各卫所兵,轮班赴京宿卫和操练。此外,十二营、围子手营、幼官舍人营、殚忠营、效义营俱附五军营中。设提督内臣一人、武臣二人、掌号头官二人、大营坐营官一人、把总二人。各军营设坐营官一人,马步队把总各一人。平时练习营阵。皇帝亲征时,大营居中,五军分驻于外,为作战主力。

五均官 官名。省称均官。新莽置。设于长安(今陕西西安)及洛阳、邯郸、临淄(今山东淄博)、宛、成都等处,长安东西市令及五都市长皆称五均司市师。主掌平准物价,新莽亡后废。

五均赊贷 新莽实行的经济垄断政策,为"六筦"之一。《周礼》有赊贷之法,《乐语》有"五均"之官。王莽托古改制,以为管理物价、负责税收及赊贷。其法于长安东、西两市及洛阳、邯郸、临淄、宛(南阳)、成都五大城市设均输官,改原来的市令、长为五均司市师,下设交易丞五人,司平衡物价。设钱府丞一人,司税收及赊贷。所谓平衡物价实为贱买贵卖,从中渔利。收税范围遍及各业,凡工商渔采畜牧,以及医巫卜祝等无一或免。官府赊贷虽取息略轻,但过期不还,罚作罪徒。实行的结果是"奸吏猾民并侵,众庶各不安生"(《汉书·食货志》)。社会矛盾激化,加速了新朝的灭亡。

五均司市师 官名。新莽置。王莽依《乐语》五均之言,于长安(今陕西西安)以及洛阳、邯郸、临淄(今山东淄博东北)、宛、成都设五均官。更名长安东西市令及五都市长皆为五均司市师。长安东市称京,西市称畿,洛阳称中,其余各以东西南北为称。下置交易丞五人,钱府丞一人。主要职掌为平抑物价,管盐铁,开赊贷。

五口通商 清道光二十二年七月(1842.8)英国强迫清政府签订《南京条约》,中国开放广州、福州、厦门、宁波、上海五处为通商口岸,通称五口通商。五口通商开创了帝国主义强迫中国开港的先例。

五口通商大臣 官名。鸦片战争后设置的管理广州、厦门、福州、宁波、上海五口通商、交涉事务的钦差大臣。道光二十四年(1844)由两广总督兼职。咸丰八年十二月(1859.1)改授两江总督何桂清为钦差大臣。十年十二月改由署理钦差大臣江苏巡抚薛焕办理,驻上海,故有"上海钦差大臣"或"上海通商大臣"之称。同治元年(1862)改设办理通商事务大臣。后职权发生变化,实已是南洋通商大臣。

五魁 "五经魁"之简称。

五劳 中医名词。(1)指久视、久卧、久坐、久立、久行五种过劳致病因素。见于《素问·宣明五气篇》。(2)指志劳、思劳、心劳、忧劳、瘦劳五种情志劳伤。见于《诸病源候论·虚劳候》。(3)指五脏的劳损。即肺劳、肝劳、心劳、脾劳、肾劳。《证治要诀》:"五劳者,五脏之劳也。"

五老榜 唐天复元年(901),昭宗令中书门下于新及第进士中,选年岁已高者,不拘常例授官。时曹松年五十四,王希羽(禹)年七十三,刘象年七十,柯崇年六十四,郑希颜年五十九,同榜及第。授松、希羽为秘书省正字,象、崇、希颜为太子校书,时称五老榜。

五雷神机 多管火器。明始用。有铳管五个,各长一尺五寸,重五斤。底至火门一寸,每铳各有照星。五铳为一束。后安柄,柄上总一照门。铳装柄上可以旋转,火绳夹于一铜管内,置于铳柄前,夹火绳处恰对火门,放时以手托铜管点放。一铳放后,转铳管依次瞄准点放。每发用药二钱,铅子一枚,重一钱五分,可远及一百二十步。每铳两人,一人点放,一人持铳棍为架。当时各镇所用也多有三铳者,其制大致相似。

五礼 即吉礼、嘉礼、宾礼、军礼、凶礼。

五礼通考 书名。清秦蕙田撰。二百六十二卷。蕙田以徐乾学《读礼通考》阙略不备,乃因其体例,网罗众说,历时三十八年,凡四易稿。分七十五类,于五礼古今沿革,本末源流,异同得失,都详加考订。《通典》、《通考》所载礼制,大多专据正史志书,本纪列传不加搜采。是书则遍采纪传,参校书志,分别时代,详加考核,凡诸议礼之文,务使异同并载,曲直俱存,以详其本末。上自王朝,下逮民俗,古礼今制,靡不该载。其断限除六籍外,后世典章则始于秦汉,迄于明代。卷首有《礼经作述源流》、《历代礼制沿革》两篇。是研究中国古代礼制的重要著作。

五里坡 在陕西凤翔县西。南宋建炎二年(1128),宋将张严与金兵战于此。

五里桥 即"安平桥"。

五吏 春秋时晋国军队中军尉、司马、司空、舆尉、候奄五种军官合称。皆大夫爵。

五隶 北周时以罪隶与夷、蛮、戎、狄四隶合称五隶。其中罪隶乃犯罪而沦为奴隶者,余四隶均为少数民族战俘。

五两 古器物名。羽毛编织而成的测量风向和风力仪器。《宣和奉使高丽图经》记载:"立竿以鸟羽候风所向,谓之五两。"其制法是用鸡毛或鸟毛编成羽片,重五两,亦有重八两的。唐李淳风《乙巳占》:"凡候风者,必于高迥平原立五丈长竿,以鸡羽八两为葆,属于竿上以候风。"羽片挂于一特制的竿上,由于羽片有固定的重量,观测者可依据羽片飘起的方向、高度测定风向和风力。

五陵 西汉五座帝陵的合称。西汉元帝以前,皇帝所筑陵墓，皆于其侧置县，命县民供奉园陵，名曰陵县。其中高帝长陵、惠帝安陵、景帝阳陵、武帝茂陵、昭帝平陵皆在渭水北岸，自今陕西兴平市东北，至咸阳市东北七八十里内，合称五陵。班固《西都赋》："南望杜、霸，北眺五陵。"五陵居民以关东豪富移民为主，人口稠密，官僚地主集中，故以市肆繁荣，风俗奢纵著称。唐杜甫《秋兴》诗："五陵衣马自轻肥。"

五岭 今湘、赣和粤、桂省区边境上大庾、骑田、都庞、萌渚、越城五岭的总称。《史记·陈余传》："秦南有五岭之戍。"五岭，还见于师古注引邓德明《南康记》、郦道元《水经注》、杜佑《通典》、王应麟《通鉴地理通释》。《索隐》及师古注引裴渊《广州记》有揭阳而无都庞。

五流 刑罚名。即加役流、反逆缘坐流、子孙犯过失流、不孝流、会赦犹流。唐律规定，犯此五流罪行的人，不能减罪、赎罪。参见"减章"、"赎章"。

五陇坂 在今陕西彬县南。《资治通鉴》：唐武德七年(624)突厥颉利、突利二可汗帅万余骑"陈于五陇坂"，秦王李世民诣阵晓以利害，突厥与盟而退，即此。

五楼 今河南商水县西南。《资治通鉴》：唐贞元十六年(800)，淮西"吴少诚进击韩全义于五楼"，全义夜遁退保溵水县城，即此。

五辂 帝王所乘的五种车。辂，亦作路。五辂即玉辂、金辂、象辂、革辂、木辂。其质地、装饰、用途各朝各代不尽相同。唐代玉辂青质，玉饰诸末，为祭祀、纳后所乘；金辂赤质，金饰诸末，为飨射、礼还、饮至所乘；象辂黄质，象饰诸末，行道所乘；革辂白质，挽之以革，临兵、巡守所乘；木辂黑质，漆之，畋猎所乘。明初，则大朝会由拱卫司设于奉天门，供皇帝乘用。皇帝乘玉辂居中，左为金辂、革辂，右为象辂、木辂。洪武六年(1373)，明太祖命礼官考定为木辂、大辂、象辂、中宫辂、后宫辂五种。木辂两乘，一涂丹漆，祭祀用；一系皮鞔，行幸用。大辂一乘、象辂十乘、中宫辂一乘、后宫辂十乘，俱以凤饰。

五鹿 ❶即五鹿墟，又名沙鹿(《水经·河水注》)。在今河北大名县东。相传周穆王东征，舍于五鹿，即此。《左传》哀公元年(前494)，"齐侯、卫侯救邯郸，围五鹿"，亦即此。❷春秋卫地，后入晋。在今河南清丰县西北。《左传》僖公二十三年(前637)：晋公子重耳过卫，"出于五鹿，乞食于野人"，即此。

五鹿充宗 西汉人，字君孟。元帝时为尚书令，后迁少府。以治梁丘《易》著名。元帝令其与诸《易》家论难，诸儒莫能与抗。后为朱云折服，时人语曰："五鹿岳岳，朱云折其角。"与中书令石显、中书仆射牢梁等结党擅权，百官畏之，诸依附者皆得宠位，民间以歌讽刺曰："牢邪石邪，五鹿客邪？印何累累，绶若若邪！"成帝即位，石显失势，乃左迁玄菟太守，后不知所终。

五路 即五官。《墨子·经下》："知而不以五路，说在久。"《墨子·经说下》："惟以五路智(知)，久不当。"梁启超《墨子校释》："五路者，五官也。官而名以路者，谓感觉所经由之路，若佛典以眼、耳、鼻、舌、身为五入矣。"人们对外界事物的感觉须经五官而获得，故须久(时间)。一说系承认思维的作用，即时间积久成习，记忆之，熟虑之，此时不经由"五路"，亦可获得知识。如对某物的形状、位置十分熟悉，不以目见，亦能准确知其形状、位置。

五路士台吉(1482—1509) 亦作阿尔伦。蒙文史籍作乌鲁斯博罗特、乌鲁斯拜珑。明代蒙古达延汗次子。正德四年(1509)授为掌管蒙古右翼三万户之济农。及至右翼，被永邵卜部领主亦不剌因等谋杀。

五轮沙漏 计时器。明初詹希元创造。由五轮组成，每轮三十六齿；分沙池、斗轮、减速齿轮组和时刻显示器四部分。斗轮的圆周均匀固定十六只沙斗；以流沙作动力。细沙从沙池漏出而注入其中一只沙斗，引起两边重量失衡而转动。减速齿轮组是由四对齿数分别为六齿和三十六齿的齿轮组合起来。第一个六齿的齿轮与斗轮的轴相对固定，与之咬合的一只三十六齿齿轮，又与另一六齿齿轮同轴且相对固定。如此组合下去，第四个三十六齿齿轮的轴则从一个盘面的中心穿出。盘面刻有十二时辰和昼夜百刻标志，轴端有云形指针。又，明宋濂《五轮沙漏铭·序言》称："旁刻黄衣童子二，一击鼓，一鸣钲。"调节沙池底部小孔大小，使经过齿轮减速后指针在一天中恰好转一周。此沙漏因漏孔容易堵塞，后由周述学加以改进。《明史·天文志》："厥后周述学病其窍太小，而沙易堙，乃更制为六轮，其五轮悉三十齿，而微裕其窍，运行始与晷协"，成为六轮沙漏。

五马 清代知府之别称。

五马渡江 西晋末司马睿等五王渡江之称。永嘉之乱后，晋王室大多沦亡，随琅邪王睿南渡者仅彭城王玄、汝南王宏、西阳王羕、南顿王宗，合为五王，是谓五马渡江。五王渡江处在幕府山(在今江苏南京西)前宣化津，时人因名为"五马渡"。

五马山 (1)在今河北赞皇县东十里。《建炎以来系年要录》：建炎二年(1128)二月，"时武翼大夫赵邦杰聚忠义乡兵，保庆源五马山寨"，即此。(2)在今河南内黄县西。《宋史·李全传》：宝庆元年(1225)彭义斌与蒙古兵"战于内黄之五马山"，兵溃而死，即此。

五马山寨 五马山在庆源府赞皇县(今属河北)境。北宋末，马扩与赵邦杰率抗金义军建立山寨。建炎二年(1128)二月，以宋高宗之弟信王赵榛为号召，团结军民抗金，两河人民纷纷响应。义军屡获小捷，声势颇振。但以孤悬敌后，补给困难，马扩等不断向宋高宗呼吁，请求支援，均无结果。终因孤军无援，当年秋为金兵所破。

五明 古印度学者通习的五种基本科目：内明、因明、工巧明、医方明、声明。内明为哲理；因明为逻辑；工巧明为工艺技术、天文算数；医方明为医术、药剂、卫生；声明为文法训诂。五明为婆罗门普通之学。《大唐西域记》："七岁之后，渐授五明大论。……究畅五乘因果妙里。其婆罗门，学四吠陀论。"

五木经 书名。唐李翱撰。一卷。五木，博戏，由樗蒲演变而来。用五木投掷，以决胜负，故名。汉魏至唐盛行。李白《赠别从甥高五》诗:"五木思一掷,如绳系穷猿。"今有《丛书集成》本。

五牧 在今江苏无锡市西北运河北岸。《宋史·瀛国公纪》:德祐元年(1275)元兵南下,宋军援常州,尹玉与元兵战于五牧,即此。

五墓 古代军事术语。指天井、天宛、天离、天隙、天柖等五种最易遭到敌军歼灭的地形。《孙膑兵法·地葆》:"五墓,杀地也,勿居也。"天井为四周高而中间低洼之地;天宛为山险环绕而易进难出之地;天离为草深树密行动困难之地;天隙为两山之间狭窄之谷地;天柖,疑即《孙子兵法·行军篇》中的"天陷",为地势低洼、泥泞易陷之地。

五鸟 相传少昊时以鸟为官名,五鸟是以凤鸟、玄鸟(燕)、伯赵(伯劳)、青鸟(鸧鷃)、丹鸟(鷩雉)为官名。凤鸟是掌天时历数的历正,玄鸟是司春分、秋分之官,伯赵是司夏至、冬至之官,青鸟是司立春、立夏之官,丹鸟是司立秋、立冬之官(《左传·昭公十七年》及杜预注)。

五牛图 画名。唐韩滉真迹。纵20.8厘米,横139.8厘米。此画用笔茁壮而朴质,所画牛栩栩如生。宋时曾收入内府,有"睿思东阁"、"绍兴"等印。元初,为赵孟頫所鉴藏,题有"韩晋公五牛图,神气磊落,希世名笔也"。明代为项元汴所藏。今藏故宫博物院。韩滉另有《文苑图》,与此画风格不同,知其画人物用不同之笔法。现藏故宫博物院。

五弩失毕 西突厥西厢部落。居碎叶川西。其长称俟斤,有五俟斤:阿悉结·阙俟斤、阿悉结·泥孰俟斤、哥舒·处半俟斤、哥舒·阙俟斤、拔塞干·暾俟斤。与东厢部落五啜陆共称"十姓"。唐显庆二年(657)于其地置濛池都督府,命阿史那步真统之,后频为突厥默啜侵掠,死散殆尽。

五品 古指人伦等次。《书·舜典》:"五品不逊。"孔颖达疏:"品,谓品秩,一家之内尊卑之差,即父、母、兄、弟、子是也。"

五坡岭 在今广东海丰县北。《宋史·文天祥传》:天祥起兵抗元兵败,趋南岭,"方饭五坡岭",元将张弘范兵突至,被执,即此。

五旗军制 捻军的军事编制。清咸丰五年(1855)捻军在雉河集会议上建立。改编捻军为五色总旗,每旗各设总旗头。张乐行领黄旗,龚得树领白旗,苏天福领黑旗,韩奇峰领蓝旗,侯士伟领红旗。除五色旗外,还有各种镶边旗和八卦、水花等旗色。各总旗统将皆听盟主张乐行调遣。总旗下设大旗,大旗下设小旗。

五气 ❶五行之气,五方之气。《史记·五帝本纪》:"治五气。"北周庾信《庾子山集·配帝舞》:"四时咸一德,五气或同论。"❷指肺、心、肝、脾、肾五脏的功能活动。《周礼·天官·疾医》:"以五气、五声、五色眡其死生。"❸中医谓寒、暑、燥、湿、风为五气,喜、怒、忧、悲、恐亦为五气。

五迁 商朝建立后之五次迁都。张衡《西京赋》:"殷人屡迁,前八后五。"汤灭夏,都于亳(今河南偃师西),此后"不常厥邑",至盘庚迁殷(今河南安阳小屯村一带)时,已是"于今五邦"(《书·盘庚上》)。五次迁都是:仲丁迁于嚣(即隞,今河南荥阳东北);河亶甲迁于相(今河南内黄东南);祖乙迁于邢(又作耿,今河南温县东,一说今山西河津,或说今河北邢台地区),又迁于庇(今山东鱼台附近);南庚迁于奄(今山东曲阜)。

五桥泽 在今河北广宗县东。《资治通鉴》:东晋太元十年(385),刘牢之救苻丕进兵至邺,后燕慕容垂北遁,牢之追及垂于董唐渊,又"军疾趋二百里,至五桥泽,争燕辎重",为垂击败。

五禽戏 东汉名医华佗首创的一种体育治疗法。《后汉书·方术传·华佗传》:"佗语普曰:'吾有一术,名五禽之戏:一曰虎,二曰鹿,三曰熊,四曰猨,五曰鸟。"即模仿虎、鹿、熊、猿、鸟之动作,展手伸足,俯身仰首,使周身汗出,加速血脉流通,以健身强骨。南朝梁陶弘景总结编成《华佗五禽戏诀》。

五去 唐咸通时,礼部侍郎刘允章上《直谏书》,指陈时弊,谓民有"五去":一势力侵夺,二奸吏隐欺,三破丁作兵,四降人为客,五避役出家。

五人墓 见"苏州民变❷"。

五戎 即"五兵"。

五阮关 西汉置。或说即今河北易县西北的紫荆关。东汉建武二十一年(45)马援将三千骑出五阮关击乌桓,即此。

五色诊 中医诊断法之一。战国时期由望诊法吸收五行学说形成的。大要是将五色与人体器官、方位、病因等相配合,由体外某些固定部位(如面、舌等)呈现的颜色,判断病灶和预后。如由面部诊断,将面部分为五部:左颊、右颊、额、颐、鼻代表东、西、南、北、中,分别与五脏配合,由某部颜色即可判断对应脏器的病症(黄赤为热,白为寒,青黑为痛等)。如《素问·刺热篇》云:"肝热病者,左颊先赤;心热病者,颜(一作"额")先赤;脾热病者,鼻先赤;肺热病者,右颊先赤;肾热病者,颐先赤。"舌诊同。五色诊与切脉法相结合,具有较高的诊断精确度。《素问·五藏生成篇》谓:"五色微诊,可以目察。能合脉色,可以万全。"

五色主病 中医术语。中医诊断学望诊的组成部分。指青、赤、黄、白、黑五种面部病色所主的病证。根据五色与五脏的配属关系,青主肝病,赤主心病,黄主脾病,白主肺病,黑主肾病。《灵枢·五色篇》:"以五色命脏,青为肝,赤为心,白为肺,黄为脾,黑为肾。"另以五色辨疾病性质。青色主寒、疡、惊、风;赤色主热;黄色主虚、湿;白色主血虚、寒;黑色主痛、血瘀、劳伤。

五尚书 官名合称。三国魏有吏部、左民、客曹、五兵、度支五尚书。东晋有吏部、祠部、五兵、左民、度支五尚书。北魏初有殿中(掌殿内兵马仓库)、乐部(掌伎乐及角使伍伯)、驾部(掌牛马驴骡)、南部(掌南边州郡)、北部(掌北边州郡)五尚书。

五梢砲 见"砲"。

五社津 黄河津渡名。在今河南巩义市北。《后汉书·光武帝纪》:建武元年(25),"遣耿弇率强弩将军陈俊军五社津,备荥阳以东”,即此。

五声 又称五音。为古乐中宫、商、角、徵、羽五个音级的统称。《左传·昭公二十五年》子产论乐:“为九歌、八风、七音、六律,以奉五声。”“章为五声。”孔颖达疏:“声之清浊,差为五等,圣人因其有五,分配五行……土为宫、金为商、木为角、火为徵、水为羽。”在不同的乐曲和音阶中,五声是中国传统的音级。五声亦泛指音乐,如《庄子·外篇·天地》:“五声乱耳。”

五省 官署合称。(1)东晋有吏部、祠部、五兵、左民、度支五尚书,各为一省,合称尚书五省。(2)南朝宋、齐、梁、陈及北魏以尚书省、中书省、门下省、秘书省、集书省为五省。(3)隋文帝时指尚书省、门下省、内史省、秘书省、内侍省,炀帝大业三年(607)改指尚书省、门下省、内史省、殿内省、秘书省。

五十二病方及佚书四篇 帛书名。1973年湖南长沙马王堆3号汉墓出土。原书无名,今名系帛书整理者根据内容暂定的。存四百五十九行。全书五十二题,记载各类医方二百八十三个,病名一百零三种。治疗方法主要是药物,也有灸法、砭石及割治手术。帛书《五十二病方》卷前有佚书四篇,原均无篇题,据内容定为《足臂十一脉灸经》、《阴阳十一脉灸经》。此二篇论述人体内十一条经脉的循行、所主之病和灸法,其体例与现存《黄帝内经·灵枢·经脉》接近,但内容颇有差异。另二篇为《脉经》、《阴阳脉死候征》,论切脉及疾病征候。这些书的内容,均无“五行”说的影响,成书年代可能早于战国时成书的《黄帝内经》,是至今已发现的最古医方、医书。

五十年经历(歷) 书名。近人柏文蔚撰,作于1932年,稿本。记是年著者五十七岁前事,凡个人家世与革命经历、清末政局、岳王会、南京光复、“二次革命”、欧事研究会和孙中山、黄兴、宋教仁等人的活动均一一记叙并加以评论。刊于《近代史资料》1979年第3期。

五十年中国进化概论 篇名。近人梁启超撰。五节。1922年为《申报》创办五十周年纪念而作。论述清咸丰、同治迄民国初年中华民族融合的进展,政治制度、民族意识的进步,思想、文化界的变迁等。把五十年来中国思想界的发展分为学习西方船坚炮利,学习西方政治制度,学习西方文化三个时期。有《饮冰室合集》本。

五十一心所 佛教名词。“五十一心所有法”的简称。唯识宗指由“八识”所产生的各种心理活动。分六类:第一类有触、作意、受、思、想五种,称“遍行”心所,即从根、境、识三者的相互关系出发表明人人均具有的、普遍存在的心理状态。第二类有欲、胜解、念、定、慧五种,称“别境”心所,指由各个人所处的特殊境况而产生各个特殊的心理状态。第三类有信、惭、愧、无贪、无瞋、无痴、精进、勤安、不放逸、行舍、不害十一种,称“善”心所,即属于善的心理状态。第四类有贪、瞋、痴、慢、疑、恶见六种,称“根本烦恼”心所,即人类所具有的根本性的迷惑,亦称“本惑”的心理状态。第五类有忿、恨、复、恼、嫉、悭、诳、谄、害、憍、无惭、无愧、掉举、惛沈、不信、懈怠、放逸、失念、散乱、不正知二十种,称“随烦恼”心所,即由“根本烦恼”派生的与善心相反的心理状态。第六类有悔、眠、寻、伺四种,称“不定”心所,即善恶不定的心理状态。

五时八教 佛教用语。天台宗所建立的判教体系。认为一切佛经均源出“佛说”,其间的分歧与矛盾是佛“因机逗教”的表现,故从时间上将佛教分为“五时”:华严时(谓释迦牟尼对有较深佛教知识的听众讲《华严经》)、鹿苑时(在鹿野苑为初习佛教的听众讲《阿含经》小乘经典)、方等时(为已接收小乘原理的听众讲《维摩经》等大乘经典。“方等”是大乘经的通称)、般若时(说《般若经》,讲性空之理)、法华涅槃时(对佛教造诣最深的听众讲《法华经》和《大涅槃经》,宣说佛陀出世本意)。以上指佛在不同时机对各色人等进行的不同说教。又从教义内容和宣传方式上,将佛教分为“八教”:藏(小乘教义)、通(义通大小的诸部《般若》)、别(专为个别者学习的其他《方等经》)、圆(《法华经》教义,最为圆满、圆融)、顿(对利根人讲大乘顿教原理)、渐(对钝根人讲小乘原理,再讲大乘原理)、秘密(使听众学到与自己根机相应的道理)、不定(使听众对同样的道理有不同的理解)。前四教又称“化法四教”,根据听众的宗教训练程度决定宣传内容难易深浅;后四教又称“化仪四教”,根据听众的才能、智慧确定进行宗教宣传方式的指导原则。

五实 中医实证的五种死候。邪气盛为实,一实见则病,五实见必死。《素问·玉机真藏论》:“脉盛、皮热、腹胀、前后不通、闷瞀,此谓五实”,“五实死”。“闷瞀”,高士宗释为郁闷目不明。

五使 官名合称。宋代御史台左巡使、右巡使、监祭使、廊下使、监香使合称。北宋前期置,神宗元丰改制罢。

五氏 一作寒氏。春秋晋邑。在今河北邯郸县西。《春秋》定公九年(前501):“齐侯、卫侯次于五氏”,即此。

五世达赖灵塔目录 书名。俗称《布达拉宫志》。藏僧第斯桑结嘉错撰。清康熙三十二年(1693)建成五世达赖灵塔及扩建布达拉宫红宫后写成。记载灵塔工程修建详情,兼及布达拉宫白宫与红宫兴建始末。

五事 ❶古人修身之五种要求。《书·洪范》:“五事:一曰貌,二曰言,三曰视,四曰听,五曰思。”要求仪容恭敬,言辞可从,观察精审,明辨是非,思虑聪睿。❷战争取胜的五个条件。《孙子兵法·计篇》:五事,“一曰道,二曰天,三曰地,四曰将,五曰法。”张预注:即要求“恩信使民”,“上顺天时”,“下知地利”,“委任贤能”,“节制严明”。

五叔 周文王的五个儿子。即管叔鲜、蔡叔度、成叔武、霍叔处、毛叔聃,见《左传·定公四年》杜预注。

五属大夫 ❶春秋齐国五个行政长官合称。《国语·齐语》:“正月之朝,五属大夫复事。”齐制,郊以外三十家为邑,邑有司;十邑为卒,卒有卒帅;十卒为乡,乡有乡帅;三乡为县,县有县帅;十县为属,属有大夫。五属,故立五大夫,各使治一县。❷地方军事组织五属的长官。春秋齐置。《管子·小匡》:"三乡为属,属有帅,五属一大夫。武政听属,文政听乡。"

五水 东晋南朝时期,对江、汉汇合以东,长江北岸五条支流巴水、希水(今作浠水)、赤亭水(今举水)、西归水(今倒水)、蕲水的总称。因曾在西阳郡境内,故又称"西阳五水"。其旁有"五水蛮"。《宋书·夷蛮传》:"西阳有巴水、蕲水、希水、赤亭水、西归水,谓之五水蛮"(又见《水经·蕲水注》)。

五水蛮 古代巴人的一支。东汉迁南郡潳山蛮、巫蛮置江夏界,后渐繁衍。十六国时,已北趋淮、汝,南极江、汉。主要分布于今鄂东、豫东南、皖西北与长江之间。因其地有巴水(今巴河)、蕲水、希水(今浠水)、赤亭水(今举水)、西归水(今倒水)等五水,故名。又因其所隶州、郡名,亦称豫州蛮、西阳蛮。地处水陆要冲,生产发达。晋时已形成"夷市"(在今湖北鄂州东),与汉人进行交换。南朝宋、齐于其地设若干左郡、左县,经过长期接触与杂居,渐与汉人融合。

五祀 古代祭祀的五种神。(1)指五行之官,见《左传·昭公二十九年》,即重为句芒,该为蓐牧,修及熙为玄冥,黎为祝融,句龙为后土。(2)指户、灶、中霤、门、行(或井),见《礼记·月令》。一说诸侯五祀为司命、中霤、国门、国行、公厉,见《礼记·祭法》。后历代沿为祭祀礼制,如明制,以五祀为吉礼。明初定以祭祀户、灶、门、井、中霤。每岁终享太庙时,并列于太庙西庑下,由太常寺官行礼。洪武八年(1375),改孟春祀司户、孟夏祀司灶、季夏祀中霤、孟秋祀司门、孟冬祀司井,分以司门官、光禄寺官及内官主祭。永乐中,改定为立春、立夏、立秋、立冬之日分祭户、灶、门、井之神,而于季夏祭中霤神,皆遣内官致祭。岁暮,以太常卿合祀于太庙丹墀之西。

五祀卫鼎 西周恭王时青铜器。1975 年于陕西岐山县董家村出土。通高36.5厘米,口径 34.3 厘米,腹深 19.5 厘米,立耳,柱足。口沿下饰细雷纹衬底的窃曲纹。腹壁内有铭文二百零七字,大意是:五年正月庚戌,卫告邢伯、伯邑父、定伯、𤕌伯、伯俗父,邦君厉因勤劳政事,营治二川有功,得王赏田,拟转租于卫五田(五百亩)。邢伯等促成此事,卫小子设宴飨并致送礼物,为此作纪念其父的宝鼎。此铭为研究西周土地制度的变化提供新资料。

五侯斤 见"五弩失毕"。

五塔寺 即"真觉寺"。见"真觉寺金刚宝座塔"。

五台 唐龙朔二年(662),改尚书省为中台,门下省为东台,中书省为西台,秘书监为兰台,御史台为宪台,统称五台。

五台兵 明代僧兵。由山西五台山僧人应募组成。

五台山寺 西夏佛寺。在贺兰山中,仿山西五台山建。或为今拜寺口遗址。

五台县 隋大业二年(606)以驴夷县改名。即今山西五台县。属代州。金贞祐四年(1216)升为台州。明洪武二年(1369)复为五台县。

五体 中医名词。(1)指肢体的筋、脉、肉、皮、骨等。五脏与五体有配属关系。肝合筋,心合脉,脾合肉,肺合皮,肾合骨。(2)指各种不同类型的体质。《灵枢·根结》曰:"逆顺五体者,言人骨节之小大,肉之坚脆,皮之厚薄,血之清浊,气之滑涩,脉之长短,血之多少,经络之数。"(3)亦指肥胖人、瘦人、常人、壮士及婴儿。

五体清文鉴 书名。清乾隆中召集各族学者编纂而成,为满、藏、蒙、维、汉五种文字对照的分类大辞典。其中藏文附有满文切音和满文对音,维文附有满文对音。共分二百九十二类,收词条一万八千余。此书是在《增订清文鉴》的基础上扩展增补而成。对沟通清代各族文化交流起了一定作用。原仅有精写本数部而未付梓,1957 年由北京民族出版社影印出版。

五天官号 清末北京发行京钱票的五座官银钱号的俗称。旧式金融机构之一。参见"乾天九号"。

五天竺 即中、东、西、南、北五天竺,在今印度、巴基斯坦一带。据《旧唐书·西戎传》,五天竺"地各数千里,城邑数百。南天竺际大海;北天竺拒雪山,四周有山为壁,南面一谷,通为国门;东天竺东际大海,与扶南、林邑邻接;西天竺与罽宾、波斯相接;中天竺据四天竺之会"。五天竺与唐均有密切往来,唐武德中并于中天竺。贞观十年(636),玄奘至其国学佛法。十七年,唐遣王玄策等人,伴送摩揭陀国使者回访天竺,其后两国使者往来不绝。

五条 北齐所颁诏书,为刺史、郡守的守则。文见《隋书·礼仪志》:"一曰,政在正身,在爱人,去残贼,择良吏,正决狱,平徭赋。二曰,人生在勤,勤则不匮(缺乏),其劝率田桑,无或烦扰。三曰,六极之人,务加宽养,必使生有以自救,没有以自给(死有丧葬之费)。四曰,长吏华浮,奉客以求小誉,逐末舍本,政之所疾,宜谨察之。五曰,人事意气,干乱奉公,外内溷淆,纲纪不设,所宜纠劾。"

五屯护军 官名。魏晋时诸要镇及将军领兵出征者,皆置护军。十六国前凉主张骏因前赵之亡,收复黄河以南地,遂于武街、石门、侯和、漒川、甘松五地置五屯护军。

五屯千户所 明洪武初派壮族覃福为千户,在广西藤县北部凤宁,驻军屯垦,以控制大藤峡瑶民。成化元年(1465)金都御史韩雍改为屯田千户所,授覃仲瑛为吏目,世袭。

五威后(後)关将军 将军名号。新莽始建国元年(9)置。《汉书·王莽传》:"命尉睦侯王嘉曰:'羊头之扼,北当燕赵。女作五威后关将军,壶口捶扼,尉睦于后。'"

五威将军 ❶将军名号。新莽时有五威将军苗䜣。另有五威中城将军、五威前关将军、五威后关将军、五威左关将军、五威右关将军等名号。❷南朝宋建威、振威、奋威、扬威、广威五将军合称,皆四品。梁、陈则为智威、仁威、勇威、信威、严威五将军合称,四品,秩中二千石,亦合称五德将军。

五威将 官名。新莽始建国元年(后9),以王奇等十二人为五威将,颁符命四十二篇于天下;又赍印绶,凡王侯以下及官吏名更改者,外及匈奴、西域诸侯,皆授新室印绶,收故汉印绶。每一将各置左右前后中五帅。衣冠车服驾马如其方面色数。将持节,称太一之使;帅持幢,称五帝之使。

五威前关将军 将军名号。新莽始建国元年(9)置。《汉书·王莽传》:"命明威侯王级曰:'绕霤之固,南当荆楚。女作五威前关将军,振武奋卫,明威于前。'"

五威司命 官名。省称司命。新莽始建国元年(后9)置,监察上公以下,凡不用命者、大奸猾者、铸伪金者、骄奢逾制者、漏泄省中及尚书事者、谢私恩者皆在监察之列。以统睦侯陈崇为之。

五威右关将军 将军名号。新莽始建国元年(9)置。《汉书·王莽传》:"命怀羌子王福曰:'汧陇之阻,西当戎狄。女作五威右关将军,成固据守,怀羌于右。'"

五威中城将军 将军名号。新莽始建国元年(9)置,主十二城门。《汉书·王莽传》:"命说符侯崔发曰:'重门击柝,以待暴客。'女作五威中城将军,中德既成,天下说符。"

五威左关将军 将军名号。新莽始建国元年(9)置。《汉书·王莽传》:"命(掌)威侯王奇曰:'肴黾之险,东当郑卫。女作五威左关将军,函谷批难,掌威于左。'"

五卫 元代侍卫军事机构合称。指左卫、右卫、前卫、后卫、中卫五个侍卫亲军都指挥使司。

五卫军 元枢密院所属京城侍卫军组织。世祖至元八年(1271),改侍卫亲军为左、右、中三卫。十六年,又以侍卫亲军建前、后二卫,合为五卫。掌宿卫扈从,兼营屯田。秩皆正三品,各设都指挥使统领。

五位百法 佛教用语。五位,指心法、心所有法、色法、不相应法、无为法。百法,指色法十一种,心法八种,心所法五十一种,不相应法二十四种,无为法六种(见《大乘明门论解》卷上)。前四位九十四法,属于"有为法",是唯识宗对世界各种(物的和心的)现象所作的分析,第五位无为法六种,是唯识宗对佛教臆想的彼岸世界所作的分析,通过穷究诸法的特点,以证"诸法,皆不离识",故谓"一切皆唯有识"(《成唯识论》卷七)。

五位君臣 亦称曹洞五位。君(正位)、臣(偏位)、臣向君(偏中正)、君视臣(正中偏)、君臣道合(兼带)的合称(《人天眼目》卷三)。禅宗曹洞宗的教义和教学方法。君者,君临一切之谓,指真如本体,亦称"正"、"空"、"理"、"净"。臣者,从属、傍出之谓,指宇宙万有,亦称"偏"、"色"、"事"、"染"。臣向君、君视臣,指在体用关系上的两种偏向,前者唯见真如,不见事相,舍事入理;后者唯见事相,不见真如,背理就事。只有君臣道合才是统一体用、真俗、理事、净染的不二中道。也有称正中偏(君位)、偏中正(臣位)、正中来(君视臣)、兼中至(臣向君)、兼中到(君臣合)为"五位君臣",含义大体相同。

五汶 发源于山东泰山山脉的汶水及其四条支流的合称。晋郭缘生《述征记》:"泰山郡水皆名汶。汶凡有五:北汶、嬴汶、牟汶、柴汶、浯汶,皆源别而流同。"《元和郡县志》沿用此说。据《水经注》,五汶应为汶水干流及牟汶、北汶、石汶、柴汶。一、汶水干流上游经古嬴县南,当即《述征记》、《元和郡县志》所谓嬴汶。二、牟汶出今莱芜市东古牟县南,西流至泰安市东入汶。今图以此为汶水正源。三、北汶今名泮河,源出泰山西北谷,南流至泰安市西南,古时折东至牟汶口南入汶,明清时记载改同今南流入汶。四、石汶一名环水,今名梳洗河。源出泰山南麓,南流折东合北汶。五、柴汶一名淄水,上源即今新泰市西北羊流河,西南流合今小汶河西经古柴县北,折西北至泰安市南大汶口入汶。今小汶河上游及古洙水上游,《水经注》时西南流入泗水,明前不知何时改道西流合柴汶,遂通称上、下游为小汶河。近世图籍以泰山东南麓董家河为柴汶,或以汶水干流上游为柴汶,皆误。《述征记》、《元和郡县志》所谓浯汶,即《说文》浯水,源出今莒县北,东流入潍河。既不在古泰山郡内,亦非汶水支流,不应在五汶之列。

五无论 篇名。近人章炳麟撰。光绪三十三年(1907)载于《民报》第十六号。认为"世界本无",故以无政府、无聚落、无人类、无众生、无世界为最高理想。以有民族必有国家,有国家必有政府,而共和政府于祸害为差轻,固不得已而取之。怀疑西方资产阶级民主政治,指责议院乃受贿之"奸府",富民为"盗国渠魁"。提出:均配土地,使耕者不为佃奴;官立工场,使佣人得分赢利;限制"相续"遗产继承权,使富厚不传子孙;解散议员(实行罢免权),使政党不敢纳贿等四种办法,防止资本主义社会弊病,以渐进于所谓"五无"之理想世界。

五武将军 官名合称。南朝宋以称建武、振武、奋武、扬武、广武等五将军。南朝梁、陈以称智武、仁武、勇武、信武、严武等五将军,又合称五德将军。

五溪 东汉、魏、晋、南北朝时期对今湖南沅陵县以西沅江五条支流的总称。一为雄溪,亦作熊溪;二为樠溪,亦作朗溪;三为辰溪;四为酉溪;五为武溪,亦作沅溪,又作潕溪。见《水经·沅水注》、《宋书·荆雍州蛮传》及《后汉书·马援传·李贤注》。后世亦有称酉溪、辰溪、巫溪、武溪、沅溪为五溪者,见《太平寰宇记》(《舆地纪胜》卷一七六夔州路黔州景物上《五溪》引)及《文献通考·四裔考》。五溪今名除辰溪、酉溪为今辰水、酉水外,其余诸水说法不一:雄溪一说即今巫水,一说即今渠水;樠溪一说即今永顺县东南之明溪,一说即今沅陵县东北之明溪,一说即今渠水;武溪一说即今泸溪县之武水,一说即今潕水。夹溪居民,皆盘瓠种落,称为五溪蛮;又因在武陵郡境内,亦称为武陵五溪蛮。今湘西及其邻近的四川、贵州部分地区,为古武陵五溪蛮地。

五溪蛮 东汉至宋时对分布在沅水上游少数民

族的总称。与今土家、苗、瑶、侗及仡佬等族有渊源关系。其地包括今湖南西部、贵州东部、湖北西部一带,因有雄溪、樠溪、辰溪、酉溪、午溪(一作沅溪或无溪)等五条溪流纵贯其间,故名。

五弦 古乐器。即五弦琵琶。形似琵琶而小,梨形直颈五柱。自北方少数民族传入中原,唐时传习尤盛。旧以木拨弹,贞观时,裴神符初以手弹,所谓搊琵琶,甚为太宗赏识。今日本正仓院藏有唐五弦。

五享 明代礼仪制度。每年五次祭祀太庙之总称。属吉礼。明初定以岁除日祀太庙,另春、夏、秋、冬各有祭祀,合为五次,历朝沿袭不变。

五邪 中医名词。(1)五脏病邪的总称。出自《灵枢·五邪》:"邪在肺,则病皮肤痛,……邪在肝,则病两胁中痛,……邪在脾胃,则病肌肉痛,……邪在肾,则病骨痛,……邪在心,则病心痛。"(2)《难经·四十九难》:"有中风,有伤暑,有饮食劳倦,有伤寒,有中湿,此之谓五邪。"(3)指虚邪、实邪、贼邪、微邪、正邪五种。《难经·五十难》:"从后来者为虚邪,从前来者为实邪,从所不胜来者为贼邪,从所胜来者为微邪,自病者为正邪。"

五星 亦称五纬。即金、木、水、火、土五行星。《淮南子·天文训》:"五星、八风、二十八宿。"《谷梁传·序·疏》:"五星者,即东方岁星、南方荧惑、西方太白、北方辰星、中央镇星是也。"《汉书·高帝纪》:"元年冬十月,五星聚于东井。"北魏张渊《观象赋》:"壮汉祖之入秦,奇五纬之聚映。"

五星动态表 五星在一个会合周期内顺行、逆行、留、伏的弧段和日数等的历表。战国时期,行星动态是同会合周期一起研究的。据《开元占经》卷二十三:"甘氏曰:岁星凡十二岁而周。皆三百七十日而夕入于西方,三十日复晨出于东方。"即已把木星在一个会合周期内见、伏的日数分别叙述。对金星、水星则分别给出一个会合周期内顺、逆行和伏的日数。《五星占》提供自秦王政元年(前246)到汉文帝前三年(前177)七十年间的木、土、金位置表和这三星在一会合周期内的动态。《三统历》关于五星在一个会合周期内的动态,称为五步;列表如下:

内行星

动态		水星	金星
晨始见		去日半次	去日半次
逆行	日行	2度	$\frac{1}{2}$度
	日数	1日	6日
留	日数	2日	8日
顺(慢)行	日行	$\frac{6}{7}$度	$\frac{33}{46}$度
	日数	7日	46日
顺(疾)行	日行	$1\frac{1}{3}$度	$1\frac{15}{92}$度
	日数	18日	184日
伏	日行	$1\frac{7}{9}$度	
	日数	$37\frac{122\,029\,606}{134\,082\,297}$日	83日
夕始见		去日半次	去日半次
顺(疾)行	日行	$1\frac{1}{3}$度	$1\frac{15}{92}$度
	日数	$16\frac{1}{2}$日	$181\frac{45}{107}$日
顺(慢)行	日行	$\frac{6}{7}$度	$\frac{33}{46}$度
	日数	7日	46日
留	日数	$1\frac{1}{2}$日	$7\frac{62}{107}$日
逆行	日行	2度	$\frac{1}{2}$度
	日数	1日	6日
伏逆行	日行	$\frac{4}{15}$度	$\frac{7}{8}$度
	日数	24日	$16\frac{1\,295\,352}{9\,977\,337}$日
一复		$115\frac{122\,029\,605}{134\,082\,297}$日	$584\frac{1\,295\,352}{9\,977\,337}$日

外行星

动态		火星	木星	土星
晨始见		去日半次	去日半次	去日半次
顺行	日行	$\frac{53}{92}$度	$\frac{2}{11}$度	$\frac{1}{15}$度
	日数	276日	121日	87日
留	日数	10日	25日	34日
逆行	日行	$\frac{17}{62}$度	$\frac{1}{7}$度	$\frac{5}{81}$度
	日数	62日	84日	101日
留	日数	10日	$24\frac{3}{7\,308\,711}$日	$33\frac{862\,455}{19\,275\,975}$日
顺行	日行	$\frac{53}{92}$度	$\frac{2}{11}$度	$\frac{1}{15}$度
	日数	276日	$111\frac{1\,828\,369}{7\,308\,711}$日	85日
伏行	日行	$\frac{73}{92}$度	$\frac{1}{12}$度	$\frac{3}{15}$度
	日数	$146\frac{15\,689\,700}{29\,867\,373}$日	$33\frac{5\,163\,102}{7\,308\,711}$日	$37\frac{17\,170\,170}{19\,275\,975}$日
一见		$780\frac{15\,689\,700}{29\,857\,373}$日	$398\frac{5\,163\,102}{7\,308\,711}$日	$377\frac{18\,032\,625}{19\,275\,975}$日

五星会合周期 天文学名词。古代有不同定义。唐《大衍历》以前为从晨始见到下一次晨始见的时间间隔。之后,则为行星连续两次与太阳相合的时间。长沙马王堆出土帛书《五星占》展示秦汉之际人们对五星会合周期认识的进步,其中金星会合周期误差小于+0.5日。到西汉《三统历》五星会合周期,与现代值比较,误差最大为火星,相差0.588日;最小是水星,只差0.032日。到了《大明历》,误差最大的火星,也未超过百分之一日,至于水星的值,已近现值。各主要历法的五星会合周期见附表。

历代历法的五星会合周期表

历法	年代	木星	火星	土星	金星	水星
五星占	前四世纪	395.44	—	377	584.4	—
三统	前7	398.706	780.525	377.935	584.130	115.910
四分	85	398.846	779.532	378.059	584.024	115.881
乾象	206	398.880	779.485	378.080	584.021	115.883
景初	237	398.942	779.815	378.095	584.089	115.873
元嘉	443	398.873	779.759	378.080	583.957	115.881
大明	463	398.903	780.031	378.070	583.931	115.880
皇极	604	398.882	779.899	378.089	583.917	115.878
大业	597	398.882	779.926	378.090	583.922	115.879
戊寅	619	398.882	779.926	378.090	583.918	115.879
麟德	665	398.868	779.911	378.077	583.918	115.880
大衍	728	398.875	779.935	378.092	583.892	115.881
宣明	822	398.874	779.928	378.081	583.910	115.880
崇元	893	398.886	779.920	378.080	583.900	115.880
应天	960	398.886	779.920	378.081	583.800	115.880
崇天	1024	398.872	779.921	378.080	583.909	115.880
明天	1064	398.885	779.937	378.088	583.902	115.877
纪元	1106	398.886	779.930	378.092	583.903	115.876
乾道	1167	398.886	779.930	378.092	583.896	115.876
知微	1182	398.886	779.932	378.090	583.901	115.876
统天	1199	398.885	779.930	378.092	583.903	115.876
成天	1271	398.886	779.929	378.092	583.903	115.876
授时	1281	398.880	779.929	378.092	583.903	115.876
晓庵新法	1628	398.880	779.929	378.092	583.903	115.876
现代值		398.884	779.937	378.092	583.922	115.878

五星连珠 天文学名词。亦称五星聚。古代用以表示五星同时并现天空一方的天象。《史记·天官书》:"汉之兴,五星聚于东井。"《汉书·律历志》:"日月如合璧,五星如连珠",以表示吉兆祥瑞。因五星会合,事实上是很困难的,因此后来改为五行星相连不断共居一宫时,就称连珠。到清代钦天监又扩大范围,规定五行星的经度在45°范围内就称"连珠"。古代历法家还不断追求"日月合璧","七曜同宫"。同宫,就是经度不超过30°。此天象古时、现代都曾出现。1962年2月5日,就出现"日、月合璧,五星连珠,七曜同宫"的天象。

星名	赤经	赤纬
水星	318°15′	12°24′
金星	320°30′	16°45′
火星	319°45′	20°36′
木星	323°45′	15°54′
土星	321°15′	19°40′
太阳	318°15′	16°08′
月亮	318°	15°57′

五星视行 天文学名词。地球和水、木、金、火、土五星同绕太阳运行,各有不同的轨道速度,但观测者在地球上当成静止不动。因而,地球与五星轨道速度相抵后,观测者看到的五星在天球上运行轨迹,称为视行。行星分内、外行星两种,其视行动态有顺行、逆行、伏、留、合、冲等。《隋书·天文志》:“古历五星并顺行,秦历始有金、火之逆。又甘石并时,自有差异。汉初测候,乃知五星皆有逆行。”战国时的甘德、石申已经注意到行星运动路径的描述。《开元占经》:“甘氏曰:去而复还为勾,再勾为巳”,“石氏曰:东西为勾,南北为巳”;这是指行星逆行弧线情形。行星“留”与逆行现象,在战国时已发现。至于“合”的现象,则稍晚于东汉《四分历》出现。宋周琮《明天历》,提出“冲”的概念,称之为“与日相望”。

五星占 中国现存最早的天文学著作。1973年长沙马王堆3号汉墓出土。记录二千一百多年前人们对五大行星运动和彗星的长期观察,保存有重要数据。如列出自秦王政元年(前246)至汉文帝前三年(前177)凡七十年间木星、土星和金星的位置表和它们在一个会合周期内的动态表。其中认定金星会合周期为584.4日,较今测日仅大0.48日,土星会合周期为377日,较今测日仅小1.09日。在土星行度表中还列有秦末农民军陈胜的“张楚”国号。

五刑 古代五种刑罚之总称。商周时为墨、劓、剕、宫、大辟。隋唐时指笞、杖、徒、流、死。其中笞、杖、徒各分五等,流刑分三等,死刑分二等,共二十等。明清笞、杖、徒刑各分五等。笞刑自一十至五十,杖刑自六十至一百,每十为一等加减。徒刑自一年至三年,分别杖六十至一百,每杖十及徒半年为一等加减。流刑分二千里、二千五百里、三千里三等,皆杖一百,每五百里为一等加减。死刑分绞、斩二等,斩刑重者有枭示和凌迟。

五行 ❶指水、火、木、金、土五种物质。《书·甘誓》、《书·洪范》、《逸周书·小开武解》皆此意。《洪范》:“五行:一曰水,二曰火,三曰木,四曰金,五曰土。”其性质为:“水曰润下,火曰炎上,木曰曲直,金曰从革,土爰稼穑。润下作碱,炎上作苦,曲直作酸,从革作辛,稼穑作甘。”认为五种物质是构成万物的元素和生殖之条件。战国秦汉间出现五行相克相生学说。五行相克是木克土,金克木,火克金,水克火,土克水(见《吕氏春秋·应同篇》)。五行相生是木生火,火生土,土生金,金生水,水生木(见《汉书·律历志》引刘歆《三统历》)。宋明时期有些思想家发挥五行思想。王安石强调五行变化不息,谓其“成变化而行鬼神,往来乎天地之间而不穷”(《洪范传》)。王廷相注重其“切于民用,不可一日而缺”(《王氏家藏集》卷三十三)。方以智则以五气释五行,谓“水为润气,火为燥气,木为生气,金为杀气——以其为坚气也,土为冲和之气,是曰五行。”(《物理小识·天类》)五行学说的合理因素对古代天文、历数、医学发展起了一定作用。❷指仁、义、礼、智、信五种德行。《荀子·非十二子》:“案往旧造说,谓之五行。”杨倞注:“五行,五常,仁、义、礼、智、信是也。”《礼记·中庸》:“天命之谓性。”郑玄注:“木神则仁,金神则义,火神则礼,水神则信,土神则知。”今人多有异议,或认为应是仁、义、礼、智、诚,或认为应是仁、义、礼、智、圣。❸佛典中指布施行、持戒行、忍辱行、精进行、止观行,见《大乘起信论》。又指圣行、梵行、天行、婴儿行、病行,见《涅槃经》。

五行大布 北周铜钱。武帝建德三年(574)始铸,以一当布泉十枚,与布泉并行。钱文玉筯篆,制作精美。为北周三大名泉之一。

五形志 古代中医问诊法。由形志苦乐判断人体疾病,决定治疗方法。《素问·血气形志篇》分作五项:形乐志苦、形乐志乐、形苦志乐、形苦志苦、形数惊恐。每项引起的疾病及治法均不相同。形苦乐指形体或躯体保养之好坏,包括饮食、起居、劳役等情形;志苦乐指心情、精神等方面之负担大小。问诊为最古老的诊断法之一,五形志是对问诊的最早概括。

五性 人的五种品性。《白虎通·情性》:“五性者何?谓仁、义、礼、智、信也。”韩愈认为五者乃人生而俱有,分上、中、下三品,“上焉者,善焉而已矣;中焉者,可导而上下也;下焉者,恶焉而已矣。”(《原性》)宋儒称人性为仁、义、礼、智四者。

五姓蕃 宋时居今四川南部及贵州的少数族。部族数十,一部族为一姓。宋初以来,以龙氏、方氏、张氏、石氏、罗氏为最著,号“五姓蕃”。与宋关系密切,奉职贡,受爵命。其俗椎髻左衽,或编发,畜牧无定处,各有君长。

五虚 中医虚症的五种死候。精气夺为虚,一虚见则病,五虚见必死。《素问·玉机真藏论》:“脉细、皮寒、气少、泄利(同痢)前后、饮食不入,此谓五虚”,“五虚死”。

五牙 战船名。隋文帝时,杨素于永安监造大战船,船高百余尺,楼五层,左右前后置六拍竿,可容兵丁八百人,名五牙。后用以攻陈。

五堰 唐景福二年(893)杨行密将台濛立。在今江苏高淳县东东坝镇附近胥溪河上,自西而东为银林堰、分水堰、苦李堰、何家堰、余家堰,合称五堰,各相距五里许,用以蓄水,“拖轻舸馈粮”。五堰的设立,又可截拦洪水,防止太湖泛溢为害。北宋时废圮,后改筑为东、西二坝。

五羊城 简称羊城。广州城别称,沿用至今。相传周夷王时,有五仙人乘五色羊,执每茎六穗的谷种至此。仙人隐去,羊化为石。后人遂别称广州城为五羊城或穗城,并于城内建五仙观,塑五仙五羊像以祠。今尚存。另据裴渊《广州记》:战国时此地属楚,南海人高固相楚时,有五羊衔谷至其庭以为祥瑞,因以为地名。但此说流传不广。

五夜 旧时将一夜分为甲、乙、丙、丁、戊五段,谓之五夜,又谓五鼓、五更。北齐颜之推《颜氏家训·书证》:“汉魏以来,谓为甲夜、乙夜、丙夜、丁夜、戊夜;又云鼓,一鼓、二鼓、三鼓、四鼓、五鼓;亦云一更、二更、三更、四更、五更。皆以五为节。”《文选》南朝梁陆佐公(倕)《新刻漏铭》:“六日无辨,五夜不分。”

李善注引《汉旧仪》:"昼夜漏起,省中用火,中黄门持五夜。五夜者,甲夜、乙夜、丙夜、丁夜、戊夜也。"半夜时分,亦称五夜。

五音 ❶同"五声"。亦泛指音乐。如《孟子·离娄上》:"不以六律,不能正五音。"《韩非子·十过第十》:"不务听治而好五音,则穷身之事也。"❷古代音韵学名词。以喉、舌、牙、齿、唇各部位发音分别命名为宫、商、角、徵、羽。

五音切韵 西夏文音韵书。编纂于西夏早期。现存四种写本,皆残。其中一本有西夏皇帝序,序言表明在汉、吐蕃韵书影响下,参照西夏文韵书《文海宝韵》编成。分韵表、韵图两部。韵表名为"九音显门",纵行为韵,横列为声,依九品音分类,每类一表。韵图名为"众漂海入门",自右而左,以声分为唇、舌、牙、齿、喉五格,上下分为九栏,前四栏分别为开合口清音,五、六两栏为来日音,七、八两栏分别为平、上声韵的代表字。是研究西夏语音的重要著作。

五营 ❶即"五校❸"。❷明末李自成农民军军营编制。分中、左、右、前、后五营,以权将军、制将军、果毅将军、威武将军等统领,凡二十二将。以中营为主,又称"标营"。标营一百队,左、右、前、后四营一百三十余队。每队马兵五十,孩儿兵三十或四十有差。步兵每队一百或五十有差。总计马步兵六万,马骡二万。每队立一标旗,行营望之而走。又各营旗帜不同。标营白旗,以杂色号带为别,黑纛;左营白旗白纛;右营红旗红纛;前营黑旗黑纛;后营黄旗黄纛。李自成的旗则为白鬃大纛银浮屠。每临阵,打标旗者在前。各营以次序直昼夜,次第休息,巡徼严密。

五营督 官名。三国吴置。统五营营兵,负责侍卫皇帝。

五营校督 官名。三国魏置。《三国志·毌丘俭传》裴松之注引《魏书》:"太和中,(文钦)为五营校督,出为牙门将。"一说五营即北军中候所监之北军五营。

五宇官号 清末户部设立的旧式金融机构之一。咸丰四年十月底(1854.12)户部在北京设立宇升、宇恒、宇谦、宇泰、宇丰五座官号,俗称是名。主要承办"收钞发钱"等业务,即以所铸铁钱作"钞本",开放本票(即京钱票)以收兑宝钞。七年八月,户部清查五宇亏空,勒令宇升官号停止发行京钱票。次年初及五月,其余四座官号也陆续停止,并分别收回其发行的京钱票。

五欲 ❶佛教名词。梵文 Pañcakāmāḥ 的意译。指人们追求色、声、香、味、触所引起的五种情欲。亦用以指财欲、色欲、饮食欲、名(誉)欲、睡眠欲。佛教认为,"五欲"是众生烦恼和受苦的原因,主张"诃五欲"。❷道教名词。指耳、目、口、鼻、心之欲。

五原郡 ❶西汉元朔二年(前127)置。本秦九原郡地,秦亡没于匈奴。治九原县(今内蒙古包头市西北)。辖境相当今内蒙古后套以东、阴山以南、包头市以西和达拉特、准格尔等旗地。东汉初匈奴南单于分部众屯于此,末年废。❷西魏改大兴郡置。治五原县(今陕西定边县)。辖境约当今陕西定边县、宁夏盐池县、内蒙古鄂托克前旗地。属盐州。隋开皇初废。❸隋大业初置。治九原县(今内蒙古五原县西南)。辖境约有今内蒙古乌加河以南至库布齐沙漠北部地。隋末废。❹唐天宝元年(742)改盐州为五原郡,乾元元年(758)复改盐州。

五原厅 原为蒙古乌喇特牧地。光绪二十九年(1903),析萨拉齐西境兴盛旺置厅,寄治包头镇。今为内蒙古五原县。

五原县 ❶西汉置。治今内蒙古包头市西北。属五原郡。东汉末废。❷西魏改大兴县置。治今陕西定边县。后又改大兴;隋又改五原。属盐州。唐贞观元年(627)废,二年复置。北宋初,地入西夏。

五远将军 南朝陈宁远、安远、征远、振远、宣远将军的合称。

五院部 辽契丹部名。太祖天赞元年(922)析迭剌部为五院、六院两部。部置夷离堇。太宗会同元年(938),夷离堇改称大王。五院部原有大蔑孤、小蔑孤两石烈。会同二年增置瓯昆、乙习本两石烈,居乌古之地。

五院司 官署名。辽代置,属北面官。管理五院皇族的机构。

五院御史 官名合称。唐代指御史台之御史大夫、御史中丞、侍御史、殿中侍御史、监察御史。李绰《尚书故实》:"台仪自大夫以下至监察,通谓之五院御史。"

五岳 岳一作嶽。中国五大名山的总称。传说为群神所居,历代帝王多往祭祀。《礼记·王制》:"天子祭天下名山大川,五岳视三公,四渎视诸侯。"唐中宗封西岳为金天王,其后唐玄宗、宋真宗曾封五岳为王、为帝。明太祖尊五岳为神。《尔雅·释山》对五岳有两种说法:篇首云:"河南华、河西岳、河东岱、河北恒、江南衡。"下文又云:"泰山为东岳,华山为西岳,霍山为南岳,恒山为北岳,嵩山为中岳。"后世对此有不同解释。五岳制度实始于汉武帝,谓尧、舜时即已有之,乃汉代经学家的附会。汉宣帝时确定以今河南嵩山为中岳,山东泰山为东岳,安徽天柱山为南岳,陕西华山为西岳,河北恒山(今曲阳县西北)为北岳。其后又改今湖南衡山为南岳。隋文帝后遂成定制。明弘治中于今山西浑源县恒山建北岳庙。清顺治中移祀北岳于此。

五岳真形图 古代道家所用地图。首见于《汉武帝内传》,相传为汉武帝会见西王母而得此图。绘制时间说法不一。有认为汉初或汉以前,亦有认为东晋以前的。古代道士视为护身符。现存图主要有两类:一为明正统年间刊本《道藏·洞玄部·灵图类》中的"洞玄灵宝五岳古本真形图"。原图本为彩绘手写本,以黑色表示山体,红色表示水体,黄色表示洞穴口。但《道藏》中的图已是黑白图。图中方位、水源、上山道路、山的高度及山体范围等用文字注记。二为明万历二年(1574)刻石的"五岳真形之图",图碑现存河南登封中岳庙。图纵约108厘米,横约67厘米。各山岳之下均有一段文字说明。万历三十二年河南监察御史方大美令人依此石刻为底图,刻一更大图碑(300×100 厘米)。

五运甲子编年历(曆) 书名。北宋刘蒙叟撰。三卷。蒙叟采其父熙古所著《皇王纪要》及《古今帝王年代历》,撰为此书。起唐尧庚子,迄宋太祖建隆元年庚申(960),凡三千三百十二年。自唐尧以上至黄帝,以年代无考,不录。景德中上于朝。已佚。

五蕴 佛教名词。旧译为五阴。"蕴"是梵文Pañcaskandha的意译。含"集聚"、"和合"之义。佛教认为,人的身心均非真实的存在,只是由"五蕴"聚合而成:一色蕴(Rūpa),指"四大"、"五根"、"五尘"等;二受蕴(Vedanā),指苦、乐等感受;三想蕴(Saṃjñā),指意象作用;四行蕴(Saṃskāra),指心理活动等;五识蕴(Vijñāna),指意识、思维。广义指物质世界和精神世界之总和。

五杂俎 俎亦作组。书名。明谢肇淛撰。十六卷。分天部、地部各二卷,人部、物部、事部各四卷。因由此五部组合而成,故名。书中对明代政治、经济、社会、文化有较多的论述证辨。清代列为禁书。

五脏 或作五藏。心、肝、脾、肺、肾的合称,亦为内脏总称。中医基础理论脏腑学说的组成部分。《素问·五脏别论》释其"藏精气而不泻",故名。脏是指胸腹腔内部那些组织充实,并能贮存、分泌或制造精气的脏器。根据脏象学说,五脏是人体生命活动的中心,精神意识活动分属于五脏,加上六腑的配合,把人体表里的组织器官联系起来,构成一个统一的整体。心为五脏之主。

五脏论 古代中兽医学生理病理学理论。"五脏"为心、肝、脾、肺、肾。唐《司牧安骥集》中收入《马师皇五脏论》、《王良先师天地五脏论》、《胡先生清浊五脏论》及《碎金五脏论》四篇,以中国传统的阴阳五行等学说阐述家畜的生理病理,与现代家畜生理病理学相比较,虽显简略粗疏,但有的观点至今仍值得深入研究。

五藏真气 中医术语。藏同脏,一名真藏。系使五脏维持正常生理机能的物质要素。五藏:肝、心、脾、肺、肾;真气,由先天精气、后天谷气合成的生命物质。按中医理论,五藏真气以胃气为本,得胃气则和,不得则死。其脉象见于寸口(腕部手太阴经),得胃气之五藏脉是所谓"春胃微弦","夏胃微钩","秋胃微毛","冬胃微石","长夏胃微代";不得胃气则只有五藏真气见于寸口,脉象是"真肝脉弦(如按琴瑟弦)","真心脉钩(来大去小)","真肺脉毛(大而虚)","真肾脉石(按之如以指弹石)","真脾脉代(软而弱,乍疏乍数)"。五藏真气见一则不治。

五寨 明福建防御倭寇的五个水寨。即福宁(今霞浦)之峰火门、福州之小埕澳、兴化(今莆田)之南日山、泉州之浯屿、漳州之西门澳(又称铜山)。景泰三年(1452)镇守尚书薛希琏奏请修建,后废。嘉靖时巡抚谭纶建议重修。

五寨长官司 土司名。明置,隶保靖宣慰使司。治今湖南凤凰县。居民主要为苗族。清乾隆五十二年(1787),省入凤凰厅。

五长 官名。春秋战国时置。守城军吏。

五丈河 北宋漕运四渠之一。原以汴水为源。起自东京开封府(今河南开封市),东流经今兰考县、山东定陶县,至巨野县西北注入梁山泊,下接济水(亦名清河)。因河广五丈而得名。定陶附近一段本系菏水西段,其余河段系南济水中下游故道。五代周显德四年(957)于京城西疏汴水入五丈河,以通齐鲁舟楫,即此。北宋建隆二年(961)因汴河含沙量高,河多淤泥,不利行舟,故于开封城西汴河上架槽引金水河为源。开宝六年(973)改名广济河。岁输京东漕粮六十二万石。此后直至南宋建炎初宗泽留守东京时,屡加浚治。金后为黄河决流所堙。

五丈原 在陕西岐山县南石头河与渭河交汇处西南。蜀汉建兴十二年(234)诸葛亮伐魏,出斜谷,于此驻军屯田,与魏将司马懿相持百余日,病卒。唐温庭筠有《过五丈原》诗。

五镇 唐玄宗始封东镇沂山为东安公,南镇会稽山为永兴公,西镇吴山为成德公,中镇霍山为应圣公,北镇医无闾山为广宁公。合而为五,故称。

五正 官名。五官之长。一说为木、火、金、水、土五行长官。殷代始置。春秋时晋国沿置。

五指山 在今广西昭平县东北。明万历中建立营堡,拨兵戍守。

五志 中医名词。为喜、怒、思、忧、恐五种情志的合称。五志的活动和五脏机能有关:心志为喜,肝志为怒,脾志为思,肺志为忧,肾志为恐。怒伤肝,喜伤心,思伤脾,悲伤肺,恐伤肾。见于《素问·阴阳应象大论》。

五雉 或称五工正。相传少昊氏时以鸟为官名,五雉分掌五种技工。东方叫鶅雉,掌治陶之工;南方叫翟雉,掌攻金之工;西方叫鷷雉,掌攻木之工;北方叫鵗雉,掌攻皮之工;伊洛以南叫翚雉,掌设五色之工(《左传·昭公十七年》孔颖达疏)。

五洲 在今湖北浠水县西南巴河口与浠水口之间的长江中。江中五洲相接,故名(《水经·江水注》)。《资治通鉴》:南朝宋元嘉三十年(453),"武陵王骏统诸军讨西阳蛮,军于五洲",即此。

五洲大药房 商办企业。清光绪三十三年(1907)夏粹芳创立于上海,初为皂、药销售店。1915年与项茂松合作,将太和制药房并入。资本近二十八万元。经营制药。工人曾达六百名。

五洲地理志略 书名。近人王先谦撰。三十六卷,首一卷。光绪三十一年(1905)为配合清政府预备立宪而着手编撰,宣统元年(1909)成书。介绍世界五大洲各国地理,而以中国居首。用光绪二十九年译刊本英国雷文斯顿《万国新地志》为大字,博引世界地理、历史图籍作注。注文包括国名地名之异称异译、方位、历史沿革、地方建制、风俗、气候、地势、水道、交通、都邑、物产、国际关系等。其与中国有关者从详。征引皆标出处,以徐继畬《瀛环志略》为多。间有王氏按语。又辑入何秋涛《朔方备乘》、缪祐孙《俄游汇编》中有关中国北徼与俄罗斯地图二十五幅，以明历代北方幅员和清代西北、东北疆域形势。卷首列举所征引中外书目，是当时较完善的分类选目之一，概见该时中国对世界舆地学研究之一般。对旧籍之误颇多评正，亦有讹传。有宣统二年湖南学务公所刊本。

五洲各国政治考 书名。清末钱恂著。八卷，续编十四卷，附图八幅。钱氏任中国驻英、法、意、比使馆参赞，以《辛丑条约》有通商、立外务部诸条，遂循其义纂成此编。前编分吏政、户政、礼政、兵政、刑政、工政，叙世界各大洲主要国家。续编分内政、外交、财政、商务、学制、军政诸门，皆首叙清朝，次及世界数国。并附清朝与各国换订约章表、江海口岸贸易表、陆路口岸贸易表、使臣出洋分驻表。有光绪二十七年(1901)刊本。

五洲时事汇报 杂志名。清光绪二十五年八月一日(1899.9.5)在上海创刊。半月刊。沈士孙主编，拥日本人佐原笃介为"社主"，馆设苏报馆内。以刊载世界各地时事新闻为主，特辟"五洲近事"栏，兼设论说、谕折、文编栏目，刊发《圣德文明》、《政变余谈》、《维新剩语》、《论中国所以守旧之故》、《维新三杰事略》等新闻论说，抨击守旧，同情维新。共出四期，年底停刊。

五铢钱 汉代铸币。铜质。始铸于武帝元狩五年(前118)，钱文曰"五铢"，重如其文，有周郭。初由中央、郡国共铸，亦称郡国五铢。元鼎二年(前115)，京师铸赤仄钱，后废。至四年专由中央水衡都尉所属钟官、技巧(或曰均输)、辩铜三官署铸造五铢钱，称上林"三官钱"。自武帝元狩五年至平帝元始中，共铸五铢钱二百八十亿万余枚。新莽时禁用。东汉建武十六年(40)，复行五铢钱。灵帝中平三年(186)又铸四出五铢，因钱背面有四道斜纹由穿孔四角直达外郭，故名。五铢钱为汉代行使时间最久、质地最好、数量最多的官铸货币。东汉以后各朝仍有沿用，至唐武德四年(621)始废。

五渚 《水经·湘水注》：湘、资、澧、沅四水，"同注洞庭，北会大江，名之五渚"。《战国策》曰："秦与荆战，大破之，取洞庭五渚者也。"

五子之歌 夏太康失位，为有穷后羿所逐，流落洛汭(今河南巩义东北)。其兄弟五人候于洛水之北，怨其不返，故作歌，称《五子之歌》(《史记·夏本纪》)。

五奏 明代礼乐仪式。祭祀先农、先师等乐章均用，皆奏五曲。如：洪武六年(1373)定《祀先师孔子乐章》，一、迎神，奏咸和之曲；二、奠帛，奏宁和之曲；三、初献，奏安和之曲；四、亚献、终献，奏景和之曲；五、彻馔、送神，奏咸和之曲。

五柞宫 汉宫名。故址在今陕西周至县。《三辅黄图》卷三："五柞宫，汉之离宫也，在扶风盩厔，宫中有五柞树，因以为名。五柞皆连抱，上枝复荫数亩。"后元二年(前87)汉武帝病死于五柞宫，即此。

午朝 明代朝仪。属常朝仪。即皇帝于午后召见文武官员议事。始于永乐四年(1406)，成祖朱棣以早朝奏事多，无法商榷，午后事简，君臣可从容陈论，故定制。景泰初年定，午后，皇帝于左顺门会见百官，内阁、五府、六部奏事官，六科侍班官于西边序立。侍班御史二，序班二，将军四，于南面北向立。鸣赞一，立于东，西向。锦衣卫、鸿胪寺官东向立，管将军官、侍卫官立于将军之西。有密事，赴御前启奏。后令翰林院官先奏事。万历三年(1575)题准，该日记注起居史官四员列于御座西稍南。

午桥别墅 即"午桥庄"。

午桥庄 唐宰相裴度田庄。又称午桥别墅、绿野堂。在洛阳城内。其中多有花木流水，凉台暑馆之胜，实为城中园林，并无耕田。

母鸡 一作毋鸡。古族名。始见于明代记录。族源不详。清代分布于临安(治今云南建水)、开化(治今云南文山)、广西(治今云南泸西)等府。有少部分迁至东川府(治今云南会泽)。今定为彝族。

伍被(？—前122) 西汉楚人。武帝时任淮南中郎，以才能为淮南王刘安宾客之冠。见刘安图谋作乱，屡以吴楚七国事谏之。安不听，并囚禁其父母，逼其出谋划策。后事发，武帝遣使至淮南案究，遂诣吏自告与王谋反。武帝欲赦之，张汤以其实为首谋，罪无赦，遂诛之。

伍崇曜(1810—1863) 清末广东南海人，原名元薇，字紫垣，商名绍荣。广州十三行怡和行行主，伍敦元之子。以累世勾结官府，串通外商，走私鸦片，贩运白银，遂成巨富。道光二十一年四月(1841.5)撮合奕山在广州向英军乞和。次年赴江苏参与耆英对英求降活动。十九年在广州人民反入城斗争高潮推动下，对英国侵略者进入广州城之图谋有所抵制。咸丰四年(1854)曾配合两广总督叶名琛，与天地会为敌。英法联军攻陷广州后，又秉承广东巡抚柏贵之命，与绅商梁纶枢等，向侵略者接洽投降。清政府先后授予钦赐举人、候选道加布政使、荣禄大夫等衔。辑刊有《粤雅堂丛书》、《岭南遗书》等。

伍敦元(1765—1843) 清广东南海人，原名秉鉴，字成之，号平湖，外商称伍浩官(Howqua)。怡和洋行行主伍琇亭第三子。初承家业，出任行主，为广东十三行行首。曾与英国东印度公司相勾结，代向低级行商贷款，年利百分之十二，牟取万贯家私。道光中资产已达二千六百万元，拥有稻田、铺店、银号和茶山，伍记牌号茶叶驰名欧洲，为广东最富有的行商。道光十九年(1839)因走私贩毒，曾被林则徐查办。

伍符 汉代为控制军队令士卒互相作保的一种符信。《汉书·冯唐传》："士卒尽家人子，起田中从军，安知尺籍伍符?"颜师古注引李奇曰："伍符，军士五五相保之符信也。"又引如淳曰："伍符亦什伍之符，要节度也。"

伍汉持(1872—1913) 清末广东新宁(今台山)人。早年毕业于佛山西医学院，后开业行医。义和团运动后，创办英华学堂、图强医院及产科学堂，以谋为国强兵之备。后入广东法政学堂。清光绪三十三年(1907)因掩护刘思复谋炸广东水师提督李准而涉嫌被捕，旋保释。后与马达臣创立赤十字会。宣统三年(1911)参加广东光复之役,出任都督府医务部长。1913年当选为众议员,在国会反对袁世凯擅行借款。宋教仁被刺后,弹劾袁世凯,提出查办案。不久被天津警备司令杨以德杀害。

伍黑龙 一作五黑龙。参见"管天下"。

伍举 春秋时楚国人。因食邑于椒,又称椒举。伍参之子,妻王子牟之女。后王子牟获罪出奔,他惧牵连而奔郑,又欲至晋。楚令尹子木惜其才,召他回楚,后又使聘于郑。楚郏敖四年(前541),公子围杀楚王郏敖自立,是为楚灵王。他途中遇送讣告之楚使,遂将讣告中"寡大夫围"改为"共王之子围为长",使合于礼,不算篡弒。楚灵王三年(前538)春,奉命往晋求让楚会诸侯,并缔结婚姻,获晋所许。六月,楚灵王会蔡、陈、郑、许、徐、滕等诸侯于申(今河南南阳北)。灵王对诸侯骄而失礼,他谏灵王应学夏启、商汤、周武、成、康、穆诸王及齐桓公、晋文公,礼遇诸侯。

伍拉纳(1739—1795) 清满洲正黄旗人。初授户部笔帖式,累迁至福建布政使,参与镇压台湾林爽文起义。乾隆五十四年(1789)官闽浙总督,治尚严刻,屡镇压农民起义,曾捕杀同安天地会首领陈苏老等一百五十余人。六十年以侵吞库银,索贿受贿,被逮至京,处斩,籍没,得银四十万余两,如意一百余柄。

伍老 春秋战国时户籍有什、伍之制,十家为什,五家为伍,一伍之长称伍老。《韩非子·外储说右下》:"訾其里正与伍老屯二甲。"陈奇猷集释引刘师培曰:"里正、伍老均乡官,盖闾师之属。"

伍伯 亦作五百。汉代官署侍从小吏,职在导引、问事。《后汉书·曹节传》李贤注引韦昭《辨释名》曰:"五百字本为'伍'。伍,当也。伯,道也。使之导引当道陌中以驱除也。"魏晋之后亦置。

伍绍荣 即"伍崇曜"。

伍奢(?—前522) 亦称连尹奢。春秋时楚国人。楚平王命为太子建之师。费无极劝平王娶为太子建所迎取的秦女,又使平王出太子建于城父(今河南平顶山西北),他随建前往。楚平王七年(前522),费无极又诬他欲与太子建叛乱,平王怒,杀他及其长子伍尚,次子伍员(伍子胥)逃吴。

伍参 春秋时楚国人。楚庄王十七年(前597),晋、楚战于邲(今河南荥阳)。战前令尹孙叔敖欲不战,楚庄王亦欲南返。他极力主战,以晋中军帅荀林父无威信,中军佐先縠刚愎不仁,诸将帅不和说庄王,庄王听其言大败晋军,楚得以称霸中原。伍子胥乃其后裔。

伍廷芳(1842—1922) 广东新会人,生于新加坡。字文爵,号秩庸。香港圣保罗书院毕业。清同治十三年(1874)留学英国。毕业后在香港任律师、法官等职。光绪八年(1882)入李鸿章幕府,襄办洋务。二十二年出任驻美、西、秘等国公使。二十八年回国任商约大臣、会办商务大臣、外务部右侍郎等职,并与沈家本同为修订法律大臣,制订新刑律。三十三年复任驻美、秘、墨、古等国公使。宣统三年(1911)上海光复后,与陈其美、张謇等发起组织"共和统一会",寻被推为南方民军全权代表参加南北议和。1912年南京临时政府成立后任司法总长。1916年任段祺瑞内阁外交总长。次年代总理。旋南下,任广州护法军政府外交部长等职。1922年任广东省长。

伍文定(1470—1530) 明湖广松滋(今属湖北)人,字时泰,号松月。弘治进士。历官常州推官、吉安知府等。正德时参与镇压桃源农民起义,辅王守仁平宁王朱宸濠之变,以功擢江西按察使。嘉靖六年(1527)任右都御史。次年进兵部尚书兼右都御史,督师云贵,后遭劾致仕。不久病死。

伍长 ❶即伍老,五家之长。西周、春秋战国户籍制度,五家为伍,十家为什,各置长。后世多沿置。汉代或称五人。太平天国地方基层亦置。❷军吏名。军中五人之长。西周置,后世多沿之。太平天国军中,五伍为一两,每军有伍长二千五百人,分别以刚强、勇敢、雄猛、果毅、威武为号,顺次为每一两的第一至第五伍长。

伍子胥(?—前484) 春秋时人,名员,字子胥。楚国大夫伍奢之次子,伍尚之弟。楚平王七年(前522)费无极诬伍奢与太子建叛乱,楚平王杀伍奢和伍尚。他经宋、郑等国入吴国,先耕于野,后荐专诸,助阖闾刺杀吴王僚,夺取王位。阖闾任他为行人,助阖闾整军经武,采用疲劳战术,分兵连续攻楚。因功封于申,又称申胥。吴王夫差二年(前494),吴败越于夫椒(今浙江绍兴北),越向吴求和,他劝谏夫差"去疾莫如尽",不听。夫差伐齐,欲北上争霸,劝谏又不听,后渐被疏远。终被吴王赐剑自杀。

沅水 沅一作舞。源出今河南方城县东南。东流经舞阳县南、西平县北,至县东注入汝水。元至正年间,西平以上断流,沅水遂为南汝正源。明嘉靖末,沅水又改道东出瀙水,因西平境内沅水本有洪河之称,此后遂统称沅、瀙全流为洪河。

庑殿顶 见"四阿"。

武 周右史。见宋衷《世本注》。事迹不详。

武安将军 官名。南朝梁置。天监七年(508)定为施用于境外武职二十四班中的二十四班,为诸将军中最高一班,拟车骑将军。大通三年(529)定制后仍为最高一班,拟镇卫将军等三号。

武安军 见"钦化军"。

武安君 ❶即"白起"。❷即"李牧"。

武安县 西汉武帝封田蚡、哀帝封楚思王子㥄为武安侯于此,后改为县。治今河北武安市西南店子古城。属魏郡,三国魏改属广平郡。正始元年(240)封曹爽为武安侯,后仍为县。东魏属魏尹。隋大业初移治今市。属武安郡。大业十二年(616)农民军张金称攻克武安县,即此。唐先后属洺州、磁州。宋至明属磁州,清属彰德府。

武安州 ❶唐圣历元年(698)置,治思勤(今广西昭平县东北)。开元二年(714)废。❷唐大足元年(701)置,治武安(今越南海防市西北)。辖境约当今越南海防市、海兴省东部、广宁省南部。

武拜(1596—1665) 一作吴拜。清满洲正白旗人,瓜尔佳氏。初袭牛录章京世职。骁勇善战,屡从军进攻明朝、蒙古及朝鲜,列议政大臣。顺治元年(1644)入关,任内大臣,论功晋二等伯。八年,以揭发英亲王阿济格,晋三等侯。旋以阿附多尔衮罪削爵籍没。后以入关前屡立战功,复授一等子爵。病卒。

武榜状元 即"武状元"。

武备三大秘书 明代军事丛书。原题绣水施永图山分氏辑。六卷。分为三部分:《武备天文》一卷,《武备火攻》一卷,《武备地利》四卷。在《武备火攻》卷中,除涉及火攻水攻策略外,还辑录了各类火器共四十四则,有图式、解说、火器制法及用法,并辑录各类火药配方四十四条,水攻船只器械十一条。多杂抄《武备志》等兵书内容汇编而成。现存最早为清康熙年间刊本,还有藏美国国会图书馆六卷足本、卧云居五卷本等。

武备寺 官署名。元代置,掌兵器制造及其收储、给发。至元五年(1268)始置军器监。二十年,改为武备监,隶于卫尉院;二十二年,分立,改称武备寺。大德十一年(1307)升武备院,至大四年(1311)复为寺。秩正三品,设卿、同判、少卿、丞等官。所辖有各兵器库、各处军器人匠提举司或军器局,诸匠官由本寺自选所属匠户中有能力者充任。各匠局造到额定弓箭、环刀、甲胄等,按季派员乘驿护送到武备寺缴纳,分储各库,依旨关发。

武备院 ❶见"武备寺"。❷清代内务府所辖三院之一。初名鞍楼,顺治十一年(1654)改用明代旧名兵仗局,十八年始改为武备院。与上驷院、奉宸苑合称内三院。掌陈设御用兵仗、修造器械及本院官员奖惩、俸饷诸事。置兼管事务大臣,无定员。另设卿二人,郎中一人,主事二人,库掌二人。与院有关的机构还有御鸟枪处和内火药库。

武备院卿 官名。清内务府武备院之主官。雍正初置二人,秩正三品,由内务府官员和侍卫中各简选一人补授。但仍由兼管事务大臣统掌院事。主要掌管北鞍、南鞍、甲、毡四库,修造机械,陈设兵仗。凡遇皇帝车驾巡幸,官属服櫜鞬以从。卿之下置有郎中、主事等职官,分管各项事务。

武备杂志 杂志名。清光绪三十年三月(1904.4)在保定创刊。月刊。内部发行,北洋武备研究所主办,以讲求兵学、改良军队为主旨。宣传忠君爱国、抵御外侮。主要介绍日本和西欧军事知识和操练方法。共出二十五期,三十二年三月停刊。

武备志 书名。明茅元仪辑。二百四十卷。成书于天启元年(1621)。全书分五部分:《兵诀评》十八卷,辑古代九家兵书要诀;《战略考》三十三卷,辑春秋至元代各重大战役用兵战略;《阵练制》四十一卷,辑列代阵图、练兵及训习兵器等法;《军资乘》五十五卷,辑立营、行军、军械、河漕、后勤配备等事;《占度载》九十三卷,辑阴阳占卜及方舆、边防、航海诸事。此书并载录明代中国及日本、西洋等国先进武器,其中辑录各种书籍达二千余部,并附《自宝船厂开船从龙仕关出水直抵外国诸蕃图》,即俗称《郑和航海图》,保存军事、科技、外交史料甚丰。天启刻本有天启元年作者自序。

武贲 ❶即虎贲。唐代人修史书时,因避讳改。见"虎贲"。❷武贲中郎将(即虎贲中郎将)的省称。

武贲督 官名。晋置,为*五部督之一。属二卫,统宿卫军中特选兵。

武贲郎将 官名。隋炀帝大业三年(607)改十二卫护军置,每卫四人,正四品。

武编 军事类书。明唐顺之纂辑。嘉靖间成书。十二卷,分前后二集。前集六卷,主要摘录古代兵法典籍中有关兵法理论的资料,其中于兵械也多有涉及,如各种常备冷兵器和攻守器械,以及水底雷、鸟铳、火箭等各种明代兵器,对明代战车、舟船也有详细介绍。后集六卷,从古代史籍中收集有关治军、用兵的故事,体例略同《武经总要·后集》。采集资料广泛,自兵家至名臣奏议,无不摭集。初只有抄本传世,万历四十六年(1618)才刻印成书。现存有明清刊本。

武弁服 皇帝之服的一种。唐代皇帝讲武、出征、搜狩、大射之服,有金附蝉,平巾帻。明代皇帝亲征、遣将时穿用,嘉靖八年(1529)详定。弁(冠)呈上小下大状,赤色,上十二缝,中缀五采玉石。衣裳舄等俱赤色,并有玉圭,上书篆文"讨罪安民"。又,唐代武官朝参、殿廷武舞郎、堂下鼓人、鼓吹桉工亦穿用。有平巾帻,武舞郎绯丝布大袖,鼓人朱褠衣,鼓吹桉工加白练褴裆。

武伯 官名。北周以武伯为禁卫军*六率之长,设左右武伯中大夫各一人,秩正五命;左右小武伯下大夫各二人,正四命;左右小武伯上士、正三命。

武部 官署名。即兵部,唐天宝十一载(752)改,至德二载(757)复名兵部。

武昌兵燹纪略 书名。著者佚名。抄本。记太平军攻克武昌前后敌对双方情形颇详,并对湖北巡抚常大淳之无能有所披露。收入《中国近代史资料丛刊·太平天国》。

武昌不缠足会画报 杂志名。清光绪三十一年(1905)在武昌创刊。武昌不缠足会主办,昌明公司发行。每期八页,刊通俗图画和浅近文字说明。宣统元年(1909)仍见发行。

武昌府 元至正二十四年(1364)朱元璋改武昌路置。治江夏县(今湖北武汉市江夏区)。为湖广省治。辖境相当今湖北赤壁、通城等市县以东的长江以南地区。清为湖广总督及湖北省治。辛亥革命爆发于此。1912年废。

武昌革命真史 书名。曹亚伯撰。精装一册,平装三册,四十五万余言。分前编、正编两大部分,附大量插图。前编十五章,分记各大事件,起于清光绪三十年(1904)华兴会长沙起义,止于宣统三年(1911)铁路风潮;正编七十八目,按日记事,起于武昌起义,止于1912年4月孙中山临时大总统解职。以记述武昌起义、两湖革命运动为主,兼及各省光复事。1930年刊行,旋遭国民党政府严禁。

武昌花园山机关 湖北最早的革命团体。清光绪二十九年(1903)春,吴禄贞发起组织秘密机关于武昌花园山。参加者有吕大森、朱和中、李步青、李书城、万声扬、耿觐文、时功璧、时功玖等数十人,以留日归国学生为骨干。翻印革命书刊,宣传反清革命思想,输送革命青年入伍,开启运动新军之先河。甫一年,因吴等相继离鄂而解散。大部分成员后参加科学补习所等革命团体。

武昌纪事 书名。清陈徽言撰。二卷(一作一卷)。按年月日记载咸丰二年(1852)五月太平军攻克道州、十二月攻克武昌,至次年正月初二日退出武昌期间敌对双方的大事。书后附"杂论",评述太平天国诸领袖、军队、战术及有关制度等。有咸丰七年《云南丛书》本。

武昌军 唐方镇名。永贞元年(805)升鄂岳观察使为武昌军节度使,治鄂州(今湖北武汉市江夏区)。久领鄂、岳、蕲、安、黄、申六州,约当今湖北广水、应城、汉川、长江、洞庭湖以东,黄梅、阳新以西,河南信阳、大别山以南,湖南汨罗江、幕阜山以北地区。元和后时废时置。文德元年(888)再置,五代吴、南唐仍有武昌军号。

武昌郡 公元221年孙权分江夏、豫章、庐陵三郡置。治武昌县(今湖北鄂州市)。属荆州。不久改名江夏郡。晋太康元年(280)又改名武昌郡。辖境相当今湖北长江以南,嘉鱼、咸宁、通山等市县以东和江西九江、瑞昌等市、县地。东晋属江州。南朝宋至陈属郢州。隋开皇九年(589)平陈废。

武昌开国实录 书名。胡祖舜撰。二册。记清末湖北革命运动与武昌起义史事,起自光绪三十年(1904)科学补习所成立,迄1912年北京临时政府组建。1948年刊行。

武昌两日记 书名。清咏簪(即龚霞初)撰。十四编。章回体。编首冠宋教仁、蒋翊武等序。记辛亥八月十八日(1911年10月9日)至十九日武昌文学社蒋翊武、孙武等人策划新军起义和与清军血战过程,及彭楚藩、刘复基、杨宏胜等被捕死难事迹。作者曾参加文学社活动和参与义举,与彭、刘、杨等同时被捕,所叙事翔实可信。民国初年刊行。

武昌路 元至元十四年(1277)升鄂州为路,大德五年(1301)改为武昌路。治江夏县(今湖北武汉市江夏区)。为湖广行省治。辖境相当今湖北武汉市长江以南部分及嘉鱼、赤壁、咸宁、鄂州、崇阳、通城等市县地。至正二十四年(1364)朱元璋改为府。

武昌民变 明万历年间武昌市民反对矿监税使的斗争之一。宦官陈奉征税湖广(今湖南、湖北),所到之处,掠人财物,辱人妻女,掘人墓地,为恶甚多。商民恨之入骨。万历二十七年(1599)八月,陈奉由武昌至荆州(今属湖北),数千商民鼓噪于途,以瓦石击之,陈奉走免,后肆意报复。兵备佥事冯应京劾陈奉十大罪状,被贬。二十九年三月,逮冯应京等之缇骑至武昌。武昌民数万再次举事,包围税使衙门。陈奉惧甚,逃匿楚王府,逾月不敢出。群众执其爪牙十六人投之于江。四月,在民众斗争的压力下,陈奉被召还。

武昌起义 清宣统三年(1911)四川等地掀起保路运动,清政府命端方率军入川镇压保路同志军,带走湖北部分兵力。湖北革命团体文学社和共进会,在同盟会推动下,于七月二十二日、八月三日两次举行联席会议,联合成立起义临时总指挥部,举蒋翊武为总指挥,孙武为参谋长,刘公为政治筹备处总理,并拟定了起义的详细军事计划,决定派人赴沪迎接同盟会领导人来鄂主持大计,赴各省联络革命党人届时响应。原订八月十五日发难,后展期至二十日。十八日上午孙武在汉口俄租界起义机关检查炸弹失事受伤,避入医院,机关遭到破坏,搜去文告、名册、符号、旗帜,捕走刘公之弟刘同等人。清湖广总督瑞澂下令在武汉三镇进行搜捕,蒋翊武决定当晚十二时举事。因送信人未能到达炮营,号炮未响,各营未动。时武昌机关又被破获,刘复基、彭楚藩、杨宏胜被捕遇害,蒋翊武被迫出走。八月十九日(10.10)上午,湖广总督瑞澂和第八镇统制张彪将按名册捕人,形势紧迫,革命党人暗中联络在当晚起义。是日晚上,新军二十一协辎重队在武昌城外首先纵火,混成协工程兵八营熊秉坤在城内打响第一枪,各营群起响应。起义军占领楚望台军械库,推吴兆麟为临时总指挥。南湖炮队从中和门进入城内,占据蛇山等制高点,炮轰督署。起义军攻入督署,瑞澂和张彪等弃城逃走。次日黎明,武昌全城光复。随即在咨议局建立中华民国鄂军都督府(即湖北军政府),举新军协统黎元洪为都督,咨议局议长汤化龙为政事部长。发布各种文告和通电,号召各省起义,推翻清王朝。全国规模的辛亥革命在武昌首先取得胜利。

武昌水电厂 商办企业。清光绪三十二年(1906)由周秉忠创办于武昌(今湖北武汉),经营自来水和电业。资本近二百八十万元。

武昌王妃吐谷浑氏(?—528) 吐谷浑王拾寅曾孙女。祖费斗斤于北魏延兴四年(474)入质于魏。后留居洛阳,拜安西将军、永安王。父仁娶魏太尉东阳王女,嫁她为魏武昌王元鉴妃。

武昌县 公元221年孙权改鄂县置,迁都于此,即今湖北鄂州市。229年还都建业,265—266年孙皓又尝都此。都建业时亦于此置都督,倚为长江中游重镇,并先后为武昌郡及江夏郡治。两晋、南朝为武昌郡治。隋属江夏郡。唐、北宋属鄂州。南宋曾为寿昌军治。元属武昌路。明清属武昌府。1913年改名寿昌,1914年又改名鄂城。

武昌镇 见"武昌军"。

武臣(?—前208) 秦末陈县(今河南淮阳)人。秦末农民起义建立张楚政权后,任将军,率部北攻赵地,进占邯郸(今属河北),自立为赵王。陈胜命其西进增援周文军,他拒不执行,并擅遣韩广、李良等北攻燕、常山、上党,起了分裂农民军的作用。后被李良攻杀于邯郸。

武臣将军 官名。南朝梁置。天监七年(508)定为武职二十四班中的十八班,与爪牙、龙骑、云麾将军代旧前、后、左、右四将军,大通三年(529)定制言为武职三十四班中的二十八班。陈沿置,改为拟四品,比秩中二千石。若加为"大将军"者,则官进一阶。

武成 年号。(1)北周明帝年号(559—560)。凡二年。(2)唐时李希烈年号(784—786)。凡三年。(3)五代前蜀高祖王建年号(908—910)。凡三年。

武成永固大将军炮 大型管形火器。清康熙二十八年(1689)用铜铸造,口径三寸八分至四寸九分,长九尺七寸五分至一丈二尺,重三千六七百斤,装药五至十斤,铁弹重十至十二斤。以车载。

武承嗣(?—698) 唐并州文水(今山西文水东)人。武则天侄。袭祖爵周国公。文明元年(684),由礼部尚书迁太常卿,同中书门下三品,参掌朝政。请武后去李氏子孙,诛大臣不附者,追王武氏先世,立宗庙。封魏王,监修国史。复密令凤阁舍人张嘉福上书,请立已为皇太子,因狄仁杰、岑长倩等反对,不果,又罢知政事。忧愤而死。

武城 ❶春秋申地,后属楚。在今河南南阳市北。《左传》僖公六年(前654):"蔡穆侯将许僖公以见楚子于武城";襄公九年(前564):"楚子师于武城,以为秦援",并即此。❷春秋晋邑。在今陕西华县东。《左传》文公八年(前619):"秦人伐晋,取武城",即此。战国属魏。亦称武下。《史记·魏世家》:文侯三十八年(前408),"伐秦,败我武下"。西汉置县。❸春秋楚地。在今河南信阳市东北。《左传》定公四年(前506):"武城黑谓子常曰",杜预注:"黑,楚武城大夫"。❹春秋鲁邑,战国时属齐。即今山东平邑县东南故县。《左传》哀公八年(前487):"吴伐我,子泄率,故道险,从武城",即此。因北有武城,又名南武城。《史记·仲尼弟子列传》:"曾参,南武城人。"简称"南城"。《史记·田敬仲完世家》:齐威王谓魏惠王:"吾臣有檀子者,使守南城,则楚人不敢为寇。"西汉置南城县。❺战国赵邑。在今山东武城县西北。《战国策·赵策一》:"赵王封孟尝君以武城。"一称"东武城"。《史记·平原君列传》:"平原君相赵惠文王及孝成王,三去相,三复位,封于东武城。"西汉置东武城县。❻在今湖北黄陂县东南。《资治通鉴》:南朝梁太清三年(549),"湘东王绎军于郢州之武城",即此。

武城县 本春秋晋邑,西汉置县。治今陕西华县东。属左冯翊。东汉废。又名武平城(《括地志》)、光武城,相传东汉光武帝征隗嚣曾驻于此。

武川县 ❶北魏置。治今河南南召县东南、白河西岸。属北淯郡。西魏属蒙州,隋为淯州、清阳郡治所,隋末废。❷清光绪二十九年(1903)置县,治所在今内蒙古武川县东北。

武川镇 北魏六镇之一。在今内蒙古武川县西乌兰不浪东土城子。《魏书·高祖纪》:太和十八年(494),高祖于"已未,幸武川镇"。孝昌四年(528),改武川镇为神武郡。

武次县 西汉置。治今辽宁凤城市东北、叆河西岸。属辽东郡。为东部都尉驻地。后废。

武担山 在今四川成都市旧城内西北角。一名武都山。公元221年,刘备即位于武担之南,即此。

武当郡 西魏改始平郡置。治武当县(今丹江口市西北)。辖境相当今湖北丹江口市。隋开皇初废。义宁二年(618)分淅阳郡之武当、均阳二县复置。唐武德初改为均州。天宝元年(742)改为武当郡,乾元元年(758)复为均州。

武当县 西汉置,取武当山为名。治今湖北丹江口市西北。属南阳郡。东汉光武帝封邓棠为武当侯。永建元年(126)国除复为县。三国魏改属南乡郡。西晋太康后属顺阳郡。南朝宋为始平侨郡治。梁又为兴州治。西魏、北周为武当郡治,又为丰州治。隋属淅阳郡。唐为均州治,显庆四年(659)移治今丹江口市西北关门岩,北去旧城三里。明洪武二年(1369)废入均州。地处汉水中游,为东南趋荆襄、西北至汉中水陆交通要冲。东晋太元三年(378)前秦苻坚进攻襄阳,遣将苟池等分道出武当,即此。

武德 ❶明初安丰(今安徽寿县)人。元末为"义兵"千户,后投归朱元璋,隶李文忠。每战陷阵,屡受创伤。累官管军万户。从靖海侯吴祯巡海上,守平阳。晚年,以宿将从征云南。❷唐高祖李渊年号(618—626)。凡九年。

武德大夫 武阶官名。北宋徽宗政和二年(1112)由宫苑使,左、右骐骥使,内藏库使改名。为正七品武阶官。

武德殿 隋唐都城长安宫殿。建于隋。位于长安大兴(太极)宫内东侧,与东宫相邻。开皇二十年(600),文帝于此殿废太子杨勇为庶人。义宁元年(617),李渊(唐高祖)以为丞相府。隋唐两代,皇帝多于此殿举行大射或宴迎蕃使。

武德将军 散阶官号。金始置为武散官,以授正六品下武官。元代沿置,改为正五品武官,宣授。明代沿之,改初授。清初沿明制,为武职中属绿营者正五品之封赠。乾隆二十年(1755),改为武德郎。

武德郡 东魏天平初分河内郡置。治武德县(今温县东北武德镇)。辖境约当今河南温县、武陟二县地。东魏、北齐、北周属怀州。隋开皇三年(583)废。

武德郎 官名。北宋政和二年(1112)重定武臣官名,改宫苑副使、左右骐骥副使、内藏库副使置,从七品武阶官,属大使臣。清置为散阶官号,乾隆二十年(1755)改武德将军置,为武职中属绿营者正五品之封赠。三十二年,属八旗者正五品亦封。五十一年,改为武德骑尉。

武德令 唐律令文书。高祖即位初,令大臣裴寂、萧瑀等制定刑律,以隋令为基础而略有损益,撰定作为建国制度的令文。武德七年(624)颁行之,凡三十卷。已佚。《旧唐书》诸志中曾多次引用《武德令》条文,《唐会要》、《通典》中亦间引及。

武德律 唐高祖时制定的刑律。武德元年(618)高祖即位后,令刘文静等对隋《开皇律》稍加增删,又废除隋炀帝所行烦峻之法,并颁布五十三条格以约法缓刑。后又令大臣裴寂、萧瑀等定律,以《开皇律》为准,篇目、条数依旧,唯流刑三等各加一千里

(隋为一千里、一千五百里、二千里),居作(劳役)皆减为一年(隋为二年、二年半、三年),又除隋律之苛细者五十三条。七年,颁行之。

武德骑尉 官阶名。清乾隆五十一年(1786)改武德郎设,为武职正五品之封赠。参见"武职封赠"。

武德使 即皇城使。见"皇城司"。

武德司 官署名。北宋初置,设武德使、副使为正、副长官,掌皇城出入管钥、木契及亲从官、亲事官名籍,并以武德卒潜察臣民动静。太平兴国六年(981)改为皇城司。

武德县 ❶秦置。治今河南武陟县东南。《三国志·魏志·文帝纪》:东汉延康元年(220)封"(曹)叡为武德侯",即此。两汉、西晋属河内郡。东晋废。❷唐武德二年(619)以安昌县改名,兼置北义州。四年州废,属怀州。治今河南温县东北武德镇。北宋熙宁六年(1073)废为镇,并入河内县。

武德佐骑尉 官阶名。清代武职从五品之封赠。初,武职中属绿营者从五品封武略将军,乾隆二十年(1755)改武略郎;属八旗者从五品封奉政大夫。三十二年,统一为武略郎。五十一年,改为此称,遂为定制。

武殿试 武举考试方式之一。即由皇帝亲自主持校阅的武举考试。宋代武举已有殿试,先考骑射而后试策。武艺分优、次优、次、末四等,策分优、平二等。二者皆优者,授右班殿直,其余依次授三班奉职、三班借职等。南宋孝宗乾道五年(1169)后,始依文举例,武举殿试第一赐武举及第,授保义郎;余赐武举出身,授承节郎、承信郎等。明代先有武乡、会试,至崇祯四年(1631)始行武殿试,赐进士及第、出身等,悉如文举之例。清沿置。先于太和殿试内场,初试策一道,嘉庆后改默写《武经》一段。然后由皇帝亲试骑、步射及技勇(开弓、舞刀、掇石)。合格者称"武进士",分三甲赐第。一甲三名同文科,亦称状元、榜眼、探花,初授参将、游击、都司;雍正时改为武状元授一等侍卫,榜眼、探花授二等侍卫。二、三甲武进士初授守备、署守备,后改为二甲选十名授三等侍卫,三甲选十六名授蓝翎侍卫,其余以营卫守备在兵部注册选用。

武丁 又称殷武。商王。名昭。小乙之子。武丁是庙号。继小乙即位。小乙曾使之处于民间,知稼穑之艰难、百姓之疾苦。又学于贤臣甘盘。即位后,求贤觅才,于傅岩(今山西平陆北)版筑之胥靡中发现傅说,任为相,与甘盘共辅国政,王朝复兴。曾征伐舌方、土方、鬼方、羌方、夷方及南土诸方,疆域扩大。史书认为与汤、太甲、祖乙同为"天下之盛君"(《晏子春秋·内篇谏上》)。在位五十九年(《书·无逸》),死后尊为高宗。殷墟卜辞中列为直系先王祭祀。

武定 东魏孝静帝年号(543—550)。凡八年。

武定凤氏本末记 书名。清檀萃撰。一卷。原书失传,现存者为师范删辑收入《滇系·典故系》第八册,目录称《节删凤氏本末记》。书纪凤氏先祖为东爨乌蛮之裔,历代袭官,大理国时为罗武部长,四传而降元,为罗婺万户府、云南行省参政、八百大国元帅,明为武定土知府,传至凤英一代始姓凤。自其曾祖母商胜元末降明授武定土知府,世袭并传袭于妻、母、媳族中。明代改土归流,凤氏长期以武力抗争,入清盘踞撒甸地区,招捕经年始定,后世凤如松被安置京师。原书撰成于清康熙三十年(1691)以前,其记载大体与《明史·土司传》相合,所引凤氏世系石刻,在禄劝鸠掌河畔之镌字崖,刻于明弘治十三年(1500)及嘉靖十二年(1533),今存。

武定府 ❶明洪武十五年(1382)改武定路置。治和曲州(治今云南武定县)。辖境同元武定路。属云南省。清乾隆三十五年(1770)改为直隶州。❷清雍正十二年(1734)升武定州为府。治惠民县(今属山东),属山东省。辖境相当今山东商河、乐陵等县市以东,高青、利津、垦利等县以北地区(庆云县除外)。1913年废。

武定军 唐方镇名。(1)光启元年(885)置,治洋州(今陕西西乡)。辖境屡变,久领洋、蓬、壁、果等州,约当今陕西佛坪、洋县、西乡、镇巴及四川仪陇、营山、蓬安、西充、南充、岳池、通江等市县地。天复中,为王建所据,寻为李茂贞所并。(2)天祐二年(905)以戎昭军改名,治所在均州(今湖北丹江口市西北)。次年废。

武定路 元至元十一年(1274)置。治今武定县(二十六年置南甸县)。辖境相当今云南武定、禄劝、元谋等县地。属云南行省。明洪武十五年(1382)改为府。

武定州 ❶明宣德元年(1426)改乐安州置。治今山东惠民县。属济南府。辖境相当今山东惠民、阳信、无棣、乐陵、商河等市县地。清雍正二年(1724)升为直隶州。属山东省。十二年升为武定府。❷清乾隆三十五年(1770)改武定府为直隶州。治今云南武定县。属云南省。辖境同元武定路。1913年改州为县。

武都氐 见"白马氐"。

武都郡 ❶西汉武帝元鼎六年(前111)以白马氐地置。治武都县(今西和县西南)。东汉移治下辨道(今成县西)。辖境相当今甘肃西和、成县、康县、武都、两当、徽县及陕西略阳、凤县等县地。西晋属秦州。北魏移治石门县(今武都县东南),属梁州。辖境相当今武都县一带。西魏为武州治。北周改为永都郡。隋大业及唐天宝、至德时又曾改武州为武都郡。地处嘉陵江上游,山川险阻,当陇右通往巴蜀的交通要道。三国蜀汉诸葛亮伐魏,先取武都。十六国时氐族杨氏曾据此建国。❷北魏太延年间置。治虢县(西魏改名洛邑,今宝鸡市)。辖境相当今陕西宝鸡市附近一带。属岐州。隋开皇初废。

武都羌 见"参狼羌"。

武都王 南北朝时宋武帝刘裕册封略阳清水氐豪帅杨氏的称号。始于仇池公杨盛。至北魏景明年间,宋、齐、北魏皆以此号封杨氏统治者。

武都县 西汉置。治今甘肃西和县西南。为武都郡治。东汉末氐族杨驹徙居于此。西晋末年后杨氏世有其地,县废。

武峨州 唐置。治武峨(约今越南北太省武崖一带)。天宝、至德间曾改名武峨郡。辖境约当今越南北太省南部、河北省西北一部。

武奋将军 官名。北魏置。太和十七年(493)定为六品下,二十三年复次职令,改为七品上。北齐沿置,从八品。

武陔(?—266) 西晋沛国竹邑(今安徽宿州北)人,字元夏。少好品议人物。魏明帝时累迁下邳太守。司马师为大将军,累官司隶校尉,转太仆卿。司马昭甚亲重之,数与评论时人。晋泰始初,拜尚书,迁左仆射、左光禄大夫、开府仪同三司。

武冈军 北宋崇宁五年(1106)升邵州武冈县置。治武冈县(今市)。辖境相当今湖南武冈、洞口、新宁、城步、通道、绥宁、邵阳等市、县地。属荆湖南路。元至元十四年(1277)升为武冈路。

武冈路 元至元十四年(1277)升武冈军置。属湖广行省。治武冈县(今市)。辖境相当今湖南武冈、洞口、新宁、城步、通道、绥宁、邵阳等市县地。至正七年(1347)瑶族吴天保起义,陷武冈路,即此。明洪武元年(1368)改为武冈府。

武冈王(?—1591) 即朱显槐。明楚昭王朱桢后裔。嘉靖十七年(1538)封武冈王。四十三年上书条陈藩政,请设宗学,多被采纳。雅善文墨,尤好诗歌。著有《少鹤山人诗集》。

武冈县 冈一作刚。晋武帝分都梁县置。县左右有二冈对峙,接武陵郡,故名。治今湖南武冈市北。属邵陵郡。南朝梁避太子纲讳,改为武强县。陈废。唐武德四年(621)分邵阳县复置。属南梁州(贞观中改邵州)。治今城步苗族自治县。北宋移治今武冈市。宋为武冈军治,元为武冈路治。明洪武九年(1376)废入武冈州。

武冈州 明洪武元年(1368)改武冈路为武冈府,九年降为州,以州治武冈县省入。治今武冈市。属宝庆府。辖境相当今湖南武冈、新宁、洞口等市、县及隆回县部分地区。清不领县,新宁县改属宝庆府,辖境缩小。1913年废,改为武冈县。1994年撤县设市。

武庚 周初分封的殷君,名禄父,又称王子禄父、王子武庚。商纣之子。周武王灭商后,受封于商都以北之邶,以续商祀,与管叔、蔡叔合称"三监"(一说"三监"有霍叔而无武庚)。武王死后,周公相成王摄国政,"三监"联合东方夷族叛周,周公东征,遂被诛。一说北奔。

武功大夫 阶官名。北宋政和二年(1112)重定武臣官号,改皇城使置,为正七品武阶官,属大使臣。西夏后期亦置,品阶不详。清乾隆二十年(1755)改骁骑将军置,为武职中属绿营者从二品之封赠。三十二年,属八旗者从二品亦封此。五十一年,改为武功将军。

武功将军 散阶官号。清代武职从二品之封赠。初武职中属八旗者正、从二品封资政大夫,属绿营者从二品封骁骑将军,后各有变化。至乾隆五十一年(1786)统一称武功将军,只封武职从二品,遂成定制。

武功爵 爵制。汉武帝元朔六年(前123)置,以奖励军功。共分十一级,一曰造士,二曰闲舆卫,三曰良士,四曰元戎士,五曰官首,六曰秉铎,七曰千夫,八曰乐卿,九曰执戎,十曰政戾庶长,十一曰军卫。第八级以上专用以奖励军功,第七级以下允许买卖,每级十七万。买爵至一定级别,即享受试补吏、减罪及免役的特权。不久废。

武功郎 官名。北宋政和二年(1112)重定武臣官名,改皇城副使置,为从七品武阶官,属大使臣。西夏后期亦置。

武关 在今陕西丹凤县东南。战国秦置。前299年秦昭襄王诱楚怀王会于此,执以入咸阳;前207年刘邦攻此入秦;唐末黄巢率农民起义军自长安撤退,经此转战河南。一说关址曾有迁移,古址在今关南丹江上,唐后迁今址。

武观 篇名。记有夏启淫佚康乐之事,见《墨子·非乐下》。一说即启子五观。

武官村大墓 商代晚期大墓。1950年春于河南安阳武官村北发掘。墓室为长方形,分墓室和南、北墓道三部分。墓室上口南北长14米、东西宽12米、深7.2米,有椁室及腰坑。北墓道长15米、东西宽5.2米,其中有马坑三、人葬坑一。南墓道(1976年清理完毕)长15.6米、东西宽5.7—6.3米,其中有马坑三、跪葬人架一。墓室内腰坑埋一持戈武士。棺木置于椁室中腰坑上,器物放在棺椁之间。顶用成排大木构成,上有铺土和雕花木板。椁周二层台上放置殉人四十一具,东边十七具,西边二十四具。北墓道出马骨十六具、犬骨四具、人骨二具。南墓道当时未全发掘,仅出马骨十二具、犬骨一具、人骨一具。墓内封土距地高三米处发现人头三十四个。总计此墓共殉人(包括人头)七十九名。墓内随葬物丰富,主要有虎纹石磬,大石盘,碧玉刻刀,玉璧,白陶卣、罍、盘和铜鼎、觚、爵、簋、卣等。大墓附近还发掘排葬坑四排十七墓,共出人骨一百五十二具。武官村大墓的发掘,为研究商代晚期社会提供了资料。

武官公 晋制:大司马、大将军、太尉,骠骑、车骑、卫将军,诸大将军,开府位从公者,均为武官公。皆著武冠,平上黑帻。

武冠 亦称武弁大冠。武官、侍从官之冠。《后汉书·舆服志下》:"武冠,一曰武弁大冠,诸武官冠之。侍中、中常侍加黄金珰,附蝉为文,貂尾为饰,谓之'赵惠文冠'。"《晋书·舆服志》:"武冠,一名武弁,一名大冠,一名繁冠,一名建冠,一名笼冠,即古之惠文冠";"天子元服亦先加大冠,左右侍臣及诸将军武官通服之。侍中、常侍则加金珰,附蝉为饰,插以貂毛,黄金为竿,侍中插左,常侍插右"。至唐,皇帝武弁,为讲武、出征、搜狩、大射之服,有金附蝉,平巾帻;群臣武弁,为武官朝参、殿廷武舞郎、堂下鼓人、鼓吹桉工之服,有平巾帻。参见"惠文冠"。

武归 官名。北魏道武帝天赐二年(405)废除尚书三十六曹,别置武归、修勤二职,武归比郎中,修勤比令史,分主省务。至太武帝神麚元年(428)置左右仆射、左右丞及诸曹尚书,武归、修勤二职废除。

武珪 宋镇州(治今河北正定)人,字思卿。原居辽,颇知辽事。后逃归宋,上所画《契丹广平淀受礼图》。历任下班殿侍、河北沿边安抚司指挥。著有《燕北杂录》。

武汉战纪 书名。(1)黎元洪主编。上下两册,未刊。专记辛亥革命武汉战况,自清宣统三年八月(1911.10)武昌首义日起至十二月清帝下诏退位止。凡分武昌首义、夏口战役、汉阳战役、武昌之防御、共和告成五章。(2)近人王树枏撰。一卷。起宣统三年八月十八日(1911.10.9),迄十月十八日(12.8),逐日记述武昌起义时革命军与清军在武汉交战情况。收入《陶庐丛刻》。

武侯祠 在今四川成都市南郊。西晋末年十六国成(汉)李雄为纪念三国蜀汉丞相武乡侯诸葛亮而建。初在蜀汉先主刘备昭烈庙西,唐杜甫《蜀相》诗:"丞相祠堂何处寻,锦官城外柏森森。"明初并于昭烈庙。殿宇系清康熙十一年(1672)重建。古柏苍郁,殿宇宏伟。祠内现存有唐元和四年(809)"蜀丞相诸葛武侯祠堂碑"。为全国重点文物保护单位。

武侯台 战国魏国台名。相传魏武侯筑,在今河北大名县西南。

武后 即"武则天"。

武候府 唐十六卫有左右*金吾卫,隋文帝时及唐初,称左右武候府,龙朔二年(662)始改左右金吾卫。

武候率下大夫 官名。北周置,夏官府属官,员二人,统武候兵,正四命。下设武候率上士、武候倅长下士以佐其职。武帝时,增置武候上大夫、次大夫,位在其上。又分置左、右,称左、右武候。隋开皇元年(581)罢。

武候上大夫 官名。北周武帝时置,在武候率下大夫之上,仍属夏官府,为武候府长官,统武候兵,其下设次大夫。正六命。隋开皇元年(581)罢。

武环率下大夫 官名。北周置。夏官府兵部中大夫属官,员二人,统武环兵,正四命。下设武环率上士、武环倅长下士以佐其职。隋开皇元年(581)罢。

武皇以来功臣列传 书名。一作《庄宗朝列传》、《创业功臣传》、《后唐列传》。五代后唐宰相李愚监修,张昭远撰。三十卷。记述后唐开国功臣事。

武会试 武举考试方式之一。明清时由兵部主持于京师举行的对武举人的考试。明成化十四年(1478)始定武会试例。弘治六年(1493)定六年一行,十七年改为三年一试,于丑、未、辰、戌年四月举行。凡各省及两京武举人均可应试;两京武学生员,经兵部月试优等者亦可参加。考试分三场,分别于四月初九、十二、十五日进行。嘉靖元年(1522)定,第一场试骑射,第二场试步射,第三场试策二道、论一道。以翰林院官二员为考试官,给事中及部属官四员为同考试官。取中名额,临期取自上裁。崇祯四年(1631)以前,武会试为武科最高一级考试,中式者不分等第,均列入《武举录》进呈,并张榜于兵部其授官,官生中式者,俱升署二级;指挥以上,斟酌推用。清承明制,以丑、未、辰、戌年为正科,若乡试有恩科,则次年亦行会试恩科。凡各省武举人和现任绿营千总、把总,门、卫、所千总,及年满千总,年龄在六十以下,通晓文义者,皆可应试。考期在九月,分三场,内容同武乡试。外场正副考官四人,由皇帝简派领侍卫内大臣、满洲大学士和都统充任;内场正副考官二人,由皇帝简派内阁、六部、都察院、翰林院詹事府各堂官充任。乾隆四十年(1775),武会试后亦实行复试。中式者称"武进士"。取中无定额,多或三百名,少亦百名,皆临期以外场合格人数请旨定夺。

武火 见"紧火"。

武街 一作武阶驿。在今甘肃临洮东南武家。唐时地属渭州。开元二年(714),薛讷、王晙大败吐蕃坌达延军十余万人于此。

武节大夫 官名。北宋政和二年(1112)重定武臣官号,改庄宅使、六宅使、文思使置,为正七品武阶官,属大使臣。西夏亦置,品阶不详。

武节将军 散阶官号。金代始置为武散官,以授正六品武职。元代沿置,改武官正五品,宣授。明代为武官正五品之升授。

武节郎 官名。北宋政和二年(1112)重定武臣官名,改庄宅副使、六宅副使、文思副使置,为从七品武阶官,属大使臣。

武解试 武举考试方式之一。唐宋时由兵部主持的于京城举行的武举初级考试。符合武举应试资格的举人直接到兵部参加解试。北宋时先试策及兵书墨义(熙宁贡举改革后改为《武经七书》大义),然后送马军司引试弓马,即试弓步射、马射及踏弩。南宋时,改为先试弓马,次试策及《武经七书》大义,弓马不合格即先行落下。解试合格者可赴武省试。

武进士 科场称谓。即指科举考试中武会试之中式者。以区别于文科进士,故名。

武经大夫 官名。北宋政和二年(1112)重定武臣官号,改西京左藏库使置,为正七品武阶官,属大使臣。

武经郎 官名。北宋政和二年(1112)重定武臣官名。改西京左藏库副使置,为从七品武阶官,属大使臣。

武经总要 书名。北宋康定中,宋仁宗命曾公亮、丁度等编撰。共四十卷,分前后集。前集制度十五卷,边防五卷,略备北宋前期军事制度。后集故事十五卷,占候五卷,采摭历代兵谋得失,足资考证。

武靖州 明土州。成化三年(1467)两广总督韩雍镇压大藤峡瑶民起义后,于浔州(治今广西桂平)置,州治碧滩,调上隆州土官岑铎世掌州事。后徙州治于崇姜里武靖(今桂平北)。控制紫荆、竹踏、梅岭、大冲诸山瑶壮各族。正德十六年(1521)以田州府岑猛次子邦佐继任土知州。嘉靖五年(1526)猛叛乱,贬漳州。七年,总督王守仁复邦佐职。旋改州为千户所,万历末废。

武举 ❶科举考试科目之一。专为选拔军事人才而设置的科目。相对于文科而言,又称为“武科”。唐武则天长安二年(702)始置。应试者称武举人,于每年十月由州府举选送至京师,十一月于尚书兵部进行考试,内容为长垜、骑射、步射、马枪、翘关(举重)、言语、材貌等。考试合格者,或送吏部参加铨选,或授予散官。德宗时曾一度停废,宪宗元和三年(808)复置。五代时,皆以军卒为将,故武举久废。宋承唐制,北宋仁宗天圣七年(1029)置,又称“右科”。皇祐元年(1049)罢,治平元年(1064)复置,迄宋末不改。三班使臣、诸色选人不曾犯赃及私罪情轻者,许于兵部投状应试;无官人由朝廷命官保荐,亦可应试。考试分比试、解试、省试、殿试四级,一般先试弓马,再试策及《孙》、《吴》等兵书的墨义(熙宁后改为大义)。殿试合格者,分别赐“武举及第”、“武举出身”。其授官,北宋时,武艺和策皆优者授右班殿直,其余以次授三班奉职、三班借职、三班差使等。南宋时,武举之法渐与进士科相仿。其殿试第一人赐武举及第,授保义郎(即北宋的右班殿直);余并赐武举出身,授承节郎(即三班奉职)、承信郎(即三班借职)等。金代亦置,分府试、省试、程试三级。以射贴弓、远射、射鹿弓、《孙》《吴》书为考试内容。原分三等就试,后改为试中以三等为次。中选者授以武职。元废。明承唐宋旧制,于天顺八年(1464)设,武臣子弟于各直省应试。成化十四年(1478)定,武科乡、会试例,均仿文科。弘治六年(1493)定,武举六岁一行;十七年,改三年一试。崇祯四年(1631)始行武举殿试。清沿明制,乡、会、殿试均同文科之例。其举人、进士、状元等名目亦与文科同,仅加“武”字以示区别。光绪二十七年(1901)废。参见“武解试”、“武乡试”、“武省试”、“武会试”、“武殿试”。❷武举人之简称。

武举人 科场称谓。唐代指应武举之人,明清指武乡试之中式者。以区别于文科举人,故名。参见“武举❶”、“武乡试”。

武康县 西晋太康初改永康县置。治今浙江德清县西千秋镇(武康旧县)。属吴兴郡。隋初废,仁寿二年(602)复置,迁治今千秋镇西余英溪南银山之麓,属湖州。大业三年(607)改属余杭郡。唐广德初复迁旧治。属湖州。五代时属杭州,宋还属湖州。元属湖州路,明清属湖州府。1958年废入德清县。

武科 科举考试科目之一。又称“武举”。专为选拔军事人才而设置的科目。详“武举❶”。

武库 收藏兵器之处。西汉初萧何建于未央宫前殿。初属中尉,武帝太初元年(前104)后改属执金吾。考工所作兵器,成则付执金吾入武库。所藏兵器供天下官用,为国家武备,缮治造作皆度大司农钱。与少府之若卢专藏御用兵器不同。边兵不足乃赐武库兵器。洛阳等处亦置之。东汉唯置于京师。魏、晋、南北朝亦置,设武库令以掌之。隋沿置。唐永徽中置。开元二十五年(737)置东都武库。隋唐设令、丞各二人掌之。金代亦沿置。

武库令 官名。西汉初为中尉属官,武帝太初元年(前104)改中尉为执金吾,仍隶之,有三丞,掌京师武库兵器,洛阳、大将军等处亦置。东汉沿置,秩六百石,下设丞一员。三国魏置,七品,主藏兵器。西晋沿置,隶卫尉,出征时主武库,领兵器;东晋省。南朝宋置一员,隶尚书省库部曹;南齐沿置;梁隶卫尉卿及尚书省库部,又分南、北武库二署令,位一班;陈于卫尉卿下置。北齐为卫尉寺武库署长官,从八品上,掌兵器及吉凶仪仗。隋代沿置,二员,正八品,大业三年(607)增为正六品。唐代置二员,从六品下,掌藏兵杖、器械,以备国用;开元二十五年(737)东都亦置。金代为殿前都点检司武库署长官,从六品,掌收贮诸路常课甲仗,以晓军器之女真人充。

武库清吏司 官署名。简称武库司。明清兵部所属四司之一。明洪武二十九年(1396)改库部置。设郎中、员外郎各一人,主事二人。洪熙元年(1425)南京兵部亦置。掌理戎器、符勘、尺籍、武学、柴薪、皂隶之事。清顺治元年(1644)沿置,掌全国兵籍、军器以及武科举、编发、戍军等事。设郎中,满二人、汉一人主持司务;员外郎,满、蒙各一人佐之。另有主事,满、汉各一人。下设督学、编军、俸粮等科。

武库署 官署名。南朝梁置南、北署,各有令、丞。北齐卫尉寺置,掌甲兵及吉凶仪仗,有令;又别有修故局丞,掌领匠修故甲等事。隋代沿置,有令二员、丞二员。唐代卫尉寺置,开元二十五年(737)东都亦置,掌藏兵械,各置令二员、丞二员、监事一员。金代殿前都点检司置,掌收贮诸路常课甲仗,有令、丞、直长等属。

武库司 即“武库清吏司”。

武牢仓 即“河口仓”。

武勒州 宋因唐邕管羁縻武勒县改置。明清为新宁州。在今广西扶绥县。宋*侬智高之母阿侬为此州人。

武吏 两晋及南朝时州、郡、县地方官府役人之一。晋武帝灭吴后,诏天下罢军役,悉罢州郡兵,大郡置武吏百人,小郡置五十人。南朝时亦按州、郡、县户口多少置武吏员额。服吏役之民户称吏户,世代相承服役,非经皇帝或官府放员,不能解除吏名。武吏一般用于军事,东晋以后亦须耕种官田并纳租。南朝宋元嘉初,郡大田武吏年满十六便课米六十斛,十五以下至十三课米三十斛。因课赋沉重,致有产子不养、甚至自残手足者。

武梁祠画像 东汉画像石。又称“嘉祥武氏墓群石刻”。即今山东嘉祥县武宅山(旧称紫云山)武氏墓地石阙及四座石室祠堂四壁的石刻画像,以武梁祠所刻为最早,故名。全部建筑自桓帝建和元年(147)起陆续营造,历时数十年始成。所刻画像除草木鸟兽等装饰图像外,多为历史故事和神话传说人物,其旁往往有八分书题识,或附以韵语赞词。石皆阳刻,勾勒工致,古朴生动,遗址宋时尚完好。赵明诚《金石录》曾录其三石拓本,洪适《隶释》、《隶续》亦曾著录其题识和部分图像。后以黄河改道,墓地建筑全部湮没于泥沙。清乾隆五十一年(1786)黄易等至其地发土得石室三,石碑、石狮各二;六年后李东祺又发现石室一。两次共得画像石四十四块。现其地设有陈列馆，收藏并陈列有关遗物。

武烈　明时李添保年号(1460)。

武烈将军　官名。北魏置，太和十七年(493)定为六品下，二十三年改为七品上。南朝梁大通三年(529)列为十武将军之一，定为武职三十四班中的二十一班。陈改为拟六品，比秩千石。

武林　❶即今江西余干县东北武陵山。西汉元鼎六年(前111)东越王余善发兵拒汉，使驺力等入白沙、武林、梅岭；汉楼船将军杨仆出武林入东越，皆即此。❷杭州的别称。以武林山得名。南宋吴自牧《梦粱录·杭州》："杭城号武林。"周密《武林旧事》即专记杭州事迹。

武林吉(Franklin Ohlinger，1839—1919)　美国美以美会教士。清同治九年(1870)来华传教，次年在福州设立福音书院及培元书院。十三年创《郇山使者》月报。闽中之有报章，自武氏始。光绪七年(1881)办英华书院，设英语课。十二年去朝鲜传教。二十一年回福建兴化。三十至三十三年与监理会教士林乐知在上海主编报刊及翻译书籍。嗣后返美。宣统二年(1910)再度来华，任榕城国立高等学校英、德文教习。译著有《天演正论》、《罗马宗教激战史》等。

武林旧事　书名。宋周密撰。十卷。为追忆南宋都城临安(即武林，今杭州)旧事而作。所记多据耳闻目睹，颇为真实。于乾道、淳熙间三朝授受、两宫奉亲之故迹，叙述尤详。另记艺文、手工、物产等情况，亦有较高的史料价值。

武林山　《汉书·地理志》会稽郡钱唐县："武林山，武林水所出，东入海。"即今浙江杭州灵隐、天竺诸山的总称。据北宋《祥符图经》已专指灵隐寺所在山峰，即今灵隐山。参见"虎林山"。

武林水　《汉书·地理志》会稽郡钱唐县："武林山，武林水所出，东入海，行八百三十里。"顾夷吾《山川记》武林泉："自南徂东，临浙江一派，谓之灵隐浦。"(见《咸淳临安志》卷二十三《山川》)未详所指，一说即武林山诸泉水的总称。

武林县　❶南朝宋元嘉二年(425)，以武城县改置。治今广西平南县东南。属永平郡。南朝梁武帝大同年间，交州刺史咎曾被封为武林侯。隋属藤州。唐贞观七年(633)改属龚州。北宋开宝五年(972)，废入平南县。❷隋开皇六年(586)改堙阳县置。治今河南登封市西南。十八年又改名纶氏县。大业初废。唐载初元年(690)复置武林县。开元十五年(727)，改名颍阳县。❸元置。治今广西天等县西北。明永乐初废。

武陵郡　西汉高帝改黔中郡置。治义陵县(今湖南溆浦县南)。辖境相当今湖南沅江流域以西，贵州东部，湖北长阳、鹤峰、五峰、来凤等县，重庆秀山县和广西龙胜各族自治县地。东汉移治临沅县(今湖南常德市西)。其后辖境逐渐缩小。隋开皇九年(589)废。大业及唐天宝、至德时又曾改朗州为武陵郡。境内有槃瓠种落后裔的少数民族，史称武陵蛮。

武陵蛮　汉时分布在武陵郡的少数民族。相传为槃瓠之后，有民族语言，称首领为"精夫"，彼此互呼"姎徒"。与中原早有交往，朝廷对其附则受而不弃，叛则弃而不追。汉初设武陵郡，包括今湘西沅江和澧水流域以及黔、川、鄂的一部分地区。岁征大人布一匹，小口二丈，是谓賨布。东汉时势力转盛，常因官府增重租赋而杀官吏，攻州郡。建武二十三年(47)，首领相单程率众据险，攻袭郡县，次年占领临沅(今湖南常德西)。后在东汉大军围攻下，饥困投降。章帝、和帝、顺帝时，武陵蛮各部的斗争时有发生，均被官府镇压。

武陵山人遗书　书名。清顾观光的著作集。顾去世后由莫祥芝于光绪九年(1883)刊于上海，故名遗书。内收书十二种，包括：《六历通考》、《九执历解》、《回回历解》、*《算賸初编》、*《算賸续编》、*《算賸余稿》、《九数外录》、《神农本草经》、《周髀算经校勘记》、《伤寒杂病论补注》、《吴越春秋校勘记》、《华阳国志校勘记》。1915年金山高煌重印莫氏本时又补入高桂续刊的顾著二种：《七国地理考》及《国策纪年》。

武陵县　隋开皇九年(589)改临沅县置。治今湖南常德市。隋以后历为武陵郡、朗州、鼎州、常德府、常德路治；南宋建炎四年(1130)，县人钟相起义于此。1913年改名常德县。

武略大夫　武阶官名。北宋政和二年(1112)由内园使、洛苑使、如京使、崇仪使改名。为武臣第三十一阶。

武略将军　散阶官号。(1)金始置为武散官，以授从六品下武官。元沿置，改武官从五品，宣授。明代为武官从五品，初授。清初沿置，为武职中属绿营者从五品之封赠。乾隆二十年(1755)，改武略郎。(2)*十武将军之一。

武略郎　武阶官名。北宋政和二年(1112)重定武臣官名，改内园副使、洛苑副使、如京副使、崇仪副使置，为从七品武阶官，属大使臣。清乾隆二十年(1755)，改武略将军置，为武职中属绿营者从五品之封赠。三十二年，属八旗者从五品亦封此。五十一年，改为武德佐骑尉。

武略骑尉　官阶名。清乾隆五十一年(1786)改武信郎设，为武职正六品之封赠。参见"武职封赠"。

武略书　太平天国印书。内收《孙子》十三篇、《吴子》六篇、《司马法》六篇，为中国古代兵书的汇编。清咸丰八年(1858)刊行。

武略佐骑尉　官阶名。清乾隆五十一年(1786)改武信佐郎设，为武职从六品之封赠。参见"武职封赠"。

武罗　相传为有穷后羿之贤臣。夏太康失位，后羿取代夏政，不用他与伯因、熊髡、龙圉，而用寒浞为相(《左传·襄公四年》)。

武猛从事　州刺史僚属名。东汉末临时设置。《三国志·魏志·张杨传》："以武勇给并州，为武猛从事。"魏、晋司隶校尉及诸州刺史皆置，参掌军事。北齐唯司州置，视从九品。隋代因之，置于雍州，开皇十二年(592)改名武猛参军。

武猛将军 官名。南朝梁置。天监七年(508)定为武职二十四班中的十二班,大通三年(529)定为十武将军之一,为武职三十四班中的二十一班。陈沿置,改为拟六品,比秩千石。

武纳格(?—1635) 又作吴讷格。清蒙古正白旗人,博尔济吉忒氏。天命间携七十二人归附后金。通蒙、汉文,赐号“巴克什”。天命十一年(1626),随努尔哈赤攻明,进三等总兵官。皇太极即位,总管蒙古军,位在八大臣之上。及蒙古军来附日多,分左、右二营,与鄂本兑分管。天聪三年(1629),进攻察哈尔,克遵化,逼北京,围大凌河城,与阿济格招抚大同、宣府边外察哈尔部众。八年,改蒙古军左、右营为左、右翼,为左翼固山额真。封世职一等昂邦章京,旋进三等公。同年,随皇太极攻明。

武宁军 唐方镇名。建中三年(782)置徐海沂密都团练观察使。贞元四年(788)置徐泗濠节度使,治徐州(今属江苏)。贞元后时废时置,称号屡变。永贞元年(805)置武宁军节度使,领徐、泗、濠、宿四州,约当今安徽池河、江苏淮河以北,即江苏丰县,山东滕州、郯城以南,安徽濉溪、怀远以东地区。咸通十一年(870)改为感化军。中和初,为时溥所据。景福初,为朱温所并。天复二年(902)罢。

武宁王 元代诸王封号。授螭纽金印。至治二年(1322),宪宗蒙哥第三子玉龙答失之孙彻彻秃受封。

武平 北齐后主年号(570—576)。凡七年。

武平路 元至元二十五年(1288)以大宁路改置。治大定县(今内蒙古宁城县西大明城)。辖境相当于今内蒙古老哈河、奈曼旗以南,辽宁医巫闾山、大凌河以西,河北滦河以东及长城以北地区。后复名大宁路。

武平王 元代诸王封号。授驼纽金印。延祐五年(1318)秃满帖木儿受封,帖古思不花、不花帖木儿等袭封。

武平县 ❶东汉置。治今河南鹿邑县西北。属陈国。建安元年(196),封曹操为武平侯于此。晋初属梁国,后废。北魏正始中复置,属陈留郡。隋开皇中改名鹿邑县。❷唐武德四年(621)以隋隆平县改置,治今越南永富省永福东南平州,先后属道州、交州。后废。❸唐武平镇,五代称武平场。北宋淳化五年(994)升置武平县。治今福建武平县,属汀州。元属汀州路,明清属汀州府。❹金大定七年(1167)以武安县改置,治今内蒙古敖汉旗东,属大定府。曾属高州。元属大定路。后废。

武平一(?—约741) 唐武则天侄孙,武载德子。名甄,以字行。博学,通《春秋》,工文词。武后时,隐居嵩山。神龙元年(705),中宗复位,追召为起居舍人,旋兼修文馆直学士。曾请中宗戒饬亲贵,又以诗颂规谏,均不见纳。玄宗立,贬苏州参军,徙金坛令。

武骑 唐兵种之一。万岁通天元年(696)令山东近境州县置武骑团兵。圣历元年(698)又于河南河北置武骑团以备默啜,每一百五十户共出兵十五人,马一匹。

武骑常侍 官名。西汉置为加官,亦称常侍武骑,皇帝近侍护卫之一,多以郎官为之,车驾游猎,常侍左右。《史记·李将军列传》:“用善骑射,杀首虏多,为汉中郎。广从弟李蔡亦为郎,皆为武骑常侍,秩八百石。”一说秩六百石。东汉省。南朝宋大明中复置,为侍从武官,用以安置闲散,隶中领军(领军将军),位比奉朝请。南齐、梁、陈因之。梁二班,陈八品。北齐略同,员二十五人,隶左、右卫府,从七品。北周列为散官,三命。隋初因袭北齐制度,员十人,从七品下,开皇六年(586)罢。

武骑侍郎 官名。北魏置。《魏书·于栗䃅传》:“太和中,(于忠)授武骑侍郎,因赐名登。转太子翊军校尉。”太和十七年(493)定为从四品上,二十三年复次职令,未见。北周置为散官,三命。

武骑尉 官名。隋开皇六年(586)始置。初为武散官八尉之一,大业三年(607)罢。唐代复置为一转勋官,视从七品。宋承唐制,为十二级勋官末等,从七品。金如宋制。明代置为武勋官,从六品。

武器监 ❶官署名。唐代中央政府、隋唐行台省皆置,有监、少监(或副监)、丞等,掌兵仗、厩牧之事。中央政府所置,于唐贞观六年(632)废。开元三年(715)又置军器监。行台省所置,于唐武德五年(622)至九年随行台省废。❷官名。唐代中央政府武器监长官,置一员,正八品下。隋代行台尚书省武器监长官,置一员,视正八品。唐代陕东道大行台尚书省武器监长官,置一员,正八品下。诸道行台尚书省武器监长官,置一员,从八品上。

武器令 官名。唐代卫尉寺武器署长官,置一员,正八品下,掌在外使用之戎器,祭祀、巡幸之仪仗则纳于武库。宋初存其名而罕除授。金代殿前都点检司武器署置,位提点下,从六品。

武器署 官署名。唐代卫尉寺置,有令一员、丞二员,掌在外使用之戎器,祭祀、巡幸之仪仗则纳于武库,给六品以上葬卤簿、棨戟,又有监事二员;唐贞观中东都(洛阳)亦置。宋初存其名而罕除授。金代殿前都点检司置,有提点、令、丞,掌祭祀、朝会、巡幸及公卿婚葬卤簿仪仗旗鼓笛角之事;又有直长二员、顿舍官二员。

武秋瀛先生自订年谱 书名。清武澄清编。武氏于咸丰二年(1852)成进士,官至知县。是谱自记嘉庆五年(1800)至光绪十年(1884)间就读、授馆、科试及施政等事。其中涉及河南、安徽吏治民生和捻军文字尤有参考价值。有光绪十四年刻本。

武泉县 西汉置。治今内蒙古呼和浩特市东北塔布陀罗海古城。属云中郡。汉高帝七年(前200)周勃、灌婴击败匈奴于武泉北,景帝中六年(前144)匈奴入至武泉,并即此。东汉末废。

武儒衡(769—824) 唐河南缑氏(今偃师南)人,字庭硕。武元衡堂弟。贞元进士。宪宗以其兄故,特厚待之。累迁户部郎中,知谏议大夫事,兼知制诰。为人正直,议论刚烈,不畏权贵。时宰相皇甫镈剥下媚上,他上疏论列。又鄙厌元稹倚宦官得势,会朝臣食瓜，蝇集于上，他以扇挥之曰："适从何处来，而遽集于此?"同僚均为之失色。终以嫉恶太甚，不得大任，以兵部侍郎卒。有文集二十五卷，已佚。

武三思(?—707) 唐并州文水(今山西文水东)人。武则天侄。少以后族累转右卫将军。武后临朝及称帝时，累擢夏官、春官尚书，监修国史，封梁王。性倾谀，善逢迎，特蒙信任，子崇训娶中宗女安乐公主。中宗复位，进拜司空，同中书门下三品。私通韦后，谮害敬晖等功臣，威权日盛。宗楚客、宗俊卿、纪处讷等皆其亲党。后与韦氏母女谋废太子重俊。为重俊所杀。

武散官 武臣无职事或寄禄者。隋代置上柱国以下十一等散实官，六品以下翊军等四十三号将军为散号官。开皇六年(586)又别置武骑以下正六品至从九品八尉。大业三年(607)皆罢，置建节以下八尉，亦为正六品至从九品。唐武德七年(624)置辅国、镇军二大将军，及冠军以下十将军为散号将军。贞观十一年(637)更置骠骑大将军为从一品武散官，辅国、镇军二大将军为从二品武散官，冠军将军加"大"字及云麾以下、游击以上十将军为五品以上武散官；加置昭武、振威以下八校尉、八副尉为六品以下武散官。显庆三年(658)又置怀化大将军、怀化将军、归德大将军、归德将军及中郎将、郎将、司阶、中候、司戈、执戟长上为正三品至从九品武散官，共增置各级武散官四十五阶，专授归唐之少数民族政权首领。宋代自骠骑大将军以下凡三十一阶，康定二年(1041)定散官不系品位，元丰五年(1082)罢。金元置三十四阶武散官，金代为正三品上至从九品下，凡仕至从二品至从一品者，皆用文资；元代为正二品上至从八品下，五品以上为宣授，以制任命，六品以下为敕授，由中书省署牒。明代武官共设三十散阶，有初授、升授、加授之分。

武生 武学生员之简称。明代指送入两京武学读书的武官子弟。正统六年(1441)，两京始设武学，京卫都督以下子弟四十人，幼官一百人，都指挥五十一人入学读书。以后陆续由各都司、卫、所年满十岁的世袭军官子弟中选派。成化后，改为考试，每年冬季举行，入学者通谓之武生。崇祯十年(1637)，令天下府、州、县学皆设武学生员，以备征用。清沿明末之制，武生皆附儒学，除骑射外，兼习《武经七书》等。

武省试 武举考试方式之一。唐宋时由兵部主持于京城举行的对武解试合格者的考试。考试内容为策问与弓马。北宋天圣七年(1029)规定，武举与制科同试策于秘阁，故武省试的策问考试又称为"秘阁试"。熙宁八年(1075)，罢秘阁试，改试于贡院的别试所。南宋因之。武省试的弓马，由直学士以上或正任横行武官各一员与军头司共同考试，内容与解试略同。武省试以策问定去留，以弓马定高下。合格者可赴武殿试。金代亦作为武举的一级考试。

武胜关 在今河南信阳市东南。当河南、湖北两省边境，为大别山隘口之一。京广铁路经此。

武始 战国韩邑。在今河北武安市南。《史记·秦本纪》：昭襄王十三年(前294)，"向寿伐韩，取武始"，即此。西汉置武始县。

武始县 西汉元朔三年(前126)封赵敬肃王子刘昌于此，后改为县。治今河北邯郸市西南。属魏郡。东汉废。

武士 见"卫士"。

武士彟(577—635) 唐并州文水(今山西文水东)人，字信。尝经营木材，因以致富。隋末，为鹰扬府队正。李渊(唐高祖)留守太原，引为行军司铠参军。从李渊起兵，平京城。入唐，为光禄大夫。武德中，累迁工部尚书，封应国公。高祖为媒续娶杨氏，生武则天。贞观中，历利、荆二州都督，卒于官。

武士将军 官名。北魏置。太和十七年(493)定为从五品上，二十三年复次职令不载。

武侍率府 唐左右*司御率府在隋炀帝时称左右武侍率府。

武遂 ❶战国燕邑。在今河北徐水县西北遂城。《史记·赵世家》：悼襄王二年(前243)，"李牧将，攻燕，拔武遂、方城"，即此。❷战国赵邑。在今河北武强县西北。《史记·廉颇蔺相如列传》："秦破杀赵将扈辄于武遂，斩首十万。"西汉置武隧县。❸战国韩地。在今山西垣曲县东南。一说在今山西临汾市西南。《史记·秦本纪》：武王四年(前307)，伐韩，拔宜阳，"涉河，城武遂"，即此。

武遂津 或作武隧津。魏晋时期易水(今河北徐水县西北遂城北瀑河)流经武遂的俗称。《水经·易水注》：易水"又东流径武隧县南"，"俗又谓是水为武隧津"。《资治通鉴》：东晋咸康六年(340)前燕慕容皝袭后赵，"进破武遂津"，即此。

武遂县 西汉置武隧县。治今河北武强县西北田王沙窪。属河间国。东汉改"隧"为"遂"，属安平国。三国魏废。西晋复置。太康后属武邑郡。北齐废。

武泰 北魏孝明帝年号(528)。

武泰军 唐方镇名。大历十二年(777)置黔州经略招讨观察使，治黔州(治今重庆彭水)。领黔、施、夷、辰、思、费、溆、播、南、溱、珍、锦十二州，约当北至今重庆綦江、湖北建始，南抵广西西林、东兰，西至贵州毕节，东抵湖南溆浦、洪江地区。大顺元年(890)号武泰军。乾宁后历为成汭、王建、马殷割据。

武汤 即"汤"。

武王克殷日纪 书名。清林春溥编撰。一卷。武王克殷日期，《逸周书》记载颇详，但史实颠倒杂乱。清孔广森虽有武王克殷日谱之作，但内容简略。林氏依据《史记》、《国语》、《三统历》、《逸周书》、《吕氏春秋》、《拾遗记》、《韩诗外传》、《大戴礼记》等有关资料，逐日排比，有不可考者，则证以地理远近、情势先后，加以论断，编成本书。末附《灭国五十考》。道光十八年(1838)由竹柏山房家刻刊行。

武威汉简 甘肃武威出土的汉代简牍。(1)1957年磨咀子6号汉墓发现四百八十枚。内容除十一枚木简为日忌及杂占外，均是《仪礼》经传，共三本九篇，二万七千多字。其中甲本、乙本为木简，丙本为竹简。篇目文句与今传《仪礼》略异，或以为即《后汉书·儒林传》载庆普所传庆氏《礼》。同地18号汉墓发现木简十枚,记东汉明帝永平十五年(72)墓主幼伯年满七十,受赐王杖事,并引录有关诏书,共二百数十字。1981年又出土二十六枚。(2)1972年在旱滩坡东汉墓发现木简七十八枚、木牍十四枚,内容除个别有涉迷信禁忌外,都与医药有关。录有各科方剂三十余,并列药物约百种及有关临床诊断和针灸学资料。

武威将军 官名。东汉建安初置。两晋沿置,统兵出征。西晋末巴氏李特起事后亦置。南朝梁天监七年(508)定为武职二十四班中的十二班,大通三年(529)列为十武将军之一,改为武职三十四班中的二十一班。陈改为拟六品,比秩千石。

武威郡 西汉元狩二年(前121)以匈奴休屠王地置;一说昭、宣帝时分张掖郡置。治姑臧县(今武威市)。属凉州。辖境相当今甘肃黄河以西、武威市以东及大东河、大西河流域地区。东汉以后屡有伸缩。隋开皇初废。地当河西走廊"诸郡路道喉辖之要"(《三国志·魏志·毌丘俭传》裴松之注引《魏名臣奏》),水草丰美,畜牧业发达。十六国前凉、后凉、南凉、北凉皆曾建都于此。隋大业及唐天宝、至德时又曾改凉州为武威郡。广德二年(764)地入吐蕃,遂废。

武威卫 唐光宅元年(684)至神龙元年(705)改左右*骁卫为左右武威卫。

武威县 ❶西汉以匈奴休屠王地置。治今甘肃民勤县东北。属武威郡。晋并入姑臧县。❷唐总章元年(668)置。取汉旧名。治今甘肃武威市。属凉州。神龙元年(705)改为神乌县。

武惟良(?—666) 唐并州文水(今山西文水东)人,名守官,以字行。武士彟侄。事武后母杨氏,由卫尉少卿出为始州刺史。后高宗封泰山,武后毒杀其姊女魏国夫人贺兰氏,嫁祸于他,遂被诛。

武卫 ❶官号。东汉建安十六年(211)曹操置。《三国志·魏志·许褚传》:褚"迁武卫中郎将,武卫之号,自此始也"。其后有武卫将军、武卫大将军、武卫校尉、武卫都尉等名号。❷武卫将军的省称。❸隋唐十二卫之左、右武卫的统称,位骁卫下,领府兵,掌宫禁宿卫。隋开皇时始置武卫府,唐因之。光宅元年(684)改鹰扬卫,神龙元年(705)复旧。皆分左右,各置大将军一人,将军二人。其下有长史、录事参军及仓、兵、骑、胄等曹参军事。各统有翊府及数十折冲府,其军士名熊渠。

武卫将军 官名。三国魏置。权任甚重,曹爽由此拜大将军,受明帝遗诏顾命。三国吴置,权任亦重。西晋泰始三年(267)罢,惠帝时赵王伦执政复置。东晋或置或省。魏、晋时皆四品。十六国汉、前凉、前秦、西凉、西秦、南凉、西燕亦置。南朝宋大明年间复置,代殿中将军之任,比员外散骑常侍,权任渐轻。齐、梁、陈沿置。梁天监七年(508)定为三班,陈八品,秩六百石。北魏时仍掌宿卫禁军,太和十七年(493)定为从二品下,二十三年改为从三品。北齐时为左、右卫府次官,员各二人,佐左、右卫将军掌宫禁宿卫,从三品。北周亦置。

武卫军 ❶金、元禁军机构。见"武卫军都指挥使司"。❷清末陆军建制之一。光绪二十四年(1898)十月,荣禄将北洋四大军(武毅军、甘军、毅军、新建陆军)合编为武卫军,分路驻防。聂士成部武毅军为武卫前军,驻芦台;董福祥部甘军为武卫后军,驻蓟县;宋庆部毅军为武卫左军,驻山海关(一说驻锦州);袁世凯部新建陆军为武卫右军,驻小站;荣禄另募新兵万人为武卫中军,驻南苑。从此,原有各防军合成一军,但实际上仍各成势力。次年,袁世凯率武卫右军赴山东镇压义和团,并不断扩充自己的军队,迅速成为北洋主力。二十六年,武卫前军在天津保卫战中损失惨重,聂士成战死;武卫后军在八国联军打击下,大部分溃败。

武卫军都指挥使司 ❶金京城卫戍组织。掌防卫都城,警捕盗贼。隶兵部。设都指挥使一员,从三品;副都指挥使二员,副使一员,皆从四品;判官一员。❷元宿卫军组织。世祖中统元年(1260),征诸道兵赴京师充宿卫,组成武卫军,以李伯祐、董文炳为都指挥使。后又征集益都新、旧军及诸翼万户所领精兵扩充武卫军。至元元年(1264),改为侍卫亲军。

武卫亲军都指挥使司 元枢密院所属京城侍卫军组织。掌修治城隍及京师内外工役,兼大都屯田等事。世祖至元二十六年(1289)置,秩正三品,置都指挥使领之。定置达鲁花赤一员、都指挥使三员,皆正三品;副都指挥使二员,从二品,佥事二员,正四品。下辖镇抚所、行军千户所七、屯田千户所六,教官二名。

武卫营 军队名。汉末曹操为丞相,置武卫营,充宿卫,以领军主之。曹丕为魏王,乃置武卫将军,主禁旅。

武卫右军随营学堂 即"新建陆军行营武备学堂"。

武舞 又称武功舞、平定天下之舞。明代宴庆舞蹈。象征以武功定祸乱。宴会及庆典时用以助兴。洪武三年(1370)定,舞师二人,执旌引舞;舞士三十二人,皆左手执干,右手执戚,分为四行,每行八人。舞姿作发扬蹈厉、坐作击刺之状。

武溪 即今湖南泸溪县武水。源出古丈县、吉首市界之武山,东至泸溪县治入沅江。一说即东汉、魏、晋、南北朝武陵五溪之一。两岸悉盘瓠种落武溪蛮所居。《后汉书·南蛮传》:建武二十三年(47),武溪蛮大寇郡县,遂"遣武威将军刘尚,发南郡、长沙、武陵兵万余人,乘船溯沅水入武溪击之"。

武溪集 书名。北宋余靖撰。二十卷。此书系其子仲荀所编。久无传本,明邱濬自文渊阁录出,内容有律诗、序、论、记、制诰、判词、表、启、杂文、墓志等。其中"大宋平蛮碑"、"进平蛮记表"、"宋故狄令公墓铭"等篇,是研究侬智高起兵的重要参考资料。

武仙(?—1234) 金威州(今河北井陉北威州)人。贞祐二年(1214),领乡兵保威州西山,代威州刺史。兴定四年(1220),知真定府事兼经略使。受封恒山公,财富兵强,为九府第一。同年,降蒙古,为真定元帅史天倪之副。后与天倪不和,正大二年(1225),杀天倪,以真定降金。为蒙古将肖乃台所攻,奔汴京。五年,置府卫州(今河南卫辉)。七年,围潞州(今山西长治),杀蒙古将任存。旋因窝阔台领大兵至,逃归卫州。又屯兵鹡岭关,扼守金州路(治今陕西安康)。开兴元年(1232),大败于三峰山(今河南禹州境),逃亡南阳留山,收溃军十万人,旋任参知政事、枢密副使。哀宗迁归德、蔡州,累召入援,不赴。蔡州破,将士散去,从十八人北渡河,至泽州(今山西晋城),被戍兵所杀。

武仙县 唐武德四年(621)置。治今广西武宣县东南旧县。属象州。明宣德中移治今县,改名武宣县。

武显大夫 官名。北宋政和二年(1112)重定武臣官号,改左藏库使、东西作坊使置,为正七品武阶官,属大使臣。清乾隆二十年(1755)改骠骑将军置,为武职中属绿营者正二品之封赠。三十二年,属八旗者正二品亦封此。五十一年,改为武显将军。

武显将军 官阶名。清乾隆五十一年(1786)改武显大夫设,为武职正二品之封赠。参见"武职封赠"。

武显郎 武阶官名。北宋政和二年(1112)由左藏库副使,东、西作坊副使改名。为武臣第三十七阶。

武乡 城邑名。在今陕西汉中市北。《三国志·蜀志·诸葛亮传》:建兴元年(223),"封亮武乡侯,开府治事",即此。北魏延昌初置武乡县。

武乡郡 十六国后赵石勒以武乡县为其故里,分上党、乐平二郡置。治武乡县(今山西榆社县西北),辖境约当今山西武乡、和顺、左权、榆社等县地。北魏延和二年(433)改为乡郡。

武乡试 武举考试方式之一。明清于各省及京师举行的武举初级考试。明天顺八年(1464)令天下官员、军民人等,有通晓兵法、勇武出众者,共同保举,各省由巡抚、巡按会三司官考试,直隶由巡按御史考试。弘治六年(1493)以后,改定六年一行。十七年,改为三年一试,于子、午、卯、酉年十月举行。正德十四年(1519)规定:武举乡试,应举者于九月内各卫所送都司,各府州县送布政司,均由巡按御史会同三司官主持考试,南北两京由兵部选官考试。共试三场,初场试马上箭,第二场试步下箭,第三场试策一道,分别于十月九、十二、十五日举行,实行逐场淘汰制。取中者称武举人,俱送兵部,可于次年四月参加武会试。清承明制,以子、午、卯、酉年为正科,遇庆典加试为恩科。凡各省武学生员和绿营兵丁,五人结保,均可应试。试期同明代,亦分三场。首场试马射,二场试步射和技勇(开弓、舞刀、掇石),一、二场称外场;第三场称内场,初试策论,嘉庆十二年(1807)后,改为默写《武经》百余字。各省乡试由总督或巡抚为主考官,会同提督、总兵以视外场;顺天府外场考官以领侍卫内大臣、满洲大学士和都统四人充任,内场考官以翰林官二人充任。中式者亦称武举人,可于次年参加武会试。

武乡县 ❶西晋分涅县置。治今山西榆社县西北。十六国后赵石勒,即本县羯人。《晋书·石勒载记》:"所居武乡北原山下草木,皆有铁骑之象";又令曰:"武乡,吾之丰沛"。西晋属上党郡,十六国后赵、前燕、前秦为武乡郡治。北魏延和二年(433)改为乡县,移治今武乡县东南。❷本武乡,在今陕西汉中市北。属褒中郡。蜀汉诸葛亮受封武乡侯,即此。北魏延昌元年(512)置县。西魏废。❸西魏改华阴县置。治今陕西大荔县。西魏、北周为同州及武乡郡治。隋大业初改为冯翊县。❹本乡县,唐武则天改名。治今山西武乡县东南。属潞州。神龙中,复为乡县,后又改为武乡县。《资治通鉴》:唐会昌三年(843)刘稹以泽、潞叛,遣其党"康良佺守武乡",即此。北宋太平兴国初改属威胜军,金属沁州。蒙古至元三年(1266)并入铜鞮县,后复置。元、明、清皆属沁州。1958年移治段村,即今治。

武信军 唐方镇名。乾宁四年(897)置,一说光化二年(899)置,治遂州(今四川遂宁)。领遂、合、昌、渝、泸五州,约当今四川南充以南,古蔺以北,大足、隆昌、高县以东,重庆以西地区。为王建所据。

武信郎 散阶称号。清代置。乾隆二十年(1755)始定,为武职中属绿营者正六品及属八旗者正、从六品之封赠。三十二年,八旗改同绿营,只封正六品。五十一年,改为武略骑尉。参见"武职封赠"。

武信骑尉 官阶名。清乾隆五十一年(1786)改奋武郎设,为武职正七品之封赠。参见"武职封赠"。

武信佐郎 官阶名。清初武职从六品之封赠,乾隆五十一年(1786)改为武略佐骑尉。参见"武职封赠"。

武信佐骑尉 官阶名。清乾隆五十一年(1786)改奋武佐郎设,为武职从七品之封赠。参见"武职封赠"。

武兴 本为氐、羌之地。三国蜀筑城,故址在今陕西略阳。氐族杨氏曾居此。其祖据仇池(今甘肃成县西汉水北岸),世为百顷氐王仇池公。北魏天兴初,杨盛为仇池王。文成帝时杨文德据有阴平、武兴地。文德卒,文度自立为武兴王。后数世屡遣使献方物。其地东连秦岭,西接宕昌。大姓有苻氏、姜氏、梁氏。知农耕,言语与中原同。至正始三年(506)为北魏所破,以为武兴镇,复改为东益州。

武兴国 南北朝时氐人所建政权。北魏太和二年(478),略阳清水氐人杨文弘(一作洪)以武兴(今陕西略阳一带)为中心建国,统治地区东连秦岭,西接宕昌,南去汉中四百里,北去岐州三百里。先后臣属于刘宋、北魏。西魏废帝二年(553)为西魏所灭。共历五主,凡七十五年。

武兴县 ❶三国蜀汉筑城。即今陕西略阳县。西晋为武兴戍。后为氐族杨氏所据。北魏正始三年(506)置军镇,并置武兴县。后曾为东益州及武兴郡治。西魏改名汉曲县。❷唐天授元年(690),以文水县改置,治今山西文水县东南。因为武则天乡里,故与太原、晋阳并为京县。神龙元年(705),复为文水县。❸唐证圣元年(695)析鲁山、郏城二县地置,治今河南宝丰县。神龙元年改名中兴县。

武兴之变 南宋嘉泰元年(1201),吴璘孙吴曦出任兴州(今陕西略阳)都统制,掌川陕军主力。开禧二年(1206),韩侂胄出兵攻金,以吴曦兼四川宣抚副使,陕西、河东招抚使。吴曦据兴州叛变,称臣于金,被封为蜀王,割西和、成、阶、凤(治今甘肃西和、成县、武都、凤县东北)四州。三年,安丙、杨巨源、李好义等攻杀吴曦。兴州州治顺政县旧名武兴,故史称"武兴之变"。

武休关 在今陕西留坝县南。旁连褒斜道,为陕蜀交通咽喉。《续资治通鉴》:南宋嘉定十二年(1219),"金人乘胜破武休关,都统李贵遁还"。

武选 唐代六品以下武官铨选归兵部,故称。铨试有长垛、马步射、马枪、步射、应对五门,以试其能。另有骁勇、材艺、可为统领之用三门,以较其异。审其功能,而定其留放。其在军镇要籍,不得赴选,委节度使铨试其等第,申尚书省。

武选官 宋代武阶官别称。

武选清吏司 官署名。简称武选司。明清兵部所属四司之一。掌武职官员的选授、品级、封赠、袭荫,考察各地之险要而建置营汛,及管理土司武职官员的承袭、封赠等事。明洪武二十九年(1396)改司马部置。设郎中、员外郎各一人,主事二人。洪熙元年(1425)南京兵部亦置。清顺治元年(1644)沿置,设郎中,满洲三人、蒙古一人、汉一人主持司务;员外郎,满洲四人、汉二人佐之;另有主事,满、汉各一人。下设都统房和升调、将材等科。

武选司 即"武选清吏司"。

武穴教案 清光绪十七年五月(1891.6),天主教徒欧阳理然肩挑小孩四名送九江法国天主教堂,路过湖北广济县(今武穴市)武穴镇码头时,死小孩一名。群众对外国侵略者在武穴把持海关和扩建教堂,积愤已久,遇此事件,怒不可遏。在哥老会发动下,聚众千余人,焚毁武穴教堂,击毙英国金教士(William Argeet)及海关检查员柯林(Green)。事发后,英国军舰从九江开赴武穴示威,英国联合法、德两国向清政府要挟。清湖广总督张之洞捕杀民众二人,并赔"恤费"四万元、教堂费二万五千元结案。

武学 ❶学校名。北宋仁宗庆历三年(1043)始置,为培养武备人才的学校。设教授一人,掌讲授兵书、兵法。数月后罢。神宗熙宁五年(1072)复置,设教授,以文武臣熟知兵事者充任,其上设判学一人。学生以一百人为限,凡使臣未参班及门荫、草泽人,许由两名京朝官推荐,视看人材,试验弓马,合格者始许入学。在校学习《武经七书》等诸家兵法,三年学满,考试合格者,按等第授官。元丰改制,改教授为博士。徽宗崇宁三年(1104),各州县皆设,仿儒学行考选升贡法,分为三舍,称外舍生为武选士,内舍生为武俊士。宣和二年(1120)罢州县武学。南宋高宗绍兴十六年(1146)复置,一如旧制。明正统六年(1441)于南北两京置,各设教授一员,训导六员,由兵部司官提调。正统、成化间先后颁行学规十条至十五条。入学者通谓之武生,练武习射,参加阅操,并以武经七书为课目。成绩优秀者可直接荐送兵部,经过考试授官,其余可参加科举考试,或通过纳粟、纳银入国子监。崇祯十年(1637),令天下府、州、县学皆设武学生员,提学官一体考取。清代武学生员附儒学,除练骑射外,兼习《武经七书》、《百将传》等。❷杂志名。清光绪三十四年五月一日(1908.5.30)在日本东京创刊。月刊。留日陆军学生主办,武学编译社发行,陆光熙、方日中、覃鎏钦、王祷昌、姜梅龄、黄郛先后主编,使日大臣李家驹作序。提倡陶铸军魂,编译军事兵学。已见发行十四期。

武学生员 即"武生"。

武学研究会 清末新军中的革命团体。光绪三十四年(1908)冯玉祥在奉天新民(今属辽宁)联络部分倾向革命的官兵组织而成,冯为会长,核心成员有王金铭、施从云等。以读书为名,在官兵中传播革命思想,联系同志,密图举事。后因风声渐露,另设山东同乡会为掩护组织,武学研究会转入隐蔽活动。宣统三年十一月(1912.1),二十镇部分官兵在滦州起义,武学研究会成员多参与其事。

武巡捕 见"巡捕"。

武训(1838—1896) 清山东堂邑(今聊城西)人。本名武七,后清政府以其励志苦行,兴义学,堪为"垂训于世",乃以训名之。幼孤贫,后自恨不识字,发誓积资兴学以教人。遂昼行乞,夜织麻,或为人磨米麦。得一钱必谨守之,积累成数,放债,置地。三十岁时已在堂邑、馆陶、临清等地置田二百三十余亩。光绪十四年(1888)在柳林镇创办崇贤义塾,内分蒙学、经学两级。次年资助馆陶杨二庄办义塾。二十二年又资助临清办御史巷义塾。每朔望前往义学省视。遇教师勤者,必跪而拜谢;学生有辍业嬉戏者,又必跪以哀告之。甫十余年,塾中弟子成材者日众,他仍敝衣恶食,行乞如故。山东巡抚张曜疏请嘉奖。光绪帝封以"义学正",赏穿黄马褂,他坚辞不受。后卒于临清义塾庑下。

武牙将军 即虎牙将军。唐代人因避李氏先人李虎之讳,改"虎"为"武",于所修史书中改为此名。

武牙郎将 官名。隋大业三年(607)十二卫护军改为武贲郎将后置,每卫六人,从四品,为武贲郎将副贰。

武阉 明代指执兵内操之宦官。

武延秀(?—710) 唐并州文水(今山西文水东)人。武则天侄孙,武承嗣次子。圣历元年(698),奉制亲迎突厥默啜可汗女为妻,入突厥被拘,因通突厥语及歌舞。长安四年(704)始还,封柏国公,授左卫中郎将。景龙初,与韦后私通。景龙二年(708),娶韦后女安乐公主。授太常卿,兼右卫将军,改封恒国公。及中宗死,与宗楚客等劝韦后效武后故事,以革唐命。旋临淄王李隆基(玄宗)发动政变,与韦后、安乐公主同被杀。

武阳 ❶战国燕昭王置,为燕之下都。在今河北易县东南中易水与北易水之间。《史记·赵世家》:

孝成王十九年(前 247),“赵与燕易土,……燕以葛、武阳、平舒与赵”。汉于城东南置故安县。❷战国蜀邑,后属秦。在今四川彭山县东。《华阳国志·蜀志》:周慎王五年(前 316)秦攻蜀,“蜀王自于葭萌拒之,败绩,王遁走至武阳,为秦军所害”,即此。西汉置县。

武阳渡 又名辟邪渡(《读史方舆纪要》)。在今江西南昌县东南抚河岸。元至正二十三年(1363),朱元璋与陈友谅相战于鄱阳,先遣信州兵守武阳渡,防陈部逃逸,即此。

武阳关 义阳三关之一。居“三关”之东,故一名“东关”。在今河南罗山县南;一说即今信阳市东南武胜关。隋及唐初在礼山县境内,故《元和郡县志》称为礼山关。宋名大寨岭。

武阳君 即“郑安平”。

武阳县 ❶秦以武阳邑置。治今四川彭山县东。汉属犍为郡。晋兼西江阳郡治。南朝梁改名犍为。❷南朝宋以南武阳县置。治今山东平邑县。北魏属东泰山郡。隋开皇十六年(596)改曰颛臾。❸北魏改东武阳县置。治今山东莘县西南朝城。属阳平郡。唐改曰朝城。❹北魏置。治今河南西平县西南。属襄城郡。隋开皇十八年改名吴房县。❺北周置。治今四川犍为县东南。属沈犀郡。隋开皇时改名犍为。❻隋开皇初置。治今甘肃陇西县东南。属陇西郡。开皇十年改名陇西。❼唐龙朔二年(662)置。治今广西罗城县北。属融州。北宋熙宁七年(1074)废为镇。

武夷君 相传福建崇安(今武夷山市)武夷山古为仙人武夷君神宅,汉武帝听信越巫,曾遣使祭之。朱熹《武夷山图序》疑此山前世为夷落所居,武帝所祀者或即其君长。一说“武夷”为夏少康庶子“无余”的同名异写。因其为越人始祖,故加以崇拜。一说两者并无关系。

武乙 殷墟甲骨文又作武祖乙。商王。名瞿。康丁之子。武乙是庙号。继康丁即位。曾以偶人为天神,令人与之博,胜之,加以侮辱;又以革囊盛血,仰而射之,称为“射天”(《史记·殷本纪》)。周季历来商朝贺,赐之地三十里,玉十瑴,马八匹。后在河渭之间田猎,被雷震死。殷墟卜辞中列为直系先王祭祀。

武亿(1745—1799) 清河南偃师人,字虚谷,又字授堂,一字小石。乾隆进士。官山东博山知县。为官清正。大学士和珅曾密遣差役,入博山境“捕盗”,横行州县,扰害百姓。他执而杖之,以是罢官。生平笃志经史,其学蕴蓄宏富,根底深厚,尤长于金石与群经考证。著有《群经义证》、《经读考异》、《金石三跋》、《金石文字续跋》、《授堂札记》、《授堂文钞》等。

武义 五代吴高祖杨隆演年号(919—920)。凡二年。

武义成功可汗 见“长寿天亲可汗”。

武义大夫 阶官名。北宋政和二年(1112)重定武臣官号,改西京作坊使,东、西染院使,礼宾使置,正七品武阶官,属大使臣。清乾隆二十年(1755)改昭勇将军而置,为武职中绿营者正三品之封赠。三十二年,属八旗者正三品亦封此。五十一年,改为武义都尉。

武义都尉 官阶名。清乾隆五十一年(1786)改武义大夫设,为武职正三品之封赠。参见“武职封赠”。

武义将军 武散官名。金、元皆置,三十四阶之第二十一阶。金从六品上。元从五品,宣授。

武义郎 武阶官名。北宋政和二年(1112)重定武臣官名,改西京作坊副使、东西染院副使、礼宾副使置,为从七品武阶官,属大使臣。

武邑县 西汉置。治今河北武邑县。属信都国。东汉属安平国。西晋太康十年(289)为武邑郡治。北魏属武邑郡。北齐天保中废。隋开皇六年(586)复置,属冀州。大业三年(607)属信都郡。唐属冀州,至清不改。

武毅将军 官名。(1)南北朝杂号将军之一。南朝宋八品;梁为武职六班,大通三年(529)列为十武将军之一,班次稍高;陈沿梁制,官六品,秩千石。北魏太和年间亦置,十七年(493)定为六品下,二十三年改为七品上。北齐因之。(2)南朝梁、陈杂号将军名号。亦称虎毅将军(《隋书》作者避唐先祖李虎讳而改为“武”),与前锋将军同班。(3)明代武散官阶名。三十阶之第二十五阶,从五品,升授。

武毅军 清光绪二十二年(1896)直隶提督聂士成于直隶驻防淮军内选练马步三十营,仿德国营制操法,装备新式武器,编成武毅军,驻防芦台。二十四年“百日维新”期间,奉调驻天津,系荣禄等人密谋政变的措施之一。戊戌政变后,荣禄将北洋四大军(武毅军、毅军、甘军、新建陆军)合编为武卫军,分路驻防。以武毅军驻芦台为前军。二十六年奉调在京津铁路沿线镇压义和团,旋调防天津,抗击八国联军,恶战十数次。聂士成战死后,归马玉崑指挥。

武翼大夫 官名。北宋政和二年(1112)重定武臣官名,改供备库使置,为正七品武阶官,属大使臣。清乾隆二十年(1755)改怀远将军置,为武职中属绿营者从三品之封赠。三十二年,属八旗者从三品亦封此阶。五十一年,改为武翼都尉。

武翼都尉 官阶名。清乾隆五十一年(1786)改武翼大夫设,为武职从三品之封赠。参见“武职封赠”。

武翼郎 武阶官名。北宋政和二年(1112)由供备库副使改名。为武臣第四十二阶。

武懿宗 唐并州文水(今山西文水东)人。武则天族侄。初为司农卿。天授元年(690),封河内郡王。历迁右金吾卫大将军。受诏审判大狱,王公大臣多陷于罪。万岁通天二年(697),审*綦连耀谋反案,广引朝士,族诛宰相李元素、孙元亨等海内名士三十六家。险酷不亚周兴、来俊臣。又为神丘道行军大总管,迎击契丹孙万荣军,惧敌败退,致使赵州惨遭屠掠。复奉命安抚河北诸州,百姓被裹胁者皆以同反论,生剔取胆。河北人以其比契丹将何阿小,语曰:"唯此两何,杀人最多。"神龙初,迁太子詹事,降耿国公,终怀州刺史。

武英殿 宫殿名。位于北京紫禁城西华门内、熙和门之西。规制同文华殿。明末李自成在此登极称帝。清初摄政王多尔衮在此理政。康熙十九年(1680)成立武英殿造办处,雍正时改称修书处,遂成为宫廷内修刻书籍之所。前后殿均贮书,左右值房校刻刊印书籍,西北之浴德堂为修书处。所刊之书俗称"殿版"。其用木活字所印者称"聚珍版"。

武英殿大学士 明清殿阁学士之一。明洪武十五年(1382)始置,简选翰林院官为之,备顾问应对,秩正五品。永乐时始以殿阁学士衔简入内阁参与机务。洪熙、宣德以后,阁权渐重,批答章奏,草拟诏旨,事实上渐成为宰相之任。但因品级低,故常以尚书兼之,以高其品秩。清代沿置,品秩提高为正一品,但职任反不如明。雍正中设立军机处,其职权遂为军机大臣所替代。

武英殿修书处 清代宫内刊刻书籍之所。隶内务府。康熙十九年(1680)设武英殿造办处,雍正七年(1729)改称修书处。设管理王大臣,无定员,下设内务府兼管司员二人及正监造员外郎、副监造副内管领、委署主事、库掌、委署库掌、笔帖式人等,负责监印书籍。另设总裁、提调、总纂、纂修、协修二十余人,由翰林官充任,负责校勘文字。

武勇郎将 官名。隋大业三年(607)置为左、右雄武府次官,位同鹰扬府鹰击郎将,从五品,佐长官雄武郎将领本府骁果禁兵。

武攸暨(?—712) 唐并州文水(今山西文水东)人。武则天侄。初为右卫中郎将。载初元年(690)武后杀其妻,命妻太平公主。累授驸马都尉、右卫将军、散骑常侍。天授二年(691)进封定王。历任麟台监、司礼卿。性谨厚,与时无忤,唯自奉养。卒后次年,坐太平公主谋反,毁墓。

武攸宁 唐并州文水(今山西文水东)人。武则天侄。天授中,累擢纳言,封建昌郡王。历迁凤阁侍郎、纳言、冬官尚书。圣历初,同凤阁鸾台平章事。苛取民财,破家者甚众。神龙初,为岐州刺史,病卒。

武禹襄(1812—1880) 清末直隶永年(今属河北)人,原名河清。武式太极拳创始人。初师事杨露禅,后从陈青萍学陈式新架太极拳,融会贯通,自成一派。姿势紧凑,动作舒缓,步法严格,分清虚实,称"武式小架"。

武元衡(758—815) 唐河南缑氏(今偃师南)人,字伯苍。曾祖为武则天族弟。建中进士。累为华原令、比部员外郎,擢御史中丞。为官严正持平,德宗誉为"真宰相器"。元和二年(807),拜门下侍郎、同平章事,力主抑制藩镇,宪宗特重之,信任逾于他相。后出任剑南西川节度使,封临淮郡公。以俭约治蜀,颇见成效。八年,还朝,再执相权,主持讨伐淮西吴元济,被淄青李师道遣人暗杀。擅长五言诗,多谱于乐章。著有文集十卷,今存三卷,又有《临淮诗集》二卷。

武垣县 秦置。治今河北肃宁县东南武垣城。属巨鹿郡。汉初属河间郡,后改属涿郡。东汉改属河间国。三国魏移治今河间市南。以其城在旧城东,称为"东武垣",称旧城为"西武垣"。北魏为河间郡治。隋开皇三年(583)移治今河间市。属瀛州。十六年改为河间县,仍于东武垣置武垣县,大业初废。唐武德五年(622)复置,贞观元年(627)又废。

武原 浙江海盐县的别称。因秦置海盐县前,此地本名武原乡。《越绝书》卷八:"觐乡北有武原。武原,今海盐。"宋李直养撰有《武原志》。

武原郡 东魏武定八年(550)分下邳郡置。治武原县(今邳州市西北)。辖境约当今江苏邳州市地。属东徐州。北周属邳州。隋开皇初郡废。

武原县 西汉置。治今江苏邳州市西北泇口镇。属楚国。高帝时封卫胠为武原侯。景帝时国除为县。东汉属彭城国。魏晋因之。南朝宋初废。北魏复置。东魏武定八年(550)置武原郡于此。隋开皇十一年(591)改为良城县。《资治通鉴》:南朝宋泰始二年(466),魏将尉元"破(宋将)王穆之于武原",即此故城。

武缘县 隋开皇十一年(591)置。大业三年(607)废入岭山县。唐武德五年(622)复置。治今广西邕宁县东北。北宋景祐中移治今武鸣县。历属邕州、南宁路、南宁府、思恩府。1913年改为武鸣县。

武藏中大夫 官名。北周依《周礼》置六官,其夏官府有武藏中大夫,正五命,副职为小武藏下大夫。《唐六典》、《通典》谓武藏中大夫相当于库部郎中。按《周礼》夏官无武藏之名,以司甲下大夫统司兵、司戈盾,以司弓矢下大夫统缮人(管王的弓箭之官)、稾人(监督管理制造弓箭的工匠之官)。北周合两官为一,使为司袍袄、司弓矢、司甲、司矟、司刀盾各官之长。这五种官各置中士、下士。

武则天(624—705) 即武后。唐并州文水(今山西文水东)人。高宗皇后,武周皇帝。公元690—705年在位。武士彟女。素多智计,兼涉文史。年十四,为太宗才人。太宗死,入感业寺为尼。永徽初,高宗复召入宫,为昭仪。永徽六年(655)立为皇后。显庆五年(660),高宗病重,参决国政。上元元年(674)称天后。高宗死,中宗立,为皇太后,临朝称制。旋废中宗,立睿宗,自总朝政。天授元年(690),改唐为周,称圣神皇帝,改名曌。在位期间,严厉镇压政敌,任用酷吏,大开告密之门,唐宗室及旧臣惨遭冤杀者甚众;先后改《氏族志》为《姓氏录》,使五品以上官皆入士流;开创殿试,初设武举,以拔擢人才;兴佛教,建明堂,作天枢,铸九鼎,大设员外试官,靡费扰民;重视农业,户口大增,经济有所发展。晚岁病重,张柬之等发动政变,拥中宗复位。她临终遗命去帝号。与高宗合葬乾陵(在今陕西乾县西北),谥曰则天大圣皇后。《全唐文》存文九十九篇,《全唐诗》存诗四十六首。

武漳(881—944) 唐末五代文水(今山西文水东)人,字巨川。早年事晋王李存勗,屡有战功,擢太原衙前兵马使。后唐同光三年(925),从魏王李继岌灭前蜀,因留成都。从孟知祥征战,以功授绵州刺史。入后蜀,迁山南节度使,以褒中(今陕西汉中西北)用武之地,营田为急务,乃凿大洫以导泉源,溉田数千顷。所至有治绩,俸入之外,不聚资产,蜀人称之。卒于山南任所。

武帐冈 在今江苏南京市内。六朝时仿洛阳旧制,于此设宣武场,故名。位于台城北。南朝宋元嘉二十二年(445),衡阳王义季将往镇南兖,文帝饯之于武帐冈,即此。

武曌 即"武则天"。

武之望(?—1629) 明临潼(今陕西西安东北)人。万历进士。万历十九年(1591)调江都县令,天启三年(1623)迁吏部,任考功主事,不久归乡。平时研究医术,遂精于医。颇尊崇王肯堂之学说,以其《女科证治准绳》为蓝本,旁搜博集,古今悉备,删其杂证,专以女科,著成《济阴纲目》一书。此书纲目清晰,易于观览。继又汇诸家名医之卓识、医方,集成《济阳纲目》一百零八卷,还著有《疹科》一卷。

武职封赠 封授有功官员及其先世以官爵名号,称为封赠。始于晋,至唐而备,各代略异。清制,凡覃恩及三年考满,例给封赠。康熙四年(1665)停三年考满封赠之例。办理封赠事宜,文职隶吏部,武职隶兵部。凡需封授、封赠者,据其官职和品级,开列名氏存故题奏,得旨则给予封赠。武职封赠之阶,初分三系:一为公侯伯,封光禄大夫,后改建威将军。二为八旗,官阶品秩与名称略同文职,乾隆三十二年(1767)改为与绿营同。三为绿营,官阶屡经变更。初制,正从一品光禄大夫,正二品骠骑将军(乾隆二十年改武显大夫,下同),从二品骁骑将军(武功大夫),正三品昭勇将军(武义大夫),从三品怀远将军(武翼大夫),正四品明威将军(昭武大夫),从四品宣武将军(宣武大夫),正五品武德将军(武德郎),从五品武略将军(武略郎),正六品昭信校尉(武信郎),从六品忠显校尉(武信佐郎),正七品奋勇校尉(奋武郎)。乾隆三十二年,改正一品建威大夫,从一品振威大夫,增从七品奋武佐郎,正八品修武郎,从八品修武佐郎。五十一年统一定为:正一品建威将军(公侯伯同),从一品振威将军,正二品武显将军,从二品武功将军,正三品武义都尉,从三品武翼都尉,正四品昭武都尉,从四品宣武都尉,正五品武德骑尉,从五品武德佐骑尉,正六品武略骑尉,从六品武略佐骑尉,正七品武信骑尉,从七品武信佐骑尉,正八品奋武校尉,从八品奋武佐校尉,正九品修武校尉,从九品修武佐校尉。

武州 ❶南朝梁太清四年(550)分荆州置。治武陵郡(治今常德市)。辖境相当今湖南沅江流域。后废。陈天嘉元年(560)复置,辖境扩大。隋开皇九年(589)改名辰州。❷西魏废帝置。治安育县(北周改将利县。今武都县东南)。辖境相当今甘肃武都县附近白龙江流域。唐属陇右道。安史之乱后地入吐蕃废。大历二年(767)置行武州,大中五年(851)复故地后移治覆津县(今武都县东南)。景福元年(892)改为阶州。❸唐光启中置。治文德县(今河北宣化县)。辖境相当今河北张家口市、宣化县、万全县地。属河东道。后改毅州。五代唐庄宗复名武州,明宗又改毅州,潞王仍复名武州。晋割与契丹,改名归化州。❹辽重熙九年(1040)置。治神武县(今山西神池县)。辖境相当今山西神池、五寨等县地。属西京道。金省神武,移治宁远(今五寨县北)。属西京路。元省宁远入州,属大同路。明初废。1123年金人以武州归宋,次年西夏出兵侵武州,均即此。

武州塞 又作武周塞。秦筑以备匈奴。在今山西大同市以西至左云县一带。为秦、汉北边要塞。《史记·匈奴传》:元光二年(前133),匈奴"以十万骑入武州塞",即此。著名的云冈石窟,开凿在此塞的东端。

武州山 在今山西大同市西二十里。即今著名的云冈石窟所在地。《魏书·高祖孝文帝纪》:太和四年(480)、六年、七年幸武州山石窟寺,并即此。

武州县 西汉置。治今山西左云县。属雁门郡。东汉末废。有武州塞,为边防要地。

武周 朝代名。天授元年(690)武则天代唐建周,史称武周。神龙元年(705),唐中宗复位,仍以唐为国号。凡十六年。武周时,仍以长安为都,但主要政治活动在东都洛阳,亦称神都。基本制度一仍唐朝。

武状元 科场称谓。又称"武榜状元"。即科举考试中武科殿试的第一名。以区别于文科状元,故名。参见"武殿试"。

武子膡 即"罕达"。

武宗毁佛 即"会昌废佛"。

武宗南巡 指明武宗以亲征宸濠之乱为名南下巡游。正德十四年(1519)六月,宗室宁王朱宸濠反于南昌,武宗自称威武大将军,率兵亲征,欲假此南游。行至良乡(在今北京市房山),得巡抚南赣都御史王守仁平叛捷报,秘而不发,不许其北上献俘。携所宠刘姬,自临清、济宁而南,所至掠妇女,阅诸妓,民间骚然。十五年闰八月,于南京受俘,先命释宸濠等人,再环以诸军,伐鼓鸣金,着戎服亲擒之,自以为捷。随后返回京师。十二月,诛宸濠于通州。

武宗外纪 书名。明末清初毛奇龄撰。一卷。记明武宗之事,凡九十四条,皆取自实录。前有自序,谓同馆之为史者,凡武宗诸可鉴事,皆轶而不书,故作此以补之。补本纪之遗,故曰外纪。

武卒 战国时魏国考核选用的步兵。《荀子·议兵》载考核标准与奖励办法:凡能身穿三属之甲,拉开十二石的强弩,背负箭五十支,肩扛长戈,头戴盔,腰佩剑,携带三日粮食,半天行一百里,才得中选。中选者称为武卒,可免除全家徭役,分给好田宅。《汉书·刑法志》:"魏惠以武卒奋。"

舞谱 唐时记录舞姿的一种谱式。敦煌石室藏唐人所抄卷子中有《舞谱》两卷,包含八个曲调。用据、摇、送、舞等词记录舞蹈动作。

舞象 南诏兽舞节目。唐《岭表录异》:南诏王宴唐朝使臣于百花楼前,令演员引入金羁络首锦襜垂身的大象一只,合着音乐节奏,作腾踏跳跃动头摇尾的舞蹈表演。

舞阳县 即“无阳县”。

潕阳县 见“无阳县”。

wù

兀爱 元高丽王族。王綧之子。至元十八年(1281),袭兄职为高丽军民总管、东征左副都元帅。二十四年,从征乃颜。后复从讨叛党塔不歹、合丹,战于黑龙江、高丽等地。二十九年,改东征左副都元帅府,立总管高丽女直汉军万户府,命领之,仍兼沈州安抚使、高丽军民总管。

兀把赛 又译乌巴什。明代蒙古内喀尔喀所属扎鲁特部始祖。纳力不剌台吉之孙。约十六世纪末驻牧地在明辽东边外岳落(今内蒙古霍林河北)一带,与明通贡。

兀答剌儿 即“兀提剌耳”。

兀丹 见“于阗”。

兀的改 又译乌底改、兀的哥。金、元时期对黑龙江、松花江、乌苏里江三江流域森林地区狩猎民族的总称。《金史》称野居女直,明人称野人女真,或译乌德赫。

兀的河 即“乌第河”。

兀都夷 蔑里乞的分部。

兀浑察(?—1293) 元蒙古人。扎剌儿氏。祖拜延八都鲁,领蒙古军镇成都,任奥鲁官。至元六年(1269)袭职。十六年,从征斡端(今新疆和田)。二十一年,奉诸王术伯之命前往可失哈耳(今新疆喀什)为游击军,率勇士五十人与海都、笃哇之军二千人战,擒敌将,以功任蒙古军万户。

兀剌 蒙古语,即“铺马❷”。

兀剌阿臣 即“兀剌赤”。

兀剌赤 又译兀剌阿臣。蒙古语,意为“马夫”,指驿站马夫及掌管铺马事务者。怯薛执事中亦有此名目,《元史·兵志二》:“典车马者,曰兀剌赤。”

兀勒都赤 即“云都赤”。

兀良哈 即“兀良合”。

兀良哈三卫 又称朵颜三卫。明人对朵颜卫、福余卫、泰宁卫的合称。

兀良孩 即“兀良合”。

兀良罕 即“兀良合”。

兀良合 蒙古部落。又译兀良罕、兀良孩、兀良哈、兀良合惕。成吉思汗五世祖敦必乃的属民。兀良合人折里麦自幼为成吉思汗家奴,族人察兀儿罕、速不台相继归附,后为蒙古开国名将。另有一种贝加尔湖以西的林木中兀良合人,以狩猎为生,居桦皮顶木棚,冬日以木马(雪橇)作交通工具。蒙古建国,此部降服蒙古。其中由兀答赤率领的一支,成为左手千户之一,奉命看守不儿罕·合勒敦(肯特山)成吉思汗葬地。元军收服叶尼塞河流域五部之众,将吉利吉思、乌思、撼合纳人迁往肇州、朵因温都儿(今索岳尔济山)等地,成为明代的朵颜部,自称是兀良合林木中百姓,同泰宁、福余合称兀良合三部。

兀良合台(1200—1271) 又译兀良哈䚟。蒙古兀良合部人。速不台长子。蒙古窝阔台汗时从征金国及钦察、斡罗斯诸部。后分掌蒙哥藩府宿卫,拥蒙哥即汗位。蒙哥汗二年(1252)从忽必烈攻大理,总督大营兵马。大理即破,忽必烈班师,命其留守,征服未附部落,先后取五城、八府、四郡、三十七部。六年奉诏打通云南与四川驻军道路,出乌蒙(今昭通)、嘉定(治今乐山),经重庆,与合州蒙古军会合,予宋军以重创。后还镇大理。七年冬,攻交趾,旋定云南。八年再次深入宋境恶战后,得蒙哥汗三路会师潭州(今长沙)击宋的命令。九年率骑兵及爨僰军直抵潭州。中统元年(1260)北上鄂州,渡江后与忽必烈所留偏师会合。北还至开平。后病死。

兀良合惕 即“兀良合”。

兀林答沃衍 即“杨沃衍”。

兀鲁 即“兀鲁兀”。

兀鲁朵 即“斡耳朵”。

兀鲁忽乃合敦 察合台汗国合剌旭烈汗之妻,生子木八剌沙。元宪宗元年(1251)夫死,子幼,奉宪宗命监国。中统元年(1260),嫁阿里不哥遣来夺权之阿鲁忽。阿鲁忽死,立木八剌沙为汗。

兀鲁思 ❶蒙古语,意为人众、国家。成吉思汗建国,称“也可·蒙古·兀鲁思”(大蒙古国)。元代大封国亦称兀鲁思,如察合台兀鲁思。❷即“斡罗思”。

兀鲁思不花 元人。河平王昔里吉之子。至元十三年(1276)随父起兵叛元。昔里吉被撒里蛮执送朝廷后,往投术赤后王火你赤。元贞二年(1296),随玉木忽尔归降元廷。入朝途中,滞留和林,掠取仓廪,被成宗拘留下狱,因宗王海山等说情,获释。至治三年(1323),伙同铁失等谋杀英宗。后被泰定帝流放到南方海岛,病死。

兀鲁吾 即“兀鲁兀”。

兀鲁兀 又译兀鲁、兀鲁吾、吾鲁兀、兀鲁兀惕。蒙古尼鲁温部的一支,由兀鲁兀台的后裔组成。兀鲁兀部首领术赤台率部依附成吉思汗,与忙兀部同为先锋军。蒙古建国后,术赤台与其子怯台皆受封为千户长。兀鲁兀等五部号称“五投下”,牧地迁至漠南东部,为蒙古攻金的主力。术赤台子孙封爵为郡王,享有德州等地岁赐。

兀鲁兀惕 即“兀鲁兀”。

兀罗思 即“斡罗思”。

兀纳失里 即“纳忽里”。

兀奴忽赤 蒙古语,意为掌管马驹者。马驹与牝马分别放牧,以便挤取马乳,酿制湩酪。兀奴忽赤即掌管驹群者。

兀惹 又译乌惹、乌舍、屋惹、兀儿、盟热。辽、金时东北族名。分布在松花江中游至黑龙江口,和锡霍特山区、乌苏里江、牡丹江广大山野、林区。辽初,曾建定安国,并过海南与宋朝交往。辽、金均曾远征此部。辽属国军中有兀惹军,并内迁此部人于松花江上游北端,建立宾州城(今吉林农安东北红石垒)。

兀慎 明蒙古部名。又译兀甚、偶甚、乌古新、卫新。源于元代的许兀慎。在土默特和袄儿都司(鄂尔多斯)万户内。今作乌审。

兀孙 又译许孙。蒙古八邻部人。早年拥戴铁木真(元太祖)为蒙古部主。元太祖建蒙古国,封为千户那颜。因遇事无所隐讳,受命为*别乞,着白衣,乘白马,居上座,占卜年月凶吉。

兀提剌耳 又译讹答剌、斡脱罗儿、兀答剌儿等。在今哈萨克斯坦锡尔河右岸阿雷斯河口附近。成吉思汗十四年(1219)秋,蒙古军猛攻此城,六个月始陷。后属察合台汗国。

兀欲 即"辽世宗"。

兀者 元东北边部族名。又译兀惹、吾吉、兀儿。女真语,野人之意。金兀的改之后。元时与吉里迷为邻。出貂鼠、水獭、海豹、海东青。先后隶开元路、水达达路及兀者野人乞列迷等处诸军万户府。至正三年(1343)、六年,曾相继起义反元。明初,西迁至今呼兰河。永乐初设兀者等卫以辖之。清称窝集,即今赫哲等族前身。

兀术 即"完颜宗弼"。

兀卒 夏景宗元昊名号。党项语,意为青天子。又译吾祖、乌珠。

勿庵历(曆)算全书 见"梅氏历算全书"。

勿邓 古部落名。唐代乌蛮七部的首领部。贞元中,大鬼主苴梦冲强雄,受封怀化郡王,辖其余六部。本部在今四川昭觉,所辖各部散在今四川越西、冕宁、喜德、昭觉各县。其中亦有白蛮。至宋代,所辖邛部转盛,自称百蛮都鬼主,取代勿邓而为各部之首。

勿笃 见"掘罗勿"。

勿根山 《方舆纪要》谓即东木根山,在今内蒙古兴和县西北。《资治通鉴》:东晋太元十四年(389),后燕范阳王慕容德、赵王慕容麟击贺讷,追奔至勿根山,讷穷迫请降,即此。

勿吉 见"靺鞨"。

乌拉 ❶部落名。见"乌拉部"。❷河名。一作乌喇、兀剌。即今松花江上游。❸草名。东北谚语:"辽东三宝,人参、貂皮、乌拉草。"乌拉鞋,因草得名。❹差役名。蒙古语和藏语均与满语同音,源出突厥语。在清代蒙古地区指供应来往使节、商旅乘骑的马匹,藏族地区指农奴向农奴主支应的各种差役。清代东北地区,称一种专为皇室从事狩猎役务的人为"打牲乌拉"。

乌拉部 又作兀剌。明时女真族海西四部之一。因居乌拉河而得名。原为蒙古后裔。始祖名纳奇卜禄。永乐四年(1406),置塔山卫,位于今呼兰河流域,约在木兰、巴彦、呼兰、肇东诸市、县境。后南迁乌拉河畔。八传至补烟,势始盛,尽收周围各小部落,建有乌拉城(即今吉林市北乌拉街)。在海西四部中,势力最强,辉发、哈达、叶赫均依附之。万历四十一年(1613),布占泰为部长时,被建州女真首领努尔哈赤所并。

戊曹士 官名。新莽置,太傅所属曹掾。《汉书·王莽传》:"太傅平晏从吏过例,掖门仆射苛问不逊,戊曹士收系仆射。"

戊辰彝 见"肄簋"。

戊地 古国名。*昭武九姓之一。故地在今乌兹别克斯坦布哈拉西拜帖克一带,见《新唐书·康国传》。《隋书·安国传》作毕国,《新唐书·火寻传》作戊地。《大唐西域记》作伐地国,载其地周四百余里,土宜风俗同于*康国。

戊己校尉 官名。西汉初元元年(前48)始置,掌管屯田事务,治所在车师前王庭,隶西域都护,单独设府,有丞、司马、候等属官。所领吏士亦任征伐。秩比六百石。新莽至东汉初或置或省。东汉永平十七年(74)复置二员,一屯车师后王部金蒲城,一屯车师前王部柳中城,相去千余里。后或置或罢。永初元年(107)省西域都护后,常与西域长史共同管理西域事务。三国魏黄初三年(222)亦置,治所在高昌,四品。两晋沿置,四品。十六国前凉张骏擒戊已校尉赵贞,以其地为高昌郡,仍置其官,与西域都护、玉门大护军并号三营。南朝宋亦曾以北凉主沮渠安周领之。

戊壬录 书名。近人宋玉卿辑。分五节,约三万余言。记事始于戊戌政变,迄于义和团运动结束。其中对于百日维新诏令,按日列举,分类叙录。附有维新派李端棻等二十人传记,与梁启超《戊戌政变记》中所载传记略同。收入陆保璇编《满清稗史》、成都昌福公司印《满清野史》。

戊申全年画报 杂志名。上海时事报馆画集。清宣统元年(1909)时事报馆将去岁戊申年日出一份之二十四开石印画报汇编成册,分列十二目,计有《罗敷怨》、《偶像奇闻》、《初等毛笔画》、《钢笔画》、《寓意画》、《工界伟人》、《小说合璧》、《高等画苑》、《图画新闻》等,凡四十册。以"专绘各省可惊、可喜、可讽、可劝之时事"为主要内容,寓"劝善惩恶"之深意。

戊午谠议 南宋绍兴七年(1137),金完颜昌(挞懒)等掌政,废刘豫伪齐政权,放宋使王伦等南归,转达和议信息。八年,高宗以秦桧为相,接受金议和条件,文臣武将纷纷上书反对。枢密院编修官胡铨抗疏,指责高宗含垢忍耻,向杀父之仇屈膝称臣,力主斩秦桧、王伦及参知政事孙近,以谢天下。范如圭指斥秦桧必遗臭万世。临安军民群情激愤,声讨秦桧。高宗决心议和,逐胡铨,命秦桧代为跪受金朝国书,遂成和议。绍兴八年为戊午年,故史称当年反对和议之言论为"戊午谠议"。

戊戌变法 又称戊戌维新。中国资产阶级改良派发动的效法西方、改革旧制的政治运动。清光绪二十一年(1895)清政府在甲午战争中失败,民族危机空前严重。康有为遂在北京发起"公车上书",使酝酿已久的改良思潮发展为一场以变法维新、救亡图存为宗旨的政治运动。旋与梁启超、谭嗣同、严复等维新志士分别在北京、上海、天津、湖南等地创办学会,设立学堂和报馆,倡言变法维新,得到部分民族资产阶级上层、开明士绅和帝党官僚的支持,影响及于全国。二十三年冬,德国强占胶州湾,帝国主义阴谋瓜分中国日亟。康有为乃第六次上书光绪帝，提出变法的具体施政纲领。二十四年三月，康有为等在北京倡设保国会，以保国、保种、保教为宗旨。光绪帝接受维新派建议，于四月二十三日(6.11)颁布“明定国是”诏书，宣布变法。旋罢黜守旧迂谬官僚，任用维新人士，并在他们襄助下颁行一系列法令，在政治、经济、军事和文教方面进行改革(参见“百日维新”)，遭到以慈禧太后为首的守旧派的反对。八月六日(9.21)慈禧太后发动政变，取消新政，恢复旧制(参见“戊戌政变”)，延续了三年多的戊戌变法运动失败。但它推动了近代中国的思想解放与社会进步。

戊戌变法榷议 书名。清陈衍撰。一册。成书于光绪二十四年七月(1898.8)，二十七年刻印。共十篇：议相、议兵、议卒、议将、议械、议税、议农、议学、议译、议上书言事。前九篇为著者自撰，末篇为其子声暨所作。意在为当局进言，推动变法，建议重宰相事权，练新式陆军，办军事学校，汰冗官冗卒，还提出变通科举、研习西学、广开言路等主张。

戊戌六君子 清光绪二十四年八月六日(1898.9.21)慈禧太后发动宫廷政变，幽禁光绪帝，推翻新政，恢复旧制，并逮捕维新志士和帝党官员。八月十三日(9.28)以“大逆不道”的罪名在北京菜市口将谭嗣同、康广仁、刘光第、林旭、杨锐、杨深秀六人处死。史称“戊戌六君子”。

戊戌六君子遗集 书名。近人张元济辑。辑录戊戌六君子遗著。凡六册。首册录谭嗣同《寥天一阁文》二卷；二册刊谭氏《莽苍苍斋诗》二卷，附补遗一卷，《远遗堂集外文》初、续两编；三册收林旭《晚翠轩诗集》一卷，杨锐《说经堂诗草》一卷；四册刊刘光第《介白堂诗集》二卷；五册有杨深秀《雪虚声堂诗钞》一卷；六册刊《雪虚声堂诗钞》二、三卷并《垣皋比集》，及《杨漪春侍御奏稿》，最末刊康广仁《康幼博茂才遗稿》。有1917年商务印书馆铅印本。

戊戌履霜录 书名。近人胡思敬(退庐居士)撰。四卷。戊戌变法前后，胡氏官京师，后据闻见纂为此编。卷一为《政变月纪》，起光绪二十四年(1898)正月，迄八月，逐月记变法经过，上谕、奏疏多摘要录入。卷二为《康有为构乱始末》。卷三为《应诏陈言记》。卷四有《党人列传》，列梁启超、谭嗣同等，又有《二十一省新政表》，列举各地学堂、公会、报馆、农、工、商、兵诸项新政。谓康有为等人皆侥幸邀利之徒，于维新派多诬蔑之词。有1913年南昌退庐刻本。

戊戌日记 书名。又名《戊戌纪略》。袁世凯撰(一说张一麐代笔)。记事起于清光绪二十四年七月二十九日(1898.9.14)袁氏奉召进京，止于八月十日(9.25)戊戌政变后荣禄奉召入都前夕，尤详于谭嗣同夜访法华寺情形。是书追记于同年八月十四日，八月二十五日又作《自书戊戌纪略后》一篇。1926年全文在《申报》发表。收入《中国近代史资料丛刊·戊戌变法》。

戊戌维新 即“戊戌变法”。

戊戌政变 慈禧太后发动的推翻戊戌新政的宫廷政变。清光绪二十四年四月二十三日(1898.6.11)，光绪帝颁布“明定国是”诏，开始推行变法新政，引起以慈禧太后为首的后党官僚的忌恨。四月二十七日，慈禧太后将支持变法的帝党翁同龢开缺回籍，并命荣禄署直隶总督。八月五日，维新派被袁世凯出卖。八月六日(9.21)凌晨，慈禧从颐和园赶回紫禁城，幽禁光绪帝于中南海瀛台，并假其名义发布上谕，再次临朝训政。旋通缉康有为、梁启超，捕杀参赞新政的谭嗣同、康广仁、刘光第、林旭、杨锐、杨深秀“六君子”，罢免维新派官员陈宝箴、江标、黄遵宪等数十人，废除京师大学堂之外的全部新政，恢复旧制。戊戌变法失败。

戊戌政变记 书名。近人梁启超撰。正篇有六，计为《变法实情》(一作《改革实情》)、《废立始末记》、《政变前纪》、《政变正纪》、《政变后论》(一作《政变后之关系》)、《殉难烈士传》。附录三种，即《改革起原》、《湖南广东情形》、《光绪圣德记》。作者以亲身经历详记戊戌变法经过及有关人物事迹，抨击慈禧太后为首的顽固派，颂扬光绪帝变法。注重分析形势，探讨原因。惟间有肆意渲染和叙事失实之处，但仍不失为一部回忆式的当代史著。光绪二十四年(1898)戊戌政变后不久成书，旋在《清议报》上连载，后出单行本。1936年收入《饮冰室合集》，无第五篇《政变后论》，内容亦有所删削。

戊戌政变纪事本末 书名。近人梁启超撰。共四篇，即《百日维新》、《政变前纪》、《政变正纪》和《国士列传》。全书内容与《戊戌政变记》略同，但删去《废立始末记》、《政变后记》和三篇《附录》，而《国士列传》部分则与其《殉难烈士传》无异。书中逐日逐月记事，叙变法经过颇详，且条理清晰，间亦有渲染和失实之处。收入《清议报全编》。

戊戌奏稿 书名。近人康有为撰，麦仲华、康同薇编辑。一册。清宣统三年(1911)刊行。收康有为戊戌变法期间奏稿二十篇(包括代人拟稿者)，依时间先后排次。另有目无文十三篇。末附进呈编书序文五篇。近年故宫博物院发现《杰士上书汇录》等康氏戊戌条陈的内府抄本与论著手写原本，经考证，是书所载多非当时真折，其中或为草稿，或为后来重写，间有适应新形势的改纂。

戊寅可汗 即“树洛干”。

戊寅历(曆) 古历名。亦称《戊寅元历》。唐傅仁均撰。武德二年(619)至麟德元年(664)行用。本张胄玄大业历旧法，又参照刘孝孙、刘焯之议，用定朔算历，不用上元积年。但武德九年恢复上元积年。贞观十八年(644)预推次年九月起有四月连大，改用平朔。高宗时，因该历推日食不准，疏误日多，麟德二年为李淳风所撰之《麟德历》代替。

戊寅元历(曆) 即“戊寅历”。

戊字库 官署名。明代内库之一。洪武十年(1377)置，隶工部。设大使一人，正九品；副使一人，从九品，嘉靖中革。又设内官掌库一人，贴库、佥书无定员。掌贮河南等处解到盔甲、弓、箭及废铁、胡椒等物。

务成昭 又作务成、务成子附。相传为舜臣，舜曾从之学。《汉书·艺文志》有《务成子》十一篇、《务成子灾异应》十四卷、《务成子阴道》三十六卷，均系后人依托之作。

务达海(1601—1655) 一作吴达海。清宗室。太祖侄、贝勒穆尔哈齐子。天聪八年(1634)授牛录章京。崇德三年(1638)任刑部参政，从扬威大将军岳托入边攻明，略河北、山东。顺治元年(1644)从军入关，擢刑部尚书，进攻陕西，随多铎下江南，复参与征讨腾机思。五年晋固山贝子，旋率部镇压姜瓖。八年摄都察院事。后病死。

务光 务或作瞀、牟。夏商间隐士。相传为商汤时人。汤灭夏后，欲以天下让之，坚辞，负石沉庐(一作募)水而死。

务农会 见"农学会❷"。

务农司 官署名。元世祖至元二十年(1283)由农政院改置，掌农桑、水利等务。秩从三品。置达鲁花赤、务农使各一员，同知二员。同年，改为司农寺。

务实学堂 学校名。清光绪二十三年(1897)江西官绅筹议，次年开办于南昌。设总教习一人，中西学教习各二人。饬地方绅董保送学生汇考，录取一百二十四名为正额。有自愿肄业者，作外课生，遇缺即补。遵京师大学堂章程开学，并拟设藏书楼、仪器院、翻译馆。

务限法 宋代诉讼法之一。"务"指农务。宋大致承袭后周显德四年(957)之制，规定每年二月初一日开始"入务"，即进入农忙季节，直到九月三十日为止，属于"务限"期间。为了不违农时，不废农事，限内州县官府停止受理有关田宅、婚姻、债负、地租等争讼案件。到十月初一日"开务"，直至次年一月三十日为止，才受理这类辞讼。同时，又规定涉及"交相侵夺"或与农务无关的案件，州县官府可不拘务限，照常受理。

务银提(？—415) 十六国时人。北燕高云时历司隶校尉、尚书令。正始三年(409)冯跋称天王，以为上大将军、辽东太守。自以为功高而出为边郡，因抗表有恨言，谋外逃。为跋所杀。

坞壁 又称为堡、坞、壁、营、寨等。堡在春秋时已出现，坞较晚出。汉代坞壁初见于西北边郡，后及于内地。大多是以封建家族为核心建立的庄园组织。堡坞内部除在自然经济的条件下实行农业和手工业生产外，还拥有一定的武装力量。《后汉书·李章传》载，东汉初年，"赵、魏豪右往往屯聚，清河大姓赵纲遂于县界起坞壁，缮甲兵，为在所害。"东汉后期，各地堡坞林立，或镇压农民起义，或抵御外族侵扰，或发展为武装割据势力。《三国志·田畴传》记东汉末河北田畴"营深险平敞地而居，躬耕以养父母，百姓归之，数年间至五千余家"。"北拒卢龙，南守要害"。即典型之堡坞。其后军阀混战，坞壁遍于各地。晋永嘉之乱后，地方豪强纷纷据地自保，自为坞主，周围百姓亦投附接受保护，于是坞壁林立。据《晋书·刘聪载记》称，仅梁、陈、汝、颍之间，便有坞壁百余所。又《晋书·庾衮传》云："衮乃率其同族及庶姓保于禹山(在今河南禹州)"，"于是峻险阨，杜蹊径，修壁坞，树藩障，考功庸，计丈尺，均劳逸，通有无，缮完器备，量力任能，物应其宜，使邑推其长，里推其贤"，可知坞壁内部之概貌。

坞主 东汉、魏、晋、南北朝时坞堡壁垒之主。坞，即小城、土堡。东汉末年以来，天下兵争，豪强地主或官僚贵族聚众筑坞以武装自守，因未有朝命，故称坞主。如董卓在长安筑郿坞。三国魏邓艾于凉州修治障塞，筑起城坞。晋永嘉之乱，郭默率遗众自为坞主。亦有被推为坞主者，如晋李矩，素为乡人所爱戴，乃被推为坞主。

物不迁论 篇名。东晋僧肇著。引《放光般若经》"法无去来，无动静者"为立论之根据，以宣传"物不迁"为宗旨，故名。认为"生死交谢，寒暑迭迁，有物流动"，纯系假象，以"昔物自在昔，不从今以至昔；今物自在今，不从昔以至今"的命题，否定运动的间断性与连续性的统一，宣称："旋岚(暴风)偃岳而常静，江河竞注而不流，野马(微尘)飘鼓而不动，日月历天而不周。"收入《肇论》。

物化 ❶庄子用语。《庄子·齐物论》："昔者庄周梦为蝴蝶，栩栩然蝴蝶也，自喻适志与，不知周也。俄然觉，则蘧蘧然周也。不知周之梦为蝴蝶与？蝴蝶之梦为周与？周与蝴蝶，则必有分矣。此之谓物化。"庄子意指物我、彼此达到同化合一之境界。❷指事物之发展变化。《汉书·扬雄传》："于是事变物化，目骇耳回。"❸指人死亡。《庄子·刻意》："圣人之生也天行，其死也物化。"

物竞 生物学术语。十九世纪末，清人严复在《天演论》中首先将英语"Struggle for Existence"译为"物竞"。而日文则译为"生存竞争"。后来，中国学界认为日译更符合原义，于是"物竞"逐渐被"生存竞争"所代替。

物竞天择 今译生存竞争或自然淘汰。系英人达尔文(Charles Robert Darwin，1809—1882)《物种起源》一书中《物竞》、《天择》两个篇名之连称。认为生物进化主要是通过自然选择，以说明物种之可变性。严复《原强》系统地介绍这一观点："物竞者，物争自存也；天择者，存其宜种也。"后译述《天演论》进一步阐发此说。认为中国如能顺应"天演"规律，实行变法维新，就会由弱变强，而免于亡国灭种之祸。此后，"物竞天择，适者生存"之说，风靡一时，具有"警世"作用，在当时反封建斗争中，有一定影响。

物理论 书名。魏晋间杨泉著。十六卷。以论述气一元论为内容。认为"所以立天地者，水也。成天地者，气也"，"夫天，元气也，皓然而已，无他物焉"，即天地万物皆由水之气生。"人含气而生，精尽而死。……譬如火焉，薪尽而火灭，则无光矣。故灭火之余，无遗炎矣；人死之后，无遗魂矣。"主张人死神灭，反对虚无之谈，斥其"无异春蛙秋蝉，聒耳而已。"原书于宋代佚失。清王仁俊有辑本(包括补遗各一卷)，收入《玉函山房辑佚书·续编》。

物理小识 书名。明末清初方以智撰。十二卷。系其早年关于自然科学之专著，由其子中通等编订而成，原附《通雅》之后。清康熙时由于藻刊印单行。内分天、历、地、占候、人身、医要、鸟兽、鬼神方术、异事等类。系相沿晋张华《博物志》、宋僧赞宁《物类志》、明邓元锡《物性志》及方以智之师王宣《物理所》而作。其中摘录各书资料，益以见闻。风土物产多采用传教士艾儒略之《职方外纪》；人体构造则全引自传教士汤若望的《主制群征》，但删去其神学内容。认为"盈天地间皆物也"、"空皆气所实也"，反对"扫物尊心"，主张"藏知于物"。谓"质测(科学)即藏通几(哲学)者也"(《自序》)，指明自然科学与哲学的相互关系。

物力 即"家业钱"。

物力簿 南宋的一种簿籍，登记各乡各都各保官户与民户家产数额，凡田产买卖出入，都应上簿。按照规定，每三年重新推排，另造新簿。实际上，很多地区只将过时的物力簿沿袭转抄。

物力钱 金代杂税名目。源于宋代之"家业钱"。金代凡官民田园、房屋、车辆、牧畜、树木及现钱，均按物力等级征税。使臣出国受馈送，也纳物力钱。

物料库 官库名。(1)宋太平兴国三年(978)，改供备库为内物料库，掌供给尚食及内外膳羞以米、面、饴、蜜、豆等食料；监官二人，以三班使臣及内侍充任。(2)宋大中祥符七年(1014)，改麸面库为外物料库，掌供皇城外诸官署以油、盐、米、面等物；监官二人，以三班使臣及内侍充任。

物林达 官名。满语司库之义。乃清代管理仓库各项事务的六、七品官员。

物林人 又作物林衣尼牙尔玛。吏名。满语"库使"之义，乃清代各库当差小吏。未入流。

物生自类本种说 物种说。意即各种生物都能相当稳定地将本种类的特征传给后代。东汉王充《论衡》："龟生龟，龙生龙，形、色、大小不异于前。"即任何种类生物，其子代与亲代，总是相似的。又："物生自类本种"，"且夫含血之类，相与为牝牡。牝牡之会，皆见同类之物。"自然界中"异类之物，相与交接，未之有也"。所以王充所说的"本种"含有"种"之观念。"物生自类本种"反映了二千多年前，中国对自然界中普遍存在生物遗传性的认识。

物势 《论衡》篇名。物，事物；势，事物因自然禀赋之差异而具有的优势和劣势。认为人与万物之相生相克，取决于其自然禀赋之势不同，"或以筋力，或以气势，或以巧便"，并非天有目的的创造安排。与"天地故生人"，"故令相贼害"之神学目的论相对立。

物指 公孙龙学派名辩概念。意谓体现于事物中的"指"，即事物的具体概念或属性。《公孙龙子·指物论》："使天下无物指，谁径谓非指?"体现为事物具体概念或属性的"物指"与独立于物之外的抽象的"指"不同，故谓之为"非指"。详"指物论"。

悟真篇 书名。北宋张伯端撰。一卷。以诗词述其炼丹秘诀。其旨主内丹说，谓"人人本有长生药"，"何须寻草学烧茅"。认为儒、佛、道"教虽分三，道乃归一"，主张三教本一。被道徒视为要籍，至南宋，更奉为道教南宗经典。原系陆彦孚家藏，入南宋始传布。其后，陆彦孚、翁葆光、袁公辅、陈致虚、陈墅等，一一作注、记序，共五卷。书存《道藏·洞真部》。

婺川县 隋开皇十九年(599)置务川县，治今贵州沿河县境，后废。宋初复置。元至元间，改名婺川。明属贵州思南府，清因之。1959 年复名务川县。

婺学 亦称吕学或金华学派。南宋吕祖谦于婺州(今浙江金华)创建的理学派别。与朱学、陆学相鼎峙，具有调和朱、陆又偏于陆之特点，并受永嘉、永康学派影响，"其学合陈君举、陈同甫二人之学问而一之"(《宋元学案》卷五十一)。尤尚史学，提倡经史以致用，为清初浙东学派之先导。与永嘉、永康学派同有"浙学"和"浙东学派"之称。

婺源县 唐开元二十八年(740)析休宁县置，因婺水绕城三面，故名。治今江西婺源县西北清华镇。属歙州。天祐时徙治今县。宋属徽州。元元贞元年(1295)升为州。明洪武二年(1369)复为县，属徽州府。清因之。

婺源州 元元贞元年(1295)升婺源县置。治今江西婺源县。属徽州路。明洪武二年(1369)复降为县。

婺州 隋开皇九年(589)置。以其地天文为婺女之分野而得名。治金华县(今市)。辖境约当今浙江金华、兰溪、永康、义乌、武义、衢州、衢县、开化、常山、东阳、江山、浦江，江西玉山等市县地。大业初改为东阳郡。唐初复为婺州，并分置衢州，辖境缩小至今金华、兰溪、永康、义乌、武义、浦江、东阳等市县地。天宝元年(742)又改东阳郡，乾元元年(758)复为婺州。五代属吴越国，北宋属两浙路，南宋属两浙东路。元至元十三年(1276)升为路。

婺州路 元至元十三年(1276)升婺州为路。属江浙行省浙东道宣慰司。治所、辖境同婺州。至正十八年(1358)十二月朱元璋改为宁越府，二十年改为金华府。

雾社 即今台湾南投县东北仁爱乡驻地。清光绪二十一年(1895)日本侵占台湾后，此处曾发生抗暴斗争。

雾泽陂 在今河南开封市西南。《宋史·河渠志》：熙宁九年(1076)引雾泽陂水至东京开封府外城西面咸丰水门，合京、索河。元祐元年(1086)于雾泽陂增置水柜，以为广济河(五丈河)上源。后涸。

寤生 即"郑庄公"。

鋈足 即刖足，断足。鋈，《广雅·释诂一》："折也。"《睡虎地秦墓竹简·法律答问》数言"鬼薪鋈足"，"鋈其足"。一说，以铁鋈钳其足，犹后世之带铁脚镣。

X

xī

夕拜 唐代给事中的别称。

夕郎 ❶给事黄门侍郎、黄门侍郎别称。应劭《汉官仪》:"黄门郎日暮入,对青琐门拜,名曰夕郎。"❷唐代对给事中的俗称。

夕阳聚 在今河南南阳市西北。《续汉书·郡国志》南阳郡宛县有夕阳聚。李贤注:"袁山松书曰:贾复从击邓奉,追至夕阳聚",即此。

夕阳亭 在今河南洛阳市西。汉、晋时为饯别之所。《后汉书·杨震传》:延光三年(124),震被遣归本郡,"行至(洛阳)城西夕阳亭",饮酖而卒;《晋书·贾充传》:泰始七年(271)出镇关中,"百僚饯于夕阳亭",皆即此。唐改名河亭。

夕阳镇 在今甘肃天水市西北。宋代森林茂密,遂于此置采造务,伐木以供京师营造之需。《元丰九域志》秦州成纪县有夕阳镇。

夕月坛 见"月坛"。

兮甲盘 西周宣王时青铜器。宋代出土。附耳,圈足缺,盘内底有铭文一百三十三字,大意是:王五年三月庚寅日,与玁狁大战于啚虘,兮甲从征,有所斩获,因功受王赏赐车、马。王还令兮甲负责征收成周及东方诸侯、淮夷的贡赋。如淮夷拒绝征调劳力和逃避关税,就用武力镇压。诸侯百姓不交关税或为此逃入蛮方,也要施以刑罚。此盘为研究西周王朝与淮夷的战争和赋役制度提供了重要资料。

西 春秋战国秦邑。在今甘肃天水市西南。春秋时铜器《秦公簋》铭文曰:"西一斗七升大半升、盖。"又曰:"西元器一斗七升賸、毁。"郭沫若识此为秦景公时器,"西即西县"。汉置。

西安大学习巷清真寺 又称西安西大寺、化觉寺。中国伊斯兰教古寺之一。据明嘉靖年间所立碑文记载,该寺始建于元中统四年(1263),当时名清净寺。永乐十一年(1413)由郑和重修。建筑规模宏大,主殿可容千人礼拜。寺内藏历代碑碣及匾额数十种。

西安府 明洪武二年(1369)改奉元路置。治长安、咸宁二县(今西安市)。辖境相当今陕西彬县、周至县以东,铜川市、韩城市以南,镇安、山阳、商南等县以北。清代辖境缩小,相当今周至县、铜川市、渭南市、宁陕县地。明清时为陕西省会。明末李自成起义军建为西京。1913年废。

西安机器局 官办军用企业。清同治八年(1869)由陕甘总督左宗棠创设于西安。专事制造枪械、开花炮弹等军火。十一年,左宗棠进驻甘肃,将所有机器设备拆迁并入兰州机器局。

西安平县 西汉置。在今辽宁丹东市九连城叆河尖古城。属辽东郡。十六国后燕末,地入高句丽。或省称安平,《资治通鉴》:东晋咸康七年(341)"赵横海将军王华帅舟师自海道袭燕安平,破之",即此。

西安王 元代诸王封号,授螭纽金印。宗王阿剌忒纳失里始封。答儿麻袭封。

西安县 唐咸通中改信安县置。治今浙江衢州市境。为衢州治。北宋宣和三年(1121)移治今衢州市。元为衢州路治。明清为衢州府治。唐宋时产银,宋置南、北二银场。1912年改名衢县。

西安阳县 西汉置。治今内蒙古乌拉特前旗东南公庙沟口古城。属五原郡。《后汉书·蔡邕传》:邕与家属,"居五原安阳县",即此西安阳县。东汉末废。

西安州 北宋元符二年(1099)置。治今海原县西。属秦凤路。辖境相当今宁夏海原县及西吉、同心二县部分地。金皇统六年(1146)地入西夏。明置西安千户所于此。

西八作使 见"八作使"。

西八作司 见"八作司❶"。

西班 官制用语。(1)指宋代西班诸司使及副使,即宫苑、左骐骥、右骐骥、内藏库、左藏库、东作坊、西作坊、庄宅、六宅、文思、内园、洛苑、如京、崇仪、西京左藏库、西京作坊、东染院、西染院、礼宾、供备库等二十使及副使。其初尚有实领本职者,后用为武臣阶官。徽宗政和二年(1112),换为新武阶官。(2)宋代龙图阁、观文殿学士及待制等职序班在西,故称西班或西班学士。

西班牙银元 见"本洋"。

西堡长官司 土司名。明洪武十五年(1382)置,以土首领卜却(或作阿卜却、阿卜格)为长官,隶普定府,十八年隶安顺州,二十五年隶普定卫。后改属安顺军民府。治所在今贵州六枝特区。洪武十六年至三十一年,土官阿德、阿傍、寨长必莫等相继起事,贵州都指挥顾成先后讨平之。入清,仍准袭替。康熙十一年(1672)改属普定县。二十一年仍属府。五十四年长官沙毓奇殁,催承袭不至,改土归流,废其地入安平县(今贵州平坝)。管西堡等纵横约六十里地面的村寨,居民有仡佬、龙家、蔡家、布依族等。

西北回民起义 见"陕甘回民起义"。

西北郡王 辽代封爵。重熙二十一年(1052)萧阿剌受封。

西北路招讨使司 官署名。亦称西北路招讨府、西北路招讨司。辽北面官。掌镇抚西北诸部族,统领突吕不、奥衍、室韦、楮特等部族军及招州兵马。置招讨使为长官,下设副使、都监等职。

西北七卫 明初于西北设置的赤斤蒙古卫、罕东卫、沙洲卫、安定卫、阿端卫、曲先卫、哈密卫等七卫。授指挥等官,予诰印,令岁以马易茶,羁縻藩服。辖地在陕西都司之肃州(今甘肃酒泉)以西,朵甘都司以北,亦力把里以东,巴儿思竭(今新疆巴里坤哈萨克自治县)以南地区。

西北域记 书名。清谢济世撰。一卷。谢氏雍正年间被谪往新疆阿尔泰军台效力,遂于成所成此编。多记西北山川物产,间考其历史沿革。其中数条涉及蒙古风俗。有梅庄杂著本。

西壁讹答(?—1210) 西夏党项人。远祖系鲜卑人。襄宗时为太傅。应天四年(1209)蒙古成吉思汗攻西夏时,守斡罗孩城,巷战时被俘。次年死。

西伯 即"周文王"。

西亳 又名尸乡。商"三亳"之一。见"亳"。

西不羹 古城名。在今河南襄城县东三十里。《汉书·地理志》颍川郡襄城县"有西不羹"。参见"东不羹"。

西部曹 官署名。北魏初尚书省惟置南部、北部二曹,太武帝经营西方,战事频繁,增置西部曹,以西部尚书为长官,西部长为副,掌西部州郡,负责战事所需。平定西方后即罢。

西部敕勒 见"东部敕勒"。

西部大人 官名。北魏泰常二年(417)置,与天部、地部、东部、南部、北部大人并称六部大人,共同处理国家日常政务,皆以诸公充任。下设三属官。太武帝时复建尚书省,遂罢。

西部都尉 官名。东汉献帝建安十八年(213)曹操分魏郡为东西部而置。郡国都尉与郡守同为五品官。并置郡都尉管军,郡守管民;单置则军民并管。三国魏黄初二年(221)改魏郡西部为广平郡而废止。

西曹 ❶官署名。汉丞相府、三公府所属诸曹之一。掌府吏署用事,以掾主其事。三国、晋丞相府、公府、将军府沿置,晋司徒府增左西曹,改西曹为右西曹。北齐、隋州县置。东晋以前设掾、属,以后设参军、掾、佐等。❷西曹书佐及西曹掾、属省称。

西曹从事 吏名。魏、晋、南北朝时三公及诸州长官皆自辟僚属,统称从事。晋代州置有西曹书佐。晋以后则称西曹从事,主选用,位在诸曹从事之上,相当于主簿。十六国时南凉有西曹从事史。

西曹书佐 官名。晋改功曹书佐置。南朝、北魏、北齐、隋皆置。为州刺史佐吏,掌诸吏及选举事,位别驾、治中下,与主簿相亚而略低,在诸从事之上。北齐司州所置视八品,他州所置视从八品。隋雍州所置视从八品,他州所置视正九品。大业三年(607)罢州置郡后废。

西曹掾 官名。东汉、三国魏、晋诸公、位从公府僚属,为西曹长官。掌府吏署用事。东汉秩比四百石。北齐司州、诸县亦置,司州所置位书佐下,已非西曹长官。

西厂 官署名。明代宦官侦缉机构。成化十三年(1477)始置,由太监汪直督领。自京师至各地,随处侦事,罗织罪名,与东厂同为人所畏惧,而缇骑倍于东厂,势力亦远出东厂之上。后曾暂废,十八年正式废罢。正德元年(1506)复置,以宦官谷大用督领。七年后再罢,遂不复置。

西朝 东晋、南朝建都建康(今江苏南京市),故又称建都其西洛阳(今河南洛阳市东北)的西晋为西朝。见《宋书·百官志》。《世说新语·品藻第九》:"王大将军(王敦)在西朝时,见周侯(周顗)辄扇障面不得住,后度江左,不能复尔。"参见"中朝❷"。

西城兵马指挥司 官署名。明清五城兵马指挥司之一。凡京城内外划境为五,其西境属该司,掌巡捕盗贼,疏理街道及囚犯、火禁之事。明设指挥一人,正六品;副指挥四人,正七品,吏目一人。清沿置,改副指挥只设一人,俱汉员。

西城郡 东汉建安二十年(215)分汉中郡置。治西城县(今安康市西北)。辖境相当今陕西石泉县至安康市间汉水流域。属荆州。三国魏文帝改名魏兴郡。隋大业三年(607)改金州为西城郡。唐武德元年(618)又改为金州。

西城所 北宋宣和年间掌管公田的机构。先后由杨戬、李彦主管。宣和初,已在京东西、淮西北一带根括隐田、天荒地入官,更税为租,号西城所。宣和三年(1121),后苑作和营缮所公田并入西城所。民间美田,多被指为天荒,拘没入官,强迫原业主承佃,输纳公田钱。前后共括得田三万四千三百余顷。七年十二月罢。

西城县 西汉置。治今陕西安康市西北。为汉中郡治。东汉改属汉中郡,建安末为西城郡治。三国魏为魏兴郡治。西晋改属魏兴郡。南朝宋、齐、梁仍为魏兴郡治。西魏移治今安康市。北周天和四年(569)改名吉安县。隋大业三年(607)改名金川县,义宁二年(618)复改为西城县,治所仍旧。唐至金为金州治。元废。

西畴人 云南境内发现的古人类化石。1965年发现于西畴县东南的仙人洞中,共有牙齿五枚,分属不同个体。体质特征接近现代人,在人类发展史上属"智人"阶段。洞穴中伴生动物化石有华南豪猪、猕猴、长臂猿、猩猩、灵猫、云豹、虎、剑齿象、中国犀、野猪、水牛等。

西楚 地区名。"三楚"之一。《史记·货殖列传》:“夫自淮北沛、陈、汝南、南郡,此西楚也。”按南郡与淮北诸郡隔绝,不应同属西楚,所载疑有误。西楚地有淮水以北,泗水、沂水以西。当今河南中部及东部、安徽北部和江苏的西北部。因居全楚之西北,故名。秦亡,项羽自立为西楚霸王,据有西楚、东楚与梁地共九郡,建都于西楚的彭城。

西楚霸王　见“项羽”。

西楚国　公元前206年项羽置。《史记·高祖本纪》:秦亡,“项羽自立为西楚霸王,王梁、楚地九郡,都彭城(今江苏徐州市)”。九郡为泗水、东海、南阳、薛郡、东郡、砀郡、陈郡、鄣郡、会稽,前202年为汉所灭。

西楚九郡　公元前206年秦既亡,项羽分天下王诸侯,以梁楚地九郡自立为西楚霸王。《史记·项羽本纪》、《汉书·项籍传》皆不详九郡之目,自古考史者不一其说,当以姚鼐《项羽王九郡考》之说为是。计梁地二郡:砀郡、东郡;楚地七郡:陈郡、薛郡、泗水郡、东海郡、东阳郡、鄣郡、会稽郡。见《惜抱轩文集》卷二。相当今河南东部、山东西南部、安徽淮北及江南、江苏、上海全部和浙江大部分地。

西川　唐方镇名。见“剑南西川”。

西川都元帅府　官署名。元代地方统军机构。世祖中统三年(1262)设,置府成都,分府潼川,掌成都、潼川和吐蕃境内诸军。设都元帅、右副元帅、左副元帅、元帅等职。至元五年(1268),改为西川统军司。

西川路　北宋乾德三年(965)平蜀置。治成都府(治今四川成都市)。辖境相当今四川邛崃山、大渡河以东和陕西汉中地区,贵州大部,湖北、甘肃、云南三省小部。开宝六年(973)分置峡(峡西)路,辖境大缩。咸平四年(1001)分为益州、利州二路。

西川统军司　官署名。元代地方统军机构。世祖至元五年(1268)由西川都元帅府改立,置司于成都,又称成都统军司。八年,迁司眉州。置统军使、副统军使等职。十年,改为西川行枢密院。

西川行枢密院　官署名。元代地方统军机构。世祖至元十年(1273),由西川统军司改立,置司于成都。置行院事、副使、佥院、同佥等职。十三年,以东川行院并入西川,合称东西川行枢密院,又称四川行枢密院。十五年罢。

西垂　❶殷、周时对约今甘肃东南部一带的泛称。《史记·秦本纪》:秦之先“中潏,在西戎,保西垂”,又秦庄公“为西垂大夫”。❷即“西犬丘”。

西陲要略　书名。清嘉庆十二年(1807)祁韵士就《西陲总统事略》重新考辑录要而成。凡四卷。有嘉庆刻本、道光十七年(1837)筠渌山房刻本、光绪四年(1878)与八年同文馆本,并辑入《粤雅堂丛书》、《小方壶斋舆地丛钞·正编》。光绪上海石印本及《皇朝藩属舆地丛书》本,更名《新疆要略》。参见“西陲总统事略”。

西陲总统事略　书名。一名《伊犁总统事略》。清汪廷楷原辑、祁韵士编纂、宗室赓宁绘图、嘉庆十三年(1808)伊犁将军松筠纂定并作序。十二卷。卷一为乾隆统一新疆事略;卷二为舆图;卷三为疆域、山水、卡伦;卷四至卷九专叙伊犁职官、城池、粮饷、军务、屯务、牧厂、钱法等;卷十述塔尔巴哈台(今塔城)、乌鲁木齐及回疆各城事略;卷十一、十二为土尔扈特、哈萨克、布鲁特(今柯尔克孜族)源流及回俗纪闻等。有嘉庆十三、十四、十六年程振甲校刻本,道光十九年(1839)刻本,1958年北京中国书店影印本等。各本多附松筠《绥服纪略图诗》及祁韵士《西陲竹枝词》各一册。

西爨　见“爨”。

西丹　满语,幼丁之意。清代东北地区八旗挑甲前,以幼丁为预备兵,令习武艺,其作战有功者得正式改为披甲。清后期曾多次从东北调其出征,俗称“西丹兵”。

西宕渠郡　南朝齐置,以在南宕渠郡之西得名。治宕渠(今四川盐亭西北)。辖境相当今盐亭、射洪二县。属益州。西魏恭帝移于涌泉山,改名涌泉郡。

西邸卖官　东汉灵帝为聚敛私财,于光和元年(178)开邸舍于西园,公开卖官。其价为:二千石二千万,四百石四百万,以德次应选者交一半或三分之一钱。于西园设立钱库以储钱。凡诣朝廷上书买县令长官职者,按照所任县的贫富定价,可先交钱,也可到任后加倍交钱。又令左右亲信标价卖公卿:公千万,卿百万。

西帝　战国后期秦昭王连年用兵韩、魏,取城略地,国势大增。昭王十九年(前288),秦相魏冉赴齐见齐湣王约齐称帝,并立约灭赵,而分其地。同年,秦昭王在宜阳自称西帝,尊齐湣王为东帝。不久,齐湣王从苏秦计,自去帝号,与赵惠王会盟。秦昭王因而亦自去帝号。次年,苏秦、李兑发动齐、赵、楚、魏、韩五国合纵攻秦至成皋,无功而还。秦乃归还部分侵地给赵、魏。

西淀　淀泊名。跨河北雄县、安新、高阳、任丘数县,西起白洋淀,东至任丘之柴伙淀,东西长一百二十里,南北宽二三十里至六七十里,西北诸山之水汇注,是调蓄大清河水系洪水的主要湖泊,经会通河下入东淀。清初,永定河夺拒马、白沟等大清河北系河道汇入,淤积加快。永定河改入三角淀后,金门闸等分洪减河仍入西淀,蓄水面积仍日渐缩小。

西丁零　见“北丁零”。

西都　古都名。(1)周武王都镐,至成王时别营雒邑为东都,因称镐京为西都。(2)新莽始建国四年(12)建雒阳为东都,因称常安(新莽改长安为常安)为西都。(3)东汉都雒阳,因称西汉旧都长安为西都。班固有《西都赋》。(4)唐显庆二年(657)以洛阳为东都,因称长安为西都,又称西京。(5)唐肃宗元年(761)以凤翔府为西都。不久罢。(6)五代梁开平元年(907)建都开封府,号东都,因改唐东都河南府为西都。(7)五代唐同光元年(923)复以京兆府为西京,又称西都,至晋天福三年(938)罢。(8)五代吴都江都府,至南唐改都江宁府,因称江都府为东都,江宁府为西都。

西都县　东汉建安中分临羌县置。治今青海西宁市。为西平郡治。北魏孝昌后废,改乐都县置西都县,治今乐都县。北周为乐都郡治。隋开皇十八年(598)改名湟水县。

西都尹 官名。唐开元元年(713)改京兆府长史置,为西都(京师长安)所在地方行政长官。一人,从三品,通判府州事,掌考核官吏、教化百姓、荐贤举能、劝课农桑。每岁一巡属县,阅丁口、观风俗、录囚犯、恤鳏寡。西都最高行政长官牧多以亲王兼领,不理实务。牧缺,则尹代行其事。

西鄂县 西汉置。治今河南南阳市北鄂城寺。《汉书·地理志》注:"应劭曰:江夏有鄂,故加西。"东汉张衡即本县人。汉魏属南阳郡,晋属南阳国。南朝宋废。北魏复置。仍属南阳郡。北周废。

西洱河 古湖泊名。即今云南洱海。隋开皇十七年(597),史万岁率兵入南中,渡西洱河,击南宁州夷帅爨翫。唐天宝十载(751),剑南节度使鲜于仲通进攻南诏,为南诏王阁罗凤战败于此。

西二盟 内蒙古六盟中伊克昭、乌兰察布二盟的合称。

西法神机 书名。明孙元化著。刊印于崇祯五年(1632)。上下二卷。附图十九幅。上卷七节为:"泰西火攻总说"、"铸造大小战铳尺量法"、"铸造大小攻铳尺量法"、"铸造大小守铳尺量法"、"造西洋铜铳说"、"造铳车说"、"铳台图说";下卷五节为:"造铁弹法"、"火药库图说"、"炼火药总说"、"铳杂用宜图说"、"点放大小铳说"。较详细地介绍了十六世纪西方有关火炮制造与使用方法,及中国当时火器制造使用情况。对明末清初的火器制造较有影响。对了解中国近代火药火器发展史有一定意义。现存有清康熙元年(1662)刻本。

西番 见"西蕃"。

西番馆 官署名。明永乐五年(1407)始置。负责翻译西域各族语言文字。设译字生、通事主其事。初隶翰林院,弘治七年(1494)改隶太常寺。清初沿置,隶翰林院,乾隆十三年(1748)省并入礼部。

西番译语 书名。又称《西番馆译语》。明代四夷馆编撰。分杂字、来文两大部分。杂字部分又按安多方言、康方言、草地方言等分别刻印。分天文、地理、时令、人物、身体、宫室、器用、饮食、衣服、声色、经部、文史、方隅、花木、鸟兽、珍宝、香药、数目、人事、通用等二十门。《龙威秘书》本《西番馆译语》收入字、词约七百四十个。《东洋文库》本《华夷译语·西番馆杂字》(新增),分类法与前者同,少宫室、方隅、人事三门。所收字、词,用藏、汉文对照,译出汉义,并用汉字标出藏文字词的读音。来文部分是藏区政教首领向明代中央政府所上的表章、奏疏,内容多属要求朝廷赐予、进行茶马互市、朝贡及谢赐等,亦均为藏汉文对照。此书对研究明代藏区的语言文字,汉藏关系,藏区政教史、经济史,汉藏文互译的规律都有重要参考价值。

西蕃 又作西番。(1)北魏至隋对党项、吐谷浑、西域及中亚各国的泛称。(2)唐时吐蕃的别称。(3)宋以后指今甘、青和川西北藏族及其居地。(4)明《华夷译语》对藏语 bod(蕃)字的意译。(5)今云南普米族的史称。明清两代,今云南境内的普米族,汉族称之为"西番",纳西族称之为"博",自称"普米"。天启《滇志》卷三十云:"西番,永宁、北胜、蒗蕖凡在金沙江北者皆是。"清代西番又散及于金沙江以南。(6)清时对台湾西部山谷间高山族居民的称谓。

西峰寨 地名。在今海南澄迈县老城西。北宋政和间,于澄迈置西峰寨,以阻黎人,由是道路无梗,即此。

西府 ❶东晋孝武帝时,会稽王司马道子、其子司马元显并录尚书事,司马元显府号为西府。❷东晋西中郎将府的省称。❸唐末五代吴越称杭州(今属浙江)为西府。❹宋朝枢密院的别称。

西阁祭酒 官名。王府、公府、丞相府、将军府僚属。西晋诸公及开府位从公者,各置一人,位东阁祭酒上,与其共掌礼贤良、导宾客之事。杨骏为太傅,增置一人。赵王伦为相国,增为四人。东晋复置一人,位东阁祭酒下,与主簿、舍人主阁内事。南朝宋沿置,南齐三公、公督府各置一人。北魏亦置。《魏书·邓渊附献传》:"献,奉朝请、司空西阁祭酒、员外常侍、河阴令。"北齐三师、二大、三公府皆置,七品上;诸开府所置,七品下。隋亲王府各置一人,从七品上。唐诸王各置一人,正六品下,高宗以后为从七品上。北宋存其名而少有除授。

西宫 ❶即"西陆"。❷天文学名词。《史记·天官书》所划的五大天区之一。见"中宫"。其象为咸池。咸池是古神话中的天池名,据说是太阳出山之前洗浴的地方。但此象与其他三宫之兽象不同,故人或疑《史记》此处有佚文;按后世说法,则西宫象为白虎。包括星官至少有:天五潢(即后世所称之五车)、三柱、奎、娄、胃、廥积、昴、毕、附耳、参、罚、觜觿、天厕、天矢、天旗、天苑、九斿、狼、弧及南极老人等二十二官。

西沟畔战国墓 约战国晚期少数民族墓葬。位于内蒙古准格尔旗北部西沟畔西北五公里的虎斯太河东岸。1979 年清理的三座墓,编号为 M1—M3,其中 M2 保存较好。出土遗物以金器为主,除服饰品外,多为动物纹图案的剑鞘装饰金片,此外有铜、铁质兵器、马具等。各墓所出陶罐形制相近,说明三墓大致是同时期的墓葬。出于 M2 的两件虎豕咬斗纹金饰牌与七件银虎头形节约的背面有汉字刻款,标明器物的重量,单位为"斤"、"两"、"朱(铢)"。经对一件完整的金饰牌之实测,知每斤折合251.480克。金饰牌的"两"字作"兩",近于秦"半两"圆钱的"两"字。银节约的"两"字作"罕",字形见于战国晚期三晋地区铸行的平首圆足布和 1977 年燕下都辛庄头墓区 30 号大墓出土的金饰牌。在一件金饰牌背面还刻有"故[illegible]家虎[illegible]"五字。银节约中有六件在重量单位前刻有"旻 工"二字,一件刻"[illegible][illegible](少腐)"二字。墓主一般认为属匈奴族。

西瓜炮 又称皮炮。抛掷爆炸性火器。南宋及以后用于守城,以高临下。其外壳以坚纸二十层制成,再糊麻布二层,内裹小蒺藜一二百枝,带有细毛钩的火老鼠五六十个,并于内填满火药;沿炮围钻三孔,贯入药线,顶上正中钻一孔,入二寸细长竹管,夹一药线贯入其中,四药线会归一束,使其爆力均齐,亦防投时线灭。发时,点燃总线,丢以向敌,纸壳爆裂,小蒺藜、火老鼠布散满地,火老鼠四窜,击敌。为杀伤、烧灼、障碍之武器,其壳亦可以竹篓、瓶罐制成。明纸糊圆炮、风尘炮、群蜂炮等均属其类。

西关 见“东关”。

西关堡 北宋元丰五年(1082)置。在今甘肃兰州市西。属兰州。宋、金与西夏屡战于此。

西官 又称郡马,俗称裙带头官。宋代为亲王南班之婿、宗室女封郡主者之夫的别称。

西馆 见“崇文院”。

西虢 古国名。姬姓。在今陕西宝鸡县东。《帝王世纪》:“故虢有三焉,周兴封虢仲于西虢,此虢州其地也。”《史记》裴骃集解引韦昭谓:“文公,虢叔之后,西虢也。”今凤翔县出土西周铜器“城虢仲簋”,即其遗物。春秋时称为小虢。公元前687年灭于秦为邑。战国秦宣太后筑有虢宫。西汉置虢县。

西海 《山海经·海内经》所云“西海”,其确实海域不详。后世地理知识渐广,被称为“西海”的渐多,都因远在中国西部或以西而得名。《史记·大宛列传》:“于窴之西,则水皆西流,注西海。”所指非今咸海即里海。《汉书·西域传》:“条支国临西海。”指今波斯湾、红海、阿拉伯海及印度洋西北部。西汉末于今青海附近置西海郡,是指青海为西海;东汉建安中于今内蒙古居延海附近置西海郡,是指居延海为西海。《水经·河水注》:“敦薨之水,自西海径尉犁国。”指今新疆博斯腾湖为西海。《通典》引《经行记》:拂菻国“西枕西海”。指今地中海为西海。

西海纪游草 书名。清林鍼撰。林氏于道光二十八年(1848)赴美国谋生一年有余。是书为其旅美实录。其中涉及美国的政治、经济,尤其是蓄奴、选举、独立、总统制等方面的文字,为近代中国人对美国社会最早的报道。今湖南人民出版社据旧本校点重印,收入《走向世界丛书》第一辑。

西海郡 ❶西汉元始四年(4),王莽在羌族居地置。治今青海海晏县。辖境约当今青海湖一带。新莽末废。❷东汉建安中置。治居延(今内蒙古额济纳旗东南)。辖境约当今居延海附近一带。属凉州。北魏废。❸隋大业五年(609)在今青海省青海湖西古伏俟城置。辖境约当今青海湖附近一带。隋末废。

西汉 朝代名。又称前汉。公元前202年刘邦创建。建都长安(今陕西西安)。疆域最大时,东、南至海,西至今巴尔喀什湖、费尔干纳盆地和葱岭,西南至今云南、广西以及越南北、中部,北到大漠,东北迤至朝鲜半岛北部。初始元年(8),外戚王莽废孺子婴,代汉自立,西汉灭亡。郡国凡一百零三。共历十三主,统治二百十年。

西汉会要 书名。南宋徐天麟撰。七十卷。本书编撰体例模仿王溥的《唐会要》,分类记载西汉一代典章制度。共分“帝系”、“礼”、“乐”、“舆服”、“学校”、“运历”、“祥异”、“职官”、“选举”、“民政”、“食货”、“兵”、“刑法”、“方域”、“蕃夷”十五类。每类又立细目,共三百六十七目,凡见于《汉书》纪、表、志、传的有关典章制度的材料,均以类相从,按目编排。不便归类系属的材料,则设“杂录”,隶于相近的类目之后,材料丰富,诠次精审。旧刻本以武英殿聚珍本较常见。

西汉决疑 书名。南宋王逨撰。五卷。其目为《失实》、《引古》、《异言》、《杂证》、《注释》。

西汉年纪 书名。南宋王益之撰。三十卷。原书久佚,清四库馆臣从《永乐大典》录出。记西汉一代史事。取《史记》、《汉书》,旁及《楚汉春秋》、《说苑》等,广征博引,以《资治通鉴》凡例裁成之。又订正史传抵牾为《考异》十卷,铨次诸儒议论为《鉴论》若干卷。今是书无《鉴论》而有《考异》,且散附各条之下,盖《永乐大典》所据之本如此。末阙王莽居摄以后事,恐亦旧本所阙。书后有其弟观跋,称嘉定辛巳(1221)锓本。

西号 见“票号”。

西和州 南宋绍兴十二年(1142)以岷州改名。治白石镇(今西和县西南)。属利州西路。辖境相当今甘肃西和、礼县、宕昌、岷县等县地。元属巩昌都总帅府。明洪武十年(1377)降为西和县,后移治今址。

西河 ❶指西北地区南北流向的黄河。《书·禹贡》:“黑水、西河惟雍州。”《史记·吴起列传》:魏“武侯浮西河而下”。指今山西、陕西间自北而南流向的黄河南段。《史记·卫将军列传》:“车骑将军(卫)青度西河至高阙”,指今山西、陕西间黄河北段及宁夏、内蒙古境内自南而北流向的黄河。❷古地区名。(1)春秋卫地,指卫之西境当时南北流向黄河沿岸地区。即今河南省的滑县、浚县、内黄县及其迤南、迤北一带。《史记·孔子世家》:孔子答卫灵公问时曰:蒲(今长垣县境)的“妇人有保西河之志”,即此。(2)战国魏地。《史记·仲尼弟子列传》:“子夏居西河教授,为魏文侯师。”在今河南安阳市一带,其时黄河经安阳之东,“西河”意即“河西”。一说指今山西、陕西间黄河南端以西地,即今陕西大荔、合阳、韩城等市县一带。另一说谓指今山西中部的汾阳、孝义、平遥、介休、灵石等黄河以东地。

西河禅师 即“道绰”。

西河记 书名。东晋喻归撰。二卷(一作三卷)。记十六国前凉张重华时事。久佚。今有清汤球辑本一卷,见《广雅书局丛书》;张澍辑本一卷,见《二酉堂丛书》。

西河旧事 书名。佚名著,清张澍辑。不分卷。汉武帝置酒泉、武威、张掖、敦煌四郡,昭帝时又置金城郡,合称河西五郡。该书所记,多为这一地区地理、物产等情况。张氏憾原书已佚,乃搜集《后汉书注》、《太平寰宇记》、《水经注》、《太平御览》、《史记索隐》、《世说注》、《初学记》等有关记载,辑为是书,是研究中国西北地方史的资料。收入《二酉堂丛书》。

西河郡 ❶又名河西郡。战国魏文侯时置。当因在黄河之西而得名。《史记·吴起列传》:“吴起为西河守,甚有声名。”辖有今陕西华阴市以北,黄龙县以南,洛河以东,黄河以西地区。魏惠王后元五年(前330),地入秦,郡废。❷西汉元朔四年(前125)置,治平定(今内蒙古准格尔旗西南、陕西府谷县西北)。辖境相当于今内蒙古伊克昭盟东部,山西吕梁山、芦芽山以西及石楼县以北,陕西宜川县以北黄河沿岸地区。东汉永和五年(140)移治于离石(今属山西)。属并州。汉末废,北境入羌胡。三国魏黄初二年(221)复置,移治兹氏(晋改隰城,今汾阳)。辖境缩改为今山西离石、中阳、石楼、汾阳、介休、灵石等市县地。西晋太康初改为国,晋惠帝时废。北魏太和八年(484)复置郡。属汾州。北周属介州。隋开皇初废。大业初又改介州,唐天宝、至德间又曾改汾州为西河郡。

西河县 唐上元元年(760)以隰城县改名。在今山西汾阳市。为汾州治。明洪武初废入汾州。

西侯度文化 旧石器时代早期的文化。距今约一百八十万年。因1961年发现于山西芮城县西侯度村而得名。共获得打制石器数十件,制作简单而粗糙。器形有砍砸器、刮削器(分凹刃、直刃和圆刃)和一件三棱大尖状器。遗址中的烧骨说明西侯度文化的主人已会用火。

西湖 湖名。(1)在今浙江长兴。又名吴城湖、于公塘。塘高一丈五尺,周七十里,溉田三千余顷,南朝疏凿,后堙废。唐贞元十三年(797)刺史于頔复修,引方山泉水注入,设水门十四,以利灌溉。(2)即今浙江宁波市东南东钱湖。唐天宝二年(743)县令陆南金开广之。四面环山,受七十二溪之水,湖岸叠石为塘,周八十里。四岸有堰七,即钱堰、大堰、莫支堰、高湫堰、栗木堰、平水堰、梅湖堰,并于其傍各设石碶,水溢则分泄。溉田五百顷。(3)在今浙江杭州市城西。又名明圣湖、钱塘湖、上湖。以三面环山,溪谷缕注,潴而为湖。大历中刺史李泌于湖北修石函桥,置水闸,以泄湖水,溉田甚多。长庆中白居易为杭州刺史,筑堤捍湖,蓄泄湖水,溉田千余顷。(4)在今浙江建德西南。景福时县令戴筠于彭头山下开湖,引水溉东郭之田。(5)在今浙江建德东北,咸通时刺史侯温所开。(6)在今福建福州市西。西晋太康三年(282)郡守严高拓旧城,并凿东西二湖,周回各二十里。引东北诸山溪水注东湖,西北诸山溪水注西湖。二湖与闽海潮汐相通,引流溉田。唐时西湖犹存。贞元中观察使王翃又开南湖于城西南五里,接西湖水,灌于东南。后王审知于天复元年(901)及后梁开平元年(907)筑城,取土于西湖旁,湖周至四十里。(7)在今四川广汉,唐汉州刺史房琯筑,故又称房公湖。湖广数百亩。(8)在今四川彭州市西北。唐元和时郡守王潜、萧祐所凿。

西湖老人繁胜录 书名。题西湖老人撰。作者似为南宋宁宗时临安(今浙江杭州)人,姓名无考。一卷。所记多为临安琐事,与《梦粱录》、《武林旧事》、《都城纪胜》相同。保存了临安市民游艺活动及各类民间艺人姓名等资料。今本辑自《永乐大典》。

西湖桥 位于福建福州西湖中。始建于西晋太康三年(282)。系五孔厚墩连拱石桥,拱以中间者居大,依次向两侧递减,桥面随拱券高低而伸展,中间凸起,呈飞虹状,桥面和栏杆系近世改建。

西湖书院 书院名。又称西湖精舍。在杭州西湖旧府学之地。本为宋国子监,宋亡后废。元为肃政廉访司治所。世祖至元二十八年(1291)于治所西偏开辟书院,后为尊经阁。阁北为书库,收宋国子监旧板不下二十余万片。书院并以刊刻书籍驰名。至治、泰定间山长黄裳曾在旧目录基础上编辑《西湖书院重刻书目》,刻石。苏天爵编《国朝文类》,至正二年(1342)在此刊刻。

西湖游览志 书名。明田汝成著。二十四卷。汝成字叔禾,浙江钱塘(今杭州)人。嘉靖进士,官至福建提学副使。是书记述有关西湖之山川形势、名胜古迹及历代诗咏、掌故等。初刻于嘉靖二十六年(1547),后有万历十二年(1584)浙江巡按范鸣谦重修本、二十五年杭州知府季东鲁刻本、四十七年商惟濬增删本。另有《西湖游览志余》二十六卷,为汝成与其子艺蘅合著,以记掌故逸闻为主。

西华法师 即“成玄英”。

西皇 神名。战国时秦国人尊奉的上帝。屈原赋《远游》、《离骚》中的“西皇”一语,王逸注为“少昊”、“帝少昊”。《史记·封禅书》载,秦“自以为主少皞(即少昊)之神”,认为本民族为其后,乃作畤以祀。可见西皇即秦人心中的上帝,亦即少昊。又因秦人尊西皇,以至于秦王亦被称为“西皇”。

西极马 见“天马”。

西家行 清代帮工、学徒为保护自身利益而建立之组织。与工商业主之“东家行”对称。

西监 见“两监”。

西江督护 一作西江都护。官名。南朝宋、齐、梁置于广州,专掌西江流域之“俚”、“僚”等少数民族。官品在校尉之下,当为六品。

西江口 又称夏浦。在今湖南岳阳市北洞庭水入江处。《资治通鉴》:东晋隆安三年(399),“(殷)仲堪遣殷遹帅水军七千至西江口,(桓)玄使郭铨、苻宏击之,遹等败走”,即此。

西江视臬纪事 书名。清凌焘撰。凡四卷,续补一卷。作者于雍正、乾隆间任江西按察使十年。书中所收内容即其在任时所拟各种文件原文。卷一为条奏,收各种准以通行的奏议;卷二为详议,是有关地方行政、司法、经济、军政的各种奏议呈文;卷三为文檄,是颁发的各种禁令和条规;卷四为条教,乃有关民俗治安的一些法令。是书保存了大量当时的政令文件,于行政法律方面的记载尤为详细,亦涉及不少当时社会生活和经济情况。有乾隆时刊本。

西疆 旧时对今新疆维吾尔自治区的别称。因地处国境西部而得名。

西疆交涉志要 书名。清末钟镛撰。六卷。钟氏于光绪三十四年(1908)被遣戍新疆,为“资筹边之借镜”,于次年八月成此书。分订约、领事、通商、会谳、传教、游历六类。书中尤注意征引中俄所订条约、界志、章程,重点记述清代中俄边界交涉。

西晋 朝代名。自泰始元年(265)晋武帝司马炎代魏称帝,至建兴四年(316)匈奴刘曜攻入长安(今陕西西安西北),晋愍帝司马邺被废,史称西晋。共历四帝,凡五十二年。参见“晋”。

西京 古都名。(1)西汉都长安,东汉改都雒阳,因称雒阳为东京,长安为西京。又引申为称东汉为东京,西汉为西京。(2)隋炀帝建洛阳为东京,因称长安为西京。(3)唐显庆二年(657)以洛阳为东都,因称长安为西都,一称西京,天宝元年(742)定称西京,至德二载(757)改称中京。(4)唐至德二载收复两京,还都长安,因凤翔是中兴驻跸之所,改凤翔郡为凤翔府,建号西京,上元二年(761)废京号。(5)渤海以鸭渌府为西京,一说即今吉林临江市,一说即今临江市西南鸭绿江南岸长城里。(6)南诏王寻阁劝时(808—809)以太和(指阳苴咩城)为西京,至世隆称帝(859)改称中都。(7)五代唐同光元年(923)四月李存勗在魏州称帝,以魏州为东京兴唐府,以即位前的晋王旧都太原府为西京。十一月复唐旧制,改西京为北京。(8)五代唐同光元年十一月复唐旧制以京兆府为西京,至后晋天福三年(938)罢京。(9)五代晋天福三年自东都河南府迁都汴州,升汴州为东京开封府,改东都河南府为西京。后汉、后周及北宋沿袭不改。(10)辽重熙十三年(1044)升云州为大同府,建号西京,沿至金代不改。(11)明末李自成起义军以原西安府为西京。

西京道 辽五京道之一。重熙十三年(1044)置。治大同府(治今山西大同市)。置留守司、计司、都总管府等衙。辖府一:大同;节度州六:丰、云内、奉圣、蔚、应、朔;刺史州二:宁边、东胜;其余州、军二。辖境约当今河北张家口地区、山西雁北地区和内蒙古乌加河、东胜市以东,多伦县以西等地区。金改为路。

西京国子监 官署名。北宋景祐元年(1034)改河南府(今河南洛阳)学置,设分司官。后南京(今河南商丘)、北京(今河北大名)亦置国子监。崇宁四年(1105),罢三京国子监官,各置司业一员。

西京计司 官署名。辽南面官,掌西京道盐铁、赋税、度支诸事。置计司使、副使、判官等职。与上京盐铁使司、东京户部使司、中京度支使司、南京三司使司合称五京计司。

西京记 书名。北朝西魏薛寘撰。三卷。记述西魏事迹。已佚。

西京留守 官名。(1)唐玄宗久住东都洛阳,天宝元年(742)以京师长安为西京,改西都留守为西京留守,仍掌京师军政要务。肃宗以后称长安为上都,仍沿用西京(都)留守旧称。(2)北宋以洛阳为西京,亦置留守,以河南府知府兼任。(3)辽南面官置为西京(今山西大同)留守司长官,多以府尹兼。金海陵王沿置,带本府府尹兼本路兵马都总管。下设副留守、判官、推官等,与辽制同。元初沿置,世祖至元二十五年(1288)改西京为大同,遂罢。

西京留司御史台 见“三京留司御史台”。

西京路 金地方建置。辖区较辽西京道为小。又称大同府路。辖府二:大同、德兴;节镇州七:丰、桓、抚、朔、应、蔚、云内;刺史州七:弘、净、宣德、武、宁边、东胜、昌;县四十;镇九。其中丰、桓二州是边疆重镇,为西南、西北两招讨司所在。蒙古废。

西京路兵马都部署司 官署名。金代地方统军机构。设于大同府(今山西大同)。天德二年(1150)改为西京路兵马都总管府。

西京路提刑司 官署名。金代九路提刑司之一。世宗大定二十九年(1189)六月,置于西京大同府。掌本路纠察黜陟、劝农采访、管领屯田及镇防诸军。设使领司事,正三品。下设副使、判官、知事等属。

西京路转运司 官署名。金代地方财政机构,掌本路税赋钱谷、仓库出纳、权衡度量之制,置于西京大同府。设转运使领司事,正三品。下设同知转运使、副转运使等职。

西京学 学校名。辽代官立学校。清宁元年(1055)始设于西京(今山西大同),掌教授西京及附近州县生员等事。置博士、助教各一员。

西京鸭渌府 唐时渤海五京之一。治今吉林临江市,一说在吉林集安城,又说在临江镇西南鸭绿江南岸长城里。范围包括吉林、辽宁两省近鸭绿江地及朝鲜慈江道、平安北道、平安南道各一部。下辖神、桓、丰、正四州及十余县。神州治今临江市附近,桓州治今集安市,丰州治今吉林长白县,正州当在今吉林通化市。

西京盐使司 官署名。金代七盐使司之一,掌食盐产销,置于兜答馆,行盐地面为西京各地,直隶省部。设使、副使领司事,下设判官、管勾、同管勾、都监、同监、知法等官。

西京杂记 书名。旧题西汉刘歆撰。经考证乃晋葛洪所作。一说葛洪之名亦系伪托,作者姓名不可确知。书当成于六朝时。《隋书·经籍志》首见著录,标为二卷,今传本为六卷。“西京”指西汉京都长安。全书内容多为不见于《史记》、《汉书》的西汉遗闻佚事。所录司马相如、邹阳、枚乘等人的小赋佚文,为他处所无。但书中间杂怪诞无稽的传说。

西京左藏库使 官名。北宋初置,属西班诸司使,通常无职掌,仅为武臣迁转之阶。政和二年(1112)改武经大夫。

西京作坊使 官名。北宋初置,属西班诸司使,多不领本职,仅为武臣迁转之阶。咸平元年(998),定为同六品。元丰改制,改正七品。政和二年(1112)重定武臣阶官名,改武义大夫。

西且弥 古西域国名。王治天山东于大谷。在今新疆阜康市西。汉时属西域都护。东汉以后,并于车师后部。

西局 又称西局子。见“天津机器制造局”。

西卷(捲)县 西汉置。治今越南平治天省广治河与甘露河合流处。为日南郡治。三国吴改属日南郡。东晋后地入林邑。隋大业元年(605)复置,不久又入林邑。

西郡 东汉献帝时分张掖郡置。治日勒县(北魏改名永宁县,今甘肃永昌县西北)。辖境相当今甘肃永昌县西部及山丹县一带。属凉州。西魏废。十六国时北凉沮渠蒙逊攻南凉数战于此。

西克辛佛教寺院 亦称焉耆明屋。古焉耆国佛教遗址。"明屋",维吾尔语意为"千间房"。在今新疆焉耆西南42公里处。主要遗迹是土坯建筑的南、北两区寺院,可见大殿、佛塔、僧房。出土大量精美佛头像、壁画残片、建筑装饰。时代早到南北朝,晚至唐、西州回鹘。北大寺西北有残石窟十室,毁坏严重。

西口 指山西长城诸口,以别于北口。

西库伦 地名。(1)旧时库伦(今蒙古国乌兰巴托)市街分三部,西为喇嘛区,俗称西库伦。(2)即今蒙古国哈尔和林,清代名额尔德尼招,一称西库伦。

西昆体 宋诗流派名。又称昆体。北宋初,杨亿、刘筠、钱惟演俱有文名,真宗朝同入馆阁,遂主盟文坛,迭相唱和,朝士相和者亦众。杨亿选编十七人酬唱篇什为《西昆酬唱集》,该派因此得名。其诗宗法晚唐李商隐,多写宫廷、恋情及咏物,堆砌典故,词藻华艳,对仗工巧,声律谐和,为台阁体典型。其体风靡宋初四十年。至北宋中叶,欧阳修、梅尧臣以优游平淡之辞力矫其失,苏轼、黄庭坚继起,文风为之一变。

西拉雅人 台湾高山族中平埔人的一支。包括西拉雅、马卡道人、四社平埔三支族,散居于台南县麻豆镇以南至屏东县林边乡附近一带平地及山麓。

西凉 古国名。十六国之一。汉族人李暠所建。北凉天玺二年(400),李暠在敦煌(今甘肃敦煌西)自称冠军大将军、沙州刺史、凉公,建年号庚子,史称西凉。后迁都酒泉(今属甘肃)。统治区域在今甘肃高台以西及敦煌等地一带。至子李恂永建二年(421),为北凉所灭。共历三主,凡二十二年。

西凉百官表 书名。近人缪荃孙撰。一卷。凉州大姓李暠于天玺二年(400)据敦煌,自称凉公,建立政权。史云置百官,但未详载。缪氏据《晋书》、《资治通鉴》等有关资料,自庚子元年(400)起,至永建二年(421)西凉亡止,按年摘录所置官名和属下人物及其官衔,撰成是表。可见西凉官制之大概。收入《二十五史补编》。

西凉府 唐广德二年(764)凉州地入吐蕃,至五代、宋初当地豪酋自置牧守,称为西凉府,一名河西军。治今甘肃武威市。辖境相当今甘肃张掖市以东,天梯山、兰州市以北,宁夏固原县以西地。境内属部称西凉六谷部。1016年为甘州回鹘所取,1032年又入西夏。元至元十五年(1278)改为西凉州。

西凉后(後)主 即"李歆"。

西凉武昭王 即"李暠"。

西凉乐 乐曲名。十六国时,吕光、沮渠蒙逊据有凉州(治今甘肃武威),融合中原音乐与龟兹声,谓秦汉伎。北魏太延五年(439),太武帝灭凉而得之,谓西凉乐。西魏、北周之际,称国伎。隋唐时,七、九、十部乐中皆有之。歌曲有《永世乐》,解曲有《万世丰》,舞曲有《于阗佛曲》。乐器有钟、磬、弹筝、搊筝、卧箜篌、竖箜篌、琵琶、五弦琵琶、笙、箫、大筚篥、小筚篥、笛、横笛、腰鼓、齐鼓、担鼓、铜钹、贝等,乐工二十七人,白舞一人,方舞四人。

西辽 辽皇族耶律氏在西域建立的政权。又作黑契丹、哈喇契丹。保大四年(1124),辽濒于灭亡,宗室耶律大石率众西北走,至黠戛斯地被逐;再西进至唐北庭都护府境内之叶密立地,建立新城,招揽部众。至寻思干(今撒马尔罕),大胜西域诸国联军。金天会九年(1131)在起儿漫(撒马尔罕至布哈拉之间)称帝,号菊儿罕,改元延庆。延庆三年(1133)东返,建都于虎思斡耳朵(今吉尔吉斯斯坦楚河流域之托克马克)。统辖范围,西南至阿姆河,西北至巴尔喀什湖,东包今新疆地区。蒙古兴起后,乃蛮败亡,其王子屈出律西逃,篡夺西辽末帝直鲁古王位,西辽实亡。然屈出律仍尊西辽菊儿罕为太上皇,最后亡于蒙古。传五帝,历时凡八十七年。旋波斯起儿漫又出现一黑契丹,乃西辽残部所建立,至1309年始亡。

西辽纪年表 书名。清汪远孙撰。一卷。起西辽德宗耶律大石延庆元年(1124),止末主耶律直鲁古天禧三十四年(1211)。万斯同《纪元汇考》中已作西辽纪年考证,但仅存七十七年史事。汪氏依据《辽史·天祚纪》等加以补充,并纠正万氏之误,使西辽政权近九十年间耶律氏世系及其更迭情况得以了然。收入《二十五史补编》。

西林教案 见"马神甫事件"。

西林太清 即"顾太清"。

西林县 清康熙五年(1666)改上林长官司置。治今广西田林县西南定安。属思恩府,雍正五年(1727)改属西隆州,八年改属泗城府。1951年并入田林、隆林二县,1963年复置,移治今县治。

西泠八家 清乾隆间,篆刻家丁敬和继起者黄易、蒋仁、奚冈、陈豫钟、陈鸿寿、赵之琛、钱松,取法秦汉古印,兼取众长,各有特色,治印名盛一时,因皆居钱塘,被称为"西泠八家",也称浙派。

西凌阿(?—1866) 清满洲正白旗人,郭贝尔氏。都兴阿弟。鸦片战争时,从奕经援浙江,由侍卫累擢至都统。咸丰三年(1853)率部随胜保、僧格林沁截击太平天国北伐军。五年授钦差大臣,督办湖北军务,为太平军击败,撤职。六年镇压捻军,屡败。同治元年(1862)因病回京。卒谥勇毅。

西陵 ❶战国楚邑。在今湖北宜昌市西北。《战国策·秦策四》:顷襄王二十年(前279),"白起拔楚西陵",即其地。《括地志》谓在今湖北新洲县西,《水经·江水注》谓在今湖北蕲春县西。当误。❷陵墓名。(1)即三国吴主孙权陵。在蒋山(今江苏南京市东钟山)南。东晋咸和三年(328)苏峻反,卞壸与侍中钟雅帅郭默、赵胤等军及峻战于西陵,即此。一作"陵西",谓孙权陵西,所指地略同。(2)即"京西陵"。

西陵承办事务掌关防郎中 官名。清代西陵工部衙门主官。乾隆元年(1736)置,一人,驻易州

(今河北易县),掌陵寝岁修工程及祭器、祭物供给。包括泰陵、泰东陵、昌陵、昌西陵、慕陵、慕东陵及崇陵等七陵。下设员外郎六人、主事二人、笔帖式二人、经承二人及守库把总、巡兵、匠役等。宣统三年(1911)改归内务府,仍带工部衔。

西陵日记 书名。清潘祖荫撰。一卷。潘氏于同治六年(1867)被派往西陵照料庄顺皇贵妃葬事,此后又七次往西陵办事。后汇合八次日记,总成此编,因皆往西陵,故名。以时间先后编排,可见八次行程始末及有关礼制。记事简略,间录其间所作诗文及有关上谕。有光绪刻本。

西陵氏 相传为上古氏族。黄帝元妃嫘祖为西陵氏之女。

西绫锦院使 官名。亦称西绫锦使。北宋初置,属东班诸司使,多不领本职,仅为武臣及医官迁转之阶。咸平元年(998)定为同六品,元丰改制改为正七品。政和二年(1112)重定武臣、医官阶官,改为保和大夫。

西流围 见"两流围"。

西柳关 在今重庆万县市西北。南宋宝祐元年(1253)蒙古兵攻万州,入西柳关,荆湖将高达拒却之,即此。

西隆州 本明安隆长官司,清康熙五年(1666)改流置。治今广西隆林县西,寻移治今县治。属思恩府。雍正五年(1727)升为直隶州。属广西省。八年降属泗城府。辖境相当今隆林县地。1912年改置西隆县。1951年与西林县合置隆林县。

西楼 地名。在今内蒙古巴林左旗西南石房子村。契丹耶律阿保机秋季狩猎多在此举行。后建城,置祖州。

西陆 即西宫。《尔雅·释天》:"西陆,昴也。"昴为西宫中星。又《左传·昭公四年》:"西陆朝觌而出之。"孔颖达正义:"西方凡有七宿,《传》言'西陆朝觌',于《传》之文,未知何宿觌也。"显以"西方七宿"皆为西陆。孔氏又历举杜预以"夏三月,日在昴毕",服虔以"二月,日在娄四度春分之中",郑玄以"四月立夏之时",都是西陆,也是以西宫为西陆。此与后世所说不同,《隋书·天文中》谓:"日循黄道东行,一日一夜行一度,三百六十五日有奇而周天。行东陆谓之春,行南陆谓之夏,行西陆谓之秋,行北陆谓之冬。"《尔雅·释天》所谓西陆,为春三月日所经行,于《隋书·天文上》当为东陆。参见"四宫"。

西路军务档 档案名称。清军机处档册。所载为同治间对新疆哈密、伊犁等处用兵事件的文件,均为奏折和上谕的摘要。

西螺社 台湾土著番社名。一作西螺店。即今云林县西北西螺镇驻地。

西落鬼戎 古族名。居于今山西西北部,为殷周时强大部落。《竹书纪年》:"周王季伐西落鬼戎,俘二十翟王。"或说即鬼方。

西蛮校尉 官名。东晋置,掌益、宁、梁等州民族事务,领兵,或兼任刺史。十六国前秦沿置。

西门豹 战国时魏国大臣。西门氏,名豹。魏文侯任命他为邺县(今河北临漳西南邺镇)县令,责令他全功、成名、布义。到任后,废除当地为河伯娶妇之陋习,惩办巫婆及贪官,移风易俗;藏粮于民,寓兵于农,示民以信;发民凿十二渠,引漳河水灌田,以富魏之河内。任职期间,使魏国消除来自赵、燕的边患。为官清廉,秋毫之端,无私利也,而甚简左右。为人性急,常佩韦以自缓。相传他"不斗而死人手"(《韩非子·难言》)。

西门渠 见"漳水十二渠"。

西盟 地名。在今云南省南部。清光绪十七年(1891)委拉祜族首领李通明为西盟土把总,属镇边厅。1965年设西盟佤族自治县。

西苗 自称古苗,史书作西苗、海肥苗。明代清平卫、新添卫及贵州宣慰司境有之。清代聚居在今贵阳、龙里、贵定、麻江等地,有谢、马、何、罗、卢、雷等姓。以十月为岁首,秋收后斗牛、具酒召亲戚为乐。

西明门 今河南洛阳市东汉、魏洛阳城西面正西一门。汉称雍门。魏晋改称西明门。《资治通鉴》:西晋永嘉三年(309),汉刘聪攻洛阳,"屯西明门";五年刘聪攻洛阳,刘"曜自西明门入屯武库",均即此。

西明寺 佛寺名。位于长安延康坊西南隅。本为隋越国公杨素宅。唐武德时,为万春公主宅。贞观时,赐濮王李泰。泰死后立寺。显庆二年(657)重造楼台廊庑四千区,名西明寺,次年,迎玄奘入居。永泰元年(765)置百尺高座,请僧人讲《护国仁王经》,并以人饰菩萨、鬼神,乘宝舆,导以音乐,迎入寺内。武宗毁佛时,为长安右街所保留两座佛寺之一。大中六年(852),改名福寿寺。

西铭 篇名。北宋张载著。原为《正蒙·乾称》的一部分。据说张氏曾将其书写于学堂西窗,题为《订顽》,后由程颐改题为《西铭》。旨在论述在儒家伦理范围内的天人一体,天地万物之间均有内在联系。提出"民胞物与"思想,阐述做人之道。宣传"存,吾顺事;没,吾宁也"的安命思想。程颐、朱熹从"理一分殊"观点出发予以发挥,故在理学中有相当影响。

西摩尔(Edward Hobart Seymour,1840—1929) 一译西摩。英国海军将领。早年加入英国海军。1857年参加英法联军侵华的第二次鸦片战争。清同治元年(1862)在上海随军与太平军作战。次年回国。后升中将。光绪二十三年(1897)至二十七年任英国远东舰队司令。二十六年五月十四日(1900.6.10)率领一支由英、美、德、法、俄、日、意、奥八国军队组成的联军二千余人,从天津进犯北京,在杨村、廊坊等地被义和团和清军击败,退回天津。是年回国。后升至上将。著有《我的海军生涯和旅行游记》。

西南纪事 书名。清邵廷采撰。十二卷。记明桂王由榔、永宁王周宗、郧西王常潮、宁靖王朮桂始末及何腾蛟、瞿式耜、李定国、孙可望等二十余人抗清事迹,体例与《东南纪事》同。

西南面都招讨司 官署名。亦称西南面招讨司、西南路招讨司、西南路招讨府。辽北面官。太祖神册元年(916)置,治丰州(今内蒙古呼和浩特东),掌镇抚西京道西部。置招讨使、副使、都监等职,统领丰、云内、东胜、宁边等州及金肃州、河清军,以及涅剌、乌古涅剌、涅剌越兀、梅古悉、颉的、匿讫唐古、鹤剌唐古、品、迭剌迭达、品达鲁虢、乙典女直等部族兵马。

西南面巡检使司 官署名。辽南面官,掌巡检西南与宋边界事。景宗保宁初,宋师屡梗南边,以耶律合住为涿州刺史、西南兵马都监、招安、巡检等使。后置巡检、同巡检等职。

西南七蕃 宋西南诸蕃部族数十,以五姓为最著。又有程氏、韦氏皆比附五姓,称西南七蕃。参见"五姓蕃"。

西南日报 报纸名。贵州自治学社机关报。清宣统元年六月(1909.7)在贵阳创刊。张百麟、杨伯坚先后任总编辑。鼓吹反清,间亦宣传改良立宪。重点报道黔、川、滇、湘、粤、桂六省消息,力谋西南六省联合。日出一大张,日销四百余份。1912年停刊。

西南夷 ❶汉时对居住在今云南、贵州、四川西部和陕、甘、川连接地带的少数民族的总称。包括众多部落与不同的民族,社会经济、文化发展不平衡。有的已进入阶级社会,有的尚处在原始社会末期部落联盟阶段。其中由主体民族和附属种落形成的较大集团有:夜郎、靡莫、滇、邛都、嶲、昆明、徙、筰都、冉駹、白马等。夜郎、靡莫的主体民族为僚和濮;滇的主体民族为僰;邛都的主体民族为叟,均从事农耕、定居。嶲、昆明为一些分散游牧的叟人种落。徙、筰都、冉駹、白马,皆源于氐羌,或农或牧。自古皆与巴蜀有商业往来;公元前279年左右楚将庄蹻(庄豪)率军进入滇池地区后,与中原交往日渐密切。西汉武帝建元六年(前135),正式遣使设郡县,至东汉明帝时,先后于其地置有犍为、牂柯、越嶲、益州、武都、沈黎、汶山等七"初郡"及永昌边郡,设太守、县令等官或封土著君长为王、侯、邑长以统之。被统辖的各族,大略以今云南省境内红河、澜沧江为界,北部和东部为今藏缅语族各族先民;东部、南部、西南部为今壮侗语族和孟高棉语族各族先民。❷古地区名。指两汉时西南夷的分布地区。包括犍为、牂柯、越嶲、益州、武都、沈黎、汶山等七"初郡"及永昌郡,其地相当今滇、黔、川三省及甘肃南部部分地区。而以巴蜀为基点,分为"南夷"、"西夷"两部分。

西南夷道 古道路名。西汉武帝时为经营西南夷地区,开筑两条由今四川通向云南、贵州的道路。一为南夷道,"自僰道指牂牁江"以通夜郎。即自今四川宜宾达贵州境内的北盘江;一为西夷道,由蜀郡(今成都)通往邛筰(今四川西昌市),并西南达叶榆(今云南大理北)、昆明。

西南夷风土记 书名。一卷。此书载于明朱孟震《游宦余谈》之末,内容表明非朱氏所作。原作者于万历十一年(1583)因缅甸莽应里焚掠云南施甸、盏达,随明军征讨至蛮莫等地。此书即为随军日记,记缅甸、木邦、孟养、孟密、蛮莫等地山川形势、风土习尚。《四库提要》著录为朱孟震撰,《学海类编》收入刊行。朱孟震《游宦余谈自序》言其未至云南。

西南夷改流记 书名。清魏源著。一卷。是书记述清代云南、贵州、四川、广西少数民族地区改土归流原委,并就改土归流方略,评论利弊得失;源精舆地之学,概述改流史实,颇中条理。

西内 本隋唐之正宫,隋称大兴宫,唐称太极宫。高宗移居大明宫后,习称大明宫为东内,太极宫为西内。此后天子虽以居东内为常,遇大典则移驻西内。

西捻军 见"捻军"。

西宁办事大臣 即"青海办事大臣"。

西宁府 清雍正二年(1724)改西宁卫置,并置西宁县(今市)为治所。其后相继开拓析置,道光九年(1829)后辖境相当今青海西宁市及门源、贵德、互助、乐都、民和、化隆、尖扎、湟源、大通、循化等县地。属甘肃省。1913年废。

西宁军务节略 书名。作者佚名。一册。记光绪二十一年(1895)三月至二十二年一月,西北回民起义军进攻西宁府,及其被镇压的经过。别录当时电旨、电奏底稿以记事。附有西宁城防图及两军攻守图十幅。

西宁王 元代诸王封号,授螭纽金印。天历二年(1329),宗王忽答的迷失受封。速来蛮、牙罕沙袭封。

西宁卫 明洪武六年(1373)改西宁州置。治今青海西宁市。属陕西行都司。清雍正二年(1724)改为西宁府。

西宁县 明万历五年(1577)分泷水县及德庆州、封川县地置。治今广东郁南县东南建城。属罗定州。1914年改为郁南县。

西宁州 北宋崇宁三年(1104)改鄯州置。治今西宁市。辖境相当今青海西宁市及大通、互助、湟中等县地。属秦凤路。绍兴六年(1136)属西夏。蒙古成吉思汗灭西夏后,为章吉驸马分地,元至元二十三年(1286)仍置西宁州。属甘肃行省。明洪武六年(1373)改为西宁卫。

西瓯 亦作西呕。古代百越族群之一。分布在今广西及广东部分地区,东汉以后包括于俚、僚泛称中,为今壮、侗等族的先民。亦为西部越人(即西越)的统称。包括骆越、南越、夷越、滇越各部。一说即骆越。梁顾野王《舆地志》认为,周时的骆越即秦之西瓯。

西平城 古城名。十六国汉嘉平二年(312),刘聪以其子济南王刘骥为征西将军,筑城居之,在今山西临汾市西北。《晋书·刘聪载记》:靳准杀汉主刘粲,"自号大将军、汉天王,置百官,遣使称藩于晋,左光禄刘雅出奔西平",即此。

西平大长公主 即"弘化公主"。

西平府 西夏建国前党项族首领李继迁、李德明的统治中心。北宋咸平五年(1002),继迁攻占宋灵州(今宁夏灵武东南),因受辽封西平王,改灵州为西平府。次年，定为都城。天禧四年(1020)，德明城怀远镇为兴州(今宁夏银川)，定为新都，府制依旧。毅宗谅祚时为翔庆监军司治所。仁宗仁孝时，外戚权臣任得敬晋为楚王，以此为基地。

西平军司 全称瓜州西平监军司。西夏监军司名。景宗元昊建国初所建十二监军司之一。驻地在瓜州(今甘肃安西)。防卫回鹘。

西平郡 东汉建安中分金城郡置。治西都县(今西宁市)。辖境相当今青海湟源县、乐都县间湟水流域地。属凉州。十六国南凉曾建都于此。北魏改置鄯善镇。隋大业及唐天宝、至德时又曾改鄯州为西平郡。

西平郡王 辽代封爵。耶律贤适、萧阿剌等先后受封。

西平王 封爵名。(1)后周世宗显德元年(954)，党项族首领、定难军节度使李彝殷晋爵西平王。(2)辽统和九年(991)，党项族首领赵保忠背宋，以夏州(今属陕西靖边县)降契丹，被封为西平王，复姓名李继捧。(3)北宋雍熙二年(985)，党项族首领李继迁诱杀宋将曹光实，众欲推为西平王，未受。契丹统和十五年(997)，受契丹封为西平王。(4)契丹统和二十二年，册党项族首领李德明为西平王。北宋景德三年(1006)，真宗复授李德明定难军节度使，爵西平王。(5)北宋明道二年(1032)，李德明死，子元昊嗣，授定难军节度使、西平王。(6)元诸王封号，授驼纽金镀银印。至元六年(1269)，世祖第七子奥鲁赤受封。八的麻的加、管不八等袭封。

西平寨 在今贵州瓮安县西。明景泰五年(1454)，草塘苗黄龙、韦保等聚众为变，攻占此寨，贵州总督蒋琳会四川兵进讨，即此。

西乞术 术一作遂。春秋时人，西氏，名术，字乞。秦穆公三十二年(前628)，他与孟明视、白乙丙率师伐郑，顺道灭滑(今河南偃师西南)。回师途中，遭晋与姜戎邀击，兵败于崤山(今河南三门峡市东)，他与孟明视、白乙丙被晋人所俘。旋得释回国。秦康公六年(前615)，曾聘问鲁国。

西钱 见“九陌钱”。

西羌 西汉时对居于陇西郡(治今甘肃临洮南)以西以南诸羌人的泛称。东汉多次镇压羌人起义，使其内徙，称徙居金城、陇西、汉阳等郡者为西羌，称东迁安定、北地、西河、上郡、三辅一带者为东羌。

西强山 即西倾山。山名。《北史·吐谷浑传》:吐谷浑王阿豺“升西强山，观垫江源”，即此。

西樵山遗址 中国新石器时代遗址。在广东南海西南西樵山。1958年开始调查发掘。遗址是由二十多个地点组成的大规模石器制作场。年代约在公元前3000—前2000年。当时在露天和山洞里开采原料，以霏细岩为原料制作磨制石器，有以双肩斧、双肩锛为代表的成品，还有半成品和大量碎块。或以燧石为原料制作细石器。因原料产地不同，两类石器地点基本上各自集中分布，但两者也常有共生的明确地层，可见是属于同时期共存的文化遗物。与石制品一起的堆积层中，还夹杂有人们食后的淡水贝壳及灰烬，有些地点发现少量陶片，但无人类长期定居生活的遗迹。

西秦 十六国时陇西鲜卑乞伏氏所建政权。东晋太元八年(383)前秦苻坚在淝水战败后，陇西鲜卑首领乞伏国仁于太元十年自称大单于，领秦、河二州牧，年号建义，都勇士城(在今甘肃榆中北)。十三年，国仁死，弟乾归继立，称河南王，迁都金城(今甘肃兰州西)，又迁苑川(今甘肃榆中大营川)。西秦太初十三年(400)为后秦击灭，乾归投附姚兴。东晋义熙五年(409)复国，称秦王，改元更始，仍都苑川。史称西秦。辖今甘肃西南部。其子炽磐在位时，大破吐谷浑、乙弗部，灭南凉。建弘九年(428)炽磐子慕末继位，势渐衰。永弘四年(431)为夏赫连定所灭。共传四主，凡四十七年。

西秦文昭王 即“乞伏炽磐”。

西秦武元王 即“乞伏乾归”。

西秦宣烈王 即“乞伏国仁”。

西倾山 在今青海东部和甘肃西南部交界处。《书·禹贡》:“西倾、朱圉、鸟鼠，至于太华。”《汉书·地理志》作“西顷山”，《北史·吐谷浑传》作“西强山”，《水经注》、《元和郡县志》作“嵹台山”。呈西北-东南走向，洮河、大夏河、白龙江发源于此，为黄河河曲各支流和长江水系白龙江、白水江间分水岭。

西清古鉴 书名。清梁诗正等编。四十卷。书成于乾隆时，著录清宫所藏的古代铜器一千五百二十九件，皆摹绘其形制、款识。附《钱录》十六卷，著录历代钱币五百六十七枚。此书体例摹仿《博古图》，但所收伪器颇多，绘图不注比例，铭文往往失真，考订亦不精审。《西清续鉴》甲编二十卷、附录一卷，清王杰等编，著录古代铜器九百七十五件。又乙编二十卷，著录古代铜器九百件。此外，尚有《宁寿鉴古》十六卷，著录铜器六百件，镜鉴一百零一件，所收亦为清宫所藏，编纂时间在《西清古鉴》以后。三书所收均真伪杂糅。

西曲歌 简称西曲。六朝时长江中游荆州(今属湖北)、郢城(今湖北宜昌)、樊城(今湖北襄樊)一带民歌的泛称。有《采桑度》、《青阳度》、《那呵滩》、《三洲歌》、《莫愁乐》、《石城乐》、《襄阳乐》、《拔蒲》、《乌夜啼》等三十四曲。内容多写离愁别绪，语言朴素大方，感情直率明朗，颇富地区特色。

西犬丘 古邑名。西周时秦国祖先大骆、非子居此，本名犬丘。因东另有犬丘城，故称西犬丘。在今甘肃天水市西南。周孝王时非子改封于秦(今甘肃张家川回族自治县东)。周厉王时西戎“灭犬丘大骆之族”，其地为西戎所占。秦庄公破西戎，周宣王与大骆犬丘之地，为西垂大夫。亦称西垂。秦宁公二年(前714)徙都平阳。春秋时或称西邑。西汉置西县。

西染色库 官库名。掌收受染色之物以给染院之用。以京朝官及三班为监官。宋太平兴国二年(977)置东染色库，三年，又置西染色库，咸平二年(999)省东库。

西染院副使 见“东西染院副使”。

西染院使 见“东西染院使”。

西戎 古族名。(1)泛指西北戎族,如在《书·禹贡》中指昆仑、析支、渠搜等地,即今青海、甘肃一带的戎人。《史记·匈奴列传》记秦穆公时“西戎八国”,指自陇以西的绵诸、绲戎、翟、獂和岐、梁山、泾、漆以北的义渠、大荔、乌氏、朐衍。(2)专指猃狁。《诗·小雅·出车》:“赫赫南仲,猃狁于襄。”又云:“赫赫南仲,薄伐西戎。”

西戎八国 春秋时活动于陕、甘、宁一带的八个戎族部落或方国的统称。有分布于自陇以西的绵诸、绲戎、翟、獂之戎,分布于岐山、梁山、泾水、漆水以北的义渠、大荔、乌氏、朐衍之戎。秦穆公得由余之助,征服西戎。

西戎校尉 官名。亦称护西戎校尉。三国魏置,五品。西晋初治长治,掌雍州少数民族事务。领兵,多以征西、镇西等将军领之,并兼雍州刺史。四品。东晋后改治汉中,或兼梁州刺史。南朝宋四品。梁置于北凉、南秦州,立府,有长史、司马、主簿、牙门等僚属。陈拟六品,比秩千石。北魏设于敦煌、仇池等镇。太和十七年(493)定为三品下,二十三年改从三品。

西塞 地名。在今湖北黄石市东。《三国志·吴志·孙策传》注引《江表传》:建安四年(199),刘勋“闻(孙)策等已克皖,乃投西塞”,即此。

西山 山名。(1)指今四川西部雪山。《新唐书·吐蕃传》:建中四年(783),唐蕃会盟约云:“剑南尽西山、大渡水。”(2)指太行山。《汉书·沟洫志》王横曰:“禹之行河水,本随西山下东北去。”(3)指今山西永济市首阳山。《史记·伯夷列传》:伯夷、叔齐隐居首阳山不食周粟,“作歌,其辞曰:登彼西山兮,采其薇矣。”《史记》司马贞索隐:“西山即首阳山也。”(4)指今河北平山县房山。《资治通鉴》五代梁贞明六年(920),王镕“宇于西山,每往游之”。胡三省注:“镇州西山谓之房山。”(5)指今山西太原市西蒙山。《资治通鉴》:南朝陈天嘉五年(564):周师及突厥逼晋阳,周人“从西山下,去城二里许”。《读史方舆纪要》:“《隋志》晋阳有蒙山,或以为西山。”

西山八国 唐时分布在今四川西北部以至西藏东部的八个羌人部落,分别称为哥邻、白狗、逋租、南水、弱水、悉董、清远、咄霸。因地处西山一带(今四川岷山山脉),故称“西山八国”。其中以哥邻羌部最大,列于“八国”之首。贞元九年(793),诸羌首领曾随东女国国王率种落诣剑南、西川内附,唐均授以官职,分隶边郡。诸羌因受吐蕃胁迫,时而又依附吐蕃,故唐又称之为“两面羌”。

西山城 唐时于阗国都城。即今新疆和田县南什斯比尔。亦称下库马提。

西山煤矿 商办企业。清光绪九年(1883)吴炽昌创办于北京西山。该矿局与醇亲王奕譞、直隶总督李鸿章有联系。次年投产,至十二年,月产量十余万斤。

西山日记 书名。明丁元荐撰。二卷。元荐,字长孺,号慎所,浙江长兴人,万历进士,官至尚宝司少卿。曾隐居西山。是书杂录洪武至万历朝野事迹,三十六类,末附《避乱五箴》。

西山先生真文忠公文集 书名。简称《西山文集》。南宋真德秀(世称西山先生,谥文忠)撰。五十一卷(《四库全书》所收《西山文集》为五十五卷)。内中汇辑诗文、书信、奏札、讲义等。旨在推尊道学,托天命以劝人主修德。而于认识、修养方法,则一本于程、朱“穷理”、“持敬”之说。有四部丛刊本。

西山阳洞长官司 土司名。又名西山阳洞蛮夷长官司。长官韦姓。明永乐元年(1403)置,属贵州卫。十二年属黎平府。清康熙二十五年(1686)废。治今贵州从江县东南西山。居民有侗族、苗族。

西上閤门副使 见“右武郎”。

西上閤门使 官名。唐玄宗前后置,以宦官充任,掌供奉朝会,赞引亲王、宰相、百官、蕃客朝见辞谢等事。五代后梁沿置。其后,渐以安排武臣,无职掌。宋初属横班诸司使,多不领本职,仅为武臣转迁之阶。乾德二年(964),定为视四品官。元丰改制,置为职事官,员三人,正六品,掌赞引,纠弹失仪。政和二年(1112),重定武臣阶官名,改右武大夫,另置知西上閤门事领其职事。辽南面官置为西上閤门司主官,隶门下省。金代宣徽院閤门沿置,初设二人,正五品,明昌六年(1195)省一人,降从五品。

西摄 西夏官位。枢密位之一。

西申 古族名。《诗·大雅·崧高》:“维岳降神,生甫及申。”盖申本为山西太岳山地区古民族之一。后来,一部分徙封于河南南阳,仍名曰“申”;另一部则流徙于西方,因别于东方山西、河南之申而言,乃名为“西申”。《逸周书·王会》:“西申以凤鸟。”《古本竹书纪年》:“平王奔西申。”(《左传·昭公二十六年》疏引)两文中之“西申”,均即指此族。《山海经·西山经》有申山、申水、上申之山、申首之山,或即以申族而得名。西申具体地望当在今陕西北部安塞一带。

西省 ❶汉永乐宫司。《后汉书·董皇后纪》:“孝仁皇后使故中常侍夏恽、永乐太仆封谞等交通州郡,辜较在所珍宝货赂,悉入西省。”李贤注:“西省,即谓永乐宫之司。”❷官署名。东晋为门下三省之一,设在宫禁中,为禁军将领直宿处。孝武帝常居内殿,以武官受纳奏书,以他省郎官如中书侍郎、散骑侍郎等轮流直宿,起草诏诰,号西省郎。南朝在驻禁军外亦置学士等文学侍从之臣,掌图书、著作、撰史等事。北魏孝文帝改制后为禁军直宿专署。北齐因之。❸南朝中书省、秘书省别称。❹唐代中书省别称。

西施 春秋末年越国苎萝山(今浙江诸暨南)人。以貌美著称。夫椒之战,吴败越,被越王勾践献给吴王夫差,深得宠。传说越灭吴后,同范蠡入五湖。

西石城风俗志 书名。近人陈庆年撰。清光绪三十四年(1908)成书。凡《婚姻》、《丧葬》、《祭祀》、《宾客》、《节令》五章。于江苏丹徒西石城乡风俗稽考颇详。附《西石城位置图》、《西石城村图》。为民俗史资料。

西使 使职名。西监牧使简称。唐时，置于临洮军(今青海乐都)西二百二十里，辖十六监，安史乱后渐废。

西使记 书名。元刘郁著。一卷。成书于中统四年(1263)。记宪宗使臣常德西去波斯觐见旭烈兀，往返沿途见闻。收于元代王恽《秋涧文集·玉堂嘉话》和陶宗仪《说郛》。近人丁谦、王国维、张星烺各有考释。

西市 ❶唐长安城内工商业区。隋名利人市。位于皇城西南，和东市对称，其形制、规模、布局、行肆及市制大抵如东市。市内有衣肆，帛肆，胡姬酒肆，药市，凶肆，坟典肆，铁器、陶器、石刻店和波斯邸，珠宝店，鱼、油、法烛店，鞦辔行，麸行，食店张家楼、窦家店以及柜坊，寄附铺等凡二百二十行。见于文献之行业店肆名目远比东市为多，部分店铺还附有加工场所或作坊。流寓长安之西域商人多于西市置邸肆，买卖珠宝玉器等奢侈品或经营货币存放等业务。商业较东市繁华，有金市之称。市内还设有常平仓及供运输和用水之水渠和"海池"。❷唐洛阳郭城内工商业区。隋名大同市，周四里，开四门，内有邸一百四十一区，资货六十六行，与通济、通津两渠相通，水运方便，隋末因战乱而废。唐迁于邻近城门闹市之固本坊，改名西市。与通济坊相通。坊内有隋姚辨宅和甲弩坊等。❸明代刑场名。位于今北京市西四附近，专为处决官吏之用。

西受降城 古城名。唐三受降城之一。景龙二年(708)朔方道大总管张仁愿筑。在今内蒙古乌拉特后旗东南乌加河(古黄河)北岸。开元初为黄河冲毁，开元十年(722)于城东别筑新城。景龙二年至开元二年安北都护府、乾元元年(758)至兴元元年(784)镇北都护府，均治于此。乾元后移天德军于此。元和八年(813)城西南隅又为黄河毁坏，移天德军于大同川西旧城。

西狩获麟 鲁哀公十四年(前481)，叔孙氏御车者子鉏商在大野泽(今山东巨野北)猎获一麟。麟在古代被传作是祥瑞之兽，孔子见后，伤感周道不兴，修订《春秋》至此事而绝笔。今本《春秋》经文写至鲁哀公十六年，乃孔子卒后为其弟子所续。

西蜀四川道肃政廉访司 官署名。简称四川(道)廉访司。元陕西诸道行御史台所辖。置司于成都路(治今四川成都)。

西蜀四川道提刑按察司 官署名。元代地方监察机构。世祖至元十六年(1279)置，设司成都路，置使、副使等职，监治成都、嘉定、广元、顺庆、永宁、重庆、夔州、叙州、马湖等路，兼劝农事。二十八年，改肃政廉访司，隶陕西行御史台。

西隃山 即雁门山。山名。在今山西代县西北。《尔雅·释地》："北陵西隃，雁门是也。"《史记·赵世家》作"先俞"。

西水坡遗址 黄河中游新石器时代与东周时代遗址。位于河南省濮阳县新民街南部。属仰韶文化后冈类型。其年代为公元前4665—前3987年。1987—1988年发掘。揭露面积5 000多平方米。发现有房子、窖穴、陶窑、墓葬与陶器、石器等遗物，包括仰韶、龙山、东周等不同时期的文化遗存。在仰韶文化地层中发现三组前所未见的用蚌壳摆塑的人物与动物图案。一组保存较好，为墓主与龙虎图共组而成，墓主男性仰卧直肢平躺在中间，两侧分别为龙、虎图；二组位于前者的南边，由龙、虎、鹿、蜘蛛等图像组成；三组位于二组的南面，由人骑龙和虎的图像组成。三组蚌图大体作南北方向直线排列。陶器有彩陶钵、陶灶、小口圜底瓶与深腹罐等。

西水寨 在今河北易县西南狼牙山。明建文三年(1401)，大同帅房昭入紫荆关，略保定诸县，驻兵于此。后为燕王所败。

西四城 清代回疆八城中的喀什喀尔(今新疆喀什市)、叶尔羌(今新疆莎车)、英吉沙尔(今新疆英吉沙)、和阗(今新疆和田)四城的合称。因其位于西部，故名。

西台 官署名。(1)晋、南朝称朝廷禁省及中枢机构为台，在京城以西地方另建的机构号为西台。晋惠帝被胁迫至长安所建政权机构号为西台，留守洛阳承制行事的政权机构号为东台，各自为政。司马睿南渡，在江左建立政权，承制行事，长安朝廷遂为西台。南齐萧宝融、梁萧铎曾在江陵建立政权，为别于建康的政权机构，亦称西台。(2)北魏中书省的别称。唐高宗时一度改中书省为西台。(3)唐代对设在西京长安御史台的俗称。(4)唐代对刑部(宪部)的别称。(5)元代陕西诸道行御史台的简称。

西台舍人 唐龙朔二年(662)至咸亨元年(670)改中书舍人为西台舍人。

西台侍郎 唐官名。龙朔二年(662)，由中书侍郎改置。咸亨元年(670)十二月，复原名。

西太后 即"慈禧太后"。

西套蒙古 又称西套厄鲁特。旧称贺兰山以西、河西走廊以北阿拉善厄鲁特、额济纳旧土尔扈特二旗为西套蒙古。阿拉善厄鲁特地处贺兰山地，至京师五千里。清康熙三十六年(1697)该部首领和罗理请视四十九旗例编佐领，授扎萨克，诏封和罗理多罗贝勒，给扎萨克印。额济纳旧土尔扈特部在阿拉善旗之西。多出翁罕六世孙。四十三年，诏封土尔扈特部阿玉奇族弟纳扎尔玛穆特之子阿喇布珠尔为固山贝子，赐牧色尔腾(今甘肃西部)。

西天佛子 明对乌斯藏佛教高僧的封号。位列法王之后。内地僧徒偶亦得之，如正统中北京能仁寺僧智光即曾得此封号。

西天路竟 古代敦煌写本。共十九行，首尾完整。书题下有"一本"二字。书中所举自中国至印度所经地名，大多可考。书无撰人，从所记地名看，作者当为五代或宋初人。

西头供奉官 官名。北宋初置为三班小使臣，咸平元年(998)定为同八品。元祐中，改从八品。政和二年(1112)重定武臣官名，改秉义郎。

西突厥 古国名。北周天和二年(567)，土门可汗弟室点密远征西域，灭哌哒，败波斯，自立为西面可汗，统突厥汗国西部。隋开皇二年(582)，其子达头可汗与东面可汗沙钵略不睦，突厥汗国遂分为二。西突厥尽得乌孙故地，其疆域东起伊吾(今新疆哈密)，西至雷翥海(里海或咸海)，北至阿尔泰山以北，南至于阗、疏勒，下分十部，号十姓，部以一人统之，人授一箭，故又号十箭或十设。地处中西交通要道，沟通唐与波斯、印度、东罗马等国的经济文化交流。玄奘路经其境时，曾得到其国统叶护可汗的接待。首领阿史那贺鲁曾一度归唐，任瑶池都督府都督，后叛唐扰边，自称沙钵罗可汗。显庆二年(657)为唐所灭，共历七十六年。唐在其地置都督府、州，又于其上设昆陵、濛池二都护府。原概属安西都护府统辖，长安二年(702)北庭都护府建立，则分属于安西、北庭二都护府。

西土 ❶西周时周人称周故土为西土。《书·康诰》："以修我西土，惟时怙冒，闻于上帝，帝休。"❷佛教徒称印度为西土，盖相对中国而言，印度居西。

西团山遗址 东北地区原始文化晚期遗址。1947年发现于吉林市西团山。主要是墓地，以石板或石块为棺，盖石厚大，有的尾部有存放陶器的附棺。多单人仰身直肢，头朝山上，脚朝山麓，亦有屈肢。墓中有随葬数量不等的猪下颌骨、石器、陶器及玉管等装饰品，男多箭镞，无纺轮，女性相反。同类遗址主要分布在以吉林、长春为中心的松辽平原中部。有的地方还发现有铜斧、铜刀、铜钮扣等。时代相当于中原地区春秋至秦、汉间。

西外宗正司 官署名。北宋崇宁元年(1102)置于西京(今河南洛阳)，设敦宗院，择宗室贤者一人管勾，掌外居宗室事务。南宋初，先移扬州(今属江苏)，几经转徙后，止于福州(今属福建)。

西魏 朝代名。永熙三年(534)北魏孝武帝元修为高欢胁迫，出逃关中依大都督宇文泰。次年，宇文泰杀孝武帝，立元宝炬为帝，都长安，史称西魏。统治区域有今河南洛阳以西的原北魏领土及益州、襄阳领地。恭帝拓跋廓三年(556)底为北周所代。历三帝，凡二十三年。

西魏废帝(535—554) 即元钦。西魏皇帝。公元551—554年在位。鲜卑族。文帝长子。大统元年(535)立为皇太子。十七年，即位。废帝三年(554)，因密谋杀太师宇文泰，被废，旋被毒死。

西魏恭帝(537—556) 即元廓。西魏皇帝。公元554—556年在位。鲜卑族。文帝第四子。大统十四年(548)封齐王。废帝三年(554)被太师宇文泰立为帝，复姓拓跋氏。恭帝三年(556)，泰死，是年底被迫禅位于宇文觉，西魏亡。次年封宋公，旋被杀。

西魏国 楚汉之际项羽所封王国之一。公元前206年，羽徙魏王豹为西魏王，王河东，都平阳(今山西临汾市西南金殿村)。辖河东、上党二郡，相当今石楼、灵石、榆社、和顺县以南的山西南部地区。次年，为韩信所灭。

西魏书 书名。清谢启昆撰。二十四卷。纪传体西魏史。帝纪一卷，表三卷，考六卷，列传十三卷，载记一卷。启昆认为魏收《魏书》，以东魏为正，西魏为伪，未为妥当，史实亦多疏漏，遂广收有关资料，撰成是书。列传仿《三国志》，不立《循吏》、《儒林》等传，提出人以类从，贤否自见；论赞之作，必有他事足补正文之阙，及有法戒者。又鉴于千余年文献放失而难征，故于一人之微，一事之细，亦珍惜采录。

西魏文帝(507—551) 即元宝炬。西魏皇帝。公元535—551年在位。鲜卑族。北魏孝文帝孙，京兆王元愉之子。正光中，拜直阁将军。永安三年(530)，封南阳王。太昌元年(532)，拜太尉，加侍中。次年任尚书令。永熙三年(534)，为中军四面大都督。随北魏孝武帝西奔长安，拜太宰，录尚书事。闰十二月，孝武帝被丞相宇文泰毒死。即帝位，改元大统，史称西魏。朝政由宇文泰控制，俯首听令而已。卒谥文帝。

西魏五铢 又称大统五铢。西魏铜钱。文帝大统六年(540)始铸。钱面有外郭，无内郭，钱文"五铢"，"朱"字头方折，"五"字交股直笔，右边穿孔处有一直画，书法似北魏永安五铢。

西吴 浙江旧湖州府的别称。参见"三吴"。

西溪丛语 又名《姚氏残语》。书名。宋姚宽撰。二卷。此书评论诗文，考证典籍，颇为后来从事考据者所称引。

西狭颂 全称《武都太守李翕西狭颂》。东汉摩崖刻石。在今甘肃成县。隶书。灵帝建宁四年(171)刻，歌颂李翕平治西狭阁道的事迹。颂前有《李翕黾池五瑞图》，刻有黄龙、白鹿、嘉禾、木连理等图像，宣扬李翕在黾池修道时"致黄龙、白鹿之瑞"事。

西夏 ❶指中国西部地区。南朝宋刘义庆《世说新语·文学第四》："桓玄初并西夏，领荆江二州、二府、一国。"按荆州治江陵县(今湖北荆州)，江州治柴桑县(今江西九江市西南)，二府一国皆治江陵县，均在东晋都城建康和扬州之西，故称西夏。南齐时亦称雍州(治襄阳县，今湖北襄樊市)为西夏。《南齐书·王融传》：永明十一年(493)讨雍州刺史王奂。王融上疏云："今议者或以西夏为念。"❷古国名。十一至十三世纪党项羌在今宁夏、陕北、甘肃西北部和内蒙古部分地区建立的大夏，因在宋之西，宋人称之为西夏。参见"夏❺"。

西夏大藏经 大藏经名。为汉文大藏经之一种。在西夏刻印。由陕西西安文物局藏汉文《大方广佛华严经》、陕西省图书馆藏汉文《佛说摩尼罗亶经》和日本天理图书馆所藏汉文《高僧传》残页末尾的押捺题款得知：在西夏贺兰山佛祖院，党项僧人平尚重照禅师弟子李慧日曾印制十二部。

西夏锻铁图 甘肃安西榆林窟第三窟内室东壁南端西夏壁画中的一幅。该图绘两铁匠持锤，在铁砧上锤炼；另一人正推拉双木扇风箱，风箱之后有炉火焰。是迄今所知中国最早的带双木扇鼓风器的锻铁图，亦是研究西夏锻铁技术及与中原冶金技术联系的珍贵资料。

西夏弓 西夏所产弓。西夏人善制弓，以兴州(今宁夏银川)所产为优。用竹牛(牦牛)角制成。色黄黑相间。一说宋时"神臂弓"亦为党项人所制。

西夏官印集存 书名。近人罗振玉著。1926年收有年号西夏印十一枚钤拓印行,次年增至三十三枚印行。款识中年号由其子罗福成释译,借以订正宋史纪年之误多处。

西夏国书略说 书名。近人罗福苌著。1914年东山学社刊印。分书体、说字、文法、遗文四部分,是近代最早、较全面研究西夏文字的专著。其中关于字形偏旁的分析,对后世影响颇大。

西夏国志 书名。清洪亮吉撰。十六卷。未见刊本。

西夏纪 书名。近人戴锡章撰。二十八卷。编年体史书。以清陈昆《西夏事略》为蓝本,辅以张鉴《西夏纪事本末》、吴广成《西夏书事》,并参考宋人著述及清末以来学者对西夏文物、文字的研究成果,用十余年的精力著成。征引文献至三百余种,记事广博。有1924年北京京华印书馆铅印线装本。戴氏另有《西夏丛刊》十余卷,未刊。

西夏纪事本末 书名。清张鉴撰。三十六卷。宋刘温润撰《西夏须知》,孙巽编《夏国枢要》,皆仅见书目。清吴广成《西夏书事》内容简略。张氏网罗旧闻,对西夏历史,究其原委,将重要史实列为:得姓始末、夏台复入、统万堕城、乌白失期、灵州失陷等三十个专题,叙述清楚、义例较详密,评论亦近于事实。卷首载有年表、堡寨及陕西五路、西夏地形二图及历代疆理节略、职方表。有光绪十一年(1885)金陵刻本。

西夏开封府 西夏官署名。西夏建都兴庆府(今宁夏银川),开封府即兴庆府的地方政府。

西夏陵园 又称昊王坟。西夏王陵。位于今宁夏回族自治区银川市以西,贺兰山东麓。面积约40平方公里。现存帝陵九座,陪葬墓七十余座,陵邑遗址一处,石灰窑址数十座。1972—1976年宁夏博物馆发掘神宗遵顼陵园,其中包括阙、碑亭、月城、内城、献殿、灵台、内神墙、外神墙、角台等单体建筑。封土高16.5米,墓道长49米,墓室距地表24.86米。另发掘陪葬墓四座。出土鎏金大铜牛等文物,清理出大量西夏文和汉文残碑。

西夏书 书名。(1)清秦恩复撰。二十卷。已佚。《扬州府志·艺文类》著录。(2)清王昙撰。四卷。已佚。邓衍林《中国边疆图籍录》据《南献遗征笺》著录。(3)清周春撰。十五卷。分世纪、载记、年谱、考、列传。或称有十卷、十一卷本。今北京大学图书馆藏有残卷。《清朝续文献通考·经籍志》及《清史稿·艺文志》均著录。

西夏书事 书名。清吴广成撰。四十二卷。编年体史书。采唐以下史部、文集、稗官野乘中的西夏记事,仿朱熹《通鉴纲目》体例,排比成书。起自唐中和元年(881),迄于宋绍定四年(1231),于西夏一代史事略具梗概,是研究西夏史的重要参考书。有道光五年(1825)小岘山房刻本及1935年北平文奎堂影印本。

西夏文 西夏建国后创制的文字。野利仁荣奉元昊命创制。共六千余字。文字结构多仿汉字,形体方整,笔画繁杂,用点、横、竖、撇、拐、拐钩等组字。楷书多用于雕版,篆书散见于金石,行草常用于手写。绝大多数为会意合成字和音意合成字,类似汉字的会意字和形声字;象形字和指事字极少。当时应用范围很广。曾用于《天盛年改新定律令》以及文学、历史、医学著作。字典有《文海》、《音同》和夏汉文双解的《番汉合时掌中珠》等。还用于文书和碑刻、官印、铜牌、钱币,并翻译多种汉籍和三千余卷佛经。1991年在银川市西北拜寺沟方塔废墟出土的西夏文佛经《吉祥遍至口和本续》是迄今为止世界上发现最早的木活字印本。元代仍在使用,西夏文,称河西字,有活字印本。明初印过西夏文经卷。今河北保定存有明中叶西夏文经幢。后世渐废。

西夏文大藏经 又称番文大藏经、河西字大藏经。大藏经名。西夏建国初,由景宗元昊提倡,以国师白法信、白智光等主持,以西夏文译佛经。经五十多年,至崇宗天祐民安元年(1090),共译出三千余卷。底本为汉文宋开宝藏。后又从藏文佛经翻译一部分。曾木刻印行。西夏亡后,元朝在杭州刻三千六百二十余卷,先后印一百九十藏,施于河西一带寺庙。

西夏文泥金写经 西夏文佛经。经页厚韧,呈紫青色,以赤金楷书写成。传世有《金光明最胜王经》,残存二十二页,为该经卷一、卷五和卷十的片断。经末有西夏神宗遵顼的发愿文,光定四年(1214)作。今藏西安市文物局。另有《妙法莲华经》六册,今藏法国巴黎图书馆。

西夏文缀 书名。清末王仁俊编。二卷。西夏一代文献多散佚不齐。光绪年间王氏于编集《辽文萃》同时,致力西夏文献搜辑。从宋、辽、金三史及《西夏纪事本末》、《东齐录》、《松漠纪闻》、《朔方新志》、《千百年眼》等史乘笔记和碑铭拓片中,辑得诗文、表奏、碑铭等西夏文献二十七篇,编为是书。末附《西夏文逸目考》以备查考。

西夏姓氏录 书名。清张澍撰。一卷。西夏祖先拓跋思恭,唐时赐姓李。其后李继迁归宋,宋赐姓赵氏,辽圣宗时叛宋附辽,复姓李。至元昊始称帝。其臣下姓氏,有与内地相同者,其异者皆少数族语,其受氏之原始不详。张澍据有关资料,撮录於弥氏、李氏、把里氏等一百六十五姓,惟不载赵氏。姓氏下均注明出处并引录原文。本书原附《辽金元姓氏录》之后,原稿为法人伯希和所得,经罗振玉抄录,刊于《雪堂丛刊》中。

西夏须知 书名。宋刘温润撰。一卷。编录西夏境内杂事,凡十五条目。系刘氏官居鄜延都监驻守延州(今陕西延安)时所作。已佚。尤袤《遂初堂书目》、晁公武《郡斋读书志》、陈振孙《直斋书录解题》、郑樵《通志·艺文略》、《宋史·艺文志》均著录。

西夏艺文志 书名。清末王仁俊撰。一卷。王氏于编辑《西夏文缀》时,以所见有关西夏艺文之故籍、碑志及诸著录,别为是书,以补西夏艺文志之缺。凡所依据,皆为标注。末附宋人谈西夏事书目。

西夏译经图 西夏描绘翻译佛经的图画。刊于元木刻本西夏文《现在贤劫千佛名经》卷首。绘僧俗人物二十五身,西夏文款识十二条。译场正中端坐主译人安全国师白智光,两旁列辅助译经者僧俗甲十六人,其中八名僧人有姓名题款,四人为党项人。图下部右方为皇太后梁氏,左方为其子明盛皇帝(夏惠宗秉常)。现藏北京图书馆。

西夏语 西夏党项族使用的语言。属汉藏语系藏缅语族。分布在今宁夏、甘肃、陕西、内蒙古、青海一带。现早已消亡。语音上声母分重唇、轻唇、舌头、舌上、牙、齿头、正齿、喉、来晤齿九类。声调有平、上两声,平声九十七韵,上声八十六韵。词汇中双音节合成词较多,汉语借词数量较大。词类有名词、动词、形容词、代词、数词、量词、副词、介词、助词、连词、叹词十一种。语法结构中语序和虚词起关键作用,基本语序为主语在前,谓语在后,宾语在动词前。西夏时编纂的音韵书有《文海》、《音同》、《五音切韵》等。

西夏志略 书名。无撰者姓名。唐宋史籍中西夏史事的编年摘录。清瞿世瑛《清吟阁书目》、孙殿起《贩书偶记》均著录。《贩书偶记》谓系旧抄本,后有何元锡梦华馆藏书印。今存抄本六卷,前四卷实为《古今图书集成·西夏部汇考》全文,后两卷《载记》为《宋史·夏国传》的节录。

西夏中兴道提刑按察司 官署名。简称西夏提刑按察司。元代地方监察机构。世祖至元六年(1269)置,治司于宁夏府路(今宁夏银川)。十二年,改陇右河西道提刑按察司。

西夏中兴河州等处军民总管府 官署名。元代置,正三品,隶吐蕃等处宣慰司都元帅府,治河州(今甘肃临夏)。设达鲁花赤、总管、同知、治中各一人。下辖税务提领及宁河县官脱脱禾孙、弓甲匠达鲁花赤等属。

西夏中兴行省 元地方建置。因西夏曾于此地建国而得名。中统二年(1261),立行省于中兴府(治今宁夏银川),称西夏中兴行省(或称中兴行省、西夏行省)。至元三年(1266)改置宣慰司,直隶中书省。八年,再立行省。十年,罢。十八年,又再立行省。同年分立甘州行省于甘州(今甘肃张掖)。二十二年,又入中兴行省。次年,设甘肃行省,移治所于甘州。二十五年,中兴府改为宁夏路。三十一年,分立行省于宁夏路。元贞元年(1295),罢。

西县 ❶秦置。治今甘肃天水市西南。西汉属陇西郡,东汉属汉阴郡。建武八年(32)隗嚣为刘秀所攻奔西城,即此。晋废。❷隋大业二年(606)改嶓冢县置。以县西南有西乐城得名。属汉川郡。治今陕西勉县西老城东南。唐武德八年(625)移治今老城。属梁州(后改兴元府)。五代前蜀置安远军于此。北宋乾隆中以县当冲要,直隶京师。后仍属兴元府。元至元二十年(1283)废入略阳县。

西乡侯国 西汉元帝封广阳顷王子容为西乡侯。治今北京市房山区西南长沟镇东侧土城。属涿郡。东汉废。

西厢记 全名《崔莺莺待月西厢记》。杂剧剧本。元王实甫作(一说第五本为关汉卿作)。写书生张珙在蒲东普救寺遇见崔相国的女儿莺莺,两人发生爱情,通过侍女红娘的协助,终于冲破封建礼教约束而结合。故事源出唐元稹传奇小说《莺莺传》,北宋赵令畤改写为《商调蝶恋花》鼓子词,金董解元复改为《西厢记》诸宫调(习称"董西厢"),王实甫即在此基础上编写成杂剧剧本。全剧共分五本二十一折。文词优美生动,在戏曲文学发展上影响深远。

西谢蛮 见"琰州僚"。

西兴镇 在今浙江萧山市西北。初名固陵,六朝名西陵,五代吴越改今名。宋置镇,清废,习惯上仍沿称为镇。地当钱塘江渡口,隔岸与杭州相对,又为浙东运河起点,水陆交通便利。古代在此设渡置驿,为商旅辏集之地。元、明、清又置有盐场。今仍为浙赣铁路线上重要的商业市镇。

西徐州 南朝梁大通元年(527)置。治涡阳城(今蒙城县)。辖境相当今安徽蒙城、宿州、涡阳等市县地。东魏武定七年(549)改为谯州。

西序 学校名。相传为夏朝所设教育机构。相当于周朝的"小学"。《礼记·王制》:"夏后氏养国老于东序,养庶老于西序。"郑玄注:"西序","亦小学也"。

西学 亦称新学。指"五四"以前由西方传来的学术文化。与"中学"相对。明末来华之意大利耶稣会传教士高一志(初名王丰肃,Alphonse Vagnoni,1566—1640)著有《西学修身》、《西学齐家》、《西学治平》,艾儒略著有《西学凡》等。内容主要是欧洲中世纪神学和经院哲学,用以解释中国儒家学说;同时也夹杂一些自然科学和技术知识。至近代,洋务派和向西方寻找真理的先进人物亦沿用此名,然含义不同。洋务派所指,主要系西方传入的"汽机兵械"等一类技术。向西方寻找真理的先进人物,其所指系西方近代资产阶级之政制、学术和科学文化。

西学东渐记 书名。清末容闳撰。一册。1909年在美国用英文写成。同年纽约亨利·豪特公司出版。原名《My Life in China and America》,即《我在中国和美国的生涯》。1915年徐凤石、恽铁樵译成中文,题名《西学东渐记》,由商务印书馆出版。英文本原有自序和附录,中文本删去未译。自述十九世纪三十年代至二十世纪初的经历、见闻。有关于作者为清政府购买第一批外国机器、致力于中国留学生工作的情况,及和太平天国的接触并戊戌变法前后的史实。1981年湖南人民出版社按旧译本校点重印,并补译容氏1909年11月自序一篇。收入《走向世界丛书》第一辑。

西学会 清末进步团体。光绪二十三年十二月(1898.1),宋伯鲁、阎乃竹、李岳瑞等联络陕西旅京人士创立于北京。其《学会略规》有四:以经术言变法,发明圣训、探讨微言;研讨欧美、日本语言文字、格致、测算及社会制度;延揽外省魁儒杰士;每周聚会一次。二十四年二月扩大为"关学会",又名"陕学会",为陕西、山西旅京维新派的团体。三月与在京的粤学会、闽学会、蜀学会等并组"保国会"。

西学书目表 书名。近人梁启超编辑。四卷，附《读西学书法》一卷。梁氏认为国家欲自强，以多译西书为本，因将前此译出西书，剔除宗教类而成此编。用表格形式。分书名、撰译年代、圈识、撰译人、刻印处、本数、价值、识语八栏。识语中略言各书长短及读法、次第。分西学、西政、杂类三类。共收已印、未印著译六百四十余种。为研究近代中国向西方学习及维新运动的重要参考书目。所附《读西学书法》，详论各书旨要、得失，并西学、中学相互关系，启发改良主义政治、学术主张。《读西学书法》最末一小部分，后改订为《西学书目表后序》，与《西学书目表序例》一起收入《饮冰室合集》。有光绪二十二年(1896)刊本。

西学堂 学校名。清光绪二十二年(1896)张元济与陈昭常等在北京筹设，次年正月(1897.2)开学。同年冬更名通艺学堂。

西学原始考 书名。清王韬辑撰。一卷。按公历年代顺序记述西方文化、科学方面的成就。王氏于1853、1858两年，与英人艾约瑟(Joseph Edkins, 1823—1905)译《格致新学提纲》一卷，凡象纬、历数、格致、机器，有测得新理或能出精意创造一物者，必追记其始源，书成附于《中西通书》之后，但散佚无存。后鉴于西方算学、化学、光学、电学、医学及机器制造等日有发展，复编辑是书，不仅对自然科学，而且对文字、法律、宗教、建筑、水利等成就，也多所增入。本书对西方学术的源流有一定叙述。

西巡大事本末记 书名。日本人吉田良太郎译，清八咏楼主人录。六卷。辑录义和团运动时期各报章所载谕折、函电、和约、记事等而成。分别叙述义和团围攻驻华公使馆、联军攻击大沽炮台、天津失守、东南互保、联军北侵、慈禧太后西逃、东三省失守、中俄交涉诸事。有光绪二十七年(1901)上海书局石印本。次年作者印行《西巡回銮始末记》，内容与本书多同。

西巡大事记 书名。清末王彦威撰，王亮编。十二卷。光绪二十六年(1900)，八国联军侵犯北京，慈禧太后西逃，王彦威随扈，成《庚辛纪事》四册，未刊行。民国初，其子亮重为编订成此书。卷首概述义和团运动始末。卷二起则按日记两宫西逃事，起光绪二十六年七月，迄次年十一月回京。于沿途情形、军事、政治大事等，均有所记载。

西燕 古国名。十六国时鲜卑族慕容泓所建。前秦建元二十年(384)，泓据华阴(今陕西华阴东南)起兵反秦，称济北王，改年号为燕兴。旋被部下所杀，改立其弟慕容冲为主。次年，冲称帝于阿房(今陕西西安西)，改元更始，史称西燕。旋入据长安。更始二年(386)，冲被杀，又四次易主，并离长安东迁。后慕容永于长子(今山西长子西南)称帝，改元中兴。统治区域在今山西一带。九年，为后燕所灭。共历七主，凡十一年。

西阳国 西晋惠帝时分弋阳郡置。治西阳县(今河南光山县西，后移治今湖北黄冈市东)。属豫州。东晋改为郡。

西阳河 即今河北怀安县北西洋河。明永乐二十一年(1423)征讨阿鲁台，次西阳河，即此。

西阳郡 东晋改西阳国置。治西阳县(今湖北黄冈市东)。属豫州。南朝宋辖境相当今湖北倒水以东、长江以北和蕲水以西地区。属郢州。北周辖境缩小，相当今黄冈市地。为巴州治。隋开皇初废。南朝时有"西阳五水蛮"散居。

西阳门 即"广阳门"。

西阳县 西汉置。治今河南光山县西。属江夏郡。三国魏属弋阳郡。西晋元康初为西阳国治。永嘉以后移治今湖北黄冈市东。为西阳郡治。北齐又为巴州治。隋开皇初废。

西杨 即"杨士奇"。

西洋 ❶元代以今南海以西(约自东经110°以西)的海洋及沿海各地，远及印度及非洲东部，概称为西洋。明永乐至宣德时郑和七次(一说八次)率领船队远航南海，通常即称为下西洋。❷明末以后多指今大西洋或欧美各国。

西洋朝贡典录 书名。明黄省曾撰。三卷。有正德庚辰(1520)自序，共二十三篇，分别就郑和下西洋所历二十三国和地区编次成书。以一国为一编。书名虽冠西洋二字，然书中所收，实东、西洋不分。主要录自《瀛涯胜览》、《星槎胜览》、《针位》等书。《针位》原书已佚，故此书为研究明初远洋交通航路的重要资料。记载海外地名可订正《瀛涯》等书的错误。所记各地土特产和贡品，或为《瀛涯》、《星槎》所无，对研究明代对外贸易和南海各地经济状况，有参考价值。唯作者不谙海外地理，一些地名和材料往往搞错。每国后"论曰"也不足取。有1982年中华书局标点本。

西洋番国志 书名。明巩珍著。一卷。成书于宣德九年(1434)。据其随郑和下西洋见闻撰成。"自序"述及天文导航，地文导航，指南针指向行舟，航程计算，航行管理，所乘宝船大小，及淡水储备等内容。书首收录永乐、宣德年间的三通敕书，为史籍仅见。正文记录占城、爪哇、旧港、暹罗、满剌加、哑鲁、苏门答剌、那孤儿、黎代、南孛里、锡兰、小葛兰、柯枝、古里、溜山、祖法儿、阿丹、榜葛剌、忽鲁谟斯、天方等二十个国家和地区的地理、风土、人情，及中外民间交往情况。为明初中西交通史重要著作。

西洋火轮车火轮船图说 书名。清丁拱辰著。记载作者试制成的汽机、火轮车、火轮船三种模型，附图三幅。在近代机械研究方面具有开创性。收入作者的《演炮图说辑要》卷四中。

西洋历(歷)史教科书 书名。清末秦瑞玠译编。分古代、中世、近世、现世四期，简介西方各国历史、地理、人种、风俗、物产、宗教、文化。于各国文明发达的不同进程及各种军政事变之因果关系有所探讨，并对十九世纪英、法、俄诸列强侵略扩张活动和相互争战形势有一定揭露分析。印行于光绪三十三年(1907)。

西洋史 书名。清李翥仪、梁柏年合编。四编三十二章。据日本人野村浩一口授，以汉文笔述，并参考德国人布列《世界通史》、美国人轩利《欧洲十九世纪史》和日本人所著世界史、西洋史而成。对法、英、德、俄等国历史记载较详。

西洋新法历(曆)书 书名。清初,德国来华传教士汤若望将《崇祯历书》删改为一百零三卷,并改名为《西洋新法历书》。收入《四库全书》时为一百卷,因避乾隆讳改称《西洋新法算书》。

西洋杂志 书名。清末黎庶昌撰。八卷。光绪三年(1877)黎氏随郭嵩焘使英、法,旋转任驻德、西班牙使馆参赞,据闻见纂为此编。所记欧洲地理、风俗及政治、经济情况较详,赞美议会制度,所附《由亚西亚俄境西路至伊犁等处路程考略》等,为当时中国人对外国地理、交通情况调查研究的记录。书中另摭录郭嵩焘、刘锡鸿、李凤苞、陈兰彬、曾纪泽、罗丰禄、钱德培等人日记、书信和随笔等,颇具史料价值。有光绪二十六年刊本。1985年岳麓书社据旧本点校重印,收入《走向世界丛书》第一辑。

西冶 又称南冶。见“东冶”。

西冶令 官名。南朝梁陈置,与东冶令皆隶少府,掌鼓铸锻冶。有丞,领工徒。梁为一班。隋省并掌冶令。

西夜 即漂沙。西域古国名。汉时王治呼犍谷,在今新疆叶城南。其种类羌氐。从事游牧。属西域都护。东汉初属莎车。建武九年(33),莎车王贤杀西夜王,另立其兄康两子分别为拘弥王和西夜王。后复属西域都护。三国时属疏勒。南北朝时一度为𠸄哒所役属。唐属疏勒都督府或毗沙都督府,清称俗勒阿里克。

西夜国 古西域国名。汉时王治呼犍谷(今新疆叶城南阿克河河谷一带)。属西域都护。

西夷校尉 官名。(1)西晋太康三年(282)置,治宁州,宁州并入益州后,以益州刺史兼领。四品。东晋太元中平蜀后复置,治益州涪城,持节、领兵,掌益州少数民族事务。立府,置长史、司马,可举秀才、廉吏、良吏。(2)十六国西凉置,以李让任此,并兼敦煌太守,制御西域。(3)十六国后秦、南朝宋置。分别除授西秦乞伏炽磐、北凉沮渠蒙逊等依附性割据政权统治者。

西游补 书名。章回小说。明末清初董说著。全书十六回。成书于崇祯十三年(1640),取材于唐僧师徒西天取经故事。该书想像瑰丽,托笔孙悟空渐入梦境后所见所闻古今奇事,讥弹明末社会风气。十四年即有嶷如居士序本刊行。

西游记 书名。章回小说。明吴承恩著。一百回。记叙民间流传的唐僧师徒历尽艰辛西天取经故事。有万历二十年(1592)世德堂刻本,又有李贽评本等刊刻流行。

西游记金山以东释 书名。清沈垚撰。一卷。据张德辉《塞北纪程》,参以他书,在徐松、程同文、董祐诚考证基础上,撰成是书。对元李志常《长春真人西游记》所记河北至金山(今阿尔泰山)以东交通要道、山水驿程、成吉思汗分封东方诸王分地、和林地点及西北地形险要等,均加考释,以纠正前人某些误记。收入《落帆楼文稿》和《落帆楼文集》,另有《指海》本。

西游录 书名。元耶律楚材撰。元太祖十三年(1218)楚材扈从太祖西征,行程万里,滞留西域六七年,归著是书。主要记述西域山川道里、风俗民情。元盛如梓《庶斋老学丛谈》之节录,为常见本。近人李文田、丁谦、张星烺等各有注释。日本宫内省图书寮所藏抄本较全。1981年中华书局出版向达校注足本。

西游录注 书名。清李文田撰。一卷。李氏治蒙元史地之学,颇重史料校注。尝采辑刘祁《北使记》、刘郁《西使记》、陈诚《使西域记》、程大昌《北边备对》、陈士元《诸史译语》等数十种书,对元耶律楚材《西游录》比勘注释,著为是书。顶格为本文,低格为注,详于舆地、掌故。末附俞浩《西域考古录》所引《西游录》资料三则。

西域 泛指玉门关、阳关以西广大地域。名称初见于《盐铁论》,《汉书》始以其名列传。有广、狭二义:狭义指今敦煌以西至新疆全区;广义则包括亚洲中、西部、印度半岛、北非及东欧部分地区。两者范围因中国历代中原王朝军事政治力量西及的程度不同而异。汉时西域范围包括天山南北部及中亚。唐时在西域设安西、北庭二都护府,西域范围与汉时大致相当,而军事、政治力量则大大超过。元以武力打通欧亚,建立察哈台、窝阔台、伊儿、钦察四大汗国,西域范围之广大,前所未有。明代管辖包括哈密、奄有察合台汗国故地的别失八里,占据阿勒泰山前后的瓦剌对明有称臣纳贡的关系,此时西域范围,较前狭小。清代在军事上平定准噶尔、大小和卓木之乱,统一天山南北,政治势力也及于中亚与阿富汗斯坦,西域范围又略追及于汉唐。自汉至清,西域范围虽有伸缩,中原与西域的政治、经济、文化等方面的关系则愈来愈不可分割。通过西域的“丝绸之路”,在欧亚海道畅通以前,长期是中西交通的要道。十九世纪中叶以后,西域一词渐弃置不用。

西域大都护 官名。十六国时有西域大都护,前凉张茂称藩于前赵,赵主刘曜以其领西域大都护,掌护西域诸国。后凉主吕光麟嘉六年(394)亦置,治高昌(今新疆吐鲁番东南)。

西域都护 官名。或称都护西域、使西域都护。西汉置。汉武帝时置使者、校尉领护西域。宣帝神爵二年(前60,一说三年),以郑吉并护鄯善以西南道、车师以西北道,称都护西域骑都尉,于乌垒城(今新疆轮台东小野云沟附近)设都护府,监护西域三十六国(后分为五十余国),遂为常制。秩比二千石。有副校尉、丞一人,司马、候、千人各二人。诸屯田校尉、戊己校尉皆属之。新莽时与西域断绝,遂罢。东汉永平十七年(74)复置,后或省或置。班超任都护时,都护府移治龟兹。安帝永初元年(107)以后不复置。延光二年(123)以后遣西域长史屯柳中(今新疆鄯善西南鲁克沁)。西域事务遂由戊己校尉、西域长史主之。十六国前凉亦置,领营兵,职掌不同于汉,前秦苻坚曾以张天锡任此职。

西域都护府 管理西域地区的军事行政机构。西汉神爵二年(前 60)置。治乌垒城(今新疆轮台东野云沟附近)。辖玉门关、阳关以西,天山南山,西包乌孙、大宛、葱岭范围内的西域诸国。王莽天凤三年(16)后,西域不通,都护府亦废。东汉永平十七年(74)复置,治龟兹它乾城(今新疆新和县西南),建初元年(76)废。永元三年(91)再置,永初元年(107)废。前凉张骏和后凉吕光在高昌先后设立过西域都护和西域大都护。西域都护的设置,对加强和巩固西域地区和中原地区在政治、经济、文化上的密切联系,起了积极的作用。

西域番国志 书名。又作《使西域记》。明陈诚、李暹撰。一卷。永乐十二年(1414),明吏部侍郎陈诚与太监李暹等奉命出使西域哈烈(在今阿富汗西北部)。所历哈密、吐鲁番、别失八里、撒马儿罕、塔什干凡十七国,按国别记述山川道里、风俗民情。北京图书馆曾据明抄本影印出版。与《西域行程记》为两书。

西域国志 书名。一名《西域图志》。唐敬播等撰,许敬宗监修。六十卷。显庆二年(657)西域平定,置濛池、昆陵二都护府统领之。次年,又重置安西都护府。乃遣使分赴康国、吐火罗诸国,调查疆域、山川、风俗物产以及建置沿革,并绘制成图。敬播据以撰成本书。已佚。

西域记 见"西域闻见录"。

西域纪要 见"西域闻见录"。

西域校尉 官名。亦称护西域校尉。三国魏置,掌西域少数民族事务。治雍州。东晋初废,兴元中复置,寄治西阳(今湖北鄂州)。魏晋皆五品。北魏亦置,多以凉州地区军事长官兼领,驻凉州。

西域考古录 书名。清俞浩撰。十八卷。考究清代兰州以西的西宁、凉州、甘州、肃州、安西、镇西、迪化、伊犁、哈萨克部诸地今古地名、山川形势等的专著。资料多采自历代地理志及《西域图志》、《西域闻见录》、《喀尔喀使记》、《西陲纪略》等书。以小字注解,对旧籍之误有所考辨。

西域求法高僧传 即"大唐西域求法高僧传"。

西域三十六国 指西汉西域都护所辖之国数。《汉书·西域传》:"西域以孝武时始通,本三十六国,其后稍分至五十余,皆在匈奴之西,乌孙之南。"三十六国大致指楼兰、且末、婼羌、小宛、精绝、戎卢、扜弥、渠勒、于阗、皮山、难兜、乌秅、西夜、子合、蒲犁、依耐、无雷、大宛、桃槐、体循、捐毒、莎车、疏勒、尉头、姑墨、温宿、龟兹、尉犁、渠犁、危须、焉耆、车师、墨山、劫、狐胡、乌垒。以后有五十四国之说、五十五国之说,具体含哪些国,历来说法颇不一致。

西域释地 书名。清祁韵士纂。嘉庆十二年(1807)成书。不分卷,分疆域、山川两部。有道光十七年(1837)筠渌山房刊本。

西域水道记 书名。清徐松撰。五卷。嘉庆十七年(1812)作者谪戍新疆,遍历天山南北,悉心研究边疆地理,详记其山川曲折,道光元年(1821)撰成此书。全书根据新疆内陆水系多数河流都最终汇入湖泊的特点,以罗布、哈喇等十一个湖区为纲,仿《水经注》例叙述新疆水系,并旁及交通、物产、屯垦、城邑和民族等情况,并绘图附说,凡有史可考者,亦加引证。由于经过实地调查考察,其记载大多翔实可靠,如最早考证今吉木萨尔北破城子为唐北庭都护府城。为研究今甘肃嘉峪关以西地区及新疆和中亚历史地理的重要参考书。有《徐星伯三种》本、《小方壶斋舆地丛钞·正编》本、《皇朝藩属舆地丛书》本及上海石印本等。校残本一卷,宣统元年(1909)辑入《晨风阁丛书》。

西域琐谈 见"西域闻见录"。

西域同文志 书名。清傅恒等奉敕编撰。乾隆十五年(1750)编成,由武英殿刊印。二十八年重刊。二十四卷。内容包括新疆、青海和西藏地区的地名及各部首领人名。每个名称均以满、汉、蒙、藏、维、托忒六种文字标明,用汉文注释语源、含义、地方沿革、人物世系简历等。是研究西部少数民族历史地理的重要工具书。

西域图记 书名。隋裴矩撰。三卷。约大业元年(605)至三年间成书。隋炀帝大业年间,裴矩在张掖(今甘肃张掖市)掌管互市,搜集西域四十四国山川、姓氏、风土、服章、物产等资料,编撰此书,并附有地图。原书已佚,但其主要内容包含在《隋书·西域传》中。其序存《隋书·裴矩传》,所载自敦煌达西海之通道,为研究丝绸之路重要材料。

西域图志 书名。(1)见"西域国志"。(2)即"钦定皇舆西域图志"。

西域卫亲军都指挥使司 官署名。元代侍卫亲军指挥机构。元贞元年(1295)依贵赤、唐兀二卫之例建置,统阿儿浑军人,又称阿儿浑卫。正三品。置营荨麻林(今河北张家口西洗马林)、丰州(今内蒙古呼和浩特东)等地,衙司在大都丽正门内。置达鲁花赤一人,都指挥使二人,副都指挥使二人,佥事二人。下辖行军千户所、把门千户所各一,又有百户、门户、儒学教授等员。

西域闻见录 书名。清满洲正蓝旗人七十一(字椿园)撰。八卷,卷首有舆图。分新疆纪闻、外藩列传、西陲纪事本末、回疆风土记与军台道里表等。是研究新疆历史、民俗、宗教的重要史籍。刊本甚多,书名亦异。有乾隆四十二年(1777)刻本,及后世《青照堂丛书》本、刊本、巾箱本、抄本等;有卢容莽、阮灿辉校刊之《西域记》,嘉庆十九年(1814)刻本;有周宅仁改纂之《西域总志》,嘉庆二十三年刻本;有《异域琐谈》、《西域琐谈》、《西域纪要》、《新疆纪略》、《新疆外藩纪略》等刻本、丛书本、抄本;以及日本宽政十二年(1801)东都书林刻本,俄国季姆科夫斯基1778 年俄文译本等。

西域行程记 书名。即《使西域记》。明陈诚、李暹撰。一卷。诚字子实,江西吉水人。洪武进士,任吏部侍郎。永乐十二年(1414),随太监李暹出使西域哈烈(在今阿富汗西北部)、撒马尔罕(在今乌兹别克斯坦)诸地。永乐十四年再使其地,归来后撰是书,按月日记述途中所历十七国及地方之道里、山川、风俗、物产极详，书后有沈德符跋语。因囿于见闻，记述难免有失实之处。但仍不失为研究明初中西交通史之重要资料。北京图书馆曾据明抄本影印出版。

西域行传 即“大唐西域记”。

西域仪象 元世祖至元四年(1267)，西域人札马鲁丁带来的七件西域天文仪器。《元史·天文志》称之为西域仪象。(1)混天仪。有一地平环、一子午双环和一与赤经圈相当的四游双环，“内第三第四环，皆结于第二环(即四游双环)，又去南北极二十四度，亦可以运转。凡可运三环，各对缀铜方钉，皆有窍，以代衡箫之仰窥”。铜方钉，即“游表”。第三、第四环应为黄经圈和黄道圈，是使用黄道坐标的浑仪。《元史》译为“混天仪”，是为区别传统的赤道式浑天仪。(2)测验周天星曜器。在七尺五寸高的铜表上设机轴，悬一五尺五寸长的铜尺，又加一同样长的窥箫。箫下端和铜尺之间又有一横尺。整个仪器可绕铜表左右转动，而窥箫可高低举动。此乃测星体天顶距的仪器。(3)测春秋分晷影仪。此仪器置于一密闭屋内。循东西方向的屋脊上开缝，日光从缝中通过。屋中有一台，台上斜仰置一铜制半圆环。斜度南高北低，沿着过横缝的赤道面方向，有一六尺长的铜尺贴着半圆环面安放，一头结在半圆环中心，一头可沿半圆环挪动。当太阳在春秋分时，日光正好照射到半圆环上，由此可进行观测，以定春、秋分准确时刻。(4)测冬夏至晷影仪。大屋一间，挖深二丈二尺的坑，屋脊沿南北方向开一条缝；随着这缝隙立一道墙，壁上悬一铜尺，长一丈六寸。还仰天画一半圆环，标有刻度。尺可绕此半圆环中心转动，当太阳在子午线上时，光线从缝中射下，可用铜尺测量其赤道纬度，以定冬、夏至准确时间。(5)天球仪。(6)地球仪。(7)测昼夜时刻器，是一种阿拉伯式的星盘。

西域长史 官名。东汉章帝建初元年(76)罢西域都护。军司马班超留于阗，镇抚诸国。八年，以班超为西域长史，亦称将兵长史，掌西域事。和帝永元三年(91)复置西域都护，以西域长史为其属官。永初元年(107)，西域乱，不复置都护。安帝延光二年(123)，复以班勇为西域长史，将弛刑士五百人，屯柳中(今新疆鄯善西南鲁克沁)，定车师、焉耆、龟兹、疏勒等十七国，自此遂以长史行都护职。其后，西域事务由戊已校尉、西域长史主之。十六国前凉亦置。

西域志 即“大唐西域记”。

西域传 即“大唐西域记”。

西域总志 见“西域闻见录”。

西园 地名。在今湖北武汉市西。南朝梁大宝元年(550)王僧辩袭邵陵王萧纶于郢州，军至鹦鹉洲，纶集麾下于西园，即此。

西园八校尉 官名合称。东汉中平五年(188)置，领西园军，以镇压黄巾起义。八校尉即：蹇硕为上军校尉，袁绍为中军校尉，鲍鸿为下军校尉，曹操为典军校尉，赵融为助军左校尉，冯芳为助军右校尉，夏牟为左校尉，淳于夔为右校尉。一说袁绍为佐军校尉，赵融为助军校尉，淳于夔为佐军校尉，皆统于蹇硕。灵帝死，何进杀蹇硕，领其屯兵，八校尉遂废。

西园军 东汉灵帝中平五年(188)为镇压黄巾起义所置禁兵，由八校尉分领，以小黄门、上军校尉蹇硕主之。灵帝死，何进诛蹇硕，西园军遂废。

西园闻见录 书名。明张萱辑。一百零七卷。萱字孟奇，广东博罗人，官至户部郎中。是书分类纂辑明人事迹，上起洪武，下迄万历。分内编二十五卷表德行，专重行谊；外编七十七卷记政事，包括职官、财政、礼仪、选举、学校、宗藩、天文、历法、乐律、边防、兵制、马政、治安、法律、水利、屯田等目；杂编五卷存方伎、宗教之属。皆因事存人，因人见事，分载言行，采摭浩博。所引原书多亡佚，尤为治明史者所重。其书作者自称百卷，陆自岳序称百二十卷，《千顷堂书目》、《明史·艺文志》作一百零六卷。明时仅刻总目及内篇、外篇、杂编各二卷。1940年哈佛燕京学社曹诗成据三山陈氏居敬堂蓝格抄本与顺德李氏光绪间传抄本对校，复经邓之诚订正，铅印四十册，为一百零七卷。

西原蛮 即黄峒蛮。古族名。唐代岭南西部少数民族，因置羁縻西原州得名。与今壮族有密切渊源关系。主要活动于唐时容管南境及邕、桂两管西境，即今广西西南部一带。有宁、黄、侬、韦、周等姓。以农为主，兼事渔猎。住“干栏”房。唐至德初至长庆末，先后在首领黄乾曜、潘长安、黄少卿、黄少度等领导下，多次举兵反抗唐朝统治。

西苑 宫苑名。(1)隋大业元年(605)建，在今河南洛阳东北。苑周围二百二十九里一百三十八步。苑内造山为海，周十余里，水深数丈。湖中起蓬莱、方丈、瀛洲诸山，相距各三百步，以像东海仙岛。山高出水面百余尺，其上建台观殿阁，有浮桥以便往来。北有龙鳞渠，沿渠建有十六院，以四品夫人主之。院门临渠，堂殿楼观，穷极华丽。建以奇材异石，充以嘉木异草，珍禽奇兽。每逢秋冬，苑中花木凋落，则剪采为花、叶，缀结于枝条上，色褪则换新，常如阳春。炀帝常游苑中，十六院夫人、妃嫔竞以肴羞精丽，以求恩宠。(2)位于北京紫禁城西(即今中南海、北海)。金元始辟中海、北海，称西苑太液池。明初挖掘南海。清顺治八年(1651)在琼华岛上建白塔，雍正时重修。乾隆年间大兴土木，遍置殿阁亭榭，修造漪澜堂、静心斋、西天梵境、濠濮涧、画舫斋、九龙壁、小西天等建筑群。凡宴请王公大臣，接见少数民族首领以及征师劳旋、武科校技等，例于惇叙殿、涵元殿、瀛台、紫光阁举行。苑内丰泽园为演耕之所，澄怀堂为进讲之所，韵古堂、阅古楼收藏铸钟、墨迹及碑刻珍品。并有“太液秋波”及“琼岛春阴”列入燕京名胜。

西院王 西夏王位。位师位、中书位、枢密位之上。

西藏佛教 即藏传佛教。

西藏佛教史 书名。李翌灼撰。原名《西藏佛教略史》。分三编九章，另有“绪言”和“赘言”。主要论述佛教传入西藏及其发展过程，兼及藏传佛教的寺院、经典、仪礼和教育等。为内地较早介绍藏传佛教的著述之一。有中华书局本等。

西藏图考 书名。清黄沛翘编,韩铣等绘图。八卷。成书于光绪十二年(1886)。多采辑前人著作,加以整理补充。首载《西藏全图》等四幅,附有说明;后附《源流考》等八篇,皆按图发挥。有路程、山川、城池、寺庙、艺文、外国等类,博采旁搜,条理明晰,对松筠《西招图略》补充尤多,然嘉庆十三年(1808)后西藏大事均未记载,实为缺陷。

西藏王臣记 书名。五世达赖阿旺罗桑嘉措撰。木刻本一百十三叶。明崇祯十六年(1643)成书。作者为明末清初藏传佛教领袖,在清廷支持下主管西藏政教。学识渊博,著述甚丰,有《五世达赖全集》传世。本书乃收入全集或单行的关于藏区政教史的名著。所记史事,自藏族起源始至其本人建立甘丹颇章统治势力时止,历述各地方势力派系的消长、兴替,对萨迦、帕竹两派势力记述尤详。文体过于堆砌词藻,对其他派系常不免有所攻讦。有1957年北京民族出版社排印本。

西藏王统记 书名。亦称《西藏王统世系明鉴》。萨迦派僧人索南坚赞撰。共十八章,一百零四叶。成书于明洪武二十一年(1388)。主要记述吐蕃王统始末,附带介绍印度、汉地、西夏及蒙古的佛教史。详于《红史》、《布顿佛教史》,而略于《贤者喜宴》。有刘立千、王沂暖汉译本。

西藏志 书名。不著撰者姓名。清乾隆五十七年(1792)和宁序云:“传为果亲王撰。”据《清史稿·果亲王允礼传》,允礼卒于乾隆三年,而书中记事至六年,则和宁说尚属可疑。书分事迹、疆圉等三十余目。后出的《卫藏图识》、《西藏图考》等书多从中取材。《龙威秘书》中有《西藏记》,与此书内容尽同,只目次先后各异,实为一书。

西招图略 书名。清松筠撰。一卷。是书为松筠于乾、嘉间任驻藏大臣时根据经历见闻所撰。内容记述经营管理当地的安边、抚藩、戒怒、遏欲、抑强、除苛等二十八条,今已无图,其中审隘、量敌二条记述山川形势、边隘卡防。清黄沛翘《西藏图考》对本书多有补充。

西赵蛮 亦称西赵英子蛮、明州僚。古族名。唐代分布在今贵州东部。首领赵氏。贞观三年(629),遣使入朝。二十一年以其地置明州(今贵州思南以南地区),命首领赵磨为刺史,隶黔州都督府。其地山险洞深,土宜五谷,部众依树积木以居。无赋税,有赏罚,立功者赏牛、马、铜鼓,犯罪者杖罚至处死。婚礼以牛、酒为聘,女归夫家,生母亲送,婿必躲避旬日方出。宴会则击铜鼓,吹大角,歌舞为乐。

西征纪程 书名。清邹代钧撰。四卷。光绪十二年(1886)邹氏随刘瑞芬出使英、俄,书中所记,起自二月十二日,迄三月二十五日。皆途次见闻。沿途自沪至南海,经印度洋、阿拉伯海、红海、地中海,穿越法兰西到达英都伦敦,中间所经国家及地区之方位、人口、面积、气候、历史、政治、军备、宗教、工商、农牧、矿产等,均加以胪列和说明,对南洋古代交通与史地沿革亦有所考证。有光绪十七年刊本。收入《小方壶斋舆地丛钞》。

西征随笔 书名。清汪景祺撰。一卷。成于雍正二年(1724)。主要记述康熙间的西北吏治、青海陕西民变、年羹尧西征等清前期政治、军事诸方面的史事。作者身经亲历,随笔而成。世宗认为此书讥讪时政,汪被处斩,书亦被查禁。有1936年故宫博物院铅印本、上海书店清代历史资料丛刊本。

西政丛书 书名。近人梁启超辑。三十二册,一百十二卷。梁氏认为二千年来中国封建社会“无政”,同文馆、江南制造局等编译的西书亦少言政者,为探讨西方资产阶级所以立国本末,推动维新变法运动,乃将有关西方资产阶级政治制度及中国人深通外事而有独见者之著译,辑为此编。分史志、官制、学制、公法、农政、工政、商政、兵政、杂著九门,凡书三十三种。其中有《英法政概》、《英藩政概》、《德国议院章程》、《日本新政考》等专著。《西国学校》一书后并附有《西学译著书目略》。有光绪二十三年(1897)慎记书庄石印本。

西织令 官名。《汉书·百官公卿表》少府属官有西织令丞。成帝河平元年(前28)更名织室。主郊庙衣服织作。《汉书·宣帝纪》颜师古注引应劭曰:“旧时有东西织室,织作文绣郊庙之服。”

西中郎将 官名。东汉献帝时所置四中郎将之一,帅师征伐。魏、晋、南北朝沿之,或镇守某地。魏、西晋多兼凉州刺史,东晋、南朝多兼领豫州刺史,镇历阳,或持节都督司、豫、冀、并等州军事,银印青绶。南朝宋、齐多以宗室诸王任之。梁或置。北魏初,属中护军(护军将军)。世宗永平中,权隶中领军(领军将军)。东魏天平元年(534)都邺后,于蒲泉置西中郎将府。武定七年(549)定属中护军,北齐属护军府。

西州 ❶见“东州”。❷唐贞观十四年(640)灭高昌麴氏王朝,以其地置西昌州,旋改名西州。治高昌(今吐鲁番市东南高昌故城),宝应元年(762)改名前庭。辖境相当今新疆吐鲁番市及托克逊、鄯善等县地。地扼天山南北孔道,当中西交通要冲。贞观十四年至显庆三年(658)间设安西都护府于此。贞元七年(791)为吐蕃占领。九世纪中回鹘人由今鄂尔浑河流域西迁,主要的一支即移至此建国,史称“西州回鹘”。

西州城 古城名。在今江苏南京市朝天宫西望仙桥一带。《资治通鉴》胡三省注:“扬州治所在建康台城(今南京市鸡鸣山南乾河北)西,故谓之西州。”

西州回鹘 又称北庭回鹘、和州回鹘、高昌回鹘、阿厮兰回鹘。指古代西迁后的回鹘人及其政权。原居别失八里(今新疆吉木萨尔北破城子),后移都哈喇和卓(在今新疆吐鲁番东南)。辖境西抵龟兹(今库车),东至伊州(今哈密),南界于阗(今和田)。居民除回鹘人以外,尚有汉人及南北突厥、大小仲云、样磨、葛逻禄诸部。崇奉佛教,兼信摩尼教。王称“阿厮兰汗”(狮子王)或“亦都护”。公元913年入贡于辽。辽天赞四年(925)辽太祖亲征北庭,驻以监国太师。圣宗时于别失八里东筑可敦城,屯以重兵,遂为辽属邦。辽设高昌国大王府以统之。耶律大石率众西徙时,其王毕勒哥为向导,因臣于西辽。元太祖西征,亦都护杀西辽监国太师,归附蒙古。

西州纸坊 唐代西州官办造纸作坊。新疆吐鲁番阿斯塔那唐墓出土的文书上写有"当卫典狱,配纸坊驱事(使)"。即用罪犯或遣犯充当造纸工人。当时生产有世界最早的涂布加工纸。中国造纸术之西传中亚、阿拉伯、欧洲,西州起有重要作用。

西周 ❶朝代名。约公元前十一世纪—前 771 年,周武王伐纣灭商,建立周朝,都镐,又称宗周(今陕西长安沣河东)。后"三监"和武庚叛周,周公东征平叛后,在雒邑(今河南洛阳)建立东都成周,以镇抚东方,安置殷遗民。统治地区东到今山东,西至今甘肃,南抵今江淮流域及四川,北达今内蒙古和辽宁,并与四周民族有广泛联系。幽王十一年(前 771)被犬戎攻灭。西周共十二王,据《古本竹书纪年》历二百五十七年。❷战国时小国。周考王(前 440—前 426 年在位)分封。开国君主西周桓公是周考王弟揭,建都河南(今河南洛阳西)。前 256 年,参与东方各国合纵抗秦,为秦所灭。

西周桓公 战国时西周君。名揭。周考王弟。考王封之于河南(今河南洛阳西),都王城。以续周公之官职,从此形成"西周"小国。

西周惠公 战国时西周君。名朝(一作宰)。西周威公太子。周显王二年(前 367)威公死,弟公子根与之争位,并得韩、赵之助,据巩(今河南巩义西南)独立,号东周惠公。他则居王城(今河南洛阳)称西周惠公。从此周又分成西周、东周二小国。

西周威公(? —前 367) 战国时西周君。名灶。西周桓公之子,或说桓公之孙。都王城(今河南洛阳)。卒后,国分为二。

西周文公 战国时西周君。西周武公之子。周赧王五十九年(前 256),继武公而立。被秦迁于𢠸狐(今河南伊川东南)。秦庄襄王元年(前 249)秦灭东周。至此东西周皆入于秦。

西周武公(? —前 256) 战国时西周君。西周惠公之子。周赧王五十九年(前 256)秦伐韩,取阳城(今河南登封东南)。遂与诸侯合纵,切断秦与阳城通路。秦使将军摎伐西周,乃投降,尽献其邑三十六,口三万。旋卒。依附西周武公的周赧王亦卒。

西周㚄国墓地 西周㚄国贵族墓地。位于陕西宝鸡市区的南部和西部。1974—1981 年发掘。墓地包括茹家庄、竹园沟、纸坊头三处。共发掘墓葬二十七座、车马坑二座、马坑四座。墓作甲字形或长方形土坑,以木棺椁为葬具。一些大墓的男性墓主都有殉妾,有的还有殉奴。葬式一般为仰身直肢葬,殉者或屈肢、或被肢解。车马坑每座各有车三辆、马六匹。马坑殉马二百十四匹。这些车马坑、马坑都是祔葬于主墓的。其中茹家庄 1 号墓殉妾一人,殉奴七人,周围有车马坑二座、马坑一座。该墓和妻井姬异坑并列而葬,是夫妇并穴合葬最早的墓葬之一。共出土随葬品二千六百七十五件,某些青铜器上铸有"㚄伯"、"㚄季"字铭。该墓地的发现对研究西周方国制度、㚄国历史和青铜器组合等方面都有重要的学术价值。

西洲曲 南朝民歌。无名氏作。或经萧衍、江淹等人润色。全曲三十二句,一百六十字。为一女子思念远方情郎之歌。歌中以"折梅"、"杏子"、"莲花"、"飞鸿"等表现四季景色及相思之情,以接字、钩字笔法使诗句续续相生而摇曳无穷。此歌音律和谐,情感细腻,色泽艳丽,为南北朝民歌之代表作。

西渚 地名。在今江苏镇江市西北,当大江南北津渡,故又称西津渡口(《资治通鉴》胡三省注)。南朝宋元徽四年(476)建平王景素举兵京口(今镇江市),张保率水军讨之,泊西渚,为景素左右所败,即此。宋时置西津寨于此。

西作坊使 见"作坊使"。

戏 地名。在今陕西西安市临潼区东北戏水西岸。《逸周书·世俘》:"吕他命伐越、戏、方。"孔晁注:"戏、越、方,纣三邑也";《国语·鲁语上》:"幽灭于戏";《史记·秦始皇本纪》:二世二年(前 208)冬,"陈涉遣周章等将西至戏",裴骃集解引苏林曰:"邑名";《高祖本纪》:汉王元年(前 206),项羽攻破函谷关,"遂至戏";汉魏时有戏亭,皆即此。

戏水 在今陕西西安市临潼区东,源出骊山,北入渭水。其侧古有戏亭,唐有戏水驿。

戏亭 见"戏"。

戏阳 春秋晋邑。在今河南内黄县西北。《左传》昭公九年(前 533):晋荀盈如齐逆女,还,"卒于戏阳",即此。一说即羛阳,误。

希福(1589—1652) 清满洲正黄旗人,赫舍里氏。通满、蒙、汉文,赐号巴克什。屡奉使蒙古各部。崇德元年(1636)授内弘文院大学士。顺治元年(1644),译成《辽史》、《金史》、《元史》,受嘉奖。旋以忤摄政王多尔衮,革职籍没。八年,世祖亲政,仍授大学士,预议政。后病卒。

希解派 藏传佛教教派之一。渊源于南印度佛教僧人帕当巴桑洁(?—1117)。帕当巴桑洁在三个时期向三批藏人传授此派教法,因有前、中、后三传。受前传者为喇穷沃色;受中传者为玛·却吉喜饶(1055—?)、素穷根敦拔(1062—1128)、冈·意希坚赞等人;受后传者为泽森贡嘎(1062—1124)、巴擦贡巴(1077—1158)等人。希解,藏语意为能寂,即通过般若性空之见及若干苦行修法,达到息灭一切苦恼及其根源之境界。此派很少寺院,北宋绍圣四年(1097)帕当巴桑洁曾在今后藏定日附近建寺,但未形成教法中心,与西藏地方政治势力也没有直接联系,至十五世纪初逐渐失传,部分教法被其他教派吸收。

希腊学案 书名。清王树枏撰。原书四卷。刊印时已佚近一卷。介绍古代希腊各学派代表人物生平事迹、学术成就及其学术观点等。共收二十七人。序列米勒森、伊利亚、安那萨哥拉、索克拉的、伊利斯、亚克特美和亚拉斯德等十四学案。有案语,评论诸家之得失,并以中国古代孔、老、墨、庄各家学说与之比较，赞扬希腊学者之创造精神。有《陶庐丛刻》本。

希利发 见“侯利发”。

希麟 辽南京(今北京)人。南京崇仁寺僧人。圣宗时，仿唐释慧琳《一切经音义》例，对唐开元以后勘译的佛经，详加音注，成《续一切经音义》十卷。今存。

希迁(700—790) 唐端州高要(今属广东)人，俗姓陈。幼年往韶州(今广东韶关)曹溪从慧能学。慧能卒后，禀遗命往庐陵(今江西吉安)青原山参谒行思，为慧能之法孙，行思之弟子。天宝初，至衡山(今属湖南)南寺，依寺东侧石状之台筑庵而居，时号“石头和尚”，亦称“南岳石头”，与江西道一齐名于世。认为“心佛”与“众生”、“菩提”与“烦恼”名异体一，凡圣齐同，以“不修为修”，“不悟为悟”。卒谥“无际大师”。弟子有道悟、惟俨等。著有《参同契》、《草庵歌》各一篇。

希微 唐刘禹锡哲学名词。指极其微小、目不可见之物。认为宇宙均有物之体，所谓“空者，形之希微者也”，“古所谓无形，盖无常形尔，必因物而后见尔”(《天论》中)。

希夷先生 即“陈抟”。

希运 唐闽(今福建福州)人。幼于洪州高安(今属江西)黄檗山出家。曾游天台，入长安，后受人启发，往洪州百丈山参怀海为师，自号“黄檗”。提倡“无心”(心如木石)的修行方法，反对读经求道。以“其言简、其理真、其道峻、其行孤”的禅风传于世，为禅宗“棒喝”创始人之一。卒于大中年间，谥“断际禅师”。裴休辑有《黄檗山断际禅师传心法要》、《黄檗山断际禅师宛陵录》各一卷。

昔班 元畏兀儿人。父阙里别斡赤归附成吉思汗，从西征，以功授畏兀儿地坤闾城(今新疆库尔勒)达鲁花赤。后被召教授太宗子合失畏兀儿字书，在忽必烈(世祖)藩府任必阇赤长。世祖即位后，历任真定路达鲁花赤、户部尚书、宗正府札鲁忽赤、中书右丞。至元中，合失之子海都叛，两次奉命出使海都处招谕。年七十，为翰林承旨。卒年八十九。

昔宝赤 又译昔博赤。蒙古语，意为“鹰人”。蒙、元皇室诸投下广置打捕鹰房，由专人饲养海东青等猎鹰，用于狩猎，养鹰人称昔宝赤。怯薛执事中有此名目。《南村辍耕录》：“昔宝赤，鹰房之执役者。”

昔宝赤城 元岭北行省城市。意为“鹰人之城”。故址约在今蒙古国翁金河上游，阿尔赫拜雷附近。

昔博赤 即“昔宝赤”。

昔乖寨 地名。在今四川兴文县东。明宣德二年(1427)，招抚土著，景泰初反，成化三年(1467)，官军进破昔乖寨，即此。

昔酒 古代酒名。《周礼·天官·酒正》：“辨三酒之物，……二曰昔酒”，郑玄注：“昔酒，无事而饮也。”贾公彦疏：“昔酒者，久酿乃熟，故以昔酒为名，酌无事之人饮之。”无事之人指祭祀时，不得行事者。故昔酒是酿造时间较久的酒。冬酿春熟，味较事酒稍厚，色泽较清。

昔剌兀鲁朵 ❶蒙古大汗的夏季帐殿。太宗六年(1234)夏，建于月儿灭怯土之地。是一座融合蒙古帐幕与汉族宫殿式样的建筑，外墙用木制成，覆以白毡，顶篷用织金锦缎。大汗座位设在帐中高台上，前后有四道台阶下接平地。帐殿前开三门，中门只供大汗出入。帐内可容千人。帐殿不拆除，定宗元年(1246)的诸王、贵族选汗大会即在此举行。其地当在和林之西金河(今蒙古国鄂尔浑河支流吉尔马台河)上游。❷元世祖在上都地区建立的一个宫帐，亦称昔剌兀鲁朵。

昔里吉 又译失烈吉、昔列吉、习列吉等。元宪宗第四子。至元五年(1268)封河平王。从北平王那木罕出镇阿力麻里防范海都。十三年，与诸王脱脱木儿等反，被奉为主，执那木罕及丞相安童。次年，进掠和林，为元军所败，西逃。诸王内讧，脱脱木儿另立撒里蛮。脱脱木儿被杀后，与撒里蛮相攻，属军临阵倒戈，被执送朝廷。十九年，流于南方海岛，病死。

昔里钤部(1181—1259) 一名李益立山。唐兀昔里氏。西夏沙州钤部(官号)。元太祖二十二年(1227)，率部降蒙古，从蒙古军克沙州、肃州。太宗七年(1235)，随拔都西征，攻拔阿速灭怯思城，以功授千户，升断事官。定宗元年(1246)，任大名路(治今河北大名)达鲁花赤。宪宗九年(1259)，随忽必烈征南宋，中途病归，死于家中。

昔阳 春秋鼓国都，白狄所建。在今河北晋州市西。《左传》昭公十二年(前530)：晋师“假道于鲜虞，遂入昔阳”；又二十二年：“负甲以息于昔阳之门外，遂袭鼓灭之”，皆即此。

昔只兀剌 又译失主兀惕。蒙古尼鲁温部的一支。海都第三子抄真斡儿帖该之子昔只兀剌之后，《元朝秘史》释为海都七叔纳臣次妻所生之子失主兀歹的后裔。

析 春秋战国楚邑。又名白羽。在今河南西峡县。《左传》僖公二十五年(前635)：“秦、晋伐鄀。……秦人过析隈”；昭公十八年(前524)：“楚子使王子胜迁许于析，实白羽”，皆即此。秦置县。

析城山 在山西今阳城县西南七十里。中条山山峰之一，与王屋山相连。《书·禹贡》：“底柱、析城，至于王屋”；《水经·沁水注》：析城山“在濩泽南，《禹贡》所谓砥柱析城，至于王屋也。山甚高峻，上平坦，下有二泉，东浊西清”。

析津府 辽开泰元年(1012)改幽都府置，建为燕京。治析津、宛平二县(今北京城西南隅)。辖境相当今北京市内长城、河北内外长城以南，遵化、丰南等市县以西，五回岭以东，南拒马河、东淀及天津市海河以北地区。北宋宣和四年(1122)入宋，改为燕山府。七年入金，复旧名，属燕京路。贞元元年(1153)海陵王亮迁都于此，建号中都，次年改为大兴府。

析津县 辽开泰元年(1012)改蓟北县置。与宛平县同治今北京城西南隅，为南京析津府治。金贞元二年(1154)改名大兴。

析津志 书名。元熊自得撰。自得元末人,原籍江西丰城,字梦祥,以茂才异等被荐为白鹿书院山长。后任大都路儒学提举、崇文监丞,以老疾归,年九十余。大都在辽代为南京,圣宗以燕地天文分野居析木之津,故定名南京析津府。自得仍以旧称名其志。此书对金中都和元大都有关沿革、建置、官署、山水、坊巷、庙宇、古迹、学校、风俗等皆有记载,是现存北京地方史地的专门著作。原书久佚,卷数不详。北京图书馆善本组从《永乐大典》等书中辑出,分为十八类。1983年北京古籍出版社出版。

析理 算学用语。源于《庄子》"判天下之美,析万物之理"。魏晋辩难风起,遂成为争鸣之要件。刘徽注《九章算术》,其宗旨为"析理以辞,解体用图",是以论说与图形的分解拼合证明或驳正《九章算术》之术。

析罗漫山 即"时罗漫山"。

析木 十二次名称之一。配十二辰为寅。《尔雅·释天》:"析木谓之津。"析木包括尾、箕二宿,是东方三次的最末一次,与北方三次中的星纪相邻。五行东方属木,北方属水,析木处二者边界,因名析木。

析县 秦置。因析水为名。即今河南西峡县。《史记·高祖本纪》:秦二世三年(前207),刘邦"降析、郦"。秦属南阳郡,西汉属弘农郡,东汉属南阳郡,三国魏属南乡郡,晋属顺阳郡。南朝宋废。

郗超(336—378) 东晋高平金乡(今山东嘉祥南)人,字景兴,一字嘉宾。郗愔子。有才干,善谈论。曾将其父所积钱数千万,一日之中,散与亲友殆尽。为大司马桓温参军。温欲立霸业,乃多为之谋划。太和中,私改其父致温书,将郗氏所领军队让温。温伐燕至临漳(今河北临漳西南),以道远粮运不继谏之,不从。又劝温或悉力进取邺城(今河北临漳西南),或屯兵河济,贮资备粮,以待来年。温皆不从,终致枋头之败。咸安元年(371)参与温废海西公、立简文帝之谋。迁中书郎,由是权势极重,朝臣皆畏事之。交往均时俊,寒门后进并拔之。

郗恢(?—398) 东晋高平金乡(今山东嘉祥南)人,字道胤。袭父北中郎将郗昙爵。累迁给事黄门侍郎,领太子右卫率。孝武帝器之,以为雍州刺史,督梁、秦、雍、司、荆、扬、并七州诸军事,镇襄阳(治今湖北襄樊)。在镇善抚恤,甚得关陇之和,降附者动以千计。姚苌使其将攻洛阳,他遣军救之,以功进征虏将军,并领秦州刺史。隆安元年(397),兖州刺史王恭谋讨专制朝政之王国宝,荆州刺史殷仲堪欲结之以应恭,不从。三年,朝廷拟召为尚书,以杨佺期代之。后又改为广州刺史。遂谋阻兵拒代。及佺期兵至,而众溃散,乃请降。将家还都。至杨口(即古杨水入沔水之口,在今湖北潜江西北),仲堪使人杀之于途。

郗鉴(269—339) 晋高平金乡(今山东嘉祥南)人,字道徽。好学博览,躬耕吟咏,不应辟命。赵王司马伦辟为掾,旋称疾去职。伦篡位,闭门自守。及惠帝复位,参司空军事,累迁中书侍郎。永嘉五年(311),汉刘曜攻陷洛阳,陷陈午军中。后逃归乡里,举千余家避于峄山(今山东邹城东南)为坞主。琅邪王睿初镇江南,以为兖州刺史。时百姓饥馑,终无叛者,三年间有众数万。为后赵所逼,退屯合肥(今属安徽)。大将军王敦专制,明帝谋仗鉴为外援,拜安北将军。敦忌之,表征为尚书令。太宁二年(324)敦将钱凤进逼京都,遂领诸营守卫。凤平,封高平侯。次年迁车骑将军,都督青、兖、徐三州军事,镇广陵(今江苏扬州)。明帝死,与王导、卞壸等受遗诏辅少主。苏峻之乱,誓师勤王。乱平,迁侍中、司空,进爵南昌县公。后进位太尉,以疾逊位。

郗隆(?—301) 东晋高平金乡(今山东嘉祥南)人,字弘始。初为尚书郎、左丞,在朝为百僚所惮。少与赵王司马伦善,伦专权,召为散骑常侍。伦篡位,以为扬州刺史。永宁元年(301),齐王冏讨伦,传檄至扬州。中州人在军者皆欲赴之。他以侄鉴及诸子皆在洛阳,犹豫不决。停檄六日不下,将士怨怒。时参军王邃镇石头(今江苏南京清凉山),隆部将士纷纷往赴。乃遣从事于牛渚(今安徽当涂西北长江边)禁之,不能止。众奉邃,攻而杀之。

郗萌 东汉人。星占家。曾任秘书郎。记述了先师相传的宣夜说。是目前发现的最早记载宣夜说的文献。著有《春秋灾异》。

郗愔(313—384) 晋高平金乡(今山东嘉祥南)人,字方回。郗鉴子。袭爵南昌公,征拜中书侍郎。曾任骠骑将军何充、征北将军褚裒长史。迁临海太守。弟昙卒后,淡泊政事,在郡优游,与王羲之、许询相善,修黄老之术。信奉天师道。以疾去职,筑室章安(今浙江临海东南章安),十余年间,不预世事。司马昱辅政,以为会稽内史,迁都督徐、兖、青、幽、扬州晋陵诸军事,领徐、兖二州刺史,镇京口(今江苏镇江)。大司马桓温伐燕,因遗书温,欲共奖王室,请督所部出河上。时子超为温参军,乃改书,言己非将才,老疾不堪军旅,求解职,并劝温领己所统。温喜,即转之为冠军将军、会稽内史。太元元年(376)官至镇东大将军。

牺皇 即"伏牺"。

牺人 官名。西周置。掌供酒醴以祭祀。《国语·周语上》:"牺人荐醴。"韦昭注:"牺人司樽,掌共酒醴。"

牺牲 古代祭祀用牲畜或牲肉的通称。牺,指毛色纯一的畜牲,多用于宗庙祭祀;牲,指未加分解的整体畜牲。祭祀用牲多用牛羊豕犬鸡;用人为牲者,称"人牲"。用于祭祀的畜牲,祭祀前要用牢圈养一段时间,经过用牢圈养的畜牲称"牢"。《公羊传·桓公八年》何休注云,祭礼用牛羊豕三牲的,称"太牢"。《仪礼·少牢馈食礼》郑玄注云,用羊豕二牲的,称"少牢"。《大戴礼记·曾子天圆》则称:"诸侯之祭,牛曰太牢;大夫之祭牲,羊曰少牢。"如仅用牛羊豕三牲中的一牲,则称用"特";又,用小羊,则称"羔"。对牺牲的处理:火烧,称"燎牲";刺颈取血,称"衈";进行分解,称"割";剔解牲体陈列,称"肆";开膛去内脏,称"辜"或"刳";张开牲体挂起风干,称"磔";将牲体一剖两半,称"副"。未煮的生牲肉称"腥";煮熟后的牲肉称"熟"或"饔"。腥肉放在俎(几案)上献祭;熟肉盛于鼎中。祭祀用过的牲肉称为"胙"或"福胙"。

牺牲所 官署名。明置。掌收养犊、牛、太牢、少牢,供祭祀之用。隶太常寺。明洪武三年(1370)设神牲所,置廪牲令、大使、副使等,四年革。洪熙元年(1425)复设,更名牺牲所,置吏目一人,从九品,典掌文移。

息 一作鄎。西周封国。侯爵,姬姓。春秋时为楚所灭,置息县。在今河南息县西南。《左传》隐公十一年(前712):"息侯伐郑,郑伯与战于竟,息师大败而还";庄公十四年(前680):蔡侯"绳息妫以语楚子。楚子如息,以食入享,遂灭息。以息妫归",皆即此。

息妫 春秋息国夫人。陈国之女。姊为蔡哀侯夫人。嫁时过蔡,哀侯对之无礼,息君怒,乃引楚伐蔡,俘哀侯。后哀侯向楚文王称赞息妫之美,文王遂灭息,掳之为夫人,生二子堵敖和成王。文王知她恨蔡侯,为之伐蔡。

息慎 即"肃慎"。

息王 金代封爵。小国一字王号。《金史·太祖诸子列传》:崇妃萧氏生息王宁吉。

息县 本息国。春秋时为楚所灭,置息县。在今河南息县西南。《左传》哀公十七年(前478):"彭仲爽,申俘也,(楚)文王以为令尹,实县申、息。"西汉改为新息县。

息州 本东豫州。北周改名。治广陵城(今河南息县)。隋大业初废。唐武德四年(621)复置,贞观元年(627)又废。金泰和八年(1208)复置,治新息县(今息县)。辖境相当今河南息县、正阳、新蔡三县及淮滨县淮河以北部分。为蔡州支郡,属南京路。元废附郭新息县入州,属汝宁府。明洪武初降为县。

奚 ❶古族名。一名库莫奚。属东胡系。原与契丹均附宇文部,至宇文为前燕攻破,始自成部落。北魏登国三年(388),为拓跋珪击败,乃居契丹之西。以游牧为主。北朝末,发展为五部,每部置俟斤一人,形成部落联盟。贞观二十二年(648),附属唐朝,唐置饶乐都督府,以其首领为都督。旋依附后突厥汗国,对唐叛服不常。后突厥汗国亡,又为回鹘汗国所奴役。唐末为契丹所役属,部分奚人西迁妫州(今河北怀来)北山,遂有东、西奚之分。辽建国后,以奚王府治理奚人,奚六部各设节度使。辽亡后,金朝编为猛安谋克。辽金时,从事农牧业,善造车。渐与契丹、女真、汉族融合。❷春秋鲁地。在今山东滕州市东南。《春秋》桓公十七年(前695):"及齐师战于奚",即此。《谷梁传》作"郎"。

奚冈(1746—1803) 清浙江钱塘(今杭州)人,原籍安徽新安(今歙县),字纯章,号铁生,又号蒙泉外史、蒙道士、散木居士。布衣终生。善作隶书,兼工四体,诗词超俊,尤擅作画。山水以潇洒自得为宗,花卉有恽南田气韵。治印与丁敬、黄易、庄仁齐名,号"西泠四大家"。著有《冬花庵烬余稿》。

奚官局 官署名。南朝齐、梁、陈大长秋属官有奚官局令,正八品下,以宦者充任。北齐长秋寺有奚官署,有令,位从九品上,掌守宫人使药、疾病、罪罚、丧葬诸事。隋代内侍省置,有令、丞各二员;大业三年(607)改为署,隶长秋监,参用士人。唐复为局,仍隶内侍省(监),置令、丞各二员。掌宫内奚隶、工役、宫官之品及宫人病、丧之事。另有典事、药童等。

奚官令 官名。西晋始置,隶少府。掌管宫人疾病、罪罚、丧葬等事,管理使役从坐为奴罪犯家属。东晋或省少府,其制不详。南北朝仍置,梁、陈隶大长秋;北齐隶长秋寺,为奚官署长官,以宦者充任。隋初置二员,从八品,隶内侍省。大业三年(607),改内侍省为长秋监,参用士人。唐复用宦者,为内侍省奚官局长官,正八品下。掌宫内奚隶、工役、宫官品命。

奚官女 南朝时从坐没入奚官署之官婢。

奚斤(360或369—448) 北魏代(治今山西大同市东北)人,本姓达奚。鲜卑族。皇始初,拜越骑校尉,典宿卫禁旅。从道武帝征高车诸部。明元帝即位,行左丞相,与南平公长孙嵩等八人听理万机。为司空,与吴兵将军公孙表南征,破南朝宋司、兖、豫诸郡。太武帝时率军攻夏,兵败于平凉(今甘肃平凉西北)被俘。后太武帝克平凉始得归,免为宰人。后复拜安东将军,改封弘农王。以元老,咨访朝政而已。

奚军 军种名。金代置,由奚族组成。天辅五年(1121)置奚路都统司,后改为六部路都统司(奚有六部),以契丹遥辇九帐为九猛安隶属之,另于上京及泰州凡六处置司,每司统五六万人。奚军被分徙于咸平、东京、临潢、泰州、山西、河东、滨、棣及西北、西南二路之境。

奚康生(468—521) 北魏洛阳(今属河南)人,本姓达奚。鲜卑族。性骁勇,能挽十石强弓。太和十一年(487),从柔玄镇都将李兜出击柔然,为前驱军主。后随孝文帝攻齐钟离(今安徽凤阳东北),为直阁将军。又西讨吐京胡,南击齐,以功累迁华州刺史、光禄卿、右卫将军。正光二年(521),预领军将军元叉幽胡太后之谋,为抚军大将军。性粗武,气势凌人,叉惮之。三年,于孝明帝朝太后时暗示欲执杀叉之意,遂为叉所杀。

奚利邲咄陆可汗 即"阿史那弥射"。

奚鼐 唐易县(今属河北)人。以制墨著名。所制墨面有光气,有"奚鼐墨"及"庚申"印文。传至子超,渡江徙歙州(今安徽歙县)。南唐时赐姓李,其孙廷珪,制墨尤工,有"李廷珪墨"盛名。

奚容箴 春秋末卫国(一说鲁国)人,名容箴,一作名箴,字子皙。孔子学生。

奚廷珪 即"李廷珪"。

奚王 官名。亦称奚六部大王、六部奚王、奚部长。辽置。北面官,太祖阿保机置六部奚,命勃鲁恩主之,为辽有奚王之始。终辽之世,一直为奚族的最高长官,统领奚族军民之政。

奚仲 相传为夏禹之臣。任姓。车的改制者,曾作夏朝掌管造车的车正，居于薛（今山东滕州东南），后迁于邳（今山东微山西北）。商汤的左相仲虺为其后裔，春秋时薛国的始祖。

悉编掣逋 吐蕃官名。相当于唐的都护。

悉帝米 即“室点密可汗”。

悉董羌 唐时西山八国诸羌之一。散居弱水（今西藏东部澜沧江上游一带）。贞元九年（793），其王汤悉赞随东女国国王及西山八国其他诸羌首领率种落诣剑南内附，唐授以官职，分隶边郡。唐室内乱，为吐蕃所役属。

悉居半 见“子合”。

悉立国 唐时吐蕃西南小邦。似在今亚东一带喜马拉雅山谷地区。人口约五万户，多傍溪涧而居，从事农业，种植粳稻、麦、豆等。男女均衣褐。男束头，女辫发。唐贞观二十年（646），曾遣使献方物。麟德二年（665）起，吐蕃赞普及大臣均曾多次驻此邦集会议事。景龙三年（709）为吐蕃所灭。

悉利移 古骠国城名。也作悉利城。故址在今缅甸抹谷附近。其城主名舒难陀，为骠国王雍羌之弟。贞元十八年（802）至唐献国乐，凡曲十二，并乐工三十五人，德宗授舒难陀以太仆卿之职。一说骠国王雍羌之弟即名悉利移。相传为缅甸最古都城，也是从南诏入骠国交通线上要地。据《新唐书·南蛮传》所载，其地为骠国九城之一。

悉万丹 契丹部落名。大贺氏八部之一，唐设为万丹州。

悉州 唐显庆元年（656）置，治悉唐，咸亨元年（670）徙治左封，均约在今四川黑水东南。天宝元年（742）改为归诚郡，辖境约当今四川黑水中游地区。乾元元年（758）复旧称。广德元年（763）后改为行州，后废。

悉诸 相传为神农之师（《吕氏春秋·尊师》）。

鄯阳 在今河南内黄县西南。《后汉书·光武帝纪》：建武二年（26），“幸内黄，大破五校于鄯阳”，即此。

惜喇脉哈番 满语官名，汉译为“监丞”。为清代国子监绳愆厅职官。

惜薪厂 官署名。清代工部虞衡司所属之机构。顺治元年（1644）置，设满、汉监督各一人，由本部堂官委派所属司员带原品充任，每年一更代。掌收发支搭天棚等所用苇席、竿、绳等物。

惜薪司 官署名。明清宦官衙门之一。掌理宫中及宦官衙门、山陵等处柴炭及宫中防火之事。明洪武二十八年（1395）置。设正五品司正为主官，下设左、右司副各一人。所属有北厂、南厂、西厂、东厂、新西厂、新南厂等，掌收贮柴炭。为内官二十四衙门之一。清顺治十年（1653）沿置，为十三衙门之一。初设都知一人为主管，以左、右参知各一人佐之，后皆裁。十八年，改称内工部。

稀龄追忆录 书名。一题《知止堂年谱》。清黄恩彤自编。四卷。叙其清嘉庆六年（1801）至光绪九年（1883）间经历。所记断狱问案、对外交涉诸事文字，可供研究近代中国法律和对外关系之参考。有光绪年间刊本。

郎 周代国名。即“息”。

翎侯 汉代乌孙、月氏、康居等的官名。《汉书·西域传》颜师古注：“翎侯，乌孙大臣官号，其数非一，亦犹汉之将军耳。”“大月氏”“西击大夏而臣之”，“凡五翎侯，皆属大月氏”。《匈奴传》：“会康居王数为乌孙所困，与诸翎侯计……。”有人认为，突厥官号叶护，与翎侯同，均为jabgu之对音。

翕陆连河 即“怯绿连河”。

犀浦县 唐垂拱二年（686）置，以李冰所造石犀为名（《太平寰宇记》）。治今四川郫县东南犀浦镇。属益州。北宋熙宁五年（1072）废为镇。《资治通鉴》：唐大顺元年（890），王建攻邛州，陈敬瑄分兵布寨于犀浦等县，即此。

犀首 官名。战国魏置。《韩非子·外储说右上》：“犀首，天下之善将也，梁王之臣也。”陈奇猷注：“犀首，魏官名。”《庄子·则阳》：“犀首公孙衍。”成玄英疏：“犀首，官号也。”

犀武（？—前293） 战国时人。魏将。魏昭王三年（前293），率军联韩与秦战于伊阙（今河南洛阳南龙门），兵败被杀。见《战国策·魏策一》。

犀象牙局 官署名。属大都留守司。元世祖中统四年（1263）置。掌大都与上都宫殿营缮犀象龙床卓器系腰等事。有大使、副使等官。所属有雕木局、牙局。

锡保（1688—1742） 清宗室。顺承郡王勒克德浑孙。康熙五十六年（1717）袭爵顺承郡王。雍正三年（1725）掌宗人府事。次年为镶蓝旗满洲都统。七年，任振武将军，讨准噶尔部噶尔丹策凌，驻军阿尔台。九年，以治军勤劳晋亲王，任靖远大将军。十一年疏请城乌里雅苏台，旋以畏敌避战削爵。

锡伯八屯 清乾隆二十九年（1764），锡伯营自盛京（今沈阳）移驻伊犁河南岸驻屯，按名分给地亩，自耕自食，一旗为一屯，共为八屯。嘉庆时新凿锡伯渠成，乃南移新渠两岸，筑屯堡而居。

锡伯渠 渠名。清嘉庆七年（1802），锡伯营总管图别特创议于察布察尔山口凿渠，东西长二百余里，七年乃成。引伊犁河水灌田，辟田七万余亩。光绪间称察普察尔渠。今作察布查尔渠。

锡伯营 清代携眷驻防新疆之八旗兵。乾隆二十九年（1764）调盛京（今沈阳）锡伯族官兵一千余至伊犁。设领队大臣一，驻惠远城（今霍城县南）；总管、副总管各一，驻本营。下辖八旗（牛录），每旗设佐领、防御、骁骑校各一。在伊犁河南岸驻牧屯种，辖伊犁河南卡伦十七座。

锡伯族 中国少数民族之一。人口172 932人（1990年）。史称鲜卑、须卜、犀纰、室韦、失韦、席伯、西伯、史伯、西僰、师比、席北等。族源有鲜卑、室韦、女真后裔诸说。最早居黑龙江以北，后逐渐南移。十七世纪居呼伦贝尔以东绰尔河、洮尔河流域。十七世纪末叶以后陆续被清政府编入八旗，遣往东北三省及京师等地驻防。乾隆二十九年（1764）抽调盛京（今沈阳）锡伯官兵一千余人，连同眷属三千余人,移驻伊犁,屯垦戍边。语言属阿尔泰语系满——通古斯语族满语支。有文字。多信萨满教、藏传佛教。主要从事农业。建国后实现了社会改革,各项事业均有发展。

锡金四哲事实汇存　书名。清末杨模编撰。一册。杨氏无锡人。同邑华蘅芳、华世芳兄弟,徐寿、徐建寅父子,皆精数理机械、力倡新学。徐建寅已奏准付国史馆列传,其余三人经邑绅联衔呈请学部代奏申请,亦于宣统元年(1909)获准列传。乃辑前后奏疏,附录诸人事略、传状成此编。首冠四人像。并有各人著译书目。华、徐四人多与办洋务,从中可见当时科技活动之一般。有宣统二年刊本。

锡金团练始末记　书名。清华翼纶撰。抄本。记其在无锡举办团练,抗拒太平军,后伪降太平军并与常昭守将钱桂仁等谋叛事。收入《太平天国资料》。

锡金识小录　书名。清黄卬撰。十二卷。作者为乾隆间人,搜辑无锡、金匮一地的遗闻佚事,分备参、旧迹、司牧、综考、补传、稽逸、科名、高年、存疑、前鉴、纪异、语隽、杂言等门,以补方志所未备。其中关于田粮、民役、物价、风俗的记载和明代及清代前期地方人士的事迹,具有一定的史料价值。

锡矿山　中国重要的锑矿区,位于湖南冷水江(旧隶新化)。一说该矿区发现于明末,因当时误认锑为锡,故称"锡矿山",后因未炼出锡而废。清光绪十六年(1890)由西人验知为锑。二十三年湖南巡抚陈宝箴主持设新化锑矿局,民采官收官炼,因技术不高改为商办。当时有锑业公司一百三十余家,炼厂三十余家,美、俄、德、法、英、日、西、葡等国也设有"多福"、"开利"、"合利"、"修和"等洋行。三十四年清政府购买了法国赫氏炼锑法专利,遂用低品位辉锑矿炼得纯锑。第一次世界大战时得以大发展,战后渐衰。

锡良(1853—1917)　清末蒙古镶蓝旗人,巴岳特氏,字清弼。同治进士。曾任知县、知州。甲午战后历任山东兖沂曹济道,山西冀宁道、按察使,湖南布政使等职。八国联军之役率湘鄂军至太原"护驾",授山西巡抚。光绪二十七年(1901)调任湖北,旋授东河河道总督,次年调补河南巡抚兼管河工。后为热河都统。二十九年擢四川总督,力主并实行铁路集股自办。三十三年任云贵总督,曾查禁鸦片。宣统元年(1909)授钦差大臣,任东三省总督,曾奏请立宪。三年以病辞职。武昌起义后,复授热河都统,曾与山西民军作战。清帝退位后离职。有《锡良遗稿》。

锡林郭勒盟　清内蒙古诸盟之一。以会盟地在阿巴噶左翼、阿巴哈纳尔左翼两旗界内的锡林郭勒地方,故名。隶理藩院。辖乌珠穆沁、阿巴哈纳尔、浩济特、阿巴噶、苏尼特五部十旗。东界昭乌达盟,西界乌兰察布盟,南界察哈尔,北界瀚海。今内蒙古仍沿用该盟名称为所辖政区名,辖二市一县九旗,地同。

锡霖　清满洲正蓝旗人,博尔济吉特氏。道光年间由贡生捐笔帖式,累迁至光禄寺少卿。咸丰四年(1854)迁侍读学士。九年授科布多参赞大臣。同治元年(1862)调任塔尔巴哈台参赞大臣。四年驰往镇压苏玉得领导的回民反清武装,被杀。

锡山　江苏无锡市西惠山支麓。相传周、秦时大产铅锡,汉兴方殚,故置无锡县。实恐系古越语,与产锡无关。后世遂用作无锡县(市)的别称。清钱泳著有《锡山补志》一卷。参见"无锡县"。

锡县　西汉置。治今陕西白河县东南。属汉中郡。三国魏改属魏兴郡。西魏废。

锡穴　锡或作钖。春秋麇国都。在今陕西白河县东南。《左传》文公十一年(前 616):"潘崇复伐麇,至于钖穴",即此。杜预注:"钖(鍚)或作锡。"汉置锡县。

锡珍(？—1889)　清蒙古镶黄旗人,额尔德特氏,字席卿。同治进士。以侍讲学士累迁至户部右侍郎。光绪七年(1881)任正白旗护军统领,疏请整顿八旗学校。十年为总理各国事务衙门大臣,迁刑部尚书。次年赴天津与法国使臣换约。旋调吏部尚书。十五年以议复御史屠仁守处分夺职,寻开复。

锡缜　清满洲正蓝旗人,博尔济吉特氏,原名锡淳,字厚安。蒙古族。咸丰进士。以户部郎中授江西督粮道,后为驻藏大臣。工书法,善诗文。著有《退复轩诗文集》。

溪巴温　宋时吐蕃首领*唃厮啰的疏族。元祐元年(1086),其子杓拶为*董氊孙*瞎征所杀。他入居溪哥城(今青海贵德),自称王子。唃厮啰王室进一步分裂。元符二年(1099),宋派王赡攻取邈川,瞎征降,他在青唐城(今青海西宁)拥立木征子陇拶。宋攻取青唐,陇拶降,以邈川为湟州,青唐为鄯州。王赡弃青唐归,他与其子溪赊罗撒复据之。

溪处甸长官司　土司名。明以宋大理国所置七溪部改置,治今云南红河县东溪处。所辖居民主要有哈尼。清康熙四年(1665)废。

溪峒州　唐宋时期,南方山区少数民族酋长多被委为刺史,他们所统治的地区也置为羁縻州郡,通称溪峒州。

溪赊罗撒　唃厮啰疏族溪巴温之子。宋元符二年(1099)九月,其兄青唐主陇拶降宋,河湟吐蕃无主。十月,大首领篯罗结与嘉勒摩巴桑济等共立之为青唐新主,史称小陇拶。三年,宋军撤出河湟,吐蕃诸部受其节制。次年十一月,宋授其为西平军节度使、邈川首领。崇宁元年(1102),宋又封之为敦煌郡开国公。是时,宋徽宗决心"绍述先志",再度用兵河湟。二年六月陷湟州(今青海乐都)。次年四月相继占领整个河湟地区,溪赊罗撒走投夏国。四年三月,夏国主崇宗(乾顺)接纳其归附,并派出数万人马围青唐城(今青海西宁)北的宣威城,助其"复国",然终不能有大功。

溪州　唐天授二年(691)分辰州置。治大乡县(今永顺县东)。辖境相当今湖南永顺、保靖、古丈、龙山等县地。五代属楚。宋分置上、中、下三溪州。元初废。五代以后,彭氏世有其地。后晋天福五年

(940)楚王马希范以铜五千斤铸柱高丈二尺,入地六尺,上镌《复溪州铜柱记》二千余字,立之溪州。详"溪州铜柱"。

溪州铜柱 五代十国时,楚王马希范与溪州刺史彭士愁所立罢兵界标。后晋天福四年(939),彭士愁率溪、锦、奖等州蛮众与楚作战。次年战败,率田、向、覃、龚、朱等姓族人(今土家族先民)降楚。与楚盟于会溪(今湖南会溪坪),立铜柱,刻盟誓《复溪州铜柱记》。载彭氏所辖二十州与楚确立从属关系,楚对该部不征赋役、不强买、不兴兵侵害等条款。柱高一丈二尺,上端为八方形,每方宽 15 厘米,下端为圆形。宋时,铜柱曾被移动多次,记文空处并羼入宋人职衔姓名达五十余处。今迁于湖南永顺东南王村花果山。

熙 相传为少昊氏之子。参见"玄冥"。

熙朝定案 书名。比利时传教士南怀仁编纂。三卷。所辑多为清初有关基督教及传教士的上谕及奏疏,其中涉及造火炮、修历法、勘建京师道路,对研究清初传教士活动情况及汤若望、南怀仁的有关事迹有重要参考价值。

熙朝纪政 书名。一名《石渠余记》。清王庆云著。六卷。记清代开国至道光朝典章制度沿革。计有官制、兵制、科举、会计、钱制、漕运、田赋、河工、屯垦、矿政、盐法、关税、边外互市、英人入贡等八十七篇。于《清会典》、《清文献通考》、《清实录》、国史列传、邸报等资料均着意搜采。间附图表、案语。惟于秕政有所讳避。《清文献通考》成书于乾隆年间,此书可补其所缺。有光绪年间刊本。又有光绪二十八年(1902)上海书局八卷本。

熙朝名臣实录 书名。明焦竑撰。二十七卷。自序谓明代诸帝有实录,而诸臣之事不详,因撰是书。自王侯、将相,及士、庶人、方外缁黄、僮仆妾伎,无不备载。人各为传,系宋人实录之体。凡书诸臣之卒,必附列本传,以记其始末。而明代实录则废此例,故竑加以补修。书中叙述郭子兴诸子之死,以及靖难诸臣之事,皆无所忌讳。又记明初有"通晓四书"等科,皆《明史·选举志》及《明会典》所未载。然各传中多引杂记、小说,不尽可信。行文有时叙事,有时仅列引文,只标书目,体裁不相统一。附有李贽评语。

熙朝新语 书名。清徐锡麟、钱泳同辑,托名余金撰。十六卷。笔记体。辑录自清初至嘉庆时掌故遗闻,于政事、文章、风俗各方面,均有涉及。但内容多歌颂清帝、记叙科场得失,于重大政治事件和社会经济,记载不多。

熙朝宰辅录 书名。清潘世恩编。潘氏以清初以来大学士年表、列传、事迹藏于史馆,非外间所能得见,乃与穆彰阿缀辑旧闻,参稽史乘,胪举姓氏籍贯及在任始末,汇为此编。凡满大学士(协办在内)七十九人,汉大学士(协办在内)一百零八人,文简事赅。有道光十八年(1838)刻本。后咸丰七年(1857)增订再版。光绪时,沈桂芬重为厘订,并续增满耆英以后十九人,汉陈官俊以后十五人。光绪三年(1877)再版。

熙春城 为伊犁九城之一。在今新疆伊宁市西北。清乾隆四十五年(1780)建于伊犁河北岸哈拉布拉克。驻绿营屯镇都司。同治十年(1871)沙俄侵入伊犁后被毁。

熙河开边 今青海东部与甘肃南部一带原为吐蕃唃厮啰政权辖区。宋英宗时,唃厮啰死,子董毡占黄河以北地区,另一子瞎毡据黄河以南地区,瞎毡死,子木征立。熙宁四年(1071),宋神宗采纳王韶招抚洮、河蕃族,进图西夏之建议,任韶为秦凤路沿边安抚使。他引兵占领木征辖区,建镇洮军,又升为熙州(今甘肃临洮),始置熙河路,史称熙河开边。

熙河路 ❶北宋熙宁五年(1072)置。为经略安抚使路。治熙州(治今甘肃临洮县),辖熙、河、洮、岷四州及通远军,相当今甘肃大夏河流域,洮河流域以及渭河上游甘谷县以西地、西汉水和白龙江上游的西和、礼县、宕昌等县地。后增辖兰、会二州,辖境北展包有兰州市、榆中县和祖厉河流域。改称熙河兰会路,后会州割属泾原路,增辖廓州(治今青海尖扎县),又改称熙河兰廓路。其后湟州、西宁州、积石军相继来属,辖境西包有湟水流域及黄河上游今贵德县一带。金皇统二年(1142)改为熙秦路。❷北宋元丰四年(1081)置。为转运使路。治熙州。旋罢。政和中复置。金废。

熙敬(? —1900) 清满洲镶黄旗人,字澈庄。曾任侍读学士、太常寺卿、内阁学士。光绪九年(1883)擢礼部右侍郎,历改工部、吏部、户部侍郎及正红旗汉军都统。十五年授都察院左都御史,后转工部、户部、吏部尚书。卒于任。

熙陵 宋太宗赵炅陵名为"永熙陵",宋人常以"熙陵"称太宗。

熙明阁 宋代阁名。建中靖国元年(1101)由显谟阁改称,仍置学士、直学士、待制等职,旋复旧名。

熙宁 宋神宗年号(1068—1077)。凡十年。

熙宁敕 治蝗法令。北宋熙宁八年(1075)八月颁布的一个治蝗法规,规定:有蝗蝻处,委县令佐躬亲打扑;如地里广阔,分差通判、职官、监司、提举,仍募人得蝻五升,或蝗一斗,给细色谷一斗;蝗种一升,给粗色谷二升,给价钱者作中等实值,仍委官烧瘗,监司差官员覆按以闻,即因穿掘打扑损苗种者,除其税,仍计价,官给地主钱,数毋过一顷。是为中国历史上第一个治蝗法,并规定根据治蝗成绩予以奖励。

熙平 北魏孝明帝年号(516—518)。凡三年。

熙元(? —1900) 清满洲正白旗人,喜塔腊氏。直隶总督裕禄之子。光绪进士。由编修累迁至国子监祭酒。光绪二十六年(1900)八国联军陷天津,其父退至杨村兵败自杀。七月联军陷北京,偕嫂与妻自尽。

熙州 北宋熙宁五年(1072)置。治狄道县(今临洮县)。属秦凤路,后属熙河路。辖境相当今甘肃临洮、康乐、渭源等县地。置市易务,与西域及吐蕃等族进行贸易。金皇统二年(1142)改为临洮府。

僖基 战国时对锄类农具之通称。亦称镃镇、兹其。《孟子·公孙丑上》:"虽有镃基,不如待时。"赵岐注:"镃基,田器耒耜之属。"

傒叔　即"叔牙"。

醯落尸逐鞮单于(?—56)　东汉时南匈奴单于。名比。呼韩邪单于之孙,乌珠留若鞮单于之子。初为匈奴右薁鞬日逐王,部领南边及乌桓。光武帝建武二十二年(46),单于舆死,其子乌达鞮侯立。复死,弟蒲奴立为单于。他不服,密遣人奉匈奴地图诣汉西河太守求内附。二十四年,被八部大人拥戴为单于。旋率所部南迁附汉,与蒲奴对立,匈奴自此分为南北二部。因其祖呼韩邪依汉得安,故袭其号,亦称呼韩邪单于。初立庭于五原(今内蒙古包头西北)西,后徙西河美稷(治今内蒙古准格尔旗西北)。

醯僮尸逐侯鞮单于(?—63)　东汉时南匈奴单于。名适,呼韩邪单于比之子。永平二年(59)伊伐于虑鞮单于死后,继立为单于。五年率骑击退北匈奴对云中之侵扰。次年死。

熹平　东汉灵帝年号(172—178)。凡七年。

熹平石经　又称《汉石经》。因经文用隶书一体写定,也称"一字石经"。汉代儒家典籍因师承不同,经文歧异。东汉灵帝熹平四年(175),蔡邕等奏请正定经书文字获准,乃由邕书写经文,使工匠镌刻,共成四十六碑,立于洛阳城南开阳门外太学前,遗址在今偃师朱家圪垱村。所刻石经包括《周易》、《尚书》、《鲁诗》、《仪礼》、《春秋》、《公羊传》、《论语》等七经。除《论语》外,其他经书皆当时学官所立。石经以一家底本为主,立于学官的其他各家底本如有歧异,则于校记中说明。为中国历史上最早的儒家经典官定本。宋以后有残石出土。近人马衡编《汉石经集存》,存八千余字。

羲和　❶相传古代掌管天地四时的人物。《世本》记羲和为黄帝所命占日之官(见《史记·历书》司马贞索隐)。《尚书·尧典》则以羲和为尧之掌天文历法官羲仲、羲叔、和仲、和叔四人的合称。四人分掌东、西、南、北四方,观测星象,以正春、夏、秋、冬。后世多用为天文官名。《尚书·胤征》则以羲和为夏代仲康时掌天文之官,谓其沉乱于酒,未能预见日蚀,仲康命胤侯讨伐杀之。❷新莽时以大司农名羲和,后又更名为纳言。

羲叔　相传为尧时羲和四子之一,尧命居南交(即交阯),掌管夏至时节,以正农事。

羲仲　相传为尧时羲和四子之一,尧命居东方郁夷(又作隅夷,在今山东胶东半岛)旸谷,古人认为日出之处,掌管春分时节,以正农事。

羲州　唐置羁縻州。武后万岁通天二年(697)收卢鹿部置。治在今贵州黔西县东北。圣历元年(698)属庄州都督府,隶江南道。后历属播州都督府、黔州都督府、黔中采访处置使及黔州经略招讨使。大顺元年(890)属武泰军节度使。宋彝语称作义州。宋理宗绍定元年(1228)属绍庆府(治今重庆彭水),隶夔州路。

豀养　泽薮名。《周礼·职方》:"东北曰幽州,其泽薮曰豀养。"在今山东莱阳市东。久涸。

谿卡　简称谿。藏语的音译,意为庄园,亦为相当于宗以下的农村基层行政组织。始见于十世纪末。时阿里地区古格土王以封地赐经师作供养,即称此。有三种:雄谿(官家庄园)、却谿(寺院庄园)、格谿(贵族庄园)。受封之僧俗领主,例给封地文书,且允世袭,故贵族皆以其所领之庄园为房名。范围大小不一。官家庄园由地方政府任命当地头人管理,贵族、寺院庄园由领主派管家管理,称"根布"或"谿堆",监督农奴从事无偿劳役,设有刑具和牢房。少数雄谿直属西藏地方政府,相当于宗。

谿山余(餘)话　书名。明陆深撰。一卷。记一代名臣如刘健、章懋、刘大夏遗事颇详,又多述闽事,当为官闽时所著。

谿子弩　用南方谿子蛮地区所产柘木做成的劲弩。《史记·苏秦列传》:"谿子、少府时力、距来者,皆射六百步之外。"裴骃集解引许慎云:"南方谿子蛮夷柘弩,皆善材。"

巂　古叟人的异称。《史记·西南夷传》:"西自同师以东,北至楪榆名为巂、昆明。"同师,今云南保山;楪榆,今云南大理。巂与"叟"为同音译写之异。巂人实为东汉至晋代之叟人。参见"叟"。

巂辅首　唐蒙巂诏主。乌蛮(彝族)。辖地在今云南巍山县北部。《新唐书·南诏传》、《蛮书》卷三,均谓其诏最大。死后无子,弟佉阳照立。佉阳照死,子照源立。开元末(或说开元中),南诏国王皮逻阁杀照源,并其地。

巂唐县　西汉元封二年(前109)置。治今云南云龙县西南。西汉属益州郡。东汉魏晋属永昌郡。南朝宋废。东汉永平十年(67)时曾置益州西部都尉于此。

巂州　南朝梁大同三年(537)武陵王萧纪置。北周天和五年(570)改为西宁州,旋又改严州,隋开皇六年(586)复为西宁州,十八年又改为巂州。治越巂县(今四川西昌市)。辖境相当今四川冕宁、越西、美姑以南、金沙江以西以北、盐源、盐井以东地区。大业初改为越巂郡,唐武德元年(618)复为巂州。旋置都督府,都督十六羁縻州。至德二载(757)陷于吐蕃。贞元十三年(797)收复。太和五年(831)州治为南诏所据,六年移治台登县(今四川冕宁县南)。咸通后全境入南诏,改置建昌府。

醯　即醋。《周礼·天官·醯人》:"掌共五齐七菹,凡醯物以共祭祀之齐菹,凡醯、酱之物,宾客亦如之。"为古代主要的调味品之一。

酅　❶邑名。春秋纪邑,后入于齐,改名安平。在今山东淄博市东临淄东北。《春秋》庄公三年(前691):"纪季以酅入于齐",即此。❷地名。亦作"巂"(《公羊传》、《谷梁传》)。春秋齐地,在今山东平阴县西南。《春秋》僖公二十六年(前634):"齐人侵我西鄙。公追齐师至酅,弗及",即此。

xí

习不失(?—1123)　又作辞不失。女真完颜部人。石鲁之孙。从劾里钵与桓赧、散达作战,自阵后奋击,大败敌军,功居多。又佐平乌春、杯乃之乱。以功与盈歌、阿骨打等同受辽封为详稳。后从阿骨打起兵,带千人为左右侍卫。出河店(今黑龙江肇源)之役,所谋与阿骨打相合,大破辽师。与吴乞买、撒改等共劝阿骨打称帝。收国元年(1115)七月,为阿买勃极烈。天辅七年(1123)阿骨打西追辽帝,与吴乞买居守。追封金源郡王,谥忠毅。为开国功臣之一。

习动 清颜李学派用语。指躬行践履。《习斋年谱》卷上:"宋人好言习静,吾以为今日正当习动耳。"认为"一身动则一身强,一家动则一家强,一国动则一国强,天下动则天下强"(《习斋言行录》卷下)。与理学"习静"之旨相对立。

习尔之 即"鲜质"。

习古迺 又译石古乃、实古迺。金初女真人。曾使辽,见辽政事荒怠,建言阿骨打攻辽。为上京路军帅,攻黄龙府,败辽天祚帝于白马泊(在今吉林农安附近)。从都统完颜杲克中京。抚乌古迪烈部降民,建议朝廷赐以庞葛城之地,听其垦殖。天会十年(1132),为东南路都统,移治东京。为开国功臣之一。

习列吉 即"昔里吉"。

习尼昆 吏名。金代置,为女真语的音译,掌管纠军差役。

习室(? —1127) 又作习失。金女真耶懒路(今俄罗斯滨海边区塔乌黑河流域)完颜部长石土门子。金建国前,从斡赛与高丽争夺曷懒甸(今朝鲜咸兴平野)九城。随太祖阿骨打攻宁江州(今吉林松原东南石头城子)有功,授猛安。后从斜也克辽中京,又与娄室获辽天祚帝。太宗天会三年(1125),与银术可围困太原。次年,转战晋南,直至汴梁,统十二猛安军镇守怀孟。为开国功臣之一。

习显 即"徒单克宁"。

习行 清颜李学派用语。指对孔子"礼、乐、射、御、书、数"六艺之践履。《习斋言行录》卷下:"习行礼、乐、射、御之学,健人筋骨,和人血气,调人性情,长人仁义,……小之却一身之疾,大之措民物之安。"认为其功用不仅可以强健体魄、陶冶性情、培养高尚道德,而且可以经世致用。

习学公事 官名。北宋熙宁三年(1070),中书置检正官,以京朝官充任,掌纠正省务。后以选人领其职,即称习学公事。元丰四年(1081)罢。熙宁七年大理寺亦置,选曾试刑法、循两资以上者充任,佐理大理寺所掌公事。

习学记言序目 书名。又称《习学记言》。南宋叶适撰。五十卷。为其读书札记。初仅"辑录经史百氏条目",未加评论,其时名《习学记言》,后"研玩群书",撰写评论,乃名《序目》。计经说十四卷,诸子七卷,史二十五卷,文鉴四卷。其书于诸史、子以及文鉴,皆有评论。陈振孙谓:"自孔子之外,古今百家,随其浅深,咸有遗论,无得免者。"(《直斋书录解题》)对理学家道统说,批评尤为精到。通过评价儒家经典和历史典籍,表达作者政治、经济主张和伦理思想。是研究叶适思想的主要资料。有清光绪黄体芳刻本。1976 年中华书局以黄本为底本,点校出版。

习艺馆 官署名。唐武则天如意元年(692)改内文学馆置,隶中书省。置内教博士十八人,经学五人,史、子、集缀文三人,《庄子》、太一、篆书、律令、吟咏、飞白书、算、棋各一人。玄宗开元末废,以内教博士以下隶内侍省,中官充任。

习驭 吏职名。唐于殿中省尚乘局置五百人,掌调习六闲之马。

习凿齿(? —约 384) 东晋襄阳(治今湖北襄樊)人,字彦威。世为乡豪。少博学洽闻,以文笔著称。初为桓温从事,累迁别驾,善尺牍议论,甚受器重。后忤温旨,左迁户曹参军。出为荥阳太守,时温觊觎帝位,遂著《汉晋春秋》(一作《汉晋阳秋》),定汉为正统以裁抑之。太元四年(379)苻坚陷襄阳,素闻其名,与道安往迎,赐遗甚厚。晋复襄、邓,欲征典国史,会卒。有辩才。传与道安作"四海习凿齿,弥天释道安"之佳对。有《习凿齿集》。

席宝田(1829—1889) 清湖南东安人,字研芗。廪生出身。咸丰初在籍办团练。继入刘长佑部,在湖南与石达开部太平军作战。咸丰九年(1859)擢知府。同治二年(1863),随提督江忠义在江西与太平军黄文金部作战。次年天京陷落后,在江西石城捕获干王洪仁玕和幼天王洪天贵福。授贵州按察使。六年率湘军旧部入黔镇压苗民起义。后因病回湘。

席北 即"锡伯族"。

席固(504—564) 南北朝时安定(今甘肃泾川北)人,字子坚。梁大同中,为齐兴郡守。侯景之乱时,士多依附,遂有亲兵千余人。梁元帝嗣位江陵(今湖北荆州),迁兴州刺史,军民从者甚众,遂自据一州,以观时变。西魏大统十六年(550),以州归附丞相宇文泰,甚受亲遇,拜骠骑大将军、丰州刺史,封新丰县公。寻转湖州刺史。入觐,进爵静安郡公。旋拜昌、归、宪州诸军事,昌州刺史,颇有声绩。卒于州。

席佩兰 清昭文(今江苏常熟)人,名蕊珠,字月襟,又字韵芬、道华、浣云,佩兰为其自号。孙原湘妻。师事袁枚。工诗兼善画兰。著有《长真阁诗稿》、《傍杏楼调琴草》。

席书(1461—1527) 明四川遂宁人,字文同,号元山。弘治进士,授郯城知县,进户部员外郎。武宗末年,以右副都御史巡抚湖广。嘉靖元年(1522)改南京兵部右侍郎。三年,因议大礼称旨,擢礼部尚书。六年加武英殿大学士。卒于官。编有《大礼集议》。

席益 宋河南府(治今河南洛阳东)人,字大光。绍兴元年(1131),以中书舍人兼权直学士院,寻知杭州,徙衢州。三年二月,自工部尚书拜参知政事。后以资政殿学士提举江州太平观,起知潭州兼湖南安抚制置大使。五年改知成都府,兼成都、潼川、夔州、利州路安抚制置大使,七年罢。

席豫(680—748)　唐襄阳(今属湖北)人,徙家河南(治今河南洛阳),字建侯。大足进士,又数登制科。初任襄邑尉。景龙元年(707),安乐公主请为皇太女,上疏反对,请立皇太子,由是知名。开元初,为考功员外郎,进黜清明,为时所称。升中书舍人,掌制诰,号为称职。转户部侍郎、江南东道巡抚使兼郑州刺史。入为吏部侍郎,典选六年,任用寒士多至台阁,时称知人,号席公。天宝六载(747),任礼部尚书。四以使者按行江南、江东、淮南、河北。性谨畏,与子弟、属吏书,不作草字,曰:"不敬他人,是自不敬也。"工诗。

袭封　清制,凡亲王以下,奉恩将军以上缺出,由宗人府选其子嗣内人才、骑射、清语优者数人,无论嫡庶,引见钦定,承袭爵位,称为袭封。

袭明　道家用语。袭,藏而不露,意谓内藏着的聪明。出于《老子》第二十七章:"是以圣人常善救人,故无弃人;常善救物,故无弃物,是谓袭明。"河上公注:"圣人善救人物谓袭明,大道也。""袭明"帛书《老子》甲、乙本作"申明"、"愧明"。

袭州　或作龚州。唐置羁縻州。武后万岁通天二年(697)收卢鹿部置。因彝语讹为"觚著",北宋后期作龚州。治今贵州黔西县。圣历元年(698)属庄州都督府,隶江南道。景龙二年(708)属播州都督府。开元元年(713)属黔州都督府。大顺元年(890)属武泰军节度使。宋初因之。绍定元年(1228)属绍庆府(治今重庆彭水),隶夔州路。宋亡后废。

隰郕　郕一作城。周畿内邑,春秋时曾入于郑。在今河南武陟县西南。《左传》隐公十一年(前712):周与郑人苏忿生之田十二,隰郕居其一;僖公二十五年(前635):"王入于王城,取大叔于温,杀之于隰城",均皆此。

隰州　❶隋开皇四年(584)改汾州为西汾州。五年又改为隰州。"以州带泉泊下隰,故以隰为名"(《元和志》)。治隰川县(今隰县)。大业三年(607)改为龙泉郡。唐武德元年(618)复为隰州。天宝元年(742)改为大宁郡,乾元元年(758)复为隰州。辖境相当今山西隰县、石楼、永和、大宁、蒲县等县和孝义县的部分地区。金天会六年(1128),以中京路有隰州,改为南隰州。天德三年(1151)仍为隰州。辖境略有缩小。明洪武二年(1369)省州治隰川县入州。辖境有今隰县、大宁、永和三县地。清雍正二年(1724)升为直隶州,辖境扩大。1912年废,改为隰县。唐属河东道,北宋属河东路。金属河东南路,元属晋宁路,明属平阳府,清属山西省。❷辽圣宗置。治海滨县(今辽宁兴城市西南)。属中京道。金属中京路。皇统三年(1143)废。

檄　文书名。(1)军中文书统称。凡征召、罪责、晓慰等皆用之。(2)朝廷有大征讨,为申明出师之名,晓谕将士奋力诛讨而颁布的文告。

霫　古族名。隋唐时居于潢水(今西拉木伦河)以北,东接靺鞨,西至突厥,南邻契丹、奚,北接乌罗浑。以射猎为生,习俗略同于契丹。部众四万户,胜兵万余。隋时通贡。唐初臣突厥颉利可汗。首领称俟斤。贞观中内附唐。后迁潢水南,与奚邻近,渐与奚合并,逐渐融合于奚人中。一说霫即白霫。

xǐ

扯　商代祭祀名(见殷墟甲骨文)。通"延"。《尔雅·释诂》:"延、陈也。"邢昺疏云:"延,铺陈也。"甲骨卜辞有:"贞:其扯岁一牛。"(《殷契佚存》第483片)"叀登黍,扯于南庚;兹用。"(《殷契粹编》第269片)故又为陈列祭祀之词。

洗马池　楚国池名。董说《七国考》引《一统志》:"洗马寺在湖广荆州归州(今湖北秭归)得胜门外一里。楚襄王时洗马之所。"

洗马林　即今河北万全县西南洗马林。明宣德九年(1434)宣宗北巡至此。嘉靖四十四年(1565)蒙古黄台吉由此入犯。

洗沐　汉代官吏的休假,又称休沐。意为休息沐浴。汉制,中朝官每五日回里舍休沐。三署诸郎、太子舍人亦然。《汉书·郑当时传》:"孝景时,为太子舍人,每五日洗沐。"又《初学记》引《汉律》:"吏五日得一休沐。"

洗冤集录　书名。法医学专著。南宋宋慈著。五卷。作者博采治狱之书以及官府历年所公布条例和格目,加以订正、补充,吸取民间医药学知识与官府刑狱检验经验,分检覆总说、验尸、四季尸体变化、自缢、溺死、杀伤、服毒以及其他伤死等五十三项。淳祐七年(1247)书成,颁行全国,成为办案官吏检验的指南。今存最古版本为北京大学图书馆藏元刻本。清孙星衍依元刻本校勘重刻。

洗冤录　书名。又称律例馆校正《洗冤录》、校正本《洗冤录》。刊于清康熙三十三年(1694)。四卷。多以单行本刊行,或将其书附于《大清律例》之后。该书依《洗冤集录》为主,以王明德之《洗冤录补》为辅,集诸家之书汇辑而成,在许多方面继承和发展了宋慈以后法医学的成就。卷一为总论;卷二为各种窒息死、损伤和烫伤;卷三为中毒、病死、急死、诸种钝器伤与雷击死;卷四论急救。此书经刑部发行后,成为清代法医检验中不可侵犯的官书。

枲多　见"徙多河"。

玺　初文作鉨。即印章。出现不晚于春秋晚期。多为铜质,亦有以金、银、玉石等为质料者。《史记·秦始皇本纪》裴骃集解引蔡邕曰:"玺者,印信也,……古者尊卑共之。"《国语·鲁语下》:"襄公在楚,季武子取卞,使季冶逆,追而予之玺书……。"韦昭注:"玺,印也。古者,大夫之印亦称玺。玺书,印封书也。"传世与发掘出土之*战国官玺、*战国私玺亦皆有自称"鉨"者。《史记·秦始皇本纪》裴骃集解引卫宏曰:"秦以前,民皆以金玉为印,龙虎纽,唯其所好,秦以来,天子独以印称玺,又独以玉,群臣莫敢用。"但由文献与出土汉印可知,汉代除皇帝外,皇后、诸侯王、王太后亦得称玺,并亦可用玉。

玺节　节之一种。通商所用节。《周礼·地官·掌节》:"货贿用玺节。"郑玄注:"玺节者,今之印章也。"《周礼·地官·司市》:"凡通货贿,以玺节出入之。"郑玄注:"玺节,印章,如今斗检封矣,使人执之以通商。"孙诒让《周礼正义》卷二十七认为,依郑玄说,玺节即是"刻玺为文,印之竹帛以为节"。印于此种节上之玺应系市官所掌印章。

玺绶 玺即印信,绶即系印之丝组。玺本印章之通称,秦以后成为皇帝印章的专称。卫宏《汉旧仪》:"秦以前民皆佩绶,以金银铜犀象为方寸玺,各服所好。汉以来天子独称玺,又以玉,群臣莫敢用也。"《后汉书·刘盆子传》:"上所得传国玺绶。"又,皇后、皇太子、诸侯王亦用之。汉高帝十一年(前196)时,遣陆贾授南粤王赵佗玺绶。

玺书 原指用印信封记的文字,秦统一后用指皇帝印玺封记的诏书。皇帝印玺由符玺令掌管。秦始皇病危时,曾为玺书赐公子扶苏,赵高以中车府令兼行符玺令事,乃与胡亥、李斯合谋,"破去始皇所封书",篡改玺书内容。又据蔡邕《独断》,汉代凡制书"皆玺封,尚书令印重封"。

徙 官制用语。指官吏的升迁或调动。《汉书·段会宗传》:"拜为沛郡太守。以单于当朝,徙为雁门太守。"此为同等官秩之间的调动;《汉书·疏广传》:广为少傅数月,"徙为太傅",此当属于升迁性质。

徙边 刑法名目。即强迫迁至边地。《史记·南越列传》:"秦时已并天下,略定杨越,置桂林、南海、象郡,以谪徙民,与越杂处十三岁。"汉代沿用。萧何作《九章律》中有徙边的规定。《后汉书·阳球传》:"遂收球送洛阳狱,诛死,妻子徙边。"凡徙边者非有特诏不得还归内地或原籍。其后历朝沿袭。明代除迁徙边地外,又有家迁化外之地,其意与徙边相似。

徙多河 《大唐西域记》朅盘陀国城"背徙多河"。佛经或作私陀、私多、私他、斯陀、死多、枲多。即今新疆叶尔羌河。

徙莫衹 见"撒摩都"。

喜峰口 长城关口。即今河北迁西县北部喜峰口。明为蓟边重地。《明史·宣宗纪》:宣德三年(1428),出喜峰口,败兀良哈三卫于宽河,即此。

喜宁(?—1450) 明时人。中官。本降番。*土木之变后降瓦剌,为也先心腹,引兵扰关内。景泰元年(1550)奉差回北京,被擒杀于宣府。

喜信 见"泥金帖子"。

禧恩(?—1852) 清满洲正蓝旗人,爱新觉罗氏,字仲蕃。嘉庆六年(1801)始任侍卫,累迁至理藩院尚书。道光十二年(1832)参与镇压湖南、广东等地苗民起义,旋获咎降职。二十二年出任盛京将军。鸦片战争中主张与敌陆战,于撤防善后及巡洋诸事亦有章奏。咸丰初年以户部尚书协办大学士管理理藩院事务,寻卒。

xì

戏马台 在今江苏徐州市南。相传为项羽所筑。其高十仞,广袤百步。《资治通鉴》:南朝宋元嘉二十七年(450),北魏主拓跋焘南侵至彭城,"立毡屋于戏马台以望城中",即此。

戏文 即"南戏"。

戏志才 东汉末颍川(治今河南禹州)人。行为不端,但有智策,荀彧荐于曹操,为筹画之士,甚得器重。早卒。

系(繫)辞 《易传》篇名。亦称系辞传。"十翼"的两篇。内容为对《易经》的通论,其辞系于《易经》之下,故名。分上下两篇,主要论述《易经》之义蕴与功用,兼及《周易》筮法、八卦起源等,并选释《易经》爻辞十九条。以阴阳两爻,象宇宙事物之刚柔两性;以八经卦,象宇宙之刚柔异性的八类事物;以六十四别卦,象宇宙事物之关系;以爻与卦之变化,象宇宙事物之变化。变化的根本原因在于阴阳的对立统一,故称"一阴一阳之谓道"(《系辞上》)。提出"穷则变,变则通,通则久"(《系辞下》)的观点;又用"天尊地卑,乾坤定矣,高卑以陈,贵贱位矣"(《系辞上》)论证社会等级制度的永恒性和合理性。

系将禁兵 见"将兵法"。

系省钱物 宋代归三司或户部支配的财赋,包括存留州军的部分,称系省钱物。

郄疵 春秋战国间人。晋知伯家臣。晋出公二十年(前455),知伯因向赵索地不得,遂率韩、魏兵围赵晋阳(今山西太原南),他预言韩、魏必反。知伯不听,反以其言告于韩、魏之君。他因请使于齐。不久,韩、魏果反。见《战国策·赵策一》。

细封步赖 唐时党项细封部首领。唐贞观三年(629)受令率部族内附,太宗下玺书抚慰,宴赐甚厚。并于其地设轨州(今四川松潘境),授刺史,促其所部讨击吐谷浑。

细茧户 北魏伎作户之一。为官府作坊占有之人户,以织细茧为主。不属州县而由杂户帅或营户帅管理。后罢,改属州县。

细君公主 西汉人。江都王建女。元封中,武帝封她为公主,妻乌孙昆莫猎骄靡为右夫人。至其国,自治宫室居,以币帛赐王左右贵人。昆莫年老,语言不通,公主悲愁,自作歌曰:"吾家嫁我兮天一方,远托异国兮乌孙王。穹庐为室兮旃为墙,以肉为食兮酪为浆。居常土思兮心内伤,愿为黄鹄兮归故乡。"武帝闻而怜之,每隔一年遣使赐以帷帐锦绣。昆莫欲使其孙军须靡娶公主,公主不听,上书言状。武帝曰:"从其国俗,欲与乌孙共灭胡。"军须靡遂妻公主,生一女少夫。公主死,汉复以解忧公主妻军须靡。

细柳 地名。(1)在今陕西咸阳市西南渭河北岸。《史记·绛侯周勃世家》:西汉文帝六年(前158),以"(周)亚夫为将军,军细柳以备胡"。文帝亲往劳军,至军门,甲士戒备森严,被阻不得驰入。帝使使持节诏将军,亚夫乃传令开壁门,请皇帝按辔徐行而入,将军以军礼见。后人因称军营纪律严明者为"细柳营"。卢纶诗:"屯军细柳营。"汉置仓于此。故《元和郡县志》称其地为细柳仓,以别于渭南的细柳原。(2)在今陕西西安市西南渭河之南。《元和郡县志》作细柳原。一说此处即周亚夫屯军处。《通典》长安县:"细柳原,周亚夫所屯处。"另有细柳仓,在今咸阳市西南渭河北岸。

细民 见"伴侣"。

细奴逻(618—674) 唐时南诏建立者。公元649—674年在位。亦名龙独罗,姓蒙氏。乌蛮族。为蒙舍诏首领。初避邻部侵掠,自哀牢(今云南保山)迁至巍山(今属云南)。建国号大蒙,自称奇嘉王。永徽四年(653),遣子逻盛入唐通使。授巍州刺史。

细钱 民间私铸之钱。南朝梁武帝普通年间,尽罢铜钱、更铸铁钱。人以铁贱易得,并皆私铸。私钱细小,交易者以车载之,唯以贯论,不复计数。陈武帝永定元年(557),铸四柱钱,一当细钱二十。旋改为一当十,禁用细钱。

细色 指上等之商品。宋代将舶货分为粗、细两类,并分别抽税。元承宋制,舶货中贵重者称为细色,一般称为粗色。据当时庆元(今浙江宁波)地区方志的记载,进口舶货中,细色有一百三十四种,粗色有八十九种。官府对细色、粗色采取不同抽分比例,细色较粗色重。不少前代的"粗色",元代列为"细色",以增加官府收入。参见"抽分"。

细射 兵种名。据新疆吐鲁番出土十六国时文书,北凉在高昌的驻军有骑、细射、步矟等兵种。

细石器 石器之一种。以间接打击法制成的小型细石核、细石叶和用细石叶加工的石器,习惯上亦包括并非由细石叶制成的小型石器,如刮削器、石镞、尖状器等。所用石料主要是玛瑙、燧石、碧玉、蛋白石。细石核常见有圆柱形、圆锥形、楔形、扇形等。长条形细石叶一般作为复合工具的石刃使用。1973年甘肃永昌鸳鸯池马厂类型墓葬中即出土有镶嵌石叶的骨刀与骨匕首。刮削器形式较复杂,刃部均经过仔细修整。石镞有三角形、尖叶形等,三角形石镞作平底或凹底。中国细石器的起源可以追溯到旧石器时代,属旧石器时代中期的山西阳高许家窑遗址和属旧石器时代晚期的山西沁水下川遗址都出土有典型细石器。细石器还见于华北及华南地区旧石器时代晚期遗址,如山西朔州峙峪、河南安阳小南海及四川汉源富林。时代稍晚而被初步定为中石器时代的陕西大荔沙苑、河南许昌灵井遗址均发现有多种形式的细石器。至新石器时代,细石器已普遍存在于北方与东北地区。细石器工具是与狩猎、畜牧经济相联系的,但部分地区含有细石器的遗存中,细石器与打制、磨制石器共存,其所反映的经济形式是多样的,其中农业经济已占相当重要的地位。除北方与东北地区外,细石器还见于黄河上游的甘肃仰韶与龙山文化一些遗址中。此外,新疆吐鲁番地区、青藏高原及华南地区亦有细石器发现。细石器曾长时间被使用,如属于青铜文化的夏家店下层与上层文化遗存中皆发现细石器;辽宁西丰西岔沟匈奴墓葬与内蒙古陈巴尔虎旗完工的鲜卑墓葬中,均有少量的细石器与铁器共存。

细阳县 本战国巨阳邑,后讹为细阳,西汉置县,因在细水之阳得名。治今安徽阜阳市北,属汝南郡。东汉封岑彭子遵为细阳侯。西晋废。

细腰宫 楚国宫名。今重庆巫山县西北为楚巫郡故地,其地有细腰宫遗址。据传楚襄王、灵王皆好细腰,宫人务竞于此,成为风尚,细腰宫由此得名。

细叶水 即"碎叶川"。

细族孤门 汉代没有政治地位的寒族单家。王充《论衡·自纪》:"充细族孤门。"

细作署 官署名。南朝刘裕始建宋,将原相府细作署划归宫廷,设令、丞,掌监制供奉御用精巧珍宝器玩,隶门下省。后改名御府、中署。齐、梁、陈复名细作,梁、陈改隶少府卿。北齐亦置,隶太府寺。

咥力特勤 西突厥肆叶护可汗的原称号。

郤成子 即"冀缺"。

郤縠(?—前632) 縠又作縠。春秋时晋国大夫。有贤名,事晋献公。晋文公四年(前633),楚攻宋,宋国公孙固求救于晋,晋乃蒐被庐,作三军,谋元帅。赵衰以其喜礼乐,有德行,知礼义,荐之,晋文公遂命他将中军,执政。次年死。

郤克 一称郤献子、郤伯、驹伯。春秋时晋国人。晋景公三年(前597),晋、楚战于邲(今河南荥阳东北),任上军之佐,晋军大败,独上军以有备而不败。十一年,任中军帅,执晋政,率晋、鲁、卫三国联军伐齐,中箭负伤,仍擂鼓指挥作战,大败齐军于鞌(今山东济南),齐被迫求和,巩固晋在东方的霸业。次年,又率师败赤狄廧咎如。

郤缺 即"冀缺"。

郤诜 晋济阴单父(今山东单县)人,字广基。晋初诏天下举贤良直言之士,以对策上第,拜议郎。累迁雍州刺史。吏部尚书崔洪荐之代己为左丞,后以事劾洪,洪怨,喻为挽弩自射。则以公正辩之,洪闻而惭服。曾恃才陵傲乡人卞俊兄弟,因积怨,及杨骏被诛,以曾任骏从事中郎被系,俊时为尚书郎,案其狱,平心断决正之,遂以免,然仍怀怨恨,复为左丞时,竟奏陷卞氏。卒于官。

郤宛(?—前515) 春秋时楚国人,字子恶。伯州犁之子。官左尹,为人正直温和,受国人敬重。费无极、鄢将师惧对己所作恶行不利,于楚昭王元年(前515)设计唆使令尹子常杀之,其子奔吴。楚人为此怨恨,子常因杀费无极、鄢将师以平愤。

郤邑 在今山西沁水下游一带。《说文·邑部》:"郤,晋大夫叔虎邑也。"

郤正(?—278) 三国时河南偃师(今河南偃师东南)人,本名纂,字令先。父揖,为蜀将军孟达营都督。父死母改嫁,年少孤单,安贫好学。为秘书吏,渐升至令。在蜀宫廷与宦官黄皓周旋三十年,不为皓所憎,亦不为所爱,故无祸福。曾著《释讥》以解嘲明志。炎兴元年(263),后主降魏,降书即其所作。次年,后主迁洛,与殿中督张通舍妻子单身随侍。因其相导得当,后主礼仪不失,时论嘉之,赐爵关内侯。泰始八年(272)任巴西太守。有诗、论、赋之作百篇,多佚,严可均辑《全晋文》存录三篇。

莃 春秋鲁地。在今山东苍山县西北。《春秋·庄公九年》(前685):"公及齐大夫盟于莃",即此。

《公羊传》、《谷梁传》作"暨"。

隙积术 算学术语。古代高阶等差级数求和法。宋沈括《梦溪笔谈·技艺》:"隙积者,谓积有隙者,如累棋、层坛及酒家积罂之类。"此术即计算带间隙的垛体体积,如刍甍、刍童、方池、冥谷、堑堵、鳖臑、圆锥、阳马之类。参见"垛积术"。

赫蹏 纸名。又作系蹏、阋蹏、击蹏。《汉书·外戚传》:"武发箧中有裹药二枚,赫蹏书。"颜师古注引应劭曰:"赫蹏,薄小纸也。"西汉已有植物纤维纸,但尚未见用作书写的实物。赫蹏质地有不同说法,或说缣帛,或说絮纸。

xiā

瞎吴叱 亦作辖乌察。宋时吐蕃首领*瞎毡次子。瞎毡死后,长子木征继居河州,他居银川聂家山。至和初,补本族副军主。嘉祐中,为河州刺史。熙宁七年(1074)举洮、河二州归宋,赐姓名为赵绍忠,拜荣州团练使。

瞎毡 吐蕃唃厮啰长子。母为宗哥族首领立遵女,汉姓李氏。唃厮啰与立遵不协,立遵死,李氏被出为尼,居廓州(今青海化隆西)。他与弟磨毡角窃载其母,投奔宗哥族。居龛谷(今甘肃榆中),纳贡于宋,被授为澄州团练使。

瞎征(?—1102) 又名邦彪篯。阿里骨子。宋元祐中,先后被宋封为鄯州防御使、庭州团练使。绍圣三年(1096),阿里骨死,嗣立。执政不久,听信谗言,杀季父苏南党征,又击杀其疏族溪巴温长子杓拶,王室陷于分裂。元符二年(1099),宋命王瞻取邈川(今青海乐都南)、青唐(今青海西宁)诸城。瞎征为心牟钦毡所逐,逃往青唐新城,与妻子削发入城西佛舍为僧尼,以避兵燹。后挈妻子赴宗哥城(今青海平安驿)降宋,宋人将他迁往邈川,旋迁熙州(今甘肃临洮)。三年,赴京师朝觐,奉命与陇拶俱还湟州招谕溪巴温,颇不自安,求内徙。建中靖国元年(1101),远迁邓州(今属河南),次年卒。

xiá

匣钵 古陶瓷术语。明宋应星《天工开物》:"凡瓷器经画过锈之后,装入匣钵。钵以粗泥造成,其中一泥饼托一器,底空处以沙实之,大器一匣装一个,小器十余共一匣钵。"可知是烧窑时盛器坯的工具,以耐火泥烧成。这类工具在唐代后期已出现。

匣费 ❶清代各钞关向户、工二部起解关税银两所用木匣鞘箍口袋所用之经费。或出自赢余。或出自税耗。❷清代盐商运盐至行销地面,须向该管官员按引捐输税款,以备应酬之用,名为匣费。

匣剌鲁 即"哈剌鲁"。

侠 又称侠士、节侠士、游侠。急人所困、见义勇为之士。其行为往往置法禁于不顾,故《韩非子·五蠹》云:"侠以武犯禁。"振人不赡,先从贫贱始。故《史记·游侠列传》云:"今游侠,其行虽不轨于正义,然其言必信,其行必果,已诺必诚,不爱其躯。"侠士多来自社会下层,故有乡曲之侠、布衣之侠、闾巷之侠、匹夫之侠之称。游侠因其行为仗义昭然,故其社会影响甚大。兴于春秋战国,至秦汉,朱家、田仲、王公、剧孟、郭解等均为著名游侠。

侠累(?—前374) 战国时韩国人,名傀(一作廆),又称侠侯累。韩哀侯时(一作韩烈侯)为相国。与在朝重卿严遂(严仲子)有仇。后为严遂所遣刺客聂政刺死。

峡口 即长江西陵峡口。在今湖北宜昌县西二十五里。东汉建安二十四年(219),孙权得荆州,"权以(陆)逊为右护军、镇西将军,进封娄侯,屯夷陵,守峡口",即此。

峡路 亦称峡西路。北宋开宝六年(973)分西川路置。治夔州(治今重庆奉节县)。辖境相当今四川金堂、屏山、筠连等县以东,盐亭、蓬安、万源等县以南以东和贵州大部,湖北、云南二省小部。咸平四年(1001)分为夔州、梓州二路。

峡西路 即峡路。因在三峡以西得名。

峡州 一作硖州。北周武帝改拓州置,因扼三峡之口得名。治夷陵县(今宜昌县西北,唐贞观时移治今宜昌市,南宋端平初移治江南岸,元仍移江北)。辖境相当今湖北宜昌、远安、宜都等市、县地,唐代略大。宋属荆湖北路。元至元十七年(1280)升为峡州路。

峡州路 元至元十七年(1280)升峡州置。治夷陵县(今湖北宜昌市),属河南江北行省。辖境相当今湖北宜昌、宜都、长阳、远安等市、县地。至正二十四年(1364)朱元璋降为州,明洪武九年(1376)改为夷陵州。

狭乡 历代对地少人多地区之称。北魏、隋、唐时实行均田制,凡诸地狭人多之处,有进丁受田而不乐迁者,则不能依例受田,其民户受田数量大多少于宽乡。明初实行徙民屯种政策,多迁狭乡民户于宽乡,给田地牛种,以安其业。

祫 祭祀名。(1)合祭祖先。《说文》:"祫,大合祭先祖亲疏远近也。"(2)殷祭。《诗·商颂·玄鸟》序郑玄笺:"古者君丧三年既毕,禘于其庙,而后祫祭于太祖。明年春,禘于群庙,自此之后,五年而再殷祭,一禘一祫,《春秋》谓之大事。"

祫祭 又称祫祀。古代天子诸侯所举行的集合远近祖先神主于太祖庙的大合祭。《礼记·曾子问》:"祫祭于祖,则祝迎四庙之主。主出庙入庙必跸。"孔颖达疏:"祫,合祭祖。"《谷梁传·文公二年》:"祫祭者,毁庙之主陈于大祖。未毁庙之主,皆升,合祭于大祖。"范宁注:"祫祭者,皆合祭诸庙。"清昭梿《啸亭续录·祫祭捧帛爵用近支王公》:"故命岁暮太庙祫祭。凡捧帛执爵诸执事官,皆用圣祖以下宗支诸王公将军充之。"

祫祀 即"祫祭"。

硖石 地名。在今河南孟津县孟津老城西。《晋书·魏浚传》:"永嘉末,与流人数百家东保河阴之硖石";《资治通鉴》:南朝梁中大通元年(529),尔朱荣与元颢相持于河上,"荣命车骑将军尔朱兆与大都督贺拔胜缚材为筏,自马渚西硖石夜渡",皆即此。

硖石山　❶在今安徽寿县西北。淮河流经山谷中,谓之硖石。六朝时两岸各筑一城,为淮南军事屏障。《资治通鉴》:南朝齐永元二年(500),豫州刺史萧懿攻魏寿阳,遣"骠骑司马陈伯之将水军泝淮而上,以逼寿阳,军于硖石",即此。❷在今浙江海宁市东。因两山夹峙得名。西有硖石镇,为海宁市治。

硖石县　唐贞观十四年(640)改崤县置。治硖石坞,故名。在今河南陕县东南峡石。北宋熙宁六年(1073)废为石壕镇。唐、宋属陕州。

遐迩贯珍(Chinese Serial)　杂志名。英国伦敦布道会英华书院于清咸丰三年(1853)在香港创办。汉文时事月刊。每月一期,先后由麦都思、奚礼尔(Charles Batten Hillier)、理雅各(James Legge, 1815—1897)等任主编。主要为宣传基督教服务,经常刊登有关中国消息,诸如关于太平天国、会党、上海小刀会、厦门小刀会起义消息及法国公使赴天京、清军焚掠屠杀等均有记载。六年停刊。

遐域琐谈　见"西域闻见录"。

瑕　❶春秋随地。在今湖北随州市境。《左传》桓公六年(前706):"楚武王侵随,使薳章求成焉,军于瑕以待之",即此。❷春秋晋邑。在今山西临猗县临晋镇东南。《左传》成公六年(前585):晋人谋去故绛,诸大夫皆曰:"必居郇、瑕氏之地,沃饶而近盬,国利君乐,不可失也。"《续汉书·郡国志》:解县(今临猗县临晋镇东南)有瑕城。❸春秋郑邑,后属晋。在今河南灵宝市西北。《左传》僖公三十年(前630):晋侯、秦伯围郑,郑大夫烛之武见秦伯曰:"许君焦、瑕,朝济而夕设版焉";文公十三年(前614):"晋侯使詹嘉处瑕,以守桃林之塞",皆即此。❹春秋楚邑。在今安徽蒙城县东北。《左传》成公十六年(前575)晋楚之战,"楚师还及瑕",即此。

瑕丘　❶即"负瑕"。❷春秋卫地。在今河南濮阳市东南。《礼记·檀弓》:"曾子吊于负夏";"公叔文子升于瑕丘,蘧伯玉从。文子曰:'乐哉斯丘也,死则我欲葬焉'",皆即此。北魏郦道元以为即鲁瑕丘邑(见《水经·泗水注》),误。

瑕丘江公　西汉人。曾从鲁申公受《谷梁春秋》及《诗》,与董仲舒齐名。时武帝推崇《公羊》,诏太子受《公羊春秋》。太子既通《公羊》,复从江公私问《谷梁》。其后《谷梁》衰微,唯荣广、皓星公二人受其业。

瑕丘县　春秋鲁瑕丘邑,秦置县。治今山东兖州市东北。属薛郡。西汉元封三年(前108)封鲁恭王子政为瑕丘侯于此。后改为县。汉、魏属山阳郡。西晋废。隋开皇十三年(593)复置。移治今兖州市。隋唐为兖州治。北宋大观四年(1110)改为瑕县。

瑕阳　战国魏邑。在今山西临猗县西南。《竹书纪年》:"梁惠成王十年(前360),瑕阳人自秦道岷山青衣水来归"(《水经·青衣水注》引),即此。

辖　❶古代车上部件。一般以青铜铸成,商代多用木制。呈长条形,上部较大,用以插入车轴两端軎和轴内,使之固定在一起,以防止軎由轴端脱落,其作用略同于后世的键或销。参见"軎"。❷满语官名。武职。汉译为"侍卫"。

辖底(?—913)　契丹迭剌部人。辽太祖阿保机之叔父。遥辇氏痕德堇可汗时,逐异母兄罨古只,自立为迭剌部夷离堇。以释鲁为于越。释鲁被害,他逃往渤海,后返回。阿保机取代遥辇氏为汗后,任为于越。与剌葛、安端等反阿保机失败,被处死。

辖戛斯　辽属国名。设有辖戛斯国王府。耶律大石西行时,曾征其兵马。

霞浦县　清雍正十二年(1734)置,为福宁府治。因西南有霞浦山得名(《清史稿·地理志》)。即今福建霞浦县。

霞样纱　彩纱名。五代同光年间,后唐庄宗偶见晚霞光彩可人,命染院依彩霞作纱,名霞样纱。又用此纱作千褶裙,分赐宫嫔,是后民间尚之,号拂拂娇。

黠戛司　见"黠戛斯"。

黠戛斯　又作纥扢斯。唐代北方游牧民族。铁勒诸部之一。汉作坚昆,今柯尔克孜族之先祖。地处突厥之北,剑河(今叶尼塞河)流经其地,北入于海。初属突厥汗国,后属薛延陀汗国。贞观六年(632),唐使至其地。贞观二十年,薛延陀汗国灭亡,铁勒诸部纷纷属唐。唐于其地分设都督府、州。二十二年,黠戛斯首领失钵屈阿栈入唐,唐以其部为坚昆都督府。与唐来往频繁,在军事上相互呼应支援,与后突厥作战。天宝三载(744),回鹘汗国取代后突厥汗国统有漠北后,与唐关系如故。八世纪五十年代初,回鹘曾攻入其境,但未屈服。九世纪三十年代末,乘回鹘汗国遭受自然灾害、发生内乱之际,一举灭之。回鹘西迁,代之统有漠北。大顺元年(890),派兵助朝廷讨李克用。经济以游牧为主,兼营渔猎,有少量农业、手工业,与唐朝及中亚常有商业往来。信仰萨满教,称巫为"甘"。有文字。契丹称之为辖戛斯,设辖戛斯大王府于其地。宋称之为黠戛司,金称之为纥里迄斯。约从十世纪起,其名常出现于穆斯林载籍。

xià

下　满语官名。汉译为"侍卫"。

下班祗应　宋代无品武阶官名。位进义校尉下,进武副尉上。参见"殿侍"。

下辨道　见"下辨县"。

下辨县　秦置。治今甘肃成县西北。西汉改为下辨道,属武都郡。东汉复为县,移武都郡治此。《资治通鉴》:东晋建武元年(317),氐王杨难敌号左贤王,屯下辨;咸和九年(334)杨难敌子杨毅自称左贤王、下辨公,均即此。《水经·漾水注》谓为广业郡治。《魏书·地形志》修城郡下辨:"二汉、晋属武都郡,太和四年分属焉。"北周称下阪县,寻废。

下博桥　在今河北深州市东南,跨古漳水。《资治通鉴》:五代梁乾化二年(912)朱全忠攻晋、赵,晋忻州刺史李存审引兵扼下博桥,即此。

下博县 西汉置。治今河北深州市东南下卜村。属信都国,东汉属安平国。西晋太康五年(284)改属长乐国。北魏移治今深州市下卜村北。北周建德六年(577)复移旧治。隋属信都郡。唐武德五年(622)刘黑闼起义军大败淮阳王道玄于此。六年徙冀州来治。贞观元年(627)冀州复徙治信都(今冀州),改属深州,后又改隶冀州。北宋雍熙四年(987)改置静安县。

下蔡 本春秋州来邑。在今安徽凤台县。《左传》哀公二年(前493)蔡昭侯自新蔡迁于此,谓之下蔡。西汉置县。

下蔡县 本下蔡邑。西汉置县。治今安徽凤台县,属沛郡。东汉属九江郡。晋属淮南郡。南朝宋废县为下蔡戍。濒淮水北岸,南北朝为争战要地。南朝齐建元三年(481),恐魏人寇淮北,徙下蔡戍于淮东(今凤台县东淮水岸),又称下蔡新城。两城相对,翼蔽淮滨。北魏时于下蔡故城置下蔡郡,梁曾置汴州、汴郡。隋复为县。五代周、北宋、金时曾为寿州治。明初废。

下草湾人 距今约四、五万年的旧石器时代晚期古人类,因1954年发现于江苏泗洪县下草湾引河岸而得名。化石是一段人股骨。

下城父 在今安徽涡阳县东南。因北近城父县(今亳州市东南城父集)而得名。秦末农民起义领袖陈胜被其御者庄贾杀害于此。

下程 明代由会同馆及各地驿站供给过往使客之招待费用。多行勒索,苦累站户。

下川南道 一称永宁道。清代四川省五分巡道之一,驻泸州(治今泸州市),辖叙州府,泸、资二直隶州,叙永直隶厅。参见"川西道"。

下川山 即今广东台山市南下川岛。见"上川山"。

下川文化 距今约二万多年旧石器时代晚期的文化。1970年发现于山西垣曲、沁水、阳城三县,因沁水县下川遗址石器最丰富而得名。下川文化的主人以狩猎为主,辅以采集。其石器包括两大类,一是以砂岩、石英岩为原料,用直接打击法制成的粗大石器;一是以燧石为原料,用间接打制法制成的细小石器。粗大石器类型有尖状器、刮削器、砍砸器、石锤、砺石、研磨盘等;细小石器占绝大多数,且器型典型,制作精美,主要有琢背小刀、雕刻器、尖状器、锥钻、石镞、圆头刮削器、石锯、石核式石器等。复合工具(将小石片镶嵌在骨柄上制成箭、刀等)的制作和使用也很普遍。该文化的细石器代表着中国细石器文化系统上一个重要环节,其发现有助于了解细石器的起源,对探索中国黄河流域与亚洲东部、东北部和北美洲的细石器文化的关系也有着重要意义。

下大夫 ❶官名。(1)周王室与诸侯国的大夫,有上、中、下之别。《周礼》有中大夫、下大夫。《左传》有上大夫、下大夫。下大夫为大夫层中最底者。《韩非子·外储说左下》:"故晋国之法,上大夫二舆二乘,中大夫二舆一乘,下大夫专乘,此明等级也。"春秋时大国下大夫相当于小国下卿。晋、郑、吴等国下大夫或称为"嬖大夫"。(2)北魏尚书诸省及内都、外都等曹皆置,位在诸曹令之上。(3)西魏、北周时天官、地官等六府皆置,多为各司次官。隋开皇初罢。❷新莽官号。《汉书·王莽传》:始建国元年(9)"更名秩百石曰庶士,三百石曰下士,四百石曰中士,五百石曰命士,六百石曰元士,千石曰下大夫"。

下淡水社 在今台湾屏东县西南,以傍下淡水溪得名。一作麻里麻仑。清凤山县丞驻此。

下德 道家术语。与"上德"相对。参见"上德"。

下等司 西夏第四等官衙。包括行宫司、荐人司、南院行宫三司、马院司、西院经纸寺、沙州经纸寺、定远县、怀远县、临河县、保静县、灵武郡、甘州城司、永昌城、开边城、三处工院、北院、南院、肃州、边境转运司、沙州、黑水、黑山、西院、原州、大都督府、寺庙山、地边城司、震武城、西宁、隆州、摄远、银州、和乐、年晋城、定功城、卫边城、富清县、河西县、安持寨等。用十一两铜印。

下第 选举制度用语。(1)秀才、孝廉等被举荐者对策后获得的下等成绩。南朝宋泰始中规定:策试五条,答对二条者为下第,答对一条者不与第。十六国后赵规定答策下第者拜郎中。(2)考课官吏时的最下等级。北魏时下第分三品,即下上、下中、下下。考下第的官吏要被贬降。(3)科举考试未被录取称下第。亦作不第、落第。

下碇税 即"船脚"。

下东国 战国楚地。指今淮河以北的安徽东部和江苏西部地区。《战国策·齐策三》:苏秦谓薛公曰:"君何不留楚太子,以市其下东国。"鲍彪注以为楚国之东,其地下,故名。一作东国或东地。

下峒长官司 土司名。明宣德四年(1429)置。治今湖南桑植西北。居民主要有苗族、土家族。清雍正十三年(1735)省入桑植县。

下都 ❶神话指天帝在下界的都邑。《山海经·西山经》:"曰昆仑之丘,是实惟帝之下都。"郭璞注:"天帝都邑之在下者。"❷对首都而言,称陪都为下都。西周都镐,成王营雒邑(今河南洛阳市西)为下都。战国燕都蓟,昭王城武阳(今河北易县东南)为下都。西晋永嘉末称建邺(今江苏南京)为下都。北齐都邺,以晋阳(今山西太原市西南晋源镇)为下都。

下阿 在今安徽天长市东北。唐初属高邮县。《资治通鉴》:唐武后光宅元年(684),"徐敬业闻李孝逸将至,自润州回军拒之,屯高邮之下阿溪",即此。

下府 明代府的等级。洪武六年(1373)定天下府为三等。税粮十万石以下为下府,初定知府从四品,后改正四品。

下关 ❶在今江苏南京市西北长江南岸,与浦口镇隔江相对。清咸丰八年(1858)中英《天津条约》规定南京为通商口岸后,至光绪二十三年(1897)实行开放。❷即今云南大理市治下关。见"龙尾城"。

下官 ❶下属官吏。《汉书·贾谊传》:"(大臣)坐罢软不胜任者,不谓罢软,曰'下官不职'。"❷封国属官对国主自称之词。其初,称臣或下官皆可,至南朝宋孝武帝时定为制度,禁属官自称臣,一律改称下官。❸官吏自称时的谦词。

下邽县 秦置。治今陕西渭南市北下邽镇东南。《汉书·地理志》应劭注曰:“秦武公伐邽戎,置有上邽,故加下。”师古曰:“取邽戎之人而来为此县。”西汉属京兆尹。东汉初废,桓帝时复置。西晋属冯翊郡。北魏避太武帝拓跋珪讳,改名下封县,移治雄霸城(今下邽镇东南)后废入莲芍县。西魏复置。隋大业二年(606)复名下邽县,十一年移治废延寿郡城,即今下邽镇。唐初属同州,垂拱元年(685)改属华州。元并入渭南县。

下国 春秋时晋国曲沃的别称。《史记·晋世家》:惠公元年(前650),“狐突之下国”。裴骃集解引服虔曰:“晋所灭国以为下邑。一曰曲沃有宗庙,故谓之国;在绛下,故曰下国也。”参见“曲沃(1)”。

下河 地区名。清代称今江苏里运河以东通扬运河以北地势低洼、陂湖所汇地区为下河。《河防志》卷四:“下河者,扬之江都、兴化、泰州、高邮、宝应,淮之山阳、盐城七州县迤东际海之地也。”“下河居运河之下”。参见“上河❶”。

下湖 又名南下湖。在今浙江余杭市余杭镇西。东汉熹平二年(173),余杭县令陈浑开筑。唐宝历中,县令归珧重开。宋、明相继修筑。清康熙初、康熙十年(1671)又浚。湖周三十里,溉田千余顷。

下淮 地名。在今浙江桐庐县东,与富阳市接界。南朝梁元帝承圣元年(552),侯景将谢答仁攻刘神茂于东阳,神茂营于下淮,不久降于答仁;陈天嘉二年(561),左卫将军沈恪以兵袭留异于东阳,异出军下淮以抗拒,恪与战而败,皆即此。

下获 见“上获”。

下甲 见“上甲”。

下江 ❶地区名。(1)指长江自南郡(今湖北西部)以下为下江。《汉书·王莽传》:地皇元年(20),“南郡张霸、江夏羊牧、王匡等起云杜绿林(今湖北大洪山),号曰下江兵”。《后汉书·刘玄传》:地皇三年,绿林军中一支“王常、成丹西入南郡(治今湖北荆州),号下江兵。”(2)云南、贵州、四川等西南各省人民泛称长江下游江苏、安徽、浙江等省为下江。❷江苏省的别称。因地居安徽省下游,故称。参见“上江”。❸水名。《史记·夏本纪》张守节正义谓太湖尾闾之一娄江(今浏河)亦称下江。

下江兵 新莽末年绿林农民起义军的一支。参见“绿林军”。

下江厅 清置。明为古州“生苗”地。雍正年间平其地,属古州厅。乾隆三十五年(1770),改置下江厅,隶黎平府。治所在今贵州从江县西下江。

下阶 官制用语。北魏太和十七年(493),职员令规定在每品内分三个等级,称上、中、下三阶。二十三年复次职令,改为自第一品至从三品内不分阶,自第四品至从九品每品内分上、下两阶,但属于某品下阶的官职,称其品阶时一般只称某品,而不称某品下阶。北齐、隋初沿置,隋大业三年(607)改为品内不分阶。唐初复分,自正四品以下仍分上、下阶。宋初沿之,元丰改制罢。

下禁兵 北宋禁兵月俸钱三百文、四百文者,称下禁兵。

下隽县 西汉置。因隽水得名。治今湖北通城县西北。属长沙国。东汉、晋属长沙郡。南朝梁、陈时为隽州及上隽郡治。隋开皇九年(589)省入蒲圻。

下军 见“中军❷”。

下军将军 官名。西晋王国属官。大国领兵千五百人,次国、小国领兵千人。南朝沿置。

下军校尉 官名。始置于东汉中平五年(188),以屯骑校尉鲍鸿任之,为西园八校尉之一。

下郡太守 官名。北魏太和二十三年(499)定制,郡太守分上、中、下三等,下郡太守位六品。北齐亦分郡太守为上、中、下三等,每等又有上、中、下三等,共九等。故下郡太守有下上、下中、下下三等,合称三等下郡太守,皆位从五品,而禄秩不同。下上郡太守岁秩二百六十匹,下中、下下郡太守各递减二十匹。下上郡太守有属官、佐史一百零七人,下中、下下郡太守各递减二人。

下磕戍 在今江苏徐州市东南。《资治通鉴》:南朝宋泰始二年(466),徐州刺史薛安都降魏,宋遣张永、沈攸之进兵逼彭城(今徐州市),军于下磕,即此。

下雷州 广西土州。北宋元丰后以顺安州改名。元末明初因州印失,废为下雷峒,属镇安府。明嘉靖四十三年(1564)改属南宁府。万历十八年(1590)复升为下雷州。土官许氏,设流官吏目佐之。治所即今广西大新县西北下雷。居民主要为僮(壮)族。1928年废。

下吏 法律用语。(1)将有一定地位的人交司法机关审理,称为下吏。《史记·叔孙通列传》:“二世命御史案诸生言反者下吏。”(2)犯罪被判刑的官吏。《睡虎地秦墓竹简·秦律十八种》:“隶臣、下吏、城旦与工从事者冬作,为矢程,赋之三日而当夏二日。”

下落县 西汉置。治今河北涿鹿县。属上谷郡,三国魏改“落”为“洛”。西晋太康中设广宁郡于此。北魏改名广宁县。

下马陵 在今陕西西安市和平门附近。本西汉董仲舒墓,一说汉武帝游宜春苑,曾在此下马,一说人过此皆下马,故有此名。后讹称虾蟆陵。唐白居易《琵琶行》:“自言本是京城女,家在虾蟆陵下住。”

下密县 西汉置。治今山东昌邑市东。属胶东国。东汉初废,安帝时复,属北海国。北齐为高阳郡治,移治今山东潍坊市。隋开皇三年(583)移治今潍坊市西,属潍州,一称西下密,大业二年(606)改名北海,又置下密县于今潍坊市东,属北海郡,一称东下密。唐武德八年(625)废。

下名 见“上名”。

下邳国 东汉永平十五年(72)改临淮郡置。治下邳县(今江苏睢宁县西北)。辖境北至今江苏新沂、邳州,南至盱眙和安徽明光,东至江苏涟水、淮安、淮阴等市、县。属徐州。建安十一年(206)改为郡。西晋太康初复改为国。辖境缩小。南朝宋复改为郡。

下邳郡 东汉建安十一年(206)改下邳国置。治下邳县(今江苏睢宁西北)。辖境北部和南部同下邳国,东部缩小至江苏沭阳、泗洪等县。属徐州。晋太康初复为国。南朝宋复改为郡。隋开皇初废。大业时又曾改邳州为下邳郡。

下邳县 秦置。治今江苏睢宁县西北古邳镇东三里。汉高帝五年(前202),封韩信为楚王都此。后为县,属东海郡。南朝梁改名归政,东魏复故名。金移治今睢宁县西北古邳镇。明洪武初省入邳州。东汉以后历为下邳国、下邳郡、徐州、东徐州、武州、淮阳军、邳州等治所。位沂、泗两水交会处,当南北水陆交通之冲。自古常为淮北军事重镇。东汉建安初刘备为徐州牧屯此,为吕布所袭取。其后曹操攻吕布,城破,斩布于南门白门楼下。

下贫 汉代不能维持生活的贫民。《汉书·元帝纪》:初元元年(前48)诏"以三辅、太常、郡国公田及苑可省者振业贫民,赀不满千钱者赋贷种食"。故赀不满千钱的贫民当属于下贫。《后汉书·和帝纪》:永元十二年(100)诏"赐下贫、鳏、寡、孤、独、不能自存者,及郡国流民,听入陂池渔采,以助蔬食"。

下七山 今广西岑溪市东北周公顶、沙田一带诸山。明清时为瑶族所居。

下卿 卿大夫中爵位最下者称下卿。西周春秋时天子、诸侯所属高级长官称卿。春秋始有上卿、下卿之别,至战国,又有亚卿、中卿、客卿之称。参见"卿"。

下曲阳 战国燕邑。在今河北晋州市西鼓城。《战国策·燕策三》燕使者见秦王曰:"臣闻全赵之时,南邻为秦,北下曲阳为燕,"即此。汉置县。

下曲阳县 西汉置。治今河北晋州市西鼓城。为巨鹿郡都尉治。东汉中平元年(184)黄巾起义军张宝与皇甫嵩大战于此。北魏改名曲阳县。

下鄀 西周、春秋国名。《鄀公諴鼎》作下蠚,《鄀公諴簠》又省作蛬。允姓,都商密,在今河南内乡县、陕西商州市间。郭沫若《两周金文辞大系考释》谓此鄀为鄀分支,故称"下鄀"。《左传》僖公二十五年(前635):"秦、晋伐鄀。"杜预以为鄀本在商密,秦、楚界上小国。其后迁于南郡鄀县(今湖北宜城东南)。无确据。

下三府 明清两代习称浙江省之杭州、嘉兴、湖州三府为下三府,称宁波、绍兴、台州、金华、衢州、严州、温州、处州八府为上八府。

下省 见"上省"。

下士 ❶爵名。周代官制士一级爵位的最低级。《礼记·王制》:"诸侯之上大夫卿、下大夫、上士、中士、下士,凡五等。"❷新莽官号。《汉书·王莽传》:始建国元年(9)"更名秩百石曰庶士、三百石曰下士"。❸官名。西魏、北周天官、地官等六府及下属诸司皆置,多为佐贰官。依职掌不同,各冠以所属官署名,正一命。❹清末新建陆军中之低级官员。可充任陆军部及所属各司处之"录事",从九品。宣统元年(1909),修正陆军官制,马、步、炮、工、辎、警察各队及军需、军医、测绘、军乐等部门皆设。

下署 隋唐诸寺、监所辖署级机关,分上、中、下三等,隋初下署共十一署,唐为太卜、廪牺、珍羞、良酝、掌醢、守宫、武器、车府、司仪、崇玄、導官、中校、右校、左校、甄官、河渠、弩坊、甲坊共十八署。开皇初,下署令从八品下,炀帝改正七品,唐正八品下。

下数 算学术语。大数进位制度中十进制者。见"三等数❶"。

下四工 见"工❶"。

下寺楚墓 春秋中晚期楚国墓地。1978—1979年发现于河南淅川东南的下寺,发掘竖穴土坑墓二十五座,其中大墓九、小墓十六,并有车马坑五个。墓群由南向北分为五组,每组有一大墓为主墓,距墓西约10米是附属的车马坑。随葬品主要出土于大墓,内有青铜器、玉饰、玛瑙、料珠、石、骨、贝等七千多件。青铜器有礼器、乐器、兵器和生产工具八百余件。部分器物上有铭文,最长的有一百零五字。墓群中二号墓最大,长9.2米,随葬品达五千余件,其中青铜器一百五十余件,有成套的鼎、钟、镈、磬等礼乐器。鼎的铭文中有"王子午"、"令尹子庚"、"倗"等人名。子庚是楚康王时的令尹,死于公元前552年。"倗",有学者认为是继子庚为令尹的薳子冯,死于公元前548年。其青铜器采用浑铸、分铸、铆合、焊接等技术,其中一件铜禁和盏的部件还用失蜡法铸造。

下桃城 在今陕西汉中市东南。《资治通鉴》:南朝宋元嘉十一年(434),氐王杨难当将薛健、蒲甲子为萧思话军所败,退保此城。

下沱市 在今湖北枝江市南沱江上。南宋咸淳元年(1265),贾似道假辞位,密令荆湖帅吕文德诈报蒙古攻下沱急,朝中大骇,诏贾复位,即此。

下王岗遗址 河南西南部古文化遗存。在淅川县城南下王岗村北。1971年开始试掘,文化层厚约2—4米,包含新石器时代晚期到西周的不同文化层,而以龙山文化堆积层最厚,遗迹、遗物最丰富。这里揭露出仰韶、屈家岭、龙山三种文化的叠压关系,不仅证明三者之间的时间早晚,而且可以看出它们之间的发展变化关系,对研究中国江汉地区新石器时代文化的发展变化,及其向阶级社会过渡的历史,都具有重要意义。

下旺土司 土司名。明嘉靖七年(1528)置,属思恩府。治所即今广西平果县北下旺。后废。

下危 商代方国(见殷墟甲骨文)。武丁时曾与兴方及将领望乘等加以征伐。

下五旗 清入关前,诸王、贝勒等分掌正红、镶红、镶蓝、正白、镶白五旗。入关后称正红、镶红、镶白、正蓝、镶蓝为"下五旗"。雍正年间,清世宗胤禛为加强中央集权,削弱诸王贝勒权势,在下五旗的"旗分佐领"与"府属佐领"的隶属关系上,严加区别和控制。王公对下五旗仅保持与府属佐领的隶属关系,旗分佐领全归皇帝一人直接控制。参见"上三旗"。

下五旗包衣参领 官名。清代八旗中下五旗包衣之职官。凡二十五人,每旗五人。掌辖下五旗包衣,以供王公府属之执事。下属有包衣佐领四十二人,旗鼓佐领十人,管领四十二人,分管四十一人,旗鼓分管十人,骁骑校四十二人。

下五旗司钥章京 官名。清代八旗护军营景运门直班大臣下所属官员。额定一人,以下五旗各旗司钥章京轮值。掌管紫禁城外值班钥匙。

下县 ❶属县。相对郡治而言。《史记·项羽本纪》:"使人收下县,得精兵八千人。"《汉书·文翁传》:"又修起学官于成都市中,招下县子弟以为学官弟子。"颜师古注:"下县,四郊之县,非郡所治也。"❷金、元、明县的等级。金以户口不满三千户为下县。秩从七品。置令、主簿。元江北不满二千户、江淮以南不满万户为下县,秩从七品。置达鲁花赤、尹、主簿、尉、典史,民少事简之地以簿兼尉。明以税粮三万石以下为下县,初定知县从七品,后改正七品。

下县令 官名。北魏太和二十三年(499)定制,县令分上、中、下三等,下县令位八品。北齐亦分县令为上、中、下三等,每等又有上、中、下三等,共九等。故下县令有下上、下中、下下三等,合称三等下县令,皆位八品,而禄秩不同。下上县令岁秩七十匹,下中、下下县令各递减十匹。下上县令有属官、佐史共三十一人,下中、下下县令各递减一人。

下庠 学校名。相传为唐虞时所置的初级教育机构,低于上庠。相当于周代的"小学"。《礼记·王制》:"有虞氏养国老于上庠,养庶老于下庠。"郑玄注:"下庠,左学,小学也。"

下相县 秦置。治今江苏宿迁市西南(废黄河西岸古城)。《史记·项羽本纪》司马贞索隐引应劭曰:"相,水名,出沛国。沛国有相县,其水下流,又因置县,故名下相。"西汉属临淮郡。东汉、三国属下邳国。晋仍属临淮郡。南朝宋废。北魏复置,孝昌三年(527)徙盱眙郡治此。北齐时县废。

下卸司 官署名。宋初三司置,掌下卸、搬运纲船所运物品。领厢兵装卸军五指挥,设监官一人,以京朝官充任。神宗时拨隶司农寺。

下学庵算术三种 书名。清项名达著。是《勾股六术》、《三角和较术》、《开诸乘方捷术》各一卷的汇编。

下阳 一作夏阳。春秋虢邑。在今山西平陆县。《春秋》僖公二年(前658):"虞师、晋师灭下阳。"《公羊传》、《谷梁传》作"夏阳"。杜注:"下阳,虢邑,在河东大阳县。"《续汉书·郡国志》大阳县有下阳城。

下乙 即"祖乙"。

下邑 ❶指国都以外所属城邑。《春秋》庄公二十八年(前666):"冬,筑郿。"杜注:"郿,鲁下邑。"孔颖达疏:"正义曰:国都为上,邑为下。"❷指郡治以外的属县。《南齐书·张岱传》:岱出补东迁(属吴兴郡)令。吴兴太守殷冲谓人曰:"张东迁亲贫须养,所以栖迟下邑。"❸小县。清邵长蘅《阎典史传》:"江阴以弹丸下邑,死守八十余日而后下。"

下邑县 秦置。治今安徽砀山县。汉、晋属梁国。《史记·汉高祖本纪》:秦二世二年(前208),"攻下邑,拔之",即此。北魏孝昌元年(525)移治今河南夏邑县,属临涣郡,寻属马头郡。隋开皇初属亳州,后属梁郡,唐属宋州,宋属应天府,元属归德府。明洪武初改为夏邑县。

下阴 春秋楚邑。在今湖北老河口市西北。曾迁阴地之戎于此。《左传》昭公十九年(前523):"楚工尹赤迁阴于下阴",即此。西汉置阴县。

下笮 地名。在今湖北襄阳县东北沔水北。《资治通鉴》:南朝齐永元二年(500),"魏东荆州刺史桓晖入寇,拔下笮戍",即此。

下阵 唐评定战功标准之一。见"上阵"。

下雉县 西汉置。治今湖北阳新县东。属江夏郡。西晋初废入阳新县。

下州 州的等级。元在江北以户口六千户以下为下州,江南三万户以下为下州。每州设达鲁花赤、知州各一员,从五品;同知、判官各一员,正七、八品。参佐官:吏目一员或二员。

下州刺史 官名。北魏太和二十三年(499)定制,州刺史分上、中、下三等,下州刺史位四品。北齐亦分州刺史为上、中、下三等,每等又有上、中、下三等,共九等。故下州刺史有下上、下中、下下三等,合称三等下州刺史,皆位四品,而禄秩稍有不同。下上州刺史岁秩四百匹,下中、下下州刺史各递减五十匹。下上州刺史有属官、佐史共二百五十二人,下中、下下州刺史各递减十人。参见"上州刺史"。

夏 ❶古代汉族自称为"夏",亦称"诸夏"或"华夏",常和"蛮夷"对称。《书·舜典》:"蛮夷猾夏。"《史记·五帝本纪》裴骃集解引郑玄曰:"猾夏,侵乱中国也"。此"中国"与"中原"含义相同。参见"中国❷"、"东夏❶"。❷朝代名。建立于公元前二十二世纪或前二十一世纪。姒姓。相传第一代王为禹,死后其子启继禹作夏后(王),确立王位世袭制,始为朝代名。后世称夏朝。一说舜死后不久,禹即称后(王),建国号为夏(《史记·夏本纪》)。自禹至桀共传十四世,十七王,历时四百七十一年(《太平御览》卷八十二引古本《竹书纪年》),一说为四百三十二年(《汉书·律历志》)。先后建都之地有:阳城(今河南登封)、阳翟(今河南禹州)、安邑(今山西夏县西北)、平阳(今山西临汾西南),斟鄩(今河南巩义西南,一说山东潍坊西南)、帝丘(今河南濮阳西南)、原(今河南济源西北)等。公元前十七世纪或前十六世纪,夏朝最后一王桀,"不务德而武伤百姓"(《史记·夏本纪》),为商汤伐灭。❸十六国时铁弗匈奴所建政权。北魏天赐四年(407)匈奴铁弗贵族刘勃勃袭杀后秦高平公没弈于,自称天王、大单于,建元龙昇,国号大夏。凤翔元年(413)筑统万城(今陕西靖边北白城子)为都,改姓赫连氏。五年,东晋刘裕灭后秦,留子义真守关中。次年,勃勃夺取关中,即帝位,改元昌武,以长安为南都。最盛时据有今陕北、关中及内蒙古、宁夏、甘肃的一部分。承光三年(427)北魏破统万城,俘夏王赫连昌。昌弟定奔平凉,即夏王位。胜光四年(431)为北魏击败,西走上邽,围南安,灭西秦,旋为吐谷浑所俘,献于魏,夏亡。传三主,凡二十五年。❹政权名。隋大业十三年(617)窦建德于乐寿(今河北献县)称长乐王,建元丁丑。次年称夏王,改国号为夏,建元五凤。占有今河北大部地区。唐武德四年(621)灭亡。凡一主,共五年。❺党项拓跋氏所建王朝。党项首领李元昊天授礼法延祚元年(1038)称帝建国,国号大夏,又称白上国;宋人称西夏,后世沿袭此称。都兴庆府(天庆十二年改为中兴府,今宁夏银川)。初期疆域"东尽黄河,西界玉门,南极萧关,北控大漠",辖二十二州;极盛时期包括今宁夏、陕北、甘肃西北部、青海东北部、内蒙古西南部以及新疆部分地区。先与北宋、辽鼎峙,后与南宋、金并存。居民有党项、汉、吐蕃、回鹘等族。制度多仿唐、宋。创有蕃文,也通行汉文。末帝晛宝义二年(1227)亡于蒙古。共传十帝,凡一百九十年。❻元末明玉珍于至正二十二年(1362)所建国号。都重庆。据有今重庆、四川大部分地区。明洪武四年(1371)六月为明所灭。传二主,凡十年。❼战国楚封邑。约在今湖北武汉市武昌镇一带。《战国策·楚策四》:庄辛谓楚襄王曰:"君王左州侯,右夏侯。"

夏百官表　书名。近人缪荃孙撰。一卷。赫连勃勃于义熙三年(407)反姚兴,称大夏天王、大单于,建元龙昇。史云置百官,但未详载。缪氏据《晋书》、《资治通鉴》等书,自龙升元年(407)至胜光四年(431)覆灭,按年摘录所置官名和属下人物及其官衔,撰成是表。但限于资料所载,官制不成系统,仅可见其行政机构之大概。收入《二十五史补编》。

夏邦谟(1484—1564)　明四川涪州(今重庆涪陵)人,字舜俞,号松泉。正德进士,授户部主事。历任广西、贵州布政使,进右副都御史,巡抚应天。嘉靖二十六年(1547)官至户部尚书。二十八年改任吏部尚书。三十年致仕。

夏包子　即"夏逢龙"。

夏报　报纸名。清宣统三年正月十五日(1911.2.13)在汉口(今湖北武昌)创刊。日报。留日学生彭渊恂、虞和德等发起,彭任总编辑。以"提倡实业,增进文化"为宗旨,颇"敢言"。发行半年,因揭载清军管带萧某有伤风化的丑闻而遭捣毁,旋被查禁。

夏布　指较精细的苎麻布。此名始见于清代文献。苎麻纤维的利用,起于新石器时代,大致分布在黄河、长江流域。夏布一直是中国的大众衣料,至宋元后渐被棉织物取代,仅作为夏服和蚊帐而留传。穿着透气性好。组织以平纹为主。按其精细程度,又称为苎布、绘布、缌布、缌布、緰布、繐布(或练子)及服琐(或绫布)。精细的苎麻布可与丝绸媲美,仅供贵族享用。

夏采　❶官名。《周礼》天官之属。下士爵。掌丧事服饰羽毛。❷官署名。西魏、北周置。属春官府。长官为夏采下大夫。下设小夏采上士,辖守陵上士、掌墓中士、职丧中士等。主管陵墓及送葬等事。

夏采下大夫　官名。西魏恭帝三年(556)仿《周礼》夏采置,为春官府夏采司长官,但权限更大。掌帝王丧葬事务。正四命。下设小夏采上士以佐其职,领守陵上士、守墓中士、职表中士等官属。北周沿置。隋开皇元年(581)罢。

夏诚(?—1135)　亦作夏成或夏城。宋鼎州龙阳(今湖南汉寿)人。建炎四年(1130)从钟相、杨么起义,结寨于沚江边,三面临江,背依高山,宋军陆攻则入湖,水攻则登陆。绍兴元年(1131)破程昌寓水军。四年,出击枝江,又遣李全功攻公安军,均为宋军所败。次年岳飞率部镇压,杨么败死,他坚守不屈,寨破后被害。

夏虫自语　书名。清杨德荣撰。记咸丰十一年(1861)太平军攻克绍兴见闻,涉及民选乡官及包立生组织团练抗拒太平军等事。有光绪七年(1881)刻本,收入《大亭山馆丛书》第二册。

夏崇宗(1084—1139)　西夏皇帝。1087—1139年在位。名乾顺。惠宗长子。梁氏生。三岁即位,改元天仪治平。梁太后与兄梁乙逋专权。天祐民安五年(1094),乙逋与梁太后争权,阴谋叛乱,被诛。永安二年(1099),在辽国支持下,毒杀梁太后,亲政。三年,向辽请婚,辽以宗室女南仙为成安公主嫁之。贞观元年(1101),采纳汉官御史中丞薛元礼的建议,于蕃学之外,特建"国学",教授汉学。又采用汉人封王制度,加封宗室王爵。初结辽以抗宋,当宋、夏战争方殷,金朝勃兴,乃援辽抗金以对抗宋朝联金灭辽的战略。辽亡,挟金之势以侵凌南宋,扩展疆域。谥圣文皇帝。庙号崇宗。墓号显陵。

夏德(Friedrich Hirth, 1845—1927)　德国人。汉学家。清同治九年(1870)考入中国海关,光绪二年(1876)任厦门关帮办,1878—1886年在上海海关任职。后在九龙、宜昌、重庆等税务系统任职。曾任1886—1887年亚洲文会主席。1902年应美国哥伦比亚大学之聘,赴美任该校第一任汉文教授。1917年回国。著有《古代的瓷器》、《中国研究》、《中国的铜镜》等。

夏鼎　清安徽贵池人,字禹铸。康熙武举人。钻研医术甚有成效,尤擅儿科,精小儿推拿正骨复位之术,为后世所传。亦善治小儿惊风症。著有《幼科铁镜》。

夏方　西晋会稽永兴(今浙江萧山)人,字文正。家遭疫疠,父母伯叔死者十三。年十四,夜则号哭,昼则负土,十有七载,葬送得毕,因庐于墓侧。吴时拜仁义都尉,累迁五官中郎将。吴亡,晋除高山令。百姓有罪应加捶挞者,向之涕泣而不加刑。卒年八十七。

夏逢龙(?—1688)　清湖广景陵(今湖北天门)人,本姓陈,外号夏包子。原为湖广总督标兵。康熙二十七年(1688)被裁革,遂聚众起事,自称总统兵马大元帅,以大元和尚为军师,占据武昌,连陷嘉鱼、咸宁、蒲圻、汉阳、黄州等地,湖广巡抚柯永升等自杀。后遭振武将军瓦岱镇压,被俘于黄州,磔死。

夏馥　东汉陈留圉(今河南杞县西)人,字子治。桓帝初举直言,不就,以声名为当权宦官所惧。党人事起,被诬为党魁。士人则尊之为"八顾"之一。后毁容埋名,亡入林虑山中为冶家佣,党禁未解而卒。

夏盖湖　在今浙江上虞北盖东、盖北一带。唐长庆二年(822)修筑。湖周一百零五里,有三十六沟,溉田三十万亩,兼有菱芡鱼虾之利。明后湮。

夏盖山 在今浙江上虞市东北,南临夏盖湖,北枕大海。明嘉靖三十五年(1556),明军败倭寇于夏盖山,即此。

夏官 ❶官署名。(1)西魏、北周夏官府简称。(2)兵部别称。唐光宅元年(684)至神龙元年(705)兵部改名。后代即沿用以称兵部或其首长。(3)太平天国吏、户、礼、兵、刑、工六部,以天、地、春、夏、秋、冬定名,夏官即兵部。❷官名。(1)传说颛顼氏所置五官之一。(2)《周礼》六官之一。《周礼·夏官·序官》:"乃立夏官司马,使率其属而掌邦政,以佐王平邦国。"(3)明初四辅官之一。(4)太平天国兵部正、又正、副、又副之官统称。(5)太平天国朝内官夏官正丞相、夏官又正丞相、夏官副丞相、夏官又副丞相之统称。又,女官中朝内官所置夏官正、副丞相亦称。

夏官大夫 官名。南宋淳熙三年(1176)始置,为太史局伎术官阶官。

夏官府 官署名。西魏恭帝三年(556)置,与天官、地官、春官、秋官、冬官府合称六府。以大司马卿为长官,设小司马上大夫、夏官府都上士以佐其职,掌军政,主持征伐及四时治兵讲武,并掌官员迁调之权。统率宿卫将士,掌管军用库藏及牲畜、车辆等。领军司马中大夫、职方中大夫、吏部中大夫、司士中大夫、司勋中大夫、左右武伯中大夫、兵部中大夫、大驭中大夫,司右中大夫、司射下大夫、驾部中大夫、武藏中大夫等官属,各司其职。北周沿置。建德二年(573),省六府诸司中大夫以下官,府置四司,以下大夫为官之长,上士贰之。周宣帝即位后,六府诸司复置中大夫。隋开皇元年(581)罢。

夏官府都上士 官名。西魏恭帝三年(556)置,夏官府属官,佐大司马卿、小司马上大夫掌府中事务。正三命。北周沿置。隋开皇元年(581)罢。

夏官正 官名。唐乾元元年(758)置,属秘书省司天台,正五品上,掌司四时及其方之变异。宋初沿置,隶司天监。元丰改制后,隶秘书省太史局。元代以春官正兼,正五品,隶太史院。明代沿置,正六品,隶钦天监,掌推历法、定四时。清康熙四年(1665)置,从六品,由汉人充任,为钦天监时宪科主要职官。掌编制时宪书,推算日、月食。清亡,废。

夏圭 南宋钱塘(今浙江杭州)人,一作夏珪,字禹玉。宁宗时画院待诏。工画人物,尤擅山水,取法李唐。创"拖泥带水皴",简劲苍老而墨气明润。景中人物由点簇而成。构图多作"半边"之景,有"夏半边"之称。亦写雪景,师法范宽。后人把他与马远并称"马夏",加上李唐、刘松年合称"南宋四家"。存世作品有《溪山清远》、《烟岫林居》等图。

夏珪 即"夏圭"。

夏贵(1197—1279) 南宋安丰(今安徽寿县)人,字用和。在对蒙、元战争中屡立战功,官至淮西安抚制置大使,兼知庐州。元世祖至元十二年(1275),在鲁港(今安徽芜湖附近)临阵而逃。次年二月,以淮西降元,授行省参政。十四年,升左丞。

夏国公 封爵名。(1)唐僖宗中和三年(883)因党项族首领拓跋思恭助唐镇压黄巢起义军,加官太子太傅,进爵夏国公。(2)辽兴宗景福元年(1031)十二月,以宗室女兴平公主嫁党项族首领西平王李德明子元昊,封元昊为驸马都尉,爵夏国公。

夏国剑 西夏剑名。所制剑锋利无比,名贵至极,宋代皇帝亦随身佩带。宋苏轼、晁补之皆极赞赏,有"试人一缕立褫魄"之句。宋人誉夏国剑为天下第一。

夏国世次 书名。西夏罗世昌撰。二十卷。世昌,西夏大臣,罢职后,知国将亡,遂撰是书。今不传。

夏国枢要 书名。宋孙巽撰。二卷。记西夏"兵屯会要、土地肥硗、井泉涌涸、酋豪姓氏、名位司存、与夫城池之完阙、风俗之所尚"。元脱脱编《宋史》兼采此书。已佚。晁公武《郡斋读书志》、尤袤《遂初堂书目》及《宋史·艺文志》均著录。

夏国王 封爵名。(1)契丹统和八年(990),封党项族首领、定难军节度使李继迁为夏国王。(2)统和二十八年,契丹封党项族首领、西平王李德明为夏国王。开泰十年(1021),复封德明为大夏国王。(3)契丹景福元年(1031)十二月,册党项族首领、夏国公元昊为夏国王。后西夏惠宗秉常、崇宗乾顺相继被册封。(4)金天眷三年(1140),遣使册西夏仁宗仁孝为夏国王。

夏国相(?—1682) 清人。平西王吴三桂婿。初官都统。康熙十二年(1673)从三桂叛,官金吾右翼将军,领兵攻略湖南、四川。二十年,兵败于贵州,遂拥三桂孙世璠退守昆明,后城破被俘,解京磔死。

夏国主 封爵名。(1)契丹重熙十三年(1044),册西夏景宗元昊为夏国主。(2)北宋庆历八年(1048),仁宗册西夏毅宗谅祚为夏国主。(3)北宋熙宁二年(1069),神宗封西夏惠宗秉常为夏国主。(4)北宋元祐二年(1087),哲宗册西夏崇宗乾顺为夏国主。

夏贺良(?—前5) 西汉勃海重平(今河北吴桥南)人。成帝时,从齐人甘忠可受《天官历》、《包元太平经》,言汉家逢天地之大终,当更受命于天。忠可获罪死后,仍私以相教。哀帝时,为司隶校尉解光及骑都尉李寻所荐,待诏黄门。数奏言汉历中衰,当更受命,宜急改元易号。哀帝从其议,更建平二年(前5)为太初元年,自号"陈圣刘太平皇帝"。后复欲变更政事,罢退丞相、御史,以解光、李寻辅政。哀帝以其言无验,下狱穷治,杀之。

夏侯 战国时人。楚国封君。为楚顷襄王近臣。封邑在夏(今湖北武汉东南)。大夫庄辛曾言于楚顷襄王曰:"君王左州侯,右夏侯,辇从鄢陵君与寿陵君,专淫逸侈靡,不顾国政。"见《战国策·楚策四》。

夏侯道迁(约449—517) 南北朝时谯国(今安徽亳州)人。初为南朝齐辅国将军、南谯太守。与豫州刺史裴叔业有隙,遂单骑归北魏,拜骁骑将军。后又奔梁。复归北魏,为平南将军、豫州刺史,封濮阳县侯。转瀛州刺史。大起园池,以酒色自娱。病卒。

夏侯惇(? —220) 三国时沛国谯县(今安徽亳州)人,字元让。曹操初起时,常为裨将,数从征伐,领东郡太守。操征陶谦时,留守濮阳(今河南濮阳南),为吕布所袭。后从操征布,矢伤左目。复领陈留、济阴太守,加建武将军,封高安乡侯。时值旱蝗,乃断水作陂,率将士劝农。转河南尹,迁伏波将军。特受曹操亲重,建安二十二年(217),使督二十六军屯居巢(今安徽巢湖市东北)拒吴。黄初元年(220),曹丕拜为大将军。旋卒。

夏侯建 西汉东平(治今山东东平东)人,字长卿。从夏侯胜、欧阳高学今文《尚书》,又从诸儒问学《五经》,自成一家之学,世称"小夏侯"。宣帝时官议郎博士、太子少傅。著作已佚。清陈乔枞辑有《尚书欧阳夏侯遗说考》,收入《皇清经解续编》。

夏侯尚(? —225) 三国时沛国谯县(今安徽亳州)人,字伯仁。汉征西将军夏侯渊从子。东汉建安九年(204)从曹操征河北,为军司马。历迁五官将文学、黄门侍郎。二十三年,随鄢陵侯曹彰平定代郡乌桓。以功封平陵亭侯,拜散骑常侍,迁中领军。魏文帝更封为平陵乡侯,迁征南将军,领荆州刺史,假节都督南方诸军事。黄初元年(220),与蜀降将孟达等击败刘封于上庸,平三郡九县,迁征南大将军。三年,与曹真等围南郡(治今湖北公安),次年,败诸葛瑾援军于江陵(今湖北荆州),屯兵江中渚,作浮桥往来,为吴军所攻,退兵。进荆州牧,封昌陵乡侯。后病卒。女徽,嫁司马师。

夏侯胜 西汉东平(治今山东东平东)人,字长公。曾从夏侯始昌受《尚书》及《洪範五行传》,又从欧阳生问学,为学精湛,所问非一师,世称"大夏侯"。每讲授,常谓诸生曰:"士病不明经术,经术苟明,其取青紫如俛拾地芥耳。"昭帝时征为博士、光禄大夫,与谋尊立宣帝。以《尚书》授太后,迁长信少府,赐爵关内侯。后非难武帝褒尊宣帝,以为武帝"多杀士众,竭民财力,奢泰亡度,天下虚耗",不宜立庙乐。以此获罪下狱。后赦出,复任谏大夫、给事中、长信少府、太子太傅等职。受诏撰《尚书》、《论语说》。著作已佚,清陈乔枞辑有《尚书欧阳夏侯遗说考》,收入《皇清经解续编》。

夏侯始昌 西汉鲁(治今山东曲阜)人。通《五经》,以《齐诗》、《尚书》教授,为武帝所重,选为昌邑王太傅,后以寿终。

夏侯太妃(? —307) 西晋沛国谯县(今安徽亳州)人,名光姬,小字铜环。琅邪武王为世子觐纳为妃,生司马睿。及睿嗣立,称王太妃。

夏侯玄(209—254) 三国沛国谯县(今安徽亳州)人,字太初。夏侯渊孙,曹爽之姑子。少有重名,善谈名理,系早期玄学领袖。曾任散骑常侍,征西将军,假节都督雍、凉州诸军事。因曹爽抑绌而不得意。爽败,征为大鸿胪,徙太常。与李丰等拟谋杀司马师,以夺取司马氏权力,事泄,被族诛。有《夏侯玄集》,今佚。

夏侯阳算经 书名。夏侯阳撰。成书于《张丘建算经》之前。唐初列为《算经十书》之一。北宋秘书省刊刻《算经十书》时,此书已佚。因唐中叶《韩延算术》卷首有"夏侯阳曰"约六百字,遂被认为是书而刻入。唐中叶算书甚多,仅此得以流传。宋本已不存,清初毛扆影钞南宋本,后收入《天禄琳琅丛书》。清戴震从《永乐大典》辑出,成为《四库全书》本和武英殿版的底本。1963 年中华书局出版钱宝琮校点《算经十书》,附录此书。上卷明乘除法,辨度量衡;中卷求地税;下卷说诸分。本书有若干简化乘除法方法,变三行布算为一位布算,开宋元乘除捷算法之先河。还有以十进小数表示奇零部分的方法,促进了十进小数概念的发展。

夏侯婴(? —前 172) 秦末泗水沛县(今属江苏)人。曾为滕令奉车,故号滕公。初为沛厩司御,与刘邦相厚爱。后随刘邦起兵反秦,屡建战功,赐爵昭平侯。楚汉战争中,刘邦败于彭城(今江苏徐州),惠帝与鲁元公主几为楚军所获,赖其得以保全。刘邦称帝后,得封汝阴侯。协助诛除臧荼、韩信、陈豨、英布等异姓王侯。高祖死,复以太仆事惠帝、高后及文帝。

夏侯渊(? —219) 东汉末沛国谯县(今安徽亳州)人,字妙才。夏侯惇族弟。从曹操起兵,迁陈留、颍川太守。官渡之战时,督运军粮有功。建安十一年(206)与于禁击杀叛将昌豨,累迁护军将军,封博昌亭侯。十九年,督张郃等大破马超、韩遂及氐羌诸部,又破宋建于凉州枹罕(今甘肃临夏东北),平陇右。二十年,操平汉中张鲁,以渊行都护将军,督张郃、徐晃平巴郡,拜征西将军,留守汉中。操曾戒之不可恃匹夫之勇。二十三年,守汉中拒刘备经年,为备将黄忠击杀于定军山(在今陕西勉县东南)。

夏侯湛(243—291) 西晋谯国谯县(今安徽亳州)人,字孝若。少有盛才,美容仪。与潘岳友善,喜同行,时人谓之"连璧"。初为太尉掾。晋初,举贤良,对策中第,拜郎中,久不调,作《抵疑》自解。后出为野王令。惠帝即位,以为散骑常侍。卒于官。著论三十余篇,别为一家之言。明张溥辑有《夏侯常侍集》。

夏侯章 战国时齐国人。孟尝君门客。孟尝君奉之以四马百人之食,遇之甚厚。他每言辄毁孟尝君。人问其故,他云:我无分寸之功而得此厚遇,此乃以毁谩立功,孟尝君之所以有长者之誉,正是毁谩所致。见《战国策·齐策三》。

夏侯孜(? —约 869) 唐亳州谯县(今安徽亳州)人,字好学。宝历进士。大中时,累迁婺、绛二州刺史。入为谏议大夫,转给事中。大中十一年(857),迁户部侍郎,判户部事。次年,以兵部侍郎充诸道盐铁转运使,同平章事。咸通八年(867),出为成都尹、剑南西川节度使。及南诏陷嶲州,蜀川大扰,朝廷责其治蜀失职。十年,以太子少保分司东都。

夏后开 即启。汉代人避汉景帝刘启名讳,以"开"代"启"。

夏后氏 以禹为首之夏氏族。详"夏❷"。

夏桓宗(1177—1206) 西夏皇帝。1194—1206年在位。名纯祐。仁宗长子。罗氏所生。年十七即位,改元天庆。实行附金和宋之策。受金册封为夏国主。天庆十二年(1205)蒙古攻夏,入河西破力吉里砦,瓜(今甘肃安西东南)、沙(今甘肃敦煌)诸州被蹂。六月,蒙古兵退,乃修复被破坏的诸城堡,大赦境内,改都城兴庆府为中兴府。次年,被母罗氏与镇夷郡王安全(襄宗)合谋废黜,暴卒。谥昭简皇帝。庙号桓宗。墓号庄陵。

夏惠宗(1061—1086) 西夏皇帝。1068—1086年在位。名秉常。毅宗长子。梁氏所生。八岁即位,改元乾道。母后梁氏与其弟国相梁乙埋专权。恢复蕃仪,连年与宋交战。大安二年(1075)亲政,实权仍由太后掌握。六年,在皇族支持下,下令取消蕃仪,恢复汉礼,遭母党反对。七年,用夏将李清建议,欲结好于宋,削弱梁氏,事败被囚。九年,复位。国政始终由梁氏操纵。谥康靖皇帝。庙号惠宗。墓号献陵。

夏姬 春秋时郑国人。郑穆公之女。初嫁郑国子蛮,子蛮死,改嫁陈国大夫夏御叔,生子征舒。御叔死,与陈灵公及大夫孔宁、仪行父通奸。鲁宣公十年(前599),征舒杀灵公。孔宁、仪行父奔楚,楚庄王借讨乱灭陈。她被掳至楚,庄王和司马子反均欲纳之,大夫申公巫臣诡辞劝阻。庄王将其配予连尹襄老。不久襄老战死,她从申公巫臣之谋托词归郑,旋即从巫臣奔晋。

夏家店上层文化 北方地区的一种青铜器时代文化。因1960年在今属内蒙古赤峰夏家店发掘确认而得名。分布范围和夏家店下层文化大体相同。其年代据所出青铜器及碳-14法测定,大致相当西周到春秋早期。陶器多夹砂,质粗松,火候低,皆手制。有些器形有明显特征,如鬲、甗的空足大多为浅而圆的半球形,不分裆。房屋有半地穴的,也有地面的,房外有贮藏用窖穴。墓葬为土坑竖穴,有的有木质葬具,有的则以石块围筑。男性墓主有的随葬胄、戈、矛、短剑、镞、饰牌等青铜器,并有随葬成组礼器。夏家店上层文化与夏家店下层文化的显著不同,反映了商、周之间这个地区所发生的重大变化。

夏家店下层文化 北方地区的一种青铜器时代文化。因1960年在今内蒙古赤峰夏家店发掘确认而得名。分布在内蒙古、辽宁、河北之间,西拉木伦河以南、辽河以西及河北北部一带。其年代大致相当夏、商时期,碳-14法测定年代有约公元前2400年、前1900年等。发现有刀、镞、耳环等小件青铜器及铸范,并有金耳环出现。陶器多夹砂,多为手制,也有应用轮制的。器表多饰绳纹,也有篦点纹、划纹及附加堆纹等。器形有盂、鼎、鬲、甗、豆、鬶、爵、尊、盆、罐、盘等,有些与中原地区龙山文化、二里头文化和商文化相似。还有彩绘陶器,花纹很像后来的青铜容器。经济以农业为主,发现铲、锄、镰等石制农具较多,且有稷、粟等谷物。房基发现较多,主要为半地穴式,多有二道围墙,外用石、内用土坯,个别以夯土筑成,无围墙房则以坑壁为墙。墓葬大小及随葬品有差别,反映墓主贫富不同。使用卜骨的习俗较为普遍。这一文化对研究北方及东北文化与中原文化的关系,特别是同商文化的互相影响有很大意义。

夏景宗(1003—1048) 即李元昊。西夏皇帝1032—1048年在位。小字嵬理,后更名曩霄。西夏国王李德明子。卫慕氏所生。通兵法、佛学、法律、汉文。年二十余,独引兵袭破回鹘夜洛隔可汗,夺取甘州,被立为皇太子。北宋明道元年(1032)嗣位,年号显道,改唐、宋所赐姓为嵬名氏,自称兀卒(意为青天子)。天授礼法延祚元年(1038)即皇帝位,国号大夏。定都兴庆府(今宁夏银川)。立官制,制礼仪,造文字,建蕃学,设左右厢十二监军司。辖二十二州。先后在三川口、好水川、定川砦等地对宋作战,又同辽战于贺兰山,俱获胜,形成宋、辽、夏鼎立的局势。十一年,在皇族与后族争夺权力的激烈斗争中,被子宁令哥刺杀。谥武烈皇帝。庙号景宗。墓号泰陵。

夏敬渠(1705—1787) 清江苏江阴人,字懋修,号二铭。诸生。通经史,旁及诸子百家、礼乐、兵刑、天文、算数之学。因不得志,广游四方,结交海内豪士。后归家专事著述。有《唐诗臆解》、《纲目举正》、《医学发蒙》、《学古篇》、《经史余论》、《全史约篇》、《浣玉轩诗文集》等,另有小说《野叟曝言》。

夏敬颐(?—1897) 清江西新建人。同治十二年(1873)由监生捐输军饷奖主事。光绪二年(1876)改官同知。四年分发广西。九年,署郁林直隶州知州。倡导植桑养蚕,并制备机器募师教织。十年补百色直隶厅同知,以筹办边防奖俟补知府。招垦农田,借贷"牛种银",约垦熟后分年摊还,行之有效。十七年擢补浔州知府。二十年署桂林知府。次年回浔州任。

夏课 科举考试用语。唐代落第举子,准备来年再试,于长安借静坊寺院或闲宅居住,撰写新文章,因时值夏季,谓之夏课。七月以后,向公卿显贵投献新文,又称秋卷。

夏口 又称沔口。汉水入江处。三国时为军事重地。吴黄武二年(223)在大江东岸今湖北武汉市黄鹄山(俗称蛇山)东北筑城,因名夏口城(《三国志·吴志·吴主传》)。背山临江,形势险要。孙吴有重兵戍守,并置夏口督驻此。宋时此城尚存。

夏口厅 清光绪二十四年(1898)分汉阳县汉水以北地置,以位于汉水入江之口(一称夏口)得名。治汉口镇,即今湖北武汉市汉口。属汉阳府。1912年废厅,改夏口县。1926年改置汉口市。

夏历(曆) 天文学名词。(1)古六历之一。是一种四分历,以建寅之月为正月。(2)辛亥革命之后,中国采用公历的同时继续使用传统的阴阳历。因这种阴阳历也以建寅之月为正月,故称为"夏历",亦名"农历"。

夏琳 清初福建南安人,字元斌。著有《闽海纪要》。

夏鲁派 藏传佛教教派之一。又称布敦派。十四世纪时,由布敦·仁钦朱创立。布敦原为濯浦噶派僧人,以佛学知识渊博,著述众多著称。成名以,受后藏地区夏鲁万户(在今西藏日喀则东南)邀,就任夏鲁寺座主,后发展成为藏传佛教的单一教,但势力一直不大,受萨迦派影响较深。明以后传。

夏鲁寺 藏传佛教夏鲁派主寺。在今西藏日喀东南。北宋元祐二年(1087),由藏传佛教僧人杰喜饶迥乃创建。元代,寺权由当地封建领主阶氏族所控制,为卫藏十三万户之一。延祐七年1320),阶氏家族迎请濯浦噶举派高僧布敦·仁钦任此寺座主,创西藏佛教夏鲁派,亦称布敦派。寺建筑具有元代建筑的明显风格。殿内壁画反映元代内地和西藏人民生活,有一定历史价值,此外尚有元代以来文物多种。

夏路 道路名。战国时期楚国通向中原华夏诸国的交通要道。《史记·越王勾践世家》:“夏路以左,不足以备秦。”司马贞索隐引刘氏云:“楚适诸夏,路出方城,人向北行,以西为左,故云夏路以左。”据水经·㶏水注》,楚国在其北境,沿今伏牛山东北麓修筑长城,称为方城;在长城侧控扼伏牛山隘口有小城名方城,当即夏路所出之方城,在今河南方城县东北保安镇附近,当南阳盆地东北方城县伏牛山缺口隘道。

夏鸾翔(1825—1864) 清浙江钱塘(今杭州)人,字紫笙。官詹事府主簿、光禄寺署正。精于算学、绘画及诗歌。师从项名达,又得戴煦指点。研习诸家算学著作及西方微积分学。同治二年(1863)出游广州,与邹伯奇、吴嘉善交往,研讨数学。在圆锥曲线方面的研究有一定水平,得出一些新结论。著有《少广缒凿》、《洞方术图解》、《致曲术》和《致曲术图解》,收入《夏氏算书遗稿四种》,另有《万象一原》、《视学简法》及诗集等。

夏门 今河南洛阳市东汉魏洛阳城北面西头门。《后汉书·灵帝纪》注引《东观记》,建宁元年(168)春正月己亥,解读亭侯刘宏(庚子即位为灵帝)“到夏门外万寿亭,群臣谒见”,即此。

夏苗 周代田猎名。参见“春蒐”。

夏末帝(?—1227) 西夏皇帝。名晛。献宗侄。清平郡王子。封南平王。乾定四年(1227),被拥立继位,改元宝义。时蒙古兵临城下,国势濒危,据中兴府(今宁夏银川)死守。六月,粮尽援绝,又发生地震,出降被杀。

夏南 即“夏征舒”。

夏浦 战国楚地。夏水会合大江处,即今湖北武汉市汉江江口段。《楚辞·九章·哀郢》:“背夏浦而西思兮,哀故都之日远”,即此。

夏谦泽 夏、谦二泽的合称。故址约在今河北三河、大厂、香河等市、县间。《水经·鲍丘水注》:鲍丘水南径潞县故城(今河北三河市西南)西,“又东南入夏泽,泽南纡曲渚一十余里,北佩谦泽,渺望无垠也”。《资治通鉴》:西晋安帝隆安元年(397),慕容宝尽徙蓟中府库北趣龙城,魏兵追及之于夏谦泽,即此。胡注:“在蓟北二百里”,误。《读史方舆纪要》:今北京平谷县东北百余里有海子,“或以为即故泽也”,于地望亦不合。《日知录》:“今三河县西三十里地名夏店,疑夏店之名因古夏泽,其东弥望皆陂泽,与《水经注》正合。”其说当可信。夏店今图或作夏垫。

夏卿 ❶兵部长官别称。因《周礼》以夏官司马掌兵,故名。❷南朝梁太府、少府、太仆三卿的合称。❸明初四辅官之一,即夏官。参见“四辅❶”。

夏丘县 西汉置。治今安徽泗县。属沛郡。魏、晋属下邳郡。东晋废。东魏武定六年(548)复置。属临潼郡。北周改为晋陵县。为夏丘郡治。隋开皇十八年(598)复旧名。大业时属下邳郡。唐武德六年(623)废。

夏秋税 唐代宗时新增的土地税。大历四年(769)十月,先征夏麦税,上等每亩税一斗,下等每亩税五升,开荒田者,每亩税二升。十二月,颁布秋税征收法,土地分作两等,上下各半。上等每亩税一斗,下等每亩税六升,荒田每亩二升。五年三月,减轻夏秋税率,规定夏税上田亩税六升,下田亩税四升;秋税上田亩税五升,下田亩税三升。初在京兆府实施,后其他州县也推行,为两税法奠定了基础。

夏秋税租簿 即“二税簿”。

夏全 金山东人。附刘二祖红袄军于泰安。后随李全降宋,任盱眙总管。宋理宗宝庆二年(1226),领兵从制置使刘琸至楚州(今江苏淮安)。次年,李全被蒙古军围困于益都,刘琸欲尽杀城中李全部属。李全妻杨妙真诳夏全,谓欲事全为夫,许尽献子女玉帛、仓廪。他乃令部属作乱,逼刘琸缒城而逃。乱后,遭杨妙真拒见。乃大掠回盱眙,又被张惠等所拒,狼狈降金。金改楚州为平淮府,被封为金源郡王、平淮府都总管。

夏仁宗(1124—1193) 西夏皇帝。1140—1193年在位。名仁孝。夏崇宗长子。曹氏所生。十六岁即帝位,改元大庆。依附金朝。大庆四年(1143),用任得敬镇压蕃部哆讹起义。任用濮王仁忠、焦景颜、热辣公济、斡道冲等大臣修文治,办学校,设科举,推崇儒学。人庆三年(1146),尊孔子为文宣帝。改革礼乐和法律,修乐书《新律》。天盛年间修法典《天盛年改新定律令》。天盛十年(1158),立通济监铸钱。十三年,立翰林学士院,修实录。次年,封蕃字(西夏文)创制者野利仁荣为广惠王。乾祐元年(1170),借金之力,粉碎国相任得敬分国阴谋。在位五十五年,是西夏社会经济、文化发展的繁荣时期。谥圣祖皇帝。庙号仁宗。墓号寿陵。

夏汭 春秋楚地。《左传》昭公四年(前538):“吴伐楚,入棘、栎、麻,以报朱方之役。楚沈尹射奔命于夏汭”;五年,楚伐吴,“以报棘、栎、麻之役。薳射以繁扬之师,会于夏汭”。旧从杜预注释夏为汉水,以魏晋之夏口即今湖北武汉市为夏汭,误。春秋吴楚争战常在淮水两岸,棘、栎、麻、沈、繁扬皆在淮北今皖豫接壤地岸,此夏汭应为夏肥水(今西淝水)入淮水处,在今安徽凤台县西南。

夏瑞芳(1871—1914) 清末江苏青浦(今属上

海市)人,字粹芳。早年在上海英商《字林西报》当排字工人,后在《捷报》任工头。清光绪二十三年(1897)初,与鲍咸恩等集资创办商务印书馆。二十七年与张元济等合办《外交报》,并将商务印书馆改组为股份有限公司,任总经理。又建立印刷所,以出版教科书为中心,业务更加发达。三十年以后陆续参与创办《东方杂志》、《教育杂志》等著名刊物,并投资开办五洲大药房。宣统二年(1910)在“橡皮股票风潮”中投机失败,亏损严重。1913 年 7 月曾与租界工部局联系,反对“二次革命”。次年初被陈其美派人刺死。

夏尚朴 明广信永丰(今属江西)人,字敦夫,别号东岩。正德进士。历任南京礼部主事、山东提学副使、南京太仆少卿等职。师事娄谅。与魏校、湛若水日相讲习。传主敬之学。宣称:“不问此心静与不静,只问此心敬与不敬,敬则心自静矣”(《夏东岩文集》)。其释“敬”为“戒慎恐惧”,即时时心存义理,在“视听言动上下功夫”,渐进于“无欲”“虚静之地”。批评陆九渊“求放心”是“终日瞑目趺坐,漠然无所用心”(同上)。著有《夏东岩文集》等。

夏神宗(1162—1226) 西夏皇帝。1211—1123年在位。名遵顼。宗室齐王彦宗子。年少力学,博通群书。桓宗天庆十年(1203),廷试进士第一,袭封齐王,又擢升大都督府主。皇建二年(1211),废襄宗自立,改元光定。改附金抗蒙国策为附蒙攻金。光定七年(1217)十二月,中兴府(今宁夏银川)遭蒙古军围攻,出奔西凉府(今甘肃武威)。遂转求联金抗蒙,被金拒绝,乃联宋攻金,复为金所败。十三年,废坚持联金的太子德任。以国势日敝,宣告退位,传位于次子德旺(献宗),自称上皇。谥英文皇帝。庙号神宗。

夏声 杂志名。清光绪三十四年正月二十五日(1908.2.26)在日本东京创刊。月刊。陕西留日学生主办,赵世钰主编,井勿幕、李允鼎、茹欲立等撰稿。“以开通风气、湔除敝俗,灌输最新学说,发挥固有文明,以鼓舞国民精神为宗旨”。抨击清政府出卖路权,反对外来侵略。共出九期,宣统元年八月(1909.9)停刊。

夏时正(1412—1499) 明仁和(今杭州)人,字尚一,一字季爵,号余留道人。正统进士。历官刑部主事、郎中。天顺初,升大理寺丞,累迁南京大理寺少卿。成化六年(1470)奉命巡视江西,奏除税粮,裁汰冗役,革罢不职,修筑江堤。后因上奏不具姓名,为科道官所劾,乞休归乡,贫不能居。浙江布政使张瓒为建西湖书院而居。在家三十年,老病而卒。好学,多所著述。著有《瀛屿稿》、《余留稿》、《杭州志》等。

夏氏算术 书名。一名《夏氏算书遗稿四种》。清夏鸾翔著。包括《少广缒凿》一卷,《洞方术图解》二卷,《致曲术》一卷,《致曲术图解》一卷。有邹征君遗书附刊本,《中西算学丛书》初编本,徐树勋成都重刊本等刊本行世。

夏首 ❶战国楚地。在今湖北荆州市东南。夏水首受江水于此,故名。《楚辞·九章·哀郢》:“过夏首而西浮兮,顾龙门而不见。”《水经·夏水注》:“江津(今荆州市东南)豫章口东有中夏口,是夏水之首,江之沱也。”❷南朝时,亦称夏口(今汉水入江之口。古时汉水自今湖北仙桃市受夏水后,亦称夏水)为夏首,即今武汉市武昌。《资治通鉴》:南朝宋升明元年(477)萧道成子赜至寻阳郡,以为其地可以“屏藩朝廷,外援夏首”,即此。

夏书 《尚书》组成部分之一。传说内容为记载夏代史事。今本包括《禹贡》、《甘誓》、《五子之歌》、《胤征》四篇。后两篇属伪《古文尚书》。近人多认为《禹贡》系战国时作品。《甘誓》原为《商书》中之一篇。

夏水 据《水经注》,故道自今湖北荆州市南分长江水东出,经今监利县北,折东北至今仙桃市东北入汉水。自此以下的汉水,也兼称夏水。

夏税簿 见“二税簿”。

夏税产钱 见“产钱❶”。

夏竦(985—1051) 北宋江州德安(今属江西)人,字子乔。以父死国事,授丹阳主簿。景德四年(1007)举贤良方正科,累迁知制诰。天禧初,坐事降知黄州,徙邓、襄州。仁宗即位,徙知寿、安、洪州。洪州(治今江西南昌)俗尚鬼,巫觋惑民,他悉予毁禁。天圣三年(1025),复知制诰,进翰林学士兼侍读。五年,除枢密副使。七年,拜参知政事,因与宰相吕夷简不合,复为枢密副使。后出知数州府。康定中,除陕西经略安抚使,怯于对西夏用兵,自请解兵柄,改判河中府。庆历三年(1043),召拜枢密使,为台谏所攻,改知亳州。七年,复为枢密使,次年再被论罢,出知河南府。虽有才智,但性贪婪,尚权术,世人目为奸邪。著作有《文庄集》、《古文四声韵》。

夏绥 唐方镇名。贞元三年(787)置夏州节度观察处置押蕃落使,又称夏绥节度观察处置押蕃落使。治夏州(今陕西靖边县北白城子),领夏、绥、银三州。元和九年(814)增领宥州。中和二年(882)号定难军。此后为党项族拓跋氏所据,北宋时建为西夏国。

夏台 即“钧台”。

夏廷美 明繁昌(今属安徽)人,字云峰。农夫出身。年老未尝读书,学于焦竑,命读《四书》。摒朱熹之集注,谓“今人读孔孟书,只为荣肥计,便是异端,如何又辟‘异端’?”(《明儒学案》卷三十二)认为天理、人欲只在迷悟间,“悟则人欲即天理,迷则天理亦人欲也”。

夏庭芝 元华亭(今上海市松江)人,字伯和,一作百和,号雪簑,别署雪簑钓隐。约生于仁宗时,至正间隐居,殁于明初。有《青楼集》一卷传世,所作散曲均不传。

夏统 西晋会稽永兴(今浙江萧山)人,字仲御。幼孤贫,以孝闻。无仕进意。母病重,诣洛阳市药。时三月上巳,仕女如云,皆不之顾。太尉贾充欲使之仕,俛而不答。充又炫耀其随从威仪,使妓女艳妆,绕其船三匝,仍危坐若无所闻。充称之为“木人石心”。归会稽,不知所终。

夏完淳(1631—1647) 明末松江华亭(今上海市松江)人,初名复,字存古,号玉樊,小名瑞哥。少时随父夏允彝宦游北京、福建。善诗词,有文名。明亡,改名完淳。顺治二年(1645)从父及师陈子龙在松江起兵抗清。父遇难后,又参谋太湖吴易军事。鲁王政权授以编修,失败后隐于乡。四年,被捕解南京,洪承畴亲为劝降,不屈遇害,年仅十七岁。乾隆时谥节愍。著有《南冠草》、《续幸存录》、《南都大略》、《玉樊堂集》、《夏节愍集》等。

夏文化 指相当于中国历史上夏代(公元前二十二世纪或前二十一世纪至前十七世纪或前十六世纪)的文化遗存。二十世纪五十年代以来,在古籍记载的夏人活动地区豫西、晋南一带发现二里头文化,在考古学发展序列上补足中原地区龙山文化和商文化二里岗期中间的缺环。有的学者认为,这一地区的河南龙山文化晚期和二里头一、二、三、四期文化即为夏文化。这时期生产水平有较大的发展,已是青铜时代。河南临汝煤山龙山文化晚期灰坑中发现炼铜坩埚残块,告城王城岗四期灰坑发现青铜容器残片,山西夏县东下冯遗址发现石范,河南偃师二里头遗址发现青铜爵、斝、刀、锥、铃等。农业也有较大发展,表现为生产工具进步和专用酒器增多。二里头出土正面呈梯形的石刀并有两面对穿圆孔,也发现弯月形石镰和蚌镰,当为收割工具。洛阳矬李、二里头、东下冯等处都发现水井,二里头墓葬中发现专用陶酒器,如觚、爵、盉、鬶等。河南禹州瓦店也发现磨光黑陶觚、有刻划塑造的凤鸟盖红陶盉等。生产的发展导致贫富分化的加剧。煤山遗址发现弃置灰坑中的人骨,有的身首异处或肢解,为非正常埋葬。王城岗也发现埋有人架的奠基坑,少者两具、多者七具不等。二里头不仅在灰坑中发现散置人骨三十余具,在宫殿基址中庭还发现人祭坑,反映此时已进入阶级社会。二里头文化三期发现了大型夯土宫殿基址,其中一座东西长108米、南北宽100米,总面积1万平方米以上。基址中央为一座面阔八间、进深三间的宫殿,其南有面阔八间的牌坊式大门,四周围以廊庑,正是统治阶级权力的象征。二里头出土陶器上出现了二十多种刻划符号,有学者认为是文字。此外,出土陶蛙、陶龟等艺术品,陶器上的龙纹、蛇纹、饕餮纹和裸体人纹等,表明此时文化发展也达到较高水平。也有学者认为龙山文化晚期和二里头文化一、二期为夏文化,二里头文化三、四期为早商文化,还有人认为河南龙山文化晚期不是夏文化,而只有二里头文化一、二、三、四期才是夏文化。

夏屋 地名。在今河北顺平县北。《水经·滱水注》引《竹书纪年》:“魏殷臣、赵公孙裒伐燕,还,取夏屋”,即此。朱右曾《汲冢纪年存真》列于惠王二十年(前350)。

夏屋山 《尔雅》作夏壶山,《汉书·地理志》作贾屋山,《括地志》作贾屋山、贾母山。在今山西代县东北,与句注山相接。《史记·赵世家》:赵襄子“北登夏屋,请代王”,即此。

夏无且 战国末人。为秦王政侍医。秦王政二十年(前227),燕太子丹派荆轲入秦,谋刺秦王政。当荆轲进献督亢地图时,图穷匕首见,秦王大惊,环柱而走,群臣皆惊慌失措,他独以所持药囊阻击荆轲,有功。秦王赏之黄金二百镒。

夏武烈帝 即“赫连勃勃”。

夏献宗(1181—1226) 西夏皇帝。1223—1227年在位。名德旺。神宗次子。光定十三年(1223)十二月即位,改元乾定。欲遣使结漠北诸部为外援,以拒蒙古。乾定二年(1224),被蒙古兵击败,军队死伤数十万。纳右丞相高良惠策,同金议和,相约互为援助。四年春,成吉思汗率军来攻,连陷城邑。惊惧而死。庙号献宗。

夏襄宗(1170—1211) 西夏皇帝。1206—1211年在位。名安全。仁宗弟越王仁友子,崇宗之孙。天庆三年(1196)十二月父病死,求袭王爵,桓宗不许,降封镇夷郡王。十三年正月,与桓宗母罗氏废桓宗自立,改元应天。罗氏为请封册于金,金册为夏国主。应天四年(1209)蒙古第三次攻西夏,中兴府(今宁夏银川)被围,纳女请和。皇建二年(1211),为齐王遵顼(神宗)所废。谥敬穆皇帝。庙号襄宗。墓号康陵。

夏小正 《大戴礼记》篇名。《隋书·经籍志》著录“《夏小正》一卷”,可见隋时已有别行本。《礼记·礼运》:“孔子曰……吾得夏时焉”,郑玄注:“得夏四时之书”,即《夏小正》。内容述从正月到十二月一年时令气候,宜时之农事等生产活动,相传是夏代历书,故名。为中国现存最古老之月令书。

夏燮(1800—1875) 清安徽当涂人,字谦甫(一作嗛父),一字季里,别号谢山居士、江上蹇叟。精通音韵,“兼深史学,留意时务”。道光元年(1821)中举人,历任安徽青阳、直隶临城训导,湖南安仁知县。咸丰十年(1860)秋,入曾国藩幕,后任江西永宁知县等。曾校证明末吴应箕著《楼山堂集》,编撰《忠节吴次尾先生年谱》。又以《明史》简略失实,且不为一些重要人物立传,遂继《资治通鉴》和《续资治通鉴》之后,编撰《明通鉴》一百卷。因感慨国事,蒿目时艰,搜集有关上谕、奏稿及史料,编撰《中西纪事》、《粤氛纪事》。尚著有《五服释例》、《述均》;又校勘明《陶安学士集》、《国朝汪莱算学书》、《校汉书八表》等。另有《明史纲目考证》、《明史考异》、《谢山堂文集》等,未刊。

夏辛酉(?—1908) 清山东郓城人,字庚堂。同治初从僧格林沁镇压捻军,后随左宗棠进军新疆,参加平定白彦虎之役,擢总兵。中日甲午战争中率师镇守山东登州,授广西右江镇总兵。二十四年,改署山东登州镇总兵,参与镇压义和团。后擢云南提督,未到任而卒。

夏旭(?—1434) 明江西永丰(今广丰)人,一作九旭。宣德八年(1433)江西发生水灾,次年又遭旱蝗。农民无法生活,又苦于官府徭役和地主勒索。他领导饥民数千人,据大盘山起义,自称都督。后山寨为明军袭破,被俘遇害。

夏言(1482—1548) 明江西贵溪人,字公谨,号桂洲。正德进士。授行人,擢兵科给事中。世宗即位后奉命清理庄田,又定祭祀典礼,得宠。嘉靖十五年(1536)进武英殿大学士,预机务。十七年任首辅。为严嵩所忌,渐失帝意。二十一年被严嵩排挤,革职归。二十四年复任,力主收复河套,忤帝意,削职处死。著有《南宫奏稿》、《桂洲奏议》、《桂洲集》等。

夏阳　古邑名。其地在今陕西韩城南。本春秋梁国,战国为魏少梁地,入秦后更名夏阳。《史记·魏世家》:魏文侯六年(前440),"城少梁"。魏惠王十七年(前353),"秦取我少梁"。《史记·秦本纪》:秦惠文君十一年(前327),"更名少梁曰夏阳"。

夏阳县　❶本春秋晋少梁邑。战国属魏,秦孝公九年(前353)取其地,惠文王十一年(前327)改名夏阳。后置县。属内史。即今陕西韩城市南西少梁。汉属左冯翊。为史学家司马迁故里。三国魏属冯翊郡。北魏改属华山郡。北周属澄城郡。隋初废。❷唐武德三年(620)分郃阳县置河西县,乾元三年(760)改名夏阳县。治今陕西合阳县东南夏阳。属同州。北宋熙宁四年(1071)废入郃阳县。

夏毅宗(1047—1068)　西夏皇帝。1049—1068年在位。名谅祚。景宗元昊子。没藏氏与元昊出猎于两岔河所生,故又名宁令两岔。周岁即帝位,改元延嗣宁国。母与舅讹庞掌朝政。奲都五年(1061),国相讹庞父子阴谋加害,遂杀讹庞父子及己妻没藏后,另立梁氏为后,亲掌国政。同年十月,下令国中去蕃礼,从汉礼。次年,向宋进马,求赐九经、唐史及《册府元龟》等书籍。仿宋官制,增设官职,任用汉人,调整州军。拱化元年(1063),复唐赐李姓,恢复对宋互市榷场。又连年攻宋秦、凤、泾、原、庆、绥等州。四年十二月,招诱河州(今甘肃临夏东北)吐蕃首领瞎毡子木征与青唐吐蕃部落来附。五年,向宋神宗纳贡谢罪请和。十二月,病死。谥昭英皇帝。庙号毅宗。墓号安陵。

夏殷春秋　书名。见《史通·六家》。久佚。

夏寅(1423—1488)　明松江华亭(今上海市松江)人,字正夫、时正,号止庵。正统进士。任南京吏部主事。成化初迁江西按察副使,兴儒学,修庐山白鹿洞书院。升浙江右参政,官至山东右布政使。弘治初致仕。著作有《文明公集》。

夏煜　明应天江宁(今江苏南京)人,字允中。有才华,善赋诗。元末,朱元璋召为中书省博士。至正十八年(1358)调浙东分省,两使方国珍,不辱使命。二十三年底,因家人犯法触元璋怒,投入黄鹤楼下江中死。一说洪武元年(1368)有总制浙东诸府兼巡抚之命,则明初尚在。

夏原吉(1366—1430)　明湖广湘阴(今属湖南)人,原籍江西德兴,字维喆。洪武中以乡荐入太学,擢户部主事。建文初,升户部右侍郎。成祖即位,转左侍郎,进尚书。与蹇义等详定赋役法。永乐初,奉命疏浚吴淞江,苏、松水利有所改善。成祖北征,辅太孙留守北京,兼理行在各部及都察院事。永乐十九年(1421),因边储不足,反对北征,被禁系内官监。仁宗即位,复官。奏请省赋役,取消禁用金银交易之禁。主持户部二十余年,国用虽繁而支应无误。宣德三年(1428),帝命辍部务,侍左右,备咨询。卒谥忠靖。著作有《万乘肇基录》、《东归稿》、《夏忠靖集》等。

夏月润(1878—1931)　安徽怀宁(今安庆)人,字云础。演武生,兼习红生。清末曾任上海伶界联合会会长多年。致力戏曲改良,与潘月樵、沈缦云等在上海创办中国最早的近代化剧场"新舞台",演出时装新剧《黑籍冤魂》、《电术奇谈》、《潘烈士投海》、《新茶花》等,启导伶界,开通社会,颇著影响。辛亥革命中,与潘月樵等建立伶界义勇军,攻打江南制造局。又首创募捐义演,支援革命,孙中山曾亲书"现身说法"匾额以赠。

夏允彝(?—1645)　明末清初松江华亭(今上海市松江)人,字彝仲,别号瑗公。明崇祯进士。曾与陈子龙等结几社。后授长乐知县,有政声。南明弘光时,擢吏部考功司主事,不赴。顺治二年(1645)与陈子龙及子完淳在松江起兵抗清。后投松塘死。著有《禹贡合注》、《幸存录》。

夏曾佑(1863—1924)　清末民初浙江杭州人,字穗生,号穗卿、碎佛,笔名别士。光绪进士,任礼部主事。与梁启超、谭嗣同等交往密切,为"讲学最契之友"。光绪二十二年(1896)汪康年、梁启超创办《时务报》,他曾为之撰文,同年底离京,至天津育才馆执教,并与严复、王修植等创办《国闻报》,宣传新学和鼓吹维新变法。二十五年冬,出任安徽祁门知县,任满后寓居上海。旋迁直隶州知州,因母丧未就。致力于中国古代史研究,用章节体编写《最新中学中国历史教科书》(自上古至隋),1933年商务印书馆重版时改名《中国古代史》。三十二年,作为随员陪同五大臣出洋考察宪政。三十四年,署理安徽广德知州。辛亥革命后,出任北洋政府教育部普通教育司司长,后调任京师图书馆长。

夏镇　即今山东微山县治夏镇。明、清运河所经,当南北交通孔道。清咸丰元年(1851)因河决迁江苏沛县治于此,十一年仍还旧治。1953年设微山县于此。

夏征(徵)舒(?—前598)　一称夏南。春秋时陈国人。母夏姬与陈灵公及大夫孔宁、仪行父私通。鲁宣公十年(前599),他杀灵公,孔宁、仪行父奔楚,遂自立为陈国国君。次年,楚庄王以其弑君为借口,率师灭陈,将其车裂。

夏之时(Richard Louis, 1868—?)　法国人。耶稣会士。曾任上海震旦大学教授,著有《中国坤舆详志》(1905),由爱尔兰人甘沛澍增订翻译成英文,1908年在上海由土山湾印书馆出版。另有《中国十八省地图》,也由甘沛澍译为英文,于1908年出版。

夏执中　南宋袁州宜春(今属江西)人,字子权。孝宗夏皇后弟。少贫贱,夏皇后既贵,访至临安,始从师学习。善写大字,工骑射。曾谢绝孝宗召用,为时人所重。累迁奉国军节度使、提举万寿观。宁宗即位,加少保。

夏州　❶地名。(1)《左传》宣公十一年(前

598):"楚"乃复封陈,乡取一人焉以归,谓之夏州"。《史记·苏秦列传》裴骃集解谓夏口城上数里有洲名夏州,即此。按"州"有"聚"义,此夏州为楚迁陈国每乡一人所置之聚落,非谓水中之洲,裴说疑不确。(2)《史记·苏秦列传》:苏秦说楚威王曰:楚地"东有夏州、海阳"。裴骃集解引车胤撰《桓温集》:"夏口城上数里有洲名夏州",云即"东有夏州"之"夏州"。张守节《正义》曰:"大江中州也。"《大清一统志》又从而推断谓"在汉阳县北"。按苏秦此段说辞,极言楚国之强大,所举四境地名,如西境黔中、巫郡,南境洞庭、苍梧和东境的海阳,都是范围相当广大的地区名,不应夏州独指夏口城附近一小洲。裴说殆非是。《太平寰宇记》卷一四六引盛弘之《荆州记》云"夏首又东二十余里有涌口,二水之间谓之夏洲,首尾七百里,华容监利二县,在其中矣。"此首尾七百里之夏洲,当即苏秦所谓"夏州"。约当今湖北荆州市以东江、汉之间监利、石首、洪湖诸市、县一带。❷州名。北魏太和十一年(487)改统万镇置,因城本十六国赫连夏都得名。治岩绿县(唐改名朔方县,今陕西靖边县北白城子)。唐辖境相当今陕西大理河以北的红柳河流域及内蒙古杭锦旗、乌审旗等地区。唐末以来党项族拓跋氏世居其地,后遂为西夏领土。元废。

夏州都督府 唐都督府之一。贞观二年(628)于夏州置。督夏、绥、银三州。四年,增督东突厥地定襄、云中二羁縻都督府,永徽后云中划属单于都护府,又督薛延陀、回纥内迁部族侨寄于夏州境内的达浑、安化州、宁朔州、仆固州等四羁縻都督府。天授后又督有侨寄境内的党项、吐谷浑族诸羁縻府州。圣历元年(698)增督盐州。

夏州节度使 见"定难军"。

夏祝 官名。春秋战国置。熟习夏代礼法而掌祝祷之事。《仪礼·士丧礼》:"夏祝鬻余饭,用二鬲于西墙下。"郑玄注:"夏祝,祝习夏礼者。"贾公彦疏:"同是周祝,仰习夏礼法则曰夏祝。"

厦门关 海关名。清道光二十二年(1842)开设,由五口通商大臣兼理。同治元年(1862)聘二名外国人分任税务司、副税务司。

厦门火油池 外商企业。清光绪二十年(1894)由英商创办于福建厦门。运销煤油,附设的小工厂从事制造铅铁煤油箱。

厦门机器公司 外商企业。清光绪十九年(1893)由英商创办于厦门鼓浪屿。资本三万元。除修造船坞外,兼营各种机器工程及小规模炼铁。

厦门铁锅厂 外商企业。清光绪七年(1881)由德商创办于厦门。专事制造铁锅。其产品多在当地销售。

厦门厅 清康熙二十五年(1686)以同安县嘉禾屿等地置。治今福建厦门市。属泉州府。中英《南京条约》签订后被辟为五通商口岸之一。1913年废厅改为思明县,1933年废县置厦门市。

厦门鸦片制造厂 外商企业。清同治九年(1870)由英商创办于厦门。专门把生鸦片制成烟膏,以供应美国加利福尼亚州和澳大利亚市场。

xiān

仙娥河 一作仙萼河。又名娑陵水(《旧唐书·回纥传》)。即今蒙古国色楞格河。《新唐书·回鹘传》:"回鹘牙北六百里得仙娥河。"

仙坊 北魏官方所设炼丹的场所。《魏书·释老志》:太祖道武帝拓跋珪好老子之言,"于是置仙人博士,立仙坊,煮炼百药。"

仙(僊)海 《汉书·地理志》金城郡临羌塞外有仙海,即今青海省青海湖。两汉、魏、晋时又名鲜水海、西海、卑禾羌海、僊海,晋以后通称青海。

仙鹤寺 中国伊斯兰教古寺之一。在今江苏扬州。相传为伊斯兰教主穆罕默德十六世裔孙普哈丁于南宋咸淳间至扬州传教时所建。明洪武二十三年(1390)哈三重建,嘉靖二年(1523)商人马宗道同"住持"哈铭重修。寺东向,礼拜殿由两部分组成。建筑为伊斯兰教风格,兼有汉式特点。寺内保存明永乐五年(1407)用汉、波斯、蒙古文书写的"谕米里哈只"告谕一张。

仙井监 北宋宣和四年(1122)改陵井监置。治仁寿县(今县)。辖境相当今四川仁寿、井研县地。属成都府路。南宋隆兴元年(1163)改为隆州。盛产井盐。

仙居县 本乐安县,唐天宝元年(742)改名,因县西北仙居山得名。治今河南光山县西北仙居。唐、五代、北宋属光州。南宋建炎初省入光山县。

仙女山 又名仙女岭。在今广西贵港市北。明嘉靖初,藤峡瑶据此,谓之"仙女寨"。

仙人博士 官名。北魏天兴三年(400)置,典煮炼百药,供帝王服食。立仙坊,封西山以供其薪蒸,由太医负责煎采药物。后罢。

仙人关 在今甘肃徽县东南嘉陵江畔,为关中、汉中通往四川盆地要隘。南宋绍兴四年(1134)吴玠、吴璘大败金兵于此,金兵从此不敢窥蜀。

仙人关之战 宋金战争重要战役之一。绍兴三年(1133)冬,金完颜宗弼(兀术)占和尚原(今陕西宝鸡市南)。四年,与完颜杲(撒离喝)以重兵南向四川。宋将吴玠于仙人关(今甘肃徽县东南)右筑垒扼守杀金坪。二月,双方于杀金坪激战,玠与弟璘督军死战。三月朔,大破金军。此后金军乃不敢窥蜀。

仙韶大夫 阶官名。金代始置,以授教坊官。为二十五阶之第二阶,秩从四品中。元代亦置,为十五阶第二阶,从三品。

仙授理伤续断秘方 书名。又名《理伤续断方》、《蔺道人仙授理伤续断方》。唐蔺道人撰。一卷。全书收载五十余方,分洗、贴、掺、揩、汤、散、丹、丸诸法。为中国古代第一部伤科专书。主张一般骨折复位后,用衬垫固定;穿破骨折,应扩创清洗,缝合包扎;肩关节脱臼,采用"椅背复位法"。元危亦林"架梯复位法",现代"改良危氏法"皆在此基础上发展而成。所用药物皆有活血、祛瘀、生肌、止痛作用,多数方剂切实可用。1957年人民卫生出版社排印出版。

仙台 战国燕国地名。在今河北涞源南。郦道元《水经·易水注》:易水"出代郡广昌县东南,郎山东北,燕王仙台东。台有三峰,甚为崇峻。……耆旧言燕昭王求仙处"。《清一统志》名燕昭王台。

仙尉 宋代县尉的俗称。

仙霞岭 古山名。在今浙江江山南仙霞岭。地处浙、闽、赣边界,西南接武夷山。为钱塘江、瓯江、闽江分水岭。自古为浙、闽交通要道。唐乾符五年(878),黄巢率起义军于此开山路七百余里,达建州(今福建建瓯)。

仙游县 唐天宝元年(742),改清源县为仙游县。即今福建仙游县。属泉州。宋属兴化军。元属兴化路。明清属兴化府。今属莆田市。

佥定(?—541) 即梁佥定,一作仙定、企定。北魏时宕昌羌首领。宕昌羌第十一代王。北魏永熙三年(534)引吐谷浑兵攻金城。西魏大统初复犯魏边,为魏行台赵贵等击降,拜抚军将军。大统四年(538),被西魏封为南洮州刺史、要安(一作"定")蕃王。七年为部下所杀。

先拨志始 书名。明文秉撰。《江南通志》作六卷,《四库全书》作二卷。二卷本首尾无缺,或因卷数有分合之别。记明末遗事,上卷起万历,终天启四年(1624);下卷起天启五年,终崇祯二年(1629)。对妖书和梃击、红丸、移宫三案,以及魏忠贤乱政、崇祯帝钦定逆案之类,无不详载。全文载录《忧危竑议》、《续忧危竑议》、《东林点将录》及《钦定逆案》等。书名取自《诗经》"枝叶未有害,本实先拨"之意,即推究明代灭亡,萌于惨戮群贤之故。

先伯 商代诸侯(见殷墟甲骨文)。武丁时期卜辞有"……先伯来告,三日允来……"(《殷墟文字乙编》第一九二片)。先伯即先方之君。参见"先方"。

先蚕坛 古代祭祀先蚕神之所。《后汉书·礼仪志上》:"祠先蚕。"刘昭注引《汉旧仪》:"先蚕坛高一丈,方二丈,为四出陛,陛广五尺,在采桑坛之东南。"明初不祀先蚕。嘉靖九年(1530)正月,始建坛于京师(北京)北郊,后改建于安定门外。十年再改建于西苑(今北海)仁寿宫侧。每年春季择日,皇后率公主、内外命妇往祀,行亲蚕礼。十六年,下诏仍进蚕具,遣女官祭祀。三十一年,罢皇后亲蚕礼。清初未建坛。乾隆七年(1742)始建坛于西苑东北隅,三面种桑柘,并定皇后亲行先蚕礼。十四年,改届期取旨而行,或皇后亲往,或官摄,或妃代。

先方 商代方国(见殷墟甲骨文)。甲骨卜辞中的先方即古㜪国,《史记·周本纪》:"乃求有莘氏美女。"张守节正义:"《括地志》云,'古㜪国城在同州河西县南二十里'。"其故地在今陕西合阳东南。

先锋都统所 官署名。辽代北面官,有大的军事行动,皆选勇健为先锋军,设先锋都统所以领之。

先锋使司 官署名。辽代北面行军官,非常制。每有大的军事行动,则设先锋使司统领精兵为前军,以先锋使为长官。

先告 法律用语。指同案犯或连坐者在案发前对其他罪犯先行告发。凡先告者,法律均予宽减。《睡虎地秦墓竹简·法律答问》:"夫有罪,妻先告,不收。妻媵臣妾、衣器当收不当?不当收。"

先后 官名。新莽始建国三年(11)置,与胥附、奔走、御侮并为太子四友,秩比大夫,以谏议大夫赵襄任之。

先且居(?—前622) 春秋时晋国人。先轸之子,食采于霍(今山西霍州西南),亦称霍伯。以其父冲入狄阵而死,襄公命其将中军。襄公三年(前625)秦孟明视伐晋,以报殽之役,他败之于彭衙(今陕西澄城西北),是年冬,又率晋、宋、陈、郑之师伐秦,取汪(今澄城西南)及彭衙而还。卒后,其子先克为人所杀。此后先氏无闻于晋。

先离闼览官 官名。辽代北面官。统和四年(986)置,六人,掌领于骨里、女直、迪烈于等诸部隶宫籍者。

先零羌 先亦作西。古族名。汉时西羌的一支。西汉初分布于湟水及浩门水流域。武帝开金城、令居(今甘肃永登),西逐诸羌。先零羌与封养羌、牢姐羌合兵十余万攻令居、安故(今甘肃临洮南),围枹罕(今甘肃临夏境),被汉击败,其部落遂徙居湟水上游、青海湖周围和贵德等地。宣帝时,赵充国再击之,遂继续向西迁徙至于青海湖西盐池等地。王莽末,先零复据湟水流域,并占领金城(今兰州)。东汉初,被马援等击平,徙于陇西(治今甘肃临洮)、天水(治今陕西通渭西北)、右扶风(治今陕西兴平东南)等地,余部迁往塞外。永初元年(107)别部首领滇零领导诸羌起义,建立政权,在北地郡称天子。汉以后,先零羌渐与汉族及西北其他民族相融合。

先那准 即"龙婆伽利"。

先农坛 古代祭祀先农神之所。周代有藉田,并祀先农,历代均沿此制,并建坛以祭祀之。《宋书·礼志一》:"整制千亩,开阡陌,立先农坛于中阡西陌南。"明洪武二年(1369),建坛于南京南郊,藉田北。每年仲春,皇帝耕藉田之日,先躬祀先农之神。永乐迁都,复建于北京,位山川坛之西南隅。嘉靖十年(1531)垦西苑(今北海)隙地为藉田耕作。三十八年,罢皇帝亲耕,改遣官致祭先农之神。清沿明制,以此为祭先农神之处,复行皇帝每岁仲春的亲行藉田之礼,并令各省亦建坛。

先秦学术年表 表名。近人梁启超制。一幅。分《列国纪年及重要时事》、《学者年代及其事迹之可考见者》两栏,记先秦时期学者活动概况。以公元纪年。起周敬王四十一年(前479)孔子卒,迄秦始皇三十四年(前213)。虽不太精确,然颇简明。有《饮冰室合集》本。

先秦政治思想史 书名。一名《中国圣哲之人生观及其政治哲学》。近人梁启超撰。三部,三十四章。为1922年10月至12月在东南大学讲课的讲义。初题为《中国政治思想史》,分《序论》、《前论》、《本论》、《后论》四部,其《后论》原拟为汉至民国的政治思想史,以未及编写、讲授,故改题今名。对先秦政治思想资料的存佚、真伪进行分析,于其研究方去、态度并有申述。书中详细论述了春秋战国时期儒、道、墨、法四大思想流派的哲学观点、政治主张、学术见解，以及其特点、异同，旁及这些思想产生的时代背景、经济状况，并与欧美思想流派进行比较研究，对先秦思想家的思想在世界思想界的价值和作用作了评述。梁氏认为中国自春秋以后就没有阶级的对立、压迫，国情、风俗、思想传统和欧美国家不同，因此西方资本主义理论和马克思主义的唯物史观、阶级斗争理论、社会主义学说在中国都行不通；只有儒家的"仁政"、礼治主义等，才能使中国、全世界从黑暗、痛苦、混乱中解救出来。本书为作者晚年整理东方古代文明的专著之一。附录《先秦政治思想》一文，七节，是同年春在北京法政专门学校的讲演稿，实为本书之初稿本和简缩本。收入《饮冰室合集》。

先请 亦作上请。即奏请皇帝亲自裁决。汉代，凡贵族和地位较高的官吏犯罪，司法机关不得擅自审处，须奏请皇帝裁决。据《汉书·宣帝纪》黄龙元年(前49)诏："吏六百石位大夫，有罪先请。"又《东方朔传》：隆虑公主子昭平君"醉杀主傅，狱系内官。以公主子，廷尉上请请论"。故为官僚、贵族所享有的一种法律特权。

先生 ❶古人对于饱学之士的尊称。有时亦以自称，如陶潜称五柳先生。❷宋代授予某些著名隐士、道士、仙姑、处士的一种称号。如大中祥符三年(1010)，隐士郑隐赐号"正晦先生"；宣和七年(1125)，"丹华广范崇真处士"刘知常赐号"金庭辅教元明先生"。

先施百货公司 商办企业。清光绪二十六年(1900)在香港创立总公司，宣统三年(1911)和1917年先后在广州、上海设立分公司。除经营百货外，兼营旅馆、酒楼、游乐场等业务。

先俞 山隘名。战国赵地，在今山西代县西北。《史记·赵世家》：惠文王十六年(前283)，苏厉为齐遗赵王书曰："反坙分、先俞于赵。"正义曰："俞音戍。郭注云：'西隃即雁门山也'。按：西先声相近，盖陉山、西隃二山之地并在代州雁门县，皆赵地也。"

先天 唐玄宗年号(712—713)。凡二年。

先天教 清代秘密宗教。源自弘阳教。康熙间改称"五荤收元教"，又以分八卦传徒而称八卦教。嘉庆年间又改称天理教。又名荣华会、白阳教，信奉"真空家乡，无生父母"八字真诀，每晨朝太阳礼拜念经，祈免刀兵水火之灾。传至山西之一支仍称先天教。道光十四年(1834)教首曹顺准备起义，提出兴汉灭清。次年攻陷赵城。旋失败。

先天图 北宋邵雍先天象数学中假托伏羲所创设之各种易卦图式。参见"先天学"。

先天学 北宋邵雍关于《易》的哲学学说。汉唐以来相传伏羲之易为"先天易"，邵雍自称其易学来自伏羲，故为先天易学。其易卦图式《先天八卦图》相传由道士陈抟传种放，放传穆修，修传李之才，之才传邵雍。其次序为乾、兑、离、震、巽、坎、艮、坤，排列方位为乾南坤北、离东坎西、震东北、兑东南、巽西南、艮西北，以区别于所谓文王后天八卦方位。先天八卦次序图又可衍为六十四卦次序图，称为《先天六十四卦横图》。横图转成一圈，则为《先天六十四卦圆图》。圆图分八段，每段八个卦，可排成《先天六十四卦方图》。用以推测自然和人事变化，反映了邵雍关于天文、时令、声韵等方面的观点。此图式及学说由"心"产生。邵雍《皇极经世·观物外篇》谓："先天之学，心法也。故图皆自中起，万化万事生乎心也。"后世据其图又衍化出各种象数学图式。

先王 ❶商周时期指本族之祖先。如商之王亥、上甲、武丁，周之文、武、成、康。商人、周人以之为崇拜对象，要求在政治制度上"帅型先王"，含有宗教色彩。❷春秋战国时期诸子指夏、商、周三代圣王。如尧、舜、禹、汤、文、武。儒、墨两家称颂三代圣王，以表达各自之政治主张，已失去商、周时之宗教色彩。儒家推崇西周制度，孔子称道西周之礼乐制度，"郁郁乎文哉！吾从周"(《论语·八佾》)。墨家侧重夏政，以贯彻"尚贤"、"兼爱"主张。故韩非说："孔、墨俱道尧舜，而取舍不同"(《韩非子·显学》)。❸传说中之帝王。如：神农、伏羲、黄帝等。庄子否定孔、墨之先王，而以神农、黄帝为先王，谓"乘道德而浮游"，行"不言之教"，"此神农、黄帝之法则也"(《庄子·山木》)，带有神话色彩。

先醒斋医学广笔记 书名。简称《医学广笔记》。明缪希雍撰。四卷。万历四十一年(1613)，丁元荐汇集名医缪希雍三十余年所积效方及医案，分类编成《先醒斋笔记》。天启二年(1622)，缪氏应弟子庄继光之请，增益群方，并增入伤寒、温病、时疫治法要旨，易名《先醒斋医学广笔记》，又称《缪仲醇医案》或《医学广笔记》。同年刊。大旨是宗法刘完素和朱震亨两大家，突出地反映了缪氏的临床心得与经验。前三卷分别论述中风、痢、泄泻、虚弱、吐血、妇科、幼科等病证，总结了一些病证的认识规律，如"三阴治法总要"、"吐血三要法"，深为后世所重；卷四选取常用药品，分为水、火、土、金、石、草、木等十四部，共录四百余种，且分别说明其炮制大法，末附用药凡例。历代刊本颇多。1958年上海卫生出版社出版排印本。

先医庙 明清供奉历代名医之祠宇。在北京紫禁城太医院署之景惠殿。初建于明嘉靖二十七年(1548)，清代续修，有圣祖御书"永济群生"匾额。

先轸(？—前627) 春秋时晋国人。食采于原(今河南济源北)，又称原轸。早年从晋文公出亡，和赵衰、狐偃等合称为"五贤士"。晋文公四年(前633)，宋被楚围，向晋求救，他建议文公出兵援宋，以取威定霸。文公从之，对楚备战，扩建三军，命其为下军佐。次年，升中军元帅。他先争取秦、齐合作，又使曹、卫离楚附晋，陷楚于孤立，而后指挥三军于城濮(今山东鄄城西南)大败楚军。晋从此称霸诸侯。九年，晋文公死，秦欲袭郑而霸中原，他又力主对秦作战。次年，领晋军于崤山(今河南三门峡市东)全歼秦军，获秦军三帅，巩固晋的霸业。是年对狄作战时，后悔曾因晋襄公要释放秦三帅而对襄公失礼，冲入狄阵战死。

先郑 经学家用以指郑兴、郑众，以与“后郑”（郑玄）相区别。

祆祠 或称胡祠、胡祆祠。唐时称琐罗亚斯德教所建庙宇。武德四年（621），始于西京（今陕西西安）布政坊西南隅立祆祠。唐时西京、东京（今河南洛阳）各有四所，凉州（今甘肃武威）亦有祆神祠。

祆儿都司 一作阿儿秃厮、鄂尔多斯。明蒙古部名。源于元代的斡耳朵思。为达延汗所建右翼三万户之一。大汗副手济农驻帐于此。亦称此部领主满都赉阿固勒呼为阿儿秃厮。

祆教 由波斯传入唐朝的琐罗亚斯德教名。又名火祆教、拜火教、波斯教。因拜光、火、日月、星辰，中国人以祆为火神、天神，故名。以《波斯古经》为经典。主张善恶二元。认为火、光明、清净、创造、生是善端；黑暗、恶浊、不净、破坏、死是恶端。崇信光明，反对黑暗。南北朝时，传入中国。唐初颇受重视，武德四年（621）建庙于西京（今陕西西安）布政坊，称祆祠。后两京续有所建，西部诸州随地皆有祆祠。会昌五年（845）武宗毁佛，该教亦受株累。历唐末、五代、两宋，祆祠仍有存者。

祆正 官名。主管祆教。唐代设萨宝府，全称萨宝府祆正，视从七品。

鲜卑 古族名。东胡之一支。汉初各部均受匈奴统治。汉武帝遣师破匈奴东部地区，部分鲜卑南下至西拉木伦河流域乌桓故地。东汉永元元年（89），北匈奴西迁，鲜卑各部渐入据匈奴故地，吸收北匈奴余众十余万落。桓帝时，首领檀石槐在漠南北建立部落大联盟，分为东中西三部。两晋南北朝时，其分支段、慕容、乞伏等部，曾先后在东北、华北、西北建立政权。原居今内蒙古呼伦贝尔盟的拓跋鲜卑建立北魏王朝，统一北方。语言习俗与乌桓相近，原以游牧狩猎为业，居无常处。后在汉族影响下，农业、手工业、商业等有所发展，至隋唐时，逐渐与汉族融合。

鲜卑单于 少数民族首领称号。西晋时，辽东鲜卑首领慕容涉归，以功被西晋政权拜为鲜卑单于。

鲜卑大单于 少数民族首领称号。西晋怀帝永嘉初，辽东鲜卑慕容廆自称鲜卑大单于。

鲜卑大都督 官名。晋代置。掌管鲜卑族事务。慕容廆曾任此职。东晋元帝建武元年（317）六月，与刘琨等一百八十人向司马睿上书劝进。

鲜卑山 相传古鲜卑族因居于此山得名。地望所指不一，或系鲜卑所徙而异。一说因在今内蒙古鄂伦春自治旗阿里河镇西北嘎仙洞发现北魏鲜卑石室，认为今大兴安岭北段为最早的鲜卑山。一说在今内蒙古科尔沁右翼中旗西，本地人称为蒙格。一说在今俄罗斯西伯利亚伊尔库茨克北、通古斯卡河南。

鲜卑仲吉（1188—1244） 金滦州（今河北滦县）人，字庆仲。金末权领永安军事。元太祖十年（1215），降蒙古军，任滦州节度使。后任右副元帅，从阿术鲁攻金。以功升河北等路汉军兵马都元帅、兴平路都元帅、右监军等职。

鲜水海 即今青海湖。《汉书·王莽传上》：羌豪良愿等种，“愿为内臣，献鲜水海”，即此。

鲜于琛 琛一作琮。南朝梁鄱阳（今江西波阳）人。常以神道惑众。入山采药，云拾得五色幡旄，又云于地中得石玺。大同元年（535），结门徒起兵，杀广晋令王筠，建号上愿元年，署置官属。有众万余人。为郡守陆襄所执。

鲜于璜碑 东汉碑刻。全称《汉故雁门太守鲜于君碑》。1973年于天津武清县高村出土。篆额隶书，碑正面有字十五行，背面有字十六行，共八百二十七字。碑文记叙鲜于璜一生行迹，附以四言韵语赞词。据载鲜于璜曾任度辽右司马，赣榆县令，安边节使，雁门太守等官职。桓帝延熹八年（165），其孙为之立碑，碑文从侧面反映了东汉政府与北方少数民族的关系，涉及匈奴、乌桓情况。

鲜于侁（1019—1087） 北宋阆州（治今四川阆中）人，字子骏。景祐进士。调栎阳主簿，历仕州县。熙宁初，除利州路转运判官，擢转运副使兼提举常平等事。时推行新法，他拒不散青苗钱，其余诸法则平心处之；又械治贪吏，不私姻戚。苏轼称其“上不害法，中不伤民，下不废亲”，以为“三难”。徙京东西路转运使，所荐刘挚等，多旧党知名者。元丰中知扬州，坐事罢。哲宗即位，起为京东路转运使，累迁左谏议大夫，议复制举、罢大理狱等事，多施行。以疾乞郡，出知陈州。专精经术，长于《楚辞》，著作不传。

鲜于枢（1256—1301） 元大都（今北京）人，字伯机，号困学山民、寄直老人。官至太常典簿。善书法，与赵孟頫齐名。草书名声尤著，存世墨迹有《淮父词》、《透光古镜歌》等。作画亦秀韵。能诗文，著有《困学斋集》、《困学斋杂录》。

鲜于修礼（？—526） 北魏时怀朔镇（今内蒙古固阳西）镇兵。丁零族。六镇之叛失败后，余众被置于冀、定、瀛三州就食，称降户。孝昌二年（526），率降户反于定州左人城（今河北唐县西北），建元鲁兴，与柔玄镇民杜洛周配合，众至十万。击败大都督长孙稚，进围瀛、定二州。为部将元洪业所杀，葛荣杀洪业并领其众。

鲜于仲通（693—755） 唐渔阳（治今天津蓟县）人，寄籍新政（今四川南部东南）。开元二十七年（739），任剑南道采访支使。天宝初，拜蜀郡大都督府长史兼御史中丞，持节充剑南副节度使。时杨国忠从军于蜀，不能归，他常资给之，并荐国忠于剑南节度使章仇兼琼，送归长安。国忠当政后，荐之为剑南节度使。因与南诏王阁罗凤不相得，于天宝十载（751），率兵攻南诏，军至曲靖。阁罗凤遣使谢罪，不应，进逼太和城。阁罗凤乞援于吐蕃，大败仲通军于西洱河。南诏自是归附吐蕃。国忠掩其败状，仍叙其战功荐为京兆尹。后被贬，卒于汉阳郡太守任所。著有《鲜于向集》十卷，今佚。

鲜虞 ❶春秋国名。在今河北正定县东北。《春秋》昭公十二年（前530）：“晋伐鲜虞”，春秋末改建中山国，即此。❷见“白狄”。

鲜虞中山国事表疆域图说 书名。清末王先谦撰。成于光绪七年(1881)。此书杂摭《世本》、《国语》、《国策》、《吕氏春秋》、《淮南子》、《水经》诸书有关春秋战国时中山国的记载,条其史迹,推求时日,按年代先后排列为表,起周景王八年(前537),迄赧王二十年(前295)。后附《中山疆域图》并说,对其国地名方位及今地所在均有考释。使中山国立国始末及版图大略得见。

鲜质 又译习尔之。契丹遥辇氏第五代可汗。在世时契丹逐渐强盛。辽代设遥辇九帐,鲜质可汗帐为其中之一。

暹罗馆 官署名。明清负责暹罗(今泰国)语言文字翻译的部门。明万历年间始置,设译字生、通事以掌其事,隶太常寺。清初沿置,隶翰林院。乾隆十三年(1748)省并入礼部。

孅犁 古族名。亦作新藜、纖离。原分布于今河北、山西境内,从事畜牧,后北迁。秦汉之交,为匈奴所并。

xián

闲丁 亦称舍余。清代指卫所中尚未担任漕运任务之壮丁。顺治十三年(1656)复准,除现运屯丁外,凡在卫闲丁、舍余,以十六岁为成丁,六十岁开除另补,均按丁纳银贴造漕船。十六年又复准,卫所舍余、闲丁,每名征银二钱。

闲厩使 使职名。唐圣历三年(700)二月置,掌仗内六厩,管理御用马匹,以受宠的殿中监充任,夺殿中省、太仆寺部分职权。开元初,闲厩马至万余匹,骆驼、巨象皆养,以驼、马隶之,殿中省尚乘局只名存而已。闲厩使押五坊,以供时狩:一为雕坊,二为鹘坊,三为鹞坊,四为鹰坊,五为狗坊。

闲居丛稿 书名。一名《顺斋先生闲居丛稿》。元蒲道源撰。二十六卷。道源字得之,号顺斋,皇庆中任国史院编修官,进国子博士。《丛稿》凡诗赋八卷,杂文十七卷,乐府一卷。初刻于元至正间,今传。

闲散 清代满洲、蒙古、汉军无出身而入仕者,称闲散。拜唐阿、亲军前锋、护军领催、马甲就文职者,出身与闲散同。闲散出身者不准考取中书、笔帖式。

闲散宗室 清制,奉恩将军以下无爵位之宗室称闲散宗室。十八岁以上,由宗人府汇题给四品顶戴,穿武职补服。

闲暇清论 书名。明唐万龄撰。十三卷。万龄,淮阴(今属江苏)人,约生活于明正德、隆庆年间。其中火龙卷记录大量火器、火药的制造方法和性能,为研究明火器发展提供了珍贵史料。今存明刻本,前有唐万龄序。

闲闲老人滏水文集 书名。金赵秉文撰。二十卷。秉文号闲闲老人。集中一些诗赋、策诰和碑铭,曾为《金史》编者参考引用。通行《四部丛刊》本。另有《九金人集》本,增"补遗"一卷。

闲闲录案 清乾隆朝文字狱。清江苏华亭县举人蔡显所著《闲闲录》记载戴名世以《南山集》被诛,钱名世因年羹尧案得罪事。集中有诗句:"风雨从所好,南北杳难分","莫教行化乌肠国,风雨龙王欲怒嗔"等。乾隆三十二年(1767),被人告发。高宗指斥为"有心隐跃其词,甘与恶逆之人为伍"。时蔡显已七十一岁,被处斩。除子女外,并株连门人、亲友及作序者、刻书者十七人。

闲止书堂集钞 书名。清陈梦雷撰。二卷。书成于康熙年间。是书以"绝交书"和"告都城隍文"最为著名,系清初陈、李(光地)一案中之罕见史料。他如作者在谪戍尚阳堡时的赋、书、传、序、杂文、诗也有一定的参考价值。全书门类清楚,均有细目。有康熙三十二年(1693)福建杨昭刻本等。

贤(?—62) 汉西域莎车王康之弟。建武九年(33)立。十四年,与鄯善王安同遣使至洛阳。十七年,请设都护。光武帝以其父子兄弟相约事汉,赐以西域都护印绶。后听敦煌太守裴遵不可假莎车王以大权之言,收还都护印绶,改赐汉大将军印绶。贤怨恨,仍诈称大都护,知汉都护不至,遂攻鄯善、龟兹、妫塞、大宛、于阗诸国,且杀害于阗、拘弥、姑墨、子合诸王。明帝永平四年(61),于阗王广德引诸国兵攻莎车,执贤,岁余杀之。

贤博编 书名。明叶权撰。不分卷。权字中甫,别号沙南,徽州休宁(今属安徽)人。屡试不第,游历吴越、燕赵、闽粤等地。是书记载其游历时耳闻目见及师友所述,内容广博,对研究嘉靖、隆庆间江南社会经济、倭乱及对外贸易等,颇有史料价值。附录之《游岭南记》,记述游历广东见闻。书刻于万历中,世罕流传。1981年《明史资料丛刊》第一辑据谢国桢藏本刊印。

贤督 古地名。见于《魏略·西戎传》。其地望主要有耶路撒冷、大马士革、克里特、叙利亚的安条克四说。应从第一说。

贤妃 妃嫔号。唐初始置,与贵妃、淑妃、德妃合称夫人,位第四,正一品。掌佐皇后论妇礼,于内无所不统。宋代位在皇后之下,为正一品夫人。金代为五妃之末,正一品。

贤觉帝师 即"波罗显胜"。

贤良 见"贤良方正"。

贤良祠 清代祭祀有功大臣之祠宇。建于雍正八年(1730)。在北京地安门外之西。凡王公大臣立功报效朝廷者得入祀,并各立小传记其生平事迹。有世宗御书"崇忠念旧"匾额。

贤良方正 选举科目。始于汉文帝前二年(前178),全称举贤良方正能直言极谏科。常与贤良文学并称。非岁举。三国、晋、北朝多行此制。唐、宋为制科重要科目,宋代曾列制科第一,称"大科"。汉代举贤良方正,对策者百人,有高下之分,却未有黜落,对者皆预选。唐代始对策一道,而有中与不中之别,中者往往十四五人或二十二三人。对策或天子临轩亲试,或试于中书,或进士、明经及第后再登制科,或由低级官应制科。另,宋代亦为贡举科目之一,由各路长官荐举或自行在原籍投状应试,一度改随礼部贡举,不准自荐。终宋一代,屡经废复。明代亦为荐举科目之一。太祖命举贤良方正,授以职官。宣德间,又诏天下布、按二司及府、州、县官举各一人。英宗即位,下令勿停选,应征者经考试后录用。清代改为孝廉方正。

贤良科 见"贤良方正"。

贤令山 在今广东阳山县北。因唐韩愈曾任阳山令得名。山上有唐代以来摩崖石刻,以韩愈手迹"千岩表"三字题刻最为著名。

贤识录 书名。明陆釴撰。一卷。釴字举之,号少石子,鄞县(今属浙江)人。正德进士。官至山东提学副使。是书记洪武间杂事,多采自《余冬序录》、《野记》、《客座新闻》、《草木子》诸书。

贤首大师 即"法藏"。

贤首国师 即"法藏"。

贤首山 在今河南信阳市西南七里。《资治通鉴》:南朝齐建武二年(495),魏攻义阳,王广之引兵救义阳,去城百余里,畏魏强,不敢进。别将萧衍率精兵"径上贤首山,去魏军数里";梁天监二年(503),魏将犯义阳,司州刺史蔡道恭"遣骁骑将军杨由帅城外居民三千余家保贤首山",均即此。

贤首宗 即"华严宗"。

贤书 本意指举荐贤能的名单。《周礼·地官·乡大夫》:"乡老及乡大夫群吏献贤能之书于王。"后世因称乡试考中为"登贤书"。

贤仪 官名。唐代内官。开元中置为六仪之一,一人,正二品,与淑仪、德仪、顺仪、婉仪、芳仪同掌教九御四德,率其属以赞后礼。

贤义王 明朝廷对瓦剌首领太平的封号。正一品勋阶。太平死,子捏烈忽袭封。正统时为脱欢所灭。

贤者喜宴 亦称《智者喜筵》。藏文史书。明巴俄祖拉陈瓦(1504—1566)著。成书于嘉靖四十三年(1564)。作者为噶举派洛札岱瓦宗拉垅寺转世二辈活佛。本书初刻本藏版于该寺,故又称为《洛札教法史》。全书木刻本七百九十一叶,共分十七大章(并为十二章),内容叙述吐蕃王室传承及佛教在藏族地区的传播、发展的历史。对印度、于阗、南诏、西夏、蒙古等地历史也有介绍。其中,以吐蕃王统之章最誉人口。书中录有古代碑刻、诏文及民间古谭、谣谚,且与敦煌本历史文书能相互印证,引起藏学界极大注意。噶玛噶举一章亦多罕见史料,与西夏宫廷往来之记载十分可贵,堪称信史。

弦 ❶周初封国。子爵,隗姓(一说姬姓)。在今河南光山县西北。春秋时为楚所灭。《春秋》僖公五年(前655):"楚人灭弦,弦子奔黄",即此。❷算学术语。(1)勾股形之斜边。详见"勾"。(2)圆周上两点的连线,弧田由它与弧组成。

弦高 春秋时郑国商人。郑穆公元年(前627),往周经商过滑(今河南偃师东南),遇袭郑之秦军,他假托君(郑穆公)名用四张皮革和十二头牛犒劳秦军,以示郑已知其军情,同时派人回郑告急。秦帅孟明以为郑已有备,遂领兵返秦。后郑穆公以存国之功赏之,他辞而不受。

弦蒲薮 在今陕西陇县西。《周礼·职方》:"正西曰雍州,其泽薮曰弦蒲。"《水经·渭水注》:"汧水出汧县之蒲谷乡弦中谷,决为弦蒲薮。"

弦纹 古代陶器或青铜器纹饰。系凸起或凹陷横线,环绕于器物表面。陶器多平行环绕多道,以形态分别称为凸弦纹或凹弦纹,多见于新石器时代。青铜器一般为一道至三道平行环绕,单独构成简单纹饰或与其他纹饰结合,盛行于商周时期。

弦准 以弦线发音来调校音高的标准器。或称律准,简称准。先秦的均钟,汉京房、北魏陈仲儒、五代后周王朴、明朱载堉所创制的准,以及南朝梁武帝的"四通十二笛",都属于弦准。它们的弦长、弦线密度虽不同,但其形制都似琴非琴、似瑟非瑟,多弦。

咸(鹹) 春秋卫地。即今河南濮阳县东南咸城。《春秋》僖公十三年(前647):"公会齐侯、宋公、陈侯、卫侯、陈伯、许男、曹伯于咸",即此。

咸安 晋简文帝年号(371—372)。凡二年。

咸安公主(?—806) 唐德宗女。贞元四年(788)唐与回纥和亲,以之妻回纥长寿天亲可汗,册为智慧端正长寿孝顺可敦。遣使护送,天亲可汗遣其妹骨咄禄毗伽公主及国相跌跌都督以下千余人出迎,执婿礼。夫死,从其俗,嫁顿莫贺前妻子多逻斯,又嫁孙阿啜(奉诚可汗)。阿啜死,其相骨咄禄嗣位,又再嫁骨咄禄为妻。卒于回鹘。改封燕国襄穆公主。

咸安宫官学 学校名。清雍正六年(1728)设于内务府。负责教授八旗官学生学习满汉文翻译及骑射技术。因设于西华门咸安宫,故名。设管理事务大臣、协理事务大臣、总裁、总管、翻译教习、弓箭教习、汉书教习等员。其学生,内务府三旗佐领下每旗十名,八旗满洲每旗十名,总共一百十名,分别习汉文及翻译。其要求为:凡闲散出身之学生,入学后十年之内,应取中生员;由贡生、监生挑补入学者,须在三届(每届三年)乡、会试内中式。否则咨回本旗。在学期间除供给生活及学习用品外,每月给银二两,每季另给米五石三斗,待遇优厚。

咸补海 又译俺巴孩。蒙古泰赤乌部首领。与成吉思汗曾祖葛不律为族兄弟,始以泰赤乌为氏。继葛不律之后被选为蒙古诸部联盟首领。因求婚于塔塔儿部,被塔塔儿人执送金朝处死。

咸淳 宋度宗年号(1265—1274)。凡十年。

咸淳仓 南宋粮仓。南宋末年行公田法,咸淳四年(1268),于"行在"临安府(今浙江杭州)建仓储公田租米,因称咸淳仓。

咸淳临安志 书名。南宋地方志。咸淳四年(1268)知临安府潜说友撰。说友,字君高,处州缙云(今属浙江)人。临安,府名,南宋行在,治今浙江杭州市。原书一百卷,今存九十五卷。宋刊本在明成化年间尚多完好,后逐渐散佚。宋本初归浙江海盐胡氏、江苏常熟毛氏(子晋)所藏,后皆归朱彝尊(竹垞),存八十卷,合朱氏抄补十三卷,亦仅九十三卷。缺卷六十四至六十六《人物》,卷九十、九十八、九十九《纪文》,卷一百《历代碑刻目》等七卷。鲍廷博(以文)多方搜补了六十五、六十六两卷,为朱本所无,即今存九十五卷本。志首列《行在所录》(卷一至卷十五),记宫阙、郊庙、官署、苑囿、馆驿、赋咏、学校等,次列《疆域》、《山川》、《诏令》、《秩官》、《官寺》、《文事》、《武备》、《风土》、《贡赋》、《人物》、《祠祀》、《寺观》、《园亭》、《古迹》、《冢墓》、《恤民》、《祥异》、《纪遗》、《历代碑刻目》等门(卷十六至卷一百)。每门各有子目,有图有表。以《乾道临安志》、《淳祐临安志》为基础,加以扩充。征引宏富,辩论精核,颇有条理。朱彝尊称其为宋人志乘之最详者。明人作西湖诸志,多取材于此。今通行者清道光十二年(1832)钱塘汪氏振绮堂仿宋重刻本,较全(附有《札记》三卷)。

咸丰 清文宗年号(1851—1861)。凡十一年。

咸丰朝筹办夷务始末 书名。清贾桢等纂辑。八十卷。自道光三十年(1850)正月起,至咸丰十一年(1861)七月止。体例如《道光朝筹办夷务始末》。凡上谕廷寄、臣僚奏章及中外照会等,其有对外交涉者,悉编年纪月,按日详载。第二次鸦片战争期间的重要史事,皆有记录。是书撰成于同治六年(1867),资料较为丰富。

咸丰帝 即"清文宗"。

咸丰门 北宋东京城(今河南开封市)外城西面广济河上水门。靖康初,金人犯咸丰门,即此。

咸丰县 清雍正十三年(1735)改大田巡司置,并以改流之唐崖、龙潭、金峒三土司地益之,隶施南府。今属湖北。

咸丰象山粤氛纪实 书名。清王莳蕙撰。一卷。咸丰十一年(1861)十一月太平军将领张得胜等率军入象山城,次年四月撤去。十七年后,王氏追忆当时亲历目睹者成此编。详记张氏及其继任潘世忠、顾廷菁居象山治事始末。虽多贬词,然对太平军纪律严明,百姓拥戴,自冬徂春耕作如故等史实有所记载,并称张氏治军严整。是记录太平军革命活动的有价值的史料。多以抄本流传。

咸丰以来功臣别传 即"中兴将帅别传"。

咸和 年号。(1)晋成帝年号(326—334)。凡九年。(2)渤海王大彝震年号(830—857)。凡二十八年。

咸和苑 官署名。明永乐五年(1407)置。北京苑马寺六监二十四苑之一,属清河监。设圉长一人,从九品,下分各群,设群长,掌牧养马匹,以备军需。十八年并入太仆寺。参见"清河监"。

咸黑 又作咸墨。相传为帝喾时乐人,帝喾曾命其作声歌(《吕氏春秋·古乐》)。

咸亨 唐高宗年号(670—674)。凡五年。

咸驩县 西汉置。治今越南义静省演州县西。属九真郡。三国吴末属九德郡。隋属日南郡。唐武德五年(622)于县置驩州(后改名演州)。天宝二年(743)改为怀驩县。《水经·温水注》:"咸驩已南,麞麂满冈,鸣咆命畴,警啸聒野,孔雀飞翔,蔽日笼山。"

咸康 年号。(1)晋成帝年号(335—342)。凡八年。(2)前蜀后主王衍年号(925)。

咸康元宝 铜币名。五代前蜀咸康元年(925)铸。径七分,重三铢三参,形制粗恶。一云重五铢。

咸宁 年号。(1)晋武帝年号(275—280)。凡六年。(2)十六国后凉吕纂年号(399—401)。凡三年。

咸宁县 ❶北宋景德四年(1007)改永安县置。治今湖北咸宁市。属鄂州。元属武昌路,明清属武昌府。❷唐天宝七载(748)以万年县改名,与长安县同城而治,即今陕西西安市。辖今西安市东部地区。乾元元年(758)复为万年县。五代梁改为大年县,唐复为万年县。北宋宣和七年(1125)改为樊川县。金复为咸宁县。1914年并入长安县。历与长安县同为京兆府、奉元路、西安府治。

咸平 宋真宗年号(998—1003)。凡六年。

咸平府 金天德二年(1150)升咸州置。治平郭县(今辽宁开原市北老城镇)。属咸平路,辖境相当今辽宁开原、铁岭、昌图等市县地。元至正二年(1342)降为咸平县。

咸平路 金地方建置。辽为东京道咸州。金初置咸州路都统司。天德二年(1150)升为咸平府,后升为路。治咸平府(治今辽宁开原市北)。辖境相当今辽宁北部铁岭以北辽河流域地。金末废。

咸平圣政录 书名。宋钱惟演撰。二卷。咸平六年(1003)八月奏上。已佚。

咸平县 ❶北宋咸平五年(1002)以通许镇置。治今河南通许县。属开封府。金大定二十九年(1189)改名通许县。❷辽开泰时置。治今辽宁开原市北老城镇。为咸州治。金大定七年改名平郭县。为咸平府治。元至正二年(1342)又降咸平府为县。明初废。

咸清 西辽感天皇后年号(1144—1150)。凡七年。

咸丘 春秋鲁地。在今山东巨野县南。《春秋》桓公七年(前705):"焚咸丘",即此。

咸水港 一作盐水港。即今台湾台南县西北盐水镇驻地。原为急水溪水运河港,清时商贾辐集,为台湾西海岸仅次于北港(笨港)之大镇。光绪以来溪水淤浅,街市衰落,中心地南移,近河港处已非昔日之繁荣,大半沦为农田。

咸通 唐懿宗年号(860—874)。凡十五年。

咸通解围录 书名。一作《咸通庚寅解围录》。唐张云撰。一卷。记述咸通十一年(870)二月,唐军民击退南诏围攻成都城事件经过。已佚。《资治通鉴考异》有征引。

咸通玄宝 铜币名。唐咸通十一年(870)铸。止行于桂阳一地,留传极少。

咸同贵州军事史 书名。清凌惕安撰。全书分五篇,九十二章,约六十万字。记咸丰四年(1854)至同治十二年(1873)间贵州汉、苗、回等各族农民起义,以及清廷派兵镇压的史实。纪事本末体,所引辑资料较全,记叙亦比较客观,具有一定参考价值。1932年贵州慈惠图书馆出版,上海中华书局聚珍仿宋版印。

咸同野获编 书名。清徐元华撰。稿本。记咸丰六年(1856)至同治十二年(1873)清军镇压云南回民起义事,大都为作者耳闻目见。收入《中国近代史资料丛刊·回民起义》。

咸熙 三国魏元帝年号(264—265)。凡二年。

咸宣(?—前102) 西汉河东杨(今山西洪洞东南)人。以佐史给事河东守。稍迁至御史、御史中丞。奉命治主父偃及淮南反狱,微文深诋,杀戮甚众。数废数起,为御史及中丞几近二十年。治尚细苛。后为右扶风,因使郿令将吏卒阑入上林杀其吏成信,射中苑门,坐为大逆,遂自杀。

咸阳 在今陕西咸阳市东北窑店附近。因位于九嵕山之南、渭水之北,在山水之阳,故名。战国秦孝公十二年(前350)自栎阳迁都于此。秦始皇统一六国期间,每灭一国,则"写放其宫室,作之咸阳北阪上"(《史记·秦始皇本纪》)。后又迁天下豪富十二万户于此,大造宫殿,都城规模更为扩大。秦亡,为项羽焚毁。

咸阳宫 秦国宫名。秦始皇统一六国前,即在渭水北岸仿六国式样广筑宫室,后又作离宫于渭水南北,以象天宫。渭水南为兴乐宫,北为咸阳宫。咸阳宫因北陵为殿,端门四达,穷极奢侈。时咸阳北至九嵕、甘泉,南至户、杜,东达于河,西抵汧渭交汇处(今宝鸡以西),东西八百里,南北四百里。其间离宫别馆,相望连属。后项羽屠咸阳,悉附一炬,火三月不绝。

咸阳郡 十六国前秦苻坚置。治今陕西咸阳市东北。北魏太和二十年(496)移治池阳县(今泾阳县),属雍州。隋开皇初废。

咸阳桥 唐时因在咸阳县西南,长安城西渭水上,且与长安城便门相对,故名咸阳桥,亦名西渭桥或便桥。在今陕西咸阳市西南渭水上。杜甫《兵车行》:"尘埃不见咸阳桥",即此。

咸阳县 ❶战国秦置。在今陕西咸阳市东北窑店附近,秦国都此。汉王元年(前206)改为新城县,旋废。武帝复置,改为渭城县。❷隋开皇九年(589)以泾阳县改名。治今陕西泾阳县。属雍州。十一年移治今咸阳市东北。大业三年(607)废。唐初复置。仍属雍州。开元元年(713)属京兆府。元属奉元路。明洪武四年(1371)移治今咸阳市。明清皆属西安府。

咸宜 即今陕西陇县西咸宜关。《资治通鉴》:五代梁贞明六年(920),蜀将王宗俦等伐岐,"出故关,壁于咸宜",即此。明正统中置关,移巡检司于此。

咸应渠 在唐关内道丰州九原(今内蒙古五原西南)。贞元中,丰州刺史李景略见边塞苦寒,地多堉卤,乃修咸应、永清二渠,溉田数百顷。

咸雍 辽道宗年号(1065—1074)。凡十年。

咸雍通宝 辽铜钱。圆形方孔,汉字,铸于辽道宗咸雍年间。

咸真 官名。北魏置。《南齐书·魏虏传》:"诸州乘驿人为咸真。"此系南朝人对北魏鲜卑语官名的音译。

咸州 辽开泰八年(1019)置。治咸平(今开原市北老城镇),辖境相当今辽宁开原市一带,金初改为咸州路。

咸州路 金初以辽咸州置。治咸平(后改平郭,今辽宁开原市北老城镇)。辖境相当今辽宁开原、铁岭、昌图、康平等市、县及吉林四平市附近地区。天德二年(1150)升为咸平府。

咸子关 在今越南海兴省快州西北,为东南海陆要冲。明永乐五年(1407),张辅等追胡朝军于胶水县闷海口,地下湿不可驻,乃阳为班师,至咸子关,令柳升守之,即此。

幭县 幭一作惤(《续汉书·郡国志》)、掔(《宋书·州郡志》)。西汉置。在今山东龙口市西南。《说文》:"幭,布也,出东莱。"县当以产幭布得名。有盐官。东汉为侯国。魏晋复为县。《晋书·惠帝纪》:光熙元年(306),"东莱幭令刘柏根反,自称幭公,袭临淄",即此。汉至南朝宋属东莱郡或东莱国,北魏、东魏属东牟郡。北齐天保七年(556),并入黄县。

衔 ❶官吏阶位。如官衔、军衔。《正字通》:"衔,官吏阶位曰衔。《语林》曰:'近代选曹补授,先具旧官于前,次官拟官于后,新旧相衔也。'"❷古代马具。俗称马嚼子。一般以青铜铸成,作条状,两根以环相连接,两端又各有圆环,置于马口内,两端圆环与镳相接。盛行于商周时期。个别有铭文。

衔枚 古代军事用语。枚,形如筷子,横衔口中,两端有带系于项上,使不能说话。古代行军袭敌时,令士卒衔枚,以防喧哗。《周礼·夏官·大司马》:"徒衔枚而进。"《六韬·虎韬·必出》:"设衔枚夜出。"《吴子·应变》:"两军衔枚或左或右而袭其处。"

衔枚氏 官名。《周礼》秋官之属。掌禁喧哗。

衔牌 表示官员职衔之牌。木质朱漆。为官者均以金字书官衔于其上。平时置于官署门前,出行及举行礼仪时持作前导,以示威荣。

xiǎn

彡姐羌 古族名。西汉时西羌的一支。因分布于陇西郡境,又称陇西彡姐羌。永光三年(前42)联合七种羌反,为汉将冯奉世所败。

狝 田猎名。行于秋季,兼有习武之意。见《左传·隐公五年》及《尔雅·释天》等。

冼夫人(约512—约602) 冼一作洗。南朝梁、隋间高凉郡(今广东阳江西)人。俚人。其先为粤西北区首领。出嫁前即能抚服部众,行军用师。曾说服胞兄南梁州刺史对海南岛儋耳诸郡土著勿使用武力,以故来归者千余洞。梁大同初,嫁高凉太守冯宝。宝卒,助陈统一岭南。永定二年(558),遣其子率当地各族首领朝陈武帝。后以击败反陈的广州刺史欧阳纥,封石龙太夫人。隋开皇九年(589),迎隋将韦洸入广州,因功命统辖六州。不久,助隋平番禺俚帅王仲宣叛乱,并陪隋招抚专使裴矩巡察各州。封谯国夫人,开府置吏。卒后追封诚敬夫人,葬于今广东电白县北。

显大夫 战国秦国泛指名显于王及年俸六百石

以上的高级官吏。《睡虎地秦墓竹简·法律答问》:"可(何)谓'宦者显大夫'? 宦及智(知)于王,及六百石吏以上,皆为'显大夫'。"

显道 西夏年号。夏景宗元昊称帝前,党项原用宋年号,宋明道元年(1032),元昊以避父李德明讳为由,改"明"为"显",成为西夏年号(1032—1034),凡三年。

显德 五代后周太祖郭威年号(954)。世宗柴荣、恭帝柴宗训沿用(954—960)。三世凡七年。

显德殿 隋唐都城长安宫殿。又名嘉德殿。建于隋。唐武德九年(626),李世民(太宗)即帝位于此殿,并常引诸卫将卒于此习射。高宗时,避太子李显讳,改称明德殿。

显德府 渤海国置,建号中京。治显州(今吉林敦化市南敖东城,一说即吉林桦甸市东北苏密城,又说即吉林和龙市西古城子)。辖境约当今吉林敦化、桦甸、蛟河以东至汪清一带。辽废。

显教 与"密教"相对。系密教称其他佛教各派的教义为"应身佛"(释迦牟尼)公开宣说(显)之教,故名。

显节陵 东汉明帝刘庄陵墓。位于今河南洛阳市东。永平十八年(75)秋八月明帝卒,葬此。《后汉书·章帝纪》李贤注引《帝王纪》曰:"显节陵方三百步,高八丈。"

显美县 西汉置。治今甘肃永昌县东。属张掖郡。东汉改属武威郡。《资治通鉴》:三国魏黄初二年(221),凉州刺史张既破卢水胡于此。北周废。

显谟阁 宋代阁名。元符元年(1098)建,以收藏神宗御制文集。建中靖国元年(1101)曾一度改名熙明阁,旋复旧称,同年置学士、直学士、待制等贴职。南宋复于临安府建。

显谟阁待制 官名。北宋建中靖国元年(1101)置,属侍从贴职。后定为从四品。南宋因之。

显谟阁学士 官名。北宋建中靖国元年(1101)置,属侍从贴职。后定为正三品。南宋因之。

显谟阁直学士 官名。北宋建中靖国元年(1101)置,为侍从贴职。后定为从三品。南宋因之。

显亲县 东汉置。治今甘肃秦安县西北。属汉阳郡。西晋改为显新县。属天水郡。十六国至北魏初复改为显亲县。太平真君八年(447)并入安夷县。后复置。北周废。

显庆 唐高宗李治年号(656—661)。凡六年。唐人讳中宗李显名,亦作明庆。

显庆礼 唐礼仪法典。制定于高宗时期。参见"唐礼"。

显圣 唐时史朝义年号(761—763)。凡三年。

显文阁 南宋阁名。咸淳元年(1265)置,以收藏理宗御制。设学士、直学士、待制等贴职。

显武将军 武散官名。金元皆置,三十四阶之第十七阶。金从五品中。元从四品,宣授。明沿置,为武官从四品升授。

显学 ❶先秦时期影响较大的学说、学派。《韩非子·显学》:"世之显学,儒、墨也。儒之所至,孔丘也;墨之所至,墨翟也。"后世遂称有影响之主流学说、学派为显学。❷《韩非子》篇名。韩非概述儒、墨显学的篇章。从参验论出发,抨击儒墨"明据先王,必定尧舜",为"愚诬之学,杂反之行"。提出"举事实,去无用,不道仁义"的政治主张和"宰相必起于州部,猛将必发于卒伍"的用人主张。

显志堂稿 书名。清冯桂芬撰。十二卷。分为序、记、书、传、碑铭、疏、议、跋等类。有关史学的论著有:《宗法论》、《明纪序》、《校邠庐抗议自序》、《滇南事实序》、《王兰史刺史自订年谱序》等。其中涉及中国近代史实的有:《江苏减赋记》、《上海守城记》、《皖水迎师记》、《沪城会防记》、《续郡志记兵》、《耒阳纪闻》、《上海纪事》及《拟遣弁赍饷驰迎向帅启》、《公启曾协揆》、《启李宫保论减赋》、《与当事论捐办防堵书》等。有光绪二年(1876)校邠庐刊本。

显州 ❶北魏永安中置。治六壁城(今山西孝义市西六壁)。后废。❷西魏置。治阳周县(今甘肃正宁县南)。北周废。❸北周天和三年(568)置。治陈仓县(今陕西宝鸡市东、渭河北岸)。建德六年(577)废。❹北齐以廓州改名。治石城县(今山西原平市北崞阳镇)。北周废。❺隋开皇五年(585)改淮州置。治比阳(今河南泌阳县)。大业初改置淮安郡。唐武德四年(621)复置显州,贞观九年(635)改为唐州。❻渤海国置。治今吉林敦化市南敖东城(一说即今吉林桦甸市东北苏密城或和龙市西古城子)。辽废。❼辽世宗为奉显陵置。治奉先县(今北宁市西南北镇庙)。辖境相当今辽宁北宁市及其东南地区。金天辅七年(1123)升为广宁府,移治山东县(今北宁市)。显陵在州西北医巫闾山,即阿保机长子东丹王图欲(世宗父)墓。

洗夫人 即"冼夫人"。

洗马 官名。(1)汉代诸侯王国属官,东汉省。(2)太子属官。秦始置。时亦作先马,掌宾赞受事,太子出行则为前导。西汉属太子太傅、少傅,秩比六百石,员十六人。东汉属太子少傅。三国魏因之,七品。蜀亦置。晋置八员,七品,为太子詹事属官。南朝因之,宋七品,秩比六百石;梁置八员,六班,隶詹事所辖典经局;陈六品,秩六百石。北魏太和十七年(493)定为从四品上,二十三年改从五品上。北齐置八员,从五品上,属詹事府典书坊所辖典经坊。隋隶太子门下坊司经局,从五品上,初置四人,大业三年(607)减二人。唐因之,员二人,从五品下,掌经籍,出入侍从。龙朔二年(662)改司经大夫,三年改桂坊大夫,咸亨元年(670)复旧名。北宋前期用为五品寄禄官,元丰改制换通直郎。辽为南面朝官,隶司经局。明为詹事府司经局长官,从五品,掌收贮经史,刊辑图书,立正本、副本、贮本,以备进览。后不掌本职,仅为翰林官迁转之阶。清顺治九年(1652)沿置,十五年罢,康熙十四年(1675)复置。掌经籍、典制、图书刊刻、收藏之事。满、汉各一人,从五品,汉员兼翰林院修撰衔。光绪二十八年(1902),詹事府并入翰林院,遂废。

险渎县 西汉置。治今辽宁台安县东南。属辽东郡。东汉末废。

猃狁 古族名。居于周之西北,为周之劲敌,与薰育为同族。猃狁之称见于周懿王至宣王之间,以厉王、宣王时侵扰最甚。

xiàn

县 ❶地方行政区划。古称邦畿千里之地为县。春秋时期,秦、晋、楚等大国常于新兼并得地置县。其后,逐渐推广到内地。王畿内都邑为县,诸侯境内亦置。新兼并边远之地县大于郡,战国时期逐渐形成郡、县两级。秦统一后确立郡县制,以郡统县,为后代因袭。秦汉时期,万户以上县置令,不及万户县置长,皆以丞、尉为长吏。魏晋南北朝沿置,为州、郡、县三级,或置令、置长。唐代改以县隶府(州),分赤、畿、望、紧、上、中、下七等,皆置令,以丞副之。五代以后,或隶于府(州)、军、监、厅。宋代多以京朝官、三班使臣等任其事,称知县事或简称知县。辽、金置令。元代则置达鲁花赤,以县尹为副。明清置知县。辛亥革命后直隶于省、特别区。建国后,或直隶于省、自治区、直辖市,或隶于自治州、省辖市、地级市。❷古代帝王所居,并直辖之地,即王畿称县。《礼记·王制》:"天子之县内,方百里之国九。七十里之国二十有一,五十里之国六十有三。"郑玄注:"县内,夏时天子所居州界名也。"

县伯 ❶爵名。晋、南北朝、隋、唐、宋常为开国县伯简称。金置,位郡侯下,正、从四品,章宗改郡伯。❷官署名。西魏、北周置,属地官府民部。以县伯中大夫为长官,掌本方事务。下设小县伯下大夫、小县伯上士、小县伯中士以佐其职,领县大夫下大夫等属。

县钞 见"税钞"。

县丞 官名。战国始置,为县令之副,助掌县政。秦汉沿置,通常为一员,秩四百石至二百石,由朝廷任命,主掌文书及仓狱诸事。三国魏大县丞秩四百石、八品,余为九品。晋同。南朝宋皆九品,不常置。梁置。北齐皆从九品上。北周万年县置。隋唐依县等级置一至二人,阶由从七品至从九品不等。宋代于天圣四年(1026)始置,以有出身幕职、令录充任。辽亦置。金赤县丞正八品,剧县丞正九品,元代上县丞正八品。金、元中县以下不设。明代正八品,分知县政,掌粮马、巡捕之事,编户不及二十里之县不置。清代一般为每县置一人,正八品,事简之县或不置。

县大夫 官名。春秋时置,掌一县政令之长官。《左传·襄公三十年》:"赵孟问其县大夫,则其属也。"《史记·赵世家》:"晋顷公之十二年,六卿以法诛公族祁氏、羊舌氏,分其邑为十县,六卿各令其族为之大夫。"

县工 官署名。主管官营手工业机构。《睡虎地秦墓竹简·秦律杂抄》:"县工新献,殿,赀啬夫一甲。"

县公 ❶官名。春秋楚置,掌一县政令。《左传·昭公十一年》:"楚子城陈、蔡,不羹。使弃疾为蔡公。"❷爵名。春秋时楚国县大夫僭称。《左传·宣公十一年》:"诸侯县公,皆庆寡人。"杜预注:"楚僭王,故县大夫亦僭公。"南北朝、隋、唐、宋,常为开国县公简称。

县公主 东汉皇女之封号。《后汉书·皇后纪》:"皇女皆封县公主,仪服同列侯。"诸王女皆封乡、亭公主,仪服同乡、亭侯,然章帝曾特封东平宪王刘苍、琅邪孝王刘京女为县公主。

县官 ❶指官府、朝廷。《史记·范雎蔡泽列传》:"收穰侯之印,使归陶,因使县官给车牛以徙。"❷县府官吏统称。《睡虎地秦墓竹简·语书》:"又且课县官,独多犯令而令、丞弗得者,以令、丞闻。"注:"课,考核;县官,县中官吏。"后世亦作为州县官吏的统称。❸指皇帝。《史记·绛侯周勃世家》:"庸知其盗买县官器。"司马贞索隐:"县官谓天子也。所以谓官为国家者,《夏官》王畿内县即国郡也。王者官天下,故曰县官也。"

县侯 ❶爵名。(1)东汉置,为侯爵中最高爵位。西汉列侯所食邑或尽一县,或止一乡一亭,在行政建制上皆别于故县而独立为侯国,在爵位上并无尊卑之别。东汉侯爵依封有县侯、都乡侯、乡侯、都亭侯、亭侯之等级差别。皆不由旧县划出,另行立国,但按其户数享受租税。封邑户数相当于县一级者,即称为县侯。三国魏为第七等爵,位男下、乡侯上。晋定位开国县男下,三品。南朝宋因之。北齐置散县侯,位开国县侯下,高于开国县伯,三品。(2)南北朝、隋、唐、宋常为开国县侯简称。❷知县别称。

县甲 清代知县之别称。

县君 命妇封号。始见于南北朝,历代沿置。用以封皇后母、县公之妻及高官母、妻。北周位郡君下。唐、五代外命妇封五品官员之妻,内命妇封三品、四品官员之妻。其母则加"太"字。不因夫、子得封,称某品县君。宋代沿置,封左右庶子、少卿监、诸行郎中、国子司业、三京少尹、赤县令、太子少詹事、左右谕德、诸卫将军、刺史、下都护、下都督、太子家令、太子率更令、太子仆等官之妻。金代定以四品文散官少中大夫、武散官怀远大将军以上母妻得封。章宗改原郡君为郡侯夫人,改县君为郡君。明代定为郡王曾孙女封号。清代为格格封授的第四等,封贝子嫡长女及郡王侧福晋所生之女,品级、待遇同镇国公夫人。

县令 官名。简称令。为县级行政机构长官。战国时三晋(韩、赵、魏)和秦、齐已称令。秦商鞅变法,"集小乡邑聚为县,置令、丞,凡三十一县"(《史记·商君列传》)。县令本直隶于国君,战国末年,郡县两级制形成,县属于郡,县令成为郡守的下属。秦始皇统一六国后,在全国确立郡县制度。万户以上的县设令,秩千石至六百石。汉承秦制,略有小异,如边地县不满万户亦称令。职掌一县政务。《后汉书·百官志》本注:"皆掌治民,显善劝义,禁奸罚恶,理讼平贼,恤民时务,秋冬集课,上计于所属郡国。"佐官有丞、尉,由中央任命。属吏则有诸曹掾、史、书佐等,由令、长自署。魏、晋、南北朝承秦汉之制,其长官治千户以上大县者称令,不足千户之县为长。然南朝边境、少数民族之县数百户乃至数十户亦有置令者。秩位自六品至九品不等。总理一县政务,既可决狱,又能掌兵,故常带杂号将军名。其任职者身分不一,大多由州、郡僚佐迁升就任,为前代所罕见。隋、唐、五代,秩自正五品上至从七品下,有七等之差。宋为选人阶官名,后改通事郎。别置县令为职事官。常以带京朝官、选人、三班使臣等阶官或试衔者任职,称知县事,简称知县。金赤县令从六品,剧县令正七品,其他从七品。元代改称县尹。明末李自成农民军政府设。崇祯十六年(1643),在襄阳,改原知县为县令,其职掌仍因袭明代。曾于湖北、河南、陕西、山东等地遍设。清代为知县别称。

县马 宋宗室女封县主者,谓其夫为县马。

县男 爵名。晋、南北朝、隋、唐、宋常为开国县男简称。金置为从五品爵,食邑三百户,无实封。元代从五品,止用于封赠。明初为五等爵之一,以封建国前战死诸臣,后不设。

县啬夫 官名。亦称大啬夫。战国时秦、楚等国置。《睡虎地秦墓竹简》中《秦律十八种》之《仓律》、《效》及《效律》等篇均有"县啬夫若丞及仓、乡相杂以印之"等数语。据近人研究,有谓县啬夫即县令、县长,也有谓县啬夫与县令、县长不能混为一谈,县啬夫地位次于县令,而高于丞尉。从秦简中所反映之史实看,县啬夫职权范围比县令、县长较专、较窄,管辖各级各类啬夫、管理戍边事宜、传达和执行法令以及防火、防盗等警戒任务。二说中似以后说为长。

县师 官名。周代置,为县大夫属官,掌县邑地域田亩、人口数、赋役征催等事。《左传·襄公三十年》:"以为绛县师。"杜预注:"县师掌地域,辨其夫家人民。"《周礼·地官·序官》:"县师上士二人,中士四人。"郑玄注:"主天下土地人民已下之数,征野赋贡边。名曰县师者,自六乡以至邦国,县居中焉。"

县士 官名。《周礼》秋官之属。掌郊野县邑民众狱讼。

县试 ❶金代科举考试的初级考试。又称乡试。参见"乡试"。❷清代童生试的第一阶段考试。由各县(或州)长官主持。应试童生需向本县(或州)署礼房报名,填写姓名、籍贯、年龄及三代履历,出继者兼写本生三代,并须同考之五人互保,并取本县认保廪生保结,保证实无冒籍、匿丧、顶替、假捏姓名,身家清白,非倡优皂隶之子孙等,方许应试。试期多在二月。一般考五场:第一场为正场,试四书文二篇,五言六韵试帖诗一首。被录取者是否继续参加以下各场考试,听凭自愿。县试虽为五场,实际以第一场为主。县试录取名额,初为入学名额的三倍,康熙三十九年(1700)后不限。县试合格者方可参加第二阶段的府试。

县司空 官名。战国时秦国已置。司空掌土木工程营建,因战国时工程多用刑徒,故司空亦为主刑徒之官。县司空掌管县里刑徒劳作事务。《睡虎地秦墓竹简·秦律杂抄》:"戍者城及补城,令姑(嫴)堵一岁,所城有坏者,县司空署君子将者,赀各一甲。"

县司马 官名。掌一县军马。战国时秦置。《睡虎地秦墓竹简·秦律杂抄》:"募马五尺八寸以上,不胜任,奔挚(絷)不如令,县司马赀二甲,令、丞各一甲。"

县太君 命妇封号。唐代内命妇,以三、四品母为县太君,正五品。外命妇,以五品母为县太君。宋沿唐制,以左右庶子、少卿、少监、诸行郎中、国子司业、三京少尹、赤县令、太子少詹事、左右谕德、诸卫将军、刺史、下都护、下都督、太子家令、太子率更令、太子仆等官之母,并封县太君。政和二年(1112)重定命妇封号,废。

县尉 官名。(1)始于战国,为县之佐官。掌一县之军事。《商君书·境内》:"爵吏而为县尉,则赐虏六,加五千六百。"高亨注:"县尉,官名,掌一县的兵政。"秦汉置,大县二人,小县一人,秩四百石至二百石。由朝廷任命,职掌军事治安事宜。主要属吏有尉史、尉从佐。三国魏同。晋以后京师畿县置六部尉、经途尉。余县同魏制。北朝仅畿县置。隋、唐、五代掌课调征收,判司户、司法等曹事务。隋炀帝一度改县正、书佐。唐代设置,因县之等级而有差,少则一人,多至六人,自从八品下至从九品下不同。通常为入仕者初迁之官,京畿县尉尤为显重,入朝可授郎官、御史等职。宋于建隆三年(962)始置。掌统辖弓手,维持本县治安。南宋沿边诸县并兼巡捉私茶、盐、矾。辽、金、元均设。金代赤县尉正八品,其他正九品。下县以主簿兼领。元代县尉从九品,民少事简之地则以簿兼尉。(2)明清为典史别称。

县学 学校名。古代设于县的地方官办学校。自汉代始,郡县均设学校,时郡国称学,县称校。魏、晋、南北朝沿置。隋文帝时曾废县学,炀帝复置。唐代每县皆置,学生名额为京县五十人,上县四十人,中县、中下县三十五人,下县二十人,均由该县长官选拔。毕业生员经州试后送尚书省参加考试。开元七年(719),玄宗下令从州县学中选拔若干生员入四门学为俊士。宋代各县均置学,徽宗崇宁三年(1104)始定增养弟子员,大县五十人,中县四十人,小县三十人,并行三舍法,县学上舍生经考试合格可升州学外舍。宣和三年(1121)罢天下州县学三舍法。辽代县学设博士、助教,掌教学事。元代的县学设教谕一员,掌教儒家经典。生徒肄业期满,经地方官推荐,并经考核,或用为教官,或取为吏属。明洪武二年(1369)亦置,设教谕一员,训导二员,定生员为二十人。凡经童生试合格者方可入学。宣德中定制,县学增加二十人,称增广生员。生员经岁考、科考合格,方许赴乡试。清沿置,设教谕、训导各一员,入学名额初定为二十人,后屡有增广。其余一依明制。元以后,与府学、州学并称为儒学。

县役 宋代职役的一种。县役为各县吏人、公人,名目繁多,如前后押司、录事、前行、后行、贴司、书手等,分任各项实际事务或各种杂事。

县尹 官名。(1)一县之长。春秋楚国置,简称尹。《左传·襄公二十六年》:"此子为穿封戌,方城外之县尹也。"(2)元地方官。诸县汉人长官。大都路总管府所辖宛平、大兴两县县尹正六品,上县从六品,中县正七品,下县从七品。

县宰 官名。春秋时鲁、卫等国县邑之长,即秦之县令。新莽亦改县令(长)为县宰。

县长 官名。秦置,为万户以下县之行政长官,秩五百石至三百石。两汉、三国魏、晋、南北朝沿置。北魏初、隋代县有令有长。至唐代置令,不再分令、长。参见"县令"。

县正 官名。(1)《周礼》地官之属,位次遂大夫。《周礼·地官·县正》:"各掌其县之政令征比,以颁田里,以分职事。掌其治讼,趋其稼事而赏罚之。"(2)隋代郡县属员。郡置县正,县置正。开皇三年(583)不治事,谓乡官。十五年罢。大业三年(607),改县尉为县正。唐武德元年(618),改书佐为县尉,旋又改为县正,七年复为县尉。

县正堂 封建时代的知府、知州、知县是地方长官,其正式办公处为衙署的大堂,因此称为正堂。县官所出的文告中有时用此作知县的代称。

县志 记载一县事迹的方志。宋、元、明、清直至民国,历代都修县志,清代并曾规定每隔六十年地方官必须修一次。县志是供修省志乃至国史的采辑参考,所以全国各县都有县志,而且有各时期的县志,以清代为最多。现存县志中以元王仁辅撰《无锡县志》、明康海撰《武功县志》为较早。

县主 ❶皇族女子封号。东汉皇女皆封县公主。南朝宋诸王女封县主。唐代亲王女为县主,视正二品。宋代为命妇第五等,位郡主下。明代为郡王女之封号。清代为格格封授的第二等,郡王嫡出女得受此封,品同贝勒夫人。❷县令的尊称。

县主簿 官名。县衙主要佐官。汉、晋时期,例由令、长自行辟署。隋炀帝时诸县遍置。唐代京县置二人,其余则置一人,初以流外充任。唐高宗始定其为品官,京县从八品上,下县从九品上,掌勾稽县署簿籍,纠察县衙违非。北宋千户以上县置,四百户以上至千户县以县令知主簿事,四百户以下县以主簿兼知县事。元丰改制,定赤县主簿从八品,京畿县正九品,余县从九品。南宋沿制,不置丞者则兼丞事,掌出纳官物、销注簿书。辽置,由政事省差注。金各县皆置,均同,为正九品。元亦置,或兼县尉事。明清诸县多置,正九品,与县丞分掌粮马、巡捕等事。

县子 爵名。晋代、南北朝、唐代多为开国县子简称。金代正五品,食邑五百户,无实封。元代止用于封赠。明初为五等爵之一,封建国前战死诸臣,后不复设。

县尊 封建社会中县官的尊称之一。县官的属员及部下都用以称县官。

岘关 黄岘关的简称。在今河南罗山县西南。即南北朝时义阳三关之一。《梁书·武帝纪》:普通五年(524),"攻(魏)岘关",克之,即此。

岘山 在今湖北襄樊市南,东临汉水,为襄阳南面要塞。东晋梁州刺史桓宣曾于山上筑城戍守。唐孟浩然有《与诸子登岘山》诗。

现年里甲 见"里甲"。

现审处 官署名。清代户部所属办事机构。乾隆十三年(1748)置,设郎中领其事。下设员外郎、主事等官,皆无定员,由本部堂官酌派。掌理旗民争讼户口田房之案,必须刑讯者,会同刑部审理。光绪三十二年(1906)裁。

现世史 杂志名。清光绪三十四年五月二十五日(1908.6.23)在广州创刊。半月刊。莫任衡主编。设政书、万国志、大事本末记、博议、稗史等栏目。内容从各报选载,政书栏报道内阁和各部事特详。

现行 佛教名词。佛教大乘有宗指由"种子"所产生的一切现象,是"种子"潜伏状态的显现,故名。包括七转识(即眼识、耳识、鼻识、舌识、身识、意识、末那识),及与七转识相应的心所有法(心理活动和精神现象),七转识所变之"相分"(认识对象)、"见分"(认识主体)、三性(善性、恶性、非善非恶性)、三界(欲界、色界、无色界)、九地(欲界为一"地",色界、无色界各有四"地")等。但"现行"又能反作用于"种子",使"种子"持续和增长,宇宙即依"种子"与"现行"相互作用、互为因果而周流不息。

现月档 档案名称,*上谕档之一。

限禁华工条约 美国与清政府就华工问题拟定的条约。光绪十四年二月一日(1888.3.13)议订于华盛顿。凡六款。主要内容:(1)以二十年为期,禁止华工赴美,但寓美华工有家属或有产业值银一千元以上,以及传教、学习、贸易、游历者不在此限例;(2)不许一切华人加入美国国籍;(3)美国以戕害华民事件,偿银二十七万余元。由于美国参议院否决,双方都未批准该约。

限民名田 汉代限制私人占有土地数量的措施。见"限田"。

限内 官制用语。南朝梁、陈对定员之内的官吏称限内。《梁书·褚修传》:"引为宣惠参军、限内记室。"《陈书·杜之伟传》:"兼太学限内博士。"

限年之制 又称限年之法。有关任官年龄及任职期限之规定。南朝宋文帝时,限年三十而仕,郡县守宰以六周(年)为满,刺史或十余年。孝武帝时,仕者虽不拘少长,守、宰以三周为满,谓之小满。后又限制为甲族以二十登仕,后门以过立(三十)试吏。梁初,限年二十五方得入仕。天监四年(505)制九流常选,年未三十不通一经者,不得为官。陈依梁制,凡年未三十,不得入仕。

限钱法 金代钱币法之一。章宗承安三年(1198)正月,为防止铜钱出境、交钞贬值,令西京、北京、临潢、辽东等路一贯以上俱用银钞"承安宝货",不用铜钱,一贯以下听民自便。泰和四年(1204)七月,此法罢废。

限田 限制私人占有土地的数量。汉武帝时土地兼并严重,董仲舒主张限民名田,但未实行。绥和二年(前7),哀帝接受师丹、孔光等人建议,下诏限田。规定贵族、官吏、地主等占田不得过三十顷。因遭权贵反对,哀帝本人又一次赐与宠臣董贤田二千顷,限田之令实际废罢。后代在土地兼并严重,社会矛盾尖锐时,也往往下诏限田,但都不能贯彻。北宋曾限制官员占田,仁宗时规定臣僚占田不得超过三十顷,衙前将吏十五顷,此外许置墓田五顷。徽宗《政和令格》规定:品官之家,田产在规定限额内,免除差役和科敷,超过规定则不免。一品官限额百顷,九品十顷。孝宗时,又规定各品官限田数减半,品官子孙又为父祖之半。然官员常以诡名、寄产等方式隐瞒超额田产,限田流于形式。南宋末年,当局假借限田,强买民田,时称*公田法。金世宗、章宗时,在国有土地范围内实行限田,规定女真贵族和权要之家等,除牛具税地外,只许再占官田十顷,所余官府收回,授予无田百姓。至清代,则有黄中坚撰《限田论》,反对任何均田、限田制度,认为只须正版籍、禁欺凌、轻徭薄赋,天下便可以大治。

限外 官制用语。南朝梁、陈对定员以外的官吏称限外。《隋书·百官上》:"(梁国学有)太学博士八人。又有限外博士员。"《陈书·王通传》:"累迁王府主簿,限外记室参军。"

线国安(?—约1676) 明末清初辽东(今辽宁辽阳)人。初从孔有德降清,隶汉军正红旗。顺治间随有德进攻李定国大西军,擢广西提督。顺治十七年(1660),以功封三等伯,官征蛮将军,镇守广西。康熙五年(1666)致仕。十二年吴三桂叛,乃授都统奉命往广西,与将军孙延龄固守。次年延龄亦叛,胁之从。旋病卒。

线真 元人,土别燕氏。蒙古都元帅土薛之子。早年充忽必烈藩工府宿卫,任宝儿赤。元中统二年(1261),从世祖亲征阿里不哥,领右军大战于昔木土脑儿之地。任宣徽使。四年,进中书右丞相,与老臣宿儒商定朝廷立国制度。世祖至元二年(1265),与中书平章政事阿合马不合,罢相位。四年,复任宣徽院使,改光禄司使。十八年,解职。

宪兵学堂 学校名。清光绪三十一年(1905)五月由直隶总督兼北洋大臣袁世凯开办,就大沽水师营房加以修葺而成。分学员班和学兵班。设监督、教习、司事等,其中聘有日本军官四名,专授宪兵等课程。学制一年,毕业者被分派各宪兵营队任职。三十四年改校名为陆军警察学堂。宣统元年(1909)又从陆军速成学堂毕业生中挑选学员,从近畿六镇的士兵中挑选学兵。同年,迁校至北京兵学馆旧址并解聘日本教习。次年毕业的学员分任各省陆军警察营副官及队官,学兵除学术稍差者拨京畿宪兵营委用外,一概留校补习,以资深造。三年先为执行陆军警察之职,驻扎秋操地开平镇。后武昌起义爆发,奉调至汉阳等地,组织军司令部及军执法处,设野战宪兵队。中华民国成立后,视选送地不同将学员分正科、附科两种,同班教授,学制一年半。

宪部 官署名。唐天宝十一载(752)至至德二载(757)改原刑部置。明洪武二十二年(1389)曾改原刑部之总部而置。次年改于刑部下置十二清吏司,遂罢。

宪部郎 官名。即隋代尚书省刑部头司长官,大业三年(607)改刑部司侍郎置,以区别于刑部次官侍郎之名。

宪盗 官名。同"害盗"。战国秦置。掌追捕盗贼的小吏。《睡虎地秦墓竹简·内史杂》:"侯(候)、司寇及群下吏毋敢为官府佐、史及禁苑宪盗。"

宪德(?—1740) 清蒙古正白旗人,西鲁特氏。尚书明安达礼孙。康熙五十七年(1718)由荫生为理藩院主事。雍正四年(1726)官湖北按察使,因不徇情面,将亏空库项之原布政使张圣弼下狱,升巡抚。次年调抚四川,疏请清丈土地。十一年内召,历工、刑部尚书,兼议政大臣。

宪法重大信条十九条 清宣统三年(1911)辛亥革命爆发,清政府为缓和舆论压力,挽救统治危机,于九月十三日颁布此"十九条",宣布实行责任内阁制,规定"皇帝之权以宪法所规定者为限","宪法由资政院起草决议","皇族不得为总理大臣及其他国务大臣并各省行政长官",皇室经费听由国会决议等等。在形式上缩小了皇帝的权力,扩大了国会的权力,但仍把"大清帝国皇统万世不易"、"皇帝神圣不可侵犯"列在首位。"十九条"公布后,经资政院推荐,由皇帝任命袁世凯为总理大臣组织新的责任内阁。

宪府 御史台的别称。

宪陵 东汉顺帝刘保陵墓。位于今河南省洛阳市东。建康元年(144)八月顺帝卒,九月(丙午)葬此。

宪令 法令。《史记·屈原列传》:"怀王使屈原造为宪令,屈平属草稿未定。上官大夫见而欲夺之,屈平不与。"《管子·权修》:"申之以宪令,劝之以庆赏,振之以刑罚。"

宪司 ❶御史台别称。《封氏闻见记》卷三《风宪》:"唐兴,宰辅多自宪司登钧轴,故谓御史为宰相。"❷宋代各路提点刑狱司的别称。❸即"肃政廉访司"。

宪台 汉魏以来为御史台的别称。唐龙朔二年(662)为御史台的改称,咸亨元年(670)复旧。后世亦作为地方官吏对知府以上长官的尊称。

宪台通纪 书名。元赵承禧编撰。二十四卷。承禧字宗吉,晋宁(今山西临汾)人,历官监察御史。书成于顺帝至元二年(1336),记元世祖至元五年(1268)至顺帝至元二年御史台事。当时曾开板印行,早佚。《永乐大典》"臺"字韵中尚存此书一卷,记御史台事七十五项,前有序文、勘印圣旨及元潘迪后序,记述编撰经过。有单行影印本和中华书局辑印《永乐大典》本。

宪台通纪续集 书名。元唐惟明编纂。十五卷。惟明任御史台掾史,续编此书。成于至正十二年(1352),体例沿《宪台通纪》。元末曾开板印行。早佚。今影印残本《永乐大典》"臺"字韵中存此书一卷,记顺帝至元四年(1338)正月至至正七年十二月御史台事四十九项。前有欧阳玄所撰序及勘印圣旨,记述编撰经过。

宪衔 官制用语。唐宋兼御史台官,称宪衔。唐后期,始授御史台兼官,以示优崇。宋代分兼御史大夫,兼御史中丞、兼侍御史、兼殿中侍御史、兼监察御史五等。以授武臣宗室及禁军将校。通事舍人、内殿崇班以上武臣初除即加兼御史大夫。宗室副率以上及初除军头等军职,经恩加兼监督御史,再经恩加则依次迁之。元丰改制废。

宪友会 清末立宪团体。以国会请愿同志会为基础,宣统三年五月八日(1911.6.4)成立。总部设在北京,雷奋、徐佛苏、孙洪伊为常务干事,汤化龙、谭延闿、蒲殿俊等为干事。政纲为"尊重君主立宪政体,督促联责政府"等六条。活跃于资政院,积极筹划国会竞选活动。辛亥革命后分化为共和统一党和建设讨论会。

宪章录 书名。明薛应旂撰。四十七卷。应旂字仲常,号方山,常州武进(今属江苏)人。嘉靖进士。历任南京考功郎中、浙江提学副使等。是书以编年体裁记述本朝历史,为作者《宋元资治通鉴》之续编。材料较丰富。亦有采自杂书者,失之甄别,如建文逊国事迹。有明万历时刻本。

宪政编查馆 官署名。清光绪三十三年(1907)由考察政治馆改设。议复奉旨交议有关宪政折件,承拟军机大臣交付调查各件,编订宪法草案,审查法律馆及各部院所订法规法典、统计全国政要等事。由军机处王大臣督饬,下置提调二人管理馆务。设编制、统计二局和庶务、译书、图书三处,直辖官报局。宣统三年(1911)裁撤。

宪政筹备处 官署名。清末中央各部院、各省督抚及顺天府之附属机构。宣统元年(1909)十二月奏设。机构、职官无定制,一般在京各衙由丞参督管,各省由司道督管。职司有关该衙该省筹备宪政事宜的执行与统计。

宪政公会 清末立宪团体。初名宪政讲习会,次年春改名宪政公会。光绪三十三年(1907)夏,由杨度、熊范舆等创立于日本东京,推熊为会长。宗旨为"预备宪政进行之方法,以期宪政之实行"。发布《总章》和《意见书》,首倡国会请愿运动。在两湖地区积极开展活动,联络谭延闿设湖南宪政公会,又建分会于北京、上海等地;与政闻社、预备立宪公会联合发起成立国会期成会,从事请愿联络活动。旋杨、熊相继入政界,会务遂涣散。

宪政讲习会 见"宪政公会"。

宪政实进会 清末立宪团体。宣统二年(1910)成立,初名宪政维持进行会,次年改名帝国宪政实进会。成员基本上为资政院中的钦选议员及硕学通儒议员,时人目为保守党。以"尊重君主立宪政体"、"发展地方自治"等为政纲,核心人物为庄亲王载功和劳乃宣、陈宝琛、赵炳麟等。辛亥革命后解散。

宪政新志 杂志名。留日立宪团体咨议局事务调查会机关杂志。清宣统元年八月一日(1909.9.14)发刊于东京。月刊。吴冠英主编。以推动立宪运动为主旨,以宣传如何建立咨议局和国会为主要内容,大量刊载各省咨议局议案大纲和立宪纪事,鼓吹伸张"国权",反对"议会专制"。第一年发行十一号,另附刊各省咨议局通览一号。

宪政杂志 杂志名。清光绪三十二年十一月一日(1906.12.30)在上海创刊。月刊。宪政研究会主编,白作霖、夏清贻等撰稿。鼓吹预备立宪,曾刊戢翼翚《日本立宪史略论》。

宪州 唐龙纪元年(889)于楼烦监置,治楼烦县(今娄烦县)。辖境相当于今山西娄烦县及静乐县部分地区。寻废。北宋初复置。咸平五年(1002)移治静乐县。寻又废。

陷井 亦称陷马坑。阻敌前进之设施。掘地为坑,深约四尺,宽取便,上架木棍,草土棚覆,宛如荒地。坑内下铁蒺藜、鹿角木、枪、竹签、毒药之类,敌陷入,人马俱伤,伏兵可擒。可为营防,可为埋伏。

陷马坑 即"陷井"。

羡塘 水塘名。在唐淮南道楚州宝应(今属江苏)西南八十里,证圣元年(695)开,置屯田。

羡塘寨 在今贵州平塘县西南。明洪武三十一年(1398),土著聚众起事,顾成率军进攻,破此寨。

羡溪 地名。在今安徽无为县东北。三国吴黄武元年(222),魏使曹仁率步骑数万向濡须、仁伪欲东攻羡溪,即此。

羡银 清征收余盐之课银。名称不一,如广东将余盐发埠运销,按九折较羡,称秤头盐羡;苗疆食盐无引额,皆捆运余盐,交近埠运销,称土司盐羡等。

羡余(餘) ❶唐官员以赋税盈余为名向皇室进贡的税款。唐德宗时,藩镇常用加重赋税、贩卖商品和克扣俸禄等手段聚敛财物,除贪污中饱外,还用羡余名义进贡皇室,以博皇帝欢心。白居易《重赋》诗曰:"缯帛如山积,丝絮似云屯;号为羡余物,随月献至尊。"❷清代州县所收田赋火耗在公费开支和私人中饱后解交藩司(省库)的部分。据《亭林文集》卷一《钱粮论下》,官吏中饱部分占解交藩司款项的一半。

羡余(餘)银 清漕费之一种。凡漕船抵通州,依据漕船实数,按路程远近,山东、河南每船给羡余银一两,江苏、安徽每船二两,江西、浙江、湖北、湖南每船四两。

献曹 官署名。职掌不详。汉《巴郡太守张纳碑》有献曹史。

献费 汉代郡国上缴中央政府的部分赋税。《汉书·高帝纪》:高帝十一年(前196)诏曰:"令诸侯王、通侯常以十月朝献,及郡各以其口数率,人岁六十三钱,以给献费。"即规定郡国每年十月交纳献费,以居民口数为根据,每人每年六十三钱。一说献费为算赋以外的另一项赋税。

献俘 古代军礼之一。对异族进行战争得胜,将所俘人员献于宗庙。诸夏间战争不行此礼。参见"献捷"。

献俘之仪 档案名称。清军机处档册。内容有献俘、受降、告成、劳师四项,均为抄自顺治至雍正间之旧案。

献官 明代礼仪制度中受命献祭之官。祭祀时,掌供奉玉、帛、牲、酒等祭品。献祭分为初献、亚献、终献。郊祀圜丘时,并掌初献、亚献、终献。王享礼,则仅掌诣神位分献,初献由皇帝掌之。

献捷 古代军礼之一。天子命诸侯征伐异族,于战后至周举行一定的礼仪,将所获人员物品献给天子,以告战功。诸夏间战争不得向王献捷,亦不得向其他诸侯献捷,否则谓之非礼。

献陵 ❶唐高祖李渊墓。在今陕西三原东之徐木原。堆土成陵,作覆斗形。陵前神道两侧列石虎、石犀、华表等。附葬有太穆皇后窦氏,陪葬有诸王十六、公主一、功臣六。❷宋钦宗赵桓陵名"永献陵",世人亦有时以"献陵"称钦宗。❸明仁宗朱高炽陵墓。参见"十三陵"。

献民 即"民献"。

献纳使 官名。即理匦使,唐天宝九载(750)改,至德元载(756)复名理匦使。

献县 明洪武八年(1375)降献州为县。治今河北献县。属河间府。

献新 ❶以新收获的谷物、果品等先祭神灵,后自享用的一种风俗。❷明代奉祀太庙礼仪,属吉礼。洪武三年(1370)定于每月一日,于太庙行荐新礼。平日若有四方进献新鲜食物,亦先献奉于宗庙,故名。由太常卿与内使监官掌管,不行礼。后改于奉先殿举行。清沿之。朝夕焚香,朔望瞻拜,时节献新。

献则 战国时楚国人。一说为秦国大臣。秦昭王初,曾为秦大臣公孙消谋,建议他以秦、楚在诸侯中的声威,资助逃亡在东周之华阳君芈戎(宣太后之同父弟)为周相,以取悦宣太后。如此,公孙消必被重用为秦相。见《战国策·秦策五》。

献征(徵)录 书名。一称《国朝献征录》。明焦竑撰。一百二十卷。记载明初至嘉靖的名人事迹。体例以宗室、戚畹、勋爵、内阁、六部以下各官分类标目。庶人无官者,则以孝子、义人、儒林、艺苑等目分别记载。内容极为丰富。但叙述芜杂,不皆可据;又于所引之书,或注或不注,亦不免疏略。似为作者在万历中应陈于陛聘,修国史时所辑录之初稿长编。现有1965年台湾《中国史学丛书》本、上海书店影印本。

xiāng

乡 ❶古代行政区划名。周代于都城外百里以内设置六乡。春秋时齐管仲分"国"为二十一乡(十五士乡与六工商乡)。参见"乡遂"。❷官名。春秋时齐国管仲所置,掌管市场。《管子·小匡》:"市立三乡,工立三族,泽立三虞,山立三衡。"郭沫若《管子集校》引王引之云:"'乡'亦官名,与族、虞、衡同例。"

乡兵 ❶乡间民兵武装。北魏末年,地方豪强纷纷建立乡兵,以私兵、部曲为骨干,包括宗族、乡党、宾客等。西魏、北周建立府兵制,大量吸收地方武装,由大都督或仪同率领,使乡兵转化为正规军。隋初,北齐旧境及与陈接壤处,地方豪强多拥有乡兵。文帝招引豪强,授以官职,渐纳入府兵系统。唐中后期地方上又出现乡兵,乃土豪武装,常为当地官府收编利用。《北梦琐言》卷四:"土豪赵师儒率乡兵数千,凭高立寨,刑讼生杀,得以自专,本道署以军职。"五代亦然。宋承五代之制,建乡兵,其成员选自户籍,在所团结训练,以为防守。一般是几名壮丁中选拔一名充当,平时不脱离生产,农闲定期教阅,教阅时发给钱粮。有些边州乡兵出自招募,在边地垦荒纳租,守护边土。乡兵或沿用禁兵指挥、都等编制,或按*保甲法组成,或几种编制互相参用。多数乡兵徒具形式。少数边州乡兵,却有相当战斗力,甚至超过正规军。清代也称乡勇,为官方或地主豪绅临时招募的地方武装。始建于雍正八年(1730),道光末年以后迅速发展。有事募集,事平则散,驻守本乡,亦随营作战。各直省乡兵名称不一,有屯练、民壮、乡团、猎户、渔团、沙民等。❷明代因某地军情需要而招募的当地士卒。有隶于军籍者,如浙兵、川兵、辽兵等。不隶于军籍者,所在多有,如毛葫芦兵、矿兵、盐壮、杂蛮蜑、僧兵、土司兵等名目。

乡伯中大夫 官名。西魏恭帝三年(556)置,北周沿置。地官府民部中大夫属官,统掌各乡事务,下设小乡伯下大夫、小乡伯上士、小乡伯中士等佐其职,领诸乡大夫下大夫、州长上士等官属。北周建德二年(573)省,以下大夫为长官。宣帝即位后,复置。正五命。隋开皇元年(581)罢。

乡村户 唐宋乡村人户名称。宋户籍上正式将乡村户按有无田产分成乡村主户和乡村客户。

乡大夫 官名。周代置。乡行政长官。《周礼·地官》乡大夫,"每乡卿一人","各掌其乡之政教禁令"。

乡大夫下大夫 官名。西魏恭帝三年(556)置,北周沿置。地官府民部中大夫属官,每乡设一人,掌本乡事务,下设乡正上士、乡正中士以佐其职。领州长上士、州长中士等官属。正四命。隋开皇元年(581)罢。

乡党 周代邦国及近郊的行政组织。《周礼·地官·大司徒》:"令五家为比,使之相保。五比为闾,使之相受。四闾为族,使之相葬。五族为党,使之相救。五党为州,使之相赒。五州为乡,使之相宾。"后用作对同乡之泛指。

乡党图考 书名。清江永撰。十卷。分图谱、圣迹、朝聘、宫室、衣服、饮食、器用、容貌、杂典等九类。以图谱考释形式,博稽经传注疏及后儒杂说,对《论语·乡党》所涉孔子先世、生平及有关制度名物,详为考核。凡注疏有误解,后人有误释、误图者,一一辨明。深衣、车制以及宫室诸条,考证尤为精审。认为"《乡党》一篇寻源,亦经学之一隅"(《自序》)。始刊于乾隆二十一年(1756)。

乡丁 又称随产人丁。清代指居住农村的人丁。在江南地区,与城镇人丁分别管理统计,一般有田地产业,丁银科则较城镇人丁为重。

乡法上士 官名。西魏恭帝三年(556),仿《周礼》乡士置,北周沿置。秋官府刑部中大夫属官,正三命。下设乡法中士以佐之。隋开皇元年(581)罢。

乡公 爵名。三国魏置,封王之庶子。

乡公主　东汉诸侯王女封号。简称乡主。《后汉书·皇后纪》:"诸王女皆封乡、亭公主,仪服同乡、亭侯。"李贤注:"乡、亭侯视中二千石。"其封不传袭。

乡贡　唐时,在家攻读不入州县学馆士子,学业修成,可怀牒向州县求举,经考试合格,由州县贡送至尚书省,称乡贡。乡贡士子归户部集阅,受吏部(后改礼部)考试。后因乡贡益盛,国子学渐衰。天宝十二载(753),遂罢乡贡,未经国子监及郡县学者,不准举选。十四载,又复置乡贡。

乡官　❶秦代以前大体指乡级政府治事之所。汉代沿用。❷汉代亦指三老、孝悌、力田等协助郡县治理一乡事务的官吏。通常由政府选任,无一定执掌,有位无禄,与郡县属吏不同。或以为有秩、啬夫、游徼属之。隋初指州都、郡正、县正等以下光初主簿、光初功曹等佐官,由地方长官署用,因其不管政事,因此称乡官。开皇三年(583)别置品官,皆吏部除授。十五年罢州县乡官。唐代县以下之里正、乡长等也统称乡官。❸明代指缙绅居乡者。❹太平天国县以下地方官统称。亦称乡土官。据《天朝田亩制度》:太平天国地方行政组织,以每五家为一伍,设伍长一人;每二十六家为一两(一作二十五家),设两司马一人;每一百零五家(一作一百家)为一卒,设卒长一人;每五百二十六家(一作五百家)为一旅,设旅帅一人;每二千六百三十一家(一作二千五百家)为一师,设师帅一人;每一万三千一百五十六家(一作一万二千五百家)为一军,设军帅一人。两司马至军帅皆由人民公举、保举或委派当地人充任,故称乡土官,省称乡官。定都天京(今江苏南京)后,凡初占领一地,即在乡里选举军帅以下各级乡官,并将所辖地方户籍、赋税申报天京,所属各户一律改挂太平天国门牌。其军帅给令旗,有征调权,自师帅至两司马都设公堂,建三角旗,以旗之长短分别统属,凡地方各项事务均由乡官担任。平时办理地方政务,征收国家赋税,供应军需物资,维持社会治安,有警则杀敌捕贼。然其职不如军中之尊,军中卒长可管乡官军帅。

乡贯状　即举人、官员所写本人家状。因乡贯为家状中重要项目,故称。

乡豪　官名。南朝梁武帝天监七年(508)置,县府属官,专掌推荐人才。

乡侯　东汉爵位名,位次都乡侯,钱大昕《廿二史考异》卷十四"续郡国志常山国"条:"都乡者近郭之乡,班在乡侯之上。"

乡进士　明清举人之别称。

乡君　命妇名号。始见于三国魏。南朝宋、齐,北朝北魏皆置。多封予后妃之母、乡侯之妻及高官妻女。南朝宋、齐地位低于县君。唐代封四品勋官之妻,母则封乡太君。不因夫、子得封者,称为品乡君。金代封五品文散官朝列大夫、武散官宣武将军以上官员母、妻。章宗承安二年(1197)改称县君,而以原县君为郡君。明代为郡王玄孙女之封号。清代为格格封授之第五等。奉恩镇国公、奉恩辅国公之嫡长女及贝勒侧室所生之女得受此封。品级待遇同镇国将军夫人。

乡君额驸　见"额驸"。

乡老　❶《周礼》官名。二乡设一人,监督乡大夫行政,为顾问,无常职。又作三公之别称。《周礼·地官·序官》:"乡老,二乡则公一人。"郑玄注:"老,尊称也。王置六乡,则公有三人也。三公者,内与王论道,中参六官之事,外与六乡之教。其要为民,是以属之乡焉。"❷后世对汉代"三老"的称呼。汉制,每乡置三老一人,掌教化。故后世以乡老称之,亦称"乡耆"。《金史·纥石烈良弼传》:"可依汉制置乡老。"❸清州县地方乡里之职役。❹见"里老"。

乡里制　宋承前朝行乡里制。人们籍贯往往包括州县乡里。如司马光籍贯为陕州夏县涑水乡高堠里。南宋时,因实行保甲制,有的地区取消里,改为乡都(都保)两级,有的地区都与里并行,有的地区仍然维持乡里制。

乡吏　春秋战国时乡一级行政官员统称。

乡良人　官名。又称良人。一说即乡大夫。春秋时齐国置。乡级军政官长。《国语·齐语》:"管子于是制国:……十连为乡,故二千人为旅,乡良人帅之。"

乡三老　汉代乡官。汉王二年(前205),刘邦令各乡置三老一人,称乡三老。需由年五十以上,有德行,能帅众为善者担任。

乡啬夫　乡官名。秦汉制度,于不足五千户之小乡置啬夫。掌赋税徭役,亦听辞讼,由县委派。

乡射　周代地方上进行的射礼。主要有两种:(1)三年一度的乡射,是乡学学生毕业时,地方当局为了向乡亲父老显示乡学教学效果和人才水平而举行的射礼,借此以选拔贤能,进荐于君。射礼由乡大夫主持,乡中父老为宾客,其中年最长而知礼者为上宾,其余为众宾。(2)每年春秋两季按时举行的常规射礼。均射于州序。《周礼·地官·州县》:"春秋以礼会民而射于州序。"凡乡人均可参加,庶民百姓都可观看。

乡师　官名。周代置。春秋时齐国等亦置。掌一乡政令教化。《周礼·地官》有乡师,为司徒属官,"各掌其所治乡之教而听其治"。

乡士　❶官名。周代置。主管国中及六乡的狱讼刑罚。《周礼·秋官》:"乡士,上士八人,中士十有六人,旅下士三十有二人。""掌国中,各掌其乡之民数而纠戒之,听其狱讼,察其辞,辨其狱讼,异其死刑之罪而要之,旬而职听于朝。"❷爵名。明洪武十九年(1386)置。赐予应天、凤阳二府年八十以上老人及全国年九十以上老人。得爵者与县官平礼,并免杂役,地方正官每年一次存问。冠带服色未及颁行,后不复置。

乡试　科举三级考试之一。属初级考试。唐宋时称"乡贡"、"解试"。由各地州、府主持考试本地举人,一般在八月举行,故又称"秋闱"。金代以县试为乡试,由县令为试官,取中者方能应府试。章宗明昌元年(1190),罢乡试。元代在行省举行,但腹里则分别在河东、山东二宣慰司和真定、东平、大都、上都四路举行，共十七处。考试分两榜，蒙古、色目人榜只试两场：第一场，经问五条，于四书中设问，用朱熹《四书章句集注》；第二场，试经史、时务策一道。汉人、南人榜试三场：第一场，明经、经疑二问，于四书中出题，经义一道；第二场，古赋、诏诰、章表内科一道；第三场，试经史、时务策一道。解额为三百人，蒙古、色目、汉人、南人各七十五人，各地均有定额。中选者才能赴会试。明、清两代定为每三年一次在各省省城（包括京城）举行，凡本省生员与监生、荫生、官生、贡生，经科考、录科、录遗合格者，均可应试。逢子、午、卯、酉年为正科，遇庆典加科为恩科。考期亦在八月。各省主考官均由皇帝钦派。明代亦分三场：第一场，试四书义三道，经义四道；第二场，试论一篇；第三场，试经史策五道。主要以四书文取士。清承明制，屡有变更，至乾隆五十二年（1787）成为定制：第一场，试四书文三篇，五言八韵诗一首；第二场，试五经文五篇；第三场，试经史、时务策五道。明清乡试均有一定的录取名额。中式者称为"举人"，第一名称"解元"。凡中式者均可参加次年在京师举行的会试。参见"解试"。

乡试录 乡试之文件汇编。起自唐代，明清相沿。清制，每科乡试，所在地方官除缮造题名录进呈皇帝阅览外，另选刻试录进呈。首列考场在事职官衔名，次列三场考试题目及中式名额、次第、籍贯等，一如题名录。所不同者，其内容有选刻考试文卷数篇，每篇题目下注写考生姓名，同考官"阅荐"、正考官"批语"等字样。又凡乡试录，正副主考官例作序文。

乡书手 宋职役名。掌管催收赋税，参与推排户等，编造五等丁产簿。天圣以后，以第三、第四等户充当。乡书手最早为乡役，隶里正、户长，后升为县役。熙宁三年（1070）行免役法，改为雇役。

乡帅 官名泛称。西魏大统九年（543），宇文泰为扩充府兵，乃广募关陇豪右率其乡兵从军。十二年，始以当州首望统领乡兵。帅都督或都督统领乡兵者，皆泛称乡帅。除望族外，亦可由朝廷官吏兼领。北周沿之。

乡司 宋县役之一。本为乡书手，隶里正，后并入县役，称为乡司，仍掌书写乡村赋税帐册，而地位有所提高。

乡遂 周代都城外百里以内设置六乡，乡是一种聚族而居的组织形式。《周礼·地官·大司徒》以五家为比，五比为闾，四闾为族，五族为党，五党为州，五州为乡，设乡师、乡大夫管理政务。距都城百里之外二百里以内分设六遂。《周礼·地官·遂人》以五家为邻，五邻为里，四里为酂，五酂为鄙，五鄙为县，五县为遂，设遂师、遂大夫管理政务。

乡土志 清末民初各处编印的乡土教材。州、县乡土志多不分卷，或一二卷，间有三四卷、十余卷者。江南有乡镇乡土志；东北有全省乡土志，如《黑龙江乡土志》。多数为铅印本、石印本、抄本，刻本甚少。内容虽简略，但其中清代后期以来资料，多可补州、县方志记载所不及。

乡先生 春秋战国时称辞官归乡养老的卿大夫。

乡校 即"乡学"。

乡学 学校名。相传为西周乡遂所设立的学校，相对于"国学"而言。《礼记·学记》："古之教者，家有塾，党有庠，术有序，国有学。"郑玄注："术当为遂，声之误也。古者仕焉而已者，归教于闾里，朝夕坐于门，门侧之堂谓之塾。《周礼》五百家为党，万二千五百家为遂。党属于乡，遂在远郊之外。"《文献通考·学校》："夏曰校，殷曰序，周曰庠，皆乡学也。"后世因称地方所办学校为乡学。《汉书·食货志》："其有秀异者，移乡学于庠序。"

乡言解颐 书名。清李光庭撰。五卷。成书于道光年间。有道光三十年（1850）原刻本。主要记载嘉庆、道光间北京及附近地区的民俗、社会风情、戏剧、曲艺、杂技等情况，有些史料为他书所未载。全书以天、地、人、物分部，每部之内，皆有细目。其体例为清人笔记中所少见。

乡役 宋职役的一种。乡役为乡里基层政权头目，有里正与户长掌催督租赋，耆长掌维持治安。熙宁六年（1073）行保甲法，置都保正、副保正、大保长、小保长。后又以保正、保长取代耆长和户长。

乡饮酒 古代嘉礼之一。集合乡众，在乡学饮酒。《仪礼·乡饮酒》详记其礼仪。每三年正月，考察乡学中人德行道艺，选取贤能，进荐于君，行乡饮酒礼，以贤能者为宾，有选拔人才意义。后沿其制，而内容有所不同，如唐贞观六年（632），太宗诏编录《乡饮酒礼》一卷，颁行天下。令州县长官，于每岁十二月，亲率长幼，邀集所辖州县父老乡族，奉君亲，讲孝敬，制礼作乐，敦睦风俗。其后渐废。开元二十五年（737），令诸州岁贡人才，以乡饮酒礼送行，牲用少牢，以示风俗返古还淳。明代官方规定为民间礼仪。官民每年定时聚宴，习礼仪、读律令，申明朝廷法纪，敦叙长幼之节。洪武五年（1372）四月，始令每年孟春、孟冬，各地官署官员与学官率士大夫年老者，行礼于学校。民间里社则以百家为一会，由粮长、里长主持。年长者为正宾，以年龄之长幼为序，称乡党叙齿。十六年，定以府、州、县长吏为主，以乡间致仕官绅有德行者为宾，择年长有德者为僎宾，其次为介宾，又次为三宾，再次为众宾，教职为司正，并选人分掌赞礼、赞引、读律。二十二年，令凡有过犯之人，列于外坐，同类者成席，不许杂坐于众人之中。

乡元 科场称谓。金代称乡试榜首为乡元，亦曰解元。据洪皓《松漠纪闻》，金人科举，先于诸州分县赴试，号为乡试，其榜首为乡元。待次年春分路类试，谓之府试，凡二人取一，榜首曰府元。

乡约 ❶同乡之人共同遵守之规约。❷职官名。原系中国东北地区朝鲜族乡村的自治乡规，清末成为朝鲜族地区基层行政官的名称。由县官委任，辖区凡方圆三十里。❸清代乡村小吏，不入品级。原在回、汉族居民中设置。光绪十年（1884）新疆建省后，维吾尔、柯尔克孜族中亦设此职，以所裁部分伯克充任，酌给租粮。❹清代亦泛指乡长、乡老及里长、保长等。

乡长 官名。春秋时齐国置,为各乡之长官,即乡大夫。齐制有二十一乡,每乡设一人,掌一乡之政教风化,向上推荐乡里的好学、慈孝、俊良和有勇力者,举告不孝不悌、骄躁淫暴和不用上令者。后代亦有沿置者,为乡之头目,掌教化。清为州县地方编户之职役。

乡正 官名。春秋时宋国置,宋国有四乡,每乡一员,掌一乡政教禁令。北周置为地官府民部司下属乡大夫下大夫属官,有上士、中士。隋文帝开皇初,苏威奏置,五百家设一员,理民间辞讼,十年罢废。

乡正上士 官名。西魏恭帝三年(556)置,北周沿置。地官府民部中大夫属官,佐乡大夫下大夫掌本乡事务,其下设乡正中士。正三命。隋开皇元年(581)罢。

乡州 一作卿州。唐置羁縻州。贞观十五年(641)置,属黔州都督府,隶江南道。圣历元年(698)属庄州都督府。景龙二年(708)属播州都督府。先天二年(713)复属黔州都督府。开元、天宝间先后属黔中采访处置使、黔中郡。乾元元年(758)仍属黔州都督府。大历十二年(777)属黔州经略招讨使。大顺元年(890)属武泰军节度使。宋初因之。绍定元年(1228)属绍庆府(治今重庆彭水),隶夔州路。治今贵州长顺县南麻响村。宋亡后州不存。

乡主 见"乡公主"。

乡佐 秦汉乡官佐吏。职掌协助有秩或啬夫,治理民事与征收赋税。《后汉书·百官志》本注曰:"又有乡佐,属乡,主民收赋税。"南朝宋亦置,列乡官之首。

相反相成 指不同学派之观点相互为用的关系。《汉书·艺文志》:"诸子十家各引一端,崇其所善,以此驰说,取合诸侯。其言虽殊,辟犹水火,相灭亦相生也。仁之与义,敬之与和,相反而皆相成也。《易》曰:'天下同归而殊途,一致而百虑。'"意谓诸子百家,虽各执一是,互相攻讦,但各有所长,互相补充,有其相统一之处。

相见欢 唐教坊曲名,后用为词牌。又名秋夜月、上西楼、忆真妃、乌夜啼等。三十六字,上阕三句,三平韵,下阕四句,两仄韵,两平韵。

相思埭 又名南陡河、南渠。在唐岭南道桂州(今广西临桂县会仙圩)。唐长寿元年(692)开凿。分相思江水为东西流,东流注入漓江,西流注入洛清江,是沟通桂江水系和柳江水系的航道,至清代仍可通航。是岭南之重要古代水利工程。

相与率 算学术语。指没有公约数的比率关系,如 157 与 503 927 与 1 250 便是圆周与直径的相与率。刘徽注《九章算术》经分术云:"有分则可散,分重叠则约也。等除法实,相与率也。"

相坐 法律用语。亦作连坐。即一人犯罪而株连其家属、邻里或他人的刑罚制度。《史记·商君列传》:"令民为什伍,而相牧司连坐。"司马贞索隐:"牧司谓相纠发也。一家有罪而九家连举发,若不纠举,则十家连坐。"历代多用此法,以加强对民众的控制。

香巴噶举 藏传佛教噶举派两大传承之一。由琼波南交巴(1086—?)创立。因在香(今西藏南木林)地方盛行而得名。琼波南交巴曾先后七次去印度学习佛教密法,后从噶当派朗巴塘巴受比丘戒。因所传教法主要源于印度,与塔布噶举在印度的传承同源,故被称为噶举派两大传承之一。此传承自十四世纪后即已衰落。代表人物有汤乐杰布(1385—1464),以修建铁索桥闻名。现存寺院有桑定寺(在浪卡子县)。寺内女活佛多吉帕姆,是藏传佛教中唯一的女活佛。

香葆拜古墓 又称香保保古墓。春秋战国时期墓葬。在今新疆塔什库尔干县城北 3 公里香葆拜,1976 年、1977 年发掘。出土陶器,铜镞,铁刀,金、铜、玛瑙装饰品,颇具畜牧生活特色。

香城 在今陕西大荔县东南、渭水北。《资治通鉴》:东晋义熙十三年(417)刘裕北伐,遣王镇恶帅水军自河入渭以趋长安,后秦将"姚难自香城引兵而西",即此。

香妃 清末以来文人据高宗* 容妃事迹附会而成的笔记小说中人物。

香妃墓 清光绪以来对喀什噶尔(今新疆喀什)阿帕克和卓墓的误称。

香港黄埔船坞公司 外商企业。清同治二年(1863)由英商创办。初时资本二十四万元,在香港与广州黄埔均有船坞。专事修造船舶。光绪二年(1876)黄埔的设备售与广东地方政府。十二年资本增至一百五十六万余元。

香港通报 报纸名。清光绪二十四年十二月二十二日(1899. 2. 2)在香港创刊。日报。张筱村主办。与广州《岭海报》合作编辑,后者负责编羊城新闻、货价及辕抄牌示;本报负责编上谕、奏稿、论说、专件、京都及国内外新闻,相互刊用。旋分开,自编自印。

香港鸦片贸易协定 英国当局强加于中国的不平等商约。清光绪十二年八月十四日(1886. 9. 11),由英人赫德以清总税务司的身分与英国驻天津领事卜列南、香港陪席推事罗素尔签于香港。凡十二款。系根据《中英烟台条约》和《烟台条约续增专条》中有关条款,专就香港鸦片贸易所作规定。主要内容:(1)禁止一箱以下鸦片进出口;(2)运至香港的鸦片,其存放、转运、经销由香港官员批准;(3)具有税单之鸦片概不重征税、厘;(4)香港当局如认为有损英国利益,有权废止该条例。

香火地 清代僧道寺观所有之土地。多为政府赏赐之官田。亦有施主给予或寺观自行置买之私田。

香积寺 唐佛寺。永隆二年(681)建。在今陕西西安西南。至德二载(757),叛军安庆绪兵据长安。广平王李俶率朔方等军及回纥、西域之众十五万发凤翔,至长安西,陈兵香积寺北沣水之东,与叛军十万激战于香积寺,唐军大胜,收复长安。

香军 元末红巾军起义,领导者多为白莲教徒,烧香礼弥勒佛聚众,故红巾军亦名香军。

香奁体 香奁本是闺阁梳妆用的镜匣。唐韩偓编所写艳情诗为《香奁集》。后世称其诗以及同类作品为香奁体,又称艳体。

香漏 以焚香来计时,并以烧断系线铜球的线以报时的一种记时器。见“火钟”。

香炉山 ❶在今湖北武汉市汉阳区西南。蒙古宪宗九年(1259)忽必烈取道黄陂,登香炉山,俯瞰大江,即此。❷在今贵州凯里市北。延袤数十里,众山环列,中有沃畴千畛。明正统末、正德年间苗人于此相继起事,为明军所平,筑城设戍。

香山 ❶在今河南洛阳市龙门山东。唐时白居易曾在此筑石楼,自号香山居士。❷今北京市西郊,西山诸岭之一。主峰鬼见愁,形势峻拔。名胜古迹有碧云寺、静宜园、双清别墅、香山寺、朝阳洞等。园林清幽,景色宜人,为京郊游览胜地。

香山澳 岛屿名。即今广东珠海市西南海澳。明中叶以后为海商会聚之所。

香山监 官署名。明永乐五年(1407)始置,初属北京苑马寺,十八年随该寺并入太仆寺。掌蕃养马匹,以备军需。设监正一人,正九品,监副一人,从九品,录事一人。下辖清流、广蕃、龙泉、松林四苑,苑设圉长一人,从九品,掌具体牧养之事。

香山县 南宋绍兴二十二年(1152)分东莞县置。治今广东中山市。属广州。明在此置盐场;其南之香山澳,明中叶后为海商萃聚之所。孙中山诞生于县之翠亨村。1925年因纪念他改名中山县。

香山新报 报纸名。清宣统三年(1911)秋在广东香山(今中山)创刊。李景纲主编,旋改名《香山日报》继续出版。

香山旬报 报纸名。清光绪三十四年八月二十二日(1908.9.17)在广东香山(今中山)创刊。旬刊。郑岸父(彼岸)主办兼主编。以“监督地方行政,改良社会风俗,提倡实业,网罗文献”为宗旨。揭露葡萄牙侵占澳门,鼓吹收复主权。宣统三年(1911)初易名《香山循报》,改周刊。九月计发行一百二十三期。

香市 见“灯市”。

香水钱 唐至德元载(756),肃宗于灵武以平安史之乱军费不足,准右仆射裴冕请,鬻僧道度牒,谓香水钱。时僧人神会于洛阳主其事,两京收复,颇得其助。唐末各节度使亦袭此征敛财富。

香税 亦称香钱。始于明正德十一年(1516),镇守太监黎雅上疏请收泰山碧霞元君祠香火钱,以为祠中修缮之费。万历时,岁入达二万两。各地庙宇,亦偶有征收,但其额甚少。

香药库 官署名。北宋置。掌出纳外国贡献及市舶香药、宝石。设监官二人,以京朝官及三班使臣充任。天禧五年(1021)分为内、外二库,内香药库在皇城中,贮细色香药以备宫廷需用。

香药库使 官名。属东班诸司使。宋太平兴国间置,嗣后通常无职掌,仅为迁转之阶。

香云纱 见“莨纱”。

香祖笔记 书名。清王士禛撰。成书于康熙四十三年(1704)。有康熙四十四年序刊本、渔洋山人著述丛书本、光绪间申报馆丛书本、清代笔记丛刊本、笔记小说大观本等。十二卷。主要记载清初的典章制度、官吏升贬、京师名胜以及历代诗人的作品得失。随笔札录,是清初著名笔记之一。

厢 ❶城市行政区划。宋承唐制,城市以“坊”为基层单位,有些城市坊上设“厢”。宋真宗末年,开封(今属河南)城内分八厢(实际为十厢),城外九厢。厢下有坊,其数不等。都城以外城市,也往往设厢。如高宗时,福州城有左、右、南、北四厢;理宗宝庆年间,庆元府(治今浙江宁波)有东南、东北、西南、西北四厢。厢设厢官,还有厢典、书手、都所由、所由、街子、行官等吏役。明清则成为近城居民的基层组织,城内只设坊而不设厢。明清里甲制,居地相邻的一百一十户编为里,居城中者编为坊,近城者编为厢。选十户为厢长,轮流值年,掌管赋役警防。其余百户,编为十甲。❷五代、宋军制,以厢为军队编制单位。厢下有军、指挥、都。一厢辖十军,一军辖五至十指挥,一指挥辖五都,一都百人。厢为第一级军队编制单位,计二万五千人。厢的设置并不普遍,仅部分禁军,如捧日、天武、龙卫、神卫、虎翼、骁捷等军设左、右厢;且如捧日军和龙卫军每厢仅有三军,每指挥仅有三百人或二百五十人,每厢仅四千五百人或三千七百五十人,大大低于规定编额。厢的统兵官为厢都指挥使。南宋时,厢的编制名存实亡。

厢兵 两宋诸州之兵。建隆初诏令选州兵壮勇者送京师充禁兵,其余留本州充厢兵。厢兵不加训练,不任战斗,惟供劳役。厢兵来自招募,部分来自流放罪犯;禁兵武技不合格或犯法,亦降充厢兵。其俸薄而役重。分都和指挥两级,按指挥分驻各州府;部分厢兵也有军一级编制。名义上按马兵和步兵,分别隶属侍卫马军司和步军司。仁宗时,分“教阅”和“不教阅”两种,前者作禁兵使用。神宗升教阅厢兵为下禁兵,厢兵又全部为役兵。

厢都指挥使 官名。宋承五代之制,禁兵厢一级统兵官,称厢都指挥使。

厢坊制 城市的行政区划体制。宋代城市的发展,打破前代以坊为居民区,市为商业区,坊、市严格区分的界限;街巷都可开设店铺,又在坊之上设厢,作为较大的行政区划,以加强对坊郭户的控制。厢坊制遂取代前代的坊市制。

厢官 官名。宋代都城行政区划厢的行政长官。熙宁三年(1070),以京朝官曾任通判、知县者四人为勾当左右厢公事,分治京城四厢。凡民间斗讼、盗贼情节较轻者,即可决遣。并置勾当左右厢公事所,民间称为都厢,以京朝官一人主管。南宋临安府亦置,许奏辟京朝官亲民资序人充任,分治城内外南北左右四厢。后城内罢,惟城外置。掌听断民间诉讼。

厢禁兵 即“教阅厢兵”。

厢头 清代管理厢街之头目。近城曰厢,其头目称厢头。推诚实及家道殷实者充任。掌稽查偷盗、赌博及来历不明之人。定期更换。

厢主 五代至北宋殿前司、侍卫司所统厢都指挥使省称。

湘 湖南省的简称。因湘江纵贯全省而得名。

湘报 报纸名。清光绪二十四年二月十五日(1898.3.7)发刊。日报。长沙校经书院出版。熊希龄、梁启超、谭嗣同、唐才常等任董事,戴德诚、梁启超、樊锥、何来保、谭嗣同、唐才常为撰述,唐才常主编。南学会机关报。以"开风气、拓见闻"为宗旨,宣传爱国救亡,倡导变法维新。载有论说、奏疏、电旨、公牍、本省及各省新政、各国时事、杂事、商务等,亦选刊政学新书或其他报刊所载。文章多犀利酣畅,通俗易懂。六月一日发至第一一六号,曾一度停刊,至十五日复刊。戊戌政变后,被饬令停刊,改由王笏等"承顶"接办。九月一日终刊。共出一百七十七号。

湘东郡 三国吴太平二年(257)分长沙郡东部置。以处湘水之东得名,治酃县(今衡阳市湘江东岸)。辖境相当今湖南洣水流域、耒水下游以及常宁市地。西晋以后略有扩大,西部至今湘江以西的蒸水下游。东晋太元二十年(395)移治临烝县(今衡阳市)。南朝齐辖境又扩大至蒸水上、中游。隋开皇九年(589)废。吴、西晋永嘉前属荆州,永嘉后至南朝陈属湘州。梁元帝曾被封为湘东王。

湘夫人 或指为尧女、舜妻之一的女英。参见"湘君❷"。

湘军 清末曾国藩编练的武装。成军于湖南,故名。咸丰三年(1853)为镇压太平天国,湖南在籍侍郎曾国藩奉命助湖南巡抚督办全省团练,以湘乡练勇为基础,扩充编练湘军。次年春编成二十三营。陆师十三营,每营五百人,设营官一人,每营四哨,每哨八队,哨设哨长,队设什长,共六千五百人;水师十营,五千人,有快蟹、长龙、舢板等船三百余艘,全军合计一万七千余人。各营互不统属,全军只服从曾国藩一人。三月曾国藩率湘军出击太平军,水师败于靖港,陆师胜于湘潭、岳州(今岳阳),乘胜攻陷武汉,沿江东下,败太平军于田家镇。五年一月水师在九江、湖口为太平军击溃。八年重整旗鼓,与太平军激烈争夺天京(今南京)上游各省,攻陷九江、安庆。同治三年(1864)陷天京。曾国藩鉴于清廷猜忌,自裁湘军二万五千人,余部参与镇压捻军、西北回民军、贵州苗民军,屡被歼,残部编为防军之一部分。主要将领有左宗棠、曾国荃、胡林翼、江忠源、刘长佑、刘坤一等,形成湘系势力,为晚清重要武装政治集团。

湘军记 书名。清王定安撰。二十卷。编年体。起自道光三十年(1850)太平天国起义爆发,迄于光绪十三年(1887)新疆设郡县止,共三十八年历史。以湘军为主,而附他军战史。分粤湘战守、湖南防御、规复湖北、援守江西、规复安徽、绥辑淮甸、围攻金陵、谋苏、谋浙、援广闽、援川陕、平黔、平滇、平捻、平回、勘定西域、水陆营制等篇。王氏曾为曾国藩、曾国荃幕僚二十多年,据闻见和有关奏章遗稿等资料,编为是书。稿成,曾与郭嵩焘、曾国荃商订得失。本书系奉曾国荃之命而作,所记湘军始末,标榜曾氏兄弟。针对《湘军志》有损湘军及曾国藩、曾国荃声望诸直笔,隐作抗辩。光绪十五年由江南书局刊行。

湘军水陆战纪 见"湘军志"。

湘军志 书名。清王闿运撰。十六卷。太平天国起义爆发时,曾国藩以侍郎居乡,组织湘军镇压。是书叙述曾氏治军任将,及湘军的始末。分为湖南防守篇、曾军篇、湖北篇、江西篇、曾军后篇、水师篇、浙江篇、江西后篇、临淮篇、援江西篇、援广西篇、援贵州篇、川陕篇、平捻篇、营制篇、筹饷篇。于曾国藩、胡林翼、左宗棠和李鸿章等镇压太平军的全过程,以及湘军于靖港、湖口、祁门三次大败,湘军之掳掠,左宗棠、沈葆桢等对湘军的讥刺贬鄙,皆有所记载。光绪十一年(1885)刊行。次年虞山鲍氏石印,易名《湘军水陆战纪》。书出,曾国荃十分不满,另嘱王定安别撰《湘军记》隐为抗辩。

湘军志评议 书名。近人郭振墉辑注。不分卷。辑录郭嵩焘、郭崑焘校阅王闿运《湘军志》所作眉批,并加笺注,按王书篇序编次而成。对《湘军志》观点及叙事详略得失,均有辩驳,于其史实讹误处,亦有所补正。

湘君 ❶传说中尧帝两个女儿的总称。《史记·秦始皇本纪》:"上问博士曰:'湘君何神?'博士对曰:'闻之,尧女,舜之妻,死而葬此。'"刘向《列女传·有虞二妃》:"二妃死于江湘之间,俗谓之湘君。"❷指尧二女之一,或称"娥皇"。唐韩愈《黄陵庙碑》云:"尧之长女娥皇为舜正妃,故曰君;其二女女英自宜降曰夫人也。"

湘路警钟 杂志名。清宣统元年七月(1909.8)在日本东京创刊。留东湖南铁道研究社和留东湖南同乡会铁道部主办,焦达峰等主编,"以救济路权,监督路政,以达完全商办为宗旨",刊发《湘路纪事》,报道湘路争潮。非卖品,免费赠送各处。因遭日本政府无理干涉,被迫停办,只发行一期,旋改名《湘路危言》迁上海出版。

湘路危言 杂志名。原名《湘路警钟》,因遭日本政府干涉于清宣统元年(1909)秋由东京迁往上海,更名发行。留东湖南铁道研究社和留东湖南同乡会铁道部主办,焦达峰主编。以拒款保路为宗旨,鼓吹湘路商办,反对出卖路权。刊有《湘路纪事》等文,只出一期。

湘路新志 杂志名。湘路集股会机关刊物。清宣统元年十月(1909.11)在长沙创刊。月刊。龙璋、童光业等先后主编。以提倡集股、抵制外债、商办湘路为宗旨。反对帝国主义掠夺和清政府拍卖路权,呼号拒款废约、自办铁路。三年清政府宣布铁路国有政策后,自动停刊。

湘路周报 杂志名。清宣统元年十月(1909.11)在长沙创刊。周刊。谭延闿、龙璋、陈文玮、文斐等发起,湖南铁道学堂编辑。以集股拒债为宗旨,鼓吹保路。

湘南县 秦置。治今湖南湘潭县西涟水北岸。南朝齐废入湘西县。秦和东汉属长沙郡,西汉属长沙国,三国吴至东晋为衡阳郡治,南朝宋属衡阳郡。

湘绮楼全书 书名。清末王闿运作。十八种,共二百四十三卷。内有《尚书大传补注》、《湘军志》、《楚辞释》、《庄子注》、《唐诗选》、《湘绮楼诗文集》等。有光绪、宣统间刻本。

湘绮楼日记 书名。清末王闿运撰。三十二册。叙事起自清同治八年(1869)迄于1916年,间有年月阙记者,极少涉及政事。有1927年刊本。

湘山 在湖南岳阳县西南洞庭湖中。又名君山或洞庭山。方六十里,状如十二螺髻。相传尧女、舜妻死于此,俗称湘君,因以为名。《史记·秦始皇本纪》:二十八年(前219),"浮江,至湘山祠。逢大风,几不得渡。上问博士曰:'湘君何神?'博士对曰:'闻之,尧女,舜之妻,死而葬此。'于是始皇大怒,使刑徒三千人,皆伐湘山树,赭其山"。

湘山野录 书名。宋僧文莹撰。文莹字道温,钱塘(今浙江杭州)人。三卷,又续录一卷。因作于荆州金銮寺,故以"湘山"为名。内容多记五代至北宋朝野杂事。

湘省大汉报 报纸名。清宣统三年九月二日(1911.10.23)在长沙创刊。日报。同盟会员杨宗实(华生)主办,李任民、刘苾、游大瀛、雷预等编撰。宣传武昌起义和各地响应的胜利消息,刊发湖南军政府革命文告。发行八号,更名《大汉民报》。1912年3月停刊。

湘事记 书名。近人唐乾一(署子虚子)撰。一册,两卷。记辛亥湖南光复事。卷一为起义篇、军事篇,卷二为内政篇、财政篇、商业篇。1914年北京正蒙印书局出版。

湘潭县 ❶南朝梁天监中分阴山县置。治今湖南衡山县东。属湘东郡。隋先后属衡州、衡山郡。唐天宝八载(749)改为衡山县。❷唐天宝八载改衡山县置。移治洛口,即今湖南湘潭市下摄司。南宋移今市。元元贞元年(1295)升为州。明洪武三年(1370)降为县。唐宋属潭州。元属潭州路(天临路)。明清属长沙府。

湘西县 三国吴太平二年(257)分湘南县置,以在湘水之西得名。治今湖南株洲县南。属衡阳郡,南朝为衡阳郡治。隋改为衡山县。

湘献王 即"朱柏"。

湘乡牛形山战国墓 战国中期楚国墓葬。位于湖南湘乡城东北4公里的牛形山。编号为牛形山1、2号墓。1975—1976年发掘。二墓毗连,年代相近,其中2号墓年代略晚,规模较大。二墓形制大体相同,均有高大的封土堆、墓口下内缩的台阶、覆斗形墓室与斜坡式墓道。墓室内置二椁三棺,中棺作弧形,内外椁间有回廊形空间,构成头、足、左、右四边箱,内陈放随葬器物。二墓早年被盗。大型铜器均不存,1号墓中陶器组合为鼎、敦、壶,有大小相次的有盖陶鼎两套,每套五件,知墓主人身份可能属大夫一级。一说此二墓是同茔并穴夫妇合葬,2号墓出土有铜兵器,墓主人可能为男性。二墓附近尚有规模更大的土冢十余座,表明湘乡一带曾是楚国南境之要地。

湘乡县 本西汉长沙国湘南县湘乡,建平四年(前3)封长沙王(鲁人)子昌为湘乡侯,改属零陵郡。东汉为县。治今湖南湘乡市。三国吴太平年间改属衡阳郡。隋开皇九年(589)并入衡山县。唐武德四年(621)复置,移治龙城,即连道县故城,在今湘乡市西一百六十里涟源市境。寻还故治。属潭州。元元贞元年(1295)升为州,至正二十四年(1364)朱元璋降为县。明、清属长沙府。1986年撤销,改设湘乡市。

湘绣 四大名绣之一。主要产于湖南长沙、宁乡等地,故名。实物最早见于公元前五世纪春秋时代,1958年湖南长沙楚墓出土。其在细密的丝绢上,用连环针绣成龙凤图案,形象生动,绣工精细,反映了春秋时期湖南刺绣技艺已达较高水平。1972年,长沙马王堆西汉古墓又出土四十件绣衣和一幅铺绒绣锦,这批绣品有图案十余种,绣线是未加捻的彩色散丝,色彩达十八种,针法有平针、接针和打籽针等,针脚整齐,线条洒脱,技艺已较成熟。宋明时期,技艺进一步发展,针法日益丰富,图案写实,仍以彩色散丝作为绣线。其构图主体突出,虚实相间,大胆运用留白,既省工,又美观;造型手法在线描基础上,辅以明暗对比,强化了物像的质感和立体感;色彩趋于鲜明。针法有掺针、游针、毛针、平针、网针、打籽针、交叉针等几十种,讲究"应物施针"。传统题材有狮、虎、松鼠,以虎最著名。为表现猛虎皮毛质感,在毛针基础上创造了鬅毛针。清代刺绣工艺已遍及湖南城乡。

湘学报 杂志名。清光绪二十三年三月二十一日(1897.4.22)创刊于湖南长沙。前身为《湘学新报》,自第二十一册起易现名。旬刊。线装一册,无目录标题。江标、徐仁铸督办,唐才常、陈为镒、蔡钟濬等主编。以讲求西学、开民智、育人才、图富强为宗旨。分设史学、掌故、时务、舆地、算学、商学、交涉等栏,亦选刊新政文牍、格致浅理和新学章奏等。主要介绍西方资本主义国家政治、经济情况,传播科学文化知识,倡言维新,推动变法,亦曾连载讨张之洞的《劝学篇》。次年六月二十一日终刊,共出四十五册。第一至四十五册曾按原状汇编为《湘学报大全集》,第一至四十册分类汇编为《湘学报类编》,又上海书局石印本《湘学报类编》则与原刊编排体例迥异。

湘学新报 杂志名。清光绪二十三年三月二十一日(1897.4.22)在长沙创刊。旬刊。半年后自第二十一册起更名为《湘学报》。参见"湘学报"。

湘阴县 南朝宋元徽二年(474)分益阳、罗、湘西三县及巴、硖流民置,以在湘水之南得名。治今湖南湘阴县西北五十里;一说在今县北七十五里琴棋望。隋开皇九年(589)并入岳阳县。寻又以岳阳县改名。治今湘阴县西南二十五里白乌潭;一说在今县东北四十三里刘家垅。五代周广顺三年(953)移今治。南宋绍兴初移治今县南十七里赤竹城,五年(1135)复移今治。元元贞元年(1295)升为州,明洪武初降为县。南朝宋、齐属长沙郡,梁、陈属岳阳郡,隋、唐、五代属岳州,宋属潭州,明清属长沙府。

湘州 ❶西晋永嘉元年(307)分荆、广两州置,以州治西临湘水为名。治临湘县(今湖南长沙市)。辖境相当今湖南湘、资二水流域和湖北陆水流域。东晋以后屡有废置,辖境亦有增减。南朝宋、齐时陆水流域割属郢州,增辖今广西东北部湘江上游、漓江和贺江流域以及广东北部北江流域大部。梁、陈时南部地区分置衡(治今广东英德市西北)、东衡(治今广东韶关市南)、桂(治今广西桂林市)等州,辖境缩小。隋开皇九年(589)改为潭州。东晋南朝为上流重镇。《晋书·宗室·谯王承传》:"湘州南楚险固,在上流之要,控三州(指荆、交、广三州)之会,是用武之国也。"❷南朝梁置,治新化县(今大悟县东),辖境约相当今湖北大悟、黄陂、红安等县地。北齐改为北江州。

湘州潭 即"昭潭"。

箱直 兵种名。据新疆吐鲁番出土北凉玄始十一年(422)文书等所记,当为北凉统治集团的警卫或亲随一类的军兵组织。

襄安县 ❶西汉置。治今安徽无为县西南襄安镇。汉至晋均属庐江郡。南朝宋废。❷隋开皇初改蕲县置。治今安徽巢湖市。属庐州。大业属庐江郡,唐武德三年(620)为巢州治,七年废州,改县为巢县。

襄办 见"总办"。

襄成君 战国时楚国封君。楚顷襄王时封于襄城(今属河南)。始封之日,楚大夫庄辛曾往拜谒。见《说苑·善说》。

襄城 本春秋郑汜邑(南汜),战国属魏,改名襄城。《水经·汝水注》:"京相璠曰:周襄王居之,故曰襄城。"即今河南襄城县。《史记·魏世家》:昭王元年(前295),"秦拔我襄城",即此。秦置县。

襄城郡 ❶西晋泰始二年(266)置。治襄城县(今属河南)。辖境相当今河南平顶山、襄城、郏县、舞阳、叶县、宝丰等市、县地。西晋属豫州,北魏属广州,东魏、北齐为广州治,北周为汝州治。隋开皇初废。❷北魏改南朝齐北襄城郡置。治今河南方城县。西魏改为襄邑郡,寻废。❸北魏置。治今西平县西。辖境相当今河南西平、遂平等县地。北齐改为文城郡。❹隋大业初改汝州为襄城郡。治承休县(今河南汝州市)。辖境相当今河南汝州、汝阳、禹州、郏县、宝丰、鲁山等市、县地。唐武德四年(621)改为伊州,八年改为汝州。

襄城县 战国时魏襄城邑。秦置县。治今河南襄城县。两汉属颍川郡,西晋、北朝为襄城郡治。东魏、北齐又为广州治。北周又为汝州治。隋初为汝州治,后属颍川郡。唐、宋属汝州。金、元、明、清属许州。

襄疵 战国时魏国邺(今河北临漳西南)令。亦称襄子。暗中与赵王左右友好,故知赵王行踪。赵王谋袭邺,他先言于魏王,魏备之,赵遂止其行。见《韩非子·内储说下》。

襄樊之战 元朝灭宋战争中在襄阳、樊城进行的一次决定性战役。襄阳在汉水之南,樊城在汉水之北,两城有浮桥相通,互相呼应,是南宋军事重镇。元至元四年(1267),南宋降将刘整向世祖建议,灭宋必须先取襄阳。五年,世祖命阿术、刘整率师围襄阳。六年,又命史天泽与驸马忽剌出前往经画。元军筑城堡,在汉水中筑台,切断襄、樊与外界的联系,并操练水军,造船五千艘。南宋屡次发军来援,均被击退。九年,南宋民兵将领张顺、张贵驾船百艘运送衣甲自上流入襄阳,途中经过激烈的战斗,张顺战死。张贵入城后,在顺流东归途中被元军俘杀。自此襄、樊援绝。同年,元兵签军三万,增加围城的兵力,并调来回回大炮。次年元军破坏汉水上的浮桥,切断襄阳与樊城的联系,集中兵力围攻樊城,用回回炮击毁城墙。樊城破,元军转而围攻襄阳,宋守将吕文焕出降。

襄贲县 战国齐邑,秦置县。治今山东苍山县南长城。属东海郡,《后汉书·祭肜传》:建武中,"迁襄贲令。时天下郡国尚未悉平,襄贲盗贼白日公行。肜至,诛破奸猾,殄其支党,数年,襄贲政清"。南朝宋为东海郡治。泰始以后侨置今江苏涟水县北,隋开皇初改为涟水县。

襄国县 楚、汉之际项羽改信都县置。以赵襄子谥为名。治今河北邢台市。西汉高帝时属邯郸郡。景帝时属赵国。魏、晋属广平郡。十六国后赵石勒建都于此。石虎迁都于邺(今临漳县西南邺镇)后,为襄国郡治。后赵亡废。北魏太和二十年(496)复置,属广平郡。后属北广平郡。北齐属襄国郡。隋开皇初属洺州。九年(589)改为龙冈县。

襄汉之战 宋金战争重要战役之一。绍兴二年(1132),宋将李横出兵抗金,三年,为金与伪齐联军击败,尽失所辖襄阳府(治今湖北襄樊市)及邓(治今河南邓州)、随(治今湖北随州)、郢(治今湖北钟祥)三州。四年,岳飞出兵北伐,攻占上述之地及唐州(治今河南唐河)、信阳军(治今河南信阳),并于襄阳府击败伪齐李成反扑,于邓州大破金与伪齐联军。襄汉之战为南宋首次收复大片失地的战役。

襄楷 东汉平原(治今山东平原南)隰阴人,字公矩。善天文、阴阳之术。桓帝延熹九年(166),上疏陈阴阳灾异,请除酷刑,远宦官;又献《太平清领书》,均不被采纳。灵帝即位,征为博士,不就。卒于家。

襄乐县 西汉置襄洛县。属上郡。东汉废。北魏太和十一年(487)复置,改为襄乐县。治今甘肃宁县东北湘乐。为襄乐郡治。西魏曾侨置燕州于此。北周属西北地郡。隋开皇属宁州。大业属北地郡。唐、宋属宁州。蒙古至元七年(1270)省入州。

襄理军务纪略 见"张公襄理军务纪略"。

襄陵 ❶春秋时宋襄公陵墓。在今河南睢县。《元和郡县志》宋州襄邑县:"宋襄公墓,在县城中东隅,故号襄陵。"❷春秋晋大夫郤犨食邑,以有晋襄公陵墓而得名。在今山西襄汾县东北。《水经·汾水注》:"汾水又南历襄陵县故城西,晋大夫郤犨之邑也,故其地有犨氏乡亭矣。"西汉置襄陵县。

襄陵县 西汉置。《元和郡县志》:"县东南有晋襄公陵,因以为名。"治今山西襄汾县东北。北齐废。北周移禽昌县于此,改为禽昌县。隋大业二年(606)复改为襄陵县。北宋移治汾西宿水店(今襄陵镇西南十里襄陵村),后又移治晋桥,即旧襄陵县。1954年与汾城县合并为襄汾县(驻史村)。两汉属河东郡,三国魏至东魏属平阳郡,隋属临汾郡,唐先后属晋州、绛州,北宋、金属平阳府,元属晋宁路,明清属平阳府。

襄宁王 元代诸王封号,授驼纽金印。至大二年(1309),阔出后裔也速不干受封。阿鲁灰袭封。

襄平县 战国燕地,筑长城自造阳至此。秦置县。治今辽宁辽阳市。秦汉魏晋为辽东郡、国治所。魏晋还兼为平州及东夷校尉治所。东晋元兴三年(404)地入高句骊为辽东城。唐贞观中克辽东城置辽州,武则天时曾一度移安东都护府于此。后废。

襄威将军 官名。将军名号。北魏置,太和二十三年(499)定为从六品上。可作为士族的起家官。隋初为散号将军,正八品下,大业三年(607)罢。

襄武将军 官名。北魏置。太和十七年(493)定为六品上,二十三年复次职令未载。

襄武县 西汉置。治今甘肃陇西县东南。属陇西郡。东汉因羌乱曾一度为郡治。三国魏迄北周,隋大业,唐天宝、至德间,并为陇西郡治。隋开皇、唐为渭州治。宝应二年(763)地入吐蕃,遂废。《三国志·蜀志·姜维传》:蜀汉延熙十六年(253)伐魏"围襄武",即此。

襄宪王 即"朱瞻墡"。

襄阳白号 清嘉庆年间川楚白莲教起义军的一支。主要首领为高均德、张天伦等。嘉庆元年(1796)三月起于湖北襄阳附近之三合镇。东乡会师后编为襄阳白号,转战于川楚陕各地,曾击毙清军参将董宁川。四年十月,高均德在陕西盘头山被俘牺牲,复由高二(高成杰)、马五(马朝礼)率领,进军甘肃巩昌及四川松潘,于竹子山击毙清军名将施缙,于西乡击毙清军提督王文雄。六年初,高二牺牲后,复以马朝礼为首,坚持到次年二月。

襄阳蔡坡战国墓 战国时期楚国墓葬。位于湖北襄阳伙牌乡施坡村蔡坡土岗岭中。已发掘的数座墓中比较重要的是第十二号墓,此墓系长方形土坑木椁墓,墓坑东西长17米,南北宽14.8米,深约8.8米。墓坑东有墓道。椁室分棺室与头、边箱三部分。墓内出有较多的兵器,其中有吴王夫差剑一把,出于棺内,剑身铸有篆书阴文二行十字"攻敔(敌)王夫差自乍(作)其元用"。此外随葬有盖铜鼎两件。陶器中有陶鼎十四件。陶器基本组合为鼎、豆、壶。据出土器物推断此墓时代约属战国早、中期,墓主人可能是楚国的高级将领。

襄阳府 北宋宣和元年(1119)升襄州置。治襄阳县(今湖北襄樊市襄阳城)。属京西南路。辖境相当今湖北襄樊市及襄阳、谷城、宜城、南漳等县地。元至元中改为路。1364年朱元璋复改为府。明属湖广省。清属湖北省。辖境相当今湖北襄樊、襄阳、南漳、宜城、枣阳、老河口、谷城、丹江口等市、县地。1912年废。

襄阳黄号 清嘉庆年间川楚白莲教起义军的一支。主要首领有王聪儿、姚之富。嘉庆元年(1796)三月,起于湖北襄阳附近的黄龙垱。转战于湖北、河南、四川等省。东乡会师后编为襄阳黄号。三年三月,王聪儿、姚之富牺牲后,由王廷诏率领入川与徐天德、罗其清部协同作战。六年二月,王廷诏被俘,复在樊人杰领导下继续转战于川楚陕老林地区,坚持到次年二月。

襄阳郡 东汉建安十三年(208)分南郡、南阳两郡置。治襄阳县(今襄樊市襄阳城)。属荆州。辖境相当今湖北襄樊、襄阳、宜城、当阳、远安等市,县及南漳县东南部地。其后略有变迁。南朝宋、齐、梁属雍州,北朝西魏末、北周属襄州。隋开皇初废。大业及唐天宝、至德时又曾改襄州为襄阳郡。

襄阳蓝号 清嘉庆年间川楚白莲教起义军的一支。主要首领有张汉潮、李潮等。嘉庆元年(1796)二月,张汉潮起于湖北襄阳,后与其徒李潮等会合。东乡会师后编为襄阳蓝号。四年,张汉潮在陕西遇害,由冉学胜率领进入甘肃秦州、巩昌一带。六年八月,冉学胜被俘遇害,复在戴世杰、赵鉴等领导下,坚持到次年九月。

襄阳路 元至元中改襄阳府置,治襄阳县(今襄樊市襄阳城)。属河南江北行省。辖境相当今湖北枣阳、宜城以西,大巴山、荆山以北的地区。1364年朱元璋复改为襄阳府。

襄阳耆旧传 书名。一称《襄阳耆旧记》。东晋习凿齿撰。五卷。记载襄阳郡(治今湖北襄樊襄阳城)的历史人物事迹、山川城邑和牧守业绩等,不同于一般的人物传记集。已佚。元陶宗仪《说郛》、清王仁俊《玉函山房辑佚书补编》、《经籍佚文》中各有辑本一卷;清任兆麟有辑本三卷,收入《心斋十种》。

襄阳县 西汉置。以在襄水之阳,故名。治今湖北襄樊市襄阳城。属南郡。东汉初平二年(191)荆州刺史刘表镇此。建安十三年(208)后为襄阳郡治。西晋平吴前亦为荆州治。东晋时置侨梁州、雍州于此。自后迄清,历为雍州、襄阳郡、襄州、襄阳路、襄阳府治。《元和郡县志》:"北接宛、洛,跨对樊、沔,为荆、郢之北门,代为重镇。"1951年因襄阳县城区与樊城合并置襄樊市(驻樊城),襄阳县亦移治樊城。

襄阳之战 明末农民战争中的一次战役。崇祯十四年(1641),张献忠率军从四川入湖广,侦知襄阳无备,乃领轻骑袭之,一日夜驰三百里。途中杀明督师杨嗣昌使者,取军符,夜叩襄阳城门,乘虚而入。得城后,杀襄王朱翊铭、贵阳王朱常法。杨嗣昌闻讯,畏罪自杀。

襄样 唐时,襄州(今湖北襄樊)为著名漆器产地,产品被天下取法,故称。

襄样节度 见"于頔"。

襄邑堡 在今山西芮城县东。东晋义熙十三年(417),刘裕伐姚秦,"檀道济、沈林子自陕北渡河,拔襄邑堡”,即此。

襄邑县 秦置。治今河南睢县。汉、晋属陈留郡,南朝宋废。北魏景明初复置。属梁郡。北齐废。隋开皇十六年(596)复置,属杞州。唐属宋州。北宋属开封府。北宋末曾为拱州治。金以后为睢州治。明初废入睢州。

襄垣县 春秋晋邑,战国初属韩,后属赵。相传城邑为赵襄子所筑,故名。西汉置县。治今山西襄垣县北。属上党郡。北魏改属乡郡。建义元年(528)为襄垣郡治。北周建德六年(577)为韩州治。唐武德元年(618)移治甘罗水南,即今县。贞观十七年(643)改属潞州。宋属隆德府。金、元属潞州。明、清属潞安府。

襄州 ❶北魏孝昌中置。治北平县(今方城县东南)。辖境相当今河南方城、舞阳等县及泌阳县北部、叶县南部等地。北齐移治叶县(今县西南)。北周废。《周书·文帝纪》:西魏大统十二年(546),“东魏遣其将侯景侵襄州”,即此。❷西魏恭帝改雍州置。治襄阳县(今襄樊市襄阳城)。隋大业,唐天宝、至德间曾改为襄阳郡。唐时辖境相当今湖北襄樊、襄阳、谷城、老河口、南漳、宜城等市、县地。北宋宣和元年(1119)升襄阳府。唐前期为山南东道采访使、后期为节度使驻地。宋为京西南路治。以产漆器著名。

镶嵌 金属器表面的一种装饰工艺。始见于二里头文化期。商代晚期出现镶嵌红铜的装饰。春秋战国后,镶嵌金银工艺迅速兴起,沿用至今。操作要点是:先在器表制备嵌槽(穴),后把金属或非金属的装饰料嵌入其中,但未必错平。1975 年后二里头出土过多件镶嵌绿松石的铜牌饰。

镶头 又作厢头。清云南铜矿厂所设之“七长”之一。每硐一人,掌辨察矿苗,视验荒色,调拨槌手,指示攻向,以及计划架镶、通风、排水等事。

xiáng

详定编敕所 官署名。简称敕局。北宋天圣年间置,掌将历年所颁敕令统一整理,删编成册,使之成为正式法令。设提举、详定、删定等官。熙宁后称编修诸司敕式所。元祐变更熙丰之法,改称重修敕令所。南宋初,称详定重修敕令所。其后,又改称详定敕令局、编修敕令所等。一般由宰相兼提举、执政兼同提举、侍从官兼详定官,于职事官内选差删定官。

详定官 官名。宋制,御试举人时,先由初考官评定试卷等第,封弥后,由复考官再评。最后,详定官对照初考官与复考官所定等第,有不同时,确定其一。详定官等皆系临时委派。

详定使司 官署名。即四方献言详定使司。元顺帝至正十七年(1357)设,秩正三品,掌考四方陈言,择善上达于帝。置详定使、副使、掌书记各二员,由中书官提调。

详定一司敕令所 官署名。宋神宗时始置。掌删定一司新颁敕令,纂类成书。设提举详定一司敕令官、详定官、删定官等。

详断官 官名。宋代大理寺之属官。掌定断天下申奏疑而未决狱案,报送审刑院详议。元丰元年(1078),诏天下奏案并刑部、审刑院详断,置刑部详断官,以大理寺详断官改任。元丰改制后,隶大理寺左断刑,改称大理正、丞、司直、评事等。

详复 ❶科举考试用语。即指对已阅试卷的复核。唐礼部试后,送中书门下详复。五代亦沿之。❷法制用语。宋制,州府审查各县申报大辟案件,使之罪状明白、刑法相当,即申本路,由提点刑狱司讨论决断,称“详复”。刑部等官府复查州府所申疑案,予以决断,亦称详复。

详复官 官名。北宋淳化元年(990)置,属刑部。以京朝官或选人充,掌复审天下已判决大辟狱案,驳正其违失。元丰改制后废,职掌归刑部郎中、员外郎等。

详解九章算法 书名。南宋杨辉撰。十二卷。著于景定二年(1261)。以三国魏刘徽注、唐李淳风等注释、北宋贾宪细草的《九章算术》为底本,择八十题作详解,照录其余一百六十六问,又于卷首添图、乘除二卷,卷末添纂类一卷而成,故由《九章》本文、刘注、李注、贾宪细草与杨辉详解五种内容合成。今无全帙。其《宜稼堂丛书》本仅存商功章之一部分及均输、盈不足、方程、勾股、纂类。另现存《永乐大典》卷一六三四三、一六三四四中录有衰分章后半部及少广章。详解内容包括解题、比类、注释。解题系对题目的性质及某些名词进行解释。比类则是以与《九章》的应用对象不同而算法相同或相类的题目作类比,最值得称道的是商功章以各种垛积与相应的立体类比,继沈括之后,发展了二阶等差级数求和问题。纂类“以法问深浅,资次类章”,对《九章》的方法和题目按数学性质重新分类,是个创举。

详明算法 书名。元末何平子编著。二卷。作者生平不明。卷首有安止斋序(据考何平子、安止斋可能为一人,安止斋为其斋名)。现存明洪武六年(1373)刻本。共一百十四个问题。内容与《算法全能集》相近。

详文 公文名称。上行文。为详言其事而申于上宪以候批答之意。明代已使用。清制,详文作为下级官府向上级官府请示公务时所使用的正式上行文书。详文只能申报给直接上级并且要求上级有所批示,不得越级上达。其使用范围较广。地方司道请示督抚,府厅请示司,知县请示所属直隶州知州,杂职请示州县;武职副将请示提督,参将请示总兵,游击请示副将,都司请示参将,千总、把总请示参将、游击,千总请示都司,把总请示都司、守备;千总于巡抚,府厅州县于步军统领衙门,直隶布政司于顺天府尹,府厅于学政等,均用详文。

详稳 辽官名。来自汉语将军的转译。(1)辽太宗会同元年(938)定制:鹰坊、监、冶等局长官为详稳。(2)北面帐官。皇族、国舅及遥辇、诸帐,均设详稳司,掌军马之事。有详稳、都监、将军、小将军等官。皇族帐并有都详稳。(3)北面军官。元帅府属下设大详稳司,统领军马。有大详稳、都监、将军、小将军、军校、队帅诸职。各军各设详稳司。(4)部族官。各部族设某部详稳司。亦设详稳、都监等官。

详刑大夫 官名。即大理正。唐龙朔二年(662)改,咸亨元年(670)复名大理正。

详刑寺 官署名。即大理寺,唐龙朔二年(662)改,咸亨元年(670)复名大理寺。

详刑正卿 官名。即大理卿。唐龙朔二年(662)改,咸亨元年(670)复名大理卿。

详谳 官制用语。北宋淳化二年(991)置审刑院,凡具狱案牍先由大理寺断谳,然后关报审刑院,知审刑院与本院详议官根据案情写成文章,上奏皇帝。审刑院这种职能,称为详谳。

详谳处 官署名。清光绪三十三年(1907)六月设立,隶大理院。体制仿照前刑部律例馆,专司复判外省死刑案件。以大理院各庭推事中熟悉案例者,派为总核或分核。

详议官 官名。北宋淳化二年(991)审刑院置,与知审刑院共同详复大理寺所断案牍,写出奏章,上于皇帝。后定员六人,以朝官充任。不限在职年月,其阶官但及三年,即引对迁官。元丰三年(1080),随审刑院并改,为刑部属官。

详议司 官署名。北宋钦宗靖康元年(1126)四月置,隶尚书省,掌讨论朝廷旧法得失。以宰相、执政提举,侍从官为参议,又设检讨官,下分六房分头讨论。五月即罢。

庠 周代地方教育机关之一。原是乡间老年人的活动中心,又是公共仓储所。老年人在此一边安度晚年,一边可对年轻一代传授经验和知识。后代亦用以指地方学校。

庠生 科举制度中府、州、县学生员的别称。

庠序之教 古代的学校教育。《孟子·梁惠王上》:"谨庠序之教,申之以孝悌之义,颁白者不负戴于道路矣。"赵岐注:"庠序者,教化之宫也,殷曰序,周曰庠。"汉代乡校曰庠,聚校曰序。

祥符县 北宋大中祥符三年(1010)改浚仪县置,以年号为名。与开封县同城而治,即今河南开封市。宋、金与开封县同为开封府治;元同为汴梁路治,明清为开封府治。1913年改名开封县。

祥福(?—1841) 清满洲正黄旗人,玛佳氏。由亲军累擢冠军使。出为湖南宝庆协副将。历绥靖、宁夏、镇筸诸镇总兵。道光二十年(1840)鸦片战争爆发后,率本镇兵援广东。二十一年守乌涌炮台,英军进攻虎门,琦善拒发援兵。乌涌、虎门同时失陷,他力战而死。

祥厚(?—1853) 清满洲镶红旗人。袭骑都尉世职,曾任蒙古副都统及山海关、熊岳、金州副都统。道光二十八年(1848)擢江宁将军。咸丰三年(1853)太平军沿江东下,两江总督陆建瀛革职后,兼署两江总督,守卫南京。太平军攻克南京时,被击杀。

祥生船厂 外商企业。清同治元年(1862)由英商创办于上海。专事修造船舶。光绪十七年(1891)改组为有限公司,资本达八十万两。在浦东有大型船坞和机器厂。

祥盛肥皂厂 商办企业。清光绪二十七年(1901)创办于上海,资本近十四万元。由邵尔康经理。

祥兴 宋帝昺年号(1278—1279)。共二年。

祥祐军司 官署名。全称石州祥祐监军司。西夏景宗元昊建国初所建十二监军司之一。初驻绥州(今陕西绥德),称绥州监军司。毅宗谅祚䄅都六年(1062)改称祥祐军。后驻地迁石州(今陕西横山东北)。防卫宋鄜延、河东。

祥云大波那铜棺墓 古墓葬。1963年发现于云南祥云县东南30公里的大波那村。土坑竖穴,葬具较为特殊,木椁内有铜棺,共由七块铜板组成,下有十二只短足,形成干栏式房屋;长2米,宽0.62米,边高0.45米,顶高0.64米。随葬物品有各种青铜器、陶器装饰品及一具原始的铜鼓。据放射性碳素测定,墓葬年代是公元前465±75年。

翔螭舟 隋大业元年(605),炀帝下江都(今江苏扬州)时,皇后所乘之船。装饰与龙舟无异,制度稍小。

翔庆监军司 西夏监军司名。毅宗谅祚时所建。驻地在灵州(今宁夏灵武)。保卫首都兴庆。

xiǎng

响堂山石窟 著名石窟。在今河北邯郸市峰峰矿区。因洞内拂袖即能发生锣鼓之声而得名。分南北两窟。南响堂在西纸坊鼓山南麓;北响堂在和村西鼓山之腰。两地相距约15公里。始凿于北齐文宣帝高洋时期。隋、唐、宋、元、明历代均有增修。南北响堂共有石窟十六座,大小造像三千四百余尊。石像造型优美,栩栩如生。建国前破坏严重,佛像大都失去头部。

饷生 见"例生❷"。

饷税 明代税课之一。福建海澄为充实军饷而对海外贸易船只与货物所征之税。始于万历三年(1575),中丞刘尧海请税舶以充兵饷,岁额六千两。除引税外,又有*水饷、*陆饷和*加增饷。次年,岁额逾万金。十一年所征二万余两,二十二年,累增至二万九千余两。

饷司 南宋总领所的简称。参见"总领"。

饷所 南宋总领所的简称。参见"总领"。

想昆 源于汉语"将军"。辽金时或译作*详稳。转入蒙语后,再译为汉语,作"想昆",又译鲜昆、翔昆、桑昆。蒙古贵族常用为尊显称号。

xiàng

向 ❶西周小国,姜姓。春秋初,灭于莒,为莒邑。在今山东莒南县东北。《春秋》隐公二年(前721):"莒人入向";宣公四年(前605):"公伐莒,取向",皆即此。❷周畿内邑,春秋初属郑,后属晋。在今河南济源市南。《诗·小雅·十月之交》:“皇父孔圣,作都于向”;《左传》隐公十一年:周与郑人苏忿生之田十二,向居其一;《竹书纪年》魏襄王四年(前315):“郑侯使韩辰归晋阳及向。二月,城阳、向,更名阳为河雍,向为高平。”(《水经·济水注》引)❸(1)春秋郑地。在今河南尉氏县洧川西南。《左传》襄公十一年(前562):“诸侯会于北林,师于向”,即此。(2)春秋吴地。在今安徽怀远县西北。《左传》襄公十四年:“吴告败于晋,会于向”,即此。

向宠(? —240) 三国时襄阳宜城(今湖北宜城南)人。向朗侄。初为蜀汉牙门将。章武二年(222)刘备攻吴大败,其部独全。建兴元年(223),封都亭侯。后为中部督,典宿卫兵。五年,诸葛亮上表请伐中原,赞之为晓畅军事,建议营中之事悉以咨之。旋迁中领军。延熙三年(240),在汉嘉(治今四川名山北)镇压蛮夷族时被杀。

向导处 官署名。清代为皇帝出巡作前导准备的机构。初无职名。皇帝出巡前,向导官率所属人员先行,详察路径,通桥梁、平险阻,计途程远近奏报。皇帝出巡时,则作前导。乾隆二十九年(1764)正式设署,四十二年以后始有“向导处”字样。长官初名向导总管、向导总统,设署后定置掌印总统大臣一人,由总统大臣内特简。总统大臣,无定员,由前锋统领、护军统领、副都统内特简。下设协理事务章京、笔帖式各二人,掌章奏文移。向导章京三十二人、拜唐阿四十八人,分司出巡向导事宜。

向光侯 南朝宋建平蛮人。大明中起兵反宋,宋以巴东太守王济、荆州刺史朱修之领军阻击,他率众转战清江一带,巴东、宜都、建平、天门四郡诸蛮族纷起响应,势力大盛,斗争持续至刘宋倾覆时仍未终止。

向瓌 唐末五代初石门蛮首领。中和元年(881),攻占澧州(今湖南澧县),自署刺史。昭宗时,复结梅山十峒僚人断邵州(今湖南邵阳)通路,攻击唐军。五代初,据澧州,与占据朗州(今湖南常德)之武陵蛮首领雷彦恭互为犄角。后梁开平二年(908),楚王马殷攻破朗州,遂以澧州降楚。

向海明 隋扶风(治今陕西凤翔)人。原为佛教徒。大业九年(613),自称弥勒佛出世,率众起义。三辅(今陕西中部)百姓纷起响应,众至数万。旋自称皇帝,年号白乌。后被隋将杨义臣击败。

向皇后(1046—1101) 北宋怀州河内(今河南沁阳)人。治平三年(1066),归神宗于颍邸,封安国夫人。神宗即位,立为皇后。哲宗即位,尊为皇太后。元符三年(1100),哲宗死,无嗣,独决策迎立端王,是为徽宗。徽宗立,请权同处分军国事。越半年还政。卒谥钦圣宪肃。

向朗(? —247) 三国时襄阳宜城(今湖北宜城南)人,字巨达。少时师事司马徽。荆州牧刘表任为临沮长,后归刘备,随备定蜀。屡任巴西、牂柯、房陵太守。后主即位,为步兵校尉,领丞相长史。建兴五年(227),从丞相诸葛亮北伐。次年,因马谡战败免官。亮死后徙左将军,封显明亭侯,位特进。自免长史,优游二十年,潜心典籍,年逾八十犹不怠。

向敏中(949—1020) 北宋开封(今属河南)人,字常之。太平兴国进士。通判吉州,历户部推官、淮南转运副使、知制诰、权判大理寺。知广州,以清廉称。擢广南东路转运使。淳化四年(993),为枢密直学士,请置通进银台司于枢密院之外,遂领其局。未几,同知枢密院事。明辨有才略,西北二边道路、斥堠、走集之所,莫不周知。咸平初,拜参知政事。四年(1001)拜相,次年罢,出知永兴军。西夏李德明纳款,他坐镇西边,颇受真宗信用。大中祥符五年(1012),复相。天禧初,进右仆射兼门下侍郎,监修国史。真宗朝未尝除仆射,此为殊命,但他处此如平昔,略无喜色。晓畅民政,善处繁剧。

向荣(约1788或1792—1856) 清四川大宁(今重庆巫溪)人,寄籍甘肃固原(今属宁夏),字欣然。行伍出身。以镇压河南李文成等反清斗争起家,累迁至总兵。道光二十七年(1847)擢四川提督。三十年调湖南提督,镇压李元发起义。旋调任广西提督,镇压太平天国起义,屡为太平军所败,革职留任。咸丰二年(1852)追踪太平军自桂林入湖南,至武昌。继任钦差大臣,专办军务。三年在孝陵卫建立江南大营,与扬州江北大营遥遥相对,围困天京(今南京),并曾一度攻占要塞雨花台。六年太平军击溃江南大营,他逃至丹阳,病死(一说自缢而死)。遗作编为《向荣奏稿》。谥忠武。

向寿 战国时人。秦昭王母宣太后外族。少与秦昭王同衣,长与之同车。秦武王三年(前308),与甘茂使魏,约伐韩。昭王初,为秦守宜阳(今河南宜阳西),反对甘茂以武遂(今山西垣曲东南)归韩,并谗甘茂于王,茂惧而奔齐。曾至楚,楚闻其在秦贵,厚遇之。后楚怀王使使请于秦,使其为秦相。昭王十三年(前294),率军伐韩,取武始(今河北邯郸西南)。次年被免职。

向通汉 北宋西南溪峒蛮首领之一。宋初为五溪诸州统军。淳化二年(991),任羁縻富州(今湖北来凤、咸丰一带)刺史。至道二年(996)太宗祀南郊,上言愿尽忠悃,障护辰州五邑。天禧二年(1018),率所部朝宋,贡名马、丹砂等,并上《五溪地理图》,授富州防御使。

向魋 即“桓魋”。

向为人 春秋时宋国人。宋共公十三年(前576),任大司寇。同年,共公死,司马荡泽谋削弱公室,杀公子肥,华喜、公孙师率国人攻杀荡泽,他遂和鱼石、鳞朱等避祸奔楚。平公三年(前573),楚伐宋,攻占彭城(今江苏徐州),使与鱼石等驻守。宋旋求救于晋,晋率诸侯之师克复彭城,他和鱼石等人被置于晋的瓠丘(今山西垣曲东南)。

向五子(? —566) 一名向五子王。南北朝信州蛮首领。梁承圣三年(554),破信州城(今重庆奉节东)。北周武成初,又联合种人冉令贤攻陷白帝城,与之分控峡东、峡北。自镇石墨城(今湖北巴东境内),其子宝胜守双城。天和元年(566),北周开府陆腾败峡东冉氏,趋峡北招降,不从,腾乃于双城周围立栅,纵兵破两城,执向氏父子杀之。今巴东尚存向王天子庙、向王山、向王枪等遗迹遗物。

向武州 北宋置。治今广西天等县西北向都。属邕州羁縻。元属田州路。明洪武二十八年(1395)废,建文二年(1400)复置。直隶广西布政使司。辖境相当今天等县部分地区。清初属思恩府,雍正七年(1729)改属镇安府。1912年并入天保县。

向县 西汉置。治今安徽怀远县西北。属沛郡。三国魏废。

向雄(?—约283) 西晋河内山阳(今河南焦作东)人,字茂伯。初仕魏为江夏太守王经主簿,经被处死,在东市哭之尽哀。后因事系狱,司隶钟会于狱中辟为都官从事,会死,无人殡殓,乃迎丧而葬之。累迁黄门侍郎。泰始中,任秦州刺史。入为御史中丞、侍中。出为征虏将军。太康初为河南尹,赐爵关内侯。齐王攸将归藩,因固谏留齐王于京师忤旨,遂以愤卒。

向秀(约227—272) 魏晋之际河内怀县(今河南武陟西南)人,字子期。"竹林七贤"之一。与嵇康交善。不愿仕进。后曾被任为黄门侍郎、散骑常侍。开注《庄子》的新风气,为之"隐解","发明奇趣,遂倡玄风",颇为同辈友人所叹服。但余《秋水》、《至乐》二篇注释未竟而卒。后郭象以向注为基础,"述而广之",别为一书。向注早佚。现存《庄子注》可视为向、郭二人之共同作品。反对"贵无",认为万物皆"块然自生",以神秘的"自生"代替"无"为世界的造物主。主张"名教即自然",君臣、上下之分是"天理自然"的体现,人人应"安分自得"。着重在以道合儒,而与王弼之重在以儒合道者有别。能诗赋。曾作哀吊嵇康、吕安的《思旧赋》,著有《向子期难养生论》(辑入《嵇康集》)。另著《周易向氏义》,已佚,佚文收入《玉函山房辑佚书》。

向戌 春秋时宋国人。官左师。宋平公十三年(前563),晋率诸侯灭偪阳(今山东枣庄南、台儿庄西)后,将其地封之,不受,乃予宋公。三十年,因和晋中军帅赵武、楚令尹子木友好,倡议诸侯弭兵,先至晋,又至楚、齐、秦促成此事。四国同意弭兵,继由四国通知各小国在宋国聚会。当年,晋、楚两国在宋国都西门外主持缔结了弭兵之盟。

向阳区 即"曼噶赖·苏雅"。

向义将军 官名。南朝梁置。天监七年(508)定为施用于境外武职二十四班中的十三班。拟宁远将军等号,大通三年(529)定制后,仍拟宁远将军等号。

向挚 或作向艺。殷纣王时内史。见纣王昏乱,载其图法出亡到周。

向子 一作触子、蜀子。战国时齐将。齐湣王十七年(前284),燕将乐毅伐齐,他率军拒燕,战败,单骑而逃,莫知所向。见《战国策·齐策六》、《吕氏春秋·权勋》。

向子韶(1079—1128) 北宋开封(今属河南)人,字和卿。元符进士。累迁京东转运副使,后知淮宁府。建炎二年(1128),金兵攻淮宁(今河南淮阳),领诸弟守城,与百姓誓死御敌。城陷,率军民巷战,被执不屈,遇害。

向子諲(1085—1152) 宋临江军清江(今江西樟树)人,字伯恭,号芗林居士。向敏中玄孙。元符末,以恩荫补官,宣和末,为京畿转运副使。南渡初,统兵勤王,因与李纲善,为黄潜善所罢。后知潭州,率军民巷战,拒金兵。绍兴中,主管荆湖东路安抚司,后知广州,官至徽猷阁待制、户部侍郎。晚知平江府,以拒金使入境议和忤秦桧,致仕。闲居十五年,号所居为"芗林"。著有《酒边词》,多悲愤感慨之作。又有《芗林集》、《芗林家规》。

向宗头 南朝宋、齐时巴建蛮首领。宋泰始间,起兵反宋。武陵内史沈攸之率军镇压,断其盐米供给,均被击退。武陵酉阳蛮田头拟复起兵助其势。齐代宋后,又在永明初,联合黔阳蛮田豆渠等凭险筑砦反齐,齐巴东太守派兵来攻,退入清江深山丛林。

降娄 十二次名目之一。配十二辰为戌。包括奎、娄二宿,降娄之名由此二宿名翻出。《尔雅·释天》:"降娄,奎、娄也。"邢昺疏引孙炎曰:"降,下也。奎为沟渎,故称降也。"

项 春秋国名。在今河南沈丘县。为鲁所灭,后属楚。《春秋》僖公十七年(前643)"灭项",即此。楚顷襄王徙都陈,以此为别都。秦置县。

项安世(?—1208) 南宋江陵(今湖北荆州)人,字平父。淳熙进士。光宗时官至校书郎。宁宗即位,应诏言事,主张节省养兵及宫掖之费,以厚国力。庆元党禁时上书请留朱熹,为言者劾罢。开禧用兵,起知鄂州。除户部员外郎、湖广总领,派兵救德安(今湖北安陆),代吴猎权京湖宣抚使。旋因私忿斩吴猎幕僚,免去。著有《周易玩辞》、《项氏家说》、《平安悔稿》。

项伯(?—前192) 秦末下相(今江苏宿迁西南)人,名缠,字伯。战国时楚国贵族后裔,项羽叔父。曾杀人犯罪,为张良营救。秦末,随项羽起义反秦。秦亡后,因闻羽有意消灭刘邦以独霸天下,遂通过张良向刘邦报信,并于鸿门宴上暗护刘邦使其得脱危难。刘邦称帝后,赐姓刘氏,封射阳侯。

项城县 隋开皇初改秣陵县置。治今河南沈丘县。属淮阳郡。元至元初废入商水县,寻复置。明宣德三年(1428)移今河南项城市南老城。唐至明属陈州。清属陈州府。1954年再移至今市(水寨镇)。1993年改设为市。

项德 宋婺州武义(今浙江金华)人。州郡禁军。方腊起义军陷婺州后,率残兵抗拒,被称为"项鹞子",后为义军所杀。

项笃寿 明浙江嘉兴人,字子长。嘉靖进士。官至兵部郎中。著有《今献备遗》、《全史论赞》等。

项关 在今河南项城市南老城西北五十里。《资治通鉴》:西晋永嘉五年(311),汉刘聪遣王弥、刘曜等攻陷洛阳,弥与曜有隙,"引兵东屯项关",即此。

项鸿祚(1798—1835) 清钱塘(今浙江杭州)人,又名廷纪,字莲生。道光举人。屡应进士试不第,尝避居南山,读书僧院,穷愁而卒。善词,有《忆云词甲乙丙丁稿》。

项籍　即“项羽”。

项梁(?—前 208)　秦下相(今江苏宿迁西南)人。项燕子。项氏为楚国贵族,世代为将。秦统一后,与侄项羽避仇于吴中,阴以兵法训练宾客、子弟。二世元年(前 209)九月,与项羽杀会稽假守殷通起兵反秦,响应陈胜、吴广起义,有精兵八千人,自称会稽守。旋受陈胜部将召平委任,为张楚政权上柱国。乃率部渡江、淮,先后收编陈婴、黥布、蒲将军等,兵至六七万人。次年,得悉陈胜牺牲,遂拥立楚怀王心,自号武信君。率兵破东阿(今山东东阿西南),至定陶(今山东定陶西北),再破秦军。命项羽、刘邦等军攻陷城阳(今山东鄄城东南),斩三川守李由。后因轻敌,为秦将章邯袭杀。

项名达(1789—1850)　清浙江仁和(今杭州)人,原名万准,字步莱,号梅侣。道光进士。改官知县,未就。道光十七年(1837)应聘为苕南书院主讲,着重研究三角函数的幂级数,撰写《象数一原》。二十三年撰成《三角和较术》,内容涉及平三角和较相求、正弦三角和较相求、斜弧三角和较相求等问题,论证婉转妙合。后在数学家戴煦研究的启发下,相继撰成《开诸乘方捷法》和《续对数简法》,对函数的幂级数展开式的研究贡献颇多。又著《椭圆求周术》,是中国数学家第一次提出求椭圆周长的正确方法。

项奴儿　即“项普略”。

项普略(?—1352)　亦名项奴儿、项明威。元末天完红巾军将领,白莲教徒。至正十二年(1352),领兵攻克饶州(今江西波阳)、信州(今江西上饶)、徽州(今安徽歙县)、杭州、湖州(今属浙江)等地,屡败元兵。所部纪律严明,宣传“弥勒佛出世”,招民入伍。同年十一月在广德为元兵击败,退至徽州,被俘,死于杭州。

项圣谟(1597—1658)　明末清初浙江秀水(今嘉兴)人,字孔彰,号易庵、子毗、胥山樵、莲塘居士、松涛散仙等。项元汴孙。好游名胜,历安徽、山西、陕西、京师等地。工诗,善绘山水。清顺治二年(1645),清军入浙,乃离家避祸,卖画为生。传世作品有《招隐图卷》、《秋林读书图》、《松涛散仙图》等。著有《朗云堂集》。

项斯　唐江东人,字子迁。会昌四年(844)进士。曾官丹徒尉。诗格与张籍相类。未第时,以诗卷谒杨敬之,敬之雅爱之,作诗曰:“平生不解藏人善,到处逢人说项斯。”后世因称扬誉或说情为“说项”。有辑本《项斯诗集》一卷,《唐百家诗》本。

项县　❶本春秋项国,秦置县。治今河南沈丘县。两汉属汝南郡,晋初属梁国。南朝宋为陈郡治。东魏又为北扬州治。北齐移治今淮阳县,为信州及陈郡治,北周为陈州及陈郡治。隋开皇初改为宛丘县。❷本汉陈县。北齐文宣帝移项县理于此。隋改名宛丘。治今河南淮阳县。

项燕(?—前 224)　战国末下相(今江苏宿迁西南)人。楚王负刍时为楚将,数有功,爱士卒。楚王负刍三年(前 225),秦遣李信、蒙武率军二十万伐楚,他以兵御之,在城父(今安徽亳州东南)大破李信军,杀七都尉。秦复以王翦率六十万大军攻楚。次年,秦军在平舆(今河南平舆北)大破楚军,攻至蕲(今安徽宿州东南),他兵败被杀。一说自杀。

项羽(前 232—前 202)　即项籍。西楚霸王。秦末下相(今江苏宿迁西南)人,名籍,字羽。战国末年楚国名将项燕之后。从叔父项梁居吴(今江苏苏州)。少时学书、剑皆无所成,然胸怀反秦大志。秦始皇东游会稽过钱塘江时,与项梁往观,声言:“彼可取而代也。”二世元年(前 209)九月,随梁起兵会稽(治今江苏苏州),响应陈胜、吴广起义。陈胜牺牲后,又领导反秦武装主力,拥立楚怀王孙心为楚怀王。秦将章邯击赵时,奉怀王之命,以次将随上将军宋义率军救赵,因义行至安阳后按兵不动,遂于帐中斩之。旋进兵救巨鹿,破釜沉舟,与秦军决战,大败秦军主力。随后招降章邯,坑杀秦卒二十万,进军关中。时刘邦已先据咸阳,谋臣范增力劝其在鸿门宴上杀死刘邦,不听,与刘邦暂时达成和解。遂引兵屠咸阳,杀秦降王子婴,烧秦宫室,掳掠货宝。公元前206 年二月,分封诸侯,以刘邦为汉王。自立为西楚霸王,都彭城(今江苏徐州)。不久,田荣、陈余于齐、赵等地举兵反楚,刘邦乘机还定三秦,进逼西楚。楚汉之战随之爆发,历时近五年。战争前期,他虽取得胜利,但因分封诸侯,内部矛盾重重,加以战略决策失宜,军事形势日益不利。前 202 年十二月,终被围困垓下(今河南鹿邑东,一说安徽灵璧南)。夜闻楚歌四起,以为汉军已得楚地,遂突围至乌江自刎而死。

项元汴(1525—1590)　明浙江秀水(今嘉兴)人,字子京,号墨林山人,又号香严居士、退密斋主人。国子监生。工书善画,尤好收藏、鉴赏书画,筑“天籁阁”,临摹题咏其中。其所藏法书名画,极一时之盛。刊有《天籁阁帖》。晚年事佛,斋名为“幻浮”。

项忠(1421—1502)　明浙江嘉兴人,字荩臣。正统进士,授刑部主事。正统十四年(1449)扈从北征,为瓦剌所俘,羁留敌中饲马,乘隙逃归。天顺七年(1463)以右副都御史巡抚陕西,疏通郑、白二渠。灌田七万余顷。成化四年(1468)总督军务,平满俊起事,因功进右都御史。后镇压荆襄流民起义,并强迫流民丁壮戍湖广、贵州。累拜兵部尚书。以强直不阿、敏于政事著称。十三年,因倡九卿劾汪直开西厂,斥为民。直败复官,不久致仕归。著有《藏史居集》。

项庄　秦末下相(今江苏宿迁西南)人。战国时楚国贵族后裔。二世元年(前 209),随其从兄项羽起义反秦。秦亡后,项羽与刘邦会宴于鸿门(今陕西西安东北),庄于席中起舞,图谋刺杀刘邦,因项伯、樊哙卫护,未成。后人遂称“项庄舞剑,意在沛公”。参见“鸿门宴”。

巷伯　官名。周代宫内侍御小臣。《左传·襄公九年》:“令司宫、巷伯儆宫。”杜预注:“司宫,奄臣;巷伯,寺人,皆掌宫内之事。”

巷伯局 渤海国仿唐内侍省设,有常侍等官。巷伯为宦官。

巷伯中士 官名。西魏恭帝三年(556)置,北周沿置。天官府司内上士属官,由奄人充任,为宫中门巷之长,掌后宫事,正二命。下设巷伯下士以佐其职。隋开皇元年(581)罢。

相 ❶又称相安。夏王。仲康之子。仲康死后,居于帝丘(今河南濮阳西南),得同姓诸侯斟灌、斟鄩之助。曾征伐淮夷、畎夷、风夷、黄夷(《古本竹书纪年》)。寒浞命其子浇杀斟灌、又伐斟鄩,他亦为浇所灭(《左传·哀公元年》)。❷官名。(1)初为辅佐君王的执政大臣的泛称。春秋齐景公初年置,为百官之长,执掌国政。战国列国多设,总理政务,或称相国、相邦、丞相。秦汉以后,成为相国、丞相等宰相之官的通称。(2)春秋战国赞礼之官吏,掌接待宾客,后兼任外交事务。《左传·成公二年》:"王以巩伯宴而私贿之。使相告之曰:'非礼也,勿籍。'"杜预注:"相,相礼者。"《仪礼·乡射礼》:"(宾)及门,主人一相,出迎于门外。"郑玄注:"相,主人家臣,摈赞传命者。"(3)西汉初诸侯王国置相国、丞相,景帝中五年(前145)改诸侯王国相国、丞相名而称相,秩二千石。职掌辅导、匡正、监督诸侯王,有谏诤举奏之责。为王国最高行政长官,位高于郡守,尊显权重,多由朝廷代置,选派功臣或有才能者充任。统领王国众官。其后诸侯王势力逐渐削弱,相的地位也逐渐下降。初元三年(前46)令诸侯王相位在郡守下。成帝时废王国内史,改令相治民政,职如郡守。又,武帝时改列侯国令长为相,由朝廷直接派遣,治民如县令、长,隶郡国守相,唯将应得户租与列侯,万户以上国相秩千石,万户以下国相秩四百石、三百石。西域诸国亦多置,掌民政。东汉、三国沿置。魏咸熙元年(264)置公、侯、伯、子、男爵,各有封国,并王国皆设相,悉由朝廷选置,实为国家委派的行政长官,与郡、县守令无异。王、公国五品,职如太守;侯国八品,与伯、子、男国相皆职如县令、长。西晋初沿置,太康十年(289)改王国相为内史,公国以下仍置。东晋、南朝因之,品秩随民户多少而定。陈制,万户以上国六品,不满万户国七品,五千户以上国八品,五千户以下国九品。北魏置王、公、侯、子四等爵,王、公封郡,侯、子封县,郡国设内史、相,县国设相,位自四品至八品不等。后省。明洪武三年(1370)于诸王府置王相府,置左、右相各一员,正二品,掌辅弼匡正诸王,不治民。武相多以勋臣兼任,位在文相之上。十三年罢。❸都邑名。(1)在今河南内黄县东南。商王河亶甲从隞(一作"嚣")迁都于此。《书序》"河亶甲居相",即此。(2)春秋宋邑。在今安徽濉溪县西北。《史记·春申君列传》:楚顷襄王二十年(前279),黄歇说秦昭王曰:"魏氏将出而攻留、方与、铚、湖陵、砀、萧、相,故宋必尽。"一说宋共公曾迁都于此(《水经·睢水注》)。秦置县。

相安 见"相❶"。

相邦 官名。即相国。战国赵、魏、中山、秦等国置,赵国兵器《相邦春平侯剑铭》:"四年,相邦春平侯。"《睡虎地秦墓竹简·为吏之道》所引魏国法律"魏户律":"廿五年闰再十二月丙午朔辛亥,告相邦。"参见"相国"。

相贝经 书名。西汉朱仲撰(或题汉严助撰,实误)。为中国公元前二世纪初研究贝类的作品。原书已佚,今本全文三百余字,记载贝类动物十二种,多为药用。如紫贝"愈疾"、朱贝"明目"、绶贝"消气"。收入《说郛》、《五朝小说大观》、《玉函山房辑佚书续编》等。

相部宗 唐佛教宗派。律宗的一派,与南山宗、东塔宗并称为律宗三家。法砺(568—635)所创。法砺曾从静洪、洪渊学《四分律》,开拓异闻,参考经论,撰成《四分律疏》十卷、《羯磨疏》三卷。其学说盛行于相州(治今河南安阳),故称。后东塔宗怀素著书指斥《四分律疏》,双方争论激烈。代宗时,两派并行,宋以后双双衰微,法脉不明。参见"东塔宗"。

相畜术 为家畜作外形鉴定之术。夏、商、周时期已有萌芽。商代甲骨卜辞中多次见到卜问采用何种毛色牲畜做祭牲。周代已重视齿形和体形,所谓"马八尺以上为龙,七尺以上为騋,六尺以上为马",即按马形体大小来分类。春秋战国时期涌现出许多相畜专家,最著名者在秦国有相马之伯乐、九方堙,卫国有相牛之宁戚。传说他们著有《相马经》和《相牛经》,但都没有流传后世。《吕氏春秋·恃君览·观表》记载,战国时,相马已从相体形、毛色发展到相马之口齿、颊、目、髭、腒、胸胁、脣吻、股脚、前、后等部位。两汉,相马术大为发展,以相马闻名者不乏其人,并出现了马式。除马牛外,亦鉴定其他家畜,据《汉书·艺文志》当时有"相六畜三十八卷"。魏、晋、南北朝时期继续发展,以《齐民要术》为主体的相畜著述大量出现。隋唐以后不断深化,范围扩大,内容丰富,并与选种结合,其经验至今仍行用于乡村。

相单程 东汉武陵蛮精夫(即汉语渠帅)。廪君种,即古巴人后裔。建武初,势力渐强,凭险扩土。曾在武溪战败并追歼汉军万余人。建武二十四年(48),在临沅(今湖南桃源、常德)挫败汉将马成。次年,又自充道(今湖南桑植,湖北鹤峰、宣恩地)发兵,与马援所领汉军四万余人,相峙壶头(今湖南沅陵境内)。马援死后,汉九江太守宋均乘其乏粮之际,迫之以兵,诱而杀之。

相地衰征 春秋时齐国管仲推行的依土地好坏和产物多少而确定税赋等级的田税制度。《国语·齐语》:"相地而衰征,则民不移。"韦昭注:"相,视也。衰,差也。视土地之美恶及所生出,以差征赋之轻重也。"

相地探金石法 书名。矿床学专著,由美国噶尔勃特喀格司原著,清王汝骈译,江南制造局于光绪二十九年(1903)出版,四卷十七章。译者在序言中说:"使探矿家能识向所未识之矿质,并使初学者能知如何探矿之方法",强调探矿理论和方法,其内容比较广泛,在中国早期矿床学史上也有重要意义。

相度 宋公文用语,意为考虑、分析,一般要求分析某事后提出解决办法或建议。

相儿加思巴 即"相家班"。

相分 佛教名词。与见分、自证分、证自证分同为佛教大乘有宗(即瑜珈行派)认识学说,合称"四分"。相者,相状之义,指八识每一识体上都有所缘的一面,是认识的对象,包括由眼识、耳识、鼻识、舌识、身识所变现的色、声、香、味、触一类的感觉对象;以及由意识、末那识、阿赖耶识所变现的一系列臆想。

相风乌 古代用以测风的风向器,因作乌形,故名。据《三辅黄图·台榭》,长安宫南有灵台,"有相风铜乌,遇风乃动。"

相夫氏 战国时人。一作柏夫氏。墨家后学。为墨子死后墨家三派代表之一。参见"相里氏"。

相府 官署名。战国秦丞相处理政务之所。《史记·范雎蔡泽列传》:"范雎归取大车驷马,为须贾御之,入秦相府。"汉以后亦为丞相府第之称。

相公 ❶宰相尊称。因拜相者多封公,故名。一说曹操以丞相封魏公,故相公之称自曹操始。宋代有时亦用以尊称执政等高级官员。❷旧时对上层社会青年男子之尊称。《通俗编·仕进》:"今凡衣冠中人,皆僭称相公,或亦缀以行次,曰大相公、二相公。"❸明清对秀才(即生员)之尊称。王应奎《柳南随笔》卷二:"古称秀才曰'措大',谓能措大事也。而天下之能措大事者惟相,故又呼秀才为相公。"❹明清吏胥之通称。《柳南随笔》卷二:"吏胥之称相公也,不知起于何时。或云:明洪武二十四年,诏岁贡生员不中,其廪食五年者,罚为吏。二十七年,又诏生员食廪十年,学无成效者,罚为吏。人以其曾为秀才,故仍呼为相公。相沿既久,遂以相公为吏人之通称。"

相国 初为春秋、战国时期对宰辅大臣的尊称。后渐成为官称,多作相邦(一说本名相邦,至西汉因避高帝刘邦名讳改相国)。居宰辅之位,为百官之长,与丞相略同而位稍尊。秦代唯置丞相。西汉承秦制置丞相为国务长官。高帝、惠帝时萧何、曹参曾由丞相迁相国(或说改名相国),职权秩位略同,礼遇稍尊,用绿绶。后复改丞相。诸侯王国亦置,惠帝元年(前194)改名丞相。魏、晋、南北朝不常置,位尊于丞相,职权品秩略同,非寻常人臣之职。隋唐以后多用作对宰相的尊称。元末朱元璋吴元年(1367)置左、右相国为中书省长官,主管政务,明洪武元年(1368)改左、右丞相。清代专指任大学士者。参见"丞相"。

相国史 官名。西汉初有此官,为相国属吏,秩五百石。后罢,并为丞相史。

相国寺 在河南开封市内。本北齐大建国寺,天保六年(555)建。后废。唐神龙中复建为寺。延和元年(712),改名相国寺。北宋至道二年(996)扩建。太宗题曰"大相国寺"。寺内有市,中庭两庑可容万人,四方商旅趋京师贸易者多聚于此。为东京城内最繁华之地。金、元、明时曾相继修葺。明成化二十年(1484)更名崇法寺。崇祯十五年(1642)河决,被河水淤没,"仅露殿脊丈余"(王士祯《秦蜀驿程后记》)。清顺治十八年(1661)重建,仍名大相国寺。乾隆时又重修。

相家班(1267—1314) 又译相儿加思巴。元乌思藏萨斯迦(今西藏萨迦)人,成宗师乞剌思八斡节儿之侄(一说为弟)。成宗大德九年(1305)立为帝师,历成宗、武宗、仁宗三朝。

相甲 宋代殿试合格举人分五甲,第五甲登第人,后多贵显,俗称"相甲"。

相礼 明初松江华亭(今上海松江)人,字子先,号人杰。工诗善绘,所绘山水清旷有致。尤长于弈棋,当时无敌。滑稽多智,谈论纵横。洪武中征至京,与*朱棣对弈,得赐龙篆弈具而归。刘基为诗赠之。

相里氏 战国时人。或云姓相里,名勤。墨家后学。墨子卒,后学分为三派,"有相里氏之墨,有相夫氏之墨,有邓陵氏之墨"(《韩非子·显学》),于墨子学说取舍各异,皆以为本派得墨家真意。斥对方为"别墨"。

相岭 在今四川越西县南小哨一带。明万历中建昌酋据相岭,即此。

相马经 帛书名。1973年湖南长沙马王堆三号汉墓出土。约是战国晚期楚人所作。全书三篇,无书名篇目,今名为整理者所加。存七十七行,约五千二百字。第一篇论伯乐相马法;第二篇详论马眼之相法,并述马眼的情状,如大小、盈满、光泽和活动性,睫毛和眼部肌的功能等,及其与善走与否的关系。第三篇是对第一篇的解释。该书是久已失传而重见于世的最古畜牧著作,反映了战国时马的外形学成就。

相马五脏法 畜牧学名词。外部形态与内部器官相结合之相马术。《齐民要术·相马五脏法》提出,如"肺欲得大,鼻大则肺大,肺大则能奔"。这种鉴定技术已掌握外部形态与内部器官之有机联系,了解外形是内部器官之外部表现,并反映出生理机能特点与役使能力。

相室 ❶官名。战国置。执政大臣泛称。《韩非子·孤愤》:"主失势而臣得国,主更称蕃臣,而相室剖符,此人臣之所以谲主便私也。"陈奇猷注:"松皋圆曰:'三晋以大夫为诸侯,犹仍旧号,故呼相国为相室。'奇猷案:《八经篇》:'相室约其廷臣。'《内储说》:'国君好外则相室危。'《亡征篇》:'相室轻而典谒重。'皆指执政大臣。"也指家臣。❷女官,傅母。《战国策·秦策三》:"相室"鲍彪注:"室家之相。此女也。男曰'家老'。"《相室鼎铭》:"王后左相室。"❸家相。《韩非子·说林上》:"隰子止之,其相室曰:'何变之数也。'"《锴庐印稿》有"长平君相室"官印。

相台五经 书名。又称《相台岳氏本五经》。南宋岳珂刊。原为《九经三传》,初刻于南宋岳氏相台书塾,后散佚。清高宗求得《易》、《书》、《诗》、《礼记》、《左传》五经,附《春秋年表》一卷、《名号归一图》上、下卷,按原样摹刻,故名。《易》十卷,用王弼注本;《书》十三卷,用孔安国传本;《诗》二十卷,用《毛诗》郑玄笺本;《礼记》二十卷,用郑玄注本;《春秋》三十卷,用杜预经传集解本。每卷之后列有岳氏校勘考证。为后世研究古代经学保留了重要资料。岳氏虽精于音读句逗,然又疏于字句异同,故往往据疏以改注,不免有误。其所用《尚书》孔氏传本,实出东晋梅赜所献伪书,非汉代孔安国传本。有清乾隆四十八年(1783)武英殿刊本,光绪二年(1876)江南书局重刊本等。

相土 又作乘杜。商先公。相传为昭明之子。曾任夏的司马。创制用马驮运和驾车(《世本·作》)。居于商(今河南商丘),其时商族势力已达到渤海之滨。

相威(1241—1284) 元蒙古扎剌儿氏。国王速浑察之子。至元十一年(1274),领其父所统五投下兵攻宋,由正阳(今安徽颍上正阳镇)取安丰军(今安徽寿县)、庐(治今安徽合肥)、和(今安徽和县)州,经安庆府(治今安徽潜山)顺江东下,会伯颜军于镇江。议定分三路进军临安(今浙江杭州),与董文炳将东路兵,降江阴、华亭(今上海松江)、上海、澉浦等处。十三年,宋主降,移兵瓜洲,与阿术合兵攻扬州,败姜才军。领汪总帅兵防御海都。十四年,召任江南行台御史大夫。二十年,入觐。改任江淮行省左丞相,赴任途中死。

相县 本春秋宋邑,秦置县,因境内相山得名。治今安徽濉溪县西北。为泗水郡治。西汉为沛郡治。北齐天保七年(556)废入符离县。

相佑助译者 即"助译者"。

相州 北魏天兴四年(401)分冀州置。治邺县(今河北临漳县西南邺镇)。辖境相当今河北邢台市、广宗县以南,河南林州、汤阴、清丰、范县等县以北,山东武城县、莘县以西地区。其后屡有改变。东魏天平元年(534)改为司州。北周建德六年(577)复名相州。大象二年(580)移治安阳城(今安阳市西南,隋置县,移治今市)。唐辖境相当今河北成安县、广平县和魏县西南部,河南安阳、鹤壁、汤阴、林州、内黄等市、县和濮阳市西部地。北宋属河北西路,辖境缩小。金明昌三年(1192)升为彰德府。州境漳水有灌溉之利:东魏筑万金等渠、唐筑金凤等渠于此。唐宋时有纱、绢等织造业。

相州六府 即北周设于相州(今河北临漳)的天官、地官、春官、夏官、秋官、冬官府的合称。武帝建德六年(577)二月,于相州置宫及六府官,所设官职远少于设在京都的六府。大象元年(579)二月癸亥,移相州六府于洛阳,改称东京六府。

相州司会 官名。北周置。武帝平北齐后,于建德六年(577)二月在相州置宫及六府官,此为天官府主要官员,静帝大象元年(579)二月癸亥,移相州六府于洛阳,遂罢。

象 ❶相传为舜之异母弟。舜之生母死后,其父瞽叟娶后妻所生。性傲,常欲与父母杀舜,舜时时避让。舜继尧位,封之于有庳(庳,一作鼻,今湖南道县北)。❷《周易》术语。意为象征。《周易》用卦爻等符号象征自然变化和人事休咎。《易·系辞下》:"《易》者,象也,象也者,像也。"孔颖达疏:"谓卦为万物象者,法像万物。犹若乾卦之象法像于天也。""象"有两种:一是卦象,即八经卦与六十四别卦所象征的事物;二是爻象,即阴阳两爻所象征的事物。

象辞 亦称《象传》。《易传》篇名。"十翼"的二篇。内容为解释六十四卦之卦名,卦义及爻辞。随经分上下两篇,共四百五十条。其中大象解释六十四卦卦名、卦义,皆以卦象为依据;小象解释三百八十六爻爻辞,多以爻象为依据。"象"即形象。《易传》作者认为,《易经》之卦和爻都是一种"象",用以摹拟、描写客观事物及其发展变化,包含着一定的吉凶休咎之内容。故对每卦及其爻辞所作的解释,称之为"象辞"。

象耕鸟耘 古代农业史上的传说。晋左思《吴都赋》云:"象耕鸟耘,此之自与。"唐陆龟蒙有《象耕鸟耘辨》一文,认为象耕鸟耘乃深耕疾耘之意;清刘应棠也说:"昔人言象耕鸟耘,亦取入土深,芟草疾意。"实则是由"象田"和"鸟田"发展而来,《论衡》引"传书"云:"舜葬苍梧,象为之耕;禹葬会稽,鸟为之田。"《越绝书》:"大越海滨之民,独以鸟田。"又"当禹之时,舜死苍梧,象为民田也"。象田、鸟田乃是野象和雁鹄等动物践踏觅食之后为人直接用于种植的农田。

象禾 战国楚邑。在今河南泌阳县北象河关。《鄂君启节》铭文:"自鄂往:庚阳丘,庚方城,庚象禾",即此。

象郡 秦始皇三十三年(前214)置,西汉元凤五年(前76)废。《汉书·地理志》:"日南郡,故秦象郡。"《水经·温水注》:"寿泠水自(区粟)城南,东与卢容水合,东注郎究,究水所积下潭为湖,谓之狼湖。浦口有秦时象郡,墟域犹存。"传统说法以此为据,认为郡治在今越南中部汉西卷县附近。辖境北起横山,南抵大岭,约包括今平治天、广南-岘港和义平省。《山海经》:"沅水(山)出象郡镡城西","郁水出象郡而西南注南海"。《汉书·昭帝纪》:"罢象郡,分属郁林、牂牁。"《汉书》臣瓒引《茂陵书》:"象郡,治临尘。"十九世纪越南武范启首先对汉日南郡即秦象郡提出怀疑,二十世纪初期法人马司帛洛、日人佐伯义明等以此为据,认为郡治应在临尘县(今广西崇左县境)。辖境约当今广西西部、广东西南部和贵州南部一带。当以此说为是。

象林县 汉日南郡属县中最南一县。治今越南广南-岘港省维川南茶桥。东汉建武初,传入中原地区先进农业耕作技术,促进了当地生产的发展,《水经·温水注》:"九真太守任延始教耕犁,俗化交土,风行象林,知耕以来六(当作四)百余年,火耨耕艺,法与华同。"永和二年(137),县吏子区怜(一作"连")起兵建立林邑国,以此为都,称典冲城。西晋太康三年(282)复置后寄治卢容县(今越南平治天省顺化附近)。东晋后地入林邑国。《水经注》对象林县(典冲)的城址规模和地理位置等有详细描述,二十世纪初,法人鄂卢梭据此认为即 H. 巴门特《安南占婆古迹统计表》中的茶桥遗址,后经 J. 卡柯斯进行考古发掘,进一步证明遗址和《水经注》记载完全符合。

象屈躭 南北朝时邓至羌首领。宋文帝时曾遣使献马。

象山 在今江西贵溪市西南。本名应天山。南宋理学家陆九渊在此讲学，以山形如象改名，自号象山居士，学者称为象山先生。所著后人辑为《象山集》。

象山集 书名。南宋陆九渊（自号象山居士）撰。共三十六卷。计文三十卷，诗一卷，拾遗一卷。为其子持之于宋开禧元年（1205）编定。附谥议及行状一卷，乃宋嘉定本吴杰所续。语录两卷，明正德李茂元刻入。年谱一卷，乃其弟子袁燮、傅子云编入，还有杨简、袁燮所撰序文。宋宝祐后附刻于文集之末。语录主要阐述“心即理”的思想，其说与集中论学之书互相发明。有影印明嘉靖间刻本。

象山王氏墓群 东晋墓葬群。在今江苏南京市北郊新民门外象山（俗称人台山）上。从1965年至1970年发掘七座，其中六座系东晋墓葬，六座中四座出土有纪年石刻或砖刻墓志。根据墓志，可知为琅邪王氏之一支王彬家族墓地，葬有晋尚书、左仆射王彬继室夫人夏金虎，其子兴之夫妇、长女丹虎、孙闽之。王彬墓早已破坏。各墓规模大致相近，属砖砌单室券顶墓。墓室平面长方形。出土物除日用青瓷器皿外，尚有铜器、铁器、金器、琥珀、绿松石、琉璃珠等。出土墓志，除反映其身份外，并为研究书法史提供宝贵资料。另一座属东晋早期，无墓志，但规模较大，出土物更为丰富，反映出墓主身份更高。

象山学派 南宋陆九渊创立的学派。因九渊曾讲学于象山（今江西贵溪应天山），故名。其学主“心即理”说，以“立大”、“知本”为宗旨，重在“发明本心”。以“心”为宇宙本体，所谓“宇宙便是吾心，吾心即是宇宙”。继承者有九渊弟子杨简、曹建、袁燮等以及明代陈献章、湛若水，至王守仁有进一步发展，合称陆王学派。

象数学 汉代以来《易》学之一派，用形象和数字等推测人事和自然吉凶变化的一种学说。《左传·僖公十五年》：“韩简侍曰：龟，象也；筮，数也。物生而后有象，象而后有滋（滋生），滋而后有数。”杜预注：“言龟以象示，筮以数告，象数相因而生，然后有占，占所以知吉凶。”可知象数本是古代占卜迷信的一种方术。《周易》卦爻中凡言天、日、山、泽之类为象，初、上、九、六之类为数。《易传·系辞上》：“参伍以变，错综其数，通其变遂成天下之文，极其数遂定天下之象。”强调卦象由“参”（三）“伍”（五）之“数”交错变化而成，渲染卦、象、数的神秘作用。西汉孟喜、京房等以象数说《易》，用八卦与阴阳之数预言灾变，其中容纳了一些天文、历法、乐律、医学、数学知识。东汉荀爽、三国吴虞翻都传此学。至北宋理学家邵雍融合汉代《易》之象数学和道家思想，提出了一套烦琐、神秘的象数哲学，称为“先天学”。

象数一原 书名。清项名达撰。七卷。项氏年老病重未能完稿，搁笔于道光二十九年（1849），其中卷四、卷六的部分内容及卷七“椭圆求周图解”，由其友戴煦于咸丰七年（1857）补写完成。该书主要解决弦矢互求和椭圆求周问题，记载了项在三角函数幂级数展开式、椭圆周长公式和高次方开方法等方面的成就，及运用割圆连比例法和递加数法等证明有关公式的过程。现有上海赵氏高斋丛刻本、刘铎《古今算学丛书》本（无卷七）、元和江氏刊本和北京图书馆藏抄本等。

象纹 古代青铜器纹饰。纹形为象的图案化形象，巨齿长鼻为其主要特征。盛行于商至西周早期。

象舞 又作象、三象。周代乐舞，用《诗·周颂·维清》之诗。相传为成王时作。《吕氏春秋·古乐》：“成王立，殷民反，王命周公践伐之。商人服象，为虐于东夷，周公遂以师逐之，至于江南，乃为三象，以嘉其德。”或云“商人”应作“南人”，“江南”应作“海南”。

象戏 又称象棋。古代博戏之一。相传为北周武帝宇文邕所造，并撰《象经》一卷。王褒曾为之作序，所说与今之象棋绝不相同。庾信亦有《象戏赋》，惜其法已失传。

象限仪 天文仪器。清制八大天文仪器之一。由比利时传教士南怀仁于康熙十二年（1673）监造。由一个90°的象限弧和一个能沿弧面游动的窥衡组成。象限弧两端各有长2米半径，联于圆心。圆心在仪器上方。在这两个半径和弧环所形成平面内，装饰云龙。仪器的背面正中是立轴，与仪器的竖半径相平行。轴的两端为圆形，使仪器可自由转动。东西各有立柱，上下设横梁，梁中心凿有圆孔，用以安立轴。仪器的圆心，伸出一横表，上挂窥衡，窥衡下端有“立耳”，背面原设有夹螺现已折断；旁有游表，亦已散失。此仪器用以测天体的天顶距。现存北京古观象台。

象胥 官名。《周礼》秋官之属。掌接待少数民族国家的使臣和来宾及通译事宜。

象谓中士 官名。《周礼》有象胥一职，掌通夷狄之语言而翻译之。西魏恭帝三年（556）仿《周礼》建六官，秋官司寇府宾部大夫下有象谓中士，正二命；象谓下士，正一命，即《周礼》象胥之职。北周因之。隋开皇元年（581）罢。

象牙潭 在今江西丰城市北象牙村一带。五代梁开平三年（909），抚州刺史危全讽兵攻洪州，屯象牙潭，营栅临溪，亘数十里；淮南将周本隔溪布阵；全讽兵涉溪攻之，本乘其半济，纵兵击之，危全讽兵大溃，即此。

象州 隋开皇十二年（592）置，大业二年（606）废。唐武德四年（621）复置。因界内象山为名。治武德县（今广西象州县西北），贞观十二年（638）移治武化县（今象州县东北），大历十一年（776）又移治阳寿县（今象州县）。辖境相当今广西象州、武宣二县地。属岭南道。宋属广南西路，增入今来宾县东部地。元属湖广行省，至元中一度改置象州路。明清属柳州府。1912年改为象县。1952年与武宣县合并为石龙县，1960年又析出改名为象州县。

象传 即“象辞”。

像舒彭 南北朝时邓至羌首领。梁天监元年（502），被任为都督西凉州诸军事，号安西将军。五年遣使献黄耆及马等。

橡皮股票风潮 简称橡皮风潮。清宣统二年(1910)上海因橡皮股票投机所导致的金融风潮。英商麦边在上海设立的空头兰格志(橡胶产地名)拓植公司,哄抬橡胶股票价格。在骗得中国商人、买办争相购买之后,旋即携银远遁外洋,致使股票价格猛跌,钱业无以周转。正元、谦余、兆康几家钱庄首先倒闭。不久,在全国各地拥有分号十七处的源丰润票号也宣告倒闭,亏欠公、私款项多达银二千余万两,造成市面极大恐慌,影响波及外埠别省。为挽救危局,清政府先后派上海道蔡乃煌与两江总督张人骏向汇丰等外国银行借银六百五十万两。通过这场骗局,外国侵略者掠走资金估计达银几千万两,上海商人损失极其惨重。

xiāo

枭 即"枭首"。

枭林小史 书名。清黄本铨撰。一卷。按年月先后,记上海小刀会起义始末。始咸丰三年(1853)八月,迄五年正月。于攻守战事及小刀会服饰、告示、铸钱、设义学、立孩兵局、颁蓄发令、浚城中渠等均有叙述。并略记刘丽川、潘起亮等首领身世。言简意赅。为小刀会史料。有上海掌故丛书本。现收入《上海小刀会起义史料汇编》。

枭罗个(箇)没里 即"饶乐水"。

枭首 刑法名目。死刑的一种,即斩首后,悬首示众。《史记·秦始皇本纪》:"中大夫令齐等二十人皆枭首。"裴骃集解:"悬首于木上曰枭。"后为历代沿用。

枭私 ❶清代对贩盐走私集团的蔑称。常分成许多不相统属之帮伙,大者五、六百人,小者二、三百人,并有大杖头、副杖头等正副首领,还设有秤手、书手等名目。或勾结商人开设盐店,或劫夺盐船,甚至控制码头,向私盐收税。❷私盐贩所卖之私盐亦称枭私。

骁果 军士名。隋代置。大业八年(612)始募民为之,以折冲郎将、果毅郎将领之。分置左右雄武府,以雄武郎将、武勇郎将为正副长官,上属于左右备身府。十二年,炀帝下江都,从行者达万人以上,宇文化及即以此发动政变杀炀帝。

骁骑 ❶禁卫军之一。东汉改屯卫为骁骑。晋置骁骑营,以将军领之。南北朝有左右骁骑。清代八旗皆有骁骑营,由各旗都统直接统辖。❷禁卫军兵士名。隋唐府兵总称卫士,其隶十二卫及东宫六率者又各有其名。隶左右卫者名骁骑,始于隋炀帝时。清代八旗骁骑营之士兵名马甲,亦称骁骑。

骁骑府 见"骁卫"。

骁骑将军 官名。杂号将军之一。三国魏置为中军。晋领营兵,秩四品,掌宫掖及京城宿卫。其所领之兵与领军、护军、左卫、右卫、游击合称六军。南北朝皆设。

骁骑校 官名。清代八旗下各佐领均设。秩正六品,为佐领之副。八旗满洲、蒙古、汉军、包衣每佐领下各一人,计满洲六百八十一人,蒙古二百零四人,汉军二百六十六人,共一千一百五十一人。协助佐领管理所属户口、田宅、兵籍、教养等各项事务,以及骁骑营操练、守卫等事务。初名"代子",天聪八年(1634)改满名为"分得拨什库",顺治十七年(1660),定汉名为骁骑校。

骁骑尉 官名。隋初为散官号。炀帝省。唐时为四转勋官,比正六品。辽、金、元皆置为勋阶。金为十二阶之第九阶,正六品。元为十阶之第九阶,正五品,止用于封赠。明亦为勋阶称号。正五品武官再考称职者授予。

骁骑营 晋置,以领军主之。清代为禁军之一。天聪八年(1634)以固山额真(后定名为都统)随营马兵为阿礼哈超哈。顺治十七年(1660),定汉名为骁骑营。所辖营兵有马甲、领催(于马甲之优者选充,掌佐领下册籍)、匠役(弓、铁等匠,掌修制军器),原是八旗兵中的主要作战部队。清统一全国后,八旗兵分驻京师与各地,复有京师骁骑营与驻防骁骑营之别。京师骁骑营按八旗编制,满洲、蒙古、汉军分编为二十四营(汉军骁骑营附设枪营、炮营、藤牌营),由各旗都统直接统辖,下设骁骑参领、佐领、骁骑校分辖所属,定期操练,并守卫各处库房、衙署、营房、堆拨及各门官厅。驻防八旗骁骑营以满洲、蒙古、汉军合编为营,由驻防专城都统、副都统或将军、城守尉、防守尉等直接统辖,控制险要,镇守地方。内务府三旗亦设有骁骑营,各以骁骑参领五人统之。

骁卫 卫府名。隋开皇十八年(598)始置左右备身府,大业三年(607)改名左右骁骑府,另置左右备身府。唐初,改骁骑府为骁卫府,龙朔二年(662)径称骁卫,光宅元年(684)又改武威,神龙元年(705)复旧。皆分左右,各置大将军一人,正三品,将军二人,从三品,下有长史、录事参军及仓、兵、骑、胄等曹参军事。掌宫禁宿卫,守正殿诸门,位次左右卫下。亦分兵守卫皇城四面与宫城内外,与左右卫分知助铺。各统有翊府及永固等数十折冲府,其军士名豹骑。

骁卫将军 官名。西魏置,位在车骑将军之上。《周书·杨绍传》:"(杨绍)累迁车骑将军,通直散骑常侍、骁卫将军、左光禄大夫。"隋亦设此职。见《隋书·元胄传》。

骁雄军指挥使 官名。宋乾德二年(964),以禁军骑兵为骁雄军,步兵为雄武军,皆属侍卫司,各置指挥使等官。

骁游 官名。为骁骑将军、游击将军二者之省称。晋、南朝宋以后,以为宿卫之官。北魏孝文帝太和十五年(491)亦置。

逍遥大师 即"卢眉娘"。

逍遥津 在今安徽合肥市东北古肥水上。东汉末孙权被曹操大将张辽击败于此。

逍遥山寨 在今广东罗定市西北。明天顺初,平逍遥山瑶于此。

逍遥游 《庄子》篇名。篇中借用扶摇而上九万里之大鹏与起落于草木之间的蜩鸠,以八千岁为春、以八千岁为秋的大椿与朝生夕死的朝菌等比喻,说明现实世界一切事物,虽有种种差别,均不能超越其本性和摆脱客观环境之束缚。幻想进入脱离现实的"无待"(绝对自由)境界,"不食五谷,吸风饮露,乘云气,御飞龙,而游乎四海之外"。

逍遥座 见"胡床"。

消闲报 报纸名。清光绪二十三年十一月初一日(1897.11.24)在上海创刊。《字林沪报》文艺副刊,高太痴主编,吴趼人、周病鸳、陈蝶仙等撰稿。设骈文、散文、新闻、诗词、戏曲、小品等栏目,专刊"希奇开笑,艳冶娱情"的消闲作品。日出一大张,随《字林沪报》附送,不零售。后改名《消闲录》。

绡 生丝织成的平纹织物。《说文》:"绡,生丝也。"《玉篇》:"绡,生丝也,素也,纬也。"《广韵》:"绡,生丝缯也。"《急就篇》注:"绡,生白缯。似缣而疏者,一名鲜支,其尤疏者,则为轻绡矣。"外观轻盈挺括。也有起斜纹花的文绡。《山堂肆考》载:"龙绡、绛绡、紫绡、云雾绡,皆美人衣也。"

萧 春秋时国名。在今安徽萧县西北。宋的附庸。子姓,始封君为萧叔大心。宋闵公十年(前682),宋南宫万杀闵公,大心联合宋的戴、武、宣、穆、庄等族讨伐南宫万,立桓公,平乱有功,被封于萧。楚庄王十七年(前597)为楚所灭。后迭为楚、宋邑。秦置县。

萧阿古只 辽后族。太祖述律后之弟。父系先世为回鹘人。父月椀,仕于遥辇氏。母为契丹匀德实(辽太祖之祖父)之女。神册三年(918),为北府宰相。天赞二年(923),与王郁攻略河北地区。天显元年(926),从征渤海,破忽汗城。女撒葛只,为辽世宗后。

萧阿剌(?—1061) 辽后族。又名阿里懒,汉名知足。萧孝穆之子。兴宗重熙六年(1037),为弘义宫使。累迁同知北院枢密使、东京留守。二十一年,为西北路招讨使,封西平郡王。娶秦晋国王耶律隆庆女,拜驸马都尉。道宗即位,奉兴宗遗诏,为北府宰相、权知南院枢密使事。进封韩王。清宁二年(1056),为北院枢密使,徙封陈王。十二月,出为东京留守。七年,入朝,为北院枢密使萧革所谮,被杀。

萧拜住(?—1320) 元契丹人,石抹氏。曾从成宗北征,先后任檀州知州、户部尚书、御史中丞、中书平章政事等职,参与揭发右丞相铁木迭儿。仁宗死,铁木迭儿复相位,被杀害。

萧宝卷 即"齐东昏侯"。

萧宝融 即"齐和帝"。

萧宝寅(486—530) 寅一作夤。南朝齐宗室。字智亮。齐东昏侯同母弟。建武初,封建安郡王。中兴元年(501),改封鄱阳王。二年,梁王萧衍将杀齐诸王,遂奔魏。次年受命攻梁,无功。尚南阳长公主。永平四年(511),受命援徐州刺史卢昶于朐山(今江苏连云港西南),后屡与梁攻战,迁尚书左仆射。正光五年(524)率军镇压莫折念生与万俟丑奴。军出累年,糜费甚广,惧一旦覆败,见猜罹祸,遂于孝昌三年(527),杀关右大使郦道元,称帝于长安,号隆绪元年。魏命尚书仆射,长孙稚讨破之,亡奔丑奴,丑奴以之为太傅。永安三年(530)被贺拔岳擒送洛阳,赐死。

萧抱珍(?—1166) 金卫州(治今河南卫辉)人。道教太一道创始人。相传曾得仙圣授以"秘箓",善"祈禳诃禁"之术,又以符箓为人治病,"其法大行";乃于家乡建庵立教,传授《太一三元法箓》。皇统八年(1148)被召赴朝廷,甚受礼敬,熙宗敕所居庵为"太一万寿观"。后元世祖称其"道成一悟,箓阐三元,创兴太一之门,密毗治化,潜王邦家,虽汉张道陵,魏寇谦之,无以过也。宜赠太一一悟传教真人,改太一万寿观为太一广福万寿宫"(《忽必烈大王令旨碑》)。《重修太一广福万寿宫碑》引有王若虚《一悟真人传》的部分佚文。

萧勃(?—557) 南朝梁南兰陵(治今江苏武进西北)人。父景,梁武帝从父弟。官定州刺史,封曲江乡侯。太清三年(549)西江督护陈霸先攻灭附于侯景之广州刺史元景仲,迎之镇广州。又与南康(今江西赣州)土豪蔡路养相结,图谋阻霸先讨侯景,未果。承圣三年(554),以刺史一职非朝廷所授,求入朝,乃改晋州刺史。及魏破江陵(今湖北荆州),遂复据广州。敬帝承制,加司徒。绍泰元年(555)为太尉,次年,进为太保。太平二年(557),以霸先篡梁之迹已彰,起兵讨之,败死。

萧詧(519—562) 南朝梁宗室。字理孙。昭明太子萧统第三子。中大通三年(531),封岳阳王,历琅邪、彭城太守,东扬、雍等州刺史。及萧纲被立为太子,内怀不平。乘朝政多弊,自谋发展,以襄阳(今湖北襄樊)形胜,可为据守,遂锐意树恩百姓。于是境内称治。梁元帝即位,遣兵攻河东王誉,遂以救兄誉为名率众伐江陵(今湖北荆州),不克而还。惧襄阳不能自固,遂于大统十五年(549)遣使西魏称藩。丞相宇文泰以杨忠赴援襄阳,策命为梁王。魏恭帝元年(554),于谨破江陵,改命为梁主,以江陵一州为辖境。次年称帝,年号大定,是为后梁。部将尹德毅劝其弃魏自立,不听。后感士众被虏入关,又恨襄樊被夺,追悔莫及,乃著《愍时赋》。忧愤而卒,谥宣帝,庙号中宗,在位八年。著有文集及《华严义疏》等,并行于世。

萧常 南宋吉州庐陵(今江西吉安)人。乡贡进士。自幼钻研史学。其父寿朋,因不满陈寿《三国志》以魏为正统,而贬蜀汉,立志重修,书未及成而卒。他继承父志,费时二十年,撰成《续后汉书》四十七卷,笔削号称谨严。

萧朝贵(约1820—1852) 清广西桂平人,原籍广西武宣。壮族。种山烧炭为业。道光二十六年(1846)经冯云山介绍加入拜上帝会。二十八年假托天兄耶稣下凡,安定众心。金田起义后,领前军主将,克永安(今蒙山)后,封右弼又正军师,旋封西王。咸丰二年(1852)率太平军从永安突围,在龙寮岭大败清军。五月太平军入湖南,与杨秀清会衔发布《奉天讨胡檄布四方谕》、《奉天诛妖救世安民谕》、《救一切天生天养中国人民谕》,号召人民起义,推翻清朝政府,建立太平社会。七月克郴州,围攻长沙,中炮受伤卒。

萧琛(478—529) 南朝时南兰陵(治今江苏武进西北)人,字彦瑜。萧惠开从子。起家齐太学博士、丹阳尹王俭主簿。奉命使魏,还为通直散骑侍郎。累迁尚书左丞。入梁,以与梁武帝有旧,以为御史中丞,历任江夏、宣城、吴兴太守,稍迁左民、度支二尚书,侍中。拜特进、金紫光禄大夫。常言少壮有三好:音律、书、酒,年长以来,唯书籍不衰。撰有《汉书文府》、《齐梁拾遗》,并诸文集,凡数十万言。

萧诚 唐人。祖籍南兰陵(治今江苏武进西北)。南朝梁萧氏后裔。起家奉礼郎,拜司勋员外郎。书法清婉。所书碑多为李阳冰篆额,世益重其书。遗迹有《襄州牧独孤册遗爱颂》、《南岳真君碑》。又善用野麻造斑石文纸,五色光洁,为时所爱。

萧琮 南朝后梁皇帝。公元585—587年在位。字温文。明帝子。初封东阳王,旋立为太子。天保二十四年(585)即位,遣大将军戚昕率水军攻陈公安(今属湖北),不克而还。次年改元广运。隋复置江陵总管以监之。广运二年(587),被隋文帝征至长安,后梁太傅萧岩等恐隋军来袭,驱众十万降陈。文帝遂废后梁,任之为上柱国,封莒公。后梁亡。炀帝时拜内史令,改封梁公。后废于家,旋卒。

萧大夫 即"石抹也先"。

萧大亨(1532—1612) 明山东泰安人,字夏卿,号岳峰。嘉靖进士。授榆次知县。历任兵部侍郎、右都御史,总督宣大、山西兵务。万历二十三年(1595)以边功晋刑部尚书。三十二年改兵部。三十六年致仕归。著有《藩封纪略》、《夷俗记》、《两镇奏疏》等。

萧大圜(?—约581) 南朝梁简文帝子。字仁显。梁大宝元年(550),封乐梁郡王,除丹阳尹。侯景乱后,寓江陵(今湖北荆州),以读书为事。承圣三年(554),因西魏军破江陵,被送至长安。北周保定二年(562),封始宁县公,加车骑大将军。旋入麟趾殿,手抄《梁武帝集》及《简文集》,一年而毕。隋开皇初,拜内史侍郎,出为西河郡守。寻卒。撰有《梁旧事》、《寓记》等。

萧道成 即"齐高帝"。

萧德妃(?—1122) 辽耶律淳妻。名普贤女。保大二年(1122)耶律淳在南京(今北京)称帝,封为德妃。淳死,主军国事,杀宰相李处温,败宋兵。上表于金请立天祚帝次子秦王定为帝,金太祖不允。遂奔天德军(今内蒙古呼和浩特东),见天祚帝,被天祚帝处死。

萧敌烈 ❶辽人。穆宗时为彰国军节度使。应历四年(954)援北汉,平忻、代二州之叛。❷辽后族。敌鲁四世孙。字涅鲁衮,汉名萧恭。圣宗时入侍。统和二十九年(1011)同知左夷离毕事,改右夷离毕。开泰元年(1012)领兵巡西边,擒捕逃遁之部民。三年,拔里、乙室已二国舅帐合为一帐,迁国舅详稳总领其事。奉诏领兵侵高丽。次年,还师。加同政事门下平章事,拜上京留守。改中京留守。❸辽后族。萧孝穆之后,萧胡覩之族弟。道宗时,以胡覩荐为旗鼓拽剌详稳。

萧敌鲁(?—919) 敌鲁又作迪辇、迪里古、挞烈、迪烈宁。辽后族。述律氏。太祖淳钦皇后之弟。契丹建国前,随太祖征讨奚族及刘守光,领腹心部宿卫军。太祖四年(910),为北府宰相。七年,领兵败剌葛军,擒剌葛。建国后,曾攻打西南诸部。

萧栋 即"梁豫章王"。

萧方等(528—549) 南朝梁宗室。字实相。梁元帝长子。侯景之乱,以步骑一万援京师。台城(今江苏南京)陷,归荆州,收集士马,修筑城栅,周围七十余里。因母徐妃失欢于父,请出征湘州河东王萧誉。军败溺死。撰《三十国春秋》及《静住子》行于世。

萧方智 即"梁敬帝"。

萧奉先(?—1122) 辽后族。天祚帝萧后兄。天祚帝即位,累官枢密使。保大元年(1121),告发文妃妹夫耶律余睹与驸马萧昱谋立晋王敖鲁斡,文妃及萧昱被处死,余睹叛辽降金,引金兵来攻。他献策杀晋王。次年,从天祚帝亡云中,建议逃入夹山(今内蒙古呼和浩特西北)。天祚帝怨而逐之,途中为女真兵所执,复为辽军夺回,被赐死。

萧孚泗(?—1884) 清湖南湘乡人。行伍出身。咸丰三年(1853)参加湘军,先后从罗泽南、曾国荃与太平军转战赣鄂皖等地,累升至总兵。同治元年(1862)从曾国荃围攻天京(今南京),为前锋。二年攻陷雨花台,擢福建陆路提督。次年参与攻陷天京,大肆劫掠。并先后俘获福王洪仁达、忠王李秀成,受封一等男爵。旋丁父忧回籍,卒于家。

萧俛(?—842) 唐人,字思谦。南朝梁萧氏后裔。贞元进士。元和初,登贤良方正科。历右拾遗、右补阙、翰林学士、知制诰,坐事贬太仆少卿。元和十三年(818),由同年登第之皇甫镈、令狐楚推荐,以御史中丞进袭徐国公。穆宗即位,为中书侍郎、同平章事。与宰相段文昌屡劝休兵偃武,令天下军镇每年于百人中限八人逃、死不补,谓之"销兵"。后军卒逃亡,相聚为盗,多为朱克融、王庭凑网罗为乱,而诸镇兵员不足,每战多败,史称"复失河朔,盖销兵之失也"。文宗即位,许守尚书左仆射致仕。性耿介,持法守正,不尚名利,晚年避居济源(今属河南)别墅,以吟咏穷年。

萧辅道(?—1252) 金末元初卫州(今河南卫辉)人,字公弼,号东瀛子。萧抱珍再从孙。大安二年(1210),受三祖萧志冲让,主持道门,为四祖。贞祐二年(1214),奉朝廷命主亳州太清宫(在今鹿邑,相传为老子故里,是各道派公认的祖庭)事。元定宗二年(1247),赐号中和仁靖真人。应忽必烈召至和林(今蒙古国哈尔和林),留居王帐。后以老辞,请授弟子李居寿掌教。

萧复(732—788) 唐人,祖籍南兰陵(治今江苏武进西北),字履初。萧瑀后裔,新昌公主之子。不喜浮华,习学不倦。以母荫,累至太子仆。因得罪宰相王缙,被罢职。大历中,先后出任常州、潭州、同州刺史。同州饥馑,以州存京畿观察使储粮赈济灾民,被劾降职,不以为意。入为兵部侍郎。建中四年(783),泾原兵变,从德宗奔奉天,官吏部尚书,同平章事。奏请罢宦官监军,又以劾奏德宗所幸之卢杞而遭忌,宣抚江南。兴元初,进门下侍郎。后坐事废居饶州卒。

萧干(斡) ❶(?—986)辽后族,审密部乙室已氏,小字项烈。北府宰相萧敌鲁之子。世宗时察割作乱,遣人来通谋,他不从,缚送寿安王(穆宗)。穆宗即位,拜群牧都林牙。应历十五年(965),领兵攻讨乌古部,获胜。十七年还师。以功为北府宰相,改突吕不部节度使。景宗乾亨元年(979),从耶律沙等败宋军于高梁河。加政事令。二年,又战宋军于瓦桥关。击退袭营之宋军。圣宗即位,承天太后称制,多所陈奏。❷辽后族。审密部乙室已氏。兴宗重熙七年(1038)为乾州节度使。❸辽人。天祚帝时任都统。保大二年(1122),与张琳、李处温等立耶律淳为帝,为北院枢密使。淳死,仍领兵作战。

萧纲 即"梁简文帝"。

萧革(?—1064) 辽后族。字滑哥,又字胡突堇。兴宗即位,为贺宋正旦使,拜北面林牙。重熙十二年(1043),为北院枢密副使。次年为北府宰相,十五年改同知北枢密院事。得兴宗宠信。十九年,为南院枢密使。二十一年,改北院枢密使,封吴王,受兴宗遗命辅立道宗。道宗清宁四年(1058),为南院枢密使,徙封楚王,复为北院枢密使。七年,谮杀前北院枢密使、东京留守萧阿剌。八年,致仕,封郑国王。九年,参预重元反乱,事败,被处死。

萧贡(1158—1223) 金京兆咸阳(今陕西咸阳东北)人,字真卿。大定进士。累迁右司郎中,预修《泰和律令》。迁国子祭酒兼太常少卿,与陈大任刊修《辽史》。兴定元年(1217),以户部尚书致仕。有《史记注》一百卷、《萧氏公论》二十卷、《五声姓谱》五卷、文集十卷。

萧关 ❶在今宁夏固原县东南,为关中通向塞北的交通要冲。《汉书·武帝纪》:元封四年(前107),"通回中道,遂北出萧关",即此。因在朝那县境内,亦称朝那塞。《史记·汉文帝纪》:十四年(前166),"匈奴谋入边为寇,攻朝那塞,杀北地都尉卬"。"朝那塞"《匈奴列传》作"朝那萧关"。❷北宋崇宁四年(1105)为防御西夏所筑,在今宁夏同心县南,去固原县二百余里。

萧关县 唐神龙元年(705)置,以萧关为名。治故白草军城(今宁夏同心县东南、清水河东)。属原州。至德后地入吐蕃。大中间复属唐,大中五年(851)置武州治此。中和四年(884)与州同侨治潘原县(今甘肃平凉市东)。五代周显德五年(958)废入潘原县。

萧国公主 即"宁国公主❶"。

萧海璘(918—967) 辽契丹审密部人,字寅的哂。先世遥辇氏时为本部夷离堇。世宗时,娶明王耶律安端女蔼因。穆宗即位,察割谋乱,蔼因连坐。继娶辽太宗次女嘲瑰翁主。应历五年(955),为北府宰相,诏命世予北府宰相之选。

萧韩家奴 ❶(975—1046)辽契丹涅剌部人,字休坚。通契丹文、汉文。统和二十八年(1010),掌南京栗园。重熙四年(1035),迁天成军节度使,徙彰愍宫使,兴宗引为诗友。应诏上疏言治道之要,擢翰林都林牙,兼修国史。十三年,与耶律谷欲、耶律庶成编纂遥辇氏诸可汗及辽诸帝《实录》二十卷。十五年,与耶律庶成撰《礼书》三卷。自著有《六义集》十二卷。又曾择译《贞观政要》、《五代史》等书为契丹文。❷辽奚人,字括宁。奚贵族渤鲁恩之后。圣宗太平年间补祗候郎君,改奚六部大王。清宁初,封韩国公,历南京统军使、北院宣徽使,封兰陵郡王。参预平重元之乱,封荆王,加号平乱功臣。咸雍二年(1066),为西南面招讨使。大康元年(1075),徙吴王。上书力言太子濬之冤。四年,复为西南面招讨使,改兰陵王。

萧翰(?—949) 辽后族。一名敌烈。萧敌鲁子。辽太祖时,受诏领兵拔石城(今河北唐山东北开平),斩其守将。太宗时,领汉军侍卫。会同八年(945),败晋将杜重威。随太宗入开封,为宣武军节度使。取汉名萧翰。世宗天禄二年(948)正月,娶世宗妹阿不里公主。与天德、刘哥、盆都等谋反,被杖释。三年正月,与阿不里结安端谋反,事发,被处死。

萧合卓(?—1025) 辽契丹突吕不部人,字合鲁隐。圣宗时,补南院侍郎。统和十八年(1000),以韩德让荐,为中丞,使宋。进为北院枢密副使。开泰三年(1014),为左夷离毕。五年,为北院枢密使。六年,为都统,领兵侵高丽,败还。

萧何(?—前193) 秦末泗水沛(今属江苏)人。早年任县主吏。二世元年(前209)随刘邦起兵反秦,为沛丞,监督诸事。攻克咸阳后,立即接收秦丞相御史所藏律令图书,使刘邦具知天下地理山川形势及户口数。劝刘邦接受项羽分封,以待时机。楚汉战争时,任丞相,留守关中。举荐韩信为大将军。制定规章制度,立宗庙、社稷、宫室、县邑,计户转漕给军。刘邦称帝后,以功高封酂侯,位次第一,父子兄弟十余人皆食邑。后受命采摭秦法,作律九章。高帝十一年(前196),因定计助吕后诛淮阴侯韩信,封相国。高帝死后,复事惠帝。病危时,推荐曹参继任相国。

萧恒德(?—996) 恒德又作勤德、肯德、恳德。辽后族。字逊宁。萧排押弟。圣宗统和元年(983),娶景宗女越国公主,拜驸马都尉。为林牙。四年,攻女真。六年,从攻宋涿州(今属河北),中流矢。十年十二月,以东京留守领兵侵高丽。次年,破高丽蓬山郡(今朝鲜平安北道龟城西南),高丽请和。奉圣宗命,以女嫁高丽国王。十二年,攻兀惹部,死伤甚众,削功臣号。十四年,为行军都部署,伐蒲卢毛朵部。坐与宫人私通,被承天太后处死。

萧宏(473—526) 南朝梁武帝六弟。字宣达。初为齐卫军庐陵王法曹行参军。入梁,封临川王。天监四年(505)都督诸军北伐,军洛口(今安徽淮南北)。次年,逗留不进,旋因风雨夜惊,弃军逃归。迁司徒、太尉。贪财好色,聚钱三亿余万,萧综尝著《钱愚论》以刺之。

萧怀忠(? —1161) 金奚人。本名好胡。海陵王时,为西北路招讨使。贞元元年(1153),上告萧裕谋反。赐名怀忠,进为枢密副使。复为西北路招讨使、西京留守。正隆六年(1161)五月,奉命与仆散师恭等领兵镇压契丹人撒八起义,无功。被疑为曾参与萧裕反谋。八月,被处死。

萧皇后(? —648) 隋南兰陵(治今江苏武进西北)人。后梁明帝(萧岿)之女。杨广(隋炀帝)为晋王时,纳为王妃。炀帝即位,立为皇后。性情婉顺,好学有识。炀帝游幸,必偕同往。因见炀帝荒淫,作《述志赋》以自寄。从游江都,见宫人以实情告炀帝者被杀,遂不敢言。宇文化及兵变,炀帝被杀,先后归化及、窦建德及突厥处罗可汗。唐贞观四年(630)破突厥,以礼迎归长安。

萧㧑(515—573) 南朝梁宗室。字智遐。武帝侄。博观经史,好属文。历黄门侍郎,累迁巴西、梓潼郡守。侯景乱梁,武陵王萧纪称帝于成都,封为秦郡王。纪率军东下,授以尚书令、益州刺史,留守成都。西魏废帝二年(553),丞相宇文泰遣尉迟迥攻蜀。因守城五旬无援而降,授侍中,爵归善县公。北周武成中,参预校定经史,撰《世谱》。周武帝置露门学,以为文学博士。历少保、少傅,改封蔡阳郡公。善草隶,有诗赋杂文数万言,颇行于世。

萧惠(983—1056) 辽后族。审密部拔里氏。字伯仁,契丹名脱古思,汉名萧贯宁,又作萧管宁。萧排押之子,世为国舅。女观音为道宗宣懿后。历仕圣宗、兴宗两朝。累迁西北路招讨使。太平六年(1026),领兵攻甘州(今甘肃张掖),不下。在可敦城(今蒙古国布尔根省青托罗盖古城)西南,败于阻卜。兴宗即位,知兴中府,改西南面招讨使,加开府仪同三司、检校太师,兼侍中,封郑王。重熙六年(1037),加守太师,拜南院枢密使。十一年,以大军迫宋增岁币,以功进韩王。十二年,同知元帅府事,为北院枢密使。十三年,随兴宗攻西夏,败于元昊。十七年,尚兴宗姐秦晋国长公主,拜驸马都尉。次年,再攻西夏,大败而回。后告老辞官,封魏王。

萧惠基(429—487) 南朝齐南兰陵(治今江苏武进西北)人。萧思话第三子。善隶书及弈棋。与宋室联姻。初仕宋中书黄门郎。入齐,为都官尚书,掌吏部。永明中,迁侍中,领骁骑将军,加给事中,与彭城丞王抗共掌品棋事。好雅乐正声,立身清素,朝廷称为善士。卒赠金紫光禄大夫。

萧惠开(423—471) 南朝宋南兰陵(治今江苏武进西北)人。萧思话长子。孝建二年(455)为黄门侍郎,后除中庶子,屡迁豫章内史。在郡贪暴。再拜益州刺史,严于用刑,蜀人号为"卧虎"。素信佛,为父起四寺,又供沙门三千。明帝初立时,晋安王萧子勋在江州起兵争位,他在蜀中应之,子勋败,复从朝廷。屡迁南东海太守、少府、给事中。以为不得志,发病呕血而卒。

萧纪 即"梁武陵王"。

萧捷三(? —1855) 清湖南武陵(今常德)人,字敏南。由武举投军,任千总。咸丰二年(1852)守长沙抵御太平军,迁守备。四年参加湘军,参与攻陷岳州(今岳阳)、武汉、田家镇诸役,升都司。五年湖口之战中,率快船冲入鄱阳湖被困,因水师未溃,晋游击。与陆军夹攻湖口,为太平军击毙。

萧介 南朝梁南兰陵(治今江苏武进西北)人,字茂镜。萧惠基从子。初为武陵王萧纪府长史,以清廉除始兴太守。屡迁侍中、都官尚书。性高简,唯与族兄弟文酒相会。武帝令其赋诗,染翰便成,文不加点。年七十三,卒于家。

萧敬(1438—1528) 明福建南平人,字克恭,号梅东。幼时入宫为宦官,就学内书堂,授长随,累升至司礼太监。熟悉典故,善鼓琴。历英宗、宪宗、孝宗、武宗四朝。

萧𣂏(约1230—1307) 元奉元咸宁(今陕西西安)人,字维斗,号勤斋。性耿介。初为府史,与上不合,退至南山读书三十年,于儒学、天文、历数,靡不研究。后拜太子右德谕,时元廷有尚酒之风,故书《酒诰》以献。继授集贤学士、国子祭酒,旋称疾辞归。学宗程朱。谓学当以《小学》始。力主践履,与同恕并为关陕理学大家。与孛术鲁翀、吕思诚俱为名儒显宦。著有《三礼说》、《小学标题驳论》、《九州志》、《勤斋文集》。

萧岿 即"后梁明帝"。

萧梁 即南朝之梁朝。以皇室姓萧,史称萧梁。参见"梁❷"。

萧柳 辽后族。字徒门。太祖淳钦皇后(述律后)弟阿古只五世孙。幼养于伯父萧排押家。圣宗时,入侍卫。统和十七年(999),从皇弟耶律隆庆攻宋,中流矢,力战,败宋将范庭召。萧排押荐为东京四军兵马都指挥使。次年,为北女真详稳,迁东路统军使。二十八年,从侵高丽。军还,致仕。有诗千篇,死后辑为《岁寒集》。

萧鸾 即"齐明帝"。

萧纶(519—551) 南朝梁武帝第六子。字世调。封邵陵王。太清二年(548),侯景叛乱,以中卫将军加征讨大都督,率众讨景,次钟离(今安徽凤阳东北),而景已渡采石(今安徽马鞍山南)。乃昼夜兼程赴援京师,败还京口(今江苏镇江)。次年又与东扬州刺史萧大连等入援,进位司空。台城(今江苏南京)陷,辗转至郢州(今湖北武汉)。尝致书湘东王萧绎阻止绎伐湘州萧誉,不果。乃修器甲,复谋讨景。大宝元年(550),绎闻其强盛,遣王僧辩帅舟师一万以逼之,乃走屯齐昌(今湖北黄陂北),遭景将任约袭击,复走定州,入汝南(今属河南)。西魏又遣杨忠来攻,城陷被杀。

萧摩诃(532—604) 南朝陈南兰陵(治今江苏武进西北)人,字元胤。少孤,为姑夫收养。后归南豫州刺史侯安都,从征伐。天嘉初,除本县县令。以平留异、欧阳纥有功,累迁巴山太守。太建年间,数领骑深入敌阵,纵横奋击,斩将夺旗,有关、张之名。以功授谯州刺史。太建十年(578),从吴明彻攻周,陈军在清口(今江苏淮阴西)大败,吴明彻等尽没,他所率之军独全师而还，又辅助后主平始兴王陈叔陵之乱，后授南徐州刺史。祯明三年(589)正月，隋总管贺若弼乘虚自广陵(今江苏扬州)渡江。钟山(在今江苏南京)之役，他兵败被俘。陈亡入隋，为开府仪同三司。寻与汉王杨谅谋反，被杀。

萧排押(？—1023) 又作萧排亚。辽后族。字韩隐，又作曷宁。萧挞凛子。圣宗统和元年(983)，为左皮室(北皮室)详稳，从击阻卜，有功。四年五月，奉诏率弘义宫(一作永兴宫)兵及南、北皮室等军赴应州(今山西应县)、朔州(今属山西)界御宋军。十一月，耶律休哥攻宋军于望都(今属河北)，参与军机，有功。六年，圣宗破宋涿州，与耶律斜轸追击宋军。七年四月，娶卫国公主，拜驸马都尉。六月，破宋兵于保州(今河北保定)。后为北府宰相。十五年，领兵侵高丽，为都统，入开京(今朝鲜开城)，大掠而还。开泰二年(1013)，知西南面招讨使。五年，封东平郡王。七年，再为都统，领兵侵高丽，兵败而还，释罪免官。太平三年(1023)，为西南面都招讨，封豳王。

萧匹敌(996—1031) 辽后族。字苏隐，一名昌裔。萧恒德之子。父母早亡，养于宫中。娶秦晋国王耶律隆庆之女，拜驸马都尉。为殿前都点检，出为国舅详稳、武定军节度使。太平五年(1025)，为契丹行宫都部署。九年，东京大延琳反，为副都统，从萧孝穆镇压大延琳。次年，以功封兰陵郡王。十一年，圣宗死，钦哀后摄政，诬以谋反，处死。

萧齐 即南朝之齐朝。以帝室姓萧，史称萧齐。参见“齐❷”。

萧岐(1325—1396) 明江西泰和人，字尚仁，学者称正固先生。洪武十七年(1384)以贤良征，即上万言书，陈十便。历官潭王府长史，力辞忤旨，谪楚雄训导，改平凉。与钱宰考定书传，给驿归。尝辑《五经要义》，又取《刑统八韵赋》，引律令为之解，合为一集，以示“道”与“刑”本为一体。

萧洽(471—525) 南朝梁南兰陵(治今江苏武进西北)人，字宏称。萧惠基之子。七岁诵《楚辞》，博学属文。初仕梁为南徐州治中，馈赠一无所受，以清廉自守。累迁临海太守，为政清平。还拜司徒左长史。曾奉命撰《当涂堰碑》，辞甚赡丽。卒于官。有文集行于世。

萧勤德 即“萧恒德”。

萧顷 唐末、五代京兆万年(今陕西长安)人，字子澄。聪悟善属文。昭宗时进士。累官吏部员外郎。时右仆射张濬曲从朱温判官高劭，为劭子荫一官，他判以不合规例，由是知名。朱温亦称之。入后梁，自吏部侍郎拜同平章事，有能名。后唐时，为礼部尚书、太常卿，以太子少保致仕。卒年六十九。《全唐文》存文二篇。

萧庆衍(？—1890) 清湖南湘乡人。咸丰三年(1853)由武童投效湘军。五年起随湘军至江西、湖北、安徽等地镇压太平军，积功累迁至参将。八年率部参与攻陷九江府城，擢副将。次年加总兵衔。十年会同副都统舒保攻陷湖北德安，叙功赏加提督衔。同治元年(1862)以提督补用。三年在攻打太平天国首都天京之战中，用地雷炸开城垣，率先冲入缺口。论功赐黄马褂，赏云骑尉世职。

萧韶 南朝梁南兰陵(治今江苏武进西北)人，字德茂。武帝长兄长沙宣武王懿孙。初封上甲县都乡侯。太清初为舍人。侯景陷台城(今江苏南京)，奉诏西奔。及至江陵(今湖北荆州)，人士多往询京城事。乃写成一卷，有问者便示之。后奉湘东王萧绎之命，更撰《太清纪》，其中议论，多谢吴为之。因承旨撰著，故多非实录。绎封之为长沙王，位至郢州刺史。

萧十三 辽蔑古乃部人。道宗清宁时，为护卫太保。依附耶律乙辛，迁殿前副点检。大康三年(1077)，建策乙辛构陷太子濬。迁殿前都点检，兼同知枢密院事。与夷离毕耶律燕哥谋改易太子供状，诬为伏款。太子因而被废。又迁北院枢密副使，向乙辛献计杀太子。五年，出为保州统军使。天祚帝乾统二年(1102)，治乙辛党，发其墓，剖棺戮尸。

萧氏 辽后族。契丹遥辇氏联盟时代，与遥辇氏八部通婚的审密部拔里和乙室已两族，在辽朝建国后均姓萧氏。与皇族耶律氏通婚的其他部落，也姓萧氏，另立族帐，称为国舅别部。

萧世本(？—1887) 清四川富顺人，字廉甫。同治进士。累迁至天津、正定知府，曾倡修运河堤，疏猪龙河故道等水利工程。

萧思话(400—455) 南朝宋南兰陵(治今江苏武进西北)人。宋孝懿皇后弟子。少未知书，侵暴邻居，人患而恨之。后乃折节，好书史，遂有令誉。元嘉三年(426)为青州刺史。八年，闻檀道济北伐南归，惧北魏军至，欲委镇保险，乃弃镇奔平昌，积聚尽失，而魏军不至，坐征，系尚方。十年，文帝闻梁、南秦二州刑政不治，乃起用为二州刺史，收复氐王杨难当所占汉中之地。历雍州刺史、吏部尚书。三十年，太子刘劭弑父自立，乃起兵以应孝武帝，征为中书令、丹阳尹，后拜江州、郢州刺史。先后历十二州，杖节监都督者九焉，爱才好士，人多归之。

萧思温(？—970) 辽后族。又名寅古。太宗时为奚秃里太尉，尚汧国长公主，迁群牧都林牙。穆宗时擢南京留守。通书史，少兵略。应历九年(959)，后周来攻，为兵马都总管，失益津、淤口、瓦桥三关及瀛、莫、易三州。十九年，穆宗遇害，与南院枢密使高勋、飞龙使女里等立景宗，以功为北院枢密使，兼北府宰相。女为景宗后。加尚书令，封魏王。保宁二年(970)，从景宗出猎，被高勋及国舅萧海只等使人杀害。

萧嵩(？—749) 唐雍州长安(今陕西西安)人。萧梁后裔。开元初，为中书舍人。历宋州刺史、尚书左丞、兵部侍郎。开元十四年(726)，领朔方节度使。次年，任河西节度副大使。时吐蕃一度攻占瓜州，回纥又杀凉州守将，河、陇震骇。他以张守珪为瓜州刺史，修筑州城，怀抚边民，大败吐蕃。十六年，以功加同平章事。次年，兼中书令，加集贤院学士、知院事，兼修国史。奏事常以顺旨为务，少有直言。二十一年，以屡与同僚韩休争论罢相。后以太子太师归，卒年八十余。

萧燧（1117—1193） 南宋临江军（治今江西樟树）人，字照邻。绍兴进士。授平江府观察推官。以不附秦桧，被摈斥。孝宗初，轮对，以为“官当择人，不当为人择官”。时议复旧疆，图进取。他以为“兵未强，财未裕，宜卧薪尝胆，以图内治”。历起居郎、右谏议大夫、兼权吏部尚书。淳熙末为参知政事、权知枢密院事。孝宗称其“议论鲠切，不求名誉，纠正奸邪，不恤仇怨”。

萧挞不也 即“萧兀纳”。

萧挞凛（？—1004） 辽后族。又作闼览、劃烈。字驼宁。萧思温之族侄。景宗时，为宿直官。圣宗统和四年（986），为诸军副部署，随耶律斜轸擒宋将杨继业于朔州（今属山西）。六年，改南院都监。次年，加右监门卫上将军、检校太师。十二年，随齐王妃攻西夏，以功加兼侍中，封兰陵郡王。十五年，出击阻卜未服诸部。后为南京（今北京）统军使。二十年攻宋，破宋军于保州（今河北保定）。二十一年，擒宋将王继忠于望都（今属河北）。次年败宋军于遂城（今河北徐水西），取祁州（今河北安国）。在澶渊（今河南濮阳境）中伏弩死。

萧泰（？—568） 南朝梁宗室。字世怡。武帝弟鄱阳王恢之子。大同中，出为谯州刺史，遍发人丁，人皆思乱。侯景乱梁，州陷被执。寻逃至江陵（今湖北荆州），承圣二年（553）授桂阳内史，未至郡而江陵为西魏攻陷，遂随兄修居郢州（今湖北武汉）。太平二年（557）修卒，为郢州刺史。西魏王琳来袭，以州降之。陈霸先执政，征为侍中，不就，奔北齐，为齐永州刺史。宇文护伐齐，又归于周，官至蔡州刺史。著有《淮海乱离志》四卷（一说系萧圆肃著）。

萧坦之（？—499） 南朝齐武帝族子。为东宫直阁，除给事中、兰陵令。与萧谌见郁林王狂纵，恐祸及已，乃改附西昌侯萧鸾，密为耳目。隆昌元年（494），随萧鸾入宫杀郁林王，立新安王萧昭文（郁林王弟），旋又杀之。除黄门郎，兼卫尉。建武元年（494），迁左卫将军，进爵为侯。东昏侯立，为侍中、领军将军。永元元年（499），始安王萧遥光反，督军讨平之。迁尚书右仆射，进爵为公。以刚狠而专，帝左右皆憎之。旋为东昏侯所杀。

萧陶隗 ❶辽后族。述律氏。太祖淳钦皇后弟阿古只四世孙。又名谐里，汉名萧和。述律氏以萧为姓并取汉名，当始于此。名见出土萧德温墓志。❷辽后族。字乌古邻。道宗咸雍初，任马群太保。群牧名存实亡，建言括录实数，著为定籍，畜产因之蕃息。大康初，为夷离毕。与萧兀纳谏止立耶律淳为嗣。出为权知东京留守。大安七年（1091），为契丹行宫都部署。九年，拜西南面招讨使，被耶律阿思诬告免官。后起为塌母城节度使，未就任而死。

萧特 南朝梁南兰陵（治今江苏武进西北）人，字世达。萧子云之子。善草隶，时人比之卫恒、卫瓘。梁武帝尝使书之，认为“子敬之迹不及逸少，萧特之书遂逼于父”。位太子舍人、海盐令。早卒，简文帝（萧纲）曾为之作墓志铭。

萧特末 ❶辽后族。汉名萧英。辽圣宗太平十一年（1031）为左祗候郎君班详稳。迁左夷离毕。重熙十年（1041），累迁南院宣徽使。十一年，奉诏与翰林学士刘六符使宋，索关南十县地。后为北院宣徽使。❷辽后族。辽道宗大安初年，娶道宗第三女越国公主特里，拜驸马都尉。天祚帝天庆五年（1115），为南院宣徽使，领兵镇压耶律章奴，任汉人行宫都部署。保大元年（1121），为都统，屯兵鸳鸯泺。八月，从天祚帝抗击金军，败于石辇驿，被金宗望军所俘。

萧统（501—531） 即昭明太子。南朝梁武帝长子。字德施，小字维摩。天监元年（502）立为太子。喜山水，好文学，不畜声乐。时东宫藏书近三万卷，名士并集，文学之盛，晋、宋以来所未有。常相讨论篇籍、商榷古今，闲则继以著述。卒谥昭明。编《文选》三十卷，以“事出沉思，义归翰藻”为选诗文的标准。又集古今典诰文言为《正序》十卷，集五言诗之善者为《文章英华》二十卷。所著文集，亦有二十卷。

萧图玉 辽后族。字兀衍。萧海瓈之子。圣宗初年，承天太后称制，入侍。迁乌古部节度使。统和十九年（1001），总领西北路军事，为西北路招讨使。二十五年，攻阻卜（鞑靼），获胜。二十六年，攻甘州回鹘，降其酋长。二十八年，进攻肃州，师还，娶宗妃李氏女赛哥，拜驸马都尉，加同政事令门下平章事。二十九年，奉诏安抚西边诸部。建言分治阻卜各部，各置节度使。次年，阻卜反，被围于镇州可敦城。后阻卜降，仍领西北路诸部事。开泰八年（1017），因赛哥擅杀奴婢被削爵。后为乌古敌烈部详稳。

萧王 金代封爵。小国一字王号。海陵王时，完颜秉德、耶律怀义先后受封。

萧望之（？—前47） 西汉东海兰陵（今山东苍山西南兰陵镇）人，字长倩。后徙杜陵（今陕西西安东南）。治《齐诗》，曾诣太常受业。昭帝时以射策甲科为郎，数年，察廉为大行治礼丞。宣帝地节三年（前67）劾奏霍氏擅政，得任谒者。累迁谏大夫、丞相司直。岁中三迁，官至二千石，为宣帝所信用。后历任少府、左冯翊、大鸿胪、御史大夫、太子太傅等职。甘露三年（前51），主持石渠阁会议，评议儒生对《五经》异同的意见。宣帝临终，任为前将军、光禄勋，与太子少傅周堪等受遗诏辅政，领尚书事。元帝即位，奏言中书为施政根本，建议选用士人。以此与用事宦官中书令弘恭等交恶，被诬下狱。遇赦，收前将军光禄勋印绶。数月，复赐爵关内侯，任给事中。后因弘恭、石显等一再诬陷，被迫自杀。

萧惟信 辽契丹楮特部人，字耶宁。好学能辨。兴宗初始仕，累迁左中丞。重熙十五年（1046），为兴宗长子燕赵国王耶律洪基（道宗）傅。十七年，迁北院枢密副使，兼北面林牙。十八年使宋，告以攻西夏事。清宁九年（1063），参与平定重元叛乱，以功加太子太傅。后历官南京留守、左夷离毕、南院枢密使、知北院枢密使事、南府宰相兼契丹行宫都部署等职。大康三年（1077）耶律乙辛诬太子濬谋反，曾多次廷争，道宗不听。遂告老，加守司徒。

萧斡里剌 西辽人。原为辽六院司大王,随耶律大石西迁,建西辽,为兵马都元帅。子朵鲁不,娶大石之女普速完,为驸马。普速完(承天太后)执政,与朵鲁不弟朴古只私通,杀朵鲁不。他领兵围皇宫,射杀普速完及朴古只。

萧兀纳(1049—1118) 辽契丹人,一名挞不也。道宗时,为北院宣徽使。耶律乙辛害太子濬谋立耶律淳,曾加谏阻。授殿前都点检 ,辅皇孙延禧(天祚帝)。寿昌元年(1095)拜北府宰相。天祚帝即位,为辽兴军节度使,守太傅。天庆元年(1111),知黄龙府事,改东北路统军使。金兵攻宁江州(今吉林扶余东南小城子),弃城而走,大败于出河店(今黑龙江肇源西南),免官。五年,任上京留守。次年,为契丹行宫都部署兼副元帅。

萧铣(583—621) 隋末唐初南兰陵(治今江苏武进西北)人。后梁宣帝曾孙。炀帝时,以外戚为罗川令。大业十三年(617),岳州校尉董景珍、沔人张绣等人起兵反隋,推其为主。进据巴陵(今湖南岳阳)称梁王,建元凤鸣(一作鸣凤)。次年称帝,迁都江陵(今湖北荆州),有兵四十万。西从三峡,南至交趾,北距汉水,东达豫章,相继依附。为人外宽内忌,诛戮大臣,致使内部离散,终为唐军所败,被杀于长安。

萧县 秦置。治今安徽萧县西北。属沛郡。《史记·项羽本纪》:汉王二年(前205),汉王东伐楚,入彭城,“项王乃西从萧,晨击汉军而东,至彭城”,即此。南朝宋沛郡治。北齐改为承高县。隋开皇六年(586)改为龙城县,十八年又改临沛县,大业初复为萧县,属彭城郡。唐属徐州。宋移故治南半里。明万历五年(1577)圮于水,迁治今萧县。清属徐州府。

萧孝穆(?—1043) 辽后族。小字胡独堇。国舅详稳萧陶瑰之子。圣宗统和二十八年(1010)累迁西北招讨都监。开泰元年(1012)遥授建雄军节度使,加检校太保。镇压阻卜诸部。二年,为西北路招讨使。三年,拜北府宰相,检校太师。太平三年(1023),为南京留守,封燕王。九年,为都统,领兵镇压东京大延琳。改任东京留守,封东平王。兴宗即位,徙封秦王,复为南京留守。重熙六年(1037),封吴王,拜北院枢密使。表请籍户口以均徭役。九年,徙封楚王。十二年,拜南院枢密使,复为北院枢密使,封齐王。同年病死。追赠大丞相、晋国王。著有《宝老集》,今佚。

萧孝先(?—1037) 辽后族。字延宁,小字海里。萧孝穆之弟。圣宗统和十八年(1000),补祗候郎君。娶圣宗妃萧氏女南阳公主崔八,拜驸马都尉。开泰五年(1016),为国舅详稳、南京统军使。太平三年(1023),为汉人行宫都部署,加太子太傅。五年,迁上京留守,改东京留守。大延琳反,被囚禁。萧孝穆领兵镇压大延琳时,穴地逃出,为上京留守。兴宗即位,助钦哀后谋废齐天后。钦哀后摄政,授天平军节度使,加守司徒兼政事令。重熙二年(1033)为北院枢密使,封楚王。四年,封晋王。六年,为南京留守。

萧孝忠 ❶(?—1043)辽后族。字撒板,小字图古斯。萧孝穆弟。圣宗时,娶越国公主槊古,拜驸马都尉,累迁殿前都点检,进北府宰相。兴宗时,为东京留守,入朝,封楚王,拜北院枢密使,曾建言合契丹汉人北南二枢密院为一。病死。追封楚国王。❷(?—1089)辽锦州契丹人。道宗时曾为静江军节度使。近年锦州出土其墓志,有汉字及契丹简字,为首次发现之契丹简字文献。

萧晅(?—1461) 明江西泰和人,字仰善。萧用道之子。宣德进士。历官湖广左布政使。天顺四年(1460)以治行卓异,拜礼部尚书,改调南京。为人重厚廉静。

萧岩(巖)寿(1031—1077) 辽乙室已部人。道宗时,皇太后引用。历文班太保、同知枢密院事。咸雍四年(1068),从耶律仁先攻阻卜。十年,攻敌烈部,为敌烈部节度使。大康元年(1075),同知南院宣徽使事,迁北面林牙。密奏耶律乙辛谋危太子。次年,道宗出乙辛为中京留守。乙辛乘间反诬岩寿,被疑,出为顺义军节度使。同年,乙辛复为北院枢密使。因被流放于乌隗部。三年,又被诬谋立太子,处死。

萧衍 即“梁武帝”。

萧遥光(?—499) 南朝齐明帝兄子。字元晖。生而足疾。袭爵始兴王,位中书郎。曾劝明帝尽杀高帝、武帝诸子弟。建武元年(494)为扬州刺史。明帝惧高帝、武帝子孙日益长大,使之杀河东王萧铉等十王。东昏侯即位后辅政,潜结右仆射江祏兄弟谋废帝自立。吏部郎谢朓因不愿党同而遭杀害。弟荆州刺史遥欣与之呼应。及遥欣病死,江祏被诛,遂据东府举兵,被杀。

萧邺(?—约874) 唐人,字启之。南朝梁宗室后裔。进士出身。累进监察御史、翰林学士,出为衡州刺史。大中时,再入翰林,官中书舍人,迁户部侍郎。大中十一年(857),以兵部侍郎判度支,同平章事,颇得信任。懿宗即位,罢为荆南节度使。咸通三年(862)徙镇西川。南诏入寇,不能制。五年,迁山南西道观察使。后历户、吏二部尚书。十四年,节度河东。

萧嶷(444—492) 南朝齐高帝次子。字宣俨。起家宋太学博士。荆州刺史沈攸之乱平,以常侍出镇江州,继镇荆州。在州宽刑减役,更定税格。又禁市调、苗籍,令二千石长官不得与人为市,蠲除升明二年(478)以前逋负。甚得民心。入齐封豫章王,始为扬州刺史,继为南蛮校尉,荆、湘二州刺史,于南蛮园东南开馆立学。平攸之余党张群。永明中,官至大司马。明定郡县长吏供调,停止“却籍”与听复籍注,皆其所建。

萧乙薛(?—1124) 辽后族。字特免。天祚帝时,知国舅详稳事,迁殿前副点检。天庆四年(1114),为行军副都统,领兵援宾州,被女真军击败,罢职。六年,出为武定军节度使,迁西京留守。奉命招谕渤海高永昌。七年,领兵镇压董庞儿,战于易水,又战于奉圣州。以功拜北府宰相,加左仆射。十年,金兵攻陷上京,奉诏为上京留守、知盐铁内省两司、东北统军司事。保大二年(1122)败于金兵,降为西南面招讨使,不赴任。从天祚帝西逃云中、入夹山,拜殿前都点检。四年,为知北院枢密使事。七月,被耶律大石杀死。

萧绎 即“梁元帝”。

萧懿(?—500) 南朝齐南兰陵(治今江苏武进西北)中都里人,字元达。梁武帝长兄。初为齐安南邵陵王行参军。永明末,为梁、南秦二州刺史,拒魏军于南郑,攻取历城等六戍。永元二年(500),豫州刺史裴叔业反齐,他与护军将军崔慧景共讨之。既而慧景又反于广陵,奉江夏王萧宝玄围台城(今江苏南京),乃率精锐三千,自豫州入援。慧景平,以功授尚书令、都督征讨水陆诸军事。东昏侯忌而杀之。萧衍(梁武帝)夺取帝位后,追封为长沙郡王。

萧引 南朝陈南兰陵(治今江苏武进西北)人,字叔休。萧允弟。善隶书。初为梁西昌侯仪同府主簿、尚书金部侍郎。入陈,转库部侍郎,掌知营造。在职一年,而器械充足。屡迁吏部侍郎。奉命使岭南,讽令广州刺史马靖遣儿弟入朝为质。后主时,为中庶子、建康令。因不事权贵,为宦官李善度、蔡脱儿等所诬,坐免官,卒于家。

萧颖士(708—759) 唐南兰陵(治今江苏武进西北)人,字茂挺。少聪慧。开元进士。天宝初,为秘书正字。被劾居濮阳,名士多从学,人称萧夫子。后为集贤校理,李林甫恶而出之。韦述荐为史官,又迁河南府参军。安禄山反,力劝山南节度使源洧拒敌。宰相崔圆以为扬州功曹参军,至官一日而去,世称萧功曹。后客死汝南,门人私谥文元先生。文与李华齐名,乐于推引后进。有集十卷,李华撰序,集佚而序存。后人辑有《萧茂挺文集》一卷。

萧永祺 金初契丹人,字景纯,本名蒲烈。通契丹大小字。金熙宗时,耶律固(又作移剌固)为广宁尹,奉诏译书,他被辟置门下。皇统中,固修《辽史》未成而卒,他继成之。其书后佚。除太常丞。天德初,擢左谏议大夫,迁翰林侍讲学士,同修国史。官至翰林学士承旨。卒年五十七。

萧永藻(1644—1729) 清汉军镶白旗人,字采之。初为笔帖式。后任顺天府尹。康熙三十五年(1696),官广东巡抚,严禁采矿。四十六年,晋左都御史,迁兵部尚书。四十九年任文华殿大学士。世宗即位,命驻遵化马兰峪,守护景陵。

萧用道(1358—1412) 明江西泰和人,字坦行。建文中以才德举,选任靖江王府长史。召入翰林,修《类要》。燕兵渡淮,上书指斥权臣误国。永乐初预修《太祖实录》。改右长史,从靖江王之藩桂林,作《端礼》、《体仁》、《遵义》、《广智》四门箴献王。晚年乞归,触帝怒,贬为宣府鹞儿岭巡检。

萧由 西汉东海兰陵(今山东苍山西南兰陵镇)人,字子骄。萧望之之子。成帝时,为丞相西曹、卫将军掾,迁谒者。后历任定陶令、太原都尉、安定太守等职。哀帝即位,免为庶人。平帝时为复土校尉,历京辅左辅都尉、江夏太守。因镇压农民起义有功,增秩为陈留太守,元始中征为大鸿胪。以病免,复为中散大夫,终于官。家至吏二千石者六、七人。

萧瑀(575—648) 唐人,字时文。祖籍南兰陵(治今江苏武进西北)。后梁明帝子。好佛。姊为隋炀帝妃,从入长安。仕隋,历内史侍郎、河池郡守。大业十三年(617),李渊兵入京师,以郡降,封宋国公,任民部尚书。唐武德元年(618),拜内史令,总掌政务,深得信任。及平王世充,以预军谋,进尚书右仆射。太宗即位,迁尚书左仆射。尝劝太宗行分封以保长治久安。然心地偏狭,不能容人。房玄龄、杜如晦新用事,权任稍分,他心不平,俟有过劾之。贞观二十年(646),诬奏房玄龄结党谋反,被太宗斥责,益不得志。旋自请出家而食言不行,太宗因夺其爵,贬商州刺史。不久征还,复封爵而卒。

萧育 西汉东海兰陵(今山东苍山西南兰陵镇)人,字次君。萧望之之子。少以父任为太子庶子。元帝、成帝时,历任谒者,司隶校尉,冀州、青州刺史,泰山太守,大鸿胪等职。为政从严尚威,曾以右扶风率兵镇压鄠县梁子政起义。哀帝时,拜南郡太守。后以病去官。旋再起为光禄大夫、执金吾,终于官。

萧裕(?—1154) 金奚人。本名遥折。熙宗时,与海陵王亮结纳。为兵部侍郎、同知南京留守事,改同知北京留守事。与亮密约起事。海陵王即位,为秘书监。诬构宗本、秉德等反状,以功为尚书左丞,加仪同三司,授猛安,又进为平章政事、监修国史右丞相兼中书令,被指为擅权专恣。贞元元年(1153),结西北路招讨使萧怀忠(好胡)谋反。萧怀忠告变,次年被处死。

萧誉(?—550) 南朝梁宗室。字重孙。昭明太子萧统第二子。中大通三年(531),封河东王。侯景之乱,以湘州刺史率军入援。台城(今江苏南京)陷,还湘。太清三年(549)新任雍州刺史张缵密报湘东王荆州刺史萧绎,言誉将与岳阳王雍州刺史萧詧袭江陵(今湖北荆州)。绎乃借口拟督其粮众。拒之,绎即遣子方等击之。方等败死,又遣信州刺史鲍泉攻之,泉围长沙,久不能克。复以王僧辩代泉。僧辩筑土山以临城内,城陷被杀。

萧渊明 即“梁贞阳侯”。

萧圆肃(539—584) 南朝梁宗室。字明恭。武陵王萧纪子。侯景乱梁后,纪称帝于蜀,封为宜都郡王,除侍中,留守成都。西魏废帝二年(553),宇文泰遣尉迟迥攻蜀,乃降,授骠骑大将军。北周明帝初,进封棘城郡公。转咸阳郡守、陵州刺史。建德三年(574),周武帝授以太子少傅,作《少傅箴》,以规劝太子。北周末,历丰、洛州刺史,进位大将军。隋开皇初,授贝州刺史。有文集十卷,又撰《文海》、《广堪》、《淮海乱离志》,行于世。

萧云从(1592或1596—1669或1673) 明末清初芜湖(今属安徽)人,原名龙,字尺木,号默思、无闷道人,晚号钟山老人。明副贡,不就铨选,入清不仕。工诗文,善山水,兼长人物。不专宗法,自成一家。曾于采石太白楼下四壁画匡庐、峨嵋、泰岱、衡岳四大名山,凡七日而就。生平所画太平山水图、离骚图,后人镂板流传。著有《梅花堂遗稿》。

萧允 南朝陈南兰陵(治今江苏武进西北)人,字叔左。萧介第三子。初仕梁为太子洗马。陈宣帝时,为黄门侍郎、光禄卿。性敦重,不以荣利于怀,尝以诗叙意。后主时,拜光禄大夫。入隋,以老疾谢仕。卒年八十四。

萧赜 即"齐武帝"。

萧查剌阿不 西辽人。辽末曾任同知枢密院事。随耶律大石西迁,为副元帅,统兵马。西辽康国八年(1141),领兵败塞尔柱王朝桑伽尔军,乘胜西进,降花剌子模,得胜回师。

萧昭文 即"齐海陵王"。

萧昭业 即"齐郁林王"。

萧照 宋泽州阳城(今属山西)人,字东生。靖康中,入太行山为义军。旋随画家李唐南渡至临安,从其学画。绍兴间,补迪功郎,授画院待诏。善画山水人物,笔力沉着,用墨厚重。师承李唐,得董源法,而皴法遒劲过之。曾绘山水于孤山凉堂四壁。高宗至为叹赏。相传其画使观者如在名山胜水间而不知为画。其代表作品有《中兴瑞应图》十二幅。

萧振(1086—1157) 宋温州平阳(今属浙江)人,字德起。幼好学。政和进士。绍兴初,以赵鼎荐,为监察御史。后知湖州,以为虽与金通好,战御之备不可弛。至州,桧欲取羡余,并属以私事,他不尽从。两知成都府,颇有惠政。所居濒敖江,渡者多溺死,乃造大船,佣工以济,人感其德,名其江为萧家渡。

萧正德(? —549) 南朝梁宗室。字公和。萧宏第三子。武帝初未有男,养之为子。及称帝,别立萧统为太子,遂怀怨望。普通六年(525),逃魏。魏以其人庸劣,不加礼待。次年逃归,帝不治罪。中大通四年(532),封临贺王。侯景降梁,知其有奸心,遗书愿奉之为主。景反,朝廷以其都督京师诸军事。乃潜运空船,资景军过江。朝廷犹遣其守宣阳门。景至,被推为天子,改年号正平。及陷台城(在今江苏南京),复太清之号,又被降为大司马。旋因怨言被景矫诏所杀。

萧至忠(? —713) 唐沂州丞县(今山东枣庄东南)人。初为伊阙、洛阳尉,迁监察御史。神龙初,依附权臣武三思,擢御史中丞,迁吏部侍郎,掌选事,能拒绝请托干扰。神龙三年(707),以附韦后及安乐公主,为黄门侍郎、同中书门下三品,上疏陈时政,请勿以贵要而授官,宰相及诸司长官子弟应授以外官。旋进侍中、中书令。时宗楚客等树朋党,独不诡随,时议重之。睿宗即位,出为晋州刺史。攀附太平公主,求得刑部、吏部尚书,中书令等职。后太平公主谋废玄宗,以与谋被杀。与窦怀贞等撰《姓族系录》二百卷,已佚。

萧仲恭(1090—1150) 辽后族。本名术里者。父特末,辽中书令。母为辽道宗女。天祚帝西逃,他为护卫太保,兼领军事。被俘,降金。天会四年(1126),奉使宋朝。累迁右宣徽使,改殿前都点检。熙宗朝,指斥宗磐,以功进尚书右丞。皇统初,封兰陵郡王,授世袭猛安,进拜平章政事,封济王。后改行台左丞相,入为尚书右丞相。海陵王天德二年(1150),封燕国王,除燕京留守。

萧注(1013—1073) 北宋临江军新喻(今江西新余)人,字岩夫。举进士,摄广州番禺令。侬智高围广州,他出募海滨壮士,乘大船集上游,因风纵火焚敌舟。以功累擢知邕州。擒获智高母、弟,复募人入大理追捕智高。坐事罢为荆南钤辖、提点刑狱,旋复贬秦州团练副使。起为邠州都监,熙宁初知宁州,徙桂州。

萧子恪(478—529) 南朝梁宗室。字景冲。齐萧嶷第二子。齐明帝建武中,为吴郡太守,大司马会稽太守王敬则以奉他为名反于会稽,他逃避不知所在,以此见容。东昏侯时为侍中。入梁,历官司徒左长史、都官尚书、吏部尚书。大通二年(528),复任吴郡太守。

萧子良(460—494) 南朝齐武帝次子。字云英。宋末,任会稽太守。齐初为丹阳尹。武帝即位,封竟陵王,历南徐、南兖二州刺史,入为护军,兼司徒。镇西州。永明五年(487),正位司徒。范云、萧琛、任昉、王融、萧衍、谢朓、沈约、陆倕并以文学亲待,号曰"八友"。移居鸡笼山邸,集学士抄五经、百家,依《皇览》例,为《四部要略》一千卷。笃信佛教,劝人为善。招致名僧,造经呗新声。又集僧难范缜神灭论而不能屈。郁林王即位,进位太傅。寻病卒。后人辑其文为《南齐竟陵王集》。

萧子伦(479—494) 南朝齐武帝第十三子。字云宗。封巴陵王。永明中,官至北中郎将,南琅邪、南彭城二郡太守。郁林王时,萧鸾专权,以南彭城禄力优厚,夺而以南兰陵代之。后又改授散骑常侍、左将军。旋被鸾命中书舍人茹法亮、典签华伯茂等所杀。

萧子显(489—537) 南朝齐高帝孙。字景阳。齐时封宁都县侯,梁天监初降为子。好学工文,尝著《鸿序赋》,尚书令沈约见而称之。采撮众家《后汉书》,考正同异,成为一家之书一百卷。今佚。又据齐所修国史,撰成《齐书》六十卷,即今《南齐书》。并著《普通北伐记》五卷,记当代史事。亦佚。中大通三年(531),以本官领国子博士,迁国子祭酒,累迁吏部尚书,加侍中。负才气,及掌选,见九流宾客,不与交言,但举扇一挥而已。出为吴兴太守,旋卒。

萧子云(487—549) 南朝梁宗室。字景乔。齐豫章王萧嶷第九子。年三十,起家秘书郎。梁末官至侍中、国子祭酒。善草隶书,为世楷模。侯景乱梁,东奔晋陵,饿死。著有《晋书》一百一十卷,《东宫新记》二十卷。

萧综(502—532) 南朝梁武帝第二子。字世谦。封豫章郡王。母吴淑媛以齐东昏侯宫人得幸于武帝。后综以滴血法证己为东昏侯所出,辄怀异志。普通六年(525)镇彭城,与数骑夜奔北魏。改名赞,字德文。其叔南齐宗室萧宝寅先降北魏,后反于长安,惧而出逃,至河桥被执。朝议明其无关。北魏庄帝时为太尉,尚帝姊寿阳公主。出为齐州刺史,为城民赵洛周所逐,变服为沙门,潜至阳平,遇疾而卒。后吴人盗其尸骨还江东,武帝犹以为子,附葬萧氏墓。

猇亭 在今湖北宜都市北古老背。《资治通鉴》:三国蜀汉章武二年(222),刘备率诸将伐吴,"军于夷道猇亭",后为吴将陆逊所破,即此。

猇亭之战 即"夷陵之战"。

硝磺库 官署名。清代工部虞衡司所属机构。顺治元年(1644)置,设满洲员外郎一人,改主事一人。掌收发硝磺。光绪三十二年(1906)改隶陆军部军实司。

销兵 一作消兵。唐穆宗为削弱藩镇兵力,采纳宰相萧俛、段文昌建议,令各地军镇有兵处,每年百人之中,限八人逃、死不补,一时军士落籍者众,皆聚山泽为盗。长庆元年(821),卢龙朱克融、成德王庭凑相继叛乱,落籍兵士都应召入伍,助朱、王作乱,致使唐中央复失河朔。销兵终以失败而告结束。

潇湘 ❶湘江的别称。因湘江水清深得名。东晋罗含《湘中记》:"湘川清照五六丈,下见底石如樗蒱矢,五色鲜明,白沙如霜雪,赤崖若朝霞,是纳潇湘之名矣。"(《水经·湘水注》引)又或专指湘江中游与潇水合流后一段,即"三湘"之一。❷泛指湖南地区。郑谷《淮上与友别》诗:"数声风笛离亭晚,君向潇湘我向秦。"

潇湘图 画名。五代南唐董源绘。绢本,高 50 厘米,长 141 厘米。绢地细密,保存完好。画江南山水,以花青运墨。长山复岭,饶有平淡幽深之趣。苔点成树,颇有葱茏苍翠之感。平远山峰,全用淡墨点了皴,浮涌隐现,用笔有力。设色人物高不足一寸,神态逼真,跃然纸上。开卷即见沙碛平坡,有二红衣女,其一提篋回顾。沙滩五人击鼓奏乐。江面一船驶近岸边,船中央一人红袍端坐,一人擎伞盖,一人侍立,前面一人作奏事状。船头一人横篙,船尾一人摇橹。江面远处小舟六只,往来行驶。后段画远山茂林,芦汀沙坡。坡边有张网者十人。再左一小舟,有一人摇橹,一人持网。景与情皆江南风韵。《宣和画谱》录有画名,却无具体记述,明董其昌定此画名。现藏故宫博物院。

潇湘镇 五代时置。在今湖南永州市西北十里,因当潇、湘二水合流处得名。亦称潇湘关或湘口关。

霄敖 即"熊坎"。

xiáo

洨水 ❶即洨河。源出河北井陉县东南,东南流至宁晋南合沙河(槐河)。北宋咸平五年(1002)自镇州(治今河北正定县)引滹沱河至赵州(治今赵县)入洨河,即此。❷据《水经·淮水注》,首受蕲水于今安徽宿州市北,东北流至五河县与涣水(今浍河)合流入淮。相当今沱河。

洨县 西汉为侯国,属沛郡。东汉为县。治今安徽固镇县东濠城。属沛国。东晋后废。东汉经学家和文字学家许慎曾为此县长,故世称许洨长。

崤渑 亦称崤塞。即二崤。在今河南陕县东南、渑池县西。为崤山、渑池间东西交通要隘。《资治通鉴》:西汉景帝前三年(前 154)吴、楚反。赵涉遮说周亚夫曰:"吴王素富,怀辑死士久矣。此知将军且行,必置间人于殽渑阸陿之间",即此。

崤塞 即二崤、崤渑。《战国策·秦策二》苏秦说秦王曰:"自崤塞、溪谷,地形险易尽知之",即此。

崤县 北魏太和十一年(487)分陕县东界于冶垆置,在今河南陕县东南硖石东,取崤山为名。大业初废入熊耳县。义宁元年(617)复置。治硖石坞,即今河南陕县东南硖石。其后屡有移徙,唐贞观十四年(640)又移于硖石坞,改为硖石县。北魏、西魏属恒农郡,北周属崤郡,隋属弘农郡,唐先后属函州、陕州。

殽函 殽山和函谷关的合称。相当今陕西潼关以东至河南新安县地。贾谊《过秦论》:"秦孝公据殽、函之固";张衡《西京赋》:"左有殽、函重险桃林之塞",皆即此。

殽之战 春秋时秦国、晋国之间战役。鲁僖公三十二年(前 628)冬,晋文公死后,戍守郑国的秦将杞子密告秦君,谓受郑命掌管郑都北门,若潜师而来,可得其国。秦穆公命孟明视率军袭郑。次年春,秦军因密谋泄露,灭滑(今河南偃师缑氏镇)后还师。晋布兵于殽(今河南三门峡市东)以待秦军。四月,秦军至,遭伏击,全军覆没,主帅孟明视等三人被俘。旋为晋襄公所释。

xiǎo

小 古代户役之制。古代为确定赋税及统计户口而定的一个年龄段。晋十二岁以下为小;北齐十五岁以下;隋四岁以上,十岁以下;唐四岁以下为小。见《文献通考·户口》。

小百夷 明代"百夷"之一部分,居车里(今云南西双版纳)一带。清代称之为"水摆衣"。近代称为"小傣",为傣族之一部分。

小班子 清代吏目、巡检、典史之类佐杂官吏班次。

小别山 见"甑山"。或以为即《左传》定公四年(前 506)"自小别至于大别"所指。

小宾部下大夫 官名。亦称宾部下大夫。西魏恭帝三年(556)置,北周沿置。秋官府宾部司次官,员一人,省称小宾部。佐兵部中大夫掌南朝陈、北齐、突厥等敌国使臣晋见皇帝礼仪。北周武帝省六府诸司中大夫,遂为宾部司长官,宣帝即位,复置中大夫后,仍为次官。正四命。隋开皇元年(581)罢。

小宾客 周代称朝见天子的诸侯使臣为小宾客。

小兵部下大夫 官名。西魏恭帝三年(556)置,北周沿置。夏官府兵部司次官,省称小兵部。佐兵部中大夫掌本部事务。北周武帝省六府诸司中大夫,遂为兵部司长官,称兵部下大夫。宣帝即位,复置中大夫后,仍为次官。正四命。隋开皇元年

(581)罢。

小勃弄 隋唐地名。在今云南弥渡县北红岩一带。在大勃弄之北。

小部 唐宫廷乐队名。玄宗时,于梨园弟子法部中,更选艺人三十余人,皆十五岁以下,称为小部音声,常于长生殿奏新曲,简称小部。

小沧桑记 书名。清姚济撰。二卷。咸丰十年(1860)至同治二年(1863)太平军两度攻克松江,时姚氏避居乡间,常进出此城,每有闻见辄笔记之。此编即当时日记。起咸丰十年闰三月二十二日,讫同治二年除夕。于战事、太平军制度、诸王逸事均有记述。有1916年铅印本。

小草斋 明谢肇淛室名。肇淛,字在杭,福建长乐人,万历进士,官至工部郎中。收藏宋人诗文集颇富。著作有《小草斋稿》、《五杂俎》等。

小策凌敦多布 清时厄鲁特蒙古准噶尔部台吉。巴图尔珲台吉弟墨尔根岱青曾孙。牧地在哈喇沙尔(今新疆焉耆)。雍正九年(1731)与大策凌敦多布共袭清军,在和通泊大败清靖边大将军傅尔丹,旋在鄂登楚勒河附近兵败。次年,领兵再入喀尔喀,于喀尔德尼召(光显寺,今蒙古国前杭爱省巴彦温都尔西北)为喀尔喀亲王额驸策凌击败。

小长安聚 在今河南南阳市南。《资治通鉴》:王莽地皇三年(22),"刘縯欲进攻宛,至小长安聚,与王莽将甄阜、梁丘赐战",即此。《续汉书·郡国志》南阳郡育阳县有小长安。

小钞 见"大钞"。

小朝官 宋文臣寄禄官朝官中太子中允、太子赞善大夫、太子中舍、太子洗马(元丰三年改为通直郎)称为小朝官。

小臣 官名。商代始置,周沿置。殷商至西周,为君王近臣,掌传达王命,参与辅政,地位颇尊。春秋时期为侍御阉官,随王征伐,伺候君王,奉命出使,率众劳役;掌祭祀、宾客飨食之服位。

小臣师 官名。周代置。诸侯侍御小臣的官长。掌祭祀宾客飨享侍御之政令。位在小臣正之下,众小臣之上。

小臣艅犀尊 商代晚期青铜器。传为清道光年间出土于山东寿张(今梁山县境)。通高24.5厘米。尊作犀牛形,素面,犀角粗壮,躯体肥大,四足着地。有铭文二十七字,记载商王(帝乙或帝辛)十五年举行肜祀时,伐人方而归,于丁巳日省视夔京,小臣艅受到王赏赐的夔贝。此尊形象在商器中仅此一件,为古代艺术珍品,其铭文也是研究商末征伐的重要史料。

小臣正 官名。周代置。诸侯侍御小臣之长。掌传君主命令,正君主居位。《仪礼·大射》:"公坐取大夫所媵觯兴,以酬宾。宾降西阶下,再拜稽首。小臣正辞。"郑玄注:"正,长也。"

小成 《易》学名词。指演成八经卦。《易·系辞上》:"八卦而小成。引而伸之,触类而长之,天下之能事毕矣。"孔颖达疏:"八卦而小成者,象天、地、雷、风、日、月、山、泽,于大象略尽,是易道小成。引而伸之者,谓引长八卦而伸尽之,谓引之为六十四卦也。"

小承御大夫 官名。北周置。佐承御大夫侍卫皇帝左右。一说为正四命。

小乘 梵文 Hinayāna(希那衍那)的意译,即小乘佛教。系大乘佛教对早期佛教之贬称。以《阿含经》为主要经典。宣传"法有我空",奉行知、断、修、证(即苦、集、灭、道四谛的异名)四事,追求"自我解脱"。主要流传于东南亚各国。参见"大乘"。

小程番长官司 土司名。明洪武六年(1373)改元小程番蛮夷军民长官司置。长官程姓,元中叶以功授长官职,后进安抚使。治今贵州惠水县北,管小程、各头等处村寨,居民主要为布依族。

小尺 古代度量名称。如唐尺分大尺和小尺。小尺用于调钟律,测晷影,制冕服,长与隋开皇初调钟律尺同,约合24.58厘米。参见"律尺"。

小虫 动物学名词。有别于大兽。《考工记·梓人》:"外骨、内骨、却行、仄行、连行、纡行;以脰鸣者,以注鸣者,以旁鸣者,以翼鸣者,以股鸣者,以胸鸣者,谓之小虫之属。"明李时珍《本草纲目》:"虫乃生物之微者,其类甚繁,……按《考工记》云:'外骨内骨……谓之小虫之属。'其物虽微,不可与麟凤龟龙为伍。"小虫,相当于动物学上的无脊椎动物。

小戴礼 书名。又称《小戴记》、《小戴礼记》、《礼记》。论述先秦礼仪的儒家经典著作。西汉梁人戴圣删定传授。文帝时,徐生善为礼,萧奋受学徐氏之门,授孟卿,孟卿传授后仓。仓授戴德、戴圣、庆普。德称"大戴"、圣称"小戴"。至此,《礼》分为大戴、小戴、庆氏三家。据《经典释文叙录》,圣删《大戴礼》八十五篇为四十九篇,是为《小戴礼》。东汉马融、卢植考诸家异同,附戴圣篇章,去其繁重,成《礼记》。戴圣原定篇数与马融增附篇数,《隋书·经籍志》和《通典·礼》说法不同。今本《礼记》四十九篇,内容以论述礼仪制度为主,保存不少有关先秦时代社会情况、文物制度的资料,注释主要有东汉郑玄《礼记注》,唐孔颖达《礼记正义》,清朱彬《礼记训纂》、孙希旦《礼记集解》等。

小戴礼记 即"小戴礼"。

小丹阳 即今安徽当涂县东北丹阳镇。两汉丹阳郡治宛陵县(今安徽宣州市),而此为丹阳县,故有此名。《三国志·吴志·吕范传》:从孙策东渡,"下小丹杨(阳)",即此。

小淡水 始见于明。陈第《东番记》:"其地……历大员、尧港、打狗屿、小淡水……。"即今台湾高雄县、屏东县间之下淡水溪。

小刀会 清代民间秘密组织。(1)乾隆年间福建漳浦秘密会社。以蔡怀、李珠等为首,有兵丁参加。入会者各置小刀一把,故名。乾隆七年(1742)会众数千围攻漳浦县城,旋遭镇压。(2)乾隆年间台湾秘密结社。成员多系罗汉脚。其众各置小刀一把,随身携带。复以会众遇同会之人父母身故,各出银一圆、米一斗以资丧葬,故又名父母会。(3)天地会支派之一。以小刀为标志得名。以"反清复明"为宗旨。凤山人郑光彩等创于乾隆五十九年(1794)。

其组织形式、口号、歌诀皆与天地会相同。嘉庆初年在台湾多次发动起义。约道光二十九年(1849),福建华侨陈正成(一作陈庆真)在厦门重建,陈旋被清军捕杀,会务由黄位(即黄威)主持。咸丰三年(1853),黄位率众在海澄县(今并入龙海)发动起义,以"汉大明统兵大元帅"发布安民告示,相继攻克漳州、厦门等城,抗击清军和英国侵略者。由于清军反扑,黄位率众退至海上,至八年失败。又,道光三十年前后,福建小刀会传至上海,以刘丽川为首领。并于咸丰三年由刘丽川率众在上海发动起义,抗击清军和法、英、美侵略者。五年起义失败。详"上海小刀会起义"。(4)白莲教支派之一。由大刀会演变而成。清末活动于山东、皖北、浙东南等地。

小德金(Chrétien Louis Joseph De Guignes, 1759—1845) 法国人。汉学家德金(Joseph De Guignes)子。幼承家学。乾隆四十九年(1784)与罗广祥同船来华,曾任法王驻广州代表。五十九年,随荷兰特使德胜(Isaac Titsingh)至北京,觐见高宗。嘉庆二年(1797)离广州,六年返法。著有《北京、马尼拉、毛里西亚岛游记》(三卷,1808)、《汉法拉丁文字典》(1813)等。

小德张(1876—1957) 清末直隶静海(今属天津)人,姓张,原名祥斋,字云亭。光绪十七年(1891)入宫充小太监,宫号小德张,宫内命名张兰德。为人乖巧,得慈禧太后宠信,官至御前首领兼管南府戏班总提调。《辛丑条约》签订后擢为太监二总管。慈禧太后死后,李莲英出宫,遂继李为大总管,又得宠于隆裕太后,结交王公大臣,纳贿揽权,与李莲英无异。民国初年隆裕太后病死后,出宫居天津租界,娶妻纳妾,经营当铺及粮店,资产颇巨。卒于天津。

小典祀下大夫 官名。西魏恭帝三年(556)置,北周沿置。春官府典祀司次官,佐典祀中大夫掌有关祭祀的各种事务,其下设典祀上士。北周武帝省六府诸司中大夫,遂为典祀司长官,称典祀下大夫。宣帝即位,复置中大夫后,仍为次官。正四命。隋开皇元年(581)罢。

小貂 唐时散骑常侍之别名。因散骑常侍在西汉为加官,冠服之右有貂尾为饰,故名。

小调 见"大调"。

小丁 即"祖丁"。

小赌咒河 河名。大赌咒河支流,即今云南马关县南斋河(大赌咒河)支流大梁子河和响水河。清雍正六年(1728)曾一度成为中越边界。参见"大赌咒河"。

小杜律 西汉杜延年修定之法律。杜延年为杜周之子。杜周,武帝时官至廷尉;延年,宣帝时官至御史大夫。父子皆明法律,断案精审。周称大杜,延年称小杜。相传后代传承之汉代律书,皆出于延年。

小多马羌臣 官名。商代置。掌管多马羌。多马羌为替殷王养马的羌人奴隶。

小峨眉山 在今河南郏县西北。相传宋苏轼曾见之,以其形似四川峨眉山,故名。

小儿斑疹备急方论 书名。北宋董汲著。不分卷。刊于元祐八年(1093)。首篇为总论,阐明斑疹常见之症与常用方药,以及使用白虎汤之经验。次论药方,并详载升麻散、白虎汤、紫草散、牛黄散、珍珠散等十七方主治证候,药物配合及其服用方法。是一部较早的痘疹专书。该书颇受儿科医家钱乙赞赏,因此被附于钱氏所著《小儿药证直诀》之后,得以流传。今有《周氏医学丛书》等刊本。

小儿锦 又称小经、消经。用阿拉伯字母拼写的汉语拼音文字。曾在穆斯林中流行。一说阿拉伯人和波斯人来中国之初,创此为学习汉语的辅助工具;一说是明代中叶经堂教育兴起前后所产生。是在汉语文字史上较早用阿拉伯文字母拼写成的一种汉语拼音文字。由于此种文字没有基础方言作标准,又缺乏音位标调和隔音符号,较难辨认,故未普及。

小儿推拿方脉活婴秘旨全书 又名《小儿推拿活婴全书》,简称《小儿推拿秘旨》。书名。明龚廷贤撰,姚国祯补辑。二卷。初刊于崇祯十三年(1640)。论述了小儿常见病的证治,包括病因、诊法、推拿手法、穴位及图。并以歌诀形式总结了小儿常见病的方药治疗,附方五十余首。是中国较早的儿科推拿专著,反映了明代按摩术的发展。1959年人民卫生出版社出版铅印本。

小儿推拿广意 又名《推拿广意》或《儿科推拿广意》。书名。清熊应雄撰,陈紫山重订。三卷。应雄字运英,东川(治今云南会泽)人,精医,尤擅儿科。此书初刊于康熙十五年(1676)。上卷介绍了推拿疗法的理论,儿科疾病诊断方法、手法及图解;中卷记述推拿疗法在二十余种小儿常见病中的应用,包括取穴与手法以及十六门小儿病证的方药治疗;下卷附方一百八十余首。该书总结了前人推拿经验,是一部较早的小儿推拿专著,流传较广。1956年人民卫生出版社出版铅印本。

小儿卫生总微论方 书名。宋佚名著。二十卷。一至三卷为总论部分,述胎疾、初生儿的断脐、洗浴、哺乳、食忌、脉理及五脏各病,发热证治等内容。其余各卷除介绍小儿内科常见多发病外,亦有一些外科、皮科、五官、口齿、损伤等病证,对儿科四大证(麻、痘、惊、疳)的介绍尤为详细。此书对儿科杂病的诊治有其独特见解,如小儿"身热"应根据发热特点和兼证不同,来明辨潮热、壮热、温热、风热、惊热、寒热、食热、血热、虚热、实热等情况,分别治疗。为颇有影响的儿科著作。南宋刊行,明弘治二年(1489)朱臣据南宋嘉定刻本重刻以后,刊本颇多,改为《保幼大全》或《保婴大全》。今有排印本。

小儿药证直诀 又名《钱氏小儿药证直诀》、《小儿药证真诀》。书名。北宋钱乙著。三卷。钱氏精于儿科,其理论、临床经验与医案,经其弟子阎孝忠整理,成书于宣和元年(1119)。上卷载脉证治法,共载小儿诊候及方论八十一篇;中卷记载临床医案二十三例;下卷诸方。书后附阎孝忠《阎氏小儿方论》一卷,董汲《小儿斑疹备急方论》一卷。此书对小儿生理、病理有独到见解,所述小儿病诊断与治疗,具有较高临床实用价值，后世奉为圭臬。1955 年人民卫生出版社出版影印本。

小蕃部下大夫 官名。西魏恭帝三年(556)置，北周沿置。秋官府蕃部次官，佐蕃部中大夫掌诸侯朝觐礼仪。北周武帝省六府诸司中大夫，遂为蕃部长官，称蕃部下大夫。宣帝即位，复置中大夫，仍为次官。正四命。隋开皇元年(581)罢。

小方壶斋舆地丛钞 书名。清王锡祺编。初编、补编、再补编各十二帙。光绪三年(1877)开始编辑，二十三年编刊完竣。广辑清代地理著作一千三百六十六种，或录其全，或择其要，分类汇编。包括地理总论、中国各省地理形势、风土物产、道路里程、山川游记、旅行纪程以及少数民族风俗生活等。多为作者亲身经历。亦有为抵御侵略和向外国学习而撰的关于日本、朝鲜、东南亚诸国和英、俄等欧美各国的研究、介绍及见闻。

小分 亦称半分。北宋拣汰禁兵，其不任征战者，减充小分。小分只领半分军俸，任军中杂役；其不能胜任者，则放充百姓。

小凤 唐、宋中书舍人的别称。

小浮桥 在今江苏徐州市东北隅废黄河上。原跨汴水。金、元黄河屡次夺汴、泗入淮，黄河即经此与泗水合。《明史·河渠志》记元末贾鲁治河后黄河所经，多“出徐州小浮桥”，即此。

小府 ❶指与将军府设在同一州郡的校尉、中郎将、护军等的官署。南北朝时期战事频繁，各州郡长官多兼领将军名号，在州、郡内还设有校尉、中郎将、护军等领兵武职，位低权轻，其府署与将军府相比，则称小府，府中僚佐品阶亦低于大府僚佐。❷指设于不同地区的较低级名号的将军府署。东晋时甘卓为安南将军、梁州刺史，驻襄阳，王敦为大将军、荆州刺史。时人称王敦大将军府为大府，安南将军府为小府。

小辅 官名。西周置，掌乐之官。

小哥(？—973) 辽人。穆宗近侍，著帐奴隶。穆宗嗜酒好杀，暴虐无道。应历十九年(969)，与盥人花哥、庖人辛古等六奴隶，在怀州行帐杀穆宗起义。保宁五年(973)，被擒杀。

小庚 即“太庚”。

小功 古代丧服名。五服之一。其服用较细熟麻布制成。服期为五个月。凡本宗曾祖父母、伯叔祖父母、堂伯叔父母，未出嫁祖姑、堂姑、已嫁堂姊妹、兄弟妻、从堂兄弟、未出嫁从堂姊妹，又外祖父母、母舅、母姨等丧，皆穿此服。见《仪礼·丧服》、《清会典·礼部》。参见“功服”、“五服❷”。

小宫 官名。西周置。参与土地宅邑交付事宜。职位大小及具体职掌不详。

小宫伯下大夫 官名。西魏恭帝三年(556)置，北周沿置。天官府宫伯司次官，分置左、右，皆正四命。佐左、右宫伯中大夫掌宫廷侍卫，轮番在宫内值勤，兼管临朝及出行的警卫。隋开皇元年(581)罢。

小谷(穀) 即“谷”，春秋时齐国管仲采邑。在今山东东阿县东南。《左传》庄公三十二年(前662)：“城小谷，为管仲也。”《左传》昭公十一年(前531)：“齐桓公城谷而寘管仲焉。”一说小谷非谷，乃鲁邑，在今山东曲阜市西北，恐不合史载。

小谷龙长官司 土司名。明嘉靖十一年(1532)降小谷龙安抚使司置。长官宋姓。顺治十五年(1658)附清。治今贵州龙里县北谷龙，管谷龙、平寨等处村寨，居民主要为苗族、布依族。

小故 《墨经》逻辑术语。与“大故”相对。《墨子·经说上》：“小故，有之不必然，无之必不然；体也，若有端。”体，指部分；“端”(点)是“线”的部分。形成“线”需要诸多“点”，某一“点”作为“线”的条件之一是必不可少的，但并非“线”的全部条件。在逻辑法则上相当于必要条件。

小官 战国时秦国不设啬夫一级长官的低级官署。

小桂 即今广东连州市。汉为桂阳县治，属桂阳郡。为有别于郡治，故称小桂。陶弘景曰：“始兴桂阳县，即是小桂。”桂阳晋属始兴郡。西晋建兴三年(315)陶侃执刘沈于此。

小国寡民 老子提出的理想社会。主张国家要小，人民要少，不用舟车、甲兵、文字。“使民复结绳而用之”，“使民重死而不远徙”。“甘其食，美其服，安其居，乐其俗。邻国相望，鸡犬之声相闻，民至老死不相往来。”见《老子》第八十章。

小虢 春秋国名。羌之别种，传为西虢东迁所遗留，在今陕西宝鸡东。公元前 687 年为秦所灭。

小孩月报 杂志名。清同治十三年(1874)在福州创刊。美国长老会传教士主办。月刊。光绪元年二月(1875.3)迁上海。由上海基督教清心书馆、中国圣教会先后主办，美国传教士范约翰(J. M. W. Farnhan)主编。专供中小学生阅读，设诗歌、故事、名人传记、博物、科学等栏目。文字通俗浅近，图文并重，插画多为黄杨木刻，印制精美，每期约销二千份。1915 年更名《开风》画报，发行五期，停刊。

小航 建康浮桥名。在今江苏南京市南秦淮河上。当朱雀门者为大航，对东府门者为小航。《资治通鉴》：南朝陈太建十四年(582)，后主弟始兴王叔陵帅步骑数百“自小航渡，欲趣新林(今南京市西南)，乘舟奔隋”，即此。参见“朱雀航”。

小航文存 书名。王照(字小航)撰。戊戌变法失败后，王照潜心研究官话字母，后将有关文章、奏折、书信选编成书。主要记述作者所创行官话字母的各种制度和学习方法等，是研究中国近现代历史上国语运动的重要资料。

小号将军 南朝用以泛称地位较低的名号将军，以与重号将军相区别。南朝宋左、右、前、后将军以下至偏、裨将军称此，府中佐吏少于重号将军。

小和卓 即“霍集占”。

小河之役 明靖难之役中一次转折性战役。建文四年(1402)四月，燕军与南军战于睢水之小河(在今安徽宿迁境)。初战败绩。再战于齐眉山(在今安徽灵璧西南)，胜负相当。时值盛暑，两军对垒数日。

燕军乘南军粮草不济,遣兵断其粮道,围灵璧,大败之,俘都督平安及部将三十七人。自此,燕军益盛而官军益衰。

小洪那海石人 古突厥人遗物。在今新疆昭苏种马场小洪那海草原。通高191厘米,花岗岩,头着冠辫发,发辫多至十根,长垂至腰。前胸至腿,刻古民族文字,字迹漫漶。

小侯 周代边远地区的诸侯国君。《礼记·曲礼下》:"庶方小侯,入天子之国曰某人,于外曰子,自称曰孤。"郑玄注:"谓戎狄子男君也。"孔颖达疏:"小侯,谓四夷之君。"

小呼药 官名。西魏恭帝三年(556)置,北周沿置。雍州牧主要僚属之一,位在长史、司马、司录、大呼药下,六命。隋开皇元年(581)罢。

小花蕊 见"花蕊夫人❸"。

小华山 一称少华山。在陕西华县东南。与华山(太华山)山势相连而山峰稍低。《太平御览·地部》:"《山海经》曰小华山,即少华也。"

小黄 战国魏邑。在今河南开封县东北。《战国策·秦策四》:黄歇说秦昭王曰:"以临仁、平兵(丘)、小黄、济阳婴城,而魏氏服矣。"西汉置县。

小黄河 ❶元时对水流混浊的卢沟河的俗称。即今永定河。❷元末贾鲁治河,疏浚黄河下游河道,自黄陵冈(今河南兰考县东)东出徐州。明洪武二十四年(1391)河决原武县(今河南原阳县西)黑洋山,折东南夺颍入淮。贾鲁所浚故道,虽未断流,但水脉微细,故俗称小黄河。❸明时今河南扶沟、淮阳、西华等县一线的沙水(即宋蔡河故道),屡为黄河所夺,俗称小黄河。

小黄金史 书名。蒙古古代史籍之一。编年体。全名《诸汗根源简明黄金史》,又称《黄金史纲》。为别于罗卜藏丹津所著《黄金史》,俗称小黄金史。著者佚名。成书于十七世纪十至三十年代。全书不分卷,约二万余字,内容具有浓厚的宗教色彩。首先以佛教的观点简述宇宙的形成,人类的出现,以及古印度、西藏的王统,然后叙述蒙古族传说的祖先孛儿帖赤那到林丹汗为止的蒙古历史。其中关于明代蒙古的历史,具有较高的史料价值。与《元朝秘史》、《蒙古源流》并称为蒙古民族的三大历史著作。

小黄门 官名。东汉始置,由宦官充任。名义上隶属少府,秩六百石。位次中常侍,高于中黄门。侍从皇帝左右,收受尚书奏事,传宣帝命,掌宫廷内外、皇帝与后宫之间的联络。明帝、章帝之世,员额十人,和帝后增至二十人。以后权势渐重,用事于内廷,甚至总典禁军。诸中常侍多由此迁任。或说魏、晋仍置。北魏、北齐亦置,位在中黄门下。北魏太和十七年(493)定为从五品上,二十三年改为从九品,北齐亦同。属中侍中省、长秋寺。北宋亦置,属入内内侍省,为初补内侍之称,迁补则升为内侍黄门。

小黄县 战国魏邑,西汉置县。治今河南开封县东北。《水经·济水注》:"济水又东径小黄县之故城北……黄水出焉,又谓之曰黄沟。县故阳武之东黄乡也,故因水以名县。"两汉属陈留郡,三国魏属陈留国,西晋为陈留国治,北魏仍属陈留郡。北齐废入陈留县。唐初复置,移治今开封县西南,属汴州,贞观元年(627)废入浚仪县。

小会子 南宋四川钱引面额分一贯和五百,四川总领所陈咸以岁用不足,于开禧三年(1207)印行小会子,不久即废。

小基隆 本台湾土著番社名。即今台北县北三芝乡驻地。因滨海有港湾可通商,亚于基隆,遂有此称。

小畿部下大夫 官名。亦称畿伯下大夫。西魏恭帝三年(556)置,北周沿置。地官府民部次官,佐畿伯中大夫掌本方事务。正四命。隋开皇元年(581)罢。

小耤臣 又称耤臣。官名。商代置。掌管农事。

小甲 ❶商王。名高。太庚之子。《史记·三代世表》误为太庚弟。小甲是庙号。继太庚即位。殷墟卜辞中列为旁系先王祭祀。❷清京师、通州各仓收受漕粮,所雇扛粮入廒之零工。每米一石由运军给脚价银四厘。

小驾部下大夫 官名。亦称驾部下大夫或小驾部。西魏恭帝三年(556)置,北周沿置。夏官府驾部司次官,佐驾部中大夫掌皇帝出行的车驾及马、驼、羊的牧养。北周武帝省六府诸司中大夫,遂为驾部司长官,称驾部下大夫。宣帝即位,复置中大夫后,仍为次官。正四命。隋开皇元年(581)罢。

小谏 唐时左、右拾遗的别称。

小匠师 小匠师下大夫的省称。

小匠师下大夫 官名。亦称小匠师或匠师下大夫。西魏恭帝三年(556)置,北周沿置。冬官府匠师司次官,员一人,佐匠师中大夫掌城郭宫室建筑之制及诸器物度量。北周武帝省六府诸司中大夫,遂成为匠师司长官,称匠师下大夫。宣帝即位,复置六府诸司中大夫后,仍为次官。正四命。隋开皇元年(581)罢。

小教习 清代对庶常馆中由翰林官充任教习者之俗称。以别于由大臣充任之大教习。无常额,由翰林院掌院学士于侍读学士以下官内选学问优长者派充。掌教授庶吉士满、汉文课程。

小金川 ❶在四川省西部。源出邛崃山,西南流至丹巴附近入大金川。❷土司名。本明金川寺演化禅师地,数传后分为大、小金川。清顺治七年(1650)小金川内附授职。治今四川小金县。属四川省。辖境相当今小金川流域。乾隆四十一年(1776)改流,置美诺直隶厅。

小京官 清代在京衙门中从六品以下官员之统称。包括从六品之钦天监五官正,正七品之通政司知事,从七品之中书科中书,正八品之部院寺司务,从八品之翰林院典簿,从九品之国子监典籍及未入流之翰林院孔目等官。

小九卿 明清九个官署主官的合称。其地位低于九卿,故名。明代通常指詹事府詹事、国子监祭酒、翰林院学士、太常寺卿、光禄寺卿、太仆寺卿、尚宝司卿、鸿胪寺卿、顺天府府尹。清代一般指宗人府府丞、詹事府詹事、翰林院学士、太常寺卿、光禄寺卿、太仆寺卿、鸿胪寺卿、通政使司通政使及顺天府府尹。

小军机 清军机章京的俗称。

小康 儒家描述的一种次于“大同”的理想社会。以夏至西周为构想蓝本。《礼记·礼运》:“今大道既隐,天下为家,各亲其亲,各子其子,货力为己。”天子、贵族世代相袭,以“礼义”为治国之法,用以正君臣,笃父子,和夫妇,及设立制度,划分田里,奖励“勇知(智)”者。出现了智谋、战争,并产生了禹、汤、文、武、成王、周公“六君子”。孔颖达疏:“康,安也,……比大道为劣,故曰小安也。”

小考 明清童生试的俗称。亦称小试。包括县试、府试和院试。因系童生入学考试,故有是称。参见“童生试”。

小锞 即“锞子”。

小老爷 清代对地方州县中典史、吏目、巡检等一些佐杂官员之称谓。

小礼部上士 官名。北周置。保定四年(564)五月丁亥,改春官府大司礼为礼部,置为次官,省称小礼部。正三命。隋开皇元年(581)罢。

小吏 ❶低级职吏的统称。❷官名。清代理藩院所属内馆职官。额为八人,负责承应来京蒙古人等事宜。

小吏部下大夫 官名。亦称吏部下大夫、小吏部。西魏恭帝三年(556)置,北周沿置。夏官府吏部司次官,员一人,佐吏部中大夫掌官员的选举与迁转。北周武帝省六府诸司中大夫,遂为吏部司长官。宣帝即位,复置六府诸司中大夫后,仍为次官。正四命。隋开皇元年(581)罢。

小吏房 官署名。宋神宗时置,属枢密院,掌两省内臣磨勘功过叙用,及大使臣以上历任事状及校尉以上迁改之事。

小两省 宋起居郎、起居舍人与左右司谏、左右正言为门下、中书两省六品以下官,统称小两省官。参见“两省”。

小辽水 即今辽宁浑河。《水经·小辽水》:“高句丽县(今辽宁沈阳市东)有辽山,小辽水所出,西南至辽队县(今辽阳市西南),入于大辽水也。”

小令 元代散曲的一种体裁,依一个曲牌单独填曲。市民唱曲,原称“街市小令”,也叫“叶儿”。文人模拟创作,成为元代的新式诗体。字、句、声、韵都有规定的格律,不分段,可加衬字,与“词”体的小令不同。

小令尹 官名。战国楚置。《史记·樗里子甘茂列传》:“(苏代曰)今公与楚解口地,封小令尹以杜阳。秦楚合,复攻韩,韩必亡。”

小琉球 ❶明洪武初,琉球中山王察度受明册封,为与隋、元时称今台湾的“流求”相区别,遂称中山王地为“大琉球”(今日本琉球群岛),而以今台湾为“小琉球”。所指或为台湾本岛,或为台湾北部地区。❷今台湾屏东县西南海中之琉球屿,清代也称“小琉球”。

小龙 宋龙图阁直学士的俗称。

小龙番长官司 土司名。明洪武六年(1373)改元小龙番静蛮军安抚司置。长官龙姓,其先祖为唐末南宁州刺史龙得寿族人,显于宋仁宗、英宗之世。元至元十六年(1279)归附,授安抚使。入明,改小龙番长官司。治今贵州惠水县西南,管小龙、谷令等处村寨,居民主要为布依族。

小录 ❶同年小录的简称。见“题名登科录”。❷北宋崇宁二年(1103),权知贡举安惇亦曾编写贡院试官小录,登记当年试官姓名、生年月日等项。

小论 官名。吐蕃副相,曰论茝扈莽,置一人,与大相、都护、内大相、内副相、小相、整事大相、副整事、小整事共任国事。

小马坊使 使职名。唐代内诸司使之一,掌饲养本坊御马;懿宗咸通中,宦官田令孜曾任此职。五代后梁开平元年(907),改名天骥使。后唐复旧,长兴元年(930),分飞龙院为左、右,遂以小马坊使为右飞龙院使。

小马礼逊 即“马儒翰”。

小买 清代南方一些地区购买田皮(土地使用权)称小买。

小满 ❶南朝宋、齐地方官吏之任期制度。晋宋旧制,宰人之官,以六年为限。宋孝武帝孝建年间,以六年过久,改以三周(三年)为满,谓之小满。齐武帝永明元年(483)三月诏“莅民之职,一以小满为限”,遂成定制。❷见“二十四节气”。

小门下 南齐给事黄门侍郎的俗称。

小民 即“小人❶”。

小名录 书名。亦称《古今小名录》。唐陆龟蒙撰。五卷,一作三卷。援据旧籍,记秦至隋各种人物小名,并因其名,旁及行事。今本二卷,或作一卷。仅记至南北朝而止,内容亦有缺失。有《丛书集成》本等。

小明王 即“韩林儿”。

小亩 战国亩制。周制,六尺为步,广一步,长百步为一亩。春秋后期至战国,由于生产力发展和耕战政策的需要,各国纷纷扩大亩积,从一百六十方步到二百四十方步不等,皆大于周亩,故称原周制亩为“小亩”。《商君书·算地》:“为国分田,数小亩五百,足待一役。”

小纳言 纳言下大夫的别称。

小南海文化 旧石器时代晚期文化。距今约一万三千年。因1960年发现于河南安阳市西南郊小南海洞穴中而得名。共获得石制品七千多件,经第二步加工的仅有百余件。石器分为石片石器和砾石石器。砾石石器有敲砸器,石片石器有尖状器、刮削器两大类。刮削器数量多,形制复杂。石器器型较细小,据研究,和中国北方细石器有联系。另有一件扁椭球状带孔的石制装饰品。

小年 古代节日。古代民俗以农历腊月(十二月)二十四日为小年。其后以此日祭灶神。

小宁国公主(?—791) 唐荣王李琬(玄宗第六

子)之女。乾元元年(758)随宁国公主陪嫁回纥,及宁国返唐,升为可敦。历配英武(磨延啜)、英义(移地健)二可汗,号小宁国公主,亦称少宁国公主。长寿天亲可汗立,令其居外,戮其与英武(一说英义)所生二子。

小沛 西汉沛郡治相县(今安徽濉溪县西北),因别称沛县(即今江苏沛县)为小沛。《史记·汉高祖本纪》:"高祖,沛丰邑中阳里人",裴骃集解引李斐曰:"沛,小沛也。"

小品方 书名。又称《经方小品》。南北朝时陈延之著。十二卷。唐代为医学教科书,也是日本古代的医学教材。书中对伤寒、天行温疫等传染性热病的论治比较重视,并提出用茅根汤、葛根、橘皮等诊治天行温疫。对妇科也有较深阐述,如提到养胎、逆产、人工流产诸方法,说明当时妇产科的内容已较丰富。在治疗方面,主张综合治疗,并使用灸、熨、割、烙、涂、浴、摩、熏等多种外治法。原书已佚,但其佚文多保存在《外台秘要》、《医心方》等书中,今人据以编成《小品方辑校》,1983年由天津科技出版社出版。日本于1984年又发现有卷子抄本《小品方》残本。

小平伐长官司 土司名。明洪武十五年(1382)改平伐等处雍真长官司置,以是年入朝贡马之当地土首领的那为长官。初隶贵州卫,二十八年改隶龙里卫,万历十四年(1586)并入新贵县(今贵州贵阳市东南)。清略定黔中,仍准的氏后裔袭替。康熙十一年(1672)改属龙里县。治今贵定县西南境,居民有苗族、布依族等。

小平津 黄河津渡名。在今河南孟津县东北、汉魏平县境内。平县俗称小平县,故名。东汉中平元年(184),为镇压黄巾起义,在津上置关戍守,为八关之一。《后汉书·何进传》:中平六年,袁绍大诛宦官,"张让、段珪等困迫,遂将帝与陈留王数十人步出(洛阳)谷门,奔小平津",即此。

小平津关 东汉末在小平津置。在今河南孟津县东北。参见"小平津"。

小坪寨 在今贵州天柱县西。明洪武三十年(1397),古州蛮起事,杨文进伐,至沅州,伐山开道二百里抵天柱,遂涉苗境,营小坪,即此。

小坡 宋左、右司谏的别称。

小坡营 在今湖南麻阳县境。明嘉靖二十六年(1547),湖广及川贵诸苗皆起事,攻晃州便水驿,破小坡营,遂进攻铜仁、思南、石阡诸境,即此。

小其 在今江苏句容市东南。三国吴孙权在此开凿运河(后名破冈渎)以通漕运。《三国志·吴志·孙权传》:赤乌八年(245),"遣校尉陈勋将屯田及作士三万人凿句容中道,自小其至云阳西城(今丹阳市西南),通会市,作邸阁"。

小旗 官名。明低级军官。每百户下设十人,各领军十名。

小契 即"草契"。

小钱 汉代铸币。面值小于标准用币。汉代的小钱有:(1)小五铢,钱文曰"五铢",实重一铢,铸于西汉后期。(2)"小泉",径六分,重一铢,钱文曰"小泉值一"。铸于新莽始建国元年(9),至天凤元年(14)废止。(3)董卓所铸的小钱,径五分,无文字轮郭,铸于献帝初平元年(190)。

小桥 见"二桥"。

小寝 又称燕寝。周代天子燕居之所。《周礼·天官·宫人》:"掌王之六寝之脩。"郑玄注:"六寝者,路寝一,小寝五。"一说为夫人所居。

小卿 周代称中等诸侯国以下未受王命的卿大夫为小卿。《仪礼·大射》:"小卿宾西东上,大夫继而东上。"郑玄注:"小卿,命于其君者也。"贾公彦疏:"按《王制》云,大国三卿皆命于天子;次国三卿,二卿命于天子,一卿命于其君;小国亦三卿,一卿命于天子,二卿命于其君。若言小卿,据次国已下有之。"《礼记·燕礼》:"席,小卿次上卿。"

小清河 宋、金间刘豫导今山东济南市西泺水东行经章丘、邹平、博兴、广饶等市、县入海。因北临清河,故称为小清河。金皇统年间下游疏导成今道。

小丘臣 官名。商代置。掌丘陵地带的管理,盖与牧事有关。

小秋 唐代刑部郎官的别称。

小曲(麯) 酒曲品种之一。也称酒药、白药、酒饼等。以米粉或米糠等谷物为原料,添加少量中草药或辣蓼草,接种曲母,人工控制温度培养而成。因体积比大曲小,习称小曲。是黄酒、白酒的糖化发酵剂。在汉代出现饼曲前后,人们已发明使用小曲。北魏贾思勰《齐民要术》提到的许多神曲或散曲均属小曲。宋朱肱《北山酒经》介绍的玉友曲、白醪曲为典型的小曲。小曲兼有糖化和发酵双重作用,用曲量少,是中国人千百年选育的结果,是中国酒曲的典型代表。至今应用极广,品种多样。按是否添加中草药可分为有药小曲和无药白曲;按用途可分为甜酒曲和白酒曲;按形状可分为酒曲丸、酒曲饼和散曲等。

小人 ❶先秦时代统治者对平民的卑称。又称"小民"。《书·无逸》:"相小人,厥父母勤劳稼穑,厥子乃不知稼穑之艰难,乃逸。"又言武丁"时旧劳于外,爰暨小人",祖甲亦"旧为小人",故其即位后"爰知小人之依,能保惠于庶民"。《论语·颜渊》:"君子之德风,小人之德草,草上之风必偃。"邢昺疏:"君子,人君也;小人,下民也。"❷指仆人奴隶。《论语·阳货》:"唯女子与小人为难养也。"朱熹集注:"此小人亦谓仆隶下人也。"❸无道德者。《论语·里仁》:"君子喻于义,小人喻于利。"《管子·牧民》:"信小人者失士。"❹自谦之词。《左传·隐公元年》颍考叔云:"小人有母,皆尝小人之食矣。"《战国策·秦策二》张仪云:"仪固以小人。"鲍彪注:"贫窭之称。"

小戎 周代族名。居今山西交城。春秋时与晋通婚,系北戎一部分。

小如者室韦 唐室韦二十余部之一。在今嫩江支流甘河和诺敏河流域,南为山北室韦,北为婆萵室韦。天宝七载(748),先后二次以如者室韦名义朝唐。

小三才阵 阵法名。明嘉靖时戚继光所创。由鸳鸯阵变化而来。以狼筅手居中,两长枪手夹护,两旁一牌手,一短兵手。即以一鸳鸯阵变为两阵。

小杀 后突厥毗伽可汗原来之称号。杀即设,亦即鄂尔浑突厥文碑之 šad,意为掌兵马官。

小沙摩弄 又名沙木笼。地名。在今云南陇川北。元属云南平缅路。明清属南甸宣抚司。

小膳宰 官名。春秋战国置,膳宰副佐,掌进献饮食。

小商桥 在今河南临颍县南商桥,古*小溵水上。《续资治通鉴》:南宋绍兴十年(1140),岳飞大败金人于郾城,金都元帅宗弼以师十二万次临颍,岳飞遣统制杨再兴等"以三百骑击之于小商桥",即此。

小稍伯下大夫 官名。亦称稍伯下大夫。西魏恭帝三年(556)置,北周沿置。地官府民部中大夫属官,佐稍伯中大夫掌本方事务。正四命。隋开皇元年(581)罢。

小师 官名。(1)《周礼》中的乐官。春官之属。大师属员。上士爵。掌教鼓、鼗、柷、敔、埙、箫、管、弦、歌。大祭祀、飨宴,登歌击磬。小祭祀、小乐,掌鼓定音乐节奏。(2)北魏置。设立"中正"之前负责评定拓跋鲜卑统治者内部等级,其职权后为中正所取代。

小师氏下大夫 官名。西魏恭帝三年(556)置,北周沿置。地官府师氏司次官,佐师氏中大夫以前代美善之事晓谕帝王,使其行善道,并教育太子以下的王公子弟。北周武帝省六府诸司中大夫,遂为师氏司长官,称师氏下大夫。宣帝即位,复置中大夫,仍为次官。正四命。隋开皇元年(581)罢。

小史 官名。(1)商代置,职掌不详。(2)《周礼》春官太史属员。中士爵。掌王室及诸侯国图志、世系,佐太史进行各种礼仪活动。(3)即"小吏"。汉代及魏晋郡县属吏中最卑微的职吏,处理杂务。员数甚众,名目不一。《汉书·谷永传》:"永少为长安小史。"

小史下大夫 官名。《周礼》春官属下有小史中士、下士,掌邦国之志,切实记载王侯的世系;遇大丧、大宾客、大会同、大军旅,佐太史;凡国事之用礼法者,掌其小事。西魏恭帝三年(556)仿《周礼》建六官,春官宗伯府太史中大夫下有小史下大夫,正四命;小史上士,正三命,职掌与《周礼》小史同。北周沿置。隋开皇元年(581)罢。

小使臣 官名统称。北宋政和三年(1113)以前,以内殿承制、内殿崇班、东头供奉官、西头供奉官、左侍禁、右侍禁、左班殿直、右班殿直、三班奉职、三班借职、三班差使、三班借差等十二阶武官为小使臣。政和三年改称从义郎、秉义郎、忠训郎、忠翊郎、成忠郎、保义郎、承节郎、承信郎为小使臣。

小试 见"小考"。

小守庙下大夫 官名。西魏恭帝三年(556)置,北周沿置。春官府守庙司次官,佐守庙中大夫掌宗庙的守卫和日常清扫,其下设小守庙上士、小守庙下士。北周武帝省六府诸司中大夫,遂为守庙司长官,称守庙下大夫。宣帝即位,复置中大夫后,仍为次官。正四命。隋开皇元年(581)罢。

小首领 官名。西夏军队职官。在正首领之下,统领士卒作战。

小书女 女官名。北魏后宫女职。孝文帝时,定为视三品。

小水貊 古族名。高句骊之别种。《后汉书·东夷列传》:"句骊一名貊,有别种,依小水为居,因名曰'小水貊'。"据李贤注引《魏氏春秋》,"小水"在辽东郡西安平县北,即今辽宁宽甸县南。其地产良弓,史称"貊弓"。

小说界革命 清末开始的小说改良运动。为配合维新运动,光绪二十三年(1897)严复、夏曾佑在《国闻报》发表《本馆附印说部缘起》,鼓吹小说改良,指出其"宗旨所存,则在乎使民开化",是为小说界革命之先声。次年梁启超撰《译印政治小说序》,提倡译小说当择关切于中国现实者。二十世纪初年,吴趼人、王无生、徐念慈、黄摩西等人发表大量小说理论文章,影响最大者为梁启超《论小说与群治之关系》,正式揭橥"小说界革命"口号。"小说界革命"理论强调提高小说地位,重视小说社会作用,要求小说为"改良社会,开通民智"服务。在小说创作方法上亦有所论述。对晚清小说的兴盛和发展起了积极推动作用,诸如晚清四大"谴责小说"和《黑奴吁天录》、《巴黎茶花女遗事》之类的创作或翻译小说相继问世。

小说林 杂志名。清光绪三十三年正月(1907.2)在上海创刊。月刊。黄人(摩西)等主办,曾朴、徐念慈(觉我)主编。以"输进欧美文学精神,提高小说在文学上的地位"为宗旨。内容分图画、论说、社会小说、历史小说、科学小说、侦探小说、文苑评林以及丛录等十二栏,所刊以翻译小说为主。曾连载曾朴《孽海花》第二十一至二十五回,以及吴梅、啸庐为纪念秋瑾遇难而作的《轩亭秋杂剧》、《轩亭血传奇》等。共出十二期。三十四年九月停刊。

小说时报 杂志名。清宣统元年九月一日(1909.10.14)在上海创刊。月刊,第十七期起改为四月刊。狄葆贤主办,恽铁樵、陈景韩、包天笑等主编。以传播西方文化,转移社会风气为主旨。设短篇新作、长篇新作、杂记随笔、名著杂译、各国时闻等栏目。以译载外国小说为主,侠情、言情、侦探、社会、历史、虚无党小说兼收并蓄。1917 年 11 月停刊,共出三十三期,另出增刊一号。1922 年一度复刊,出五期。因其作者多为鸳鸯蝴蝶派,故被视为鸳鸯蝴蝶派的早期刊物。

小说月报 杂志名。清宣统二年七月二十五日(1910.8.29)在上海创刊。月刊。商务印书馆出版并发行。恽铁樵、王蕴章主编。"以移译名作,缀述旧闻,灌输新理,增进常识为宗旨"。设长篇小说、短篇小说、译丛、新知识、改良新剧等栏目,以言情小说为主要内容,被目为鸳鸯蝴蝶派刊物。自 1921 年第十二卷起,成为文学研究会机关刊物,沈雁冰、郑振铎主编。共出二十二卷,计二百五十八期,又号外三册。1932年一二八之役中，商务印书馆被炸毁，遂告停刊。

小司空上大夫 官名。省称小司空或少司空。西魏恭帝三年(556)置，北周沿置。冬官府次官，员二人，佐大司空卿掌国家各种工匠，负责建筑兴造事务。正六命。隋开皇元年(581)罢。

小司寇 官名。(1)同"少司寇"。春秋时宋国置。卿爵。掌听国政。(2)《周礼》秋官大司寇属官。一说为周代置。中大夫爵。掌外朝之政、听断狱讼等。(3)西魏、北周秋官府小司寇上大夫的省称。

小司寇上大夫 官名。省称小司寇。西魏恭帝三年(556)置，北周沿置。秋官府次官，员二人，佐大司寇卿掌刑政。正六命。隋开皇元年(581)罢。

小司马 官名。(1)《周礼》夏官大司马副贰，中大夫爵。(2)西魏、北周夏官府小司马上大夫的省称。

小司马上大夫 官名。省称小司马。西魏恭帝三年(556)置，北周沿置。夏官府次官，员二人，佐大司马卿掌军政以及官员迁调，总领宿卫禁兵，亦统兵出战或暂在外驻守。正六命。隋开皇元年(581)罢。

小司徒 官名。(1)《周礼》地官大司徒属官。一说为周代置。中大夫爵。掌国家教育法令，组织三年一次的大比会试；分配土地；考稽人民户口；划分政区，任命官守，规定贡赋税收，受理民众狱讼，考察官吏政绩等。(2)西魏、北周地官府小司徒上大夫的省称。

小司徒上大夫 官名。省称小司徒。西魏恭帝三年(556)置，北周沿置。地官府次官，员二人，佐大司徒卿掌民户、土地、赋役、教育、仓廪、关市及山泽渔猎等事。正六命。隋开皇元年(581)罢。

小祀 明代祭祀礼仪之一，属吉礼。每年共八次，孟春祭司户，孟夏祭司灶，季夏祭中霤，孟秋祭司门，孟冬祭司井，仲春祭司马，清明及十月朔祭泰厉，每月朔望祭火雷之神。均遣官致祭。

小遂伯下大夫 官名。省称小遂伯。西魏恭帝三年(556)置，北周沿置。地官府民部中大夫属官，佐遂伯中大夫掌本方事务。正四命。隋开皇元年(581)罢。

小索 在今河南荥阳市北四里。见"大索"。

小滩镇 即今河北大名县东北金滩镇。北滨卫河，为航运要地。明代河南及山东东昌府属莘县、冠县、观城、朝城诸县漕运，以此为转兑之所。明初设巡司，嘉靖三十七年(1558)又设税课司。清嘉庆十二年(1807)设主簿驻此。

小体 孟子用语。指人体眼耳口腹等感官的欲望，与"大体"(思维器官)相对。参见"大体"。

小腆纪年附考 书名。清徐鼒撰。二十卷。编年体南明史。起崇祯十七年(1644)，迄永历三十七年(康熙二十二年，1683)。清咸丰十一年(1861)成书。徐氏参考南明史书六十二种，并搜集各省府县志及各家诗文集中有关资料，不局限于一时一地，凡传闻互异者，皆作附考，记于正文之下。有须发明者，则系以论断。对李自成攻克北京事记载颇详，约占全书五分之一，对永历及台湾郑氏事记载较少，仅占全书二十分之一。本书前有自序，后有泰顺林鹗、福州谢宗善、镇宁宋光伯、同里受业汪达利跋。

小腆纪传 书名。清徐鼒撰。六十五卷，补遗五卷。纪传体南明史。徐鼒晚年，就《小腆纪年附考》同时期的各个人物编成本书，未完稿即病死，其子承礼整理补订成书。两书虽叙写同时期的史事，但前者用编年体，后者用纪传体，一以年经，一以人纬，两书并行，对南明史的研究提供了许多方便。

小帖子 宋制，官员于奏状或奏札后，另纸申述或请求的补充文字，称"小帖子"，作用与贴黄同。亦有在贴黄后再加小帖子的。

小同异 战国时惠施的名辩命题。与"大同异"相对。参见"大同异"。

小王父己 即"孝己"。

小王子 明代东部蒙古可汗之别称。始于脱脱不花汗幼子马可古儿吉思。脱脱不花与也先争权，兵败被害。景泰五年(1454)，其七岁子马可古儿吉思被立为可汗，因年幼，明人以小王子称之。此后达延汗、卜赤汗、打来孙汗等，亦被明人习称为小王子。

小武藏下大夫 官名。西魏恭帝三年(556)置，北周沿置。夏官府武藏司次官，亦称武藏下大夫，员一人。佐武藏中大夫掌各种兵器、铠甲及武士所着袍袄的收藏、保管。北周武帝省六府诸司中大夫，遂为武藏司长官，称武藏下大夫。宣帝即位，复置中大夫后，仍为次官。正四命。隋开皇元年(581)罢。

小西天 又称白带山(《太平寰宇记》)、懋题山(《大清一统志》)。即今北京市房山区西南石经山。有云居寺石经洞，藏有唐宋以来大量石刻佛经，为全国重点文物保护单位。

小夏侯尚书 汉代夏侯建所传今文《尚书》。西汉初，伏生以《尚书》二十九篇教授，数传至夏侯胜，胜传从兄子夏侯建，建又学于欧阳《尚书》学派经师欧阳高。胜所传《尚书》称大夏侯《尚书》，建所传《尚书》称小夏侯《尚书》。建授张山拊，山拊授郑宽中、张无故、秦恭、假仓、李寻，小夏侯《尚书》遂分为郑、张、秦、假、李氏之学。东汉时，势力渐衰，后亡于西晋永嘉之乱。《汉书·艺文志》著录《大小夏侯章句》各二十九卷、《大小夏侯解故》二十九篇，即为大小夏侯《尚书》学派解经之作。参见"今文尚书"、"大夏侯尚书"。

小县伯下大夫 官名。亦称县伯下大夫。西魏恭帝三年(556)置，北周沿置。地官府民部中大夫属官，佐县伯中大夫掌本方事务，正四命。其下设小县伯上士、小县伯中士。隋开皇元年(581)罢。

小岘山 一名昭关(《舆地纪胜》)。在今安徽含山县北昭关。与大岘山同为古代江淮间往来孔道。六朝建都建康(今江苏南京市)，此山尤为通往中原之冲要。《资治通鉴》：南朝宋孝建元年(454)，薛安都成历阳(今安徽和县)，败豫州刺史鲁爽于小岘，即此。南宋、金之间曾在此发生多次战事。

小湘峡 在今广东高要市西小湘东,西江峡口。北宋皇祐四年(1052),侬智高犯端州,州守李宝臣建议以兵数千人伏小湘峡,即此。

小相 官名。吐蕃官,亦称曩论充,置一人,与大相、副相、都护、内大相、内副相、整事大相、副整事、小整事共任国事。

小象 《易传·象》对爻辞的解释,与解释卦名、卦义的"大象"相对。解释爻辞多以爻象为根据,说明每爻的基本观念,故称为"小象"。如解释《乾》卦第六爻爻辞的"'亢龙有悔',盈不可久也",即是。"亢龙"比喻居极高之位的统治者骄傲自满,则不可长久。

小辛 商王。名颂。祖丁之子,盘庚之弟。小辛是庙号。继盘庚即位。殷墟卜辞中列为旁系先王祭祀。

小行人 官名。《周礼》秋官司寇属官。掌迎宾客与出使,其职位次于大行人。参见"大行❶"。

小秀才 明初由国子生中选拔的人才。明太祖选择少数年轻举人、贡生等入国子学读书后,又令赴各衙门见习,取其中尤英敏者入文华、武英堂说书,谓之小秀才。

小胥 官名。周代置。掌教国子的下级乐官。《周礼·春官》:"掌学士之征令而比之,觵其不敬者。巡舞列而挞其怠慢者。"

小选 ❶亦称流外铨。唐吏、兵部选人注官,由郎中一人专掌选补流外官,谓小选。考其书、计、时务,具体铨试手续与流内略同。合格者由流外转授流内官,称入流。❷唐代吏部郎官的别称。

小学 ❶学校名。属官立初级学校。西周始置,为教育王子及贵族子弟的学府,在太学之下。招收八岁以上、十五岁以下的贵族子弟,教授礼、乐、射、御、书、数等课程。十六国前赵、后赵及北魏亦置。《晋书·刘曜载记》:"曜立太学于长乐宫东,小学于未央宫西,简百姓年二十五以下、十三以上,神志可教者千五百人,选朝贤宿儒明经笃学以教之。"《石勒载记上》:"勒增置宣文、宣教、崇儒、崇训十余小学于襄国四门,简将佐豪右子弟百余人以教之。"唐高祖即位后于秘书外省别立小学,以教育宗室子弟及功臣子弟。玄宗以后,州县学作为四门学的预备阶段,被视为小学。宋代有在京小学和州县小学。在京小学始建于神宗元丰间,分"就傅"、"初筮"两斋,徽宗政和四年(1114)分为十斋,学生近千人,分八岁、十岁和十二岁以上三等,每季分别考试,依三舍法升补。个别州县小学始建于仁宗至和元年(1054),徽宗崇宁元年(1102)令州县遍置,十岁以上皆许入学。各设教谕、小长。又,诸王宫各设小学,称宗室小学,其子孙,自八岁至十四岁皆入学,日诵二十字。南渡后重建学校,高宗绍兴十二年(1142)于太学附置小学一斋。西夏仁宗人庆元年(1144)于禁中置,凡宗室子孙七至十五岁皆得入学。设教授,仁宗与皇后罔氏时为条教训导。元世祖至元二十八年(1291),令江南诸路学及各县学内置,选老成之士为师。清代的府、州、县学,依取生员数额,分为大学、中学、小学,一般小州县学为小学,初定入学名额为二十名,后屡有减增。清末改革教育,所设小学为近代初等教育之学堂。❷汉代称文字学为小学。隋唐以后,成为文字学、训诂学、音韵学的总称。❸书名。南宋朱熹、刘子澄编。六卷。分内、外篇。内篇包括《立教》、《明伦》、《敬身》、《稽古》,外篇包括《嘉言》、《善行》。为儿童教育课文。明陈选作《小学集注》,清张伯行作《小学集解》。

小学博士 学官名。掌教授小学学生经义。十六国后赵置。北魏太和十八年(494)迁都洛阳,立四门小学,置四门小学博士,亦称四门博士或小学博士。九品上。永平元年(508),大选儒生,以为小学博士,共四十人。北周设小学博士上士。

小学博士上士 学官名。西魏恭帝三年(556)置,北周沿置。春官府属官,掌教授小学学生经义,正三命。下设小学助教中士以佐之。隋开皇元年(581)罢。

小学教授 学官名。宋代诸王宫小学置,正八品,掌本王宫宗子教导之事。

小雅 《诗经》组成部分之一。七十四篇。一说雅借为夏,夏是西周王畿的古名。小雅基本是西周王畿的诗,个别篇如《大东》、《都人士》似为东方地区作品。产生于西周至东周初期。部分为宴会乐歌,部分是批评朝政的歌谣,有的则反映了周室与西北戎、狄部族以及东方诸侯国之间的矛盾。

小盐 明初盐课之一种。开封府祥符县(今河南开封)地多硷土,洪武初许民扫土煎盐,月税盐三斤。十七年(1384)罢。

小盐法 明官府清销积盐之法。正德末年,权势者占窝,淮盐壅滞。嘉靖初于两淮盐场减少每引斤数,增加引数,以疏销积引。嘉靖末年,鄢懋卿增行工本盐三十五万引,淮盐又复壅积。庞尚鹏仿行此法,原每引五百一十斤减定为四百八十五斤,淮盐复通。

小雁塔 在今陕西西安市城南荐福寺内。全国重点文物保护单位之一。荐福寺本名献福寺,始建于唐文明元年(684),天授元年(690)改名。塔建于景龙元年(707),共十五层。因小于慈恩寺内大雁塔,后人称为小雁塔。明嘉靖三十四年(1555)受地震影响,塔身震裂,上两层震塌,现存十三层,建国后重新加以整修,为西安市著名古迹。

小冶寨 在今河北涞源县东南。《续资治通鉴长编》:北宋雍熙三年(986),北伐契丹,田重进至飞狐北界,命荆嗣出击,嗣拔小冶、直谷二寨,即此。

小野妹子 日本遣隋使节。隋称苏因高。大业三年(607,推古十五年)受圣德太子派遣,以鞍作福利为翻译,首次使隋。炀帝因其国书中有"日出处天子致书日没处天子"字样,大为不悦。四年,归国,炀帝遣文林郎裴世清等十二人为使随同赴日。同年九月再次使隋,并有遣隋留学生四人、学问僧四人同行。五年,东归。隋文物制度始传入日本。

小野石根(?—778) 日本遣唐使节。大历十年(775,宝龟六年)任副遣唐使。后大使佐伯今毛人因病不能成行，乃改行大使事。十二年，赴唐。次年到达长安。同年归国途中遇风暴，与唐使赵宝英等一同遇难。

小一 惠施哲学术语。指非物质性之无限小概念，与“大一”相对。参见“大一❶”。

小医下大夫 官名。西魏恭帝三年(556)置，北周沿置。天官府太医下大夫属官，掌治疗民庶疾病，下设小医上士以佐之。正四命。隋开皇元年(581)罢。

小仪 唐代礼部郎官的别称。

小乙 殷墟甲骨文又作小祖乙、后祖乙、亚祖乙。商王。名敛。祖丁之子，小辛之弟。小乙是庙号。继小辛即位。殷墟卜辞列为直系先王祭祀。

小滱(溵)水 见“滱水❷”。

小引 明清贩盐凭证之一。每引行盐二百斤以下者为小引，最少者只二十斤。参见“盐引”。

小营官 官名。清代西藏地方官员之一。掌治所属各城军民之政事。前藏设七品官二十五人，分辖二十五小营。后藏设七品官十六人，分辖十五小营。缺出，于东科尔沁喇嘛内拣选。

小酉腴山馆主人自著年谱 书名。清吴大廷编。二卷。光绪五年(1879)刊行。记道光四年(1824)迄光绪三年事，记述谱主读书、撰文及作官等事。其中涉及安徽捻军、苗沛霖练军活动、福建盐政、船政及清廷操练海军等文字，颇有参考价值。

小盂鼎 西周康王时青铜器。清道光初年于陕西岐山县礼村出土，原器已佚失。铭文约三百九十余字，大意是：盂在周庙向康王报告征伐鬼方的战果，两次战役共执获敌酋三名，俘一万三千八十一人，获馘四千余，另获车、牛、羊等。王命讯敌酋，酋答因周人先开边衅，故而叛周。讯后将敌酋斩首，献于宗庙。康王祭祀后，对盂赏赐，盂作此鼎以纪念。铭文为研究周初与鬼方战争和献俘之礼提供重要资料。

小虞部上士 官名。西魏恭帝三年(556)置，北周沿置。地官府虞部次官，佐虞部中大夫掌山泽草木鸟兽之事。正三命。隋开皇元年(581)罢。

小玉兹 哈萨克三玉兹之一，或称西部。十六世纪初形成。分布于哈萨克草原西部，即从金帐汗国分裂出来的诺盖汗国境内。部落有巴依乌鲁(阿达依、阿尔钦、加帕斯、阿拉切、切尔克什等)，艾里木乌鲁(卡拉沙卡勒、卡拉克斯克、开特、突特哈拉、切克特等)，哲德乌鲁(塔布尼、塔马、克尔很热、加卡勒拜、克烈依特、特乐乌等)。阿尔钦为代表部落。一说是公元前生活在这一带的阿兰人后裔。

小宛 西域城国。王治扜零城(在今新疆且末县南，喀拉米兰河中游一带)。西汉属西域都护。东汉并于鄯善。

小元宝 见“中锭”。

小元祐 即“端平更化”。

小袁营 明末袁时中所率起义军名称。

小院 即“别试所”。

小月氏 ❶古族名。本属月氏。秦至汉初游牧于今甘肃敦煌、祁连间。后遭匈奴冒顿单于攻击，其首领率众西迁至大宛西，史称大月氏；其未西迁的余众，入保南山(今祁连山)，依羌族而居，号小月氏。汉宣帝时，酒泉太守有月氏兵数千，即其种人。东汉初，部分徙居今青海湟水流域，称湟中月氏胡。其少年勇健者被东汉编为义从兵，称义从胡。❷古西域国名。五世纪中期，大月氏贵霜国王寄多罗为哌哒所迫南徙北天竺，其子又向东北发展，在富楼沙城(今巴基斯坦白沙瓦)建立政权，称小月氏国。五世纪后期为哌哒人所灭。

小乐正 官名。周代置。负责国子教导的乐官，位在大乐正之下，大胥、小胥之上。

小云石海涯(1286—1324) 元畏兀儿人，一名贯云石，号酸斋，一号芦花道人。阿里海牙孙，江西平章贯只哥子。以父名为姓。袭父职为两淮万户府达鲁花赤。后从姚燧习文。仁宗时任翰林侍读学士、知制诰同修国史等职。称疾辞职，还居钱塘。善草隶书，工诗文，尤以散曲驰名。有《贯酸斋诗集》、《孝经直解》、《酸甜乐府》(与徐再思同撰)。

小宰 官名。周代置，太宰属官，中大夫爵。《周礼·天官·小宰》：“小宰之职，掌建邦之宫刑。以治王宫之政令。凡宫之纠禁，掌邦之六典八法八则之贰，以逆邦国都鄙官府之治。执邦之九贡九赋九式之贰，以均财节邦用。”

小宰相 官名别称。北魏孝明帝时政归门下省，世称门下省长官侍中、给事黄门侍郎为小宰相。

小载师下大夫 官名。西魏恭帝三年(556)置，北周沿置。地官府载师司次官，省称载师。佐载师中大夫掌封邑的划分，管理全国农、牧、盐业的生产及赋役的征发等事。北周武帝省六府诸司中大夫，遂为载师司长官，称载师下大夫。宣帝即位，复置中大夫后，仍为次官。正四命。隋开皇元年(581)罢。

小站练兵 清政府编练新军之肇始。中日甲午战争中，清军连连失利，促使清政府加紧仿照西法编练新式陆军。光绪二十年(1894)冬，广西按察使胡燏棻受命编练新军十营，近五千人，号“定武军”，先驻天津以南马厂，次年移驻天津东南七十里的新农镇(小站)。旋温处道袁世凯奉命接练其军，拟定营制饷章，成立“新建陆军督练处”，罗致徐世昌、冯国璋、段祺瑞等人任职，并陆续加聘德国教官至十余名，兵员扩充至七千余。

小长 北宋州、县小学设学长，崇宁五年(1106)，为别于州、县学学长，改称小长。《大观重修国子监小学格》规定，州、县小学设职事小长一员，学生三十人以上增设一员。

小长老(？—975) 五代时淮北僧人，或云江南江氏子。南唐后主时至金陵，说后主广施梵刹，又请于牛头山大起兰若，广聚僧徒，日设斋馔食。后主以为一佛出世，颇信重之。及宋师围金陵，后主召其退敌，乃登城大呼，而四面矢石交下，始知其妄，鸩杀之。

小掌朝上士 官名。西魏恭帝三年(556)置，北周沿置。秋官府掌朝司次官,亦称掌朝上士,佐掌朝下大夫掌纠察朝仪及四方非法之事,并收藏臣民交纳的罚金及物品。正三命。隋开皇元年(581)罢。

小昭寺 藏语意为大牝山羊。为纪念建寺时负土填湖之山羊,故名。在西藏拉萨北城区。相传公元七世纪时由唐文成公主主持兴建。仿内地庙宇形式,楼高三层,门东向。上有金顶。曾多次毁于火,原貌已保留不多。寺内有多幅壁画,正殿供奉尼泊尔尺尊公主带往吐蕃的不动金刚佛像。

小整事 官名。吐蕃官,又称喻寒波充,与大相、副大相、都护、内大相、内副相、小相、整事大相、副整事等主掌国事。

小职方下大夫 官名。西魏恭帝三年(556)置,北周沿置。夏官府职方司次官,佐职方中大夫掌天下地图,主四方职贡。北周武帝省六府诸司中大夫,遂为职方司长官,称职方下大夫。宣帝即位,复置中大夫,仍为次官。正四命。隋文帝开皇元年(581)罢。

小知 知,智也,指小的智慧。《庄子·逍遥游》:"小知不及大知,小年不及大年。"庄子以大鹏与小鸟为喻,说明大知(智)、小知(智)均系凭借条件而存在的"有待",只有取消一切智慧,才是绝对自由的"无待"。

小中译 官名。清代西藏噶厦属官之一。隶于噶伦。掌文书交际之事。设七品官三人。

小中正 魏、晋、南北朝时期负责评定士族内部品第的官员。各郡、国皆置。凡任职于京师、籍贯为本郡的士族,经郡、国大中正推举和司徒府通过后,即可兼任,罢免亦同。西晋时,佐郡、国大中正评品本郡士族,每月与大中正在上东门会议三次,评定和升降士族品第,负责依据本郡士族的家世及才能写出品、状,交大中正核实。其职掌、沿革详见"中正"。

小冢宰上大夫 官名。西魏恭帝三年(556)置,北周沿置。多省称小冢宰,天官府次官,员二人,佐大冢宰卿掌宫廷供奉、侍卫及全国财政收支、百官俸给等事。正六命。隋开皇元年(581)罢。

小众人臣 官名。商代置。掌管理平民阶层事务。

小周后(? —978) 五代南唐后主继后。昭惠后周娥皇之妹。警敏有才思。姊病时入宫,姊卒后,开宝元年(968)立为继室,甚受宠爱。八年,南唐亡,随后主入宋,封郑国夫人,后主卒,悲哀不自胜,亦卒。

小邾 周代小国。《春秋》庄公五年(前689):"郳犁来来朝。"杜预注:"东海昌虑县东北有郳城。"郳因为邾之别封,亦称小邾。《春秋》僖公七年(前653):"夏,小邾子来朝",即此。在今山东滕州市东。战国时为楚所灭。

小竹筒箭 兵用多发火箭的一种。明盛行。每筒藏短火箭十枝,以毒药涂镞,药筒长一寸五分,箭长九寸,翎后有铁锤,以求平衡。每筒不过二斤,筒壁有火门,药线集于一处,用时点火,箭齐发,远可及二百余步。每兵可负四五筒。

小祝 官名。周代置。掌小祭祀祝事。《周礼·春官》太祝属官有小祝,"掌小祭祀,将事侯禳祷祠之祝号,以祈福祥,顺丰年,逆时雨,宁风旱,弭灾兵,远辠疾。大祭祀,逆盍盛,送逆尸,沃尸盥,赞隋,赞彻,赞奠。凡事,佐大祝。大丧,赞渳。设熬置铭。及葬,设道赍之奠,分祷五祀。大师,掌衅祈号祝。……凡外内小祭祀、小丧纪、小会同、小军旅,掌事焉。"

小祝上士 官名。西魏恭帝三年(556)仿《周礼》小祝置,北周沿置。春官府太祝司次官,佐太祝下大夫掌六祝之辞,事鬼神以祈求福祥。正三命。隋开皇元年(581)罢。

小篆 大篆的对称。又称秦篆。由籀文发展而成,字体较籀文简化。相传为李斯所作。小篆形体匀圆齐整,存世有《琅邪台刻石》和《泰山刻石》残石等。

小子 官名。始置于殷商。(1)君王诸侯及公卿大夫的侍从官员。(2)祭祀主管杂务的官员。郑玄注《周礼·夏官》:"小子主祭祀之小事。"

小子𠭯卣 商代晚期青铜器。通高25厘米,提梁两端作兽首形,鼓腹,圈足。盖、腹、足各饰夔纹一周,间以四瓣花纹。盖有铭文四十九字,大意是:十月乙巳日,子命小子𠭯带人众去董地用事,赏以贝二串。𠭯为纪念而作器以祀母辛,时值子命侦察人方𡨦行动之时。此铭为研究商代帝乙、帝辛时期战争的重要资料。

小子侯(? —前705) 春秋时晋国国君。公元前709—前705年在位。名失传。晋哀侯之子。哀侯为曲沃武公所俘,他被晋人立为君。后为晋武公诱杀。参见"曲沃武公"。

小宗 古代宗法制规定嫡长子以下诸子的世系为小宗,与大宗对称。《礼记·丧服小记》:"别子为祖,继别为宗,继祢者为小宗,有五世而迁之宗,其继高祖者也。"郑玄注:"谓之小宗者,以其将迁也。"

小宗伯 官名。(1)《周礼》大宗伯属官。亦称少宗伯。一说为周代置。中大夫爵。主掌建国之神位、社稷、宗庙。佐大宗伯。(2)隋、唐后为礼部侍郎的别称。(3)西魏、北周春官府小宗伯上大夫的省称。

小宗伯上大夫 官名。西魏恭帝三年(556)置,北周沿置。春官府次官,员二人,省称小宗伯。佐大宗伯卿掌礼、乐、祭祀、天文历法、卜、祝以及纶诰、著作等方面的事务。正六命。隋开皇元年(581)罢。

小宗人 官名。周代置。大宗人之属官,掌宗庙祭祀礼仪。一说即"小宗伯"。《礼记·杂记》:"大夫之丧,大宗人相,小宗人命龟,卜人作龟。"郑玄注:"相,相主人礼也。命龟,告以所问事也。"

小宗师下大夫 官名。西魏恭帝三年(556)置,北周沿置。天官府宗师司次官,省称小宗师。佐宗师中大夫掌管宗室事务,正四命。隋开皇元年(581)罢。

小祖乙 即"小乙"。

小稆臣 官名。商代置。掌刈获事务。

晓庵新法 书名。清王锡阐著。六卷。康熙二年(1663)写成。后收入《四库全书》。此书融通中西天文历法的长处,并有所创新。前一卷述勾股割圜诸法,后五卷皆推步七政交食凌犯之术。运用刚传入中国的球面三角学,首创计算日月食初亏和复圆方位的算法,以及水星、金星凌日和五星凌犯的算法。某些成果被编入《历象考成》,成为编算历法的重要方法。

xiào

孝 中国古代伦理观念。商代卜辞中作"𡥈"(《金璋所藏甲骨卜辞》四六七),象祭祀祖先时有所奉献。殷高宗即位,"或乃亮阴,三年不言"(《书·无逸》),其子取名"孝己",均为殷人重视"奉先思孝"(《书·太甲中》)之反映。西周贵族对之加以阐发,认为"追孝"、"享孝"祖先,对之"继序思不忘",可祈福长寿,使族类获福。并将其含义从"事死"扩大到"事生",凝结为"善事父老"的规范。提出"孝"、"德"相配观念,以"有孝有德"为四方效法之楷模,为从政之必要条件。西周末年以后,孝的观念一度动摇,父死"不哀"、母死"不戚"。后经儒家改造和大力提倡,孝又成为封建社会伦理观念的基础,儒家著作《孝经》被推崇为"百行之宗,五教之要"(《孝经注疏序》)。

孝昌 北魏孝明帝年号(525—527)。凡三年。

孝昌县 南朝宋分安陆县置。治今湖北孝感市北,属江夏郡。齐为义阳郡,西魏、北周为岳州、岳山郡治。隋属安陆郡。唐属安州。五代唐改为孝感县。

孝诚仁皇后(1653—1674) 清圣祖皇后。满洲正黄旗人,赫舍里氏。辅政大臣索尼曾孙女。康熙四年(1665)册为皇后。十三年生废太子允礽,即死。葬遵化景陵,谥孝诚仁皇后。

孝慈高皇后 即"马皇后❶"。

孝感县 五代唐同光二年(924)以孝昌县改置。治今湖北孝感市。属安州。宋、元属德安府。明洪武九年(1376)省。十三年复置。清雍正七年(1729)改属汉阳府。1983年改设孝感市。

孝恭仁皇后(1660—1723) 清满洲正黄旗人,吴雅氏。参领威武女,世宗、允禵生母。初为宫人,事圣祖。后为德嫔。康熙二十年(1681)封德妃。世宗继位后尊为皇太后。雍正元年(1723)病卒;一说因痛允禵被囚,兄弟相残,碰柱而死。葬遵化景陵,谥孝恭仁皇后。

孝基 北魏北海王元颢年号(529)。

孝己 殷墟甲骨文称小王,廪辛、康丁时期卜辞称小王父己,晚期称祖己。商王武丁(高宗)之子,传说其母早死,武丁惑于后妻之言,放之而死(《太平御览》卷八十三引《帝王世纪》)。虽未继王位,晚期周祭卜辞仍列入受祭。

孝建 南朝宋孝武帝年号(454—456)。凡三年。

孝建四铢 南朝宋铜钱。孝武帝孝建元年(454)铸,品类繁多,大小不等。钱文"孝建",薤叶书;背文"四铢",隶兼篆意,横读。此为中国最早集年号、铢两于一身之铜钱。后省去"四铢",只留"孝建"年号,钱渐薄小,文字夷漫,遂有"耒子"、"荇叶"等名称。

孝经 书名。儒家经典之一。多以为孔门后学所撰。今文本十八章。宣传孝道。认为,孝是天经地义之常理,处理封建伦理关系之准则,亦是治家治国之根本。宣称:"君子之事亲孝,故忠可移于君;事兄悌,故顺可移于长;居家理,故治可移于官。"视不孝为罪孽。并将孝道与天道相联系,赋之以天命外衣。故从汉代起即被推崇。《汉书·艺文志》列为七经之一。东汉郑玄称《春秋》为大经,《孝经》为大本。有唐玄宗注、宋邢昺疏,收入《十三经注疏》。另有清世宗《孝经集注》、毛奇龄《孝经问》、清皮锡瑞《孝经郑注疏》等。此外,汉代有古文本《孝经》二十二章,佚于梁。现存于《知不足斋丛书》的古文本,系隋刘炫伪托。

孝经师 东汉司隶校尉及州部佐吏。据《后汉书·百官志》,司隶校尉诸假佐,其孝经师主监试经。州部员职略同。

孝经纬 七纬之一。汉代有关《孝经》的纬书。据《后汉书·樊英传》李贤注,包括《援神契》、《钩命决》二种。《隋书·经籍志》著录《孝经句命决》六卷,《孝经援神契》七卷,皆宋均注。其书"言孝道之至,行乎阴阳,通乎鬼神,上下古今,若合符契也"(《古微书》辑本《孝经援神契序》)。二书有明孙瑴《古微书》辑本。《隋书·经籍志》又著录《孝经内事》一卷,借经以说灾祥,佚。南朝梁有《孝经杂纬》、《孝经元命包》、《孝经古秘援神》、《孝经左右握》、《孝经左右契图》、《孝经雄雌图》、《孝经分野图》、《孝经内事图》、《孝经内事星宿讲堂七十二弟子图》、《口授图》,均属《孝经》纬书之类,皆佚失。

孝敬宪皇后(?—1731) 清世宗皇后。满洲正白旗人,乌喇那拉氏。内大臣费扬古女,初为雍亲王嫡福晋。雍正元年(1723)册为皇后。九年病死,葬易州泰陵,谥孝敬宪皇后。

孝黎 又称遐黎。黎族支系之一。孝为黎语的汉字音译,意为住在外围地区的人。是黎族人口最多的一支。主要分布于海南岛南部丘陵和各地,其内部又分三支群:居住乐东盆地的罗沃孝群;分布岛西南海岸丘陵地区的孝炎群;散处南部海岸各地的南罗孝群。

孝廉 选拔官吏科目。孝指孝子,廉指廉洁之士。原为二科,汉武帝采纳董仲舒建议,于元光元年(前134)初令郡国举孝、廉各一人。其后多混同连称,而为一科,所举也不限于孝者和廉吏。察举孝廉为岁举,郡国每年向中央推举一至二人。被举者大都先除授郎中。东汉顺帝时,左雄奏请郡国孝廉年不满四十,不得察举,皆先诣公府课试,以观其能。其后遂为制度,为汉朝仕进的主要途径之一。三国魏黄初二年(221)令郡国口满十万者举孝廉一人,其有秀异,不拘户口。三年,又令举孝廉不限年龄,老幼皆可,蜀、吴亦由郡举孝廉。晋沿魏制,尚书郎缺,从孝廉中补,须经策试,合格者补令、长。东晋以来,大郡岁各举二人,郡国仍举一人。十六国、南北朝沿之,地位不及秀才、国子生。时察举权归州郡中正,依九品官人之法,所举皆世家豪族子弟,无须策试。隋只有秀才之科,无孝廉之举。唐初沿设。贞观十八年(644),汴、鄜诸州所举孝廉不能答太宗所问,其后遂不闻此科。宝应二年(763),礼部侍郎杨绾奏恢复之。定于《左传》、《公羊传》、《谷梁传》、《礼记》、《周礼》、《仪礼》、《毛诗》、《尚书》、《周易》中,任通一经,问经义二十条,策三道,全通为上第,付吏部授官;经义十条通七、策通二为中第,予出身。建中元年(780),敕停。至明代,为荐举之一种,亦用称乡试取中之举人。清朝亦用作举人之别称。

孝廉方正科 清代制科之一种。始于雍正元年(1723)。取古贤良方正合以孝廉之意而命名。其制,由各直省府、州、县、卫,各举孝廉方正之士,各赐六品章服,备召用。以后每遇皇帝即位,即荐举一次。乾隆五年(1740)定,荐举后,赴礼部验看考试,授以知县等官。

孝廉举 选官科目。见“孝廉”。

孝弟 一作孝悌。儒家伦理思想。《论语·学而》:“其为人也孝弟。”朱熹注:“善事父母为孝,善事兄长为弟。”《孟子·梁惠王上》:“申之以孝悌之义。”“弟”即“悌”。儒家重视孝弟,尤强调孝道,视为修己教人、安邦治国之本。

孝悌力田 悌或作弟。始见于西汉惠帝四年(前191)。高后元年(前187),令郡置孝弟力田一人。文帝前元十二年(前168)又计户口数增置其员,以奖励有孝悌德行及力务农本者,为民表率。被举为孝悌力田者得免除徭役,时有赏赐,一般不担任官职。据《后汉书·明帝纪》李贤注,孝悌、力田皆乡官名。此可备一说。明洪武中定为荐举科目,以孝弟之名被推荐者即可授官。

孝文王后 即“华阳夫人”。

孝文幽皇后(?—499) 北魏长乐信都(今河北冀州)人。侍中、太师冯熙女,文明太后侄女。初为孝文帝左昭仪,后立为皇后。及帝连年率军攻齐,乃与中官高菩萨私通。帝妹彭城公主赴悬瓠(今河南汝南)诉帝。后忧惧,时帝病,乃求祷愿帝不起。帝至洛阳,执问菩萨等,俱得情状。帝以文明太后故,未便废之,后以遗诏赐死。

孝贤纯皇后(1712—1748) 清高宗皇后。满洲镶黄旗人,富察氏。总管李荣保女。雍正五年(1727)册为宝亲王嫡福晋。高宗嗣位,册为皇后。乾隆十三年(1748),从高宗东巡,回至德州病死;一说高宗回驻德州,宴饮淫乐于舟中,乃激切进谏,遭诟谇,羞忿投水死。葬遵化裕陵,谥孝贤纯皇后。

孝义桥 在今河南巩义市西东洛河上。《新唐书·地理志》河南府偃师:“天宝七载,尹韦济以北坡道迂,自县东山下开新道通孝义桥”,即此。

孝义厅 清乾隆四十七年(1782)分咸宁、蓝田、镇安三县地置。治孝义川(今柞水县北)。属西安府。嘉庆七年(1802)移治旧县关,即今陕西柞水县。1913年改为孝义县,次年改为柞水县。

孝治 南诏郑仁旻年号(?)。

孝庄文皇后(1613—1688) 清世祖生母。蒙古科尔沁人,博尔济吉特氏,名布木布泰。贝勒寨桑女。天命十年(1625)嫁与太宗。崇德元年(1636)封永福宫庄妃。世祖尊为皇太后,圣祖尊为太皇太后。世祖、圣祖均年幼继位,时军国大事,多所指画,影响显著。病卒后葬遵化昭西陵,谥孝庄文皇后。

肖开特(?—1867) 清新疆伊犁宁远城(今伊宁)掌教阿訇。维吾尔族。同治四年(1865)春,任伊犁维吾尔、回族起义军“苏丹”(王)。冬,通过锡伯营总管喀尔莽阿向伊犁将军明绪提出议和条件:由伊犁将军、维吾尔族“苏丹”、回族“苏丹”三方分治伊犁九城。五年正月,攻占伊犁将军驻地惠远(今霍城南)城,与“艾米尔”(军队首领)艾拉汗反目,被废,投回族“苏丹”马万信,引兵攻艾拉汗。次年,兵败被杀。

肖乃台 又译笑乃解、小乃台。蒙古土别燕烈氏。元太祖元年(1206),属木华黎,为先锋。十五年,与蒙古不花略河北卫、怀、孟州。二十年,与史天泽击败金将武仙,又败宋将彭义斌,下大名、东平。二十一年,从李鲁国王定益都。在灭金战争中屡立战功。病死于东平。

肖形印 亦称画印、象形印。通行于战国至汉魏,而多见于汉代。印面有圆、正方、长方诸形状,印面图像有人物、鸟兽、车骑、四灵(青龙、白虎、朱雀、玄武)等,形象惟妙惟肖。此种印中亦有两面印,一面为肖形,一面为姓名或成语。体积一般较小,便于佩带。

校 教育机构之一。周代为乡学,汉代为侯国之学。《左传·襄公三十一年》:“郑人游于乡校。”《正韵》:“校,乡学为校。”《汉书·平帝纪》:“郡国曰学,县、道、邑、侯国曰校。”

校官 ❶即“学官”。❷官立学校。西汉置于郡国。《汉书·韩延寿传》:“于是令文学校官诸生皮弁执俎豆,为吏民行丧嫁娶礼。”平帝时郡国置学,县邑、道、侯国之学曰校。东汉仍置于郡。东汉末曹操令郡国兴学,县满五百户则置校官,选其乡才俊之士为教师。

笑道论 书名。北周甄鸾著。时武帝重儒崇道抑佛,曾集百僚道士沙门于大德殿议三教优劣。天和五年(570)二月十五日,甄鸾上《笑道论》三卷,借用《老子》“下士闻道大笑之”之义,指斥道家方术诳惑百姓之言行,共三十六条。五月十日,武帝又集群臣检议鸾论,以为伤蠹道法,即于殿上焚之。后佛道之争更趋激烈,遂有武帝敕令断佛道二教之举。今《广弘明集》中载有佚文。

笑林报 报纸名。清光绪二十七年(1901)在上海创刊。日出一张。以嘲讽笑骂官场为主旨。设首篇(时论一类)、笑林、博物志、官场现形记、春江花刊。各地芳讯、粉墨丛谈、沪滨闻见、海外奇谈、京华新语、寓言、谈丛、翰墨林等栏目。在消闲、游戏文字之外,时有抨击时政之佳作。发行十年,宣统二年(1910)底停刊。

效谷(穀)县 本渔泽障。西汉元封六年(前105)渔泽尉崔不意教民力田,以勤效得谷,因立为县名。治今甘肃安西县西。汉、晋属敦煌郡,十六国李暠自效谷令建立西凉,西魏为效谷郡治。北周并入鸣沙县。

效律 律名。核验官府物资帐目和度量衡器的单行法律。《睡虎地秦墓竹简》有首尾完整的“效律”一篇,《秦律十八种》中有部分条文的摘录。其中详细规定县和都官物资管理帐目的一系列制度。对于在军事上有重要意义的物品,如兵器、铠甲和皮革的保管、处理以及对有关人员的奖惩都有详细规定,特别是对度量衡器明确规定了误差的限度,从法律上保证了度量衡的统一。

效士 南宋绍兴二年(1132)规定,凡陈边事利便、实有可取的进士,来自河北、京东的行在士人,均收充效士,每月支钱十贯、米一石,由枢密院置籍总辖。后分隶行在所、行宫、枢密院等。效士可赴类试所应试,成绩优等者由学士院召试;成绩平等者,免文解,直赴省试。

效用 又称效用士。宋代军士名称。北宋中期,陕西边防军中已置。有壮健罪犯发配到这里戴罪立功的,有当地豪民富户、官员子弟和门客、举人挂名军中领取军俸的,也有无作战任务的军曹、军士自愿参战的。神宗时,规定勇敢效用作为志愿兵,以武技、勇力应募,给钱粮、战马、兵器、甲胄,不设军营,不刺手背,平时居家,参加教习,战时则出征。北宋晚期,效用逐渐成为禁军中的高级军士。南宋初,效用在正规军中大增,形成效用和军兵两个等级,其军俸较军兵的优厚。

效用十资 南宋效用兵等级合称。即守阙毅士、毅士、守阙效士、效士、守阙听候使唤、听候使唤、守阙听候差使、听候差使,守阙准备使唤、准备差使。

啸堂集古录 书名。宋王俅撰。二卷。著录古器三百四十七件,摹其款识,附以释文。铭文间有删节与缺释。清张蓉镜作《考异》二卷,附所刻本刊行。现尚有宋本留传。

啸亭杂录 书名。清昭梿撰,或云为门客所著。十卷,《续录》五卷。初成于嘉庆间,光绪初德钟等为厘定。书中保存了大量有关嘉庆以前之政治、军事、经济、文化、典章制度及文武官员、社会习俗等方面的史料。有九思堂刻本、上海进步书局本等,1980年中华书局出版点校本。

啸叶 亦称鸣叶。即用树叶吹曲为乐。见《蛮书》、《滇南杂志》。

啸云轩避寇纪略 书名。一名《避寇纪略》。清程畹撰。同治八年(1869)秋成书。一卷。记咸丰三年(1853)太平军攻克江宁、仪征事,兼述作者经历。亦及道光二十二年(1842)英国军队侵犯镇江事。赞扬林则徐抗英,诋毁太平天国革命。有光绪刻本。

xiē

些门 见“撒摩都”。

些么(麽)徒 又作些么、些莫。唐前期称徙莫祇蛮。贞观二十三年(649)内属,隶郎州都督府(治今云南曲靖)。南诏、大理至元时称些么徒蛮。曾统治南诏、大理时东方三十七部中的弥勒部(在今弥勒)、罗伽部(在今江川)、步雄部(在今江川)、强宗部(在今澄江县阳宗)、休腊部(在今通海西城)、休制部(在今玉溪)。明、清时称撒摩都,又称白罗罗,为近代彝族的重要组成部分。

些子景 宋元时期的一种微型盆景。见于元丁鹤年《为平江上人赋些子景》一诗中。所用植物种类有荷花、素馨、茉莉、朱槿、丁香藤、葵花、艾、蒲等。具有小中见大之特点,被后人称为“无声的诗”、“立体的画”。

歇艎支江船 古运船名。唐代宗时,刘晏任诸道盐铁转运使,为适应江、淮、河、汴大小不同水力,制造各种运船。其中适应汴河航运者,谓歇艎支江船,共二千艘,每艘载重一千石。十船为纲,每纲三百人,自扬州运至河阴。

歇浦 黄浦江的别称。见“黄歇浦”。

歇山 又名九脊顶。古建筑的一种屋顶式样。屋顶上半部两面坡,下半部四面坡。为庑殿顶与悬山顶相交而成。因屋顶有一条正脊、四条垂脊、四条戗脊,故名九脊顶,清称九脊顶为歇山顶。在汉明器、北朝石窟壁画和石刻中均有反映,实物以唐南禅寺大殿为早。它的出现略晚于四阿顶,等级仅次于四阿顶。

歇头仓 西夏粮食产地名。指夏人原占领的葭芦(今陕西佳县境)、米脂(今陕西米脂县)二地。此处良田万顷,丰产禾粟。亦称真珠山、七宝山。

xié

协 清绿营兵组织之一。凡副将所统之绿营兵称为协。清末改革军制,规定三营为一标(团),两标为一协(旅)。

协办大学士 官名。清代内阁大学士之副职。雍正九年(1731),设额外大学士。置协办自此始。乾隆初,始有协办之称。初非额设,遇有大学士中特命离位者,方另简大臣协办阁务。乾隆十三年(1748)定额缺为满、汉各一员,秩从一品。如由六部尚书中特简者仍带本职,为正一品。佐大学士理事,掌修实录、史志,充总裁官,经筵充领讲官,会试、殿试充考试官、读卷官等。

协标 清代为总督、巡抚、提督、总兵分守险要的副将的统称。

协拨 亦名协济。清代各省所贮税课,照皇帝或户部命令,拨交它省,称协拨。有的既协拨外省,又受外省协拨。其形式有两种:一是定时、定额经常性协拨;一是临时、非定额应急协拨。

协参领　军阶名。清光绪三十年(1904)定新陆军军官等级而置,为中等第三级,秩视都司,阶正四品,任管带官、参军官等。宣统元年(1909)修订,军官冠以某队(步队、马队)、军佐冠以某科(军医科、军需科)字样。

协都统　军阶名。清光绪三十年(1904)定新陆军军官等级而置,为上等第三级,秩视副将,阶从二品,任统领官。宣统元年(1909)修订,军佐冠以军医、制械等字样。

协尔帮　官名。清代西藏地方政府官员。隶噶伦,掌理刑名之事,置五品官二人。

协和报　杂志名。德国在华言论机关。清宣统二年九月四日(1910.10.6)在上海创刊。周刊。费希礼主编。设时论、军事、工业、商业、农业、学术、中外新闻等栏目。

协纪大夫　散官名。金代司天二十五阶官第八阶,从五品中。

协济户　元初北方户类之一。即协助全科户(科取全部赋税的户)承担赋税的人户。主要是漏籍(括户时未登记被查出的)、老弱、析居等缺少丁力产业难以全科之户,所纳税额为全科户的一半。至元十三年(1276)前后,入籍的协济户达十八万之多,约占北方户数的十分之一。二十六年,全部改为全科户。

协济钱粮　见"协拨"。

协军校　军阶名。清光绪三十年(1904)定新陆军军官等级而置,为次等第三级,秩视把总,阶正七品,任司书生、司号长等。宣统元年(1909)修订,军官冠以某队(步队、马队)、军佐冠以某科(军医科、军需科)字样。

协揆　清代协办大学士之俗称。

协理　见"总理"。

协理大臣　官名。清宣统三年(1911)四月设置,为责任内阁副首脑。协助总理大臣掌管内阁事务和全国行政,总理大臣如因事未能到阁,可代为主持阁事,处理公务。九月,省。

协理京营戎政　见"戎政府"。

协理事务前锋参领　官名。清代前锋营置,康熙三年(1664)定员左、右翼各一人,为前锋统领办事官,由统领于本翼前锋参领内选拟引见充补,掌章奏文移之事。设协理事务前锋侍卫,左、右翼各一人以佐其事。

协理事务侍卫班领　官名。清代侍卫处职官。顺治元年(1644)设,定员十二人,由上三旗内选拔。乾隆三十六年(1771)始定同一等侍卫,武职正三品。由领侍卫内大臣统领。掌章奏文移之事。

协理事务头等侍卫　官名。清代尚虞备用处职官。位管理大臣下。设一员,正三品。协助管理大臣掌日常章奏文移事务,并兼任粘竿长头等侍卫,掌翊卫扈从事。

协理事务翼长　官名。清火器营置,额设一人,正三品,总掌章奏文移事务。以内火器营翼长兼充。

协理事务章京　即"印房章京"。

协理事务总管　官名。清圆明园护军营置,额设二人,正三品,掌章奏文移事。由总统大臣于现任总管内拣选引见充补。

协理台吉　官名。清代于蒙、回各部置,为札萨克副职。康熙二十一年(1682)始设,每旗分别为二至四人。遇缺,由札萨克会同盟长于闲散王以下,台吉、塔布囊以上,遴选贤能奏补。

协领　官名。清代驻防八旗中级将官的专称。位在副都统下、佐领上。分专城协领和一般协领。专城协领(从三品)五人,专掌一城之事。一般协领一百五十一人,分布在各省将军、都统、副都统驻防之地,协理防务。

协律大夫　散官名。金代教坊二十五阶官第八阶,从五品下。元为十五阶官第五阶,从四品。

协律都尉　官名。西汉武帝置,李延年为之,佩二千石印绶,掌谱作新曲。寻省。三国魏复置,六品,隶太常,掌校定调和音律。西晋改协律校尉。

协律校尉　官名。东汉末,曹操于荆州得杜夔,因其能识旧乐章,以为协律都尉,非常设。西晋改名为协律校尉,属太常,掌举麾节乐,调和乐律,监试乐人典课。南朝均置。

协律郎　官名。北魏置,先为从五品,后为正八品。又有协律中郎,位其上,从四品下。北齐为太常寺属官,二人,八品上,掌监调律吕音乐。隋唐沿置。宋置一人,从八品,掌乐律,又负责指挥大祭祀及宴享时奏乐。辽南面官亦置。金同宋制。元置二人,隶太常寺或太常礼仪院。明初置二人,后增至五人,隶太常寺,正八品。清初沿置,乾隆七年(1742)改隶乐部。

协律中郎　见"协律郎"。

协守　官名。明代武职之一。为与主将同守一城者,一般指副总兵。间或指参将,如协守松潘东路左参将、协守松潘南路右参将,俱听分守松潘副总兵节制。

协台　清代副将之别称。

协堂道　官名。明代河南、浙江二省设,为所在省布政使、按察使两司佐官参政、参议、副使、佥事的分道之职,以其中一人担任。

协田　甲骨文作"劦田"。三人或三人以上的集体耕作。卜辞:"□□卜,㱿,贞:王大令众人曰:劦田,其受年?十一月。"行于商代,后为耦耕取代。

协统　官名。清光绪三十年(1904)定新军制,两标(团)为一协(旅),协置统领,亦称协统。

协尉　官名。即步军协尉。清代八旗步军营属官。乾隆十九年(1754)改步军副都尉置。定员满洲十人,蒙古八人,汉军八人,正四品。与"翼尉"等分辖八旗步军,以供京师守卫、巡警之事。

协乐郎　官名。金代教坊二十五阶官第十九阶,正八品下。元为十五阶官第十阶,正七品。明废。

协镇　清代对绿营副将之别称。

协正庶尹 明勋阶称号。从五品文官再考称职者授予。

协忠大夫 阶官名。北宋政和六年(1116)定武臣官阶五十三阶,为第六阶,正五品。

协忠郎 阶官名。北宋政和六年(1116)定武臣官阶五十三阶中第十八阶,从七品。

协州 隋唐羁縻州。隋开皇初置。属南宁州总管府。大业初省。唐武德元年(618)复置。治东安(今彝良县)。辖境相当今云南彝良县、大关县一带。属戎州都督府。天宝末地入南诏。

邪龙县 西汉置。治今云南巍山县北。属益州郡。东汉改属永昌郡。三国蜀汉改属云南郡。南朝梁废。《水经·叶榆河注》:"又东南径永昌邪龙县",即此。

邪米思干 即"撒麻耳干"。

挟书律 律名。惩治私人收藏禁书的法令。据《史记·秦始皇本纪》,秦始皇三十四年(前213)采纳丞相李斯建议,下令"非博士官所职,天下敢有藏《诗》、《书》、百家语者,悉诣守、尉杂烧之……。令下三十日不烧,黥为城旦。所不去者,医药、卜筮、种树之书。"又《汉书·惠帝纪》颜师古注引张晏曰:"秦律敢有挟书者族。"汉惠帝四年(前191)废除。

畬田 即"协田"。

斜谷道 在今陕西眉县西南,即褒斜道的斜谷一部分。东汉末刘焉据益州,使张鲁断斜谷阁道;蜀汉建兴中诸葛亮北伐,治斜谷邸阁;北魏正始中开斜谷旧道以达梁州,皆即此。五代后废。

斜谷监 ❶官署名。唐代将作监所统采伐木材的机构,置监、副监、丞各一人,监作四人。❷官名。唐代将作监所统斜谷监长官,置一人,正七品下,掌本监采伐木材之事。

斜卵 见"斜卯"。

斜卯 金女真部落姓氏。部人散居曷懒水、曷懒甸(今海兰河及其以南到朝鲜咸镜北道地)、木里门甸、徒门水(今图们江)等地,一部分西北迁到术吉水(今松花江下游一支流,在郭尔罗斯前旗东北)等地。宋人记录或误作"斜卵"。

斜也 即"完颜杲❶"。

斜织机 织机名。经面与水平机座成50—60度倾角的织机。至晚在战国时已出现,汉代已普遍使用。迄今为止发现的刻有斜织机的汉画像石共有九块,主要分布在山东、江苏及四川一带。采用脚踏提综开口,是中国织机发展史上一项重要发明,提高了生产效率。多用于平纹织物织制。

絜矩 儒家伦理思想。"絜"有持奉之义;"矩"即规范。在上者奉法不失,以身作则,就会产生不令而行的积极效果。《礼记·大学》:"上老老而民兴孝,上长长而民兴弟,上恤孤而民不倍(悖),是以君子有絜矩之道也。"通过上行下效、由近及远,以实现儒家的政治理想。

颉鼻叶护 唐时焉耆王*龙突骑支弟。亲唐,因与其兄有隙,贞观十八年(644)偕栗婆准等弟兄三人奔西州归唐。

颉苾达度设 即"真珠叶护可汗"。

颉跌利施大单于立功报国可汗 即"默啜可汗"。

颉跌利施可汗(?—691) 后突厥汗国创立者。即骨咄禄,姓阿史那氏。颉利可汗之疏属。调露元年(679)起应泥孰匐之乱。永淳元年(682)突厥兵败,匿总材山,收集亡散,渐至五千余人。唐军既退,建号颉跌利施可汗,以弟默啜为设,咄悉匐为叶护,阿史德元珍为谋主,乃北破九姓,东败契丹,复雄漠北。先建牙于黑沙,后徙于都斤山,《毗伽可汗碑》称其出征四十七次,身历二十战。垂拱三年(687)败唐将爨宝璧。此后连年西征,破阿史那斛瑟罗。天授二年(691)伐突骑施,战不利,阿史德元珍战死。旋卒。

颉利伐 见"俟利发"。

颉利俱利失薛沙多弥可汗(?—646) 简称多弥可汗。多弥亦作耽弥。薛延陀第二代可汗。名拔灼。夷男嫡子。唐贞观二年(628),太宗册立为四叶护可汗,统薛延陀西部。十九年,夷男死,杀其兄曳莽,自立为汗。发十万众渡河犯唐,深入夏州,为契苾何力所败,轻骑遁回。次年,太宗命江夏王李道宗统诸将分道出击,回纥自漠北响应,旋为回纥所杀。

颉利可汗(?—634) 东突厥可汗。启民可汗第三子。原称莫贺咄设,建牙五原以北。武德三年(620)嗣为大可汗,复妻隋义成公主,以始毕之子突利为小可汗,以杨政道为隋主。梁师都、刘黑闼、苑君璋等皆附其势,连年侵唐。七年召突利可汗联兵南下,秦王李世民率军拒之于豳州,纵反间于两可汗,叔侄猜忌,乃约和而返。九年八月,颉利复召突利合众南下,兵临渭水,太宗倾府库以约和,亲与盟之便桥,其军始退。他重用粟特胡,厚敛属部。同年(一作贞观元年)薛延陀、回纥等相率反,遣欲谷设、突利、阿史那社尔先后讨击,皆为所败。贞观三年(629)薛延陀夷男称汗于漠北,太宗遣使册立,约以合击突厥,并令李靖统诸将分道并出。四年,唐军出塞,颉利奔铁山,遣使谢罪。唐鸿胪卿唐俭持节安抚,李勣乘间进击,大破之。他单骑奔沙钵罗设苏尼失部。唐将张宝相追兵至,苏尼失不敢留,执献军前,东突厥亡。颉利至长安,太宗释之,授虢州刺史,辞不就;改授右卫大将军,赐园宅。卒赠归义王。

颉于迦斯 一作颉干迦斯。原音定为Ilügäsi,意为采邑主权者。唐时漠北回纥相。历事天亲、忠贞、奉诚三可汗。建中二年(781)代可汗接见唐之册立使。常领兵在外,与吐蕃相持。贞元七年(791)约唐将杨袭古谋复北庭,败绩。又南迁为乌介可汗之相。

携眷驻防兵 清代新疆驻防兵。向有驻防、换防之分。伊犁之锡伯、索伦达虎尔、察哈尔、厄鲁特四营;伊犁、乌鲁木齐、古城(今奇台)、巴里坤、吐鲁番之满营,均为携眷永驻。绿营为换防兵,然伊犁绿营屯兵后亦改为携眷永驻。参见"换防兵"。

跌跌 见"阿跌"。

跌跌骨咄禄 即"怀信可汗"。

鞋钱　五代杂税之一。敛自民间,供军队买鞋之用。

攜王奸命　攜王又称王子余臣、王子余,西周幽王之子。幽王原以申后所生之宜臼为太子,后废宜臼改立伯服。因幽王宠爱褒姒,举烽燧以戏弄诸侯,被犬戎攻杀,幽王、伯服俱死于戏(今陕西临潼东北),于是申侯、鲁侯、许文公立宜臼为王,是为平王。同时虢公翰又立王子余臣于攜(今陕西境内),称攜王,形成二王并立。周平王十一年(前760),晋文侯以攜王不是嫡子而诛杀。史称西周末二王并立为"攜王奸命"。

xiě

写发　吏名。元代官府中任抄写案牍等事的见习吏员。无俸禄。

写凤都督府　唐羁縻都督府名。龙朔元年(661)置于吐火罗境内罗烂城,故地在今阿富汗喀布尔西北巴米安。隶于安西都护府。约八世纪中叶后,因大食势力东进而废。

写礼庼遗著　别集名。清王颂蔚撰。凡文集二卷、诗集一卷、《古书经眼录》一卷、《读碑记》一卷。文集中有《论语正义补序》、《陆九芝内经难字音义序》、《魏□陵太守高植墓志证伪》、《与友人论志铭盖例书》、《与友人论撼龙经书》等论著及序、传、墓志铭。《古书经眼录》主要为王氏所经见宋元版本、特别是明代的稿本抄本,计收经书十种(包括目录、金石各一)、史书三种、子书十八种、集部十种,共四十一目。后附源流或版本考证。于古书珍本的著录,可资查考。《读碑记》计收三十八石,于史事、地理、制度、门望乃至释文、碑例、纠谬等皆有所考核,可补缀校碑之不足。

写算　见"格子算"。

写亦虎仙(?—1521)　明哈密回回都督。土鲁番占哈密时,与奄克孛剌、拜迭力米失在苦峪(今甘肃敦煌东北)辅哈密王治事。弘治十年(1497),入贡于明。十七年,与奄克孛剌从肃州还哈密辅陕巴。正德六年(1511),奉命送真帖木儿还土鲁番,与其王满速儿相勾结,复引他只丁据哈密。十一年,满速儿侵沙州、肃州,以内应系狱。寻减死,贪缘得侍武宗左右,授锦衣指挥。十六年武宗死,世宗嗣位,杀之。

写字　宦官名。明代内府二十四衙门各监、司、局及内府各供用库多有设置,无定员。

xiè

泄　夏王。芒之子。即位后曾加畎夷、白夷、赤夷、玄夷、风夷、阳夷之爵命(《古本竹书纪年》)。

泄归泥　三国时人。鲜卑族。父部落大人扶罗韩,为轲比能所杀,乃与部众悉属比能。魏黄初年间,率其部落逃归其叔父步度根。及步度根与比能和好,复属比能,相与侵扰并州。青龙元年(233),明帝遣骁骑将军秦朗征之,再叛比能,率其部众降。拜归义王,居并州如故。

泄钧　即"世钧"。

泄柳　战国时鲁国人。鲁穆公时,公仪休为相延揽贤者,与孔伋(子思)同受礼遇,参预国政,被尊为"子柳"。

泻铸　见"铸锊"。

契　一作偰、禼,或称玄王。商族始祖。子姓相传其母为有娀氏之女简狄,食玄鸟蛋受孕而生长大佐夏禹治水有功,被舜任命为掌管教化的司徒封于商(今河南商丘)。一说居于蕃(今山东滕州)。

洩冶(?—前600)　春秋时陈国大夫。陈灵公十四年(前600),灵公与大夫孔宁、仪行父皆和夏姬有奸,三人着夏姬内衣,戏于朝中。他以"公卿宣淫,民无效焉"以谏灵公,灵公告知孔宁、仪行父,遂被杀。

禼　即"契(xiè)"。

偰　即"契(xiè)"。

谢　❶西周时申国都邑。今河南南阳县北《诗·大雅·崧高》:"亹亹申伯,王缵之事,于邑于谢,南国是式";"王命申伯,式是南邦,因是谢人,以作尔庸";"申伯番番,既入于谢,徒御啴啴",皆即此❷贵霜王朝副王名。或以为系 sāhi(意指王)之音译。据《后汉书·班超传》,和帝永元二年(90),贵霜因求尚汉公主不得,遣谢将兵七万攻班超。然因抄略无所得,赴龟兹求援的使者又为超伏兵杀尽,乃请罪,超纵遣之。贵霜从此慑服,岁奉贡献。

谢阿蛮　唐京兆新丰(今陕西临潼)人。玄宗时女伶,善舞玄宗所制《凌波曲》。常入宫中,杨贵妃待之甚厚,赠以金粟装臂环,亦来往于杨国忠及贵妃姊妹宅。安史之乱平定后,玄宗至华清宫,复召之来舞罢,阿蛮出臂环,玄宗视之流涕(《明皇杂录》)。

谢艾(?—354)　十六国时人。仕前凉主张重华,为主簿。后赵石虎遣王擢、麻秋来攻,重华任之为中坚将军,大破赵军,封福禄伯。又俘斩赵军万余,迁左长史,封福禄县侯。后又为使持节、都督征讨诸军事、行卫将军,再败赵军。遭谮,出为酒泉太守。重华病重,手令征其辅政。张祚篡立,被杀。著有《谢艾集》,已佚。

谢安(320—385)　东晋梁国阳夏(今河南太康)人,字安石。北方高门。永嘉之乱南渡。少有盛名,深得司徒王导器重,屡辟不就,寓居会稽(今浙江绍兴),与王羲之、僧人支遁交往,常游乐于东山(今浙江上虞西南)。升平四年(360),始仕为征西大将军桓温司马。温谋篡夺,每调协之,晋室赖以偏安。宁康元年(373),为尚书仆射,领吏部,加后将军。温死,为中书监、录尚书事。太元八年(383),前秦苻坚出兵,号称百万,大举南下,京师震恐。他受命为征讨大都督,沉着镇定,遣弟石、兄子玄应机征讨,于淝水大败之。及捷报送至,正对客围棋,阅毕,置书于床,对弈如故。客问之,徐答云:"小儿辈遂已破贼。"既罢还内,过门槛,喜甚,不觉屐齿之折。以功进拜太保。淝水大捷后,更命玄等乘胜北伐。克洛阳及徐、兖、青、豫。因会稽王司马道子专权猜忌,被排挤出镇广陵步丘(今江苏扬州北)。后回京卒。有《谢集》,已佚。

谢翱(1249—1295) 南宋浦城(今属福建)人,字羽,晚号宋累,又号晞发子。德祐二年(1276),元南下,丞相文天祥渡海至福建,传檄勤王。遂率乡数百人投之,任咨议参军。景炎二年(1277),文天兵败被俘,他脱身潜伏民间。宋亡后,流亡浙东,居山阴王修竹家。元僧人杨琏真伽发掘宋陵,他友人唐珏(一作钰)等密收诸陵遗骨,葬于兰亭附,种冬青树为记,有《冬青引别玉潜(唐钰字)》一诗其事。后至浦江,与方凤、吴思齐等结月泉吟社。过富春江,登严子陵钓台,祭奠文天祥,有《登西台恸哭记》传世。其诗风格沉郁,作品多寄寓对宋室沦亡的悲痛。著有《晞发集》,编有《天地间集》。

谢泌(950—1012) 北宋歙州歙县(今属安徽)人,字宗源。太平兴国进士。历直史馆、左正言、左司谏、侍御史知杂事、三司度支副使,知湖、虢二州。曾请依唐制分图书为经、史、子、集四库,由直史馆分典四部,改变朝廷藏书的紊乱状况。又请将群臣所奏,凡政事送中书,兵事送枢密,金、谷送三司,须复奏后方得施行,以杜绝弊端。在朝敢言,颇为太宗采纳。真宗初,上疏论契丹事,主张屈己以求安宁。历知同、福、荆南、襄等州府,迁右谏议大夫,判吏部流内铨。

谢陛 明歙县(今属安徽)人,字少连。著有《季汉书》。

谢表 文书名。宋制,帅臣、监司初次到任、升迁以及朝廷有所宣赐,皆上谢表。监司、知州以上官员致仕、责降,亦许上表谢恩。《庆元条法事类》载有谢表式。采用四六句文体。

谢察微算经 书名。又称《发蒙算经》。北宋谢察微著。三卷。今存不足一卷。讲述算术中用字包括大、小数名,度量衡单位名,九章名义及一般算术名词)的例义。载于《说郛》。

谢朝恩(?—1842) 清四川华阳(今成都)人。行伍出身。道光十四年(1834)擢狼山镇总兵。鸦片战争爆发后,从伊里布防镇海,充翼长。二十二年八月裕谦令守金鸡岭,力战御敌。英军大举攻镇海,他力扼炮台,中炮堕海殉难。

谢沈(293—344) 一作谢沉。晋会稽山阴(今浙江绍兴)人,字行思(一作静思)。少孤,事母至孝。博学多识,明达经史。康帝时历仕太学博士、尚书度支郎、著作郎。著有《后汉书》、《晋书》、《汉书外传》等。

谢成(?—1394) 明濠州(今安徽凤阳)人。元末参加朱元璋起义军,历官总管、指挥佥事、都督佥事等。洪武十二年(1379)封永平侯。二十七年以事被杀。

谢承 三国吴会稽山阴(今浙江绍兴)人,字伟平。历仕五官郎中、长沙东部都尉、武陵太守。著有《后汉书》、《会稽先贤传》。

谢道韫 东晋梁国阳夏(今河南太康)人,名韬。谢安侄女。聪明有文才。安尝与儿女讲论文义,降雪,因问:"白雪纷纷何所似?"对曰:"柳絮因风起",安大笑乐,世称"咏絮才"。为王凝之妻。孙恩起义,凝之及诸子被杀。寡居。著诗赋诔颂,原有集,已失传。

谢端(1279—1340) 元遂宁(今属四川)人,字敬德。居江陵。延祐进士。授承信郎、同知湘阴州事,有政绩。岁满,入为国子博士,迁太常博士,因事坐罢。不久,除翰林修撰,升待制,选为国子司业,遂为翰林直学士。文章严谨有法,至顺、元统以来元廷册文多出其手,并预修文宗、明宗、宁宗三朝实录及累朝功臣列传。

谢谔(1121—1194) 南宋临江军新喻(今江西新余)人,字昌国,人称艮斋先生。幼敏惠,日记千言,为文立成。绍兴进士。摄抚州乐安尉,有治办声。改吉州录事参军,知袁州分宜县。未几,擢监察御史,奏上义役法一书,诏行其法于诸路,民以为便。迁侍御史、右谏议大夫兼侍讲。光宗即位,献十箴;又论当节宴饮,节妄费;近执政大臣,近旧学名儒,近经筵列职。除御史中丞,权工部尚书。请祠,提举太平兴国宫而归。著有《艮斋集》。

谢恩银 北宋新及第进士和诸科举人诣阁门向皇帝谢恩,须纳银一百两(一作三百两),称谢恩银。熙宁六年(1073),始免。

谢方叔(?—1272) 南宋威州(治今四川汶川西北)人,字德方。嘉定进士。历任监察御史、殿中侍御史、刑部侍郎。曾上书详论忠奸之别,请宁宗用忠臣、斥奸臣,又请行限田法。淳祐十一年(1251),为左丞相兼枢密使。曾以其子侄之言,于理宗前谗诬余玠。宝祐三年(1255),被宦官卢允升、董宋臣所恶,罢相。度宗即位,献琴、鹤、金丹,欲求复用,为贾似道所阻。

谢枋得(1226—1289) 南宋信州弋阳(今属江西)人,字君直,号叠山。宝祐四年(1256)与文天祥同举进士。除抚州司户参军,即弃去。吴潜宣抚江东西时,他聚众万余守信州。五年为建康考官,出题以贾似道政事为问,暗讥时事,忤似道。谪居兴国军。咸淳三年(1267)赦归。后以江东提刑、江西招谕使知信州,力拒元将吕师夔的围攻。信州失陷后入建宁唐石山,变姓名,已而卖卜建阳市。宋亡,居闽中。至元二十三年(1286)为程文海所荐,辞不起。福建行省参政魏天祐强之北行,至大都,不食而死。有《崇真院绝粒》诗明其志。门人私谥文节。有《叠山集》。

谢朏(441—507) 南朝陈郡阳夏(今河南太康)人,字敬冲。谢弘微孙。幼聪慧。起家抚军法曹行参军,为卫将军袁粲长史。萧道成进太尉,亦以之为长史。道成与共论魏晋禅代事,竟不苟同,因迁侍中。及齐受禅,侍中当解玺,则佯作不知,诏免官禁锢五年。永明中,为义兴太守,历中书令。梁武帝即位,屡诏征之为侍中、司徒、中书监等官,均不就。后经遣谒者敦授,始拜受。所著书及文章,并行于世。

谢夫人(?—299) 西晋人,名玖。父屠羊为业。选入后宫为才人。及有娠,贾后妒之,乃求还西宫,生愍怀太子,年三四岁,惠帝仍不知。太子立,拜为淑媛。贾后既害愍怀,因亦杀之。

谢躬(?—24) 新莽末南阳(治今河南南阳)人,字子张。参加绿林起义军。更始政权建立后任尚书仆射。更始二年(24)受命与刘秀会兵击王郎,定邯郸,还屯于邺。旋为刘秀部将吴汉袭杀。

谢贵(?—1399) 明初人。洪武时历官锦衣指挥佥事、河南卫指挥佥事。建文初,为北平都指挥使,得帝密令,监视燕王,至燕王称病不出,知其有变,乃部署九门守卫以防燕。建文元年(1399)七月,为燕王诱入王府擒杀。

谢赫 南朝齐人。善丹青。著《古画品录》,论绘画六法:气韵、骨法、应物、随类、经营、传移,为绘画理论之经典。据六法定画家陆探微等二十七人品第。画作有《晋明帝步辇图》、《安期先生图》等。

谢弘微(392—433) 南朝宋陈郡阳夏(今河南太康)人,本名密。晋末袭封建昌县侯,起家员外散骑侍郎。宋初,为宜都王刘义隆文学。元嘉中,除黄门侍郎,迁尚书吏部郎,参预机密。后转右卫将军、侍中、太子右卫率。因畏忌权宠,每有奏事必手书焚稿,人莫能知。梁沈约称之为简而不失,淡而不流。有集,今佚。

谢洪赉(1873—1916) 清浙江山阴(今绍兴)人。喜好算学天文。曾在苏州博习书院讲授西方数学。授课期间,与美国传教士潘慎文(Alvin Pierson Parker,1850—1924)翻译美国数学家罗密士(Elias Loomis,1811—1889)关于解析几何和三角学方面的著作《代形合参》和《八线备旨》。光绪三十年(1904)至三十四年翻译美国中学的“最新”课本(指按新教学思想所编教材),如《代数学》、《几何学》、《三角术》等,由商务印书馆出版后颇具影响。主张数学应学以致用。著有《用器透视学》。

谢环 明浙江永嘉人,字廷循。工诗文。善绘山水,宗荆浩、关仝。永乐中召至北京。宣德时受帝宠遇,侍奉内廷,以充绘画顾问。授锦衣卫千户,不久升指挥。有《杏园雅集图》、《宣圣事迹图》等。

谢皇后(1210—1283) 南宋台州临海(今属浙江)人,名道清。谢深甫孙女、理宗皇后。绍定三年(1230)九月,进贵妃,十二月,册为皇后。开庆初,蒙古兵渡江,理宗议迁都,后谏乃止。度宗立,尊为皇太后。恭帝即位,尊为太皇太后,垂帘听政。时元军大举进攻,贾似道丧师,朝臣请正其罪,她曲容之,止削其官。后不得已而贬之。德祐二年(1276)正月,元军逼近临安,她遣使上传国玺降。八月,被迁至燕,降封寿春郡夫人。

谢晦(390—426) 南朝宋陈郡阳夏(今河南太康)人,字宣明。初为晋建武府中兵参军。太尉刘裕命为参军。因善断刑狱,署刑狱贼曹。转豫州治中从事。义熙九年(413),行土断,分判扬、豫民户,以平允见称。入为太尉主簿。从征关中,委以内外要任。入宋,为右卫将军,加侍中。官至领军将军,入直殿省,总统宿卫。少帝即位,加领中书令,与司空徐羡之等辅政。景平二年(424),与羡之、傅亮废杀少帝,出为荆州刺史。元嘉三年(426),文帝追究废弑罪,杀羡之等,又遣军讨晦。乃抗表起兵,进军巴陵(今湖南岳阳),为檀道济等联军所执,槛送建康,杀之。

谢惠连(407—433) 南朝宋陈郡阳夏(今河南太康)人。幼有才思,为族兄灵运所重。坐居父丧作诗赠人而不得入仕。元嘉七年(430),方为彭城王义康法曹行参军。卒于任。诗赋甚美,与灵运并称“大小谢”。有集,已散佚。明人辑有《谢法曹集》。

谢混(?—412) 东晋梁国阳夏(今河南太康)人,字叔源,小字益寿。谢琰子。善属文。好歌乐。孝武帝妻以公主。袭父爵建昌侯。历中书令、中领军、尚书仆射。与冠军将军刘毅相结纳。义熙八年(412)刘裕伐毅时,以毅党被诛。著作有《谢混集》,已佚。

谢伋 宋蔡州上蔡(今属河南)人,字景思。参政谢克家子。往来青城,毁容败服,助其父奉国玺走宋州。为高宗所知,以为祠曹郎,兼太常少卿。遭秦桧之厄,摈落二十年,始稍外迁而死。著有《四六谈麈》,主张四六文应着眼于命意遣词。其议论亦多切中时弊。另有《药寮丛稿》二十卷,叶适为之作序,今佚。

谢济世(1689—1756) 清广西全州人,字石霖,号梅庄。康熙进士,官检讨。雍正四年(1726),改任浙江道监察御史,旋参奏河南巡抚田文镜营私负国、贪虐不法十条,为世宗疑受直隶总督李绂指使,结成“科甲朋党”,被革职,发往阿尔泰军前效力赎罪。七年,又被振武将军锡保告发在军中批注《大学》,诽谤程朱,讥刺时政,论死,得宽免。乾隆初,授湖南粮道,复为巡抚许容诬陷解任。后得昭雪,改驿盐道。著作有《谢梅庄先生遗集》。

谢家禾 清浙江钱塘(今杭州)人,字和甫,一字谷堂。曾中举人。与同里戴熙、戴煦交往甚密。少小即嗜好算学,常与戴煦共同讨论。熟读《数理精蕴》及元初诸家算书,精研天元术与四元术,积平日读书所得,撰成《演元要义》、《弧田问率》、《直积回求》,道光十七年(1837)由戴熙以《谢谷堂算学三种》为书名付梓行世。

谢家山人自订年谱 书名。清唐莹撰,唐汝琛续。谱主为安徽当涂人,道光举人,历主敬亭、中江、潜江、庐阳等书院,后在湖北办理牙厘税务,同治九年(1870)奉派入安徽通志局,光绪四年(1878)任怀宁县教谕。是谱起嘉庆十八年(1813),迄光绪十年。以记科试、榷税、修志为主,另涉家事和学术等事。有光绪十年安庆刻本。

谢绛(994或995—1039) 北宋杭州富阳(今属浙江)人,字希深。大中祥符进士。真宗朝历知汝阳县、同判太常礼院等。仁宗朝历任州、府通判及知制诰、判吏部流内铨等。数言朝廷政令屡更,政出多门,宫廷侈靡,赐予无度等弊病。后出知邓州。以文学知名,所至建学舍,兴儒学,曾参与修真宗朝国史。

谢景 三国时南阳宛县(治今河南南阳)人,字叔发。黄龙元年(229),吴立孙登为皇太子,以之为宾客。登使侍中胡综作《宾友目》,称之“凝辩宏达,言能释结，而羊衜则谓之辩而浮”。曾于上大将军陆逊前称颂同郡刘廙所著《先刑后礼论》。逊斥之，以为礼长于刑，侍太子宜遵仁义以彰德音。后为豫章太守，在郡有治迹。赤乌四年(241)，登死，弃官赴丧，孙权不加罪，听复本职，数年卒于官。

谢景初(1020—1084) 北宋杭州富阳(今属浙江)人，字师厚，号今是翁。谢绛子。庆历进士。以荫为太庙斋郎。知余姚县，禁民私自煮盐以增税课，又筑海塘御潮。后通判汾州，疏奏浙东和籴之弊。通判海州时，废毁淫祠三百余所，历湖北转运判官、成都府路提点刑狱。熙宁初，上疏反对青苗、免役等法，被劾免。

谢康乐 即“谢灵运”。

谢鲲(281—324) 晋梁国阳夏(今河南太康)人，字幼舆。好《老》、《易》，能歌，善鼓琴，与阮咸、王澄等交游，任达不拘。东海王越辟为掾，转参军事，辞以疾，避地豫章。左将军王敦引为长史，以讨杜弢功封咸亭侯。知敦将叛逆，屡议事忤之。敦既不能用，出为豫章太守，又留不遣。敦平，使之郡，卒于官。著作有《谢鲲集》，已佚。

谢览 南朝梁陈郡阳夏(今河南太康)人，字景涤。尚齐钱塘公主。起家秘书郎。历侍中、吏部尚书。梁天监十二年(513)，出为吴兴太守。在郡力纠豪强专横，肃清境内劫掠，以廉洁见称。卒于官，年三十七。

谢良牧(1884—1931) 广东嘉应州(今梅州)人，字叔野。早年留学日本，结识黄兴。清光绪三十一年(1905)参与组织同盟会，任会计部长，又赴南洋各地筹建分部。三十三年参加潮州黄冈之役。武昌起义后，力排众议，说服曾顽抗革命的清广东水师提督李准反正，促进广东光复。民国成立后被选为参议院议员。1917年参加护法运动。1922年陈炯明叛变，任中路讨贼军总司令，号召讨陈。1924年国民党改组时，当选为中央临时执行委员。孙中山逝世后，游离政事。

谢良佐(1050—1103) 北宋寿春上蔡(今属河南)人，字显道，世称上蔡先生。师事程颢、程颐，与游酢、吕大临、杨时并称程门四大弟子。元丰进士。历仕州县。徽宗建中靖国初，官京师，因召对忤旨，贬监西京竹木场，又因坐口语系诏狱，废为民。作《论语说》，以禅学解《论语》，谓只有扫除人欲，使“本真”之心恢复原貌，方可体圣人之言。强调“天理与人欲相对”，认为“有一分人欲，即灭却一分天理；有一分天理，即胜一分人欲”(《宋元学案》卷二十四)。继承二程“格物致知”论，认为“格物”即是穷理，穷理而后知至。故主张“穷其大者”，“然后能为天下之所为”。开朱熹“穷理”说之先河。门人有朱震等。著有《上蔡先生语录》。

谢麟(?—1094) 北宋建州瓯宁(今福建建瓯)人，字应之。嘉祐进士。为石首县令，时江水为患，率民叠石障堤，称为“谢公堤”。熙宁七年(1074)，自通判辰州迁知沅州兼沿边溪洞都巡检使，置博买务以平物价。此后近二十年，除短暂知泾、渭等州及江宁、凤翔府外，长期任沅州、潭州知州兼荆湖南路安抚使等职。

谢灵运(385—433) 南朝宋陈郡阳夏(今河南太康)人，小名客儿。晋散骑常侍谢玄孙。晋末袭封康乐公。世称谢康乐。少好学，有盛名，初为晋琅邪王大司马行参军。义熙中，为刘裕相国从事中郎、太子左卫率。坐辄杀门生免官。宋初复起用。自以未参机要，常怀愤慨。少帝时，因非毁朝政，出为永嘉太守。在郡浪游山水，不久称疾去职。移家会稽，营修别业，作《山居赋》并自注。又著《辨宗论》，申道生顿悟之义。元嘉中，召为秘书监，使整理秘阁书，选四部目录六万余卷。寻迁侍中，坐日夜游宴免官。东还，与族弟惠连及何长瑜、荀雍、羊璿之等以文章赏会，时谓“四友”。尝率数百人自始宁南山伐木开道，直至临海。后为临川内史，以谋叛罪徙广州，旋被杀。卓有文才，其诗多写江南风光，创山水诗派。与颜延之齐名，并称“颜谢”。著有《游名山志》及文集，明人辑有《谢康乐集》。

谢禄(?—27) 新莽末东海(治今山东郯城北)人，字子奇。天凤五年(18)，与徐宣等响应樊崇起义，合数万人。更始二年(24)，与宣等率所部由陆浑关(今河南嵩县东北)进兵关中。旋与樊崇等会师弘农(今河南灵宝北)，进至华阴，拥立刘盆子为帝，任右大司马。赤眉军攻入长安，奉命受更始请降。后令部下缢杀更始。建武三年(27)，与樊崇、刘盆子等归降光武帝。旋为刘盆子之兄刘恭所杀。

谢邈(?—399) 东晋梁国阳夏(今河南太康)人，字茂度。谢安侄。累迁侍中，为孝武帝近臣。后出为吴兴太守。隆安三年(399)，为孙恩部将执杀。

谢沐县 西汉置。治今湖南江永县西南谢沐乡。属苍梧郡。三国吴以后属临贺郡(南朝宋曾改临庆郡)。隋开皇九年(589)并入永阳县。汉时有关，今名龙虎关，为通岭南要道。

谢启昆(1737—1802) 清江西南康人，字蕴山，号苏潭。少以文学名，尤善为诗。乾隆进士。官至广西巡抚。主修《广西通志》，发凡起例，多所创新，在旧志中称为佳作。尝病魏收《魏书》失当，乃作《西魏书》二十四卷。又作《小学考》，以广朱彝尊《经义考》之所未及，故初名《广经义考》。尚著有《树经堂文集》、《树经堂遗文》。

谢迁(1449—1531) 明浙江余姚人，字于乔，号木斋。成化进士。授修撰，迁左庶子。弘治元年(1488)进少詹事兼侍讲学士。八年入阁参预机务，寻加太子少保、兵部尚书兼东阁大学士。与刘健、李东阳同心辅政，以秉节直亮为天下所称。正德元年(1506)因请诛刘瑾不纳，遂与健同致仕。不久削籍。嘉靖六年(1527)复入阁数月，以老告归。卒谥文正。著有《归田稿》。

谢清高(1765—1821) 清广东嘉应(今梅州)人。生于贫苦农民之家，往来于广东内地与海南岛之间贩卖货物。十八岁时赴海外航行，遇台风落水，幸被外轮救起，自此在外轮上工作达十四年。期间到过南洋群岛、印度洋沿岸各地、欧洲各地、美洲、非洲西海岸,获得丰富的外国地理知识。三十一岁时因双目失明定居澳门,以通译(即口译)为生。后在同乡友人协助下写成《海录》三卷,记其周游各地所见。

谢让(1252—1317) 元许州(今河南许昌)人,字仲和。世祖时,为河间等路都转运盐司经历,升南台御史。成宗时,任陕西行御史台都事、监察御史。出任湖广行省左右司郎中。至大三年(1310)任户部尚书。次年改刑部尚书。仁宗时,六部事疑不决者,皆参预共议。精律学,中书省纂修典章,为校正官。任陕西行省参知政事,拜侍御史。

谢桑肥 夏伐后给桑树追施之速效肥。《沈氏农书·运田地法》:"剪桑毕,再浇人粪,谓之谢桑。浇一钱,多一钱之叶,毫不亏本,落得桑好。"又说:"谢桑尤是紧要功夫,切不可因循。"除冬肥(古人叫"腊肥")外,夏伐肥为全年又一次关键性施肥。

谢上蔡 即"谢良佐"。

谢尚(308—357) 晋梁国阳夏(今河南太康)人,小名坚石,又名阿大,字仁祖。谢鲲子。袭父爵咸亭侯。善音乐,博综众艺,司徒王导深器之,辟为掾。出为建武将军、历阳太守。庾冰卒,代之领江州刺史,俄转豫州刺史,镇历阳(治今安徽和县)。及中原大乱,永和八年(352)中军将军殷浩请北伐,以之为安西将军,进屯寿春(今安徽寿县)。以不能抚慰降将张遇,致遇据许昌(今属河南)复叛。时所部督护戴施自枋头(今河南浚县西)入邺(今河北临漳西南),于冉闵子智部将蒋干处得传国玺,乃遣振武将军迎之送还京师。旋以讨张遇,兵败降官。后拜尚书仆射,仍镇历阳。十一年进镇西将军,镇寿春。于是集乐人,制石磬,以备太乐,江表有钟石之乐,自此始。升平初,征为卫将军,未至,卒于历阳。

谢深甫 南宋台州临海(今属浙江)人,字子肃。少颖悟,刻志为学。乾道进士,调嵊县尉。历任青田知县、大理丞。光宗即位,为贺金国生辰使,除右正言、给事中,反对韩侂胄破格转官,杜绝侥幸。宁宗即位,知建康府,改御史中丞兼侍读,除签书枢密院事。庆元二年(1196)迁参知政事,五年拜右丞相,封鲁国公。时人曾上书乞斩朱熹,绝道学。他斥为狂妄。后因孙女为理宗皇后,追封信王。

谢升(陞)(? —1645) 明山东德州人,字伊晋,号青墩。万历进士。授知县,历官太常少卿、吏部侍郎等。崇祯七年(1634)附温体仁,擢吏部尚书。十三年改礼部尚书兼东阁大学士,预机务。十五年,因泄漏与清和议事,罢归。后降清,官至建极殿大学士兼吏部尚书,病死。

谢石(327—389) 东晋梁国阳夏(今河南太康)人,字石奴。谢安弟。初拜秘书郎,迁尚书仆射。太元八年(383),为征虏将军、征讨大都督,与侄玄、琰等率兵八万击败前秦号称百万之众于淝水。以功迁中军将军、尚书令,改封南康郡公。时学校废弛,上疏请兴复国学,普修乡校,为孝武帝采纳。无才望,借门第屡登崇显,自恃安弟兼有大勋,聚敛无厌,取讥当世。

谢荪 清江苏溧水人,字缃西,一字天令。寓江宁。善画,尤擅花卉,与龚贤、樊圻齐名,为"金陵八家"之一。作品流传甚少。

谢塘 水塘名。在唐江南道润州金坛(今属江苏)东南三十里。有南、北谢塘。武德二年(619)刺史谢元超因隋废塘重置,溉田千顷。

谢朓(464—499) 南朝齐陈郡阳夏(今河南太康)人,字玄晖。少好学,文章清丽。起家豫章王太尉行参军。永明时,为竟陵王八友之一。郁林王隆昌初,以中书郎一度出为宣城太守。明帝建武年间,又曾出为南东海太守,行南徐州事。永泰初因告岳父王敬则谋反,迁尚书吏部郎。永元元年(499),以泄露江祏兄弟欲立始安王萧遥光事,为祏构罪被害。长于五言诗,与谢灵运并称"二谢"。与沈约等创永明诗体。有集已佚。后人辑有《谢宣城集》。

谢万(320—361) 东晋梁国阳夏(今河南太康)人,字万石。谢安弟。工言论,善属文。司马昱为相,辟为抚军从事中郎。历吴兴太守,迁豫州刺史、西中郎将,监司、豫、冀、并四州军事。升平三年(359)北伐,在军中矜豪傲物,啸吟自高,不能抚众。军入涡、颍,援洛阳,时北中郎将郗昙因病退彭城(今江苏徐州),遂误以为因燕军强盛而退,即引兵还,众皆溃散,狼狈独归。免为庶人。曾著《八贤论》,其旨以隐逸者为优,出仕者为劣。已佚。

谢吴 吴一作昊。南朝梁人。梁元帝时为中书郎。著《梁书》一百卷、《梁皇帝实录》五卷。另有《物始》十卷、《皇帝菩萨清净大拾记》三卷等。萧韶撰《太清纪》,议论多为吴辞。

谢嚣 西汉末年人。王莽秉政时为前辉光。元始五年(5)平帝死,奏言武功长孟通浚井得白石,上有丹书。文曰:"告安汉公莽为皇帝。"符命之起由此始。太保王舜等即共奏请太后下诏,令王莽居摄践祚,称"摄皇帝"。

谢玄(343—388) 东晋梁国阳夏(今河南太康)人,字幼度,小字遏。谢安侄。少颖悟,有经国才略,为安器重。大司马桓温辟为掾,时前秦强盛,求良将镇御北方,安不避嫌举亲,荐之为建武将军、兖州刺史,领广陵相、监江北诸军事。击败苻坚将句难于君川,进号冠军,加领徐州,封东兴县侯。召募劲勇,战无不捷,号"北府兵"。太元八年(383),为前锋都督徐、兖、青等州诸军事,与叔父谢石等,率精锐八万,与坚战于淝水,大胜(详见"淝水之战")。加都督徐、兖、青、司、冀、幽、并七州军事,封康乐县公。还镇淮阴。遇疾,上疏解职。转授散骑常侍、左将军、会稽内史。卒于官。

谢琰(? —400) 东晋梁国阳夏(今河南太康)人,字瑗度,小字末婢。谢安少子。初拜著作郎,历秘书丞、散骑常侍、侍中等职。淝水之战,为辅国将军,帅精兵八千,与从兄玄,大破前秦军,以功封望蔡公。后为尚书仆射、右将军、徐州刺史。隆安三年(399),加督吴兴、义兴二郡军事讨孙恩,恩败入海岛。朝廷忧恩复至,以之为会稽内史,都督浙东五郡军事。四年,恩复出浃口(今浙江宁波东北),入余姚今浙江余姚西),破上虞(今属浙江),至会稽(治今浙江绍兴),因骄不为备,出战被杀。

谢衣钵 见“传衣钵”。

谢奕(?—358) 东晋梁国阳夏(今河南太康)人,字无奕。谢安兄。初为太尉掾,出为剡令。与征西大将军桓温善,温辟为安西司马,后迁尚书,出为都督豫、司、冀、并四州军事,安西将军,豫州刺史,假节。性粗狂,好饮酒。卒于官。

谢逸(?—1113) 北宋抚州临川(今属江西)人,字无逸,自号溪堂。博学,工文辞,屡举进士不第,以诗文自娱,见赏于黄庭坚。与弟谢薖并称“二谢”。曾作蝴蝶诗三百余首,人称“谢蝴蝶”。远宗《花间》,近师晏、欧,兼浓艳柔婉与轻倩飘逸之长。有《溪堂集》、《溪堂词》。

谢应芳(1295—1392) 元武进(今属江苏)人,字子兰,号龟巢。以授徒讲学为业,江浙行省举为清献书院山长,辞不就。至正初,隐居白鹤溪,构室名龟巢,因以为号。元末兵起,避地吴中。明洪武四年(1371)返乡。著《辨惑编》,批判佛道方术和世俗迷信。有诗文集《龟巢稿》。学者谥为文青先生。

谢允樟 明人。嘉靖、隆庆时农民起义首领。嘉靖时占据江西龙南高沙保。隆庆初攻克龙南下历。后降于赣州知府黄扆。

谢瞻(387—421) 南朝宋陈郡阳夏(今河南太康)人,一名檐,字宣远、通远。谢晦兄。六岁能文。初为晋安西将军桓伟参军、楚台秘书郎。义熙中,为刘裕相国从事中郎。弟晦时为宋台右卫,势倾朝野,惧祸至,自请降黜。宋初,出为豫章太守。遇疾卒于建康(今江苏南京)。善为文章,辞采之美与族叔混、族弟灵运相抗。有集三卷,已佚。

谢肇淛 明福建长乐人,字在杭,一字武林。万历进士,授湖州推官。累迁工部郎中,治黄河,作《北河纪略》,详载河流源委及历代治河利病,为谈河工者所推崇。历云南参政、广西右布政使。善诗,为闽派著名诗人之一;有《下菰集》、《鋆江集》、《居东集》,于学无阶不窥,笔记《五杂俎》记掌故风物。另有《吴兴支乘》、《百粤风土记》、《游宴集》、《小草斋集》等。

谢榛(1495—1575) 明山东临清人,字茂秦,号四溟山人、脱屣山人。青年时与李攀龙、王世贞等结诗社,倡文学复古运动,为*后七子之一。因倔强自傲,被斥。万历元年(1573)游彰德及秦、晋诸王府,声名日著。晚年再游河北,至大名卒。有《四溟山人集》、《四溟诗集》、《诗家直说》等。

谢志珊(?—1517) 一作谢志山。明江西上犹横水寨人。畲族。正德十一年(1516),与蓝天凤(一作廷凤)领导江西赣州等地畲、汉两族人民,联合苗、瑶、壮等族起义群众进行抗明斗争。声威播及闽、粤、赣、湖广等省,并曾建立政权,号征南王。十二年冬,明军连陷起义军据点,在桶冈失守时被杀。

谢仲温(1223—1302) 元丰州(今内蒙古呼和浩特东)人,字君玉。太原路金银铁冶达鲁花赤谢睦欢子。忽必烈宿卫。宪宗六年(1256),以工部提领督建上都城。后从忽必烈攻宋鄂州。中统元年(1260),任平阳、太原两路宣抚使。至元间,为顺德路总管、湖南宣慰使等职。

谢庄(421—466) 南朝宋陈郡阳夏(今河南太康)人,字希逸。谢弘微子。初为后将军、始兴王刘濬法曹行参军。太子刘劭杀父自立,任为司徒左长史。武陵王刘骏举兵讨刘劭,密写檄书与之,令改作宣布于京邑。骏即帝位后,三任吏部尚书。明帝时,迁中书令,卒于官。曾制“木方丈图”,可分可合,使“离之则州别郡殊,合之则宇内为一”,为中国最早的木刻地形图。善诗文,有集九卷,已散佚。明人辑有《谢光禄集》。

谢子 一作祁射子。战国关东人。学墨子之术。曾西行游说秦惠王。因秦之墨者唐姑果进谗而未被用,遂辞行(《吕氏春秋·去宥》)。

谢缵泰(1872—1938) 广东开平人,字圣安,号康如。澳洲华商之子。早年入洪门。清光绪十三年(1887)归香港,肄业于皇仁书院。十八年与杨衢云等创设辅仁文社。二十一年加入兴中会,参与策划广州起义,负责对外交涉。曾绘《东亚时局形势图》,以警国人。二十八年复与洪全福等谋举事于广州,未成。次年参加创办南华早报有限公司,被委为买办。后任《南华早报》编辑。著有《中华民国革命秘史》。

觟冠 楚国冠名。《太平御览·服章部一·总叙冠》引《淮南子》曰:“楚庄王好觟冠。楚国效之也。”觟,音同獬,觟冠当即是解冠。

解 地名。(1)春秋周畿内邑。有大、小二解:大解在今河南洛阳市南;小解在今洛阳市西南。《左传》昭公二十二年(前520):“王师军于圃,于解。”杜预注:“洛阳西南有大解、小解。”(2)战国魏邑。即春秋晋解梁邑。在今山西临猗县临晋东南。《资治通鉴》:周赧王二十一年(前294),“秦败魏师于解”,即此。西汉置县。

解诚(?—1293) 元易州定兴(今属河北)人。善水战。宪宗时以功升水军万户,兼都水监使。焦湖(今巢湖)之战,获宋战船三百艘,大败宋援军。后攻安丰、泗州、亳州等地,有功。宪宗三年(1253),从忽必烈攻大理。九年,从攻鄂,夺战船十余艘。

解冠 即獬豸冠。亦称法冠、柱后。原系楚国冠名。《淮南子·主术训》:“楚文王好服獬冠,楚国效之。”高诱注:“文王,楚武王熊达之子熊疵也。解豸之冠,如今御史冠。”《后汉书·舆服志》:“法冠,一曰柱后。高五寸,以缅为展筩,铁柱卷,执法者服之,侍御史、廷尉正监平也。或谓之獬豸冠。獬豸神羊,能别曲直,楚王尝获之,故以为冠。”《集韵》:“獬,獬豸,兽名,或作觟。”此冠应即觟冠。后代或沿之,略有改变。

解光 西汉人。成帝时,为司隶校尉。哀帝初,揭发赵昭仪杀害成帝继嗣;又劾奏成帝舅曲阳侯王根无人臣礼,根以此被遣归国。与骑都尉李寻共荐方士夏贺良待诏黄门。贺良说哀帝改元易号,以息灾异。复欲变更政事,奏请罢退丞相、御史,以他和李寻辅政。哀帝以其言无验,下贺良狱,杀之。他则得减死一等,徙敦煌郡。

解结(? —300) 西晋济南著县(今山东济阳西)人,字叔连。少与兄系齐名。辟公府掾,累迁黄门侍郎,历散骑常侍、豫州刺史、魏郡太守、御史中丞。元康中,赵王司马伦讨氐羌,用嬖人孙秀,与系争军事,更相表奏。因议秀罪当诛,与秀结怨。后赵王伦专权,秀恃势除宿怨,遂被杀。

解缙(1369—1415) 明江西吉水人,字大绅,一字缙绅。洪武进士。授中书庶吉士。曾建议根据史实,上自唐、虞、夏、商、周、孔,下至关、闽、濂、洛,据事分类编写一书,以便检阅。因直言敢谏,得罪重臣,被免官家居八年。其间杜门纂述,改修《元史》,又成《宋书》,删定《礼经》。建文初回朝,永乐元年(1403)迁侍读学士,任总裁官监修《永乐大典》、《太祖实录》及《古今列女传》等书,升任翰林学士,极受信用。朝臣多嫉其宠,又因定储君之议,为汉王高煦所忌,被诬陷下狱死。善诗文,有《春雨杂述》、《解文毅公集》等。

解梁城 春秋晋邑。在今山西临猗县临晋东南。《左传》僖公十五年(前 645):晋侯"赂秦伯以河外列城五,东尽虢略,南及华山,内及解梁城",即此。

解马营 见"内务府三旗前锋营"。

解汝楫 元易州定兴(今属河北)人。解诚子。中统间,袭父职为水军万户,从征李璮。至元六年(1269),与李庭率水军于鹿门山(今湖北襄阳东南)大败宋夏贵军,获战舰五十艘。八年,从阿术围襄阳,率水军邀击宋范文虎援军,擒总管朱日新、郑皋。后参加渡江灭宋,有功。不久病死。

解帖哥 元易州定兴(今属河北)人。汝楫子。世祖至元间,袭父职为万户,从攻广西,下静江府,改授水军招讨使。旋复为万户。后从攻安南有功,升广东宣慰使。

解琬(? —718) 唐魏州元城(今河北大名东北)人。举幽素科。习边事,善治军。圣历初,为侍御史。曾充使安抚乌质勒及十姓部落,以功升御史中丞兼北庭都护、西域安抚使。景云二年(711),以右御史大夫为朔方大总管,裁三受降城冗兵十万。前后镇边二十余年,务农习战,边民安之。开元元年(713),玄宗讲武于骊山,以军容不整、军礼不肃罪,制裁郭元振等,诸军多震慑失次,唯其与薛讷二军不动,玄宗慰勉之。后以散骑常侍与吐蕃议定疆界。寻转太子宾客、同州刺史,卒八十余岁。

解万年 西汉人。成帝时为将作大匠,勾结陈汤奏请为昌陵徙民起邑,欲求重赏,诡称昌陵三年可成。后因制度奢侈,久而不成,天下虚耗。群臣多言不便而罢。永始二年(前 15),坐佞邪不忠,使海内怨望,与陈汤俱徙敦煌。

解系(? —300) 西晋济南著县(今山东济阳西)人,字少连。少与弟结齐名。初辟公府掾,历中书黄门侍郎、散骑常侍、豫州刺史,迁尚书,出为雍州刺史。元康六年(296)氐羌反,与征西大将军赵王司马伦讨之。伦用嬖人孙秀,与之争军事,更相表奏。为伦、秀所谮,免官。伦、秀谋篡位,欲先除朝望,且报宿怨,杀之。

解县 ❶战国魏解邑,西汉置县。治今山西临猗县临晋东南。属河东郡。北魏太和十一年(487)改为北解县。❷隋开皇十六年(596)置。治今山西运城市西南解州。大业二年(606)废。九年移虞乡县于此,唐武德元年(618)改为解县。仍于蒲州界别置虞乡县,贞观十七年(643)并入虞乡县。二十二年复置。有盐池,所产池盐著名于世。隋属蒲州,唐先后属蒲州、河中府,五代汉乾祐以后历北宋、金、元皆为解州治。明洪武初并入解州。1912 年又改解州为解县。1954 年与虞乡县合并为解虞县,1958 年并入运城县。

解元 (1089—1142)宋保安军德靖砦(今陕西志丹西南)人,字善长。行伍出身。建炎三年(1129),隶韩世忠,擢为偏将。四年春,从浙西制置使韩世忠堵截金完颜宗弼(兀术)主力有功,迁前军统制。绍兴四年(1134)冬,守承州,迎击从楚州来犯之金军,设伏败之。后随世忠围淮阳军,在沂州郯城县败金军,加龙神卫四厢都指挥使。又代领世忠军,为镇江府驻扎御前诸军都统制。官至侍卫亲军马军都虞候。

解州 五代汉乾祐元年(948)置。治解县(今运城市西南解州)。北宋属永兴军路。辖境相当今山西运城、闻喜等市、县地。金属河东南路。兴定四年(1220)移治平陆县(今平陆县西南旧平陆)。辖境扩大,有今运城、闻喜、夏县、平陆、芮城等市、县地。元属晋宁路,复移治解县。明属平阳府。洪武初,以州治解县省入。清雍正二年(1724)直隶山西省。辖境缩小,相当今运城、夏县、平陆、芮城等市、县地。1912 年废,改本州为县。境内有盐池,宋分置东、西二场,明增置中场,为中国著名的盐产区。

解州盐使司 官署名。金代为七盐使司之一。掌食盐产销。设在澄城县(今属陕西),行盐地面为河东南北路、陕西东、南京河南府及陕、郑、唐、邓、嵩、汝诸州。设使、副使领司事,秩正五品、正六品。下设判官、管勾、同管勾、都监、同监、知法等官。解州盐旧课收入八十一万四千六百五十七贯五百文,章宗承安三年(1198)十二月增至一百三十二万一千五百二十贯二百五十六文。

燮昌火柴公司 商办企业。清光绪十六年(1890)叶澄衷、朱炜臣创办于上海,资本二十万元。日产量达三十万盒。二十三年在汉口设分厂。1923 年在苏州设分厂。因经营不善,上海总厂和苏州分厂于 1927 年停业,全部机器、原料归并鸿生火柴厂。汉口分厂也于 1930 年为大中华火柴厂收买。

燮父 即"晋侯燮"。

蟹浦 地名。在今江苏南京市西北。源出钟山,西北流入大江。《资治通鉴》:南朝齐永元二年(500),崔慧景举兵反,后败,单骑至蟹浦,为渔人所杀,即此。

蟹谱 书名。宋傅肱撰。肱字子翼,会稽(治今浙江绍兴)人。书成于嘉祐四年(1059)。是专述蟹类动物的著作。有《百川学海》、《说郛》、《四库全书》、《丛书集成初编》等版本传世。全书上、下二篇。上篇分总论、历史文献汇编(汇集先秦以来有关蟹类的故实);下篇则据作者见闻记录,内容涉及名称、种类、形态、生态、习性、行为动作、生殖洄游、捕蟹季节、捕蟹法和捕蟹工具、加工制造等,还新载一种"背壳若鬼状、眼目口鼻分布明白"的"鬼蟹"(今俗称关公蟹)。由于古人对蟹的内部构造观察不细,误以为蟹类"无肠",称之为"无肠公子"。在傅肱影响下,后高似孙撰《蟹略》以补《蟹谱》之不足。

xīn

心诚和尚(?—1899) 即本明和尚。清山东高唐人,原名杨照顺,亦称杨天顺。早年出家为僧,精于刀枪拳技。后在山东禹城设场练拳,为当地义和拳首领之一。光绪二十五年九月(1899.10)平原县杆子李庄拳民与教堂势力发生冲突,他与朱红灯等率众声援,并击退前来镇压的平原知县蒋楷所带兵马。旋又在森罗殿地方击退山东巡抚毓贤所派清军。后转至茌平,又和朱红灯等攻打大张庄教堂。十月被清军马金叙诱捕,旋与朱红灯等在济南同时遇害。

心法 佛教名词。(1)指"心王",意为精神作用之主体。(2)"心所有法"的简称。意为由"心王"而起的心理活动和精神现象,因其为心所有,故名。包括受、想、行、识四蕴,而为"色法"之主,"色法"只是由"心法"所构成的假象。

心即理 陆王心学命题。最早为唐代禅师所提出,大照《大乘开心显性顿悟真空论》:"心是道,心是理,则是心外无理,理外无心。"宋张九成《孟子传·离娄下》:"心即理,理即心。"陆九渊进而谓"心"与"理""至当归一,精义无二"(《象山集·与曾宅之》),"人皆有是心,心皆具是理,心即理也"(《象山集·与李宰》)。明王守仁推衍此说,谓"心即理也,天下又有心外之事、心外之理乎?"(《传习录上》)

心器 南朝齐梁之际范缜对思维器官的称谓。指"五藏(脏)之心"。《神灭论》:"问曰:'是非之虑,不关手足,当关何处?'答曰:'是非之虑,心器所主。'问曰:'心器是五藏(脏)之心,非邪?'答曰:'是也。'"以心脏为思维器官的论断,反映出古代认识水平的局限性。

心史 书名。又称《铁函心史》。作者署名郑思肖。二卷。是书在明崇祯十一年(1638)冬发现于苏州承天寺枯井中,铁函封匮,锢以垩灰。外题"大宋铁函经",内署"大宋孤臣郑思肖百拜封"。据书后作者自叙,内咸淳集、大义集、中兴集诗各一卷,共诗二百五十首;另有文四十篇,前后自序五篇;手定于壬午年(元世祖至元十九年,1282),封沉于次年癸未。明人付梓时分作上下卷,其文止得三十篇,疑原叙有误。全书深寄亡国之痛,仍用南宋纪年,对宋亡经过及元统一江南后之时事言之甚详,可与正史参照,非晚明人所能伪造。然书中述及丞相安东(即安童)由北边归来事(事在至元二十一年甲申),则又非壬午、癸未间所能预知。一说为元世祖时南宋遗民假托思肖名氏撰写。今存崇祯十二年(1639)张氏刊本,另有刻本与排印本。

心术 《管子》篇名。一说战国宋钘、尹文遗著。分上下二篇。"术"与"行"义相近,指道路。《汉书·礼乐志》:"应感而动,然后心术形焉。"颜师古注:"术,道径也;心术,心之所由也。"为阐述其治心(内心修养)之术而作,故名。主张"心处其道,九窍循理",即思维之心和视听等感官均应顺道循理。"道"是"动不见其形,施不见其德,万物皆以得"的超感官的精神性本体。只有无为无欲,使心体虚静,才能得"道"、顺"道",此即"静因之道"。强调"治心"之目的是"治国",提倡"法治"和"以形务名",反对徇私枉法和虚有其名。但亦重视仁、义、礼、乐的教化。告诫人君勿以神智"自用",逞强示能,如此即可"虚心",而"昭知天下"。

心无论 书名。东晋僧人竺法温著。此书承袭支愍度心无之说,主张空心不空义,强调有为实有,色为真色,"而经称色无者,但内止其心,不空外色"。原文已佚,其要文见陈慧达《肇论疏》。此论曾受到幻化宗壹法师和僧肇等批判。

心无义 又称心无宗。魏晋间般若学"六家七宗"之一。旧说创始人为东晋竺法温。近人陈寅恪考证,该宗实为东晋支愍度所创。其论主要为心无者,无心于万物,万物未尝无。强调客观世界为实有,色为真色,做到空心不空色,心不想外色,色想便废。不强调对外境的否定。因外物"有"、"无"之论而同本无宗相对立。该宗义曾受幻化宗壹法师和僧肇等批判。但东晋末桓玄、刘遗民亦曾作《心无义》、《释心无义》,推广其教义。

心无宗 即"心无义"。

心性 ❶儒家哲学术语。指人心与人性。解说有异。孟子认为"性"根于"心",又影响"心"。《孟子·尽心上》:"尽其心者,知其性也,知其性则知天矣。"认为"天道"乐善,人性为天所赋予,故人性善;人心受人性主宰,故人能辨善恶,知是非。荀子认为,心是"形之君也",能够主宰身体,节制性欲,改变人的本性。理学家认为理出于天,俱于心,而性亦即人心所俱之理。"程子(颐)曰:'心也,性也,天也,一理也。自理而言谓之天,自禀受而言谓之性。'"(朱熹《孟子·尽心上》集注)以天理统心性,排除人欲于人性之外。王守仁认为心、性、理是一回事。《传习录上》:"心之本体,原自不动。心之本体即是性,性即是理。"戴震反对理学家心性即是理的说法,认为仁义之心为"性之德",耳目百体之所欲为"性之欲"。"性之欲",原于天地造化,在天为天道,在人为人道,以论证人欲不可去。❷佛教术语。解释不一。或指不变的心体,即所谓"自性清净心"。《圆觉经》:"以净觉心,知觉心性。"《起信论义记》:"所谓心性,不生不灭。"或认为心与性相同。《黄蘖传心法要》:"心性不异,即心即性。"

心宿 ❶星官名。亦称商星、大火。二十八宿之一。东方苍龙七宿的第五宿。有星三颗,即天蝎座

σ,α,τ三颗。《礼记·月令》:"季夏之月,昏火中。"《尚书·尧典》:"日永星火,以正仲夏。"《诗·豳风》:"七月流火,九月授衣。"《国语》:"火见而清风戒寒。"中国早在四千年前,设"火正"官,观测大火星为纪时依据。《左传·襄公九年》:"陶唐氏之火正阏伯居商丘,祀大火,而火纪时焉。"以西第一星为距星。❷天区名。除主体心宿外,还有积卒共两星官。

心学　❶即陆王学派。南宋陆九渊主张"宇宙便是吾心,吾心即是宇宙"(《象山全集·杂说》),明王守仁主张"天下无心外之物"(《传习录下》)。以"心"为宇宙本体,以"发明本心"、"致良知"为修养方法,故名。黄震《人心道心》:"近世喜言心学,直谓心即道,盖陷于禅而不自知。"(《黄氏日钞》卷五)即指陆九渊而发。顾炎武《心学》:"心学二字,六经孔孟所不道",乃"内释而外吾儒之学"(《日知录》卷十八),即指王守仁而发。❷《书·大禹谟》"十六字",理学家视为儒门传心之义理精微,故称之为"心学"。王守仁《象山文集序》:"圣人之学,心学也。尧、舜、禹之相授受曰:'人心惟危,道心惟微,惟精惟一,允执厥中,此心学之源也。"(《阳明全书》卷七)

心斋　古代道家养性修身的一种方法。"心",思维器官;"斋",斋戒。指使心摒除一切思虑与欲望,保持虚静状态,才能悟得妙道。《庄子·人间世》:"若一志,无听之以耳,而听之以心。无听之以心,而听之以气。……气也者,虚而待物者也。惟道集虚。虚者心斋也。"后来宋儒用以形容心性修养所达到之境界。

辛　即"帝辛"。

辛爱(1521—1585)　又称黄台吉、僧格都古稜特穆尔等。第二代顺义王。明代蒙古土默特部俺答汗长子。嘉靖中掳掠朵颜诸卫,屡与明朝构兵。嘉靖二十九年(1550)庚戌之变后,一度与明互市于新开口堡(今河北万全境内)。隆庆四年(1570)俺答汗孙把汉那吉降明,出兵大同索之。次年俺答汗封贡,明廷授以都督同知,市于大同新平堡(今山西天镇境内)。万历元年(1573)加封龙虎将军。九年俺答汗死,次年收父妾三娘子为妻,并嗣父汗位,号乞庆哈。十一年袭顺义王。因年老多病,诸事悉凭三娘子。十三年曾迎请三世达赖喇嘛至土默特。卒后长子撦力克嗣位。

辛昂(约525—572)　北朝时陇西狄道(今甘肃临洮)人,字进君。初为东魏河南大行台侯景行台郎中,后随侯景附西魏,为丞相府行参军。西魏废帝二年(553),从大将军尉迟迥平蜀。屡迁成都令、梓潼郡守。北周保定四年(564),使梁、益,安抚各族。天和初,受命平定临、信、楚、合等州反抗,进位骠骑大将军。宇文护执政,颇得亲遇。护诛,牵连而死。

辛丑各国和约　见"辛丑条约"。

辛丑条约　即《辛丑议定书》、《辛丑各国和约》。八国联军攻占北京后强迫清政府签订的丧权辱国条约。因在光绪二十七年(农历辛丑年)签订,故名。二十六年七月(1900.8)八国联军占领北京,清政府派庆亲王奕劻、直隶总督兼北洋大臣李鸿章为全权大臣与各国交涉。十一月一日以英、美、俄、法、德、意、日、奥、比、西、荷十一国公使名义提出"议和大纲"十二条,清政府全部接受。此后各国在强迫清政府惩办祸首和勒索最大限度赔款及保证条件上,展开长达九个月的争执。次年七月二十五日(1901.9.7)奕劻、李鸿章与十一国公使在北京正式签订《和约》十二款,附件十九件。主要内容:(1)中国赔款银四亿五千万两,分三十九年还清,年息四厘,本息折合九亿八千多万两,以海关税、常关税和盐税作抵押。(2)将东交民巷划为使馆界,界内由各国驻兵管理,中国人概不准居住。(3)拆毁大沽炮台及大沽至北京沿线各炮台,外国军队驻扎北京和从北京至山海关沿线十二个重要地区。(4)永远禁止中国人民成立或参加任何反对外国的组织,违者处死;各省官吏对所属境内发生"伤害诸国人民"事件,必须立刻镇压,否则即行革职,永不叙用。(5)外国认为各个通商章程中应修之处或其他应办的通商事项,清政府概允商议,并改善北河及黄浦两水道。(6)清政府惩办"首祸"诸臣。(7)改总理各国事务衙门为外务部,班列六部之前。此约表明清政府完全成为帝国主义统治中国的工具,标志着中国已完全沦为半殖民地半封建社会。

辛次膺(1092—1170)　宋莱州(今属山东)人,字起季。幼孤,从母依外氏王圣美于丹徒。政和进士。曾见高宗于建康行宫,首言救世之弊。擢右正言。主张抗金,力斥和议,为秦桧所诬陷,奉祠十六年。桧死,起知婺州,擢权给事中。孝宗即位,除御史中丞。隆兴元年(1163),同知枢密院事。不久,拜参知政事,以疾力辞。为官清正,敢于直言,曾论劾秦桧余党汤思退等朋比奸罔。善属文,尤工诗。

辛村西周墓　西周卫国贵族墓地。位于河南浚县辛村。1932—1933年进行发掘,发现大墓八座、中墓六座、陪葬小墓五十四座,车马坑十四座。大墓自北向南排列,中小墓与大墓时间相近,车马坑在主墓近处。从分布上看,当时习俗"尚右",早期主人、男子在右;晚期陪从、女子在右。墓和车马坑皆为长方形竖穴,有的有椁室、棺穴或二层台,大墓有二墓道。随葬品安放有序,礼器多在北阶,车马器多在东或南阶,兵器多在西阶。出土物有的铭文中有"卫"国名。据出土物研究,此墓地时间为西周初到春秋早期。

辛德源　隋陇西狄道(今甘肃临洮)人,字孝基。沉静好学,博览群书。北齐时,累迁比部郎中,兼通直散骑常侍。后待诏文林馆,为中书舍人。北周时,为宣纳上士。尉迟迥举兵反,辞官逃去。入隋,久不得仕,隐于林虑山,著《幽居赋》自寄。牛弘荐与王劭同修国史。集注《春秋》三传三十卷,注《扬子法言》二十三卷。后转咨议参军,卒于官。文集著作皆佚,《全隋文》存文三篇,《先秦汉魏晋南北朝诗》存诗十一首。

辛店文化　甘肃青海地区的青铜文化。因最初发现于甘肃临洮辛店而得名。主要分布于甘肃洮河、大夏河、庄浪河及青海湟水流域等地区。晚于齐家文化,约当商至周初时期。生产工具以打制两侧带缺口的石刀和骨铲最多,其次有石斧、弧刃石铲、杵臼及骨针、骨锥、骨镞等。已掌握冶铸青铜的技术,所发现者除工具、兵器外,还有容器残片。陶器手制,较粗糙,以夹砂粗红陶为主,泥质灰陶次之。器形有杯、豆、盘、瓮、鬲等,其中以大口双耳小罐最有特色;器表磨光,往往施以白色陶衣,画上黑色或红色的带纹、双钩纹、曲折纹等。居住半地穴式长方形房屋,养殖牛、羊、猪、狗。墓葬为长方竖穴,仰身直肢,头向不定,有二次葬,随葬陶器和家畜骨骼。

辛公甲 即"辛甲❶"。

辛公义(约551—约612) 隋陇西狄道(今甘肃临洮)人。少孤,以勤学著称。仕北周,累官扫寇将军。杨坚为相,授内史上士,参掌机要。入隋,从军平陈。开皇九年(589)除岷州刺史,尽革当地有病不治合家弃之的陋习。迁牟州刺史。仁寿元年(601),追充扬州道黜陟大使,得罪豫章王杨暕。大业初,被谗免官。后除内史侍郎,检校右御卫武贲郎将。从攻高丽,卒于柳城(今辽宁朝阳)。

辛恭靖 东晋陇西狄道(今甘肃临洮)人。自少才量过人。为建武将军、河南太守。隆安三年(399),后秦围洛阳,婴城固守百余日,无援兵而城陷,被执送长安,誓死拒降。姚兴怒而幽禁之。元兴中逃归江东,安帝嘉之。太尉桓玄请为咨议参军。寻病卒。

辛亥革命 清宣统三年(1911年,辛亥年)爆发的中国资产阶级民主主义革命。光绪二十年(1894)孙中山在檀香山建立革命团体兴中会,次年在香港建立该会总部,并着手开展反清武装斗争。二十世纪初年,资产阶级小资产阶级知识分子利用报刊书籍,大力宣传爱国和革命,涌现出黄兴、陈天华、章炳麟、秋瑾等一批革命活动家和宣传家,华兴会、光复会、科学补习所等革命团体相继建立,民主革命思潮广泛传播。三十一年七月二十日(1905.8.20)中国同盟会在日本东京成立,公举孙中山为总理,以"驱除鞑虏,恢复中华,建立民国,平均地权"为政治纲领。同盟会发刊《民报》为机关报,宣传革命,与改良派激烈论战;并联络海外侨胞,运动各地会党和新军,在华南发动多次武装起义,造成广泛的革命影响。宣统三年(1911)清政府出卖铁路修筑权,激起全国人民的反对。湖北革命团体文学社和共进会在同盟会的推动下实现了联合,于八月十九日(10.10)发动武昌起义,建立湖北军政府。全国各地相继响应,两个月内已有湘、陕、晋、赣、滇、黔、苏、浙、桂、皖、闽、粤、川等省宣布独立,清政府迅速解体。1912年1月1日,以孙中山为大总统的中华民国临时政府在南京成立,颁布一系列有利于资产阶级民主政治和资本主义经济发展的政策法令,临时参议院还通过了《临时约法》。2月12日,清帝被迫宣告退位。中华民国的建立和清朝的覆灭标志着资产阶级民主共和国制度的诞生和延续二千多年的封建帝制的终结。帝国主义支持袁世凯以逼使清廷退位的行动和承认共和的许诺获得临时大总统职位。同年4月孙中山正式解职,辛亥革命归于失败。

辛亥革命北方实录 书名。胡鄂公撰。一册。记清末京师、天津、保定、滦州等地革命运动史事。全书分实录与烈士列传两部分,计有七十余名烈士入传。有1948年中华书局刊本。

辛亥革命画史 图片集。一册。江汉出版社编,1912年影印。辑录辛亥革命人物、事件图片,分武昌起义事略、各省光复经过、南北议和经过三辑,共辑图片三百余帧,图片名称用中、英两种文字标示。

辛亥革命始末记 书名。清末渤海寿臣编。十六册。是书选择辛亥年(1911)八月十九日武昌起义次日起京、津、沪等地《时报》、《经纬报》、《国光新闻报》、《民立报》、《中国报》、《国民公报》、《民主报》、《国风日报》等有关资料,分门编成。初成于九月,名《实行立宪汇编》,凡六门。逮南北和议成,清室退位,复加入同年十二月二十五日前议和情况等资料,增为八门,易名为《辛亥革命始末记》。第一至三册为有关武昌首义时记述;第四至九册记各省起义事;第十册为南北议和有关记述和文件;第十一册专收各项议和要件;第十二至十三册专载清室谕旨;第十四册载清廷召集资政院各次会议情形;第十五册载各处上清廷奏折;第十六册为各报时局论说。内每篇标题,悉仍报纸原样。因成书仓促,前后稍有重复,是书为辛亥革命至南北议和期间每日报刊要闻分类专辑,有史料价值。保定五族民报社1912年刊行。

辛亥革命与列强态度 德国外交文书。王光祈选译于《一八七一年到一九一四年的欧洲内阁大政》一书。一册。计收外交文件、电文六十二件,反映德国及日、美、英等国对待辛亥革命和袁世凯执政之政治态度和外交方针。1929年中华书局印行。

辛亥广州起义 即"黄花岗之役"。

辛亥海军起义记 书名。张怿伯撰。一册。记清朝海军海琛等舰响应辛亥革命的起义经过。附何海鸣《辛亥海军举义纪略》一篇。有1939年刊本。

辛亥京察 明万历三十九年(1611)*京察。是年为辛亥年,故名。时吏部尚书孙丕扬在内阁大学士叶向高支持下,将宣党首领汤宾尹、昆党首领顾天埈及附和者数人降黜,因而遭宣、昆党人攻击。不久,孙丕扬等辞去。后魏忠贤掌权,以支持孙丕扬者为东林党人,加以迫害。

辛亥俱乐部 清末立宪团体。时人视为"宪政实进会之别动队"、"资政院中的官僚党"。宣统三年五月十九日(1911.6.15)在北京成立。主要由资政院中部分民选议员(牟林、罗杰等)和钦选议员(赵椿年、陈懋鼎等)以及院外人士组成,杨度为幕后主持人,政纲有"阐扬立宪帝国之精神"等八条。

辛亥四川路事罪言 书名。王人文撰。一册。清末四川护督王人文为川汉铁路借款合同有损国权,呈请惩治盛宣怀之奏稿,批评铁路国有政策。有1936年刊本。

辛亥武昌首义记 书名。李廉方著。一册两卷。上卷六章，记辛亥武汉三镇光复前有关革命团体和起义经过；下卷六章，记军政府成立、列强中立、各省响应和停战议和事。有1947年湖北通志馆刻本。

辛亥逊清政变发源记　书名。彭芬撰。一册。专记清宣统三年(1911)四川路事，分总论、分论各篇。总论述作者担任川汉铁路公司主席董事时有关路事经历及路事全貌，分论辑录上谕、奏折、时评等路事文件，附说明。有1933年刊本。

辛亥殉难记　书名。吴庆坻撰，金梁增订。一册，五卷。为在辛亥革命中清方死亡官吏立传，分文职传、武职传、驻防传、列女传，计一百五十余人。有1934年刊本。

辛亥粤乱汇编　书名。清末岭南半翁编。九章三十六节。成书于宣统三年(1911)。据当时报章新闻及清方谕旨奏折等有关资料辑成。记辛亥三月温生才刺死广州将军孚琦、广州起义及清廷镇压革命党人诸事。末附革命党人赵声、林文小传。书内各节均立标题，叙事较分明。作者反对革命，但于清朝的腐败亦有所披露，对革命党人的英勇斗争也作了一定反映。有宣统三年刊本。

辛亥札记　书名。居正撰。记述辛亥革命前后有关史事、琐闻和个人经历，多为湖北革命党人事。内容全部从个人日记中辑出，计九十余条。初刊于1929年，一册。1947年由上海大东书局重版，增补二十余条，易名《梅川日记》。

辛亥制　十六国时后赵石勒以世乱，律令烦多，命法曹令史贯志采集其要，作《辛亥制》五千文。施行十余年，乃用为律令。

辛甲　❶西周初人。辛氏，名甲，又称辛公甲、辛甲大夫。原为商纣臣，见纣暴虐，屡谏不听，去商归周，周文王封于长子(今山西长子西南)。❷书名。旧题周辛甲撰。刘向《别录》谓辛甲故殷之臣，事纣，七十五谏而不听。去殷至周，事文王、武王，任以太史，主诫谏王失。此书盖为史官所传故书。《汉书·艺文志》著录二十九篇，列于道家。《隋书·经籍志》已不著录。久佚。清马国翰从《左传》、《韩非子》辑《辛甲书》一卷，见《玉函山房辑佚书》。

辛京杲(?—783)　唐兰州金城(今甘肃兰州)人。辛云京从弟。河西大族，世为将家。至德元载(756)，从李光弼出井陉，战嘉山，败叛军史思明。迁英武军使。代宗立，迁左金吾大将军，历湖南观察使，以工部尚书致仕。后朱泚叛据长安称帝，以老病不能战斗，西向恸哭而卒。

辛宽　一作辛栎。战国时鲁国人。《吕氏春秋·长利》记其曾见鲁穆公，分析齐、鲁地理位置差异，认为鲁先君周公之建都曲阜(今属山东)，不如齐太公望建都营丘(今山东淄博)明智。

辛栎　即“辛宽”。

辛卯侍行记　书名。近人陶保廉撰。六卷。清光绪十七年(辛卯，1891)陶父模由陕西布政使调新疆巡抚，侍行途中记行程与闻见为此编。先自西安至天津，复返西安，经兰州、甘州、哈密，至迪化(今新疆乌鲁木齐)，对所过城邑沿革、道路山川、地方政治、民生习俗均有记叙。于名胜古迹考辨甚详。有光绪二十三年刻本。

辛秘(757—821)　唐陇西(今甘肃陇西东南)人，字藏之。贞元中，举明经。授华原主簿，迁兵部员外郎。元和初，拜湖州刺史。李锜反，苏、常等四州刺史迎战皆败。叛军以其儒者，轻视之。他乘敌未至，募壮士数百阻击，大胜，一州乃安，自是以材堪将帅知名。累迁汝、常州刺史，河南尹。元和十二年(817)，任昭义军节度使。其地用兵之后，财政凋敝，遂量入为出，节约开支，四年中府库充盈，为时所称。

辛勉　西晋陇西狄道(今甘肃临洮)人，字伯力。怀帝时为侍中。永嘉五年(311)，洛阳被刘曜所破，随怀帝被虏至平阳(今山西临汾西南)，刘聪欲署为光禄大夫，宁死不受。聪嘉其节，为筑室平阳西山，月致酒米，亦不受。年八十卒。

辛毗　三国时颍川阳翟(今河南禹州)人，字佐治。其先为陇西冠族。随兄从袁绍，及袁氏兄弟相攻，为袁谭使求和于曹操。时操将平荆州，乃先攻邺(今河北临漳西南)，表之为议郎，后为丞相长史。魏文帝时，迁侍中，赐爵关内侯。文帝欲徙冀州士家十万户实河南，而河南连年天灾民饥，乃切谏，遂徙其半。黄初三年(222)，以行军师从上军大将军曹真攻江陵(今湖北荆州)，还封广平亭侯。明帝即位，进封颍乡侯，出为卫尉。青龙二年(234)，大将军司马懿与诸葛亮相拒于渭水，明帝惧懿出战，使为军师，持节以制之。亮乃率军还，复任卫尉。

辛弃疾(1140—1207)　南宋济南历城(今山东济南)人，原字坦夫，后字幼安，号稼轩居士。绍兴三十一年(1161)，聚众二千隶耿京，共图恢复，为掌书记。次年率部渡淮南归。乾道元年(1165)奏《美芹十论》，分析宋金形势，提出抗金主张。六年，奏请练民兵以守两淮，并献《九议》。八年，出知滁州，宽征赋、招流散、教民兵、议屯田。淳熙二年(1175)提点江西刑狱，镇压赖文政领导的茶商军起义。后知潭州兼湖南安抚使，上疏言民乃国本，贪浊之吏迫使为盗，为政当以养民为意。又整顿乡社，创置“飞虎军”。八年，提点两浙西路刑狱，旋以谏官王蔺论劾落职，寓居上饶十年。绍熙二年(1191)，起提点福建刑狱。后召赴行在，奏论荆襄为东南重地，当妥为备御。出知福州兼福建安抚使，复为谏官诬劾，主管武夷山冲佑观，居铅山，嘉泰三年(1203)起知绍兴府兼浙东安抚使。次年，被召见，以数年谍知金国情况上闻，言金必乱必亡。历知镇江、隆兴府。开禧二年(1206)，复为谏官所诬落职。后卒于铅山。一生以恢复为志，以功业自许。擅为长短句，风格悲壮激烈，为豪放词派杰出代表，与苏轼并称苏辛。著有《稼轩长短句》，今人辑有《辛稼轩诗文钞存》。

辛庆忌(?—前12)　西汉陇西狄道(今甘肃临洮)人，字子真。武贤之子。少以父任为右校丞，随长罗侯常惠屯田乌孙赤谷城，以战功得为侍郎。迁校尉，将吏士屯焉耆国。元帝时历任郎中，车骑将军，张掖、酒泉太守，所在著名。成帝时征为光禄大夫、执金吾,后拜右将军诸吏散骑给事中,徙左将军。性好舆马,号为鲜明。时匈奴、西域亲附,颇敬其威信。年老卒官。宗族支属至二千石者十余人。

辛庆之(?—553) 北朝时陇西狄道(今甘肃临洮)人,字庆之(一作余庆)。少以文学被征洛阳,对策第一,除秘书郎。北魏末,以行台左丞随司空杨津讨尔朱氏。西魏初,从丞相宇文泰讨东魏,累迁南荆州刺史。复以经明行修,与国子祭酒卢诞教授诸王。魏废帝二年(553),拜秘书监。卒于位。

辛壬春秋 书名。尚秉和编著。十六册,四十八卷。专记辛亥年(1911)、壬子年(1912)武昌起义、各省响应和民国开国史事,起自辛亥革命,迄南北统一止。载辛壬大政记、各地情事分省叙录,末附"民党死事"、"清臣殉难"诸人小传。有1924年历史编辑社刻本。

辛壬癸申录 即"盾鼻随闻录"。

辛壬寇记 书名。清叶蒸云撰。抄本。记咸丰十一年(1861)至同治元年(1862)间浙江台州地区清军与太平军争战情况,涉及太平军防守措施、商业贸易、税收制度、知识分子政策以及农民和地主士绅的动向。

辛壬琐记 书名。清柯超撰。抄本。记作者在太平军攻占浙东后的见闻,涉及诸暨何文庆、潘起亮起义,外国侵略军在宁波对太平军的干涉以及太平天国的乡官制度、路凭、天历推行情况。收入《太平天国资料》。

辛壬闻见录 书名。黄中恺撰,署逸民。一册,二万余言。稿本。作于1927年底。记作者任职湖北军政府外交局长、黄兴秘书时,亲历武昌起义、南京临时政府、二次革命诸史事。

辛胜 战国末人。秦将。秦王政二十年(前227)荆轲刺秦王后,他与王翦率军攻燕,大破燕、代联军于易水之西。

辛术(500—559) 北齐陇西狄道(今甘肃临洮)人,字怀哲。初为司空胄曹参军。东魏初,与仆射高隆之共掌营建邺都宫殿,以功迁尚书右丞。及高澄辅政,迎入晋阳为上客,累迁散骑常侍。武定五年(547),侯景叛,澄命为东南道行台尚书,与高岳等破景,擒梁将萧渊明。迁东徐州刺史,为淮南经略使,镇下邳(今江苏睢宁西北)。北齐初,使掌东南道行台所统十余州行政,齐军事行台兼统民事自此始。及侯景败,乃招抚诸州,又移镇广陵(今江苏扬州),得传国玺,送邺。天保三年(552),迁吏部尚书,兼选士庶,为时所称。卒后赠开府仪同三司。

辛替否 唐京兆万年(今陕西西安)人,字协时。景龙中,为左拾遗。时安乐公主府滥置官属,所营新宅,侈丽过甚,又盛建佛寺,弊国劳民,因上书切谏之。睿宗即位,为左补阙。时复斜封官,又修金仙、玉真二观,皆上疏切谏。升右台殿中侍御史。雍县令刘少微恃权贪赃,他按治不贷。开元中,任颍王府长史。天宝初卒,年八十余。

辛威(512—580) 北朝时陇西(今属甘肃)人。初从北魏雍州刺史贺拔岳。岳被害,归大都督宇文泰,颇受亲遇。西魏大统元年(535),拜宁远将军,封爵为侯。从攻东魏,俘窦泰,复弘农(今河南灵宝北),战沙苑(今陕西大荔南),先锋陷敌,勇冠一时,进爵为公,历扬州刺史、骠骑大将军,赐姓普屯氏。领鄜、河等州刺史。北周孝闵帝即位,拜大将军。保定间,率兵攻丹州胡,又从尉迟迥进围北齐洛阳。天和六年(571),复从宇文宪攻北齐,拔斛律光于洛南所筑之五城。屡迁大司寇、上柱国,封宿国公。以病卒。

辛梧 战国时人。秦将。秦王政十二年(前235),使其率军联魏伐楚。

辛武贤 西汉陇西狄道(今甘肃临洮)人。宣帝时任酒泉太守,奉命率郡兵与赵充国平定羌族起事,力主分兵并出张掖、酒泉,先破罕、开,后图先零。旋拜破羌将军。后宣帝用充国计,先击先零,招抚罕、开,罢兵屯田,遂罢归故官。后七年复为破羌将军,征乌孙至敦煌。病卒。

辛夏巴 藏文音译。明末西藏后藏地方第一任藏巴汗才旦多吉的称号。才旦多吉原为仁蚌巴家仆,崇奉噶玛噶举教派。明嘉靖四十四年(1565),仁蚌巴被属民暴动所推翻,才旦多吉乘机取代,在三竹节寨(今日喀则)建立政权,自称藏堆杰布或第悉藏巴,汉籍称藏巴汗,意为"后藏人之王"。

辛雄(485—534) 北魏陇西狄道(今甘肃临洮)人,字世宾。通经书而好刑名。初为奉朝请。正始初,除给事中。曾多次奏请赏善罚恶,简选俊才。及大都督尔朱荣入洛,潜窜不出。孝庄帝时,迁侍中、关西慰劳大使,复奏请蠲免租调徭役。太昌元年(532),除吏部尚书,复兼侍中。及孝武帝入关,丞相高欢于洛阳永宁寺大集朝士,被责与诸尚书不守臣节,被杀。

辛彦之(?—591) 隋陇西狄道(今甘肃临洮)人,徙居京兆(治今陕西西安)。少孤,博涉经史,崇信佛道。西魏时,为宇文泰赏识,引为中外府礼曹、中书侍郎,修定仪注。北周时,专掌仪制,历职典祀、太祝、乐部、御正四曹大夫,开府仪同三司。入隋,任太常少卿,封任城郡公,历国子祭酒、礼部尚书。与秘书监牛弘撰《新礼》,参定律度。又任随、潞等州刺史,皆有惠政。撰有《六官》、《新礼》、《五经异义》等,皆佚。

辛游靡 即"辛余靡"。

辛有 周人。平王时太史。周初有太史辛甲,或疑辛有即其后裔。其两子到晋国任史官,董督典籍,因姓董氏。

辛酉政变 即"祺祥政变"。

辛余靡 余或作游。西周时人。为周昭王驾车,身长多力。随昭王南征,在昭王与蔡公没于汉水时捞得二人尸体,受封于西翟,号称长公。

辛垣衍 即"新垣衍"。

辛云京(714—768) 唐兰州金城(今甘肃兰州)人。出身河西大族,客居京兆(治今陕西西安),世为将门。有胆略,累建勋劳,积功迁太常卿。曾以锐卒四千破史思明于相州(今河南安阳)。复授代州刺史、北京(太原)都知兵马使。宝应元年(762),太原兵变,河东节度使邓景山被杀,肃宗以其为太原尹、河东节度使,封金城郡王。治谨于法,赏罚分明,三军整肃,过境回纥亦畏之,数年太原大治。卒后代宗痛惜流涕。

辛者库 亦作身者库,全称辛者库哲特勒阿哈。满语金斗和米粮之意。清代内务府管领下吃口粮人的名称。定例,凡旗人犯罪入官者,多罚入辛者库服劳役。辛者库一无所有,衣食于官,每口每月给米二石二斗五升,十岁以上作一口,五岁以下作半口。半口给米一半。

辛者库牛录 满语音译。直译为"斗米牛录",意为"食斗米口粮奴仆的牛录"。官书称之为"八贝勒等包衣牛录下食口粮之人"或"食口粮下奴仆",可释为"内管领下食月米之人"。参见"辛者库"、"内牛录"。

辛仲甫(927—1000) 北宋初汾州孝义(今属山西)人,字之翰。后周时为郭崇幕僚,任掌书记、观察判官。宋初,从郭崇至平卢军为节度判官。后改任郓、齐观察判官,所至多雪民冤。乾德五年(967)知光州,次年移知彭州,救水灾,平兵乱。太平兴国初迁起居舍人,奉使契丹,不辱朝命。使还,知成都府,奏免岁输铜钱,罢榷酤,政尚宽简。太平兴国九年(984)入知开封府,拜御史中丞,次年为参知政事。淳化二年(991)罢知陈州。代还,以太子少保致仕。

辛自修 明河南襄城人,字子吉、子言,号慎轩。嘉靖进士,授知县。万历六年(1578)累迁右佥都御史,巡抚保定六府。十四年召为左都御史。次年大计京官,忤沈一贯,被劾引病归。后起南京刑部尚书,未赴任卒。

辛纂(?—534) 北魏陇西狄道(今甘肃临洮)人,字伯将。初为兖州安东府主簿。后从军北伐柔然,南击梁,屡迁南道行台。太昌中,除左光禄大夫、河南邑中正。永熙三年(534),拜使持节、河内太守。丞相高欢出之为西荆州刺史。时蛮酋樊五能破析阳以应夏州刺史宇文泰,乃出城招讨,不克,州城反被泰将独孤信所据,遂遭俘杀。

忻城县 广西土县。唐初置。宋隶宜州,元属庆远路,明属庆远府。洪武初设流官知县。宣德、正统后,瑶、僮(壮)各族常起事,知县不能制。瑶老韦姓等举莫敬成为世袭土知县,允之。由是邑有二令,权不相统。弘治间革流官,独任土官莫氏,世居其职。治所即今广西忻城县。居民有瑶、僮(壮)等族。

忻口 即今山西忻州市北忻口。《资治通鉴》:隋大业十一年(615),炀帝北巡,突厥围帝于雁门,东都及诸郡援兵至忻口,突厥遂解围;五代周显德元年(954),符彦卿北征北汉,契丹数千骑为北汉声援,符彦卿将步骑攻击,入忻州,契丹退保忻口,并即此。

忻穆王 即"朱见治"。

忻州 隋开皇十八年(598)置。以州北忻口为名。治秀容县(今忻州市)。唐辖境相当于今山西忻州、定襄等市、县地。明初废秀容县入州。清雍正二年(1724)升为直隶州,辖境扩大至今静乐县。1912年废,改本州为忻县。1983年改设忻州市。

新 朝代名。王莽所建。西汉平帝年幼即位,太皇太后侄王莽以大司马大将军执掌朝政。平帝死后,莽立两岁的刘婴,号曰孺子,自称"摄皇帝"。公元9年即真,改国号为"新",建元"始建国"。仅一世而亡,史称"新莽"。王莽称帝后,实行改制,更名天下田曰"王田",奴婢曰"私属",皆不得买卖;推行五均六筦;改革币制;又任意改变中央和地方的官制和官名,制造与匈奴等周边少数民族的纷争。这些措施加剧了西汉末年的社会危机,地皇年间爆发了全国性的赤眉、绿林起义。地主阶级和官僚集团中也有很多人转而反对新莽。公元23年,绿林起义军攻入长安,王莽逃入渐台,被商人杜吴杀死,新莽政权至此覆亡。

新安城 在今四川越西县北。唐开元中筑,后废,咸通五年(864)复修。旋为南诏所陷。

新安关 明辽东都司开元城诸关之一。在今辽宁开原西庆云堡北。有官军戍守。

新安郡 ❶西晋太康元年(280)改新都郡置。治始新县(今淳安县西)。辖境相当今浙江淳安,安徽歙县、休宁、黟县、祁门等县及黄山市一部分和江西婺源县地。隋开皇九年(589)废。❷东魏兴和中置。治新安(今渑池县东,隋移治今新安县)。辖境相当今河南新安县一带。隋开皇初废;义宁间复,唐初改为谷州。❸隋大业三年(607)改歙州置。治休宁县(今休宁县东万安),后移治歙县(今县)。辖境相当今江西婺源,安徽祁门、黟县、歙县、绩溪、休宁等县及黄山市的一部分。唐初改为歙州。天宝、至德时又改歙州为新安郡。后世因以新安郡为歙州、徽州(北宋末改歙州置)的别称。

新安派 清初山水画家弘仁(号渐江)、查士标、汪之瑞、孙逸均为安徽歙县或休宁人,隋唐时两县迭为新安郡郡治,故被称为"新安派"。

新安平县 西汉置。治今河北滦县西北。属辽西郡。东汉废。

新安县 ❶东汉初平三年(192)分太末县置。治今浙江衢州市。属会稽郡。三国吴宝鼎元年(266)属东阳郡。晋太康元年(280,《水经注》作太康三年)以弘农郡有新安县,改为信安县。❷元至元九年(1272)分容城县置。治今河北安新县。属保定路。明清属保定府。道光十二年(1832)废入安州。❸明万历元年(1573)以东莞千户所置。治今广东深圳市西南头。属广州府。清康熙六年(1667)废入东莞县,八年复置。1914年改为宝安县。

新白话 杂志名。清光绪二十九年十一月(1904.1)创刊于日本东京。月刊。中国留日学生主办。以倡导反清革命,反对列强侵略为主旨。鼓吹民族独立,复国复仇。设论说、政事、历史、地理、传记、新闻、小说、杂俎等栏目,已见发行七期。

新白话报 杂志名。清光绪二十九年底(1904年初)在日本东京创刊。月刊。江西留日学生主办。设论说、政事、传记、新闻等栏目,连载《文天祥》传记,宣传反清革命。以笔名担当、捕夷、易清、屠奴、昌汉、殖清、轰球、造时子暗示革命。因编印不及,四至六期改印小说,已见发行八期。

新班遇缺 清代捐纳事例之一,乃后期之加捐花样。咸丰九年(1859)为鼓励加捐而特设之班次。同治中又添设新班遇缺先一班,皆因成交纳实银而称为银捐。其选用之优异仅次于新班遇缺先,以致有"序补过速,见缺指捐"之指斥。光绪中停而复设,直至捐纳停办。

新班遇缺先 清代捐纳事例之一,乃后期之加捐花样。同治八年(1869)吏部于新班遇缺之上,乃设加捐十成实银一班,即用今称。又称为银捐事例班次。其选途最为优异,以致有"序补过速,见缺指捐"之指斥。光绪中停而复设,直至捐纳停办。

新报 报纸名。清光绪二年十月八日(1876.11.23)创刊于上海,由在沪经商的各省商帮共同出面创办,部分经费出自清上海道道库,亦接受江南制造局之津贴。初所刊新闻中英文并列,旋取消英文。销路不畅,经营困难,于八年五月二十九日(1882.7.14)自行停刊。

新编格后(後)敕 一名《太和格后敕》。唐律令文书。太和七年(833),刑部修订前大理丞谢登所编《新编格后敕》六十卷,去繁举要,分门别类,定为五十卷,颁行之。已佚。

新蔡 春秋蔡邑。平侯自蔡迁此,故名。即今河南新蔡县。《左传》昭公十三年(前529):楚平王即位,既封陈、蔡,使"隐大子之子庐(即蔡平侯)归于蔡(新蔡)",即此。秦置县。

新蔡郡 西晋惠帝分汝阴郡置。治新蔡县(今属河南)。属豫州。辖境相当今河南新蔡、淮滨、安徽临泉等市县及河南息县部分地区。南朝宋帖治汝南郡上蔡县(今河南汝南县)。北魏仍治新蔡县,属豫州。北齐改为广宁郡。

新蔡县 秦置。治今河南新蔡县。两汉属汝南郡。东汉光武帝封吴汉为新蔡侯,即此。西晋初属汝阴郡。惠帝以后为新蔡郡治。东魏又为蔡州治。北齐、北周为广宁郡治。隋开皇十六年(596),改为广宁县。仁寿元年(601),又改为汝北县。大业初,复名新蔡县。属汝南郡。宋、金属蔡州。元、明、清属汝宁府。

新草房街 地名。即今云南麻栗坡县治。清代属云南开化府。嘉庆时,改称麻栗坡街。

新昌侯国 西汉本始四年(前70)封燕剌王子刘庆置。治今河北高碑店市旧城东。属涿郡。东汉废。

新昌县 ❶唐开元四年(716)置。因乡名县(《太平寰宇记》)。治今江西景德镇市东北浮梁旧县东、昌江东岸。属饶州。寻移治今市东北浮梁旧县。天宝元年(742)改为浮梁县。❷北宋太平兴国六年(981)分高安县置。治今江西宜丰县。属筠州。元元贞元年(1295)升为州,明初复降为县。属瑞州府。1914年因与浙江省新昌县同名,改为宜丰县。

新成县 成一作城。西汉惠帝四年(前191)置。治今河南伊川县西南。属河南郡。东魏置新城郡。隋开皇十八年(598)改为伊阙县。

新城 ❶春秋时晋国曲沃的别称。《史记·晋世家》:献公二十一年(前656),"申生自杀于新城"。司马贞索隐引韦昭云:"曲沃也,新为太子城,故曰新城。"参见"曲沃❶"。❷邑名。(1)春秋秦邑。在今陕西澄城县东北。本梁新里邑,秦穆公十八年(前642)取之,次年城而居之,名为新城。《左传》文公四年(前623):"晋侯伐秦,围邧、新城,以报王官之役",即此。(2)春秋宋邑。在今河南商丘市西南。《春秋》文公十四年(前613):"公会宋公、陈侯、卫侯、郑伯、许男、曹伯、晋赵盾,癸酉,同盟于新城",即此。(3)春秋郑邑。在今河南新密市东南。《春秋》僖公六年(前654):"公会齐侯、宋公、陈侯、曹伯伐郑,围新城。"又名新密。参见"新密"。秦取新城后,秦昭王时为新城君芈戎封邑,《战国策·韩策三》有《段产谓新城君曰》章。(4)战国韩邑。在今河南伊川县西南。后属秦。《战国策·秦策一》:张仪曰:"楚临南郑,秦攻新城、宜阳。"汉置新成县。(5)一作"襄城"。战国楚邑。在今河南襄城县。《史记·秦本纪》:昭襄王七年(前300),"拔新城",即此。(6)战国赵邑。在今山西朔州市西南。《史记·秦本纪》:庄襄王三年(前247),蒙骜"攻赵榆次、新城、狼孟,取三十七城",即此。❸在今江苏江都市西北邵伯镇南。《晋书·谢安传》:东晋太元十年(385),安请北征,"出镇广陵(今扬州市西北蜀冈上)之步丘,筑垒名新城。""及至新城,筑埭于城北,后人追思之,名为召伯埭。"

新城郡 ❶本为韩地,后入楚,怀王时(前328—前299)置为郡。以地名新城为名。辖境相当今河南伊川县一带。《战国策·楚策一》:城浑"遂南交于楚,楚王果以新城为主郡"。❷三国魏黄初元年(220)合房陵、上庸等郡置。治房陵县(今房县)。属荆州。辖境相当今湖北房县、保康、南漳、竹溪、竹山等县地。其后分西路置上庸郡,辖境缩小。南朝齐改为南新城郡。梁复为新城郡。属岐州。北周改为光迁郡。❸隋大业初改梓州为新城郡,唐武德元年(618)复为梓州。参见"梓州"。

新城县 ❶三国吴黄武五年(226)分富春市置。治今浙江富阳市西南新登镇。属东安郡。后废。西晋复置,属吴郡。南朝陈属钱塘郡。隋属余杭郡。唐武德七年(624)废入富阳县。永淳元年(682)复置。属杭州。吴越改名新登县,北宋太平兴国四年(979)复旧。元属杭州路。明清属杭州府。1914年改为新登县。❷南朝陈置。治今湖南耒阳市北。属湘东郡。隋废。唐初复置。寻废。元复置。属衡州路。明初废入衡阳县。❸南宋绍兴八年(1138)分南城县于黎滩镇置。治今江西黎川县。属建昌军。元以后属建昌路、肇庆府、建昌府。1914年因与直隶、浙江、吉林、贵州四省新城县同名,改为黎川县。

新处县 西汉置。治今河北定州市东北。属中山国。东汉废。

新大陆游记 书名。近人梁启超撰。乃梁氏于戊戌变法失败后亡命美国时所作,是一部介绍十九世纪美国社会、政治、文化情况的重要著作。清光绪三十年(1904)刊印。1981 年经今人何守真整理后，由湖南人民出版社收入《走向世界丛书》。

新大陆游记节录 书名。近人梁启超撰。一册。清光绪二十九年(1903)正月梁氏由日本起程往加拿大、美国游历考察，十月返回日本。后整理并节录当时部分笔记成此编。介绍了美国的历史、工商业、文化等，对其政治上的黑暗，及当时的社会主义思潮均有评述。梁氏此行本为联络华侨，组织保皇会，故叙各地保皇会、华侨情形颇详。附录《记华工禁约》、《夏威夷游记》、《游台湾书牍》三种。有中华书局民国排印本。

新订烟台条约续增专条 原称《续增烟台条约》，又称《修改烟台条约》，英文本称《重庆协定》。英国援《中英烟台条约》有关条款，强迫清政府订立的不平等条约。光绪十六年闰二月十一日(1890. 3. 31)签于北京。凡六款。主要内容：(1)英国在重庆所享权益与其他口岸同；(2)英商自宜昌至重庆往来运货，或自备船或雇华船自便，税务一照条约税则，船务等事宜由英方官员参加会商，英“俾得获保护利便之益”；(3)一俟有华船运货往来重庆，英船则一体驶往。

新定律令敕条格式 即“泰和律义”。

新定县 东汉建安十三年(208)孙权置。治今浙江淳安县姜家镇东南，现没于新安江水库中。属新都郡。西晋太康元年(280)改名遂安县。

新都县 西汉置。在今四川新都县西。属广汉郡。隋开皇十八年(598)改为兴乐县，大业初省。唐武德二年(619)复置，即今新都县。

新都战国墓 战国时蜀地墓葬。位于四川新都马家乡晒坝东北。1980 年发掘。系一座有斜坡墓道的长方形土坑木椁墓，墓向正西，墓道在墓坑西。墓坑长 10.45 米，宽 9.2 米。木椁用楠木长短枋叠砌构成，有槽榫结构，东西长 8.3 米，南北宽 6.76 米，椁内分隔为一个棺室和八个边箱。棺以整木挖凿而成，形近船棺葬中的船棺。椁室中部下有一木构的腰坑。此墓早年被盗，椁内器物残剩甚少，惟腰坑未经扰动，内出青铜礼器、兵器、工具共一百八十八件，每种(或每式)各五件或两件。部分青铜礼器的造型、纹饰与楚器相近，其中最小一件鼎盖内有刻铭：“邵之飤贞(鼎)。”兵器包括中原式与巴蜀式两种。在棺室内出有方、圆印章各一，方印印文与此墓所出大部分青铜器铭有相同符号，似为墓主人的族氏或名字。此墓时代一般认为在战国中期左右。墓主人身份，一说即鼎铭中的“邵(昭)”氏，是到蜀地驻守或监管的楚贵族昭氏后裔；一说即蜀王，属开明氏九世至十一世中之一世；或说系秦灭蜀后的二世蜀侯煇。

新法 ❶新定之法令。《韩非子·奸劫弑臣》：“古秦之俗，君臣废法而服私。是以国乱兵弱而主卑。商君说秦孝公以变法易俗。……当此之时，秦民习故俗之有罪可以得免，无功可以得尊显也，故轻犯新法。”《宋史·王安石传》：“农田水利，青苗、均输、保甲、免役、市易、保马、方田诸役相继并兴，号为新法。”❷西夏法律著作。为西夏《天盛年改新定律令》的修改本。清宣统元年(1909)出土于黑水城遗址(今属内蒙古额济纳旗)。写本，蝴蝶装，共一千余页。以法律形式全面规定了西夏的政治、经济、军事、文化生活准则。是研究西夏社会的宝贵文献。今藏俄罗斯科学院东方学研究所圣彼得堡分所。

新法密率 明朱载堉在《律学新说》中最早提出的计算音律的方法。在八度音之间分成十二个音程相等(相邻两频率的比值即音程都是$\sqrt[12]{2}$)的半音，顺次组成十二个等程律。朱载堉称$\sqrt[12]{2}$为“密率”，并计算到二十五位数止。实质上，新法密率即今所谓的“十二平均律”。它解决了中国音乐史上长期以来黄钟往而不返的问题，使任何调高上的音阶各级之间达到了音程关系的完全一致。

新丰 地名。即今江苏丹阳市北新丰镇。《资治通鉴》：唐至德二载(757)，淮南诸将讨永王璘于丹阳，军于瓜步洲，赵侃等渡江大败璘军于此。

新丰塘 又名新丰湖(《元和郡县志》)。在今江苏丹阳市东北。《晋书·张闿传》：太兴四年(321)，晋陵内史张闿“乃立曲阿新丰塘，溉田八百余顷，每岁丰稔”。

新丰县 西汉高帝定都关中，因太上皇思归故里沛县丰邑(今江苏丰县)，仿丰邑街里，改筑骊邑，并迁故旧居此，以娱其父。七年(前 200)置县，十年更名新丰县。治今陕西西安市东北。初属内史，后属京兆尹。东汉灵帝时移治城东三十里泠水(今零河)侧，北周闵帝元年(557)移治今西安市东北新丰镇东南七里，隋大业六年(610)又移治今新丰镇。唐垂拱二年(686)改为庆山县，神龙元年(705)复故名。属雍州(开元后升为京兆府)。天宝七载(748)废。白居易《新丰折臂翁》诗：“翁云贯属新丰县”，即此。

新奉铁路 奉天(治今沈阳)至新民厅铁路。日俄战争中日军擅自修筑轻便铁路。清光绪三十三年(1907)中国备价一百六十六万日元收回，并向南满铁路公司借款三十二万日元改为宽轨，宣统三年(1911)竣工，成为京奉铁路之一段。

新甫山 在今山东新泰市西北。《诗·鲁颂·閟宫》：“新甫之柏”，即此。《新泰县志》：西汉武帝封禅于此，见仙人迹，建离宫于上，遂改名宫山。

新附军 元兵种之一。忽必烈攻灭南宋过程中以俘降的南宋军组成。

新淦县 西汉置。因县境子(紫)淦山得名。一说以县有淦水得名。治今江西樟树市。为豫章都尉治。隋开皇十年(590)移治今新干县。属吉州。北宋淳化三年(992)改属临江军。元元贞元年(1295)升为州。明初复降为县。属临江府。1957 年改为新干县。

新港 又作新港庄。本台湾土著番社名，即今台南市南新市乡驻地。清康熙三十五年(1696)吴球在此谋起事，不成被杀。

新故相除 北宋王安石用语。新陈代谢之谓。《杨龟山先生集·字说辨》引《字说》：“有阴有阳，新敀相除者，天也；有处有辨，新故相除者，人也。”认为这是自然(天)和社会(人)的共同变化发展规律。

新广东 书名。亦名《广东人之广东》。近人欧榘甲撰，署名太平洋客。一册。倡言广东自立，以为各省自立之起点，达中国自立之目的。内容分为绪论、论广东有自立特质、论当自立之义、论自立之当预备与去俗见并广东不知自立之害、论广东人须知为自己之物并陈自立三策、结论等六个部分。最初在檀香山致公堂机关报《大同日报》连载。清光绪二十八年(1902)新民丛报社在横滨辑印成书。

新汉报 报纸名。(1)清宣统三年八月(1911.10)在香港创刊。日报。卢博浪、李孟哲主笔，黄世仲总经理。“以开通民智，讨论政治为宗旨”，鼓吹民族主义。1912年，南北统一后停刊。(2)宣统三年九月一日(1911.10.22)在汉口创刊。日报。汉口军政分府机关报。何海鸣任总经理。发行数日，北洋军攻占汉口后停办。

新河 ❶东汉建安十一年(206)曹操为征乌桓蹋顿所开运河。《水经·濡水注》：“自雍奴县承鲍丘水东出，谓之盐关口，魏太祖征蹋顿与泃口俱导也。世谓之新河矣。”泃口即泃河口，与泉州渠北口泉州口相通。渠道自盐关口分鲍丘水(今潮河)东出，流横绝庚水(今州河)、封大水(今陡河)、缓虚水(今沙河)、素河(今沂河)、清水(今清河)等数条自北南流入海的小河，东注入濡水(今滦河)。大致经今天津市宝坻县和河北玉田、丰南、唐山、滦南、滦县等市、县地。渠成后，与平虏、泉州二渠形成一条向北折东，沟通滹沱河、泒河、潞河、鲍丘水、滦河的连运渠道，可避海运风涛之险。❷又名洪泽河。北宋雍熙初开凿沙河后，避开淮河山阳湾之险。但沙河而西，运舟仍需涉淮风涛之险。庆历中，发运使许元自淮阴县(今江苏淮阴市西南)开新河，自沙河。西至盱眙县洪泽镇(今江苏盱眙县东，已沦入洪泽湖中)入淮，凡四十九里。久而浅涩。熙宁四年(1071)皮公弼复加浚治。次年毕工，人皆便之。南宋乾道五年(1169)楼钥北行使金亦由此河。元后废。

新河之役 明代浚通运河工程之一。嘉靖六年(1527)黄河决于沛县(今属江苏)，浸入运河，漕运受阻。明朝政府议开北自南直隶鱼台(今属山东)直抵沛县之留成(今已沦入微山湖)，凡一百四十余里的新河，以通漕运。役夫六万五千(一说九万八千)，耗银二十万两，原定工期六个月，开工四个月。开工未久，因朝议不协罢役。四十四年，黄河复决于沛县，全河北徙，上下二百里运道皆淤阻。工部尚书朱衡乃即原开新河疏浚之，金都御史潘季驯复浚留城以南旧河，漕运乃通。

新红史 全称《王统幻化之钥新红史》，亦称《王统幻化之钥》。书名。班钦·索南查巴(1478—1544)撰。成书于明嘉靖十七年(1538)。作者为西藏僧人，学识赡富，生平著述有十八种之多，此书即其中之一。现仅见手抄影印本，有意大利杜齐影印本及丹萨巴影印本两种。全书分印度王统、香跋拉王统、汉地历代帝王更迭史、蒙古王统、西夏王统、吐蕃王统、宋明时期西藏各地方封建割据势力等七个部分。其中以藏族历史所占篇幅较多，史料价值亦以此部分最为突出，如所记元代西藏地方十三万户各万户具体地理范围，此前《红史》及《青史》均未见载。南宋少帝赵㬎曾任萨迦寺总持事，亦仅见于此书。他如宋、元、明时期西藏二十个地方势力的活动，帕竹诸大臣的更迭情况，所记皆较其他藏史著作为详。此书编写方法对后世藏史著作如《西藏王臣史》等亦有较大影响。有1917年意大利杜齐英译本(附原文)，1982年西藏人民出版社出版的黄颢汉文译注本。

新湖南 书名。清杨毓麟撰，署名“湖南之湖南人”。一册。猛烈抨击帝国主义侵略，揭露清政府的走狗面目，鼓吹民族建国主义和个人权利主义，提倡暴力、流血，宣传民主革命。内容分为绪言、湖南人之性质及其责任、现今大局之危迫、湖南新旧党之评判及理论之必出于一途、破坏、独立等六个部分。光绪二十八年(1902)在日本东京出版，宣统二年(1910)和1913年两度重版。

新化县 北宋熙宁五年(1072)以梅山蛮地置。治今湖南新化县北白溪镇，属邵州(南宋升为宝庆府)。绍圣中移今治；一说绍圣初移治白溪镇，寻移今治。元属宝庆路。明清属宝庆府。

新化长官司 土司名。元置。明洪武后废。永乐元年(1403)复置，属贵州卫。十二年属新化府。宣德九年(1434)属黎平府。清顺治十五年(1658)归附。长官姓欧阳。司治新化寨(在今贵州锦屏县南)，管贡寨、孟寨等十一寨，居民有侗族。

新会郡 东晋元熙二年(420)分南海郡置。治盆允县(今广东新会市北)。辖境约当今广东江门、新会、开平、台山等市、县地。属广州。隋平陈废。

新会县 隋开皇十年(590)改盆允县为新会县。属冈州。大业初属南海郡。治今广东新会市北。唐武德四年(621)为冈州治。贞观十三年(639)移今治。开元以后属广州。宋有千岁锡场，海晏等六盐场。元属广州路，明清属广州府。1931年移治今江门市，1951年移治中原墟，1956年复还会城，即今市。

新汲县 本汲乡，西汉神爵三年(前59)置县。因河内郡有汲县，故加“新”字。治今河南扶沟县西南。汉、晋属颍川郡，东魏至北周属许昌郡。隋废。唐初复置。属洧州。贞观元年(627)废。

新集锦合辞 西夏文谚语集。西夏学士梁德养编于乾祐七年(1176)，刊印于十八年。清宣统三年(1909)出土于黑水城遗址(今属内蒙古额济纳旗)。木刻本，蝴蝶装，计六十二面。为诗歌体，前后两句形式上多对仗工整，内容上互相照应关联，反映了西夏的社会风习，富有哲理性。现藏俄罗斯科学院东方学研究所圣彼得堡分所。

新辑时务汇通 书名。又名《新辑增图时务汇通》。清末李作栋辑。一百零八卷。李氏游历中外多年，搜集中西时务新书颇多，后即编译选辑成此编。分天文、地舆、政治、工艺、学校、外交、武备、理财、商务、宗教、矿务、农学十二门。其地舆一门，论述世界各大洲各国甚详，附以地图。其政治一门，礼、兵、工、户、刑诸政均分别论次，还辑入梁启超、郑观应等人关于新政的论说、奏疏及西人著述。是书内容庞杂，然略可见清末时务之大观。有光绪二十九年(1903)上海崇新书局石印本。

新家闸 地名。在今湖北安陆市西。清同治五年(1866)十二月二十一日，捻军任柱、赖文光部屯新家闸，淮军总兵张树珊率军渡河进击，为捻军所败，张树珊阵亡，即此。

新建陆军 见“新军”。

新建陆军行营武备学堂 学校名。又称武卫右军随营学堂，或称直隶武备学堂。清光绪二十二年(1896)督练新建陆军直隶臬司袁世凯在天津小站创立。因编练新军需要，遂规仿西洋军事学堂制度造就军官，聘德国军官和北洋武备学堂优等毕业生为教官，于所部新军各营内挑选年轻健壮、粗通文墨之官兵为学生，入堂肄业。分德文班、炮科班、步科班、马科班，学制二年。主要课程有德国语言文字、兵法、攻守战法、算学、测绘、图舆、沟垒、枪学、炮学、操法及汉文各学。第一批学员二百三十余人，毕业生除德文科准备派赴德国留学外，其余均回营担任下级军官。

新建县 ❶三国吴太平二年(257)分临汝县置。治今江西乐安县西北。属临川郡。隋开皇九年(589)废入崇仁县。❷北宋太平兴国六年(981)分南昌县置。治今江西南昌市。与南昌县先后同为宋洪州、隆兴府，元隆兴路、龙兴路，明清南昌府治。二十世纪四十年代末以后治所屡迁，1961 年移治长堎镇，即今县。

新疆 地名。(1)古称西域。清乾隆二十四年(1759)统一天山南北后兼称“新疆”或“西域新疆”。东连甘肃，南接西藏，北接乌陇古河(今乌伦古河)、额尔齐斯河与科布多，西以爱古斯河(今阿亚古斯河)、巴勒喀什池(今巴尔喀什湖)、帕米尔为界。境内塔里木、准噶尔两大盆地分处南北，天山横亘东西。山北原为准噶尔部，居蒙古族牧民；后辟为屯垦地区，移居回、汉、维吾尔族移民及满洲、锡伯、索伦等族兵民。山南为回部，居维吾尔族人。设总统伊犁等处将军于惠远城(今霍城南境)，统辖全境。光绪十年(1884)建省，定名“新疆省”。因沙俄割占巴勒喀什池以东以南土地，行政中心东移，省会置于迪化(乌鲁木齐汉城)。设巡抚、布政使等，隶陕甘总督，下辖镇迪、阿克苏、喀什噶尔及伊塔四道。1919 年阿勒泰并入新疆，为阿山道，始成今日新疆全境规模。(2)清雍正、乾隆间对改土归流的某些地区称为“新疆”，或“新辟苗疆”。如云南昭通、永善一带，贵州古州、丹江一带，安顺、镇宁一带，以及四川大小金川等地均被称为新疆。

新疆档 档案名称。清代军机处档册之一，嘉庆二十四年(1819)建立。内载新疆在任之都统、副都统、领队大臣、参赞大臣、办事大臣等高级官员的简明履历并各人的补放年月。凡已离任者，各于名上注明圈销。

新疆俄文馆 又称中俄专门学堂。学校名。新疆巡抚陶模于清光绪十三年(1887)在省城设立。仿照同文馆章程挑选生徒入馆肄业，由翻译桂荣兼充教习，另设汉教习一人，分课肄业。三十一年裁撤，三十四年复设。

新疆赋 书名。清徐松撰。徐氏于嘉庆十六年(1811)遣戍伊犁，亲历新疆南北路，览其山川城邑，考其建官设屯，博采群籍，用韵文体写成。文辞绚丽，音韵铮然，颂扬新疆山川壮丽和清代统一大业。诸凡历史沿革、地形、水道、物产和建置等，莫不荟萃其中。

新疆高等学堂 学校名。清光绪三十二年(1906)新疆提学使杜彤在省城设立。主持校务者为刘熺、王昶濬。后因生徒程度不齐，改作中学。办学较注重实际。宣统元年(1909)自北京调入理科教习张启聪等四人，学科益备。又因急于造就外属教习之人选，遂于中学班内分设简易师范班，所招学生为居住新疆者，特别是少数民族。旋开设少数民族师范班。

新疆回部志 书名。清参赞大臣苏尔德据都统永贵、观察使固世衡原编《回疆志》增删改编而成。凡四卷，卷首一卷。乾隆三十七年(1772)刊成。记载地理、山川、城池、宗教、风习、物产、官制、户口、赋役、钱法、隘卡、邮驿等。四十九年嘉木湖达福补录续经改定官阶贡赋各事宜，并附四十三年王敬止所撰《异域传闻录》一卷。成书较早，是研究乾隆中期新疆民族历史的重要史料。有抄本传世。

新疆机器局 又称新疆机器厂。官办军用企业。清光绪二十四年(1898)由新疆巡抚饶应祺创设于迪化(今乌鲁木齐)。除造枪弹外，兼铸银元铜钱。

新疆纪略 见“西域闻见录”。

新疆龙堆奏议 书名。清满洲镶黄旗人萨迎阿任伊犁将军时的部分奏稿。四卷。抄本。内容涉及道光末年新疆的政治、经济，及沙俄侵略西北边疆等情况。

新疆陆军 清末新军。光绪三十二年(1906)，新疆将原有步队、马队改练新军，步队三营为一标(团)，马队两营炮队一营为一标，共为一混成协(旅)，官兵合计二千四百余人。驻扎省城迪化(今乌鲁木齐)。次年，陆军部按省分配陆军，限新疆三年内编练一镇(师)。宣统元年(1909)伊犁编成一协，逐渐凑成一镇。时人有新疆新军名实不符之评语。

新疆省 清光绪十年(1884)置，省治乌鲁木齐。清乾隆初年勘定西域，习称新疆，属甘肃省。嘉、道年间龚自珍曾两次建议将新疆设置行省。光绪三年钦差大臣、督办新疆军务左宗棠奏请设省，收复新疆后，又重申建省之请。十年九月三十日(1884. 11. 17)清政府宣布新疆建省，设巡抚、布政使司。刘锦棠任首任新疆巡抚。隶陕甘总督。下设镇迪道、阿克苏道、喀什噶尔道，后增设伊塔道。全疆共建四道，辖六府、九厅、三州、二十一县。参见“新疆(1)”。

新疆私议 书名。清沈垚撰。一卷。作于道光八年(1828)。列举汉以来经营西域史例,论证新疆安定对中国国防和领土统一意义至大。针对道光七年清政府平定新疆张格尔叛乱后局势,提出加强军政建设,慎重处理民族关系,和探明其地水道,开发水利,实行屯田,发展边疆经济和巩固国防等主张。末附《葱岭南北河考》,对葱岭南北河道古今变迁有所考辨。为当时论西北边事之名作。收入《落帆楼文稿》和《落帆楼文集》。

新疆四大镇 清于乌鲁木齐设都统一员,伊犁、塔尔巴哈台、喀什噶尔各设参赞大臣一员,统辖新疆全境驻防官兵,皆归伊犁将军节制,合称四大镇。

新疆图志 书名。清末王树枏、王学曾等撰。一百一十六卷,另卷首一卷。王氏于光绪三十二年(1906)出任新疆布政使后,经奏请,于宣统元年(1909)设新疆通志局,宣统三年编成此书。刊刻时由新任巡抚袁大化首署。是书广辑正史、地志、方略、奏议、文集和游记等有关史料,分建置、国界、天章、藩部、实业等二十九类,于新疆地理沿革、部落分布、政治设施和文化教育等事项记载尤详。附有测绘图,分别与各志相比配。详略有当。卷首所列引用书目,于新疆地方文献集其大要。该书为新疆建省后第一部较为完备的省志,但内容多为转抄,缺乏实地考察,不尽确切。有清宣统三年活字本、1923年东方学会校订铅印本。

新疆屯田 新疆古称西域,历代皆有屯田。清代新疆屯田,始兴于康熙五十五年(1716),至乾隆二十四年(1759)统一天山南北后,规模尤巨,垦地日广。除兴屯以资兵食外,又具移民实边性质。屯田种类可分兵屯、户屯、犯屯、回屯和旗屯五种。参加屯田的民族包括回、汉等族农民、兵丁与遣犯,维吾尔族农民,满、蒙古、锡伯、索伦等族兵丁与闲散民户。垦田地区遍及南北疆各地,而以天山北麓为主。各族屯民来自各地,对交流农业技术与发展农业生产都起了积极作用。因剥削极重,常引起屯民弃地逃亡与起义。同治年间,浩罕阿古柏与沙俄先后侵入新疆,对农业生产破坏极大。光绪初,清军收复新疆,招集流亡,恢复屯垦,垦区又有扩大,促进了经济的恢复与发展。

新疆外藩纪略 见“西域闻见录”。

新疆要略 即“西陲要略”。

新疆识略 书名。清徐松撰。由伊犁将军松筠奏进,署名松筠。十二卷,卷首一卷。初名《伊犁总统事略》,由祁韵士创纂。徐松谪戍伊犁时,松筠委之修订。于道光元年(1821)奏进,赐名《新疆识略》,付武英殿刊印。书中首列新疆总图和南北两路、伊犁各图,附有叙说,次为官制兵额、屯务、营务、库储、财赋、厂务、边卫、外裔等。凡山川道里、地名沿革、城垣建置、险要控扼、军政设施、钱粮兵籍、边防卡伦等,皆有记载。于研究新疆地区地理沿革和社会历史有参考价值。

新绛 即“新田❷”。

新绛渠 水渠名。在唐河东道绛州曲沃(今山西曲沃东北)东北三十五里。永徽元年(650)县令崔翳引古堆水开渠,溉田百余顷。

新校晋书地理志 书名。清方恺撰。一卷。《晋书·地理志》列十三州,凡三篇,前编记汉魏立州郡之始,中篇列晋代郡县,后篇记惠帝以后增损之制,间有太康三年(282)更革州郡亦附于后编。但中篇郡县未列年份,舛错颇多。方氏据本书纪传及诸志载述异同,又取杜预、张华、京相璠、皇甫谧、刘逵等人著述,疏列异说以相证引。又据东晋郭璞、王隐、常璩、阚骃诸人书,用证西晋时中原版籍情况,而所旁及之沈约《州郡志》、魏收《地形志》、郦道元《水经注》,则惟取西晋沿革,以校此志之失。是书引证资料,颇为丰富。

新教 ❶中国伊斯兰教的一个派别。亦译伊合瓦尼派,伊合瓦尼为阿拉伯文的音译,原意为“兄弟”。主张“凭经行教”,革除不合教派的礼仪。清末民初,由马万福(亦名马果园,东乡族)为首的“十大哈吉”所倡导,注重中(文)阿(文)并重的“经堂”教育。主要分布于青海、宁夏、甘肃临夏以及河南、山东、河北等部分地区。因产生时间较晚,被称为“新教”、“新兴教”、“新兴派”。❷明末以来,回族内部相继产生一些宗教派别,对于新产生的教派,往往被称为“新教”。如哲赫林耶初创时,亦曾被称为“新教”。而当伊合瓦尼教派产生后,原有教派都被称为“老教”。故“新教”与“老教”,当为相对用语。

新斠注地理志集释 书名。清钱坫撰,徐松集释。十六卷。为校补《汉书·地理志》之作。钱氏是书成于乾隆五十七年(1792),其内容为:考故城、考水道、考山经、尊时制、正字音、改误刊、破谬悠、阙疑阙。凡《水经注》、《括地志》、《史记正义》、《后汉书注》、《元和郡县志》、《太平寰宇记》等书所载均备录。中经徐松集释,开雕于同治十三年(1874)。徐氏于钱氏书采乾嘉时阎若璩、钱大昕、胡渭、洪亮吉、何焯、齐召南等之说为之补释之外,并以按语对钱氏诸说作补述和纠谬。姚觐元、缪荃孙、章贞等均参加校勘。

新津县 北周孝闵帝元年(557)置。治今四川新津县东。属犍为郡。隋开皇初移治今新津县。唐、宋属蜀州,明清属成都府。

新旧唐书合钞 书名。一称《唐书合钞》,简称《唐书》。清沈炳震编。二百六十卷。书成于雍正十一年(1733)。以《旧唐书》与《新唐书》瑕瑜互见,因积十余年精力,取两书互为比勘,合钞成编。皆分纲列目,酌取两书中记事优长者,大字书写,以为正文,标举正文缺载或两书互异者,小字书写,以为注文。至于文有详略,不复一一抄录。大抵本纪、列传部分一以《旧唐书》为正文,《新唐书》为注文;志、表部分多以《新唐书》为正文,《旧唐书》为注文;传、志、表为《旧唐书》所缺者,并从《新唐书》增入;于篇次先后,稍有更定。对记载互异处,则只取两书互订,附以案语,不引他书为佐证。全书内容颇集两书之长,有综览合稽之便。方镇表添载拜罢姓名,经籍志补订书目,则不尽限于抄书。有乾隆间海昌查世倓刻本、同治十年(1871)吴氏清来堂查刻修补本。

新旧唐书合注 见"唐书魏郑公传注"。

新旧唐书互证 书名。清赵绍祖撰。二十卷。摘录新、旧《唐书》文字、史实错误失实或相歧异处共一千一百三十二条,为之考辨补订。其中取于《新唐书》者居十之八九。大抵以两《唐书》相互质证为主,兼以《资治通鉴》、《通鉴考异》、《唐会要》、《新唐书纠谬》、《金石录》及清卢文弨、钱大昕等人著述参订。皆胪列诸说,断以己见,定其是非。于研讨两《唐书》所记史实,颇有所裨。有《丛书集成》本等。

新军 清末仿欧美军制编练的新式陆军。光绪二十年(1894)春,清政府始命广西按察使胡燏棻在天津小站筹练。次年二月募集四千七百余人,编为十营,聘德国教官训练,名"定武军"。十二月改派袁世凯接办,扩编为七千余人,改称新建陆军,设督练处,仍聘德人训练。署两江总督张之洞亦在江南聘德人编练自强军。二十四年袁部新建陆军改为武卫右军,次年底调赴山东镇压义和团,乘机扩充至一万七千余人。二十七年冬调防直隶(今河北),卫戍畿辅。后以袁世凯继任直隶总督兼北洋大臣、练兵大臣,遂扩充为北洋常备军。二十八年设立军政司,管理督练新军事务。各省亦在"新政"名义下编练新军,或就防军改编,或用新法招练。二十九年为划一军制,在京师设练兵处,以奕劻为总理,袁世凯为会办。各省设督练公所,由督、抚、将军、都统兼任督办。三十年由练兵处制订陆军军制,确定以镇(师)为经常编制,拥有步、骑、炮、工程、辎重等兵种,建制为镇、协(旅)、标(团)、营、队(连)、排、棚(班),每棚兵目十四人,合计每镇将弁兵役共一万二千五百十二人。各级军官大多由军事学堂毕业生充任。新兵选拔征募,对年龄、体格及文化程度均有严格要求。三十一年,计划在全国编练新军三十六镇,按省分配,限年编练。至武昌起义前夕,全国已编练新军十三镇(一说十四镇)、十八个混成协、四个标和一个禁卫军;以北洋新军为中央军(亦称国军),各省新军为地方军。随着全国革命形势的高涨,部分新军官兵倾向革命,成为武昌起义和各省光复的主要力量。

新军政变记 书名。一题《广东新军叛变本末》。近人刘悲盦编。记宣统二年(1910)同盟会在广州发动新军起义始末。首为纪略,次文牍、报告、供词,末附录《革命党运动章程》、吴宗禹《三日录》。宣统二年以《砭群众报》第六期增刊刊出。

新开狱 武则天时所设之狱。时酷吏周兴、来俊臣等于洛阳皇城丽景门内,特置制狱(即诏狱),称推事使院,以审讯被诬为谋反者。丽景门一称新开门,时人因称为新开狱。入此狱者,无一生还。

新康县 西晋太康元年(280)以新阳县改名。治今湖南宁乡县西横市北,南临沩水。隋开皇九年(589)并入益阳县。唐武德四年(621)又分益阳县置。治今宁乡县西十里。七年复并入益阳县。两晋、南朝属衡阳郡,唐属潭州。

新科 ❶新立之科条。《三国志·魏志·何夔传》:"所下新科,皆以明罚敕法,齐一大化也。"❷新设选举之科目。自两汉以降,选举之制不同,入仕途有贡举、铨选、考课等。宋承唐制,科目有所增减。《宋史·选举志一》:"又立新科明法,试律令、《刑统》、大义、断按,所以待诸科之不能业进士者。"❸当年举行的科举。如谓"新科状元"。

新科明法 贡举科目之一。北宋熙宁四年(1071)后,由明法科改,只准熙宁五年前明经和诸科举人不能改试进士科者应试,考试律令、《刑统》大义、断案。崇宁初罢,建炎二年(1128)复立,绍兴十六年(1146)又罢。

新口 地名。在今河北武安市西。《资治通鉴》:唐天复元年(901),朱全忠攻李克用,遣将氏叔琮入自太行,"张文恭入自磁州新口"。胡三省注:"武宗之讨刘稹也,自辽州开新路,达于磁州武安县,故谓之新口。"

新犂 即"孅犂"。

新列国志 书名。又名《东周列国志》。章回小说。一百零八回。明末冯梦龙据《春秋列国志传》改编而成。写春秋时期列国故事。

新林 浦名。在今江苏南京市西南。有小水源出牛首山,西流入长江,名新林浦,亦称新林港。南朝时为建康西南要地。《资治通鉴》:南朝宋元徽二年(474),桂阳王休范、齐永元元年(499)陈显达先后起兵寻阳,进逼建康,均军于新林;梁大宝二年(551)侯景"发建康,自石头至新林,舳舻相接",即此。

新律 ❶新定或修定之刑律。历代帝王即位后,在不同时期都要颁布各种法令、刑律。刑律或沿袭前代,或重定新律。《晋书·刑法志》:"旧律所难知者,由于六篇篇少故也。篇少则文荒,文荒则事寡,事寡则罪漏。是以后人稍增,更与本体相离。今制新律,宜都总事类,多其篇条。"❷即魏律、魏新律。三国魏明帝时由陈群、刘劭、韩逊等人"删约旧科,傍采汉律,定魏法,制《新律》十八篇"(《晋书·刑法志》)。《唐六典》载《新律》为新增九篇,与《晋书·刑法志》载新增十三篇不合。《新律》十八篇至隋代亡佚。《晋书·刑法志》只存《魏律序略》一篇。

新论 书名。又称《桓子新论》。东汉桓谭撰。据《后汉书·桓谭传》,光武帝时谭"著书言当世行事二十九篇,号曰《新论》"。李贤注列举其篇名为《本造》、《王霸》、《求辅》、《言体》、《见征》、《谴非》、《启寤》、《祛蔽》、《正经》、《识通》、《离事》、《道赋》、《辨惑》、《述策》、《闵友》、《琴道》。除《本造》和《闵友》、《琴道》外,均分上下,其中《琴道》篇由班固续成。此书当时即受人推重,王充在《论衡》中屡加称誉。《隋书·经籍志》著录为十七卷,宋时亡佚。今有清人孙冯翼、严可均两种辑本。其内容力辟谶纬迷信,否认鬼神的存在。如《形神》篇指出,"精神居形体,犹火之燃烛",烛尽火灭,精神不能离开形体单独存在。这一比喻为后世无神论者反对灵魂不死说提供了有力的论证。所叙佚事旧闻,也有助于史事之考证。

新罗 古国名。又称斯罗。故地在今朝鲜半岛东南部,本辰韩十二国中之斯卢国。传为朴赫居世所建,都金城(今韩国庆州)。公元四世纪以后逐渐强大,与高丽、百济鼎足争雄。新罗与隋唐关系密切,亦为中国古代文化传入日本之桥梁。隋初,文帝封其王金真平为上开府、乐浪郡公、新罗王。其后岁遣使朝贡。唐武德七年(624),高祖又遣使封金真平为乐浪郡王、新罗王。与唐关系密切。显庆五年(660),与唐军灭百济。总章元年(668),助唐军灭高丽,后统一朝鲜半岛大部。九世纪衰落。公元935年为王氏高丽取代。

新罗堡 地名。在今陕西眉县东南。《资治通鉴》:东晋太元十五年(390),"后秦主(姚)苌攻秦扶风太守齐益男于新罗堡",即此。

新罗坊 唐时,旅居中土的新罗商人及其家属聚居之地。主要集中于今山东烟台、海阳、文登、荣成,江苏江都、淮安、东海等地。

新罗馆 唐时长安(今陕西西安)、登州(今山东烟台,后移治蓬莱)、楚州(今江苏淮安)等地专门接待新罗商人的旅店。店内设有总管及翻译。

新罗山人 即"华喦"。

新罗寨 地名。在今内蒙古巴林左旗东。《金史·叛臣传》:大定元年(1161),契丹西北路将撒八为其下移剌窝斡所杀,窝斡自为都元帅,"拥众东还,至临潢府东南新罗寨",围攻临潢,即此。

新满文 见"满文"。

新满洲 即"伊彻满洲"。

新莽嘉量 新莽始建国元年(公元9年)颁行的标准量器。以龠、合、升、斗、斛五量具备,故名嘉量。正中的圆柱体的上部为斛量,下部为斗量,左耳为升量,右耳上为合量,下为龠量。圆柱休的侧面有铭文。一龠容10.65毫升,一斛容20.0975公升。现藏台湾省故宫博物院。

新莽外卡尺 一种具有游标刻度的量具。制作于新莽始建国元年(9)正月癸酉朔日。材料为青铜。通过销和滑槽,主尺和副尺(游标)相对滑动。尺的一侧标有两组尺寸,最小刻度为十分之一寸。尺的另一侧刻有制作日期。

新密 本西周密国,春秋为郑新密邑。在今河南新密市东南。《左传》僖公六年(前654):诸侯伐郑,"围新密",即此。西汉置密县。

新民 ❶使民更新,教育人民,开发民智。《书·康诰》:"亦惟助王宅天命,作新民。"孔传:"居顺天命,为民日新之教。"❷新归附之民。北魏征服后燕等地之后,将所俘人口迁入京师等地,谓之新民。可不改其俗,实行计口授田。发给农具耕牛,收取赋税。对别为部落的高车新民则列置于漠南。北宋后期称新归服的周边少数民族为新民,在该地区兴办*新民学。

新民丛报 杂志名。资产阶级改良派刊物,保皇会言论机关。清光绪二十八年正月初一(1902.2.8)在日本横滨创刊。半月刊。署冯紫珊主编,实为梁启超主办,韩文举、蒋智由、马君武、欧榘甲等编撰。辟有二十多个栏目,发行万份左右。初以"维新吾民"、"养吾人国家思想"为宗旨,大量介绍达尔文、孟德斯鸠、卢梭、亚里士多德的思想,传播西方资产阶级哲学、社会学说,宣传维新变法,鼓吹民族主义,提倡新文体。同盟会成立前后,坚持立宪保皇,抵制革命思潮,反对民主革命。与《民报》论战两年余,散布革命必召瓜分、革命必召内乱、革命必然亡国;中国民智未开,只能行君主立宪不能获民主共和等论调。三十三年十月自行停刊,共出九十六号。

新民国报 报纸名。清宣统三年(1911)在加拿大维多利亚创刊。孙中山联合革命华侨而创办。初为不定期油印小报,后改周报,铅印。1912年后再改为日报。李伯豪、余超平先后主编。

新民说 篇名。梁启超撰,署"中国之新民"。清光绪二十八年(1902)正月开始在《新民丛报》连载,至次年九月而止,共二十节。宣传新民为中国今日第一急务,逐一论列新民之道,包括公德、国家思想、进取冒险、权利思想、自由、自治、进步、自尊、合群、生利分利、毅力、义务思想、尚武、私德、政治能力、民气等等,独不谈论革命。

新民学 学校名。北宋后期称新归附的周邻少数族为新民或归明人,在这些州县城寨招收新民子弟就学,则称"新民学",简称"新学"。按照其诵读《孝经》、《论语》、《孟子》等熟练程度和通晓义理情况,分三等推赏。新民学设教授,由本路提举学事司奏举命官或贡士、摄官等充任。徽宗时,新民学一度实行三舍法。南宋在有些少数族聚居州县重建新民学,置教授,定学生名额。

新拟军 五代南唐初,令民新置产者出一卒,号新拟军。

新拟生军 五代南唐初,令民分籍者出一卒,号为新拟生军。

新宁铁路 广东新宁(今台山)斗山至北街铁路。清光绪三十一年(1905)新宁县绅商余乾耀等与陈宜禧倡议设立新宁铁路公司,经商部立案,以陈宜禧为总理兼总工程师。三十二年开工,集资四百余万元,宣统二年(1910)筑至新会县城。1913年展筑至北街,全长110公里。抗日战争中拆除。

新宁县 ❶三国吴分耒阳县置。治今湖南常宁市南三洞。唐神龙二年(706)移治今常宁市西麻洲,开元九年(721)又移治今常宁市西北宜江。天宝元年(742)改为常宁县。六朝时属湘东郡,隋、唐属衡州。❷明弘治十一年(1498)分新会县地置。治今广东台山市。属广州府。1914年以与湖南、广西、四川省新宁县同名,改为台山县。

新宁州 明隆庆六年(1572)以宣化县定禄洞地置。治今广西扶绥县。辖境相当今扶绥县大部分地区。属南宁府。1912年改为县,1914年改为扶南县,1951年与绥渌、同正二县合并置扶绥县。

新平郡 东汉兴平元年(194)分右扶风及安定郡置。治漆县(今陕西彬县)。属雍州。辖境相当今陕西彬县、长武、旬邑及甘肃灵台等县地。其后屡有变动。北魏属泾州。西魏、北周属豳州。隋开皇初郡废。义宁二年(618)复置。治新平县(今彬县)。唐初改为豳州。天宝元年(742)仍为新平郡,乾元元年(758)改为廊州。

新平县 ❶西汉置。治今河南淮阳县东北临蔡。属淮阳国。东汉属陈国。西晋废。唐武德元年(618)分宛丘县复置。属陈州。贞观元年(627)废。❷隋开皇四年(584)改白土县置。治今陕西彬县。为豳州治。大业初属北地郡。唐初复为豳州(开元中改"豳"为"廊")治。天宝、至德时曾为新平郡治。明初废入廊州。

新平镇 亦称昌南镇、陶阳镇。东晋置。即今江西景德镇市。水土宜陶,南朝陈时已有制瓷业的记载。唐盛产陶瓷,产品质薄色素,莹缜如玉,称为假玉器,名闻全国。北宋景德年间改名景德镇。

新郪 战国魏邑。在今安徽太和县北。《战国策·魏策一》:苏秦说魏王曰:大王之地南"有许、鄢、昆阳、邵陵、舞阳、新郪"。又作郪丘。《史记·魏世家》:安釐王十一年(前266),"秦拔我郪丘。"后为秦邑,有《新郪虎符》。西汉置县。

新郪虎符 战国晚期秦国兵符。因系王颁发给驻守新郪(今安徽太和北)之军事长官者,故称。青铜质,伏虎形,全符由左右两半合成,现所见仅半符。有错金铭文四行四十字:"甲兵之符,右才(在)王,左才(在)新郪,凡兴士被甲,用兵五十人以上,必会王符,乃敢行之;燔燧(燧)事,虽毋会符,行殹(也)。"据王国维《秦新郪虎符跋》一文考证,新郪本魏地,入秦在秦昭王五十四年(前253)后,此符为秦并天下前二三十年间所制。

新郪县 本战国魏郪丘邑,西汉置新郪县。治今安徽太和县北。属汝南郡。东汉建初四年(79)徙封殷后于此,改为宋公国,三国魏废为宋县。

新桥堡 在今四川茂县西北。万历十八年(1590),土著起事,攻"新桥",即此。

新秦县 唐天宝元年(742)分连谷、银城二县地置。以在汉新秦中得名(《元和郡县志》)。治今陕西神木县北十里。为新秦郡治,后为麟州治。五代周显德五年(958)移治小堡(今地待考)。北宋乾德初移治吴儿堡(今神木县西南),五年(967)又移治今神木县北杨家城。金皇统八年(1148)地入西夏,废。

新秦中 地区名。亦称河南地。在今内蒙古河套及其以南地区。秦始皇三十二年(前215),使蒙恬将三十万众北逐戎狄,收河南。其地富饶,新得,又与故秦地相接,世称新秦中。《史记·平准书》:西汉武帝元狩三年(前120),"徙(山东)贫民于关以西,及充朔方以南新秦中七十余万口"。

新渠 水渠名。在唐河北道赵州宁晋(今属河北)西南。上元时,县令程处默开,引洨水过城南入滏河,经十余里,用以溉田。宁晋地本旱卤,后渐丰润。

新泉寨 旧名东北冷牟,北宋元符元年(1098)赐名。在今甘肃靖远县西南。属秦风路,旋属会州。金大定后属新会州。西夏光定十年(1220)攻金新泉城,即此。

新山侯国 西汉永始四年(前13)置。治今山东莒县西南。东汉废。

新上海制冰厂 外商企业。清光绪十六年(1890)由德商收买原"上海制冰厂"扩充而成。资本三万六千两银。

新生洲 在今湖北武汉市南。《续资治通鉴》:南宋景定元年(1260)蒙古忽必烈解鄂州之围而北,留张杰等作浮桥于新生洲,以待湖南兀良合台之兵,即此。

新石器时代 考古学分期中指使用磨制石器和陶器的时代。陶器的发明以及广泛使用磨制石器,是新石器时代的重要标志。中国新石器时代约开始于公元前七、八千年。早期陶器用手捏和泥条盘筑法,后渐由慢轮发展为快轮制造。石器加工技术,早期一般只磨刃部,后不但通体磨光,还掌握钻孔和切割石料的方法。生产工具繁多,除使用磨制石工具外,还有木、骨、蚌、角等原料加工制作的工具。与采集、狩猎之外,又出现原始农业和畜牧业,人们有巩固的定居生活;纺织和缝纫技术也开始发展。新石器时代大致相当于摩尔根和恩格斯讲的"野蛮时代"的"低级阶段"和"中级阶段",经历母系和父系氏族社会两个阶段。中国新石器时代文化遍布全国各地,重要的有磁山——裴李岗文化、仰韶文化、马家窑文化、屈家岭文化、大溪文化、河姆渡文化、良渚文化、大汶口文化、龙山文化等。各文化发展不平衡,开始和结束的时间也不相同。

新时务通考 书名。一名《壬寅年新时务通考》。清末储桂山编。四卷。是书搜集光绪二十八年(1902)报章所载时事而成。凡大事考、政治考、经济考、实事考四种。仿照纲目体例,按年月先后记述各国重大事件,及时局、内政、外交、文事、武备、理财、通论、史事等方面重要史实,并于《实事考》末附《辛丑和约》。

新史学 书名。近人梁启超撰。凡《中国之旧史》、《史学之界说》、《历史与人种之关系》、《论正统》、《论书法》、《论纪年》六节。批判中国封建史学有六弊:一、知有朝廷不知有国家;二、知有个人不知有群体;三、知有陈迹不知有今务;四、知有事实不知有理想;五、能铺叙不能别裁;六、能因袭不能创作。还批判了封建君统、春秋书法。书中首次用资产阶级改良主义理论提出"史界革命"口号。指出史学要为救国图强服务,为造就有资产阶级理想的新民服务。初刊于光绪二十八年(1902)《新民丛报》。后收入《饮冰室合集》。

新世纪 杂志名。清光绪三十三年五月十二日(1907.6.22)在法国巴黎创刊。周刊。自设华文印刷所,张静江出资,李石曾、褚民谊、吴敬恒主编。以扫除一切政府、颠覆一切强权为宗旨。鼓吹无政府主义的"社会革命",颂扬暗杀,提倡"尊今薄古",批判孔学。以大量篇幅宣传介绍巴枯宁、克鲁泡特金、蒲鲁东的无政府主义学说。共出一百二十一期,另出《新世纪杂刊》、《新世纪丛书》等书。宣统二年四月(1910.5)停刊。

新世界小说社报 杂志名。清光绪三十二年五月二十五日(1906.7.16)在上海创刊。月刊。警僧主编。以"小说谋教育之普及"为宗旨,标榜小说乃"开通民智之津梁,涵养民德之要素"。所刊以小说为主,兼及时评、论著。揭露社会,讽刺权贵。在拥护君主立宪的前提下,批评预备立宪之虚伪。已见发行九期。

新世界学报 杂志名。清光绪二十八年八月一日(1902.9.2)在上海创刊。半月刊。陈黻宸(介石)主编,马叙伦、汤尔和、杜士珍、黄群、陈怀等撰稿。"以通古今中外学术为目的","取学界中言之新者为主义"。分列经、史、商、农、工、兵、算、辞、医、政治、宗教、心理(哲学)、教育、法律、理财、伦理、地理、物理诸学共十八门。宣传西方近代科学文化,介绍卢梭、斯宾塞尔、黑格尔、康德、傅立叶、欧文、蒲鲁东、马克思等西方各派政治学说和哲学思想。二十九年四月停刊,共出十五号。旋改名《经世文潮》继续出版。

新市 战国楚邑。在今湖北京山县东北。《史记·秦本纪》:昭襄王八年(前299)攻楚,"取新市",即此。新莽末,新市人王匡等领导农民起义,称为"新市兵"。

新市兵 新莽末年绿林农民起义军的一支。参见"绿林军"。

新市侯国 西汉昭帝元凤五年(前76)分堂阳县地,封广川缪王子刘吉置。治今河北新河县西南。属巨鹿郡。东汉废。

新市县 ❶西汉景帝中元二年(前148)封王弃之为新市侯于此。元光四年(前131)改为县。属中山国。治今河北正定县东北新城铺。三国魏废。西晋复置。隋大业初废入九门县。义宁元年(617)复置。属九门郡。唐武德五年(622)废入九门县。❷东汉初置南新市县,属江夏郡。以别于中山国的新市县,故名。治今湖北京山县东北。南朝宋改名新市,西魏改名富水。

新室文母太皇太后 见"元后"。

新书 书名。亦称《贾子新书》、《贾子》。西汉贾谊撰。《汉书·艺文志》著录为"贾谊五十八篇"。《隋书·经籍志》作"贾子十卷"。《新唐书·艺文志》作"贾子新书十卷"。《崇文书目》则言"贾子十九卷","本七十二篇,刘向删定为五十八篇"。今传本亦五十八篇,而《问孝》及《礼容语上》两篇有目无文,实存五十六篇。内容主要是总结历史教训,为巩固西汉王朝提出种种建议。其中心思想为强化中央集权,崇尚民本和教化礼仪。部分内容论及《诗》、《礼》,征引古事,发挥儒家经义。此书真伪历来有争议。从其规模内容来看,似非汉以后人所能凭空杜撰。但在流传过程中,当有脱漏错乱。有《四部丛刊》本、《四部备要》本、《抱经堂丛书》本等。

新顺王 明崇祯十六年(1643)五月李自成于襄京(今湖北襄阳)采用的尊号。

新朔望报 杂志名。清光绪三十四年正月初一(1908.2.2)在上海创刊。管西园(立群)、张丹斧(无为)主编。综合性刊物,提倡改良戏曲、服装。初为半月刊,发行六期,四月改月刊,更名《国华报》。

新泰县 ❶西晋置。治今山东新泰市。属泰山郡。蒙古至元二年(1265)废入莱芜县。三十一年复置。1983年与新汶市合并改设新泰市。❷北魏置。治今山东蒙阴县东。北齐废。

新泰砖茶厂 外商企业。清同治五年(1866)由俄商创办于汉口。始用手工制造砖茶,七十年代后改用蒸汽机。其制品多用轮船从汉口经上海运至天津,再改用骆驼运往蒙古和俄国西伯利亚经销。

新唐书 书名。北宋欧阳修、宋祁等撰。二百二十五卷。由于《旧唐书》颇受时论讥议,宋仁宗因命欧阳修、宋祁重撰。编撰时间约始于仁宗庆历四年(1044),至嘉祐五年(1060)成书。欧阳修撰本纪十卷、志五十卷、表十五卷,宋祁撰列传一百五十卷。记唐二十一帝二百九十年历史,多据《旧唐书》补充改作,取材范围与《资治通鉴》大抵相同,于金石铭刻,间亦参用。本纪删缩至约九万字,不及旧书的三分之一,旧书所收诏令符表多予裁汰或转述,于武则天本纪等则颇有所补。列传删除旧书六十一传,增入三百三十一传,凡史事二千余条。对唐后期史实多有所补,如记黄巢事较旧传多出五分之二,并及于黄浩浪荡军事,远非旧史可比。类传凡设二十六目,其中卓行、奸臣、叛臣、逆臣四目属新增。四表皆系新增,对研究唐宰相进退及其族系升降,藩镇势力消长离合,宗室兴衰,皆有所裨。诸志十三目,内容大多详于旧志。艺文志所增图书五百余家,多为旧志所不及。但作者刻意强调"春秋义例",追求文字高古,颇有损于记事的史料价值,取舍亦有不当,赖《旧唐书》详其所疏之处不在少数。书初刊于北宋。元、明、清皆有刻本。1975年中华书局出版点校本。

新唐书各外国传地理考证 书名。近人丁谦撰。八卷。是书于突厥传、北狄传、东夷传、南蛮传等传,各为地理考证一卷。其体例皆先录传文,后为考证。凡今地可知者,均为之考证,以证各传之地,颇精审。但个别地区亦有疏误处。

新唐书斠议 书名。近人罗振常撰。不分卷。罗氏以明南监本《新唐书》纪、传、表、志互校考订史实缺失和讹误;又据汲古阁本、殿本《新唐书》及闻人诠本《旧唐书》订正字句讹脱,参考前人校史之书,核其得失。于校勘之外,对史事讹误原因加以探求,对前人考史之作如吴缜《新唐书纠谬》亦有评议。

新唐书纠谬 书名。北宋吴缜撰。二十卷。初名《新唐书正谬》,因仅限于纠摘谬误,未为刊正,因改今名。元祐四年(1089)成书。以欧阳修《新唐书》有编著八失,因为指陈条列,计分以无为有、似实而虚、书事失实、自相违舛、年月时世差互、官爵姓名谬误等二十目。皆用本证方法,以欧史纪、表、志、传自身材料前后勘比质正,凡举出记载矛盾疏误共四百六十条。多言之有据,深中其失。自立误说,纠责失当处,不及全书的十分之一。南宋绍兴八年(1138)吴元美于湖州首刊此书。现有《四部丛刊三编》本等。

新唐书正谬 即"新唐书纠谬"。

新塘 地名。一作小新塘。在今江苏扬州市北。南宋绍定四年(1231),李全兵败被杀于此。

新添葛蛮军民安抚司 土司名。元置。属八番顺元等处宣慰司都元帅府。宋时蛮州宋景阳以功授宁远军节度使蛮州总管府都总管,蛮语呼为大万谷落总管府,子孙世据其地。元世祖至元二十八年(1291)新添葛蛮宋氏内附,立新添葛蛮军民安抚司,大德元年(1297)授驿券一。治所在今贵州贵定县。领州、县等处长官司一百三十二,其地多与其他司有交错相间、重复辖领之处。东至麻江、都云、独山等县,远至湖南永顺、保靖、桑植县;东南至黎平、从江等县;南至平塘、罗甸县;西至安顺、平坝、普定、镇宁等县;北至开阳县。居民有苗、木僚、仡佬、仲家(今布依族)、罗文(今彝族)、水、侗等少数民族。

新添卫 明洪武二十三年(1390)以新添千户所改置。驻地在今贵州贵定县。属贵州都司。辖境相当今贵定县大部和平塘县西部分地区。天启初,安邦彦叛,围贵阳,陷龙里,官军由此进发,以解会城之围。清康熙二十六年(1687)废。

新添长官司 土司名。明洪武四年(1371)改元新添葛蛮安抚司置,以安抚使宋朝美之裔宋仁贵为长官,属贵州卫。二十三年改属新添卫。二十九年属新添卫军民指挥使司。治今贵州贵定县北十五里处。七传至宋鸿基,顺治十五年(1658)附清,仍授长官职,世袭,有印信号纸,管新添、米孔等处村寨,居民主要为苗族、布依族。

新田 ❶开垦后第二年续种之田。《尔雅·释地》:"二岁曰新田。"其肥沃程度较次。参见"菑田"。❷春秋晋邑。在今山西新绛县西南汾、浍二河交汇处。晋景公自故绛迁都于此。《左传》成公六年(前585):"晋人谋去故绛。……韩献子曰:'……新田土厚水深,居之不疾,有汾、浍以流其恶'。……晋迁于新田。"定都后,亦称"绛";对故绛言,又称"新绛"。

新田县 明崇祯十二年(1639)分宁远县南北二乡、十五都置,治新田堡,故名。治今湖南新田县。明清属永州府。

新亭 城垒名。在今江苏南京市西南。三国吴筑。东晋时为朝士游宴之所。《世说新语·言语第二》:"过江诸人,每至美日,辄相邀新亭,藉卉饮宴。"因地近江滨,以山为垒,为六朝时都城建康(今南京市)军事和交通重地。南朝宋孝武帝即位于此,改为中兴亭。但通常仍称新亭。南宋建炎四年(1130)岳飞大破金兀术于此。后毁。

新土尔扈特 见"土尔扈特"。

新闻报 报纸名。初为外人在华言论机关。清光绪十九年正月初一(1893.2.17)在上海创刊。日报。英商华盛纺织厂董事丹福士(A. W. Danforth)及斐礼思(F. F. Ferries)等主办,蔡尔康、郁岱生、袁祖志先后主编。报馆事务全部聘用华人担任,日出一大张,日销三百份。二十五年售与美国传教士福开森,汪汉溪总理。自称以"明达"之舆论,"助中国各界之进步",禁登"过情之论"。最高发行四万五千余份。经营三十年,积累资产高达七十万元。1929年转售予华商吴蕴斋、史量才,从此由国人自办。抗日战争期间曾受日人控制。1949年5月终刊。

新五代史 书名。原名《五代史记》,又名《五代新史》。北宋欧阳修撰。七十四卷。记五代史事。纪传体。计本纪十二卷,列传四十五卷,考三卷,世家十卷,世家年谱一卷,四夷附录三卷。约在仁宗景祐三年(1036)开始编著,皇祐五年(1053)基本完成。自称取《春秋》遗旨,表现"尊王攘夷"的观点。薛居正《旧五代史》多根据实录,是书兼采小说笔记。《职方考》每行分六格,横列之即表,合志、表为一,以反映五代十国疆域交错的情况,使难于用文字表达的内容得以了然。《司天考》只著录自然灾害,而不附会人事。《十国世家》和《十国世家年谱》是当时各割据国家的史实和兴亡系年的部分。《四夷附录》综述了契丹、奚、吐谷浑、鞑靼等族的历史。惟文词过于追求"高简",对史实有所忽略。有宋徐无党注,清代彭元瑞、刘凤诰合撰的《五代史记补注》,全收入《旧五代史》。

新五代史补注 书名。亦称《五代史记补注》。清彭元瑞、刘凤诰撰。七十四卷。仿裴松之《三国志注》体例,为欧阳修《新五代史》作注。篇帙皆仍欧史及徐无党注之旧,采用《旧五代史》、《五代会要》为正注,全部收录;余所网罗以宋为限,搜集《资治通鉴》、《五代史补》、《五代史阙文》、《册府元龟》、《北梦琐言》等史籍、类书及地志、小说、文集、金石等二百七十余种。注文篇幅两倍于欧史。作者旨在辨是非、订讹异、详委曲、补缺遗、核生平、征同类,订补五代史实。发凡起例,出于彭氏;纂注则彭氏仅成四分之一,余为刘氏所作。大抵五代史料略集于此编,不仅有查检之便,纠正和补充欧史亦多。为现存欧史旧注较详之作,惟取材稍嫌冗杂。有嘉庆十六年(1811)原刊本。

新息县 本息国,春秋时楚灭之,置息县。在今河南息县西南。西汉移治今息县,改为新息县。东汉建武十九年(43)封马援为新息侯,即此。两汉属汝南郡,魏、晋为汝南郡治。南朝宋分置南北二县:南新息县治原新息县,先后为汝南郡和东、西豫州,淮州治;北新息县治今息县东,北齐废入南新息县,复名新息县。为东豫州治。北周及隋初为息州治。大业中属汝南郡。唐宋属蔡州。金为息州治。蒙古至元三年(1266)废入息州。

新小说 杂志名。清光绪二十八年十月十五日(1902.11.14)创刊于日本横滨。月刊。梁启超主办,赵毓林、韩文举、蒋智由、马君武编辑,附设于新民丛报社。通过小说暴露社会、鼓吹改良,以达"新一国之民"的目的。以刊载白话小说为主,兼及文艺理论、剧本、诗歌、笔记等。连载吴趼人《二十年目睹之怪现状》。三十一年正月迁上海,年底停刊,共出二十四号。

新小说丛 杂志名。清光绪三十三年十二月(1908.1)在香港创刊。月刊。区凤墀、李维桢等主办,黄恩煦、林紫虬等编撰。主要刊载侦探小说。

新新小说 杂志名。清光绪三十年八月初一(1904.9.10)在上海创刊。拟为月刊,实不定期。陈景韩(冷血)主编,作新社出版。以宣传侠客主义为主旨,期以改良人心、改良社会。主要刊发侠客小说,或著或译。间亦刊载诗词杂说、奇闻笑谈、歌谣俚谚、游戏文字,以及灯谜酒令、楹联诗钟等。三十二年仅发行一期(第九号),已知出版十号,停刊时间不详。

新兴 城镇名。即今安徽涡阳县北新兴。《资治通鉴》:唐咸通九年(868),"康承训军于新兴",庞勋将姚周屯柳子,出兵拒之。胡三省注:"《元丰九域志》宋州宁陵县有新兴镇",当误。

新兴城 在今河北肥乡县东南。《资治通鉴》:东晋太元九年(384),后燕慕容垂引丁零、乌桓众二十余万攻前秦苻丕于邺,"分处老弱于肥乡,筑新兴城以置辎重",即此。

新兴郡 东汉建安二十年(215)置。治九原县(今山西忻州市)。辖境相当今山西五台山以南,滹沱河、云中山以东,南至忻州、盂县地区。西晋后辖境渐小。元康中改为晋昌郡,寻复旧。北魏永安中改为永安郡。隋开皇初、义宁中均曾置新兴郡,唐武德元年(618)改为忻州。

新兴县 东汉末置。治今甘肃武山县西北。属南安郡。北魏属广宁郡。隋初废。

新兴州 元至元十三年(1276)置。治休纳(后废入州,今玉溪市)。辖境相当今云南玉溪市境。属徵江路。明清属徵江府,不辖县。1913 年改为新兴县。1914 年改名休纳县。

新修本草 书名。简称《唐本草》。唐苏敬、长孙无忌等二十二人修订。五十四卷。因系官修书,曾命各地选送道地药材,作为实物标准,描绘图形,详细介绍产地、形态、性味、功效和主治,以便识别、采集与加工使用。显庆四年(659)修成。系统总结了唐以前的药物学成就,为中国第一部国家颁行的药典,因比欧洲最早的《纽伦堡药典》早颁行九百多年,故有"世界第一部药典"之称。全书分本草、药图和图经三部分。"本草"二十卷,目录一卷,以《本草经集注》为基础,增补隋、唐以来的新药,载药八百四十四种,新增药一百十四种,收外来药二十多种。分玉石、草、木、禽兽、虫鱼、果、菜、米谷、有名未用等九类,记述药物性味、主治与用法。"图经"二十五卷,目录一卷,"药图"七卷,分量超过本草正文,为药物的图样及文字说明,记述药物形态、采集和炮制。全书已佚。正文多收录于《千金翼方》、《经史证类备急本草》等书中。今传古抄本有日本仁和寺藏本,残存十卷。敦煌残卷两种,补辑一卷。有 1955 年上海群联出版社影印傅云龙影刻本(1959 年上海科学技术出版社新版),1985 年上海古籍出版社影印罗振玉本。另有 1981 年安徽科技出版社排印本。

新序 书名。西汉刘向撰。据《汉书·刘向传》,成帝时向"采传记行事著《新序》、《说苑》凡五十篇奏之"。《汉书·艺文志》合举刘向所序六十七篇,其中有《新序》。《隋书·经籍志》著录为三十卷。今传本仅十卷,包括《杂事》五卷、《刺奢》一卷、《节士》一卷、《义勇》一卷、《善谋》二卷,当是残本。此书性质与《说苑》相似,都是辑集所谓嘉言善行。文笔简洁,所采上古以来异闻传说,多有它书所未载者。

新学 ❶新莽之学。清光绪十七年(1891)康有为在《新学伪经考》中提出,古文经学为刘歆所伪造,意在佐王莽篡汉,湮没了孔子的"微言大义",是新莽一朝之学,当称"新学"。康氏此说,用意在借今文经学宣传变法主张,故对古文经学一笔抹煞。❷见"新民学"。❸与旧学相对。亦称"西学"。

新学报 杂志名。清光绪二十三年七月(1897.8)创刊于上海。半月刊。叶耀元为总撰述。分算学、政学、医学、博物四种。意在振兴教学、切磋人才。每册约二十四页。除上海外,苏州、北京、天津、陕西、广东、福州、厦门等设分销处,远销香港、新加坡。停刊时间未详,所见最后一期为第七册,系次年十一月出版。

新学大书院 学校名。清光绪二十六年(1900)英国伦敦教会在天津英租界设立。初设中学科,后设预科及大学科。各科修业均为四年。大学科分文学部与理学部两部,前二年授各基础科学,后二年为分科。文学部分科科目有文学、哲学、法学各科;理学部有工学及化学各科。注重培养政治人才与实业人才。

新学伪经考 书名。近人康有为撰。十四卷。继承和发挥廖平(字季平)考证今古学之论点,康氏考定秦焚六经未尝亡绝,河间献王及鲁共王无得古文经之事,证古文经皆刘歆伪造,故称"伪经"。以刘歆作伪,旨在佐王莽更法立制,是新莽一朝之学,与孔子无涉,故称"新学"。认为今文经是孔子真经,宣传孔子托古改制和三世进化微言大义,为变法提供理论武器。学术上集古文经辨伪大成,揭发伪经伪史,颇有新见。大开疑古风气。然亦多不当疑而疑者。如无睹刘歆古文与尊彝铭文之异同,妄指尊彝亦刘歆私铸埋藏。又认殷周之际已萌芽、发展的《易经》为孔子所作,而《序卦》、《杂卦》为刘歆伪作等,均被后来学者认为是错误的。光绪十七年(1891)书成刊行。各地翻刻颇多,影响很大。二十年被清廷毁版。二十四、二十六年又两次遭禁毁。1917 年康氏重刻出版,改名《伪经考》。1931 年北平文化学社出版新式标点本,复改今名。1956 年中华书局出版时仍用原名。

新学月报 杂志名。清光绪二十三年七月(1897.8)由《尚贤堂月报》更名而来。见"尚贤堂月报"。

新衙门 上海会审公廨的俗称。

新阳县 ❶秦县。因在新水之阳得名(《汉书·地理志》应劭注)。治今安徽界首市北。西汉属汝南郡。西晋废。❷三国吴分益阳县置。治今湖南宁乡县西横市北。属衡阳郡。城垣故迹犹存。西晋太康元年(280)改为新康县。❸清雍正二年(1724)分昆山县置。与昆山县同城而治(今江苏昆山市)。属苏州府。1912 年并入昆山县。

新野郡 西晋惠帝置。治新野县(今县,北周改为棘阳县)。南朝宋时辖境约当今河南新野县、邓州市及湖北襄阳县西北部地。《晋书·新野庄王歆传》:永宁元年(301),"以勋进封新野郡王",即此。

隋开皇初废。

新野县 西汉置。治今河南新野县。东汉末刘备投奔刘表,表使屯新野;三国魏正始中征南将军王昶都督荆、豫诸州军事,自宛徙治新野。皆即此。西晋后历为义阳郡、新野郡治。北周改为棘阳县。隋开皇初复旧名。属邓州。大业初仍属南阳郡。唐武德四年(621)于此置新州,旋废,仍属邓州。乾元后并入穰县。宋金降为镇。元复置县。属邓州。明清属南阳府。

新衣库 官署名。北宋置,掌收受锦衣、杂帛衣服及礼仪所需衣物。设监官二人,以三班使臣及内侍充任;监门官二人,以三班使臣充任。咸平四年(1001),以受纳衣服库并入,始兼掌诸司丁匠及诸军所需衣服。熙宁四年(1071)废,其所存官物拨归仪鸾司等处。

新仪象法要 书名。又名《绍圣仪象法要》、《仪象法纂》。宋苏颂著。三卷。为水运仪象台的设计说明书。成书于宋神宗绍圣初年。今通行各本都源自南宋乾道八年(1172)施元之刻本。通行本中以《守山阁丛书》刊本为善。书首有《进仪象状》一篇,报告建造水运仪象台的缘起、经过和特点。正文以图为主,介绍水运仪象总体和各部结构。卷上介绍浑仪,图十七种。卷中介绍浑象,结构图五种,星图二种五幅,四时昏晓中星图九种。卷下介绍总体和台内动力结构及报时装置等,共有图二十三种,附别本作法图四种。全书图共六十种,其中结构图为中国现存最古的机械图纸,星图亦很珍贵。是中国现存最早的水力运转天文仪器专著。经研究发现,水运仪象台中的动力传送装置,已具近代机械钟表中擒纵器的雏形,为世界天文钟的祖先。

新遗诏圣书 太平天国印书。即《新约》圣经。清咸丰三年(1853)刊行。英国伦敦不列颠博物馆收藏原刻本《马太传福音书》一卷。十年修改再版,共五卷,称《钦定前遗诏圣书》。英国伦敦不列颠博物馆收藏。内有天王洪秀全眉批多处。

新译界 杂志名。清光绪三十二年十月一日(1906.11.16)在日本东京发刊。湖北留日学生主办,范熙壬主编。"以研究实学,推广公益为宗旨"。主要译介英、日等国君主立宪理论、学说和政法制度,支持清政府推行"新政"。已见发行七号。

新译英国政府刊布中国革命蓝皮书 书名。陈国权译,孙中山、江亢虎序。内容为英国驻华公使朱尔典与英国外交大臣葛垒来往电文,计一百四十三件。起于清宣统三年八月十九日武昌起义,迄十一月十二日止(1911.10.10—12.31)。反映英国政府对中国辛亥革命所持立场与决策,1913年上海青嵝堂印行。

新引 清代销盐凭证。(1)政府每年按额数新发之引,规定销完日期,一般是年清年款。如过期未销之盐称旧盐,引称"旧引"。(2)谓新增加之额引。

新营 明末张献忠农民起义军军营编制。以蕲州黄县一带大姓家暴动奴仆组成。

新渝县 三国吴孙皓分宜春县置。因渝水得名。治今江西新余市南。属安定郡。隋开皇初属袁州。大业初属宜春郡,八年(612)移治今新余市西北。唐属袁州。麟德元年(664)复还故治。天宝后相沿作"新喻县"。大历八年(773)移治今新余市。宋淳化三年(992)改属临江军。元元贞元年(1295)升为州,明初复为县。属临江府。1957年改为新余县,1960年设市,1963年复改县。1983年复设市。

新语 书名。西汉陆贾撰。据《史记·陆贾传》,汉高祖时,贾奉命著书论述秦之所以失天下,汉之所以得天下,及历来国家兴亡成败的原因,先后成书十二篇奏之,高祖甚为称赞。名其书为《新语》。《汉书·艺文志》录有"《陆贾》二十三篇",当包括《新语》在内。南朝梁阮孝绪《七录》著录为二卷,《隋书·经籍志》因之。今传本亦二卷,分为《道基》、《术事》、《辅政》、《无为》、《辨惑》、《慎微》、《资质》、《至德》、《怀虑》、《本行》、《明诫》、《思务》十二篇,篇数与《史记》所叙相合。但其真伪迄今尚无定论。内容以仁义之说为本,发挥《春秋》、《论语》之义,明王道,黜霸术,要求统治者修身用贤,追求儒家的理想政治。有《四部丛刊》本,清俞樾有《新语平议补录》。

新喻梁石门先生集 即"石门集"。

新喻县 见"新渝县"。

新元史 书名。清末柯劭忞撰。二百五十七卷。内本纪二十六卷、表七卷、志七十卷、列传一百五十四卷。纪传体元代史。柯氏不满于《元史》疏漏讹误,乃搜集《永乐大典》中元代史料及历代史著、金石、笔记、文集,域外史料除袭录洪钧《元史译文证补》原文外,还译引德国人哀德蛮(Erdmann)所译拉施都丁《史集》、多桑《蒙古史》等,并参考屠寄《蒙兀儿史记》早期刻本等同时代人研究成果,将元代史事重编为是书。本纪较简,繁冗之处皆移入志书,故志书较《元史》及其他元史著作为详博。增《行省宰相年表》。然全书无自撰序跋、凡例、考异和引据出处,为论者所诟病。又因哀德蛮德文译音不可信,故《氏族表》中有一人两名之误。史学观点极为守旧。刊于辛亥后尚以"史臣曰"发表史论;《兵志》删除元代禁止汉人使用武器记载,认为元代已是"华夷大同"。1921年12月4日北洋政府总统徐世昌下令列入正史,为《二十五史》之一。

新元史考证 书名。清末柯劭忞撰。五十八卷。柯氏不满于《元史》疏漏讹误,著《新元史》二百五十七卷,然刊行时将原稿中考异和引据出处悉行删除,颇为论者所指。后将所存有关考证、引据出处等手稿,别编为是书。本纪仅世祖以前及惠宗十篇,志书仅河渠、选举、兵、刑法四篇,列传亦仅存四十四篇。内容皆极简略。

新垣平(?—前163) 西汉赵人。文帝十五年(前165)以望气见文帝,言长安东北有五采神气,宜立祠上帝,以合符应。文帝于是作渭阳五帝庙,次年郊祀。又使博士诸生作《王制》,谋议巡狩封禅事。遂以此贵幸,官至上大夫。复使人献玉杯,刻曰"人主延寿"。文帝因以十七年为元年,令天下大酺。后有人上书告其所言皆诈。下吏治,被诛。

新垣衍 亦作辛垣衍。战国时人。仕魏,为客将军。魏安釐王十九年(前258),秦围赵邯郸(今属河北),魏遣晋鄙救赵,畏秦,屯兵荡阴(今河南汤阴)不进。魏安釐王派他偷入邯郸,劝说赵孝成王尊秦昭王为帝以乞退兵,被鲁仲连阻止。

新乐府 诗类名。与乐府古题即旧乐府相对而言。初唐诗人写古体诗,偶有扬弃汉魏六朝乐府旧题,另立新题者,虽名为乐府,但已不能被之声律,故逐渐产生新乐府诗。至李白、杜甫时,此类创作颇多。杜甫尤以乐府写时事,如《悲陈陶》、《哀江头》、《兵车行》、《丽人行》等,即事名篇,无复依傍,使新乐府大有发展。中唐时,白居易、元稹、李绅等,提倡以乐府诗描写生民疾苦,补察时政,泄导人情。元和时,李绅先作《乐府新题》二十首(已佚),元稹作《和李校书新题乐府十二首》,白居易扩大为《新乐府》五十首,史称新乐府运动,新乐府名称从此确立。

新运粮提举司 元官署名。至元十六年(1279)始置,先属兵部,后改属户部。掌管站车及开设运粮坝河。有达鲁花赤、都提举、同提举、副提举等官。

新增格古要论 书名。明曹昭著。王佐增补。成书于洪武二十一年(1388)。十三卷。内分十三论,后附诰敕题跋、杂考等。卷六珍宝论,有玉器名及矿物、岩石四十七种;古铜论,有古铜色、古香炉八条;卷七古砚论,有端砚、歙砚、衢砚等十六条;异石论,有灵璧石等二十种,后附唐白居易《太湖石记》、宋欧阳修《菱谿石记》。

新增盐 明官府对四川井户灶课原额外增收部分。原额一千六百零五万九千零三十斤。永乐十八年(1420)因云南商人汪浩言上流盐井,课少水多,乃遣官于永通等九井,查出盐七十五万一千二百二十斤,列入正额征收。

新栅 地名。在今河北清河县西。《资治通鉴》:东晋太元十二年(387),"安次人齐涉聚众八千余家据新栅,降(后)燕,燕主(慕容)垂拜涉魏郡太守"。

新郑仓城战国冶铸铁遗址 1964年发现于河南新郑郑韩故城内的铸铁遗址。面积达4万余平方米。试掘时发现有内径达1.7米的熔炉,及长2.75米、宽1.75米的烘范窑,还有大量铁工具与农具的泥铸范及少量石范,是战国时韩国的大型铁农具制造作坊。

新郑县 秦置。即今河南新郑市。属颍川郡。西晋废。隋开皇十六年(596)复置,属荥阳郡。

新政 清政府为巩固封建统治进行的一次改革。光绪二十六年十二月十日(1901.1.29)慈禧太后以皇帝名义发布"变法"上谕,三月设立督办政务处,综理"新政"各项事宜。二十六年至三十一年间,清政府颁布一系列"新政"法令,主要内容有调整官制、整顿吏治、改定刑律、编练新军和巡警、奖励实业、废科举、兴学堂、派游学、准满汉通婚等。

新政策 篇名。英国人李提摩太向光绪帝呈递的一篇建议书。清光绪二十一年(1895)请翁同龢转呈,未成。次年刊于《万国公报》。言中国要改革教民、养民、安民、新民之法。建议清政府聘西人与天下大国立约联交;设新政部,八人总管,洋员华官参半;聘英美人士为皇帝顾问,外交、铁路、财政、文教及军事部门宜引用西人。新政宜借用他国之人,与本国大臣合办。收入《中国近代史资料丛刊·戊戌变法》。

新政真诠 书名。清末何启、胡礼垣撰。六编。汇集作者戊戌变法前后所作有关变法论说而成。凡《曾论书后》、《新政论议》、《新政始基》、《康说书后》、《新政安行》、《劝学篇书后》、《新政变通》七种,并冠以《前总序》、《后总序》。主张学西方、开议院、宏学校等,对张之洞《劝学篇》逐篇驳辨。认定新政终归必行。但反对流血革命。是书于变法始末亦叙及之。为戊戌变法史料。有格致新报馆光绪二十七年(1901)重印本。

新中国报 报纸名。檀香山保皇会言论机关。清光绪二十六年二月二十日(1900.4.19)在檀香山发刊日报。陈继俨(仪侃)、梁文兴主办,梁启超、黄绍纯先后主笔。鼓吹保皇立宪,反对民主革命。与革命派的《檀山新报》、《民生日报》大开笔战,刊发《敬告保皇会同志书》,攻击孙中山和革命派。成为对抗革命派的主要舆论阵地之一。

新中国武装解决和平记 书名。近人廖少游(宇春)撰。一册。以日记形式记本人参与南北议和秘闻。起于清宣统三年(1911)十月十五日,迄十二月二十四日止。1912年陆军编译局印行。

新州 南朝梁武帝置。治新兴县(今属广东)。隋大业初废。唐武德四年(621)复置。辖境相当今广东新兴县地。宋属广南东路。元至元十六年(1279)升为新州路,十九年复为州。属江西行省广东道宣慰司。明洪武二年(1369)省入肇庆府。

新洲 一名薛家洲(《景定建康志》)。在今江苏南京市北大江中。《资治通鉴》:东晋隆安五年(401),孙恩欲进袭建康,闻刘牢之引军还,"至新洲,不敢进而去"。胡三省注:"新洲在京口西大江中,意即今之珠金沙是也。"

薪火之喻 魏末晋初杨泉、南朝宋何承天等人对形神关系的比喻。认为精神依赖于形体,犹火待薪而燃,薪尽火灭,人死神亡。杨泉《物理论》:"人含气而生,精尽而死。死,犹澌也,灭也。譬如火焉,薪尽而火灭,则无光矣。故灭火之余,无遗炎矣;人死之后,无遗魂矣。"何承天《答宗居士书》:"形神相资,古人譬以薪火,薪弊火微,薪尽火灭,虽有其妙,岂能独传"(《弘明集》卷三)。

薪水钱 宋代士兵饷钱之一种。亦称薪草钱、柴草钱、薪刍钱。自宋太宗始,对陕西环(治今甘肃环县)、庆(治今甘肃庆阳)等州戍兵每两月给薪水钱,作为补贴。遇郊祀大礼加倍。

xín

镡成县 成一作城。西汉置。治今湖南靖州县西南。东晋义熙中改为舞阳县。自汉至晋属武陵郡;一说秦置,自秦至西汉元凤五年(前76)属象郡。《淮南子·人间训》:秦始皇"乃使尉屠睢发卒五十万为五军,一军塞镡城之岭",即此。

镡津县 唐贞观中改永平县置。治今广西藤县东。北宋开宝六年(973)移治今藤县(藤城)。历为藤州治。明洪武二年(1369)省入藤州。

xìn

信安军 北宋太平兴国六年(981)以霸州淤口砦置破虏军,景德时改为信安军,治今河北霸州市东北信安镇。属河北东路。地处宋、辽界河南岸,为宋防辽重镇。金大定七年(1167)降为县。

信安君 战国时魏国封君。约与苏秦之弟苏代同时。曾为魏相,得魏襄王信重。秦王召之入秦,他不欲往,苏代曾为其说秦王。见《战国策·魏策二》。

信安郡 隋大业三年(607)以端州改置。治高要县(今广东肇庆市)。辖境相当今广东肇庆、德庆、云浮、新兴等市、县及阳春县北部地。唐武德五年(622)复为端州。

信安县 西晋太康元年(280,《水经注》作太康三年)以弘农郡有新安县,改东阳郡之新安县置。治今浙江衢州市。隋属婺州,大业初属东阳郡。唐武德四年(621)于县置衢州,六年州废,县还属婺州,垂拱二年(686)复于县置衢州。咸通中改为西安县。

信安镇 即今河北霸州市东信安。《明通鉴》:正德六年(1511)霸州刘六等起义,"天津指挥贺勇等遏之于信安镇",即此。

信部 官署名。渤海国置,右六司之一,置卿一人,又有郎中、员外。

信昌丝厂 外商企业。清光绪十九年(1893)由法商创办于上海。资本五十三万两。有缫丝机五百三十台,年产量八百担。有工人一千余人。

信成县 西汉置。治今河北清河县西北。属清河郡。东汉废。

信成银行 商办金融机构。清光绪三十二年(1906)由周廷弼创办。资本五十万元。总行设在上海,并在无锡、南京、天津、北京设有分行。宣统三年(1911)倒闭。

信都芳 北朝时河间(今属河北)人,字王琳,一作玉琳。有巧思,明算术。从祖暅之学,专心研究,废寝忘食。曾著《器准》、《灵宪历》、《周髀宗》、《遁甲经四术》及《乐书》、《史宗》等。曾隐居并州乐平之东山。后高欢聘为馆客,仕齐为中外府田曹参军。秘书监祖珽为定正声,乃采其著作,并杂以西凉之曲,是谓"洛阳旧乐"。东魏武定中卒。

信都国 西汉建昭二年(前37)以广川郡置,阳朔二年(前23)国除为郡,建平二年(前5)复置为国。治信都县(今冀州市)。辖境相当今河北冀州市,枣强、南宫、武邑等市、县大部,故城县北部,景县南部及深州东南部地区。东汉永平十五年(72)改为乐成国。

信都郡 西汉景帝五年(前152)改广川国置郡。不久即复为广川国。建昭二年(前37)又改广川郡置国。阳朔二年(前23)改为郡。治信都(今冀州市)。元延末辖境相当今河北冀州、深州、武邑、枣强、衡水、南宫、景县等市、县及山东德州市的一部分。哀帝初又改为国。东汉明帝永平十五年(72)改为乐成国。隋大业及唐天宝、至德时又曾改冀州为信都郡。

信都厅 清光绪三十四年(1908)分广西贺县、怀集县及广东开建县地置。治今广西贺州市东南狮峰,宣统元年(1909)移治今贺州市东南信都。辖境相当今贺州市南部地区。属平乐府。1912年废,改为信都县。1951年并入贺县。

信都县 ❶秦置。治今河北邢台市。属巨鹿郡。秦二世二年(前208),张耳、陈余立赵歇为赵王,都于此。项羽改为襄国县。❷西汉置。治今河北冀州市。为广川国(后改信都国)治。东汉为乐成国(后改安平国)治。西晋太康后为长乐国治。三国魏后又为冀州治。隋大业二年(606)并入长乐县。唐初复改长乐县为信都县,天祐二年(905)改为尧都县,不久复旧,仍为冀州治。明洪武六年(1373)废入冀州。

信丰守城记事略 书名。清吴秉衡撰。一卷。吴氏咸丰四年(1854)冬任江西信丰知县,后署饶州知府。两地先后均被太平军围攻。此编记其与太平军对抗事。详于信丰,略于饶州,故名。咸丰九年成书。通行本为光绪十一年(1885)高邮何怙堂本,附有奏疏、诗、诔文多种。

信风 ❶季风的一种,又称贸易风,为行星风系组成之一,如北半球的东北信风,南半球的东南信风,由副热带高压带吹向赤道低气压带。❷指随时变化,定期定向而至的风。中国古书中多有信风的记载,如《风俗通义》有:"五月有落梅风,江淮以为信风。"唐李肇《国史补》提到:"江淮船溯流而上,待东北风,谓之信风。"古人还将应花期而至的风称为花信风,又称二十四番花信风。程大昌《演繁露》卷一:"三月花开时,风名花信风。"

信符 见"符❷"。

信宫 战国赵国宫名。为大朝会所。《史记·赵世家》:赵武灵王元年(前325),"韩宣王与太子仓来朝信宫"。张守节正义曰:"在洺州临洺县(今河北永年)",又赵武灵王"十九年春正月,大朝信宫"。

信及录 书名。清林则徐撰。一册。为林氏以钦差大臣查办海口事件、主持禁绝鸦片时所发布的文告及与外人往来函札,共一百二十七件,均为《林文忠公政书》所未收,起道光十八年(1838)十一月,迄二十年三月。记林氏与英往复交涉事颇详,亦反映了林氏禁烟态度坚决,处事缜密,为研究鸦片战争重要史料。

信苴 元大理总管段氏官号。系白语音译,意为诸王,或总管。李京《云南志略·诸夷风俗》:白人称其"诸王曰信苴"。忽必烈灭大理段氏,设大理都元帅府,仍以段氏子孙为总管,共十一任,每任总管,其姓名前均冠有此称。

信苴福 亦作段福。宋时后理国主段兴智叔父。白蛮(白族)。宋宝祐三年(1255)与兴智同入觐蒙古宪宗,后又奉命率爨僰军导蒙古大将兀良合台平定云南未附部落。开庆元年(1259)初,率军万名,随兀良合台参加宪宗制定的三路合围南宋的战争,自鄂州(武昌)渡江与北部蒙古军会合,蒙古中统二年(1261)被遣回云南。著有《征行集》。

信苴日(?—1284) 元时后理国主段兴智之弟(一作其子)。白蛮(白族)。段氏,名实,也作段日。"信苴"乃"诸王"之意。兴智卒,受世祖赐虎符,奉诏领大理、善阐(今云南昆明)、威楚(今云南楚雄)、统矢(今云南姚安)、会川(今四川会理)、建昌(今四川西昌)、腾越(今云南腾冲)等城,节制万户以下土官。至元元年(1264),配合蒙古军镇压白族僧人舍利畏领导的起义。十一年,大理改为路,任总管。派人伪装商人,刺杀舍利畏,瓦解起义队伍。十三年,奉命与蒙古军御缅甸象骑数万于金齿南甸(今云南梁河境),有功。任大理蒙化等处安抚使。十八年,升大理威楚金齿等处宣慰使都元帅,云南行省参知政事。治大理凡二十三年。子孙世袭大理总管。

信牌 亦称传信牌,俗称排单。驿递凭信。清制,凡由外省马递公文到京,以及在外彼此互达者,除火票外,则需粘连排单,令各驿站按程于单内登注时刻。

信炮总管 官名。清代八旗步军营之职官,额设一人,满缺。掌白塔信炮之鸣放事。若有警,得旨后则鸣炮。九门之炮闻声即应。官兵闻炮则集合候旨。总管下设监守信炮官、领催、炮手等。

信平君 即"廉颇"。

信凭 太平天国后期给中乡试者所发身份证明。黄纸,上写"信凭"两字,下书中式官衔。

信人 官名。战国置。掌奉命出使。《墨子·号令》:"外使者来","若行具,必使信人先诫舍室。"

信石拌种 防治农业害虫的方法。信石即砒霜,明清时期用来作杀虫剂。《天工开物》记述了用信石拌种;《农桑经》介绍的是用信石制成毒谷,再用以拌种。

信武将军 武散官名。金、元、明皆置。金从五品上。元从四品,宣授。明为武官从四品加授。

信乡侯国 西汉本始四年(前70)置。在今山东夏津县西。属清河郡。东汉废。

信行(540—594) 隋魏郡(治今河南安阳)人。僧人。俗姓王。少年出家,后于相州(今河南安阳)法藏寺创立"三阶教"。行头陀乞食,日止一餐,又效《法华经》常不轻菩萨,路遇行人,不问男女,率皆礼拜,谓之"普敬"。开皇初,应诏入京,住真寂寺。宣称隋已处"末法"时代(即佛教的衰微时期),诅咒现实社会为"十恶世界",视时人为"罪孽深重"之"邪见众生",并以"普法"(即普念一切佛,普修一切法)反对各宗派拥宗自重,对上层僧人亦颇为"不敬",故被视为异端。著有《对根起行杂录》、《三阶位别集录》等。从武周时起,其著作概被列入"伪经"。

信行禅师碑 全称《隋大善知识信行禅师兴教之碑》。唐神龙二年(706)刻。越王李贞撰,薛稷楷书。信行于北周创立佛教三阶教派,但此碑对其事迹无所叙述,徒以薛稷所书见称于世。此碑旧在终南山楩梓谷百塔,明初毁佚。今有清何绍基藏宋旧拓残本,后传吴荣光。吴跋云:"存一千九百余字。"此本流入日本。字画略似褚遂良书《房玄龄碑》,有影印本传世。

信阳长台关楚墓 战国时楚国墓葬。位于河南信阳北长台关小刘庄西北冈。包括一、二号两座大型木椁墓。一号墓于1957年发掘,墓圹呈长方形,东西长14.5米,中宽12.3米,深10.35米,东边有平面长14米的斜坡墓道。圹壁自墓口下至椁顶依次缩成阶梯状的四层土台。椁室长8.95米,宽7.60米,分为七室,由两端斫有榫卯的长方形栎木砌成。主室居中,内有内椁两层,椁内有两重棺,内棺棺板有金、银彩绘图。墓内共出随葬器物九百零三件,主要有乐器、竹简(详"长台关竹简")、漆木器及各种铜、玉、铁、陶器等。铜器组合形式为鼎五、敦三(二型)、壶一、盘四(大小两对)、匜一、盉一。乐器计有编钟一组十三枚,大木瑟三件、漆绘锦瑟一件、彩绘大小鼓各一件,为中国首次通过考古发掘出土的成套古乐器。最大的一号编钟与其余诸钟纹饰有所不同,铭十二字,曰:"惟㽙篙屈栾晋人救戎于楚竟(境)",或说与《左传·昭公十七年》所记晋人袭陆浑戎而陆浑子奔楚事有关,则钟之时代在春秋晚期。但从此墓墓制、随葬器物的形制、组合及竹简字体看,墓的年代应属战国,现有战国早期与中晚期二说。墓主人当是楚国大夫一级的贵族。二号墓于1958年发掘,位于一号墓东,规模、结构相近,已被盗,但仍出有较多的漆木器,其时代可能略晚于一号墓。

信阳长台关竹简 战国时楚国竹简。1957年出土于河南信阳长台关楚墓一号墓。竹简分两组,第一组置于椁内前室东部,出土时均为断简,残为一百一十九枚。现存四百七十余字,推测其原简长约45厘米,由于残损,文字多难识读。由可辨认部分,知系一篇战国子书之佚文,为中国近代以来首次发现的战国竹书。其内容旧多认为是一失传之儒家著作,近年已有学者指出简文中所记周公言语与《太平御览》卷八百二"珍宝部"一段《墨子》佚文相近同,简文中所见另一些词语,亦常见于《墨子》,故认为此篇为《墨子》佚篇,文中之"周公"当是战国时之西周君。第二组简置于椁内左后室,保存较完整,共计二十九枚,简长达68.5—69.5厘米,内容属于遣策,详尽记载随葬物品的种类、名称及数量。此两组竹简的照片已在此墓发掘报告《信阳楚墓》(文物出版社,1986年)中刊布。

信阳军 北宋开宝九年(976)降申州为义阳军,太平兴国元年(976)改今名。治信阳县(今市)。辖境相当今河南信阳、罗山等市、县地,属京西北路。南宋端平间,兵乱荒废。

信阳县 北宋改义阳县置。治今河南信阳市。为信阳军治所。明初废入信阳州。1913年复改州为县。1960年废入信阳市,1961年复置,移治平桥镇。1998年撤销,并入信阳市。

信阳州 本信阳军,南宋端平间荒废凡四十余年,元至元十四年(1277)改置信阳府,十五年降为信阳州。治信阳县。二十年,以罗山县(今县)当驿路要冲,移治罗山县。辖境相当今河南信阳、罗山等市、县地。属汝宁府。明洪武初复还旧治。十五年(1382)降为县。成化十一年(1475)复升为州,无附郭县。仍属汝宁府。辖境扩大至淮河以北确山县。弘治二年(1489)以确山县去州远,改属汝宁府。清不辖县。1913年降为信阳县。

信宜县 唐武德四年(621)置信义县。北宋太平兴国初改为熙宁县,四年(979)改今名。治今广东信宜市西南镇隆。为窦州治。熙宁后历属高州、高州路、高州府。1952年迁今市(东镇)。1959—1961年曾并入高州县。宋有银场。

信义银行 商办金融机构。清光绪三十三年(1907)镇江尹寿人创设,总行设于镇江,在外埠共设十个分行。因滥发通用票,于宣统元年(1909)倒闭。

信札 官府文书名。宋神宗以后,官员除授,画旨而未给诰,先降札子加以任命,称"信札"。

信州 ❶南朝梁普通四年(523)分益州置。治鱼复县(今重庆奉节县东,西魏改人复)。辖境约当今重庆万州区以东的长江南北和大宁河流域及湖北巴东县以西地区。北周以后缩小。唐武德二年(619)改名夔州。❷本北扬州,北齐文宣帝以百姓守信,不附侯景,改名信州。治项县(今沈丘县)。辖境约当今河南周口、沈丘、淮阳、西华、商水、项城及安徽界首、太和等市、县地。北周武帝改为陈州。❸唐乾元元年(758)分饶、衢、建、抚四州地置。治上饶县(今市西北)。辖境相当今江西贵溪市以东、怀玉山以南地区。两宋属江南东路。元至元十四年(1277)升为信州路。❹辽开泰初置。治今吉林公主岭市西北新集城。金末废。

信州路 元至元十四年(1277)升信州为路。属江浙行省。治所、辖境同信州。二十九年以所属铅山县为州,直隶江浙行省,辖境缩小。至正二十年(1360)朱元璋改为广信府。

釁 古代营造礼之一。亦作衅。《说文解字·爨部》:"釁,血祭也。"是用牺牲的血涂抹在新成的宫室器用上以祭神。衅的意义,据焦循《孟子正义》说,有三点:(1)祓除不祥;(2)弥缝罅隙,使物完固;(3)取其膏泽,养护精灵。取得衅血的方法是:"毛牲"(牛羊犬等)用"刲",即刺颈取血;"羽牲"(鸡鹅等)用"衈",即刺耳旁动脉取血;"人牲",或刺颈,或击鼻出血。凡宗庙、社稷、学校等宫室建筑和钟鼓、尊彝、簋簠、俎豆、戈矛、旗帜等礼、乐、兵器,新成皆行衅礼。凡宝物重器,每年初皆行衅礼。春季牧马前,要对马厩行衅礼。取出盟书、文约时,也要对收藏这些文献的府库行衅礼。

xīng

兴安 ❶明宦官。正统时任司礼太监,与金英并被信用。*土木之变后反对南迁,与于谦、石亨等总理军务。英宗复辟,夺职。❷北魏文成帝年号(452—454)。凡三年。

兴安府 清乾隆四十七年(1782)升兴安州为府。治安康县(今陕西安康市)。属陕西省。辖境相当今陕西石泉县以东的汉水流域。1913年废。

兴安岭 内蒙古自治区东北部、黑龙江省北部及黑龙江以北俄罗斯境内山脉的总称。西为大兴安岭,东为小兴安岭,北为外兴安岭。大兴安岭一称西兴安岭,即古大鲜卑山,为鲜卑人发祥之地。小兴安岭亦称东兴安岭、库穆尔山、布伦山,在黑龙江省北部,为索伦诸部放牧、游猎场所。大、小兴安岭合称内兴安岭。外兴安岭亦称大兴安岭、石大兴安岭,原为中国领土。清康熙二十八年(1689)《尼布楚条约》规定为中俄界山。咸丰八年(1858)《瑷珲条约》被迫将外兴安岭划归俄国所有。

兴安县 ❶本唐全义县,北宋太平兴国元年(976)因避太宗名讳,改为兴安县。治今广西兴安县。历属桂州、静江府、静江路、桂林府。❷明嘉靖三十九年(1560)分弋阳、贵溪、上饶三县地于弋阳县之横峰寨置。治今横峰县。属广信府。1914年因与广西兴安县同名,改为横峰县。

兴安运河 即"灵渠"。

兴安州 明万历十一年(1583)改金州置。治今陕西安康市。属汉中府。辖境相当今陕西石泉县以东的汉水流域。二十三年升为直隶州。属陕西省。清乾隆四十七年(1782)升为府。

兴道县 唐贞观二十三年(649)以兴势县改名。治今陕西洋县。属洋州。蒙古至元二年(1265)废入洋州。

兴定 金宣宗年号(1217—1222)。凡六年。

兴定宝泉 金铜钱。兴定五年(1221)铸造,与"贞祐通宝"并行,每贯钞折"通宝"钱四百贯,两贯抵银一两。

兴都 都城名。即今湖北钟祥。明嘉靖十年(1531)升安陆州为承天府,称兴都,十八年建兴都留守司于此。

兴都留守司 官署名。明设于兴都承天府(今湖北钟祥)的军事机关。嘉靖十八年(1539)置。设官与中都留守司同。统显陵、承天二卫,护卫显陵。

兴福寺半截碑 唐开元九年(721)刻。释大雅集王羲之行书。三十五行,行字数无考。早年湮没,明万历时,于西安城南出土。仅存下截,因称"半截碑"。大雅为兴福寺僧,故亦称《兴福帖》。后人谓其集王字,独得精神筋力,俨如生动,是以书家重之。今存陕西西安碑林。

兴复哈密国王记 书名。明马文升撰。不分卷。弘治年间,东察合台汗国侵扰哈密,兵部尚书马文升奉命带兵解决两地争端,事后,撰此文以纪其事。明邓士龙《国朝典故》收为《马端肃公三记》下。今有北京大学出版社标点本。

兴古夷 一称兴古僚。古族名。包括鸠、僚、濮诸族。因居蜀汉兴古郡内,故名。其地约当今贵州兴义,广西西隆、西林及云南罗平、陆良等地。建兴年间诸葛亮平南中,复与牂柯僚人反,旋被蜀将张嶷讨平。

兴光 北魏文成帝年号(454—455)。凡二年。

兴国城 在今辽宁喀喇沁左翼西大凌河西支处。《资治通鉴》:东晋咸康三年(337):段辽"遣扬威将军屈云将精骑夜袭(慕容)皝子遵于兴国城"。胡三省注:"兴国城,盖慕容氏所筑。"

兴国军 北宋太平兴国二年(977),升鄂州永兴县置永兴军,次年改为兴国军。治永兴县(今湖北阳新县)。属江南西路。辖境相当今湖北黄石、大冶、通山、阳新等市县地。元至元十四年(1277)升为兴国路。

兴国路 元至元十四年(1277)改兴国军置。属江西行省。三十年改属湖广行省。治所、辖境同兴国军。至正二十四年(1364)朱元璋改为兴国府。明洪武九年(1376)降为兴国州。

兴国州 明洪武九年(1376)改兴国府置。治今湖北阳新县。属武昌府。辖境相当今湖北黄石、阳新、通山、大冶等县地。清不领县。1912年改为县。1914年改为阳新县。

兴汉会 清末革命团体。(1)光绪二十五年(1899)冬,兴中会总部邀请两湖地区哥老会和广东、福建等地三合会各首领在香港集会,共商反清斗争事宜。陈少白、杨衢云、郑士良、毕永年、李云彪、杨鸿钧、辜鸿恩、张尧卿等十余人与会,议决三会合并,定名兴汉会,奉孙中山为总会长,并议定纲领三则。未几,唐才常回国筹备起兵"勤王",李云彪、杨鸿钧等多为所用,兴汉会遂无形解体。(2)光绪三十二年同盟会员杨振鸿、李伯东在云南昆明组织的革命团体。

兴和 东魏孝静帝年号(539—542)。凡四年。

兴和府 明洪武三年(1370)改兴和路置。治所、辖境同元兴和路。属北平布政司。四年后废。

兴和路 元世祖中统三年(1262)升宣德路抚州置隆兴路。皇庆元年(1312),更名兴和路,治高原县(在今张北县),辖境相当于今河北张北、尚义、怀安,山西天镇和内蒙古太仆寺旗、兴和等县地。明洪武三年(1370)改为兴和府。

兴和所 明洪武三十年(1397)于废兴和府置兴和守御千户所。治今河北张北县。属北平行都司,永乐元年(1403)直隶后军都督府。二十年为蒙古阿鲁台袭陷,徙治宣府(今河北张家口市宣化),原所遂废。

兴和厅 清政区。原为明初天成卫边地,后入蒙古。清光绪二十二年(1896),以丰镇之二道河巡司改置,治所即今内蒙古兴和县。

兴化府 明洪武元年(1368)改兴化路为府。属福建省。治所、辖境同兴化路。1913年废。

兴化军 北宋太平兴国四年(979)改太平军置。治兴化县(今福建仙游县东北古邑)。属福建路。八年移治莆田县(今市)。辖境相当今福建莆田、仙游等市县地。元至元十四年(1277)升为兴化路。产荔枝,宋时誉称"天下第一"。

兴化路 元至元十四年(1277)升兴化军为路。属江浙行省福建道宣慰司。治所、辖境同兴化军。明洪武元年(1368)改为兴化府。

兴化县 五代吴武义中分海陵县地,置招远场,寻改为兴化县。治今江苏兴化市。属江都府。南唐属泰州,南宋建炎四年(1130)属高邮军,绍兴五年(1135)降为昭阳镇,属海陵县。十九年复为县。属泰州。乾道二年(1166)改属高邮军,寻又属泰州。淳熙四年(1177)复属高邮军。元明属高邮府、州,清属扬州府。

兴济县 金初置。治今河北沧县北兴济镇。属沧州。大定六年(1166)改属清州。蒙古至元二年(1265)并入会川县。后复置。明洪武初废。十三年(1380)复置。属河间府。清顺治六年(1649)并入青县。

兴教门 见"明德门❷"。

兴教寺 佛寺名。在今陕西长安县杜曲镇东南少陵原畔。唐总章三年(670),迁葬高僧玄奘遗骨于此,修寺建塔,唐肃宗李亨题塔额"兴教"二字,故名兴教寺。玄奘墓塔高五层,正方形,底层有清代泥塑玄奘像。此塔东西两侧有两小塔,东边为玄奘弟子圆测墓塔,西边为弟子窥基墓塔,皆宋代建筑。寺于唐大和二年(828)修葺,1922—1939年两度重修,1949年后又经过多次维修,为全国重点文物保护单位。

兴京府 清宣统元年(1909)升兴京厅置。治所、辖境同兴京厅。属奉天省。1914年废。

兴京厅 清乾隆二十八年(1763)于兴京城置。治今辽宁新宾县西老城。属盛京。光绪三年(1877)移治新宾堡(今新宾县)。辖境相当今辽宁新宾、桓仁及吉林通化、白山、集安等市县地。属奉天将军。宣统元年(1909)升为府。

兴凯湖 明代称亨克湖。位于今黑龙江省东南中俄两国边境上。清咸丰十年(1860)《北京条约》签订后,俄国割占中国乌苏里江以东四十万平方公里领土,兴凯湖遂为界湖,北部属中国,南部属俄国。据考古发掘,湖周围有许多古城遗址,其中不少为唐渤海国五京十五府或县的所在。

兴乐宫 战国秦国宫名。在渭水南,与咸阳宫相对。《七国考》引《三辅故事》谓秦昭王为通咸阳宫与兴乐宫作渭桥,是昭王时已有此宫;又《三辅黄图》以为兴乐宫秦始皇造,汉修饰之。周围二十余里,汉太后常居之。汉时名长乐宫。

兴辽 辽圣宗时渤海人大延琳所建国号。

兴辽国 见"渤海"。

兴龙 一作兴隆。金末张致年号(1215—1216)。凡二年。

兴隆 即"兴龙"。

兴隆铁范(範) 战国时代的铁质铸范。1953年河北兴隆出土。共八十七件,重190余公斤,其中大部分为农具铸范,有锄、镰、镬;其次为工具铸范和车具铸范,有斧、凿。是中国发现最早的铁质铸范,部分铸范上所铸"右廪"二字非常罕见。它结构合理,能抗御浇铸过程中的各种变形应力,为研究战国时燕国的冶铸技术、农具和工具制作及农业、手工业生产提供了重要的实证资料。

兴隆卫 明洪武二十二年(1389)置,治今贵州黄平县。属贵州都司。万历二十九年(1601)改属平越军民府。清康熙二十六年(1687)省入黄平州,并移州治此。

兴洛仓 即"洛口仓"。

兴宁 晋哀帝年号(363—365)。凡三年。

兴宁陵 唐高祖李渊父李昞墓。在今陕西咸阳北原。武德元年(618)追谥昞为元皇帝,庙号世祖,陵号兴宁。封土直径15米,高10米,墓前存石狮、石马、石麒麟等,造型古朴,别具风格。

兴宁县 ❶东晋元兴中置。治今广东兴宁市北。宋天禧三年(1019)移治今五华县华城。明成化三年(1467)复移治今市(兴城)。历属东官郡、龙川郡、循州、惠州府、嘉应州。❷南宋嘉定二年(1209)分郴县资兴、程水二乡置资兴县,绍定初改名。治管子壕,即今湖南资兴市。宋、明、清属郴州,元属郴州路。1914年因与广东兴宁县同名,又改为资兴县。

兴平 年号。(1)东汉献帝年号(194—195)。凡二年。(2)南朝齐时唐寓之年号(486)。

兴平公主(?—1037) 辽宗室女,耶律氏。兴宗景福元年(1031),封兴平公主,嫁西夏元昊。

兴平军 唐方镇名。因凤翔郡郿县东有兴平军,于至德元载(756)置镇,治雍县(今陕西凤翔)。领商、金、岐等州,约当今甘肃六盘山以东,陕西麟游、眉县以西,太白以北地区。唐末为李昌符、李茂贞割据。

兴平县 ❶三国吴置。治今江西永丰县东北。属庐陵郡。南朝梁末改属巴山郡。隋平陈废。❷唐至德二载(757)以金城县改名。治今陕西兴平市。属京兆府。《资治通鉴》:唐天复二年(902),朱全忠遣朱友宁将兵西击李茂贞,军于兴平、武功之间,即此。元属奉元路。明、清属西安府。

兴桥栅 在今河南遂平县东南张柴村东。《资治通鉴》:唐元和十二年(817),淮西将李祐"守兴桥栅,常陵暴官军",即此。

兴庆池 唐都长安兴庆宫内池。初为隆庆坊内平地。垂拱、载初间,因雨水流成池。后引龙首渠分浐水灌之,日益滋广。至神龙、景龙中,已弥漫数顷,深数丈,因坊取名为隆庆池。后玄宗(李隆基)及其兄弟五王赐宅于隆庆坊,池亦俗称五王子池,置宫后,避玄宗讳,易名兴庆池。因附会池有黄龙出现,又名龙池。池内有荷菱藻芡,岸旁柳树垂杨,岸南生有紫叶赤心的醒醉草。为皇帝游乐之地。

兴庆府 1033年西夏升兴州置。治今宁夏银川市。为西夏国都。1205年改为中兴府。

兴庆宫 唐都长安宫殿。位于长安外郭东垣隆庆坊,原为李隆基(玄宗)藩邸。开元二年(714)置宫,因坊为名,避玄宗讳,称兴庆宫。后复扩建夹城,谓之南内。宫城东西宽1 080米,南北长1 250米,呈长方形。内有兴庆殿、南熏殿、长庆殿、勤政务本楼、花萼相辉楼、沉香亭等建筑。兴庆宫并以夹城复道北通大明宫,南达曲江芙蓉园。开元十六年,玄宗移此听政,遂为政治中心,直至天宝十五载(756),避安禄山之乱,玄宗逃离长安时。

兴儒会 清末进步团体。光绪二十一年(1895)孙诒让倡设于浙江瑞安。意在合全国四万万人为一体,以广甄人才,厚积群力,志气专一,筋节灵通。名为尊孔振儒,实则保华攘夷。

兴圣 南诏大义宁国肃恭帝杨干真年号(930)。

兴圣宫 宫帐名。又称女古斡鲁朵。契丹语,女古意为金,斡鲁朵意为宫帐。辽圣宗即位后,以国阿辇、耶鲁盌、蒲速盌三宫帐户组建。宫帐在女混活直,陵寝在庆州南安。设兴圣宫使为长官,总领兴圣宫军民政务。下设副使、太师、太保、侍中等职。以兴圣宫都部署司掌其契丹军民之政,为北面官。以兴圣宫南面行宫都部署司掌其汉人军民之政,为南面官。所属庆、隰、乌(上京)、乌(东京)、霸五州,毫兀真女姑、拏兀真女室、女特里特、女古滂四石烈,女古、蒲速盌、鹘笃、乙抵、蓊、埃也六瓦里,乙辛不只、铁乖温、埃合里只、嘲瑰、合鲁山血古只、夺忒排登血古只、劳骨、虚沙、土邻九抹里,达邻频你、和里懒你、爪阿不厥真、粘独里僧、袍达夫人厥只五闸撒,南京、西京、奉圣州、平州四提辖司。管正户一万,蕃汉转户二万,正丁二万,蕃汉转丁四万,骑军五千。又有马群司,掌其马群饲养蕃息。

兴圣太后 即"答己"。

兴势山 又称兴势阪。因山形如盆,外险而内有大谷,为盘道上数里,方及四门,故名。在今陕西洋县北。《资治通鉴》:三国魏正始五年(244),曹爽发兵十余万人自骆口入侵汉中,蜀汉王平、刘敏据兴势抗击,即此。

兴势县 北魏延昌三年(514)置。治今陕西洋县东北。属晋昌郡。西魏属傥城郡。隋大业二年(606)移治今洋县。属汉川郡。唐贞观二十三年(649)改为兴道县。

兴唐府 五代唐同光元年(923)庄宗李存勖即帝位于魏州,升魏州置。治兴唐、广晋二县(今大名县东)。辖境相当今河北大名、魏县、成安、广平、威县、临西、馆陶等县,山东临清市和夏津、冠县、莘县及河南内黄等县地。晋天福二年(937)改为广晋府。

兴王府 即"广州"。

兴文署 官署名。元代集贤院下属机构。掌提调国子生饮膳与有关文牍簿书之事。秩从六品。设令一员,以翰林修撰兼。丞一人,以翰林应奉兼。

兴昔亡可汗 即"阿史那弥射"。

兴业县 唐麟德二年(665)分石南县置。治今广西玉林市西北旧县。北宋开宝至至道中为郁林州治。历属郁林州、梧州府。1949年移治今市西北石南,1952年并入郁林、贵县二县。

兴义府 清嘉庆二年(1797)改南笼府置。治今安龙县。辖境相当今贵州南、北盘江之间地。属贵州省。1913年废。

兴义县 清嘉庆三年(1798)改普安州州判所驻黄草坝地置,隶兴义府。即今贵州兴义市。

兴元 唐德宗年号(784)。

兴元府 唐兴元元年(784)升梁州置。治南郑县(今汉中市东,南宋移今汉中市)。辖境相当今陕西汉中市、城固、南郑、勉县等县及宁强县北部地区。北宋为利州路治。西境缩至今勉县。南宋为利州东路治。置茶马司,以茶、锦与邻族的马互市。元改为路。

兴元路 元改兴元府置。治南郑县(今汉中市)。属陕西行省。辖境相当今陕西凤县、留坝、南郑等县以东,佛坪、宁陕、旬阳等县以南地区。明洪武三年(1370)改为汉中府。

兴元圣功录 书名。唐袁皓撰。三卷。记述德宗兴元元年(784)平定卢龙军节度使朱滔、幽州陇右节度使朱泚、邠宁节度使李怀光等联兵叛乱事。已佚。《资治通鉴考异》有征引。

兴浙会 清末进步团体。光绪二十三年(1897)章炳麟、董祖寿、连文澂等创立于杭州。

兴中府 辽重熙十年(1041)升霸州置。治兴中县(今朝阳市)。辖境相当今辽宁朝阳市、县和北票市大凌河南部地区。属中京道。金辖境扩大至今兴城市和北票市大凌河北部。属北京路。蒙古至元七年(1270)降为州。

兴中会 中国最早的资产阶级革命团体。清光绪二十年十月二十七日(1894.11.24),孙中山在檀香山建立。通过《兴中会章程》,提出"驱除鞑虏,恢复中华,创立合众政府"的政治纲领。举刘祥、何宽为正副主席,有会员一百二十人,多系华侨资产阶级,还有部分工人、知识分子和会党人物。次年在香港成立兴中会总会,举杨衢云为会长,后辞职,以孙中山自代。二十五年底创办《中国日报》。先后策动和领导了乙未广州起义和庚子惠州之役。在横滨、河内、旧金山、南非洲等地先后设立分会,在华侨中发展组织。二十九年创设东京军事学校,提出"驱除鞑虏,恢复中华,创立民国,平均地权"的完整纲领。三十一年联合华兴会、光复会部分成员成立中国同盟会。

兴中会革命史要 书名。陈少白撰。主要记述兴中会时期孙中山和作者本人的革命经历和活动。另附别录十二题。1929—1930 年在《建国月刊》连载,1935 年发行单行本。

兴中会章程 孙中山草拟,清光绪二十年(1894)十月二十七日(1894.11.24)在檀香山兴中会成立会上首次通过。次年元月在香港成立兴中会总部时,孙中山曾予修订。序言揭露清廷罪行,把斗争矛头指向清王朝。内容凡十条,载明兴中会以"讲求富强之学,以振兴中华"为宗旨,并对会内组织机构、经费、活动等事项作了规定。

兴中县 辽重熙十年(1041)改霸城县置。治今辽宁朝阳市。辽金为兴中府治。蒙古废。

兴中州 蒙古至元七年(1270)降兴中府为州。治今辽宁朝阳市。辖境约当今朝阳市及朝阳县地。属大宁路。明初废。

兴州 ❶西魏废帝二年(553)改东益州置。治汉曲县(隋改顺政县,今陕西略阳县)。辖境相当今略阳县地。隋大业三年(607)改为顺政郡。唐武德元年(618)复为兴州。天宝元年(742)又改为顺政郡。乾元元年(758)又复为兴州。五代地入于蜀。北宋属利州路。南宋绍兴十四年(1144)分置利州西路治此。开禧三年(1207)四川宣抚副使、知兴州吴曦据此反宋,改为开德府,安丙等平定后,改为沔州。❷1020年西夏李德明升怀远镇置。治今宁夏银川市。阻河依贺兰山为固,同年王都自西平府迁于此。1033 年升为兴庆府。但《宋史》仍称为兴州。❸金承安五年(1200)改辽北安州置。治兴化(今承德市西)。辖境相当今河北承德市和隆化、滦平间地区。属北京路。元致和元年(1328)后辖境缩小,因属所升宜兴州称小兴州,兴州亦对称大兴州。属上都路。明洪武二年(1369)常遇春败元兵于此,遂取开平。四年改置左、右、中、前、后五卫。永乐初移卫入内地,城遂废。❹金升合河县置。治今山西兴县。属岚州。辖境相当今兴县地。明洪武二年(1369)降为县。

星孛入北斗 古天文用语。中国古代称彗星为"孛星"、"蓬星"。《左传》:"鲁文公十四年(前 613)秋七月,有星孛入于北斗。"这是世界上有关哈雷彗星的最早记录。鲁文公十四年以后,经秦王政七年(前 240)到辛亥革命前一年(1910),哈雷彗星一共出现二十九次,每次在中国史籍上都有记录,这是极其珍贵的资料,可以利用它来研究哈雷彗星轨道的变化。

星槎胜览 书名。明费信撰。二集。据自序成书于正统元年(1436),作者于永乐、宣德间四次随郑和等通使西洋,历览诸国,以所闻见人物、风土、出产撰成此书。前集记亲历诸国;后集系采辑而成,多出自《岛夷志略》,逐国分叙,咏以诗篇。为研究当时亚非地理及中西交通关系的重要参考资料。通行本作四卷,较原本颇有增删。近人冯承钧有整理校注本。

星辰坛 明代祭祀周天星辰之所。初周天星辰附祭于月坛。洪武三年(1370)始专建坛于京师(南京)城南诸神享祭坛正南向。每年于天寿节(皇帝生日)前三日致祭。二十一年罢,从祀星辰于南郊。

星官 天文学名词。古代的恒星命名单元。视恒星所在星空的周围状况,选取少到一星,多到数十颗星,构成一个星组,给以一个特定的名称。这些名称中有不少是朝廷中的官曹列位。也有大量星组是根据其构成图形的形象事物来命名的。所有这些星组,在中国古代占星术中都赋予了主宰有关事物吉凶福祸的某种能力。因此,古人都把这些命名单元统称之为星官。

星吉(1296—1352) 元唐兀人,字吉甫。世为怯里马赤。英宗时为中尚监丞、右侍仪、同修起居注。泰定元年(1324),官监察御史。至正初,为宣徽院使、宣政院使。至正十年(1350),出任湖广行省平章政事。十一年红巾军起,修城募兵,扼守武昌。旋被调任大司农。次年,出为江西行省平章政事,开省太平(今安徽当涂),招募二千新兵,与天完红巾军战,复铜陵、池州、湖口、江州等地。九月,在小孤山兵败被俘,绝食而死。

星纪 * 十二次名称之一。配十二辰为丑。包括斗、牛二宿。《尔雅·释天》:"星纪,斗牵牛也。"郭璞注:"牵牛,斗者,日月五星之所终始,故谓之星纪。"即古人以星纪历,把日月五星会于斗、牵牛之分时作为历法开端,因名其次为星纪。

星烈日记 书名。清方玉润撰。四十卷,封面题《星烈日记汇要》。起咸丰六年(1856)二月至同治二年(1863)五月,分类记载有关清军与太平军、捻军作战事。作者咸丰年间曾任安徽布政使李孟群、总兵王国才幕客,日记中所录金田起义资料及清军与太平军在湖北、安徽的战事以及捻军初期情况等均有参考价值。有同治十二年刻本。收入《太平天国资料丛编简辑》。

星盘 一种测量天体高度的仪器。始见于公元前三世纪的希腊,后盛行于古阿拉伯和波斯国家。最古老的星盘都是一些有吊环的木质圆盘,边缘有刻度,附有窥管绕中心枢轴旋转俯仰,以对准天体测高度。较晚近的多用金属,形式多样,结构精致。明李之藻从利玛窦见到星盘,了解其构造原理和使用方法,撰写《浑盖通宪图说》;意大利耶稣会士熊三拔制"简平仪",专用以测太阳,徐光启译著成《简平仪说》,书中介绍测太阳位置、定时刻、测纬度方法。今故宫博物院藏有西方十七世纪制造的星盘。

星期 一种以七天为一周期循环连续记日的制度,起源甚久。古巴比伦人把太阳、月亮、火星、水星、木星、金星和土星七个天体顺序分配于七天,由此称星期。此种记日法于公元 321 年 3 月 7 日由古罗马君士坦丁大帝正式公布施行,沿用至今。星期制通过印度经典传入中国。当时译为七曜日,如"日曜日"即星期日,"月曜日"即星期一,依次类推。至今,欧洲许多民族国家语言中,仍保留或部分保留这种命名法,日本则保持"曜日"称呼。基督教传入中国后,有人把星期日称为礼拜天,星期一为礼拜一等等。基督教规定,在星期日举行祈祷仪式,这是"礼拜天"的本义;星期与礼拜的含义并不相同。

星图 描绘恒星及恒星组合的图画。描绘的手法和精确性历史上有很多变化。迄今发现的中国最古星图是河南濮阳一座近六千年前的古墓中发现的用蚌壳及人腿骨拼缀成的龙、虎和北斗图像。在湖北随州出土的公元前五世纪的漆箱盖上画有龙、虎、斗及用文字写出的二十八宿图形,表明当时的二十八宿知识已相当成熟。在西安交通大学发现的一座西汉前期砖墓顶上绘有二十八宿的形象图和星点图,对理解古人为二十八宿定名的涵义大有裨益。两汉众多的画像石上常有见到单个星官的星点和形象图,如牵牛、织女等。后世星图就描绘手法而言,有两种发展。一是示意性星图,如:宣化辽墓天文图、吐鲁番天文图等。这些图上恒星的位置全不考究,甚至可以说故意予以畸变,以适应构图的需要。一是写实性星图。描绘者力图考虑恒星的实际位置。它的起源可上溯到盖天说中的盖图。《后汉书·律历志中》中"贾逵论历"中提到:"问典星待诏姚崇、井毕等十二人,皆曰:'星图有规法,日月实从黄道。"可见星图已是当时中央天文机构中重要的工具。写实性星图就反映恒星位置的手段而言,也有两种。一是经验性的,其定位的精确性要求不高。如敦煌星图,以及后世许多民间天文学家绘制的中星图之类。一是科学性的。图上绘有经度和纬度的坐标框架,根据测定的恒星位置坐标,在图上按比例点定。这类科学星图现存最古的有五代时的吴越王钱元瓘墓中出土的石刻星图,北宋苏颂《新仪象法要》书中所附的星图,* 苏州石刻天文图等。明末以后,西方建立在精确几何投影基础上的星图绘制技术传入中国。由徐光启主持、汤若望指授历局人员邬明著等人绘制的《赤道南北两总星图》,图上不但有严格的坐标框架,而且给出了图例,用不同的符号表示恒星的星等(反映恒星亮度的量)大小,是恒星还是星气(现已知当时所谓的星气中包括了星团和星云两种)等。

星宿 ❶古代对天上恒星组织的俗称,天文学上称星官或泛指列星。《汉书·刘向传》:"专积思于经术,昼诵书传,夜观星宿。"❷星官名。亦称七星。二十八宿之一,南方朱鸟七宿的第四宿。有星七颗,即长蛇座 $\alpha, \tau_1, \tau_2, \iota$, 27, 26, GC13148 等七星。形状如钩,在柳东南。《礼记·月令》:"季春之月,……昏七星中";"孟冬之月,……旦七星中"。《尚书·尧典》:"日中星鸟,以殷仲春。"《史记·天官书》:"七星,颈,为员官";颈即朱鸟之颈,员官为喉咙。以大星为距星。❸天区名。除主体星官星宿外,还有天相、天稷、轩辕、内平等,共五个星官。

星宿川 ❶即今青海黄河上源星宿海。唐贞观九年(635)侯君集等攻吐谷浑至此。❷在今青海湟源县西北。唐开元七年(719)置安人军于此。

星宿山 在今四川成都市北。唐咸通十一年(870),南诏寇成都,将军宋威与战,南诏兵败退保星宿山,即此。

星源集庆 档案名称。清嘉庆二十二年(1817)以后记载皇室本支世系的汉文本谱牒。为折叠式黄云绫封皮,内为朱丝栏格,男女分册书写,每册横格上均有黄签,上书某某皇帝位下字样。男册记载子孙房次、封号、姓名、生卒年月日时、母妻姓氏,及其生平事迹。女册记载父名、房次及本身封号,生卒年月日时、母族姓氏,出嫁者并写明其夫之姓名。

星子县 北宋太平兴国三年(978)升星子镇置。治今江西星子县。属江州。历为南康军、南康路、南康府之治。

惺諟斋存稿 书名。清喻长霖撰。十卷。喻氏浙江黄岩(今台州)人,字志韶。光绪进士。曾赴日本考察教育,归国后主讲京师大学堂。书中有甲午东事和战议,主实力备战以为和地。记录京师大学堂沿革之文字,堪称详细,颇可参考。有宣统元年(1909)刊本。

xíng

刑案 官署名。北宋景德二年(1005),并三司兵案、度支案而置,掌衙司军将、大将、四排岸司兵卒名籍及库务月帐、吉凶仪制、官吏宿直、诸州衙吏迁补、本司官吏功过、三部胥吏名帐、捕盗、逃亡户绝资产、禁钱等事。元丰改制,随三司废。崇宁三年(1104),开封府所属开封、祥符两县置,后天下诸县皆置,职掌仿刑部。宣和四年(1122),大宗正司亦置,掌行宗室陈乞叙官、除落过名、作科犯罪等事。南宋临安府亦置,掌刑狱。

刑部 官署名。(1)掌管刑法的机构。西魏恭帝三年(556)置,隶秋官府,以刑部中大夫为长官,小刑部下大夫为次官。北周武帝一度省废诸司中大夫,以下大夫为长官。隋初置都官部,开皇三年(583)改称刑部,为尚书省六部之一。置尚书、侍郎各一人,领刑部、都官、比部、司门四司。唐沿置,与御史台、大理寺合称三司,共同会审重大案件。高宗、武则天、玄宗时曾改称司刑、秋官、宪部。北宋初置判部事一人或二人,以御史知杂以上或朝官充任,掌复查大辟已决案件及官员叙复、昭雪等事。元丰改制,并审刑院及纠察在京刑狱司归刑部,置尚书、侍郎等掌刑法、狱讼、奏谳、赦宥、叙复等部务。辽置为南面官署,设置不详。金初与左、右司同署,天眷三年(1140)始分置,隶尚书省。设尚书、侍郎、郎中、员外郎、主事等官,掌律令、州名、关津、勘鞫、追征给没及监户、官户、配隶、城门启闭、官吏改正、功赏捕亡等事。下辖万宁宫提举司、庆宁宫提举司。元世祖中统元年(1260)以兵、刑、工为右三部,至元元年(1264)始分置,隶中书省。设尚书三人,并置侍郎、郎中、员外郎,掌刑法政令诸事。下辖司狱司、司籍所。明洪武元年(1368)沿置,隶中书省。六年,置总部、比部、都官部、司门部四属部。八年,以部务浩繁,增设四科。十三年,罢中书省,直属皇帝,与都察院、大理寺合为三法司,会审重大狱案。设尚书、侍郎各一人,后增侍郎一人,遂分为左、右侍郎。四属部各置郎中一人、员外郎一人。二十二年,改总部为宪部,二十三年分四属部为河南、北平、山东、山西、陕西、浙江、江西、湖广、广东、广西、四川、福建十二部,二十九年改为十二清吏司。永乐十八年(1420)迁都前,曾置行在刑部,置官如制。迁都后,去"行在"字样,以原刑部为南京刑部,并革北京清吏司,增云南、贵州、交阯清吏司。宣德中,弃交阯后遂为十三清吏司。清天聪五年(1631)置,以贝勒管部务,设满、蒙、汉承政、参政、启心郎等官。顺治元年(1644),停贝勒管理部务,改承政为尚书,参政为侍郎,理事官为郎中,副理事官为员外郎,额哲库为主事。雍正十二年(1734)后,常命亲王、郡王管部,皆特简,非常员。嘉庆四年(1799),定以大学士兼理部务,设满、汉尚书各一人,满汉左、右侍郎各一人,又设满、汉郎中、员外郎、主事以及司务、司狱、司库、笔帖式等官。所属直隶、奉天等十七清吏司以及督捕清吏司、总办秋审处、减等处、律例馆、提牢厅、赃罚库、赎罪处等。光绪三十二年(1906),改为法部,为司法行政机构,不再掌管审判之事。(2)隋代为都官部属部之一,置侍郎等官。唐、五代为刑部头司。见"刑部司"。

刑部郎中 官名。(1)唐武德三年(620)改隋宪部郎而置,为刑部头司长官,二人,从五品上,掌司法及审覆大理寺及州府刑狱。高宗、武则天、玄宗时一度改称司刑大夫、秋官郎中、司宪郎中。五代沿置。(2)宋前期为五品寄禄官,元丰改制,置为刑部属官,分左、右厅治事,各一人,从六品。辽南面官置,隶尚书省,为刑部官员,位侍郎下。金、元均置一人,从五品,协掌部务。明初沿金、元旧制。洪武六年(1373)改为刑部属司长官。清顺治元年(1644),改刑部理事官而置,品秩依旧。后改为刑部属司长官。(3)隋、唐、五代、明、清各代刑部诸司郎中的泛称。

刑部尚书 官名。隋开皇三年(583)改都官尚书置,一人,正三品,为刑部长官。唐沿置,中叶以后多以外官兼任,渐成虚衔,由侍郎实掌部务。高宗、武则天、玄宗时,一度改称司刑太常伯、秋官尚书、宪部尚书。吐蕃仿唐制置刑法长官,译名亦作刑部尚书。北宋前期为三品寄禄官,元丰改制后,升从二品,掌天下刑狱政令。辽南面官、西夏亦置。金天眷三年(1140)与左、右司分署而置,一人,正三品。元世祖至元十三年(1276)置三人,正三品。明初置一人,隶中书省,后增一人。洪武十三年(1380)罢中书省,升部秩,置一人,正二品。永乐十八年(1420)迁都前后,又有行在刑部尚书、南京刑部尚书之分。清顺治元年(1644)改刑部承政而置,满、汉各一人,满官正一品,汉官正二品,十六年均为正二品。雍正八年(1730),定满、汉均从一品。光绪三十二年(1906)改刑部为法部,遂废。

刑部侍郎 官名。(1)隋文帝置,为尚书省都官曹刑部司长官,开皇三年(583)加为从五品。大业三年(607)改为宪部郎,即后来的刑部郎中。(2)隋大业三年置,为尚书省刑部副长官,一人,正四品。唐初罢,贞观二年(628)定为一人,正四品下。中叶以后,因尚书渐成虚衔,遂实掌部务。高宗、武则天、玄宗时,一度改称司刑少常伯、秋官侍郎、宪部侍郎。北宋前期为四品寄禄官,元丰改制,升从三品,协助尚书掌刑法政令。辽南面官置,为刑部官员。金因之,置一人,正四品。元沿置。明初置一人,后增一人。洪武十三年(1380)升部秩,定为正三品,后分左、右,各一人。清顺治元年(1644),改左、右参政而置,满、汉各一人。初满官及汉军官正二品,汉官正三品。十六年均为正三品。雍正八年(1730),定均正二品。光绪三十二年(1906),改刑部为法部,遂废。

刑部司 官署名。隋唐五代尚书省刑部之头司。掌律令格式及按覆刑狱等政。若由本司郎官与御史及大理司直评事会审疑案,称小三司。长官有刑部郎中二人,刑部员外郎二人为佐,另有刑部主事等。隋大业三年(607)改宪部司。唐初复旧。龙朔二年(662)改司刑司,咸亨元年(670)复旧。光宅元年(684)改秋官司,神龙元年(705)复旧。天宝十一载(752)改司宪司,至德二载(757)复旧。

刑部通行条例　书名。清官修。六卷。清有关刑事案例的汇编。刑部多次编辑案例、奏案、通行章程,以供各地参考执行。除收辑徒流、赦免、老小废疾收赎等案例外,还包括吏律职制,户律田宅、仓库、课税,礼律祭祀,兵律军政、关津,刑律盗贼等内容。有同治八年(1869)聚珍版本。

刑部右厅　官署名。北宋元丰改制,分刑部而置,掌叙雪之事。以刑部侍郎分领,下设郎中、员外郎佐理之。南宋初罢,绍兴二十六年(1156)复置,以刑部郎官一人领其事。

刑部员外郎　官名。(1)隋开皇六年(586)始置,为刑部头司副长官。大业三年(607)改为宪部承务郎。唐武德初复旧名,二人,从六品上。高宗、武则天、玄宗时曾随司名改称司刑员外郎、秋官员外郎、司宪员外郎。五代沿置。(2)北宋前期为六品寄禄官,元丰改制,置为刑部属官,掌详覆、叙雪之事。分左、右厅治事,各一人,正七品。辽南面官置,其制不详。金置二人,从六品,一人掌律令格式、审定刑名、关津讥察、赦诏勘鞫、追征给没等事,一人掌监户、官户、配隶、诉良贱、城门启闭、官吏改正、功赏捕亡等事。元代沿置。明初置为刑部佐贰官,洪武六年(1373)后改置为刑部属司副长官。清顺治元年(1644)改副理事官而置,后为刑部属司副长官。(3)隋、唐、五代、明、清各代刑部诸司员外郎的泛称。

刑部中大夫　官名。西魏恭帝三年(556)置,秋官府刑部司长官,掌刑法的判决与执行。正五命。下设小刑部大夫、小刑部上士、小刑部下士以佐其职,领司刺上士、乡法上士、遂法上士、稍法上士、县法上士、畿法上士、方宪上士、掌囚中士等官属。北周沿置,武帝建德二年(573)一度省置。隋开皇元年(581)罢。

刑部左厅　官署名。北宋元丰改制,分刑部而置,掌详覆之事。以刑部侍郎分领,下设郎中、员外郎佐理之。南宋初罢,绍兴二十六年(1156)复置,以刑部郎官一人领其事。

刑曹　见“曹官”。

刑曹参军　见“曹官”。

刑曹清吏司　官署名。明永乐元年(1403)置,北京行部所属六曹清吏司之一,设郎中、员外郎、主事主其事。十八年迁都北京,遂罢。

刑法格　即“开成详定格”。

刑法试　宋代选举官员考试方式之一。京朝官、选人等愿考刑法者,由两制,刑部、大理寺主判官及各路监司奏荐,选派大理少卿或刑部郎官一员主考,试断案、刑名、《刑统》大义等各若干道,称“刑法试”。第一等授审刑院或大理寺、刑部等法官。

刑房　官署名。唐玄宗时始置刑礼房,为政事堂五房之一。宋初分为刑房、礼房,隶中书门下,为六房之一。掌赦书德音、贬降责授、刑狱诉讼、擒捕旌赏等事。元丰改制后,门下、中书、尚书三省均置,分掌赦宥、契勘刑狱及官员贬降叙复之事。明代府州、县亦置。清代置为朝廷和地方官署中书吏的办事机构。都察院堂下、通政使司登闻鼓厅下均置,掌有关案件的整理呈报,其书吏为经承。顺天府及各直省府、州、县衙亦置,协助长官经管人命、盗逃、词讼、保甲、捕役、监仓、禁卒等事,其书吏属顺天府者为经承,余则为典吏。

刑符　春秋战国时韩国法律名。已佚。刘臻《孟子注》引韩昭侯《刑符》曰:“一罪谓之犯,二罪谓之干,三罪大逆曰‘凶人’。”

刑官　官名。❶掌刑狱之官。一说周代以司寇为官长。《周礼·秋官·序官》:“乃立秋官司寇,使帅其属而掌邦禁,以佐王刑邦国。刑官之属,大司寇卿一人,小司寇中大夫二人。”属官有士师、乡士、遂士、方士等。❷郑成功在台湾所设“六官”之一。主刑法之事。

刑经圣制　法典名。北周宣帝于大象元年(579)颁行。法令严峻。宿卫官员一日不到直,削除官职。逃亡者皆处死,并籍没家口。上书有错字者,即加惩处。鞭、杖皆以一百二十为度,称为天杖。以后又加为二百四十。宣帝死后,杨坚辅政,废。

刑科　官署名。(1)明清六科之一。明洪武六年(1373)置,设给事中二人,正七品,年长者掌印。初隶承敕监,后隶通政司。二十四年,设都给事中一人,正八品,左、右给事中各一人,从八品,给事中八人,正九品。永乐中,六科自为一署,掌每岁二月下旬奏报上年南北罪囚之数,岁终类奏一岁蔽狱之数,越十日一奏实在罪囚之数。清顺治中沿置,设都给事中满、汉各一人,左、右给事中满、汉各一人,给事中汉二人。康熙四年(1665)只留给事中满、汉各一人,余皆裁。五年增设掌印给事中满、汉各一人,从七品。掌稽核刑名案件、注销刑部文卷等事。雍正元年(1723)改隶都察院,七年升给事中为正五品。光绪三十二年(1906)裁。(2)清末大理院所属机构。光绪三十二年置,掌大理院管辖的刑事案件审判。设推丞一人、推事十九人。分四庭,每庭以五人司审判,另设主簿、录事等书记人员。第一庭掌特交案、国事案审理,并详核京内外大辟重案;第二庭掌宗室及官犯案审理;第三庭掌不服京师高审厅判决案审理;第四庭掌不服省高审厅判决案审理。

刑律草案　法律名。清光绪三十三年(1907)由修订法律大臣沈家本等制定。分总则与分则两编。第一编总则,为全编纲领,下分十七章八十七条。规定刑法之效力、犯罪与量刑及各种处理原则,诠释刑律中用语之意义、规定其范围之限制。第二编分则,为刑事各种罪行的具体名目、内容及科罪、量刑与惩处办法,分三十五章三百八十三条。每类罪及量刑与惩处办法为一章,如内乱罪、国交罪、外患罪、渎职罪、重婚罪等。

刑律总要　法典名。五代后梁开平时,大理卿李保殷撰。十二卷。已佚。

刑名　❶一作形名。黄老之学术语。《尹文子·大道上》:“名者,名形者也。形者,应名者也。……

故形名者不可不正也。"《管子·心术上》:"物固有形,形固有名。"两者相统一,不可分割,故又称为"因应之术"。"以其形因为之名",称之为"因";"执其名,务其应,所以成之应之道也",称之为"应"。人主坐虚向实,缘"名"以督"形",掌握"因"、"应"之术,即可"无为而治"。后韩非阐明"刑"、"名"与"事"(事功、效验)、"言"(规划、职责)的关系。《韩非子·主道》:"有言者自为名,有事者自为形。形名参同,君乃无事焉。"又《韩非子·二柄》:"人主将欲禁奸,则审合刑名者,言与事也。""君操其名",如握符契之更;"效其臣形",唯求事功之验。认为"审合形名","循名而求实",即可在强化君权之同时,调整君臣关系,实现"上下和调"。后人称他们的学说为"刑名"或"形名之学"。战国时名家着重研究刑名问题,故名家又称为刑名家。❷亦称"刑席",俗称"刑名师爷"。清代地方官府中办理刑事判牍的幕友。

刑名律 法律篇名。汉因秦律,其律在第六篇。三国魏明帝太和三年(229)制新律,以其罪条例既不在始,又不在终,非篇章之义,故集罪例以为刑名,并首次冠于律首。改汉旧律,依古义制五刑:死刑有三等,髡刑有四等,完刑、作刑各三等,赎刑十一等,罚金六等,杂抵罪七等。刑名冠于律首,为魏律开创之体例,后世法典皆沿用。

刑史 官名。春秋晋置,掌刑罚书记。《国语·晋语七》:"无乃不堪君训,而陷于大戮,以烦刑史。"顾炎武《经义述闻》卷二十一:"刑史,谓刑官之史,掌刑书以赞治者。"

刑侍 宋代刑部侍郎的简称。

刑书要制 法典名。北周武帝建德六年(577)颁行,用以督察奸宄。规定凡持杖偷盗一匹以上,不持杖偷盗五匹以上,监临主掌自盗二十匹以上,小盗及诈伪请官物三十匹以上,党正、里长隐五户及十丁以上、隐地三顷以上者皆处死刑。刑书所不载者,自依律科。宣帝即位后,以其用法深重,为收人心,加以废除。但宣帝荒淫日甚,诛杀无度,又在其基础上制订更为严峻的《刑经圣制》。宣帝死后,杨坚辅政,改行宽政,删略旧律,仍名《刑书要制》,由静帝下诏颁行。

刑厅 推官的俗称。

刑统赋 宋律学读本。律学博士傅霖撰。共二卷。将*《宋刑统》律文提纲挈领地撰成韵文,以便记诵。并略作注解。现存《藕香零拾》、《格致丛书》本,一卷。后人为《刑统赋》作注的有《刑统赋解》、《粗解刑统赋》、《刑统赋疏》等。

刑徒 徒的一种,指触犯封建法律被判徒刑并且带上刑具的罪囚,如髡钳、钛左右趾等。秦汉的刑徒数量相当多,特别是秦代和新莽时尤为突出。刑徒得到特许,可解除刑具,称为弛刑徒。参见"徒"。

刑徒砖 东汉时代刑徒埋葬时所刻的文字砖,和刑徒一同埋入坑内。上面刻着刑徒的部属、来自何地、刑名、姓名和死亡日期等简单的内容。清代末年开始发现,当时讹传出于河南灵宝,《恒农冢墓遗文》等书曾加著录。建国后经调查,在洛阳汉魏故城以南找到刑徒墓地,并且进行了大规模的发掘,发现大量刑徒砖。是研究汉代阶级压迫和刑徒历史的重要资料。

刑宪 宋代提点刑狱公事的简称。

刑狱参军 官名。亦称刑狱参军事、刑狱贼曹参军等。东晋公府及将军府等幕府僚属始有刑狱参军,掌盗贼刑狱。南朝宋公府置为刑狱贼曹长官,位七品。梁四班至流外七班。陈八品至九品。北魏、北齐三师、二大、三公、将军及州刺史府等多有之,其品秩依府主地位高低而有不同,一般在七至八品之间。西魏、北周丞相府亦设。

刑狱贼曹 官署名。简称刑狱。东晋末刘裕于丞相府分贼曹而置,掌盗贼刑狱。后为公府、将军府属曹,长官为参军。南朝沿置。北魏公府、诸州府,北齐三师、二大、三公府、诸州府亦置,长官为参军事。

刑狱贼曹参军 见"刑狱参军"。

邢 ❶古邑名。在今陕西宝鸡县南。周王以此赐善夫克。《大克鼎》:"易女邢家㽙田于䣛,以厥臣妾。"也曾为散氏所有。《散氏盘》邢邑田:"自根木道左至于邢邑封道以东一封。"❷古国名。周公之子所封诸侯国。在今河北邢台市。《春秋》僖公元年(前659),"齐师、宋师、曹师次于聂北,救邢";僖公二十五年,"卫侯燬灭邢",均即此。

邢抱朴(?—1004) 辽应州(今山西应县)人。保宁初,为政事舍人,知制诰,累迁翰林学士承旨。圣宗时,与室昉同修《实录》,统和九年(991)修成上进,史称《统和实录》。十年,拜参知政事。以枢密使韩德让荐,赴诸道按察守令才能。两次奉命决南京滞狱。二十年,为南院枢密使。死后,追赠侍中。

邢昺(932—1010) 北宋曹州济阴(今山东定陶西南)人,字叔明。出身农家。太平兴国中九经及第。历国子监丞、国子博士、诸王府侍讲、国子祭酒等。咸平二年(999),真宗始置翰林侍讲学士,擢为首任。深悉民事,居讲筵,多引时事为喻,以俚语说民疾苦。奉命与杜镐、孙奭等校定群经义疏。后为淮南、两浙巡抚使、权知审官院,官终礼部尚书。趋附王钦若,为世论所讥。著有《论语正义》、《孝经正义》、《尔雅义疏》。

邢杲(?—529) 北魏河间(治今河北河间南)人。初任幽州平北府主簿。建义元年(528),率流民南下,据青州北海(今山东昌乐西)反,众逾十万,自称汉王,年号天统。败魏将李叔仁,曾攻占光州(治今山东莱州)等地。次年,与上党王元天穆战于济南,败降,被执送洛阳杀害。

邢红狼 明末农民军将领。初由陕入晋,崇祯四年(1631)为王自用联军三十六营之一。后渡河转战于河南。

邢玠(1540—1612) 明山东益都(今青州)人,字式如,号昆田。隆庆进士。授密云知县,擢御史。万历二十二年(1594)总督川、贵军务。以招抚播州杨应龙功,进右都御史。二十五年总督蓟辽军务,经略朝鲜。次年逐倭寇出朝鲜,以功加太子太保。三十一年致仕归。后病死。

邢峦(464—514)　北魏河间鄚县(今河北任丘北)人,字洪宾。博览书传,有文才干略。为孝文帝知赏,累迁散骑常侍,兼尚书。宣武帝时,诏加使持节、都督征梁汉诸军事,在汉中,连破梁诸城戍,拜使持节、梁汉二州刺史。因诛杀百姓,掠人为奴,兼商贩聚敛,清论鄙之。后又统魏军在宿豫(今江苏泗阳)大败梁军。封平舒县伯。迁殿中尚书,加抚军将军。卒于官。

邢浦　地名。在今浙江绍兴市东北。东晋隆安四年(400),孙恩破上虞,进及邢浦,会稽太守谢琰遣参军刘宣之击破之,孙恩撤退;未几,复进军邢浦,官军失利,即此。

邢丘　古邑名。春秋属晋,战国属魏。在今河南温县东平皋东北隅。《左传》宣公六年(前603):"赤狄伐晋,围怀及邢丘。"《史记·秦本纪》:昭襄王四十一年(前266),"攻魏取邢丘、怀",均即此。西汉置平皋县。

邢卲(496—?)　北朝时河间鄚县(今河北任丘北)人,字子才。仕北魏、北齐两朝。在北齐官太常卿、中书监,摄国子祭酒,授特进。曾与杜弼辩论神灭与否,前后往复再三,然详情已无从考知。仅"扈从东山"的一次辩论,保存在《北齐书》、《北史》的《杜弼传》中。《文苑英华》与《全北齐文》有《与邢卲议生灭论》一文传世。认为"人死还生,恐是为蛇画足",纯属虚构,坚持"神之在人,犹光之在烛,烛尽则光穷,人死则神灭"的神灭思想。能文善史,与温子升、魏收齐名,著述大部已佚,明人辑有《邢特进集》。

邢恕　北宋郑州原武(今河南原阳西)人,字和叔。曾从程颢学。举进士。以吕公著荐,任崇文院校书,因非议新法,被贬七年不仕。后复官至著作佐郎。蔡確为相时,任职方员外郎,深自趋附,交结章惇、黄履,人目为四凶。因与蔡確合谋,妄称有定策拥立哲宗之功,被贬。绍圣初,官至御史中丞。章惇、蔡卞当政,谋划排斥元祐诸人,他诬称宣仁太后有废立哲宗意,又诬陷刘挚、梁焘,几至族灭。蔡京为相,用为西北泾原经略安抚使,因处置乖张而夺职。后复显谟阁待制。卒年七十。

邢澍(1759—?)　清甘肃阶州(今武都)人,字雨民,一字自轩,号佺山。乾隆进士。历任浙江永康、长兴知县,江西饶州、南安知府。和武威张澍齐名,有"二澍"之称。长于金石之学,和孙星衍合撰《寰宇访碑录》。另著有《金石文字辨异》、《关右经籍考》、《全秦艺文志》等。工诗。所作诗文由近人冯国瑞辑为《守雅堂稿辑存》。

邢侗(1551—1612)　明山东临清人,字子愿,号方山道民。万历进士。历官南宫知县、山西道监察御史、陕西行太仆少卿兼宁夏河东兵粮道按察司佥事。万历十五年(1587)称疾归里,筑来禽馆于古黎丘,隐居著述。工行楷,善画兰竹,刻《来禽馆帖》行世。著有《武定州志》、《来禽馆集》。

邢王　金代封爵,次国一字王号。完颜宗敏、完颜璟(章宗)等先后受封。

邢文伟(?—690)　唐滁州全椒(今属安徽)人。以博学知名。高宗时,历太子典膳丞、右史。永昌元年(689),授凤阁侍郎同平章事。次年,守内史。旋坐附会宗秦客贬珍州刺史,未几,自缢死。

邢昕(?—约540)　北魏河间鄚县(今河北任丘北)人,字子明。好学有才情。初为车骑大将军萧宝寅东閤祭酒,累迁太尉记室参军。太昌初,除中书侍郎。永熙末,入为侍读,与温子升、魏收等参掌文诏。东魏兴和中,以中军将军出使萧梁。时尚书令高澄仍摄吏部尚书,拟以为司徒右长史,未奏,病卒。所著文章,自录为集,今佚。

邢窑　唐代瓷窑。以烧制白瓷为主,兼烧黑釉、褐黄色釉瓷器。白瓷胎土色白而细洁,坯体坚硬,釉白而润泽,制作精细,叩声清脆。所见典型器物如玉璧形底碗、小短流壶、丰肩平底罐等。陆羽《茶经》以"邢瓷类雪"誉之。李肇《国史补下》称:"内丘白瓷瓯,端溪紫石砚,天下无贵贱通用之。"流布极广,与越窑青瓷齐名。1980年在河北临城岗头、祁村、双井发现邢窑遗址。同时出土有隋代青瓷、白瓷及窑具,故一说邢窑烧瓷始于隋。临城唐属邢州,故名邢窑。又因邻近内丘(今属河北),故旧载窑址在内丘。

邢云路　明保定安肃(今属河北)人,字士登,号泽宇。万历进士。官至陕西按察司副使。爱好律历,改进圭表,增其高度,使所测回归年长度值更为精确。著有《古今律历考》、《戊申立春考证》、《邢泽宇诗集》等。

邢臧　北魏河间(治今河北河间南)人,字子良。博学有藻思。神龟中,举秀才,为太学博士。永安元年(528),除东牟太守,清慎奉法,吏民爱之。后除濮阳太守,寻加安东将军。撰《文谱》,未就而卒。

邢州　隋开皇十六年(596)置。治龙冈县(北宋宣和二年改名邢台县,今河北邢台)。唐辖境相当今河北巨鹿县、广宗县以西,泜河以南,沙河以北地区。北宋属河北西路,宣和元年(1119)升为信德府。金天会七年(1129)复为邢州。蒙古中统三年(1262)升为顺德府。唐、宋时烧造瓷器,号称"邢窑"。白瓷尤为佳品,陆羽《茶经》比之银、雪,与"越窑"齐名。

行　❶官名。掌出使与迎宾客之礼。参见"大行"。❷官制用语。(1)指官缺待补,暂由他官兼摄其事。汉代摄行之制较为普遍,有以低级官吏行高一级职务者,有以平级而兼摄行事者,亦有以文职行武官,以武职行文官事者。魏晋南北朝,大体沿袭此制。唐则有不同,行某官则以其散位高于职事。宋初散品高于寄禄官品者,结衔时于寄禄官前加行字。元丰改制后,职事官低于寄禄官一品以上者,于职事官前加行字,以确定其俸禄。(2)唐宋尚书省六部办公次位。吏部、兵部为前行,户部、刑部为中行,礼部、工部为后行。宋前期六部郎官叙迁,依次由后行转中行,由中行转前行。❸梵文 Samskārā 的意译。佛教名词。"五蕴"之一,又称"行蕴"。《俱舍论颂疏》卷一:"造作,迁流二义名行。"指由众缘所成的一切事物和现象的生灭变迁活动。亦指佛教的修习与践行,而与"境"、"果"并用,通称"境、行、果"。

行参军 官名。三国至唐俱置。晋初制度，中那除拜者为参军，诸府自辟者为行参军。晋末以后，行参军亦可除拜，惟品阶例低于参军。(1)三国蜀丞相府置，无固定职掌。两晋、南朝、北魏、北齐公府、将军府、州府皆置，不署曹，员额不定。北魏自从七品至于流外，北齐从七品至八品。隋王府、诸卫率、诸州置，三至六人，正八品至视从九品。唐改参军事，王府置四人，从八品上，掌出使监察。(2)南朝宋、梁、陈，北魏、北齐、隋，诸公府、将军府、州府僚属列曹(法、墨、田、铠、集、士诸曹)置为长官，冠以曹名。品秩高于不署曹之行参军。梁三班至流外五班，陈八品至九品，北魏七品至九品，北齐七品至八品，隋从七品至视九品。宋初仅存其名。

行茶护帖 清政府发给茶商运销茶叶凭证之一。茶不足百斤者，谓畸零，发给行茶护帖。

行差人丁 又称当差人丁。指交纳丁银，承担差役的人丁。清代以十六岁至六十岁的男子为人丁，按规定，人丁必须纳税当差，但其中官宦人丁、乡绅举贡生员人丁、僧道人丁有优免特权，为与此相别，故称之。

行朝录 书名。或称《行国录》。明末清初黄宗羲撰。记载南明历史。就流传之版本看，篇次已经后人更动。《国粹丛书》本为六卷，目录是：卷一《隆武纪年》、《赣州失事》、《绍武之立》；卷二《鲁纪年》、《舟山兴废》、《日本乞师》、《四明山寨》；卷三《永历纪年》；卷四《沙定州之乱》、《赐姓始末》；卷五《江右纪变》、《张玄箸先生事略》；卷六《郑成功传》，前有自序。《绍兴先正遗书》本分十二卷：一、《隆武纪年》，二、《绍武之立》，三、《鲁王监国》上，四、《鲁王监国》下，五、《永历纪年》，六、《章贡失事》，七、《舟山兴废》，八、《日本乞师》，九、《四明山寨》，十、《沙氏乱滇》，十一、《赐姓始末》，十二、《江右纪变》。后者卷数虽多，而篇目却少于前者，编次亦不尽同。现流行之本，乃后人所纂辑，非宗羲之原书。

行城 即台城。古代守城拒敌的设备。高而可移动。《墨子·备梯》："行城之法，高城二十尺，上加堞，广十尺，左右出巨(距)，各二十尺。"守城时，用此可破敌高积薪土之战术。还可用来进攻高峻处，《孙膑兵法·官一》："攻兼用行城。"即攻高峻处用木制之行城俯临其上。

行都督府 官署名。(1)明初于凤阳及各省分置，设官如都督府，为地方最高军事机构。后罢。(2)明代北京留守行后军都督府的简称。

行都水监 官署名。元代都水监派出机构。顺帝至正八年(1348)，以黄河连年为患，于济宁路郓城始置，掌巡视河道、治河事务。九年，又置山东河南等处行都水监。各设监、少监、监丞等职。十一年，下置河防提举司以隶之。

行都指挥使司 官署名。明代于军务繁多、地处冲要之地置，简称行都司，制同都指挥使司。每都司设都指挥使一人，正二品；都指挥同知二人，从二品；都指挥佥事四人，正三品。下设经历司经历、断事司断事等官。共建陕西(驻河州)、山西(驻大同)、福建(驻建宁)、湖广(驻郧阳)、四川(驻建昌)五行都司。洪武中曾改北平都司为北平行都司，永乐初又改为大宁都司。

行夫 官名。《周礼》秋官之属。低级外交官，掌诸侯国福庆丧荒等事。

行府 官署名。宋代皇帝出征，于所至之处设置，以知行府事或权知行府事主其政务。建隆元年(960)，石守信为扬州行营前军都部署兼知扬州行府事。雍熙三年(986)，刘保勋为知幽州行府事。属官有行府推官、行府判官、行府通判。

行宫禁卫所 官署名。南宋初设。掌出入皇城宫殿门等敕号，给三种牌号，稽验出入，皇帝出行则纠察导从。绍兴元年(1131)改称行在皇城司，置提举、提点、干当官，以诸司使、副使、内侍都知与押班充任。参见"皇城司"。

行官 官名。唐后期节镇、府、州皆置，主行役出四方。

行国 指古代游牧部落。意为随畜逐水草、流动性大、活动范围广，无固定城郭、庐舍。《史记·大宛列传》："乌孙在大宛西北，可二千里，行国，随畜。"《汉书·西域传》："大月氏本行国也，随畜移徙，与匈奴同俗。"

行脚山东记 篇名。清末王照撰。王氏曾参与戊戌维新，失败后为清廷通缉。是篇叙其光绪二十六年(1900)四月二十一日至六月十七日隐名游历山东各地见闻，对其时社会情况和义和团活动有所记及，于义和团尤多嘲讽之词。收入《小航文存》。

行介 官名。又称上介。周代置，行人之副。《韩非子·八经》："遣使约其行介。"《左传·昭公元年》："楚公子围聘于郑"，"伍举为介"。杜预注："介，副也。"

行卷 科举考试用语。唐时，应试举子，试前将所作诗文写成卷轴，投献礼部主考官或公卿名士，求向主司推荐，以利于及第，谓之行卷。卷轴每幅为墨边十六行，一行不过十一字，字须端正。投献时须身穿白麻布衣。

行军参谋 官名。唐代用兵，置为行军元帅僚属，位判官、掌书记下，参与军中机密。

行军都部署 官名。辽代北面官，非常制，行军都部署司长官。有征伐，则派朝廷大员委以方面之任，全权统领一方军马，收兵则卸职。

行军都统所 官署名。辽北面行军官。有征战，临时设置，派朝廷大员统辖，称都统或行军都统，设衙则称行军都统所。都统下设副都统、都监、监军、监战等职。

行军司马 官名。(1)西魏、北周用兵时临时设置，为主帅僚佐。隋及唐前期用兵，多沿此制。玄宗末年以后用兵，则为天下兵马元帅、都统的重要僚属，位行军长史下，掌弼戎政，居则习搜狩，征战则申战守之法，器械、粮饷、军籍、赏赐，皆专其事。其下，又有行军左司马、右司马分理具体事务。(2)唐五代各镇节度使皆置，为主要僚属，掌本镇军符号令、军籍、兵械、粮廪、赐予等事，权任甚重，位节度副大使知节度事下、节度副使上。德宗以后,常继任为节度使。辽沿唐制,于节度使下置。西夏分设行军左、右司马。宋为散职,用以安置降官。

行军元帅 官名。北周临时设置的最高统兵官,领一道或数道行军总管征战,兵罢则罢。隋、唐前期用兵,多以亲王或重臣充任。玄宗末年以后用兵,则置天下兵马元帅、诸道行营兵马都元帅等。

行军长史 官名。东汉末曹操丞相府高级僚属,出征则置,掌管行营事务。蜀丞相府亦置。两晋南北朝至隋,历代多沿置。隋开皇二十年(600)晋王杨广为灵朔道行军元帅,杨素为行军长史。唐初用兵,各总管府置。后以太子、亲王遥领行军元帅,则以行军长史主其军务。玄宗末年以后用兵,则为天下兵马元帅、都统的高级僚属。

行军总管 官名。北周始置,为一路兵马的临时统帅,事迄则罢。遇重大军事行动,则隶于行军元帅。《周书·宣帝纪》:“上柱国、郧国公韦孝宽为行军元帅,率行军总管杞国公亮、成国公梁士彦以伐陈。”隋沿置,后渐过渡为地方军政长官,或掌一道军政,或领数道,又有大总管、总管之分。唐初沿置,用兵则为总管,驻防则为都督。五代又以都总管为最高军事统帅。宋英宗以后,有马步军都总管、总管。金海陵王攻宋,于诸统制、领军大都督下设三十二总管。详见“总管”。

行军总要 太平天国印书。清咸丰五年(1855)刊行。辑录东王杨秀清颁行九种行军号令:陆路号令、水路号令、点兵号令、传官号令、查察号令、防敌要道、禁止号令、体惜号令、试兵号令。

行李 ❶即行理、行旅,或称行人。古代使者的代称。《左传·僖公三十年》:“行李之往来。”杜预注:“行李,使人也。”《左传·昭公十三年》:“行理之命无月不至。”杨伯峻注:“行理亦作行旅,谓使人。言晋国使人来催问贡赋之命无月不至。”❷唐代官府导从及使府参佐的别称。

行粮 军粮名。明代于军士执行任务如操备、出哨、守墩、瞭高、烧荒、修边、防秋、行军等期间,验日计程支给。有本色米麦,折色银、钞等。事毕停发。因时地任务不同,月支四至五斗不等。各级军官除俸饷外,亦给之。一般由沿途供给,户部统一管理。

行临 古代城防设施。为高而可移动之作战工具,用以防御敌人密集攻城。《墨子·备蛾傅》:“蛾傅者将之忿者也,守为行临射之。”

行领军 官名。东汉建安中曹操置,出征时督率诸将。职掌略同领军。三国蜀置。

行炉 军用城防具。炉中熔铁汁,于城上以泼敌。

行马 古代宫府门前障碍。始自周代,称“梐枑”(《周礼·天官·掌舍》)。魏晋时称行马。凡王公及位从公者门前设立一横木于中,两木互穿成四角,以为约禁。此制为历代所沿袭。

行内 皇帝行幸之处称“行在所”,故皇帝行幸所居宫省之内也称“行内”。据《汉书·孔光传》,光徙为帝太傅“领宿卫供养,行内署门户,省服御食物”。颜师古注:“行内,行在所之内中,犹言禁中也。”

行诺 唐南诏白蛮语音译。樊绰《蛮书》:“诺,大勺反。”白人凡遇大事不直接面谈,而必使中间人往来达其词意,以此洽商取定,谓之“行诺”。

行气玉铭 战国时玉器刻铭。玉之形状为十二面楞柱体,中空,顶端未透,其用途尚不明。每一面上不计重文三字,合重文共四十五字:“行氣(气)实则遀,遀则神(伸),神(伸)则下,下则定,定则固,固则明(萌),明(萌)则𨱔(长),𨱔(长)则遉(復),遉(復)则天。天其杳才(在)上,墬(地)其杳才(在)下,巡(顺)则生,逆则死。”一般认为此是讲吸气与呼气之过程。属中国古代气功理论。大意为:口吸气后自上而下运至腹下,然后又自下而上返回到头顶呼出,“定则固”,乃吸、呼气过程中的转折。其要领是吸气要行至腹下,呼气要行至头顶,此行气之顺逆有生死之别,不能违背。现藏天津历史博物馆。

行勤 北宋僧人。乾德四年(966),率一百五十七人赴天竺求佛经。所经焉耆、龟兹、于阗、割禄诸国俱派人为向导。他向大食国王递交了宋太祖的诏书。此后,大食与宋恢复通使;天竺僧携佛经来宋者不绝。

行取 明清吏部铨选制度。指凡在外州县官内升,依规定年限,经保举可调京职,并经考选可补授科、道或部属官职之例。明创行,清踵行,康熙时有授御史者。曾定三年一举行,每直省或五员、三员、一员不等,以主事用。乾隆十六年(1751)罢之。

行人 ❶官名。《周礼·秋官》之属,有大行人、小行人,掌迎送接待宾客之礼。春秋战国时各国多置,掌朝觐聘问,常任使者。秦、西汉有行人令,后改大行令,掌接待少数民族宾客。诸侯国亦置。东汉省。十六国、南北朝常置,掌出使聘问。明为行人司长官。洪武十三年(1380)置,正九品,掌传旨、册封等出使事。下设左、右行人,从九品。旋改行人为司正,左、右行人为左、右司副,另置行人三百四十五人,掌捧节奉使之事,以孝廉充任。后改行人由进士奉使,设三十七人,升正八品。❷即信使。三国、晋时送信之人称行人。

行人令 见“行人❶”。

行人司 官署名。明代掌传旨、册封等事的机构。洪武十三年(1380)始设,建文中罢,永乐时复置。设司正一人,正七品;左、右司副各一人,从七品;行人三十七人,正八品。

行人司司正 见“行人司”。

行三司 官署名。金代置,掌劝农催租、军需科差及盐铁酒榷。兴定三年(1219)七月,置于汴京东、西、南三路。以户部侍郎分摄司事,三司使居中总领。

行尚书 三国魏称随驾出行之尚书为行尚书。

行尚书省 见“行省”。

行省 官署名。行中书(尚书)省简称。金以地方有征伐之役,设行尚书省以分任军民之事,非定制。元世祖建国后,始置中书省。中统、至元间,于各地分置行中书省,作为中书省的派出机构。因事设官,多以中书省长官领其事,用行某省事系衔。后渐为固定的地方行政机构,秩正一品,掌统管内军政要务。先后设立岭北、辽阳、河南江北、陕西、四川、甘肃、云南、江浙、江西、湖广等十行省。置丞相、平章、左右丞、参知政事等官。丞相或设或不设,无丞相则以平章统理。十行省之外,因军政所需,又增设若干临时性行省。至元二十四年(1287)、武宗至大二年(1309),曾两度改称行尚书省。明初沿置,秩从一品,各设平章政事、左右丞、参知政事等官。下设左、右司郎中、员外郎及都事、检校、照磨、管勾、理问、知事等。洪武九年(1376)罢,改为承宣布政使司,但习惯上仍称行省,或简称省。清初增至十八行省,后又增至二十二行省。现今省制大致渊源于此。

行事 南北朝官职制度。亦称行某州或某府事。指以他官代行某官职权。南朝多以较低官阶代行较高官职,如以长史、司马、太守代行刺史职权等。由于当时多以年幼皇子为将军、刺史出镇诸州,以其长史为行事,实际负责军府和州府的军政事务,权力很大。北朝则多以将军等武职兼行州、郡民政。

行枢密院 官署名。简称行院。辽、金、元三朝在地方设置的临时军政机构。辽设有左、右林牙掌文翰,参谋关豫军机,为北面官。金元多为枢密院派出机构,设官与中朝枢密院大体相当而规模较小。

行水金鉴 书名。清傅泽洪主修,郑元庆纂辑。一百七十五卷。书成于雍正三年(1725)。所收资料,上起《禹贡》,下迄康熙末,包括河水、淮水、汉水、江水、济水(今堙)、运河水等流域水系的源流、变迁、兴废和疏筑塞防施工经过以及河工官司、夫役钱粮等记载。元以前主要采自《禹贡》、《水经》、《水经注》及各正史纪、志、传。明以后又据实录、会典、方志和治河专著、河臣奏牍,旁及传记碑版、稗官小说等,广采博引,为研究历代河流变迁、水利兴废的重要资料。其体例多为后世所沿用。如道光年间的《续行水金鉴》,所收资料,从雍正元年(1723)至嘉庆二十五年(1820),康熙以前前书未备者,则加以补叙,分河水、淮水、运河水、永定河水、江水五大水系,资料中多增有河工章牍,更详于工程原委,共一百五十六卷,约二百万字。先后主编和编辑的有黎世序、潘锡恩、俞正燮等。1936年,国民政府经济委员会水利处又续编了一部《再续行水金鉴》,所收资料,从道光元年(1821)至宣统三年(1911),体裁、范围与前两书基本相同。参加编纂的有武同举等。原计划出二百余卷,1942年付印时,运河、永定河两部分未脱稿,共一百六十卷,约七百万字。1955年南京水利实验处曾编印《行水金鉴及续行水金鉴分类索引》。

行司马 官名。《周礼》谓夏官司马所属有行司马,设中士十六人。执掌阙。后人据《左传·昭公元年》"毁车以为行",释为掌徒兵(步兵)之官。说详孙诒让《周礼正义》第五十四卷。

行司农司 官署名。金为司农司的派出机构。兴定六年(1222),陕西及河南三路置行司农司,设官五员。正大元年(1224),归德、许州、河南、陕西各置司农司,设卿、少卿、丞各员,分别为正四、五、六品。卿以下迭出巡案,察官吏臧否而升黜。元巡行劝农司,亦称行司农司。

行思(?—740) 唐吉州庐陵(今江西吉安)人,俗姓刘。僧人。幼年出家,曾往韶州曹溪,师事慧能。因主张成佛"不落阶级",深得慧能器重,位居上座。后住青原山(在今江西吉安)静居寺。以稳顺绵密之方式,宣传禅宗教义,为后期禅宗两大派系首领之一,被称为青原行思。

行素轩算稿 书名。清华蘅芳撰。六种二十七卷。光绪八年(1882)初版时收入《开方别术》一卷,《数根术解》一卷,《开方古义》二卷,《积较术》三卷,《学算笔谈》六卷,计五种十三卷。十九年续成《学算笔谈》后六卷,《算草丛存》四卷,含"抛物线说"、"平三角测量法"、"垛积演校"、"盈朒广义"、"积较客难"、"诸乘方变法"、"台积术解"、"青朱出入图说"。二十三年再续《算草丛存》后四卷,含"求乘数法"、"数根演古"、"循环小数考"、"算斋琐语"。其中以开方术、积较术和数根术最有成就,提出求整系数高次方程整数根的数根开方法,并诸商为一商,故无翻积、益积,算法简易;讨论招差法在代数整多项式研究和垛积术中所起之作用,给出一组乘方乘垛互反公式和若干组合恒等式;以"筛法"求数根(素数),用诸乘尖堆法证明了费马素数定理,与欧拉证法相似。其关于数学理论、数学思想、数学方法和数学教育等方面的评论性著作《学算笔谈》尤独具特色。

行台 魏晋至金代尚书台(省)临时在外设置的分支机构。"台"指中央尚书省,出征时于其驻地设立代表中央的临时机构称行台。两晋时多为权臣自行建立,以发号施令。又称行尚书台或行台省。若任职者权位特重,称大行台。北魏、北齐时设置渐多,成为地方最高行政机构。置行台尚书令、尚书仆射为正副长官。北周时置总管府,行台之制遂废。隋初、唐初均有设置,非常制。贞观后废。金天会十五年(1137)废伪齐,于汴京立行台尚书省,管理伪齐旧境。天眷元年(1138)以河南、陕西地还宋,改设行台尚书省于燕京,三年复设于汴京。天德二年(1150)废。元代置行御史台,亦简称行台。

行台村 在今河南范县西南濮城东北。五代梁贞明四年(918),晋王军于麻家渡,梁将贺瓌等屯濮州北行台村,相持不战,即此。

行台尚书省 官署名。简称行台省。隋河北道、河南道、西南道、山南道、淮南道等置,设尚书令、仆射各一人,为正、副长官。兵部尚书兼吏部、礼部,度支尚书兼都官、工部,丞左、右任置。又有诸侍郎及各监,分理具体事务。唐初以诸道军务事繁,分置于益州道、襄州道、东南道、河东道、河北道、山东道,掌管内军政。设令、仆射各一人,丞左、右任置,兵部尚书兼吏部、礼部,民部尚书兼刑部、工部。武德五年(622)罢山东道行台,九年余道并省。金亦置,管理地区政务。熙宗天会十五年(1137)十一月,废刘豫伪齐,在汴京(今河南开封)设立行台尚书省,统治齐国旧地。行台尚书省由朝廷尚书省统领,但仍保存汉人官制,设行台左、右丞相。天眷元年(1138),

以河南陕西地还宋，改在燕京（今北京）设行台尚书省。三年，金夺得河南地，复于汴京设行台尚书省。海陵王天德二年（1150）十二月，诏废行台尚书省，政令统一于朝廷。

行台治书侍御史 官名。魏晋以后，御史中丞以下有治书侍御史。十六国时后赵主石勒有移都洛阳之意，乃命以洛阳为南都，置行台治书侍御史。

行太仆寺 官署名。明洪武三十年（1397），分置于山西、北平、陕西、甘肃、辽东，有卿、少卿、寺丞等官，品秩同太仆寺。掌各边卫所营堡马政，由兵部总管。按时督察有关马匹印烙、俵散、课掌、孳牧等事，每年春秋二季检查马匹增耗、齿色，三年一稽比，布政司与按察司不得参预，如有瘠损，由兵部报皇帝处罚。永乐十八年（1420）定都北京，以当地行太仆寺为太仆寺。

行唐县 北魏改南行唐县置。治今河北行唐县东北故郡。属常山郡。太和十四年（490）至二十年（496），为唐郡治。熙平中移治犊乾城，即今行唐县。北周属蒲吾郡，隋属恒山郡，唐属镇州。长寿二年（693）改为章武县。神龙元年（705）复旧名。大历三年（768）至八年（773）为泜州治。宋属真定府，元属保定路，明清属真定府。

行头 传统戏曲服装的通称。包括盔、帽、蟒、靠、帔、官衣、褶子、靴、鞋等。一般不分朝代、地域和季节，只按不同的剧目、脚色行当和人物特点分为各种基本固定的式样和风格。富有独特的民族风格。

行文档 档案名称。清代军机处档册。内载军机处行京内各衙门及各省督、抚、将军等之文稿。起自乾隆四十二年（1777），止于宣统三年（1911）。有咨行、片行、知照、知会、移会、交片等文种。光绪二十四年（1898）以前为满汉文合璧，其后为汉文稿。

行销引 清政府发给茶商贩茶凭证之一种。茶商领引纳课，贩茶无固定地址，行销远近，悉听商便。

行幸 皇帝出外巡行。汉制，皇帝巡行所到之处，常对当地臣民有所赏赐，或豁免租赋，以示恩泽，故称行幸，或称幸。武帝元鼎四年（前 113）"行幸雍，祠五畤。赐民爵一级，女子百户牛酒"。元帝初元四年（前 45）"行幸河东，祠后土。赦汾阴徒。赐民爵一级，女子百户牛酒，鳏寡高年帛。行所过无出租赋"。

行秀（1166—1246） 金河中府解川解县（今山西运城西南）人。僧人。俗姓蔡。十五岁投邢州（治今河北邢台）净土寺出家，受具足戒，出外参禅。师事磁州（治今河北磁县）大明寺雪岩满禅师。不久还邢州，建万松轩，因称万松老人。后住净土寺。金章宗明昌四年（1193），入宫说法。承安二年（1197），迁燕京（今北京）报恩寺。元太宗二年（1230），奉诏住持万寿寺。应耶律楚材请，著《从容录》，传曹洞宗禅风。有《万松老人评唱天童觉和尚拈请益录》。

行宣政院 官署名。为元宣政院的派出机构，主管江南僧侣等事，亦有负责征伐者。元至元二十八年（1291）立于杭州。后罢。延祐五年（1318），又立于杭州，设官八员。天历元年（1328）罢。元统二年（1334）正月，置江浙行宣政院于杭州，置院使、同知、副使、同佥、院判等职，其下设崇教所。顺帝至元二年（1336），因西番不安，置行宣政院。属宣政院，处理吐蕃事务及僧民纠纷。

行盐 又称行盐法。指食盐行销之法，属*盐法的一部分。历代对食盐的行销程序、行销区域、行销方式等均有具体规定。如金、元、明、清对行销区域有严格划分，称"行盐地面（界）"。元代规定商人向各盐运司（或户部）纳钱，领取盐引，凭盐引到指定盐场（后改为盐仓）支盐，然后在规定行盐地面内发售。明清亦仿行。清代还规定行销方式有官督商销、官督民销、官运商销、商运商销、商运民销、民运民销等。参见"行盐地面"、"盐法"。

行盐地界 即"行盐地面"。

行盐地面 旧指由政府划定的食盐销售地区。亦称行盐地界、盐界、行盐地分、引地、引岸等。为加强对食盐销售的管理，历代多规定一定的销售地区。如金代，有的以盐场为单位，有的以盐司为单位，分别规定行盐地界。元代一般以盐运司为单位规定行盐地面，如两浙盐运司的行盐地面为两浙和江东。同时在各盐运司的行盐地面之间立有碑额，上面大字直书盐不得犯界。明清亦有严格划分的食盐销售地区。如违反规定，越界销售，则食盐没官，盐商治罪。此法有利于劣质盐的销售，便于官府获利。

行盐法 见"行盐"。

行艺 宋代学校对学生品德和学业的一种要求。行即道德行为，艺即经术学问。太学斋长、斋谕每月登记学生行艺，每季末选优秀者报学谕加以考试。外舍生、内舍生升舍和上舍生出官，除成绩合格外，还要参考平日行艺作决定。

行易知难 孙中山认识论命题。与"知易行难"之古说相对。认为"人类之进步皆发轫于不知而行者也，此自然之理则"（《孙文学说》）。主张在行的基础上发挥意识的能动作用，故提出"'行易知难'实为宇宙间之真理"，指出"夫中国近代之积弱不振，奄奄待毙者，实为'知之非艰，行之惟艰'一说之误也"。以加强革命党的"心理建设"。

行营兵马都统 官名。唐中后期临时设置，掌征伐，总诸道兵马，不赐旌节，兵罢则省。

行营都部署 官名。宋初，每大军出征则置为统帅，下设副都部署、都监、钤辖等官。后避英宗赵曙名讳，改行营都总管。

行营护军 南宋军名。绍兴五年（1135），撤销神武诸军番号，韩世忠、刘光世、张俊、吴玠和岳飞所统屯驻大军，分别命名为行营前护军、行营左护军、行营中护军、行营右护军和行营后护军，另有王彦八字军为前护副军。自十一年始，行营护军番号又先后废除。

行用库 官署名。（1）"行用交钞库"的简称，又作交钞库。元代掌钞币兑换的机构。中统元年（1260）始于中都置，秩从七品。诸路及部分府、州亦置。至元二十四年（1287），改置大都光熙、文明、顺承三库。二十六年，又增健德、和义、崇仁三库。六库均以大都城门命名,合称行用六库。各库由宝钞总库关领料钞、钞本,在本处发行、兑换。各处置提领一人,从七品;大使一人,从八品;副使一人,从九品。(2)明洪武十三年(1380)设于京师及诸府州县,掌收易昏烂纸钞。隶户部,设大使、副使各一人。仁宗时罢。

行用六库 见“行用库”。

行御史台 官署名。简称行台、外台。元代御史台的分设机构。至元十四年(1277),置江南诸道行御史台(简称南台)于扬州,寻徙杭州、江州(今江西九江)。二十三年,迁治建康(今江苏南京),分监江浙、江西、湖广三行省。二十七年,置云南诸道行御史台于中庆(今昆明)。大德元年(1297)迁治京兆,改为陕西诸道行御史台(简称西台),分监陕西、四川、云南、甘肃四行省。行台设官,品秩并同御史台,掌监察弹劾行省以下大小官府一应管军、管民、管匠等官,检校行省诸司文卷。职官有罪,五品以上咨御史台奏闻,六品以下并听行台区处;为治有方者,亦听保举。行省有兴革建议,须咨御史台呈中书省奏闻,不得径自陈奏。

行御药局 官署名。元大德九年(1305)置,掌皇帝巡幸医药治疗。秩从五品,隶太医院,设达鲁花赤一人,大使二人,副使三人。

行院 元代行枢密院的简称。

行在 本作行在所。皇帝所在之地。蔡邕《独断》云:“天子以天下为家,自谓所居为行在所,言今虽在京师,行所至耳。”《汉书·武帝纪》:“举独行之君子,征诣行在所。”此指长安。《后汉书·光武帝纪上》:“更始遣侍御史持节,立光武为萧王,悉令罢兵,诣行在所。”此指洛阳。二者皆指京师。后专指皇帝行幸之地。《旧唐书·吕諲传》:“肃宗即位于灵武,諲驰赴行在。”南宋称临安为行在,以示不忘旧都汴梁而以临安为行都之意。明成祖即位初,诏改北平为北京。永乐七年(1409)后,成祖因屡次北征和筹划迁都,长期留居北京,遂分设行在五军都督府、行在六部和行在都察院于北京。十八年迁都北京,去诸官署“行在”之称,而于府、部、院留南京者加“南京”字。

行在会子 见“会子”。

行在所 见“行在”。

行在五军都督府 官署名。明永乐初在北京置行在中军、左军、右军、前军、后军五都督府,为北京最高军事机构。各军设左右都督、都督同知、都督佥事等官,制同五军都督府。十八年(1420)定都北京,除“行在”二字,而以在南京五府加“南京”字。洪熙元年(1425)复称行在,正统六年(1441)复除行在二字。

行在阳秋 书名。清初戴笠撰。二卷。纲目体。记南明永历朝史事,起于永历元年(1647),迄李定国卒。记载较详核,考桂王史事者,必于是取资。

行在转运使 见“转运使”。

行止簿 金制,内外官员以姓氏编类为簿,分别记录各人平日所经资考功过,作为官员升迁根据,称行止簿。

行中书省 见“行省”。

行主 ❶西晋末对豪族首领之称谓。时北方战乱,黄河流域人口大量南移,常以豪族为中心,包括奴婢、田客、部曲、宗族,构成一个集团。其他散户则依附南行,以求保护。豪族首领有时称行主,如晋“北州旧姓”祖逖,京师大乱,“率亲党数百家避地淮泗”,“少长咸宗之,推逖为行主”(《晋书·祖逖传》)。❷官名。西夏军职,在副统之下,步马将佐之上。

行状 ❶选举奏表。汉代选举,对应选人都要“咨其行状,度其行能”。举主、府主对于所举人道德才能的具体叙述、评价所上奏表,谓之行状。魏晋时,荐举守宰仍“条列行状”,但同中正品第人物之状颇有区别。❷文体之一。状死者平生之行实,上之于朝以请谥。始于南朝。《六臣注文选》载有任昉《齐竟陵文宣王行状》一首,末云:“易名之典,请遵前烈,谨状。”表明行状之产生,在于请求朝廷为死者易名立谥。

行走 清代特殊的官制用语。(1)凡以原官受命在不设专官的机构入直供职,即称在某处或某官上行走。如南书房行走、军机处行走、军机大臣上行走、军机章京上行走等。(2)京官在未授实缺之前分发至各该衙门练习试用,称“分衙门行走”。如庶吉士散馆以中书、主事用者,荫生以司员、小京官用者,均先分衙门行走,待练习试用期满,并经该衙门堂官奏留,始准留补实缺。此外,丁忧回旗之外任满洲、蒙古人员,以及京察调部、捐输议叙、特旨拣选部用等项人员,亦有分衙门行走之例。(3)清末总理各国事务衙门、外务部特设之官职。如总理衙门设有“大臣上行走”一职,由内阁,各部院满、汉堂官内特简兼任,以别于由军机大臣特简兼任之“总理衙门大臣”。(4)在个别情况下,也泛指在设有专官之衙门及专任官上供职办事。如“大学士上行走”、“理藩院员外郎上行走”等。

饧匠 吏职名。唐光禄寺珍羞署置五人。掌膳羞供设。

形存影附 西晋欧阳建的哲学命题。《言尽意论》:“名逐物而迁,言因理而变。此犹声发响应,形存影附,不得相与为二矣。”旨在说明不同的事物有不同名称,不同的事理有不同的语言。

形而上 指无形体的东西。与“形而下”相对。《易·系辞上》:“形而上者谓之道,形而下者谓之器。”认为阴阳二气的交互作用,是无形的,称为“道”;具体事物是有形的,称为“器”。唐李鼎祚《周易集解》提出:“形而下者”即是“形质”,是谓“体”;“形而上者”,是谓“用”,即形体之功用。南宋朱熹《周易本义》释“形而下者”为阴阳之气;“形而上者”为主宰气之理。清戴震《孟子字义疏证·天道》指出:“形,谓已成形质。形而上犹曰形以前,形而下犹曰形以后。阴阳之未成形质,是谓形而上者也。”认为“形而上”与“形而下”是阴阳之气的两种存在状态,阴阳之气未形成具体形质时,称“形而上”;已形成具体形质时,称“形而下”。

形而下 与“形而上”相对。指有形体的东西。详见“形而上”。

形方氏 官名。《周礼》夏官之属。掌邦国地域疆界划分。

形化 宋明理学用语。指事物生成之后相嬗递变的变化过程。参见“气化”。

形色外诊简摩 书名。清周学海撰。成书于光绪二十年(1894)。二卷。系统引述《内经》有关望、闻、问三诊原文,以《难经》有关内容补充,参以已见,综合整理成书,对临床辨证有参考价值。上卷专谈望形,包括形诊总义和生形(生理)、病形(病理)以及络脉形色等;下卷专谈望色,包括面色总义、面色、目色、舌色以及外诊杂法(按、嗅、闻、问)。

形神 中国古代哲学的一对范畴。指人的形体与精神。《庄子·知北游》:“精神生于道,形本生于精,而万物以形相生。”认为精神产生形体,神先形后。《荀子·天论》:“形具而神生。”主形先神后说。韩非则提出神不离形。《韩非子·喻老》:“此言神明之不离其实(形体)也。”西汉初司马谈亦认为“形神离则死”(《史记·太史公自序》)。东汉桓谭以烛火喻形神,谓“精神居形体,犹火之然(燃)烛矣”(《新论·形神》),说明精神不能离开形体而独存,犹火之不能无烛而独燃。王充继桓谭之后,以薪火喻形神,谓“天下无独燃之火,世间安得有无体独知之精?”(《论衡·论死》)主张神不离形。至南北朝,形神问题成为反佛斗争之中心问题。佛教主形神相离、神不灭论,慧远《沙门不敬王者论》提出“神”为“极精而为灵者也”,故可离形而独存。范缜继承荀、韩等人之形神观,提出“形神相即”之命题:“神即形也,形即神也。是以形存则神存,形谢则神灭也。”又以刃利之喻说明“形质神用”(《神灭论》),批判佛教神不灭论,为后世学者所重视。

形神相即 “形神相异”的对立命题。南朝齐梁之际范缜《神灭论》:“神即形也,形即神也。是以形存则神存,形谢则神灭也。”指精神和形体互相依存,但两者不是平行对等的,精神的“生”、“灭”要以形体的“存”、“谢”为转移。

形神相异 “形神相即”的对立命题。南朝齐梁之际曹思文《难神灭论》:“形非即神也,神非即形也,是合而为用者也。而合非即矣。生则合而为用,死者形留而神逝也。”意谓形神互相游离,人死而神(灵魂)不灭。

形势户 唐、五代时,“形势”一词指地方上有势力的豪富之家。宋朝的形势户既包括*官户,也包括充当州县衙门*公吏和乡里基层政权头目的部分上户。官户数少,而*吏户数多。与形势户相对的平户,则包括形势户以外的全部人户。形势户是宋朝地主阶级当权派,在法律上,除官户外,吏户没有特定权利,但依仗权势,为非作恶。朝廷对形势户在纳税,租佃官田,向官仓出售粮食等等方面,也规定某些禁约。北宋初,各州府专设“形势版簿”,南宋改为在税租簿上用朱笔标明“形势”两字。形势户纳税须比平户早半月,如拒不纳税,则加重刑罚。

形学备旨 书名。美国罗密士(Elias Loomis 1811—1889)著。十卷。清美国长老会教士狄考文和邹立文、刘永锡于光绪十一年(1885)合译。是当时的几何学教科书;书中算式采用印度-阿拉伯数码,加、减号用通行的“+”、“-”,分数式记法取分子在上,分母在下,比李善兰、华衡芳等所译书有所改进。但算式中的已知数仍以甲、乙、丙、丁等干支代替,未知数仍用天、地、人、物四元代替。

陉 一作陉山。春秋楚地。其地说法不一:《左传》杜预注以为在召陵县南,即今河南郾城县东;《括地志》以为在今新郑市西南三十里(见《史记·楚世家·魏世家》引)。《春秋》僖公四年(前656):公会齐侯等伐楚,“次于陉”;《史记·魏世家》:襄王六年(前313),“魏伐楚,败之陉山”,皆即此。

陉城 即“陉庭”。

陉城县 即“陆成县”。

陉岭 即*句注山。又称雁门山。在今山西代县北。历代为北方重要屏障。自雁门以南称陉南,以北称陉北。《资治通鉴》:西晋永嘉四年(310),代公鲜卑拓跋猗卢从刘琨“求陉北之地”,琨“乃徙楼烦、马邑、阴馆、繁畤、崞五县民于陉南”。

陉山 即“陉”。

陉庭 春秋晋邑,战国属韩,后属秦。又作陉城、汾陉。在今山西曲沃县东北。《左传》桓公二年(前710):晋“哀侯侵陉庭之田。陉庭南鄙启曲沃伐翼”;《史记·白起传》:秦昭王四十三年(前264),“白起攻韩陉城,拔五城,斩首五万”,均即此。按《韩世家》作“秦拔我陉城汾旁”,《范雎传》作“秦攻韩汾陉,拔之”。盖陉城在汾水旁,故云。

娙娥 娥亦作何。皇帝姬妾名号。汉武帝置。《汉书·外戚传》:“娙娥视中二千石,比关内侯。”颜师古注:“娙、娥,皆美貌也。”东汉省。

荥口 在今河南荥阳市北,古荥泽受河水口,《战国策·燕策二》:苏代曰:“决荥口,魏无大梁”,即此。

荥阳 荥一作荧。战国韩邑。在今河南荥阳市东北。《史记·韩世家》:桓惠王二十四年(前249),“秦拔我成皋、荥阳”,即此。秦置县。

荥阳郡 三国魏正始三年(242)割河南郡东部置。治荥阳县(今市东北,北魏移今治)。不久废。西晋泰始二年(265)复置。辖境相当今河南郑州、荥阳、新密、新郑、中牟、原阳等市、县和开封县部分地区。北齐改为成皋郡。开皇初郡废。大业三年(607)又改郑州为荥阳郡,治管城县(今郑州市)。辖境相当今河南郑州、开封、新郑、荥阳、原阳、延津等市、县地。十二年,瓦岗军在郡内荥阳东北大海寺设伏大败隋军,杀其主将张须陀。唐改为郑州。

荥阳县 荥一作荧。战国韩邑,秦置县。《史记·陈涉世家》:“吴广围荥阳。李由为三川守,守荥阳,吴叔弗能下”,即此。治今河南荥阳市东北。两汉属河南郡。魏晋为荥阳郡治。北魏太和中移治大索城,即今荥阳市,仍为荥阳郡治。隋开皇中属郑州,大业初属荥阳郡。唐以后属郑州。明崇祯八年(1635)高迎祥、张献忠等十三家七十二营农民起义军大会于此。

荥泽 泽薮名。荥一作荧。在今河南郑州市西北古荥北。《书·禹贡》:“荥波既猪”;《左传》宣公十二年(前597):“楚潘党逐之,及荧泽”,均指此。本与黄河及济水相通,西汉平帝以后开始淤浅,东汉时几成平陆,然仍谓其地为荥泽。因南有黄水相注,北与河、济相通,西晋时尚有积水。唐初淤成平陆。

荥泽县 隋仁寿元年(601)改广武县置。治今河南郑州市西北。属郑州。大业中属荥阳郡,唐复属郑州。天宝、至德间属荥阳郡。乾元初又属郑州。《资治通鉴》:唐大历十一年(776),“李忠臣、马燧军于郑州,(李)灵曜引兵逆战;两军不意其至,退军荥泽”,即此。北宋熙宁五年(1072)废入管城县。元祐元年(1086)复置。属郑州。元属汴梁路。明洪武中改属郑州。成化八年(1472)南移至今郑州市西北古荥。1931年废。

铏盐 清盐课之一。山东永阜等盐场,岁供山东孔府祭祀所需之盐,名铏盐。

xǐng

省 ❶即视、察。周代天子或大臣巡察方国及边陲地区之谓。《太保玉戈铭》:“王在丰,命太保省南国。”汉代又有省录尚书事,指主管尚书台之事。❷天子遣使臣对诸侯臣子进行聘问之谓。《周礼·秋官·小行人》:“存、覜、省、聘、问,臣之礼也。”

省尚书事 参与审核评议军国政务的一种职衔。三国吴置,地位略低于录尚书事、平尚书事,亦宰相之任。《三国志·吴志·是仪传》:“迁偏将军,入阙省尚书事,外总平诸官,兼领辞讼。”西晋惠帝时曾令太子太师、太子太傅、太子太保、太子少师、太子少傅、太子少保通省尚书事。

醒回篇 清末留日回族学生创办的刊物。光绪三十三年(1907),各省回族留日学生保廷梁、刘庆恩等在日本成立留东清真教育会。次年创办会刊《醒回篇》,提倡普及教育,改良宗教。是回族自己创办的最早刊物。

醒狮 杂志名。清光绪三十一年九月一日(1905.9.29)在日本东京创刊。月刊。署李昙主编,实为高旭主持,朱髯侠、柳亚子、马君武、李惜霜、宋教仁、金天翮等撰稿。宣传爱国主义思想,提倡“帝民主义”即民主主义,鼓吹反满革命。三十二年五月停刊,共出五期。

醒世恒言 话本集。明末冯梦龙编著。四十卷。成书于天启七年(1627)。素材取自《说郛》、《金史》、《海山记》、《古今谭概》等。与其所编著的《喻世明言》、《警世通言》合称“三言”。

醒俗画报 杂志名。清光绪三十三年(1907)在天津创刊。月出九期。以讽刺社会,代人伸冤为主旨。三十四年发行第七十二期,更名《醒华》。四月另发增刊《醒华日报》(画报)。宣统二年七月(1910.8)刊报合并,月出十五本,双日出版,刊报封面并存。用图画揭露清末社会黑暗、国破家亡和辛亥革命的不彻底。已知1912年5月发行第五二六期。

xìng

杏 ❶春秋齐邑。在今山东东阿县南。《左传》定公九年(前501):“齐侯致禚、媚、杏于卫”,即此。❷春秋周邑。在今河南禹州市北。《左传》昭公二十四年(前518):“王子朝之师攻瑕及杏,皆溃。”杜预注:“瑕、杏,敬王邑。”

杏城 镇名、城名。在今陕西黄陵县西南。相传汉将韩胡伐杏木为栅,抗击北狄,故名。十六国前秦置镇。建元元年(365),破匈奴右贤王曹毂、左贤王刘卫辰于此。北魏太平真君六年(445)卢水胡盖吴据此起义。太和十五年(491)废镇存城,为东秦州治,后为北华州治;西魏、北周为鄜州及中部县治。

杏冈 地名。在今河南淮阳县西北。《续资治通鉴》:元至元三年(1337),棒胡“破归德府鹿邑,焚陈州,屯营于杏冈”,即此。

杏花村 地名。在今安徽贵池市西。向以产酒著名。乾隆《江南通志》:唐诗人杜牧任池州刺史时,有“清明时节雨纷纷,路上行人欲断魂,借问酒家何处有? 牧童遥指杏花村。”一诗,即指此;一说杜牧诗所指当在今山西汾阳市东北。相传自南北朝以来,即以产“汾酒”著称,享有“甘泉佳酿”之誉。

杏花营 地名。即今河南开封县西杏花营。《续资治通鉴》:元至正十九年(1359),刘福通据汴,察罕帖穆尔遣兵围攻,“自将铁骑屯杏花营”,即此。明成化十四年(1478),河决于此。

杏李麨 北魏出现的一种由杏李制成的果粉。《齐民要术》:“杏李熟时,多收烂者,盆中研之,生布绞取浓汁,涂盘中,日曝干,以手摩刮取之。”并据需要可和水为浆,及和米麨。

杏山 即今辽宁凌海市西南杏山。明置杏山驿,为东北重要交通道路所经。《明通鉴》:崇祯十四年(1641),清兵陈师于松山、杏山间,大同总兵王朴、宁远总兵吴三桂“率残卒自杏山遁”,即此。

杏园渡 黄河重要津渡名。在今河南卫辉市东南。杜甫《垂老别》诗:“土门壁甚坚,杏园渡亦难。”《旧唐书·李忠臣传》:“寻拜濮州刺史、缘河守捉使,移镇杏园渡。”宋置镇,属汲县。

杏园宴 见“探花使”。

幸存录 书名。明夏允彝撰。二卷。记明末齐、楚、浙三党形成,东林党与非东林党之斗争,以及一些重大事件。据自序原著应有八篇。今存《国运盛衰之始》、《辽事杂志》、《门户大略》、《门户杂志》、《流寇大略》、《东人大略》等六篇。文字已为后人删削错乱。此书成于弘光政权灭亡之后,意在总结朝政得失,抨击党争之非。

幸舍 战国时齐国孟尝君飨客之舍名。参见“传舍”。

幸夤逊 北宋夔州云安监(今重庆云阳)人,一说成都人。初仕后蜀为茂州录事参军。后蜀孟昶好击球,虽盛暑不已,他上书极谏被纳。后为史馆修撰,预修《前蜀书》,拜翰林学士,加工部侍郎,判吏部三铨事,领简州刺史。归宋,授右庶子,上疏谏猎,太祖嘉之。开宝五年(972)为镇国军行军司马。年九十余卒。

性恶 《荀子》篇名。认为"人之性恶,其善者伪也",反对孟子性善论。详"性恶论"。

性恶论 荀子的人性学说。与孟子的性善论相对。突出反映在他的《性恶》篇中:"人之性恶,其善者伪也。"认为人有"疾恶"、"好利"、"耳目之欲"、"好声色"等先天本性,故人性恶。古者圣王为防止人"偏险而不正","悖乱而不治",制定礼义制度以矫正人之性,故有礼义产生。指出:"凡性者,天之就也,不可学,不可事。礼义者,圣人之所生也,人之所学而能,所事而成者也。"顺人性,则破坏礼义制度,出现争夺,产生悖乱;克制矫正人性,达到"辞让"、"忠信"、"尊君"、"孝亲"、"守法"、"循礼"的道德要求,即可为善。因而"涂(途)之人可以为禹"。历代儒者皆贬此说,韩愈以此为荀子之"小疵"。《四库全书总目提要》:"至其以性为恶,以善为伪,诚未免于理未融。"

性法自然论 篇名。南朝陈朱世卿撰。假设寓兹先生与假是(氏)大夫问答,作"盛辩自然"与"高陈报应"之争。指出:"夫万法万性,皆自然之理也。夫唯自然,故不得而迁贸矣。"认为"殊形异虑,委积充盈,静动合散,自生自灭。动静者莫有识其主,生灭者不自晓其根,盖自然之理著矣"。"故荣落死生,自然定分。若圣与仁,不能自免"。反对积善之家,必有余庆;积不善之家,必有余殃的"善恶报应"观点。论出,遭僧人真观作《因缘无性论》驳难。载《广弘明集》卷二十五。

性桂(?—1747) 清满洲正蓝旗人,王氏。康熙四十五年(1706)由天文生任钦天监博士,后升监察御史、大理寺卿。雍正六年(1728)往浙江清查钱粮。次年晋漕运总督,署浙江总督。十年任兵部尚书,办理北路军营鄂尔坤粮饷事务。后调吏部。乾隆三年(1738)休致。

性洁 清浙江秀水(今嘉兴)人,字冰壶。僧人。善人物写真,为鲍嘉入室弟子。好学嗜古,临摹旧迹不倦,虽不长于山水,而鉴赏独精。薛宣曾遣学画诸弟子从之学,年五十余,逝于天宁寺之宝莲房。

性空 亦称自性空。佛教名词。大乘佛教认为,由因缘(条件)和合而成的一切事物和现象,均没有实在的自性,故名。《大智度论》卷三十一:"众生空、法空、终归一义,是名性空。"僧肇《不真空论》曾予以解说:"譬如幻化人,非无幻化人,幻化人非真人也。"

性理 宋明理学范畴。程颐提出"性即理也"(《河南程氏遗书》卷二十二上),以性为理之体现。朱熹认为"性即理,未有不善者也"(《孟子·告子上》注),认为体现"理"的仁义礼智等封建道德是人性所固有的,是永恒的天理,因此人们必须绝对服从它。宋明理学家多讲"性理",故理学亦称"性理之学"。

性理大全 书名。明胡广等奉敕撰。七十卷。成于永乐十二年(1414)。前二十六卷收集周敦颐《太极图说》、《通书》,张载《西铭》、《正蒙》,邵雍《皇极经世书》,朱熹《易学启蒙》、《家礼》,蔡元定《律吕新书》,蔡沈《洪范皇极内篇》九种著作。后四十四卷按门类编排,取宋儒之说一百二十家,分为理气、鬼神、性理、道统、圣贤、诸儒、学、诸子、历代、君道、治道、诗、文十三类,内容庞杂。书成后,由明成祖敕命颁行天下,列入学宫。清圣祖命李光地"删其支离,存其纲要",成《性理精义》一书。

性理精义 书名。清李光地等撰。十二卷。成于康熙五十六年(1717)。依据明胡广《性理大全》删繁就简,精选周敦颐、邵雍、程颢、程颐、张载、朱熹等人文集与语录,按程、朱提出的为学次第重新编排,使天理性命之说更加突出。康熙亲自作序,成为清代学人必读之书。有《四部备要》本。

性命 中国哲学术语。指人物之性的来源。《礼记·中庸》认为:"天命之谓性。"孟子的"尽心"、"知性"、"知天"、"立命"的主张也以人物之性为天命之所赋。《易·乾彖》以"乾道变化,各正性命"的命题对思、孟之说作了概括。东汉王充则强调人生性命皆"初禀自然之气"(《论衡·初禀》),而与上述论点相对立。宋明理学家多从孟子说。程颐认为"心即性也。在天为命,在人为性,论其所主为心。其实只是一个道"(《河南程氏遗书》卷十八),视人物之性为"道"的体现。朱熹认为"天则就其自然者言之,命则就其流行而赋于物者言之,性则就其全体而万物所得以为生者言之,理则就其事事物物各有其则者言之"(《语类》卷五)。以人物之性禀受于天运之自然,但又是从属于"理"的。明末清初王夫之提出"天所命人而为性者,则以其一阴一阳之道成之"(《张子正蒙注·诚明篇》)。企图以元气一元论来说明人物之性的形成。

性三品 西汉董仲舒和唐韩愈的人性论。指人性之上、中、下三等品格。春秋时孔子认为"中人以上,可以语上也;中人以下,不可以语上也"(《论语·雍也》),认定"唯上智与下愚不移"(《论语·阳货》),是把人性分等的发端。董仲舒把人性分为"圣人之性"、"中民之性"、"斗筲之性"(《春秋繁露·实性》)三等,而以"中民之性"为其论述的重点。主张"名性不以上,不以下,以其中名之"(同上,《深察名号》),而"中民之性"可善可恶,故"今万民之性待外教,然后能善"(同上)。韩愈进而把"性"与"情"对立起来,谓"性也者与生俱生也,情也者接于物而生也"(《原性》)。认为"性"是天赋的,其内容为仁、义、礼、智、信。"情"是后天形成的,其内容为喜、怒、哀、惧、爱、恶、欲。"性"、"情"各分为上、中、下三品,谓"上焉者,善焉而已矣;中焉者,可导而上下焉;下焉者,恶焉而已矣"(同上)。而以上、下二品为其论述之重点,并修正孔子"唯上智与下愚不移"之说,主张以刑杀制伏"下品之性"。

性善论 孟子的人性学说。认为人生来具有别于其他动物的理性与道德观念,即生而性善。根据孔子"性相近也,习相远也"之说,认为"人性之善也,犹水之就下也。人无有不善,水无有不下"。人天生具备的“恻隐之心”、“羞恶之心”、“恭敬之心”、“是非之心”，即是仁义礼智之端，故曰：“仁义礼智，非由外铄我也，我固有之也。”（《孟子·告子上》）人性之善“求则得之，舍则失之”，品行恶者并非其性亦恶。提出：“尽其心者，知其性也。知其性，则知天矣。”（《孟子·尽心上》）以性善论作为其“仁政”的理论基础。唐李翱著《复性书》，认为人性善，而“人之所以惑其性者，情也”。至宋，张载、二程、朱熹则认为性有“天地之性”（或“天命之性”）与“气质之性”之分，“天地之性”至善，人之恶者均由“气禀”昏浊所致。

性伪 荀子术语。性指人之自然本性；伪即为，指人在后天之所为。《荀子·正名》：“生之所以然者谓之性”，“虑积焉能习焉而后成谓之伪”。性为“天”之所就，伪为人之所为，此即性伪之分。故谓“不可学、不可事而在人者谓之性，可学而能、可事而成之在人者谓之伪，是性伪之分也”（《荀子·性恶》）。

性味归经 中医术语。对中药性能的一种总结。性指寒、热、温、凉四种药性，亦称四气；味指辛、甘、酸、苦、咸五种味道，称为五味。归经是指药物对于机体某部分某一经及其相应脏腑或几个经发生明显作用，而对其他经则作用较小，或没有作用。

性无善恶论 战国时告子的学说。《孟子·告子上》：“性犹湍水也。决诸东方则东流，决诸西方则西流。人性之无分于善不善也，犹水之无分于东西也。”认为性与生俱来，是人的饮食男女等生理欲望，无善恶之分，而与孟子“性善”论不同。北宋王安石也主张此说，认为“有情然后善恶形焉，而性不可以善恶言也”（《原性》）。

性相 “性”与“相”的合称。佛教名词。“性”指事物固有的、不可改变的本质或本体；“相”指事物显露在外部的形象。《大智度论》卷三十一：“性言其体，相言可识。”佛教内部对性、相有不同的解释，在中国可分为“空宗”与“相宗”两大派。以一切现象本无自性，诸法法相均属虚幻不实，被视为“空宗”；以“唯识”来说明诸法缘起的本质，通过分析法相，说明诸法“唯识”性质，被视为“相宗”。

性有善恶论 先秦诸子中的一种人性学说。《论衡·本性》：“周人世硕以为：‘人性有善有恶。举人之善性，养而致之则善长，恶性，养而致之则恶长。’如此则性各有阴阳善恶，在所养焉。故世子作《养书》一篇。宓子贱、漆雕开、公孙尼子之徒亦论情性，与世子相出入，皆言性有善有恶。”王充同意并发挥了性有善恶论。

姓 古代标志氏族血缘关系的符号。如唐姚姓，虞妫姓，夏姒姓，商子姓，周姬姓，齐国姜姓，秦国嬴姓之类。姓所用字多带“女”旁，故学者认为可能起源于母系时期。古人同姓不婚，女子必称姓，如蔡姬、齐姜，与男子称氏不同。《通志·氏族略·序》：“三代之前姓、氏分而为二，男子称氏，妇人称姓。……姓所以别婚姻，故有同姓、异姓、庶姓之别。”至秦、汉以下，姓、氏混而为一。

姓氏 姓、氏的合称。《左传·隐公八年》：“天子建德，因生以赐姓，胙之土而命之氏。”姓来自母系制度的遗存，不能改变，同姓不能为婚；氏则是家族的标志，或以祖父之字为氏，或以封地、职官、居处等为氏，在一定情况下可改变。先秦男子一般称氏，女子一般称姓，被奴役者则无姓氏。秦汉以后，姓、氏混而为一。

姓氏解纷 书名。清黄本骥编订。十卷。明嘉靖间，陈士元著《姓觿》十卷，共收单姓、复姓三千六百二十五。黄氏取陈氏书删其繁复，补其阙遗，力排历来氏族书中之矛盾，凡义同而重见者合并，文同而音义各别者则两存之，力图使纷者就绪，解者不烦，计单姓、复姓共三千七百九十五。将《姓觿》删去十分之一二，增补十分之三四。姓以韵分，韵无之字，依声编入，以圆圈间之，附录于后。复姓以上一字入韵，汇载各韵单姓之后。各姓郡望云某某族，皆据明吴氏《千家姓》记载，云某某族则据《百家姓》注本增载，均未注明书目。

姓伟 西汉末临淄（今山东淄博东北）人。赀产达五千万。王莽改制时任为命士，督五均六筦。

姓族 有名望的士族，享有较高的社会地位和政治特权。《后汉书·朱晖传附朱穆传》：“臣闻汉家旧典，置侍中常侍各一人，省尚书事；黄门侍郎一人，传发书奏，皆用姓族。”李贤注：“引用士人有族望者。”

荇叶 见“二铢钱”。

xiōng

凶礼 古代五礼之一。包括天灾人祸、丧葬等事的礼仪，可分为丧、荒、吊、襘、恤等礼。《周礼·春官·大宗伯》：“以凶礼哀邦国之忧。”后世历代沿袭。如清代凡帝后、妃嫔、皇子、亲王、公主、品官以及士民百姓丧制规定，均属凶礼。

兄弟会 清代秘密会社。嘉庆年间湖南江华人邹脑等所创，入会者皆以兄弟相称。会众学习拳棒，以武艺分为十等，以半边钱及红布为聚散通讯之凭据。

兄终弟及 古代王位继承制。王死后，传位于其弟，兄弟一辈传尽，再传于其下一代，但多非兄之子而为弟之子。商代自汤至帝辛三十一王中，以弟继兄者凡十四王，以子继父者，亦多非兄之子而为弟之子，学者多认为实行此制。

匈奴 亦称胡。古族名。公元前三世纪前后兴起于大漠南北。冒顿单于时最为强盛，“控弦之士三十余万”，先后并东胡、月氏、楼烦、白羊、丁零诸邻族，控地东尽辽河，西至葱岭，北抵西伯利亚，南达长城。由单于庭直辖中部，左贤王等左方王将管辖东部，右贤王等右方王将管辖西部。单于之下，左右贤王等王将各有份地。汉初常南下侵扰，汉朝只得遣送宗室公主为单于阏氏、馈赠财物、开放关市与其缔结和亲。汉武帝时，屡为汉军所败，其势渐衰。宣帝五凤元年（前57），内讧，五单于分立。甘露二年（前52），呼韩邪单于附汉。东汉建武二十四年（48）再次分裂。南匈奴附汉，入居塞内，进而内迁。北匈奴于永元三年（91）兵败西迁，残留漠北十余万落（户）加入鲜卑,后逐渐鲜卑化。建安二十一年(216),南匈奴呼厨泉单于朝魏,部众分为五部,散居各郡县。两晋时,其分支屠各胡、卢水胡、铁弗匈奴曾建立前赵、北凉、夏等国。语言属阿尔泰语系。以畜牧业为主,逐水草迁徙,住穹庐,食畜肉,饮湩酪,衣皮革,被旃裘,其次为狩猎业。手工业有冶铁、铸铜和陶器制造,有陶缶,称"服匿"。少数城镇略有农业。每年正月,诸王将小会单于庭,举行春祭;五月,大会龙庭,祭祀祖先、天地、鬼神;秋季马肥,复大会,稽查人口、牲畜数。

匈奴堡 地名。在今山西临汾市西南七十里。以"匈奴种落相率保聚之地,因以为名"(《资治通鉴》胡三省注)。《晋书·苻生载记》:"姚襄率众万余,攻其平阳太守苻产于匈奴堡。苻柳救之,为襄所败,引还蒲阪,襄遂攻堡,克之,杀苻产,尽坑其众";《晋书·姚泓载记》:永和元年(416),"并州定阳、贰城胡数万落叛泓,入于平阳,攻立义将军姚成都于匈奴堡,推匈奴曹弘为大单于",皆即此。

匈奴河 一作匈河或匈河水。即今蒙古国巴彦洪戈尔省之拜达里格河。《史记·匈奴列传》:汉武帝元鼎六年(前111),"从骠侯赵破奴万余骑出令居数千里,至匈奴河水,皆不见匈奴一人而还",即此。

硇洲 一作碙洲。即今广东湛江市东南硇洲岛。南宋景炎三年(1278),帝昰死于此。

xióng

雄 唐宋州的等级名。参见"紧"。

雄边将军 官名。将军名号。南朝梁置。天监七年(508)定为施用于境外的武职二十四班中的六班,拟武毅将军等号;大通三年(529)定制后,班阶略有提高,改拟忠勇将军等号。

雄定关 北宋靖康元年(1126)以天井关改名。在今山西晋城市南四十五里太行山顶。元末亦名平阳关。

雄黄银 见"砷白铜"。

雄戟将军 官名。将军名号。南朝梁置。天监七年(508)定为武职二十四班中的四班,与伏波将军同班;普通六年(525)定为武职三十四班中的八班。陈沿置,拟八品,比秩六百石。

雄烈将军 官名。将军名号。南朝梁普通六年(525)置,列为十雄将军之一,武职三十四班中的十七班。陈改为拟六品,比秩千石。北齐用以褒赏军功勋臣,无职事,七品。

雄武军 在今河北宣化县东北葛峪。唐天宝六载(747),安禄山筑雄武城,为北边军事要地,后置军使。会昌二年(842),回鹘那颉啜帅军"南趣雄武军,窥幽州",为卢龙节度使张仲武击破,即此。

雄溪 雄一作熊。东汉、六朝武陵郡境内五溪之一。即今湖南沅江上游支流巫水(《渠阳边防考》),一说为渠水(《东还纪程续钞》)。东汉、六朝时"五溪蛮"的一支即聚居在此溪两岸。

雄义将军 官名。将军名号。南朝梁置。天监七年(508)定为施用于境外的武职二十四班中的二十四班,班阶最高,拟车骑将军;大通三年(529)定制后,仍拟车骑将军等号。

雄州 五代周显德六年(959)北伐契丹收复关南地于瓦桥关置。治归义县(北宋改名归信县,今雄县)。宋代辖境相当今河北雄县、容城县地。属河北东路。金属中都路。元属保定路。明洪武七年(1374)降为县。属保定府。

熊安生(?—约578) 北朝时长乐阜城(今河北阜城东)人,字植之。好学不倦,博通五经。专以三礼教授,弟子千余人。北齐河清中,为国子博士。北周兵部尹公正使北齐,与之答辩《周礼》,为之嗟服。周武帝入邺(今河北临漳西南),至其第,共论时政。宣政元年(578),拜露门学博士,寻致仕,卒于家,年八十余。所撰有《周礼义疏》、《礼记义疏》、《孝经义疏》,并行于世。

熊本(?—1091) 北宋饶州鄱阳(今江西波阳)人,字伯通。举进士。调抚州军事判官,知建德县。熙宁初上书赞成变法,除提举淮南常平,擢检正中书礼房公事,改户房。熙宁六年(1073),为梓夔路察访使,击降泸州蛮,擢集贤殿修撰、同判司农寺,出为秦凤路都转运使。八年,又招降渝州南川僚。进知制诰,分司西京,知滁、广、桂州。入为吏部侍郎,复出知洪州。

熊秉坤(1885—1969) 湖北江夏(今武汉)人,字载乾。初为湖北新军工程第八营正目。加入共进会,任该营总代表。武昌起义中率先发难,打响首义第一枪。任民军第五协统领。1912年改协为旅,任第五旅旅长。1913年"宋案"发生后,发起"改进团",倡言改进政治。后参与反袁斗争。1914年加入中华革命党。护法运动期间,任广州大元帅府参军。1927年参加北伐战争。后曾任国民党湖北省政府委员,并一度兼任武昌市长。建国后,曾任湖北省政协常委、全国政协委员等职。

熊伯龙(1617或1620—1669) 明末清初汉阳(今湖北武汉)人,字次侯,号塞斋,别号钟陵。顺治进士。历官国子监祭酒、内秘书院侍读、内阁学士兼礼部侍郎。博学,工诗文,精字母反切之学,知西洋天文算法。推崇前代无神论者,对东汉王充《论衡》尤为赞赏。批判"天人感应"论与神学目的论,认为"天之灾异,天不得而主之","天不故意造作,自成天地大文章"(《无何集》卷一)。否定神仙鬼怪、祸福报应之说,指出:"凡言神能祸福人者,皆无稽之谈。"认为"鬼者,疑心所生也"(《无何集》卷三)。并反对占卜、相术、风水、禁忌等迷信习俗。著作有《谷贻堂全集》、《无何集》。

熊成基(1887—1910) 清江苏甘泉(今江都)人,字味根。光绪三十年(1904)考入安徽练军武备学堂,参加岳王会。次年入江南炮兵速成学堂,毕业后历任江苏新军排长和安徽马营、炮营队官。三十三年加入光复会。次年发动安庆新军起义,失败后走日本。后加入同盟会。旋返东北活动,宣统元年十二月(1910.1)被捕就义。

熊赐履(1635—1709) 清湖北孝感人,字青岳,一字敬修,号素九,别号愚斋。顺治进士,授检讨。康熙初,屡疏言朝政积习,隐指鳌拜专政。康熙九年(1670)为经筵讲官,直言讲论。十四年,官武英殿大学士兼刑部尚书。次年,以票拟有误,私改诿咎他人事革职。二十七年起任礼部尚书。三十八年为东阁大学士兼吏部尚书。四十二年休致,后居江宁(今南京)。以理学著称,著有《经义斋集》、《学统》、《学规》、《闲道录》等。

熊耳山 在今陕西东南和河南西部。为洛水、伊水所出。古时分为二部分:(1)指陕西洛南县南部分。《书·禹贡》:"导洛自熊耳。"《汉书·地理志》弘农郡上雒县(今商州市):"熊耳获舆山在东北。"(2)指今河南宜阳县西。《汉书·地理志》弘农郡卢氏县:"熊耳山在东,伊水出。"《水经·洛水注》:"洛水之北有熊耳山,双峦竞举,状同熊耳。此自别山,不与《禹贡》'导洛自熊耳'同也。"《后汉书·刘盆子传》:建武三年(27),赤眉遣使求降,"积兵甲宜阳城西,与熊耳山齐",即此。

熊方 宋洪州丰城(今属江西)人,字广居。靖康时官右迪功郎,权澧州司户参军。高宗内禅,除本路帅幕。上所著《补后汉书年表》,以补范晔《后汉书》之阙。尝自题其堂曰"补史"。

熊浃(1478—1554) 明江西南昌人,字悦之,号北原。正德进士,授礼科给事中。曾首先告发朱宸濠反叛。世宗即位,议大礼称旨。嘉靖八年(1529)擢右都御史,不久免职。家居十年,又起任南京礼部尚书,改兵部。二十三年进吏部尚书。因谏世宗勿信箕仙,忤帝意,夺职为民。

熊津江 即今朝鲜南部的锦江。唐显庆五年(660)、龙朔元年(661)攻百济,曾大战于江口。

熊坎(? —前758) 春秋时楚国国君。公元前763—前758年在位。号霄敖。熊仪子。死后子熊眴继位。

熊克 宋建宁建阳(今属福建)人,字子复。好学善属文。绍兴进士。知诸暨县,被荐为校书郎,累迁起居郎兼直学士院。见知于孝宗,屡有论奏,曾言防御金人之计。孝宗嘉其志。后出知台州。淳熙十二年(1185)以纵容军人盗贩私盐放罢。博闻强记,尤熟习宋代故事。著有《九朝通略》、《诸子精华》等,已佚。今存《中兴小纪》。卒年七十三。

熊髡 相传为有穷后羿之贤臣。参见"武罗"。

熊明遇(约1580—约1645) 明江西进贤人,字良儒、子良,号坛石。万历进士。由长兴知县擢兵科给事中。天启元年(1621)进南京佥都御史,提督操江。五年忤魏党革职,谪戍贵州。崇祯元年(1628)召为工部侍郎。四年晋尚书。次年罢职归,卒于家。好西学,介绍、翻译《表度说》、《泰西水法》等西方科技书。著有《剑草》、《文直行书》、《绿云楼集》、《格致草》等。

熊朋来(1246—1323) 宋末元初隆兴(今江西南昌)人,字与可,学者称天慵先生。咸淳进士。通诸经,精礼乐。宋亡后,隐居乡里,讲论经义,从学者百余人。元世祖时,王构去江西选士,荐任福建、庐陵教授。晚年以福清州判官致仕。有《五经说》、《瑟谱》等。

熊渠 ❶西周时楚国国君。芈姓,熊氏,名渠。熊绎四世孙。值周夷王时,王室衰微,乃兴兵伐庸(今湖北竹山西南)、扬、粤,至于鄂(今湖北鄂州),立长子康为句亶王,次子红为鄂王,幼子执疵为越章王。周厉王时,因畏王室征伐,遂去王号。❷隋唐府兵总称卫士。而十二卫及东宫六率所统又各有其名,其隶左右武卫者名熊渠。始于隋炀帝时。

熊渠督 官名。晋置,所统熊渠武贲,属左卫,为宿卫军亲信部队之一。

熊渠将军 官名。将军名号。南朝梁置。天监七年(508)定为武职流外八班中的七班,代旧振武将军,与候骑将军同班,由乡品三品以下的寒士、寒人充任,地位较低。普通六年(525)定为武职三十四班中的五班。

熊汝霖(? —1648) 明末清初浙江余姚人,字雨殷。明崇祯进士,授同安知县。后擢户科给事中。南明弘光朝建立,任吏科给事中,疏请禁用阮大铖,停止厂卫。弘光朝覆亡,同孙嘉绩于余姚起兵抗清,号为"熊兵"。旋为鲁监国加兵部右侍郎,总督义师。后进兵部尚书。鲁监国元年(清顺治三年,1646),清兵渡钱塘江,从鲁监国航海入闽,晋东阁大学士。三年为郑彩所害。

熊三拔(Sabatino de Ursis, 1575—1620) 意大利耶稣会传教士,字有纲。明万历三十四年(1606)来华。受利玛窦器重,继利氏负责北京耶稣会内部事务。协助明廷修历法、测量京城地理,并著书介绍简平仪用法,根据天文学原理说明立表测日影以定时之法。四十五年被逐,后死于澳门。著有《泰西水法》、《表度说》、《简平仪说》。

熊眴(? —前741) 春秋时楚国国君。号蚡冒。公元前757—前741年在位。时周王室渐衰,齐、晋、秦诸侯渐强,政由方伯。他继承祖父熊仪业绩,开辟楚国疆地。死后,弟熊通杀其子自立。

熊昙朗(? —560) 南朝陈豫章南昌(今属江西)人。世为郡中著姓。侯景乱梁时,纠集少年,据丰城为栅。元帝命为巴山太守。在任依仗兵力,劫掠邻县,缚卖居民。且反复无常,唯利是图。绍泰二年(556),以南川豪帅,随例除游击将军。历宜新、豫章二郡太守。陈永定三年(559),从镇南将军周文育讨余孝劢于豫章,失利,乃谋害文育以应原梁湘州刺史王琳。及琳败,亦于新淦为村民所杀。

熊天瑞(? —1367) 元江陵(今湖北荆州)人。乐工出身。元末农民战争爆发,参加天完红巾军。至正十八年(1358)以后,受陈友谅命,攻取临江、吉安、赣州。以参知政事守赣州,兼统吉安、南安、南雄、韶州诸路。久而势力更增,自称金紫光禄大夫、司徒、平章军国重事,不听友谅节制。二十四年,赣州受朱元璋部将常遇春军围攻,拒守五月,于二十五年正月出降。次年,从朱军攻浙西,叛降于张士诚。二十七年士诚败亡,被朱元璋处死。

熊廷弼(1569或1573—1625) 明湖广江夏(今湖北武汉)人,字飞百,号芝冈。万历进士。授保定推官,擢御史。万历三十六年(1608)巡按辽东。四十七年萨尔浒之战后,以兵部右侍郎代杨镐出任辽东经略。招集流亡,整训军队,督军士造战车、火器,浚濠缮城,辽事渐安。不久遭排挤去职。天启元年(1621)沈阳、辽阳失守后,再任辽东经略,力主守御。后王化贞轻敌,失广宁,遂被迫入关。五年忤魏忠贤,被冤杀,传首九边。追谥襄愍。著作有《辽中书牍》、《熊襄愍公全集》。

熊文灿(1593—1640) 明四川永宁卫(今叙永)人。万历进士。崇祯元年(1628)任右佥都御史,巡抚福建。招降郑芝龙,擢兵部右侍郎,总督两广军务兼广东巡抚。十年进兵部尚书,总理南畿、河南、山西、陕西、湖广、四川军务,采以"抚"助"剿"策,督师镇压川、陕、晋、豫诸地农民起义。十二年因中张献忠、罗汝才诈降之计,招抚失败,削职下狱,后被处死。

熊希龄(1870—1937) 湖南凤凰人,字秉三。清光绪进士,选翰林院庶吉士。光绪二十三年(1897)任湖南时务学堂提调。次年因参加维新运动被革职。后得端方援引,充当出洋考察宪政五大臣的参赞,又调奉天盐运使。宣统三年(1911)武昌起义后到上海,与张謇、梁启超等拥护袁世凯,任财政总长和热河都统。1913年袁世凯解散国民党,他和梁启超、张謇等组阁,任国务总理兼财政总长。次年签署解散国会令,旋去职。1928年任国民政府赈务委员会委员,1932年任世界红卍字会中华总会会长。后在香港病死。

熊徇(?—前800) 西周时楚国国君。公元前821—前800年在位。又称季徇。熊严子,熊霜弟。熊严有伯霜(熊霜)、仲雪、叔堪、季徇四子,死后长子伯霜代立。熊霜死,弟兄相攻争位,仲雪死,叔堪逃往濮(古国,今湖北西与重庆东一带)。他即位。死后子熊咢继位。

熊仪(?—前764) 春秋时楚国国君。公元前790—前764年在位。号若敖。熊咢子。时周王室衰微,诸侯始大。死后子熊坎继位。

熊宜僚 春秋末年人。楚国勇士。居于楚都郢(今湖北荆州江陵北)的市南,因号市南子。楚惠王十年(前479)白公胜反叛,谓石乞:君王和两卿士需用五百人对付。石乞说:市南有熊宜僚,若得之,能当五百人。石乞随白公胜往见,他拒绝,胁以剑,亦不动。胜曰:"不为利谄,不为威惕,不泄人言以求媚者,去之。"见《左传·哀公十六年》。

熊绎 或称楚子玉、楚子熊绎。西周楚国始封君,芈姓。周文王师鬻熊之三世孙。成王追叙文王、武王时功臣,受封,称楚子,居丹阳(今湖北秭归东南),与伯禽、晋侯燮、吕伋等一起服事成王。

熊勇(?—前838) 西周时楚国国君。公元前847—前838年在位。熊渠孙,熊延子。时周厉王暴虐无道,被国人放逐,共和行政。死后由弟熊严继位。

熊远(?—322) 晋豫章南昌(今属江西)人,字孝文。县郡召为功曹,除监军华轶司马,领武昌太守。丞相司马睿引为主簿,转丞相参军、从事中郎,迁尚书左丞、散骑常侍。时江东草创,农桑弛废,乃建议天子帅百官躬耕,以劝农功。后转御史中丞。曾因尚书刁协醉侮尚书郎卢綝事,奏免协官。迁侍中,补会稽内史。永昌元年(322)大将军王敦叛,龙骧将军沈充附从,他拒不输军资于充,保守会稽。及敦入京,朝廷征拜太常,加散骑常侍,敦忌其能,引为长史。数月病卒。

熊岳县 辽置熊岳县,治今辽宁盖州市西南熊岳城。为卢州治所,金省卢州后属盖州,元废。

熊宗立(1415—1487) 明建阳(今属福建)人,字道轩,自号勿听子。儿时多疾病,立志从医,苦读医书,并从刘剡习阴阳医卜之术,遂精于医,且涉猎甚广。对古典医籍《内经》、《脉经》、《伤寒论》以及外、妇、儿、本草等方面书籍有较多编纂注释。倡导五运六气说。著有《医书大全》、《黄帝内经素问灵枢运气音释补遗》、《勿听子俗解八十一难经》、《伤寒运气全书》、《王叔和脉诀图要俗解》、《类证注释钱氏小儿方诀》等书。

xiū

休 战国齐邑。在今山东滕州市西北。《孟子·公孙丑》:"孟子去齐,居休",即此。西汉初曾为侯国。景帝封楚元王子富为休侯。

休官 十六国、南北朝时陇西杂夷部落名。居今甘肃清水、秦安及天水一带。十六国时为西秦征服。北魏太平真君七年(446)天水休官、屠各等响应盖吴起义,众推休官首领王官兴为秦地王,旋为魏军击破。

休官大都统 官名。十六国西秦置,掌陇西少数民族休官部事务。《资治通鉴·东晋孝武帝太元十八年》:"权千成为秦所逼,请降于金城王(乞伏)乾归,乾归以为东秦州刺史、休官大都统、显亲公。"胡三省注:"休官,杂夷部落之名。"

休兰尸逐侯鞮单于(?—93) 东汉时南匈奴单于。名屯屠何。胡邪尸逐侯鞮单于之弟。章和二年(88)伊屠于闾鞮单于宣死后,得立为单于。是时北匈奴内乱,屯屠何欲并北庭,上书东汉王朝请求征讨。后两次与东汉大将耿秉、窦宪率军出击,大破北匈奴。南匈奴势力由此大盛,领户三万四千,口二十三万七千三百。立六年死。

休吏 古代官府假日不治事称休吏。《汉书·薛宣传》:"及日至休吏。"颜师古注:"冬夏至之日不省官事,故休吏。"

休莫霸(?—60) 东汉西域于阗王。初为于阗大人。于阗为莎车所并后,置将镇守。明帝永平三年(60),于阗别部大人都末兄弟共杀莎车镇将君得。他复与汉人韩融等杀都末兄弟,自立为于阗王。旋又与拘弥国人攻杀莎车在皮山的镇将。后于围攻莎车时中流矢死。

休沐 官员假日制度。汉代律令规定,吏五日得一休沐,冬、夏至之日不省官事。唐永徽三年(652)定制,百官每十日一休,称旬假,又曰旬休。节令休沐,春节七日,寒食连清明四日。宋代每旬择皇帝不御殿时赐休沐一日,岁节、寒食、冬至五日,上元、中元一日。

休宁县 隋开皇十八年(598)改海宁县置。治今安徽休宁县东万安镇。大业初为新安郡治。唐属歙州。天宝九载(750)移今休宁县治。宋属徽州,元属徽州路,明、清属徽州府。

休屠 即"独孤"。

休屠各 即"独孤"。

休屠各胡 即"独孤"。

休屠王 匈奴诸王。与浑耶王同驻牧于今甘肃河西走廊。汉元狩二年(前121),单于怒其与浑耶王屡为汉败,欲召诛之,两王惧,共谋附汉。以休屠王中悔,为浑耶王所杀。

休屠王石武 一名石虎。十六国前赵时匈奴屠各人。光初五年(322)刘曜败仇池氐酋杨难敌等,至南安(今甘肃陇西东),他以桑城降,授秦州刺史,封酒泉王。次年,原秦州刺史陈安攻曜部征西将军刘贡于南安,他自桑城攻上邽(今甘肃天水),以解南安之围。

休屠县 西汉置。治今甘肃武威市北。为武威郡北部都尉治。武帝太初三年(前102)伐大宛,发卒屯于此以卫酒泉。西晋废。北魏复置。属武兴郡。隋又废。

休屠泽 《汉书·地理志》武威郡武威县(今甘肃民勤县东北):"休屠泽在东北。"当在今民勤县东北白马岗、白疙瘩一带。因原为匈奴休屠王地得名。俗又称西海。或以为即《书·禹贡》雍州的猪野泽。《水经注》以休屠泽为西海,其东猪野泽为东海,通谓都野泽。近或谓唐的白亭海,明、清的鱼子为休屠泽,实应为《水经注》之猪野泽。

休循 古西域国名。王治鸟飞谷,在今帕米尔北部阿赖谷地一带。民俗衣服类乌孙,畜随水草。类塞种人。后属西域都护。东汉以后,并于疏勒。

休致 见"致仕"。

休著各 即"独孤"。

休著各胡 即"独孤"。

休著屠各 即"独孤"。

修 相传为少昊氏之子。参见"玄冥"。

修补制敕匠 吏职名。唐中书省置五十人,门下省置五人。

修城钱 晋及南朝时官员向国家缴纳之钱捐。受官二十日,辄送修城钱二千。宋泰始初,由于兵戎机急,自令仆以下并不输送,谓之逋欠。齐武帝即位之初,诏令免除旧欠,但仍重申旧制,按期交纳修城钱。

修订法律大臣 官名。清光绪二十八年(1902)四月清廷为制订各项法典而特设。初置二人,均为兼职。三十三年增为三人,其中一人专任。宣统三年(1911)增至六人。

修订法律馆 又称法律馆。官署名。清光绪三十三年(1907)设立。隶法部,为临时性机构,掌修订各项法律。特简大臣管理,称修订法律大臣。下设提调二人、总纂四人、纂修及协修各六人。庶务处管理行政,设总办、译员、委员等。清帝退位时裁撤。

修都县 西汉置。治今内蒙古杭锦旗西北。属朔方郡。东汉废。

修奉宝册使 官名。北宋大中祥符九年(1016),皇帝亲行南郊大礼临时设置,以参知政事充任。

修功德使 官名。唐贞元四年(788)以后置,与左右街大功德使、东都功德使总领僧、尼之籍及功役。

修故局 官署名。北齐置,设丞。掌领工匠修理兵器甲胄,隶尉卫寺武库署。

修国史 官名。北魏置,西魏沿置。掌修撰国史,除著作郎外,多以中书、集书省官兼领。北宋哲宗及南宋高宗时亦置,以尚书及翰林学士充任,掌修国史,隶国史院。辽代国史院亦置,职掌同。

修国史日历(曆)所 官署名。南宋绍兴三年(1133)置,掌修国史、日历。以宰臣提举,选侍从官为修撰。四年,改称史馆。

修合卖药所 官署合称。即宋代修合药所与出卖药所。徽宗初于京城置二修合药所、五出卖药所。政和四年(1114),改修合药所为医药和剂局,出卖药所为医药惠民局。

修华 内官名。皇帝嫔妃。西晋武帝定内官,置为九嫔之一,位视九卿。南朝宋孝建三年(456)省,泰始元年(465)复置,三年列位九嫔。南齐、梁沿置,陈亦置为九嫔之一。隋炀帝置为九嫔之一,正二品。

修己 即"女志"。

修礼局 撰定礼制的机构。南朝齐、梁置。设吉、凶、宾、军、嘉五礼新旧学士。《梁书·徐勉传》:"时修礼局住在国子学中门外,东昏之代,频有军火,其所散失,又逾太半。天监元年,(何)佟之启审省置之宜,敕使外详。"

修理京仓厂 简称修仓厂。明代工部营缮司所属工场之一。专管京仓大修事宜,三年一次。京仓包括新旧太仓等计一千零九十二座,通仓六百十四座。每年小修则归户部。

修炼大丹要旨 书名。宋人撰炼丹著作。收入《道藏》。

修陵石刻 南朝石刻。梁武帝萧衍修陵位于今江苏丹阳市荆林三城巷。陵东向,陵前石刻仅存一天禄,公兽,双角,身长3.10米,高2.80米,颈高1.45米,体围2.35米,昂首挺胸,雄武有神韵。有双翼,翼面雕饰,前为螺纹,后为翎羽。四足粗壮,足五爪,左前爪攫一小兽。

修闾氏 官名。《周礼》谓秋官司寇所属有修闾氏,设下士二人及史一人,徒十二人。掌国都城中闾门道路的禁戒。北周亦于秋官府设修闾中士、下士。

修闾中士 官名。西魏恭帝三年(556)仿《周礼》修闾氏置,北周沿置。秋官府布宪中大夫属官,正二命。下设修闾下士以佐其职。隋开皇元年(581)罢。

修门 战国楚国国都郢(今湖北荆州西北)之城门。宋玉《招魂》:"魂兮归来,入修门些。"王逸注:"修门,郢城门名。"

修内司 官署名。北宋、金、元皆置。掌宫中营造事。北宋设勾当官。以入内内侍充任。元丰改制后,隶将作监。金大定七年(1167)亦置,设使、副使总领司事,秩从五品、从六品。下设直长、部役官、受给官等职。直长二员,正八品;部役官四员,正八品,掌监督工役。受给官二员,正八品,掌支纳诸物。元隶大都留守司,秩从五品。设于世祖中统二年(1261)。领大、小木局及泥厦、车、桩钉、铜、竹作、绳等局工匠。置提点、大使、副大使各一员。

修齐治平 儒家关于修己治国的思想。修身、齐家、治国、平天下之简称。《礼记·大学》:"古之欲明明德于天下者,先治其国;欲治其国者,先齐其家;欲齐其家者,先修其身;欲修其身者,先正其心;欲正其心者,先诚其意;欲诚其意者,先致其知;致知在格物。"指出欲显明致德于天下之路径应由近及远,由己及人,以修身为齐家、治国、平天下之本。而以格物、致知、诚意、正心为修身之方法,故朱熹谓"正心以上,皆所以修身也。齐家以下,则举此而错(措)之耳。""此八者,大学之条目也。"

修起居注 官名。北魏置,掌皇帝起居注之修撰,以文学之士为之,隶于集书省。西魏沿置。北宋元丰改制前,起居郎、舍人为寄禄官,另置起居院,以三馆、秘阁校理以上修起居注;元丰官制行,改以起居郎、舍人为之,亦称修注官。金记注院置,掌记皇帝言、动,明昌元年(1190)不以谏官兼,或以左、右卫将军兼,贞祐三年(1215)以左、右司首领官兼,为定制。

修勤 官名。北魏置。《魏书·官氏志》:"(道武帝天赐)二年二月,复罢尚书三十六曹,别置武归、修勤二职。武归比郎中,修勤比令史,分主省务。"太武帝时复置诸曹尚书,遂罢。

修仁县 唐长庆三年(823)以建陵县改名。治今广西荔浦县西南修仁。北宋熙宁中省入荔浦县,元丰初复置。历属桂州、静江府、静江路、桂林府。明景泰初移治今鹿寨县东南,成化十五年(1479)复还故治。弘治四年(1491)改属平乐府。1951年并入荔浦、鹿寨二县。

修日历(曆)所 官署名。南宋绍兴元年(1131)置,掌修皇帝日历,以秘书省长官、副长官通领。三年,改命宰相提举,以侍从官为修撰。

修容 内官名。皇帝嫔妃。三国曹魏文帝置,明帝太和中定其位比亭侯。西晋武帝定内官,置为九嫔之一,位视九卿。南朝宋孝建三年(456)省,泰始元年(465)复置,三年列为九嫔之一。南齐、梁沿置,陈亦为九嫔之一。隋炀帝置为九嫔之一,正二品。唐沿置为九嫔之一,正二品。宋代为内命妇之一,位修仪下、修媛上,正二品。金代亦为九嫔之一,正二品。

修市侯国 西汉本始四年(前70)封清河刚王子刘寅置,治今河北景县西北。属勃海郡。东汉废。

修书使 使职名。即丽正殿修书使,唐开元七年(719)置。十三年改为集贤殿书院学士,以五品以上官为之。

修司农寺条例司 官署名。北宋熙宁二年(1069)置,掌编修司农寺条例。八年罢。

修文殿御览 书名。原称《玄洲苑御览》、《圣寿堂御览》。北齐左仆射祖珽领修。三百六十卷,分五十五部。武平三年(572)成书,时仅八个月。该书多据《华林遍略》,编成类书,体例谨严,颜之推亦参预其事。南宋时仍保存完整。明时多佚不传。清光绪二十五年(1899),在敦煌莫高窟石室中发现有古类书抄本,凡二百五十九行,有人以为即此书残卷。

修文馆 官署名。即门下省弘文馆。唐武德四年(621)置,九年改名弘文馆;神龙二年(706)复名修文馆,睿宗景云二年(711)改昭文馆,玄宗开元七年(719)又改弘文馆。

修武校尉 散阶称号。金始置,为武职从八品上之封阶。元沿置,升为从七品,敕授。清代为武职正九品之封赠。乾隆五十一年(1786)始增此称。初,绿营正九品无封赠,八旗正九品依文职封登仕郎。至是,绿营、八旗划一,遂为定制。

修武郎 官名。北宋政和二年(1112)重定武臣官名,改内殿崇班置,为武臣阶官,正八品。清乾隆三十二年(1767)置为散阶称号,封赠正八品武职。五十一年,改奋武校尉。

修武县 本春秋晋宁邑,秦置县。治今河南获嘉县。《汉书·高帝纪》:汉王二年(前205),汉王"至修武,陈平亡楚来降",即此。汉属河内郡,西晋属汲郡。北魏孝昌中,分置北修武县,因名此为南修武县。东魏又分置西修武县(今修武县),寻废。北齐移南修武县治故西修武县,并废北修武县,因复名修武县。隋大业中属河内郡。北宋熙宁六年(1073)废为镇,属武陟县。元祐元年(1086)复置。唐、宋、金属怀州。元属怀庆路。明清属怀庆府。

修武佐校尉 官阶名。清乾隆五十一年(1786)设。为武职从九品之封赠。参见"武职封赠"。

修武佐郎 官阶名。清初武职从八品之封赠。乾隆三十二年(1767)增设,五十一年改为奋武佐校尉。参见"武职封赠"。

修禊 又称祓禊、春禊。古代民俗。农历三月上旬之巳日,临水嬉游,以驱除不祥,谓之修禊。三国魏以后固定为三月三日。《太平御览》引《夏仲御别传》云:"三月三日,洛中公王以下莫不方轨连轸,并南浮桥边禊,男则朱服耀路,女则锦绮粲烂。"后文士仿行,于是日宴集于环曲水流旁,置酒杯于水上,杯随水流停其前,即取饮,称为流觞曲水。据传晋琅邪王司马睿徙镇建康(今江苏南京),患吴人不附,乃亲观禊,王敦、王导及诸名士皆骑从,众人乃服其威仪。东晋王羲之《三月三日兰亭诗序》即记永和九年(353)于山阴(今浙江绍兴)修禊事。

修鲜都督府 唐羁縻都督府名。龙朔元年

(661)置于罽宾国遏纥城,故地约在今阿富汗喀布尔河以北之卡菲里斯坦。隶于安西都护府。旋因大食势力东进而废。

修县 西汉置。治今河北景县南。属信都国。西晋移治今京县东。隋开皇五年(585)改为蓨县。

修仪 内官名。皇帝嫔妃。三国魏明帝置,太和中定其位比关内侯。西晋武帝定内官,置为九嫔之一,位视九卿。南朝宋孝武帝省,泰始元年(465)复置,三年列位九嫔。南齐沿置,陈亦为九嫔之一。隋炀帝沿置,正二品。唐与隋同,正二品。宋代为内命妇之一,位昭媛下、修容上,正二品。金代亦为九嫔之一,正二品。

修鱼 战国韩邑。在今河南原阳县西南。《史记·秦本纪》:秦惠文王更元七年(前318),"韩、赵、魏、燕、齐帅匈奴共攻秦。秦使庶长疾与战修鱼,虏其将申差",即此。

修玉牒官 官名。唐宗正寺属官,置一员。宋沿置,掌以编年之体记叙帝王世系而记其历数,辨皇族亲属昭穆之序,以侍从官兼任。太宗淳化时设玉牒所,置官,咸平初始创规制,大中祥符九年(1016)以后置一至二人;元丰改制,复隶宗正寺。南宋绍兴二十九年(1159)罢。以宗正少卿、丞同领其事。

修媛 内官名。皇帝嫔妃。唐代内官置为九嫔之一,正二品。宋代为内命妇之一,位修容下、充仪上,正二品。金代亦为九嫔之一,正二品。

修造案 官署名。北宋前期置,隶三司户部,掌京城工作及陶瓦八作、排案作坊、诸库簿帐勾校及诸州营垒、官廨、桥梁、竹木、排筏之事。元丰改制,随三司废,其事归隶将作监。

修造司 官署名。北宋太平兴国七年(982)置。掌京城营缮及畿县屯兵营舍修葺等事。淳化三年(992)分左右两厢,隶东西八作司,五年又分出为独立机构,以诸司使及内侍提举。咸平三年(998),以都大店宅务兼领。六年复分出。

修泽 春秋郑邑。战国时属韩,名修鱼。在今河南原阳县西南。《左传》成公十年(前581):晋会诸侯伐郑。郑"子然盟于修泽",即此。

修正庶尹 明勋阶称号。正五品文官再考称职者授予。

修政局 官署名。南宋绍兴二年(1132)宰相秦桧建议设置,自为提举,命侍从、台省寺监官,监司、守令上书,以讨论省费裕国、强兵息民为名,借以专权,数月后罢。

修职郎 ❶官名。北宋政和六年(1116),改登仕郎设,为从八品寄禄官。❷散阶称号。明代置,为文职正八品之升授。清沿之,为文职正八品之封赠。又,清初武职中属八旗者正、从八品亦封此。乾隆三十二年(1767)改同绿营武职,正八品封修武郎,从八品封修武佐郎。

修职佐郎 散阶称号。明始置,为文职从八品之升授。清沿置,为文职从八品之封赠。

修注 官名。唐代为起居郎、起居舍人别称。宋代为修起居注、起居郎、起居舍人等官省称。

修撰 官名。唐始置,为史馆官,四人,掌修国史。天宝以后,以他官兼职史馆者为之。初入为直馆。元和以后,改以登朝官领史馆职者充任,未登朝官为直馆。集贤院亦设,无定员,多六品以下官员兼。宋沿唐制,设于史馆者掌修日历,实录院者掌修实录。宋初贴职有集贤殿修撰,政和六年(1116)改右文殿修撰,又增置集英殿修撰。金代设为翰林学士院属官,与待制分掌词命文字,分判院事,无定员,从六品。元沿置,翰林兼国史院,三人,蒙古翰林院二人,集贤院一人。明清设为翰林院史官之魁,掌修国史。凡修日历、宝训、实录及史志等,分任撰著、考辑、检阅诸事。明洪武十四年(1381)定制三人,后多超制,无定员。例以殿试一甲第一名进士,即状元除授,从六品。清仍之,宣统元年(1909)改从五品。

髹饰录 书名。明隆庆时歙县漆工黄成著。两集。《乾集》二章七十二条,《坤集》十六章一百十四条。分述漆器制造与修复、分类与品种。天启五年(1625),嘉兴漆工杨明对此书逐条注释,并作序,但未曾刊引,仅有抄本传至日本。1926年,朱启钤携回副本,经整理后刊刻流行。

xiù

秀 宋明间对官僚贵族子弟和有财有势者的称呼。王应奎《柳南随笔》卷五:"江阴汤廷尉《公余日录》云:'明初闾里间称呼有二等:一曰秀,一曰郎。秀则故家右族,颖出之人,郎则微裔末流,群小之辈。'"如元末明初江南巨富沈万山被称为"沈万山秀"或"沈秀"。

秀才 本意指优秀人才。汉武帝始定为选举科目。东汉时避光武帝刘秀讳,改称茂才。三国魏州举秀才,郡举孝廉。晋代沿之。东晋时以学校陵迟,秀才、孝廉一度不策试。通常扬州岁举二人,诸州举一人,或三岁一人,随州大小,并对策问。南北朝略同。时秀才之选最为重要,多以此出任要职,因由州郡国中正把持选举,故所举多世家豪族。隋唐沿用,为举士科目。唐代试方略策五道,以文理粗通为上上、上中、上下、中上,凡四等为及第。上上第正八品上,上中第正八品下,上下第从八品上,中上第从八品下。高宗永徽二年(651)罢。宋代凡读书应举者皆称秀才。明代亦为荐举之一种。洪武十五年(1382),举秀才有数千人之多。被举者多受重用,每任命为地方或中央大吏,在荐举科目中最为显要。又,明清作为对科举考试中生员之俗称。

秀怀王 即"朱见澍"。

秀容川 地区名。约当今山西北部的滹沱河、牧马河以西至黄河,包括桑干河、汾河上游一带。分南北二部:北魏时尔朱氏世为北秀容酋长,所居梁郡城,在今朔州市北,周围三百里皆其封地(《洛阳伽蓝记》载徐纥说"尔朱马邑小胡"。马邑,今朔州市)。南秀容川,有城在今岚县,相传为刘渊生地,因姿容秀美得名。一说尔朱氏所居秀容川在今忻州市,不在朔州市。

秀容郡 北魏永兴二年(410)置。治秀容县(今忻州市西北)。太平真君七年(446)并肆卢、敷城二郡入秀容郡。辖境相当于今山西忻州市、原平市等地。北齐废。

秀容县 北魏永兴二年(410)置。治今山西忻州市西北。为秀容郡治。隋开皇十八年(598)移治今市,为忻州治。明洪武初并入忻州。

秀山县 清雍正十三年(1735)置,属黔彭厅。乾隆元年(1736),改属酉阳直隶州。即今重庆秀山县。

秀士 德才优异之士。《吕氏春秋·怀宠》:“举其秀士而封侯之,选其贤良而尊显之。”高诱注:“秀士,俊士。”《礼记·王制》:“命乡论秀士,升之司徒,曰选士。”郑玄注:“秀士,乡大夫所考有德行道艺者。”

秀水 一作绣水。在今浙江嘉兴市北。源出南湖,北入运河。相传水浮五色,见者获庆。宋张尧同《嘉禾百咏·秀水》:“好景明于画,长浮五色波。”明宣德四年(1429)在今嘉兴市所置秀水县,即以此水为名。

秀水县 明宣德四年(1429)分嘉兴县置。因境内秀水得名。与嘉兴县同城而治,在今浙江嘉兴市。明清与嘉兴县同为嘉兴府治。1912年二县合并为嘉禾县,1914年改为嘉兴县。

秀孝 秀才、孝廉之合称。《晋书·华谭传》:“时九州秀孝策无逮谭者。”

秀异 选举科目之一。十六国后赵石勒建平二年(331),下书令公卿百僚岁荐贤良、方正、直言、秀异、至孝、廉洁各一人,答策上第者拜议郎,中第中郎,下第郎中。

秀州 本苏州嘉兴县地,五代后晋天福四年(939)吴越置。治嘉兴县(今嘉兴市)。辖境相当今浙江杭州湾以北(海宁市除外),桐乡市以东及上海市所辖吴淞江以南诸市县地。北宋属两浙路。南宋属两浙西路,庆元元年(1195)以孝宗诞生之地升为嘉兴府。宋时曾在境内置市舶司。

秀州中学 学校名。清光绪二十六年(1900)由基督教美国南长老会设立于浙江嘉兴。校风俭朴。校长窦维思热心教育,对于学制、课程等积极提倡,并具有相当成绩。所设课程除圣经科、宗教科外,还有英语、自然科学等科目。在教会学校中享有一定声誉。

袖箭 机射暗器。有单发袖箭和梅花袖箭两种。单发袖箭每次只能发射一支箭。箭筒长八寸,周径八分。筒顶盖的中央有小孔,由此装箭。筒盖旁有一活动蝴蝶片,专司开闭。筒中装设弹簧,装箭后,弹簧压下,用蝴蝶板将箭关在筒中。发射时,拨开蝴蝶片,弹簧将箭射出。每筒装箭十二支。梅花袖箭,每次装箭六支,可连续发射。箭筒内有六个小管,中间一个、周围五个,状如梅花瓣。每个管上各有一蝴蝶片控制开关。发射一箭之后,须将筒身旋转一定角度,使之连续射出。多用于清。

绣户 历代以刺绣为业的人户。宋以后,随着手工业的发展,形成刺绣专业人户。明清各地刺绣业进一步发展,绣工人数有所增加,但绣户之称只表示其专业,始终未定为一种户籍。

绣脚蛮 亦作花脚蛮。唐代至元代时分布于今云南西南部。因于踝上腓下刺纹而得名。为今傣族先民之一。

绣面蛮 唐代至元代时今云南西南民族。其俗刺纹于面如绣状,故名。为今傣族先民之一。

绣像剿逆图考 书名。清阙名辑。一说吴嘉猷绘。二册。刊于光绪十八年(1892)。上册首载曾国荃、曾国藩、官文等向清廷奏报攻南京和杀李秀成等被捕太平军将领情形折三件。次为颂扬清军镇压太平天国事迹图十四幅,起“金田结党谋叛图”,迄“论功大封将帅图”,各附简说于标目中。末为《酋职汇记》,记太平天国洪秀全、杨秀清、萧朝贵、冯云山至黄启芳等六十八人名位简历。下册二卷,录“李秀成供词”。此书又作《剿逆全图说考》等,或以为曾国荃所辑。

绣像小说 杂志名。清光绪二十九年五月一日(1903.5.27)在上海创刊。半月刊。商务印书馆编印。以唤醒民众,开化社会为主旨。所刊十之九为小说,中外作品并刊,配以绣像插画。兼载戏曲、歌谣及杂著。曾刊李伯元《文明小史》、《活地狱》,刘鹗《老残游记》等著名谴责小说,共出七十二期,三十二年三月停刊。

绣衣御史 官名。或称绣衣直指、绣衣直指御史、直指使者。西汉侍御史的一种。《汉书·百官公卿表》:“侍御史有绣衣直指,出讨奸猾、治大狱,武帝所制,不常置。”颜师古注:“衣以绣者,尊宠之也。”又引服虔曰:“指事而行,无阿私也。”是皇帝派出的专使,出使时持节杖、衣绣衣,得发郡国兵,专行赏罚,以至诛杀地方官员。武帝末年,多被派往郡国镇压“盗贼”。《汉书·王䜣传》:“武帝末,军旅数发,郡国盗贼群起,绣衣御史暴胜之使持斧逐捕盗贼,以军兴从事,诛二千石以下。”更始政权亦置绣衣御史。东汉时不复见。

绣衣执法 官名。新莽置。时王莽发大军结集边郡拟攻匈奴,吏士放纵扰民,故置,员五十五人,镇抚边郡,督大奸猾擅弄兵者。然皆货赂为市,侵渔百姓。

绣衣直指 即“绣衣御史”。

绣衣直指御史 即“绣衣御史”。

绣州 唐武德四年(621)置林州,六年改为绣州。治常林县(今广西桂平市南)。辖境相当今桂平、平南二市、县南部地。属岭南道。北宋开宝六年(973)废入容州。

xū

盱台县 即“盱眙县”。

盱眙县 秦置盱台县,西汉改台作眙。治今江苏盱眙县东北盱眙山之侧、淮水之滨。《说文》:“盱,张目也;眙,直视也。”《读史方舆纪要》谓以城居山上，可以瞩远而名。西汉为临淮郡都尉治。武帝封江都易王子蒙为盱眙侯。东汉"眙"复作"台"。属下邳国。三国废。西晋复置，为临淮郡治。东晋义熙中移治今盱眙县东北五里都梁山东北麓，并置盱眙郡治此。南朝宋元嘉二十八年(451)北魏围攻盱眙，宋将臧质屯兵筑城以拒，即此。东晋兖州、宋南兖州、齐北兖州、陈北谯州均曾治此。唐武德八年(625)移今治。属楚州。北宋景德中又移治淮北泗州城中为州治，在今泗洪县东南，盱眙县对岸(今已沦入洪泽湖中)。降淮南盱眙县为镇。南宋初县入金，仍为泗州治。金明昌六年(1195)改为淮平县。南宋复升盱眙镇为县，治今盱眙县。先后为盱眙军、招信军治；元至元中曾为招信路、临淮府路治。明清属泗州。

昫衍县 西汉置。治今宁夏盐池县东南。属北地郡。东汉废。

须 春秋卫邑。在今河南滑县东南。《诗·邶风·泉水》："思须与漕"，即此。

须卜氏 匈奴贵族姓氏。《史记·匈奴列传》："呼衍氏、兰氏，其后有须卜氏，此三姓其贵种也。"南匈奴时，此三姓与丘林氏并称四姓，常与单于通婚。呼衍氏为左，兰氏、须卜氏为右。主断狱听讼。

须昌县 秦置。治今山东东平县西北。西汉高帝十一年(前196)封赵衍为侯国，景帝五年(前152)侯不害有罪，国除为县。北齐移治今东平县东，隋开皇十六年(596)又还旧治。隋末为徐圆朗起义军的根据地。五代唐改为须城县。秦属薛郡，西汉属东郡，东汉及三国魏属东平国，西晋为东平国治，东晋至隋又属东平郡，唐为郓州治。

须城县 五代唐避其先李国昌名讳，以须昌县改名。治今山东东平县西北。北宋咸平三年(1000)移治今东平县。五代为郓州治，北宋、金为东平府治，元为东平路治，至正二十七年(1367)降为东平州治，明洪武七年(1374)废入东平州。

须贾 战国时魏国大臣。魏安釐王二年(前275)，秦相魏冉攻魏，围大梁(今河南开封市)时，见魏冉，力陈久攻大梁不下，魏冉必失其陶邑封地，魏冉从之，罢兵而归。曾与范雎出使齐，归魏诬范雎阴通齐，使雎被笞几死。雎为秦相后，他出使秦，受其戏弄。

须虑 古越语"船"之义。越语为胶着语，一词多音，名词类音缀有复辅音和连音成份，此词即其一例。

须弥 梵文 Sumeru 的音译，意译"妙高"、"妙光"、"安明"、"善积"、"善高"等。古印度神话中的山名。佛教以此山出水八万四千由旬(一由旬合四十里，或说三十里)，入水八万四千由旬，其顶上为帝释天所居，其半腹为四天王所居，其周围有七香海，七金山，其第七金山外有咸海，其外围曰铁围山，故称九山八海，四周有四大部洲，用以说明佛教臆想世界的玄妙高远。

须弥福寿之庙 俗称班禅行宫。在今河北承德市。清乾隆四十五年(1780)，班禅六世至承德庆祝高宗七十寿辰，高宗命仿后藏扎什伦布寺建此庙(须弥福寿乃扎什伦布之汉译)，以供班禅居住和讲经。占地37 900平方米，主体建筑为大红台，藏式平顶，内外有女儿墙。大红台内为群楼，中央为"妙高庄严"殿，即班禅讲经处。"吉祥法喜"殿为班禅住处。为全国重点文物保护单位。

须弥日报 报纸名。清光绪三十四年七月二十五日(1908.8.26)在上海创刊。日出两大张，星期日休刊。设言论、谕旨、外电汇要、纪事、图画、报告、小说、词林、谈丛、报余等栏目。

须女 见"女宿"。

须句 一作须朐。周代国名。风姓，传为太皞之后。在今山东东平西北。公元前639年为邾所灭。次年，鲁伐邾，复国。后再为邾所灭，前620年鲁取之。

须入 官制用语。宋代铨选制的一项规定。选人初次改京官，必须先作知县或县令，谓之"须入"。庆元初规定，除殿试头三名、省试第一名外，皆须任县令。五年(1199)，又命大理评事已改官而未历县令者，并须作亲民官一次。

须无 即"田文子"。

朐衍之戎 古族名。西戎八国之一。春秋时活动于今陕西、宁夏、内蒙古交界一带，以今宁夏盐池为中心。秦穆公时为秦所并。

胥 官名。周代置。掌管徒役的低级官吏。一说胥管理十名徒役为什长。《周礼·天官·冢宰》："胥十有二人，徒百有二十人。"贾公彦疏："胥，有才智，为什长。徒，给使役。故一胥丨徒也。"

胥持国 金代州繁畤(今山西繁峙)人，字秉钧。经童出身。世宗时，调博野县丞，授太子司仓。得识皇太孙璟(章宗)。章宗即位，授工部侍郎，迁尚书。明昌四年(1193)，升参知政事。五年，进尚书右丞。贿赂章宗李妃左右，与李妃结纳干政。附其门下得进者号为"胥门十哲"。承安二年(1197)八月，被御史弹劾罢任。九月，为枢密副使，佐枢密使完颜襄行省于北京(今内蒙古宁城西大明城)。死于军中。

胥鼎(?—1226) 金代州繁畤(今山西繁峙)人，字和之。胥持国之子。大定进士。章宗时，父死，起复为著作郎，迁工部侍郎。卫绍王时，以户部尚书，拜参知政事。宣宗即位，知大兴府事兼中都路兵马都总管，拜尚书右丞。宣宗南迁，留汾阳，改知平阳，兼河东南路兵马都总管。贞祐三年(1215)建言积军储、简将、练卒等，多被采纳。进任本路宣抚使。四年为尚书左丞兼枢密副使，进拜平章政事，于抗蒙救亡军政诸事多所规划。后告老致仕。哀宗正大二年(1225)，起复为平章政事，行尚书省于衡州，封英国公。

胥附 官名。新莽太子四友之一。始建国三年(11)置，秩大夫，以故尚书令唐林任之。

胥附中大夫 官名。西魏恭帝三年(556)仿《周礼》建六官，置胥附中大夫，正五命；小胥附下大夫，正四命；胥附上士，正三命，复以大都督领胥附禁兵，则胥附诸官，皆禁兵之官。北周因之。

胥口 亦名建德江口。即今浙江建德市东胥溪南流入富春江之口。南朝梁大宝二年(551),侯景将刘神茂据东阳,遣其党元頵等下据建德江(今胥溪)口;元至正十九年(1359),张士诚攻建德,至大浪滩,吴将李文忠遣兵由乌龙岭循胥口而上,击破之,皆即此。

胥吏 官府中的小吏。《北齐书·彭城王浟传》:"守令参佐,下及胥吏,行游往来,皆自赍粮食。"柳宗元《梓人传》:"郡有守,邑有宰,皆有佐政,其下有胥吏。"

胥门十哲 金章宗朝,张复亨、张嘉贞、赵枢、张光庭、高元甫、张岩叟、傅汝梅、张翰、裴元、郭郛十人阿附尚书右丞胥持国,趋走权门,时人讥为"胥门十哲"。

胥靡 ❶一作縃縻。(1)服苦役者的一种称谓。《庄子·则阳》:"筑十仞之城,城者既十仞矣,则又坏之,此胥靡之所苦也。"胥靡有的来自战俘。《墨子·天志下》:"不格者,则系操而归,丈夫以为仆圉、胥靡。"有的来自罪犯。《韩非子·六反》:"刑盗,非治所刑也;治所刑者,是治胥靡也。"胥靡之本义历来众说纷纭。一说为刑罪之名。《吕氏春秋·求人》:"傅说,殷之胥靡也。"高诱注:"胥靡,刑罪之名也。"《史记·屈原贾生列传》司马贞索隐引晋灼曰:"胥,相也。靡,随也。古者相随坐,轻刑之名。"一说因被绳索牵连在一起劳动而得名。《汉书·楚元王传》颜师古注:"联系使相随而服役之,故谓之胥靡,犹今之役囚徒以锁联缀耳。"(2)奴隶。《韩非子·内储说上》:卫嗣君时,有胥靡逃之魏,"请以五金买之"。(3)贫困之称。《荀子·儒效》:"乡也胥靡之人,俄而治天下之大器举在此,岂不贫而富矣哉?"王先谦集解引王引之曰:"此胥靡非谓刑徒之人也。胥靡者,空无所有之谓。"❷春秋郑邑,后入于周。在今河南偃师市东南。《左传》襄公十八年(前555)楚伐郑,侵胥靡;昭公二十六年(前516)王子朝作乱,"王入于胥靡",皆即此。

胥命 春秋时期诸侯约盟制度。《春秋·桓公三年》:"夏,齐侯、卫侯胥命于蒲。"杨伯峻注:"胥命者,诸侯相见,约言而不歃血","《荀子·大略篇》云:'不足于行者,说过;不足于信者,诚言。故《春秋》善胥命,而《诗》非屡盟,其心一也。'依《荀子》之意,亦以胥命为可信之约言,不待盟誓。"

胥浦桥 在今江苏仪征市西。相传为伍子胥入吴渡江处,因名。《宋史·高宗纪》:绍兴三十一年(1161),"金人进犯真州,步军司统制邵宏渊逆战于胥浦桥,兵败",即此。

胥浦县 ❶西汉置。治今越南清化省东山县北。汉、晋为九真郡治,唐属爱州。天宝年间废。❷南朝梁大通中分海盐县东北境置。以地接胥浦得名。在今上海市金山区东南。属吴郡。太清三年(549)改属武原郡。寻废。

胥山 ❶在今江苏吴县市西南。《史记·伍子胥传》:"乃自刭死,……吴人怜之,为立祠于江上,因命曰胥山"。裴骃集解:"张晏曰:'胥山在太湖边,去江不远百里,故云江上'。"张守节正义:胥山"不干子胥事,太史误矣,张注又非。"❷今浙江杭州市吴山。上有伍子胥祠,故亦名胥山。唐元和十年(815)刺史卢元辅曾作《胥山铭》。❸在今浙江嘉兴市东。本名张山。相传吴使子胥伐越经此,因名。山上有吴王磨剑石。

胥师 官名。《周礼》地官之属。司市属官,掌管二十个市的政务。

胥士 唐代*色役之一。由上户负担。唐初置公廨本钱,放债之利息作为俸料一部分。贞观十一年(637),取消公廨本钱,"以天下上户七千人为胥士,视同防阁,而收其课,计官多少而给之"(《唐会要·诸司诸色本钱上》)。胥士年纳二千五百文,免本身课役。

胥溪 在今江苏高淳县、溧阳市间。西连长江,东通太湖。本名濑水(《吴越春秋》),因春秋时伍员自楚奔吴及其后助吴伐楚均经此,宋、元后遂称胥溪。原系天然河流,五代后被改造为运河。明初建都南京,太湖地区漕运多取此道。

胥余(餘) 传为箕子之名。

胥佐 吏名。宋代宗正寺、大理寺、太常寺置,位在胥史下。

虚 ❶春秋宋地,战国属魏。在今河南延津县东。《春秋》桓公十二年(前700):"公会宋公于虚";《史记·秦始皇本纪》:五年(前242),将军蒙骜攻魏,"定酸枣、燕、虚、长平、雍丘、山阳城,皆拔之",皆即此。《公羊传》作"郯"。❷道家用语。形容"道"之无形无象。《老子》第十六章:"致虚极,守静笃。"《老子》第五章:"虚而不屈,动而愈出。"《管子·心术上》:"虚者,万物之始也。""天之道,虚其无形。"❸指天。又称太虚。《管子·心术上》:"天曰虚。"❹指心的寂泊虚静状态。《庄子·人间世》:"唯道集虚,虚者心斋也。"郭象注:"虚其心则道集于怀也。"❺见"墟市"。

虚朾 春秋宋地。《春秋》成公十八年(前573):"仲孙蔑会晋侯、宋公、卫侯、邾子、齐崔杼同盟于虚朾。"确址无考。旧说在今山东泗水县,但其地去宋甚远;一说疑在今河南睢县境。

虚除权渠 十六国前赵时上郡氐羌首领。自号秦王,有众十余万落。光初三年(320)为刘曜所部游子远击败,子伊余被俘,遂降。曜任之为征西将军、西戎公,分徙伊余兄弟及其部落二十余万口于长安。

虚估 唐建中元年(780)定两税时,以钱为额,但民间纳税,仍以绫绢等实物折价交纳。后物价下降,纳税者原定税额不变,上交的绫绢等经过折价,"民所出已倍其初"。朝廷乃将市场物价即本价或实估增加若干,称为虚估,使百姓以实物纳税时,吃亏不会过大。所加之数,亦称加饶。因系尚书省所定,亦称省估。

虚谷(1823—1896) 清安徽新安(今歙县)人,家居江苏广陵(今扬州),俗姓朱,名怀仁。早年曾任清军参将。太平天国定都南京后,"意有感触",遂出家为僧,但不茹素,不礼佛,以书画自娱。善画花卉、蔬果、禽鱼,亦能山水。画风奇峭隽雅,用笔含蓄,造型质朴。画法善运枯笔偏锋,是晚清画坛风格独特的画家。所绘《枇杷图》、《水面风波不知鱼》、《杨柳八哥》等,极为别致,富有创新精神。兼能诗,有《虚谷和尚诗录》。

虚郎沟 地名。约在今四川西昌市境。明万历中,有安四儿者据此,为明军所获。

虚连题氏 即"挛鞮氏"。

虚闾权渠单于(?—前60) 西汉时匈奴单于。壶衍鞮单于之弟。原为左贤王,汉宣帝地节二年(前68)立为单于。在位时匈奴势衰。立九年卒。

虚能纳声 宋沈括解释固体传声中空穴效应的用词。《梦溪笔谈·器用》:"古法以牛革为矢服,卧则以为枕。取其中虚,附地枕之,数里内有人马声,则皆闻之。盖虚能纳声也。"所谓"虚能纳声"实际是现代物理学上的空穴混响现象。

虚丘 春秋邾地,后入鲁。确地无考,当在今山东枣庄市东北。《左传》僖公元年(前659):"虚丘之戍将归者也",即此。

虚实篇 《孙子兵法》篇名。虚,虚空,虚弱;实,实在,坚实。指敌对双方军事力量的强弱大小及形势优劣的对比。论述敌我虚实之可变性,提出"避实而击虚"、"致人而不致于人"、"出其所不趋,趋其所不意"等制胜敌人的战术观点。

虚宿 ❶星官名。亦称天节、北陆。二十八宿之一。北方玄武七宿的第四宿。有星二颗,即宝瓶座β,小马座α星。《礼记·月令》:"季秋之月,昏,虚中。"《尔雅》:"玄枵,虚也。"郭璞注:"虚在正北,北方色黑,枵之言耗,耗为虚意。"《石氏星经》:"虚亦称天节,上下两星如联珠,在女宿东南。"《尚书·尧典》:"宵中星虚,以殷仲秋。"以南星为距星。❷天区名。除主体虚宿星官外,还有司命、司禄、司危、司非,哭星、泣星、天垒城、败臼、离瑜等共十个星官。

虚壹而静 虚心、专一而冷静地观察事物。系荀子沿用并改造了宋尹学派术语所提出的思维方法。《荀子·解蔽》:"人何以知道?曰:心。心何以知?曰:虚壹而静。"认为"不以所已臧害所将受,谓之虚"(即不以已获得的知识为满足),"不以夫(彼)一害此一,谓之壹"(即不在同时思考两种事物),"不以梦剧乱知,谓之静"(即不被假象和杂虑所迷乱),如此观察事物,即可克服认识的片面性,正确地反映客观事物的实际。

虚银两 清代实银两的价值符号。系计算单位,只规定其名称、重量和成色,为中央或地方政府所定,或民间所公认之一种标准银两。按照当时当地之习惯规定其行使办法,并无实物。如纹银、起源于中外通商条约规定之海关银、道光年间起源于上海的九八规元、牛庄开埠以后的营口过炉银、汉口开埠以后的汉口洋例银、天津的洋例银等皆为虚银两。

虚证 中医名词。中医辨证施治中八纲辨证的重要组成部分。指人体的正气不足,抗病能力减低或各种生理机能衰退的证候。《素问·通评虚实论》曰:"精气夺则虚。"临床表现可分为阴虚、阳虚、气虚、血虚等不同证候。

揟次县 一作且次(《三国志·魏志·张既传》)、揖次(《晋书·张骏传》)。西汉置。治今甘肃古浪县西北。属武威郡。十六国后凉属昌松郡。北周废入昌松县。《晋书·吕光载记》:魏安人焦松等起兵迎前凉张天锡子"大豫于揟次,陷昌松郡",即此。

墟 即"墟市"。

墟市 南方乡村的一种定期集市。简称墟、虚。吴处厚《青箱杂记》:"岭南谓村市为墟。……盖市之所在,有人皆满,无人则虚,而岭南村市,满时少,虚时多,谓之虚。"范成大《晓出古城山》:"墟市稍来集,筠笼转山忙。"最初见于晋时。唐中后期渐兴起,每日、间日或数日一集,主要出售农副产品和生活用品,场地多处于较高之处,交易者聚散无常,聚则百货俱陈,四远竞凑,散则一片丘墟。宋代或称痎市、亥市、坊场,二三日或五六日一开市,多为早市,也偶有整日为市者。一些墟市逐渐发展成城镇。初无商税,神宗时始征,税额较轻,后渐增重。明代岭南亦有此类集市,文献中作"虚"。

欻有 西晋郭象用语。欻,忽然。指事物忽然而生,忽然而有,不假内外条件。《庄子·田子方》郭象注:"初未有而欻有,故游于物初,然后明有物之不为而自有也。"参见"独化"。

xú

余吾水 即今蒙古国境内土拉河。地当大漠南北交通之要冲。《资治通鉴》:西汉武帝天汉四年(前97),遣贰师将军李广利、强弩都尉路博德等北击匈奴,"匈奴闻之,悉远其累重于余吾水北;单于以兵十万待水南,与贰师接战",即此。

徐 周代国名。金文作郐。亦称徐方、徐戎、徐夷、虎方。嬴姓。东夷之一。夏、商、周时分布在今淮河中下游地带。周初,建立徐国,以今江苏泗洪为中心。西周初曾随管、蔡、武庚叛周。周穆王时又率九夷侵周至黄河,穆王加以征伐。周宣王时命召穆公等南征,使"徐方来庭"。春秋时仍为江淮间强国,齐桓公与之联合抗楚。《春秋》昭公三十年(前512):"吴灭徐,徐子章羽奔楚。"秦置县。

徐爱(1487—1517) 明余姚(今属浙江)人,字曰仁,号横山。正德进士。历官至南京兵部员外郎、工部郎中。王守仁开山弟子和妹婿,被守仁誉为"吾之颜渊"。学无独树,然于弘扬王学,颇得其力。认为"学莫要于收放心,涵养、省察、克治是也"。备录守仁之语,纂《传习录》上篇,称其学问博大精深,不可穷尽,"断断乎百世以俟圣人而不惑者也"(《传习录上·序》)。著作有《徐横山文集》。

徐安国(?—1814) 清直隶长垣(今属河南)人。初习震卦教。后从刘国明习兑卦教,为卦伯,曾在山东传徒七百余人。嘉庆十八年(1813)率八卦教(即天理教)徒起于曹县。旋至滑县会李文成,封兑宫伯,受命防守道口。寻为清将杨遇春所败,撤归滑县,与宋元成等守城。后城破被俘,解京磔死。

徐邦道(? —1896) 清四川涪州(今重庆涪陵)人,字见农。行伍出身。初从湘军参与镇压太平军,晋参将。同治间随淮军刘铭传镇压捻军,迁总兵。光绪四年(1878)升提督,后调驻天津军粮城,十五年补授正定镇总兵。中日甲午战争期间,驻守旅顺。日军进犯金州时,率所部拱卫军赴金州会合当地守军多次击退日军进攻。在保卫旅顺战斗中,曾取得土城子狙击战的胜利。后又率部在牛庄、田庄台一带继续抗战。战后病殁。

徐本(1683—1747) 清浙江钱塘(今杭州)人,字立人,号是斋。尚书徐潮子。康熙进士。历任按察使、布政使、巡抚等。雍正末充协办大学士,协助鄂尔泰、张廷玉办理苗疆事务。高宗即位,命协办总理事务,晋东阁大学士,授军机大臣,充律例馆总裁。旋入值南书房,参预机要。乾隆九年(1744)以病解任。

徐贲(1335—1393) 明初毗陵(今江苏常州)人,移居平江(今江苏苏州)。字幼文,号北郭生。工诗善绘,山水画仿五代董源,为*吴中四杰之一。又以所居与高启等号"北郭十友"。元末因张士诚征聘,避居湖州蜀山。朱元璋克平江(今苏州),谪徙临濠(今安徽凤阳),间亦往来吴越间,以诗文会友。洪武七年(1374)荐至京,历给事中、刑部主事、广西参议、河南左布政使。十二年,因犒师不周,下狱,瘐死。有《北郭集》。

徐宾 清江苏常熟人,字用王。著有《历代党鉴》等。

徐彬 清浙江秀水(今嘉兴)人,字忠可。喻昌弟子。其医说多源于昌,著有《金匮要略论注》。《四库全书》著录《金匮要略》,即用其论注本,凡疏释正义,皆见于注,或剩义及总括诸证不可专属者,则见于论。还著有《伤寒图说》、《伤寒一百十三方发明》等。

徐秉义(1633—1711) 清江南昆山(今属江苏)人,字彦和,号果亭。徐乾学弟。康熙进士,官至内阁学士兼礼部侍郎。康熙十八年(1679),其弟元文为《明史》监修总裁官,他亦被召入明史馆,得以阅读有关史料。二十一年,通籍后,以兄弟三人并在华省,议者纷纭,乃乞假归里,杜门谢客,购求古书,与黄宗羲、万斯同、胡渭、钱秉镫等人讨论经史大义。考虑易代之际死事者多,湮没不传,因广搜记载,撰《明末忠烈纪实》。三十八、九年出为《明史》总裁。其子侄在家乡交结官府,招权竞利。尚著有《耘圃培林堂代言集》等。

徐伯 西汉齐人。本为水工。武帝时,大司农郑当时建议引渭穿渠,起长安,旁南山下,以缩短关东漕运时间,又可灌溉渠下民田万余顷,为武帝采纳。遂受命勘测线路,发卒数万人穿漕渠,三岁而通。漕事果得便利。

徐勃 西汉人。武帝天汉年间,领导农民起义,活动于齐地。攻城邑,取库兵,释死罪囚,缚辱郡守都尉,杀二千石,声势浩大。武帝始命御史中丞、丞相长史督军进攻;继使光禄大夫范昆等人衣绣衣持节,以虎符发兵;又颁布《沉命法》,进行残酷镇压。后勃败。

徐朝俊 清华亭(今上海松江)人,字冠千,号恕堂。出身于爱好钟表的书香门第。从小对钟表和其他科学问题有浓厚兴趣。成年后久在华亭书院任教,并研究钟表、天文、地理、仪器等,在钟表构造原理、制造工艺和修理技术方面造诣尤深。曾总结钟表工匠的技术经验,于嘉庆十四年(1809)写成《自鸣钟表图法》。还著有《天学入门》、《海域大观》、《定时仪器》、《高弧合表》,均汇入《高厚蒙求》。

徐潮(1647—1715) 清浙江钱塘(今杭州)人,字青来,号浩轩。康熙进士,官检讨。应奉文字,多出其手。康熙三十九年(1700)任河南巡抚,禁火耗私派,居官负声望。四十三年,会同川陕、山西督抚勘议黄河水道,建议开浚郑州花园口,建闸设坝,以时启闭而通舟楫。旋内迁户部尚书。四十七年改吏部。四十九年以原官休致。

徐承煜(? —1901) 清汉军正蓝旗人,字楠士。徐桐之子。拔贡。累迁至刑部左侍郎。光绪二十六年(1900)八国联军陷北京,其父徐桐仓皇失措,他先请父自缢死,然后逃亡,为日军所拘,次年正月被处斩。

徐城县 隋开皇十八年(598)以高平县改名。治大徐城,即今江苏泗洪县南大徐台子。属泗州。大业四年(608)移于今盱眙县西北五十余里。北宋建隆二年(961)省为镇,属临淮县。

徐摛(474—551) 南朝梁东海郯县(今山东郯城北)人,字士秀,一字士缋。起家太学博士,迁左卫司马。因尚书祠部郎周舍荐为晋安王萧纲侍读。及纲为太子,乃为家令,兼掌管记,寻带领直。善属文。其子陵及庾信并为抄撰学士,文并绮艳,好为新变,不拘旧体,号为"徐庾体"。纲创宫体,亦受其影响。中大通三年(531),出为新安太守,为治清静。秩满还为中庶子、太子左卫率。侯景乱梁,简文帝(萧纲)被拘禁,不获朝谒,因感气疾而卒。

徐崇嗣 北宋江宁(今江苏南京)人。五代著名花鸟画家徐熙之孙。与其兄弟崇矩、崇勋均为北宋中期名画家。所画以草木禽鱼见长,继承其祖画风而又有创新,画物蔚有生意。其画不用笔墨勾勒,只以丹粉点染而成,名没骨图。为没骨画派创始人。

徐处仁(1062—1127) 北宋应天谷熟(今河南商丘东南)人,字择之。元丰进士。徽宗时,历官宗正寺丞、太常博士、监察御史、户部尚书、尚书右丞。与童贯不合,落职知蕲州。曾上《备边御戎》十策,进观文殿学士。钦宗即位,金兵犯京师,他储粮列备以抗金。后被召为中书侍郎,拜太宰兼门下侍郎。不久罢官。建炎初,以观文殿大学士为大名尹、北道都总管,卒于任所。

徐春甫 明祁门(今属安徽)人,字汝元,号思鹤。家世儒门,学医于汪宦,得其言传身教,又博览医著,潜心探究诸家之说,医术日进,授为太医院官。主张行医当兼通针灸,用药亦不可固守古方,应辨证灵活加减运用。精于内、妇、儿各科,并辨证明确,求治者颇多。隆庆初年参与组织成立医学学术团体"一体堂宅仁医会"。著有《古今医统大全》、《内经要旨》、《妇科心镜》、《幼幼汇集》及《痘疹泄秘》等。

徐次铎 南宋婺州东阳(今属浙江)人,一作金华(今属浙江)人,字文伯。绍熙进士。历山阴尉、衢州通判。著有《中兴兵防事类》、《唐书传注补注音训》。

徐达(1332—1385) 明凤阳临淮(今安徽凤阳东北)人,字天德。初务农。元至正十二年(1352)投郭子兴起义军。次年,率二十四人从朱元璋取定远。渡江、下集庆(今江苏南京),皆为军锋,由镇抚升至枢密院同知、中书右丞。鄱阳湖大战,身先士卒,败陈友谅前锋,进左相国。二十七年统军征吴,破平江,擒张士诚,封信国公。复拜征虏大将军,同副将常遇春率步骑二十五万北伐。平山东,破潼关,克元大都(今北京),转战山西、陕西。洪武三年(1370)授中书右丞相,改封魏国公。奉命镇守北平(今北京),徙民实边,大兴屯田。善抚军,严号令,士卒皆乐为用。长年在外征守,有"谋勇绝伦"之誉,为开国第一功臣,与太祖有布衣兄弟之称。病卒,追封中山王。谥武宁。

徐大椿(1693—1771) 清江苏吴江人,原名大业,字灵胎,晚号洄溪。自幼聪敏好学,擅长诗文,笃好医学,世多传其异迹。临诊察病,实事求是,精确诊断,郑重处方。并自编医案,剖析虚实寒温,处以治疗之法。反对医学界中"温补派"的片面观点,认为用药须根据病情,切不可把人参当作起死回生之唯一灵丹。其《难经经释》,即以《内经》之经义解释《难经》,考证详明,深思体认,对人体经络、脏腑等功能多有独到见解。乾隆二十年(1755)荐召入都,为太医院供奉,旋乞归。另著有《医学源流论》、《兰台轨范》、《伤寒类方》等。

徐大化 明浙江会稽(今绍兴)人。万历进士。天启初迁刑部员外郎,媚魏忠贤,力诋熊廷弼、杨涟。官至工部尚书。后失宠,天启七年(1627)以事勒令闲住。崇祯初定"逆案",充军死。

徐道复(覆)(?—411) 东晋人。卢循姊夫。素有胆识,初为循司马。元兴三年(404),随至番禺(今广东广州),攻陷始兴(治今广东韶关),被授为始兴相。义熙六年(410),闻建威将军刘裕北伐,劝循乘虚袭建康(今江苏南京)。循虽不乐此举,仍从之。乃出攻豫章(治今江西南昌),斩镇南将军何无忌。合兵而下,大败卫将军刘毅于桑落洲(今江西九江东北)。裕虑京邑失守,兼行而返。循闻讯欲退,因他力主乘胜径进,乃进军建康。终以卢循犹豫,不肯急攻,交战屡败。转攻江陵(今湖北荆州),亦失利。十二月,在雷池(在今安徽安庆附近)决战大败,遂走保始兴。七年,为裕将孟怀玉所败,被杀。

徐得之 南宋临江军清江(今江西樟树)人,字思叔。史学家徐梦莘之弟。淳熙进士,部使者以廉吏荐,官通直郎。著《左氏国纪》、《史记年纪》、《鼓吹词》、《郴江志》等,均佚。

徐度 南宋应天府谷熟(今河南商丘东南)人,字敦立。钦宗朝宰相徐处仁幼子。南渡后,寓居吴兴。绍兴八年(1138)除校书郎,迁都官员外郎,官至吏部侍郎。著有《国纪》、《却扫编》。

徐方 即"徐"。

徐防 东汉沛国铚(今安徽宿州西)人,字谒卿。世习《易》学。明帝永平中举孝廉。特补尚书郎,职典枢机。后历任司隶校尉、魏郡太守、少府、大司农、司空、司徒。曾以太学试博士弟子皆重意说,不修家法,乃上疏建议:凡博士及甲乙策试,宜从其家章句,出五十难题以试之,解释多者为上,引文明者为高。后遂施行。延平元年(106),迁太尉,参录尚书事。安帝即位,以定策封龙乡侯。旋因灾异及羌乱策免。三公以灾异策免自此始。

徐奉(?—184) 东汉人。宦官。灵帝时为中常侍。中平元年(184)张角等准备起义,以其为内应。因叛徒唐周告密,被杀。

徐佛苏(1879—1943) 浙江人,生于湖南善化(今长沙),号佛公,笔名心斋、文福兴等。留学东京高等师范学校。清光绪二十九年(1903)归国,任长沙学堂教员。次年参加华兴会,参与谋划长沙起义,事泄,走避日本。后投入保皇党,为《新民丛报》撰稿人之一。三十三年,参加政闻社。宣统三年(1911)宪友会成立后任常务干事,并在北京创办《国民公报》,主张速开国会。辛亥革命后曾任袁世凯政府政事堂参议,袁死后任黎元洪总统府顾问。1922年任制币局总裁,一度代理北京民国大学校长。

徐夫人 战国末赵国人。姓徐(一作陈),名夫人。藏有锋利匕首,燕太子丹使人以百金取之,赠荆轲以刺秦王。见《战国策·燕策三》及《史记·刺客列传》。

徐市 即"徐福"。

徐福 ❶一作徐市。秦琅邪(今山东胶南琅邪台西北)人,字君房。秦始皇二十八年(前219),上书言海中有三神山,请斋戒求之。旋奉命入海求仙人、仙药,一无所得。三十七年,复诈称入海为大鲸所苦,请派善射者一同出海,遂率童男女三千人,携带五谷、百工,乘船入海不归。传说东渡日本定居,今日本福冈等地尚有徐福庙,但中日两国学者多不信此说。❷西汉茂陵(今陕西兴平东南)人。宣帝时见霍氏奢侈,谓其必亡,上疏称霍氏泰盛,宜以时抑制。书三上,辄报闻。霍氏诛灭后,宣帝赐以帛十匹。后为郎。

徐郙(1838—1903) 清江苏嘉定(今属上海)人,字颂阁。同治状元,授修撰。累迁内阁学士、兵部右侍郎、礼部左侍郎、吏部右侍郎。光绪十九年(1893)转都察院左都御史。二十一年擢兵部尚书。后历任吏部尚书、礼部尚书。二十六年授协办大学士。工山水画。

徐俯(?—1140) 宋洪州分宁(今江西修水)人,字师川,自号东湖居士。徐禧子。年幼能诗,为舅黄庭坚所器重。以父荫授通直郎,累官至司门郎。靖康中,张邦昌僭位,遂致仕。建炎中,郑谌、胡直孺、汪藻迭荐之,任右谏议大夫。绍兴二年(1132)赐进士出身。历翰林学士、端明殿学士、签书枢密院事。四年,兼权参知政事。与赵鼎议政屡不合。后出知信州,奉祠归。与曾几、吕本中游,晚年为诗,力求平易自然。有《东湖居士诗集》,今佚。清厉鹗《宋诗纪事》、陆心源《宋诗纪事补遗》辑有其佚诗。

徐干(幹)　❶东汉平陵(今陕西咸阳市西北)人。章帝建初五年(80),上疏请与班超征伐龟兹。遂以假司马将弛刑及义从千人与超合击,大破疏勒都尉番辰。八年,迁军司马。及龟兹等国降,超迁都护,任为长史,屯疏勒,共同镇抚西域。❷(171—218)东汉北海剧县(今山东昌乐西)人,字伟长。"建安七子"之一。"聪识洽闻,操翰成章"。淡于仕进,"轻官忽禄,不耽世荣"(《三国志·魏志·徐干传》裴注引《先贤行状》)。建安中,举官不就。后官司空军谋祭酒掾属、五官中郎将文学。以儒学为主,博采名、法。针对汉末名实乖离,强调"名者,所以名实也,实立而名从之,非名立而实从之也"(《中论·考伪篇》),指出名后实先,名是实的反映。主张分职设官,察举取士,循名责实。反对训诂章句之学,主张修本仁义,弭息党争,提倡智行,要求明赏罚,慎听从,重爵禄,言信行果,改变当时之政治风气。著有《中论》二卷、二十篇。另有集已散佚。明崇祯、清乾隆《汇刻建安七子集》,辑《徐伟长集》六卷。

徐沟县　金大定二十九年(1189)置。治今山西清徐县东南徐沟。属太原府。1952 年与清源县合并为清徐县。

徐关　在今山东淄博市淄川区西南。春秋齐地。《左传》成公十七年(前 574):齐国佐杀庆克以谷叛,"齐侯与之盟于徐关而复之",即此。

徐光(?—334)　十六国时顿丘(治今河南清丰西南)人,字季武。父以牛医为业。幼好学。年十四五,被后赵石勒将王阳所掠,主秣马,勒奇其才而擢为记室参军。后以傲倨不恭被退为牙门,寻被囚。在狱中注解经史十余万言。后赵太和元年(328),刘曜攻洛阳时,为勒赦出,助勒决策败曜。三年,勒称赵天王,署为中书令,领秘书监。及石弘得立为太子,他以弘仁弱而石虎雄暴多诈,劝勒渐夺虎权,使弘早参朝政,勒终不从。后虎专权,杀之。曾与傅畅等撰《上党国记》、《起居注》、《赵书》等,皆佚。

徐光启(1562—1633)　明松江上海(今上海市)人,字子先,号玄扈。万历进士,选庶吉士。通天文、历算,习火器。入天主教,与意大利传教士利玛窦研讨学问。万历四十年(1612)充历书纂修官,与传教士熊三拔共同制作天、地盘等观象仪。次年遭讦,称病去职,兴屯耕于天津。四十七年,明军败于辽东萨尔浒,乃疏请自效,擢少詹事兼河南道御史,练兵通州。熹宗即位,以志不得展,借病归。天启元年(1621)复职,力请铸红衣炮御敌。后忤魏忠贤革职归。崇祯元年(1628)召还,复申练兵之议,以礼部左侍郎理部事。后擢礼部尚书。奉命修正历法。与传教士龙华民、邓玉函、罗雅各等推算历法,进《日躔历指》等。五年,兼东阁大学士,入预机务。卒于任,谥文定。注重经世实用之学,于农田水利多所研究。著有《徐氏庖言》、《诗经六帖》,编著有《农政全书》、《崇祯历书》,译有《几何原本》、《泰西水法》等。

徐广(352—425)　东晋东莞姑幕(今山东诸城西北)人,字野民。晋孝武帝时任秘书郎、员外散骑侍郎、祠部郎。安帝时任镇军咨议、员外散骑侍郎、著作郎、骁骑将军领徐州大中正、秘书监。奉诏撰晋史。东晋亡后,入宋为中散大夫。著有《晋纪》、《史记音义》。

徐广缙(1797—1858)　清河南鹿邑人,字仲升,又字靖侯。嘉庆进士。历任御史、知府、按察使、布政使等职。道光二十六年(1846)升广东巡抚。二十八年擢两广总督兼通商大臣。二十九年,借广州城乡社学群众声势,迫使英国公使文翰放弃英人进入广州城的要求。咸丰二年(1852)太平军攻长沙,清廷授为钦差大臣,署理湖广总督,率军增援。十一月清廷以其"迁延不进,调度失机",定斩监候。三年获释,回原籍办团练。八年,从胜保、袁甲三等在豫皖两省镇压捻军。旋病死。

徐海(?—1556)　明徽州(今安徽歙县)人。曾为杭州虎跑寺僧,号明山和尚。后随叔父徐碧溪投王直,称"天差平海大将军",引倭扰东南沿海。嘉靖三十四年(1555)合萨摩、肥前诸岛倭寇入犯,屯据柘林(今上海奉贤东南),分掠苏州、常熟、嘉兴、湖州等地,受挫于陆泾坝、王江泾。三十五年再据柘林,扰乍浦、嘉兴。后被总督胡宗宪用计诱降,缚同党陈东以献,终受困投水死。

徐浩(703—782)　唐越州(治今浙江绍兴)人,字季海。擢明经。有文辞,工草隶。玄宗时,为集贤院校理,任河阳令,有治绩。肃宗时,授中书舍人,诏令多出其手。以李辅国谮,贬庐州长史。代宗时,复为中书舍人,迁工部、吏部侍郎,以典选不公被劾,贬明州别驾。德宗初,进会稽郡公。其书得父峤传授,八体皆备,草隶尤工,圆劲肥厚,自成一家,为时靡尚。传世帖有《朱巨川告身》,遗碑有《不空和尚碑》、《大智禅师碑》等。

徐纥　北魏乐安博昌(今山东寿光)人,字武伯。少好学,以文词见称。孝文帝时察孝廉,对策上第,拔为主书。宣武帝初,除中书舍人。先后谄附赵修、元叉、郑俨。胡太后返政,迁给事黄门侍郎,总摄中书门下事。参断机密,势倾一时。为孝明帝所恶,孝昌四年(528),与胡太后合谋鸩杀帝。及尔朱荣将入洛阳,乃东走兖州,投泰山太守羊侃。后奔南朝梁。有文笔,驳论数十卷,已佚。

徐和　东汉末人。青州黄巾军首领之一。青州黄巾主力投降曹操后,与司马俱率余部在济南、乐安等地继续征战。攻城邑、杀官吏。后为曹操部将夏侯渊击杀。

徐弘基(?—1645)　明末清初凤阳(今属安徽)人,字绍公。明中山王徐达后裔。世居南京。崇祯时袭魏国公,守备南京。南明弘光朝立,晋左柱国。旋因与马士英等不合,乞休,以子允爵嗣职。弘光元年(顺治二年,1645)弘光朝覆亡,允爵降清,自率家人至吴江,募练乡勇抗清,旋为乡绅所杀。

徐弘祖(1586—1641) 明末江阴(今属江苏)人,字振之,号霞客。少年好学,喜读奇书,博览古今史籍、图经地志。二十二岁起弃科举业,受母鼓励,不避风餐露宿之苦,不怕葬身丘壑之险,遍游华北、华东、华南、西南山水,考察自然地貌、水文气候、植被动物、风俗习惯、经济状况等。前后三十余年,三次遇盗,四次断粮,而志不变,气不馁,写游记不辍。崇祯十三年(1640)病倒于云南丽江,被人护送回乡。次年卒于江阴。著有《徐霞客游记》等。

徐紘 明武进(今江苏常州)人,字朝文。弘治进士。以刑部郎中出为广东按察司佥事,分巡岭东。终于云南按察司副使。著有《明名臣琬琰录》。

徐鸿儒(? —1622) 明山东巨野人,迁居山东郓城,原名诵。闻香教主*王森弟子。森死,与其子王好贤、于弘志等共传闻香教,准备起义。天启二年(1622)事泄,遂提前于郓城举事,号中兴福烈帝,建元大乘兴胜,以红巾为标志。连克郓城、邹县、滕县、峄县,众至数万。围兖州、曲阜、郯城。后遭山东巡抚赵彦、山东总兵杨肇基镇压,退守邹县凡三月。城破被捕,于北京遇害。

徐皇后(1362—1407) 明凤阳临淮(今安徽凤阳东北)人。徐达长女。幼喜读书,称女诸生。洪武九年(1376)册为燕王妃。靖难之役中,李景隆攻北平(今北京)几陷,乃激劝将校妻室助守。燕王即位,册为皇后。明于治理,作《内训》二十篇及《劝善书》颁行天下。后病卒,谥仁孝,葬长陵。

徐璜 东汉下邳良城(今江苏邳州东)人。桓帝初年为中常侍。延熹二年(159),奉桓帝命与单超等五宦官共诛专擅朝政之外戚梁冀。遂封武原侯,与单超等并称“五侯”。自后权归宦官,皆恃权骄纵,兄弟姻戚宰州临郡,宗族宾客虐害百姓。因凶横残暴,有“徐卧虎”之称。

徐晃(? —227) 三国时河东杨县(今山西洪洞东南)人,字公明。东汉末为郡吏,从车骑将军杨奉,说奉护送献帝返洛阳。又说奉归曹操,不从,遂投操。官渡之战,从操破颜良、文丑,拜偏将军。又击袁绍运谷车,烧其粮,功最多。后屡从征战,迁平寇将军。建安二十四年(219),蜀将关羽围曹仁于樊城(今湖北襄樊),操使之往救,乃攻入敌围,与羽相持,后迫羽解围,操以为古之善用兵者所未有。曹丕即王位,以为右将军,封逯乡侯,后进封杨侯,徙封阳平侯。性严且俭约。

徐辉祖(1368—1407) 明凤阳临淮(今安徽凤阳东北)人,初名允恭,后避建文帝讳改名。徐达长子。以勋位掌左军都督府事。洪武二十一年(1388)袭父魏国公爵。多次练兵于外,后领中军都督府。建文初,特见信任,加太子太傅。靖难兵起,率师援何福,败燕兵于齐眉山。燕王夺位后,独守父祠不出迎,被削爵幽禁。

徐汇公学 学校名。清道光二十九年(1849)法国天主教耶稣会天主堂徐家汇司铎在上海借光启社为校址,设读经班,收容难童十二人,施行教育。三十年,正式建校,名徐汇公学,亦称圣依纳爵公学。咸丰元年(1851)学生增至三十一人,教员增至四人。学生所习课程,新生专读国文,来校较久、程度较优者兼习法文、图画、音乐等科。时科举盛行,该校优秀学生与试,成绩尤佳。光绪二十六年(1900)改以国文为主,法文及其他科学为必修科。至三十年,除国文外,学生可任选英文、法文一科肄习。程度较高者以英文或法文习各科。毕业者被授予文凭。因教外学生增加,乃分教外者为中院生,教内者为上院生。武昌起义后,该校学制改为高等小学三年、中学四年,为较著名的教会学校。

徐汇圣母院聋哑学校 学校名。清光绪十九年(1893)由天主教会创办于上海,专对圣母院所收养的哑巴孤儿施以教育。后又招收土山湾孤儿院的哑巴儿童及外教人士的聋儿哑女作为学生。担任教习的马尔塞姆姆来校前,曾在巴黎学习训导哑人的专门学识一年。后又把所学的技艺、方法配合到中国语文上,以对残疾儿童灌输必须的教育知识及宗教知识,取得一定效果。

徐会沣(? —1905) 清山东诸城人。同治进士。光绪初由翰林院侍讲入直上书房。光绪十九年(1893)累擢工部右侍郎。次年,提督顺天学政。二十四年充国史馆副总裁,因坐礼部尚书怀塔布阻挠主事王照上书事,被革职。寻开复。二十六年补工部尚书,署礼部尚书兼管顺天府府尹事务,后转兵部尚书。

徐玑(1162—1214) 南宋温州永嘉(今浙江温州)人,字文渊,一字致中,号灵渊。历建安簿、龙溪丞、武当令,改长泰令,未赴而卒。与赵师秀、翁卷、徐照并称“永嘉四灵”,诗宗晚唐贾岛、姚合。亦善书法。著有《二薇亭集》。

徐继畬(1795—1873) 清山西五台人,字健男,号牧田,又号松龛。道光进士。道光十六年(1836)出为广西浔州知府。二十二年擢广东按察使。二十六年授广西巡抚,旋调福建巡抚,兼署闽浙总督。咸丰元年(1851)授太仆寺少卿。同治二年(1863)命在总理衙门行走,旋授太仆寺卿、京师同文馆大臣。五年以老疾告归。编著《瀛环志略》十卷,道光二十八年刊行,对各国风土人情、舆地沿革及社会变迁均有论述,与《海国图志》同为近代较早介绍世界史地的书籍。又著有《退密斋诗文集》。后人编有《松龛先生全集》。

徐绩(1732—1811) 清汉军正蓝旗人。乾隆举人。乾隆三十六年(1771)授山东巡抚。三十九年,王伦起义后,被围于临清旧城。解围后,朝廷以其未习军旅,解巡抚任,令随军自效。旋以擒获伦弟王柱、王林等人,复授河南巡抚。后历任都统、办事大臣等职。

徐家汇教案 近代中国最早发生的教案。清道光二十七年(1847),法国天主教江南教区代理主教罗类思(意大利人,Louis de Bési,? —1871)利用清政府取消对天主教的禁令,在上海县徐家汇(今属上海市辖区)强买民地,集匠兴工,建造教堂。当地人民群起反对,聚集工地,阻止建造。意籍助理主教赵方济(François Xavier Maresca,1806—1855)伙同英国驻沪领事,迫使上海知县将这次反抗压制下去。天主堂的建成,成为法国利用宗教侵略中国的基地。

徐家汇天文台　清同治十二年(1873)天主教耶稣会总部在上海擅自设立。初建在肇嘉浜边,光绪二十五年(1899)迁至徐家汇天主堂附近。设有气象和地震二部,与世界各天文台站保持联系,为外国人在华活动服务。二十六年又在近郊佘山顶上建造天文台,在外滩建造报风塔,进行气象观测和预报。

徐坚(?—729)　唐湖州长城(今浙江长兴)人,字元固。进士出身。少孤好学,博学善文。武则天时,为万年主簿,上书请死刑得覆奏,犯罪少株连。转东都判官。预修《三教珠英》。中宗时任给事中。神龙二年(706)韦月将告发武三思奸恶,被三思反诬,将斩,赖坚与宋璟等救,得免死,流岭南。睿宗时,授太子左庶子兼崇文馆学士,修国史,进东海郡公,升黄门侍郎。谏勿于姚州溯河蛮处筑城、征税,未被采纳,引起姚州人民反抗。后太平公主用事,不附之。玄宗时,历绛州刺史、秘书监、左散骑常侍、集贤院学士。七入书府,熟悉典礼制度,先后参加修撰《唐六典》、《初学记》等。卒年七十余。著有《大隐传》三卷,并有文集三十卷,皆佚,《全唐文》存文七篇,《全唐诗》存诗九首。

徐建寅(1845—1901)　清江苏无锡人,一名寅,字仲虎。徐寿子。初从父在江宁、上海助任制造,同治六年(1867)在江南制造局与李善兰、华蘅芳等翻译西方自然科学书籍。十三年供职天津机器局。光绪元年(1875)调充山东机器局总办。四年任驻德使馆参赞,赴英法各国考察。十二年会办金陵机器局。二十二年派充福州船政局提调。戊戌变法期间,受命与端方等督办农工商总局。戊戌政变后,被革职。后由张之洞调赴湖北,总办全省营务,督办保安火药局。后因试制无烟火药失事身亡。著有《造船全书》、《兵法新书》、《欧游杂录》等。

徐阶(1503—1583)　明松江华亭(今上海松江)人,字子升,号少湖、存斋。嘉靖进士,授翰林院编修。历官黄州同知、浙江按察佥事、国子监祭酒等。嘉靖三十一年(1552)进礼部尚书兼东阁大学士。以所撰青词称帝意得宠。四十一年,觉帝有去严嵩意,乃指使御史邹应龙劾嵩子严世蕃,致嵩罢官,遂代嵩为首辅,力反其道而行宽大之政。四十三年,教林润再劾世蕃,置之于死地,严嵩亦被革职为民。世宗死,起草遗诏,罢斋醮诸弊,平反议大礼获罪之臣。穆宗即位,为高拱所扼,渐失宠。隆庆二年(1568)致仕归。著作有《世经堂集》、《少湖文集》等。

徐兢(1091—1153)　宋和州历阳(今安徽和县)人,迁居吴县(今江苏苏州),字明叔,号自信居士。年十八入太学,政和中以父任补通州司刑曹事。摄知雍邱县,移原武县,皆有治绩。宣和六年(1124)为国信所提辖官,随使高丽,撰《高丽图经》四十卷上之。徽宗召对,赐同进士出身,擢知大宗正丞事兼掌书学。迁刑部员外郎,坐亲嫌谪监池州永丰监。起为沿江制司参议,后奉祠归。善画山水人物;工书兼擅诸体,尤精篆书。

徐敬业(?—684)　即李敬业。唐曹州离狐(今山东东明东北)人。李勣(徐世勣)长孙。袭爵英国公。嗣圣元年(684),坐事由眉州刺史贬柳州司马与魏思温、骆宾王等失意官僚会于扬州。时值高宗去世,武后临朝,废中宗为庐陵王,遂于是年九月二十九日(684.11.11)起兵,自称匡复府上将,领扬州大都督,以复中宗位为名,聚兵十余万,传檄州县,下楚、润二州。武后诏李孝逸率三十万军南下,渡淮至楚州,他分兵拒守淮阴都梁山(在今江苏盱眙南)、高邮下阿溪(今安徽白塔河),皆被攻破。十一月十八日逃奔至海陵(今江苏泰州),将入海投高丽,被部将所杀,事变凡四十九日。

徐巨　三国涪陵夷首领之一。蜀汉延熙十一年(248)九月,在涪陵郡(治在今重庆彭水境内)起兵反蜀汉,被车骑将军邓芝击平。

徐骏诗词案　清雍正朝文字狱。徐骏,江苏昆山人,刑部尚书徐乾学子,进士,作诗有"明月有情还顾我,清风无意不留人"句。雍正八年(1730)被人告发,以"思念明代,无意本朝,出语诋毁,大逆不道",按大不敬律处斩,文稿焚毁。

徐锴(920—974)　五代广陵(今江苏扬州)人,字楚金。博闻强记,尤精小学。与兄铉并称"二徐"。南唐元宗时,起家秘书郎,授右拾遗、虞部员外郎。后主时,官至集贤殿学士、右内史舍人,兼兵、吏部选事。凡四掌贡举,有得人之誉。酷嗜读书,所校书尤审谛。时南唐藏书为天下冠,其力居多。著有《说文通释》、《方舆记》、《古今国典》、《岁时广记》、《说文隐音》等,已佚,另有《说文解字篆韵谱》五卷、《说文解字系传》四十卷等传世。

徐龛(?—322)　晋泰山(治今山东泰安东)人。初为泰山太守。太兴二年(319)与下邳内史刘遐共讨叛降石勒之彭城内史周抚于寒山(在今江苏徐州东南),其将斩抚。及论功,遐先之。遂怒而叛降石勒,自号安北将军、兖州刺史,寇济、岱,破东莞。元帝以左卫率羊鉴讨之,败绩。三年,为徐州刺史蔡豹击败于檀丘(今山东平邑北)。复求救于后赵,石勒遣将王伏都为前锋,使张敬率骑继之。他疑敬袭己,乃斩伏都等三百余人,复请降于晋,晋恶其反复,不受。勒命石虎帅步骑四万击之。永昌元年(322)被俘送襄国(今河北邢台),杀之。

徐乐　西汉右北平无终(今天津蓟县)人。武帝时,与主父偃、严安等皆为郎中。曾上书言天下之患在于土崩,而不在于瓦解。秦之末世是谓土崩,吴楚七国之乱是谓瓦解。以连年灾荒,加之边境用兵,民多穷困而不安其处,天下已成土崩之势,告诫武帝应以天下为务,销未形之患。

徐理(?—1408)　明西平(今属河南)人。洪武中为永清中护卫指挥佥事,后改营州卫。靖难之役中降燕,为右军副将,累功进都指挥佥事。永乐初,封武康伯,还守北平(今北京)。

徐灵胎医学全书　医学丛书。清徐大椿撰。

以《徐氏医书六种》为基础增辑而成。于乾隆二十九年(1764)刊行。包括《难经经释》、《医学源流论》、《神农本草经百种录》、《医贯砭》、《伤寒类方》、《兰台轨范》、《慎疾刍言》、《洄溪医案》、《内经诠释》、《脉学启悟注释》、《伤寒约编》、《杂病源》、《洄溪脉学》、《六经病解》、《舌鉴总论》、《女科医案》,凡十六种。有光绪十九年(1893)石印本。

徐陵 ❶(507—583)南朝陈东海郯县(今山东郯城北)人,字孝穆。徐摛之子。梁普通二年(521),为宁蛮校尉晋安王萧纲宁蛮府参军事。太清二年(548)使魏被留。后北齐送萧渊明使入主梁嗣,始得还朝。陈文帝时,任御史中丞,曾弹奏帝弟司空安成王顼。后任吏部尚书领大著作。宣帝太建四年(572)迁尚书、左仆射。次年,朝议伐北齐时,独举吴明彻为帅,裴忌为副,遂克淮南数十州。后主即位,为侍中、太子少傅。诗文剪裁巧密,多有新意。与庾信并称"徐庾"。诗文称"徐庾体"。有集三十卷。已佚,后人辑有《徐孝穆集》。所编《玉台新咏》十卷传于今。❷地名。在今江苏丹徒县西。三国吴黄武元年(222),魏曹休使臧霸袭攻徐陵,即此。

徐鹿卿(1189—1250) 南宋隆兴丰城(今属江西)人,字德夫。嘉定进士,调南安军教授。端平元年(1234),知南安县,废罢无名科敛,校对户籍,革除预借。入为枢密院编修官,权右司。与起居郎方大琮、编修刘克庄、正字王迈同时被劾,太学诸生为此而作《四贤诗》。知建昌军,宽赋敛、抑豪强、黥黠吏,革除斛面勒索。历江东转运判官。淳祐三年(1243),擢太府少卿兼右司,累官宝章阁待制、知宁国府。后提举鸿禧观,致仕。著有《泉谷文集》、《盐楮议政稿》,多散佚,后人辑有《清正存稿》。

徐懋德(P. Andreas Pereira,1690—1743) 葡萄牙人。天主教耶稣会传教士。字卓贤。清康熙五十三年(1714)来华。初传教于华南各省逾十年。继调至广州,任耶稣会会计职。长于历算之学。雍正二年(1724),清政府召至京,使佐戴进贤治历,授以钦天监监副之职,供职十五年,多有建白。原编《历象考成》所载的方法推算日食,食分与观测不合。乾隆二年(1737),据顾琮建议,以梅瑴成、何国宗、戴进贤、徐懋德、明安图等为主要成员,经五年多时间,于乾隆七年编成《历象考成后编》,共十卷。与前编相似,分计算原理、计算方法及运算表三部分。《后编》采用的是颠倒了的开普勒第一、第二定律,即认为太阳沿椭圆轨道绕地球运动,地球在一个焦点上。由于《后编》只涉及日、月运动和交食问题,因此,作这样的颠倒在数学计算上并无影响。而它的精确度较第谷体系要高。《后编》一些基本用数也采用新数据。如大气折射原用地平上为34′,地平高度45°为5″,《后编》改为地平上为32′,地平高度45°为59″。这比前编有较大进步。此书为清初一部巨著。

徐懋功 即"李勣"。

徐美人墓志 晋代碑式石墓志。西晋元康九年(299)刻。洛阳城西西晋墓群出土,志文记载死者身世。是颇具时代特征之西晋遗物,为国内现存年代最早的墓志。

徐梦莘(1126—1207) 南宋临江军清江(今江西樟树市)人,字商老。绍兴进士。初授南安军教授,后改知湘阴县,寻主管广西转运司文字,知宾州。在任关心民生利病,以议盐法不合,罢归。生平嗜学博闻,有感于靖康之乱,发愤研究政和七年(1117)以来四十五年间宋金和战历史。于绍熙四年(1193)撰成《三朝北盟会编》二百五十卷。其书网罗旧闻,荟萃同异,引用官私著作达二百余种,年经月纬,按日胪载,保存大量史料。书成,擢直秘阁。尚有《北盟集补》、《会录》、《读书记忘》等,已佚。

徐勉(466—535) 南朝梁东海郯县(今山东郯城北)人,字修仁。起家齐国子生。射策举高第,补西阳王国侍郎。入梁,居官屡迁。天监七年(508),以吏部尚书主持选官,定百官九品为十八班,以班多者为贵。后命知昭明太子萧统宫事,除尚书仆射。普通六年(525),上修五礼表,诏有司按之遵行。寻加中书令。居显位不营产业,尝谓:人遗子孙以财,我遗之以清白。著有《流别起居注》、《会林》、《妇人集》等。

徐苗(?—302) 西晋高密淳于(今山东安丘东北)人,字叔胄。少家贫好学。弱冠就宋钧受业,遂为儒宗。作《五经同异评》、《玄微论》,凡数万言。轻财仗义,兄弟早亡,抚养孤遗,乡邻有丧,辍耕助营棺椁。门生亡于家,即敛于讲堂。州、郡屡征辟,并不就。死时遗命薄葬。

徐邈 ❶(172—249)三国时燕国蓟县(今北京西南)人,字景山。曹操平河北,召为丞相军谋掾。后为陇西太守。曹丕即位,为颍川典农中郎将,迁抚军大将军军师。魏明帝时,为凉州刺史、领护羌校尉。在任务农积谷,立学明训,进善黜恶,与羌、胡从事,不问小过;若犯大罪,先告都帅,使知应死者,乃杀以徇,故威信四布,西域乃通。封都亭侯。正始元年(240)为大司农,迁司隶校尉。后拜司空,以老病固辞不受。❷(约345—约398)东晋东莞姑幕(今山东诸城西北)人,祖南渡居京口(今江苏镇江),字仙民。勤学博闻。孝武帝时,年四十四始补中书舍人,迁散骑常侍。常处西省,前后十年,每被顾问,多所匡益。迁中书侍郎,专掌诏书。时皇太子尚幼,以为前卫率,领本州大中正,授太子经。隆安元年(397),拜骁骑将军,遭父丧,哀毁而卒。撰正五经音训,学者宗之。所注《谷梁传》见重于时,后散佚。

徐宁 晋东海郯县(今山东郯城北)人,字安期。少知名,为舆县令。廷尉桓彝至广陵寻亲旧,访之,相遇欣然,结交而别。彝至都,荐于中书令庾亮,即迁吏部郎,历左将军、江州刺史,卒官。

徐佩瑗(1824—1862) 清江苏长洲(今苏州)人,字少蘧。咸丰初与其胞弟徐佩璋、徐佩瑞、徐佩英等主办长洲团练,号永昌团。咸丰十年(1860)伪降太平军,封抚天侯,后升抚天燕。与钱桂仁等密谋勾结清政府,里应外合镇压苏州一带太平军。同治元年(1862)太平军常熟守将骆国忠降清,永昌团遂公开叛变,旋被慕王谭绍光处死。

徐溥(1428—1499)　明宜兴(今属江苏)人,字时用,号谦斋。景泰进士。由编修累官文渊阁大学士,参与机务,旋进礼部尚书。弘治五年(1492)为首辅,屡加少傅、太子太傅。曾参与修撰《大明会典》,后因李东阳等奉敕重修,徐氏竟不列名。著有《谦斋文录》。

徐乾学(1631—1694)　清江南昆山(今属江苏)人,字原一,号健庵,学者称玉峰先生。康熙进士。官至刑部尚书。因与高士奇、王鸿绪结伙同权臣明珠争权,被劾乞归。归里后因纵容亲友横行,被夺职。曾任《明史》、《清会典》、《大清一统志》诸馆总裁、副总裁。主持编纂《古文渊鉴》、《鉴古辑览》等。与弟秉义、元文并称"昆山三徐"。早年工古文词赋,后博涉经史百家,又得其舅父顾炎武熏陶,师友切磋,学有渊源。所著《读礼通考》、《资治通鉴后编》,即多得力于阎若璩、万斯同、胡渭等人。诗文杂著辑为《憺园集》刊行。

徐勤(1873—1945)　广东三水人,字君勉。邑庠生。康有为弟子。清光绪二十一年(1895)在上海创办《强学报》。次年协助梁启超办《时务报》,并任长沙时务学堂教习。戊戌维新运动期间,任澳门《知新报》撰述,又常为《时务报》撰文,宣传变法。后被康有为荐为日本横滨大同学校校长。戊戌政变后,流亡日本、南洋、北美等地从事保皇活动。曾先后主办《文兴日报》、《香港商报》、《南洋总汇报》、《国事报》。辛亥革命后寓居天津。1927年组织民主宪政党,旋赴墨西哥等国经营企业。后寓居广东。

徐清叟　南宋建宁浦城(今属福建)人,字直翁,号德壹。嘉定进士,补从事郎,充江西安抚司干办公事。稍迁太常博士,奏请示正义、进人才,其意在裁抑史弥远恤典,召用真德秀、魏了翁。历殿中侍御史兼侍讲、权工部侍郎、签书枢密院事、同知院事等,淳祐十二年(1252)拜参知政事。宝祐二年(1254)除知枢密院事兼参知政事,次年被劾提举宫观。景定三年(1262)致仕。与父应龙,兄荣叟、深叟皆以风节相尚,在台谏时奏劾不避权贵。

徐庆　南宋相州汤阴(今属河南)人。曾在岳飞军中任统制。绍兴元年(1131)奉命镇压石陂寨兵变,次年与张宪、王贵招降曹成部众二万余,三年从岳飞镇压吉、虔州彭友起义。四年,参加收复襄汉六郡之战,与张宪、牛皋等军克随州,擒伪齐将王嵩。同年冬,又与牛皋率军救援庐州,击败金、伪齐联军。十年,岳飞大举北伐,他与牛皋会合张宪等军,收复淮宁府。后又与张宪等取得临颍(今属河南)之捷。官至防御使。与王贵、张宪同为岳飞主要部将。

徐庆璋(? —1895)　清浙江山阴(今绍兴)人,字均斋。光绪五年(1879)任宽甸知县,后调盖平。十六年回任宽甸。十九年初署辽阳知州。中日甲午战争爆发后,积极操练军队,又募集巨款赈济灾民,深得民众拥戴。二十一年一月,日军大岛义昌部侵犯辽阳南境,他亲自督率乡勇在韩家岭、潜家岭等地抗击侵略者,收复韩家岭,与敌相持两月余。不久升任甘肃庆阳知府,寻迁甘凉道,未到任而卒。著有《辽阳防守日记》。

徐仁铸(1863—1900)　清江苏宜兴人,字砚父。光绪进士。光绪二十三年(1897)以翰林院编修督学湖南,与主时务学堂的梁启超相善,支持南学会及《湘报》创刊。次年倡习西学,主张变法。作《辖轩今语》阐述维新变法求才之意,遭保守士人攻讦。又请其父徐致靖向光绪帝荐举康有为、梁启超、张元济、黄遵宪、谭嗣同等。戊戌政变后被革职,永不叙用。其父遭革职监禁,曾与其弟上书请代父囚,遭都察院阻格。

徐日升(昇)(Thomas Pereira, 1645—1708)　葡萄牙人,字寅公。天主教耶稣会传教士。清康熙十一年(1672)来华。次年,因南怀仁荐,至京任圣祖音乐教师。后继南怀仁任钦天监正。二十八年,同张诚以译员随索额图赴尼布楚参加中俄边界谈判。四十七年卒于京。著有《徐日升日记》等。

徐日升(昇)日记　全称《耶稣会士徐日升关于中俄尼布楚谈判的日记》。书名。葡萄牙耶稣会士徐日升著。该书对尼布楚谈判记载较详,可与《张诚日记》对照互校。书后附有《十七世纪乌拉尔-阿尔泰的诸民族》一览表。有二十世纪六十年代初期的英译本、1973年商务印书馆之中译本。

徐戎　即"徐"。

徐润(1838—1911)　清末广东香山北岭村(今属珠海市)人,字润立,号雨之,别号愚斋。十四岁入上海宝顺洋行为学徒,后升为副买办,并捐资得道员衔。同治七年(1868)离开洋行,自营宝源祥茶栈,并在浙、赣、湘、鄂等地设立茶号,经营丝、茶、烟叶及鸦片。十二年,被李鸿章委为轮船招商局会办,经手购买美国旗昌洋行轮船。光绪三年(1877)办理热河承平银矿兼开平矿务局会办。二十八年在上海创办景纶针织厂。三十二年被袁世凯委为招商局代理总办。曾在上海设同文书局,石印二十四史及《图书集成》等。有《徐愚斋自叙年谱》。

徐弱(? —前381)　战国时人。墨者,为巨子孟胜弟子。孟胜将以死行墨者之义。他劝谏,不果,请先死,遂自杀。见《吕氏春秋·上德》。

徐绍桢(1861—1936)　广东番禺(今广州)人,字固卿。清举人出身。曾任福建武备学堂总办、江西常备军统领等职。光绪三十一年(1905)任新军第九镇统制,兼江北提督。辛亥武昌首义后率部响应,并被推为江浙联军总司令,参与攻克南京之役。1912年1月任南京卫戍总督,旋辞职。后曾参加护法运动,历任广州卫戍总司令兼陆军部练兵处督办、参军长及广东省省长等职。1926年任临时参政院参政。晚年寓居上海。著有《学寿堂丛书》等。

徐盛　三国时琅邪莒县(今属山东)人,字文向。东汉末,客居吴。孙权任为别部司马,守柴桑长。黄祖子射率数千人来攻,以不满二百人相拒,败之。升为校尉、芜湖令,徙中郎将,督校兵。后迁建武将军,封都亭侯,领庐江太守。吴黄武元年(222),魏将曹休出洞口(今安徽和县),吴军败,遂收余兵抵御,魏军不能克。迁安东将军,封芜湖侯。三年,于临江设疑城数百里，魏文帝出广陵(治今江苏扬州)，欲渡江攻吴，望城愕然，而江水大涨，遂引军退。黄武中卒。

徐石麒(1578—1645) 明末浙江嘉兴人，初名文治，字宝摩，号虞求。天启进士。授工部主事，忤魏忠贤削籍。崇祯十五年(1642)任刑部右侍郎，迁尚书。次年罢官归。福王时召为右都御史，改吏部尚书，因与马士英、阮大铖不合，致仕归。清兵陷嘉兴，自缢死。有《可经堂集》。

徐世昌(1855—1939) 直隶天津(今天津市)人，字卜五，号菊人，又号弢斋。清光绪进士。历翰林院编修兼充国史馆协修等职。中日甲午战后入袁世凯幕，在小站兼管营务处。光绪二十九年(1903)以内阁学士兼练兵处提调。次年署兵部左侍郎，后兼会办练兵大臣，并授军机大臣、巡警部尚书，旋改民政部尚书。三十三年任东三省总督、钦差大臣兼管三省将军事务。宣统元年(1909)调任邮传部尚书兼津浦路督办。次年重任军机大臣，授体仁阁大学士。三年任皇族内阁协理大臣，旋改军咨大臣。武昌起义后参与袁世凯窃国阴谋。1914年任国务卿。1918年被安福国会选为总统。1922年下台，晚年迁居天津租界，以编书、赋诗、写字遣兴。编有《清儒学案》、《晚晴簃诗汇》等。

徐世勣 即“李勣”。

徐世隆(1206—1285) 金末元初陈州西华(今属河南)人，字威卿。金正大进士。金亡，为东平严实掌书记。元中统元年(1260)，为燕京等路宣抚使。至元元年(1264)，迁翰林侍讲学士，兼太常卿，诏命典册多出其手。七年，迁吏部尚书。后历任东昌路总管、山东提刑按察使、淮东道按察使。有《瀛洲集》，已佚。

徐寿(1818—1884) 清江苏无锡人，字雪村。曾一应童子试，以为不切实用，弃去，精研西方自然科学、工程技术。咸丰十一年(1861)入曾国藩幕府。在安庆创设机器局。同治五年(1866)与华蘅芳等试制木质轮船“黄鹄”号。后在上海江南制造局任职，对船、炮、枪弹等多有发明。并建议翻译西方自然科学、工程技术书籍，先后成书数百种。光绪元年(1875)左右，与西人傅兰雅在上海设立格致书院，进行化学实验的演示，对中国化学的发展起过先驱作用。并参与筹办大冶铁矿、开平矿务局、漠河金矿及推广机器缫丝技术等活动。译著有《西艺知新》、《化学考质》、《化学鉴原》、《物体遇热改易说》、《汽机发轫》、《营城揭要》、《测地绘图》、《法律医学》等。

徐寿辉(？—1360) 元罗田(今属湖北)人，一名真一，又作真逸。布贩出身。至正十一年(1351)八月，与邹普胜等在蕲州(今湖北蕲春)利用白莲教组织起义，以红巾为号。十月，攻克蕲水(今湖北浠水)，建国称帝，国号天完，年号治平，以蕲水为都。所部以“摧富益贫”、“弥勒佛下生”等口号发动群众，于至正十二年先后攻占今湖北、江西、安徽、福建、浙江、江苏、湖南等地，因兵力分散，得地多不能守。次年兵败，蕲水失陷，入黄梅山中。十五年，兵力复振。因被丞相倪文俊挟持，虚有帝名。次年正月，迁都汉阳(今湖北武汉)。十七年，陈友谅杀文俊，他复受友谅挟持。十九年，迁都江州(今江西九江)。次年闰五月，被友谅杀害于采石(在今安徽马鞍山西南)。

徐寿朋(？—1901) 清直隶清苑(今河北保定)人，原籍浙江绍兴，字进斋。初以廪贡生纳资为主事，又加捐郎中、道员。光绪七年(1881)充驻美、西使馆二等参赞。后移充驻秘鲁参赞，摄行公使事。回国后入直隶总督李鸿章幕府供职。二十四年授安徽宁池太广道，迁按察使。不久以三品京堂充朝鲜议约全权大臣，与朝鲜外部大臣朴齐纯议定商约十三条，启中朝立约之端。同年秋补授太仆寺卿，又改充出使朝鲜大臣，奏设汉城总领事，保惠侨民。二十七年佐李鸿章与列强议订《辛丑条约》，迁外务部左侍郎。

徐述夔《一柱楼诗》案 清乾隆朝文字狱。徐述夔，江苏东台人，著有《一柱楼诗集》。乾隆四十三年(1778)被人告发诗中有“明朝期振翮，一举去清都”之句，高宗以其“借朝夕之朝作朝代之朝，且不言到清都而云去清都，显有欲兴明朝去本朝之意”，又有“大明天子重相见，且把壶(与胡同音)儿搁半边”，指为大逆不道。时徐及其子怀祖均已死，被剖棺戮尸，孙食田、食书及列名校对及有关涉之人均处斩监候。江苏布政使陶易于呈告人控告时不加受理，且批：“与你何干”，被处死。著名诗人沈德潜曾为徐述夔作传，时已死，令毁其祭葬碑文。

徐树铭(？—1900) 清湖南长沙人，字寿蘅，号伯征。道光进士。咸丰二年(1852)简山东学政，累迁内阁学士，授兵部右侍郎。同治五年(1866)署礼部左侍郎。次年迁太常寺少卿。光绪十年(1884)晋太常寺卿。后历任工部右侍郎、左都御使。二十五年拜工部尚书。曾疏请推行蚕政，饬令各省督抚劝民种桑养蚕，学习纺织。平素爱好钟鼎书画，藏书数十万册。

徐庶 三国时颍川(治今河南许昌东)人，原名福，字元直。出身寒微。少好任侠，后弃武求学。东汉初平中，客居荆州，与诸葛亮等友善。建安中，投刘备，又荐亮于备。建安十三年(208)曹操征荆州，获其母，被迫去备归操。在魏官至右中郎将、御史中丞。明帝时病卒。

徐司马(约1343—1393) 明初扬州(今属江苏)人，小名马儿，字从政。九岁投朱元璋，被收为义子，及长出入侍左右。吴元年(1367)授金华卫指挥同知。洪武元年(1368)从李文忠北伐有功，擢杭州卫指挥使，迁都指挥使。九年，新建北京于汴梁(今河南开封)，命镇河南以守之。官至中军都督府佥事。二十五年，以副总兵从蓝玉征建昌(今四川西昌)，卒于成都。

徐泗濠节度使 见“武宁军”。

徐松(1781—1848) 清顺天大兴(今属北京)人，字星伯。嘉庆进士，授编修。嘉庆十六年(1811)简湖南学政。次年，因事遣戍伊犁。对新疆舆地极有兴趣，在伊犁将军松筠赞助下遍历南北疆，实地考察山川形势，行程逾万里。除代松筠撰成《新疆志略》

(又作《新疆识略》)外,另撰成《新疆赋》、《汉书西域传注补》、《西域水道记》,为世所重,称为《徐星伯先生著书三种》,简称《西域三种》。道光元年(1821)返京,历任内阁中书、礼部主事、陕西榆林知府。学识渊博,为清代研究西北历史地理的先驱之一。尚著有《汉书地理志集释》、《唐两京城坊考》、《宋三司条例考》、《徐星伯说文段注札记》等。

徐嵩(?—388) 十六国时人,字元高。前秦苻坚时,举贤良为郎中,历官长安令、始平郡守、中垒将军。苻坚在淝水战败,长安大乱,遂与屯骑校尉胡空各据险筑垒以自固,又受后秦王姚苌官爵。太安元年(385)姚苌杀苻坚,乃与胡空各率众投前秦主苻登,登拜为镇军将军、雍州刺史。后为后秦军攻杀。

徐唐莒(?—878) 唐人。王仙芝义军将领。乾符五年(878),仙芝战死,从王重隐攻克洪州(今江西南昌)。重隐死,据守洪州。不久为唐监军杨复光攻杀。

徐塘 在今安徽含山县南一带。三国魏嘉平四年(252),吴诸葛恪救东兴,使丁奉等为前部,据徐塘,即此。

徐天德(?—1801) 清四川达州(今达县)人。农民出身。初充州役,以事斥革。习白莲教。嘉庆元年(1796)与弟天寿及王登廷等起于达州亭子铺,旬日间聚众万余,自称大都督、大元帅。旋击毙清总兵袁国璜、何元卿于东乡(今宣汉)张家观。复与东乡起义军共破东乡县城。东乡会师后,充达州青号首领。后转战于川陕楚三省间。六年于西乡仁河溺水遇难。

徐天麟 南宋临江军清江(今江西樟树)人,字仲祥。徐梦莘从子。开禧进士。历官抚州、临安府教授,武学博士,惠、潭州通判等。所至兴办学校、培育人才。以班固《汉书》虽极博大详赡,而读者于一代朝政制度,骤难得其体要,乃采其原文,仿王溥《唐会要》,成《西汉会要》七十卷、《东汉会要》四十卷。

徐天尧(1803—?) 清人。回族。咸丰二年(1852)在新疆塔城雅尔噶图采金谋生。五年,因沙俄先后杀害矿工二百余人,参赞大臣等不予置理,乃向官府递呈控告,揭露塔城通商事务章京萨碧屯等人卖国行径,并焚烧沙俄贸易圈。六年被押赴伊犁,判处充军。

徐霆 南宋永嘉(今浙江温州)人,字长孺。理宗端平初年随使蒙古。绍定间,从江淮制置大使赵善湘为幕僚,镇压割据淮、楚的李全,军谋檄笔,悉参其事。全死,授江东兵马钤辖,移江广,历守钦、复、广德等州,以武功大夫致仕。著有《黑鞑事略疏证》、《北征日记》。

徐桐(1819—1900) 清汉军正蓝旗人,字豫如,号荫轩。道光进士,选庶吉士,授编修。咸丰十年(1860)为翰林院检讨、实录馆协修,协修《文宗实录》。同治初,命在上书房行走,为同治帝师傅,累迁侍读学士。光绪初,授礼部尚书。光绪十五年(1889)以吏部尚书协办大学士,晋太子太保。二十二年,拜体仁阁大学士。以讲章为学问,以制艺为词章,崇尚宋儒学说,顽固守旧,疾恶西学和维新。戊戌政变后,因攻击新党不遗余力,博慈禧太后优宠。二十五年,与荣禄等人谋废立,力主立端王载漪之子溥儁为大阿哥。二十六年,主张借助义和团排外复仇。对外宣战后,奏请"无论何省何地,见有洋人在境,径听百姓歼除,以伸积忿"。八国联军攻陷北京后,自缢死。

徐王 ❶明太祖朱元璋皇后马氏之父。洪武中封。❷即"朱允熥"。❸金代封爵,次国一字王号。完颜永升、完颜永蹈先后受封。

徐为 一作韩徐为、韩徐、韩为。战国时人。赵将。曾在奉阳君李兑手下用事,参与扣留和监视苏秦等事。

徐渭(1521—1593) 明浙江山阴(今绍兴)人,初字文清,改字文长,号天池山人、青藤山人、田水月等。初为诸生,有盛名。然屡试不中。嘉靖三十六年(1557),入浙闽总督胡宗宪幕府,知兵善谋,于平徐海、王直多所策划。宗宪下狱,惧祸,佯狂避走富阳。隆庆元年(1567),因杀妻被逮论死,赖同里翰林侍读张元忭力救,万历二年(1574)释还。晚年游宣化、辽东、南北二京。善书画,与陈淳齐名,有"青藤、白阳"之称。其山水画纵横不拘绳墨;人物画亦极生动。又好诗文、戏曲。自称书第一,诗次之,文次之,画又次之。著有《徐文长文集》、《南词叙录》及杂剧《四声猿》等。

徐温(862—927) 唐末、五代海州朐山(今江苏连云港市西南)人,字敦美。少贩盐为盗。应募为州兵,隶杨行密部。足智多谋,屡有战功。升都知兵马使、右衙都指挥使。天祐二年(905),行密死,拥杨渥继位。又与张颢杀渥,立杨隆演,再除颢,遂专吴政,自任淮南行军副使,领升州刺史。立法度,禁强暴,举大纲,军民安之。乾化五年(915),封齐国公,迁镇润州(今江苏镇江)。贞明三年(917)再迁镇金陵,以子知训于广陵辅政,大事皆由其遥控。次年,朱瑾杀知训,他复以养子知诰辅政广陵。五年,定策建吴国,拥隆演为大吴国王,改元武义,自任大丞相。隆演死,又辅立杨溥。曾主持与吴越和解,此后,休兵息民,三十余州民乐业者二十余年。卒于金陵。

徐文 南宋莱州掖县(今山东莱州)人,一说胶水(今山东平度)人,字彦武。少贩盐。北宋末,为密州板桥左十将。建炎四年(1130)泛海归宋,为御营忠锐第八将,驻于明州。绍兴三年(1133),以战船六十艘降于伪齐,官至海道总管。齐废,为金南京步军都虞候、权马步军都指挥使。天眷元年(1138),镇压太行山梁小哥抗金义军。屡从完颜宗弼(兀术)攻宋。金海陵王时,历濬州防御使、行都水监,为攻宋监造战船,并以水师镇压金海州东海县徐元、张旺起义。大定二年(1162)致仕。

徐文靖(1667—1756) 清安徽当涂人,字容尊,号位山。雍正举人。乾隆元年(1736)荐试博学鸿词,罢归。家贫力学,考据经史,讲求实学,并工诗词,尤好寻究舆图方志。因胡渭《禹贡锥指》作会笺及《山河两戒考》,博采《山海经》、《竹书纪年》以补渭书之疏略。八十二岁始作《竹书纪年统笺》,历三寒暑乃成。乾隆十六年荐举经学,特授翰林院检讨,时已八十六岁。又作《管城硕记》、《周易拾遗》、《皇极经世考》等。

徐文盛 南朝梁彭城(今江苏徐州)人,字道茂。天监初,父庆之背魏投梁,死于道,他仍统率其众,为梁武帝所优宠。大同末,为宁州刺史,善抚当地各族。太清二年(548),闻侯景反,募兵助讨,被湘东王萧绎任为左卫将军。率兵东下至武昌,败侯景将任约于贝矶(在今湖北鄂州西北长江南岸),进据芦洲。以侯景遣返其妻,遂无斗志。后兵败,奔还荆州。不久下狱死。他离宁州后,宁州之地为西爨首领爨瓒所据。

徐闻县 西汉置。治今广东徐闻县西南。属合浦郡。三国吴为朱崖郡治。南朝齐改为齐康县。为齐康郡治。隋平陈改为隋康县。属越州。大业时属合浦郡。唐贞观二年(628)复名徐闻县。属雷州。北宋开宝五年(972)废入海康县。南宋乾道七年(1171)复置。属雷州。元至元二十八年(1291)移治今县治。属雷州路。明、清属雷州府。

徐无党 北宋婺州永康(今属浙江)人。皇祐进士。少从欧阳修学古文辞,修称其文日进,如水涌山出。曾知渑池县,后为郡学教授以卒。欧阳修著《五代史记》,他为之作注,颇精到。

徐无山 在今河北玉田县东北。《三国志·魏志·田畴传》:东汉建安十二年(207),曹操北征乌丸,令田畴"将其众为乡导,上徐无山,出卢龙",即此。

徐无县 西汉置。治今河北遵化市东。属右北平郡。三国魏属北平郡。西晋为北平郡治。北魏改属渔阳郡。北齐废入无终县。

徐吾氏 春秋族名。*茅戎之分支。

徐锡麟(1873—1907) 清浙江山阴(今绍兴)人,字伯荪,号光汉子。早年任教绍兴府算学堂。光绪二十九年(1903)冬游日本,结识陶成章、龚宝铨等。次年冬过上海,访蔡元培,加入光复会。三十一年往诸暨、嵊县(今嵊州)等地联络会党,并在绍兴创办大通学堂为联络机关,训练会党骨干。次年捐道员。三十二年分发安徽,得巡抚恩铭重用,任陆军小学堂监督,旋改任巡警处会办兼巡警学堂监督。次年与秋瑾亟谋浙、皖起义。五月二十六日巡警学堂毕业典礼时,枪杀恩铭,与清军激战数小时,失败被俘,惨遭杀害。

徐熙 五代金陵(今江苏南京)人,一说钟陵(今江西进贤西北)人。虽世为显族,而一生未仕,称江南布衣。识度闲雅,专心绘画,多游山川林园,以自然为师,妙夺造化。喜作花鸟、昆虫、蔬果、树木、汀花、野竹、药草和雪景。作画先用墨线勾勒,然后敷彩,骨气风神,被誉为绝笔,后世称徐体。所作花鸟,不肆装饰,呈现秀美活泼之趣。自谓画花"落笔之际,未尝与敷色晕淡细碎为功",人称"落墨花"。与黄筌的"黄家富贵"相媲美,称"徐熙野逸",为五代花鸟画两大派代表。议者或谓黄筌神而不妙,赵昌妙而不神,熙兼得之。南唐后主李煜爱其画,命作宫中装设,又称铺殿花、装堂花。

徐禧(? —1082) 北宋洪州分宁(今江西修水)人,字德占。少博览周游,不事科举。熙宁间行新法,作《治策》二十四篇以献,遂以布衣充经义局检讨。与王安石、吕惠卿善,累擢检正中书礼房公事,出为荆湖北路转运副使。元丰初召知谏院,进知制诰兼御史中丞,坐事左迁给事中。元丰五年(1082),沈括请筑永乐城,诏他与内侍李舜举往视其事,遂城永乐。夏人倾国来攻,他拒战城外,不利,退守城中。城无水源,士卒渴死大半。城陷,被杀。

徐霞客 即"徐弘祖"。

徐霞客游记 书名。明徐弘祖(霞客)著。通行本有十卷、十二卷、二十卷等多种。作者去世时仍为手稿,次年始由季梦良、王忠纫整理成书。旋因家乡江阴被清兵攻破,滇游首册散失。又历经传钞删改,多非本来面目。后由族孙徐镇整理校刊,于清乾隆四十一年(1776)付梓,即为定本。以后各种通行本于游记本身无甚出入,仅附录有所增补。近发现浙游至粤西游旧钞本五册,题名《徐霞客西游记》,有原编者季梦良壬午(1642)题识,所记日数较通行本多,字数约多一倍,应是季编本的残存部分。上海古籍出版社以季编本和乾隆本为底本,参校其他各本重编,于1980年出版,是目前《徐霞客游记》最佳版本。游记用日记体裁记述作者自明万历四十一年(1613)至崇祯十二年(1639)间之旅行考察,为一部重要地理文献。对地貌、水文、地质、植物等均作详细记录,开中国地理学界系统观察自然、描写自然的新方向。对西南各省地理提供不少稀有资料,有关岩溶地貌的考察和记述,早于欧洲人一个多世纪。游记分为两大部分:自天台山游记至恒山游记共十七篇为名山游记,是作者早期作品。自浙游至滇游为西南游记,游程远,篇幅占全部游记的十分之九,是游记主要部分,也是最富有地理学价值的部分。另有《江源考》和《盘江考》两篇专文。游记文笔生动旖旎,旧时被称为"千古奇书"。

徐贤妃(627—650) 唐湖州长城(今浙江长兴)人,名惠。八岁能文,遍涉经史,才思敏捷。太宗纳为才人,历迁婕妤、充容。贞观末,频兴征伐,兼营宫室,服玩奢侈,百姓劳怨,因上疏切谏,太宗甚善其言。及太宗死,哀伤成疾,遂卒。追赠贤妃,陪葬昭陵(今陕西礼县东北)。《全唐文》存文二篇,《全唐诗》存诗五首。

徐县 西汉置。治今江苏泗洪县南。为临淮郡治所。东汉属下邳国。三国魏属下邳郡。晋属临淮国。南朝宋废。

徐羡之(364—426) 南朝宋东海郯县(今山东郯城北)人,字宗文,小名干木。少为晋太子少傅主簿。安帝时,与刘裕同为抚军将军桓脩中兵参军,深相结纳。元兴三年(404)裕起兵讨桓玄,任为镇军参军。义熙十二年(416),裕伐关中,副刘穆之掌留任。穆之卒,迁吏部尚书、丹阳尹,总知留任。晋末,官至尚书仆射。入宋,以佐命功封南昌县公,位司空、录尚书事、散骑常侍、扬州刺史。受武帝遗命,与傅亮等共辅少帝。景平二年(424),与亮等废杀少帝,迎立文帝,进位司徒。后以帝追问废弑罪,自杀。

徐乡侯国 西汉元延元年(前12)封胶东共王子炔为徐乡侯于此,以徐福求仙为名(《齐乘》)。治今山东龙口市东北乡城。属东莱郡。王莽始建国元年(9)废。

徐骧(1858—1895) 清台湾苗栗人,祖籍广东,字云贤。秀才出身。好读兵书,爱习武。光绪二十一年(1895)春,日本强迫清政府割让台湾后,他在家乡组织抗日义军,被推为民团团长。多次率领义军会同刘永福黑旗军和其他义军抗击入侵日军。先后参加保卫新竹、大甲溪、彰化、嘉义、台南等一系列战斗,转战千里,大小数十战,每战必居前敌。八月二十二日(一说二十五日)在台南曾文溪一带与日军大战时阵亡。

徐孝嗣(453—499) 南朝齐东海郯县(今山东郯城北)人,字始昌。尚宋孝武帝女康乐公主。齐时,自晋陵太守历官至尚书令兼丹阳尹。进爵为公。建武四年(497),因连年与魏作战,军国虚乏,曾上表请于淮南屯田,州、郡、县、戍主帅以下,悉分番赴农。别立主曹,专司其事。后未施行。东昏侯即位后,凶暴嗜杀。虎贲中郎将许准劝行废立,他迟疑不决,反遭杀害。

徐孝肃 隋汲郡(治今河南淇县东)人。幼年丧父,事亲以孝闻。为父画像,立庙供奉,朔望享祭。及母老疾,亲侍数十年无忿恚之色。守祖父母、父母墓四十余年,披发跣足,遂以终身。

徐宣 ❶新莽末东海(治今山东郯城北)人,字骄稺。原为县狱吏。天凤五年(18),与谢禄、杨音响应樊崇起义,合数万人。更始二年(24),与禄、音率所部由陆浑关(今河南嵩县东北)进兵关中。旋与樊崇等会师弘农(今河南灵宝北),进至华阴,拥立刘盆子为帝,被推为丞相。建武三年(27),随樊崇、刘盆子等归降光武帝。后卒于乡里。❷东汉下邳良城(今江苏邳州东)人,桓帝时中常侍徐璜兄子。倚势得任下邳令,贪残暴虐尤甚于璜。因求前汝南太守李嵩女不得,乃掠女归家,戏射杀之。后为东海相黄浮捕杀,暴尸示众。

徐铉(917—992) 五代广陵(今江苏扬州)人,字鼎臣。博学工文辞,善篆、隶。与韩熙载齐名,又与其弟徐锴并称"二徐"。初仕吴,为校书郎。南唐元宗时,为知制诰、中书舍人。建言恢复贡举,又奏罢楚州屯田害民者。后主时,为吏部尚书、左仆射、参知左右内史事。开宝八年(975),宋师围金陵,奉使至宋京乞缓师。入宋,直学士院,出为散骑常侍因事贬静难军行军司马,卒于邠州。曾受诏与汤悦撰《江南录》,已佚;与句中正等校订《说文解字》,又有《稽神录》六卷,《骑省集》(又名《徐公文集》)三十集。

徐学功(1842—1911) 清新疆乌鲁木齐人,字仲敏。祖籍甘肃武威。同治三年(1864)乌鲁木齐回民起义,驱杀汉民。他聚集汉民自保,为团首,与回民相持。九年,一度与入侵乌鲁木齐之阿古柏合击回民。旋又出兵截杀阿古柏军。十年,得回民邀,入城擒斩阿古柏所立伪官马仲等。十一年,截击俄国伪装商队于石河。十二年,受清军节制。光绪二年(1876)收复新疆之役始,驻防北路。后官至提督(一说游击)。六年,遭诬陷革职。后重新起用,任参将等职。

徐学聚 明兰溪(今属浙江)人,字敬舆。万历进士。除浮梁知县,改吉水。擢礼科给事中。出为湖广佥事。历山东提学副使、福建布政使,以右佥都御史巡抚福建。著有《历朝珰鉴》、《明朝典汇》。

徐学谟(1522—1593) 明苏州嘉定(今属上海)人。初名学诗,字思重,改字叔明。嘉靖进士。授兵部主事,改中书舍人。历官郎中、知府。以事罢归。起南阳知府。进湖广副使,改江西,以右佥都御史巡抚郧阳。擢礼部尚书,加太子少保。著有《世庙识余录》、《春秋亿》、《万历湖广总志》、《海隅集》、《春明稿》、《归有园稿》等。

徐延旭(?—1884) 清山东临清人,字晓山。咸丰进士。同治初任广西容县知县,累迁梧州知府、湖北安襄郧荆道。光绪八年(1882)晋广西布政使。次年法军入侵越南,奉命与广西提督黄桂兰筹办中越边防。旋授广西巡抚,驻防越南谅山,为东线清军北宁前敌指挥。十年法军攻北宁,因所部清军不战而溃,被革职定斩监候。后改戍新疆,未出京即病死。著有《越南辑略》。

徐偃王 偃或作隐。西周徐国国君。嬴姓,名偃,一说名诞。处于汉水之东,有地五百里。相传曾率九夷伐周,至于河上,周穆王不得已命之主东方诸侯,为三十六国所朝见,后被穆王与楚国攻灭。或说与《礼记·檀弓下》之*驹王为一人。

徐彦 唐人。或谓即北魏人徐遵明。撰有《春秋公羊传疏》,收入《十三经注疏》。

徐彦伯(?—714) 唐兖州瑕丘(今山东兖州)人,名洪,以字显。少能为文,对策高第。武后时,为蒲州司兵参军,迁给事中、宗正卿,预修《三教珠英》。中宗时,为太常少卿兼修国史,预修《武后实录》。历卫州刺史、工部侍郎、太子宾客。曾感慨当时被酷吏构陷者甚众,著《枢机论》,教人以慎言避祸。有集二十卷,已佚,《全唐文》存文七篇,《全唐诗》存诗一卷。

徐扬 清江苏吴县(今苏州)人,字云亭。工人物、界画、花鸟、草虫。乾隆十六年(1751)高宗南巡至苏州,以监生献画,命充画院供奉。后赐举人,官至内阁中书。乾隆间成《盛世滋生图》,亦称《姑苏繁华图》,较宋张择端《清明上河图》内容尤为丰富。又完成《南巡图》十二卷巨作。《石渠宝笈》著录其作品三十五件。

徐耀(?—1855) 清江苏嘉定(今属上海)人,一说江苏宝山(今属上海)人。早年在嘉定南翔镇组织民间秘密结社罗汉党。咸丰三年(1853)领导农民发动反清起义,占领嘉定县城。次年与上海小刀会周立春联合,第二次攻克嘉定。上海小刀会起义后,授招讨将军。清军攻陷嘉定,他与周秀英率部分起义军进入上海。五年,从县城突围时牺牲。

徐一夔(1318—约1400) 元末明初天台(今属浙江)人,字大章。元末任福建建宁府儒学教授。明洪武二年(1369)奉诏纂修礼书,次年《大明集礼》成,王祎荐续修《元史》,以足疾为辞乞归。六年,授杭州儒学教授,兼编纂《大明日历》,书成,辞翰林院授官,回杭州旧任。工文词,博雅通经,兼擅史学,著有《始丰稿》,其中《织工对》为研究元末明初杭州丝织业雇佣劳动的重要资料。

徐夷 即"徐"。

徐以显 明末湖广谷城(今属湖北)人。诸生。归附张献忠起义军,于谷城教献忠以兵法,并为之制武器。后任右丞相,一说左丞相。

徐义 十六国时人。前秦苻坚时为征东参军。苻丕继位,历吏部尚书、尚书令、司空、右丞相。太元十年(385)为慕容永所俘,夜中逃脱,投晋河南太守杨佺期,佺期以为洛阳令。

徐寅 唐末、五代莆田(今属福建)人,字昭梦。唐乾宁进士。授秘书省正字,以善赋名闻中原。渤海国得其《斩蛇剑赋》、《御水沟赋》、《人生几何赋》,多有以金书列为屏障者。后归乡,闽太祖(王审知)辟为掌书记,甚礼重之。有《探龙集》,已佚,今存《徐正字诗赋》二卷、《钓矶文集》五卷(又有十卷本)、《雅道机要》一卷。《全唐文》收赋二十八篇。

徐隐王 即"徐偃王"。

徐用仪(1826—1900) 清浙江海盐人,字吉甫,别字筱云。咸丰举人。同治元年(1862)充军机章京,兼直总理各国事务衙门。累迁至工部右侍郎。光绪十年(1884)充总理各国事务衙门大臣。历任兵部、吏部左侍郎。二十年加太子少保,授军机大臣。中日甲午战争爆发,与主战派翁同龢等不和,遂退出军机处,并解除总理各国事务衙门大臣职务。二十四年戊戌政变后复直总理衙门。次年任兵部尚书。义和团运动中,力主镇压。八国联军陷大沽,因反对宣战,被端王斥为奸邪。七月以"办理洋务贻患甚深"等罪名,与户部尚书立山、内阁学士联元同时被杀。

徐有功(635或641—702) 唐洛州偃师(今河南偃师东南)人,名弘敏,以字行。名儒徐文远孙。举明经,累补蒲州司法参军。为政宽仁,不行杖罚,吏民服之。载初元年(690)为司刑丞。时酷吏周兴、来俊臣等滥害无辜,他执法平恕,每廷争狱事,存活数十百家。屡被诬结援囚犯,救放死囚,几三坐死刑,执志不渝,不忧不喜,酷吏由是稍衰。武则天知其正直,素敬重之,屡擢为狱官。官至司刑少卿、司仆少卿。

徐有壬(1800—1860) 清顺天宛平(今北京城西南)人,原籍浙江乌程(今湖州),字钧卿,又作君青。道光进士。授户部主事、郎中,累升至广东盐运使、湖南布政使等职。咸丰五年(1855)受命办理浙江湖州团防,对抗太平军。八年督办江南军营粮台,擢江苏巡抚。十年太平军攻克苏州时被杀。精历算。著有《四元玉鉴》、《务民义斋算学》。

徐有贞(1407—1472) 明苏州吴县(今江苏苏州)人,初名珵,字元玉。宣德进士,选庶吉士,授编修。正统时任侍讲,因*土木之变后建议南迁,获恶声,遂改名。景泰三年(1452)以左佥都御史主治黄河,开渠筑闸。因功进左副都御史。参与*夺门之变,并诬杀于谦、王文,中外侧目。天顺元年(1457)迁兵部尚书,入阁预机务,封武功伯。后遭石亨排挤,罢官戍金齿。亨败释归。善绘山水。有《武功集》。

徐愚斋自叙年谱 书名。清徐润撰。一册。年谱记叙徐氏一生,特别是参与洋务的活动,可资参考。1927年刊印。

徐元梦(1655—1741) 清满洲正白旗人,舒穆禄氏,字善长,号蝶园。康熙进士。康熙二十二年(1683)官侍讲。三十二年以学问优长,精于满文,入值上书房,教习皇子读书。五十年以翻译满汉文最优,特命为额外侍读学士。五十三年授浙江巡抚。雍正元年(1723)官户部尚书,署理大学士事。四年因翻译失误落职,仍办理翻译事。高宗继位,复命教授皇子。后病死。

徐元文(1634—1691) 清江南昆山(今属江苏)人,字公肃,号立斋。顺治进士,授修撰。康熙十三年(1674)擢内阁学士,充重修《太宗实录》副总裁。次年,改翰林院掌院学士。十八年为《明史》监修总裁官,疏荐明遗老耆儒,延入史馆。时纂修《平定三逆方略》、《政治典训》、《一统志》,命并充总裁官。二十八年,为文华殿大学士。二十九年诏修三朝国史,亦为总裁官。因与其兄乾学、秉义同至显贵,在朝颇有权势,广收贿赂,又纵子侄家人扰害地方,同年五月,被劾解职归里。著有《含经堂集》。

徐爰(394—475) 南朝宋南琅邪开阳(今江苏常州境)人,字长玉。宋文帝时历仕殿中侍御史、南台侍御史、员外散骑侍郎。孝武帝时为殿中郎兼右丞、左丞。大明六年(462)为著作郎,奉命撰《宋书》,乃以何承天、山谦之、苏宝生所作为基础,起自东晋义熙元年(405),迄于孝武帝大明年间,成六十五卷。其中臧质、鲁爽、王僧达诸传,为孝武帝所作。

徐圆朗(?—623) 隋兖州(今属山东)人。大业十三年(617),起兵反隋。据有琅邪(治今山东临沂)以西,东平(治今山东郓城东)以南地,有众二万。初附李密,密败,归附王世充。后降唐,授兖州总管、鲁郡公。唐武德四年(621),起兵响应刘黑闼,执唐将盛彦师,自称鲁王。为唐将李神通、李勣所败,夜逃时被杀。

徐岳 三国时东莱(治今山东莱州)人,字公河。受业于东汉刘洪。素习《九章》,能为计数。洪创《乾象历》,魏黄初年间,太史令高堂隆议有所改革,太史丞韩翊乃造《黄初历》。岳又详析各历得失,以为翊所造皆用洪法,所增减者仍有可疑,且算日蚀不准,故《乾象历》胜于《黄初历》。并以《乾象法》授吴中书令阚泽,有吴一代皆用《乾象历》。著有《数术记遗》一卷,北周甄莺作注。清以后列为"算经十书"之一。

徐越 战国时人。赵烈侯六年(前403),因番吾君之荐,与牛畜、荀欣为相国公仲连进于烈侯。主张节财俭用,察度功德。烈侯官以为内史。

徐樾(?—1553) 明贵溪(今属江西)人,字子直,号波石。泰州学派学者。嘉靖进士。历官至云南布政使,后为土酋所杀。少师王守仁,后受业于王艮。尚心学,谓"六合为心之郛廓,四海为心之边际,万物为心之形色,此心浩浩渊渊不可得而穷测,然其自朝至暮能闻能见,不须计度,自然明觉"。著作有《波石语录》。

徐云虔 唐人。初任邕州(或说岭南西道)节度使署巡官(一说幕府,或说从事)。乾符四年(877,或说五年),南诏国王隆舜请和。六年(或说五年),奉命出使南诏。至善阐城(今云南昆明),隆舜礼待之,叙好而还。广明元年(880),僖宗以宗室女为安化长公主许婚隆舜。又为使南诏副使。及还,俱言隆舜诚款。中和三年(883),复命伴送公主,以黄巢之乱,未行。或说是年隆舜迎婚使杨奇鲲迎公主归南诏。著有《南诏录》三卷,今佚。

徐筠 南宋临江军清江(今江西樟树)人,字孟坚。淳熙十一年(1184)与其父徐得之同登进士第。初为攸县主簿,历知分宁,判潭州,后擢知全州,上宽民五事,乞免本州和籴。著有《汉官考》、《周礼微言》、《姓氏源流》、《修水志》,均佚。

徐泽醇(1787—1858) 清辽东辽阳(今属辽宁)人,字梅桥,晚号乐天翁。嘉庆进士。历任重庆知府、湖南按察使、山东布政使。道光二十八年(1848)迁山东巡抚,旋兼署东河河道总督。任内整顿水师,参与变通盐务,并清查"流摊"陋规。二十九年调任四川总督,于当地盐政、税赋、边务等多有疏陈。曾镇压境内少数民族反清起义。咸丰二年(1852)任礼部尚书。次年署户部尚书。卒于任。

徐增寿(?—1402) 明凤阳临淮(今安徽凤阳东北)人。徐达幼子。以父功,官至左都督。姊为燕王妃,素与燕王通好。燕兵起,数以朝中虚实相告,又欲接应燕师,为建文帝亲手杀于大殿下。成祖即位,追封武阳侯。永乐二年(1404)又追赠定国公。

徐占彪(?—1890) 清四川西充人。咸丰十一年(1861)以勇目投入军营。同治元年(1862)在天洋坪一带镇压太平军。旋隶道员黄鼎军,镇压陕甘各地回民起义军。十一年从陕甘总督左宗棠攻占肃州,并攻略新疆。后驻军新疆木垒河。光绪八年(1882)授巴里坤镇总兵。

徐湛之(410—453) 南朝宋东海郯县(今山东郯城北)人,字孝源,小名仙童。徐羡之从孙,母武帝长女会稽公主。幼孤,为武帝所爱,封枝江县侯。元嘉六年(429),起家太子洗马,历官至秘书监。与彭城王义康相亲厚。十七年,文帝诛领军刘湛,事连,将致死罪,赖其母哭请得免。累迁丹阳尹。二十二年,与范晔等谋反,继而告发之,以此免罪。后出为南兖州刺史。复为丹阳尹。二十八年,为尚书仆射,与吏部尚书江湛并居权要,时谓"江、徐"。刘劭杀父自立时,与湛同为劭所杀。

徐昭佩(?—549) 南朝梁东海郯县(今山东郯城北)人。徐孝嗣孙女,梁元帝妃。丑而妒且淫,与帝左右暨季江私通,季江谓其"徐娘虽老犹尚多情"。元帝逼令自杀,以尸还徐氏,谓之出妻。生世子方等。

徐兆魁 明广东东莞人。万历进士,授行人,擢御史。万历三十九年(1611)率先疏劾顾宪成等东林党人,迁太仆少卿。一度乞归。后进右佥都御史,巡抚湖广。天启五年(1625)官至刑部尚书。秉承魏忠贤意指,力除政敌。次年因属吏行私,受累落职归。崇祯初定"逆案",徒三年赎为民。

徐照(?—1211) 南宋温州永嘉(今浙江温州)人,字灵晖,一字道晖,号山民。好游山水,探幽胜。与赵师秀、翁卷、徐玑并称"永嘉四灵"。能诗,宗尚晚唐,刻意雕琢,意境较狭。著有《芳兰轩集》。

徐贞明(?—1590) 明江西贵溪人,字伯继,号孺东。隆庆进士。授浙江山阴知县。万历三年(1575)选为工科给事中。主张北方兴水利、种水稻。十三年迁尚宝司丞,进少卿。次年于永平(今河北卢龙)开水田数万亩。后遭权贵阻挠被迫停止。著有《潞水客谈》。

徐祯卿(1479—1511) 明苏州吴县(今江苏苏州)人,字昌谷。弘治进士,授大理左寺副。后因失囚,降为国子监博士。善诗文,初宗晚唐诗风,与唐寅等齐名,称吴中四才子。后改宗汉、魏、盛唐,与李梦阳等并称前七子。著作有《迪功集》。

徐之才(505—572) 北齐时丹阳(今江苏南京)人,祖籍东莞姑幕(今山东诸城西北),字士茂。幼学聪敏,十三岁为南朝梁太学生,有神童之誉。从豫章王萧综为王国左常侍,转镇北主簿。北魏孝昌元年(525),降魏。次年,诏入洛阳,以医术见重。东魏天平初,受丞相高欢征赴晋阳(今山西太原西南),甚被礼遇。武定四年(546),自散骑常侍转秘书监。侍中杨愔以其南人,黜为金紫光禄大夫,怏怏不平。知高洋将篡魏,以天文图谶说洋行禅代事,大受宠昵,寻除侍中。入齐,历官尚书令、侍中。事诸帝皆以医术戏狎得宠。

徐之铭(?—1865) 清贵州开泰(今锦屏)人,字新斋。道光进士。咸丰初年,历任陕西潼关道,湖北、湖南、云南按察使。咸丰八年(1858)授云南巡抚,镇压回民、苗民起义。同治二年(1863)太平军石达开部由黔入滇,回民起义军李俊部乘势攻陷省城,杀云贵总督潘铎。他以未能先事防范,被革职。

徐知诰 即"李昪"。

徐致靖(1844—1918) 清末江苏宜兴人,寄籍宛平(今北京城西南),字子静。光绪进士。选庶吉士,授编修,累迁侍读学士。光绪二十四年(1898)支持变法维新,上疏请光绪帝明定国是,并推荐康有为、梁启超、谭嗣同、黄遵宪、张元济等人。百日维新期间,擢为礼部侍郎。戊戌政变后被革职监禁。二十六年出狱。后定居杭州。

徐致祥(?—1899) 清江苏嘉定(今属上海)人,字季和。咸丰进士。累官内阁学士、督顺天学政。光绪十年(1884)时议筑铁路,他痛陈铁路有八害。光绪帝责其诞妄,降三级。两年后,筑铁路议再

[缺]己，复上疏阻止。十八年授大理寺卿，曾连劾枢臣礼[亲]王世铎、山西巡抚阿克达春及张之洞。后病死。

徐稺(97—168) 东汉豫章南昌(今属江西)人，[字]孺子。家贫，以耕稼为业。屡为陈蕃、胡广、黄琼[等]荐举、征辟，终不出仕。桓帝备礼征之，亦不至。[灵]帝初，欲蒲轮聘之，未行而卒。

徐忠(1362—1413) 明庐州合肥(今属安徽)人，[字]仲达。洪武十五年(1382)袭父职为河南卫副千[户]，数从北征，积功至指挥佥事。洪武末镇守开平。[靖]难兵起，以城降燕王。素骁勇，征战每为诸将先。[燕]王置五军，命将前军，自指挥同知累迁都督佥事。[永]乐初封永康侯。成祖北巡，留辅太子监国。卒封[蔡]国公。

徐众 东晋人。成帝时为黄门郎，康帝时为侍[中]。著有《三国志评》。

徐州 ❶古九州之一。《书·禹贡》："海、岱及淮[惟]徐州。"《尔雅·释地》："济东曰徐州。"海指今黄[海]，岱是泰山，淮是淮水，济东即济水以东。❷西汉[武]帝所置十三刺史部之一。辖境相当今江苏长江以[北]和山东东南部地区。东汉治郯(今山东郯城县)，[三]国魏移治彭城(今江苏徐州市)。东晋初失淮北[地]，治所南迁。后得淮北，义熙七年(411)乃分淮北[为]北徐州，治彭城；淮南仍为徐州，治京口(今江苏镇[江]市)。南朝宋永初二年(421)又改徐州为南徐州，[北]徐州为徐州。东晋、北朝以后辖境缩小。隋大业[改]徐州为彭城郡。唐初复为徐州。治所仍在彭城。[辖]境相当今江苏徐州、铜山、沛县、丰县，安徽的淮[北]、濉溪、宿州、萧县、固镇、怀远，山东的枣庄、滕州、[微]山等市、县地。宋时辖境南缩，今安徽萧县为其所[属]。隶京东西路。元至正时升为徐州路。不久降为[武]安州。明洪武初复为徐州。辖境仅今江苏徐州、[铜]山、沛县、丰县及安徽萧县、砀山等市、县地。清雍[正]时升为府。❸十六国后秦置。治项(今河南沈丘[县])。辖境相当今河南商丘、太康、商水以东地区和[安]徽亳州、涡阳、蒙城等市县。❹十六国后燕置。治[黄]巾固(今山东章丘市)，后移治黎阳(今河南浚县[东])，旋又移治鄄城(今山东鄄城县北)。❺十六国南[燕]置。治莒城(今山东莒县)。辖境约当今山东沂山[东]南迄滨海一带。❻北魏延和二年(433)置。治济[阳](今河南兰考县东北)。皇兴初废。❼南朝宋置。[治]燕县(今凤阳县东北)。辖境相当今安徽淮河以南[包]有蚌埠、凤阳、明光、来安、滁州、全椒等市县地。[齐]改为北徐州。❽春秋战国齐邑。即薛。在今山东[滕]州市南。《竹书纪年》："梁惠王三十年(前340)，[下]邳迁于薛，改名徐州"(《史记·孟尝君列传》张守[节]正义引)；《史记·越王勾践世家》："勾践已平吴，[乃]以兵北渡淮，与齐晋诸侯会于徐州"；《楚世家》：["]楚威王伐齐，败之于徐州"，皆指此。❾战国齐西北[界]上邑，后入燕、赵。在今河北大城县。《史记·田[敬]仲完世家》："简公出奔，田氏之徒追执简公于徐[州]"；又威王曰："吾吏有黔夫者，使守徐州"，皆即此。[一]作"平舒"。《赵世家》"燕以葛、武阳、平舒与赵"。[西]汉置东平舒县。

徐州仓 又名永福仓、广运仓。明代运河沿岸漕仓之一。洪武元年(1368)建永福仓于徐州，永乐十三年(1415)继建广运仓，收放漕粮，以资转运。各设大使一人，副使、攒典、斗级若干，修仓夫员名额不定。以户部郎中、主事或总督京通仓户部侍郎偕内官提督之。仓设经行卷簿，记录漕粮出纳，历任仓官相沿交割。又置牌一面，书部运官吏、旗军、粮长、攒典、斗级之名，以备巡仓御史点视考查。

徐州府 清雍正十一年(1733)升徐州置。治铜山县(今江苏徐州市)。辖境相当今江苏新沂市、宿迁市以西，泗洪县以北地区和安徽淮北市以北的萧县、砀山等县地。1912年废。

徐州洪 明代运河著名险滩之一。因位于徐州(今属江苏)而得名。河道中乱石峭立，水流湍急，凡百余步，故亦名百步洪。万历后漕运改道，遂不复经此险。

徐州路 元至正时升徐州为路，旋降为武安州。明初复为徐州。参见"徐州❷"。

徐州先贤传 书名。南朝宋刘义庆撰。十卷(一作九卷)。已佚。

徐州之会 春秋、战国之际越王勾践称霸之会。勾践灭吴后，率兵北上争霸，曾于周元王时邀齐、晋等诸侯相会徐州(今山东滕州)，并率诸侯向周王进贡，周王赐予祭肉，命为诸侯之伯。勾践以淮上地予楚，归吴所侵宋地于宋，将泗水东方百里地给鲁。诸侯尊越为霸主。

徐鼒(1810—1862) 清江苏六合人，字彝舟，号亦才。道光进士。官至福建福宁知府。道光三十年(1850)任史馆协修、纂修期间，先后编撰《小腆纪年附考》、《小腆纪传》。咸丰三年(1853)太平军克九江，直捣金陵，徐氏在家乡六合办团练，其后并亲至前线与太平军对抗。九年，于福宁知府任上亦创团练法，以镇压人民反抗运动。著作尚有《未灰斋文集》、《诗集》以及《敝帚斋主人年谱》、《徐氏本支系谱》等。

徐子 ❶战国时宋国外黄(今河南民权西北)人，亦称外黄徐子。魏惠王二十八年(前342)，魏攻韩。次年，齐救韩伐魏，魏使太子申率帅出击，过外黄，他予以谏阻，太子申未从，遂大败于马陵(今河南范县西南，一说今河北大名东南)被虏。见《战国策·宋卫策》。❷战国时中牟(今河南鹤壁西)人，亦称中牟徐子。有勇力。《韩非子·外储说左下》记其曾与赵襄子之侍卫勇士少室周角力，胜之，遂被少室周荐于襄子以自代。❸书名。撰者为战国宋人，佚名。《汉书·艺文志》著录四十二篇，列于儒家。并谓"宋外黄人"。徐子，一说为孟子弟子；一说为赵襄子力士中牟徐子。《战国策·魏策》及《史记·魏世家》云：外黄人徐子劝阻魏惠王太子申攻齐。此与孟子反对战争思想相合，与《汉志》所谓"外黄人"亦相符，故前说似是。原书久佚。清马国翰辑《徐子》一卷，见《玉函山房辑佚书》。

徐自明 南宋永嘉(今浙江温州)人，字诚甫，号慥堂。淳熙进士，任富阳主簿，累官太常博士。嘉定八年(1215)以朝散郎太常博士转朝请郎,十年出知永州。著有《宋宰辅编年录》、《礼记说》、《零陵志》。

徐自为 西汉人。武帝时曾任光禄勋。太初三年(前102),奉命筑五原塞外列城,西北至卢朐,旋为匈奴骑兵破坏。

徐宗干(幹)(1796—1866) 清江苏通州(今南通)人,字伯桢,一字树人。嘉庆进士。初以知县即用,在山东任职二十余年,颇有政声。道光二十二年(1842)后,历任四川保宁知府、福建汀漳龙道。咸丰三年(1853)在台湾道任内镇压凤山反清斗争。次年迁按察使。后被参调回内地,在河南帮办军务,镇压捻军。七年任浙江按察使,擢布政使。又至通州、泰州办理团练。同治元年(1862)升任福建巡抚。后随左宗棠镇压太平军余部李世贤、汪海洋等,卒于任。有《斯未信斋集》。

徐宗汉(1877—1944) 广东香山(今中山)人,原名佩萱。早年嫁与海丰李氏,数年后夫死孀居。清光绪三十三年(1907)赴南洋,在槟榔屿加入同盟会。次年归国,在广州设立秘密机关。宣统二年(1910)参加广州新军起义,为避清军追捕逃往香港。次年又参加黄花岗之役,负责运输枪支弹药。起义失败后护送黄兴至香港,并与之结婚。武昌起义爆发,随黄兴至武汉。"二次革命"后同赴美国,1916年回国。五四运动中,在上海发起成立上海女界联合会。南京国民政府成立后,接办遗孤教养所,从事贫儿教育。后在重庆病死。

徐宗实(1344—1425) 明浙江黄岩(今台州)人,名垕,以字行。幼聪慧好学。洪武时历任铜陵主簿、苏州通判。发粟赈饥,筑堤御水,吴人称便。建文二年(1400)超升兵部右侍郎,赴两浙召募义勇抗燕王。成祖即位疏乞归里,后以事被逮,卒于道。

徐遵明(475—529) 北魏华阴(今陕西华阴东南)人,字子判。早年从王聪、张吾贵、孙买德受学,皆不终业。乃指其心曰:"吾今知真师所在矣,正在于此。"(《北史·儒林上》)遂自学《孝经》、《论语》、《毛诗》、《尚书》、《三礼》。后以其学教授,学徒甚众。曾得西晋永嘉年间写本《服氏春秋》,研读数年,撰《春秋义章》,已佚。

徐作 明江西南昌人,字季儒。嘉靖进士。授刑部主事。万历二十四年(1596)以工部左侍郎署尚书事。后因治河及督造乾清、坤宁宫功,进右都御史。不久以争册立事忤帝意,免官。光宗立,擢工部尚书,寻病死。

鉏麑(?—前607) 又作沮麛、鉏之弥。春秋时晋国力士。事晋灵公。灵公奢侈暴虐,恨大臣赵盾多次劝谏。鲁宣公二年(前607),灵公派他前往行刺赵盾。他清晨前往,见盾不解衣冠而寐,等待上朝,深为感动,叹息说:不忘恭敬,民之主也,杀民之主不忠,弃君之命不信。于是以头撞槐树而死。

xǔ

许 ❶一作邾。西周封国。姜姓,男爵。周武王封伯夷之后文叔于此。在今河南许昌县东。《
秋》隐公十一年(前712):"公及齐侯、郑伯入许",
此。春秋时为郑、楚等国所逼,前576年迁叶(今
南叶县西南),前533年迁城父(今安徽亳州市东
城父寨),前529年,复迁叶,前524年迁白羽(今
南西峡县),前506年又迁容城(今鲁山县东南)。
为郑所灭。后复国,战国初为楚(一说魏)所灭
❷政权名。唐武德元年(618),宇文化及于魏县(
河北大名西南)称帝,国号许,建元天寿。次年败亡
凡一主,共二年。❸羌语音译,意为巫师。羌族地
不脱离生产的专门从事宗教活动的人。在羌族社
中占有较高地位。诸如祭山、还愿、医病、驱鬼、
神、除秽、招魂、消灾以及对死人的卜地、安葬和
度,结婚时的测期、敬神和祝福,皆由其主持。凡
"许"者,须有师承,通过口授背诵学习经典,世代
传,故能熟习法事,有一定社会历史知识和经验。
掌握一些巫术,如预卜、送鬼(送茅人)、踩红锅、踩
头等。

许安仁(1129—1205) 金献州交河(今属河北
人,字子静。大定进士。被选入东宫为皇太孙(
宗)讲学。章宗即位,任礼部郎中兼左补阙。出为
州刺史,于有关国事作《无隐论》十篇。后以汾阳
节度使致仕。

许白云 即"许谦"。

许白云集 书名。元许谦著。四卷。诗一卷
文三卷,末附录学箴。多阐发程朱理学。明正统
金台李伸得其草稿残编于祖母王氏家中,始编次
书。成化间,江浦张瑄初刻于广东。正德间有重
本,更名《白云存稿》。《四库全书》本系从商邱宋
家传写,题名《许白云集》。商务印书馆《四部丛刊
编》收入此书明刊影印本。

许半圭(?—1525) 明上虞(今属浙江)人,
璋,以字行。终生不仕,白袍草履,潜心性命之学
为王守仁塾师,教以奇遁诸书、武侯阵法。尝出访
献章弟子李承箕,质疑问难而返。光绪《上虞县志
谓王守仁平宁王朱宸濠之乱,招抚岑猛余部,皆出
策。其学芜杂,《明儒学案》谓其"于天文、地理、
遁、孙吴之术,靡不究心"。卒年七十余。

许伯明 明福建莆田人。天顺六年(1462)奉
至北京,以善绘花鸟竹石,授文思院副使。绘有《
毛花卉图》,以运笔纤细见称。

许昌县 三国魏黄初二年(221)改许县置。
长安、谯、邺、洛阳为五都。治今河南许昌县东。魏
晋为颍川郡治。东魏移治今许昌县东北许田。
魏、北齐、北周为许昌郡治。隋、唐属许州。五代
改为许田县,北宋熙宁四年(1071)并入长社县。

许澄 隋高阳(今河北高阳东)人。名医许奭
子。以医术名于显贵。任尚药典御、谏议大夫等
著有《备急单要方》三卷,已佚。

许崇智(1887—1965) 广东番禺人,字汝为
早年留学日本陆军士官学校,加入同盟会。毕业
任福建武备学堂总教习、新军标统、协统。武昌起
后,举兵响应,任福建第一师师长。后参加"二次

命”、护法战争和北伐战争。历任中华革命党军事部长,粤军第二军军长、总司令,广东省政府主席,国民革命军总司令部军事部长,国民党中央监察委员,代理陆军总长,国民政府军政部长,监察院副院长等职。1946年定居香港。

许褚 三国时谯县(今安徽亳州)人,字仲康。东汉末聚宗族数千家守坞壁以拒黄巾。后归曹操,拜都尉,率虎士宿卫。从征张绣、袁绍。建安十六年(211),操与马超战于潼关,将北渡河,超军攻之,操赖其护卫得免。历任武卫中郎将、中坚将军。军中以其力如虎而痴,故号曰虎痴,或称“虎侯”。文帝时,封万岁亭侯,迁武卫将军,都督中军宿卫禁兵。明帝时,进封牟乡侯。

许慈 三国时南阳(治今河南南阳)人,字仁笃。师事刘熙,善郑玄之经学。建安中,自交州入蜀。刘备定蜀,与胡潜并为博士,典掌旧文。于时草创,事多疑议,常与潜忿争不已。备于群僚大会上使倡家仿其讼争之状,为酒乐嬉笑以讽之。后主时官至大长秋。

许存仁(?—约1367) 元婺州金华(今属浙江)人,名元,以字行。朱元璋克金华,被召至应天(今江苏南京),教诸子书,授府学教授。吴元年(1367)升至祭酒。出入左右垂十年,深得信任。后以请归,触怒元璋,被逮,死狱中。

许道宁(约970—约1052) 北宋京兆长安(今陕西西安)人。善画,尤工山林泉石。早年卖药于汴梁市上,常戏作寒林平远之图。专仿李成,声誉日著。后游历太行山区,亲身体验真山真水之雄奇,遂脱去旧学,行笔简易。笔下峰峦峭拔,林木劲硬,山水清润,高秀秾纤得法。被张士逊推奖,赠诗有“李成谢世范宽死,唯有长安许道宁”之句。作品多达一百三十八件,仅《渔父图》存世。

许鼎霖(1857—1915) 清末江苏赣榆人,字九杳。光绪举人。光绪十九年(1893)任驻秘鲁领事。归国后历任庐州、凤阳等县知事,荐为安徽候补道署理芜湖道。二十九年调任浙江洋务局总办。三十二年任江苏省铁路公司协理。宣统二年(1910)任奉天交涉使。后赴北京任资政院议员。曾开办海州赣丰豆油公司、海丰面粉厂、上海大连轮船公司、江西瓷业公司等,并积极从事立宪运动。1913年当选为江苏省议会议长。

许洞(约976—约1017) 北宋苏州吴县(今江苏苏州)人,字洞天,一作渊夫。咸平进士。少擅武艺,及长力学,精于《左传》。为雄武军推官,忤知州马知节,除名归里,一意著述。大中祥符四年(1011),真宗祀汾阴,献赋,召试中书,为乌江主簿。吸收前人军事思想,著成当时重要军事理论著作《虎钤经》二十卷。

许犯 战国时人。禽滑釐弟子,田系之师,属墨家。见《吕氏春秋·当染》。一说许犯即农家许行。参见“许行”。

许夫人 宋末人。畲族。抗元起义军女首领。南宋景炎二年(1277),与陈吊眼率福建漳汀地区畲族,助宋将张世杰攻泉州。元至元十五年(1278),又配合闽北黄华领导的畲汉人民起义军进行抗元斗争。

许诰 明灵宝(今属河南)人,字廷纶,自号函谷山人。弘治进士,授户科给事中。进刑科右给事中,改翰林院检讨,因其父忤刘瑾削籍,谪为全州判官。父丧丁忧家居,授徒讲学。嘉靖初,起为南京通政参议,改侍讲学士、直经筵,迁太常卿、掌国子监,嘉靖十一年(1532)擢吏部右侍郎,旋迁南京户部尚书。著有《通鉴纲目前编》。

许庚身(1825—1893) 清浙江仁和(今杭州)人,字星叔,又字吉珊。同治进士。咸丰初由举人考取内阁中书,后充军机章京。累迁鸿胪寺少卿。同治十一年(1872)纂辑《剿平粤匪方略》。光绪四年(1878)授太常寺卿,后擢礼部侍郎,调户部,转刑部。十年中法战起,任军机大臣,兼总理各国事务大臣。十二年署兵部尚书,历两年实授。在清廷枢垣近三十年,与兵事相始终,时人有通达谙练之称。

许古(1157—1230) 金献州交河(今属河北)人,字道真。明昌进士。贞祐初年为监察御史,以直言敢谏见称。讲求恢复失地之策,迁右司谏。忤术虎高琪,高琪免,他亦解职。哀宗即位,召为补阙,迁左司谏,致仕。

许广汉(?—前61) 西汉昌邑(今山东巨野东南)人。曾为昌邑王郎,因坐法腐刑,为暴室啬夫。宣帝养育宫中时,曾与之同舍居。掖庭令张贺劝他以女嫁宣帝。后其女立为皇后,得封为昌成君。地节三年(前67)封平恩侯,位特进。

许桂林(1778—1821) 清江苏海州(今连云港)人,字同叔,号月南,又号月岚。嘉庆举人。好学深思,博览群籍,深研历算。著有《宣西通》、《算牖》、《易确》、《立天元一导窾》等。

许国(1527—1596) 明徽州歙县(今属安徽)人,字维桢,号颍阳。嘉靖进士。隆庆时曾出使朝鲜。万历初历官国子监祭酒、礼部左侍郎等。万历十一年(1583)以礼部尚书入阁。十九年因上疏*争国本遭谴,乞休归。放情山水,诗书终老。卒谥文穆。著作有《许文穆公集》。

许国公勤王录 书名。唐李巨川撰。三卷,一作二卷。记述昭宗时凤翔陇右节度使李茂贞叛降经过。已佚。《资治通鉴考异》有征引。

许国祯 元绛州曲沃(今属山西)人,字进之。通经史,尤精医术。忽必烈为藩王时,在王府掌医药。曾随征云南,攻鄂州。忽必烈即帝位,授提点太医院事。至元十二年(1275),迁礼部尚书。后升翰林集贤大学士。二十一年,奉命集诸路医学教授增修《本草》。死年七十六。

许翰(?—1133) 宋拱州襄邑(今河南睢县)人,字崧老。元祐进士。宣和七年(1125),召为给事中,以言事落职。靖康元年(1126)复官,除翰林学士,迁御史中丞、同知枢密院事,因议论不合朝廷旨意,去官。高宗即位,拜尚书右丞兼权门下侍郎,极论李纲忠义不可罢,高宗不纳,求去,遂落职。著有《襄陵集》。

许和子 即“许永新”。

许亨(517—570) 南朝陈高阳新城(今湖南耒阳北)人,字亨道。初仕梁,历任太尉从事中郎、给事黄门侍郎。入陈后,历任中散大夫领羽林监、太中大夫、卫尉卿,领大著作,掌修梁史。著有《齐书》五十卷,遇乱亡失。又著有《梁史》。

许衡(1209—1281) 元怀孟河内(今河南沁阳)人,字仲平,号鲁斋。幼读经书。从姚枢、窦默等讲习程朱理学。宪宗四年(1254),应忽必烈(世祖)召,为京兆提学,后还河南。中统元年(1260),被召至京师。二年,拜太子太保,辞不就,改任国子祭酒,不久,以病辞。至元二年(1265),受命议事中书省,上《时务五事》,提出“北方之有中夏者,必行汉法乃可长久”的主张。六年,与刘秉忠等议定朝仪、官制。次年,任中书左丞。八年,任集贤大学士兼国子祭酒,择蒙古子弟以教。十三年,领太史院事,与郭守敬等新制仪象圭表,日测晷景,编定《授时历》。还河南,病死。谥文正。推重理学,被誉为“朱子之后一人”。著有《许文正公遗书》、《鲁斋遗书》等。

许弘纲(1554—1637) 明浙江东阳人,字张之。万历进士。累迁顺天府尹。万历三十九年(1611),以副都御史署都察院事。四十一年因主持京察被劾,遂致仕。著有《群玉山房集》。

许皇后 ❶(?—前71)即许平君。西汉昌邑(今山东巨野东南)人。宣帝皇后。其父许广汉曾为暴室啬夫,宣帝养于掖庭时,广汉以平君许配之。宣帝即位后,进位倢伃,旋立为皇后。本始三年(前71),被霍光夫人显指使女医毒杀。❷(?—前10)西汉昌邑(今山东巨野东南)人。成帝皇后。其父平恩侯嘉,为元帝母许皇后堂弟。元帝悼伤母遭霍氏谋害,故选之为太子妃。及成帝即位,得立为皇后。性聪慧,善史书,得宠幸。后宠衰。鸿嘉三年(前18)坐其姊挟媚道祝诅王美人及大将军王凤等,废处昭台宫。又因私赂定陵侯淳于长图谋复立为后,事发,赐死。

许翙(约341—370) 东晋丹阳句容(今属江苏)人,小名玉斧,字道翔。许谧子。郡举上计掾、主簿,并不就。鄙视世务,勤修道经,居方隅山洞方原馆中。卒后被奉为侍帝晨右仙公,按《真灵位业图》列入第二右位。

许浑 唐润州丹阳(今属江苏)人,原籍安陆(今属湖北),字用晦。武后时宰相许圉师之后。遭乱居洞庭湘江间十年,大和进士。开成四年(839)任当涂、太平令。大中初迁监察御史,以病辞归,久之起为润州司马。大中六、七年间任虞部员外郎。八年左右出为郢州刺史。十二年,迁睦州刺史,在官卒。与杜牧友善。工七言律诗,多怀古、羁旅之作。《咸阳城东楼》诗“溪云初起日沉阁,山雨欲来风满楼”尤脍炙人口。有自编《丁卯集》,今存者非所编之本。

许佶(?—869) 唐徐州(今属江苏)人。任桂林戍军都虞候。咸通九年(868),与军校赵可立、王弘立等九人发动兵变,杀都将王仲甫,推庞勋为主,引兵北归。攻克彭城(今江苏徐州),为义军都虞候。次年二月,推勋为天册将军,坚守徐州。九月,徐州为叛将张玄稔攻破,力战被杀。

许楫 元太原忻州(今属山西)人,字公度。中统间入京,任中书省架阁库管勾。至元七年(1270),为劝农副使。曾向商挺建言在京兆(今陕西西安)以西屯田。十三年,任荆南行省员外郎。后历湖南、江西两道提刑按察副使。二十三年,为徽州总管,对桑哥党有所抵制。次年,迁东平总管,谢归后二年卒,年七十。

许家窑人 距今约十万年的旧石器时代中期古人类。因1973年发现于山西阳高县许家窑村而得名。化石有顶骨、枕骨、上下颌骨、牙齿等,代表十多个不同的个体。其体质近似北京人而较进步,当为北京人后裔,属“古人”阶段。发现的石器有一万四千余件,细小石器居多,计有刮削器(分直刃、凹刃、凸刃、两侧刃、复刃、拇指盖状的等)、尖状器、雕刻器、石钻和大小不一的石球,此外还有骨角器。由遗址中的灰烬、木炭和烧骨,知许家窑人能够用火;由发现大量的石球,推知他们已有猎获大兽的能力。

许嘉(?—前28) 西汉人。平恩侯许广汉之侄。初元元年(前48)以中常侍嗣爵平恩侯,永光三年(前41)为大司马车骑将军。成帝建始二年(前31),其女立为皇后。后成帝专任元舅王凤,遂被策免,以特进侯就朝位。

许将(1037—1111) 北宋福州闽县(今福建福州)人,字冲元。嘉祐八年(1063)进士第一,签书昭庆军判官,治平中通判明州。神宗召对,除集贤校理、同知礼院,编修中书条例。熙宁四年(1071),特命判吏部流内铨;七年,又特命不试而除知制诰。使辽,折其侵吞代州之谋。元丰初,迁翰林学士,权知开封府。坐事落职知蕲州,徙数州。元祐四年(1088)拜尚书右丞,次年罢知定州。绍圣间拜尚书左丞、中书侍郎,反对将司马光、吕公著斫棺暴尸,又谏勿戮大臣。崇宁中,御史论其政见反复,出知河南府,徙颍昌、大名府。习知兵事,尝荐章楶为泾原帅,又主议复河、湟,有功。著作有《许文定集》。

许荆 东汉会稽阳羡(今江苏宜兴南)人,字少张(一作子张)。少为郡吏,举孝廉。和帝时任桂阳太守,为百姓设婚丧嫁娶制度,晓以礼禁。后征入为谏议大夫,卒于官。

许景澄(1845—1900) 清浙江嘉兴人,原名癸身,字竹筼。同治进士。光绪十年(1884)任驻法、德、意、荷、奥五国公使。次年兼任驻比利时公使。时中国海军初创,曾至外国船厂考察,上《外国师船表》,建议以胶州湾为海军基地,在大沽口设铁甲船。十六年充任驻俄、德、奥、荷四国公使。十八年沙俄出兵侵占帕米尔地区萨雷阔勒岭以西中国领土,他被派为谈判代表,据理以争。二十三年调充驻德国公使。次年任总理各国事务衙门大臣、礼部侍郎,调吏部。二十六年义和团运动兴起,力主镇压。八国联军陷大沽,群臣在御前朝议和战,与袁昶反对围攻使馆和对外宣战,忤慈禧太后等人。与袁昶等同时被杀。谥文肃。著有《许文肃公遗稿》、《许竹筼先生出使函稿》及《许文肃公外集》等。

许景衡(1072—1128) 宋温州瑞安(今属浙江)人,字少伊。元祐进士。宣和六年(1124),为殿中侍御史,请削三公权,论童贯不可用,忤时相王黼。复奏免江浙茶盐比较之法,极论和买、和籴、盐法之害民。旋遭斥罢。建炎元年(1127),除御史中丞,上疏为宗泽辩诬,泽赖以安。复擢为尚书右丞,凡有大政事,必请间极论。二年,为权相黄潜善等斥逐。为浙东之士从学程颐者之始。"伊川弟子无显者",他与刘安节"始见用"。永嘉九先生中,名声最大。著有《横塘集》。

许景先 唐常州义兴(今江苏宜兴)人,徙家洛阳。进士出身。中宗、睿宗时,历夏阳尉、左拾遗,以论事切直,迁滑州司士参军。开元初,为给事中。以每年赐射,动用府库赐物,耗国损人,上言切谏,自是停赐射之礼。转中书舍人,与张九龄等掌知制诰,以文翰见称,为宰相张说所重。十三年(725),玄宗令宰臣择刺史外任,因出为虢州刺史,转岐州刺史,入为吏部侍郎。其诗今存五首,文存二篇。

许敬宗(592—672) 唐杭州新城(今浙江富阳西南)人,字延族。许善心子。隋大业中举秀才。隋末投李密,为元帅府记室。唐武德初,补涟州别驾,太宗召为秦王府十八学士之一。贞观中,历著作郎、中书舍人、给事中,兼修国史。寻检校中书侍郎,专掌诰令。高宗时,为礼部尚书,助立武昭仪为皇后,与李义府诬构长孙无忌、褚遂良、韩瑗等。显庆二年(657),拜侍中。次年,进中书令,进爵高阳郡公。曾监修《武德实录》、《贞观实录》、《晋书》、《文思博要》、《永徽五礼》、《东殿新书》、《姓氏录》等,爱憎由己,虚美隐恶。咸亨初,以特进致仕。有集八十卷,已佚,《全唐文》存文三十七篇,《全唐诗》存诗二十九首。

许靖(?—222) 三国时汝南平舆(今属河南)人,字文休。东汉末与从弟劭俱知名,好评论人物,每月更换,时称"月旦评"。察孝廉,除尚书郎,典选举。董卓专权,惧祸出逃,辗转依附江东各郡守。孙策定江东,又避至交趾。刘璋遣使召之入蜀,为巴郡、广汉太守,转蜀郡太守。建安十九年(214)刘备围成都,将逾城降,为璋觉而未果,备以此薄之而不用。法正则以为其人虽有虚誉,而浮称远播,宜加敬重,以收人心,备乃厚待之。历任左将军长史,备称帝,拜司徒。年逾七十,仍诱纳后进,清谈不倦。

许珏(1843—1916) 清末江苏无锡人,字静山,晚号复庵。举人出身。曾任山东巡抚丁宝桢等人的幕僚。光绪十一年(1885)随出使美、西、秘大臣张荫桓赴欧美。十六年以候补知县任出使英、法、意、比大臣薛福成的参赞。二十年任出使美、西、秘大臣杨儒的参赞,力主保护在美华工的权益。甲午战起,因抨击朝政,被迫辞职回国。二十八年以候选道赏四品卿衔任出使意大利大臣。三十二年回国。辛亥革命后隐居不出。有《复庵先生集》。

许亢宗 北宋饶州乐平(今属江西)人。政和进士。徽宗时,任尚书司封员外郎。宣和六年(1124),金太宗继位。次年正月,受命充贺大金皇帝登宝位国信使。金太尉于宴上自夸无敌于天下,他加以驳斥,不辱使命。所作《宣和乙巳奉使行程录》,记述出使经过及见闻甚详。官至起居舍人。靖康元年(1126),因受叶梦得牵连遭贬,出任地方官。

许可变 即"改世王"。

许鲁斋 即"许衡"。

许论(1495—1566) 明陕州灵宝(今属河南)人,字廷议,号默斋。嘉靖进士。好谈兵,著《九边图论》,以知兵闻名。嘉靖三十三年(1554)以兵部左侍郎督宣大、山西军务。三十五年官至兵部尚书。三十七年遭劾削籍为民。次年复起,督蓟辽、保定军务。后再度被劾夺职。不久死。著有《默斋集》。

许迈 东晋丹杨句容(今属江苏)人,字叔玄,一名映。家世士族,不慕仕进。师鲍靓受《三皇内文》,从茅固学上清经法。立精舍于余杭悬霤山,放绝世务,遍游名山。初采药桐庐之桓山,永和二年(346)入临安西山,改名玄,字远游。王羲之常造访,共修服食,并曾为之传。著诗十二首,论神仙事,述灵异之迹。后不知所终。

许懋(464—532) 南朝梁高阳新城(今河北保定北)人,字昭哲。年十四入太学,习《毛诗》,撰《风雅比兴义》十五卷,盛行于时。尤明故事,称为"仪注之学"。起家齐后军豫章王行参军,举秀才。迁骠骑大将军仪同中记室,后兼国子博士。仆射江祏称为"经史笥"。入梁,为征西鄱阳王咨议参军,兼著作郎。凡诸礼仪多所刊正。出为始平太守,为政有能名。官至中庶子。著有《述行记》四卷,集十五卷。

许楣(1797—1870) 清浙江海宁人,字金门,号辛木。道光进士。官户部贵州司主事。后引疾归,潜心著述,曾主江苏通州(今南通)敦善书院讲席。道光二十六年(1846)刊印所著《钞币论》,反对"以纸代钱"和废银用钞,批驳王鎏《钱币刍言》中所谓行钞可"除鸦片之贻祸"等观点。谓其主张滥发纸币将不利于民,且必将引起纸币贬值,商业凋敝。著作有《真意斋诗存》等。

许孟容(743—818) 唐京兆长安(今陕西西安)人,字公范。大历进士,又第明经。贞元四年(788),张建封为徐州节度使,辟为从事,以劝谕李纳罢兵,迁濠州刺史。德宗知其能,召拜礼部员外郎,累迁给事中,以敢于驳论著闻。十七年,反对遣宦官覆视好畤县风雹事,以为紊乱纲纪。次年,浙东判官齐总以进献丰厚,超授衢州刺史,坚持不可,封还制书。十九年大旱,上疏评论时政,以讽喻太切,为德宗所不喜,改太常少卿。元和初迁刑部侍郎。四年(809),授京兆尹。神策军将骄恣,府县不能制。军吏贷人钱不还,捕之入狱,豪右为之震恐。后历兵部侍郎、知礼部贡举、河南尹、吏部侍郎、东郡留守等,皆有名。

许谧(305—376) 晋丹阳句容(今属江苏)人,字思玄,一名穆。出身世族。博学有才章。初为郡主簿功曹史,选补太学博士。官至给事中、散骑常侍。外混世务,内修真学,曾师事杨羲,受《上清经》。后居茅山。传今紫阳观南之井,为其所凿。卒后被奉为上清第三代真师、左卿仙侯真君,按《真灵位业图》列入第二左位。北宋宣和间敕封为太元广德真人。

许乃济(1777—1839)　清浙江仁和(今杭州)人,字叔舟,号青士。嘉庆进士。曾任广东按察使。道光十六年(1836)任太常寺卿,采纳部分粤绅之论而疏请弛禁鸦片,准许输入鸦片,照药材纳税;准许内地种植鸦片以抵消鸦片进口;只禁官吏兵丁吸食,百姓吸食不问。此论被英国鸦片贩子誉为"聪明办法",遭许球、黄爵滋等严正驳斥。十八年被革职回籍。有《许太常奏议》。

许乃济奏议　原名《许太常奏议》。书名。清许乃济撰。无卷数。是书录其道光时所作奏议十三篇。许乃济是禁烟的反对派,所作《鸦片烟例禁愈禁流弊愈大应亟请变通办理折》,在当时影响很大。被收为道光朝《筹办夷务始末》的第一篇。是书中所反映的道光间吏治腐败的情况,亦颇有参考价值。有中华书局《黄爵滋奏疏许乃济奏议合刊》本。

许乃普(?—1866)　清浙江钱塘(今杭州)人,字季鸿,号滇生。嘉庆进士。道光三年(1823)入值南书房,累迁侍讲学士、刑部侍郎等职。二十一年擢兵部尚书。咸丰二年(1852)授内阁学士。后历任工部、刑部、吏部尚书,以清谨负时望。英法联军进犯北京,督办京城团防事宜。有《堪喜斋集》。

许乃钊(?—1870)　清末浙江钱塘(今杭州)人,字贞恒,号信臣。道光进士。曾任河南、广东学政。咸丰三年(1853)任江南大营帮办,后因赞助镇压太平军有功,擢江苏巡抚。率军镇压上海小刀会起义,并在上海依靠苏松太道吴健彰同英、美、法侵略者勾结。次年以劳师无功被革职。七年又以三品顶戴帮办江南大营军务。旋补光禄寺卿。十年因太平军攻破江南大营,克复常州、苏州等地,再度被革职。著有《城守辑要》、《荒政辑要》等。

许尼白牙　即"玉你伯牙"。

许浦　地名。即今江苏常熟市东北浒浦。南宋时为水军戍守要地。建炎初,韩世忠讨苗正彦,驻军许浦,即此。后置镇。元置许浦通事汉军万户府,明又置巡司。

许祺身(?—约1892)　清浙江仁和(今杭州)人。历署山东章邱、朝城等县知县,后升胶州知州。光绪十五年(1889)山东巡抚张曜以循良荐,奉旨嘉奖。调署东平州知州,募兵缉盗,筑运河堤。后回胶州知州任,卒于道。

许谦　❶(334—396)北魏代(今山西大同北)人,字元逊。少有文才。代王什翼犍时,擢为郎中令,兼掌文记。从征匈奴刘卫辰,以功得僮隶三十户。道武帝即位,为右司马,受命至后秦求援以抗后燕。后赐爵平舒侯,除安远将军。❷(1270—1337)元金华(今属浙江)人,字益之。学者称白云先生。少时值宋亡,家破,发奋读书。年逾三十,受学于兰溪金履祥。虽屡被荐举,终不仕元。一度屏迹八华山中,后归家讲学,远至幽、冀、齐、鲁,近而荆、扬、吴、越,四方弟子皆来就学,广为传播理学道统,强调"君臣父子夫妇昆弟朋友应事接物之间"为学"圣"要道。对佛学亦有所批评。与许衡并称南北二许。其学承王柏、金履祥,但更重传注。著有《读四书丛说》、《读书丛说》、《诗集传名物钞》、《治忽几微》、《许白云集》等。

许荣　明南京(今属江苏)人。成化十四年(1478)取吴敬《九章算法比类大全》之法,撰《详注九章算法》,已佚。

许如兰　清安徽全椒人,字芳谷。乾隆举人。历任江西浮梁(今景德镇)、新建知县。聪敏勤学,精于历算,通中西之学。著有《乾象拾遗》、《春晖楼集》。惜多散佚。

许善心(558—618)　隋高阳北新城(今河北高阳)人,字务本。少孤,博学强记,有神童之称,举秀才。仕陈,累官度支侍郎,补撰史学士。入隋,拜通直散骑常侍,历虞部侍郎、秘书丞。仿阮孝绪《七录》更撰《七林》,整理秘藏图籍。仁寿初,累加摄黄门侍郎、太常少卿,与牛弘等议正礼乐。大业元年(605),转礼部侍郎。因得罪宇文述,左迁给事卿。后随炀帝去江都,为宇文化及所杀。著有《于太常寺听陈国祭子元所教正声乐》、《方物志》、《灵异记》等,并续修其父未成之《梁史》,皆佚。《全隋文》存文六篇,《先秦汉魏晋南北朝诗》存诗四首。

许商　西汉长安(今陕西西安西北)人,字长伯。善为算。元帝时四至九卿。成帝初,清河都尉冯逡奏请浚治屯氏河,以防河患。乃奉命行视,以为屯氏河盈溢所为,方用度不足,可且勿浚。后河果决,遂以将作大匠与光禄大夫王延世等共治河患。后为河堤都尉。鸿嘉四年(前17)河决勃海、清河、信都三郡,丞相史孙禁主张改河道经笃马河入海,他认为非《禹贡》九河流经范围,不可许。公卿皆从其议。后历任少府、侍中光禄大夫、大司农等职。

许劭(152—197)　东汉汝南平舆(今河南平舆北)人,字子将。少负名节,与郭林宗齐名于时。好品评乡党人物,每月辄更品题。汝南以此有"月旦评"之俗。曾评曹操为"清平之奸贼,乱世之英雄"。初仕州郡为功曹,辟举皆不就。后往依扬州刺史刘繇。及孙策平吴,与繇南奔豫章而卒。

许绍　隋末唐初安州安陆(今属湖北)人,字嗣宗。幼年与李渊同学。大业末,为夷陵郡通守,开仓赈流民数十万,深得人心,据守一方。武德二年(619),率黔安、武陵、澧阴等郡归唐,授峡州刺史,屡破萧铣。后从李孝恭征萧铣,卒于军。

许慎(约58—约147)　东汉汝南召陵(今河南郾城)人,字叔重。文字学家。曾任太尉南阁祭酒、洨长等职。师事贾逵。少博学经籍,为马融所推崇,时人有"五经无双许叔重"之评。为古文经学大师。以二十二年时间著成《说文解字》十四篇,编为十四卷,另叙目一卷,共十五卷。收小篆、古文、籀文共九千三百五十三字,加以解说,集西周以来文字学与古文经学训诂之大成。另撰《五经异义》十卷,已佚。今有清陈寿祺辑本《五经异义疏证》。

许师敬　元怀孟河内(今河南沁阳)人,字敬臣。

许衡子。颇习蒙古语。武宗时任吏部尚书。皇庆元年(1312),授中书参知政事。次年,奉命领国子学,并参议行贡举法。后出为山东廉访使。泰定二年(1325),拜中书左丞。依据许衡以修德为治之说,编类为帝训,请于经筵进讲,诏命与翰林学士承旨阿璘帖木儿等译成蒙古文,改名《皇图大训》,授皇太子。四年,进中书右丞。后卒于官。天历二年(1329),文宗以《皇图大训》文字尔雅,译说详明,便于蒙古人阅读,命刻印。

许世亨(?—1789) 清四川新都人。回族。行伍出身。曾参加两次金川之役及镇压林爽文起义,积功至总兵。乾隆五十三年(1788)任广西提督,因安南国王黎维祁为阮惠所逐,叩关请援,乃从两广总督孙士毅率兵出镇南关(今友谊关),入安南,败阮惠兵,至黎城。次年,遭阮惠兵围袭。清军北撤时,率总兵尚维升、张朝龙等于富良江南岸阻击,掩护大军,皆战死。

许市 即今江苏吴县西北浒关镇。此名见《吴郡图经续记》。南宋时"许"旁加水作"浒"(音仍旧),又改"市"作"墅"。见《吴船录》、《入蜀记》。

许叔微(1079—1154) 南宋真州白沙(今江苏仪征)人,字知可。绍兴进士,曾任集贤院学士,故人称"许学士"。年幼父母双亡。成年后,立志于医,刻意方书,遇有求诊者,皆悉心医治,活人甚众。对《伤寒论》很有研究。著有《伤寒百证歌》,《伤寒发微论》,《伤寒九十论》及《普济本事方》和《仲景三十六种脉法图》等书。此外,尚有《活法》,《辨证》等书,均已佚。

许思温(1366—1408) 明吴(今江苏苏州)人,一作斯温,字叔雍。以国子生署刑部主事,累官北平(今北京)按察副使。"靖难"之役中,署大兴县事,助燕王守北平。永乐元年(1403)以守城功擢刑部侍郎,改吏部左侍郎,兼太子左赞善。为汉王高煦所陷,下狱死。

许嵩 唐肃宗时人。著有《建康实录》。

许泰 明扬州江都(今属江苏)人。袭父许宁职为羽林前卫指挥使。武会举第一,以副总兵协守宣府(今河北宣化)。正德六年(1511)参与镇压刘六、刘七起义,进都督同知,留京师,与江彬侍帝左右。升左都督,封安边伯,赐姓朱。宁王朱宸濠反,率禁军平叛,纵兵杀掠,其害更甚。世宗即位,廷臣交劾,下狱论死。后免死徙边。

许天锡(1461—1508) 明福建闽县(今福州)人,字启衷,号洞江。弘治进士,选庶吉士,授吏科给事中。有时望,与何天衢、倪天明齐名,目为"台省三天"。正德元年(1506)以都给事中出使安南,举措得体,为安南王所钦服。三年事竣还朝。清核内库,得刘瑾侵匿数十事,知奏上必罹祸,乃夜具状,令家人于身后上之,遂自经。一说为刘瑾爪牙所害。著有《黄门集》、《交南诗》。

许田县 本许昌县,五代唐避其先祖李国昌讳,改为许田县。属许州。治今河南许昌县东北许田。北宋熙宁四年(1071)省为镇,并入长社县。

许湾 在今江西南城县西北。清顺治二年(1645),清将王体忠围建昌,揭重熙率乡勇来援,战于许湾而败,即此。

许文肃公遗稿 书名。清许景澄撰。二十一卷。许氏曾历任出使法德意奥荷五国大臣、出使俄德奥荷四国大臣等职,光绪二十四年(1898)充总理各国事务衙门大臣兼工部左侍郎。此书所收多为其从事外交有关的奏疏、函牍、电报、杂著和译文,内容涉及外事谈判,界务交涉,订购外国船炮,勘办路工,及筹议对外政策与加强海防等,并录有论中俄西北边界、帕米尔分界地形和外国军备军工、风俗习惯等文。是研究清季外交史的资料。

许武 东汉会稽阳羡(今江苏宜兴南)人。光武帝时,举为孝廉。为使其弟晏、普成名,分家产时自取肥田广宅及奴婢之健壮者,以瘠田劣奴付与二弟,使晏、普以谦恭克让被辟举。旋大会宗亲,申明以前所为,复将家产归还二弟,以此亦沽得贤名。后官至长乐少府。

许兀慎 又译许慎、旭申、忽神。蒙古迭儿列斤部之一。

许显纯(?—1628) 明保定定兴(今属河北)人。举武进士,擢锦衣卫都指挥佥事。天启四年(1624)掌镇抚司。附魏忠贤,性残酷,大狱频兴。毒刑害死杨涟、左光斗等十余人,伪造诸人供状。为*五彪之一。思宗即位后被杀。

许县 本春秋许国,秦置县。治今河南许昌县东。《史记·陈涉世家》:"铚人伍徐将兵居许,章邯击破之",即此。两汉属颍川郡。东汉建安元年(196)曹操迎献帝都此。三国魏黄初二年(221)改为许昌县。

许相卿 明海宁(今属浙江)人,字伯台,号云邨。正德进士。世宗立,授兵科给事中,以直谏名。然任职三年,所言皆不听,遂谢病归。家居三十余年,从事著述。著有《史汉方驾》、《革朝志》、《云邨文集》。

许行 战国时楚国人。曾师事墨翟弟子禽滑釐。与弟子数十人自楚至滕,衣褐,捆屦、织席为生。儒者陈相与其弟辛见之大悦,尽弃儒学而从之。主张"贤者与民并耕而食,饔飧而治"。认为国君设"仓廪府库"是"厉民以自养",非为贤君。事见《孟子·滕文公上》。一说与《吕氏春秋·当染》所载之许犯实为一人。

许雪秋(1875—1911) 清末广东海阳(今潮安)人,原名梅,又名有若。生于新加坡华侨富商之家。光绪三十年(1904)返潮州谋革命。次年组织革命军,被举为司令。旋事泄,重赴南洋。三十二年入同盟会,被委为中华国民军东江都督,未几归粤。次年先后三次策动在潮汕一带起事,均败,复流亡南洋。三十四年谋再举,因经费无着,对同盟会本部颇有怨辞。旋加入光复会。武昌起义后回广东组织南路进行军,攻克潮汕。旋被清降将吴祥达杀害。

许询 东晋高阳北新城(今河北徐水西)人,侨居会稽(治今浙江绍兴),字玄度。少称神童。及长善属文，与孙绰齐名。与刘惔、王羲之、孙安、郗愔等筑室东甄，清谈往返，文字交游。司徒辟掾，不就。信佛，穆帝时，曾舍永兴、山阴二宅为崇化、祗垣寺。有集，今亡。

许逊(？—374)　东晋汝南(今属河南)人，一说南昌(今属江西)人，字敬之。年二十从吴猛学道，尽得其秘传。后举孝廉，曾为旌阳令。后见世乱，弃官东归，周游江湖。传于宁康二年(374)全家拔宅飞升。宋代封为"神功妙济真君"。世称许真君或许旌阳。一说享寿一百三十余岁。

许杨　东汉初汝南平舆(今河南平舆北)人，字伟君。少好术数，通晓水利。西汉末为酒泉都尉。新莽时，匿名行医。东汉建武十八年(42)，汝南太守邓晨任以为都水掾，主持修复郡内鸿郤陂，溉田数千顷，民得其利。以此触犯豪族，被诬下狱，获释后病死。百姓念其功绩，常祭祀之。

许尧佐　唐人。贞元进士，又举宏词科，官太子校书郎。贞元十六年(800)佐征西府。元和十一年(816)，以左赞善大夫为副使去南诏。官至谏议大夫。著有传奇小说《柳氏传》。《全唐文》存其文六篇。

许扆　元绛州曲沃(今属山西)人，字君黼，一名忽鲁火孙。许国祯子。从学于许衡。为世祖宿卫。拜礼部尚书、提点太医院事。以善于辞令，常出面会见使臣。成宗即位，以中书右丞署太常事。后出任陕西行中书省右丞。

许异　战国时人。韩哀侯时，严遂(仲子)与韩相侠累不睦，严遂使聂政刺侠累，侠累惊走而抱哀侯，聂政刺之兼伤哀侯。他蹴哀侯，令其佯死，使哀侯免于难。以此功，后拜为相。事见《战国策·韩策》。惟许异之名，不见于《史记》的《韩世家》、《六国年表》和《刺客列传》。且《世家》、《年表》所记聂政刺韩相事与《列传》所述的时代也不同，其中必有一误。参见"聂政"。

许奕(1170—1219)　南宋简州(治今四川简阳)人，字成子。庆元五年(1199)进士第一。累迁起居舍人，曾致书韩侂胄，谓国力衰弱，不宜用兵。开禧北伐失败，奉命使金，还奏和议不可恃，当整饬朝政，训练士卒，加强武备。旋以权礼部侍郎、摄兼侍读，每进读至古今治乱，必参言时事。迁权给事中，论驳权贵十六事，颇得好评。后历知泸州、遂宁府、潼川府。进显谟阁学士致仕。

许胤宗(约536—626)　隋唐间常州义兴(今江苏宜兴)人。曾任尚药奉御。曾治南朝陈柳太后病风不言，造黄芪防风汤数十斛，置于床下薰治，当夜便得语。武德年间，关中(今陕西中部)多骨蒸病(相当今结核病)，得之必死，并相互传染，诸医无能疗者。但经其诊治者，无不愈。主张切脉诊断，用药若有正相当者，则主张单用一味，不宜杂药乱投。

许应骙(？—1903)　清广东番禺人，字筠庵。道光进士。历任翰林院侍读学士、甘肃学政、兵部侍郎。光绪二十三年(1897)在总理衙门行走，擢礼部尚书。百日维新期间欲将经济科归入八股，遭宋伯鲁、杨深秀弹劾。光绪帝饬其按所参各节明白回奏，他诡辩掩饰，诋毁康有为。礼部主事王照疏请光绪帝游历日本，他不肯代递，并劾其"咆哮署堂"，请加惩治。因壅塞言路被光绪帝革职。戊戌政变后升闽浙总督兼署福州将军。二十六年为防止义和团运动，参与"东南互保"，与英、俄、美等六国驻福州领事签订《福州互保协定》。

许永新　唐吉州永新(今属江西)人，原名和子。本乐家女。开元末选入宫，为宜春院内人，因籍里改名永新。善歌，能变新声，唱腔高亢响亮。《乐府杂录》称其"喉啭一声，响传九陌"。有勤政楼高歌止喧的趣闻。安史乱后，脱离宫廷，避难广陵，辗转殁于京师。

许攸　东汉末南阳(治今河南南阳)人，字子远。少与袁绍及曹操善。中平五年(188)，冀州刺史王芬谋以兵诛宦官，废灵帝，立合肥侯。他参与其事，未成。初平中，随袁绍在冀州。官渡之战，谏绍勿与曹操相攻，绍不听，乃知不可与谋。又因家人犯法，为审配收系，遂奔操。向操献计轻兵袭乌巢(今河南延津东南)袁氏辎重，袁军自败。后果如其言。自恃勋劳，对操常不敬，遭忌被杀。

许由　由又作繇。相传为尧时人。隐于沛泽，尧闻其贤，欲以天下让之，不受而逃于颍水之阳箕山之下；尧又欲召为九州长，不愿闻，遂洗耳于颍水之滨，死后葬箕山(今河南登封东南)。或说许由与巢父实是一人(《文选·应璩书》引《古史考》)。

许有壬(1287—1364)　元汤阴(今属河南)人，字可用。延祐进士。授同知辽州事。历事仁宗至顺帝七朝，四十多年间先后任吏部主事、监察御史、两淮都转运盐司使、奎章阁学士院侍书学士、中书参知政事、中书左丞、翰林学士承旨、集贤大学士兼太子左谕德等职，于至正十七年(1357)致仕。工辞章。有《至正集》、《圭塘小稿》。

许圉师(？—679)　唐安州安陆(今属湖北)人。许绍子。进士出身。累迁给事中。显庆四年(659)，以黄门侍郎同中书门下三品。旋为散骑常侍、检校侍中。龙朔二年(662)，为左相。次年，左迁虔州刺史，寻转相州。为政宽简，上元中进户部尚书。

许原　地名。在今陕西大荔县西北。《资治通鉴》：梁大同三年(537)，东魏高欢自蒲津渡黄河，攻冯翊不克，"乃涉洛，军于许原西"，即此。

许远(709—757)　唐杭州盐官(今浙江海宁西南)人，字令威。许敬宗曾孙。明吏治。初从军河西，为支度判官。安禄山反，玄宗召为睢阳太守、本州防御使。至德二载(757)，安禄山部将尹子奇进攻睢阳，他召真源令张巡入城，合力坚守。自知才不及巡，居巡之下，专治军粮战具。城被围经年，外援不至，兵粮俱尽，城陷被俘，执送洛阳，为安庆绪所杀。

许瓒(1473—1548)　明陕州灵宝(今属河南)人，字廷美，号松皋。弘治进士。授大名府推官，以善辨疑案著名。嘉靖二十三年(1544)，以吏部尚书入阁。政事秉承严嵩，加少傅。次年忤帝意，革职闲住。著有《五经臆说》、《三曹奏议》、《松皋集》。

许昭(？—约175) 东汉会稽(治今浙江绍兴)人。熹平元年(172),于句章(今浙江宁波西北)起兵,自称大将军,立其父为越王,屡败官军,众至万余人。后为扬州刺史臧旻所败。复重整旗鼓,与官军相持达三年之久,终被镇压。父子等数千人被杀。

许振祎(？—1899) 清江西奉新人,字仙屏,号大泽村人。同治进士。咸丰初年以拔贡生为曾国藩幕僚,募乡兵同太平军作战。中进士后授编修,出任陕甘学政。在陕西泾阳设立书院,奏准陕、甘分设学政。光绪八年(1882)授河南彰卫怀道,历江宁布政使。十六年擢东河河道总督。二十一年改广东巡抚,建言停厘捐,节用民力。二十四年百日维新中裁撤广东巡抚,他奉调入京。旋回籍。

许智藏(约538—617) 隋高阳(今河北高阳东)人。因母病研习医书,以医术名于乡里。曾仕陈,官散骑常侍。入隋,任员外散骑侍郎。炀帝时致仕家居。尝治秦孝王杨俊疾,生死如其言。治炀帝疾,用药皆效。

许州 北周大定元年(581)以郑州改名。治长社县(隋改名颍川县,唐复旧,明初废。今河南许昌市)。隋大业初改为颍川郡。唐初复名许州。天宝元年(742)改为颍川郡,乾元元年(758)复为许州。唐辖境相当今河南许昌、长葛、鄢陵、扶沟、临颍、舞阳、襄城等市、县地。贞元以后为忠武军节度使治。五代梁为匡国军节度使治。后唐复为忠武军节度使治。北宋属京西北路。元丰三年(1080)升为颍昌府。金复为许州,属南京路。元属汴梁路。明属开封府。清属河南省。1913年改本州为许昌县。

许孜 西晋东阳吴宁(今浙江东阳东)人,字季义。师事孔冲,冲亡,蔬食执役,制服三年。双亲没,庐墓二十余年。元康中,郡察孝廉,不起,巾褐终身。卒年八十余。

许宗彦(1763—1817) 清浙江德清人,字积卿,又字周生。嘉庆进士。官兵部主事。后引病归居杭州,杜门读书。于学无所不通,有通儒之称。尤精天文学,著有《日左右旋诸解》、《北极说》、《太岁太阴超辰说》等。

许宗扬(约1816—?) 清广西人,又名许十八。参加金田起义。初任御林侍卫。咸丰三年(1853)克南京,升指挥。曾随石达开西征,十一月回天京(今南京),封恩赏丞相。次年升冬官又副丞相,率兵从曾立昌等救援北伐军,至山东,克临清。旋全军南退江苏丰县溃灭,回天京,收入东牢。六年天京内讧时,为北殿右二十丞宣,随韦昌辉杀杨秀清。后不详。

许缵曾(1627—?) 清江南华亭(今上海松江)人,字孝修,号鹤沙。徐光启曾外孙。自幼受洗礼,信奉天主教,教名巴西略。顺治进士。康熙初官河南按察使,时值河南传播天主教,曾特建新堂,教务大兴。后杨光先因修历法劾汤若望等人,株连革职归里。汤案得白,复起为云南按察使,到滇未及一年,便辞职归养。著有《宝纶堂稿》、《滇行记程》、《育婴编外》、《三奇记院》等书。辑刻有《太上感应篇图说》。

浒墅 原作许市,南宋时改作"浒墅"(《吴船录》、《入蜀记》)。即今江苏吴县西北浒墅关镇。《明史·世宗纪》:嘉靖三十四年(1555),"苏松巡抚都御史曹邦辅败倭于浒墅",即此。

浒墅关监督 官名。清代户关监督之一。顺治二年(1645)设,为浒墅榷关之主官。大关在苏州府和长洲浒墅地方。掌理征纳货税、船料及牲畜税。雍正二年(1724)改由苏州织造兼充。

盨 古代盛食器,与簋同类。一般以青铜铸成。用以盛放稻、粱、黍、稷等食物。器呈椭角方形,深腹,敛口,圈足,有两附耳,下接圈足,亦有作兽足者,有盖,盖多有四矩形钮,可仰置。流行于西周中晚期。

xù

旭烈兀(1217—1265) 伊利汗国创建者。拖雷之子,元宪宗蒙哥、世祖忽必烈同母弟。宪宗二年(1252),奉命统领阿母河以西地,率大军西征未服诸国。四年,自蒙古启程。六年,灭木剌夷。八年,攻陷报达(今伊拉克巴格达),灭哈里发。九年,攻入叙利亚地区。次年春,得宪宗死讯,命先锋怯的不花继续进兵,自统军东返。途中闻忽必烈(世祖)已即帝位,遂留波斯。奉世祖命,仍领阿母河以西地。中统三年(1262),与钦察汗别儿哥争夺太和岭(今高加索山脉)山地。随即建立汗国,分置各州长官,以蔑剌合(今伊朗阿塞拜疆省马腊格)和帖必力思(今伊朗大不里士)为都城,称伊利汗。

旭迈杰 又译旭灭杰。元泰定帝藩府旧僚。泰定帝即位后,任宣政院使,改中书右丞相,受命治铁失党。后兼阿速卫达鲁花赤。

旭灭杰 即"旭迈杰"。

序 周代地方教育机关之一。序在最初是学习射箭和养老的场所,在周代成为进行教育的地方。乡老对少年儿童进行一般文化教育和礼乐教化都在这里进行。

序班 官名。(1)明代内阁之属官。掌诰敕之誊副缮正之事。分在诰敕、制敕两房办事,位在中书之下。(2)明清鸿胪寺属官。明洪武九年(1376)始设。司仪、司宾两署皆置。各五十人,后革八人,又复设六人。从九品。掌朝廷仪礼之侍班、齐班、纠仪和传赞等事宜。南京鸿胪寺亦设。清顺治元年(1644)沿置,二十二人。乾隆七年(1742)定为四人,均汉员,从九品。又于儒学生内考录学习序班八人。(3)清代会同四译馆之属官。定制为二人,从九品。掌教习各国文字,以备翻译。

序册 清地方官府向中央奏报钱粮之册簿,其内容与*奏销册同。顺治初,议定每年造送。康熙四年(1665),以其糜费无益,令永行停止。

序点 春秋末人。曾向孔子学射。《礼记·射义》:"孔子射于矍相之圃。"因与子路、公罔之裘等人皆受其教。

序卦 《易传》篇名。"十翼"之一。内容为解说六十四卦之排列顺序。其中表现出一些朴素唯物和辩证的观点。如"盈天地之间者唯万物",肯定先有天地万物,才有男女、夫妇、父子、君臣、上下等社会关系和"礼义"等的道德规范;认为整个世界都是由若干不同层次的对立事物构成的;并认为"物不可穷也,故受之以未济,终焉"。"未济"是六十四卦中的最后一卦。卦虽有终,然而事物的发展变化是没有穷尽的。今本《易经》六十四卦与《序卦》所说顺序相同。马王堆帛书《易经》六十四卦与《序卦》所说顺序迥异。可知先秦《易》之卦序有几种顺序不同的排列。

序迁 指官吏按资历和任内治行,循序进升官职和品级。明清地方官多由此而任。

序水 即"序溪"。

序溪 一作序水。即溆水。今沅水支流。《汉书·地理志》:武陵郡义陵县:"鄜梁山,序水所出,西入沅。"《水经·沅水注》:义陵县(今湖南溆浦县南)"所治序溪,最为沃壤。良田数百顷,特宜稻,修作无废"。

叙封 官制用语。古代宗室外戚、内外臣工依不同品级加封其母、妻邑号,如国太夫人、郡太夫人、郡夫人、郡太君、郡君之类,称为叙封。

叙复 官制用语。宋代对犯罪官员减轻处分的一项规定。官员在任被责降官或罢官、追停、停职等,遇赦恩得以恢复原有官资,收叙任用,称叙复。

叙官局 官署名。清宣统三年(1911)五月设,为责任内阁下属机构之一。掌管原吏部的部分职掌,如内外官员简任、奏任、委任,各官履历稽核存储,以及文官考试、处分等。

叙阶 官制用语。按班秩阶品授官,称为叙阶。唐代有二十九阶。叙阶之法,分别以封爵、亲戚、勋庸、资荫、秀孝、劳考,以及除免而复叙。凡应入三品五品者,皆待别制而进之,不然则否。

叙禄命 篇名。唐吕才著。系其刊正的《阴阳书》之残篇,为驳斥《禄命书》的阴阳术数迷信而作,故名。揭露卜筮者"高人禄命"以取悦人心,而"矫言祸福"以诈骗钱财。以历史人物和事实证明"禄命说"的"不验"。批评王充"见骨体而知命禄,睹命禄而知骨体"的错误观点。认为人的贵贱、寿夭、祸福非关"禄命",而是人为的"积善"或"积恶"的结果,宣称"皇天"将赐福"善人",剿绝罪孽,表现出儒家的偏见。载《旧唐书·吕才传》。

叙南等处蛮夷宣抚司 亦名叙州等处宣抚司。元至元十三年(1276)于叙州(今四川宜宾)置,辖叙州、马湖二路。叙州路领宜宾、庆符、南溪、宣化四县及高、富顺二州;马湖路领长宁军及戎州。所属还有上罗计长官司、下罗计长官司、四十六囤蛮夷千户所以及诸洞、处、寨蛮夷官。其地相当于今四川宜宾地区、泸州市南部、凉山彝族自治州东部。

叙迁 官制用语。宋代选举制度之一。北宋前期,文臣京官至三师,武臣三班借职至节度使、通事舍人至横班,宗室率府副率至侍中,以及宦官,皆依一定秩序升迁,称为叙迁。

叙永厅 清雍正八年(1730)置。治今叙永县东,属叙州府。乾隆元年(1736)升为直隶厅,属四川省。辖境相当今四川叙永、古蔺等县地。光绪三十四年(1908)改为永宁直隶州,治今叙永县。1913年废,改本州为叙永县。

叙用 分级任用。《三国志·魏志·邓艾传》:"陛下龙兴,阐弘大度,释诸嫌忌,受诛之家,不拘叙用。"

叙葬书 篇名。唐吕才著。系其刊正的《阴阳书》的叙言,收入《旧唐书·吕才传》。为驳斥《葬书》的阴阳术数迷信而作。以《礼记》、《春秋》、《左传》为依据,说明人的富贵官品不是取决于先辈安葬的时日和地点,而决定于后天的道德修养。揭露迷信风水所造成的社会危害,对圣人礼教的破坏。认为儒家经典关于"卜其宅兆"、"谋及龟筮"的仪式,"斯乃备于慎终之礼,曾无吉凶之义",同"阴阳葬法"的迷信有严格区别。

叙赠 宋代叙封与赠官合称。宋制,三公、宰执、节度使叙赠三代,金紫光禄大夫、银青光禄大夫叙赠两代,余官叙赠一代。

叙宅经 篇名。唐吕才著。系其刊正的《阴阳书》之残篇。为驳斥《宅经》的阴阳术数迷信而作,故名。认为《宅经》将天下万物分属于宫、商、角、徵、羽"五姓",并据以推断行事吉凶的说法,不符合古代姓氏起源的实际。指出古代姓氏的蕃衍,皆"因邑因官,分枝布叶",毋需"分属宫商"。并指出其"配属"方法,对一些姓氏"欲似同韵相求",而对另一些姓氏则"又非四声相管",自相矛盾,"义理乖僻"。载《旧唐书·吕才传》。

叙职 官名。隋大业三年(607)所置四方使者署属官,每署一员,掌其方贵贱立功合叙者。

叙州 北宋政和四年(1114)改戎州置。治宜宾县(今市。南宋咸淳三年移治登高山,今市东岷江东岸。元至元十三年还旧治)。属梓州路,后属潼川府路。辖境相当今四川宜宾、南溪、屏山等市、县地。元至元十八年(1281)升为叙州路。

叙州府 明洪武六年(1373)改叙州路置。治宜宾县(今市)。辖境相当今四川自贡、宜宾、高县、隆昌、富顺、南溪、长宁、兴文、珙县、筠连等市、县地。明清属四川省。清雍正五年(1727)以马湖府省入,辖境扩大至今沐川、马边、美姑、雷波、屏山等县地。1913年废。

叙州路 元至元十八年(1281)升叙州置。治宜宾县(今市)。辖境相当今四川宜宾、自贡、富顺、南溪、高县等市、县地。明洪武六年(1373)改为府。

叙州三路蛮 宋代叙州(今四川宜宾地区)有董蛮、石门番部、南广蛮,称三路蛮。董蛮分布于驯、骋、浪等羁縻州(今雷波境),因其首领为董姓,故名。宋初董春惜曾贡马,自称马湖路三十七部落都王子。南广蛮分布庆符县(今四川高县符江镇)以西之连、为、照、筠等十四羁縻州(今四川筠连、珙、高县一带)。大观三年(1109)其首领罗永顺、杨光荣、李世恭等各以部属降,遂置滋、纯、详三州,后皆废。石门番部在曲、靖等十三羁縻州(今川滇交界区),其俗椎髻、披毡、居栏栅,以畜牧业为主,精悍善战。元明时三路蛮为都掌蛮、彝人之组成部分。

恤 两晋、南北朝时,官吏于俸禄之外,又依品秩给予各种名色吏力的泛称。吏力,即以低级职吏为官员给事服役。吏力之制始于西晋,吏力之名色有"亲信"、"恩信"、"温信";东晋称"传诏"、"羊车"、"仗身"、"白从";十六国后秦时始见称"恤",以后又称"恤吏"、"亲恤"或"僮恤"。南朝梁有"局足"、"健步"等名色。恤与俸禄、供赐连称为"禄恤"、"俸恤"或"供恤"。吏力之制初行,均为实给现役,其后如不实给现役,则按应给之吏力给予廪赐,或由吏力纳钱代役。故恤又指吏力制所给之廪赐或吏力所纳之代役钱。

恤吏 见"恤"。

恤品路 金天会二年(1124)改率宾府置,以境内有恤品河(今绥芬河)得名。恤品亦作率宾、苏滨、苏濒、恤频、速频,皆同音异译,治今俄罗斯乌苏里斯克(双城子)附近。辖境相当今乌苏里江流域及绥芬河流域以东至大海之间地区。*东夏国改作率宾。

恤忠祠记碑 明碑。在云南省施甸县姚关,明万历十五年(1587)立。碑文记明将邓子龙守边事,为西南边防史重要资料。时有江西人岳凤为陇川宣抚司多士宁记室,杀主篡权,勾结耿马罕虔,依附外力,数路犯滇。明廷任命邓子龙为永昌参将,率募兵远道驰援,于万历十一、十二年之交,在姚关、湾甸、三尖山三战三捷,并与刘綎配合,平息叛乱。

绪棚 攻城器械。架木为棚,高下如*头车。因接于头车之后,故名。棚上及两旁皆设皮笆以御矢石。若头车进则随其远近益设之。遇壕、凿城则运土杂刍藁,运者皆自车中及绪棚下,往来矢石不能及。棚各泥浆、麻搭、浑脱、水袋,以防敌火焚棚。

续碑传集 书名。近人缪荃孙编纂。八十六卷。清代人物传记碑铭汇编。钱仪吉《碑传集》成于道光间,所收人物从清初至嘉庆。缪氏自光绪七年(1881)始行续之,于宣统二年(1910)成此书。除自撰十余人传外,征引姚莹、李元度、冯桂芬、曾国藩、李鸿章、屠寄等三百五十九家著述及《吉林通志》、《畿辅通志》、《淮安府志》、《顺天府志》、《荆州驻防志》等十六种志书,收道光、咸丰、同治、光绪四朝人物一千一百十一人。其分类宰辅、部院大臣、内阁九卿、翰詹、科道、曹司、督抚、河臣、监司、守令、校官、佐贰杂职、武臣、忠节、藩臣、文学、孝友、义行、列女与《碑传集》同。惟将钱书理学、经学两类合为儒学一类,将钱书、方术类易为艺术类。又于藩臣后增客将一类,收华尔、戈登等四人。四朝人物辈出,所收亦有疏漏,如薛福成、翁同龢、许景澄、黄遵宪、张之洞等均未收入。缪氏又尝补编乾隆、嘉庆诸名人为十四卷,未刊。近人闵尔昌有《碑传集补》六十卷,以清末人物为主,兼收咸丰、道光以前为《碑传集》、《续碑传集》所遗漏者。有宣统间江楚编译书局本。

续北山酒经 书名。北宋李保撰。保,医学博士,曾和朱肱同事。是书系对朱肱《北山酒经》的增补,补充了当时四十六种酿酒制曲法。

续编绥寇纪略 书名。清叶梦珠辑。五卷。记张献忠、孙可望及永历奔缅甸等事,以续吴伟业《绥寇纪略》。纪事本末体,亦以三字标目,计目为蜀川沸、滇黔窜、争挟王、缅甸散,尚有附录记闻等。前有康熙二十七年(1688)自序。

续藏书 书名。明李贽撰。二十七卷。为续其《藏书》之作。《藏书》自战国记至元亡为止,本书自明初记至万历之前。所记人物上自王侯将相下至郡县名臣士庶人等四百余人,分为开国名臣、开国功臣、逊国名臣、靖难名臣、靖难功臣、内阁辅臣、勋封名臣、经济名臣、清正名臣、理学名臣、忠节名臣、孝义名臣、文学名臣、郡县名臣十四类。在一些类之前写有总论,对个别人物写有专论与评语。评论精辟,多发人深省。然于传中只扬善不刺恶,则与《藏书》有所不同。内容取材于当代人物传记与文集,不惟丰富翔实,且能据事直书,无所避讳,对研究明史颇有补益。最早刻印于李贽死后九年之万历三十九年(1611),虽明清两朝列为禁书,但流传不辍。

续昌(?—1892) 清蒙古正白旗人,那拉氏。同治年间历任军机章京、员外郎、总理各国事务衙门章京职。光绪初年,授直隶霸昌道。后调奉、锦、山海道兼按察使衔,整顿税收,筹办厘捐。光绪十年(1884)升两淮盐运使,旋偕吴大澂赴朝查办"甲申事变"。次年授湖南按察使,迁内阁学士兼礼部侍郎衔。十五年累擢户部左侍郎。十八年因病开缺。

续订旅大租地条约 原名《租地条款》或《租地条款专条》,又称《会订续约》。清光绪二十四年闰三月十七日(1898.5.7)驻俄公使许景澄与莫拉维诺夫在俄国首都彼得堡签订。凡六款。主要内容:1.俄国租地北界应从辽东西岸亚当湾之北起,穿过亚当山脊(山脊亦归俄租地)至辽东东岸皮子窝湾北;附近水面及陆地周围各岛,准俄国享用。2.隙地北界线应从辽东西岸盖州河口起,经岫岩城北至大洋河,沿左岸至河口,此河亦在隙地内。铁路、矿山和一切道路利益不得让予他国。3.俄国所筑中东铁路支线经过地方的铁路利益,不得让予他国;金州城自治,中国兵由俄国兵替代。

续订招工章程条约 英、法两国与清政府订立的不平等条约。系援用《北京条约》中有关招收华工的条款拟定的具体章程。同治五年正月十九日(1866.3.5),由英国驻华公使阿利国(Rutherford Alcock,1809—1897)、法国驻华公使柏尔德密(Jules François Gustave Berth-emy,1826—1903)与总理衙门大臣签于北京。凡二十二款。主要内容:1.外国人报请其领事批准后,即可在华口岸设公所招收出国华工;2.制定了侵犯华工权益的诸多细则,要求华工务须尽守,合同以五年为最长届期;3.严惩拐骗、胁迫不愿应招之华民者。因英、法政府不满足该约规定的侵略权益,未予批准。

续对数简法 书名。清*戴煦著。一卷。成书于道光二十六年(1846)。是对《对数简法》的补充和发展,对开方法和对数造表法进行了继续研究。在项名达启发下,得出指数为任何有理数的二项式展开式,与牛顿1676年得到的二项式展开式一致。"论借数"给出了对数函数的幂级数展开式,"论用数"是《假数测圆》三角函数对数展开式的基础。

续焚书 书名。又名《李氏续焚书》。明李贽著。五卷。由门人汪本珂搜集整理《焚书》未刻之稿付梓。收录其书信、序跋、杂著、史论、诗等一百四十七篇。最早刻于明万历四十六年(1618)。1961年中华书局校点出版,1974年又与《焚书》合为一册出版。

续富国策 书名。清陈炽著。成书于光绪二十二年(1896)。是一部关于经济问题的专著。作者企图把它写成中国的《国富论》,自称是"为救中国之贫弱而作"(《自序》)。书中主要是直接探讨一些与发展中国资本主义有关的现实经济问题,分农、矿、工、商四卷,六十四个项目。其中有很多当时发展起来的自然科学、技术和社会科学知识。

续高僧传 书名。又称《唐高僧传》。唐道宣撰。三十卷。续梁慧皎《高僧传》而作。体例一仍其旧,故名。又称书成于贞观十九年(645),后有增续。记事起梁初,止唐麟德二年(665)。正传收四百八十五人,附见二百十九人。分译经、义解、习禅、明律、护法、感通、遗身、读诵、兴福、杂科十门。为研究佛教史的重要资料。其中真观、智文等传,可资考史。全书可以校勘《全南北朝文》及《全唐文》。唐慧琳《一切经音义》和五代后晋可洪《藏经音义随函录》载有本书音义。通行本有三十卷本,以频伽本为足本,三十一卷本有宋、元藏本,四十卷本有嘉兴藏本、扬州本。

续高士传 书名。清高兆撰。五卷。所记始于晋之皇甫谧,迄于明之穆庙,千余年间,共录一百四十三人。顺治十八年(1661)八月创稿,次年二月撰成。

续古今人表 书名。唐韩祐撰。十卷。开元十七年(729)奏上。已佚。

续古摘奇算法 书名。南宋德祐元年(1275)杨辉与刘碧涧、丘虚谷在诸家算法奇题基础上编纂而成。二卷。编排杂芜,但给出造三、四阶纵横图的程序及若干五至十阶纵横图,并在海岛题解中概括出勾股形中容横容直相等的定理,是个创举。

续汉书 书名。西晋司马彪撰。原为纪、志、传共八十篇,《隋书·经籍志》及《旧唐书·经籍志》作八十三卷。记述东汉光武帝至献帝约二百年史事。纪、传已佚,清汪文台有辑本五卷,收入《七家后汉书》。南朝梁刘昭为范晔《后汉书》作注时,以范书无志,乃取本书之八志三十卷以补之;北宋真宗乾兴元年(1022)合刊为一书,故得流传至今。八志的标目为《律历》、《礼仪》、《祭祀》、《天文》、《五行》、《郡国》、《百官》、《舆服》。

续弘简录 即"元史类编"。

续后(後)汉书 书名。(1)南宋萧常撰。四十七卷。纪传体三国史。其书体例与陈寿《三国志》不同,以蜀汉为正统。起昭烈帝刘备章武元年(221),迄后主刘禅炎兴元年(263)。计帝纪二卷,年表二卷,列传十八卷,吴载记十一卷,魏载记九卷。又别为音义四卷,义例一卷。常既以蜀续汉统,故名为《续后汉书》。取材以陈志及裴注为主,建安以前事则据范晔《后汉书》。然记魏事过于简略,且置于吴后,未免矫枉过正。(2)元郝经撰。九十卷。记述三国史事,纪传体。中统元年(1260),经以翰林侍读学士使宋,为贾似道所拘留,居于真州(今江苏仪征)十六年,在使馆著书七种,是书即其中之一,写成于至元九年(1272)。是书取陈寿《三国志》旧文,重为改编,而以《裴注》之异同,《通鉴》之去取,参校刊定。陈书以魏为正统,此则改以蜀汉为正统,立本纪,黜吴、魏为列传,三国之臣以汉、吴、魏别之;并有儒学、文艺、行人、义士、高士、死国、死虐、技术、狂士、叛臣、篡臣、取汉、平吴、列女、四夷诸类传;又以陈书无志,作道术、历象、疆理、职官、礼乐、刑法、食货、兵八录以补其阙。各冠以序,而终以议赞。凡为年表一卷,帝纪二卷,列传七十九卷,录八卷。元延祐五年(1318)刊行于世。追明中叶已失传,清编《四库全书》时,乃从《永乐大典》辑出,阙年表一卷,刑法录一卷,其余亦各有残缺。

续画品录 书名。或称《画评》、《后画品录》、《续画品》。南朝陈姚最撰。为谢赫《古画品录》之续编。书载自刘宋至萧梁画家凡十八人,另有印度等外国僧人画家凡三人,合写成评论十六则。不分品。其艺术观点与谢赫基本一致,但对顾恺之被评述为第三品深为不满,以为长康(顾恺之字号)之美,矫然独步。

续皇朝百官公卿表 书名。宋李焘撰。一百四十二卷。绍兴中,焘始撰《续资治通鉴长编》,其书浩大未毕,乃仿司马光《皇朝百官公卿表》,遍求正史实录,旁及野史传闻,增广门类,起建隆,迄宣和,合新旧官制,以成是书。已佚。

续会要 书名。唐崔铉监修,杨绍复、崔瑑、薛逢、郑言等修撰。四十卷。叙德宗以来至宣宗大中六年(852)事,以续苏冕《会要》。大中七年献于朝廷。

续稽古录 书名。南宋龚颐正撰。一卷。起熙宁元年(1068),止绍熙五年(1194),以续司马光《稽古录》,而叙述繁杂。其记绍熙末定策立宁宗事,归功于韩侂胄。庆元初上之。侂胄败,有诏毁板,其书不传。

续纪年通谱 书名。北宋毕仲荀撰。一卷。为续宋庠《纪年通谱》之作,自宋仁宗庆历二年(1042)至哲宗元符三年(1100)。

续降 宋代法令名称。朝廷编纂各种法制文书后,陆续颁布的宣敕、赦书、德音等,称"续降宣敕"、"续降德音"。尚书省及其所属吏、刑、户等部为处理某事对下级官府发出的指挥,相继援用,称"原降指挥",其后陆续发出新的指挥,则称"续降指挥",亦称"后敕"。以上二类陆续颁布的新法令,通称"续降"。续降指挥等由有关机构编录成册,定期颁布,内外遵守。

续降制书 金法律类编。又称《续降通类》。海陵王正隆年间编制,对旧制多有改易,与熙宗《皇统制》并行。金世宗时对两律重加修订,增补《大定军前权宜条理》的内容,合订为《大定重修制条》。

续借英德洋款 即"英德续借款合同"。

续锦里耆旧传 书名。北宋张绪撰。十卷。宋初句延庆撰《锦里耆旧传》,记前、后蜀事。绪续其书,起乾德三年(965),迄大中祥符二年(1009)。自平蜀之后,朝廷命令、官吏姓名、政事因革,以至李顺、王均、刘旰起事之迹,皆略载之。

续晋纪 书名。南朝宋郭季产撰。五卷。编年体。记东晋史事。已佚。

续晋阳秋 书名。南朝宋檀道鸾撰。二十卷。编年体。记述东晋史事。已佚。清黄奭有辑本一卷,收入《汉学堂丛书》;汤球有辑本二卷,收入《广雅书局丛书》。

续经 战国时赵国人。与李欬为友。后赵欲捕李欬,他与李欬奔卫。旋向卫吏告密,李欬被捕,他因而仕赵为五大夫。时人鄙视其行,不与同朝。其子孙亦无人与之交友。见《吕氏春秋·无义》。

续考古图 书名。南宋赵九成撰。五卷。著录古代器物一百件,体例与吕大临《考古图》相似。器物注名称,摹绘图形、款识,记录大小、容积、重量。出土地点及收藏之处,可考者亦加说明。少数有铭文而不摹,摹文而不释。所定器名错误较多,价值不及《考古图》。

续名僧记 书名。隋明克让撰。一卷。已佚。

续名医类案 书名。清魏之琇著。六十卷。作者曾校订刊行江瓘的《名医类案》,认为此书尚有缺漏,乃取清初以前历代名医(主要是当代名家)医案加以增补。成书于乾隆三十五年(1770)。全书共分三百四十五门,其中内、外、妇、儿、五官等各科病证大致齐备。内科包括伤寒、温病、疫证及多种杂病;其他各科均以专卷形式辑述。《四库全书总目提要》称此书为"网罗繁富、细大不捐"。现存有《四库全书》本及同治、光绪年间刻本多种。1957 年人民卫生出版社据光绪十一年(1885)信述堂重刊本予以影印出版。

续明纪事本末 书名。清倪在田撰。十八卷。记载南明历史的纪事本末体史书。认为福王政权秕政颇多,故以兵事为纲,详于浙,略于闽。永历政权所据地区,湖南北、广东西、四川、黔滇各为一卷,叙其事实。仿《江南义师始末》例,集南渡抗清者史实,题为《东南殉节》。对李定国抗清事迹也记述较详。分题简明,记事扼要。有光绪二十九年(1903)刊本。

续牛羊日历(曆) 书名。唐皇甫松撰。缺卷数。续刘轲所撰《牛羊日历》。已佚。《资治通鉴考异》有征引。

续齐谐记 书名。志怪小说集。南朝梁吴均撰。一卷。因续宋东阳无疑《齐谐记》之后,故名。内容虽多怪异之事,但亦有岁时节令及民间传闻。其中《鹅笼书生》等篇源于印度故事,为中印文学之合璧。文笔清丽。今本亦为一卷,然非全帙。

续黔书 书名。清张澍撰。八卷。其内容包括贵州地方的物产、风俗、民情、地理、山川、名胜、古迹,以及历史掌故和张氏政绩。其传闻多属奇闻异说。所记述皆各自为篇,分别标目,共一百目。多属记述张氏官贵州玉屏知县时的见闻、游记、诗文等,为贵州地方史研究资料。

续清经解 全称《皇清经解续编》。见"皇清经解"。

续山东考古录 清叶圭绶撰。系续顾炎武《山东考古录》之作,成于道光二十八年(1848)。三十二卷,又卷首《图考》及《总沿革》一卷。详考山东各府、州、县的历史沿革,山水变迁;辨析《水经注》和《大清一统志》中的错误。作者在道光十九年至二十八年间随其兄芸士居山东,在当地进行实地调查,遍阅各府、州、县方志,故所考翔实,为研究山东历史地理的重要资料。

续尚书 书名。唐陈正卿撰。纂辑两汉到唐的诏策、章疏、歌颂、符檄、论议。玄宗开元末奏上。已佚。

续时略 书名。明末清初黄宗羲撰。宗羲父尊素曾作《时略》,记明一代史事,他续辑隆庆、万历以后四代为《续时略》。

续世说 书名。北宋孔平仲撰。十二卷,三十八篇。旨在增广《世说新语》,续其所未备,故名。内容多记叙自南朝宋至五代后周历代君臣的言行,兼及神仙鬼怪之事,保存了道教和佛教的一些资料,对士族的纵欲亦有所非议。有《四部备要》本。

续宋编年资治通鉴 书名。南宋刘时举撰。十五卷。记南宋高宗建炎元年(1127)至宁宗嘉定十七年(1224)间四朝史事,文辞简约,条理明晰。于当时政治得失、国势安危,尤为详悉。书成于理宗时,其中所附议论,乃元时刊书者所增入,已非其旧。

续唐皇室图谱 书名。唐柳璟撰。十卷。已佚。

续唐历(曆) 书名。唐崔龟从等撰。三十卷,一作二十二卷。记代宗大历十三年(778)至宪宗元和十五年(820)间事,以接续柳芳《唐历》。已佚。

续唐书 书名。清陈鳣撰。七十卷。纪传体五代历史,其中纪七卷,表四卷,志十卷,世家十三卷,传三十六卷。陈鳣以朱梁"大逆无道",后唐虽出朱邪,然本于懿宗赐姓为李,庄宗复奉天祐年号,至二十年立庙太原,合唐高祖、太宗、懿宗、昭宗为七庙,唐亡而实存;南唐为宪宗五代孙建王之玄孙,祀唐配天,不失旧物,尤宜大书年号,以临诸国。遂撰是书,欲取代新、旧《五代史》。立论未免迂腐,然体例详备,材料充实,考订精审,有一定参考价值。

续通典 书名。(1)北宋宋白等撰。二百卷。唐杜佑撰《通典》,叙事止于天宝,其后缺而未备。淳化中,曾命苏易简等续修此书,会易简等各莅官务,乃罢。咸平三年(1000)十月,监修国史李沆奏请复纂。诏翰林学士承旨宋白、知制诰李宗谔编修,预其事者有舒雅、杨亿、李维、石中立、任随、杜镐等。四年九月,书成。记载自唐至德初(756)至五代周显德末(959)二百余年的典章制度,计《食货》二十卷,《选举》十二卷,《职官》六十三卷,《礼》四十卷,《乐》五卷,《兵》十二卷,《刑》十一卷,《州郡》二十六卷,《边防》十一卷。已佚。(2)清乾隆时官修。一百五十卷,另有凡例、总目。以杜佑《通典》终于唐代天宝之末,北宋真宗时宋白虽曾撰《续通典》二百卷,因未有刊本,早已亡佚,乃于乾隆三十二年(1767)敕命续纂唐肃宗至德元载(756)至明崇祯十七年(1644)典制之源流、政治之得失,条分件系,汇为是书。体例与《通典》同,仅将《兵》《刑》分列,共为九门;至各子目,多有改并。其纂言记事,唐代年代稍远,旧典多亡;五代及辽文献无征,史书太略,则旁搜图籍以求详。明史见闻最近,杂记实繁;宋、金及元,著作本多,遗编亦夥,则严核异同以传信。全书内容以明代史料最为丰富。

续通鉴纪事本末 书名。清李铭汉撰。一百十卷。李氏据毕沅《续资治通鉴》,分一百十事,采用纪事本末体撰为是书,以上续袁枢《通鉴纪事本末》。有光绪三十二年(1906)刊本。

续通历(曆) 书名。五代时孙光宪撰。十卷。编年体。记唐、五代及黄巢、李茂贞、刘守光、耶律阿保机、吴、南唐、闽、南汉、楚、吴越、前蜀、后蜀史事,与马总《通历》相衔接。取材多本《旧唐书》与《旧五代史》,直接删录,亦间增异闻。今本仅存五卷,合编于马书之中。记事始唐高祖,终闽王审知。于唐史记述甚简。惟安禄山、史思明、朱泚、黄巢、秦宗权各有长传一篇,与两《唐书》所言颇有异同。所记五代史事,亦可补苴《旧五代史》之缺遗。清叶德辉梦篆楼排印《通历》十五卷本,其后五卷,即为本书。

续通志 书名。清乾隆时官修。六百四十卷,另有凡例、总目。以郑樵《通志》止于唐代,因于乾隆三十二年(1767)敕命续纂,体例与《通志》大体相同,分本纪、列传、二十略等几大部门,但缺世家、年谱。全书内容与《通志》相衔接,纪、传从唐初到元末,明代纪、传因已另修《明史》,故不加纂;二十略从五代起到明末止。

续通志考补 书名。清纪昀等撰。三卷。

续文献通考 书名。(1)明王圻撰。二百五十四卷。万历十四年(1586)成书。分类较《文献通考》多节义、谥法、六书、道统、氏族、方外六门,合计为三十考。记事接《文献通考》,上起南宋嘉定年间,下至明万历初年,尤以明代部分最为丰富。兼有《通志》之长,既收人物,又分条标明,以致体例杂乱。有万历年间刊本。(2)清乾隆时官修。二百五十卷,另有凡例、总目。以马端临《文献通考》止于南宋宁宗嘉定以前,而明王圻《续文献通考》又"体例糅杂,舛错丛生",且终于明万历初年,因于乾隆十二年(1747)敕命续辑宋、辽、金、元、明五朝事迹议论。原议在马氏所分二十四门外,别增朔闰、河渠、氏族、六书四门,其后决定《通典》、《通志》也分别续修,于是仍以马氏原目为基础,仅从《郊社考》、《宗庙考》中分出《群祀考》、《群庙考》,计二十六门。记载自南宋嘉定年间至明朝末年四百多年政治经济制度的沿革。取材多根据王圻《续文献通考》而加以改编,并引征各代正史、说部、杂编以及文集、史评、语录等重加考订,对《文献通考》所未详者亦有所补正。

续文献通考补 书名。清朱奇龄撰。四十八卷。是书为补充明王圻《续文献通考》而作,但为抄本,未尝刊行。

续文献通考馆 清代修书馆名。乾隆十二年(1747)开设。设总裁官三人,以翰、詹人员充任纂修官,编纂《文献通考》续编。三十二年成《续文献通考》、《皇朝文献通考》二书。后命再加修门增辑,并纂修《通典》、《通志》续编,而另设三通馆,续通考馆馆务即停。

续咸 晋上党(今山西长治市北)人,字孝宗。好学,师事尚书杜预,专长《春秋》、郑氏《易》,并精通刑书。晋末,历廷尉、东安太守。刘琨治并州,以为从事中郎。琨败后,降石勒为理曹参军,持法平详。勒称赵王,署为律学祭酒。建平二年(331),勒将营邺宫,曾上书切谏。卒于石虎之世,年九十七,赠仪同三司。著有《远游志》、《异物志》、《汲冢古文释》,皆十卷,已佚。

续行水金鉴 书名。清黎世序、俞正燮等编纂。是傅泽洪等《行水金鉴》的续编。所收资料从雍正初到嘉庆末,全书共约二百万字。体例与《行水金鉴》同。是研究清代雍正、嘉庆时期水利的主要参考资料。

续幸存录 书名。明夏完淳撰。二卷。记叙明末马士英、阮大铖当权,弘光朝廷内部、朝廷与外镇、外镇与外镇之间不和,朋党势成,忙于内部斗争,加速弘光政权灭亡的经过。原著应有八卷,今常见本乃经后人删节,仅存《南都大略》、《南都杂志》二卷。

续修增改各国通商进口税则并善后章程 清光绪二十八年七月二十六日(1902.8.29)订于上海。先后签字的国家除中国外,有奥、比、德、英、日、荷、美、俄、意、法、丹、瑞(典)、挪、葡等国。按切实值百抽五,对十七类货物的税则作了具体规定。善后章程补充说明:凡进口货不载在进口税则者亦应估价值百抽五纳税;外国运来之米面粮食、金银钱币及书报等均免税;食盐不准进口,军械非获特准不得进口。

续修中枢政考 书名。清明亮等奉敕编。七十二卷。继乾隆六年(1741)所修《中枢政考》而成。道光四年(1824)成书。前编规制与处分则例混同叙述,此编则专述八旗和绿营典制规则。处分则例已别为一书。八旗和绿营分类所同者有品级、通例、公式、禁令、仓库、户口、田宅、承催、营伍、关津、巡洋、杂犯、兵制、营造。八旗又有补放、世职、宫卫、议功等类。绿营又有京营、铨政、水师、土番、銮仪卫、驿站、考试等类。其乾隆、嘉庆两朝兵制于顺、康、雍诸朝有损益者皆备列。惟不如《续会典事例》详细。为清军事制度史料。有道光官刊本。

续玄怪录 书名。一作《续幽怪录》。唐李复言撰。有四卷、五卷、十卷本。系续牛僧孺《玄怪录》而作。所记多怪异事,间涉及时事。今有1982年中华书局出版点校本《玄怪录》、《续玄怪录》。

续牙 牙或作身、耳,因字形相似而讹。相传为尧、舜时贤人,与舜为友。

续义和拳源流考 篇名。清支碧湖撰。作于光绪二十七年(1901)。意在续补劳乃宣《义和拳教门源流考》。所记只光绪二十四年至二十六年间直隶境内义和团活动和派别等,书见《春坡梦传奇》。

续益部耆旧传 书名。晋常宽撰。二卷。续陈寿《益部耆旧传》而作,记梁州、益州历史人物的事迹。久佚。

续瀛环志略初编 书名。清末薛福成主编。四册。薛氏本拟依《瀛环志略》体例,续编亚、欧、非、美、澳诸洲志。此编仅亚洲各国志,故名"初编"。其中除《老挝》、《柬埔寨》薛氏自撰外,《日本国志》、《暹罗志》、《缅甸志图志》、《印度史》、《越南图志译略》、《波斯国志》等,均为瞿昂来、世增、陈星庚、张美翊、顾锡爵、庆常译自英、法著作,而由薛氏审定。因未经综合编定,故文笔不同,体例亦异。薛氏卒,其后人原样付梓。亦译西人游历日记,兼采报章论说,间附地图。有光绪二十八年(1902)刊本。

续忧危竑议 见"妖书案"。

续贞陵遗事 书名。唐柳玭撰。一卷。记宣宗事十四条,以续令狐澄所撰《贞陵遗事》。已佚。《资治通鉴考异》有征引。

续资治通鉴 书名。(1)金杨云翼撰。卷数不详。人安二年(1210)奉诏撰,以续司马光《资治通鉴》。已佚。(2)原名《宋元编年》。清毕沅撰。二百二十卷。沅以徐乾学等所撰《资治通鉴后编》未臻完善,乃延请学者,以其书为底本,重加修订,撰为是书。历时二十年,于乾隆末年完成。上起宋太祖建隆元年(960),与《资治通鉴》相衔接,下迄元顺帝至正三十年(1370),较《通鉴后编》多三年。于宋、辽、金、元四朝史事同样重视,共参阅著作达一百十种,除史料之丰富超过前此所有编年诸家外,并改变了详宋而略辽、金、元之弊病。对史料取舍作考异,注于本文之下,不另刊行。与《通鉴》、《通鉴后编》不同之点,是对史事不加评论,采用据事直书,善恶自见的办法。缺点在于多录旧史原文,未能融铸一体。编撰时邵晋涵贡献颇大,不仅参预商定义例、校订事实,而且审阅全书并加润色。是书止于元代而不及明,盖由当时文网甚密,易触忌讳,故缺而不书。

续资治通鉴长编 书名。宋李焘撰。五百二十卷。编年体北宋史。焘取北宋九朝史事,仿司马光《资治通鉴》体例,著为此书。起建隆,迄靖康,凡一百六十八年的历史。自孝宗隆兴元年(1163)至淳熙四年(1177),分四次上进。淳熙十年,重编定为九百八十卷,并上《举要》六十八卷,《修换事目》十卷,《目录》五卷,共计一千零六十三卷。凡实录、国史、会要、野史、家乘、墓志铭、行状等有关资料,无不广收博采。其中分注考异,详引他书,保存大量史料,既可考定《宋史》、《辽史》及现存文集、笔记传写之误,又可从中辑存佚文、佚书。原书世鲜传本,今本系清乾隆时《四库全书》馆臣由《永乐大典》中辑出,缺佚英宗治平四年四月至神宗熙宁三年三月、哲宗元祐八年七月至绍圣四年三月、元符三年二月至十二月,以及徽宗、钦宗两朝史文。清辑写本藏于南北七阁,后因兵火,已有散失。嘉庆时,张月霄据阁本抄本印刷,称爱日精庐本。光绪时,浙江巡抚谭钟麟延杨莹、黄以周等以爱日精庐本为底本,校以文澜阁残本,多有是正,由浙江书局刊刻。今有中华书局出版的点校本及上海古籍出版社的影印本。

续资治通鉴长编纪事本末 书名。一名《皇宋通鉴长编纪事本末》。南宋杨仲良撰。一百五十卷。仲良以李焘《续资治通鉴长编》叙北宋九朝史事,卷帙浩繁。乃为之分门编类,以成是书。计太祖七卷、太宗七卷、真宗十四卷、仁宗二十四卷、英宗四卷、神宗三十四卷、哲宗二十六卷、徽宗二十八卷、钦宗六卷。卷中各有事目,一部分事目更分子目。北宋一代制度沿革,政令举废,灿然具备。今所传《续资治通鉴长编》,已阙徽、钦两朝诸卷,借此得以考见崖略,尤为可贵。初刻于宝祐元年(1253),五年徐琥重为校刻。今本亦略有缺佚。

续资治通鉴长编拾补 书名。清秦缃业等辑注。六十卷。始于宋英宗治平四年(1067)四月,止于钦宗靖康二年(1127)五月康王(即高宗)即位。李焘《续资治通鉴长编》久已散佚不全,清乾隆修《四库全书》时,从《永乐大典》中辑成五百二十卷。但缺治平四年四月至熙宁三年三月、元祐八年七月至绍圣四年三月,及元符三年二月至十二月和徽宗、钦宗两朝。南宋杨仲良《续资治通鉴长编纪事本末》曾取李书原文,而改编年体为纪事本末体,故秦氏取杨著加以拾补,其中或已为杨氏删节者,则考证他书有关资料排比分注。参加辑注者有黄以周、王诒寿等,由秦缃业复加勘校总成之。

溆浦 水名。在今湖南溆浦县境。战国属楚。《楚辞·九章·涉江》:"入溆浦余儃佪兮,迷不知吾之所如。"

溆水 溆一作序(《汉书·地理志》),又名序溪。源出今湖南溆浦县南,北流至县南折西入沅江。

蓄蜜人 清官庄内从事养蜂之人户,称蜜户。专事此种行业之人,称蓄蜜人。

xuān

轩车 ❶古时有帏盖的载人小车。《说文》段玉裁注:轩车,"曲辀而有藩蔽之车也"。《左传·定公九年》:"与之犀轩。"孔颖达疏曰:"大夫以上乘轩矣。"❷攻城器械。又名楼车、飞楼、巢车、望楼等。《墨子·备城门》:"今之世常所以攻者,临、钩、……轩车。"孙诒让閒诂:"此攻城轩车,未详其制。"又引王念孙曰:"《六韬·军用篇》飞楼,盖即《墨子》之轩车,《左传》之巢车。"

轩輗(?—1464) 明河南鹿邑人,字惟行(一作惟衡)。永乐进士,授行人司副。宣德六年(1431)改御史。正统五年(1440)擢浙江按察使。参与镇压浙、闽农民起义。天顺元年(1457)升刑部尚书,以老致仕归。

轩丘豹 西汉人。景帝时为梁相。梁孝王与羊胜、公孙诡密谋刺杀汉大臣袁盎等事发,景帝遣使至梁缉捕。胜、诡匿于王后宫,使者责急,他泣谏孝王勿加庇护。王不得已,令二人自杀。

轩亭秋杂剧 戏曲剧本。署长洲灵鸩吴梅编。清光绪三十三年(1907)刊于《小说林》,共四出,颂赞秋瑾轩亭就义,文词典雅。

轩辕殿 清代成衣业公所。奉黄帝为祖师。

轩辕氏 即黄帝。《汉书·律历志》:黄帝"始垂衣裳,有轩冕之服,故天下号曰轩辕氏"。

昕天 古代的一种宇宙观。三国时吴国太常姚信提出。《晋书·天文志》记述其观点:"人为灵虫,形最似天。今人颐前侈临胸,而项不能覆背。近取诸身,故知天之体南低入地,北则偏高。又冬至极低,而天运近南,故日去人远而斗去人近,北天气至,故冰寒也。夏至极起,而天运近北,故斗去人远,日去人近,南天气至,故蒸热也。极之高时,日行地中浅,故夜短;天去地高,故昼长也。极之低时,日行地中深,故夜长;天去地下浅,故昼短也。"这是古代对宇宙的一种认识。认为冬、夏二至的北极高度有明显的差别,故天体北高南低,是纯粹的主观想像。

宣 古长度单位。一宣等于一尺三又三分之一寸。《周礼·冬官·车人》:"半矩谓之宣。"郑玄注:"矩二尺六寸三分寸之二,……宣,半矩,尺三寸三分寸之一。"一说为角度单位,半矩 45°,谓之宣。

宣表官 官名。清代礼部之属官。初设满洲四人,后裁二人,乾隆中省入太常寺。

宣秉(?—30) 东汉冯翊云阳(今陕西淳化西北)人,字巨公。少有显名。西汉哀帝、平帝间因恶外戚王氏专权,隐居深山。更始政权建立后,征为侍中。建武元年(25),应召任御史中丞,颇受光武帝信重,特诏与司隶校尉、尚书令会同并专席而坐。京师称为"三独坐"。后迁司隶校尉、大司徒司直,卒于官。

宣伯 即"叔孙侨如"。

宣城郡 西晋太康二年(281)置。治宛陵县(今宣州市)。辖境相当今安徽长江以东繁昌、宣州、南陵、青阳、泾县、铜陵、广德、宁国、黄山、石台等市、县间地。隋开皇九年(589)废。大业初及唐天宝、至德间,又曾改宣州为宣城郡。

宣城县 西汉置,治今安徽南陵县东弋江镇。属丹阳郡。东汉废。西晋太康二年(281)复置。属宣城郡。隋初废入南陵县。大业初又改宛陵县为宣城县,即今安徽宣州市。自隋至清先后为宣城郡、宣州、宁国府、宁国路、宁国府治。

宣敕 法令名称。熙宁十年(1077)《刑部敕》编成,规定皇帝圣旨和札子批状,由中书颁发者称"敕",由枢密院颁发者称"宣"。

宣大 总督名。全衔为总督宣大山西等处军务兼理粮饷。明景泰二年(1451)遣尚书总理宣府镇(今河北宣化县)、大同镇(今山西大同市)军务,成化、弘治间,或遣或止。嘉靖初,设总督兼辖偏头关所(今山西偏关县)、保德州(今山西保德县),初驻朔州(治今山西朔州市),后移阳和卫(今山西阳高县)。嘉靖二十九年(1550)始定设,去偏、保,改为总督宣大、山西等处,三十八年防秋驻宣府镇,四十三年移驻怀来卫(今河北怀来县东南),隆庆四年(1570)复驻阳和卫。辖宣府、大同、山西三巡抚三镇。清顺治十三年(1656)废。

宣党 明万历时形成的官僚集团之一。时神宗怠于政事,朝臣互相倾轧,派系之争愈趋严重。万历三十八年(1610),国子监祭酒汤宾尹收罗朋徒,干预政务。汤系宣城(今安徽宣州)人,故名。与昆党、齐党、楚党、浙党相勾连,专以攻东林为事。

宣德 明宣宗朱瞻基年号(1426—1435)。凡十年。

宣德郎 ❶官名。隋代谒者之职官。大业三年(607)设,四十人,正七品,主出使。❷散阶称号。唐武德七年(624)置,为正七品下文散官,伯爵出身者多由此叙阶。北宋初因之,元丰改制后,用为新寄禄官,从八品,取代旧寄禄官大理寺丞、著作佐郎。政和三年(1113)改名宣教郎。西夏后期置为文散官,然品阶等次不详。明代为文职从六品中属吏员出身者之封阶。清沿明制,为文职从六品中属吏员出身者之封赠。

宣德楼什物库 官库名。宋代卫尉寺所属机构,掌收贮什物,按籍以供给用。

宣德炉 明代铜香炉。宣德年间造。用黄铜添加金银等铸成。工艺考究,经十二炼,复以赤炭熔化,取清液铸器。有蜡茶本色、枣皮红、山楂白、海棠红等色彩,式样有桥耳三丁戈、戟耳石榴足等多种。

宣德门家事库 官库名。北宋置。共三库。属卫尉寺。掌皇帝祭天所需祭器什物。设监官二人,以登闻鼓院监门官兼领。

宣德少府 官名。南齐置,郁林王文安太后三卿之一,掌宣德宫供御事务,职比少府。

宣德太仆(僕) 官名。南齐置,为郁林王文安太后三卿之一,掌宣德宫车马,职比太仆。

宣德王 元代诸王封号,授螭纽金印。据《元史·诸王表》,不答失里于皇庆二年(1313)受封。又,定住于元统三年(1335)受封。

宣德卫尉 官名。南朝郁林王以文安太后所居宫名,置宣德卫尉、宣德少府、宣德太仆。参见"太后三卿"、"长信少府"。

宣德县 ❶隋大业五年(609)置。治伏俟城(今青海共和县西北,青海湖西黑马镇东北)。属西海郡。隋末废。❷金大定二十九年(1189)以文德县改名。治今河北宣化县。为宣德州治所。明洪武四年(1371)废。

宣底 见"宣头"。

宣恩县 清雍正十三年(1735)以施南、忠峒、木册等七土司改土归流置,隶施南府。今属湖北。

宣房宫 《史记·河渠书》:"塞瓠子,筑宫其上,名曰宣房宫。"在今河南濮阳县西南。

宣奉大夫 官名。北宋大观二年(1108)改左光禄大夫置,为正三品文臣寄禄阶官。

宣奉郎 官名。北宋太平兴国元年(976)改宣议郎置,为从七品下文散官。元丰三年(1080)废。

宣抚处置使 官名。南宋初年置,以知枢密院事张浚充任,置宣抚处置使司于秦州,掌川陕、京西、湖北路宣抚之事,许以便宜行事,设属官如宣抚使。后设副使佐之,又设参议官专掌措置财用。

宣抚副使 官名。北宋庆历二年(1042)始置,协助宣抚使宣抚地方。南宋初,置宣抚司,多设为副长官,亦有不置使而仅置副使者。元、明、清均置为宣抚司之职官。详"宣抚司副使"。

宣抚判官 官名。宋代宣抚司属官,掌赞使务,不常设。熙宁中,以直舍人院吕大防充任,为宣抚司之佐。南宋沿置。

宣抚使 官名。唐元和十四年(819)始置。为临时性职任,由现任官充当。北宋时,每兴兵征讨,多置使,例由二府大臣充任。若重其事体,则置宣抚大使。南宋初,为抚绥百姓,多以执政大臣兼任,出使于外,设宣抚司为其官署。亦有非执政大臣而为之者。元代置为宣抚司长官,员二人。明清沿置,员一人,从四品,为土官。掌管司事,且统有土兵,受地方长官约束。世袭,其承袭事归兵部。

宣抚司 官署名。南宋建炎四年(1130),始于秦州置川陕京西湖北路宣抚处置使司,简称宣抚司。绍兴元年(1131)以后,又陆续置淮南、扬州等处宣抚司。长官为宣抚使,多以现任执政担任,或置副使佐之。属官有参谋官、参议官、机宜干办公事等。掌宣布威灵、抚绥边境及统护将帅、督视军旅之事。元代于西南少数民族地区置,始成为常设的地方行政机构。掌管地方军民政务。每司设使、同知、副使各二人,宣抚使等或参用土官。明沿元旧称,设于湖广、四川、云南等省,正式成为专设的土官衙门之一,即少数民族首领世袭的地方政权。长官为宣抚使,正官尚有同知、副使各一人,首领官为经历司经历,其下有知事、照磨等员。经历大都由流官充任。清沿明制。雍正后多改流设县,或划归府、州、县。

宣抚司副使 官名。南宋宣抚司之副职。或佐宣抚使掌宣布威灵,抚绥沿边地区及统率一路至数路军旅,或任宣抚使职事。元代为地方行政机构宣抚司之职官,位同知之下,协掌司事。明清沿元旧称,始作为土官名号之一,武职。系土官官署宣抚司之职官。湖广、四川、云南等省设。从五品。有所辖之土兵及地区。世袭,其承袭事隶兵部。参见"土官"。

宣抚司佥事 官名。明清土官名号之一。武职。湖广、四川、云南等省设,系土官官署宣抚司之职官。正六品。有所辖之土兵及地区。世袭,其承袭事隶兵部。参见"土官"。

宣抚司同知 官名。元代地方行政机构宣抚司之职官。位宣抚使之下,协宣抚使掌司事。明清沿元旧称,始作为土官名号之一,武职。系土官官署宣抚司之职官。湖广、四川、云南等省设。正五品。有所辖之土兵及地区。世袭,其承袭事隶兵部。参见"土官"。

宣府卫 明洪武二十六年(1393)为防御蒙古,设立宣府左、右、前三卫。治今河北宣化县。为近畿防卫要地。正统时,瓦剌也先进攻宣府,京师为之震动。明末李自成领导的农民起义军从太原绕道由此直取京师。

宣府镇 明军镇名,为九边之一。镇守地区相当今河北西北部内外长城一带。总兵官驻宣府(今河北宣化县)。

宣光 北元昭宗年号(1371—1378)。凡八年。

宣和 宋徽宗年号(1119—1125)。凡七年。

宣和北苑贡茶录 书名。宋熊蕃撰。一卷。宋代建茶已名传天下,壑源、沙溪以外,北苑独称官焙。其书记自宋初至宣和年间,建茶之采摘、焙制与进贡法式。所载模制器具,颇多新意。为研究茶叶栽培、制造和宋代贡制的文献资料。淳熙年间其子熊克始付梓,并增图三十八幅,附采茶诗十章。有《说郛》、《五朝小说》、《读画斋丛书》、《茶书全集》等刻本。

宣和博古图 书名。又称《博古图》。宋徽宗赵佶敕编。三十卷。成于宣和五年(1123)以后。一说始修于大观初,宣和间重修。著录当时宣和殿所藏古代铜器。共分二十类,八百三十九件。每类有总说,每器皆摹绘图形、款识,记载大小、容量、重量,并附考证。所绘图形较精确,注明比例。其考证亦精,每据实物订正《三礼图》之误。以后刻本间有更改、漏缺。

宣和殿大学士 官名。北宋政和七年(1117)置,属侍从贴职,品秩同资政殿大学士。宣和元年(1119),改保和殿大学士。

宣和殿学士 官名。北宋政和五年(1115)置,以两制充任,掌出入侍从以备顾问,属侍从贴职。宣和元年(1119),改保和殿学士。

宣和奉使高丽图经 书名。宋徐兢撰。四十卷。兢于宣和六年(1124)奉使高丽,就见闻所及,纂为是编。分建国、世次、城邑、门阙、海道等二十八门,凡三百余条。详载高丽山川地理、风土习俗、典章制度、接待使者仪文、海上往来道路等。海道占六卷,四十七条,记述明州(治今浙江宁波市)至高丽国都开城府(今朝鲜开城)间海上航路,尤为详尽。原书有图,遭靖康之乱佚亡。

宣和库 官库名。北宋宣和间蔡絛为邀取宋徽宗宠信而置。掌收储财物以供皇帝非常之用。有泉货、币余、服御、玉食、器贡等名目。

宣和通宝 宋代钱币。徽宗宣和年间铸。圆形方孔。钱文有篆、隶二体。也有徽宗所书瘦金体。

宣化府 清康熙三十二年(1693)改宣府镇置。治宣化县(今属河北)。雍正六年(1728)后辖境相当今河北西北部内外长城之间地区。1913年废。

宣化辽墓天文图 古星图。1971年在河北宣化辽墓(葬于1116年)发现。为彩绘壁画示意性星图。绘在墓后室顶部。图的中心嵌一铜镜,四周绘有莲花,莲花之外绘日、月五星和北斗七星,再外是二十八宿星官图,最外圈的十二个小圆内绘有黄道十二宫图形。黄道十二宫是古巴比伦沿黄道的星座划分,名称虽在隋唐时已由印度传入中国,但就图而言,此是迄今所知的绘制最早的黄道十二宫图。图中人物已中国化,为中外文化交流的见证。

宣化县 ❶隋开皇十八年(598)改晋兴县置。治今广西南宁市南亭子。北宋皇祐中移治今南宁市。历为邕州、南宁路、南宁府治。1913年改名南宁县。❷北宋宣和元年(1119)置。治今四川宜宾县西北。属叙州。元属叙州路。明洪武年间并入宜宾县。

宣化镇 即今江苏南京市西北浦口镇。在宣化山之阳,东滨江。为长江下游南北往来津要,南岸正对靖安镇。北宋置巡检司及税务。南宋绍兴十一年(1141),张俊救濠州,为金人所败,驰入宣化,即此。

宣黄案 官署名。宋代大理寺左断刑所属机构。元丰改制后置,掌断讫命官指挥。

宣徽副使 官名。宣徽院官员。辽北面官宣徽南、北院及南面官宣徽院、南京宣徽院皆设。元至元十五年(1278)置宣徽院。大德四年(1300)始置副使二员。从二品,低于同知宣徽院事。

宣徽酒坊银碗 唐银器。1958年在陕西耀县柳林背阴村出土。碗高5.8厘米,口径15厘米,腹深4.2厘米、底径7.8厘米。圆形、圈足、侈口,碗心刻飞翔状之鸿雁,周围饰以宝相花朵,并以排列之小珠点为地纹,外有连珠纹一圈;腹部内饰以二方连续图案,纹饰上大下小;外腹部则为内腹部纹饰之反饰。口沿里外均有一圈连珠纹。碗底所刻铭文为"宣徽酒坊宇字号"七字。

宣徽判官 官名。亦称院判。金宣徽院置为属官,从六品。元世祖至元二十三年(1286)置二员,后定为正五品。位同佥下。朱元璋吴元年(1367)宣徽院置,正五品,位同知下、典簿上。

宣徽使 官名。唐元和中置,以宦官充任,渐为宣徽院长官,总领内诸司使及三班内侍名籍,掌其迁补、郊祀、朝会、宴享供帐,检视内外进奉名物。五代迄宋,改用检校官充任,因事简官尊,常以枢密院官兼。宣徽院分南、北院,使亦分南、北院使,宋以南院使资望优于北院使,二使共院而各设厅事,通掌院事。熙宁四年(1071)著令,位在参政、枢副、同知下。元丰改制罢院而存使号,元祐三年(1088)复置院,绍圣三年(1096)罢院。南宋不复置。辽北面官分置南、北使,南面宣徽院不分南、北。南京宣徽院亦置,不分南、北。金宣徽院置,分左、右,俱正三品,为长官,掌朝会、宴享、殿庭礼仪及监知御膳。西夏亦分南、北。元世祖至元十五年(1278)置一员,二十年升从二品,增一员;二十三年升正二品,三十一年置四员,大德三年(1299)升从一品。后定置六员,从一品,掌供御食。朱元璋吴元年(1367)宣徽院亦置,正三品,明洪武元年(1368)改置光禄寺卿。

宣徽院 官署名。唐大历末已置,后分南、北两院,各置使一人,以宦官充使。五代迄宋,改用士人,亦分南、北两院,通掌总领内诸司及三班内侍之名籍,郊祀、朝会、宴享供帐之仪,应内外进奉,悉检视名物。宋南、北院虽共院而各设厅事,然只用南院印;其吏有都勾押官、勾押官、前行、后行等,分掌兵案、骑案、仓案、胄案四案。三班院建立后,宣徽院已无实权。元丰改制罢,其职事分隶省、寺。元祐三年(1088)复置,绍圣三年(1096)复罢,南宋不复置。辽会同元年(938)置北面朝官宣徽南、北院,南面亦置,有宣徽使、知宣徽院事、宣徽副使、同知宣徽使事、同知宣徽院事等;南面京官南京亦置,有南京宣徽使、知使事、知院事、副使、同知等。西夏毅宗置,属次等司,亦分南、北,各有使。金代不分南、北,置左、右宣徽使、同知宣徽院事、同签宣徽院事、宣徽判官,掌朝会、宴享、殿庭礼仪及监知御膳,统拱卫直使司、客省、引进司、仪鸾局、尚食局、太医院、御药院、教坊、内藏库、金银库、宫闱局、内侍局等,分掌谨严仪卫、接引使贡及一应供奉之事。元沿置,正三品,掌供御食,凡稻粱牲牢酒醴蔬果庶品之物,宰享宗戚宾客之事,及诸王宿卫、怯怜口粮食,蒙古万户、千户合纳差发,系官抽分,收养孳畜,岁支刍草粟菽,羊马价值,收受阑遗等事,与尚食、尚药、尚酝三局,均归宣徽院管辖。所辖内外司属,用人则自为选;世祖至元十五年(1278)置院使一人,同知、同佥各二人,主事二人、照磨一人,仁宗以后定置院使六人、同知二人、副使二人、佥院二人、同佥二人、院判二人、经历二人、都事三人、照磨一人、承发架阁库一人、掾史二十人、蒙古必阇赤六人、回回掾史二人、怯里马赤二人、知印二人、典吏六人、蒙古书写二人。其属有光禄寺、大都尚饮局、上都尚饮局、大都尚酝局、上都尚酝局、尚珍署、尚舍寺、诸物库、阑遗监、尚食局等,分掌各项供奉之事。朱元璋吴元年(1367)亦置,设院使、同知、院判、典簿,以尚食、尚醴二局隶之;明洪武元年(1368)改为光禄寺。清顺治十七年(1660)改内务府十三衙门之内官监为此,置郎中三员、员外郎六员、总催八员,掌内府帑项出纳及庄园田庄事;康熙十六年(1677)改为会计司。

宣徽院副使 即"宣徽副使"。

宣徽院判官 即"宣徽判官"。

宣徽院使 即"宣徽使"。

宣惠将军 官名。南朝梁置,天监七年(508)定为武职二十四班中的十七班,与镇兵将军等代旧四中郎将;大通三年(529)定为武职三十四班中的二十七班,与四中郎将并置。陈沿置,拟四品,比秩中二千石。如加为宣惠大将军,则进一阶。

宣惠校尉 官名。隋炀帝置,为正七品武散官。唐改致果校尉。

宣惠尉 官名。隋大业三年(607)增置散职八尉之一,正七品。

宣教郎 官名。北宋政和三年(1113),改宣德郎置,为从八品文臣寄禄阶官。

宣节校尉 官名。唐贞观十一年(637)置,为正八品上武散官。宋初因之。元丰改制,唯蕃官仍授,余者并罢。

宣借 宋制,凡前任宰执,自太中大夫和正任刺史以上致仕臣僚,已故宰执、节度使、承宣使和管军观察使,现任和前任节度使至刺史之家,按规定可分别配置四名至三十五名军人或胥吏,充当侍卫,称宣借。

宣靖王 元代诸王封号,授驼纽金镀银印。泰定三年(1326),成吉思汗叔答里真后裔买奴受封。

宣课司 明代设置于京师顺天府的税务部门。凡四:正阳门外、正阳门、张家湾、卢沟桥,掌商业税及财产税的征课。各设大使一人,从九品。

宣课司大使 官名。明制,以在京所设官店为宣课司,置大使掌其税收。清于江苏江宁府聚宝门及龙江关分设宣课司大使各一人,从九品。掌税收。

宣力武臣 功臣封号。明代置。武臣因功封公、侯、伯爵者,如特奉圣旨,可得封。

宣陵 东汉桓帝刘志陵墓。位于今河南省洛阳市东。永康元年(167)十二月桓帝卒,建宁元年(168)二月葬此。

宣麻 文书名。唐时,凡任免将相,号令征伐,皆用白麻、黄麻纸写诏书,在朝廷宣告,故称。《唐会要·翰林院》:"中书以黄白二麻为纶命轻重之辨。"宋制,立后妃、建太子、拜免将相、宣布大赦等重要诏令用白麻纸,其他诏令用黄麻纸书写。

宣明历(曆) 见"元和观象历"。

宣明论方 书名。又名《黄帝素问宣明论方》、《医方精要宣明论》。金刘完素撰。成书于大定十二年(1172)。三卷,分三十二门。将《素问》一书中所涉及的病证予以阐发及系统整理,且补有方治。其方剂均宗仲景制方之旨,尤以《金匮要略》为本,但注重辨证论治,灵活用药,卷一、二论述煎厥、迫厥等六十二证中,用寒凉药者不过六分之一,其他广泛使用的都是温热药物。所载三百四十八首方剂中,属于寒凉之剂有三十九方,属温热之剂有四十四方,其余之方均为寒热并用或药性平和之剂。当今流传的十五卷本,系后人重新整理,且掺入了许多元、明以后方剂和治法,病证种类也在《素问》基础上有所补充。现有《刘河间伤寒三书》本。

宣纳下大夫 官名。北周置。掌延纳王言,出宣帝命。一说为天官府属官。下设宣纳上士、宣纳中士以佐其职。正四命。

宣南诗社 清嘉庆、道光年间北京士大夫吟诗唱和的文学结社。初结于嘉庆九年(1804),道光初年仍有活动,鸦片战争时已名存实亡。林则徐曾参加活动,但为时甚短,旋即离京。

宣宁郡王 元代诸王封号,授龟纽银印。至大四年(1311)帖木儿不花受封。至顺元年(1330),又封木华黎五世孙乃蛮台。

宣农提举司 官署名。元代置。天历二年(1329),以大都等处田赋提举司隶隆祥总管府,三年,改宣农提举司,秩从五品,隶隆祥使司,掌征收田赋。置达鲁花赤、提举、同提举、副提举各一员。

宣判 宣抚判官的简称。

宣平县 金承安二年(1197)以宣德县大新镇置。治今河北怀安县东左卫西。属宣德州。《金史·卫绍王纪》:大安三年(1211)蒙古兵进至野狐岭(今河北万全县西北),"千家奴、胡沙虎自抚州退军,驻于宣平",即此。元改属顺宁府,移治今怀安县东左卫。明洪武初废。

宣庆使 官名。(1)北宋大中祥符元年(1008),真宗封禅泰山后特置,位在宣政使之上,为内侍高级阶官。朝参位在东班前,称为班官。元丰改制,定为正六品。政和二年(1112)重定内侍阶官名,改中亮大夫。(2)金代置。乃与敌国作战获胜后,派去属邦宣庆胜利的专使。

宣让王 元代诸王封号,授螭纽金印。天历二年(1329),世祖第九子脱欢四子帖木儿不花由镇南王改封。

宣仁门 今河南洛阳市隋、唐洛阳城皇城东面一门。《资治通鉴》:唐天宝十四载(755),安禄山攻陷东京,封常清与之战于都亭驿,兵败,"退守宣仁门,又败,乃自苑西坏墙西走",即此。

宣仁之诬 宣仁圣烈高后为宋英宗之后。其子神宗死后,高后立幼孙哲宗,并垂帘听政,起用旧党司马光,推翻熙丰新法,贬斥新党蔡確、章惇等人。元祐八年(1093),高后死,哲宗亲政,又起用新党。章惇、蔡卞、邢恕等诬称高后曾反对立哲宗为帝,以此打击旧党。

宣歙 唐方镇名。乾元元年(758)置观察使,治宣州(今属安徽),领宣、歙、饶三州。次年废。大历元年(766)复置,改领宣、歙、池三州及采石军使。元和六年(811)罢领采石军使。景福元年(892)升为宁国军节度使。北宋初废。

宣室 汉代宫殿名,未央前殿正室。《汉书·东方朔传》:"夫宣室者,先帝之正处也,非法度之政不得入焉。"《汉书·贾谊传》记文帝召见贾谊事,"上方受釐,坐宣室。上因感鬼神事,而问鬼神之本"。新莽地皇四年(23)反莽义军冲入宫中,"莽避火宣室前殿,火辄随之"。

宣室志 书名。唐张读撰。十卷。书名取义于汉文帝召贾谊询鬼神事于宣室。多记神鬼灵异,狐仙山精及释道之事,兼及历史异闻和民间传说,凡一百五十五条。大多结构完整,情节曲折,语言明快,曾为《聊斋志异》等书取材。于当时社会生活亦有所述,闾丘子等篇讽刺门阀制度,较有社会意义。1983年中华书局出版点校本,附辑佚文六十五条。

宣索 唐时,皇帝下旨遣中使向有司宣取财物,谓之宣索。

宣太后(?—前 265) 战国时楚国人。姓芈氏,秦惠王妃,称芈八子。生公子稷(秦昭王)。秦武王死后无子,诸弟争立。芈氏的异父长弟魏冉恃兵立稷。她掌实权,号宣太后。以魏冉为相,封穰侯,专朝政。封同父弟芈戎为华阳君,又封公子市、公子悝为泾阳君和高陵君,合称"四贵"。"四贵"专断无讳,进退不请,私家之富重于王室。秦昭王四十一年(前266),以范雎言罢魏冉,以范雎为相,她被废黜。次年忧死。

宣帖 官府文书名。又称宣礼。即宋代颁给军校的委任状。持此可依照恩例升补官职。

宣统 清末代皇帝溥仪年号(1909—1911)。凡三年。入民国后,清宫中继续使用此年号,直至1924年溥仪被逐出宫止。

宣统帝(1906—1967) 清末代皇帝。爱新觉罗氏,名溥仪,字浩然。年号宣统。光绪帝侄,醇亲王载沣子。光绪三十四年(1908)三岁即帝位,由其父摄政。1912年2月12日宣布退位,仍居清宫,享受民国临时政府议定的清室退位优待条件。1917年张勋曾拥其复辟,十二日而败。1924年冯玉祥发动北京政变,废除大清皇帝称号,迁出皇宫。次年在天津继续从事复辟活动。1931年九一八事变后,在日本特务头子土肥原贤二护持下去东北。次年成立伪满洲国,任执政。1934年称皇帝。1945年日本投降后,被苏军逮捕入伯力监狱。1950年移交中国,被监禁于抚顺。1959年大赦释出。后在文史资料研究委员会任职。著有《我的前半生》。

宣统己酉大政记 书名。撷华书局编。二十四册,二十一卷。清宣统朝大政纪要。编年体,按目辑录,分谕旨、折奏、文牍、交涉、译报、附录等类。起于戊申(1908)十二月二十日,迄己酉(1909)四月五日止。宣统元年(1909)刊行。

宣统政纪 书名。四十七卷,伪满洲国重编为七十卷。民国初年清室私撰,因清亡不用"实录"两字。起自光绪三十四年(1908)十一月,止于宣统三年(1911)十二月。为宣统时编年体史料长编。

宣头 宋承晚唐、五代之制,枢密院奉旨处置公事,颁降文书,有时用"宣头",惟给驿马,命监修工程之类时用之。"宣"的底本称"宣底"。

宣王中兴 周厉王好利,听信荣夷公之言,对民实行专利,垄断山泽物产,聚敛人民之财,被国人逐奔于彘(今山西霍县东北)。其子名静,藏于召穆公家,召公以自己之子代替而得以生存。厉王流死于彘后,召公与诸大臣共立静为王,是为周宣王。宣王早年在诸大臣辅佐下,励精图治,继承成康时之业绩,北逐玁狁之侵犯,南征荆蛮,开拓东南荆楚徐淮地区,使王朝复兴。史称"宣王中兴"。

宣威将军 官名。三国魏置,为杂号将军。晋及南朝宋废置不常。北魏、北周亦置。魏、晋、宋八品(一说魏五品),北魏太和十七年(493)职员令定为六品上,北周正四命。隋初置为散号将军,正八品上,大业三年(607)罢。唐武德七年(624)复置,为从四品上武散官。宋初因之,元丰五年(1082)罢武散官,唯蕃兵、蕃官仍带。金、元为武散官三十四阶第十四阶。金正五品中,元正四品,宣授。明沿置,为正四品武官升授散官之称号。

宣威县 西汉置。治今甘肃民勤县西南。属武威郡。后魏废。《水经·都野泽注》:马城河"东北径宣威县南"。

宣慰使 官名。元代地方行政机构宣慰使司长官。每司设三人,掌军民之政。西南少数民族地区多以土人为之,世袭。明清沿元旧称,始作为土官名号之一,武职。系土官官署宣慰使司之长官。湖广、四川、云南等省设。从三品。管所辖土兵及司事,受地方长官约束。世袭,其承袭事隶兵部。参见"土官"。

宣慰使司 简称宣慰司。官署名。元代始设于少数民族地区,为常设的地方行政机构。《元史·百官志》:"宣慰司掌军民之务,分道以总郡县,行省有政令则布于下,郡县有请则为达于省,有边陲军旅之事,则兼都元帅府,其次则止为元帅府。"长官为宣慰使,下有同知、副使等。其在西南少数民族地区的司署,大多参用土官。明沿元旧称,只设于西南的云南、贵州、四川、湖广等省;正式成为专设的土官衙门之一,即少数民族首领世袭的地方政权。长官为宣慰使,正官尚有同知、副使、佥事各一人。首领官为经历司经历,多由流官充任。清沿明制。雍正后多改流设州、县,或划归府、州、县。

宣慰使司都元帅府 官署名。秩从二品。元代置。掌军民之务,在各道设置。领路、府、州、县。行省有政令则布于下,郡县有请则转达于省。有边陲军旅之事,则兼都元帅府。设使、同知、副使或宣慰使都元帅、副都元帅、佥都元帅等官。

宣慰使司副使 官名。元代地方行政机构宣慰使司之职官。每司设一人,位同知之下。明清沿元旧称,始作为土官名号之一,武职。系土官官署宣慰使司之职官。湖广、四川、云南等省设有。从四品。有自己所辖之土兵及地区。世袭,其承袭事隶兵部。参见"土官"。

宣慰使司兼管军万户府 官署名。元代置。职掌同宣慰使司都元帅府。每府设宣慰使、同知、副使等官。

宣慰使司佥事 官名。明清土官名号之一,武职。湖广、四川、云南等省设,系土官官署宣慰使司之职官。正五品。有自己所辖之土兵及地区。世袭,其承袭事隶兵部。参见"土官"。

宣慰使司同知 官名。元代地方行政机构宣慰使司之职官。每司设一人,位宣慰使之下。协宣慰使掌司事。明清沿元旧称,始作为土官名号之一,武职。正四品。有自己所辖之土兵及地区。世袭,其承袭事隶兵部。参见"土官"。

宣慰司 即"宣慰使司"。

宣文阁 殿阁名。元顺帝至元六年(1340)罢奎章阁,因康里巎巎建议,改置宣文阁,收藏书画,聚集文士,与奎章阁同。

宣文君(283—?) 十六国时前秦人。宋姓女,名不传。从父受《周官》音义。后至冀州。昼采樵,夜边纺织边教子韦逞读书。苻坚闻其名,就其家立讲堂,置生员一百二十人从她受业,使隔绛纱幔而授《周官》。后韦逞仕苻坚为太常。

宣武大夫 官阶名。清乾隆二十年(1755),改宣武将军置,为武职中属绿营者从四品之封赠。三十二年,属八旗者从四品亦封此。五十一年,改为宣武都尉。

宣武都尉 官阶名。清乾隆五十一年(1786)改宣武大夫设,为武职从四品之封赠。

宣武将军 官名。金、元皆置为武散官,三十四阶之第十八阶。金从五品下。元从四品,宣授。明代亦置,为武职从四品之初授。清沿置,为武职中属绿营者从四品之封赠。乾隆二十年(1755),改宣武大夫。

宣武军 唐方镇名。天宝十四载(755)置河南节度使,治汴州(今河南开封市)。辖境屡变,久领汴、宋、亳、颍四州,约当今河南封丘、尉氏、柘城、郸城及安徽界首以东,山东单县及安徽砀山、蒙城以西,阜南、颍上以北,河南兰考、睢县及山东曹县以南地区。乾元后屡有废置。广德后称汴宋节度使。建中二年(781)号宣武军。历为李灵曜、刘洽等割据。中和三年(883)朱温任藩帅,以此为基地,火并中原诸镇,建后梁。

宣务栅 在今河北隆尧县西北。《资治通鉴》:唐会昌三年(843)王元逵讨刘稹,"奏拔宣务栅",即此。

宣孝太子 即"完颜允恭"。

宣训卫尉 官名。南朝宋置,为高祖皇太后三卿之一,掌宣训宫禁卫,职比卫尉。

宣阳门 东晋、南朝建康城(今江苏南京市)外城正南门。东晋太宁二年(324),王敦将沈充、钱凤攻至宣阳门,即此。

宣业 官名。即国子博士,唐龙朔二年(662)改,咸亨元年(670)复名国子博士。

宣夜 古代一种天体学说,源出先秦时期,定型于汉代。《晋书·天文志》称系东汉郗萌提出。《后汉书·张衡传》:"作浑天仪,著《灵宪》、《算罔论》。"李贤注引蔡邕曰:"言天体者有三家:一曰周髀,二曰宣夜,三曰浑天。宣夜之学绝,无师法。"此说以为天无一定形状,众星飘浮于虚空之中,均靠气的作用而运动。是一种朴素的唯物宇宙观。

宣仪 内官名。唐龙朔二年(662)置四员,正二品,位同九嫔,咸亨二年(671)废。

宣义郎 ❶官名。隋代谒者台之职官。大业三年(607)设,四十人,正七品,主出使。北宋元丰三年(1080)置,为新寄禄官。从八品,取代旧寄禄官光禄、卫尉寺丞、将作监丞。❷散阶称号。隋文帝于吏部置游骑等八尉为散官。唐武德七年(624)改游骑尉为宣义郎,为从七品下文散官,男爵出身者由此叙阶,亦作"宣议郎"。宋时一度改为宣奉郎。明清为文职正七品中属吏员出身者之封赠,清亦作宣议郎。

宣议郎 即"宣义郎❷"。

宣毅将军 官名。南朝梁置,天监七年(508)定为武职二十四班中的十七班,与镇兵将军等代旧四中郎将;大通三年(529)改为武职三十四班中的二十七班,与四中郎将并置。陈沿置,拟四品,比秩中二千石。如加为宣毅大将军,则进一阶。

宣懿后(?—1075) 辽道宗皇后。姓萧氏,名观音。枢密使萧惠之女。道宗即位,立为懿德皇后。生太子濬。大康元年(1075),被耶律乙辛、张孝杰等诬构与伶人赵惟一通,赐自尽,归尸于家。天祚帝即位,昭雪冤案,追谥宣懿皇后,迁葬庆陵(道宗陵)。

宣谕化导使 官名。清代特设劝谕化导风俗之官。雍正九年(1731),以征准噶尔,陕西、甘肃当师行道,任馈饷,故命兵部尚书史贻直为陕西宣谕化导使,偕侍郎杭奕禄前往。乾隆间,以两江士风"不振",亦置四员,江苏、安徽各二员。掌宣谕朝廷德化,矫正风俗。皆为临时性差遣,事毕则解。

宣谕使 官名。不常置。北宋末年始遣各路宣谕使,掌宣谕德意,奏报各地弊政。南宋绍兴年间,使权渐重,可监督地方,参预军政,权任次于宣抚使。其官署称宣谕使司,也称宣谕司。

宣赞舍人 见"閤门使"。

宣葬 官场用语。宋代官员死,朝廷赐资财助办葬事,差官传宣押赐,称宣葬。

宣泽门 北宋东京城(今河南开封市)外城西汴河上北水门。本名大通门,熙宁十年(1077)改名。《宋史·钦宗纪》:靖康元年(1126),"金人攻宣泽门,李纲御之,斩获百余人,至旦始退。"

宣札 见"宣帖"。

宣诏省 官署名。渤海国置,左相、左平章事、侍中、左常侍、谏议居之。

宣诏书 官名。太平天国军中给事官。见"军中典官"。

宣镇侍卫府 元代侍卫亲军机构。顺帝后至元三年(1337)正月,立宣镇侍卫屯田万户府于宁夏。四月,改为宣镇侍卫府。秩正三品。置都指挥使、副使等职。

宣正大夫 官名。北宋政和六年(1116)置,为正五品武阶官。位在正侍大夫下、履正大夫上。

宣正郎 官名。北宋政和六年(1116)置,为从七品武阶官。

宣政 北周武帝年号(578)。

宣政殿 唐长安大明宫正殿。位于含元殿正北。殿门曰宣政门。殿东西长约70米,南北宽40余米。东西侧宫墙外设中书省、门下省、御史台、命妇院及史馆、弘文馆等近臣、机要官署。宣政殿为皇帝于东内举行朝中常日听政之处。凡大朝会、大册拜,亦在此殿举行。玄宗授肃宗国玺、顺宗册皇太子、文宗即皇帝位,均在此殿。

宣政使 官名。宋宦官的高级官称。淳化五年(994),昭宣使王继恩镇压王小波、李顺起义后,特置此官授之,以示奖励。朝参时位在东班前,称为班官。政和二年(1112)改中卫大夫。

宣政院 官署名。五代时吴有承宣院。南唐中主李璟时,改为宣政院,置于内廷,专掌密命。南汉亦有承宣院,职掌相同。元代置,掌管全国佛教事务和统辖吐蕃地区。世祖至元元年(1264),置总制院。二十五年,因唐朝在宣政殿接见吐蕃使臣,改名宣政院。以帝师总领。长官为院使,秩从一品。下设同知、副使、佥院、同签、院判、参议等官。官属得自选用。地方置僧录司僧正等分理僧尼之政,隶于宣政院,至大四年(1311)罢,凡僧人诉讼,悉归有司。至顺二年(1331)复于全国各地置广教总管府十六所。元统二年(1334)又罢。吐蕃有大事,则置行宣政院往当地处理,唯重大军事行动需与枢密院商议。延祐五年(1318)又置行宣政院于杭州,总江浙僧政。宣政院所辖吐蕃之地分置吐蕃等处宣慰司、吐蕃等路宣慰使司和乌思、藏、纳里速古鲁孙三路宣慰司,其官员僧俗并用,军民兼管,主要官员由帝师和宣政院荐举,朝廷任命。

宣政院断事官 官名。元世祖至元二十六年(1289)置,秩从三品,置四员。掌宣政院所辖刑狱断案等务。大德四年(1300)罢,后又复置。

宣政院客省使 官名。元世祖至元二十五年(1288)置,秩从五品,置二员,下设副使一员。

宣政院使 官名。元代置。秩从一品。宣政院长官。初置院时,设二员,为长者以朝廷大臣兼任,位居第二者由帝师推荐僧人担任;下设同知、副使、参议、经历各二员。后增设断事官、佥院、同佥、院判等职,院使员数也不断增加,皆僧俗并用。文宗时定制置院使十员:同知二员,正二品;副使二员,从二品;佥院二员,正三品;同佥三员,正四品;院判三员,正五品;参议二员,正五品;经历二员,从五品。下设吏员若干。

宣纸 纸名。(1)明宣德年间出现的素馨纸。薄者坚韧,厚者腻滑,有贡笺、绵料、白笺、洒金笺、五色粉笺、金花五色笺、磁青纸等品种。(2)宣城(今安徽宣州)所产书画用纸。纸质白细柔软,经久不变。

宣忠斡罗思扈卫亲军 元斡罗思族组成的扈卫军。拔都统率的蒙古军征服斡罗思后,斡罗思人迁入元朝境内。至顺元年(1330),诏收聚斡罗思军士一万,置宣忠扈卫都万户府统领,隶枢密院,立营于大都北,市民田百三十余顷给与,立屯田。二年,改宣忠斡罗思扈卫亲军都指挥使司。

宣州 隋开皇九年(589)改南豫州置,取宣城郡号为名。治宣城县(今安徽宣州市),大业三年(607)改为宣城郡。唐武德三年(620)复为宣州。辖境相当今安徽长江以南,黄山、九华山以北地区及江苏溧阳、溧水、高淳等市、县地。天宝元年(742)复改宣城郡,乾元元年(758)复为宣州。北宋属江南东路。南宋乾道二年(1166)升为宁国府。唐以后以产纸、兔毫笔著名。

宣宗成皇帝圣训 书名。全称《大清宣宗效天符运立中体正至文圣武智勇仁慈俭勤孝敏成皇帝圣训》。清咸丰朝官修。一百三十卷。分类节录道光帝诏谕而成。凡圣德、文教、武功、漕运、屯垦等三十三门。道光年间大事,略可概见。其中海防一门,有有关鸦片战争资料。有咸丰官刊本。

镅人 官名。同涓人。春秋楚置。掌扫除的侍臣。《史记·楚世家》:"王行,遇其故镅人。"裴骃《集解》引韦昭说:"今之中涓也。"参见"涓人"。

xuán

玄 ❶道家用语。《老子》第一章:"玄之又玄,众妙之门。"王弼注:"玄者,冥也,默然无有也。"意为奥妙,微妙,用以形容"道"之神秘奥妙。❷天。《释名·释天》:"天又谓之玄。"《广雅·释言》:"玄,天也。"❸精神性之宇宙本性。西汉扬雄《太玄·玄攡》:"玄者,幽攡万类而不见形者也。"

玄德 潜行的道德。《书·舜典》:"玄德升闻,乃命以位。"王肃注:"玄,谓幽潜。潜行道德,升闻天朝,遂见征用。"

玄都观 隋唐道观名。北周大象三年(581)建置于长安故城(今陕西西安)内,初名通达观。隋开皇二年(582)移至安善坊,称玄都观。早年有道士尹崇住此修炼。崇通儒、释、道学,藏儒书万卷。天宝中,道士荆朏亦住于此,太尉房琯与知名之士常往游集。元和初,观中植满桃树,春日盛开,粉红如霞。大和初,荡然萧索。刘禹锡有诗两首,以志此事。

玄都氏 即"九黎"。

玄都藏 书名。金元所修道藏。金明昌元年(1190),十方大天长观提点孙明道奉诏修订道经,辑成一藏,题为《大金玄都宝藏》,共六千四百五十五卷。元太宗九年(1237),全真道教门提点宋德方与弟子秦志安等于山西平阳玄都观校刻道经,立二十七局,雇刻工五百余人,除补完订正金本外,增入全真道的《金莲正宗记》、《烟霞录》、《绎仙传》等。全书七千八百余卷,刊成于蒙古乃马真后三年(1244),仍称《玄都宝藏》。

玄昉(?—746) 日本大和(今奈良)人,俗称阿刀氏。遣唐学问僧。开元五年(717,养老元年)随遣唐使多治比县守使舶入唐至长安。后从濮阳智周学法相宗经典,留居中土十九年,遂精法相之学。玄宗喜其才,曾赐其三品紫袈裟。二十三年(735,天平七年)随遣唐使多治比广成使舶归国,带回佛教典籍五千余卷及各种佛像。乃以兴福寺为弘法中心,传授法相宗,遂为日本法相宗第四代宗师。

玄峰年运志 书名。记宋云南大理段氏始末,约编成于明代。顾祖禹《读史方舆纪要》、《云南名胜志》等书引录。今人王叔武曾辑佚收入其所纂《云南古佚书钞》。杨慎《滇载记》著录并引用。顾书及杨书记其名为《绎年运志》或《译年运志》。

玄宫 明陵组成部分。为安放皇帝及后妃灵柩之处,即俗称"地下宫殿"。位于宝城之下,为石券结构。棺椁放入后将石门关闭,于门外行祭礼,再行掩埋。

玄怪录 书名。一作《幽怪录》。唐牛僧孺撰。十卷。记元和、长庆、大和年间故事。已佚。今有1982年中华书局出版点校本《玄怪录·续玄怪录》,系从《太平广记》、《类说》、《绀珠集》、《说郛》中辑出,四卷,附补遗一卷,五十八则。

玄衮 即玄衮。古代君王所穿之黑色礼服,上绣龙纹。《荀子·富国》:"诸侯玄衮衣冕。"杨倞注:"衮与衮同,画龙于衣,谓之衮。"

玄扈水 在今陕西洛南县北。《山海经·中次五经》曰:"阳虚之山,多金,临于玄扈之水。"《水经·洛水注》又引《河图玉版》曰:"仓颉为帝,南巡,登阳虚之山,临于玄扈洛汭之水,灵龟负书丹甲青文以授之,即于此水也。"

玄化门 五代梁开平元年(907)改东都(今河南开封市)北面中门酸枣门为兴和门,后晋天福三年(938)改为玄化门。《资治通鉴》:后汉乾祐三年(950),郭威南下,汉主御之,诸军逃溃,汉主还宫"至玄化门"。权知开封府刘铢从门上射之,汉主西北走,为乱军所杀。

玄教 即"正一道"。

玄教院 官署名。明洪武元年(1368)置,管理全国道教事务。本院职官皆以道士为之。四年革。十五年设道录司以掌其事。

玄静先生 即"李含光"。

玄酒 酒名。一说古代祭祀所用水。《礼记·礼运》孔颖达疏:"玄酒,谓水也。以其色黑,谓之玄。而太古无酒,此水当酒所用,故谓之玄酒。"《礼记·礼器》:"礼也者,反本修古,不忘其初者也。故凶事不诏,朝事以乐;醴酒之用,玄酒之尚;割刀之用,鸾刀之贵;莞簟之安,而稿鞂之设。"孔颖达疏:"醴酒之用,玄酒之尚者。此下三事是修古也。醴酒,五齐第二酒也。玄酒是水也。尚,上也。言四时祭祀有醴酒之美,而陈尊在玄酒之下,以玄酒之尊置在上,此是修古也。"又说是清淡之薄酒。清避康熙帝玄烨的讳,改玄为元。

玄览 老子哲学用语。意指深入静观。《老子》第十章:"涤除玄览,能无疵?"河上公注:"当洗其心使洁净也。心居玄冥之处,览知万事,故谓之玄览也。"认为以虚静之心纵观万物谓之玄览。一说玄览即玄鉴,谓玄妙的镜子。

玄秘塔碑 全称《唐故左街僧录内供奉三教谈论引驾大德安国寺上座赐紫金鱼袋大达法师玄秘塔碑铭并序》,即《大达法师玄秘塔铭》。今存陕西西安碑林。唐会昌元年(841)刻。裴休撰,柳公权书。楷书二十八行,行五十四字。下端每行磨灭二字,余皆完好。唐楷柳体代表作品。明人赵崡评谓:笔力劲健,但不免脱巾露肘之病。或疑此碑为后世重刻。

玄妙观三清殿 在今江苏苏州市玄妙观。建于南宋淳熙六年(1179),是江南现存最大的古代木结构建筑。下设高台,重檐九脊顶,四角有飞甍上翘。面阔九间,计 46 米余,进深六间,计 25 米余。殿内斗栱采用上昂结构。虽经后代重修,但主要结构仍为宋代遗物,是研究中国古代建筑的重要实物资料。现为全国重点文物保护单位之一。

玄冥 ❶相传少昊氏有四子,名重、该、修、熙。修和熙都作过水正,称玄冥。死后被尊为水神。❷西晋郭象用语。深远幽寂之谓。指无所区别的混沌状态。源出《庄子·大宗师》:"于讴闻之玄冥,玄冥闻之参寥。"郭象注:"玄冥者,所以名无而非无也。"认为事物既不生于"无",也不生于"有",而是在混沌状态中"自生"的,以反对何晏、王弼"以无为本"的观点。

玄默 一作元默。明静海(今属天津)人,字中象。万历进士。授怀庆府推官,擢吏科给事中。天启时因不附魏忠贤遭劾罢官。崇祯初复官,崇祯六年(1633)任佥都御史,巡抚河南。八年以凤阳失守罪被逮,久之释归。

玄女 亦称神女。汞的隐名。道家炼丹,称汞为玄女。见《石药尔雅》。

玄牝 老子用语。《老子》第六章:"谷神不死,是谓玄牝。""玄牝之门,是谓天地根。"玄,微妙;牝,雌性。认为"道"为微妙莫测、生养天地万物之母,故称"玄牝"。河上公谓:"玄,天也,于人为鼻;牝,地也,于人为口。""鼻口之门,是乃通天地之元气所从往来。"即以人之鼻口为玄牝。

玄妻 即"后夔玄妻"。

玄始 北凉沮渠蒙逊年号(412—428)。凡十七年。

玄始历(曆) 见"元始历"。

玄水 汞的隐名。道家炼丹,称汞为玄水。见《石药尔雅》。

玄水龙膏 汞的隐名。道家炼丹,称汞为玄水龙膏。见《石药尔雅》。

玄坛监 官名。隋大业三年(607),改道观为玄坛置,为玄坛之长官,掌玄坛事。下设玄坛丞为其副职。

玄谈 魏晋时以《庄子》、《老子》、《周易》为依据而辨析名理的虚玄之谈。形式与汉代清议略同,但内容不再以儒家的道德标准衡量。玄谈之风始自三国魏正始年间的何晏、王弼、夏侯玄等人,至西晋末年大盛。玄谈家大都手执麈尾以助谈锋,反复辩论,成为摈弃世务不接触实际的清谈,因而或称清谈、清言。

玄同 道家用语。指智者不用感官与外物接触而与"道"合一的境界。《老子》第五十六章:"知(智)者不言,言者不知(智)。塞其兑,闭其门,挫其锐,解其纷,和其光,同其尘,是谓玄同。"河上公注:"玄,天也。人能行此上事,是谓与天同道也。"

玄菟郡 西汉元封三年(前 108)置。治沃沮(也作夫租,今朝鲜咸镜南道咸兴)。辖境相当今辽宁东部东至朝鲜咸镜道一带。昭帝时移治高句骊(今辽宁新宾县西南)。东汉时复内徙,移治今沈阳市东。北魏以后,地入高句骊。

玄王 即"契(xiè)"。《国语·周语下》:"玄王勤商,十有四世而兴。"韦昭注:"玄王,契也。殷祖契由玄鸟而生。"

玄武 二十八宿北宫七宿别名。图像为龟蛇形。《左传》称为蛇。《襄公二十八年》:"蛇乘龙",《周礼·司常》九旗已是龟蛇旗,而 1978 年在湖北随县(今随州)曾侯乙墓出土的战国初期绘天文纹漆箱盖上,尚无代表北宫七宿的图案。《礼记·曲礼上》与诸子中的某些书始称玄武,此名的产生当在战国末期以后。

玄武门 唐宫城北面正门之名。(1)长安太极宫(隋名大兴宫) 玄武门,建于隋。武德九年(626)六月四日,秦王李世民伏兵于此,射杀太子李建成与齐王李元吉,史称玄武门之变。唐初诸帝常于此门大射、赐宴与观百戏。(2)长安大明宫玄武门,建于贞观八年(634)。德宗时,起门观。门外设两廊,持兵宿卫，称为北衙。玄武门北临禁苑，南俯东内与郭城，位置扼要，故李隆基（玄宗）入宫除韦后、李豫（代宗）入宫除张后（张良娣），皆勒兵发难于此。(3)洛阳宫玄武门，建于隋。神龙元年(705)，张柬之等由此门入宫，除张易之、张昌宗，逼武则天退位。三年太子李重俊起兵杀武三思，中宗登玄武门楼拒守。事变平定后，改名为神武门、制胜楼。

玄武门之变 唐高祖（李渊）次子李世民于京城长安（今陕西西安）发动的政变。又称临湖之变。武德时，秦王李世民功高权重，威胁太子李建成地位。建成与齐王李元吉谋害世民，逐秦府房玄龄、杜如晦等谋士，又谋尽夺秦府将士，双方斗争激烈。在长孙无忌等人策划下，李世民先发制人，率尉迟敬德等，于武德九年六月四日(626.7.2)晨伏兵玄武门（太极宫城北门），建成、元吉入至临湖殿觉变，归府不及被杀。高祖在宫中被挟持，当日诏“军国事皆受秦王处分”，三天后立李世民为皇太子。八月正式传位于李世民，是为太宗。

玄武司马 官名。东汉置。属卫尉，领员吏二人，卫士三十八人，守卫皇宫玄武门。

玄襄阵 阵名。是一种迷惑敌人的疑阵。《孙膑兵法·十阵》：玄襄阵之布置，必多设旌旗羽毛，鼓声密集而雄壮，队伍表面纷乱实际却各守其位，兵车看来杂乱实际却严整有序，兵噪马嘶，若从天降，如从地出，神出鬼没，使敌玄奥莫测。

玄枵 十二次名目之一。配十二辰为子。包括女、虚、危三宿。《尔雅·释天》：“玄枵，虚也。”郭璞注：“虚在正北，北方色黑”，因名玄；“枵之言耗，耗亦虚意”。虚同墟。故“玄枵”义为北方之墟。

玄嚣 相传为黄帝之子。元妃嫘祖所生，亦名青阳，居于江水（《史记·五帝本纪》）。一说青阳为黄帝次妃女节所生（《史记·五帝本纪》司马贞索隐引皇甫谧说）。

玄学 ❶魏、晋、南北朝流行的社会思潮。语始见《晋书·陆云传》。魏晋名士以谈“玄”、释“玄”，崇尚虚无，空谈名理为风气，并建立起不同的流派，故名。以《老子》、《庄子》和《周易》为经典，讨论有无、本末、动静、言意象，以及自然与名教等的相互关系，以综合儒、道、名、法诸家学说的新的思想形式，代替趋于衰微的汉代经学。其发展经历了不同的阶段。魏正始年间，以何晏、王弼为代表，崇尚《老子》，辅以《易》学，提倡“贵无”，主张以寂然不动的“无”为世界的精神性本体，但也注重儒家的丧祭服制和历代的典仪，服膺孔子，以自然为本，名教为末，统一儒、道。宣传“以寡治众”，“君主无为”。史称“正始之音”。而阮籍、嵇康则视自然与名教为对立，主张毁弃礼法，“越名教而任自然”。认为达于“自然”，必能“通于治化”，幻想无君、无臣的“自然”社会。魏晋之际，裴頠批评“以无为本”，肯定万有存在的真实性，并反对寄生思想和纵欲主义。向秀、郭象以《庄子注》的形式，反对“贵无”和“崇有”，认为万物皆“块然自生”，用神秘的“自生”代替“无”为世界的本原，否定万有的真实性。主张“名教即自然”，君臣、上下之分乃是“天理自然”的体现。东晋以后，玄学与佛学趋于合流，其特点是以玄学解佛学，主要代表人物为僧肇，提出无不绝虚，有非真有，以一种非有非无，有无合一的学说，企图凌驾于玄学各派之上。至此，玄学虽余波未泯，但佛教已逐渐取代其地位。❷学校名。南朝宋文帝创立，学习道教学说。唐代又名崇玄学。

玄晏春秋 书名。西晋皇甫谧撰。三卷。已佚。

玄夷 九夷之一种。

玄义 官名。明代道官。道录司置，左、右二人。从八品。协掌全国道教事务。

玄应音义 即“一切经音义(1)”。

玄元皇帝 唐以老子李耳为始祖。乾封元年(666)，高宗追尊老子为太上玄元皇帝。开元二十九年(741)，玄宗命两京及诸州各置玄元皇帝庙。天宝二年(743)加号大圣祖大道玄元皇帝。十三载，加号大圣祖高上大道金阙玄元天皇大帝。

玄奘(600—664) 唐洛州缑氏（今河南偃师陈河村附近）人，俗姓陈，名祎。法相宗创始人，通称三藏法师。十三岁出家于洛阳净土寺，法名玄奘。唐武德元年(618)从长安至成都，从道基、宝暹等受学，崭露头角。后又游历荆州（今属湖北）、相州（治今河南安阳市）、赵州（治今河北赵县）等地，武德末年再入长安。他在国内遍访名师，学业日进，然仍感到所说纷歧，难得定论，决心去天竺取经求法。贞观元年(627，另有二年、三年说)从长安出发，经凉州（治今甘肃武威市），渡玉门关，孤身穿越沙碛，历尽艰辛，到达高昌，而后取道焉耆、龟兹，越凌山，经粟特（昭武九姓）诸国境，后入天竺。在摩揭陀国(Magadha，相当今印度比哈尔邦的巴特那和加雅地区)的那烂陀寺从戒贤受学，时达五年，后又游历天竺各地，并同一些学者展开辩论，名震五竺。贞观十七年谢绝戒日王和那烂陀寺僧的挽留，携带佛经六百五十七部及佛像、花果种子等，启程返国。于十九年初回到长安。历时十数年，行程五万里，是中古史上一次艰险而伟大的旅行。以后在弘福寺、慈恩寺等处译出经、论七十五部，凡一千三百三十五卷。多用直译，笔法谨严。所译经籍，对丰富祖国宗教文化有一定贡献，并为古印度佛教保存了珍贵的典籍，世称“新译”，又将在西域和印度亲历见闻，撰写了《大唐西域记》十二卷，为研究中国西北地区以及印度、尼泊尔、巴基斯坦、孟加拉国、中亚等地古代历史地理和从事考古的重要资料。译《老子》、《大乘起信论》为梵文，传入印度。由于其成就卓越，所以民间广泛流传他的故事。如元吴昌龄《唐三藏西天取经》杂剧、明吴承恩《西游记》小说等，皆从他的故事发展而来，故俗称他为唐三藏或唐僧。

玄奘别传 即“大唐西域记”。

玄奘行传 即“大唐西域记”。

玄照 唐太州仙掌（今陕西华阴）人。幼年出家。贞观中巡礼天竺。留学那烂陀寺。麟德中，应诏归国，来往皆经吐蕃并受文成公主资助。后高宗令往迦湿弥罗，乃重游天竺，未及返而卒于中天竺庵摩罗波国。年六十余。

玄珠录 书名。唐王玄览著。二卷。援《老子》"可道"、"常道"命题,并杂以佛教思想。认为"常道,主天地,恒常实在";"可道生众生,无常不实"。主张众生修行应摆脱生死,灭绝知见,达到与天地恒常的"常道"境界,即谓"得道"。收入《道藏·太玄部》。

县成 春秋末鲁国人,名成,字子祺(一作子谋、子横)。孔子学生。

县亶 春秋末年人,名亶,字子象。孔子学生。见《孔子家语·七十二弟子》,《史记·仲尼弟子列传》不载。

县解 道家用语。指从现实生活中解脱。《庄子·大宗师》:"安时而处顺,哀乐不能入也,此古之所谓县解也。"县,音玄,有所系;解,解结。县解,无所系也。庄子认为,一切顺应自然,放弃任何追求,就能得到绝对自由。

县门 古代守城设施。即悬门。《左传·襄公十年》:"县门发。"杜预注:"县音玄。"孔颖达疏:"《正义》曰:县门者,编版广长如门,施关机以县门上,有寇则发机而下之。"《墨子·备城门》又谓:县门外涂泥,悬门洞上,旁有悬室,容一人,司候望。敌至,发机使门落下。

悬车 悬束其车而不用,即致仕,辞官家居。古者官员以车代步,阖门悬车即表示辞去官职,不预政事。后或沿称。

悬棺葬 古葬俗。因多置于绝壁上或崖洞中,故又称崖棺葬、崖墓、崖洞墓。又因葬具有作船形者,又称船棺葬、架壑船、仙船等。流行于长江以南,东起台湾、西到云南等省的一些民族中,在东南亚,甚至太平洋诸岛上也有发现。此葬俗从夏、商时期一直延续到明清。行此葬俗有越、苗、瑶、濮、僚、僰等族。有的学者认为它是中国古代南方处于相似社会、自然条件的各民族各自发展起来的一种文化现象。葬具皆为木质,棺之结构因地区不同而有船形、独木舟形、干栏式等。随葬品多置于棺内,以竹木器、陶瓷及丝棉织物为主,具有浓厚的地方色彩,同时在一些遗物上又有中原文化的因素。

悬瓠城 一作悬壶城。本汉上蔡县地。晋时称为悬瓠城。《元和郡县志》:蔡州汝阳县,"州理城,古悬瓠城也。汝水屈曲形若垂瓠,故城取名焉"。即今河南汝南县。东晋、南北朝时为南北兵争要地,常置重兵戍守。东晋移汝南郡治此;南朝宋又移上蔡县治此,元嘉末曾侨置司州于此;其后北魏、梁、东魏、北齐、北周历为豫州及汝南郡治;隋、唐为蔡州治,大历后又为淮西节度使治。李希烈、吴元济等先后据此。《新唐书·李愬传》:元和十二年(817),雪夜袭蔡,入悬瓠城擒吴元济。

悬梁 亦作县梁。古代城防设施。即城壕上设的吊桥,桥上有机械性之发梁,可控制吊桥的升降。《墨子·备城门》:"为堑县梁。""上为发梁而机巧之。""敌人遂入,引机发梁,敌人可擒。"岑仲勉注:"县梁即后世之钓(吊)桥。"

悬泉置 驿站名。西汉武帝置。置,驿站。因东南侧山谷间的悬泉得名。在敦煌郡效谷县境内,东距今甘肃安西县56公里,西去今敦煌市64公里。近年发掘遗址,发现大量简牍和其他遗物,对研究古代丝绸之路及汉代的政治、经济、文化、军事等都具有重大价值。

悬山 古建筑的一种屋顶式样。两面坡顶。与硬山顶不同,屋顶悬伸在山墙以外(又称挑山或出山),在出挑的檩头上钉搏风板。有一条正脊和四条垂脊,也有无正脊的卷棚,山墙的山尖部分常做成五花山墙或三花山墙。最早见于汉画像砖及明器。规格上次于四阿顶、九脊顶。

悬山岙 在今浙江象山县南。清顺治十七年(1660),张苍水(煌言)因抗清军事失败,结茆悬山岙,康熙三年(1664)被俘。

悬炭湿度计 气象仪器。利用木炭重量的变化来测大气湿度。其法是:将木炭和另一种不易吸水的物质(如羽毛、土、铁等)分置天平两端并使之平衡。天气干燥时,炭中水分蒸发使炭变轻,天平中悬炭一端上翘;天气潮湿时,炭吸收空气中水汽而变重,悬炭一端下沉。至迟在西汉已出现,《淮南子》对此有说明。为世界上最早制作的天平式湿度计,在中国沿用了相当长的时间。唐王起曾作《悬土炭赋》以称赞其作用。

旋宫 即"旋相为宫"。

旋宫图 见"旋相为宫"。

旋门关 在今河南荥阳市西汜水镇西南。东汉中平元年(184)为镇压黄巾起义军所置八关之一。

旋相为宫 即旋宫。《礼记·礼运》:"五声六律十二管,旋相为宫也。"十二个律轮流作宫音,以构成不同调高的五声或七声音阶。在调高变化时,调式也可以变换,后者称为转调。古代旋相为宫包含了旋宫与转调二层意义,虽然有时只旋宫不转调,或只转调不旋宫。古代人创作了一种简易的练习旋宫的图板,称为"旋宫图"。将两块同心不同半径的纸板活动地钉合于圆心。底板书十二律名(或叫律盘),上板书五音或七音名(或叫音盘)。由音盘右旋(顺时针方向)或左旋(逆时针方向)可得知不同调高的五声音阶或七声音阶(也可以旋转律盘)。历代乐志或律志言及"置图"、"附图",即指此旋宫图。今存最早的图见唐代成书的《乐书要录》,明朱载堉《乐律全书》中有各种旋宫图。右旋法可上溯至战国初曾侯乙钟铭,调名读为某律均(yùn)"之"某声;左旋法早至《周礼·春官·大司乐》,调名读为某律"为"某声。唐宋时期,称为"顺旋"(右旋)和"逆旋"(左旋)。无论顺或逆旋转,十二律与七声的组合即可得八十四调。

璇玑玉衡 天文学名词。《尚书·舜典》:"在璇玑玉衡,以齐七政。"自汉以来,对璇玑玉衡有两种见解:一是天文仪器。认为天文仪器者亦有不同观点:东汉马融认为是浑仪;宋苏颂则认为是浑仪中的"四游仪",亦即一个绕极轴转动的双重圆环,就是璇玑;双重环中间的窥管,就是玉衡。清吴大澂提出:璇玑是一块边缘有牙齿,中间有圆孔的圆形玉板;玉衡则是一个短的玉管。比利时学者米歇尔(H·Michel)则认为璇玑是两块玉合起来构成的拱极星底板,中有圆孔,四周锯齿状,观测时,把手伸向眼睛前方,以圆孔中和锯齿状边缘上露出星星,约略测定北极星和二分、二至点位置。另一是北斗七星说,《史记·天官书》:"北斗七星,所谓璇玑玉衡,以齐七政。"《星经》:"璇玑者谓北极星也,玉衡者谓北斗九星也。"这两种观点,至今仍无定论。

xuǎn

选 ❶官制用语,即量才授官。宋分选人注拟的差遣窠阙为十等,每一等为一选,第一选为两府司录,次赤令、留守、两府、节度、观察判官、少尹,顺次至第十选,为中下县、下县簿、尉。❷春秋楚地,确址不详,当在今湖北宜都市南。《左传》文公十六年(前611):"麇人率百濮聚于选,将伐楚",即此。

选案黄纸 选官制度。南朝选用官吏,先由吏部在白牒上录拟选用者姓名,经吏部尚书与参掌官员(如录尚书事)共同签署上奏,由皇帝裁定可否。若敕可,则付选,量贵贱,别内外,随才补用。人选确定后,改用黄纸登录姓名。经八座通署,再行上奏,送皇帝敕可。既敕,即出付典名,由典名以所录名帖鹤头板,整威仪,送往得官之家。

选报 杂志名。(1)清光绪二十七年十月一日(1901.11.11)在上海创刊。旬刊。线装本。赵祖德(彝初)倡办,蒋智由、王诜士先后主编。以"开民智"为主旨。全部选录各报新闻言论,间附评议。声援爱国学潮,鼓吹变革,言论温和。从第四十二期起改为周刊,二十九年八月发行第五十六期,停刊时间不详。(2)清光绪三十二年在南昌创刊。周刊。刘博存等主办。设论说、新闻等十四门类,内容全部从他报选载。

选补使 使职名。唐上元二年(675)以岭南五管、黔中都督府选任土人,官非其才,乃遣郎官、御史为补选使,亦称南选使,前往简补广、交、黔等州官吏。其后,江南、淮南、福建因水旱,皆遣选补使即选地方官吏,废置不常。参见"南选❶"。

选部 官署名。东汉灵帝时由尚书台吏曹改名,设尚书,掌选任官吏。魏、晋、南北朝改名吏部,后遂为吏部的别称。北魏前期或名吏部,或名选部。设尚书为长官,下设选部监等属官,及给事中、给事等内廷派出监察官员。孝文帝改制前复名吏部。隋大业三年(607)改尚书省吏部头司吏部司为选部司,设郎、承务郎,唐武德三年(620)复旧。明洪武二十二年(1389)改吏部四属部之一的总部为选部,设郎中、员外郎,二十九年改为文选清吏司。

选部郎 魏、晋、南北朝为尚书吏部郎别称。隋大业三年(607)改吏部侍郎置,为吏部头司选部司长官,从五品。唐代改名吏部郎中。

选部尚书 官名。东汉灵帝末由吏曹尚书改名,掌选任官吏,秩六百石,隶尚书台。魏晋改名吏部尚书。北魏前期或置选部尚书,或置吏部尚书,孝文帝时定置吏部尚书。参见"吏部尚书"。

选曹 ❶尚书台曹名。参见"选曹尚书"、"选曹郎"。❷吏部的别称。《宋书·蔡兴宗传》:"(蔡兴宗)前居选曹,多不平允。"兴宗曾任吏部尚书。❸官吏铨选机构通称。《晋书·祖约传》:"后转(丞相)从事中郎,典选举","司直刘隗劾之曰:'约幸荷殊宠,显位选曹,铨衡人物,众所具瞻。'"

选曹郎 ❶三国蜀、吴所置尚书台郎官名。主管铨选官吏事务。❷吏部郎的别称。

选曹尚书 简称选曹。官名。东汉时有选部尚书,掌选举官吏。三国魏改称吏部尚书,为三品,典官吏之任免、考课、升降、调动等事。吴称选曹尚书。晋初亦有吏部尚书,三品。十六国汉刘聪时置左、右选曹尚书。南朝宋复置吏部尚书,齐、梁、陈皆有,梁为十四班。北魏初有选部尚书,后改称吏部尚书。北齐因之,为正三品。北周称吏部中大夫,为正五命。魏晋以后,资位尤重,历代皆为八座之一,品秩略高于列曹。

选调 官场用语。宋代选人在迪功郎至承直郎七阶中逐阶升迁,称选调。因难出常调,又称选海。

选锋 明京军中所选精锐士卒。参见"十二团营"、"东西两官厅"。

选贡 明贡监之一种。即由府州县学特选入国子监的优秀生员。始行于弘治中。多选年少英敏,入监课试每居上等,拨历到各司实习亦有才干,其声势远出岁贡上。然不常行,万历时曾停,崇祯时复行。

选官 主持铨选官吏的官员。《晋书·蔡克传》:"(司马)颖为丞相,擢为东曹掾。克素有格量,及居选官,苟进之徒望风畏惮。"(时东曹掾典铨选官员)。《梁书·王泰传》:"士多怀泰,每愿其居选官。顷之,为吏部尚书,衣冠属望。"

选海 即"选调"。

选举不实 罪名。汉代高级官吏有举荐他人为吏之责,如所举之人任职后与原举情况不符,则举主以选举不实论处。《汉书·百官公卿表》:"护西域骑都尉韩立子渊为执金吾,五年坐选举不实免。"

选举令 唐时关于官吏的选拔、升迁、恩荫、退休以及科举贡士等制度的法令。科举考试办法则在考课令中。令文散见于《唐六典》、《通典》、《唐会要》诸书。日本养老时代(717—723)的《选叙令》亦可资参考。

选人 候选官员的通称,历代均有之。宋专指低级文臣寄禄官,即幕职州县官。宋制,京官以上由中书注授差遣,惟幕职州县官经由吏部铨选注授差遣,故称。宋初,选人分两使职官、初等职官、令录、判司簿尉四等共七阶,经崇宁二年(1103)及政和六年(1116)两次改名,七阶为承直郎、儒林郎、文林郎、从事郎、从政郎、修职郎、迪功郎。选人经磨勘改官方能升为京朝官。此外,未入流而参吏部铨选者,如斋郎、试衔等,亦称选人。

选士 又称练士、锐士、精士、良士。战国列国根据一定标准和要求挑选、训练的士兵。《荀子·议氏》载魏国选士条件："魏氏之武卒，以度取之，衣三属之甲，操十二石之弩，负服矢五十个，置戈其上，冠轴(即胄)带剑，赢三日之粮，日中而趋百里。"

选侍 明代太子庶妻未得封号者。始见于光宗选侍王氏、二李氏及赵氏。

选授 清代吏部铨选制度。乃官缺补授方法之一。指依照月选之制补授官职之例。京官郎中以下，除题缺、调缺、拣选缺、考选缺外，皆依月选之法授官。外官道以下，除请旨缺、题缺、调缺、拣选缺、在杂要缺外，亦皆依月选之法授官。凡月选之官皆由吏部依班定缺，经司议、堂议，定选日，公同掣签，以定选缺。

选司 吏部的别称。《晋书·石季龙载记上》："有所调用，皆选司拟官，经令仆而后奏行。不得其人，案以为令仆之负，尚书及郎不坐。至是，吏部尚书刘真以为失铨考之体而言之。"或以为明清亦为吏部所属文选清吏司的简称。

选院 官署名。唐开元二十八年(740)以尚书省吏部考功司贡院地置吏部南院，因放置选人文书，故名。

xuàn

绚 丝的计量单位。唐制，五两为绚。

眩雷塞 《史记·匈奴列传》作"眩靁塞"。西汉元封四年(前107)为防匈奴南侵而筑。《汉书·地理志》西河郡增山县(今内蒙古东胜市西北城梁村古城)："有道西出眩雷塞"，即此。

朐卷县 西汉置。治今宁夏中宁县东北黄河东岸。属安定郡。东汉废。《汉书·地理志》朐卷县："河水别出为河沟，东至富平北入河。"

旋风砲 砲的一种。用冲天柱一，柱上有匡木，安轴，轴安砲梢，可转向击敌。

旋风叶 即"旋风装"。

旋风装 古籍装订方法。亦称旋风叶。用卷轴装之书籍，卷长者可达几丈，翻阅麻烦。唐时编纂大型类书，渐出现把长卷折叠成长方形折子，又叫叶子，前后加上封皮，因翻阅迅速，有如旋风，故名旋风叶。佛教、道教经典亦采用这种折叠装订法，故又称经折装、梵夹装。宋初，发展为册叶。参见"梵夹装"。

镟边 明嘉靖、万历间官铸铜币之一种。初纯用铜锡，不掺铅，钱边以车镟，故名。嘉靖后期，因铸造劳费，渐改车镟为打锉。嘉靖钱重一钱二分，万历钱重一钱三分。

xuē

削 ❶即书刀。古代用竹木简为书写材料，有误则用刀削去，故称书刀为削。❷又称荐削，即举状。宋代高、中级官员作为举主，每年或分上、下半年，向朝廷推荐选人改为京官的定额的一种计数单位。高、中级官员向朝廷递呈一纸举状，推荐一名选人改为京官或任职，称为一削。各级官府间准许互相挪移削，以便调整荐举名额。选人本人须有五名举主作保，即须取得五纸举状乃能改官，此五纸举状称五削；若任职期内有劳绩，可减少一名举主即一纸举状，称减一削。

削鼻、珐琅党 明末清初江南溧阳(今属江苏)等地农民起义军。以泥土和颜色涂抹面部，故名削鼻、珐琅党。清顺治二年(1645)，清兵攻陷南京，佃农潘茂、潘珍、钱国华、杨麻子等率众抗清，以长荡湖为根据地，曾四次进攻县城。

削国 汉代诸侯王因罪削夺国邑。削夺部分或全部，视罪行而定。《汉书·刘濞传》："赵王有罪，削其常山郡。胶西王以卖爵事有奸，削其六县。"

削籍 ❶从户籍簿上除去名籍。《商君书·境内》："四境之内，丈夫女子皆有名于上，生者著，死者削。"《睡虎地秦墓竹简·秦律杂抄》："有为故秦人出，削籍，上造以上为鬼薪，公士以下刑为城旦。"战国时的削籍，即将活人除去名籍，脱离官府控制，此为官府所禁，要受到惩罚。❷指革职。宋苏轼《上皇帝书》："大则身首异处，破坏家门；小则削籍投荒，流离道路。"

削爵 有封爵者被削减爵位。汉代诸侯王、列侯往往因罪削爵。《汉书·王子侯表》祚阳侯仁："初元五年，坐擅兴徭赋，削爵一级，为关内侯。"明代诸王、郡王、公、侯、伯亦往往因罪削爵或"夺爵"。参见"夺爵"。

薛 春秋国名。任姓。相传始祖奚仲乃黄帝之后，为夏车正，封之于薛。在今山东滕州市东南。后曾一度迁于邳(在今山东微山县西北)。春秋时常依于鲁、宋、齐、晋之间：《春秋》隐公十一年(前712)："滕侯、薛侯来朝。"春秋末为齐所灭，为齐邑。战国时，齐封田婴、田文(孟尝君)于此，称为薛公。后又属鲁。春秋末以后亦名舒州或徐州。《春秋》哀公十四年(前481)："齐陈恒执其君，寘于舒州。"《史记·田敬仲完世家》"舒州"作"徐州"。《索隐》："徐音舒，徐州齐邑薛县是也。"秦置薛县。

薛安都(408—469) 南北朝时汾阴(今山西万荣西南)人，字休达。仕魏为雍、秦二州都统。太平真君五年(444)与东雍州刺史沮渠秉谋反，事发，奔宋，为北弘农太守。孝武帝即位，除右军将军，先后击平反叛之司州刺史鲁爽、江州刺史臧质，屡建战功，累迁平北将军、徐州刺史。泰始二年(466)晋安王刘子勋称帝于寻阳(今江西九江)，举兵应之。事败复归魏，请兵救援，魏遣博陵公尉元率骑一万南下入彭城救之，以为镇南大将军，徐州刺史，赐爵河东公。旋又悔降，欲谋元等，元知之，遂不果发，诿罪于其婿裴祖隆而杀之。魏皇兴二年(468)入朝，次年卒。

薛邦 即"郑邦"。

薛弼(1088—1150) 宋温州永嘉(今浙江温州)人，字直老。政和进士。靖康初，金兵攻汴京，力主李纲坚守之议，围解，迁光禄寺丞。绍兴初，除湖南运判，助岳飞镇压杨么起义，进直秘阁，为飞参谋官，累知虔州、福州、广州,擢敷文阁待制。素与秦桧、万俟卨有交游,岳飞死,凡为飞谋议者,皆夺职,他独得免。

薛辩(378—422) 北魏河东汾阴(今山西万荣西南)人,字允白。初仕后秦姚兴,为太子中庶子、河北太守。后归家保乡邑。及东晋刘裕平兴子姚泓,举营降,除平阳太守。后归魏,以为平西将军、东雍州刺史,赐爵汾阴侯。在州务农教战,抗击夏赫连氏,深受明元帝褒奖。除并州刺史。卒于官。

薛斌(?—1421) 元末明初顺天昌平(今属北京)人。蒙古族。原名脱欢。洪武时随父归明,赐姓名。靖难之役起,以燕山右护卫都指挥佥事从燕王作战,因军功,累官都督佥事,后从北征,以功进都督同知。封永顺伯。

薛勃海恍 唐时室韦首领。开元二十年(732)朝贡唐,被授郎将,赐帛五十匹。

薛禅 蒙古语,意为聪明智慧。蒙古部落贵族常用的美称。如札答阑部长札木合、弘吉剌部长特,皆以此语为号。元世祖忽必烈蒙古语谥号称薛禅皇帝。

薛禅皇帝 即“元世祖”。

薛憕 北朝时河东汾阴(今山西万荣西南)人,字景猷。家贫好学。普泰中,拜给事中,加伏波将军。后为秦州刺史侯莫陈悦行台郎中。悦杀贺拔岳,军将弹冠相庆,他独以为败亡将临。夏州刺史宇文泰平悦,引为征虏将军,进爵为伯。西魏大统初,与卢辩参定礼仪;大统四年(538),为新建宣光、清徽二殿作颂。后坐事死。

薛聪 新罗学者,字聪智。唐、武周之际,入唐留学。精汉学。为便于阅读汉文书籍,创“吏读”之法,以朝语句法为骨干,以汉字字音表示朝鲜语助词、助动词,有助于新罗对唐文化的吸收,也丰富了朝鲜语汇。王氏高丽显宗十二年(1021)追赠弘儒侯。

薛旦 清江苏长洲(今苏州)人,字既扬,又字季央,号訢然子(一作听然子)。戏曲作家。著有传奇《续情灯》、《九龙池》,杂剧《昭君梦》等。

薛道衡(540—609) 隋河东汾阴(今山西万荣西南)人,字玄卿。幼孤,专精好学,才名显著。仕北齐,为中书侍郎。复仕北周,摄陵州刺史。入隋,坐事除名,复为内史舍人,兼散骑常侍。开皇四年(584)出使陈。八年,攻陈,授淮南道行台尚书吏部郎,兼掌文翰,分析伐陈必胜原因,深受高颎赏识。及还,拜吏部侍郎。结交海内名贤,与牛弘、苏威、杨素等友善,声名益显。文帝不欲其久知机密,令出检校襄州总管。在任清简。炀帝即位,转番州刺史。入为司隶大夫。曾上《高祖文皇帝颂》,炀帝不悦,后又以追忆高颎事下狱,被缢杀。诗文为时人称诵,原有集七十卷,已佚。现存明人辑《薛司隶集》一卷。

薛登(647—719) 唐常州义兴(今江苏宜兴)人,本名谦光。通文史,善议论,与徐坚、刘知几齐名。天授中为左补阙,上书切谏选举冗滥,不重实才而贵浮词之弊。又请禁绝少数民族质子。景云中,为御史大夫。时僧慧范恃太平公主势,夺民店肆,奏劾之,反为公主所构,出为岐州刺史。开元初,官东都留守,坐事放归田里,以家贫,诏给致仕官俸禄。撰《四时记》二十卷,已佚,《全唐文》存文二篇。

薛店 地名。即今河南郏县西北薛店。《读史方舆纪要》引《奉天记》:“唐建中四年(783),讨李希烈官军自汝州前进,至薛店,为贼所败”,即此。

薛端(约515—557) 北朝时河东汾阴(今山西万荣西南)人,本名沙陁,字仁直。年十七,魏司空高乾辟为参军。以天下扰乱,弃官还乡。寻被西魏丞相宇文泰征为大丞相府户曹参军。从擒东魏窦泰,复弘农(今河南灵宝北)、战沙苑(今陕西大荔南),累迁吏部郎中。性强直,每有奏请,不避权贵,故赐名端。西魏大统十六年(550),大军伐东魏,为李弼长史。魏帝废,独以为宇文泰不可遽称帝,深合泰意,授吏部尚书,赐姓宇文氏。久居选官,凡所擢用咸得其才。北周孝闵帝即位,进爵为公。因忤宇文护废立意,出为蔡、基等州刺史,旋卒。

薛逢 唐人。宣宗时任修撰官。奉命与崔瑑、夫言、杨绍复等修撰《续会要》。

薛凤翔 明山东滨州人,字对龙。万历进士,授知县,擢兵科给事中。天启六年(1626)官至工部尚书。崇祯元年(1628)免职。次年以党附魏忠贤被定入“逆案”,论徒三年,输赎为民。著有《三垣谏草》。

薛凤祚(1599—1680) 明末清初山东淄川(今淄博)人,字仪甫,号寄斋。通理学,精《易经》。主张经世致用,乃弃科举而致力于自然科学。从魏文魁习传统历算。后受学于传教士罗雅各、穆尼阁、汤若望,改从西学,得历算之要。与穆尼阁合译西方科学著作,第一次将对数介绍到中国。并从事中西天文、数学的整理和翻译。与王锡阐等人切磋历算,时称“南王北薛”。晚年应河道总督王光裕之请,参与黄、运的治理工作。著有《算学会通正集》、《考验》、《致用》、《天步真原》、《天学会通》、《历学会通》、《比例对数表》、《两河清汇》等。

薛福成(1838—1894) 清江苏无锡人,字叔耘,号庸盦。初以副贡生入曾国藩幕,后随李鸿章办外交。曾上疏“治平六策”和“海防十议”,参与中英《烟台条约》的谈判。光绪五年(1879)总理衙门欲委英人赫德为总海防司,上书力阻乃止。中法战争时,任浙江宁绍台道,助提督欧阳利见部署海防,击退进犯镇海的法舰。十四年擢湖南按察使。次年任驻英、法、意、比四国公使,曾疏请添设南洋各岛领事和保护华侨。撰有《筹洋刍议》,主张变法,赞赏西方君主立宪制度,提出以工商立国、允许私人集股办企业、发展民族资本主义的要求。二十年卸任归国,在上海病逝。著作有《庸盦文编》、《庸盦海外文编》、《浙东筹防录》、《出使日记》、《出使奏疏》、《出使公牍》、《庸盦随笔》等,大多收入《庸盦全集》。

薛干部 亦作叱干、薛于、薛千。十六国时鲜卑部落。屯聚三城(今陕西延安东南)一带。北魏登国八年(393)为拓跋珪击破,首领太悉伏南逃投后秦。十年返岭北(今陕西礼泉九嵕山北),势力复振。天凤四年(407)为夏赫连勃勃所并。始光四年(427)北魏取夏统万城,其部尽为魏之编户。后改其姓叱干氏为薛氏。

薛公 ❶即“田婴”。❷即“孟尝君”。

薛广德 西汉沛郡相(今安徽濉溪西北)人,字长卿。以《鲁诗》教授楚国。宣帝时,为博士,参与石渠阁会议,与诸儒杂论《五经》异同。元帝初元五年(前44),以长信少府迁御史大夫。后以岁恶民多流亡,与丞相、大司马、车骑将军俱乞骸骨,皆赐安车驷马,免官。

薛国观(?—1641) 明陕西韩城人,字廷宾、家相。万历进士。授推官,天启中擢户科给事中。附魏忠贤,屡劾东林党人。崇祯元年(1628)罢官归,不久复起任兵科给事中,累迁左佥都御史。十年官至礼部左侍郎兼东阁大学士,预机务。十二年进首辅,以捐款充国库逼死外戚李国瑞,忤帝意。次年因通贿被逮问,赐自尽。

薛国用 明陕西洛南人。万历进士。历官山东右参政,分守辽海道。泰昌元年(1620)以右佥都御史代袁应泰巡抚辽东,进兵部右侍郎代为经略。适戎事稍息,边事暂安,卒于位。

薛虎子(441—491) 北魏代(治今山西大同市东北)人。鲜卑族。文成帝时为内行长,典奏诸曹事。为官正直。出为枋头镇将。孝文帝时,袭爵河东公,迁彭城镇将、徐州刺史。时州镇戍兵,均自带资绢,乃上表请以兵绢购牛,且耕且守,为孝文帝采纳。在州十一载,多惠政。

薛怀义(?—695) 唐京兆鄠县(今陕西户县)人,本姓冯,名小宝。于洛阳卖药为生。姿仪伟丽,得幸于高祖女千金公主之侍儿,转荐为武后男宠。乃度为僧,法名怀义,改姓薛。令与太平公主婿薛绍合族,绍以季父事之。出入禁中,权臣武承嗣等皆执僮仆礼事之,人称薛师,气盖一时,出百官之上。垂拱元年(685),为白马寺主。四年,监造明堂、天堂,又作夹纻大像,高九百尺,凡役数万人,所费以亿万计,府藏为之耗尽。封梁国公。后屡任行军大总管,以御突厥为名,而不出长安一步。载初元年(690),累进右卫大将军,改封鄂国公。与僧法明等上《大云经》,称武后为弥勒下生,当代唐为人世主,遂改是年为天授,改国号为周。因骄恣不顺,武后恶之,密选宫人有力者百余人擒杀之,焚尸白马寺。

薛焕(1815—1880) 清四川兴文人,字觐堂。道光举人。捐纳知县,后报捐知府。咸丰三年(1853)积极镇压上海小刀会起义。五年擢苏州知府。七年迁苏松太道。后随两江总督何桂清在沪办理对外交涉,升任江宁布政使。十年擢江苏巡抚,署两江总督,仍留居上海,办理洋务,并勾结外国侵略者,组织洋枪队,阻击太平军进军上海。同治元年(1862)调京先署礼部左侍郎、总理衙门大臣行走,旋授工部右侍郎,兼管钱法堂事务。光绪元年(1875)赴滇会同办理马嘉理案,事后回原籍。

薛己(1487—1559) 明吴县(今江苏苏州)人,字新甫,号立斋。为薛铠之子。少时继承家业,尤殚精方书。于医术无所不通。正德九年(1514)擢为御医,十四年授南京太医院院判;嘉靖九年(1530)以奉政大夫、南京太医院院使,致仕归里。初为疡医,后以内科驰名,精究内、外、儿、妇、骨伤诸科。主脾肾用甘温益中、补土培元之法。注重肾及命门学说,以命门为真阴真阳,而气血阴阳皆其所化。著有《薛氏医案》,医家多遵守之。

薛季昶(?—706) 唐绛州龙门(今山西河津)人。武后时上书,自布衣为监察御史。每审理案件,颇称武后旨意。长寿中,擢给事中、御史中丞。万岁通天元年(696)为河北道按察使。时夏官郎中侯味虚谎报敌情,藁城尉吴泽作恶多端,他皆杀之,由是威震远近。久视元年(700)为雍州长史,在职以清严为政。长安二年(702),为山东防御军大使以备突厥。后为洛州长史。神龙元年(705),参预张柬之诛张易之兄弟,以功擢户部侍郎。后被武三思贬为儋州司马,途中服毒自尽。

薛季宣(1134—1173) 南宋温州永嘉(今浙江温州)人,字士龙,号艮斋。少时从伯父弼宦游,熟知南渡初事,又喜从老校退卒问岳、韩诸将兵间事。稍长后,从程颐弟子袁溉学。绍兴末,为鄂州武昌令,时金兵且至,他以保伍辑民,严作戒备。乾道七年(1171)冬,奉命视察淮西,复合肥三十六圩,并安置流民。进大理正。后知常州,未赴而卒。为学主“步步着实,言之必使可行,足以开物成务”,反对空谈义理,注重研究田赋、兵制、地形、水利等世务,开永嘉事功学派先声。著有《浪语集》等。

薛稷(649—713) 唐蒲州汾阴(今山西万荣西南)人,字嗣通。魏征外孙。进士出身。以辞章书画知名。累迁礼部郎中、中书舍人。睿宗立,迁太常少卿,封晋国公。再迁黄门侍郎,参知机务,改中书侍郎。因与崔日用互相攻讦,罢为左散骑常侍。终官太子少保。后坐太平公主事,赐死。善绘人物、佛像、鸟兽、树石,画鹤尤为生动,时称一绝。又工隶书,后人以其与欧阳询、虞世南、褚遂良并称唐初四大书家。所书《信行禅师碑》有拓本传世。有集三十卷,已佚。

薛兼(?—322) 晋丹杨(今安徽当涂东北)人,字令长。少与同郡纪瞻、闵鸿、顾荣、贺循齐名,号为“五俊”。入洛阳,司空张华誉为“南金”。察孝廉,辟公府,除比阳相,历散骑常侍、怀令,东海王司马越引为参军。元帝时历丹杨尹、尚书,时议行刖以代死刑,以为可由受刑者选择,而士人有犯者则如旧例。领太子(明帝)少傅,自祖综、父莹,至是三世傅东宫,传为美谈。明帝即位,加散骑常侍。

薛景石 见“梓人遗制”。

薛敬之(1435—1508) 明渭南(今属陕西)人,字显思,号思庵。周蕙门人。以岁贡生入太学,与同舍陈献章并有盛名。弘治中迁金华府同知等职。为学详于“理气”说,又悉心研讨心、气关系,认为“人皆是气,气中灵底便是心”(《思庵野录》),以心或理为气之主,气为万物和人体之主。主张去私欲,保持心的“虚灵明透”状态,方能“乘气以管摄万物”。门人有吕枏等。著有《思庵野录》等。

薛居正(912—981)　北宋开封浚仪(今河南开封)人，字子平。少好学。后唐清泰进士。历仕后晋、汉、周。入宋迁户部侍郎，旋知许州。建隆三年(962)，入为枢密直学士，权知贡举。乾德二年(964)，以兵部侍郎拜参知政事。五年，加吏部侍郎。开宝六年(973)，奉诏监修《五代史》(即《旧五代史》)，旋拜门下侍郎、平章事。次年，《五代史》成书。书于五代(梁、唐、晋、汉、周)各撰纪传，十国则分见《世袭》、《僭伪》二列传。太宗朝从平北汉还，进位司空。后以服丹砂中毒死。赠太尉、中书令，谥文惠。

薛居州　战国时宋国人。有善士之称。《孟子·滕文公下》言戴不胜曾荐之于宋康王。

薛举(？—618)　隋兰州金城(今甘肃兰州)人。骁勇善射，家产巨万，结纳豪猾，雄据西境。为金城府校尉。大业十三年(617)，与子仁杲(一作仁果)举兵反隋，自称西秦霸王，建元秦兴。败隋将皇甫绾，克鄯、廓二州，尽有陇西地，众至十三万。遂自称秦帝，以仁杲为太子，迁都天水(今属甘肃)。遣仁杲率军攻扶风，势益强大，拥兵二十余万。唐武德元年(618)，于高墌大败唐军，旋死。仁杲代立，谥武皇帝。

薛据　唐河中宝鼎(今山西万荣西南)人。开元十九年(731)进士。天宝六载(747)，又中制科。曾为陟县令，终水部郎中。晚隐终南山。为人骨鲠有气魄，文章亦然。与杜甫等友善。原集已佚，《全唐诗》存诗十二首。

薛军胜(？—1268)　元大都(今北京)人。薛塔剌海次子。乃马真后二年(1250)，袭兄夺失剌职，为炮水手军民诸色人匠都元帅。宪宗时从攻重庆。中统三年(1262)，从攻李璮，以炮破济南城。至元五年(1268)，从围襄阳。旋死。

薛郡　战国秦王政二十三年(前224)置(见《水经·泗水注》。《济水注》作二十四年)。治鲁县(今山东曲阜市)。辖境约当今山东大汶河下游及其支流小汶河以南，大运河以东，蒙山、抱犊崮以西，枣庄市和鱼台县以北地区。西汉高后元年(前187)，改为鲁国。

薛铠　明吴县(今江苏苏州)人，字良武。精医理。弘治间征为太医院院士，疗病必本五行生克，不按方施治，尤擅儿科。认为小儿体质"如草之萌"，故命方不宜峻攻。著有《保婴撮要》二十卷，对儿科外证论述甚详。后由子薛己增补。

薛侃(1485—1545)　明揭阳(今属广东)人，字尚谦，号中离。正德进士。从王守仁游学四年，颇受推重信赖。世宗立，授行人，后升司正。嘉靖十年(1531)，以上疏言皇储事获罪下狱，乃削职归。后入罗浮山，讲学永福寺，宏扬良知学说，指出后儒理气之辩，"不知以其条理谓之理，以其运用谓之气，非可离而二也"(《明儒学案》卷三十)；提出"不外彝伦日用即圣学"。自是王氏之学盛行于岭南。著有《图书质疑》，另有《研几录》，为门人所记。

薛况(？—3)　西汉东海郯(今山东郯城西北)人。哀帝时，为右曹、侍郎。因给事中申咸劾奏其[illegible]宣不孝，乃使客斫伤之。事下有司，减罪一等，徙[illegible]煌。后私归长安。平帝元始三年(3)，以吕宽狱[illegible]连，为王莽所杀。

薛奎(967—1034)　北宋绛州正平(今山西新绛[illegible]人，字宿艺。淳化进士。历隰州军事推官、陕西转[illegible]使。为淮南转运副使、江淮制置发运使。疏漕河、[illegible]三堰，以便饷运。入为三司副使，与使李仕衡争论[illegible]出知延州。仁宗即位，知开封府。使契丹还，权御[illegible]中丞，疏论择人、求治等十数事。出知秦州，务节俭[illegible]征算余，核隐田，积刍粟，一变州屯重兵而费苦不[illegible]之状。改知益州时，秦州汉夷人民曾列其治绩请留[illegible]入为三司使。天圣七年(1029)，参知政事，谋议无[illegible]避。明道二年(1033)，以疾辞位。

薛礼　即"薛仁贵"。

薛凉格河　即"薛灵哥河"。

薛灵哥河　一作薛凉格河、仙娥河、娑陵水，[illegible]同音异译。即今蒙古国和俄罗斯的色楞格河。为[illegible]方草原游牧部族重要放牧地区。

薛陵　战国齐邑。在今山东阳谷县东北。《史记·田敬仲完世家》：威王七年(前350)，"卫伐我取薛陵"，即此。

薛禄(1358—1430)　明初山东胶州人，初名贵[illegible]行六。以卫卒从燕王起兵，战功卓著，军中呼为薛六。成祖即位，升都督佥事。屡从北征，进右都督[illegible]永乐十八年(1420)封阳武侯。仁宗时，掌左军都督府。宣宗时，数命巡边，加官至太保。议于永宁卫(今北京延庆东)筑堡，加强防御。卒赠鄞国公。

薛迷思干　即"撒麻耳干"。

薛南溟(1862—1929)　江苏无锡人，原名翼运[illegible]清光绪举人。薛福成之子。早年曾任永泰洋行买办。光绪二十二年(1896)与周廷弼在上海创设永泰丝厂。宣统元年(1909)在无锡开办锦记丝厂(亦称永泰二厂)。1918年又开设永盛丝厂。另设有茧行数十处，后营业日益发展，拥有十八家工厂企业，为无锡丝业巨头。

薛讷(649—720)　唐绛州龙门(今山西河津)人，薛仁贵子。曾为蓝田令。武则天以其将门子使摄左武威卫将军、安东道经略使，率军御突厥。旋升幽州都督。后迁并州长史、检校左卫大将军。开元二年(714)，攻契丹，在滦水山峡中大败，罢官。旋起为陇右防御使，抵抗吐蕃进攻，连战皆捷，迁左羽林大将军，复封平阳郡公。转任凉州镇军大总管，以年老致仕。

薛平(？—832)　唐绛州龙门(今山西河津)人，字坦涂。薛嵩子。嵩卒，他不肯受将士推任昭义留后，率眷赴长安。守孝期满后，授右卫将军，在朝中三十年。出为汝州刺史。元和七年(812)，任郑滑节度观察等使，参加淮西之役。十四年，朝廷分李师道旧地，以淄、青等五州为平卢军，使任节度使。宝历元年(825)归朝，未几，改任河中节度使。大和四年(830)，召拜太子太保。次年，致仕。

薛谦光　即"薛登"。

薛庆(？—1130) 宋人。建炎初，据高邮起义，众数万人，骁勇善战，能以少击众，附者日多。建炎三年(1129)，为张浚所招抚，迁承州(即高邮军)、天长军镇抚使。次年，金兵自两浙回师，屯天长、六合间，他率众奇袭，得牛数百，以贱价售予农民。金人欲自运河引舟北归，他扼其要冲，累败之。旋南下至扬州，与当地镇抚使郭仲威相约抗金，自为先锋，转战十余里。因仲威按兵不动，孤军无援，败死。

薛仁杲(？—618) 一作薛仁果。隋兰州金城(今甘肃兰州)人。薛举子。勇武善骑射，号万人敌，凶残好杀。大业十三年(617)，与父起兵，割据陇西。次年，父死继立，诸将猜惧。与秦王李世民战于折墌城(今甘肃泾川东北)，兵败投降被杀。

薛仁贵(614—683) 唐绛州龙门(今山西河津)人，名礼，以字行。贫苦农民出身。贞观末，应募攻辽东，著白衣陷阵，太宗嘉其骁勇，擢授游击将军。迁右领军中郎将。显庆中，从军破高丽、契丹，皆有功。龙朔二年(662)，击铁勒于天山(今杭爱山)，发三矢射杀三人，敌夺气请降。军中歌曰："将军三箭定天山，壮士长歌入汉关。"乾封初，击高丽，克平壤，率军留守，拜检校安东都护。咸亨元年(670)，为逻娑道行军大总管击吐蕃，败于大非川(今青海共和西南切吉平原)，除名。寻起复，又坐事贬象州。开耀元年(681)，起授瓜州长史，寻拜右领军将军，检校代州都督。永淳元年(682)，大破突厥于云州，后病卒。

薛三省 明浙江定海(今宁波)人，字鲁叔，号天谷。万历进士，选庶吉士，授检讨。天启五年(1625)官至礼部尚书，因忤魏忠贤罢官。崇祯初，屡召不赴。卒于家。著作有《薛文介公文集》。

薛善(约504—570) 北朝时河东汾阴(今山西万荣西南)人，字仲良。北魏末，为傥城郡守。魏孝武帝西迁，留侍丞相高欢。西魏大统三年(537)，以城归西魏丞相宇文泰，授为汾阴令。以干才知名，兼督河东六县事。寻除司农少卿，领同州夏阳二十屯田监，并为夏阳诸山冶铁监，营造军器。以功加车骑大将军，除河东郡守，进骠骑大将军，赐姓宇文。历工部、民部中大夫。后以向宇文护密告齐轨有不满之议，加授京兆尹，寻出为隆州刺史，征拜少傅，卒于位。

薛尚功 宋杭州钱塘(今浙江杭州)人，字用敏。绍兴间，以通直郎签定江军节度判官厅公事。博洽好古，深通篆籀。著有《历代钟鼎彝器款识法帖》二十卷。其书以吕大临《考古图》、王黼《宣和博古图》为本，广为辑录。所释诸器之文字，有裨于小学。又有《重广钟鼎篆韵》七卷，今佚。

薛绍彭 宋河中万泉(今山西万荣南)人，字道祖，号翠微居士。薛向长子。元祐初为承事郎、勾当上清太平宫。历少府监丞，累官秘阁修撰、知梓潼路漕。善正、行、草书，取法晋、唐，格度严谨，自成一家。与米芾为书画友，书法与之齐名，时并称"米薛"。

薛慎(？—约561) 北朝时河东汾阴(今山西万荣西南)人，字伯护，亦作佛护。好学能文，善草书。初为西魏丞相府墨曹参军。丞相宇文泰于行台省设学校，应选为学师，复为宜都公侍读。转丞相府记室。累迁礼部郎中，拜膳部下大夫，与其兄善并居清显。北周孝闵帝即位，封淮南县子。保定初出为湖州刺史。善抚州内各族，改易旧俗，有利融合。寻为蕃部中大夫，以疾去职。

薛氏医案 即薛己所著校诸医书汇编。包括《内科摘要》两卷、《女科撮要》两卷、《外科发挥》八卷、《外科心法》七卷、《外科枢要》四卷、《正体类要》两卷、《口齿类要》一卷、《疠疡机要》三卷、《外科经验方》一卷，校注陈自明《妇人大全良方》二十四卷、《外科精要》三卷、钱乙《小儿药证直诀》三卷、陈文仲《小儿痘疹方论》一卷、王纶《明医杂论》六卷，及《保婴金镜录》一卷。又校勘元明医书七种。诸书合称为此名。

薛世雄(555—617) 隋河东汾阴(今山西万荣西南)人，字世英。少从周武帝灭北齐，以功拜帅都督。入隋，数有战功，累迁仪同三司、右亲卫车骑将军。炀帝时，镇压番禺少数民族反抗，迁右监门郎将。从攻吐谷浑，进通议大夫，超拜右翊卫将军。大业四年(608)为玉门道行军大将，攻伊吾(今新疆哈密)，筑新伊吾城，留戍卒千人而还。复从攻高丽。历拜右候卫将军、左御卫大将军、涿郡留守。李密逼东都，受命率幽、蓟精兵往援，军次河间，为窦建德所败，退归涿郡，惭恚发病卒。

薛收(592—624) 唐蒲州汾阴(今山西万荣西南)人，字伯褒。薛道衡子。以父为隋炀帝所杀，不肯仕隋。因房玄龄荐，见秦王李世民，授主簿，起草书檄露布，均一挥而就。武德四年(621)，秦王攻东都未下，窦建德来援王世充。唐诸将争言退兵待机，他独主扼成皋以拒建德，一战定中原。秦王称善，遂擒建德，降世充。入东都，又为秦王言奢虐足以亡国之戒。授天策府记室参军。旋卒。贞观时，太宗曾谓："收若在，当以中书令处之。"

薛叔似(？—1221) 南宋温州永嘉(今浙江温州)人，字象先。太学生出身。孝宗时曾上言不当苟安江左，累官至左补阙。光宗即位初，又言"谋国者畏敌太过"。历权户部侍郎、枢密都承旨、权兵部侍郎兼同修国史，兼国用司参议官，免除两浙身丁钱。开禧北伐，任兵部尚书、京湖宣抚使，因措置无方、委任失当，夺职。韩侂胄死，被劾迎合用兵之议，谪福州。

薛四家奴 元大都(今北京)人。薛军胜子。至元八年(1264)，袭父爵炮水手军民诸色人匠都元帅。九年冬，从攻襄、樊，立炮攻城。后随伯颜军灭宋。十六年，镇扬州。二十二年，改任万户。

薛嵩(？—773) 唐绛州龙门(今山西河津)人。薛仁贵孙。善骑射，不事家产。从安、史叛乱，为其部将。任伪邺郡节度使，守相州。宝应元年(762)，唐将仆固怀恩破史朝义，遂以相、卫、洺、邢四州降。怀恩表请为相、洺、邢、卫等州节度使，领昭义军，颇有治绩。累迁检校右仆射，进平阳郡王。

薛塔剌海(？—1233) 金中都(今北京)人。元太祖九年(1214),率部三百人投蒙古,为炮水手元帅。以功升炮水手军民诸色人匠都元帅。从征西域诸国。太宗四年(1232),参加*三峰山之战。次年,攻破金南京等地。

薛涛(约758—约832或770—832) 唐长安(今陕西西安)人,字洪度。女。随父入蜀,父亡,入乐籍。知音律,工诗。西川节度使韦皋(一说武元衡)拟奏为校书郎,事未行,但时人亦称女校书。出入幕府,历事十一镇。晚年居浣花溪,著女冠服,好以松花小笺或深红小笺写诗,人称薛涛笺。书法笔力峻激,行书颇有王羲之笔意。诗多写哀伤凄苦、委婉愤嫉之情。原有集,已佚,后人辑有《薛涛诗》。1983年人民文学出版社出版有《薛涛诗笺》。

薛涛笺 亦作薛陶笺。唐薛涛所制,故名。

薛涛诗 书名。一名《洪度集》。唐薛涛撰。涛字洪度。宋陈振孙《直斋书录解题》著录"《薛涛集》一卷"。原集已佚。明万历时有洗墨池刊本。1983年人民文学出版社出版《薛涛诗笺》。

薛万彻(?—653) 唐京兆咸阳(今陕西咸阳东北)人,原籍敦煌(今属甘肃)。薛万均弟。武德三年(620)随罗艺归唐。事太子建成。九年,玄武门之变,建成被杀,率东宫兵攻玄武门,事败,亡于终南山。太宗以其忠于所事,释之不罪。贞观中,从平梁师都、突厥、吐谷浑、薛延陀,屡建战功。十八年授左卫将军,娶高祖女丹阳公主。累迁右武卫大将军,太宗誉为名将。二十二年,为青丘道行军大总管,泛海击高丽,与诸将不合,发怨言,除名徙边。永徽二年(651)为宁州刺史,坐与房遗爱谋反,诛。

薛万均 唐京兆咸阳(今陕西咸阳东北)人,原籍敦煌(今属甘肃)。薛万彻兄。初事罗艺,武德三年(620),随艺归唐,为秦王右二护军,北门长上。贞观初,历迁殿中少监,从平梁师都、吐谷浑、高昌,俱立战功,封潞国公,官至左屯卫大将军。坐不谨下狱,忧愤卒。陪葬昭陵。

薛文 即"孟尝君"。

薛文杰(?—934) 五代时人。事闽惠宗为中军使,改国计使、内枢密使。以聚敛求媚,多伺民间阴事,致富人罪,籍其财以佐用。又说惠宗抑挫宗室,滥杀无辜。荐妖巫用事,排斥异己。用刑严酷,被榜箠者胸背分受,并以铜器贮火熨其足。复造槛车,中以铁芒内向,囚者动辄触及。国人怨之。及吴攻闽,士卒谓"不得薛文杰,不能战",惠宗不得已送于军中杀之。士兵、百姓争食其肉。

薛显(?—1388) 元末明初徐州萧县(今属安徽)人。元末为赵均用所部元帅,守泗州。均用死,投朱元璋,任亲军指挥。历官江西行省参政、右丞。从徐达北伐中原,攻城略地,独当一面。洪武三年(1370)封永城侯。因擅杀,谪居海南,后召还。二十年从征纳哈出,师还,卒于山海关。赠永国公。

薛县 秦置。治今山东滕州市南。属薛郡。《史记·高祖本纪》:秦二世二年(前208),刘邦"闻项梁在薛,从骑百余往见之","项梁尽召别将居薛",皆即此。两汉属鲁国。三国魏、西晋属鲁郡,东晋、南朝宋和北魏属彭城郡。北齐废。

薛祥(?—1381) 明庐州无为(今属安徽)人,彦祥。元至正十五年(1355)从俞通海归附朱元璋数从征有功。洪武元年(1368)转漕河南,授京畿漕运使,分治淮安。疏通河道,筑堤数百里,对南官民多方存恤,颇得民心。考满还京,八年授工部书,改北平(今北京)布政使,后坐事杖死。

薛向(1016—1081) 北宋河中万泉(今山西万南)人,字师正。以荫入仕,历主簿、知州。朝廷设便粮草司于大名,任提点刑狱兼籴便事。权陕西运副使,继范祥制置解盐,损盐价,减畦户而边用足。均输法行,迁江淮等路发运使,改革漕运,募舟与官舟分运,岁漕有余。进权三司使,时河洮兵,所费不可计,而供给不乏。辽求代北地,强索土,他出知定州,镇静以待,不为所胁。迁工部侍郎元丰元年(1078),同知枢密院事。旋以议养马法合,出知颍、随州。

薛脩义(478—554) 脩一作循。北齐河东汾(今山西万荣西南)人,字公让。初为司州法曹从事正光末转为北魏征西将军元颢统军。自募得七千人,为西道别将。又以招降聚众于汾曲(今山西新一带)之陈双炽有功,拜龙门镇将。孝昌三年(527)与族人薛凤贤反,自号黄钺大将军。旋后悔请降,尔朱荣拘押于晋阳(今山西太原西南)。孝庄帝时任为弘农等四郡大都督。晋州刺史高欢待之甚厚从欢平尔朱氏。东西魏分,以为关右行台,招降西北华州刺史薛崇礼。天平四年(537),东魏军大败沙苑(今陕西大荔南),晋州守将封祖业弃城走,遂城拒西魏军,拜晋州刺史。以讨山胡有功,进爵正郡公。入齐,迁太子太保。

薛宣 西汉东海郯(今山东郯城北)人,字赣君少为廷尉书佐都船狱史,大将军王凤荐为长安令成帝初,以明习文法诏补御史中丞,数言政事便宜举奏部刺史、郡国二千石,贬退称宜。后历任临淮陈留太守、左冯翊等职。鸿嘉元年(前20)由少府御史大夫,旋为丞相,封高阳侯。规定相府辞讼例满万钱者不为移书,后皆遵用为故事。因逐捕广郑躬起义不克,又办理邛成太后丧事仓卒,于永始年(前15)被策免。后复爵高阳侯,加宠特进,给事中,视尚书事。复坐与定陵侯淳于长相善,罢就第哀帝初,因子况犯罪,免为庶人,归故郡。

薛瑄(1389或1393—1464) 明河津(今属山西人,字德温,号敬轩。世称薛夫子、先儒薛子。永进士。历官监察御史、山东提学佥事、南京大理卿、礼部右侍郎兼翰林院学士入阁预机务。性耿介曾因触忤权奸王振下狱。于谦被诬入狱,亦直言辩诬。后见石亨、曹吉祥擅权,辞官还乡。崇尚程朱理学,以复性为宗。但谓"理气无先后"。有"河东派"之称。卒谥文清。曾手抄《性理大全》。著有《读书录》、《续读书录》(均为《太极图说》、《西铭》、《正蒙》义疏)。另有《道论》、《读诗录》、《薛文清集》等。

薛雪(1681—1770) 清江苏吴县人,字生白,别号一瓢老人。博学多通,能文能诗,两征鸿博不就。

于治疗温热病，于医有独见，疗治多奇效，与叶桂名。以为医家必本医经，以推原其大旨。著有《医原旨》、《薛生白医案》等。

薛延陀 古族名、国名。铁勒之一部。原分薛与延陀部，后薛为延陀所灭，二部合并。游牧于金(今阿尔泰山)西南，役属于突厥。隋开皇时，突厥裂，属西突厥。后铁勒诸部反抗西突厥泥撅处罗汗，其首领乙失钵被推为野咥可汗。唐贞观二年628)，太宗封其首领夷男为真珠毗伽可汗，建牙于督军山(今杭爱山)。四年，助唐灭突厥。十九年，男死。二十年，其国内乱，为唐所破。次年，唐在地设六府、七州，隶燕然都护府。永徽初，其部落亡散者悉还，唐置嵠(溪)弹州以处之。

薛贻矩(？—912) 唐末五代河东闻喜(今山西喜东北)人，字熙用。乾符进士。昭宗时，为兵部郎、翰林学士承旨。坐事左迁，以自结于朱温，迁史大夫。天祐四年(907)，促哀帝禅位，旋朱温称建后梁，拜中书侍郎、同平章事。为梁相五载，无建树。善楷书。《全唐文》存文一篇。

薛亦 又译雪泥，复数作雪你惕。蒙古尼鲁温部一支。海都幼子抄真斡儿帖该第四子之后。

薛应旂 明武进(今属江苏)人，字仲常，号方。嘉靖进士。由慈溪知县累迁南京考功郎中，主察，忤严嵩，谪建昌通判，历浙江提学副使。精通举文字，与王鏊、唐顺之、瞿景淳齐名。曾就学于守仁，主"良知"说，晚年研究宋代理学。著有《宋资治通鉴》、《考亭渊源录》、《甲子会记》、《四书人物考》、《宪章录》、《方山文录》等。

薛莹(？—282) 三国时沛郡竹邑(今安徽宿州)人，字道言。初为吴秘府中书郎，迁选曹尚书、太子少傅。建衡三年(271)，楼下都尉何定建议开凿圣以通江淮。遂奉孙皓之命，督万人往，因难于施，罢还，出为武昌左部督。后以何定被诛，牵连下。镇军大将军陆抗上疏求赦其罪，乃徙广州。得国史华覈荐，召回任左国史，与覈共撰《吴书》，后光禄勋。为皓作书乞降于晋。吴亡。至洛阳，为散骑常侍。著书八篇，名《新议》，另撰有《后汉记》，均佚。

薛永宗(？—446) 北魏河东汾阴(今山西万荣西南)人。太平真君六年(445)，聚党盗官马数千匹，袭击闻喜(今属山西)以响应盖吴，击败秦州刺史周观。次年，太武帝亲临围其垒，他出战大败，全家投汾水死。

薛用弱 唐河东(治今山西永济西南)人，字中胜。穆宗长庆中曾为礼部郎中，出为光州(治今河南潢川)刺史。为政严而不残。著有《集异记》，今存十六条，多记唐开元、天宝、长庆、大和年间事。所写故事，颇有文采，结构巧妙，情节神奇，如所记徐佐卿化鹤、围棋国手王积薪窃听妇姑下子、王维奏《郁轮袍》等故事，皆长久流传。

薛元超(622 或 624—683) 唐蒲州汾阴(今山西万荣西南)人。薛收子。少孤，好学擅文辞。太宗令娶李元吉女和静县主为妻。贞观中，授太子舍人，预撰《晋书》。高宗即位，迁给事中，数上书陈时事得失。转中书舍人，擢黄门侍郎，好引荐寒士。坐与上官仪善，流巂州。上元初，赦还。三年(676)，拜中书侍郎，同中书门下三品。永隆二年(681)，进中书令。及政出武后，佯哑避祸，致仕卒。有集三十卷，已佚。《全唐文》存文四篇，《全唐诗》存诗一首。

薛元赏(？—约 852) 唐人。太和初，以司农少卿出为汉州刺史，治绩称最。迁司农卿、京兆尹。开成元年(836)，为武宁节度使，奏罢泗口税、场茶税以外杂税。会昌四年(844)，复为京兆尹。时都市恶少以黛墨文身相夸，剽掠坊间，为其严惩。又禁军屯营怙势扰府县，百姓赖安。后任工部尚书，领诸道盐铁转运使。大中四年(850)，拜昭义节度使，卒于镇。

薛允升(1818—1901) 清陕西长安(今西安)人，字云阶、云陔。咸丰进士，授刑部主事。后历任江西饶州知府、四川成绵龙茂道、署建昌道。光绪四年(1878)任山西按察使。次年晋山东布政使，署漕运总督。十九年擢刑部尚书，后被贬辞官。二十六年八国联军进犯北京时，随慈禧太后逃亡西安，复起任刑部尚书，命办理旱荒赈务。慈禧返京时，从驾至河南病死。潜心研究刑律，著有《汉律辑存》、《唐明律合编》、《读例存疑》，另有《薛大司寇遗集》。

薛讚 十六国时太原(治今山西太原西南)人。初为晋平北将军姚襄参军，后投前秦。秦主苻生残虐苛暴，与权翼共说苻坚除之。坚立，纳为谋主，拜中书侍郎，与丞相王猛等共掌机密。迁光禄大夫。建元二十一年(385)坚败亡，与文武数百人投后秦王姚苌。

薛贞(？—1629) 明陕西韩城人，字德纯。万历进士。天启时媚魏忠贤，为其颂功。六年(1626)擢刑部尚书。崇祯初免职，后定入"逆案"，被处死。

薛之元(？—1860) 清河南固始人，原名薛小。早年和李昭寿在家结捻，后降清道员何桂珍。咸丰五年(1855)与李昭寿杀何桂珍，加入太平军，封答天豫，守江浦和浦口。九年因李昭寿勾引降清，获四品顶戴，改名成良。十年因索饷劫清吏，失败潜逃。寻为李昭寿诱擒，杀于安徽滁州。

薛寘 北朝西魏河东汾阴(今山西万荣西南)人。魏废帝元年(552)以中军将军领著作佐郎，修国史；又为中书侍郎，修起居注。其后迁官中书令、内史下大夫、御正中大夫、淅州刺史等。著有《西京记》，记述西魏事迹，引据赅洽，世称其博闻。

薛胄 隋河东汾阴(今山西万荣西南)人，字绍玄。少时读书，勤于思考，对经注颇晓其义。仕北周，袭爵文城郡公，为上仪同，后加开府。入隋，授兖州刺史，旬日剖断狱案数百，发奸摘伏，甚为明察。又整治兖州城东沂、泗二水，积石筑堰，通转漕运，陂泽尽为良田，百姓号"薛公丰兖渠"。入为大理卿，执法宽平，颇为称职。迁刑部尚书。因平议高颎之狱而忤旨，检校相州事。仁寿四年(604)，汉王杨谅起兵，他自保相州。朝廷以为有二心，发配岭南，病卒于道。

薛子仲 西汉末雒阳(今河南洛阳市白马寺东)

人。家赀亿万。王莽改制时,任为纳言士,督五均六筦。

薛综(? —243) 三国时沛郡竹邑(今安徽宿州北)人,字敬文。少依族人避地交州。孙权召为五官中郎将,除合浦、交阯太守。从吕岱平定交州境内变乱。事毕还都,守谒者仆射。擅词辩。黄龙三年(231),任镇军大将军孙虑长史。嘉禾二年(233),吕岱从交州召出,他恐继者非其人,上疏陈述交州历史及现状,以国之安危所在,不可不察。迁尚书仆射。时孙权欲亲征辽东太守公孙渊,切谏止之。赤乌三年(240),徙选曹尚书。五年,以名儒兼为太子少傅,仍兼选举,甚为优重。所著诗赋难论数万言,名《私载》,今佚。

xué

穴居 远古时代一种最主要的居住方式。发生于旧石器时代晚期。《礼记·礼运》载上古时"冬则居营窟,夏则居橧巢"。《孟子·滕文公》记:"下者为巢,上者为营窟",是有关穴居的文字记载。考古亦发掘出大量的穴居。穴居的发展序列为横穴、竖穴、坑穴,后演变为半穴居,有时亦交叉并存。横穴是在断崖上开凿的一种与断崖成直角、与地面平行的洞穴,仿自然岩洞;竖穴是在黄土层表面垂直挖出的口小底大呈袋形的洞穴,用树枝、树干扎结成斗笠状活动顶盖,活动屋顶慢慢演化为固定棚顶,顶上留一个缺口作进出的通道。因竖穴穴口部分极易塌陷,遂改造成底小口大的坑穴,坑一端凿坡道或台阶出入,顶部仍用斗笠形窝棚。山西太谷白燕新石器时代遗址第一地点坑穴、山西夏县西阴村仰韶文化遗址中的坑穴都是实例。母系氏族时期开始流行半穴居,考古资料证明至少延续到商周时代。半穴居是穴居的改良,其地下挖掘的深度浅,地上部分的窝棚顶高,出入口由穴壁向外凿成坡道,穴顶用柱搭成人字架,上遮泥土,形成原始的攒尖顶和四坡顶。半穴居是中国北方土木混合建筑的雏形,横穴在后代发展成黄土高原上的窑洞建筑。

穴氏 官名。《周礼》秋官之属。一说为周代置。负责捕捉冬眠的野兽,按时贡献野味皮革。《周礼·秋官》:"穴氏,下士一人,徒四人","掌攻蛰兽,各以其物火之,以时献其珍异皮革。"贾公彦疏:"凡兽蛰皆藏在穴中,故以穴为官名,使取蛰兽也。"

穴位 又称腧(输)穴、孔穴、穴道。中医名词。"腧"有输注的含义,"穴"有空隙之意,为经络、脏腑气血输注处。通过经络与脏腑密切相关,由诊察穴位部压痛等异常情况可协助诊断,选择一定穴位施行针灸、推拿等法可防治疾病。分为经穴与经外穴两大类,前者指经脉通路上穴位,十四经共三百六十多穴,后者指十四经以外的经验效穴。另有随病变部位或压痛点而定的穴位称"阿是穴"。

学案 ❶指生童学册。清制,各省府、州、县学学官于学政按临举行岁试、科试时,各将本学廪、增、附、青、社各生名数、姓名、年貌、籍贯、入学年月、以前考试等第、操行优劣并请假、丁忧、患病等情形造册申送;童生则由地方官考试后造册申送。学政于考后将童生优者取入学,将生员分别等第予以补廪黜革,并均造册报送礼部备案及礼科稽核。武生亦学册由学政造报兵部,归兵科稽核。❷阐述学派内容、师门传授的著作,如《宋元学案》、《明儒学案》、《清儒学案》等。

学案小识 即"清学案小识"。

学报 杂志名。清光绪三十二年十一月十三日(1906.12.28)在上海创刊。月刊。何天柱主编。旨在为学校师生提供教学参考资料,以裨"自修自进""养成国民"。设通论、历史、地理、数学、博物、理化、论理、音乐、美术、杂俎等栏目,选编中外学说和优良教材。

学博 清代州、县学官之别称。

学部 官署名。清光绪三十一年(1905)十一月设立。掌管全国教育行政,稽颁各学校政令。置尚书、侍郎各一员。下设总务、专门、普通、实业、会计五司和司务厅,附设翻译图书局、京师督学局、学制调查局、教育研究所、高等教育会议所、官报所等机构。原国子监归并学部,设国子丞一员总司文庙、辟雍殿礼仪事务。宣统三年(1911)尚书改称学务大臣。

学部官报 杂志名。清政府教育行政公报。光绪三十二年七月初一日(1906.8.20)在北京创刊。第一、二期为月刊,后改为旬刊。学部主办。专载有关学务之奏章、文牍、报告和译论。宣统三年闰六月(1911.7)发行第一百六十期,旋终刊。

学蔀通辨 书名。明陈建撰。十二卷。该书写于嘉靖二十一年(1542)至二十七年,分前、后、续、终四编,以"儒、佛混淆,朱、陆莫辨"为学术之最大蔀障,反对王守仁"朱子晚年定论"说,力攻陆王心学,认为朱学不可妄议。虽有门户之见,但对陆王心学与禅宗的关系,搜罗资料较详。清乾隆时,有李绂著《学蔀通辨辨》反驳陈建。

学宫 ❶西周之大学。《静簋》:"王命静司射学宫。"参见"大学"。❷指学舍。《汉书·何武传》:"行部必先即学宫见诸生。"❸旧指各府州县的孔庙。为儒学教官的衙署所在。

学官 泛指掌管学校教育之官员。又有教官、校(xiào)官、广文、学博等称呼。汉代设于中央机构者有博士、博士祭酒等。武帝时令天下郡国皆立学官,或称校官,有文学掾史、经师等,掌理学政,教授诸生。平帝元始三年(3),王莽立学校于县、道、乡、聚,东汉因之,其学官多称校官。东汉末年,学校制度废败,故建安八年(203)规定,县满五百户者皆置学官(时学校官舍亦称学官,或学宫)。西晋置国子祭酒、博士、助教,均属学官。隋代国子寺四学、唐代国子监六学各有博士、助教,均谓之学官,而国子监祭酒、司业、丞、主簿等,则称监官。宋代以后的提学、学政,以及各级儒学的教授、教谕等均称学官。明清对儒学学官等级做了规定,属府学者称教授,州学称学正,县学称教谕,各设训导为副职,掌教导在学之生员。

学官令 官名。西晋王国置。东晋、南朝沿置。梁依王国等级不同,位自流外五班至流外一班不等。北魏、北齐俱置,从九品上。

学规 为在学肄业的学生制定的学生规则。历代对各类学校的在校学生均有约束条令,包括学业进度、必须遵守的纪律、各项禁令,以及处罚条例等。对官学尤其严格,多由政府制定,如历代的国子监、晚清的学部,即负责制定各类学校的学规;或以皇帝特旨颁谕,如明洪武十五年(1382),太祖颁禁例十二条于天下学校,全文刻于碑上,置各校明伦堂之左(详"卧碑")。现存最早学规为宋仁宗至和元年(1054)京兆府(今陕西西安)小学规,其中详细规定教授讲授和学生学习进度、处罚违法学生条例等。书院等学规多由主持者自订,着重讲明教育宗旨和治学的根本方法,如宋代朱熹自订的白鹿洞书院学规。

学海 杂志名。月刊。大型社会、自然科学综合刊物。清光绪三十四年正月二十八日(1908.2.29)在日本东京创刊。北京大学留日学生编译社主编,陈发檀、黄德章、景定成、张耀曾、席聘臣等二十七人发起。"以绍介世界学说,发扬祖国新知为宗旨"。每月分甲、乙两编分册出版,法律、政治、文学、商科隶甲编,理、工、农、医科隶乙编。陈治安、唐演、陈发檀等为甲编主笔,黄艺锡、吴宗栻、王舜成、苏振潼、王曾宪等为乙编主笔。停刊时间不详。

学海堂经解 即"皇清经解"。

学究科 贡举科目之一。唐明经科目中有学究一经,以考试一经为主,简称*学究。北宋承唐制设置,为"诸科"之一。开宝七年(974),诏《毛诗》、《尚书》、《周易》三经学究并为一科。雍熙二年(985),复分为三科。景德二年(1005),规定《尚书》、《周易》学究,考本经时,每十道义,各问疏义六道、经注四道,以通六者为合格。熙宁年间罢诸科,此科因只"诵书不晓理"而亦废。

学究一经 科举科目之一。唐代明经科有五经、三经、二经、一经之别。明一经者,即称为"学究一经"。代宗宝应二年(763),始实行以精通一经取士之制,称学究某经。贞元末年以后,学究一经屡见于记载,有时亦简称为"学究"。五代沿设。宋代为"诸科"之一,亦称*学究科。

学林 杂志名。清宣统二年(1910)在日本东京创刊。季刊。章炳麟主编。以宣传国粹、保存国粹为主旨。设名言、制度、学术流别、玄学、文史、地形、风俗、故事、方术、通论、杂文、韵文等十二部录。只出二册,除刊发黄侃三篇外,全刊章炳麟个人论著,曾以章绛笔名刊发《秦政记》、《秦献记》、《文始》等著名论文。同年停刊。

学令 唐时关于教育制度的法令。包括学生入学手续、学习内容、考试制度及学规等。令文散见于《唐六典》、《唐会要》等书。日本养老时代(717—723)的《学令》亦可资参考。

学录 学官名。宋代始置。仁宗时为太学职事之一,选差学生充任。神宗熙宁末,改由命官充任,仍参用学生。命官担任者,列为学官,为正九品,协助学正执行学规,参预考核学生之事。遂有命官学录和职事学录之分。元代设于各路儒学及医学。地位低于教授及学正,选用任满并经考核合格的直学士充任,任满后考察所作文章,合格者可升学正或山长。明代置为国子监属官。原设一人,后增至七人,从九品。与助教、学正分掌国子监六堂教务,对监生讲说经义文字,并按学规进行教导和约束。建文时革除,成祖即位,复旧制。衍圣公府教授司及尼山、洙泗二书院亦置,未入流。清代定为国子监六堂中崇志、广业二堂职官,初为从九品。乾隆元年(1736)升正八品。掌南学事宜。

学射山 在今四川成都市北。三国蜀汉后主习射于此,因名。唐光启三年(887),王建攻陈敬瑄,拔汉州,进军学射山,即此。

学生 ❶旧时用作弟子对老师或前辈的自称。❷明清时科甲出身的官员用以自称,以示谦虚。

学生报 杂志名。清光绪三十四年(1908)在上海创刊。双月刊。由《环球一粟》月刊改组而成,环球中国学生会主办。李登辉、伍连德、严复、马君武编撰。中英文印刷。

学生北伐军 清末民初革命军事团体。宣统三年九月十七日(1911.11.7)由黄凤兮、尹建勋等人在上海发起,九月二十二日正式成立,声言"由学生队分出,以渡黄河,捣幽燕,犁满虏之庭穴,启汉族之光荣为惟一之宗旨"。成员约二百余人,多为普通青年学生。

学生守卫团 清末民初上海学生团体。由青年会附属学堂学生卞建章发起,宣统三年九月二十日(1911.11.10)筹组,参加者为十七岁以上学生。进行查街、巡哨,维持地方治安,以补巡警、商团之不及。南北议和后解散。

学生宣讲社 清末民初上海学生团体。由陈绍虞、姜麟善等发起,宣统三年十一月(1911.12)成立,设社长一人,总干事员、会计、书记若干人。以"劝国民协助军饷,开导社会为宗旨"。采用宣讲和印发传单等方式,发动各界群众捐资支援革命战争。后发展成为全国性的劝募组织。南北议和后解散。

学师 学官名。西魏时大丞相宇文泰置于行台省学,"以知诸生课业"(《周书·薛慎传》)。

学士 官名。原意为学者、文人,或在学之人。魏、晋、南北朝皆置为职官,以文学之士充任,掌典礼、编纂、撰述、修史之事,为文学侍从之臣。唐代弘文馆、崇文馆、集贤院置,由官员中选文人学者兼任,五品以上官为学士,六品以下官为直学士,掌整理经籍图书。弘文馆、崇文馆学士兼教授本馆学生。又弘文馆有详正学士,掌校理图籍;集贤院有侍讲学士、侍读直学士,掌解释史籍疑义。后相继置大学士,率以宰相兼领。玄宗开元以后又置翰林学士,掌内廷制诏。五代增置金銮殿大学士、端明殿学士、护銮书制学士。宋代置翰林学士、诸殿学士、诸阁学士、枢密直学士及侍读、侍讲学士,诸学士皆为侍从,备顾问应对。每月于本俸之外领取添支钱,并享受超迁官阶的优待。辽代有翰林学士、宣政殿学士、观书殿学士、昭文馆直学士、崇文馆大学士、崇文馆学士、崇文馆直学士及乾文阁学士。西夏有翰林学士、徽猷阁学士、观文殿大学士，又有番学士、汉学士之别。金代翰林院有学士承旨、学士、侍读学士、侍讲学士、直学士，掌草撰词命。元代翰林兼国史院、蒙古翰林院置学士承旨、学士、侍读学士、侍讲学士、直学士，集贤院置大学士、学士、侍读学士、侍讲学士、直学士。明代翰林院设学士一人，掌制诰、史册、文翰之事，兼考议制度、详正文书，备天子顾问。明、清两代又有内阁学士。

学士承旨　官名。自唐至明，为翰林（学士）院之长，掌撰诏诰文翰。参见“翰林学士”、“翰林学士院”、“翰林院”。

学士馆　南朝时学府之一。齐武帝永明三年（485），因国学复立，省总明观，于尚书令领国子祭酒王俭宅内，开学士馆，悉以总明观四部书充王俭家，又诏王俭以家为府。王俭十日一至国学，监试诸生。实为总明观之缩小。参见“总明观”。

学士省　南朝时安置文学侍臣之所，设于宫禁中。《梁书·到沆传》：“时文德殿置学士省，召高才硕学者待诏其中，使校定坟史。”

学士使　使职名。唐代内诸司使之一。开元二十六年（738）置学士院后，设中使以主院务，即学士使。天复中，宦官韩全诲等遣中使二员监学士院，为学士使，掌传宣回奏，并暗中监视皇帝与诸学士密议国事。昭宗曾有《授学士使部文晏将军金紫光禄大夫制》，见《文苑英华》卷四一八。

学士院　官署名。唐开元二十六年（738）改翰林供奉为学士，别置学士院，使专掌内制。至德以后，称翰林学士院。五代后梁因之。后晋天福五年（940）废，开运元年（944）复置。后周、两宋沿置不替。参见“翰林学士院”。

学事司　官署名。全称提举学事司，简称学司。北宋崇宁二年（1103），始置各路学事司，设提举学事官一员，掌管本路学政，每年巡察所部州县学官及生徒的优劣勤惰，予以奖惩。宣和三年（1121）罢，不久复置。南宋依旧。

学司　❶国子学官通称。《陈书·袁宪传》：“时生徒对策，多行贿赂，（岑）文豪请具束修，（袁）君正（宪父）曰：‘我岂能用钱为儿买第耶？’学司衔之。及宪试，争起剧难。”❷宋代提举学事司的简称。

学台　清代学政的别称。

学堂乐歌　清末新式学堂里的音乐课程和所教歌曲。音乐课传授西洋乐理和歌曲、乐器的演唱、演奏方法，用简谱或五线谱记谱法传播乐歌。歌曲多填词之作，用日本、欧美曲调和民间小曲填词，也有创作歌曲。内容多宣传富国强兵、抵御外侮、发展实业、提倡科学、解放妇女等，间亦有宣传封建思想和鼓吹君主立宪的作品。著名的学堂乐歌作者有沈心工、李叔同、曾志忞等。早期出版物有《学校唱歌集》（沈心工，1904—1907）、《教育唱歌集》（曾志忞，1904）、《唱歌教科书》（辛汉，1906）等。

学田　指用于赡学的官田。以地租作为祭祀、教师薪俸和补助学生及贫士的费用。南唐时，“庐山国学”已有学田数十亩。宋仁宗时，始赐国子监学田五十顷，又累诏州郡立学，赐学田五至十顷。神宗熙宁四年（1071）定以十顷为额，不及者增益之，多者如故。多以常平户绝田拨充，亦有以没官田、寺院常住绝产田移拨者。召人承佃，收取地租，学中自置廪贮之。以后历代均置学田，或由皇帝诏赐及官府指定，或由私人捐输。金代学田免纳租税和物力钱。元代地方儒学、书院、蒙古字学、医学均有学田，数量不等，由学校经营出租。由官府拨赐者免输官赋，捐献及购置者则需输赋。明代学田又有儒学田、书院田、学院田之分。洪武十五年（1382）定，府州县学田地租悉归学校，以供祭祀孔孟先圣及师生俸廪，各设吏员一人司其出纳。清末变法，直省遍兴学堂，又拨所在荒地划为学田以补济。

学问思辨　儒家的修养与求学方法。孔子提出“学而不思则罔，思而不学则殆”（《论语·为政》）。思孟学派加以发挥，提出“博学之，审问之，慎思之，明辨之，笃行之”（《礼记·中庸》）。朱熹注：“此诚之之目也。学问思辨，所以择善而为知，学而知也。笃行，所以固执而为仁，利而行也”（《中庸章句集注》）。认为，果能行此，修养身心，体行封建伦理纲常，则可达于至诚境界，“虽愚必明，虽柔必强”（《中庸》）。

学务处　官署名。清末省级教育机构。光绪二十九年（1903）设。总理全省学务。三十二年，改为学务公所。

学务大臣　官名。清末管理全国教育行政之最高长官。光绪二十二年（1896）正月，为推行近代新式教育，设管理官书局大臣。二十四年五月，改称管理京师大学堂事务。二十七年称管学大臣。二十九年正式称为学务大臣，共三人，均为兼职。负责整饬各省学堂，编订规制，考察学务，审定教科书，任用教员，选录毕业生，综核各学堂经费等一切有关教育之事。辖专门、普通、实业、审订、游学、会计六处。三十二年，学部成立后撤销。宣统三年（1911）又改学部尚书为学务大臣，作为学部之最高长官，掌劝学育才，稽颁各学校政令。

学务公所　官署名。清光绪三十二年（1906）由各省学务处改设。议长一人，议绅四人，佐助提学使参划学务，并备督抚咨询。

学习行走　清代特殊的官制用语。凡以原官受命到不设专官的衙门或非专任官上见习供职，熟练其事，均称“学习行走”。如军机处学习行走、军机大臣上学习行走、军机章京上学习行走、总理各国事务衙门大臣上学习行走、外务部丞参上学习行走等。此外，京官在未授实缺之先分衙门见习试用，有时也称“学习行走”。

学宪　清代地方官员对学政之尊称。

学校　周代教育机关。学指国学，校指乡校。国学系天子或诸侯所立，是教育贵族子弟的机关。乡校是地方上教育平民的机关，也是平民聚会的场所。乡校也有称“庠”或“序”的。后世学与校逐渐不分，共为教育机关的名称。

学言诗稿 书名。元吴当撰。六卷。原本九卷,明弘治十三年(1500)崇仁知县叶良贵刊行,清李绂重刊时并为六卷,《四库全书》据以著录。有清乾隆四年(1739)重刊本。

学谕 宋学校职事名。仁宗庆历间,太学各斋设学谕。熙宁四年(1071),选上舍生担任,每经两员。崇宁元年(1102),太学外学辟雍亦设学谕。学谕以所授经教谕诸生,负责季终对学生的考校,学行卓异者,由本学长官保明授官,或直接升任学官。州县学、武学、宗学、算学、书画学等亦设学谕。

学院 清代学政之别称。

学战会 清末进步团体。光绪二十四年闰三月(1898.5)黄萼、何廷藻倡设于长沙。取兵战不如商战,商战不如学战之义,故名学战会。旨在联通群力,振兴新学以挽救当时危机,发扬中国光荣。遵照经济特科六事,讲求济事实学。

学长 宋学校职事名。咸平三年(1000),东宫建学,设学长一员、副学长二员。至和元年(1054),京兆府(今陕西西安)小学设学长二至四员,选学生担任,负责传授学生艺业、检查有无违反学规,聚会时按学生年龄、身份排列次序。崇宁五年(1106),改小学学长为小长。县学设学长一员,选州学生或进士充,职责与州学教授同。

学正 学官名。北宋始设。初为太学职事之一。仁宗时选差学生充任,神宗熙宁四年(1071)选上舍生分经为之,每经二人。熙宁末年,始正式命官充任,并仍参用学生,遂有命官学正与职事学正之别。命官学正三年一任,正九品。南宋太学初置二人,后改一人,以命官充任,掌执学规,考核学生。元代始作为地方儒学学官,设于路、下州儒学及医学,由教谕、学录中选充,任满经考试合格可升府或上、中州儒学教授。明代设于国子监及地方州学。设于国子监者,正九品,定制十人,与助教、学录分掌六堂教务,并讲说经义文字,导约规矩。设于州学者,每州一人,未入流,掌教诲生员,按月考察艺业。清沿明制。设于国子监者,掌六堂中率性、修道、诚心、正义四堂,经理南学事宜,正八品。设于州学者,掌本州生员教育,及评定生员品行优劣,亦正八品。

学政 官名。亦称督学,俗称大宗师。清初沿明制,于各省设督学道,凡由翰林科道出身任用者为学院,由部属等官任用者为学道。雍正四年(1726),各省督学俱改为学院,称提督某省学政。为钦差之官,例以翰林院侍读、侍讲、编修、检讨、各部侍郎、京堂及科道等官由进士出身者充之,各带原衔品级。掌一省之学校、教习及教育行政、考试诸事。三年任满更代。光绪三十二年(1906)改为提学使。

学政全书 书名。清王杰奉敕纂。八十二卷。乾隆五十八年(1793)成书。嘉庆十七年(1812)慕阿拉等增为八十六卷。清代科举教育制度之政书。记载关于教育、科举的上谕,临雍制度,学校条规,学政职责,考试事例,场规和试题,生童管理,学生员额,八旗学校,宣讲上谕和年饮酒礼等。有官刻本。

学制调查局 官署名。清末学部所属之机构。光绪三十二年(1906)时设,负责研究各国学制以资考镜,预备随时改良章程。局长由学部奏派,其局员由视学官内派充。又别设译官数人,以任翻译。

学治馆 官署名。清光绪三十一年(1905)十月设立,隶吏部。设提调、教务长、教员、检查官等。初掌管考试截取拣选举人及分发月选人员,每月二十四日考试,不合格者入馆学习。三十三年十二月添设法政新班,以六个月为一学期,三学期毕业。次年六月旧班归并新班。宣统三年(1911)五月归并学部。

学子 旧时对从学者之称谓。犹谓学生。《诗·郑风·子衿》:"青青子衿。"郑玄笺:"青衿,青领也,学子之所服。"

学租 学田所交之地租。

xuě

雪宫 战国齐国宫名。故址在今山东淄博市临淄区东北。为齐宣王见孟轲处。《孟子·梁惠王下》:"齐宣王见孟子于雪宫。"赵岐注:"雪宫,离宫之名也。宫中有苑囿台池之饰,禽兽之饶。"

雪寒钱 见"柴炭钱"。

雪花银 元宝之优者。重五十两,纯洁无疵,如镜面,上面呈现雪花如浪之波纹。

雪浪(1545—1608) 明应天(今江苏南京)人,僧人。俗姓黄,名洪恩。十二岁出家于南京报恩寺,与憨山为友,师事无极法师。通佛法,能诗善画,好声乐,留心儒学,宗三教合一之说。一度北游,苦挽憨山南归,不成,因驻足南京说法。晚年赴苏州望亭山讲法,与徒众同甘清苦。卒葬雪浪山。

雪楼集 书名。元程鉅夫撰。三十卷。鉅夫原名文海,寓所名白雪楼,世称雪楼先生,因以名集。其子程大本编,门人揭傒斯校正,原为四十五卷。至正十八年(1358)揭傒斯子汯与巨夫孙世京重订为三十卷,明洪武二十八年(1395)刊成。凡文二十五卷,诗、乐府五卷。有阳湖陶氏复刻洪武本,题《楚国文宪公雪楼程先生文集》。

雪泥鸿爪 书名。清邵亨豫自编年谱,邵松年、邵椿年续编。谱主曾任陕、鄂、湘等省巡抚和吏、户、礼各部侍郎。是谱起于嘉庆二十二年(1817),止于光绪九年(1883),除记述谱主仕历、家事外,还详记太平军北伐及在皖、赣活动,捻军在豫、鲁各地与清军作战,西北回民起义等情况,尤详于清军作战部署。

雪坡 地名。在今四川洪雅县东南,接夹江县界。《资治通鉴》:唐咸通十年(869),南诏酋龙入寇,定边都头安再荣退屯大渡河北,与之隔河相射,蛮密分军开道,逾雪坡,奄至沐源川,即此。

雪生年录 年谱。李根源自撰。一册三卷。按年记述个人生平事迹,记有清末留学日本、主持云南陆军讲武堂、发动重九起义等事。迄1928年五十岁止。有1934年曲石精庐重刊本。

雪溪图 画名。传为唐王维(右丞)作。小幅绢本着色。有宋徽宗赵佶题签及宋明清人题跋。原藏清宫。图中写江山积雪的平远景色,左角一桥,连接向左展开的冈阜。桥北有人放牧归来。河边略空旷,山隈房舍下有走廊、栏杆,屋内有人物,或坐或行。旁有枯树五六株,槎枒挺立,饶有雪意。河中有乌篷船,前后各有一舟人刺篙济渡。彼岸远山,亦有人家。据载此画因庸手褫坏,"一时粉墨狼藉,神气索然"。但仍可见王维风格、技法。

xuè

血花集 书名。近人张天化编。一册。上编辑录吴樾遗书,下编辑录徐锡麟、秋瑾、熊成基、黄兴、方声洞、林觉民、钟明光等供词、遗诗、家书、自挽诗、绝笔书等文献资料,附上述诸党人传。1929 年上海民智书局印行,后收入《革命文库》丛书。

血祭 祭祀名。杀牲取血以祭。《周礼·春官·大宗伯》:"以血祭祭社稷、五祀、五岳。"

血络 中医术语。中医经络系统中,指浅表可见的络脉而言。《素问·调经论》:"视其血络,刺其出血。"《灵枢》第三十九篇是血络论专篇。

血书 书名。署朔奋编。书成于 1911 年。据编者自序,原拟编六种,每集二万余言,分集刊行,已编撰四集。本书为第三集,记载武昌起义爆发后革命军政府各项文告、命令、檄文、军歌,以及革命党人信札、传记等,并附有关人物像,其材料多摘录各报章杂志,编排凌乱,资料亦未注明出处。对研究辛亥革命时期的历史有一定参考价值。

血晕妆 唐代妇女的一种面容修饰。长庆中,妇人去眉,以丹紫三四横约于目上下,时谓血晕妆。

血证论 书名。清唐宗海著。八卷。成书于光绪十年(1884)。书中多论述血症的病因、病机及其证治,阐发心得,并有发明之处。卷一为血证总论,首述阴阳水火气血、男女异同、脏腑病机、用药宜忌等;卷二至五为各种血证的辨证治疗,论血上干、血外渗、血下泄诸症,分为三十二条;卷六论失血兼见诸症,共有四十症;卷七、八为方解,共收古今方二百零一首。唐氏论血证,多依《内经》、《难经》及张仲景之书有关论述,主张以调气和气为主要原则,以和法为治血之第一良法。并对出血之证提出四大法则:止血、消瘀、宁血、补血。收入《中西汇通医书五种》。

xūn

勋曹中大夫 官名。北周置。《隋书·杜整传》:"(整)从武帝平齐,加上仪同,进爵平原县公,邑千户,入为勋曹中大夫。"后又分置左、右。正五命。

勋二府 官署名。唐代左、右卫所领内府五府之一,置中郎将一员,左右郎将各一员,兵曹参军一员、校尉五员;每校尉领旅帅二员,每旅帅领队正二十员、副队正二十员。掌领近卫卫士勋卫之属宿卫,号称内仗,极受亲信。

勋府 军府名。即勋卫之府。参见"勋卫"。(1)隋代左右卫置,称左勋卫开府,下领开府府、仪同府,是为内府。唐代左右卫所置五府之勋卫一府、勋卫二府,每府置中郎将一员、左右郎将各一员、兵曹参军事一员、校尉五员,每校尉有旅帅二员,每旅帅有队正二十员、副队正二十员,领勋卫,掌宿卫事,有大朝会、巡幸则领仪仗。(2)隋代东宫领兵开府置,领开府府、仪同府,是为内府。唐代太子左右卫率府所置三府之一,每府置中郎将一员、左右郎将各一员、录事一员、兵曹参军一员、校尉五员、旅帅十员、队正二十员、副队正二十员,领勋卫,掌宿卫事,有大朝会及太子出则领仪仗。

勋府右郎将 官名。除易左为右外,与勋府左郎将同。

勋府中郎将 官名。(1)唐代左、右卫所领勋卫府长官,各置一员,正四品下,领本府之属以宿卫,而总其事。(2)太子左、右卫率府所领勋府长官,各置一员,从四品上,领本府之属以宿卫,而总其事,永徽三年(652)改名旅贲郎,显庆元年(656)复名中郎将。

勋府左郎将 官名。(1)唐代左、右卫所领勋卫府次官之一,各置一员,正五品上。(2)唐代太子左、右卫率府所领勋府次官之一,各置一员,正五品下,永徽三年(652)改名左翊军郎。显庆元年(656)复名左郎将。

勋附队 北魏孝明帝正光末年,六镇、陇西各族相继起事,领军将军元叉欲用代都南迁之寒人为传诏以慰悦之,而牧守子孙投状求为传诏者百余人。叉不欲此类子弟与代迁寒人争传诏之官,乃奏立勋附队,以安置求官之牧守子孙,令其各依资出身。

勋官 官号。始见于南北朝,本以酬战士,其后渐及朝官。阶爵之外,更为节级。北魏陆续设其官号,然皆杂乱,北周始制勋官十一等,自正九命至七命不等。隋因其制改命为品。南朝宋薛渊在元徽末,曾以勋官至辅国将军。隋文帝沿北周旧制,用赏勋劳。更增损而定为十一等:上柱国、柱国、上大将军、大将军、上开府仪同三司、开府仪同三司、上仪同三司、仪同三司、大都督、帅都督、都督,自从一品至七品不等。唐武德七年(624)定为十二等:上柱国、柱国、上大将军、大将军、上轻车都尉、轻车都尉、上骑都尉、骑都尉、骁骑尉、飞骑尉、云骑尉、武骑尉。自正二品上至从七品上。贞观十一年(637)改上大将军为上护军,大将军为护军。宋沿唐贞观定制,设勋官十二等。淳化二年(991)定不得用以赎罪。康定二年(1041)又规定不系品位,此后形同虚设,无实际作用。政和三年(1113)罢,惟存蕃官、蕃兵勋。金同唐宋之制,设十二等。元代改为十等。废云骑尉、武骑尉,并改品级为自正一品至从五品。除上柱国外,余止用于封赠。明制分为文勋、武勋。文勋十等:左、右柱国,柱国,正治上卿,正治卿,资治尹,资治少尹,赞治尹,赞治少尹,修正庶尹,协正庶尹。从五品以上官员,再考称职乃授勋。武勋十二等,除第一等改为左、右柱国外,余同前制,自正一品至从六品。初文、武授勋俱属吏部,后武勋改兵部。清代废馀勋官制。

勋阶 见“勋官”。

勋旧佐领 清代八旗世管佐领之一。又称勋爵佐领。凡努尔哈赤时期率属归诚之女真各部落酋长，授为佐领，仍统其众，爰及子孙，世袭罔替者，均谓之“勋旧佐领”。

勋门 南朝有勋阶之军人门第，不论士、庶。宋孟昶因军功官至卫将军，二品；齐戴僧静勋阶至积射将军、羽林监，五品，皆属勋门。齐永元以后，“官以贿就，非勋即戎”，凡以贿赂得勋官者，不论侨、杂、伧、楚，皆成勋门。

勋品 官阶等级名称。北魏置，隋唐沿置。流外官的最高品阶称勋品，其下依次为二品、三品直至九品。北魏永平四年(511)，将洛阳诸坊里正由流外四品进至勋品，以加强京师的治安管理。景明二年(501)诏勋品以下的流外官如犯罪逃亡，遇赦不在限内，仍须远流，而流内官则可因赦免罪，尚书左仆射源怀认为应与流内官一样受到赦免，宣武帝纳其奏。隋唐时还设有视流外勋品。参见“流外”。

勋戚庄田 明清庄田种类之一。即颁赐给功勋之臣及皇亲国戚之庄田。明代勋臣及贵戚拥有的田庄土地，来源于钦赐、奏请和夺占的官民地土。初期多在南方，永乐迁都后，特别是英宗以后，于近京北方地区逐渐发展。早在元至正二十四年(1364)朱元璋平定陈友谅后，曾对属下将士论功行赏，赐常遇春、廖永忠等将士各田土或金缯不等。洪武四年(1371)三月，赐韩国公李善长等六国公、延安侯唐胜宗等二十五侯及丞相、左右丞、参议等临濠山地六百五十八顷。十二月，赐中山侯汤和田万亩。魏国公徐达庄田遍及南方无锡、镇江和北方抚宁、山海关等地，数在百顷以上。正统时，英宗赐给孙太后父会昌伯孙忠永清和宝坻县田二千四百八十一顷。弘治时，孝宗张皇后之弟张延龄在宝坻、丰润、玉田、香河等县争占庄田达一万六千七百多顷。正德时，皇亲沈傅、吴让获赐静海县地六千五百余顷，嘉靖初又奏讨武清、丰润二县地一千四百余顷。仅到正德时，顺天等府内共有皇庄和皇亲功臣之田庄三百八十余所，共计九万余顷。万历时，云南沐氏庄田多至八千余顷。勋戚经营庄田大多委派管庄人役自行管业。成化六年(1470)题准，改由田土所在本管州县代管，实际并未执行。耕种庄田的佃户来源，有皇帝拨赐的佃户、奏讨的人户、隐占的逃亡人户、投托的人户、自行招募的人户、私占役使的在营官军等。佃户交纳庄田子粒，每亩定为征银三分。实际是用强逼取，高出一倍乃至几倍。不论田之肥瘠和灾害与否，一概取尽，全不减免。此外还要承应各种贡纳和修建买办等多种差役。正征之外有杂派，杂征之外有亡名，剥削十分残酷。清代开国功勋大臣和外戚亦赐庄田，是八旗庄田的一种。

勋侍下士 官名。西魏末，北周置。天官府宫伯中大夫属官，分置左、右，皆正一命。员十二人。与庶侍下士同掌宫门出入之禁，服金涂甲，左执吉良环、右执狰狞环长剑，兼执帅子彤楯，列于左右庶侍之外。隋开皇元年(581)罢。

勋书 官职制度文书。又称勋案、勋簿。北魏时记载将士军功勋劳的文簿。由主将在每次战事结束后将部属的勋劳记于黄素之上，注明所立战功应授的阶数。勋书上原来只列姓名、阶级数，不记载所属单位，肃宗时因窃冒军功者太多，从卢同之奏，改为无官职者要列出本州、郡、县三长之所，有官职者亦要注明现任及所历官阶。主将写明后，统将、都督皆须印记，再由行台、太尉转至尚书省。吏部加阶后，亦注明加补时间。主将所拟勋书内容，须得监军同意始生效。早期勋书多由督将回京后再造，易生弊端，肃宗时改为军还之后即上，不得隔月。为防止主将徇私，又规定立功至一“阶”以上，即给券，券上书写行台、统军位号、勋人姓名、立功时间及地点。券中剖为二，由勋人及行台各执一半，战事结束到京后再核对。

勋卫 ❶军府名。左、右卫及太子左、右卫率府所领三卫之一，皆为内府，可宿卫内庑。隋代设左勋卫开府，大业三年(607)改名勋侍。唐代有左右卫勋卫一府、勋卫二府和率府勋卫府。宋崇宁四年(1105)置为三卫之一，掌殿庭宿卫之事，设郎、中郎各二十员，次年即罢。❷近卫卫士名。左右卫、太子左右卫率府所领勋卫府属官。隋代左右卫勋卫，从七品上；太子勋卫，正八品上；炀帝大业三年改勋卫为勋侍，太子勋卫为义曹。唐代左右卫勋卫，从七品上；改义曹为率府勋卫，正八品上。甚受亲信，宿卫内庑，号称内仗，为士大夫进身之途，皆用势官子弟。唐初，二品曾孙、三品孙、四品子、职事官五品子若孙、勋官三品以上有封及国公子，补勋卫；四品孙、五品及上柱国子，补率府勋卫。

勋卫府 官署名。北宋崇宁四年(1105)，仿唐制置，为三卫府之一，设郎与中郎。皇帝升殿时立于朵殿。五年罢。

勋卫郎 官名。北宋崇宁四年(1105)置，员十人，属勋卫府，选勋臣贤德之后及太中大夫、正任团练使、遥郡观察使以上官子弟亲属充任。五年罢。

勋卫中郎 官名。北宋崇宁四年(1105)，勋卫府置，员十人，秩比宣德郎。选勋臣贤德之后及太中大夫、正任团练使、遥郡观察使以上官子弟亲属充任。五年罢。

勋位 流外官等级。南朝梁置，位在蕴位下。门下、中书、尚书正令史等官此位。亦称“三品勋位”。

勋武前锋五职 勋武前锋都将、勋武前锋别将、勋武前锋统军、勋武前锋军主、勋武前锋幢主的合称。北齐左、右卫府直荡属官，属勋武前锋正、副都督，负责宫掖禁卫。从八品。

勋武前锋正都督 官名。北齐置。为左右卫府直荡属官，统勋武前锋副都督及勋武前锋五职等，禁卫宫掖。七品上。

勋一府 官署名。唐代左、右卫所领内府五府之一。置官与勋二府同。

勋州 见“动州”。

熏习 佛教名词。瑜伽行派和唯识宗指“现行”

的基本属性，用以说明阿赖耶识中“种子”持续和增长的原因。据《成唯识论述记》卷十三，“现行”在生灭过程中总要留有余势，能对“种子”继续发生作用，使其持续或增长，不会转瞬即逝，犹如以香花熏油，能使油获得花香，故喻名为“熏习”。

窨茶　以茉莉花窨素茶，使之增加香气的一种加工方法。弁阳老人注南宋施岳《步月·茉莉》云：“茉莉岭表所产，……此花四月开，直至桂花时尚有玩香味，古人用此花焙茶。”是茉莉花茶的最早记载。

薰育　又作獯鬻、荤粥、薰粥。古族名。与昆夷、畎夷、串夷、猃狁为同族之称，而薰育一名较早。居地在周之西北，西起汧陇，东至山西太行山一带。

xún

旬假　见“休沐”。

旬休　见“休沐”。

寻　古长度单位。(1)一寻为八尺。《周礼·冬官·庐人》：“殳长寻有四尺。”郑玄注：“八尺曰寻。”(2)一寻为七尺。《史记·张仪列传》：“蹄闲三寻。”司马贞索隐：“七尺曰寻。”

寻传蛮　唐代南诏西境少数民族，以居寻传之地得名。主要分布在今澜沧江上游至缅甸克钦邦境甘高山东北一带。另有少部分散在今雅砻江与金沙江合流地带。元明时称峨昌蛮。其中一部分形成为近代阿昌族。

寻橦　古代百戏节目。东汉张衡《西京赋》已有记载。据现存汉画，均系一人以头顶长竿，另一至三人缘竿而上，进行表演。唐宋均有此节目。或称戴竿、上竿、立竿。见唐郑处诲《明皇杂录》、南宋孟元老《东京梦华录》。现代杂技中仍有此类表演。

寻甸府　元为仁德府。明洪武十六年(1383)升军民府，不久改其名。治今云南寻甸回族彝族自治县。清康熙八年(1669)降为寻甸州。

寻丁蛮　又作新丁。明时罗罗一部分。元为新丁部。分布在寻甸、北胜州(今云南永胜)等地。

寻阁劝　即“寻梦凑”。

寻盟　❶重申盟约。《左传·文公十五年》：晋、宋、卫、蔡、陈等诸侯“盟于扈，寻新城之盟”。❷加入其他诸侯已结之盟，如鲁国未参加鲁僖公三年(前657)秋诸侯在阳谷(今山东阳谷北)的会盟，同年，“齐侯为阳谷之会来寻盟。冬，公子友如齐莅盟”(《左传·僖公三年》)。

寻梦凑(777—809)　又名寻阁劝。南诏第七世王。唐蒙舍川(在今云南巍山)人。姓蒙氏。乌蛮(彝族)。贞元十年(794)，曾随父南诏王异牟寻参加与唐和好的点苍山会盟。元和三年(808)，异牟寻卒，继立，自称骠信(白蛮语“皇帝”)，改元应道，以鄯阐(今昆明市)为东京，大理为西京。唐仍册封其为南诏王。

寻亲记　书名。清吴藩著。一卷。吴氏于咸丰二年(1852)被太平军所俘，旋逃出入曾国藩幕。咸丰五年由武昌往南京寻母。此书编成于光绪年间，追叙当时出逃和寻母始末。

寻思干　即“撒麻耳干”。

寻陕　地名。一作寻陿。在今广东清远市东北、英德县西南。《史记·南越列传》：西汉元鼎六年(前111)，“楼船将军将精卒先陷寻陕”；《资治通鉴》：“楼船将军杨仆入越地，先陷寻陿”，皆即此。

寻陿　即“寻陕”。

寻阳郡　西晋永兴元年(304)分庐江之寻阳、武昌之柴桑二县置。治寻阳县(今湖北黄梅县西南)，属江州。辖境相当今江西九江市以西、湖北武穴市以东的长江两岸地区。其后屡有伸缩。东晋咸和中移治柴桑县(今江西九江市西南)，梁太清中又迁治湓口城(今九江市)。隋开皇九年(589)废。

寻阳县　❶西汉置。“因水为名，水南注江”(《宋书·州郡志》)。治今湖北黄梅县西南。属庐江郡。三国吴属蕲春郡，西晋初又属庐江郡，惠帝末属寻阳郡。东晋咸和中移治今江西九江市西。义熙八年(412)废入柴桑县。❷隋开皇九年(589)改柴桑县置。治湓口城(今江西九江市)，属江州。十八年改为彭蠡县，大业初改为湓城县，唐武德四年(621)改为浔阳县。

巡按　见“巡按御史”。

巡按御史　官名。简称巡按。明清都察院专差御史。明洪武十年(1377)，始派监察御史出巡地方，其后定制，北直隶设二人，南直隶三人，宣、大一人，辽东一人，甘肃一人，十三省各一人。虽官为七品，却是“代天子巡狩”，在地方考察民情，监督吏治，大事奏裁，小事立断，事权甚重。且系差遣，事毕还京，故地方官员不敢与抗。清初沿置，各省一人，顺治十七年(1660)裁。

巡白　宋代百官赴政事堂、枢密院议事，称为巡白。

巡捕　❶清代总督、巡抚、将军的随从人员。分别由本省的佐杂官与低级武官充文巡捕和武巡捕。❷晚清上海、天津等地租界中设置的警察，由中外籍人充任。❸清末警察的别称。

巡捕营　清代拱卫京师的部队之一。即步军统领衙门统辖的绿营兵。共五营，称为巡捕五营。有马兵、战兵及守兵三种，总人数为一万一千八十人。分别由副将一人及左右两翼总兵管辖。其任务是分汛防守、巡逻稽察京师外城及京郊地方。

巡漕御史　官名。明清都察院专差御史，掌监漕运。明永乐十六年(1418)，差御史巡漕。万历中定设御史一人督催漕粮。清初停废。雍正七年(1729)，因粮船过淮抵通诸弊丛生复置，设二人，以御史、给事中拣选派充，一年一更代。乾隆二年(1737)增为四人，分驻淮安、济宁、天津、通州，专司纠察诸弊，巡视漕河，挑浅疏滞，催赶运船，查需索，禁夹带，严监兑。道光二年(1822)停遣。

巡查口岸　清代水路钞关派出之稽查机构。分置于水路冲要，题报在案，多者数十，少者数个。设役巡守，稽查商民有无绕关别走，以防漏税。

巡察　官名。(1)朝廷临时委派巡察地方之官。

参见“巡察使”。清代虽亦临时差遣,不带“使”字。康熙十九年(1680),以刑部尚书魏象枢充任,巡察畿辅,按治豪猾。雍正六年(1728),命国子监侍读励宗万充任,巡察山西。(2)清代科举考试中负责考场纪律的官员。如发现逾墙、换卷等弊,立即治罪。如有舞弊事发,属巡察不严,则巡察官一并治罪。

巡察使 使职名。唐贞观时,遣使以六条巡察天下,黜陟官吏,故名。武后时,多以左右御史台官充之。神龙时,以左右台五品以上官二十人分为十道巡察使,二年一替。后时有废罢。开元后,为采访处置使所代。

巡绰 防止科场作弊的措施之一。明清乡、会试时,皆设有巡绰官和巡绰官军。考生入场后,巡绰官须禁约考生勿喧哄,勿私相谈话。巡绰官军止许于号房外巡察,不得与考生交结。

巡绰官 官名。明清科举考试时负责考场巡查的官员。明代乡、会试皆设,以武官充任,掌试院巡查,纠举不法。洪武十七年(1384)定例,巡绰官凡遇举人入院,须禁约喧哄,如已入席舍,则常行巡绰,不得私相谈论,并觉察帘内外不得漏泄事务。清沿明制,亦设巡绰官,由武弁担任。

巡城御史 又称五城御史、巡视五城御史。官名。清代五城察院长官。掌稽查地方,厘剔奸弊,整顿风俗。有听断词讼(徒罪以上送刑部)、督率乡约宣示条教、督率司坊各官办理平粜、赈恤等项地方事务之责。每城满、汉各一人,于科道内简派,一年一更。

巡道 官名。又称分巡道。明清道员之一,主刑名之事。再兼某衔者,则更兼其事。明初于各布政司所属置试佥事,监督守、令贪鄙不法。后罢试佥事,改置按察分司四十一道,以按察司副使、佥事分司。后渐增至六十九道,其中兼兵备者五道。两京不设按察司,巡道无所属,则寄衔于邻省按察司。清初沿置,先后共设七十二道。顺治十六年(1659)定各道均兼带按察使司衔。各道员或通辖全省,或分辖三、四府州,因职设官,裁设衔额无定,皆带原品衔充任。乾隆十八年(1753)裁副使、佥事等衔,定为正四品官,巡道由临时差使变为实官。嘉庆四年(1799),准其密折奏事。加之兼衔者多,事权益重,渐与布政司、按察司并论。所属有库大使、仓大使、典吏、攒典等,分办事务,因地建置,不备设。

巡防队 清末地方治安部队。光绪三十一年(1905)由各省防、练旧军改建,以维持治安、弹压地方。次年将各省续备军一律改为巡防队。三十三年陆军部奏定巡防队营制,每省分设数路,编列号数;再按每路各营编号,自第一营起,次第排列。每路设统领官、帮统官、书记官、会计官、执事官各一员。每路统辖步队、马队数营。营官称管带。每营分左中右三哨,设哨官、哨长各一人,每哨步队八棚、马队四棚,每棚什长一人、正兵九人。各省改建巡防队的时间、营数不一,编制大体参照新军成法,与新建陆军成为两个系统。

巡防队分路统领官 官名。清光绪三十一年(1905)令各省防、练旧军改巡防队,亦称巡防营。三十三年定制,分前、后、中、左、右五路驻防。每路置统领官一人,掌本路各营操防及稽查,由勇营、绿营资深而年富力强的军官调充。有帮统官一人,以为副职,由防营、绿营军官选充。参见“巡防队”。

巡抚 官名。(1)巡视安抚地方的特遣官员。唐高宗时,以河南、河北等地灾害,遣使分道巡抚,存问赈给。宰相来恒为河南道巡抚使,薛元超为河北道巡抚使,尚书左丞崔知悌为江南道巡抚使。其后,或名安抚,或名存抚,或名宣抚,皆为奉旨以恤凶灾的特遣官员。至宋则成定制,地方凡遇灾害,即遣廉访官员,以其官职高卑或名巡抚大使、副大使,或名安抚使、副使等。官卑者不加“使”字,只称巡抚。俱为临时差遣,事毕则解。明洪武二十四年(1391)遣懿文太子巡抚陕西。永乐十九年(1421)始以朝臣巡视地方、安抚军民,谓之巡抚,或名镇守,仍非地方专任,事毕即停。(2)地方长官。明宣德五年(1430)始于各省专设,成为定员。景泰四年(1453),加都御史衔。名称以管辖地区及职责不同而时相参错。巡抚兼军务,加提督。有总兵地方,加赞理或参赞。所辖多、事众者,加总督。有总督兼巡抚、提督兼巡抚,以及总理巡视抚治等员,皆加都御史衔或副佥都御史衔。与总督同为地方最高长官。清初沿明制,无定员。后以山东、山西、河南、江苏、安徽、江西、福建、浙江、湖北、湖南、陕西、甘肃、广东、广西、云南、贵州等省各置一人,为地方政府长官,总揽一省军政,抚安齐民,修明政刑,兴革利弊,考核群吏。遇乡试则充监临官,总摄场务。遇武科,充主考官。标下置参将、游击等属官。地位略低于总督,定制为正二品。雍正元年(1723)定巡抚衔制,由侍郎授者改兵部右侍郎兼都察院右副都御史,由学士、副都御史及卿员、布政使等官授者俱为右副都御史,由左佥都御史或四品京堂、按察使等官授者俱为右佥都御史。乾隆十四年(1749)定,巡抚不由侍郎授者,俱兼右副都御史,是否兼兵部侍郎衔由吏部请旨定夺。兼侍郎衔者,为正二品。别称抚台、抚军、抚院、部院等。

巡官 官名。唐代节度使、观察使、团练使、防御使属官,位判官、推官下。另有营田巡官、转运巡官、馆驿巡官等名目,皆因使而置。北宋太平兴国三年(978)三司诸案置,位推官下,以朝官充任,分领诸案庶务,淳化四年(993)废。

巡检 官名。(1)地方治安官。五代后唐始置。宋代于边寨及险要处置,以阁门祗候至诸司使、将军或内侍等充任。另或置同都巡检使,若供奉官以下充任则不带“使”字。并置巡检都监、巡检使或同巡检使,若三班使臣充任则不带“使”字。管辖一州或数州事务。每二至七县,又置驻泊巡检一人。沿海又有刀鱼战棹巡检,江河湖海则有捉贼巡检等。西夏、金始专置为巡检司长官,秩正九品。元代沿置,分设于大都东、西、南、北关厢及全国各地。明初置为巡检司长官,一人,正九品,后渐为杂职。清代因之。(2)清代各都转运盐使司所属巡检司长官。初两淮二人,后增直隶一人、山西二人,共五人,掌巡查盐场员额、验核引盐出入、盐商单照等事。

巡检司　官署名。(1)地方治安机构。宋真宗景德三年(1006)始于京东五路置,其后各路分置,或置都巡检司。西夏沿置,一度废,以巡检为长官。金元于京城及要害处置,以巡检为长官。明洪武二年(1369)于广西置,后于各州县关隘要冲处增置,京城不置。设巡检、副巡检以掌缉捕盘诘,维持地方治安。清代因之。(2)清代基层盐务机构。长芦、两淮、山西等都转运使司下分置,设巡检,下有攒典,帮办巡察盐务,并督兵役。

巡教使臣　官名。宋神宗时,选择使臣,掌训练考核军士武技,称巡教使臣。数年后罢废。

巡警　见"警察"。

巡警部　官署名。清末新设最高警政机构。光绪三十一年(1905)改工巡总局设,掌全国警政,直辖京师司法、内务、治安。设尚书一人,从一品,特简,总掌部务。左、右侍郎各一人,正二品,特简。左、右丞各一人,正三品,综领众务。左、右参议各一人,正四品,分判各司。下辖警政、警法、警保、警学、警务五司及京师内城巡警总厅、外城巡警总厅、高等巡警学堂、外城预审厅、内城预审厅、习艺所、稽查处、路工局、消防队、协巡营、探访队等属。三十二年,改民政部。

巡警道　官名。清末各省巡警长官。光绪三十三年(1907)改地方官制置,每省一人,正四品,简任。任期三年,归总督统属,由民政部考查。掌全省巡警、消防、户籍、营缮、卫生事务,并监督指挥所属各官。设巡警公所为衙署,领总务、司法、行政、卫生四科,每科设正、副科长各一人,领科员若干分司理事。

巡拦　明代杂役之一种。负责征收商税,于每季终交于税课司局,并纠举偷漏商税者。规定只取市民殷实户应当,不许佥点农民。清代又称巡役,为官府派往矿厂或关卡口岸之巡查人员,属额设官役。由官府发给号衣、腰牌,专司督查矿丁、缉捕盗贼。

巡逻军　元代军种之一。由宿卫军士组成。皇帝在上都驻夏期间,留驻大都,直接隶属于留守大臣,每夜在京师分道巡逻。

巡铺官　宋贡院官名。雍熙二年(985)礼部试,为防止诸科举人舞弊,派官员巡察廊下。景德四年(1007),命官员巡试铺。天圣二年(1024),始有巡铺官之名。从此,场屋设巡铺官成常例。礼部试时,由审刑院选差官员充任,掌贡院巡案,指挥京城八厢军卒四周巡廊,检查举人是否挟带书籍、暗中传递或请人代笔等。

巡墙　官名。清代会试时负责在贡院外巡视的官员。届时率弁役在贡院墙外巡查,如发现考生与场内员役勾结,发生逾墙、投卷之事,立即擒拿。

巡商　清盐商之一。为防止灶户偷产私盐,雍正六年(1728)遴选若干场商充任。使其住场稽查举火、息火时刻,磨对盐数,后因其空糜公费,并不住场稽查,遂于乾隆二十九年(1764)废除。

巡视　官名。(1)明代监察御史在京之职。永乐年间始置,有巡视京营、巡视光禄、巡视仓场、巡视内库等名目。都御史、副都御史、佥都御史在外亦置。皆非常制,因事而设。嘉靖二十七年(1548)改浙江巡抚置,一度废,旋复成定制。(2)明代镇戍军置,为低级武职,如湖广守备置巡视洞庭湖一人。

巡视京通各仓御史　官名。明清都察院专差御史。明代设巡视仓场御史、提督京通二仓御史,不时巡查。清代沿置,初差一人,后差、停不定。雍正五年(1727)定京、通仓各差一人,乾隆四十三年(1778)增内仓一人。因巡仓御史科、道并差,故又称巡仓科道。

巡视五城科道　清制,都察院置巡视五城科道,由六科给事中、十五道御史中简用,满、汉各一人,任期二年。掌弹压地方,厘剔奸弊。分京师中、东、南、西、北五城,大事奏报,小事牒刑部结正,每月以事目上报都察院长官考核。

巡视五城御史　见"五城察院"。

巡守　即"巡狩"。

巡狩　又作巡守。传说古时帝王每隔五年要视察诸侯所守之境,称巡狩。《白虎通·巡狩》:"王者所以巡狩者何?巡者,循也;狩者,牧也,为天下循行守牧民也。"汉高祖曾用陈平计,伪称巡狩云梦以会诸侯,乘楚王韩信前来迎谒的机会将其逮捕。但秦汉时代实际并未实行皇帝五年一巡狩的制度。《汉书·武帝纪》所载武帝元封五年(前106)"行南巡狩,至于盛唐,望祀虞舜于九嶷。"已非古制。

巡台退思录　书名。清刘璈撰。四卷。书中所收为同治十三年(1874)及光绪七年(1881)至十年有关台湾事务之文字,共一百十三件。其中绝大部分皆为台湾道员之公牍、上峰批示。内容包括台湾防务、经济、政治及民变等史实,并反映台湾上层官员内部、台道与督抚间之龃龉、倾轧、矛盾之纪录,至为重要,颇可参考。有光绪年间刊本。

巡尉　宋代巡检和县尉的合称。因巡检与县尉分别率土兵、弓手维持地方治安,故称。

巡尉司吏　吏名。也称尉史、尉吏。元代置,职掌捕盗。大德四年(1300)规定,县巡尉司置吏一名。初从民间选取,后也由贴书等补充。任满一年无过,升任县司吏。

巡幸典　皇帝巡游各地谓之巡幸。清制,凡巡幸,皇帝穿行衣乘舆出宫,留京百官蟒袍补服列禁门外跪送。领侍卫内大臣等率禁旅翊卫扈从。銮舆经过地方,文武各官穿朝服率绅士耆民于御道右百步外,跪迎跪送。皇帝回京,王公百官预先出郊,至驻跸行营请安。次日,序立禁门外跪迎皇帝回宫。

巡盐应捕　明代缉查私盐之官军。驻于各盐场附近府州县卫所港寨。往来内官、内使、官军、盐商若有夹带私盐,皆许盘拿。因以缉私限额定赏罚,致乱拿无辜,骚扰颇甚。

巡盐御史　官名。明清都察院专差御史,掌督盐运。明太祖时置,后定制两淮、两浙、长芦、河东各派一人,任期一年,监督所在都转运盐使司。清初沿置,增福建、两广各一人。康熙以后陆续停派,改设盐政督理盐务。

巡洋长江舰队统制 官名。清末海军长官。宣统元年(1909)设,一人,正二品,海军副都统加海军正都统衔充。督率巡洋、长江二舰队。每舰队置统领一人,从二品,以海军协都统充。

巡役 见"巡拦"。

巡政 清代巡检之别称。

郇 周初封国。姬姓。在今山西临猗县西南。《诗·曹风·鸤鸠》:"四国有王,郇伯劳之",即此。春秋时为晋所灭,为晋邑。《左传》僖公二十四年(前636):秦伯使公子絷如晋师,师退,"军于郇。辛丑,狐偃及秦、晋之大夫盟于郇",亦即此。参见"荀"。

郇阳 战国楚地。在今陕西旬阳县北。《战国策·楚策一》:苏秦说楚威王:"郇阳地方五千里,带甲百万,车千乘,骑万匹,粟支十年,此霸王之资也。"西汉置旬阳县。

郇 春秋周邑。在今河南巩义市西南。《左传》昭公二十三年(前519):二师围郊,"郊、郇溃"。

荀 西周封国。姬姓。在今山西新绛县西。春秋时为晋所灭。《左传》桓公九年(前703):"虢仲、芮伯、梁伯、荀侯、贾伯伐曲沃。"《水经·汾水注》:古水"又西径荀城东,古荀国也。《汲郡古文》:晋武公灭荀,以赐大夫原氏也"。一说即郇国。

荀粲(约209—238) 三国魏颍川颍阴(今河南许昌)人,字奉倩。家中诸兄宗儒,唯他独好谈玄,与傅嘏齐名于世,史称"嘏善名理,而粲尚玄远"。认为圣人的思想(意),盖理之微者,非语言、文字所能尽表,六经虽存,不过是圣人思想的外壳,类似糠秕,是"言不尽意"的倡导者之一。

荀绰 十六国时颍川颍阴(今河南许昌)人,字彦舒。博学有才能。晋永嘉末,为司空从事中郎,事安北将军王浚。建兴二年(314)石勒杀王浚,查抄浚部属家财,皆赀至巨万,唯其家与裴宪家盐米仅各数十斛,而有书百余帙。署为参军,虽显千石氏,恒以为辱。著有《晋后略》、《晋百官表注》,今存辑本。

荀藩(245—313) 西晋颍川颍阴(今河南许昌)人,字大坚。荀勖子。元康中,为黄门侍郎,以从讨成都王颖功,封西华县公。累迁尚书令。永嘉末,转司空。洛阳陷落,出奔密(今河南新密)。王浚承制,奉为留台太尉。愍帝为太子,委以督摄远近,卒于开封。

荀灌(303—?) 晋颍川颍阴(今河南许昌)人。平南将军荀崧小女。幼有奇节。时年十三,父为杜曾困于宛,力弱食尽,欲求救于襄城太守石览及南中郎将周访,计无从出。她率勇士数十人,突围夜出。览、访即遣兵救崧,遂解围。

荀济(?—547) 南北朝时颍川(治今河南许昌东)人,字子通。世居江东,与萧衍为布衣之交。及衍为梁帝,乃上书讥其佞佛奢费,因惧诛奔东魏。尚书令高澄慕其才名,用为东魏孝静帝之散骑常侍。后参与密谋杀澄,事发被焚杀于东市。

荀闿(?—324) 晋颍川颍阴(治今河南许昌)人,字道明。荀藩子。与兄荀邃齐名,齐王冏辟为掾。冏败,无敢收尸,乃与冏故吏请葬之,为时论所称。与邃渡江,拜丞相军咨祭酒。元帝即位,迁右军将军,转少府,历侍中、尚书。与诸葛恢、蔡谟均字道明,故号称"中兴三明"。

荀况 即"荀子"。

荀林父 又称荀伯、中行桓子、中行伯。春秋时晋国正卿。字伯。一说为荀息之孙。晋文公四年(前633),文公蒐于被庐,作三军。他为下军御戎。次年,晋作三行以抵御狄人,被任为中行(步卒)之将,遂以中行为氏。晋景公三年(前597),楚庄王围郑,围三月,郑乞降。他为中军将率三军救郑,至黄河闻郑已附楚,欲还军。中军佐先縠拒命,并率军先渡河,乃以全军渡河,战于邲(今河南荥阳北),晋军大败,争船渡河,自相残杀。船中之指可掬。他因战败,请死。晋景公欲许,因士渥浊谏,复其职。六年,率军攻灭赤狄潞(今山西潞城东北),晋景公赏他"狄臣千室"。

荀卿 即"荀子"。

荀蕤 东晋颍川颍阴(今河南许昌)人,字令远。荀崧子。起家秘书郎,稍迁尚书左丞。为简文帝所器重。时平北将军桓温平蜀,朝议欲封以豫章郡。乃言于帝以为不宜,乃止之。出补东阳太守,除建威将军、吴国内史,卒官。

荀淑(83—149) 东汉颍川颍阴(今河南许昌)人,字季和。博学而不守章句,多为俗儒所非,当世名士李固、李膺等人皆师事之。安帝时征拜郎中,迁当涂长,以对策讥讽外戚梁氏,为大将军梁冀所嫉,出补朗陵侯相,旋弃官闲居。后卒于家。

荀爽(128—190) 东汉颍川颍阴(今河南许昌)人,又名谞,字慈明。幼好学,耽思经书,征命不应。延熹九年(166),以至孝拜郎中。上书请行三年之丧,正男尊女卑之义,"省财用,实府藏","宽役赋,安黎民"。后遭党锢,隐居十数年,以著述为事。党禁解,拒召不仕。献帝即位,任平原相,后任司空。曾参与司徒王允诛董卓之谋,事未发而卒。主治费氏《易》,博通群经,为古文经学大师。著《礼》、《易传》、《诗传》、《尚书正经》、《春秋条例》等。其所著《公羊问》、《辨谶》等合为《新书》。均佚。清马国翰辑有《周易荀氏注》三卷,孙堂《汉魏二十一家易注》辑其《周易注》一卷。

荀崧(约262—约328) 晋颍川颍阴(今河南许昌)人,字景猷。雅好文学。泰始中,为濮阳王允文学。赵王伦篡位,累迁侍中、中护军。永嘉五年(311)汉刘曜陷洛阳,奔密(今河南新密),族父司空荀藩承制,以为襄城太守。迁都督荆州江北诸军事、平南将军,镇宛(今河南南阳)。建兴三年(315),杜曾反于荆州,围宛,乃命小女灌突围求救于襄城。襄城太守石览、南中郎将周访兵至,围解。元帝即位,拜尚书仆射,与尚书令刁协定中兴礼仪。累迁右光禄大夫、录尚书事。苏峻叛,与司徒王导护卫成帝不离左右。后虽衰老,仍研读典籍,世以此嘉之。

荀邃 晋颍川颍阴(今河南许昌)人,字道玄。荀藩子。解音乐,善谈论。辟赵王伦相国掾,迁太子洗马。长沙王乂以为参军,成都王颖用为中舍人。渡江后,元帝以为军咨祭酒。太兴初,拜侍中。与尚书令刁协婚亲,时协执政,欲以为吏部尚书,拒之。王敦讨协,协党罹难,独以疏协获免。迁太常,转尚书。苏峻作乱,与丞相王导、秘书监荀崧侍帝于石头(今江苏南京清凉山)。峻平后卒。

荀廷诏 明四川成都人,字宣子。崇祯进士。著有《蜀国春秋》。

荀息(?—前651) 春秋时晋国大夫。名叔。晋献公十九年(前658),献公用其计,以屈地产良马,垂棘产玉璧,假道于虞(今山西平陆北)以伐虢(今河南三门峡北)。他与里克率军攻灭虢之下阳(今河南陕县东南)。晋献公病,嘱他傅太子奚齐。他以"竭其股肱之力,加以忠贞"许诺。晋献公死,里克杀奚齐。他又立奚齐弟卓子。里克又杀卓子,乃以身从死。

荀羡(322—359) 东晋颍川颍阴(今河南许昌)人,字令则。荀崧子。有才识。年十五,因避与帝室连婚,远遁长沙,被追回,不得已,尚寻阳公主。征北将军褚裒以为长史。迁吴国内史。裒死,持节为北中郎将、徐州刺史,监徐、兖二州及扬州之晋陵诸军事。中军将军殷浩北伐,以为督统,镇淮阴,屯田石鳖(在今江苏宝应西南)。寻加监青州诸军事,又领兖州刺史,镇下邳(今江苏睢宁西北)。慕容儁攻段龛于广固(今山东青州),因往救之,擒儁将王腾。升平三年(359),慕容兰以数万众屯汴城,他率军自洸引汶通渠,至东阿(今山东阳谷东北),斩兰。拔山茌(今山东长清东南),击杀燕太山太守贾坚。以疾解职,卒。

荀欣 战国时人。赵烈侯六年(前403),因番吾君之荐,与牛畜、徐越为相国公仲连进于烈侯。主张选练举贤,任官使能。烈侯拜其官为中尉。

荀勖(?—289) 西晋颍川颍阴(今河南许昌)人,字公曾。初被魏大将军曹爽辟为掾,后为司马昭参军,与裴秀等共掌机密。入晋,拜中书监,加侍中,领著作,与贾充共定律令。充将镇关右,恐由此失势,遂劝帝纳充女为太子妃,使充因之留京师,遂获佞媚之讥。进位光禄大夫,掌乐事,修律吕,并行于世。旋领秘书监,与张华依刘向《别录》整理记籍。及得汲郡冢中古文竹书,以为《中经》,列在秘书。又以为不宜伐吴,与尚书张华之议不同,后灭吴功成,竟屡谮华于帝。时议省州郡县半吏以赴农功,乃以为:省吏不如省官,省官不如省事,省事不如清心。又深忌齐王攸德望日隆,言于帝使令之国。及帝将废贾妃,与侍中冯𬘘力谏,遂得不废。善伺帝旨,以守密自戒,是以能固其宠。明人辑有《荀公曾集》。

荀偃(?—前554) 亦称中行偃、中行献子。春秋时晋国大夫。字伯游。晋厉公七年(前574),晋厉公欲去诸大夫而用其左右,使胥童等杀三郤,他与栾书执厉公,杀胥童。次年,杀厉公,从周迎回襄公曾孙周,立为君,是为晋悼公。悼公元年(前572)与韩厥率诸侯之师攻郑,入其郭,败其徒兵(步兵)于洧上。十三年,继荀䓨为中军将。十六年,晋平公即位,他与栾黡攻楚,败楚于湛阪(今河南平顶山)。

荀顗(?—274) 西晋颍川颍阴(今河南许昌)人,字景倩。荀彧子。博学洽闻,尝难钟会《易》无互体见称于世。以父勋除中郎。司马懿辅政,拜散骑侍郎,迁侍中。从讨毌丘俭等有功,迁左仆射,领吏部。魏咸熙元年(264),为司空,复五等爵,议定礼仪。入晋,进爵临淮公,迁侍中、太尉。与侍中贾充结党,知充不欲出镇,乃上言充女美而有德,可纳为太子妃。武帝从之,充遂复居旧任,为世所讥。曾与王沈、阮籍等共撰《魏书》。又与郑冲、何晏等共撰《论语集注》。

荀奕(?—332) 晋颍川颍阴(今河南许昌)人,字玄欣。荀组子。初拜太子舍人、驸马都尉,侍讲东宫。随父渡江,为元帝中庶子、散骑常侍、侍中,于仪制时有参议。

荀寅 亦称中行寅、中行文子。春秋时晋国大夫。晋定公十五年(前497),赵鞅欲将卫贡给的五百家从邯郸(今属河北)迁至晋阳(今山西太原西南),邯郸午不许,被杀。午之子赵稷遂以邯郸叛。他与范吉射攻鞅。鞅奔保晋阳。荀跞、韩不信、魏曼多旋奉晋定公命攻范氏、中行氏。范氏、中行氏走保朝歌。韩、魏为赵鞅请于定公,复其职。二十年,赵鞅围朝歌,他奔邯郸。次年,赵鞅破邯郸,他奔鲜虞。得齐与鲜虞之助入柏人(今河北隆尧西南),晋范氏、中行氏遂亡。

荀攸(157—214) 东汉末颍川颍阴(今河南许昌)人,字公达。荀彧侄。中平六年(189),何进秉政,征为黄门侍郎。因谋诛董卓,事泄下狱。卓死得免。曹操迎汉献帝都许(今河南许昌东),征为尚书。建安三年(198),用为军师。从征张绣、吕布、袁尚、袁谭等,屡进良谋克敌。官渡之战,斩袁绍将颜良等,焚绍辎重,均赖其策画。操誉为贤人。封陵树亭侯。十二年,操令论功行封,仅次于荀彧。转中军师。魏国初建,为尚书令。十九年,从征吴,病卒于道。

荀彧(163—212) 东汉末颍川颍阴(今河南许昌)人,字文若。少有才名。中平六年(189)举孝廉,迁亢父令。董卓之乱,弃官归乡里。旋至冀州,依袁绍。初平二年(191)归附曹操,为操重要谋士。先后任奋武司马、镇东司马。建议操迎献帝都许,为侍中、守尚书令。操每征伐在外,军国诸事,皆与之筹划,使曹操得以顺利擒吕布、定徐州,并于官渡一战击败袁绍。封万岁亭侯,邑一千户。后为侍中、光禄大夫,持节、参丞相军事。因反对曹操进爵国公,为操所忌,被迫饮药自杀。

荀悦(148—209) 东汉颍川颍阴(今河南许昌)人,字仲豫。少好学,善诵《春秋》。灵帝时,宦官擅权,托疾隐居。后任黄门侍郎。献帝好文学,他与孔融等侍讲禁中,累迁秘书监、侍中等。献帝因《汉书》文繁难懂,命其依《左传》体,成《汉纪》三十篇。时人赞其"词约事详,论辨多美",流传至今。另著《崇德》、《正论》及诸论数十篇,已佚。现存《申鉴》五篇,旨在申说历史教训,供君王资鉴。虽不否定天人感应,但反对"日时禁忌"及谶纬迷信,强调吉凶由人。

认为性有善有恶，分人性为三品，认为上智、下愚者少，待法、教造就者多。君主为政应德刑并用，提倡以仁义为法、教之本。反对诸侯专封，大夫专地，富人兼并。有明黄省曾注本。

荀彘(?—前108) 西汉太原广武(今山西代县西南)人。武帝时，以善御为侍中。后以校尉数从大将军卫青出征匈奴。元封三年(前108)为左将军，率燕、代卒及应募罪人击朝鲜。次年朝鲜降，坐与楼船将军杨仆争功，弃市。

荀子 ❶(约前313—前238)战国末赵国人。名况，字卿。汉人避宣帝讳，称孙卿。初游学于齐。齐湣王末年，上书说齐相，不用。去齐适楚。齐襄王时返齐，三为稷下学宫祭酒(学长)。秦昭王四十一年(前266)，应聘至秦，见秦昭王及秦相范雎。赞赏秦国之政治清明，民风淳朴。后返回赵国，曾和临武君在赵孝成王前议论兵法。约于楚考烈王八年(前255)，任楚兰陵令。春申君死后，著书授徒以终。弟子甚多，以韩非、李斯和汉初传授《诗经》之浮丘伯最著名。出身儒家，尊崇孔子，又广泛吸取各家精华。其思想"近于法家"，"又有近于墨家者言"(傅山《荀子评注》手稿)。对先秦哲学进行总结。批评天人合一和世俗迷信，提出"天行有常，不为尧存，不为桀亡"(《荀子·天论》)，指出天无意志，而是按客观的自然法则运行的。强调"制天命而用之"的人定胜天思想。认为人有认识事物之能力，事物可以被认识："凡以(一说"以"上当有"可"字，一说"以"当作"可")知，人之情也；可以知，物之理也"(《解蔽》)。重视感性认识的作用，也重视"征知"即思维的作用。特别强调"解蔽"，即克服妨碍正确认识之各种片面性，并把学和"行"提到重要地位。反对庄子、惠施、公孙龙"以名乱实"，主张"制名以指实"。反对孟子的"性善论"，主张"性恶论"。认为人性即人之生理本能，天生好逸恶劳，只有礼法仁义才能"化性起伪"，使之改恶向善。反对"法先王"，主张"法后王"。尊"礼"为"道德之极"。认为"人生而有欲，欲而不得，则不能无求；求而无量度分界，则不能不争；争则乱，乱则穷"(《荀子·礼论》)。先王制礼即为了有分别地"养人之欲，给人之求"(同上)。说理透彻，思想谨严。著有《荀子》传世。❷书名。战国荀况著。三十二篇。《汉书·艺文志》著录《孙卿子》三十三篇。刘向《叙录》说该书"凡三百二十二篇，以相校除重复二百九十篇，定著三十二篇"，后经唐杨倞重新编排，改名为《荀卿子》，简称《荀子》。《天论》论述唯物论自然观；《非相》破除迷信；《正名》表述认识论和逻辑思想；《性恶》讲人性论；《解蔽》述法论；《王制》、《富国》记社会政治思想；《礼论》探索礼之理论根据；《乐论》是关于音乐的理论；《劝学》、《修身》提出教育理论；《议兵》提出军事理论；《非十二子》对先秦各学派予以评论性总结；《成相》以民歌体裁叙述政治思想；《赋》则为文学作品。三十二篇大部为荀子作，而《大略》、《宥坐》、《子道》、《法行》、《哀公》和《尧问》诸篇疑为荀子后学的杂记。注本主要有唐杨倞《荀子注》、清谢墉、卢文弨《荀子篇释》、清王先谦《荀子集解》、近人梁启雄《荀子简释》等。

荀组(258—322) 晋颍川颍阴(今河南许昌)人，字大章。初为司徒左西曹掾属，历太子中庶子、荥阳太守。赵王伦篡位，为侍中。惠帝迁长安，为河南尹，迁尚书，转卫尉，加散骑常侍、中书监。永嘉五年(311)，汉刘曜攻陷洛阳，乃与兄藩奔轘辕(在今河南偃师东南)，建行台于密(今河南新密)，传檄四方，推琅邪王睿为盟主。其甥秦王司马邺来投，遂奉之趋许昌。豫州刺史阎鼎谋奉邺入关，以据长安，他与兄藩等不从，中途逃散。鼎扶邺入长安，奉为皇太子，仍命组以太子舅领司隶校尉，行豫州刺史事，与兄藩保开封。邺即帝位(愍帝)，更以为司空、领尚书左仆射兼司隶，复行留台事。次年，进位太尉，领豫州牧。及愍帝为刘聪所俘，乃上表劝睿继位。元帝任之为司徒。太兴元年(318)，为石勒所逼，在许昌(今属河南)帅其属数百人渡江，诏拜录尚书事。

浔水城 在今湖北黄梅县西南。即汉、晋浔阳县治。西晋建兴元年(313)，湘州流民起义军首领杜弢困荆州刺史周顗于浔水城，即此。

浔阳江 唐长江流经浔阳县境一段，在今江西九江市北。白居易《琵琶行》："浔阳江头夜送客"，即此。

浔阳郡 唐天宝元年(742)改江州置。治浔阳县(今九江市)。辖境相当今江西德安、都昌二县以北地区。乾元元年(758)复为江州。

浔阳县 唐武德四年(621)改湓城县置，以在浔水之阳得名。治今江西九江市。江州及浔阳郡先后治此。五代南唐改为德化县。

浔州 唐武德七年(624)置。寻废。贞观七年(633)复置。因浔江为名。治桂平县(今广西桂平市西。宋移今市)。十二年省入龚州。长寿元年(692)复置。辖境相当今桂平市北部地，属岭南道。宋属广南西路，扩大至今桂平市南部及平南县地。元至元十六年(1279)升为浔州路。

浔州府 明洪武元年(1368)改浔州路置。治桂平市(今市)。辖境相当今广西桂平、贵港、平南等市、县地。属广西省。清雍正年间划入今武宣县地。1913年废。

浔州路 元至元十六年(1279)升浔州置。治桂平市(今市)。辖境相当今广西桂平、平南二市、县地，属湖广行省。明洪武元年(1368)改为浔州府。

栒邑县 秦置。治今陕西旬邑县东北。属内史，两汉属右扶风。西晋属新平郡。后废。

循德县 唐武德四年(621)以阳德县改置，治今广西来宾县东南古郎山下。属柳州。后属严州。五代时废。

循化城 北宋崇宁二年(1103)改一公城为循化城，在今甘肃夏河县北。清乾隆二十八年(1763)设厅。

循化厅 清乾隆二十八年(1763)以循化城改置，治今青海循化撒拉族自治县。属兰州府，兰州同知驻此。道光三年(1823)改属西宁府。1913年废厅为县。

循环簿　清代赋役册籍之一。该册照赋役全书款项,分别缓急,列为先后次序,以便照册按月循环征收。

循环炮　管形火器。用于明。每五人一组。四人各持一炮,一人架炮。身长二尺二寸,重二十斤,后有铁尾柄,长二尺九寸。以木解为两片,中刻纵槽,使炮铁尾入槽内,用觔鳔缠之。有照星、照门。用火药袋装药二两,大铅子一枚,子重四两,小铅子三十枚,每枚重六钱。放时,炮前以棍一条撑之,下有铁钻以插地,上有小横木为拐,用铁叶裹之,其上有大铁环一个,炮头穿于环,棍插于地,一人左膊夹定木拐,为炮架,右手执火绳点火,炮手持炮瞄准以放。大铅子五六百步,小铅子三四百步,散阔二三十步。每放一炮,改换一炮,循环往复,故名循环炮。

循环日报　报纸名。清同治十二年十二月十八日(1874.2.4)在香港创刊。中国历史上第一份以政论著称的报纸。王韬主办,洪干甫、钱昕伯助编。传播西方社会政治学说,鼓吹变法自强。设京报选录、羊城新闻、中外新闻等栏目,每日必附论说,刊发政论文章。曾载王韬《变法》、《变法自强》、《重民》等名作。光绪元年(1875)每月附出月报一册,汇编重要新闻和评论文章。王韬亦将个人之政论文汇编成《弢园文录外编》出版。二十三年王韬去世后由洪孝充接办。发行数十年,1941年日军侵港后始停刊。

循吏　古代将奉法循理的官吏称为循吏或良吏。《史记·太史公自序》:"奉法循理之吏,不伐功矜能,百姓无称,亦无过行。作《循吏列传》。"史书中多为"循吏"作传,记颂其政绩。宋孙奕《履斋示儿编·文说·史体因革》:"传之为体,大抵记公卿之行事,迁始传《循吏》,晋曰《良吏》。"章炳麟《訄书·通法》:"一郡之吏,无虑千人,皆承流修职,故举事易而循吏多。""循吏"多注意发展生产,实行教化,安定人心,对社会矛盾起到一定的缓和作用。

循良前传约编　书名。一名《历代名吏录》。清张先嶽撰。四卷。采诸史《循吏传》纂辑而成,各以时代先后编次。论断编排均无新意。

循名责实　韩非术语。为君主考察群臣之方法。《韩非子·定法》:"术者,因任而授官,循名而责实,操杀生之柄,课群臣之能者也,此人主之所执也。"意谓君主按照群臣职位之高低(名),考察其实际能力是否称职。后世学者以之为君主有道之标志。如《淮南子·主术训》:"有道之主……循名责实。"

循行　官名。一作修行。汉代置,为郡府小吏。东汉河南尹员吏九百二十七人,有循行二百三十人。三国魏、晋沿置。

循州　隋开皇十年(590)置。以境内循江为名(《元和郡县志》)。治归善县(今广东惠东县西北,唐初移治今惠州市东)。大业三年(607)改为龙川郡,唐武德五年(622)复为循州。辖境相当今广东惠州、新丰、连平、和平、龙川、兴宁、五华、陆丰、海丰、惠东、惠阳、博罗、紫金、河源等市、县和揭西县西部地。五代南汉移治龙川县(今广东龙川县西佗城),又分置祯州(后改为惠州),辖境缩小。宋属广南东路。元至元十三年(1276)升为路,二十三年复降为州。属江西行省。明洪武二年(1369)省入惠州府。

循州路　元至元十三年(1276)立循州安抚司,十六年改为循州路。治龙川县(今广东龙川县西佗城)。二十三年复名循州。

循资　选举制度,即选人依资序叙迁。唐开元十八年(730),侍中裴光庭以选人猥众,有出身二十余年而不获禄者,乃作循资格,无论贤与不肖,一概据资考配拟。凡官罢,满若干选而后集,各有差等,官卑选多,官高选少,必合乎格者乃得铨授。天宝九载(750),令选人注拟不限循资。后或行或废。五代复作循资长定格,准格者循资考入官。宋代因之。凡七阶选人,皆依不同出身、考数、任数,乃举主人数,自下而上依格铨授。

xùn

训导　学官名。明清地方儒学学官。明洪武二年(1369)始置,各府、州、县学均设,府学四人,州学三人,县学二人。分别为府学教授、州学学正、县学教谕之副职,佐各级儒学教官,教导所属生员。后卫学亦各设二人,以教导武臣子弟。品秩未入流,然位在杂职上。清沿明制,府、州、县学各设一人,秩从八品。

训方氏　官名。《周礼》夏官之属。负责向君王报告诸侯政事、诵说四方传说兼掌民众教化。

训方中士　官名。西魏恭帝三年(556)仿《周礼》训方氏置,北周沿置。夏官府职方中大夫属官,正二命。下设训方下士以佐其职。隋文帝开皇元年(581)罢。

训科　官名。明清地方各县医学学官。明洪武十七年(1384)始设。每县一人,未入流,设官不给禄。掌教授生徒之事。清沿明制设,亦未入流。由所辖有司遴选谙医理者,咨部给札。

训练官　官名。宋代军中教官。神宗时,在系将禁兵中普遍设置。哲宗时复规定,某些地区的不系将禁兵中,亦由都监或监押充任。南宋时,属军职,位在准备将之下。

训练近畿陆军各镇事宜衙门　见"近畿陆军各镇督练公所"。

训士　官名。北魏天兴三年(400)置,职比谏议大夫,规讽时政,匡刺非违。

训术　官名。明清阴阳学学官之一。明洪武十七年(1384)始设。县各一人,未入流。凡天文、占候、星卜、相宅、选日之流,悉归管理。然设官不给禄。清顺治初年沿置,县各一人,未入流,由所辖有司遴选学行端方者,咨部给札。雍正七年(1729),令兼辖星学。

训武郎　官名。南宋改敦武郎置,为正八品武阶官。

训州　唐置羁縻州。治今贵州盘县。天宝元年(742)属黔中郡,隶黔中道。乾元元年(758)属黔州都督府,大历十二年(777)属黔州经略招讨使。大顺元年(890)属武泰军节度使。宋初因之。绍定元年(1228)属绍庆府(治今重庆彭水),隶夔州路。

讯 ❶西周时期典狱官审问罪犯程式。❷官名。西周时期负责审问罪犯的官吏。

讯丑 西周时期指俘获的敌军官兵。《诗·小雅·采芑》:"方叔率止,执讯获丑。"金文如《虢季子白盘》:"折首五百,执讯五十。"

讯杖 ❶古代刑具。拷问囚犯的棍棒。《新唐书·刑法志》:"凡杖,皆长三尺五寸,削去节目。讯杖,大头径三分二厘,小头二分二厘。"明代的讯杖以荆条制成,长亦三尺五寸,大头径四分五厘,小头三分五厘。行刑时,杖打犯人臀腿。❷刑罚方法之一。五代及宋,凡开庭审讯犯人,先杖其臀或腿、足底三十,称讯杖。

汛 ❶清代绿营基层组织。即千总、把总、外委所统属的绿营兵。❷清代管理河防州同、州判、县丞、主簿、巡检等的官署。

迅雷铳 管形火器。明赵士桢于万历二十六年(1598)发明。取鸟铳和七星铳、五雷神机铳之长,在一根长木柄上安装五支枪管,各长二尺多,共重十多斤。五支枪管各有照门、照星,管内都预先装好弹药。五管安装在前后两个圆盘上,共同使用同一个发火装置。另备一特别的小斧和半径一尺六七寸的圆牌各一。发射时,圆牌套铳上,小斧插地架铳,使发火之龙头对准一个枪管的火门,发射一次,转铳再打另一支。长木柄中空成筒,内放火球一个,五铳放毕,点火出球,以便乘势前进。铳杆也可以作冷兵器之长枪使用。

迅雷炮 管形火器。明代始用。据《武备志》载身长一尺余,重十余斤,炮底至火门二寸五分,火门下寸许,凿一大眼,以用铁橛钉地,防其后坐。每装药二两,适当垫高炮口。装入八两大铅子时,射程可达五六里,装重三钱的小铅子时,射程达二三里,散布三五十步。亦可作地雷连炮用。

逊代阳秋 书名。清余美英撰。二十八卷。专记明惠帝事迹。卷一至十二为君纪,卷十三至二十四为臣纪,卷二十五至二十七为表,卷二十八为备遗篇。

逊都思 又译逊笃思、孙都思、速勒都思。蒙古迭儿列斤部之一。

逊国正气记 书名。明曹参芳撰。二卷。记明建文帝事迹,系抄自《致身录》、《靖难记》、《逊国记》诸书而成。上卷首列诏谕,其次年表,再次本纪。下卷首列外纪,其次从亡诸臣,每条之下,皆附有论断。所记内容,如燕王来朝,行御道,登陛不拜及程济等从亡以后诸事,大抵沿袭传闻,无所考证。书约成于福王南渡时。

逊位 ❶让位。《史记·太史公自序》:"唐尧逊位,虞舜不台。"《尚书·尧典序》:"(尧)将逊于位,让于虞舜。"❷辞职之婉言。《晋书·王祥传》:"累乞逊位。"

逊志斋集 书名。明方孝孺作。原有明成化间刊本三十卷,拾遗十卷。今本并为二十四卷,为正德中顾璘重编,凡文二十二卷,诗二卷。附录一卷。有影印明嘉靖间重刻本。

逊柱(1650—1733) 清满洲镶红旗人,栋鄂氏。康熙八年(1669)任吏科笔帖式。五十六年累迁至兵部尚书,后兼吏部尚书。雍正四年(1726)专理兵部事。次年晋文渊阁大学士。以老臣掌兵部十六年,被世宗称为"素餐多年,尚无大过"。十一年致仕。

巽 《周易》卦名。八经卦之一,卦形为☴;又六十四别卦之一,卦形为䷸,下巽上巽。基本卦象是风,又比教令,象木、柔、逊、入等。

瞑斋自订年谱 书名。清翁同书撰,翁同龢补。记家事、就读、仕历及其父心存仕历,中详记咸丰六年(1856)清军与太平军在扬州作战失利情况。七年后由翁同龢增补,记八年至十年太平军在皖战况较详。

Y

yā

丫叉会 清代湖南乞丐中的秘密结社。道光二十年(1840)邵阳人赵瞎子等在东安结会,意在团结互助,免受欺凌。入会者各将乞丐杖头刻一丫叉为记,取名丫叉会。后零陵、邵阳、武岗等地也有该会组织。

压地隐起 古建筑中的一种石雕加工手法。类似今日浅浮雕。其特征有三:(一)凹下去的"地"(底子),大体在一个平面上,凸出的雕刻主题高出石面不多,一般1—2厘米。(二)装饰面,无论是平面还是弧面,雕刻各部位的高点,几乎都在同一平面上,当雕饰面有边框时,各部位高点不超出框边平面的高度。(三)雕刻各部位互相重叠穿插,有一定的深度感。除宋代《营造法式》一书有此称法外,未见他书。清代称"仪半混雕"。

压冬 ❶明代海上商人经商吕宋(今菲律宾),因商事未完或风涛所阻,留驻过冬者,俗谓压冬。❷漕运船只因故守冻而不得回归者,俗亦谓压冬。

压雪保泽 西汉时北方旱作地区出现的一种抗旱保墒措施。《氾胜之书》:"冬雨雪止,辄以蔺之,掩地雪,勿使从风飞去,后雪,复蔺之,则立春保泽,虫冻死,来年宜稼。"

押班 见"都知"。

押赤 见"鸭赤"。

押赤城 《元史·世祖纪》作鸭池。《兀良哈台传》作押赤城,谓"城际滇池,三面际水"。《马可·波罗行纪》:自渡金沙江后,"行五日毕,抵一主城,是为国都,名称押赤"。即今云南昆明市。

押队 军职名。北宋时,军队作战或教阅,编排队列,临时设押队。神宗时行将兵法和结队法,每二十队差押队使臣一名,也称押队,地位仅次于正将、副将。北宋末至南宋,押队作为队的头领之一,战斗时引领全队作战。

押队使臣 见"押队"。

押尔牵 见"莎车"。

押蕃舶使 即"市舶使"。

押蕃使 使职名。唐开元二十年(732)以朔方节度使增领押诸蕃部落使。直至五代后唐天成元年(926)雄武军节度使官衔内,仍兼押蕃落使。后晋开运二年(945)皇弟石重睿遥领雄武军节度、秦阶成等州观察处置、押蕃落等使,监管辖区内少数族政权事。

押官 武官名。唐初缘边军镇,每五百兵士置押官一人领之。亦有一队五十人置一押官者。其任期随兵交替。宋为隶属都一级统兵官,即由都头、副都头或军使、副兵马使管辖,位承局之下。

押剌伊而 即"扎剌儿"。

押司 又称押司官。宋州县及部分中央机构吏人之一。地位较高,在*手分之上。往往负责某一方面事务,如负责粮料,为粮料押司官等。县押司则与县录事合称"押录",为县最高级的吏人。

押行宫辎重夷离毕司 官署名。辽置,属北面官系。掌有关诸宫巡幸扈从辎重事务。其长官称夷离毕。

押院中使 官名。唐开元五年(717)乾元院置一员,掌出入、宣进奏,领宦官监守院门。

押租 清代指租佃土地、房屋和其他财物时,租用者支付之保证金。土地押租是业主为防止佃户抗租、逃租、欠租而采用的一种手段,也是对佃户之一种额外(正租外)剥削。各地名称不一,如江苏、广东称"顶耕钱"、"顶手钱",湖南称"乌田钱"、"进庄银"、"佃规",福建称"保租银"、"根租钱"、"起埂",四川称"押佃钱"、"随租银",浙江、湖北称"顶头钱",安徽称"寄在钱"、"顶手稻"等。押租在长江以南各省流行较广。有些省份在清前期已有押租记载,近代以后更加普遍。押租额一般与一年的地租额同。佃户退佃时押租应归还佃户,但业主常以各种借口拒绝退还。

鸦鹘关 在今辽宁新宾县西南三道关。明万历四十六年(1618)努尔哈赤入此攻清河;次年,明大征努尔哈赤,右侧中路兵亦出此。

鸦鸣谷 在今山西寿阳县东南。《资治通鉴》:唐乾符五年(878),河东节度使崔季康及昭义节度使李钧与李克用战于洪谷,钧战死,余众自鸦鸣谷走归上党;五代晋天福九年(944),契丹寇太原,刘知远败之于秀容,契丹自鸦鸣谷遁去,皆即此。

鸦片 俗称大烟,亦名乌香、乌烟、阿片、亚荣、阿芙蓉、合浦融,别称洋药。系罂粟花结苞时,刺取津液,熬炼而成。原产于南欧及小亚细亚、埃及,后传入阿拉伯、印度。唐贞元年间,由阿拉伯商人传入中国,名阿芙蓉,仅作药材口服使用,以止痛、止泻、镇静。吸食之法约在明代由南洋传入中国(一说由印度传入),明成化年间已在市场售卖,其价与黄金等。万历年间始征收鸦片进口税,清代继之。先由葡萄牙、荷兰向中国贩卖,继以英国偷运最多。1773年和1797年英国东印度公司先后取得鸦片的专卖与制造特权,遂逐年扩大鸦片生产,大多销往中国。所贩鸦片常见者有公班、白皮、红皮三种。另有花红、油红、鸭尿红等品种。嘉庆、道光年间,东南沿海和内地多有种植罂粟,炼制鸦片,统称土烟,又称土药、土膏。著名者有浙江的"台浆"、福建的"建浆"、四川的"夔浆"等。清政府于雍正七年(1729)禁止吸食,嘉庆元年(1796)停鸦片征税,严禁输入,道光年间禁烟活动规模更大,但成效甚微。

鸦片贸易 近代西方殖民者为掠夺中国人民财富而经营的毒品贸易。十七世纪,吸食鸦片的恶习从南洋传入中国。清雍正七年(1729),清政府下令禁止吸食。嘉庆元年(1796)诏停鸦片征税,严禁输入,鸦片贸易遂成非法的走私贸易。英国东印度公司于1773年取得鸦片专卖权,1797年又取得制造鸦片的垄断权。此后即向中国大量销售鸦片。嘉庆五年输入中国的鸦片为四千五百七十箱,道光十八年(1838)递升为四万零二百箱,增加了近八倍。在这三十九年中,英美鸦片贩子把四十二万七千六百二十箱鸦片运进中国,从中掠夺了价值三、四亿银元的财富。鸦片走私贸易,不仅在政治上经济上给中国社会带来严重祸害,而且严重损害了中国人民的健康。道光十八年底,道光帝派钦差大臣林则徐前往广东厉行禁烟。二十年五月,英国为维护鸦片贸易、打开中国大门而发动侵华战争。战后,鸦片贸易实际上达成了允许免税大量输入的默契。第二次鸦片战争中,咸丰八年(1858)清政府被迫同英、法、美签订《通商章程善后条约·海关税则》,准许外商在通商口岸销售鸦片,每百斤收税银三十两。从此,鸦片成为"合法"进口商品。

鸦片事略 书名。清李圭撰。二卷。辑录各家著述、报章、文牍有关鸦片问题而成。起嘉庆、道光,迄光绪年间。其中光绪二年(1876)以前内容实多本自《中西纪事》卷四"漏卮本末"及卷十八"洋药上税",惟增录了某些奏折原文。全书于禁烟及鸦片战争始末、战后弛禁等情状均有叙述。有光绪二十一年海宁署刊本及1931年北平图书馆本。

鸦片战争 清道光二十至二十二年(1840—1842)英国发动对中国的侵略战争。因由鸦片引起,史称"鸦片战争"。从十八世纪后期起,英国为改变对华贸易中的逆差,向中国大量销售鸦片以牟取暴利。烟毒泛滥,引起中国白银外流,银价飞涨,财政困难。道光十八年(1838)派林则徐为钦差大臣,赴广东查禁鸦片。次年正月,林则徐抵广州,四月二十二日至五月十五日(6.3—6.25)在虎门海滩当众销毁鸦片二百三十七万余斤,并多次击退英军的挑衅。英国政府闻讯后,加紧策划侵华战争。二十年正月派乔治·懿律率领四十多艘舰船和四千多官兵开赴中国,五月二十九日到达广东海面,封锁珠江口,战争正式爆发。英军进犯广东未逞,于六月四日骚扰厦门,七月攻占浙江定海,十四日英舰七艘抵大沽口,要挟清政府谈判。道光帝派琦善到广州议和,并将林则徐、邓廷桢革职。十二月十五日义律利用琦善撤防之机,命令英军攻占大角、沙角炮台。二十一年正月三日(1841.1.25),义律胁迫琦善订立《穿鼻草约》,琦善不肯签字。次日,英军以此为借口,强占香港。五日,道光帝下诏对英宣战;派宗室奕山为靖逆将军,率军一万七千人赴广州抗英。二月英军陷虎门,进逼广州。四月奕山等轻率进兵,英军乘机炮轰广州。奕山乞和,订立《广州和约》。英军则进一步扩大战争,七月至八月连陷厦门、定海、镇海、宁波等城。道光帝派宗室奕经赴浙江防剿。二十二年春,奕经在浙江大败。英军陷吴淞、上海、镇江,进逼南京。道光帝急派耆英、伊里布等与璞鼎查签订不平等的《南京条约》,次年签订《虎门条约》等补充条款。从此,中国开始沦为半封建半殖民地社会。

鸭赤 一作押赤。地名。元人对今云南昆明的又一称呼。见于《元史·世祖本纪六》,《史集》、《马可波罗行纪》皆沿用此称。有谓来自其时从征的丽江土军之口,丽江土军多今纳西族先民,纳西语称昆明为Yiehi,意为南方之城。

鸭尔看 见"莎车"。

鸭江行部志 书名。金王寂撰。一卷。章宗明昌二年(1191),王寂巡视自澄州(今辽宁海城)至海滨之地,记述见闻,作此书。原书久佚。清人自《永乐大典》中辑出残卷。朱希祖考证地理,刊于《辽海丛书》。

鸭渌府 渤海国置,建号西京。治神州(今吉林白山市鸭绿江南岸长城里,一说即今白山市)。辖境相当今鸭绿江中上游地区,西界止于今宽甸南蒲石河口。

鸭绿江 中朝两国界河。源出今吉林东南中朝边境白头山,西南流经辽宁丹东市入黄海。汉称马訾水。唐始称鸭绿水,水色似鸭头之色,故名。元明以后称鸭绿江。为历代靺鞨人、女真人和朝鲜族人渔猎、住牧之地。

鸭绿江部 明建州女真长白山三部之一。位于鸭绿江沿岸,包括今吉林长白县西南部、集安、临江、通化东部及辽宁宽甸北部。东邻朝鲜,南抵辽东边墙,西界董鄂部,北连完颜部。万历十九年(1591),为努尔哈赤遣兵征服。

鸭绿江架设铁桥协定 清宣统二年二月二十五日(1910.4.4)中日两国政府在奉天(今沈阳)订立。清政府同意日本在鸭绿江上架设朝鲜至中国安东之桥梁。中方主张照各国通例在国境换车,然《协定》规定俟日后协定满、韩铁道联络业务时商议。还规定从江心起至西岸之一半桥梁十五年后由中国赎收。

鸭子河 辽金时称今吉林、黑龙江两省的松花江为鸭子河,亦称混同江。一说以混同江为今松花江总名,其在今吉林松原市附近一段称鸭子河。

鸭子河泺 辽代四捺钵之一。在长春州西北,即今吉林洮儿河入嫩江之月亮泡一带。东西二十里,南北三十里,四面皆沙埚,多榆柳杏林。为辽帝春季捕猎天鹅和钓鱼之所。

鵶口桥 在今安徽天长市东北。南宋绍兴四年(1134),韩世忠败金兵于大仪,别将击金人于鵶口,即此。

yá

牙保 即"牙人"。

牙城 唐、五代藩镇主帅所居之城,建牙旗,故称牙城。据《新唐书·李愬传》,元和十二年(817),愬入蔡州,驻吴元济外宅,元济"率左右登牙城"(《旧唐书·李愬传》牙城作"子城")。或指子城内第三重城。《资治通鉴》元和十四年胡三省注:"凡大城谓之罗城,小城谓之子城,又有第三重城以卫节度使居宅,谓之牙城。"以后泛指主将所居之城。王恽《泽潞即事杂诗》:"角声催日上牙城,白羽风清坐阅兵。"

牙儿干 即"莎车"。

牙行 客商买卖货物时从中进行说合的店铺。有官牙、私牙之分。官牙为官府开设,如开设于各处的官店,最初为征收商税和充当塌房而设,后逐渐发展为官牙。明中叶后,各市舶司中所设专主华夷贸易的"行人"、"客纲"、"客纪"等,也属官牙。私牙系私人开设,需经官府批准,交纳帖价,发给牙帖,才能营业。牙帖有效期一年,期满后,须重新申请牙帖。不管官牙或私牙,当货物买卖成交后,牙行要从中抽取一定的牙用(亦名牙钱)。不同行业,有不同牙行。同一地区同一行业中,也有许多牙行。凡牙行,每年都要向官府交纳牙税。牙行的日常活动,一是在官府颁发的印信文簿上,逐日填写客商的乡贯、姓名、路引字号、物货数目,每月赴官查照;二是代客商买进卖出。在买卖中,介绍商品质量,公开估喝价钱。有的牙行为便利客商,扩大营业额,还居停客商货物,代客收购商品,雇请车船人丁,安排客商食宿等。清又作牙人、牙侩。

牙忽都 元宗王。拖雷第七子拨绰之孙。年十三,袭祖父职统军。元世祖时从北安王那木罕北征,为昔里吉所俘。伯颜讨昔里吉,乘机内应,逃归。参与征海都、乃颜的战争。至元二十七年(1290)受封为镇远王。武宗即位,因拥戴有功,进封楚王,子脱列帖木儿袭封镇远王。皇庆年间卒。

牙济 古国名。见《元史·英宗本纪》。至治元年(1321)曾遣僧往该国及班卜(清译巴勒布,今尼泊尔)取佛经。明清以来藏文史书记吐蕃崩溃后,王室斡松之孙尼玛衮西迁至阿里,其三子分王三处,其中幼子称王左格,又传七、八世至赞楚得时迁到牙济,后绝嗣,国人复自布禳(今西藏普兰)迎另一系入王当地,王系止于支笛梅。近人据碑铭及文书研究,其首邑在今尼泊尔久木拉西北。立国时间在十二世纪。十四世纪支笛梅在位时,疆域包括今西藏阿里南部及尼泊尔中部,后由盛转衰,王国解体。又谓牙济诸王疑非藏族。

牙校 官名。为低级武官。西夏建国前,党项夏州定难军节度使府及所属州置。李继迁、李德明时军中设置。

牙军 唐代藩镇主帅的亲兵。亦称牙兵、衙兵。训练有素,待遇优厚,是藩镇割据所依靠的主要力量。由于其特殊地位,节度使有时反受其控制。常因得不到所希求的赏赐而聚众闹事,竟至废立主帅。

牙侩 即"牙人"。

牙兰 明土鲁番将领。曲先卫(今新疆库车)人。幼时被掠到吐鲁番,长大勇健,速檀阿力以妹妻之。握兵用事,颇受信赖。成化八年(1472),阿力袭破哈密,命其驻守。后复多次攻占哈密。嘉靖七年(1528),率所部降明。

牙郎 即"牙人"。

牙老瓦赤('Aziz Yalavach) 又译牙剌瓦赤、牙鲁瓦赤、麻合没的滑剌西迷。花剌子模人。早年投附蒙古,成吉思汗灭花剌子模,受命主管中亚不花剌等城行政财赋。元太宗即位(1229),奏定西域人以丁出赋调之法,设治于忽毡(今塔吉克斯坦别卡巴德南)。后因与察合台不协,被召还朝。太宗十三年(1241),改任中州大断事官,至燕京主管汉民公事。宪宗即位,仍领旧职,称燕京等处行尚书省事。

牙里不藏思八 元乌思藏宣慰司所辖万户之一,设达鲁花赤一员,万户一员,千户一员;实辖民户三千。地在今西藏山南地区乃东县东北。

牙里不藏思八万户府 官署名。元代置。乌思藏十三万户之一,隶乌思藏宣慰司,治所在今西藏山南地区乃东县亚堆区桑乡,掌藏传佛教伯木古鲁噶举派牙里不藏分派。置达鲁花赤、万户各一员。

牙门 ❶官名。即"牙门将"的省称。❷麴氏高昌国官员议事处所。❸官员办公府署的别称。即衙门。《北史·宋隐传》:"(宋世良为清河郡太守)每日牙门虚寂,无复诉讼者,谓之神门。"❹担任护卫军队的名称。西晋惠帝曾以征南兵八百给汝南王祐,特为置四部牙门。亦可派遣出征。

牙门将军 官名。东汉献帝建安中刘备置,以赵云为之。晋代沿置。南朝梁天监七年(508)用以取代旧建威将军,为武职流外八班中的八班,地位很低,成为乡品三品以下的寒士初任之职。

牙门将 官名。三国魏文帝黄初中置,蜀、吴及两晋、十六国后赵、前凉、南燕、南朝宋等沿置。常简称牙门。为统兵武官,位在裨将下、郡守上。依任职地区不同,又有西戎牙门、淮南牙门、扬州牙门等名号。银章、青绶,冠服与将军同。魏、晋皆五品。

牙牌 官员所执牌记。因多系象牙兽骨制成,故名。其上书写官员官衔、履历。始见于宋。明代正式定制,分为五种:公、侯、伯曰"勋",驸马都尉曰"亲",文官曰"文",武官曰"武",教坊曰"乐"。嘉靖中总编为"官字某号",朝参时持以出入宫门,否则,门官禁止入内。私相借者,依法制裁。有故,则交于内府。

牙钱 亦称用钱、牙用。详“用钱❷”。又指牙税或牙税钱。

牙人 买卖双方的中间人。汉称驵侩，或单曰侩，初为牲畜买卖的中介人。《汉书·货殖列传》：“节驵会。”颜师古注：“侩者，合会二家交易者也。驵者，其首率也。”至东晋十六国时始称牙人。唐时亦称牙侩、驵、侩、互市牙郎，俗称牙子、牙保，简称郎、互郎等。以说合中介、招揽买卖、提供行情、评议物价，成交后抽取牙钱（即佣金）为生。玄宗时，北边互市场设互市牙郎。德宗以后，京市牙人增多，常到邸店接待客商，并为官府征收商税，从中取利。唐末五代时，随商品经济的发展，有女侩、马牙、庄宅牙人等专业牙人出现。宋时有牙嫂（雇佣女使）、庄宅牙人（买卖田产）、牙保（信用贸易）等。后牙人业务范围不断扩大，如揽纳税收，以客商钱作屋存货，将客商款贷给生产者，并勾结官吏，侵渔百姓，哄抬物价，走私漏税，或多抽牙钱。北宋末，由县之官府颁发木牌作为凭证，并限制其业务。元代有官、私之分，官牙通常由官府在诸行铺中选取有一定资产者充任，发给正式凭证。未经官府认可者为私牙。至元二十二年（1285），卢世荣在大都、上都等处成立市易司及各种牙行，管理牙人，货物四十分取一为牙钱，由牙人与官府四、六分成。二十三年，规定只保存大都羊牙及各路买卖人口、头匹、庄宅牙行，牙钱每拾两得抽二钱，其余诸色牙人，并行革去。但私牙仍普遍存在。盐业买卖中，也仍有官牙。皇庆元年（1312），又重申上述规定。明清又称牙商、牙侩、经纪。赚取双方用钱，并按时纳税。多以有家业者充应，官给牙帖。无帖者为官府所查禁。分官牙、私牙两种。官牙由官府佥派，由藩司择谙熟交易者给帖（营业执照）承充，世袭不替，每年向政府交纳一定课金（牙税）。私牙为未经政府允许，不领帖、不纳课金之牙人，多由土豪、胥吏兼充，亦有由行会或集市公议设置者。清代与*牙行互称。

牙山之战 中日甲午战争的首次陆战。清光绪二十年（1894）六月丰岛海战后，驻扎牙山的清军将领叶志超、聂士成见援绝势孤，遂分地驻屯以为犄角之势，由聂率军千余扼牙山东北要地成欢驿，叶率军五百驻牙山东南的公州为后援。二十七日（7.29）日本陆军少将大岛义昌率数千日军分左右两路进攻成欢清军。武备生于光炘、周宪章等在安城渡伏击右翼日军，因寡不敌众败死。聂士成率军奋勇抵抗，旋以孤军无援败退公州，叶志超已率部撤退，两军遂绕道北走平壤。牙山遂告失守。

牙税 ❶亦称牙契、牙契税。凡典卖土地房产时，买卖双方契约要由官府盖章，官府则收取费用，此钱称作牙契税。南宋时，为解决财政困难，决定收取总经制钱，包括添酒钱、添卖糟钱、官员等请给头子钱、楼店务增三分房钱，典卖田宅牙税钱亦是其中之一。凡典卖田宅，皆收取牙税钱。❷官府向牙行或牙人所征之税。明初严禁官、私牙，后因贸易之需，始准官牙，并征其税。随贸易收取，牙行日多，牙税遂成为明政府的重要收入。明末，州县上者年税约八九百两，中者五六百两，下者三四百两。清又称“牙厘”。分帖费与年捐两种。前者为牙侩向官府领取牙帖时所缴之费；后者为每年应纳之捐。各省牙帖没有定额，帖分上、中、下三则，或不分等则。一帖或征税银十二两，或征一两，二、三、四、五两者亦有之。税银汇解户部。

牙孙 蒙古语音译，意为“骨”。蒙古氏族部落制度中的一种亲族集团。蒙古人氏族称斡孛黑。由于人口繁殖，一个斡孛黑分衍为若干个，这些斡孛黑属于同一牙孙。若干牙孙构成一个部落。古蒙古人皆以自己的斡孛黑与牙孙名称为姓氏。

牙帖 清官府颁给牙行之执照。清初例由牙侩向官府申请，统由各省布政使司颁发。持照方准营业。每年每帖纳银五两。五年编审取保换帖。后为增加中央收入，改由户部颁发，各省按所给多寡，以其税解部。

厓山 厓一作崖。在今广东新会市南约50公里临海，与汤瓶嘴对峙如门，故又称“厓门山”。为珠江出海口之一，海河交汇，奇石耸立，形势险要。南宋绍兴时置寨，以控扼南海的门户。祥兴元年（1278），帝昺立于硇洲（今雷州湾外硇洲岛），张世杰以厓山为天险，可扼以自固，乃奉帝移驻于此。次年，元将张弘范来攻，宋军战败，丞相陆秀夫负帝昺在此投海，南宋遂亡。

厓山之战 元灭宋最后一战。祥兴二年（1279），张世杰、陆秀夫等拥宋幼帝赵昺，以水军驻于厓山（今广东新会南），以大索贯舟结阵。正月，元张弘范、李恒统水军据海口，继绝宋军淡水供应。双方激战多日。二月，元水军突破宋阵，连夺数舰，宋军大溃。陆秀夫负赵昺投海。张世杰突围至海陵山（今广东阳江市南海陵岛），遇飓风溺死。

崖公 唐时，教坊散乐艺人称天子为崖公。

崖门关 在今贵州遵义市西北。明万历中讨杨应龙，川帅别将吴广自合江进兵入崖门关，即此。

崖山 即“厓山”。

崖州 ❶南朝梁置。治义伦县（今海南儋州市西北）。隋废。唐武德四年（621）复置。治舍城县（今海南琼山市东南）。初置时辖境相当今海南省，唐时仅今海口、文昌、琼海、定安、琼山、澄迈等市、县地。天宝元年（742）更名珠崖郡。乾元元年（758）复故。北宋开宝五年（972）废入琼州。❷北宋开宝五年以振州改名。治宁远县（今三亚市西北崖城镇）。辖境相当今海南三亚市和保亭、乐东二县部分地区。属广南西路。熙宁六年（1073）降为朱崖军，政和七年（1117）改为吉阳军，明洪武元年（1368）又升为崖州。属琼州府。正统中州治宁远县废入本州，仅领感恩县（今东方南感城）。清光绪三十一年（1905）直隶广东省。辖境扩大，有今海南省南部地区。1912年废，改本州为崖县。1952年迁驻三亚。1984年改设三亚市。

衙内都指挥使 见“衙内指挥使”。

衙内指挥使 官名。唐代为节度使府衙内之牙将,统最亲近卫兵,高一级的称衙内都指挥使。党项复州定难军节度使府设此职,至李德明在位时均设置。

衙前 唐、宋州府衙门胥佐统称。唐末、五代,多由衙校充当,称将吏衙前,属军职,分管州府各种公务,有都知兵马使、兵马使、中军使、都押衙、押衙、教练使、子城使等名目。宋初沿置,不属军职,用为公人迁转之阶,掌主管官物,负责辇运,常主持场务、仓库、馆驿、河渡、纲运等。衙前分成几种,一种由衙校充当,称"将吏衙前"。衙校原为节镇及州府衙门军职,衙职自都知兵马使以下,有兵马使、中军使、都押衙、押衙、教练使、子城使等,分十三阶,政和三年(1113)一度改称都史、副史、介史、公皂、衙皂、散皂、上隶、中隶、下隶等,绍兴元年(1131)又改回。宋衙校为衙前者,年劳可以补官。一种由押录充当,称"押录衙前",一种以里正充当,称"里正衙前",一种由一般乡户充当,为"乡户衙前"。民户充当衙前者,一般轮差乡村第一等户,产业估计在二百至三百缗以上。如失陷官物,必须以家财赔偿,往往破产。宋神宗行王安石免役法后,衙前皆雇募或投充,不再轮差乡户。

衙前兵马使 宋代衙前将吏都知兵马使、兵马使统称。

衙前射生手 唐禁军名。简称衙前射生。始置年代约在肃宗时。初千人,选善骑者充,分置左右,故又名左右射生军。

衙司 官署名。(1)北宋前期三司所属机构。掌三司军将、大将等无品武官名籍,差除押送纲运等差遣。设管辖官二人,以判开拆司官与内侍都知、押班充任。神宗时规定,三司军将、大将编额为一千五百人。衙司掌握军将、大将名籍,委派押送纲运等各种差遣。元丰改制,并归都官。(2)宋代州府衙门下属机构,也称"牙司",掌各州府衙前的差遣、保明出职及贬责官员的编管等事。一度废罢,元丰元年(1078)因司农寺请,复置。

衙司管辖官 见"衙司(1)"。

衙推 官名。唐、五代节度使、观察使、团练使府各置一员,位催官、巡官之下。

衙县 本春秋秦彭衙邑。西汉置县。治今陕西白水县东北南、北彭衙村一带。武帝后属左冯翊。东汉永初五年(111)曾徙上郡寄治于此。后废。西晋惠帝时复置。寻省。

yǎ

雅 《诗》的一部分。分为《小雅》、《大雅》。

雅卜阿罗诃三世 即"马忽思"。

雅布兰(Everard Isbrand Idos,1660—?) 德国人。清康熙三十二年(1693)奉俄国沙皇之命使华,抵北京,陛见圣祖。然所呈表文不合格式,为圣祖拒受,但仍以礼相待,并允适当开放中俄贸易。三十四年回俄。著有《使节雅布兰从莫斯科经陆路到中国三年旅行记》,后被译成多种文字。随行秘书布兰德(Adam Brand)亦著有《沙皇使节雅布兰 1693 至 1695 年使华旅行记》,曾被节译成中文,名为《聘盟日记》。

雅典小史 书名。一名《雅典小志》。近人梁启超撰。成于光绪二十八年(1902)。五节。简述雅典立国至梭伦改革时期历史。于雅典早期政治制度、阶级状况记叙较详,对梭伦改革极为推崇。主旨在鼓吹于中国实行资产阶级改良主义政治。有《饮冰室合集》本。

雅尔 ❶地区名。相当今哈萨克斯坦境内塔尔巴哈台以南,阿拉湖以北一带。因中心区域为雅尔河流域得名。本准噶尔伊克明阿特部牧地。清乾隆中平定准噶尔叛乱后,筑城设治于此。驻有参赞大臣、领队大臣等。参赞大臣等移驻塔尔巴哈台后,此地为塔尔巴哈台属境。同治三年(1864)沙俄强迫清政府签订《中俄勘分西北界约记》后地入沙俄。❷清政区名。乾隆二十八年(1763)至三十年为雅尔城参赞大臣所辖地区。约当今新疆塔城、阿勒泰二地区及哈萨克斯坦勒布什河、巴尔喀什湖、阿亚古斯河以东,斋桑泊、额尔齐斯河以南。参赞大臣移驻塔尔巴哈台城后,即改称塔尔巴哈台。

雅尔城 清乾隆二十八年(1763)筑城于雅尔河东岸,命名肇丰,通称雅尔,在今哈萨克斯坦境内塔尔巴哈台山南麓乌尔扎尔。驻有参赞大臣等,后二年参赞大臣等移驻塔尔巴哈台,城废。

雅尔堪 见"莎车"。

雅尔图(?—1767) 清蒙古镶黄旗人。雍正间历任副都统、参赞大臣、左副都御史、兵部侍郎和内阁侍读学士。乾隆初从清军攻打蒙古准噶尔部,署管定边副将军印。河南新乡民起事时,调任河南巡抚,俘获女首领一枝花。乾隆十二年(1747),率军镇压山西万泉等地抗清斗争。次年调仓场侍郎兼正红旗满洲副都统。十八年,因病自请解任。

雅各刊 即"阿古柏"。

雅金甫 即"亚金甫"。

雅克萨 城名。即今黑龙江呼玛县西北漠河东黑龙江北岸、俄罗斯的阿尔巴津。本中国索伦部达斡尔族人所筑。顺治七年(1650)被沙俄侵占,后于此建筑城堡,以阿尔巴津为名,作为进一步侵略中国的据点。康熙二十四年(1685)为清军克复摧毁。旋又被沙俄盘踞。二十八年中俄订立《尼布楚条约》,规定其地仍属中国管辖,沙俄由此撤退,拆毁其城。其后由清黑龙江副都统与布特哈总管派员巡逻。咸丰八年(1858)沙俄强迫清朝政府订立不平等的《瑷珲条约》,遂为沙俄割占。

雅克萨之战 清抗击沙俄侵略的战役。十七世纪中叶,沙俄殖民军侵入中国黑龙江流域,以尼布楚(今俄罗斯涅尔琴斯克)、雅克萨(今俄罗斯阿尔巴津)为据点。康熙二十四年(1685),清命都统彭春、副都统郎坦、黑龙江将军萨布素等率军攻雅克萨,俄将托尔布津(A. Толбузин)势穷约降,率部退往尼布楚,清军随亦毁城而归。将俄国降人安插内地。同年冬,俄军闻清军退,复回其地筑城据守,次年清将布素、郎坦等再攻雅克萨,击毙托尔布津,围其城。以俄国政府同意通过谈判解决边界问题,遂停止进攻,撤回瑷珲。

雅隆觉卧佛教史 书名。元末明初西藏人释迦仁钦岱撰。全书一百十六页。成书于明洪武九年(1376)。以手抄本传世,原藏萨迦寺,今存民族文化宫。前半部叙述吐蕃王朝史,直至雅隆王系;后半部叙述萨迦派史及蒙古人进藏事。嘉靖四十三年(1564)成书的《贤者喜宴》曾引该书史料。

雅美人 台湾高山族之一部。居住在台湾本岛东南兰屿,包括西岸红头、椰油、伊瓦达斯(后并入椰油社)、北岸朗岛、东岸东清、野银等六社。

雅述 书名。明王廷相撰。分上下两篇。上篇论理气心性问题,反对老庄"道生天地"、宋儒"天地之先,只有此理"的观点。认为天地万物,本于"元气","元气之上,无物、无道、无理。"主张"性生于气",反对朱熹"本然之性超乎形气之外"说。对宋儒"别出德性之知以为知之至"提出异议,讥之为"孩童"之见。下篇对阴阳、卜筮、谶纬、灾变、星命、梦兆、生死、鬼神等世俗迷信,多所驳正。编入《王氏家藏集》。

雅舞 中国古代帝王用于祭祀天地、祖先及朝贺、宴享的舞蹈。分文舞、武舞两大类。文舞的舞者左手执籥(状如排箫的乐器),右手秉翟(用野鸡尾装饰的舞具)。武舞的舞者手执朱干(盾)、玉戚(斧)等兵器。起源于周代,以后历代都有增删修订,以歌颂本朝的文治武功。

雅州 隋仁寿四年(604)置,"因州境雅安山为名"(《元和郡县志》)。治蒙山县(旋改严道县,今雅安市)。大业初改为临邛郡,唐武德元年(618)复为雅州。天宝元年(742)改为卢山郡,乾元元年(758)复为雅州。辖境相当今四川名山、雅安、芦山、天全、荥经、宝兴等市、县地。开元中置都督府,都督羁縻会野、当马等十九州,后增至五十余州。宋属成都府路,元属吐蕃宣慰司,明清属四川省。明洪武四年(1371)以州治严道县省入。清雍正七年(1729)升为雅州府。

雅州府 清雍正七年(1729)升雅州置。治雅安县。属四川省。辖境相当今四川甘孜藏族自治州、雅安地区(汉源、石棉二县的大渡河以南除外)和西藏宁静山以东地。光绪三十年(1904)升打箭炉厅为直隶厅,辖境缩小,仅有今四川雅安地区(汉源、石棉二县的大渡河以南除外)及泸定县部分地区。1913年废。

yà

亚 官名。武职。殷始置,周沿置。《库方二氏所藏甲骨》第一〇二八片:"贞亚畂保王,亡不若,一月。"《书·酒诰》:"越在内服,百僚、庶尹、惟亚、惟服、宗工,越百姓里居。"

亚大夫 爵名。春秋郑国置,相当于中大夫。《左传·昭公七年》:"朔于敝邑,亚大夫也;其官,马师也。"

亚当吉 一作牙当吉·古温,蒙古语,意为"穷人"。

亚东报 报纸名。清光绪三十二年闰四月(1906.5)在广州创刊。日报。冯勉臣主办。鼓吹铁路商办,记铁路事独详。出版不到两月,因诘责官绅把持粤汉路局事,为官府所不容。六月五日被查封。

亚饭干 古乐官。名干。古时天子诸侯进餐要奏乐。《论语·微子》:"亚饭干适楚。"其活动时代有商纣时、周厉王时、周平王时、鲁哀公时等说,多数学者从鲁哀公时说。

亚古船厂 外商企业。清光绪十三年(1887)由英商创办于上海。规模不大,专事修理船舶。

亚海 古时女真族对奴婢的称呼。洪皓《松漠纪闻》卷上:"奴曰亚海,婢曰亚海轸。"

亚金甫(Иакинф 1777—1853) 原姓俾邱林(Никита Яковлевич Бичурин),教名亚金甫。俄国教士,汉学家。1807年当选为第九届俄国东正教传教士团首领,次年到北京,居留十四年。结交清朝权贵和蒙、藏诸族上层人士,广收中国语言、历史、地理及风土人情方面资料,是俄国汉学界的首要人物。1828年成为俄国科学院通讯院士。编、著书目颇丰,有《蒙古纪事》(二卷,1828)、《蒙古最初四汗史》(1829)、《西藏青海史》(二卷,1833)、《中国及其居民、风俗和教育》(1840)、《中华帝国统计资料》(二卷,1842)、《中国农业》(1844)、《中国社会道德状况》(四卷,1848),以及《古代中亚各族资料汇编》(三卷,1851)等。翻译《大学》、《中庸》、《论语》、《孟子》四书和《蒙古律例》等为俄文。

亚魁 科场称谓。清制,乡试举人第六名称亚魁。以前五名称经魁,故名。

亚旅 ❶官名。西周置,春秋晋国沿置,领兵征战的武官。《尚书·牧誓》:"我友邦冢君,御事,司徒、司马、司空、亚旅、师氏、千夫长、百夫长。"《左传·成公二年》:"司马、司空、舆帅、候正、亚旅皆受一命之服。"❷指上大夫。《左传·文公十五年》:"请承命于亚旅。"杜预注:"亚旅,上大夫也。"

亚罗号事件 清咸丰六年九月十日(1856.10.8),广东水师在广州黄埔搜查涉及海盗案的中国商船亚罗号,拘获水手十二名。英驻广州代理领事巴夏礼闻讯赴船干涉,称该船在香港领有英籍执照(实已过期),要求截留被扣人员。旋照会两广总督叶名琛,称中国水师违反中英《虎门条约》,诬水师在亚罗号船上侮辱英国国旗,要求送回被捕人员并公开道歉。叶复照指出亚罗号系中国船,被捕人员中确有海盗,但仍答应送回其他水手。二十三日,巴夏礼发出最后通牒,坚持全数放回、公开道歉等无理要求,限二十四小时答复。叶被迫送回全部人犯,巴拒收。二十五日,英驻香港海军借此悍然发动进攻,挑起第二次鸦片战争。英首相巴麦尊为借此事件达到"修约"的目的,竟不顾议员反对,强行解散下院,扩大侵华战争。

亚卿 爵名。春秋战国置,比上卿低一等的卿大夫。《左传·文公六年》:“先君是以爱其子,而仕诸秦,为亚卿焉。”《史记·乐毅列传》:“乐毅于是为魏昭王使于燕”,“遂委质为臣,燕昭王以为亚卿”。

亚泉杂志　杂志名。自然科学刊物。清光绪二十六年十月八日(1900.11.29)在上海创刊。半月刊。杜亚泉主编。专载格致、算化、农商、工艺诸科学,以谋文明福泽、国家富强为宗旨。共出十期,次年四月停刊,后更名续出《普通学报》。

亚台　唐代御史大夫之俗称。

亚栖　唐洛阳(今属河南)人。出家为僧。喜书法,得张旭笔意,“若飞鸟出林,惊蛇入草”。光化中,以草书得昭宗两赐紫袍。书迹不传。世传《论书》一篇,谓书贵通变,推陈出新。“若执法不变,纵能入木三分,亦被号为书奴”,颇为实论。

亚相　唐代御史大夫之俗称。因秦汉御史大夫为宰相之副,故名。

亚圉　周先公。字云都。公刘七世孙。能遵循始祖后稷的成规,为后世周人所尊祀。一说云都系亚圉之弟。

亚元　科场称谓。明清指乡试举人第二名。以第一名称“解元”,故名。

亚寨堡　地名。在今贵州铜仁市西北。明宣德七年(1432),土著聚众为变,总兵萧绶率军征讨,事平设亚寨等十堡,戍有重兵。

亚中大夫　官名。元代始置为文散官,初名少中大夫,仁宗延祐间改为亚中大夫。明沿置,为从三品文散官,初授。

亚洲和亲会　二十世纪初年中印两国志士组织的革命团体。清光绪三十三年(1907)三月由章炳麟、张继等与印度人钵逻罕、保什等共同发起,在日本东京成立。会长章炳麟。以“反对帝国主义而自保其邦族”为宗旨,并计划在日、中、印、朝、菲、越等国分设总部。主张凡亚洲人,除主张侵略主义者外,皆得入会。三十四年秋,会务中辍。

亚洲日报　报纸名。清光绪二十八年(1902)在广州创刊。谢英伯主编。宣传革新,曾以《论自由党》为题向社会广泛征文。三十年由陈庆琛顶办,后因声援反美爱国运动,揭露地方官绅借粤汉铁路收取商股而营私中饱事,被当局以“独鼓异说,意在破坏”罪名,于三十二年三月二十五日查封。

亚祝　官名。周代置,掌祭祀祷祝。《逸周书·尝麦》:“少祝导王,亚祝迎王,降阶即假于大宗、少宗。”

亚祖乙　即“小乙”。

讶士　官名。《周礼》秋官之属。掌理四方诸侯狱讼,兼掌迎送宾客。

砑光　古称砑。用石块光滑面对织物进行碾压加工,使布质紧薄而带有光泽,增进织物的外观效果和实用性能。《说文解字》:“砑,以石扞缯。”段玉裁注:“砑以碾缯,今俗谓之砑。”该工艺出现于汉以前,历代有所发展。宋代有著名的“院绢”,专供绘画用。清代称为踹,设有专业踹布坊或踏布房。踹石俗称元宝石,重达千斤。该工艺最初仅用于丝、麻织物,后逐渐扩展至棉布。二十世纪四十年代仍沿用。

yān

奄　奄通阉,即宦官。《周礼·天官·序官》:“酒人,奄十人。”郑玄注:“奄,精气闭藏者,今谓之宦人。”《韩非子·外储说右上》:“因令奄将宫人之美者二十人并遗季。”陈奇猷集释:“奄,奄官。”

奄尹　官名。春秋战国诸侯国置。后宫宦官之长。掌后宫政令。《礼记·月令》:“命奄尹、申宫令,审门闾、谨房室,必重闭。省妇事,毋得淫。”郑玄注:“奄尹,主领奄竖之官也。于周则为内宰,掌治王之内政宫令。”

胭脂河　在今江苏溧水县西。明洪武二十六年(1393)为沟通京师(今南京市)与三吴间漕运,令崇山侯李新凿开胭脂冈,引丹阳、石臼诸湖水会秦淮河入江,因名胭脂河。永乐时废。

烟户　清代人户统称。各省诸色人户,有司察其数目,岁报于户部者,曰烟户。下分民户、军户、灶户、渔户、回户、番户、羌户、苗户、黎户、夷户等。

烟户册　即户籍册。见“烟户”。

烟火药　用于生烟的火药。明始用。火药中加入不同成份可生成不同颜色的烟,如青烟用药为硝火二两、桦皮一两、硫火五分、青黛三钱、灰一钱;红烟用药为:硝火一两、松香二两、黄丹一两、沥青八分;紫烟用药为:硝火一两、硫火三钱、紫粉五钱、灰一钱、麻油少许;白烟用药为:硝火一两、硫火五钱、铅粉四分、灰一钱;黑烟用药为:硝火一两、硫火二钱、木煤三钱、生皂角三钱。此外还有结烟,以狼粪、石黄、雌黄、阳起石等为之。以上各种成烟火药主要用于烽火信号,以传达军情。还有一种烟火药,其主要成份有铁砂、硇砂、银锈、桐油、虎药、硝火、硫火、箬灰、桦灰、柳灰、斑猫、磁锋、炒人中汁等,成为以发烟、放毒物质为主,用于战斗杀伤,使人皮肉糜烂,中毒昏迷。

烟齐　即“燕齐”。

烟球　军用烟雾弹。宋时始用。球内用火药三斤,外敷黄蒿一重,约重一斤,以纸多重裹衣,以麻缚定,熔松脂涂之,令厚。用时以锥烙透,以炮放之,球内烟雾四散,用以遮敌视线。

烟矢　一称火箭。古代攻城战具。箭头装有易燃物,用来射烧城门楼。《墨子·备城门》:“为烟矢射火城门上。”岑仲勉注:“烟矢当是附着火种之箭,亦称火箭。”

烟台海军学堂　学校名。清光绪二十九年(1903)北洋海军帮统兼“海圻”舰长萨镇冰在烟台筹办。从毓才等学堂中考取聪颖学生二十余名入堂肄业,专修驾驶学。学制三年。由军官担任教官。后学生人数逐年增加至六十余人。三十二年建成新校舍,从上海招考新生百余名,与在校生共约二百名,分作八个班,以孝、悌、忠、信、仁、义、礼、智为班名。学堂编制正式厘定,有监督、教务长、庶务长、斋务长和各科教习等,分理学堂行政、教学事务。采取新教授法。各教员专教一科，俾教员纯熟教材，讲授时令学生易于领会。至宣统二年(1910)毕业学生已达三百余人。

烟台煤矿 抚顺煤矿的支矿。矿区在今辽宁辽阳。唐代已有人采掘。清光绪二十五年(1899)部分矿区被东清铁路公司俄人租采。日俄战争后，易手日本，由南满洲铁道株式会社经营。抗日战争胜利后，由国民政府接收。1948 年 11 月矿区解放，收归人民所有。

烟台缫丝局 外商企业。清光绪三年(1877)由德商创办于山东烟台。初用手摇机，有织机二百架。八年改为中德合办。十二年又进行改组。十八年始用蒸汽机。二十一年日产丝一百五十斤。

烟台条约 即"中英烟台条约"。

烟台续约 即"中英烟台条约续增专条"。

烟瘴缺 清代外官缺分之一。此缺有广东之崖州、感恩、昌化、陵水等县，广西之百色、太平、宁明、明江、镇安、泗城、凌云、西隆、西林等府、厅、州、县及忠州、河池等数十杂职，属于边俸缺。有政绩而无过失者，照例三年升擢，因边疆水土恶毒，或可提前升迁。乾隆中，因地择人，不拘常例，实行久任之制，有至六年或八年方可升用者。

焉耆 西域国名。又作乌耆、乌缠、阿耆尼。国都在员渠城(今新疆焉耆县西南四十里城子，一说在四十里城子西北日仔和田旧城)。居民务农、捕鱼、畜牧，有文字。初属匈奴，西汉神爵二年(前 60)后属西域都护府。汉末又属匈奴。东汉永元六年(94)班超破匈奴，又内属。唐初附西突厥。

焉耆都督府 唐羁縻都督府。贞观十八年(644)征服焉耆后于其地置。治焉耆镇。属安西都护府。开元七年(719)后为唐安西四镇之一。贞元六年(790)后废。

焉耆府 清光绪二十四年(1898)升喀喇沙尔直隶厅置。治今新疆焉耆县。辖境相当今新疆巴音郭楞蒙古自治州(且末县除外)地。1913 年废。

焉耆—龟兹文 旧称吐火罗文。二十世纪初在中国新疆库车、焉耆、吐鲁番一带发现的一种古文字。用婆罗米字母斜体书写。

焉耆—龟兹语 旧称吐火罗语。中国古代库车、焉耆和吐鲁番等地居民使用的语言。属印欧语系 Certum 语组。有甲、乙两种方言。甲方言主要使用于焉耆—高昌(今吐鲁番)地区，又称"甲种吐火罗语"、"西安西语"；乙方言则限于龟兹(今库车)地区，又称"乙种吐火罗语"、"东安西语"。

焉耆山 即"焉支山"。

焉耆镇 在今新疆焉耆县。北魏太平真君九年(448)置镇。唐置焉耆都督府，属安西都护府。唐末陷于吐蕃。

焉提 见"阏氏"。

焉支山 又作焉耆山、燕支山，一名删丹山；因产大黄、松木，又名大黄山、青松山。在甘肃永昌县西、山丹县东南。绵延祁连山和龙首山间。西汉元狩二年(前 121)，霍去病击匈奴，"过焉支山千有余里"(《汉书·霍去病传》)。水草茂美，宜畜牧。相传匈奴失此，歌曰："失我焉支山，使我妇女无颜色"(《太平寰宇记》引《西河旧事》)。

阉党 明代依附掌权太监的官僚集团。主要有二：一为正德初年太监刘瑾党羽。以阁臣焦芳、吏部尚书张綵等为首，朝臣争相献媚，使司礼监之权居内阁之上。正德五年(1510)刘瑾被杀后，党附诸臣论死、谪戍、除名、闲住者甚众。二为天启时太监魏忠贤之党。魏忠贤与熹宗乳母客氏专权，横行一时，自内阁、六部至四方总督巡抚，遍置死党，有"五虎"、"五彪"、"十狗"、"十孩儿"、"四十孙"等名号，其门下又有党羽，不计其数，甚至为魏忠贤建造生祠。明思宗即位，诏定逆案，将其党羽治罪。

阉冉 传说中黄帝的辅臣。黄帝问治国之始止。对以"始在于身。中有正度，后及外人"。认为"作争者凶，不争〔者〕亦无成功"。黄帝听其言，上于博望之山"谈(恬)卧三年以自求"，而后奋兵击败蚩尤。见汉帛书《十六经·五政》。

阉尹 官名。主出入宫室门闾。《吕氏春秋·仲冬》："是月也，命阉尹申宫令，审门闾，谨房室，必重闭。"高诱注："阉，宫官，尹，正也。于《周礼》为宫人，掌王之六寝。"许维遹集释引毕沅曰："……蔡邕《月令》云：'阉尹者，内官也，主宫室出入宫门。宫中之门曰闱，阉尹之职也。'"

阏氏 一作焉提、阏支。匈奴语。指匈奴单于及诸王之妻妾(后妃)。单于长妻称颛渠阏氏(第一阏氏)，二妻称大阏氏(第二阏氏)。单于之母称母阏氏(母后、太后)。

鄢 ❶西周分封诸侯国。妘姓。春秋初被郑武公灭后为郑邑，后又称为鄢陵。在今河南鄢陵县西北。《春秋》隐公元年(前 722)："郑伯克段于鄢"；《春秋》成公十六年(前 575)："晋侯及楚子、郑伯战于鄢陵"，皆即此。战国属韩，《史记·韩世家》宣惠王十四年(前 319)："秦败我鄢。"西汉置鄢陵县。❷春秋楚别都。即今湖北宜城市东南楚王城。《左传》昭公十三年(前 529)：楚内乱，"(灵)王沿夏，将欲入鄢"，即此。为楚都纪郢北边屏障，驻有重兵。《史记·白起列传》：秦昭襄王二十八年(前 279)，白起攻楚，拔鄢、邓五城。次年攻下纪郢，迫使楚都东徙于陈(今河南淮阳县)。战国时与纪郢合称为"鄢郢"(参见"鄢郢")。秦置鄢县。

鄢陵 即"鄢❶"。

鄢陵君 战国时楚国封君。为楚顷襄王近臣。封邑在鄢陵(今河南鄢陵西北)。大夫庄辛曾言于楚顷襄王曰："君王左州侯，右夏侯，辇从鄢陵君与寿陵君，专淫逸侈靡，不顾国政。"见《战国策·楚策四》。

鄢陵县 鄢一作傿。本春秋郑鄢陵邑，西汉置县。在今河南鄢陵县西北。汉至北魏皆属颍川郡。东魏属许昌郡。北齐废。隋开皇七年(587)复置，移今治。唐属许州，北宋、金属开封府，元属汴梁路，明、清又属开封府。

鄢陵之战 春秋时晋国、楚国之间的战役。晋厉公六年(前 575)，郑叛晋附楚，并伐宋。晋出兵伐郑,楚共王率兵救之,两军战于鄢陵(今河南鄢陵西北)。楚军在晋营前布阵,晋军无法出营,便在营内填井平灶,布阵交战,自晨至暮未分胜负。晋吕锜射中楚共王一目,共王命养由基射杀吕锜,双方休战。当夜,共王召楚帅子反商议战事,子反醉酒不能出见,共王遂乘夜带兵撤走。晋国遂恢复其霸主地位。

鄢懋卿　明江西丰城人,字景修。嘉靖进士。由行人擢御史。嘉靖三十五年(1556)任左副都御史,谄附严嵩。三十九年总理天下盐政,所至市权纳贿,岁时馈赠严氏及诸权贵,不可胜纪。次年进刑部右侍郎。四十一年严嵩败,遂削职。四十四年因罪戍边。

鄢水　一作溤水。即今湖北中部汉水支流蛮河。《左传》桓公十三年(前699):楚屈瑕伐罗,"及鄢,乱次以济"。

鄢郢　战国楚国都的通名,包括当时都城郢及别都鄢。鄢为郢都北边门户,两城关系密切,故鄢郢常连称。《史记·楚世家》:顷襄王十八年(前281),楚人曰:"(秦)左肾据赵之西南,右臂傅楚鄢郢",即此。一说鄢郢指鄢,因鄢曾为楚都;一说鄢郢指鄀(今宜城市东南),因鄀曾为楚都,鄢在其附近。

鄢之战　战国时秦国、楚国间的战役。秦昭襄王二十八年(前279),昭襄王命白起伐楚,攻鄢(今湖北宜城东南)。楚调主力拒秦,展开决战。白起攻城不下,遂于鄢城西筑堨,引水灌城。鄢城顿成水泽,楚军民溺死者数十万。鄢、邓(今湖北襄樊北)等城皆失。次年,秦克郢。楚国势益衰。

傿县　傿亦作隔,通作鄢。汉置。治今河南柘城县北,属陈留郡。东汉属梁国,西晋废。

燕　❶西周封国。(1)本作"匽"、"郾"。伯爵(《史记》作侯爵)。姬姓。始封之君为召公奭。在今河北北部、辽宁西端和北京市一带。都蓟(今北京城西南隅),曾迁都临易(今河北雄县西北)。后世为与南方的燕相区别,亦称"北燕"。战国时为七雄之一。又以武阳(今河北易县南)为下都。昭王时,乐毅为将,联合各国破齐,占齐七十余城。秦开又击退东胡,向东北扩展,置上谷、渔阳、右北平、辽西、辽东等郡。昭王死后,为齐所败,所得齐地全部失去。燕王喜二十九年(前226)为秦所破,迁都辽东。三十三年为秦所灭。(2)伯爵。姞姓。相传为黄帝之后,始封之君为伯儵。在今河南延津县东北。《左传》隐公五年(前718):"卫人以燕师伐郑",即此。后世为与北方的燕相区别,亦称"南燕"。❷本燕国,战国时为魏邑。在今延津县东北。《战国策·魏策》:苏秦说魏王曰:"大王之地,北有河外燕。"秦置县。

燕哀侯(?—前765)　春秋时燕国国君。公元前766—前765年在位。燕顷侯之子。死后子郑侯继位。

燕北杂记　书名。宋武珪撰。五卷。记载辽朝风俗、制度等事。武珪自辽投宋,献书于雄州。嘉祐六年(1061),宋宫苑使、知雄州赵滋进于朝廷。原书久佚,现仅存《说郛》节录本。

燕北杂录　书名。宋武珪撰。五卷,附西征寨地图。记载辽风俗、制度、语言等。

燕仓(?—前74)　西汉人。昭帝时为稻田使者。元凤元年(前80)告发上官桀父子与盖长公主、燕王旦谋反,得封宜城侯。

燕昌城　在今山西大同市北。《资治通鉴》:东晋太元二十一年(396),后燕慕容垂伐魏,因发疾,顿平城西北三十里,筑燕昌城而还,即此。

燕长城　战国时燕国修筑的长城。共两条:(1)易水长城。系燕国筑于易水沿岸之长城。《史记·张仪列传》记燕昭王元年(前311)张仪说燕昭王曰:"今大王不事秦,秦下甲云中、九原,驱赵而攻燕,则易水长城,非大王之有也。"则易水长城当筑于燕昭王之前,一说约筑于燕易王或燕王哙在位期间(前332—前321)。其走向,起自今河北易县西,沿古南易水北岸东行,经今徐水、安新,至今雄县境,再转向东南入今文安境。长约五百余里。据实地考察,其遗迹仍可见,徐水遂城以北一段保存最佳,宽4—6米,土筑。(2)东北长城。系燕国筑于其东北边界之长城。《史记·匈奴列传》记燕将秦开"归而袭破走东胡,东胡却千余里。……燕亦筑长城,自造阳至襄平、置上谷、渔阳、右北平、辽西、辽东郡以拒胡"。秦开破胡约在燕惠王至燕王喜初年(前278—前254),长城亦当始筑于此期间或稍后。其路线约西起今宣化、张家口北,东北行,经围场、赤峰北,入敖汉旗境,东行经奈曼旗、库伦旗境,入今辽宁北部,再东南行至今辽阳以东地区。此后之走向,一说经阜新东行,再经彰武、法库、开原、越辽河,折而东南,继经新宾、宽甸向东南至古浿水。据实地考察自今赤峰市附近东行至奈曼、库仑二旗,均可见此长城之遗迹,系利用天然屏障,就地取材,土筑或石筑,墙基宽度,石筑约2—4米,土筑5—6米。在长城遗迹附近还发现多处燕国与秦、汉时期的古城、城障、烽燧及居住址。河北围场、丰宁县境内亦发现有此长城部分遗迹。

燕成公(?—前439)　战国时燕国国君。名载。公元前454—前439年在位。

燕春秋　书名。记春秋时燕国史事。见《墨子·明鬼下》。

燕达(1030—1088)　北宋开封(今属河南)人,字逢辰。出身行伍。为延州巡检,戍怀宁寨,以五百人御西夏三万骑,所向披靡。擢鄜延都监,屡深入敌境,获胜而归。为秦凤副总管,破河州羌,降服木征,迁副都总管。从郭逵击交趾,为行营副都总管,立有战功。元丰中,累迁殿前副都指挥使、武康军节度使。哲宗立,为殿前都指挥使。喜读书,以为用兵"威非不用,要以爱为先"。

燕悼公(?—前529)　春秋时燕国国君。公元前535—前529年在位。燕惠公去国后即位。后齐景公率齐、晋联军伐燕,送燕惠公返国。他向齐求和,与齐景公在濡上(易水支流,今河北任丘西北)结盟,齐还军。燕惠公返国后旋死。

燕都　即"木杆可汗"。

燕都报　报纸名。俄国在华舆论机关。清光绪三十年(1904)在北京创刊。日报。道胜银行提供经费。日俄战争期间,与日本《顺天时报》开展宣传战。旋停刊。

燕都尹 官名。十六国时南燕都广固(今山东淄博东南),故于广固置燕都尹。后改称燕郡太守。

燕凤(?—428) 北魏代(治今山西大同市东北)人,字子章。好学,博综经史,通阴阳谶纬。代王什翼犍素闻其名,迎拜左长史,参决国事,曾出使前秦。登国元年(386),道武帝即位,任吏部郎,迁行台尚书。明元帝时,与吏部尚书崔玄伯等入讲经传,出议朝政。太武帝初,以旧勋赐爵平舒侯,加镇远将军。后卒。

燕公楠(1241—1302) 宋末元初南康建昌(今江西永修西北)人,字国材。南宋时任赣州通判。至元十三年(1276),降元,授同知赣州事。二十二年,应召至上都,世祖赐名赛因囊加带。二十五年,任大司农,领八道劝农营田司事。二十七年,任江浙行中书省参知政事。三十年,复为大司农。成宗时,历任河南行省右丞、湖广行省右丞。

燕共公(?—前524) 春秋时燕国国君。公元前528—前524年在位。继燕悼公即位。死后由平公继位。

燕广 东汉人。明帝永平十三年(70),告发楚王刘英与王平、颜忠等造作图书,有逆谋。英遂见废自杀。次年,得封折奸侯。

燕国 楚汉之际项羽封臧荼为燕王,都蓟县(今北京城西南隅)。西汉高帝五年(前202)平臧荼,立卢绾为燕王,为异姓七国之一。十二年平卢绾,立皇子建为燕王,为同姓九国之一。有秦上谷、渔阳、右北平、辽西、辽东、广阳六郡,相当战国燕地。景帝三年(前154)吴楚乱后,唯领广阳一郡之地,相当今北京市、河北廊坊市、天津市以南,河北易县以东,雄县、天津静海县以北地。元朔元年(前128)国除为广阳郡。元狩六年(前117)改广阳郡复置。辖境缩小,相当今北京市区、大兴和河北固安、文安、廊坊、霸州等市、县及涿州市北拒马河以北地。元封后,辖境又有变迁。元凤元年(前80)国除为广阳郡。三国魏太和六年(232)又改燕国,为幽州治。辖境相当今北京市区、大兴、昌平和河北廊坊等市、县地。十六国后赵改为燕郡。

燕国襄穆公主 即"咸安公主"。

燕桓公 ❶(?—前602)春秋时燕国国君。公元前617—前602年在位。继燕襄公即位。死后由宣公继位。❷(?—前362)战国时燕国国君。公元前372—前362年在位。名失传。

燕桓侯(?—前691) 春秋时燕国国君。公元前697—前691年在位。燕宣侯之子。将国都自蓟(今北京市西南)迁于临易(今河北雄县西北)。死后子庄公继位。

燕惠公(?—前536) 春秋时燕国国君。公元前544—前536年在位。燕懿公之子。燕惠公六年(前539),欲尽去诸大夫而重用宠臣宋,诸大夫攻杀宋,他惧而奔齐。齐大夫高偃赴晋,请晋平公出兵,晋与齐联军伐燕,送他返国。旋死。

燕惠侯(?—前827) 西周时燕国国君。约公元前864—前827年在位。燕国自周武王灭商后,封召公于北燕,九世传至惠侯始有世系可考。在位后期,正值周厉王无道,为国人放逐,共和行政。死后子釐侯继位。

燕惠王(?—前272) 战国时燕国国君。公元前279—前272年在位。名失传。燕昭王子。为太子时与乐毅有怨,即位后又中田单反间计,遂用骑劫取代乐毅。乐毅逃亡到赵国。骑劫庸碌无能,被齐田单打败,所占齐七十余城尽被夺回。惠王后为相国成安君公孙操所杀。

燕伋 春秋末鲁国(一说秦国)人。名伋,字思,一作子思。孔子学生。

燕纪 书名。前燕杜辅全撰。记前燕事。久佚。

燕简公 ❶(?—前493)春秋时燕国国君。继平公即位。公元前504—前493年在位。死后由献公继位。❷(?—前373)战国时燕国国君。公元前414—前373年在位。名失传。时燕国势较弱,屡受齐师侵伐。燕简公三十五年(前380),齐攻燕,取桑丘(今河北保定北),赖韩、赵、魏相救,击败齐军。三十七年,齐再次伐燕,赵国来救。晚年国力渐强,曾败齐师于林营。

燕京 ❶北京市的别称。因市区在春秋、战国时为燕国都而得名。清富察敦崇撰有《燕京岁时记》,即记载清代京师(今北京市)的民俗风情。❷唐乾元二年(759),史思明自称大燕皇帝,以范阳(即幽州,今北京城西南隅)为燕京。❸辽会同元年(938)以幽州为南京,又称燕京。金初专称燕京。贞元元年(1153)迁都于此,改称中都。蒙古成吉思汗十年(1215)复称燕京。至元元年(1264)又改称中都。

燕京山 即今山西管涔山。《淮南子·墬形训》:"汾出燕京。"高诱注:"燕京,山名也。"《水经·汾水注》引《十三州志》:燕京山,亦管涔之异名也。

燕京岁时记 书名。清富察敦崇撰。一卷。作者博学多识,撰述甚多,以本书为著。顺时令先后,实录北京风俗、礼仪、游览、物产、技艺等。与清初潘荣陛《帝京岁时纪胜》同为清代记述北京岁时风物的专书。颇具史料价值。有光绪三十二年(1906)刊本。又有法文、日文等译本。

燕京行尚书省 官署名。元代置,又称燕京行台、燕京等处行尚书省,简称燕京行省。太祖十年(1215),改金中都为燕京,设燕京行尚书省,掌管燕京事务。太宗六年(1234)设中州断事官于燕京,总管中原政刑财赋,为燕京行省最高长官,兼任燕京留守。断事官下设必阇赤为之副。忽必烈即位后(1260),改为燕京行中书省。

燕京行中书省 官署名。简称燕京行省。设于元世祖中统元年(1260),掌管中书财赋刑名,管辖各路宣抚司。设丞相一员,平章政事二员,参知政事一员为行省官,下设左右司郎官、都事、提控令史、左右房省掾等职,择士人充任。仍设断事官,由蒙古人、色目人充任。中统三年前后,并入中书省。

燕京之戎 古族名。居于今山西静乐西。《竹书纪年》:“太丁二年,周人伐燕京之戎,周师大败。”《淮南子·地形》:“汾出燕京。”高诱注:“燕京,山名也,在太原汾阳,汾水所出。”

燕郡 十六国后赵改燕国为郡。治所、辖境依旧。为幽州治所。北魏、东魏、北齐因之。隋开皇三年(583)废。

燕剌王 见“刘旦”。

燕律 律令名。十六国时南燕慕容超以西晋沦亡,典章沦灭,律令法令靡有存者,令博士以上参考旧事,依《吕刑》及汉、魏、晋律令,增删议成燕律,恢复肉刑,欲成一代准式。后因群下议多不同,乃止。

燕明刀 春秋战国时期燕国青铜刀钱。面文作[illegible],旧多释作“明”,故有“明”刀之称,此字或释作“匽”。多有一或几个字的背文。大致可分作两式:(1)弧背,凹刃,一般通长 14 厘米左右,刀首略宽于刀尾,最宽 1.6—1.9 厘米,重约 14—19 克,面文明字作“[illegible]”或“[illegible]”形。(2)刀身与刀柄连接处方折,直刃,近磬形、通称“磬折刀”。一般通长 13 厘米左右,刀首与刀尾宽度相近,最宽 1.3—1.7 厘米,重约 12—18 克,面文明字呈“[illegible]”或“[illegible]”形。通常认为弧背铸行时间较早,折背较晚。除易县燕下都遗址外,在河北其他地区及辽宁、内蒙古、山西、山东、河南、北京、天津等地均曾成批出土。

燕穆侯(? —前 711) 春秋时燕国国君。公元前 728—前 711 年在位。燕郑侯之子。死后子宣侯继位。

燕南河北道肃政廉访司 简称燕南廉访司。属元御史台直辖,为内八道之一。置司于真定路(治今河北正定)。

燕南记 书名。唐谷况撰。三卷。记述建中二年(781)至大和七年(833)之际,成德一镇叛降史事。起自李纳自称留后,镇冀节度使李惟岳部将张孝忠举易、定二州归降,迄于王承元卒。古语有“燕南垂赵北际”,成德地居燕南,因以为书名。已佚。《资治通鉴考异》有征引。

燕宁(? —1221) 金人。初任莒州提控,守天胜寨。蒙古军破山东,他与益都田琢、东平蒙古纲相依支持残局。兴定三年(1219),沂州被红袄军王公喜合南宋军攻占,他领兵收复。累官遥授同知安化军节度使事、山东安抚副使。四年,受封东莒公,辖益都府路。五年,与蒙古纲等坚守东平有功,迁金紫光禄大夫。还天胜寨,战死。

燕平公(? —前 505) 春秋时燕国国君。公元前 523—前 505 年在位。继燕共公即位。死后由简公继位。

燕破东胡 战国燕昭王时,燕将秦开为质于胡,胡人甚信之。后秦开归燕,率军袭东胡,东胡退千余里。燕遂拓土至辽东。后置上谷、渔阳、辽东、辽西、右北平五郡,并筑长城防守。其事约在燕惠王至燕王喜初年。

燕齐 一作颜齐、烟齐。维吾尔语的音译,意为种地人,地位相当于农奴。主要从事种地、手工劳动及充当跟随、仆役等。不纳赋税。清乾隆统一新疆后,规定各级伯克按品级高低额定役使燕齐户数,如最高三品阿奇木伯克为一百户,嘉庆时略有减少。各级伯克利用职权滥行摊派,有超出额定数倍者。新疆建省后废除。参见“养廉田”。

燕钦融(? —710) 唐洛州偃师(今河南偃师东)人。景龙末,任许州司兵参军。景云元年(710)五月,数上书言韦后淫乱,干预朝政,大封亲属官及安乐公主、武延秀、宗楚客等谋反事。韦后大怒,中宗召责,不屈。宗楚客传假旨,令飞骑将他投于殿庭石上,折颈而死。中宗虽不穷问,但意甚不快。韦后及党羽始忧惧,不久即进毒害死中宗。睿宗即位,追赠谏议大夫。

燕顷侯(? —前 767) 西周末燕国国君。公元前 790—前 767 年在位。燕釐侯之子。时周幽王无道被犬戎所杀,西周灭亡,周平王东迁洛邑。死后子哀侯继位。

燕然都督府 唐羁縻都督府名。贞观二十一年(647)设于铁勒多览葛部,故地在今蒙古乌兰巴托附近。隶于燕然都护府。

燕然都护府 唐贞观二十一年(647),铁勒回纥诸部内附,设瀚海等十三羁縻都督府州,旋置燕然都护府以统之。治故单于台(今内蒙古乌拉特后旗乌加河北岸)。辖境相当今蒙古国及俄罗斯额尔齐斯河、叶尼塞河上游和安加拉河、贝加尔湖周围地区。龙朔三年(663)移治漠北回纥本部(今蒙古国哈尔和林西北),改为瀚海都护府。

燕然山 即今蒙古国杭爱山。《后汉书·窦宪传》:东汉永元元年(89),窦宪与耿秉击败北匈奴,“登燕然山”,即此。

燕荣(? —603) 隋弘农华阴(今属陕西)人,字贵公。性刚严,有武艺。初仕北周,为内侍上士。入隋,为晋州刺史、青州总管。对下严酷,吏民畏之,境内肃然。从攻陈,以功检校扬州总管,后为幽州总管。曾迫范阳士族卢氏为吏卒以辱之。贪暴放纵日甚,终以虐毒赃秽罪赐死。

燕山 在今河北玉田县西北一带燕山。《资治通鉴》:东晋咸康四年(338),后赵石虎攻段辽,“渔阳、上谷、代郡守相皆降,取四十余城,北平相阳裕帅其民数千家登燕山以自固”,即此。

燕山府 北宋宣和四年(1122)改辽析津府置。治析津、宛平(今北京城西南隅)。为燕山府路治所。辖境相当今北京市城区及所辖昌平、大兴和河北固安、永清、安次、三河,天津武清、宝坻等县地。金天会三年(1125)又改名析津府。贞元元年(1153)改名大兴府。

燕山府路 北宋宣和四年(1122)置。治燕山府(治今北京城西南隅)。辖境相当今天津宁河县、武清县和河北容城县以北,易县、紫荆关以东和内长城以南地区。金天会三年(1125)改名燕京路。贞元元年(1153)改名中都路。

燕山之役 宋金订立海上之盟后,宣和四年(1122)五、六月,童贯率军两路攻辽燕京(今北京),被击败。九月,辽将郭药师以涿州(今属河北)降宋。

十月,童贯命刘延庆会合郭药师,进攻燕京,又被击败。十二月,燕京为金所得。经双方交涉,金以燕京等地归宋,宋每年向金加输代税钱一百万贯。但金军撤退时,宋仅得空城,遂改燕京为燕山府。七年,金军南下,燕山府等地即被占夺。

燕石集 书名。元宋褧撰。十五卷。宋褧侄太常奉礼郎宋彍编。集中所载多武宗至宁宗时期史事,如宋本《行状》、仇濬《墓志铭》、牛铣与文如玉《神道碑》,均可证补史传。有元至正八年(1348)诏江浙行省刊本。今得见者多为传抄本。

燕书 书名。(1)后燕申秀撰。记十六国时后燕史事。久佚。(2)北魏范亨撰。二十卷。记前燕、后燕史事,纪传体。已佚。今有清汤球辑本,凡帝纪二十六则,传十九则,收入《广雅书局丛书》。(3)北魏封懿撰。记十六国时后燕史事。久佚。

燕肃(961—1040) 北宋青州益都(今山东青州)人,后徙曹州(治今山东曹县西北)。字穆之,一作仲穆。第进士,为寇准所知。历诸州长吏,数典刑狱。曾建议州郡疑狱及情可悯者,处死刑须经复奏获准,方得施行。性精巧,曾造指南车,记里鼓车。所创莲花漏法,计时精密。又绘《海潮图》,著《海潮论》(存于《挥麈录》等书中),说明潮汐形成之原理。喜为诗。善画山水,尤善古木折竹,为宋代名画家之一。终官礼部侍郎。

燕台 ❶官署名。十六国后燕置,掌管少数民族事务。《资治通鉴·东晋安帝隆安四年》:“(十二月)壬辰,燕主(慕容)盛立燕台,统诸部杂夷。”❷即“黄金台”。

燕铁木儿(? —1333) 又译燕帖木儿。元钦察人。床兀儿第三子。初为海山(武宗)藩邸宿卫。武宗即位,任同知宣徽院事。皇庆元年(1312),任左卫亲军都指挥使。致和元年(1328),金书枢密院事,留守大都。泰定帝死于上都后,他谋立武宗之子,以总领环卫之便,逮捕中书平章政事乌伯都剌等。九月,自江陵迎武宗次子图帖睦尔(文宗)即帝位。以功封太平王、中书右丞相、知枢密院事,领兵击败上都阿剌吉八军。天历二年(1329),奉玺宝往漠北迎文宗兄和世㻋(明宗)来京即帝位。行至王忽察都(今河北张北县北),害死明宗,护卫文宗回京复帝位,独专相权,加封太师、答剌罕,以大都督领龙翔亲军都指挥使事。至顺四年(1333)文宗、宁宗相继死,文宗后卜答失里称制,他与诸大臣谋立文宗幼子燕帖古思,不成。卜答失里后立明宗子妥欢贴睦尔(顺帝)时,又迁延阻挠。不久,荒淫过度而死。死后,顺帝即位。

燕王哙(? —前 314) 战国时燕国国君。公元前 320—前 318 年在位。名哙。燕易王之子。性节俭,不游乐,好贤。用子之为相,大加宠信。后听从鹿毛寿言,于燕王哙三年(前 318)禅让君位于子之,并收三百石以上官吏印信一并交付。子之行王事三年,将军市被与太子平联合起兵攻子之。构难数月,死者数万,燕国大乱。齐宣王乘机派匡章率五都与北地之兵伐燕,下十余城,据燕都。他与子之为齐兵所杀。

燕王喜 战国时燕国国君。前 254—前 222 年在位。燕王喜四年(前 251),趁赵遭长平之败,派相国栗腹、将军卿秦率军攻赵,为赵廉颇、乐乘击败。赵军进围燕都,乃任将渠为相国,割五城求和。十三年,又乘赵数困于秦,遣剧辛率军攻赵。赵将庞煖击杀剧辛,燕折兵二万余。二十八年,太子丹遣荆轲刺秦王,秦怒攻燕。次年,秦王翦破燕都蓟,他被迫迁都辽东,斩太子丹献于秦。三十三年,秦将王贲破辽东,喜被虏,燕国灭亡。

燕文公 ❶(? —前 549)春秋时燕国国君。公元前 554—前 549 年在位。继燕武公即位。死后由懿公继位。❷战国时燕国国君。(1)(? —前 415)即燕湣公。燕成公卒后继立。名失传。公元前 438—前 415 年在位。(2)(? —前 333)燕桓公子。公元前 361—前 333 年在位。名失传。燕文公八年(前 354),齐师来伐,与之战于洵水(今河北蓟运河上游),大破齐师。

燕文贵(967—1044) 北宋吴兴(今浙江湖州)人,一说名贵。初隶军中,后至汴京师从河东郝惠,擅山水、人物,卖画于天门道上。以画院待诏高益荐,画相国寺壁,补图画院祗候。山水画自成一家,富于变化,人称“燕家景致”。尝作《七夕夜市图》,写京城繁华景象,至为精备。又有《船舶渡海图》,大不盈尺,而樯、帆、橰、橹及舟人指呼奋踊之情状毕具;其间风波浩荡,岛屿相望,蜃蛟杂出,有咫尺千里之势。存世作品有《溪山楼观》、《烟岚水殿》等图。

燕武成王(? —前 258) 战国时燕国国君。公元前 271—前 258 年在位。名失传。燕惠王子。燕相公孙操杀惠王,拥他为王。即位初,韩、魏、楚合兵攻燕,后退兵。燕武成王七年(前 265),齐将田单又攻燕,取中人(今河北唐县西南)。

燕武公(? —前 555) 春秋时燕国国君。公元前 573—前 555 年在位。继燕昭公即位。死后由文公继位。

燕釐侯(? —前 791) 西周时燕国国君。公元前 826—前 791 年在位。燕惠侯之子。时值周宣王振兴王室,史称“中兴”。死后子顷侯继位。

燕下都遗址 战国时期燕国都城遗址。位于今河北易县东南、北易水与中易水间。燕国原有都城蓟(今北京城西南隅),或称上都,故称此后建之别都为下都。初建年代有燕昭王(前 311—前 279)、燕桓公(前 369—前 362)诸说。故城略呈磬形,四面有夯土版筑的城垣,东西长约 8 300 米,南北宽约 4 000 米,东城垣外有一道护城壕。故城中部为一条纵贯南北的古河道,其东侧有与之平行的城垣一道,分故城为东、西两城。东城平面近方形,中间偏北又有一“隔墙”,分之为南北两部。文化遗存集中于东城,东北部以武阳台为中心,有大量夯土建筑基址,为宫殿区所在;围绕宫殿区,由西北到东南一线,分布着数处铸铁、制兵器、铸钱、烧陶与制骨器等手工业作坊遗址;距宫殿稍远的城西南、东南部是城内居民居住遗址;其西北角有称为“虚粮冢”、“九女台”的燕王陵区。东城规模宏大,布局有序,反映了当时的社会关系及城市经济发展的特点。数年来,城址内还出土了大量铁工具、青铜器、兵器、货币、带有陶文的陶器及各种建筑材料,部分青铜兵器上铭有"职"、"戎人"、"詈"、"喜"等燕王名,有助于考证燕下都的起讫年代。西城文化遗存甚少,可能为加强东城防御而建的附郭。现为全国重点文物保护单位。

燕县　本西周燕国,秦置县。治今河南延津县东北。《史记·高祖本纪》:汉王三年(前 204),卢绾、刘贾渡白马津,入楚地"与彭越复击破楚军燕郭西",即此。寻改为南燕县。东汉复为燕县。属东郡。永平二年(59)封樊鯈为燕侯于此。西晋末改为东燕县。

燕襄公(?—前 618)　春秋时燕国国君。公元前 657—前 618 年在位。燕庄公之子。四十年间经历齐、晋、秦三个诸侯霸主时期。死后桓公即位。

燕孝王(?—前 255)　战国时燕国国君。名失传。燕武成王子。公元前 257—前 255 年在位。

燕兴　西燕慕容泓年号(384)。

燕许大手笔　唐大臣张说、苏颋二人皆为文章能手,声名相当。说封燕国公,颋袭封许国公,故时称燕许大手笔。

燕宣公(?—前 587)　春秋时燕国国君。公元前 601—前 587 年在位。继燕桓公即位。死后由昭公继位。

燕宣侯(?—前 698)　春秋时燕国国君。公元前 710—前 698 年在位。燕穆侯之子。死后子桓侯继位。

燕易王(?—前 321)　战国时燕国国君。公元前 332—前 321 年在位。名失传。燕文公子。初立,齐即攻燕,取十城,既而复归之。燕易王十年(前 323),魏公孙衍倡议魏、韩、赵、燕、中山"五国相王",燕与赵、中山始称王。

燕懿公(?—前 545)　春秋时燕国国君。公元前 548—前 545 年在位。继燕文公即位。死后子惠公继位。

燕尹　即"木杆可汗"。

燕元　十六国后燕慕容垂年号(384—386)。凡三年。

燕圜钱　战国晚期燕国青铜铸币。方孔,背多平素。主要有(1)"一ᗡ"圜钱。旧释为"一化"。面有内外郭,径 1.8—1.95 厘米,重 1.1—2.65 克。一般认为此种钱铸行时间较晚。(2)"ᗤᗡ"圜钱。旧释为"明化",或释"匽化",以为一枚此种钱的名目价值等于一枚燕ᗤ刀钱。无内外郭,背平素,直径在 2.5 厘米左右,重 2.6—3.5 克。(3)"ᗤ彡"圜钱。旧释为"明四"。面无内外郭,背平素,径 2.9 厘米左右,重 4.2—4.6 克。

燕云十六州　五代时石敬瑭割让给契丹十六州的总称。燕指契丹所建的燕京,云指云州。"燕云"的名称始于北宋末,初为宋人企图收复北部失地的泛称。自宣和四年(1122)宋朝宣布成立燕山府、云中府二路,才有确定的地域。但二路辖境包括后唐失陷的平、营二州,和契丹所置的景州,不限于石晋割地范围。到元时修《宋史·地理志》始将燕云和十六州联系在一起,后世便沿称为"燕云十六州"。参见"幽蓟十六州"。

燕昭公(?—前 574)　春秋时燕国国君。公元前 586—前 574 年在位。继燕宣公即位。死后由武公继位。

燕昭王(?—前 279)　战国时燕国国君。公元前 311—前 279 年在位。名职(一说名平,误)。燕王哙庶子。初流亡在韩。燕王哙禅位于相国子之,引发燕国内乱。子之三年(前 314),齐攻破燕国,哙和子之被杀。他被赵武灵王派人送归。即位后,卑身厚币招纳贤士,师事郭隗,士人争相趋燕。外用苏秦,内用乐毅,经过长期休养生息,国家殷富,士卒效命。燕昭王二十八年(前 284),遣乐毅率军联合三晋及秦楚之师攻齐,大破齐军,占领齐城邑七十余座,齐湣王败死。燕国进入鼎盛时期。

燕郑侯(?—前 729)　春秋时燕国国君。公元前 764—前 729 年在位。燕哀侯之子。死后子穆侯继位。

燕支山　即"焉支山"。

燕只吉台(?—1330)　察合台汗国汗。1327—1330 年在位。怯伯子。天历二年(1329),遣军护送元明宗归国即位,受太宗皇帝旧铸"皇兄之宝"。

燕志　书名。(1)北魏高闾撰。十卷。记十六国时北燕冯跋事迹。已佚。清汤球有辑本一卷,收入《广雅书局丛书》。(2)北魏韩显宗撰。十卷。记十六国时北燕史事。已佚。

燕庄公(?—前 658)　春秋时燕国国君。公元前 690—前 658 年在位。燕桓侯之子。燕庄公二十七年(前 664),北戎犯燕,他向齐桓公告急。桓公与管仲、隰朋率齐军北伐山戎,至令支(今河北迁安西)、孤竹(今河北卢龙)而还。死后子襄公继位。

燕子献(?—560)　北齐广宁下洛(今河北涿鹿)人,字季则。西魏丞相宇文泰用为典籤。乘出使柔然之机归降东魏丞相高欢。欢嫁以养女,颇受亲遇。入齐,为侍中。后受文宣帝高洋遗诏与尚书令杨愔等辅太子殷,为尚书右仆射。后欲与愔等谋除常山王高演、长广王高湛,未成,反为演等捕杀。

yán

延(?—18)　汉西域莎车王。西汉元帝时,为侍子,久住长安。即位后,钦慕中原文化,治事多参行汉制,常诫其后辈须世代与汉和好。王莽代汉后,匈奴复略有西域。莎车国力较强,拒属匈奴。

延安大长公主　即"千金公主"。

延安府　北宋元祐四年(1089)升延州置。治肤施县(今延安市)。辖境相当今陕西延安、甘泉、延长、延川、安塞等市、县地及大理河上游一带地区。属永兴军路。金为鄜延路治。元改为路,辖境略有扩大。明洪武二年(1369)复为府,属陕西省。1913年废。宋、金时为防御西夏的重地。明末为农民大起义最先发动地区，张献忠、李自成都起义于此。

延安郡 隋大业三年(607)改延州置。治肤施县(今延安市东北)。辖境相当今陕西延安、安塞、志丹、宜川、延长、延川、子长等市、县地。唐武德元年(618)复改为延州。天宝、至德时又曾改延州为延安郡。

延安郡王 金代封爵。大定二十八年(1188)徒单克宁受封。

延安屯田打捕总管府 官署名。元枢密院所属军屯组织。世祖至元二十八年(1291)置。秩从三品，管领析居放良人户及来自吉利吉思的蒙古人户屯戍。设达鲁花赤、总管、同知各一人，打捕屯田官十二人。

延安王 元代诸王封号，授驼纽金印。斡亦剌部长忽都合别乞后裔也不干驸马等受封。

延昌 年号。(1)北魏宣武帝年号(512—515)。凡四年。(2)高昌王麴乾固年号(561—601)。凡四十一年。

延昌宫 宫帐名。又称夺里本斡鲁朵。契丹语，“夺里本”意为讨平，“斡鲁朵”意为宫帐。辽穆宗即位后，以求兴官户及阻卜俘户，中京提辖司、南京制置司，咸、信、韩等州户置。宫帐在糺雅里山南，陵寝在京南。设延昌宫使为长官，总领延昌宫军民政务。下设副使、太师、太保、侍中等职。以延昌宫都部署司掌其契丹军民之政，为北面官。以延昌宫南面行宫都部署司掌其汉人军民之政，为南面官。所属遂、韩二州，须石烈，抹骨古等、兀没、潭马、合里直四瓦里，抹骨登兀没灭、土木直移邻、息州决里、阜瑰夺石四抹里，中京、南京、平州三提辖司。管正户一千，蕃汉转户三千，正丁二千，蕃汉转丁六千，骑军二千。

延城 汉龟兹国都。《汉书·西域传》：“龟兹国，王治延城。”在今新疆库车县东皮朗旧城。北魏时已荒废。

延初 前秦苻崇年号(394)。

延春阁 元大都皇宫殿名。在正殿大明殿之北。由延春堂之东有阶梯，三折上登一高台，台上即延春阁，位置邻近今北京景山，是皇帝举行宗教仪式和宴会之所。规制陈设，大体上与大明殿同。

延洞寨 在今广西全州县西。宋有延洞蛮聚居于此。明置西延巡检司，清裁。

延笃(？—167) 东汉南阳犨(今河南鲁山东南)人，字叔坚。桓帝时历仕议郎、侍中、京兆尹。与朱穆、边韶等著作东观，撰百官表及顺帝功臣孙程、郭镇、郑众、蔡伦等传。

延恩匦 见“铜匦”。

延芳淀 在今北京市通州区张家湾南、漷县西一带。辽代诸帝春猎之所。圣宗一代多次巡游于此。后以鸳鸯泺更胜，遂改趋鸳鸯泺。

延福宫使 官名。北宋明道元年(1032)置，为内侍、武臣阶官。元祐时，定从五品。政和二年(1112)重定武臣、内侍阶官名，改正侍大夫。

延贡寨 在今四川大邑县东南。唐中和二年(882)，高仁厚降阡能之众于此。

延光 东汉安帝年号(122—125)。凡四年。

延和 年号。(1)北魏太武帝年号(432—434)。凡三年。(2)高昌王麴伯雅年号(602—613)。凡十二年。(3)唐睿宗李旦年号(712)。

延化渠 水渠名。在唐关内道夏州朔方(今陕西靖边北白城子)。贞元七年(791)开。引乌水入库狄泽而成，溉田二百顷。

延吉 地名。一作烟集，又称南岗。旧名局子街。位于布尔哈通河左岸。清光绪初设招垦局，寻置延吉厅；又移吉林东南路兵备道于此，随升为府。后改县。道咸以后，大量朝鲜族人相继移入，逐渐成为重镇。

延津 津渡名。宋代以前黄河流经今河南延津县西北至滑县一段，为重要渡口，总称延津。据《水经·河水注》：其在今延津县西北者，亦称灵昌津；其东有棘津，亦名石济津或南津；其在旧滑县以北的，亦名延寿津(《宗镜录》卷一)。历代作战时常为行军所经，唐以前并在今新乡市东南置延津关。宋以后黄河改道，延津遂湮。

延康 年号。(1)东汉献帝年号(220)。(2)唐初沈法兴年号(619—620)。凡二年。(3)元林桂方年号(1283)。

延康殿学士 见“端明殿学士”。

延陵 ❶春秋吴季札封邑。即今江苏常州市。《史记·吴太伯世家》：王余祭元年(前547)，“季札封于延陵，故号曰延陵季子”。《公羊传》襄公二十九年(前544)：季札“去之延陵，终身不入吴国”。西汉置毗陵县。❷西汉成帝刘骜陵墓。位于今陕西咸阳东北。建始二年(前31)，以渭城延陵亭部为初陵。绥和二年(前7)三月成帝卒，四月葬此。

延陵季子 即“季札”。

延陵县 西晋太康二年(281)分曲阿县之延陵乡置。或因春秋吴公子季札封于延陵，此地为其采地所及，因而取名。治今江苏丹阳市西南延陵镇。属毗陵郡。隋开皇九年(589)移治丹徒县(今江苏镇江市)，并丹徒县入内。大业三年(607)属江都郡。唐武德三年(620)改为丹徒县，复于故治置延陵县。属茅州，七年属蒋州，九年属润州。北宋熙宁五年(1072)废为镇。属丹阳县。

延茂(？—1900) 清内务府汉军正白旗人，杜氏，字松岩。同治进士。初为礼部主事。光绪八年(1882)迁鸿胪寺少卿。建言八旗官学废弛，宜变通章程。后任光禄寺卿、通政使参议、内阁侍读学士。中法战争时，上疏主张慎选使才，令其考察外国政治利弊、山川夷险，并请分绘全国地图以为军事之用。十一年调太仆寺少卿，后曾任驻藏办事大臣、吉林将军等职。八国联军入侵北京，与其弟延芝守安定门，城陷自焚。谥忠恪。

延年会 清末进步团体。光绪二十四年闰三月五日(1898.4.25)创设于长沙。熊希龄、谭嗣同主持，以“力保自立之全权，勿恤世俗之嫌怨”为宗旨。厘定作息制度，提倡生活有律，主张人人多办实事而省去无谓之应酬,则可延年益寿。

延平 年号。(1)东汉殇帝年号(106)。(2)十六国后燕慕容麟年号(397)。

延平府 明洪武元年(1368)改延平路置。治所、辖境同元延平路。属福建省。清代辖境南部略有缩小。1913年废。

延平教案 清同治十三年(1874)美国教会在福州延平(今南平)强建教堂,遭绅民反对。光绪元年(1875)至二年,民众两度拆毁教堂及传教士住宅,驱逐传教士出境。清闽浙总督李鹤年将知府革职,赔修教堂。五年十二月(1880.1),传教士以开设书店为名又在延平开办福音堂,强行传教。堂内举行礼拜仪式,民众前往观看,传教士竟开枪伤人,激起公愤。民众痛殴传教士,并焚毁堂内器物。闽浙总督何璟在美国驻福州领事威胁下,以赔款、"惩凶"结案。

延平路 元大德六年(1302)改南剑路置。治南平县(今市)。辖境相当今福建南平市和沙、金两溪中下游及尤溪流域等地。属福建道宣慰司。明洪武元年(1368)改为府。境内形势险要,古有"铜延平"之称。

延庆 西辽德宗年号(1124—1133)。凡十年。

延庆宫 宫帐名。又称窝笃碗斡鲁朵。契丹语,窝笃碗意为孳息,斡鲁朵意为宫帐。辽兴宗即位后,以诸宫帐户及饶州户组建。宫帐在高州西,陵寝在上京庆州。设延庆宫使为长官,总领延庆宫军民政务。下设副使、太师、太保、侍中等职。以延庆宫都部署司掌其契丹军民之政,为北面官。以延庆宫南面行宫都部署司掌其汉人军民之政,为南面官。所属饶、长春、泰三州,窝笃碗、鹘笃骨二石烈,窝笃碗、厮把、厮阿、纠里、得里、欧烈六瓦里,欧里本、燕斯、缅四、乙僧、北得里、南得里六抹里,南京、西京、平州、奉圣州四提辖司。管正户七千,蕃汉转户一万,正丁一万四千,蕃汉转丁二万,骑军一万。

延庆司 元官署名。世祖至元二十一年(1284)始置,属詹事院。掌修建佛寺。三十一年,属徽政院。成宗大德十一年(1307),别立延庆司。泰定帝泰定元年(1324),改属詹事院。文宗天历元年(1328)废,次年复立。有使、同知、副使等官。

延寿 ❶(904—975)五代北宋时余杭(今浙江杭州)人。僧人。俗姓王,字仲玄。六岁能诵《法华经》,二十八岁为华亭镇将,三十余岁出家。礼四明(今浙江宁波)翠岩为师,后赴天台山参德韶习禅定,成为法眼宗创始人文益再传弟子。受吴越王钱俶之请,于建隆年间住杭州永明寺,历时十五载,弟子一千七百人。信仰禅宗教义,主张以"一心为宗"(《宗镜录》卷二),宣称"心外无别佛,佛外无别心","狂心不歇,歇即菩提;镜净心明,本来是佛"(《宗镜录》卷一)。注重净土宗的实践,认为"行道五百遍,念佛一千声,事业常如此,西方佛自成"(《万善同归集》卷上)。曾召集华严、法相、天台三宗僧人互相质疑,提倡禅、教(指禅宗外诸宗)一致,以调和佛教各派间的宗旨分歧。卒谥智觉禅师。另著有《万善同归集》、《永明智觉禅师唯心诀》等。❷高昌王麴文泰年号(624—640)。凡十七年。

延寿陂 水陂名。在唐江南道泉州莆田(今属福建)北七里。有延寿溪(一名绶溪),径流入海,不能溉田。唐建中时,吴兴主持填海造田,筑长堤阻延寿溪水流入沙塘坂,故名。溉田四百余顷。

延寿关 在今河南偃师市南。《资治通鉴》:西晋永宁元年(301)齐王冏讨赵王伦,伦遣孙辅、李严帅兵七千,"自延寿关出"拒之,即此。

延寿寺 在北宋燕山府城内(今北京城西南隅)。金天会五年(1127)劫宋徽宗至燕山府,"馆于延寿寺",即此。

延寿县 东汉置。治今甘肃玉门市南。属酒泉郡。《水经注》引《博物志》:酒泉延寿县南山出泉水"燃极明,与膏无异,膏车及水碓缸甚佳。彼方人谓之石漆"。此为今玉门产石油的最早记载。北魏县废。

延嗣宁国 西夏毅宗年号(1049)。

延绥镇 明九边之一。初治绥德州(今陕西绥德县),成化七年(1471)移治榆林卫(今陕西榆林市),此后通称榆林。防地东至河,西至定边营。清初废。

延唐县 隋末萧铣分营道县置梁兴县,唐武德四年(621)改为唐兴县,天宝元年(742)改为延唐县。治今湖南宁远县。属道州。五代梁以后又屡有改名,北宋乾德三年(965)改为宁远县。

延头戍 在今湖北大悟县东南。南朝宋元嘉三年(426),谢晦至江陵北走至安陆延头,为戍主光顺之所执,即此。

延熙 年号。(1)三国蜀汉后主年号(238—257)。凡二十年。(2)十六国时后赵石弘年号(334)。

延熹 东汉桓帝年号(158—167)。凡十年。

延禧监 见"崇祥总管府"。

延信(1673—1728) 清宗室。肃亲王豪格孙。康熙四十年(1701)为议政大臣、正蓝旗满洲都统。五十九年任平逆将军,率师由青海入藏,驱逐准噶尔部兵,因功封辅国公。旋摄抚远大将军,主持军务。雍正元年(1723)封多罗贝勒。五年,以本为允禩一党,复与允禵结党及贪婪等罪除爵,圈禁。旋死于囚所。

延兴 年号。(1)北魏孝文帝年号(471—476)。凡六年。(2)南朝齐海陵王萧昭文年号(494)。

延煦(?—1887) 清满洲正蓝旗人,爱新觉罗氏,字树南。宗室。咸丰进士。累迁内阁学士、盛京兵部侍郎。同治六年(1867)调户部侍郎。后转任仓场侍郎。光绪二年(1876)授热河都统。后历任左都御史、理藩院尚书、礼部尚书。以劾左宗棠,革职留任。后奉命巡视海防,建议设立水师。后病死。

延英殿 唐长安大明宫殿。建于开元中。乾符中,易名灵芝殿,寻复旧名。位于紫宸殿西。殿院外设有中书省、殿中内省等中枢机构。自代宗起,皇帝欲有咨度,或宰臣欲有奏对,即于此殿召对。因旁无侍卫、礼仪从简,人得尽言。后渐定期开延英殿成为皇帝日常接见宰臣百官、听政议事之处。

延祐 元仁宗年号(1314—1320)。凡七年。

延祐经理 元仁宗延祐年间在江南地区的一次清勘田粮行动。经理,即查核土田顷亩、理算租税钱粮。延祐元年(1314),为检括隐漏田产,追征租赋,增加财源,仁宗采纳中书平章政事章闾(一作张驴)的建议,分别派章闾、你咱马丁、陈士英等往江浙、江西、河南三省经理,命行御史台分台镇遏,枢密院以兵防护。其法出榜示民,限四十日内赴官府申报本户所有田土亩数;如有欺隐,依法论罪。因官吏贪刻,三省人民深受其害;赣州受害尤深,于次年四月爆发蔡五九起义。十一月,仁宗在镇压起义后,下诏自明年起对查出的漏隐田土免征租税三年。五年,朝廷又迫于人民反抗宣布免征新租。

延祐四明志 元地方志。袁桷等撰。二十卷。桷,庆元(今浙江宁波)人。四明为庆元路(治今浙江宁波)别称。书成于延祐七年(1320),以《宝庆四明志》为蓝本,分沿革、土风、职官、人物、山川、城邑、河渠、赋役、学校、祠祀、释道、集古十二考。每考各系小序。桷博览典籍,尤熟于乡土掌故,本书考证较精审,为当时所推重。《四库全书总目提要》认为,"条例简明,最有体要","颇有良史之风"。流传不广,今所见者皆缺卷九至卷十一(城邑考下、河渠考上下)三卷,只存十七卷。有《宋元四明六志》本。

延载 周武则天年号(694)。

延州 西魏废帝三年(554)改东夏州置。治广武县(今延安市东北)。唐治肤施县(今延安市东北,北宋移治今市),辖境相当今陕西延安、安塞、志丹、宜川、延长、延川、子长等市、县地。隋大业初改为延安郡。唐初复旧,属关内道。北宋属永兴军路,元祐四年(1089)升延安府。东带黄河,北控灵夏。自西夏兴起,遂为北宋西北边防重镇。向产石油,见沈括《梦溪笔谈》。

延州来季子 即"季札"。

延资库使 使职名。唐大中三年(849)改备边库为延资库后置,初以度支郎中判事,四年改以宰相判事,掌收纳度支、户部、盐铁三司钱物。五代后梁,以门下侍郎、同中书门下平章事兼。

严安 西汉齐郡临淄(今山东淄博东北)人。武帝时,以故丞相史上书,引秦亡之教训,言用兵拓边非天下之长策。后任骑马令,主武帝之乘马。

严白虎 东汉末吴郡吴县(今江苏苏州)人。为当地强族大帅,聚众万余人屯守。兴平二年(195),孙策遣朱治逐吴郡太守许贡而据其郡,贡遂依之。建安二年(197),吴郡太守陈瑀图袭孙策,诱之使为内应。四年,为策所攻,乃奔余杭(今属浙江),其余党仍为吴之后患。

严本 明常州江阴(今属江苏)人,字志道,号蒿庵。少习法律。永乐十一年(1413)以荐征,授刑部主事。仁宗即位,改大理寺正。善决疑狱,刑罚不当者常予驳正。卒年七十八。

严道 县名。秦王政二十五年(前222)置。属蜀郡,治所在今四川荥经县西。《太平寰宇记·雅州》:"秦始皇二十五年灭楚,徙严王之族以实于此地,故曰严道。"汉因之。《汉书·文帝纪》:前六年(前174)"淮南王长谋反,废迁蜀严道"。又《邓通传》:文帝"赐通严道铜,得自铸钱"。皆此。东汉末,属蜀郡属国。

严道县 ❶秦置。治今四川荥经县。《华阳国志》:始皇灭楚,徙严王之族以实其地,故名。属蜀郡。古代常为罪人流徙地。县境有铜山,西汉文帝时邓通铸钱于此。西晋永嘉后县废。❷隋大业三年(607)以蒙山县改置,治今四川雅安县西雅安山上,为临邛郡治。唐为雅州治。北宋移治今雅安。明洪武四年(1371),废入雅州。

严德珉 明吴县(今属江苏)人。洪武中由御史升左佥都御史。以疾乞归,太祖怒,黥其面,谪戍南丹(今广西宜山)。遇赦放归,宣德末犹在。

严浮调 亦作严佛调。东汉临淮(治今江苏泗洪南)人。译经僧。曾与安玄合译《法镜经》,译经有"省而不烦,全本巧妙"之誉。《出三藏记集》称,"浮调绮年颖悟,敏而好学、信慧自然,遂出家修道",则为汉人出家之第一人。又自撰《沙弥十慧章句》,亦中国阐述佛理之最早者。参见"安玄"。

严复(1854—1921) 近代福建侯官(今闽侯)人,曾名宗光,字又陵,又字几道,晚号瘉壄老人。福建船政学堂毕业。留学英国海军学校,学成归国后任天津北洋水师堂总教习、总办,执教达二十年。中日甲午战争后,目睹国势日危,思想为之一变,从事于变法宣传活动,创办报纸,发表《原强》、《救亡决论》、《论世变之亟》、《辟韩》等文章,宣传西学,反对君权,提倡民权,主张"鼓民力"、"开民智"、"新民德"。同时致力于译述,介绍西方近代自然科学和社会政治学说,借以"警世",有力地促进戊戌变法运动。其中尤以《天演论》宣传"物竞天择"、"适者生存"之生物进化论,唤起国人救亡图存,影响极大。戊戌变法失败后,潜心于译述,态度严谨,首次提出"信、达、雅"的翻译标准。先后译有《原富》、《群学肄言》、《穆勒名学》、《法意》等,传播西方资产阶级政治经济思想和逻辑学。他受西方近代机械唯物论之影响,提出"质力相推"之自然观,认为"大宇之内,质力相推,非质无以见力,非力无以呈质"(《译"天演论"自序》);物质系由不可分割之原子("莫破质点")组成。肯定中国古代唯物论者关于"人定胜天"之思想。批判程朱理学"理居气先"说和陆王心学"强物就我"、"师心自用"之独断论。以自然科学之经验归纳法批判旧学"心成之说",要求从古书成训中解放出来。1912年出任北京大学校长,旋即辞职。晚年思想趋向复古。1915年曾参加发起旨在恢复帝制之"筹安会"。其著译编入《侯官严氏丛刻》、《严译名著丛刊》等。

严干(幹) 三国时冯翊(治今陕西大荔)人,字公伸。出身寒门,好击剑。建安初,举孝廉,除蒲阪令。后拜议郎参州事,七年(202),参与征讨袁尚所置河东太守郭援。十一年复献策捕并州太守高干,以功封武乡侯,迁弘农太守。黄初中,转五官将文学。魏明帝时,迁永安太仆。潜心学问,善治《春秋公羊传》。

严恭　元末明初苏州(今属江苏)人。自幼喜爱数学,熟读《算经十书》,深明算理。成年后入仕途,绪余钻研数学而益精。撰《通原算法》一书。

严光(前37—后43)　东汉会稽余姚(今属浙江)人,一名遵,字子陵。少有高名,尝与刘秀同学。及秀称帝,乃变姓名隐居。后被聘至京师,与光武帝论道,相处如昔。授以谏议大夫,不就,归耕于富春山。

严国丰(1883—1909)　清湖北襄阳人。行伍出身,曾在广西将弁学堂、陆军学堂学习。光绪三十四年(1908)毕业,分派广东高州任军队教练员,但不赴任,转入广州先锋卫队充伙伕,以谋革命。加入谭馥所创保亚会,协助运动巡防营。光绪帝与慈禧太后死后,邹鲁、赵声等密谋起义。他协助散发"保亚票"联络营勇。因失落票布一张,为清吏所获,被捕遇害。

严鸿逵　清浙江湖州人,字赓臣。吕留良弟子。讲学乡里,与曾静、张熙结交,反对清朝统治。曾拒绝与修《明史》。雍正六年(1728)以曾静案被捕。日记中多有讥讽清廷之语。十年定案时因已死亡,被戮尸枭示。其孙充军至宁古塔,与披甲人为奴。

严侯官全集　书名。又名《开通中国第一哲学大家严侯官先生全集》。中国愿学子辑。收录严复著译。共十四册。诗文一册,录诗三首、文十篇。余皆翻译,收《支那教论》、《天演论》、《原富》、《穆勒名学》(未完)、《群学肄言》、《群己权界论》及《社会通诠》七种。有清光绪二十九年(1903)石印本。

严几(幾)道　即"严复"。

严几(幾)道诗文钞　书名。贡少芹、蒋贞金编。六卷。收严复所作诗文,其中文钞五卷,录文四十三篇;诗钞一卷,录诗二三十首。编校草率,错字极多。考订亦不精审,杂有非严氏著作。有1922年刊本。

严忌　西汉会稽吴(今属江苏)人。本姓庄,东汉时避明帝讳改。善辞赋,人称庄夫子。初与邹阳、枚乘同仕吴,后为梁孝王门客。《汉书·艺文志》有《庄夫子赋》二十四篇。现仅存《哀时命》一篇,为哀伤屈原之作。见于《楚辞章句》。

严金清自订年谱　书名。清严金清撰。严氏以镇压太平军起家,官至陕西道员及按察使等。是谱起道光十七年(1837),迄光绪三十四年(1908)。其中记镇压太平军、捻军及历任各地民生吏治事,尤有参考价值。

严君平　西汉蜀郡(治今四川成都)人,名遵。成帝时,卖卜于成都市,日得百钱即闭门讲授《老子》,著书十余万言。一生不愿做官,为当时著名文学家扬雄所敬重。著有《道德真经指归》(《隋书·经籍志》作《老子指归》)十一卷,现存七卷。

严畯　三国时彭城(今江苏徐州)人,字曼才。避乱江东,与诸葛瑾、步骘齐名,张昭荐之于孙权,权以为骑都尉、从事中郎。横江将军鲁肃卒,权以之代肃,督兵万人。以不谙军事,固辞不受。又尝为卫尉出使蜀。诸葛亮深善之。后因微过免官,久之,授尚书令。年七十八,卒。善《诗》、《书》、三《礼》,又《说文》,著《孝经论》等。已佚。

严可均(1762—1843)　清浙江乌程(今湖州)人,字景文,号铁桥。嘉庆举人。道光初任建德县谕。精考据之学,与姚文田同治《说文》,遍索异同撰《说文长编》(亦称《类考》)。又辑钟鼎拓本为《文翼》十五卷,将校定《说文》,撰为疏义,撮举大略与姚文田同撰《校议》三十卷,专正徐铉之失。又丁溶同治唐《石经》,著《校文》十卷。嘉庆十三(1808),诏开全唐文馆,他未能参与,认为唐以前有总集,乃以一己之力,辑《全上古三代秦汉三国朝文》,使与《全唐文》相衔接,所收多至三千余家,各系以小传。又校辑诸经逸注及佚子书等数十种合经、史、子、集为《四录堂类稿》千二百卷。著有《桥漫稿》十三卷;其《说文类考》稿佚,仅存《声类二卷。

严砺(?—809)　唐梓州盐亭(今属四川)人,字明。山南西道节度使严震宗人。初为本道牙将,任兴州刺史。贞元十五年(799)震卒,代为节度使群臣争之,德宗不听。性急躁,多奸谋。在位贪残士民不堪其苦。曾擅没吏民八十八户、庄宅一百处、奴婢二十七人,税外加敛钱及刍粟数十万。元元年(806)徙镇东川。死后,监察御史元稹奉使川,纠劾其赃,没收田宅奴婢还主。

严骆　五代时吴国二大臣严可求、骆知祥合称时徐温专吴国之政,立法度,禁强暴,举大纲,军民之。以军旅委可求,以财赋委知祥,皆称其职,淮人常合称之。

严讷(1511—1584)　明苏州常熟(今属江苏)人字敏卿,号养斋。嘉靖进士,授编修。后入直西苑以撰青词受宠,升礼部尚书,改吏部尚书。四十四入阁,参预机务。时讥为"青词宰相"。不久因病仕,卒谥文靖。著作有《严文靖公集》、《春秋国华》

严彭祖　西汉东海下邳(今江苏睢宁西北)人字公子。与颜安乐俱事眭孟,习《公羊春秋》。孟死乃各专门教授。由是《公羊春秋》有颜、严之学。帝时为博士,历任河南、东郡太守,左冯翊,至太子傅。廉直不事权贵,以为"凡通经术,固当修行先之道,何可委曲从俗,苟求富贵乎!"(《汉书·儒传》)后以官终。所授琅邪王中,为元帝少府,家传业。

严起恒(?—1651)　明末清初浙江山阴(今兴)人,字秋冶(一作秋野)。明崇祯进士。官刑部事、广州知府。南明隆武朝擢户部右侍郎,总督湖钱法。永历朝官礼部尚书兼东阁大学士。颇廉法善理财。曾铸钱以资楚师军饷,又于肇庆立亲征库旬日得四万金。屡阻孙可望秦王封。永历五年(治八年,1651),为可望遣将杀于南宁。

严清(1524—1590)　明云南昆明人,字公直,寅所。嘉靖进士。累官四川按察使。隆庆二(1568)以右佥都御史巡抚四川,被劾解职。万历年(1574),起为贵州巡抚。六年,擢刑部尚书。执严厉,不附权贵,后任吏部尚书。十一年因病归。

严如熤(1759—1826) 清湖南溆浦人，字炳文，字苏亭，号乐园。素习舆图、兵法、星卜之书，留心事。乾隆六十年(1795)，贵州、湖南苗民起义时，湖南巡抚姜晟幕，上《平苗议十二事》。嘉庆五年800)举孝廉方正，廷试以《平定川楚陕方略策》名第一，复上《屯政方略十二事》，以知县发陕西。后“坚壁清野”之策，白莲教义军颇受其害。十三年汉中知府，官至贵州、陕西按察使。著有《苗防备》、《三省边防备览》、《汉中府志》、《乐园诗文》等。

严实(1182—1240) 金泰安长清(今属山东)人，武叔。兴定二年(1218)，权长清令。后降宋，为济治中。元太祖十五年(1220)，率所部三十万户降古，拜金紫光禄大夫，行尚书省事。次年，攻占东。二十年四月，被宋将彭义斌围困，城中食尽，议。七月，与蒙古孛里海军合，擒义斌，复占京东州。与蒙古军取彰德、濮州、东平、益都。太宗六年234)，朝窝阔台于和林，授东平路行军万户。九，奉诏不事征伐。在东平为汉人世侯十五年，掌一军政。

严世蕃(?—1565) 明江西分宜人，号东楼。依严嵩势入仕，以筑京师外城功进工部左侍郎，掌尚司事。嘉靖四十一年(1562)因仗势纳贿被劾，谪广东雷州，未至而返。四十三年复被劾，逮至北京死。

严绶(746—822) 唐蜀人，祖籍华州华阴(今属西)。大历进士。贞元中，为宣歙团练副使、留务。府藏进献，德宗召任刑部员外郎，开宾佐进奉之。十六年(800)，德宗记其进奉之功，命为河东行司马。次年，为节度使。在镇九年，宽惠为政，士蕃息，然政事决于监军。元和四年(809)，入为右射，于吏事尚有方略，然锐于势利，不顾名节，见赐宦官亦屈膝下拜，为御史所劾。六年，出镇荆南。年，授山南东道节度使，加淮西招抚使，总诸道兵吴元济。无将帅之才，唯重赏士卒，厚赂宦官，经无功。召居闲职而卒。

严树森(1814—1876) 清四川新繁(今新都)，原籍陕西渭南，初名澍森，字渭春。道光举人。任内阁中书、武昌知府、荆宜施道。咸丰九年859)授湖北按察使。十年擢河南巡抚，督师镇压军，屡败。次年调湖北巡抚，围攻太平军陈得才部捻军。同治四年(1865)授广西按察使。次年迁贵布政使，后被湖广总督官文以其在湖北巡抚任内用竹木官捐所劾，降职留任。光绪元年(1875)复广西巡抚。

严松 南宋临川(今属江西)人，字松年。初受学陆九韶，后师事汤千。主“致知在先，力行在后”之，赞同孟子“王道”论。撰《陆子论学语》，详细记载、陆鹅湖之会。

严嵩(1480—1565) 明江西分宜人，字惟中，号溪。弘治进士，授编修。称病归，读书钤山十年，文辞著称。还朝进侍讲，召为国子监祭酒。嘉靖，进南京礼部尚书。嘉靖十五年(1536)闰十二月，以礼部尚书兼翰林学士董修《宋史》。二十一年进武英殿大学士，预机务，仍掌礼部事。二十三年任首辅。一度退居次辅，无才略，以善撰青词取悦于世宗。用子世蕃及亲信赵文华为爪牙，贪贿赂，除异己，以致鞑靼扰边、倭寇进犯日趋严重。晚年弄权之状渐露，四十一年御史邹应龙乘机劾之，遂解职归。旋因世蕃罪抄家，罢官为民，遂寄食墓舍，老病而卒。著有《钤山堂集》。

严遂 一作阳坚、阳竖、山坚、韩严。战国卫濮阳(今河南濮阳西南)人，字仲子。韩哀侯(一作韩烈侯)时为卿。与相国侠累(即韩傀)争政，惧诛亡去。后求得刺客聂政，遣政刺杀侠累。

严遂成(1694—?) 清浙江乌程(今湖州)人，字松瞻(一作崧占)，号海珊。雍正进士。历任知县、知府等职。工诗。与厉鹗、钱载、王又曾、袁枚、吴锡麟称“浙西六家”。著有《海珊诗钞》、《明史杂咏》、《诗经序传辑疑》等。

严挺之 唐华州华阴(今属陕西)人，名浚，以字行。好佛。举进士，又擢制举。先天二年(713)，任左拾遗。时太上皇(睿宗)、玄宗均好音律，是年正月，弛门禁，燃百千灯，百司酺宴，穷歌舞之乐，夜以继昼，经月余日，损万人之力，他上疏极谏，帝纳谏乃止。开元中，为考功员外郎，铨选公允。寻迁给事中。以与执政李元纮不协，出为登州刺史，改太原少尹。后擢刑部侍郎。张九龄为相，用为尚书左丞，知吏部选，鄙薄李林甫。及九龄罢相，出为洺州刺史，移绛郡太守。天宝元年(742)，授太子员外詹事。卒于洛阳，年七十余。

严威将军 官名。南朝梁置，为五德将军之一。武帝天监七年(508)定为武职二十四班中的十六班，普通六年(525)定为武职三十四班中的二十六班。陈置为五威将军之一，拟四品，比秩中二千石。

严武 ❶见“八绝”。❷(726—765)唐华州华阴(今属陕西)人，字季鹰。严挺之子。八岁时因父宠妾薄其生母，以锤碎妾首。读书不究其义。以荫累迁殿中侍御史。天宝末，从玄宗入蜀，擢谏议大夫。宝应二年(763)，迁黄门侍郎。与宰臣元载相厚，求引同列不成。次年，复为成都尹、剑南节度使。破吐蕃七万之众于当狗城(今四川理县东南)，收盐川城(当狗城西北)，吐蕃兵不敢进犯。治蜀数年，征敛百姓，穷极奢靡，赏赐无度，对故人傲慢无礼。及死，其母云：“而今而后，吾知免为官婢矣。”

严武将军 官名。南朝梁置，为五德将军之一。武帝天监七年(508)定为武职二十四班中的十五班，普通六年(525)定为武职三十四班中的二十五班。陈置为五威将军之一，拟四品，比秩中二千石。

严锡命 明末四川人。崇祯十七年(1644)被张献忠任为右丞相。后因第宅富丽，被张献忠所杀。

严信厚(1828—1906) 清浙江慈溪人，字筱舫。幼年曾在宁波钱庄学徒。同治初，入李鸿章幕，后任河南盐务督销。光绪十一年(1885)署长芦盐务帮办。以盐务起家，从事商业，积资巨富。陆续创设或投资上海源丰润银号、宁波通久源纱厂、锦州天一垦务公司、上海华兴水火保险公司、上海中英药房、四明商业银行等。曾任中国通商银行总董。二十八年任上海商业会议公所总理。三十年任上海商务总会首届总理。

严延年(?—前58) 西汉东海下邳(今江苏睢宁北)人,字次卿。少学法律。昭帝时为郡吏,以选除御史掾,举侍御史。宣帝初,劾奏大将军霍光擅废立,以此为朝廷所敬惮。后坐法亡命,会赦,复为御史掾。神爵年间迁涿郡太守,诛灭大姓西高氏、东高氏,郡中震恐。复迁河南太守,以摧折豪强为治。冬月审决罪囚,血流数里,河南号曰"屠伯"。后坐怨望诽谤政治不道弃市。

严颜 三国时临江(治今重庆忠县)人。益州牧刘璋任为巴郡太守。认为璋迎刘备入蜀,是"放虎自卫",率众拒守。建安十九年(214),江州(今重庆)为张飞等所破,遂被擒。飞怒其拒战,将斩之,而神色不变,飞壮而释之,引为宾客。

严衍(1575—1645) 明末清初江苏嘉定(今属上海市)人,字永思,一字午庭。明万历中补县学生。年四十一,读《资治通鉴》,认为其书博大不能无所舛失,又意在资治,故朝章国政述之独详,而家乘世谱记之或略;其于人,显荣者多而遗逸则略,方正者多而节侠则略,丈夫者多而妇女则略。遂发奋为之补苴,竭三十年精力而成《资治通鉴补正》。门人谈允厚为之参订,并作序。

严译八大名著 严复主要译述作品的俗称。甲午中日战争之后,严复愤于官场腐败、国势日危,遂潜心以文言文意译西方资产阶级思想家的著作,并添加注释按语以阐发己见。其中在中国思想界产生巨大影响的有八部:(1)赫胥黎(Thomas Henry Huxley,1825—1895)的《天演论》,光绪二十四年(1898)沔阳卢氏慎始基斋初版;(2)亚当·斯密(Adam Smith,1723—1790)的《原富》,二十八年上海南洋公学译书院出版;(3)斯宾塞(Herbert Spencer,1820—1903)的《群学肄言》,二十九年上海文明编译书局出版;(4)约翰·穆勒(John Stuart Mill,1806—1873)的《群己权界论》,二十九年商务印书馆出版;(5)甄克思(Edward Jenks,1861—1939)的《社会通诠》,三十年商务印书馆出版;(6)孟德斯鸠(Charles Louis de Secondat Montesquieu,1689—1755)的《孟德斯鸠法意》,光绪三十年至宣统元年(1909)商务印书馆陆续出版;(7)约翰·穆勒的《穆勒名学》,光绪三十一年金陵金粟斋木刻;(8)耶芳斯(William Stanley Jevons,1835—1882)的《名学浅说》。1931年上述八种汇为《严译名著丛刊》,由商务印书馆出版。现有1981年商务版。为研究中国近代思想史、中外文化关系史和中国翻译史之重要资料。

严用和 宋人,字子礼。药物学家。生平无可考。主张用药要稳重,必使刚柔相济,佐治合宜。依据陈言《三因极一病证方论》,附以平日所用有效之药,辑成《济生方》。该书议论平正,条列详备,立论于前,处方于后,往往中肯。

严羽 南宋邵武(今属福建)人,字仪卿,一字
邱,自号沧浪逋客。与同族严参、严仁并有才名,
称"三严"。精于论诗,反对苏轼、黄庭坚以来诗风
时尚之晚唐体。主张以盛唐为师,创以禅喻诗之
强调"妙悟"与"兴趣",批判了诗歌散文化、议论化
向及永嘉四灵破碎尖巧之失。其理论初步接触到
象思维与逻辑思维之别,但有脱离现实的唯艺术
向,对明清两代诗论有较大影响。所作诗颇有忧
之作。著有《沧浪诗话》及《沧浪集》。

严震直 明浙江乌程(今湖州)人,字子敏。
武初,以富民择为粮长,岁运皆如期,洪武二十三
(1390)特授通政司参议,累迁工部侍郎。二十六
进尚书。时工多役繁,工匠集京师二十余万户。
户役一人,书姓名及所业于官,按籍更番召之,役
称便。后坐事降为御史。二十八年出使安南。后
命重修灵渠(今广西兴安境内),又建议于广
行*开中法。三十年复任工部尚书。建文时督饷
东,寻致仕。成祖即位,以故官巡视山西,至泽州(
晋城)病卒。

严忠范(範)(?—1275) 元泰安长清(今属
东)人。严实第四子。初以世侯子质于忽必烈潜邸
宪宗五年(1255),长东平一万户。世祖中统二
(1261),代其兄东平路管民总管兼行军万户忠济
东平总管。三年,从平李璮之叛。至元二年(1265
任兵刑部尚书,寻罢。改佥陕西四川行中书省事,
兵攻宋四川。九年,以作战失利,逮至京师,会赦免
十二年,元兵攻占宋建康,以工部侍郎充国信副使
廉希贤使宋临安,至独松关,被宋将所杀。

严忠翰 即"严忠济"。

严忠济(?—1293) 元泰安长清(今属山东)人
一名忠翰,字紫芝。严实第二子。太宗十二
(1240),袭东平路行军万户、管民总管。宪宗九
(1259),从忽必烈攻宋。中统二年(1261),召还
师,罢职。

严忠嗣(?—1273) 元泰安长清(今属山东)人
严实第三子。宪宗五年(1255),任东平路管军万户
屡从兄忠济攻南宋。世祖中统四年(1263)削世袭
方军权,罢官家居。

严州 ❶唐武德四年(621)置。治桐庐县(今
西北)置。七年废。北宋宣和三年(1121)改睦州
置。治建德县(今市东北梅城镇)。辖境相当今浙
建德、淳安、桐庐等市县地。南宋咸淳元年(1265)
为建德府。❷唐乾封二年(667)置。因在严冈之
为名。治来宾县(今广西来宾县东南);一说治怀
县,天宝二年(743)改为来宾县。辖境相当今来宾
东部地。属岭南道。北宋开宝七年(974)并入象州

严州府 明洪武八年(1375)改建德府置。治
德县(今市东北梅城镇)。辖境相当今浙江建德、
庐、淳安等市县地。1912年废。

严州图经 书名。有两部。南宋绍兴九
(1139)董棻撰,八卷,已佚。淳熙十三年(1186),
宋陈公亮重修,刘文富纂,现存三卷。严州治今浙
建德东北。卷首有子城图,建德府内外城图,府境

图,建德、淳安、桐庐、遂安、寿昌、分水诸县境图,共九幅。卷一分历代沿革、分野、风俗、州境、城社、户口、学校、廨舍、馆驿、仓场库务、军营、坊市、桥梁、沟渠、物产、土贡、税赋、课利、寺观、祠庙、古迹、贤榜、登科记、人物、碑碣等门;卷二记建德县;卷三记淳安县。其他属县部分皆佚。是书统合古今,名为图经,实已具方志之体。有渐西村舍刊本,蒲圻能氏大典辑本。

严助(?—前122) 西汉会稽吴(今属江苏)人。严忌子(一说族子)。本名庄助,东汉避明帝讳,改为严助。少时家贫。武帝时,以贤良对策,擢为中大夫。与朱买臣等人俱侍从顾问,常与外朝大臣辩论国事。建元六年(前135),奉使南越,劝南越王遣太子婴齐入侍。归后出任会稽太守。数年,求还长安,诏留侍中。与淮南王刘安厚相结交,后因安谋反受牵连,被诛。《汉书·艺文志》有严助赋三十五篇,已佚。

严子陵 见“严光”。

言不尽意 魏晋玄学命题。指文字不能完全地表达语言,语言不能完全地表达思想。源出《周易·系辞上》:“子曰:‘书不尽言,言不尽意。’”三国魏荀粲认为,圣人的思想,因其旨趣精微,非言辞所能尽表,故主张“六籍(经)虽存,固圣人之糠秕”。“象外之意,系表之言,固蕴而不出”(《三国志·魏志·荀彧传》裴松之注引《晋阳秋》),即所谓“言不尽意”。王弼提出“修本废言”(皇侃《论语义疏》注引),“得意在忘象,得象在忘言”(《周易略例·明象》);晋张韩(即张翰)提出“留意于言,不如留意于不言”(《全晋文》卷一百零七),均同属此说。西晋欧阳建以言尽意论与此说相对。

言官 明清两代对监察御史和给事中的通称。以其均有建言之责,故称。

言尽意论 篇名。西晋欧阳建著。取题于《周易·系辞》:“圣人立象以尽意,设卦以尽情,系辞焉以尽言。”旨在反对荀粲、王弼、张韩等人的“言不尽意”说。与嵇康《养生论》、《声无哀乐论》并称为玄学“三理”(三种理论)。文章自设宾主,通过“雷同君子”(喻指人云亦云者)与“违众先生”(作者自称)的论难,说明客观事物及其本质(物、理)同名称和语言(名、言)的关系是“犹声发响应,形存影附,不得相与为二。苟其不二,则无不尽矣”(见《艺文类聚》卷十九)。意谓语言既能表达事物的现象,又能表达反映事物本质的思想(意)。

言偃 即“子游”。

言语 孔门四科之一。与德行、政事、文学并列。《论语·先进》:“德行,颜渊、闵子骞、冉伯牛、仲弓;言语,宰我、子贡;政事,冉有、季路;文学,子游、子夏。”后世取人有时以言语为标准之一。唐择人之法有四:身、言、书、判。言以“言辞辩正”为合格。唐武举科目之一。有神采堪统领者为次上,无者为次。

岩大五(?—1871) 清贵州清平(今凯里)人,本名顾馥春,小名岩,因入哥老会称号大五,故名。咸丰五年(1855)聚众起义,与杨隆喜所率号军配合作战,沿用黄色旗号,称黄号军。部众苗汉杂半,并有布依族参加。擅长游击,两渡盘江,与黔南回族农民军并肩作战,袭击归化、镇宁、郎岱、永宁诸县,大败云南巡抚岑毓英援黔滇军。同治八年(1869),南渡盘江。与回族农民起义军白旗军配合占领安南县(今晴隆)。十年,云南巡抚岑毓英率黔、滇、川、桂四省官军镇压。因内奸出卖,被俘,在贞丰城就义。

岩山寺 金代佛寺。位于今山西繁峙县东南四十公里天岩村。原名灵岩院,创建于海陵王正隆三年(1158),现存金代建筑为文殊殿,俗称南殿。佛坛塑文殊、胁侍、天王等像,四周壁画金碧辉煌,佛经故事外,还绘有重台深殿、街市村舍及各种人物衣冠服饰、仪仗车辇等,出于御前承应画匠王逵之手。现为全国重点文物保护单位。

岩帅 地名。在今云南沧源佤族自治县东。据传因建寨人召岩帅命名,佤族聚居地。清代属云南顺宁府。

郔 ❶春秋郑地。一说在今河南郑州市南;一说在今河南延津县北。《左传》宣公三年(前606):“晋侯伐郑,及郔”;又十二年“楚子北,师次于郔”,皆即此。❷春秋楚地。在今河南项城市境。《左传》宣公十一年(前598):“楚左尹子重侵宋,王待诸郔”,即此。

炎帝 又称赤帝。相传为上古帝王。居于姜水(即岐水,在今陕西岐山西),以姜为姓。为少典之子。其德火纪,以火名官,故称炎帝。曾与黄帝战于阪泉(今河北涿鹿东南),被打败。说即神农氏。

炎阁 一作炎閤。唐南诏王细奴逻孙。姓蒙氏。乌蛮(彝族)。太极元年(712),父逻盛炎卒,嗣立,未几死,弟盛逻皮继立。

炎徼纪闻 书名。明田汝成撰。四卷。成于嘉靖三十七年(1558)。记当时西南苗族及其他少数民族事。炎徼,即泛指以炎热为特征的西南边境地区。卷一记广西田州府土官岑猛、归顺州土官岑璋、广西龙州土官族子赵楷、广西凭祥州土官庶子李寰、思明府土酋黄玹等五人事迹。卷二记明统治者同断藤峡少数民族的关系,并提出安抚的各种措施。卷三记贵州宣慰使霭翠之妻奢香、霭翠之孙安贵荣、思州宣慰使田琛、播州宣慰使杨辉、贵州清平卫部苗阿溪、都匀府部苗阿向等六人事迹。卷四除记云南简史、木邦宣慰司部落猛密和宣慰使孟养之外,还介绍了苗、罗罗、仡佬、龙家、冉家、瑶人、僮人、黎人等各少数民族的渊源及风俗习惯。每人每事之后附有议论。由于作者长期任职贵州、广西等地,对其时形势和土司实况,了解较深,故所记史事较为翔实。

炎兴 三国蜀汉后主年号(263)。

沿边溪洞招讨司 元置。治今湖北宣恩县。属四川行省。至正二年(1342)改为施南道宣慰使司。

沿河祐溪长官司 土司名。明洪武七年(1374)合元沿河、祐溪两长官司置。长官张姓,治今贵州沿河县,管沿河、水卜图诸寨。居民有侗族等。

沿纳 杂税名。唐末五代,两税以外加派各项钱物,有农具钱、牛皮钱、盐钱、曲钱、鞋钱等,岁随夏秋两税折变送纳。宋沿袭其中多数,统称沿纳,又名杂变。明道二年(1033),曾下诏将沿纳物以类并合为一,悉除诸税名,但至宋末,有些税名仍存留。沿纳的征敛,某些方面比五代更为苛刻。

研堂见闻杂记 书名。明末清初王家祯撰。一卷。原题娄东无名氏撰。家祯字予来,沙溪(在今江苏太仓)人。杂记明末奴变、社盟及清初剃发、太仓兵燹等事。多直书无隐,详晰有据。间或有得自传闻者。

研种羌 古族名。秦孝公时羌人无弋爰剑后代研,至为豪健,羌中号其后为研种。汉景帝时其种留何部愿为汉守陇西边塞,求内附,汉允徙居于陇西郡南部狄道(今甘肃临洮)、安故(今甘肃临洮南)至临洮(今甘肃岷县)、氐道(今甘肃武山东南)、羌道(今甘肃舟曲北)等地。以后分散,各自成部落。

盐包课 清盐引课之一。盐商支盐出场,缴纳之筑包、搬运等费。每包斤数有定额,按额征课。

盐本 明代地方官府筹饷方式之一。万历间,抚臣郭子章创行于贵州。卖盐、鱼、布匹于四川、湖广,年可取息一万五千两,以佐兵饷。

盐仓 ❶即三门仓。《资治通鉴》:唐开元二十二年(734),裴耀卿为江淮、河南转运使,于三门"西置盐仓,凿漕渠十八里以避三门之险"。❷在今甘肃泾川县西。唐大历八年(773),吐蕃十万众寇泾、邠二州,泾原节度使马璘与吐蕃战于盐仓,败,即此。

盐仓中士 官名。西魏恭帝三年(556)置,北周沿置,地官府司仓下大夫属官,掌各种盐类的收藏保管,正二命。下设盐仓下士以佐其职。隋开皇元年(581)罢。

盐茶道 官名。清代道员之一。兼管盐、茶事务。雍正五年(1727)置四川驿盐道一人,停粮道兼理之责。乾隆二十五年(1760)专司盐茶,设一人,正四品。宣统二年(1910)裁。清制,各产盐省分设盐法道,惟四川称盐茶道。参见"盐法道"。

盐场 生产食盐之场所。多指海盐生产场所。古代海盐有许多产区,各产区下辖若干盐场。而盐场之废置,往往取决于赢利之情况。《宋史·食货志》:"诸路盐场废置,皆视其利之赢缩,亦未尝有一定之制。"如明代两浙产区有盐场三十五,山东十九,福建七,广东十四;清代长芦产区有盐场八,奉天九,山东八,两淮二十三,浙江三十二,福建十六,广东二十七。又,清代池盐有河东三场。历代均设专官或专门机构管理产盐区及各盐场。如元代于沿海产盐区先后设立了若干盐运司,每盐运司管理若干盐场;明、清于各盐场专设盐课司,管理产盐事务,征收场课,稽查私盐。各产区的盐场都有固定的销售地界。如清代两淮盐场行销江苏、安徽、江西、湖北、湖南、河南六省,广东盐场行销广东、广西、福建、江西、湖南、云南、贵州七省。

盐场商 又称垣商。清盐商之一种。系在指定盐场收购场盐转卖给运商者。

盐钞 盐商缴款后领盐运销的凭证。宋初行折中法,盐商向官府入纳实物,请领交引,运销食盐。庆历八年(1048),范祥为制置解盐使,始行盐钞法。令商人在边郡折博务缴纳现钱买盐钞,至解池(今山西运城南)凭钞领取定额食盐贩卖。其后东南盐也行盐钞法,商人在京师榷货务买盐钞,至东南领末盐贩卖。买解盐发解盐钞,东南盐发末盐钞。崇宁以后,盐钞法普遍推行,绝大部分地区都行盐钞制度。南宋孝宗时,福建路罢盐钞制。广南盐钞制则或行或废。金代的销盐凭证分为盐钞、盐引两种。各盐司分别以袋、席、石为单位,若干袋、席、石为一套。套以盐钞为凭证,袋、席、石以盐引为凭证。销盐时必须钞、引、公据(盐司证明)三者俱备。元代废盐钞,保留盐引。明清均行盐引。

盐钞银 丁银之一种。起自明初,凡男妇老幼食盐者均摊派纳银米。清初规定仅男丁交纳丁银,唯江西、福建、广东仍保留妇女名色,以盐钞银名目按口摊派不等。顺治十三年(1656)议定将其均派地丁之中。乾隆十一年(1746)正式废除女口编审。

盐城捍海堰 堰名。在唐淮南道楚州盐城(今属江苏)东二里。大历中,淮南节度判官李承置,自县东北接山阳县,南抵通泰、海门筑堤障岸,绵亘数百里,以防海潮。

盐埕桥 在今台湾省台南市。昔为水陆交通要道。清乾隆五十一年(1786)十二月,总兵柴大纪守盐埕桥,杀天地会起义者以千计,即此。

盐池 即今山西运城市南中条山北麓解池。《汉书·地理志》河东郡安邑县:"盐池在西南";《后汉书·章帝纪》:元和三年(86)八月"幸安邑,观盐池",均即此。西汉武帝置官收其利,盐利以安邑为首。历代因之。唐世有五池,以分隶河中府解、安邑二县,总称两池。为各节度使争夺之地。宋亦分隶安邑、解二县,各置盐场二。明分为东、中、西三池,二在安邑县,一在解州。盐池西北又有一池,《水经注》谓之"女盐泽",唐以后称"女盐池",盐味不及大池,开元中曾置女盐监。又生硝,明、清以来称"硝池"。在旧解州西北。女盐池西北又有六小池,明、清遇正课不登,常暂开小池浇晒。

盐池监 ❶官署名。唐代司农寺所统诸监之一,掌盐功簿帐,长官为监,置一员。另有录事等。❷官名。唐代司农寺盐池监长官,置一员。正七品下。

盐池使 使职名。唐景龙四年(710)始以蒲州刺史充关内盐池使,主管盐州池务。开元后,常以朔方节度使兼任。

盐池四面监 ❶官署合称。即隋代盐池总监所管东、西、南、北面等四监,各设监、副监及丞。❷官名合称。即隋代盐池总监所管东、西、南、北面等四监长官,视正八品。

盐池总监 ❶官署名。隋代置,主盐务,有总监、总副监、丞等员。管东、西、南、北面等四监。❷官名。隋代盐池总监长官,视从六品,管东、西、南、北面等四监。

盐川城 在今四川理县东。唐广德二年(764)

剑南节度严武拔吐蕃盐川城,即此。

盐道 官名简称。即清之盐法道与盐巡道。

盐丁 又名灶丁、煎丁、场丁等。历代盐之直接生产者,多受雇于灶户,或佃佣于灶户。

盐渎县 西汉置。治今江苏盐城市。属临淮郡,《汉书·地理志》有铁官。三国时废。西晋太康二年(281)复置。东汉、晋属广陵郡。东晋义熙中改为盐城县。

盐法 历代政府管理食盐生产、运销、征税、缉私的制度、法令、则例之统称。亦称"盐制"。夏禹青州贡盐(见《书·禹贡》),被视为盐税之滥觞。《管子·轻重》称春秋时齐国管仲行盐之专卖制,然无确据。秦及汉初对盐行征税制。汉武帝元狩四年(前119)改征税制为专卖制,食盐生产、转输、销售均由官办,盐利全归官府;严禁私人煮盐,如有私煮者"钛左趾",煮盐器具财物没收入官。东汉光武帝时废专卖,任民煮盐贩运,行就场征税制,盐利归商人。建安年间,官卖复兴。三国魏禁私盐,违者处刖刑。吴、蜀亦趋重专卖。西晋仍主专卖。东晋、南朝皆采征税制。北朝盐制,初仿南朝征税制,永熙以后,国分为二,东魏行专卖制,西魏初行征税制,至宇文周改行专卖制。隋开皇三年(583)废盐禁,任民自由购食,至唐开元初均行无税制。开元元年(713)唐政府始征盐税,但尚无定制。十年始定"课收盐,每年上、中、下畦,通融收一万石"。乾元元年(758)第五琦变盐法,行食盐专卖制,称"榷盐制"。后刘晏又行就场征税之制,使唐代盐之禁榷制度更臻完善。五代以后,盐法繁苛。宋代先行折中法,后以官卖法为主。京西、陕西、河北行通商法,闽下四州行产盐法,淮、浙、京东、闽上四州及两广行官般法。至庆历末,范祥变官卖法为盐钞法。徽宗时蔡京用事,变盐钞为长引、短引,始行盐引法。金代规定,灶户产盐,全部归官府,不许私售。销售方法有二,一为按口摊派,收取盐价;一为商旅买盐,运销各地。元代规定灶户上交额盐,官府发给工本钞。销盐有两种方式:一为商运商销,由商人出钱向官府买盐,运到指定地区发售,称为"行盐"法。商人不出钱而运粮至官府指定地点,则称为"入中"。一为官运官销,即由官府直接发卖给百姓,分为"食盐"法和"常平盐局"法。盐价由官府规定,且不断提高。明初置局设官,令商人贩鬻,二十取一,以资军饷。洪武三年(1370)行开中法,四年定开中则例,令商人纳粟边仓,领取盐引,下场支盐,运赴指定行盐地区贩卖。系灶制、官收、商运、商销。弘治五年(1492)废开中法,行引法。隆庆四年(1570)实行商收余盐之制,基本仍系灶制、官收、商运、商销。万历四十五年(1617)改行纲法,由名列纲册有专利权之盐商自行赴盐场收买,运赴行盐区发卖,属灶制、商收、商运、商销。清沿明制,仍行纲法,招商认岸,领引办课,形成商专卖制和就场征税制。道光时改行票法。咸丰间,于盐课之外又增收*盐厘。同治二年(1863),曾国藩于两淮改行官督商办保价整轮法。五年,李鸿章于两淮、湘、鄂西、皖四岸行循环转运法。参见"榷盐"、"盐钞"、"盐引"、"纲法"、"票盐法"等。

盐法道 官名。明清道员之一。明景泰七年(1456)设,由广西按察司之分巡道兼管所属盐课司。其后山西、山东、浙江、福建、云南及延绥、固原等处,或由分巡道、兵备道兼管盐法,或专设道员管理盐法。清沿设。凡不设盐运使司之处皆设之。秩正四品。计十三人:兼盐运使衔者三,山西、福建、云南各一人;不兼者六人,江南、江西、湖北、湖南、陕西各一人;另甘肃二人由地方巡道兼,河南一人为粮盐道,四川一人为盐茶道。掌都察盐场生产与盐商行息而平其盐价,并管水陆挽运之事,依时奏报查核。

盐法议略 书名。清王守基撰。一卷。记叙清初至同治末年各地盐政,并分析其利害。分长芦、山东、河东、两淮、浙江、福建、广东、四川、云南等盐务议略九篇。资料多据会典、邸抄,并参以闻见。于产地、引额、场灶、赋课、转运、职官等均备述。惟疏于考古,谓四川古未有盐,实误。有同治十二年(1873)刊本。

盐赋 即"盐税"。

盐官 ❶官署名。《汉书·百官公卿表》大农令(大司农)有斡官。颜师古注引如淳曰:"主均输之事,所谓斡盐铁而榷酒酤也。"汉武帝实行盐铁专卖,于全国产盐多的二十七郡置盐官三十七处,随事广狭,置令、长及丞,主盐税。西汉隶大司农,东汉改隶郡县。❷泛指管理盐务的官员。

盐官县 本汉海盐县地,三国吴置。为海昌屯田都尉治。治今浙江海宁市西南盐官镇南。三国吴至南朝梁皆属吴郡。陈为海宁郡治。隋移治今盐官镇。先后属杭州、余杭郡。唐武德四年(621)属东武州。七年并入钱塘县。贞观四年(630)复置。元元贞元年(1295)升为盐官州,天历二年(1329)改名海宁州。

盐规 又称盐规费。清盐政以及其他官府有司、总商向运商勒索之定例银两。

盐户 历代对制盐民户之统称。汉元狩四年(前119)实行盐官卖,招民自备费用煮盐,官给工价收买。是为民户制盐之始。北魏以制盐为业者为盐户,属杂户。唐乾元元年(758)第五琦定盐法,在产盐区置监院,游民业盐者为亭户,免杂徭。五代以后,始称灶户,以设灶煎盐,故名。此外,不同地区又有畦户、锅户、井户、铛户等名称。盐户作为一种特殊的户籍,承担产盐徭役,所产盐由政府征收,不得私售。宋以亭户作为户籍之一。元、明、清以灶户专立户籍。清代一般的产盐户均称灶户,而对场商自置亭地雇佣人丁煮盐者称为盐户。参见"亭户"、"灶户"。

盐界 即"行盐地面"。

盐井卫 明洪武二十六年(1393)置。治今四川盐源县东卫城。属四川都司。二十七年改属四川行都司。辖境相当今盐源、盐边等县地。清雍正六年(1728)改为盐源县。

盐课 即盐税。盐课之名始于宋。时煮盐之灶户按丁岁课入官,受钱或折租赋,始称"盐课"。后,元、明、清对盐户、盐商所征之税均称盐课。详"盐税"。

盐课归地丁　清乾隆五十六年(1791)规定,行销河东池盐、引盐的陕西、山西、河南三省盐课额四十八万余两,均摊于三省引地一百七十二厅州县属地丁项下,摊征之课额,各解本省藩库,虽遇蠲免地丁之年,亦不得蠲免。

盐课司　官署名。明代管理盐场、盐井之机构。掌理产盐事务。明代于都转运盐使司所属之盐场置。设大使一人为主官,下设副使等官。凡一百五十九处:两淮三十处、两浙三十五处、河间长芦二十四处、山东十九处、福建七处、广东十五处、四川十七处、云南十二处。清初沿置。隶盐运使司或盐法道。设大使一人为主官,下设攒典等吏员。凡一百一十四处:直隶八处、两浙三十二处、山东八处、四川五处、山西三处、广东十二处、两淮二十三处、云南七处、福建十六处。如批验所与巡检司省置者,则由其兼办。

盐课司大使　官名。亦简称盐大使。明清盐课司之主官。掌盐场、盐井产盐、征课事务。明洪武十五年(1382)改司令设,每司各一人,凡一百五十九人,未入流。隶盐运使司。清初沿置,司各一人,凡一百十四人,为正八品。隶盐运使司或盐法道。

盐课提举司　官署名。掌管食盐生产及运销的机构,同于都转运盐使司,而品秩较低,秩从五品。元代设有广东、广海二盐课提举司。明代分设四川、广东海北(相当今广西合浦、灵山等县)、黑盐井(治今云南楚雄北)、白盐井(治今云南姚安西北)、安宁(今属云南)、五井(治今大理西)、察罕脑儿(今内蒙古乌审旗西南)共七处。另辽东称煎盐提举司。各置提举、同提举、副提举等官。元广海提举司四品,广东及明清均从五品。下辖各盐仓、各场和各井盐课司。提举总领司务,受巡盐御史或盐法道臣监督。清沿置,设云南石膏、黑盐井、白盐井三盐课提举司,设提举以掌司事。

盐厘　清后期对盐商征收之厘金。咸丰三年(1853),为筹集镇压太平天国之军费,江苏藩司帮办军务雷以諴采纳幕客钱江建议,在扬州举办厘捐,令商贾"捐厘助饷"。课税百分之一,因百分之一为厘,故名厘金。五年推行全国,且推及于盐务称"盐厘"。始行于两淮,后各省仿行。从此,既征盐课,又征盐厘。行盐愈远,课厘愈重。至清末,盐厘岁入之数几与正课相等。1914年并入盐税正税统一征收。

盐马司　官署名。明代掌管以盐市马的机构。洪武五年(1372)设纳溪、白渡二盐马司,设司令、司丞,司丞以内使为之。十三年罢,后复置。十五年改设大使、副使。又设顺龙盐马司,后均革。

盐米　五代南唐升元初,括定民赋。每正苗一斛,别输三斗于官廪,授盐二斤,谓之盐米。后淮南盐场入于后周,无盐可支,而输米如初,已为定式。

盐卡　❶为堵缉食盐走私,清于行盐之水陆各要路隘口所设巡截之卡。❷地方勒捐盐商私设之卡。

盐丘　❶清代福建海滨斥卤之地,贫民多就地垒土作埂,为晒盐之场,名为盐丘。❷即"丘折"。

盐泉县　唐武德三年(620)分魏城县置,治今四川绵阳市东。属绵州。地有盐井,四方贾贸者云集。元废。

盐人　官名。《周礼》天官之属。掌理盐政的宦官。

盐散商　清认引行销食盐之一般运商。统于总商之下。散商向总商纳课,由总商代缴。散商*滚总成纲,在总商分拨下行盐,并向总商交付各种盐规。

盐杀茧　盐腌储茧法。南朝陶弘景《药总诀》:"凡藏茧,必用盐官"。北魏贾思勰《齐民要术·种桑柘》指出盐腌法比日晒法好,"用盐杀茧,易缲(缫)而丝肕(韧);日曝死者,虽白而薄脆"。

盐山　在今河北盐山县东南。《资治通鉴》:东晋太兴元年(318)段匹磾据蓟,为段末柸所攻,奔乐陵太守邵续,石勒"将石越邀之于盐山,大败之,匹磾复还保蓟",即此。

盐商　经营食盐购销等商人之统称。包括专主收购食盐之场商及专主行销之运商。一般专指运商。

盐使司　官署名。金代置,管理食盐产销。秩正五品。在产盐之地分设山东、宝坻、沧、解、辽东、西京、北京七司,下辖盐场。每个盐使司都有自己的行盐地面。各司的计量办法不同,有袋(三百斤)、席(二百五十斤)、石(百五十斤)之别。盐价亦有区别,山东、沧、宝坻较高,西京、解次之,辽东、北京最低。盐课收入以山东盐司最高,沧次之,北京、西京最低。

盐氏　战国魏邑。即今山西运城市。因南有盐池,设官掌管,故名。(《史记》张守节正义)《史记·秦本纪》:昭襄王十一年(前296),"齐、韩、魏、赵、宋、中山五国共攻秦,至盐氏而还",即此。

盐税　历代对盐的生产、运销所征之税。宋以后又称"盐课"。为历代政府的主要财政收入之一。起源甚早,夏禹的青州贡盐,春秋时管仲有盐筴之征,名虽不同,实即对盐征税之始。战国时秦已设官征税,秦及汉初亦对盐行征税制,汉武帝时改征税为专卖,东汉初废专卖,又行征税。而盐税之名始见于《后汉书·百官志》:"凡郡县出盐多者置盐官,主盐税。"东晋、南朝皆征盐税,北朝间亦征税。隋至唐初无盐税。开元元年(713)唐政府始征盐税,初无定制,天宝时正式订盐税每斗十钱。后又创行就场征税制,征收榷盐钱,寓税于盐价之中。宋代行官卖通商,对盐户、盐丁征收盐课。金代行钞引法,征收钞课。元代设局卖引,盐价由政府规定,盐课所得通常为全国财政收入钱钞部分的一半以上,最高时达到十分之八。明代的盐课,包括灶丁之灶课,报中商人之引价及各种杂课,如滴珠银、水脚银、经纪银、抽盐银、引纸价等,由运司、盐课司、抽盐厂征收。清代盐课分为向盐户征收的场课,包括灶课、滩课、锅课、井课等;向运销商人征收的引课,包括正课、包课及各项附加税之杂课等。亦在国库收入中占有重要地位。咸丰三年(1853)开征厘金后,盐税于正课之外加征盐厘,直至清亡。

盐税课 ❶清地方州县,对来自各地之盐商,按引征税,谓之盐税课。❷即"盐课"。

盐司 清代盐运使之别称。

盐私 古代指销售私盐者。为历代政府所严禁。清代名目繁多,主要有如下十种:(1)盐户通过展宽池面、私煎等办法私产之盐,并私自出售者,谓之场私。(2)盐商办引纳课、支盐,又额外私带之盐,或将引盐私自盗卖和私开盐店者,谓之商私。(3)运盐船户通过盐户,或出钱买装,借机私带之盐,随意出售者,谓之船私。(4)被雇车户运盐到家,盗窃盐斤,用沙掺入充数者,谓之车私。(5)回空粮船,私买灶丁私盐,任意贩载者,谓之粮私,又名漕私。(6)甲处已税引盐,不按规定引地行销,私销于邻近引地行销者,谓之邻私。(7)数百为群,结伙兴贩,甚至持有枪炮武器,抢劫盐商者,谓之枭私。(8)不肖官吏,借官运局夹带私盐或私开盐店者,谓之官私。(9)缉私人员,以巡查私盐为名,勒措船户,又以出售私盐为名分肥者,谓之功私。(10)铜铅船只,夹带四川私盐,由长江入楚潜销者,谓之铜私。

盐台 宋代诸路提举茶盐公事的简称。

盐提举 见"盐课提举司"。

盐铁论 书名。西汉桓宽编著。分十卷或十二卷。凡六十篇。记录昭帝时盐铁会议的文献。第一篇至四十一篇记载盐铁会议上双方之论难,第四十二篇至五十九篇记载双方对未尽事宜之余论,第六十篇《杂论》略同后序。内容涉及政治、经济、军事、文化各个方面,重点论难经济政策。为研究西汉中期历史之重要资料。旧刻本以明弘治余祯刻本较好。参见"盐铁之议"。

盐铁使 官名。唐乾元元年(758),始以度支郎中第五琦为诸道盐铁使,掌盐铁专卖,兼及矿冶,以聚敛军资。代宗、德宗时曾分汴东、汴西两使,后复为一使,或与转运使合为一职,称盐铁转运使,亦有以度支使兼领者。多以宰相或淮南、浙西节度使兼之。官署多设于扬州,于长安、扬子、江陵等处置留后,诸道设巡院。晚唐及五代,与度支、户部并号三司使,总领全国财政事务。北宋太宗至真宗时,两度改三司为三部,分设盐铁使、度支使、户部使。咸平六年(1003),合三部为三司,设三司使总领,盐铁、度支、户部仅设副使,遂罢。辽代五京亦置,为南面京官。

盐铁之议 西汉昭帝时召开的辩论盐铁官营等国家政策的会议。武帝时实行盐铁官营,增加了政府收入,但其弊端也日益显露。昭帝即位后大将军霍光辅政,继续遵行武帝末年与民休息的政策。始元六年(前81),令丞相车千秋、御史大夫桑弘羊召集郡国所举贤良文学六十余人至京师,问以百姓疾苦及施政教化的要务。贤良文学请罢盐铁酒榷均输,而桑弘羊则以盐铁官营等为国家大业,反对废止。双方展开论战,除盐铁问题外,还涉及对匈奴的关系、德教与法治之得失等问题。结果,桑弘羊作出某些让步,奏罢郡国榷酤及关内铁官。宣帝时,庐江太守丞桓宽据会议资料,结合汝南朱子伯的追述,推衍增广而成《盐铁论》一书。

盐铁转运使 使职名。唐宝应元年(762),以社会动乱,关东漕运宜有倚办,遂以通州刺史刘晏为户部侍郎、京兆尹、度支盐铁转运使。盐铁兼漕运自此始。

盐亭县 西魏恭帝以北岩渠县改置,即今四川盐亭县。唐属梓州,宋元属潼川府,明属潼川州,清属潼川府。

盐务 见"盐政❶"。

盐务分司 官署名。明清分管督察盐场之机构。明代设十四处,隶于都转运盐使司下,分别以运同、运副、运判司之。掌督察各场仓盐课司,以总于都转运使,共奉巡盐御史或盐法道臣之政令。清沿设,隶于都转运使或盐法道之下。亦分别由运同、运副、运判司之。计运同三人,直隶、山东、广东各一人;运副仅两浙一人;运判五人,直隶一人,两淮三人,两浙一人。此外,淮南、淮北及河东各设监掣同知一人,掌查验行盐事务;云南地方设有提举司三,分掌盐井事务。均同于分司。

盐枭 又称盐匪、盐徒。旧指私盐贩中之慓横者,多指私盐贩集团之首领。唐代的黄巢、王仙芝,元末的张士诚、方国珍,清初的谭阿昭、蔡牵,均以结党贩卖私盐之首领而聚众起事。清代对巡缉盐枭特别重视。

盐义仓 仓名。储粮仓库之一种。清雍正四年(1726),淮商集资捐银二十四万两,专为买谷建仓之用。巡盐御史噶尔泰奏闻,并缴公务银八万,总共二十二万两。世宗批准,以二万两赏两淮巡盐御史,以三十万两买米谷建仓,赐仓名"盐义",仍交商人经理。其后,浙江众商也捐银十万两,在杭州建仓。

盐邑志林 丛书名。明天启间樊维城汇编,七十卷。维城,湖广黄冈(今属湖北)人,万历进士,官至福建按察副使。本书系作者知浙江海盐任内,汇集该地历朝著作而成,凡四十一种(其中明代二十九种),所收多经解、纪事、杂说之作,有参考价值。惟对明人著作颇多删节,对前代著作亦有失考、舛误之处。

盐引 宋以后历代政府印制、颁发的支取及运销食盐之凭证。亦为政府及盐商垄断食盐产销之依据。宋初行折中法,销盐凭证称"交引"。庆历八年(1048)改行钞法,遂称"盐钞"。政和三年(1113)蔡京改行引法,始称"盐引"。金代行钞引法,各盐司分别以袋、席、石为单位,若干袋、席、石为一套,套以盐钞为凭证,袋、席、石以盐引为凭证。销盐时必须钞、引、公据(盐司证明)三者俱备。元代统一制度,以四百斤为一袋,废盐钞,只保留盐引,每袋一引。商人向盐运司(或户部)纳钱钞,换取盐引,再到盐场(或盐仓)领盐,转运各地。销售时商人必须先将盐引送交地方官府检验,才能发卖。盐卖出后五天之内将盐引上交地方官府注销。盐引由户部印造,设局发卖,上面注明商人姓名和指定交盐的盐场(或盐仓)。私造盐引要判处死刑,抄没家产。明代由内府镌铸铜版印刷,颁发盐运司。初行开中制,商人纳粮边卫,从边卫领取,再赴盐场支盐。后改为纳银,纳银后从盐司领取。明后期改行纲法,遂渐成盐商垄断食盐专利之*窝本。清代由户部宝泉局用铜版统一印刷,由各地盐务官员或转运司赴部领取,再发引、收课于盐商。清代盐引有多种名目:从每引包括盐斤数量上分为大引和小引;从运销途程上分为水引和陆引;从定量配销上分为正引和余引;从行销方式上分为肩引和住引;从发引时间上分为新引和旧引;从途程远近、纳课轻重上又分为纲引和食引等。盐商领引纳课,沿途盐卡凭引盘查收税。盐商按盐引指定之引地(又称引岸,即专卖区)行销。引盐销完后,将残引上缴官府,查验注销。

盐引课　又名引税。清政府凡随盐引征收之盐税,皆可视为引课。有正课(正项)与杂课(杂项)之分。后逐渐增多。至嘉庆时多至近百种。

盐引批验所大使　官名。明清盐引批验所之主官。初,元代于大德年间置批验所,掌批验盐引。明沿置,以大使领之,计两浙四人,两淮、河间长芦各二人,山东一人,未入流。清设官十六:广东一人,直隶、山东、两淮、福建各二人,四川三人,两浙四人,为正八品。下设副使、攒典等佐理。凡不设大使之处,其职司由盐课司大使兼充。

盐源县　清雍正六年(1728)改盐井卫置,属宁远府。治今四川盐源县东北卫城。

盐运使　官名。全称都转运盐使司盐运使,简称运使。清代都转运盐使司长官。奉天、直隶、山东、两淮、两浙、广东、四川等产盐省分各设一人。秩从三品。与盐法道间置,亦有盐法道兼运使者,掌治各盐场、井、池之盐务事宜,督察场民之生计、商人之行息,适时平盐价、管理水陆挽运等。属官设经历、知事、巡检及库仓大使等。

盐运司　即"都转运盐使司"。

盐杂课　清盐课之一。政府向盐商按引征收之官钱银、公务银、公费银以及各种附加税之统称。

盐泽　见于《史记·大宛列传》。一名蒲昌海(《汉书·西域传》)、泑泽、牢兰海(《水经注》)、辅日海、临海(《括地志》)、罗不(《元史》)、Lop(《马可波罗游记》),古藏文作 Nob。即今新疆罗布泊。

盐正课　即"盐引课"。

盐政　❶历代政府对盐的产制、收储、运输、销售、榷税、缉私等各方面管理工作之总称。亦称"盐务"。古代对盐的管理起源很早。《周礼》记载有掌盐之官,称"盐人"。春秋战国时,设官征税。秦汉以后,历代均设置专官或专门机构管理盐务,同时制定相应的制度、法规,以保证对盐业的管理及盐税的征收。参见"盐法"、"盐税"、"盐人"、"盐铁使"、"都转盐运使司"等。❷官名。清代管理盐务之职官。初设长芦、两淮各一人,余以总督、巡抚兼职;又沿明旧制,各省置巡盐御史。顺治十年(1653),与各省巡按御史一并议停,盐务交与都转盐运使司管理。康熙十二年(1673),仍令御史巡视盐务。雍正以后,改置盐政。以总督兼盐政者有直隶、两江、陕甘、闽浙、四川、两广六人,以巡抚兼盐政者山西、云南二人,均分领各盐运使司、盐法道,总理盐务。

盐政大臣　官名。清宣统元年(1909)十一月设,管理全国盐务、盐政。有"督办"和"会办"两种名义,督办盐政大臣由度支部尚书兼任,会办盐政大臣由湖广总督和各产盐省份督抚兼任,各行盐省份督抚均兼会办盐务大臣衔。盐政院成立后,督抚不再兼充会办大臣。1912 年 1 月裁。

盐政院　官署名。清末最高盐政机构。宣统三年(1911)八月改都办盐政处设。掌理全国盐政,统辖盐务各官。置盐政大臣一人(度支大臣兼),丞一人,参议一人。下设总务、南盐、北盐三厅,各置厅长一人并佥事、录事各官。十一月并入度支部。

盐政志　书名。明朱廷立撰。十卷。廷立,湖广通山(今属湖北)人。嘉靖进士,官至礼部右侍郎。嘉靖八年(1529),作者以河南道御史清理两淮盐政,乃通考古今盐制,编纂此书。凡分出产、建立、制度、制诏、疏议、盐官、禁令七门,每门各分子目,计三百九十四。资料广泛,为研究明代盐政之参考书。

盐制　即"盐法"。

盐州　❶西魏废帝三年(554)以西安州改名。治今定边县。隋大业三年(607)改为盐川郡。辖境相当今陕西定边、宁夏盐池一带。唐复改为盐州,天宝、乾元间,曾改为五原郡。元废。❷渤海国置,治龙河县(今俄罗斯库拉斯基北下岩杵河)。属龙原府。辽废。

盐州牧监　❶官署名。隋代陇右牧总监所统诸牧之一,置监、副监、丞,统诸羊牧。❷官名。隋代陇右牧总监所统盐州牧长官,视从七品。

盐壮　明乡兵之一种。指商人、灶户、盐丁组成的武装。不隶军籍。嘉靖中,松江盐徒驱逐倭寇,颇有战斗力。

盐总商　又名商总、纲总。清于两淮运商中择家道殷实者点为总商,统率散商。散商行盐,必得总商具保,一切盐费,均由总商摊派。

铅山州　元至元二十九年(1292)升铅山县置。治今江西铅山县东南永平镇。直隶江浙行省。明洪武二年(1369)降为县。属广信府。1949 年迁今治。

缑环钱　见"二铢钱"。

阎承翰(947—1014)　北宋真定(治今河北正定)人。宦官。后周显德中为内侍,入宋事太祖。太宗时,为内侍供奉官、内殿崇班。旋为川峡招安都监,参与镇压王小波、李顺起义。真宗时,任西京作坊使、内侍右班副都知。咸平五年(1002),迁镇、定、高阳关三路排阵都钤辖,请凿渠引唐河水以通馈运。景德初,契丹谋攻顺安军,他发精兵筑垒抵御。后契丹结好,又领国信司,主交聘事。曾获真宗所赐《内侍箴》。后任南作坊使、入内都知。

阎次平　南宋河中河东(今山西永济西)人。画院待诏阎仲子。隆兴初进画称旨,授将仕郎、画院祗候,赐佩金带,与弟阎次于皆承家法而艺过于父,善画山水人物,尤工画牛,博采李唐、荆浩、关同、王诜之长。所画《风林放牧图》,鸟兽皆迎风而立,细致入微。作品有《溪山深雪图》、《牧牛图》、《风雨归庄图》、《梅林牧羊图》等。

阎鼎(? —313) 西晋天水(今属甘肃)人,字台臣。初为东海王司马越参军,转卷令,行豫州刺史事。永嘉五年(311),聚西州流民数千于密县(今河南新密东南),欲还乡里。洛阳陷落后,秦王司马业与司空荀藩假之为冠军将军、豫州刺史。乃与抚军长史王毗等谋翼戴秦王入关,据长安以号令四方。藩等为山东人,不欲西行,中途逃散。乃使人告雍州刺史贾疋,疋遣兵来迎。六年,疋克长安,奉秦王为皇太子,鼎为太子詹事,总摄朝政。又与京兆太守梁综争权,杀之。而始平太守麹允、抚夷护军索綝忌其功,并力攻之,遂奔雍,为氐窦首所杀。

阎尔梅(1603—1662 或 1679) 明末清初江苏沛县人,字用卿,号古古,又号白耷山人。明崇祯举人。清兵入关,应史可法聘,参与抗清军事,兵败祝发为僧,称蹈东和尚。不久,以谋举事,被捕下狱,后逃脱,流亡各地凡十年,晚年始归家乡。博学善诗,有《白耷山人集》。

阎复(1236—1312) 元高唐(今属山东)人,字子静。初依东平严实,为御史掾。世祖至元八年(1271),得王磐荐,为翰林应奉。二十三年,升翰林学士。二十八年,为浙西道肃政廉访使,因撰桑哥辅政碑文,免职。成宗即位,除集贤学士。大德元年(1297),为翰林学士。四年,拜翰林学士承旨。武宗即位,致仕。著《静轩集》五十卷,今存后人辑本。

阎膏珍(Vima Kadphises) 贵霜王朝国王。在位年代主要有公元 65—78 年、78 年—二世纪初和二世纪初—130 年左右三说。据《后汉书·西域传》,系丘就却之子,继其父即位后,复灭天竺,置将一人监领之,贵霜自此日益强盛。

阎公贞 金大兴宛平(今北京城西南隅)人。大定进士。明昌元年(1190),任大理正,累升大理卿。承安元年(1196),迁翰林侍读学士,仍兼前职。任职大理寺近十年,曾受命校定律令,改订甚多,被金人认作"法家之祖"。

阎洪达 西突厥汗国官名。与俟利发共议国事。

阎皇后(? —126) 即安思阎皇后。东汉河南荥阳(今河南荥阳东北)人,名姬。安帝皇后。元初元年(114),入选掖廷为贵人。次年,立为皇后。其兄阎显等把持朝政,与宦官江京、樊丰谮废皇太子刘保为济阴王。延光四年(125)安帝死,欲久秉国政,贪立幼主,与显等定策禁中,迎立北乡侯刘懿为少帝,以皇太后临朝,诛除大将军耿宝及其党羽。阎氏皆居权要。少帝旋死,中黄门孙程等拥立济阴王为顺帝,阎显等皆伏诛。遂被迁于离宫。次年卒。

阎敬铭(1817—1892) 清陕西朝邑(今大荔)人,字丹初。道光进士。咸丰九年(1859)赴湖北,总管粮台营务。十一年迁湖北按察使。同治元年(1862)署布政使,参与镇压太平军。后调署山东巡抚,镇压宋景诗起义军和捻军。光绪八年(1882)升户部尚书,次年充军机大臣。十一年因反对修圆明园,被革职留任。以善理财著称。

阎乐 秦末人。宦官赵高之婿。曾任咸阳令。秦二世三年(前 207)刘邦率反秦义军攻克武关(今陕西丹凤东南)后,奉高之命乘二世斋于望夷宫之机,发兵围宫,逼令二世自杀。

阎立本(? —673) 唐雍州万年(今陕西西安)人,祖籍榆林盛乐(今内蒙古和林格尔西北)。父毗、兄立德均以绘画著称于时。太宗时,官主爵郎中。显庆时,以将作大匠代兄为工部尚书。总章元年(668)为右相。咸亨元年(670),任中书令。承家学,师法张僧繇、郑法士,善绘画,兼能书法,工于写真。题材广泛,人物、车马、山水、台阁等,并臻极妙,时人号为"丹青神化",为后世人物画家所师法。曾画《秦府十八学士图》、《凌烟阁功臣图》著称于时。存世作品有《步辇图》(现藏故宫博物院)、《历代帝王图》(现藏美国波士顿美术馆)、《职贡图》等。

阎立德(? —656) 唐雍州万年(今陕西西安)人,祖籍榆林盛乐(今内蒙古和林格尔西北),名让,以字行。父毗,弟立本,同有画名,俱传家法。武德中,为尚衣奉御,造衮冕大裘等六服,腰舆伞扇,咸得妙制。贞观初,为将作大匠。后造翠微、玉华二宫,称旨。又造战船五百艘征辽。复以营建昭陵有功,官至工部尚书。卒陪葬昭陵。画有《文成公主降蕃图》、《玉华宫图》、《斗鸡图》等。

阎鸣泰 明保定清苑(今河北保定)人。万历进士。累迁辽东佥事。万历四十七年(1619)以开原失守派赴巡抚沈阳,半途称病归。天启时附魏忠贤党,召为兵部右侍郎,总督蓟辽、保定军务,于蓟、辽建魏忠贤生祠七所。崇祯初遭劾削职,崇祯二年(1629)定逆案,后充军死。

阎毗(562—613) 隋榆林盛乐(今内蒙古和林格尔西北)人,一说长安(今陕西西安)人。好经史,工篆隶,尤善画,富于巧思,亦精工艺及工程建筑等。北周武帝时,为仪同三司。入隋,文帝爱其才艺,令侍东宫。以雕丽之物取悦于太子杨勇,得授车骑将军。炀帝时,奉敕修辇辂,多有损益。曾领工建临朔宫,修长城,筑运河,掘永济渠等,皆有卓绩。官至朝散大夫,将作少监。卒于高阳(今河北高阳东)。

阎庆(506—582) 北朝时河南河阴(今河南孟津东)人,字仁庆(亦作仁度)。北魏正光中,破六韩拔陵部将卫可孤攻围盛乐,随父固守,力战有功。魏孝武帝西迁长安后,于大统三年(537)自宜阳(今河南宜阳西)从归,拜中坚将军。参与攻东魏之河桥、邙山战役,先登陷阵,拜抚军将军、大都督,赐姓大野氏。北周初,历任河、云、宁三州刺史。天和六年(571),进位柱国。宇文护母虽为其姑,然不阿附。大象二年(580),拜上柱国。隋初卒。

阎柔 三国时广阳(治今北京城西南隅)人。少没乌桓、鲜卑中,为部族人信重。幽州牧刘虞从事鲜于辅等推为乌桓司马,使率胡汉数万大破公孙瓒部将邹丹。旋杀乌桓校尉邢举自代,袁绍宠慰之,使安北边。建安五年(200)遣使诣曹操于官渡,拜为乌桓校尉。操平河北时,帅部曲及鲜卑献名马以奉军。

从征三郡乌桓,以功封关内侯。操甚爱之。所统幽、并乌桓万余落悉徙归中原。十七年,与鲜卑轲比能部三千余骑从操征田银于河间。魏文帝时拜为度辽将军,封县侯。

阎若璩(1636—1704) 清山西太原人,徙居江苏淮安。字百诗,号潜邱。年十五,补学官弟子。康熙十八年(1679),应博学鸿词试,不第。后与胡渭、顾祖禹等助徐乾学修《大清一统志》。生平长于考证,遇有疑义,必反复穷究,得其解乃已。积三十余年,撰成《古文尚书疏证》,论定东晋梅赜所献《古文尚书》为伪。又精于地理之学,熟谙山川形势、州郡沿革。所撰《四书释地》,考证关于"四书"之地理甚详,兼及人名、物类、训诂、典制等。尚著有《潜邱札记》、《毛朱诗说》、《日知录补正》、《孟子生卒年月考》、《眷西堂集》等。

阎涉(?—320) 涉或作沙。十六国时京兆(治今陕西西安西北)人。前凉主张寔帐下将。同乡刘弘以传教谋伺机起事,涉与同乡赵仰等事之。晋太兴三年(320)六月,与赵仰等密谋杀寔,奉刘弘为主。寔被刺后,部将平乱,他与同党均被捕杀。

阎式(?—309) 式一作彧。十六国时天水(今属甘肃)人。西晋末,任始昌令。元康八年(298),与李特随秦州六郡流民入蜀就食,知益州刺史罗尚部下谋袭流民,乃劝特早为之备,特因大败尚军。流民推特为行镇北大将军,遂为特谋主。李雄即皇帝位,拜为尚书令。上疏请考汉晋故事,立百官制度,从之。成晏平四年(309),与太尉李离同为离部将罗羕、訇琦所杀。

阎书勤(1860—1900) 清山东冠县梨园屯(在今河北威县)人。以轧棉花为生。习红拳,精刀术,人称"大刀阎书勤"。多次领导梨园屯村民反对教会霸占本村玉皇庙。光绪二十三年(1897)拜赵三多为师,与梅花拳联合。次年聚众三千人在冠县蒋家庄(在今河北南宫)起义,旋被镇压。二十六年参加赵三多领导的枣强县卷子镇起义,受挫后回梨园屯,严惩传教士。旋被清军捕杀。

阎温(?—213) 东汉末天水西县(今甘肃天水西南)人,字伯俭。以凉州别驾守上邽令。建安十八年(213)马超率羌胡击陇上诸郡县,围冀城(今甘肃甘谷东)。他受命潜水出求援,为超所获,载之城下令劝降。不屈被杀。

阎文应(?—1039) 北宋开封人。宦官。累迁至入内副都知。仁宗初亲政,他与宰相吕夷简谋,悉罢刘太后垂帘时所任大臣。郭后谓夷简亦附刘太后,仁宗并罢夷简。他素与夷简交结,及夷简再相,遂合力乘隙废郭后。仁宗既而后悔,他挟太医诊视,致郭后暴死。后累迁至昭宣使、恩州团练使。为谏官所劾,徙相州钤辖。

阎锡山(1883—1960) 山西五台人,字百川。初肄业山西武备学堂。清光绪三十年(1904)留学日本士官学校。次年入同盟会。宣统元年(1909)回国。次年任山西新军第六十六标标统。太原光复,举为山西都督。长期割据山西,先投靠袁世凯。1927年又投入国民党集团。1931年任太原绥靖主任。九一八事变后,支持蒋介石的不抵抗政策。1939年发动十二月事变,进攻抗日决死队,屠杀共产党人。抗日战争结束后,参加反人民内战。1949年曾在广州任国民政府行政院院长。后死于台湾。

阎显(?—125) 东汉河南荥阳(今河南荥阳东北)人。安帝元初四年(117)嗣爵为北宜春侯。妹为安帝皇后。建光元年(121)安帝亲政,封长社侯,诸弟并为卿校,执掌禁兵,干预朝政。与宦官江京等阴谋废皇太子刘保为济阴王。延光四年(125)安帝死,又与阎后定策禁中,立年幼之北乡侯刘懿为帝(即少帝)。太后临朝,遂以车骑将军、仪同三司专断朝政。少帝病死,宦官孙程等十九人拥立刘保为顺帝,遂被杀。

阎循观(1727—1771) 清山东昌乐人,字怀庭,号伊蒿。乾隆进士。官吏部考功司主事。曾读书于程符山中,好学者多从之。初好佛学,后读宋儒之书,遂宗程、朱。为学主省身克己,刻苦自立。治经不立一家言,而要归于自得。著有《困勉斋私记》、《毛诗读记》、《西涧文集》、《尚书春秋说》等。

阎应元(1607—1645) 明末清初顺天通州(今属北京)人,字丽亨。崇祯中,为江阴典史,迁英德主簿,道阻,寓居江阴。清顺治二年(1645),清兵围江阴,典史陈明遇率民守城,请他入城主兵事,固守血战八十一日,并严斥南明降将刘良佐的诱降。城破率众巷战,投水自尽未死,被执杀害。著有《和众乘城略》。

阎宇 三国时南郡(治今湖北荆州)人,字文平。延熙十六年(253),为蜀庲降都督,后为右大将军。时宦官黄皓用事,与之亲善,阴欲废大将军姜维而树宇。曾都督巴东,为领军,及魏伐蜀,乃受召而还。

阎自若 一作高自若。北宋常山(今河北正定)人。著有《唐末汎闻录》。

阎缵 或作阎纂。西晋巴西安汉(今四川南充东北)人,侨居河南新安,字续伯。为太傅杨骏舍人,转安复令。骏诛,弃官。河间王司马颙引为西戎校尉司马。及贾后废愍怀太子,舆棺诣阙,上书理太子冤。贾氏败,朝廷嘉其忠烈,擢为殿中将军、汉中太守。卒于官,年五十九。

羡除 算学与建筑学术语。刘徽云:"羡除,实隧道也。"有三广及深、袤,即两侧面为勾股形,其余三面为等腰梯形(或其一为长方形)之楔形体。《九章算术》提出其体积公式为"并三广,以深乘之,又以袤乘之,六而一"。刘徽《九章算术注》分别不同情况,将其分割成堑堵、阳马、鳖臑,求其体积之和而证明之。

颜安乐 西汉鲁国薛(今山东滕州东南)人,字公孙。与严彭祖同受《公羊春秋》于眭孟。眭孟说:"《春秋》之意,在二子矣!"(《汉书·儒林传》)由是《公羊春秋》有颜氏之学,与严氏之学并立。宣帝时立为博士,官齐郡太守丞。著作已佚。清马国翰辑有《春秋公羊颜氏记》。

颜般 战国时人。为费国惠公之友。见《孟子·

万章下》。《汉书·古今人表》作颜敢。一说系形近而讹。

颜伯焘(1788—1855) 清广东连平人,字鲁舆。嘉庆进士。历陕西按察使,甘肃、直隶布政使。道光十七年(1837)授云南巡抚,兼署云贵总督。二十年擢闽浙总督。二十二年奏请饷银二百万,造船募新兵及水勇八千,以备出洋抗击英军。复疏陈广东战事,斥责投降派奕山,荐裕谦、林则徐可任粤事。主张出海迎战,与英军交锋。七月英舰三十余艘犯厦门,率兵抗击。厦门失陷后,退守同安县,被革职。

颜伯玮(1353—1402) 明庐陵(今江西吉安)人,名瓌,以字行。唐鲁国公真卿之后。建文元年(1399)以贤良征,授沛县知县。李景隆攻燕屯德州,沛人终岁挽运,他善于规划,使民得不困。尝集民兵五千人筑七堡以备御燕兵。后燕兵入沛,乃冠带升堂,自经死。

颜雠由 即"颜浊邹"。

颜斶 战国时齐国人。处士。曾与齐宣王辩论。王问以"王者贵乎,士贵乎?"他提出一套士贵于王之理论,宣王为之心折,并愿受教为弟子,与共富贵。他却辞去,终身不仕。见《战国策·齐策四》。一说颜斶即王蠋。见吴师道《战国策》补注所引《春秋后语》。参见"王蠋"。

颜高(前501—?) 春秋末鲁国(一说燕国)人,名高,一说名产,或作刻,字子骄。孔子学生。《孔子家语·七十二弟子》载,孔子在卫,夫人南子使孔子为次乘,游过市,颜刻为御。

颜杲卿(692—756) 唐京兆万年(今陕西西安)人,祖籍琅邪临沂(今属山东)。字昕。以荫授官。开元中,以书判超等迁范阳户曹参军。安禄山闻其名,表为营田判官、假常山太守。天宝十四载(755),禄山反,他应从弟平原太守真卿约,联合起兵反击,以计擒杀禄山部将数人。玄宗擢为卫尉卿兼御史中丞,遂传檄河北,十七郡奋起响应,附叛军者六郡而已。史思明急攻常山(今河北正定),激战六日,终因兵少无援,城陷被俘。押送洛阳,大骂安禄山,不屈而死。

颜杲卿家传 书名。一作《颜公传》。唐殷亮撰。一卷。已佚。《资治通鉴考异》有征引。

颜含(约264—约356) 晋琅邪临沂(今山东费县东)人,字弘都。少有操行,以孝悌闻。为太傅参军,出补闾阳令。司马睿镇下邳时,命为参军。过江,为上虞令、东阳太守。累迁本州大中正,散骑常侍、大司农。以讨苏峻功,封西平县侯,拜侍中,除吴郡太守。迁光禄勋。以年老逊位。卒年九十三。

颜浩长 清末广东番禺人,一名永祥。贫苦农民出身。自幼习武,绰号"定拳长"。道光二十一年四月十日(1841.5.30),率义勇参加三元里人民在牛栏冈共同围击英国侵略者。战后仍以种田度日。咸丰四年(1854)广东天地会红巾军从广州撤围转入广西后,清政府视其为参加起义的"红家货",派兵拘拿未获。终年八十余岁。

颜何 春秋末鲁国人,名何,字冉,一说字称。孔子学生,见《史记·仲尼弟子列传》,今本《孔子家语·七十二弟子》不载。

颜回(前521—前490) 春秋末鲁国人,名回,字子渊,亦称颜渊。孔子学生。家境贫寒,箪食瓢饮,居住陋巷,而不改其乐。为人好学,且"不迁怒,不贰过"。师事孔子,言无不从,以德行著称。孔子称赞他"贤哉回也"、"回也,其心三月不违仁"(《论语·雍也》)。因早卒,孔子深为哀伤。

颜聚 一作颜最。战国时人。初为齐将。赵王迁七年(前229)秦将王翦攻赵,赵使李牧、司马尚率军抵御。赵王旋中秦反间计,听信佞臣郭开谗言,杀李牧,废司马尚,使他与赵葱(一作忽)代之。次年,秦攻赵益急,赵葱军破,他亡去,赵王迁被虏,赵遂亡。

颜钧 明永新(今属江西)人,原名铎,字子和,号山农。泰州学派学者。尝从徐樾学,得王艮之传。好游侠,急人之难。遍历吴、越、齐、鲁、燕、赵等地。隆庆二年(1568),遭诬陷下狱。得弟子罗汝芳等营救,赦归,卒年八十余。发挥王艮"百姓日用"之学,认为人之天性生生不息,"制欲非体仁也",毋须去人欲以存天理。此说于泰州后学影响甚大。著有《颜山农集》、《耕樵问答》,均佚。

颜哙 春秋末鲁国人,名哙,字子声。孔子学生。

颜李学派 清初由颜元及其弟子李塨所创立,以经世致用,躬行践履为特点。反对理学家空谈心性。哲学上反对理学家"理在事先"、"心外无理"之说,认为"气外无理"。强调"习行"与直接经验。传习该派学说的还有王源、恽鹤生、程廷祚、刘献廷及后来的戴望等。反映该学派学术思想的主要著述有《颜李丛书》、《颜氏学记》。参见"颜元"、"李塨"。

颜料局 官署名。明代工部虞衡司之属。掌管淘洗青绿,如烧造银硃所用之水银,烧造黄丹所用之黑丹等,皆按月支料烧炼完备,逐月进赴甲字库收贮。初设大使一人,后革。

颜料库 官署名。清代户部三库之一,位于西安门内旧甲字库址。顺治十三年(1656)分后库置。负责藏贮各省解到茶、腊、香料、颜料及铜、铁、木料等项物品,以备支用。初由户部理事官管理,康熙二十五年(1686)设掌印郎中一人领库事,下设员外郎、司库、笔帖式、库使等分理库务。光绪三十二年(1906)改隶度支部。

颜路 即"颜无繇"。

颜佩韦(?—1626) 明吴县(今属江苏)人。天启六年(1626),魏忠贤派缇骑赴苏州逮东林党人周顺昌。苏州士民聚众数万抗议,旗尉语不逊,众益愤,遂殴毙一人,巡抚王一鹭走匿得免。事后,他与马杰、沈扬、杨念如、周文元等五人挺身自首,遂被杀。吴人感其义,合葬于虎丘旁,称"五人之墓"。

颜齐 即"燕齐"。

颜勤礼碑 今存陕西西安碑林。唐大历十四年(779)刻。颜真卿六十岁时撰并书。从《集古录》、《金石录》著录后,别无人言及,当在北宋后倒仆。1922年十月,在长安旧藩廨库基中出土。宋伯鲁跋其后,记再获诸事。原碑为四面刻,且已中断。今止存两面及一侧,文至"铭曰",故知铭文之另一侧磨灭。

颜师伯(419—465) 南朝宋琅邪临沂(今山东费县东)人,字长渊。少孤贫。元嘉中,雍州刺史刘道产以为辅国行参军。太子刘劭弑文帝自立,从武陵王刘骏起兵,以参谋功封平都县子。大明二年(458),为辅国将军,青、冀二州刺史。时魏攻宋,受命节度诸军,屡破魏师,进号征虏将军。征为侍中,历吏部尚书、尚书右仆射等官。孝武临终,遗命辅立前废帝。居权日久,家产丰积。后以帝分其权,与侍中柳元景谋废立,谋泄,被杀。

颜师古(581—645) 唐京兆万年(今陕西西安)人,名籀。隋时任安养县尉。唐贞观中,与魏征等撰修《隋书》。太宗以五经传写多讹误,诏师古详加校订。学者竞就所知提出质问,他博引晋、宋旧文逐条答辩,时人叹服。迁秘书少监,校勘官藏图籍。官至秘书监、弘文馆学士。著有《汉书注》、《匡谬正俗》、《安兴贵家传》、《大业拾遗》、《正会图》、《吴兴集》、《庐陵集》等。

颜师鲁(1119—1193) 宋漳州龙溪(今福建漳州)人,字几圣。绍兴进士。历知莆田、福清县,兴修水利,注重民政。历国子丞、江东提举、监察御史,遇事尽言,无所阿挠。淳熙十年(1183)为国子祭酒,请讲明理学,使士知廉耻。寻除礼部侍郎兼吏部。十四年,高宗丧制及当时典礼,多由其裁定,并以遗留礼信使使金。迁吏部尚书兼侍讲,寻以龙图阁直学士两知泉州,以恤民为政,始至即蠲舶货,诸商贾胡尤服其清。

颜氏妃墓 古墓葬。在今河南安阳县清峪村西,为北齐文宣帝高洋妃颜氏墓。墓室内残存少量北齐壁画,并有陶俑、瓷器等随葬品出土。

颜氏家庙碑 全称《颜氏家庙之碑》。又名《颜惟贞家庙碑》。今存陕西西安碑林。唐建中元年(780)刻。李阳冰篆额,颜真卿撰并书。因四面刻文,亦称《四面碑》。两面各二十四行,行四十七字。两侧各六行,行五十二字,均楷书。碑阴另有题记,上方又刻有《斋堂记》,作小碑形,亦有小篆额,传为宋梦瑛大师书。此碑为颜氏七十二岁时作,雄健庄密,颜体风格高度成熟,被推许为晚年代表作品。

颜氏家训 书名。北齐颜之推著。二卷二十篇。作者痛心于魏晋以来"士大夫耻涉农商,羞务工伎,射既不能穿,札笔则才记姓名,饱食醉酒,忽忽无事,以此销日,以此终年"的社会风气,以《论语》、《孝经》等儒家经典为据,从整饬家庭关系入手,企图扭转时弊。强调父慈子孝、兄友弟恭、夫义妇顺等封建伦理道德规范及维系此规范的家教、家法,宣称"笞怒废于家,则竖子之过立见,刑罚不中,则民无所措手足,治家之宽猛亦犹国焉。"认为"生民之本要,当稼穑而食,桑麻以衣",重视家庭的经济职能。提倡"应世经务",反对"高谈虚论,左琴右书,以费人君禄位"。对教子学鲜卑语及弹琵琶以服事公卿的风气,尤深恶痛绝。对魏晋玄学各派人物,均有评论。为研究魏、晋、南北朝时期社会思潮的重要著作之一。今人王利器撰有《颜氏家训集解》。

颜氏墓群 古墓群。位于今江苏南京市北郊之老虎山,是晋右光禄大夫颜含之子孙家族墓葬群。其中含次子颜谦之妇刘氏墓出土书有"永和元年(345)七月廿日亡九月葬"砖质墓志,其字体已接近楷书;已发掘的几座墓中出土了大量的青瓷、陶、铜、铁、金银饰、骨、石质之壶、盘、碗、砚、印章等器物。

颜氏之儒 孔子后的儒家分派之一。此派奉孔子得意门生颜回(字子渊)为宗师。传陶潜《圣贤群辅录》说:"颜氏传《诗》为道,为讽谏之儒。"一说孔子有颜氏门徒八人,即颜回、颜无繇、颜幸、颜高、颜祖、颜之仆、颜哙和颜何,此派宗谁,因文献阙如,难以确指。

颜率 战国时西周谋士。周慎靓王四年(前317)秦败韩师于脩鱼(今河南原阳西南),秦兵临周境,欲求九鼎。周慎靓王患之。他至齐说齐宣王,齐发兵五万人救周,秦罢兵去。旋齐又欲得周九鼎,他复至齐,力止之。见《战国策·东周策》。

颜太初 北宋徐州彭城(今江苏徐州)人,字醇之,号凫绎处士。进士出身。官至南京(今河南商丘)国子监说书。博学有才,苏洵曾将其诗文十余篇推荐于苏轼。仗义敢言,诗多讥刺时事。景祐元年(1034),亳州卫真县令黎德润被诬死狱中,他以诗发其冤,览者壮之。卒年四十余。著作有《凫绎先生集》,已佚。

颜无繇(前545—?) 繇或作由。春秋末鲁国人,名无繇,字路。颜回之父,孔子学生。颜回早死,家贫无以葬,求卖孔子之车马为回买椁,孔子不从。

颜习斋 即"颜元"。

颜幸(前505—?) 春秋末鲁国人,名幸,一作辛,字子柳。孔子学生。

颜延之(384—456) 南朝宋琅邪临沂(今山东费县东)人,字延年。少孤贫,好读书。入仕途,每犯权要。官至御史中丞、金紫光禄大夫,故又称"颜光禄"。笃信佛教,以人与其他生物同属"众生"为由,宣传"轮回转生",杀生受报,并著《释达性论》、《重释达性论》,非难何承天《达性论》所主张的生必有死,形毙神散观点,史称"达性论之争"。善诗赋,文辞之美与谢灵运齐名,时称"颜谢"。原集已佚,明人辑有《颜光禄集》。

颜颐寿(1462—1538) 明湖广巴陵(今湖南岳阳)人,字天和,号梅田。弘治进士,授宝丰知县。正德时迁都御史。嘉靖五年(1526)官至刑部尚书。次年参与审理李福达案,忤帝意下狱。不久革职闲住。后病死于家。

颜异(?—前117) 西汉人。曾为济南亭长。武帝时以廉直迁大农令。时御史大夫张汤奉命改革币制,造白鹿皮币。乃以王侯朝贺用仓璧,仅直数千,而其皮荐反直四十万,本末不相称,又与客非议法令,遂为人告发,事下张汤审治。因素与汤有隙,汤劾其身为九卿,见令不便,不入言而腹非,论死。自后有腹非之法比。

颜渊 即“颜回”。

颜元(1635—1704) 清初直隶博野(今属河北)人,字易直,又字浑然,号习斋。早年与吴洞云、贾端惠交往。家贫,开馆授徒。初得《陆王要语》,喜而笃学,后见《性理大全》,转宗程、朱。三十四岁时,居祖母丧,一遵朱熹《家礼》,疏食少饮,几致病死,此后即视理学为“杀人”之论,力加排诋。六十三岁时,应聘主讲肥乡漳南书院,设文事、武备、经史、艺能诸科。论学以尧、舜、周、孔为标的,认为宋明儒者“离事物以为道”,非“尧舜周孔之正派”。反对佛、道空静之说,提出“以实药其空,以动济其静”。针对程、朱“理先气后”说,谓:“为寒热风雨生成万物者,气也;其往来代谢流行不已者,数也。而所以然者,理也。”认为理由气所生,由于气的变化,才派生出各种不同的理。强调“理”必附丽于“气质”,“若无气质,理将安附?”(《存性编》卷一)认为认识源于“躬习实践”。释“格物致知”之“格”为“手格猛兽”之“格”。主张性善论,谓人性皆善,“恶由引蔽习染”。强调“习功”、“习行”,认为理学专事静坐读书,“误人才,败天下事”。注重事功,提出“正其谊以谋其利,明其道而计其功”(《四书正误》卷一),提倡效法三代,酌复井田、封建、学校。弟子李塨弘扬师说,时称颜李学派。著作有《四存篇》、《四书正误》、《朱子语类评》、《习斋记余》等,后人辑有《颜李丛书》。

颜盏 金女真部落姓氏。部人居曷懒兀主(今海兰河上源)、隆州(今吉林农安)等地。入居中原后,改汉姓为张。

颜真卿(708—784) 唐京兆万年(今陕西西安)人,祖籍琅邪临沂(今属山东)。字清臣。开元进士。任监察御史、殿中侍御史。因不依附杨国忠,出为平原(治今山东陵县)太守。安禄山叛乱,河北郡县望风瓦解,他起兵坚守,并与从兄常山(治今河北正定)太守颜杲卿联军抗叛。河北十七郡响应,合兵二十万,给叛军以重大威胁。后入朝,历官工部、吏部尚书,御史大夫。忠良耿直,恪尽职守,军国大事,知无不言,屡为权臣元载、杨炎、卢杞等所忌。出为外州刺史、长史。代宗时迁尚书左丞,封鲁郡公,人称颜鲁公。德宗时李希烈叛乱,奸相卢杞忌其刚直,派其宣慰叛军,至许州(治今河南许昌)被扣。在威逼利诱下,始终不屈,被缢杀。书法端庄雄伟,自树一帜,人称“颜体”,传世甚多。墨迹有正书《自书告身》,行书《祭侄文稿》、碑刻有《多宝塔碑》、《颜勤礼碑》、《麻姑仙坛记》等,后人辑有《颜鲁公文集》。

颜真卿行状 书名。一作《颜氏行状》。唐殷亮撰。一卷,一作二卷。已佚。《资治通鉴考异》有征引。

颜之仆(僕) 春秋末鲁国人,名之仆,字叔,或作子叔。孔子学生。

颜之推(531—?) 南北朝时琅邪临沂(今山东费县东)人,字介。生于南朝梁之江陵。博览群书,词情典丽。为梁湘东王萧绎右常侍。及绎即帝位,以为散骑侍郎。西魏陷江陵时,被俘,后在弘农掌阳平公李远书翰。天保七年(556),携家奔北齐,即除奉朝请。武成帝末出为赵州功曹参军。后主时复还京师,使掌文林馆,主编《御览》。累迁通直散骑常侍、黄门侍郎。齐亡入周,除御史上士。隋开皇中以疾终,年六十余。著述宏丰,今存《颜氏家训》及《还冤志》。

颜之仪(523—591) 南北朝时琅邪临沂(今山东费县东)人,字升。颜之推弟。博涉群书,好为词赋。曾献梁元帝《荆州颂》。西魏出兵攻占江陵(今湖北荆州),逼迁长安。周明帝爱其才,以为麟趾学士。周宣帝即位,迁御正中大夫,进爵为公。累犯颜直谏,为帝所忌。宣帝卒,刘昉、郑译等矫遗诏以杨坚辅政,因知非帝旨拒从。出为西疆郡守。杨坚即位,征还京师。隋开皇五年(585),拜集州刺史,有惠声。后优游不仕。有文集,行于世。

颜涿聚 即“颜浊邹”。

颜浊邹 春秋末卫国人,名浊邹,或作涿聚、雠由。孔子学生。传曾为“梁父之大盗”。《史记·孔子世家》:“孔子以诗、书、礼、乐教,弟子盖三千焉,身通六艺者七十有二人,如颜浊邹之徒,颇受业者甚众。”孔子周游列国,至卫国时住其家。

颜祖 春秋末鲁国(一说宋国)人,名祖,一作相,字襄,或作子襄。孔子学生。

颜最 即“颜聚”。

檐车寨 在今河北涞水县西北。《金史·靖安民传》:兴定四年(1220),易水公靖安民“出兵至矾山,复取檐车寨”,即此。

檐柱 建筑构件。檐下最外一列柱子。宋、辽建筑檐柱由当心间向两边逐柱升高,使檐口呈一缓和曲线,曰“生起”,该法未见汉、南北朝,清已不使用。宋、辽建筑檐柱在前后檐向内倾斜一定量,山面亦向内倾斜,角柱则两方面都有倾斜,称之为“侧脚”,以使建筑有较好的稳定感。元代建筑尚保留此种做法,明中叶已基本不用。

簷醉杂记 书名。徐沅撰。三卷。杂记清代掌故,尤以同治、光绪两朝较多。有1928年印本,为《云在山房丛书》之一。

yǎn

沇水 沇一作兖。济水的别称。《书·禹贡》:“导沇水,东流为济,入于河。”伪《孔传》:“泉源为沇,流去为济”;《水经》:“济水出河东垣县东王屋山为沇水,又东至温县西北为济水。”皆以黄河以北济水的发源处为沇水。但《禹贡》兖州、《史记·夏本纪》中“兖州”作“沇州”。则沇州得名于沇水,《汉书·地理志》叙沇水自发源至入海,并未提到发源后则改称济水,故沇水之古意,实指济水全流。近世黄河以北之济水仍通称沇河。

奄 ❶一作郁,或称商奄、商盖。古国名。嬴姓,在今山东曲阜东。西周初,随三监叛周,与徐戎、淮夷联合作乱,为周公所灭。成王以其地封周公之子伯禽,连同周围之地建立鲁国。❷都邑名。在今山东曲阜市旧城东。《竹书纪年》:商王“南庚更自庇迁于奄"(《太平御览》卷八三皇王部引),即此。

奄蔡 中亚古游牧部族。一作阖苏。始见于《史记·大宛列传》。系张骞首次西使所传闻的大国之一,时有控弦者十余万。一般以为应即西史所见游牧于咸海、里海北部草原之 Aorsi。据《后汉书·西域传》,奄蔡后改名阿兰聊,或以为阿兰聊即西史所见 Alani,奄蔡后为 Alani 所灭,故云。

奄克孛剌 明哈密都督。忠顺王罕慎之弟。弘治五年(1492),明封陕巴为忠顺王,他受诏辅之,任都督同知。次年,土鲁番速檀阿黑麻袭据哈密,陕巴被掳。八年,任都督代其主事。十年,陕巴还哈密。后部属阿孛剌阴通土鲁番,引速檀之子真帖木儿入哈密为乱。十七年,他用计斩之,复拥陕巴还主哈密。正德十二年(1517),土鲁番侵瓜州,又率兵助明拒战。

奄罗辰 柔然可汗阿那瓌子。西魏废帝元年(552)阿那瓌自杀后,拥众投归北齐。次年北齐击走突厥,立之为柔然主,置于马邑川(今山西桑干河上游)。北齐天保五年(554)返归漠北,攻掠肆州(今山西忻州),后屡为北齐所败。

兖海 见"沂海"。

兖水 即沇水。《续汉书·郡国志》河东郡垣县:"有王屋山,兖水出。"按"兖"(即"兖")即"沇"字,故《禹贡》兖州《史记·夏本纪》作沇州。古人或将篆文立水写作横水置于"允"上,隶变为"六"成兖,后世又变"兖"作"兖",今已废用。

兖王 ❶金代封爵。大国一字王号。完颜永成、国安用等先后受封。❷元代诸王封号。授兽钮金印。至大三年(1310)买住韩受封。

兖州 ❶古"九州"之一。《书·禹贡》:"济、河惟兖州。"《周礼·职方》:"河东曰兖州。"《尔雅·释地》:"济、河间曰兖州。"河指自今河南武陟县东北,流至河北沧县东北入海的古黄河。济指黄河以南自今河南荥阳市东北,流至山东利津县东入海的古济水。《释名》:"兖州取兖水以为名。"兖水即沇水,即济水。❷西汉武帝元封五年(前106)置,为十三刺史部之一。约当今山东西南部及河南东部,即北至山东莱芜、茌平、长清等市、县,东至沂河上游和莒县,东南至平邑、蒙阴等县,南至鱼台、单县、曹县,西南至河南鹿邑、淮阳、扶沟等县,西至开封市、延津县和古黄河。东汉治昌邑县(今山东金乡县西北)。魏晋移治廪丘县(今山东郓城县西北)。其后治所屡有迁徙,辖境逐渐缩小。南朝宋元嘉三十年(453)移治瑕丘城(隋置县,宋改瑕县,金改嵫阳县,今山东兖州市)。唐辖境相当今山东济宁、金乡、鱼台、泗水、莱芜、泰安、曲阜、邹城、宁阳、汶上等市、县地。明洪武十八年(1385)升为兖州府。

兖州府 明洪武十八年(1385)升兖州置。治滋阳县(今兖州市),辖境西北至今阳谷、东阿、平阴等县,东南至今枣庄、郯城、临沭等市、县,西南至今菏泽、单县、曹县等市、县。清雍正二年(1724)辖境缩小,只有西北至今阳谷县,东南至今枣庄市一狭长地区。明、清皆属山东省。1913年废。

㕣山外集 书名。明陆深撰。四十卷。是编为札记之文,除专论史学、治道、书法、奇器各集外,其余皆订正经典、综述见闻、杂论事理,每一官一地各为一集,足资考证者甚多,为明人笔记中之佳本。有嘉靖陆楫刊本。

衍 又称衍氏。战国魏邑。在今河南郑州市北。《战国策·魏策》:苏秦说魏襄王曰:魏"北有卷、衍";《史记·秦始皇本纪》:秦王政九年(前238),"杨端和攻衍氏",皆即此。

衍圣公 孔子后裔的封号。北宋至和二年(1055)始封孔子四十七代孙孔宗愿为衍圣公。掌奉阙里庙祀。金天眷三年(1140)以孔子四十九代孙袭封,大定二十年(1180)以衍圣公兼曲阜县令,后世袭。明昌三年(1192)由正八品超迁正五品。元太宗五年(1233)赐袭封衍圣公以林庙地。元仁宗时,赐正四品印。至顺二年(1331)改三品。顺帝至正二年(1342),升从二品。明洪武元年(1368),以孔子五十六世孙孔希学袭封,正二品。袍带、诰命、朝班视正一品。其府置掌书、典籍、司乐、知印、奏差、书写各一人,皆以流官充任。永乐二十二年(1424),仁宗即位赐宅于京师。孔氏世举一人为曲阜知县,二人为翰林院五经博士。曲阜孔氏子孙皆免役。清顺治元年(1644),以孔子六十五世孙袭封,属官同明制。康熙六十一年(1722)定为正一品,荫一子为五品官。

衍氏 即"衍"。

弇山堂别集 书名。明王世贞撰。一百卷。约成于万历十八年(1590)。弇山堂为世贞堂号,故以名书。记述明代典故,分为皇明盛世述五卷,皇明异典述十卷,皇明奇事述四卷,史乘考误十一卷,表三十四卷(分六十七目,自诸王功臣至内阁、六部、都察院及百官等),考三十六卷(分十六目,包括谥法、赏赉、赏功、科试、诏令、兵制、市马、中官等)。其中以史乘考误、诸王功臣百官表及中官考等,较为精深。永乐时期因修太祖实录而湮灭的太祖、建文两朝秘事,赖此书得以保存。尤其因实录编者不敢直书宫廷实情,而是书实记述宦官的政治活动,可补实录之不足。

弇山园 明时王世贞在其家乡太仓州(今江苏太仓市)筑。广七十余亩,中叠三峰,取名上弇、中弇、下弇,极园亭林木之胜。后世因以"弇山"为太仓的别称。

弇中 峡谷名。在今山东淄博市临淄西南。界于两山之间,中通淄河,长三百里。《左传》襄公二十五年(前548):崔杼弑齐庄公,近臣闾丘婴、申鲜虞亡走,"驾而行,出弇中",即此。

弇州史料 书名。明王世贞撰。一百卷。原为史稿,部分已刊于《弇山堂别集》或单行。董复表复加汇辑,分为前后二集。前集为表、志、考、世家、史传等,共三十卷。后集为与史学有关的杂著,共七十卷。

掩树枝 果树栽培中一种无性繁殖方法。即压条法。东汉《四民月令》已有记载:"二月尽,三月可掩树枝。"贾思勰注:"埋树枝土中,令生,二岁以上,可移种矣。"将未脱离母体之枝条压在土壤中,使其生根后,再从母体上切断,成为独立新苗木。由于压条苗在生根前所需水分、养分都由母树供给,埋入土中之部分又有黄化作用,生根比较可靠,且成苗快。桑树压条繁殖之明确记载首见于《齐民要术》。

郾 战国魏邑。在今河南郾城县南古城。《史记·苏秦列传》:苏秦说魏襄王曰:"大王之地南有鸿沟、陈、汝南、许、郾、昆阳、召陵、舞阳、新郑、新郪。"《战国策》郾作鄢。汉置郾县。

郾城之战 宋金战争重要战役之一。南宋绍兴十年(1140),完颜宗弼(兀术)南下,大败于顺昌,退守河南。岳飞率师北进,克复河南大部分州县,进逼开封(今属河南),并遣梁兴等渡河,组织义军,扰敌后方。七月,宗弼闻岳飞的轻骑驻郾城(今属河南),率大军反扑,岳飞率背嵬、游奕等军激战,以少击众,大破金军。

偃 春秋邾地。一作缨(《公羊传》)。在今山东费县南。《春秋》僖公元年(前 659):"公败邾师于偃",即此。

偃城 在今湖北襄阳县北。《三国志·魏志·徐晃传》:东汉建安二十四年(219),关羽围樊城,徐晃自宛赴救,羽遣兵屯偃城,晃佯装欲断截其后,羽兵烧屯而走,晃遂得此城。

琰 夏桀宠爱之美女。参见"岷山"。

琰州 本经制州。唐贞观四年(630)置,为下州,领武侯等五县,后又领降昆、琰川二县(约在今贵州安顺、镇宁、关岭等市、县),旋省。属黔州都督府(治今重庆彭水),隶江南道。圣历元年(698)属庄州都督府。景龙二年(708)属播州都督府。先天二年(713)复属黔州都督府。开元中降为羁縻州,属黔中采访处置使,隶属黔中道。天宝元年(742)属黔中郡。乾元、大历间先后属黔州都督府及黔州经略招讨使。大顺元年(890)属武泰军节度使。后晋天福八年(943)州土官以其地附楚王马希范。宋太平兴国间州犹存,治武侯县。在今贵州省安顺市东旧州区。

琰州僚 唐琰州境内僚人。琰州为贞观四年(630)所置。约在今贵州安顺、镇宁、关岭等市、县。永徽元年(650),州内僚人反,黔州都督李孟尝等入洞招降,被僚首处死。开元中,其众归附,唐以首领谢氏为刺史,隶黔州都督府,因地在东谢之西,故又称西谢。其俗与东谢同。内部常互相掠夺,被俘者卖为奴隶。住干栏,织帕布,尚祭鬼。

罨曲(麯) 古代酒曲品种之一。宋朱肱在所著《北山酒经》中将其所知的十三种酒曲按制作方法的差异分为罨曲、风曲、醁曲三大类。"顿递祠祭曲、香泉曲、香桂曲、杏仁曲,已上罨曲。"其制法的主要特点是把生曲埋置在麦秸里,定时翻动。该制曲方法以后有所发展。罨曲这一名词因酒曲分类方法的发展而少见。

罨撒葛(935—972) 又作阿钵撒葛里。辽太宗耶律德光第二子。会同二年(939),封太平王。应历三年(953),林牙华割、郎君嵇干等谋反,事连被捕,不久获释,戍西北边。保宁元年(969)景宗即位,避走大漠,被召还,晋封齐王。后病死。

演段 算学术语。(1)推导方程的几何方法。刘益《议古根源》通过平面图形的分割拼补寻找等量关系,求得方程各项系数。因推演中常将各种量表示成一段段条形面积,故名。亦称为条段法。李冶《益古演段》中的"旧术"(指蒋周所用之法)即以条段求之。(2)用天元术建立方程的方法。盖"演立天元"中常将天元多项式称为一段或数段,故名。

演炮图说 书名。清丁拱辰撰。六卷。道光二十年(1840)辑成。本书涉及火药配方、火炮铸造、炮台构筑、西方炮台和海岸炮,以及运炮器械车绞架的制造和使用等,内容丰富。二十二年,清廷下令将此书及铜炮、炮架式样送至两江总督处,以按样制造,装备水师和陆军使用。魏源的《海国图志》收录该书。后作者在本书基础上,三易其稿,扩编成《演炮图说辑要》,共四卷五十多篇,附图一百一十多幅。咸丰二年(1852),作者在桂林铸炮局主持铸炮事宜时,又写成《演炮图说后编》二卷。以上三书对研究近代欧美火器的发展和中国近代军事技术史有一定价值。

演炮图说后(後)编 见"演炮图说"。

演炮图说辑要 见"演炮图说"。

演习 南诏官名。大府的主将称演习,副称演览。中府主将称缮裔,副称缮览。小府主将称幕挘,副称幕览。

演义报 杂志名。清光绪二十三年十月(1897.11)章伯初、章仲和创办于上海,并任编辑。梁启超为之撰叙,称中国文盲充斥社会,教小学、教愚民实乃救振中国第一义。文字通俗平实,可"使成童以上学童诵焉"。休刊日期不详。

演州 唐贞观元年(627)改驩州置。以演水得名。治安人县(今越南义静省演州县西)。十六年省。广德二年(764)复置,移治忠义县(今演州县),属镇南都护府(后改安南都护府)。辖境相当今越南义静省北部。东控大海,南当往林邑、扶南大路。五代晋天福四年(939)后地入交趾,或改寨、路、府,但其名不废。明永乐五年(1407)置府,十年改直隶州。宣德二年(1427)地入安南。

甗 ❶古代炊器。用陶或青铜制成。全器分上下两部分,上部罐形器为甑,下部为鬲。甑底有箅,以通蒸气。甑、鬲有联为一体的,有分开为二件的,用时再置甑于鬲上,在鬲中装水,甑的箅上放食物,利用蒸气热力蒸熟食物。❷春秋齐地。在今山东济南市历城区境。《春秋》僖公十八年(前 642):"宋师及齐师战于甗",即此。

yàn

厌次县 ❶秦置。相传秦始皇东游,厌气于此,故名。治今山东惠民县东桑落墅;一说即今陵县东北神头,东汉始移治桑落墅。西汉属平原郡。高帝六年(前 201)封功臣爰类为厌次侯,即此。东方朔为此县人。宣帝改为富平县。东汉明帝复改为厌次县。西晋移治马岭城(今阳信县东),为乐陵国治。北齐废。❷隋开皇十六年(596)置。治今山东惠民县东南四十里先棣州。属棣州,大业时属渤海郡。唐贞观十七年(643)以后皆为棣州治。五代梁移治唐棣州城东南十余里。北宋大中祥符八年(1015)又移治阳信县之乔氏庄,即今惠民县。明洪武元年(1368)废县入州。

研口寨 在今四川剑阁县北。北宋淳化五年(994),王继恩攻李顺,由小剑门路入研口寨,即此。

咽面 一作样磨。古西域部落名。原游牧于夷播海(巴尔喀什湖)以东、伊丽水以北、金山以西地区,与处木昆、车鼻施等错居。唐初于其地置咽面州,隶燕然都护府。永淳元年(682)随阿史那车薄反唐,为安西都护王方翼破于热海(伊塞克湖)。长安二年(702)唐改咽面州为都督府,隶北庭大都护府。突骑施汗国兴,为其属部。葛逻禄西迁,与之合流,为创建哈喇汗朝的主体部落之一。

彦琮(557—610) 隋赵郡柏人(今河北隆尧西南)人。僧人。俗姓李。出自大族。年十岁出家,法名道江。十四岁为北齐后主讲《仁王经》。后北周武帝排佛,以博学仍延入内殿,为通道观学士,陪侍讲论《易经》、《老子》、《庄子》。外假俗衣内着僧服,更名彦琮。大定元年(581),再次落发。入隋,与文帝过从甚密。开皇三年(583),撰《辨教论》,斥道教妖妄。十二年,入京住大兴善寺,执掌翻译佛经。仁寿二年(602)敕撰《众经目录》,寻又撰《西域传》,将《舍利瑞图经》、《国家祥瑞录》译为梵文,付天竺僧人带回本国。大业二年(606),住洛阳上林园翻经馆,披阅由林邑(今越南中南部)所获佛典,撰目录五卷。著有《达摩笈多传》四卷、《辨正论》、《僧官论》等,又与裴矩纂修《天竺记》。译经凡二十三部、一百余卷。

艳体 见“香奁体”。

晏 春秋齐邑。在今山东齐河县北。《左传》宣公十四年(前595):“公孙归父会齐侯于谷,见晏桓子。”杜预注:“桓子,晏婴父。”《春秋地名考略》:“今济南府齐河县北有晏城,志云晏婴采邑也。”

晏彪 即“晏梦彪”。

晏当路 见“旦当”。

晏端书(?—1882) 清江苏仪征人,字彤甫,号云巢。道光进士。累迁至江西、山东布政使。咸丰六年(1856)授浙江巡抚,在浙江筹划镇压太平军军务。十年,授督办江北团练大臣,举办江北团练,筹划镇压太平军和捻军事宜。同治元年(1862)署任两广总督兼广东巡抚,驻扎韶关,督办广东全省厘金接济江皖等省军饷,并筹划防务。

晏敦复(约1071—1141) 宋抚州临川(今属江西)人,字景初。*晏殊曾孙。少学于程颐。大观进士。绍兴间,历权给事中、吏部侍郎,官至权吏部尚书兼江淮等路经制使。立朝论国事无所回避。晚年反对和议甚力,不为秦桧权势所屈。

晏几(幾)道(约1030—约1106) 北宋抚州临川(今属江西)人,字叔原,号小山。*晏殊第七子。熙宁七年(1074),因郑侠上书请罢新法,曾牵连入狱。元丰五年(1082),始监颍昌府许田镇,后退职家居。生平不肯依傍权贵,文章自立规模。工词,多感伤之作,语句婉丽。著有《小山词》。

晏玛太(Matthew Tyson Yates,1819—1888) 美国基督教(新教)传教士。清道光二十七年(1847)到上海,在老北门外建教堂。上海小刀会起义后,进行破坏活动。曾任美国驻上海副领事、英租界工部局翻译、法租界公董局董事等职。在上海长期利用宗教进行侵略活动。著有《太平军纪事》、《小刀会占据上海目击记》。

晏梦彪(?—1231) 南宋人。一作晏彪。绍定二年(1229)十二月,率盐贩百余人在汀州(治今福建长汀)起义,先后攻破建宁、宁化、清流、泰宁、将乐、邵武等地,聚众至万余人。宋以陈铧知南剑州,又从淮西调集精兵数千进行镇压。绍定四年(1231)春,战败投降,后被杀害。

晏平 十六国成(汉)李雄年号(306—310)。凡五年。

晏孺子(?—前489) 晏一作安。春秋末齐国国君。名荼,又称公子荼。齐景公宠妾芮姬(一作鬻姒)所生,受宠爱,齐景公五十八年(前490)景公病危时,嘱国夏、高张立之为太子。景公死,立为国君。一年后,田乞迎立公子阳生,被迁往骀(今山东临朐境),中途被杀。

晏弱(?—前556) 春秋时夷潍(今山东高密)人。齐国大夫。晏婴之父。事顷公、灵公。灵公时受命筑东阳城(今山东临朐东),以逼莱国。灵公十五年(前567),齐灭莱,莱君奔棠邑(今山东平度东南)。他奉命率师灭棠邑,杀莱君。卒谥桓子。

晏首 战国时齐国人。齐宣王大臣。时邹忌为相,荐于王使之仕者甚多,宣王不悦。独他所荐之人甚少,宣王悦之。邹忌说宣王,以为他杜绝贤人,壅塞荐贤之路。见《战国策·齐策一》。

晏殊(991或993—1055) 北宋抚州临川(今属江西)人,字同叔。幼有文名,景德初,以神童召试学士院,赐同进士出身。真宗朝至翰林学士。仁宗初,迁枢密副使。以论事逆刘太后意,罢知宋州(治今河南商丘南)。在任兴学校,延范仲淹以教生徒。召拜御史中丞,迁参知政事。再出知亳、陈州。又还朝为御史中丞、三司使。庆历间拜宰相兼枢密使。庆历四年(1044),为谏官论罢,历知颍、陈、许、永兴等州军,后移河南,以病归京师。生平喜诗酒,以文章得时誉,诗词尤婉丽。著有《珠玉词》、《晏同叔先生集》等。

晏文士(Charles Keyser Edmunds, 1876—1949) 美国人。北长老会教士,物理学家。清光绪二十八年(1902)来华,在广州传教办学。1906—1917年任广州岭南学校校长。著有《中国人中间的科学:中国的宇宙概念的若干方面同现代科学知识的比较》(1911,上海)、《中国的现代教育》(1919)等书。

晏婴(?—前500) 即晏子。春秋时夷潍(今山东高密)人,字平仲。齐国大夫,历事齐灵公、庄公、景公三朝。节俭力行,能诤谏,主张计能定禄,诛不避贵,赏不遗贱。认为儒者所倡导的礼制迂腐繁琐,不可导民。重视发展农业生产,提倡蚕桑,反对厚赋重刑和祈福禳灾。多次出使楚、晋、鲁等国,名显诸侯。齐景公九年(前 539)使晋,与晋叔向议论齐政,认为齐国民心拥护陈(田)氏,政权终将归之。事迹言论见于《左传》、《史记·管晏列传》、《晏子春秋》等。

晏子 即“晏婴”。

晏子春秋 书名。又作《晏子》。旧题春秋齐晏婴撰。《汉书·艺文志》著录《晏子》八篇。列于儒家。《隋书·经籍志》、《旧唐书·经籍志》著录七卷。《崇文总目》称《晏子》八篇已亡,今存者乃后人采婴之行事而成。八篇即《内篇》:《谏上》、《谏下》、《问上》、《问下》、《杂上》、《杂下》;《外篇》上、下二篇。记述晏婴行迹及谏诤之事。所言颇似墨家主张,故柳宗元《辨晏子春秋》谓《晏子》系齐国墨子之徒所作,应入墨家。其后学者多从其说以入墨家。《四库全书总目》入史部传记类。1972 年山东临沂银雀山出土《晏子》残简,与今本大体相同。校注本主要有清钱熙祚校《晏子春秋》七卷、卢文弨《晏子春秋校正》一卷,近人有于省吾《晏子春秋新证》及中华书局《新编诸子集成》本、吴则虞《晏子春秋集释》等。

验到 选官制度。清制,各省来京师引见皇帝的官员,到京师后即赴吏部报到,由部官验其年貌,称为验到。

验封清吏司 官署名。简称验封司。明清吏部四司之一。掌理文职官员封爵、褒赠、袭荫、土司嗣职之事,明洪武二十九年(1396)改司封部置,设郎中一人,员外郎一人,主事一人。洪熙元年(1425)南京吏部亦置,设官略同。清顺治元年(1644)沿置,设郎中满、汉各一人,员外郎满二人、汉一人,主事满、蒙、汉各一人,及笔帖式、经承若干人。分置印房、都吏科、京官科、外官科、土官科等机构分办司务。并掌任用吏员之事。宣统三年(1911)改组内阁,设铨叙、制诰等局,遂裁。

验封司 即“验封清吏司”。

验规 清代台湾所产之黑白糖,运回大陆贩卖时,清政府在厦门设卡,按船收税,每船纳银一十六两二钱,名曰验规。

验看 选官制度。清制,吏部所选官员,如不引见皇帝,则由特派之王大臣共同传见,以考察其年力是否胜任,称验看。

验马寺 官署名。明末李自成农民军政府置。崇祯十七年(1644)三月,在北京改原太仆寺而置,其职掌仍因袭明代。

验票 清代钞关检验过往商民完税之制度。各关监督设立印票,商民到关领票,填注商客姓名、货物数量、应交关税银数目,持票赴征税口岸纳税换票,检验放行。

堰 又叫埭、坝、塘等。用于拦蓄水流的土、石建筑物。相传鲧治洪水,就曾筑堰拦洪。历来主要是指横断水流的低坝,往往是借其壅高水位以便引水。但有时也指沿岸堤防,如江浙一带保护农田的围堰等。

雁臣 官名别称。北魏孝文帝自平城(今山西大同市东北)迁都洛阳(今属河南)后,以北方酋长及侍子畏暑,乃允其秋朝洛阳,春还部落,如鸿雁寒则南飞,暖则北还,故时人谓之“雁臣”。

雁行阵 军阵名。队列如大雁飞行,作人字形,两翼逐次展开,有利于发挥弓弩之威力。《孙膑兵法·十阵》:“雁行之阵者,所以接射也。”“接射”即逐次进行射击。

雁来红丛报 杂志名。清光绪三十二年三月(1906.4)在苏州发行。月出四期。黄摩西主笔。以宣传自然科学知识和重刊清初稗史为主要内容,提倡普及科学知识以开民智民德,揭露清廷残暴以激励人民反满。刊载沈复名著《浮生六记》。已知发行十期。

雁门关 ❶亦名西陉关。唐置。在今山西代县西北雁门关西雁门山上。东西两山夹峙,中路盘旋崎岖,形势险要,为山西三关之冠。北宋为防御契丹重地。元废。明洪武七年(1374)复置,筑关城于今址,周二里有奇,为戍守重地。❷在今北京市密云县西北。明末设防于此。清崇德七年(1642)右翼军曾由此入关。

雁门集 书名。亦名《萨天锡诗集》。元萨都剌撰。原本八卷,有元至正八年(1348)刊本,已散佚。通行有明末虞山毛氏汲古阁刊元人十种诗本,三卷,又集外诗一卷,《四库全书》著录者即此本。《四部丛刊》影印明弘治十六年(1503)李举刻本,题为《萨天锡诗集》,分前集、后集。上海古籍出版社 1982 年排印清萨龙光编注嘉庆刊本,分为十四卷,附录一卷,倡和录一卷,别录一卷,比其他版本完备,注释较详,所有诗作都编年排列。

雁门节度 唐方镇名。《新唐书·方镇表二》:中和二年(882),以忻、代二州隶雁门节度,更大同节度为雁门节度,领左神策军、天宁镇遏观察使,徙治代州(治今代县)。有今山西繁峙、代县、原平、五台、定襄、忻州等市、县地。次年号代北节度。

雁门郡 战国赵武灵王置。秦、西汉治善无县(今山西右玉县南)。辖境相当今山西宁武县、雁门关以北,大同市、浑源县以西,和内蒙古黄旗海、岱海以南地区。东汉移治阴馆县(今山西朔州市东南八十里夏官城)。属并州。此后辖境屡有变化。三国魏移治广武县(今代县西南,北魏移治今县)。北魏属司州,太和中改属肆州,后周大象元年(579)为肆州治。隋开皇初废。大业初改代州为雁门郡。唐武德元年(618)复为代州。天宝、至德间又曾改代州为雁门郡。

雁门渠 三国魏雁门太守牵招所开,又称牵招渠。时因“郡所治广武,井水咸苦,民皆担辇远汲流水,往返七里。招准望地势,因山陵之宜,凿原开渠,注水城内,民赖其益”(《三国志·魏志·牵招传》)。源出于雁门山,流经代县东南,南入滹沱河。

雁门山 又名雁门塞。在今山西代县西北。相传因其双峰陡绝,雁度其间,故名。《尔雅·释地》:"北陵西逾雁门",郭璞注:"即雁门山。"又句注山与此山冈陇相接,故亦有雁门山之称。

雁门县 隋开皇十八年(598),因避太子杨广名讳,以广武县改名。治今山西代县。属代州。大业中为雁门郡治。唐以后为代州治。蒙古中统四年(1263),并入代州。

雁门之围 隋大业十一年(615)八月,炀帝北巡,突厥始毕可汗谋袭之,隋义成公主遣使告变。炀帝至雁门(今山西代县),始毕可汗率骑兵数十万围城。隋军频战不利,宇文述劝炀帝以精兵破围而出,苏威、樊子盖等固谏,隋军乃守城不出。九月,援军纷至,始毕可汗引军而去。自此突厥与隋关系恶化。

雁桥 一名金雁桥。在今四川广汉县北。跨雁水上。《资治通鉴》:东汉建安十八年(213),刘备攻雒城,刘璋将张任勒兵出战于雁桥,军败而死;五代唐同光四年(926),李绍琛叛据汉州,唐将任圜击之,绍琛出战于金雁桥,败走,皆即此。

雁塔圣教序 亦称《慈恩寺圣教序》。即《大唐三藏圣教序》。唐永徽四年(653)与《大唐皇帝述三藏圣教序记》两碑同时立,置长安晋昌坊大慈恩寺西院塔底层壁间,前者于右,后者于左,两碑对立。前题太宗文皇帝制,后题皇帝于春宫日制,同题褚遂良书。前碑共二十一行,行四十二字。后碑二十行,行四十字。皆楷书篆额。碑书为褚氏晚年杰作,此碑一出,褚书成为一时风尚。今两碑存陕西西安城南大雁塔,无甚损泐。

棫长 棫一作偃。战国时中山国君中山尚之佞臣。据《吕氏春秋·当染》所载,中山尚听信他与魏义之谗言,导致灭国。

谳局 参见"审判厅"。

谳狱 即复审已判之刑事案件。《礼记·文王世子》:"狱成,有司谳于公。其死罪,则曰'某之罪在大辟';其刑罪,则曰'某之罪在小辟'。"孔颖达疏:"谳,言白也。谓狱断既平定其罪状,有司以此成辞言白于公。"历代判刑断狱后亦多上报复审。《后汉书·孔融传》:"一门争死,郡县疑不能决,乃上谳之。"北宋初,奏案不能决,大理寺则命内、外制及大臣、台谏官同议。其后谳狱增多,弊病日甚。至南宋末,谳狱拖延时日,犯人多毙于狱中。至清代,仍有谳狱之制。

燕 太平天国六等爵之一。参见"六爵"。

燕弁服 明代皇帝服式。平日起居时穿用。原为燕居冠服,嘉靖七年(1528),世宗朱厚熜改定,寓以深宫独处,达燕安为戒之意。冠框与皮弁相同,用乌纱包制,共分十二瓣,以金线压之。前装饰为五彩玉云,后装饰有四山图案。用双玉簪从中穿导。玄色服袍,青边,两肩绣有日月图案,前绣盘龙一,后盘方龙二,袍边及领、两袂、衽等均加龙文装饰。腰围饰有玉龙九条。红鞋用红缨黄结,白袜。

燕衎 语出《诗·小雅·南有嘉鱼》,意为宴饮佳宾以乐。清代"外藩"王公首领年班入京朝觐,例与赐燕(通"宴"),谓之"燕衎"。定制,除夕于紫禁城内保和殿燕一次,元宵于圆明园正大光明殿燕一次,除夕前、元宵前后并加燕数次,或于中正殿,或于紫光阁,或于圆明园山高水长殿,皆由理藩院预备奏请钦定。此外,下五旗王府并各设燕一次。

燕射 周代射礼之一。是天子与群臣饮宴、娱乐时所行的射礼。燕射在路寝庭(诸侯朝见天子时等候接见的地方)进行,其目的为加强天子和臣下的亲善关系。

燕图 即宴图。为清廷举行大宴时王公大臣的座位次序图。清制,凡朝廷在太和殿举行大宴,或公主下嫁在保和殿、正大光明殿等设宴,其王公大臣、文武百官座位次序,均由礼部事先绘图,连同礼节单进呈皇帝阅准,再将燕图并礼节单行知宗人府、内务府、内大臣、内阁典籍厅、吏部、銮仪卫等部院寺监。乾清宫及皇后所居宫殿设宴,亦有燕图,由内务府负责绘制。

燕尾炬 兵用火具。用以城防等。束苇草,下分两歧如燕尾,以脂油灌之,发火自城上掷下,因其分叉,可骑在木驴等攻城械上,以烧之。亦有城上设桔槔以铁索系燕尾炬者,称飞炬,自城上垂下,烧蚁附攻城者。

燕翼诒谋录 书名。南宋王栐撰。五卷。记北宋典章制度,自建隆至嘉祐,凡一百六十二条,并详述其兴革得失之缘由。其取材皆本于国史、实录、宝训、圣政等书,凡稗官小说皆弃不取。

燕乐 一作"宴乐"、"讌乐"。其名称始见于《周礼·春官》,指天子及诸侯宴饮宾客时所用的音乐。一般采自民间俗乐,以别于庙堂典礼所用的雅乐。隋唐时期,在汉族及各少数民族民间音乐基础上,吸收部分外来音乐,形成了供宫廷宴饮、娱乐时用的七部乐、九部乐、十部乐、坐部伎、立部伎等,统称为"燕乐"(见杜佑《通典》卷一百四十六《坐部伎》篇),曾盛极一时,获得高度发展。宋沈括把含有少数民族和外来音乐成分的汉族民间音乐"清乐"称为"燕乐"(见《梦溪笔谈·乐律》)。随着民间音乐的演变,各代宫廷燕乐的形式也有所不同,如汉时有相和歌、百戏等,唐时有歌曲、舞曲(包括大曲、法曲)、戏弄等,宋代以来有杂剧、传奇等。

燕乐半字谱 唐曲调、记谱法。即工尺谱。敦煌发现后唐明宗长兴四年(933)所写的乐谱,即属此系统。常见者用上、尺、工、凡、六、五、乙,依次记写七声。高八度各音加"亻"旁,以为标记;低八度各音除六、五,乙分别改用合、四一外,余均以最末一划带撇以示区别,如上、尺等。节奏则用板眼记号,以"、"、"×"、"·"、"○"、"L"、"△"等表示之。

燕只斤 又译衍只吉、晏只吉觪、额勒只斤。蒙古迭儿列斤部之一支。祖先名迷薛儿·玉鲁,娶从汉地骑驴而来的妇人为妻。蒙古语称驴为燕只客,故名其子为燕只斤,后衍为部名。

瀐 亦作谳。指议罪,定罪。《礼记·文王世子》:"狱成,有司瀐于公。"郑玄注:"谳之言白也。"《睡虎地秦墓竹简·法律答问》:"擅杀、刑、髡其后子,瀐之。"《汉书·景帝纪》:"诸狱疑,若虽文致于法而于人心不厌者,辄瀐之。"颜师古注:"谳,评议也。"

yāng

英林 即"央林"。

秧马 宋时一种新的拔秧、插秧农具。又称秧船、秧凳。北宋苏轼曾在今广东、江西等地推广,用以减轻弯腰弓背的劳动强度。腹如小船,昂其首尾,农民跨于秧马上,可在水田滑行劳作。

yáng

扬尘车 军用施放烟尘器械。车上立杆,杆上为斗。以绳制斗,斗盛烟雾如石灰粉末等物。推车逼城,扬其尘灰,守城人不能存立,以利攻城。多见于宋代。

扬都 东晋、南朝都城建康为扬州治,称为扬都。东晋庾阐(仲初)著有《扬都赋》。《宋书·夷蛮传》西南夷诃罗陁国元嘉七年(430)表文有"大宋扬都圣王"。

扬古利(1572—1637) 清满洲正黄旗人,舒穆禄氏。幼随父归附太祖,为额驸。屡从征女真各部及攻明,身受数创,军功卓著,命统左翼兵,授一等总兵官。崇德二年(1637)从太宗攻朝鲜,战后巡视战场,为朝鲜伤兵射杀。后追封武勋王。

扬化将军 官名。东汉建武元年(25)置,任坚镡为此职,统兵出征。南朝梁复置,天监七年(508)定为施用于境外的武职二十四班中的七班,拟厉锋将军等号,大通三年(529)定制后班阶稍提高,改拟猛烈将军等号。

扬麾将军 官名。北齐置,为褒赏军功勋臣的闲职,从七品上。

扬拒之戎 古族名。戎的一支。与泉皋、伊洛之戎错居于伊水、洛水间。周襄王三年(前649),王子带谋叛时,曾与伊洛、泉皋之戎侵周,入王城,焚东门,为秦晋师击退。后附晋。

扬梁 古地名。扬又作杨。春秋宋地。在今河南商丘市东南。《左传》襄公十二年(前561):"楚子囊、秦庶长无地伐宋,师于扬梁,以报晋之取郑也。"

扬烈将军 官名。三国魏时拜占据辽东的公孙渊为之,兼辽东太守。五品。晋代、十六国前凉沿置。南朝宋五品。北魏太和十七年(493)定为五品上,二十三年仍五品上。

扬门 春秋宋国都城商丘(今河南商丘市南)东门。《左传》昭公二十一年(前521):宋元公以华氏之乱欲出奔,厨人濮认为不可,鼓动全军抵抗。"公自扬门见之,下而巡之",即此。

扬权 《韩非子》篇名。韩非阐述君主集权观点的篇章。提出"事在四方,要在中央"的主张。王先慎《韩非子集解》:"四方,谓臣民。中央,谓主君。"认为君主量事设谋应隐密而不使人见,须"去喜去恶"、"虚静无为",专事考察群臣之材,使各处其宜,各执其事,如此则可执简御繁,使天下自定。

扬善(?—1644) 清满洲镶白旗人,瓜尔佳氏。天聪、崇德时屡从征,攻掠关内及蒙古察哈尔部,擢内大臣,预议政。顺治元年(1644)以党附肃亲王豪格罪被处死。

扬威护军 官名。三国魏置。晋泰始四年(268)罢此职与振威将军,改置左、右积弩将军。

扬威将军 官名。东汉末曹操置。为领兵之官。蜀、吴亦置。晋、南朝宋沿置,十六国前燕和北魏亦置。魏、晋、宋为四品,北魏孝文帝太和十七年(493)定为四品上,二十三年改为从四品。清代为临时委派的军事统帅之一,品秩从原官,事毕则解任。

扬武谷 亦作羊武谷、阳武谷。在今山西原平市西北。为雁门西戍守要地。《资治通鉴》:唐大历十三年(778),回纥寇太原,纵兵大掠,"代州都督张光晟击破之于羊武谷";五代晋天福元年(936)石敬瑭求援于契丹,契丹"自扬武谷而南";开运三年(946)契丹寇河东,"刘知远败之于阳武谷",皆即此。

扬武将军 官名。东汉建武年间置,东汉末曹操亦置,统兵出征。南朝宋列为五武将军之一。三国魏、晋、南朝宋皆定为第四品。十六国前秦、后秦、后凉、西凉、西秦亦置,北魏太和十七年(493)定为四品下,二十三年复次职令,降为从四品。清代为临时设置的军事统帅之一,品秩从原官,事毕则解任。

扬雄(前53—后18) 一作杨雄。西汉蜀郡成都(今属四川)人,字子云。世代以农桑为业,家产不过十金。为人口吃,好学深思,博览群书,不为章句之学。成帝时,为侍郎,给事黄门。新莽时,转为大夫,校书天禄阁。初好辞赋,曾仿司马相如赋作《甘泉》、《河东》、《校猎》、《长杨》四赋。后以赋无益于讽谏,辍而不为。又仿《论语》作《法言》,仿《易经》作《太玄》。以玄为宇宙万物之本源。驳斥神仙方术迷信,重视儒家伦理学说。所撰《方言》记述当时各地方言,又续《苍颉篇》而为《训纂篇》。原有集,后佚。明人辑有《扬子雄集》、清严可均所编《全上古三代秦汉三国六朝文》收其赋、箴等共四卷。

扬越 亦称扬粤。指《禹贡》扬州境内各族。与百越一词同为中国古代南方民族的泛称。《禹贡》扬州包括今淮南、长江下游及岭南东部地区,有时亦扩大包括整个岭南地区。战国时概指这些地区的居民为扬越。一说指居住于江汉一带或居住于江西之越人。

扬掷 簸扬投掷之意。唐时,粮米运至京师,砂砾糠秕杂乎其间。开元初,诏使扬掷而较其虚实。其扬掷率为水运米,四、五、六、七月,一斗欠五合;三、八月,一斗欠四合;二、九月,一斗欠三合;正、十、十一、十二月,一斗欠二合。

扬州 ❶古族名。越人的一支,分布于今江西一带。《逸周书·王会》载,周成王时,曾参加成周之会,并以"禺鱼"为献。春秋、战国时分属吴、越、楚三国。楚灭越后,其族一部降附于楚,一部随越王之族东逃海滨,后成为东越;另一部分则逃入深山之中。❷古"九州"之一。《书·禹贡》:"淮、海惟扬州。"《周礼·职方》:"东南曰扬州。"《尔雅·释地》:"江南曰扬州。""淮"指淮水,"海"指东海,"江"指长江。❸州名。汉武帝所置十三刺史部之一。辖境相当今安徽淮河和江苏长江以南及江西、浙江、福建三省，湖北武穴市和英山、黄梅，河南固始、商城等县地。东汉治历阳（今安徽和县），末年移治寿春（今安徽寿县）、合肥（今安徽合肥市西北）。三国魏、吴各置扬州：魏治寿春；吴治建业（今江苏南京市）。西晋灭吴后复合，治建邺（建业改名，建兴初又改建康）。其后辖境渐小。隋开皇九年（589）改为蒋州，移治石头城（今南京市清凉山）。唐武德八年（625）改蒋州为扬州，乾元元年（758）改为升州。❹州、路、府名。隋开皇九年改吴州为扬州，治江都（今扬州市）。唐辖境相当今江苏扬州、泰州、江都、高邮、兴化、六合、泰兴、海安、如皋、姜堰和安徽天长等市、县地。为淮南道治。五代吴都此，改为江都府。周显德五年（958）平南唐后，复改为扬州。宋为淮南东路治。元至元十四年（1277）改为扬州路。地当运河交通要冲，唐时为对外贸易海港之一，经济、文化繁荣，有“扬一益二”之称。

扬州八家 清乾隆间寓居扬州的一些画家，画名盛一时。作画，不拘前人陈规，虽渊源于徐渭、朱耷、原济等人，而又各有发展，自具风格。作画多竹木花鸟，亦画山水人物。且都能诗、擅书法或篆刻，讲究诗书画三结合。因与当时“正统”画风不同，被视为“怪”，故又称“扬州八怪”。其代表画家有汪士慎、黄慎、金农、高翔、李鱓、郑燮、李方膺、罗聘。一说有高风翰、边寿民、杨法，而无汪士慎、高翔、罗聘。

扬州府 元末朱元璋先后改扬州路为淮海府、维扬府，至正二十六年（1366）改为扬州府。治江都县（今江苏扬州）。明初属京师，永乐后属南京。辖境相当今江苏宝应县以南，长江以北，仪征、金湖等市、县以东地。清初属江南，康熙六年（1667）后属江苏省。雍正二年（1724）所辖通州升为直隶州，南部辖境内缩至今泰州市、海安县一线。1912 年废。

扬州画舫录 书名。清李斗撰。十八卷。成书于乾隆末年。记述扬州地区的商业、工艺、园林、文艺、风俗，反映十八世纪江苏社会经济、文化状况。有乾隆六十年（1795）初刻本，同治十一年（1872）重印本，1960 年中华书局点校本。

扬州教案 ❶清同治七年（1868）英国内地会传教士戴德生（James Hudson Taylor，1832—1905）在扬州强行租屋，开设教堂，愤怒的民众将其住所捣毁。英国驻上海领事麦华陀（Walter Henry Medhurst，1823—1885）赶至扬州“查办”。因要挟未逞，遂率军舰四艘赴南京进行威胁。两江总督曾国藩竟满足麦华陀的“一切条件”，将扬州知府撤职，赔偿教会损失，并在教堂门前立碑，申明保护外国教会。❷清光绪十七年（1891），长江中下游教案迭起，扬州会党纷纷贴出揭贴，历诉教会的罪恶，并斥责“官府受贿，保护洋人”。三月聚众五、六千人包围教堂，“声如鼎沸”，清政府派兵弹压。

扬州历（歷）史教科书 书名。清末汤寅臣撰。四册，八十课。汤氏主张初级小学历史宜先讲乡土志，然后由近及远，贯通全国历史。因取家乡扬州历代名人事迹编为小学历史课本。起春秋吴王夫差，迄清阮元，凡一百零一人。每课六十至百余字，加注音、注释，较简明、通俗。每册末附《扬州历史沿革表》。为较早扬州乡土历史教科书。有光绪三十四年（1908）刊本。

扬州路 元至元十三年（1276），改扬州置扬州安抚司。次年，更名扬州路，治今江苏扬州市。辖境相当今江苏扬州、泰州、南通、通州、仪征、邗江、江都、姜堰、泰兴、海安、如皋、如东、海门、启东、六合和安徽滁州、来安、全椒和上海崇明等市、县。属河南江北行省。元末历经改动，至正二十六年（1366）改为扬州府。

扬州十日 顺治二年（1645），清军南下，四月十五日进围扬州。明督师史可法在外援断绝、军饷不济的危急情况下，率领扬州全城军民坚守孤城。二十五日城破，清军入城，对扬州人民进行持续十天的大屠杀。史称“扬州十日”。

扬州十日记 书名。清初王秀楚撰。一卷。记清军于顺治二年（1645）四月二十五日攻入扬州，至五月五日，进行十天屠杀与奸淫掳掠之情况。作者以亲见亲闻的材料写成本书。清代列入禁毁书目。

扬州水道记 书名。清刘文淇撰。四卷。成书于道光十七年（1837）。初拟分运河、两岸工程和两岸诸湖三部，叙扬州水道，后仅成运河部分。是书广稽历代史地乘志杂说和河工官牍有关资料，援证详核，对江都运河、高邮运河和宝应运河古今水道变迁作了较详辨析。卷首附春秋至清扬州水道沿革图说十幅。该书刻板后曾因兵燹散佚，后经方濬颐补刊。

扬州御寇录 书名。清倪在田撰。三卷。记咸丰二年（1852）至同治六年（1867）清军与太平军在扬州及附近各地战事，涉及清军将士腐败情形以及太平军习俗制度等，多据见闻，较近于事实。有 193[illegible]年《扬州丛刻》本。

扬州之战 宋元战争重要战役之一。南宋德祐元年（1275），元军入建康（今江苏南京）后，阿术分兵攻扬州（今属江苏）。宋淮东制置使、知扬州李庭芝与部将姜才死守。阿术筑长围以困之。姜才屡次出击均败。二年二月，元军入临安，以宋谢太后诏谕降，李庭芝与姜才仍力战不屈。七月，庭芝与姜才出城赴泰州（今属江苏），谋入海南行，留制置副使朱焕守扬州。庭芝既行，焕即降元。元军破泰州，李庭芝与姜才被执殉难。

扬州知新算社 清末江苏扬州学术团体。由周达等人于光绪二十六年（1900）创立，其宗旨为“研究学理，联络声气，切磋讨论，以辅斯学（数学）之进化”。二十八年进行改良，“始有会课之举，月课一次，藉以甄采海内畴人名作”，每月例会三次。该社主张吸收外国先进数学，以提高中国数学水平，力主采用西方数学符号，并按西方“各国专门学校算学科之阶级为准”分高等、中等、初等数学。该社研究之学理分为四科：普通研究科（初等数学）；高等研究科（相当西方大学数学专业课程）；特别研究科（数学专门化课题）；应用研究科（应用数学），并有一小型数学资料室。先后出版《知新算社课艺初集》、《日本调查算学记》、《方程式之理论》、《知新算社答问》等著作。

扬子江 ❶唐宋以来对今江苏仪征市、扬州市一带长江的别称。因扬子津及扬子县而得名。《太平寰宇记》丹徒县:“金山泽心寺,在城东南扬子江。”明清时坊间刊印的路程备览之类书籍、地图有写作“洋子江”的。近代外国人通称长江为扬子江。❷杂志名。清光绪三十年五月十五日(1904.6.28)在上海创刊。半月刊,实为不定期。杜课园(果园)主编。以“光复我神明之华胄,完全我独立之元素”为宗旨。宣传爱国主义,批判君主专制,主张抑君权、伸民权,实行君主立宪。九月一日发行第四期。十一月改名《扬子江白话报》,迁江苏镇江出版。

扬子江白话报 杂志名。清光绪三十年十一月一日(1904.12.7)在江苏镇江创刊,由上海《扬子江》文言杂志改组而成白话报。月刊。杜课园主编。以“监察社会,开通风气”为主旨,主张君主立宪,宣传社会改良和科学救国,反对民主革命。发行九期,三十一年七月停刊。宣统元年(1909)十一月复刊,更名《扬子江白话丛报》,凌探原、成觉民主办,发行“中兴”第一、二期。

扬子江小说报 杂志名。清宣统元年五月一日(1909.6.18)在湖北汉口创刊。月刊。胡石庵主编,中西日报馆发行。以刊载各种小说为主,兼刊诗词、随笔。曾载李涵秋哀情小说《梨云劫》。

扬子津 在今江苏邗江县南滨江,有扬了桥。为扬州、京口(今江苏镇江市)间重要津渡。隋开皇十年(590),杨素率水师自此渡江击朱莫问于京口;大业七年(611)炀帝升钓台,临此津,寻置临江宫(亦名扬子宫)于此。唐开元以后,江滨积沙二十余里,遂为沙洲所隔。二十五年(737)齐澣开伊娄河,自此南达瓜洲渡口,遂复为往来通津。南宋建炎初,高宗自瓜洲南渡,金人入扬州,追至扬子桥而还。今去江已远,但有运河相通;舟运西自仪征,南自瓜洲,至此汇合而北,仍为交通要地。

扬子县 ❶本江都县地,隋末为扬子镇,唐永淳元年(682)升为县。治今江苏邗江县南扬子桥附近。属扬州。五代吴属江都府,南唐改为永贞县。地当运河与长江之交,为南北交通要津,唐大历以后盐铁转运使置巡院于此。❷北宋大中祥符六年(1013)改永贞县置。移治真州郭下(今江苏仪征)。南宋建炎元年(1127)升为扬子军。四年复为县。绍兴十一年(1141)又升为扬子军。次年又复为县。元至元二十八年(1291)移治新城,即今仪征市东新城镇。明洪武二年(1369)废入仪真县。

羊膊岭 在四川松潘县西北岷山之麓,岷江发源于此。古人以岷江为长江的主源,因而有长江发源于此岭的说法。

羊草地 清代各牧场采割马匹越冬饲草之场地。官地,禁买卖、盗种。

羊肠坂 ❶太行山的坂道。因盘旋如羊肠而得名。《史记·魏世家》:昔者魏伐赵,断羊肠,拔阏与”;《蔡泽传》:“决羊肠之险,塞太行之道”,皆即此。其地有二:一在今山西平顺县东南。《汉书·地理志》:壶关县“有羊肠坂”;一在今晋城市南。《史记·魏世家》张守节正义:“羊肠阪道在太行山上,南口怀州(今河南沁阳市),北口潞州(今山西长治市)。”《大清一统志·泽州府·山川》以为战国所言羊肠当指后者。❷在今山西静乐县境。《水经·汾水注》:“汾水出汾阳县(今静乐县西)北山,……汉高帝十一年(前196)封靳彊为侯国。后立屯农,积粟在斯,谓之羊肠仓。山有羊肠坂,在晋阳(今太原市西南古城营)西北。石隥萦委,若羊肠焉,故仓、坂取名矣。”《后汉书·邓训传》:永平中治虖沱、石臼河,从都虑至此所置羊肠仓,欲令通漕,连年无成。隋炀帝改名深谷岭。

羊场长官司 土司名。明洪武四年(1371)置,郭九龄为长官,属贵州宣慰使司。崇祯二年(1629)属龙里卫军民指挥使司。郭九龄,今贵阳市乌当区谷定人,明初率部曲归附,由贵州宣慰使司札授长官职,世袭,无朝命。七传至郭天章,于清顺治十五年(1658)附清,仍授长官职,世袭,有印信号纸,管羊场、上老傍等处村寨,康熙十一年(1672)属龙里县。治在今贵州龙里县西五十里。居民主要为苗族、布依族。

羊车 ❶一名辇车。指宫中小车。以羊挽之。羊,即祥,取其吉祥之义;一说祥,即善。羊车乃善饰之车。其上如轺,车轴有盖,漆轮轭,以人或牲畜牵之。本帝王所乘之车,故晋代中护军羊琇屡乘羊车,为司隶校尉刘毅所纠劾。后宫中所出之车,亦俗称羊车。❷见“恤❶”。

羊车小史 ❶羊车,即辇。南朝齐时命小儿数人衣青布裤褶,梳五辫髻,以牵引之,名曰羊车小史。梁时改称牵子。❷吏职名。唐太仆寺乘黄署置十四人,掌调习马匹。

羊城 ❶在今河北沽源县西南。《辽史·太祖纪》:太祖三年(909),“置羊城于炭山之北以通市易”,即此。❷广州市的别称。唐高适《送柴司户充刘卿判官之岭外》:“海对羊城阔,山连象郡高。”参见“五羊城”。

羊城日报 报纸名。清光绪二十八年(1902)初在广州创刊。莫任衡主办,莫天一、谭汝俭主编。鼓吹君主立宪,诋斥革命。行销京、津、沪、汉等重镇,外销旧金山、檀香山、马尼拉、长崎、横滨、神户、海防、河内、西贡、新加坡、庇能等地,日销高达八九千份。辛亥革命后继续刊行,更名《开新公司羊城日报》。

羊耽妻辛氏(191—269) 西晋陇西(治今甘肃陇西东南)人,字宪英。魏侍中辛毗女。弟敞为魏大将军曹爽参军。正始十年(249),司马懿趁爽随魏帝齐王芳祭扫高平陵(魏明帝墓)之机,闭城门发动政变,她预言此举意在诛爽而已,劝敞仍忠于职守,敞从之,出赴爽,果如其言。其子琇随钟会征蜀,她诫子以忠国孝亲,尽职守义,不遗患于父母。会至蜀果反,琇竟全归。

羊聃　晋泰山南城(今山东平邑南)人,字彭祖。少不好学,时论鄙其凡庸。初辟为司马睿丞相府吏。累迁庐陵太守。刚刻暴戾,滥施刑杀。成帝时疑郡人简良等为贼,杀二百人,诛及婴孩。庾亮执之,以太妃舅免死,除名。寻卒。

羊衜(约211—?)　三国时南阳(今属河南)人。初为吴中庶子。才博善辩,能鉴识人物。时廷尉监隐蕃以口辩为朝臣所善,独拒不与蕃交,后蕃竟谋反伏诛。为督军使者。赤乌二年(239),应公孙渊之请,奉命与将军孙怡等赴辽东,曾击败魏守将,俘其人民。时太子和与鲁王霸不睦,孙权乃禁断往来。遂上疏以为此举徒使境内守疑,异国兴谤。后官至桂阳太守。

羊骨卜　羌族巫师进行占卜活动的一种方式。占卜所用羊髀骨须取自祭祀神灵时所杀之羊。主要用于占卜病因或吉凶祸福。占卜程序是,巫师在神前燃柏枝并烧掉问卜者带来的青稞麦子。一面念经,一面取艾叶在手中捻成小粒,放在羊髀骨上灼之。艾粒数目三、五、七、九均有一定,炙出花纹后,巫师据以判定病因或祸福,以及应否医治或禳解。

羊灌田　地名。在今四川彭州市西北。唐置羊灌田守捉城。元和元年(806)叛帅刘辟在此为高崇文将高霞寓所擒。

羊祜(221—278)　西晋泰山南城(今山东平邑南)人,字叔子。世吏二千石。魏末任相国从事中郎,掌机密。迁中领军,悉统宿卫,入直殿中,执兵之要,事兼内外。参预代魏密谋,进中军将军,加散骑常侍,封巨平侯。泰始初,擢尚书左仆射、卫将军,给本营兵。五年(269),任都督荆州诸军事,出镇襄阳,屯田八百余顷,广积军粮。后加车骑将军,以未能救吴降将步阐,贬为平南将军。缮甲训卒,增强戒备,并造船只,大治水军,筹备伐吴。咸宁二年(276),除征南大将军,奏荐王濬监益州诸军事,密令修舟楫,为顺流之计。又上疏请伐吴,朝议多不同,未行。镇襄阳十载,甚得江汉众心。四年,以病求入朝,面陈伐吴计,武帝遣中书令张华就问筹策。十一月病重,举杜预自代。寻卒。襄阳百姓于岘山建庙立碑以祀,游者望碑流涕,因名“堕泪碑”。著有《老子传》,已散佚。

羊皇后　晋泰山南城(今山东平邑南)人,名献容。永康初,贾后既废,立为惠帝皇后。永兴初,为成都王颖、张方等几度废立,每幽于金墉城。光熙元年(306)惠帝还洛阳,迎之复位。洛阳陷,前赵主刘曜纳为皇后,甚受爱宠。生二子。

羊鉴(?—约329)　晋泰山南城(今山东平邑南)人,字景期。元帝时为东阳太守,迁太子左卫率。太兴二年(319),泰山太守徐龛叛晋,司徒王导以其为龛乡里望族,授以征虏将军,命率军讨龛。他却惧而屯兵下邳(今江苏睢宁西北)不前。寻败归。按律应正斩刑,元帝以其太妃外属,免死,除名。后任少府。王敦反,明帝以其敦舅,且素相亲党,弃之。成帝时,参与讨苏峻之乱。寻卒。

羊角　春秋卫邑。在今山东郓城县西。《左传》襄公二十六年(前547):“齐人城郏之岁,其夏,齐乌余以廪丘奔晋。袭卫羊角,取之”,即此。

羊角哀　相传为东周时燕人。与左伯桃为至友,闻楚王求贤而相约俱往。途中短粮,又遇雨雪伯桃见衣粮不足使二人俱活,遂交出衣粮自入枯树中冻饿而死。他到楚后为显官,乃启树发伯桃尸改葬之。伯桃墓近荆将军墓,因梦见伯桃告以“日夜被荆将军所伐”。乃云:“我至地下看之”,遂自刎而死见《列士传》。后世因称友谊至笃者为“羊左”。

羊侃(495—549)　南朝梁泰山梁父(今山东泰安东南)人,字祖忻。初仕北魏为泰山太守,有南归之意。大通二年(528)降梁。次年,至建康(今江苏南京)。历徐、青、冀、兖、衡诸州刺史。中大通四年(532),为侍中。太清二年(548),为都官尚书。时侯景反,直下建康。遂指挥守城事宜。屡击退景军旋病卒。善音律,自造《采莲》、《棹歌》两曲。

羊亮　西晋泰山南城(今山东平邑南)人,字长玄。初为太傅杨骏参军。时京兆多盗,骏欲重其法凡盗百钱者罪至死,为其谏阻。官平阳太守,累转大鸿胪。后奔并州,为刘渊所杀。

羊烈(?—约580)　北朝时泰山巨平(今山东泰安西南)人,字信卿。少好读书,以玄学知名。北魏孝昌四年(528),堂兄泰山太守羊侃据郡降梁,乃奔洛阳告发,然不愿受赏。弱冠时被辟为州主簿。入齐,累官左右户部郎中、阳平太守。皇建二年(561)迁光禄大夫,加龙骧将军、兖州大中正。武平初,除骠骑将军、义州刺史,寻以老疾还乡。

羊令渠　水渠名。在唐河北道冀州衡水(今属河北)南一里。载初元年(689)县令羊元珪开,自县南引漳水北流,贯城注隍,以溉民田。

羊曼(274—328)　晋泰山南城(今山东平邑南)人,字祖延。西晋末避难渡江,镇东大将军司马睿用为参军,转丞相主簿,委以机密。历黄门侍郎、尚书吏部郎、晋陵太守。性放纵,好饮酒,与温峤、庾亮等友善,并为中兴名士。与阮放等号为“兖州八伯”。王敦录为右长史,与谢鲲等散发裸体,终日酣醉。敦以其名士,厚加礼遇,不委以事,故得免祸。咸和三年(328),苏峻作乱,时为丹阳尹,率文武守云龙门,为峻所杀。

羊舌肸　即“叔向”。

羊深(?—535)　北魏泰山巨平(今山东泰安南)人,字文渊。学涉经史,善文牍。自司空府记室参军转尚书骑兵郎。正光五年(524),从都督北海王元颢出讨敕勒酋长胡琛部将宿勤明达、北地人车金雀。孝昌三年(527)与大行台长孙稚击败反叛之齐王萧宝寅,以功赐新泰男。次年,尔朱荣诛杀朝士,其弟泰山太守侃邀其南依梁,乃斩侃来使,不从。普泰元年(531),为卫将军,监修《起居注》,兼侍中。上疏修立国学。寻拜中书令。永熙三年(534),与尚书左仆射樊子鹄于兖州拒东魏,被杀。

羊胜(?—前150)　西汉齐(治今山东淄博东)人。曾与公孙诡、邹阳等人游于梁。因与谋梁孝王刺杀大臣袁盎,遭景帝追捕,孝王令其自杀。能赋,今存《屏风赋》一篇。

羊石城 一作阳石城。在今安徽霍邱县东南。《资治通鉴》:梁天监二年(503),北魏以降将陈伯之为都督淮南诸军事、江州刺史,"屯阳石";五年,庐江太守裴邃伐魏,克"羊石城",皆即此。

羊昙 东晋泰山南城(今山东平邑南)人。谢安甥,为安所爱重。善唱乐,时桓伊能挽歌,袁山松能歌《行路难曲》,并称"三绝"。太元十年(385),安死,乃辍乐弥年。

羊蹄山 在今湖北汉川市南。本名阳台山,俗讹为羊蹄山。《资治通鉴》:陈光大元年(567),"沔州刺史裴宽白襄州总管,请益戍兵,并迁城于羊蹄山以避水",即此。

羊同 亦作扬同。学界多认为即藏语香雄之对音。古部落名。分布在今西藏西北部,有大小羊同之分。小羊同在大羊同之西,大羊同曾是吐蕃十二小邦之一,其王黎纳徐,于囊日论赞赞普时归顺吐蕃,后叛,松赞干布讨平之,尽置其地于吐蕃管辖之下。其王族曾与吐蕃王族联姻。国王姓姜葛,以四大臣分管国事,胜兵八九万。以畜牧为业。辫发毡裘,多信本教。贞观五年(631)曾对唐朝贡。

羊头山 ❶在今山西长子县东南。《后汉书·西羌传》:永初五年(111),"复以任尚为侍御史,击众羌于上党羊头山,破之",即此。❷又名谒戾山。在今山西沁源县东北。《汉书·地理志》:上党郡谷远县有"羊头山世靡谷,沁水所出",即此。

羊武谷 即扬武谷。在今山西原平市西北。《资治通鉴》:唐大历十三年(778),代州都督张光晟击破回纥于羊武谷,即此。

羊希(?—468) 南朝宋泰山南城(今山东平邑南)人,字泰闻。元嘉中,为江夏王刘义恭太尉府主簿。大明初,为尚书左丞,以占山护泽者已相因成业,请更立*占山格以代晋壬辰之科。孝武帝从之。明帝泰始三年(467),出为广州刺史,以屡为婿求官职被责。次年,遣晋康太守刘思道攻俚,思道违节失利,将惩治之,为思道军所杀。

羊苴咩城 羊一作阳。又简称"苴咩城"(《蛮书》)。779年南诏异牟寻徙都于此后筑城。即今云南大理市西北旧大理。城西枕点苍山,东临洱海,南、北有龙尾(今大理市)、龙口(今上关)二城,形势险固。此后四百多年,先后为南诏、大理国都。城周四五里,城南有五华楼,相传可容万人。

羊辛 即"干辛"。

羊琇(236—282) 西晋泰山南城(今山东平邑南)人,字稚舒。少举郡计,参镇西将军钟会军事,从平蜀。会谋反,正言苦谏之。及还,赐爵关内侯。魏末参与定司马炎储位,炎即晋王位,擢为左卫将军。入晋,累迁中护军,加散骑常侍。在职十三年,典禁兵,预机密,宠遇甚厚。性豪侈,肆恣犯法。武帝使齐王攸出镇青州,以切谏忤武帝。又以构使齐王出镇者为杨珧等,乃与北军中候成粲谋杀珧,事泄,左迁太仆,愤怨病卒。

羊续(142—189) 东汉泰山平阳(今山东新泰南)人,字兴祖。以祖荫拜郎中,后辟大将军窦武府。党锢事起,遭禁锢十余年。及党禁弛解,历任庐江、南阳太守,以镇压境内黄巾军及江夏赵慈兵变显名。中平六年(189),灵帝欲任为太尉,因拒绝缴纳礼钱而作罢。旋病卒。

羊玄之(?—303) 西晋泰山南城(今山东平邑南)人,字弘猷。初为尚书郎,以惠帝皇后父,拜光禄大夫,迁尚书右仆射,加侍中,爵兴晋公。太安二年(303),成都王颖等上表指斥长沙王乂等与之专擅朝政,杀害忠良,请诛之。遂忧惧卒。

羊衒之 即"杨衒之"。

羊鸦仁(?—549) 南朝梁泰山巨平(今山东泰安西南)人,字孝穆。少仕郡为主簿。普通中,自魏归梁,征伐青、齐,屡有战功。为司、豫二州刺史,镇悬瓠(今河南汝南)。侯景叛梁,乃率所部入援建康(今江苏南京),为景所败。台城陷,景用为五兵尚书,常思脱身。后出奔江陵(今湖北荆州),其故部曲迎者数百人。途中遇害。

羊真 北魏鲜卑拓跋部以鲜卑语通称三公贵人为羊真。

羊陟 东汉泰山梁父(今山东泰安东南)人,字嗣祖。家世冠族。举孝廉,为太尉李固属吏,拜侍御史。桓帝初,固遇害,以故吏禁锢历年。后复举高第,历任冀州刺史、虎贲中郎将,城门校尉、尚书令、河南尹等职。时太尉张颢、司徒樊陵等与宦官勾结,贿赂公行,乃奏言罢黜之,不被采纳。延熹九年(166)党锢事发,免官归家,禁锢终身。士人誉为"八顾"之一。后卒于家。

阳 ❶西周封国。姬姓,侯爵。在今山东沂南县南。春秋时灭于齐。《春秋》闵公二年(前660):"齐人迁阳",即此。❷一作唐。春秋燕邑。在今河北顺平县西北。《春秋》昭公十二年(前530):"齐高偃帅师纳北燕伯于阳"(《左传》"阳"作"唐");《战国策·齐策二》:"赵可取唐、曲逆",亦即此。西汉置唐县。❸山南水北为阳。如济阳、泗阳、山阳。《诗·大雅·皇矣》:"度其鲜原,居岐之阳。"又《大明》:"在洽之阳",《谷梁传》僖公二十八年(前632):"水北为阳,山南为阳。"

阳安关 即阳平关。《三国志·蜀志·姜维传》:景耀六年(263)维曰:"宜并遣张翼、廖化督诸军分护阳安关口、阴平桥头,以防未然。"《通典·州郡》汉中郡及《文献通考·舆地考》兴元府下均作"分护阳平关口"。旧说为关城,参见"阳平关❶、❷"。

阳安郡 ❶东汉建安初曹操分汝南郡置。治朗陵县(今河南确山县西南)。辖境相当今确山县地。《三国志·魏志·赵俨传》:"袁绍举兵南侵,遣使招诱豫州诸郡,诸郡多受命,惟阳安郡不动",即此。不久废。东魏复置。治阳安县(今确山县东北)。北齐废。❷唐天宝元年(742)改简州置。治阳安县(今简阳市西北)。辖境相当今四川简阳市地。乾元元年(758)复为简州。

阳安县 ❶本春秋时道国地,西汉置阳安县。治今河南确山县东北。汉晋属汝南郡。东魏为阳安郡治。北齐废。❷三国吴改汉宁县置。治今湖南资兴县南。属桂阳郡。晋太康元年(280)改为晋宁县。❸西魏恭帝二年(555)改牛鞞县置。治今四川简阳市西北。西魏、北周为武康郡治。唐宋为简州治。元至元二十年(1283)废入简州。

阳陂湖　在今浙江富阳西北新桥、三桥间。唐贞观十二年(638)县令郝某因旧址开,并造水闸。湖周六十里,溉田万余亩。万岁登封元年(696),县令李濬筑堤。贞元七年(791)县令郑早又增修之,后废。清重修,今尚存。

阳差　古历数术语。谓农历正月甲寅日,二月己卯日,三月甲辰日,四月丁巳、己巳日,六月丁未、己未日,七月庚申日,八月辛酉日,九月庚戌日,十月癸亥日,十二月癸丑日为阳差。阴阳家迷信的说法,阳差时诸事不宜。

阳城　❶相传为夏禹都城。在今河南登封市东南告城镇。《世本》:"夏禹都阳城,避商均也。"春秋、战国郑邑。《史记·韩世家》:文侯二年(前444),"伐郑,取阳城。"后为韩阳城君封邑。秦置县。又《帝王世纪》谓在陈留浚仪县(今河南开封市);《路史》注谓在"泽之阳城"(今山西晋城市)。❷(736—805)唐定州北平(今河北顺平)人,徙陕州夏县(今属山西),字亢宗。世为宦族。家贫无书,求为集贤院写书吏,窃官书苦读六载。及进士及第,乃隐居中条山,远近多从之学。贞元四年(788),宰相李泌荐为谏议大夫。为官无谏言,惟日夜痛饮,韩愈作《争臣论》讥之。十一年,陆贽遭裴延龄诬贬,内外震恐,无敢救者。乃起而上疏,极论裴延龄之奸,辨陆贽无罪。德宗将加之罪,太子(顺宗)救之得免。德宗又欲用延龄为相,他扬言将撕毁任延龄为相之制诰。贬国子司业,出为道州刺史。在州治民有方,赏罚分明,减轻赋税。时道州民身多矮,岁贡于朝,名为矮奴。他哀其生病,且愤朝廷以良为贱,上疏抗论得免,州人感之。白居易为赋新乐府《道州民》以诵之。

阳城淀　在今河北望都县东南七里,周围三十里。《续资治通鉴长编》:景德元年(1004)辽圣宗与统军顺国王挞览入侵,攻定州,宋将王超阵于唐河,辽兵遂东驻阳城淀,即此。

阳城衡　西汉末年人。曾撰集汉武帝以后事迹,补续司马迁《史记》。

阳城君　战国时楚国封君。楚悼王时封于阳城(今河南方城东)。与墨者巨子孟胜相友善。楚悼王死,因参预攻杀吴起,箭矢误中王尸,获罪出逃,楚收其封国。见《吕氏春秋·上德》。

阳城山　亦名马岭山。在河南登封市东北,为嵩山东支。《汉书·地理志》颍川郡阳城县:"阳城山,洧水所出"。《水经·洧水注》:洧水"亦言出颍川阳城山,山在阳城县之东北,盖马岭之统目焉"。《资治通鉴》:东晋元帝建武元年(317),前赵刘粲遣刘雅生攻洛阳,守将赵固"奔阳城山",即此。

阳城县　❶春秋郑阳城邑,秦置县。因阳城山得名。治今河南登封市东南告成。一说陈胜系此县人。《史记·韩信传》:汉王二年(前205),汉王使"韩信急击韩王昌于阳城",即此。东晋废。北魏正光中复置。武则天万岁登封元年(696)因有事嵩山,改为告成县,唐神龙元年(705)复故名,二年复为告成县,天祐二年(905)避朱温父朱诚名讳,改为阳邑县,五代唐复名阳城县。周显德中废入登封县。两汉属颍川郡,魏、晋属河南郡,北朝为阳城郡治,隋初曾为嵩州治,大业中属河南郡,唐初又为嵩州治,旋改属洛州。❷本战国楚阳城邑,秦置县。治今河南方城县东。属南阳郡。《史记·曹相国世家》:秦二世三年(前207),"从南攻犨,与南阳守齮战阳城郭东",即此。西汉改为堵阳县,新莽复旧名,东汉又改为堵阳县。❸西汉置。治今河南商水县西北。属汝南郡。宣帝封刘德为阳城侯于此。东汉废入汝阳县。❹《大明一统志》:"阳城,在宿州南。秦县。陈胜生于此。"按宿州即今安徽宿州市。但唐宋以前古籍所载秦汉旧县,皆无此县,不可信。

阳城延(?—前182)　西汉彭城(今江苏徐州)人。原为秦军匠。汉高祖五年(前202)任将作少府,主持营建长乐宫、未央宫和汉长安城。营建城池时,既重功能实用,又利用自然环境,因地制宜,使城市建设有较大发展,为后世城市规划奠定格局。因功封梧侯,卒谥齐。

阳城义渠　战国时人。曾由屯长升任为将军,见《韩非子·问田》。一说即《吕氏春秋·爱士》中之阳城胥渠。

阳春白雪　书名。全称《乐府新编阳春白雪》。元杨朝英编。朝英,字澹斋,元代曲家。本书为元代最早刊印的散曲选集。前有贯云石序,称是书"选词百家"。所收小令与套数均自元代曲家的作品中选出。今存元刊本有十卷本和两卷残本两种。另有九卷抄本传世。通行《随庵丛书》影元刊十卷本,《散曲丛刊》排印任中敏校补十卷本,中华书局版隋树森新校九卷本。

阳春书院　书院名。位于江西南昌。明武宗正德时,宁王朱宸濠所建,以刘养正为讲学盟主,招致四方游士,以为之所用,并求李梦阳为之记。后宁王起兵反,为王守仁平定,其建书院之谋始为世人所知。

阳春县　南朝梁置。治今广东阳春市。为阳春郡治。唐为春州治。宋天禧后历属高州、南恩州、肇庆府。宋有榄径铁场,景德中曾一度移治今市北。

阳耽　十六国时右北平无终(今天津蓟县)人。晋末任辽西太守。前燕主慕容廆破鲜卑段氏,礼而用之。廆立郡以统中原流人,以耽等为谋主,委以庶政。先后历军咨祭酒、东夷校尉。其子骛及侄裕皆仕燕任要职。

阳道　❶天文学名词。月行于黄道以东以南的轨道。《汉书·天文志》载:"月有九行者:黑道二,出黄道北;赤道二,出黄道南;白道二,出黄道西;青道二,出黄道东。……青赤出阳道,白黑出阴道。若月失节度而妄行,出阳道则旱风,出阴道则阴雨。"唐瞿昙悉达《开元占经·天体浑宗》:"月行二十七日有奇而周天,其行半出黄道外,半入黄道内,在内谓之阴道,在外谓之阳道。”❷政事。《礼记·昏义》:“天子理阳道,后治阴道;天子听外治,后听内职。”孔颖达疏:“此明天子与后各立其官,掌内外之事,法阴阳所为。”

阳翟 相传为夏禹都城。即今河南禹州市。《史记·周本纪》裴骃集解引徐广曰:“夏居河南,初在阳城,后居阳翟。”春秋时为郑栎邑,战国属韩,又称阳翟。《史记·韩世家》:景侯九年(前400),“郑围我阳翟”,即此。景侯曾徙都于此。秦置县。

阳翟王 元代诸王封号,授螭纽金印。至大元年(1308),太宗窝阔台第七子灭里后裔秃满始封。曲春、太平、帖木儿赤、阿鲁辉帖木儿等袭封。

阳翟县 本战国韩都,秦置县。治今河南禹州市。秦、汉为颍川郡治,西晋、北魏属河南郡,东魏、北齐、北周为阳翟郡治,隋先后属许州、襄城郡,唐、五代先后属嵩州、洛州、许州,北宋属颍昌府,金、元为钧州治,明洪武初废入钧州。

阳地隘口土长官司 土司名。明置。在今四川平武县木座乡。长官使王氏,原籍江南扬州府兴化县(今江苏兴化市)。始祖王行险宋宁宗时授龙州判官,传三代后,改守御千户。元至正间授宣慰副使。明洪武七年(1374)改长官司,王思恭任长官使。清顺治六年(1649),王熠归附,仍授原职。

阳阿县 西汉置。治今山西阳城县西北阳陵村。属上党郡。西晋废。东晋太元中西燕复置。为建兴郡治。北魏太平真君九年(448)废。和平五年(464)又置。治今晋城市西北大阳镇。仍为建兴郡治。北齐省入高都县。

阳樊 一名樊。周畿内邑,春秋初属郑,后属晋。在今河南济源市西南。《左传》僖公二十五年(前635):晋侯朝王,王“与之阳樊、温、原、欑茅之田。晋于是始启南阳”。参见“樊”。

阳丰县 西晋太康元年(280)以阳城县改名。治今江西永丰县西。属庐陵郡。隋废。

阳肤 春秋战国之际鲁国人。曾参弟子。依附孟孙氏,被委任为士师(典狱之官)时,向曾子求教。曾子告以“上失其道,民散久矣。如得其情,则哀矜而勿喜”(《论语·子张》)。

阳匄(?—前519) 春秋时楚国人,字子瑕。楚穆王曾孙。官令尹。楚平王四年(前525)吴伐楚,他于长岸(今安徽当涂西南)败吴军。六年,增筑郏(今河南郏县)以卫楚。十年,吴王僚伐州来(今安徽凤台),他随薳越率楚军往救,与吴军战于钟离(今安徽凤阳东北),旋病死军中。

阳沟巨鹍 巨型斗鸡种。《尔雅·释畜》:“鸡三尺为鹍”,“鹍”是一种善斗大鸡种。“阳沟”为古代斗鸡场所,《中华古今注》:“长安御沟,谓之杨沟,一曰羊沟。”斗鸡对促进鸡种选育有一定作用。

阳谷(穀) 春秋齐邑。在今山东东平县西北。《春秋》僖公三年(前657):“秋,齐侯、宋公、江人、黄人会于阳谷”;《国语·齐语》:“桓公大朝诸侯于阳谷”,皆即此。隋置阳谷县。

阳谷(穀)县 隋开皇十六年(596)置。治今山东东平县西北。属济州。大业中属济北郡。唐初属济州,天宝中属济北郡。十三载(754)属东平郡。乾元元年(758)属郓州。宋属东平府。景德三年(1006)移治孟店,即今山东阳谷县。元属东平路,明、清属兖州府。

阳谷(穀)之会 春秋时齐国谋伐楚国而主持的一次诸侯之会。齐桓公抵御戎狄对中原的入侵后,便转向对付楚国。桓公二十九年(前657),齐邀宋及原楚之与国江(今河南罗山西北)、黄(今河南潢川西)之国君在阳谷(今山东东平西北)相会,共同商讨伐楚国事宜。这次会盟为以后齐率中原诸侯攻楚作了准备。

阳固(467—523) 北魏北平无终(今天津蓟县)人,字敬安。少任性,后折节读书,博览群籍。孝文帝时,从丹阳王刘昶攻齐义阳(今河南信阳)。累迁治书侍御史,多所劾奏。宣武帝时,作《南北二都赋》以讽谏,又因讥讽中尉王显,被劾免官。及孝明帝即位,除尚书考功郎,迁宁远将军、洛阳令。居官清廉。死时家徒四壁,亲故为之棺殓。著有《演赜赋》、《刺谗疾嬖幸诗》等。

阳瓜州 唐初置。在今云南巍山彝族回族自治县西北部。即蒙嶲诏地。开元中,为蒙舍诏所并。天宝七载(748)命蒙舍诏主阁罗凤子凤伽异兼阳瓜州刺史。后与唐绝,臣吐蕃。

阳关 ❶春秋鲁邑,后入齐。在今山东泰安市东南汶水东岸。《左传》襄公十七年(前556):齐攻鲁,使“高厚围臧纥于防,(鲁)师自阳关逆臧孙,至于旅松”;定公七年(前503):“齐人归郓、阳关”,均即此。❷聚名。在今河南禹州市西北。《水经·颍水注》:“颍水东南流径阳关聚。聚夹水相对,俗谓之东西二土城也。”《后汉书·光武帝纪》:更始元年(23),王莽遣王寻、王邑将兵百万到颍川,“光武将数千兵,徼之于阳关”,即此。❸关名。(1)战国时巴国三关之一,与扞关、江关并称。在今重庆市东北石洞峡,一说在今长寿县东南永丰场。三国蜀汉刘备又置关,《华阳国志·巴志》:“延熙中,车骑将军邓芝为都督,治阳关。”(2)西汉置。在今甘肃敦煌市西南古董滩附近。因在玉门关之南,故名。和玉门关同为对西域交通的门户,出玉门关者为北道,出阳关者为南道。王维《送元二使安西》:“劝君更尽一杯酒,西出阳关无故人”,即此。宋以后和西方的陆路交通逐渐衰落,关遂废圮。

阳关曲 唐大曲名。亦名渭城曲、阳关三叠。据王维《送元二使安西》诗“渭城朝雨浥轻尘,客舍青青柳色新。劝君更尽一杯酒,西出阳关无故人”谱成。唐时,入《伊州》大曲第三段,流传甚广,以为送别之曲。传唱中常引申诗意,增添词句。因复唱三次,故称阳关三叠。现存有琴曲、琴歌等形式。

阳官 又名春官。官名。传说夏、商时置,掌农时。《国语·周语上》:“史帅阳官以命我司事。”韦昭注:“史,太史。阳官,春官。司事,主农事也。”

阳海山 即今广西东北部兴安、灌阳、灵川县境之海洋山。又名“阳朔山”、“零陵山”。《汉书·地理志》零陵郡:"阳海山,湘水所出";《续汉书·郡国志》:"阳朔山,湘水出";《元和郡县志》桂州:"阳朔山,即零陵山也。"后世讹为海阳山。

阳和口 即今山西阳高县西北守口堡。明正统十四年(1449),也先入犯,朱冕与战于阳和口,败没,即此。

阳和卫 明洪武二十六年(1393)置。在今山西阳高县。属山西行都司。宣德元年(1426)移高山卫来同治。城南有关,关西又筑连城,为北边雄镇。《明史·英宗纪》:正统十四年(1449),"边帅朱冕与瓦剌战于阳和";《明史·武宗纪》:正德十二年(1517)十月,"小王子犯阳和,掠应州",皆即此。清顺治三年(1646),以高山卫并入,改名阳高卫。雍正三年(1725)改为县。

阳狐 战国魏邑。即今山西垣曲县东南古城。《史记·魏世家》:文侯二十四年(前422),"秦伐我,至阳狐",即此。

阳胡 即春秋晋瓠丘。在今山西垣曲县东南古城镇南五里东滩村,南临黄河。参见"瓠丘"。

阳湖县 清雍正二年(1724)分武进县东部地置。因县东有阳湖得名。与武进县(今江苏常州市)同治常州府城内。1912年并入武进县。

阳虎 又称阳货。春秋时鲁国人。季孙氏家臣。鲁定公五年(前505),他因季桓子,逐季氏家臣仲梁怀,杀季氏同族公何藐,与桓子盟誓后,又逐桓子之弟公父文伯等。七年,据阳关(今山东泰安东南),挟持季桓子掌鲁国政。八年,与季氏宰公山不狃联合,欲废"三桓"嫡子,被击败,出奔阳关而叛。次年,鲁伐阳关,他兵败奔齐,旋又奔晋。

阳华 即杨陓。《吕氏春秋·有始览》谓秦之阳华乃天下九薮之一。

阳华山 在今陕西洛南县东北。《山海经·中次六经》:"阳华之山,其阳多金玉,其阴多青雄黄。"

阳货 即"阳虎"。

阳嘉 东汉顺帝年号(132—135)。凡四年。

阳甲 又作和甲,殷墟甲骨文"甲"字前之字诸家隶定不同,有[illegible]、虎、[illegible]、[illegible]四说。商王。名和,祖丁之子。阳甲是庙号。继南庚即位。曾"西征,得一丹山"(《古本竹书纪年》)。商王室自仲丁以后,王位继承不断发生废嫡立诸弟子,诸弟子又争相代立,延续到阳甲时,形成"比九世乱,于是,诸侯莫朝"(《史记·殷本纪》)。殷墟卜辞中列为旁系先王祭祀。

阳江厅 清同治五年(1866)置。治阳江县(今市)。辖境相当今广东阳江、阳春、恩平三市地。直隶广东省。光绪三十二年(1906)升为直隶州。1912年改为阳江县。

阳江县 隋末置。以境内漠阳江为名。治今广东阳江市。属高州。贞观后属恩州,宋为恩州、南恩州治。明洪武初属肇庆府。清同治五年(1866)升为阳江厅,光绪三十二年(1906)又升为阳江直隶州。1912年复为阳江县。唐、宋产银、铅。

阳晋 ❶战国卫邑。在今山东郓城县西。《战国策·魏策一》:张仪说魏王:秦"劫卫,取阳晋,则赵不南",即此。❷战国魏邑。一作晋阳。在今山西永济市虞乡西。《史记·魏世家》:哀王(当作襄王)十六年(前303),"秦拔我蒲反、阳晋、封陵"。司马贞索隐引《竹书纪年》作"晋阳"。《资治通鉴》:周赧王十二年(前303)亦作"晋阳"。胡三省注:"按《史记》世家作'阳晋'。其地当在蒲阪之东,风陵之西,大河之阳,且本晋地也,故谓之阳晋。苏秦所谓'卫阳晋之道',盖以魏境有阳晋,故在卫境者,称'卫阳晋',以别之"。

阳九 ❶数术家以4617岁为一元,初入元106岁,内有旱灾九年,谓之阳九。其余尚有阴九、阴七、阳七、阴五、阳五、阴三、阳三等。阳为旱灾,阴为水灾。从入元至阳三,常岁4 560年,灾岁57年,共计4 617年,为一元之气终。举其平均数则每80年有一灾年。见《汉书·律历志》。一说太乙数中以456年为一"阳九",288年为一"百六"。阳九,奇数也,为阳数之穷;百六,偶数也,为阴数之穷。见宋张世南《游宦纪闻》。❷道家谓3 300年为小阳九、小百六;9 900年为大阳九、大百六。天厄谓之阳九,地亏谓之百六。见《灵宝天地运度经》。❸指灾荒年景和厄运。三国魏曹植《汉二祖优劣论》:"值阳九无妄之世,遭灾光厄会之运。"宋文天祥《正气歌》:"嗟予遘阳九,隶也实不力。"

阳历(曆) 天文学名词。全称太阳历。历法的一种。以太阳同年视运动为主要依据。历年的长度平均约等于回归年。月的长短则是人为规定,与月相盈亏无关。一年中分若干个月也是人为规定的。历史上的古埃及历,古玛雅历,古彝族十月历,太平天国的天历和现行的公历都是阳历。

阳陵 西汉景帝刘启陵墓。位于今陕西省咸阳市东。景帝五年(前152)作阳陵邑,募民徙之。后三年(前141)春正月廿七日(甲子)景帝卒,二月六日(癸酉)葬此。

阳陵县 西汉景帝五年(前152)以弋阳乡置,为西汉七个皇帝陵县之一。治今陕西咸阳市东北。初属内史,太初元年(前104)属左冯翊。东汉属京兆尹。三国魏废。

阳马 ❶古代算学术语。其一棱垂直于底面的四棱锥。将堑堵斜解,则得阳马一与鳖臑一。方亭、刍甍、刍童、羡除等多面体必须借助它以求其积。《九章算术》商功章提出其体积求法为:"广袤相乘,以高乘之,三而一。"此即公式$V=\frac{1}{3}abh$。刘徽《九章算术注》指出:"邪解堑堵,其一为阳马,一为鳖臑。阳马居二,鳖臑居一,不易之率也。"此即堑堵中,阳马体积:鳖臑体积=2∶1。今称刘徽原理。据此及堑堵体积公式,则上述公式及鳖臑体积公式是显然的。刘徽用无穷小分割和极限思想证明了该原理。略云:平分堑堵之长、宽、高,出入相补,证明其四分之三中上述原理成立。"若为数而穷之,置余广、袤、高之数各半之,则四分之三又可知也。半之弥少,其余弥细。至细曰微,微则无形。由是言之,安取余哉?"完成了证明。此一原理是中国多面体理论的基础。刘徽先于西方数学家高斯、希尔伯特一千六百多年便考虑了不用无穷小分割无法解决多面体体积这一体积理论的核心问题。❷建筑术语。引出以承短椽的屋周四角。《文选》三国魏何平叔《景福殿赋》:"承以阳马,接以员方。"李善注:"阳马,四阿长衍也。"

阳玛诺(Emmanuel Diaz,1574—1659)明末来华葡萄牙耶稣会士,字演西。早年在印度果阿学习,万历间赴澳门讲授神学。万历二十九年(1611)进入韶州(今广东韶关)传教,被逐归。天启元年(1621)再度入内地,赴北京传教。清初活动于江南,负责杭州传教会省区工作。死于杭州。精通天文,著有《天问略》,以问答形式解说天象原理。

阳沔 在今四川梓潼县北。西晋永宁二年(302)李特围成都,晋督护衙博讨特军于梓潼,特遣子荡败博兵于阳沔,即此。

阳明全书 即"王文成公全书"。

阳明学派 亦称姚江学派。信守王守仁学说之学派。以"致良知"和"知行合一"为主旨。明隆庆前后,阳明学风靡一时,门弟子遍天下。分支派别甚多,有浙中王门的徐爱、钱德洪、王畿;江右王门的邹守益、聂豹、罗洪先;南中王门的黄省曾、周冲、朱得之;粤闽王门的薛侃、周坦、马明衡;而以王艮的泰州学派为最著名。明末清初,阳明学传入日本。

阳明子 汞的隐名。道家炼丹,称汞为阳明子。见《石药尔雅》。

阳木 生物术语。指山南所生之树木。见《周礼·地官·山虞》:"掌山林之政令。……仲冬,斩阳木;仲夏,斩阴木。"郑注云:"阳木生山南者,阴木生山北者。"又云:"春夏生阳木,秋冬生阴木。"

阳尼 北魏北平无终(今天津蓟县)人,字景文。博通群籍。征为秘书著作郎。太和十年(486),拜国子祭酒。卒年六十一。著《字释》数十篇,未就而卒。从孙太学博士承庆遂撰为《字统》二十卷,行于世。

阳盘阴盘 清代江西天地会系统秘密结社。创于嘉庆年间,为建宁人李凌魁所立。阳盘、阴盘即暗藏"天地"之意。先后传至江西广昌、石城等处。嘉庆八年(1803)李凌魁于准备起义中被镇压,其徒杜世明等逃往江西,寻于江西竖旗起义。

阳平关 ❶一名白马城,亦名浕口城。即今陕西勉县西老沔城。南临汉水,为汉中盆地西边门户,当川、陕交通要冲。《后汉书·刘焉传》:"(张)鲁自在汉川垂三十年,闻曹操征之,至阳平,欲举汉中降",即此。❷即今陕西宁强县西北阳平关。本名"关城"、"关头"。南倚鸡公山,北傍嘉陵江,形势险要,为陕、秦和蜀间交通咽喉,亦当水运之冲。《三国志·蜀志·法正传》:"鱼复与关头,实为益州祸福之门";《三国志·魏志·钟会传》魏军分道入蜀,"使护军胡烈等行前,攻破关城",皆即此。北宋改称阳平关。旧说为阳安关。

阳平关之战 宋蒙战争重要战役之一。南宋端平三年(1236),蒙古军攻四川,宋将曹友闻率军迎击于阳平关(今陕西宁强西北),力战阵亡。蒙古军遂长驱入川。此后南宋丧失蜀道天险,退守川东山区。

阳平郡 三国魏黄初二年(221)分魏郡东部置。治馆陶(今县)。属冀州。西晋辖境相当今河北馆陶县、大名县东部,山东冠县、莘县及聊城市西堂邑等地。属司州。北魏属相州。东魏又属司州。北周复属相州。隋开皇初废。

阳平县 本春秋卫莘邑,西汉置阳平县。治今山东莘县。属东郡。魏、晋属阳平郡。永嘉后,并入乐平县。北魏太和二十一年(497)复置。北齐改为乐平县。隋开皇六年(586)又改为阳平县。属魏州。八年改为清邑县。

阳畦植韭 蔬菜栽培中的风障阳畦保护地种植方法。元代已出现,王祯《农书》:"就旧畦内,冬月以马粪覆阳处,随畦以蜀黍篱障之,用遮北风。至春,其芽早出,长可二三寸,则割而易之,以为尝新韭。"篱障挡风,向阳畦面又用马粪覆盖,能改变韭畦小气候,使地温、气温提高,而促韭芽早出。

阳峤 唐河南洛阳人。仪凤中,应八科举皆中。长安中,历右台侍御史。迁国子司业,修整讲舍,恭谨好学,循循善诱,颇尽职守。睿宗时,历尚书右丞、魏州刺史、兖州都督、荆州长史等,又为本道按察使,皆以清白著称。入为国子祭酒,荐名儒尹知章、范行恭、赵玄默为学官。对生徒管教甚严,游惰者施以鞭楚,学生怨之,相率于夜间在街中殴之。后以老致仕卒。

阳桥 春秋鲁地。在今山东泰安市西北。《左传》成公二年(前589):"楚令尹子重为阳桥之役以救齐","侵及阳桥",即此。

阳球(?—179) 东汉渔阳泉州(今天津市武清西南)人,字方正。好申韩之学。初举孝廉。灵帝时任九江太守,镇压山民起义。光和二年(179)迁司隶校尉,深疾中常侍王甫等干乱朝政及太尉段颎阿附宦官,上言奏收甫、颎等。王甫父子备受拷掠,悉死杖下,颎亦自杀,由是权贵震慑。后迁卫尉,与司徒刘郃谋诛宦官曹节、张让等。事泄,为宦官陷害下狱,被杀。

阳渠 一名九曲渎(《水经·谷水注》)。原系环绕古雒阳城(今河南洛阳市白马寺东)四周的渠道。相传周公所开。东汉建武五年(29)河南尹王梁穿渠,引谷水注雒阳城,结果渠成而水不流。二十四年张纯又自今洛阳市附近堰谷、洛水东流,过雒阳城,东至今偃师市东南入雒水(今洛河),以便漕运。其自雒阳城以东的一段,亦名阳渠。魏、晋时屡经修治,北魏后废。隋时乃另修通济渠以代之。

阳泉君 战国时人。秦孝文王后华阳夫人之弟。曾听从吕不韦计,说华阳夫人召回入质于赵的秦公子异人(子楚),立为孝文王之嗣。见《战国策·秦策五》。

阳泉县 ❶西汉置。因在泉水之阳得名。治今安徽霍邱县西北临水集。属六安国。三国魏移治今寿县西南,亦名阳渊县。《资治通鉴》:三国魏甘露二年(257),州泰击破吴将朱异"于阳渊",即此。晋为庐江郡治,南朝宋废。❷三国蜀汉置,治今四川德阳市西。属广汉郡。隋废。《资治通鉴》:南朝宋元嘉九年(432),五城人帛氏奴与赵广起事,"诈言司马殿下犹在阳泉山中",即此。

阳人　战国楚邑。在今河南汝州市西、北汝河以北。《战国策·楚策一》:"郑申为楚使于韩,矫以新城、阳人予太子。"后地入秦。《史记·秦本纪》庄襄王元年(前249):秦"以阳人地赐周君,奉其祭祀。"汉称阳人聚。

阳人城　即"阳人聚"。

阳人聚　亦名阳人城。在今河南汝州市西。《后汉书·董卓传》:初平二年(191),孙坚破董卓将胡轸于阳人,即此。《水经·汝水注》:"鲁公水上承阳人城东鲁公陂。城,古梁之阳人聚也,秦灭东周,徙其君于此。"《魏书·地形志》北荆州汝北郡:"孝昌三年(527)置,治阳仁城。""阳仁"当即此城。

阳儒阴释　指一种学说或思想表面为儒实际是佛的特色。其意有三:(1)理学阵营中程朱派以此攻击陆王派,朱熹《张无垢中庸解》评张九成:"凡张氏所论著,皆阳儒而阴释。"(《朱文公文集》卷七十二)后来《学蔀通辨》之论陆九渊,《日知录》之评王守仁皆如此。(2)后世学者批判宋明理学之用语。颜元《上陆桴亭先生书》:"论宋儒,谓是集汉唐释道之大成者则可,谓是尧舜周孔之正派则不可。"(《习斋记余》卷三)(3)释徒对理学轻蔑之辞,以挫理学家排佛之气焰。景隆《尚直编·序》:"宋儒深入禅学,以禅学性理著书立言,欲归功于己,所以反行排佛。"(《空谷集》卷上)

阳山　❶在今河南嵩县西南。《山海经·中次二经》:"阳山多石,无草木,阳水出焉,而北流注于伊水",即此。❷秦汉时称阴山最西的一段为阳山,即今内蒙古狼山。因位于当时黄河正流(今黄河支流乌加河)之北,故名。《史记·秦始皇本纪》:三十三年(前214)"使蒙恬渡河取高阙、阳山",即此。

阳山关　秦置。在今广东阳山县西北,当骑田岭路。《史记·南越列传》:秦末南海尉赵佗移檄告阳山关曰:"急绝道,聚兵自守",即此。

阳山县　❶西汉置。治今湖南攸县西南六十里。初元元年(前48)封长沙刺王(《汉书·王子侯表》误作"孝王")子宗为阳山侯,即此。寻改名阴山县。❷西汉置。以境内阳岩山为名。治今广东阳山县东南。东汉省入阴山县,三国吴孙皓复置。移治今县南。唐神龙元年(705)移治今县治。历属桂阳郡、始兴郡、熙平郡、连州、桂阳州、广州府。

阳生　即"杨朱"。

阳寿县　隋开皇十一年(591)置。治今广西象州县。属象州,大业时属始安郡。唐大历十一年(776)后为象州治。明洪武二年(1369)省入象州。

阳朔　西汉成帝年号(前24—前21)。凡四年。

阳朔县　隋开皇十年(590)置。以境内阳朔山为名。治今广西阳朔县东北。宋初移治今县。历属始安郡、桂州、静江府、静江路、桂林府。

阳燧　古时向日取火器。又名阳遂、遂等。有铜制、冰制两种。《周礼·秋官·司烜氏》:"掌以夫遂取明火于日。"郑玄注:"遂,阳遂也。"孔颖达疏:"取火于日,故名阳遂。"又崔豹《古今注·杂注》:"阳燧,以铜为之,形如镜,照物则影倒,向日则火生,以艾承之,则得火也。"此铜镜不透明,系凹面镜;《淮南万毕书》:"削冰令圆,举以向日,以艾承其影,则火生。"此冰镜为凸透镜。

阳文　印章或器物上凸起的文字或花纹。古代钤印章于紫泥或封蜡,印章凸起处,其印文反凹,称为阴文;凹陷处,印文反凸,称阳文。明文彭《印章集说·辨阴阳文》:"古所谓阴阳文,言其用不言其体。"顾大韶《炳烛斋随笔》:"所谓阳文,正谓印之泥,而其文凸也。"

阳文君　❶战国时楚国封君。与楚顷襄王为近亲。时楚太子完与春申君为质于秦,顷襄王病,太子不得归。春申君以太子在外,王若卒,阳文君之子必立为嗣,故劝太子逃归楚。❷即"赵豹❶"。

阳武　战国邑名。在今河南原阳县东南。《战国策·秦策三》:"赵且与秦伐齐,齐惧,令田章以阳武合于赵",即此。秦置县。

阳武县　秦置。治今河南原阳县东南。《史记·秦始皇本纪》:二十九年(前218),"始皇东游至阳武博狼沙中,为盗所惊",即此。两汉属河南郡。西晋属荥阳郡。北齐废。隋开皇中复置。属管州。大业中属荥阳郡。唐武德四年(621)移治原武城,即今河南原阳县。属管州。贞观元年(627)属郑州。宋、金属开封府,元属汴梁路。明属开封府。清乾隆四十八年(1783)属怀庆府。1949年以原武县并入,改为原阳县。黄河本流经县北,金明昌五年(1194)黄河在此决口,灌封丘县而东。元、明以后改流经县南。

阳骛(?—369)　十六国时右北平无终(今天津蓟县)人,字士秋。阳耽子。前燕主慕容廆时任平州别驾。慕容皝时位至司隶校尉,参谋帷幄。慕容儁时拜尚书令、司空,辅佐儁进图中原。慕容暐即位,拜太尉。历事四朝,年耆望重,然小心恭顺,老而弥笃。

阳夏县　秦置。治今河南太康县。秦末农民起义领袖吴广即此县人。西汉属淮阳国。东汉属陈国。西晋初属梁国,惠帝时属陈郡。北魏太平真君七年(446)废入扶沟县。太和十二年(488)复置。北魏、东魏属阳夏郡。北齐、北周为淮阳郡治。隋开皇七年(587)改为太康县。

阳夏之役　辛亥革命中革命军保卫夏口(即汉口)、汉阳的著名战役。清宣统三年(1911)武昌起义后,汉阳、汉口相继光复。清政府急令陆军大臣荫昌督率北洋军南下镇压。八月革命军在汉口外围与清军激战多日,伤亡惨重。九月八日清军攻入市区。次日冯国璋纵兵放火,革命军浴血巷战。十一日袁世凯南下孝感,亲自布置进攻。十二日革命军退守汉阳。次日黎元洪在武昌任命黄兴为战时总司令,赴汉阳督战。初,两军隔河炮战。二十二日清军始渡汉水,经蔡甸逼攻汉阳。二十六日晚革命军一度架浮桥反攻汉口,旋被迫撤回。三天后清军大举进攻汉阳,在汉阳以西展开了激烈争夺战。十月七日革命军力战不支,全部退到武昌,汉阳失守。在阳夏战役中约有万名革命将士献身,"支持武昌根据地两月,使各省胆气雄壮,次第反正",加速了清王朝的覆灭。

阳羡名壶系 书名。明周高起撰。介绍阳羡(今江苏宜兴)紫砂壶名品及艺人。今有清康熙三十六年(1697)新安张氏霞举堂刊本、光绪十四年(1888)江阴金氏粟香室岭南刊本、光绪十六年羊城马氏刊本、光绪二十三年武进盛氏刊本等。

阳羡名陶录 书名。清吴骞撰。二卷。乾隆五十一年(1786)成书。记载阳羡(今江苏宜兴)名陶,特别是紫砂陶情况。今有拜经楼刻本、道光十三年(1833)吴江沈氏世楷堂刊本、光绪十一年(1885)会稽章氏刊本及光绪十五年刊本。收入1947年神州国光社所出《美术丛书》。

阳羡县 秦置。治今江苏宜兴市南荆溪南岸。属会稽郡。西汉高帝五年(前202)封功臣灵常为阳羡侯,后复为县,东汉属吴郡。三国吴移治今宜兴市。属吴兴郡。西晋永兴元年(304)为义兴郡治。隋开皇九年(589)改为义兴县。唐武德七年(624)复于旧治析置阳羡县。属南兴州。八年仍废入义兴县。

阳乡侯国 西汉初元五年(前44)封广阳顷王子刘发置。治今河北涿州市东长安庄。属涿郡。东汉废。

阳向 战国时人。韩襄王十二年(前300),韩相国公叔派冯君使秦,又恐被秦拘留,因使他言于秦昭王毋留冯君。见《战国策·韩策二》。

阳苴咩城 即"羊苴咩城"。

阳苴咩城遗址 又称大理城、紫城。南诏古城。位于今云南大理市西北中和峰缓城之上,有南北二道城墙,西起苍山,东至洱海,现仅在梅溪南岸有一道城墙,残存1公里左右,保存最好处高出地面4—5米,基厚6—8米,顶厚1米,夯土筑成,夯窝直径7—8厘米。城市布局和房屋建筑风格与内地相似。公元779年异牟寻从太和迁都于此,直至南诏之亡,阳苴咩城一直是南诏政治、文化中心。以后相继而起的大长和、大天兴、大义宁、大理国诸政权,仍以此为首府。元代大理路军民总管府也设治于此。明代初年此城始废。南诏时文物古迹保存下来有崇圣寺塔及弘圣寺塔。

阳信县 西汉置。治今山东无棣县北。属渤海郡。西晋属乐陵国。北齐废,改厌次县为阳信县,移治今阳信县东马岭城。隋移治今阳信县南七里西程子坞,先后为棣州和渤海郡治。唐至元属棣州。北宋大中祥符间移治今阳信县。明属济南府,清属武定府。

阳雄(?—578) 北朝时上洛邑阳(今陕西洛南东北)人,字元略。世为豪族。西魏初,起家奉朝请。后以与东魏战于沙苑(今陕西大荔南)、河桥(今河南孟州西南),解玉壁(今山西稷山西南)之围等军功,除洵州、平州刺史,进爵玉城县公,加骠骑大将军。在州留心抚慰,流民始归。北周末,入为京兆尹,寻拜民部中大夫,进位大将军,迁江陵总管。卒于镇。

阳休之(509—582) 北齐右北平无终(今天津蓟县)人,字子烈。历仕光禄卿、监国史,和州刺史。有文集四十卷,又著有《幽州人物志》。今佚。

阳虚山 在今陕西洛南县西北。《山海经·中次五经》:"阳虚之山,多金,临于玄扈之水。"

阳夷 九夷之一种。

阳邑 战国魏邑。在今山西太谷县东北。《古本竹书纪年》:梁惠成王九年(前361):"与邯郸榆次、阳邑",即此。汉置县。

阳邑县 春秋晋大夫阳处父邑,西汉置县。治今山西太谷县东阳邑村。《后汉书·冯鲂传》:"和帝时,诏封阳邑侯",即此。北魏太平真君九年(448)废。景明二年(501)复置。移治今太谷县(一说北周建德四年〔575〕移治今太谷县)。汉至北周皆属太原郡。隋开皇十八年(598)改为太谷县。

阳纡 又作杨纡、阳盱。即杨陓。《周礼·职方》:"冀州泽薮曰杨纡";《淮南子·墬形训》:"秦之阳纡";《淮南子·修务训》:"禹之为水,以身解于阳盱之河",皆即此。

阳裕 十六国时右北平无终(今天津蓟县)人,字士伦。阳耽侄。西晋末任幽州刺史王浚治中从事。浚败,投鲜卑单于段眷,任郎中令、中军将军。历段氏五主,甚见亲重。晋咸康四年(338),降后赵石虎,任北平太守。旋为前燕慕容皝所俘,仕燕历郎中令、大将军左司马、唐国内史。常预军国大计。七年,主持营建龙城。皝东破高句丽、北灭宇文归,皆预其谋。卒年六十二。

阳月 农历十月的别名。阳气始于亥,生于子,十月建亥,亥为阳之始,故十月纯阴而称阳月。《诗·小雅·采薇》:"岁亦阳止。"郑玄笺:"十月为阳,时坤用事,嫌于无阳,故以名此为阳。"《后汉书·马融传·广成颂》:"至于阳月,阴慝害作。"

阳云台 战国楚国台名。一作云阳台、阳台等。董说《七国考》引《古文苑》谓即楚襄王与宋玉、景差之徒游乐处。故址在今江苏丹阳。

阳州 春秋齐、鲁边邑,在今山东东平县西北。《左传》襄公三十一年(前542):"齐子尾害闾丘婴,欲杀之,使帅师以伐阳州。"又定公八年(前502):"公侵齐,门于阳州",皆即此。

阳周县 秦置。治今陕西子长县西北。属上郡。东汉废。《史记·蒙恬列传》:胡亥"囚蒙恬于阳周",即此。

阳子居 即"杨朱"。

阳尊阴卑 《春秋繁露》篇名。论述天道与人道之关系。认为阴阳是天的两种属性,阳表现天之恩德,阴表现天之刑杀;阳为主,阴为辅。王者之统治政策和措施必须"务德教而不务刑","为政而任刑,谓之逆天,非王道也。"并根据阳尊阴卑的原则论证君臣、父子、夫妇之间尊卑贵贱的封建伦理关系。

杨 一作扬。西周诸侯国。姬姓。始封之君为文王庶子伯侨。在今山西洪洞县东南范村。《左传》

襄公二十九年(前544)：晋司马女叔侯曰："虞、虢、焦、滑、霍、扬、韩、魏，皆姬姓也"。春秋时灭于晋，为羊舌肸采邑。《汉书·扬雄传》："其先出自有周伯侨者，以支庶初食采于晋之杨，因氏焉。……杨在河、汾之间"。公元前514年，魏献子分羊舌氏采邑为三县，于此置杨氏县。

杨安 十六国时人。前秦苻坚时历前将军、镇南将军。建元六年(370)，随丞相王猛攻前燕，克重镇晋阳(今山西太原西南)，平燕后以功赐爵博平县侯。旋为使持节、都督益梁诸军事、梁州刺史。降仇池杨纂后，加都督南秦州诸军事，镇仇池。及攻陷东晋梓潼(今属四川)，被署为右大将军、益州牧，镇成都。蜀人杨光、张育起兵反秦，与邓羌击败之。太元四年(379)，坚子苻丕攻晋襄阳(今湖北襄樊)，又以荆州刺史充前锋。

杨安儿(?—1215) 金益都(今山东青州)人。本名安国，以鬻鞍材为业，人呼为杨鞍儿，故自称"杨安儿"。泰和年间，聚众起兵，攻莒、密等州。不久降金，官至刺史、防御使。大安三年(1211)，以副都统职率军戍边，至鸡鸣山(今河北宣化东南)，不进，返回山东，再次起义。所部穿红袄为标志，称红袄军。贞祐二年(1214)，克莱州、登州(今蓬莱)，置官属，建元天顺，有众数十万；取宁海(今烟台市牟平区)、攻潍州(今潍坊)，与李全等义军联势。金山东宣抚使仆散安贞等来攻，所占州县相继失陷，十二月，乘舟入海，欲走岠嵎山(今山东栖霞东北)，为金军袭击，坠水死。余部由妹妙真统率。

杨邦基(?—1181) 金华阴(今属陕西)人，字德懋，号息轩。天眷进士。累迁至秘书监兼左谏议大夫，后出为永定军节度使，致仕。长于文学，善画人物、鞍马，尤以山水擅长。

杨邦乂(1086—1129) 宋吉州吉水(今属江西)人，字希稷，一作晞稷。政和进士。历蕲、庐、建康三郡教授，后知溧阳县。建炎三年(1129)金军逼建康，守臣杜充及大臣李棁、陈邦光皆降。他坚拒金帅完颜宗弼(兀朮)的诱降，大呼"速杀我"。又奋书"死"字以明志。遂遇害。

杨褒(?—308) 十六国时天水(今属甘肃)人。巴賨(或说氐)族。曾任西晋将兵都尉。入蜀之六郡流民大姓之一。永宁元年(301)，李特初建政权，为特参佐。李雄占成都，与杨珪共劝雄称成都王。雄以为仆射，后迁丞相。好直言，曾谏雄勿卖官以取金。

杨彪(142—225) 东汉弘农华阴(今陕西华阴东南)人，字文先。杨震曾孙。少承家学。初举孝廉，灵帝熹平年间累迁至京兆尹。光和中，揭发黄门令王甫使门生辜榷官财物，甫以此伏诛。后历任司空、司徒、太尉、尚书令等显职。反对董卓迁都长安。及李傕、郭汜之乱，竭诚卫护献帝。建安初，不为曹操所容，几为所杀。曹丕代汉后，任为光禄大夫，待以宾客之礼。

杨檦 北朝时正平高凉(今山西稷山东南)人，字显进。先随北魏孝武帝入关，后从西魏丞相宇文泰攻拔弘农(治今河南灵宝北)，取东魏邵郡及正平、大宁诸城，行正平郡事。大统中，从战沙苑(今陕西大荔南)，取东雍州。寻受命镇边境，累败东魏军，授建州刺史。北周保定四年(564)，迁少师，率兵出轵关(在今河南济源西北)，会合大军围攻洛阳。后以兵败降齐。

杨邠(?—950) 五代时魏州冠氏(今山东冠县)人。初为后唐勾押官。后晋时，事刘知远(后汉高祖)为右都押衙。入后汉拜枢密使。隐帝时，加中书侍郎兼吏部尚书、同平章事。虽长于吏事，而不知大体，以为国家只需帑藏实、甲兵强即可，礼乐文物皆乃虚器。为政苛细，尝令天下行旅，皆给过所(通行证)然后得行。人情大扰，竟不能行。后忤隐帝旨被杀。

杨秉(92—165) 东汉弘农华阴(今陕西华阴东南)人，字叔节。杨震之子。少传父业，博学多识。常隐居教授。年四十余出任侍御史，历豫、荆、徐、兖四州刺史及侍中、尚书等显职。以廉洁称，屡为权臣所谮。桓帝延熹五年(162)为太尉。时宦官子弟为官者布满州郡，竞为贪虐，荼毒百姓，乃与司空上疏劾奏牧守以下不宜在职者五十余人，皆罢斥、或死、或免，宦官权势有所收敛。又奏请郡国计吏不宜留拜为郎，以省帑臧，自此终桓帝世，计吏无复留拜者。后揭发中常侍侯览弟参暴虐贪赃，参自杀，览免官。

杨炳 南宋泉州晋江(今属福建)人，字若晦。淳熙进士。任左司谏时，太学生杨宏中等六人因指斥朝政受罚，乃上书为之辩冤。以此触怒韩侂胄，被诬结党为奸，罢职补外，出知泉州。卒年八十一。

杨播(?—513) 北魏人，自称出于弘农华阴(今陕西华阴东南)，字元休，孝文帝赐改名延庆。以外戚优赐甚丰。初为中散大夫，迁北部给事中，巡行北边。与阳平王元颐出击柔然，以功迁武卫将军。太和十九年(495)，随孝文帝南伐齐，退兵钟离(今安徽凤阳东北)之际，领兵三百殿后抗齐兵，赐爵华阴子。二十二年又从破齐左卫将军崔慧景、太子中庶子萧衍于邓城(今河南邓州)，除平东将军，进爵华阴伯。宣武帝初，兼侍中，授华州刺史。因侵占民田，被劾削除官爵。

杨伯起 即"杨震❶"。

杨伯通 金弘州(今河北阳原)人，字吉甫。大定进士。明昌间，官吏部、户部尚书。承安二年(1197)，升参知政事。四年，进尚书左丞。致仕。

杨伯雄 金真定藁城(今属河北)人，字希云。皇统进士。累迁应奉翰林文字。海陵王即位，迁右补阙，改修起居注。因早为海陵器重，常以治国之事长夜召问。累迁右谏议大夫，兼著作郎。大定初，除大兴府尹。后任太子少詹事，辑书《瑶山往鉴》献皇太子。改左谏议大夫，兼太子詹事。十二年(1172)，出任沁南军节度使，又召任翰林学士承旨。出任平阳、河中府尹，卒。

杨博(1509—1574) 明山西蒲州(今永济西)人，字惟约，号虞坡。嘉靖进士。历官右佥都御史、兵部左侍郎等。嘉靖三十四年(1555)官至兵部尚书。次年丁忧归。三十七年复任,后总督宣大、山西军务,以善理军务著称,累官吏部尚书,理兵部事。万历元年(1573)致仕。卒于家。著有《本兵疏议》。

杨布 战国时魏国人。杨朱之弟。见《韩非子·说林下》。

杨粲墓 在今贵州遵义市。是夫妇合葬墓。杨氏自唐末乾符三年(876)至明万历间统治播州(今遵义一带),共传二十九世。万历二十八年(1600)杨粲为第十三世土官。墓建于南宋理宗淳祐年间,1957年清理发掘,系用白砂岩条石砌成,分南北两室并列,规模很大。墓底均设腰坑,各藏铜鼓一面。墓内石刻甚精,具有较高的艺术价值和鲜明的时代特征,其中墓主人、文官、武士、侍女、进贡人等二十八尊雕像,反映了当时的官服制度。现为全国重点文物保护单位之一。

杨昌濬(?—1897) 清湖南湘乡人,字石泉。附生出身。咸丰二年(1852)随罗泽南办团练,旋随湘军在湖北、江西、安徽同太平军作战,攻陷江西德兴、婺源,擢知县。同治元年(1862)随左宗棠入浙江镇压太平军,因功累迁至浙江布政使。八年署浙江巡抚,次年实授。光绪三年(1877)因杨乃武案革职。次年起授甘肃布政使。九年授漕运总督。次年中法战争起,改闽浙总督帮办福建军务,于台湾防务多所建议。十四年调陕甘总督。二十一年因甘肃回民抗清事起,被免职。

杨超曾(1693—1742) 清湖南武陵(今常德)人,字孟研,一字骏骧。康熙进士,授翰林院编修。雍正初入值南书房,督陕西、顺天学政。雍正九年(1731)擢奉天府尹,取消杂派,严禁属吏中饱渔利。时内务府欲拨退圈地,增锦州庄头百户,以百姓耕种已久,上疏谏阻。乾隆元年(1736)署广西巡抚,豁免加赋虚田数万亩。五年,署两江总督,劾江西巡抚岳濬等徇情纳贿事。旋以父忧归。

杨潮观(1710或1712—1788或1791)清江苏金匮(今无锡)人,字宏度,号笠湖。乾隆举人。曾任四川邛州知州,在传说卓文君故址建吟风阁,以演唱戏剧,作有杂剧《荀灌娘围城救父》、《寇莱公思亲罢宴》等三十余种,合称《吟风阁杂剧》。

杨成规 唐时渤海人。官政堂省左允、慰军上镇将军。擅辞翰。咸通十二年(871,日本贞观十三年),以遣日正使率一百零五人出使。次年入日京,献国书及信物。所携载珍货,日本允许就市交易,首先与内藏寮交易,得官钱四十万。又与日京及诸市人交易。

杨承庆 唐时渤海人。任辅国大将军,行木底州刺史兼兵署少正。乾元元年(758,日本天平宝字二年)秋,为遣日正使,与副使归德将军杨泰师率二十三人,送日本使臣小野田守、高桥老麻吕回国,并吊日皇之丧。在越前登陆,十二月入日京。次年,日皇延见,献国书及信物,带玺书还。

杨重雅(?—1879) 清江西德兴人,本名元白,字庆伯。道光进士。累迁至四川顺庆知府,岁饥开仓赈民,并修筑城外石堤。道光三十年(1850)调任成都知府,奉命办理民团,抗御太平军。嗣由四川总督骆秉章调摄成都军事,授四川按察使。同治间调任甘肃按察使。光绪元年(1875)迁广西布政使。三年擢广西巡抚,整饬吏治,并镇压所属各地农民反清力量。五年应召入都,行至湖南卒。

杨重英(?—1788) 清汉军正白旗人。总督杨应琚子。乾隆中官至江苏按察使,以父病,受命往云南省视。后因其父对缅军作战失机赐死,遂降知府从军效力,随参赞大臣珠鲁讷驻师缅甸木邦。乾隆三十三年(1768),缅军攻木邦,清军溃败,遂被俘;一说清兵粮尽,受命使缅媾和,被执。在缅二十年,独居佛寺,不易衣冠,被高宗比为汉代苏武,为作《苏杨论》以表彰。五十三年,始送回,病卒于归途。

杨崇勋(976—1045) 北宋人。先世蓟州(治今河北蓟县)人,字宝臣。少以父任补东班承旨,事真宗于潜邸。真宗即位,授右侍禁,累迁客省使,领群牧使。真宗久病,入内副都知周怀政谋奉帝为太上皇而传位太子,他闻变上告。怀政被诛,擢桂州观察使兼群牧使。仁宗即位,出知陈州,徙定州。天圣十年(1032),自殿前副都指挥使除枢密副使,数月迁枢密使。次年,坐事以同平章事、河阳三城节度使出判许州,历徙数州。久任军职,性贪鄙。后坐其子宗诲纳赃枉法,以左卫上将军致仕。

杨崇伊 清江苏常熟人,字莘伯。光绪进士。授编修,任广西道监察御史。李鸿章之姻亲。光绪二十一年底(1896年初)弹劾强学会"植党营私,贩卖西学",攻击《中外纪闻》以毁誉为要挟,请饬查禁;又劾文廷式广集同类,议论时政,致文被革职驱逐。二十四年百日维新期间,阴谋阻挠新政。迫礼部六堂官被革职,和怀塔布先后由京赴津,与荣禄密议。旋返颐和园,请慈禧"即日训政,以遏乱萌"。戊戌政变后屡次奏称康梁"奸党"甚多,且孙文尚在,当"慎防后患"。疾视革命甚力。

杨椿(455—531) 北魏弘农华阴(今陕西华阴东南)人,字延寿,本字仲考。初拜中散,与兄播并侍禁闱。出为豫州刺史,转梁州刺史。从安西将军元丽镇压吕苟儿、陈瞻有功,累迁朔州刺史,转定州刺史。时定州军府兵少将多,乃表罢四军主帅。后以私造佛寺,役兵,为御史所劾,除名为庶人。复累迁雍州刺史,进号车骑大将军,迁司徒公。孝庄帝时尚书令尔朱世隆诬杨氏反,被杀。

杨慈湖 即"杨简"。

杨赐(?—185) 东汉弘农华阴(今陕西华阴东南)人,字伯献。杨震之孙。少传家学,博闻广识,隐居教授生徒。后以通《尚书》为灵帝师。历任司空、司徒、太尉等显职,封临晋侯。屡上书荐举名士,请用贤去佞、罢修苑囿。遂为擅权宦官所嫉,以帝师得免祸。

杨村 地名。在今河南濮阳县西南。黄河重要渡口。五代梁末帝贞明五年(919),王瓒、王彦章等率大军击晋,"营于杨村,造浮梁以通津路",即此。

杨村堰 水堰名。在唐剑南道绵州罗江(今四川德阳东北)北十四里。贞元二十一年(805),县令韦德修筑,引神泉县折脚堰水溉田。

杨存中(1102—1166) 宋代州崞县(今山西代县西南)人,本名沂中,字正甫,绍兴间赐今名。祖、父皆抗金战死。建炎三年(1129),金兵攻明州(今浙江宁波),从张俊力战于高桥,迁御前中军统制。绍兴六年(1136),大败伪齐军于藕塘(今安徽定远东南),进保成军节度使。十一年,与张俊、刘锜等合兵柘皋,击败入侵淮南之完颜宗弼(兀朮)军。官至殿前都指挥使。秦桧专政,唯桧之命是从,权宠日盛,任殿帅几三十年,封同安郡王。

杨达(551—612) 隋弘农华阴(今属陕西)人,字士达。文帝族子。聪慧笃学。仕北周,官至仪同、内史下大夫。入隋,为给事黄门侍郎。从攻吐谷浑,军还,兼吏部侍郎,转内史侍郎,出为鄯、郑、赵三州刺史,政绩卓著。灭陈后,文帝考核地方官吏,以其为第一,擢为工部尚书。仁寿二年(602)转纳言。炀帝即位,以纳言领营东都副监。攻高丽之役,领右武卫将军,死于军中。

杨大六(?—1872) 清贵州丹江(今雷山)人。苗族。出身贫寒。初在丹江占山聚义,后参加张秀眉起义军。勇敢有谋略,曾力克军事要塞岩门司,全歼守敌。生擒土司及清军千总,悉心经营雷山、都匀根据地,在清军重兵包围下,力排和议,率部鏖战。同治十一年(1872)在乌东山被俘,在长沙遇害。

杨大鹏(?—1844) 清人。一作阳大鹏。道光二十四年(1844),因反对湖南耒阳知县加征钱粮,聚众破狱,救出请愿代表段拔萃。继任知县将其弟扣押。同年四月初一日(1844.5.17),率农民千余人起义,拒不完粮,围攻县城。七月十九日战败被俘,后在北京遇害。

杨大雅(965—1033) 北宋杭州钱塘(今浙江杭州)人。本名侃,避真宗旧名改,字子正,一作子政。端拱进士。历任州县长吏及三司盐铁判官、提点淮南路刑狱、纠察在京刑狱等。自幼好学,文风质朴。因无所阿附,为权臣丁谓、王钦若所不悦,直集贤院二十余年不升迁。晚年因朝廷欲矫士大夫文章雕靡之弊,始与陈从易并为知制诰。著有《两汉博闻》。

杨大眼(?—517) 南北朝时略阳清水(今甘肃清水西北)氐人。后仇池国君杨难当之孙。孝文帝太和时投北魏,从军为统军,与南朝齐、梁军作战,屡立战功,官至平东将军。正始四年(507),围梁钟离(今安徽凤阳东北),兵败免官。永平中起用,明帝时为荆州刺史。旋卒。妻潘氏亦善战,时人或称"潘将军"。

杨大渊(?—1265) 元成州天水(今甘肃天水南)人。初为南宋阆州(今四川阆中)守将。元宪宗八年(1258),降蒙古。中统四年(1263),以攻取夔州(今重庆奉节)、合州(今合川)有战功,升东川都元帅,领兵攻略宋地。

杨道宾(1552—1609) 明福建晋江(治今泉州)人,字维彦,号荆岩。万历进士,授编修。历任国子监祭酒、礼部右侍郎,掌翰林院事。万历三十五年(1607)转左侍郎,署礼部事。后卒于官,谥文恪。有《文恪公集》。

杨砥(?—1418) 明山西泽州(今晋城)人,字[illegible]用。洪武进士。历行人司右司副、湖广参议。永[illegible]初擢礼部侍郎,十年(1412)迁太仆寺卿。时吴桥[illegible]天津大水,请开黄河故道及土河(今徒骇河)以泄水[illegible]定牧马法,请免军民养马户租粮之半,马匹得蕃息[illegible]卒于官。

杨鼎(1410—1485) 明陕西咸宁(治今西安)人[illegible]字宗器。正统进士。授编修,迁监察御史。景泰[illegible]年(1454)擢户部右侍郎,立税法、盐法。成化四[illegible](1468)疏请设监司,处置汉中流民,擢户部尚书。[illegible]五年致仕。著有《助费稿》。

杨定(?—394) 东晋略阳清水氐人。前仇池[illegible]君杨难敌孙佛奴之子。后仇池国君。晋咸安元[illegible](371),前秦灭前仇池国,降苻坚,拜尚书领军将军[illegible]并尚公主。太元十年(385),坚死后迁居历城(今[illegible]肃成县北),召氐、汉千余家自立,号龙骧将军、平[illegible]校尉、仇池公,称藩于东晋。晋割天水之西县、武[illegible]之上禄为其属地。十四年,略秦州之地,自称秦州[illegible]史、陇西王,复建仇池国,称后仇池国。十九年,前[illegible]苻崇投奔定,他发兵助崇攻西秦,兵败身亡。

杨东明(1548—1624) 明虞城(今属河南)人[illegible]字起修,号晋庵。万历进士。历官给事中、刑部侍[illegible]等。学宗王守仁,为北方王门之代表人物,反对程[illegible]派之"理在气先"说,谓"盈宇宙间只是一块浑沦[illegible]气","此气灵妙,自有条理,便谓之理"(《明儒学案[illegible]卷二十九)。认为"气者,理之质也",理与气"浑是[illegible]物",不能"分而为二"。又谓人"禀气以生","气质[illegible]性"是"性之真体","气质外无性"。指责宋儒把人性[illegible]分为"气质之性"与"义理之性","是人有二性矣,[illegible]至当之论也"(同上)。著有《论性臆言》、《青琐[illegible]言》、《饥民图说》等。

杨栋 南宋眉州青神(今属四川)人,字元极。[illegible]定进士。历校书郎、枢密院编修官,建言上下相蒙[illegible]无一可信,希理宗存忠厚之意,勿用峻急之人。自[illegible]所学三十年,所持惟"正心修身"之说。曾主上蔡[illegible]院。历中书舍人兼直学士院,迁礼部尚书。景定[illegible]年(1264),拜参知政事。著作有《崇道集》、《平舟[illegible]集》,今佚。

杨洞潜(?—935) 五代时始兴(今属广东)人[illegible]字昭元。博学有政略。唐末为邕管巡官,秩满归乡[illegible]事清海节度使刘隐。南汉高祖时,拜兵部侍郎、同平[illegible]章事。讲礼法,立学校,开贡举,设铨选,颇著政绩[illegible]又建言广延中原人士,选为刺史,以定政教。策划[illegible]取湖南五管之地,力主与楚联姻以靖边隅。后以所[illegible]言不用谢病归。

杨笃生 即"杨守仁"。

杨度(1875—1931) 湖南湘潭人,字皙子,号虎[illegible]公。清光绪二十八年(1902)留学日本,主办《游学译[illegible]编》。三十一年任留日中国学生总会干事长。为清[illegible]廷出洋考察宪政五大臣译述各国宪法。三十三年主[illegible]编《中国新报》月刊,主张君主立宪。次年任宪政编[illegible]查馆提调,并发起宪政公会。辛亥革命爆发,任袁世内阁学部副大臣，与汪精卫组织国事共济会。14年任参政院参政。次年参与发起筹安会，自任事长，策划恢复帝制。后倾向革命，1927年李大被捕前后，曾多方营救。1928年移居上海，参加自由大同盟”、“中国互济会”等进步团体。1929年入中国共产党，在白色恐怖下为党工作。

杨朵儿只(1279—1320) 元唐兀氏。仁宗时，任礼部尚书、宣徽副使、侍御史、御史中丞等职。祐四年(1317)，与萧拜住等人揭发丞相铁木迭儿贪。七年，铁木迭儿复相，加以违太后旨罪，被处。泰定间昭雪。

杨恩寿(1835—1891) 清湖南长沙人，字鹤俦，蓬海，别署蓬道人。同治举人。曾游幕湖南、广、云南等地。光绪初授盐运使衔，擢候补知府。工曲，著有《姽婳封》、《桂枝香》、《麻滩驿》、《再来》、《桃花源》、《理灵坡》等传奇，总名《坦园六种》，王先谦为之序。又有《词余丛话》、《续词余丛》、《坦园全集》等。

杨方 晋会稽(治今浙江绍兴)人，字公回。少好，有异才。初为郡铃下威仪，内史诸葛恢，见而奇之，待以门人之礼。名儒虞喜、虞预亦雅爱之，为之誉。郡守贺循称之于京师，司徒王导辟为掾，转东太守。迁司徒参军事。京师搢绅之士咸厚遇之。闲居著述，求补远郡，出任高梁太守。在郡积年，《五经钩沉》、《吴越春秋削繁》，后俱散佚。以年，弃郡归，还乡里。卒于家。

杨坊(1803—1865) 清浙江鄞县(今宁波)人，字堂，又字憩棠。初在上海怡和洋行为买办，后自开记钱庄，以贩卖鸦片致富，并任四明公所董事，捐候选同知。咸丰三年(1853)积极镇压上海小刀会义，升道员。六年加盐运使衔。第二次鸦片战争，主张对外妥协。十年与外国侵略者勾结组织洋枪队，与华尔同任管带，抗击太平军，并将其女嫁与华尔。同治元年(1862)与洋枪队继任统帅白齐文产生矛盾，白投奔太平军后，他被清廷革职。后病死。

杨芳(1770—1846) 清贵州松桃人，字诚斋。读书通大义，屡试不中，投身行伍。嘉庆二至八年(1797—1803)参与镇压川、楚白莲教起义。十八年授河北镇总兵，从那彦成镇压林清、李文成起义。二十年擢甘肃提督。道光六年(1826)赴新疆平定张格尔叛乱。九年晋二等侯，加太子少傅。十八年任湖南提督。鸦片战争中，随靖逆将军奕山赴广东防剿。以畏敌主和被夺职留任。二十二年休致回籍。

杨芳灿(1753—1815) 清江苏金匮(今无锡)人，字蓉裳，一字才叔。乾隆拔贡生。补甘肃伏羌知县。镇压回民田五起义，以功擢知灵州。入赀为户部员外郎，与修《会典》。辞官后，尝主讲衢杭、关中、锦江等书院。工诗词，尤善骈文。著有《真率斋稿》、《芙蓉山馆诗文钞》等。

杨凤苞(1754—1816) 清浙江归安(今湖州)人，字傅九，号秋室，又号萸沜、小玲珑山樵与西园老人。县学生员。性孤僻，不乐至城市，终身不娶。经学、小学皆有根柢，阮元编《经籍籑诂》，曾参与分纂。尤熟晚明史，撰《南疆逸史跋》十二篇，载所著《秋室集》中。集中又载庄廷𨪕史案本末，及记同坐狱之李令皙、茅元铭、朱佑明诸人事迹极详。

杨佛嵩(?—412) 十六国时人。氐族。初为晋平远将军、护氐校尉。后秦建初八年(393)降秦，为镇东将军。弘始元年(399)克洛阳。十四年率军攻赫连勃勃，被俘死。

杨敷(?—571) 北朝时弘农华阴(今陕西华阴东南)人，字文衍。北魏建义初，袭祖爵临贞县伯。西魏末，迁廷尉少卿，断狱号称平允。北周孝闵帝即位，进爵为侯。寻除蒙州刺史，善抚慰，诸族来附，州境获宁。后进位骠骑大将军。天和六年(571)，出为汾州诸军事、汾州刺史，进爵为公。北齐将段孝先率军进攻，他以少敌众，战至粮矢俱尽，救援断绝，突围被俘，卒于邺。

杨福魁(1799—1872) 清直隶永年(今属河北)人，字露禅，别号禄缠。杨式太极拳奠基人。幼从陈长兴学拳，尽得所传。及学成，以能避制强硬之力见长，人称其拳为“沾绵拳”、“软拳”、“化拳”。后至京师，任旗营武术教习，时有“杨无敌”之称。所遗拳路经其孙杨兆清修改定型为杨式太极拳。

杨福同(?—1900) 清直隶清苑(今河北保定)人，字云峰。同治七年(1868)投军，后升任游击，曾参加镇压朝阳在理教起义。嗣以副将驻大名，专力缉捕。以功记名总兵。光绪二十四年(1898)分统练军左翼马队，兼统天津马步各营。二十六年四月，被直隶总督裕禄派往定兴、涞水镇压义和团。旋在石亭中伏，被击杀。

杨辅 南宋遂宁(今属四川)人，字嗣勋。乾道进士。累迁户部郎中、总领四川财赋，升太府少卿、利州西路安抚使。绍熙中，利州安抚使吴挺病，即建言不宜使吴氏继续执掌四川兵权。后知成都府、兼本路安抚使。开禧三年(1207)，四川宣抚副使吴曦叛，他受命为四川制置使，不能讨叛，弃成都而去。曦死，还成都，为四川宣抚使，与副使安丙不协，被召东还。除知建康府、江淮制置使，卒于任。

杨辅清(?—1874) 清广西桂平人，原名金生，因与杨秀清认本家，改名。参加金田起义。咸丰三年(1853)封国宗。六年奉命经略江西。次年攻闽。八年返赣，八月自德兴进克安徽婺源，封为中军主将。十月克江西景德镇。九年夏退出景德镇，次年参加破江南大营之役，封辅王。后驻守宁国，经略皖南，参加安庆解围战失利。同治元年(1862)助李秀成回救天京(今南京)。三年春退往湖州，城陷，走上海，潜伏于桂、黔、粤、湘、皖各处。十三年回闽，准备起事，被叛徒马融和出卖，在晋江被捕，就义于福州。

杨黼 ❶(?—1426)明吉水(今属江西)人。永乐中官御史。仁宗即位，上疏言十事，升任卫王府右长史。宣德初卒。❷明云南太和(今大理)人，号存诚道人。白族。通五经，工篆籀，好释典，不应科举，自耕而食。庭前有大桂树，缚板其上，题名桂楼。于上吟咏自得。晚年隐居鸡足山罗汉壁石窟山十余年。八十而终。曾注《孝经》数万言，著有《篆隶宗源》、

《桂楼集》、《孝经注疏》,今存诗文数首,以白文《山花碑》为最著。

杨阜 三国时天水冀城(今甘肃天水西北)人,字义山。汉末为凉州别驾,后辟丞相府,留州参军事。马超自领并州牧,因不满超,叛归曹操,建安十八年(213)遂联结屯历城之抚夷将军姜叙等起兵反超,超南投张鲁。以功赐爵关内侯。曹操征汉中,以为武都太守。二十四年,刘备夺汉中,操以武都孤远,命他徙氐落万余户使居扶风、天水界。魏明帝时为将作大匠,后迁少府。以明帝广治宫室并发美女充后庭,屡谏不听,求去未许。旋卒,家无余财。

杨复恭(?—894) 唐时闽(今福建)人,字子恪,本姓林。自幼入内侍省为宦官。以镇压庞勋起义有功,咸通十年(869),自河阳监军入为枢密使。僖宗时,与权宦田令孜不睦,称疾退居蓝田。僖宗再奔山南,起为枢密使,代田令孜为左神策军中尉。内外经略一出其手。僖宗死,迎立昭宗,专典禁军,专擅朝政,形成强大宦官集团势力,以诸子为州刺史,又养子六百人,监诸道军,昭宗恶之。大顺二年(891),致仕归第。后谋反,被李茂贞擒杀。

杨复光(842—883) 唐时闽(今福建)人,本姓乔。自幼养于内常侍杨玄价家,以宦者入内侍省,改名。慷慨有谋略,累监诸镇军。乾符四年(877),王仙芝率起义军进入江西,他受命为排阵使,招降尚君长。寻为宋威、王铎等镇兵监军,镇压王仙芝、黄巢起义军。中和元年(881),起义军占领长安,以忠武军三千人入蔡州,与秦宗权合兵,占领荆襄,于南阳大败黄巢部将朱温,攻陷邓州。以功授天下兵马都监,押诸军入定关中。二年,招诱朱温降唐,引用李克用率沙陀骑兵攻入长安,加同华制置使,封弘农郡公。不久死于河中(今山西永济西)。

杨干贞 一作杨干真。五代时云南和村(今宾川)人。母名弥录,与南诏骠信隆舜私通,生干贞。及长,仕郑氏大长和国,官至剑川节度使。后唐天成三年(928),废郑氏,拥立赵善政。次年,篡赵氏位自立,建国号为大义宁。在位八年间,贪虐无道,内外交怨。后晋天福元年(936)十二月,通海节度使段思平起兵攻之,败走义督(今剑川),段思平寻赦其罪,废为僧;或谓奔永昌(今保山)自尽。

杨恭仁(?—639) 唐弘农华阴(今属陕西)人,本名纶。隋宗室。仕隋,历甘州刺史,吏部侍郎。参与平杨玄感。在吏部持正自守,甚有善政,为裴蕴等排挤出朝,出为河南道大使。宇文化及杀炀帝,署为吏部尚书。入唐,为凉州总管。素习边事,通晓民情,戎夏安之。曾募骁勇击平瓜州刺史贺拔行威叛乱。武德六年(623),召拜吏部尚书兼中书令。九年,拜雍州牧。贞观五年(631),迁洛州都督。性谦和谨慎,不以势凌人,以老病致仕卒。

杨恭懿(1225—1294) 元奉元高陵(今属陕西)人,字元甫。幼读《易》、《礼》、《春秋》诸书,后得朱熹《四书集注》研读。至元十一年(1274)召入大都,不久辞归。十六年以修《授时历》召,与郭守敬、王恂、许衡等,遍考历书四十余家,昼夜测验,创立新历。历成,授集贤学士兼太史院事。十八年辞归。后廷屡召,皆辞疾不赴。

杨光(?—374) 十六国时蜀郡(治今四川成都人。前秦建元十年(374)五月,随张育起兵反秦,围成都。旋以兵败,与育退屯绵竹(今四川德阳北)。至九月败亡。

杨光先(1595—1669) 清初徽州歙县(今属徽)人,字长公。明末为新安所千户。清顺治时居师,屡上书指斥德意志人、钦天监监正汤若望所《时宪历》荒谬。康熙三年(1664),再上《请诛邪疏》,弹劾汤若望,致其革职下狱,《时宪历》遂废。年,官钦天监监正,然所制历书谬误更甚,旋被夺官后又被呈告依附鳌拜,遣送回籍,卒于途中。著《不得已》文集。

杨光远(?—944) 唐末五代沙陀部人,字德明小字阿檀,初名檀。初为晋王李存勖骑将。后唐立,以幽州马步军都指挥使,戍守瓦桥关。明宗时历任妫、瀛、冀、易四州刺史。后晋时,为宣武军节使。因与桑维翰不和,罢兵权,为西京(洛阳)留守阴有异志,潜结契丹,穷奢极欲,重赋暴敛。天福年(940)迁镇青州,封东平王。九年,反,引契丹扰。后晋泰宁节度使李守贞重兵围困青州,他被承勋所囚,送降被杀。

杨广 ❶(?—400)东晋弘农华阴(今陕西华阴南)人。随父亮归晋,屡与前秦交战,官南蛮校尉弟佺期与桓玄不和。因玄兄伟将代其职,乃欲击伟殷仲堪不听,出之为宜都、建平二郡太守。隆安三(399),荆州大水,仓廪空虚,玄乘机伐仲堪。乃与佺期救之,出兵攻玄,战败被杀。❷即"隋炀帝"。

杨广香 南北朝时略阳清水(今甘肃清水西北氐人。后仇池国王杨难当族弟。后仇池国亡,投魏,太和元年(477)底,魏封之为阴平公、葭芦镇主后自称阴平王,习称阴平国。疆域以阴平(今甘肃县)、沙州二郡为主。南朝齐建元元年(479)任之沙州刺史,次年为西秦州刺史,又以其子灵为武都守。约在建元三年前卒。

杨龟山 即"杨时"。

杨轨(?—400) 十六国时略阳(治今甘肃秦安南)人。氐族。后凉吕光时为仆射、扬武将军、后军。龙飞二年(397),太常郭黁叛光,被推为盟主,称大将军、凉州牧、西平公。次年率军二万围凉都臧,为吕纂所败。退屯廉川,复集众万余,为羌酋饥所败,袭乙弗鲜卑而据其地。寻率户数千投西王秃发乌孤,乌孤以为宾客。乌孤死,与西平内史玄明谋杀继位之秃发利鹿孤,事发伏诛。

杨贵妃(719—756) 唐蒲州永乐(今山西永东)人,小字玉环,又号太真。姿质丰艳,善歌舞,音律,聪明过人。初为玄宗子寿王李瑁妃。后入宫深得玄宗宠爱,天宝四载(745),封贵妃。推恩及家族,母姊皆封国夫人,叔、从兄皆为卿,从祖兄钊(国忠)为相。诸杨势倾天下,生活糜烂。边将安禄山亦交结之,以固权势。十四载,安禄山起兵叛乱。年,随玄宗逃蜀,至马嵬驿(今陕西兴平西),禁军大将陈玄礼兵变,被缢死。

杨国兴(?—1367) 元末濠州定远(今属安徽)人。元末投朱元璋,历官右翼元帅、神武卫指挥使。至正二十六年(1366)从攻张士诚,围平江。次年战死。

杨国忠(?—756) 唐蒲州永乐(今山西永济东南)人,本名钊。杨贵妃从祖兄。少年嗜赌好酒,不齿于亲族。曾从军,授新都尉。天宝初,因贵妃有宠,由金吾卫兵曹参军累迁监察御史、御史中丞,赐今名。与李林甫相勾结,连起大狱,诛逐贵臣,权倾内外。两次发动对南诏战争,丧师二十万。十一载(752),李林甫死,代为右相兼吏部尚书,先后兼领四十余使,仍判度支、领节度,封卫国公。与其妹虢国、韩国、秦国三夫人及其兄杨铦五家,豪富已极,王侯莫比。又一意谄媚玄宗,结党营私,贿赂公行,选任官吏均于私第暗定。十四载,安禄山以"讨国忠"为名发动叛乱,随玄宗奔蜀,于马嵬驿(今陕西兴平西)被士兵杀死。

杨果(1197—1271) 金祁州蒲阴(今河北安国)人,字正卿,号西庵。正大进士,为县令。蒙古灭金,任河南路征收课税所经历。元宪宗二年(1252)史天泽经略河南,为参议。中统元年(1260),任北京(治今内蒙古宁城西)宣抚使。次年,为参知政事。至元六年(1269),出为怀孟路总管。后致仕,卒于家。工文章,尤长于乐府。著有《西庵集》,今佚。

杨汉英 即"杨赛因不花"。

杨浩 南宋人。曾为燕山县、潞县巡检使,建炎元年(1127)九月入玉田(今属河北)山中,与北僧智和禅师举义兵抗金,有众万人。

杨镐(?—1629) 明河南商丘人,字汝京、京甫,号凤筠。万历进士。累官右佥都御史,万历二十四年(1596),日本再次侵略朝鲜,次年奉命经略援朝军务。二十六年,明军在蔚山大败,因弃军丧师被免职。三十八年抚辽东,寻乞休归。四十六年任兵部左侍郎,经略辽东。次年率四路军攻后金(清),大败,下狱。后被杀。

杨何 西汉淄川(今山东淄博)人,字叔元。武帝时征为中大夫。从王同学《易》,授《易》于司马迁。著有《易传杨氏》,已佚。

杨鹤(?—1635) 明湖广武陵(今湖南常德)人,字修龄,号无山。万历进士。授雒南知县。崇祯二年(1629)累官兵部右侍郎,总督陕西三边军务,镇压农民起义。四年因主抚被劾,谪戍袁州(今江西宜春)。后死于戍所。

杨鹤龄(1868—1934) 广东香山(今中山)人,生于澳门。名仕年,字礼遐。与孙中山同村。常与孙中山、尤列、陈少白聚谈反满,被人称之为"四大寇"。清光绪二十一年(1895)加入兴中会。曾参与该会机关报《中国日报》事。1912 年南京临时政府成立时,任总统府秘书。后隐居澳门不仕。

杨弘(?—607) 隋人,字辟恶。文帝从祖弟。有文武干略。北周时,累迁开府仪同三司,为杨坚(隋文帝)心腹,加上开府。入隋,拜大将军,进爵郡公。开皇元年(581),封河间王,后进授柱国。以行军元帅率众数万,出灵州道,大败突厥。出任宁州总管,进位上柱国。历蒲州刺史、扬州总管。炀帝即位,为太子太保,卒于任。

杨弘礼(?—653) 唐华州华阴(今属陕西)人,字履庄。杨素侄。武德初,为太子通事舍人,袭清河郡公。贞观中,历兵部员外郎,三迁中书舍人。十九年(645),太宗攻高丽,以其有文武材,擢兵部侍郎,与褚遂良、许敬宗同掌行在机务。二十年,任中书侍郎。二十一年,迁司农卿,兼充昆丘道副大总管,往攻西域,俘龟兹、于阗王而还。

杨弘武(?—668) 唐华州华阴(今属陕西)人。杨弘礼弟。武德初,拜左千牛备身。永徽时,为吏部郎中。麟德时,擢司戎少常伯。高宗曾责其授官多非其人,答为悍妻所嘱,不敢违,以讽高宗用武后言。高宗笑而不罪。乾封二年(667),以西台侍郎同东西台三品。为官无它才,特以谦慎自守居职清简称。

杨宏胜(1885—1911) 清湖北谷城(一说襄阳)人,一名洪胜,字益三。光绪二十九年(1903)入湖北新军,由列兵升正目。后离营,至武昌开杂货店为革命联络据点。宣统三年(1911)加入文学社,从事联络工作。起义总指挥部成立,担任交通,负责运送军火。武昌起义前夕被捕就义。

杨洪 ❶(?—228)三国时犍为武阳(今四川彭山东)人,字季休。本益州牧刘璋郡吏。刘备定蜀,犍为太守李严命为功曹,后荐为蜀郡从事。因力主发兵支持刘备争夺汉中,诸葛亮荐之领蜀郡太守,旋为益州治中从事。章武三年(223),汉嘉太守黄元乘刘备病危起兵反,乃启刘禅遣亲兵讨之,并料元将奔吴,使将军陈曶等于南安峡口截击,果擒元。禅即位,赐爵关内侯,复为蜀郡太守、忠节将军,后为越骑校尉。卒于官。❷(1381—1451)明六合(今属江苏)人,字宗道。永乐中袭父职为汉中百户,调开平。八年(1410)从成祖北征,进千户。英宗初,以尚书王骥荐,进都指挥佥事,率军备边,以敢战著名。累官左都督。十二年,充总兵官,镇宣府。*土木之变后,也先挟英宗至宣府,命开城门,拒守不纳。以功封昌平伯。也先犯北京,率兵二万入卫,再进昌平侯。景泰二年(1451),佩镇朔大将军印,还镇宣府,同年九月病卒于北京。赠颍国公。

杨虎(?—1511) 明交河(今河北泊头)人。初随畿南农民起义首领白瑛转战山东。正德六年(1511)与刘六、刘七起义军联合。后与赵鐩、刘惠率西路军转战山东、河北间,后南下徐州、宿迁。十一月被官兵追及,退至亳州义门集(今安徽涡阳西北),中伏覆舟溺死。

杨桓 ❶十六国时弘农(治今河南灵宝东北)人。后凉主吕纂妃父。咸宁二年(400),大司马吕弘起兵反纂,劫其为谋主,弘寻破败。纂立其女为皇后。历官散骑常侍、尚书左仆射、凉都尹,封金城侯。后为南凉秃发利鹿孤所获,拜左司马。利鹿孤称臣于后秦姚兴,遂归姚兴。❷(1234—1299)元兖州(今属山东)人,字武子,号辛泉。博览群书,精篆籀之学。世祖时由济宁路教授被召为太史院校书郎，奉命撰《仪表铭》、《历日序》，升秘书监丞。至元三十一年(1294)，任监察御史。成宗时为秘书少监，预修《大一统志》。著有《六书统》、《六书泝源》、《书学正韵》。

杨奂(1186—1255) 金乾州奉天(今陕西乾县)人，字焕然，号紫阳先生。金末应试不中。金亡，投冠氏赵天锡门下。元太宗九年(1237)，应试东平，赋论第一，耶律楚材荐为河南路征收课税所长官兼廉访使。任官十年，告老辞职。有《还山遗稿》等。

杨皇后 ❶晋武帝皇后。(1)(238—274)弘农华阴(今陕西华阴东南)人，名艳，字琼芝。司马昭为世子司马炎聘为妃，甚被宠遇。武帝司马炎即位，立为皇后。武帝以太子不才，不堪即位语之，她力劝立嫡以长不以贤，太子得不废。及议太子婚，又受贾充妻贿赂，盛称贾女有贤德，武帝又从之。有病临终时，恐死后武帝立所宠者为后，于太子不利，力请立从妹为皇后，武帝又许之。(2)(259—292)名芷，字季兰，小字男胤，杨艳从妹，杨骏女。太子妃贾氏悍妒，武帝拟废之。她力劝阻，并屡诫贾妃，贾妃不知皇后助己，反以为在皇帝前害己，对其愤恨日深。武帝死，被尊为皇太后。贾妃进位为皇后，诬杀杨骏，她被幽于金墉，绝食自杀。❷(561—609)即杨丽华。隋国公杨坚长女。北周宣政元年(578)，立为宣帝皇后。二年，宣帝自称天元皇帝，乃以为天元皇后，寻册封为天元大皇后。宣帝昏暴滋甚，喜怒无常，尝赐后死，其母独孤氏谢罪得免。隋开皇六年(586)，改封乐平公主。大业五年(609)，从炀帝至张掖，病卒河西。❸(1162—1233)宋宁宗皇后。或说会稽(今浙江绍兴)人。庆元元年(1195)，封平乐郡夫人。嘉泰二年(1202)，立为皇后。初，韩皇后死，宁宗议择中宫，韩侂胄劝立曹美人，后以是深衔之。其后韩侂胄被杀，后实为谋主。宁宗死，宰相史弥远谋废皇子竑而立成国公昀，遣人白后。后不得已而从之，遂矫诏废竑为济王，立昀，是为理宗。被尊为皇太后，同听政。逾年撤帘。卒谥恭圣仁烈。

杨黄 族名。自称哎饶、哎凳或印饶、印凳。史书作杨黄、佯僙、杨荒等。元初已盛。明代遍及思南、镇远、石阡、铜仁、都匀、黎平等府。清散居都匀、石阡、施秉、龙泉、黄平、余庆、黎平等处，有杨、龙、张、石、欧等姓。以农耕为主，兼营渔猎。

杨黄门奏疏 书名。清杨雍建撰。作者为顺治时进士，官至兵部侍郎。是书收录的奏疏，乃其任给事中时所作，故曰"黄门"，共五十一篇。末四篇为其在康熙十八年(1679)后任左副都御史时所作，故又曰《西台奏议》。有民国时抄本，又一种题为《黄门奏疏》二卷，《西台奏议》一卷，有道光时杨氏家刻本。

杨戏(?—261) 三国时犍为武阳(今四川彭山东)人，字义然。少知名，受蜀丞相诸葛亮器重，年二十余为州督军从事，职典刑狱。亮卒，蒋琬辟为东曹掾，迁南中郎参军，历建宁、梓潼两郡太守，入为射声校尉。延熙二十年(257)随大将军姜维出军，酒后每有傲弄之辞，忤维意，免为庶人。著有《季汉辅(按"辅"应为"君")臣赞》，《三国志》录于本传末。

杨辉 南宋临安(今浙江杭州)人，字谦光。数学家。景定二年(1261)，作《详解九章算法》，后附《纂类》，共十二卷。所载北宋贾宪(约十一世纪)开高次幂方法及"开方作法本源图"，较中亚阿尔·卡西的类似图表(1427)及欧洲"帕斯卡三角形"(1665)皆早出甚多，被称为"杨辉三角"。又著有《日用算法》、《乘除通变算宝》、《续古摘奇算法》。

杨辉算法 书名。南宋杨辉撰。七卷。系杨氏三部著作《乘除通变本末》三卷、《田亩比类乘除捷法》二卷、《续古摘奇算法》二卷的合刻本。宋刻本今已不传。明洪武十一年(1378)古杭勤德书堂刊本，今存孤本，藏日本。朝鲜李朝世宗十五年(1433)翻刻此本，明末传回国内，阙《续古摘奇》卷上。清中叶郁松年嘱宋景昌校定，刻入《宜稼堂丛书》。

杨惠之 唐吴县(今江苏苏州)人。开元时与吴道子同师张僧繇，号为画友。及道子声名独显，乃焚笔弃砚，改事塑像，潜心精思，遂成大名。时人语曰："道子画，惠之塑，夺得僧繇神笔路。"曾在昆山慧聚寺塑天王像，旁塑二侍女，神采奕奕。又尝于长安塑女名伎留杯亭之像，虽背置而人皆识之。曾著《塑诀》一卷，已佚。

杨基(1326—1378) 明初苏州长洲(今江苏苏州)人，字孟载，号眉庵。祖籍四川嘉州(今乐山)。元末避乱，隐居吴中赤山。张士诚召为丞相府纪室，不久辞去。洪武二年(1369)起为荥阳知县，谪钟离(今安徽凤阳东北)。六年复任，官至山西按察使。晚年罢官服役，死于工所。善诗文，兼工诗画，为吴中四杰之一。著有《眉庵集》、《论鉴》、《铁笛歌》等。

杨佶 辽南京(今北京)人，字正叔。圣宗统和二十四年(1006)，举进士第一。历校书郎、大理正。开泰六年(1017)出知易州。迁翰林学士。充贺宋生辰正旦副使。八年，同知南京留守事。太平七年(1027)，为刑部侍郎。兴宗重熙元年(1032)，为翰林学士承旨，进为宣政殿学士、拜工部尚书。累官至参知政事。十五年，出为武定军节度使。致仕。有《登瀛集》，已佚。

杨集始(?—503) 南北朝时略阳清水(今甘肃清水西北)人。氐族。仇池武兴国君杨文弘之子。北魏太和六年(482)，文弘死，北魏以其兄杨后起嗣位，称武都王。他任白水太守，不久自称征西将军、武都王。十年，后起死，被南齐封为武都王。十六年，入朝北魏，受封汉中郡侯、武兴王，还镇武兴。二十一年氐帅杨灵珍遣婆罗阿卜珍袭武兴国，遂奔汉中，降南齐。北魏景明元年(500)，复归北魏，再返武兴。梁天监元年(502)又封之为武都王。次年病卒。

杨济(?—291) 西晋弘农华阴(今陕西华阴东南)人，字文通。晋武帝后父杨骏弟。历位镇南、征北将军，迁太子太傅。以武艺见称。骏斥出典禁兵之王佑为河东太守，建立皇储，皆出其谋。与兄珧深虑贵盛招祸，屡共切谏，骏不纳。贾后等杀骏党，亦被害。

杨济时 即"杨继洲"。

杨继盛(1516—1555) 明保定容城(今属河北)

人,字仲芳,号椒山。嘉靖进士,授南京吏部主事,改兵部员外郎。嘉靖三十年(1551)以劾大将军仇鸾,贬为狄道典史。次年仇鸾败,遂起用,擢至兵部武选员外郎。因疏劾严嵩下狱,受酷刑。后被杀。穆宗立,追谥忠愍。著作有《杨忠愍集》。

杨继业 即"杨业"。

杨继洲(1522—1620) 明浙江衢州人,字济时。出身医学世家。早年攻举子业,因屡试不第,遂改而立志习医。曾任嘉靖帝侍医。隆庆二年(1568)任职圣济殿太医院,直到万历年间。通于医理,尤长于针法,治病则针药并重。行医数十年,观其医案所示,通晓各家学说,临证实践,经验宏富,结合家传《卫生针灸玄机秘要》一书,编成《针灸大成》,为集明以前针灸学精华之作。

杨继宗(?—1488) 明山西阳城人,字承芳。天顺进士。授刑部主事。成化初,升嘉兴知府,以清直名。在任九载,超迁浙江按察使。后以右佥都御史巡抚顺天。因裁治权贵,被诬左迁云南副使。孝宗即位,升湖广按察使,复以佥都御史巡抚云南,劾罢不职,不以旧僚而徇私情。卒于任。

杨绩 辽良乡(今北京西南郊良乡)人。太平进士。兴宗时,知涿州(今属河北)。清宁元年(1055),为参知政事兼同知枢密院事。任南府宰相。九年,皇太叔耶律重元发动政变,与姚景行领兵勤王。十年,知兴中府。咸雍元年(1065),知枢密院事。二年,为南院枢密使。八年,封赵王。大康五年(1079),改辽西郡王。

杨坚 即"隋文帝"。

杨暕(585—618) 隋炀帝次子。字世朏,小字阿孩。颇涉经史,尤善骑射。开皇十三年(593),封豫章王。十九年,为内史令。大业二年(606),进封齐王。历任雍州牧、河南尹、开府仪同三司。为人骄恣,昵近小人,搜括民财,抢劫美女,所行多不法。因其长兄元德太子杨昭有三子,恐己不能为嗣,心怀不轨,阴挟左道,自谓当立。炀帝大怒,斥贬其府僚往边远。后于江都为宇文化及所杀。

杨简(1141—1226) 南宋慈溪(今属浙江)人,字敬仲,因筑室慈湖(德润湖)上,学者称慈湖先生。乾道进士。入仕初为富阳主簿、乐平知县,后为国子博士、秘书郎。庆元学禁遭斥,以祠官居乡十四年。晚岁出知温州,官终宝谟阁学士。为富阳主簿时,陆九渊归家过境,以断扇讼例使其悟"本心",遂以师礼事之。后作《己易》、《绝四记》等文,谓:"易者,己也。天地,我之天地。变化,我之变化,非他物也。"又谓:"天者,吾性中之象。地者,吾性中之形,……皆之所为也。"(《己易》)将宇宙之存在和变化过程归结为个人主观精神的作用。提出"人心自明,人心自灵"的诉诸直觉之主张,发挥了陆九渊的"心学"。著作有《慈湖诗传》、《杨氏易传》及后人纂辑之《慈湖遗书》。

杨戬(?—1121) 北宋人。宦官。少主掌后苑。徽宗即位,渐受宠信,历知入内内侍省、彰化军节度使,升至太傅,势与梁师成相匹。先后在京东西、淮西北一带根括民田,逼民租佃废堤、弃堰、荒山、退滩以及大河淤流之处,租额一定,则不可减,号西城所。又在济、郓等州湖沼地带,征收租税和船舶费,每年增租税金,一邑高达十余万缗,虽水旱灾荒,亦不得免。人民深受其害。

杨荐 北朝时秦郡宁夷(今陕西礼泉北)人,字承略。北魏永安中,随并州刺史尔朱天光出讨关陇,继赴夏州从刺史宇文泰。寻受命迎孝武帝至长安,进爵清水县子。西魏大统中,累使柔然,进骠骑大将军,加侍中。北周孝闵帝即位,再使突厥,授大将军,寻行大司徒。天和三年(568),迁总管、梁州刺史。以疾卒。

杨教化(1277—1309) 元唐兀人。失刺唐兀台子。幼事武宗于藩邸,武宗总兵北边,使掌成宗所赐玉印为枢密符。成宗死,内廷与宰臣议所立,至怀州,请迎武宗即位,内难遂平。以功超拜正议大夫,同知太府院事。至大二年(1309),御史台奏为江南湖北道肃政廉访使,武宗留为将作院使。卒谥襄敏。

杨杰只哥(1200—1239) 金宝坻(今属天津)人。金末降蒙古,从攻金、西夏。元太宗四年(1232),从攻徐州,大败金将国用安,赐名拔都,为新附军民总管。十一年,与宋兵战于归德(今河南商丘南),溺死。

杨捷(1617—1690) 明末清初辽东义州(今辽宁义县)人,字元凯,号月三。初为明裨将。崇祯十七年(1644)降清,因镇压嵩岚农民起义,进攻金声桓、郑成功抗清军功,官至庐凤提督。顺治十八年(1661),提督山东,捕杀于七农民军余部。康熙十七年(1678)调福建陆路提督,败郑经部将刘国轩等,取海澄,复厦门。十九年改江南提督。后病卒。

杨津(469—531) 北魏弘农华阴(今陕西华阴东南)人,字罗汉,本名延祚。杨椿弟。孝文帝时屡迁直阁将军、岐州刺史。转为华州刺史。孝昌初除北道大都督,出据灵丘(今属山西)。因击败起兵定州(今属河北)之鲜于修礼,迁卫尉卿,兼吏部尚书。孝庄帝时都督九州诸军事。永安三年(530),闻大将军尔朱兆入洛阳,乃自邺(今河北临漳西南)入朝,仕司空。普泰元年(531),为尔朱世隆所杀。

杨进(?—1129) 宋人。原为王渊部将。靖康二年(1127),与韩世忠在应天府击破金兵,为渊所忌,遂叛扰京西,聚众数万,号"没角牛"。建炎二年(1128)二月,以数十万之众受宗泽招安,为留守司统制,知河南府。八月泽死,失望而复叛,刺强壮号七十万,自置官吏,袭杀翟进于鸣皋山,骚乱京西。后为京西北路安抚制置使兼招讨使翟兴所败,中流矢而死。

杨景辰 明福建晋江(今泉州)人,字载甫。万历进士。选庶吉士,授编修。天启中附魏忠贤,充《三朝要典》副总裁。七年(1627)官至礼部尚书兼东阁大学士,预机务。崇祯元年(1628)遭劾归。次年定逆案,革职闲住。

杨景贤 元蒙古人。从姐夫姓杨,名暹,后改名讷,一字景言,号汝斋,以字行。居杭州。善弹琵琶,又善作谜语。所作杂剧十八种,今存《刘行首》、《西游记》两种，残存《玩江楼》(一说戴善甫作)、《天台梦》两种。并有散曲流传。约在明永乐年间卒于金陵。

杨璟(?—1382)　明初庐州合肥(今属安徽)人。元末以儒家子弟投朱元璋，为管军万户。从攻集庆(今江苏南京)，进总管。奉命招讨湖广、广西诸少数民族，历官亲军副都指挥使、枢密院判官、湖广行省参政、平章政事等。洪武初，受命使夏，招降明升，不成。三年(1370)封营阳侯。次年从伐夏，战不利。再从徐达镇北平(今北京)，练兵辽东。卒封芮国公。

杨靖(1360—1397)　明淮安山阳(今属江苏)人，字仲宁。洪武进士，选庶吉士。超授户部右侍郎。洪武二十二年(1389)进尚书。改刑部。复查在外诸官所拟案件，多有平反。坐事免官。洪武末以白衣往安南，使输军饷。论功拜左都御史。三十年，坐为乡人代改诉冤状，被劾赐死。

杨炯(650—约693)　唐华州华阴(今属陕西)人。高宗显庆四年(659)举神童，待制弘文馆。上元三年(676)应制举，补校书郎。永淳元年(682)任太子詹事、崇文馆直学。后坐从弟神让随徐敬业起兵，贬为梓州司法参军。天授元年(690)与宋之问分直洛阳司艺馆，约如意元年(692)出为盈川(今浙江衢县东北)令卒，世因号为杨盈川。工文及五言诗，诗颇雄浑。存诗不多，代表作为《从军行》。文有《王子安集序》。诗与王勃、卢照邻、骆宾王齐名。时号王、杨、卢、骆。炯曾云："吾愧在卢前，耻居王后。"张说云："盈川文如悬河，酌之不竭，耻王后，信然。"有《盈川集》三十卷，今仅存十卷，附录一卷。《全唐诗》编其诗为一卷。

杨九乍　见"撒假"。

杨居宽(?—1287)　元莘县(今属山东)人，字子裕。出身中书省吏员。至元十三年(1276)，为同知浙东西宣慰司事，兼知临安府事。二十二年，为龙兴行省参政。次年，为中书省参政，典铨选。二十四年，桑哥擅权，被诬陷处死。

杨巨源(?—1207)　南宋利州昭化(今四川广元西南)人，祖籍成都。字子渊。倜傥有大志，善骑射。历任川北地方仓官，倾财养士，沿边忠义之士服其才。开禧二年(1206)，吴曦叛宋，他与安丙、李好义等密结义士，合谋刺杀吴曦。安丙奏其功于朝。以赏不酬功，心颇不平。会有人诬其将阴结死党入关谋乱，为安丙所杀。李珙讼其冤于朝。追谥忠愍。

杨爵(1493—1549)　明陕西富平人，字伯珍，一字伯修，号斛山。家贫好读书，以学行闻名。嘉靖进士。官御史。因世宗日夕建斋醮，奉道教，求长生，不问朝政，深感忧虑。太仆卿杨最以谏获罪死后，更有死谏之心，嘉靖二十年(1541)，遂上书世宗，批评符瑞之说，言词切直，被下诏狱刑讯，系狱五年，濒死而幸生。被释归家十日，再次入狱，三年后得释。于狱中桎梏刑掠，饮食屡绝，仍泰然处之，并著成《周易辨说》、《中庸解》等。死后于隆庆初复官，赠光禄卿，万历中赐谥忠介。

杨俊　❶(?—222)三国时河内获嘉(今河南新乡西南)人，字季才。曾受学于边让。东汉末，率宗室百余家避乱于京县、密县山间。善鉴识人物。曹操辟为丞相掾属，举茂才，迁南阳太守。旋迁中尉。建安二十四年(219)，以未能防止魏讽叛乱，左迁平原太守，复为南阳太守。与曹植善，曾向操言植才，积恨于曹丕。魏文帝即位后，于黄初三年(222)，南巡至南阳郡治所宛，宛令违诏闭市门，遂收俊下狱，自杀。❷(571—600)隋文帝第三子。字阿祇。开皇元年(581)立为秦王。八年，为山南道行军元帅攻陈。次年，以功授扬州总管，转并州总管。初有政绩，后奢侈违制，盛治宫室，纵欲好色。为妃崔氏所毒致疾。召还京师，免官，病卒。❸明六合(今属江苏)人。杨洪子。初以舍人从军。正统中累官署都指挥佥事，总督独石、永宁诸处边务。景帝即位，以贪侈召还。也先犯京师，败其别部于居庸，进都督佥事，充右参将，佐朱谦镇宣府。冒擒*喜宁功，加右都督。恃父势横恣，尝以私憾杖都指挥陶忠至死。后被劾下狱论斩，诏令随洪立功。旋冒功事发，降官。先后督三千营、团营四营。又以跋扈论斩，后宥死，降都督佥事。旋袭洪职。终以阴事告发免死夺爵。初守永宁、怀来，闻也先欲奉英宗还，密戒将士勿轻纳，既还，又言是将为祸本。英宗复辟，下诏狱，坐诛。

杨俊民(?—1599)　明山西蒲州(今永济)人，字伯章，号本庵，原名州民。嘉靖进士。授户部主事。万历初累迁兵部左侍郎，署部事。十九年(1591)官至户部尚书，总督仓场。后因谏阻开矿不力，致税使扰民，二十七年被劾归，不久病死。

杨骏(?—291)　西晋弘农华阴(今陕西华阴东南)人，字文长。初为高陆令，骁骑、镇军二府司马。咸宁二年(276)，女芷立为武帝皇后，超迁车骑将军，封临晋侯。与弟珧、济势倾天下，时称"三杨"。太熙元年(290)，武帝临终，诏为太尉、太子太傅、假节都督中外诸军事，侍中、录尚书，总揽朝政。以外戚专政，多树亲党，勋旧宗室均怨望。惠帝继位，进位太傅、大都督、假黄钺。贾后与楚王玮等合谋，发兵围其家杀之。

杨侃　❶(约481—531)北魏弘农华阴(今陕西华阴东南)人，字士业。父侍中杨播袭爵华阴伯。初为汝南王元悦骑兵参军，后为叔杨椿录事参军。时北地功曹毛洪宾反，乃募士卒三千破之。后雍州刺史萧宝寅反，又随尚书仆射长孙稚讨之。及北海王元颢入洛阳，从孝武帝徙河北。以破元颢有功，进爵济北郡开国公。时人多私铸钱，薄小，乃奏铸五铢钱。孝庄帝将图尔朱荣，预其谋。后被大都督尔朱天光所杀。❷即"杨大雅"。

杨可告缗　汉武帝时征收财产税并惩处违法者的事件。其对象主要针对商贾。元狩四年(前119)，武帝为弥补财政收入不足，下令征收商人和手工业者的财产税，谓之算缗钱。商贾缗钱二千征税一算(一百二十钱)；手工业者出卖自己产品的，缗钱四千一算。非官吏、三老、北边骑士而有轺车者，每辆一算，商贾轺车每辆二算。船五丈以上一算。如隐瞒财产不报,或报而不实者,罚守边一岁,没入全部缗钱。并鼓励人们告发,凡告发算缗核实者,以被告者缗钱的一半与之,是谓"告缗"。元狩六年,杨可奉命主持告缗,派遣使者至全国各地贯彻执行。杜周治狱严厉处分违缗令者。结果,汉政府得民财物以亿计,奴婢以千万数,田大县数百顷,小县百余顷。中家以上的商贾大多被告发而破产。

杨宽(?—561) 北朝时弘农华阴(今陕西华阴东南)人,字景仁(一作蒙仁)。好文学,善武艺。北魏末为奉朝请。孝庄帝即位,累迁洛阳令。建明元年(530),司州牧尔朱世隆兵逼洛阳,城陷奔梁。后还朝。魏孝武帝初,改授骠骑将军,监内典书事。寻兼阁内大都督,专总禁旅。从孝武帝入关,兼吏部尚书,进华山郡公。西魏大统五年(539),除骠骑大将军、东雍州刺史。十七年,从达奚武经略汉川,败梁将杨乾运。北周初,参定经籍,历居台阁,颇有清誉。保定元年(561),除梁州刺史。寻卒。

杨涟(1572—1625) 明湖广应山(今属湖北)人,字文孺,号大洪。万历进士。授常熟知县,累迁兵科右给事中。泰昌元年(1620)迫李选侍移宫。天启二年(1622)任礼科都给事中。四年进左副都御史。上疏劾魏忠贤二十四大罪状,次年下狱,受酷刑死。谥忠烈。著作有《杨大洪集》。

杨廉(1452—1525) 明江西丰城人,字方震,号月湖,又号畏轩。成化进士,改庶吉士。弘治三年(1490),授南京户科给事中。尝建言遇大政宜召大臣面议,给事、御史随入驳正。次年,改南京兵科,迁南京光禄少卿。正德初,改太仆,历顺天府尹,擢南京礼部右侍郎,世宗即位,迁尚书。与罗钦顺善,为居敬穷理之学,文必根六经。嘉靖二年(1523)致仕。卒谥文恪。著有《皇明名臣言行录》、《月湖集》。

杨琏真伽 又译杨辇真加、杨琏真佳。元唐兀人。僧官。世祖至元十四年(1277),任江南释教都总统(后改江淮释教都总统),掌江南佛教事。在任十余年,贪赃肆虐,强取民财,纵佛寺影占佃户五十余万。与宰相桑哥勾结,发钱塘、绍兴宋陵,取陵中珍宝,并以陵地建佛寺。二十五年,奉命集江南教、禅、律三宗诸山住持至大都问法。二十八年桑哥伏诛,亦被问罪,省台诸臣乞处以死刑,世祖不允,次年发还其人口、土地。

杨梁 春秋宋地。在今河南商丘市东南。《左传》襄公十二年(前561):"楚子囊、秦庶长无地伐宋,师于杨梁,以报晋之取郑也。"杜预注:"梁国睢阳县东有地名杨梁。"

杨亮 东晋弘农华阴(今陕西华阴东南)人。汉太尉杨震之后。初从姚襄。永和十二年(356),襄为征西将军桓温所破,遂投温。太和五年(370),任梁州刺史,屡与前秦战。宁康元年(373),前秦军陷梁、益二州,乃退守西城(今陕西安康西北)。太元二年(377),为荆州刺史桓冲咨议参军,守江夏。八年,冲攻襄阳时,他进军取蜀,旋即退军。次年,复任梁州刺史,率军伐蜀,屯巴郡(治今重庆)。十一年,为雍州刺史,镇洛阳,卒于官。

杨谅(?—604) 隋文帝子。字德章,一名杰,小字益钱。开皇元年(581)立为汉王。十七年,出为并州总管,深受文帝宠爱。自以为身处天下精兵之地,又见太子杨勇、蜀王杨秀被废,惧祸及己身,阴有异图。以防突厥为名,大发工役,缮修器械,招纳亡命,殆将数万。仁寿四年(604)文帝死,炀帝即位,深恐被害,遂发兵反,从者十九州。炀帝遣杨素攻之,计穷请降。除名为民,绝其属籍,后幽死。

杨林渡 一作杨林口、杨林河口。在今安徽和县东长江边。南宋绍兴三十一年(1161),虞允文大破金人于采石,又屯舟师于杨林河口,即此。

杨刘 即今山东东阿县东北杨柳。唐、五代时,有城临河津,为黄河下游重镇。今城已堙废不可考。《资治通鉴》:唐元和十三年(818),淄青李师道拒命,诏魏博田弘正与宣武等五节度兵进讨。弘正"将全师自杨刘渡河,距郓州四十里筑垒,贼中大震",即此。宋、金置镇,属东阿县。

杨柳羌 明四川境内羌人之一。分布在今茂县北部。万历十三年(1585)与藏人联合攻普安、金瓶等堡,杀守将,巡抚徐元泰命松潘副总兵李应祥率兵镇压,沿岷江由东而西进兵,毁碉房一千六百余间,遂降。

杨柳桥 在今湖南长沙市西。五代汉乾祐三年(950),楚马希萼攻潭州,军湘西,马希广遣其将韩礼军杨柳桥,以扼湘西之路,即此。

杨柳枝 唐乐舞名。汉横吹曲中有《折杨柳》曲,隋有曲名《柳枝》。唐时创新声,配以舞蹈,名《杨柳枝》。节奏时急时缓,变化有致。一般为女子舞蹈,白居易侍女小蛮尤善此舞。

杨六 ❶辽耶律氏。圣宗时为太傅,统和二十三年(1005)出使宋,贺宋帝生辰。❷辽耶律氏。道宗时为鹰坊使。大康元年(1075),加工部尚书。❸辽人对宋将杨延朗(延昭)的称呼,或作杨六儿、杨六郎。

杨隆喜(?—1855) 即杨凤。清贵州桐梓人,一作龙喜,又名应龙。斋教首领,曾任县役。咸丰四年(1854)联合舒裁缝等在九坝发动起义。义军以青巾包头,自称黄兵,攻克桐梓县城,被推为都督大元帅,建号江汉,发布告示,痛斥清朝暴政,并率军进逼遵义,席卷黔北。五年,清军进犯,兵败自杀。

杨隆演 即"吴高祖"。

杨陆荣 清江苏青浦(今属上海)人,字采南,号潭西。县诸生。同邑王原妻以女,并得原传授。研究经史,潜心著述。认为国史法严词善,是非当,但取类繁而历年久,细琐之处不能不有所裁。其可以广搜博采者,惟宜于稗史,如明有开国、逊国、东林等传可补正史之缺,备考订之资。著有《三藩纪事本末》、《五代史志疑》、《辽史金史纲目》、《殷顽录》、《梦吃集》等。

杨茂搜(?—317) 西晋略阳清水(今甘肃清水西北)氐人。前仇池国君。原姓令狐,为百顷氐王杨飞龙外甥。西晋武帝时,飞龙率部返略阳。无子,以其为子,改姓杨。飞龙死后,于晋元康六年(296)底率众还居仇池(今甘肃成县西),自号辅国将军、右贤王,史称仇池国。晋愍帝时授骠骑将军、左贤王。

杨妙真 金益都(今山东青州)人。杨安儿妹,人号四娘子。善骑射。安儿死,为所部红袄军万余奉为首领,称"姑姑"。会李全于磨旗山(山东莒县东南,亦作马鬐山),结为夫妇。长驻淮安一带,后随全降蒙古。全死,与养子李璮返回山东,数年后死。

杨名时(1661—1737) 清江苏江阴人,字宾实,一字凝斋。康熙进士。康熙四十一年(1702)官侍读。五十九年任云南巡抚。雍正二年(1724),疏请在滇实行摊丁入地。次年,晋云贵总督,仍管云南巡抚事。五年,以喜沽名钓誉,被革职,待罪云南。高宗即位,召授礼部尚书,教皇子读书。治理学,著作有《杨名时全书》。

杨木答兀 女真人。初受明封为开原(《朝鲜实录》作开阳)三万卫千户。以骁勇称。永乐二十年(1422),因明守官非理虐害,谋叛,肆行剽掠,逃至朝鲜阿木河近地东良北。旋复至图们江外。明廷先后遣使招抚,不听。宣德八年(1433),纠合七姓女真人围攻明军,猛哥帖木儿父子助明,亦为所杀。

杨乃武(1841—1914) 浙江余杭人,字书勋,一字子钊。同治举人。清同治十二年(1873)被诬与毕秀姑(外号小白菜)谋杀秀姑之夫葛品连,旋屈打成招。杨姊菊贞(淑英)两上京师告御状,后在大学士翁同龢、兵部右侍郎夏同善等帮助下,得以冤狱平反。时称"杨乃武小白菜案",为清末四大疑案之一。获释后,以植桑养蚕度过余生。

杨鼐 明云南太和(今大理市)人,号敬庵。白族。弘治二年(1489)举人,官至黄州府(治今湖北黄冈)通判。著有《南诏通记》十六卷,已失传。

杨南金 明大理邓川(今洱源)人,字本重,号用章,晚号两依先生。白族。弘治进士。授江西泰和县令,正直不畏权势。旋擢江西道监察御史。值刘瑾乱政,解冠带出走,瑾捕之不及,乃除其名。嘉靖初,召起湖广佥事,晋升江西左参议,寻以老归里。潜心著述,八十岁卒。曾参与纂修《邓川州志》,著有《禅乡集》、《守土训》、《三教论》等,均散佚。今存嘉靖十二年(1533)所撰《修弥苴河堤碑记》一文。

杨难当 南北朝时略阳清水(今甘肃清水西北)人。氐族。后仇池国君杨玄之弟。刘宋元嘉六年(429),玄死,他废玄子保宗,自立为仇池公,称臣于刘宋,封武都王。十年,在北魏支持下,率军与刘宋争夺汉中。十三年,自封大秦王,年号建义,仍称臣于刘宋、北魏。十八年,侵宋蜀地。宋使裴方明击之。次年,败投北魏。

杨难敌(?—334) 十六国时略阳清水(今甘肃清水西北)人。氐族。左贤王杨茂搜之子。东晋建武元年(317),茂搜卒,继立,自号左贤王,屯下辩(今甘肃成县西);弟坚头号右贤王,屯河池(今甘肃徽县西)。晋永昌元年(322),前赵刘曜率军来攻,乃称藩于曜。受封上大将军,益、宁、南秦三州牧,武都王。晋太宁元年(323),因畏前赵之攻,自仇池(今甘肃成县西北)奔汉中,送质请降于成汉。复不臣于成汉,并击杀来攻之成将李琀、李稚等。三年,还袭据仇池。咸和六年(331)复降成汉。后以疾卒。

杨讷 ❶即"李平❷"。❷即"杨景贤"。

杨凝式(873—954) 唐华阴(今属陕西)人,字景度。以癸巳年生,自号癸巳人,又有虚白、希维居士、关西老农等号。昭宗朝进士,官秘书郎。历仕梁、唐、晋、汉、周五朝,官至太子太保。父涉,唐末宰相。朱温篡唐,涉送传国玺,他力谏,又恐事泄,遂佯狂自晦,称有心疾,不理朝政,人称"风子",以此得自全。富有文藻,长于诗歌,更精书法。宗师欧阳询、颜真卿而纵逸变化之。尤工颠草,挥洒之际,纵放不羁,洛阳寺观,题写殆遍。北宋御府有其草书《古意帖》、行书《乞花帖》、正书《韭花帖》。今存《韭花帖》、《夏热帖》、《卢鸿草堂十志图题跋》。

杨沛 三国时冯翊万年(今陕西西安东北)人,字孔渠。初平中,为公府令史,除新郑长。建安元年(196),曹操西迎献帝,所将千余人皆无粮,因进桑椹充军食。及操辅政,迁长社令,杀曹洪不服征调之宾客。以执法严正为操赏识,历任九江、东平、乐安太守。因与督军争斗,髡刑五年,期未满,操起为邺令,豪强震恐,以功转护羌都尉。十六年,从征马超,领京兆尹。魏黄初中,以议郎闲居里第。

杨霈 清汉军镶黄旗人,字慰农。道光进士。历任长芦盐运使、直隶布政使、顺天府尹。咸丰四年(1854)授湖北巡抚。旋擢湖广总督。次年石达开率太平军西征,攻下武昌,以失地革职。

杨仆(僕) 西汉弘农宜阳(今河南宜阳西)人。武帝时以千夫为吏,河南守举为御史。使督关东"盗贼",以严酷著称。稍迁至主爵都尉。后以楼船将军征南越,有功,封将梁侯。复与王温舒俱破东越。元封二年(前109),将兵五万与左将军荀彘俱击朝鲜。以失亡多,当诛,赎为庶人。病死。

杨璞 即"杨朴"。

杨朴 又作杨璞。金初谋臣之一。金与辽、宋交涉往来书表,多由其润色文字。曾数度使宋,征粮,征贡物。

杨溥 ❶即"吴睿帝"。❷(1372—1446)明湖广石首(今属湖北)人,字弘济。建文进士,授编修。永乐中侍太子,为洗马。因太子遣使迎帝迟,为汉王所谗,系狱十年,读书不辍。仁宗即位,获释,历翰林学士、太常卿。并建弘文阁,掌阁事。宣宗即位,召入内阁,与杨士奇等共典机务,升礼部尚书。英宗初年,进少保、武英殿大学士。与杨士奇、杨荣同心辅政,并称*三杨。因自署南郡人,又称南杨。杨荣、杨士奇死后,渐孤立,王振遂用事。卒谥文定。著有《水云录》、《文定集》等。

杨岐派 即"杨岐宗"。

杨岐珍(1836—1903) 清安徽寿州(今寿县)人。咸丰三年(1853)随其父佐理本州东乡团练。旋入湘军,与太平军作战。同治元年(1862)击退李秀成军,解宝山围,升守备。后从克苏、杭,累擢游击,加参将衔。六年在扬州败东捻军,擒赖文光。光绪十年(1884)率所部驻扎镇海,部署海防。次年两次击退法军。十八年擢福建水师提督。二十年奉命渡台驻扎台北,力筹防务。《马关条约》签订后,返闽。

杨岐宗 又称杨岐派。中国佛教禅宗临济宗之支派。北宋方会所创,因住袁州(今江西宜春)杨岐山,故名。曾师事临济宗七世石霜楚圆(987—1040)。以宣传"泥佛不度水,木佛不度火,金佛不度炉,真佛内里坐"(《续传灯录》卷十三)为宗旨,并以棒喝齐施,"机锋"验勘著称,被视为临济宗"正脉",盛于两宋,后仍流递不衰。南宋庆元五年(1199),日僧俊芿(1166—1227)赴中国杭州径山从该宗第六世佛智元聪(1136—1209)受法,遂传入日本。

杨其休 明青城(今山东高青)人。万历进士。由苏州推官擢吏科给事中,以直言名。时有宦官张德杀人,神宗命付司礼监,力奏,乃付法司治罪。万历二十年(1592)以疏救李献可、钟羽正罢归。

杨奇鲲(?—883) 鲲一作混、肱。唐楪榆(今云南大理一带)人。白蛮(白族)。南诏清平官。广明元年(880)僖宗许以宗室女为安化长公主和亲南诏。南诏国王隆舜遣他与清平官赵隆眉、段义宗至蜀诣僖宗行在迎公主,未得而还(或说僖宗从高骈言,毒杀隆眉等三人)。中和三年(883),隆舜再遣他往迎公主,会僖宗东还长安,其事乃止(或说迎公主还归南诏)。好读汉文书,贯穿百家,有诗名,《全唐诗》录其《途中诗》。

杨起隆 一作杨起龙。明末清初京师(今北京)人。康熙十二年(1673)底,乘三藩乱起,诈称"朱三太子",聚集八旗奴仆、佃户,约期起事,建元广德,部众称中兴官兵。旋被人告发,仓卒与清军激战,部众多死伤,乃潜逃外地,不知所终。

杨契丹 隋人。官至上仪同。善画佛道及人物故实。僧彦悰《后画录》称其画"六法备该,甚有骨气"。传曾与田僧亮、郑法士同在京城光明寺画小塔,称为三绝。法士求其画本,他引至朝堂,指宫阙、衣冠、车马,称即为画本,法士叹服。有《贵戚游宴图》、《杂佛变》等画。

杨琼(?—1288) 元河北曲阳(今定州)人。石匠世家。至元四年(1267)到十一年间营建上都、大都,负责管理燕南诸路石匠,承担石作部分的设计和施工。又设计修建西苑兴圣宫、朝阁大殿、皇城棂星门内周桥和忽必烈察罕脑儿行宫(今河北张北囫囵淖)中的宫殿、凉亭、石洞门和石浴堂工程。其徒如杨谅、王浩等均有造诣。先后任大都等处山场石局总管、采玉石提举、武略将军判大都留守司兼少府监。

杨衢云(1861—1901) 清福建海澄(今龙海)人,原名飞鸿,字肇春。早年习英文,曾任香港湾仔国家书院教员。光绪十八年(1892)与谢缵泰等在香港创立辅仁文社以"开通民智,讨论时事"为宗旨。二十一年入兴中会,举为会长,曾与谋乙未广州起义,失败后转涉南洋、印度及非洲各地,遍设兴中会分会。二十六年惠州三洲田起义爆发,拟接受清政府议和条件。后被清吏派人刺杀于香港。

杨佺期(?—400) 东晋弘农华阴(今陕西华阴东南)人。汉太尉杨震之后,梁州刺史杨亮子。自云门第高贵,而时人以其晚过江,婚宦失类,每排抑之,故常愤慨切齿,欲因事以逞其志。少仕军府,宁康中,领众屯成固(今陕西城固东),击走苻坚将潘猛,拜河南太守,戍洛阳。入潼关,屡败前秦守将,进号龙骧将军,历任新野、堂邑太守。后以疾去职。荆州刺史殷仲堪引为司马、南郡相。隆安元年(397),仲堪响应王恭起兵讨王国宝,因受命屯巴陵(今湖南岳阳)。次年,仲堪再应恭起兵,委以军旅事,乃率兵五千为先锋,桓玄次之,进逼京师。恭死,被任为梁、雍、秦三州都督,雍州刺史,率兵还镇。与桓玄不睦,屡欲攻之,为仲堪所阻。三年,玄举兵攻仲堪,他应仲堪召赴援,为玄所败,途中被执杀。

杨泉 魏晋之际梁国(治今河南商丘南)人,字德渊。吴处士。入晋,被征为侍中,不就。精于天文、地理,熟悉工艺、农业、医学,潜心钻研"物"之"理"。参取张衡《浑天仪》"天地各乘气而立,载水而浮"(《经典集林》卷二十七)的推测,提出"所以立天地者,水也;成天地者,气也"的命题。认为,由"水"产生的"气"是自然界的万物发生和运动的基础,人亦由"气"所构成,犹如火依赖于薪,薪尽而火灭,气消则人死神亡,"无遗魂矣"。以古代天体论中的"宣夜说",批评"盖天说"和"浑天说"的缺点。抨击当时的"虚无之谈,尚其华藻,无异春蛙秋蝉,聒耳而已"(《困学记闻·评诗》引《物理论》)。著有《太玄经》及《物理论》,已佚。清孙星衍辑有《物理论》一卷,但混杂有《傅子》的佚文,清严可均也辑有他的遗著,收在《全三国文》中。

杨荣 ❶(1371—1440)明福建建安(今建瓯)人,初名子荣,字勉仁。建文进士,授编修。永乐初与解缙等七人同入内阁,有才智,见事敏捷,最受帝知。多次随成祖北征,规划边务,参决军事,升文渊阁大学士。仁宗即位,累进谨身殿大学士、工部尚书。宣德中加少傅。力主罢交阯兵,并劝宣宗亲征汉王高煦。老成持重,能谋善断,时比之唐姚崇,与杨士奇、杨溥并称*三杨。又以居地所处称东杨。正统五年(1440),辞官归里,卒于途。谥文敏。著有《后北征记》、《杨文敏集》等。❷(?—1606)明人。宦官。初任尚膳监监官,万历二十七年(1599)奉派云南采矿并监税收。恣意横行,杖死百姓数千人。三十四年激起云南民变,被杀后焚尸。

杨儒(?—1902) 清末汉军正红旗人,字子通。同治举人。光绪十四年(1888)后,历任常镇道、温处道、徽宁池太道。十八年出任驻美公使,兼日斯巴尼亚(即西班牙)和秘鲁公使。二十二年,转任驻俄、奥、荷三国公使。二十四年为工部右侍郎。二十六年俄军侵占中国东三省,次年被任为全权大臣与俄交涉收回东三省问题。交涉逾年,俄国以草约十二款逼其画押,他不顾强敌威胁利诱,拒绝在卖国条约上签字。二十八年二月,病卒于俄国首都圣彼得堡任所。有《杨儒庚辛存稿》。

杨汝士 唐虢州弘农(今河南灵宝)人,字慕巢。元和进士,又登博学宏词科。历佐使府。长庆元年(821),为右补阙。贬开江令,累迁职方郎中,知制诰。宰相李宗闵、牛僧孺待之甚厚,引为中书舍人。与杨虞卿、萧澣等相交结,依附权要,上干执政,下挠有司,为士人求官求科第,皆能如意。开成元年(836)由兵部侍郎出为剑南东川节度使。终刑部尚书。杨氏自其后,贵为冠族。

杨锐 ❶(1471—1532)明浙江萧山人,字进之。嗣南京羽林前卫指挥使职。正德时受兵部尚书王琼器重,进都指挥佥事,守备安庆。正德十四年(1519)固守安庆御宁王宸濠,获胜。因功迁都督佥事。充总兵官镇辽东,改督漕运,镇淮安。嘉靖初遭劾罢官归,卒于里。❷(1857—1898)清四川绵竹人,字叔峤,又字纯叔。入张之洞幕,肆业尊经书院。优贡考得知县。光绪十一年(1885)举顺天乡试,考取内阁中书,修会典,晋侍读。二十一年参加强学会。二十四年应经济特科,在京师办蜀学会,旋列名保国会。以陈宝箴疏荐,为光绪帝召见,面陈兴学、练兵救亡策。赏四品卿衔,任军机章京,参预新政,主改换林旭激进签语。戊戌政变前光绪帝曾颁密诏,患位不保,他则以"孝先天下,遇事将顺"相劝。戊戌政变后被捕遇害,为"戊戌六君子"之一。著有《说经堂诗草》。

杨赛因不花(1280—1320) 元播州(治今贵州遵义市)世袭土官。苗族。原名汉英,字中斋。世祖至元十三年(1276),父邦宪降元,任绍庆(今重庆彭水)、珍州(今贵州正安东北)、南平(今重庆綦江)等处沿边宣慰使、播州安抚使。二十二年,袭父职,世祖赐名赛因不花。二十八年,升播州宣抚使兼管军万户。成宗大德五年(1301),参与镇压土官蛇节和宋隆济起义。仁宗延祐四年(1317),奉命招抚黄平府(今贵州黄平西北)卢崩和黎鲁二部起义军。好儒学,招揽名士,兴建学校,著有《明哲要览》、《桃溪内外集》。

杨三星(?—1863) 又名杨三腥、杨兴。回族。清同治二年(1863)正月与飞刀马二等率绥定(今新疆霍城县治)回族兵民起义,攻塔尔奇(今霍城县境)。因惠宁(巴彦岱)等地回民未及同时行动,遭清军镇压,被捕遇害。

杨三腥 即"杨三星"。

杨善(1384—1458) 明顺天大兴(今属北京)人,字思敬。诸生。永乐元年(1403)以鸿胪寺序班累进右寺丞。正统时历官礼部左侍郎、右都御史。景泰元年(1450)与侍郎赵荣出使瓦剌,善词辩,也先不能屈,迎英宗归,迁左都御史。八年,参与英宗复辟,封兴济伯。

杨善会 隋弘农华阴(今属陕西)人,字敬仁。大业中,为鄃县令。时反隋义军蜂起,他屡加兵镇压,数破张金称军,以功拜朝请大夫、清河郡丞。十二年(616),攻杀金称,进拜清河通守。后为窦建德俘杀。

杨上善(约575—670) 隋唐间人。隋大业间为太医侍御。唐时任太子文学、太子司议郎,名著当代。尤对《素问》和《灵枢》有较深研究,将两经全部拆散,按其内容归纳为十九类,以类书形式重新编辑,名为《黄帝内经太素》三十卷。该书所保存的内容(与传世本《素问》、《灵枢》有所不同)及他的注释,均是研究早期医学经典和医学理论的重要参考资料。另著有《黄帝内经明堂类成》十三卷。两书均仅存残本。

杨尚希(534—590) 隋弘农(治今河南灵宝北)人。少孤好学。仕北周,为国子博士,累转舍人。入隋,拜度支尚书,出为河南道行台兵部尚书。上表请精简州郡,为文帝采纳。历瀛州刺史,兵部、礼部尚书,出为蒲州刺史。引瀵水开稻田数千顷,民赖其利。

杨绍(?—562) 北朝时弘农华阴(今陕西华阴东南)人,字子安。有谋勇。北魏普泰初,官至征西将军。西魏大统元年(535),进爵冠军县公。四年,为鄜城郡守。七年,从侯莫陈崇率郡兵破稽胡,除燕州刺史,迁车骑大将军。复从达奚武征汉中,随于谨围江陵(今湖北荆州),进骠骑大将军,除衡州刺史,赐姓叱利氏(或作叱吕引氏)。北周孝闵帝即位,拜大将军,进爵傥城郡公。后病卒。

杨绍复 唐人。宣宗时任修撰官。与崔瑑、薛逢、郑言等修撰《续会要》。

杨涉 唐末五代同州冯翊(今陕西大荔)人。性谨厚。乾符进士。哀帝时,拜中书侍郎、同平章事。拜相之日,以灾祸将至,与家人相对泣下。天祐四年(907),朱温代唐时,以宰相身份为押传国宝使,将传国玺送温。仕后梁为门下侍郎、同平章事。在任三年,无所施为。后数年卒。

杨屾(1688—1785) 清陕西兴平人,字双山。以村塾教学为业,一生从事农学研究,对耕稼、园圃、桑蚕、树艺、畜牧等多有造诣。他重视实践,将自然条件与农作物特点结合统一分析研究,主张因地制宜。对农桑树艺,也有丰富经验,并在关中地区引种桑蚕,获得成功。著有《知本提纲》等。

杨深秀(1849—1898) 清山西闻喜人,本名毓秀,字漪村,号昚昚子。谙习中西算术。同治年间以举人入赀为刑部员外郎。光绪进士,就本官迁郎中,转御史,倾心变法。光绪二十四年(1898)力请联英、日以拒俄国胁迫割让旅顺、大连湾。与宋伯鲁等在北京设立关学会,旋入保国会。与徐致靖上疏请定国是,又以废八股为救中国第一事,要求厘正文体。百日维新期间,弹劾阻挠新政的礼部尚书许应骙、怀塔布等。并上书请设译书局,派王公游历各国,定游学日本章程,均被采纳。复请试庶官,汰庸愚及年高而不谙时务者,遭廷臣侧目。湖南巡抚陈宝箴遭守旧派弹劾,他为之抗疏剖辨。戊戌政变时,不避危难,抗疏请慈禧太后撤帘归政。旋被捕遇害,为"戊戌六君子"之一。著有《雪虚声堂诗钞》、《闻喜县新志》、《杨漪村侍御奏稿》等。

杨慎(1488—1559) 明四川新都人,字用修,号升庵,别号博南山人、博南戍史、金马碧鸡老兵等。杨廷和之子。正德进士,授翰林修撰。正德十二年(1517),因谏阻武宗出游未成,称病归。世宗即位,改经筵讲官。嘉靖三年(1524),因大礼议案充军云南永昌卫(今属大理)。乃游历名胜古迹,考察风土人情,致力于音韵、诗文、散曲、艺术、地理、民俗等方面之著述。记诵之博,著述之富,为一代之冠。有《滇程记》、《丹铅总录》、《古音猎要》、《全蜀艺文志》、《春秋地名考》等传世,部分作品编入《升庵合集》。

杨慎矜(?—747) 唐长安(今陕西西安)人。隋炀帝玄孙。沉毅有才干。开元中,为汝阳令。擢监察御史、侍御史,专知太府出纳。二十一年(733),议诸州纳物如有污伤,则令本州折价赔钱,买轻货送京师。天宝二年(743),升谏议大夫、御史中丞、户部侍郎兼诸道铸钱使,知太府出纳。后李林甫嫉之,与王𫟹诬其欲复隋业,诏赐自尽。

杨生 即“杨朱”。

杨盛(364—425) 十六国时略阳清水(今甘肃清水西北)人。氐族。氐王杨定之叔子。晋太元十九年(394),定为西秦乞伏乾归所杀。他先守仇池(今甘肃成县西北),乃继其位,自号征西将军、秦州刺史、仇池公。分诸氐羌为二十部护军,各为镇戍,不置郡县,遂有汉中之地。仍称藩于东晋,被封为仇池公。又称藩于北魏,魏封为仇池王。晋义熙元年(405)为后秦所攻,请降,秦封之为武都侯。八年,叛秦,攻祁山。宋代晋后,受封为武都王。仍自称晋臣,用晋义熙年号。卒谥惠文王。

杨师道(?—647) 唐弘农华阴(今属陕西)人,字景猷。杨恭仁弟。工诗文,善草隶。武德初,娶桂阳公主,超拜吏部侍郎,封安德郡公。贞观十年(636),代魏征为侍中。性慎密,亲友或问禁省事,未尝泄漏。十三年,转中书令。十七年,坐太子李承乾谋反事,罢为吏部尚书。署用多非其才,专抑贵势及其亲党,以避嫌疑,为时论所讥。未几,从攻高丽,摄中书令。回师后被谗,贬为工部尚书,终太常卿。卒,陪葬昭陵。有集十卷,已佚,《全唐文》存文一篇,《全唐诗》存诗一卷。

杨时(1054—1135) 北宋南剑州将乐(今属福建)人,字中立。晚年隐居龟山,学者称龟山先生。熙宁进士,调官不赴,师事程颢。其归,颢目送之云:“吾道南矣!”(《宋史·杨时传》)颢殁,又从程颐学。与游酢、谢良佐、吕大临并称程门四大弟子。杜门十年不仕,后知浏阳、余杭、萧山等县,有惠政。召为秘书郎,迁著作郎。力主抗金,反对议和。请夺王安石之爵,毁《三经新义》版,崇元祐党人。高宗时官至龙图阁直学士。已而告老,以著书讲学为事,传洛学于闽,东南学者奉之为“程氏正宗”。继承二程“理一分殊”说,认为“天下只是一理”(《语录》),并以之为处理人伦关系的准则。提出“知其理一,所以为仁;知其分殊,所以为义”(《龟山文集》),强调应将爱人之心有分别地体现于不同身分的士庶之中。主张“事事循天理”(《语录》),尝谓“人各有胜心,胜心去尽,而惟天理之循,则机巧变诈不作”(同上)。认为天下之物不可胜穷,只有反身自省,方能举天下之物而无不尽,故主张“致知必先于格物”(《龟山文集》)。提倡主敬以养心,宣称“学者若不以敬为义,便无用心处”(《语录》)。朱熹为其三传弟子。著有《龟山集》。

杨时乔(1531—1609) 明江西上饶人,字宜迁,号止庵。嘉靖进士。授工部主事,榷税杭州。万历时历任南京太仆丞、通政使、吏部左侍郎。三十三年(1605)因忤首辅王锡爵被责。遂屡疏求去未获准。三十七年卒于官,谥端洁。著有《马政记》、《四书古今注发》、《杨端洁集》等。

杨时伟 明人。著有《春秋编年举要》、《正韵笺》、《诸葛忠武书》、《狂狷裁中》等。

杨士奇(1365—1444) 明江西泰和人,名寓,号东里,以字行。幼贫力学,曾在湖广江夏(今湖北武汉)等地授徒自给。建文初以王叔英荐,入翰林,充编纂官,与修《太祖实录》。永乐初与解缙等七人同入内阁。成祖北巡,与蹇义等留辅太子。仁宗即位,以东宫旧臣升礼部左侍郎兼华盖殿大学士,历兵部尚书。仁、宣朝及英宗初年,长期主持内阁。力主停止交阯军事,屡请蠲免租税。知人善任,引荐于谦、周忱、况钟等人。与杨荣、杨溥等同心辅政,并称“三杨”。又以居地称西杨。居官廉能,为天下最。以子稷下狱,忧死。卒谥文贞。著有《东里文集》、《文渊阁书目》,辑有《三朝圣谕录》、《历代名臣奏议》等。

杨士骧(1860—1909) 清末安徽泗州人,字萍石,号莲府。光绪进士。历任直隶通永道、按察使,江西布政使。光绪二十一年(1895)署山东巡抚。制订守护黄河章程,厉行赏罚,颇有成效。二十四年《胶澳租界条约》签订后,他与德国领事反复交涉,迫其撤军。三十三年,接任直隶总督兼北洋大臣。奏请减免直隶京畿人伕差役。

杨士勋 隋末唐初人。官唐四门博士、国子助教。贞观时与孔颖达等奉诏撰《春秋正义》。又著有《春秋谷梁传疏》十二卷,收入《十三经注疏》。

杨士瀛 南宋三山(今福建福州)人,字登父,号仁斋。世业医家,登父尤精,每以活人为心。因恶庸医误人,遂苦钻医籍,精研脉法。著有《伤寒类书活人总括》(简称《活人总括》)、《仁斋小儿直指方论》、《婴儿指要》(或《仁斋小儿方论》)等,上三书后世合为一书,称《杨仁斋著作三种》。

杨士云(1477—1544) 明云南太和(今大理)人,字从龙,号弘山,又号九龙真逸。白族。少力学,工于文辞,三十岁登进士,选翰林院庶吉士,改任工科给事中,以父丧返乡,以事母为辞,不愿出仕。嘉靖十六年(1537)后复起用,授户科左给事中。晚年归里,筑一书屋,名曰“乾乾斋”,从事著述,人尊之为弘山夫子。尝分录《春秋正义》,以证《胡传》之误,又订《尚书蔡传》之得失,惟未及脱稿。曾与同邑李元阳共修《大理府志》,撰有《郡大事记》一卷,《黑水集证》一卷,《皇极天文律吕咏史集》和《苍洱图说》、《南供河记》、《尊经阁记》、《会讲堂记》、《龙冈书院记》诸文。后人辑有《弘山语录》行世,其曾孙春元锓版《弘山杨先生文集》,广为流传。万历以来,云南志乘多有著录。

杨氏壁 地名。在今陕西韩城市东北、龙门西岸。《资治通鉴》:南朝梁中大通六年(534),魏将薛端败东魏行台薛修义于此。胡三省注:“盖华阴诸杨遇乱筑壁以自守,因以为名。"西魏侨置南汾州。

杨氏县 春秋晋分羊舌氏邑置。治今山西洪洞县东南范村。《左传》昭公二十八年(前514):晋灭羊舌氏,分其地为三县。以"僚安为杨氏大夫",即此。西汉改为杨县。

杨氏易传 即《诚斋易传》。

杨世恩(?—1639) 明人。崇祯时任湖广副总兵。崇祯十二年(1639)冬,守宜城。起义军罗汝才等屯兴山(今属湖北)等地,夷陵(今宜昌)告急。他奉檄救援,被起义军困于香油坪,败死。

杨守敬(1839—1915) 清末民初湖北宜都人,字惺吾,号邻苏。幼年习商,十九岁中秀才,二十四岁中举人,后多次会试不第。光绪六年至十年(1880—1884)任出使日本大臣黎庶昌随员期间,致力于搜集国内散佚古籍,多得唐宋善本。撰有《日本访书志》,并影印模刻成《留真谱》与《古逸丛书》。后经辛苦积资,藏书达数十万卷。归国不久即就湖北黄冈教职。曾充两湖书院地理教习及勤成学堂总教长,称湖北师儒宿学之冠。辛亥革命后避居上海。1914年被袁世凯聘为顾问,任参议员参政。次年病逝。生平长于中国历史地理的考证,著有《历代舆地图》、《水经注疏》、《水经注图》、《隋书地理志考证》、《晦明轩稿》、《三国郡县表补正》等,此外又有《寰宇贞石图》等关于金石书法方面的著述。

杨守仁(1872—1911) 清末湖南善化(今长沙)人,原名毓麟,字叔一,又字笃生。光绪进士。曾任湖南时务学堂教习。光绪二十八年(1902)留学日本,与黄兴、陈天华等创办《游学译编》杂志,宣传民主革命。次年参加拒俄义勇队,并组织暗杀团。三十年夏至北京,计划谋刺慈禧太后。三十二年加入同盟会。次年与于右任在上海创办《神州日报》,任总撰述。三十四年赴英留学,同时任《民立报》欧洲特约通讯员。宣统三年(1911)广州起义失败后,忧愤交集,赴利物浦投海自杀。著有《新湖南》等。

杨守素 西夏人。景宗元昊谋士。元昊改元称帝,多参与谋划。建国后主文书。天授礼法延祚三年(1040),建议元昊攻宋延州(今陕西延安)。七年,两次使宋上西夏称臣誓表、请颁誓诏。后多次入宋解决疆土争议。

杨守随(1435—1519) 明浙江鄞县(今宁波)人,字维贞,号贞庵、文湖。成化进士。授御史,后巡按江西。又擢应天丞,调南宁知府。弘治时官至工部尚书,掌大理寺卿,遇事持法不挠。正德元年(1506)极论*八虎之毒,刘瑾深衔之,被削官入狱。瑾败复官。

杨寿臣 清直隶安次(今河北廊坊)人。本为财主,支持义和团,卖地折钱成立乾字团。光绪二十六年(1900)五月初来天津,在三义庙立坛,成为天津地区最早的坛口之一。五月中率众烧毁城内仓门口教堂、望海楼教堂等。稍后率众攻打火车站。率团民守天津南城。城陷,不知所终。

杨枢(1844—1917) 清末民初奉天盛京(今辽宁沈阳)人,字星垣。先世隶广州驻防汉军正黄旗籍。回族。同治九年(1870)广州同文馆毕业。曾任广东候补道。随左宗棠办洋务,先后创立广州机房(纺织厂)、广州造币厂。光绪二十九年(1903)以候补四品京堂任出使日本大臣。三十二年授外务部右参议。次年回国改左参议。宣统元年(1909)任出使比利时大臣。后病免。

杨淑妃 ❶(984—1036)北宋益州郫县(今属四川)人。真宗妃。少事真宗于藩邸。大中祥符七年(1014),进封淑妃。仁宗在乳褓,妃抚之勤备。真宗死,遗制以为皇太妃。章献太后死,遗诰尊为皇太后,与仁宗同议军国事。议者以为仁宗年已长,遂诏删去"同议军国事"语。以所居宫名保庆,称保庆皇太后。卒谥庄惠。庆历四年(1044),改谥章惠。❷(?—1279)南宋度宗妃。初入宫为美人,咸淳三年(1267),封淑妃。生建国公昰。德祐二年(1276)五月,昰立于福州,是为端宗,尊妃为太后,同听政。景炎三年(1278),端宗死,众又立其异母弟昺,改元祥兴。二年二月,厓山(在今广东新会南)兵败,陆秀夫负昺投海死。妃闻之亦投海死。

杨爽(563—587) 隋宗室。字师仁,小字明达。文帝异母弟。北周时,袭封安郡公,任蒲州刺史。入隋,立为卫王,寻迁雍州牧,领左右将军,迁右领军大将军,历任并州、凉州总管,掌北边防务。开皇三年(583),为行军元帅,率步骑七万,节度八路隋兵出朔州,与突厥沙钵略可汗战于白道,大获全胜。六年,复为元帅,率步骑十五万,再胜突厥。七年,征为纳言,颇受文帝器重,未几卒。

杨思恭(?—945) 五代时建州建阳(今属福建)人。历事闽景宗、天德帝,为兵部尚书,迁仆射、录军国事。善聚敛,累增田亩山泽之税,至于鱼盐蔬果,无不倍征,国人号为"杨剥皮"。后被南唐军俘杀。

杨思勗(?—740) 唐罗州石城(今广东廉江东北)人。宦官。本姓苏。为宦官杨氏所养,改姓,并事内侍省。神龙三年(707),太子李重俊起兵,他参预平定,以功行内常侍。唐隆元年(710),又从李隆基(玄宗)诛韦后,升左监门卫将军。开元时,将兵至岭表,先后镇压安南梅玄成、五溪贾行璋、邕州梁大海、泷州陈行范等。残忍好杀,所俘必剥面皮,去头皮。将士畏惮,不敢违命。进位辅国大将军,封虢国公。死时年八十余。

杨思义 元末明初人。朱元璋吴元年(1367)任司农卿。洪武元年(1368)改户部尚书。鼓励种桑植麻,定赏罚制度。又于全国立预备仓,以防水旱,规划甚周。时人誉为"知本计"。调陕西行省参政。卒于官。

杨四娘子 即"杨妙真"。

杨嗣昌(1588—1641) 明湖广武陵(今湖南常德)人,字子微,号文弱。万历进士。崇祯五年(1632)擢右佥都御史,巡抚永平、山海关等处。七年迁兵部右侍郎,总督宣大、山西军务。十年,擢兵部尚书。后改礼部尚书兼东阁大学士,预机务,仍掌兵部事。请增"剿饷"、"练饷",用*四正六隅法镇压农民起义军。于辽事则阴主和议,沮坏宣大、山西总督卢象升抗清部署,致象升阵亡。十二年督师镇压张献忠。因农民军连克洛阳、襄阳,杀福王、襄王等,乃畏罪自缢。著有《杨文弱集》。

杨嗣复(783—848) 唐虢州弘农(今河南灵宝)人,字继之。贞元进士,又登博学宏辞科。初为秘书省校书郎,直史馆。穆宗立,迁中书舍人。与牛僧孺、李宗闵、权德舆皆贡举门生,情义、进退多同。长庆四年(824),僧孺为相,令权知礼部侍郎,所选贡士多至达官。文宗即位,为户部侍郎。大和七年(833),宗闵罢相,他出为剑南东川节度使。九年,宗闵复入相,徙西川。开成二年(837),再为户部侍郎,领诸道盐铁转运使。三年,与李珏并以本官同平章事,进门下侍郎。郑覃、陈夷行攻其与李珏为朋党,政事不如以前。他上表请罢,数日不入。文宗方倚重之,乃罢郑、陈相位。曾力言符谶之妄,又主张用人应长期考察,循资渐进,破格拔擢乃乱世不得已之举。武宗立,李德裕入相,出为湖南观察使,再贬潮州刺史。宣宗即位,召为吏部尚书,卒于途中。《全唐文》存文六篇,《全唐诗》存诗五首。

杨竦(?—119) 东汉蜀郡(治今四川成都)人,字子恭。出身大姓。元初五年(118),永昌、益州、越巂诸郡夷人起兵反抗,众至十余万,据二十余县,杀汉边吏。六年,任益州从事,将兵至楪榆(今云南大理)镇压,受伤死。

杨素(?—606) 隋弘农华阴(今属陕西)人,字处道。有大志,多权略,喜读书,善属文。仕北周,累官司城大夫,进位柱国。入隋受命平陈,为行军元帅,以功拜荆州总管,封越国公。率军平江南李稜、高智慧等反隋势力,以功拜尚书右仆射,与高颎同掌朝政。开皇二十年(600)与晋王杨广(炀帝)合谋废太子杨勇,升尚书左仆射。炀帝即位,汉王杨谅反,统兵平之,迁尚书令,以功拜司徒,改封楚国公。军令严峻,所向克捷,时称名将,曾大破突厥达头可汗精骑十余万。然贪冒财货,营求田宅,时议所鄙。因功高位极,为炀帝所忌,忧惧卒。《全隋文》存文七篇,《先秦汉魏晋南北朝诗》存诗七首。

杨太 即"杨么"。

杨太真 即"杨贵妃"。

杨潭(?—1534) 明保定新城(今属河北)人,字宗渊,号紫泉。成化进士。正德十三年(1518)以户部尚书总理仓场。次年改掌部事。十六年致仕。后卒于家。

杨塘长官司 土司名。明永乐四年(1406)置,治所在今云南怒江傈僳族自治州境内。居民主要为傈僳族。

杨畋(1007—1062) 北宋沂州新泰(今属山东)人,字乐道。生于将家,喜学问,第进士。累擢大理寺丞、知岳州。庆历三年(1043),提点湖南刑狱,镇压瑶族唐和起义。侬智高起事时,为广南东西路体量安抚、经制盗贼。因军事失利,一再降官,知鄂州、光化军、邠州。复官起居舍人,为河东转运使、三司户部副使,迁吏部员外郎,擢天章阁待制、判吏部流内铨,以龙图阁直学士、知谏院终。

杨钿(?—1556) 明松江上海(今上海)人。嘉靖三十五年(1556)以民夫守城御倭,夜报敌情,并坠城以身压梯退倭,与敌同归于尽。

杨廷璧 元人。世祖至元十六年(1279),任广东招讨司达鲁花赤,奉诏出使俱兰国(今印度西南海岸奎隆)。十八年,再使俱兰,以阻风至马八儿国(在今印度科罗曼德尔海岸)登陆,拟由陆路前往,因马八儿与俱兰交战,未果。次年,再次出使,俱兰国主遣使随他入贡,归途复招苏木都剌(在今苏门答腊北部)等国遣使入朝。二十年,授宣慰使,第四次出使俱兰等国,海外十余国皆遣使来元通好。

杨廷和(1459—1529) 明四川新都人,字介夫,号石斋。成化进士,改庶吉士,授检讨。正德二年(1507)官至户部尚书兼文渊阁大学士,预机务。八年任首辅。武宗死,掌朝政近四十日,并定策迎立世宗。所草武宗遗诏、世宗登极诏,于时政多所改革。嘉靖三年(1524)因议大礼忤帝意,遂乞休归。七年削为民。著作有《杨文忠公三录》、《石斋集》。

杨廷理(?—1813) 清广西马平(今柳州)人,字双梧,一字清和。初以拔贡生为侯官(今闽侯)知县,后擢台湾海防同知。乾隆五十一年(1786),林爽文起义军攻克彰化,遂急集地方士绅,据守台湾府城。事定,署台湾道。嘉庆间历台湾、建宁知府。著有《东瀛纪事》,专记镇压林爽文起义事。

杨廷麟(?—1646) 明末清初江西清江(今樟树)人,字伯祥,号机部。明崇祯进士,官兵部职方主事。弘光政权覆亡,于赣州起兵抗清。隆武时进东阁大学士、兵部尚书。隆武二年(顺治三年,1646),清兵陷吉安,与万元吉、杨文荐等坚守赣州,后城破,投水死。擅诗文,著有《兼山集》。

杨廷枢(1595—1647) 明长洲(今江苏苏州)人,字维斗。复社诸生尊之为维斗先生。天启中,周顺昌被魏忠贤所遣缇骑逮捕,他与徐汧敛财经理之。崇祯三年(1630),举乡试第一。弘光元年(1645)南京失守,走避山中。四方起兵者甚众,有执之欲推其为首,不就被杀。有《古柏轩集》。

杨廷璋(1689—1772) 清汉军镶黄旗人,字奉峨。初以笔帖式授工部主事。乾隆二十一年(1756)迁浙江巡抚。时西湖沿岸多被占垦,水道阻绝,乃奏请开浚归湖,又沿湖多种柳树,以固堤岸。二十四年授闽浙总督,整顿江防守备,疏浚湖州水道,泄水入太湖,以减水害。后因受厦门洋行岁馈,被解职。旋复授散秩大臣,后官至刑部尚书。

杨侗(?—619) 隋炀帝孙。字仁谨。大业二年(606),封越王。炀帝巡游,常留守东都。杨玄感起兵,攻东都,与兵部尚书樊子盖拒守之。十三年,炀帝逃往江都,复令与段达等七贵总揽洛阳事。次年,炀帝被杀,元文都、王世充等拥之为帝,改元皇泰。遣使招抚李密,令密抗击宇文化及。唐武德二年(619),世充称帝,他被禁于含凉殿。寻遭缢杀。世充追谥为恭皇帝,史称皇泰主。

杨完者(?—1358) 元武冈路绥宁(治今湖南绥宁寨市镇)人,字彦英。苗族。元末农民战争爆发,受元廷招纳，初为千户，累官至元帅。率部众抵扬州，肆意掳掠，遭当地人民反抗，败走江南。至正十六年(1356)秋，应元江浙行省丞相达识帖睦迩邀，赴杭州。以行省参政，升任添设左丞(一作右丞)。部下据松江，焚荡抄掠。次年，守嘉兴，屡败张士诚兵。劝达识帖睦迩受张士诚降，又强娶元江浙行省平章庆童女。十八年八月，驻营杭州城北，遭张士诚与达识帖睦迩兵夹攻，兵败自杀。

杨绾(?—777)　唐华阴(今属陕西)人，字公权。少孤贫喜学。天宝进士，又举制科，超授左拾遗。肃宗立，累迁中书舍人。代宗朝为礼部侍郎，上疏请废进士科，不果。迁吏部侍郎，铨选公允。时元载秉政，忌其望高，奏为国子祭酒，置之散地。元载死，任中书侍郎、同平章事。奏罢天下诸州团练使，减诸道观察判官之半，均定府州官吏俸给。自奉俭约，不受请托。辅政后，官僚豪侈者为之敛迹。为相仅三月，病卒。代宗震悼，谓天不使其致太平。

杨万里(1124—1206)　南宋吉州吉水(今属江西)人，字廷秀，号诚斋。绍兴进士。官至秘书监。上《千虑策》，力主抗金，反对苟安求和。提出"兴国在人"的社会政治思想。刚直敢言，触忤孝宗，终不得重用。诗与尤袤、范成大、陆游齐名，语言平易自然，有"诚斋体"之称。继承前人"气"的学说，谓"太极，气之元；天地，气之辨；阴阳，气之妙；五行，气之显"(《庸言》)。强调元气为构成宇宙万物之本原。与周敦颐《太极图·易说》和程朱"理在事先"说相对立。提倡"以天地理天地"，反对以《易》理天地。主张以人事说《易》，反对"空谈性命"。受儒家传统思想影响，夸大"仁"、"诚"道德修养作用。著有《诚斋易传》、《庸言》、《诚斋集》、《天问天对解》等。

杨汪(?—621)　隋弘农华阴(今属陕西)人，字元度。少善拳击，长而从学，精《左传》，通"三礼"。仕北周，累迁夏官府都上士。杨坚(文帝)引知兵事。入隋，历尚书司勋、兵部二曹侍郎、秦州总管长史，出任荆、洛二州长史。尝聚生徒讲授儒学。拜尚书左丞，以明习法令，果于剖断称著于时。炀帝即位，为大理卿，究审囚犯，曲尽事情，一无遗误。改国子祭酒，受命与百官讲论儒学。天下名儒大家荟萃，论难皆不能屈，甚受炀帝嘉勉。出为梁郡通守。越王杨侗称帝，征为吏部尚书，后仕王世充。入唐，以凶党伏诛。

杨王鹏(1888 或 1887—1916)　湖南湘乡人，字子鬯。清光绪三十三年(1907)在湖南投军，旋因宣传革命被开除。次年入湖北新军，充司书生。后参与组织群治学社。宣统二年(1910)，群治学社改组为振武学社，被推为社长。武昌起义后，参加长沙光复之役。不久至武昌任湖北军政府军令部人事局局长。"二次革命"失败后，亡命日本。1914 年加入中华革命党。1916 年奉孙中山命回湘组织护国军，进攻将军府失败，被湖南督军汤芗铭杀害。

杨王孙　西汉武帝时人。"学黄老之术，家业千金，厚自奉养生，亡所不致"(《汉书·杨王孙传》)。死前令其子以"布囊盛尸，入地七尺"，将己裸葬。子不忍，请王孙挚友祈侯致书规劝。王孙还报，以生死乃事物自然变化，人死之后，精神归天，形骸入地，"各归其真"，尸体"块然独处"，没有知觉。认为"靡财单币、腐之地下"之厚葬，是"死者不知，生者不得"(同上)之愚俗。为矫世计，坚持裸葬。

杨巍(1517—1608)　明广东海丰人，字伯谦，号梦山。嘉靖进士。授武进知县。万历十一年(1583)官至吏部尚书。十八年致仕。著有《梦山存稿》、《存家诗稿》。

杨韦事变　亦作天京内讧、天京事变、杨韦内讧。太平天国领导集团自相残杀的政治事件。清咸丰三年(1853)太平天国建都天京(今南京)后，杨秀清居功自傲，大权独揽，挟制天王洪秀全。韦昌辉、石达开等均怒而不服，领导集团内部矛盾日益激化。六年夏，太平军先后攻破清军江北、江南大营，解除天京之围。七月，杨秀清假借天父下凡，逼洪秀全封其为"万岁"(一说未逼封)。洪秀全一面假意应允，一面密诏(一说无密诏)韦昌辉、石达开等立即回京图杨。八月三日深夜，韦昌辉率部三千余人从江西入京，围攻东王府，残杀杨秀清及其部属。八月中旬，石达开从湖北返京，谴责韦滥杀无辜。韦又欲杀石，石达开连夜缒城出走。韦将石全家杀害，又围攻天王府。石达开在安庆起兵讨韦。洪秀全旋即平定叛乱，捕杀韦昌辉。并诏石回京辅政。却又重用其兄洪仁发、洪仁达，借以掣肘。次年五月，石达开因洪秀全对他的猜忌，遂率领太平军精锐部队二十余万从天京出走，单独远征。这次事变对太平天国造成极大危害。

杨惟中(1205—1259)　元弘州(今河北阳原)人，字彦诚。少侍太宗，后奉使西域。太宗七年(1235)，随皇子阔出攻宋，克枣阳、光化、随、郢等军、州。得名士数十人，于燕京(今北京)建太极书院，讲授理学。继耶律楚材为中书令(大必阇赤)。定宗元年(1246)，为平阳宣慰使。宪宗二年(1252)，改河南道经略使，主持唐、邓等处屯田。三年，改京兆宣抚使。九年，从忽必烈攻宋，为江淮京湖南北等路宣抚使。军还，病死蔡州(今河南汝南)。

杨维桢(1296—1370)　元末会稽(今浙江绍兴)人，字廉夫，号东维子。少时读书铁崖山中，因自号铁崖；善吹铁笛，故又自称铁笛道人。泰定进士。为天台尹，转建德路总管府推官，擢江西儒学提举。元末农民起义爆发，避兵富春山，未几，徙居钱塘(今浙江杭州)。张士诚据平江(今江苏苏州)，屡遣人招聘，不赴，复书张士诚，劝其降元。后徙居松江，传授门人。曾作诗讥讽士诚兄弟。入明不仕。洪武三年(1370)，太祖赐安车诣阙，聘编纂礼乐书，留百十日，撰叙、例略定，即乞归山。抵家卒。善草书，落笔纵横，气势磅礴。著有《春秋合题著说》、《史义拾遗》、《东维子集》、《铁崖古乐府》等。

杨伟　三国时魏国人。魏明帝时任尚书郎。精于历算。景初元年(237)编成《景初历》。首创推算交食食分和交食亏起方位角的方法。著有《景初历》、《景初历术》、《景初历法》。

杨畏(1044—1112) 北宋洛阳(今属河南)人,原籍遂宁(今属四川),字子安。第进士。尊王安石之学,以为得圣人之意。元丰时,官至监察御史里行。元祐初,颂司马光之德,及光死,复薄之。与吕大防、刘挚善,助大防攻挚。复攻苏颂、范纯仁。迁侍御史。绍圣时,称颂熙丰政事与王安石学术,阴结宰相章惇,官至吏部侍郎。因附章惇政敌李清臣、安焘,出知真定府。崇宁元年(1102),入元祐党籍。后得蔡京援引,出党籍。为人反复,被人称为"杨三变"。

杨畏知(?—1651) 明末清初陕西宝鸡人,字介甫。明末官云南副使,曾以计击平武定、阿迷等地土官之乱。永历元年(顺治四年,1647),大西军余部孙可望等至云南,乃率部与之会合,曾为可望请秦王封号。后可望滥杀阻封明臣,乃痛哭自刎,永历帝拜为东阁大学士,留南宁辅政。旋为可望召至贵阳,被杀。

杨文安(1241—1282) 元成州天水(今甘肃天水南)人,字泰叔。宋降将杨大渊之侄。世祖时为监军,从攻四川,屡败宋兵。攻克开州、达州、万州、咸淳府、绍庆等地,升任开达忠万梁山等处招讨使、阆州夔东路安抚使军民元帅、东川路征南招讨使、四川南道宣慰使等职。至元十九年(1282),为中书左丞,行江西省事。不久病死。

杨文骢(1597—1646) 明末贵州贵阳人,字龙友。万历末举于乡。崇祯时任江宁知县,旋夺职候讯。福王时官至右佥都御史,巡抚常州、镇江,兼督沿海军务。清兵渡长江,退守浙西,从隆武帝举兵抗清,授兵部右侍郎兼右佥都御史,提督军务。后为清兵所俘,拒降,被杀于浦城。有文才,好结交,嗜游山水,善画山水。诗文有《询美堂集》、《山水逸》等。

杨文德(?—454) 南北朝时略阳清水(今甘肃清水西北)氐人。武都国君。后仇池国君杨玄之子。玄死,其弟杨难当废玄子保宗自立,遂逃亡。宋元嘉十九年(442),后仇池国亡。据白崖(今陕西勉县西北)自立,以葭芦城(今甘肃文县、武都交界处)为中心,自号征西将军,秦、河、梁三州牧,仇池公,受宋封为武都王,其地习称武都国。孝建元年(454),荆州刺史刘义宣反宋,胁之不从,被杀。

杨文鼎 云南蒙自人,字晋卿。清末举人出身。自光绪二十七年(1901)起,历任福建、贵州、湖北按察使和湖北布政使等职。宣统二年(1910)擢湖南巡抚。次年调任陕西巡抚,因武昌已举义,未敢赴任。后终老故里。

杨文定(?—1856) 清安徽定远人。道光进士。由刑部主事累迁至江苏巡抚。咸丰三年(1853)太平军东下,奉命守南京,闻陆建瀛兵败,退守镇江。太平军攻克镇江,逃江阴。被革职,定斩监候。六年免死遣戍军台,旋病故。

杨文广(?—1074) 北宋麟州(今陕西神木北)人,字仲容。杨业孙,延昭子。为范仲淹擢用,后为广西钤辖,知宜、邕二州。治平中任龙神卫四厢都指挥使。熙宁元年(1068)任秦凤副都总管,筑筚篥城(今甘肃武山甘谷),击退西夏骑兵。历官定州路副都总管、步军都虞候。辽人争代州地界,他献阵图及攻取幽燕之策,旋卒。

杨文弘(?—482) 弘一作洪。南北朝时略阳清水(今甘肃清水西北)氐人。武兴国君。武都国君杨文度之弟。初为武都国白水太守,屯武兴(今陕西略阳)。刘宋升明元年(477),北魏杀文度,灭武都国。他自称武兴王,臣属于北魏,习称武兴国。建元二年(480)为萧齐所废。

杨文会(1837—1911) 清末安徽石埭(今石台)人,字仁山。居士。少时博学能文,兼通老庄之学。二十七岁于病中读《大乘起信论》,遂属意佛学。后移居南京,创金陵刻经处,刻印佛经。并于刻经处设祇洹精舍、佛学研究会,成为中国佛学院的先河。曾先后两次随曾纪泽等出使欧洲,回国后得日本弘教书院《缩刷藏经》及中国失传经疏,择其一部分刊行,编入《大藏辑要目录》。1910 年任佛学研究会会长,定期讲经。有《杨仁山居士遗著》。

杨文乾(1682—1728) 清汉军正白旗人,字元统,号霖宰。湖广总督杨宗仁子。监生出身。康熙五十三年(1714)官曹州知州。雍正三年(1725)任河南布政使,寻晋广东巡抚。五年,以钦差大臣清查福建仓储,办事勤敏,然利用广州洋行,勒索规礼。

杨文岳(?—1642) 明四川南充人,字斗望。万历进士。崇祯十二年(1639)官至兵部右侍郎,总督保定、山东、河北军务。十四、十五年多次率军援开封,与李自成战于河南。后因朱仙镇之败,固守河南汝宁,城破被杀。

杨文仲(?—1276) 南宋眉州彭山(今属四川)人,字时发,号见山。淳祐七年(1247),以胄试第一入太学;九年,升内舍。宝祐进士,调复州学教授,历将作监,时朝廷为黄帝、老子建造宗阳宫,拆迁居民,民多破产,他极力进谏。瀛国公即位,授权工部侍郎兼权侍右郎官,不久,复兼给事中。元兵渡江,朝臣多逃亡,侍从只他一人。乃以集英殿修撰知漳州,三乞致仕,改知泉州。旋卒。著有《见山文集》。

杨沃衍(1181—1232) 金朔州(今属山西)人,属唐括迪剌部族。一名斡烈。赐姓兀林答。曾任北边屯田小史。蒙古军至,唐括族内徙,他率族人留保朔州南山茶杞沟,被推为招抚使,袭击蒙古军于宁、隩、武、朔、宁边等州。贞祐二年(1214),任武州刺史。守城二十七昼夜,蒙古军不能拔。元光元年(1222),升元帅右监军,世袭纳古胡里爱必剌谋克。正大二年(1225),升元帅左监军。五年,与部将刘兴哥屡败蒙古军于邠、陇等州间。开兴元年(1232)正月,与蒙古军大战于三峰山,溃走钧州(今河南禹州),自缢死。

杨渥 即"吴烈祖"。

杨斡烈 即"杨沃衍"。

杨陓 即杨纡。《尔雅·释地》曰:"秦有杨陓",即此。

杨坞 在今甘肃武威市西。《资治通鉴》:东晋太元十一年(386)前凉张大豫攻吕光,进逼姑臧,"有众三万,保据杨坞",即此。

杨锡绂(1701—1769) 清江西清江(今樟树)人,字方来,号兰畹。雍正进士,授吏部主事。乾隆六年(1741),任广西巡抚,曾出兵镇压贵州、广西等地苗民起义。后授湖南巡抚。时乡民多填塞池塘沟洫为田,官吏以此邀垦田功,遂上疏请严加禁止。二十二年,起为漕运总督,于漕运事项多所厘正创设。曾修改江北、长淮等地漕运线路,疏浚运蓟粮船河道,又调整骆马湖蓄水,以利江浙、江广漕粮水运,减少下游水患。所辑《漕运全书》为后任漕政者遵从。另著有《四知堂文集》。

杨羲(330—386) 东晋吴(今江苏苏州)人,居句容(今属江苏)。少好学,该涉经史,工书画,与许迈、许谧有神明之交。永和六年(350),就魏夫人长子刘璞受《灵宝五符经》。太和初,为许谧荐于会稽王司马昱,用为公府舍人。兴宁二年(364),以《上清真经》三十一卷传许谧。后被尊奉为嗣上清第二代玄师。

杨县 本春秋晋杨氏县,西汉改为杨县。治今山西洪洞县东南范村。《后汉书·五行志》:永初元年(107),"河东杨地陷,东西百四十步,南北百二十步,深三丈五尺";《三国志·魏志·徐晃传》:"徐晃字公明,河东杨人也",皆即此。西晋末废。北魏太和二十一年(497)复置。隋义宁元年(617),改为洪洞县。两汉属河东郡,魏、晋属平阳郡,北朝属永安郡,隋先后属晋州和临汾郡。

杨偕(980—1049) 北宋坊州中部(今陕西黄陵)人,字次公。大中祥符进士。累迁侍御史知杂事,刚直敢言,对仁宗及刘太后之过失亦直言不讳。历判吏部流内铨、三司度支副使、河北转运使、河东都转运使、知并州等。数论宋夏兵事。知并州时创兵车阵法,曾颁行于诸路。庆历八年(1048)以工部侍郎致仕。

杨兴 即"杨三星"。

杨行密(852—905) 五代时吴国建立者。公元902—905年在位。庐州合肥(今属安徽)人,字化源,初名行愍。早年为州兵,后起兵据庐州。中和三年(883),以败秦宗权之功授庐州刺史。同秦彦、毕师铎等人混战,胜而据有扬州。景福元年(892)为淮南节度使。击败孙儒,兼有江淮。乾宁四年(897)于淮水清口战败朱温将庞师古,威震江淮。天复二年(902)封吴王。乃翦除田頵等悍将,消除内部隐患。用高勖之策,劝课农桑,减轻赋役,因而境内初安,流散归业,未及数年,公私富庶,成为江淮稳定政治势力。其子杨隆演称大吴国王后,追尊为太祖武皇帝。

杨雄 ❶即"扬雄"。❷(542—612)隋人,初名惠。文帝族子。仕北周,历上仪同、右司卫上大夫、上柱国,封邗国公。入隋,迁右卫大将军,参预朝政,进封广平王,贵宠冠绝一时,与高颎、虞庆则、苏威并称"四贵"。宽容待人,朝野倾瞩,文帝忌之,以为司空,外示美迁,实夺其权。乃闭门不通宾客。炀帝即位,授太子太傅、怀州刺史,寻任京兆尹。从炀帝攻吐谷浑,改封观王。复从攻高丽,任检校左翊卫大将军,出辽东道,卒于泸河镇。

杨修(175—219) 东汉末弘农华阴(今陕西华阴东南)人,字德祖。累世三公。建安初举孝廉,除郎中,又为丞相曹操主簿,任事皆称职。与操子植善,谋使植立为嗣。其后植以骄纵失宠,操恶其为植羽翼。建安二十四年(219),操与刘备相持汉中,尝出令曰"鸡肋",鸡肋弃之可惜,食之无所得,因预知操意欲归。以才智为操所忌,且系袁术之甥,虑为后患,遂杀之。所著诗赋碑表凡十五篇,今存七篇。

杨秀清(1823—1856) 清广西桂平人,祖籍广东嘉应州(今梅州市)。原名嗣龙。早年以种山烧炭为业。道光二十六年(1846)加入拜上帝会。二十八年假托天父下凡,取得"代天父传言"特权,掌军务。道光三十年十二月(1851.1)参加领导金田起义,任中军主将。咸丰元年(1851)为左辅正军师,在永安(今蒙山)封东王,节制各王,握军政大权。二年太平军从桂入湘,和萧朝贵发布《奉天讨胡檄布四方谕》等三篇檄文。痛斥清朝罪行,申明民族大义,号召人民起义。挥军沿江东下,攻克南京,主张在此建都,改名天京。旋派军北伐、西征,提出"照旧交粮纳税"政策,对外采取独立自主原则。在天京城内立法安民。六年,调兵击溃江南、江北大营。后居功自傲,逼洪秀全封其"万岁"(一说为洪秀全主动封之,无逼封),洪密诏(一说无密诏)韦昌辉、石达开、秦日纲回京图杨。八月被韦昌辉杀害。八年洪秀全追念前功恢复其爵号,定其死日为"东升节"。

杨宣 十六国时人。能文善画。仕前凉,历敦煌太守,沙州、凉州刺史。建兴二十三年(335),奉凉州牧张骏命率众攻龟兹、鄯善,西域皆降,焉耆前部、于阗王并贡方物。又于敦煌修渠,水门长四十步,阔三丈,高三丈,号"北府渠"。

杨瑄 ❶(1425—1478)明丰城(今属江西)人,字廷献。景泰进士。授御史。刚直尚气节。景帝病重,上书力请立太子。天顺初,民诉曹吉祥、石亨夺其田,疏以闻,并列二人怙宠专权状。被英宗称为真御史。未几,为亨等所诬,被逮论死,戍边。宪宗即位,复故官,迁浙江副使,修捍海塘,筑海盐海堤。后进按察使,浚西湖,功未就卒。❷明人。永乐时宦官。尝奉使赉敕谕木邦、孟定、孟养等部。

杨玄感(?—613) 隋弘农华阴(今属陕西)人。杨素子。好读书,善骑射。以军功入仕,位至柱国。后拜郢州刺史,吏民畏服。袭爵楚国公,为礼部尚书。广交天下名士。因见天下将乱,炀帝猜忌日甚,恐受害,乃密谋起事。大业九年(613)炀帝攻高丽,受命驻黎阳监督粮运。乃以"为天下解倒悬之急,救黎元之命"为号召,举兵反隋。众至十余万,数败隋军。复围攻东都洛阳,月余不克。乃解围西进,欲取关中。屡战屡败,至阌乡(今河南灵宝西南)败死。

杨选(1512—1563) 明章丘(今山东章丘北)人,字以公。嘉靖进士,授行人,擢御史,迁易州兵备副使。俺达围大同右卫,巡抚朱笈被逮,超拜右佥都御史以代。嘉靖四十年(1561)升总督蓟辽副都御史,进兵部右侍郎。次年,边将擒朵颜三卫部长通汉,遂命以其子为质,旋遣通汉归。十月,朵颜三卫毁边墙入犯,北京戒严。敌退,以纵通汉勾敌罪论死,枭首示边。

杨衒之 杨或作阳,误作羊。北魏北平(今河北满城北)人。曾任抚军府司马。东魏武定五年(547)行役洛阳,目睹北魏旧都于丧乱后"城郭崩毁,宫室倾覆,寺观灰烬,庙塔丘墟"的景象,感慨不已,乃著《洛阳伽蓝记》,通过记述佛寺园林的兴衰,对当时的佛教、政治、人物有所讥评。赞赏"居室贫俭事等农家,唯有经史盈车满架"的生活,表现了期求社会安定,官吏清廉的愿望。文笔流畅,骈、散结合,别具一格。

杨循吉(1456—1544) 明吴县(今江苏苏州)人,字君谦。成化进士,授礼部主事。因与郎中不相得,谢病归乡,结庐支硎山下读书。著述甚富,有《辽小史》、《金小史》等。

杨延昭(958—1014) 北宋麟州(治今陕西神木北)人,本名延朗。杨业子。太平兴国中以荫补供奉官。父死,擢崇仪副使,知景州。历任保州缘边都巡检使、宁边军部署等职,防守北边,屡败契丹。景德二年(1005),徙高阳关副都部署。官至英州防御使。为人沉默寡言,不问家事,而智勇善战,号令严明,与士卒同甘苦,身先士卒而推功于下,故人乐为用。守边二十余年,契丹畏服,呼为"杨六郎"。

杨言(1488—1562) 明鄞县(今浙江宁波)人,字惟仁。正德进士,授行人。嘉靖四年(1525)擢礼科给事中。数抗章论事,触世宗怒,亲鞫于午门,备极五毒,折其 指,卒无挠辞。谪宿州判官,稍迁溧阳知县,历南京吏部郎中。坐事再谪夷陵知州,累官湖广参议。

杨炎(727—781) 唐凤翔天兴(今陕西凤翔)人,字公南,人称小杨山人。初为河西节度使吕崇贲幕僚,后召为司勋员外郎,迁中书舍人,与常衮同知制诰,文笔雄丽,时称"常杨"。元载为相,擢为吏部侍郎、史馆修撰。载被杀,坐贬道州司马。德宗立,复起门下侍郎、同平章事。奏请勿以租赋入大盈内库作天子私有,应入左藏,归户部管领,不让宦官蚕食,德宗纳之。建中元年(780)废除以丁夫为本的租庸调制,改行以资产为定税标准的*两税法。但后渐弄权,诬杀刘晏。德宗渐疏之,重用卢杞,罢为尚书左仆射。复为杞陷,再贬崖州司马同正,被赐死于道。有集十卷,已佚,《全唐文》存文十八篇,《全唐诗》存诗二首。

杨彦龄 彦一作延。北宋人。元丰中,尝为山阴尉、隰州司户。八年(1085)为滏阳令。后自江宁上元移宰常州武进,以朝奉郎致仕。著有《杨公笔录》、《左氏春秋年表》。

杨玚(668—735) 唐华州华阴(今属陕西)人,字瑶光。睿宗时,为麟游令,拒绝苛敛百姓营建金仙、玉真二观。中宗时,韦后定百姓年二十二成丁以收人心。韦后败后,宫中追征当年所免租调(原为二十一岁征税),他坚执不从,遂止不课,由是名显当世。开元初,升侍御史,劾京兆尹崔日知贪暴犯法。进御史中丞、户部侍郎。驳议权臣宇文融检括户口,出为华州刺史。十六年(728),入为国子祭酒,荐大儒王迥质等为官。反对科举不究大义而贴孤经绝句,奏准明经习《春秋》三传及通《周礼》四经者,出身免任散官,以劝奖儒学。又以天下明经、进士岁取不过百人,而流外诸色仕者岁至二千为非。再迁大理卿、左散骑常侍。为官清白,拒绝属吏立石颂己功。

杨么(?—1135) 南宋鼎州龙阳(今湖南汉寿)人,名太。建炎四年(1130)二月从钟相起义,于诸首领中年最少,当地称"幼小"为"么",遂呼为杨么。钟相牺牲后,与黄诚、夏诚、周伦等继续斗争。绍兴三年(1133)夏,被推为总首领,称"大圣天王",即用以纪年,立钟相少子钟仪为太子,有众二十万人。在洞庭湖一带据险结寨,陆耕水战,亦兵亦农。所造战船高大,屡挫官军。多次拒绝招降。势力东起岳州,西及鼎、澧,北抵公安,南至长沙境内。四年八月,湖北、荆、襄、潭州制置使岳飞率部镇压。五年六月,因叛徒黄佐、杨钦出卖,遂遭飞军袭破,被俘牺牲。

杨么事迹 书名。题鼎澧逸民撰,作者为南宋鼎州(治今湖南常德)、澧州(治今湖南澧县)一带人。据见闻记录南宋初期钟相、杨么起义始末。因距杨么失败仅约五十年,故记述详实,有较高史料价值。曾被岳珂作为《百氏昭忠录》一部分编入《金佗续编》。近人朱希祖广征史料,有《杨么事迹考证》。

杨珧(?—291) 西晋弘农华阴(今陕西华阴东南)人,字文琚。杨骏弟。历位尚书令、卫将军。素有声誉,时望在骏前。以兄贵盛,又一门之中,二女先后为皇后,恐受覆宗之祸,自乞逊位,前后恳至,终未见许。晚乃变前衷,合朋党,构出齐王司马攸,获悉中护军羊琇等谋害己,讽有司奏转琇为太仆,于是旧日声誉俱丧。及贾后杀杨骏,乃并被害。

杨业(?—986) 北宋麟州(今陕西神木北)人,一名继业,本名重贵。世为麟州土豪。善骑射,弱冠事北汉刘崇,为保卫指挥使,以骁勇闻。赐姓刘,累迁建雄军节度使、侍卫都虞候,屡立战功,号称"无敌"。北汉亡,归宋,复姓杨,为右领军卫大将军、郑州防御使,迁知代州,兼三交驻泊兵马都部署,败契丹军,以功迁云州观察使、判郑州,知代州,威镇边境,颇受信用。雍熙三年(986)北征,为云、应路行营副都部署,拔云、应、寰、朔四州。以曹彬军败退,回代州。不久,奉命护送四州民内迁,遇契丹大军,建议设伏固守以保全民众,监军等不从,迫令出战,虽自知寡不敌众,犹力战至暮,退至陈家谷,诸将不守约,离谷,遂失援,重伤被擒,不食三日而死。为将勇而有谋,与士卒同甘苦,为政简易,郡民爱之。其事迹后世演为"杨家将"故事。

杨叶洲 地名。在今湖南岳阳市西北、洞庭湖入长江之口处。因洲形似杨叶,故名。南朝陈天嘉元年(560),侯瑱等袭破周将独孤盛于杨叶洲,即此。

杨一魁 明山西安邑(今运城)人,字子选,号后山。嘉靖进士。授行人,选兵科给事中。历官湖广副使、南京都御史。万历二十六年(1598),官至工部尚书,开新河以分黄、淮洪水,解凤阳水灾之危。后因反对郑贵妃建奉御所于乾清宫侧,遂忤帝意,三十年罢官归。

杨一鹏 ❶(?—1635)明临湘(今属湖南)人,字六有。万历进士。历官大理寺丞,削籍。崇祯六年(1633),以兵部左侍郎拜户部尚书兼右佥都御史,总督漕运,巡抚江北四府。八年,农民军攻陷凤阳,焚皇陵,以其在淮安不及时援救,坐弃市。❷(?—1641)明河津(今属山西)人,字图南,号凌翔。举崇祯九年(1636)乡试,任尉氏知县。甫数月,李自成军破城,被杀。

杨一清(1454—1530) 明云南安宁人,字应宁,号邃庵、石淙。少时居巴陵(今湖南岳阳),后徙居镇江丹徒(今属江苏)。成化进士。历官中书舍人、陕西督学副使等。弘治十七年(1504)任都察院左副都御史,督理陕西马政,致力清理牧地、整顿茶马贸易。正德元年(1506),以右都御史总制延绥、宁夏、甘肃三边军务。次年忤刘瑾归。五年复职,与张永合谋诛刘瑾。十年任吏部尚书兼武英殿大学士,预机务。不久受排挤罢官。世宗即位,再复职,嘉靖三年(1524),复总制三边军务。六年任首辅。遭讦致仕。后被削籍。晓畅边事,著有《关中奏议》、《石淙类稿》等。

杨仪(?—约235) 三国时襄阳(今湖北襄樊)人,字威公。建安中,为曹操荆州刺史傅群主簿。后投蜀襄阳太守关羽,任功曹。刘备与论世务而悦之,辟为左将军兵曹掾,拔为尚书。建兴三年(225),任丞相参军,署府事。先后随丞相诸葛亮南征及入驻汉中。八年,迁长史,亮深赏其规划部伍、筹度粮谷干敏之才,以其与前军师魏延不和为憾。十二年,亮卒,率军还汉中,以延不服节度,杀之。自以为有大功,宜当继亮秉政。及蒋琬为尚书令,怨愤形于声色。对后军师费祎言悔不举军降魏,为祎告发。十三年,废为民,徙汉嘉郡。至徙所复上书诽谤,遂下狱,后自杀。

杨以增(1787—1855) 清山东聊城人,字益之,一字至堂、致堂。道光进士。生平专事收藏古籍,所得书数十万卷,珍本多为弘晓"明善堂"与黄丕烈"士礼居"旧藏。名藏书所为"海源阁",另辟"宋存室",专藏宋刊旧藏,以元刊与校本附之。又以所得郑笺《毛诗》、《三礼》、《史记》、《汉书》、《后汉书》及《三国志》皆宋刻佳本,建"四经四史之斋"储之。其子绍和(字彦合)取所藏宋版书,编为《楹书偶录》,收二百六十余种。其孙杨保彝辑《海源阁宋元本书目》,收四百六十余种。民国以后,杨氏第四代杨凤阿辑《海源阁书目》,收书目三千二百三十六部,凡二十万八千三百卷。海源阁藏书后散佚,一部分现藏北京图书馆。

杨亿(974—1020) 北宋建州浦城(今属福建)人,字大年。幼颖异,十一岁,太宗召试,授秘书省正字。淳化中,赐进士及第,直集贤院。真宗即位,拜左正言,预修《太宗实录》,又与王钦若同修《册府元龟》。官至翰林学士、户部侍郎。真宗得风疾,丁谓与章献刘后勾结擅权,他与寇准谋请太子监国,事败,以忧卒。仁宗时追谥为"文"。为人刚介耿直,不满真宗祠祀、封禅与修建道观。与王旦、刘筠、谢绛友善。工文章,娴习典章制度,喜奖掖后进。诗学李商隐,词藻华丽,号"西昆体"。编著有《武夷新集》、《杨文公谈苑》、《西昆酬唱集》。

杨义臣 隋代郡(治今山西大同东北)人。本姓尉迟,文帝以其父功赐姓杨氏。幼养宫中,及长,任陕州刺史。能驰射,颇有将才。曾率军战胜突厥达头可汗。仁寿初,为朔州总管。仁寿四年(604),炀帝即位,汉王杨谅于并州反,奉诏出讨,以计取胜,进位上大将军,授相州刺史。复从炀帝攻吐谷浑、高丽。又回师转战河北,镇压向海明、高士达等农民起义军。炀帝忌其威名,大业十二年(616),征入朝,除兵权,拜礼部尚书。卒官。

杨义清 清广西桂平人。杨秀清族兄弟。参加金田起义。咸丰三年(1853)封国宗。六年,自天京(今南京)经皖援赣。继入福建,折回江西。八年,与随石达开出走的杨辅清等脱离石达开,返赣,拟援天京,因遇阻回赣。次年春,克安徽建德(今东至),于此驻守。

杨义长官司 土司名。明洪武二十一年(1388)置,长官金姓。清顺治十五年(1658)归附。治今贵州福泉市西北,辖罗歪、地送(今地松)等地村寨。居民主要为苗族。

杨义贞(?—1080) 一作杨义真。大理国权臣。白蛮(白族)。北宋元丰三年(1080)杀大理国主段廉义自立,称"广安皇帝",改元德安,篡位仅四月余,鄯阐侯高升泰起兵诛之。

杨音 新莽末东海(治今山东郯城北)人。天凤五年(18),与徐宣等响应樊崇起义,合众数万人。更始二年(24),率所部由陆浑关(今河南嵩县东北)进兵关中,与樊崇等会师弘农(今河南灵宝北),进至华阴,拥立刘盆子为帝,任大司农。建武三年(27),随樊崇、刘盆子等降光武帝。后卒于乡里。

杨愔(511—560) 北齐弘农华阴(今陕西华阴东南)人,字遵彦,小名秦王。少通经史。北魏孝昌初,随父至定州。及杜洛周起兵,全家被囚。旋归葛荣,托疾不仕。永安初,还洛阳,拜通直散骑侍郎。避乱与友人中直侍郎邢邵退隐嵩山。普泰元年(531),投高欢,署行台郎中,转大行台右丞,凡文檄教令,皆出其手。后因从兄岐州刺史幼卿以直言忤旨被杀,惧株连,亡命光州,易名姓为刘士安,以讲学为业。寻为高欢访得,复授原职,并以庶女妻之。入齐,官至尚书令,封开封王。文宣帝高洋死,受遗诏辅立太子殷,因欲削除常山王高演、长广王高湛以固帝位,事泄被杀。

杨颖 十六国时弘农(治今河南灵宝东北)人。前秦建元十九年(383),为佐将随骁骑将军吕光征西域。秦亡,光称三河王,拜为中书侍郎。说光尊吕望为始祖,光从之。吕纂时,历中书令、太常,于军国屡有劝谏,纂不从。神鼎三年(403)吕隆降后秦,被遣为质于长安。

杨应琚(?—1767) 清汉军正白旗人,字佩之。广东巡抚杨文乾子。以荫起家,自员外郎累迁至总督,历两广、闽浙、陕甘诸省。乾隆二十九年(1764)授东阁大学士。三十一年,缅兵入云南,特调任云贵总督指挥军事。次年,督军攻缅,兵败,以"调度乖方","有心欺罔",革职解京,途中责令自尽。

杨应聘(?—1620) 明凤阳怀远(今属安徽)人,字行可。万历进士。授乌程知县,拔温体仁于诸生。历任兵部主事、郎中,巡抚宁夏,总制三边军务。万历四十七年(1619)以侍郎署兵部事。次年厌温体仁入仕后行径,遂与之绝交。后卒于任。

杨应询(1053—1115) 北宋益州郫县(今属四川)人,字仲谋。章惠皇后侄孙,生数月即荫以官。历知保定军、霸州,治水潦地,募饥民开陂泽。又请颁太医方书,售药济众。崇宁三年(1104)为河北沿边安抚使,知雄州,兼高阳关路钤辖,善用间谍。后以违诏贬秩,再迁至观察使,复为定州、真定、大名副都总管。

杨应诏 明建安(今属福建)人,号天游。嘉靖举人。吕柟门人。为学"以寡欲正心为主",认为"吾人不能如圣人之无欲,只当自寡欲入。……自私自利心皆是欲,将此斩断,方为寡欲,则渐可进于无欲"(《杨天游集》)。然无欲亦非"绝人逃世",乃指能"在天理上用事"。不喜王艮、王畿之学,反对"工夫即本体"之说,声称"工夫有积累之渐,本体无积累之渐,工夫有纯驳偏全不同,本体无偏全无纯驳也"(同上)。提出宗朱或宗陆之根源在于"不以人求朱陆,而以言语求朱陆"(同上),若持"道之存于人,不贵于言"的观点,则今之纷争可以泯灭。著有《杨天游集》、《闽学源流》。

杨永裕 一作杨永誉,又作杨承裕。明山东招远人。曾任钦天监博士。崇祯十六年(1643)于湖广降李自成,任礼政府侍郎。

杨勇(?—604) 隋文帝长子。小名睍地伐。好学,喜词赋。北周时,历任洛州总管、上柱国、大司马,统领禁卫。入隋,立为太子。性奢华,多内宠。参预国政,多所建议。渐受猜忌,弟杨广谋夺太子位,乘机构陷。开皇二十年(600),废为庶人。及杨广杀文帝,赐死,追封房陵王。

杨又玄 辽人。统和进士。开泰七年(1018)知详覆院。进为枢密副使。太平五年(1025)为吏部尚书、参知政事兼枢密使。七年,受诏知贡举。

杨侑(605—619) 即隋恭帝。隋代皇帝。公元617—618在位。炀帝孙,元德太子杨昭之子。大业三年(607)立为陈王。后改封代王。镇守京师。十三年,李渊入长安,立为帝,年号义宁。次年,让位于李渊,封酅国公。卒谥恭。

杨纡 泽薮名。一作阳华,又作阳纡、杨陓或杨汙。《周礼·职方》:河内曰冀州,"其泽薮曰杨纡"。《吕氏春秋·有始览》九薮之一。旧说都以为在今陕西。有在陇县、凤翔、华阴西、泾阳等诸说。今人又有说在今华阴东。

杨于(於)陵(753—830) 唐弘农(治今河南灵宝北)人,字达夫。大历进士,登博学宏词科。调句容主簿,辟鄂岳、江西使府。贞元间,累迁吏部郎中,拜中书舍人。因不阿附京兆尹李实,被谮,改秘书少监。迁华州刺史、浙东观察使,发粮赈济饥民。入为京兆尹,整顿豪右窜籍禁军之弊。迁户部侍郎。元和初,奉诏判牛僧孺等对贤良方正策,居第一,为执政所怒,出为岭南节度使。入授吏部侍郎,监察奸吏,调补平允。穆宗立,迁户部尚书、东都留守,以左仆射致仕。

杨虞卿(?—835) 唐虢州弘农(今河南灵宝)人,字师皋。元和进士,又第宏辞科。累迁监察御史。曾切谏穆宗游逸无度。长庆四年(824),授吏部员外郎。太和二年(828),属吏犯赃,坐不检下免官。后李宗闵、牛僧孺辅政,引为左司郎中,累迁给事中。因阿附权幸,待选者奔走其门,升沉取舍,无不得所欲。又与李宗闵朋比唱和,时号党魁。七年宗闵罢,李德裕知政事,出为常州刺史。次年,宗闵复入相,召为工部侍郎。迁京兆尹。九年,贬虔州司户。

杨禹昌(1885—1912) 清末四川资州(今资中)人,字敏言。光绪三十三年(1907)肄业于北京蜀学校。宣统元年(1909)考入保定陆军师范学堂,毕业后充清河陆军中学堂教习。三年,武昌起义,南下上海参加同盟会。1912年北返加入京津同盟会暗杀部。旋与张先培、黄芝萌等炸袁世凯不中,被捕遇害。

杨玉(?—前60) 西汉时先零羌首领。初附汉,被封为归义羌侯。元康三年(前63)先零羌众起事,首领三十余人为汉光禄大夫义渠安国所杀。他叛亡出塞。神爵二年(前60),羌酋若零斩其首以降,余部复归汉。

杨玉环 即"杨贵妃"。

杨玉科(?—1885) 清云南丽江兰州(今兰坪)营盘街人,字云阶。白族。早年家贫,以替商贩背运锅盐为生。人称"杨背锅"。同治初入滇营,历任先锋、守备、游击、参将,擢至总兵。以镇压杜文秀回民起义,攻占大理府城,清政府赏给一等轻车都尉世职。光绪元年(1875),署云南提督,旋参与镇压腾越(今腾冲)厅属各族人民抗击英殖民侵略者马嘉理斗争。十年,中法战争起,率广武军三营出关,与法国殖民军激战于越南谅山诸地。次年正月,死于阵。著有《从征纪略》二卷,其侄汝翼书有《杨武愍公讨法夷死事节略》一卷。

杨昱(?—531) 北魏弘农华阴(今陕西华阴东南)人,字元晷。雍州刺史杨椿子。起家广平王元怀左常侍。孝明帝时,奏劾领军元叉,反为叉诬告,查实得释。孝昌初,迁给事黄门侍郎。时北镇饥民达二十余万,奉诏使之分散于冀、定、瀛三州就食。随北海王元颢出讨关陇姜神达,除泾州刺史。永安二年(529),元颢引南朝梁兵入洛阳,为南道大都督出镇荥阳,以击元颢,城陷被执。及颢败,复前官。后被尔朱天光所杀。

杨遇春(1761—1837) 清四川崇庆(今崇州)人,字时斋。武举出身。乾隆间屡从福康安征战,参与镇压田五、林爽文起义及反击廓尔喀入侵诸役。嘉庆二年(1797),从额勒登保赴湖北镇压白莲教起义,以擒义军首领覃加耀、张正潮、罗其清等功,擢陕西提督。十八年以参赞大臣从那彦成赴河南镇压天理教起义。次年,复至陕西镇压岐山三才峡木工起义。道光五年(1825),赴哈密平张格尔叛乱,事定,授陕甘总督。后病免。

杨元保(?—1854) 清贵州独山人。布依族。咸丰四年(1854)在独山丰宁上司以斋教发动布依、苗、水、汉等族数千人起义,连败八寨游击、独山州牧,克都匀平舟司。占据通往独山、罗斛、大塘(今平塘)和广西南丹要道。同年,在清军围攻下,退据广西丹州昔里山,兵败被俘,在贵阳就义。

杨元杲 明初滁州(今属安徽)人。元末投朱元璋,授江南行中书省员外郎,进郎中,掌机宜文字。至正二十二年(1362)讨叛将蒋英,受命理金华军储,有功。官至应天府尹,卒于官。

杨元琰(640—718) 唐虢州阌乡(今河南灵宝西北)人,字温。初为平棘令,考课第一。擢永宁军副使。载初中,为安南副都护。历任六州刺史、二都督,以清白著称。长安中,张柬之代为荆州长史,与密谋匡复唐室事。及柬之知政事,引为右羽林将军。神龙元年(705),参与谋诛张易之兄弟,迎中宗复位,进云麾将军,封弘农郡公。后恐武三思专权祸己,奏请出家未遂,但免于祸。睿宗即位,迁刑部尚书,改封魏国公。开元初致仕,遗嘱薄葬。卒后家无积蓄。

杨源 明丰城(今属江西)人,字本清。浙江副使杨瑄之子。幼习天文,授钦天监五官监候。正德初年,屡以天变为名,上书指斥宦官刘瑾,两遭杖责。谪戍肃州(今甘肃酒泉),以杖伤过重,死于途中。

杨月楼(1848—1889) 清安徽怀宁(今安庆)人,名久昌。幼时曾习京剧武生,后从张二奎学老生,能传师门衣钵。先隶春台班,后经程长庚邀入三庆班,程逝后继为班主。同治六年(1867)曾至沪,加入金桂轩班,后自设鹤鸣戏园,以演猴戏相号召。擅演孙悟空,有"杨猴子"之称。《长坂坡》中所扮赵云英姿飒爽,颇获好评。光绪十四年(1888)入升平署供奉内廷。代表剧目尚有《探母》、《打金枝》等。

杨云翼(1170—1228) 金赞皇(今属河北)人,徙居平定乐平(今山西昔阳西南),字之美。明昌进士。特授承务郎、应奉翰林文字。历任翰林侍讲学士兼修国史、知集贤院事、翰林学士、礼部尚书。与赵秉文皆有文名,时称"杨赵"。博通经传、天文、律历、医卜,著有《续资治通鉴》、《周礼辨》、《勾股机要》等。《中州集》存录其诗二十一首。

杨允恭(945—1000) 北宋汉州绵竹(今属四川)人。乾德中,献策镇压蜀地起义,先署巡检,继补殿前承旨。太宗时,曾任江、淮、两浙都大发运使,乃合三路舟卒,自江浙运米至淮泗,转运入京师,当年上供米倍增。后为发运使,奏准悉禁淮南十八州军盐,当年收利巨万。真宗即位,改西京左藏库使,曾极言川峡铁钱之弊。后奉命往西边考察,图上郡县山川之形胜。咸平初,主估马司。为荆湖、江、浙都巡检使,卒。

杨恽(?—前54) 西汉华阴(今陕西华阴东南)人,字子幼。母为司马迁女。因兄任为郎,补常侍骑。以材能名显朝廷,擢为左曹。宣帝时因告发霍氏谋反,封平通侯,迁中郎将,革除贪污贿赂之积弊,由是擢为诸吏光禄勋,亲近皇帝,颇得信用。然自矜其能,好发人阴私,多树怨于朝廷。后与太仆戴长乐互相攻讦,免为庶人。家居广治产业,以财自娱。五凤四年(前54),因与友人孙会宗书流露怨望,为人告发,以大逆无道论罪,腰斩。

杨韵珂(1880—1911) 清福建闽侯人,字玉鉴。江南水师学堂肄业,后入镇江象山炮台从事革命活动。后任新军第九镇三十三标督队官、第三营管带。宣统三年(1911)武昌起义后,参加江浙联军进攻南京。在紫金山与张勋巡防营激战,占领天保城。敌军诈降后前往受降,遭伏击牺牲。

杨再思(?—709) 唐郑州原武(今河南原阳西南)人。明经及第。累历天官员外郎、御史中丞。延载元年(694),擢鸾台侍郎、同平章事,寻进内史。封郑国公。为相十余年,巧佞取媚,无所荐达。随帝所喜怒为毁誉。或问其名高位重,何必如此屈折?答曰:"世路艰难,直者受祸。苟不如此,何以全其身哉!"。张昌宗以姿貌获宠幸,谀之曰:"人言六郎面似莲花,非也,正谓莲花似六郎耳。"左补阙戴令言作《两脚野狐赋》以讥之,怒谪令言为长社令。中宗立,累封郑国公,仍为相。卒于位。

杨再兴 ❶(?—1140)宋相州汤阴(今属河南)人。南宋初,为游寇曹成部将,随曹成南下,劫掠岭南。绍兴二年(1132),岳飞攻曹成,他率军反扑,杀第五将韩顺夫及岳飞胞弟岳翻,后被俘投降。六年,任王贵部属第四副将,率军收复河南府长水县,败伪齐军。十年,从岳飞大举北伐,郾城大战,单骑入敌阵,杀敌数百。后充张宪部前锋,与王兰等率骑三百,进兵临颍,至小商桥,猝与金军遭遇,杀敌二千余人,中箭身亡。❷宋武冈军(治今湖南武冈)瑶人首领。建炎、绍兴年间,因不堪宋廷征敛,与子正修、正珙等率九十团峒瑶人起义,活动于武冈、全、永、郡等州军。绍兴四年(1134)为湖南安抚使席益遣统制吴锡所俘。父子投降后,时有反复。绍兴二十五年(1155),正修弟兄被捕杀,遂失败。

杨载(1271—1323) 元杭州(今属浙江)人,字仲弘,原籍浦城(今属福建)。有文名。年四十,以布衣召为翰林国史院编修官,预修《武宗实录》。后任管领系官海船万户府照磨,兼提控案牍。延祐初,登进士第,授饶州路同知浮梁州事,迁宁国路总管府推官。

杨载福(1822—1890) 清湖南善化(今长沙)人,字厚庵。行伍出身。咸丰三年(1853)为湘军水师营官。与彭玉麟同为湘军水师主将。四年,败太平军于湘潭、岳州、武汉、田家镇等地,加总兵衔。五年湘军水师被击溃,奉曾国藩命回岳州增募水师,并与李续宾攻陷武汉,加提督衔。七至十年参加攻陷九江、安庆等城。同治二年(1863)与彭玉麟以水师助曾国荃攻陷天京(今南京)外围燕子矶、九洑洲等处。授福建陆路提督,旋改任水路提督。三年擢陕甘总督,加太子少保衔,在甘肃镇压回民起义。中法战起,奉命帮办江南军务。复奉命率军赴援台湾。中法和约签订后,乞归。

杨增新(1867—1928) 云南蒙自人,字鼎臣、子周。清光绪进士。初任甘肃河州知府、陆军学堂总办。光绪三十四年(1908)任新疆阿克苏兵备道,旋擢镇迪道兼提法使。民国成立后,任新疆都督兼民政长,拥护袁世凯称帝。1914年改称新疆将军、巡按使,督理新疆军务。后长期任新疆省省长。曾镇压哈密回民暴动。1928年任省政府主席,旋被部下刺死。

杨展(?—1648) 明末清初四川嘉定(今乐山)人。明崇祯武进士,为川镇中军。张献忠入成都,逃回嘉定。旋入犍为,袭杀大西官吏。献忠死,招抚川中旧将及溃兵,众至数万,占据四川,永历帝封华阳伯。后为献忠旧将袁韬、武大定所杀。

杨钊 即"杨国忠"。

杨兆(?—1587) 明陕西肤施(治今延安)人,字梦境,号晴川。嘉靖进士。累迁都御史,巡抚顺天,总督蓟辽等处军务。万历十一年(1583)以边功进工部尚书。十五年致仕,病死。

杨肇基(?—1630) 明沂州卫(今山东临沂)人。以世职积官至署都督佥事大同总兵。天启中家居,以山东巡抚赵彦荐,为山东总兵官镇压徐鸿儒起义,进官右都督,镇守登、莱。改镇延绥,以功进左都督,加太子太保。崇祯二年(1629),收复后金所占三屯营等城,固守数月,以功加太子太师。卒于官。

杨振鸿(1874—1909) 清云南昆明人,字秋帆,号思复。光绪二十九年(1903)留学日本,入振武学校,习军事。三十一年加入同盟会。次年回昆明,任体操学校监督,并倡设公学,宣传革命。后调腾越巡防营管带,在腾越谋革命。河口起义爆发,与吕志伊等发起云南独立会,宣布与清廷断绝关系。后去缅甸,参与创办《光华日报》,并撰文阐发三民主义。三十四年冬,闻光绪帝、慈禧太后相继病死,遂返云南永昌举事失败,旋病卒。

杨震 ❶(?—124)东汉弘农华阴(今陕西华阴东南)人,字伯起。博览经籍。有"关西孔子杨伯起"之称。年五十始仕州郡,初为大将军邓骘所辟,举茂才,历任荆州刺史,东莱、涿郡太守,太仆,太常。安帝永宁元年(120)为司徒,延光二年(123)为太尉。屡次劾奏帝乳母王圣及中常侍樊丰等弄权朝中,贪奢骄横。又触犯外戚耿宝、阎显。延光三年(124)为樊丰所诬,免归本郡。以居重位不能禁奸佞,愤而饮鸩自杀。虽历居高位,而子孙常蔬食步行。亲旧或劝置产业以贻子孙,乃对曰:"使后世称为清白吏子孙,以此遗之,不亦厚乎!"顺帝即位,樊丰等诛死,朝廷咸称其忠,乃下诏以礼改葬。子杨秉、孙杨赐、曾孙杨彪皆位至太尉,弘农杨氏为东汉有名的世家大族。❷(1083—1126)北宋代州崞县(今山西代县西南)人,字子发。初为安边砦巡检。曾从折可存镇压方腊,自浙东转战至三界镇(今浙江嵊州北),俘获起义军首领吕师囊。后知麟州建宁砦(今陕西府谷西北)。靖康元年(1126),契丹旧将小鞠鞣率宋幽蓟叛卒与西夏兵围建宁。时城中守兵不满百,他竭力拒守。城破,全家俱没。

杨镇龙(?—1289) 元台州宁海(今属浙江)人。至元二十六年(1289)二月,起兵反元,据玉山县(今属江西)二十五都,称大兴国皇帝,年号安定。下设左、右丞相,拥兵十二万,攻东阳、义乌(今属浙江)等地。被宗王甕吉斛俘杀。

杨正芳(?—1634) 明人。天启间以小校从军,积功至副总兵,加署都督同知。崇祯三年(1630)破定番苗。七年,从五省总督陈奇瑜镇压农民起义军,与总兵许成名等护卫荆州(今属湖北)、承天(今湖北钟祥),所战连捷。至洛南战败死,一军尽歿。

杨政(1098—1157) 南宋原州临泾(今甘肃镇原)人,字直夫。宣和末,应募为弓箭手。建炎、绍兴间,从吴玠击金人,能随机应变,出奇制胜。于和尚原、仙人关等战役中,屡获战功,累迁至川陕宣抚副使司都统制。绍兴十年(1140),以凤翔之捷,拜武当军节度使。次年,会战仙人原,擒金万户将。守汉中十八年,修堰筑堤,颇便于民。官至御前诸军都统制,加太尉。

杨执柔(?—约692) 唐华州华阴(今属陕西)人。杨恭仁从孙。历地官尚书。武后即位,以外氏近属,甚优宠之。天授三年(692),以夏官尚书同中书门下三品。旋罢,未几而卒。

杨志诚(?—834) 唐人。文宗时为幽州后院副兵马使。太和五年(831),逐节度使李载义,自称都知兵马使。文宗用牛僧孺姑息之议,授卢龙节度留后,改节度副大使,知节度事。八年,军乱被逐。人揭发其密造天子衮冕、龙衣等物,流岭南,至商州被杀。

杨志学(1467—1541) 明徐州彭城(今江苏徐州)人,字逊夫,号五华。弘治进士,授户部主事。正德、嘉靖时先后巡抚大同、宁夏,整饬边备。嘉靖十七年(1538)官至工部尚书,改刑部尚书。次年致仕。卒于家。

杨忠(507—568) 北朝时弘农华阴(今陕西华阴东南)人,字揜于。隋文帝杨坚之父。年十八,游泰山,为梁兵所俘。五年后从北海王元颢返洛阳,为直阁将军。北魏永熙三年(534),从孝武帝西迁,进爵为侯。寻随独孤信,攻杀东魏荆州刺史辛纂,遂定三荆。后为东魏所逼,与信奔梁。西魏大统三年(537),北归,从丞相宇文泰攻东魏,擒窦泰,破沙苑(今陕西大荔南),又战河桥(今河南孟州西南),以功除云州刺史,兼大都督。后从战邙山(在今河南洛阳北),经略江、汉,累迁都督三荆等十五州诸军事,镇穰城(今河南邓州),击安陆(今属湖北),俘梁将柳仲礼。十七年,擒杀梁邵陵王萧纶、安乐侯萧昉,尽定汉东之地。恭帝元年(554),赐姓普六如氏,北周武成元年(559),进爵随国公。保定三年(563),联突厥统兵北道伐齐,拔二十余城。天和三年(568),以疾还京,寻卒。

杨忠辅 南宋人,字德之。约于孝宗淳熙十二年(1185)至宁宗开禧二年(1206)任职于太史局。庆元四年(1198)奉诏编历,次年成《统天历》。定回归年长度为 365.242 5 日,与现今阳历相同。还发现回归年长度古大今小。著有《统天历经》、《晷景考》、《赤道内外去极度》、《禁漏五更攒点昏晓中星》、《古今交食细草》、《盈缩分损益率立成》、《日出入晨昏分立成》。

杨终(约 40—100) 东汉蜀郡成都(今属四川)人,字子山。年十三为郡小吏,历官至郎中。研习《春秋》。笃信天人感应之说。曾上书章帝,指出永平以来兴大狱,征匈奴,通西域,转输烦费,吏民怨旷。建议平冤狱,舍伊吾之役,撤楼兰之屯,以省国用。建初四年(79),再次上书,以章句之儒各持异说为由,建议统一对儒家经典的解释。章帝乃诏诸儒于白虎观论考五经同异。后受诏删《太史公书》为十余万言。著有《春秋外传》十二篇。改定章句十五万言。今佚。

杨仲良 宋眉州眉山(今属四川)人,字明叔,号柳溪。事迹不详。尝据李焘《续资治通鉴长编》,为《通鉴长编纪事本末》一百五十卷。较之现存李氏《长编》,此书有而李书脱者一百四十余条,日月互异者三百三十余条,可资考证;又李书佚去之徽宗、钦宗两朝,此书尚存,尤为可贵,其间虽有疏舛,然亦无损大体。

杨朱 又称杨子、杨生、阳生、阳子居。战国时魏国人。其学说与墨翟俱称显学,对当时社会影响颇大。孟子说:"杨朱、墨翟之言盈天下。天下之言,不归杨,则归墨。"(《孟子·滕文公下》)活动于鲁、宋一带,传曾南游于沛(今江苏沛县),见老聃。其思想核心为"贵己"、"重生",主张"全性葆真,不以物累形"。(《淮南子·氾论》)认为"古之人损一毫利天下,不与也;悉天下奉一身,不取也。人人不损一毫,人人不利天下,天下治矣"。(《列子·杨朱》)关于他的史料,散见于《庄子》、《孟子》、《荀子》、《韩非子》、《吕氏春秋》、《淮南子》各书。

杨翥 ❶(1369—1453)明吴(今江苏苏州)人,字仲举。少孤贫,随兄戍武昌,教授生徒自给。时杨士奇亦以授徒为生,而苦于无馆,曾让馆舍予士奇。宣德中,以士奇荐授官翰林院检讨,历修撰。正统中,出为郕王府右长史。后以年老引归,郕王即位,入朝,拜礼部右侍郎。景泰三年(1452),进尚书,致仕。❷明人。弘治时任指挥。时哈密为土鲁番所据,因进策出师捣哈密。兵部尚书马文升用其计,败土鲁番。

杨卓霖(?—1907) 清湖南醴陵人,一作杨卓林,又名恢,字公仆。早年入清军为目兵。光绪二十六年(1900)随军至京、津,抵抗八国联军。旋入南京将弁学堂。三十年留学日本。次年入同盟会,积极参加反对日本政府取缔中国留学生的斗争。三十二年回国,在上海、扬州筹划武装起义,欲谋刺端方以举事。次年事泄被逮,就义南京。

杨子 即"杨朱"。

杨子敖(1767—1796) 清湖北来凤人。初从陈泰习白莲教,传徒四千余人。嘉庆元年(1796),与胡正中等起于来凤,聚众数万,攻县城未克,遂据守旗鼓寨。旋寨破,突围时被俘遇害。

杨子华 北齐人。武成帝高湛在位时任直阁将军、员外散骑常侍。善画,以鞍马人物为胜。尝画马于壁,栩栩如生。又在纸上画龙,卷舒时如有云萦绕。久居禁中,有"画圣"之誉。作品如《斛律金像》、《北齐贵戚游宫苑图》、《邺中百戏狮猛图》、《宫苑人物屏风》等,尚见于唐代,后佚。

杨子居 即"杨朱"。

杨子器跋舆地图 明代绘本彩色全国行政区划图。绘成于正德七年(1512)至八年。现藏大连旅顺博物馆。原图无名,亦未标注制图人,因图下方有杨子器题写的跋文,故名。图纵 164 厘米,横 180 厘米。地域范围东北至塔山、忽八一带,北至苏温,西北至哈烈、哈密一带,南达南海。比例尺约为 1∶176 万。绘有两京十三省以及府州县卫所、土州、土司等各级地名一千六百多个,标注名称的山峰五百多座、江河数十条。值得称道的是在现存古地图中最早将自西南方向流入星宿海的卡日曲绘作黄河河源。长江源的画法亦正确,只是受《禹贡》"岷山导江"观点影响,才在岷江源头又注记"大江源"。图中系统设计和使用了二十多种图例,山峰用着浅绿色的立体象形符号表示,河流用双曲线着浅黄色表示,各级地名分别用八角、圆、方、菱形等符号表示。桥梁、长城、陵墓、庙宇等人文地理内容,有醒目表现。海岸线画得较为正确。图下方右侧记各省都、司、卫、所名称,下方中间是杨子器题写的跋文,简要记述历史沿革、图的内容和绘图目的,下方左侧是用文字表述的图例,为嘉靖五年(1526)所增入。

杨梓 元海盐(今浙江平湖)人。曾随元军攻爪哇,累官至嘉议大夫、杭州路总管,致仕卒。生平精音律,以善唱南北曲著名浙西。作有杂剧《豫让吞炭》、《霍克鬼谏》、《不伏老》三种,皆存于世。

杨宗濂(约 1835—1905) 清江苏无锡人,字艺芳。咸丰末,以户部员外郎在籍治团练,后随李鸿章镇压太平军及捻军,总理淮军营务处。同治十一年(1872)权湖北荆宜施道,被劾罢。光绪十一年(1885)李鸿章在天津创办北洋武备学堂。他被起用为总办。十三年与吴懋鼎合办天津自来水公司。次年会办上海机器织布局。十六年授直隶通永道。旋以丁忧归,再起为道员、布政使,迁长芦盐运使。二十六年八国联军犯天津,率芦勇登陴固守。后随李鸿章入京议和。次年以办纱厂获赏三品京堂,督办顺直机器局。

杨宗仁(1661—1725) 清汉军正白旗人,字天爵。康熙三十五年(1696),由监生授慈利知县。历阶州知州、临洮知府、浙江按察使。五十七年官广东巡抚。六十一年晋湖广总督,罢盐规,革重耗,减撤征税口岸。雍正元年(1723),首将部分耗羡银收归公用。后卒于官。

杨缵绪(1876—?) 清湖北江夏(今武汉)人,字述周。湖北将弁学堂毕业,入日本陆军户山学校,参加同盟会。回国后,任湖北新军营操教习、四十二标统带。光绪三十四年(1908)奉命率部赴新疆伊犁驻防,秘密从事革命活动。宣统三年(1911)任新军混成协协统。伊犁革命爆发,率军抵御新疆巡抚袁大化之镇压。任伊犁临时政府总司令部部长。1913年赴喀什任提督兼按察使,因愤于革命失败,旋即去职,假道俄国返归故里。著有《新疆刍议》。

杨纂 ❶(?—371)东晋略阳清水氏人,字德。前仇池国君杨世之子。太和五年(370),父死,叔杨统自立为仇池公。他聚众杀之,背前秦称藩于东晋。东晋以其为平羌校尉、秦州刺史、仇池公。咸安元年(371),前秦发兵七万攻仇池,他迎战于鹫峡(仇池北,亦谓之塞峡),兵败,降前秦,被囚送长安。寻为杨安所杀。前秦徙仇池民于关中,空其地,前仇池国亡。❷(512—578)北朝时广宁(今河北涿鹿西)人。少有志略,勇力过人。年二十,从晋州刺史高欢起兵于信都,稍迁安西将军、武州刺史。以功高赏薄,遂于西魏大统初投丞相宇文泰。授征南将军,封永兴县侯。从解洛阳之围,参战河桥(今河南孟州西南)、邙山(今河南洛阳北),勇冠三军。累迁骠骑大将军,进爵为公,赐姓莫胡卢氏。旋授岐州刺史。天和六年(571),进位柱国大将军,转华州刺史。卒于州。

杨佐(1007—1067) 北宋宣州(今属安徽)人,字公仪。举进士。为陵州推官,累迁河阴发运判官,干当河渠司。皇祐中,汴水深浅无常,漕运受阻。他视水势大小,于汴口要害处择地开凿,引黄河水入汴加以调节。朝廷遂置都水监,奉命以盐铁判官同判。汴京地势低下,夏秋苦水,因开永通河以疏导京中沟渠,又建议濬治孟阳河。除江淮发运使,召为盐铁副使,复判都水监,历知审官院、权发遣开封府。卒于使辽途中。

杨作枚 清锡山(今属江苏)人,字学山。其祖父杨定三精通天文、数学。作枚继承祖业,钻研天文历法和数学。与梅文鼎为挚友,共同讨论天文和数学问题。著有《锡山历算书》数种。梅文鼎为此书作序。《锡山历算书》包括《溯源星海》四册、《王寅旭历书图汴》二册、《三角法会编》二册。还著有《勾股论》二卷、《几何补编》一卷、《几何增解》一卷、《方程图解》一卷和《历法大成》十卷。这些书大都失传。梅文鼎逝世后,他整理其遗著,并加订补,刊行《梅氏历算全书》。

疡医大全 书名。清顾世澄著。四十卷。世澄,一名澄,字练江。安徽芜湖人。此书刊于乾隆二十五年(1760)。是继《医宗金鉴·外科心法》后的又一部外科巨著。内容包括痈疽、疮疡、皮肤病、大麻风、痘疹、奇病治法等。该书以《内经》为据,论述"外症必发于内",强调辨证施治的重要性。实为一部有参考价值的外科专书。今传有清乾隆年间刊本,同治与光绪年间刊本及近代上海迎时书局之石印本。

疡医上士 官名。西魏恭帝三年(556)置,北周沿置。天官府太医下大夫属官,掌治疗肿疡、溃疡、金创、折伤等外科疾患,正三命。下设疡医中士、疡医下士等佐之。隋开皇元年(581)罢。

洋兵纪略 书名。清董恂辑。一卷。辑录太平天国期间江苏巡抚薛焕、李鸿章奏折及谕批等而成。始咸丰十一年(1861)冬,迄同治二年(1863)十二月。记何伯、卜罗德、华尔、白齐文、戈登率洋兵助清军围攻江苏地区太平军事甚详。原系清抄本《董氏五种》之一,后收入《中国近代史资料丛刊·太平天国》。

洋彩瓷器 陶瓷名词。仿西洋彩瓷器的统称。唐英《陶成纪事碑》所列洋彩器皿注"新仿西洋珐琅画法,山水、人物、花卉、翎毛,无不精细"。清乾隆时期把珐琅彩瓷器称作瓷胎洋彩。稍后,又把受珐琅彩影响而创制的粉彩也称为洋彩。

洋防辑要 书名。清严如熤辑著。二十四卷,有道光十八年(1838)重刻本,来鹿堂藏版。本书乃从《读史方舆纪要》、《天下郡国利病书》、《纪效新书》、《金汤借箸》等书中采辑有关海舆地理、海防作战等资料编撰而成。卷一绘列各省沿海海岸及岛屿图,卷二、卷三叙述清朝海防制度,卷四至卷八为沿海疆域地理考,卷九至卷十五记载江南、浙江、福建、广东沿海自明以来的海防事略、兵力布置、炮台建设、海防政策等,卷十六以后则介绍海战中的战术、战略、武器、海洋气候及与海防有关的海运、盐务等,是研究明清海岸地理、军事防御的重要著作。

洋关 指鸦片战争后新设之海关。以其负责征纳进口洋货税、洋厘金,故名。详"海关"。

洋行 ❶又名洋货行、外洋行,清代官方特许经营对外贸易的商行。康熙二十五年(1686)广东洋货商人始从一般牙行商人中正式分离出来,专办洋船货税,谓之外洋行。沿明之习,广州洋行通称十三行。粤海关监督从各行商中选派一二人总办洋行事务。除包揽进出口交易外,还充当外国商人与中国政府之间的中介,如承保缴纳海关税、照管与监督在广州居留与活动的外国人,及经办中外交涉事务等。中英《南京条约》签订后,专管对外贸易的特权被取消,此类洋行衰落。❷外国商人在华设立的贸易机构,始于康熙五十四年英国东印度公司在广州设立的商馆。其后英、美等国散商也在广州设行,如英商怡和洋行、美商旗昌洋行等。道光十三年(1833)英国取消东印度公司对华贸易独占权,外商在广州设行者日增,至十七年已有一百五十家。鸦片战争后,各通商口岸洋行林立,至光绪八年(1882)已多达四百四十家。甲午中日战争后猛增至九百三十三家。除倾销商品和掠夺原料外,还投资于银行和企业。

洋钱 清代对外国银币之总称。闽粤之人称之为"番银"。

洋枪队 清末由外国人编练以洋枪装备的武装。主要有三支:(1)清咸丰十年(1860)美国人华尔得苏松太道吴煦和候补道杨坊赞助,在上海组织的洋枪队,同治元年(1862)清政府命名为*"常胜军",主要配合李鸿章淮军进攻太平天国苏南地区。后由英国军官戈登统领。三年解散。(2)同治元年英国驻宁波海军司令唔乐德克(Roderick Dew)、法国驻宁波海军司令勒伯勒东勾结清浙江巡抚左宗棠建立的洋枪队,前者称"常安军",亦称*"中英混合军",

由英人葛格(Cooke)任统领;后者名“常捷军”,亦称*“中法混合军”,由勒伯勒东任统领。主要配合左宗棠进攻太平天国浙江地区。(3)同治元年清三口通商大臣崇厚在天津组织的洋枪队,先由英军官克迺(Coney)任总教习,后由布郎(薄朗)任总教官,主要镇压捻军和直隶各地人民反抗斗争。

洋商 ❶专营对外贸易的商人。明隆庆元年(1567)海禁松弛后,即有专门经营对外贸易之行商。直到鸦片战争前,厦门、广州等地均有。因系官府特许,亦称“官商”。❷鸦片战争后,专指在中国通商口岸经商的外国商人。

洋水 即今陕西南部汉江支流西乡河。《水经·沔水注》:“汉水又东,右会洋水,川流漫阔,广几里许。”

洋税 ❶或称洋饷。明代税课之一。隆庆后,对赴东西洋贸易之商船商货所征之税。❷清政府向外国商人征收的海关税,亦俗称“洋税”。曾国藩《新造轮船折》:“臣奏请拨留洋税二成,以一成为专造轮船之用。”

洋务丛钞 即《敦怀堂洋务丛钞》。

洋务派 清朝同、光年间标榜“自强求富”,兴办“洋务事业”的一派政治势力。因主张学习“洋务”,政治见解与顽固派不同,故称“洋务派”。十九世纪七十年代以前,兴办近代军事工业,以“求强”为主;七十年代起,开始创办近代民用企业以“求富”。洋务派又分为不同的势力集团,主要有以奕䜣为代表的满洲贵族集团,以曾国藩、左宗棠为代表的湘系集团(左在湘系中又自成体系)和以李鸿章为代表的淮系集团。其中,李鸿章从事洋务活动时间最长,经办洋务事宜最多,是洋务派最重要的代表人物。此外,还有湖广总督张之洞集团。中日甲午战争后,资产阶级改良派兴起,清政府举办“新政”,洋务派作为一种政治势力逐渐解体。

洋务续记 书名。清李凤翎撰。一卷。作者于咸丰十年(1860)入广东巡抚耆龄幕,办理对外交涉,遂据探报材料及询问有关人员,记述了第二次鸦片战争期间英法联军侵占广州的史实,比较简略。作者自言是继《洋务权舆》一书而辑录。有同治八年(1869)刊本。

洋务运动 旧称同光新政或自强新政。同治、光绪年间清政府所进行的引进西方资本主义的军事装备、机器生产和科学技术,以维护封建统治的“自强求富”运动。主要内容为:兴办军事工业并围绕军事工业开办其他企业,以及建立新式武器装备的陆海军。综理洋务的中央机关为总理各国事务衙门,由恭亲王奕䜣、文祥等主持,曾国藩、李鸿章、左宗棠则是地方上办洋务的代表。十九世纪六十年代起,洋务派聘用外国军官,购买枪炮船舰,训练军队,并陆续创办江南制造局、金陵机器局、福州船政局、天津机器局等一批近代军事工业。自七十年代起,又相继兴办一批民用工矿企业和交通运输业,主要有:上海轮船招商局、台湾基隆煤矿、开平矿务局、兰州织呢局、天津电报总局、唐山至胥各庄铁路、上海机器织布局和湖北炼铁厂、织布局、枪炮厂等。这些企业大多采用官督商办或官商合办形式。还购买和制造船舰,建立北洋海军。同时,还设立外文学堂、军事学堂等新式学校,派遣学生出国留学。后经中法、中日甲午战争的打击,洋务运动遂告失败。

洋药 鸦片之别称。因其来自外洋,曾作为药材上税,故名。见“鸦片”。

洋药捐 即鸦片捐。清咸丰七年(1857)始征。华商贩运鸦片,每箱缴捐银二十两,拨济军饷之用。

洋州 北朝西魏废帝置。治丰宁县(今陕西西乡县西)。隋大业初废。唐武德元年(618)复置,治西乡县(今属陕西),辖境相当今西乡、洋县、镇巴、佛坪等县地,天宝元年(742)改为洋川郡,十五载移治兴道县(今洋县),乾元元年(758)复为洋州。五代后蜀改为源州。北宋复名洋州,属利州路。南宋属利州东路。蒙古至元二年(1265)废兴道县入州,属兴元路。明洪武三年(1370)降州为县。

洋庄茶 见“茶栈”。

yǎng

仰光新报 报纸名。清光绪三十年(1904)在缅甸仰光创刊。华侨领袖陈甘泉、庄银安、徐赞周主办。以“启迪民智”为主旨。三十一年春延革命党人秦力山主编,革新报纸,刊所著长篇论说《革命箴言》,驳诘康党,鼓吹革命。同年,秦力山离缅回国,遂为立宪派所控制,旋即停刊。

仰化将军 官名。南朝梁置。天监七年(508)定为施用于境外的武职二十四班中的三班,大通三年(529)定制后班阶略提高,拟飙勇将军等号。

仰山慧寂 即“慧寂”。

仰韶文化 新石器时代晚期的一种文化。因1921年首先在河南渑池仰韶村发现而得名。其年代约为公元前5000—前3000年。分布在陕西、河南、山西、河北和甘肃东部、内蒙古南部、湖北西北部一带。因遗物中最有特点的器物是彩陶器,故过去又称作“彩陶文化”。彩陶的陶土经过淘洗,质地细腻,表面磨光,常用黑或红色画上各种纹饰和图案,有的还涂一层白或红的陶衣。纹饰除有部分鱼、鸟、蛙和人面形以及少量植物的象生类花纹外,多数是粗细条纹、方格纹、圆点和三角涡纹等几何图形。在有的彩陶钵口沿上,还发现有各种刻划符号,有学者认为是原始文字或与文字有关。常见陶器多为手制,晚期出现个别轮制的,器种有炊煮用的釜、鼎、甑、灶,汲水用的尖底瓶、细颈壶,饮食用的碗、钵、杯、豆,盛储用的盆、瓮、罐等。生产工具主要是磨制石器和骨器,常见有铲、斧、刀、镞、锥、渔具、纺轮等。装饰品有骨珠、骨簪、陶环、石环、兽牙、穿孔蚌片等。仰韶文化的人们已过着以农业为主,畜牧、渔猎和采集为辅的定居生活。每个村落约有几十座房子,有方形或圆形的、地穴式和平地起建的等不同形式。主要农作物是粟。家畜主要有猪和狗。墓葬早期多为集体合葬和二次葬,常见的有成年男、女、小孩合葬,成年男性合葬,成年女性合葬,成年女性与小孩合葬等情况。男女无一定比例,每葬人数不等,一般在五至六人,多的几十人。晚期只见单人葬。葬式多为仰身直肢,俯身少见,个别屈肢。小孩除与大人合葬外,多装入陶瓮,埋在住处或附近。随葬品,早期一般是少量生活用陶器、装饰品、生产工具和武器。男性多箭镞,女性多装饰品和蚌刀。晚期各墓随葬品的质量和数量都表现出较大的差别。仰韶文化分布范围广,存在较大的地区差别,文化内涵也不尽相同,故可分为不同类型。如分布在陕西关中、河南西部、山西南部的仰韶文化,可分为半坡、庙底沟和西王村三个类型;河南北部和河北南部的仰韶文化,可分为后冈和大司空两个类型。仰韶文化的早、中期处于母系氏族社会的繁荣时期,晚期开始向父系氏族社会转化。郑州西山还发现了仰韶晚期的城址。

仰延 相传为舜时之乐人。《吕氏春秋·古乐》:"舜立,仰延乃拌(判)瞽叟之所为瑟,益之八弦,以为二十三弦之瑟。"

仰仪 天文仪器。元郭守敬创制。是一个直径一丈二尺的中空铜半球,像一口仰放的锅,锅口上刻有方位,相当于浑仪中的地平环,周边有水槽,注水以取水平。环面上从正北开始,顺时针方向刻从子到亥十二方位。仪器南部放置东西向和南北向正十字相交的竿子,南北向的竿子北端即为球心方向,顶端装有一小方板,称"璇玑板",可作东西向和南北向的转动。板中央有小孔,就在球心处。仰仪内壁刻赤道坐标网,刻的方法是把天球地平以上的半球,通过小孔投影到仰仪内球面上。其用途有多种:在观测时,转动小方板,使板面正对太阳,与日光垂直,太阳光经过小孔在仰仪内球面上形成一太阳像。从坐标网上可读出太阳所在点的去极度、时角和地方真太阳时。特别在日食时,可观测到日食过程,测定各食相的时刻、方位及食分。

养 ❶做饭的人。《春秋公羊传·宣公十二年》:"厮役扈养,死者数百人。"何休注:"炊烹者曰养。"《睡虎地秦墓竹简·金布律》:"都官有秩吏及离官啬夫,养各一人。"❷春秋楚邑。在今河南沈丘县东南老城东北。《左传》昭公三十年(前512):楚子"使监马尹大心逆吴公子,使居养",即此。

养病院 唐开元时,官府置坊以居京城乞儿,给廪食,故称。又分置卑田院于诸寺。

养蚕十字 金、元之际养蚕技术之高度概括。所谓"十字经验",乃指十体、三光、八宜、三稀、五广十个字。"十体",《务本新书》指出养蚕要注意掌握"寒、热、饥、饱、稀、密、眠、起、紧、慢(谓饲时紧慢也)"。"三光",为古代蚕农看蚕体皮色变化来确定饲养措施之尺度,《蚕经》:"白光伺食,青光厚饲,皮皱为饥,黄光以渐住食。""八宜",即强调注意养蚕之环境,《韩氏直说》:"方眠时宜暗,眠起以后宜明,蚕小并向眠宜暖、宜暗,蚕大并起时宜明、宜凉,向食宜有风,宜加叶紧饲,新起时怕冷,宜薄叶慢饲。蚕之所宜不可不知。反此者必不成矣。""三稀",指"下蛾、上箔、入簇"要稀(《蚕经》)。"五广",指养好蚕必须具备之五个基本条件:"一人、二桑、三屋、四箔、五簇。"

养方 商代方国(见殷墟甲骨文)。养原作羖或羖。武丁时曾命养人擒其首领养伯,用以祭祀。此后养对商有所贡纳,商朝亦派人入其地垦田。至廪辛、康丁时,又与瞽方等一起与商为敌。其地在商之西。

养晦堂诗文集 书名。清刘蓉撰。十四卷。刘氏以随曾国藩幕镇压太平军起家,累官四川布政使、陕西巡抚等。是书有关太平军、捻军等文字可资研究太平天国史。光绪三年(1877)刊行。

养济院 古代官办救济机构。唐开元中置,给两京乞儿廪食,使居之。宋沿置。明洪武五年(1372),令各司府、州、县设孤老院。八年,改此名。凡民之孤独残疾不能自生者许入院,官为赡养。每人月米三斗,薪柴三十斤,冬夏布各一匹。小口给三分之一。二十六年又定,除民户外,军、匠之老弱残疾无子孙者,亦于院中存养。永乐时,渐多颓坏。万历后,其制废弛。清雍正十二年(1734),令直省州县动用司库公用银修造养济院,收容孤贫无依之人。入院者发给印烙年貌腰牌。州县官按季到院,亲身验明腰牌,逐名散给口粮。其军流等犯年逾六十不能力食者,及年未及六十而已成笃疾不能谋生者亦照例拨入,按名给予孤贫口粮。

养家银 清政府发给官雇匠役之"优恤"金。清例,凡发往盛京或口外之匠役,均发给一定银两,以充家口食用之费,是为"养家银"。

养老令 汉代优恤老年人的法令。始于西汉文帝。据《汉书·文帝纪》文帝元年(前179)下诏议具养老令,"有司请令县道,年八十已上,赐米人月一石,肉二十斤,酒五斗。其九十已上,又赐帛人二匹,絮三斤。赐物及当禀鬻米者,长吏阅视,丞若尉致。不满九十,啬夫、令史致。二千石遣都吏循行,不称者督之。刑者及有罪耐以上,不用此令"。又《汉书·贾山传》:"(文帝)礼高年,九十者一子不事,八十者二算不事。"此制西汉各代不同程度地施行,东汉少见。

养吏 战国官名。掌符信之吏。《墨子·号令》:"为符者曰养吏一人。"孙诒让閒诂:"养吏,吏掌养为符信者。"

养利州 旧名历阳。广西土州。宋置,治所在今广西大新县北,属邕州。元属太平路。明洪武初,土官赵日泰归附,授世袭知州,属太平府。宣德七年(1432),改名同正州,移治今广西大新县。清复为养利州,1912年改为县。所辖居民主要有僮(壮)族。

养廉 清代官吏管理制度。即在正式俸禄之外附加俸银,以培养廉洁之风,杜绝贪污。始于雍正时。详"养廉银"。

养廉处 官署名。清代礼部所属办事机构。由本部堂官酌委所属司员管理,掌理收纳户部拨银及山东、安徽、福建、河南、山西等省解部银,并支给官员、吏役,以供养赡。宣统三年(1911)改隶典礼院。

养廉费 即“养廉钱”。

养廉钱 即养廉费。清雍正年间实行养廉银制度后,亦在新疆维吾尔族各级伯克中推行,时称养廉钱。其发给新疆喀什噶尔(今喀什)、和阗(今和田)、叶尔羌(今莎车)等地伯克者称“养廉腾格”。初由官府发给执照,令伯克在乡间自行“攒凑”。乾隆四十年(1775)以后改为官府征收,按伯克品级高低分别支放。执掌税务、词讼、水利等伯克因另有收入不予支放,称“不支养廉伯克”。其他各地伯克,因地小商稀,只给养廉田而不给钱文。

养廉腾格 见“养廉钱”。

养廉田 清政府拨给新疆维吾尔族各级伯克作为俸禄的耕地。乾隆时,三品阿奇木伯克授田两百“巴特满”,七品伯克授田三十“巴特满”,同时拨给数量不等之“燕齐”(即种地人)。嘉庆时有所削减。然伯克多利用职权私自扩大占地面积及燕齐户。新疆建省后废除。参见“养廉钱”。

养廉银 清代官吏于常俸之外按品级另给津贴银两,称为养廉银。意在杜绝贪墨,廉洁官守。养廉银只限于发给外官和八旗官员。各直省文员养廉银之设,始于雍正二年(1724),山西巡抚诺岷奏请以耗羡存公者,以其赢余定为各官养廉。嗣后各省俱奏请仿效。雍正五年,又定以两淮、两浙盐课羡余银,分拨都统、副都统、前锋统领、护军统领等八旗官员作为养廉银。养廉银的额数,酌耗羡之多寡,分差务之繁简,按官员之等差,自督抚、司道以佐贰杂职,为数递减不等;雍正以后,逐渐固定,与正俸无异。

养龙坑长官司 土司名。明洪武五年(1372)改元养龙坑宿征等处长官司置。长官蔡姓,五代时以平九洞革佬有功授土职。历宋世守。元隶顺元等路军民安抚司。明改今置。康熙八年(1669)归附,改称养龙长官司。治今贵州息烽县境,管养龙、上水等处村寨,居民有蔡家、布依族和苗族。

养马城 在今贵州遵义县北。明万历二十八年(1600)征播州杨氏,刘綎亲率骑兵追至养马城,即此。

养马余(餘)地 明代民养官马之州县,有养马之额数及相应之马地,当养马不及原定额时,原定马地便有多余,即称养马余地。

养蒙集 书名。元张伯淳撰。十卷。凡文六卷,诗三卷,词一卷。至正六年(1346)刊于家塾。明宣德年间,其曾孙铨及玄孙淑又修补刊行,刊本罕见。诸家书目所著录者,均为抄本,或题《养蒙先生文集》。

养蒙先生文集 即“养蒙集”。

养女 南朝时受寺院女尼荫庇的女子。梁时建康有寺院五百余所,僧、尼十余万,僧有白徒,尼皆畜养女。养女不贯人籍,不服课役,受女尼役使。

养赡官 官名。新莽置。新莽末年社会动乱,流民入关者数十万人,故临时设置养赡官,以禀给之。

养生 道家用语。意为保全生命必须重视和研究养育身体之道。《庄子·养生主》:“惠文王曰:善哉!吾闻庖丁之言,得养生焉。”“可以保身,可以全生,可以养亲,可以尽年。”晋郭象注:“夫生以养存,则养生者理之极也。”唐陆德明《经典释文》:“养生以此为主也。”认为养育生命、以尽天年为人生之要务。

养生论 篇名。三国魏嵇康著。以宣传少私寡欲,服食养生为宗旨,故名。与《声无哀乐论》、西晋欧阳建《言尽意论》并称为玄学“三理”(三种理论)。主张不营“名位”以“保神”,不贪“厚味”以“全身”,只要“导养得理”,就可长寿,否定了“死生由命”说。向秀著《难养生论》主张顺应“天理自然”,各守本分。嵇康再著《答难养生论》,重申“名利不灭”、“喜怒不除”、“声色不去”、“滋味不绝”、“神虚精散”为养生之“五患”。收入《嵇康集》。

养叔 即“养由基”。

养贤务 西夏供给国学廪食的机构。属中等司。立于崇宗乾顺贞观元年(1101)。

养象所 宋太仆寺所属机构。掌豢养驯象,每年四月送象到应天府宁陵县(今河南宁陵南)放牧,九月复归。

养心殿 宫殿名。在北京紫禁城乾清宫墙外西南。始建于明代。清初于此设养心殿造办处。雍正时重修,从此成为皇帝起居和进行日常政务活动之处,于前殿正间召对引见官员,于西暖阁批阅章奏。同治、光绪时慈禧太后于东暖阁“垂帘听政”。

养心殿造办处 官署名。清内务府所属机构。掌内庭器用之承作制造。设管理大臣二人,于内务府大臣内简充。下设总管郎中、郎中、员外郎、主事等员。设治器之十四作:如意馆、金玉作、铸炉处、造钟处、炮枪处、鞍甲作、弓作、珐琅作、玻璃厂、铜鍑作、匣裱作、油木作、镫裁作、盔头作。共有匠役一百九十六名。各作设催长、副催长、委署司匠、库守等,以承应差务。设钱粮库以存贮、领用金银并各项材料。设督催所、查核房、汇稿处,以负责督催、核销钱粮、汇存档案。其经费由盐政、织造、海关提供。各种活计之限期,由管理大臣视其难易而定,完否均记以功过。做成之活计存于内活计库或圆明园活计库以备用。另设舆图房。造办处于清初设于养心殿,于康熙三十年(1691)奉旨始迁慈宁宫南茶饭房,四十年迁毕,仍称养心殿造办处。

养一斋文集 书名。清李兆洛撰。二十卷。李氏著述除刊为专书外,均编入是书内,分为颂、疏、序、跋、记、碑铭、行状、传、论说、书牍、杂著等类。

养印田 亦称养膳田。指古代壮族土官在其统治范围内,抽调农奴无偿代耕,收获归其所有的田亩。

养由基 又作养游基、养叔。春秋时楚国人。善射,能百步射穿柳叶。楚共王十六年(前575),随楚王参加楚、晋鄢陵之战,战时,晋将吕锜射中楚共王一目,王给二矢,他仅以一矢即射死吕锜。三十一年,吴伐楚,和子庚率兵迎敌。出计预设伏兵,于庸浦(今安徽无为南)大败吴师,俘吴公子党。后任宫厩尹。

养育兵 清代为解决八旗余丁生计而设的预备

兵。雍正二年(1724)置。初设四千八百名,乾隆时增至二万五千二百十二名,光绪时又增至二万七千四百零八名。于贫乏另户余丁及闲散云骑尉、骁骑校以下微员之子内挑取,其他官员之子及开户余丁不准挑补。

养正书塾 学校名。清光绪二十五年(1899)杭州知府林启在大方伯之圆通寺创办。自兼塾正,聘陈黻辰为总教习。初设国文、小学、经学、修身、算学、历史、地理,续添格致、体操、英文、音乐等科。

养正学堂 学校名。清光绪二十七年(1901),由上海王琪、钱元中、张元基、苏庭猷、曹浩等人发起成立,担任义务夜课,中西并授。次年,由张轼等捐资添增日课,名中西启蒙学堂。

养知书屋遗集 书名。清末郭嵩焘著。五十五卷。光绪十八年(1892)刻本。包括奏疏、文集、诗集三类,郭于光绪初曾充出使英、法等国大臣,以熟悉洋务著称,书中涉及洋务的文字甚多。

养种园 官署名。元置。属大都留守司上林署。世祖中统三年(1262)置。掌西山淘煤,羊山烧造黑白木炭,以供修建之用。有提领官。

养拙轩笔记 书名。清沈梓撰。稿本。前部记太平天国时事,偶有评论,内容与作者所著《避寇日记》相同,但比日记较详。收入《太平天国资料丛编简辑》。

yàng

样米 见“呈样❶”。

样磨 即“咽面”。

样钱 钱之样品。清制,每遇更定钱制,例先定钱式进呈,再按规定钱式铸祖钱、母钱、制钱各一枚,颁发各省,令依式鼓铸。

漾水 漾一作养、瀁。指汉水上源。古人误以西汉水为汉水之源(一说此系古代实际情况,汉水上承西汉水处在今陕西宁羌县西北阳平关,六朝时遭地震,东西二汉水始隔绝不通),故《汉书·地理志》以西汉水某一支流为养水,《水经》径以西汉水上源为漾水。后人既知西汉水与汉水并不通流,因又以今陕西勉县西汉源为漾水。参见“嶓冢山”。

yāo

夭坝长官司 土司名。又名夭坝蛮夷长官司。元至正十三年(1353)置。长官夭姓。明洪武初归附,洪武十八年(1385)升贵州蒙囊直隶夭坝安抚司。清康熙十一年(1672)改置长官司。治今贵州丹寨县北。与永安司同管下排五十三寨。

夭家 即侥家,史称夭苗、夭坝苗、扰家、水佗佬、短裙苗等。主要分布在今贵州省麻江、凯里、都匀等县。从事农业,兼营渔业,善捕鱼,虽隆冬亦能入渊。楼居,衣服尚黑、青色,男衣着同汉人,妇着细裆裙。以十一月为岁首。届年节家家备酒脯餐鱼祀祖,击铜鼓,吹芦笙。

妖书案 明万历年间由争国本而引起的事件。郑贵妃曾重刻侍郎吕坤所辑《闺范图说》,后有不知姓名者撰跋,名曰《忧危竑议》,盛传京师,谓郑贵妃意在立己子。万历二十九年(1601),神宗立皇长子朱常洛为皇太子。三十一年,阁臣朱赓于寓门外获《续忧危竑议》一书,托郑福成为问答,意为郑氏之子福王当成,并称以朱赓入内阁,实寓他日易储之意。词意诡妄,时人皆谓之妖书。神宗怒,命有司追索,官僚间亦借此事互相倾轧。三十二年,有司归罪于皦生光,杀之。

妖星 古代天文学用语,亦作祆星。泛指各种“预兆”灾祸的星或特殊天象。《晋书·天文志》中列妖星二十一种。一曰彗星,二曰孛星,三曰天棓,四曰天枪,五曰天欃,六曰蚩尤旗,七曰天冲,八曰国皇,九曰昭明,十曰司危,十一曰天谗,十二曰五残,十三曰六贼,十四曰狱汉,十五曰旬始,十六曰天锋,十七曰烛星,十八曰蓬星,十九曰长庚,廿曰四填,廿一曰地维藏光。据分析:孛星、天棓、天枪、天欃、蚩尤旗、天谗、五残、六贼、旬始、天锋可能是彗星的不同形态。孛星有可能是彗星,也可能是超新星爆发,其余多为北极光、火流星,或超新星爆发的形象。

妖言 罪名。指以怪诞不经之说诋毁他人的行为。非议皇帝或危害封建统治的言论,即“妖言”罪的主要内容。秦汉时有妖言令,高后元年(前187)、文帝前元年(前179)曾一再下诏废止,但终汉之世未能尽除,并为其后历朝所沿袭。

要阳县 西汉置。治今河北丰宁县东兴州河西。为渔阳郡都尉治。东汉废。北魏复置。移治今北京市密云县东南。属密云郡。北齐废。

腰舵 古代船只上用于控制航向的装置。贯于中腰大梁二侧的刀形阔板,起减弱船只横移和摇晃作用。明《天工开物·海舟》:“中腰大横梁出头数尺,贯插腰舵,……腰舵非与梢舵形同,乃阔板斫成刀形,插入水中,亦不捩转,盖夹卫扶倾之义。”

腰鼓 又称拍鼓。隋唐时瓷乐器。两端粗,中腰细,体饰弦纹。两端蒙皮便可演奏。有青瓷、花瓷、白瓷等制品。青瓷品始见于隋,盛行于唐。花瓷制品又称花鼓。

腰机 明代织机之一种。用以织葛苎、木棉等粗线布匹。单人操作,足蹬踏板,手投织梭,劳动强度大。因用力主要在腰尻之上,故名。万历间,京师(北京)织染局有腰机匠二十二名。

腰牌 ❶官员人等出入宫禁之凭证。明称衙牌,清改腰牌,始于嘉庆年间。木制,长方形,由内务府发给,正面烫有“腰牌”字样,背面开写持牌人姓名、年岁、面貌。造具清册两份咨送内务府,另将一份汇总清册咨送景运门,以便查对。每届三年缴旧换新,如持牌人员有更换或斥革情事,均应随时咨报内务府及景运门稽核。内务府建有《佩带腰牌旗色花名档》,详细记录在案。❷古代军营中通行凭证。木制。因官员人等常系于腰间,也称腰牌。

腰斩 亦作要斩。死刑的一种。《史记·商君列传》:“不告奸者腰斩。”《汉书·隽不疑传》:“方遂坐诬罔不道,要斩东市。”《释名》:“砍头曰斩,斩腰曰腰斩。”其后历朝多有沿用者。因受刑者不会立即死去,故最称残酷。一般不列入刑法。宋徽宗时,农民领袖方腊起义失败,即被腰斩于开封。明初诗人高启,因文字之祸,亦被腰斩而死。

腰站 即“亮噶尔”。

yáo

爻辞 《易经》每卦各爻爻题下所附概括一爻要义的文辞。如《乾》卦第一爻“初九”下的“潜龙勿用”、第五爻“九五”下的“飞龙在天,利见大人”、第六爻“上九”下的“亢龙有悔”;《泰》卦“九三”爻辞之“无平不陂,无往不复”等。这些爻辞以龙为例说明一切事物有进有退、有得有失的变化规律,发展到一定阶段就向对立面转化。包含了物极必反的朴素辩证观点。

尧 又称唐尧。相传为上古帝王。帝喾之子,祁姓,名放勋,原封于唐,故称陶唐氏。代挚登帝位,都平阳(今山西临汾西南)。设官分职,命羲仲、羲叔、和仲、和叔分居东、南、西、北四方,观察天象,制定历法,以授民时,名为“四岳”。是时洪水横流,泛滥四方,毁坏山陵,冲坏田土,人民不堪其苦。尧欲使治洪水,“四岳”荐举鲧治水,九年不成。晚年,“四岳”荐舜,遂禅位于舜。舜乃诛鲧于羽山(今江苏赣榆西南),命禹续治洪水。或说因尧德衰,舜逼其让位而囚之,“复偃塞丹朱(尧子),使不与父相见也”(《史记·五帝本纪》张守节正义引《竹书纪年》)。

尧典 《尚书》篇名。《礼记·大学》引作《帝典》。大抵由周代史官根据传闻编写,经春秋战国时儒家补订而成。陈梦家《尚书通论》考证《尧典》为秦官本《尚书》。记叙尧、舜禅让传说,反映中国原始社会末期社会状况。东晋梅赜所上伪《古文尚书》将其下半篇分出,并于其前加二十八字,称为《舜典》。

尧港 古地名。在今台湾高雄县西北旧港村。始见于明。陈第《东番记》:“其地……历大员、尧港。”一作“峣港”,见余文仪《台湾府志》舆图。

尧呼尔 裕固族的自称。

尧君素(? —618) 隋魏郡汤阴(今河南汤阴东)人。为晋王杨广(炀帝)藩邸旧臣,性严明,善御众。炀帝即位,累迁鹰击郎将,治军有方。大业十三年(617),从屈突通领河东,拒李渊父子于河东。通被俘,仍守城不降。次年,其妻至城下劝降,以箭射之。后为部下所杀。

尧山 ❶即“雷首山”。在今山西永济市蒲州南。《汉书·地理志》:河东郡蒲反县“有尧山”。《水经·河水注》:雷首山,“俗亦谓之尧山”。参见“雷首山”。❷一名“大陌山”。即今河南鲁山县西石人山。滍水所出。《水经·滍水注》:尧之末孙刘累“迁于鲁县,立尧祠于西山,谓之尧山”,“滍水出焉”。东汉张衡《南都赋》:“奉先帝而追孝,立唐祀乎尧山。”

尧雄(499—542) 东魏上党长子(今山西长治南)人,字休武。善骑射。北魏末官至燕州刺史。随并州刺史尔朱兆战丞相高欢于广阿(今河北隆尧东),兵败归欢。及孝武帝西奔,为大都督,豫州刺史。天平二年(535),破梁司州刺史陈庆之。四年,颍州及豫州诸将叛降西魏,乃退保大梁(今河南开封)。次年,从大行台侯景攻克南顿(今河南项城西)、鲁阳(今河南鲁山),复授豫州刺史。后巡行西南,寻卒于鄴。

肴藏署 官署名。北齐光禄寺始置,有令、丞,掌膳食器物鲑味等事。隋代沿置,有令二员、丞二员,大业三年(607)升令品。唐代沿置,垂拱元年(685)改为珍羞署,神龙元年(705)复,开元元年(713)定名为珍羞署。

肴藏中士 官名。西魏恭帝三年(556)置,北周沿置。天官府膳部中大夫属官,员一人,掌供御及祭祀、朝会所用的各种水陆特产,正二命。下设肴藏下士以佐之。隋开皇元年(581)罢。

轺车 ❶一匹马拖拉的轻便车。战国时已出现,《墨子》中有记载。秦汉时多使用,顶有伞盖,四面敞露。《史记·季布栾布列传》:“朱家迺乘轺车之洛阳。”司马贞索隐:“谓轻车,一马车也。”因其四面敞露,可以远望,故《释名·释车》谓轺车为“四向远望之车”。❷唐代为皇太子之车的一种,五日常服、朝飨、宫臣、出入行道所乘,金饰末,紫油纁,朱里帷幔。亲王及武职五品有轺车,碧里青帷幔。❸奉使者和朝廷急命宣召者所乘之车。亦指代使者。王昌龄《送郑判官》诗:“东楚吴山驿树微,轺车衔命奉恩辉。”

峣关 即今陕西商州市西北牧护关。因临峣山得名。为关中平原通往南阳盆地的交通要隘。秦二世三年(前207)刘邦进军关中被阻于此,遂绕关逾蒉山,破秦军于蓝田县南。北周武成元年(559)移置青泥故城(今陕西蓝田县)侧,改名青泥关。建德二年(573)又改为蓝田关(因蓝田县为名)。隋大业元年(605)迁回故址。今蓝田县南十余里另有峣关,乃近代所置。

姚艾 十六国时人。初为后秦主姚兴秦州刺史。永和元年(416)西秦乞伏昙达等来攻,拒战于蒲水,败奔上邽(今甘肃天水)。次年后秦亡,遣使称藩于西秦,炽磐拜为征东大将军、秦州牧。又次年欲降北凉沮渠蒙逊,为部下所逐,遂奔凉。蒙逊署为征南将军。与尚书左丞房晷共撰“朝堂制”,行之旬日,百僚振肃。

姚安 明军民府名。元为路。洪武十五年(1382)置府,设流官知府,以僰人土首领高氏为土同知。二十七年升军民府,改用土知府。治所在今云南姚安,隶云南布政司,领一州一县。

姚安兴宝寺碑 大理国碑刻。立于大理国元亨二年(南宋淳熙十三年,1186),原存云南姚安县兴宝寺,今存县文化馆。碑高1.28米,宽0.77米,厚0.24米,碑首有佛像浮雕。碑上共刻两篇碑文,均左行,正书。一为《兴宝寺德化铭》,共三十三行,行五十或五十一字,颂赞大理国“上公”高踰城光之功绩及修建兴宝寺事。一为《褒州阳派郡嵇肃灵峰明帝记》,共八行,行五十四字,记载高踰城光祭祀嵇肃山神之盛典。均为杨才照撰。碑文书法劲秀,辞文典雅,为研究大理国和白族高氏史迹的实物资料。碑背还有北元宣光六年(明洪武九年,1376)刻的《重修兴宝寺续置常住记》一篇,乃后刻。

姚巴儿思 即"姚天福"。

姚弼(?—416) 十六国时南安赤亭(今甘肃陇西西)人。羌族。姚兴子。弘始十年(408),以中军率步骑三万伐秃发傉檀。至姑臧(今甘肃武威),败绩。十三年拜尚书令、侍中、大将军。广树爪牙,阴谋篡立。兴疾笃,谋逆,事发赐死。

姚察(533—606) 南朝吴兴武康(今浙江德清西)人,字伯审。历仕梁、陈、隋三朝。梁末任原乡令、著作佐郎。在陈历任散骑侍郎、中书侍郎、秘书监领著作郎、吏部尚书等。入隋为秘书丞,撰梁、陈二史。博通典籍,善为文章,精于史学。陈宣帝时曾出使北周,答学者刘臻所问《汉书》疑事十余条,逐条剖析,皆有确据。所撰梁、陈二史,未毕而卒。尚著有《汉书训纂》、《说林》、《西聘道里记》、《玉玺记》、《建康三钟记》等。

姚长子(?—1555) 明浙江会稽(今绍兴)人。嘉靖三十四年(1555)倭寇犯境,被逼为向导,引敌入四面临水之化人坛,事先嘱乡人撤桥以断归路。倭被歼,己亦遇害。

姚苌(330—393) 十六国时后秦建立者。公元384—393年在位。南安赤亭(今甘肃陇西西)人,字景茂。羌族。姚弋仲子,姚襄弟。襄死,率众降前秦,苻坚时累迁龙骧将军,督益、梁州诸军事。淝水战后,收集部众,从尹纬议,率羌人独立,自称大将军、大单于、万年秦王,年号白雀,进屯北地(今陕西耀县东南)。白雀三年(386)即帝位于长安,改元建初,国号大秦,史称后秦。

姚承祖(1866—1938) 江苏吴县人,字汉亭,号补云。承父业,凡邑中大建筑均出其手,民国后任苏州工业专科学校教授、鲁班会会长。著《营造法原》,又将历年营建之建筑绘成《补云小筑图》,记录了当时苏州一带建筑式样。

姚崇 ❶十六国时南安赤亭(今甘肃陇西西)人。羌族。后秦主姚苌子。任中军将军。屡与前秦苻登作战。建初五年(390),前秦将魏揭飞攻杏城(今陕西黄陵西南),已降后秦之镇东将军雷恶地应之。他从苌力战,击杀揭飞,迫恶地再降。姚兴时任大司马,封齐公。弘始元年(399)与镇东将军杨佛嵩攻拔晋洛阳,晋淮、汉以北诸城多降后秦。历掌兵戎,屡建战功。卒于姚兴时。❷(650—721)唐陕州硖石(今河南陕县东南)人,本名元崇,字元之。应下笔成章举,授濮州司仓。武则天时,累迁夏官郎中。圣历元年(698),以夏官侍郎同平章事。因得罪权臣张易之兄弟,充使灵武道大总管。神龙元年(705),参与杀张易之兄弟之谋,迎中宗复位,出为亳、许等州刺史。睿宗立,再迁兵部尚书、同中书门下三品,寻迁中书令。与宋璟奏请太平公主移居东都,出诸王为刺史,以防干扰国政。公主怒,贬申州刺史,转扬、同等州,为政简肃。开元二年(714),第三次任宰相,兼兵部尚书。因避开元讳,改名为崇。时玄宗初即位,励精求治,宰相卢怀慎、源乾曜等唯诺从事,他独当重任,尽心辅佐,直言敢谏。请抑权幸,任贤才,省刑罚,却贡献,沙汰僧尼等,皆被采纳。山东曾大蝗,坚持捕灭。四年,荐宋璟自代,成开元之治,并称"姚宋"。遗嘱薄葬,不请僧道荐福。有集十卷,已佚。

姚大胆 见"饶鼎丞"。

姚范(範)(1702—1771) 清安徽桐城人,字巳铜、南青,号薑坞。乾隆进士。官翰林院编修,充三礼馆纂修官。与刘大櫆友善。工诗文。著有《援鹑堂文集》、《援鹑堂笔记》等。

姚古 北宋五原(今内蒙古包头西北)人,一说陇干(今甘肃静宁)人。姚兕子。以边功累迁熙河经略使。靖康元年(1126)金兵围开封时,起兵勤王。既议和,金兵退,诏领兵护送出境。旋为河东制置使,援太原,复隆德府、威胜军,与金人战,互有胜负。既而副使种师中兵败阵亡,他与金兵战于盘陀,溃败,诏安置广州。

姚贾 战国末人。魏监门之子,曾为盗于魏,又在赵为臣而被逐。后入秦与李斯同事于秦王政。秦王政十四年(前233),燕、赵、楚等国欲联合攻秦,他愿为使以破各国合纵,秦王资其车百乘、金千斤,衣王衣、带王剑出使各国,成功而还。秦王封之千户,以为上卿。时韩非在秦,毁之"以王之权、国之宝,外自交诸侯"。他自我辩解,并与李斯诋毁韩非,终使秦王囚韩非。

姚官庄遗址 山东龙山文化遗址。因在山东潍坊市南姚官庄发现而得名。1960年发掘,揭露出密集的灰坑,其状有圆形袋状、圆形或椭圆盆状。主要遗物石器有斧、刀、镞、纺轮,另有铲、凿、镰、锥、网坠等。陶器有鬶、鼎、甗、罐、瓮、杯、碗、盆、盘、豆、尊、盉、器盖等。另有较多的细泥蛋壳黑陶。遗址中还发现周和汉代的遗存。

姚广孝(1335—1418) 明苏州长洲(今江苏苏州)人,幼名天禧,字斯道。十四岁出家妙智庵,十八岁剃度为僧,法名道衍。习兵法,结名士,兼通佛、道、儒诸家之学。洪武中以高僧从燕王至北平(今北京)。建文初,力促燕王起兵"靖难",参与策划军事。成祖即位,论功第一,授僧录司左善世、太子少师,复姓赐名,受命辅导太子、太孙,并先后主修《永乐大典》、《太祖实录》等。因病卒于北京庆寿寺。著有《逃虚类稿》、《逃虚集》、《逃虚子诗集》、《道余录》、《石城霞外集》等。

姚国庆(?—1882) 清广东番禺(今广州)人。监生,以同知衔知县分发河南试用。咸丰七年(1857)在河南参与镇压太平军。十年从军镇压捻军。同治四年(1865)署陕州知州。八年改署光州知州。光绪年间曾捐廉赈济晋豫灾民,并召绅耆集资兴修光州故夹潢水利工程。又劝民积谷备荒,编订《忠节志》。

姚合(约779—约846) 唐陕州硖石(今河南陕县东南)人。元和进士。曾任武功主簿,故诗家称姚武功,名其诗为武功体。历荆、杭二州刺史,刑部郎中,谏议大夫,终秘书少监,故亦称姚少监。诗与贾岛齐名,并称"姚贾"。多写个人日常生活与自然景色,于直朴中寓工巧,注重诗格与意境。为宋江湖派所师法。有《姚少监诗集》十卷。又极推崇王维,称维为诗家射雕手。选编王维、钱起等二十一人诗成《极玄集》,为唐人编唐诗重要之作。

姚和都 十六国、北魏人。泰常二年(417),随其兄成都由后秦降魏。曾任左民尚书。著有《秦纪》。

姚泓(388—417) 十六国时后秦国君。公元416—417年在位。字元子、元时。羌族。姚兴长子。少时博学善谈论,尤好咏诗。姚兴以其"无经世之用",久之始立为太子。弘始十八年(416)即帝位。后宗室内乱,国势虚弱。东晋刘裕乘机北伐。永和二年(417),晋军入潼关,迫渭桥,关中郡县多潜通晋师。他无计可施,被迫出降。至建康(今南京)被杀,后秦亡。

姚洪业(1887—1906) 清末湖南益阳人,原名宏业,字剑生,号竞生。光绪三十年(1904)长沙明德学堂毕业。旋赴日本留学,入东京铁道学校。次年加入同盟会,首倡保护路矿主权。日本政府颁布《清国留日学生取缔规则》后,罢课返沪,参与创设中国公学,安置归国学生,被推为干事。后因愤于阻力重重,蹈黄浦江而死。

姚黄军 明末清初川东农民起义军。明崇祯中,姚天动、黄龙聚众起义,据守川东,号姚黄军。后与张献忠部将袁韬、旧明将领武大定和夔州义军谭文、谭诣、谭宏及李自成余部等联合,坚持抗清斗争。

姚黄十三家 即"摇黄十三家"。

姚晃 十六国时南安(治今甘肃陇西东南)人。羌族。白雀元年(384)姚苌称秦王,以之为左司马,迁尚书右仆射。苌病重,受遗诏辅政。苌子姚兴时任尚书令,使辅太子泓,入直西宫。与尹纬等并为后秦佐命重臣。

姚恢(?—417) 十六国时南安赤亭(今甘肃陇西西)人。羌族。姚兴从子。历前将军、征北大将军,封齐公。姚弼夺嫡谋叛,曾表请加刑。兴子泓立,出镇岭北,不预朝权。寻受命杀弼党安定太守吕超,久乃诛之,由是被疑。夏赫连勃勃攻雍州,乃弃安定(治今甘肃泾川北)单骑归长安。后复镇安定。晋太尉刘裕伐秦,乘机率安定镇户三万余叛,自称大都督、建义大将军。自北雍州趋长安,为姚绍等击杀。

姚际恒(1647—约1715) 清安徽桐城人,字立方,又字首源。寄居浙江仁和(今杭州),少即泛读百家之书,后专事于经学,长于辨伪,与阎若璩同辨《古文尚书》之伪,持论多不谋而合。所撰《古今伪书考》,列经、史、子各类伪书几十种,如《易传》、《古文尚书》、《毛诗序》、《周礼》、《大戴记》、《孝经》等。多为儒家著名典籍,际恒却判之为伪。所断虽未必尽当,然足以破惑启迪,富批判怀疑精神。另著有《九经通论》、《庸言录》等。

姚继可(1534—1608) 明河南襄城人,字光父,号又轩。嘉靖进士。授知县。隆庆二年(1568)擢四川道御史。万历初历陕西参议、右副都御史。三十年(1602)擢工部尚书。三十三年致仕。后病死于家。

姚江 ❶在今浙江东部。源出四明山,经余姚市至宁波市同鄞江汇合后称甬江。余姚市以下即浙东运河东段。❷浙江余姚市的别称,即因境内姚江而得名。明哲学家王守仁为余姚县人,故世称其学为姚江学派。

姚景行 辽兴中(今辽宁朝阳)人,原名景禧。先世为周将,使于辽,被留。重熙进士。十二年,皇子洪基(道宗)封燕赵国王,辟为教授。十九年,洪基总领北南枢密院,任为南院枢密副使。道宗清宁元年(1055),为参知政事。进为北府宰相。九年,耶律重元作乱,与南府宰相领兵勤王,及至,乱已平。咸雍元年(1065),为武定军节度使。二年,召为南院枢密使。七年,知兴中府事。后改朔方军节度使。大康时,徙辽兴军节度使,以上京留守致仕。加守太师。

姚康复 一作姚康。唐人。宣宗大中年间曾任太子詹事。著有《统史》。

姚宽(1105—1162) 宋越州嵊县(今浙江嵊州)人,字令威,号西溪。以荫补官。吕颐浩、李光帅江东,皆招致幕中。秦桧执政,以旧怨抑而不用。后以贺允中、徐林、张孝祥荐,权尚书户部员外郎、枢密院编修官。博学强记,精天文推算。工词章、篆隶及工技之事,尝集古今用弩事实及造弩制度,为《弩守书》以献。另著有《西溪集》、《史记注》、《战国策补注》、《西溪丛语》等。

姚夔(1417—1473) 明浙江桐庐人,字大章。正统进士。授吏科给事中。英宗复位,出任南京刑部右侍郎。天顺七年(1463)进礼部尚书。斥在京番僧,以挫其势。成化五年(1469)转吏部,力主赈灾荒、抚流民、去冗费。用人偏爱南籍。后加太子太保,卒于任。谥文敏。著作有《姚文敏公遗稿》。

姚立德(?—1783) 清浙江仁和(今杭州)人,字次功。以荫入官,累迁至山东按察使、河东河道总督。乾隆三十九年(1774),与山东巡抚徐绩镇压王伦起义,兵败。后防守东昌,引运河水绕城壕以自固。四十四年,以河决仪封夺官。

姚明恭 明湖广蕲水(今湖北浠水)人,字玄卿,号昆斗。万历进士,选庶吉士,授检讨。崇祯十一年(1638)由詹事迁礼部侍郎。次年进礼部尚书预机务。十三年,为赴京乡人所讼,罢职归。

姚鼐(1731—1815) 清安徽桐城人,字姬传,一字梦谷,居室名惜抱轩,学者称惜抱先生。少受业于刘大櫆。乾隆进士。累官至刑部郎中。四库馆开,荐为纂修,书成,以御史记名。告归后,历主扬州梅花、安庆敬敷、徽州紫阳、江宁钟山等书院四十余年。通经学,长诗文,为桐城派主要作家。宗奉程朱理学,认为"儒者生程、朱之后,得程、朱而明孔、孟之旨,程、朱犹吾父师也"(《再复简斋书》)。指责汉学家"以攻驳程、朱为能","大为学术之害"(《复蒋松如书》)。主张“义理”、“考据”、“词章”三者“同为不可废”,“必兼收之,乃足为善”(《复秦小岘书》)。论文以“神、理、气、味”为“文之精”,“格、律、声、色”为“文之粗”,将学习古文过程概括为由“粗”到“精”,“终则御其精而遗其粗者”(《古文辞类纂序目》);又提出“阳刚阴柔”说,以区分文章风格。著有《九经说》、《庄子章义》、《惜抱轩文集》、《惜抱轩诗集》等。选编有《古文辞类纂》。

姚内斌(911—974) 北宋平州卢龙(今属河北)人。原为契丹关西巡检、瓦桥关使,后周末降于世宗,为汝州刺史。宋建隆元年(960),从慕容延钊平李筠,改虢州刺史。旋调为庆州刺史,兼青、白两池榷盐制置使。在郡逾十年,党项羌不敢攻扰,被称为“姚大虫”。

姚平(?—102) 十六国时人。羌族。后秦将领。弘始四年(402),与狄伯支率步骑四万伐魏,至柴壁(今山西临汾北),魏大军至,截汾水逼之,粮竭矢尽,与部下投汾水死。

姚平仲(约1099—?) 宋五原(今内蒙古包头西北)人,一说陇干(今甘肃静宁)人,字希晏。世为西边大将。幼孤,从父姚古养为子。与西夏战有功。从童贯镇压方腊起义,为贯所抑。累迁武安军承宣使。宣和五年(1123)以宣抚司统制官受命交割燕京。靖康元年(1126)入援京师,任京畿宣抚司都统制,夜袭金营,功不成,亡命西蜀,隐居大面山。乾道、淳熙间始出,时年八十余。

姚启圣(1624—1683) 清初浙江会稽(今绍兴)人,字熙止,号忧庵。明诸生。顺治间自效清军,隶汉军镶红旗。初任香山知县,以擅开海禁罢职。康熙十三年(1674),曾捐资募兵,从康亲王杰书平耿精忠叛乱。十五年任福建布政使。十七年晋总督,与将军赉塔、海澄公黄芳泰等屡败郑经所部,尽复福建沿海之地。十九年晋兵部尚书,又请开海界,复民业,招降垦荒。二十二年,曾至厦门经理粮饷,以供施琅攻取台湾之需。旋病卒于福州。著有《忧畏轩奏疏文告》、《忧畏轩遗集》。

姚秦 即“后秦”。

姚汝能 唐人。曾任华阴县尉。著有《安禄山事迹》。

姚僧垣(499—583) 南北朝时吴兴武康(今浙江德清西)人,字法卫。初仕梁,为太医正,兼中书舍人。侯景之乱后,侍医梁元帝。西魏破江陵(今湖北荆州),被丞相宇文泰征召至长安。医术高妙,每多奇效。金州刺史伊娄穆患疾,自腰至脐似有三缚,乃处汤三剂,三缚悉除。建德四年(575),周武帝率军攻齐遇疾,口不能言,眼不得视,足不能行,依口、眼、足分段进药,至华州痊复。历遂伯中大夫、华州刺史,封长寿县公,除太医下大夫。隋初,进爵北绛郡公。寻卒。有《集验方》行于世。

姚善(1360—1402) 明湖广安陆(今属湖北)人,初姓李,字克一。洪武中由乡举起,历都门县丞、重庆同知等。三十年(1397)升苏州知府。尊文士,法宽平,吴中大治,为姑苏五太守之一。燕王起兵南下,密结邻府,训练民兵为备。建文四年(1402),奉诏督苏、松、常、镇、嘉五府兵勤王。兵未集,京师已陷,乃誓与苏州共存亡。为部下许千户缚献,不屈而死。

姚绍(?—417) 十六国时人。羌族。后秦将领。皇初四年(397)奉命讨武都氐屠飞、啖铁。弘始元年(399)都督山东诸军、豫州牧,镇洛阳。东晋北伐,被姚泓任为大将军、大都督,守潼关。永和二年(417)兵败,呕血而死。

姚绍之(?—约725) 唐湖州武康(今浙江德清西南)人。中宗时任监察御史,为武三思“五狗”之一。时王同皎、张仲之等谋杀武三思,未成下狱。他奉命审理,竟击折仲之之臂,并诬以谋反,族诛之,朝廷侧目。擢左台侍御史,贪赃五百万,当死,得韦后之妹保释,贬岭南琼山尉。复逃还京,被万年尉捕获,折其足。开元十三年(725)转括州长史同正,不得与州事,卒。

姚枢(1201—1278) 元洛阳(今属河南)人,字公茂,号雪斋,又号敬斋。金亡,至燕京,依附杨惟中。太宗七年(1235),与杨惟中从亲王阔出攻南宋,访求儒道释医卜人才,得赵复,始闻程朱性理之学。十三年,为燕京行台郎中,不久弃官居辉州(今河南辉县),与许衡、窦默讲习理学。后应忽必烈(世祖)聘,上书言治道。从征大理及鄂州。世祖即位,为东平宣抚使。中统二年(1261),改大司农。四年,拜中书左丞。至元五年(1268),佥河南行省事,经理屯田。十年,为昭文馆大学士。十二年,改翰林学士承旨。

姚璹(632—705) 唐京兆万年(今陕西西安)人,字令璋。姚思廉孙。高宗时为秘书郎、中书舍人。武周时,累官文昌左丞、同凤阁鸾台平章事。自高宗永徽以后,起居郎、起居舍人常不能预闻内阁议论政事,《起居注》仅能从敕制内采录,而不能尽举其原委。他奏请凡军国政要,由宰相一名负责撰录,每月封送史馆,号为《时政记》。时政有记,自璹始。

姚舜辅 北宋人。徽宗崇宁三年(1104)造《占天历》。因历官言此历成于私家,不经考验,不可施行。遂复造新历,崇宁五年历成,赐名《纪元历》。大观元年(1107)颁用。曾于崇宁年间进行大规模恒星观测,其结果反映于《纪元历》。此为宋代最精确的一次天文测量,其中二十八宿距度误差绝对值平均只有0.15度,唐一行的观测数据因此为其取代。首创利用观测金星来定太阳位置的方法。并首次明确提出恒星距度始终在变化,各时代“天道”并不相同。

姚硕德 十六国时南安赤亭(今甘肃陇西西)人。羌族。姚苌弟。初为都督陇右诸军事、秦州刺史,领护东羌校尉。姚兴立,封征西将军、陇西王。先后讨平凉胡金豹、上郡姜乳,伐吕隆,降乞伏乾归。攻仇池,逼杨盛乞降。累官至太宰。

姚思廉(557—637) 唐雍州万年(今陕西西安)人,名简,以字行。早年从父察读《汉书》,尽得家学。南朝陈时,任会稽王主簿。入隋,任汉王府参军。父察曾撰梁、陈二史,未成,遗令他续撰之。又奉诏与起居舍人崔祖濬修《区宇图志》。迁代王侑侍读。入唐,为秦王府文学馆学士、太子洗马。贞观初,迁著作郎、弘文馆学士。三年(629),奉诏与秘书监魏征同撰梁、陈二史,乃据家藏旧稿,兼采谢炅(一作炅)、傅縡、顾野王诸家之书,撰成《梁书》、《陈书》。官至散骑常侍。

姚思仁 明浙江秀水(今嘉兴)人,字善长。万历进士。授行人,擢御史,巡按河南。天启二年(1622)官至工部尚书。次年以年老致仕。卒时九十一岁。

姚兕 北宋五原(今内蒙古包头西北)人,一说陇干(今甘肃静宁)人。字武之。父战死,补右班殿直,为环庆巡检,御西夏屡捷。宋神宗召试骑射,迁路都监,徙鄜延、泾原。参加攻克河州之役,以军功累迁皇城使,为钤辖。后任通州团练使,鄜延总管。慕颜真卿为人。图画器用,皆刻"仇雠未报"字。力学兵法,与弟麟同为关中名将,号"二姚"。卒年六十七。

姚燧(1238—1313) 元河南洛阳人,字端甫,号牧庵。初为秦王府文学,累官翰林直学士、大司农丞、翰林学士。成宗元贞元年(1295),诏修《世祖实录》,与侍读高道凝为总裁。其后历任江东廉访使、江西行省参知政事,官至翰林学士承旨、知制诰兼修国史。著有《国统离合表》、《牧庵集》。

姚天福(1230—1302) 元绛州稷山(今属山西)人,字君祥。初为县吏。至元五年(1268),御史台初建,为架阁管勾。十一年任监察御史。条奏阿合马罪,世祖赐名巴儿思(蒙语,虎)。后历任淮西、湖北、辽东、山北等处按察使、刑部尚书、陕西肃政廉访使、真定总管等职。所至之处,查处贪官,整顿吏治,平反冤案,名闻一时。大德四年(1300)为参知政事、大都路总管。后病死。

姚珽(641—714) 唐雍州万年(今陕西西安)人。姚思廉孙。举明经,少勤苦好学。历定、汴、沧、虢、豳、秦六州刺史,有政绩。神龙元年(705),封宣城郡公,升太子詹事兼左庶子。数上书劝太子李重俊近正人,尚节俭,习经史等。太子败,宫臣皆得罪,独升右散骑常侍,迁秘书监。睿宗时,为户部尚书,转太子宾客。著有《汉书绍训》四十卷,已佚,《全唐文》存文四篇。

姚文灏(1455—1504) 明江西贵溪人,字秀夫,号鄱东野人,晚更号学斋。成化进士,授都水主事。弘治七年(1494)参与苏松、浙西治水事,主张浚松江及捍海塘以解东南水患。官至湖广提学佥事,以作育人才为己任。尝自谓所能者三:毁誉不入,请托不行,贿赂不通。著有《学斋稿》、《心学录》、《经说》、《杂说》及《水道图集》、《浙西水利书》等。

姚文然(?—1678) 明末清初江南桐城人,字弱侯。明崇祯进士。顺治中任礼科给事中,寻以终养归。康熙五年(1666)补户科给事中,以敢言著称,十年迁左副都御史。十五年官刑部尚书。后卒于任。

姚文田(1758—1827) 清浙江归安(今湖州)人,字秋农。高宗至天津,召试第一,授内阁中书,充军机章京。嘉庆初,成状元,授修撰。入直南书房。上疏建议劝课农桑,免株连,上下相爱,得仁宗嘉纳。历任兵、户、礼部侍郎,江苏学政。上疏请禁漕务浮收,裁革运丁陋规,切中时弊,被采纳。博综群书,兼谙天文。累官至礼部尚书。

姚希得(?—1269) 南宋潼川(治今四川三台)人,字逢原,一字叔刚。嘉定进士。初知蒲江县,后通判太平州,改福州。理宗初政,上书极论当时貌似清明,内有危亡之征。知庆元府,为沿海制置使,募水军、造战舰、蓄粮食;为沿江制置使知建康府、江东安抚使、行宫留守,自建康、太平至池州一带,列寨置屋二万余间,屯戍七千余人,以加强海防和江防。度宗时,任参知政事、同知枢密院事。著有《续言行录》、《奏稿》、《橘州文集》。

姚显(?—413) 十六国时南安赤亭(今甘肃陇西西)人,字子章。羌族。后秦国君姚兴弟。初为司隶校尉,后都督安定、岭北二镇事,官至太尉。

姚襄(331—357) 十六国时南安赤亭(今甘肃陇西西)人,字景国。羌族。姚弋仲第五子。东晋永和八年(352)弋仲死,率众归晋,诏屯谯城(今河南夏邑北)。次年,晋殷浩恶其强盛,屡攻之,反为所败。所部将佐皆北人,劝他北还,乃自称大将军、大单于,移屯许昌。十二年攻洛阳不克,为桓温所败,北徙北屈(今山西吉县北)。升平元年(357),图据关中,屯杏城(陕西马兰山北),羌胡归之者五万余户。军至三原(今陕西三原东北),为前秦苻坚所败,被杀。姚苌称帝后,追谥魏武王。

姚襄城 在今山西吉县西北,黄河东岸。相传为姚襄所筑,因以为名。"城高二丈,周回五里","西临黄河,控带龙门、孟门之险"(《元和郡县志·慈州》)。为北周、北齐交争之地。《北齐书·斛律光传》:武平二年(571),"诏复令率步骑五万出平阳道,攻姚襄、白亭城戍,皆克之",即此。

姚燮(1805—1864) 清浙江镇海(今宁波东北)人,字梅伯,号复庄,又号大梅山民。道光举人。晚年居鄞县,曾组织诗社。善诗、词、曲、骈文及绘画。作有不少反映鸦片战争的诗篇,其情词悲愤激昂。所著《今乐考证》,为研究戏曲史的重要资料。另有《复庄诗问》、《疏影楼词》等。

姚信 三国时吴国武康(今浙江德清西)人,字元直,一字德佑。曾任太常卿。研治天文易数之学,著有《昕天论》。参见"昕天"。

姚兴(366—416) 十六国时后秦国君。公元394—416年在位。字子略。羌族。姚苌子。苌死,自称大将军,败苻登。晋太元十九年(394)即帝位于槐里(今长安西),改元皇初。北上安定,杀苻登,灭前秦。弘始五年(403),后凉吕隆兵败投降。仇池氐杨盛、西秦乞伏乾归、北凉沮渠蒙逊、南凉秃发鹿利孤及西凉李暠畏其强大,先后称臣。与北魏、夏、东晋相抗衡。内修政事,重视农业,释放自卖为奴婢的平民。清吏治,尊儒学,兴学校。并崇信佛教,起浮图于永贵里,邀龟兹僧鸠摩罗什翻译佛经,州郡事佛者日众。后病死,子泓立。

姚雄 北宋五原(今内蒙古包头西北)人,一说陇干(今甘肃静宁)人,字毅夫,姚兕子。年十八即佐父正战，历泾原、秦凤将，知通远、镇戎军及岷州。绍圣中城平夏，率部策援，大破西夏军，士气为之振奋。徙知会州，领熙河钤辖。援王赡于鄯、湟州，屡战屡捷，解围，筑安乡关，通湟水漕运。建中靖国初，议弃湟州，徙知熙州。蔡京用王厚复河、湟州，治弃地罪，夺官贬窜。后复知沧、熙州。官至奉宁军节度使。

姚墟 古地名。相传为舜之出生地，在妫汭，即今山西永济西。或说在今山东鄄城东南。

姚绪 十六国时南安赤亭（今甘肃陇西西）人。羌族。后秦主姚苌弟。姚兴立，拜征虏将军，封晋王。皇初三年(396)，以并、冀二州牧镇蒲坂。柴壁之战，守蒲坂拒魏。官至丞相。

姚铉(968—1020) 北宋庐州合肥（今属安徽）人，字宝之。太平兴国进士。官至两浙路转运使。善文辞，富藏书。大中祥符四年(1011)，纂唐代诗文为一百卷，名《文粹》（今称《唐文粹》）。崇尚韩、柳古文，去取谨严，为萧统《文选》以后又一总集。与柳开、穆修等，开宋代古文运动的先声。

姚学塽(1766—1826) 清浙江归安（今湖州）人，字晋堂，一字镜堂。嘉庆进士。官内阁中书。时和珅为大学士，中书例执弟子礼，深耻之，遂归。和珅伏法，复入都供职，迁兵部主事。为学主躬行践覆，从游者众。龚自珍负才傲物，独心折之。所著诗文合刊为《姚镜堂先生全集》。

姚颢(866—940) 唐末五代京兆万年（今陕西西安）人，字伯真。司空图婿。为人敦厚，终身喜怒不形于色，疏于理财。唐天复进士。仕后梁，累迁中书舍人。入后唐，以左散骑常侍兼吏部侍郎、尚书左丞。末帝时，拜中书侍郎、同平章事，在位时拘谨无所作为。后晋时，官至户部尚书。

姚弋仲(280—352) 十六国时南安赤亭（今甘肃陇西西）人。羌族。西羌首领柯回之子。西晋永嘉之乱，率部东迁榆眉（眉亦作麋，今陕西千阳东），自称护西羌校尉、雍州刺史、扶风公，先后投前赵、后赵。石虎时率部众数万迁居清河（今山东临清东）之滠头。太宁元年(349)，参与镇压梁犊起义。后赵亡，降晋。永和七年(351)为六夷大都督、车骑大将军、大单于，封高陵郡公。死后，子襄代领其众。

姚訔(?—1275) 南宋潼川（治今四川三台）人。希得子。德祐元年(1275)三月，元军陷常州时，他力图恢复。后宋师克复常州，遂知州事，辟陈炤为通判。入城十余日，元军复来攻，与陈炤、*王安节等率义兵抵御，加太府寺丞。元丞相伯颜自将围城，城危，他率兵阻壕水为阵，严拒招降，固守常州半年之久，城破而死。

姚莹(1785—1853) 清安徽桐城人，字石甫，号明叔、展和，晚号幸翁。嘉庆进士。授福建平和知县，调龙溪。道光十年(1830)特擢台湾道。二十一年秋，英兵两犯鸡笼（今基隆）海口，次年正月又犯大安港时，与总兵达洪阿督兵击退之。《南京条约》签订后，以"妄杀冒功"罪名被劾逮问，贬官四川，旋被派往西藏差遣。后补逢州知州，在职二年引疾归。将考察西藏地区的情况著为《康辅纪行》，主张警惕英国侵略西藏，建议清政府加强沿海及边疆防务。咸丰元年(1851)起复，授湖北武昌盐法道，未行，擢广西按察使，参与镇压太平军。卒于官。所著《东溟文集》、《奏稿》、《后湘诗集》、《东槎纪略》、《康辅纪行》及《杂著》、《识小录》、《寸阴丛录》诸书，辑为《中复堂全集》行于世。

姚邕 十六国时南安赤亭（今甘肃陇西西）人，字子和，小字黄儿。羌族。姚兴弟，封济南公。匈奴赫连勃勃投后秦，兴信用宠遇逾于勋旧。他谏兴说勃勃贪暴不仁，终将叛为边害，兴不纳。后勃勃果叛秦自立，卒为大患。善音乐，能度其盈虚，增其曲调，世咸传之，号"济南新调"。

姚源洞 在今江西万年县西南城厢镇东。为两山间谷地，深十五里，土田沃美，北有万年峰，形势险要。明正德间(1506—1521)王浩八等领导农民数万人起义于此。起义失败后，明朝为加强统治，在此筑城，并置万年县。

姚讚(?—417) 十六国时南安赤亭（今甘肃陇西西）人。羌族。后秦宗室，姚兴时历冠军、抚军将军。兴病重，子弼争嫡谋叛，遏阻之。兴卒，受遗诏辅政。姚泓立，晋刘裕大举攻秦，并州牧姚懿、征北将军姚恢先后叛，被他与姚绍平定。封东平公，屯于河上，与裕军周旋，为沈林子所败。秦永和二年(417)，率宗室子弟随泓降晋，尽为裕所杀。

姚振宗(1842—1906) 清末浙江山阴（今绍兴）人，字海槎。尝以筹饷功发两淮运判。长于古籍目录的研究补订。光绪八年(1882)陶方琦督学湖北，约其分纂《湖北通志》，成《艺文志》十四卷。著有《汉书艺文志拾补》、《汉书艺文志条理》、《隋书经籍志考证》，订正了章宗源考证之误，还著有《后汉艺文志》、《三国艺文志》、《七略别录佚文》等，合编为《快阁师石山房丛书》。

姚之富(1737—1798) 清湖北襄阳人。初从齐林习白莲教，后与子姚文学传教于竹山、竹溪、保康等地。嘉庆元年(1796)与王聪儿、王廷诏等率众起于襄阳黄龙垱。旋与王聪儿等率领襄阳起义军主力转战于川、楚、陕一带。东乡会师后，与王聪儿成为襄阳黄号首领。三年率帅自陕返楚途中，被清将明亮、德楞泰围于郧西茅山（一作卸花坡或阎王扁），跳崖遇难。

姚之骃 清浙江钱塘（今杭州）人，字鲁斯。康熙进士，授翰林院庶吉士，官至御史。生平博雅好古，尤长于史学，尝搜辑失传之八家《后汉书》为《后汉书补逸》，又摘取元明诸书分门编纂为《元明事类钞》。元时故实载于说部者最少，他志疆域则引刘郁《西使记》以证拓境之远，志任官则引《经世大典》以证铨法之密，引《名臣言行录》以志某官之公正，皆足补志传所未备。

姚仲孙 北宋陈州商水（今属河南）人，字茂宗。第进士。历许州司理参军，邢州、资州推官，知建昌县及彭、睦、滁、益等州通判。临事干练，治狱平稳。入朝历右司谏、知谏院、侍御史知杂事，建请严谏议大夫之选，定提点刑狱考课之法，皆为仁宗所采纳。

累擢三司户部度支盐铁副使、河北都转运使。权三司使事,坐属吏伪造文符,出知蔡州卒。

姚州 唐武德四年(621)置。麟德初置姚城县(今云南姚安县北)为治所。姚州都督府治此。为唐和西南各族往来要站。天宝后地入吐蕃,贞元中归南诏,改置弄栋府。元至元中改统矢千户所复置。治今姚安县。辖境相当今云南姚安、大姚等县地。天历间升姚安路。明复改姚州,不辖县。1913年改姚安县。

姚周(?—869) 唐徐州(今属江苏)人。曾任桂林戍卒牙官。咸通九年(868)与庞勋等发动兵变。从勋引兵北归,攻占彭城(今江苏徐州)后,率兵屯柳子(今安徽濉溪西南),出拒唐军,迫使康承训退屯宋州(今河南商丘南)。次年三月,与承训所率诸道兵七万激战数十次后,以兵力不敌,放弃柳子,率数十人奔宿州(今属安徽),被守将梁丕所杀。

姚咨 明常州无锡(今属江苏)人,字舜咨,又字潜坤,号茶梦主人、皇象山人、皇上樗老。好藏书,每遇善本,常亲手缮写。著有《春秋名臣传》、《潜坤集》等。

姚最(536—602) 隋吴兴武康(今浙江德清西)人,字士会。初为北周齐王府水曹参军,掌记室事。隋文帝即位,任太子门大夫。后随蜀王秀镇益州,迁蜀王府司马。因蜀王阴有异谋事发,连坐死。著有《梁后略》、《续品录》、《本草音义》。

铫 ❶农具名。战国流行于北方。《管子·海王》:"耕者必有一耒、一耜、一铫。"尹知章注:"大锄谓之铫。"《战国策·秦策四》:"无把铫推耨之势。"姚宏注:"铫,芸苗器也。"吴师道补正:"字与'锹'同。"❷见"钱(jiǎn)"。

铫期(?—34) 东汉初颍川郏(今属河南)人,字次况。新莽败亡后,被刘秀召署为贼曹掾。从平王郎,任虎牙大将军。参与镇压铜马、青犊、赤眉等部农民起义军。刘秀称帝后,封安成侯。历任魏郡太守、太中大夫、卫尉等职,敢于直谏。明帝时图画功臣,列为云台二十八将之一。小说演义中作"姚期",民间广为人知。

窑变 古陶瓷术语。指在烧造瓷器中,开窑后得到的瓷器不是预期的形状或釉色,这种特异现象通称窑变。《稗史汇编》:"瓷有同是一质,遂成异质,同是一色,遂成异色者。水土所合,非人力之巧所能加,是之谓窑变。"有变形、变色、变质之分。钧窑瓷器色釉的变幻在古陶瓷中最引人注目,主要是不同着色剂在粘度高的釉中不均匀着色,或某些过渡金属元素离子以不同价态和配位数进入分相结构的网络,或由分相微泡引起的光散射效应等因素形成的。

窑行 即"窑口"。

窑户 ❶烧制砖瓦及瓷器等物的专业户。亦称窑头。宋代即有此称,一般多指烧制砖瓦之户。明清多指烧瓷专业人户,时有官窑和民窑之分,而以民窑居多。窑户因烧造器物或经营方式之不同,而各具不同名称。以燃料分之,有柴窑户(烧大柴者)与槎窑户(烧带叶小柴者)两类;以烧造器物分之,则有包青窑(搭人青器包烧,曰包青)、大器窑、小器窑之别;以经营方式分之,则又有烧窑户、搭坯窑户(搭价户坯烧者)、囫窑户(自造自烧户)的不同。❷各地开采煤矿之煤窑主,从事采矿及冶炼的专业人户,亦称窑户。

窑口 亦称窑行。清代包揽私贩鸦片烟之店铺有大、小之分。以开设钱店为名,暗中包售烟土,叫为大窑口,广州的十三行、联兴街多有此店。烟贩串通各衙门蠹吏,开设私局,分销鸦片,名曰小窑口,各处城乡市镇所在多有。

窑票 又名窑照。系清政府颁发给煤窑窑主之采煤执照。由各省布政司发给。其上开列窑主姓名、煤窑所在地点、开采所占土地面积以及方圆四至等项。清制窑票照一般田赋则例征税。

窑器 陶瓷名词。指经过窑烧的陶瓷器。《说文解字》:"窑,烧瓦灶也。"汉服虔《通俗文》:"陶灶曰窑。"

窑头 ❶瓷窑中专事烧窑之作头。其主要业务为组织烧窑发火、疏通火路、监视火候,故又称看火作头。一般每窑设看火作头四五名,烧火匠二名。❷即"窑户"。

窑务 官署名。宋代初年置,分东西二务,掌烧制砖瓦以供营缮之用。真宗景德四年(1007)废东、西二务,止于河阴置务,于京城置受纳场。大中祥符二年(1009),复置东窑务,以诸司使副及三班使臣三人监领;改受纳场为西窑务,以三班使臣二人为监官。神宗时,令隶将作监。

摇 秦汉时东瓯越人首领。秦统一东瓯,臣属于秦。秦末,率众佐诸侯灭秦。楚汉相争,复助汉灭项羽。汉惠帝三年(前192),受封为东海王,都东瓯,俗号东瓯王。景帝前元三年(前154),参与吴王刘濞叛乱,及吴破,反戈杀刘濞。其主要治地在今浙江瓯江流域一带。

摇黄十三家 亦称姚黄十三家。明末川东鄂西农民军基本部队。以摇天动、黄龙为首,号"摇黄",后发展为十三家,其余是袁韬、张显、刘维明、白蛟龙、梁时政、武大定、焦得名、卢九思、马朝、王友进、王光兴。

徭里银 清代指丁银。因丁银均合里甲徭役而名。其数量多寡以贫富为差,分上中下三等,每等数额各省不同,一省之内,州县又不同。除民丁之外,另有军丁、屯丁、匠丁、灶丁、站丁、土丁诸名,亦各有科则。自雍正元年(1723)以后,将丁银陆续摊入地粮内征收。

徭律 律名。关于徭役征发、工程量计算及工程质量管理的单行法律。秦"徭律"见于《睡虎地秦墓竹简·秦律十八种》。其中规定,逃避徭役者处以重刑,并连及邻伍和里典。《汉书·昭帝纪》颜师古注引如淳曰:"天下人皆直戍边三日,亦名为更,律所谓徭戍也。"故汉代亦当有类似法律。

徭役 古代国家强迫平民(主要是农民)从事的无偿劳役。一般有力役、军役及其他杂役。制度起源很早,《礼记·王制》中已有关于周代征发徭役的规定。《孟子》则有力役之征的记载。秦、汉有更卒、正卒、戍卒等役。后世均有,名目繁多,办法严苛。参见“差代”、“差发”、“差使”、“职役”。

徭银 清税收之一种。凡不充任徭役者,准许折银交纳,称为徭银。

遥刺 遥郡刺史的简称。宋各州刺史不带阶官者为正任,带阶官者为遥郡。遥郡低于正任。

遥郡 官制用语。北宋初年,命武臣遥领未统一地区州府防御使、团练使、刺史,号称遥郡。后用为武臣叙迁阶官,皇城使转遥郡刺史,遥郡刺史转遥郡团练使,遥郡团练使转遥郡防御使,遥郡防御使转防御使。领遥郡者仍带原有阶官,以系品位。

遥领 官制用语。北宋初,为奖励武臣,多赐带未收复地区防御、团练使、刺史等衔,称为遥领。其后又多以文臣知州、府事,武臣又多有军事差遣,实赴本任者不多,节度使、节度观察留后、防御使、团练使、刺史遂用为武臣阶官,其非实任本职者,皆为遥领。

遥辇九帐大常衮司 辽官署名。掌遥辇洼、阻午、胡剌、苏、鲜质、昭古、耶澜、巴剌、痕德堇可汗九世宫分事务。有大常衮(亦称敞稳)、遥辇太师、遥辇太保、遥辇太尉、遥辇司徒、遥辇司空、遥辇侍中(亦称世烛)等官。所属遥辇帐节度使司有节度使、节度副使,遥辇纠详稳司有遥辇纠详稳、遥辇纠都监、遥辇纠将军、遥辇纠小将军等官。

遥辇氏 契丹氏族。唐玄宗时,契丹大贺氏联盟溃散,重建部落联盟,由遥辇氏阻午可汗任联盟长。此后的联盟长均由遥辇氏族中选充,称可汗。遥辇可汗凡九世。阿保机建国后,遥辇九可汗的后裔各有斡鲁朵,称遥辇九帐,与皇族后族诸帐并立。

遥设 即“白彦敬”。

遥佃户 宋时城居的坊郭户在乡村拥有田产,谓之遥佃户。

瑶八峒 明以来瑶族聚居地。在今湖南新宁县境,属越城岭山脉。分桃盆、黄金、圳源、麻林、大圳、深冲、黄背、罗源八峒,故名。清在大圳设总峒官统治。道光年间曾爆发瑶族蓝正樽、雷再浩等起义。

瑶斑布 瑶族染织的花布。早在汉代瑶族先人即能染织,宋代称傜斑布。制作时用两块镂有各种花纹的木板夹家织白布,将溶化的蜡液灌入其中,去板取布,将布放进染缸浸渍,取出后加热去蜡,即成花纹精美、色彩鲜艳的花布。

瑶兵 明代部分瑶族地区乡兵。成化间始置于广东高州,后一度推行至阳春、信宜、化州、连州、阳山等地。清逐渐裁革。

瑶池都督府 唐羁縻都督府名。贞观二十三年(649)以西突厥部置,隶于安西都护府。永徽四年(653)废。

瑶道 瑶族信奉的道教。据瑶族《过山榜》“王傜师道”,分师教、道教两派,前者崇奉三元为祖师,称武道;后者崇奉三清,称文道。两派各有经典及传师授徒方法。清姚东之《连山绥傜厅志》:“傜道自为教,亦有拜仪。学优者则延诸道为受箓。”受箓即“度戒”,亦分度师、度道两种。度师要到室外举行“跳云台”等节目,经受严格考验;度道只于室内进行,较简单。度戒为瑶族成年男子必经的宗教仪式,度戒后方能受宗教保护、有权结婚,以及参加社会活动等。

瑶户 清代于湖南、广东两省置理瑶同知,其所辖瑶族人家,编为瑶户。著民籍。

瑶老千长 简称瑶长。清道光十二年(1832),在镇压两广瑶民起义后,令连南八排瑶人推举老成知事者担任此职,协助官府缉捕隐匿逃犯,征收钱粮。月给俸银,准世袭。上隶绥瑶把总,下设瑶练若干人。

瑶老制 旧时瑶族地区的一种社会组织形式。带有原始民主性质。每一村寨自生产、祭祀、调解纠纷至指挥对外械斗,均由全村推选年长有经验的老人分工执掌。此制以广东连南八排瑶村较典型。所选瑶老有天长公(村长)、头目公(天长公副手)、先生公(巫师)、掌庙公、烧香公、放水公(掌农田水利及人畜用水)等名目。此制随历史发展,性质有所变化,通常被统治阶级利用为压迫瑶民的工具。

瑶里孛迭(? —1206) 金北京路(治今内蒙古宁城西大明城)窟白猛安陀罗山谋克人。明昌六年(1195),北边诸部围庆州(今内蒙古林西以北白塔子镇),任东北路招讨副使,率本路军解围。承安元年(1196),任先锋副统,随丞相完颜襄进军至龙驹河(今克鲁伦河)。后任宁昌军节度使、都统,领步骑万人至懿州(今辽宁彰武西),败六群牧反金军数万。二年,败纠军于锦、懿二州。二年,任左翼都统,从同判大睦亲府事宗浩连续作战于移密河(今伊敏河)和骨堡子。五年,任知广宁府事,改东北路招讨使。累迁为崇义军节度使。

瑶排 广东连南、连山两县瑶族村寨名。因居民房屋成排建在山坡上而得名。始见于明崇祯十四年(1641)张若麟《连阳排瑶》残稿。有军寮、马箭、里八洞、火烧坪、大掌岭、油岭、行祥、横坑八排。前五排属连山,后三排属连州(今连南及连州一部分)。大排相当于大村,其下有冲(小村),史称八排二十四冲。排址及名称屡有变更。按建立先后分大哥排、二哥排等,势力雄厚的称父母排或领袖排。

瑶首 宋以来在瑶族地区所置官名。不同时期称谓不同。宋称瑶酋、洞主、洞长,元称山官,明清称瑶首、瑶目、瑶官、瑶总、山官、统领、瑶镇、总甲等。多由瑶族首领担任,少数由汉、壮族乡绅及下层官吏充任。职责是协助封建统治者约束瑶民、维持治安、收缴贡物,以及听候征调等。清以后,陆续裁革。

瑶童 见“苗童”。

瑶学 旧时官府在瑶族地区设立的学校。名称有社学、官学、新学、义学等。清代称瑶学。由官府聘用内地生员为教师,吸收瑶族子弟之俊秀者入学。在学者称“瑶童”,又称“新生”,免收学费。

瑶族 中国少数民族之一。自称有优勉、金门、布努、拉珈、莫若等。主要由古代长沙、武陵蛮一部分分化发展而成,亦有源出五溪蛮及山越之说。南朝梁、隋、唐时称莫徭,宋始称傜。唐宋时分布于今湖南大部分地区和广东、广西两省区北部,元明深入两广腹地,明清时曾有部分迁入云南、贵州、江西等省,长期形成在各省山区的大分散、小聚居局面,而以居广西者为最多。语言属汉藏语系苗瑶语族,少部分的语言接近壮侗语族,通用汉文。人口 2 137 033 人(1990 年)。主要从事农业,部分经营林业。善刺绣、挑花、蜡染。以信仰道教为主,同时保留较多原始宗教残余。社会发展不平衡。宋代,居住在平原地区的部分瑶族开始出现封建经济,居住在山区的瑶族社会发展则一直较为缓慢。建国前,一般处于地主经济阶段,自耕自食的小农经济占有较大比重,部分地区保留原始公社残余,民族内部阶级分化不甚明显。社会组织有瑶老制和石牌制。历史上多次举行反抗民族压迫和阶级压迫的斗争,如明大藤峡起义,清赵金龙起义,近代壮、瑶各族的百色起义等,都给统治者以沉重打击。建国后实现了社会改革,各项事业均有发展。

繇 见“闽越”。

yǎo

窅娘 五代时人。南唐后主宫人。纤丽善舞。后主令人制作金莲,高六尺,饰以宝物细带、缨络,她以帛绕足,纤小屈上如新月,素袜,舞于莲上,回旋有凌波之态,由是人皆效之。后人作诗颂曰:“莲中花更好,云里月长新。”相传妇女缠足始此。

yào

药斑布 明代苏州府、嘉定县及安亭镇所产之棉布,为青蓝色印花布。布面呈药斑花纹,故名。

药材所 即“收买药材所”。

药儿岭 在今北京市平谷县东北。《资治通鉴》:唐广明元年(880)李克用自雄武军西还,“李可举遣行军司马韩玄绍邀之于药儿岭,大败之”,即此。

药方洞 古洞名。位于今河南洛阳龙门西山。北魏晚期开凿。以石窟洞中多刻医药处方,故名。药方刻于北齐武平六年(575)。因年代久远,剥蚀漶漫,其中文字完整者六十五方,部分残缺者四十二方,残损过甚者三十三方,共计一百四十方。为中国现存最早的石刻药方,亦是北朝医药发展水平之实证。

药户 宋时从事药材生产和采集的专业户。

药局 ❶官署名。北宋徽宗崇宁年间,于有市易务之处置,共七所,掌出卖熟药。《癸辛杂识》:“和剂惠民药局,当时制药有官、监造有官,药成分之内外,凡七十局,出售则又各有官,皆以选经任者为之。”元世祖至元十年(1273)置御药局,秩从五品,掌两都行篋药饵。大德九年(1305),又分立行御药局,掌行篋药物。明代有惠民药局,洪武三年(1370),置于各府、州、县,隶太医院。府有提领,州、县有官。后改为大使、使,掌给军民贫病医药。❷卖药之商家亦被人习称为药局。

药蜜库 官署名。北宋初置,掌收纳储存糖蜜、药物,以供医马之用。设监官三人,以京朝官及三班使臣充任。大中祥符七年(1014)改置二人,皆差京朝官充任。熙宁三年(1070),并入杂物库。

药木忽儿 即“玉木忽儿”。

药杀水 古河名。始见于《隋书·西戎传》。《大唐西域记》作叶河,《大慈恩寺三藏法师传》作叶叶河。即今之锡尔河上流纳伦河,隋唐时称真珠河,亦称质河,发源于天山山脉,下流锡尔河,经哈萨克斯坦境内注入咸海。

药市 宋时四川的定期集市。相传唐梓州王昌遇于九月九日得道升天,故每年九月八日夜商贾汇集梓州(治今四川三台)开市卖药。后演变为贸易百货的集市。益州(治今四川成都)也有药市,繁盛闻名天下。

药童 隋唐殿中省尚药局皆置主药、药童,掌刮削捣筛等药物加工之事。又唐太常寺太医署、太子左春坊药藏局亦置药童若干人。

药园垒 在今江苏南京市覆舟山(小九华山)南。东晋义熙六年(410),刘裕为拒卢循所筑。盖种芍药之所,因以为名。南朝宋元嘉中辟为乐游苑。

药园师 官名。隋唐太常寺太医署均置二员,唐为流外六品。京师以良田三顷为药园,选年十六岁以上、二十岁以下庶人为药园生,业成者为师。掌药材种植与收采。

药藏局 官署名。北齐太子门下坊始置,监、丞各二员,又有侍医四员,掌东宫医药。隋沿置,监、丞各二员,侍医四员,大业三年(607)减侍医二员。唐沿置,龙朔二年(662)改隶太子左春坊,改监为郎,置二员,丞仍置二员,掌和医药,又有侍医四员、典药二员。

药长 官名。东汉置,东宫属官,职掌医药。《后汉书·宦者·孙程传》:“初,帝见废,监太子家小黄门籍建、傅高梵、长秋长赵熹、丞良贺、药长夏珍皆以无过获罪。”三国魏沿置,七品。

要籍 幕职名。唐初边军总管已置。中唐以后方镇使府及诸州皆置,为军帅腹心之任。

要记 书名。南朝宋刘义恭撰。五卷。记自西汉至东晋孝武帝太元年间史事。已佚。

要会 官府记录财政收支情况的文书。《周礼·天官·小宰》:“月终则以官府之叙受群吏之要”,“听出入以要会”。郑玄注引郑司农:“要会,谓计最之簿书,月计曰要,岁计曰会。”

要木忽儿 即“玉木忽儿”。

要缺 又称繁缺。清代地方官员缺名目之一。指职务紧要之员缺。清制,知府、同知、通判、知州、知县等地方官,以冲、繁、疲、难四者定员缺紧要与否之等差,其兼四项者为最要缺,三项者为要缺,二项者为中缺,一项者为简缺。

要政类记 档案名称。为清代军机处档册,内容为光绪三十二年(1906)上谕、奏折之摘要。其中分军务、警务、学务、外交、财政、农政、商务等门,每门第一页为上谕摘要,以下为折片摘要,均装订如书本式。

曜锋将军 官名。北齐置,为褒赏军功勋臣的从七品上闲职。

曜武将军 官名。北魏置。太和十七年(493)定为从三品下,二十三年改为四品。

耀州窑 宋代著名瓷窑之一。在今陕西铜川,宋属耀州,故名。唐代已开始烧黑釉、白釉和青釉瓷。北宋以青瓷为主,间亦烧造酱色釉器。胎质灰白而薄,釉色匀净,装饰以刻花为主,线条刚劲流畅。北宋中期以后,出现印花装饰。亦烧贡品。对各地制瓷业有较大影响,河南汝州等地及广东广州西村窑、广西永福窑,都烧制与之相似的青瓷。宋元人笔记中多有关于耀州窑的记载。铜川黄堡镇窑址曾发现元丰七年(1084)德应侯碑,是研究宋代瓷业史的重要资料。

yē

耶律阿保机 即“辽太祖”。

耶律阿海 金末契丹人。曾奉金命出使克烈部汪罕所。后与弟秃花同归铁木真。1203年,从攻西夏有功。蒙古建国后,从征战,屡为先锋。元太祖九年(1214),以功拜太师,人称“阿海太师”。十四年,从成吉思汗征西域。次年,克不花剌(今乌兹别克斯坦布哈拉)、撒麻耳干(今乌兹别克斯坦撒马尔罕)等城。后留监撒麻耳干。卒年七十三。

耶律阿思 辽皇族。字撒班。耶律突吕不之后。道宗即位,补袛候郎君,进渤海近侍详稳。参预平耶律重元之乱,有功。大康九年(1083),为契丹行宫都部署。大安二年(1086),兼知北院大王事。四年,封漆水郡王,知北院枢密使事。寿昌元年(1095),为北院枢密使。道宗死,受顾命辅立天祚帝,加于越。奉诏治耶律乙辛余党,多受贿宽免。致仕,加尚父,封赵王。卒年八十。追封齐国王。

耶律安礼 辽契丹人,遥辇氏后裔,原名纳合。辽亡降金,在宗弼帅府主管文字事。熙宗时,为行台工部侍郎。海陵王时,废行台,入朝为工部侍郎,进工部尚书。改吏部尚书,拜枢密副使,迁尚书右丞、左丞。因谏阻海陵王南攻,罢为南京留守。卒年五十六。

耶律安抟(?—953) 辽皇族。父耶律迭里,太祖时仕至南院夷离堇,为述律后所杀。太宗时,他与人皇王子永康王兀欲结纳。大同元年(947)太宗死,与北院大王耶律洼、南院大王耶律吼定计,立兀欲为帝(世宗),以功为北院枢密使。应历元年(951)穆宗即位,不为所用。三年被诬与齐王罨撒葛谋反,下狱死。

耶律白 即“耶律良”。

耶律倍(899—936) 辽太祖长子。述律后所生。契丹名图欲,汉名倍。神册元年(916),立为皇太子。天显元年(926),太祖灭渤海,建东丹国,封为东丹王,称人皇王。治东丹,依渤海旧制,用汉法。太宗即位,被迁于东平,遭疑忌,偕妻高氏逃奔后唐。后唐明宗赐名慕华,又赐姓李,名赞华。娶后唐宫女夏氏为妃。后被李从珂杀死。通汉文,能诗画,有画十五幅传入宋朝。世宗时谥让国皇帝。兴宗时,上庙号义宗。长子兀欲,即辽世宗。

耶律必摄 辽皇族。太宗第五子。穆宗时,因密告族人罪,得信用,为侍从。曾谏止穆宗妄杀。景宗保宁元年(969),封越王。病死。

耶律察割(?—951) 辽太祖弟耶律安端子。字欧辛。大同元年(947),以拥立世宗功封泰宁王。天禄四年(950),以佯告其父劣迹博得世宗宠信,留侍禁中。五年,杀世宗自立。被寿安王耶律述律(穆宗)捕杀。

耶律重元(?—1063) 辽圣宗次子。契丹名孛吉只。圣宗死,兴宗即位,受封为皇太弟、北院枢密使、南京留守、知元帅府事。道宗立,尊为皇太叔,号天下兵马大元帅。清宁九年(1063),与子涅鲁古等谋反,结集四万余人,欲杀道宗。兵败,北走大漠,自杀。

耶律楚材(1190—1244) 金末元初契丹人,字晋卿,号湛然居士,蒙古名吾图撒合里(意为长髯人)。辽东丹王突欲之八世孙,金尚书右丞耶律履之子。博览群书,旁通天文、地理、律历、术数及释、老、医、卜之说,贞祐初任金燕京行尚书省左右司员外郎。元太祖十年(1215),降蒙古,受太祖信任。十四年,随太祖西征,占卜星象并行医术。太宗即位,助定君臣礼仪。奏立燕京等十路征收课税使,推行赋税制。太宗委任他为主管汉人文书的必阇赤,汉人尊称为中书令、中书相公等。奏置编修所于燕京,经籍所于平阳(今山西临汾),编印儒学典籍;请用儒术举士。太宗死,乃马真皇后称制,宠信回回人奥都剌合蛮等,于是渐见疏远。他在蒙古太祖、太宗两朝,任事近三十年,立国规模多由其奠定,对于元初保全汉地旧有文化,贡献很大。信佛,多与僧人往来。著有《湛然居士集》、《西游录》、《庚午元历》、《皇极经世义》、《五星秘语》、《先知大数》等。

耶律淳(1063—1122) 辽兴宗孙。契丹名涅里。道宗时出为彰圣等军节度使。天祚帝即位,封郑王、越王。乾统六年(1106),为南府宰相。十年,袭父和鲁斡职为南京留守。天庆五年(1115),天祚帝被金军战败,逃长春。御营副都统耶律章奴策划废天祚,遣使拥他为帝。他斩使者,往见天祚,进封秦晋国王、都元帅。召募燕云民兵数千抗金,失败,还守南京。保大二年(1122),天祚败入夹山(今内蒙古呼和浩特西北),他在南京被拥立称帝,号天锡皇帝,年号建福。世称北辽。三月后病死,葬香山。庙号宣宗。

耶律大石(1085—1143) 西辽创立者。契丹皇族。字重德。辽太祖耶律阿保机八世孙。通辽、汉字,善骑射。天庆五年(1115)进士。任职翰林,辽呼翰林为林牙,故又称大石林牙;又讹作大石林麻,或讷失太傅。历任泰州(今吉林白城东南)刺史、辽兴军节度使等职。金兵进迫,天祚帝逃亡,拥立秦晋王耶律淳为帝。保大四年(1124),辽室垂危,率众西北走,称王。改元延庆。先至漠北可敦城(今蒙古国哈达桑东),又至黠戛斯地,复西进至原唐北庭都护府境内之叶密立地,建新城,聚兵西进,于寻思干(今乌兹别克斯坦撒马尔罕)大胜西域诸国联军,继续西进。金天会九年(1131)在起儿漫(在撒马尔罕与布哈拉之间),称天祐皇帝,号菊儿罕。逾二年班师东返,建都于虎思斡耳朵(今吉尔吉斯斯坦楚河流域之托克马克)。复举兵东击金,未至而返。庙号德宗。

耶律道隐(?—983)　辽皇族。字留隐。东丹王耶律倍第五子,母高氏。生于后唐。倍被杀后,为洛阳僧人收养,故名道隐。太宗灭后晋后,迁居辽上京。景宗保宁元年(969),封蜀王,为上京留守。乾亨元年(979)改南京留守。徙封荆王。病死。追封晋王。

耶律德光　即"辽太宗"。

耶律迪越　金契丹人。天会六年(1128),奉命与完颜勗编修金先世事迹,编成金始祖以下十帝实录三卷。皇统元年(1141)书成,进上。今不传。

耶律敌烈(?—约979)　辽皇族。字巴速堇。太宗第四子。穆宗应历九年(959),与前宣徽使耶律海思等谋反,事觉被逮,获释。保宁元年(969),封冀王。八年,领兵援北汉,退宋兵。乾亨元年(979)为监军再援北汉,在白马岭为宋军所败,死于阵。

耶律觌烈(880—935)　辽六院部人,字兀里轸,又作汙里轸。耶律曷鲁之弟。契丹建国,侍卫太祖。神册三年(918),为迭剌部夷离堇。五年,随皇太子倍攻党项,至云内、天德。天赞二年(923),领兵攻略山西地。四年,从征渤海。天显元年(926),攻下扶余,受命与寅底石守扶余城。二年,留守南京(今辽宁辽阳)。

耶律牒蜡(?—951)　又作牒蠣。辽皇族。字述兰。辽太宗天显时,为中台省右相。会同元年(938),出使后晋,行册礼。九年,从攻晋,战于滹沱河,获胜。大同元年(947),相州抗辽,他领兵镇压。世宗立后,被使者执送述律太后,逃归世宗。天禄二年(948)封燕王,为南京留守。五年,奉使北汉,行册礼。察割反,杀世宗,因被胁从,被穆宗处死。

耶律铎臻(?—927)　辽六院部人,字敌辇。遥辇氏夷离堇蒲古只之孙。契丹建国前,事阿保机,常居左右。天赞三年(924),阿保机将攻渤海,建言先西攻党项,以除后顾之忧。太祖死后,被淳钦皇后囚禁,随即得释,不久死。

耶律谷欲(约956—1045)　辽六院部人,字休坚。圣宗时,由本部太保累官至南院大王。工文章,兴宗命为诗友。重熙十三年(1044),奉诏与翰林都林牙耶律庶成、翰林都林牙兼修国史萧韩家奴编修辽国上世事迹及诸帝实录,未成而卒。

耶律观　即"王观"。

耶律海思(925—约959)　辽皇族。字铎衮。耶律释鲁之子。会同五年(942),应诏言事,擢宣徽使。从攻后晋。世宗立,随至潢河横渡,受命往见述律太后议和事。世宗即位,领太后诸局事。穆宗应历九年(959),从冀王敌烈谋反,被逮,死于狱中。

耶律何鲁扫古(?—约1106)　辽皇族。字乌古邻。兴宗时,补祗候郎君。道宗即位,历任安州团练使、怀德军节度使、奚六部秃里太尉、左护卫太保。大安八年(1092),知西北路招讨使事,攻阻卜诸部长磨古斯。次年,磨古斯又反,领兵追击,战败,诸军多陷没,不以实报,削官。复为东京留守。寿昌六年(1100),为惕隐。天祚帝乾统三年(1103),进为南院大王。

耶律曷鲁(872—918)　契丹迭剌部人,字控温,一字洪隐。父偶思,遥辇氏时为本部夷离堇。他幼时与阿保机结交,在阿保机为迭剌部夷离堇时,受命招降奚族。助阿保机取代遥辇为可汗,受命总军国事。讨平阿保机诸弟之乱,为迭剌部夷离堇。阿保机建国称帝,拜为阿鲁敦(盛名)于越。神册二年(917)领兵攻幽州(今北京)。为太祖佐命功臣之一。

耶律洪基　即"辽道宗"。

耶律吼(911—949)　辽六院部人,字曷鲁。会同六年(943),为南院大王。以所部兵从太宗攻后晋。大同元年(947)太宗死,与耶律洼、耶律安抟等拥立世宗,加采访使。

耶律滑哥(?—914)　又作化葛、化哥。契丹迭剌部人,字斯懒。于越释鲁之子。遥辇氏痕德堇可汗时,与萧台哂杀害释鲁,归罪于台哂。阿保机奉命案问,他获免。太祖六年(912),授为惕隐。参与诸弟反乱,被逮。八年,被处死。

耶律化哥　辽皇族。字弘隐。景宗时,为北院林牙。圣宗统和四年(986),南攻宋。以功拜上京留守,迁北院大王。十六年,再攻宋,败宋兵于遂城。二十三年迁南院大王。后为北院枢密使。开泰二年(1013),封豳王,攻讨达旦(阻卜)。留兵戍镇州,领兵还。随又受命出兵,破达旦,归途,掳掠阿萨兰回鹘,边部由此不附。以罪削王爵,免枢密使官。遥领大同节度使。

耶律化葛　即"耶律滑哥"。

耶律璟　即"辽穆宗"。

耶律良(?—1070)　良一作白。辽乾州(今辽宁北宁西)人,字习捻,小字苏。先世为著帐郎君。兴宗时,补寝殿小底。好学。为燕赵国王洪基(道宗)近侍,道宗即位,迁知制诰兼知部署司事。奏请编道宗诗文为《清宁集》。为敦睦宫使兼权知皇太后宫诸局事。清宁九年(1063),密告皇叔重元谋乱事。重元兵犯行宫时,率宿卫士抵御。乱平,以功为汉人行宫都部署,隶籍皇族横帐。咸雍二年(1066),以同知南院枢密使事为惕隐。六年,为中京留守。同年病死。追封辽西郡王。所作诗编为《庆会集》,道宗为作序。今佚。

耶律刘哥　刘哥一作留哥。辽太祖弟寅底石子。字明隐。太宗时,累迁西南边大详稳。大同元年(947)太宗死于军中,随军诸臣拥立世宗,述律后立太宗弟李胡,以兵来拒。他率本部兵助世宗击败李胡,以功为惕隐。天禄二年(948),与太宗庶子天德等谋反,事泄被捕,流放乌古部。病死。

耶律留哥(1165—1220)　金契丹人。原为金北边千户。卫绍王崇庆元年(1212),于隆安(今吉林农安)、韩州(今吉林梨树东)等地起兵反金,归附蒙古,在按陈等所统蒙古军援助下大败金兵,据有辽东。元太祖八年(1213),称王,国号辽,都咸平府(今辽宁开原北),攻破金东京。十年,部下耶厮不等劝之称帝,不从,与子薛阇奉金帛入觐成吉思汗,赐金虎符,仍为辽王。时耶厮不等叛蒙自立,他引蒙古军攻逐之,复辽东。徙居临潢府,死。妻姚里氏权领其众,后以其子薛阇袭职。

耶律隆庆(973—1016) 辽皇族。字燕隐,小字普贤奴。景宗第二子,圣宗弟。景宗乾亨二年(980),封恒王。圣宗统和十六年(998),进封梁国王,为南京留守。次年,领兵攻宋,为先锋,败宋军于瀛州。十九年,再统先锋军,败宋军于行唐。开泰元年(1012),进为秦晋国王,赐铁券。加守太师兼政事令。又拜大元帅。五年,入朝。还至北安州病死。次年,追册为皇太弟。

耶律隆先 辽皇族。字团隐。东丹王耶律倍第四子。母大氏,渤海人。景宗保宁元年(969),封平王,兼政事令,留守东京。十年,其子陈哥与渤海官属谋杀父作乱,事败,被处死。圣宗时,从侵高丽,有功。博学能诗,有《阆苑集》,今佚。

耶律隆绪 即“辽圣宗”。

耶律隆祐(?—1012) 辽皇族。字高七,一字胡都堇。景宗第三子,圣宗弟。景宗即位,封郑王。圣宗统和十六年(998),封吴国王。十九年,徙封楚国王,留守京师。二十一年,为西南面招讨使。二十八年,圣宗侵高丽,命留守中京。次年,权知北院枢密使事。开泰元年(1012),徙封齐国王,留守东京。病死。追赠守太师,谥仁孝。

耶律隆运 即“韩德让”。

耶律娄国(?—952) 辽皇族。字勉辛。东丹王耶律倍第二子。世宗天禄五年(951),遥授武定军节度使。世宗被察割杀害,他从穆宗诱杀察割。穆宗即位,以功为南京留守、政事令。应历二年(952),纠合敌猎等谋夺皇位,事觉,被处死。

耶律马五 契丹人。辽将,降金为招讨都监。金天会四年(1126),破宋兵于文水(今属山西)。六年,从宗辅等取房州(今湖北房县),略地汉上,至上蔡。八年,击宋吴玠于陇州境。从宗翰等追袭宋高宗,渡江,入于建康(今江苏南京)。卒赠金吾卫上将军。为开国功臣之一。

耶律奴瓜(?—1012) 辽皇族。汉名延宁。辽太祖异母弟苏之孙。圣宗统和四年(986)为黄皮室乣(糺)都监,败宋杨继业军,以功进为黄皮室详稳。六年,再败宋军于定州。为东京统军使,攻兀惹,失败。十九年,为南府宰相。二十一年,败宋军于望都,以功加同政事门下平章事。二十六年,为辽兴军节度使。复为南府宰相。加尚父。

耶律盆都(?—951) 辽太祖弟耶律寅底石子。天禄元年(947),为皮室军详稳。二年,与兄耶律刘哥等谋反,事败,免死,罚使黠戛斯。五年,与泰宁王耶律察割杀世宗,被寿安王耶律述律(穆宗)处死。

耶律仁先(1013—1072) 辽皇族。字糺邻,一作查刺。燕王瑰引之子。重熙十一年(1042),为北院枢密副使,与刘六符使宋。十三年,为契丹行宫都部署。十六年,迁北院大王。十八年,与皇太弟重元为先锋,攻西夏。次年,知北院枢密使事,迁东京留守,控御女真诸部,以功封吴王。道宗即位,为南院枢密使,出为南京(今北京)兵马副元帅。清宁六年(1060),再为北院大王。九年,受命平耶律重元之乱。加尚父,进封宋王,为北院枢密使。咸雍元年(1065),加于越,改封辽王。为耶律乙辛所谮,出为南京留守,徙封晋王。五年,为西北路招讨使,领禁军讨阻卜塔里干,大胜而还。

耶律阮 即“辽世宗”。

耶律沙(?—988) 辽人,字安隐。先世仕于遥辇氏。穆宗时,累官南府宰相。景宗保宁八年(976),与冀王敌烈领兵援北汉,抗宋兵,以功加守太保。乾亨元年(979),为都统,与监军冀王敌烈领兵援北汉,与宋军战于白马岭,大败,敌烈死。转战高梁河,又败。辽军来援,退宋兵。又为监军,与都统韩匡嗣领兵南攻,被宋军击败于满城。以罪当诛,得承天后(睿智皇后)救,赦免。圣宗即位,承天太后称制,又从攻宋。

耶律稍 辽皇族。东丹王耶律倍第三子。景宗保宁元年(969),封吴王。圣宗统和元年(983),为上京留守,行临潢尹事。

耶律绍文 金初人。天会末,官翰林待制,曾任宣敕官,接待宋使。奉熙宗命与韩昉等编修国史,参与修纂先朝实录。

耶律氏 辽朝族姓。辽朝国家的建立者阿保机为契丹迭剌部辖懒(一作霞濑益)氏族(石烈)人,出于该氏族的耶律家族。辽朝建国后,以耶律氏为国姓。原属于遥辇氏八部的契丹人均姓耶律氏。

耶律世良(?—1016) 辽契丹六院部人,小字斡。圣宗时,为北院大王。开泰二年(1013)达旦(阻卜)兵围镇州,从北院枢密使耶律化哥领兵往讨,为都监。围解,化哥引兵还。他上书请益兵追击,旋与化哥击败达旦酋长乌八。以功为北院枢密使,封岐王。三年,攻讨敌烈部。次年,再攻敌烈及乌古部,获胜。又为副都统,从都统刘晟侵高丽。后死于军中。

耶律室鲁(971—1011) 辽契丹六院部人,字乙辛隐。圣宗时,为宿直官。统和二十一年(1003),从耶律奴瓜败宋军于望都。以功为南院(一作北院)大王,加检校太师。二十九年,为北院枢密使,封韩王。从圣宗猎松林,至沙岭卒。

耶律释鲁 释鲁又作述澜、率懒。契丹迭剌部人。辽玄祖匀德实第三子,太祖阿保机之伯父。遥辇氏痕德堇可汗时,为于越。北征于厥、室韦,南略易、定及奚、霫。史称释鲁时始筑城邑,种树桑麻。年五十七,被子滑哥杀死。兴宗重熙二十一年(1052),追封隋国王。后裔族属称仲父房,隶皇族横帐。

耶律述兰 即“耶律牒蜡”。

耶律述澜 即“耶律释鲁”。

耶律庶成 辽皇族季父房之后。字喜隐，小字陈六。善契丹文及汉文，博学多识，对医药、国史、礼、法等均能该贯，尤工于诗。重熙初，补牌印郎君，累迁枢密直学士。奉命偕翰林都林牙萧韩家奴等集录遥辇可汗至重熙以来事迹，撰成《实录》二十卷，《礼书》三卷。又奉命与枢密副使萧德修定法令，参酌古今，成书以进。后为妻所诬，以罪夺官，出使吐蕃凡十二年。清宁间始归。道宗为雪诬，复本族及所夺官爵。

耶律率懒 即“耶律释鲁”。

耶律苏(?—926) 辽皇族。太祖阿保机异母弟。神册五年(920)，为惕隐。次年，为南府宰相。天赞三年(924)，攻略西南诸部。天显元年(926)，从太祖攻渤海，围忽汗城。旋卒。

耶律挞不也(1036—1093) 辽皇族。字胡独堇。耶律仁先之子。清宁二年(1056)，累迁永兴宫使。九年，随父仁先讨平耶律重元之乱，以功遥授忠正军节度使。大康六年(1080)，为西北路招讨使，率诸部酋长入朝。改西南面招讨使。大安九年(1093)，复为西北路招讨使，领兵击阻卜诸部长磨古斯。磨古斯伪降，他迎于镇州(今蒙古国鄂尔浑河上游哈剌巴剌哈孙)西南沙碛间，被害。

耶律挞烈(901—979) 辽皇族。六院部人。太宗时为边部令稳。穆宗应历二年(952)，为南院大王。四年，领兵援北汉抗周，败周将符彦卿于忻口。十四年，以西南面招讨使领兵援北汉，退宋兵。十八年，宋兵围太原，以西南面行军都统、兵马总管发诸道兵往救。景宗保宁元年(969)，兼政事令。

耶律棠古 辽皇族。字蒲速宛。道宗时，补本班郎君，累迁至大将军。天祚帝乾统三年(1103)，为西北路招讨使。天庆间，拜乌古部节度使。保大二年(1122)谒天祚帝于倒塌岭。旋任乌古部节度使，击退来犯之敌烈部人。加太子太傅(一作太保)，卒年七十二。

耶律天德(?—948) 辽太宗耶律德光庶子，字苾扇。会同三年(940)，与检校司徒邸用和使后晋。九年，率五千骑断后晋军粮道。天禄元年(947)，护送太宗灵柩回上京(今内蒙古巴林左旗)。与太宗弟李胡以兵拒世宗，为安端、刘哥等所败。二年，谋反，被杀。

耶律秃花 秃花又作秃怀、兔花。金契丹人，世居桓州(今内蒙古正蓝旗)。兄阿海由金朝派遣出使克烈部汪罕处，与成吉思汗结纳。此后他随阿海俱往，留为质，直宿卫。蒙古侵金，充向导，袭金群牧所，获马甚多。又大破金军于会河堡(今河北万全西)等地，驻兵宣德州(今河北宣化)。元太祖十三年(1218)，从木华黎攻山东、河北各地。受虎符，称太傅、濮国公，人称“秃花太傅”，蒙语称“也可那延”。统石抹查剌、刘黑马、史天泽三万户攻金。卒于西和州(今甘肃西和)。

耶律突吕不(?—942) 辽六院部人，字铎衮。遥辇氏夷离堇蒲古只之孙。契丹大字的主要创制者。神册五年(920)，为文班林牙，领国子博士、知制诰。参与制字。次年，奉诏撰“决狱法”。随皇太子倍攻定州。天赞二年(923)，从皇子尧骨(辽太宗)攻平州，从下诸郡。三年，从太祖攻党项，又从攻渤海。太祖死，淳钦皇后称制，一度逃亡。太宗即位，召还。天显三年(928)，攻讨乌古部，获胜。十一年，奉命送晋帝石敬瑭入洛阳。加特进检校太尉。

耶律图鲁窘(?—947) 辽皇族。字阿鲁隐。太宗时，袭父职为五院部夷离堇。会同元年(938)，改北院大王。九年，从攻后晋石重贵，断杜重威粮道。次年，死于军中。

耶律洼 辽皇族。字敌辇(一作迪辇)。天显中，为惕隐。十一年(936)，辽援后晋，为先锋，败后唐将张敬达部于太原北。会同中，迁北院大王。九年(946)，为辽军先锋，败后晋将梁汉璋部于瀛州(今河北河间)。大同元年(947)太宗死，与南院大王耶律吼等拥立世宗，进拜于越。卒年五十四。

耶律宛 辽皇族。李胡之次子。穆宗应历三年(953)谋反被执，获释。景宗保宁元年(969)封卫王。

耶律文正公年谱 书名。近人王国维撰。一卷。耶律楚材年谱。耶律楚材事迹仅载于《元史》本传，颇简略。1925年王氏从事蒙古史研究，始撰《长春真人西游记校注》，以耶律楚材与丘处机曾有交往，故并草此年谱以求会通。是书以《湛然居士集》为主，采以本传、神道碑、《长春真人西游记》、《中州集》、《元遗山集》诸书。又有杂记数则，编为《余记》，附于年谱后。为研究蒙元史参考资料。

耶律屋质(915—973) 辽皇族。字敌辇。太宗时为惕隐。太宗死后，为述律后与世宗言和。天禄二年(948)，治耶律天德、萧翰谋反事，诛天德。三年，世宗为察割所杀，他领兵杀察割，拥立穆宗。应历五年(955)，为北院大王，总山西事。保宁元年(969)，在太原退宋兵，以功加于越。后病死。

耶律希亮(1247—1327) 元契丹人。又名秃思忽，字明甫。耶律楚材之孙，耶律铸之子。幼就学于燕京，后随父从宪宗入蜀。中统元年(1260)，被阿里不哥军裹胁西行。次年，至叶密立，依附于宗王禾忽(贵由子)。禾忽与察合台后王阿鲁忽转附世祖，为阿里不哥所攻，兵败西走，遂随之辗转于西域各地。四年，世祖遣使召入朝，命为宿卫。后历官礼部尚书、吏部尚书。至元十七年(1280)辞官家居。至大二年(1309)，除翰林学士承旨、知制诰兼修国史，编集世祖言行以进。所著诗文及从军纪行录三十卷，编为《愫轩集》，今佚。

耶律喜隐(?—982) 辽皇族。李胡之长子。封赵王。穆宗应历十年(960)，谋反，被逮，辞连李胡。李胡下狱死，他得释。景宗保宁元年(969)，改封宋王。六年，因被告谋反，废。九年，为西南面招讨使。乾亨二年(980)，复谋反，被囚于祖州。三年，其子留礼寿为上京汉军拥立，事败，被处死。次年，他亦被赐死。

耶律贤 即“辽景宗”。

耶律贤适(適)(928—980) 辽皇族。字阿古真。穆宗时，攻讨乌古部获胜，擢右皮室详稳。侍景宗于藩邸。景宗即位，倚为腹心，以功加检校太保，特进同中书门下平章事。保宁二年(970)，拜北院枢密使兼侍中。三年，为西北路兵马都部署。乾亨二年(980)封西平郡王。

耶律斜轸(?—999) 辽契丹迭剌部人。耶律曷鲁孙。景宗时，为南院大王。保宁十一年(979)，在高梁河(今北京市西北)大败宋军。圣宗时，承天太后称制，为北院枢密使。统和四年(986)，为诸路兵马都统，从承天后与宋军战。攻破蔚州(今河北蔚县)，败宋潘美军，进兵朔州(今属山西)，擒宋将杨继业。以功加守太保。十七年，随承天太后南下攻宋，死于军中。

耶律行平 即“耶律资忠”。

耶律休哥(?—998) 辽皇族。字逊宁。应历末，为惕隐。乾亨元年(979)，宋军围南京(今北京)，奉诏率五院军驰援，与耶律斜轸部六院军合击宋军于高梁河，大胜，身被三创，乘轻车追宋太宗至涿州。次年，擢北院大王，败宋军于瓦桥关(今河北雄县北)。十二月，拜于越。统和元年(983)，为南京留守，总南面军务。四年，破宋北伐军主力曹彬、米信等部于岐沟关(今河北涿州西南)，封宋国王。同年末，又败宋军刘廷让部于君子馆(今河北河间北)。七年，为宋军尹继伦部所败，伤臂。后谨守边防，与宋相峙。病死。

耶律雅里(1094—1123) 辽天祚帝第二子，字撒鸾。七岁封梁王。保大三年(1123)四月，被金兵围困于青塚(今内蒙古呼和浩特西南郊昭君墓)，为太保特母哥挟护逃出，扈从者千余人，至云内州(今内蒙古托克托东北古城)见天祚帝。天祚西奔，他为军将耶律敌列拥至沙岭，五月立为帝，建年号神历。十月病死。

耶律延禧 即“天祚帝”。

耶律岩木 契丹迭剌部人。辽玄祖匀德实第二子。太祖阿保机之伯父。遥辇氏时，三次为迭剌部夷离堇。卒年四十五。兴宗重熙二十一年(1052)，追封蜀国王。后裔族属称孟父房，隶皇族横帐。

耶律俨(?—1114) 辽析津(今北京)人，字若思，本姓李。父仲禧，官至北院宣徽使，迁汉人行宫都部署。咸雍六年(1070，一作七年)赐姓耶律。幼好学，有诗名。咸雍进士。官将作少监，累迁大理少卿、大理卿、景州刺史。改御史中丞、同知宣徽院事、提点大理寺、山西路都转运使。授枢密直学士，为道宗讲解《尚书·洪范》。寿昌五年(1099)，使宋。旋任参知政事。迁知枢密院事，封越国公。道宗临终，受顾命，辅立天祚帝。乾统元年(1101)，徙封赵国。三年徙秦国，充监修国史，奉诏修《皇朝实录》七十卷。为元人修《辽史》所本。六年封漆水郡王。

耶律杨六 见“杨六”。

耶律夷列(?—1164) 西辽德宗耶律大石之子。康国十年(1143)耶律大石病死，因年幼，由大石皇后塔不烟执政七年。1151年即位，改元绍兴。在位十三年，病死。庙号仁宗。

耶律乙辛(?—1083) 辽契丹五院部人，字胡睹衮。重熙中始仕。清宁五年(1059)，为南院枢密使，封赵王。九年，因参与平定耶律重元之乱有功，擢北院枢密使，晋封魏王。咸雍五年(1069)，加守太师，独揽朝政。太康元年(1075)，因太子濬预朝政，不自安，诬太子母宣懿后致死。三年，又诬太子谋废立，致太子被废为庶人，后又遣人加以杀害。五年，出知南院大王事，改知中兴府事。七年十二月，以罪囚于来州(今辽宁绥中西南)。九年十月，以私藏兵甲、密谋奔宋罪被处死。

耶律亿 即“辽太祖”。

耶律义先(1013—1052) 辽皇族。耶律仁先之弟。兴宗重熙初，补祗候郎君班详稳。重熙十三年(1044)为十二行纠(紏)都监，从帝西攻夏国。以功改南院宣徽使。十七年，以殿前都点检为行军都部署，领兵攻讨蒲奴里部，俘获该部酋长。为南京统军使，封武昌郡王。二十一年，为惕隐、富春郡王。

耶律有尚(1235—1320) 元东平(今属山东)人，字伯强。辽东丹王突欲十世孙。祖父官东平，遂为东平人。受业于许衡，习性理之学。至元八年(1271)，许衡为国子祭酒，他被选为斋长。十年，为助教。二十年，除秘书监丞，出知蓟州(今天津蓟县)。不久，召为国子司业，建言立国子监，建学馆。二十七年告老辞归。大德元年(1297)，复召为国子祭酒，除集贤学士，累官至昭文馆大学士、兼国子祭酒。至大元年(1308)辞归。前后五居国学，教法遵照许衡。精于性理之说，推崇程朱理学为“正学”、“正道”，提倡仪容辞令、动中规矩，均应以“义理为本”，“恭敬为先”。

耶律余睹(?—1132) 一名余睹姑(睹或作都)。辽皇族。天祚帝天庆间为东路都统。妻萧氏为天祚帝文妃之妹。保大元年(1121)，被告谋立文妃所生子晋王耶律敖鲁斡为太子，遂率军降金，金太祖命以旧官领所部。次年引金军攻取中京(今内蒙古宁城西)，天祚帝西逃。金太宗天会三年(1125)为元帅右都监，领兵攻宋西京大同，破宋河东、陕西援军于汾河北。西京既克，为大监军。十年，密谋杀女真官兵反，事泄奔西夏，西夏不纳，奔达旦，为达旦所杀。

耶律羽之(890—941) 辽六院部人，字兀里，又字寅底哂。通诸族语。辽太祖灭渤海，建东丹国。受任为东丹国中台省右次相。太宗即位，上言迁徙东丹居民。东丹王倍奔后唐，他治国事如故，以功加守太傅，迁中台省左相。会同元年(938)入朝，加特进。

耶律张家奴 即“耶律章奴”。

耶律章奴(?—1115) 又作耶律张家奴。辽皇族。字特末衍。天庆四年(1114)，为东北路统军副使。五年，改同知咸州路(治今辽宁开原老城)兵马事。见天祚帝为金兵所败，谋立耶律淳，不成。起兵攻掠上京，转至祖州(今内蒙古林西东南)、庆州(今内蒙古林西北古城)，祭告祖庙，以述举兵之意。北走降金，中途被辽兵捕获，送天祚帝处死。

耶律直鲁古(?—1213) 西辽末代菊儿罕。耶律大石孙。仁宗夷列之次子。崇福十四年(1177)，承天太后普速完卒，继位，改元天禧。天禧三十四年

(1211),其婿乃蛮王子屈出律篡其位,仍尊之为太上皇。两年后卒。

耶律铸(1221—1285) 元义州(今辽宁义县)人,字成仲。耶律楚材子。楚材死,嗣领中书省事。宪宗八年(1258),从蒙哥征四川。蒙哥死,忽必烈(世祖)与阿里不哥争夺帝位,弃妻子投奔忽必烈。中统二年(1261)为中书左丞相。至元十三年(1276),监修国史。二十年,被罢免,没收家产一半,徙居山后。著有《双溪醉隐集》。

耶律资忠 或作耶律行平。辽皇族。字沃衍,小字札剌。圣宗时补宿卫。工词章。开泰三年(1014),出使高丽,受命强索兴化(今朝鲜义州东南)、道州(今朝鲜平安北道林东郡)等六城,被扣留不遣。在高丽六年,著《西亭集》,今佚。八年,高丽显宗请和。次年,被送还,为林牙,知惕隐事。出知来远城(今辽宁丹东)事,历保安、昭德二军节度使(一作广平军节度使)。兴宗时,卒于镇。

耶律宗真 即"辽兴宗"。

耶厮不(?—1216) 金契丹人。原为耶律留哥部属。金贞祐元年(元太祖八年,1213),耶律留哥自立为王,以他为郡王。十一年,于澄州(今辽宁海城)自称为帝,国号辽,年号天威。方逾月,为部下所杀。

耶松船厂 外商企业。清同治四年(1865)由英商佛南(S. C. Farnham)创办于上海。原长期租用浦东两船坞公司的船舶。十九世纪八十年代能造二千吨汽船。光绪二十二年(1896)兼并和丰船厂,更名耶松船厂公司。三十二年又与祥生船厂正式合并,改称耶松有限公司。

耶苏教难入中国说 书名。清梁廷枏著。不分卷。成于道光二十四年(1844)。系据当时西人在华所办报纸和传教士刻印的《圣经》要旨诠译等资料写成。详叙耶稣教起源、教旨、上帝创世、亚当至耶稣世系及耶稣传教故事等,并引中国史书有关大秦景教之记载,证耶稣教自唐代传入中国。对宗教迷信亦有所揭露和批判。收入《海国四说》。

耶稣会士 明中叶后来华的天主教传教士。始于万历间。主要代表人物有利玛窦、熊三拔、龙华民、邓玉函、罗雅谷、汤若望等。其中以利玛窦最早,且影响最大。他们来华传教,得到葡萄牙等国殖民势力支持,利用与明朝士大夫交往,取得合法传教地位。在传教过程中,极力糅合儒家学说,以适应中国文化及明朝统治者之需。同时,他们也向中国介绍了西方自然科学如天文、历法、火器等,向西方介绍中国文化,对中西文化交流起到一定作用。

蠮螉塞 在今北京市昌平县居庸关。《读史方舆纪要》:"蠮螉,或曰即居庸音转耳。"《资治通鉴》:东晋永和六年(350),前燕慕容儁伐后赵,使"慕舆于自西道出蠮螉塞";太元十年(385),后燕慕容垂"遣慕容农出蠮螉塞,历凡城,趣龙城",并即此。

yé

爷降节 见"六节"。

yě

也不干 元宗王。成吉思汗庶子阔列坚曾孙。父忽鲁歹,至元二年(1265)封河间王。他从北安王那木罕镇漠北。二十四年,乃颜遣使通谋同反,使者为土土哈所执,谋泄,乃率本部军东走,以应乃颜,被土土哈追及于土兀剌河(今土拉河),兵败,以数骑逃脱。所署河间分地达鲁花赤被罢。二十五年,又收集部众攻元军,战败被擒。

也儿的石河 一作叶儿的石河、也里的失河。即今额尔齐斯河。源出今阿尔泰山南麓,下流入鄂毕河。

也儿吉尼(1279—?) 又译也儿吉你。元唐兀人。乞台普济之子。大德三年(1299),随海山(武宗)出征叛王海都、笃哇军,有战功。十一年,武宗即位,任同知枢密院事,兼太府院使、唐兀卫亲军都指挥使,遥授左丞相。升知枢密院事,兼典瑞院使。至大元年(1308),遥授右丞相,兼仁虞院使。又兼御史大夫。延祐七年(1320),英宗即位,出为江西行省平章政事。泰定元年(1324),复任知枢密院事,又出为云南行省左丞相。明宗天历二年(1329),云南诸王答失不花等起兵,列举他专擅十罪,被迫逃往八番(今贵州惠水境)。

也儿克兔哈屯 即"三娘子"。"哈屯"蒙古语为"夫人"。

也黑迭儿 元大食人。居燕京,家豪富。宪宗九年(1259),忽必烈(世祖)过其家,以金锦铺地迎接,因得结识。世祖中统元年(1260),受命领茶迭儿局。至元三年(1266),授茶迭儿局诸色人匠总管府达鲁花赤,兼领监建宫殿。同年,兼行工部事,参与指挥大都宫城的建筑。

也可不薛 即"亦奚不薛"。

也可那颜 又作也可那演、也可那延。蒙古语,意为大官人,即官员之长。元太祖幼子拖雷曾有此称号(参见"太上皇也可那颜")。耶律秃花随木华黎攻山东、河北有功,也加此号。

也可札鲁忽赤 蒙古语。汉译"大断事官"。蒙、元官称,札鲁忽赤之长。

也克吉儿 即"额尔济纳"。

也苦 又译也古、野苦。哈撒儿之长子,继承父位。元太宗八年(1236),受封般阳路(治今山东淄博市东南淄川镇)五户丝户二万五千。宪宗元年(1251),拥戴蒙哥为帝。次年,奉命东侵高丽。后被封为淄川王。

也里的失河 即"也儿的石河"。

也里古纳河 也里古纳又译也儿古纳、额洏古涅。元河流名。今内蒙古呼伦贝尔盟额尔古纳河。

也里古纳昆 也里古纳今译作额尔古纳,昆言山崖。当指今内蒙古额尔古纳河东一带。《史集》载蒙古人远古传说,谓蒙古人原住也里古纳昆深山密林中,后因人口繁增,走出深山,进入草原。传说中的成吉思汗二十二世祖孛儿帖赤那自也里古纳昆迁来不儿罕山(在今蒙古国肯特山)。此说与《唐书》中蒙兀室韦居望建河(今额尔古纳河)南(东)的记载相合。

也里可温　又译也里克温、也立乔。元代对基督教徒和教士的通称。其语源有希腊(archoh)、叙利亚(arkun)、阿美尼亚(ark'ai,王)、突厥(arkhun,白人)、蒙古(erkegün,有势者)、阿拉伯(rekhabium,上帝)等说,尚无定论。最早见于阿美尼亚《希萨罕家族史》,仅指基督教聂思脱里派。蒙古西征,采用此词,既指聂思脱里派,也指罗马天主教。也里可温人户享有免除差发徭役的待遇,有田需交租,经商要纳税。元亡后基督教一度在中国泯灭,此词不复使用。

也里虔　又作鸦儿看、押儿牵(《元史》)、牙儿干(《明史》)。即今新疆莎车县。

也柳干(? —1258)　又译叶了干。蒙古札剌儿氏。父拨彻,为成吉思汗宿卫,先后任火儿赤、博儿赤。元太宗灭金时战死。他继其父火儿赤、博儿赤之职,为皇子岳里吉番卫长。太宗七年(1235),从诸王阔出、忽都秃攻宋,有功,封万户。宪宗元年(1251),迁天下马步禁军都元帅,为大将察罕副手,总领两淮等诸翼蒙古汉军。五年,察罕死,代为诸翼军马都元帅,领大军攻淮东、淮西诸城。八年,领兵攻扬州,战死。

也密力台吉　又作乜明、纳密克。明代蒙古插汉部人。达延汗之孙,卜赤之弟。其后裔为敖汉、奈曼二部领主。

也速　元蒙古人。月阔察儿子。至正十二年(1352),从丞相脱脱镇压徐州芝麻李,献计拔徐州城。后转战各地镇压农民军。二十四年,率军拒战孛罗帖木儿兵于昌平,溃败。孛罗帖木儿入大都,为右丞相,命他南拒扩廓帖木儿部将。军至良乡,反而联扩廓帖木儿,杀孛罗帖木儿骁将姚伯颜不花。二十七年,为右丞相。分省山东。次年,明军攻取山东,战败北遁。

也速答儿　元蒙古珊竹氏。纽邻之子。至元十一年(1274),属西川行枢密院。习兵事,从攻宋嘉定有功,授六翼达鲁花赤。围重庆,复追俘宋制置使张珏,授西川蒙古军马六翼新附军招讨使,迁四川西道宣慰使、都元帅。十九年,讨平亦奚不薛,以功拜西川行省右丞。改四川行枢密院副使,会云南兵平乌蒙。进同知行枢密院事。成宗即位(1294),拜四川行省平章政事。武宗时,迁云南行省,加左丞相。南征时,感染瘴毒,还成都卒。

也速解儿(1252—1296)　元蒙古兀良合氏,原名帖木儿。大宗正府也可札鲁忽赤哈丹之子。早年为元世祖宿卫,后随堂兄阿术攻下襄、樊(今湖北襄樊)。至元十一年(1274),从阿术渡江,取鄂州(今湖北武汉武昌区),败宋贾似道军于丁家洲(今安徽铜陵北江中)。次年,随阿术战扬州,又大败宋张世杰水军于焦山。灭宋后,历任行中书省断事官、淮东道宣慰使。二十二年,因通晓汉人语言文字,由中书省参议升任参知政事。累官尚书省平章政事。从征叛王乃颜,运筹粮饷。又进讨乃颜余党。二十八年,奏劾权相桑哥。后出任江浙行省平章政事。成宗即位,复任中书平章,避帝名讳,改名。

也速迭儿　明初蒙古部落首领之一。元世祖忽必烈弟阿里不哥后裔。洪武二十一年(1388)趁明将蓝玉在捕鱼儿海(今贝尔湖)击溃蒙古可汗脱古思帖木儿之机,在土剌河袭杀脱古思帖木儿。二十五年在斡难河(今鄂嫩河)遭明军进击,势力衰颓。

也速该(? —1170)　蒙古乞颜部首领,以孛儿只斤乞颜为姓氏。长期与塔塔儿人争战。正妻月伦,生四子:铁木真(即成吉思汗)、拙只哈撒儿、哈赤温、铁木哥斡赤斤。另一妻速赤格勒,生二子:别克帖儿、别里古台。乾道六年(1170),携子铁木真至弘吉剌部求婚,归途被塔塔尔人置毒饮食中,遇害身死。元世祖至元三年(1266),追谥烈祖。

也速蒙哥(? —1251)　察合台汗国可汗。察合台第五子。元定宗元年(1246),废合剌旭烈,立为汗。定宗死后,拒不参加选立宪宗蒙哥之忽里台,后被处死。

也孙铁木儿　即"泰定帝"。

也先(1407—1454)　又译额森、厄僧。明时瓦剌贵族首领。明敕书称为"瓦剌都总兵答剌罕太师淮王大头目中书丞相"。正统四年(1439),继父脱懽为太师。兼并蒙古诸部,并挟脱脱不花可汗北服乞儿吉思,西征中亚诸族,威震楚河、塔拉斯河一带;南破哈密,联结沙州、罕东、赤斤蒙古诸卫,控制西域要道;东攻兀良合三卫、女真诸部,远交朝鲜。十四年,土木堡之战大败明军,俘英宗,进围京师。次年议和,送还英宗,恢复贡市。景泰二年(1451),争夺汗位,败脱脱不花。越二年,自称大元田盛(天圣)大可汗,年号添元(天元),封次子为太师。后被阿剌知院举兵击杀;一说败逃时为布库·索尔逊之子巴郭所杀。

也先不花　❶(? —1309)又译野先不花。元蒙古克烈氏。孛鲁欢长子。世祖时,袭父职为必阇赤长。又任燕王皇子真金王傅。至元二十三年(1286),出任云南行省平章政事,在任十余年,镇压僰人、金齿、乞蓝、八百媳妇等部的反抗,立登云、云远等路。大德二年(1298),迁湖广行省平章政事。八年,迁河南行省。次年,升湖广行省左丞相。文宗时追封恒阳王,顺帝时又追封瀛王。❷(? —约1320)察合台汗国汗。1310—约1320年在位。笃哇之子。为弟怯伯拥立。延祐元年(1314)入侵元境,败于也儿的石河(今额尔齐斯河)。又派兵侵入伊利汗国,因元军深入中亚草原,被迫从呼罗珊退兵。❸(? —1445或1462)明亦力八里(蒙兀儿斯坦)王。歪思之子。宣德四年(1429)嗣位。正统元年(1436)遣使入贡。自后,奉贡不绝。

也先帖木儿(? —1330)　元云南王忽哥赤之子。至元十七年(1280),封云南王。二十二年,世祖谕云南边事均须向他请示而后行,寻命合剌章首领之子入质京师,千百户之子留质王所。马可波罗称他为人贤明英武,善治其国。二十五年,命率诸将攻缅国,军次蒲甘,缅人诱之深入,丧师七千余。二十七年,封甘麻剌为梁王以代之。后封营王,泰定四年(1327)出镇北边。

也先铁木儿(?—1323) 又译也先帖木儿。蒙古许兀慎氏。月赤察儿第五子。幼任宿卫。元仁宗即位,任知枢密院事兼山东河北蒙古军都万户。后袭爵淇阳王。英宗至治三年(1323),与御史大夫铁失等图谋杀英宗,立晋王为帝。八月,乘英宗自上都(今内蒙古正蓝旗东)南还,夜驻南坡,与铁失等杀害于行帐。与诸王按梯不花等奉皇帝玺绶北迎晋王(泰定帝)。九月,泰定帝即位于龙居河(今克鲁伦河),任右丞相。十月,以弑君罪被诛于行在所。

也先土干(?—1431) 故元王子。永乐二十一年(1423),明成祖北征阿鲁台时,率部降明,受封忠勇王,赐名金忠。次年,明成祖再征阿鲁台,自请参战并为前锋,加太子太保。宣德四年(1429),升为太保。

也薛 即"爱薛"。

冶 ❶又作东冶。闽越都城。即今福建福州市。汉高祖五年(前202),复立无诸为闽越王,都此。一说冶原在今浙江南部,后徙福州;一说在福建浦城。❷铁铸炼之所。晋时冶令隶卫尉,掌工徒鼓铸。南朝冶令隶少府。宋有东冶、南冶,各置令丞;梁陈有东、西冶。北齐诸冶属太府。北周有冶工、铁工中士。

冶阪津 阪一作坂。在今河南孟州西南。《水经·河水注》引《魏土地记》云:"冶坂城旧名汉祖渡,城险固,南临孟津,在洛阳西北四十二里。"《资治通鉴》:南朝宋景平元年(423),魏主至盟津,"于栗磾造浮桥于冶陂津",即此。

冶城 也称冶亭。在今江苏南京市内朝天宫一带。相传为三国吴(一说春秋吴国)冶铸处。东晋太元十五年(390)建冶城寺于此。桓玄又建为别苑,广起楼榭。六朝时为拱卫都城建康的重要城堡。南朝梁绍泰元年(555),徐嗣徽袭建康,据石头,陈霸先遣军立栅于冶城;东晋义熙十一年(415),刘裕以刘钟领石头戍事,屯冶亭,皆即此。

冶大夫 官名。战国置。掌冶铸的工官之长。《左官鼎铭》:"十一年十一月乙巳朔,左官冶大夫杕命(?),冶喜(?)铸贞(鼎)。"

冶大雄(?—1756) 清四川成都人。回族。康熙末入伍,从征西藏。雍正八年(1730)至乾隆五年(1740)间,先后从征青海厄鲁特及湖广苗族、瑶族,授云南昭通镇总兵。乾隆十三年参加征金川之役,克昔岭,擢云南提督。旋因事降为哈密总兵,署安西提督。复因巴里坤验马事治罪,病死于西安。

冶父 春秋楚邑。在今湖北荆州市东南。《左传》桓公十三年(前699):楚屈瑕伐罗,为罗与卢戎两军所败,"莫敖缢于荒谷(在今荆州东),群帅囚于冶父以听刑",即此。

冶诃 女真神隐水完颜部孛堇。投依完颜部联盟,在联盟长劾里钵(金世祖)左右,参与谋议。助颇剌淑(金肃宗)攻桓赧。

冶户 宋代从事金属冶炼的专业户。或由官府指派,或由富豪向官府买扑。富裕冶户招募工匠、冶夫,进行生产。冶户的产品须输纳官府。

冶监 ❶官署名。隋代置,分大、中、小三等,以监、丞领其事。唐代隶少府监,掌铸造兵农之器,供给军士、屯田居民,惟兴农冶则专供陇右监牧。置监一人,丞一人;另有监作、典事等。宋初仅存空名,元丰改制废。❷官名。隋代冶监长官,大冶监视正八品,中冶监视从八品,小冶监视正九品。唐代少府监冶监沿置一人,正七品下,掌铸造兵农之器。宋初仅存空名,元丰改制废。

冶令 官名。汉代于各地有铁、铜处设铁、铜官,掌使役工徒,熔铸铜、铁,西汉隶司农,东汉隶郡县。三国吴始于江南有铁诸郡设冶令,并设丞为其副,掌工徒鼓铸之事。西晋沿置,于江北设三十九处,隶卫尉。江南有梅根、冶塘二冶令,隶扬州刺史。东晋、南朝宋、齐于江南诸郡县各置冶令或冶丞,设东、南冶令分领之,总隶于少府。梁、陈改南冶令为西冶令,秩一班。并隶少府。梅根诸冶令仍隶扬州刺史。北朝亦置。北齐于太府寺下置诸冶东、西道署,分领诸冶事。

冶炉城 即今河南西平县西南冶炉城。《资治通鉴》:唐元和十二年(817)李愬讨淮西,"山河十将妫雅、田智荣下冶炉城",即此。

冶山 ❶在今福建福州市旧城内东北隅。西北有欧冶池,相传为春秋时欧冶子铸剑之地。❷在今江苏六合县东北。产铜、铁及磁石。相传西汉吴王濞铸钱于此,故名。

冶士 魏、晋、南北朝时因犯反叛、淫、盗三罪而被罚冶铸之囚徒。其地位卑下,同于官奴。南朝宋时,囚徒罪行虽有轻重,但一旦配充冶士,均须黥面,且遇赦不宥。

冶塘 两晋及南朝宋时南方著名冶铁中心之一。在武昌县东南(今湖北武汉南),因山置冶,山名冶塘(一作冶唐)山。其时与梅根冶齐名。后建康(今江苏南京)东冶地位日隆,跃居冶塘之上。

冶县 西汉武帝平闽越后改东冶置。为会稽郡东部都尉治。治今福建福州市冶山之麓。东汉初改为东冶县。

野蚕录 书名。清王元綎撰。全书有正文四卷及外纪一篇。元綎,山东宁海(今烟台)人。光绪进士。书中较详细地记载了野蚕种类、名称、饲蚕所用树叶种类、种树育蚕方法、缫丝织绸技术及缫丝工具等,并附有"野蚕茧绸出口表"和"图说"。有光绪二十八年(1902)安徽原刊本、光绪三十一年商务印书馆铅印本、宣统元年(1909)安庆同文官印书馆铅印本以及湖南官书报局石印本,现有校订本。

野河 一名槐水。上游即今河北赞皇县槐河,唐时下游流径赵县南东入洨河,五代时下游改径高邑东南、柏乡北五里,东入洨河。《资治通鉴》:五代梁开平五年(911),晋将"李存璋以步兵陈于野河之上",梁军稍却,存璋乘之,梁军大败,"自野河至柏乡,僵尸蔽地",王景仁等仅以数十骑走免。

野狐飒 器名。俗称头巾顶。为张挂于大樯顶端的小帆。用于招风,无风时使用。《宣和奉使高丽图经·客舟》:"大樯之巅,更加小帆十幅,谓之野狐飒,风息则用之。"

野狐岭 在今河北万全县西北。山势高峻。辽兴宗重熙六年(1037)猎于野狐岭;明洪武三年(1370)李文忠北出野狐岭,败元兵于察罕脑儿;景泰元年(1450)英宗自瓦剌部南归,也先遣兵送至野狐岭,均即此。

野记 书名。明祝允明撰。一卷。取材于街谈巷议,内容多不可信。有正德、嘉靖间刻本,自序作于正德六年(1511)。

野禁 古代乡间规定予以取缔的活动。目的为确保农时,进行生产。《礼记·曲礼》有"入竟(境)而问禁"之语。《吕氏春秋·上农》提出"野禁"有五,内容大致包括两个方面:一是"苟非同姓,农不出御,女不外嫁,以安农也"。另四条均为防止为害农时者:"地未辟易,不操麻,不出粪;齿年未长,不敢为园囿;量力不足,不敢渠地而耕;农不敢行贾,不敢为异事,为害于时也。"

野井 春秋齐地。在今山东齐河县东黄河东岸。《春秋》昭公二十五年(前517):"齐侯唁公于野井",即此。

野居女真 族名。女真又作女直。*兀惹或*兀的改的汉语称谓。

野客丛书 书名。南宋王楙撰。三十卷。成书于度宗时。考证典籍异同,涉及经史百家,乃至士人轶事,范围广泛,钩摭博洽,考辨精核。卷末附其父所撰《野老纪闻》一卷。

野老 书名。撰者不详。《汉书·艺文志》著录十七篇,列于农家,并云"六国时,在齐、楚间"。颜师古注引应劭曰:"年老居野,相民耕种,故号野老。"《隋书·经籍志》已不载。久佚。清马国翰据《吕氏春秋》之《上农》、《任地》、《辨土》、《审时》诸篇辑《野老书》一卷,见《玉函山房辑佚书》。

野里知吉带(?—1252) 又译宴只吉带、额勒只吉歹、按只斛。元太宗怯薛长。太宗二年(1230),从攻金。定宗二年(1247),奉命率军西征,统治西亚北部。宪宗二年(1252),因党于太宗家族,被拔都处死。

野利仁荣(?—1042) 西夏人。景宗野利后族。学识渊博。官谟宁令(即天大王)。西夏建国初期创制典章制度,多参与谋划。景宗大庆元年(1036),承元昊意创制蕃书(西夏文),成十二卷,字形方整,笔画繁冗。被尊为国字,颁行境内。天授礼法延祚二年(1039)西夏建蕃学,主其事,译《孝经》、《尔雅》、《四言杂字》为蕃语,以蕃字书写,教授学生,培养官吏。五年死,元昊为之厚葬,赠富平侯。天盛十六年(1164),仁宗仁孝为表彰其制字之功,追赠广惠王。

野利氏 ❶西夏党项族姓。❷(?—1008)党项族首领夏国王李继迁妻。生子德明。❸(?—1048)夏景宗元昊妻。生子宁令哥。天授礼法延祚元年(1038)元昊称帝,封为皇后。从父野利旺荣、野利遇乞为大将,后被元昊杀死。元昊与遇乞妻没藏氏私通,又夺子宁令哥妇没啰氏。她失宠怨望,被废。十一年,国相没藏讹庞唆使宁令哥杀元昊,不久她与宁令哥同被没藏讹庞所杀。

野利旺荣(?—1043) 西夏人。景宗元昊时大将,野利后从父。任监军,与弟遇乞分掌左右厢兵,驻天都山,号天都大王。天授礼法延祚四年(1041),奉元昊命,致书宋安抚副使范仲淹。次年,遣部下诈降于宋,被识破。六年,又致书宋经略使庞籍求和,和议成。因宋用反间计,与遇乞同遭元昊猜疑,被处死。

野利遇乞(?—1043) 西夏人。景宗野利后从父。西夏建国初,与兄旺荣分掌左右厢兵,对宋作战,屡立战功。常驻兵天都山,号称天都大王。拥重兵威胁宋边境。宋知环州种世衡利用景宗多疑,诱得西夏首领苏吃曩,使盗景宗赐遇乞之宝刀,扬言遇乞叛夏投宋。景宗中计,于天授礼法延祚六年(1043)夺遇乞兵权,处死。

野庐氏 官名。《周礼》秋官之属。掌道路交通禁令。下士爵。属员有胥、徒若干。

野庐中士 官名。《周礼》有野庐氏下士六人,掌巡行王都达于四畿之道路。西魏恭帝三年(556)仿《周礼》建六官,秋官司寇府宾部大夫下有野庐中士,正二命;野庐下士,正一命,即《周礼》野庐氏下士之职。北周因之。隋开皇元年(581)罢。

野蛮 即"裸形蛮"。

野乜克力 即"乜克力"。

野桥箐 地名。在今四川双流县西南。唐中和二年(882),阡能起兵,伏兵于野桥箐,以邀官军,即此。

野人 一作鄙人。西周、春秋时居住于国都以外的农民,其身份比住在国都(六乡)以内的国人为低。《左传·僖公二十三年》:"(晋公子重耳)出于五鹿,乞食于野人,野人与之块。"《孟子·滕文公上》:"无君子莫治野人,无野人莫养君子。"

野人女真 即东海女真。明人对文化较低的女真人的贬称。初指分布在黑龙江支流忽喇温江(今嫩江)沿岸居民。后多迁至今吉林东北大乌拉城一带,发展为较进步的海西女真。朝鲜史中所谓兀狄哈或七姓野人,实为忽喇温别名。明代野人女真包括东海三部在内的散居女真各部,辖有今图们江口、乌苏里江沿岸,松花江、黑龙江下游及滨海,乃至库页岛等地。各部生产发展不平衡,多以游猎、捕鱼为生。明永乐七年(1409)于黑龙江口特林地方设奴儿干都指挥使司管辖。明末清初先后归附。

野史 ❶私人撰写的史书。对官方所修的史书而言。最早以野史名书者,为唐昭宗时沙仲穆所著《太和野史》十卷。后又有《野史甘露记》二卷,作者不详。宋代有林希著《林氏野史》八卷,龙衮著《江南野史》二十卷。以后作者甚多,但不必以野史名书。❷书名。北宋孟瑜撰。三十卷。已佚。

野史甘露记 书名。一作《野史甘露新记》、《甘露野史》。作者不详。二卷。上卷记述唐大和九年(835)郑注、李训密谋诛除宦官的"甘露之变"经过,下卷记述有关诸臣的生平事迹。已佚。《资治通鉴考异》有征引。

野史无文 书名。清郑达撰。二十卷,仅存十三卷。成书于康熙年间。是书主要汇辑了南明永历朝建立和灭亡的史料以及永历、鲁王诸政权的名臣传记。书中之郑成功海东事及陈永华、张名振等传颇具史料价值。有海盐朱氏旧藏抄本、上海图书馆藏桐城姚氏藏抄本、中华书局铅印本、中华书局晚明史料丛书本。

野台 又称野望台。战国赵武灵王筑。在今河北新乐市西南。《史记·赵世家》:武灵王十七年(前309),"王出九门,为野台,以望齐、中山之境"。后世一作"望台",又名"义台",见《史记》裴骃集解引徐广注、张守节正义引《括地志》。

野王 春秋晋邑。即今河南沁阳市。《左传》宣公十七年(前 592):"晋人执晏弱于野王。"战国属韩,后又属秦。《史记·白起列传》:秦昭襄王四十五年(前 262),"伐韩之野王,野王降秦,上党道绝"。西汉置县。

野王郡 三国魏咸熙元年(264)以野王典农置。治野王县(今河南沁阳市)。《晋书·宗室·太原成王辅传》:"魏末为野王太守。"西晋废。十六国后赵复置,仍治野王。《资治通鉴》:东晋咸和三年(328),赵主刘曜"分遣诸将攻汲郡、河内,后赵荥阳太守尹矩、野王太守张进等皆降之"。

野王县 春秋晋邑。战国属韩,后入秦。西汉置县。治今河南沁阳市。属河内郡。西晋为河内郡治。北朝又为怀州治。隋开皇十六年(596)改为河内县。

野望台 战国赵国台名。又名野台、义台、望台等。详"野台"。

野乌笃干山 即"于都斤山"。

野虞 官名。春秋、战国时置,为主山林薮泽之官。《礼记·月令》:"山林薮泽,有能取蔬食田猎禽兽者,野虞教道之。"

野竹斋 明沈与文室名。与文字辨之,号姑余山人,嘉靖时苏州吴县(今江苏苏州)人。家有野竹斋,藏书甚富,并刻有《诗列传》。

yè

业 梵文 Karma 的意译。佛教名词。意为造作,泛指一切身心活动。一般指身(行为)、口(言语)、意(思维)三方面的活动,称"三业"。身、口二业均由意成,故意业为根本。"三业"又分为善、不善、非善非不善三种。佛教认为业一旦发生,不仅不会消失,且将引起善恶等后果,是"因果报应"说的理论依据。

业瞒 即"叶密立"。

业全 西夏官位。西夏语音"尼责我",中书位之一。

业主 又称业户。宋时对田地房产等进行租佃、典赁或买卖时,田地房产的原主,谓之业主。

叶 春秋楚邑。即今河南叶县西南旧县。《春秋》成公十五年(前 576):"许迁于叶";又《左传》昭公十八年(前 524):"叶在楚国,方城外之蔽也",皆即此。战国秦昭襄王十五年(前 292)取叶,自后亦称叶阳。秦置叶县。

叶陂 在今广东南雄市北。明初守臣叶景龙开以灌田,因名。

叶悖麻(?—1084) 西夏党项人。夏惠宗秉常统军。大安八年(1082),宋夏永乐之战中,与副统军咩讹埋等率六监军司兵三十万大败宋军。后参与梁太后与国相梁乙埋谋复夏国失地事。十年,受遣与咩讹埋守安远寨,兵败被杀。

叶伯巨(?—1376) 明浙江宁海人,字居升。洪武时以国子生授平遥训导。通经学,有见识。洪武九年(1376)上万言书,称天下可患者三事:分封太侈、用刑太繁、求治太速。太祖震怒,谓其离间骨肉,诏下刑部狱,瘐死。

叶伯英(?—1888) 清安徽怀宁(今安庆)人,字冠卿。附贡生。曾任清河道。光绪七年(1881)任陕西按察使,后迁布政使。十二年擢陕西巡抚。卒于任。

叶昌炽(1847—1917) 清末苏州长洲(今苏州)人,字鞠裳。光绪进士,选庶吉士,授编修,充会典馆帮总纂、国史馆提调,迁国子监司业、翰林院侍讲。光绪二十八年(1902)督甘肃学政,后任礼学馆顾问、存古学堂史学总教习。善词。长于校勘学。著有《藏书纪事诗》、《语石》、《邠州大佛寺题刻考》等。

叶长青(James Huston Edgar, 1872—1936) 英国人。内地会传教士。清光绪二十四年(1898)来华,在四川、西康诸地活动,兼任上海《字林西报》驻打箭炉(康定)记者。为人类学学者,著有许多关于藏族的文章。

叶琛(1314—1362) 元处州丽水(今属浙江)人,字景渊。博学有才。元末从官军守处州,捕杀起义山民,授行省元帅。朱元璋克处州,他避走建宁(今属福建)。朱元璋召至应天(今江苏南京),授营田司佥事。不久升洪都知府,佐邓愈镇守。后被降人祝宗、康泰所执,不屈而死。后追封南阳郡侯。

叶澄衷(1840—1899) 清浙江镇海(今宁波)人,原名成忠。早年入油厂当学徒,后至上海杂货店当店员,又做码头商贩,与外轮商人贸易。同治元年(1862)在虹口开设商店,后在各商埠设支店,以五金业起家,成为富商,捐资得道员衔。光绪十六年(1890)与宋炜臣设立上海燮昌火柴厂。二十年设立上海纶华缫丝厂。二十三年与宋炜臣合资创办汉口燮昌火柴厂,有职工八百人,日产火柴三四十箱。二十五年在上海办澄衷学堂。不久病死。

叶春(1370—1433) 明海盐(今属浙江)人,字景阳。警敏有才识。起掾吏,历礼部郎中、两淮盐运使,改四川右参政。宣德时,与大理寺卿熊概等巡抚南畿、浙江,擢刑部右侍郎。卒于官。

叶德辉(1864—1927) 湖南湘潭人,字奂彬,一作焕彬,号直山、郎园。清光绪进士。授吏部主事。光绪二十三年(1897)在湖南反对新学,与王先谦等攻击时务学堂,斥康、梁为"乱民"、"诐士",并撰《长兴学记驳义》等逐一批驳。二十六年,唐才常在湖北起兵"勤王",他奉湖南巡抚俞廉三之命,撰《觉迷要录》,以作"康梁逆案之定谳"。宣统二年(1910)湖南水灾,他囤积稻谷万余石,激起饥民抢米风潮,被削籍。1912年后遍游燕云、吴会等地。生平藏书甚富,于版本目录学颇有研究。著述及校刻书凡百数十种。著有《藏书十约》、《书林清话》、《观古堂藏书目》、《郎园读书志》等。

叶兑 明浙江宁海人,字良仲。以经国济世自负,尤精天文、地理、卜筮之学。元末以布衣献书朱元璋,列一纲三目,规划取天下大计。元璋奇其言,欲留用之,坚辞而归。后太祖平定天下,规模次第略如其言。

叶儿的石河 即"也儿的石河"。

叶尔仓巴 官名。清代西藏地方政府官员之一。隶于噶伦。掌理粮务之事。前藏设二人,为五品官。后藏设一人,为四品虚衔。

叶尔羌 见"莎车"。

叶尔羌参赞大臣 见"总理回疆事务参赞大臣"。

叶法善(616—712或614—720) 唐括州括苍(今浙江丽水东南)人,一说祖籍南阳叶县(今河南叶县西南),字道元,一字太素。其家三代为道士,得家传,又善符箓,谓能驱鬼治病,但不轻信炼丹术。历高宗、武则天、中宗三朝五十年,往来名山,数召至宫中问道。力主毁佛。先天二年(713)任鸿胪卿,封越国公。仍为道士,居京师景龙观。《全唐文》存文四篇,《全唐诗》存诗三首。

叶方蔼(?—1682) 清江南昆山(今属江苏)人,字子吉,号讱庵。顺治探花,授编修。顺治十八年(1661)江南奏销案发,以欠赋一厘(值制钱一文)被贬官,时有"探花不值一文钱"之谣。康熙十四年(1675)奉命撰《太极图论》。十六年充《孝经衍义》总裁。次年入值南书房,授翰林院掌院学士。十八年充《明史》总裁。次年以《尚书讲义》成,加礼部尚书衔。后迁刑部右侍郎。著有《读书斋偶存稿》等。

叶公子高 即"诸梁"。

叶桂(1667—1746) 清江苏吴县(今苏州)人,字天士,又字香岩。祖、父皆精医术,幼随父学医。十四岁开始行医,先后向十七位名医学习。医术造诣很高,切脉望色,如见五脏。治病不墨守成规,能对症下药,故多奇效。善医时疫和痧痘疑难杂病,为清代温热学派之宗师。著有《临证指南》、《温热论》(为其弟子所辑)等。

叶赫部 明海西女真四部之一。因河得名。居住在今吉林梨树境。始祖本蒙古人,姓土默特,名星根达尔汉,后因居璋纳喇地,改姓纳喇。永乐四年(1406)归明,置塔鲁木卫(在今辽宁开原东)。星根达尔汉四传至祝孔革,被封都督。再传至清佳努、杨吉努,势始强,收服诸部,兄弟二人分居东、西二城。因距明在开原所设的马市镇北关(在今开原市东北)甚近,故又称"北关"。后金天命四年(1619)为努尔哈赤所并。

叶护 突厥语音译。汉作翎侯。突厥、回纥等汗国官名。地位仅次于可汗,多由可汗子弟专任,分领各部落。世袭。

叶护可汗(?—588) 隋时东突厥可汗。公元587—588年在位。名处罗侯。沙钵略可汗弟。勇而有谋。与隋交好。曾率兵西败达头可汗,擒大逻便(阿波可汗)。后远征波斯,中流矢死。

叶护太子 唐时漠北回纥英武威远可汗磨延啜长子。至德二载(757),率骑四千援唐,肃宗宴接,命天下兵马大元帅广平王李俶与之结为兄弟,与唐将仆固怀恩为先行,克西京长安。复与郭子仪联兵,大破史思明叛军于新店,进复东京洛阳。军还,百官迎于长乐驿。拜司空,封忠义王。后罹罪被杀。

叶惠仲(1340—1403) 明临海(今属浙江)人。与兄夷仲并有文名。为方孝孺所知。建文中以知县征修《太祖实录》,迁南昌知府。永乐元年(1403)以修《太祖实录》,直书"靖难"之事,遭族诛。

叶经 明上虞(今属浙江)人,字叔明,号东园。嘉靖进士。除常州推官,擢御史。时严嵩掌礼部,受诸藩厚赂,滥予封爵。他上疏劾之,为嵩所恨。后按山东监乡试,严嵩诬以发策语为诽谤,遂受廷杖,伤重卒,年三十九。他与同乡徐学诗、谢瑜、陈绍均为最早奏劾严嵩者,时人称之为"上虞四谏"。

叶静能(?—710) 唐人。中宗时,任尚衣奉御。神龙元年(705),以善符禁小术被宠信,墨敕为国子祭酒,出入宫掖。朝臣桓彦范等谏之,帝不从,又加金紫光禄大夫。景云元年(710),与宗楚客、武延秀等劝韦后效武则天革唐命称帝,事败被诛。

叶克书(?—1658) 一作叶克舒。清满洲正红旗人,辉和氏。天命六年(1621)从征辽阳。后屡随军伐明,又攻朝鲜,收降黑龙江卦尔察部,累官至兵部承政、固山额真。入关后,从征李自成农民军,身受重创。顺治二年(1645)率部略山东,进攻满家洞农民军。次年授镇守盛京总管。十四年因过革职。

叶李(1242—1292) 宋末元初杭州(今属浙江)人,字太白,又字舜玉,号亦愚。曾上书宋理宗劾贾似道误国,发配漳州。宋亡,归隐富春山。至元二十三年(1286),应元世祖召至大都(今北京),力陈古帝王之道,请复立儒学提举司,蠲免儒户徭役,献策以汉军击乃颜,授尚书左丞。又请立太学、定至元钞法,谏止世祖徙宋宗室大姓北迁。曾推荐桑哥为相,及桑哥事败,受李淦弹劾,因世祖回护,得免治罪。

叶隆礼 南宋秀州嘉兴(今属浙江)人,一说台州(治今浙江临海)人,字士则,号渔林。淳祐进士。曾为建康府西厅通判。淳祐十二年(1252),改国子监簿。开庆元年(1259)自两浙转运判官除军器少监兼知临安府,景定元年(1260)徙知绍兴府。尝编次辽国史实,为《契丹国志》二十七卷。大抵取前人史籍及说部抄撮排比,间有节录,亦多失当;又书法错乱,体例参差。是书元中叶以后始见著录,或疑后人伪托。

叶梦得(1077—1148) 宋苏州吴县(今江苏苏州)人,迁居湖州乌程(今浙江湖州),字少蕴,号石林居士。绍圣进士。初任丹徒尉。徽宗时,累官翰林学士。帅颍昌府,发常平粟赈民,以抗拒宦官杨戬等搜刮,摧抑贪吏,而遭废黜。高宗即位,为翰林学士兼侍读,迁尚书左丞。绍兴初,为江东安抚制置大使兼知建康府、行宫留守,致全力于抗金防务及筹措军饷,使诸军得悉力作战。官终知福州,兼福建安抚使。致仕后,居乌程弁山卒。生平博洽,善著述,作词婉丽而雄杰,颇受苏轼词风影响。著有《建康集》、《石林词》、《石林诗话》、《石林燕语》、《避暑录话》等。

叶梦珠 清娄县(今上海市松江)人,字滨江,号梅亭。博学多闻,留心世务。著有《阅世编》、《续编绥寇纪略》。

叶密里 即"叶密立"。

叶密立 又译也迷里、叶密里。河名、地区名。即今新疆额敏河地。辽耶律大石西迁途中驻此,建城于河旁,以为城名,故址在今额敏县东、河南岸。成吉思汗以其地封授窝阔台(太宗)。窝阔台即大汗位后,以长子贵由(定宗)承袭封地。宪宗二年(1252),贵由幼子禾忽仍守叶密立,并分其地以授窝阔台第四子哈剌察儿之子脱脱。海都自立,遂为窝阔台汗国辖境。窝阔台汗国败亡后,其地为察合台汗国所并。

叶名琛(1807—1859) 清湖北汉阳(今武汉)人,字昆臣。道光进士。历任知府、按察使、布政使等职。道光二十八年(1848)擢广东巡抚。次年依靠社学,反对英人进入广州城。咸丰二年(1852)镇压罗定等地反清起义,捕杀凌十八,受清廷嘉奖,升两广总督兼通商大臣。四、五年间借助英国侵略者的援助,打败围攻广州的陈开、李文茂等部天地会起义军,并残杀广州附近民众。授协办大学士。七年擢体仁阁大学士。同年冬英法联军进犯广州,他不作战守,致使广州陷落。次年被俘,押往印度加尔各答。九年病死囚所。

叶浓(? —1128) 宋人。初为建州(今福建建瓯)军校。建炎二年(1128),率众数千人起义,杀官吏,攻州县,先后攻下古田、宁德、政和、浦城等地。旋为御营统制张俊、两浙提刑赵哲所败而降。后拟再起,事泄被杀。

叶淇(1426—1501) 明淮安山阳(今江苏淮安)人,字本清。景泰进士。授御史。成化时任大同巡抚。弘治初召为户部侍郎,进尚书。弘治五年(1492),应淮南盐商请,变*开中之法,召商纳银,以卖盐引,免商人输运远边之苦。居户部六年,能为国家惜财用。九年乞休归。卒于里。

叶清臣(1000—1049) 北宋苏州长洲(今江苏苏州)人,字道卿。天圣进士。历光禄寺丞、集贤校理,迁太常丞、同修起居注,进直史馆。景祐四年(1037),论范仲淹、余靖以言事被黜事,为仁宗所采纳,仲淹等皆得近徙。出为两浙转运副使,建请疏盘龙汇、沪渎港入海,吴人称便。为知制诰,数言西北用兵失策。康定元年(1040),权三司使,奏编前后诏敕,使吏不能欺。先后为宰相吕夷简、陈执中所排挤,两度出知州府。知永兴军时,修复三白渠,溉田六千顷。著有《述煮茶小品》。

叶绍翁 南宋建宁浦城(今属福建)人,徙居处州龙泉(今属浙江)。字嗣宗,号靖逸。其学出于叶适,与真德秀最友善。善诗,风格清俊。著有《四朝闻见录》、《靖逸小集》。

叶绍袁(1589—1648) 明吴江(今属江苏)人,字仲韶,别号天寥道人。少有才思,工诗赋。天启进士。历官国子监助教、工部主事,以不耐吏职繁剧辞归家乡。居汾湖之滨,与妻女互相唱和。顺治二年(1645)弃家入余杭径山削发为僧,号粟庵。著有《叶天寥四种》、《秦斋怨》。

叶升(昇)(? —1392) 明庐州合肥(今属安徽)人。元末为庐州佐将,徐达攻庐州,归降。累官府军卫指挥使。洪武三年(1370)进大都督府佥事。后以都指挥使出镇西安。十二年,与都督王弼用兵西番,以功封靖宁侯。十五年戍守辽东,修海州、盖州、复州三城。二十五年,坐胡惟庸党被杀。又与蓝玉联姻,故名隶两党。

叶盛(1420—1474) 明苏州昆山(今属江苏)人,字与中。正统进士。授兵科给事中。景泰间擢右参政,以敢言与林聪齐名。天顺二年(1458)以右佥都御史巡抚两广,更定均徭法。成化三年(1467)擢礼部右侍郎。疏请劝商裕边、置仓积粟、清理庄田。主守河套。官至吏部左侍郎。卒谥文庄。著有《水东日记》、《箓竹堂书目》、《叶文庄奏疏》及文集传世。

叶时章 清江苏吴县(今苏州)人,字雉斐。一说名稚斐,字美章。与李玉、朱皠等友善。作有传奇《英雄概》、《琥珀匙》、《女开科》等八种。

叶适(適)(1150—1223) 南宋温州永嘉(今属浙江)人,字正则,世称水心先生。淳熙进士。孝宗时,奏言大仇未复,不可因循守旧,自为虚弱。历知蕲州、权吏部侍郎、知建康府兼沿江制置使、宝文阁待制兼江淮制置使。开禧北伐,因坚主抗金,为韩侂胄所重。开禧二年(1206),在制置使任内,数次派兵袭击江北金军,立有战功。次年,又在江淮一带屯田练兵、修筑坞堡,作积极防御准备。侂胄败诛,被夺职奉祠十三年。在学术思想方面,提倡功利,反对空谈义理心性。认为构成自然界的主要形态是以"五行"、"八卦"为标志的各种物质,而"仁"、"义"必须表现于功利。对朱熹学说有所批评。后世推为永嘉学派之巨擘。著有《水心文集》、《水心别集》、《习学记言序目》等。

叶适(適)集 书名。南宋叶适撰。为《水心文集》和《别集》之合编。参见"水心文集"。

叶水心 即"叶适"。

叶陶 清江苏青浦(今属上海市)人,字金城。善画山水。康熙中曾供奉内廷,奉命作畅春园图本,称旨,命佐监造。畅春园建成,赐金归里。后再召入京,卒于途。

叶旺(? —1388) 明庐州六安(今属安徽)人,又名大旺。元末为谢再兴部长枪军千户。后随再兴投朱元璋,再兴叛,脱归。从征有功,授指挥佥事。洪武四年(1371)以都指挥使镇辽东。败纳哈出,进都督佥事。在辽东十七年,垦田万余顷,官至后军都督府佥事。卒于任。

叶味道 南宋温州(今属浙江)人,初名贺孙,以字行,更字知道。嘉定进士。官至太学博士,兼崇政殿说书,迁秘书著作佐郎而卒。师事朱熹,永嘉从朱子之学者,自叶味道与陈埴始,"自是而永嘉学者渐祧艮斋(薛季宣,承程颐之学)一派矣"。以"阴阳二气之聚散"释鬼神之理,认为"死而气散者,其常也。若不得其死,郁结不散者,其变也"。"其气不散,为妖为厉"。强调"设为宗祧","教民亲爱",为暴死者立嗣以奉其后,"庶乎鬼有所知,而神始安宁矣"(《宋元学案》卷六十五)。反对在三京用师,认为"科配日繁,馈饷日迫,民一不堪命,庞勋、黄巢之祸立见,是先摇其本,无益于外边"(《宋史·叶味道传》)。著有《四书说》、《大学讲义》、《祭法宗庙庙享郊社外传》、《经筵口奏》、《故事讲义》,已佚。

叶希贤 明松阳(今属浙江)人,名云,以字行。洪武时举贤良。建文中,官御史。"靖难"之役中,李景隆战败丧师,从练子宁等上疏请治李景隆罪。燕师入南京,被杀。一说弃官出家为僧,号雪庵和尚。

叶仙鼐(? —1306) 元畏兀儿人。随忽必烈(世祖)征大理、鄂州(今湖北武昌)。中统间,参与征阿里不哥及平李璮之乱。为西道都元帅、叶蕃宣慰使,在任二十四年。后迁云南行省平章政事,改江西行省平章政事,镇压钟明亮起义。又改陕西行省平章政事。

叶向高(1559—1627) 明福建福清人,字进卿,号台山。万历进士,选庶吉士。万历三十五年(1607)以礼部尚书入阁。独主内阁凡五年。屡疏陈矿监税使之弊,不纳。四十二年致仕归。天启元年(1621)复召为首辅。时魏忠贤专权,屡与抗争。四年遭魏忠贤排挤,被迫致仕。谥文忠。著作有《叶台山集》、《说类》等。

叶小纨 明吴江(今属江苏)人,字蕙绸。叶绍袁之女,戏曲家沈璟孙沈永桢妻。曾因姊纨纨、妹小鸾早死,著杂剧《鸳鸯梦》悼念。诗集有《存余草》。

叶燮(1627—1703) 清江苏吴江人,一说浙江嘉兴人,字星期,号已畦,人称横山先生。康熙进士。任宝应知县,旋以忤上官,被劾落职。晚居吴县横山。性喜山水。工诗文,以诗论见称。著有《原诗》、《已畦文集·诗集》等。

叶欣 清江苏华亭(今上海市松江)人,一说江苏无锡人,字荣木。流寓江宁(今江苏南京),为"金陵八家"之一。善山水,曾为周亮工摘陶潜诗作小景百幅,所作《断草荒烟》、《孤城古渡》,富秦月汉关情趣。

叶延(约 319—约 351) 十六国时吐谷浑王。吐延长子。东晋咸和四年(329)继立。始以祖父吐谷浑之名为姓氏、族名、国号。

叶衍兰(1823—1897) 清广东番禺人,字南雪,号兰台。咸丰进士。历官户部云南司郎中、军机章京。光绪八年(1882)以与当道不洽,请疾归里。晚年主讲越华书院。生平工书画文辞,好为考据、掌故之学。官京师时即搜集清代学者画像、事迹,工笔临摹,并为撰传。竭三十余年精力成《清代学者像传》。另著有《海云阁诗》、《秋梦庵词》等。

叶阳 见"叶"。

叶义问(1098—1170) 宋严州寿昌(今浙江建德南)人,字审言。建炎进士。历任临安府司理参军、饶州教授、知江宁县、江州通判。治事不避权贵,因忤秦桧,罢去。桧死,召擢殿中侍御史,建言应罢逐秦桧亲党,叙复以言得罪者。时知枢密院事汤鹏举效桧所为,广置党羽,他累章劾之,有"一桧死一桧生"之语。累迁吏部侍郎兼史馆修撰,寻兼侍读,绍兴三十年(1160)拜同知枢密院事。金主完颜亮有犯边意,奉使还,建言当备之。亮果南下,奉命督师抵御,然素不习军旅,措置乖谬,罢提举宫观。复为言者所论,谪饶州。

叶映榴(1638—1688) 清江苏上海(今上海市)人,字炳霞,一作丙霞,又字苍岩。顺治进士。康熙二十四年(1685)官湖北粮储道。二十七年夏逢龙兵变,胁之降,不从,自刎死。有《忠节公遗集》。

叶颙(1100—1167) 南宋兴化军仙游(今属福建)人,字子昂。绍兴进士。历仕州县,多有善政。绍兴末,尝建议高宗复相张浚。孝宗即位,召为右司郎中,历吏部侍郎、权尚书。乾道元年(1165),除参知政事兼同知枢密院事。次年一度罢政,旋召拜左仆射、同平章事兼枢密使。首荐汪应辰、王十朋等可备执政、侍从、台谏,劾知閤门事龙大渊、权知閤门使曾觌窃弄威福。又请裁汰冗兵,以节国用。论事切直,三年罢相,提举太平兴国宫,寻卒。

叶由庚(1202—1279) 南宋义乌(今属浙江)人,字成甫,学者称通斋先生。生而口吃,喜好读书,考科举不中,遂从学于朱熹门人徐侨(毅斋),曾与何基、王柏辩论先天图说,并以知行并进说否认知先行后说。著有《论语纂遗》、《瘦叟自志》。

叶榆水 汉、晋、南朝时期称今云南西洱河为叶榆水。源出今剑川县南罢谷山,南流积潴而成叶榆泽,又东南入今漾濞江。古人不明叶榆水源流,故《水经》及《水经注》记载此水多有错误,如《水经注》说它自叶榆县东南至滇池,再东过温水(今南盘江)至温水以东地区。以今水道和地形而论,都不可能。

叶榆县 叶,《续汉书·郡国志》、《晋书·地理志》等皆作"楪"。西汉元封二年(前 109)置。治今云南大理市北。属益州郡。东汉改属永昌郡。三国蜀改属云南郡。东晋改属东河阳郡。南朝齐为西河阳郡治。梁大宝后废。

叶榆泽 即今云南大理市东洱海。《汉书·地理志》叶榆县:"叶榆泽在东。"

叶芸来(? —1861) 清广西人。太平天国陈玉成部将。咸丰八年(1858)封受天福。曾与清军战于安徽太湖,失利退守安庆。后升受天安。十年,湘军围攻安庆,与吴定彩、张朝爵坚守待援。陈玉成等几次率军援救,不能解围。十一年,安庆失陷,力战死。

叶钊 明江西丰城人,字时勉。弘治进士。除南京刑部主事,进员外郎。武宗即位,应诏陈八事,要求罢革东厂,禁止宦官擅权。刘瑾见疏大恨,坐以断狱诖误,削籍归。讲学江西,瑾死,起礼部员外郎,未闻命卒。

叶志超(?—约1901) 清安徽合肥人,字曙青。行伍出身。曾随刘铭传镇压捻军。光绪初署正定镇总兵,率练军驻新城。光绪十五年(1889)擢直隶提督,后率部镇压热河朝阳人民反教会斗争。二十年朝鲜东学党起义,奉命率一千五百人赴朝鲜牙山。后日军袭击牙山,率部败走平壤,却谎报战功,被命为平壤清军统帅。日军进攻平壤,左宝贵力战阵亡后,率军溃逃数百里,渡鸭绿江回国,被革职送京,定斩监候。二十六年获释,岁余病死。

叶子 见“旋风装”。

叶子格 即“叶子戏”。

叶子奇 元末明初浙江龙泉人,字世杰,号静斋。元末师从王毅。洪武初任巴陵主簿。尝作《太玄本旨》,究通衍皇极之说,尊程朱理学,力辟佛老,谓释氏离物言性,“沦于空寂”,老氏舍器言道,“溺于虚无”,儒者称之。洪武十一年(1378)春,因偷饮祭酒案,株连被逮。狱中用瓦磨墨,著《草木子》,出狱后续成之。于元朝典章制度、时事得失、文学艺术及农民起义,多所记叙。“草木子”者,以草记时,以木记岁,自况其生。另著有《范通公理》、《草木子余录》等。

叶子戏 亦称叶子格。唐人宴聚,多以此戏取乐。中宗时,韦后族人居长安(今陕西西安)广化里,好为此戏。南唐李后主妃周氏又编金叶子格,后世衍为纸牌。一说贺州刺史李郃撰骰子选,以骰子投彩,亦称叶子、彩选。

叶宗谔 宋邵武军泰宁(今属福建)人。北宋末,官户部员外郎。伪楚张邦昌称帝,除权司农少卿。建炎初,不问其受伪命事,授户部郎中、直龙图阁,充江淮制置使。绍兴元年(1131),改知洪州,为言者所论罢。久之,迁江西路转运使。

叶宗留(?—1448) 明浙江庆元(今宁波)人。正统时,率流民往福建采矿为生,与官府时有冲突。正统十二年(1447),聚流民于福建政和、浙江庆元等地起义,转战福建、江西,从者数万人,与邓茂七起义相呼应。次年,与官军战于铅山黄柏铺,中流矢死。余部继续斗争,至景泰元年(1450)失败。

叶宗人(?—1417) 明松江华亭(今上海市松江)人,字宗行。知水利。诸生时成祖命佐夏原吉治松江。水患息,擢钱塘知县。定役法以均徭。自奉甚俭。后督工匠赴京,卒于道。

叶祖珪(?—1905) 清福建侯官(今福州)人,字桐侯。福建船政学堂毕业。光绪元年(1875)被选送英国学习海军。六年回国。次年管带北洋水师镇远号,悉以所学教练部下,成绩卓著。十五年升署北洋海军中军右营副将,兼任靖远号管带,旋擢总兵。中日甲午战争中,率舰先后在黄海、威海与敌展开激战。威海卫陷落后褫职。二十五年复出,加提督衔,统领北洋海军,与沿江海各省大吏筹议整顿江海防务。次年八国联军入侵,说服各国领事劝阻联军南下,参与策划“东南互保”。三十年授广东水师提督,寻奉命总理南北洋海军事务,移驻上海,扣留侵入黄浦江的俄舰,改船坞为商办,并议定水师学堂章程。

曳白 科举考试用语。(1)指考生在考试时交白卷。《新唐书·苗晋卿传》:“(张)奭持纸终日,笔不下,人谓之曳白。”(2)试卷违式例之一。清制,考生所答试卷及誊录官誊录试卷,均有一定格式,必须严格遵守。如按页按行按格书写,不得越幅、跳页。若出现跳页即谓之曳白。凡考生曳白,即以违式论,试卷帖出,不予录取;誊录曳白亦追究其责任。

曳剌 又作拽剌、移剌。契丹语,义为壮士、勇士。辽有拽剌军,直属朝廷。又有旗鼓曳剌,护卫皇帝仪仗旗鼓。军中设拽剌司,掌边防侦候、传报军情。著帐局有拽剌之官。金曳剌或移剌,为枢密院及招讨司属官,司侦候及传送军情。架阁库曳剌为属吏。元初,十道宣抚司设曳剌,司催督差役、勾捕等事。京府州县均设。宋亡后,江南地区官府亦置曳剌,各有定额。成宗以后,演为民间差役。北方四两包银户,江南税粮三石(后改二石)以下户差充。职事范围扩大到科征差税、对证词讼以至为官长服杂役。

曳落河 契丹语,意为壮士、健儿。唐时,称北方少数民族骁勇能战的壮士。安禄山曾收养同罗、奚、契丹俘虏中八千余曳落河为军队骨干。

曳莽 即“突利设”。

曳咥河 一作多逻斯川。一说指今额尔齐斯河。一说指今玛纳斯河,亦即《新唐书·地理志》之里移德建河,曳咥即里移德建的急读。《资治通鉴》:唐显庆二年(657)苏定方败西突厥沙钵罗可汗于曳咥河西,即此。

邺 都邑名、县名。春秋齐桓公始筑城,在今河北临漳县西南邺镇东。战国魏置县,文侯曾都于此。西门豹、史起先后在此引漳水溉田。两汉为魏郡治。东汉末后又先后为冀州、相州治。建安十八年(213),曹操为魏公,定都于此。魏黄初元年(220)定都洛阳,仍以邺为五都之一。十六国后赵、冉魏、前燕及北朝东魏、北齐皆定都于此。自东汉末至北齐,邺城不仅是北方军事重镇和政治中心,而且也是最繁荣富庶的大都市之一。有二城,南北相连:北城曹魏因旧城增筑。东西七里,南北五里,北临漳水,城西北隅自北而南列峙冰井、铜雀、金虎三台。近代漳水南移,故址已隔在北岸,在今河北临漳县邺城镇东一里半;南城筑于东魏初年。在今漳水南,东西六里,南北八里六十步,大于北城。北周灭北齐,仍为相州、魏郡治。大象二年(580),相州总管尉迟迥起兵讨杨坚,兵败,坚焚毁邺城。千年古都,至此化为废墟。于是移相州、魏郡及邺县于南四十五里安阳城(今河南安阳市南),改置灵芝县于故址。隋开皇十年(590)邺县复名安阳县,灵芝县复名邺县。北宋熙宁六年(1073)废为镇,属临漳县。

邺城遗址 古代著名城址。在今河北临漳县城西南约12.5公里。分南北两城,北临漳水。北城始筑于春秋齐桓公时,城有七门。东汉建安十八年(213),曹操为魏公,建都于此,因旧城增筑,东西3.5公里,南北2.5公里。在城西北自北而南筑金虎、铜雀、冰井台,城内筑宫殿、衙署、苑囿等。十六国时期后赵、冉魏、前燕,北朝东魏、北齐皆定都于此。后赵石虎征调男女民夫十六万,广筑宫室,营造林苑。南城筑于东魏初年,后加扩建,南北城相接。北周大象二年(580),杨坚焚毁邺城。因历年漳水泛滥,遗址大部堙没,地面尚存铜雀、金虎两台遗址。近代漳水南移,邺城故址大部分已隔在北岸。

邺都 五代后唐同光元年(923)改魏州为兴唐府,建号东京,三年又改东京为邺都。按兴唐府与两汉、六朝时的邺本非一地,但两汉的魏郡治邺,曹操又以魏王都邺,长期以来魏与邺已被视为异名同义,故前此魏州已被称为邺,至此遂径号兴唐府为邺都。天成四年(929)罢都。后晋天福二年(937)改兴唐府为广晋府,三年复以广晋府为邺都。后汉乾祐元年(948)改府名大名,后周显德元年(954)罢都。今河北大名县城东北东门口、北门口、南门口即故城址。

邺侯家传 书名。一作《相国邺侯家传》。唐李繁撰。十卷。繁,邺侯李泌子,文宗大和中,获罪下狱当死,因恐泌功业不传,乞纸笔于狱吏,写成传稿。已佚。《资治通鉴考异》有征引。陆楫《说海》所收《邺侯外传》乃后世伪撰,非繁原作。

邺郡 唐天宝元年(742),以相州改置。治安阳县(今河南安阳市)。乾元元年(758)复改相州。《资治通鉴》:唐至德二载(757),安庆绪兵败,由洛阳"走保邺郡",即此。

邺令 官名。十六国时后赵、冉魏及前燕,均曾以邺(今河北临漳西南)为都,当置有畿县之邺令。东魏孝静帝天平元年(534)亦置。北齐沿置,官品为从五品,岁秩一百五十匹。置县丞、中正、功曹、主簿等及列曹掾属,又与临漳、成安二畿县分领七部尉之右部、南部、西部三尉及十二行经途尉,辖一百三十五里。北周武帝建德六年(577)灭北齐,邺非复畿县,邺令遂为列郡县令。

邺中记 书名。东晋陆翙撰。二卷。所记皆石虎事。书久佚,今有清陆锡熊等辑本一卷,后附唐人《邺都故事》数条。

邺中七子 即"建安七子"。

夜半乐 唐教坊曲名。后用作词牌。据《乐府杂录》、《碧鸡漫志》卷四载:玄宗为太子时,自潞州还京师,夜半举兵诛韦皇后,制《夜半乐》、《还京乐》二曲。三迭,一百四十四字。前迭十句、五仄韵,中迭九句、四仄韵,后迭七句、五仄韵。

夜不收 ❶古代军队中的哨探。因彻夜在外活动,故名。元代已有此称。明代正式建立夜不收军,即军队中巡逻侦察之部队。嘉靖八年(1529)议准,由各镇将官选择可靠人员充当。侦巡哨探,具实奏报。若有失报、妄报、贻误事机、徒劳虚耗者,听兵部查究。❷明末高迎祥起义军八员大将之一。参见"闯将"。

夜叉樰 见"樰木"。

夜敌竹铳 抛掷火器。以坚厚小竹筒为之,外用生牛皮条扎紧晒干。钻火眼引线入,用火弹二十四个,筑实火药,用木板镶口。燃之,投出,筒炸火耀以惊敌,多用于夜袭敌营。始用于明。

夜集 明代集市之一种。于夜间开市,故名。谢肇淛称夜集,独见于云南大理喜州镇。

夜禁 官府为防盗禁人夜行之规定。《周礼·秋官·司寤氏》:"掌夜时,以星分夜,以诏夜士夜禁。"唐代除上元节观灯火外,普遍实行之。先是晨暮传呼以警众,后置鼓代之。《唐律疏议·杂律·犯夜》:"诸犯夜者,笞二十;有故者,不坐。"有故,指公事急速及吉凶疾病之类。中唐以后,商业发展,夜市兴起,禁令渐成具文。元代有"夜禁之法",《元史·兵志四》:"一更三点,钟声绝,禁人行;五更三点,钟声动,听人行。"有些朝代在一定时期内,针对某一地区严格实行夜禁。

夜郎 古国名。战国至秦汉时,主要在今贵州西部、北部,云南东北部及四川南部与贵州交接地区。居民有夷、濮、羌、僰等,统称夜郎。今彝、布依、仡佬等族与之有渊源关系。秦及汉初,已进入定居的农业社会。地多雨潦,少牲畜,无蚕桑,与巴、蜀、楚、南越均有经济联系。蜀地所产枸酱等常经其地运至南越。西汉初,竹王多同起于遯水(今贵州北盘江),自立为王。建元六年(前135),武帝遣唐蒙入其地,招抚多同,设置郡县。元鼎五年(前112),武帝征南越,发夜郎兵十万下牂柯江,会南越已破,乃止。西汉末,夜郎王兴与钩町王禹、漏卧侯俞连年攻战。河平二年(前27),牂柯太守陈立杀夜郎王兴,灭其国。夜郎立国前后约三四百年。建夜郎国者究系何族,众说纷纭,主彝、苗、仡佬、布依等族先民者均有之。据贵州古彝文经典《彝族世系》"彝族天生子,多同来抚育"、"祖宗变竹山,山竹即祖宗"的记载,多同亦称"金竹公"的传说,夜郎国建立者或即其主体民族之彝族先民。

夜郎旧城 在今贵州桐梓县西北夜郎坝。明万历二十八年(1600)征播之役,四川总兵刘綎逾夜郎旧城直抵娄山关,即指此。

夜郎郡 ❶东晋元帝时宁州刺史王逊分牂柯郡置(一作西晋怀帝永嘉五年〔311〕王逊分牂柯、朱提、建宁三郡置)。治夜郎县(今地有黔西、黔北、黔南三说)。辖境当有今贵州部分地区。南朝梁大宝后废。❷唐天宝元年(742)改珍州置。治夜郎县(今贵州正安县西北)。辖境相当今贵州正安、道真等县地。乾元元年(758)复为珍州。

夜郎王兴(?—前27) 古夜郎国末代君长。西汉河平二年(前27)与邻国鉤町(今云南广南一带)王禹、漏卧(今云南罗平一带)侯俞相攻。汉遣使调解遭兴拒绝,复命陈立为牂柯太守,前往处置。陈立召兴于且同亭,数其罪而杀之。兴之妻父翁指及兴子邪务聚二十二邑反汉,亦被陈立平定,夜郎亡。

夜郎县 ❶西汉建元六年(前135)以夜郎国置,

为都尉治。属犍为郡。元鼎六年(前111)改属牂柯郡。治所不详,有黔西、黔北、黔南三说。东晋、南朝时为夜郎郡治。梁大宝后废。❷梁大宝后夜郎县荒废,东移治今湖南辰溪县境,为夜郎郡治。隋开皇九年(589)废。❸唐武德四年(621)分宁夷县置,治今贵州石阡县西南。贞观元年(627)废。❹唐贞观八年置。治今湖南芷江县西南。曾先后为舞州、鹤州及业州治。天宝元年(742)改为峨山县。❺唐贞观十六年置。治今贵州正安县西北。唐末废。宋大观二年(1108)复置,宣和二年(1120)又废。唐时曾先后为珍州及夜郎郡治。李白被流放于此,有《窜夜郎于乌江留别宗十六璟》诗。

夜落隔归化 北宋甘州回纥可汗名。曾于天禧二年(1018)遣都督安信朝宋。

夜落隔通顺 北宋甘州回纥可汗名。曾于天圣元年(1023)受宋封为归忠保顺可汗王。并属贡方物。

夜落纥(?—1015) 又作夜落隔、伊噜格勒。甘州回鹘可汗。约1004—1015年在位。北宋大中祥符元年(1008),曾大败西夏赵德明军。与宋关系密切,自称忠顺保德甘州回鹘外甥可汗王。

夜落纥密礼遏 北宋甘、沙州回鹘可汗名。曾于太平兴国五年(980)遣使贡橐驼、名马、琥珀、珊瑚。

夜明 周代祭祀月神的祭礼。本为祭坛名,因于坛上祭月,故用之以为祭名。见《礼记·祭法》及郑玄注。

夜市 古代集市之一种。指夜间进行商业活动的场所。唐初沿袭旧制,商业活动必须在指定的市区,聚散有时。曾规定贸易时间为午时至日入前。随着商业活动的频繁,这种限制已不能满足需要,夜市便应运而生。广州、苏州、杭州、扬州等地都有夜市。不少诗人对夜市有所描绘。如张籍《送南客诗》:"夜市连铜柱,巢居独象州。"王建《夜看扬州市诗》:"夜市千灯照碧云,高楼红袖客纷纷。"唐政府曾欲禁止,开成五年(840)十二月敕:京夜市,宜令禁断。然夜市仍越盛,有些地区的夜市通宵达旦。宋代汴京(今河南开封)商业活动不分昼夜,三鼓(更)以后犹有夜市,通晓不绝。杭州商业繁荣,早市和夜市均很热闹。据吴自牧《梦粱录》卷十三:"夜交三四鼓游人始稀";"五鼓钟鸣,卖早市者又开店矣"。其后夜市渐少,明代仅见于云南大理喜州市,时称夜集。

夜邑 夜一作掖。战国齐邑。即今山东莱州市。《战国策·齐策》:齐王"益封安平君以夜邑万户";又鲁仲子对田单曰:"当今将军东有夜邑之奉",皆即此。汉置掖县,为东莱郡治。

拽剌 即"曳剌"。

吺哒 古西域国名。初名滑国。姓吺哒,后裔以姓为国号。或译为挹怛、厌怛、嚈哒、挹阗等。大月氏之种类,亦曰高车之别种,或曰为车师别种、乙弗鲜卑及匈奴与大月氏混血而成等。其源出于塞北。自金山而南,在于阗之西。风俗与突厥略同。其王都拔底延城(今阿富汗北部伐济腊巴德),无城邑,依随水草,以毡为屋。初为小国,属芮芮。后强大,征服波斯、康居、于阗、疏勒、安息及诸小国三十许,皆役属之,号为大国。与蠕蠕通婚。自北魏太安始,先后向北魏、南朝梁、西魏、北周献方物。后为突厥所灭,部落分散。

掖庭 ❶皇宫中妃嫔居住的处所。《汉官仪》:"婕妤以下,皆居掖庭。"又作掖廷、液廷。❷皇宫中官署名。汉武帝太初元年(前104)改永巷为掖廷,属少府。设令丞,主宫内后妃事,由宦官充任。汉宣帝幼年曾养于掖廷。东汉沿置。详见"掖庭令"。

掖庭丞 官名。西汉武帝太初元年(前104)由永巷丞改名。任用宦者,员八人。辅佐掖庭令管理宫女事务。东汉沿置,名义上隶属少府,有左右丞、暴室丞各一员。三国魏沿置。北齐置一员,为掖庭署次官。隋置二员,正九品。初为掖庭局次官,炀帝大业三年(607)改局为署,参用士人。唐复用宦者,为掖庭局次官,置三员,从八品下。金亦置,从九品。

掖庭监作 官名。隋代内侍省掖庭局置,从九品下,并用宦者。炀帝大业三年(607)改隶长秋监,参用士人。唐内侍省掖庭局沿置,四人,从九品下,掌监杂作,典工役。

掖庭监 官名。北魏置。孝文帝太和十七年(493)定为从五品上,二十三年官品令未载。

掖庭局 官署名。(1)隋代内侍省置,有令、丞、宫教博士各二员,用宦官。炀帝大业三年(607)隶长秋监,改局为署,参用士人。唐代复隶内侍省(监),用宦官,令二员、丞三员,掌宫人簿帐、女工;妇人配没,工缝巧者隶之,无技能者隶司农寺。玄宗开元末年,置宫教博士二员。又有监作四员,监杂作、工役;典事十员、计史二员,掌料功程。皆用宦官。(2)金代卫尉司置,有令、丞,以内直充,掌皇后宫事务。又有宫司,以宫苑司、仪鸾局官兼;食官,以尚食局官兼;饮官,以尚酝署官兼;医官,以尚药局、太医院官兼;主藏,以内藏、典给署官兼;主廪,以太仓官兼。

掖庭令 官名。西汉武帝太初元年(前104)由永巷令改名。隶少府,有八丞。掌后宫宫女及供御杂务,管理宫中诏狱,由宦者充任,侍从皇帝左右,权势颇重。属官有掖庭户卫、掖庭狱丞、少内啬夫、暴室丞、暴室啬夫等。东汉沿置,秩六百石,名义上隶少府,有左右丞、暴室丞各一员。掌后宫贵人、采女事。魏、晋改隶光禄勋,任用士人。南朝不置。北齐复任宦官,为长秋寺掖庭署长官。隋初置二员,正八品,为掖庭局长官,隶内侍省。炀帝大业三年(607)改局为署,参用士人,隶长秋监。唐代复为内侍省掖庭局长官,用宦者,员二人,从七品下,掌宫人簿帐、女工之事。金为卫尉司掖庭局长官,正九品,掌皇后宫事务。

掖庭署 官署名。北齐置。属长秋寺,掌宫女之事。置令、丞,又有宫教博士二人,并用宦官。隋初改名掖庭局,炀帝大业三年(607)复改署,设令、丞各二人,隶长秋监,参用士人。唐复称掖庭局。

掖县 掖一作夜。本春秋莱国地,战国齐夜邑,西汉置县。因掖水为名。治今山东莱州市。为东莱郡治。东汉为侯国,属东莱郡。《后汉书·欧阳歙传》:建武九年(33)"更封夜侯",即此。西晋为东莱国治。北魏为东莱郡及光州治。隋至元为莱州治。明清为莱州府治。1988年改为莱州市。

掖垣　明代六科的别称。六科为皇帝亲吏,明初官署曾设于掖门内,故称。

掖直郎　官名。金置。为内侍阶官。二十五阶之第十八阶。正八品上。

谒杀　刑法用语。请求官府对某人判处死刑。《睡虎地秦墓竹简·封诊式》:"某里士伍甲告曰:'甲亲子同里士伍丙不孝,谒杀,敢告。'"又,《史记·田儋列传》:"田儋佯为缚其奴,从少年之廷,欲谒杀奴。"这种控告适用于对晚辈或奴仆。

谒先师　科举时代,新进士于榜发后集体活动内容之一。即赴国子监谒先师孔子庙行礼。始于唐开元五年(717),时玄宗令乡贡明经、进士,于国子监谒先师。其日,学官为之开讲,质问疑义,有司优厚设食,清资五品以上官,及朝集使皆往观礼。从此开谒先师之例。后代均沿之。宋代新及第举人的重要活动之一为谒先圣先师,仪式一般在国子监举行,用释菜礼。元代则诣先圣庙行舍菜礼。明清则由状元率诸进士诣国子监谒先师孔子庙,行释菜礼。

谒者　官名。春秋战国时期为国君、卿大夫的侍从官员,掌接待引见宾客,朝会时担任警卫,亦奉命出使。秦汉宫廷、后宫、太子宫、诸侯王国皆置,员额不等,皆掌关通内外,导引宾客。宫廷所置隶郎中令(光禄勋),设谒者仆射统领。西汉员七十人,秩比六百石。选孝廉、郎官年不满五十、仪容威严、能大声赞导者充任,本职为侍从皇帝,担任宾礼司仪,宿卫宫廷及供其他临时差遣;常充任皇帝使者,出使诸侯王国、少数民族,巡视地方,派往灾区宣慰存问、发放赈贷,或收捕、考案贵戚、大臣,主持水利工程等。又有中谒者令、中书谒者令,为宦官之职。东汉名义上隶光禄勋,实自为一台,以谒者仆射为长官,职权甚重。有常侍谒者五员,比六百石,掌殿上时节威仪;谒者三十员,掌宾礼司仪、上章报问、奉命出使。其初任职者亦称灌谒者,比三百石;满岁为给事谒者,四百石。东汉初或遣谒者监军及监领筑城和水利工程等,后遂常设监领营兵的监营谒者和专掌水利河渠的河堤谒者。魏、晋员十人,七品,为谒者台属官,掌宾礼司仪,传宣诏命,奉命出使。又有监国谒者,监察诸侯王,权势颇重。晋一度省谒者台,以谒者并入御史台。南北朝复置谒者台,宋七品,梁、陈为流外官,员皆十人。北魏孝文帝太和十七年(493)定为从五品中,二十三年改九品。北齐员二十人,九品。又,魏、晋、南北朝有都水、河堤、劝农、监冶、运水、伐船等各种专职谒者,分隶有关官署;宦官有中谒者、内谒者等;诸王、公、侯等国亦置为属官。隋初罢,炀帝大业三年(607)复置,隶谒者台,有司朝谒者二员,从五品,为谒者台副长官;通事谒者二十员,从六品,掌承旨传宣;将事谒者三十员、谒者七十员,掌受诏出使,劳问宣慰,监察地方,后省。唐代废谒者台,改通事谒者为通事舍人,隶中书省。隋、唐太常寺亦设谒者十员,为流外官,祭祀时担任司仪;宦官有内谒者;王府、公主属官亦置,玄宗开元间废;都水台(监)属官有河堤谒者。金代太后两宫属官有之,员二人,从六品。

谒者仆射　官名。秦、西汉隶郎中令(光禄勋),统领诸谒者,职掌朝会司仪,传达策书,皇帝出行时在前奉引。东汉为谒者台长官,名义上隶光禄勋,侍从皇帝左右,关通内外,职权颇重。秩皆比千石。三国沿置,魏五品。西晋武帝省,东晋省置无常。南北朝复置为谒者台长官,掌大拜授及百官朝会班次,或奉命出使,职权较汉为轻。宋五品,梁六班,陈七品,北魏孝文帝太和十七年(493)定为从四品上,二十三年改六品上。北齐置三员,六品上。北朝又置中谒者仆射,领宦官中谒者。隋初罢,炀帝时置大夫为谒者台长官。

谒者台　官署名。东汉置,设谒者仆射为长官,常侍谒者五员、谒者三十员,掌朝会典礼,遣使传宣诏命、巡视监察。名义上隶光禄勋,实际直达皇帝,时号外台,与尚书、御史合称三台,共掌朝政。三国沿置。晋省并入御史台。南北朝复置,掌朝觐宾飨吉凶典礼之司仪、安排朝会班次、传宣诏命,职权渐轻。南朝设仆射一员、谒者十员,北齐设仆射二员、谒者三十员、录事一员。隋初罢,炀帝大业三年(607)复置,与御史台、司隶台合称三台。掌遣使奉诏劳问,持节监察,受理冤枉而申奏之,奉引御驾。设大夫一员、司朝谒者二员为长贰,属官有丞、主簿、录事等。领通事谒者二十员;其次有议郎二十四员、通直三十六员、将事谒者三十员、谒者七十员,皆掌出使;后罢,改置员外郎八十员;寻又置散骑郎二十员,承议郎、通直郎各三十员,宣德郎、宣义郎各四十员,征事郎、将仕郎、常从郎(登仕郎)、奉信郎(散从郎)各五十员,又各有散员郎,皆掌出使。唐高祖武德时罢。

谒者台大夫　官名。隋代谒者台长官,炀帝大业三年(607)置,一员,从四品,五年改为正四品,掌受诏劳问,出使慰抚,持节察授及受冤枉而申奏;驾出,对御史引驾。唐高祖武德四年(621)随台废。

yī

一　❶即"道"。万物之本。《老子》第二十二章:"圣人抱一为天下式。"《吕氏春秋·圜道》:"一也,齐至贵,莫知其原,莫知其端,莫知其始,莫知其终,而万物以为宗。"高诱注:"道,无形,其原始终极,莫能知之,道生万物,以为宗本。"❷道派生出来的一元。《老子》第四十二章:"道生一,一生二,二生三,三生万物。"《汉书·董仲舒传》:"《春秋》谓一元之意,一者万物之所从始也,元者辞之所谓大也。谓一为元者,视大始而欲正本也。"❸无差别的同一、齐一。《国语·郑语》:"声一无听,物一无文,味一无果,物一不讲。"《庄子·齐物论》:"凡物无成与毁,复通为一","天地与我并生,而万物与我为一。"❹指对立面的统一。北宋张载提出:“一物两体”(《正蒙·参两》),“两不立则一不可见,一不可见则两之用息”(《正蒙·太和》)。❺中国佛教华严宗用语。指空幻的本体,与万有相对,称“多有一空”(《法界缘起章》)。或指个别,与众多相对。《华严义海百门》:“多外无别一,明知是多中一;一外无别多,明知是一中多。”

一榜　科举考试用语。“乙榜”的俗称。明清用以称考中举人者。榜,即考试后揭晓取录名次的布告。科举制度以取中举人称乙榜,取中进士称甲榜,以示等级之区别。因举人是作为出身的第一榜,故名一榜。而再经取中进士,则称两榜。

一笔锦　古代算学术语。见明程大位《算法统宗》卷十七。用数码进行笔算,称为一笔锦。数码采用南宋秦九韶、杨辉等人使用的纵、横两式数码中的横式,唯表示1、2、3的数码可兼用纵式。此套数码程大位称之为暗码:⊥ ╧ ≡ × ♁ ⊥ ≐ ≡ ㄨ 〇。因中国人习惯,画圈时从右上角开始,顺时针方向旋转一周。因而到清代,数码♁由笔顺写成广ɤ,数码ㄨ也由笔顺写成夂。

一草亭目科全书　书名。明邓苑撰。一卷。为眼科专书,将眼病主要分为外障和内障两种。其“目议”说:“有七十二症之名,总不越内外二障而已。”举外障为四十六症,内障为二十四症,合为七十症。首为议论,次为治法。末附小儿眼病治法。文字简练,内容切于实用。

一层楼　书名。蒙古文章回小说。清尹湛纳希著。三十二回。成书于十九世纪七十年代。以贵族世家为背景,写四个男女青年的爱情故事,描写生动,语言典雅。笔法深受内地章回小说,特别是《红楼梦》的影响。书中有许多韵文,在蒙古诗歌基础上加进汉诗格律对仗形式,独创新体。现有蒙、汉文本行世。

一廛　战国时国家授田制下之田宅单位。《孟子·滕文公上》:“远方之人,闻君行仁政,愿受一廛而为氓。”《周礼·地官·遂人》:“以颁田里,上地,夫一廛。”其所指有两说:(1)一家之居。占地或曰二亩半;或曰五亩。位置或曰在百亩份田内;或曰在城邑之中;或曰田中、邑中各半。(2)百亩之田。《汉书·扬雄传》:“有田一壥(廛),有宅一区。”颜师古注引晋灼云:“《周礼》,上地,夫一廛,一百亩也。”

一阐提迦　一作一阐提,简称阐提。梵文Icchantika的音译。意译“信不具”,或称“断善根”。佛教名词。指善性灭尽、断了成佛善根之人。《大般泥洹经》:“如一阐提,懈怠懒惰,尸卧终日,言当成佛,若成佛者,无有是处”,认为这种人不能成佛。但对一阐提迦是否具有佛性,能否成佛,佛教内部长期有争论。

一串铃法　又称伙收分解法。明代役银征收和解运方式的改革措施。隆庆初创行于北直隶和山东等处。在实行一条鞭的基础上,改进收解办法。主要内容是“伙收分解”,役银一条征收,然后按原有各项名目,分别存留和解运。万历四年(1576)山东曹县实行条鞭法,三十四年又改为每年佥派两甲(一正一副)应役,亦称一串铃。

一床　北齐时征收租调之单位。一夫一妇谓之一床,无妻者为半床。时一床每岁纳租粟二石,调帛一匹。北齐河清三年(564)改为调绢一匹,绵八两,凡十斤绵中,折一斤作丝,垦租二石,义租五斗。北周时减为岁不过绢一匹,绵八两,粟五斛。

一等参谋官　官名。清末新军军官。光绪三十年(1904)定新军营制,始置。每军二人,从三品,副参领充,简放。随同总参谋官分任计划诸务。惟平时不编军,故不常置。

一等侍卫　官名。清代侍卫中之第一等。武职正二品。由上三旗子弟中才武出众者充任。掌宫廷宿卫及随扈皇帝之事。顺治元年(1644)定制:每旗二十人,共六十人。康熙三十七年(1698),增宗室侍卫,雍正五年(1727)始定武进士一甲一名得授此职。雍正七年定一等侍卫九人,每旗三人。

一多　中国哲学术语。指本体与万有、一般与个别的关系。《易·系辞上》:“易有太极,是生两仪。两仪生四象,四象生八卦。”按传统解释,此四句系陈述从一至多的宇宙生成之次序。三国魏王弼《老子注》四十二章:“万物万形,其归一也。何由致一?由于无也。由无乃一,一可谓无?”即万物是由“一”所派生,“一”所以能统万物,因为“一”是无,是万物的精神性本体,把“一”看成是凌驾于多之上的绝对抽象物。认为只有以“一”统众,以“一”治多,才可以大治天下。唐法藏以“一全是多”、“多全是一”(《华严义海百门》)的命题,谓“一”与多可以等同,用以说明“法界缘起”中现象之间的相互关系,并运用此种认识方法,说明“一心”为“一”,由“一心”所派生的万物为“多”。南宋朱熹提出:“人人有一太极,物物有一太极”(《朱子语类》卷九十四),不仅视太极(“一”)为万物的本体,且认为太极(“一”)遍存于万物中,万物均为太极的体现。明清之际王夫之认为“无其器则无其道”(《周易外传》卷五),则肯定一般(事物所具有的道理)寓于个别(具体事物)之中。

一分为二　北宋邵雍推衍象数的方法,旨在说明宇宙的生成和变化。《皇极经世·观物外篇》:太极立两仪,两仪生四象,四象成八卦,“八卦相错,然后万物生焉。是故一分为二,二分为四,四分为八,八分为十六,十六分三十二,三十二分六十四”。把分阴分阳的分,说成是一分为二的分。宇宙万物按等比级数从精神本体(太极或一)中不断衍生。程颢称此法为加一倍法。

一纪　天文学名词。岁星(木星)绕太阳一周约需十二年,所以古代称十二年为一纪。《国语·晋语四》:“文公在狄十二年,狐偃曰:‘蓄力一纪,可以远矣。’”南朝梁刘勰《文心雕龙·神思》:“张衡研《京》(《二京赋》)以十年,左思练《都》(《三都赋》)以一纪。”此外,又有以三十年(《素问·天元纪大论》)、七十六年(《易·乾凿度》)、一千五百二十年(《诗·大雅·文王序》疏引《三统历》)、四岁一小周(《素问·六微旨大论》)为一纪的。

一家之法 明末清初黄宗羲用语。喻指君主专制制度，与“天下之法”相对。语见《明夷待访录·原法》。认为上古三代之法为公法，旨在协调天下人之公利。后世君主“独私其一人一姓”，视天下为己之产业”，传其子孙。其所立之法，遂成维护君主一己私利的“一家之法”，宣称此纯属一人任意为法，实则无法”。

一甲 科举考试用语。即进士第一等。北宋太平兴国五年(980)殿试，始分进士为甲、乙两等。八年，始分三等，称三甲，其第一等称一甲。中第一甲者授知县。端拱中又不分甲。各甲人数不固定，淳化三年(992)，御试进士，第一甲放三百零二人，并赐及第，第二甲放五十一人，并赐同出身。其后，或分为三甲，或分为五甲，然一甲例赐及第。元代一甲赐进士及第，授从六品官职。明清规定一甲取三人，称为状元、榜眼、探花，皆赐进士及第，并立即授予官职，一甲第一名任翰林院修撰，第二、三名任翰林院编修。又，清顺治三年(1646)定武进士授官例，一甲第一名授参将，第二名授游击，第三名授都司。雍正五年(1727)定，武进士一甲第一名授一等侍卫，第二、三名授二等侍卫。

一节题 科举考试用语。为科举考试出题方式之一。明清以八股取士，所出试题均出自四书、五经，如以某书某章的一节命题，则为一节题。

一九钱 清代有将私钱混夹于制钱中使用者，千文中，制钱九百、私钱一百，谓之一九钱。

鲲身 岛屿名。原在今台湾台南市西南海中。自东南而西北，绵亘七屿，如鲲鱼鼓浪，称为七鲲身。一鲲身位于北端，控大员港出入口，广约3平方公里许。十七世纪二十年代荷兰殖民者建筑城堡，名为热兰遮(Zeelandia)，华人称为台湾城，街为台湾街。郑成功收复台湾后改城名为王城，街名为安平镇。十八世纪后港湾逐渐淤浅，清光绪八年(1882)遭受一次特大洪水，港湾填淤成平地，岛屿遂与今台南市西郊陆地相连接。

一厘字钱 清顺治十年(1653)所铸之一种制钱。每文重一钱二分五厘。钱背之左铸汉文“一厘”二字，记值银之数；钱背之右，户部宝泉局所铸者铸户字，工部宝源局所铸者铸工字，省、镇铸局各铸地方一字。是一种权银钱，表明钱与银的比价，即每千文合银一两。十七年停铸。

一亩采三千 指桑叶亩产量。明清时期，杭嘉湖地区由于在桑树肥培管理上狠下工夫，桑叶亩产量很高，当时农谚说：“举手不见天，一亩采三千。”《沈氏农书》说：“地得叶，盛者一亩可养蚕十数筐。”有人据此计算，折今市斤，明清时每亩产桑叶可高达1 605—2 805斤。

一目了然初阶 书名。著者佚名。清光绪十八年(1892)出版，为中国第一部有关汉语拼音方案著作。所提方案以拉丁字母及其变体为汉语拼音字母，以福建厦门等地的方言为拼音标准，并继承传统音韵之反切法，采用双拼制。是书用左起横行书写法，为中国近代第一部横排书。

一念和尚(？—1708) 清江苏苏州人。康熙间从事反清复明活动，散发委任信札，称大明天德年号。康熙四十六年(1707)聚众起事，头包红布，竖大明旗号，欲攻太仓劫库，未成。次年于吴江梅堰被捕，解至杭州遇害。

一念三千 佛教名词。天台宗的基本教义之一。“念”即心念；“三千”指千差万别的世界，谓整个世界是人们一念心的产物。天台宗认为，“十法界”(天、人、阿修罗、地狱、饿鬼、畜生、声闻、缘觉、菩萨、佛)都“互具”十法界；每一法界又各具十种性或相，称“十如是”(相、性、体、力、作、因、缘、果、报、本末究竟)，并配以“众生”(指一切有情感、有意识的生物)、“国土”(指众生所生存的环境)、“五蕴”(指构成众生、国土的诸条件)三种“世间”(指世俗世界)，即为三千。《摩诃止观》卷五上：“此三千在一念心，若无心而已，介尔有心，即具三千。”

一宁一山(1247—1317) 元台州(治今浙江临海)人，俗姓胡，号一山，法名一宁。幼年出家，学于天台山，修学禅宗临济宗，后住补陀山(今浙江普陀山)。学识渊博，精研佛典，兼通儒、道、百家，以至稗官、小说，尤擅书法。大德三年(1299)，成宗特授为江浙释教总统，赐号妙慈弘济大师。奉命出使日本，由庆元(今浙江宁波)乘日本商船抵达博多，前往镰仓，先后住持建长、圆觉等寺。后宇多上皇召住京都南禅寺。居日本十九年，传授禅宗学说，极受朝野尊信，许多著名的来华僧人出于他的门下。所传禅学，日本称 山派。他对日本佛教、学术、文学、书法的发展都作出了一定贡献，死后日本上皇特赠“国师”封号，并亲撰像赞，称他为“宋地万人杰，本朝一国师”。著有《语录》。

一片石 一名九门水口。地名。即今河北抚宁县东北九门口。明建有关城，设参将驻防。崇祯十七年(1644)，李自成东攻山海关，以别将从一片石越关外，以截堵吴三桂军。三桂惧，乞降于清；旋自成军为八旗兵败于一片石。

一气 ❶构成天地万物的基本素质。《庄子·知北游》：“臭腐复化为神奇，神奇复化为臭腐，故曰通天下一气耳。”东汉王充《论衡·齐世》：“一天一地，并生万物。万物之生，俱得一气”。❷指一个节气。东汉张衡《浑仪》：“各分赤道黄道为二十四气，一气相去十五度十六分之七，每一气者，黄道进退一度焉。”

一切经音义 书名。为研究佛学的语言工具书。(1)唐玄应撰。二十五卷。原名《众经音义》，又称《玄应音义》。注四百十种佛经难解文字音训，并广引佛典与百数种古代字书、传记等，以证其说。所引汉晋经注和文字书法今多不传，可为文字研究及校勘辑佚之资。唯说字或以异文为正、俗字为古，颇拘泥于《等韵》之说。有《海山仙馆丛书》本等。(2)唐慧琳撰。一百卷。一名《慧琳音义》或《大藏音义》。书成于元和五年(810，一说成于元和二年)。据诸家佛典音义和古代韵书、字书、经传及印度资料一百五十一种，详注《开元释教录》入藏一千三百部佛经难字音训,凡无旧注可用,即以自撰,内容较《玄应音义》为博。宋熙宁五年(1072,辽咸雍八年)自辽朝传入朝鲜。明永乐十年(1412)自朝鲜传入日本。辽希麟有《续一切经音义》补充之。有1986年上海古籍出版社影印《正续一切经音义》。

一全坞 又作一泉坞、乙泉戍。地名。在今河南宜阳县西南洛河北。《水经·洛水注》:"洛水又东径一全坞南,城在川北原上,高二十丈,南、北、东三箱天险峭绝,惟筑西面即为全固。'一全'之名,起于是矣。"《晋书·魏该传》:"时杜预子尹为弘农太守,屯宜阳界一泉坞,数为诸贼所抄掠";《资治通鉴》:东晋太和四年(369),慕容垂奔秦,"乙泉戍主吴归追及于阌乡",均即此。

一泉坞 即"一全坞"。

一戎大定乐 即"大定乐"。

一舍 古时行军每日三十里,故以三十里为一舍。《尉缭子·武议》:"一舍而后成三舍,三舍之余,如决川源。"《左传·僖公二十八年》:"退三舍辟(避)之。"

一生人 宋代对一种奴婢的称谓。陆游《老学庵笔记》卷六:"都下买婢,谓未尝入人家者为一生人。"

一时 天文学名词。指四季的一季。《国语·周语上》:"三时务农而一时讲武。"

一史 科举科目之一。唐长庆二年(822),穆宗从谏议大夫殷侑奏,设三史科,又设一史科。能通一史者,同五经、三传例处分。其有出身者及前资官应考者,同学究一经例处分。

一士类稿 书名。近人徐一士撰。收文章二十四篇。内容以清末掌故为主,其中对肃顺、左宗棠、王闿运、梁启超、章太炎、柯劭忞、陈三立、段祺瑞、徐树铮、孙传芳等人轶事记述尤详。所记故事,或为亲身见闻,或为转录孤本,或杂录各种记载而予考证比较,可补充、校正正史之不足。1944年上海古今出版社初版。现收入《近代稗海》,另有书目文献出版社单行本。

一士谈荟 书名。近人徐一士撰。收已发表文章三十篇。内容以清末掌故为主,间有明末清初及民国初年掌故。其中记述太平军大败曾国藩于靖港,及左宗棠、岑春煊、张之洞、荣禄、袁世凯、倭仁、吴佩孚、陈宝琛等人轶事甚详。取材于近人笔记、文集、函札、日记等。1945年初版,越三年再版。现收入《近代稗海》,另有书目文献出版社单行本。

一司条法 宋代法令之一种。宋朝廷内外各司和各路帅抚、监司管理财赋、兵马的机构,皆制订"一司条法",又称"一司敕"。如吕夷简编《一司一务敕》,后来的《熙宁新编大宗正司敕》、《司农寺敕》等。一司或一路条法与通行全国的敕令格式同时施行。

一粟 古代长度和重量的单位。《淮南子·天文训》:"秋分蔈定,蔈定而禾熟。律之数十二,故十二蔈而当一粟,十二粟而当一寸。……其以为量,十二粟而当一分,十二分而当一铢,十二铢而当半两。"《说苑》:"度量权衡以粟为生,一粟为一分,十分为一寸。"《孙子算经》:"六粟为圭,十圭为秒,十秒为撮,十撮为勺。"

一岁数收法 一种多熟种植方法。清杨屾在《修齐直指》中提出,在多施肥的基础上,利用间套复种等技术,以取得"一岁数收"与"二年十三料"的方法。前者先种染料作物大蓝、小蓝,再套种粮食作物粟、麦等,可以"一岁三收"。后者是以蒜、菠菜、白萝卜、小蓝、粟、麦等间作套种,"周而复始,二年可收十三料"。这是在人多地少情况下,为了提高单位面积产量而采取的一种有效办法。

一岁再熟 又称一年二熟制。耕作术语。指在同一块田地上一年种植两次,有两次收成,是连作复种的结果。始于春秋战国。《荀子·富国》:"一岁而再获之。"《吕氏春秋·任地》:"今兹美禾,来兹美麦。"唐宋以后,日渐普及,最主要形式是稻麦二熟制。

一田三主 又称一业三主。封建土地租佃形态之一。行于明清南方某些省份,如福建、江西等。三主为拥有土地所有权的租主,又称苗主、骨主;拥有土地使用权的赔主,又称税主、皮主;耕种土地的佃户。租主向赔主收租并向国家纳赋;赔主向佃户收租;佃户种地纳租。一田三主的具体形态各地不一,名称亦不尽相同。

一条鞭法 "鞭"又作"边"或"编"。简称为条法、鞭法、一条法,别称为明编法、类编法、通编法、总编法、条鞭均徭法、均地条鞭法等。泛指为化繁就简,一条编派的一切之名。诸如粮不分廒口,总收类解;差不分户则,以丁为准;粮差合而为一,皆出于地;丁不分上下,一体出银;地不分上下,一体出银,皆可谓之条鞭。专指明后期改革赋役制度的措施,即总括省府州县之赋役,并为一条,量地计丁,一条审编,一条科征,一条解运,一归于田。各地实施时间不一。嘉靖十年(1531),始行于江西南赣地区。嘉靖末,巡按御史庞尚鹏在浙江普遍推广。万历九年(1581),在张居正主持下,推行于全国。内容也各有不同,包括:(1)赋、役内各自款目部分或全部合并,或赋与役全部款目并为一条。(2)并合后,量地计丁,以田为主,按丁田不同比例,或计亩征银。(3)里甲轮派徭役改为逐年编派。(4)赋役等项折银交纳后,所需由官府雇募或买办。(5)征收和解运由官府负责。为明代赋役制度一大变革。清初承明制,继续推行一条鞭法。雍正年间在此基础上正式改行摊丁入地。

一条棍 明嘉靖时官铸铜币之一种。嘉靖后期,因原铸鏇边钱劳费,遂改车鏇为打锉,且多杂铅锡,边缘粗糙,色杂质劣,民间遂称此名。

一统志 记载全国舆地的总志。元代始有此名称。元有官修的《大元大一统志》,为继承唐《元和郡县志》与宋《元丰九域志》等总括全国舆地的志书而作,已佚。明有官修的《大明一统志》,清有官修的《大清一统志》、《嘉庆重修一统志》。

一窝蜂 古代兵器。一种多发式火箭。以特制木桶盛火箭,桶为长柱形,上大下小,内有安箭格板二层，旁侧有火门，上有活盖。内可装火箭三十二支，每支分插一格，杆长四尺二寸，上缚药筒，筒长四寸。每支火箭的引信集作一束，通向火门板上的火门外。点火后，数十支火箭可同时射出，火力极猛。可击敌于三百步之外。其箭桶除可以人负行作战外，也多用车载，每车可架十数桶。明代此种多发火箭形制名目甚多，长者箭长四尺余，短者不足一尺，每桶盛箭从百支到数支不等。有两头装箭，一头放完，另一头再放者；有以人背带，有以车载者。射程一般多在二三百步。其发射装置，初多以竹篾编为筒筐，口大尾小，纸糊油刷，内编横顺格，后多以木桶、木匣为之。

一物两体 北宋张载哲学命题。《正蒙·参两》："一物两体者，气也。"指太和之气，具有阴阳两体；"气"化生万物，每物皆有对立两端，两端相互作用，推动此物变化，又统一于一体。正与《易》所谓一、太极、两仪之语相合，故又曰："一物而两体，其太极之谓欤。"（《正蒙·大易》）"两"与"一"相互依存，无"两"则"一"不可见，无"一"则"两"之作用泯灭。由此引出"参两"之命题。

一奚卜薛 即"亦奚不薛"。

一线表用 书名。清安清翘撰。六卷。此书以周为一百度，一度为一百分，一分为一百秒，半象限为十二度五十分。并以十分为界，列表查算，较三角函数为便。把六十进制改为百进位制，在计算上是项改革。

一心三观 佛教名词。天台宗的基本教义之一。首创于北齐慧文。语出《摩诃止观》卷五上。三观，指"空观"、"假观"和"中观"。佛教认为由因缘（条件）和合而成的一切事物和现象，均非独立存在的实体，故谓空，即空观；由因缘而生之现象，均虚幻不实，故谓假，即假观；然又认为空、假不相离，空为非空，假为非假，故谓中，即中观。"三观"交融俱于一心，故谓一心三观。

一行(673或683—727) 唐巨鹿（今属河北）人，一说魏州昌乐（今河南南乐）人，俗姓张，名遂。少时刻苦力学，博览经史。武周时，因不愿与武三思交往，出家为僧，隐于嵩山，师事普寂。后从善无畏、金刚智习密宗，参与善无畏译场，助译《大日经》，作《大日经疏》二十卷，为中国佛教密宗的重要著述。精于历法、天文。与梁令瓒同制黄道游仪，用以重新测定一百五十余颗恒星的位置。开元十二年(724)，主持天文大地测量，由南宫说等负责实地测查。以中原平地为中心，北到北纬51度左右的铁勒回纥部，南达北纬17度多的林邑，中经朗州武陵（今湖南常德）、襄州（今湖北襄樊）、太原府（今山西太原）、蔚州横野军（今河北蔚县东北）等十余处。分别测量当地冬、夏二至和春、秋二分的日影长及北极高（即纬度）。其中黄河南岸平原南北五百余里地间的白马（今河南滑县旧滑县城）、浚仪（今开封）、扶沟、上蔡四处，还实地测量了相互间的距离。根据实测记录，经计算得出"大率三百五十一里八十步而差一度"的结果，推翻了周代以来"王畿千里影移一寸"的说法，测得子午线弧长为一度131.11公里，与今误差20.17公里。是为中国历史上第一次子午线长度实测，也是世界上实地测量子午线的开端。又曾订定《大衍历》，自开元十七年起施行，其格式为后代历法家编历所遵循。卒谥"大慧禅师"。

一阳生 古代天文术语。冬至后白天渐长，古代认为是阳气初动，所以冬至又称一阳生。《易·复》："后不省方。"孔颖达疏："冬至一阳生，是阳动用而阴复于静也。"杜牧《冬至日遇京使发寄舍弟》诗："远信初逢双鲤去，他乡正遇一阳生。"

一掌金 古代算学术语。见明程大位《算法统宗》卷十七。利用手指部位记数、定位，进行乘除运算的一种方法。左手每个手指置九个数，列为三行。每指左边逆上置一、二、三，中间顺下置四、五、六，右边逆上置七、八、九。大拇指定为百位；食指为十位；中指为个位、为两；无名指为钱；小指为分。定位可以根据情况权变。算时暗于袖中，用左右两手，各指配合相对照每指上定数。商人交易时买卖双方为保持价格秘密，都于袖中进行，互相一摸即知。故此法又称"袖里吞金"。

一帐三房 辽皇族合称。辽太祖耶律阿保机祖父匀德实（庙号玄祖）生四子。长子麻鲁早卒无后。次子岩木后裔为孟父房；三子释鲁后裔为仲父房；四子德祖撒剌（太祖之父）后裔为季父房。合称三父房。三房族属宫帐称横帐。孟父房、仲父房、季父房和横帐统称为一帐三房，是皇族显贵。

一真法界 佛教用语。无二曰一，不妄曰真。法界含性、体之义。华严宗指不能用语言和思维来表达的绝对真实的本体。它统摄"四法界"（事法界、理法界、理事无碍法界、事事无碍法界）。"四法界"皆依"一真法界"之体而起，故亦称"性起"。有时又与"理法界"同义。

一只虎 即"李过"。

一字王 辽代王爵有以古国名一个字为封号的，如赵王、魏王等，地位尊贵，高于用二字为封号的混同郡王、兰陵郡王之类。道宗太康五年(1079)规定，惟干子可封一字王。金、元仅亲王能封一字王。

伊巴哩 即"亦不剌因"。

伊本拔图塔行记 书名。阿拉伯旅行家伊本拔图塔(Ibn Battūtah，1304—1377)著。拔图塔出身于丹吉尔（今属摩洛哥）城的法官世家，1325年赴麦加朝圣，随后游历波斯、阿拉伯半岛、东非、小亚细亚、拜占庭、钦察、中亚等地，1333年至印度德里。1342年，元顺帝遣使印度，德里算端命他率领使团来元回访，因使团船只遇风漂没，又辗转浪迹于马尔代夫群岛、斯里兰卡、印度各地。约1345年始从孟加拉乘船东来，抵泉州，并游历了广州、杭州等城市。1349年回到故里后，又去西班牙、中西非等处游历。1354年奉摩洛哥算端之命回都城非斯，口述其世界旅行见闻，由算端派秘书伊本·术札伊笔录，次年完成。此书为阿拉伯文多卷本著作，一直以节写本流传，并被译为英、德、法文。1839年，原手稿全文在摩洛哥发现。1853—1858年，巴黎出版了全书的原文校勘本和法译。书中详细记述了作者所历中国各城市的繁盛和各地的穆斯林社会,以及中国与印度等国商船往来情况,是研究元代对外关系史和伊斯兰教的重要史料。

伊本·麦哈黑尔 阿拉伯旅行家。十世纪中期,留居中亚布哈拉萨马尼王朝国王纳昔儿宫廷。五代后晋天福六年(941),随中国使者东游,曾至中国都城以及西藏、新疆等地。后经印度西归,据其见闻写成游记。原书久佚,其残存部分有德文、法文译本。

伊馛(? —459) 北魏代(治今山西大同东北)人。鲜卑族。多力善射。太武帝时为侍郎,加振威将军。与司徒崔浩力主攻讨北凉沮渠牧犍,深受嘉奖,拜中护将军、秘书监。常典宿卫。又从太武帝攻宋,至瓜步(今江苏六合东南),频有战功,进号镇军将军。文成帝初,迁征北大将军,进爵河南公。兴光元年(454),拜司空。及为三公,清约自守,为政举大纲而已。

伊彻满洲 满语,汉译新满洲。满语称新为伊彻、伊齐、义齐。旧满洲的对称。对努尔哈赤以后零星归附的东海各部,包括流居朝鲜的瓦尔喀,宁古塔东北、瑚尔哈河、松花江两岸的"三喀喇"(汉译"三姓"),以及索伦等部众补各旗披甲缺额者的称谓。入关后,又分作两部:一居宁古塔之东,编为库雅喇世袭佐领;一居三喀喇与乌苏里江东西,编为伊彻满洲世袭佐领。康熙以前,只称迁至盛京编佐领隶旗籍者,后凡黑龙江的索伦、达呼尔、瑚尔哈河、松花江以及乌苏里江东西直至东海之滨,包括库页岛在内的如赫哲、鄂伦春、瓦尔喀等,无论编佐领入旗籍与否,皆称此名。

伊川易传 书名。亦称《周易程氏传》。北宋程颐撰。清初吕留良将其辑入《二程全书》,四卷。宋刊本六卷,其中《系辞精义》二卷,乃吕祖谦撰,引程颐及诸家说,补程传所未备。阐明《易》之宗旨在于"顺性命之理,通幽明之故,尽事物之情,而示开物成务之道"(《易传序》);《易》全然赅括天地自然之理,"有理而后有象"。认为"物理极必反",自然事物非凝固不变,亦非空幻,理在动中方有恒。凡君臣上下以至万物,皆有相感之道,感则通,"天地二气相感则化生万物,圣人至诚以感亿兆之心而天下和平"(《易传序》)。强调等级名分不可变易。要求人们心存虔敬,笃信天理,养身去欲,"处中正之道,由中正之位"(同上)。奠定程朱理学基础。

伊存 西汉时大月氏国使臣。据《魏略·西戎传》,哀帝元寿元年(前2),曾以《浮图经》口授博士弟子景卢。此为佛教传入中国之最早记载。

伊达雅图勒拉 即"阿帕克和卓"。

伊都额真 官名。满语译音。伊都意为值班,额真为主子。意为"领班"。自雍正元年(1723)以后,改伊都额真为"伊都章京",定汉名为"班领"。

伊都章京 见"伊都额真"。

伊儿汗国 即"伊利汗国"。

伊尔登(? —1663) 清满洲镶白旗人,钮祜禄氏。大臣额亦都子。幼为太祖养育于宫中,长授侍卫。屡从征战,勇冠三军,天聪四年(1630)从军攻明,陷永平诸城,擢固山额真。八年以忤领兵诸贝勒,革职。崇德三年(1638)起为巴牙喇纛章京,寻充议政大臣,兼内大臣。六年以围攻锦州、松山功,复授三等梅勒章京世职。后晋至二等公。顺治十三年(1656)以老致仕。

伊尔根 满语,汉译平民、百姓。满族内部自由民的称呼。一般为闲散(余丁),即不披甲者。

伊尔哈齐伯克 新疆维吾尔语音译。官名。专管修建城镇、开山修路事宜。清乾隆二十四年(1759)定为六品。光绪十三年(1887)废。参见"伯克"。

伊伐于虑鞮单于(? —59) 东汉时南匈奴单于。名汗。呼韩邪单于比之弟。建武中元二年(57)丘浮尤鞮单于死后,继立为单于。立二年死。

伊匐(? —522) 北魏时高车国王。弥俄突之弟。曾客居哌哒。明帝初,弥俄突与柔然战,被杀,他回国继位,北魏遣使拜为镇西将军、西海郡开国公、高车王。复与柔然为敌,曾大破柔然可汗婆罗门之军。后为柔然战败,被其弟越居所杀。

伊格那提也夫(Николай Павлович Игнатьев 1832—1908) 一译伊格那提业幅、伊格纳季耶夫。沙俄外交官。清咸丰九年(1859)任驻华公使。十年英法联军进犯津、京,他为之提供军事情报,并协助英、法对清政府逼降。同年十月,利用英法联军攻占北京之机,借口"斡旋"有"功",并以"兵端不难屡兴"相威胁,逼迫清政府签订不平等的《中俄北京条约》。十一年离任回国。后曾任内务大臣。

伊健妓妾(? —221) 东汉凉州(今甘肃张家川)卢水胡首领。建安末,与族人治元多起兵于武威、张掖间,众至数万,分兵七千至鹯阴口拒魏兵。魏黄初二年(221)被凉州刺史张既败于显美(今甘肃永昌)。

伊江汇览 书名。清乾隆四十年(1775)伊犁驻防满营协领格琫额撰辑。不分卷,凡二十六门。内容包括伊犁疆域、山川、古迹、风俗、土产、官制、营伍、户籍、赋税、差徭、屯政、马政、水利、贸易、钱法、台卡等。所载伊犁事宜较它书为早。抄本,约三万余字。

伊克坦(1866—1923) 满洲正白旗人,瓜尔佳氏,字仲平。清光绪进士。以编修历至都察院副都御史。曾充满蒙文学堂监督,奏请以满族学者达海从祀文庙;又代陈皇上典学事宜,建议"崇圣学"、"择贤傅"、"肃规制"。宣统三年(1911)与陈宝琛等奉命同值毓庆宫,为宣统帝师,直至1917年张勋复辟以后。谥文直。

伊克昭盟 即蒙古鄂尔多斯部,在归化城西二百八十里。所部七旗,即准噶尔旗、郡王旗、达拉特旗、乌审旗、鄂拓克旗、杭锦旗、扎萨克旗。后金天聪九年(1635)内附,清乾隆四十九年(1784),所部七旗自为一盟,称伊克昭盟。

伊勒图(? —1785) 清满洲正白旗人,纳喇氏。

乞隆初以世管佐领授三等侍卫。历副都统、参赞大臣、理藩院尚书、兵部尚书等职。乾隆三十三年(1768)起,三任伊犁将军。在边二十余年,开屯田,练士卒,采矿铸钱,为政清廉,善待境外各部落。三十六年受命安置归自俄国额济勒河(今伏尔加河)之土尔扈特部。后卒于伊犁。

伊勒希哈番 官名。满语音译,即"少卿"。

伊犁 ❶指清乾隆二十七年(1762)设总统伊犁等处将军以后至光绪十年(1884)新疆建省以前伊犁将军的辖区。其时将军驻惠远城,统辖天山南北路各驻防城,即当时的新疆全境。❷指清乾隆二十七年以后伊犁将军和参赞大臣的直辖区,相当今巴尔喀什湖以南的伊犁河流域和拜卡达姆以东的塔拉斯河、吹河、伊塞克湖流域。鸦片战争后至光绪八年(1882)沙俄通过多次出兵占领和强迫清政府签订不平等条约,吞并了中国今边界以外的大片土地。❸指清光绪十年新疆建省后伊犁将军的辖区,相当今伊犁哈萨克自治州的直辖区和塔城地区。

伊犁白话报 杂志名。清宣统二年(1910)初春在新疆伊犁(今霍城)创刊。月刊。同盟会言论机关报。冯特民、冯大树、李辅黄、郝可权等主编。鼓吹反帝爱国,维护民族统一。用汉文(铅印)及满、蒙、维吾尔文(油印)印行。

伊犁参赞大臣 官名。清乾隆二十七年(1762)设。驻惠远城(今新疆霍城县境)。佐伊犁将军办理伊犁军政事务。不常简放。光绪十年(1884)新疆建省后裁撤。

伊犁府 清光绪十四年(1888)置。治绥定(今新疆霍城县驻地水定镇)。辖境约当今新疆伊犁地区。属新疆省。1913年废。

伊犁将军 即"总统伊犁等处将军"。

伊犁将军马广奏议 书名。又称《马广奏议》。清伊犁将军、汉军正黄旗人马亮与伊犁副都统、蒙古正蓝旗人广福会衔之奏议。起自光绪二十八年(1902)八月,讫于光绪三十二年十二月。按年分为五卷。抄本。初叙新疆建省后将军所辖伊犁地方之营务、边防、兵屯、牧政、粮饷、学政及对俄交涉等事务,反映伊犁推行"新政"情况。

伊犁交涉 沙俄通过《中俄北京条约》和《中俄勘分西北界约记》割占中国西部大片领土后,又乘阿古柏入侵新疆之机,于清同治十年(1871)五月初出兵侵占中国伊犁地区。清政府向沙俄索还,沙俄许若俟中国克复乌鲁木齐等城后即予交还。及至光绪三年(1877)左宗棠平定阿古柏,沙俄却拒不交还伊犁。四年,清政府派崇厚赴俄谈判,在沙俄诱胁下,于次年八月擅订《里瓦几亚条约》,认可沙俄的多项侵略要求。国内舆论大哗,清政府拒绝批准该约,将崇厚革职下狱。六年六月,改派曾纪泽使俄交涉,据理力争,于次年正月签订《中俄伊犁条约》,较崇厚所订条约争回部分权益,中国收复伊犁九城,但伊犁西境霍尔果斯河以西大片领土仍为沙俄割占。

伊犁九城 即塔勒奇、绥定、惠远、惠宁、宁远、广仁、熙春、瞻德、拱宸等九城。清乾隆二十六年(1761)至四十五年间筑,均在今新疆伊犁河流域的伊宁市和伊宁、霍城县境内。其中惠远、惠宁二城为满营驻所,伊犁将军驻惠远城;绥定、塔勒奇、广仁、熙春、瞻德、拱宸六城为绿营驻所,总兵驻绥定;宁远城为维吾尔族商民的聚居处,设有阿奇木伯克等官员。同治十年(1871),拱宸、惠远、绥定、广仁、塔勒奇等城被沙俄侵略者拆毁,用其木材等扩建宁远城。光绪八年(1882),收回伊犁后,重建了惠远、拱宸、绥定等城。"伊犁九城"遂为历史名称。

伊犁起义 清光绪三十三年(1907)湖北陆军四队调赴伊犁时,老日知会员冯特民等乘机出关,密图西北革命运动。武昌和迪化(今乌鲁木齐)起义后,冯特民等于1912年1月7日起义,汉、维吾尔等族群众和哥老会众纷纷参加。次日杀伊犁将军志锐,10日组成临时都督府,前伊犁将军广福(蒙古族)任都督,原协统杨缵绪任总司令。临时都督府招募各族战士,东进迪化。

伊犁条约 即"中俄伊犁条约"。

伊犁义和团 清光绪二十六年(1900)九月,天津义和团贾永随同难民到新疆伊犁,在惠远(今霍城县南)城西乌哈里克河西大庄子地方发展义和团组织,教练拳棒,有青壮年及幼童参加。旋被伊犁将军长庚饬当地官弁搜拿。贾永闻风脱逃,余人被捕。

伊犁总统事略 书名。(1)即《西陲总统事略》。(2)《钦定新疆识略》的原名。

伊里布(1772—1843) 清满洲镶黄旗人,爱新觉罗氏,字莘农。宗室。嘉庆进士。授国子监学正,改补典簿。道光元年(1821)擢安徽太平知府。五年擢陕西巡抚。十五年擢云贵总督。十九年调两江总督。鸦片战争初期奉命为钦差大臣,赴浙办理军务,遣家丁张喜偕员弁赴定海犒赏英军。二十一年被钦差大臣裕谦参劾,革职逮问。二十二年随杭州将军耆英向英军乞降,署乍浦副都统。七月与耆英同受全权代表赴江宁(今南京)议和,签订《南京条约》。旋授广州将军、钦差大臣,总办善后事宜。次年病死。谥文敏。

伊厉王 即"朱㰘"。

伊丽道行军大总管 唐朝第三次征讨西突厥阿史那贺鲁之行军建置。显庆二年(657)正月擢右卫将军苏定方为伊丽道行军大总管,燕然都护任雅相,回纥婆闰副之,率步骑十余万出金山北。先破处木昆,降其俟斤嬾独禄。至曳咥河(今额尔齐斯河上游)与贺鲁决战,大破之,冒风雪穷追,再破其军,与南路阿史那弥射、阿史那步真会师双河。贺鲁奔石国,至苏咄城,萧嗣业、婆闰引追兵至,城主缚贺鲁送诣军前,自此西突厥全境纳入唐朝版图。唐设昆陵、濛池两都护府及诸都督府、州以统之,隶安西都护府。

伊利汗国 又译伊儿汗国。蒙古汗国之一。蒙古宪宗二年(1252),命同母弟旭烈兀出镇波斯,统兵攻灭木剌夷及报达哈里发等国。世祖即位后,封授旭烈兀统领阿母河以西直至密昔儿(埃及)之境,建立汗国,分置各州长官。旭烈兀及其继承者自称伊利汗(伊利,意为从属),奉大汗(元帝)为宗主,谕旨钤用元廷所赐"辅国安民之宝"、"王府定国理民之宝"(汉字)等印玺。国都桃里寺(今伊朗大不里士),后一度迁都孙丹尼牙(今伊朗苏丹尼耶)。第七代伊利汗合赞奉伊斯兰教为国教,实行政治、经济改革,命宰相拉施都丁纂修《史集》,国势颇盛。与元朝关系密切,经济、文化交流频繁。第九代伊利汗不赛因死后,统治集团内讧迭起,权臣、大将各自拥立可汗,纷争不已。1355年,钦察汗国札尼别汗攻占桃里寺,伊利汗国亡。札剌亦儿氏贵族哈散据有报达,1340年自立为汗。其子兀外思在位时,兼并波斯西部大部分地区,1359年取桃里寺为都城,史称札剌亦儿朝。十四世纪末为帖木儿帝国所灭。

伊利俱卢设莫何始波罗可汗 即"沙钵略可汗"。

伊利可汗 即"阿史那土门"。

伊列 古西域河名、地名。《汉书·陈汤传》:匈奴郅支单于如得乌孙、大宛二国,就会"北击伊列,西取安息。"晋有伊列国,指伊犁河及以河为名的政权。唐作伊丽水,又名帝帝河。西突厥乙毗咄陆可汗之世,以此河为界,先后与咥利失可汗、乙毗沙钵罗叶护可汗分统其国。唐显庆二年(657),苏定方破阿史那贺鲁,贺鲁逃渡此水西奔。水北有弓月城。元称亦列、益离。有时为城名,如益离城、亦力把里等。

伊陵尸逐就单于(?—172) 东汉时南匈奴单于。名居车儿。建和元年(147)呼兰若尸逐就单于死,得立为单于。延熹元年(158)南匈奴诸部与乌桓、鲜卑等联兵侵扰缘边九郡。东汉遣北中郎将张奂讨平之。奂以单于不能统理国事,拟废之,桓帝不准。立二十五年死。

伊娄河 即今江苏扬州市南扬子桥至瓜洲渡口的一段运河。隋以前镇、扬间江面宽阔,唐时出现积沙,开元时称瓜洲(一作瓜步沙尾),自京口(今镇江市)渡江须绕洲而行,纡回六十里,多为风涛所溺。二十六年(738)润州刺史齐澣开此河,贯瓜洲南北,长二十五里,自后京口渡船可由此直趋扬子,为漕渠津要。宋元后又称瓜洲运河。

伊娄穆(?—约576) 北朝代(治今山西大同东北)人,字奴干。鲜卑族。弱冠为西魏丞相宇文泰亲信。邙山(今河南洛阳北)之役,力战有功,拜丞相府参军。屡迁车骑大将军。西魏废帝二年(553),使蜀,与潼州刺史叱罗协于涪水讨平氐酋赵雄杰。北周孝闵帝即位,除骠骑大将军。保定初,进爵为公。四年,出为金州总管、八州诸军事、金州刺史。建德五年(576),从皇太子讨吐谷浑。后疾卒。

伊逻卢城 唐时龟兹国都。在今新疆库车县东三里皮郎旧城。

伊洛渊源录 书名。南宋朱熹撰。十四卷。成于孝宗乾道九年(1173)。旨在阐述二程理学之源流,因二程居于河南伊、洛二水之滨,故名。内容包括周敦颐至程颢、程颐及其弟子的言行,尤以二程思想为最详,被奉为理学正宗。《宋史》"道学"、"儒学"两传,多据此书。宋人言道学宗派和分道学门户,亦自此书始。

伊洛之戎 亦称洛戎。古族名。戎的一支。因居于伊水、洛水地区得名。春秋初,部落渐强。周襄王三年(前649),王子带谋叛时,曾与扬拒、泉皋之戎侵周,入王城,焚东门,秦、晋出兵救周,始退。后二年,再次侵周,齐桓公会集诸侯卫周。三十三年欲东伐鲁,鲁公子遂与之盟于暴。晋景公十五年(前585),随晋、卫伐宋。后附晋。

伊曼 地名。亦作亦麻、伊瞒、尼满,皆为同一满语的异译,意为"山羊"。在乌苏里江东岸伊曼河口南岸。明永乐八年(1410)置亦麻河卫,属奴儿干都司。清为吉林三姓副都统辖地。咸丰十年(1860)沙俄强迫清朝政府订立不平等的《北京条约》,遂被沙俄割占。1973年苏联改为达利涅列钦斯克。

伊米德史 即"海米迪历史"。

伊齐额尔吉爱什拉喇哈番 官名。满语音译,即右参议。

伊齐额尔吉哈福布勒哈番 官名。满语音译,即右通政使。

伊齐辖库 满语音译,意为办事者。汉名为寺正,清大理寺职官。

伊耆氏 相传为上古帝王,始为蜡祭(《礼记·郊特牲》及郑玄注)。或说即尧,作"伊祁"或"伊祈"(《易·系辞下》孔颖达疏、《初学记》卷九引《帝王世纪》);或说为神农之别称(《礼记·郊特牲》孔颖达疏)。

伊阙佛龛碑 全称《伊阙佛龛之碑》,又名《三龛记》。今存河南洛阳龙门山。唐贞观十五年(641)刻。岑文本撰,褚遂良书。楷书三十二行,行五十一字。此系褚遂良中年所书,字画结构方整而欠风华。有宋拓本传世,撰书题衔均已损泐不可见,清以来拓本泐字更多。

伊阙关 在今河南洛阳市南伊阙口。为东汉中平元年(184)镇压黄巾起义所置八关之一。

伊阙山 又名阙塞山、龙门山。在今河南洛阳市南。《水经·伊水注》:"两山相对,望之若阙,伊水历其间北流,故谓之伊阙矣。春秋之阙塞也。"《左传》昭公二十六年(前516):"晋知跞、赵鞅帅师纳王,使女宽守阙塞。"杜预注:"阙塞,洛阳西南伊阙口也。"自汝、颍北出,必经此山,为洛阳南面门户,乃兵家必争之地。参见"龙门山"。

伊阙石窟 即"龙门石窟"。

伊阙县 隋开皇十八年(598)改新城县置。因境内有伊阙山得名。治今河南伊川县西南古城寨。《资治通鉴》:隋大业二年(606),炀帝"自伊阙陈法驾,备千乘万骑入东京",即此。北宋熙宁五年(1072)废。隋先后属洛州、河南郡。唐先后属洛州及河南府。北宋属河南府。

伊阙之战 战国时秦国大败韩、魏联军的战役。秦昭王十三年(前294),秦遣白起率师攻韩,取武始、新城(今河南伊川西南)。次年韩将公孙喜率师会同魏军伐秦,与白起在伊阙(今河南洛阳东南龙门)大战,秦大胜,斩首二十四万,虏公孙喜,拔五城,纬、魏损失惨重。

伊然可汗(? —741) 即登里可汗。唐时后突厥可汗。公元734—741年在位。毗伽可汗之子。全称圣天天生突厥毗伽可汗,鄂尔浑突厥文碑作Tängritag tängri yaratmiš türk bilga gaghan。“登里”取音“tangri”,意为天,“伊然”取音“yaratmiš”,意为创造、产生。二名实为一人,旧史误以为二。开元二十二年(734)即汗位,遣使告丧于唐,以从叔父判阙特勤等二人为东、西设(杀),分掌兵马。二十三年,东击契丹,败归。二十四年,应唐约攻突骑施,战不利。二十八年,受唐册封为苾伽骨咄禄可汗。次年,母婆匐诱戮西设,东设判阙特勤怒而勒兵攻灭之,他亦被杀。

伊萨克(? —1780) 一译伊斯哈克。清新疆哈密人。维吾尔族。郡王衔多罗贝勒玉素布次子。乾隆三十一年(1766)奉命护送哈密维吾尔人五百户赴伊犁屯田,归授二等台吉。次年父死袭爵。三十八年赴伊犁,授领队大臣,管理维吾尔屯田事务。四十一年还哈密。

伊桑阿(1638—1703) 清满洲正黄旗人,伊尔根觉罗氏。顺治进士。初由礼部笔帖式授主事。康熙十二年(1673)累官至内阁学士。十六年晋工部尚书,寻调户部尚书,曾往江南督造船只,以入洞庭湖所吴三桂粮道。二十一年,俄罗斯犯边,又往宁古塔督修战船。二十四年调兵部尚书。二十六年转礼部。次年升文华殿大学士兼吏部尚书。四十一年致仕。

伊沙噶伯克 即“伊什罕伯克”。

伊什罕伯克 一译伊沙噶伯克。维吾尔语音译。旧时南疆维吾尔族地方城乡长官阿奇木伯克的副手。清乾隆二十四年(1759)定为四至六品。光绪十三年(1887)废。参见“伯克”。

伊是 战国赵地,在今山西安泽县南。《战国策·齐策三》:“齐、魏亦佐秦伐邯郸,齐取淄鼠,魏取伊是”,即此。西汉置猗氏县。

伊斯哈克 ❶即“伊萨克”。❷(? —1842)清新疆库车人。维吾尔族。固山贝子鄂对之孙。初任阿克苏阿奇木伯克。嘉庆二十一年(1816)因孜牙墩一案获咎,降补五品伯克。道光二年(1822)为沙雅尔(今沙雅)阿奇木伯克。六年,因侄迈哈默特鄂对潜通张格尔获罪,袭其所遗贝子之爵,旋补授阿克苏阿奇木伯克。七年从征张格尔,至喀什噶尔(今喀什)任阿奇木伯克。八年,随参赞大臣杨芳出卡,擒张格尔,晋封郡王,简放喀什噶尔帮办大臣。任期内招募维吾尔族贫民开垦喀什噶尔大河拐荒地,督修七里河城堡。十年,张格尔兄玉素普伙同浩罕兵入侵,被诬通敌,后平反。次年迁居京师,越三年因病返籍。

伊斯堪达尔(? —1811) 清新疆吐鲁番人。维吾尔族。郡王额敏和卓第五子。乾隆三十一年(1766)赴伊犁协理维吾尔族移民屯田事务。四十四年,因长兄素赉璊获罪削爵,袭多罗郡王。后历任喀什噶尔(今喀什)、叶尔羌(今莎车)阿奇木伯克。五十八年授喀什噶尔协办大臣。

伊斯兰历(曆) 历法名。亦称回回历、阿拉伯历、希吉来历。为伊斯兰教先知穆罕默德所创;分太阴历纪年和太阳历纪年两种。太阴年以公元622年7月16日,金曜日,即穆罕默德由麦加“希吉来”(迁徙)麦地那的次日为当年岁首——元年元旦;属纯阴历,以太阴计年、月,称“动的月”。由于朔望月平均周期为29日12时44分2.8秒(即29.530 588日),十二个朔望月为354日8时48分33.6秒(即354.367 1日);因而太阴年取大、小月相间,大(单)月三十日,小(双)月二十九日,平年三百五十四日。然因十二个朔望月长度比平年多0.367 1日,为解决这问题,采用三十年置十一闰方法,规定逢第2,5,7,10,13,16,18,21,24,26,29为闰年,共置十一个闰日加于该年十二月末,为355日;其余十九年则为平年。此置闰法颇准确,经计算可得平均太阴年长为354日8时48分(即354.366 7日),太阴月平均长为29日12时44分(即29.590 555日);与朔望月比较,只差2.8秒,须积30 864个太阴月,才有一日之差。太阴月以新月初见为其各月的第一天(相当于夏历的初二、三)。但由于太阴年长度比一回归年(365.242 2日)约少10日21时,因而积2.7个回归年两者差一个月;积32.6个回归年则相差一年;亦即公历约三十二年之时,伊斯兰历已届三十三年。故其历年岁首可出现于公历年的任何时期,约历三十二年多而一周天。太阴年只作历史记录和宗教活动之用。太阳年以公元622年为纪元,春分为岁首。平年三百六十五日;历一百二十八年置三十一闰,闰年加一天于双鱼宫之末,凡三百六十六日。由这置闰法得出:一太阳年长度为365.242 187 5日,与回归年长只差0.000 0125日,须积8万年才差一天,准确度更高。太阳年以太阳行十二宫为一年,共十二月,称不动的月。各月的日数见下表。太阳年供耕种之用。

月序	宫名	天数
1	白羊(戌)宫 春分点	31
2	金牛(酉)宫	31
3	双子(申)宫	31
4	巨蟹(未)宫 夏至点	32
5	狮子(午)宫	31
6	室女(巳)宫	31
7	天平(辰)宫 秋分点	30
8	天蝎(卯)宫	30
9	人马(寅)宫	30
10	摩羯(丑)宫 冬至点	29
11	宝瓶(子)宫	30
12	双鱼(亥)宫	30

伊斯满 即"亦思马因"。

伊特勿失可汗 薛延陀末代可汗。名咄摩支。夷男侄。唐贞观二十年(646)拔灼败亡,薛延陀余众推之为可汗。曾遣使奉表于唐,请仍居郁督军山北。唐恐其为碛北之患,进军讨之,惧而请降,至长安,授右武卫将军,赐园宅。在位不足一年。

伊藤博文(1841—1909) 日本长州人。幼名俊辅,号春亩。藩士出身。曾参加"尊王攘夷"和倒幕运动。1868年明治政府成立后,历任大藏少辅、民政部少辅、工部大辅、工部卿、内务卿。1882年赴欧美作宪政调查,归国后致力于改革各项政治制度。清光绪十一年(1885)作为特命全权大使来华,迫使清政府缔结《天津会议专条》。同年起四任内阁总理大臣。1888年起三任枢密院议长。主持制订《大日本帝国宪法》,并于1900年建立立宪政友会。对外奉行侵略扩张政策,发动侵略朝鲜和中国的甲午战争,强迫清政府签订《马关条约》,并一度任台湾事务总裁。1905年迫使朝鲜接受《日韩保护条约》,次年出任朝鲜统监,并封公爵。1909年10月26日在中国哈尔滨车站被朝鲜爱国志士安重根刺杀身亡。著有《伊藤家文书》、《伊藤公全集》。

伊图(?—1677) 清满洲镶红旗人,爱新觉罗氏。顺治元年(1644)授内秘书院学士。曾任纂修《明史》、《太宗实录》副总裁,又因译明《洪武实录》为满文获赏。十一年署刑部尚书。十四年擢兵部尚书。十六年因郑成功陷镇江被劾。旋调吏部尚书,参与校定律令。后授内弘文院大学士。康熙六年(1667)解大学士任,以原官掌王府事。

伊屠于闾鞮单于(?—88) 东汉时南匈奴单于。名宣。伊伐于虑鞮单于之子。元和二年(85)胡邪尸逐侯鞮单于死后,继立为单于。与东汉王朝通好,数度出击北匈奴。立三年死。

伊吾 古西域地名。始称伊吾卢,为内地通往西域的门户,即今新疆哈密一带。地肥饶,宜五谷、桑麻、葡萄。东汉永平十六年(73),大开屯田,置宜禾都尉于其地。元初六年(119),长史索班将千余人屯其地。永建六年(131)置伊吾司马,领屯田事。南北朝时,西凉残部唐契为伊吾王,属柔然。隋大业六年(610)设伊吾郡。

伊吾都尉 官名。三国魏置,西晋、十六国前凉沿置,主伊吾(今新疆哈密一带)军务。魏、晋皆七品。

伊吾军使 唐北庭大都护府所属伊吾军的长官。景龙四年(710)置其军于伊州西北之甘露川,在今巴里坤之肋巴塘。辖兵三千,马三百。蒲类以东之各守捉、城镇驻兵归其节度。

伊吾郡 隋大业六年(610)置。治今新疆哈密市。末年地入西突厥。

伊吾卢 即"伊吾"。

伊吾司马 官名。东汉置,主伊吾卢(今新疆哈密西)屯田。明帝永平十六年(73)留兵屯伊吾卢城,置宜禾都尉屯田。后时废时置。顺帝永建六年(131)复令开设屯田,置伊吾司马一人。

伊吾县 ❶西晋置。治今甘肃安西县西北。敦煌郡,元康五年(295)后改属晋昌郡。北魏❷唐贞观四年(630)置。治今新疆哈密市。为伊治。安史之乱后地入吐蕃。

伊西洱库尔诺尔 又名叶什勒池。即今塔克斯坦之库里湖。清乾隆二十四年(1759),击溃大小和卓叛军于此。立有高宗御制纪功碑。光绪十年(1892),为沙俄占领,中国政府未予承认。

伊循城 在今新疆若羌县米兰东五里处。西昭帝元凤四年(前77),屯田于此。

伊循都尉 官名。西汉置,主伊循(今新疆若东)屯田。昭帝元凤四年(前77),霍光遣傅介子杀楼兰王,立尉屠耆为王,更名其国为鄯善。鄯善自请汉遣将屯田伊循城,以依其威重。汉遂遣司一人、吏士四十人,屯田伊循以镇抚之。其后更都尉。

伊尹 商初大臣。名挚,又称伊挚,殷墟甲骨中或简称伊。相传曾为有莘氏媵臣,入商辅佐成汤伐桀灭夏,建立商朝,称为阿衡或保衡。汤死后,子太丁未立而卒,他先后辅立太丁弟外丙、仲壬。壬死后,复辅立太丁子太甲。太甲即位,不遵汤法乃放之于桐,摄政。太甲居桐三年,悔过,遂迎归,以国政,复为相辅,至沃丁时卒。一说他放太甲于后自立,后太甲自桐潜出,杀之。

伊挚 即"伊尹"。

伊稚斜单于(?—前114) 西汉时匈奴单于军臣单于之弟,原为匈奴左谷蠡王。汉武帝元朔年(前126)军臣死后,攻败太子于单,自立为单于在位十三年,因屡败于汉将卫青、霍去病,遂退漠北。

伊州 本隋伊吾郡,唐贞观四年(630)改为西州,六年又改名伊州。治伊吾(今哈密市)。辖境当今新疆哈密市及伊吾、巴里坤二县地。属陇右道地当中西交通要冲。安史乱后为吐蕃占领;大中年(851)为沙州人张义潮所收复;北宋太平兴国六(981)王延德使西域时其地尚称伊州,州将陈氏自自唐开元以来世守其地。

伊州乐 古代伊州(治今新疆哈密)地方音乐为龟兹乐与中原音乐结合而成新乐种。伊州大曲成有三:散序(无歌、无声),排遍(中序或序拍,以为主),入破(配以歌及器乐曲)。乐器杂用龟兹乐之弹拨、吹奏乐器及中原的编钟、编磬等打击乐。时传入中原。两宋官本杂剧二百八十本中用伊州曲者即有五本,可见对中原戏剧音乐的形成起了要作用。

衣钵 佛教名词。佛教僧尼的袈裟和食器,代教徒身分及全部所有。衣钵齐备,方可受"具足戒或到寺院"挂单"。禅宗六祖前师徒间佛法传授,衣钵为信物,称"传衣钵",后沿用其名,用以指师授受。

衣裳之会 春秋时诸侯为和好而相会。《谷传·庄公二十七年》说齐桓公有"衣裳之会十有一"

衣服令 唐代关于皇帝、皇后、皇太子以及文武百官等衣服、冠冕制度的法令。令文散见于《唐六典》、《通典》、《开元礼》、《旧唐书·舆服志》诸书。

衣冠户 唐时具有特权的人户。衣冠,泛指封建官僚士大夫,魏晋南北朝时为士族门阀的别名。中唐后,因科举制度发展,进士、明经者越来越多,逐渐形成特殊的户等,即"衣冠户"。会昌年间,以法律形式确定,只有科举及第,尤其进士及第者,才可称"衣冠户"。他们不仅"免一门差徭",而且"输税全轻"。唐末,有些"衣冠户"利用其特权地位,广置田产,包庇其他富户,逃避赋役,朝廷曾多次下令制止。

衣冠署 官署名。隋初置,隶太常寺,掌服饰衣冠。有令一人,从八品上;丞一人,从九品上。大业时废。

衣牌 清代成衣店铺通用之混夹私钱之铜钱,低于制钱钱价。

衣食客 魏、晋、南朝时之依附人户。由主人供给衣食,充当随从或驱使杂役。西晋太康元年(280)制户调式,规定官吏按品级得荫人以为衣食客及佃客,品第六以上得衣食客三人,第七、八品得二人,第九品及举辇、迹禽、前驱、由基、强弩、司马、羽林郎、殿中冗从武贲、殿中武贲、持椎斧武骑武贲、持钑冗从武贲、命中武贲武骑得一人。东晋时,流民多投附于王公贵人为衣食客,无课役,皆注家籍为私属,身份与各类客相同,低于编户百姓。

衣物税 清代杂税之一。系钞关对商民贩运各种衣、帽、鞋、袜所征之税。各关税则不一,分别根据质地优劣,按件征收。

医 ❶指治病。《周礼·天官·医师》:"聚毒药以共医事。"❷古代饮料名。《周礼·天官·酒正》:"辨四饮之物,一曰清,二曰医。"可能是将糵曲投入煮好的稀粥内,经发酵制成的醴。粥较薄,所以医较醴稍清。繁体字的醫,表明医与酒有某种联系。❸盛器名。《说文》:"医,盛弓弩矢器也。"从匚从矢,《国语》曰:"兵不解医。"

医案 即病案。医生治疗疾病及其全过程的档案。包括病状、辨证、制法处方、用药。流传下来最早的医案为《史记·扁鹊仓公列传》中所保存的西汉名医淳于意的医案二十五则。后世有医家记录整理为个人医案集,也有选取古今名家医案汇编的。

医博士 官名。(1)隋太常寺太医署置博士二人,唐置一人,正八品上。助教一人,从九品上。又置医师、医工以佐之。掌医术教授医生。(2)唐府州所置医学博士之简称。

医曹 官署名。汉代郡府诸曹之一,职掌官医。《三国志·华佗传》:督邮徐毅得病,"谓佗曰:昨使医曹吏刘租针胃管讫,便苦咳嗽。"

医方集解 书名。清汪昂撰。三卷。成书于康熙二十一年(1682)。分为补养、发表、涌吐、攻里、表里、和解、理气、理血、祛风、祛寒、清暑、利湿、润燥、泻火、除痰、消导、收涩、杀虫、明目、痈疡、经产,凡二十一门,末附救急良方及摄养之法。共载正方三百七十八首,附方四百一十七首。对每方依次叙述其适应证、药物组成、方义解释、附方加减等,对采用各方时的病源、脉候、脏腑、经络、药性、服法均有论及。每一方剂的配伍、主治,均采各家学说,参以己见,是中医入门常用书,流传很广。1959年上海科技出版社出版铅印本。

医工 吏职名。唐太常寺太医署有医工一百人,与医正、医师皆掌医疗疾病。

医工长 官名。汉代诸侯王国主管王官医药的官吏。《汉书·武五子传》:"旦得书,以符玺属医工长。"颜师古注:"医工长,王官之主医者也。"《后汉书·百官志》所载王国官中有医工长,本注曰:"主医药。"

医官 官名。掌医疗之官的统称。《周礼》有医师,掌医疗政令。秦汉有太医令、丞,属少府。东汉又有医丞、医工长。三国魏因之,西晋改属宗正,东晋改属门下省。南朝宋、齐、梁、陈,隶侍中。北魏有太医博士、助教。北齐又称太医令、丞。北周有太医下大夫。隋唐置太医署,隶太常寺,置令、丞,领针灸、按摩、咒禁,各有博士。殿中省另有尚药、奉御、侍御医、司医、医佐等官。唐、五代又有翰林医官使。宋代置翰林医官院,设使、副使领院事,以尚药奉御充任。辽北面官有太医局、兽医局,设使、副使等;南面官有汤药局。金设太医院,有提点使、副使、判官。元以太医院掌奉御药物,定制设提点、院使、副使、判官。明太医院设院使、院判,清则以院判分置为左、右。明清各府设正科,州设典科,县设训科,皆一人,掌地方医疗人材培养,但设官不给禄。

医贯 书名。明赵献可撰。六卷。初刊于万历四十五年(1617)。崇祯元年(1628)重刊本,题作《医无闾子医贯》三卷。作者推崇薛己的温补学说,并发挥其命门之说,认为命门为人身至宝,应以保养"命门之火"的论点贯穿于养生与治疗的一切问题之中,故名其书为《医贯》,对命门的部位、性质、作用、病理变化、治疗原则和方药进行了系统的论述。全书分为"玄元肤论"、"主客辨疑"、"绛雪丹书"、"先天要论"和"后天要论"五门。分述中风、伤寒、温病、血症等病的证治,治法以六味地黄丸和八味地黄丸为主要方剂。该书是研究命门学说的重要参考书。1959年人民卫生出版社出版铅印本。

医和 春秋时秦国名医。提出"淫生六疾"的医学理论,论述"阴、阳、风、雨、晦、明"六气与疾病的关系,认为六气协调使人健康,"过则为菑"。晋平公十七年(前541),晋平公病,求医于秦,秦景公使往晋。视平公气色说,病非鬼神、饮食所致,乃被女色迷惑,非药物可为,劝其生活节制,疾可自愈,如"淫溺惑乱","不节不时"则属不治之症。晋人以厚礼送归。还主张臣对君要"谏惑",反对"直不辅曲,明不规暗"。

医候郎 阶官名。金太医二十五阶中第二十三阶,秩正九品下。元沿置。

医户 元代诸色户计之一。须纳税粮、科差。元初免当杂泛差役,成宗以后不再免当。各路设立医学,医户必须有子弟一人入医学学习。各行省设官医提举司,管理医户的差役词讼。

医缓 春秋时秦国人。良医。秦桓公二十三年(前581),晋景公病重,秦桓公使往治,见景公病状称:疾在肓之上、膏之下,砭石不能用,针刺不可达,药力不能至,其病不可治。不久景公果死。

医疾令 唐时关于医药诊疗的法令。如为皇帝配药的程序,各科医生学习及考试制度等。令文散见于《唐六典》、《唐律疏议》诸书。日本养老时代(717—723)的《医疾令》亦可资参考。

医籍 清初户籍之一。顺治三年(1646)定例,以医为业者,单独编为医籍。后入民籍。

医监 官名。隋炀帝始置,凡五人。唐置四人,从八品下,为太常寺太医署属官。

医经溯洄集 书名。又名《溯洄集》。元末明初王履撰。一卷。成书于明洪武元年(1368)。全书收作者医学论文二十三篇,包括对《内经》、《伤寒论》的研究以及对李东垣学说的探讨,尤以对伤寒与温病的辨析有独特见解。书中对《伤寒论》三百九十七法进行辨疑,并发挥了朱丹溪的学说。该著作对医学理论的考辨,构思独特,立论严谨。有多种明清刊本。人民卫生出版社曾出版影印本。

医垒元戎 书名。元王好古著。十二卷。初撰于元至元二十八年(1291),后原稿亡佚,经追忆得七、八,重刊于元贞三年(1297)。是书以十二经为纲,以论述伤寒杂病为主。以六经分门,每门以方名为目,首为治法,次列药品、用量,末谈加减。"三焦热用药大例"、"通治大寒"等为通用方药,颇便于临床之医生参用。刊本有明刻本,后收入《医统正脉全书》、《东垣十书》以及《陈修园医书》(均为一卷)。今有人民卫生出版社出版影印本。

医林绳墨 书名。明方隅编集,方谷校正。八卷。刊行于万历十二年(1584)。全书主要论述临床常见病证,如中风、伤寒、喘、泄泻等内科杂病以及妇、外、五官等科病症。以医论为主,辨证求因,随证处方;以《内经》和张仲景《伤寒杂病论》为本,集金元诸家医说,兼有较多个人见解。立论简明,选方精审,论析诸药之性味,切于临床之用,因此刊本较多。1975年商务印书馆出版排印本。

医林指月 丛书名。清王琦辑。琦,原名士琦,字载韩,号琢崖,浙江钱塘(今杭州)人。病时医不学无术,孟浪误人,欲重刻诸书以救世,而力未逮,乃取宋、元、明、清时医著十二种,刊于乾隆三十二年(1767)。包括宋窦材《扁鹊心书》,元杜本《伤寒金镜录》,明卢复《芷园臆草存案》,明卢之颐《痎疟论疏》、《学古诊则》,明张介宾《质疑录》,明易大艮《易氏医案》,清张志聪《本草崇原》、《侣山堂类辨》,清高世栻《医学真传》,清高鼓峰《医家心法》,清亟斋居士《达生篇》。每书之后皆有王琦的评述。

医闾漫记 书名。明贺钦撰。一卷。钦字克恭,浙江定海(今舟山)人。成化进士,官至陕西参议。曾读书医巫闾山,自号医闾山人。是书散记成化、弘治间事,于辽东边防,记述尤多。

医门补要 书名。清赵濂著。濂字竹泉,江苏丹徒人。成书于光绪九年(1883)。三卷。卷一、二为"医法补要",论述内、外科等诸多病证的症候、治法和方药,以外科病证为重点。所述痔漏挂线法、铁针入肉治法、金属拔脓管等,可补充一般外科专著之不足。卷三记述"见症实录",载治案一百九十六条,对一些疑难病证进行比较,并介绍病症表现及其治法,如尿道扩张术、先天性肛门闭锁的治法、动脉出血的"止血涌射法"等。为临床医学提供了不少值得重视与借鉴的治疗经验。上海卫生出版社、上海科学技术出版社先后于1957年出版排印本。

医门法律 书名。清喻昌撰。六卷。成书于顺治十五年(1658)。结合临床病证,正面阐述辨证论治的法则("法"),明确指出一般在辨证治疗上易犯错误,提出禁例("律"),故以"法律"为书名。卷一阐发四诊之法律和《内经》、《伤寒论》证治法则;卷二至六分门论述各类疾病的证治。每门先列论,次为"法",再次为"律"。所录方剂以《伤寒》、《金匮》为本,参以己说,临床价值较高,对后世医学发展有较大影响。

医全郎 阶官名。金太医二十五阶之第二十阶,秩从八品上。元沿置。

医痊郎 阶官名。金太医二十五阶中第二十四阶,秩从九品上。元沿置。

医生 ❶隋唐太常寺太医署学医的生员。隋置一百二十人,唐置四十人,以医博士教之,考试录用同于国子监生徒。❷清太医院所属专职医务人员。定员三十人。初入太医院的医生,须有太医院医官、医士保结,先入太医院教习厅学习,遇医生缺出,经考试顶补。❸官名。清内务府上驷院属官,掌治上驷院马驼之疾。额设蒙古十五人,移八旗咨选。又,清末新陆军营制,每营设一人,六、七品不等,协同军医长医治伤病。

医师 官名。(1)周代医官之长。《周礼·天官·序官》有医师,上士二人,下士四人。郑玄注:"医师,众医之长。"掌医疗政令,组织疾病防治。(2)一般医官。北齐尚书、中书、门下三省皆置,从九品。隋唐太常寺太医署亦置,隋二百人,唐二十人,为流外之职。北宋崇宁二年(1103),改御药院为尚药局,以医官使上名有功效者为医师,靖康元年(1126)罢。

医史 书名。明李濂著。十卷。成书于正德八年(1513)。全书收历代医家七十一人传记,其中自《左传》医和,迄元李杲,见于史传凡五十五人;自宋张扩以下,迄于张养正,为诸家文集所载,凡十家;另有张机、王叔和、王冰、王履、戴元礼、葛应雷六人,是由李濂补写的传记。每传之后,附以论述。李濂《医史》属于草创,有一定局限性,但所收医者确均为名医。《四库全书总目提要》虽对其书有所批评,但至今仍对医史研究有参考价值。今存有明正德间刻本及几种后世刊本、抄本。

医士 官名。明清太医院属官,掌各科诊治之法。朱元璋吴元年(1367)设,以父祖世业代补,或在外访保精通医术者充任。凡医术十三科,学习三年至五年,经三试,定其升降。在内充御医局四御医,王府、文武百官有疾，奉旨往视。受院派遣，往边关卫所就医职。清顺治元年(1644)沿设，二十人，皆汉员，从九品冠带。肄业专科为医术九科，初由教习订，后由医学馆考试。分班侍值于宫中，称宫直；值于外廷，称六直。赴外藩、军营、刑狱、大比，皆由院派。

医兽 明代于民养官马地区佥发民户充当之一种职役。洪武二十八年(1395)规定每群长下选聪明子弟二、三人，习学医疗马匹之术，为马匹治病。成化八年(1472)规定，州设二名兽医，县设一名，任期一年，岁终交替。实际各地兽医人数、任期及其所负责马匹数，极不一致。如兽医人数，虽马少州县，亦有四、五、六名。

医述 书名。清程文囿辑。文囿，字观泉，号杏轩，安徽歙县人。此书系作者将平素摘录医书汇编而成。遵孔子"述而不作"之意而名。成书于嘉庆二十二年(1817)，刊于道光六年(1826)。十六卷。卷一至二为"医学溯源"；卷三至十五为"伤寒提钩"、"伤寒析疑"、"杂证汇参"、"女科原旨"、"幼科集要"、"痘疹精华"，最后为"方药备考"。编次清晰，各卷、各门、各条之排列均有条不紊，并附记出处或作者姓名，资料丰富。所辑内容上自《灵枢》、《素问》，下至近代名医，计三百余种医籍，兼及经史子集，客观地保存了中医学术的历史面貌。安徽人民出版社曾予点校内部发行，后安徽科技出版社再予校订出版。

医说 书名。南宋张杲撰。杲字季明，新安歙县(今属安徽)人。初成于淳熙十六年(1189)，后又加补充。十卷。初刊于嘉定十七年(1224)。该书是集录历代医著及文史资料中的医学传说、典故而成。分为历代医家、医书、本草、针灸、诊法及多种病证、养生、修养调摄等四十九类。内容丰富，史料价值较高。现存宋刊本、明刻本、《四库全书》本等。

医巫闾山 巫一作无；又作于微闾或医无虑，在今辽宁西部、大凌河以东。东北—西南走向，海拔400米。主峰望海山在北宁市西北，海拔 867 米。《周礼·天官·职方》曰："东北曰幽州，其山镇曰医无闾。"《楚辞·远游》："朝发轫于太仪兮，夕始临乎于微闾。"隋开皇十四年(594)诏以医巫闾为北镇。

医效郎 阶官名。金太医二十五阶中第二十二阶，秩正九品上。元沿置。

医学 学校名。南朝宋元嘉二十年(443)始置。唐太宗贞观三年(629)置于州府，有博士一人及学生十至二十人不等。玄宗开元元年(713)置助教，未几博士、学生皆省，惟边远少医诸州如故。后复置学生掌州境巡疗。代宗永泰元年(765)复置博士。三都、都督府、上州、中州各设助教一人。宋初设太医局，分科招生学习。徽宗崇宁二年(1103)建医学，隶国子监。分方脉、针、疡三科教授学生，依太学学制，行三舍法，上舍生四十人，内舍生六十人，外舍生二百人，分斋习读。成绩入高等，授尚医局医师以下职，其余各依等第补官，为本学博士、学正、学录及外州医学教授等。设医学博士四人，掌教导，行学规。大观四年(1110)，改太医学，隶太医局。政和五年(1115)，州、县亦置。宣和二年(1120)，罢在京医学。南宋复置。明清于府、州、县均置医学，设医官管理一府、一州、一县之医务。府医学之医官称正科，州医学之医官称典科，县医学之医官称训科。

医学博士 学官名。南朝宋元嘉二十年(443)始置医学。隋太医署有医博士二人。唐太医署有医博士一人，正八品上。负责教授诸生医术，习《本草》、《甲乙脉经》，并分体疗、疮肿、少小、耳目口齿、角法五科。贞观三年(629)置医学，设医药博士一人，从九品上。开元元年(713)，改医药博士为医学博士。各都督府、诸州亦置医学博士，教授医术并治疗民疾。北宋崇宁二年(1103)置四员，掌医学教导，并掌行学规。

医学纲目 书名。明楼英编撰。四十卷。初刊于嘉靖四十四年(1565)。卷一至九为阴阳脏腑部，分述诊法、治法、调摄等内容；卷十至二十九为脏腑有关病症证治，其中包括内科杂病，兼外科、五官科等病症；卷三十至三十三为伤寒部，兼述瘟病、暑病等；卷三十四至三十九为妇、儿科病症治；卷四十为运气部。论述每种病症均引证历代有关论述，汲取诸家之长，提倡同病异治。备有详细目录便于检索，文献资料丰富，选论、治方较有法度，为后世医家所尊崇。

医学馆 学校名。清光绪二十九年(1903)在北京设立。学制原定三年，三十二年，学部要求照新章中学五年毕业办理，延长学制二年。旋用御史徐定超议，改为京师专门医学堂，中西医学分科肄习，培养新式医学人才。

医学入门 书名。明李梴编撰。九卷。成书于万历三年(1575)。为初学医者而撰，易学且实用。以《医经小学》为蓝本，充实以各家医书之内容，用歌赋形式为正文，以注释补充并阐述。内容包括医学略论、医学传略、经络、诊法、针灸、本草、各科病症、用药及急救方等，每类均有所宗。其中医家传略载明以前著名医者二百一十五人，颇具医史价值。在诊法上重视脉诊与望诊，并主张初学者必先学会问诊。作者对医者的学习及医德修养要求颇高，认为学医者必须有扎实的理论基础和广泛的专科知识，而且要热爱自己的职业。该书简明易懂，流传较广，有多种刊本，除流行于国内外，亦传入日本、朝鲜、越南等国。

医学三字经 书名。清陈修园辑。四卷。刊行于嘉庆九年(1804)。卷首用三字诀的形式归纳诸症，其目的"欲其便诵也、识途也"，为初学者所用。卷首先述医学源流，即中医学术发展简史；卷二列病症三十三例，均有注文；卷三、四记述临床常用诸方。症论是以时法列于前，仲景之法列于后，多依据《内经》、《难经》、《伤寒论》、《金匮要略》等典籍，由浅入深，阐其之意。刊行后即风行海内，成为当时习医启蒙入门书之一。该书自刊行后翻印数十次之多，今有排印本，并有注释本如《医学三字经简释》、《医学三字经浅说》。

医学善会 清末医界团体。光绪二十三年

(1897)筹组于上海,龙泽厚、吴仲弢等发起,认为"保民必自医学始",故开会以通海内海外之见闻,刊医报以甄中法西法之美善,立医学堂选高才之士,以究其精微,设医院循博施之义以济贫乏,如此大可"救种族之式微",小则"立开医术之新派"。

医学世界　杂志名。清光绪三十四年(1908)六月在上海创刊。月刊。中国新医院主办,汪锡予主编。停刊时间不详。

医学心悟　书名。清程国彭著。共五卷。成书于雍正十年(1732)。在总论中主要论述八纲辨证、八法治病、保健预防的法则,其后辨析《伤寒论》六经证治、内科、外科、妇产、五官等科的常见病证。在医理、治法上有所创见与发挥,"寒热虚实表里阴阳"系程氏诊病之"八纲";"汗、吐、下、和、温、清、补、消"为程氏治则之"八法"。各科临证介绍常见病一百余种,均分别记述病原、病状、诊断和治法,下附主治方剂一、二。选方大多为程氏"苦心揣摩所得,效者极多"。此书提纲条理清晰,文字简要生动,在医学门径书中影响较大,流传甚广,现存二十多种版本。人民卫生出版社曾出版影印本和排印本,且多数版本中均附有程氏《外科十法》。

医学研究会　清宣统二年(1910)由翰林院侍读学士恽毓鼎在北京创设。宗旨为"使业医之人于诊察余暇研究学术,使理论与实验二者并进"。后经学部立案时改为学校性质,先肄习普通学五年,再习专门医学,以充医生之选。

医学正传　书名。明虞抟撰。八卷。成书于正德十年(1515)。以《内经》、《难经》为依据,吸收各家学说,参以已见,论述内、外、妇、儿科病症近百种,以论、脉、法、案进行介绍,共载一千余方。治疗上首推朱丹溪,再结合诸家及个人见解,内容丰富,切于实用。现存明刊本及日本十七世纪刻本近十种。

医药惠民局　即"惠民局"。

医药学报　杂志名。留日学生"中国医药学会"主办。清光绪三十三年(1907)春在日本千叶创刊。月刊。以"鼓吹新学,改良旧习"为主旨。专刊医学、药学理论、方法、政策、历史、新闻和卫生常识。分设论文、学说、杂录、通俗讲话等栏目。

医愈郎　阶官名。金太医二十五阶中最末阶,秩从九品下。元沿置。

医正　官名。隋大业三年(607)始置,为太常寺太医署属官,十人。唐代沿置,改八人,从九品下,与医监、医师、医工掌医疗疾病,并以其治愈之数为考课。宋崇宁二年(1103)置于殿中省尚药局,以医官副使充任。后随尚药局并罢。金于东京、上京、北京、河东东西路、山东东西路、大名、咸平、临潢、陕西统军司、西南路招讨司、西北路招讨司、婆速路、曷懒、速频、蒲马、胡里改、隆州、泰州、盖州等处医院各设一人,以掌医疗之事。明代又称良医正,于各王府长史司良医所分置,各一人,正八品,掌王府医务。

医正郎　阶官名。金太医二十五阶中第二十一阶,秩从八品下。元沿置。

医宗己任编　书名。清杨乘六辑,王汝谦补注。八卷。乘六,字以行,号云峰,浙江湖州人。成书于雍正三年(1725)。评述清代高鼓峰《四明心法》、《四明医案》,吕用晦《东庄医案》,董废翁《西塘感症》等三家四部医书。此三位医家学术见解均渊源赵献可、薛己之温补派,所论各有独到之处。杨氏评注,简洁中肯,有一定参考价值。

医宗金鉴　丛书名。清乾隆年间敕修,吴谦主编。九十卷。乾隆七年(1742)刊行。该书是对自《内经》至清代诸医书进行校订、删补、节录编辑而成。分为十五门,包括《订正仲景全书伤寒论注》、《订正金匮要略注》、《删补名医方论》、《四诊心法要诀》、《运气要诀》、《伤寒心法要诀》、《杂病心法要诀》、《妇科心法要诀》、《幼科杂病心法要诀》、《痘诊心法要诀》、《幼科种痘心法要旨》、《外科心法要诀》、《眼科心法要诀》、《刺灸心法要诀》、《正骨心法要旨》。涉及医学理论、诊断、各科证治、方剂、针灸、运气等各个方面,取材适当,条理清晰,文字通俗,并附插图,是一种较完备、简要的医学丛书,曾作为清代医学教科书使用。有乾隆七年武英殿刊本、光绪二年(1876)江西书局刊本、1954 年锦章书局铅印本。

医佐　官名。隋炀帝置,唐因之。为殿中省尚药局属官,置八人,正九品下。与司医分疗众疾。

依除　北宋太平兴国二年(977)规定以七十七钱为百(省陌),市井交易又扣去五钱,谓之依除。

依克唐阿(?—1899)　清末满洲镶黄旗人,扎拉里氏,字尧山。因参与镇压捻军,积"功"至佐领。在沙俄窥伺东北时,回防吉林。同治八年(1869)任墨尔根城副都统。十一年署黑龙江将军。十二年调补黑龙江副都统。光绪五年(1879)调任呼兰副都统,七年调珲春。十五年擢黑龙江将军。中日甲午战争爆发,率军赴朝作战。后驻守九连城、宽甸等地,因兵败被革职。二十年十二月,赴辽阳、海城抗敌。战后,曾条陈练兵队、筑炮台、造铁路、制枪械、开矿产、治团练六事。次年出任盛京将军。

依兰　满语。汉译依兰哈拉,三姓之意。古城名。今黑龙江依兰。为满族先世居地之一。唐属黑水都督府,辽属五国部,金属胡里改路,元为水达达路呼尔哈万户府,明属奴儿干都司建州卫、和屯卫。清康熙五十四年(1715),筑三姓城。雍正十年(1732)设三姓副都统驻防。光绪三十一年(1905)设依兰府。后改县。参见"三姓城"。

依兰府　清光绪三十一年(1905)以原三姓副都统辖地改置。治三姓城(满语称三姓为依兰喀喇,即今黑龙江依兰县)。领大通、汤原二县。1906 年又增领临江州。1909 年更增领方正、桦川、富锦等县。辖区相当于今黑龙江通河、方正县以东,鹤岗市及绥滨县以南,富锦市以西,勃利县及七台河市以北。1913 年废府为依兰县。

依里斯(Henry Ellis,1777—1855)　英国人。外交官。清嘉庆二十一年(1816)随阿美士德使华,充副使。著有《新近出使中国记事》(两卷,1817)。

依耐　西域国名。在今新疆叶城西南。其俗与*子合同,少谷,种田于疏勒、莎车。汉通西域后,七后归西域都护和西域长史管辖。三国时附于疏勒。南北朝时役属哌哒。唐时名"乌铩",为朱驹波所并。清称英噶萨尔。

依亲 明代学校制度。国子监监生学习一定期限后,可以父母俱在为名,请求回家肄业读书,并可复班。明后期,例监日多,凡纳粟、纳银者,俱照例放回。有未冠纳粟监生,自入监时计算,在乡长达十年,始允复班。

依山 亦称依山引。明代*灶课之一种。由依山而居,距海较远,而不直接从事食盐生产之灶户所折纳。

依山灶户 明代*灶户之一种。于福建等地依山而居,离海较远,不拥有制盐工具及设备。其*灶课往往折银上纳。

依乌 见"哀乌"。

猗顿 战国时人。以经营河东池盐起家,与王者等富。一说本为鲁之穷士,耕则常饥,桑则常寒,闻陶朱公富,往而问之。陶朱公教以赴西河畜牛羊于猗氏(今山西临猗南)之南,十年之间,遂成巨富。又相传他经营珠宝,以善于识别宝玉著称。

猗觉寮杂记 书名。宋朱翌撰。二卷。翌字仲新,舒州(今安徽安庆)人。政和进士。南渡后官中书舍人。上卷为诗话,皆考证典故而不作评论。下卷杂论文章史事。引证颇为详博。

猗氏 春秋晋地,战国属魏。在今山西临猗县南铁匠营村。有盐池。战国时,鲁国人猗顿在此以盐致富。西汉置县。

猗氏县 西汉置。治今山西临猗县南铁匠营村。西魏恭帝二年(555),改为桑泉县。北周明帝复为猗氏县。隋移治今临猗县。《宋史·郭忠孝传》:金兵南下,"忠孝独以蒲、解军三千至猗氏,遇金人,破之",即此。汉至北魏属河东郡,北周属汾阴郡,隋先后属蒲州、河东郡,唐至元属河中府,明属蒲州,清属蒲州府。1954年与临晋县合并为临猗县。

漪园 "漪"一作"猗"。明代江南名园。在上海市南翔镇,明嘉靖年间镇人闵士籍所建。由著名竹刻盆景艺术家朱三松设计。占地四十余亩。以戏鹅池为中心。建画舫、浮筠阁、竹枝山、小松岗、白鹤亭,外层又建微音阁、南厅、小云兜、鸢飞鱼跃轩等。清乾隆十一年(1746)归叶锦,改称古漪园。

噫嘻 《诗·周颂》篇名。诗中记述了西周耕作制度,特别是耦耕的情景。

yí

匜 古代注水器。盥洗时用以注水,常与盘配合成组。一般以青铜铸成,器形椭长略似瓢,前有流,后有鋬,下承三足或四足,亦有无足者,也有带盖者。盛行于西周中期至战国。

仪案 官署名。北宋崇宁三年(1104),开封府所属开封、祥符两县置。大观二年(1108),令天下诸县皆置。职掌仿礼部。宣和四年(1122)大宗正司亦置,掌行宗室朝参,主奉祠事,陈乞入道为尼,及太庙五飨三献奏告等行事差官,宗室听请量试赠官,南班差药院等事务。南宋临安府亦置,掌礼乐、祭祀、学校、贡举等事。

仪比 官制用语。汉制,指获准享有高于本职的仪制待遇。《汉书·张汤传》:"(张)放为侍中、中郎将,监平乐屯兵,置幕府,仪比将军。"

仪比三司 即仪同三司。指未任三公而享受相当于三公的礼仪待遇。《三国志·吕布传》:"(王)允以布为奋威将军,假节,仪比三司,进封温侯,共秉朝政。"

仪宾 官名。明代称以宗室郡主、县主、郡君、县君、乡君为妻者。给禄,不预政事。

仪部 官署名。明代礼部属部。洪武二十二年(1389)改原礼部总部而置。设郎中、员外郎、主事各一人。二十九年,改仪制清吏司。职掌同仪制清吏司。

仪曹 ❶官署名。(1)尚书省诸曹之一。三国魏始置,设郎(郎中),掌车服、羽仪、朝觐、郊庙、飨宴等吉凶礼制。西晋沿置。或说隶尚书右仆射。东晋南朝隶祠部尚书,若祠部尚书缺则隶尚书右仆射。北魏前期直属尚书省,设尚书为长官,置郎、令、长等官。孝文帝太和改制后复为郎曹,隶殿中尚书。北齐因之。隋初罢。大业三年(607)改礼部尚书所辖礼部司为仪曹,设郎二员,后减为一员,又设承务郎一员佐之。唐武德三年(620)改名礼部司。(2)宋代州府所属六曹之一。崇宁三年(1104)始置于开封府,设参军;大观二年(1108)诸州并置。❷官名。(1)国子祭酒属官。南朝齐建元四年(482)置,员二人。(2)礼部郎官的别称。

仪曹参军 官名。北宋崇宁三年(1104),开封府置。大观二年(1108)诸州府皆置。掌礼乐、学校、贡举等事务。正八品。

仪曹郎 官名。魏、晋、南朝、北齐为尚书省仪曹长官通称。亦称郎中。资深勤能者可转侍郎。魏、晋、宋六品,梁五班,陈四品、六百石,北齐六品上。北魏太和十七年(493)定郎中为五品上,郎从五品中;二十三年皆称郎中,六品,仍可通称为郎。隋初罢。大业三年(607)改礼部侍郎为仪曹郎,掌礼部仪曹司,从五品。唐武德三年(620)改名礼部郎中。辽亦有此官。据《辽史·杨佶传》,开泰六年(1017),杨佶转仪曹郎,典掌书命。

仪曹郎中 官名。西晋、南北朝与仪曹郎互称,为尚书省仪曹长官。参见"仪曹郎"。

仪曹令 官名。北魏置,协掌尚书省仪曹事务。隶仪曹尚书。《魏书·李韶传》:"除仪曹令,时修改车服及羽仪制度,皆令韶典焉。"

仪曹尚书 官名。北魏置,为尚书省仪曹长官。《魏书·游明根传》:"假安南将军、仪曹尚书。"太和十七年(493)定为二品中,二十三年改为三品。

仪曹侍郎 官名。两晋、南朝尚书省仪曹长官通称仪曹郎,亦称仪曹郎中,资深勤能者可转侍郎。参见"仪曹郎"。

仪狄 相传为夏禹之臣。始作酒,献禹,"禹饮而甘之,遂疏仪狄"(《战国策·魏策二》)。

仪凤 唐高宗年号(676—679)。凡四年。

仪凤司 官署名。元代置。属礼部。秩正四品,掌乐工、供奉、祭飨之事。元世祖中统元年(1260)立仙音院。至元八年(1271),改玉宸院,秩正四品。二十年改仪凤司,隶宣徽院。二十五年改隶礼部。大德十一年(1307),改升玉宸乐院,秩从二品。至大四年(1311),复改为凤司。秩正三品。延祐七年(1320),降为从三品。领以大使和副使。下辖掌乐工调音律之云和署、安和署及管领回回乐人的常和署、管理河西乐人的天乐署,以及掌管收藏乐器的广乐库等机构。

仪驾 清代皇后、皇太后和太皇太后出外所用车驾仪仗之通称。

仪礼 书名。简称《礼》,亦名《礼经》或《士礼》。儒家经典之一。周代部分礼制的汇编,十七篇。旧说系周公所作,经孔子整理。近人根据书中的丧葬制度,结合考古出土器物,认为成书于战国初期至中叶间。内容记载周人的各种礼节仪式,如冠礼、婚礼、士相见礼、乡饮酒礼、聘礼等,是研究西周社会情况、等级制度的重要资料。1959 年甘肃武威发现汉简《礼》多篇,可供校订今本《仪礼》之参考。注本有:东汉郑玄注、唐贾公彦疏《仪礼注疏》,清胡培翚《仪礼正义》等。

仪礼经传通解 书名。南宋朱熹、黄榦等撰。初名《仪礼集传集注》。今本凡三十七卷、续二十九卷,共六十六卷。朱熹"以《仪礼》为经",而将"《礼记》及诸经史杂书所载有及于礼者,皆以附于本经之下"(《乞修三礼札子》),兼采后儒注疏,加以解说,撰成《家礼》、《乡礼》、《学礼》、《邦国礼》各卷。丧、祭二礼,由其弟子黄榦续撰,《祭礼》尚未订定而殁,后又由杨复重修续成。是书以礼制言,古礼梗概节目较为完备,为研究古代礼制重要资料。

仪礼释宫 书名。宋李如圭撰。如圭,字宝之,庐陵(今江西吉安)人。一卷。考证周宫室之制、营国之制、太庙之制及士大夫宅制,重点考证建筑因其在群体建筑中所处位置的不同而冠以的不同名称,如宫、寝、堂、室、房、序等及建筑构件户、依、槛、坫等的做法,是研究考证古代建筑群平面布局的依据之一。有《聚珍版丛书》本、《墨海金壶》本、《守山阁丛书》本、经苑本,1937 年商务印书馆根据聚珍本收录于《丛书集成初编》。

仪礼图 书名。清张惠言著。六卷。卷一列宫室、衣服之图。卷二至卷六,按《仪礼》十七篇顺序,依次绘图说明,不能为图者,代之以表。又详考吉凶冠服之制。嘉庆十年(1805),阮元命董士锡据其手录本校写,刊刻行世。后收入《皇清经解续编》。

仪礼正义 书名。清胡培翚著。四十卷。作者以贾公彦《仪礼义疏》"解经"、"申注"舛误甚多,乃积四十余年而为此书。卒前尚缺《士昏礼》、《乡饮酒礼》、《乡射礼》、《燕礼》、《大射仪》五篇,后由门人杨大堉补成。博采诸家之说,对郑玄仪礼注予以补充、引申、订误,或附存异说。收入《皇清经解续编》。

仪鸾局 官署名。金置,属宣徽院。掌殿庭铺设、帐幕、香烛等事。设提点、使、副使、直长、收支都监、同监诸职,并设司吏二员。提点正五品,使从五品,副使从六品,各一员。直长正八品,四员。收支都监正九品,设于大定七年(1167),明昌二年(1191)增设一员,一员掌受铺陈诸物,一员掌万宁宫收支库。元世祖至元十一年(1274)亦设,隶大都留守司,秩正五品。置轮直怯薛大使四员,副使二员。辖烛剌赤、水手、针工、蜡烛四提领所。

仪鸾使 官名。五代后梁开平元年(907)改同和院使置。宋初沿置,多不领本职,仅为迁转之阶,属东班诸司使。咸平元年(998)定同六品,元丰改制降为正七品。政和二年(1112)改成全大夫。金代仪鸾局亦置,为职事官,从五品。掌殿庭铺设、帐幕、香烛等事。

仪鸾司 官署名。五代后梁始置,掌供应皇帝祭祀、朝会、巡幸、宴享及内廷所需幕帘、帷帐,以及其他陈设之物。设勾当官,以京朝官、诸司使副及内侍充任。宋初因之。元丰改制,并归卫尉寺。南宋沿置,改隶兵部。

仪銮司 官署名。明洪武三年(1370)置,隶亲军都尉府。四年定秩正五品,设大使一人,副使二人。掌卤簿仪仗,典校尉。十五年改置锦衣卫。

仪台 在今河南虞城县西南。战国宋地,后入魏。《史记·魏世家》:惠王六年(前 364),"伐取宋仪台"。裴骃集解引徐广曰:"一作义台。"

仪同 官名。(1)仪同三司的省称。南北朝使用广泛,授予人数甚多。(2)北周为仪同大将军、仪同将军省称,位开府大将军下。

仪同大将军 官名。北周建德四年(575)改仪同三司置。主要授予有军勋的功臣及北齐降官,无具体职掌,九命。初加使持节、大都督、车骑大将军、散骑常侍,大象元年(579)罢其制,惟总管、刺史及行兵者加持节。下设长史、司马、司录、中郎、掾、属、参军等府僚。隋开皇元年(581)罢。

仪同府 官署名。西魏、北周府兵开府府所辖军团一级机构。亦称仪同三司府。置主管将军车骑大将军、仪同三司,简称仪同将军;又设长史、司马、司录,皆六命;中郎、掾、属,皆四命;列曹参军,正三命;参军事。北周建德四年(575)改仪同三司为仪同大将军后,遂为仪同大将军府简称。隋代左右卫、左右武卫、左右武候、左右领军、东宫领府兵率府下皆置,置开府一人。又有长史、司马、录事及仓、兵曹参军、法曹行参军等属;大业三年(607)废。

仪同将军 见"仪同三司❷"。

仪同三师 即享受与太师、太傅、太保相等的礼仪待遇。北魏前废帝普泰元年(531)特置,居上公下,三公上,以授尔朱世隆。孝武帝太昌元年(532)又授清河王元亶。

仪同三司 ❶谓官非三公而仪制待遇同于三司(三公),为皇帝恩赐三公以下大臣的一种特殊荣宠。始于东汉。《后汉书·邓骘传》:"延平元年(106),拜骘车骑将军,仪同三司,始自骘也。"魏晋时,授予开府位从三公之文武官。南北朝时授予范围不断扩大,逐渐成为官号。北魏太和十七年(493)定为一品下,二十三年以后改从一品,位开府上。北齐二品,位三公下。❷官名。西魏、北周府兵二十四开府府所统仪同府主管将军,军号为车骑大将军、仪同三司,简称仪同将军。北周建德四年(575)改为仪同大将军。隋初沿用,仍称车骑将军、仪同三司,勋级虽司,但已有领兵不领兵之分。❸勋官、散官号。北周为九命。隋为十一等之第八等,正五品上;大业三年(607)罢。唐初杂用隋制,武德七年(624)改为骑都尉,从五品上。金置为文散官四十二阶之第二阶,从一品中,位开府仪同三司下,特进上。元沿置,正一品,宣授。

仪卫副 见“仪卫司”。

仪卫司 官署名。元至正十三年(1253)设,专掌皇太子扈卫,隶詹事院。秩从四品。设指挥二员,副指挥二员,知事一员。明洪武三年(1370)于诸王府置,掌王府侍卫仪仗。设仪卫正、副各一人,司仗六人。四年,改司仗为典仗。后定为仪卫正一人,正五品;仪卫副二人,从五品;典仗六人,正六品。建文中改称仪仗司,增置吏目一人。成祖初,复旧制。

仪卫正 见“仪卫司”。

仪象 古代天文仪器的总称,“仪”指观测仪器,此处特指测定天体球面坐标的仪器,如浑仪、立运仪等;“象”则指表演天体在天球面上的视运动等现象的仪器,如浑象。中国古代记录天文仪器的书籍,亦往往以仪象命名,如北宋苏颂主持建造的水运仪象台,实质是浑天仪、浑象、漏壶和水力转动的机械装置的组合,因而记载其原理及使用方法的书,称《新仪象法要》。元郭守敬研制的天文仪器,载于《仪象法式》二卷中。清南怀仁将北京观象台仪器的结构及用法,撰成《灵台仪象志》等。元至元四年(1267),札马鲁丁至大都,携带之阿拉伯天文仪器,在《元史》中,统称西域仪象。

仪象考成 书名。清钦天监西洋监正戴进贤主编,有二十六人参加编算工作。三十二卷。乾隆九年(1744)至十七年编成。书首有《仪说》上下卷,介绍乾隆十九年制成的玑衡抚辰仪。后三十卷为星表,列有三百个星座、三千零八十三颗星的黄、赤道坐标值,以及它们的赤道岁差和星等。参用了英国弗兰斯提德(J. Flamsteed,1646—1719)星表。道光年间对此星表进行了复测修订,于道光二十四年(1844)编成《仪象考成续编》三十二卷。由钦天监监正、协理国子监算学事务周余庆主编,有三十八人参加测算和编写。新增星一百六十三颗,减去未观测到的六颗星,共收录三千二百四十颗星。是中国人独立考测、编算的第一部星表。

仪仗 一般指用于仪卫的武器、旗帜、伞、扇等。《晋书·五行志上》:“王敦在武昌,铃下仪仗生华如莲华,五六日而萎落。”《三国演义》第八回:“(董卓)自此更加骄横,自号为‘尚父’,出入僭天子仪仗。”清代则作为皇贵妃、贵妃和皇太子出外所用车驾仪仗之通称。属仪仗中的一个等级,以区别于皇帝所用的“大驾卤簿”,皇后用的“仪驾”,妃、嫔用的“彩仗”。康熙五十二年(1713)后清廷不复建储,故虽定皇太子仪仗,但如同虚设。

仪仗军 元军种之一。专为皇帝出行时担任内外仪仗、清道开路的军兵。一般从宿卫诸军中临时抽调军马组成。

仪仗使 官名。宋代大礼五使之一。以御史中丞、枢密直学士、知制诰、参知政事或翰林学士充任,掌皇帝亲行祭祀及举行大礼之有关仪仗事宜。

仪仗司 见“仪卫司”。

仪真县 明洪武二年(1369),改扬子县为仪真县。治今江苏仪征市。属扬州府。清雍正元年(1723),复改仪征县。

仪制令 唐时关于贵族官僚公私生活礼节的法令。如臣子对皇帝的各种尊称、朝参、表贺规定,对日蚀、月蚀、祥瑞事物出现时的措施,文武官按品级高下陈设,建立不同数目的门戟和家祠,乘不同式样的车,低级见高级官吏致拜以及行路时贱避贵、少避老、轻避重、去避来的规定等。令文散见于《唐六典》、《开元礼》、《通典》、《唐会要》诸书。日本养老时代(717—723)的《仪制令》亦可参考。

仪制清吏司 官署名。简称仪制司。明清礼部四司之一。明洪武二十九年(1396)改仪部置。掌诸礼文、宗封、贡举、学校之事。设郎中一人,员外郎一人,主事三人。洪熙元年(1425)南京礼部亦置,设官略同。清顺治元年(1644)沿置,设郎中三人,满洲二人,汉一人;员外郎四人,满洲三人,汉一人;主事二人,满、汉各一人;以及笔帖式、经承等员。所属有建言科、王府科、印信科、学政科、火房等机构,办理本司事务。光绪三十二年(1906),以鸿胪寺及主客司并入。宣统元年(1909)为避帝讳改称典制清吏司。三年,改隶典礼院。

仪制司 即“仪制清吏司”。

圯桥 在今江苏睢宁县北古下邳城东南小沂水上。《汉书·张良传》:“良尝闲从容步游下邳圯上,有一老父,衣褐,至良所,直堕其履圯下。”颜师古注引服虔曰:“楚人谓桥曰圯”,即此。唐时已有圯桥之称。李白《经下邳圯桥怀张子房》诗:“我来圯桥上,怀古钦英风。”今已毁废。

圯上老父 即黄石公。史失其姓名。传说张良刺秦始皇失败亡匿下邳时,遇老父于圯(桥)上,授良以《太公兵法》,并自称为济北谷城山下黄石。良从刘邦起兵反秦后,遂以《太公兵法》佐刘邦夺取天下。后代流传有兵书《黄石公三略》三卷。

夷 ❶古国名。妘姓。在今山东即墨市西。《左传》隐公元年(前722):“纪人伐夷”,即此。❷古代对东方民族的称呼。❸又名城父。古邑名。春秋陈邑。在今安徽亳州市东南城父集。《左传》僖公二十三年(前637):楚伐陈,“取焦、夷,城顿而还”。曾为许都。《左传》昭公九年(前533):“楚公子弃疾迁许于夷,实城父。”西汉置城父县。

夷白集 见“夷白斋稿”。

夷白斋稿 书名。元陈基撰。三十五卷,外集一卷。戴良编。基寓舍有夷白斋，故以名其稿。卷一为赋、乐府，卷二至十一为诗，卷十二以后为文，大抵皆元世所作。有明初抄本。另有明弘治八年(1495)张习刻本，十二卷，题为《夷白集》，所收诗文有出于抄本之外。《四部丛刊三编》本多补遗一卷，即补弘治本。

夷播海 古湖名。即今哈萨克斯坦巴尔喀什湖。《新唐书·地理志》:“又西行千里至碎叶城，水皆北流入碛及入夷播海。”

夷舶 即“蕃舶”。

夷舶入寇记 书名。清魏源撰。二卷。抄本，未题署作者姓名。其内容和《圣武记·道光洋艘征抚记》略有出入，似为后者的早期传抄本之一。参见“道光洋艘征抚记”。

夷道县 西汉武帝置。因用兵西南夷，路由此出，故名。治今湖北枝城市西。属南郡。东汉建安中为临江郡治。三国吴为宜都郡治。西晋改属宜都郡。东晋太和中改为西道县，旋复改夷道县。南朝为宜都郡治。隋属夷陵郡。唐贞观七年(633)废入宜都县。

夷地 清代民田之一种。系云南少数民族所有之田地。每亩科粮一升。

夷方 商周时对周围诸族的通称。如夷人、四方之夷、九夷等。夷字在甲骨、金文中写作尸。夷方即尸方。

夷氛闻记 书名。清梁廷枏撰。五卷。成书于咸丰初年。原刻本未署作者名，流传极稀。记述中英通商关系之由来、鸦片走私贸易、禁烟运动、鸦片战争之经过、三元里抗英斗争及反入城斗争等事颇详；对林则徐、邓廷桢等抗英业绩颇赞扬。主张了解世界大势，改革军事以御外侮。是书起于道光初年禁烟运动，讫于道光二十九年(1849)广州人民反入城斗争。除卷四外，皆记粤事，所述多得之目击，叙述简赅有法，翔实可信。

夷鼓 鼓又作彭。相传为黄帝次妃彤鱼氏女所生(《汉书·古今人表》)。黄帝有子二十五人，只有青阳、夷鼓同为已姓。或说夷鼓即苍林(《史记·五帝本纪》司马贞索隐引皇甫谧说)。

夷汉部曲 指汉以来在边郡屯戍编入部、曲、屯军事组织的夷、汉士卒。其来源，初为中原地区汉人；至蜀汉建兴三年(225)，丞相诸葛亮定南中(今四川大渡河以南和云南、贵州二省)，鼓励南中豪族出金帛财物招徕当地少数民族，成为长期依附的驻屯户。

夷户 清代云贵之云龙、腾越(今云南腾冲)、顺宁(今云南凤庆)、普洱等地方所属之少数民族人家，编为夷户，著民籍。

夷患备尝记 即“十三日备尝记”。

夷坚志 书名。南宋洪迈撰。取《列子·汤问》“夷坚闻(怪异)而志之”语以名书。原有四百二十卷，分为初志、支志、三志、四志，每志又分十集，以天干为序。已残阙。今传本以涵芬楼排印的二百零六卷本搜辑较备。内容多为神怪故事和异闻杂录，也记载了一些当时的市民生活。其中有些录自六朝以来的志怪小说和《太平广记》等书。收录丰富，颇为宋以后的戏曲、小说所取资。

夷经 书名。蜀汉以前彝族先民自相记述之书。晋常璩《华阳国志·南中志》云：南中夷人，大种曰昆，小种曰叟，俗尚鬼教，多禁忌。主教者号曰耆老(巫师)，诵“夷经”，以其言议屈服种人；久居夷地之南人(汉族移民)言论，“虽学者亦半引夷经”。惟其内容不可详知。又相传唐南宁州彝族首领纳垢后阿町所撰彝文经典《踸书》，亦称《夷经》。

夷离毕 官名。始设于辽太祖神册五年(920)，以康默记为皇都夷离毕。后设夷离毕院，为北面朝官，掌刑狱。

夷离毕院 官署名。辽北面官，掌刑狱听讼等事。神册五年(920)始设皇都夷离毕。后置为院，设夷离毕、郎君、敞史、选底等职。

夷离堇 官名。(1)又译移里堇。源于突厥语。契丹各部统兵官。始见于遥辇时期(730—906)。一度为实际执政官，均由本部望族中世选。耶律阿保机即位前，曾为迭剌部夷离堇。辽建国后，契丹各部夷离堇仍由朝廷从本部望族中选授。其后，迭剌、乙室、奚以外各部夷离堇改称令稳。太祖天赞元年(922)，分迭剌部为北院、南院两部，各设夷离堇一人。太宗会同元年(938)，升北院、南院、乙室三部夷离堇为大王。圣宗统和十四年(996)，改诸部令稳为节度使。道宗时，复有夷离堇之称。从属辽的女真、阻卜等部亦置，统领本部兵马。(2)辽石烈(相当于县)及弥里(相当于乡)长官，后者又称“辛衮”、“弥里马特本”。(3)金置为移里堇司长官，掌边境部落及部族村寨事。一人，从八品，下设司吏、挞马、习尼昆等员。

夷陵 古邑名。战国楚地。在今湖北宜昌市东南。《战国策·秦策四》：顷襄王二十一年(前278)，白起“拔(楚)鄢、郢、夷陵”，即此。秦置夷陵县。

夷陵郡 隋大业三年(607)改峡州置。治夷陵县(今宜昌市西北)。辖境相当今湖北宜昌、枝城、远安等市、县地。唐武德初改为峡州，天宝初又改夷陵郡。乾元元年(758)复改峡州。

夷陵县 西汉置。治今湖北宜昌市东南。为南郡都尉治。东汉建安中改属宜都郡。三国吴黄武元年(222)改为西陵县。西晋太康元年(280)又改夷陵县。南朝齐移治今宜昌县西北。唐移治今宜昌市。南宋迁治不常，元还治今宜昌市。明洪武九年(1376)废入夷陵州。南北朝至元迭为宜州、拓州、峡州、峡州路治。

夷陵之战 又称猇亭之战。东汉建安二十四年(219)，蜀前将军关羽为吴所击杀，遂失荆州。蜀章武元年(221)，刘备将攻吴，群臣谏者甚众，皆不听。七月，亲率诸军击孙权。遣将军吴班攻破吴将李异等军于巫(今重庆巫山东)，进兵秭归(今湖北宜昌)。吴以镇西将军陆逊为大都督，督将军朱然等五万人拒之。次年，备自秭归进击，军于夷道猇亭(今湖北枝城北)，又使侍中马良煽动武陵五溪诸蛮叛吴。蜀军自巫峡连营至夷陵(今湖北宜昌东南),立数十屯。两军相拒月余,蜀军兵疲意沮,逊用火攻之,蜀军大败,死者万数。备夜遁,仅得入白帝城(今重庆奉节东北),军资尽丧。次年,病死于城中永安宫。

夷陵州 明洪武九年(1376)改峡州置。治今湖北宜昌市。属荆州府。辖境相当今湖北宜昌、远安、长阳、枝城等市、县地。清雍正十三年(1735)升为宜昌府。

夷矛 周代铜矛之一种。车战五兵之一。《考工记》曰,其柄长二丈四尺。为兵器之长者,用于车战。

夷门 ❶战国魏都大梁城东门。因在夷山之上得名。在今河南开封市城内东北隅。《史记·魏公子列传》:魏隐士侯嬴"为大梁夷门监"。太史公曰:"夷门者,城之东门也。"❷开封的别称。因夷门为战国魏大梁城东门得名。《旧五代史·食货志》:"梁祖之开国也,……以夷门一镇,外严烽候,内辟汙莱,厉以耕桑,薄以租赋,士虽苦战,民则乐输,二纪之间,俄成霸业。"

夷末 即"余眜"。

夷男 即"真珠毗伽可汗"。

夷卡 清政府拘凉山彝族头人"坐质当差"的处所。西昌、会理、越西、冕宁、雷波、马边、峨边等县城均有设置。参见"换班坐质制"。

夷圈 即"贸易圈"。

夷三族 亦称族、族诛,因一人犯罪而诛灭其三族的刑罚制度。秦文公二十年(前746),秦法初有三族之诛。至商鞅变法时定为常法,"造参(三)夷之诛"(《汉书·刑法志》)。所谓三族,一说为父母、兄弟、妻子;一说为父族、母族、妻族。

夷使档 档案名称。清代军机处档册之一。汇抄有关清代藩属各国来使及其接待经过等情形。均为满文,但有汉文目录。

夷水 ❶即今湖北西部长江支流清江及其上游小河。《后汉书·南蛮传》:廪君"乃乘土船,从夷水至盐阳"。❷即今湖北中部汉水支流蛮河,《水经·沔水注》:"夷水,蛮水也,桓温父名夷,改曰蛮水。"

夷蒐之法 春秋时晋国赵盾制定的法。晋襄公七年(前621),蒐于夷(今地不详),恢复三军,以赵盾为中军之帅,赵盾"于是乎始为国政,制事典,正法罪,辟狱刑,董逋逃,由质要,治旧夺,本秩礼,续常职,出滞淹,既成,以授大傅阳子与大师贾佗,使行诸晋国,以为常法"(《左传·文公六年》)。至晋顷公十三年(前513)铸刑鼎,所颁布的范宣子所作刑书即本于此,参见"范宣子刑书"。

夷维 古邑名。在今山东高密市。《史记·管晏列传》:"晏平仲婴者,莱之夷维人也。"《战国策·赵策三》:"齐闵王将之鲁,夷维子执策而从。"西汉置夷安县。

夷吾 即"晋惠公"。

夷夏论 篇名。南朝宋吴郡道士顾欢著。时佛道二教之争日炽,学者互相非毁,顾欢乃作是篇以黜佛。论中谓孔、老同为圣人,斥佛徒"剪发旷衣"、"狐蹲狗踞"、"下弃妻孥,上绝宗祀"。又云:"欢虽同二法,而意党道教。"道教一辞始见于此文。后司徒袁粲托为道人通公与明僧绍等均有驳议,使佛道之争更趋激烈。

夷仪 古地名。在今山东聊城市西南。一说在今河北邢台市西。《春秋》僖公元年(前659):狄侵邢,齐桓公帅诸侯之师救邢,"邢迁于夷仪";《左传》襄公二十四年(前549):晋及诸侯"会于夷仪,将以伐齐";定公九年(前501):"齐侯伐晋夷仪";皆即此。《续汉书·郡国志》东郡聊城县有夷仪聚。

夷羿 即"有穷后羿"。

夷州 唐武德四年(621)置,治宁夷(今贵州德江西南)。贞观元年(627)废。四年复置,治都上(今贵州思南西),十一年移治绥阳(今贵州凤冈)。天宝元年(742)改为义泉郡,辖境约今贵州绥阳、凤冈、湄潭等地。乾元元年(758)复旧称。

夷洲 东汉、三国时称今台湾为夷洲。《后汉书·东夷传》有"夷洲"。《三国志·吴志·孙权传》:将军卫温、诸葛直浮海求夷洲及亶洲,"但得夷洲数千人还"。隋时改称"流求"。

夷子 战国时人,名之。系墨者,与孟子同时。孟子攻其厚葬其亲,与墨家治丧之道不合。他则以为"爱无差等,施由亲始",不背墨家之道。

夷宗 戮杀罪人同宗族的人。《资治通鉴·周安王二十一年》:"楚悼王薨。贵戚大臣作乱,攻吴起;起走之王尸而伏之。击起之徒因射刺起,并中王尸。既葬,肃王即位,使令尹尽诛为乱者;坐起夷宗者七十余家。"胡三省注:"夷,杀也;夷宗者,杀其同宗也。"

貤封 清代官员封典之制。凡官员以本身受封之爵位名号,呈请移授亲族尊长,谓之貤封。人已死者,称貤赠。若貤封,必须据情呈请咨部。由部查核汇题,得旨,则其本身及妻之封可移封他人。凡貤封,不得逾制:八、九品官貤封父母,四至七品官貤封祖父母,一、二、三品官貤封曾祖父母。其本宗惟伯叔祖父母、伯叔父母、兄嫂及庶母,准其貤封。外姻惟外祖父母准其貤封。此外皆不得貤封。为他人后嗣者,其所后祖父母、父母已封赠者,准貤封本生父母、祖父母。

沂 春秋楚邑。在今湖北鄂州市东。《左传》宣公十一年(前598):楚"令尹𫇭艾猎城沂";定公五年(前505):楚"大败夫概王于沂",皆即此。《春秋地名考略》谓在今河南正阳县南,故江国地。

沂海 唐方镇名。元和十四年(819)置沂海观察使,又称兖海观察使,治沂州(治今山东临沂市),领沂、海、兖、密四州。次年升为节度使。徙治兖州(治今山东兖州市)。咸通中曾领有徐州。乾符三年(876,一作乾宁四年,897)号泰宁军节度使。五代周广顺二年(952)废。

沂南画像石墓 东汉晚期画像石墓。在今山东沂南县城西4公里北寨村,俗称将军冢。1954年发掘。墓室用石材筑成,宽7.55米,长8.70米,体积326.34立方米。分前、中、后三主室,附东三侧室,西两侧室,合计八室。用石料二百八十块砌成,其中画像石四十二块,画像七十三幅,画面总面积442.27平方米。画像主要内容有攻战、祭祀、出行、丰收宴享、乐舞百戏、神话人物、奇禽异兽、仙草嘉禾等,表现出墓主人生前之奢华及死后葬丧仪式之隆重。是研究当时政治、经济、思想、文化之重要资料。墓室建筑气魄雄伟,结构谨严。画像采用多种雕刻技法,以凸面线刻为最多,刀法圆熟、细腻,图像真切、清晰,为雕塑、绘画艺术史中珍品。墓葬年代,一说东汉末灵帝、献帝之际;一说魏晋时期。

沂王 金代封爵。次国一字王号。完颜晕、完颜瓒等先后受封。

沂州 北周宣政元年(578)改北徐州置。以州城东临沂水得名。治即丘县(今山东临沂市西)。隋大业初改为琅玡郡。移治临沂县(今市)。唐复改沂州。属河南道。辖境相当今山东临沂、郯城、临沭、枣庄、费县、蒙阴、新泰、沂水、沂南、苍山、沂源、平邑等市、县地。宋属京东东路。金属山东东路。辖境缩小,有今临沂、临沭、郯城、苍山、费县、平邑等市、县地。元属益都路。明属兖州府。省临沂县入州。清雍正二年(1724)升为直隶州。属山东省。十二年又升为沂州府。北宋庆历三年(1043)王伦起义于此。金末为刘二祖领导的红袄军根据地。

沂州府 清雍正十二年(1734),升沂州直隶州为沂州府。治兰山县(今临沂市)。辖境相当今山东临沂地区。清末义和团兴起前后,府民曾不断掀起反对洋教的斗争。1913年废。

沶口 在今湖北宜城市西沶水入蛮河(古鄢水)之口。《资治通鉴》:西晋永嘉四年(310),刘曜、石勒等攻洛阳,"荆州刺史王澄自将,欲援京师,至沶口",即此。

怡峰(500—549) 北朝时辽西(今河北迁安东北)人,本姓默台,字景阜。北魏永安三年(530),随贺拔岳破万俟丑奴,拜明威将军。永熙三年(534),岳被侯莫陈悦所杀,与都督赵贵同谋翊戴夏州刺史宇文泰,进爵为伯。后受泰命与赵贵率轻骑赴洛阳入卫魏孝武帝。西魏大统三年(537),从宇文泰擒东魏窦泰,复弘农(今河南灵宝北)、战沙苑(今陕西大荔南),进爵乐陵郡公。寻与大都督独孤信复洛阳、率奇兵入成皋(今河南荥阳汜水镇)。河桥之战失利,诏原其罪,拜夏州刺史。十五年,与赵贵赴援颍川(今河南长葛南),至南阳(今属河南)疾卒。

怡和纺织厂 外商企业。英国怡和洋行在清光绪二十一年(1895)创办于上海,额定资本一百万两,有纱锭四万枚。二十三年建成开工。1921年合并公益纱厂和杨树浦纱厂,组成怡和纺织公司。名为英商,但华股所占比例甚大。

怡和丝厂 外商企业。清光绪八年(1882)英商怡和洋行创办于上海。始有缫丝机二百台。到十九世纪末资本达五十万两,缫丝机增至五百台,工人一千一百余名。

怡和丝头厂 外商企业。清光绪十四年(1888)由英商怡和洋行创办于上海。主要从事清理废丝,以辅助怡和丝厂。

怡和洋行 ❶清代广州十三行之一。乾隆年间南海商人伍国莹创办,由其子亚浩主持,子孙世代相传。嘉庆七年(1802)在十三行中居第三,后由当局指定为总商。所出口的茶叶,驰名世界各地。相传资产总值最多时在二千六百万银元以上。鸦片战争后因十三行对外贸易特权取消,业务随之衰落,乃附股于美商旗昌洋行。❷亦名渣甸洋行(Jardine, Matheson & Co., Ltd.)。外资商行,为英国在华进行经济侵略的重要机构。清乾隆四十七年(1782)设于广州。初为散商,经营中、印、英间零星贸易。经营人及牌号屡有变更。道光十二年(1832)行东威廉·查顿(William Jardine)与詹姆士·孖(马)地臣(James Matheson)合组查顿·孖地臣公司,后称怡和洋行。该行拥有走私飞剪快船多艘,是当时最大的鸦片走私商。十九年林则徐在广东禁烟,查顿逃回英国,参与策动鸦片战争。战后总管理处移香港。二十三年在上海设行,并陆续在汕头、福州、广州、天津、青岛、汉口、重庆等近二十个城市中设分支机构。除继续经营鸦片走私、丝茶出口贸易和垄断沿海航运及对外贸易外,还相继在上海、香港等地经营航运、造船、码头、仓库、铁路、公用、缫丝、地产、空运等业务。该行又贷款给清政府,投资于英商汇丰银行。二十四年与汇丰合组"中英银公司",贷款给沪宁、广九铁路,包揽其材料和工程。该行历史久、规模大,被殖民主义者称为"洋行大王"。

怡良(1791—1863) 清满洲正红旗人,瓜尔佳氏,字悦亭。道光八年(1828)为广东高州知府,十一年调广西南宁。十八年擢广东巡抚,协助林则徐、邓廷桢查禁鸦片。二十一年正月上疏揭参琦善私订《穿鼻草约》,割让香港。后兼署两广总督。英军攻陷虎门,奉命会同参赞大臣杨芳进剿,合疏请许英属印度商船贸易,被夺职留任。是年秋,授钦差大臣、会办福建军务,二十二年二月署闽浙总督,寻实授。《南京条约》签订后,命筹办通商,兼署福州将军。总兵达洪阿、道员姚莹在台湾抗英有功,反被英人诬控为妄杀冒功,他奉命查办,竟不为之昭雪。咸丰三年(1853)授两江总督,协助江苏巡抚吉尔杭阿镇压上海小刀会起义,进攻太平军。七年以病辞职归乡。

宜 西周初封国。姬姓。其地主要有二说:一说因其遗物《宜侯夨簋》1954年出土于江苏丹徒县(今市)烟墩山,故以为宜由虞改封,虞即吴宜可能就在今丹徒或其附近地区。一说以为周初淮河流域为戎夷所居,周不可能在丹徒一带建封国。丹徒出土铜器系后人带去。据铭文,王先省览武王、成王伐商图与东国图,而后到宜主持改封夨于宜典礼,故宜必在东国交通大道上。战国宜阳位于其地,又去郑(今陕西华县东)与虞(今山西平陆县北)不远,宜应在今河南宜阳县西。

宜安 战国赵邑,后入秦。在今河北藁城市西南。《史记·秦始皇本纪》:秦王政十四年(前233),"攻赵军于平阳,取宜安",即其地。

宜差 南宋安抚使多奉诏便宜行事,未得皇帝命令而便宜委派官吏称宜差。

宜昌府 清雍正十三年(1735)升夷陵州置。治东湖县(今宜昌市)。属湖北省。辖境相当今湖北宜昌、长阳、五峰、鹤峰、巴东、秭归、兴山等市、县地。光绪三十年(1904)南部辖境减缩。1912年废。

宜昌教案 清光绪十七年(1891)八月,湖北宜昌法国天主教圣母堂收买吴有明拐带的游姓小孩一名,游姓家属到堂寻找,隔壁美国圣公会传教士向群集的民众开枪,击伤一人。数千群众焚毁美国圣公会、法国圣母堂、天主堂以及英人住宅,毁损英国领事馆,并打伤法、意、比传教士四人。事发后,英、法、美、意、比、德、俄、日、西班牙九国公使联合向清政府抗议,各国军舰开至汉口、宜昌江面恫吓。湖广总督张之洞认为若"各国合开兵端,大局何堪设想",遂令宜昌地方官"悬赏缉凶",最后以判处民众十二人充军或笞杖,赔款十七万五千七百余两结案。

宜城县 西汉惠帝三年(前192)改鄢县置。治今湖北宜城市南。属南郡。东汉建安中改属襄阳郡。南朝宋废。唐天宝元年(742)改率道县复置,即今市。属襄州。北宋末属襄阳府。元属襄阳路。明、清属襄阳府。

宜春下苑 在今陕西西安市东南。秦时创立。《汉书·元帝纪》:初元二年(前47)罢宜春下苑。颜师古注:"今京城东南隅曲池是。"唐代帝王常来此游幸。

宜春县 西汉高帝六年(前201)置。因县侧有暖泉,莹媚如春,故名。治今江西宜春市。属豫章郡。武帝元光六年(前129)封长沙王子成为侯于此。元鼎五年(前112)国除为县。西晋太康元年(280)以避张皇后春华讳改为宜阳县。隋开皇十一年(591)移治今宜春市东,十七年复名宜春县。唐武德四年(621)仍还旧治。自隋至清先后为袁州、宜春郡、袁州路、袁州府治。1979年析县城区置市,市、县同驻宜春镇。1985年县撤销并入市。

宜都县 南朝陈置。治今湖北宜都市,为宜都郡治。隋开皇七年(587)为松州治,十一年改名宜昌。唐武德二年(619),复名宜都,为江州治。贞观八年(634)后县属硖州。元属硖州路,明属夷陵州。清雍正十三年(1735)改属荆州府。1912年后属湖北省。1987年改设枝城市。

宜禾都尉 官名。西汉敦煌郡部都尉有宜禾都尉,治昆仑障。东汉亦置,主伊吾庐屯田。章帝建初二年(77)罢。魏、晋亦置,主宜禾(今甘肃安西)一带军务,七品。

宜侯夨簋 西周康王时的青铜器。1954年于江苏丹徒县(今市)烟墩山出土,通高15.7厘米,口径22.5厘米,腹深10.5厘米。四耳,高圈足。腹部饰涡纹间夔纹,圈足饰夔纹。内底有铭文,现存一百十八字,大意是:周王把虞侯夨改封于宜为宜侯,赏赐其鬯酒、璋瓒、弓矢等物和土地、人口。宜侯夨感激王的赏赐而作此器以纪念。该器铭为研究周初分封、土地和等级关系提供实物资料。

宜臼 即"周平王"。

宜梁县 西汉置。治今内蒙古乌拉特前旗东南、黄河北岸。属五原郡。东汉末废。

宜禄县 ❶西汉置。治今河南郸城县东南。东汉初废。永元中复置。两汉属汝南郡。魏、晋间废。❷唐贞观二年(628)置。治今陕西长武县。属豳州,开元十三年(725)属邠州。元至元十一年(1274)废。

宜伦县 南朝梁置义伦县,北宋太平兴国五年(980)改名。治今海南儋州市西北新州。历为儋州、南宁军治。明正统四年(1439)省入儋州。

宜绵(?—1812) 清满洲正白旗人,鄂济氏,原名尚安。初以生员考授兵部笔帖式,历陕西布政使、广东巡抚。曾参与平定四川土司叛乱及镇压苏四十三起义。乾隆六十年(1795)任陕甘总督。川楚陕白莲教起义爆发,命于西安办理粮饷。后率军入川,兼管四川总督事务,屡战皆失利。迨广州将军明亮革职,受命统其军。嘉庆四年(1799),以不亲临战阵降三等侍卫。后复究于任内军需冒滥,革职,遣戍伊犁。释回后擢大理寺卿。

宜秋 聚名。在今河南唐河县东南。《资治通鉴》:王莽地皇三年(22),刘缜被王莽将甄阜、梁丘赐败于小长安聚后,新市、平林见汉兵数败,各欲解去,缜"会下江兵五千余人至宜秋",说以合从之利。《续汉书·郡国志》南阳郡平氏县有宜秋聚。

宜人 命妇名号。北宋政和二年(1112)始置,封朝奉大夫以上官员之妻。元代用以封七品官员之妻。明清封五品官员之妻。

宜山县 唐贞观四年(630)置龙水县,北宋宣和初以境内有宜山改名。治今广西宜州市。历为宜州、庆远府、庆远南丹安抚司治。1949—1960年曾移治今市西北怀远。

宜申 即"子西❶"。

宜信君 战国时魏国封君。魏安釐王时受封。安釐王四年(前273),秦军将攻陷鄢陵,说客向田併建议,劝魏王离开大梁,退保单父。田併因此派他送说客到大梁面见魏王。见《战国纵横家书·二十六》。

宜阳县 ❶战国韩置。治今河南宜阳县西。《战国策·秦策二》:"宜阳,大县也",即此。秦属三川郡,汉属弘农郡。北魏曾为宜阳郡治。东魏为阳州治。北周平齐,此城遂废。❷汉宜春县,晋太康元年(280)以太后讳春,改名宜阳。治今江西宜春市。属安成郡。隋开皇十一年(591)迁县治于今宜春市东,属袁州。十八年,改名宜春。❸北周明帝二年(558)置。治今河南宜阳县西。为宜阳郡治。唐武德二年(619),改为福昌县。❹金初改寿安县置。治今河南宜阳县。属河南府。元属河南府路。明清属河南省。1947年分为宜北、宜南二县。1949年二县合并,仍称宜阳县。

宜阳栅 在今河南桐柏县西。《资治通鉴》:唐元和十二年(817),李愬讨吴元济,"自唐州徙屯宜阳栅",即此。

宜州 ❶南朝梁大宝初置。治夷陵(今宜昌县西北)。辖境相当今湖北宜昌、长阳、宜都等市、县地。西魏改名拓州。❷唐乾封中改粤州置。治龙水(今宜山县)。辖境相当今广西宜州市一带。属岭南道。北宋辖境西部扩大,有今宜州市西部及河池、环江等市县地。属广南西路。南宋咸淳元年(1265)升为庆远府。❸辽兴宗置。治宏政(今义县东北)。辖境约当今辽宁义县。金天德三年(1151)改义州。

贻谷(榖)(?—1926) 清末满洲镶黄旗人,乌雅氏,字蔼人。光绪进士。累官内阁学士。光绪二十六年(1900)八国联军侵入北京,随慈禧太后与光绪帝逃西安,授兵部左侍郎。后任督办蒙旗垦务大臣,以筹边殖民为己任,其督垦地界绵延直隶、山西、秦陇、河套,凡数千里。授绥远城将军。设垦务局与东路公司,大兴水利,绝塞大漠蔚成村落。创办陆军,置枪炮器械,筑营垒,兴警察,立武备、陆军学校及中小学校数十所,并创工艺局。三十四年遭归化副都统诬陷,被褫职。宣统三年(1911)遣戍川边,改易州安置。民国成立后,闲居至终。著有《蒙垦陈诉供状》、《垦务奏议》等。

贻耒牟机器磨坊 商办企业。清光绪四年(1878)由津海关道朱其昂创办于天津。规模不大,每年获利六七千两。

移中监 官名。西汉置。管理皇家马厩的官吏。《汉书·昭帝纪》:"移中监苏武前使匈奴,留单于庭十九岁乃还。"颜师古注引如淳曰:"移园之中有马厩也。"

移 文书名。汉魏指平级之间传递公文。唐代诸司自相质问,有关、刺、移三种方式。移谓移其事于他司。移则通判之官皆连署京师诸司;有移下诸州者,必由尚书都省遣之。宋代各级官府之间文书往来称"行移",往来文书称"移文"。学士院移文三省称"咨报";尚书省移文六部称"刺";各州互相移文称"牒";秘书省、殿中省、内侍省、入内内侍省移文三省称"申状"。清制,凡不相统属之官署间彼此行文统称"移"。

移病 汉代官员上书称病请假或辞职。《汉书·公孙弘传》:"上怒,以为不能,弘乃移病免归。"颜师古注:"移病,谓移书言病也。"又《汉书·疏广传》:"即日父子俱移病,满三月赐告,广遂称笃,上疏乞骸骨。"

移地健 即"英义建功毗伽可汗"。

移风县 见"居风县"。

移宫案 明末*三案之一。光宗时,太子朱由校由李选侍抚养。泰昌元年(1620)光宗死,李氏欲居乾清宫,以把持朝政。都给事中杨涟、御史左光斗等,为防其干预朝事,迫其移居哕鸾宫。朱由校即位后,此事引起争论,成为官僚派系斗争的内容之一。

移会 文书名称。清代在京衙门间平行文书之一。通政使司、大理寺行文在京衙门,除对各部院用咨文外,其余皆用移会;六科、各道、内廷各馆、内阁典籍厅、稽察房、中书科等处与各部、院、寺、监行文,均用移会。

移健俟利发 又译夷健俟利发。漠北回纥首领。唐开元四年(716)漠北九姓叛后突厥,拔曳固部卒颉质略且袭杀其可汗默啜。时唐大武军子将郝灵荃方使漠北,乃率其部接应颉质略。毗伽可汗即位,引军讨之。遂率众归唐,与河西回纥会合。唐置其部于大武军北,拜为回纥都督。六年王晙发其兵北击突厥。

移交开平矿务局合同及副约 英国胁迫中国方面订立的关于移交开平矿务局的契据。清光绪二十七年正月一日(1901.2.19),由督办直隶全省及热河矿务大臣张翼、代理开平矿务局总办英籍德国人德璀琳与英方代表胡华签于天津。正约四款,副约十四款。重申前订《出卖开平矿务局合同》的有关原则,并增添一些具体规定。主要内容:(1)开平矿务局所属土地、房屋、矿产、器具、铁路、码头、运煤河道,其所有在各通商口岸如天津、秦皇岛、烟台、上海、杭州、苏州、广州等地的地产、院宇,尽行移交英方;(2)由英方在中国和本国伦敦分别设部管理。

移剌 ❶金代曳剌之异译。见"曳剌"。❷金代契丹人姓氏耶律之异译。

移剌福僧(?—1222) 金东北路(治今吉林洮南东)乌连苦河猛安人。以荫补吏部令史。卫绍王时,历任同知兴中府、广宁府事,后改辽东宣抚副使。贞祐三年(1215),以山东西路转运使致仕。兴定二年(1218),受宣宗召见,上书建议:招徕乣人以收复中都,通辽东;与宋人议和以集中应付蒙古;选才干官员抚定山东;罢军中监战官等。

移剌履(1131—1191) 金契丹人,字履道。辽东丹王倍七世孙。以通契丹大小字辟国史院书写。世宗时,奉诏以小字译唐史,擢国史院编修官,以女真字译汉文,选贵胄就学。大定十五年(1175),授应奉翰林文字,迁修撰。二十一年,转礼部员外郎。二十六年进本部郎中,兼同修国史、翰林修撰。表进宋司马光《古文孝经指解》。次年擢尚书礼部侍郎,兼翰林直学士。章宗即位,进礼部尚书,拜参知政事,提控刊修《辽史》。明昌元年(1190),进尚书右丞。谥文献。

移剌买奴(1196—1235) 金契丹人,居霸州(今属河北)。随父移剌捏儿降蒙古,从征战。元太宗元年(1229),袭职为高州(治今内蒙古赤峰东北)等处达鲁花赤,兼征行万户。五年,从征蒲鲜万奴。未几召还,从破兴州(今河北承德市西)。七年,又从攻高丽,取西京(今朝鲜平壤),还擢征东大元帅。

移剌捏儿(?—1228) 金契丹人,居霸州(今属河北)。元太祖攻金,率百余人降,赐名赛因必阇赤(蒙古语,意为好司书)。又号霸州元帅。太祖十年(1215),从木华黎取北京(今内蒙古宁城西大明城)等城寨。又与大将吾也而平锦州张致和兴州(今河北承德西滦河镇)监州重儿之叛。后随木华黎取延安等城,迁军民都达鲁花赤、都提控元帅。十八年,从李鲁攻西夏。又从攻降李全于益都。得疾归高州(今内蒙古赤峰东)卒。

移剌蒲阿(?—1232) 金契丹人。少从军,自千户迁至都统。哀宗为太子时选充亲卫军总领。拥哀宗即位有功,权枢密院事,军国大事多从参决。与蒙古军战于河南、陕西,以参知政事行省事于阌乡。

正大九年(1232)正月,兵溃于三峰山(今河南禹州境),被擒送窝阔台行营,拒降,被杀。

移剌窝斡(?—1162) 金西北路契丹人。正隆五年(1160),从撒八举兵反,任六院节度使。大定元年(1161),杀撒八,领有其众。自称都元帅,率兵围临潢。十二月,称帝,改元天正。次年,撤临潢围,东攻泰、济、懿、宜、川等州,不利。率部西走花道(今内蒙古赤峰东南),被金军阻击于袅岭西之陷泉(在临潢府境内)。逃入奚部,转战各地,自羊城经西京(今山西大同)奔西夏,为金军所逼,北入沙漠,为部下叛将出卖,被擒杀。余众由括里、扎八率领南下,降宋。

移剌益(?—1202) 金中都路胡鲁土猛安人,字子迁,本名特末阿不。契丹族。以荫补国史院书写。大定二十九年(1189),以应奉翰林文字任《辽史》编修官。明昌元年(1190),为御史台奏荐,升翰林修撰。三年,出任霸州刺史。后任兵部侍郎。承安二年(1197),蒙古犯边,力主以守为宜。出任山东西路转运使,河东南北路按察使。卒于官。

移剌瑗(?—1234) 金契丹人,字廷玉。本名粘合,又译粘何、粘哥。世袭契丹猛安。兴定三年(1219),与元帅完颜承裔领兵攻宋。累迁邓州节度使,兼行枢密院事。天兴二年(1233),致书宋荆湖制置司请降,献县五、马步军万五千、口十二万五千。至襄阳,以将校礼谒宋制置使孟珙,更衣冠,改姓名为刘介,旋病死。

移剌粘合 即"移剌瑗"。

移剌众家奴 金人。金宣宗时,积战功官至河间路招抚使,权元帅右都监,赐姓完颜氏。兴定四年(1220)受封河间公,辖河间府、献、蠡、安、深州等地。次年,所部州县皆失守。元光元年(1222)移屯高阳公张甫信安县境,与甫合兵收复部分故地。迁金紫光禄大夫。二年又同张甫坚守信安,城得保全。

移剌子敬(1110—1181) 金契丹五院部人,本名屋骨朵鲁,字同文。读书好学,金熙宗时预修《辽史》。海陵王时,为翰林修撰,迁礼部郎中、翰林待制。世宗大定二年(1162),以待制同修国史。改秘书少监,兼修起居注。常为世宗讲论古今。迁右谏议大夫、秘书监。出任河中、兴中、咸平、广宁等府尹。二十一年致仕。

移赉勃极烈 官名。金太祖建国后,设谙班、国论忽鲁、阿买、昃四勃极烈共掌国政。后增设移赉勃极烈,义为第三勃极烈,处理对外事务,以宗翰充任。太宗时废。

移里堇 即"夷离堇❶"。

移民 通称移徙。历代官方出于政治或经济原因对民户有组织之移徙。《周礼·秋官·士师》:"若邦凶荒,令移民通财。"《管子·七法》:"不明于决塞,而欲殴众移民,犹使水逆流。"秦汉以后,有移民实边,或迁狭乡之民于宽乡及迁徙降人等措施。如明初曾将狭乡之无业贫民、富民、罪犯等移至宽乡开垦闲田、荒田。尤以洪武中移民最多,曾移苏、松、杭、嘉、湖无田者往临濠耕作,官给牛种,免税三年。当时亦移徙罪犯、江南富民、北方贫民至凤阳等地屯种,江南浙西、北方山西人稠地少之处移徙者最为频繁。清代亦多有移民垦荒、移民实边之举。

移涅可汗(?—716) 一作泥涅可汗,又作匐俱。后突厥可汗默啜之子。唐圣历二年(699)受任为小可汗,号拓西可汗,位在两察上,领处木昆诸部。开元四年(716)嗣立为汗,旋为阙特勤击杀。

移设卡伦 清代边境卡伦名称。置于常设卡伦之外,添设卡伦之内,随季节变化而移动,暖则外展,寒则内迁,进退盈缩,或千里,或数百里不等。

移相哥 又译亦孙哥、也松格、也孙哥等。成吉思汗弟哈撒儿子。元太宗元年(1229),与兄也古等拥戴窝阔台即位。宪宗元年(1251),又与也古等拥立蒙哥为大汗。六年,首议攻宋。次年,率部随宗王塔察儿南下,围樊城,不克而返。蒙哥死,与塔察儿等宗王推戴忽必烈即帝位。中统元年(1260),随世祖征阿里不哥,任前锋。宪宗时,袭哈撒儿王位;中统三年,受赐金印。

移相哥勒石 现存最早的蒙古文石刻。元太祖弟哈撒儿次子移相哥于太祖二十年(1225)左右所立。石高202厘米,宽74厘米,厚22厘米。文五行,共有蒙古文单词二十一个。勒石全文为:"成吉思汗讨虏花剌子模国还师,全蒙古国官人聚会于不花速赤孩之际,移相哥射,矢中三百三十五庹处。"因铭文开头称"成吉思汗",西人称之为"成吉思汗石"。此石原在额尔古纳河西支流乌鲁伦圭河上游元齐王府遗址附近。1818年发现。今藏俄罗斯圣彼得堡埃尔米塔什博物院。

移支 古西域国名。在今新疆巴里坤附近。始见于《后汉书·西域传》。居蒲类地,所出皆与蒲类同。其人勇猛敢战,皆披发,随畜逐水草,不知田作。后并于蒲类。

移注 宋代官员注授差遣的一种方法。即移授其他差遣窠阙。在任应移的职官、知县、县令或监当官,任满即予移注相应差遣。其他选人,须任满后一年,准许移注。奏举职官、知县、县令,历任不犯赃私罪,准许移注与现任同等路分的差遣。进纳人六考,有职官等举主四员;摄官人改正官后六考,有职官等举主三员,皆许移注。

遗表 古代官员临终前所撰表文,死后由其家属申报朝廷。南朝梁沈约《临终遗表》:"臣抱疾弥留,迄今即化,形神欲离,月已十数。"宋代太中大夫以上官员老死者,既申奏致仕,又上遗表,朝廷则给予遗表恩泽。

遗公 左、右拾遗的别称。

遗山先生文集 书名。金元好问著。四十卷。凡诗赋十四卷,表、制、碑、铭、记、序等二十六卷,附录一卷。前有李冶、徐世隆二序。有《四部丛刊》影印明弘治刻本、清康熙华氏刊本。

遗诏 皇帝死前所下的诏书,或皇帝死后,由重臣以死者名义发表的诏书。皇帝病危时,如继位者年幼,或嗣君未定,皇帝多以遗诏形式立嗣,或授权大臣辅助少主。《汉书·昭帝纪》:后元二年(前

87)，"以侍中奉车都尉霍光为大司马大将军，受遗诏辅少主。明日，武帝崩"。后世如清世祖的"遗诏"，以在位时"渐习汉俗"、"委任汉官"为先，显非世祖本意。

遗折　清代官员临死前给皇帝的奏折。清制，凡三品以上官得具遗折。

颐和园　在北京西郊。明代为皇室好山园。清乾隆时改建为清漪园，咸丰十年(1860)为英法联军所毁。光绪十四年(1888)慈禧太后移用海军经费重建，改今名。十七年初步竣工，光绪帝始奉慈禧赴园。二十六年又遭八国联军破坏。二十九年修复。面积二百九十公顷，由万寿山和昆明湖组成。前山有长廊、排云殿、德和园大戏楼、佛香阁、智慧海等。后山苍林修竹，有谐趣园等。湖上有清晏舫(石舫)、知春亭、十七孔桥、西堤等。山上建筑层层上升，气魄宏大；湖边建筑结构精巧，各具风格。今为游览胜地，全国重点文物保护单位。

颐和园铜亭　即宝云阁。建于清。坐落于颐和园佛香阁西侧的汉白玉须弥座上，通高 7.55 米，重约 207 吨。构件均系铜质，其柱、梁、斗䟽、椽、瓦、宝塔及九龙匾额，对联等皆仿木结构。主要采用砂型或泥型铸成，也有部分为失蜡法铸件，造型精美，工艺复杂。

颐和园玉带桥　旧名穹桥，俗称驼背桥。建于清乾隆年间，位于北京颐和园昆明湖西岸长堤上。蛋圆石拱桥，桥拱以椭圆短轴为净跨、长轴为矢高，拱高而薄，再配以桥面的双向反弯曲线，成为古石桥中曲线最优美者。桥用汉白玉石，雕刻精细，色泽晶莹，与园中美景交相辉映。美国纽约岳门桥，即模仿此桥形式而建。

颐园书牍　书名。清李本方撰。二卷。李氏以荫生为工部主事，中乡举，荐为兵部郎中。后归四川为学务处参议、商矿局会办。故是书所辑书牍涉及四川工矿文字，颇有参考价值。有 1926 年刊本。

疑年录　书名。清钱大昕撰。四卷。记载古今名人生卒之年，核其寿数，自汉郑玄到清邵晋涵共三百六十三人，以文人学者为主，是生卒年表著作之始。

疑年谱　书名。北宋刘恕撰。一卷。系历史年代学著作。恕以《史记·十二诸侯年表》起周共和元年(前 841)，为中国有确实年代之始，而自伏羲、女娲下及三代历年之数，学者异说纷纭，莫衷一是，恐后人以疑事为信史，妄加穿凿，故取周厉王以前三千五百一十九年，著为此书。题曰"疑年"，以示慎重。

疑耀　书名。明张萱撰。旧题李贽撰。七卷。萱字孟奇，博罗(今属广东)人，官至户部郎中。是书考证历代故事、名物，循循有法。然或由记忆而成，不无疏舛之处。

疑狱集　书名。五代和凝、和㠓撰。原三卷，今本四卷。记汉至五代各种疑案及昭雪冤狱事例，对离奇的人情事变多所分析，含有刑事侦查学和法医学的若干内容。宋桂万荣《棠阴比事》即参用本书写成。明张景增入《补疑狱集》六卷，清金凤清又增事例十三则。有《四库全书》本。

疑罪　罪行名。指无确实证据、难以明断的嫌疑罪行。唐律规定，疑罪各依所犯以赎论。如一人有窃盗嫌疑，但证据不足，按贼盗律"窃盗不得财笞五十"，可不用此刑，令交赎铜五斤。

彝军纪略　书名。清彭洵编。叙事起嘉庆十九年(1814)，迄光绪三年(1877)。书中专记黄鼎统带之彝军在川陕等地的镇压活动，可供研究陕甘地区捻、回起义活动之用。有光绪十二年刊本。

彝历(曆)　历法名。中国彝族地区使用的历法。有阴阳历和十月历两种。阴阳历是从汉族地区吸收来的；十月历则由彝族创立。十月历以立春前后为岁首，年分十个月，每月三十六天，另有五天为过年日；全年三百六十五天。每隔三年置一闰日，加在过年日中，闰年为三百六十六天。该历除回归年长度稍粗疏外，月日的安排方式都合理。而且以十二生肖纪年、纪日，每月三十六天，恰好三个"生肖"周。这样，同一年各月的初一及所有对应的日期的生肖全部相同，记忆方便。第二年纪日的生肖也只要在上年的基础上推后五至六个生肖即可。彝族十月历也被云南西部怒江上游的傈僳族所采用，只是不使用月序，而是以过年月、盖房月、花开月、鸟叫月、火烧山月、饥饿月、采集月、收获月、酒醉月、狩猎月来命名。至于阴阳历方面，平年十二个月，闰年十三个月，采用汉族置闰法，把闰月称"重某月"。使用阴阳历的凉山彝族，以一年三百六十日，每月三十日。每月分上、下半月，上半月称"明月"，下半月称"暗月"。上半月的日期称"明初一"，"明初二"……"明十五"；下半月的日期称"暗初一"，"暗初二"……"暗十五"；如遇月小，只到"暗十四"止。彝族没有十二时辰的制度，而是根据每天太阳升落分为十时段；每年有两个大节日：一个是十二月十六日的星回节，另一个是六月二十四日的火把节。

彝器　古代青铜制作的礼乐器，可分为食器、酒器、水器、杂器等类。

彝泰　吐蕃赞普可黎可足年号(815—838)。凡二十四年。

彝泰赞普　即 * 墀祖德赞。汉文史籍作"可黎可足"。唐长庆元年(821)，吐蕃与唐会盟时，盟文署彝泰七年，唐人因称其为彝泰赞普。彝泰为藏语译音，意为永乐。

彝族　中国少数民族之一。有诺苏、纳苏、罗武、米撒泼、撒尼、阿西等 30 余种不同自称。主要分布在云南和四川大、小凉山，贵州安顺、毕节地区以及广西隆林、那坡等县。人口为 6 578 524 人(1990年)。操彝语，属汉藏语系藏缅语族，分六种方言。旧有表意音节文字，史称"爨文"，俗称老彝文，1975年经规范后在四川凉山等地推行。其族源与古羌人有关，南下后与西南土著融合。秦汉以后史籍称之为越嶲羌、嶲昆明、东爨、乌蛮等。八世纪三十年代蒙舍诏"乌蛮"皮逻阁统一六诏，建南诏奴隶制政权。宋代处于大理国或宋朝的统治之下。元明史籍称之为"罗罗"，元代在川南、滇西北、黔西等地开始建立土司,到明代形成完整的土司制度。清康熙、雍正年间推行改土归流。近代彝族人民不断掀起反帝、反封建、反奴隶主的斗争。1935年曾积极援助红军长征。解放前,在凉山地区还保留着奴隶制度,社会分为"诺伙"(黑彝)、"曲诺"(白彝)、"阿加"(安家娃子)、"呷西"(锅庄娃子)四个等级,等级之间界限不可逾越。云南武定、禄劝还保留有土司和领主制残余。其他彝区均进入封建地主经济阶段。建国后,经过民主改革,废除了奴隶制和封建制,实行民族区域自治,先后建立了四川凉山彝族自治州、云南楚雄彝族自治州、红河哈尼族彝族自治州及其他自治县,社会、经济、文化有了很大发展。彝族以农业为主,兼事渔猎和手工业。父系小家庭为社会经济的基本单位,实行一夫一妻制。古代盛行父子连名制。旧时流行多神信仰,祭司称毕摩,佛教、道教亦已传入。传统节日以火把节最隆重。有上千种彝文抄本记录古代历史和文学,传统工艺美术有漆绘、刺绣、银饰、雕刻、绘画等。

yǐ

乙榜 科举考试用语。明清用以称考中举人者。见"一榜"。

乙丙日记 书名。清汪士铎著。三卷。原为作者手书日记《乙卯随笔》与《丙辰备遗录》两种。今人邓之诚将其中记事者加以校录、编次而成此书。咸丰三年(1853)太平军攻克南京后,作者居城内九个月,后以日记体裁记咸丰癸丑(1853)、甲寅(1854)、乙卯(1855)、丙辰(1856)间之亲身经历和耳闻目见,大抵皆乙丙间所记,故名。卷一记事及拜弟兄、守城法、诵赞美诗等。卷二、卷三为作者离南京后居安徽绩溪时所作,有洪秀全起义经过、太平军制、农民交田粮、太平天国改字等。并认为农民起义源于人口过剩,主张"行溺女之赏"、"严再嫁之律,犯者斩决"。又主张立禁止早婚之法以减少人口。有1936年铅印本。

乙部 图书分类名。西晋荀勗因魏郑默《中经》,更著《新簿》,分图书为甲、乙、丙、丁四部;以经书为甲部,子书为乙部,史书为丙部,集书为丁部。东晋李充以其时典籍混乱,重分四部,以经书为甲部,史书为乙部,子书为丙部,集书为丁部。自此以后,经、史、子、集之次序乃定,故后人皆称史部为乙部。

乙弗部 亦作乙弗勿敌国、乙弗鲜卑、卑和虏等。鲜卑部落之一。原居漠南,后一部分迁至青海一带。十六国时,先后为南凉、西秦、北凉所役属。五世纪初,为吐谷浑所并。另一部分投北魏,姓乙弗氏,后改乙氏。首领乙瓌娶魏公主,进爵为王,其曾孙女乙弗氏为西魏文帝皇后。

乙弗勿敌国 见"乙弗部"。

乙科 ❶官制用语。汉代考试录用官吏的等级。西汉自武帝始,设《五经》博士,置弟子员,岁末课试,其高等为甲科,次为乙科、丙科。据《汉书·儒林传》,平帝时,岁课乙科二十人为太子舍人。东汉沿袭此制。顺帝时又增设甲、乙科员各十人。❷科举考试用语。唐代明经分为甲、乙、丙、丁四第,进士分甲、乙两第。辽代分甲、乙科。明清时称举人为乙科,一名乙榜。初,考中举人谓之一榜,后以进士有甲榜之称,遂以一为乙。

乙刺补 即"耨盌温敦思忠"。

乙里职 蒙古语,意为使臣。《元朝秘史》作"额勒赤"。《金史》作"乙里只"。

乙利汗·巴衣塔施(?—1012) 哈喇汗朝哈森·布格拉汗之裔。宋大中祥符元年(1008)萨曼尼王朝国乱,他拓境河中,与可疾宁王朝合灭萨曼尼,瓜分其国。阿姆河以南归可疾宁,河以北归哈喇汗朝。

乙连城 在今辽宁建昌县(一说河北青龙县)。《晋书·慕容皝载记》:咸康三年(337)"筑好城于乙连东,使将军兰勃戍之,以逼乙连",即此。

乙弥泥孰俟利苾可汗(?—645) 即阿史那思摩、李思摩。东突厥可汗。曾历任始毕、处罗、颉利诸朝之夹毕特勤。唐武德七年(624)与突利俱奉使至唐议和,高祖封之为和顺郡王。贞观四年(630)东突厥亡,与颉利同被俘。授右武侯大将军、化州都督,寻改封怀化郡王。十三年,太宗立之为可汗,赐姓李,统突厥旧部居漠南,以大碛为界,与薛延陀分境。牙于故定襄城,以阿史那忠、阿史那泥孰为左、右贤王。薛延陀来犯,部下又叛。十八年复南渡河,请分处所部于胜、夏二州之间。单骑诣京,愿留宿卫,授右武卫将军。十九年从太宗东征,未几,卒于长安。赠兵部尚书、夏州都督,陪葬昭陵。

乙毗钵罗肆叶护可汗 见"肆叶护可汗"。

乙毗咄陆可汗 西突厥可汗。原名欲谷设。唐贞观十一年(637)与统吐屯等率先起兵反咥利失。次年受弩失毕诸部推戴称汗于伊丽水(今伊犁河)西,建牙镞曷山西,谓之北庭。以阿史那贺鲁为叶护,屯多逻斯川(今额尔齐斯河),分兵可汗浮图城,援高昌,断西域贡道,东犯伊吾(今哈密),西掠焉耆,胁迫西域诸国反唐。十四年唐遣侯君集率军伐高昌,兵临伊吾时罗漫山,其叶护弃可汗浮图城西遁。唐于高昌置西昌州,于天山北置庭州,设安西都护府。同年乙毗沙钵罗叶护可汗建号于伊丽水西,与咄陆东、西分治,然不久败亡。十六年领兵攻伊州及天山县,为唐安西都护郭孝恪所败。后征服康居、米等国。然待下寡恩,部将怨叛,遂亡奔吐火罗国(在今阿姆河南),不知所终。

乙毗沙钵罗叶护可汗(?—641) 西突厥可汗。伽那设之子。原为薄布特勤,一作毕贺咄叶护。唐贞观十四年(640)乙屈利失可汗死,被弩失毕部首领迎立为汗。他仍与乙毗咄陆东、西分国,建庭睢合水北,谓之南庭,统有今新疆及中亚地区。十五年,唐遣左领军将军张大师持节册命,赐鼓纛。旋为乙毗咄陆攻杀,国为所并。

乙毗射匮可汗(?—653) 西突厥可汗。莫贺咄之子。唐贞观十六年(642)立,太宗遣使册封。即位初,与唐结好。因其重臣屈利啜原为其弟娶焉耆王龙突骑支女,焉耆王遂不朝于唐。十八年安西都护郭孝恪伐焉耆,留栗婆准摄国事。唐师退,竟囚杀栗婆准,另遣处般啜监国,遂与唐交恶。二十年请和亲,未成。二十二年,唐将阿史那社尔统军伐龟兹,他派兵救援,杀唐安西都护郭孝恪,然终为唐军所败。后旧臣阿史那贺鲁自立为汗,蚕食其境,终为所并。

乙屈利失可汗(? —640) 西突厥可汗。咥利失可汗之子。唐贞观十三年(639)其父亡走拔汗那(今乌兹别克斯坦费尔干纳西北),被推为汗,与乙毗咄陆可汗争国,领伊丽水(今伊犁河)东咄陆诸部,旋被击灭。称汗时间不足一年。

乙泉戍 即“一全坞”。

乙失钵 隋时铁勒族薛延陀部首领。原臣于西突厥。大业元年(605),西突厥泥撅处罗可汗残暴,坑杀铁勒诸部首领数百人,诸部群起反抗,推他为野咥小可汗,保燕末山(今新疆额敏东山)。西突厥射匮可汗兴,他去可汗号,复臣于西突厥。后其孙夷男建薛延陀汗国。

乙室勃极烈 官名。金太祖建国后设谙班、国论忽鲁、阿买、昃四勃极烈共掌国政。后增设国论乙室勃极烈,管理对外事务,以太祖叔阿离合懑充任。阿离合懑死,官废。

乙室部 契丹遥辇氏八部之一。遥辇氏联盟建立时,析乙室活部为乙室、迭剌二部。辽太宗会同二年(939)改乙室部夷离堇为大王。

乙室活部 唐代契丹部名。开元二十六年(738)部落贵族涅里结集其他流散部落组成遥辇氏八部联盟,析乙室活部为乙室、迭剌二部。

乙室王府 官署名。乙室部为契丹遥辇氏八部之一。辽太祖立国后,以乙室部夷离堇管理乙室部事务。辽太宗会同元年(938),改乙室部夷离堇为大王,在朝则设乙室王府以主乙室部之事。

乙室已部 又译乙室革。唐代契丹部名。世与乙室活部通婚。遥辇氏联盟建立后,与拔里部合组为审密部。

乙巳元历(曆) 见“南宫说”。

乙巳占 书名。唐李淳风撰。成书于贞观十九年(645)。是年恰逢乙巳年,故名。共十卷。本书系将唐以前数十种星占书分类汇抄而成。且除星占外还有天文、气象等内容。其中根据风力对树木的影响和破坏程度,把它分为八级:一级叶动,二级条鸣,三级振枝,四级堕叶,五级折小枝,六级折大枝,七级折木,飞沙石,八级拔树及根。是为世界最早的风力分级系统。书中还保存有作者早年所撰《乙巳元历》的若干资料,以及作者所发展的浑仪和所著天文仪器专著《法象志》等方面的资料。古代许多天文学名词的解释,也赖本书以得传。

乙未广州之役 又称广州起义。清光绪二十年底(1895.1)兴中会总部在香港建立,旋至广州设分会。孙中山并在广州设立秘密机关数十处,派会员奔走港、穗间,联络会党、绿林、防营和水师,绘制旗帜,预草讨满檄文和对外宣言,发布“除暴安民”口号等,定于是年(乙未年)农历九月九日(10.26)重阳节(以粤俗是日为秋节扫墓期,党人易于入城),分道攻城,发动起义。至期,各路人员赶赴广州,香港一路因杨衢云误期。事泄,清吏加强戒备,派兵四出搜查。孙中山被迫离粤,经港赴日,陆皓东、朱贵全等被捕死难,起义遂告流产。

乙未历(曆) 古历名。(1)金耶律履于大定二十年(1180)撰。时金行用杨级所造《大明历》,自天会十五年(1137)至大定二十年,日月食屡不验,乃诏赵知微重新修订。大定十五年历成。同时耶律履亦造乙未历,以金受命乙未之故。其法是上元乙未距大定庚子(1180)积四千零四十五万三千零二十年,取日法二万六百九十。

$$岁实\frac{7\,556\,880}{20\,690}=365.243\,117\,00日,$$

$$朔策\frac{767\,588}{20\,690}=29.530\,594\,49日。$$

因不如赵知微《重修大明历》密,故未行用。(2)五代后晋,马重绩撰《调元历》,因以唐天宝十四载(755)乙未为元,也曾称《乙未历》。

乙息记可汗(? —553) 又作逸可汗、阿逸可汗。突厥可汗。名科罗。土门可汗之子。西魏废帝元年(552)继立,曾大破柔然主邓叔子。次年,与北周联合,献马五万匹。旋病死。临终前,遗嘱舍其子摄图,立其弟俟斤为可汗,从而种下汗国分裂的祸根。

乙注车鼻可汗(? —650) 即阿史那斛勃。东突厥首领。建牙金山北。唐贞观四年(630)颉利败亡,突厥余众推以为主,臣于薛延陀。薛延陀可汗夷男忌其骁悍,将加害,因奔还本部,自立为乙注车鼻可汗,统结骨、葛逻禄、拔悉蜜诸部。二十一年薛延陀亡,先遣子入贡于唐,后又攻杀唐使。二十三年高侃率唐骑及回纥、仆骨兵大破其部,永徽元年(650)被俘送长安。高宗释之,授左武卫将军,其余众在郁督军山者,置狼山都督府,隶瀚海都护府。

乙字库 官署名。明代内库之一。洪武十年(1377)置,隶兵部。设大使一人,正九品;副使一人,从九品,嘉靖中革。又设内官掌库一人,贴库、佥书无定员。掌贮军士胖袄、战鞋、裘、帽等物。

已氏县 西汉置。治今山东曹县东南。属梁国。北齐废。隋开皇四年(584)复置,六年改名楚丘。

以吏为师 秦统一后实行的一种强化封建专制主义政策。秦始皇于三十四年(前213)采纳丞相李斯建议,在禁绝私学,焚毁诗书的同时,要求学习法令避禁:“欲有学法令,以吏为师。”(《史记·秦始皇本纪》)1975年湖北云梦出土的秦简有《语书》和《为吏之道》,据考证即系秦代两种诫吏的教令。虽属秦始皇三十四年以前之文书,但从其中所规定的对执法之吏的要求,可以间接看出“以吏为师”所应达到的标准。

以太 亦作以脱、伊脱、伊太。希腊文 Ether 的音译。古希腊哲学家首先设想出来的一种媒质。近代自然科学家又假定其为传光介质和电磁引力之机械作用。康有为、谭嗣同和孙中山借用为其哲学的基本概念。康有为把“以太”同“仁”和“不忍人之心”等同起来。谭嗣同一面将其作为构成事物的“原质之原质”,即不能再分割之微粒;一面又认其为“目不得而色,耳不得而声,口鼻不得而臭味”之精神本体,视之与“灵魂”、“心力”等同义,把“仁”、“兼爱”、“慈悲”等看作是“以太”的作用。孙中山则认为“以太”即“太极”,为宇宙原始状态物质性的“气”,其运动生电子,电子凝聚成各种化学元素,元素化合成各种物质,物质又聚合成地球。《孙文学说》:“元始之时,太极(指以太)动而生电子,电子凝而成元素,元素合而成物质,物质聚而成地球。”

以刑去刑 先秦法家用语。谓严刑重罚,使民不敢犯法以至不用刑罚。《商君书·去强》:“以刑去刑,国治;以刑致刑,国乱。”认为轻罪者施以重刑,则轻罪不犯,重罚无有,刑罚不用,国家得治;反之,对重罪者施以轻刑,则罪犯相随而生,刑罚不断,国家必乱,故“以刑去刑,虽重刑可也”(《商君书·画策》)。韩非亦主张以重刑期于无刑,《韩非子·饬令》:“行刑重其轻者,轻者不至,重者不来,此谓以刑去刑。”

矣川罗识 又作矣罗识、利罗式。唐八诏内一族的首领,与另一族首领时傍同居剑川。开元末,时傍入居邆川州,势渐张,为南诏所猜忌。时傍遂徙置白崖城。罗识与时傍往见吐蕃神川都督谋自立为诏。事泄,时傍被杀,他奔神川(在今云南丽江北一带)。神川都督送之至逻些城(今西藏拉萨)。建中间至贞元中,吐蕃屡使其发兵扰南诏部姓。

迤东 地区名。明时称云南昆明以东地区为迤东。清时置迤东道。

迤东道 清雍正八年(1730)于云南昆明以东的迤东地区置分巡迤东道,驻寻甸州城(今云南寻甸县),后徙治曲靖府城(今曲靖市)。初辖云南、临安、澂江、广南、曲靖、普洱、开化、东川、昭通、广西、武定、元江、镇沅十三府。乾隆三十一年(1766)以云南、武定属盐法道;临安、普洱、元江、镇沅四府、州属新置迤南道。清末辖曲靖、东川、澂江、昭通、镇雄、广西六府、州。1913年废。其地改属滇中道及临安开广道。

迤南道 清乾隆三十一年(1766)分迤东道置,驻普洱府城(今云南普洱县),辖临安、普洱、元江、镇沅四府、州。清末辖普洱、元江、镇沅、镇边四府、州、厅。1913年改置滇南道。

迤西 地区名。明时称云南昆明以西地区为迤西。清时置迤西道。

迤西道 清雍正八年(1730)改永昌道置迤西道,驻大理府城(今云南大理市),辖大理、楚雄、顺宁、丽江、永昌、景东、蒙化、永北、鹤庆、姚安十府。乾隆三十一年(1766),永北改厅。三十五年裁姚安府;改鹤庆为州,属丽江府;蒙化、景东并改厅。辖大理、楚雄、顺宁、丽江、永昌、景东、蒙化、永北八府、厅。1913年改置滇西道。

迤西汉回事略 书名。清韩捧日撰。《续云南备征志》稿本。道光时作者曾署云南保山知县,本书记道光二十七年(1847)耳闻目睹林则徐镇压云南回民起义经过,并涉及道光二十三年以来有关云南回民的一些情况。

蚁鼻钱 战国时楚国青铜贝钱。“蚁鼻”的含义尚未有定论,或与钱体轻小有关。其形一端大,一端小,正面凸起,背面平或凹入,一般多在较小的一端有穿透或不透的小孔。正面有模铸的阴文。面文最常见的是“巺(巽)”,次为“夅”,此外有“君”、“匋”、“行”、“金”、“忻(釿)”等。“巺”贝,因其字形与面上小孔相合像一丑恶面孔,故俗称“鬼脸钱”。此种钱广泛出土于战国时期楚国势力所及地区,如今湖北、湖南、江苏、安徽、山东、河南等地。1963年湖北孝感野猪湖出土“巺”字贝四千七百余枚,一般长2厘米,宽1.3厘米,厚0.4—0.45厘米,重约3.1—4.5克。1972年山东曲阜董家庄乡出土此种钱一万五千九百七十八枚,有大、中、小三种形体,长1.2—1.85、宽0.7—1.2厘米,重0.6—4.2克。“夅”贝曾出土于河南舞阳、江苏徐州和陕西咸阳等地,1962年陕西咸阳东北长陵车站南出土此种钱四十八枚,长1.6—2.1厘米,宽0.9—1.3厘米,重1—3.6克。

蚁尖寨 在今河南林州市西北。金末置于蚁尖山。《续资治通鉴》:南宋宝庆三年(1227),蒙古史天泽破金将武仙于真定之高公、抱犊诸寨,仙走入汲县,“天泽复取相、卫、蚁尖、马武等寨”,即此。

酏 古代饮料名。《周礼·酒正》:“辨四饮之物,……四曰酏。”郑玄注:“酏,今之粥。”可能是酿酒用的粥。

倚阁 宋公文用语,意为缓期缴纳,常用于灾荒时期暂缓缴纳税租及其他杂税。

倚郭 宋、元、明、清时期州、路、府治所在之县。《宋史·地理志》:“大观元年(1107),以宜州河池县置庭州,倚郭县曰怀德。”

倚相 春秋时人。楚左史。被楚灵王誉为“良史”。楚大夫王孙圉使晋时,称他为“楚国之宝”。

蛾术编 书名。清王鸣盛撰。八十二卷。综合性学术笔记,以论证经义、史地、小学为主,旁及人物、制度、名物、诗文。原分为十类,九十五卷。《说录》(论典籍)十四卷,《说字》二十二卷,《说地》十四卷,《说人》十卷,《说物》二卷,《说制》十二卷,《说集》六卷,《说通》二卷,《说刻》十卷,《说系》(叙述作者先世旧闻)三卷。后《说刻》部分已由王昶辑入《金石萃编》,《说系》已入王氏家谱,道光时迮鹤寿整理、沈楙德校刻,后刊于《昭代丛书》。内容丰富,知识淹博,嘉、道间学者将其与洪迈《容斋随笔》、王应麟《困学纪闻》相比。

锜畴 即“义苻”。

yì

弋谦(?—约1450) 明山西代州(今代县)人。永乐进士,授监察御史,以事免归。仁宗初,召为大理少卿。因言事词激,免朝参。已而仁宗嘉其清直,擢为副都御史,赴四川治采木中官贪横,罢其役。宣德初出任交阯右布政使,以王通弃交阯受累,论死。正统时赦归,景泰初卒。

弋禽中士 官名。西魏、北周秋官府田正下大夫所属有弋禽中士,正二命。

弋阳郡 东汉建安末(一说三国魏黄初中)分汝南、江夏二郡置。治弋阳县(今潢川县西)。辖境相当今河南潢川、光山、新县等县及淮滨、息县淮河以南部分。西晋初扩大至今湖北长江以北、倒水以东地。元康后逐渐缩小。东魏治北弋阳县(今潢川县西),只辖今潢川县一带。北齐移治定城县(今潢川县)。隋开皇初废。大业及唐天宝、至德间,又曾改光州为弋阳郡。魏、晋、南朝齐属豫州,南朝宋属南豫州,南朝梁、东魏、北齐属光州,北周属南光州。

弋阳县 西汉置。治今河南潢川县西。昭帝元凤元年(前80)封任宫为弋阳侯,即此。两汉属汝南郡,魏晋为弋阳郡治。东魏分置南北二弋阳县:北弋阳县仍治今潢川县西,为弋阳郡治;南弋阳县治今潢川县。北齐废北弋阳县入南弋阳县,又改南弋阳县为定城县。

义 ❶中国伦理范畴之一。本指己之仪容得宜。汉许慎《说文·我部》:"义,己之威义也。"段玉裁注:"义之本训为礼容各得其宜。"引申为善。"礼容得宜则善矣。故《文王》、《我将》毛传皆曰:'义,善也。'"儒、墨皆推崇义,但对其具体内容解释不同。儒家以思想、行为符合等级名分要求为义。《礼记·中庸》:"义者,宜也。尊贤为大。"《孟子·离娄上》:"义之实,从兄是也。"《荀子·王制》:"人何以能群?曰:分。分何以能行?曰:义。"墨家以"利民"、"利人"的善政为义。《墨子·天志中》:"义者,善政也。"《墨子·耕柱》:"今用义为政于国家,人民必众,刑政必治,社稷必安。"而道家则以义为病态社会现象之一,对之持否定态度。《老子》第十八章:"大道废,有仁义。"❷太平天国后期在"王"下陆续增设的"六等爵"之一。由"义王"演变而成。清咸丰六年(1856),杨韦事件后,翼王石达开入京辅政,被推为"义王",辞未受。后出走,始有是爵。位在王爵之下,列"六等爵"之首。系衔加"天"字,又别冠一字以资区别,如"亲天义"、"宝天义"等。初设时尚为崇高爵位,后因封赏过滥,位渐卑下。

义兵将军 官名。北魏初置。始光三年(426)封礼曾任此职,随司空奚斤率军征夏赫连昌,位在雍州刺史上。太和十七年(493)改定官制后不复见。

义兵千户所 官署名。元至正十年(1350)七月,元廷为利用地主武装镇压少数民族和农民起义,分别置义兵千户所于广西平乐等古城竹山院、桑江隘、尊化乡、刺场岭,湖南道州路、武冈路,湖北靖州路等处。十三年十一月,立义兵千户水军千户所于江西。

义兵万户府 官署名。元末农民起义爆发后,各地地主组织武装,抗击农民军,自称"义兵"。元廷于至正十四年(1354)五月,置南阳、邓州等处毛胡芦义兵万户府,组织管辖地主武装,免其差役。十五年四月,置汴梁等处义兵万户府。十二月,置忠义、忠勤万户府于宿州(今属安徽)及武安州(今江苏徐州)。

义部 官署名。渤海国置为左六司之一。设卿一员,并设有郎中、员外等。

义仓 ❶置于民间的公共粮仓。因设于乡社,亦有称社仓者。发端于北齐之富人仓,每人每年交义租五斗,储之以备饥荒。隋开皇五年(585),文帝采纳长孙平之议,初置义仓。六年,令诸州百姓及军人劝课当社,共立义仓。收获之日,随其所得,出粟及麦,于当社造仓储存,以备水旱救济之用。按户收租,上户一石,中户七斗,下户四斗。大业时,国用不足,贷社仓之物以充官费。唐贞观二年(628),采纳戴胄建议,复立义仓。王公以下,亩纳二升。高宗时改为计户出粟,上上户五石,依次递减,义仓所储不许挪用。但神龙以后渐被支用。《通典·食货十二》记天宝八载(749)时,义仓储粮仍达六千三百十七万七千六百六十石。宋太祖乾德元年(963)下诏,令诸州所属县各置义仓,每年收二税时,别税一斗贮之,以备凶荒。四年罢之。神宗熙宁十年(1077),在开封府所属近畿各县丰收地区立义仓,次年推行于诸路。其法,于夏、秋两税外,每斗别纳米五合为义仓米,专充赈济,不许移用;户下正税不及一半者免输。绍圣以后至南宋,沿而不替。因管理不善,所储之粮或岁久陈腐,不堪食用;或侵移借拨之余,仅存虚额。辽圣宗统和十三年(995),下令诸道各置义仓,每年秋收时百姓出粟交仓,歉收时用作赈济。元世祖至元七年(1270)定制:农村各社由社长负责,丰年各户每口留粟(或其他粮食)一斗备荒,称为义粮,或集中收贮,或各家自贮,听从民便,官府不得挪用。后许多地方改为每乡置义仓一所,由里正主其事。年深日久,义仓储粮多为主事者侵食借用,以至有些地方虚有其名。至元二十三年统计,全国农村储义粮九万余石。二十五年为三十一万余石,二十八年为九万九千余石。明称之为社仓,由地方组织——社负责,粮谷亦由社民捐输,以备饥荒。清康熙十八年(1679),诏乡村立社仓,市镇立义仓,广积储以备灾荒。其仓谷均由士民捐输。超过五十石者,累次记功授奖。照社仓例,仓谷春借秋还,赈灾平粜。准本地乡民公举端谨殷实士民二人充当仓正、仓副,一切收储出纳之事,责令经理。地方官员可行使监督之权,而不得干预具体事项。❷宗族义庄之别名。

义曹 官名。即太子左、右卫率所领勋卫。隋大业三年(607)改太子左、右卫率为左、右侍率时置,唐武德元年(618)复名勋卫。

义昌军 见"横海军"。

义昌县 ❶南朝齐置,约在今湖北麻城市一带。属齐安郡。隋以前废。❷南朝齐置。约在今湖北大悟、孝感之间一带。属南义阳郡。隋以前废。❸唐天宝元年(742)以卢阳县改名。治今湖南汝城县,属桂阳郡。五代时楚改名郴义。❹唐至德二载(757)以安昌县改名。治今广西藤县南。属藤州。贞元元年(785)废为乡,另置县于今岑溪市西北。北宋开宝三年(970)废入镡津县。

义成公主 ❶(?—630)"成"一作"城"。隋宗室女。开皇十九年(599)出嫁突厥启民可汗。大业三年(607),从启民可汗朝炀帝于榆林,前后献马三千余匹。十一年,炀帝北巡,突厥始毕可汗率数十万骑谋袭之,曾遣使报警,有救驾之功。启民死,继为处罗、颉利等可汗妻。隋亡,数请颉利出兵攻唐,为隋报仇。突厥颉利败时被杀。❷辽宗室耶律襄女,名汀。统和七年(989),封义成公主,嫁夏太祖李继迁。

义成军 见"永平军(1)"。

义成县 西汉置。竟宁元年(前33)为侯国,后复为县。治今安徽怀远县东北、涡口入淮处。属沛郡。东晋后废。北魏复置。属临淮郡。北齐废入谷阳县。

义川县 西魏大统三年(537)置。治今陕西宜川县东北。北周改为丹阳县。隋开皇初复为义川县。属延州(后改延安郡)。唐永徽中移治今宜川县。北宋太平兴国元年(976)改为宜川县。历为西魏汾州与义川郡、北周丹州与丹阳郡、唐丹州治。

义从 汉代军名。初指募兵之一种。意谓自愿从军者。后多指少数民族武装组成的军队。东汉章和二年(88),邓训为护羌校尉,抚养湟中月氏胡之少年勇者数百人,以为义从。自此,湟中地区羌、胡等部有号义从胡者,为护羌校尉所领重要武装,以勇健善战著称。东汉末亦以骁勇部队为义从。

义存(822—908) 唐泉州南安(今属福建)人,俗姓曾。家世奉佛,十七岁落发。后游历吴、楚、梁、宋、燕、秦等地。咸通中返闽中,登象骨山雪峰创禅院,因称"雪峰义存"。徒侣云集,多达一千五百人。懿宗赐号真觉大师。以"机锋"为主要的传教方法。认为用语言、概念理解禅宗教义,犹如"饭箩边坐饿死人,临河有渴死汉"那样愚蠢可笑。强调用神秘的内省体验工夫达到"解脱"之目的,对云门宗、法眼宗有较大影响。弟子主要有文偃等。

义帝 见"楚怀王心"。

义督赕 地名。宋时大理国改剑川城置。驻地在今云南剑川县南十五里。元至元十一年(1274)改剑川县。

义儿军 见"假子"。

义丰县 ❶隋开皇六年(586)置。治今河北安国市。属定州。大业时属博陵郡。唐属定州。万岁通天二年(697)契丹攻之不下,改为立节县。神龙元年(705)复旧名。建中三年(782)张孝忠、朱滔败李惟岳于束鹿(今辛集市东北旧城镇),张孝忠引军于义丰,即此。北宋太平兴国元年(976)改为蒲阴县。❷唐武德四年(621)置。治今湖北黄梅县南。属南晋州。八年废入黄梅县。❸辽世宗时以黄洛故城置,治今河北滦县。为滦州治。明洪武二年(1369)废县入滦州。

义附 即"义故"。

义故 又称故义、义旧、义附。魏、晋、南朝时一种依附人户,略同于部曲。时豪强贵族常以乡里故旧等关系,召募百姓服役,谓之义故。参见"门生义故"。

义观 西夏官位。西夏语音"网藐",中书位之一。

义和 ❶十六国北凉沮渠蒙逊年号(431—433)。凡三年。❷高昌王麴□年号(614—619)。凡六年。

义和火柴公司 商办企业。清光绪十九年(1893)华商创办于广州。资本一万元。年产量六万箱。

义和拳 清代具有浓厚宗教色彩的秘密结社之一。流行于直隶、山东、河南等地。原为古老的拳种和拳会。武术技艺渊源于梅花拳。乾隆年间已与清水教相结合,建立严密的组织文场与武场。清水教为文场,义和拳为武场。临清等地的义和拳成为王伦领导清水教起义的骨干力量,旋被镇压。及至嘉庆年间,直、鲁交界地区的义和拳与八卦教中离卦相结合,成为离卦的武术团体与重要支派。河南北部的义和团则与震卦相结合。自此,各地义和拳遂以八卦教教义为基本信仰,崇拜"无生老母",练拳时朝南盟誓,学拳诵咒,运气以求"刀枪不入"。历为清廷所严禁。道光后,义和拳逐渐分化:一部分继续为八卦教外围而秘密流传;一部分则脱秘密宗教而与传统的武术团体梅花拳会合二而一,公开活动,获较大发展,以打击教会势力为己任,故有"义民会"之称。为义和团的前身之一。

义和拳教门源流考 书名。清末劳乃宣著。一卷。首录嘉庆十三年(1808)七月及二十年十一月三日查禁白莲教上谕,次录那彦成奏请查禁白莲教疏,并考订义和拳为白莲教支裔,主张严禁。有光绪二十五年(1899)刊本。江宁布政使恩寿重刻本增书后一篇,更名《拳教析疑说》。后支碧湖有《续义和拳源流考》。

义和团 ❶清末某些乡团的名称。咸丰同治年间,直隶、山东交界各州县,人民多习拳勇,创立乡团,名曰义和,以"自卫身家,防匪防盗,守望相助"为宗旨。凡由士绅控制,并造册报官批准者为"官团";凡不报官批准者为"私团"或"黑团",屡被取缔。光绪二十四年(1898)清廷饬令各州县举办团练,各地便树旗名曰义合团或义和团。及至二十六年义和团运动高涨时,官办团练大都参加了义和团运动。❷清末民间武术团体与秘密教门的混合组织。形成于光绪二十五年,由大刀会(金钟罩)、义和拳、神拳和梅花拳等民间秘密结社互相组合、发展而成,为义和团运动的基干力量。这些刀会、拳会与秘密教门虽各自更名义和团,但互不统属。是年春,山东清平县(今高唐)大刀会、直隶景州(今河北景县)大刀会改称义和团。九月,义和拳在平原森罗殿战斗中自称义和团。山东巡抚毓贤曾于是年夏将义和拳改称义和团。各种名目的民间秘密宗教与武术团体遂纷纷更名义和团,以争取"合法"地位。次年京津地区也普遍建立义和团,迅速形成义和团运动高潮。各地团民多以农民、手工业者和贩夫为主,间有部分游民、兵勇和富人加入。成员多为二十岁上下的青年，另有妇女组织红灯照。以团、坛(场或厂)为单位，以八卦乾、坎、艮、震、巽、离、坤、兑中的一字自立团号。其中以乾字团、坎字团人多势众，分布地区广泛。各团以老师、团首、大师兄、二师兄等为首领，无统一信仰，但“神灵附体”、“刀枪不入”的信条基本一致。各坛互不统属，以传帖作联络，互相配合，并以“扶清灭洋”为口号，反对外国侵略，打击教会势力。运动失败后，冀中义和团以“扫清灭洋”相号召，继续开展斗争。旋被清军镇压。参见“义和拳”、“义和团运动”。

义和团有功于中国说 篇名。近人章士钊、黄藻合撰。颂赞义和团灭洋，为中国种无算之强根，播国民独立之种子，粉碎帝国主义瓜分阴谋。斥封建统治者为“满贼”、“贱种”。清光绪二十七年(1901)刊于《开智录》。二十九年辑入《黄帝魂》，改名《义和团与中国之关系》。

义和团运动 清末以农民和破产失业的城乡居民为主体的人民自发的反帝爱国运动。中日甲午战争后，帝国主义加紧瓜分、掠夺中国。光绪二十四年九月(1898.10)赵三多、阎书勤等率义和拳在山东冠县梨园屯首举义旗，提出“扶清灭洋”口号。继有朱红灯、本明和尚率茌平、高唐、长清等地义和拳起义。冀鲁交界地之大刀会、梅花拳、神拳等拳会亦相继改称义和拳。次年夏，山东巡抚毓贤承认义和拳，并改称义和团。各种拳会、刀社、团练打出义和团旗号者日众，声势浩大。继遭山东巡抚袁世凯镇压，声势大衰。二十六年春，京畿东南各地遍设拳场神坛，尤以天津所属之沧州、静海、盐山、庆云为盛。义和团重振声威。四月，进占涿州城。五月，拆毁芦保铁路百余里，拔去电杆，并进入北京、天津，打击教会及侵略势力，义和团运动进入高潮。各国纷纷增兵来华。五月十四日，英国海军司令西摩尔率八国联军约两千人登陆，经天津进犯北京，义和团和清军在廊坊车站狙击，迫其撤回天津。继而又围攻北京西什库教堂和天津紫竹林租界，给侵略者以沉重打击。二十一日，八国联军攻陷大沽炮台，全面挑起侵华战争。爱国清军联合义和团奋起抗击，开始了天津保卫战。二十四日，甘军在北京击杀德国公使克林德，并联合义和团围攻东交民巷使馆。二十五日，清政府下诏宣战，嘉奖义和团为“义民”。七月二十日联军陷北京。慈禧太后为向侵略者乞和，下令剿杀义和团。二十七年与英、法、俄、德等十一国签订《辛丑条约》。在中外反动势力联合镇压下，义和团运动终遭失败。次年三月，冀中义和团举起“扫清灭洋”的旗帜，继续斗争，旋即失败。

义集 明代经官府批准而免除各种税收之集市。多为地方乡绅倡议而设立。

义寂(919—987) 五代北宋浙江永嘉(治今浙江温州)人。僧人。本姓胡，字常照。幼出家。后入天台研习止观。因唐武宗会昌灭佛后天台宗典籍残缺，曾劝吴越王遣使高丽、日本求取教典。居螺溪道场阐扬天台宗教义，天台宗由是中兴，世称“螺溪尊者”。著有《止观义例》、《法华十妙不二科节》(或作《法华十钞》)等。

义净(635—713) 唐齐州(今山东济南)人，一说范阳(今北京城西南)人，俗姓张，名文明。僧人。咸亨二年(671)由海道往天竺，留学那烂陀寺十一载，亲近著名大师宝师子等，研究瑜伽宗、中观宗、因明学和俱舍论，后求得梵本三藏近四百部，合五十余万颂。并考察西方当时所行戒律，历三十余国，作传四十条寄归，名《南法寄归内法传》。证圣元年(695)回国，携梵本经、律、论四百余部，抵洛阳时，武则天亲迎之。曾参预实叉难陀译场。旋在长安、洛阳主持译事，为中国佛教著名翻译家之一。共译经、律、论六十一部，二百三十九卷。另著有《大唐西域求法高僧传》。

义旧 即“义故”。

义军 五代南唐初，凡民产二千缗以上者出一卒，号为义军。

义均 即“商均”。

义理之性 亦称天地之性、天命之性、本然之性。与“气质之性”相对。以仁、义、礼、智等封建义理为人之本性，故名。

义理之学 即“宋学”。

义利双行 义(伦理道德)、利(物欲或功利)并行不悖之谓。墨家认为：“义，利也”(《墨子·经上》)，主张利物、利民即是行义。荀子主张：“义与利者，人之所两有也。”《荀子·大略》以伦理与物欲为人所固有的属性。南宋陈亮提出：“义利双行，王霸并用”(《陈亮集》卷十一)，进而以是否有事功，作为衡量义与不义的标准，明清之际的颜元、王夫之等都力主此说。

义利之辨 关于道德行为与功利相互关系之辨析和争论。《左传·昭公十年》：“思义为愈。义，利之本也。”指出“义”既是“为愈(贤)”之依据，又是“利”之根本，认为义重于利。《论语·里仁》：“君子喻于义，小人喻于利。”将“义”、“利”对立作为区别“君子”、“小人”之道德标准。战国时期，墨子后学则以“义”为“利”，提出“义，利也”(《墨子·经上》)之义利统一观。孟子继承孔子之义利对立观，反对言“利”，主张存“义”(《孟子·梁惠王上》)。韩非子则提倡重“利”，谓“利所禁，禁所利，虽神不行”，指出“委利而不使进”，犹“为门而不使入”，是“乱之所以生也”(《韩非子·外储说左下》)。西汉董仲舒坚持儒家义利对立观，提出“仁人者，正其谊(义)不谋其利，明其道不计其功”(《汉书·董仲舒传》)。司马迁则认为，凡天下人，上自国君，下至百姓，无不谋利，故谓“天下熙熙，皆为利来；天下攘攘，皆为利往”(《史记·货殖列传》)。宋代理学家沿袭孔孟义利对立之说，谓“大凡出义则入利，出利则入义”(《二程遗书》卷十一)，认为义利不可并存；又以“天理”为“义”，“人欲”为“利”，把儒家存义去利之说发展为“存天理去人欲”。南宋时陈亮、叶适倡功利之学，反对理学家之义利观，主张“义利双行，王霸并用”(《陈亮集》卷十一)，“既无功利，则道义者乃无用之虚语尔”(《习学记言》卷二十三)，视“功利”为“道义”之本。明李贽针对董仲舒"正其谊(义)不谋其利",明确指出:"夫欲正义,是利之也;若不谋利,不正可矣。吾道苟明,则吾之功毕矣;若不计功,道又何时而可明也?"(《藏书·德业儒臣后论》)以义利统一观反对儒家关于义利对立之正统观点。清颜元更提出"盖正谊(义)便谋利,明道便计功,……全不谋利计功,是空寂,是腐儒"(《颜习斋先生言行录·教及门》)。

义陵 西汉哀帝刘欣陵墓。位于今陕西省咸阳市西北。建平二年(前5),以渭城西北原上永陵亭部为初陵。元寿二年(前1)六月哀帝卒,秋九月葬此。

义陵县 西汉置。治今湖南溆浦县南,临溆水。为武陵郡治。东汉废。《水经·沅水注》:义陵县"所治序溪(今溆水),最为沃壤,良田数百顷,特宜稻,修作无废"。

义律(Charles Elliot,1801—1875) 英国人。十五岁入海军。1822年升海军少尉。1828年升海军上校。1830—1834年在英属圭亚那充任高级官员。清道光十四年(1834)以船务总管身份随律劳卑来华。十六年充任驻华商务监督。十九年,因对抗禁烟运动未逞,一面被迫答应缴烟,一面怂恿外交大臣巴麦尊对中国发动侵略战争,并提供作战方案。次年被任命为副全权代表。鸦片战争爆发后,率英舰队陷定海,北犯大沽。同年十二月(1841.1)率英军攻占大角、沙角两炮台,企图迫使琦善签订《穿鼻草约》。二十一年四月率英军进攻广州,迫使靖逆将军奕山签订《广州和约》。旋被英国政府调往北美洲,任驻得克萨斯代办、百慕大总督等职。后封爵士,授海军大将衔。

义米 ❶《三国志·张鲁传》称,东汉末年天师道首领张鲁在汉中通道上置义舍,又于舍内置义米、义肉,行路者可量腹取足。❷西晋时边远地区少数民族负担之土地税。《晋书·食货志》称:"远夷不课田者输义米,户三斛,远者五斗。"

义宁 隋恭帝杨侑年号(617—618)。凡二年。

义宁县 五代晋天福八年(943)分灵川县地置。治今广西临桂县西北五通。历属桂州、静江府、静江路、桂林府、永宁州。1951年并入临桂、灵川、龙胜三县。

义宁州 清嘉庆六年(1801)改宁州置。治今江西修水县。属南昌府。1912年改为县。1914年因与广西义宁县同名,改为修水县。

义气会 清代贵州秘密结社。系边钱会传入贵州后所用名称。

义钱 东汉时百姓犯法后,用以赎罪之钱。实为贪官污吏聚敛的一种名目。《后汉书·虞诩传》:"是时长吏、二千石听百姓谪罚者输赎,号为义钱。托为贫人储,而守令因以聚敛。"清方以智《通雅·事制》:"义钱、金选,罪赎也。虞诩上疏乞除义钱。义钱者,长吏听百姓谪罚者输赎者也,即今之赎罪金。"

义渠安国 西汉人。宣帝时为光禄大夫。元康四年(前62),因羌侯狼何遣使至匈奴借兵,欲击鄯善、敦煌,以绝汉道,奉命行视诸羌。至则斩杀先零羌首领多人,又纵兵击其种人,斩首千余级。诸降羌及归义羌侯杨玉等以此恐怒,遂劫略小种,攻城邑,杀长史。复以骑都尉将骑三千备羌,至浩亹,为羌人所击,失亡车重兵器甚众,乃引还。

义渠之戎 古族名。西戎八国之一。有人认为属羌。商武乙时,周师伐义渠,获其君。春秋战国时,据有宁(今甘肃宁县)、原(今宁夏固原)、庆(今甘肃庆阳)及其以北之地。首领称王,筑城数十,势力强大。地近秦国,与秦时和时战。周赧王四十五年(前270)为秦所灭。西汉时,部分义渠人在河西,归张掖属国都尉领护。因助击败匈奴侵扰有功,汉封其首领为犁汙王。

义胜军 唐方镇名。亦名威胜军节度使。详"浙江东道"。

义莳 一作锜畴。战国周威公时贤者。周威公问晋出公太史屠黍天下之国孰先亡,对以晋先亡、中山次之,君次之。威公惧,遂求国之长者,得义莳、田邑而礼之,得史驎、赵骈以为谏臣,去苛令三十九。见《吕氏春秋·先识》。

义士 宋乡兵之一。南宋绍兴元年(1131),利州路兴元府(治今陕西汉中)征发良家子弟,二丁取一,四丁取二,与免本户家业钱二百贯(一作三百贯),每二十人(一作五十人)为一队,用以抵御金军,号曰义士。兴州(治今陕西略阳)、洋州(治今陕西洋县)、大安军(治今陕西宁强大安镇)等地亦有义士。

义疏 疏解经义之书,其名源于六朝佛家解释佛典。后泛指补充和解释旧注的疏证。如清郝懿行《尔雅义疏》。

义塾 即"义学"。

义台 地名。在今河北新乐市城关西南。《资治通鉴》:东晋隆安元年(397),北魏主拓跋珪进攻后燕慕容麟于新市,"麟退阻泒水,甲戌,珪与麟战于义台,大破之",即此。

义通(927—988) 五代宋初人。僧人。字惟远。原为高丽王族。后晋时游学中国,后赴天台,师事义寂,为其上首弟子,遂以异国僧人,成为中国佛教天台宗一代宗师。宋太宗赐所居寺院"宝云"寺,故时称"宝云大师"。天台宗僧人宗晓集其文献资料编为《宝云振祖集》。

义乌兵 明乡兵之一。嘉靖三十七年(1558),戚继光募浙江义乌矿徒和农民为兵,得三千余人。以队、旗、局、司、部、营编制。经严格训练,无不以一当百,抗倭、守蓟镇皆有功。在乡兵中最著名。

义乌人物记 书名。明金江撰。二卷。成书于嘉靖十四年(1535)。仿宋濂《浦阳人物记》体例,取史传、方志及诸家文集中所载义乌历史人物,各为立传。所载自秦至明共四十七人,但明代仅六人。分忠义、孝友、政事、文学四类,叙事过于简略,不及《浦阳人物记》广博。

义乌县 唐武德七年(624)改乌伤县置。治今浙江义乌市。属婺州。元属婺州路。明、清属金华府。

义武军 唐、五代方镇名。唐建中三年(782)置义武军节度使,又称易定节度使。治定州(今属河北)。领易、定、沧三州。辖境屡变,约当今河北太行山、曲阳、无极以东,涞水、容城、安国、深泽以西地区。乾符六年(879)后为王处存、王处直等割据。北宋初废。

义武镇 见“义武军”。

义务宪兵队 原名中国敢死团。清末学生革命军事团体。宣统三年二月二十日(1911.3.20)在上海正式成立,朱家骅为团长,徐霁生为总务,参加者有学生、军警、官员等二百余人。武昌起义后改称是名。曾参与上海光复,上海光复后改称义武宪兵。辅佐各革命军活动,后改称北伐义务宪兵队,誓师北伐。南北议和时解散。

义熙 晋安帝年号(405—418)。凡十四年。

义熙土断 见“土断”。

义乡城 在今浙江长兴县北义乡山。南朝宋泰始二年(466),吴喜克义兴,军至义乡城,即此。

义兴郡 西晋永嘉四年(310)因阳羡人周玘三定江南有功,乃分吴兴、丹阳二郡地置。治阳羡县(今江苏宜兴市)。辖境相当今江苏宜兴、溧阳等市地。属扬州。南朝宋泰始四年(468)改属南徐州。隋开皇九年(589)废。

义兴县 隋开皇九年(589)灭陈后改阳羡县置。治今江苏宜兴市。属毗陵郡。唐属常州。北宋太平兴国元年(976)因避太宗赵光义讳,改名宜兴。

义玄(?—867) 唐曹州南华(今山东东明)人,俗姓邢。幼有出尘之志,及落发受戒便慕禅宗。首拜江西黄檗山希运为师。后居河北镇州(治今河北正定)临济院,为临济宗之祖师。卒谥慧照禅师。宣传不假外求,“自信”成佛。否定“心”外万物的存在,谓“罗汉辟支犹如粪土,菩提涅槃系驴马橛”(《景德传灯录》卷二十八)。以“棒喝”齐施为基本教学手段,主张对执“迷”不“悟”之人,应“敲骨取髓,痛下针锥”(《人天眼目》卷一)。宋道原《景德传灯录》辑有《镇州临济义玄和尚语》。另有《临济语录》行于世。

义学 旧时免费教育的学校。又称义塾。多由官员、地主在家乡开办,招聘名士教育本族及乡里子弟,经费主要来源于地租。义学之设,始于宋代范仲淹。时义学规模较大的有四斋,分大、小学,六岁以上入小学,十二岁以上入大学,考试名列前茅者受奖,发解、登科、补入太学者赠以钱物;学规仿照当时著名书院制订。不少义学置有田产。有的还建孔庙,供春、秋祭祀。后代多仿行。至清朝,政府鼓励开办,以广文教,以至义学盛行。京师及各省府、州、县均设有,凡孤寒生童及苗、彝、黎、瑶等少数民族子弟之愿学者均可入学。由州、县学中选择“老成谨慎、文品兼优”的生员充任义学之师,并规定:如训迪有方,义学日盛,该生员准作贡生;学生果能通晓文理即准应试,酌取入州、县学。雍正以后,义学发展更快。晚清山东堂邑(今聊城西)人武训,即以兴义学而闻名。

义阳国 西晋泰始元年(265)置。治新野。辖境相当今河南新野、唐河、桐柏、罗山、信阳、邓州等县、市及湖北枣阳、随州市。属荆州。东晋改为郡。参见“义阳郡”。

义阳郡 三国魏文帝置。治安昌(今湖北枣阳市南)。属荆州。不久省。西晋武帝复置国,治新野(今属河南)。东晋改为郡,治所屡有迁徙,东晋末移治平阳(今信阳市)。南朝宋改属南豫州,辖境相当今河南信阳、罗山等市、县和桐柏县东部,湖北广水、大悟、随州等市、县部分地区。宋末为司州治。南朝齐改为北义阳郡。梁复旧名。东魏末为南司州治。北齐为郢州治。北周为申州治。隋开皇初郡废。隋大业及唐天宝、至德时又曾分别改义州、申州为义阳郡。地当南北交通要冲,有平靖、黄岘、武阳三关之险,为东晋、南北朝边地要郡。

义阳三关 南北朝时义阳郡(治今河南信阳市)南平靖、黄岘、武阳三关的总称。在今豫、鄂界上。《南齐书·州郡志》:义阳郡“有三关之隘”。三关与义阳郡城势如首尾,为南北兵争要地。

义阳县 ❶三国魏文帝分平氏县义阳乡置。治今河南信阳县西北淮河北岸。属义阳郡。晋太康以后废。南朝宋孝建三年(456)复置。隋开皇初废。❷隋开皇三年(583)以平阳县改名。治今河南信阳市。为义阳郡治。唐为申州治。北宋避太宗赵光义讳,改为信阳县。

义役 ❶宋职役的一种。由乡民出资或捐田助役。南宋职役甚重,役法杂乱。约在宋高宗绍兴年间,婺州金华县(今浙江金华市)长仙乡的一些“大姓”,因轮派保正役而时起纠纷,乃创议合伙捐田一百亩,帮助当役者应差;每年三月旧保正将田移交给新保正,用为应役之资。乾道五年(1169),处州松阳县民以都保为单位,按役户多少、职役情况,出钱买田,称为义田;以所收田谷助役户轮流应役,称为义役。后不少地区亦相继仿行,但义役亦有其弊,很多义田、义钱为乡间豪绅把持,他们欺压乡民,逃避职役,对乡民敲诈勒索,甚至使原来无役或役轻的中下户破家荡产,很多地区的义役因此被破坏。嘉定七年(1214),曾由朝廷下令禁止沮坏义役。度宗咸淳四年(1268),下令在全国推行义役、义田。元代亦称助役,其法与宋大同小异,元初为民间自行组织,仁宗延祐五年(1318)规定,浙西地区有田百亩以上者都要出田助役。英宗至治三年(1323),在全国范围内推行助役法。规定助役田由应役者轮流掌握,官府不得干预。但助役田(钱)一般均由豪绅大户所支配。❷见“助役”。

义勇 宋乡兵之一。(1)北宋河北、河东、陕西等路按比例征民丁为义勇,于手背刺字,农闲教习武艺,战时防守城垒,官给米、钱。神宗时,改为保甲。(2)南宋湖北路征主户有双丁者为义勇,每十户为一甲,五甲为一团,农闲教习武艺,官司给食。

义勇军 五代南唐末,宋师南下,后主李煜籍境内民间佣奴赘婿为兵,号义勇军。

义章县 隋大业十三年(617)后梁萧铣分郴县南部置。以北临章水得名。治今湖南宜章县北三十五里。唐武德七年(624)废。次年又置。属郴州。

开元二十三年(735)移治今宜章县。北宋太平兴国初避太宗赵光义讳,改为宜章县。

义征(徵) 军士名。唐太宗、高宗时,募军对高丽作战,部分未被选取者,愿不用官物,自备衣粮,从军出征,称为义征。"凡义征者,别为行伍,不入募人之营"(《唐六典·尚书兵部》)。咸通三年(862),南诏围安南,唐廷发兵救援,即有桂管义征子弟三千参加。

义州 ❶唐武德五年(622)置南义州,贞观元年(627)省入南建州,二年复置义州。五年废,六年再置。治龙城县(今广西岑溪市东。至德中改为岑溪县)。辖境相当今岑溪市等地。属岭南道。宋开宝中曾省入窦州,太平兴国初改为南仪州。❷金天德三年(1151)改宜州置。治弘政(今辽宁义县)。辖境相当今义县地。属北京路。元属大宁路。明洪武初废。

义州卫 明洪武二十年(1387)置。治今辽宁义县。属辽东都司。清初废。

义庄 地主豪绅以赡济族人为名的一种田庄。宋仁宗时,范仲淹在苏州(今属江苏)置田十余顷,以所得租米赒给宗族,供衣食、婚嫁、丧葬之用,称为义庄。其后竞相仿效,义庄遂渐盛行。

义纵(? —前117) 西汉河东(治今山西夏县西北)人。少时为群盗。后以中郎补上党郡中令。县无逋事,举第一。迁长陵及长安令,执法不避贵戚,武帝以为能。历任河内都尉,南阳、定襄太守。至则族灭当地豪猾。曾取狱中重罪囚及私入探亲者,一日报杀四百余人,郡中不寒而栗。后因币制数更,民多盗铸,京师尤甚,武帝乃任其为右内史,诛杀甚多。元狩六年(前117),因部吏捕为杨可告缗使者,遂坐废格沮事,弃市。

艺风老人年谱 书名。近人缪荃孙自订年谱。因其晚号艺风老人,故名。起清道光二十四年(1844),迄宣统三年(1911)。简述经历,而详于治学、访碑、刻书诸事。缪氏卒于1919年,后八年事迹,系其子禄保、僧保续补,甚简略。有1936年刊本。末附夏孙桐撰《缪艺风先生行状》。

艺风堂文集 书名。清缪荃孙撰。七卷,外编一卷。内容有晚清吏治、民生、学术文化等。有光绪二十六年(1900)刊本。

艺风堂友朋书札 书名。近人缪荃孙等撰。以其晚号艺风老人,故名。辑缪氏同时代知名学者一百九十七人之论学书札。于搜书刻书,访碑摹拓,以及清史之编纂,各省方志之重修,以至朝政时事、社会活动等,均有记载。亦略述清末民初四十年间之学术动态、版本流传、文人交游之事。间有清季掌故、遗闻轶事。有1980年中华书局刊本。

艺圃 学校名。又称艺圃学堂。福建船政学堂的重要组成部分。清同治七年(1868)创设。始由船政各厂分招年在十五至十八岁的聪颖工人数十人,随同洋匠边工作边学习,名为艺徒。旨在培养技术工人,成绩优异者可充工头或工程师。初皆分散于各厂,嗣因人数过多,遂设一艺圃集中居住,以便管束。每天授课学习,故有艺圃学堂之称。分艺徒、匠首两学堂。各以三年为期。初入堂者学习法语、数学、几何入门、常用艺学浅义、画法、制图等。各徒均于每日下午赴学肄业,上午入院学习船身、轮机各种绘事。工作三年后大考一次,制作精熟者即予升为匠人,赴厂办工。或择其优者派入匠首学堂肄业三年,教以稍精艺学、制造轮机、汽机等学,以升补匠首、管轮之用。一说艺圃仅系寄宿舍性质,并非正式学校。

艺圃学堂 即"艺圃"。

艺师 官名。清末改革官制后中央某些部门设置的技术人员。六、七品不等,掌管有关工程技术事务。如农工商部有一等艺师、二等艺师。

艺士 官名。清末改革官制后中央某些部门设置的技术人员。八、九品不等,负责经手有关的工程技术业务。如农工商部有一等艺士、二等艺士。

艺徒学堂 学校名。(1)清末普遍设立的培养工业技术工匠的职业小学校。招收未入初等小学而粗知书算之十二岁以上儿童入学,授以初等工业技术,使之成为善良之工匠,而利于谋生。学习年数以六个月以上、四年以下为限。官立、公立、私立皆有,但须由地方官禀经本省学务处核准。光绪二十九年(1903)颁布的《奏定学堂章程》中,有《奏定艺徒学堂章程》。(2)光绪七年福建船政学堂设立艺圃,亦名艺徒学堂或艺圃学堂。

艺文监 官署名。元文宗天历二年(1329)置,掌翻译和刻印儒学典籍。专以蒙古文翻译汉文儒学典籍,并司校勘。以太监检校书籍事管领,秩从二品。下设少监同检校书籍事,监丞参检校书籍事。辖监书博士(掌品定书画)、艺林库(掌书籍贮藏)及广成局(掌传刻及印造事)。顺帝至元六年(1340),改为崇文监。隶翰林国史院。

艺文类聚 类书名。唐高祖命欧阳询等辑。一百卷。根据一千四百多种古籍,分门别类,摘录汇编,分岁时、治政、产业等四十八部。事实居前,诗文列后,其中征引的古代典籍,现多散佚,赖此书保存了不少珍贵资料。

艺文志 中国纪传体史书、政书和方志等记载图书目录部分的专名。班固《汉书》始著《艺文志》,分六艺略、诸子略、诗赋略、兵书略、数术略、方技略等。其后,《新唐书》、《宋史》、《明史》中亦相继编纂《艺文志》。《隋书》和《旧唐书》中称为《经籍志》。清代学者更补辑了《后汉书》、《三国志》、《元史》等的《艺文志》。对研究历代图书文献、学术源流具有一定的参考价值。

艺游录 书名。清骆腾凤撰。二卷。系二十二篇数学研究札记,涉及《九章算术》、《孙子算经》、《缉古算经》、《测圆海镜》等名著及清代算家的若干成果与问题。其卷下"衰分补遗"将不定方程化为同余式组,用求一术解之。又将百鸡问题消去一个未知元也化为这种模式。沟通了传统的差分术与求一术的联系,在三色差分算法上独辟蹊径,有承先启后之功。初刻于嘉庆十七年(1812),道光二十三年

(1843)出校刊本。

艺祖 有才艺文德之祖。语出《书·舜典》:“归,格于艺祖,用特。”后代用以指开国皇帝。宋人常称宋太祖赵匡胤为“艺祖”。

刈 镰属农具。多用于割草收谷。春秋战国间流行于齐地。《国语·齐语》:“(农)挟其枪、刈、耨、镈,以旦暮从事于田野。”

忆江南 唐教坊曲名,后用为词牌。《乐府杂录》载,此调原名谢秋娘,系宰相李德裕为亡妓谢秋娘作。白居易依调填词,有“春来江水绿如蓝,能不忆江南”名句,始改今名。又名江南好、望江南、梦江南等。单调,二十七字,五句,三平韵。

忆尼 见“焉耆”。

忆秦娥 词牌名。唐李白首制,词中有“秦娥梦断秦楼月”之名句,故名。又名秦楼月等。或以为此词非李白所作。双调,四十六字,上、下阕各五句,三仄韵、一迭韵。后又作曲牌名。

忆昭楼洪杨奏稿 书名。清胜保等撰。三卷。抄本。汇编咸丰二年(1852)五月至四年四月间清方有关太平军在鄂、湘、皖、苏活动及上海小刀会起义的谕旨、奏稿、禀报、函牍和部分探报。收入《太平天国资料丛编简辑》。

艾 农器。《农政全书·艾图说》谓:“艾,获器,今之刈镰也。”因与铚用途相近同,故多连合,如《诗·周颂·臣工》:“奄观铚艾。”《吕氏春秋·上农》:“祸因胥岁,不举铚艾。”

失必儿 一作亦必儿—失必儿。部族名,也用为地区名。《史集》称吉利吉思直抵亦必儿—失必儿边境,当指其西北广大地区。成吉思汗派术赤北征林木中百姓时,归附蒙古,居地成为术赤封地。元世祖曾派兵与海都军大战于亦必儿—失必儿之地。元仁宗延祐七年(1320)方济各会教士的一封信中也提到 Sibur 地名。

议宾 见“八议”。

议曹 官署名。亦称谋曹。职主谋议。西汉丞相府置,为所属诸曹之一。东汉三公府皆置。主管者为议曹掾,秩比三百石。又,郡县亦置。三国魏公府列曹亦置。晋代州郡沿置。南朝宋、齐、梁、陈州皆置,以从事史(从事)主之,郡亦或置,以掾主之。又,南朝宋、梁尚书亦置。

议曹从事 官名。即议曹从事史。东汉为刺史(州牧)属吏。东汉末,刘备为益州牧,以杜琼为议曹从事,职参谋议。晋不详。南朝以来,州府皆置。员额多寡各随州,无定制。其地位随州之大小,有一班、流外七、六、五、四班之不同。陈大州议曹从事位九品。

议曹祭酒 官名。汉代郡府属吏。不领具体职司,参与谋议,属散吏,地位较尊。

议处 官制用语。即对有过失的官员交有关部门拟定处罚办法。清制,一般官员均由吏部拟定,如系吏部官员则交都察院拟定处罚办法。其情节轻微者,则称察议。

议定俄属商人贸易地址条约 沙俄强迫清政府订立的不平等条约。光绪九年二月二十七日(1883.4.4),由清方官员刘宽与沙俄代表巴勒喀什(H. H. Балкашин)签于塔尔巴哈台(今塔城)。凡七条。援《中俄改定条约》有关条款,具体划定俄国在塔尔巴哈台的“新贸易圈”。规定此区内中国不能建房,俄方则可“自行调处”;并为其以后继续扩展占据计,规定附近不可任意栽树。

议复档 档案名称。清代军机处档册。清制,内外臣工条陈事件,均交军机大臣查议复奏。该档所载,即为军机大臣复奏交议事件之奏片内容。起自雍正十一年(1733)一月,止于宣统三年(1911)十二月,现存一百十五册,藏中国第一历史档案馆。

议复河套 明嘉靖年间处置河套问题的争论。时鞑靼部首领俺答入据河套,常攻掠陕西、山西等地。嘉靖二十五年(1546),以兵部侍郎曾铣总督陕西三边军务。曾铣上疏,建议增筑边墙及收复河套地区,得首辅夏言支持,世宗初亦赞许。大学士严嵩与夏言有隙,并欲夺其首辅位,极言河套必不可复,攻击曾铣开启边衅。世宗原无意出兵,遂从其言。二十七年,逮曾铣,勒令夏言致仕,后又杀之。自此,无敢再言收复河套者。

议功 见“八议”。

议古根源 书名。北宋刘益撰。以田地面积和勾股问题为对象,用二次方程求解。约二百问(一说一百问)。杨辉《田亩比类乘除捷法》引用了其中二十二个题目,得以留传至今。

议故 见“八议”。

议贵 见“八议”。

议话坪制 羌族部落民主制的一种形式。历史上每个羌寨都设有“议话坪”(羌语叫尔母孜巴),每户有一名男丁参加,是商议处理全村寨大事的集会地。凡出兵抵御外侮、议定乡规民约、敬神祭祀、选举寨首等均在议话坪举行。在每个部落或乡还设有大议话坪,每年开会一两次,主要检阅每户男丁武器装备、举行射击比赛、选举部落首领等。寨首和部落首领都是有威信、有权威的财主,任期不定,三、五年均可。议话坪的规矩是人人都有发言权。后来随着羌族封建社会的深化,此种会议逐渐变成封建统治者愚弄群众、统治羌民和煽动男丁从事械斗的工具。

议郎 官名。(1)西汉置,隶光禄勋。为高级郎官,不入直宿卫,职掌顾问应对,参与议政,指陈得失,为皇帝近臣。秩比六百石。东汉更为显要,常选任耆儒名士、高级官吏,除议政外,亦或给事宫中近署。魏、晋及北魏仍置,作为后备官员,不再以参议谏诤为职。魏、晋七品。品秩虽低,名义清高,即三品将军、九卿亦有拜之者。(2)隋代谒者台属官。大业三年(607)置,额二十四员,掌出使巡察。寻废。

议榔 苗语称构榔,似汉族旧时之歃血为盟,或今之公约。苗族古歌和汉文献中均有记述。其俗近代尚存。但名称各地不同:广西融水、贵州从江及湘、桂、黔边苗族地区谓之“栽岩”;贵州凯里、雷山等地谓之“构榔”,也有称“构枉”(大头人)的。主要为制定榔规乡约,并执行之。其立法司法范围涉及政治、经济、文化、军事、伦理、婚姻、生产、生活、社会福利、社会秩序和安全等方面。小则一寨一社,大至几个村、社联合为一社,形成一个片区的宗支联盟或地域性联盟,由有关村、社的头人组成。一般无常设机构,由议榔所在地村、社头人为当然召集人。费用由议榔范围内的公众负担。

议礼局 官署名。北宋大观元年(1107)尚书省置,以执政兼领,下设详议官,掌议定礼制。政和三年(1113),修成五礼仪注,遂罢。

议令史 官名。东汉末年置,曹操丞相府属吏。诸曹如东曹、西曹、法曹等皆设。

议能 见“八议”。

议亲 见“八议”。

议勤 见“八议”。

议生 官名。晋代郡、县属吏中散吏之一,职掌谋议。北齐清都郡,邺、临漳、成安三县亦置。

议司 宋司法机构之一。元丰六年(1083)定制,大理寺治狱分为断、议两司。议司由大理丞、卿、少卿组成。凡断司所断公案,大理正详审后,移议司复议,遇有疑难、争论,提议改正,大理卿、少卿再加审定。

议贤 见“八议”。

议叙 清代吏部奖叙制度。凡官员考核成绩优良或有功绩者,奉旨交部议叙,以资奖励。议叙之法,分为纪录、加级两种。又,由保举而授任之官亦称议叙,如议叙知县等即是。

议员 官名。清末参预中央资政院及地方咨议局议案讨论、表决之官员。资政院议员分为钦选议员、民选议员两种。详“资政院钦选议员”、“资政院民选议员”、“咨议局常驻议员”、“咨议局议员”。

议章 唐律规定,*八议中人物犯死罪的审议制度:先将其所犯罪行及其应议之状(属八议中某一条),上奏都堂(尚书省办公处)会议,决定如何处理后,再上奏皇帝,最后裁决。犯流罪以下可减一等。但犯*十恶者不得援用此律。

议长 官名。清末各省咨议局长官。详“咨议局议长”。又,内阁总理大臣于会议时充当议长。

议政贝勒 指清入关前非旗主贝勒而参与议处国政者。后金天命七年(1622)后,实行八贝勒共治国政之制。八贝勒即八旗之旗主贝勒,又称主旗贝勒。此外,非旗主之贝勒,亦有参与议政者,是为议政贝勒,如德格类、杜度、阿巴泰等。

议政大臣 见“议政王大臣会议”。

议政王大臣会议 又称国议。清初满族贵族参预国政之政治制度。始于清太祖努尔哈赤筹建后金政权之际,时特置议政大臣(即理政听讼大臣)五人佐理国事,与诸贝勒每五日集朝一次,协议国政,公断是非。天命七年(1622)后,实行八和硕贝勒“共议国政”制。十一年九月,皇太极嗣位,为加强君权,分散诸王贝勒权力,命八旗总管大臣(固山额真)均参加议政。后又将议政范围扩大到贝子,定每旗各设议政大臣三人。此后,议政制度逐渐成为王大臣共同辅政的一种形式。顺治元年(1644),于内廷设议政处,以为议政王大臣的办公处所。其议政形式有两种:一是廷议,即凡军国重务不由内阁票发者,由议政王大臣“坐中左门外会议,如坐朝仪”;二是交议,即凡奉旨交议政王大臣会议的事件,由内阁转交议政处,王大臣共同会议后核奏。雍正年间成立军机处后,重要军国大政皆由军机大臣承旨遵办,王公大臣议政制度遂废。至乾隆五十六年(1791)正式取消。

汉川县 唐武德四年(621)分汉阳县置。以汉水为名。治今湖北汉川市西南叶集。属沔州。其后移治今汉川市西北刘家隔。北宋太平兴国二年(977)改为义川县。

亦八里城 即“亦力八里”。

亦必儿—失必儿 即“失必儿”。

亦卜剌 即“亦不剌因”。

亦不剌因(? —1533) 或译伊巴哩、亦不剌、亦卜剌、尾白儿等。明代畏兀儿近族乜克力部人。蒙古永邵卜部领主,称太师。正德初年,因弑杀达延汗次子五路士台吉而遭达延汗征讨,战败,逃往青海。达延汗死后,曾与博迪阿拉克汗和好。后为麦力艮、俺答汗所败,死于哈密。

亦都护 一作易都护、邑都护、亦都兀惕。突厥语音译。初见于鄂尔浑突厥碑铭。七世纪定居别失八里(今新疆吉木萨尔北)之拔悉蜜部首领及十二、十三世纪高昌回鹘首领皆曾用此号。高昌回鹘亦称其首领所居之城为亦都护城。此号含义一说为“幸福之主”或“圣主”,一说系借用汉语“都护”一词,在词首加元音“亦”缀成。

亦都护高昌王世勋碑 元碑刻。至顺二年(1331)立。虞集撰文,原题作《高昌王世勋碑》。1933年甘肃武威北三十里石碑沟出土。正面汉文,背面回鹘文。内容叙述回鹘起源、西迁之事较其他史料详细,是研究回鹘史或高昌史的珍贵资料。《元史·巴而术阿而忒的斤传》、《续弘简录·也立安敦传》皆据此碑文撰写。

亦儿哥赤 蒙古语,意为牧羯羊者。元皇室、诸王属下牧羯羊者及掌管其事的官员。

亦儿坚 蒙古语,意为部落、部族、人众。汉译百姓。亦用以称邦国,如克烈、蔑里乞、乃蛮等部,西夏、花剌子模等国,蒙古语中皆称之为亦儿坚。

亦黑迭儿丁 亦作也黑迭儿。元回回人。祖籍大食。蒙古中统元年(1260)管领茶迭儿局(茶迭儿,蒙语庐帐之意)。世祖至元元年(1264),修筑琼华岛(在今北京北海)。四年,与光禄大夫刘秉忠等,领工修建元大都(今北京)。八年,授茶迭儿局诸色人匠总管府达鲁花赤,后迁工部尚书,主持修筑大都宫城,为建设明清北京城阙奠定了基础。

亦黑迷失 又译也黑迷失。元畏兀儿人。初充世祖宿卫。至元九年(1272)、十二年,两度出使海外。十八年,授荆湖占城行省参知政事。二十一年,使僧迦剌国(今斯里兰卡),还,复从攻占城。二十四年,使马八儿国(在今印度半岛东南部),得良医善药还,复充宿卫。授江淮行省左丞、行泉府太卿。二十九年,以熟悉海道,拜福建行省平章政事,副史弼侵爪哇,兵败,与史弼等并获罪削职。至大三年(1310),起为平章政事、集贤院使,领会同馆事。告老家居。

亦即纳 即"亦集乃"。

亦集乃 又译亦即纳。西夏语,意为黑水。(1)河名,今内蒙古额济纳旗弱水。(2)城名,即西夏黑水城。元置亦集乃路,为治所,属甘肃行省。至元二十二年(1285),迁甘州新附军二百人于此屯田。今内蒙古额济纳旗哈拉和托古城。

亦集乃路 元至元二十三年(1286)置。治今内蒙古额济纳旗东哈拉和托古城。辖境约当今额济纳旗境。属甘肃行省。元于此开凿合即渠,屯田九十余顷。

亦剌八里 即"亦力八里"。

亦剌合鲜昆 又作亦剌哈、你勒合、亦腊喝。鲜昆又译桑昆、翔昆,乃沿用辽官称"详稳"为号。克烈部汪罕之子。曾随汪罕对乃蛮等部作战,又对成吉思汗作战。1203年秋,成吉思汗攻灭克烈部,遂走西夏,又逃入西辽。被西辽曲先(今新疆库车)地区首领擒杀。

亦力八里 古西域地名。《北使记》作益离城。亦作亦剌八里、亦八里城。明永乐十六年(1418),歪思汗徙部落至今伊犁地区,迁都于此,为蒙兀儿斯坦汗国后期都城。八里,突厥语意为城。故址在今新疆伊宁一带。明代亦称其国号为亦力八里。

亦力撒合(?—1295) 元唐兀人。随父阿波古事诸王阿鲁忽,居西域。至元十年(1273)奉诏宿卫,掌服御事。尝奉使河西还,擢河东提刑按察使,进南台中丞,为官正直,以弹劾诸王贪赃官吏而名于世。世祖赐宝刀令"以镇外台"。二十一年改北京宣慰使。二十三年为辽阳行省参知政事。世祖亲征,为掌运粮储,军供无乏,加左丞。二十七年,命尚诸王算吉女,亲为资装以送,赠玉带,改四川行省左丞。成宗即位,其年入朝,卒。

亦连 见"伊列"。

亦怜真 ❶(1238—1279) 又作亦邻真。全名亦邻真监藏。元乌思藏萨斯迦(今西藏萨迦)人,款氏。帝师八思巴异母弟。世祖至元十一年(1274)继八思巴为帝师,凡六年,卒于临洮。❷(?—1314)元蒙古克烈氏。也先不花长子。世祖时侍真金太子于东宫,任家令。仁宗时官至湖广行省左丞相。文宗时追封武昌王。顺帝时又追封冀王。

亦怜真班(?—1354) 又译懿怜真班。元唐兀人。暗伯之子。仁宗至顺帝朝,累官翰林学士承旨、御史大夫。元统、至元间,因忤丞相伯颜,被谪徙海南。伯颜罢黜后,还朝,仍为御史大夫。至正八年(1348),因反对丞相别儿怯不花,贬为江浙行省平章政事。十二年,为江西行省左丞相,招降和镇压饶、信等地红巾军。后病死。

亦列 见"伊列"。

亦邻真监藏 即"亦怜真❶"。

亦马赤 蒙古语,意为牧山羊人。元朝皇室、诸王属下牧山羊者及掌管山羊群者。

亦马儿河 辽、金、元北方河名。《圣武亲征录》载,成吉思汗遣长子术赤征乞儿乞思(即吉利吉思)部,追乞儿乞思至亦马儿河而还。知此河应在乞儿乞思所居谦河(今叶尼塞河上游)之西,马合木·喀什噶里《突厥语大辞典》附图此河名在也儿的石河之北,为今鄂毕河。

亦纳勒赤 见"哈答驸马"。

亦纳里 又译亦难。吉里吉思等突厥语部族首领称号。

亦攀丹(?—1446) 明代安定卫首领。安定王卜烟帖木儿孙。洪武十年(1377),安定卫内乱,父、祖被杀,部众溃散,遂流寓灵藏(今四川德格西北)。永乐十一年(1413),率众入贡,袭封安定王,自是朝贡不绝。

亦乞不薛 即"亦奚不薛"。

亦乞剌 即"亦乞列思"。

亦乞列思 又译亦乞剌、亦怯烈、亦启烈。蒙古迭儿列斤部的一支。相传是产于金壶的三兄弟中仲兄之后,游牧于额尔古纳河附近。成吉思汗之妹帖木伦嫁给此部人孛秃。元太祖九年(1214),孛秃分得金懿州为领地,成为漠南五投下之一。元代在其领地设宁昌路。亦乞列思贵族世代与元皇室通婚,先后受封为宁昌郡王、昌王。

亦启烈 即"亦乞列思"。

亦怯烈 即"亦乞列思"。

亦摄思连真(?—约1294) 元乌思藏萨斯迦(今西藏萨迦)东寺僧人,师事八思巴,为其侍者。世祖至元二十三年(1286)立为帝师,二十八年去位。后病死于五台山。

亦失哈 一作亦信、亦什哈。明太监。原籍海西(今吉林以北,哈尔滨以南,依兰以西,松花江之间一带)女真族。汉名易信。永乐、宣德间,以内官身分奉命为钦差,七次出使奴儿干(永乐时五次,宣德时两次)。永乐七年(1409)设奴儿干都指挥使司后,多次奉命至其地。十一年创建永宁寺,立永宁寺碑记此事。宣德七年(1432)第十次至其地。次年委官重建永宁寺并立碑。十年出任镇守辽东太监,与总兵同为驻镇东北最高军政长官。景泰元年(1450),被劾召回。此后无闻。

亦思渴 见"阗池"。

亦思马因 ❶(?—1274) 元回回人。出生西域。至元八年(1271)与阿老瓦丁应诏至大都(今北京)造炮。十年,献新炮法,并以所造炮助蒙古军攻南宋襄阳(今湖北襄樊市),因功授回回炮手总管。❷(?—1487)又译伊思满、伊斯满等。明代畏兀儿近族乜克力部人。蒙古满都鲁汗属下右翼永邵卜部太师。曾攻袭达延汗之父孛罗忽济农,纳其妻,收其众。后又击杀族兄乩加思兰,继任蒙古太师,独揽大权。成化二十三年(1487),被达延汗遣脱火赤少师追杀。

亦思替非文字 即波斯文字。元时波斯语为亚洲穆斯林通行书面语。世祖至元二十六年(1289)

立回回国子学,进行教习。仁宗延祐元年(1314),别置回回国子监。

亦息渴尔 见"阓池"。

亦奚卜薛 即"亦奚不薛"。

亦奚不薛 又译亦乞不薛、亦奚卜薛、一奚卜薛、也可不薛。彝语,亦奚意为江水,不薛意为西,即水西。指鸭池河以西地区(今贵州毕节地区大部),也指该地区的彝族。元代于此设宣慰司,后并入八番顺元宣慰司。亦奚不薛地为元代太仆寺所属十四道牧马地之一。

亦奚不薛宣慰司 土司名。亦奚不薛,《元史》又作亦乞不薛或也可不薛,意为水西。元至元十五年(1278)亦奚不薛降,寻屡举兵叛。十九年元军征亦奚不薛,尽平其地,遂置顺元等路军民宣慰司及都元帅府于顺元,立亦奚不薛、阿苴、鲊陇三路达鲁花赤以军镇守,亦奚不薛首领阿里仍不服。二十年置亦奚不薛宣慰司,增兵戍之。二十九年隶湖广行省。元贞元年(1295)改隶云南行省。大德七年(1303)平定亦奚不薛总管女土官蛇节及宋隆济之起事后,罢亦奚不薛宣慰司并入八番顺元等路宣慰司都元帅府。治今贵州省大方。辖有今大方、织金、黔西等县以及平坝、清镇之北境,修文西境。居民有彝族、蔡家、苗、仡佬、木佬等少数民族。

亦资孔驿 在今贵州盘县西南。地当黔滇孔道。明天启二年(1622),水西安邦彦反,四出侵掠,曾攻占此驿,云南抚臣闵洪学遣兵援黔,收复此驿。

异端 原指事物内部对立之两方。《论语·为政》:"攻乎异端,斯害也已。"宋翔凤《论语发微》:"两即异,异端即两端。"东汉始将异端与邪说等同,以异己者为异端。《后汉书·范升传》:"时尚书令韩歆上疏,欲为《费氏易》、《左氏春秋》立博士,诏下其议。"范升曰:"……今费、左二学,无有本师,而多反异……孔子曰:'攻乎异端,斯害也已。'"桓谭、王充、仲长统均被正统学者视为异端。朱熹《四书集注》引范氏曰:"异端,非圣人之道,而别为一端,如杨、墨是也。"

异力督 官名。西晋置,统宿卫禁兵,侍卫皇帝,隶左、右卫。与虎贲、羽林、上骑、命中督并称二卫五部督。

异牟寻(754—808) 南诏第六世王。唐蒙舍川(在今云南巍山)人。姓蒙氏。乌蛮(彝族)。唐大历十四年(779),继立。同年与吐蕃合兵二十万分三路犯蜀。唐右神策都将李晟等将兵大破之,追至大渡河南。蕃、诏兵死近十万。吐蕃悔怒,惧徙阳苴咩城(今大理市大理镇)。吐蕃降封为日东王,不以兄弟之国待之,且敛求无度。因纳清平官郑回弃蕃归唐之议,于贞元九年(793)遣使诣剑南、西川节度使韦皋,表请归唐。十年与唐使者盟于点苍山。同年自将数万兵大破吐蕃于神川(今云南丽江北一带),取铁桥等十六城。又破范蛮(傣族)、施蛮、顺蛮(傈僳族),定麽些蛮(纳西族)。归唐后,送大臣子弟入成都就学,屡联唐败吐蕃军,比年朝贡,唐亦厚礼之。元和三年(808)卒,唐为之废朝三日。

异途 清代官吏由议叙、捐纳、杂流、官学生、俊秀等出身者为异途。异途经保举,亦同正途出身(旗人免保举),但不得考选科道。异途出身汉人非经保举、汉军非经考试,不得授京官及正印官。

异闻记 书名。唐陈翰编。十卷,原书已佚。惟《太平广记》、《类说》、《绀珠集》等书所引者,得以保存。为唐传奇最早总集,所选均为名篇,如《枕中记》、《柳氏传》、《汧国夫人传》(即《李娃传》)、《洞庭灵姻传》、《霍小玉传》、《南柯太守传》、《谢小娥传》等。

异样局总管府 元官署名。属将作院。掌御用织造。世祖中统二年(1261)立提点所,至元六年(1269)改总管府。秩正三品。置达鲁花赤、总管、同知、副总管领之。下领异样纹绣提举司、绫锦织染提举司、纱罗提举司、纱金颜料总库。

异鱼图赞 书名。明杨慎撰。慎字用修,号升庵。正德进士,后充经筵讲官。全书四卷。成书于嘉靖二十三年(1544)。传刻甚多。前三卷鱼类(含海洋鱼类、淡水鱼类)兼及鲸、江豚、鳄、鲵;末卷附"海错",以贝、蟹为主,兼及龟、海牛。此书为考订名物之作。著者鉴于西州画史录南朝《异鱼图》,"其名多踳错,文不雅驯",遂汇录汉晋志物之文以正之;并据宦迹所至之见闻,记长江水系之淡水鱼类,而以云南产者居多。有《宝颜堂秘笈》、《墨海金壶》、《四库全书》等版本。

异域归忠传 书名。唐李德裕撰。二卷。记述秦汉以来去绝域,获名节自著者,自由余至尚可孤凡二十人的事迹。已佚。

异域录 书名。清图理琛撰。二卷。康熙五十一年(1712),图理琛等奉命访问原先移牧额济勒河(今伏尔加河)的土尔扈特等部,由喀尔喀越俄罗斯国至其地,五十四年还京。将沿途所经俄罗斯各地山川、道里、历史、民俗、风土等撰成是书,首冠舆图,次为行纪。后收入《四库全书》、《小方壶斋舆地丛钞》、《丛书集成》等书。曾被译成俄、英、法、德、日等文字出版。

异域琐谈 见"西域闻见录"。

异域志 书名。元周致中撰。二卷。致中,江陵(今湖北荆州)人,曾六次出使海外,熟悉各国人物风俗,因作此书。本名《嬴虫录》,后人重编时改今名。书共一百七十五条,涉及许多国家和民族,除采自《山海经》、《酉阳杂俎》、《岭外代答》、《事林广记》诸书者外,有不少内容未见他书记载。明代流传较广。传世者为明万历中刻印的《夷门广牍》本。中华书局1981年出版校注本。

异苑 书名。志怪小说集。南朝宋刘敬叔撰。十卷。所记多为历史人物异闻或古传说,以晋代人物如陶侃、温峤、张华等传闻轶事居多。今传世本最早由明胡震亨刊入《秘册汇函》,后又由毛晋刻入《津逮秘书》。

邑 ❶国的别称。或以国称大邑。《尚书·周书·武成》:"用附我大邑周。"《左传·桓公十一年》:"君次于郊郢,以御四邑。"❷京城。《诗·商颂·殷武》:“商邑翼翼,四方之极。”毛传:“商邑,京师也。”❸官名。西周置,又称邑人,管理邑内事务。《郑簋铭》:“昔先王既命汝作邑,摄五邑祝。”❹行政单位。春秋齐置。《管子·小匡》:“桓公曰:‘吾鄙奈何?’管子对曰:‘六轨为邑,邑有司。十邑为率,率有长。’”❺春秋战国卿大夫封地。《左传·成公十七年》:“施氏之宰有百室之邑。”❻汉代相当于县一级的地方行政建制。《汉书·百官公卿表》:“列侯所食县曰国,皇太后、皇后、公主所食曰邑,有蛮夷曰道,凡县、道、国、邑千五百八十七。”后为县的别称。

邑大夫 官名。(1)战国卿大夫封邑的行政长官。战国三晋官印文:“阳成君邑大夫金安。”(2)春秋时县令之通称。

邑姜 周武王之后。齐太公之女。有贤德,助武王治内。

邑考 即“伯邑考”。

邑令 ❶唐宋时公主邑司令的简称。❷县令、知县的别称。

邑人 官名。殷商始置,西周沿置,掌邑的行政长官。《殷虚文字外编》第三四片:“癸酉卜,王贞,自今癸酉至于乙酉,邑人见其方印不见其方执,一月。”

邑宰 官名。(1)春秋时卿大夫家邑之长。《史记·仲尼弟子列传》:“子路为卫大夫孔悝之邑宰。”(2)春秋时县令通称。《通典·州郡下·县令》:“县邑之长曰宰、曰尹、曰公、曰大夫,其职一也。”晋谓之大夫,鲁、卫谓之宰,楚谓之公、尹。(3)清代知县之别称。

邑尊 知县之尊称。

佚特 指使种马逸而不劳。特是留作种马用之公马。佚通逸。使种马逸而不劳之目的,在于保证其精力充沛。周对种马已十分重视,《周礼》中掌管马匹调教之“廋人”,还有“佚特”一项任务。

役 ❶指门人弟子。《韩非子·五蠹》:“仲尼,天下圣人也,……而为服役者七十人。”《庄子·庚桑楚》:“老聃之役有庚桑楚者,偏得老聃之道。”成玄英疏:“役,门人之称。古人事师,供其驱使,不惮艰危,故称役也。”❷指仆役。《管子·立政》:“若在长家子弟、臣妾、属役、宾客。”❸指士卒。《国语·吴语》:“寡人帅不腆吴国之役。”韦昭注:“役,兵也。”❹徭役之简称。

役夫 服徭役者。《荀子·王霸》:“县天下,一四海,何故必自为之。为之者,役夫之道也。”《管子·轻重己》:“处里为下阵,处师为下通(庸),谓之役夫。”《后汉书·刘陶传》:“诚恐,卒有役夫穷匠起于板筑之间。”

役军 明官军弊端之一。指役使军士承担各种劳务。京军至嘉靖时多被杂派,工作终岁,不得入操,即为一例。

役门 又称三五门。指南朝编户中不能免役者。其地位低于士族中之次门。宋宗越本为次门,曾被黜为役门,后复为次门。参见“三五门”。

役钱 宋代免役钱、助役钱、免役宽剩钱的总称(详“免役法”)。主要用于募役雇值,亦用以增吏禄,有余则封桩以备不时之需。熙宁九年(1076),全国共收役钱一千零四十一万四千五百五十三贯石匹两,支出六百四十八万七千六百八十八贯石匹两,剩余三百九十二万六千八百六十五贯石匹两。后多沿其制,而折钱数量不同。

役司马 官名。掌徒役之官。《墨子·迎敌祠》:“役司马射自门右,蓬矢射之,矛参发,弓弩继之。”孙诒让閒诂:“役司马,盖官名,掌徒役者。”

役徒 春秋战国服役者的通称,即徒。役徒被驱使参加各种繁杂劳动。有的上山采樵,《左传·桓公十二年》:“明日,绞人争出,驱楚役徒于山中。”有的在军中服杂役,《左传·襄公十八年》:“楚师多冻,役徒几尽。”有的从事营建,《墨子·七患》:“苦其役徒,以治宫室观乐。”

译仓 藏语音译,意为秘书处。西藏地方政府噶厦所属僧官机构。设仲译钦波(大秘书)四名,均为四品僧官。主管全藏(班禅系统除外)宗教事务,掌管和办理达赖的印信、文书,负责僧官的培养、任免和调遣。对噶厦工作有监督权。所掌历届地方政府印谱与寺院清册,为验证贵族庄园和寺院庄园所具权限的依据。各大活佛寺院亦有设此机构者。此词还含有“册府”之意,专指古代藏文文档典籍。

译场 中国古代翻译佛经的组织及场所之通称。国家及民间均有设立,译场内有译主、证义、证文、书字、笔受、缀文、参译、刊定、润文、总勘等细致分工。

译官丞 官名。为译官令副职,主管汉王朝与周边各族和外国通使往来传译事宜。

译官令 官名。秦代属典客。汉代沿置。景帝中元六年(前144)典客更名大行令,武帝太初元年(前104)又名大鸿胪,乃先后改属之。掌译少数民族语言。新莽时改隶典乐。东汉省。

译经润文使 官名。北宋太平兴国七年(982),置译经院翻译佛经,以大臣为译经润文官,润色所译经文。天禧五年(1021),以宰相丁谓为译经润文使,此后皆由宰相兼领。但在有关的制词中不列此衔。庆历三年(1043)宰相章得象兼领此官,始于制词中列此衔。元丰五年(1082)罢。

译经院 见“传法院”、“译经润文使”。

译林 杂志名。清光绪二十七年正月十五日(1901.3.5)在杭州创刊。月刊。林纾、林长民、林獬等主编。通过“译书”介绍西方社会政治学说,以达“开民智”的目的。主要编译日文论著,内容涉及政治、军事、财政、教育各个方面,宣传改良、革新。获地方当局捐款资助,饬令通省购阅。二十八年初发行第十三期。

译令史 官名。北魏道武帝天兴四年(401)置,时复建尚书三十六曹,每曹置译令史一人,掌鲜卑语及汉语之翻译。孝文帝太和十七年(493)改制后废。

译史 吏名。从事笔译,设于州以上官署。辽道宗大康九年(1083),定译史迁叙等级。金制,役满一百二十个月,即可出职。大定二十八年(1188)规定,省女真译史,从见任从七品、从八品、年六十以上者选用。元制,役满九十个月无过错,即可出职。蒙古人译史出职，较色目人、汉人高一等。

译史补 书名。清末柯劭忞撰。六卷。柯氏于光绪末年著《新元史》时，选译德国人哀德蛮(Erdmann)所译波斯人拉施特哀丁《史集》、阿美尼亚人多桑《蒙古史》等国外蒙、元史著，编为此书。意在续补洪钧《元史译文证补》，故名。卷目为《盖喀图补传》、《不赛因补传》、《喀儿奔特补传考异》、《译史碎金》、《拔都传考异》和《蒙古部族考》。但由于哀德蛮德文译音多不可信，是书人名、部族名、地名等往往一仍其错。

译使 主传译之使者。见《汉书·地理志》及《三国志·魏书》。

译书公会 清末维新派的翻译出版机构。光绪二十三年(1897)在上海成立。恽积勋、恽毓麟、陶湘、董康、赵元益分任总理、协理。有英、法、德、俄、日文翻译若干人和中、西文总校各一人。其章程声明"以采译泰西东切用书籍为宗旨"，并附录现译及续译各书目。曾向英、法购置有关政治、学校、律例、天文、舆地、光化、电气、矿务、商务、农学、军制方面的图书并拟次第译出。旋创刊《译书公会报》，刊载译文，亦摘译各国报章内容并附同人论说。志在开民智、广见闻，富国保民。译出之书有《交涉纪事本末》、《拿破仑兵败失国记》、《英国史略》等。

译书公会报 杂志名。清光绪二十三年(1897)十月在上海创刊。旬刊。译书公会主办。恽积勋、陶湘任总理，章太炎、杨模任总主笔。以"开民智，广见闻"为主旨，设西报汇译、东报汇译专栏，凡新学新政、科技知识无所不译。停刊时间不详，最后一期为第二十册(1898.5)。

译书汇编 杂志名。中国留日学生刊物。清光绪二十六年十月十五日(1900.12.6)在日本东京创刊。月刊。署胡英敏编辑，实系戢元丞、杨廷栋、雷奋、金邦平等所主办。本"输进文明，厥惟译书"之宗旨，大量翻译西方近代资产阶级社会政治学说，刊载卢梭《民约论》、孟德斯鸠《万法精理》、斯宾塞尔《政法哲学》等名著，后增刊政论文章，编译出版西方论著，成书数十。二十九年转以刊载政法论著为主要内容，改名《政法学报》。

译署 即清代的*总理各国事务衙门。

译学馆 清末学习外国语言文字学馆的泛称。以培养通晓外国语言文字的交涉人才与外文教习为宗旨。京师同文馆、上海广方言馆、广州同文馆等，皆是最早设立的译学馆。光绪二十九年(1903)京师大学堂设立译学馆，专门培养高级翻译人才(详"京师译学馆")。三十一年，广州同文馆更名广州译学馆。

译长 官名。汉代属黄门，主传译与奉使。时西域诸国亦设此官，或分左、右。三国魏沿之。西域戎部译长，第八品。

译字生 官名。明永乐五年(1407)于四夷馆置。选国子监生充任，掌翻译各国及少数民族语言文字。宣德后兼选官民子弟充任。经考试，通译者与官，不通者黜退。明初与乡、会试额科甲一体出身。后止为杂流。在馆者，升转皆为鸿胪寺官。

易 ❶古邑名。在今河北雄县西北。战国赵邑，后归燕。《水经·易水注》："易水又东径易县故城南，昔燕文公徙易，即此城也。"一说易为燕之下都。汉置易县。❷《周易》的简称。

易城县 三国魏改易县置。治今河北雄县西北古贤。属河间郡。北魏复改名易县。

易定沧节度使 见"义武镇"。

易服 清初五大弊政之一。满族章服是缨帽箭衣，明朝衣冠是方巾大袖。顺治二年(1645)定，汉族官民衣冠，一律采用清制，违者严惩，激起了多次反清斗争。

易汉学 书名。清惠栋撰。八卷。旨在阐述汉代经师《易》学源流。前七卷依次为孟喜《易》二卷、虞翻《易》一卷、京房《易》二卷、郑玄《易》一卷、荀爽《易》一卷。掇拾诸家论说，钩稽博考，汉儒《易》学，门径略见。卷末杂引近儒解《易》语，融以己意，以辨证宋人"河图"、"洛书"、"先天"、"太极"诸说之谬误。收入《皇清经解续编》。

易京 城名。在今河北雄县西北。东汉末公孙瓒据幽州，于此盛修营垒，建楼观数十。建安四年(199)为袁绍所破。魏、晋时仍为军事重镇。十六国时为后赵石虎所毁。《晋书·石季龙载记》："过易京，恶其固而毁之。"

易经 ❶即《周易》。❷即《周易古经》，《周易》的经文部分。旧传伏羲画卦，实际可能起源于殷周之际，西周时大体形成。它以卦和爻来占卜及象征自然和社会变化之吉凶，其基本符号是代表阳性的"—"和代表阴性的"--"。把这两种符号每三个配成一卦，共得八个经卦；把八个经卦每两个配成一卦，共得六十四个别卦。每卦六爻，共三百八十四爻。卦辞和爻辞共四百五十条。某些筮辞力图以具体事物表述抽象的道理，包含着若干朴素辩证法的因素。如泰卦九三云："无平不陂，无往不复"，即是"物极必反"观点的初步表述，卦辞和爻辞还保留了当时人们某些认识材料，反映着某些社会情况。但由于它是为占卜服务的，故此种科学思维之胚胎便孕育于宗教迷信之腹内。

易林 书名。亦称《焦氏易林》。旧题汉焦延寿撰。明郑晓、顾炎武疑为东汉人伪托，清沈炳巽《权斋老人笔记(三)》、牟庭《翟云升易林校略序》考为东汉崔篆作。将《周易》六十四卦每卦各演为六十四卦，共四千零九十六卦，各系繇词，占验吉凶，为后来以象数说《易》者宗崇。收入《续道藏》、《广汉魏丛书》、《津逮秘书》、《增订汉魏丛书》、《学津讨源》、《丛书集成初编》。

易米折银 清代漕项之一种。每改兑米一石又征耗米二升，每升折征银五厘，谓之二升易米折银。解仓场通济库，供转运脚价之用。仅实行于江苏南部各府州县和浙江、江西、安徽等省。

易数钩隐图 书名。北宋刘牧撰。三卷。存于《道藏·洞真部·灵图类》。旨在取《河图》、《洛书》，参以道教思想，讲述象数。清《通志堂经解》本《易数钩隐图》共载五十五图,后附《遗论九事》一卷。其关于《河图》、《洛书》之数字,谓"《河图》之数惟四十有五,《洛书》则五十五数"。即以九数为《河图》,十数为《洛书》。通志堂本序称:"庆历初年吴秘献之于朝。其时由况序其书,秘之《通神》,黄黎献之《略例隐诀》,徐庸之《易緼》,皆本刘作。"可见其流行之广。李觏则将其中五十五图删为《河图》、《洛书》、《八卦》三图,认为"彼五十二,皆疣赘也"。后朱震《汉上易传》沿用其说。而与多数《易》学家以十数为《河图》,九数为《洛书》之说相左,故其《易》图几乎不传。

易水公 即"靖安民"。

易说 书名。亦名《温公易说》。北宋司马光撰。六卷。作者不满王弼以老、庄解《易》之虚无缥缈,遂以《易》与人事相比附,加以发挥。全书除对《系辞》有较完备解说外,其他部分有选择地加以解说,而无诠次,故有人疑其"未成书"。南宋时传本已散佚,今本赖《永乐大典》以存。有清卢文弨《抱经堂丛书》本。

易棠(?—1863) 清湖南善化(今长沙)人,字召甘。道光进士。初任刑部主事,累迁员外郎、郎中。道光二十八年(1848)任广州知府。次年任督粮道。曾杀害英德县农民起义领导人邓亚保、刘亚才。咸丰元年(1851)起,历任陕西按察使、甘肃布政使、署陕甘总督。设官钱局,鼓铸大钱,以济制钱不足,曾倡捐筑渠泄水,工赈并行。四年任陕甘总督,派兵镇压甘肃回民起义。六年因病开缺。晚年在籍帮办团练。

易田制 又称易地制。一种土地轮荒耕作制。《周礼·地官·司徒》:"凡造都鄙,制其地域而封沟之,以其室数制之,不易之地,家百亩;一易之地,家二百亩;再易之地,家三百亩。"郑玄注引郑众释为:"不易之地",为连年耕种的土地,"一易之地",为休一岁乃复种的土地,"再易之地",是休二岁乃复种的土地。在分配土地时,根据土地的好坏,以确定休闲田(即易田)的多少。与莱田制类似,但易田制中已有部分土地连年耕作而不弃耕撂荒,表明西周到春秋时期已出现土地连种制。

易通 即"通书"。

易通释 书名。清焦循撰。三十卷。与《易图略》、《易章句》,合称《易学三书》。倡导以数阐释《易经》,疏解六经,比附天地万物,以通达天下之变。其说与《易》学中之传统迷信有别。清阮元称其《易》学为"石破天惊"之作。其书有光绪衡阳魏氏刊刻《焦氏丛书》本。

易童子问 书名。北宋欧阳修撰。三卷。以与"童子"问答体裁,予以辨正,故名。认为《易传》中《系辞》、《文言》、《说卦》以下各篇,皆非孔子所作,反映著者之疑经思想。收入《欧阳文忠公全集》。

易图明辨 书名。清胡渭撰。十卷。是书继元陈应润,清黄宗羲、黄宗炎之后,着力驳斥所谓《周易》出自"河图"、"洛书"之说。"河出图,洛出书"本古代神话传说,五代末道士陈抟取大衍算数作五十五点之图,以当河图;取乾凿度太乙行九宫法作四十五点之图,以当洛书。邵雍、朱熹沿袭其说,借以阐发理学观点。胡氏引据经传,反复考订,认为八卦、六十四卦、二体六爻、次序方位,即为《周易》之图画、象数,乃周公、孔子之遗说,远有端绪。而朱熹于《周易本义》卷首所列九图,自古无传,唐以前无一字之根据,阐明图、书之说乃"修炼、术数二家旁分《易》学之支流,而非作《易》之根柢",证明宋儒之虚妄。收入《皇清经解续编》。

易图条辨 书名。清张惠言撰。全书于各家"易"图,探其渊源,有所辨析。主要包括刘牧太极生两仪图、天地数十有五图、四象生八卦图、乾坤生六子图、三才图等。以为邵雍(康节)学,源出道家,《皇极经世》非言"易"之书。对李挺之卦变反对图、六十四卦相生图,朱子卦变,程氏卦变,苏轼卦变以及"反对言卦变"等,皆有所论述,有南菁书院《皇清经解续编》本。

易武 地名。在今云南勐腊县北部。明属云南车里宣慰使司。清于此设土把总,属普洱府思茅厅。

易勿真莫何可汗 即"契苾歌楞"。

易县 秦置。治今河北雄县西北古贤。属广阳郡。西汉属涿郡。东汉属河间国。三国魏改为易城县。北魏复名易县。属高阳郡。移治今雄县西北三十五里。北齐天保七年(556)并入鄚县。

易县燕王室陵墓 战国时期燕国王室陵墓。共二十三座大小不等的封土墓,集中于今河北易县燕下都东城内西北角,分属传名"虚粮冢"和"九女台"的两个墓区,两区以古河道及一道隔墙相间。北面的"虚粮冢"墓区有墓十三座,分作四排:最北一排四座,东西两两成组;中间两排,每排三座,东西并列;南边三座,成鼎足状。其中有六座体积庞大的墓,夯筑封土长宽约40—50米、高7—15米,其余多数长宽15—30米,高2—7米。南面的"九女台"墓区有墓十座,其中第23号墓独处于西南角,余九墓分南北两排,每排又分东、西两组,除北排西组为三座外,余均每组两座,亦皆有高大的夯筑封土,多数长宽约30—40米,高6—7米。1964年5—6月发掘的第16号墓,属战国早期,墓室与南北两端形似墓道的"坑道"适呈"中"字形,墓室系长方形竖井式,墓口南北长10.4米,东西宽7.7米,距墓底深7.6米,四壁夯筑并火烧加固。此墓已被盗,余下的随葬品中有成组的大型仿铜陶礼器,如鼎、豆、壶、簋、盘、匜等,包括两件大型的无盖鼎,九件大小相次的带盖鼎、八件方簋,并有陶编钟(镈)五组、石质编磬一组,这些随葬品证实墓主人具有王室贵族一级的身分。

易雄(?—322) 晋长沙浏阳(今湖南浏阳东北)人,字兴长。少为县吏,以无由宦达,脱帻挂县门而去。因习律令,交豪右,郡辟为主簿。张昌起兵,俘执太守万嗣,将杀之,他与之论曲直再三,使嗣获免,由是知名。举孝廉,为州主簿、别驾。以门寒解位。后为舂陵令。王敦叛,乃驰檄远近,列敦罪,募兵讨之。为敦将所虏杀。

易学启蒙 书名。宋朱熹撰。三卷。以象数解说《周易》,多申说邵雍《先天图》之义,与《周易本义》

互为"体用"。其《序》称，该书旨在矫正学者治《易》"支离散漫"、"牵合附会"之弊，推阐"圣人所以观象画卦、揲蓍命爻，决嫌疑，定犹豫，而不迷于吉凶悔吝"之蕴。唯于文王后天《易》，则谓"反复求之不得"而缺。宋税与权《易学启蒙小传》一卷，推求邵雍后天《易》说，以补《启蒙》之遗。又朱熹三传弟子胡方平著《易学启蒙通释》二卷，采诸家之说申明《启蒙》之义；胡一桂撰《易学启蒙翼传》四卷，阐发朱熹占筮图书义理。后世论《易》学者，多受其影响。

易学象数论 书名。明末清初黄宗羲撰。六卷。本于王弼《周易注》、程颐《易传》，加以引申发挥，以排击京房、焦延寿之五行纳甲说和陈抟、邵雍之先天象数学，认为前者堕入"淫瞽方技之流"，后者系"一家之学耳"。并指斥朱熹《周易本义》，认为《周易》本有八卦、六爻、方位、互体等七象，而后世象数家所奉纳甲、动爻、卦变、先天四象之说，实属伪造。《四库全书总目提要》称："其持论皆有依据"。于掊击汉、宋之先天象数学，甚有影响。胡渭、惠栋之《易》学研究，均承其绪，辑佚参证，穷溯本末。收入《黄梨洲遗书》、《广雅堂丛书》。

易牙 或作狄牙。春秋时齐国人，名巫。齐桓公宠幸之近臣。官为掌割烹的雍人，又称雍巫。相传曾杀其子，以肉烹为羹献于桓公。管仲死后，与竖刁、开方专权。桓公有六子，即公子无亏、公子元、公子昭、公子潘、公子商人、公子雍。桓公曾以公子昭请托于宋襄公，立以为太子。他有宠于卫共姬，因请立卫共姬所生之公子无亏，桓公许之。桓公死后，五子争立。遂和竖刁诛杀诸大夫，立公子无亏为太子。昭奔宋，宋襄公率军伐齐，齐人杀无亏，宋襄公立昭为齐君，是为齐孝公。

易阳县 西汉置。治今河北永年县东南。属赵国。《后汉书·和帝纪》：永平七年(64)，"易阳地裂"，即此。建安十七年(212)属魏郡。三国魏黄初中属广平郡。北魏废。孝文帝于北中府城复置，即今永年县。东魏天平初改属魏尹。隋开皇六年(586)改为邯郸县。

易之瀚 清江苏甘泉(今扬州)人，字浩川，号䕷湖。曾从罗士琳研习算学。著有《开方释例》，阐述古代高次方程数值解法，附于罗士琳《四元玉鉴细草》后出版。

易知社 清末江西革命团体。光绪三十年(1904)春成立于南昌，推张惟圣、虞维煦为正副社长。参加者有江西武备学堂、陆军小学堂等校师生和旅宁赣籍学生，凡六十余人。借诗文结社为名，从事革命宣传。三十二年发生南昌教案，曾编印传单，投入斗争。后社员大部加入同盟会及共进会。

易知由单 清代征收钱粮通知单。单内填注纳户姓名及应交钱粮之数，以杜滥派。由单之式，各州县开列土地上、中、下三等、正杂本折钱粮，及米、豆、麦、荞、麻等诸项，最后编成总数。刊成定式，每年开征前一月发给纳户。康熙六年(1667)，因由单款项繁多，使用不便，改为只开明土地及每亩应征实数。二十六年停止使用。

易州 隋开皇元年(581)改南营州置。因境内易水得名。治今易县。十六年置易县为州治。唐辖境相当今河北内长城以南，安新、满城等县以北，南拒马河以西。辽属南京道。此后辖境屡有改变。金属中都路。元属保定路。明洪武初废易县入州。属保定府。清雍正十一年(1733)属直隶。辖境兼有今涞水、涞源两县地。1913年废，改本州为县。境内有长城之险，为河北地区门户。五代、北宋初，常在此与契丹剧烈战争。明代和瓦剌等部相持，此地为捍卫京师重镇。又以产佳墨著名，世称"易水法"。

易州山厂 亦作易州柴炭厂。明代专供内府薪炭之仓场。宣德四年(1429)始置于平山(今属河北)，继迁沙峪口。景泰时移满城(今属河北)，天顺元年(1457)迁易州(今河北易县)西北，属工部屯田司，有专官管理，每年应办柴炭数量，天顺间为四百三十余万斤，成化三年(1467)增至一千七百四十余万斤。后额外添派，日益增多，弘治时额外添派共达四千二百七十余万斤。

易传 即《周易大传》，亦称《十翼》。《周易》的传文部分。是对《易经》最古的注解。凡七种共十篇：《彖》上下，解释六十四卦的卦名、卦义和卦辞；《象》上下，也解释六十四卦的卦名、卦义和爻辞；《文言》，专释《乾》、《坤》两卦的卦辞和爻辞；《系辞》上下，是《易经》的通论；《说卦》，说明八卦所象事物；《序卦》，解说六十四卦的顺序；《杂卦》，杂论六十四卦的卦义。旧传系孔子作，然各篇观点不尽相同，恐非出于一时一人之手，成书当在战国后期。其解说虽有以"天尊地卑"等论证社会等级制的永恒性和合理性的内容，但也提出一些辩证观点。如《系辞上》的"一阴一阳之谓道"，即把世间万事万物的根本规律概括为阴阳对立面的相互作用。此外，"刚柔相推而生变化"、"日新之谓盛德，生生之谓易"(《系辞上》)等观点，对后世思想的发展有深远的影响。

峄山 又名邹山、邾峄山或邹峄山。在今山东邹城市东南。《书·禹贡》："峄阳孤桐。"《诗·鲁颂·閟宫》："保有凫、峄。"《史记·秦始皇本纪》：二十八年(前219)，"始皇东行郡县，上邹峄山，立石"。

峄山刻石 秦刻石之一。秦始皇于二十八年(前219)东巡至峄山(今山东邹城东南)，刻石颂秦德，立于峄山之上。为最早之秦刻石。其文字《史记·秦始皇本纪》未录。据唐封演《封氏闻见录》，原石被北魏太武帝推倒，唐时又为邑人聚薪焚烧，由是残阙，约湮没于唐世，但当时已有摹刻之石。宋淳化四年(993)，郑文宝以南唐徐铉摹本刊石于长安国子学。今传本即以徐摹本为祖，全文一百四十四字，其后又有秦二世加刻的诏书及从臣姓名七十九字。

佾生 亦称佾舞生、乐舞生。清代孔庙中担任祭祀乐舞的人员。通常由学政在不录取入学的童生中选充。文舞生执羽旄舞蹈，武舞生执干戚舞蹈。

泄水 据《水经·泄水注》，自今安徽六安市西南分沘水(今淠河)西北出，北过芍陂西，与沘水合，即今汲河。唯今汲河河源已与淠河隔绝，下游经城东湖改入淮河，不再入淠。

驿 供传达军政公文者及来往官吏、使臣途中歇息、换马(船)之所。战国时已设。汉有驿使负责传递公文,以车传送称“传”,以马传递称“驿”,步递则称“邮”,一般三十里设一驿。唐时,因汉制,凡三十里设一驿,全国共有驿一千六百余所,其中近一千三百所陆驿,二百六十所水驿,八十六所水陆相兼。若地势险阻及须依水草,则不必三十里。每驿皆置驿长一人,驿夫、驿马、驿船、驿田数则视驿之闲要而定。宋代驿制大体因唐制,但又有所发展,全国驿道四通八达,二十里有歇马亭,六十里有馆,水行之处有水驿,官员乘驿需有驿券。驿与传递文书的驿铺合称驿递。宋之驿由枢密院管辖。金代设驿始于太宗天会二年(1124),自上京(今黑龙江阿城南白城)至南京(今北京),每五十里置一驿,又令置驿于上京至春州、泰州。后诸路并置。给驿用牌,乘驿按官品规定其随从人数、给马数和饮食钱数,从一品以上随从八人、马十四、食钱三贯十四文。元代驿称站或站赤。明在京城设会同馆,地方分别设水马递、递运所和急递铺,驿设驿丞,掌邮传、迎送之事。后与急递铺合一,十里一铺,铺有铺长,下设驿卒以传递公文。费用领自府、州、县,并负责其收支。属兵部车驾清吏司管理,由所在各布政使司及府、州、县设官督理。清代大体沿明制,各省腹地所设者称驿,属州、厅、县管辖,亦有专设驿丞管理驿务的。盛京所设亦为驿,不隶州县,专设驿丞管理。参见“驿传”。

驿丞 官名。明清之驿官。掌邮传迎送之事。未入流。明代于府、州、县分别置驿,开支由地方销算,设一人管理。清代亦于各省腹地置驿,设一人管理,有六个省设州属之驿,属直隶州者三人,属散州者五人;有八个省设县属之驿,共三十七人。

驿道 亦称驿路。古代交通大道。即为传车、驿马通行而开辟的大路。沿途设置驿站。秦汉以来,发展很快,至唐已颇具规模。唐代驿路网就其主要者而言,有(1)由长安通向西北之陇右道鄯州驿路;(2)长安通向剑南道之益州驿路;(3)长安通向山南东道之襄州驿路;(4)长安通向山南西道之兴元府驿路;(5)长安通向河南道之汴州驿路;(6)长安通向淮南道之扬州驿路;(7)长安通向江南东道之苏州驿路;(8)长安通向江南西道之洪州驿路;(9)长安通向河东道之河中府驿路;(10)长安通向河北道之魏州驿路;(11)长安通向黔中道之黔州驿路;(12)长安通向岭南道之广州驿路;(13)长安至洛阳之驿道等。除由中枢长安发出之主干线外,尚有支线,如洛阳至广州,嶲州至南诏等。通边疆之驿路,据贾耽所记,有安西入西域道、广州通海夷道、登州入高丽道等。

驿递给夫例 清代驿站人夫邮递之规则。康熙七年(1668)定,凡有驿之处,皆设夫役以供奔走,按路程之远近,冲要与偏僻,额数不一。多招募平民充之,差役稍繁,再临时添雇。纳入正赋编征。

驿夫 驿站传递公文及服其他劳作的役人。唐驿夫人数视驿站等第而定。《唐六典·尚书兵部·驾部郎中》:“凡马三各给丁一人,船一给丁三人。”唐代驿夫供使,驿皆给钱,有定价。宋自建隆二年(961),令以厢兵代百姓为递夫。金代驿递亦以兵士充驿夫,称铺兵。元代在驿站服役者称站户,有些站户可免去科差和地税及其他杂泛差役。明代驿站应役,由各地州县按配定名额,在本地粮户内佥编。洪武十二年(1393)定制:上马一匹佥编民户纳粮一百石以上者,备马到驿站应役,中马八十石,下马六十石;水夫由纳粮五石以上、十石以下者充当;一户粮额不足,允许众户合粮凑足一夫,称“朋编”;当地粮额不足,可由本府其他州、县佥夫协充,称“协济”。清康熙七年(1668)定制,凡有驿之处,皆设夫役以供奔走,因路程远近,冲要与偏僻,人数不一。多招募平民充之,差役稍繁,再临时添雇,纳入正赋编征。

驿路 见“驿道”。

驿马 古时驿传备乘之马(驴)。汉代诸驿设有驿马以备传递公文及来往官员使用。以后各代均备之。如唐有驿马、传马、蜀马、驴供传递文书或官员乘骑之用。驿马又称大马,速度较快;蜀马为成都府出之小驷,便于行崎岖曲折小道。开元后,因军事繁急,官马多充军用,间以驴代大马。送驿之马左右颊印字,左印“递”,右印“驿”字。驿马初为官养,太和初,又有官给民养之法。另,唐时私家旅舍亦备有驴,赁与客商乘骑,称之为驿驴。历代驿马之饲养、使用各有不同定制。

驿骑 驿站传送公文之骑者。《汉书·丙吉传》:“适见驿骑持赤白囊,边郡发奔命书驰来至。驭吏因随驿骑至公车刺取。”又《后汉书·段颎传》:“乃使驿骑诈赍玺书诏颎。”汉初于传舍置车,后始单置马,设驿骑。

驿舍探幽录 书名。清末王庆保、曹景郕合撰。一卷。抄本。戊戌政变后,张荫桓遣戍新疆,作者被派护解,途次与张谈戊戌变法事。是书即笔录张氏谈话而成。书中对起用康有为之经过及六君子死难情形,日相伊藤博文及德亨利亲王召见情状等,皆有记述。

驿使 汉代驿站传递公文的信使。《后汉书·李南传》:“乃有驿使赍诏书原停(马)棱事。”

驿田 亦称驿封田。维持驿传饲养马匹费用而设置的官田。唐代驿马每匹给田四十亩。若驿侧有牧马场所,每匹各减五亩,传送马每匹给二十亩。唐时,全国陆驿约一千三百余所,每驿平均以十马计,约有驿田五十余万亩。驿田的经营和职田相同,为借民佃耕。

驿亭 古时行旅途中歇宿的处所。杜甫《喜舍弟观即到复题》诗:“江阁嫌津柳,风帆数驿亭。”苏洵《送石昌言为北使引》:“既出境,宿驿亭。”

驿巡道 官名。道员的一种。清制,惟奉天府设驿巡道一员,汉缺,职掌巡察边防、督征税课、节制营伍,并审转奉天府属刑名,兼管驿站事务。

驿盐道 官名。清代道员之一。兼管驿传与盐法。顺治三年(1646)始置江南驿盐道。湖北、江西、陕西,亦曾设之,后皆改置盐法道。四川改置盐茶道。

驿站 ❶古时专供传递公文人员和往来官员途

中歇宿、换马的处所,参见"驿"。❷清代的邮传机构。在内地各省所设的称驿;自打箭炉入西藏及吉林、黑龙江境内专为军报而设的称站。

驿站钱粮 清代专项经费之一。即驿站之日常经费。凡驿站夫役工食、过往官员之廪给及过往兵役之口粮等,皆于该项钱粮内支出。此项经费为国家直接掌握,统由国库收支。

驿长 吏职名。一驿之长。唐代设。以州里富强之家主之,称将。肃宗初,改称捉驿。至德后,刘晏领度支、铸钱、盐铁使,始以吏主驿事,称此名。外则制命军报之寄递,接待乘驿官员;内则管理驿夫,修整驿舍、驿船,畜养、补充驿马,负责驿馆经费收支等。

驿传 中国历史上政府为供官员往来和文书传递的邮驿制度的通称。起源很早。战国时已有供邮驿所需的传舍。汉时各地有传舍,通路上置驿,有驿马、传车。又有邮亭供传递文书。宋时驿传有三等:步递、马递、急脚递。急脚递最遽,日行四百里,唯军兴则用之。元代"凡在属国,皆置驿传,星罗棋布,脉络贯通,朝令夕至,声闻毕达"(《经世大典·站赤》)。欧亚二洲均可通达。明代各地都设驿站,有水驿、马驿和递运所。又置急递铺递送公文。清仍置驿站、铺递,但改差役为雇役。清末举办邮局后废除。参见"驿"。

驿传道 官名。明代于各省设置。为各省按察使佐官按察副使、佥事的分道之职,以其中一人担任,掌本省驿递之事。浙江、山西、陕西、福建、广西、贵州以清军道兼,河南、江西、四川以屯田道兼。

绎 春秋邾邑,后属鲁。在今山东邹城市东南。《左传》文公十三年(前 614)"邾文公卜迁于绎",即此。

绎幕县 西汉置。治今山东平原县西北。属清河郡。公元 352 年,后赵将段勤据绎幕,自称赵帝,即此。北魏属东清河郡。北齐废。隋开皇十六年(596)复置。属德州。大业初,废入安德县。

绎史 书名。清初马骕撰。一百六十卷。记上古至秦末之事。汇旧史原文,依纪事本末之体,兼采编年、纪传诸体之长,撰成是书。凡一百六十目,每目一卷,分太古、三代、春秋、战国、外录五大部分。卷首载世系图表。每事皆博引古籍,排比先后,各冠原书之名;相类之事,则随文附注;遇有异同讹误之处,附以己之辨证论断。春秋以前,取材不免芜杂,春秋以后较为精审。

奕赫抵雅尔丁(1268—1314) 元回回人,字太初。通阿拉伯、波斯语言文字。自中书掾累升至翰林侍讲学士,兼修国史,集贤大学士。曾外任江东建康道肃政廉访使。为政明察,多平冤狱。

奕经(1791—1853) 清满洲镶红旗人。爱新觉罗氏,字润峰。道光帝侄。历内阁学士,兼副都统。道光五年(1825)迁兵部侍郎。十四年任黑龙江将军。十六年授吏部尚书,兼步军统领。二十一年授协办大学士。八月受命为扬威将军,赴浙江抗英。到苏州后一住二月。旋以梦见英军逃窜,以为吉兆,乃进驻绍兴。次年二月盲目出击,分三路同时反攻宁波、镇海、定海,皆大败。后却谎报军情,掩败为胜。《南京条约》签订后,以劳师糜饷、误国殃民罪革职。二十三年与琦善同被起用,充叶尔羌参赞大臣。咸丰三年(1853)命率密云驻防兵赴山东防堵太平军,卒于徐州军次。

奕劻(1836—1918) 清满洲镶蓝旗人。爱新觉罗氏,字辅廷。乾隆帝第十七子永璘孙。光绪十年(1884)起,任总理各国事务大臣,封庆郡王。二十年(1894)封庆亲王。二十六年八国联军入侵北京后,奉命留京与李鸿章同为全权大臣,与各国全权代表议和。次年签订《辛丑条约》,总理各国事务衙门改为外务部,仍任总理大臣。二十九年又任军机大臣。三十三年兼管陆军部。宣统三年(1911)任"皇族内阁"总理大臣。武昌起义及袁世凯接任内阁总理后,改任弼德院总裁。民初闲居天津。

奕詝 即"咸丰帝"。

奕山(1790—1878) 清满洲镶蓝旗人,爱新觉罗氏,字静轩。道光帝侄。道光十八年(1838)授伊犁将军。二十年授正白旗领侍卫内大臣、御前大臣。二十一年受命为靖逆将军,赴广东对英作战。三月抵广州,不作积极战守,反欲侥幸取胜,遂于四月一日(5.21)兵分三路夜袭英军,大败。后遣广州知府余保纯出城向义律乞降。七日签订《广州和约》。二十二年以"陈奏欺诈"被革职圈禁。二十三年获释,充和阗办事大臣,调伊犁参赞大臣,署将军。二十九年授伊犁将军。咸丰五年(1855)调黑龙江将军。八年慑于俄国兵威,与俄使穆拉维约夫签订中俄《瑷珲条约》。被劾革职。不久补正红旗蒙古都统。

奕䜣(1833—1898) 清道光帝第六子。爱新觉罗氏。咸丰帝异母弟。咸丰元年(1851)封恭亲王。三年太平天国北伐军挺进直隶时,受命署领侍卫内大臣办理巡防和在军机大臣上行走。十年英法联军攻陷北京,以全权大臣身份,留京主持议和,同英、法、俄分别签订《北京条约》。次年,受命主持总理各国事务衙门。同年咸丰帝死于热河,子载淳嗣位。与载淳生母慈禧太后同谋发动祺祥政变,任议政王,掌管军机处和总理衙门,总揽内政和外交。他与地方督抚曾国藩、李鸿章、左宗棠等相互呼应,鼓吹并推进洋务活动,引进西方的军事装备、机器生产和科学技术,"求强求富",成为清廷中枢的洋务派首脑人物。同治四年(1865)因受慈禧太后猜忌,以其"信任亲戚,内廷召对时有不检"为由,"罢议政王及一切职任"。旋因外国公使干预和朝廷戚旧进谏,复掌管军机处和总理各国事务衙门,势力从此削弱。光绪十年(1884)中法战争中,又被慈禧太后解职。二十年中日战起,复出任总理大臣、军机大臣,督办军务,主持战局。他热衷于乞求列强调停,支持割地赔款和签订《马关条约》。甲午战后,他声称"祖宗之法不可变",反对变法维新。二十四年授宗令,旋病死。遗著有《乐道堂诗钞》等。

奕譞(1840—1891) 清道光帝第七子。爱新觉罗氏。咸丰元年(1851)封为醇郡王。十一年参与祺祥政变，亲赴密云逮捕肃顺，得慈禧太后信任，迭授都统、御前大臣、领侍卫内大臣等职。同治十一年(1872)进封醇亲王。同治帝死后，其子载湉入继帝位(即光绪帝)。光绪十年(1884)中法战争爆发，他操纵礼亲王世铎掌握军机处，空喊主战，但不作防备，继则惊慌失措，转而求和。十一年受命总理海军衙门事务，主持洋务活动，挪用海军经费供慈禧太后修建颐和园。十三年光绪将亲政，疏请诸事当先请懿旨，再与皇帝前奉闻。因是光绪帝生父，也遭慈禧疑忌。后病死。

疫痧草 书名。清陈耕道著。耕道，字继宣，虞山(今江苏常熟)人。此书刊于嘉庆六年(1801)。三卷。上卷为"辨论章"，阐述疫痧(猩红热)系因感染疫毒而致，即通过"气息传染"，有较强的传染性，并记叙了疫痧的一般病候及治疗原则；中卷为"见象章"，详述疫痧的症候，如发热、痧疹形式、舌苔、脉象、咽喉部症状及其他病症，如神昏、肌燥、气促、咳嗽、遗毒等；下卷为"汤药章"，订疏达、清散、清化、下夺和救液五大法，为其治疗之法则。该书因列证详而慎，疗精而有常法，故为后世儿科医者奉为治疫痧之佳作，流传颇广。有清道光十八年(1838)以来多种刊本。

疫疹一得 书名。清余霖撰。初刊于乾隆五十九年(1794)，二卷。重点论述疫疹证治。上卷阐述疫疹与伤寒的鉴别及其病源与症状；下卷概述瘟疫病各种后遗症的辨治、预后及方剂，附有医案，发展丰富了疫疹的治法。王孟英删改后收入《温热经纬》卷四。

羿 ❶相传为上古射官，其先祖善射，世代相传，至帝喾时赐以彤弓素矢，封于鉏(今河南濮阳西南)。尧时为诸侯，以射为天下除害。❷夏代有穷氏君，参见"后羿"。

羿子 川、滇、黔边境古代少数民族。自称卧，汉族称喀，彝族称羿铺或撒铺，史书上写作羿子、狎子或𢁉子等。元《招捕总录》中有记载，明史籍中记载尤多。居今贵州毕节、四川古蔺及云南镇雄一带，以毕节市人数最多。主要从事农业。明以后，曾与其他民族一起利用山箐深阻，多次举行起义。

挹娄 古族名。肃慎的后裔。分布于今吉林东北部、黑龙江大部和黑龙江以北、乌苏里江以东地区，东滨日本海。汉时长期服属夫余。三国魏黄初中，摆脱夫余统治，向魏贡矢石砮及貂皮等物。北魏时改称勿吉。种植五谷，善养猪，食肉衣皮。能织麻布，作瓦鬲，亦能造舟。从事狩猎。所用箭以青石为镞，上施毒药。出好貂。住土穴，以深为贵。各部落自有首领，父子相传。常乘船寇抄。用刑严，盗窃不论多寡，皆处死。

挹爽自谱 书名。清陈垲撰。二册。因垲号挹爽，故名。同治元年(1862)陈氏考取宗学教习，在京津教读，后累官广东曲江、潮阳等县知县，晚年在天津为书院校刊书籍。是谱自记道光七年(1827)至光绪三十二年(1906)间事。以记科试、诗社文会、听讼等事为主，另有数处叙述太平军、捻军、义和团在津情况颇为具体。

益 ❶又称伯益、柏益、伯翳、化益，或称大费。相传为少昊后裔，嬴姓，封于费，又称费侯。秦之先祖。善调驯鸟兽，为舜掌山泽之虞官，佐禹治水平土，有功。禹继舜位后，曾以皋陶为继位人，皋陶死，乃以益为继位人委以政事。禹死后，益避让禹子启继位。或说益于禹死后与启争位，为启所杀(古本《竹书纪年》)。❷算学术语。(1)加，加上。《九章算术·方田》平分术："并所减以益于少。"历法计算中也多用此义。如"损益率"一词中，损率指减少数，益率指增加数。(2)负。杨辉《算法通变本末》："……撰《议古根源》二百问，带益隅开方，实冠前古。"益隅，即方程式的最高次项之系数为负。参见"隅"。

益部方物略记 书名。北宋宋祁著。祁字子京，安陆(今属湖北)人。天圣进士，曾官翰林学士承旨。本书一卷。撰于嘉祐二年(1057)。据自序称：原书有图有赞，"图视状，赞言生之所以然"。今本有赞无图。有《学津讨原》、《四库全书》、《丛书集成初编》等版本传世。记载植物五十种、动物十五种。有鹅毛玉凤花、川芎、大黄、瑞圣花(太平瑞圣花)、天师栗、娑罗花、桐花凤(蓝喉太阳鸟)、护花鸟、狨(金丝猴，含川金丝猴和滇金丝猴)等蜀中名产。是中国十一世纪的四川动植物志。

益部耆旧传 书名。西晋陈寿撰。十篇。记述自汉至三国时期益州(巴、蜀、汉中)地区人物事迹。已佚。

益昌侯国 西汉永光三年(前41)封广阳顷王子刘婴置。治今河北永清县东南。属涿郡。东汉废。

益昌县 ❶东晋孝武帝置。治今四川安县东南。刘宋属巴西郡。隋开皇三年(583)废。❷南朝宋置。治今四川广元市西南昭化镇。属白水郡。西魏改为京兆县。北周复改为益昌县。北宋开宝五年(972)改为昭化县。

益都府 金改宋青州为益都府。治益都县(今山东青州市)。辖境相当今山东青州、博兴、广饶、寿光、临朐等市、县地。元改置益都路。

益都路 元初改益都府置。治益都县(今山东青州市)。属山东东西道宣慰司。辖境相当今山东胶莱河以西、鲁蒙山脉以东地，至正二十七年(1367)朱元璋改为青州府。

益都县 西汉武帝元朔二年(前127)封菑川懿王子刘胡为益都侯。治今山东寿光市北。属北海郡。宣帝五凤中并入益县。三国魏于今寿光市南复置。属齐国。西晋因之，北齐时移县治于东阳城，为青州、齐郡治，即今青州市。隋为北海郡治。唐宋为青州治。金元为益都府、路治，明清为青州府治。1986年改为青州市。

益端王 即"朱祐槟"。

益古集 书名。北宋蒋周撰。约成书于十一世纪下半叶，已佚。元李冶恨其闷匿而不尽发，遂再移补条段，在此基础上以天元术为工具写成《益古演段》，其中有二十三题保留原书方法(旧术)，即用条段法建立与方、圆面积有关的二次方程。

益古演段 书名。元李冶撰。三卷。元宪宗九年(1259)李冶在蒋周《益古集》基础上写成,是为普及天元术之著作。共六十四题,大部分是与方、圆面积有关的二次方程问题。书中新、旧二术并列,新术是李冶的代数方法——*天元术;旧术是蒋周的几何方法——*条段法。该书显示了二者关系及天元术的优越性。至元十九年(1282)初版,已佚。现有《四库全书》本、《白芙堂算学丛书》本、《丛书集成》本等。

益积开方术 古代算学术语。北宋刘益创造的求解形如$-x^2+bx=c$,$x^2-bx=c$的方程的正根的方法,b,c均为正数。因开方过程中,需增加积(常数项),故名。《缀术》失传后,刘益首先处理了负系数方程,杨辉说"实冠前古"。

益津关 在今河北霸州市。唐置。五代晋初地入契丹。周显德六年(959)世宗北伐,收复其地,"以益津关为霸州"。与瓦桥、淤口合称三关。

益兰州 元置。益兰,突厥语意为蛇,因传说州境山有巨蛇得名。在今俄罗斯叶尼塞河上游唐努山北麓。至元年间,刘好礼为吉利吉思、撼合纳、谦州、益兰州等处断事官驻此,发展陶冶、造船业,是谦河(今叶尼塞河)流域的政治经济中心。

益离城 见刘郁《北使记》。一作亦刺八里、亦八里城(《元史》)。《明史·西域传》作亦力把里。在今新疆伊宁市一带。

益绵 阿拉伯语 Imām 的元代音译,今译伊玛目,意为引导人、表率、领导者。伊斯兰教创立之初,用于称穆罕默德本人或其代表,后用于泛称穆斯林礼拜的主持者、礼拜寺的住持。元代意译为"主持"。

益王 ❶即宋端宗赵昰。端宗即位前封益王,世亦以益王称端宗。❷元代诸王封号。顺帝至元二年(1336),成吉思汗叔答黑真后裔买奴由宣靖王进封。

益文月刊 杂志名。清光绪十三年(1887)初在汉口创刊。基督教会主办,杨鉴堂主编,本版印刷。前身为《武汉近事编》。以刊载天文、地理、格物、新机新法为主。共出五十三期。

益县 西汉置。治今山东寿光市南。属北海郡。东汉改为侯国。后复为县。西晋废。

益阳县 西汉置,以在益水之阳得名。治今湖南益阳市东资水南,唐贞观二十年(646)移今益阳市。元元贞元年(1295)升为州,明洪武初复降为县。1950年又在县城置益阳市。此后县治屡有迁徙,1983年移治赫山镇。西汉属长沙国,东汉属长沙郡,三国吴太平二年(257)后属衡阳郡,隋至宋属潭州,明、清属长沙府。

益隅 见"益❷(2)"。

益政院 官署名。金代置,掌内廷经筵。哀宗正大三年(1226),以有学问、善议论的文臣数人入院任职。日有二人轮番向皇帝讲述《尚书》、《资治通鉴》、《贞观政要》等书,并备顾问。《金史·百官志》称"名则经筵,实内相也"。

益智会 清道光十四年(1834)由英籍基督教传教士在广州创办,以介绍西方科学、艺术、史地、财经等方面的知识和出版此类书籍为其主要活动。

益智礼不花 即"王璋"。

益智书会 清光绪三年(1877),由在华新教传教士第一届大会组织成立。委员有丁韪良、韦廉臣、狄考文、林乐知、利启勒和傅兰雅等人,丁韪良任主席。主要为初等和高等学校编辑教科书,包括数学、天文、测量、地质、化学、动植物、历史、地理、语文、音乐等科目。主要供教会学校使用,非教会学校可自由选用。十三年中共出版书籍约三万余册。十六年,第二届在华新教传教士大会成立中国教育会,以取代和扩大益智书会的组织。益智书会渐将财产转给中国教育会。

益州 西汉武帝以《禹贡》梁州益以新开辟西南夷地置,故名。为十三刺史部之一。察郡八。有今四川、贵州、云南三省大部,湖北省西北部和甘肃省小部。东汉初治雒县(今四川广汉市北);中平中移治绵竹县(今四川德阳市东北);兴平中又移治成都县(今四川成都市)。东汉时北部武都郡地分属凉州,辖境缩小;南部因哀牢夷内属,增置永昌郡,辖境扩大。三国魏以后辖境不断缩小。东北部分置梁州,西晋于南部分置宁州,南朝梁及西魏、北周又多所分置。隋大业三年(607)改为蜀郡,唐武德初复为益州,辖境仅有今成都市周围数县。天宝元年(742)改为蜀郡。至德二载(757)升为成都府。北宋太平兴国六年(981)降为益州,端拱元年(988)复为成都府,淳化五年(994)又降为益州,嘉祐五年(1060)复为成都府。州境有成都平原,汉以来为全国经济最发达的区域之一,诸葛亮《隆中对》誉为"沃野千里,天府之土"。

益州都督府 唐都督府之一。武德元年(618)于益州置总管府,三年罢总管府,置西南道行台,九年罢行台,置都督府,督益、绵、简、嘉、陵、雅、眉、濛、犍、邛十州,并督巂、南宁、会三州都督府。贞观十年(636)督益、绵、简、嘉、陵、雅、眉、邛八州并茂、巂二都督府。龙朔二年(662)升为大都督府。天宝督剑南三十八郡。辖境相当今四川茂县、江油市以南,沱江以西,大雪山以东和云南北半部地区。

益州郡 西汉元封二年(前109)置。治滇池(今云南晋宁县东)。属益州。辖境相当今中缅边界高黎贡山以东,云南洱海以西及姚安、元谋、昆明市东川区等地以南,曲靖、宜良、华宁、蒙自等市、县以西,哀牢山以北地。东汉以后辖境缩小。三国蜀汉建兴三年(225)改为建宁郡。

益州路 北宋咸平四年(1001)分西川路置,为川峡四路之一。治成都府(治今成都市)。辖境相当今四川江油、北川等市县以南,喜德、沐川等县以北,小金、泸定等县以东,绵阳、井研等市县以西地区。嘉祐四年(1059)改为成都府路。

益州塘 水塘名。在唐江南道袁州宜春(今属江西)西北。元和时,刺史李将顺筑。塘广三十亩,以溉民田,故又称益州塘。自塘穿渠绕县城与李渠相接,复东流经县南至赤板桥入石塘。

益州西部都尉 官名、政区名。东汉永平十年

(67),割益州西部不韦(今施甸)、嶲唐(今保山)、比苏(今云龙)、叶榆(今大理)、邪龙(今巍山)、云南(今祥云、弥渡)六县置,以郑纯为都尉,治嶲唐城,管理"哀牢人、楪榆蛮夷"事务。

谊伯 谊或作义。商臣。汤伐三夓,取其宝玉,他与仲伯作《典宝》,颂为国之常宝。

陭氏县 西汉置。治今山西安泽县东南。属上党郡。西晋废。十六国汉刘聪复置,为冀州治。北魏建义元年(528)于城南置冀氏县。

逸标苾叶护 即"怀仁可汗"。

逸礼 书名。《仪礼》十七篇以外的古文礼经。今佚。刘歆《移书让太常博士》:"及鲁恭王坏孔子宅,欲以为宫,而得古文于坏壁之中,《逸礼》有三十九。"其事《史记》不载,西汉末刘向父子始提出。汉平帝时,曾与《左氏春秋》、《毛诗》、古文《尚书》同立于官学。今文经学家认为系刘歆伪造。今人有持怀疑态度者,亦有信为事实者,但对刘歆伪造之说,则多持否定态度。

逸人高士传 书名。东晋习凿齿撰。八卷。已佚。

逸诗 《诗经》三百零五篇以外的古代诗歌。如《茅鸱》、《唐棣之华》等。见于周秦经书、子书者约有数十处,多系残篇断句。有人认为系孔子删余之诗,也有人认为系传闻闾里未被采风者采集之诗。

逸史 书名。亦作《汉史》。南宋蒋芾撰。二十卷。芾曾祖之奇记北宋遗事,有稿数百册,值战乱散失,芾捃摭遗稿以撰是书。凡六百六十事,为十九门,于官制多所辨订。成于孝宗淳熙元年(1174)。

逸士传 书名。西晋皇甫谧撰。一卷。已佚。清王仁俊有辑本一卷,收入《玉函山房辑佚书补编》。

逸书 ❶即"古文尚书"。❷西汉时,《易》、《书》、《诗》、《礼》、《春秋》五经皆置博士,凡散逸在民间的先秦旧籍,不为博士传习的,也叫逸书。

逸州 唐置羁縻州。为唐时"夷子"四部之一,其地《贵阳府志》称在都匀府境内。天宝元年(742)属黔中郡,隶黔中道。大顺元年(890)属武泰军节度使。五代后晋天福八年(943)附于楚王马希范。宋因之,绍定元年(1228)属绍庆府(治今重庆彭水),隶夔州路。宋亡后废。

逸周书 书名。一称《周书》。中国古代的历史文献汇编。内容主要属周代。古人认为是儒家整理《尚书·周书》后的逸篇,因称《逸周书》。实是几篇周代文献(如《世俘》、《克殷》、《商誓》、《度邑》、《皇门》、《祭公》、《芮良夫》等),加上战国时期各学派撰写的(如《度训》、《武称》、《王会》、《职方》、《明堂》等三十余篇),和汉代撰写的(如《周月》、《时训》、《殷祝》等),以及晋以后从古文献中补缀的几篇(主要是无注诸篇中的一些),才构成今所见的《逸周书》六十篇。书中有些篇,从春秋战国到汉代迭被引用。《汉书·艺文志》载"《周书》七十一篇",但到唐时只存四十五篇。此书有晋孔晁注,新、旧《唐书》都载"孔晁注《周书》八卷",即指此四十五篇。但《隋书·经籍志》载"《周书》十卷,汲冢书",说成是西晋汲郡战国魏襄王墓出土之物。《新唐书·艺文志》遂有"《汲冢周书》十卷"与"孔晁注《周书》八卷"并列。宋人把两部书合并起来,称为"《汲冢周书》十卷,晋孔晁注",即今所见六十篇之本。其中无注者十八篇,系从《汲冢周书》并入;有注者四十二篇,则系孔晁所注《逸周书》原篇,惟有三篇已失注。宋代李焘、王应麟已指出汲冢原无《周书》,不当误称;明杨慎持此说,主张复称《逸周书》。清代自《四库全书总目》及各刊本大都已恢复称《逸周书》,并有六、七家对该书进行了校正、补注、集训、平议、斠补、补正等工作。

逸周书补注 书名。清陈逢衡撰。二十二卷。卷首除作者自序及顾千里序外,并存元黄玢,明杨慎,清姜士昌、汪士汉、谢墉五序。逢衡以《逸周书》晋孔晁注本疏陋,清卢氏抱经堂校本虽称善本,亦多欠缺,于是以卢本为蓝本,而间取他本参订。竭十年之力,撰成是书。而以《叙略》、《集说》为首卷;《补遗》、《诸书误引》、《附录》为末卷,不入卷数。所加诠释,均标以"补注"二字。文从字顺,考辨亦称详实。

逸周书集训校释 书名。清朱右曾撰。十卷。朱氏据王念孙、洪颐煊之书校定《逸周书》正文,复辑群书所征引及诸家之说,申以己意,加以训解,并附校订音释。是书与陈逢衡《逸周书补注》,均总录了前人研究成果。有光绪三年(1877)湖北崇文书局刊本。

翊二府 见"翊府(1)"。

翊府 军府名。即翊卫府。(1)隋左右卫始置,分左翊一开府、二开府、三开府、四开府,各领开府府、仪同府,为内府。左右翊卫正八品上,大业三年(607)改翊卫为武侍。唐十二卫皆置,左右卫领翊一、翊二两府,左右骁卫、武卫、威卫、领军卫、金吾卫各领翊府一府。每府设中郎将一员,左右郎将各一员,兵曹参军事一员,校尉五员,旅帅十员,队正二十员,副队正二十员,领翊卫,正八品上,甚受亲信,号称内仗。掌宿卫事。有大朝会、巡幸则领仪仗。为士大夫进身之阶,唐初,四品孙、五品及上柱国子补翊卫。(2)隋东宫官领兵开府置,领开府府、仪同府,为内府。太子翊卫,从八品上,大业三年(607),改太子翊卫为良曹。唐改良曹为率府御卫,从八品上。唐太子左右卫率府所领翊卫府每府设中郎将一员,左右郎将各一员,录事一员,兵曹参军事一员,校尉五员,旅帅十员,队正二十员,副队正二十员。领翊卫掌宿卫事,大朝会及太子出则领仪仗。勋官二品及县男以上,散官五品以上子若孙补率府翊卫。(3)宋崇宁四年(1105)置翊卫府,设郎、中郎各二十人,领翊卫掌殿廷陛卫之事。翊卫以卿监、正任刺史、遥郡团练使以上势官子孙充任,次年即罢。

翊府右郎将 官名。(1)唐代十二卫所领翊卫府次官之一,各置一员,正五品上。(2)唐代太子左右卫率府所领翊府次官之一,各置一员,正五品下。永徽三年(652)改右翊军郎,显庆元年(656)复名右郎将。

翊府中郎将 官名。(1)唐代十二卫所领翊卫府长官,各置一员,正四品下,领本府之属以宿卫,总其府事。(2)唐代太子左右卫率府所领翊府长官,各置一员,从四品上,领本府之属以宿卫,总其府事。永徽三年(652)改旅贲郎。显庆元年(656)复名中郎将。

翊府左郎将 官名。(1)唐代十二卫所领翊卫府次官之一,各置一员,正五品上。(2)唐代太子左右卫率府所领翊府次官之一,各置一员,正五品下。永徽三年(652)改为左翊军郎,显庆元年(656)复名左郎将。

翊海将军 官名。将军名号。南朝梁置,天监七年(508)定为施用于境外的武职二十四班中的十六班,拟智威将军等号;大通三年(529)定制后,仍拟智威将军等号。

翊后(後)将军 官名。将军名号。南朝梁置,天监七年(508)定为武职二十四班中的二十班,与四平将军同班。普通六年(525)改为武职三十四班中的三十班。陈沿置,拟三品,比秩中二千石。

翊麾校尉 官名。唐贞观十一年(637)置为从七品上武散官。宋代沿置,元丰改制罢。

翊军将军 官名。东汉建安末刘备置,统兵。三国蜀、十六国成汉沿之。北齐时从二品。隋初列为散号将军,六品上,大业三年(607)罢。

翊军校尉 官名。西晋太康元年(280)初置。地位与北军五校尉同,大驾出行时,与五校并行护驾,东晋初沿置,后罢。南朝宋置为东宫三校之一。

翊军郎 官名。即唐太子诸率所领亲卫、勋卫、翊卫府左、右郎将,永徽三年(652)改,显庆元年(656)复名郎将。

翊前将军 官名。将军名号。南朝梁置,天监七年(508)定为武职二十四班中的二十班,与四平将军同班。普通六年(525)改为武职三十四班中的三十班。陈沿置,拟三品,比秩中二千石。

翊善 官名。北宋太平兴国四年(979),诸王府置,掌赞导之事,以常参官充任。又资善堂亦有翊善,以儒臣充任。神宗元丰改制后,定为从七品。

翊师将军 官名。将军名号。南朝梁置,天监七年(508)定为武职二十四班中的十七班,与镇兵、宣惠、宣毅将军代旧四中郎将。陈沿置,拟四品,比秩中二千石。梁陈时如为翊师大将军,则进一阶。隋初列为散号将军,正六品上,大业三年(607)罢。

翊卫 见“翊府”。

翊卫大夫 武阶官名。北宋政和六年(1116)增置。从五品。

翊卫府 即“翊府”。

翊卫府郎 见“翊府(3)”。

翊卫官 宋代翊卫府郎、中郎统称。

翊卫郎 武阶官名。北宋政和六年(1116)增置。从七品。

翊卫司 官署名。西夏元昊建国初期设置,掌统制训练、宿卫戍守及扈从车驾。官员有马步军都指挥、副都指挥及诸卫上将军、大将军之号。

翊卫中郎 见“翊府(3)”。

翊一府 见“翊府(1)”。

翊右将军 官名。将军名号。南朝梁置,天监七年(508)定为武职二十四班中的二十班,与四平将军同班。普通六年(525)改为武职三十四班中的三十班。陈沿置。拟三品,比秩中二千石。

翊正司 官署名。元代置。属中政院。掌怯怜口民匠五千余户,岁办钱粮造作。世祖至元三十一年(1294),始置御位下管领随路民匠打捕鹰房纳绵等户总管府,秩正三品。仁宗延祐六年(1319)改翊正司。设令、丞等官,下领管领上都等处诸色人匠提举司、管领随路打捕鹰房纳绵等户提举司,管领归德亳州等处管民提领所。

翊左将军 官名。将军名号。南朝梁置,天监七年(508)定为武职二十四班中的二十班,与四平将军同班。普通六年(525)改为武职三十四班中的三十班。陈天嘉六年(565),杜稜自领军将军迁此职、丹阳尹。拟三品,比秩中二千石。

肄簋 旧名戊辰彝。商末青铜器。铭文共三十五字,记载商王二十年十一(或释为“二”)月戊辰日,肄因弜师赏赐香酒和贝,作器以祀父乙,这一天正值鲁祭先王武乙之配妣戊。据铭文所见妣戊称谓,当时在位的王应为武乙之孙帝乙或曾孙帝辛,但卜辞历代妣名皆见祀典而不见妣戊,可知她尚存,因此学者多认为这件簋是帝辛二十年之物。

意大利建国三杰传 书名。近人梁启超撰。一卷。主要叙述马志尼、加里波第、加富尔领导意大利资产阶级复兴运动的始末。于三人身世、经历、政治主张和活动叙述甚详。对马志尼组织青年意大利党采取教育与暴动并行、加富尔进行资产阶级民主改革颇为称赞。成书于光绪二十八年(1902)。有光绪二十九年上海广智书局印本。

意而子 相传为夏代贤人。许由之友,曾得尧之接济。见《庄子·大宗师》。

意国教士护照来往照会 ❶意大利驻华公使与清政府总理衙门之间的往复照会。光绪十四年八月二十四日(1888.9.29)意方首先致照,同年九月五日清方复照被迫应允对方要求,凡两件。主要议定持有意公使馆所发执照的意国传教士前往中国内地,所享权益与法国传教士等同。❷意驻华公使与总理衙门之间的又一组照会。光绪十四年十月二十三日(1888.11.26)意方首先致照,同年十一月二十日(12.22)清方复照被迫应允对方要求,其后意方又复照肯定,凡三件。主要议定:意大利传教士前往陕西、山西、河南、湖北四省,山东省除兖州、曹州、沂州、济宁诸府的其他地方,湖南省沅江以南地区,护照由意方颁发;如有别国传教士前往上述地方,须由其本国驻华公使馆证明其国籍,清方才可放行,如籍别有讹,则由意方处理;在上述地方有关意国教士之事,均由意方自理,别国教士之事则由其本国官员办理,清方均不能干预。

意利珍豆启民可汗 即“启民可汗”。

意钱 旧时博戏“摊钱”之古称。首见于《后汉书·梁冀传》:“意钱之戏。”李贤注引何承天《纂文》曰:“诡亿,一曰射意,一曰射数,即摊钱也。”其法据清金学诗《牧猪闲话》记："随手取钱数十枚，纳入器中。俟众压毕，乃取计之，统计凡为四者若干，余零或一或二或三或成数，分为四门，以压得者为胜。"今已失传，从上述记载可知近似押宝。

意辛山 在今内蒙古四子王旗西北边境。《魏书·太祖纪》：登国五年(390)，拓跋珪至意辛山，会后燕兵讨破贺兰、纥突邻、纥奚诸部落，即此。

意言 书名。清洪亮吉著。二十篇。成于乾隆五十八年(1793)，编入《卷施阁文甲集》卷一。其中《祸福篇》、《鬼神篇》、《天地篇》、《夭寿篇》、《仙人篇》批评鬼神迷信；《百物篇》、《命理篇》分别对目的论与天命论表示异议；《治平篇》、《生计篇》阐述人口论观点；《守令篇》、《吏胥篇》于吏治腐败有所批评。

意园文略 书名。清盛昱撰。二卷。作者此书收文十一篇，议一篇。多考订之作，亦有敌视新事物之文字，如《书铁路述略后》之反对筑造铁路，即其一例。有宣统二年(1910)刊本。

溢乐县 西魏大统中改临洮县置。治今甘肃岷县。为岷州及同和郡治。隋大业初改为临洮县。义宁二年(618)复旧名。唐为岷州治。上元二年(761)地入吐蕃废。

瘗钱 用以随葬的钱。《汉书·张汤传》："会人有盗发孝文园瘗钱。"颜师古注引如淳曰："瘗，埋也。埋钱于陵园以送死也。"汉代随葬皆用真钱，后世则有专铸之铜钱，或以纸钱代之。

毅军 军队名。清同治元年(1862)宿州总兵宋庆接统临淮军三营组建而成。因宋庆赐号毅勇巴图鲁，故名。先后在安徽、河南、山东、直隶镇压捻军。八年随左宗棠在陕甘等地镇压回民起义。光绪六年(1880)徙防旅顺。中日甲午战争中，马玉崑所部毅军赴朝作战，屡立战功。其余各部防守九连城等地，接连败逃，辽河以东尽失。二十四年调防山海关，改编为武卫左军。二十六年在天津地区被八国联军击溃。该军与嵩武军又通称豫军。

劓 刑名。肉刑的一种。即割鼻。秦时有此刑。《睡虎地秦墓竹简·法律答问》："不盈五人，盗过六百六十钱，黥劓(劓)以为城旦。"西汉文帝时废止肉刑，当处劓刑者，笞三百。

滱水 即今河南西平县、上蔡县以下的洪河。据《水经注》，源出今河南郾城县东大溵水(今沙河)，南流至西平县东北，走今洪河于新蔡县东注入汝河。元时改以今西平县北的周家陂为源。明嘉靖时周家陂淤为良田，改以西平县西诸山溪及汜水为源。以汜水在西平县境本有洪河之称，此后遂统称汜、滱全流为洪河。

翳徒之戎 古族名。戎的一支。商代居今山西太原以北。文丁十一年，周季历伐之，获其三大夫献于商王。

翼 春秋晋邑。在今山西翼城县东南十五里故城村。《诗谱》："晋穆侯迁都于绛，曾孙孝侯改绛为翼，翼为晋之旧都也。后献公又北广其城，方二里，又命之为绛。"(《水经·浍水注》引)《左传》桓公二年(前710)："曲沃庄伯伐翼，弑孝侯。翼人立其弟鄂侯"，即此。景公迁都新田，称此为故绛。

翼奉 西汉东海下邳(今江苏睢宁西北)人，字少君。治《齐诗》，明经术，好律历阴阳之占。元帝初征待诏宦者署，旋为中郎。帝数延问得失，乃奏言诸寝庙不以亲疏迭毁，皆烦费，违古制；又宫室苑囿奢泰难供，以故民困国虚。后为博士、谏大夫。年老以寿终。子孙皆以学在儒官。

翼教丛编 书名。清苏舆辑。六卷。光绪二十四年(1898)秋戊戌政变后成书。辑录朱一新、洪良品、安维峻、许应骙、文悌、孙家鼐、张之洞、王仁俊、屠仁守、叶德辉、王先谦、宾凤阳、梁鼎芬等人论说奏折、书牍，以及告白、公呈、学约等，共四十余篇。多为反对变法言论，旨在护翼封建纲常名教，故名。是书专以明教正学为义，反对今文经学，集中反映了戊戌变法时期顽固派的思想。是年湖南初版本有附录一卷，录梁启超等人书信。同年上海黄协埙再版，首列惩治康有为等人谕旨，删原本附录，另附黄氏论说数篇。今见武昌重刻本，仅有正文，无附录、谕旨。

翼领 清代前期八旗武职官。参见"翼长"。

翼鸣 昆虫的一种发声方式。初见《考工记》"以翼鸣者。"郑玄注："翼鸣，发皇属。"古时，发、蚑声近，皇、蟥字通。郭璞注《尔雅》则以蚑蟥名蛢，言为"甲虫也。大如虎豆，绿色……"古人以其甲下有翅，飞时，以两翅振动摩擦而发出鸣声，故曰翼鸣。

翼缺 清代官缺之一种。属八旗官缺。即左、右两翼额设之职官，由本翼四旗应用人员内拣选任命。

翼王 ❶金代封爵，次国一字王号。完颜鹘懒、完颜珣(宣宗)等先后受封。❷即"石达开"。

翼宿 ❶星官名。二十八宿之一。南方朱鸟七宿的第六宿。有星二十二颗，即巨爵座 $\alpha,\gamma,\zeta,\lambda,\eta$，$\delta,\iota,\kappa,\varepsilon,\theta,\beta$ 等和长蛇座 γ,x_1 等星。《礼记·月令》："孟夏之月，昏，翼中。"孔颖达正义："翼为鹑尾。"朱熹注："鹑无尾，故以翼为尾。"在太微垣南，为朱鸟翅膀。《史记·天官书》："翼为羽翮，主远客。"故翼宿当取义于朱鸟之翼。以中央西第二星为距星。❷天区名，除主体翼宿星官外，还有东瓯共二个星官。

翼驭 吏职名。唐太子仆寺厩牧署置十人，掌调马执驭。

翼长 官名。清代八旗武官。初名翼领，乾隆后期更此名。多设于健锐、火器、善扑等营及陵寝、围场、驼马厂，然品秩悬殊，职掌不一。如火器营所辖内外二营、健锐营所辖左右二翼各设翼长一人，正三品，分管营、翼事。神机营设总理全营事务翼长(又称"全营翼长")三人，掌董帅队伍。所属各处、局亦设翼长一二人不等，分管各处、局事务，其下尚有委翼长、帮办翼长、学习翼长等官，均佐翼长管理各项事务。此外，还有委署翼长、正翼长等名目。

翼州 北周天和元年(566)置。以翼针水为名。治翼针(今四川茂县西北)。隋大业三年(607)省。唐武德元年(618)复置，天宝元年(742)州治改名卫山。辖境约当今茂县北部一带。广德元年(763)，改为行州，后废。

殪 又作殪。相传为寒浞之子。寒浞杀取代夏政的有穷后羿，占其妻室，生浇与殪二子，封他于戈(今河南杞县、太康间)。后为夏少康使其子季杼所杀(《左传·襄公四年》)。

懿安皇后(？—848) 唐华州郑县(今陕西华县)人。宪宗皇后。郭子仪孙女，郭暖女。宪宗为广陵王时，纳为妃。元和元年(806)，册为贵妃，生李恒(穆宗)。十五年，穆宗嗣位，尊为皇太后。穆宗卒，敬宗即位，称太皇太后。文宗时，仍受礼敬。武宗时，谏畋游和角力，阻五坊小儿出入禁中。宣宗立，礼稍薄。历位七朝，五居太母之尊，至是怏怏不乐，后暴死。

懿德太子 即"李重润"。

懿德太子墓 唐墓葬。懿德太子李重润为中宗长子，因忤武则天被杖杀，葬于神龙初。墓位于今陕西西安乾陵东南侧。覆斗形封土，高17.92米，底南北长56.7米，东西宽55米。陵园略作矩形，南北长256.5米，东西宽214米，四角各有一夯土堆，南面正中有土阙一对。阙南有石狮一对，石人一对，残石座一对，石华表一对(残)。土阙之北曾有残砖瓦和壁画残片，或为献殿遗址。1971年经发掘，墓道长100.8米，最宽处3.9米。由斜坡墓道、六过洞、七天井、八小龛、前后甬道及前后墓室组成。遗存文物有大型石椁、庑殿式顶，雕饰精细。大理石哀册十一片(残)。较完整的壁画四十多幅，内容有驯豹、阙楼、出行仪仗和宫廷宴乐生活。随葬品有陶俑四百余件，各类器物九十四件。

懿怜真班 见"亦怜真班"。

懿璘质班 即"元宁宗"。

懿律(George Elliot，1784—1863) 英国人。义律堂兄。十岁即入海军学习。1837年任好望角舰队总司令。清道光二十年(1840)任侵华英军总司令、谈判全权大使，率英国舰船四十余艘、海军四千余人侵犯广州、厦门，未逞。后北上攻占定海，侵犯大沽，胁迫清政府议和。是年十月因病辞职回国。

懿旨 旧指皇太后或皇后的命令。世谓女德为懿，故称懿旨。

懿州 辽太平三年(1023)置。治宁昌(今阜新县北饶阳河南岸塔营子村附近)。属黄龙府。辖境相当今辽宁阜新县地。金移治顺安(今塔营子村)。辖境略有扩大。蒙古升为路。至元六年(1269)复降为州，并省顺安县入本州。至正二年(1342)又升为路。辖境扩大至今义县、朝阳市一带。明初废。

yīn

因 古代算学术语。古代筹算中的一种算法，指对某一数乘上若干倍。

因果报应 佛教基本教义之一。"因"亦称"因缘"；"果"或称"果报"。"因"者能生，"果"者所生，有因则必有果，有果则必有因。认为任何思想和行为，一经产生，不会自行消失，必然导致相应的后果。"因果"之理，贯通"三世"，即现世的贫富贵贱，是前世所作"善恶业"的结果；今生的善恶诸业，亦必招致来生的祸福报应。《大般涅槃经·憍陈如品》："众生从业而有果报，如是果报则有三种：一者现报，二者生报，三者后报。"

因话录 书名。唐赵璘撰。六卷。约成于大中末年。记唐初至大中九年(855)遗闻轶事。分宫、商、角、徵、羽五部，代表君、臣、人、事、物五项内容。凡叙帝王之事二十一条，百官之事四十六条，不仕者之事十条，典故十九条，杂事二十八条，所记御史台故实，高宗、武后时期三省变迁等，可与两《唐书》所载官制相印证。玄宗至宣宗各朝人物事迹，可采亦多。文笔质朴简洁。有关郭暧与升平公主故事，为戏剧《打金枝》所本。现有1958年古典文学出版社点校本。

因明 梵文Hetuvidyā的意译。佛教名词。起源于印度的一种逻辑推理学说。公元五世纪印度哲学家无著和世亲创立。用五支(宗、因、喻、合、结)作法进行推理，称古因明。六世纪，经陈那及弟子改革后，用宗(断案)、因(原因)、喻(喻例)三支作法进行推理，称新因明。因明论著在南北朝时已陆续传入，至唐玄奘翻译出《因明入正理论》、《因明正理门论》，将陈那新因明传入中国，因明讲习盛行一时。许多在印度已失传的因明著作和大量梵文原本得以流传至今。

因木望山 古代算学名题。出自《九章算术》勾股章第二十三题。用木目测山高之法。以木高减人目高作为勾的比率，以人至木的距离作为股的比率，山至木的距离作为已知股。用勾的比率乘已知股，除以股的比率，即得勾，与木高相加，故得山高。

因杅将军 官名。汉代将军名号。武帝时有因杅将军公孙敖，曾奉命筑塞外受降城。因杅，匈奴地名，因所征之地作为将军之号。

因缘 梵文Hetupratyaya的意译。佛教名词。指一切事物和现象的"生灭"、"迁流"所赖以发生的条件。按佛教的传统说法。主要条件称"因"，辅助条件称"缘"。《维摩诘经·佛国品》鸠摩罗什注："力强为因，力弱为缘。"无因缘即无事物。《俱舍论》卷六："因缘合，诸法即生。"用以论证事物既非从自然而生，必依托他力而后得生，故均为无自性的虚幻存在。

因缘无性论 篇名。南朝陈真观著。针对朱世卿《性法自然论》而作。文中自设宾主，通过"请疑公子"与"通敏先生"的问答，说明万事万物非出于"自然"，亦无"自性"，而是受制于"因果"、"因缘"。以自然界的一些因果现象比附人事，宣称若"无因果"、"绝报应"，"亦应钻火得冰，种豆生麦，未见声和响戾，形曲影端。"但重视人为的作用，认为人的主观努力可以改变善恶之本性。载《广弘明集》卷二十五。

因远部 地名。原名惠龙甸。在今云南元江西南。宋大理国置，元为因远甸，明设奉化州，清设因远巡检，今为因远镇。

因远罗必甸长官司 土司名。明洪武初置，治今云南元江哈尼族彝族傣族自治县，后升为奉化州。

阴　❶春秋晋邑。在今山西霍州市东南。《左传》僖公十五年(前645):"晋阴饴甥会秦伯,盟于王城。"杜预注:"阴饴甥即吕甥也,食采于阴,故曰阴饴甥。"❷即"平阴"。❸山北水南为阴。如华阴、江阴、淮阴、山阴。《史记·货殖列传》:"泰山之阳则鲁,其阴则齐。"《列子·汤问》:"自此,冀之南,汉之阴,无陇断焉。"

阴安县　西汉元朔五年(前124)封卫不疑置阴安侯国,属魏郡,元鼎五年(前112)改为县。治今河南清丰县西北古城集。晋改属顿丘郡。《资治通鉴》:东晋永和六年(350),魏主冉闵追斩后赵将"靳豚于阴安",即此。北魏太平真君三年(442)废入卫国县。太和十九年(495)复置。北齐废入顿丘县。

阴坂　坂一作阪。今河南新郑市西北双洎河(古洧水)上津梁。《左传》襄公九年(前564):晋伐郑,"济于阴阪"。杜注:"阴阪,洧津。"《水经·洧水注》:"洧水又东经阴坂北,水有梁焉。"

阴城县　西魏改阴县置。治今湖北老河口市西北。为酂城郡治。北周属襄阳郡。唐初属襄州。贞观八年(634)废入谷城县。

阴错　古历数术语。在六十甲子中,甲子、甲午为阳辰。阳辰之前三辰,即甲子之前辛酉、壬戌、癸亥,甲午之前辛卯、壬辰、癸巳皆为阴错。见明王逵《蠡海集·历数类》。参见"阴错阳差"。

阴错阳差　古代历数术语。明王逵《蠡海集·历数类》:"阴错阳差,有十二日,盖六十甲子分为四段,自甲子、己卯、甲午、己酉,各得十五辰。甲子之前三辰,值辛酉、壬戌、癸亥为阴错;己卯之前三辰,值丙子、丁丑、戊寅为阳差。甲午之前三辰,值辛卯、壬辰、癸巳为阴错;己酉之前三辰,值丙午、丁未、戊申为阳差。盖四段中,每段除十二辰,各余三辰,三四亦得十二辰,是为阴错阳差也。甲子、甲午为阳辰,故有阴错,己卯、己酉为阴辰,故有阳差也。"亦喻由于偶然因素而造成了差错。

阴澹　晋敦煌(今属甘肃)人。西晋末,任州治中从事。张轨据凉州时,任左将军。张茂时,任敦煌太守(一作武威太守)。著有《魏纪》。

阴道　❶天文学名词。月行之轨道。《汉书·天文志》:"月有九行者:黑道二,出黄道北;赤道二,出黄道南;白道二,出黄道西;青道二,出黄道东。……青赤出阳道,白黑出阴道。若月失节度而妄行,出阳道则旱风,出阴道则阴雨。"桓宽《盐铁论·论菑》:"月者阴,阴道冥。"唐瞿昙悉达《开元占经·天体浑宗》:"月行二十七日有奇而周天,其行半出黄道外,半入黄道内,在内谓之阴道,在外谓之阳道。"❷山北背阳的道路。《史记·封禅书》:"从阴道下,禅于梁父。"❸古代儒家以阴阳之道解释君臣、父子、夫妇之义,皆取君、父、夫所守的礼法为阳道,臣、子、妻所宗的礼法为阴道。见汉董仲舒《春秋繁露》十二《基义》。❹谓房中术。《汉书·艺文志》房中八家内有《容城阴道》、《务成子阴道》诸书。

阴地　地区名。春秋晋地。指西自今陕西商州市,东至今河南嵩县,熊耳山脉以北,黄河以南地区。《左传》宣公二年(前607):晋赵盾"遂自阴地及诸侯之师侵郑";哀公四年(前491):"蛮子赤奔晋阴地",皆即此。有陆浑戎分布,称阴戎,以此得名。

阴地关　地名。即今山西灵石县西南南关镇。《旧唐书·昭宗纪》:大顺元年(890),李克用遣大将李存信、薛阿檀拒王师于阴地关,三战三捷,即此。

阴符经　书名。全称《黄帝阴符经》。旧题黄帝撰,有太公、范蠡、鬼谷子、张良、诸葛亮等注,真伪不可考。《神仙传》称唐李荃得于嵩山虎口岩石室,为之作注。宋人认为系李荃伪托。历代史志皆入道家。内容为"阴阳相胜之术",认为"治国之术百数,其要在清净自化;用兵之术百数,其要在奇正权谋";并有"圣人知自然之道不可违,因而制之"等命题。南宋朱熹有《阴符经考异》一卷,夏元鼎有《阴符经讲义》四卷。宋以来还有曹道冲、蹇昌振、唐淳、刘处玄、胥元一、陆西星、李光地等多家注本,或以为道家言,或以为兵家言,或以为神仙家言,其说不一。又有《周书阴符》,历代史志皆著录于兵家类,为另一书。

阴符太白经　即"太白阴经"。

阴符太白阴经　即"太白阴经"。

阴沟　据《水经·阴沟水注》,首受河水于卷县(今河南原阳县西旧原武西北七里),东流横绝济隧、十字沟、济水等水道,至大梁(今开封市)合*鸿沟(即蒗荡渠)。是蒗荡渠分河水的渠道之一,故亦为蒗荡渠的另一名称。《水经·汳水注》:"阴沟即蒗荡渠也。"

阴馆县　本楼烦乡,西汉景帝后元三年(前141)置县。即今山西朔州市东南八十里夏官城。属雁门郡。东汉为雁门郡治。建安中废。《太平寰宇记》朔州:"阴馆城,今名下馆城。"

阴皇后　❶(5—64)即阴丽华。东汉南阳新野(今属河南)人。光武帝皇后。光武帝微时闻其美,有"仕宦当作执金吾,娶妻当得阴丽华"之叹。更始元年(23)为刘秀所纳,时年十九。刘秀称帝后,遣使迎至洛阳,封贵人。建武四年(28),生明帝。十七年,郭后废,遂立为皇后。兄阴识,弟阴兴,并居高位。明帝即位,尊为皇太后。卒谥光烈。❷(?—102)东汉南阳新野(今属河南)人。和帝皇后。光烈阴皇后兄阴识曾孙女。永元四年(92)以先后近亲为贵人,有殊宠。八年,立为皇后。和熹邓后入宫后,爱宠稍衰,心怀妒恨。十四年,被告发与外祖母邓朱共挟巫蛊媚道获罪,废居桐宫,后忧死。弟轶等考掠至死,父纲自杀。

阴姬　战国时中山国王后。名简。初与江姬俱为中山王美人,互争为后。她得中山相司马喜之助。司马喜赴赵,力言阴姬之美,赵王大悦,欲请求中山君而得阴姬。中山王怒。司马喜乘机建议中山王立之为后,以绝赵王之意。中山王遂立她为后。见《战国策·中山策》。

阴晋　战国魏邑,后属秦。在今陕西华阴市东。《史记·魏世家》:文侯三十六年(前410),"秦侵我阴晋";《秦本纪》:惠文王六年(前332),"魏纳阴晋,阴晋改名宁秦”，皆即此。

阴就(？—59) 东汉初南阳新野(今属河南)人。光烈阴皇后之弟。嗣爵为宣恩侯，后改封新(信)阳侯。喜接交名士宾客，至纵客横行。明帝时任少府，位特进，恩宠优渥。永平二年(59)，其子丰杀妻郦邑公主伏诛，当连坐，遂自杀，国除。

阴康氏 相传为上古帝王。《吕氏春秋·古乐》：“昔阴康氏之始，阴多滞伏而湛积，水道壅塞，不行其原，民气郁阏而滞著，筋骨瑟缩不达。”

阴铿 南朝陈武威姑臧(今甘肃武威)人，字子坚。博涉史传，尤善五言诗。初为梁湘东王法曹参军。陈天嘉中，为始兴王中录事参军。文帝尝宴群臣，吏部尚书徐陵荐之，即召赴宴，使咏新成安乐宫，挥笔立就。累迁晋陵太守、员外散骑侍郎。有文集三卷行于世。

阴口 春秋郑邑。在今河南新郑市西、古洧水岸口。《左传》襄公九年(前564)：晋以诸侯之师“济于阴阪，侵郑。次于阴口而返”，即此。

阴历(曆) ❶全称“太阴历”。历法的一种。古人称月球为太阴。以月亮的盈亏周期为主要依据，历月的长度平均约等于朔望月。大月三十日，小月二十九日。年的长短只是历月的整倍数，和回归年无关，月份也与四季寒暑无关。月中日期表示着一定的月相，而月相的变化是人们最容易观察的天象，因此各国历法大都先有阴历后有阳历。《希腊历》和《伊斯兰教历》(《回历》)都是阴历。❷1912年中国采用《公历》后，将存于民间的传统《夏历》俗称为“阴历”。

阴丽华 见“阴皇后❶”。

阴凉河 即今内蒙古英金河支流锡泊河。《辽史·天祚帝纪》：天庆七年(1117)以金人连下东京、春州、泰州，天祚帝“自燕至阴凉河，置怨军八营”，即此。

阴陵县 秦置。治今安徽定远县西北。属九江郡。《史记·项羽本纪》：垓下败后，溃围南出，渡淮“至阴陵，迷失道”，即此。东汉为九江郡治，南朝梁、东魏为北谯郡治。北周废。

阴密 战国秦邑。在今甘肃灵台县西南。《史记·秦本纪》：昭襄王五十年(前257)，“武安君白起有罪，为士伍，迁阴密”，即此。西汉置阴密县。

阴密县 西汉置。治今甘肃灵台县西百里镇。属安定郡。东汉废。三国魏复置，北周废。

阴盘驿 即今陕西西安市临潼区东北阴盘城。北魏孝昌三年(527)萧宝寅谋据关中，遣其将郭子恢攻杀关右大使郦道元于此。《唐人选唐诗》有李白《阴盘驿送贺监归越》诗。

阴槃县 槃一作盘或般。(1)西汉置。作阴槃县。治今陕西长武县西北。属安定郡。东汉作阴盘县。灵帝末因乱徙废。(2)东汉灵帝时寄治新丰县境，在今陕西西安市临潼区东北。属京兆郡。魏、晋作阴般县。十六国夏徙废。(3)十六国夏胜光二年(429)置。治今甘肃平凉市东南。北魏为平原郡治，隋属安定郡。唐天宝元年(742)改为潘原县。

阴平道 ❶县名。西汉置。治今甘肃文县西北。为广汉郡北部都尉治。东汉为广汉属国都尉治。三国时去“道”字，为阴平郡治。西晋永嘉后废。❷道路名。自今甘肃文县穿越岷山山脉，经由四川平武、江油等市、县，绕剑阁之西，直趋成都。路虽险阻，但最便捷。三国魏景云四年(263)，邓艾灭蜀汉即取此道，“行无人之地七百余里，凿山通道，造作桥阁”(《三国志·魏志·邓艾传》)。明初傅友德入蜀灭夏，亦取此道。

阴平郡 东汉建安末曹操改广汉属国置。蜀汉建兴七年(229)属蜀汉。治阴平县(今文县西北)。辖境相当今甘肃迭部、文县和四川平武、南坪等县地。西晋永嘉后废。西魏平蜀复置。治曲水县(今文县西)。隋开皇初废。蜀汉属益州，晋属秦州，北周属文州。隋义宁末和唐天宝、至德时又曾改文州为阴平郡。

阴平县 ❶东晋侨置。治今四川江油市东北。为北阴平侨郡治。西魏废帝二年(553)改名龙安县。❷东晋侨置于苌阳县(今四川德阳市西北)，为南阴平侨郡治。北周废。

阴戎 即陆浑之戎。因该部居于阴地(今陕西商州至河南嵩县东北，黄河以南熊耳山脉以北一带地区)，故名。

阴山 ❶即今内蒙古南部阴山。❷天山别称。唐岑参《热海行送崔侍御还京》：“侧闻阴山胡儿语，西海热海水如煮”，即指此。

阴山关 在今湖北麻城市东北，接河南省界。《魏书·田益宗传》：“景明初，萧衍遣军主吴了阳率众寇三关，益宗遣光城太守梅兴之步骑四千，进至阴山关南八十余里，据长风城，逆击子阳，大破之。”《梁书·夏侯夔传》：普通六年(525)，“敕夔出义阳道，攻平靖、穆陵、阴山三关，克之”，皆即此。

阴山县 西汉置。本阳山县，治今湖南攸县西南。初元元年(前48)封长沙剌王(《汉书·王子侯表》误作“孝王”)子宗为阳山侯，属桂阳郡。以桂阳郡已有阳山县，乃改为阴山县。三国吴孙亮末属湘东郡。隋开皇九年(589)废入湘潭县。《三国志·吴志·吕岱传》：东汉建安二十年(215)取长沙三郡，“安成、攸、永新、茶陵四县吏共入阴山城合众拒岱”，即此。

阴山杂录 书名。赵志忠撰。十六卷。志忠入宋后，记述辽朝事进上，内容有君臣世次、国俗、官称、仪物及蕃汉兵马、山川风物等多项，故称杂录。

阴声 古乐律术语。声分阴阳二类，阴声指大吕、应钟、南吕、函钟、小吕、夹钟六声。见《周礼·春官·大师》。大吕等六声，也称六吕，以声音清浊高下而定。

阴识(？—59) 东汉初南阳新野(今属河南)人，字次伯。光烈皇后阴丽华之兄。新莽末年，率子弟宾客千余人随刘縯起兵反莽，任校尉。更始元年(23)迁偏将军。次年，封阴德侯，行大将军事。刘秀称帝后，征为骑都尉，复任关都尉，迁侍中。后定封原鹿侯。明帝立为皇太子时，守执金吾，辅导东宫。

光武帝每巡郡国,常使其留守京师,委以禁兵。明帝即位,拜执金吾,位特进。

阴世师(565—617)　隋武威(今属甘肃)人。阴寿之子。多武艺,以功臣子为仪同,累迁骠骑将军。炀帝即位,任张掖太守。因反击吐谷浑和党项有功,升武贲郎将。炀帝再攻高丽,兼涿郡留守,领兵镇压农民起义军,迁楼烦太守、左翊卫将军。后与代王杨侑留守京师。李渊起兵,攻入长安,被执杀。

阴寿(?—583)　隋武威(今属甘肃)人,字罗云。仕北周,从武帝灭北齐,位开府。杨坚为相,引为掾。大象二年(580)尉迟迥反,监韦孝宽军讨平之,以功进上柱国。后官幽州总管,封赵国公。隋开皇二年(582),原北周营州刺史高宝宁引突厥围攻北平,受命领兵出卢龙塞(今河北喜峰口附近)败之。宝宁又引契丹、靺鞨来攻,他离间其部将杀宝宁,北边遂安。后卒于官。

阴燧　古时月夜承接露水的器皿。晋干宝《搜神记》十三:"夫金之性,一也,以五月丙午日中铸为阳燧,以十一月壬子夜半铸为阴燧。"汪绍楹校:"言丙午日铸为阳燧,可取火;壬子夜铸为阴燧,可取水也。"南朝梁元帝《玄览赋》:"置阴鉴之明水,设珪瓒而盈觞。"

阴文　见"阳文"。

阴县　西汉置。治今湖北老河口市西北。属南阳郡。三国魏属南乡郡,西晋太康后属顺阳郡,南朝宋属广平郡。西魏改为阴城县。

阴兴(?—47)　东汉初南阳新野(今属河南)人,字君陵。光烈阴皇后之弟。建武初,为黄门侍郎,守期门仆射。典将武骑,从征伐,平定郡国,为帝所亲信。好结交宾客,凡有用之才,虽不相好,犹称其长而荐达之;华而少实者,则馈之以财,终不为言。历位侍中、卫尉,赐爵关内侯。常以外戚家苦不知谦退为诫,屡辞高爵显位。

阴阳　初意指自然界之明暗现象。阳,卜辞作""(罗振玉《殷虚书契前编》五·二四·五),《说文·阜部》:"阳,高明也。"阴,西周铭文作"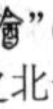"(《敔簋》),《说文·阜部》:"阴,暗也,水之南,山之北也。"西周末,始以阴阳二气解释自然变化。春秋战国时,有人认为阴阳系宇宙间两种对立的基本因素或属性,称其为"天地之大理"(《管子·四时》),两者互相转化具有"阳至而阴,阴至而阳"(《国语·越语》)的规律,并形成四时变化、月之圆缺以及日月之食。人类社会活动须依阴阳发展规律行事,方可取得成功。有人认为阴阳乃"万物之根本"(《内经·四气调神大论》),"两者交通成和,而物生焉"(《庄子·田子方》)。《易·系辞》则以阴阳为"道",谓"一阴一阳之谓道"。西汉董仲舒赋予阴阳道德意义,称阳为"天"之德,阴为"天"之刑,"阳尊阴卑"、"阳贵阴贱",而"君臣父子夫妇之义,皆取诸阴阳之道"(《春秋繁露·基义》),并将其作为巫术之根据。阴阳观念影响深远,后代思想家柳宗元、张载等皆以阴气阳气相互作用解释自然界之变化。张载认为:"阴阳者,天地之气也"(《张子语录》中),"浮而上者阳之清,降而下者阴之浊,其感遇聚散,为风雨,为雪霜,万品之流行,山川之融结,糟粕煨烬,无非也"(《正蒙·太和》)。而理学家周敦颐、朱熹等则把阴阳作为"太极"或"理"与万物间的中间环节,以论证其思想体系。周敦颐认为:"太极动而生阳,动极而静,静而生阴"(《太极图说》)。朱熹认为:"阴阳只是一气"(《朱子语类》卷五十六),"未有天地之先,必竟也只是理,有理便有气,流行发育万物"(《朱子语类》卷一)。

阴阳家　亦称阴阳五行家。战国时期重要学派之一。因倡阴阳五行学说并用它解释社会人事而得名。此派源于上古执掌天文历数机祥的统治阶层,一说出自齐燕巫祝方士。代表人物为战国时齐人邹衍。阴阳学说认为阴阳是事物本身具有的正反两种对立和转化的力量,可用以说明事物发展变化的规律。五行学说认为万物皆由木、火、土、金、水五种原素组成,其间有相生和相胜(克)两大定律,可用以说明宇宙万物的起源和变化。邹衍综合二者,根据五行相生相胜说,把五行的属性释为"五德",创"五德终始说",并以之为历代王朝兴废的规律,为新兴的大一统王朝的建立提供理论根据。汉董仲舒将阴阳家思想与思孟学派之"天人合一"说结合,建立以"天人感应"为特征的新的正统神学。《汉书·艺文志》著录此派著作二十一种,已全部散佚。成于战国后期的《礼记·月令》,有人认为是阴阳家的作品。《管子》中有些篇亦属阴阳家之作。《吕氏春秋·应同》、《淮南子·齐俗训》、《史记·封禅书》、《史记·秦始皇本纪》中保留一些阴阳家的材料。

阴阳历(曆)　历法的一种。兼顾阴历和阳历特性,以月相之盈亏周数来定月,又按寒暑节气的周期来定年的长度。月的长度平均约等于朔望月,年的长度平均约等于回归年。阴阳历的主要缺点是平年日数(三百五十四或三百五十五日)与闰年的日数(闰年十三个月,三百八十四或三百八十五日)相差太大。中国从上古到清末,共有一百零二种历法,除宋沈括《十二气历》和太平天国《天历》外,其余的历法都属于阴阳历。

阴阳五行说　阴阳学说与五行学说之合流。原为朴素唯物论与辩证法的自然观。阴阳说把阴阳看作两种互相消长的对立力量,用以说明事物变化的规律。西周末年,伯阳父以之解释地震,认为"阳伏而不能出,阴迫而不能烝,于是有地震"(《国语·周语》)。五行说以金、木、水、火、土五种物质说明宇宙万物的起源和变化。另有史伯提出"先王以土与金、木、水、火杂,以成百物"(《国语·郑语》)的论断。春秋时史墨提出"天有三辰,地有五行"(《左传·昭公三十二年》),从中引申出对立发展观念,认为自然界"高岸为谷,深谷为陵"的变化与社会历史上政权更替都具有必然性。古代阴阳与五行学说虽与"先王"观念有联系,但广泛影响了医学、天文学等学科,对科学发展起了一定作用。战国中期一些学者将其神秘化,产生"舍人事而任鬼神"的阴阳五行家。《管子》书中收录的《四时》、《五行》两篇在用阴阳五行学说说明自然现象的同时,还试图将其作为政治设施和道德律令的依据,由此产生的“四时教令”思想,成为向唯心主义阴阳五行学说的过渡形态。阴阳五行家主要代表邹衍进而认为人类社会发展受木、火、土、金、水五种力量支配,提出五德终始说,宣扬历史循环论。西汉董仲舒“以《春秋》灾异之变,推阴阳所以错行”(《汉书·董仲舒传》),使其与儒家思想结合,形成封建的正宗神学。认为阴阳五行运转生克是天的意志。阳是天之德,阴是天之刑。天意“大德而小刑”,故“阳尊而阴卑”(《春秋繁露·阳尊阴卑》)。赋予阴阳五行以封建道德意义,谓“君臣父子夫妇之义,皆与诸阴阳之道”(《春秋繁露·基义》),并以阴阳五行说作为巫术的依据。其间,道家亦吸收阴阳五行说,后来成为道教理论的组成部分。

阴阳学 学校名。负责训练阴阳人的机构。阴阳人即通晓天文、历法的专门人才。元世祖至元二十八年(1291)夏六月,始置诸路阴阳学,凡在腹里、江南的阴阳人,由各路官司详加取勘,每路设教授加以教诲,业务精通者可由司天台录用。延祐初,按儒学、医学例,路府州设阴阳学教授一员,管辖阴阳人,统属于太史院。明太祖洪武十七年(1384)亦置,府设正术一人,从九品;州设典术一人,县设训术一人,均未入流,不给禄,掌天文、占候、星卜、相宅、选日之事。清沿明制。

阴月 历法名词。农历四月之别称。汉刘歆《西京杂记》:“四月阳虽用事,而阳不独存,此月纯阳,疑于无阴,故亦谓阴月。”

阴子方 西汉南阳新野(今属河南)人。宣帝时,家暴富,有田七百余顷,舆马仆隶比于封君。子孙为南阳大族。

音官 官名。西周置。掌理音律。《国语·周语上》:“瞽帅,音官以风土。”韦昭注:“音官,乐官。风土,以音律省土风,风气和则土气养也。”

音律 指音乐的律吕、宫调等。与声律、乐律二词语义相通,时与律吕混用,各词的内涵与外延均无严格界限。广义的音律与乐律学内容相关。唐南卓《羯鼓录》:“上洞晓音律,由之天纵,凡是丝管,必造其妙,若制作诸曲,随意即成。”狭义的音律、声律,均与律的各义相关,指与律学有关的内容,如《吕氏春秋·季夏纪》第二“音律”篇,《史记·乐书》“协比声律”一语。音律、声律有时特指音韵,如刘勰《文心雕龙·声律》。

音律学 见“乐律学”。唐南卓《羯鼓录》:“并有音律之学。”

音同 西夏文字书。党项人令吠犬长、罗瑞灵长编著,后又多次修订。1909年出土于黑水城遗址(今属内蒙古额济纳旗),传世有两种版本。一种为西夏正德六年(1132)义长校勘。木刻本,蝴蝶装,共五十六页。收不同的西夏字六千一百余,按声母分为重唇、轻唇、舌头、舌上、牙、齿头、正齿、喉、来晤齿等九品音,每品又分同音字与独字两部分。同音组之间以圆圈相隔。每字下有注释,多为一字或二字。另一版本,内容与此稍有出入。是研究西夏语音系的重要资料。现藏俄罗斯科学院东方学研究所圣彼得堡分所。1976年、1983年又在黑水城遗址出土部分残页,分藏于甘肃省博物馆和内蒙古自治区考古研究所。

音乐小杂志 杂志名。清光绪三十二年正月二十日(1906.2.13)在上海创刊。李叔同主编,在日本东京编辑,交上海公益社出版发行。

氤氲 一作细缊。指阴阳二气的交感变化状态。《易·系辞下》:“天地氤氲,万物化醇。”认为天地间阴阳二气鼓荡不息,由此化育万物。张载《张子正蒙·太和》:“太和所谓道。中涵浮沉,升降,动静相感之性,是生细缊相荡、胜负、屈伸之始。”此指元气自身不断上升、沉没,从而出现胜负、屈伸之运动状态。王夫之《张子正蒙注·太和》:“阴阳异撰,而其细缊于太虚之中。”指包含阴阳两对立面之元气本体孕育着运动变化的生机。由此引申,在古代文学作品中,亦将气(光、色)之相融相荡状况称为“细缊”。

殷 ❶朝代名。商王盘庚自奄(今山东曲阜)迁都于殷(今河南安阳小屯村一带),后世遂将商代又称为殷。❷政权名。五代闽永隆五年(943),富沙王王延政据建州称帝,建国号殷,改元天德。寻复闽国号。❸地名。商王朝自盘庚至纣的都城。在今河南安阳市西北小屯村。《竹书纪年》:“盘庚即位,自奄迁于北蒙,曰‘殷’。”后世称为殷墟。《水经·洹水注》:“洹水出山,东径殷墟北。”

殷边侯田 商代外服诸侯君长统称。为商代名义上的属臣。主要指侯、伯、任(即男)等。与殷正百辟对应。参见“殷正百辟”。

殷卜辞中所见先公先王考 书名。近人王国维撰。一卷。罗振玉曾撰《殷虚书契考释》,于甲骨卜辞中发现王亥一名。是书据《山海经》、《竹书纪年》考定王亥乃殷之先公,与《世本·作篇》之胲、《帝系篇》之核、《楚辞·天问》之该、《吕览》之王冰、《史记·殷本纪》之振,实为一人。又考“王恒”一人名,即《天问》所云“恒秉季德”之恒。是篇又从甲骨卜辞中考出殷之先公名如上甲、报乙、报丙、报丁等。同时以王恒之祀与王亥同,太丁之祀与太乙、太甲同等事实,证明商代兄弟无论长幼与已立未立,其名号典礼皆无差别。卷末余考,博采新旧史料,详证殷代制度,如论殷礼与周礼异同等,创获尤多。有《广仓学窘丛书》本。后收入《观堂集林》。

殷卜辞中所见先公先王续考 书名。近人王国维撰。一卷。王氏在1917年主讲于上海仓圣明智大学,得见哈同所藏甲骨拓本八百纸,后又见罗振玉甲骨拓片约千纸,遂据两家墨本撰为是篇。文中考殷先公先王之名,证定上甲之后为报乙、报丙、报丁、主壬、主癸。并指出《史记·殷本纪》以报丁、报乙、报丙为次者是一疏失。是篇文末附设殷世数异同表,据卜辞以订《殷本纪》、《三代世表》、《古今人表》之失。有《广仓学窘丛书》本,后收入《观堂集林》。

殷城县 本苞信县,隋开皇四年(584)改名。治今河南商城县西。属光州。大业中属弋阳郡。唐属光州。北宋建隆元年(960)避太祖父赵弘殷讳,改名商城县。

殷铎泽(Prosper Intercetta,1625—1696) 意大利人,字觉斯。天主教耶稣会传教士。清顺治十四年(1657)来华传教。康熙三年(1664)杨光先反教案发,受牵连,被押送广州圈禁,后获释。旋奉命回罗马,请增派教士及资助经费。十三年返华,至杭州传教。后卒于杭州。曾与柏应理等合译《四书》成拉丁文,并加注释,在欧洲颇有影响。

殷璠 唐丹阳(今属江苏)人。进士出身。编有《河岳英灵集》,选诗自开元二年(714)至天宝十二载(753),凡选常建、李白、王维、刘慎虚、高适、岑参至阎防等二十四人,诗二百三十四首(实为二百十八首),分上、中、下三卷。自序云:"爰因退迹(隐居),得遂素心。""所选多仕途坎坷之士,所评多感慨之言。"自云:"开元十五年声律、风骨始备。"推崇风骨,每人名下,各有品评,颇为精切,如评高适"多胸臆语,兼有气骨。……《燕歌行》等篇,甚有奇句"。所选属盛唐未乱前作品,今本经后人点窜,已非尽原貌,如《渡浙江问舟中人》系孟浩然作,误列于诗人崔国辅篇末。他还选润州诗人包融、储光羲、丁仙芝、殷遥等十八人的诗,编为《丹阳集》,颇有地方特色,已佚。

殷繁水 即今内蒙古察哈尔右翼后旗西南五德沟。《魏书·太宗纪》:泰常元年(416),"大猎于牛川,登釜山,临殷繁水而南",即此。

殷公 即"微子启"。见《逸周书·王会》。

殷浩(?—356) 晋颍川长平(今河南西华东北)人,字渊源。弱冠有美名,尤善玄理。征西将军庾亮引为记室参军,累迁司徒左长史。后屏居墓所几将十年,屡荐不起。穆帝时,会稽王司马昱为相,以其盛名,引以抗桓温。永和二年(346),辟建武将军、扬州刺史。及温灭蜀,威震朝廷。遂与温构隙,各结羽翼。六年,石虎死,中原大乱,加中军将军,督扬、豫、徐、兖、青五州诸军事。八年,上疏请北伐许、洛。兵至许昌,会安西将军谢尚部将张遇叛,军遂不前。姚襄帅众归之,屯历阳,以不善抚慰,为襄所袭,大败。桓温因上疏数其罪,免为庶人,徙东阳之信安。既废,常书空作"咄咄怪事"四字。卒于徙所。

殷弘绪(Franciscus Xaverius d'Entrecolles,1662—1741) 法国人,字继宗。天主教耶稣会传教士。清康熙三十七年(1698)随白晋来华,在江西传教。四十五年,来北京任法兰西外方耶稣会会长。著有《中华风俗志》、《人参考》等,并译朱熹《劝学篇》及《养蚕术》、《泉币志》等成法文。

殷化行(1644—1710) 清陕西咸阳人,字熙如。康熙武进士。初以从征吴三桂功,擢副将、总兵。康熙三十五年(1696)隶大将军费扬古、振武将军孙思克麾下,自西路征噶尔丹,昭莫多之战,功最大。后擢广东提督。四十一年休致。

殷景仁(390—440) 南朝宋陈郡长平(今河南西华东北)人,又名铁。少有大成之气度,司徒王谧见而以女妻之。晋末,初为刘毅参军,刘裕行参军。入宋,历秘书郎、中书侍郎,迁太子中庶子。文帝时,与王华、王昙首、刘湛并为侍中,时人美之。历迁尚书仆射、中书令、护军将军。以领军刘湛深结司徒彭城王刘义康谋倾己,密陈义康权重,不利于帝;又称疾五年不出,与帝密函往来,朝政大小,无不了解。及帝诛湛、出义康,乃代义康为扬州刺史。寻病卒。

殷开山(?—622) 唐京兆鄠县(今陕西户县)人,名峤,以字行。仕隋任太谷长。大业末,李渊起兵反隋,召补大将军府掾,参与谋略,从平西河。为渭北道元帅长史,招慰关辅,与刘弘基率军六万攻克长安。武德元年(618),以吏部侍郎为行军司马,从李世民讨薛举,兵败除名。旋从平薛仁杲,复爵位。二年,兼陕东道大行台兵部尚书,迁吏部尚书。四年,从李世民平王世充,又随军往攻刘黑闼,病卒于道。名列凌烟阁。

殷礼征(徵)文 书名。近人王国维撰。一卷。是书主要内容有:一、考证殷人以日为名号之由来。如证殷人有取名上甲、大甲、小甲、河亶甲、沃甲、羊甲、且甲,是因"以甲日生者,祭以甲日"之故。二、考殷先公先王皆特祭,谓殷人祭先公先王皆称特祭,其祭先妣亦同。殷先妣亦皆特祭。三、考证殷人于特祭之外,又有合祭之制。合祭时仅及自父以上五世之中,非其自出者亦不与。四、考殷人亦有外祭,名为邦社,犹《礼记·祭法》之国社,而用牲与周制不同,以证殷周制度之区别。收入《王忠悫公遗书》第二集。

殷民六族 殷商遗民。周灭商后,周公辅佐成王,分封建国,分给周公之子伯禽"殷民六族:条氏、徐氏、萧氏、索氏、长勺氏、尾勺氏,使帅其宗氏,辑其分族,将其类丑,以法则周公,用即命于周"(《左传·定公四年》),使这六族遗民成为鲁国臣民。

殷民七族 殷商遗民。周灭商后,周公辅佐成王,分封建国,分给康叔"殷民七族:陶氏、施氏、繁氏、锜氏、樊氏、饥氏、终葵氏"(《左传·定公四年》),使这七族遗民成为卫国臣民。

殷明略 元人。曾任海运千户。至元三十年(1293),"踏开生路",开辟从长江口东驶黑水洋,再折北趋成山头的海上漕运新航线,使由一年一运增为一年二运。该航线一直影响后世,被称为"殷明略航线"。

殷彭 即"老彭"。

殷谱经侍郎自定年谱 书名。清殷兆镛撰。二卷。因号谱经,故名。殷氏,道光进士,累官编修、侍讲、大理寺少卿、内阁学士、礼部左侍郎等。是谱所记起嘉庆十一年(1806),迄光绪九年(1883)。其中咸丰十年(1860)条记英法联军入侵北京及同治四年(1865)条记太平军失败后江苏地方官吏搜括掠夺情事颇称具体。

殷峤 即"殷开山"。

殷商 见"商❶"。

殷商贞卜文字考 书名。清末罗振玉撰。一卷。书成于宣统二年(1910)。分考史、正名、卜法、余说四篇,以甲骨文参证《史记》等所记,对商代崇拜鬼神之俗、祀典制度,以及占卜方法和甲骨文法等作了研究,其中有关甲骨出土地点殷墟和卜辞中殷帝王世系名谥的考定,尤多创获。有宣统二年玉简斋石印本。

殷绍 北魏长乐(今河北冀州)人。好阴阳术数,自云曾求学于成公兴,习《九章》、《七曜》。太武帝时为算生博士,给事东宫西曹。曾奉太子晃命撰《四序堪舆》一卷,于太安四年(458)夏上之。后行于世。

殷士儋(1522—1582) 明山东历城(今济南)人,字正甫,号文通。嘉靖进士。隆庆四年(1570)官至礼部尚书兼文渊阁大学士。次年被高拱所倾,致仕归。筑庐泺水之滨,经史自娱。学者称棠川先生。著有《金舆山房稿》。

殷顺且 战国时卫国人。卫怀君时为相。怀君即位之初,他尽逐卫嗣君宠臣缲错、挐薄之族。见《战国策·宋卫策》。

殷顽录 书名。清杨陆荣撰。六卷。录明末抗清死节之士,自刘宗周以迄张煌言,共四百八十八人,皆以死之先后编次,不以爵位科目为序。所收以死为断,虽大节无亏,而不死者不录。前有康熙六十年(1721)自序并凡例。

殷武 即"武丁"。

殷虚书契 书名。近人罗振玉编。《殷虚书契前编》八卷,收录自藏及别家所藏甲骨拓片,1913年初版,收二千二百二十九片,1932年修订重版。《殷虚书契后编》二卷,收自藏及别家所藏甲骨一千一百零四片,1916年出版。《殷虚书契续编》六卷,收别家所藏甲骨二千零十六片,1933年出版。《殷虚书契菁华》一卷,收自藏甲骨最大及细字六十八片,1914年出版。均为研究甲骨文字的资料书。另有《殷虚书契考释》。叶玉森曾就《前编》加以考释,撰为《殷虚书契前编集释》八卷,1934年出版。

殷墟 商代晚期都邑遗址。位于今河南安阳西北小屯村一带。东起后岗,西至北辛庄,南至铁路苗圃,北至三家庄,总面积约24平方公里,即古本《竹书纪年》所云"自盘庚迁殷至纣之灭,二百七十三年更不徙都"的殷。北宋以来时有商文物出土,清末又出土甲骨文。自1928—1937年,中央研究院曾进行十五次大规模发掘,建国后历年又进行钻探、发掘。其布局是:宫殿和宗庙区在小屯村东北洹河以南的中心地区,发现建筑基址五十多座,建在凹形、方形、长方形的夯土台基上,并发现圆形铜柱础,其下有天然大卵石。还发现建筑物奠基、置础、安门、落成典礼时杀害的人骨。这里还出土大量遗物和十万余片甲骨。也发现一些中、小墓葬,妇好墓亦在此处。宫殿区以西,发现宽7—12米、深5—10米的大灰沟,当是人工挖成的防卫设施。洹河北岸至侯家庄西北冈、前小营村之间是殷王陵区和祭祀场,发现大墓十三座(包括"假大墓"一座)和上千小墓。出土大批铜器、玉器、骨器、陶器和用于祭祀和殉葬的人、狗、马、象、鹰等骨骸。殷墟中心区以外,大司空村、高楼庄、四盘磨等地发现小型房基、墓葬,当为平民居住区。殷墟西区发现近千座小墓,可分八区,当为族葬墓地。从大司空村和殷墟西区墓葬群及其出土物看,平民已在分化。小屯村东南1公里处的苗圃北地为铸铜遗址,面积约1万平方米,发现房子和大量炼铜坩埚、陶范等。小屯西的北辛庄是制骨遗址,发现有房基、骨料、半成品和制骨工具,制品以笄和锥为多。此外,后岗发现几座族葬墓和杀殉坑,共埋人五十四具。殷墟发掘为商代考古奠定了基础,也为商代社会、政治经济和文化的研究提供了丰富资料。

殷墟甲骨文 见"甲骨文"。

殷墟王陵区祭祀坑 商代晚期祭祀遗迹。分布在殷墟侯家庄西北冈1400号大墓以东,武官村大墓以西,在总面积几万平方米的范围内,从1934年起经多次发掘。1976年共发掘祭祀坑一百九十一座,多南北向,少数东西向,多为长方竖穴,壁不规整,内填沙土,无葬具。同排各坑间距0.3—2米,各排间距1.5—1.7米。坑内骨架姿势及数目基本相同,可分二十二组,每组为一次祭祀遗迹。根据叠压关系,南北向坑时间为早,东西向坑较晚。南北向坑多为砍头俯身的男性壮年,每坑埋八至十具人骨。东西向坑多为未砍头俯身的成年女性或儿童,各坑人数不等。据统计,各坑共埋人一千一百七十八具。此外,还有五坑埋有猪、狗、马、鹰等禽兽。有十三座祭祀坑随葬青铜器鼎、斗、戈、刀和陶器、玉石器、骨器、贝等。据研究,这一带为当时祭祀王陵的祭祀场。殷王陵区祭祀坑的发现,为研究商代历史情况提供了丰富资料。

殷墟西区墓葬群 商代墓群。位于殷墟西部白家坟、梅园庄、北辛庄、孝民屯之间,东距小屯1500米。1969—1977年,在面积近30万平方米范围内,共发现商墓一千零三座(发掘九百三十九座)。墓葬有规律分片,可分为八个互不相混的墓区。墓一般长2—2.4米、宽0.8—1.2米,长3.4米以上的有五座。墓坑内填土均经夯打,少数壁上留有臿、铲痕迹。有的墓南北壁留有成对脚窝。墓内有的有壁龛、生土二层台或腰坑。有葬具墓七百十座,有木棺、木椁墓四十七座。棺椁已朽,棺上一般涂红、黄色漆,少数有彩绘。有棺椁的大型墓随葬品丰富,上铺有芦席或盖彩绘画幔。少数无棺木痕的墓,只以席子作葬具。葬式多仰身,其次俯身或屈肢葬。在十八座墓中发现殉人,多在二层台上,少数置腰坑中。共发现殉人三十八个,还有狗、马、猪、牛、羊、鱼等动物。随葬品有陶器、青铜器、玉器、石器、骨器等,有随葬品的墓八百座中以九十三号墓为最多,达三百零五件。八个墓区的墓向、葬式、陶器组合都有所不同,保持其特定的生活习惯和埋葬习俗,应为八个"族"的墓地。墓地中有一百六十六座墓出青铜(或铅)兵器,墓主皆男性,为家族中服兵役男子。有十座墓出农具,六十六座墓出手工工具,墓主当为劳动者。少数大型墓随葬品较多并有殉人,是家族中上层分子,没有或极少随葬品的墓则为平民。殷墟西区墓地的发掘,为研究商代"族"的组织和贫富分化提供了资料。

殷墟铸铜遗址 殷代重要铸铜遗址。1959年发现于河南安阳殷墟小屯，面积约1万平方米。发现有与冶铸有关的建筑遗址、熔炉残壁、木炭和大量泥范。泥范多用以铸青铜礼器、最大一块方形泥范残长达1.2米。该遗址自武丁早期沿续至商末期。

殷琰(415—473) 南朝宋陈郡长平(今河南西华东北)人，字敬珉。初为江夏王刘义恭征北行参军。前废帝时，为南梁郡太守。泰始二年(466)，晋安王刘子勋举兵称帝于寻阳，时明帝新立，即以为豫州刺史。以受制于土人前右军参军杜叔宝等，遂据寿阳(今安徽寿县)应子勋。明帝遣刘勔率军攻之。琰本拟降魏，纳主簿夏侯详之议，转而以不杀为条件降勔，勔许之，遂举城降。后官至少府、给事中。

殷觊(？—约397) 东晋陈郡(治今河南淮阳)人，字伯通。少与从弟仲堪俱知名。太元中，以中书郎进为南蛮校尉，在任有政绩。时仆射王国宝骄横，隆安元年(397)，辅国将军王恭约荆州刺史殷仲堪共讨国宝，仲堪密告之，欲同起兵应王恭以讨国宝。因以为朝廷是非，非藩屏所当问，不从。因见仲堪将树亲党，逐异己，乃称寒食散发，辞位。仲堪往视疾，仍谏之。及仲堪与杨佺期、桓玄同举兵，以忧卒。

殷侑(767—838) 唐陈州(治今河南淮阳)人。贞元末，五经登第。元和中，累迁太常博士，出使回鹘。后任谏议大夫，屡上章陈朝政得失。历桂管、江西观察使，皆以廉洁著称。太和三年(829)，李同捷平，为沧齐德景节度使，在镇与士卒同甘苦，招抚流民，借以耕牛，劝之耕织，不数年户口滋饶，仓廪盈积。州兵三万而军费不仰度支，民请为立德政碑。六年，徙天平军节度使，该镇旧不上供，以赋税赡军有余，乃岁纳两税、榷酒等钱十五万贯、粟五万石。后历刑部尚书、山南东道节度使、忠武节度使。

殷芸(471—529) 南朝梁陈郡长平(今河南西华东北)人，字灌蔬。齐永明中，为宜都王萧铿行参军。入梁，官至通直散骑常侍、秘书监、司徒左长史。普通六年(525)，值东宫学士省。励精于学，博通群书。奉武帝命撰《梁目》三十卷。又撰《小说》十卷，今有辑本。

殷正百辟 商代内服百官，即供职于朝廷以及王畿内官员的统称。主要指尹、宰、师、保、戍、亚、大史、乍册、祝宗、卜、巫、小臣、邑人等官。与殷边侯田相对应。参见“殷边侯田”。

殷正茂(1513—1592) 明徽州歙县(今属安徽)人，字养实，号石汀。嘉靖进士，授行人。历官兵科给事中、浙江按察使。隆庆三年(1569)以右佥都御史巡抚广西，后因破倭功晋兵部尚书兼右副都御史。次年入阁预机务。万历四年(1576)进户部尚书。六年遭劾致仕归。

殷仲堪(？—399) 东晋陈郡(治今河南淮阳)人。出身士族。少奉天师道，又精心事神。能清谈，善撰文。自称“三日不读《道德论》，便觉舌本间强”。谈玄理与韩康伯齐名。初任佐著作郎、谢玄参军，后领晋陵太守。孝武帝时召为太子中庶子，授都督荆、益、宁(一说荆、益、梁)三州军事，荆州刺史，镇江陵(今湖北荆州)。曾与桓玄起兵，反对会稽王司马道子专擅朝政。不久，桓玄兼并荆州，他犹精心事神，勤于请祷，旋战败被俘，被逼令自杀。

殷仲容 唐雍州鄠县(今陕西户县)人，祖籍陈郡(治今河南淮阳)。书法世家。官至冬官(工部)郎中。工篆、隶，善大书，题署尤精。与王知敬齐名，同受武则天诏，题长安诸寺额。遗迹有《马周碑》等。

殷仲文(？—407) 东晋陈郡(治今河南淮阳)人。殷觊弟。初为会稽王司马道子骠骑参军，转琅邪王司马元显征虏长史。桓玄执政，以为侍中，领左卫将军，总领诏命。劝玄早受禅，并阴为之撰九锡文及册命。玄篡位，以佐命亲贵，封东兴公。多纳货赂。元兴三年(404)，为徐、兖二州刺史。玄被刘裕击败后，随玄挟安帝浮江南走。至巴陵，求出别船收集散卒，因奉二后降裕，为镇军长史，转尚书。自谓宜当朝政，郁郁不得志。后出为东阳太守，尤不乐。江州刺史何无忌又言于裕，谓为腹心之疾，遂以与裕将骆冰等谋反罪，杀之。善属文，有《殷仲文集》，已佚。

殷周制度论 篇名。近人王国维撰。王氏自述撰是篇旨在考殷亡周兴之原因。认为周之所以兴，自制度始。并具体论证殷周制度之差异：其一为立子立嫡之制。殷制兄终弟及，殷以前无嫡庶之制，自周始舍弟传子，严嫡庶之分，定嫡长继统之制，所以“息争宁国”。周人嫡庶之制本为天子、诸侯继统法而设，旋下及大夫以下，宗法及丧服之制由此形成。周代政治赖此宗法之制而益得巩固。其二为庙数之制。王氏考殷人祭法无远迩尊卑之分，周人立尊尊之统，以尊尊亲亲之义立庙制，尊卑分明。其三为同姓不婚制。周初多“异姓之国”，非宗法所能统，乃以婚媾甥舅之谊通之，实为周人用血缘宗法行施一统之策。以上三制不出尊尊、亲亲、长长、男女有别四纲。周代之所以能久兴不衰，就是用此四纲来维系的。此文对学术界影响较大。收入《观堂集林》。

溵水 即“濦水”。

溵水县 隋开皇十六年(596)分汝阳县置。治今河南商水县。属陈州。大业初属淮阳郡。唐仍属陈州。天宝至德间曾属淮阳郡。北宋建隆元年(960)避太祖父赵弘殷讳，改为商水县。

禋 或称禋祀。祭祀名。烧柴，上加牲及玉帛，升烟以祭。一说只加玉帛，取其精洁。多用以祭天，《周礼·春官·大宗伯》：“以禋祀祀昊天上帝。”

濦强县 西汉置。治今河南临颍县东。属汝南郡。西晋废。隋大业初改陶城县复置，唐贞观初废。

濦水 “濦”《说文解字》作㶏。❶即今河南登封市颍水三源中的中源。❷据《水经·颍水注》，颍水东流至临颍县西又别出为大濦水、小濦水。大濦水(《隋志》、《元和志》作大溵水)，南至郾城县西合汝水，又自汝别出东流至周口市入颍水。合汝以上在北魏时已湮，别汝东出一段，今名沙河；小濦水(《元和志》作小溵水)在大濦水北，东流至商水县界入大濦水。清时曾一度为颍水所夺。后湮。

yín

浪水 据《水经注》,上游即今广西东北部洛清江,中下游指今柳江、黔江、西江。

圁水 即今陕西北部秃尾河,一说为窟野河。汉至元均称圁水。《史记·匈奴列传》:“晋文公攘戎翟,居于河西圁、洛之间。”

银差 即雇役、均徭代役银。明弘治、正德时,均徭杂役部分折银交纳,由官府雇人充役。如琼州府银、力两差共二千五百八十七役,其中银差有马夫、皂隶、斋夫、膳夫、门子、库子、斗级、清军书手、贴解户等,计九百四十二役,共银七千零八十一两。

银场局 明代官营银矿开采和冶炼的管理机构,也指官营开采和冶炼的场所。洪武初禁开银矿,洪武十九年(1386)始在福建尤溪县银屏山置银场,管炉冶四十二座。继又在浙江温州、丽水、平阳等七县设银场局。永乐年间开陕西商县(今商州)凤皇山银坑八所,福建浦城县马鞍山等坑三所,云南大理设银冶。其时征福建银课岁额三万余两,浙江八万余两,宣宗时又各增万两。正统时下诏封闭矿坑,撤闸办官。景泰年间以盗矿者多,复开,并命中官督办。天顺以后开云南银矿,岁课达十万两有奇。万历年间,以中官为矿监,四出开采金银矿,成为扰民之一大祸害。

银城县 西魏废帝以石城县改名。治今陕西神木县境。北周保定二年(562)移治今神木县西南。隋属雕阴郡。唐天宝元年(742)属麟州。北宋政和四年(1114)废。

银齿蛮 唐代南诏所辖部落名。居永昌、开南节度境内(今云南保山、景东县境)。因以银片裹齿为饰,故名。为今傣族先民之一。

银顶寺 即“海努克”。

银锭 熔铸成锭的白银。始自汉代,武帝时尝作白金三品,作为货币流通。新莽亦铸有银货二品。其后历代皆有铸造,但流传不广。及至明清,始渐盛行,为重要币种。清代大致分为四种:大锭称元宝,又称宝银或马蹄银,形似马蹄,每只重约五十两;中锭,多为锤形,也有马蹄形者,称小元宝,重约十两;小锭称锞子,又名小锞,有各种形状,以馒头形者为多,重一、二、三、五两不等;碎银重一两以下,小粒银称为滴珠,或曰宝珠。明清时,听民间自行铸造或熔化,虽名称大体相同,但各地所铸银锭之成色、重量差别甚大。

银符 即银质符牌。参见“银牌”。

银关 见“关子❸”。

银海精微 书名。原题唐孙思邈辑,实系伪托。二卷。约成书于元明之间。主要论眼部的“五轮八廓”,并附图说明方位,又论及五轮病变与脏腑之关系,并记述各种目证,如肉轮胞睑病、血轮大小眦病等,共列八十二证。卷后还附有一百零七首眼科方,其中有点、搽、涂、贴、熏、洗等剂型药的制备与用法。在诊断过程中,以望诊为要,重视诊治眼病的顺序和方法。此书至今仍为中医眼科重要参考书之一。今有排印本。

银行合同 又称“合办道胜银行合同”。清光绪二十二年七月二十五日(1896.9.2)驻俄公使许景澄与华俄道胜银行在柏林签订。共五款。中国入股库平银五百万两,赔赚照股摊认;利润在各总办提出花红后,中国与华俄道胜银行按股摊分,惟各应从中提出一成作为公债;银行月总、年总核准后,随时交中国所派东省铁路总办查核转呈;若银行收歇,除中国政府已折耗股本,本银照数归还。

银行通行则例 清光绪三十四年(1908)度支部厘定。共十五条。规定当时经营金银汇划贸易如银号、票商、钱庄及各省所设之官银号、官钱局,凡有银行性质者即为普通银行,皆有遵守本则例之义务。凡欲创立银行或独出资本,或按公司办法合资集股,均须预定资本总额,取具殷实商号保结,呈由地方官查验,报部核准注册方可开办。官办行号,每省会、商埠只准设立一所。并对结帐办法、营业时间等作了规定。

银号 见“钱庄”。

银葫芦山 在今河南汝阳县西南。《续资治通鉴》:南宋绍定六年(1233)孟珙追金将武仙,“复战于银葫芦山,又败之”,即此。

银会子 ❶北宋绍兴七年(1137),吴玠在河池(今甘肃徽县)发行的一种地方纸币。以银作兑换本位,面额分为一钱和半钱,每年换发一次。❷南宋宝祐年间四川取代钱引的会子亦称银会子。

银捐 清代捐纳方式之一。乃后期加捐花样。咸丰、同治年间,为鼓励加捐,实行多立班次,减折加捐之法。纳捐者多以饷粟交进,有成数不及定额之半者。其后另订加成新章,并令交进实银,因有此称。同治三年(1864)设银捐新班,输银不过六成有零,而选用优异。八年,另设十成实银一班,其选用最为优异。因其序补过速,有见缺指捐之弊。光绪四年(1878)暂停捐例,旋又陆续恢复,直至二十七年停办捐纳为止。

银库 官署名。(1)清代户部三库之一。顺治十三年(1656)分后库置。初归户部理事官管理,雍正元年(1723)改归管理户部三库大臣统辖。掌收各省岁输田赋、盐课、关税、杂赋、直省赃罚银用剩者及宝泉局新铸制钱,并稽其支放。设郎中一人领库事,下设员外郎、司库、大使、笔帖式、库使、经承等分理诸务。(2)清宗人府所属机构。掌银钱出纳。皇帝简派宗人府堂官和满洲大臣各一人领之。下设司官二人,笔帖式四人,供事二人。司官由府引见补授,任期三年。凡宗室养赡银及宗室、觉罗赏恤银,均由本库颁发,年终奏销。(3)清内务府广储司所属六库之一。掌储金、银、珠、玉、珊瑚、玛瑙及宝石等物。置郎中二人(兼司皮、瓷二库),员外郎三人,六品司库一人,八品司匠、无品级副司库各二人及库使若干。库藏出纳,按月缮折,送司核对并呈府堂奏销。(4)清末总理各国事务衙门所属机构。光绪十年(1884)设。掌储存总理衙门出纳之现金。二十七年,并入外务部。

银赖山 在今贵州从江县西北,有寨。明洪武初,俞通海率军进讨古州土著,首克此山寨,遂定其地。

银林堰 一名银树(一作澍)堰。在今江苏高淳县东东坝镇。为鲁阳五堰之一。唐景福元年(892)杨行密将台濛于荆溪上源修筑五堰,节制水流,以转运太湖流域粮米。并以石窒五堰,又熔铁以锢石,故名银淋堰。后讹"淋"为"林"。堰长十一里。宋时五堰渐废圮。

银炉 或称炉房。以铸造元宝银为本业。分官设、私设两种。清官办银炉多附于藩库、关局及后来的官银号内。清初规定,私设银炉,须先经户部许可发给执照方能开业,有定额,不能任意增设。清末渐弛,未经批准而设者甚多。银炉对所铸银锭的重量、成色自负其责,刻以铸地及银炉名号戳记。北方银炉多兼营存贷款和汇兑业务,甚至发行流通票据。

银牌 银字牌。官员发兵、出使或乘驿的凭信。宋苏舜钦《乞发兵用银牌状》:"汉世发兵,皆以虎符,所以严国命而绝奸端,厥后给银牌以为信。"《宋史·舆服志》:"符券。唐有银牌,发驿遣使,则门下省给之。"宋代自太宗兴国三年乘驿也给银牌。辽、金、元沿用。

银牌天使 官名。又称银牌使者。辽、金两朝凡遣使外出,贵人佩金牌,其次佩银牌,俗呼银牌郎君,或银牌天使,牌上有阿保机或阿骨打花押及"急递"、"走马"、"国信"等字。宋亦有银牌之造,始于太平兴国三年(978),废于端拱二年(989)。

银票 由典当铺或钱庄、银号发行之兑换券。可以流通,并可随时兑换银两。清代乾隆、嘉庆、道光时期已广泛流通。

银铺 银质*铺首。

银铺 熔铸金银及打造金银器皿饰物的商铺。明前期禁止以金银为器饰,民间亦不许以金银买卖交易,故无私家银铺,至中叶以后禁弛,渐有以此为业者。清代规定,政府收纳钱粮例收白银,民间完纳,必先交银铺倾铸成锭上缴,铺商则往往低估成色,从中渔利。地方府州县并有指定之银铺,凡收纳钱粮银时,凭其戳记为准。

银枪都 五代楚天福八年(943),文昭王马希范好自夸大,为长枪大槊,鋈以白金,募富民年少肥泽者八千人,以为侍卫,号银枪都。

银青 即"银青光禄大夫"。

银青光禄大夫 官名。简称银青。东晋置。原为光禄大夫。魏晋以来,左右光禄大夫、光禄大夫皆银章青绶,其重者诏加金章紫绶,谓之金紫光禄大夫。故称原光禄大夫为银青光禄大夫。北周分设左、右。隋初为正三品散官,炀帝改从三品。唐因之。北宋前期为从三品文散官。元丰三年(1080)废文散官,遂为新寄禄官,取代旧寄禄官户部、礼部、兵部、刑部、工部尚书,升为从二品。元祐三年(1088)分左右两阶。大观二年(1108),以左银青光禄大夫为银青光禄大夫,右银青光禄大夫为光禄大夫。金、元仍以银青光禄大夫为文散官阶。明废。

银青荣禄大夫 文散官名。金、元皆置,四十二阶之第六阶。金正二品下。元正一品,宣授。

银券 见"丹书铁契"。

银雀山汉墓 西汉墓葬。位于山东临沂银雀山,故名。共两座。1972年4月发掘,墓主姓名、身分均不可考。据随葬器物文字资料推断,下葬时间当在武帝元光元年(前134)至元狩五年(前118)间。两墓共出陶器、漆器、木器、铜镜、钱币等随葬品九十五件,其中大量竹简尤为珍贵。参见"临沂汉简"。

银山道行军总管 唐代攻焉耆行军建置。银山道,一作西州道。焉耆王龙突骑支附西突厥乙毗射匮可汗,拒贡于唐。贞观十八年(644),太宗以安西都护郭孝恪为西州道行军总管,出银山道,率步骑三千伐之。执其王龙突骑支以归。

银生城 在今云南景东县。南诏时筑。曾置银生节度于此。为南诏南方重镇和对婆罗门、波斯、阇婆、勃泥、昆仑等处贸易之所。

银澍东坝 即广通镇。今江苏高淳县东东坝镇。为唐五堰之一。南宋德祐元年(1275),以元兵迫近临安(今浙江杭州市),遣赵淮戍银澍东坝,既而为元将阿剌哈所破,遂克广德。

银台 ❶宋代银台司之简称。❷明清通政使司之别称。以其执掌与宋代银台司相仿,故名。又用作通政使别称。

银台司 见"通进银台司"。

银鞋钱 宋代自太宗始,每季补助戍守河北、河东各军银两,发放麻鞋,称银鞋钱。

银熏球 唐代香炉。1970年陕西西安南郊何家村出土熏球,表面透雕飞鸟和葡萄纹饰,中央可分为两半,内部有二同心圆机环,机环有轴,承环内香盂,无论熏球如何转动,香盂均能保持平衡。此物以钣金及浇铸为主,切削、抛光、焊接、铆、镀等工纯熟细密,工艺技术高超。为唐代银熏球之精品。

银印 银质官印。为高级官员资格及施政的凭信。汉代凡秩比二千石以上官员,皆银印,系以青绶,称银印青绶。后或沿用。清代为中央和地方常设机构所用最高一等印信。由礼部铸印局铸造。其规制,视各衙署而定。有直钮、直钮二台三台,虎钮二台三台等不同种类。文字多以满、汉文并用。

银印青绶 白银印章和系印的青色绶带。亦省作银青。秦汉制度,凡秩比二千石以上的高级官员皆佩带之,后用作高级阶官名号。《汉书·百官公卿表》:"御史大夫,秦官,位上卿,银印青绶,掌副丞相。"御史大夫为秩中二千石。

银元 清代货币之一。中国银元约始于清康熙元年(1662)在西藏铸造的"康熙宝藏"。乾隆年间铸有"乾隆宝藏"。沿海与内地铸造银元,则多由民间私铸,或由地方政府允许民间银钱商号自铸。至道光年间已有广板、福板、苏板、锡板、土板等名目,并有福建当局在台湾和漳州分别铸造的"寿星银元"、"军饷银元",浙江铸造的一两银元。至光绪十三年(1887)两广总督张之洞在广东试铸银元,是为中国用机器大量铸造银元之始。十六年流通于市场,称龙洋。随后,湖北、四川等省亦先后设厂铸造。

银章 银质的印章。其文曰某官之章。汉代亦称银印,魏晋以后公文印文称“某官之印”者称银印,称“某官之章”者为银章。一般不混用。

银章青绶 银质的印章并系以青色的绶带。其印文作“某官之章”,标志一定官阶,规格在金印紫绶下。汉代亦称银印青绶,规定吏二千石以上者佩用。西晋后称印文为“某官之章”者为银章,一般不与银印混称。

银州 北周保定三年(563)置,治乞银城(隋开皇三年[583]置儒林县,今陕西横山东党岔附近)。隋大业二年(606)废。唐贞观二年(628)复置。辖境约当今米脂、佳县、榆林、横山等市、县部分地,唐末为党项族拓跋思恭所有,西夏立国后,属西夏。蒙古太祖十九年(1224)地入蒙古后,州废。

银州监 官署名。唐大和七年(833),置于银州(治今陕西横山东),后扩展到绥州(治今陕西绥德)。为中唐以后重要养马场之一。

银术可 即“完颜银术可”。

银庄 清代内务府庄田之一种。顺治元年(1644)以近畿百姓带地投充和愿领入官地亩者为纳银庄头,各给绳地,管理壮丁进行生产,向内务府交纳银两。

银字圆符 即银字圆牌。参见“牌符”。

银总(?—1426) 明贵州邛水长官司(在今三穗)奥洞坡人。苗族。宣德元年(1426),聚众起义。杀前往招抚之明指挥祝贵,攻陷埂洞。旋被镇守湖广贵州总兵官萧授调兵镇压,失败遇害。

银作局 明代内府二十四监局之一。设掌印太监一员。专造赏赐所用金银、金银钱、金银豆叶等物。金银每锭十两不等,成色为八成。又有票儿银,重一钱至十两不等,成色止六七成。

寅底石(?—926) 契丹迭剌部人,字阿辛。辽太祖阿保机之四弟。契丹建国前,与兄剌葛、迭剌,弟安端等于辽太祖四年(910)举兵反阿保机,失败。次年七月,再反,又败。六年,第三次发动战乱,亲率一军攻打阿保机营帐,焚烧辎重,夺祖先神帐和可汗旗鼓。失败后自杀不死,被阿保机释免。从征渤海,留守扶余城。天显元年(926)阿保机遗诏,命为守太师、政事令,辅皇太子东丹王。被述律后遣官杀死。兴宗时追封为许国王。

鄞县 ❶秦置。治今浙江奉化市东北白杜。属会稽郡。隋开皇时废。❷五代梁开平二年(908)以鄮县改名。治今浙江宁波市。属明州。

慭州 或作整州。唐置羁縻州,为唐时“夷子”四部之一。治今贵州都匀市城东。天宝元年(742)属黔中郡,隶黔中道。乾元元年(758)属黔州都督府。大历十二年(777)属黔州经略招讨使。大顺元年(890)属武泰军节度使。后晋天福八年(943)附于楚王马希范。宋因之,绍定元年(1228)属绍庆府(治今重庆彭水),隶夔州路,宋亡后州废。

圁阳县 西汉置。以在圁水(今秃尾河)之北得名。治今陕西神木县南。属西河郡。东汉末废。

圁阴县 西汉惠帝五年(前190)置。以在圁水(今秃尾河)南得名。治今陕西佳县西北。武帝后属西河郡。东汉末废。

yǐn

尹 官名。(1)殷代置,掌民众师田行役等劳作,属下级官吏。(2)西周史官之一。主持册命、祭祀等仪式。(3)春秋战国时期楚国官职多称尹,如令尹等。(4)地方行政长官。战国时期已置。汉代时置为都城行政长官,其前冠以地名,如京兆尹、河南尹。魏、晋、南北朝沿置。唐、五代时期都城以外的地方长官亦称为尹,如凤翔府尹、成都府尹、江陵府尹等。宋为首都开封府、临安府、陪都三京府及次府的负责长官,不常置,若有皇子任牧,则在牧之下负责治理府事,尹缺,则以判府事或知府事治理府事。辽、金沿之。元代州、县长官亦称为尹。明代沿汉制,仅应天、顺天府置。清代置于顺天、奉天府,奉天府为满洲缺。

尹伯 官名。西周置,为执政大臣。一说即尹氏。

尹昌隆 明江西泰和人,字彦谦。洪武进士。历修撰、御史。建文初因直言忤帝,谪福宁知县。燕师南下,疏请建文帝息兵、逊位。永乐初擢左中允,见重于太子、诸王。后忤礼部尚书吕震,下狱。旋遇赦复官。永乐十五年(1417)因谷王谋反,受累坐以同谋。被诬论死,没其家。著有《纳庵遗集》。

尹铎 春秋时人。晋卿赵鞅家臣。受命为晋阳(今山西太原南)大夫,增高往日被范氏、荀氏围攻时所筑壁垒,用以自备,令赵人居安思危,又减免赋税,使民众休养生息,以此深为赵鞅所重。鞅并预言赵可赖晋阳得安。后知氏攻赵氏,襄子守晋阳三年,终败知氏。

尹谷(穀)(?—1276) 南宋潭州长沙(今属湖南)人,字耕叟,号务实。举进士。历常德推官、知崇阳县,德祐元年(1275),知衡州。元兵攻潭州,他适在城中,被帅臣李芾延为参谋,共画防御之策。坚守三月,城陷,纵火自焚,阖门皆死。

尹后 十六国时天水冀县(今甘肃甘谷东)人。西凉主李暠继室。幼好学,清辩有志节。暠之创业,后多所谋略,故西州谚曰:“李、尹王敦煌。”子李歆嗣位,尊为太后。歆将攻北凉沮渠蒙逊,后以本国地狭民稀,唯宜保境慎兵,且歆非蒙逊之敌,必将招致败军亡国,因劝阻之。歆不从,果为所灭。后被迁于姑臧(今甘肃武威),再迁酒泉(今属甘肃),以诸子孙均在伊吾(今甘肃安西西北),潜奔之。年七十五卒。

尹会一(1691—1748) 清直隶博野(今属河北)人,字元孚,号健馀,学者称健馀先生。雍正进士。初授工部主事,出为襄阳知府,有政绩。雍正十一年(1733)迁两淮盐运使。乾隆二年(1737)授河南巡抚,时值黄河、沁水共涨,曾赈灾抚民。后官至吏部侍郎,督江苏学政。以道学称,融颜李之学于程朱之中。著作有《健馀先生文集》。

尹吉甫 甫或作父。周人。宣王大臣。尹为官名。一说尹氏，系尹佚之后。曾率军反击猃狁入侵有功，《诗·小雅·六月》咏其事。青铜器《兮甲盘》器主兮氏，名甲，字吉父，曾从王征伐猃狁，又受命管理成周四方积至于南淮夷，可能即此人。

尹继伦(947—996) 北宋开封浚仪(今河南开封)人。太祖时，权领虎捷指挥，参预击平南汉、南唐之役。太宗时，从征北汉，后任北面缘边都巡检使。端拱中，李继隆护送辎重数千乘遭契丹兵邀击，他适巡检至徐河(在今河北满城东北)，从敌后急攻，迫敌溃退，威名大著，契丹兵以其脸黑呼为"黑面大王"。淳化五年(994)，为河西兵马都监，助李继隆攻李继迁，旋领深州驻泊兵马部署。至道二年(996)以灵、庆兵马副都部署再辅继隆攻西夏。至庆州(治今甘肃庆阳)病卒。

尹继善(1695—1771) 清满洲镶黄旗人，章佳氏，字元长，晚号望山。大学士尹泰子。雍正进士。雍正七年(1729)授江苏巡抚，曾清查江苏积欠钱粮，官吏侵蚀者四百七十二万两。十一年调云贵广西总督，屡镇压少数民族。历任封疆三十年，凡一督云贵，三督川陕，四督两江。办事干练，颇有能名，被高宗称为"巨擘"。乾隆二十九年(1764)晋文华殿大学士，旋充国史馆总裁、上书房总师傅。后卒于京。著有《尹文端集》。

尹嘉铨为父请谥案 清乾隆朝文字狱。尹嘉铨，直隶博野(今属河北)人，尹会一之子。官至大理寺卿。乾隆四十六年(1781)三月，高宗谒西陵，途经保定。嘉铨遣其子赍折为父请谥，并请将其父从祀孔庙，触高宗怒，被拿交刑部治罪。后从查抄编著各书中检出"狂妄悖谬"者多处，如"朋党之说起而父师之教衰，君亦安能独尊于上哉!"指为悖违世宗御制《朋党论》；"为帝者师"之句，高宗斥以"尹嘉铨能为朕师傅否?"高宗称"古稀天子"，尹嘉铨自称"古稀老人"，亦被指为"目无君上"。比之少正卯，下令处死。

尹隆河 在今湖北京山县西南。清同治六年(1867)正月十五日，清军刘铭传攻捻军任柱、赖文光部于尹隆河，即此。

尹敏 东汉南阳堵阳(今河南方城)人，字幼季。少为诸生。光武帝建武中任郎中，后迁长陵令。明帝永平中迁谏议大夫等职。曾在光武帝前斥图谶之妄，以为"谶书非圣人所作"(《后汉书·儒林传》)。初习《欧阳尚书》，后受《古文尚书》，兼治《毛诗》、《春秋谷梁传》和《春秋左氏传》。为兼通今古文经学大师。又与班固等人共撰《世祖本纪》，为《东观汉纪》的初创。

尹默 三国时梓潼涪县(今四川绵阳东)人，字思潜。少游学荆州，从司马徽等学，博通经史，尤精《左传》。刘备定益州，任劝学从事。魏黄初二年(221)与谯周等竞言符瑞，劝刘备称帝。后为太子仆射，以《左传》授刘禅。禅即位，拜谏议大夫。诸葛亮驻汉中，为军祭酒。建兴十二年(234)亮死后还成都，拜太中大夫，旋卒。

尹齐 西汉东郡茌平(今山东茌平西南)人。武帝时，以刀笔吏稍迁至御史。为张汤所称。执法不避贵戚势家，迁关都尉。后擢为中尉。豪吏不肯为用，善吏不能为治，故政事多废，以此抵罪。复为淮阳都尉，诛灭甚多。后病死。

尹仇宽 仇又作求。唐人。白蛮(白族)。天宝中，青蛉蛮首领尹氏父兄子弟相率投南诏，阁罗凤厚待之。贞元中，他与族人尹辅酋皆任南诏清平官。贞元十年(794)，唐使者崔佐时与南诏盟，南诏复归于唐。南诏王异牟寻大破吐蕃于神川(今云南丽江北)，遂遣弟凑罗栋及仇宽等入朝献地图、铎鞘、浪人剑及吐蕃印八纽，请复号南诏。德宗厚赐之，任之为左散骑常侍，封高溪郡王。

尹穑 南宋兖州(今属山东)人，字少稷。建炎中南渡，居信州玉山(今属江西)。绍兴三十二年(1162)，与陆游同为枢密院编修官。博学有文，赐进士出身。隆兴间，历监察御史、右正言、殿中侍御史，官至谏议大夫。隆兴元年(1163)，宋军败于符离，金人来索地，他力主和议。在汤思退指使下，奏劾张浚拥兵跋扈，又攻击反对撤兵割地的官员，牵引凡二十余人。后被劾罢去。

尹赏 西汉巨鹿杨氏(今河北宁晋)人，字子心。初任县令。成帝永始、元延年间朝政腐败，长安秩序混乱，乃以三辅高第选守长安令，收捕城中不法少年、无市籍商贩作务，及鲜衣凶服持刀兵者数百人，置穴中，覆以大石。百日后令死者家属发取其尸。所释放者皆其魁首及故吏善家子，令立功自赎或用之为爪牙。视事数月，郡国亡命皆散走。后徙江夏太守，捕诛吏民甚多，以残贼免。复为右辅都尉，迁执金吾。数年卒于官。

尹氏 官名。(1)西周置，为执政大臣。(2)西周内史类史官长官内史尹氏的省称。

尹寿 又作尹畴、君畴。相传为黄帝之臣。镜的创制人。或说为尧臣，尧曾从之学(《新序·杂事五》)。一说舜从之学(《韩诗外传》卷五)。

尹思贞(640—716) 唐京兆长安(今陕西西安南)人。举明经，任隆州参军。杀属邑不法土豪蒲氏，百姓刻石称颂。长安中，为秋官侍郎，以忤张昌宗出为定州刺史，复入为司府少卿。神龙初，迁大理卿。处士韦月将奏武三思必为逆乱，中宗怒，欲斩月将，被他与苏珦谏止。睿宗立，召授将作大匠，封天水郡公。景云二年(711)，仆射窦怀贞督修金仙、玉真二公主观，广征夫匠，他常减损之，且责怀贞媚上害下。后怀贞伏诛，玄宗下诏褒扬，擢御史大夫，迁户、工部尚书，致仕。

尹泰(约1651—1738) 清满洲镶黄旗人，章佳氏。初授翰林院笔帖式，迁内阁侍读。康熙二十七年(1688)授翰林院侍讲，充日讲起居注官。后为国子监祭酒。雍正初任左都御史，请禁官民服用违制。雍正七年(1729)授东阁大学士。曾充《会典》、《世宗实录》总裁。

尹焞(1071—1142) 宋河南府(治今河南洛阳)人，字彦明，一字德充。师事程颐，颐晚年得二士，其一即焞。靖康初,以种师道荐,召至京师,不欲为官,遂赐号"和靖处士"。金军陷洛阳,他流徙于山中四五年,拒刘豫之召,更走入蜀,至涪州。绍兴初,历崇政殿说书、权礼部侍郎兼侍讲,上疏反对与金议和。致仕后,隐于平江。精研《论语》、《孟子》,认为"尽理尽性","圣人必可学而至"。著有《论语解》、《孟子解》、《门人问答》、《和靖集》。

尹纬　十六国时天水(今属甘肃)人,字景亮。前秦苻坚以尹赤降晋并州刺史姚襄,遂禁锢诸尹,至晚始为吏部令史。苻坚淝水战败后,与尹详等共纠扇羌豪,帅户五万归姚苌,推苌为盟主,寻劝苌称王。白雀元年(384)后秦建立,拜为右司马,迁尚书左仆射,于后秦有佐命元功。苌病重,受诏辅政。建初八年(393),苌子姚兴立,拜为长史,率军灭前秦主苻登。鲜卑薛勃叛,与姚兴弟崇讨平之。成兴之业,多系其力,历辅国将军、司隶校尉、尚书仆射,封清河侯。卒赠司徒。

尹文(约前360—前280)　又称尹文子。战国时齐国人。游学于齐稷下,与宋钘齐名。《庄子·天下》谓其学主旨以"禁攻寝兵以外,以情欲寡浅为内"。曾劝齐宣王行"无为"之政,说"圣人寡为而天下理"。又与齐湣王辩论士的标准,认为"见侮而不斗",不失为士。主张消除争斗,止息用兵。对形名论述甚精,强调"名正则治,名丧则乱"。"有形者必有名,有名者未必有形"。《汉书·艺文志》名家类著录《尹文子》一篇。今本《尹文子》疑为伪托。

尹文子　书名。战国齐尹文撰。《汉书·艺文志》著录一篇,列于名家。《隋书·经籍志》载二卷,《新唐书·艺文志》及《宋史·艺文志》著录一卷。今本一卷,分为《大道》上、下篇。精要之论多在上篇。主要阐发治道,主张"道不足以治则用法,法不足以治则用术,术不足以治则用权,权不足以治则用势",而定法必先审形名,故形名是使国家达到大治之首要条件。清纪昀称其"自道以至名,自名以至法"。书中有后人伪纂之语。清钱熙祚、汪继培曾加校勘。王仁俊辑《尹文子佚文》一卷,《补遗》一卷,见《经籍佚文》。

尹翁归(?—前62)　西汉河东平阳(今山西临汾西南)人,字子兄。家徙杜陵(今陕西西安市东南)。初为狱小吏,晓习文法。河东太守田延年署为督邮。后历任缑氏尉、都内令、弘农都尉。迁东海太守,治郡辄令各县收取黠吏豪民,案致其罪。又捕杀郯县豪猾许仲孙,一郡怖栗,莫敢犯禁。以高第入守右扶风,满岁为真。豪强有罪,输掌畜官罚作,京师大治。为政任刑,然于公卿间语不及私,不以行能骄人,故甚得名誉于朝廷。卒后家无余财。

尹咸　西汉人。成帝时任太史令。成帝以国家藏书颇有散亡,使谒者陈农搜求天下遗书。后诏刘向等人分类校书,以其主校数术。

尹勋(?—168)　东汉河南巩(今河南巩义西南)人,字伯元。家世衣冠,宗族多居高位。初举孝廉,后任邯郸令、尚书令。桓帝时,与谋诛外戚梁冀,封都乡侯,官至大司农。奏请解除党禁。灵帝初因窦武等谋诛宦官事牵连,下狱自杀。

尹佚　❶即"史佚"。❷书名。西周太史尹佚撰。尹佚又称史佚。《汉书·艺文志》著录二篇,列于墨家之首。并云"周臣,在成、康时也"。叶德辉曰:《逸周书·克殷解》引尹佚《策》,系其书逸文。《左传》僖公十五年、文公十五年、成公四年、襄公十四年、昭公元年及《国语·晋语》均引史佚言。其言合于儒术,因太史出于清庙之守(生活俭朴),墨家尚俭出于此,故列于墨家之首。《隋书·经籍志》已不载。久佚。清马国翰辑《史佚书》一卷。见《玉函山房辑佚书》。

尹逸　亦作尹佚。周人。文王、武王时大史。或疑与史佚为一人。著有《尹佚》二篇,已佚。

尹遇　北宋人。元祐中于颍州(治今安徽阜阳)地区进行反抗活动。初与陈钦、邹立、尹荣等人相结,屡抗官兵。后钦、立、荣等遭捕杀,他又结集陈兴、郑饶、李松等人继续反宋,自称"大大王",陈兴称"二大王",劫杀豪富。元祐七年(1092)初在寿州霍丘县成家步为汝阴县尉李直方所俘。

尹湛纳希(1837—1892)　清蒙古土默特右旗(今辽宁北票)人,乳名哈斯楚,汉名宝衡山,字润亭。出身贵族世家。自幼好学,通蒙、汉、满、藏文,蒙汉古典文学造诣亦深。自同治九年(1870)始,继其父旺钦巴勒志续写《大元盛世青史演义》,历时二十余载,书成一百二十回。晚年家境没落,死于锦州。另著有《一层楼》、《泣红亭》等。

尹珍　东汉牂柯毋敛(今贵州独山北)人,字道真。桓帝时,随经学家许慎学习经书图纬,回乡教授。后任荆州刺史。

尹知章(?—718)　唐绛州翼城(今属山西)人。少勤学,精《周易》、《老子》、《庄子》。历任王府文学、太常博士、陆浑令。因坐事弃官,归里讲学。远近就读,贫者供以衣食。复官后不辍授业。景龙初,中书令张说以其有古人风,表请授礼部员外郎、国子博士。后马怀素引入秘书省,刊定经史。卒官,年五十余,门人为之立碑颂德。注《孝经》、《老子》、《庄子》、《韩非子》、《管子》、《鬼谷子》,行于时。除《管子注》或为其所作外,余皆佚。

尹直(1427—1511)　明江西泰和人,字正言,号謇斋,晚更号澄江。景泰进士,选庶吉士,授编修。成化初与修《英宗实录》,辨存景泰帝号。成化二十二年(1486)以户部侍郎入阁。旋进兵部尚书。孝宗立,因攀附权势遭劾,致仕归。著有《澄江集》等。

尹洙(1001或1002—1047)　北宋河南府(治今河南洛阳)人,字师鲁。天圣进士。历知光泽、伊阳等县,有能名,召为馆阁校勘。因反对以朋党为范仲淹罪,黜监唐州酒税。曾作《叙燕》、《息戍》等篇,论述燕地及西北形势,对宋代军政之弊,言之甚切,要求仁宗以危亡为惧,改革弊政。西夏攻宋期间,累被陕西主帅辟为判官,历知泾、渭等州,曾兼泾原路经略公事。坐以公使钱为部将偿债,贬监均州酒税。博学有识度,与欧阳修等提倡古文,著作有《河南先生集》。

尹壮图(1738—1808)　清云南蒙自人,一说云南昆明人,字万起,号楚珍。乾隆进士。累官至内阁学士。乾隆五十五年(1790),上疏言事,揭露时弊,有"各督抚声名狼藉,吏治废弛"之语,触高宗及当事者之忌。旋受高宗命与户部侍郎庆成往山西、直隶、山东、江南诸省查仓。每至一处,为庆成多方掣肘,必待库项挪移足数,方始开仓查察,故均未查出亏空。乃以挟诈妄议罪,左迁礼部主事。后以母老回籍。嘉庆四年(1799)曾受仁宗之召入京供职,寻复乞归。

尹拙(891—971) 五代、宋初颍州汝阴(今安徽阜阳)人。后梁贞明五年(919)举三史。后唐时,历官著作佐郎、直史馆、御史大夫等。后晋天福中,任仓部员外郎,与张昭等同修《唐史》。后汉时,为弘文馆直学士。后周显德初,拜国子祭酒,通判太常礼院事,与张昭同修后唐应顺、清泰及周太祖等朝实录,又与张昭、田敏详定《经典释文》。宋初,改太子詹事、判太府寺。后判大理寺,以秘书监致仕。

引光奴 现代火柴的雏形。细木条的一端涂于硫黄,遇火或焠而燃。宋陶谷《清异录》:"夜中有急,苦于作灯之缓。有智者批杉条,染硫黄,置之待用。一与火遇得焰,穗然既神之,呼'引光奴'。今遂有货者,另名'火寸'。"也称为"发烛"、"焠儿"。

引河 河工词汇。人工开挖的分水河道。作用有:1. 大堤合龙时,为减小龙口水势,在主流对岸开挖引河;2. 主流直冲大堤时,在汛前开挖引河改变主泓位置;3. 修理水下石堤时,开挖引河使水流绕道,便于施工。

引火球 抛掷燃烧性火器。宋时始用。以纸为球,内实砖石屑,可重三至五斤,熬黄蜡、沥青、炭末为泥,周涂其物,贯以麻绳。放火球前,先放此球,以准远近。

引见 ❶皇帝接见臣下、外国使臣、少数民族首领等,由有关大臣导引入见,称引见。❷清代吏部铨选制度。凡京官五品以下、外官四品以下的中下级官员,在授官、京察、大计、保举、升调、俸满时,均需朝见皇帝,由皇帝当面鉴定升降去留,文官由吏部引见,武官由兵部引见。

引见档 档案名称。清军机处档册。专记各衙门带领引见之人员名单。中国第一历史档案馆所藏汉引见档,起自咸丰十一年(1861),止于宣统三年(1911),共计八十五册。另有满文引见档嘉庆十四年(1809)一册,光绪十年(1884)至宣统元年二十二册。

引进副使 见"中卫郎"。

引进使 官名。五代置,掌臣僚藩属进奉礼物事宜。宋代属横班诸司使,乾德二年(964)令视左庶子。咸平元年(998)定为同六品,为武臣迁转阶官,无职掌。元丰五年(1082)改官制后为职事官,员二人,为引进司长官。元祐时改从五品。政和二年(1112)改称中卫大夫。辽朝亦置,为客省引进司长官。金代置为宣徽院引进司长官,正五品。明初置为侍仪司副官,正八品,与侍仪使共掌朝会、宾客、吉凶仪礼事宜。洪武九年(1376)改侍仪司为殿廷仪礼司,遂罢。

引进司 官署名。五代置。宋沿置,掌臣僚藩属进奉礼物事宜。初以横行使、副使管勾。元丰五年(1082)改官制,设引进使、副使各二人为长贰。政和二年(1112),以知引进事为长官。辽代属客省,掌贡使进献礼物事宜,置引进使为长官。金代隶宣徽院,以引进使、副使掌之。

引经报使 中医术语。指某些中药具有引导其他药物的药力达到病变部位或某一经脉,起"向导"的作用,如少阳经病,用柴胡引之。

引礼舍人 官名。明代亲王府属官。未入流。洪武四年(1371)设。初置三人,后革二人。掌接对宾客、赞相威仪。

引年 ❶传说夏、商、周的养老制度。对年老而贤明者加以尊养。《礼记·王制》:"凡三王养老,皆引年。八十者,一子不从政;九十者,其家不从政。"❷官制用语。官员已到或未到致仕年龄,自认为精力已衰、昏老不能胜任职务,或者自愿退居就闲,援引七十岁致仕之例求退,称为引年,亦作引年致仕。

引年致仕 即"引年❷"。

引强 古代兵种名称。指能拉开强弓的射手。《睡虎地秦墓竹简·秦律杂抄》:"轻车、趚张、引强、中卒所载傅(传)到军,县勿夺。"

引参护票 清代贩销人参凭证之一。乾隆间行参引制,领引商民完纳官参及参课后,余参由官方作价收买,作为有引之参,贮于参局,待商而售。参商领票于户部,赴局收买,凭票赴山海关完税,此票称引参护票。引参护票有时亦随入山信票、回山照票一同发给刨夫。

引税 亦称船引税。明代税课之一。海防官向海外贸易商船颁发*船引时所征之税。万历初规定去东西洋者,每引税银三两,后增至六两。

引窝 又名窝商。清代盐商之一种。可世袭为业。参见"根窝"。

引息 清代坐商租给行商盐引所收之利息。参见"计岸"。

引盐 商人凭盐引支取贩卖之盐。又称常股盐。明制,凡灶丁煎办交给政府之灶课盐,一般均收贮于仓,商人纳粟或纳银后领得盐引,凭引下场支盐,并在指定行盐地区内贩卖。

引者思 引又作媵。蒙古语,意为"媵臣",即后妃公主、贵族妇女的随嫁人户。

引浊填淤 又称淤灌、淤溉。利用高含沙水流灌溉土地的方法。战国时兴修的郑国渠、漳水十二渠、白渠等就已采用"用注填淤之水,溉泽卤之地",在灌溉的同时利用淤泥压碱和肥田,取得"且溉且粪"的效果。战国以后历代均有为之。

饮冰室合集 书名。近人梁启超撰,林志钧编。四十册。梁氏自号饮冰室主人,因名。分《文集》、《专集》两部分。其*《变法通议》、《中国国会制度私议》等政论,以及诗词、序跋、祭文、墓志大多收入《文集》。《清代学术概论》、《先秦政治思想史》、《中国历史研究法》及其补编、《中国近三百年学术史》等学术专著，大多收入《专集》。基本以年代先后为次。梁氏生平著述，除书信外，大致已收入集中。有中华书局1936年刊印本。

饮冰室文集 书名。近人梁启超撰，梁廷灿编。八十卷。辑梁氏所撰文稿，分为五集：第一集录戊戌以前之作；第二集录流亡日本时之作；第三集录归国后至欧战前之作；第四集录欧战和议迄1924年冬之作；第五集曰附集，录题跋、诗、词、曲、小说、诗话等。可窥见作者思想发展和中国政局变化轨迹。1925年中华书局初版。

饮虹桥 在今江苏南京市西南秦淮河上。三国吴名新桥，运渎即由此入秦淮河。唐称万岁桥。南宋乾道五年(1169)，史正志重修，改名饮虹桥。长十三丈，上建大屋十六楹，甚为壮丽。俗仍称为新桥。

饮流斋说瓷 书名。清许之衡著。十卷。从胎釉、彩色、花绘、款式、瓶罐、杯盘、杂具、疵伪等方面评议历代名瓷。现有上海朝记书庄印行本，收入1947年神州国光社所出《美术丛书》。

饮膳正要 书名。元忽思慧撰。三卷。初刊于天历三年(1330)。是书系集诸家本草、名医方术、谷肉菜果等内容，结合皇室食膳经验撰成。卷一包括三皇圣纪、养生避忌、妊娠食忌、乳母食忌、聚珍异馔。卷二包括诸般汤煎、诸水、神仙服饵、四时所宜五味偏走、食疗诸病。卷三包括米谷品、兽品、禽品、鱼品、果品、菜品、料物。从营养角度阐明饮食卫生的意义、饮食疗法及食物中毒的防治。附录版画二十余幅。为古代一部有价值的菜谱。是中国现存第一部完整的饮食卫生和食疗治法的营养专著。今存明经厂刊本及近代影印的几种刊本。

饮酎 汉代祭宗庙的一种仪式。酎为酒名，汉代供荐宗庙之用。《汉书·景帝纪》颜师古注："酎，三重酿，醇酒也，味厚，故以荐宗庙。"又引张晏曰："正月旦作酒，八月成，名曰酎。酎之言纯也。"汉制，每年八月会诸侯于宗庙中尝酎，称为饮酎，配以乐舞。景帝元年(前156)诏曰："高庙酎，奏《武德》、《文始》、《五行》之舞。孝惠庙酎，奏《文始》、《五行》之舞。"

饮馔服食笺 书名。《遵生八笺》的一部分。明高濂著。三卷，二百五十三方。介绍当时食品饮料及食补药品。万历十九年(1591)成书，是明代重要食典之一。

隐官 隐蔽的官府机构。通常为刑徒免罪后服役的场所。《睡虎地秦墓竹简·法律答问》："将司人而亡，能自捕及亲所知为捕，除无罪，已刑者处隐官。"

隐官工 秦代在隐蔽的官府机构中服役的工匠，多以免罪的刑徒充任。《睡虎地秦墓竹简·军爵律》规定，工隶臣斩获敌首和有人斩敌首来赎免他们，"皆令为工。其不完者，以为隐官工"。不完者指免罪前受肉刑而致伤残的人。

隐民 春秋时投靠贵族的贫民。《左传·昭公二十五年》述鲁国季氏云："隐民多取食焉，为之徒者众矣。"杜预注："隐，约，穷困。"

隐圻 在今湖南临湘市东北长江南岸。即隐矶(《水经注》)。《资治通鉴》：南朝宋元嘉三年(426)，到彦之为谢晦军所攻，"诸将咸欲退还夏口，到彦之不可，乃保隐圻"，即此。

隐士 ❶隐居不仕者。《史记·魏公子列传》："魏有隐士曰侯嬴，年七十，家贫，为大梁夷门监者。"隐士有不同类型，一般为"无道则隐"。隐士因多居于山林、江湖，故又称为"山谷之士"、"江海之士"等。❷宋代士名。徽宗政和八年(1118)置，以赐在学选人，正九品。

隐太子 即"李建成"。

隐元(1592—1673) 明末清初福清(今属福建)人，俗姓林，名隆琦，以号行。二十九岁出家，先学《法华经》，又习《楞严经》，属临济宗杨岐派人。住黄檗山。南明永历八年(1654)应华籍日僧逸然之请，得郑成功之助，从厦门到达日本长崎兴福寺。后谒将军德川家纲。宽文元年(1661)在京都宇治创建万福寺，开黄檗宗，是为初祖，广传禅法。日皇室赐"大光普照国师"。著有《普照国师语录》、《普照国师法语》、《弘戒法仪》、《松堂集》、《太和集》等。

隐占 亦称占役。明官军弊端之一。军士名在军籍，向官府领饷。然权贵、大臣、宦官、将弁，往往凭借权势，强迫军士替其做工服役。为明代京军积弱之重要原因。

yìn

印 ❶执政者所持施政的凭信。后通称印信。秦代以前通称为玺。后天子、诸侯王以玉为之，称玺。唐代改称玺为宝。汉代列侯黄金龟钮，御史大夫金印紫绶，文皆曰"章"；千石至四百石皆铜印，文曰"印"。一般称皇帝所佩玉为玉玺或玺，臣下所佩曰印。❷官职代称。《史记·张耳陈余列传》："陈乃去印，势利倾夺。"《新唐书·程异传》："自以非人望，久不敢当印秉笔。"

印簿 清代地丁银登记簿。由布政司颁发，令州县纳户亲将已缴纳之税填入印簿，至冬上缴布政司，再报户部。

印曹 ❶官署名。汉代始置。属御史台。《宋书·百官志下》："掌刻印。"设侍御史掌其事。两晋，南朝宋、南齐亦置。梁、陈不详。❷主簿之别称。唐、五代各官署一般以主簿监印，故名。

印钞局 官署名。元代始置，为交钞提举司下属机构。分置于大名、济宁等处。掌印钞事。世祖至元十四年(1277)七月罢。明洪武七年(1374)亦置，隶宝钞提举司。掌印造宝钞。设大使、副使各一人，十三年罢。十九年复置。中叶后，因钞法不行，遂革。

印度佛教史 书名。西藏觉囊派僧人多罗那它撰。明万历三十六年(1608)根据印度僧人口述资料写成。共四十四章。此书以阐述印度古代著称，为有关印度佛教历史的名著。

印度史揽要 书名。英国亨德(William

Hunter)撰,清末任延旭译。亨德曾辑修印度各省志书,复删繁就简,撰成是编。详今略古,概述印度历史,止于1892年。为英国侵占印度辩护。译者少印度史知识,译名亦不征引中国典籍,舛误甚多。为近代较早印度史译本。有光绪二十七年(1901)广学会印本。

印房 官署名。宋代置,为尚书省内部机构。神宗元丰改制设,掌尚书省之印,由左、右司同领之。后代亦有沿置者。清代中央各部院多设,为其内部机构,多隶于各司,以经承管理,掌司印。

印房参领 即"印务参领"。

印房章京 即"印务章京"。

印封 加盖官府印章的封泥。秦汉时用于书牍。《史记·匈奴列传》:"中行说令单于遗汉书以尺二寸牍,及印封皆令广大长。"《后汉书·杜根传》:"安开壁出书,印封如故。"

印光(1861—1940) 陕西郃阳(今合阳)人。僧人。俗姓赵,名绍伊,法名圣量,别号常惭愧僧,以号行。二十一岁出家。次年,受具足戒,专修净土宗。曾在普陀山法雨寺研习佛典三十年。并修普陀、清凉、峨眉、九华四大名山志。著有《净土决疑论》、《宗教不宜混滥论》、《印光法师文钞》正续编。

印花 粘封公文的凭证。清代奏折文书经朱批并由军机处抄录副本后,原件应交兵部发回具奏人,例由兵部封固,加盖印信,以示慎重。军机处奉旨寄发的机要公文,除钤盖军机处印信外,也须由兵部加固盖印递发。乾隆三十一年(1766),因寄发公文均要到兵部盖印,往返费时,遂奉旨由兵部预将印信钤盖在白纸片上,存贮军机处,寄递公文时用以粘封。此种盖有兵部印信的纸片,称为印花。

印花税 亦称印税、暗税、银钱税,清末颁行的捐税之一。即国家对商事、产权行为(包括财产创立、转移、变更和消灭等)所书立或使用的凭证上粘贴印花税票,故名。1624年创自荷兰,各国相继仿行。由国家印制不同面值的印花税票,令民间购买,贴于各项契约、债券、合同、执照、发票、收据、帐单、货单、汇票、期票等单据上,以作纳税之凭证。大致分为两类:一于民间财产、货物权利之转移,贴用印花税票以为确证;一于民间应行纳税之物,贴用印花以代交纳现款。中国向无此税。清光绪二十二年(1896)有人建议仿行,以增加财政收入,偿付《马关条约》赔款。二十七年,刘坤一、张之洞亦曾联名建议推行。次年,直隶总督袁世凯试办,旋即停罢。三十三年,度支部制订《印花税则》十五条和《印花税办事章程》十二条,并设印花税局,派员管理印花事务。由度支部印制印花票赭色二十文、绿色一百文、红色一千文三种。次年饬令天津试行,宣统元年(1909),饬令各省一律推行,但各地商会多不遵办。中华民国建立后,重新创制印花票,颁行全国。

印江长官司 土司名。明洪武五年(1372)改元思印江(一作思功江)等处长官司置。长官张姓,明初以从征三十六洞苗蛮功授职。弘治七年(1494)以罪废,割其地置印江县(今属贵州),只留木村诸寨由张氏以土县丞领之。

印结 清制,凡由外省来京城考试及捐官等事,皆须同乡京官为之具保结,其上盖以六部印。保证文书称结,盖印之结称印结。

印经提举司 官署名。元代置,掌刊印佛经等务。设于延祐元年(1314)。三年,升为广福监;五年,分出延福监,皆正三品。至治元年(1321),广福监降为广福提举司,延福监降为延福提举司,皆为从五品。

印经院 官署名。北宋太平兴国八年(983)置,属鸿胪寺,掌刊印佛经。熙宁四年(1071)废。

印卷 贡举考试考校试卷的一种方法。五代后唐明宗,命举人在礼部试前五日内向贡院交纳试纸,加盖官印。宋袭此制,举人应试前,将家状、试卷投纳贡院,在卷头和卷身接缝处加盖礼部墨印。淳熙五年(1178)起,又在卷头背缝斜盖长条朱印,横贯家状和程文,以防贡院官吏作弊。

印卷官 官名。科举考试中特设之官,负责置办考卷。清制,乡、会试试卷分别由各省布政司、礼部遣专员按规定格式印制。试卷后面用印卷官戳记,以凭稽考。

印历(曆)所 官署名。北宋初置,隶司天监,掌占验历法,印造历书。神宗元丰改制后,改隶秘书省太史局。置历生一人。

印马 明政府按时派遣公侯伯或驸马、御史会同太仆寺官员等检查军民喂养、领用之各种官马,按标准办理准予表解等手续,印烙标志;并根据喂养、领用情况,对有关军民及管理马政官员,分别加以奖惩。

印纳使 使职名。唐代置。专掌购买游牧民族马匹。唐德宗后由宦官任职。

印票 ❶文书名称。下行文。清代皇帝谒陵、巡幸或皇子等外出时,每日向所在地方官支领柴炭等物的凭据,称作印票,也称照票。❷清代纳税之收据。参见"串票"。

印契钱 即"田契钱"。

印绶 印和系印的绶带,亦作为官印的统称。汉制,凡治事命官皆颁有印绶,以示职权受命于天子,代表官阶、级别。有金印紫绶、银印青绶、铜印黑绶、铜印黄绶之别。历代沿用,具体制度或有不同。无印绶之官,多为不治事的加官或散官。

印绶监 官署名。明代宦官二十四衙门之一。洪武二十八年(1395)置,掌古今通集库(又称质慎库)并铁券、诰敕、贴黄、印信、勘合、符验、信符诸事。设太监一人,正四品;左、右少监各一人,从四品;左、右监丞各一人,正五品;典簿一人,正六品;并置长随、奉御,均正六品。后改置掌印太监一员,佥书、掌司无定员。

印题 宋代贡举考试的一种方法。考试时,刻印试题、题解,分发应试举人,称印题。大中祥符元年(1008),真宗亲试诸科举人,刻印题解,发给举人。五年,亲试进士科举人,出诗、赋、论三题,雕印分赐。自此逐渐推广至省试及各类解试,遂使刻印试题、题解成为制度。

印纹陶文化 中国东南地区的一种古代文化的旧称。主要分布于广东、台湾、福建、湖南、湖北、江西、浙江、江苏等地。以表面拍印几何形花纹的陶器为主要特征,故名。它起源于新石器时代晚期,主要流行于商周时期,延续时间较长,而且各地区文化的面貌也不相同。

印务参领 官名。清代八旗都统衙门之属官。又称协理事务参领、印房参领。雍正十三年(1735),省左、右司掌关防参领设。乾隆元年(1736),复定员额,满洲旗各二人,蒙古旗各一人,汉军旗各二人,共四十人。各于本旗参领内选充。掌章奏文移、档案、印务之事。

印务章京 官名。清代八旗都统衙门属官。又称协理事务章京、印房章京。雍正十三年(1735),省左、右司掌关防章京设。乾隆元年(1736),复定员额,满洲旗各八人,蒙古旗各四人,汉军旗各六人,共一百四十四人。各于本旗世职及佐领、骁骑校等官员内选补兼管。掌协助印务参领办理章奏文移、档案、印务之事。此外,景运门直班大臣下设一员,向导处设二员,库伦、哈密、塔尔巴哈台、喀什噶尔、乌什、库车等处驻扎大臣衙门亦设,分掌各处文书档案事务。

印信 见"印❶"。

印造宝钞库 官署名。元世祖至元二十四年(1287)改印造交钞库置。秩正七品,设达鲁花赤一员、大使二员(从七品)、副使二员(正八品)。

印造钞引库 官署名。金代置,掌管监视印造并检验诸路交钞、盐引。设正使一员,副使一员,判官一员。大安二年(1210),印造钞引库官员兼任抄纸坊各官,同时提控抄造钞引纸。

印造交钞库 官署名。元世祖中统元年(1260),于燕京行省交钞提举司下置印造局,掌印制钞币。四年,置印造交钞库,秩从八品。至元二十四年(1287),改为印造宝钞库。

印造盐茶等引局 官署名。元代置,掌印造腹里和各行省盐、茶、矾、铁等引。隶于户部。设于世祖至元二十四年(1287),置大使、副使各一员。

印照 见"商凭"。

印纸 宋代官府文书名。(1)宋制,官员已授差遣,须于十日内缴真本告札、*付身,赴礼部本选照检,请二日内于所交纸二十张上用印。中书门下省、枢密院所授官和外移差遣者,则直接由官府给付。此纸在铨选制中称"印纸",有行程历、保官、选人、使臣、京官、捕盗官并捕盗人及御前、尚书吏部印纸之分。官员出行,即填写所经地点、月日于行程历印纸,至目的地交官府检验。如系担任差遣,即在选人或京官、使臣印纸上填写到任月、日,替罢则填写有无不了事件、在任功过等项。印纸均由本人随身携带。使臣及遥郡、横行印纸,终身不得改换。官员若弃毁批书印纸后空纸,则降半年名次注阙。(2)太医局各科医生皆给印纸,填写平日轮流为太学和武学生以及各营将士治病情况,年终考核其功过,予以奖惩。(3)官府印制的契书,供民间买卖田产等时填写,作为田产等交易和纳税的凭据。

印铸局 官署名。清末责任内阁所属机构。宣统三年(1911)四月成立责任内阁,始设。掌官报、法令及其他官文书之编辑、印刷、发行,册宝、印信、关防、图记之铸造、颁发。置局长一人,副局长一人,并佥事、艺师、艺士、录事等。

印子金 见"楚金币"。

印子铺 明代当铺之别称。成化十六年(1480),兵部尚书余子俊等言:"近者京城内外强盗滋多,盖因闾巷恶少与各处逋逃罪囚结聚党类,……往往聚徒开场赌博,博穷为盗,乃以所获衣物质于印子铺,抵取钱镪,苟图自给。"(《明宪宗实录》卷二百零九)《金瓶梅》中亦称当铺为"印子铺"。详"当铺"。

饮军池 在今广西宜州市南。相传宋景德间,宜州军校陈进叛,曹利用讨败之,尝饮军于此,因名。

饮马河 原名胪朐河。明永乐八年(1410),成祖北征至此,赐是名。今作克鲁伦河。

饮有三时 家畜饮水之法。北魏《齐民要术》:"朝饮,少之";"昼饮,则胸餍水";"暮,极饮之"。其原理是早晨天气凉爽,家畜未开始劳役,水分消耗少,故可少饮;白天饮过多之水,使腹部胀大,不利于劳役;晚上,从家畜生理需要应"极饮",否则会影响其采食。

荫补 指因上代余荫而授官的方式。唐已行之。至宋,其制度完备。亦称任子、世赏、恩荫。中高级文武官员按品阶高低,其子孙、本宗及异姓亲属、门客等皆可补官。有圣节荫补,每年逢皇帝诞辰一次;大礼荫补,每三年逢郊祀时一次;致仕荫补,臣僚告老退休时一次;遗表荫补,臣僚死时上遗表一次。为宋科举外重要入仕途径,其滥授超越前代。

荫昌(1859—1928) 清满洲正白旗人,字午楼。早年毕业于同文馆,后赴德国学军事。光绪十年(1884)归国。两次派为使德大臣。历任贵胄学堂总办、江北提督、陆军部右侍郎、尚书、军咨大臣。武昌起义爆发后,带兵前往湖北镇压。屡败而被解职。入民国,历充军咨使、总统府侍从武官长、参政院参政、参谋总长等职。

荫第 官制用语。指家中祖先有功勋或出任一定的官职,子孙可以凭此取得仕宦或入国子学等特权。

荫户 又称荫附、隐户。历代由官僚、贵族、地主、豪绅依仗权势控制的人户。汉以来各朝均有,或名称有异。如东汉的奴客、僮客,魏晋的佃客,唐中叶以后的庄客,都属荫户。西晋初颁布户调式,包含了荫户之制。《晋书·食货志》:"而又各以品之高卑荫其亲属,多者及九族,少者三世。宗室、国宾、先贤之后及士人子孙亦如之。而又得荫人以为衣食客及佃客。"其品官所占佃客,按规定自五十户至一户。明中叶,官绅地主有优免赋役特权,农民多被迫投献官绅门下成为荫户。一条鞭法推行后,荫户不多见。清实行摊丁入地后,荫户基本消失。

荫监 又称荫监生、荫生。明清国子监监生名目之一。明初沿袭前朝任子之制,定文官一品至七品,皆可荫一子入国子监读书。后改为在京三品以上方可请荫。由此途入监者又称官生。另有出自皇帝特恩者,不限官品,称恩生。凡得荫叙者,由提学官考送部试,按贡生例送国子监读书。清沿明制,凡官员子弟不经考选,凭借祖、父余荫取得监生资格者称荫监。其荫监又分两种:凡遇恩诏予荫者称恩荫,因公差军务遇难予荫者称难荫,通称"荫生"。名义上是入监读书,事实上只经过一次考试即可授予一定官职。

荫监生 见"荫监"。

荫生 明清时凭借上代余荫取得国子监监生资格者。参见"荫监"。

荫叙 元、明、清荫子为官之制。元至元五年(1268),定品官子孙儤直铨叙法,规定:三品至七品荫叙人员年二十五以上者当使一年,并不支俸;满日,三品至五品子孙量材叙用。大德四年(1300),定诸职官荫叙之制,规定各级官员可荫叙子孙为官品级。明洪武年间定制,凡官三品京堂以上者,皆得蒙恩荫为官。荫子必须年满二十五岁,能通五经四书大义者,首荫嫡长子孙、次及旁支。受荫之前必须在所在布政司铨注。本官一品至从三品者,分别荫子为五品至从七品官。清沿用此制,分为恩荫、难荫、特荫三种。并分为内用、外用、改武职等途径。凡文官、京官四品以上,外官三品以上,武职二品以上,皆得荫一人为官。满洲、蒙古、汉军荫生按品分为四等受荫,汉官荫生分七等受荫,分加任京官员外郎以下,主簿、经历以上之官,任外官同知以下,主簿、吏目以上之官。武职荫生皆由兵部任以官职。

胤 古国名。夏仲康时天文官羲氏、和氏失职,沈湎于酒,废时乱日。仲康命胤侯前往征伐(《史记·夏本纪》)。

胤甲 即"廑"。

胤禛 即"清世宗"。

yīng

央林 古族名。一作英林。《逸周书·王会》载,周成王时,曾参加成周之会,与西方义渠同列,并以"酋耳"为献。孔晁谓,央林,戎之在西南者。《山海经·海内北经》作"林氏国"。《逸周书·史记篇》:"昔有林氏召离戎之君而朝之。至而不礼,留而弗亲,离戎逃而去之,林氏诛之,天下叛林氏。"何秋涛谓此"林氏"亦即"央林",并谓央林国灭后,地入于秦,为棫林地。《左传·襄公十四年》:诸侯伐秦,"济泾而次。……郑司马子蟜帅师以进,师皆从之,至于棫林。"杜预注:"棫林,秦地。"不言所在。何秋涛谓,棫林当在今陕西泾阳县西境。盖央林、英林、棫林、林氏皆同一族或一地之异名耳。

应 ❶商代国名。见《水经·滍水注》引《汲郡古文》。❷西周封国。姬姓,侯爵。始封之君为周武王之子;一说武王弟。在今河南鲁山县东。《左传》僖公二十四年(前636):"邘、晋、应、韩,武之穆也。"战国时曾为秦相范雎封地。

应必达 元末建宁(今属福建)人。至正十二年(1352)四月,率众响应天完红巾军起义,与涂乙、涂佑、童远等袭据建宁,克泰宁、邵武,以"摧富益贫"口号发动贫民,众至数万;又攻顺昌、将乐。不久,为元邵武路总管吴按滩不花击败,被俘。

应昌路 蒙古至元七年(1270)立应昌府。二十二年改为路。治应昌(今内蒙古克什克腾旗西南)。属中书省。明洪武二年(1369),元顺帝退出大都北走,驻跸于此。次年病死,为明军攻克,圮废。

应昌之役 明初与北元的战争。洪武三年(1370),左副将军李文忠奉朱元璋之命,以十万大军出野狐岭(今河北万全西北),追逐元顺帝。明军连下兴和(今河北张北)、开平(今内蒙古正蓝旗东闪电河北岸)。闻元顺帝已死,太子爱猷识里达腊新立,遂兼程直取应昌(今内蒙古克什克腾旗西达来诺尔附近),俘顺帝孙买的里八剌并后、妃、宫人、诸王及省院官属百人,得宋、元玉玺、金宝、玉册等。爱猷识里达腊仅与数十骑北遁。明军追至北庆州而还。

应城县 南朝宋分安陆县置。治今湖北应城市。属安陆郡。西魏、北周为城阳郡治。隋大业二年(606)改为应阳县。唐武德四年(621)复为应城县。属安州。元和三年(808)并入云梦县。太和二年(828)复置。天祐二年(905)又改为应阳县。五代唐同光三年(925)复为应城县。宋、元属德安府。明洪武十年(1377)又并入云梦县。十三年复置,仍属德安府,至清不改。1986年改为市。

应大猷(1487—1581) 明浙江仙居人,字邦升,号容斋。正德进士。官至吏部主事。嘉靖三年(1524)议大礼,伏左顺门谏帝。三十年累官刑部尚书。次年罢归。

应奉 东汉汝南南顿(今河南项城西)人,字世叔。初为郡决曹史。行部四十二县,检录囚徒上千人,还报情状,无一错漏。大将军梁冀举为茂才。永兴元年(153),任武陵太守,镇抚武陵蛮起义。于当地兴建学校,移风易俗。延熹年间,奉命以从事中郎再度镇压武陵蛮起义。被荐为司隶校尉,纠举奸违,不避豪戚。党锢事发后,称病免归。著有《感骚》三十篇,又有《汉书后序》,均佚。

应侯 见"范雎"。

应㧑谦(1615—1683) 明末清初仁和(今浙江杭州)人,字嗣寅,学者称潜斋先生。明亡后,自以故国诸生,绝意进取。康熙十八年(1679),举博学鸿词,有司欲荐之,遂称病不许,惟闭门讲学著述。于学贵能自得,既不喜陆王之学,而与朱学亦不尽同。著作多达二十八种,有《周易集解》、《诗传翼》、《书传拾遗》、《春秋传考》、《礼乐汇编》、《古乐书》、《论孟拾遗》、《学庸本义》、《孝经辨定》、《性理大全》、《幼学蒙养编》、《朱子集要》、《教养全书》、《潜斋集》等。

应门 即朝门。天子三朝,路门以外,应门以里为正朝,故称应门为朝门。《周礼·冬官·匠人》:"应门二彻。"郑玄注:"正门谓之应门,谓朝门也。"贾公彦疏:"应门内、路门外有正朝,臣入应门至朝处,君臣正治,故谓此门为应门。"

应璩(190—252) 三国时汝南南顿(今河南项城西)人,字休琏。应玚弟。博学好属文。善为书记。历任散骑常侍,正始年间迁侍中、大将军长史。曹爽秉政,尝作诗以讽,言谐而切时要,题名"百一诗",世共传之。魏嘉平二年(250)复为侍中,典著作。有集,已佚。后人辑有《应休琏集》。

应劭 东汉汝南南顿(今河南项城西)人,字仲远(一作仲援、仲瑗)。应奉之子。博览多闻。灵帝初,举孝廉,辟车骑将军掾。中平六年(189)迁泰山太守,镇压境内黄巾起义。后弃郡投袁绍。建安元年(196),进呈所删定律令《汉仪》,献帝善之,任为袁绍军谋校尉。时迁都许昌,旧章湮没,书记罕存,遂缀集所闻,著《汉官礼仪故事》。凡朝廷礼制、百官典式多为其所立。又撰《风俗通》三十卷,以辨释名物,时称洽闻。所著《汉书集解音义》,今佚,唐颜师古注《汉书》多所征引。又著《状人纪》、《中汉辑序》,皆佚。后卒于邺。

应文 明人传说,谓燕王朱棣破京师(今江苏南京)时,惠帝从地道出亡,改换僧装,自称应文,流浪于滇、川、黔、粤等省。又传成祖使胡濙访张三丰,遣郑和航海,目的都在查究惠帝。野史如许相卿《革朝志》、沈德符《万历野获编》及《明高僧传》、《释氏稽古略》等多载其说。《明实录》谓正统间有僧人杨应祥自称惠帝,后查明系假冒,锢死狱中。一说确为惠帝,被迎入西内,以寿终,葬西山。

应阳县 隋大业二年(606)改应城县置。属安陆郡。治今湖北应城市。唐武德四年(621)复为应城县。天祐二年(905)改为应阳县。五代唐同光三年(925)复为应城县。

应玚(?—217) 东汉末汝南南顿(今河南项城西)人,字德琏。祖奉、从父劭,皆为州儒,与弟璩、璩子贞,咸以文章著称。初为曹操丞相掾属,转平原侯庶子,后为五官将文学。为"建安七子"之一。有集一卷,已佚,明人辑有《应德琏集》。

应詹(274—326) 晋汝南南顿(今河南项城西)人,字思远。魏侍中应璩之孙。以学艺文章称。镇南大将军刘弘引为长史,委以军政。迁南平太守,假督南平等三郡军事。永嘉五年(311),洛阳为刘曜所破,怀帝被虏,为荆州刺史王澄作檄声讨。建兴三年(315),与荆州刺史陶侃破杜弢,克长沙,不取金宝,惟收图书。元帝时,迁益州刺史,领巴东监军。历官后军将军、吴国内史、光禄勋等。太宁二年(324),坚请讨王敦,为都督前锋军事。敦平,封观阳县侯。迁江州刺史、都督江州诸军事。卒于官。

英 夏封国,偃姓。一作英氏,春秋时灭于楚,在今安徽金寨县东南。《史记·夏本纪》:禹"封皋陶之后于英、六";《楚世家》:成王二十六年(前646)"灭英";《左传》僖公十七年(前643):"齐人为徐伐英氏",皆即此。

英布(?—前195) 秦末六(今安徽六安东北)人。早年犯法,处黥刑,故又名黥布。论输骊山罚作苦役,与其徒长豪杰交通,亡遁江中。二世元年(前209)陈胜、吴广起义后,以众数千人归附番君。及项梁渡淮,以兵属之,封当阳君。后随项羽救赵,数以少胜多,功冠诸侯。公元前206年项羽分封诸侯,立为九江王。楚汉战争中,称病不佐楚击汉,为项羽所怨。刘邦大败彭城后,遣随何劝其背楚归汉,从之。汉王四年(前203)立为淮南王。次年,与刘贾入九江,诱降楚大司马周殷,举九江兵会垓下(今安徽灵璧东南),灭楚。得剖符为淮南王,都六。十一年,因韩信被诛,内心惊恐,勒兵戒备,为人告发,遂反汉。后兵败亡走江南,为番阳人所杀。

英德府 五代南汉分广州之浈阳县置英州。南宋庆元元年(1195)升为英德府。治真阳县(今英德市)。辖境相当今广东英德市地。属广南东路。元至元十五年(1278)升为英德路。

英德借款 即"英德借款详细章程"。

英德借款详细章程 又名《英德洋款合同》,俗称"英德借款"或"英德洋款"。清光绪二十二年二月十日(1896.3.23)清政府为举借外债以偿付第二期对日赔款在北京与汇丰银行及德华银行签订。共十八款。内容有:中国向英德借款一千六百万英镑,九四扣,年息五厘,以海关收入为担保;自本年二月十九日(4.1)起,每年还十六万六千九百五十二英镑,三十六年还清,不得提前或一次还清;偿还期内,"中国总理海关事务应照现今办理之法办理",即中国海关总税务司一职必须由英国人充任。并规定此合同缮中英文各三份,遇有可疑不符之处,以英文为准。

英德县 明洪武二年(1369)降英德州为县。治今广东英德市(英城)。明清属韶州府。

英德续借款合同 原名《西历一千八百九十八年大清政府四厘金债合同》,俗称"续借英德洋款"。清光绪二十四年二月九日(1898.3.1)清政府为举借外债以偿付第三期对日赔款在北京与汇丰银行、德华银行签订。共十七款。内容有:中国再次向英、德借款一千六百万英镑,八三扣,年息四厘五,以海关收入和苏州、淞沪、九江、浙东货厘及宜昌、鄂岸、皖岸盐厘为担保;自签约之日起,每年还十一万五千二百三十二英镑,四十五年还清,不得提前或一次还清;偿还期内,"中国总理海关事务应照现今办理之法办理",即中国海关总税务司之职仍由英国人担任。并规定此合同缮中英文各四份,遇有可疑不符之处,以英文为准。末附《付还本利日期数》一件。

英德州 元至元十五年(1278)升英德府置英德路,二十三年降为州。治今广东英德市(英城)。大德四年(1300)复为路,至大元年(1308)又降为州。辖境相当今广东英德、翁源二市、县地。属江西行省。明洪武二年(1369)降为英德县。

英俄尔岱(1596—1648) 清满洲正白旗人,他塔喇氏。太祖孙女婿。初以作战勇敢擢参将。天聪五年(1631)任户部承政,曾从攻明遵化、蒙古察哈尔部,并屡出使朝鲜,以长于理财及外交著称。顺治元年(1644)入关后改户部尚书,晋二等公。

英法俄德四国志略 书名。清沈敦和撰。四卷。沈氏曾游历英、法、俄、德等欧洲诸国,阅十有三月,凡闻见辄加记录,撰成是书。分《英吉利国志略》、《法兰西国志略》、《俄罗斯国志略》、《德意志国志略》四篇,对其国之沿革、疆域、政治、财赋、文学、武备、风俗、物产、制作等,均有所记述。有光绪十八年(1892)刊本。

英法联军之役　即"第二次鸦片战争"。

英噶萨尔　见"依耐"。

英圭黎　一作英圭黎万。即英吉利。

英桂(1798—1879)　清满洲正蓝旗人,赫舍哩氏,字香岩。道光年间以繙译举人考取内阁中书,累迁山东按察使。咸丰三年(1853)擢河南巡抚。太平军挺进湖北,奉命赴南阳布防。次年督办皖、苏、豫三省军务,围攻捻军张乐行部。八年调任山西巡抚。同治二年(1863)任福州将军,五年兼署闽浙总督。七年调闽浙总督,次年兼署福建巡抚。会同总理船政大臣沈葆桢筹措洋务事宜。十一年起任兵部尚书兼总管内务府大臣、镶红旗汉军都统、吏部尚书兼步兵统领。后授协办大学士、体仁阁大学士。

英国交还关内外铁路章程暨关内外铁路交还以后章程　清光绪二十八年三月二十二日(1902.4.29)清政府与英国订于北京。在保留英国驻军等特权的前提下,英国将在八国联军之役中占领的京津、津榆并续筑至通州、正阳门及永定门内各铁路交还中国。

英果将军　官名。南朝梁普通六年(525)刊正将军名号时置。大通三年(529)定为武职三十四班中的十一班。陈沿梁制,定为拟七品,比秩六百石。

英翰(1828—1876)　清满洲正红旗人,萨尔图氏,字西林。道光进士。历任知县、同知等职。同治二年(1863)攻陷捻军驻地雉河集(在今安徽涡阳),俘捻军领袖张乐行,升知府。又参与剿灭苗沛霖之役。三年攻太平军陈得才部,招降马融和,升安徽按察使、布政使。五年擢巡抚,率部镇压捻军,加太子少保。十三年升两广总督,捕杀太平天国辅王杨辅清。光绪二年(1876)任乌鲁木齐都统,不久病死。

英和(1771—1840)　清满洲正白旗人,索绰络氏,幼名石桐,字树琴,号煦斋,别号粤溪生,晚号脊叟。尚书德保子。乾隆进士,授翰林院编修。嘉庆六年(1801)迁内务府大臣。次年值南书房,授翰林院掌院学士。屡奉使出按,于盐政多所建言。十八年,督兵镇压天理教起义,捕林清于大兴黄村,实授步军统领、工部尚书。时将开捐例,独上疏以为开源不如节流,不纳。宣宗时授军机大臣,调户部尚书。洪泽湖决口,漕运受阻,创议改行海运。张格尔犯新疆,疏陈进兵方略、筹办军需、荐举良才,多见采纳。后因监修陵寝浸水,夺职籍没,发黑龙江充苦差。道光十一年(1831)释回。工书法,善诗词,著有《卜魁纪略》、《恩福堂诗集》、《恩福堂笔记》。

英皇　即宋英宗。见"英庙"。

英皇肥挖利阿圣德记　书名。英国华立熙(Gilbert Walohe)辑,清末张文彬译。一卷。记英国女王维多利亚生平事迹。起嘉庆二十四年(1819),迄光绪二十七年(1901)。述及政治、经济、文化诸端。有清末广学会印本。

英霍山寨　明末清初皖北抗清武装根据地。英山(今属湖北)、霍山、六安一带,大别山脉绵亘数百里。明末农民军*革左五营在此活动很久。清军南下后,英霍又成为抗清武装的重要根据地。英山三尖砦有张福寰,从明末到顺治八年(1651),共据守十余年。顺治二年明宗室荆王朱常𤆬在此起兵;六年,冯宏图起兵,托名史可法,攻克英、霍、无为、巢、六安,不久皆败。七年明宗室朱统锜据山寨,称石城王。次年为清军所败。

英吉利广东入城始末　书名。署名七弦河上钓叟撰。是书以《触藩始末》为底本,参以采访询问的材料辑录而成,记载了第二次鸦片战争时英、法侵略军占据广州期间及撤走事宜,内容较为简略。正文之外,另有附记五则。有《仰视千七百二十九鹤斋丛书》本及《丛书集成》本。

英杰归真　太平天国印书。洪仁玕著。是书假借洪仁玕答复清朝投降者张某的询问,阐释太平天国宗教、礼法、天历以及制度等一系列问题。清咸丰十一年(1861)刊行。

英廉(?—1900)　清蒙古正蓝旗人,伊克明安氏。咸丰三年(1853)以笔帖式随僧格林沁守天津,补护军校。同治元年(1862)从江宁将军富明阿转战苏皖,镇压太平军和捻军。十年奉命赴伊犁帮办事务。光绪八年(1882)授内务府大臣。二十年授镶红旗汉军副都统,同年派充八旗汉军炮队专操大臣。

英烈传　又名《皇明开运英烈传》。章回小说。相传为明武定侯郭勋所著。八十回。写明开国故事。万历十九年(1591)重刊,四十四年有修订本刊行,改名《云合奇踪》。1955年上海文化出版社出版校印本。

英庙　北宋皇帝赵曙庙号英宗,宋人亦以"英庙"称英宗。有时亦称"英皇"、"英祖"。

英明汗　即努尔哈赤。后金天命元年(1616)诸贝勒尊其为"覆育列国英明汗",简称英明汗。

英年(?—1901)　清汉军正白旗人,何氏,字菊侪。以贡生考取笔帖式,累迁郎中兼护军参领、左翼总兵、正红旗汉军副都统。光绪二十六年(1900)义和团云集京津,清政府派庄亲王载勋、协办大学士刚毅"统率"义和团,派他会同办理。八国联军陷北京,随扈慈禧太后与光绪帝西逃至西安,充行在查营大臣,旋授都察院左都御史。后被八国联军指为"祸首"之一,赐死自尽。

英商砖茶厂　外商企业。清同治十一年(1872)由英商创办于汉口。因销路不畅,不久即停业。

英氏　见"英"。

英王　❶金代封爵。次国一字王号。完颜文、完颜爽、完颜琦、完颜守纯等先后受封。❷太平天国封爵。陈玉成曾受此封。

英文汇报　杂志名。清光绪二十八年(1902)在上海创刊。半月刊。卢和生主编。设论说、上谕、各国政治新闻、中国外交事情、工艺制造、律例等栏目,用中英文印刷。

英武关 亦称鹦鹉关。关隘名。在今云南南华西部。明代属云南楚雄府镇南州,有巡司戍守。

英武军 唐禁军名。肃宗时已置。后又与*衙前射生手合称左右英武军。元和二年(807)并入威远营。

英武威远毗伽阙可汗(?—759) 回纥汗国第二代可汗。骨力裴罗子。原称磨延啜,或葛勒特勤,又有葛勒可汗之称。唐天宝二年(743)奉父命讨乌苏米施可汗,擒之。三载,骨力裴罗称汗,委以西面军事,破葛逻禄,逐之西徙。六载,嗣立为君,建号登里啰没密施颉翳德密施毗伽可汗。大举西进征服葛逻禄及十姓之众,拓境西至河间,建八剌沙衮城。至德初,应唐肃宗之请,遣叶护太子率四千骑入援,败安禄山,克西京。乾元元年(758)娶唐宁国公主,并被册封为英武威远毗伽阙可汗。

英轺私记 书名。清刘锡鸿撰。一卷。光绪二年(1876)十月刘氏充郭嵩焘副使出使英国,次年三月被改派出使德国,四年七月召回。撰有《英轺日记》,此编为《日记》节本,记述其出使英、德期间的活动及思想变化。其要点约可分为:(1)与郭嵩焘驻英期间彼此龃龉之情况;(2)机器生产之优越——英国采用机器致富;(3)称赞英国之风气、教养及议会政体,对彼再不应以"夷狄"之邦视之;(4)赞成购备轮船,提倡百工技艺。今人朱纯据《小方壶斋舆地丛钞》本校点,已于1981年由湖南人民出版社排印,收入《走向世界丛书》。

英夷入寇记 书名。清魏源撰。二卷。抄本,未署作者姓名。内容与《圣武记·道光洋艘征抚记》大同小异。为后者的早期传抄本之一。参见"道光洋艘征抚记"。

英夷入粤纪略 书名。清梁松年撰。不分卷。记道光十九年(1839)清廷命两广总督林则徐为钦差大臣,至广州禁烟,英军攻沙角大角炮台;至道光二十四年,林氏被清廷革职,代以琦善,尽撤炮台守备,以致英船直攻省城。对于清军统帅的无能,英军的残暴,及清兵的畏敌虐民和人民要求抗敌,皆有记述。系作者目击或所闻,内容多翔实可信。为研究鸦片战争重要史料。

英义建功毗伽可汗(?—780) 一作牟羽可汗。回纥汗国第三代可汗。原名移地健。磨延啜次子。唐乾元二年(759)嗣立,建号爱登里啰汨没密施颉登密施合俱录毗伽可汗。重用粟特胡人,皈依摩尼教,回纥风俗为之一变。宝应元年(762)娶仆固怀恩女,遣其左杀与仆固怀恩联兵,破史朝义,再克东都。广德元年(763)终杀史朝义于平州石城县,安史之乱遂平。代宗册之为颉咄登密施合俱录英义建功毗伽可汗,册其妻为娑墨光亲丽华毗伽可敦。大历十四年(779)德宗新立,粟特胡唆其犯唐,从父兄顿莫贺达干谏阻,不纳,遂为顿莫贺所杀。

英元(?—1874) 清满洲正黄旗人。累迁理藩院左侍郎。咸丰六年(1866)调刑部右侍郎。后任仓场侍郎兼步兵统领。同治十一年(1872)转都察院左都御史。

英祖 即宋英宗。见"英庙"。

莺莺塔 见"普救寺"。

莺莺传 传奇小说。又名《会真记》。唐元稹作。写崔莺莺和张生互相爱慕,私订终身,又为张生抛弃的故事。作者肯定莺莺反封建礼教,追求婚姻自由,但又为张生行为辩护。传中描写少女心理细致深刻,《西厢记》即取材于此。原题《传奇》,宋人收入《太平广记》时改为今题。

婴齐(? —约前114) 汉时南越国王。武王赵佗之曾孙。曾入质汉廷十余年,娶妻樛氏。父卒,归国继王位。卒谥明王。

婴童百问 书名。明鲁伯嗣著。十卷。刊于嘉靖二十一年(1542)。全书以提问形式列出病证,然后述之。对于各种病证必究其病源而言治法,处方投剂、药量、服法、临症加减齐备,共计百问,八百二十八方。其内容有小儿脉法、脐风、五脏、变蒸;抽搐、急慢惊风;五硬、五软、夜啼;胎疾、解颅、五官;霍乱、吐泻、痢证、脱肛、痔证、溲闭、便闭、疳证;虚证、蛕虫、疝气;疟疾、痈、疽等外科病证。其书初为郭定所藏,后由其子坤刊刻于陕西蓝田,开始流传,又由王肯堂、熊宗立校订,流传乃广。今有排印本。

罂子谷 在今河南荥阳市西北汜水西。《资治通鉴》:五代唐明宗天成元年(926),"帝还过罂子谷,道狭,每遇卫士执兵仗者,辄以善言抚之",即此。

嘤游山 今江苏连云港市东北海中东西连岛。因悬居海中,群鸟翔集,嘤嘤喧聒,故名。元时为海运通道处。亦作"鹰游山"、"莺游山"。

鹦粟花 书名。一作《通商原委》。清观我斋主人撰。十五回。历史演义体。前三回叙述康熙至道光十四年(1834)间中外通商及交涉情况,后十二回记述第一次鸦片战争全过程,止于咸丰初林则徐等复职。所记大抵本于《道光洋艘征抚记》、《中西纪事》。是书告诫人们警惕亡国、灭种,充满爱国思想。有光绪三十三年(1907)东方活版部刊本。

鹦鹉洲 在今湖北武汉市西南长江中。相传东汉末江夏太守黄祖长子射在此大会宾客,有人献鹦鹉,祢衡作赋,故名。唐崔颢《黄鹤楼》诗有"芳草萋萋鹦鹉洲"句。唐以后屡被江水冲刷浸没。明季荡没。以后又涨出新洲,清嘉庆年间命为鹦鹉洲,以存古迹,可见今鹦鹉洲已非宋以前故地。

鹰坊 亦称鹰房。管理鹰鹘的机构。辽、金、元三朝统治者蓄养鹰鹘以供畋猎之用。辽北面官设鹰坊,有使、详稳等官。金代鹰坊隶殿前都点检司,设提点(正五品)、使、副使等官。元代皇帝御位下有鹰坊总管府(一度改称仁虞院),秩正二品。各投下则设打捕鹰房总管府或提领所。

鹰房户 又作鹰坊户。元诸色户计之一。蒙语称为"昔宝赤"。为皇帝及诸王养鹰,供畋猎之需。人户来源主要是析居、放良人户,以及漏籍孛兰奚、还俗僧道等,隶属于鹰房(或打捕鹰房)总管府。元文宗至顺元年(1330),皇帝的鹰房有一万四千余人。鹰房户原可以免当杂泛差役,免交科差,但需交纳地税。后来规定鹰房户与其他诸色户一体应当杂泛差役,但因受到皇室和诸王的包庇和纵容,一般仍不承当。有些鹰房户还常以放鹰为名,在民间敲诈勒索,大都(今北京)周围地区尤为严重。

鹰击郎将 官名。见"鹰扬郎将"。

鹰人 辽、金两代隶属于鹰坊、调养鹰鹘者。

鹰娑川 古西域地名。即今新疆开都河。西突厥鼠尼施部在此游牧,泥撅处罗可汗曾设一小可汗于其地,分统所部。唐显庆元年(656)苏定方从程知节讨阿史那贺鲁,于此破鼠尼施部。二年十姓归唐,于此置鹰娑都督府以统之。

鹰娑都督府 在今新疆开都河一带。唐显庆二年(657)以西突厥鼠尼施半地置,初属安西都护府,后属北庭都护府。

鹰扬府 军府名。隋大业三年(607)改骠骑府置,为府兵组织系统重大变更。每府长官称鹰扬郎将,置一员,副长官称鹰扬副郎将,一员,各有司马及兵、仓两司。领亲、勋、武三侍,为内军鹰扬府;外军鹰扬府则分隶十二卫。各府府名,前面先系所属之卫,再冠以地名,如右武卫纯德府等等,分布各州。每府又置越骑校尉二员,掌骑士;步兵校尉二员,领步兵。大业五年,改鹰扬副郎将为鹰击郎将。唐初复名骠骑府。

鹰扬将军 官名。东汉建安年间曹操置,三国魏、两晋沿之,为杂号将军中地位较高者,西晋时曾作为荆、兖等州刺史的加官,魏、晋皆五品。十六国前燕、前秦亦置。南朝宋为五品。北魏太和十七年(493)定为五品上。梁时地位明显降低,天监七年(508)定为武职流外三班。麴氏高昌国亦置,位在威远将军之上。

鹰扬郎将 官名。隋炀帝大业三年(607),改府兵制的军府名称,以骠骑府为鹰扬府,主官骠骑将军改称鹰扬郎将,正五品;副职车骑将军改称鹰扬副郎将,从五品。五年,又改鹰扬副郎将为鹰击郎将。

鹰扬卫 唐光宅元年(684)至神龙元年(705)改左右武卫为左右鹰扬卫。

鹰扬宴 "鹰扬"是威武的意思。科举制度中,武科乡试放榜后,考官和考中武举者共同参加的宴会称鹰扬宴。

鹰洋 一称墨洋、墨银。银币名,即墨西哥银元。因以鹰像(墨西哥国徽)为币面,故称;"洋"是洋钱之简称,以别于中国传统之锭形银两。1821年墨西哥脱离西班牙独立,1823年始铸鹰洋。后流通于南北美洲、日本及东南亚各国,亦有流入中国者。

鹰子山 在今河南淅川县东南。《资治通鉴》:南朝齐永元元年(499),魏主至马圈,命荆州刺史广阳王嘉断均口(均水入沔口),邀齐兵归路,"陈显达引兵渡水西,据鹰子山筑城",即此。

yíng

迎春门 本东京城(今河南开封市)东面北门建阳门,五代晋天福三年(938)改为迎春门。《资治通鉴》:汉乾祐三年(950),郭威自邺都南下,帝遇弑,郭威"自迎春门入归私第",即此。

迎担湖 一作额担湖(《宋书·符瑞志》),又作额担湖(《资治通鉴》)。在今江苏南京市西清凉山后。《南徐州记》云:"晋元帝南渡,衣冠席卷过江,客主相迎负担于此湖侧",遂以迎担为名(《景定建康志》引)。宋代堙为田。

迎辉馆 官署名。北宋景德四年(1007)党项首领李德明置,以迎北宋使者。掌修五百里内道路、桥梁,宋使至则以重臣郊迎。

迎銮镇 本白沙镇,五代唐同光二年(924),吴王杨溥至白沙观舟师,镇海军节度使徐温自金陵来见,改名迎銮镇。在今江苏仪征市南滨江。后周显德五年(958)世宗征南唐至此,屡至江口破南唐水军。北宋乾德二年(964)升为建安军。

迎入唐使 日本为迎接遣唐使归国而派遣的使节。唐天宝十二载(753,天平胜宝五年),遣唐使藤原清河归国,途中因船只失事而返唐。日本遂于乾元二年(759,天平宝字三年)以高元度为迎入唐大使赴唐。

迎随补泻 中医名词。针刺补泻法之一。是以针尖方向与经脉之间的逆顺关系,区分补泻的一种方法。《灵枢·终始》:"泻者迎之,补者随之,知迎和随,气可令和。"即顺着经脉循行方向进针为补法,逆着经脉循行方向进针为泻法,故也称针向补泻法。

荧惑 ❶火星别名。《史记·天官书》:"察刚气以处荧惑。"古代候星者重视荧惑观测。《汉书·天文志》:"荧惑,天子理也,故曰虽有明天子,必视荧惑所在。"❷神名。《春秋纬·文耀钩》:"赤帝熛怒之神为荧惑,位南方。"

荧庭 春秋晋地。在今山西翼城县东南。《水经·浍水注》:紫谷水"西径荧庭城南"。《左传》襄公二十三年(前550):齐侯伐晋,"入孟门,登大行,张武军于荧庭",即此。

盈不足 古代算学术语。又称为盈朒。(1)九数之一。原称赢不足,后来发展成为《九章算术》之第七章。以御隐杂互见。包括盈不足术、两盈两不足术、盈适足不足适足术及其例题,以及若干用盈不足术解决的算术杂题,共二十道问题。(2)《九章算术》的主要方法之一。"盈不足术曰:置所出率,盈、不足各居其下。令维乘所出率,并,以为实。并盈、不足为法。实如法而一。"设所出率分别为a,b,盈、不足分别为A,B,则$\frac{aB+bA}{A+B}$就是不盈不朒之正数,是为求解可化作盈不足问题的一般算术问题而提出的。而$\frac{aB+bA}{|A-B|}$为物价,$\frac{A+B}{|A-B|}$为人数,解决共买问题。两盈两不足、盈适足不足适足与此相类。

盈川集 书名。唐杨炯撰。炯官盈川令,故以名集。原集三十卷,久佚。今有《四部丛刊》影印明童佩辑本,十卷,赋、诗各一卷,文八卷,另附录一卷。崇祯时,张燮重辑《盈川集》为十三卷。1980年中华书局出版《卢照邻集杨炯集》合刊本。

盈歌(1053—1103) 又译扬割、杨哥等。女真完颜部人。金景祖乌古迺第五子。初受辽封为详稳。大安十年(1094)继兄颇剌淑为部落联盟首领,仍受辽封为"生女真部节度使",加号"太师"。宋人因称为"扬割太师"。先后战胜纥石烈部阿疏、钝恩、乌古论部诸强敌,建立起对东南乙离骨岭(今朝鲜咸镜南、北道的摩天岭)至东北五国部(今黑龙江依兰县至乌苏里江口的松花江两岸)广大地区的统治。禁各部自称都部长,自置符牌,违者治以法,号令统一。金熙宗天会十五年(1137),追谥为孝平皇帝,庙号穆宗。

盈适足不足适足术 算学术语。《九章算术》提出的解决盈不足类问题中盈适足或不足适足型的方法。详"盈不足"。

盈缩 亦作"赢缩"。天文学名词。指日、月、五星运行的不均匀现象,趋前为盈,退后为缩。《史记·天官书》:"水、火、金、木、填星,此五星者,天之五佐,为纬,见伏有时,所过行赢缩有度。"东汉贾逵、李梵、苏统等发现月行有迟疾。北齐张子信居海岛观测天文三十年,发现:日行不匀;日、月交道有表里迟疾;五星见伏有感召向背。这些发现导致由平朔改定朔,平气改定气,日月食推算精度提高和对五星推算的进步。隋刘焯《皇极历》首次创立等间距二次差内插法来计算日、月不匀速的"损益率"和"盈缩积"等算法,以求改正。唐《大衍历》又改进为不等间距二次差内插法来计算。到元《授时历》,则采用等间隔三次差内插法,来计算日、月、五星的盈缩改正值。隋张胄玄在《人业历》中发现:木星两次顺行中,第一次速率减缓而第二次增快,这已不是以往所采用的"日行平均度"方法可以解决的,因而创立"等差级数方法"加以改进。北周王朴《钦天历》,又发现五星由"行而留,或自留而行"之间速率的跳跃性变化,再作计算上的改进。这对五星盈缩计算又推进一步。

营兵 兵卒泛称。古代各军各营兵卒皆可名之。如三国吴无难督,督无难营兵。魏至东晋,屯骑、步兵、越骑、长水、射声等校尉犹领营兵。

营仓 仓名。清直省提镇驻扎之地及凡属沿边沿海,离省会遥远者,皆于驻军营中设仓储谷,以备军士借粜。仓务委营弁经理,故名营仓。始于康熙二十二年(1683)。雍正四年(1726),于广东提标各营立仓,令每一兵士贮谷一石,春贷秋还,免收利息。其后,复推广四川、贵州、浙江、福建、河南等省驻军。乾隆元年(1736)又设河标营仓。

营道县 西汉置。治奔、巢二水口,在今湖南宁远县南偏东泠水上游。属零陵郡。东晋至南朝齐属营阳郡,梁、陈属永阳郡。隋开皇九年(589)移治故泠道县(今宁远县东偏南四十里)。属永州、零陵郡。唐武德四年(621)又移治今湖南道县西四十里营山下。为营州治。五年为南营州治。贞观八年(634)为道州治。天宝元年(742)改为弘道县并移治今道县。北宋建隆三年(962)复为营道县。为道州治,元为道州路治。明洪武九年(1376)废。

营都督 官名。三国蜀、吴皆置。统军营事务,将军不在时,代行其职务。

营构大将 官名。东魏置。掌京都邺城宫殿、城郭、堤防等营建,兼管缮治三署乐器、衣服及百戏之属。

营构将 官名。北魏、东魏置。掌管京城宫殿营建事务。一说为营构都将省称。李遵自尚书度支郎迁此。

营官 官名。又称宗本。清代西藏地方官员统称。掌治居营寨藏民之政事。前、后藏共置营一百二十四处,每营设营官一人或二人,设二人者,僧、俗各一,共一百六十三人。有边营官、大营官、中营官、小营官之称。道光中增设曲木多寺等处之四品、六品及七品番目营官。

营户 北朝兵籍之一种。民有叛离分配军营者为营户。名隶军籍,不属州、郡,服兵役和杂役,亦可放免为民。参见"府户"。

营军 即"营军都督"。

营军曹 官署名。(1)御史台下设诸曹之一。设侍御史掌其事。晋代置,南朝宋顺帝时省并水曹。(2)公府僚属诸曹之一。西晋司马孚为太宰时设属,司马伦为相国时设掾。东晋以后不置。

营军都督 官名。简称营军。三国魏置,为大将军及太尉府属官。洪饴孙《三国职官表》作七品。西晋三品将军以上军府皆置,诸公及开府位从公加兵者亦置。

营幕使 使职名。唐玄宗时已置,主皇帝谒宗庙沿路设置营幕事,有副使、判官。

营浦县 秦置。以在营水(今濂溪水)之浦得名。治今湖南道县东北,属长沙郡。西汉初属长沙国,后属桂阳郡,元鼎六年(前111)属零陵郡。东晋至南朝齐为营阳郡治。梁天监十四年(515)移治今道县西四十里营山下,为永阳郡治。隋开皇九年(589)改为永阳县。

营丘 邑名。在今山东淄博市临淄北,以营丘山得名。周武王封吕尚于齐,建都于此。后改名临淄。一说在今昌乐县东南,春秋时名缘陵,汉置营陵县。

营缺 职官制度。指清代绿营兵武官的定额编制。包括在京巡捕营以及各省督、抚、提、镇统辖的水陆各营,河标、漕标各营。除极少数是满洲缺外,大多数为汉缺,但满洲、蒙古、汉军亦皆可用之于汉缺。

营缮监 官署名。即将作监。唐光宅元年(684)改,神龙元年(705)复名将作监。

营缮令 法律制度。唐代关于土木建筑的法令。如修城郭筑堤防,须计人功多少,经尚书省批准;王公以下至庶人房舍形式及间数各有规格等。令文散见于《唐律疏议》、《唐六典》诸书。日本养老时代(717—723)的《营缮令》亦可资参考。

营缮清吏司 官署名。简称营缮司。明清工部四司之一。掌理营建宫殿、陵寝、城郭、寺庙、仓库、廨宇、营房、府第之事,监管匠人、工役,备办物料,辨材分贮,以待兴工。明洪武二十九年(1396)置,设郎中一人，员外郎三人，主事四人。南京工部营缮清吏司亦设郎中一人，员外郎一人，主事三人。清顺治元年(1644)沿置。设郎中满洲四人，蒙古一人，汉一人；员外郎满洲四人，汉一人；主事满洲二人，蒙古一人，汉二人。所属办事机构有吏科、营造科、砖木科、柜科、夫匠科等。光绪三十二年(1906)裁。

营缮司 官署名。(1)营缮清吏司之简称。(2)清末民政部所属机构。光绪三十二年(1906)由原工部营缮清吏司改设，归并巡警部警保司工筑科。掌督理本部直辖土木工程，稽核京外官办土木工程及经费报销，保存古迹，调查寺庙等事。辖建筑、道路、古迹三科。置郎中一人总理司务，下设员外郎、主事各四人，七品小京官一人，六、七品艺师各一人，分司各职。

营缮所 官署名。宋代始置。宣和五年(1123)罢，职事并归将作监。明初曾于工部下复设将作司，洪武二十五年(1392)改将作司而置。设所正一人，正七品；所副二人，正八品；所丞二人，正九品。多以诸匠精艺者充任。

营室殿军器大监 官名。北周置。营军器监长官，掌管宫殿营建和军器制作，下设副监等以佐其职。地位重要，齐王宇文宪以大司马、理小冢宰事兼之。

营司马 官名。东汉建安末刘备为左将军时置，以庞羲任之。建安二十四年(219)，马超等上刘备为汉中王，表于汉献帝。表中庞羲列于军师将军诸葛亮之前。

营田 古代指开垦土地或经营田产。隋开皇时于河西勒百姓立堡，营田积谷，从此屯田亦称营田。唐高宗以后，陇右道扩充屯田区，专设营田使。唐后期，户部在全国专设营田务，以农民强户与高赀户耕种营田，免其地方徭役。五代后周广顺三年(953)，撤销营田区与营田户，地归原营田户私有。宋以后营田渐成为官田之一种。与屯田相仿，而以民户耕种，屯田则以军户耕种。咸平中，营田襄州(治今湖北襄阳)，曾取邻州兵耕作，则已非单以民力。熙宁、元丰间屯田边州，土著人少，不限兵民，惟求给用。故北宋以后，营田与屯田已名异实同。明太祖建国前，曾以康茂才为都水营田使，监督军屯。明代虽有军屯、民屯之别，但均称屯田，不再称营田。清代除屯田外，亦间行营田，如雍正间怡亲王允祥曾奉命经画直隶营田。

营田大使 官名。北魏置。掌管军士屯田事务。《魏书·范绍传》："发河北数州田兵二万五千人，通缘淮戍兵合五万余人，广开屯田。八座奏绍为西道六州营田大使，加步兵校尉。绍勤于劝课，频岁大获。"唐延载元年(694)以娄师德为河源军检校营田大使。宋代沿置，掌营田事务。参见"营田使"。

营田户 见"营田"。

营田辑要 书名。清黄辅辰撰。同治二年(1863)，陕西巡抚刘蓉筹办屯田，致书黄氏问方略，黄复信详论屯田工作"十二难"和应采取之对策。随后著《营田辑要》呈刘。分卷首和内、外篇。"卷首"即总论，简言营田历史、写书目的和方法。"内篇"介绍和论述历代营田工作经验、营田水利和历代营田工作中的弊端。"外篇"专讲农业生产技术，从农田垦辟、造田、陂塘坝堰治理，直至栽培种植，一一论及。本书力求在省徭减赋，与民休息之基础上办好农垦。认为"营田之法，非内外得人，则不可得而行"。刻本有同治三年《枫林黄氏家乘》一种。1984年农业出版社出版《营田辑要校释》。

营田使 官名。唐始置于有屯田之州。如以节度使兼，则有副使、判官各一人，节度使罢秩则留营田印以郎官主之。诸军万人以上有营田副使一人。开元十五年(727)，朔方五城各置田曹参军事一人，专莅营田。宋代不常置，掌营田事务。有营田大使、招置营田使、营田副使、制置营田事等名目，以宣抚使、转运使、知府、知州、通判等兼任。南宋初，都督、宣抚使、镇抚使等于本府司另设提举营田公事、措置营田官、同措置营田官，或专设提领江、淮等路营田公事。其官署称营田使司、营田司，亦有专置营田务者。元末朱元璋置都水营田使。

营王 元代诸王封号。授兽纽金印。至大元年(1308)，云南王也先帖木儿进封。

营务处 官署名。清末地方督抚置。因督抚统兵，多增募军队，故置此。负责办理军营行政。处设总办、会办等职。多以道、府文官充任。

营阳郡 三国吴甘露元年(265；一作宝鼎元年，266)分零陵郡置，以在营水之阳得名。治营浦县(今道县东北)，属荆州。后废置不常。东晋穆帝后定置，改属湘州。辖境相当今湖南道县、宁远、新田等县地。梁移治今道县西四十里营山下，天监十四年(515)改为永阳郡。隋开皇九年(589)废。

营援 即"荣将"。

营运钱 宋代划分户等的依据之一。宋制，城市坊郭户*家业钱，除房地产等固定资产外，官府对店铺、质库等类流动资产还估算营运钱，并据以划分户等和分摊赋税。营运钱的估算，比房地产等更缺乏固定标准。南宋时，臣僚上言，即有"浮财营运，尤为民蠹"之说。

营造案 官署名。北宋元丰改制后工部置，掌营缮、制作事。由工部郎官参领。

营造法式 书名。北宋熙宁年间，为核定建筑的设计、结构、用料和施工方法，由将作监编修，元祐六年(1091)成书，作为关防土木工程工料的法规。但因缺乏用材制度，以致工料太宽，关防无术，绍圣四年(1097)又由将作少监李诫重编。元符三年(1100)成书，崇宁二年(1103)刊印颁行。共三十四卷，加上看详一卷，目录一卷。正文共三百五十七篇，三千五百五十五条，内容分五部分："总释"，考证诠释四十八种建筑物或建筑构件的名称来源、历史沿革；"制度"包括建筑物各个部分的设计规范，各种构件的权衡、比例的标准数据、施工方法和工序，用料的规格或配合成分；"功限"详细列举各种工程所需的制作和安装的单位工作量；"料例"规定使用材料的限量；"图样"形象展示了各种建筑蓝本。此书关于建筑的设计、施工、计算工料等方面的记叙相当完善,并详细说明了"材份制"——古代建筑设计的一种完善的模数制。是中国现存最早、内容最丰富的建筑学典籍。

营造法原 书名。清姚承祖撰。一卷。著者据家藏秘籍和图册于民国初撰,为苏州工业专科学校建筑科讲稿。1937年由张至刚改编脱稿。二十世纪五十年代张氏再整理增订,1959年建筑工程出版社出版。1986年中国建筑工业出版社再版。记述地面、木作、装折、石作、墙垣、屋面、工限、园林、杂俎(塔、城垣、灶)等营作法。有表现建筑及构造的照片一百一十二幅、插图十六幅、图版五十一幅。书中所记住宅、祠庙、泊岸、量木计围诸法系官书所未有,可补官书不足;营造法上承北宋下至明清。为反映江南地区传统建筑技术的专著。

营造库 官署名。明代内府贮库之一,隶内官监。设宦官管理。收存营造宫殿、陵墓等物料。

营造司 官署名。清代内务府所属七司之一。初为惜薪司,顺治十八年(1661)改内工部,康熙十六年(1677)始称营造司。掌宫廷修缮事务。凡宫殿及庭园工程,大者会同工部办理,寻常岁修自行承办,每年定期淘挖紫禁城沟渠并拔除城上之草。由总管大臣一人值年管理,设郎中二人,员外郎八人,主事、委署主事各一人,以及笔帖式、书吏等员。又设太监若干,负责带引匠役内廷工作。下设木、铁、房、器、薪、炭六库,圆明园薪炭库及铁、漆、炮三作,分别以库掌、副库掌、库守、司匠、委署司匠等人员管理,炮作并以总管大臣一人值年管理。

营造提举司 官署名。明代工部将作司所属机构。洪武六年(1373)置。为正七品衙门。设正提举一人,副提举二人。掌工程营缮及器用制作等事。十年,与将作司并革。

营长 见"伙头"。

营州 ❶古"十二州"之一。《书·舜典》:"肇十有二州。"东汉马融、郑玄释十二州中有营州,郑说以"青州越海而分齐为营州"。指今辽宁中东部一带。❷古"九州"之一。《尔雅·释地》:"齐曰营州",齐指齐国,在今山东半岛。❸十六国段部有营州。治令支县(今河北迁西县东旧城)。前燕省。后燕复置,徙治宿军县(今河北秦皇岛市东北古城)。北燕省。❹北魏太平真君五年(444)置。治龙城县(隋更名柳城县,今辽宁朝阳市)。隋大业至唐武德、天宝至乾元间曾改为柳城郡。辖境相当于今辽宁朝阳、兴城、葫芦岛、北票、凌源、绥中、喀左,河北青龙等市、县地。唐上元二年(761)属奚。开元后平卢节度使曾驻此。❺唐失营州故地后侨置,五代初属燕,五代唐同光时入契丹。治广宁县(今河北昌黎县)。辖境相当今昌黎县附近。金皇统二年(1142)废。

营州都督府 唐都督府名。武德元年(618)改隋柳城郡为营州总管府。七年改为都督府,治柳城(今辽宁朝阳)。万岁通天元年(696)为契丹攻占。后移治渔阳(今天津蓟县),开元五年(717)还治柳城。辖境约当今辽宁大小凌河、六股河、女儿河流域地区。天宝前为平卢节度使驻地。

营作大监 官名。北周置,掌宫殿苑林的营造,下设营作副监。周宣帝营建东京(今河南洛阳)时,设京洛营作大监,主持宫苑修建。

嬴 春秋齐邑。在今山东莱芜市西北。《春秋》桓公三年(前709):"公会齐侯于嬴";《左传》哀公十一年(前484):"公会吴子伐齐。五月克博,壬申,至于嬴",皆即此。秦置县。

嬴汶 古水名。见"五汶"。

嬴县 春秋齐邑,秦置县。治今山东莱芜市西北。汉属泰山郡。有铁官。《后汉书·陈俊传》:建武四年(28),张步"遣其将击俊,战于嬴下",即此。北魏移治今莱芜市东北。北齐属东平郡,隋属兖州,唐武德中属东泰州。贞观元年(627)并入博城县。

嬴政 见"秦始皇"。

赢律 又称过律。对役使弟子、国人超过法律限度的处分规定。《睡虎地秦墓竹简·秦律杂抄》:"使其弟子赢律,及笞之,赀一甲;次革,二甲。"《史记·傅靳蒯成列传》有"坐事国人过律"。司马贞索隐:"案,刘氏云:'事,役使也。谓使人违律数多也。'"

赢余(餘) 即额税之外溢额之余税。清代关税收入之一。初无定额,司榷之员往往借端苛敛,或中饱私囊,或希冀议叙。嘉庆四年(1799),酌中定制,钦颁各关额,合计约为二百三十八万七千余两。其后各关略有增减,并纳入正项,或解送户工二部,或贮于藩库支付兵饷,或协拨外省。欠额着令追查,由监督、督抚分赔。个别钞关无定额,尽收尽解。

瀛国公(1271—1323) 即南宋恭帝赵㬎。宋度宗赵禥之子。咸淳十年(1274)嗣位。元至元十三年(1276),降元,封瀛国公。至元二十五年被遣往吐蕃学佛法,号合尊大师。长期住萨迦寺,翻译佛经,有《因明入正理论》、《百法明门论》等,对汉藏文化交流有所贡献。至治三年(1323),为英宗所杀。

瀛环译音异名记 书名。清末杜宗预编。十二卷。辑录历代史书、近代著译中的五洲各国、海洋山川等地名而成。详今略古,但颇有讹误,不及陈士芑《海国舆地译名》精审。有光绪三十年(1904)刻本。

瀛环志略 书名。清徐继畬撰。十卷。作者曾在厦门结识美国传教士雅裨理(David Abeel,1804—1846),得以借摹"绘刻极细"的西洋地图集。道光二十六年(1846)任福建巡抚时,乃广泛搜集西人著述、钩摹地图,于二十八年成书。以战国时驺衍所论中国之外更有大九州,有大瀛海环之,故名。按世界五大洲分国记述史地沿革、社会变迁与风土人情,较系统地介绍了近八十个国家和地区的情况,对东南亚各国的叙述尤为详备。各卷、篇首均附较粗略地图,地名、人名皆标点钩出。它与魏源的《海国图志》同为中国较早的论述世界地理、历史的专著。有道光三十年刊本。传至日本,影响颇巨。清何秋涛《瀛环志略辨正》、薛福成《续瀛环志略初编》、佚名《瀛环志略续集》等对本书多有补正。

瀛环志略辨正 书名。清何秋涛著。据《四洲志》、《异域录》、《地理备考》、《海国闻见录》、《万国地理全图集》等书，以录原文加注体裁，补正《瀛环志略·俄罗斯国》一节而成。为晚清研究俄国地理的重要著作。光绪二十四年(1898)新化三味书室将此书附于《瀛环志略》后刊行。

瀛环志略续集 书名。一名《瀛环志略续编》。五卷，附补遗一卷。为清末坊间对来华传教士所编世界史地著作的翻刻本。《续集》即慕维廉《地理全志》(光绪九年重纂本)，惟前删慕氏原序，并抄录李提摩太《三十一国志要》首段，题为“游五大洲人重识”置之于前。《续集补遗》则为李提摩太《三十一国志要》，惟将李氏书中原置于第十一的中国改列第一，称“大清国志”。有地图八页，较《瀛环志略》精确。叙国家方位，标明经纬度。书中称赞西方资本主义国家的制度是富强之道，极力推崇日本明治维新，希望清政府变法图强。为清末简明世界地理书，亦是维新变法时期宣传资产阶级改良主义的著作。光绪二十四年(1898)老埽叶山房将此书附《志略》后刊行。

瀛寰琐记 杂志名。附属于上海《申报》的文艺月刊。清同治十一年十月十一日(1872.11.11)创刊。单独印订成册。载诗歌、小说、散文和笔记论说等体裁的作品，内容多庸俗。出至同治十三年十二月(1875.1)，凡二十八卷，后为《四溟琐记》取代。

瀛壖杂志 书名。清王韬撰。六卷。晚清上海城郊风土见闻录。《南京条约》签订后，各国商船直达上海，西人并筑室以居，使上海成为近代中外经济、文化交汇的重要商埠。咸丰、同治年间，作者寓居于此，将身经目击之事，如山川之秀丽，文物之荟萃，中外之往来，风俗之好尚，以及制造局、广方言馆、火药局等时务，详记成书，可补志书所未载。光绪初年刻于广州，后上海进步书局重加印行。

瀛涯胜览 书名。明马欢著(一说与郭崇礼合撰)。一卷。欢字宗道，会稽(今浙江绍兴)人，信伊斯兰教。曾参加郑和第四、六、七次远洋航行，任翻译。是书系作者随同郑和第四次航行归来后所作。记述所历经二十国之疆域、道里、风俗、物产及沿革等。因系目睹亲闻，且通外国语文，所记珍贵可信。为研究十五世纪亚非地理和中西交通的重要资料。近人冯承钧曾校注此书，考证诸事颇详。有商务印书馆铅印本。

瀛州 北魏太和十一年(487)分定、冀二州置。治赵都军城(隋置河间县，今属河北)。唐时辖境相当今河北博野、肃宁、高阳、蠡县、献县、河间、大城等县地。北宋大观二年(1108)升为河间府。唐时境内有长丰等渠，通漕溉田。五代时为石敬瑭割让给契丹的十六州之一。后为周世宗所收复。

瀛洲 传说中仙山。《史记·秦始皇本纪》：二十八年(前219)，“齐人徐市等上书，言海中有三神仙山，名曰蓬莱、方丈、瀛洲，仙人居之。”李白《梦游天姥吟留别》：“海客谈瀛洲，烟涛微茫信难求。”

yǐng

郢 ❶(?—前135)汉时闽越首领。继父无诸为闽越王。建元三年(前138)发兵攻占东瓯未遂。六年，复领兵攻南越，被汉出兵制止。同年，为其弟余善所杀。❷春秋、战国楚都城。(1)即今湖北荆州市西北纪南城。楚文王定都于此。昭王时曾迁都鄀，惠王初又曾迁都鄢，不久皆迁回。楚顷襄王二十一年(前278)为秦将白起所破，地入于秦。因楚文王之后所都皆可称郢，而此都地处纪山之南，故亦称纪郢，又因位于楚国南境，亦称南郢。(2)在今湖北宜城市东南。楚昭王十年(前506)，吴师入郢，十二年因畏吴迁都于鄀，鄀亦称郢，因其附近有鄢(今宜城市东南)，《春秋大事表》等误称鄢郢。(3)在今湖北宜城市东南。楚惠王即位(前488)初，因乱迁都于鄢(一作“郾”)，鄢亦称郢。(4)在今河南淮阳县。楚顷襄王二十一年，纪郢失陷于秦，乃东北迁都于陈，亦称郢陈。(5)在今安徽阜阳市西北。《史记·六国年表》：楚考烈王十年(前253)：“徙于巨阳。”巨阳亦称郢。(6)今安徽寿县。《史记·楚世家》：考烈王二十二年(前241)，“与诸侯共伐秦，不利而去。楚东迁都寿春，命曰郢。”楚王负刍五年(前223)为秦军所破，楚亡。(7)春秋战国时楚别邑。在今湖北荆州市东北，纪南城东南。(8)即程、毕郢。在今陕西咸阳市东。

郢爯 战国时楚国的黄金货币。金版的一种。形状为扁平的黄金版块，一般平面呈长方形，亦有四角伸出上翘呈不规则的方形曲版状。面上钤印“郢爯”二字方形印记，方印多排列成平行的不甚规整的横或竖行。方形曲版状金版上成排的印记一般分成两组，印文相颠倒；长方形金版则多顺向。较完整的金版的印数，多在十六至二十四间。1969—1970年安徽阜南、六安出土的五块“郢爯”，大小接近，印数为十六至十九，平均每块重268.8克，与研究湖南长沙楚墓砝码所得楚一斤重251.53克接近。“郢爯”之“郢”是楚国国都之称。“爯”字作“炱”或“夅”形，旧多读作“爰”，今说应读“爯”，即“稱”。其是否属于重量单位，尚无定论。此种金币系目前发现的楚金版中数量最多的一种，近几十年来在楚国旧境内的安徽、湖北、江苏等地多有出土，在楚国疆域以外的山东临淄、陕西西安等地亦有发现。1971年湖北荆州纪南城楚郢都遗址发现“郢爯”，证明楚都东迁(前278)以前，“郢爯”已出现。湖南长沙等地西汉初期墓中曾发现模仿“郢爯”的泥版冥币，说明西汉初期楚国旧地可能仍使用这种金版作货币。

郢成蔺逋叱 即“李立遵”。

郢靖王 即“朱栋”。

郢王 ❶金代封爵，大国一字王号。完颜永功由鲁王进封。❷明亲王封号。太祖二十四子朱栋封。

郢县 秦置。治今湖北荆州市江陵东北。属南郡。东汉废。

郢州 ❶南朝宋孝建元年(454)分荆、湘、江、豫四州并南郡地置。治汝南县(今湖北武汉市)。辖境相当今湖北钟祥、潜江、监利等市、县以东,湖南沅江流域和岳阳县以北地区。其后逐渐缩小。隋开皇九年(589)平陈,改为鄂州。❷西魏大统十七年(551)置。治长寿(今钟祥市)。唐时辖境相当今湖北钟祥市、京山县地。宋属京西北路,元至元十五年(1278)升为安陆府。

颍昌府 本许州,北宋元丰三年(1080)升为府。治长社县(今许昌市),属京西北路。崇宁、政和间曾属京畿路。辖境相当今河南许昌、漯河、禹州、郾城、长葛、临颍、舞阳等市、县及郏县部分地区。《宋史·岳飞传》:绍兴十年(1140),金兵南侵,岳飞大破金兀术于此。金复为许州。

颍昌之战 宋金战争重要战役之一。绍兴十年(1140),金背盟攻宋,岳飞率师入河南,闰六月,张宪攻占颍昌府(今河南许昌),命董先、姚政留守,击破金军反扑。七月,郾城之战后,完颜宗弼(兀术)又率大军转攻颍昌,与王贵、岳云等军激战,董先与胡清率军出城继援,遂大破金军。不久,岳飞奉诏退兵,颍昌等地复被金占领。

颍川郡 秦王政十七年(前230)灭韩后以其地置,因水为名。治阳翟县(今河南禹州市)。辖境相当今河南登封、宝丰等市、县以东,鄢陵、郾城等县以西,新密以南,叶县、舞阳县以北地。东汉以后辖境、治所屡有变化,魏、晋移治许昌县(今许昌县东)。北魏移治长社县(今长葛市东)。东魏移治颍阴县(北齐改名长社县,今许昌市)。隋开皇初废。大业及唐天宝、至德时又曾改许州为颍川郡。魏、晋属豫州,北魏属司州,东魏、北齐、北周先后属颍州、郑州、许州。西汉置工官,东汉中平初波才领导的黄巾军在此起义。

颍考叔(? —前712) 春秋初郑国人。官封人(即掌土地之官)。守颍谷(今河南登封西)。郑庄公因其母武姜支持弟叔段叛乱,迁母于颍,誓言“不及黄泉,无相见也”(《左传·隐公元年》),年余,庄公悔,思母。他求见庄公,献计掘地为隧,在隧中见武姜,以了誓愿。郑庄公三十二年(前712),从庄公攻许。因出兵前与公孙阏争车结怨,登城时被公孙阏自下射死。

颍桥 即今河南襄城县东北颍桥。《资治通鉴》:唐建中四年(783),哥舒曜讨李希烈,“至颍桥,遇大雨,还保襄城”。《元丰九域志》襄城县有颍桥镇。

颍上县 隋大业二年(606)置。因处颍水上游得名。治故郑城,即今安徽颍上县。属颍州。三年属汝阴郡。唐初移治今县北。复属颍州。宋、金时一度属顺昌府、寿州。蒙古至元二年(1265)废,寻复置,仍属颍州。徙治今颍上县。清先后属凤阳府、颍州、颍州府。

颍尾 春秋楚地。在今安徽颍上县东南颍河入淮河处。《左传》昭公十二年(前530):“楚子狩于州来,次于颍尾”,即此。

颍阴县 秦置。治今河南许昌市。《汉书·灌婴传》:西汉高帝六年(前201),“从至陈,取楚王信。还,剖符,世世勿绝,食颍阴二千五百户”,即此。北魏太平真君七年(446)废入临颍县。东魏元象二年(539)复置。北齐改为长社县。汉、晋属颍川郡,东魏为郑州及颍川郡治。

颍州 北魏孝昌四年(528)置。北齐废。唐初复置。治汝阴县(今阜阳市)。辖境相当今安徽阜阳及颍上、阜南、太和、界首、临泉、凤台等市、县地。北宋属京西北路。政和六年(1116)改为顺昌府。金复为颍州。属南京路。元改属汝宁府,明初改属凤阳府。清雍正二年(1724)升为直隶州,属安徽省。十三年升为颍州府。

颍州府 清雍正十三年(1735)升颍州为府。治阜阳县(今市)。辖境相当今安徽淮河以北涡阳、蒙城、颍上以西诸市、县及淮南霍邱县地。1912年废。

影庇 见“影占”。

影灯 俗名马骑灯、走马灯。一种利用热力原理制成的玩物。唐宋时期出现。在木框架中置一垂直轴,上部有一叶轮,各叶片均沿同一转向斜置,垂直轴上的横杆用细铁丝挂有纸剪的人物车马等。垂直轴下方点燃蜡烛或灯之类,其上升的热气流则推动叶轮带动垂直轴和横杆旋转,旋转着的剪纸影子则投影到糊在框架侧面的灯纸上,从外观看非常有趣。还有的在前面多装一外层,但不遮住中部影子,在内外层之间装上若干纸剪的人,其手、脚或头由细铁丝连到内层。立轴每旋转一周,便拨动外层伸入的细铁丝一次而使外层的纸人亦发生一定动作。欧洲在1550年才有一种雏形燃气轮的发明记载,与走马灯完全相同,但时间已晚七百多年。

影克(? —1567) 明代蒙古兀良合部人。成吉思汗臣济拉玛(者勒篾)后裔。朵颜卫都督革兰台长子。嘉靖二十六年(1547)袭父都督之职。二十九年庚戌之变,所部号称辽阳军,引导俺答汗攻入北京地区。寻屡次充当伯思哈儿、辛爱向导,侵扰明边。隆庆元年(1567)入义院口(今山海关西北),被明军击杀。

影青瓷器 陶瓷名词。又名青白瓷,是一类釉色介于青白之间,即青中有白,白中显青而具独特风格的瓷器。北宋时创烧于景德镇,以湖田窑产品为最佳。江西南丰窑、吉州窑;安徽繁昌窑;广东潮安窑;浙江江山窑及福建德化、泉州、同安、安溪、永春、南安等十多处窑均烧造。

影射 见“影占”。

影堂 家庙的别称。俗人悬挂先人遗像的灵堂或僧寺中安放佛祖真影之室亦称影堂。元代设影堂奉祀帝后影像。世祖时在真定(今河北正定)玉华宫置睿宗帝后影堂。后多置于大都(今北京)佛寺内:世祖、裕宗帝后影堂在大圣寿万安寺,顺宗、仁宗帝后在大承华普庆寺,成宗帝后在大天寿万宁寺,武宗及二后在大崇恩福元寺,明宗帝后在大天源延圣寺,英宗帝后在大永福寺。影像用文绮局织锦绘制。堂内设祭器,藏帝后玉册、玉宝等物。祭日有常祭(每月初一、初八、十五、二十三日)、节祭(元日、清明、蕤宾、重阳、冬至、忌辰)两种。祀典由太禧宗禋院执掌。文宗天历年间,改称影堂为神御殿,殿皆有名,如世祖殿名元寿,成宗殿名广寿等。

影占　又作隐占、影庇、影射,或称影复。唐以后官僚、地主虚占人口、田地,逃避赋役的一种手段。唐韩愈《论变盐法事宜状》:"诸道军诸使家口亲族,递相影占,不曾输税。若官自粜盐,此辈无一人遗漏者。"唐末及五代,许多官僚及豪家影庇庄田,控制浮客,拒不纳税。《旧五代史·唐书·明宗纪四》:"兼有富户,或投名于势要,以求影庇。"宋范仲淹《奏重定职田顷亩》:"如将土地影庇,令免却合入差徭及抑配。"元代各投下、衙门、寺院、权贵享有特权,逼民为其服役而逃避赋役。朝廷虽屡申禁令,但收效甚微。《元典章·户部·立都提举司办盐课》:"如不为用心拘刷,纵令客旅达限不纳,夹带私盐,影射使用,从行省究治。"明代地主逃避赋役亦采取影射。即将所占土地移与免赋的人户名下,以逃避应承担之赋役。

廮陶县　西汉置。治今河北宁晋县西南。属巨鹿郡。东汉、魏、晋为巨鹿郡治。东汉中平二年(185)农民起义领袖张牛角、褚飞燕,合军攻廮陶,即此。北齐废入廮遥县。

yìng

甸氐道　西汉置。治今甘肃文县西。属广汉郡。东汉属广汉属国。三国蜀废。

应敕　见"刀敕"。

应道　南诏大蒙国孝惠帝寻阁劝年号(809)。

应奉　官名。明翰林院属官。正七品。洪武二年(1369)设,十四年革。

应奉翰林文字　官名。金翰林学士院、元翰林兼国史院、蒙古翰林院属官。金制:从七品。元制:二院各五员,从七品。

应奉司　官署名。北宋徽宗崇宁四年(1105)置应奉局,总领花石纲。方腊起义后罢。宣和三年(1121)恢复诸应奉局,置应奉司总领,搜罗四方珍异之物,供应宫廷。

应历(曆)　辽穆宗年号(951—969)。凡十九年。

应历(曆)通宝　辽代钱币。铸于辽穆宗应历年间。钱文隶书。光背。

应募　亦称应募士、募士。西汉自武帝以后,于征兵之外,又增募兵,由百姓自愿应募听命。宣帝神爵元年(前61)曾发三辅中都官徒弛刑及应募、佽飞、射士等至金城击羌。东汉时亦有应募士,称募士。

应乾　五代南汉中宗刘晟年号(943)。

应声　一种声致振动的现象,即现代物理学所称"共振"。宋沈括《补梦溪笔谈·乐律》:"琴瑟弦皆有应声,宫弦则应少宫,商弦则应少商,其余皆隔四相应。"古琴上第一弦至第七弦,其正调依次为下徵、下羽、宫、商、角、徵、羽,发宫音("1")的弦与发比之高八度的少宫音("$\dot{1}$")的弦共振,发商音("2")的弦与发比之高八度的少商音("$\dot{2}$")的弦共振,其他每相隔四弦的弦都发生共振,是因为它们的振动频率之比都为1∶2。沈括在研究这一声学现象时,还精心设计了一个"应声"实验:"欲知其应者,先调诸弦令声和,乃剪纸人加弦上,鼓其应弦,则纸人跃,他弦即不动。"(同上书)以此方法显示共振,为沈括首创。

应顺　五代后唐闵帝李从厚年号(934)。

应天　年号。(1)唐时史思明年号(759)。一说思明于肃宗上元二年(761)建元应天。(2)唐时朱泚年号(783)。(3)五代刘守光年号(911—913)。凡三年。(4)西夏襄宗年号(1206—1209)。凡四年。

应天府　❶北宋真宗景德三年(1006)以原宋州(今河南商丘)升置,为陪都,辖境相当今河南宁陵、柘城等县以东(永城县除外)和山东曹县地。置官如开封府。金太宗天会八年(1130)改归德府。❷元顺帝至正十六年(1356)朱元璋改集庆路(今南京市)置。治上元、江宁二县(今江苏南京市),辖境相当今江苏长江以南大茅山、溧阳市以西和江北江浦、六合县地。洪武元年(1368)建国后,实际以此为京师,十一年正式定都。永乐十九年(1421)迁都北京,以应天府为南京;洪熙元年(1425)复为京师,正统六年(1441)重定为南京。初置知府,洪武三年后改府尹,员一人,正三品;府丞一人,正四品;给事中一人,正五品;通判二人,正六品;推官一人,从六品。清顺治二年(1645)改为江宁府。

应天府书院　宋著名书院之一。在南京应天府(今河南商丘)。商丘旧名睢阳,故又称睢阳书院。大中祥符二年(1009),应天府富民曹诚捐资于五代末儒士戚同文旧居旁兴建,聚书一千余卷,广招学生,讲习颇盛。朝廷赐"应天府书院"额,命同文之孙奉礼郎戚舜宾主持,以本府幕职官提举,订学规,凡讲课、考试、劝督、赏罚,皆为立法;休假、探亲时间亦有规定,曲尽人情,士人皆愿入学。景祐元年(1034),改为应天府府学。

应县木塔　原名佛宫寺释迦塔。在今山西应县。建于辽清宁二年(1056)。是中国现存时代最早的全木结构塔。全塔可分为四部分:4.4米高砖石垒砌的上下两层阶基;51.14米高全木结构塔身;1.86米高砖砌刹座;9.91米高铁铸塔刹。塔通高67.31米,底层直径30米,平面呈八角形。塔身为层檐式,五层六檐,夹有暗层四级,实为九层。采用梁、枋、斗栱层层向上垒架,各层均有内外两槽立柱支撑梁架,构成双层套筒式结构。全塔使用斗栱五十四种,木柱间采用六十多种斜撑,梁、枋、短柱组成不同形式的复梁式木架。塔的结构浑然一体。塔内头层有释迦佛塑像,高约11米,佛座各角的若干护法力神和四层普贤像及两个菩萨的坐骑,造型保持辽塑风格。其他三层亦有佛、菩萨等塑像,但已失去本来面目。塔身经历代地震摇撼,仍巍然屹立,显示辽代木结构建筑的成就。现为全国重点文物保护单位。

应运　北宋初李顺农民起义军年号(994)。

应诏左右　官名。左右本常语,凡侍从于左右之人，皆得称之为左右。南朝宋始有带“左右”二字为侍从官之职名。北魏置应诏左右，为皇帝左右的亲信之职。东魏孝静帝时亦有，盖承应诏命之侍从官。

应制 旧指文人应皇帝诏令书写诗文。清代有召试，前来应试者即为应制。录取者可授官或升迁。参见“召试”。

应制诗 诗类名。指臣子应皇帝诏命所作、所和的诗。标题有“应制”二字，故名。唐初多以“应诏”为题，武则天名曌，讳“诏”为“制”。内容多为歌功颂德，少数借以表达对统治者的期望。

应州 本经制州。唐贞观三年(629)以东谢蛮首领谢元深地置，为大州，领都尚等五县。治都尚县，其今地有今贵州榕江县、都匀市、三都县都江区诸说。四年属黔州都督府，隶江南道。圣历元年(698)属庄州都督府。景龙二年(708)属播州都督府。先天二年(713)复属黔州都督府。天宝三载(744)降为羁縻州，属黔中郡。

侪匜 西周晚期青铜器。1975 年于陕西岐山县董家村出土。通高 20.5 厘米，腹宽 17.5 厘米，流鋬相距 31.5 厘米。宽流，直口，虎头平盖，曲舌兽首鋬，四足羊蹄形。口沿下饰窃曲纹和弦纹。盖和腹器底有相接铭文一百五十七字是伯扬父的判决词。大意为：谴责牧牛违誓诬主人，勒令履行前誓，去啬地见原主人侪，奉还五奴，并给予惩处：本应处鞭打一千、黥面并蒙黑布的重刑，现宽赦，只鞭打五百、罚铜二百锾，后再犯则重惩不赦。牧牛立誓后有关官吏为之立案。此铭为研究西周法律制度提供了新资料。

硬军 辽金军种名。辽天庆五年(1115)，辽廷派兵镇压女真，以贵族子弟千余人组成军队，号称硬军。女真人用兵，以宗室出身的“郎君”为前行，亦号硬军。人马皆全甲，刀枪自备，弓矢在后，设而不发，非五十步不射，弓力不过七斗，箭镞长六七寸，形如凿子，人携不满百支。

硬山 建筑的一种屋顶式样。两面坡顶。与悬山顶不同，屋顶不悬挑出山墙之外。山墙用砖石承重，高出屋顶的山墙头做成各种形式的封火墙，不高出屋顶的山墙头以砖封檐。始于宋代，明清以来大量应用于居住建筑中，规格次于悬山。

硬陶 陶瓷名词。是一类呈灰色的陶器，原料成分中含有较一般陶土多的二氧化硅和三氧化二铝，烧成温度较高，烧成的陶器硬度也提高。此类陶器大多表面拍印有细密的米格纹、回纹、编织纹、云雷纹、方格纹，故亦称为印纹硬陶。这类陶器起源于江南地区和东南沿海一带。商代中期后发展较快。

硬驮 清代地方科派名目之一。由各里、甲轮流独当额外加派者。康熙三十九年(1700)下令勒石永禁。

媵 ❶古代帝王、诸侯嫁女随嫁或陪嫁之人。《诗·小雅·我行其野》：“不思旧姻，求尔新特。”孔颖达疏：“媵之名不专施妾，凡送女适人者，男女皆谓之媵。”又《仪礼·士昏礼》：“媵御馂。”郑玄注：“古者嫁女必侄娣从，谓之媵。侄，兄之子；娣，女弟也。”《公羊传·庄公十九年》：“媵者何？诸侯娶一国，则二国往媵之，以侄娣从。”❷唐代亲王、郡王、嗣王及五品以上官之妾。十至三人不等。品位高者视正六品，低者视从八品。

媵臣 古代帝王、诸侯陪嫁的侍臣。《史记·殷本纪》：“伊尹名阿衡。……乃为有莘氏媵臣。”又《史记·秦本纪》：“吾媵臣百里奚在焉，请以五羖羊皮赎之。”

媵者思 即“引者思”。

yōng

佣 雇佣劳动。亦称佣作、赁作、行佣、客佣、以身居作等。《汉书·匡衡传》：匡衡“家贫，佣作以供资用”。颜师古注：“佣作，言卖功佣为人作役而受顾也。”汉代见于农业者有佣耕、赁舂等，商业、手工业中则有酒保、冶炼、卖菜、漆工、运输，还有佣书、佣为街卒等。除私人雇工役使外，官府也多使用雇佣劳动。佣工的工资一般以货币计算，如周亚夫子“取庸苦之，不与钱”。佣值因时因地不等。

佣保 佣工之一种。史书多见于酒保。《汉书·司马相如传》：“相如身自著犊鼻裈，与庸保杂作，涤器于市中。”颜师古注：“佣即谓赁作者，保谓佣之可信任者也。”佣保当为有人担保的佣工。陈亮《酌古论·封常清》：“及下令募兵，所得者皆市井佣保，可聚而不可用。”

佣代 亦作代庸。雇人代为服役。《盐铁论·禁耕》：“郡中卒践更者，多不堪，责取庸代。”《汉书·武五子传》：“死不得取代庸，身自逝。”颜师古注：“言死当自去，不如他徭役得顾庸自代也。”

佣耕 秦汉时农业雇佣劳动者。《汉书·陈胜传》：“胜少时，尝与人佣耕。”颜师古注：“佣耕，谓受其雇直而为之耕，言卖功佣也。”除田间作业外，也多见于赁舂。东汉时梁鸿即为人赁舂。

佣侩 清代四川井盐业之经纪人。见“经纪”。

佣徒 见“庸”。

佣作 即“佣”。

佣作坊 古代佣工介绍所。唐时，有以佣工为生者。需佣工者可至佣作坊雇之，如《太平广记·陈生》载，陈生到佣作坊求人负担药物。

拥队 宋代低级军职。神宗实行结队法，正规军中往往实行五十人一队的编制，拥队为队的头领之一，战斗时执刀押后。

拥篲 古代迎客礼之一。亦作拥彗(扫帚)。古时，有尊贵的客人到门，主人抱扫帚迎接，表示为客人清扫道路欢迎进入。

邕奴 见“雍奴”。

邕州 唐贞观六年(632)改南晋州名邕州。因邕溪水为名。治宣化县(今南宁市南，北宋皇祐中移今市)。辖境相当今广西南宁、邕宁、武鸣、隆安、平果、巴马、大新、天等、德保、宁明、凭祥等市、县地。属岭南道，为邕管经略使治。五代晋天福七年(942)改名诚州，南汉初复旧。宋增入今广西崇左、上思、龙州、百色、靖西、那坡、西林、田林、马山、乐业、都安、田东、田阳和贵州望谟、册亨等市、县地。属广南西路。元至元十六年(1279)改为邕州路。泰定元年(1324)改为南宁路。

邕州路　元至元十六年(1279)以邕州改置。治宣化县(今南宁市)。辖境相当今广西南宁、武鸣及邕宁等市、县地。泰定元年(1324)改名南宁路。

庸　❶商代国名。在今湖北竹山县西南。《尚书·牧誓》为周武王伐纣的八国之一。春秋时灭于楚。《左传》文公十六年(前611)：楚"子越自石溪，子贝自仞，以伐庸。秦人、巴人从楚师，群蛮从楚子盟。遂灭庸。"战国秦置上庸县。❷官名。西周置。侍臣。《逆钟铭》："仆、庸、臣妾、小子，室家毋有不闻知。"❸藏语音译，意为下层奴隶。是吐蕃社会中与桂(武士)相对的阶层。平时在桂的监督下从事奴隶劳动，战时由桂率领参加作战。唐永徽五年(654)，吐蕃将属民划分为桂与庸两个等级。公元八世纪吐蕃占领沙州时，又在当地部众中统计桂与庸的人数。曾专门划出庸之人部(即庸部)。❹亦作佣。出卖劳动力者。又称庸客。《韩非子·外储说左上》："夫卖庸而播耕者，主人费家而美食，调布而求易钱者，非爱庸客也。"《管子·轻重甲》："聚佣而煮盐。"又称庸民。《商君书·垦令》："无得取庸，则大夫家长不建缮，爱子惰民不窳，而庸民无所于食，是必农。"又称庸保。《史记·刺客列传》："高渐离变名姓为人庸保。"又称庸夫。《战国策·齐策六》：齐湣王子法章"为莒大史家庸夫"。又称庸赁。《史记·范雎蔡泽列传》：范雎"为人庸赁"。又称庸奴。《史记·张耳陈余列传》载张耳之妻曾"嫁庸奴"。又称佣徒。《荀子·议兵》："故赏庆刑罚埶诈之为道者，佣徒鬻卖之道也。"

庸盦笔记　书名。清薛福成撰。六卷。薛氏平生见闻随笔记载。光绪十七年(1891)将其同治四年(1865)以来二十七年之笔记择取精蕴成此编。订为史料、轶闻、述异、幽怪四类。其卷一《裕靖节公殉难》、《蒲城王文恪公尸谏》为有关鸦片战争史料；《讷相临洺关之败》、《江忠烈公殉难庐州》等则为有关太平天国史料。此外还有官场、文苑等轶事，及报刊资料之辑录。此编与《庸盦文编》相表里。有上海文明书局所刊《清代笔记丛刊》本。

庸盦海外文编　书名。清薛福成撰。四卷。辑录薛氏光绪十五年(1889)至二十年出使英、法、意、比四国期间所作奏议、论说、书牍、序跋、传状、碑志等而成。其中介绍西方政治、工商、学术，谋划中外交涉的文字较多。卷四有《书沔阳陆帅失陷江宁事》、《书昆明何帅失陷苏常事》论叙太平天国时事。《书科尔沁忠亲王大沽之败》记叙第二次鸦片战争事。《书霆军铭军尹隆河之役》论叙与捻军作战事。对政治、军事等方面的经验教训多所论析，主张变法。有光绪二十二年石印本。

庸盦全集　书名。清薛福成撰。四十七卷。薛氏号庸盦，因名。收入《庸盦文编》、《续编》、《外编》、《海外文编》、《筹洋刍议》、《浙东筹防录》、《出使奏疏》、《出使公牍》、《出使英法义比四国日记》、《出使日记续刻》十种。薛氏从事外交、洋务多年，其著述为研究中外交涉、洋务运动及早期改良主义思潮者所重视。有光绪年间刊本。

庸盦文编　书名。清薛福成著。四卷。薛氏初入曾国藩幕，后随李鸿章办外交。此编即汇辑其间所作奏疏、论议、序跋、传状、碑志等。研究洋务运动者多引作参考。有光绪年间刊本。

庸盦文外编　书名。清薛福成撰。四卷。薛氏光绪十五年(1889)出使英、法、意、比，二十年交卸回国，此编即汇辑其间所作论说、序跋、书牍、传状、碑铭及未收入正、续《文编》诸文而成。为研究洋务运动者引作参考。有光绪年间刊本。

庸盦文续编　书名。清薛福成撰。二卷。汇辑光绪六年(1880)至十四年所作奏疏、记事等而成。有关太平天国事颇多。有光绪年间刊本。

庸保　即"庸❹"。

庸调银饼　唐代银器。1970年10月在陕西西安南郊何家村发掘出土。为开元十九年(731)文物。为洊安(今广东怀集西北)、怀集(今属广东)两县以庸调银制成之四块银饼，故名。其中洊安庸调银饼三块，每块重十两(435.9克)，直径9.8—10.8厘米；怀集银饼一块，直径9.8厘米。乃庸调银实物之首次发现，证实《新唐书·食货志》所载"非蚕乡则输银"的规定，开元时已在个别地区施行。

庸夫　即"庸❹"。

庸客　即"庸❹"。

庸赁　即"庸❹"。

庸奴　即"庸❹"。

庸浦　春秋楚地。在今安徽无为县西南长江北岸。《左传》襄公十三年(前560)：吴侵楚，养由基及子庚诱之，"战于庸浦，大败吴师"，即此。

庸扰录　书名。清佚名撰。不分卷。作者原居北京，光绪二十六年(1900)五月离京，经南口、张家口、大同、太原至平阳府。是书系据日记补充而成，记北京和沿途见闻，起是年四月十八日，断于七月一日(未完)。所叙京北与山西等地义和团运动史实为他史所略。1959年科学出版社附入《庚子记事》印行。

庸芮　战国时人。秦国大臣。秦宣太后宠爱魏丑夫。太后病危时，令死后必以魏丑夫为殉。他替魏丑夫说情于太后，认为明知"死者之无知矣，何为空以生所爱葬于无知之死人哉?"太后乃止。见《战国策·秦策二》。

鄘　一作庸。地名。周武王灭商后，使其弟管叔、蔡叔、霍叔为三监，蔡叔居鄘。一说管叔居鄘。郑玄《诗谱·邶鄘卫谱》："自纣城而北谓之邶，南谓之鄘。"《史记·周本纪》张守节正义引《帝王世纪》："殷都以西为鄘。"在今河南新乡市西南。

雍　❶西周封国。姬姓。始封之君为文王子。在今河南焦作市西。《左传》僖公二十四年(前636)："昔周公吊二叔之不咸，故封建亲戚以蕃屏周。……郜、雍、曹、滕,……文之昭也。"杜预注:"雍国在河内山阳县西。"❷春秋秦国都。在今陕西凤翔县西南南古城与马家庄之北,孟家堡与瓦窑头之西,河北屯之东。《史记·秦本纪》:德公元年(前677),"初居雍城大郑宫",至灵公迁居泾阳。《左传》僖公十三年(前647):秦输粟于晋,"自雍及绛",即此。后置雍县。

雍城铜建筑构件 春秋时期秦宫殿建筑饰件。五十年代前发现的均流于国外。1973—1974年于陕西凤翔县城南秦故都雍城遗址范围内姚家岗又出土六十四件,大多经打磨使用过。形制有片状和方筒状两种,方筒状者又有折角与直筒形之分。其上有一面、两面或三面满饰蟠虺纹,一端或两端有尖齿。其中大的长59厘米,宽16厘米,高16厘米,重15.5公斤。这种饰件是施于宫殿壁柱,壁带及门窗两木交接处,既用以加固,又增加殿堂的华丽。

雍齿(?—前193) 秦末泗水沛(今属江苏)人。为地方豪姓。二世元年(前209),随刘邦起兵反秦,奉命守丰。因与刘邦素有怨隙,遂叛归魏王。高帝三年(前204),以赵将复从刘邦击项羽。六年分封功臣时,诸将争功不决。张良建议高祖先封齿以安抚群臣,遂得封为什方侯。立九年卒。

雍道晞(?—500) 南朝齐巴西(治今四川绵阳东)人。永元二年(500)因益州刺史刘季连苛暴,聚众万余人起义,自称镇西将军,年号建义,围攻郡城。旋为刘季连所败,战死。

雍父 相传为黄帝之臣。杵臼的创制者(《世本·作篇》)。

雍古 即"汪古"。

雍和宫 在清皇城东北。始建于康熙三十三年(1694)。初为胤禛雍亲王府邸,胤禛登极后改称雍和宫。雍正十三年(1735)胤禛死,停柩于此,故而重加修葺,易覆黄瓦,供奉胤禛影像于永祐殿。乾隆九年(1744)改为喇嘛庙,后增建东书院及佛楼。主要建筑有宝坊、雍和门、天王殿、雍和宫、永祐殿、法轮殿、万福阁(佛楼)等。宫之东为书院。庙内除安置西藏、蒙古及本京喇嘛以时诵经外,并派有总理事务王大臣、内务府司员、内管领、领催等管理。东书院正室为皇帝至宫瞻礼后憩息召对之所。

雍吉剌 即"弘吉剌"。

雍己 殷墟甲骨文雍己二字作合文。商王。名伷。大庚之子,小甲之弟。卜辞中雍己之祀序是大戊、雍己、仲丁,与《史记·殷本纪》之世序雍己、太戊、仲丁不同。殷墟卜辞中列为旁系先王祭祀。

雍靖王 即"朱祐枟"。

雍闿(?—225) 三国时益州(治今云南晋宁东)人。为郡中大姓。蜀章武三年(223),刘备死,他杀益州太守正昂反,求附于吴。使郡人孟获煽动诸夷人,牂柯太守朱褒、越嶲叟帅高定皆应之。都护李严屡致书晓以利害,而傲慢不听。吴遥署为永昌太守。蜀永昌五官掾功曹吕凯与府丞王伉拒之。建兴三年(225),诸葛亮率军南征时,为高定部曲所杀。

雍梁 一名雍氏。春秋郑邑。在今河南禹州市东北。《左传》襄公十八年(前555):楚伐郑,芳子冯、公子格率锐师侵雍梁;三十年郑"伯有奔雍梁";《战国策·东周策》:"楚攻雍氏。"均即此。

雍录 书名。南宋程大昌撰。十卷。杂记关中周、秦、汉、隋、唐、五代之城苑宫殿,山水、郡县、庙陵、苑囿、事物、寺观等类,以及汉唐用兵攻取守备要地和职官、军制的变迁。附有地图,并作说明,颇足参考。因关中为《禹贡》雍州之地,故名。其时关中已为金朝所属,作者虽隔在江表,盖体孝宗锐意恢复之志,乃参校《三辅黄图》、《唐六典》、宋敏求《长安志》、吕大防《长安图记》及绍兴秘书省诸图书,著成此书。考证颇称详密,惟体例稍嫌芜杂。

雍门 战国齐国国都临淄(今山东淄博东北旧临淄)城西门。《战国策·齐策一》:田忌为齐将,"使轻车锐卒冲雍门"。高诱注:"雍门,齐西门也。"

雍门司马 战国时齐国人,姓名不详。雍门,齐国都城临淄西门名;司马,武官名。齐王建四十四年(前221),秦攻齐,他曾横戟当齐王建马前,力谏王勿入朝于秦。事见《战国策·齐策六》。

雍宁 西夏崇宗年号(1114—1118)。凡五年。

雍奴 《太平寰宇记》引《郡国志》:"四面有水曰雍,澄而不流曰奴。"一作邕奴。古时甚大。《水经·鲍丘水注》:"自是水之南,南极滹沱,西至泉州、雍奴,东极于海。谓之雍奴薮。"后名三角淀。明时周围仍二百余里,在今天津市武清县一带。清时渐趋淤废。

雍奴县 西汉置。治今天津市武清县西北土门楼村。一说在今宝坻县南秦城。属渔阳郡。西晋属燕国。北魏为渔阳郡治,移治今武清县西北旧县。北齐属渔阳郡。隋开皇初属幽州,大业初属涿郡。唐初复属幽州。天宝元年(742)改为武清县。

雍丘 古地名。本杞国,春秋宋为雍丘邑。即今河南杞县。《春秋》哀公九年(前486):"宋皇瑗帅师取郑师于雍丘",即此。战国属魏。秦置雍丘县。后沿用称其地。唐时地属汴州。天宝十五载(756),真源令张巡在此抗击安史叛军六十余日。

雍丘县 春秋宋邑,战国属魏,秦置县。治今河南杞县。《史记·项羽本纪》:秦二世二年(前208),沛公、项羽"西略地至雍丘,大破秦军",即此。汉、魏属陈留郡,西晋属陈留国,北魏为阳夏郡治,隋为杞州治,唐属汴州。五代晋改为杞县,汉复旧名。属开封府。金正隆后又改为杞县。

雍人 官名。春秋战国置。掌宰割烹饪。《仪礼·少宰馈食礼》:"羹定,雍人陈鼎五,三鼎在羊镬之西,二鼎在豕镬之西。"郑玄注:"雍人,掌割亨之事者。"

雍氏 ❶即"雍梁"。❷官名。《周礼》秋官之属。掌沟渎浍池水利的禁令。

雍水 ❶即灉水。❷源出陕西凤翔县西北,东南流经县南至岐山县南,俗名湋河,又东会沣水,自下通称沣水,又东经扶风县南至武功县南,会武亭水注入渭水。

雍巫 即"易牙"。

雍熙 宋太宗年号(984—987)。凡四年。

雍县 本春秋秦雍邑,秦德公元年(前677)至灵公间都于此,后为县。治今陕西凤翔县西南南古城。《资治通鉴》:西汉文帝十四年(前166),匈奴入萧关,"烧回中宫,候骑至雍",即此。武帝太初元年(前104)属右扶风。北魏移治今凤翔县东南义坞堡。为平秦郡治。隋开皇元年(581)移治今凤翔县。隋、唐为岐州、扶风郡治。宝应元年(762)废入天兴县。

雍营 东汉常备屯兵。属扶风都尉统领,驻屯雍县(今陕西凤翔西南),卫护园陵。应劭《汉官仪》:"京兆虎牙、扶风都尉以凉州近羌,数犯三辅,将兵卫护园陵。扶风都尉居雍县,故俗人称雍营焉。"亦常出征伐。安帝永初四年(110)初置雍营都尉官领之。

雍营都尉 见"雍营"。

雍榆 春秋晋地。即今河南浚县西南瓮城。《春秋》襄公二十三年(前550):"叔孙豹帅师救晋,次于雍榆",即此。

雍虞间 即"都蓝可汗"。

雍正 清世宗年号(1723—1735)。凡十三年。

雍州 ❶古九州之一。《书·禹贡》:"黑水西河惟雍州。"《尔雅·释地》:"河西曰雝州。"《周礼·夏官·职方》:"正西曰雍州。""黑水"所指,自来说法不一,有指张掖河、党河(在今甘肃)、大通河(在今青海)等说。"西河"或"河"指今山、陕间黄河。❷东汉兴平元年(194)分凉州河西四郡置。治姑臧县(今甘肃武威市),辖境相当今甘肃河西走廊地区。建安十八年(213)复《禹贡》九州,遂并三辅之地及凉州入雍州。《三国志·魏志·张既传》:"是时不置凉州,自三辅拒西域,皆属雍州。"治长安县(今西安市西北),辖境相当今陕西中部、甘肃、宁夏南部及青海湟水流域。魏文帝复分置凉州,辖境只有今陕西中部及甘肃东南部。其后逐渐缩小。唐时辖今陕西秦岭以北、乾县以东、铜川市以南、渭南市以西地。为关内道采访使治。开元元年(713)因京都所在,升为京兆府。❸东晋太元中在襄阳县(今属湖北)侨置,南朝宋元嘉二十六年(449)割荆州北部五郡为雍州,而侨郡县犹寄治诸郡界。大明中,又分实土郡县以为侨郡县境。治襄阳县。辖境相当今湖北丹江口市、南漳县以东,钟祥市以北,大洪山、枣阳市以西和河南西峡县、方城县以南,泌阳县以西地区。梁以后缩小。西魏恭帝元年(554)改为襄州。东晋、南朝时控扼南北冲要,为建康上游重镇。❹十六国时,汉置雍州镇平阳(今山西临汾市西南);前、后赵置雍州镇长安;前秦置雍州镇安定(今甘肃镇原县东南),后移镇蒲坂(今山西永济市蒲州);后秦置雍州镇安定;后燕置雍州镇长子(今山西长子县西南);夏置雍州镇阴密(今甘肃灵台县西南),后移镇安定,又移镇长安。

雍州牧 见"司州牧"。

澭水 即灉水。《吕氏春秋·察今》:"荆人欲袭宋,使人先表澭水。"

灉水 灉一作澭(《吕氏春秋》)、雍(《史记·夏本纪》)。(1)《书·禹贡》兖州:"雷夏既泽,灉、沮会同。"《伪孔传》:"雷夏,泽名。灉、沮二水,会同此泽。"《尔雅·释水》:"灉,反入";"水自河出为灉"。郭璞注:"即河水决出复还入者。"《水经注》以为即汉代瓠子河。然禹河不经濮阳,瓠子河下游亦不入禹河,已与先秦灉水不尽相同。据《括地志》、《元和志》唐时犹有灉水在雷泽县(今山东菏泽市东北)西北平地,会同沮水流入雷夏泽,疑系古灉水的残留部分。五代、北宋时这一带屡为黄河决流所淹,灉水故道遂归堙灭。明、清地方志以出自今山东东明县南,流经菏泽市、郓城县至嘉祥县界注入运河的赵王河(一名西里河)为灉水,显属附会。(2)《吕氏春秋·察今》:"荆人欲袭宋,使人先表澭水。"又《说文解字》:"灉水在宋";"汳水受陈留浚仪阴沟,至蒙(今河南商丘市北)为雝水,东入于泗。"此水在《禹贡》豫州、徐州境内,与兖州的灉水无涉。一说此水即《说文解字》隹部的雒水、《汉书·地理志》的获水;又一说应即睢水,雒、睢、雝形近致误。

yóng

颙琰 即"清仁宗"。

yǒng

永安 年号。(1)三国吴景帝年号(258—264)。凡七年。(2)晋惠帝年号(304)。(3)十六国北凉沮渠蒙逊年号(401—412)。凡十二年。(4)北魏孝庄帝年号(528—530)。凡三年。(5)西夏崇宗年号(1098—1100)。凡三年。

永安丞 官名。东汉置,隶少府所属钩盾令,员一人,以宦者任之,秩三百石。

永安堤 海堤名。在唐河南道海州朐山(在今江苏连云港市西南)东二十里。开元十四年(726)海潮暴涨,百姓漂溺,刺史杜令昭筑。北接山,南环城郭,长十里。

永安公主 ❶唐宪宗女,穆宗第九妹。元和十三年(818)嫁回鹘保义可汗。长庆元年(821)保义可汗卒,崇德可汗继立,仍求妻永安。穆宗以为保义既卒,不宜复嫁,乃更册太和公主以配之。❷(?—1417)明成祖长女。洪武时封郡主,二十八年(1395)嫁袁容。永乐元年(1403)进公主。

永安宫 在今重庆奉节县境内。三国蜀汉章武二年(222),刘备征吴,自猇亭败后退白帝城,建此宫。翌年死于此。

永安建制 清咸丰元年闰八月初一至次年二月(1851.9.25—1852.4)太平军在广西永安(今蒙山)设官封王,相继建立各项制度。主要内容:确定官制,封杨秀清为东王、萧朝贵为西王、冯云山为南王、韦昌辉为北王、石达开为翼王,均受东王节制,其余有功将士秦日纲、胡以晃等均晋封丞相等官职;军师之下设丞相、检点、指挥、将军、总制、监军、军帅、师帅、旅帅、卒长、两司马,共十二级。颁行天历,明确正朔。整顿军纪,颁布《太平条规》、《太平军目》,令全军不得私藏金银财物,要求全体将士服从指挥,爱护群众,缴获归公。令人民蓄发。刊刻颁行《天条书》、《太平诏书》、《天命诏旨书》、《天父下凡诏书》等官方文书宣传品,用以组织、教育士兵和群众。“永安建制”初步奠定了太平天国建国的规模。

永安郡 北魏建义元年(528)置。治永安县(今霍州市)。辖境相当今山西霍州、洪洞二市县地。属晋州。隋开皇初废。

永安渠 亦称交渠。唐都长安城引水渠道。隋开皇三年(583)开凿,从城南香积寺西南引交水西北流,从大安坊西街入城,通过大通、敦义、永安、延福、崇贤、延康六坊以西,过西市以东,再穿过布政、颁政、辅兴、修德四坊以西,北出景耀门,流经禁苑,注入渭水。此渠横穿都城西部,为西城区主要用水之渠。

永安山 在辽上京西北,今内蒙古西乌珠穆沁旗与辽宁巴林左旗之间,属大兴安岭。为辽帝避暑及行猎之所。圣宗、兴宗、道宗葬于永安山南部庆云山之庆陵。

永安戍 地名。在今湖北黄州市北。《资治通鉴》:唐兴元元年(784),李希烈将杜少诚南寇蕲、黄州,欲断江路,“曹王皋遣蕲州刺史伊慎将兵七千拒之,战于永安戍”,即此。

永安五铢 北魏、东魏铜钱。因永平五铢钱有名无实,杨侃奏更铸五铢。孝庄帝永安二年(529)始铸。钱文“五”字交股处作直笔,边宽。此次铸钱,旨在稳定币值。东魏时,因私铸充斥,币值反跌,所铸钱仍用“永安五铢”为文,书体近玉筯篆,至北齐文宣帝天保四年(553)铸常平五铢,乃废之。

永安县 ❶东汉阳嘉三年(134)改彘县置。治今山西霍州市。属河东郡。魏、晋属平阳郡。北魏太平真君七年(446),并入禽昌县。正始二年(505)复置,属永安郡,移治仇池壁(今洪洞县赵城镇东北)。后移治赵城镇东南。北魏末复迁汉、晋旧治,为永安郡治。《周书·武帝纪》:建德五年(576)伐齐,“齐王宪攻洪洞、永安二城,并拔之”,即此。隋开皇十八年(598)改为霍邑县。❷五代南唐保大十二年(954)割江夏县永安场置。治今湖北咸宁市,属鄂州。北宋景德四年(1007)改名咸宁。❸明隆庆三年(1569)以归善县安民镇置,分长乐县地益之。治今广东紫金县(蒙城)。属惠州府。因与福建永安县重名,1914年改为紫金县。

永安长官司 土司名。清置。长官雷起凤,贵州清平(今凯里)人,参与镇压雍正乾隆年间黔东南苗民起义。乾隆三年(1738),授土把总职衔,亦称长官司,属八寨厅。同治年间,乏嗣停袭。与夭霸司同管下排五十三寨,居民苗族。

永安州 明成化十三年(1477)置。治今蒙山县(蒙城)。辖境相当今广西蒙山县地。属桂林府,弘治五年(1492)改属平乐府。清咸丰元年(1851)太平军攻克此城,为起义后占领的第一个州城。1914年改名蒙山县。

永安庄 在今贵州遵义县北永安庄。为播州杨氏庄院,明万历二十八年(1600)征杨应龙,刘綎自督大军追至此。

永昌 年号。(1)东晋元帝年号(322—323)。凡二年。(2)唐武后年号(689)。(3)明末李自成年号(1644—1645)。凡二年。

永昌府 公元八世纪中南诏置。治今云南保山市。大理时为全国“八府”之一。元宪宗三年(1253)废。至元十一年(1274)立永昌州,十五年升府。明洪武二十三年(1390)改金齿指挥使司。嘉靖元年(1522)复改为府。辖境时有更改。清代辖有今云南保山、永平、施甸、龙陵、潞西、永德、镇康等市、县和漾濞、泸水、耿马等县部分及缅甸滚弄一带。1913年废。

永昌郡 东汉永平十二年(69)置。治不韦县(今保山市东北),辖境相当于今云南保山、大理、永平、云龙、漾濞、洱源、剑川、鹤庆、祥云、弥渡、巍山等市、县。东晋成帝时废。南朝齐复置。隋又废。为西南通域外要地,与掸国、天竺、大秦等进行铜、铁、毛织物、象牙、珠宝等贸易。

永昌通宝 李自成所铸铜币。明崇祯十七年(1644)正月,李自成在西安称帝,国号大顺,建元永昌,始铸。据记在西安铸有半两、一两、一两半、二两等式。

永成苑 官署名。明永乐五年(1407)置,为北京苑马寺六监二十四苑之一,隶通州监。设圉长一人,从九品。下分各群,设群长,负责牧养马匹,以备军需。十八年革苑马寺,改隶太仆寺。

永城县 三国吴置,属临川郡。治今江西黎川县北。隋废。唐武德五年(622)复置,属抚州,七年省入南城县。

永崇 即“永隆”。

永初 年号。(1)东汉安帝年号(107—113)。凡七年。(2)南朝宋武帝年号(420—422)。凡三年。

永初山川记 书名。一作《永初山川古今记》,或说即《永初郡国记》。南朝齐刘澄之撰。二十卷。记南朝宋武帝永初年间,辖境内政区沿革、山川地理、古迹、物产等事。久佚。《水经注》、《文选》、《初学记》、《太平御览》、《太平寰宇记》皆有引文。清王仁俊有辑本一卷,收入《玉函山房辑佚书补编》;土谟有辑本一卷,收入《汉唐地理书钞》。

永春县 五代后唐长兴三年(932)置桃源县,后晋天福三年(938)更名永春县。治今福建永春县。北宋属泉州,元属泉州路,明属泉州府。清雍正十二年(1734)升为直隶州。1913年复降为县。

永春州 清雍正十二年(1734)升永春县(今县)为直隶州,属福建省。割泉州府之德化、延平府之大田来属。1913年废,改本州为县。

永淳 唐高宗年号(682—683)。凡二年。

永淳县 本唐永定县,北宋熙宁四年(1071)废入宁浦县,元祐三年(1088)复置,后改名永淳县。治今广西横县西北。明洪武三十一年(1398)移治今县西北峦城。历属横州、南宁府。1952年废,并入宾阳、横县、邕宁三县。

永丹 吐蕃达磨赞普子。又译云丹。即“乞离胡”。

永蹈 即“完颜永蹈”。

永德 渤海定王大元瑜年号(809—812)。凡四年。

永佃 一种时间长久之租佃形态。产生的年代较早,明清两代盛行于江西、安徽、江苏、浙江、福建等省。佃户出银与田主,书立租约,世代承耕,不容田主改批,不许他人租耕。

永定 南朝陈武帝年号(557—559)。凡三年。

永定河志 书名。清李逢亨撰,成书于嘉庆二十年(1815)。正文三十二卷。全书除前两册记录清前期几个皇帝关于永定河治理的谕旨和诗文外,有绘图、集考、工程、经费、建置、职官、奏议及附录等八个门类。记述永定河河道变迁、治河工程、管理机构设置及变更等,其中奏议十六卷是该书篇幅最多也是最重要的部分,集中叙述清前期治理永定河的方略、工程实践、因果得失和经验教训。是第一部治理永定河的专著。

永定桥 在今河南内黄县西南卫河上。《资治通鉴》:唐大顺二年(891),朱全忠攻魏博,罗弘信军于内黄,“朱全忠击之,五战皆捷,至永定桥”,弘信请和,即此。

永定县 清雍正十三年(1735)以慈利县永定卫置,分安福县之地益之,治旧卫城,即今湖南张家界市。属澧州直隶州。1914 年州废,改为大庸县。1985 年改为市。

永丰陂 水陂名。在唐江南道宣州南陵(今属安徽)东南二十里。咸通五年(864)筑,引青弋江为陂溉田。

永丰仓 隋开皇三年(583)置。初名广通仓,大业初改名。在今陕西华阴市东北渭河入黄河处,为关东漕米集中地,也是关中地区最大粮仓。隋末杨玄感、李渊起兵,皆曾攻占此仓。

永丰郡王 元代诸王封号,授龟纽银印。皇庆元年(1312)孛罗受封。

永丰库 官署名。金代置。掌泉货、金银、珠玉出纳之事,兼领镀铁院。设使、副使、判官领库事,秩从七品、从八品、正九品。下设吏员攒典、库子。

永丰县 唐乾元元年(758)于弋阳县进贤乡永丰里地置,故名。属信州。治今江西广丰县。元和七年(812)废入上饶县。北宋熙宁七年(1074)复置。元属信州路。明属广信府。清雍正九年(1731)以与吉安府永丰县重名,改为广丰县。

永凤 十六国时汉(前赵)刘渊年号(308)。

永福财用所 官署名。元代置,隶崇祥总管府,秩从七品。掌大承华普庆寺颜料诸物出纳。原设诸物库、永积仓,天历二年(1329)合为财用所。设提领、大使、副使各一员。

永福省 又称西省。南朝宋太子幼年之居所。在禁中,与东宫有别。

永福县 ❶唐武德四年(621)分始安县永福乡置,因以为名。治今广西永福县。历属桂州、静江府、静江路、永宁州、桂林府。❷北宋崇宁元年(1102)避哲宗陵(泰陵)名讳改永泰县置,治今福建永泰县。属福州路。1914 年因与广西永福县同名,复改永泰县。

永福窑 宋代瓷窑名。窑址在今广西永福县,烧制青釉刻戈花、印花瓷器,系仿造*耀州窑产品。为适应外销需要,其青釉使用氧化铜烧成绿色,有别于耀州窑的铁还原青釉。

永福营缮司 官署名。元代置,隶崇祥总管府,秩正五品。掌大承华普庆寺所属大永福寺营造。初为营缮提点所,天历三年(1330)改营缮司。设达鲁花赤、司令、大使、副使各一员。

永固陵 北魏陵墓。俗称祁皇坟。在今山西大同市北 25 公里西寺儿梁山(古称方山)南部。墓主为文成帝文明皇后冯氏。太和五年(481)开始修建,十四年冯氏死入葬,历时九年。是见于文献记载北魏早期陵墓,结构坚实,为现已发掘的南北朝时期最大墓葬之一。在墓冢前面分布有大量建筑遗址。墓室砖筑,包括主室、前室、墓道等部分,全墓总长达 23.5米。主室平面近方形,四壁微向外凸呈弧形,向上内收成四角攒尖顶。墓室屡遭盗掘破坏,随葬品已被劫一空。1976 年发掘清理,只发现一些残石俑、铁矛、铁镞、铜簪、玻璃小环和陶器残片。现存墓冢封土高 22.87 米,基底呈方形,南北长 117 米,东西宽 124 米。

永管牛录 清入关前称牛录原主有权世代统辖的牛录。与旗下无主的公中牛录相对而言。开创之初编立的永管牛录大部分系率族属来归而编为牛录者,亦有因战阵立功、赏赐人口而编为牛录者,牛录原主因而被授予世代管辖牛录之权。入关后以迄清末,所谓“世佐领”、“原管佐领”、“勋旧佐领”概指关外永管牛录发展而来的牛录。

永光 年号。(1)西汉元帝年号(前 43—前 39)。凡五年。(2)南朝宋前废帝年号(465)。

永光二铢 南朝宋铜钱。宋前废帝永光元年(465)铸行。钱文“永光”,横读,重二铢。

永汉 年号。(1)东汉献帝年号(189)。(2)南朝梁时刘敬躬年号(542)。

永和 年号。(1)东汉顺帝年号(136—141)。凡六年。(2)东晋穆帝年号(345—356)。凡十二年。(3)十六国后秦姚泓年号(416—417)。凡二年。(4)一作承和。十六国北凉沮渠牧犍年号(433—439)。凡七年。(5)五代闽惠宗王延钧年号(935)。(6)清时台湾朱一贵起义后所用年号(1721)。

永弘 一作永洪。西秦乞伏慕末年号(428—431)。凡四年。

永徽 唐高宗年号(650—655)。凡六年。

永徽格 唐律令文书。永徽二年(651)长孙无忌等编定。对旧制不便处,多有删改,并分格为留司与散颁两部。《留司格》或称《留本司行格》,十八卷(或作十七卷)。《散颁格》或称《散颁天下格》,七卷。皆佚。参见“留司格”。

永徽律 唐高宗时制定的刑律。永徽初,高宗令长孙无忌、李勣、于志宁等修定律、令、格、式,永徽二年(651)颁行之,律仍为十二卷。三年,又令长孙无忌等与通晓法律者共十九人撰《律疏》三十卷,作为对律文的解释。四年,颁行之。即今所见《唐律疏议》。参见"唐律疏议"。

永济堤 河堤名。在唐河北道沧州清池(今河北沧县东南)西北五十五里。永徽二年(651)刺史姜师度筑。县南三十里又有永济北堤,开元十六年(728)筑,以防水患。

永济渠 隋炀帝大业四年(608)为便利河北地区军事运输开凿的运河。《隋书·炀帝纪》:"诏发河北诸郡男女百余万开永济渠,引沁水南达于河(黄河),北通涿郡(治今北京城西南隅)。"长二千余里。"南达于河",即疏浚今沁水下游。"北通涿郡"的故道:自今河南武陟县沁水东岸至卫辉市一段用沁水支流,即今孟姜女河(天雨有水,平时干涸);自卫辉市至天津市一段,用清水下接淇水(即白沟)、屯氏河、清河,略同今卫河(自内黄县至山东武城县在卫河西,自武城县至德州市在卫河东);自天津市至涿郡故城一段,用沽水上接桑干水,即今天津市武清县以下北运河及北京市西南郊永定河故道和南苑镇以下凤河。涿郡附近一段不久即堙废。自今天津市以南,唐后即专以清、淇二水为源,与沁水隔绝,宋后通称御河,金元以来屡经改道,至明称卫河,经流同今卫河、南运河。

永济县 ❶唐大历七年(772)分临清县置。"以邑西临永济渠,故以为名"(《太平寰宇记》)。治今山东冠县北北馆陶。属贝州。北宋初改属大名府,熙宁五年(1072)废为镇,隶馆陶县,不久改隶临清县。❷金大定二十七年(1187)以永济务置。治今河北丰润县。属蓟州。泰和元年(1201)改为丰润县。❸清雍正六年(1728)置。治今山西永济市西南蒲州。属蒲州府。1949年迁治今址。

永嘉 年号。(1)东汉冲帝年号(145)。(2)西晋怀帝年号(307—313)。凡七年。(3)大理段正严年号(?—1128)。

永嘉八辈蚕 即多化性蚕。永嘉为今浙江温州地区。晋郑缉之《永嘉记》中有关于"八辈蚕"之记载。原书已佚,现在所见乃北魏《齐民要术》辑录。当时蚕农对蚕种世代关系已有明确认识,将蚕卵在常规高温催青下,经七八天孵出之蚕称为"蚖珍"(即原蚕);把蚖蚕卵经过卵期低温处理后而孵化出之蚕称为"爱珍"。与此同时,蚕农采用人工低温催青制种技术,将蚕卵布放于小口颈酒坛内,密闭,然后放到溪流、泉水或冷水中,使低温抑制其孵化。这样孵化时间可由七、八天延迟到二十一天。人工低温催青制种技术,能增加养蚕批次,达到多产丝、多织绸之目的。这反映中国养蚕技术在一千六百多年前已达相当的水平。

永嘉郡 东晋太宁元年(323)分临海郡置。治永宁县(今浙江温州市)。辖境相当今浙江乐清县以西,缙云、松阳、龙泉等市县以南地区。属扬州。隋开皇九年(589)废。大业三年(607)又改括州复置。治括苍县(今浙江丽水市),辖境东北扩大至今浙江象山、宁海、天台等市县。唐初又废。天宝、至德间又曾改温州为永嘉郡。此后辖区缩小,仅有今温州市及其属县地。

永嘉县 隋开皇九年(589)以永宁县改名。治今浙江温州市。属处州(旋改为括州)。大业初属永嘉郡。唐武德五年(622)为东嘉州治,上元二年(675)为温州治。此后至清,历为永嘉郡、温州、瑞安府、温州府治。

永嘉学派 南宋著名学派之一。因其代表皆永嘉(今浙江温州)人,故名。与"金华学派"、"永康学派"同称为"浙东学派"。自薛季宣"教人就事上理会",强调实事实功(《宋元学案·艮斋学案》),永嘉之学始从传授程颐之学转向讲求事功,而"别为一派"。陈傅良、叶适继之,反对朱、陆观点,主张事功之学,认为"道"存在于具体事物之中,舍此无"道"。为朱熹之徒所不喜,成为与道学相对立的学派。与朱熹为首的理学派,陆九渊为代表的心学派,鼎足而三。

永嘉杂剧 即"南戏"。

永嘉之乱 "永嘉"系西晋怀帝年号(307—313)。西晋惠帝时,政治腐败,皇族间争夺政权,爆发了八王之乱,内迁各族乘机纷纷起兵。永兴元年(304),匈奴刘渊起兵离石(今属山西),国号汉,并于怀帝永嘉二年(308)称帝。四年,刘渊死,子聪继位。次年,所部石勒在攻破许昌后,乘胜在苦县宁平城(今河南鹿邑西南),大败晋军,俘杀太尉王衍,随军诸大臣、宗室、将士十余万人罹难。洛阳饥困,人相食,百官流亡者什八九。六月,汉将刘曜攻陷洛阳,俘怀帝,纵兵焚掠,杀太子及诸大臣,士民死者三万余人。八月,汉兵入关中,破长安,士民存者百无一二。六年,因晋军反攻,撤出长安。建兴四年(316),又陷长安,愍帝出降,西晋亡。史称"永嘉之乱"。

永建 年号。(1)东汉顺帝年号(126—132)。凡七年。(2)十六国西凉李恂年号(420—421)。凡二年。

永禁机匠叫歇碑 碑名。碑高108厘米,宽55厘米,原在江苏苏州玄妙观机房殿,今藏苏州碑刻博物院。苏州"机户"(手工业主)为禁止"机匠"(工人)结帮"叫歇"(罢工),于清雍正十二年十二月(1735)特立此碑。碑文中载有机户出资经营,机匠计工受值等反映当时苏州手工业生产关系性质的重要资料。

永静军 北宋景德元年(1004)改定远军置。属河北东路。治东光县(今属河北)。辖境相当今山东德州市及河北东光、吴桥、阜城等县地。嘉祐八年(1063)省,熙宁十年(1077)复置。金初升为景州。

永康 年号。(1)东汉桓帝年号(167)。(2)西晋惠帝年号(300—301)。凡二年。(3)十六国后燕慕容宝年号(396—398)。凡三年。(4)十六国西秦乞伏炽磐年号(412—419)。凡八年。(5)柔然受罗部真可汗年号(464—484)。凡二十一年。

永康军 北宋太平兴国三年(978)改永安军置。治今四川都江堰市。熙宁五年(1072)废为寨。九年,复于导江县(今都江堰市东)置永康军使,属彭州。元祐初复故。辖境相当今四川都江堰市和汶川县部分地区。属成都府路。后废为灌口寨。元初置灌州。

永康陵 唐高祖李渊祖父李虎墓。在今陕西三原东北陵前村。武德元年(618),追尊虎为景皇帝,庙号太祖,陵曰永康。陵前神道西侧华表有题篆曰:"唐永康之陵。"

永康王 辽代封爵。辽世宗耶律阮即位前的封号。大同元年(947)二月封。

永康学派 南宋以陈亮为代表的学派。因亮为永康(今属浙江)人,故名。同"永嘉学派"的主张基本相同,因与"金华学派"和"永嘉学派"同处浙东,故又同称为"浙东学派"。主张事功之学,重视商业,强调农商"相资以为用"。极论社稷大计,以冀宋室中兴。对于理学家空谈性命义理,痛加诋斥,宣称"今世之儒士自以为得正心诚意之学者,皆风痹不知痛痒之人也"(《陈亮集·上孝宗皇帝书》)。主要人物还有喻侃、喻南强、吴深、陈颐、郎景明、孙贯等。

永康州 北宋置县,属邕州羁縻。元属太平路。明万历二十八年(1600)升为州。治今广西扶绥县西北旧县,辖境相当今扶绥县西北部地区。属太平府。1912年降为县。1914年改为同正县。1951年并入扶绥县。

永乐 年号。(1)五代南汉时张遇贤年号(942—943)。凡二年。(2)北宋末方腊年号(1120—1121)。凡二年。(3)明成祖年号(1403—1424)。凡二十二年。

永乐城 在今陕西米脂县西北马湖峪。北宋元丰五年(1082)筑,号银川寨(《宋史·地理志》),并迁银州治此。同年宋、西夏共五十万人会战于此,宋军败北,城为西夏攻陷。

永乐城之战 宋夏战争重要战役之一。宋元丰四年(1081,西夏大安七年),宋乘西夏国内分裂,出兵取西夏银(今陕西米脂西北)、夏(今陕西靖边县北白城子)、宥(今内蒙古鄂托克旗东南)三州,然未留兵防守,旋败。次年,神宗纳徐禧议,在银州东南筑永乐城为银州治所,谋占夺西夏横山地区,进逼西夏都城兴庆府(今宁夏银川)。城成,西夏倾全国之兵进攻,败宋军于城下,遂围城。城中乏水,渴死者大半,城破,守军覆没,徐禧等阵亡。此后,神宗被迫停止对西夏用兵,宋夏议和。

永乐大典 明官辑类书。永乐元年(1403),解缙等奉命编纂,参与其事者一百四十七人。书成,赐名《文献大成》。因采摘不广,记载太略,成祖命重修。以姚广孝、解缙等监修,翰林学士王景等总裁,于文渊阁开馆编纂,参与其事者三千余人。编纂时以文渊阁所收宋、元御府藏书为基础,并派员至全国征集经史子集释藏道经等,而以洪武正韵韵目编次。永乐五年全书完成,更其名。正文二万二千八百七十七卷,凡例、目录六十卷,共一万一千九十五册,约三亿七千万字。辑录先秦至明初书籍七八千种,包罗经、史、子、集、天文、地志、阴阳、医卜、僧道、戏剧小说、技艺等。为中国古代文化成果之宝库。全书按韵目分列单字,按单字依次辑入与此字相联系的各项文史记载。初藏南京文渊阁,迁都后移贮北京文楼。嘉靖、隆庆年间,又摹录副本一部。正本约毁于明亡时。入清以后,副本也渐散失。光绪二十六年(1900),八国联军侵入北京,副本部分毁于火,余被劫走。1960年中华书局根据历年征集到的七百三十卷,影印出版。

永乐大钟(鐘) 明永乐年间铸制的大铜钟。初悬于汉经厂,清雍正时移至北京西郊觉生寺。通高6.75米,口外径3.3米,钟唇厚0.185米,总重量约46.5吨。钟体内外满铸二十三万字的《华严经》、《金刚经》等。字体刚健雄劲,字迹清晰。大钟合金成分为铜80.54%、锡16.4%、铅1.12%。泥型铸造,大钟外范分七层,钟体与蒲牢分铸。其声宏亮,可闻数十里,是世界铸字最多的钟,也是世界上巨型古钟之一。

永乐宫 元全真道观,本名大纯阳万寿宫。原址在山西芮城县西20公里的永乐镇,故习称永乐宫。相传永乐镇为道教祖师吕嵓(亦作岩,字洞宾,号纯阳)的故居,乡人于其地建吕公祠,金末改祠为观,后毁于火。元世祖中统三年(1262)重建,易观为宫,乃名大纯阳万寿宫。宫中现存龙虎、三清、纯阳、重阳四殿,虽经明、清两代重修,仍保留元代建筑风貌。宫内有960平方米壁画和大量碑刻。1959年按照原样将全部建筑与壁画迁至芮城县北3公里龙泉村东侧。现为全国重点文物保护单位。

永乐渠 水渠名。在唐淮南道寿州安丰(今安徽寿县西南)东北十里。广德二年(764),宰相元载置以溉高原田。大历十三年(778)废。

永乐县 北周武成二年(560)改河北县置,以县东永乐涧为名。属河北郡。治今山西芮城县西南永乐镇。保定二年(562)并入芮城县。唐武德元年(618)分芮城县复置,移治今永乐镇东北。属芮州。七年又移还故治。后历属鼎州、蒲州、虢州及河中府。北宋亦属河中府。熙宁六年(1073)废为镇,属河东县。

永历(曆) 南明桂王朱由榔年号(1647—1661)。凡十五年。郑成功及其后代在台湾沿用至1683年。

永历(曆)帝 即"朱由榔"。

永历(曆)帝玺 南明永历皇帝玺印。碧玉质。12厘米见方,厚2.8厘米,蟠龙纽,通高7.7厘米,篆书"敕命之宝"四字,阳文。清光绪三十三年(1907)在昆明五华山发现,玺身为锄所伤裂成两半,文字残缺一角。现为云南省博物馆收藏。永历十二年(清顺治十五年,1658)十二月,清兵入滇,永历帝由昆明仓促西走。此玺当为出走时所遗。

永历(曆)实录 书名。明末清初王夫之撰。二十五卷。纪传体。记载永历帝朱由榔在位十五年始末。卷一为本纪,卷二以下皆为列传,其《死节》、《佞幸》、《宦者》诸传,较他书为详。对农民起义领袖高必正、刘体纯、李赤心、李来亨等,皆为立传,尤可补史乘之阙。为研究南明历史之重要史籍。

永陵 ❶五代前蜀高祖王建墓。称永陵。在今四川成都西郊三洞桥，曾误称抚琴台。1942年起发掘。后曾多次修葺，为全国重点文物保护单位。封土圆锥形，直径80米，高15米。墓室为红砂岩建筑，全长30.8米。无下行羡道，与地面平行作桶形卷拱。室内长23.4米，有前中后三室。各室之间设朱漆大门，鎏金兽面衔镮铺首，金钉一百三十二枚。中室为主体建筑，正中略后置棺床，须弥形座，用珉玉板铺面。上有三层木台阶以承棺椁。棺床正面及两侧有石刻乐舞图二十四幅，为当时宫廷燕乐组合的缩影。后室设石床，上有王建造像、谥宝、谥册、哀册等。造像高0.86米，头戴折巾，身着帝王服，比例匀称，线条流畅，俱称艺术珍品。❷明世宗陵墓。参见"明十三陵"。❸清皇室远祖的陵墓。又称兴京陵。在今辽宁新宾老城西北十里启运山南麓。努尔哈赤之父、祖及远祖肇、兴、景、显四帝及其皇后(均后来追封)同葬于此。

永陵传信录 书名。明末清初戴笠撰。六卷。纪事本末体。记叙明嘉靖朝六事，标目为《兴献大礼》、《更定郊祀》、《钦明大狱》、《二张之狱》、《曾夏之狱》、《经略倭寇》。每事为一卷，皆先叙事而后论断。

永隆 年号。(1)隋末梁师都年号(617—628)。凡十二年。(2)唐高宗年号(680—681)。凡二年。唐人讳玄宗李隆基名，亦作永崇。(3)五代闽景宗王曦年号(939—943)。凡五年。

永隆通宝 五代闽永隆四年(942)所铸铁钱。一当铅钱百。一说为铜钱，径寸四分，重十铢二参，制作不精。

永明 南朝齐武帝年号(483—493)。凡十一年。

永明县 唐天宝元年(742)以永阳县改名。治今湖南江永县西白塔山，后移潇水南。北宋熙宁五年(1072)废为镇，属营道县。元祐元年(1086)复置。移治今江永县。唐、宋、明属道州，元属道州路，清属永州府。1956年改为江永县。县北有永明岭，一说即都庞岭，为五岭第三岭。

永年县 隋仁寿元年(601)避炀帝名讳以广平县改名。大业初为武安郡治。治今河北永年县东南旧永年。1958年移治临洺关，即今治。唐至金，为洺州治。元为广平路治。明清为广平府治。

永宁 年号。(1)东汉安帝年号(120—121)。凡二年。(2)西晋惠帝年号(301—302)。凡二年。(3)十六国后赵石祗年号(350—351)。凡二年。

永宁宫 本为三国魏曹芳母郭皇后所居宫号。后曹芳尊其母为皇太后，遂沿汉制，以宫号尊称之。

永宁郡 南朝宋明帝改长宁郡置。治长宁县(今荆门市西北)。辖境相当今湖北荆门市西北沮水中游与蛮河中游间地区。属荆州。西魏、北周属郡州。隋废。

永宁路 元至元二十五年(1288)改西南番总管府置，治今四川叙永县西南。辖境相当今叙永、古蔺、筠连等县地。属四川行省。至正中改为永宁宣抚司。

永宁寺 ❶在今河南洛阳市东，汉、魏洛阳故城内。北魏熙平元年(516)，胡太后修建于宫前阊阖门内南一里御道西。有金像高丈八者一，如中人者十，玉像二。建九层浮图，浮图高九十丈，上刹复高十丈。每夜静，铃铎声闻十里。佛殿如太极殿，南门如端门。僧房千间，珠玉锦绣骇人心目。孝昌三年(527)，浮图第九层被飓风吹折。永安三年(530)尔朱兆入洛阳，执孝庄帝，锁于永宁寺楼上。永熙三年(534)永宁浮图灾。既而高欢入洛阳，舍于永宁寺。今唯存塔基。近年有陶俑出土。❷在今俄罗斯境内特林北、阿穆尔河(黑龙江)下游东岸，明奴儿干都司治所西南。明永乐十一年(1413)建，宣德八年(1433)又重建。今寺已毁，尚有永乐、宣德二寺碑藏俄罗斯哈巴罗夫斯克(伯力)博物馆。后又移藏于圣彼得堡博物馆。参见"永宁寺碑"。

永宁寺碑 明碑刻。奴儿干都司设置后，内官亦失哈屡奉命至奴儿干抚慰当地各女真部落。永乐十一年(1413)亦失哈建永宁寺于都司城之西南，黑龙江恒滚河口对岸山上。宣德八年(1433)，因永宁寺被毁，亦失哈特委官重建。两次建寺皆立碑寺前。前者额题"永宁寺记"，面刻汉文碑记，背刻蒙古和女真文的对译缩写。碑侧刻有汉、女真、蒙古、藏四种文字的"六字真言"。后者额题"重建永宁寺记"。两碑记奴儿干都司及永宁寺建立经过与亦失哈屡次出使情形。题书均由钦差内官亦失哈领衔居首，以下数十人，有汉、女真、蒙古等都司职官、官军将裨，下至木工、烧窑、水泥等匠人姓名。两碑耸立特林山崖，自明末清初以来，闻名中外。光绪十一年(1885)曹廷杰奉命私访被俄国鲸吞的黑龙江以北地方，在特林对两碑进行了详细考察，拓回碑文，呈报清廷及吉林将军，并著文加以考释，第一次对永宁寺碑名称和内容作出正确报导。曹氏还发现在该地东北里许的永宁寺古遗址。从此，明代东北疆域真相大白于世，引起中外学者注目。俄国人于1904年将原碑凿下，移藏于符拉迪沃斯托克(海参崴)博物馆，复迁至哈巴罗夫斯克(伯力)博物馆。后又移藏于圣彼得堡博物馆。

永宁太仆(僕) 官名。三国魏置，为齐王曹芳明元郭太后永宁宫三卿之一，掌太后宫车马，职比太仆。张阁曾任此职。见《三国志·邴原传》。

永宁王 元代诸王封号，授驼纽金印。中统二年(1261)，拖雷庶子末哥之子昌童受封。伯帖木儿、卜颜帖木儿等袭封。

永宁卫尉 官名。三国魏置，为齐王曹芳明元郭太后永宁宫三卿之一，掌太后宫禁卫，职比卫尉。孟观曾任此职。见《三国志·管宁传》。

永宁县 ❶东汉永建四年(129)分章安县东瓯乡置；一说永和三年(138)置。治今浙江温州市。属会稽郡。三国吴太平二年(257)属临海郡。东晋太宁元年(323)为永嘉郡治。隋开皇九年(589)改为永嘉县。唐武德五年(622)又分永嘉县置永宁县，属东嘉州。贞观元年(627)废。❷北魏改日勒县置。治今甘肃山丹县东南。为西郡治所。西魏改名弱水县。❸北周武帝改汉丰县置。治今重庆开县南。属万世郡。隋开皇末改名盛山县。❹隋义宁二年(618)以熊耳县改名。治永固城(今河南洛宁县东北)。其后屡有迁徙,金移治今洛宁县。1914年改名洛宁县。隋属宜阳郡。唐武德初属熊州,旋为函州治,不久又属熊州,贞观初属谷州,显庆初属洛州,开元以后至宋属河南府。金属嵩州。元属河南府路。明清皆属河南府。❺唐上元二年(675)分临海县南界置。治今浙江台州市。属台州。天授元年(690)改为黄岩县。❻元至顺间分永新州置,治今江西宁冈县东北新城东,至正十三年(1353)移今宁冈县东北新城。属吉安路。明清属吉安府。1914年改名宁冈县。1934年移治砻市,即今宁冈县。

永宁宣抚司 土司名。元至正中改永宁路置。明洪武六年(1373)置永宁安抚司,次年升永宁等处军民宣抚使司。治今四川叙永县叙永镇。八年禄照为宣抚使,二子俱入太学。景泰中,都掌蛮起义,宣抚使奢贵前往招抚,无功还,遂参与镇压。万历时,因争位内讧不休。天启三年(1623)更因奢崇明、安邦彦之乱,废置,以其地属叙州府。

永宁州 ❶元至元十六年(1279)置。治今贵州关岭县西南永宁镇北。不辖县。属普定府。至正中废。明洪武十六年(1383)复置。嘉靖十一年(1532)徙治关索岭所(今关岭县),万历四年(1576)迁治于安南卫(今晴隆县),天启中徙今永宁镇。属安顺府。1913年改为县。次年改名关岭县。❷明隆庆元年(1567)改石州置。治今山西离石市。不辖县,1912年改为县。❸明隆庆五年(1571)改古田县置。治今广西永福县西北寿城。属桂林府。辖境相当今永福县西北地区。1913年废,改为永宁县。因与山西、江西、河南、贵州四省永宁县重名,1914年改为古化县。1933年又改为百寿县。1952年废,并入永福县。❹清光绪三十四年(1908)改叙永直隶厅置直隶州。治今叙永县。辖境相当今四川叙永、古蔺两县地。属四川省。1913年改为叙永县。

永平 年号。(1)东汉明帝年号(58—75)。凡十八年。(2)西晋惠帝年号(291)。(3)北魏宣武帝年号(508—512)。凡五年。(4)高昌麴玄喜年号(549—550)。凡二年。(5)隋末魏公李密年号(617—618)。凡二年。(6)五代前蜀高祖王建年号(911—915)。凡五年。

永平府 明洪武二年(1369)改永平路为平滦府,四年改为永平府。直隶京师。治卢龙县(今县)。辖境相当今河北青龙县以南,唐山市、迁西县以东地区。1913年废。背山阻海,有海盐之饶。清设归化、济民、石碑等盐场。

永平监 唐、宋时铸钱之所。在今江西波阳县东城区。元废。

永平军 唐方镇名。(1)大历七年(772)以滑亳节度使号为永平军节度使,治滑州(治今河南滑县东),领滑、亳、德、陈四州;十一年增领宋、泗二州,十四年徙治汴州(治今河南开封市),又增领汴、颍二州。此后辖境缩小。兴元元年(784)还治滑州。贞元元年(785)改为义成军节度使。(2)唐文德元年(888)置永平军节度使,治邛州(治今四川邛崃市),领邛、黎、蜀、雅四州。大顺二年(891)王建攻占成都,得剑南西川,遂废入剑南西川节度使。

永平路 元大德七年(1303)改平滦路置。治卢龙县(今县)。辖境相当今河北长城以南的陡河以东地。属中书省。明洪武二年(1369)改为平滦府。

永平屯田总管府 官署名。元世祖至元二十四年(1287)设,隶大司农司。秩从三品。掌北京采木人三千于永平路马城县(今河北滦县南)屯田事。置达鲁花赤、总管、同知各一员。下辖昌国、济民、丰赡三署,各置署令、署丞一员。

永平五铢 北魏铜钱。又称北魏五铢。宣武帝永平三年(510)铸,钱文“五铢”字形狭长,“五”字交股处作直笔,边较阔。

永平元宝 五代前蜀高祖王建永平元年(911)所铸铜钱。钱文自上至右顺行。

永平寨 北宋景祐四年(1037)置。在今越南高谅省禄平。辖有西平等八羁縻州、峒。归邕州节制。宋于此设博易场,为当时岭南和交趾间的贸易点。元至元中省入思明路。

永桥镇 今河南武陟县西大虹桥。《北史·尉迟迥传》:迥起兵讨杨坚,“永桥镇将纥豆陵惠以城降迥”,即此。

永清庚辛纪略 书名。清末高绍陈撰。一卷。高氏于光绪二十六年(1900)五月至次年十月知永清县,值八国联军蹂躏京畿附近州县。遂据在任一年半之闻见撰为此编。于英、德等军杀掠罪行多所揭露。于永清等地人民反侵略斗争亦有所记述。

永清渠 见“咸应渠”。

永清县 北周保定二年(562)改大洪县置,属光迁郡。治今湖北保康县西。隋属房陵郡。唐属房州。北宋开宝中废入房陵县。

永瑢(1743—1790) 清高宗第六子。号九思主人。乾隆末封庄亲王。工书法,得徐浩笔意,画山水仿王时敏祖孙,上法元人黄公望,画花卉古淡苍逸。但皆欠超妙。著有《九思斋诗钞》。

永邵卜 又译应绍不、永谢布、雍谢布。明蒙古部名。与哈剌嗔、阿速合称永邵卜万户。地在宣府、张家口和独石口塞外(今河北西北部与内蒙古自治区锡林郭勒盟中、西部)。明末为林丹汗击溃。

永邵卜大成台吉 即“恩克跌儿歹成台吉”。

永始 年号。(1)西汉成帝年号(前16—前13)。凡四年。(2)东晋时桓玄年号(403—404)。凡二年。

永世县 三国吴分溧阳县置永平县,西晋太康元年(280)改名。治今江苏溧阳市南古县桥。属丹阳郡。隋开皇九年(589)废,十二年复置,大业初属宣城郡。唐初废。南朝宋泰始初,晋安王子勋举兵寻阳郡(治今江西九江市),会稽、义兴、吴郡、吴兴、晋陵诸郡皆应,兵至永世,建康危惧,即此。

永寿 东汉桓帝年号(155—158)。凡四年。

永寿省 官署名。南朝齐置。设于宫内,为收藏四部图书之处所。《梁书·沈约传》:“太子入居东宫,(沈约)为步兵校尉,管书记,直永寿省,校四部图书。"

永顺府 清雍正四年(1726),改明永顺军民宣慰司为流官,置厅,七年升为府。治永顺县(今县)。属湖南省。辖境相当今湖南永顺、龙山、古丈、保靖、桑植等县地。1913年废。

永顺军民宣慰使司 土司名。五代溪州彭氏置永顺州。后归顺宋为羁縻州。元至元中改为路,后改为安抚司,至正中升为宣抚司。明洪武二年(1369)为州,同年复为安抚司,六年改为军民宣慰使司。治今永顺县东。属湖广都司。辖境相当今湖南永顺、龙山、古丈一带。明嘉靖三十四年(1555)倭寇犯东南沿海,张经总督诸军进剿,命俞大猷率永顺兵合击于王江泾,大捷,号"自军兴来称战功第一"(《明史·张经传》)。清雍正四年(1726)改流官置厅。

永顺土司 明弘治五年(1492)分宜山县置。有正副两长官司:正长官司在广西都安县北永顺,长官邓姓;副长官司在宜山县东北后甫,长官彭姓。属庆远府。清宣统二年(1910)废入宜山县。

永顺县 唐武德四年(621)分新兴县置。治今广东云浮市东。属新州。北宋开宝五年(972)并入新兴。

永顺宣慰司志 书名。明彭世麒撰。世麒字天祥。土家族。弘治五年(1492)袭永顺宣慰使职。正德年间撰成此书,记其先世功勋、受职、承袭、供明廷征调、贡方物,及永顺风土人情等。

永绥厅 清雍正九年(1731)置。治吉多营(今湖南花垣县南八十三里新卫城)。属辰州府。嘉庆元年(1796)升为直隶厅,七年移治花园堡(即今花垣县)。辖苗寨二百二十八。当年,厅境苗民龙六生起义,自称天王。1913年废,改为永绥县,1953年改为花垣县。

永泰 年号。(1)南朝齐明帝年号(498)。(2)唐代宗年号(765—766)。凡二年。

永泰公主墓 唐中宗第七女李仙蕙墓。乾陵陪葬墓之一。位于陕西乾县县城北原。永泰公主与夫武延基于大足元年(701)被武则天杖杀。神龙二年(706)合葬于乾陵东南。1960—1962年发掘。墓地面有覆斗形封土,原有围墙,南面设土阙一对,阙南排列有成对的石狮、石人和华表。墓由墓道,五个过洞,六个天井,八个小龛,甬道,前、后室组成,全长87.5米。甬道和墓室砖砌。该墓后室西侧置庑殿式石椁一具,上有线雕的鸟兽花草和侍女图像。后室石门两扉面上各雕一执笏躬身男侍。墓内满绘壁画。出土墓志一盒。共有随葬品一千三百件。

永泰渠 水渠名。在唐山南道朗州武陵(今湖南常德)北。光宅元年(684),刺史胡处立开,通漕,且备救火。开元十七年(729),刺史李琎于今县西北增修北塔堰,分入永泰渠,溉田千余顷。

永泰纱厂 商办企业。清光绪二十三年(1897)创设于上海,资本近二十八万元。由徐锦荣经理。工人达一千二百余名。

永泰县 ❶唐武德四年(621)置。治今四川盐亭县东北永泰。属梓州。北宋熙宁五年(1072)省。南宋绍兴三十一年(1161)复。属潼川府。元至元二十年(1283)又废。❷唐永泰二年(766)置。治今福建永泰县。属福州。北宋崇宁元年(1102)更名永福。1914年仍名永泰县。

永泰裕丝厂 商办企业。清光绪二十六年(1900)由薛南溟(薛福成之子)创办于上海,资本二十八万元。

永通渠 即"广通渠"。

永通泉宝 五代南唐显德六年(959)所铸铜钱。以一当十。凡三品:分字八分书者,篆文者,面为篆文、背为龙凤形者。篆书者文曰"永通泉宝",八分书者文曰"永通泉货",质地颇精良。同年罢铸。

永通泉货 见"永通泉宝"。

永通万国 北周铜钱。大象元年(579)始铸,以一当十,与*五行大布并行。钱文玉筯篆,书法绝工,制作精美,为北周三大名泉之首,更为魏晋以来钱中之冠。

永通峡 见"大藤峡"。

永通峡碑 摩崖石刻。明正德三年(1508),广西总督陈金慑于大藤峡瑶民义军的威力,被迫与起义军签订通航条约。规定:凡官民船只过峡,需向义军纳税,方允许通航,于是更名为永通峡。武宗命《敕赐永通峡》刻石为碑,一在大藤峡弩滩六水冲,一在武宣古绩滩,至今犹存。

永王(1632—?) 即朱慈炤。明思宗第四子。崇祯十五年(1642)封王。十七年李自成克北京,被俘,后不知所终。

永锡 即"完颜合周"。

永熙 年号。(1)西晋惠帝年号(290)。(2)北魏孝武帝年号(532—534)。凡三年。

永憙 东汉冲帝年号(145)。一作永嘉。

永宪录 书名。清萧奭龄撰。六卷,前有卷首,后附《大义觉迷录》中上谕四道。成书于乾隆十七年(1752)。卷首内容丰富,"纪祖宗创造制度官爵财赋之大略",包括宫殿之制、宝玺之制、宗室封爵、八旗之制、官制、兵制、科举学校之制、直省经制财赋、国家经费、疆域等十方面内容,是研究清代典制的重要参考资料。正编六卷以编年体记康熙六十一年(1722)至雍正六年(1728)二月以前事,涉及雍正朝的政治、经济、文化及雍正初年的几个重大历史事件,如胤禛"夺嫡"、年羹尧案、隆科多案、汪景祺和查嗣庭文字狱等。作者取材比较慎重,卷首中的一部分内容抄自康熙会典,但对以后的变化亦有反映,并参考了大量官修、私修著作。正编六卷的资料来源,主要为邸抄、朝报、诏谕、奏折等。是书向无刻本,只有抄本流传。1912年,缪荃孙得残本一卷,编入《古学汇刊》第一集掌故类中。1959年,中华书局据邓之诚所得抄本整理出版,署"萧奭撰"。此本缺卷首及正编中的雍正二年正月至三年三月间事,且无觉迷上谕之附。今北京大学图书馆善本室有李盛铎藏十册清抄本,为目前所见最好的《永宪录》抄本。

永巷 宫中狱名。永,长也。宫中长巷,为幽闭宫女之所。《史记·范雎蔡泽列传》曰:范雎"详(佯)为不知永巷而入其中"。张守节正义曰:"永巷,宫中狱也。"汉武帝时改为掖庭。

永巷丞 官名。西汉置,属少府,为永巷令副贰。武帝太初元年(前104)改永巷为掖庭。东汉少府属官于掖庭令、丞外另置永巷令、丞。丞一员,以宦官任之,助永巷令典宫婢侍使。

永巷令 官名。西汉置,属少府,以宦官充任。有丞以为副贰。掌后妃宫女及宫中狱事。武帝太初元年(前104)更名掖庭令。东汉于掖庭令外复置永巷令,秩六百石。名义上隶属少府,掌宫中官婢。又,西汉詹事属官亦有永巷令,后并属大长秋,东汉因之,称中宫永巷令。

永巷帅 官名。南朝宋明帝定后宫百官时置。六品。

永巷长 官名。东汉王国置,掌宫中婢使。秩比四百石。

永谢布 即"永邵卜"。

永兴 年号。(1)东汉桓帝年号(153—154)。凡二年。(2)西晋惠帝年号(304—306)。凡三年。(3)冉魏冉闵年号(350—352)。凡三年。(4)十六国前秦苻坚年号(357—359)。凡三年。(5)北魏明元帝年号(409—413)。凡五年。(6)北魏孝武帝年号(532)。

永兴军路 北宋熙宁五年(1072)分陕西路东部置。治京兆府(今陕西西安市)。辖境相当今甘肃环县、庆阳、宁县和陕西长武、武功、户县等县以东,陕西米脂、吴旗等县以南和镇安、山阳、商南等县以北,山西河津、夏县、平陆和河南三门峡、卢氏、栾川等市县以西地区。金皇统二年(1142)省。

永瑆(1752—1823) 清高宗第十一子。号少厂,一号镜泉,别号诒晋斋主人。乾隆五十四年(1789)封成亲王。嘉庆初,命在军机处行走,总理户部三库。旋以不合定制罢值。嘉庆十八年(1813)林清率众攻入紫禁城,乃督兵拒守。后以过居家。精于书法,根于欧体,出入于王羲之、王献之间,刊有《诒晋斋帖》。又创"拨镫法",悬腕作书,名重一时。与铁保、翁方纲、刘墉并称清代书法四大家。擅诗文,亦善画。著有《听雨屋集》、《诒晋斋集》、《苍龙集》等。

永业田 一作世业田。唐代均田制授田之一种。乃北朝桑田的更名,指受田者有权世袭并可变卖的田地,占正丁受田数的十分之二。"永业之田树以榆、枣、桑及所宜之木";"凡庶人徙乡及贫无以葬者,得卖世业田"(《新唐书·食货志一》)。吐鲁番出土文书证实,西州等地亦行此制。

永元 年号。(1)东汉和帝年号(89—105)。凡十七年。(2)南朝齐东昏侯萧宝卷年号(499—501)。凡三年。

永折漕粮 清代漕粮折征之一种。江苏、安徽、山东、河南、湖北、湖南六省应征漕粮中有三十六万余石永折征银,每石折征银五钱至八钱不等。其价银统归地丁银报解户部。

永贞 年号。(1)唐顺宗年号(805)。(2)大理段正兴年号(1148)。

永贞革新 唐安史之乱后,政治黑暗,宦官专权,藩镇割据混战,统治者巧立名目,敲诈勒索。德宗晚年,王伾、王叔文侍读东宫,常与太子(顺宗)议论时弊,并与柳宗元、刘禹锡等酝酿革新。贞元二十一年(805)正月,德宗死,顺宗即位。任王叔文为翰林学士,韦执谊为相,进行改革。大赦天下,停止地方额外进献,免除部分欠税,取消宫市、五坊小儿,贬斥苛敛乱纪的京兆尹李实,召被贬宰相陆贽、谏议大夫阳城还京。王叔文并自领度支、盐铁副使,以掌财权,以宿将范希朝代领神策军,夺宦官权。改革遭到宦官、大官僚的反对。范希朝接统神策军受到抵制。八月,宦官俱文珍等以顺宗久病为由,矫诏禅位太子,贬王伾为开州司马,王叔文为渝州司户。柳宗元等八人为边远八州司马,改革失败。顺宗退位当年改元永贞,后人乃称这次改革为永贞革新。

永中 即"完颜永中"。

永忠(1735—1793) 清宗室。字良辅,又字敬轩,号臞仙、栟榈道人、延芬居士。恂郡王允禵孙、贝勒弘明子。乾隆二十一年(1756)封辅国将军。善画梅,又善竹石小景。书法遒劲,有晋人风韵。诗、书、画、琴,皆精妙入格。著有《延芬室集》。

永州 ❶隋开皇九年(589)置。治零陵县(今永州市)。辖境相当今湖南南部祁东县以西的湘江(包括潇水)流域和广西东北部湘江上游(包括灌江)和夫夷水上游地区。唐分今湘江支流潇水中、上游置道州,五代晋又分今广西东北部置全州。宋辖境仅有祁东、祁阳、东安、永州等市、县地,属荆湖南路。元至元十四年(1277)升为永州路。唐柳宗元曾被贬为本州司马,著有著名的《永州八记》。❷契丹部族的发祥地,辽太祖耶律阿保机于此置南楼,乾亨三年(981)置州,"东潢河,南土河(今内蒙古西拉木伦河与老哈河),二水合流,故号永州。"(《辽史·地理志》)属上京道。金废。州东有木叶山,上建契丹始祖庙。东南有广平淀,为冬捺钵所在。

永州府 明洪武元年(1368)改永州路置,属湖广省。治零陵县(今湖南永州市),辖境相当今湖南祁东、新田二县以西湘江(包括潇水)流域。清属湖南省。1913年废。

永州路 元至元十四年(1277)升永州置,属湖广行省。治零陵县(今永州市),辖境相当今湖南永州、祁阳、东安、祁东等市、县地。明洪武元年(1368)改为永州府。

永州长官司 土司名。元置,治今广西南丹县西北巴峨。明洪武初废。

甬 浙江宁波市的简称。因境内有甬江得名。

甬东 春秋越地。即今浙江舟山群岛。《左传》哀公二十二年(前473):"越灭吴,请使吴王居甬东",即此。《国语·吴语》作"甬句东"。

甬官 官名。商鞅在秦国所设。掌管徭役。《商君书·垦令》:"令有甬官食槩。"高亨注:"甬官,掌管徭役的官。"《方言》三:"自关而东,陈、魏、宋、楚之间,保庸谓之甬。"甬官即掌徭役之官。槩,古饩字;

食槩即拿出粮米给役人吃。

甬桥 古桥名。甬亦作埇。在今安徽宿州南古汴水之上。唐时地属徐州。桥临汴水,为舟车要隘。建中二年(781),淄青节度使李正己叛唐,屯兵于此,切断江、淮漕运。贞元四年(788),置徐、泗、濠节度使,以保护漕运。元和四年(809),桥北符离县置宿州镇之。唐末汴水溃决,久不修治,埇桥东南悉成污泽。金后汴水湮废,此桥亦废。

咏勤公所 清嘉庆中江苏吴县(今苏州)洋布业所创立处理同业事务之馆所。创始人为潘敏斋、王尧圃。规定以保护同业利益和优恤同行孤寡为宗旨。

勇敢士 汉代士兵名称。亦称勇敢、勇士。武帝天汉四年(前97),发天下七科谪及勇敢士击匈奴。时诸侯王国常有勇敢、勇士应募。东汉沿袭此制。

勇里 在今安徽泾县西北。东汉建安三年(198),孙策擒太史慈于此。

勇士川 即今甘肃榆中县宛川河流域。以在汉勇士县境内,故名。一称"苑川"。西晋末鲜卑乞伏部迁居于此。十六国前秦苻坚曾以乞伏吐雷为勇士护军,后乞伏司繁又镇勇士川。

勇士县 西汉置。治今甘肃榆中县北。属天水郡。东汉属汉阳郡。末年废。《资治通鉴》:东晋孝武帝太元十年(385),乞伏国仁自称大都督、大将军、单于、领秦河二州牧,"筑勇士城而都之",即此。

勇卫营 明侍卫亲军之一部。崇祯时,提督内臣曹化淳建议,以原四卫营改编组成,命周遇吉、黄得功为帅,用以镇压农民军。

萗 周代弭灾祭礼之一。是祭祀日月星辰山川等神以祈禳除风雨雪霜水旱疫厉诸灾的祭典。此祭无固定祭坛,祭时,在灾情出现之处临时平整扫除一块土地,用茅草席围上设祭。由于扎搌围子古称"营",故名"营"祭,后写作"萗"。

埇桥 埇一作甬。在今安徽宿州市南古汴河上。唐时控扼汴运,当舟车之会,为运道咽喉。建中二年(781)淄青节度使李正己曾屯兵于此,阻断江淮漕运北上。后因徐州刺史李洧以本州及埇桥归命中央,运道始通。元和四年(809)以漕运所经,于桥北符离县置宿州。唐末汴河溃决,久不修治,埇桥东南悉为污泽。金后汴河湮废,此桥亦废。

涌幢小品 书名。明朱国祯撰。三十二卷。国祯字文宁,浙江乌程(今湖州)人。是书为明代著名笔记,成于天启元年(1621),次年刊行。初名《希洪小品》,后筑木亭名涌幢,因取以名书。叙述明代掌故、典章制度、人物传记及琐事遗闻等,皆详明可信,间有考证。然书中内容较为繁杂,援引古书亦有错误。有《笔记小说大观》本、1959年中华书局本等。

涌水 自今湖北荆州市南分长江水东流,下游复入长江。《左传》庄公十八年(前676):"阎敖游涌而逸",即此。

yòng

用钱 ❶指使用钱币。《文献通考·钱币一》:"孝文帝始诏天下用钱。"❷即佣钱。又作牙用、牙钱。指客商于买卖成交后付给中间人(又称牙人)之报酬。《元史·刑法志三》:"诸产金之地,有司岁征金课……其有巧立名色,广取用钱,及多秤金数,剋除火耗,为民害者,从监察御史廉访司纠之。"明代,凡买卖鱼、盐、豆、谷及寻觅车船骡马者,非经牙人则不得行。其余官店贮货者,初给值三十分之一。景泰后,改纳钱,货由官店发卖。至清代,则更为流行。

用人于社 以人为牺牲祭祀社神。《左传·僖公十九年》:"宋公使邾文公用鄫子于次睢之社。"又,《昭公十年》:"平子伐莒,取郠。献俘,始用人于亳社。"皆为用敌酋为人牲于社之例。对人牲之处置,有"伐",即以戈砍头;有"刿",即割杀;有"施"(或称"㓷"、"副"),即剖腹掏肠;有"舌"(或作"磔"),即将经㓷副的人牲张开风干;有"爿"(或作"乇"),即刺颈取血;有"久"(或作"灸"),即炮烙人牲;有"鬺"(或作"烹"),即烹煮人牲;有"焚"(或作"尞"),即焚烧人牲;有"臽",即活埋人牲;"俎"(或作"菹"),将人牲做成肉酱;有"彝"(或作"尸"),即杀而陈尸等。据研究,此系原始部落战争以俘献捷的人祭遗风。

用事 ❶掌管某一职事。《曶鼎铭》:"曶,令汝更乃祖考司卜事,锡汝用事。"❷当权,执国政。《战国策·赵策四》:"赵太后新用事。"

用水五术 明徐光启总结的五种农业用水方式方法。

用田赋 春秋时鲁国季孙氏于鲁哀公十二年(前483)推行的军赋变革。鲁成公元年(前590),鲁曾*作丘甲,至此又在土地外另按家财征赋。《左传·哀公十一年》杜预注:"今欲别其田及家财,各为一赋。"此外尚有不同解释。

用物税 清代杂税之一。系钞关对商民贩运缎锦、绢布、皮张、毡毯及竹木、铜铁、磁漆、日用器物所征之税。各关税则不一,分别品种、质地及工艺优劣,量征其税。

yōu

优 周代国名。即"鄾"。

优待皇室条件 辛亥革命后清政府代表与南京临时政府代表商定的优待原皇室条件。清宣统三年十二月二十五日(1912.2.12)公布。共分三项:(1)《关于大清皇帝辞位后之优待条件》计八款,规定清帝退位后,其尊号仍存不废,民国待以外国君主之礼;皇室岁费四百万两,由民国政府拨给;清帝暂居宫禁,日后移居颐和园,侍卫人等照常留用;清室宗庙陵寝永远奉祀;德宗(光绪帝)崇陵如制妥修,奉安典礼仍如旧制,经费由民国支出;宫内执事人员照常留用,惟不得再招阉人;清室原有私产由民国特别保护;原禁卫军归民国陆军编制,额数俸饷仍如其旧。

(2)《关于清皇族待遇之条件》计四款,规定清王公世爵仍其旧;其公权私权与国民同等;皇族私产一体保护;皇族免当兵之义务。(3)《关于满蒙回藏各族待遇之条件》计七款,规定各族与汉人平等;保护其原有私产;王公世爵仍其旧;王公生计过艰者设法代筹;先筹八旗生计,未筹定前,俸饷仍旧支放;从前营业居住等限制一律蠲除,各州县听其自由入籍;原有之宗教听其自由信仰。条件公布时清帝溥仪宣布退位。1924年冯玉祥发动北京政变,修改清室优待条件,永远废除清帝尊号,并将溥仪驱逐出宫。

优贡 优贡生的简称。清代五贡之一。即贡入国子监的生员之一种,亦称"优生"。清制,每三年各省学政会同巡抚考选生员之优者,贡入国子监就读,称优贡生。顺治二年(1645)始行,名为贡监。雍正十一年(1733),将贡、监加以区别,凡由各直省选送廪生、增生之优者贡入国子监,称优贡;附生之优者贡入国子监,称优监。乾隆四年(1739),规定优贡名额,大省五六名,中省三四名,小省一二名。二十三年又定,优贡到部,必行朝考,试以经义、策问,文理荒疏者发回原籍。因优贡无引见录用条例,故被选者多不赴京。同治二年(1863)规定,优贡经廷试,列一、二等者授知县或教职,三等授训导。亦属正途出身。

优贡生 见"优贡"。

优级师范(範)学堂 学校名。以造就中学教员及初级师范学堂教员为宗旨。清光绪二十九年(1903)颁布《优级师范学堂章程》规定:京师及各省城宜各设一所,考收初级师范学堂毕业生及普通中学毕业生入学肄业。分类编科,共四类:第一类系以中国文学、外国语为主,第二类系以地理、历史为主,第三类系以算学、物理学、化学为主,第四类系以植物、动物、矿物、生理学为主。学生入学可任选一类专心肄习,毕业后即充此类课程教员。各类学科除各自的主科外,均须必修人伦道德、经学大义、教育、心理、体操诸课程。三年毕业。

优给优养 明代对阵亡、病故、残疾将士及家属的赡养和优待。明初,南京设故官营,凡故官子孙妻女皆送入赡养。洪武四年(1371)制定总例:军职阵亡,无子弟而有父母或妻者给全俸,三年后给半俸;有子弟而年幼者亦同,俟袭职给半俸。其病故,无子弟而有父母或妻者,给半俸终身。有子弟年幼者,初年给半俸,次年又半之,俟袭职给本俸。军士阵亡,有妻者月粮全给,三年后守节无依者,月给米六斗终身。病故有妻者,初年全给,次年,总小旗给米六斗,军士给月粮一半,守节者给终身。其后,又有许多补充规定。

优监 清代国子监监生名目之一。清制,各直省府、州、县学中文行兼优的附学生员,或武学生员,经优选而送入国子监肄业者,称"优监生",简称"优监"。

优监生 见"优监"。

优伶 古代以乐舞戏谑为业的艺人的统称。一般以表演乐舞为主的称"倡优",以表演戏谑为主的称"俳优"。古书中这三者也往往通用。宋元以来,常把戏曲演员称作优伶、优人或伶人,社会地位低于一般百姓。

优孟 春秋时楚国乐人。名孟。善以谐戏讽谏,楚庄王的爱马死,欲以大夫之礼葬之,众臣谏阻,皆不听。他进宫后仰面大哭,请用诸侯之礼葬马,庄王怪而问之,答道:"使人知王贱人贵马。"庄王遂止。类似传说尚多。

优免 一般用作豁免租赋、力役等,以示优待。《北齐书·后主纪》:"诏使巡省河北诸州无雨处,境内偏旱者优免租调。"清代作为对社会上具有特殊身分者给予免除赋税之特殊待遇。如在职之各级官员、绅士、老人、未成年之丁、在学之生员等均享受此种待遇。顺治元年(1644),诏军民年七十以上者,准许一丁侍养,免其杂泛差役。各级官吏及举、贡生员、杂职吏典,免其丁粮。雍正四年(1726),规定绅衿、贡监等生员,只许优免本身一丁。五年,令各保甲内之绅衿免充杂役。凡衰老残疾及寡妇之家子孙尚未成丁者,俱免充役。还有特殊贡献者,如向社仓捐谷五石,可免本人一年杂泛差徭,有多捐者,按年递免。

优免丁 指优免丁银和徭役的人丁。清代人丁必须交纳丁银,承服徭役,但对具有封建特权的官、宦、儒、僧、道户人丁则予优免。顺治初年,不仅享有免纳本身丁银、徭役的特殊待遇,同时还有免交田赋、荫庇人丁的权力。京官免粮三十石至六石、免人丁三十丁至六丁不等,外任官员减半,教职、举贡生员也各免粮二石,人丁二丁。顺治十四年(1657)始定,自一品官以下至杂职、生员、吏丞,止免本身丁徭,优免丁粮永行停止。编审人丁时,单独列项统计。

优生 见"优贡"。

优施 ❶春秋时晋国优人。晋献公夫人骊姬为使其亲子继位,拟杀太子申生,恐大夫里克反对,与优施密商。优施于宴前向里克敬酒,且歌且舞,暗示里克依从骊姬。见《国语·晋语》。❷春秋时齐国优人。齐景公与鲁定公会于夹谷,"齐人使优施舞于鲁君之幕下,孔子曰:'笑君者罪当死。'使司马行法焉。"见《谷梁传·定公十年》。陆贾《新语·辨惑篇》有类似记载,但被杀者名优旃。

优试 官场用语。宋代每年由近臣与判流内铨官于尚书省试各司吏人,出律题三道,成绩合格者须口诵所答内容,中者即补正名,理劳考。其自叙劳绩,官员为之陈请者,特免口诵,称为优试。凡优试者,皆中选。

优填囊 见"乌秅"。

优叙 清代奖励官员的制度。凡官员考核成绩优异,或有重大功绩者,奉旨交部从优议叙。亦即加倍给予奖励,称为优叙。

优恤土尔扈特部众记 清碑刻。清高宗撰。乾隆三十六年(1771)立于承德普陀宗乘之庙。以满、汉、蒙、藏文镌刻。记述清政府对蒙古土尔扈特部回归祖国后的安置情况。参见"土尔扈特全部归顺记”。

优异佐领 优异世管佐领的简称。清代八旗世管佐领之一。凡初立佐领之人率众归诚有功,或立佐领后承管之人著有军功劳绩,得赐户口,编为佐领者,均为优异世管佐领。佐领员缺,由立佐领人和得优异佐领人之子孙世代承管。

优旃 古代优人。汉陆贾《新语·辨惑篇》:“齐人使优旃舞于鲁公之幕下,傲戏,欲候鲁君之隙,以执定公。孔子叹曰:‘君辱,臣当死。’使大司马行法,斩焉。”当为春秋时人(但据《谷梁传》,被斩者为优施而非优旃)。《史记·滑稽列传》:“优旃者,秦倡侏儒也。”又载“始皇尝议欲大苑囿”,“二世立,又欲漆其城”,都因优旃讽谏而止。春秋与秦前后相距三百年左右,《新语》与《史记》所载当系二人。

攸哈剌拔都(?—1227) 金渤海人,原名兴哥。元太祖九年(1214),蒙古军至,聚众保高州(今内蒙古赤峰东北)富庶寨。寨破,据守高州,后出降。献计攻降通州(今属北京),成吉思汗赐名哈剌拔都。十三年从石抹查剌破太原,受金虎符,任河东北路兵马都元帅,镇太原。二十二年,金武仙军攻入太原城,拒战,败死。

攸侯喜 商末诸侯(见殷墟甲骨文)。有学者认为攸国在今河南永城南,安徽宿州西北。曾与商王一起征伐人方。

攸乐 族名。基诺人自称。始见于清代记录。聚居于今云南景洪县基诺山区。从事刀耕火种,以种茶、制茶为副业。道光《普洱府志》云:“其俗与摆夷、僰人不甚相远。”雍正七年(1729),清政府设攸乐同知,在基诺山思通(今司土寨)筑城驻军,后撤,委基诺族首领为攸乐土目管辖其地。后又受傣族土司统治。

攸县 西汉置。治今湖南攸县东北。以北带攸水得名。南朝梁、陈间改为攸水县。隋开皇九年(589)并入湘潭县。唐武德四年(621)复置。五代楚移今治。元元贞元年(1295)升为州。明洪武三年(1370)又降为县。西汉属长沙国,东汉至南朝宋属长沙郡,齐属湘东郡,唐属衡州,五代、宋属潭州,元属潭州路,明清属长沙府。

攸兴哥 即“攸哈剌拔都”。

忧盛编 书名。清浙水守园居士辑。辛亥革命前夕,辑者为维护清室统治,上书清廷防范革命党活动,并请查禁宣传革命的《支那革命运动》、《黄帝魂》、《猛回头》等三十多种书籍。将其建议汇为本书进呈。书进,为慈禧太后采纳。

忧危竑议 见“妖书案”。

泑泽 又作蒲昌海。即今新疆罗布泊。《山海经·北山经》:敦薨之山,“敦薨之水出焉,而西流注于泑泽”。《水经·河水注》:“河水又东注于泑泽,即《经》所谓蒲昌海也。”

幽都府 辽会同元年(938)升幽州置,建号南京。治蓟北、幽都县(今北京城西南)。辖境相当于今北京市、天津市海河以北及河北南拒马河、大清河以北,遵化市、玉田县、天津宁河县以西,河北紫荆关以东地区。开泰元年(1012)改为析津府。

幽都县 唐建中二年(781)分蓟县地置。治今北京城西南。与蓟县同城而治,并同为幽州治所。辽开泰元年(1012)改名宛平县。

幽蓟十六州 五代晋石敬瑭割予契丹十六州的总称。即幽、蓟、瀛、莫、涿、檀、顺、新、妫、儒、武、云(雲)、应、寰、朔、蔚等州。相当于以今北京市和山西大同市为中心,西界山西神池县,东至河北遵化市,北迄长城,南至天津市、河北河间市与保定市,以及山西繁峙县和宁武县一线以北地。幽州旧为燕地,故北宋末又称燕云(雲)十六州。

幽陵都督府 唐羁縻都督府。太宗贞观二十一年(647)以铁勒拔野古部置。在今蒙古国鄂嫩河东一带。高宗总章后废。

幽明录 书名。志怪小说集。南朝宋刘义庆撰。三十卷。原书已佚,流传刻本多有残缺。鲁迅辑得二百六十六则,编入《古小说钩沈》。

幽丘 春秋宋邑,在今江苏铜山县境。《左传》成公十八年(前 573):“楚子辛、郑皇辰侵城郜,取幽丘”,即此。

幽闲鼓吹 书名。唐张固撰。一卷。多记宣宗朝遗事,间及宪宗武宗等朝,凡二十五条。所记晚唐时局、社会状况、宫廷轶闻等,较为切实可据。1958年中华书局出版标点本。

幽忧子集 书名。唐卢照邻撰。照邻,字升之,号幽忧子,故以名集。二十卷。宋陈振孙《直斋书录解题》卷十六作“《卢照邻集》十卷”。今有《四部丛刊》影印明张燮辑本七卷。凡赋诗三卷,骚二卷,文二卷。附录一卷。1980 年中华书局出版《卢照邻集 杨炯集》合刊本。

幽州 ❶古九州之一。《周礼·夏官·职方氏》:“东北曰幽州。其山镇曰医无闾,其泽薮曰貕养,其川河泲,其浸菑时。”《尔雅·释地》:“燕曰幽州。”郭璞注:“自易水至北狄。”医无闾即今辽宁境内医巫闾山。貕养泽故址在今山东莱阳市东。河、泲今河北、山东境内黄河、济水故道,菑、时二水皆在今山东淄博市东临淄附近。❷西汉十三刺史部之一。察郡国十,南有今河北中部至于山东马颊河,北抵内蒙古赤峰市、敖汉旗,西起河北万全县、涿鹿县、易县,东有辽宁大部、吉林一部及朝鲜半岛北部大部。❸东汉魏晋州,治蓟县(今北京城西南隅)。东汉辖境西扩展至今山西阳高县,南略同战国燕国南界,北至今河北承德市、辽宁建昌县以北于鲜卑乌桓,东至辽宁宽甸县、抚顺市以东、鸭绿江两岸于高句丽。西晋分今辽宁、朝鲜境内五郡国别置平州,幽州但有今北京、天津、河北境内七郡国。十六国时相继为后赵、前燕、前秦、后燕所有。❹十六国时汉置幽州,镇离石县(今山西离石市);前赵置幽州,镇北地郡(今陕西耀县);后燕失中原后东保辽西,复置幽州,镇令支县(今河北迁安市西);北燕移镇肥如县(今河北卢龙县北);南燕置幽州,镇琅邪郡之发干(今山东临沂市);夏置幽州,镇大城(今内蒙古杭锦后旗东南)。❺东晋侨置幽州于三阿(今江苏高邮市西);淝水战后复得汉、晋青州之地,改置幽州,镇广固(今山东青州市)。❻北魏、东魏、北齐、隋、唐、五代梁、唐皆置幽州治蓟县,辖境渐次缩减,中唐后辖有今北京、天津一带,北抵长城,东南抵海河、蓟运河之地。后晋天福元年(936)割献契丹;辽会同元年(938)升为幽都府,建号南京。❼唐方镇名。先天二年(713)置幽州节度经略镇守使。天宝元年(742)改为范阳节度使。参见"范阳镇"。

幽州人物志 书名。一称《幽州古今人物志》。北齐阳休之撰。十三卷。已佚。

郻 一作优(優,《潜夫论》)。西周、春秋时邓之附庸国,曼姓。在今湖北襄樊市邓城东南汉水北岸。《左传》桓公九年(前703):"楚子使道朔将巴客以聘于邓,邓南鄙郻人攻而夺之币,杀道朔及巴行人。"杜注:"郻,在今邓州市南,沔水之北。"后灭于楚。东汉称为郻聚(《续汉书·郡国志》)。

耰 一种整地农具。用以耕后碎土平田。《庄子·则阳》:"深其耕而熟耰之。"始用于春秋战国时期,《说文解字》:"耰,摩田器。"

yóu

尢列(1866—1936) 广东顺德人,字令季,别字少纨。清光绪十二年(1886)求学于广州算学馆,常与孙中山、杨鹤龄、陈少白议论时政,人称"四大寇"。后参与创建香港兴中会及乙未广州起义。二十三年在九龙组织中和堂。后赴南洋,联络华侨,并在新加坡创办《图南日报》,宣传革命。辛亥革命后反对袁世凯称帝,组织救世军。1921年曾任孙中山护法军政府顾问。后居香港,卒于南京。著有《四书新案》、《孝经讲议》等。

尤渤(?—1852) 清甘肃武威人。行伍出身。历任荆子关协副将、安徽寿春镇总兵。道光二十二年(1842)五月,英军进犯浙江、江苏海口,奉调带兵援上海,旋由嘉兴驰赴苏州防守。英军陷上海,屡犯松江府城,他率部多次击退英军。六月署江南提督,八月实授。《南京条约》签订后,偕两江总督耆英筹议江苏善后诸务。次年奉命筹设福山水师总兵事宜。二十九年因病奏准开缺回籍。

尤墩布 棉布之一种。明代产于松江府(治今上海松江区)西郊农村。轻细洁白,万历间市肆取以制单暑袜,行销各地。

尤墩暑袜 明代松江地区以尤墩布制作之暑袜。极轻美,远近争购。万历后,松江西郊广开袜店至百余家。

尤来山 一作尤徕山(《水经·汶水注》引《邹山记》),又名徂徕山(《元和郡县志》)。在今山东泰安市东南。新莽末、东汉初,赤眉军领袖樊崇以此为根据地。

尤袤(1124或1127—1194) 南宋常州无锡(今属江苏)人,字延之,自号遂初居士。少颖异,入太学,绍兴十八年(1148)进士。历泰兴令、秘书丞兼国史院编修、著作郎,出知台州,改淮东提举常平、江东提刑。后任礼部侍郎、中书舍人兼直学士院、给事中、礼部尚书等,立朝敢言,守法不阿。其诗与杨万里、范成大、陆游齐名,称"南宋四大家"。富藏书,著有《遂初堂书目》,为中国最早的版本目录著作之一。著作散佚,后人辑有《梁溪遗稿》。

尤侗(1618—1704) 清长洲(今江苏苏州)人,字同人,号悔庵、艮斋,晚号西堂老人。顺治拔贡。康熙十八年(1679)举博学鸿词,授翰林院检讨,参与修《明史》,分撰列传三百余篇,《艺文志》五卷。三年告归。擅诗词、骈文。作有《钧天乐》、《读离骚》、《吊琵琶》、《桃花源》等传奇、杂剧多种,合称《西堂曲腋》。另著有《西堂全集》。

尤异 汉代官制术语。凡官吏治绩最优者即称尤异,多迁升更高级职务。

尤在泾(?—1749) 清长洲(今江苏苏州)人,名怡,以字行,号拙吾。晚年自称饲鹤山人。为清代内科名医马俶弟子。学有渊源,医道精深,推崇张仲景,精研《伤寒》、《金匮》。性沉静恬淡,不求名利,为人治病,多见奇效。著有《金匮要略心典》、《金匮翼》、《伤寒贯珠集》、《静香楼医案》等。

由基司马 官名。晋代置,左、右卫将军所属三部司马之一,取古代善射者养由基为名。领禁军,下设督史。

由拳县 拳一作卷。秦置。治今浙江嘉兴市南。《水经·沔水注》:县"即吴之柴辟亭,故就李乡槜李之地。秦始皇恶其势王,令囚徒十余万人污其土,表以污恶名,改曰囚卷,亦曰由卷也"。秦、汉属会稽郡。三国吴黄龙三年(231)由拳县野稻自生,改为禾兴县。赤乌五年(242)因避太子和讳,又改为嘉兴县。

由帖 又称户由。金、元摊派赋役的通知书。各司(录事司)、县征派赋役时,向有关人户发出。如征税粮,纳粮人户即持由帖比对交纳。摊派食盐,征收盐价,有时也发由帖。

由吾道荣(505—589) 北朝时琅邪沭阳(今属江苏)人。少为道士,隐于长白山、泰山。访知晋阳(今山西太原西南)有人谙熟道家之术,兼通天文、药性,乃从之受学。后隐于琅邪山。北齐文宣帝高洋召见于晋阳。齐亡归周。隋开皇初,征为上仪同三司、谏议大夫、沭阳县公。后还乡,卒。

由余 由又作繇。春秋时戎人。其祖先本晋人,因能言晋语,戎王遣其入秦。秦穆公以宫室积聚相夸示,他以为太奢,如此劳民伤财,国必危。穆公善其言而爱其才,乃离间他与戎王的关系,使人召之至秦,以客礼厚待。后为秦谋划伐戎,灭国十二(一说二十),开地千里,秦遂称霸西戎。

由子 见"凭由"。

邮传部 官署名。清光绪三十二年(1906)设立,统辖全国铁路、轮船、电报、邮信诸政。置尚书一人,左右侍郎各一人。设路政、船政、电政、邮政、庶务五司及承政、参议二厅。后陆续增置图书通译局、铁路总局、川粤汉筹备处和统计处等机构。另有电政总局、邮政总局、交通传习所和交通银行等直属机关。宣统三年(1911),尚书改称邮传大臣。

邮传部借款合同 见“中日正金银行一千万日元借款合同”。

邮符 乘驿凭信。清制,凡官员兵役因差驰驿者,给以邮符,内按规定填有应给夫马车船之数,并凭此向沿途驿站领取廪给、口粮。邮符有勘合和火牌两种。

郈棠 即棠。春秋莱国地,齐灭莱后为齐邑。在今山东平度市东南。《左传》襄公十八年(前555):“齐侯驾,将走郈棠”,即此。

邮亭 古时报警传递公文并供歇宿之所。《汉书·循吏传·黄霸传》:“使邮亭、乡官皆畜鸡豚,以赡鳏寡贫穷者。”颜师古注:“邮行书舍,谓传送文书所止处,亦如今之驿馆矣。”

邮无恤 即“伯乐❷”。

邮驿 又称邮传。邮,即递送公文,传,即传送行旅。纸张发明前,文书刻于龟甲、兽骨、竹木简牍及丝帛上,全赖载车递传。先秦时此类运输通称“邮传”。汉武帝前后以马骑代传车,出现“驿”,此后“邮传”又被称为“邮驿”。邮以通信传递为已任,驿以交通往来为本业。

邮驿令 三国魏法令之一。汉初承秦制,有厩置、乘传、副车、食厨,后但设骑置而无车马,遂成虚设,而律犹著其文。三国魏明帝太和三年(229),制《魏律》、《魏令》,除汉之厩律,取其可用合科者,以为邮驿令。令文已佚。

邮政总局 官署名。清光绪二十五年(1899)正月设立。宣统三年(1911)五月由邮传部接收。经管全国邮政事务。置局长、总办、会办等官员。下设文牍、通译、稽核三股。各地视情况又分设邮政总局、副总局、分局等。

邮置 汉代驿站。《后汉书·郭太传》:“又识张孝仲刍牧之中,知范特祖邮置之役。”李贤注引《说文》:“邮,境上传书舍也。”又引《风俗通》:“汉改邮为置。置者,度其远近之间置之也。”

油布 表面涂有干性植物油的特殊织物。具有很好的耐水性,多用作防雨材料。秦汉时已掌握该技术,利用苏子和荏子油作涂层。南北朝时,将荏子油与漆混合,以提高耐水性和耐腐蚀性。隋唐时,亦用桐油作涂层,制成各种彩色油幢、油帨,用于车舆。隋炀帝时制成油衣,为中国历史上最早的雨衣。宋、元、明、清涂层技术持续发展,品种丰富,生产出油绸、油绢等,沿用至今。

油醋库 官署名。北宋置,掌造油、醋,以供膳局,设监官,以京朝官、三班使臣及内侍充任。初分二库,大中祥符二年(1009)并为一库。隶光禄寺。

油工中士 官名。西魏恭帝三年(556)置,北周沿置。冬官府司色下大夫属官,正二命。下设油工下士以佐其职。隋开皇元年(581)罢。

油锅 旧时白裤瑶残存的原始氏族组织。瑶语称破卜,即同一祖先的人,同锅吃饭之意。主持者称锅头,是族人公认的领袖。油锅占有一定数量的土地和财产,为锅内成员共有,产品实行平均分配,锅内成员有困难者,可享互助互济权利。土地出卖,须先卖给锅内成员,无人承买,方可卖给外人。

油灰行 清代景德镇上为瓷商服务的一种行业。其主要业务是将瓷商挑收之瓷器分类、包装和发运。俗称此行业为油灰行。

油口 地名。在今湖北公安县西北。当古油水入长江之口,东汉建安十四年(209),刘备以左将军领荆州牧,筑城立营于此。

油漆作 明代内府所属机构,隶内官监,设宦官进行管理。掌油漆,与木作、瓦作、东行作等共同负责营造宫室、陵墓,并铜锡妆奁、器用等事。

油水 油一作繇。发源于今湖北宜都市西南,东流经松滋市南,至公安县北古油口入长江。今松滋以上称界溪河,下游改入松滋河。公安县境内已堙塞。

游城南记 书名。北宋张礼撰。一卷。记作者元祐元年(1086)春游长安城南、访唐都旧迹的经过。每条后均自加注释。注文后有若干续注为金、元间人所增。凡所历唐城门、坊巷、寺观、园囿、村墟、坟墓、碑碣等,皆一一记载现状,追述往事。间或订正传说的讹误。

游春图 画名。隋展子虔绘。横幅,绢本。纵43厘米,长80.5厘米。金碧重着色。宋徽宗(赵佶)题“展子虔游春图”六字,一说前有“隋”字,为七字。山峦树石,皆空钩无皴,山头小树,以花青作大点如苔,甚为奇古。篇幅虽小而笔法精细,色彩绚丽,湖波浩淼,重山叠翠。湖右岸画山峰、房舍、溪桥、瀑布、乘骑四人,步行三人,左岸濒湖二人伫立,湖心画一游艇,乘女子三人。现藏故宫博物院。

游宦 秦汉时指投靠有势力者以谋求官职。《汉书·淮南厉王传》:“亡之诸侯,游宦事人,及舍匿者,论皆有法。”王先谦补注:“言有罪逃往诸侯国,游而为客,宦而为官。或为奴仆以事人。”又《后汉书·王符传》:“自和、安之后,世务游宦,当涂者更相荐引,而符独耿介不同于俗。”

游火铁箱 兵用火具。用于城防。以熟铁制如篮形,盛薪火加艾蜡,以铁索系垂城下烧灼穴中攻城者。

游击 官名。(1)世职。后金天命五年(明万历四十八年,1620),清太祖努尔哈赤改设八旗官,置总兵、副将、参将、游击,各分三等,俱为世职。天聪八年(1634),改游击为三等甲喇章京。顺治四年(1647),改为阿达哈哈番。乾隆元年(1736),再改为轻车都尉,仍分三等,是公、侯、伯、子、男之下的世职。(2)清绿营武职。位参将之下,秩从三品,职责与参将同,掌营汛军政,或充各镇中军官。

游击将军 官名。汉代始置,为杂号将军之一。武帝时有游击将军韩说。魏晋为禁军将领,与骁骑将军分领命中虎贲,掌宿卫之任,四品,隶中将军(领军将军)。十六国前凉、北燕亦置。南朝沿置。宋四品。梁天监六年(507)置左、右游击将军,十一班,原游击将军改游骑将军。陈四品,秩二千石。北魏、北齐置为侍卫武职。北魏太和二十三年(499)定为四品上。北齐员五人,四品上,隶左、右卫府。唐武德七年(624)置为从五品下武散官。宋初沿置,为从五品武散官。元丰改制罢。明镇戍军中置,位在参将之下,掌率游兵往来防御。

游击率　官名。北周禁卫军*六率之一。设左右游击率上士、正三命,左右游击率倅长中士、正二命,左右游击倅长下士、正一命。左右游击率掌游击之士,器服皆用玄色。

游击使　唐边镇武官名。位在军镇大使下。

游吉　即"子大叔"。

游徼　官名。秦置。汉沿置。《汉书·百官公卿表》、《后汉书·百官志》均载乡置游徼,掌徼巡,禁司奸盗。但史传所见,均直属于县而不言乡。故游徼应为县职而分部派往各乡之巡视者。晋、南朝宋亦置,为县府属吏,又称门下游徼,职掌同。后废。

游九言(1142—1206)　南宋建宁建阳(今属福建)人,字诚之,号默斋先生。初名九思。十岁为文斥秦桧。从张栻学,举江西漕司进士及第。历古田尉,入监文思院。张栻帅广西,辟为幕僚。庆元党禁时,作《上元县明道祠记》,颂扬道学,讥刺权臣。后知光化军,充荆鄂宣抚参谋。著有《默斋集》。

游历(歷)巴西图经　书名。清末傅云龙撰。十卷。光绪十三年(1887),傅氏奉命出游日本、美国、秘鲁、巴西、加拿大、古巴诸国,十五年正月抵巴西。诹事译文,历地摹图,撰成是书。分天文、地理、国系、风俗、食货、考工、兵制、政事、文学、叙例十类,凡中国巴西时里差表、地理图、邑表、人数系地表、进口出口货值表、大事年表、中国巴西度量衡比较表等五十三子目。于政治、军事、经济、文化、地理、风俗等介绍颇全面。

游历(歷)秘鲁图经　书名。清末傅云龙撰。四卷。光绪十三年(1887),傅氏奉命出游日本、美国、秘鲁、巴西、加拿大、古巴诸国。于途中诹事译文、历地摹图,归后整理成列国图经六部,是书即其中之一。分天文、地理、国系、风俗、食货、考工、兵制、外交、政事、文学、叙例十一类,凡中国秘鲁较时里差表、地理图、人数系地表、分疆表、大事编年表、铁道表等四十三子目。于政治、经济、文化、风俗、地理沿革等介绍颇全面。

游历(歷)加纳大图经　书名。清末傅云龙撰。八卷。作者曾撰游历日本、美国、秘鲁、巴西、古巴等国图经,先后进呈。是书据游历加拿大见闻撰成,分天文、地理、风俗、食货、考工、兵制、政事、叙例八类,述加拿大地理位置、历史沿革、政治制度、风俗人情等。其中以考工类为详,列铁道岁修增里表、铁道费年表、官工经费出入年表、考工杂识等目。又分述贸易、采矿、渔业、银行、学校诸情况。附有加拿大地图。

游历(歷)日本图经　书名。清末傅云龙撰。三十卷。光绪十三年(1887),傅氏奉派去日本考察,据日本地图、报表、史籍等资料,参以见闻辑成是书。分天文、地理、河渠、国纪、风俗、食货等十五类,另附图表多种。所叙皆详今略古,记明治维新后事尤详。光绪十五年刊于日本。

游历(歷)日本图经余(餘)记　书名。清末傅云龙撰。三卷。傅氏于光绪十三年(1887)至十五年,被派往日本、美国、秘鲁、巴西诸国"游历"。在近两年间,共撰编游历各国图经八十六卷,主要用图和表的形式,分别介绍各国政治、经济、文化、军事、外交等方面的基本情况。并把游历日程和见闻感想等写成"余记"十五卷,《游历日本图经余记》即为其中之一部分,分为《前编上》、《前编下》和《后编》。前编记首至日本游历情形,后编记游美后返回日本继续活动情形。1985年岳麓书社据实学斋本校点重印,收入《走向世界丛书》。

游美学务处　清宣统元年(1909)由外务部、学部奏准在北京设立。设总办一人,会办二人,庶务长一人,中英文文案各二人。主管考选学生、建设学堂,选任游美学生监督及内外各处往来文件,并管理经费等事。

游美洲日记　书名。清祁兆熙撰。祁氏通法语、英语,同治十三年(1874)奉命护送第三批幼童赴美留学。是书记述了赴美途中的一切情形。可供研究洋务运动及近代教育史之用。1985年岳麓书社据旧本校点重印,收入《走向世界丛书》。

游明根(419—499)　北魏广平任县(今河北任县东)人,字志远。综习经典。太武帝时为中书学生,文成帝时迁都曹尚书。三次出使南朝宋,甚受宋武帝尊重。献文帝初,出为东青州刺史,转东兖州刺史,封新泰侯。为政清平。孝文帝初,入为给事中、仪曹长,加散骑常侍。建议与南朝齐修好。年逾七十后表求致仕,被尊为五更,行礼辟雍。

游牧喇嘛　僧号。清代归化城、土默特、察哈尔、锡埒图库伦内札萨克四十九旗及喀尔喀、阿拉善各游牧地喇嘛之称。其出呼毕勒罕入理藩院册者,有归化城十二人,察哈尔九人,锡埒图库伦二人,科尔沁六人,浩齐特一人,阿巴噶一人,阿巴哈纳尔五人,苏尼特二人,四子部落二人,乌喇特五人,鄂尔多斯一人,喀尔喀十九人,阿拉善二人。

游骑将军　官名。南朝梁天监六年(507)改游击将军置,低左、右游击将军一阶,为十班。陈四品,秩千石。唐武德七年(624)置为从五品上武散官。宋初因之,元丰改制罢。

游骑尉　武散官名。隋文帝置,八尉之一,炀帝时废。详见"武骑尉"。

游气　天文学名词。又称浊氛、浊。指地平线附近空中之气,能影响到所见天体的颜色变红,并使天体上下之间的距离变大。《隋书·天文志》记后秦天文学家姜岌讨论日初出、将入时与日中时人目所见太阳颜色与大小不同的原因的话说:"参伐初出,在旁则其间疏;在上则其间数。……日者,纯阳之精也。光明外曜,以眩人目,故人视日如小。及其初出,地有游气以厌日光,不眩人目,即日赤而大也。无游气,则色白,大不甚矣。地气不及天,故一日之中,晨夕日色赤;而中时日色白。地气上升,蒙蒙四合,与天连者,虽中时亦赤矣。"《宋史·天文志》载沈括《景表议》:“古……候景之法,取晨夕景之最长者规之,两表相去中折,以参验最短之景,为日中。然测景之地……其间又有邑屋、山林之蔽。倘在人目之外,则与浊氛相杂,莫能知其所蔽。而浊氛又系其日之明晦风雨,人间烟气、尘氛变作不常。臣在本局候景,入浊、出浊之节,日日不同。此又不足以考见出没之实,则晨夕景之短长未能得其极数。”游气概念大体上是古人对大气折射的一种原始直觉的认识。大气折射在地平线附近最大,随着高度的增加,大气折射减少得较快,到高度达六、七十度时,大气折射减小到可以忽略的程度。故姜岌会有“地气不及天”的话。至于“地气上升,蒙蒙四合,与天连者”,那是当地面充满雾、烟气及尘埃,整个空间能见度低时,自然可以说地气上“与天连”。

游胜 即“游腾”。

游师雄(1038—1097) 北宋京兆武功(今陕西武功东南)人,字景叔。治平进士。授仪州司户参军。熙宁、元丰间屡被西北边帅辟为府属。元祐二年(1087)擢军器监丞,时吐蕃酋长鬼章青宜结据洮州,他率种谊、姚兕分兵进击,破洮州,俘鬼章。历陕西转运副使、卫尉少卿。曾向哲宗陈庆历以来防务得失及御敌之要,为《绍圣安边策》以进。又出知秦州,徙陕州,卒。

游士 从事游说活动者。亦称谈说之士、游说之士、言谈之士、说客、游宦者等。《史记·平原君虞卿列传》:“虞卿者,游说之士也。蹑跻檐簦说赵孝成王。”《商君书·算地》:“谈说之士资在于口。”游士多为贵族官僚门客,有的充当侦探、间谍。《六韬·龙韬·王翼》:“游士八人,主伺奸候变,开阖人情,观敌之意,以为间谍。”战国时,游士往往通过游说各国国君,得到赏识而进入仕途。如卫鞅、张仪、甘茂、范雎、蔡泽等人皆因游说秦王而得高官。

游士律 律名。关于游士留居手续和禁止帮助秦人擅自出境的法律。见于《睡虎地秦墓竹简·秦律杂抄》。其中规定:“游士在,亡符,居县赀一甲”;“有为故秦人出,削籍,上造以上为鬼薪,公士以下刑为城旦”。

游似(?—1252) 南宋果州南充(今属四川)人,字景仁,号克斋。嘉定进士。历夔州路转运判官、潼川路提点刑狱兼提举常平,迁军器监、宗正少卿兼权枢密都承旨。累擢吏部尚书,入侍帷幄。曾请理宗亲儒从谏、敬畏检身、节用致爱、选廉共理。嘉熙三年(1239)除同签书枢密院事,进参知政事,次年除知枢密院事兼参知政事。淳祐五年(1245)拜右丞相兼枢密使,七年罢相,为醴泉观使兼侍读。十一年致仕。

游邃 十六国时广平(治今河北鸡泽东南)人。曾任西晋昌黎太守。永嘉之乱,避地幽州,后归慕容廆。廆以为长史。

游腾 一作游胜。战国时西周大臣。周赧王八年(前307),秦武王派遣樗里疾以车百乘入西周,周君以卒礼(百人)迎接,甚为隆重。楚怀王闻知此事大怒,以此责备周君敬重秦客。他受命往楚解释,言秦乃虎狼之国,有并吞西周之意,周派兵百人,名为迎接,实为自卫。楚王乃悦。见《战国策·西周》。

游戏报 杂志名。清光绪二十三年五月二十五日(1897.6.24)在上海创刊。李伯元主编,欧阳巨元等撰稿。日出方形版四页,约五千字。文字、广告各半。以“假游戏之说,以隐寓劝惩”为主旨,所刊以谐文、市井新闻、诗词、剧评、灯谜为主,旁及论辩、碑传、词曲、小唱、楹对、酒令,以诙谐著称于世。约计出版五千号。

游戏世界 杂志名。清光绪三十二年三月(1906.4)在杭州创刊。月刊。寅半生主编,崇实斋书庄发行。以刊载游戏文字为主。

游仙野人 即“李晏”。

游显(1210—1283) 金代州崞县(今山西原平)人,字子明。金宣宗迁汴京,全家南徙许州临颍(今属河南)。元太宗四年(1232)蒙古军破许州(今河南许昌),被俘,习蒙古语。后从攻南宋金、商、房等州。八年,宋襄阳府(治今襄樊)降附,任副达鲁花赤。十年,因兵变被执送宋建康府(治今江苏南京),为宋制置使孟珙所用,随驻鄂州(今湖北武汉)。次年逃归。宪宗时为宿卫。后任元帅卜邻吉䚟幕长,从攻宋。又从忽必烈进攻鄂州,行宣抚司事。世祖中统元年(1260),任大名彰德等路宣抚副使,又升宣抚使、宣慰使。至元二年(1265)以后,历任益都(今山东青州)、南京(今河南开封)、大都(今北京)等路总管兼府尹,河北河南道、陕西四川道提刑按察使。十二年,元军渡江,任前军宣抚使,招降平江府(今江苏苏州)守将。十四年,任浙西道宣慰使。十七年,升江淮行省左丞,为侵日本筹集粮饷、甲仗和船材。十九年,升行省平章,专领漕运。

游庠 见“入学”。

游学处 官署名。清末学务大臣所辖六处之一。光绪二十九年(1903)设。置总办一人,帮办数人。管理出洋游学生一切事务。三十二年,并入学部。

游学生监督 官名。清末管理出国留学生职官。同治九年(1870),专为筹办幼童赴美留学而设。后陆续在欧洲、日本各国设置。禀承出使大臣办埋所有留学生事务,将学生成绩高下、功课勤惰、旷课月日、品行优劣据实咨报学部及各省督抚。

游学译编 杂志名。又称《湖南游学译编》。清光绪二十八年十一月十五日(1902.12.14)在日本东京创刊。月刊。湖南留日学生主办,熊野萃主编,杨度、杨毓麟、黄兴、周家树等编译。“专以输入文明,增益民智为本”。分学说、教育、历史、地理、外论、外交、时事等栏。初以译述为主,后兼刊论著。宣传教育、实业救国,“苏报案”后渐次鼓吹革命。二十九年九月停刊,共出十二期。

游雅(?—461) 北魏广平任县(今河北任县东)人,字伯度,小名黄头。少好学,与侍郎高允等俱知名。太武帝征拜为中书博士,历东宫内侍长、著作郎。出使南朝宋,授散骑侍郎。稍迁太子少傅,领禁兵,进爵广平侯。受诏与中书侍郎胡方回等改定律制。除东雍州刺史，有惠政。征为秘书监，委以国史之任，无所成。又受命作《太华殿赋》。时儒者陈奇亦释经典，竟以谤书诬之，并灭其族，为时论所责。

游艺学塾 清光绪二十三年十二月(1898.1)陕西巡抚魏光焘在西安设立。姚协赞任总办，萧开太为教习，葛道殷为分教习。以尊重经训、博综子史、参考时务、兼习算学为宗旨。经史和算学为必修，电、化、声、光、重、气以至兵、农、工、商、地学等任选，另可加习英语。学生共七十人。兼设童塾，为学生之预备。学制三年。优异者，资送总理衙门，经考试录用。二十四年游艺学塾并入陕西中学堂。

游奕使 使职名。唐中期以后用兵，兵多地广者则置，主巡营、防遏事。肃宗乾元二年(759)河阳决战中，郭子仪遣都游奕使灵武韩游瓌将五百骑前趋河阳。昭宗光化元年(898)马殷以李琼、秦彦晖为岭北七州游奕使，张图英、李唐为副使，将兵攻衡州，引兵趋永州；天复三年(903)杨行密据淮南，西尽淮源，东暨于海，边面延袤数千里，置游奕使，以谨防遏。

游余(餘)仅志 书名。清蒙古巴禹特氏凤凌撰。光绪三十一年(1905)作者托上海友人刊印，其友按己意改名《游欧摘要》(二卷)印刷数百部。作者以书印成，无法改正，乃手书《游余仅志》，粘贴书面，分赠知交。1929 年其子彬熙以家藏原稿，重行付印。凤凌于光绪十九年经海军衙门奏派随驻英公使龚照瑗出洋游历，此书记其自十九年二月至二十一年十二月间，游访英、法、意、比四国事。按日期排记，除着重对英法各国之兵制、海防、军工、制器诸项详加稽考外，对于各国政教法律、历史沿革、风土人情、文物胜迹，亦加胪列说明，各国彼此猜忌、尔虞我诈之关系，以及中英云南交涉、李鸿章参加俄皇加冕、孙文伦敦蒙难诸事端，书中亦有记载和反映，可资参考。

游鱼寨 在今广西北流市南山中。明成化二年(1466)官军讨平邓辛酉于此。

游肇(452—520) 北魏广平任县(今河北任县东)人，字伯始。初为中书学生，博通经史。孝文帝初，为内秘书侍御中散，寻迁太子中庶子。宣武帝时，拜廷尉卿，兼御史中尉。孝明帝即位，迁中书令、光禄大夫。时领军将军元叉幽胡太后，将害清河王元怿，独他抗言以为不可。寻愤悒而卒，著述甚丰，有《易集解》、《冠婚仪》、《白珪论》、《儒棋》及诗赋表启凡七十五篇，多佚。

游智开(1817—1895) 清湖南新化人，字子代，号藏园。咸丰举人。以大挑任知县。同治七年(1868)曾国藩督直隶，奏调署深州，后补滦州知州。十一年擢永平府知府，惩处酷吏，并疏请允民贩盐以资衣食。光绪十一年(1885)擢四川按察使。次年护理总督。重庆教案发生后，疏请赎回教会侵占的险要之地，惩办反洋教首领，按中国法律制裁恃教欺民的中国教徒，赔偿外国教会损失。十四年迁广东布政使，署理巡抚。后以年老乞休。二十一年复起用为广西布政使。著有《藏园诗钞》、《永平府志》、《乐亭县志》。

游廌山集 书名。北宋游酢撰。四卷。包括《论语杂解》、《中庸义》、《孟子杂解》一卷，《易说》、《诗二南义》一卷，《师语》、《师训》一卷，诗文、墓志、年谱一卷。是书有明显之禅学倾向。为研究游酢思想之基本资料。

游仲鸿(1138—1215) 南宋果州南充(今属四川)人，字子正。淳熙进士。初调犍为主簿，以善理财赋，被荐为四川制置司干办公事，为制置使赵汝愚所重。绍熙四年(1193)，汝愚在枢密，访以蜀中利病。宁宗即位，朱熹论事罢官，他上书抗辩。庆元党禁起，出知洋州。后擢利州路转运判官，数忤宣抚副使吴曦。曦叛，曾劝杨辅、程松等加以讨伐，不果。乱平，除利州路提点刑狱。未几，请祠而归。

游子远(？—329) 十六国时人。前赵刘曜即位，为光禄大夫，谏曜勿杀巴族首领句徐、库彭，曜不听，激起巴、氐、羌、羯三十余万人反，关中大乱。光初三年(320)曜从其议，授以车骑大将军、开府仪同三司、都督雍秦征讨诸军事。他屯于雍城，招降十余万，又引兵巡陇右，击降氐羌酋大虚除权渠及其子伊余等数十万口，秦、雍以安，拜大司徒、录尚书事。

游宗 官名。乡里低级官吏。春秋时齐国置，见《管子·立政》。

游酢(1053—1123) 北宋建州建阳(今属福建)人，字定夫，学者称廌山先生。与吕大临、谢良佐、杨时并称程门四大弟子。元丰进士。历太学博士，知汉阳军及和、舒、濠三州。晚为监察御史。好佛学，认为只有亲自读过佛书，方能辨儒、佛的同异，尝谓"前辈往往不曾看佛书，故诋之如此之甚"(《宋元学案》卷二十六)，其学近禅。推崇《周易》，以为天文、地理、人心之道皆原于《易》。有《游廌山集》。

𬨎轩抗议 书名。清余乾耀撰。二卷。余氏曾于光绪初年任驻日本长崎领事多年，此书即其在日时所撰。收录文字二十篇，上李鸿章书即占十六篇，内容多关国际事务及本人建议。其中上总署书主设海军衙门，保边固圉，颇为时重。有光绪三十年(1904)刊本。

繇叙 书名。撰者不详。《汉书·艺文志》著录二篇，列于兵形势家。清梁玉绳《古今人表考》谓"繇"即"由"，"叙"当作"余"，繇叙即由余。《汉书·艺文志》杂家别有《由余》三篇。并谓由余"戎人，秦穆公聘以为大夫。"繇叙、由余恐非一人。清姚振宗谓此《繇叙》可能是由余之后追述其先世而成。书久佚。

繇余 即"由余"。

yǒu

友 官名。三国魏黄初年间始置，诸王、公设一人，秩六品；异族诸王亦设，为九品，掌陪侍、辅助规讽。晋、南朝王或皇弟、皇子友为六品。北魏初诸王友为从四品下，太和末皇子友为五品上。北齐沿之。隋、唐、宋诸王国亦沿置，称王友。

有鼻 即"有庳"。

有庳 古地名。一名有鼻,又名鼻墟、鼻亭。在今湖南道县北,接永州市界。相传舜封象于此。古有象祠。唐元和中道州刺史薛伯高毁之。

有巢氏 一作大巢氏。相传为上古帝王。上古之世,人民少,禽兽众,人民穴居野处,多受禽兽虫蛇之害,他发明巢居,教人构木为巢,得以避害,因被推为王,号"有巢氏"。见《韩非子·五蠹》。

有崇氏 即"鲧"。

有待 庄子用语,与"无待"相对。指事物各有其相互依存之一定条件。《庄子·逍遥游》:"此虽免乎行(指列子御风而行),犹有所待者也。"郭象注:"非风则不得行,斯必有待也;唯无所不乘者无待耳。"认为现实世界之一切事物皆有所凭藉,是相对的,故不自由。唯有与"道"同体,"乘天地之正,而御六气之辩,以游无穷者",才能"无待",即无所凭藉地进入绝对自由之境界。

有道 即有道术之士,东汉察举科目之一。始于安帝。《后汉书·安帝纪》:永初元年(107),"诏公卿内外众官、郡国守相,举贤良方正、有道术之士、明政术、达古今、能直言极谏者,各一人"。后诏拜有道高第士沛国施延为侍中。

有逢柏陵 逢或作逄。又称逢公柏陵,或称伯陵。商代诸侯。相传为炎帝之后,姜姓。先封于逢(今山东淄博东南),后改封于齐(今山东淄博东北),为周太姜之祖。

有鬲氏 相传为夏朝诸侯国。太康失政,遗臣靡事有穷后羿,寒浞杀后羿,靡逃奔有鬲氏。其故地在今山东平原西北。

有扈氏 扈又作户、鄠。相传为夏之诸侯。姒姓,启之庶兄所封。禹传位与启,不服,与启战于甘(今陕西户县境),战败被灭(《史记·夏本纪》)。其故地在今陕西户县北。一说禹曾用兵攻伐(《庄子·人间世》)。

有家 卿大夫代称。《书·皋陶谟》:"夙夜浚明有家。"孔安国传:"卿大夫称家。"

有蛴氏 蛴或作娇。相传少典娶有娇氏之女,生黄帝、炎帝(《国语·晋语四》)。

有教无类 孔子办学主张。《论语·卫灵公》:"子曰:'有教无类'。"皇侃义疏:"人乃有贵贱,同宜资教,不可以其种类庶鄙而不教也。"朱熹注则曰:"人性皆善,而其类有善不善之殊者,气习之染也。故君子有教,则人皆可以复于善,而不当复论其类之恶矣。"今人亦有不同理解。或认为系不问来自不同姓氏之"族类",或认为不分贵贱贤愚之等级,孔子都给以求学机会,适应学术下移之历史趋势。

有利银行(Mercantile Bank of India, Ltd.) 原名Chartered Mercantile Bank of India, London and China。外国金融机构。英国政府特准的一家殖民地银行。清咸丰四年(1854)在伦敦设立总行,在香港、上海开设分行。业务以存款、放款和汇兑为主,对英商在印度、中国经商予以便利。后因总行缩小营业范围,上海分行一度改为代理处,附设于怡和洋行。1915年重新改称分行。该行在香港发行的港币,曾长期流通于广州等地。1936年在华资产约七百五十万美元,占全行资产总值的百分之八。1949年后,上海分行歇业。

有飂叔安 飂又作廖。相传为祝融之后,舜时豢龙氏董父的先祖。

有苗 即"三苗"。

有缗氏 相传为夏诸侯国。帝舜之后,姚姓。故地在今山东金乡。桀会诸侯于仍(今山东济宁),其君叛而逃会,被桀讨伐而亡(《左传·昭公十一年》)。

有耦 亦称有对。北宋王安石用语。指对立或矛盾。《洪范传》:"盖五行之为物,其时、其位、其材、其气、其性、其形、其事、其情、其色、其声、其臭、其味,皆各有耦,推而散之,无所不通。……耦之中又有耦焉,而万物之变遂至于无穷。"说明五行之一切属性,皆各"有耦",推之一切事物皆各"有耦",无不通贯,因而具有普遍性。

有穷后羿 后羿又称夷羿。相传为夏代有穷氏(今山东平原北)之君。以善射著称。从鉏(今河南濮阳西南)迁于穷石(今河南孟州与巩义间),"因夏民以代夏政"(《左传·襄公四年龙》),夺取夏太康王位。弃武罗、伯因、熊髡、尨圉等贤臣不用,重用奸诈之寒浞,好田猎,不理民事,后被寒浞所杀。

有穷氏 相传为夏诸侯国名。妘姓,故地在今山东平原北。参见"有穷后羿"。

有仍氏 简称有仍、仍。夏后相妻后缗。为有仍氏之女,生少康,少康曾为其牧正(《左传·哀公元年》)。夏桀曾召诸侯会于仍。其故地在今山东济宁南。

有若(前508或前518—?) 春秋末鲁国人,名若,字子有,后被尊为有子。孔子学生。主张孝悌,反对犯上作乱,说:"孝弟也者,其为仁之本与。"重视礼的作用,称"礼之用,和为贵"(《论语·学而》)。孔子死后,众弟子思念孔子,因"有若状似孔子",一度被众弟子立为师。或说《论语》系有若的学生编辑而成。

有莘氏 莘又作辛、㜪、姺、侁。相传禹之母女志为有莘氏之女,伊尹曾为有莘氏媵臣(《史记·殷本纪》)。其故地在今山东曹县北。

有莘之虚 春秋卫邑。在今山东曹县西北。《左传》僖公二十八年(前632):"晋侯登有莘之虚以观师",即此。

有事 周代执事官吏的通称。《利簋铭》:"锡有事利金。"《书·酒诰》:"文王诰教小子、有正、有事,无彝酒。"参见"有正"。

有室 卿大夫代称。《书·立政》:"古之人迪惟有夏,乃有室大竞。"孔安国传:"惟有夏禹之时,乃有卿大夫,室家大强。"

有司 官吏和官署的泛称。古代设官分职,各有专司,故称。《利簋铭》:"命汝辟百寮、有司事。"《汉书·文帝纪》:"有司请令县道,八十已上,赐米人月一石、肉二十斤、酒五斗。"《晋书·石崇传》:"有司承旨奏(石)统,将加重罚。"历代沿用。

有娀氏 上古族名。相传商始祖契之母简狄为有娀氏之女。

有娀之墟 即有娀氏之墟。相传商始祖契之母简狄为有娀氏之女。后夏桀败于有娀之墟,地在今山西永济西。或说"有娀在不周之北"(《淮南子·地形》)。不周即不周山(今昆仑山西北)。

有苏 古国名。即"苏"。

有苏氏 商诸侯。传为祝融之后,己姓,在今河南武陟东。纣伐之,以女妲己献纣。参见"妲己"。

有所谓报 报纸名。全称《有所谓唯一趣报》。清光绪三十一年五月二日(1905.6.4)在香港创刊。日报。郑贯一主编,黄世仲、陈树人、卢伟臣等编撰。以"抒救时之策,鸣警世之钟","芟政界之荆榛,培民权之萌蘖"为宗旨。言论激烈,以小品文著称,风行省港。连载黄世仲《洪秀全演义》,鼓吹反清。次年六月停刊。

有邰氏 上古族名。相传为炎帝之后裔。姜姓,在今陕西武功西。周始祖后稷之母姜原即有邰氏女,尧封后稷为邰。

有为 ❶谓适时而变。《易·革》:"不可以有为也。"唐孔颖达疏:"有为谓适时之变,有所云为也。"认为"既坚忍自固,可以守常,不可以有为也。"❷指人之有所作为。《庄子·在宥》:"有为而累者人道也。"认为"有为"不能成就事物,以反证"无为"才是合乎自然。❸梵文Saṃskṛta的意译。亦称有为法、缘起法。佛教名词。与"无为"相对。意谓有因缘造作之法。唐圆晖《俱舍论颂疏》:"为者,作也。"唐神泰《俱舍论疏》:"众缘所为,故名有为。"指由众缘所成的、有生灭变迁的一切事物和现象,具有"生"(生起)、"住"(停留)、"异"(差别)、"灭"(消灭)的特点。

有为法 即"有为❸"。

有无 中国古代的一对对立范畴。指有形与无形、实有与虚无之间的关系。《老子》第四十章:"天下万物生于有,有生于无。"以"无中生有"表述中国思想史上最早的有无观。三国魏王弼《老子注》第四十章:"天下之物皆以有为生,有之所始,以无为本。"以"无"为天地万物之本原,比"有"(具体存在的一切东西)更根本,是对《老子》上述思想的发挥。晋裴颜著《崇有论》反对"以无为本",认为万有各自生,非无所生,否认有离开"有"而存在的绝对的"无"。晋郭象著《庄子注》,既反对"以无为本",又反对"有"为独立的物质实体,用不知所以然而然,不知所以生而生的"自生"说解释万有的存在。东晋南北朝之际,佛学般若学兴起,有无之辩成为当时的中心议题,因理解不同,而有六家七宗之别。僧肇著《不真空论》,认为无不绝虚,有非真有,以非有非无,有无合一之说超越于玄学、佛学各派之上。唐刘禹锡《天论》从认识论上证明,有无为物质存在的不同形式:"以目而视,得形之粗者也;以智而视,得形之微者也。"明清之际王夫之主张用"往来"、"屈伸"、"聚散"、"幽明"说明"气"的运动形态,反对释、道"有无"之说(见《张子正蒙注·太和》)。

有熊氏 即"黄帝"。

有易 夏代方国。相传族居于今河北易水流域。商族王亥曾以牛羊来此交换,为其君绵臣所杀。王亥子上甲微借河伯之师讨伐,杀绵臣。

有虞氏 即舜。舜的后裔为夏代诸侯,称有虞(今河南虞城西南)。

有正 周代各级长官的泛称。《书·酒诰》:"文王诰教小子、有正、有事,无彝酒。"唐孔颖达疏:"文王诰教其民之小子与正官之下有职事之人。谓群吏汝等无得常饮酒也。"

有志竟成 篇名。亦名《革命原起》。孙中山撰,《孙文学说》之一章,辑入《建国方略》。记叙孙中山自乙酉(1885)中法战败至壬子(1912)孙氏就任临时大总统职期间个人革命生涯和同盟会重大活动,历述十次武装起义和武昌起义情况,品评功过得失,总结历史经验。

有秩 官名。秦汉时掌一乡民政赋役,由郡任命,秩百石。满五千户之乡置,边郡要地不足五千户亦置。其后或置或否,皆依旧俗,无定制。

有秩吏 官名。战国秦称年俸百石以上的官吏为"有秩",百石以下为"斗食"。《睡虎地秦墓竹简·金布律》:"都官,有秩吏及离官啬夫,养各一人。"

有子 即"有若"。

有字瓦 南诏、大理国文物。见于南诏、大理国诸城址及古建筑。瓦质坚而厚,凹面有花纹,呈灰色或黑色。凸面有印成的文字,大多是阳文正字,少数印成反文。略同汉字而加损改,一部分尚难辨释。内容为制瓦年代及工匠题名。

有娵氏 即"娵訾氏"。

酉水 又名酉溪(《水经·沅水注》)。今湖南沅水支流,汉武陵郡内五溪之一。汉至南朝时,槃瓠蛮后裔的一支酉溪蛮聚居两岸一带,与雄、樠、午、辰四溪所居蛮族合称"五溪蛮"。

酉溪 即"酉水"。

酉阳教案 清同治元年(1862),四川酉阳(今属重庆)教民龙秀源逼村民朱永泰退婚,激起众怒。四年春,教民横行,奸污妇女致死。冯士银等数百人愤起捣毁教堂,杀死庇护教民的法国教士玛弼乐(François Mabileau, 1829—1865),号召诛灭天主教。川东各属闻风响应。法国公使以派兵入川相威胁,迫使四川总督骆秉章以冉老五抵命,并赔银八万两。七年,法国传教士李国(Jean François Rigaud, 1834—1869)在酉阳组织教堂武装,修筑寨堡,奴役民众。次年初,在乡绅张佩超等支持下,民团首领何彩率众入城焚毁教堂,杀死李国。当地知州下令将民团缴械解散,华籍教士覃辅臣乘机率教堂武装报复,杀死民众一百四十五人,伤七百余人。清政府派湖广总督李鸿章与法国署理公使罗淑亚(Louis Jules Emilien, Comte de Rochechouart, 1831—1879)交涉,以处死何彩等二人、流徙十人,惩办张佩超,赔银三万两结案。

酉阳县 西汉置。以在酉水之阳得名。治今湖南永顺县南。属武陵郡。南朝梁废。

酉阳宣慰司 土司名。元置。在今重庆酉阳、秀山、黔江县境。宋置酉阳州,元因之。延祐元年(1314)改为酉阳宣慰司。至正二年(1342)明玉珍入川。次年称帝,改酉阳为沿边溪洞军民宣慰司。明洪武五年(1372)设酉阳州,并置酉阳宣慰司。八年降为宣抚司,直属四川布政司。除直属领地十三里外,尚有平茶、邑梅、石耶(均在重庆秀山县境)、麻兔(贵州松桃县境)四长官司属之。清顺治十五年(1658)土司冉氏归诚,授宣慰司职。雍正十三年(1735)因故改流。乾隆元年(1736)迁土司全家于浙江仁和县,以土司原辖地设酉阳直隶州。又析州境的一部,以及其当时改流的平茶、邑梅、石耶、地坝四长官司地置秀山县。

酉阳杂俎 书名。唐段成式撰。三十卷。书名取义于梁元帝"访酉阳之逸典"语。包括前集二十卷,三十篇,九百一十条;续集十卷,六篇,三百七十八条。略用晋张华《博物志》体例,分类辑录所见秘府典籍及杂著、传闻等,凡志怪、传奇、杂录、琐闻,皆汇于一编,历来以杂见称。内容自仙佛鬼怪、人物传说以至动植物、酒食、古迹、名物考证等无不包罗,吴刚伐桂等文学故事即出于此书。所录旧籍遗文,多为后世征引。《寺塔记》涉及古代风习、名物、宗教及唐代街坊情况,尤多参考价值。1981年中华书局出版点校本。

酉阳州 元置。治今酉阳县。辖境相当今重庆酉阳、秀山等县地。属怀德府。明玉珍改沿边溪洞军民宣慰司。明洪武五年(1372)仍为酉阳州,兼置酉阳宣慰司,州寻废。清乾隆元年(1736)改黔彭厅复置。属四川省。辖境相当今重庆酉阳、秀山、彭水、黔江等县地。1913年废,改本州为县。

卣 古代盛酒器。祭祀时用以盛放鬯酒。以青铜铸成,椭圆,深腹圈足,有提梁,上有带钮盖。此外,亦有作鸱鸮一类鸟形或虎食人形者。盛行于商代和西周早期。

羑里 在今河南汤阴县北。《史记·周本纪》:崇侯虎谮西伯昌于殷纣,"帝纣乃囚西伯于羑里。"《汉书·地理志》河内郡荡阴县:"有羑里城,西伯所拘也。"一作牖里。

槱燎 祭祀名。积聚柴薪,上加牲体,焚燎以祭。《周礼·春官·大宗伯》:"以槱燎祀司中、司命、飌(风)师、雨师。"

牖报 杂志名。清光绪三十三年三月一日(1907.4.13)在日本东京创刊。月刊。李庆芳主编。"以开通国民智识,阐发中外学术为宗旨",提倡立宪,鼓吹满汉融和。共出九期,至三十四年八月停刊。

牖里 即"羑里"。

yòu

又玄集 书名。五代前蜀韦庄编。三卷。编者意在继姚合《极玄集》,故名。选录杜甫、王维、杜牧等一百四十二人,诗二百九十七首。此书久佚。清王士祯选唐诗时所见并非真本。日本享和三年(1803)有官版本,后经日本学者清水茂摄影后送回,此书方复见于中土。1958年古典文学出版社影印出版,并收入中华书局出版《唐人选唐诗(十种)》一书。

右 ❶官名。又称车右、戎右。春秋时晋国置,车战中居于主将之右,掌护卫主将并供其役使。《左传·闵公元年》:"晋侯作二军,公将上军,太子申生将下军,赵夙御戎,毕万为右。"❷古人尚右,官位相近而地位稍高者称右。《史记·廉颇蔺相如列传》:"以相如功大,拜为上卿,位在廉颇之右。"司马贞索隐:"王劭按:董勋《答礼》曰'职高者名录在上,于人为右;职卑者名录在下,于人为左,是以谓下迁为左'。"后世有变化,如明清同官者即以左为上,右为下。

右阿速卫亲军都指挥使司 元代侍卫亲军中主要以阿速军组成的军事机构。至元九年(1272)立阿速拔都达鲁花赤,置官属,率领进入内地的阿速军士攻宋。二十三年,扩充为一万户,名为阿速军,分隶于前、后二卫。至大二年(1309)始改立为右、左阿速卫亲军都指挥使司,掌宿卫城禁,兼营潮河、苏沽两川屯田。司置达鲁花赤、都指挥使(秩并正三品)及副使、佥事等职。下设行军千户所千户七员、把门千户二员、本投下达鲁花赤一员、庐江县达鲁花赤一员、儒学教授一员。

右安乐王 官名。匈奴置。由单于子弟充任,统领部众,位左、右显禄王下。

右班殿直 官名。(1)宋代武臣阶官。系三班小使臣。元丰改制,定为正九品。政和二年(1112)重定武臣阶官名,改为保义郎。(2)宦官。宋政和二年,重定内侍官名,改高班置。

右榜 科举考试用语。即元代科举中蒙古人、色目人中式后所发布的文榜。元代科举把蒙古人、色目人分作一类,汉人、南人分作一类,所考科目,难易程度均有区别,张榜公布时亦分为两榜。元代尚右,故会试中式后,以蒙古人、色目人为一榜,揭于中书省门之右,称右榜;以汉人、南人为一榜,揭于中书省门之左,称左榜。殿试中式后,仍以蒙古人、色目人为一榜,揭于内前红门之右,称右榜;以汉人、南人为一榜,揭于内前红门之左,称左榜。

右豹韬卫 官署名。即右威卫。唐光宅元年(684)改,神龙元年(705)复名右威卫。

右北平郡 战国燕置。秦治无终县(今天津市蓟县)。西汉末移治平刚县(今内蒙古宁城县西南古城),辖境相当今河北围场县、承德市及天津市蓟县以东(长城以南的滦河流域及其以东除外),辽宁建平县、建昌县以西,内蒙古英金河以南地区。东汉移治土垠县(今河北丰润县东土垠城),属幽州,北部辖境缩小,以今长城一线稍北为界。西晋改为北平郡。境内有卢龙塞道,地势险要,历代为北方重地。

右备身府 禁卫军指挥机构。(1)隋开皇十八年(598)置,大业三年(607)改为右骁骑。(2)隋大业三年(607)改右领左右府置,设备身郎将一员为长官，直斋二员以为副，与右备身府同掌侍卫皇帝左右的亲信禁军，职任甚重。统千牛左右、司射左右。有长史、录事及司兵、仓、骑曹参军等员。以折冲郎将三员总领骁果，以果毅郎将三员为其副。其骁果，分置左、右雄武将府，各设雄武郎将领之，武勇郎将为其副。下有司兵、司骑二局，并置参军事。唐武德五年(622)改右领左右府，后又改右千牛府。

右弼　官名。北魏泰常七年(422)置。太子拓跋焘监国，以重臣崔浩等出任。坐西厢东面，与左辅同掌百僚。北宋政和二年(1112)改中书令置，靖康元年(1126)复旧名。明末李自成农民军政府亦置，崇祯十六年(1643)于襄阳置为内阁官员，位上相国、左辅下。十七年正月罢。

右弼都尉　官名。三国吴置。孙权黄龙元年(229)立孙登为太子，置左辅、右弼、辅正、翼正都尉以辅佐之，称四友。张休自中庶子转此职。

右伯　见"左右伯"。

右补阙　见"左补阙"。

右部都尉　官名。三国魏末置，西晋沿置。为匈奴右部长官，由右部帅改名。一说西晋太康中改。所统万余落，居于太原祁县。刘宣任此职时，武帝特给赤幢曲盖。

右部督　官名。三国吴置。(1)即武昌右部督。孙权分武昌为二部，右部督掌自武昌至蒲圻军事。(2)即"太子右部督"。

右部帅　官名。(1)东汉献帝建安时曹操置，三国魏沿置。曹操将入居塞内的南匈奴分为左、右、南、北、中五部，各部立其贵者为帅，选汉人为司马以监督之。魏末改名右部都尉。一说西晋武帝太康时改。(2)十六国时羌人姚襄置。统领羌人右部，以敛岐为之。

右采铁　官名。战国秦置。主铁官。《睡虎地秦墓竹简·秦律杂抄》："大(太)官、右府、左府、右采铁、左采铁课殿，赀啬夫一盾。"

右参议　见"左参议"。

右曹　❶西汉加官名号。职掌同"左曹❶"。❷官署合称。宋代尚书省六部二十四司分左、右，兵部、刑部、工部为右名曹，其所属职方、驾部、库部、都官、比部、司门、屯田、虞部、水部诸司为右曹。❸官署名。北宋元丰改制后，于户部置。掌常平、免役、伍保、义仓之法及农田水利、坊场河渡之事。设郎中、员外郎各二人领之。❹中书别称。东汉应劭《汉官仪》："左右曹受尚书事，前世文士以中书在右，因称中书为右曹，又称西掖。"

右曹郎中　❶宋代职方、驾部、库部、都官、比部、司门、屯田、虞部、水部郎中统称。以诸司为右曹，故名。❷官名。北宋元丰改制后置，佐理户部右曹之事。

右曹侍郎　❶宋代兵部、刑部、工部侍郎统称。❷官名。北宋元丰改制后置，掌户部右曹之事。

右曹员外郎　❶宋代职方、驾部、库部、都官、比部、司门、屯田、虞部、水部员外郎统称。❷官名。宋神宗元丰改制后于户部置，佐理户部右曹之事。

右察　官名。突厥默啜可汗置，位小可汗下，以其侄默矩为之，统兵二万攻唐朝陇西。

右单于　东汉末乌桓首领。袁绍因乌桓助其击公孙瓒，遣使拜乌桓三王皆为单于。《三国志·乌丸传》裴松之注引《英雄记》载其版文："乌桓单于都护部众，左、右单于受其节度，他如故事。"

右阐教　官名。明清僧录司职官有左、右阐教，右阐教依例升迁*左阐教，缺出由左讲经升补。

右常侍　官名。(1)十六国西秦乞伏炽磐置，为高级执政官。《晋书·乞伏炽磐载记》："罢尚书令、仆射、尚书、六卿、侍中、散骑常侍、黄门郎官，置中左右常侍、侍郎各三人。"(2)王、公国属官。两晋、南朝及北魏置，掌侍从左右，赞相礼仪，献替谏诤。员额依国之大小不等。参见"常侍❺"。(3)即"右散骑常侍"。

右车骑将军　官名。东汉末及三国蜀后主时均曾分置车骑将军为左、右，为领兵武职。

右丞　官名。(1)即"尚书右丞"。(2)即"中书右丞"。(3)辽南面官尚书省有左、右丞，其制不详。金尚书省有左、右丞各一员，正二品，与参知政事合称为执政官，佐宰相治省事。元中书省与尚书省皆置右、左丞，正二品，副宰相裁决庶务，号左、右辖。元制尚右，右居左上。(4)清末新设各部职官。见"左丞(5)"。

右丞相　见"左丞相"。

右承务　官名。即右司郎中。唐龙朔二年(662)改，咸亨元年(670)复名右司郎中。

右螭　唐代起居舍人的别称。

右春坊　官署名。唐龙朔二年(662)改太子典书坊置，属东宫，掌侍从、献纳、启奏，职比中书省。咸亨元年(670)复名典书坊，景云二年(711)再改为右春坊。长官有右庶子二员，次官中舍人二员，另有太子舍人四员、通事舍人八员、右谕德一员、右赞善大夫五员、录事一员、主事二员。宋代置主管官二员，以内臣兼；同主管官二员，以武臣兼；承受官一员，以内侍充。辽代置太子右庶子、太子中舍人、太子舍人、太子右谕德、右赞善大夫、太子通事舍人，并领太子家令寺、太子率更寺、太子仆寺之属。明、清隶詹事府。明洪武十五年(1382)更定左、右春坊官，置大学士一员，掌太子上奏请、下启笺及讲读之事；又有右庶子、右谕德各一员，右中允、右赞善、右司直郎各二员。二十九年又增置右清纪郎、右司谏、右通事舍人。嘉靖、隆庆之后，仅为翰林院编修、检讨升迁之阶。清顺治九年(1652)沿置，十五年裁。康熙十四年(1675)复置，掌记注、纂修之事，亦仅为翰林升迁之所。置右庶子、右中允、右赞善，俱满、汉各一员。汉员分别兼翰林院侍读、编修、检讨衔。初，有右谕德，康熙五十七年省。光绪二十八年(1902)，詹事府省入翰林院，遂废。

右春坊大学士　官名。明詹事府右春坊长官，正五品，一人。与左春坊大学士共掌太子上奏请、下启笺及讲读之事。

右大丞相　见"左大丞相"。

右大都督 官名。北魏末置。与左大都督同为军事行动副长官,辅佐主帅统领大军,位* 左大都督下。

右大夫 官名。春秋时秦国置,军队将官。《左传·襄公十一年》:"秦右大夫詹帅师从楚子,将以伐郑。"

右大将军 官名。东汉初年置,旋罢。三国蜀景耀中置,位次大将军。十六国前秦亦于大将军外分置左、右大将军。皆为统兵武职。

右大司马 见"左大司马"。

右地代 十六国时人。匈奴族铁弗部。夏主赫连勃勃长兄。尝受父刘卫辰遣,率骑与北魏战于河东,为魏所败。晋义熙三年(407)勃勃建大夏国,拜为丞相,封代公,寻领幽州牧。

右典军 官名。三国吴置中、左、右典军,掌宿卫禁军,为皇帝身边亲信之臣。

右典牧都尉 官名。西晋置。掌管马、牛的牧养,与中典牧都尉、左典牧都尉同属太仆,六品。见《晋书·食货志》。

右貂 唐显庆二年(657)分散骑常侍为左、右,隶中书、门下,皆金蝉、珥貂,右散骑常侍与中书令为右貂。

右都督 官名。北魏置,为统兵武臣,位在大都督之下。西魏亦置。元末朱元璋置为大都督府副长官,正二品。吴元年(1367)更定官制,革大都督,遂改置为大都督府长官,正一品。明洪武十三年(1380)改大都督府为五军都督府,遂置为各军都督府长官。位次左都督。

右都候 ❶官名。东汉置,属卫尉,一人,秩六百石。与左都候同主剑戟士,有丞一人,领员吏二十二人,卫士四百六十三人,徼巡皇宫。三国魏、西晋沿置。❷匈奴官号。与左都候皆由匈奴贵族四姓中乔氏出任。

右都护 官名。三国吴置,孙权黄龙元年(229)拜陆逊为上大将军兼此,权任极重。是年孙权东巡建业,使陆逊任此职辅太子,掌荆州及豫章三郡事,总督国政。蜀亦置,地位稍低。

右都水长 官名。西汉置,属右扶风,员一人,掌内史右地水利事务。下设右都水丞以佐其事。

右都威卫侍卫亲军都指挥使司 元代皇太子、太后的侍卫军机构。历属詹事院、徽政院、储政院。世祖中统三年(1262),以五投下探马赤立蒙古探马赤总管府。二十一年,拨属皇太子东宫,次年改蒙古侍卫亲军都指挥使司。三十一年,成宗即位,改隆福宫右都威卫使司,隶皇太后。秩正三品,设使、副使、佥事等官。辖镇抚司、五行军千户所、屯田千户所、广贮仓等。

右都御史 见"左都御史"。

右独鹿王 官名。匈奴置。由单于子弟充任,统领部众。位左、右朔方王下。

右度辽将军 官名。东汉末置。曹操曾以鲜于辅为右度辽将军,还镇幽土。

右娥英 见"左娥英"。

右二护军府 官署名。唐初秦王、齐王府所置六护军府之一。掌侍卫陪从,置护军一人、副护军二人,长史、录事及仓、兵、铠曹参军各一人;统军二人、别将四人,分别掌领亲、勋卫及外军。

右奉宸卫 官署名。即右千牛卫。唐龙朔二年(662)改右千牛府置,旋改为右千牛卫。

右扶风 ❶官名。汉代畿辅地方行政长官之一。武帝太初元年(前104)改主爵都尉置,职掌如郡太守。因其地属* 三辅,故不称郡。秩中二千石(一说二千石),地位较一般郡守高,位列九卿。属官有掌畜令丞及右都水、铁官、厩、雍厨四长丞等。东汉迁都洛阳,以三辅陵庙所在,故不改其号,惟减其秩为二千石。❷与官名同名的政区名。西汉太初元年改主爵都尉置,分右内史西半部为其辖区,职掌相当于郡太守。因地属畿辅,故不称郡,为* 三辅之一。治长安(今西安市西北郊)。辖境相当今陕西秦岭以北,户县、咸阳、旬邑等市县以西地。东汉移治槐里(今兴平市东南)。属司隶校尉部。三国魏去"右"字,改辖区为扶风郡,官名为扶风太守。

右扶风都尉 官名。西汉右扶风置都尉。东汉初废。安帝时以羌族进攻,三辅有陵园之守,复置右扶风都尉,并设置诸曹掾史。

右府 官署名。(1)战国时燕、秦等国置。掌工官。亦以代称其长官。燕国铜像尊刻铭有"右府尹"。《睡虎地秦墓竹简·秦律杂抄》:"大(太)官、右府、左府、右采铁、左采铁课殿,赀啬夫一盾。"(2)即右千牛卫。唐武德五年(622)改右备身府置,显庆五年(660)改右千牛府,后定制为右千牛卫。(3)明代右军都督府省称。

右府上士 官名。西魏恭帝三年(556)置。天官府太府中大夫属官,掌右府库中所藏器物。正三命。下设右府中士以佐其职。北周沿置。隋开皇元年(581)罢。

右辅 ❶官名。十六国西秦乞伏国仁建义元年(385)置,位左、右相及左辅下。后燕慕容熙光始元年(401),改北燕台为大单于台,置左、右辅,位次尚书。❷汉代右扶风郡别称。为拱卫京师的三辅之一。因在京兆尹之右(西)得名。后世亦通称京西之地为右辅。唐李商隐《行次西郊》:"右辅田畴薄,斯民常苦贫。"

右辅将军 官名。十六国乞伏述延置。为统兵武官。

右副都御史 见"左副都御史"。

右副管 见"左副管"。

右副留守 见"左副留守"。

右傅 官名。明洪武三年(1370)于各王府分置,各一人,从二品,以辅弼诸王。九年罢。

右更 爵名。战国秦置,二十等爵第十四级。秦汉沿置。《汉书·百官公卿表》颜师古注:"更,言主领更卒,部其役使也。"汉成帝时吏民有入谷物助官府赈赡贫民在百万以上者,加赐爵右更,欲为吏补三百石。

右宫门将 官名。即太子右监门率,隋大业三年(607)改,并降为正五品,唐武德五年(622)复名右监门率。

右官 官署名。春秋时宋国置。宋国六卿(执政大臣)有右师、左师,掌君臣百官的教训。宋国分官司为右与左,分辖于二师。右官为右师治所,左官为左师治所。

右光禄大夫 官名。三国魏置,作为在朝显职的加官,以示优崇,或授予年老有病者为致仕之官,亦常用为卒后赠官。无职掌。西晋时假金章紫绶,禄赐、班位、冠帻、车服、佩玉,置吏卒及诸所赐给与特进同。二品。其为加官者,唯章绶、禄赐、班位而已,不别给车服吏卒。卒赠此位者,如本已有卿官,不复给吏卒,其余皆给。光禄大夫在汉代属光禄勋,魏、晋时地位提高,不复属之,南朝仍属光禄勋。南朝梁天监七年(508)定为十六班,位金紫光禄大夫上,加开府仪同三司者,升为十七班,置官属同三公。陈二品,秩中二千石。北魏太和十七年(493)定为从一品中,二十三年改为二品。北齐仍为二品,北周正八命,亦在金紫光禄大夫上。隋初定为正二品,大业三年(607)降为从二品。唐初沿之,贞观后,唯设光禄大夫,不分左、右。宋元祐三年(1088),分光禄大夫为左、右两阶,大观二年(1108),改称为正奉大夫。参见"光禄大夫"。

右贵嫔 见"左贵嫔"。

右国史 官名。三国吴置,为史官。与左国史同掌修国史。多以他官兼领。见《三国志·薛综传》。

右果毅都尉 官名。唐折冲府次官之一。贞观十年(636)改别将(车骑将军)置,一人,上府从五品下,中府正六品上,下府从七品下,与右果毅都尉通判府事,为折冲都尉副职。辽代诸卫各置二十八人。

右行 ❶军队建制。春秋晋置。参见"左行"。❷官名。(1)春秋时晋国武官,为右行军队的主将。《左传·僖公十年》:"遂杀丕郑、祁举及七舆大夫,左行共华、右行贾华。"(2)战国秦置。《战国策·东周策》(姚宏《士礼居丛书》本):"右行秦谓大梁造。"吴师道补正(鲍彪《四部丛刊初编》本注引):"右行,秦官也。"

右候卫 禁卫军指挥机构。隋大业三年(607)改右武候置,为十二卫之一。置大将军一员、将军二员,统诸鹰扬府府兵。下设护军四员,辅佐将军,寻改武(虎)贲郎将,又设武(虎)牙郎将六员,有长史,录事参军,司仓、兵、骑、铠等员。军士名佽飞。唐初沿置,龙朔二年(662)改名右金吾卫。

右候卫大将军 官名。隋大业三年(607)改右武候为右候卫而置,为十二卫大将军之一,一员,正三品,总其府事,并统诸鹰扬府。唐初沿置,龙朔二年(662)改名右金吾卫大将军。

右候卫将军 官名。隋大业三年(607)改右武候为右候卫而置,为十二卫将军之一,二人,从三品,佐大将军总府事。唐初沿置,龙朔二年(662)改名右金吾卫将军。

右虎贲率上士 官名。西魏恭帝三年(556)置,北周沿置。夏官府右武伯中大夫属官,统禁军虎贲士,负责皇帝临朝及出行的侍卫,正三命。下设右虎贲率中士、右虎贲倅长下士以佐其职。隋开皇元年(581)罢。

右户参军 官名。晋司马睿(元帝)为镇东大将军时,参军始分曹治事,其府置右户参军,掌天下公私田宅。南北朝沿置,为幕府僚属,凡公府、位从公开府者、将军都督府及州刺史府等多有之。其品秩依府主地位高低而有不同,一般在六至九品之间。

右户曹 官署名。(1)东晋、南朝、北齐诸公、都督府僚属诸曹之一。东晋、南朝宋设参军,南齐设行参军,北齐设兼行参军。(2)北齐尚书省度支尚书所领郎曹之一。掌天下公私田宅租调等事,设郎中。(3)北齐州刺史府僚属诸曹之一。设掾史等员。

右户郎中 官名。北齐置,为尚书省右户曹长官,六品上,掌天下公私田宅租调等事。

右护军 官名。东汉建安中曹操、孙权置,统诸军。三国蜀、吴亦置。

右护卫司 官署名。辽置,属北面官。北、南护卫府各设右护卫司,以太保统领。下设右护卫等职。

右积弩将军 官名。(1)三国、晋置,领禁卫营兵,隶中领军(领军将军)。北魏为侍卫武职,从四品下。(2)即"太子右积弩将军"。

右积射将军 官名。侍卫武官。北魏置,太和十七年(493)定为从四品下,二十三年改为七品上。

右给事中 见"左给事中"。

右计使 见"三司❸"。

右监门府 禁卫军指挥机构。隋置,与左监门府统率亲近禁军,同掌宫殿门禁及守卫事,设将军一人、郎将二人,校尉、直长各三十人,又有长史、司马、录事及仓、兵二曹参军事,铠曹参军等属。仁寿三年(603),又置门候百二十人。大业三年(607),改将军为郎将,置直阁六人,其官属同右备身府,又增门尉、门候,以分掌门禁守卫,唐沿置,龙朔二年(662)改称右监门卫。

右监门府将军 官名。隋置,一员,从三品,为右监门府长官。掌宫殿门禁及守卫事。大业三年(607)改名为右监门府郎将,正四品。唐武德五年(622)复旧称。

右监门府郎将 官名。(1)隋初右监门府次官,置二员,正四品,大业三年(607)废。(2)隋大业三年改右监门府将军置,为右监门府长官,一员,正四品,分掌门禁守卫。唐初复为右监门府将军,后改为右监门卫将军。

右监门卫 禁卫军指挥机构。唐龙朔二年(662)改右监门府置,十六卫之一。不领府兵,置大将军一人、将军二人、中郎将四人,与左监门卫率亲近禁军,共掌宫城诸门禁卫及门籍,判出,职任颇重。有长史,录事参军事,兵曹参军事兼掌仓曹,胄曹参军事兼掌骑曹。天授二年(691),置四色官及长上。贞元二年(786)置上将军一人,位大将军上。辽置,设大将军、上将军、将军,领折冲都尉、果毅都尉。

右监门卫大将军 官名。唐龙朔二年(662)改右监门府为右监门卫而置,一员,正三品,贞元二年(786)置上将军前,为右监门卫长官。掌宫城诸门禁卫及门籍,行幸,则率部属于衙门监守。北宋置为环卫官,无定员,无职掌,多以宗室为之,亦用以为武臣赠典或武官责降散官。元丰改制,降为正四品。南宋多不除授,隆兴中复置。辽亦置,为加官。

右监门卫将军 官名。唐龙朔二年(662)改右监门府将军为之,二员,从三品,协掌宫城诸门禁卫及门籍,判出。宋置为环卫官,无定员、职掌,多以宗室为之,亦用以为武臣赠典或武官责降散官。元丰改制,降为从四品。南宋多不除授,隆兴时复置。辽亦置,为加官。

右监门卫上将军 官名。唐贞元二年(786)置,为右监卫长官,一人,从二品,位大将军上。掌宫城诸班门禁卫及门籍,行幸,则率属下于衙门监守。北宋置为环卫官,无定员,无职掌,多以宗室为之,亦用以为武臣赠典或武官责降散官。元丰改制前为三品,后降为从三品。南宋多不除授,隆兴中复置。辽亦置,为加官。

右监门卫中郎将 官名。唐龙朔二年(662)置,四员,正四品下,掌监诸门,检校出入。

右监丞 见"左监丞"。

右渐尚王 官名。匈奴置。由单于子弟充任,统领部众,位在左、右於陆王下。

右谏议大夫 官名。秦始置谏议大夫。历代沿置。唐贞元四年(788),分置左、右,各四员。右谏议大夫隶中书省,掌侍从赞相、规谏讽谕。元和元年(806)罢左、右之号,会昌二年(842)复分左、右。初为正五品上,后升正四品下。北宋前期,多出领其他职任而不专言职,用为五品寄禄官。元丰改制,复置为职事官,员一人,从四品。隶中书省,与左谏议大夫同掌规谏讽谕,凡朝廷有阙失,大事则廷诤,小事则论奏。南宋建炎三年(1129),令不隶中书省。辽置,为中书省右谏院长官,属南面官,掌规谏讽谕,侍从赞相。金亦置,正四品,与左谏议大夫同掌谏院。

右谏院 见"谏院"。

右江 见"左右江"。

右江道 明设广西分守右江道驻柳州府,右江兵巡道驻宾州。清设分巡右江兵备道驻柳州府,辖柳州、庆远、思恩、浔州四府。

右江镇安军民安抚司 古为镇安土洞。宋置军民安抚司,隶邕州右江道。元属镇安路,辖境约当今广西德保、天等、那坡等地。

右将军 官名。汉代置,为重号将军之一。与前、左、后将军并位上卿,位次大将军及骠骑、车骑、卫将军。有兵事则典掌禁兵,戍卫京师,或任征伐。设长史、司马等僚属。平时无具体职务,一般兼任他官,常加诸吏、散骑、给事中等号,成为中朝官,宿卫皇帝左右,参与朝议。如加领尚书事衔则负责实际政务。不常置。魏晋为常设官职,权位渐低,仅为武官名号,比一般杂号将军地位略高,不典禁兵,不与朝政,三品。初犹领兵征战,东晋、南北朝时期成为军府名号,用作加官,常不载官品。南朝宋三品,北魏太和十七年(493)定为从二品上,二十三年定为三品,北周正七命。隋废。

右讲经 官名。明清僧录司职官有左、右讲经。右讲经依例升迁左讲经,缺出由左觉义升补。参见"左讲经"。

右校 ❶官名。亦称邦右校。战国赵置,主管兵器铸造。❷官署名。详见"右校令"、"右校署"。

右校丞 官名。汉代置,为右校令副贰,秩三百石。西汉阳朔三年(前22)省。东汉复置。隋、唐为将作监右校署次官,置三人。隋从九品,唐正九品下。参见"右校令"、"右校署"。

右校令 官名。汉代置,隶将作大匠(将作少府),领本署工徒修造宫室、宗庙、陵园、道路等,秩六百石。官吏犯法,常输右校为工徒。三国魏沿置(一说并归材官校尉),七品。西晋省。南朝梁、陈复置,隶大匠卿。隋、唐为将作监右校署长官,员二人。隋从八品上,唐正八品下。参见"右校署"。

右校署 官署名。南朝梁、陈置,隶大匠卿。隋将作寺置,设令二员、丞三员、监作八员。开皇二十年(600)改隶将作监。唐沿置,设令二员、丞三员、监作十员。掌版筑、涂泥、丹垩、匽厕之事。北宋初存其官名而无职司。

右校司马 见"左校司马"。

右校尉 官名。秦汉军制,在将军下分部,以校尉主之。部分左、右者,即设左、右校尉,因事而设。东汉永平八年(65)置度辽将军,领左、右校尉,率黎阳虎牙营士屯五原曼柏,后罢。和帝时复设,遂为常置。灵帝所置西园八校尉中亦有右校尉。

右教坊 见"左教坊"、"教坊司"。

右街大功德使 官名。又名右街功德使。唐贞元四年(788)崇玄馆罢大学士后置,与左街大功德使总领僧、尼之籍及功役。元和二年(807)又以道士、女冠隶之。会昌二年(842)以僧、尼改隶礼部主客司,六年复隶左、右街大功德使。

右街道录院 见"道录院"。

右街僧录司 见"僧录司"。

右街使 见"左街使"。

右金吾卫 禁卫军指挥机构。唐十六卫之一。龙朔二年(662)改右候卫置。设大将军一人、将军二人,与左金吾卫同掌宫中、京城巡警,烽候道路,以执御非违,领翊府及诸折冲府府兵。下设长史、录事及仓、兵、骑、胄曹参军事。天授二年(691)又置司阶、中候、司戈、执戟四色官及长上等属,另有街使、判官等。其翊府有中郎将、郎将、兵曹参军事,又有校尉、旅帅、队正、副队正等员。贞元二年(786)置上将军一员,位大将军上。辽亦置,设大将军、上将军、将军,领折冲都尉、果毅都尉。西夏置,掌京城巡警,仁宗、桓宗时设上将军、正将军,多派为赴金使节。

右金吾卫大将军 官名。唐龙朔二年(662)改右候卫为右金吾卫而置,一员,正三品,贞元二年(786)置上将军前,为右金吾卫长官,掌宫中、京城巡警,烽候、道路、水草之宜;凡翊府之翊卫及外府佽飞番上,皆属之。北宋置为环卫官,无定员,无职掌,多以宗室为之,亦用为武臣赠典或武官责降散官,元丰改制降为正四品。南宋多不除授,隆兴中复置,以节度使遥郡者为之。辽亦置,为加官。

右金吾卫将军　官名。唐龙朔二年(662)改右候卫为右金吾卫,置将军二员,从三品,佐大将军掌宫中、京城巡警,烽候、道路、水草之宜。北宋置为环卫官,无定员,无职掌,多以宗室为之,亦用为武臣赠典或武官责降散官,元丰改制后降为从四品。南宋多不除授,隆兴中复置。辽亦置,为加官。

右金吾卫上将军　官名。唐贞元二年(786)置,为右金吾卫长官,一员,从二品,位大将军上,掌宫中、京城巡警,烽候、道路、水草之宜;凡翊府之翊卫及外府佽飞番上,皆属之。北宋置为环卫官,无定员,无职掌,多以宗室为之,亦用为武臣赠典或武官责降散官。元丰改制为从二品;南宋多不除授,隆兴中复置,以节度使领任,以正任为之。辽亦置,为加官。

右金吾卫中郎将　官名。唐龙朔二年(662)改右候卫为右金吾卫,其右翊府置,为长官。一员,正四品下,掌领本府翊卫,督京城六街铺巡警。北宋置为环卫官,无定员,无职掌,多以宗室为之,亦用为武臣赠典或武官责降散官,北宋前期为四品。南宋多不除授。

右金紫光禄大夫　官名。北周置,为朝中官员加官,无具体职掌。八命。详见"金紫光禄大夫"。

右禁将军　官名。十六国前燕置。前秦苻坚沿置。为四禁将军之一。统兵驻于京师,亦经常率军出外征讨。

右警巡院　见"左警巡院"。

右厩上士　官名。西魏恭帝三年(556)置,北周沿置。夏官府驾部中大夫属官,员一人,掌右厩中马匹。正三命。下设右厩中士、右厩闲长下士以佐其职,又领奉乘二十人,驭夫一百三十人。隋开皇元年(581)罢。

右沮渠　官名。匈奴置。由四贵姓中的须卜氏(一译作卜氏)充任。

右觉义　官名。明清僧录司职官有左、右觉义。右觉义依例升迁*左觉义,缺出由候补僧官升补。

右军　❶右军统帅代称。周代及春秋战国越、赵等国置左、中、右三军,故称。与"左军"相对。❷魏、晋、南北朝右军将军的省称。

右军都督府　官署名。明五军都督府之一。初分领在京虎贲右卫、留守右卫、水军右卫、武德卫、广武卫。永乐后改水军右卫、广武隶南京右军都督府。并领在外云南都司、贵州都司、四川都司、陕西都司、广西都司及其所领卫所。永乐后增直隶宣州卫,陕西行都司所领卫所,四川都司所领土官天全六番招讨司等,四川行都司所领卫所与土官昌州长官司等及云南都司、贵州都司所领土官茶山长官司、新添长官司等。设左、右都督,正一品;都督同知,从一品;都督佥事,正二品,及经历等官。

右军将军　官名。三国魏置,四品。西晋时与前军、后军、左军将军合称四军。领营兵千人,掌宿卫。西晋初属中军将军,后属领军将军(中领军)。员一人,四品。东晋兴宁二年(364),因不领营兵,罢。后复置,但不掌宫禁宿卫。南北朝时,复掌之。南朝宋初,员一人,四品,泰始以后,多以军功得官,无复员限,成为侍卫武职。梁天监七年(508)定为九班,陈五品,秩千石。北魏太和十七年(493)定为从三品上,二十三年复次职令,降为从四品上。北齐时属左、右卫府,员五人,从四品上。隋初列为散号将军,从六品上,大业三年(607)罢。

右军师　官名。东汉建安中曹操置。为丞相府重要僚属,员一人,参议军政大事。三国吴亦置,掌军务,不属丞相府。

右军巡使　官名。五代梁开平三年(909)置,掌京都巡警之事。北宋于开封府、河南府、应天府置,与左军巡使分掌争斗及推鞫之事,正八品。

右科　宋代武举之别称。详"武举❶"。

右客省使　官名。辽置,为*客省职官,属南面官。位左客省使下。

右匡政　官名。即尚书省右仆射。唐龙朔二年(662)改是称,咸亨元年(670)复旧称。

右郎将　官名。唐武德七年(624)改车骑将军为郎将,分左、右,左右卫之亲、勋一、勋二、翊一、翊二凡五府及诸卫翊府皆置,为其府中郎将副贰,各一员,正五品上;太子卫率府之亲府、勋府、翊府三府亦置,各一员,正五品下,领其属宿卫。永徽三年(652)改右翊军郎,显庆元年(656)复名右郎将。

右里敀鎣　战国时齐国青铜量器。传出于山东临淄(今淄博东北)。同铭者二器,一大一小。器形均为一盂旁加一柄,腹外铸铭"右里敀鎣"两行四字。"右里敀"或读作"右敀里"。大小二器的实测容量,分别为1 025毫升和206毫升,约分别相当于子禾子釜或陈纯釜的二十分之一和百分之一,据《管子·海王篇》,齐制一釜合百升,则两件量器之容量分别相当于齐国的五升与一升。现藏中国历史博物馆。

右林牙　官名。辽代置,为北面官。大林牙院职官,掌文翰等事。在左林牙下。相当于南面翰林学士。

右领　春秋时楚国官名。《左传·昭公二十七年》载鄢将师为此官。《左传·哀公十七年》又载差车为此官。

右领军　官名。三国吴孙权黄龙元年(229)置。

右领军府　官署名。隋置,与左领军府同掌十二军帐籍、差科、辞讼之事。不置将军,唯有长史、司马、掾属、录事及功、仓、户、骑、兵曹参军,法、铠二曹行参军等员。又置明法,隶于法司,掌律令轻重。大业三年(607)改置右屯卫,为十二卫之一。

右领军卫　禁卫军指挥机构。唐代采用前代领军名别置领军府,为十六卫之一。设大将军一员、将军二员。掌宫禁宿卫,大朝会则被青铠甲、弓箭刀楯旗等,为右厢仪仗,次立右威卫之下;凡分兵主守,则知皇城西面助铺及京城、苑城诸门,领翊府及诸折冲府府兵。有长史,录事及仓、兵、骑、胄四曹参军,司阶、中候、司戈、执戟等属。翊府有中郎将、郎将、兵曹参军事、校尉、旅帅、队正、副队正等。龙朔二年(662)改名右戎卫,咸亨元年(670)复旧称;光宅元年(684)改名右玉钤卫,神龙元年(705)再复旧。贞元二年(786)置上将军一员,位大将军上。辽亦置,设大将军、上将军、将军,领折冲都尉、果毅都尉。

右领军卫大将军 官名。唐武德五年(622)改右御卫为右领军卫,置大将军为长官,一员,正三品。掌宫禁宿卫。龙朔二年(662)改右戎卫大将军,咸亨元年(670)复旧;光宅元年(684)又改为右玉钤卫大将军,神龙元年(705)再复旧。德宗贞元二年(786)置上将军后,居其次。北宋置为环卫官,无定员,无职掌,多以宗室为之,亦为武臣赠典或武官责降散官。元丰改制,降为正四品。南宋多不除授,隆兴中复置。辽亦置,为加官。

右领军卫将军 官名。唐武德五年(622)改右御卫为右领军卫,置将军二员,从三品。协掌宫禁宿卫,凡翊府之翊卫、外府射声番上者,分配之;凡分兵主守,则知皇城西面助铺及京城、苑城诸门。龙朔二年(662)改为右戎卫将军,咸亨元年(670)复旧;光宅元年(684)又改为右玉钤卫将军,神龙元年(705)再复。北宋置为环卫官,无定员、职掌,多以宗室为之,亦为武臣赠典或武官责降散官。元丰改制,降为从四品。南宋多不除授,隆兴中复置。辽亦置,为加官。

右领军卫上将军 官名。唐贞元二年(786)置,为右领军卫长官,位大将军上,一员,从二品。掌宫禁宿卫。北宋置为环卫官,无定员,无职掌,多以宗室为之,亦用为武臣赠典。元丰改制前为三品,后为从三品。南宋多不除授,隆兴中复置。辽亦置,为加官。

右领左右府 禁卫军指挥机构。隋置,设大将军一人、将军二人,与左领左右府同掌侍卫皇帝左右的亲信禁军,供御兵仗,职任甚重。领千牛备身十二人,掌执千牛刀;备身左右十二员,掌供御弓箭;备身六十人,掌宿卫侍从;有长史,司马,录事及仓、兵二曹参军事,铠曹行参军等属官。大业三年(607)改名右备身府。

右领左右府大将军 官名。隋代右领左右府长官。置一员,正三品,掌领千牛备身、备身左右等侍卫皇帝左右,供御兵仗。大业三年(607)罢。

右领左右府将军 官名。隋代右领左右府次官。置二员,从三品,佐大将军掌领侍卫左右,供御兵仗,大业三年(607)罢。

右六司 官署合称。渤海国智、礼、信部及支司戎、计、水部总称。

右龙虎军大将军 官名。辽代置,属南面官。加官,无实职。

右龙虎军将军 官名。辽代置,属南面官。为加官,无实职。

右龙虎军上将军 官名。辽代置,属南面官。加官,无实职。

右龙令 官名。北齐置,为太仆寺所属右龙署长官。掌驼马事。

右龙武军大将军 官名。唐代北衙禁军右龙武军统兵长官。开元二十七年(739)改右万骑营为右龙武军置,初一员,乾元二年(759)增为二员,正三品,掌领右龙武军,宿卫京师。

右龙武军将军 官名。唐北衙禁军统兵长官之一。开元二十七年(739)改右万骑营为右龙武军置,二员,从三品。贞元三年(787)增为三员,为右龙武军大将军副贰。

右龙武军统军 官名。唐兴元元年(784)置,一员,从二品,以授节帅罢任者,无职事。

右谷蠡王 见"左谷蠡王"。

右旅贲率上士 官名。西魏恭帝三年(556)置,北周沿置。夏官府右武伯中大夫属官。统禁军旅贲士,负责皇帝临朝及出行侍卫。正三命。下设右旅贲率中士、右旅贲倅长下士以佐其职。隋开皇元年(581)罢。

右率府副使 见"左率府副使"。

右率府使 官名。明初置,为太子东宫官。由勋旧大臣兼领,仅为虚职,不专掌辅导太子之事。洪武十五年(1382)以后不置。

右门尉 官名。隋大业三年(607)于右监门府置,六十员,正六品,与左门尉同掌宫城门禁守卫等事。

右猛贲 渤海国十卫之一。置大将军一人、将军一人。

右民曹 官署名。(1)西晋惠帝所置尚书省六曹之一,设尚书为长官。旋省并左民曹。北魏始光元年(424)复分置,掌户籍及工官事务。(2)西晋分民曹置,为尚书省诸郎曹之一。东晋省并左民曹。北魏复分置,初属右民尚书,太和改制后,属度支尚书。

右民郎 官名。亦称右民郎中。西晋分民曹郎置,为尚书省右民曹长官通称,六品。东晋省并左民郎。北魏复分置。初属右民尚书,太和改制后属度支尚书。太和十七年(493)定郎为从五品中,郎中五品上,二十三年皆称郎中,六品,仍可通称为郎。

右民郎中 官名。西晋、北魏与右民郎互称,为尚书省右民曹长官。参见"右民郎"。

右民尚书 官名。西晋惠帝所置六曹尚书之一,三品。掌天下公私田宅、租调等事。旋省并左民尚书。北魏始光元年(424)复分置,不久罢。参见"左民尚书"。

右名曹 宋代兵部、刑部、工部之统称。

右牧丞 官名。南朝梁、陈置,掌宫廷用马,属太仆卿。

右罴卫 渤海国十卫之一。置大将军一人,将军一人。

右牝署 官署名。北齐置,属太仆寺。掌驼马。设令、丞。领右牝局。

右评事 见"左评事"。

右仆(僕)射 ❶即"尚书右仆射"。参见"尚书仆射"。❷即"行台省尚书右仆射"。参见"行台尚书省”。

右骐骥副使　官名。宋雍熙中置，后用为武臣阶官，属西班诸司使。咸平元年(998)，定为同七品。元丰改制，改从七品。政和二年(1112)重定武臣阶官名，改武德郎。

右骐骥使　官名。北宋雍熙中置，后用为武臣阶官，属西班诸司使。咸平元年(998)，定为同六品。元丰改制，改正七品。政和二年(1112)重定武臣阶官名，改为武德大夫。

右骐骥院　见“左骐骥院”。

右骐骥院使　即“右骐骥使”。

右契　契之右半。古时契用木、竹制成，剖为左、右两半。主者持右半，从者持左半，剖处成齿状，验讫时须合契，亦谓之合齿。右契亦可单独行使。国君据此以行责罚。

右千牛卫　禁卫军指挥机构。唐十六卫之一。龙朔二年(662)改右奉宸卫置，设大将军一人、将军二人、中郎将二人，与左千牛卫统率亲近禁军，共掌侍卫宫禁及供御兵器仪仗，不领府兵。受朝之日，侍列于御座左右。又有长史，录事及兵、胄曹参军及千牛备身，备身左右，主仗等属，天授二年(691)加置四色官，贞元二年(786)置上将军一人，位大将军上。辽亦置，设大将军、上将军、将军，领折冲都尉、果毅都尉。

右千牛卫大将军　官名。唐龙朔二年(662)，改右奉宸卫大将军而置，一员，正三品。贞元二年(786)添置上将军前，为右千牛卫长官。掌侍卫宫禁及供御兵器仪仗，皇帝受朝之日，领备身左右升殿列侍，亲射则率属以从。北宋置为环卫官，无定员、职掌，多以宗室为之，亦用为武臣赠典或武官责降散官。元丰改制，降为正四品。南宋多不除授，孝宗隆兴中复置。辽亦置，为加官。

右千牛卫将军　官名。唐龙朔二年(662)，改右奉宸卫而置，设官二员，从三品。协掌侍卫宫禁及供御兵器仪仗。北宋置为环卫官，无定员，无职掌，多以宗室为之，亦用为武臣赠典或武官责降散官。元丰改制，降为从四品。南宋多不除授，隆兴中复置。辽亦置，为加官。

右千牛卫上将军　官名。唐贞元二年(786)置，为右千牛卫长官，一员，从二品，位大将军上，掌侍卫宫禁及供御兵器仪仗，凡千牛及备身左右以御刀仗升殿供奉者，皆领之。北宋置为环卫官，无定员、职掌，多以宗室为之，亦用为武臣赠典。元丰改制前为三品，后为从三品。南宋多不除授，隆兴中复置。辽亦置，为加官。

右千牛卫中郎将　官名。唐龙朔二年(662)改右奉宸卫中郎将而置，二员，正四品下，掌供奉侍卫，佐大将军职；有口敕，声不下闻者，则宣告。北宋置为环卫官，无官员、职掌，多以宗室为之，亦用为武臣赠典或武官责降散官。南宋多不除授。

右佥都御史　官名。明洪武十六年(1383)置，为都察院职官，额二人，正五品，与左、右都御史，左、右副都御史，左佥都御史同掌都察院事。十七年升正四品。为皇帝耳目风纪之臣。后渐有以尚书、侍郎、少卿等官加授者。出外则为总督、巡抚，以总理一方军政。清初作为巡抚等官加衔。乾隆十三年(1748)罢。参见“左佥都御史”。

右钦察卫　元大都督府所辖京城侍卫军组织。世祖至元二十三年(1286)以钦察人组成。英宗至治二年(1322)分为右、左卫，文宗天历二年(1329)，拨属大都督府。置达鲁花赤、都指挥管领，秩皆正三品。下设副使、佥事等官。辖行军千户所十八，屯田千户所二。门尉二员，儒学、蒙古字教授各一员。

右钦察卫亲军都指挥使司　元代侍卫亲军指挥机构。秩正三品。至治二年(1322)二月，由钦察卫亲军都指挥使司分立。置达鲁花赤一员、都指挥使二员、副都指挥使二员、佥事二员。下辖十八行军千户所，二屯田千户所。置营于清州(今河北青县)，衙司在大都(今北京)丽正门内。

右亲事府　官署名。唐初秦王、齐王府所领侍卫府之一。置统军一人，掌领亲事，侍卫陪从。又有长史、录事及兵、铠曹参军事，库直等属。太宗贞观以后不分左、右。参见“亲事府”。

右清道卫　官署名。即太子清道率府。唐龙朔二年(662)改太子右虞候率府置，神龙元年(705)复改右虞候率府，开元初定为右清道率府。

右清纪郎　官名。明洪武二十九年(1396)于詹事府右春坊置，一人，从八品。与左、右司直郎及左清纪郎共掌太子东宫弹劾、纠举之事。不常设。

右渠(？一前108)　朝鲜王卫满之孙。继承王位后，隔绝真番等国与汉通好。汉武帝元封二年(前109)使涉何前往晓谕，终不肯奉诏。旋因涉何回归时擅杀朝鲜裨王长，遂发兵袭杀之。武帝遣楼船将军杨仆及左将军荀彘率军进击。次年，朝鲜尼谿相参使人杀右渠降。汉于其地置真番、临屯、乐浪、玄菟四郡。

右日逐　官名。匈奴置。由四贵姓中地位最高的呼延氏(一译作呼衍氏)充任，与左日逐世为辅相。

右戎卫　官署名。即右领军卫。唐龙朔二年(662)改，咸亨元年(670)复名右领军卫。

右戎昭将军　官名。十六国后赵石虎置，地位高于左、右卫将军。

右孺子　见“左孺子”。

右三部　官署名。元世祖中统三年(1262)设，掌兵、刑、工三部事，合为一署。置尚书二人，侍郎二人，郎中、员外郎各五人。至元元年(1264)罢，以兵刑为一部，别置工部。三年，又并为右三部。五年，再分为兵刑部与工部。七年，左、右二部始分为六部。

右三部检法司　官署名。金代置，属尚书省。主管兵、刑、工三部法律事宜。设司正二员，掌披详法状，秩正八品；检法二十二员，掌检断各司取法文字，秩从八品。

右三部照磨所　官署名。元代于工部置右三部照磨所，秩正八品，掌兵、刑、工三部钱谷计帐之事。主管有照磨一人，所属有典吏八人。

右三护军府 官署名。唐初秦王、齐王府所置六护军府之一。职掌、设官同右二护军府。

右散骑常侍 官名。唐、宋、辽置。详见“散骑常侍”。

右杀 官名。又称西杀。突厥领兵官。登利可汗从父曾任此职。典掌西厢之兵,皆精劲之属,号右杀。

右善世 官名。明清僧录司职官有左、右善世。右善世循序升补*左善世,缺出由左阐教升补。

右尚丞 官名。唐垂拱元年(685)改右尚方丞置,为右尚署次官,四员,初为正九品下,开元初升从八品下。北宋存其名而罕除授。

右尚方丞 官名。三国魏置,四百石、九品,右尚方令之副贰。西晋沿置。南朝宋置一员,齐置一员,梁隶少府卿,为右尚方署次官,流外三品勋位。北齐太府寺右尚方署置为次官,从九品上。隋沿置六员,正九品,大业三年(607)改隶少府监。唐初沿置,垂拱元年(685)改少府监为尚方监,右尚方丞则去“方”字,改为右尚丞。

右尚方令 官名。西汉尚方有中、左、右之分。东汉末设令,为少府属官。三国魏沿置,六百石、七品。西晋沿置。东晋省并尚方令,主作御刀绶剑诸器物。南朝宋复置,亦掌造军器。齐沿置。梁隶少府卿,为右尚方署长官,一班。北齐为太府寺右尚方署长官,从八品上。隋沿置二员,正八品;大业三年(607)升正六品,改隶少府监。唐初沿置,垂拱元年(685)改少府监为尚方监,右尚方令则去“方”字,改为右尚令。

右尚方署 官署名。南朝梁置,为少府卿下属机构,设令、丞掌之。北齐太府寺置,有令、丞,又别领别局丞。隋初隶太府寺,有令二员、丞六员,大业三年(607)改隶少府监,升令品。唐初沿置,垂拱元年(685)改少府监为尚方监,右尚方署则去“方”字为右尚署。

右尚令 官名。唐垂拱元年(685)改右尚方令置,为*右尚署长官,二员。初为正八品下,开元初升从七品下。北宋存其名而罕除授。

右尚署 官署名。唐垂拱元年(685)改右尚方署置,隶尚方监(少府监),置令二员、丞四员为正副长官。掌席荐、制革、胶墨等杂作,供天子御马之鞍辔及刀剑、斧钺、甲胄、纸笔、茵席、鞋履等;另有监作、典事等。初为下署,开元初升为上署。北宋存其官名而无职司。

右韶舞 见“左韶舞”。

右少监 官名。明初内府神宫监、尚宝监、内官监等以监为名的宦官衙门皆置,各一人,从四品,佐太监掌本监事。后渐革。

右少司卫中大夫 官名。北周置。东宫司卫上大夫属官,佐其统率东宫卫士。正五命。隋开皇元年(581)罢。

右射声率上士 官名。西魏恭帝三年(556)置,北周沿置。夏官府右武伯中大夫属官,统禁军射声士,负责皇帝临朝及出行侍卫。正三命。下设右射声率中士、右射声倅长下士以佐其职。隋开皇元年(581)罢。

右神策军大将军 官名。唐代北衙禁军右神策军统兵长官。贞元二年(786)改神策右厢为右神策军而置,二员,正三品,掌卫兵及内外八镇兵,光启元年(885)以其为右神策军诸都指挥使。辽亦置,为加官。

右神策军护军中尉 官名。唐贞元十二年(796)置,以宦官为之,为禁军最高统兵官之一,权倾天下,皇帝废立,多出其可否。

右神策军将军 官名。唐代北衙禁军右神策军统兵官。贞元二年(786)改神策右厢为右神策军而置,二员,从三品。三年,加置二员。辽亦置,为加官。

右神策军上将军 官名。辽代置,为南面官。加官,无实职。

右神策军统军 官名。唐贞元十四年(798)置,二员,从二品,以崇禁卫。

右神威军大将军 官名。唐代禁军右神威军统兵长官。贞元三年(787)改殿前右射生军为右神威军而置,二人,正三品,元和三年(808)罢。辽亦置,为加官。

右神威军将军 官名。唐禁军右神威军统兵次官。贞元三年(787)改殿前右射生军为右神威军而置,二人,从三品,元和三年(808)罢。辽亦置,为加官。

右神威军上将军 官名。辽代置,为南面官。加官,无实职。

右神武军大将军 官名。唐代北衙禁兵右神武军统兵长官。开元二十六年(738)分羽林军而置,寻废。至德二载(757)以左、右羽林军减耗而又别置。初设一员,正三品,乾元二年(759)以战乱未息,增为二员,总领衙前射生兵。辽亦置,为加官。

右神武军将军 官名。唐代北衙禁军右神武军统兵官。至德二年(757)置,二员,从三品。贞元三年(787)增置一员,为右神武军大将军副贰。辽亦置,为加官。

右神武军上将军 官名。辽代置,为南面官。加官,无实职。

右神武军统军 官名。唐兴元元年(784)置,一人,从二品,以授节帅罢任者,无职事。

右省 唐代中书省的别称。以其官署位于门下省之右,故名。

右师 ❶军队建制。商代置。❷官名。春秋时宋国置。为六卿(执政大臣)之一,掌君臣百官教训,又与左师兼掌四乡政令。战国时齐国亦置。❸官署名。战国时东周国置。

右拾遗 官名。唐垂拱元年(685)始置,属中书省,员二人,从八品上,掌供奉讽谏。天授二年(691)增至五人,后除授渐滥,故有“拾遗平斗量”之讥。宋初沿置,多别领中外职任,不专任谏职。端拱元年(988)改名右正言。南宋淳熙十五年(1188)复置,掌规谏讽谕,隶中书门下省。绍熙二年(1191)复改右正言。辽代置，为南面官，隶中书省右谏院，掌讽谏。金亦置，隶谏院，正七品。明建文改官制，通政使寺及六科下皆置，成祖即位后乃罢。

右史　见“左史❶”。

右史堰　水堰名。又名右史渠、后乡渠、石英渠。在唐山南道朗州武陵(今湖南常德)东北。唐穆宗长庆二年(822)，朗州刺史温造增修，径九十七里，溉田二千顷。温造原为起居舍人，古称右史，故以名堰。

右士曹　官署名。西晋、北魏所置尚书省诸曹之一。西晋为郎曹；北魏前期为尚书曹，后改郎曹。参见“右士郎”、“右士尚书”。

右士郎　官名。西晋置，为尚书省右士曹长官，亦称右士郎中，六品。东晋省。北魏置。或说太和改制后隶都官尚书。太和十七年(493)定郎为从五品中，郎中五品上；二十三年皆称郎中，六品。仍可通称为郎。北齐改置膳部郎中。

右士尚书　官名。北魏兴安二年(453)置，为尚书省右士曹长官。后罢。

右士师　官名。春秋战国置。参见“左士师”。

右侍伯中大夫　官名。北周置。统所部禁军，负侍卫之责。正五命。亦省称右侍伯。宣政元年(578)，苏慈自前侍伯中大夫迁此。

右侍禁　官名。(1)武臣阶官。北宋淳化二年(991)置，系三班小使臣。元丰改制，定为正九品。政和二年(1112)重定武臣阶官名，改忠翊郎。(2)宦官。宋徽宗政和二年重定宦官名，改殿头置。(3)西夏于监军司内置，分左、右，汉族与党项族均可领其职。

右侍郎　官名。(1)十六国西秦乞伏炽磐置，为高级执政官。《晋书·乞伏炽磐载记》：“罢尚书令、仆射、尚书、六卿、侍中、散骑常侍、黄门郎官，置中左右常侍、侍郎各三人。”(2)王、公国属官。掌侍从赞礼，通传教令。南朝或置，位左、右常侍下。参见“侍郎”。(3)明清六部及清代理藩院各设左、右侍郎，为各部副长官。

右侍上士　见“左侍上士”。

右庶长　爵名。战国秦置，为二十等爵第十一级。庶长，意即众列之长。秦、汉因之。汉景帝、武帝曾赐中二千石爵右庶长。

右庶子　官名。隋置，为太子典书坊长官，员二人，正四品下。唐龙朔二年(662)改典书坊为右春坊，右庶子为右中护。咸亨元年(670)皆复旧。景云二年(711)再改典书坊为右春坊，以其比中书令，置二人，正四品下。掌侍从、献纳、启奏。宋沿置，不常设。明设为詹事府右春坊官。洪武十五年(1382)定设一人，正五品，为右春坊主要官员，在大学士之下，谕德、中允、赞善、司直郎之上。其职在于陈古义，申典制，以规鉴太子。不常置。嘉靖后，仅为翰林官迁转之阶。清顺治九年(1652)沿置，十五年裁。康熙十四年(1675)复置。满、汉各一人，正五品。掌记注撰文。汉员则兼翰林院侍读。光绪二十八年(1902)，詹事府省入翰林院，遂废。参见“左庶子”。

右朔方王　官名。匈奴置。由单于子弟充任，统领部众，位左、右渐尚王下。

右司　官署名。(1)初为尚书都省办事机构。隋、唐、五代皆置。隋代有郎一员，唐代有郎中、员外郎各一员，为尚书右丞副贰。掌监督管理兵部、刑部、工部十二司政务。北宋神宗元丰改制后，监管兵部、刑部、工部、案钞房，亦有郎中、员外郎各一员。辽沿置。金掌本司奏事，总察兵、刑、工三部受事付事，兼带修注官，回避其间记述之事，有郎中、员外郎各一员。元并尚书省入中书省，遂改隶中书省，世祖至元十五年(1278)置，掌兵房之边关、站赤、铺马、屯田、牧地五科，刑房之法令、弭盗、功赏、禁治、枉勘、斗讼六科，工房之横造军器、常课缎匹、岁赐、营造、应办、河道六科，有郎中、员外郎各二员。元末朱元璋中书省置，有郎中、员外郎；明洪武十三年(1380)随中书省罢。(2)大理寺所统官署。见“左司(2)”。(3)清代宗人府，盛京礼、兵、刑、工四部之下属机构均设有右司，承办具体政务。

右司工　官名。司工即司空。战国司工官分左、右。三晋官印有“右司工”官名。《古玺汇编》第九一号：“汪匋右司工。”

右司谏　见“左司谏”。

右司郎中　官名。唐贞观二年(628)置，员一人，从五品上，为尚书右丞副贰，协掌尚书都省事务，监管兵、刑、工部诸司政务，举稽违，署符目，知直宿，位在诸司郎中上。龙朔二年(662)改名右承务，咸亨元年(670)复旧称。北宋初为寄禄官，元丰改制，置一员，正六品，领兵、刑、工部及案钞房事。辽沿置。金尚书省右司置一员，正五品，掌本司奏事，总察兵、刑、工三部受事付事，兼带修注官。元中书省右司置二员，正五品，掌兵房五科、刑房六科、工房六科事。元末朱元璋置于中书省，为属官，正五品，明洪武十三年(1380)罢。

右司隶　官名。十六国汉刘聪置。右司隶部行政长官，领户二十余万，位次尚书仆射。见《晋书·刘聪载记》。

右司隶寺　官署名。十六国汉刘聪置。以右司隶为其长官，掌管右司隶部民，共领户二十余万，其下设内史，每一内史领万户。见《晋书·刘聪载记》。

右司马　官名。司马之属，参掌军政。《左传·襄公二年》：“楚公子申为右司马。”战国时，齐、楚、燕等国沿置。秦汉之际刘邦亦置，使典武职。宋代为大都督府属官，无职掌。

右司侍郎　官名。即尚书右丞。五代后梁开平二年(908)因避讳改，后唐同光元年(923)复名尚书右丞。

右司徒　见“左司徒”。

右司卫　见“左司卫”。

右司员外郎　官名。唐永昌元年(689)始置，隶尚书都省，一人，从六品上，与右司郎中同为尚书右丞副贰，监管兵、刑、工部诸司政务，举稽违，署符目，知宿直，位诸司员外郎上。神龙元年(705)省，次年复置。北宋初为寄禄官，元丰改制后置一员，从六品,与右司郎中监管兵、刑、工部及案钞房。辽沿置。金尚书省右司置一员,正六品,佐郎中掌本司奏事及总察兵、刑、工三部受事付事。元中书省右司置二员,正六品,佐郎中掌兵房五科、刑房六科、工房六科。元末朱元璋中书省置为属官,正六品,明洪武十三年(1380)罢。

右司乐 见“左司乐”。

右司直郎 官名。明洪武十五年(1382)于右春坊置,二人,从六品。与左司直郎及左、右清纪郎共掌太子东宫弹劾、纠举之事。不常设。

右寺 官署名。明清大理寺所属机构。分掌狱讼复审工作。参见“大理寺”。

右寺正 见“左寺正”。

右肃机 官名。即尚书右丞。唐龙朔二年(662)改,咸亨元年(670)复名尚书右丞。

右肃政台 官署名。唐文明元年(684)改御史台为肃政台,光宅元年(684)分置左、右。右台监察京城外文武官僚。神龙元年(705)改右御史台。

右遂伯中大夫 官名。西魏恭帝三年(556)置,北周沿置,省称右遂伯。地官府民部中大夫属官。每方设一人,协掌本方行政事务。正五命。隋开皇元年(581)罢。

右台 右御史台、右肃政台的省称。

右堂 清代地方州县中吏目、典史的别称。

右陶 官署名。战国燕置。燕国设置右陶、左陶两官署,分管陶器制作。战国燕国陶文有此官署。

右天驷监 宋代中央养马机构,置监官一人,掌国马,辨别良驽以待军国之用。

右通进 官名。辽代置,为南面官,属门下省通进司,职掌不详。统和二十八年(1010),萧韩家奴为右通进,典南京栗园。

右通政 官名。明清通政使司副长官。佐主官掌司事。明洪武十年(1377)设,一人。并设誊黄右通政一人。南京通政使司亦设一人,皆正四品。清顺治元年(1644)沿设,汉二人。乾隆十年(1745)裁一人。十三年俱裁。

右屠耆王 即“右贤王”。

右屯卫 禁卫军指挥机构。隋代十二卫之一,大业三年(607)改右领军府置,设大将军一员、将军二员,总府事,并统诸鹰扬府;其军士名羽林;置护军四员,寻改为武(虎)贲郎将,以武(虎)牙郎将六员副之;又有长史,录事参军,司仓、兵、骑、铠等员。唐龙朔二年(662)改名右威卫。五代后周广顺二年(952)复名右屯卫。宋代存其官,但无职掌。

右屯卫大将军 官名。隋大业三年(607)改右领军府为右屯卫,置大将军一员为长官,正三品,总其府事,并统诸鹰扬府。唐龙朔二年(662)改名右威卫大将军。五代后周广顺二年(952)复名右屯卫大将军。北宋沿置,为环卫官,无定员,无职掌,多以宗室为之,亦用为武臣赠典或武官责降散官。元丰改制,降为正四品。南宋多不除授,隆兴中复置。

右屯卫将军 官名。隋大业三年(607)改右领军府为右屯卫,置将军二人,从三品,协助大将军总其府事,统诸鹰扬府。唐龙朔二年(662)改名右威卫将军。五代后周广顺二年(952)复名右屯卫将军。宋沿置,为环卫官,无定员,无职掌,多以宗室为之,亦用为武臣赠典或武官责降散官。元丰改制,降为从四品。南宋多不除授。

右外兵曹 官署名。西晋分外兵曹置,为尚书省诸郎曹之一,与左外兵曹并掌京畿以外各地军队政令军务。属五兵尚书。设郎(郎中)。东晋、南朝省并外兵曹。北魏复置,与外兵曹、左外兵曹并属七兵尚书。北齐沿置,属五兵尚书,掌河北及潼关以西诸州兵士名籍及发召征兵之政令。

右外兵郎 官名。西晋分外兵郎置,为尚书省右外兵曹长官通称,亦称郎中,六品。属五兵尚书。东晋、南朝省并外兵郎。北魏复置,属七兵尚书。太和十七年(493)定郎为从五品中,郎中五品上;二十三年皆称郎中,六品,仍可通称为郎。北齐沿置,六品上,属五兵尚书。

右外兵郎中 官名。西晋、北朝与右外兵郎互称,为尚书省右外兵曹长官。参见“右外兵郎”。

右外兵尚书郎 见“右外兵郎”。

右威卫 禁卫军指挥机构。唐十六卫之一。龙朔二年(662)改右屯卫置,设大将军一员,将军二员,掌宫禁宿卫,大朝会则被黑甲铠、弓箭刀楯旗等,为右厢队,次右武卫之下。凡分兵主守,则知皇城东面助铺,领翊府及诸折冲府府兵。有长史、录事及仓、兵、骑、胄曹参军事,司阶、中候、司戈、执戟四色官及长上等属。其翊府有中郎将、郎将、录事、兵曹参军事、校尉、旅帅、队正、副队正。光宅元年(684)改名右豹韬卫,神龙元年(705)复旧称。贞元二年(786)置上将军一员,位大将军上。辽亦置,设大将军、上将军、将军,领折冲都尉、果毅都尉。

右威卫大将军 官名。唐十六卫大将军之一。龙朔二年(662)改右屯卫大将军而置,一员,正三品。贞元二年(786)置上将军以前为右威卫长官,与左威卫大将军同掌宫禁宿卫,督其属翊府之翊卫、外府熊渠番上者。辽亦置,为加官。

右威卫将军 官名。唐十六将军之一。龙朔二年(662)改右屯卫将军置,二人,从三品,佐右威卫大将军掌宫禁宿卫,督其属。辽亦置,为加官。

右威卫上将军 官名。唐德宗贞元二年(786)置为右威卫长官,一员,从二品,位大将军上,掌宫禁宿卫,督其属翊府之翊卫、外府熊渠番上者。辽亦置,为加官。

右卫 ❶禁卫军指挥机构。西晋泰始元年(265)分中卫与左卫同置。职掌、属官、沿革悉同左卫。详“左卫❶”。❷元世祖至元八年(1271)三分侍卫而置右卫及左、中两卫,为枢密院所领京城侍卫。职掌、属官、沿革悉同左卫。详“左卫❷”。❸官名。高昌国置,位令尹(相国)、公(交河公、田地公)下,八长史上。

右卫大将军 官名。北齐置。常在嗣主左右,兼掌机要之事。隋置一人,正三品,掌宫掖禁御,督摄仗卫。大业三年(607)改为右翊卫大将军,总领府事,并统诸鹰扬府。唐武德五年(622)复为右卫府大将军。龙朔二年(662)去“府”字,置一人,正三品。贞元二年(786)置上将军前为长官,掌宫禁宿卫,总制五府及外府。北宋置为环卫官,无定员,无职掌,多以宗室为之,亦用为武臣赠典或武官责降散官。元丰改制,降为正四品。南宋多不除授,隆兴中复置,以承宣使遥郡者为之。辽亦置,为加官。

右卫将军 见“左卫将军”。

右卫率府 见“太子左右卫率府”。

右卫亲军都指挥使司 元代侍卫亲军指挥机构,五卫之一。秩正三品。掌汉军万名。置营于永清(今属河北),衙司在大都(今北京)丽正门内。设都指挥使三员,副都指挥使二员,佥事二员。下辖一镇抚所,十行军千户所,左、右屯田千户所及弩军千户所。

右卫上将军 官名。唐贞元二年(786)置为右卫长官,位大将军上,置一人,从二品,掌宫禁宿卫,总制五府及外府。北宋置为环卫官,无定员,无职掌,多以宗室为之,亦为武臣赠官。元丰改制前为三品,后复为从二品。南宋多不除授,隆兴时复置,以承宣使正任为之。辽亦置,为加官。

右卫中郎将 官名。唐武德五年(622)改右翊卫为右卫府而置,龙朔二年(662)去“府”字,置一人,正四品下,将军缺员,则代之,为上将佐贰。宋置为环卫官,无定员,无职掌,多以宗室为之,亦用为武臣赠官或武官责降散官。北宋前期为四品,南宋多不除授。

右文殿修撰 见“集贤院学士”。

右於陆王 官名。匈奴置。由单于子弟充任,统领部众,地位在左、右奕蠡王之下。

右武伯中大夫 官名。西魏恭帝三年(556)置,北周沿置。夏官府右武伯司长官,省称右武伯。员一人。与左武伯中大夫共掌皇宫内外宿卫禁令,兼统虎贲、旅贲、射声、骁骑、羽林、游击等六率禁卫军士。皇帝临轩时,备三杖于庭,立于殿上东、西阶之侧。皇帝出行时则列兵护于帝之左右。下设右小武伯下大夫、右小武伯上士以佐其职,领右虎贲率上士、右旅贲率上士、右射声率上士、右骁骑率上士、右羽林率上士、右游击率上士等官属。北周建德二年(573)省,宣帝即位后又复置。正五命。隋开皇元年(581)罢。

右武大夫 官名。北宋政和二年(1112)重定武臣阶官名,改西上阁门使置,正六品。

右武候 禁卫军指挥机构。隋代十二卫之一,置大将军一员、将军二员,与左武候同掌车驾扈从。昼夜巡察烽候道路,执其营禁。分领诸骠骑府、车骑府府兵。有长史、司马、录事及功、仓、兵、骑曹参军,法、铠曹行参军等员,另置司辰师、漏刻生。大业三年(607)改名右候卫,司辰师改隶太史局,增置察非掾,专掌纠弹之事。

右武候大将军 官名。隋十二卫大将军之一。置一员,正三品,与左武候大将军同掌车驾出巡营卫,分领府兵。大业三年(607)改名右候卫大将军。

右武候将军 官名。隋十二卫将军之一,置二员,从三品,为右武候大将军副贰。大业三年(607)改为右候卫将军。

右武郎 武阶官名。宋徽宗政和二年(1112)重定武臣阶官名,改西上阁门副使置,从七品。

右武侍率 官名。即太子右宗卫率。隋大业三年(607)改是称,唐武德五年(622)复名右宗卫率。

右武威 官署名。即右骁卫。唐光宅元年(684)改是称,神龙元年(705)复名右骁卫。

右武卫 禁卫军指挥机构。隋代为十二卫之一,置大将军一员、将军二员,掌宫掖禁御,督摄队仗,有长史、司马、录事,功、仓、兵、骑等曹参军事,法、铠曹行参军,统开府府、仪同府,并领外军宿卫。大业三年(607),以大将军、将军总府事,并统诸鹰扬府,所领军士名熊渠,置护军四员,掌副贰将军,将军缺则以其一人摄,寻改为武(虎)贲郎将,以武(虎)牙郎将副之,又置长史,录事参军,司仓、司兵、司骑、司铠等员。唐代为十六卫之一,置大将军一员、将军二员,统翊府及外府府兵,掌宫禁宿卫,大朝会在正殿前以其队次立于右骁卫之下,有长史、录事及仓、兵、骑、胄等曹参军。天授二年(691)又置司阶、中候、司戈、执戟四色官及长上等属,其翊府有中郎将、郎将、兵曹参军事、校尉、旅帅、队正、副队正等。光宅元年(684)改名右鹰扬卫,神龙元年(705)复名右武卫。德宗贞元二年(786)置上将军一员,位大将军上。辽亦置,设大将军、将军,领折冲都尉、果毅都尉。

右武卫大将军 官名。隋十二卫大将军之一。置一员,正三品,总府事,并统诸鹰扬府。唐沿置,掌宫禁宿卫。北宋置为环卫官,无定员,无职掌。多以宗室为之,亦为武臣赠典。元丰改制前为三品,后降为正四品。南宋多不除授,隆兴中复置。辽亦置,为加官。

右武卫将军 官名。隋十二卫大将军之一。置二员,从三品,佐大将军总府事并统诸鹰扬府。唐时沿置,掌宫禁宿卫,凡翊府之翊卫、外府熊渠番上者,分配之。北宋置为环卫官,无定员,无职掌,多以宗室为之,亦为武臣赠典或武臣责降散官。元丰改制后降为从四品。南宋时多不除授,隆兴中复置。辽代亦置,为加官。

右武卫上将军 官名。唐贞元二年(786)置为右武卫长官,一员,从二品,位大将军上,掌宫禁宿卫,北宋置为环卫官,无定员,无职掌。多以宗室为之,亦为武臣赠典。元丰改制前为三品,后降为从三品。南宋多不除授,隆兴中复置。辽亦置,为加官。

右辖 元代中书省、尚书省右丞别称。

右先司马 官名。战国置。军队中的先锋官。

右贤王 匈奴官名。即右屠耆王。屠耆为匈奴语“贤”,汉人因称右屠耆王为右贤王。为单于之下最高官职,地位仅次于左贤王,以单于子弟充任。一般统辖万余骑,居单于西方,最为大国。下置千长、百长、什长、裨小王、相、都尉、当户、且渠等官属,以管理辖地军政事务。十六国时仇池氏杨茂及子孙亦称此号。

右显禄王 官名。匈奴置。以单于子弟充任，统领部众，位左、右独鹿王下。

右相 见“左相”。

右相国 官名。元至正二十四年(1364)正月，朱元璋于应天府(今江苏南京)自立为吴王，设中书省，置右相国为中书省长官，正一品，位在左相国上。吴元年(1367)改百官礼仪，以左为上，遂改原右相国为左相国。明洪武元年(1368)改置为右丞相。

右骁骑将军 官名。南朝梁天监六年(507)置，掌管宿卫事务，领朱衣直阁，并给仪从。多由侍中、散骑常侍等文职清官兼领，七年定为十一班。陈沿置，四品、秩二千石。

右骁骑率上士 官名。西魏恭帝三年(556)置，北周沿置。夏官府右武伯中大夫属官，统禁军骁骑之士，负责皇帝临朝及出行的侍卫。正三命。下设右骁骑率中士、右骁骑倅长下士以佐其职。隋文帝开皇元年(581)罢。

右骁卫 禁卫军指挥机构。隋大业三年(607)改右备身府置，又称右骁骑，为十二卫之一。置大将军一员、将军二员，统诸鹰扬府府兵；置都护军四员，掌副贰将军，寻改武(虎)贲郎将，又置武(虎)牙郎将六员，有长史、录事参军，司仓、兵、骑、铠等员，军士名豹骑。唐沿置，为十六卫之一，位左、右卫下，掌宫禁宿卫，领翊府及诸折冲府府兵。凡翊府之翊卫、外府豹骑番上者，分配之；凡分兵守诸门，在皇城四面、宫城内外，与左、右卫分知助铺。天授二年(691)置司阶、中候、司戈、执戟四色官及长上。光宅元年(684)改称右武威，神龙元年(705)复旧称。贞元二年(786)置上将军一员，位大将军上。辽亦置，设大将军、上将军、将军，领折冲都尉、果毅都尉。

右骁卫大将军 官名。隋大业三年(607)改右备身府为右骁卫，置为十二卫大将军之一，正三品，总府事，并统诸鹰扬府。唐沿置，光宅元年(684)改右武威大将军，神龙元年(705)复旧称。贞元二年(786)置上将军前为右骁卫长官，掌宫禁宿卫。北宋置为环卫官，无定员、职掌，多以宗室为之，亦用为武臣赠典或武官责降散官。元丰改制，降为正四品。南宋多不除授，隆兴中复置。辽亦置，为加官。

右骁卫将军 官名。隋大业三年(607)改右备身府为右骁卫，置二人，从三品，佐大将军总府事，并统诸鹰扬府。唐沿置，掌宫禁宿卫。光宅元年(684)改右武威将军，神龙元年(705)复名右骁卫将军。北宋置为环卫官，无定员，无职掌，多以宗室为之，亦用为武臣赠典或武官责降散官。元丰改制，降为从四品。南宋多不除授，隆兴时复置。辽亦置，为加官。

右骁卫上将军 官名。唐贞元二年(786)初置，一员，从二品，为右骁卫长官，位大将军上，掌宫禁宿卫。北宋置为环卫官，无定员，无职掌，多以宗室为之，亦用为武臣赠典。元丰改制，降为从三品。南宋多不除授，隆兴中复置。辽亦置，为加官。

右小武伯下大夫 官名。西魏恭帝三年(556)置，北周沿置。夏官府右武伯司次官，省称右小武伯或小右武伯，员二人。佐右武伯中大夫与左武伯中大夫共掌皇宫内外卫禁令，统虎贲、旅贲、射声、骁骑、羽林、游击等六率禁卫军士，皇帝临朝及出行时负责侍卫。正四命。北周建德二年(573)，省六府诸司中大夫，遂为右武伯司长官，称右武伯下大夫。宣帝即位，复置六府诸司中大夫后，仍为次官。隋开皇元年(581)罢。

右行人 官名。明初行人司职官。洪武十三年(1380)置，从九品，寻改为右司副。见“左行人”。

右姓 同豪右。汉代指郡国有势力之强宗大族。《后汉书·郭伋传》：“强宗右姓，各拥众保营，莫肯先附。”李贤注：“右姓犹高姓也。”东晋、南北朝时指士族中之高门大姓。东晋定氏族，凡郡上姓第一为右姓；北魏太和时以郡四姓为右姓；北齐浮屠昙刚《类例》：凡甲门为右姓；北周《建德氏族志》以四海通望为右姓；路氏《著姓略》以盛门为右姓；柳冲《姓族系录》：凡四海望族则为右姓。

右雄武府 官署名。隋大业三年(607)置，隶左、右备身府，与左雄武府各置雄武郎将，领皇帝亲近禁军骁果，以武勇郎将为副贰，有司兵、司骑二局，并置参军事。

右熊卫 渤海国十卫之一，置大将军一人，将军一人。

右宣徽使 官名。金置，为*宣徽院副长官，协助左宣徽使掌宣徽院事，秩正三品。

右玄义 见“左玄义”。

右选 宋代吏部尚书右选、侍郎右选之通称。元丰改制置，分掌武臣选调。

右选曹尚书 官名。十六国时汉置，属尚书省。掌官吏铨选，位次尚书仆射。《晋书·刘聪载记》：“省吏部，置左、右选曹尚书。”

右选郎 官名。三国蜀置，尚书郎官名。亦作右选部郎。与左选郎、吏部郎同掌官吏铨选。见《三国志·蜀志·杨戏传》。

右选侍郎 官名。北宋元丰改制，吏部设侍郎右选，若命他官兼掌，则称右选侍郎。参见“侍郎右选”。

右学 学校名。商代所置教育机构。相当于周代的“太学”。《礼记·王制》：“殷人养国老于右学。”郑玄注：“右学为大学，在王城西郊。”

右勋曹中大夫 官名。北周置。正五命。《隋书·于仲文传》：“及宣帝嗣位，(于玺)转右勋曹中大夫。”

右巡使 官名。唐代置，以殿中侍御史为之，掌纠察京城外官员违失。宋朝亦以殿中侍御史兼任，掌正祭祀朝会文官之班序，纠其违失。

右巡御史 官名。唐御史台置，初以侍御史掌纠察违失，分左、右巡，以右巡监察京城之外，尽雍(今陕、甘一带)、洛(今河南)二州之境，月一代；后以殿中侍御史掌知；寻以务剧，又选用京畿县尉。

右演法 官名。明清道录司职官有左、右演法。右演法依例升迁*左演法，缺出由左至灵升补。

右曜武将军 官名。十六国后赵石虎置，地位高于左、右卫将军。

右一护军府　官署名。唐初秦王、齐王府所置六护军府之一。掌侍卫陪从,置护军一人、副护军二人,长史、录事及仓、兵、铠曹参军各一人;统军五人、别将十人,分别掌领亲、勋卫及外军。

右夷离毕　官名。辽代置,为北面官。夷离毕院官员,位左夷离毕下。参见"左夷离毕"。

右译长　见"左译长"。

右奕蠡王　见"左谷蠡王"。

右翊蒙古侍卫亲军都指挥使司　元代侍卫亲军指挥机构之一。秩正三品。大德七年(1303),由蒙古侍卫亲军都指挥使司分立,掌蒙古军士。置营于武清(今属天津)、新城(今河北辛集),衙司在大都(今北京)丽正门内。设都指挥使三员,副都指挥使二员,佥事二员,蒙古字、儒学教授各一员。下辖千户所十二翼。

右翊卫　见"左翊卫"。

右翼军都统　官名。辽置右翼军都统所,属北面行军官。设右翼军都统以统领所部。另有左翼军都统所,亦属北面行军官。设左翼军都统以统领所部。

右翼三万户　明代东蒙古右翼袄儿都司万户、土默特万户和永邵卜万户的简称。达延汗统一东蒙古后所建,与左翼三万户合称六万户。

右银青光禄大夫　官名。西魏、北周置。加官,无具体职掌,正七命。参见"光禄大夫"。

右尹　官名。春秋战国时楚国置。初为尊官,次令尹,征战时兼任军帅。后地位稍降。多以王族充任。《左传·成公十六年》:"楚子救郑。司马将中军,令尹将左,右尹子辛将右。"战国曾侯乙墓竹简所记楚官名亦见。

右鹰扬卫　官署名。即右武卫。唐光宅元年(684)改,神龙元年(705)复名右武卫。

右游击将军　官名。南朝梁天监六年(507)置,充当侍卫之任,多由散骑常侍等文职清官兼领。七年定为十一班。陈沿置,四品,秩二千石。

右游击率上士　官名。西魏恭帝三年(556)置,北周沿置。夏官府右武伯中大夫属官,统禁军游击士,负责皇帝临朝及出行侍卫。正三命。下设右游击率中士、右游击倅长下士以佐其职。隋开皇元年(581)罢。

右羽林军大将军　官名。唐代北衙禁军右羽林军统兵长官。龙朔二年(662)置,一人,正三品。武则天时地位日重,开元年间最为荣宠,成为举足轻重的禁军统兵官,多以宦官为之。乾元二年(759)增一员。辽亦置,为加官。

右羽林军将军　官名。唐北衙禁军右羽林军统兵次官。龙朔二年(662)置,员二人,从三品。贞元三年(787)增一员。辽亦置,为加官。

右羽林军上将军　官名。辽代置,属南面官。为加官,无实职。

右羽林军统军　官名。唐兴元元年(784)置,一人,从二品,以授节帅罢任者,无职事。

右羽林率上士　官名。西魏恭帝三年(556)置,北周沿置。夏官府右武伯中大夫属官,统禁军羽林士,负责皇帝临朝及出行的侍卫,正三命。下设右羽林率中士、右羽林倅长下士以佐其职。隋文帝开皇元年(581)罢。

右玉钤卫　官署名。即右领军卫。唐光宅元年(684)改是称,神龙元年(705)复名右领军卫。

右谕德　官名。唐龙朔二年(662)始置太子左、右谕德各一人,正四品下,掌谕太子以道德,随事讽赞,分隶左、右春坊。宋仁宗、神宗、钦宗为太子时皆置,以他官兼任。金亦置为东宫僚属,正五品,掌赞谕道德、侍从文章。明代隶詹事府右春坊,掌赞谕规谏太子,从五品,以翰林院官兼任。清顺治九年(1652)沿置,员一人,由汉人充任,隶詹事府右春坊。与右庶子等共掌记注纂修之事。十五年省。康熙十四年(1675)复置,满、汉各一员,汉员兼翰林院修撰衔。三十七年省满员,五十七年又省汉员,遂废。

右御　官名。战国时燕国有此官。主王之饮食。

右御史大夫　官名。三国吴孙休永安五年(262)分御史大夫置。以光禄勋孟宗为右御史大夫。唐神龙元年(705)改右肃政大夫为右御史大夫,为右御史台长官,掌监察地方文武官僚,从三品。延和元年(712)废。元末朱元璋吴元年(1367)复置,与左御史大夫并为御史台长官,掌纠察朝廷内外百官,从一品。明洪武十三年(1380)废。参见"御史大夫"、"御史台"。

右御史台　官署名。唐神龙元年(705)改右肃政台置,景云三年(712)废,先天二年(713)复置,督察诸州。寻废。参见"御史台"。

右御史中丞　见"左御史中丞"。

右御卫　禁卫军指挥机构。隋大业三年(607)置,设大将军一员、将军二员,统诸鹰扬府府兵。又置护军四员,掌副贰将军,寻改武(虎)贲郎将,又置武(虎)牙郎将六员,有长史,录事参军,司仓、司兵、司骑、司铠等员,军士名射声。唐初沿置,武德五年(622)改名右领军卫。

右御卫大将军　官名。隋大业三年(607)置,为十二卫大将军之一,一员,正三品,总其府事,并统诸鹰扬府。唐初沿置,武德五年(622)改为右领军卫大将军。

右御卫将军　官名。隋大业三年(607)置,为十二卫将军之一,置二人,从三品,佐大将军总其府事,并统诸鹰扬府。唐初沿置,武德五年(622)改为右领军卫将军。

右院　官署名。明建文二年(1400)改都察院为御史府,改十二道为左、右两院,只设御史二十八人。成祖即位,复旧制。参见"都察院"。

右允　官名。渤海国置,相当于唐朝尚书右丞。

右宰　官名。春秋时卫国置。或说为家宰。《左传·隐公四年》:"卫人使右宰丑莅杀州吁于濮。"杨伯峻注:"右宰,卫国官名,襄十四年传有右宰穀。古卿大夫有家臣,家臣之长曰宰。"

右赞善　见"左赞善"。

右藏　官库名。西晋始置右藏,为皇室库藏,属少府,其主官为令。东晋改称内左库。南朝宋省外左库而内左库直称左库。齐、梁、陈复称右藏。北齐置右藏署,有令,属太府寺,掌金玉珠宝、铜铁毛角之物及诸方贡献杂物。北周则称外府。

右藏丞 官名。北齐置,为太府寺右藏署次官,佐长官右藏令掌署事。隋沿置,设四员,正九品。唐置三员,升正九品上。北宋初存其名而罕除授。金改右藏库副使,隶太府监。

右藏库 官署名。北宋初置,淳化四年(993)并入左藏库。详见"左藏库"。金亦置,属太府监。掌锦帛丝绵毛褐、诸道常课诸色杂物。设使、副使领库事,使秩从六品、副使秩从七品。下设本把四人。

右藏库使 官名。宋初置,为武臣阶官。淳化四年(993)罢。金亦置,属太府监。参见"右藏库"。

右藏令 官名。西晋少府属官。东晋省。南朝梁、陈皆置,隶太府卿,梁为流外三品勋位。北齐为太府寺右藏署长官,从八品上。隋沿置,设二人,从八品上,炀帝大业三年(607)升从六品。唐置二员,正八品上,掌内库金玉、珠宝、铜铁、骨角、齿毛、彩画等。北宋存其名而罕除授。金改右藏库使,隶太府监。

右藏署 官署名。北齐置,为太府寺下属机构,设令、丞为正副长官。隋沿置,有令二员、丞四员。唐亦设于太府寺,设令二员、丞三员、监事四员。掌金玉、珠宝、铜铁、角骨、齿毛、彩画及诸州贡物库藏。入库,由太府卿、御史监阅,太府丞主帐簿;出库,则勘验本寺符契而发。北宋初存其名而无职司。金改为右藏库,隶太府监。

右藏提点 官名。元至元十九年(1282)置左、右藏提点,属太府监,秩从五品,员各四人。其下置大使,正六品;副使,正七品,员各二人。右藏提点掌收支金银宝钞、*只孙缎匹、水晶玛瑙玉璞诸物。左藏提点掌收支常课,和买纱罗、布绢、丝绵、木棉、铺陈衣服诸物。

右詹事 见"左詹事"。

右长史 见"左长史"。

右帐内府 见"左帐内府"。

右昭仪 妃嫔号。北魏太武帝时置,孝文帝改定内官后,在皇后之下,位视大司马。北齐武成帝河清新令,位比丞相。后主武平五年(574)置左、右娥英后,降为比二大夫。

右折冲都尉 官名。辽置,属南面官。加官,无实职。

右正言 见"正言"。

右正一 官名。明清道录司职官有左、右正一,右正一依例升迁左正一,缺出由左演法升补。参见"左正一"。

右执法 官名。三国吴置。洪饴孙《三国职官表》:"吴置中、左、右执法各一人,平诸官事。"

右执法郎 参见"左执法郎"。

右至灵 官名。明清道录司职官有左、右至灵。右至灵依例升迁左至灵,缺出由左至义升补。参见"左至灵"。

右至义 官名。明清道录司职官有左、右至义。右至义依例升迁左至义,缺出由候补道官升补。参见"左至义"。

右治狱 宋官署名。属大理寺。元丰二年(1079)置。掌审理京师百官或皇帝特旨交审案件及追究官物。由推丞审理。元祐三年(1088)一度废罢,绍圣二年(1096)恢复。分四案:左右寺案掌断讫公事案后收理追赃等,驱磨案掌追查两推官钱、官物、文书,检法案掌检断左右推案并供检应用条法,知杂案掌有关杂务之类。又有开拆司、表奏司,并有左、右推掌审理各处送下案件及定夺等。

右中兵曹 官署名。西晋分中兵曹置,为尚书省诸郎曹之一,与左中兵曹并掌都城畿内军队政令军务。属五兵尚书。置郎(郎中)为长官。东晋、南朝省并中兵曹。北魏复置,与中兵、左中兵曹并属七兵尚书。北齐沿置,掌畿内兵士名籍、兵役等军务之政令,属五兵尚书。

右中兵郎 官名。西晋分中兵郎置,为尚书省右中兵曹长官通称,亦称郎中,六品。属五兵尚书。东晋、南朝省并中兵郎。北魏复置,属七兵尚书。太和十七年(493)定郎为从五品中,郎中五品上。二十三年皆称郎中,六品,仍可通称为郎。北齐沿置,属五兵尚书,六品上。

右中兵郎中 官名。西晋、北朝与右中兵郎互称,为尚书省右中兵曹长官。参见"右中兵郎"。

右中兵尚书郎 见"中兵郎"。

右中护 官名。即太子右庶子。唐龙朔二年(662)改是称,咸亨元年(670)复旧称。

右中郎将 官名。西汉置,隶光禄勋。居宫禁中,与五官、左中郎将分领中郎,更直宿卫,协助光禄勋考核管理郎官、谒者、从官。秩比二千石。多由外戚及亲近之臣充任。东汉领右署中郎、侍郎、郎中,职掌训练、管理、考核后备官员,出居外朝。三国沿置。魏、西晋初不设五官、左右三郎署,其官仍置,职任渐轻,四品,居宫禁之外。西晋泰始九年(273)罢。南朝复置,为侍从武官,分司丹禁,改隶中领军(领军将军)。宋四品,梁八班,陈五品、千石。北魏、北齐置五员,为冗职,用以安置闲散武臣,隶领军府所辖左、右卫府,从四品。北周为散官,六命。

右中允 官名。明清詹事府所属机构右春坊职官。与右庶子、右谕德等共掌记注、纂修之事。明洪武十五年(1382)始置。二十五年,改詹事院为詹事府,始为詹事府右春坊属官。额二人,正六品。虽沿古制为太子东宫官属,实仅为翰林官迁转之阶。清沿置。初二人,俱由汉人充任。康熙十四年(1675)定满、汉各二人。三十七年省满员一人,五十二年省汉员一人,只留满、汉各一人,遂为定制。亦为正六品。汉员初兼翰林院编修衔,乾隆末停兼衔。光绪二十八年(1902),詹事府省入翰林院,遂废。

右主 官名。战国秦置。守塞小吏。一说为官爵之名。秦爵多以左、右为名,如左庶长、右庶长、左更、右更之类,皆其例。

右主客曹 官署名。尚书省诸郎曹之一。西晋置左、右、南、北主客曹,各设郎(郎中)。初属客曹尚书,后不详。东晋省并主客曹。北魏复置,或说属仪曹尚书。北齐省。

右主客郎　官名。西晋置,为尚书省右主客曹长官通称,亦称郎中,六品。东晋省并主客郎。北魏复置,太和十七年(493)定郎为从五品中,郎中五品上;二十三年皆称郎中,六品,仍可通称为郎。北齐省。

右宗人　见"左宗人"。

右宗正　见"左宗正"。

幼丁　清八旗人丁年十五岁以下者。

幼丁纪录　见"纪录"。

幼官舍人营　军事编制。明代京军五军营的组成部分。由袭替父兄军职的青少年军官,即"幼官",与军卫将校子弟,即"舍人"组成。长官为坐营官。其中幼官营设把总一人,舍人营分四司,各设把总一人。

幼匠　明代匠户家子弟。征入内府各监局学艺,艺成为匠。军匠中亦有,月支米五斗,成年后即为正式军匠。

幼军　明侍卫军士之一。永乐十三年(1415),为皇太孙特选。由府军前卫统领,轮番带刀侍卫。

幼科发挥　书名。又名《家传幼科发挥秘方》、《幼科发挥大全》。明万全辑著。约刊于嘉靖二十八年(1549)。二卷。万全为儿科世医,著有数种儿科著作。此书流传甚广。首卷总论部分列有发微论、原病论、入门审候歌及胎疾、幼疾等篇;余卷列病证诊治。万氏儿科理论以《素问》为纲,结合钱乙的脏腑学说,阐述了小儿"五脏诸证"及"五脏主病"。尤对小儿惊风证有较详细的论析。关于小儿生理、病理,提出了"小儿肝常有余,脾常不足"的学术见解,并强调调理肝脾的重要性,以为此系健康之"根本"。万氏继钱乙之后,对五脏虚实辨证有较好发挥,该书中的"五脏虚实补泻之法","因五邪之气所生病",均体现之,亦是全书的总结。此书现存主要版本有《万密斋医学全书》本,清康熙年间韩江张氏重刊本等。1957年人民卫生出版社出版排印本。

幼天王玉玺　太平天国幼天王洪天贵福玺印。清同治三年(1864)制作。青白玉制。玺文为"太平天国玉玺,皇上帝、基督带真主幼主作主,明明赫赫,天子万年,福禄寿喜,天下太平,万方来朝"。天京(今南京)失陷时为清军所获,现存中国革命博物馆。

幼学诗　太平天国印书。清咸丰元年(1851)刊行。收录敬上帝、敬耶稣、敬内亲、君道、臣道、父道、母道等五言四句诗三十四首,主要敷说太平天国宗教和封建伦理纲常。与《三字经》、《御制千字诏》同为太平天国的幼学课本。

幼幼集成　书名。清陈复正撰。初刊于乾隆十五年(1750)。六卷。汇集和整理古代儿科学主要内容,卷一至四为儿科基本知识,包括初生儿疾病防治、诊法,小儿的内科杂证及外科疮疡;卷五至六为儿科歌赋,附方一百三十余首。对小儿指纹、惊风、抽搐、小儿用药提出独到见解,是一部内容丰富,论治有特色的儿科专著。

幼幼新书　书名。宋刘昉撰辑。四十卷。成书于绍兴二十年(1150)。收入宋以前一百四十余种医书中的有关儿科的理论和方剂,设子目五百四十七门。总论三卷,二十四门,主要记述小儿调养,体质特点,修合用药,脏腑生理、病理及望诊、切诊等。各论五百零八门,分别介绍新生儿护养及疾病的防治;小儿内科杂病麻、痘、惊、疳、吐、泻、疝等三百二十种疾病的病原及证治;小儿外科疔、疮、痈、疽、丹等一百零一种病症;另尚有五官、眼科等四十八种疾病的证治。书中广辑古代名医的著述、医论,同时又汲取儿科名家钱乙、刘元宾、董汲等人的精论及验方,特别是书中还保留了一些现已佚的医典内容。是南宋时期一部大型儿科类书。此书存有宋本(现藏日本)、明本(残本)等。

幼主　年幼的君主。《汉书·魏相传》:"幼主新立。"南朝梁沈约《恩幸传论》:"权幸之臣,慑惮宗戚,欲使幼主孤立,永窃国权。"太平天国用作对洪秀全长子洪天贵福之称呼。又称幼天王。金田起义后即封。由于太平天国称耶稣为上帝之太子,为避讳,故有是称。

幼主诏书　太平天国印书。又名《十救诗》、《救世真圣主诏书》。洪秀全撰。刊刻年月不详。收妈别崽、姊别弟、哥别妹、嫂别叔、爹别媳、男别女等诗十首,叙隔离男女清心慎言之道,为洪秀全教育其子洪天贵福及婿钟万信等的训言。

佑宁寺　西藏佛教格鲁派(黄教)寺院。在今青海互助土族自治县寺滩地方。明万历三十二年(1604),达赖四世派顿月却吉嘉错兴建。原名郭隆寺,清雍正二年(1724),因寺僧附和罗卜藏丹津叛乱,寺院被清军焚毁。十年,重修,雍正帝赐名佑宁寺。为松巴、土观、章嘉等呼图克图的母寺。最盛时寺僧达三千人。今寺已毁。

侑　商代祭名。见于商代甲骨文。《尔雅·释诂》:"酬、酢、侑,报也。"《国语·鲁语上》:"有虞氏报焉。"韦昭注:"报,报德,谓祭也。"武丁时期卜辞有:"侑般(盘)庚伐、卯羊。"(《殷墟文字乙编》第8660片)即侑祭商王盘庚,剖羊为牲。

宥司　亦称宥府。宋代枢密院的别称。

宥恤司　官署名。清末法部八司之一。光绪三十二年(1906)设。掌内理赦典,颁降条款,清理庶狱,并复核江苏、安徽、江西、福建、浙江、湖南、湖北刑事民事案件。置郎中三人,员外郎四人,主事五人。

宥州　❶唐开元二十六年(738)置,以安置自河南江淮迁回的胡户,取"宽宥"为名。治延恩县(今鄂托克旗南)。辖境相当今内蒙古乌海市及鄂托克旗一带。宝应后废。❷唐元和九年(814)于旧宥州东北置。距旧州城三百里,仍置延恩县为治所。十五年移治长泽县(今鄂托克旗东南城川古城)。后属西夏。蒙元废。

祐川县　唐先天元年(712)避玄宗李隆基名讳,以基城县改名。治今甘肃宕昌县西北。属岷州。上元二年(761)地入吐蕃。北宋崇宁三年(1104)复置。南宋属西和州。蒙古废。

祐国寺塔 在今河南开封市东北。宋太宗时,喻皓在此设计建造开宝寺塔,后毁于雷击。现存之塔始建于宋皇祐元年(1049),因塔所在地开宝寺,明以后改为祐国寺,故名。塔有八角,十三层,高50余米,为琉璃砖仿木结构建筑。其外部琉璃砖呈铁褐色,故俗称"铁塔"或"开封铁塔"。塔整体轮廓呈角锥形,因黄河泛滥,塔基已淤没地下。塔内有砖砌的塔心柱,柱的周围筑盘旋登道,塔底有四圭首门,北门有登道上通各层。每层均有门,可供登临眺望。塔身琉璃砖浮雕飞天、狮子等,造型生动,形象逼真。整个塔设计精密,用材严格,虽历经地震、水患、风灾等侵袭,仍巍然屹立。现为全国重点文物保护单位。

祐国营缮都司 官署名,元代置。天历元年(1328)立万圣祐国营缮提点所。三年,改为营缮都司,秩正四品,隶隆禧总管府下,置达鲁花赤、司令、大使、副使各一员。

祐陵 宋徽宗赵佶陵名"永祐陵",宋人也以"祐陵"称徽宗。

釉里红瓷器 陶瓷名词。是一种釉下彩瓷器。以铜红料在胎上绘画纹饰后,罩以透明釉,在高温还原焰气氛中烧成,使釉下呈现红色花纹的瓷器。是元代景德镇瓷工的重要发明之一,在明宣德,清康熙、雍正时期颇负盛名。

釉上彩瓷器 陶瓷名词。指在已烧成瓷器的釉面上用彩绘装饰的品种。创制于宋代。该品种需二次烧成,先烧成瓷器,经彩绘后再放入800℃炉中烧烤而成。明清时,釉上单种彩、多种彩的制作已很发达,并有三彩、五彩、斗彩、粉彩等釉上彩瓷器。

釉陶 陶瓷名词。一般指在普通陶胎上施某种颜色的铅釉,在700—800℃火候下烧成,表面有光亮色彩釉层的陶器。这是一种低温铅釉陶,至迟在西汉时出现,东汉时盛行,多作为随葬明器。

釉下彩瓷器 陶瓷名词。是一类在釉下彩绘的瓷器。据考古发现,南京三国吴墓中出土的一件青釉褐彩盖罐是中国最早的釉下彩瓷器。唐代湖南长沙窑进一步烧制出釉褐、绿彩瓷器。宋代河北磁州窑烧出白地黑花釉下彩瓷器。元代开始,青花瓷器作为釉下彩瓷器的主流深受世人喜爱。因彩绘在釉下,不易磨损或脱落,实用性强,在近代和当代瓷器制作中得到广泛运用。

yū

汙水 在今河北磁县西南。源出武安县山,东南注入漳水。《史记·项羽本纪》:"项羽悉引兵击秦军汙水上,大破之",即此。

淤口关 唐置。在今河北霸州市东信安镇。五代晋初,地入契丹。后周显德六年(959)收复其地,设淤口寨,与瓦桥关、益津关合称三关。为宋辽边防要地。太平兴国六年(981)升为破虏军。

淤田 以决水之法将含有大量淤泥的河水引入咸卤之地,使之成为沃土,提高粮食产量。始自秦汉,唐因之。至宋,已普遍推行。仁宗时,于绛州(治今山西新绛)地区淤田。神宗时,推行于京东西、河北、河东路及京畿等地,引运河、汴河、黄河、滹沱河、汾水及漳河诸水,大量淤田。各路及京师设淤田司主管其事。多由役兵从事,招佃户耕作,其收获充军粮。后代亦多行之。

yú

于成龙 ❶(1617—1684)清山西永宁(今离石)人,字北溟,号于山。顺治十八年(1661)由副榜贡生授罗城知县。康熙十七年(1678)官福建按察使。十九年晋直隶巡抚,旋迁两江总督,卒于任。执法决狱不徇情面,被圣祖称为"今时清官第一"。著作有《于清端政书》等。❷(1638—1700)清汉军镶黄旗(一作汉军镶红旗)人,字振甲,号如山。荫生出身。康熙七年(1668)任乐亭知县,有善政,拔为江宁知府。历安徽按察使、直隶巡抚、河道总督。三十五年,圣祖亲征噶尔丹,以左都御史衔督运中路军粮。三十七年修浑河,筑永清、固安等堤,圣祖遂改河名"永定"。

于道邃 东晋敦煌(今属甘肃)人。僧人。十六岁出家,为于法兰弟子。善方药,工书札,尤长清谈。为"六家七宗"缘会宗创始人。其宗义大抵以缘会则有,是俗谛;缘散则无,是真谛。后人解释为分析空。如土本合而为舍,舍无前体,拆之则为土与木,是谓分而非合。曾随其师南渡江左,又复随师远适西域,后在交趾遇疾而终,年三十一。被时人比作"竹林七贤"中之阮咸。著有《缘会二谛论》等。

于頔(?—818) 唐河南(治今河南洛阳)人,字允元。以门荫入仕。德宗时,为湖州刺史,修复湖堤,引水溉田数千顷。调苏州刺史,整街路,浚沟渎,罢淫祠,颇有政绩。然横暴少恩,对下残虐。贞元十四年(798),为襄州刺史,充山南东道节度使。后吴少诚叛,率兵往讨,攻取吴房、朗山等地,乘机募士卒,储兵器,请升襄阳为大都督府。私专赋敛,生杀任情,欲控制汉水以南地区,德宗无奈,时人因称藩镇强横不法者为"襄样节度"。宪宗即位,力削藩镇,惧而入朝。元和三年(808),拜司空、同平章事,宪宗以女妻其子。封燕国公。后以罪贬,以太子宾客致仕。

于定国(?—前40) 西汉东海郯(今山东郯城西北)人,字曼倩。少从父习法律。初为狱吏,郡决曹,补廷尉史。以材能举侍御史,迁御史中丞。宣帝即位,以曾谏昌邑王,超迁光禄大夫、平尚书事。后任廷尉,决狱审慎,罪有疑者皆从轻处理,时人比之张释之。甘露三年(前51)为丞相,封西平侯。元帝时,关东连年灾害,民多流亡,遂上书自劾归侯印、辞相位,罢官就第。后卒于家。

于都斤山 见"於都斤山"。

于遁 即"于阗"。

于法开 东晋人。僧人。十五岁出家,为于法兰弟子,住长安山寺。后南渡江东,居于剡县(今浙江嵊州)石城山寺。为“六家七宗”识含宗创始人。据吉藏《中论疏》载其宗义是:“三界为长夜之宅,心识为大梦之主。”强调神为主宰,识为功用,识含于神。哀帝曾召之主讲《放光经》。又妙通医法。年六十卒于山寺。

于濆 唐京兆长安(今陕西西安)人,字子漪。咸通进士。终泗州判官。善诗,不满拘守声律及浮艳诗风,作古风三十首,自谓逸诗,以矫时弊。诗作多反映贫富对立,生民经受战争、赋税、徭役之苦。风格古朴、自然,语言通俗。代表作有《苦辛吟》、《田翁叹》等。有《于濆诗集》一卷。

于公 西汉东海郯县(今山东郯城西北)人。为县狱史、郡决曹,断狱平允。东海(治今山东郯城北)有孀妇被太守冤杀,他力争不得,托病辞职,郡中大为敬重。

于弘志(？—1622) 明冀州武邑(今属河北)人。天启时与王好贤、徐鸿儒共传王森“闻香教”。天启二年(1622)响应徐鸿儒起义,占武邑,攻景州。不久为官军镇压,被捕处死。

于湖城 即今安徽当涂县(一说在今当涂县南)。三国吴为督农校尉治。地属丹阳县。西晋太康二年(281)分置于湖县。

于湖文录 书名。清袁昶撰。九卷。袁昶留心时务,书中《议复寄谕事件条陈》,于练兵、理财、开矿、洋务及改官制、兴学堂各项,均详加剖陈,颇为时重。其余文字涉及中外交涉者颇多,可备参考。光绪二十五年(1899)刊行。

于湖县 西晋太康二年(281)分丹阳县于湖城置。治今安徽当涂县。属丹阳郡。《资治通鉴》:东晋太宁元年(323),王敦自武昌“移镇姑孰,屯于湖”,即此。寻于此侨置淮南郡。隋平陈,废郡,县省入当涂。

于吉 即“干吉”。

于谨(493—568) 北朝河南洛阳人,字思敬,小名巨弥。鲜卑族。好读《孙子兵书》,有谋略。北魏末,先后从大行台仆射元纂、太宰元天穆等镇压破六韩拔陵、鲜于修礼及葛荣、邢杲等起事。及丞相高欢起兵讨尔朱氏,乃从大司马尔朱天光与欢战,败于韩陵山(在今河南安阳北)。遂入关,除卫将军、咸阳郡守。宇文泰至夏州,以为防城大都督,兼州长史。永熙三年(534)从魏孝武帝入关。旋即随泰征潼关,破回洛城。拜车骑大将军、北雍州刺史。西魏大统元年(535),拜骠骑大将军,累建军功,进爵常山郡公,拜尚书左仆射。十五年,进位柱国大将军。恭帝元年(554),率大军南下攻梁,破江陵,虏众十余万,收府库珍宝及宋浑天仪而还,拜大司寇。北周闵帝即位,进封燕国公。寻迁太傅,与李弼、侯莫陈崇参议朝政。保定四年(564),以老病随宇文护攻齐。天和二年(567),授雍州牧。次年病卒。

于禁(？—221) 三国时泰山巨平(今山东泰安南)人,字文则。初平元年(190)从济北相鲍信起兵,后归曹操,为都伯。建安元年(196),从征汝、颍黄巾,尽降其众,迁平虏校尉。次年,张绣降而复叛,操军大乱,而所部独整阵而还,以功封益寿亭侯。官渡之战,所部屡破绍军。十一年,击杀昌豨于东海(今山东郯城北),拜虎威将军,迁左将军。二十四年,助曹仁与关羽战于樊城(今湖北襄樊),大雨,城为汉水所淹,所部皆没,乃降。孙权擒羽,并获之。黄初二年(221)遣还,文帝拜为安远将军,却使人画其降关羽之状以辱之,遂羞愧发病死。

于景(？—523) 北魏代(治今山西大同北)人,字百年。鲜卑族。于忠弟。初为司州从事,迁步兵校尉、高平镇将。坐贪残受纳,为御史中尉王显所弹劾,会赦免。除武卫将军,谋废领军将军元叉,反被黜为征虏将军、怀荒镇将。正光四年(523),因不给镇民赈济,被镇民执杀。

于劲 北魏代(治今山西大同北)人,字钟葵。鲜卑族。于栗䃅之孙。初为沃野镇将、征虏将军。宣武帝纳其女为后,封太原郡公。妻刘氏为章武郡君。累世贵盛,势倾朝野。后拜征北将军、定州刺史。

于厥 即“乌古”。

于厥里 即“乌古”。

于君道 即“太平道”。

于栗䃅 北魏代(治今山西大同北)人。鲜卑族。道武帝初为冠军将军,与宁朔将军公孙兰潜自韩信故道袭击后燕都城中山(今河北定州)。明元帝初,镇压关东、西河诸地民乱。以执黑矟作战,因授黑矟将军,迁豫州刺史,进爵新安侯。太武帝时,从征夏赫连昌,进爵为公,转虎牢镇大将,累迁外都大官。平刑折狱,甚有声誉。病卒,年七十五。

于烈(437—501) 北魏代(治今山西大同北)人。鲜卑族。于栗䃅之孙。少拜羽林中郎,迁殿中尚书。冯太后临朝,进爵洛阳侯。及孝文帝迁洛阳,奉命镇平城(今山西大同)。除领军将军。宣武帝即位,奉诏削夺咸阳王元禧之权。除散骑常侍、车骑大将军、领军。自是长直禁中,参预机密。及元禧反,乃遣兵执之。

于陵承(？—约313) 西晋宁州建宁五苓夷首领(今滇东北及黔西彝人先祖)。与方土大姓铁官令毛洗、中郎李睿互为姻娅。太安元年(302)秋,洗、睿以建宁太守杜俊夺其部曲,乃率众逐俊。南夷校尉李毅杀洗,他诣毅求赦睿,不许,乃率五苓夷人起义,攻破郡县,占据牂柯郡(今黔西)之半,杀宁州刺史马恢,围攻州城(今云南晋宁),毅被困死。永嘉四年(310),晋怀帝遣王逊代毅,道被五苓夷人所阻,逾年乃至。约在建兴元年(313),被逊杀害。

于罗 地名。见于《后汉书·西域传》和《魏略·西戎传》。其地望主要有乌罗(Ura,约在今伊拉克迪瓦尼亚附近)、希拉(Hira,今伊拉克纳贾夫东南)、乌玻拉(Ubolla,今伊拉克巴士拉)和阿勒颇(Aleppo)、哈德罗(Hatra)诸说,尚无定论。

于敏中(1714—1780) 清江苏金坛人,字叔子,号耐圃。乾隆状元。乾隆十五年(1750)入值上书房。历内阁学士,兵、刑、户部侍郎。二十五年起任军机大臣,参预机要二十年,甚得高宗信任。因久处机要,勾结外官,收受贿赂,为时人所讥。然才思敏捷,颖悟过人,敕谕多出其手,高宗御制诗也有口授而由其定稿者。三十八年授文华殿大学士,充上书房总师傅。曾与朱筠力主搜辑《永乐大典》中古书,为四库全书馆正总裁。后病卒。著有《国朝宫史》、《素余堂集》。

于七 明末清初山东栖霞人,本名小喜,又名乐吾,号孟熹。捕役出身。清顺治五年(1648)聚众于栖霞锯齿山抗清。七年攻宁海(今烟台),杀知州刘文洪。后受登州知府张尚贤招抚,任把总。十八年复率众举义,分据锯齿山、昆嵛山、招虎山、鳌山等地。清廷遣将围攻,于锯齿山激战两月。次年兵败,突围入海,不知所终,连坐被诛者甚众。

于谦(1398—1457) 明钱塘(今浙江杭州)人,字廷益,号节庵。永乐进士。宣德初授御史,曾随宣宗镇压汉王朱高煦之叛。出按江西,颂声满道。宣德五年(1430),以兵部右侍郎巡抚河南、山西。正统十一年(1446)遭王振等迫害下狱论死。后因两省百姓官吏乃至藩王力请复任。十四年*土木之变,明英宗被瓦剌也先俘获,他力排南迁之议,坚请固守,进尚书。景帝立,整饬兵备,部署要害,身自督战,率师二十二万,列阵北京九门外,破瓦剌之军。加少保,总督军务。也先挟英宗逼和,他以社稷为重君为轻,不许。也先以无隙可乘,被迫释放英宗。英宗既归,他仍以和议难恃,择京军精锐分十团营操练,又遣兵出关屯守,边境以安。其时朝野多事,乃独运征调,悉合机宜,号令明审,片纸行万里外无不惕息。忧国忘身,口不言功,自奉俭约,所居仅蔽风雨。性固刚直,颇遭众忌。天顺元年(1457)英宗复辟,石亨等诬其谋立襄王之子,被杀。成化初,复官赐祭。弘治二年(1489)谥肃愍。万历中,改谥忠肃。有《于忠肃集》。

于仁船坞公司 外商企业。清咸丰三年(1853)由英商创办于九龙和黄埔。次年在香港注册。资本为五十万元,黄埔有船坞四座。专事修造船舶。同治九年(1870)被香港黄埔船坞公司吞并。

于慎行(1545—1608) 明山东东阿人,字可远,更字无垢,号谷山。隆庆进士。万历初授修撰,充日讲官。因议张居正当以父丧守制,受斥罢归。居正死后复职。万历十七年(1589)官至礼部尚书。因请立国本,忤帝意,乃请归,家居十余年。三十五年以礼部尚书入阁。至京即病,寻死。赠太子太保,谥文定。著有《谷城山馆诗文集》、《读史漫录》、《谷山笔麈》等。

于式枚(1853—1915) 清末广西贺县(今贺州)人,字晦若,号穗生。光绪进士,授兵部主事。由李鸿章奏调北洋任职十余年,李氏奏牍多出其手。光绪二十二年(1896)随李鸿章赴俄贺俄皇加冕,兼赴欧美诸国。二十七年曾参与签订《辛丑条约》,后充政务处帮提调、大学堂总办及译学馆监督等。三十一年任广东学政、总理广西铁路。三十三年擢邮传部右侍郎,充考察宪政大臣,分赴英、日、德国。数次上奏主张中国立宪应仿照日本、普鲁士之法。后历迁礼部、吏部、学部侍郎、修订法律大臣及国史馆副总裁。辛亥革命后,寓居青岛。

于巳尼大水 见"巳尼陂"。

于阗 又作于寘、于遁、瞿萨旦那、豁旦、屈丹、五端、兀丹、忽炭、斡端。于阗文作 Khotana。古西域国名。汉时,王治西城,在今新疆和田县境内。多桑麻,产玉。居民主要从事农业,有文字。信仰佛教。西汉通西域后,属西域都护。东汉广德为王时,击败莎车,势力强大。和帝永元六年(94)随班超联合其他诸国击败焉耆。汉魏之际,并戎卢、扜弥、渠勒、皮山等国。西晋封其王为晋守侍中大都尉,奉晋大侯,亲晋于阗王。南北朝时,同内地各王朝保持密切联系。唐贞观末年于其地设于阗镇,为唐代"安西四镇"之一。上元二年(675),设毗沙都督府,属安西都护府。八世纪末,吐蕃雄踞西域,属之。回鹘西迁,亦有一支入其境。后晋天福三年(938)封其王李圣天为大宝于阗国王。辽于其地设于阗国王府。咸平四年(1001)以后,其地属喀拉汗朝统治,改宗伊斯兰教。宋、金对立时属西辽。元至元十六年(1279)至二十六年,于其地置斡端宣慰使元帅府。明永乐四年(1406)授以玺书,其首领打鲁哇亦不剌金遣使贡玉璞。清为伊犁将军所辖,改称和阗。

于阗国王府 辽北面属国官署。用以统治于阗属国。《辽史·百官志》:"辽制,属国、属部官,大者拟王封,小者准部使,命其酋长与契丹人区别而用,恩威兼制。"

于阗文 源出于印度婆罗米字笈多正体的古文字。出土于今新疆和阗、巴楚、图木舒克、木头沟和甘肃敦煌等地。有楷书、草书、行书三种。字多合体连写,有很多字母与古藏文相似,附加元音符号也与古藏文相同。所拼写语言称于阗语或于阗塞种语,属印欧语系伊朗语族东伊朗语支东南语组。约在六至十世纪之间行用,玄奘所说瞿萨旦那(于阗)"文字宪章,聿遵印度,微改体势,粗有沿革",即指此种文字。与汉文、汉语关系密切,有的掺杂有汉文,汉语借词也不少,如年号、职官称号等。

于寘 即"于阗"。

于休烈(692—772) 唐京兆高陵(今属陕西)人。举进士。玄宗时,累迁比部郎中。杨国忠执政,嫉其不附己,出为中部郡太守。肃宗时,累迁太常少卿兼修国史。经安史之乱,史馆旧藏国史、《开元实录》、《起居注》及其他图籍共三千六百余卷遭焚毁,他奏请令府县重金募购私家所藏。转工部侍郎修国史,奏呈所撰《五代帝王论》。因宰相李揆忌妒,被抑任国子祭酒暂留史馆修撰。代宗即位,累迁右散骑常侍兼修国史。

于夷 九夷之一种。

于奕正(?—1635) 明顺天宛平(今北京)人,字司直。爱好金石,留意北京名胜、风俗。晚年游江南,客死南京。著有《天下金石志》、《朴草选》,并与刘侗合著《帝京景物略》。

于翼(?—583) 北朝河南洛阳人,字文若。鲜卑族。于谨子。西魏大统十六年(550),进爵郡公,加大都督,侍丞相宇文泰,领兵宿卫。宇文觉建北周，出为渭州刺史，有政绩。周明帝死，同晋公宇文护受诏辅政。周武帝即位，委以心腹，迁大将军，总中外宿卫兵事。建德二年(573)，出为安、随等六州五防诸军事，安州总管。四年，率荆、楚兵攻北齐，得城十九。五年，转宜阳总管，移镇陕州，出兵取河南九州三十镇。大象初，拜大司徒，受诏巡长城，设立亭障，安边境。杨坚执政，进位上柱国，封任国公。及隋代周，拜太尉。

于荫霖(1838—1904)　清吉林伯都讷厅(今松原)人，字次棠，又字樾亭。咸丰进士。改庶吉士，授编修。光绪八年(1882)任湖北荆宜施道。十一年擢广东按察使。次年迁云南布政使，改授台湾布政使，未至任，因奸商诬控获谴落职。二十年中日战争中，奉命至奉天(今辽宁)招募团练配合清军作战。次年署安徽布政使，清厘田赋，增垦田万八千余亩。二十五年擢湖北巡抚，反对湖广总督张之洞举办洋务，声称办洋务是"用夷变夏"。二十六年调任河南巡抚。次年调抚湖北，旋改广西。后退居南阳。有《悚斋遗书奏议》(又名《于中丞遗书》)。

于永(？—前 20)　西汉东海郯(今山东郯城西北)人。于定国之子。少时嗜酒多过失。年三十，乃折节修行。以父任为侍中中郎将、长水校尉。后嗣父爵为列侯。历官至御史大夫，尚宣帝长女馆陶公主。

于右任(1879—1964)　陕西三原人，原籍泾阳，本名伯循，以字行，晚号太平老人。清光绪举人。光绪三十年(1904)出版《半哭半笑楼诗草》，因讥刺时政，遭通缉，遂走上海，入震旦学院。次年参与创办复旦公学、中国公学。三十二年赴日本募款办报，访孙中山，入同盟会。次年在上海办《神州日报》。宣统元年(1909)起先后创刊《民呼日报》、《民吁日报》、《民立报》，鼓吹革命。1912 年任南京临时政府交通次长。宋教仁案发生后，致力讨袁斗争。1918 年赴陕任靖国军总司令。1922 年与邵力子等创办上海大学，任校长。1924 年当选为国民党中央执行委员，拥护孙中山的三大政策。1928 年起，历任国民党中央常务委员、审计院院长、监察院院长等职。后在台湾病死。工草书，擅写诗。著有《右任诗存》、《右任文存》等。

于渊　北宋人。曾任职司天监。皇祐元年(1049)奉诏与周琮、舒易简等人改制黄道浑仪、漏刻和圭表。

于越　❶亦称於越、大越、内越。古越族的一支。其来源，一说为夏少康庶子无余后裔；一说姓芈，与楚同祖；一说为当地土著。春秋时活动于今浙江杭嘉湖平原、宁绍平原、金衢丘陵地及江西上饶、余干等地。北自今嘉兴至湖州与吴分界，西自衢州历江西上饶至余干，与楚分界。至勾践，与句吴交兵，为吴王夫差所败。后雪耻灭吴，徙都琅邪(今山东胶南西南)，号称霸主。无疆时，其国为楚所灭(前 333，一说前 306)，诸族子服朝于楚。❷辽官号。始见于契丹遥辇氏末期。耶律阿保机建国前，曾由遥辇氏痕德堇可汗拜为于越。神册元年(916)，阿保机即帝位，以耶律曷鲁为于越。此后至辽末，于越仅有十余人。班秩在百僚之上，惯例非有殊勋的贵官不得授。任于越者大抵另有要职。臣属于辽的西北某些民族、部落，亦有于越。

于赠(？—740)　唐代*越析诏主波冲兄子。么些蛮(纳西族)。开元中，白蛮大姓张寻求通波冲妻，因杀波冲。剑南节度使(或说王昱)召寻求至姚州笞杀之，并越析诏地于南诏。他携家众，持王宝*铎鞘，徙于龙佉河(在今四川盐边县境)，使部将杨堕居河之东北，以图复举。南诏王皮逻阁隔泸水筑城胁之。开元二十八年(740)皮逻阁子阁罗凤率兵击破杨堕，他投泸水死，越析诏灭。

于志宁(588—665)　唐雍州高陵(今属陕西)人，字仲谧。北周功臣于谨曾孙。隋末弃官归里。后投李渊(唐高祖)参赞军事，累授天策府中郎、文学馆学士。贞观三年(629)，迁中书侍郎，行太子左庶子。时太子李承乾数有过恶，上书切谏，几被太子派人刺死。及李治(高宗)为太子，迁侍中。高宗即位，进封燕国公。永徽二年(651)，擢尚书左仆射、同中书门下三品。寻拜太子太师。参撰格式律令、礼典，又与李勣主持修定《本草》并图。高宗欲废王皇后，立武后，他无言以持两端，为武后不容，累贬华州刺史。以年老致仕，著有《显庆本草》，有集已佚。

于忠(462—518)　北魏代(治今山西大同北)人，字思贤，本字千年。鲜卑族。于烈次子。孝文帝时授武骑侍郎，赐名登。宣武帝改名忠。以平咸阳王元禧反叛有功，封魏郡开国公。及帝死，与侍中崔光等迎立孝明帝，总禁卫，加车骑大将军，转常山郡开国公。寻除尚书令、领军，权倾一时。胡太后临朝，出为冀州刺史。

于仲文(约 545—613)　隋河南洛阳人，字次武。北周时，起家为赵王属，寻迁安固太守。宣帝任为东郡太守。支持丞相杨坚镇压尉迟迥的起兵反抗，升任柱国、河南道大行台。隋开皇二年(582)，拜行军元帅，统十二总管以击胡。仁寿初，任太子右卫率。炀帝即位，迁右翊卫大将军，参掌文武选事。大业八年(612)高丽之役，以兵败除名为民，旋卒。

于祝　见"温宿"。

邘　古国名。一作于。在今河南沁阳市西北。殷纣时鄂侯所居，周武王封子邘叔于此。《左传》僖公二十四年(前 636)："邘、晋、应、韩，武之穆也。"春秋初为郑邑，后又属周。《左传》隐公十一年(前 712)："王取邬、刘、蒍、邘之田于郑。"一说即盂。按"盂鼎"出土于陕西眉县礼村，盂国应在其地。

邘侯　即"鄂侯"。

吾丘衍(1268—1311)　元钱塘(今浙江杭州)人，字子行，号贞白处士。以教学为生。通经史百家言，尤精音律，工隶书、小篆。因官司受辱，投西湖死。著有《竹素山房诗集》、《周秦刻石释音》、《续古篆韵》、《学古编》、《闲居录》等。

吾山　即"鱼山"。

余保纯　清江苏武进人，字怀冰。嘉庆进士。历任广东高明、番禺知县，南雄州知州。道光十九年

(1839)随林则徐在广东查禁鸦片,助理对外交涉。二十一年署广州知府,曾奉琦善命至黄埔与义律议和,未成。四月,英军炮击广州城,占领泥城、四方炮台等处,受奕山之命连夜出城向英军乞和。英军分兵骚扰三元里等处,村民设伏围歼英军时,他奉命前往"劝谕",竟将村民驱散,保护英军脱险。八月主持科举院试时,考生愤其媚外,大呼"不考余汉奸试"而罢考。后被广东巡抚怡良革职。

余步云(?—1843) 清四川广安人,字紫松。行伍出身。累擢重庆镇总兵。道光七年(1827)从征新疆,偕杨芳克复和田,擢贵州提督,十二年调湖南。十八年加太子太保,调福建陆路提督。二十年率兵赴浙江抗英,调任浙江提督。次年驻防镇海。英军再犯定海时,不予应援,致定海失陷。英军进攻镇海,又不战而逃,退至宁波。英军乘胜攻宁波,再次弃城逃窜。二十二年革职,次年逮京处死。

余诚(1881—1907) 清湖北麻城人,原名仲勉,字简齐。光绪三十年(1904)在武昌加入科学补习所,密谋革命,事泄走日本。次年参加同盟会,后奉派返鄂,协同日知会进行革命活动。旋病故。

余诚格 清末安徽望江人,字寿平。光绪进士,授庶吉士。历任广西按察使、湖北布政使、陕西巡抚等职。宣统三年(1911)调任湖南巡抚,长沙光复时逃脱。

余存惠先生年谱 书名。清吴师澄编。谱主余治一生以维护封建统治与礼教为己任。太平天国运动时期在籍办团练、保甲,并著《劫海回澜文》、绘《江南铁泪图》以"劝导"地主士绅抵抗太平军。卒后门人私谥"存惠"。是谱起嘉庆十四年(1809),迄同治十三年(1874)。所记余氏一生各项活动甚详,对研究清末封建士子的思想格局有一定的参考价值。有光绪九年(1883)刊本。

余(餘)丁 ❶又称军余、家丁。明卫所军士家属中成年男丁。以三人佐边军一人。正军死亡或老疾,即由其补伍。内地又称帮丁。❷清八旗佐领定编超额之壮丁。既不负担正丁之军役,亦不享受正丁之待遇,一般从事农业生产,不参加出征活动。❸民人之中也有其余人丁或其他人丁之意,入册输税。

余栋臣(约1842—1912) 清四川大足(今属重庆)人,又名腾良,绰号余蛮子。以挑煤营生。后为哥老会首领。光绪十六年六月(1890.7)率西山煤窑纸厂工人数百人攻入大足龙水镇,烧毁教堂,竖旗起义,发布檄文反对教会侵略,反对列强"欺侮中国"。次年三月清军攻入龙水镇,遂率部转战于大足、铜梁之间。十八年七月失败,突围后避居他乡。二十四年六月发动第二次起义,号召人民用武力驱逐洋人出境,宣布起义军"誓雪国耻",并提出"顺清灭洋"口号。势力发展至三十余州县,达万人。所到之处,打毁教堂,没收教民财产。是年十二月,清政府派重兵攻入龙水镇,他率部再次退入西山,遭围困。旋到清营请降,被监禁于成都。辛亥革命后获释。

余端礼(1135—1201) 南宋衢州龙游(今属浙江)人,字处恭。绍兴进士。知乌程县,岁蠲民间丁绢钱六万缗。后以荐为监察御史,累迁吏部侍郎。光宗立,历知赣州、建康府,召拜吏部尚书,擢同知枢密院事。与赵汝愚等请太皇太后垂帘,策立宁宗,进知枢密院事兼参知政事。庆元元年(1195),代赵汝愚为右丞相。次年,进左丞相,为韩侂胄所制,抑郁不得意,称疾求退,历判潭州、庆元府。

余(餘)发县 西汉置。治今越南清化省峨山一带。属九真郡。东汉建武十九年(43),马援征交趾进入余发,即此。后废。

余樊君(?—前208) 秦末人。秦末农民起义时,曾为项梁别将。二世元年(前208)迎战秦将章邯,败死。

余(餘)夫 战国时国家授田对象之一。《孟子·滕文公上》:"余夫二十五亩。"《周礼·地官·遂人》:"上地夫一廛,田百亩,莱五十亩,余夫亦如之。中地夫一廛,田百亩,莱百亩,余夫亦如之。下地夫一廛,田百亩,莱二百亩,余夫亦如之。"余夫之身份与授田量有五说:(1)《孟子·滕文公上》赵岐注:"余夫者,一家一人受田,其余老小尚有余力者受二十五亩,半于圭田,谓之余夫也。"其所受田、莱之比例,当如《周礼》所言上、中、下三等。且"余夫"只受田,"不当征赋";(2)《公羊传·宣公十五年》何休注:古代授田"五口为一家","一夫一妇受田百亩",多于五口,名曰余夫。"余夫以率受田二十五亩";(3)《汉书·食货志》:"民受田,上田夫百亩,中田夫二百亩,下田夫三百亩。""农民户人已受田,其家众男为余夫。亦以口受田如比。"郑玄《周礼》注亦引此说;(4)《周礼·地官·载师》贾公彦疏,同意"农民户人已受田,其家众男为余夫"之说,但认为《孟子》所言受二十五亩田之"余夫",乃"年二十九以下未有妻"者,《周礼》所言"余夫"则是"三十有妻",与正夫同样"受田百亩"者。并疏《遂人》云:"六遂之中,家一人为正卒,第二者为羡卒,自外并为余夫",凡余夫,不任力役;(5)孙诒让《周礼正义》谓:"余夫之名与正夫皆起于一夫一妇",凡年二十以上已娶妻授室,但尚未与父兄分居自立门户之正夫子弟,皆为"余夫",受田量为二十五亩。"余夫"即"羡卒",不服兵役,而服力役。

余(餘)勾股求容积法 算学方法。北宋贾宪、南宋杨辉总结《九章算术》的方法而提出。将一长方形沿对角线剖分得二勾股形,则对角线上共点的容直容横相等。是为以出入相补原理解决测望问题的重要依据。

余国柱(?—约1689) 清湖北大冶人,字两石,号石臣。顺治进士。初官兖州推官。康熙二十年(1681)任江宁巡抚。二十三年内升左都御史,寻迁户部尚书。二十六年晋武英殿大学士。因与大学士明珠结党营私,时称"余秦桧"。次年被劾革职。

余(餘)汗县 西汉置。治今江西余干县。属豫章郡。隋开皇九年(589)去"水"存"干",名为"余干县"。

余(餘)杭县 秦置。《吴兴记》曰:秦始皇三十七年(前210)置。治今浙江余杭市南苕溪南岸。属会稽郡。东汉熹平中迁治苕溪北。唐末吴越时复返溪南。三国吴属吴兴郡,隋属杭州。北宋雍熙初还治溪北。1958 年废入临安县。1961 年复置。1963 年县治迁原临平镇。1994 年设市。

余(餘)耗米 清代随漕加征正耗之外,所征转运脚价用之耗米。定例折合银两。正兑米之余耗折银名轻赍银,改兑米之余耗折银名易米折银。参见"轻赍银"、"易米折银"。

余洪元(1875—1937) 湖北咸宁人,生于沙市,字丹圃。汉剧演员。幼嗜戏剧,票友下海,从汉剧名艺人胡双喜习末角,吸收任天全演唱艺术,创余派唱腔。清光绪二十六年(1900)到汉口,入福兴班,成为汉班中唱、做、念全材,名声噪起。三十年与汪笑侬联合举办"京汉会演"。1921 年任湖北汉剧公会会长。后在京演《群英会》,获"活孔明"誉称;演《乔府求计》,有"汉剧谭鑫培"之名。晚年中风倒嗓,抑郁居家。

余虎恩(?—1905) 清湖南平江人。咸丰初年以武童参加湘军,转战鄂、湘、赣、浙等地,累擢副将。同治五年(1866)击败捻军张宗禹部,赏精勇巴图鲁名号,升总兵。后参与镇压陕西、宁夏、西宁回民起义。光绪初年参与平定阿古柏叛乱。后历任陕安镇巡阅使、广东高州镇总兵等职。光绪二十六年(1900)累擢新疆喀什噶尔提督,旋开缺。

余既成(?—1911) 清广东饶平人,名丑。早年列名洪门会党。光绪三十二年(1906)赴香港,参加同盟会。次年与许雪秋等发动黄冈起义,被推为革命军副司令。起义失败后走香港,被捕入狱。次年经诉讼无罪释放,赴新加坡充孙中山护卫。武昌起义爆发,返汕头起兵响应,与许雪秋等光复饶平、惠来、大埔诸县。旋因卫兵失慎,遭枪击身死。

余继登(1544—1600) 明河间交河(今河北泊头)人,字世用,号云衢。万历进士。改庶吉士,授检讨,预修《会典》成,进修撰。寻充日讲官,与同官冯琦共进《通鉴讲义》,附以时政缺失。历少詹事兼侍读学士,充正史副总裁,又擢詹事掌翰林院,进礼部右侍郎,以左侍郎摄部事。官至礼部尚书。于史学上主张取法于远不如近;与其繁也宁简;事可循,言可纪,不必见自己出。著有《皇明典故纪闻》、《澹然轩集》等。

余(餘)祭(?—前 544) 一称句余,或称戴吴。春秋时吴国国君。公元前 547—前 544 年在位(一作公元前 547—前 531 年在位)。吴王寿梦之次子,诸樊之弟。《左传》谓鲁襄公二十八年(前 545),齐大夫庆封惧齐景公诛,先奔鲁,继而奔吴,封以朱方(今江苏镇江东)为采邑。次年派兵伐越,俘越人,使其看门守舟。后观舟时,被守舟人所杀。《春秋》亦于襄公二十九年载"阍弑吴子余祭"之事。《史记·吴太伯世家》不云有此事,并谓余祭在位凡十七年。

余(餘)暨县 原春秋吴王阖闾弟夫概之邑,西汉置县。治今浙江萧山市。属会稽郡。三国吴改名永兴。《水经·渐江水注》:"汉末童谣云:天子当兴东南三余之间。故孙权改曰永兴。"

余角(?—1664) 清福建建宁人。畲族。康熙二年(1663),响应建宁农民军首领王铁佛,结寨茶仔畲,抗击清军。次年被捕遇害。

余玠(1199—1253) 南宋分宁(今江西修水)人,侨寓蕲州(治今湖北蕲春东北),字义夫。初投淮东制置使赵葵幕下,抗击蒙古,累立战功,擢工部郎官。淳祐元年(1241)率兵援安丰,升淮东制置副使。次年,见理宗,愿以恢复全蜀为己任,旋授兵部侍郎、四川安抚制置使兼知重庆。在四川革除弊政,遴选官吏,建馆招贤,整顿军纪,屯田耕稼;又筑钓鱼、青居等山城十余座,屯兵聚粮,加强战备,有效地抗击了蒙古军的进攻。宝祐元年(1253),因被朝廷猜疑,召赴临安,闻命暴卒。

余进 明鄱阳(今江西波阳)人。采《详明算法》、《通明算法》之法,于成化十九年(1483)撰《九章详通算法》。

余靖(1000—1064) 北宋韶州曲江(今广东韶关)人,本名希古,字安道。天圣进士。累迁集贤校理。因上疏谏罢范仲淹事被贬。后稍复原官。庆历三年(1043)为右正言,赞助庆历新政。以使契丹不辱使命,还任知制诰、史馆修撰。再使契丹还,以习契丹语被责,复遭政敌中伤,遂弃官返乡里。皇祐四年(1052)起知桂州、经制广南西路贼盗。次年,又助狄青攻灭侬智高,留广西处置善后事宜。后加集贤院学士,徙知潭、青二州。嘉祐五年(1060)交趾进扰,出任广西体量安抚使。旋以尚书左丞知广州。著有《武溪集》。

余老科 清人。又名余正纪。苗族。咸丰初任贵州都江厅书吏。咸丰五年(1855)罗光明起义军进袭都江(在今贵州三都东南)时,被清廷委任守城。他暗通起义军,旋助义军占领都江厅城。转战古州、黎平各地。十年失败,下落不明。

余霖 清江苏常州人,字师愚。乾隆年间旅居安徽桐城。其父染时疫,为群医误治而亡,检视所用,皆治伤寒方剂,因熟研本草。时桐城疫症流行,死人无数。他谓病由湿热,投以石膏辄愈。数年后至京师,大暑疫作,无医能愈,他与大剂石膏,应手而痊,踵其法者,活人无算。首创"清瘟败毒饮"等著名方剂。对温病学发展有一定贡献。著有《疫疹一得》。

余美英 清浙江钱塘(今杭州市)人,一名珣,字璈伯。著有《逊代阳秋》。

余(餘)米 清代漕费之一。凡漕粮无论正兑、改兑,其随漕耗米中例给运军之漕船回空之食米。定例随正米交仓,折价收买。或抵本船挂欠,或抵本帮挂欠,或卖于别帮抵欠。总之通行留仓,不准出仓。在河水浅阻,沿途迟滞,丁力疲乏情况下,有特准缓交或免交。嘉庆以后,有时特准粜卖。

余(餘)昧(?—前 527) 一作夷末。春秋时吴国国君。公元前 530—前 527 年在位(一作前 544—前 527 年在位)。吴王寿梦之季子,余祭之弟。余昧四年(前 527)将卒时,欲授弟季札。季札不受,逃去。吴人乃立余昧子僚为王。

余(餘)庆长官司 土司名。明洪武十七年

(1384)改元余庆州置。长官毛姓。治今贵州余庆县西北余庆司。万历二十九年(1601)省司置县后,改授毛氏余庆土县丞。顺治十五年(1658)附清。居民主要有仡佬族。

余阙(1303—1358) 元唐兀人,字廷心,一字天心。父官庐州(今安徽合肥),遂为庐州人。元统进士。曾参与修宋、辽、金三史。历任监察御史、湖广行省左右司郎中、佥浙东道廉访司事。至正十二年(1352),任淮西宣慰副使、佥都元帅府事,分兵守安庆,顽抗红巾军。十八年初,城破,自尽。有《青阳集》。

余三胜(1802—1866) 清湖北罗田人,一说安徽怀宁人。名开龙,字起云。京剧演员。幼习汉剧,道光末年赴津、京,演皮黄戏,搭春台班,为首席须生兼领班人,清廷授以四品供奉衔。通文墨、善口才,创抑扬转折、苍凉悲壮的京剧老生唱腔,自成"余派"。咸丰间与程长庚、张二奎并称"老生三杰"。代表剧目有《定军山》、《李陵碑》等。

余(餘)善(?—前110) 西汉时越族首领。闽粤王郢之弟。汉武帝建元六年(前135),郢发兵击南粤,汉遣大行王恢等兴师问罪,乃杀郢而降,被汉立为东粤王,与粤繇王丑并处。元鼎五年(前112)南粤反,与之暗通声气。次年,侵扰边郡,杀汉校尉,刻"武帝"玺自立。汉武帝遣横海将军韩说等率师往击。后为繇王居股等所杀。东粤民被徙处江淮之间。

余(餘)生纪略 书名。清刘贵曾口述,刘寿曾编录。抄本。刘贵曾于咸丰六年(1856)三月十二岁时被编入太平军牌尾,随军活动于镇江、扬州、仪征等地,七月逃回。是书记其军中生活及见闻,可了解太平军中儿童活动情况。

余胜(?—1132) 南宋人。高宗初,在南剑州顺昌(今属福建)与余汝霖等率众起义。土兵陈望与射士张衮等杀军校范旺举寨响应。绍兴元年(1131),受招安。次年复起,旋被通判南剑州王元鼎率兵镇压。

余无之戎 古族名。又称徐吾氏。在今山西屯留西北。商末文丁四年,周人曾加以征伐,得胜(见《竹书纪年》)。春秋时仍存。周定王十七年(前590),周伐茅戎,为徐吾氏所败(见《左传·成公元年》),杜预注认为是茅戎的别支。

余吾县 西汉置。治今山西屯留县西北余吾镇。属上党郡。东汉建武七年(31)徙封栎阳侯景丹子尚为余吾侯于此。后废。

余五婆 见"缪罗"。

余象斗 明福建建安(今建瓯)人,字仰止,号三台山人。闽南书商。家藏珍本,从中精选,编印小说多种。其中有《南游记》、《北游记》、《列国志传》、《全汉志传》、《三国志传评林》、《东西晋演义》、《大宋中兴岳王传》等。

余萧客(1729—1777) 清江苏长洲(今苏州)人,字仲林,别字古农。少家贫,好诗文。弱冠始留心于经术。年二十二,问学于惠栋。栋教以为学"当务其大者"(《清史列传》卷六十八)。自此遍览群书,凡唐以前经解、史传、类书,以至佛、道经藏,无不旁搜博览。治经本惠栋之说,尊信汉、唐古训,于提倡古学、发扬惠派学风,其功尤大。惠氏没后,习惠学者,多从师萧客。曾应直隶总督之聘,至保定修《畿辅水利志》,遂得以与京师朱筠、纪昀诸学者相识,颇受推崇。后因眼疾复作归里,教授生徒。四库馆开,征求有名学者以当校雠之任。尝被荐,然终因身为布衣,与例不合而罢。以贫困终老。著有《古经解钩沉》、《文选纪闻》、《文选音义》、《文选杂题》、《注雅别钞》等。

余孝顷 南朝时人。新吴(今江西奉新西)洞主。梁末,广州刺史萧勃举兵自广州攻陈霸先,进屯南康(今江西赣州),军至豫章(今江西南昌),他以南江州刺史起兵响应。及勃败死,始退守新吴(今江西南昌西南)。入陈,原梁湘州刺史王琳自湘州举兵东下,又起兵响应,为陈江州刺史周迪所擒,送往建康(今江苏南京)。陈仍用为将。文帝时,以为益州刺史,领兵与章昭达合力讨平陈宝应。

余(餘)盐 明清指灶户交纳正课外所产之盐。明制,灶户按政府规定交纳正课外所余之盐,均为余盐。洪武至景泰间,定以二百斤为一引,送交场司,官给米一石。弘治二年(1489),许商人买之以补正课。隆庆四年(1570),从御史李学诗请,改令商人纳价领引,赴盐场与灶户自行交易。岁计银约一百二十万两,解部充饷。清代有所不同。余盐亦有额定、额外之分。其制,凡灶户每煎锅一口,须煎盐四百斤,其中三百斤为正盐给以额价,一百斤为余盐给以加价。灶户超额生产,或通过私煎、晒扫之盐,称额外余盐。

余(餘)姚二相 明代指谢迁、吕本。二人皆为浙江余姚人,以少詹事、学士入阁,以少傅、太子太傅、礼部尚书、武英殿大学士去职,为内阁第三相者十二年。虽谢为成化进士、吕为嘉靖进士,而仕历相类,里第相同,故称。

余(餘)姚县 秦置。治今浙江余姚市姚江北岸。《水经·沔水注》谓"因句余山以名县"。《元和郡县志》称:"舜后支庶所封之地,舜姚姓,故曰余姚。"属会稽郡。隋平陈,县废入句章县。唐武德四年(621)复置,属越州。宋属绍兴府。元元贞元年(1295)升为余姚州。明洪武二年(1369)复降为县。嘉靖三十六年(1557),因倭患,在姚江南岸建新城,以通济桥相连,县治遂扩展包姚江南北两岸。1985年改为市。

余(餘)引 又名活引。清代贩卖余盐之凭证。盐商运销额外之余盐,须向政府领引纳课,始准行销。

余有丁(1527—1584) 明浙江鄞县人,字丙仲,号同麓。嘉靖进士。隆庆时任经筵讲官、国子司业等。万历初任国子监祭酒。万历十年(1582)以礼部尚书入阁,袒护张居正甚力。十二年因病去职。卒谥文敏。著有《文敏公集》。

余韫珠 清江苏扬州人。康熙时著名女针绣艺人。善仿宋绣。所绣神仙人物,皆活灵活现。曾为王士祯绣神女、洛神、浣纱等图,又为士祯之兄绣菩提像,皆极精工,曲尽其妙,为世间精品。

余知古 唐文宗时人。著有《渚宫故事》。

余治(1809—1874) 清江苏无锡人,字翼廷,号莲村、晦斋,别号寄云山人。咸丰年间以附生举训导。太平军进军江南时,曾协助地方当局镇压起义农民。主张禁毁淫词小说、戏曲,倡议审定剧目编演新戏。善唱皮黄,自组童伶戏班赴各地演出,劝人为善。编写新戏二十八种,辑为《庶几堂今乐》于咸丰十年(1860)刊行,多作封建说教,流行不广。

余中 北宋常州宜兴(今属江苏)人,字行老。熙宁六年(1073)进士第一,授大理评事,充国子监修撰、经义局检讨。次年王安石罢相,出知江宁府,奏以中等随行。元丰初,官太常寺丞,坐受太学生贿赂,追官勒停。元祐间历秘书省正字、秘阁校理,迁著作佐郎。绍圣中,出使辽国。后以谏行新法忤旨,出知湖州,徙杭州,致仕。

余(餘)子 ❶广义指嫡子以外诸子,亦称众子或庶子。狭义则专指嫡子的同母弟。❷周代官名,管理卿大夫的余子,掌诸侯所乘之戎车,又称公路、旄车之族。《左传·宣公二年》载,晋成公即位,"乃宦卿之适(嫡)而为之田,以为公族;又宦其余子,亦为余子;其庶子为公行"。杜预注:"余子,适(嫡)子之母弟也。"参见"旄车之族"。

余子俊(1429—1489) 明四川青神人,字士英。景泰进士。授户部主事,进员外郎,以廉干称。天顺间迁西安知府。成化七年(1471)以副都御史巡抚延绥,力主沿边筑墙建堡以守河套。寻移陕西,于西安开渠,人号"余公渠"。十三年官至兵部尚书。十九年改户部尚书,次年出督大同。加太子太保。二十三年复任兵部尚书。因修边墙费银甚多,屡被劾。卒于任。

余(餘)子啬夫 官名。即役使*余子之啬夫。《商君书·垦令》:"均出余子之使令,以世使之,又高其解舍,令有甬官食槩。"高亨注:"余子指嫡长子以外的子辈;使令,役使,即担任徭役。"始见三晋古印,《簠斋古印集》四十二下有"余子啬夫"。

盂 ❶即*唐盂。春秋宋地,在今河南睢县西北。《春秋》僖公二十一年(前639):"宋公、楚子、陈侯、蔡侯、郑伯、许男、曹伯会于盂。"《公羊传》作"霍",《谷梁传》作"雩"。❷古代盛水或盛饭器。陶或青铜制成。器作侈口、深腹、圈足。青铜制的盂有的两侧有附耳,与簋相似,但形体较大。流行于商代和西周。

盂鼎 见"大盂鼎"。

盂方 商代方国(见殷墟甲骨文)。商王曾率诸侯加以征伐,其首领称"盂方伯炎"。其地有学者认为在今河南睢县一带。

盂兰盆节 又称孝亲节、鬼节、中元节。南朝节令之一。逢农历七月十五日举行。盂兰盆为梵文音译,意即"救倒悬"。故事出自西晋竺法护译《佛说盂兰盆经》中之"目连救母",释迦弟子目连见已故母亲在地狱受苦,如同倒悬,便求佛救度。释迦要其在七月十五日(即僧众安居终了之日),备百味饮食,供养十方僧众,可使母解脱。南朝梁武帝首创盂兰盆会,以招待十方僧众。宋元以后,设盆会已主要为布施饿鬼。

盂县 春秋晋置。在今山西阳曲县东北大盂。《左传》昭公二十八年(前514):魏献子为政,分祁氏之田以为七县,"孟丙为盂大夫"。战国至三国魏属太原郡,西晋属太原国。北魏废。隋开皇十六年(596)分汾阳县复置。属并州。大业初又并入汾阳县。

盂之会 春秋时,宋襄公为图霸而举行的诸侯之会。齐桓公死后,宋襄公执意争霸,宋襄公十二年(前639)与齐、楚盟于宋地鹿上(今安徽阜阳南),要求承认他为霸主,得楚允诺。是年秋,宋襄公邀陈、蔡、许、曹、楚等国君相会于盂(或作霍、雩,今河南睢县),欲在会上成为霸主。会上,楚废约执襄公,并以襄公为人质伐宋,因宋大夫坚守不降,加之诸侯请求,楚乃释襄公。

臾区 即"鬼臾区"。

鱼 周成王时大史。曾参加成周之会,为相者,赞相宾客礼仪。

鱼陂 春秋楚地。在今湖北天门市西北。《左传》昭公十三年(前529):"公子比为王,公子黑肱为令尹,次于鱼陂",即此。

鱼朝恩(722—770) 唐泸州泸川(今四川泸州)人。宦官。肃宗时,常令监军事。乾元元年(758),九节度讨安庆绪于相州,不立统帅,以其为观军容使。次年,致九节度使兵俱溃。代宗时,任天下观军容宣慰处置使,专典神策军。贪掠无厌,私置刑狱,捕富人没其财。粗通书计,自谓有文武才干,任判国子监事,为大臣百官讲学。屡谗毁郭子仪。朝廷政事有不预者,则怒曰:"天下事有不由我者乎!"代宗恶其专横,用元载计缢杀之。

鱼城 规模较大的人工养鱼池。《吴越春秋》:"越王既栖会稽,范蠡等曰,臣窃见会稽之山,有鱼池上下二处……畜鱼三年,其利可数千万,越国当富盈。"鱼池开在山上,当是与稻田灌溉相结合之人工陂池。《吴郡诸山录》说吴有"鱼城"在田间。又《水经注》、《华阳国志》等记载,张仪、李冰在四川成都和广都曾筑池养鱼。说明春秋战国时期,穿池人工养鱼,已出现规模较大之商品性生产。

鱼池口 原名鱼池,五代汉乾祐元年(948)黄河初决于此,遂称鱼池口。即今河南滑县东北鱼池。北宋于此置鱼池埽,并就决流为减水河。

鱼池埽 见"鱼池口"。

鱼袋 官员章服所佩之物。唐永徽二年(651)定制,朝中五品以上官员随身佩鱼符,以"明贵贱,应征召"。其制左二右一,太子用玉,亲王用金,百官用铜,皆题姓名于上,并以袋盛之,故称。咸亨三年(672)规定,其袋三品以上饰以金,谓金鱼袋;五品以上饰以银,谓银鱼袋。开元以后赐绯、紫者例兼鱼袋,故有赐"绯鱼袋"("银"字省略)、"赐紫金鱼袋"之说。垂拱时，规定都督、刺史亦准京官例带鱼袋。开元后，五品以上致仕官、检校、试官及内供奉亦皆佩鱼袋。宋承唐制，衣紫者带金鱼，衣绯者带银鱼。京朝官、幕职州县官赐绯紫者亦带，亲王、武官、内职将校皆不带。金代唯以皇太子佩玉环双鱼袋。

鱼冻布 苎麻纱与蚕丝的交织物。明代出产于广东东莞县一带。因其"色白若鱼冻"而得名。织物柔软光滑，宜作夏服用料，且"愈浣则愈白"。

鱼渡 约在今贵州桐梓县北。明万历二十八年(1600)征播之役，杨应龙遣子朝栋等由鱼渡等三道而进，以迎敌四川总兵刘綎。

鱼儿沟古墓 春秋战国时期墓葬。在今新疆乌鲁木齐南山矿区鱼儿沟。1976—1978年发掘。石室盖木，多人丛葬。出土大量彩陶器、木器、铜器、海贝、兽骨等。彩陶图案以三角纹为主。晚期见丝织物、铁器。系古代车师墓葬遗存。

鱼儿泺 即今内蒙古克什克腾旗西达来诺尔。《续资治通鉴》：蒙古成吉思汗十年(1215)，"驻军鱼儿泺，遣缴格巴图帅万骑自西夏趋京兆，以攻金潼关"，即此。

鱼符 古代官员凭据信物。源于虎符，唐高祖(李渊)避其祖父李虎名讳，改用鱼符。武则天时，改为龟符，中宗时复旧。鱼符为鱼形，木或金属制品，分左右两半，字刻于符阴，上端有一"同"字。侧刻"合同"两半字，首有孔，可以系佩，以袋盛之称鱼袋。凡军国大事，则出纳符节，以为凭据。一为铜鱼符，所以起军旅，易守长，二为传符，所以给邮驿，通制令；三为品官随身鱼符，所以明贵贱，应征召；四为木契，所以重镇守，慎出纳。此外尚有过官门、城门等通行符节等。

鱼涪津 在今四川乐山市北岷江上。其津广数百步。《续汉书·郡国志》犍为郡南安县有鱼涪津，即此。东汉建武十一年(36)，吴汉破公孙述将魏党、公孙永于此。

鱼复 古族名。或省作鱼。《逸周书·王会》载，周成王时成周之会，西南少数民族有"鱼复国"，以鼓与钟为市物。《左传·文公十六年》载庸人率群蛮叛楚，楚人伐庸，"七遇皆北，唯裨、鯈、鱼人实逐之"。杜预注："鱼，鱼复县。"《水经·江水》："又东径鱼复县故城南。"郦道元注："故鱼国也。"鱼复国地在今重庆奉节县东。

鱼复县 春秋时庸国鱼邑。秦置县。治今重庆奉节县东白帝城。属巴郡。西汉置江关都尉。三国蜀汉刘备为吴将陆逊所败，退居于此，改名永安，为巴东郡治。晋复旧名。西魏改名人复，唐贞观间改名奉节。南朝、隋、唐又先后为巴州、信州、夔州治所。

鱼骨盆 一种陶器之俗称。属夹砂粗红陶系，陶土中羼有白云母、蚌壳、石英等羼和料，颗粒较大，陶质呈红褐色。器形主要为大口深腹的圜底罐及盆等，多发现于战国时燕国遗址、墓葬中。

鱼豢 三国时京兆(治今陕西西安西北)人。魏郎中。撰《魏略》五十卷，事止明帝，为纪传体。《史通》称其书"巨细毕载，芜累甚多"。久佚。今有清人王仁俊辑本一卷。

鱼经 即"种鱼经"。

鱼俱罗(?—613) 隋冯翊下邽(今陕西渭南东北)人。膂力绝人。弱冠为亲卫，累迁大都督。从晋王杨广(炀帝)攻陈，以功拜开府。又从杨素平沈玄侩、高智慧，击突厥，屡建战功，以功进柱国，拜丰州总管。转安州刺史，迁赵郡太守。坐结纳权贵，为御史所劾除名。寻以白衣领兵击越嶲飞山蛮。曾从攻高丽。复往江南镇压刘元进等义军。后为炀帝忌杀，家口籍没。

鱼丽之陈 春秋时的一种阵法。周桓王十三年(前707)，桓王率诸侯伐郑，郑庄公御之，"为鱼丽之陈(阵)，先偏后伍，伍承弥缝"(《左传·桓公五年》)。杜预注："《司马法》车战二十五乘为偏。以车居前，以伍次之，承偏之隙而弥缝阙漏也。五人为伍。此盖鱼丽陈(阵)法。"是以步卒弥补车队空隙的阵形。清江永则引《司马法》"二十五乘为偏，百二十五乘为伍"之文，认为是以二十五乘居前，以百二十五乘承其后而弥缝之。说见所著《群经补义》。

鱼鳞簿 宋代对各地保甲编制的都保、大保等单位，制图登记为簿，图呈鱼鳞状，故名鱼鳞簿。

鱼鳞册 即"鱼鳞图册"。

鱼鳞大石塘 清代海塘形式之一。用条石纵横叠砌，外形似鱼鳞状的重型海塘。黄光升于明嘉靖二十一年(1542)在浙江海盐修筑海塘时首创。塘基部分采用五纵五横的砌石方法，称"鱼鳞塘"。清康熙五十九年(1720)浙江巡抚朱轼在海宁老盐仓筑海塘时加以发展改进：在每塘塘石上下左右均加凿槽榫；在合缝处加灌石灰糯米汁油灰；在条石间加铁攀嵌扣；塘基增设梅花桩。称"鱼鳞大石塘"。乾隆初年定为永久性海塘的标准。正式规定塘身为十八层，每层用厚一尺、宽一尺二寸，长约五尺的条石丁顺间砌，总高一丈八尺，底宽一丈二尺，顶宽四尺五寸，每丈用石料约17立方米，重47吨以上。条石间嵌扣铁锔、铁锭。塘基密布梅花桩，上筑三合土。并规定塘身九层以外砌坦水二道。据乾隆五十二年(1787)统计，已筑鱼鳞大石塘八九十里，并用十字文编序号，立石碑于塘顶，以便于管理。

鱼鳞塘 见"鱼鳞大石塘"。

鱼鳞图 南宋行经界法，用图册绘制和登记各户的田地顷亩，图形呈鱼鳞状，故名鱼鳞图。也有一些城市编造和绘制鱼鳞图，用以登记坊郭户的户等及贫富状况。元、明、清官府编制的土地图册，均绘图如鱼鳞状。详"鱼鳞图册"。

鱼鳞图册 简称鱼鳞册。南宋以后官府为征派赋役而绘制的土地簿册。南宋行*经界法，有些地区按保甲绘制地形图，标出各户占有田块名称、顷亩、四至以及公共池塘、沼泽、山丘等，存于官府备查。因图上所绘田亩，依次排列，呈鱼鳞状，故名。元代官府为征收田赋，亦将田土按形状绘制成图，分地区装订成册。江浙、福建等地普遍编造。明洪武十三年(1380)，因江南富民诡寄田产，逃避赋役，故派遣国子生武淳等往各处丈量土地。十九年,又派遣国子生吕震等往两浙府县各乡丈地,清理郡县田赋图籍。随税粮多寡划定粮区,每区设大粮长四人,使集里甲耆民,丈量田亩并绘制鱼鳞图,其法与南宋时接近而略详,有总图、分图,且依县、州、府分别汇集成册。浙江布政司首先编造成功,遂推广各地。后历时稍久,图册所记已与实际情况有所不符,故自明中叶至清常加修订。清咸丰年间损坏很多,至同治五年(1866)苏南地区还曾重造。是为官府摊派赋役的重要依据。

鱼目　汉代西域所产良马名。《汉书·西域传赞》:"蒲梢、龙文、鱼目、汗血之马充于黄门。"颜师古注引孟康曰:"四骏马名也。"

鱼皮鞑子　清代对赫哲、费雅喀等族的别称。因衣鱼皮,故名。赫哲、费雅喀以外,尚有库页人和恰克喇(乌德盖依)人等,史称使犬部、鱼皮部。分布在今吉林省东北边。"鱼皮鞑子"是带有轻蔑性的他称。

鱼山　在今山东东阿县南、黄河之西。《三国志·魏志·陈思王植传》:"初,植登鱼山,临东阿,喟然有终焉之志,遂营为墓",即此。一作"吾山"。《史记·河渠书·瓠子歌》:"吾山平兮巨野溢。"《水经·济水注》:"马颊水又东北流径鱼山南,山即吾山也。"

鱼台县　唐宝应元年(762)以方舆县改名。《元和郡县志》:"因县北有鲁君观鱼台,故名。"治今山东鱼台县西旧城集。清乾隆二十一年(1756)移治今县西南鱼城。1956年并入金乡县。1964年复置。移今治谷亭。唐及五代梁属兖州,五代唐至金属单州,元属济州,明属兖州府,清属济宁州。

鱼纹　古代青铜器纹饰。纹形为鱼的图案化形象。一般作鱼形,尾部分开,头有大目。商代鱼纹有脊鳍、腹鳍,形象较呆板;春秋战国时则仅有脊鳍,口多张开,形象生动。多饰于盘一类盛水器中。

鱼窝寨　地名。在今广西柳州市西,石壁峭立,拔地高数千丈。明弘治、嘉靖中,数用兵于此。

鱼洗　见"喷水鱼洗"。

鱼玄机(约844—约868)　唐长安(今陕西西安)人,字幼微,一字蕙兰。原为李亿妾,遭大妇妒,咸通中出家为女道士。与温庭筠等有唱和。因杀侍婢被处死。诗作情致繁缛,传世名句如"易求无价宝,难得有心郎",反映妇女地位卑下,爱情难得。有《鱼玄机集》。1984年上海古籍出版社出版校注《唐女诗人集三种》收其存诗五十余首。

鱼眼　清代一种私铸薄恶铜钱。钱孔大,民间称之为鱼眼。

鱼嘴　又称分水鱼嘴。建于江河中分水流为两道的石工建筑物。顶端尖形像鱼嘴,故名。一般筑于河道江心洲或河滩滩脊迎水端,起分水导流入渠作用。最早在战国秦昭王时修建的都江堰工程中得到运用,将部分岷江来水分入引水渠道。秦始皇为统一岭南,令史禄修建灵渠时,则利用鱼嘴分水通航运。这种工程形式至今仍在黄河中上游及其他河流上得到应用。

鱼遵(?—357)　十六国时冯翊(治今陕西大荔)人。苻洪称三秦王时,任为右将军,领右长史。洪子苻健自关东西行入关,他为前锋,所过城邑,无不降附。健即秦天王位,任之为太子太师,封广宁公,又历尚书左仆射、司空。永和十年(354)晋桓温率兵攻秦,又以拒温有功,迁太尉。健病重,受遗诏辅政。健子苻生即位,大杀耆旧重臣,寿光三年(357)与其七子十孙皆被杀。

於　战国秦邑。商鞅曾被封于此。见"於商"。

於都斤山　漠北山名。汉文又作都斤山、于都斤山、郁督军山、乌德健山、尉都犍山、尉都楗山、乌德鞬山、乌德犍山、乌都鞬山、乌罗德健山、乞都军山、野乌笃干山。今蒙古国境内杭爱山。参见"郁督军山"。

於陵县　本战国齐邑,陈仲子隐于此,自称於陵子仲。西汉置县,为都尉治。治今山东邹平县东南。西汉以后皆属济南郡。东汉建武中为侯国,封侯霸子昱于此。不久复改为县。南朝宋永初后废。

於弥氏　见"嵬名氏"。

於商　战国秦邑。在今陕西丹凤县西北商镇。原名鄔,亦称於。战国时秦卫鞅封地。封鞅后"改名曰商",也称於商。《史记·商君列传》:"秦封之於商十五邑,号为商君。"一说以为於商则指於(在今河南西峡县东)及商(在今陕西丹凤县西北商镇)两邑。

於士澄　隋人。官至上仪同。大业元年(605),奉诏与黄门侍郎往江南诸州采大木,运至东都,造龙舟等数万艘。隋亡,投窦建德为武贲郎将。

於余(餘)丘　一作余丘。周代国名。在今山东章丘,一说在今山东临沂境。公元前692年为鲁所灭,一说是邾邑。

於越　即"于越"。

於则　相传为黄帝之臣。扉履(一种麻鞋)的创制者。

禺氏　亦作禺知。何秋涛《王会篇笺释》考定:禺氏即月氏。王国维、徐中舒皆从之,几成定论。参见"月氏"。

禺氏玉　指新疆玉。《管子》有"贵用禺氏之玉"的记载。近人考证此所云禺氏即月氏之异译,当时月氏分布在敦煌一带,正当新疆进入中原的孔道,故中原人称来自新疆的玉为禺氏玉。

禺州　唐总章二年(669)改东峨州置。治峨石县(今北流市东南)。辖境相当今广西北流市南部、陆川县北部地。属岭南道。北宋开宝五年(972)废入容州。

竽律　律管之一类。长沙马王堆一号汉墓出土一组,共十二支,用以校定笙竽的发音。"竽律"一词见同墓出土竹简"遣策"。

俞八(?—1154)　宋衢州(今属浙江)人。本为佃农。绍兴二十四年(1154)岁饥,田主徐三逼租,因率众夺粮,执徐三,鸣鼓烧香集饥民千余人起义,攻州城不克,转入严州境内,烧毁寿昌县等处仓库。旋为殿前司正将辛立所败,战死。

俞伯牙　即"伯牙"。

俞大猷(1504—1580) 明福建晋江(治今泉州)人,字志辅,号虚江。少好读书,知兵法。世袭百户。举嘉靖十四年(1535)武会试,授千户,守御金门。二十八年朱纨巡视福建,荐为备倭都指挥。又参与镇压琼州(今海南)五指山那燕黎民起义,进参将。三十一年移师浙东。后抗倭于王江泾(在今浙江嘉兴北),并围歼徐海、陈东,以功加都督佥事。后任镇筸参将。四十年,镇守南赣,镇压广东张琏起义军。后任福建总兵官。四十二年破倭于福建兴化,时称俞家军。次年任广西总兵官,获海丰抗倭大捷。不久改任福建总兵。为将廉,驭下有恩,善用兵,数建大功,终于解除东南倭患,与戚继光齐名。万历初夺职,一度复起,任后军都督佥事,乞归。卒于家。谥武襄。著有《正气堂集》、《剑经》。

俞跗 又作俞拊。上古黄帝时人。善医。精于外科,传其治病不以汤液醴酒,割皮解肌,湔浣肠胃,漱涤五藏,练精易形。另据《韩诗外传》载,他以巫术治病,能起死回生。

俞归 俞又作喻或谕。晋豫章(治今江西南昌)人。永和三年(347)以侍御史奉命至姑臧(今甘肃武威)授张重华为侍中、大将军、凉州刺史。时重华方谋称凉王,不受诏;因说之以始继父位,未有功于晋,不宜求为王。重华乃止。至兴宁元年(363)方为张天锡送返。作《西河记》二卷,记张重华事。

俞灏(1146—1231) 南宋湖州乌程(今浙江湖州)人,字商卿。世居杭州,父迁乌程。绍熙进士。历任知县、知安丰军、常德府。曾反对韩侂胄对金用兵。嘉定七年(1214)提举湖北常平茶盐。官至太中大夫。宝庆二年(1226)致仕,筑室西湖九里松以诗酒自娱,自号青松居士。著有《青松居士集》。

俞焕章 明安徽宣城(今宣州)人,字文伯。著有《读史图纂》。

俞谏(1453—1527) 明浙江桐庐人,字良佐。弘治进士。历官长清知县、江西参议、大理少卿等。正德六年(1511)以右佥都御史治苏、杭水利,筑圩塘便民。八年总制江西等省军务,镇压王浩八起义。不久因忤宁王朱宸濠去职。嘉靖初复故官,总督漕运。后因镇压青州矿徒王堂等起义军,擢右都御史。卒于官。

俞菊笙(1838—1914) 江苏苏州人,名光耀,号润仙,外号"俞毛包"。京剧演员。拜张二奎为师,先学武旦,后改武生。长期在春台班演出。以武生而兼演武净,创造了新的流派风格,世称"俞派"。擅演《挑滑车》、《铁笼山》、《艳阳楼》等剧。

俞廉三 清末浙江山阴(今绍兴)人,字廙轩。光绪二十年(1894)由山西冀宁道升湖南按察使。两年后晋山西布政使。二十四年迁湖南布政使,与王先谦等顽固派阻挠陈宝箴推行新政。戊戌政变后擢湖南巡抚。后曾赈济沅陵、泸溪等县饥民,严禁私运锑砂,镇压反洋教民众。二十六年秉张之洞意旨,屠杀湖南境内自立军及响应者唐才中、何来保诸人,并大索会党首领。二十八年镇压邵阳贺金声起义。旋调山西巡抚。次年病免。三十三年出任修订法律大臣,协理开办资政院。宣统三年(1911)任仓场侍郎,不久回籍。

俞人 古族名。《逸周书·王会》谓,周成王时成周之会,"俞人虽马"。孔晁曰:"俞,东北夷。"何秋涛谓,"俞人"次于"发人"、"青邱"之间,则当为东北方之国。又谓"俞"与"倭"声相近,疑即"倭人"也。《山海经·海内北经》:"倭北。倭属燕。"《三国志·魏志·东夷传》谓"倭人在带方东南大海之中,依山岛为国邑。"俞人所贡之"虽马",孔晁注谓即"巂",虽、巂二字音同,可通用。《尔雅·释兽》:"驨如马、一角。不角者骐。"盖"俞人"以骐骥良马为贽也。

俞汝言(1614—1679) 清浙江嘉兴人,字右吉。年十九补秀水诸生。曾北游燕、赵,南抵闽、粤,所到之处,搜罗资料,归而闭门著述。晚年失明,仍口授令人记录。著有《晋军将佐表》、《宋元举要历纪年》、《崇祯大臣年表》、《明世家考》、《寇变略》、《先儒语要》、《京房易图》、《谥法考补》、《春秋平义》等。

俞士吉(?—1435) 明象山(今属浙江)人,字用贞。建文中,为兖州训导,因上书言时政,擢御史。成祖即位,进佥都御史。为都御史陈瑛所劾,入狱。谪为事官,治水苏、松,旋复职。洪熙元年(1425)进詹事府詹事。宣德初,官至南京刑部侍郎,致仕。有《栎庵稿》。

俞澍 清直隶天津(今天津市)人。咸丰五年(1855)以县丞发安徽,襄寿春镇军事。次年署蒙城知县,筑城抗拒捻军,后实授蒙城知县,晋同知直隶州。

俞粟庐(1847—1930) 江苏娄县(今上海松江)人,名宗海。清光绪年间曾在太湖水师营务处办事,移家吴县(今苏州)。工金石书法,擅于书画鉴别。从同里韩华卿习昆曲,尽得奥秘,创"俞派唱法",江南、浙西昆曲界奉为宗匠。七十五岁时在百代公司录制唱片十三面。著有《度曲刍言》,未刊。其子振飞辑《粟庐曲谱》二册行世。

俞通海(1330—1367) 元末庐州巢县(今安徽巢湖)人,字碧泉。初结寨于巢湖。至正十五年(1355)以舟千艘投朱元璋。水战多有功,历官万户、秦淮翼元帅、枢密院同知、中书省平章政事。进摄江淮行中书省事,镇庐州。二十七年围平江(今江苏苏州),中流矢卒。

俞通渊(?—1400) 明庐州巢县(今安徽巢湖)人。俞通源弟。初充参侍舍人,积功至都督佥事。洪武二十五年(1392)封越巂侯。以罪除爵。建文元年(1399)复起,任豹韬卫指挥使。随大军征燕,战死于白沟河。

俞通源(?—1389) 明庐州巢县(今安徽巢湖)人,字百川。俞通海弟。嗣兄官,为中书省平章政事。从徐达北伐,攻城皆先登。洪武三年(1370)封南安侯,屡立战功。督江南豪民屯田凤阳。二十二年诏还乡,未行而卒。次年追论胡惟庸党,以死不问。

俞万春(1794—1849) 清浙江山阴(今绍兴)人,字仲华,别号忽来道人。诸生。道光年间多次参与镇压农民起义。著有小说《荡寇志》,演述“荡平”梁山故事,太平天国军队进入苏州时,曾焚毁此书版本。

俞琰(1258—1314)　宋末元初吴郡(治今江苏苏州)人,字玉吾,号全阳子、林屋山人、石涧道人。道教学者。早年悉心科举,业成而宋亡,遂隐居著书。曾作《玄牝之门赋》,在道友中传诵。通晓内丹,精于《易》学。主张融合儒道思想。“凡论天地阴阳,则参以先儒之语;述药火造化,则证以诸仙之言”(《周易参同契发挥序》),对道教和理学的发展均有一定影响。著有《周易集说》、《易图纂要》、《周易参同契发挥》,以及《林屋山人集》、《书斋夜话》、《月下偶谈》等。

俞元县　西汉元鼎六年(前111)后置。治今云南江川县北龙街。两汉属益州郡。三国蜀、西晋属建宁郡。西晋末至南朝齐属晋宁郡。南朝梁末废。

俞樾(1821—1907)　清浙江德清人,字荫甫,号曲园。道光进士。官翰林院编修、河南学政。被劾罢职。后侨居苏州,主讲苏州紫阳书院、上海求志书院与杭州诂经精舍等。戴望、黄以周等皆曾游其门。又曾总办浙江书局,精刻子书二十二种。于诸经皆有纂述。深于《易》学。其学术,训诂主汉学,义理主宋学,治经以王念孙、王引之父子为宗。尝谓“治经之道,大要有三:正句读,审字义,通古文假借。……三者之中,通假借为尤要”(《群经平议·序目》)。所著《群经平议》实续《经义述闻》;《诸子平议》则仿《读书杂志》。又著《古书疑义举例》,刺取九经、诸子,约举其例,以为读古书者之助,甚精审,成为乾嘉学派后期的代表著作。能诗词,工篆隶。主张杂剧应起“化民成俗”之作用。晚年忧伤时局,主张中学为体,西学为用。著作繁富,有《茶香室经说》、《曲园杂纂》、《宾萌集》、《春在堂杂文》、《右台仙馆笔记》、《春在堂诗编》等。汇编为《春在堂全书》。

俞贞木(1331—1401)　明初苏州吴县(今属江苏)人,初名桢,以字行,更字有立。元季避乱不仕。洪武初以荐起,历广东乐昌、江西都昌知县。因族人犯法受累,归里授学。晚年受诬逮入京,事白将归,暴病卒。好园艺、植物学,著有《种树书》、《立庵集》等。

俞正燮(1775—1840)　清安徽黟县人,字理初。道光举人。曾先后为《黟县志》、《两湖通志》总纂,晚年被聘为江宁惜阴书院山长。勤于疏记。治学范围除致力于经义外,及于史学、诸子、医理、天文、释典、道藏等多方面。又留心边事,主张对外来侵略“思患豫防”,并反对某些男尊女卑的传统观念。著作已刊有《癸巳类稿》、《癸巳存稿》、《四养斋诗稿》;另有札记一册,《说文部纬》一卷,《校补海国纪闻》二卷,《宋会要辑本》五卷,已散佚。

娱灵　汉皇帝侍妾称号。与无涓等同处于妃嫔之第十四等,禄秩相当于百石官。

雩　❶祭名。《说文·雨部》:“雩,夏祭乐于赤帝,以祈甘雨也。”其实,凡天旱皆可行雩祭,并无定时。凡天旱行雩祭,用舞不用乐,有时还用人作为牺牲。又有“大雩”,战国时代,仲夏五月,由天子举行“大雩帝”礼,祭祀五方天帝,以众多的巫女组成盛大的乐舞队伍,边舞蹈边呼号,并向天帝贡献大量牺牲玉帛,祈求风调雨顺、五谷丰登。明代大雩为祀天祷雨之礼,属吉礼。清乾隆七年(1742)定制,于每岁孟夏举行,称常雩。祈祷之处在圜丘。雩禜(雩宗)之祭,则泛指禳除水旱灾害的祭礼。见《礼记·祭法》及郑玄注。❷即盂。又作霍。春秋宋地。在今河南睢县西北。《谷梁传》僖公二十一年(前639):“宋公、楚子、陈侯、蔡侯、郑伯、许男、曹伯会于雩”,即此。

雩都县　西汉高帝六年(前201)置,因县境雩都水得名。治今江西于都县东北东溪。属豫章郡。南朝陈永定初移治今于都县东南,隋大业中移今于都县治,唐武德初又移今县东南,贞观中复移今治。三国吴为庐陵南部都尉治,西晋为南康郡治。自隋至清先后属虔州、南康郡、赣州、赣州路、赣州府。1957年改为于都县。

雩娄　春秋吴邑,后属楚。在今河南固始县东南。《左传》襄公二十六年(前547):“楚子、秦人侵吴,及雩娄,闻吴有备而还。”《淮南子·人间训》:“孙叔敖决期思之水,而灌雩娄之野。”西汉置县。

雩娄县　本楚雩娄邑,西汉置县。治今河南固始县东南。两汉属庐江郡 。魏晋属安丰郡。东晋废。南朝宋元嘉二十五年(448)以豫部蛮民复置,属弋阳郡,后改属边城左郡。齐废。

渔户　以捕鱼为业的人户。一般列为民户。明代隶河泊所,向河泊所交纳渔税。清初沿袭明制,原编入渔户者,仍皆隶河泊所,著民籍。后渐次并入州县,则为民户。

渔课　古代对渔业所征税收。亦称渔税。西汉武帝时曾收渔税,称海租,并由少府所属海丞主管其事,后停。东汉于郡县有水池及渔利多者设水官收渔税。南朝就渔塘、渔池收税。五代时长江中下游和沿海浙、闽、粤各地均就渔塘征课。北宋淳化元年(990)改为对鱼的交易收税。元、明在全国各地设河泊所,向渔民课税,初征米,称渔课米。后带征其他物料,亦有征银者。以湖广最多,岁有定额,负担甚重,渔民相率逃亡,于是将渔税摊征于民田。清沿明制,主要征自江苏、安徽、江西、福建、广东、浙江、四川、云南、贵州、盛京等地渔民。设有定额,岁约三十万两,遇闰加增,各省按渔户均摊,年终解部。实行地丁制后,江、浙、赣等省并入地丁征收,沿海地方,除征收额课外,对出洋渔船由钞关又量征船料。

渔课米　见“渔课”。

渔梁驿　即今福建浦城县西北渔梁。北宋置。南宋建炎三年(1129),韩世忠追讨苗傅、刘正彦,自衢州、信州进至渔梁驿,相遇,苗、刘兵溃,即此。

渔师　❶官名。春秋战国置,掌捕鱼。❷唐都水监河渠署所属工匠。专门从事捕鱼,以供尚食及中央诸司之用。分长上(长期服役)渔师十人、短番(轮番服役)渔师一百二十人、明资(由官府给予报酬)渔师一百二十人三种,定员共为二百五十人。主要从土户白丁和勋官等杂色人五等以下户中,差科善捕鱼者充任,亦从杂户、官户中选拔训练补充。担任渔师的白丁可免自身课役杂徭,长上可取代人服役的雇值,明资则可获得官府报酬。

渔税　即“渔课”。

渔阳郡　战国燕置。秦、汉治渔阳县(今北京市密云县西南)。西汉辖境相当今河北滦河上游以南,蓟运河以西,天津市海河以北,北京市怀柔县、通州区以东地区。西晋废入燕国。十六国后赵石勒时复置。北魏移治雍奴县(今天津市武清县西北旧县)。北齐移治潞县(今北京市通州区东城子)。隋开皇初废。隋大业及唐天宝、至德间又曾先后改玄州、蓟州(隋玄州治无终县,唐蓟州治渔阳县,皆即今天津市蓟县)为渔阳郡。白居易《长恨歌》有“渔阳鼙鼓动地来”句,即指此。

渔阳县　❶秦置。以在渔水之阳得名。治今北京市密云县西南。为渔阳郡治。秦二世发闾左戍渔阳,即此。西晋废,后复。北魏属渔阳郡。北齐废入密云县。❷隋大业末改无终县置。治今天津市蓟县。为渔阳郡治。唐开元后为蓟州治。明洪武初废入蓟州。

渔阳营　东汉常备屯兵之一。《后汉书·安帝纪》建光元年(121):“初置渔阳营兵。”李贤注引伏侯《古今注》曰:“置营兵千人也。”渔阳,郡名,治今北京市密云县西南。

隅　算学术语。又称隅法,或下法。开方术中未知数最高次项的系数。原义为“角落”。刘徽注《九章算术》开立方术,在其几何解释中将隅引伸为原正方体内以已得数为边长的正方体外角上的以未知数为边长的小正方体。后来凡开方式(包括二次方程)中的最高次项系数均以此名之。若为负,则称为益隅。

隅正　元代差役名目。城市录事司下分设隅、坊二级。隅设隅正,坊设坊正,在当役人户中轮流差充,役期各地不同,或周岁一更,或一季一更。一隅(坊)往往同时设隅(坊)正数人,负责所辖地段内催办赋税,羁管罪人、递运官物及其他杂务。

隃麋县　隃一作渝。西汉置。治今陕西千阳县东。属右扶风。东汉为侯国,建武四年(28)封耿况为隃麋侯,即此。三国魏复为县。属扶风郡。西晋废。以产墨著名,汉制,尚书丞、郎“月赐赤管大笔一双,隃麋墨一丸”(《宋书·百官志》)。后世因以“隃麋”为墨的代称。

隃麋泽　在今陕西千阳县东。西汉以此名县。附近宜种秔稻。今湮。

渝　重庆市的简称。因自隋至宋,渝州治此而得名。

渝报　杂志名。清光绪二十三年十月上旬(1897.11)创刊于重庆。旬刊。宋育仁总理,杨道南协理,潘清荫、梅际郇任正副主笔。土白纸木刻线装,每册约二十页。有上谕、奏折、论文、国内外和本省新闻、重要译文等栏目,末附重庆市场物价表。着重介绍西方文化教育和科学技术,主张通经致用,维新济时。次年春,成都蜀学会创刊《蜀学报》,此刊即改组另出日报,时共出十六期。

渝关　又称临闾关、临渝关、临榆关。隋开皇三年(583)筑,即今河北秦皇岛市东山海关。唐为东北军事重镇。辽、金、元时渐废,明洪武初徐达修复,改名山海关。因宋辽人已有讹渝关为榆关者,故山海关又别称榆关。一说即今河北抚宁县东榆关镇,与山海关非一地。参见“榆关❸”。

渝水　❶一名宕渠水,即今四川南江及其下游渠江。古有賨族聚居水滨,善歌舞,“巴渝舞”即出于此。《华阳国志·巴志》:“阆中有渝水,賨民多居水左右,……陷阵,锐气喜舞……今所谓‘巴渝舞’也。”今合川市以下一段嘉陵江,因与渠江合流,亦通称渝水、宕渠水。隋开皇初在今重庆市置渝州,即因此水得名。❷即今辽宁大凌河。西汉时在今朝阳县境置临渝县,即因此水得名。

渝州　隋开皇初改楚州置,“因渝水为名”(《元和郡县志》)。治巴县(今重庆市)。辖境相当今重庆市区及璧山、永川、江津、南川、武隆、涪陵、长寿等市、县地。大业初改为巴郡,唐武德元年(618)复为渝州,并分置涪州,辖境缩小。仅有今重庆、江津、璧山、永川等市、县地。天宝初改为南平郡,乾元初复为渝州。宋属夔州路。崇宁元年(1102)改为恭州。

渝州蛮　宋少数民族名。即古板楯七姓蛮、唐南平僚。部族数十,居今四川、贵州、云南交界地区。治平、熙宁中,李光吉、王衮、梁秀(一作梁承秀)等先后据其地,熙宁三年(1070)宋建为南平军。

瑜伽密教　即“密宗”。

瑜伽宗(Yogācāra)　亦称大乘有宗。与中观宗并称为大乘佛教的两大派别。为公元四、五世纪时,古印度无著、世亲两兄弟所创。因无著著《瑜伽师地论》等,故以经名宗。世亲初习小乘萨婆多(说一切有)部教义,后遍学大乘教义,著有《唯识三十颂》等。宣传阿赖耶识是一切所知法的总依,它能发生一切法。即外“无”内“有”,万法皆唯“识”。因其认为一切外境均为“识”之显现,主张“万法唯识”,故又称为“唯识学派”。但又认为“识”不真实,仅假说为“有”,而非真有。南北朝时传入中国,后成为中国佛教唯识宗的渊源。

榆次县　西汉置。治今山西榆次市。北魏太平真君九年(448)并入晋阳县,景明元年(500)复置。北齐文宣帝时改置中都县。隋开皇十年(590)复改名榆次。历属太原郡、并州、冀宁路、太原府。1954年城区析出设市,1983年榆次县撤销并入。

榆关　❶在今河南中牟县南。一说在汝州市东南二十里,又说在开封县西。战国楚边境地。《史记·六国年表》:楚悼王三年(前399),“归榆关于郑”。《楚世家》:悼王十一年(前391),“三晋伐楚,败我大梁、榆关”。大梁即梁县,今汝州市。❷一称榆林关。隋开皇三年(583)置关,设总管。地北近榆林,即汉之榆溪塞,因名。隋唐之际废。贞观十三年(639)复置。在隋唐榆林县(治今内蒙古准格尔旗东北十二连城)东三十里。唐韦庄《赠边将》:“昔因征远向金微,马出榆关一鸟飞”(金微都督府,贞观末以回纥仆固部置,今蒙古鄂嫩河流域),即此。❸隋、唐榆关,五代后荒废,宋、辽人已有讹*渝关为榆关者,相沿至明初徐达徙渝关于今山海关,遂以榆关为山海关的别名。

榆关纪事 书名。清末邹渭三撰。四卷。分“拳匪”、“联军”上下、“马贼”等四篇,记义和团在榆关之活动、沙俄侵略军经过榆关情形等史事,起光绪二十六年(1900),迄次年二月,其中对英、法各国抵制沙俄独占榆关的矛盾,及八国联军劫掠等暴行,亦有所揭露。

榆河 一名温榆河。上游即今北京市昌平县南之北沙河,下游即今北京市东温榆河。《元史·文宗纪》:致和元年(1328),“燕帖木儿与王禅前军战于榆河,败之”,即此。

榆林 即今河北怀来县东南榆林堡。《元史·明宗纪》:天历元年(1328),上都倒剌沙遣兵犯大都,“兵皆次于榆林”,即此。

榆林店 地名。在今河北临漳县西南四十里。《资治通鉴》:五代晋开运二年(945),契丹南入邺都境。晋军陈于相州安阳水南,皇甫遇等遇契丹数万,“遇等且战且却,至榆林店,契丹大至”,即此。

榆林府 清雍正八年(1730)于明榆林卫地置。治榆林县(今市)。属陕西省。乾隆后辖境相当今陕西横山县、佳县以北,长城以南地。1913年废。

榆林关 即“榆关❷”。

榆林郡 隋大业三年(607)改胜州置。治榆林县(今内蒙古准格尔旗东北十二连城)。辖境相当今内蒙古准格尔旗及黄河东岸托克托、和林格尔一带。唐初改为胜州,天宝、至德间又一度改为榆林郡。

榆林窟 又称万佛峡。位于今甘肃安西城南约70公里的榆林河谷两岸。依砾岩凿窟,现存四十一孔,东崖三十孔,西崖十一孔,始凿于北魏。今存最早的壁画多为唐代遗物。另有五代、宋、西夏遗存,约占半数。多系统治瓜、沙等州的曹议金及其后人所建。曹氏夫妇、家族及文官武将供养人画像,有题名结衔,为研究瓜州曹氏统治河西历史的形象资料。洞窟形制、塑像和壁画的艺术风格,都与莫高窟相近。今为全国重点文物保护单位。

榆林窟西夏文题记 西夏石窟题字。在十六个洞窟中有四十七条题记。为西夏官员、僧人和游人所书。多为墨书,间有刻划文字。有长篇发愿文、供养人榜题和巡礼题款。内容有供养行愿、朝山礼佛、清理积沙等项,涉及西夏国名、职官、亲属称谓和佛教信仰。

榆林卫 明成化七年(1471)置。治榆林堡(今陕西榆林市)。辖陕北长城沿边地区。属陕西都司。清雍正二年(1724)废入绥德州。八年置榆林府。

榆林县 隋开皇七年(587)置。治今内蒙古准格尔旗东北十二连城。先为胜州治,后为榆林郡治,五代初废弃。

榆林镇 明代九边之一。成化七年(1471)延绥镇移治榆林卫(今陕西榆林市),此后通称榆林镇。防地东至黄河,西至定边营(今陕西定边县)。

榆木川 地名。在今内蒙古多伦县西北。明永乐二十二年(1424)鞑靼阿鲁台南下,成祖率军北上抵御,归途中病死于此。

榆溪塞 亦称榆林塞。秦始皇时蒙恬北伐匈奴,取今河套地,树榆为塞,故名。《史记·卫将军列传》:西汉武帝时卫青再取河套,军行“按榆溪旧塞”,即此。参见“榆中”。

榆阴城 在今辽宁建平县东牤牛河南。《资治通鉴》:东晋咸和八年(333)慕容皝讨宇文逸豆归于广安,“逸豆归惧而请和,遂筑榆阴、安晋二城而还”。胡三省注:“榆阴城,盖在大榆河之阴。”大榆河即今建平县东南流入大凌河之牤牛河。

榆中 战国时赵武灵王西略地至榆中。《史记·秦始皇本纪》:“自榆中并河以东,属之阴山,以为四十四县,城河上为塞”,“迁北河榆中三万家”。所在历来说法不一:三国魏苏林说在上郡,指今陕西省的东北角;唐张守节说在胜州北河北岸,即今内蒙古河套东北岸。二说都认为榆中即榆溪塞所在。晋徐广、北魏郦道元说在金城。即今甘肃兰州市、榆中县一带,与榆溪塞不在一处。

榆中县 西汉置。治今甘肃榆中县西北。属金城郡。西晋、北魏为金城郡治。西魏废。

虞 ❶传说中远古部落。即有虞氏。居于蒲坂(今山西永济市蒲州镇)。舜乃其领袖。❷国名。(1)夏代国名。见“虞思”。(2)商末周初诸侯国。在今山西平陆县北。曾与邻国芮争田,请周文王排解。《诗·大雅·緜》:“虞、芮质厥成,文王蹶厥生。”一说在今陕西陇县南。(3)周武王时分封的诸侯国。姬姓。开国君主是古公亶父子仲雍之后虞仲。国于夏虚,在今山西平陆县北。《左传》僖公五年(前655):晋侯“假道于虞以伐虢”。师还,“遂袭虞,灭之”。❸官名。见“虞人”。❹古代一种祭祀名。既葬而祭称虞,有安神之意。《释名·释丧制》:“既葬,还祭于殡宫曰虞。谓虞乐安神,使还此也。”参见“虞祭”。

虞坂 一名虞山,又名吴坂、吴山或盐坂。中条山的一支。在今山西夏县西南庙前镇与平陆县北张店镇间,为南北交通要道。春秋时晋假道于虞以伐虢,即此路。《水经·河水注》:虞城“北对长坂二十许里,谓之虞坂。戴延之曰:自上及下,七山相重”,即此。

虞部 官署名。(1)西魏大统十二年(546)置为尚书省十二部之一,设郎中等官,职掌有关山泽、园囿、草木、鸟兽之政令,掌其出产、供应之节制,禁人随意采猎。西魏末至北周仿《周礼》建六官府,遂为地官府诸司之一,设下大夫为长官,佐官有小虞部上士。(2)隋、唐、五代为工部四司之一,其职掌略同(1),兼掌京都街巷种植、供应百官蕃客菜蔬、薪炭及殿中省、太仆寺所管马匹刍料、田猎等政。隋初设侍郎、员外郎为长贰,大业三年(607)改设郎、承务郎。唐代设郎中、员外郎为长贰,又有主事等员。龙朔二年(662)改名司虞,咸亨元年(670)复旧,天宝十一载(752)再改,至德二载(757)再复。北宋前期无职掌,设判部事一员，以无职事朝官充任，其郎中、员外郎皆为寄禄官。元丰改制后，掌山泽、苑囿、矿冶之政，辨其矿藏出产而为之厉禁，监管诸金、银、铜、铁、铅、锡、盐、茶、矾生产及开支。初设郎中、员外郎各一员，绍圣元年(1094)与屯田司互置郎官兼领。南宋省郎官，由工部郎官兼领。明洪武六年(1373)复置，为工部四部属之一，设郎中、员外郎各一员，主事四员，二十九年改名虞衡清吏司。

虞部侍郎 官名。隋代尚书省工部虞部司长官，置一员，正六品上，开皇三年(583)加为从五品，大业三年(607)改为虞部郎。

虞部司 见“虞部(2)”。

虞部下大夫 官名。西魏恭帝三年(556)置，北周沿置。地官府虞部司长官，员一人，掌山泽草木鸟兽等事务。正四命。下设小虞部上士以佐其职，领山虞中士、泽虞中士、林衡中士、川衡中士、掌禽中士、掌囿中士、掌圃中士、掌炭中士、掌薪中士、掌刍中士等官属。隋开皇元年(581)罢。

虞曹 官署名。魏、晋、南北朝尚书省诸曹之一。三国魏始置，或说隶左尚书，设郎(郎中、侍郎)为长官。西晋因之，东晋康帝、穆帝以后省。南朝梁、陈复置，仍隶左民尚书。北魏前期直隶尚书省，以虞曹尚书为长官，设虞曹令等。太和改制后仍为郎曹，设郎(郎中)，隶仪曹尚书。北齐隶祠部尚书，掌地图、山川远近、园囿田猎、肴膳杂味等事。西魏改称虞部。

虞曹郎 官名。尚书省虞曹长官通称。亦称虞曹郎中，资深勤能者可转侍郎。三国魏始置，六品。西晋沿置，东晋康帝、穆帝后省。南朝梁、陈复置，梁郎中五班，侍郎六班；陈皆四品、六百石。北魏置，初隶虞曹尚书，孝文帝改制后复为虞曹长官，太和十七年(493)定郎为从五品中，郎中五品上；二十三年皆称郎中，六品，仍可通称为郎。北齐六品上。参见“虞曹”。

虞曹郎中 见“虞曹郎”。

虞曹尚书 官名。北魏前期尚书省虞曹长官。《山徽墓志》载其父曾任此职。

虞城县 隋开皇十六年(596)置。治今河南虞城县北旧县西南。属梁郡。金废。蒙古宪宗二年(1252)复置。至元二年(1265)废，三年复置。明弘治九年(1496)移治今虞城县北旧县(利民镇)。1954年移治马牧集，即今治。

虞悰(435—499) 南朝齐会稽余姚(今属浙江)人，字景豫。宋时辟州主簿，齐时官至给事中、光禄大夫、正员常侍。建元年间累迁至豫章内史。家富有，烹调皆有方，著名当世。武帝曾向之求饮食诸方，秘不肯出。帝醉后乃献醒酒鲭鲊一方。然侈不违度，亲疏皆有终始。

虞阏父 一作遏父。商周之际人。妫氏，传为虞舜后裔。周武王时任陶正，主管制陶。武王灭商后，其子满受封为陈国始祖。

虞翻(163—232) 三国时会稽余姚(今属浙江)人，字仲翔。少好学，本为会稽太守王朗功曹。东汉建安元年(196)，会稽为孙策所破，乃护朗浮海至东冶(今福建福州)。朗遣之还，策复命为功曹。四年，奉策命说降豫章太守华歆。孙权以为骑都尉，数直谏，坐徙丹阳泾县(今安徽泾县西)。吕蒙因其知医术，请以自随。性疏直，又言世无神仙，为权所恶，遂徙交州。吴嘉禾元年(232)，权使周贺等至辽东，从公孙渊求马，乃作表示交州刺史吕岱，认为辽东绝远，去人财求马，既非国利，又恐无获。为吕岱所谮，复徙孟陵(今广西苍梧西北)。后贺等果无功，权思其言，乃召之回，而已先卒。平生习家传西汉今文孟喜《易》学，依《易》之八卦，推衍象数，以占人事吉凶，宣称“经之大者，莫过于《易》”，为当时治《易》之名家。批评东汉郑玄所注五经违义者百六十七事。被流放十余年，仍讲学不辍，门徒常数百人。撰《易注》，清惠栋《易汉学》、张惠言《周易虞氏义》、《周易虞氏消息》等，对其说有所阐述，收入《皇清经解》。又注《老子》、《论语》、《国语》等，均佚。

虞公 即“仲雍”。

虞衡清吏司 官署名。简称虞衡司。明清工部四司之一。明洪武二十九年(1396)置，设郎中一人，员外郎二人，主事四人。南京工部虞衡清吏司亦置郎中一人，主事二人。掌理采捕山泽鸟兽之肉、皮革、骨角、羽毛等物，并司制造军装、兵械，烧造陶瓷，冶铸器具等事。清顺治元年(1644)沿置。设郎中五人，满洲四人，汉一人；员外郎六人，宗室一人，满洲三人，蒙古一人，汉一人；主事四人，满洲三人，汉一人及笔帖式、经承等吏员分理司务。专掌制造各项器物，稽核军装、军火，分辨东珠等事。所属有都吏科、军器科、窑冶科、杂科、军器算房、火房等办事机构。光绪三十二年(1906)裁。

虞衡司 即“虞衡清吏司”。

虞后氏 即“虞思”。

虞候 官名。(1)掌山泽之利的官员。《左传·昭公二十年》：“薮之薪蒸，虞候守之。”(2)北朝魏、齐、周皆置。《北齐书·莫多娄贷文传》：“中兴初，除伏波将军、武贲中郎将、虞候大都督。”子敬显，位至领军将军，恒检校虞候事。(3)唐代东宫置左、右虞候，位列诸率，掌侦伺察非。(4)唐代方镇皆置，为衙前之职，又称“军候”，并有左、右及马军、步军之分，诸州又有衙前虞候等名目。(5)宋代禁军诸直、诸都皆置，位将之下，为禁卫官。(6)宋代官员的侍从。吴自牧《梦粱录》谓雇用虞候等人，有行老引领。

虞候大都督 官名。北魏中兴元年(531)置虞候大都督。西魏文帝大统初，宇文泰置虞候都督，主候骑，行军征讨时，职司侦敌巡察。北周武帝伐齐时，亦有虞候大都督。北周末，杨坚为大丞相，其相府有帐内虞候大都督、帐内虞候都督。

虞候率府 隋至唐龙朔二年(662)，神龙元年(705)至开元初，称左右清道率府为左右虞候率府。

虞胡公 即“陈胡公满”。

虞怀王 即“朱雄英”。

虞姬(？—前202) 秦末人。楚霸王项羽宠姬。楚汉战争后期，羽被围困于垓下(今河南鹿邑东，一说今安徽灵璧南)，闻四面楚歌，知败局已定，乃慷慨悲歌，她和之。《楚汉春秋》载其歌曰："汉军已略地，四方楚歌声，大王意气尽，贱妾何聊生。"

虞集(1272—1348) 元仁寿(今属四川)人，侨寓崇仁(今属江西)，字伯生，号道园，世称邵庵先生。就学于吴澄。大德初，入京为大都路儒学教授、国学助教。仁宗时为集贤修撰。泰定初为秘书少监，与王约从泰定帝去上都，用蒙、汉语讲解经书，升翰林直学士兼国子祭酒。文宗时任奎章阁侍书学士，受命与中书平章赵世延等修《经世大典》。因劳累致眼疾，又为大臣所忌，遂告病回江西。诗文负盛名，有《道园学古录》、《道园类稿》等。

虞祭 古代祭礼，既葬之后的祭祀。属凶礼。皇帝、皇后、品官死后多行虞祭之礼。明制，皇帝死后之祭，多至九虞，由内侍陈醴馔、拜位于几筵前，如常祭之仪。葬日初虞，柔日(即逢乙、丁、巳、辛、癸之日)再虞，刚日(即逢甲、丙、戊、庚、壬之日)三虞。此后隔日一虞，至九虞而止。皇后亦至九虞。品官为三虞。安葬之日，日中初虞，柔日再虞，刚日三虞。若入葬地去家路远，则初虞于墓所，途中遇柔日，则于途日再虞，但三虞必待返家中后方行。参见"虞❹"。

虞江 在今越南河南宁省南定附近。明永乐八年(1410)，沐晟讨安南，追破陈季扩于虞江，即此。

虞悝(？—322) 晋长沙(今属湖南)人。少仕州郡，为治中、别驾。王敦叛，湘州刺史谯王司马承欲讨敦而兵少粮乏，且新到任，恩信未著，问其计。以为宜收众固守，分敦势而图之。承乃举兵讨敦。用为长史。敦军破长沙，被执遇害。

虞美人 唐教坊曲名，后用为词牌、曲牌。原名取自秦汉之际项羽宠姬虞美人。又名玉壶冰。因南唐李煜用此牌有"恰似一江春水向东流"之句，故又名一江春水。双调，五十六字，上、下阕各四句，两仄韵、两平韵。另有五十八字者，为变体。

虞溥(约249—约310) 西晋高平昌邑(今山东巨野南)人，字允源。武帝时，历仕尚书都令史、鄱阳内史。修庠序，招学徒。卒于阳。著有《江表传》。又曾为《春秋》经、传作注。

虞洽卿(1867—1945) 浙江镇海(今宁波)人，名和德。清光绪十八年(1892)起，在上海先后任德商鲁麟洋行、华俄道胜银行、荷兰银行买办。三十二年组织万国商团中华队。三十四年与李云书等创办四明银行。是年开办宁绍轮船公司。辛亥革命以后又独资创设三北轮船公司。清末捐道台，分发江苏。历任上海总商会会长、淞沪市政会办、公共租界工部局华董、沪北预备商团公会总董等职，并与同盟会有联系。沪军都督府成立后任顾问、闸北民政总长。1927年支持蒋介石发动四一二政变。后在重庆病死。

虞谦(1366—1427) 明镇江金坛(今属江苏)人，字伯益。洪武时由国子生擢刑部郎中，出为杭州知府。永乐初召为大理寺少卿，请定罪以律为准，禁止滥刑。升右副都御史，督两浙、苏、松税粮，建议按丁、粮分纳户为四等，以别输途远近。仁宗即位，改大理寺卿。凡法司及四方所上狱，再四参复，以求其平。卒于官。工诗画。著有《玉雪斋稿》。

虞卿 一作虞庆。战国时人。善游说，属纵横家。因进说赵孝成王被任为赵上卿，封之于虞，食一城，故号虞卿。主张以赵为主，合纵抗秦。长平之战时，建议联合楚、魏，迫使秦讲和。既解邯郸围，赵王拟割六城求和，他极力反对。曾与魏相魏齐友善，后以魏齐故，弃万户侯卿相之印，与魏齐间行，去赵之魏。在魏穷愁不得志，乃著书，上采《春秋》，下观近世，凡八篇，世传之曰《虞氏春秋》。《汉书·艺文志》儒家类著录有《虞氏春秋》十五篇，今佚，有清马国翰辑本。

虞庆 即"虞卿"。

虞庆则(？—598) 隋京兆栎阳(今陕西西安北)人，本姓鱼。祖居灵武。少雄毅，有胆气，善骑射，后折节读书。仕北周，为石州总管。入隋，进位大将军，迁内史监、吏部尚书、京兆尹、尚书右仆射。曾出使突厥，使其内附。后平岭南李世贤。旋为妇弟诬告谋反，被杀。

虞人 官名。又作虞。同吴人。相传尧、舜时置，掌山泽苑囿。《史记·五帝本纪》："于是以益为朕虞"，"益主虞，山泽辟"。裴骃集解："马融曰：'虞，掌山泽之官名。'"西周置，春秋战国沿置，多称"虞人"。《左传·昭公二十年》："齐侯田于沛，招虞人以弓，不进。"《国语·周语中》："虞人入材。"韦昭注："虞人，掌山泽之官。祭祀、宾客，供其材也。"《吕氏春秋·慎子》："鸿集于囿，虞人以告。"高诱注："虞人，主囿之官也。"

虞山派 清代画家王翚(石谷)为代表的山水画流派。王翚之画取法宋元，自成风格，康熙间画名甚盛。学生杨晋、顾昉、李世倬、上睿、胡节等继承其法，亦有画名，对清代画坛影响很大。翚为江苏常熟人，当地有虞山，故称。

虞邵庵 即"虞集"。

虞师 官名。同吴师。周代置。掌山林水泽。《大簋铭》："王呼吴(虞)师召大。"《管子·立政》："修火宪，敬山泽林薮积草，夫财之所出，以时禁发焉；使民于宫室之用，薪蒸之所积，虞师之事也。"《荀子·王制》："使国家足用，而财物不屈，虞师之事也。"

虞氏春秋 书名。战国赵孝成王相虞卿撰。《史记·平原君虞卿列传》谓虞卿"不得意，乃著书，上采春秋，下观近世，曰《节义》、《称号》、《揣摩》、《政谋》，凡八篇，以刺讥国家得失，世传之曰《虞氏春秋》"。《汉书·艺文志》著录十五篇。列于儒家。《隋书·经籍志》、《旧唐书·经籍志》已不载。久佚。《史记》本传曰："虞卿者，游说之士也。"清马国翰辑《虞氏春秋》一卷，谓其"大旨主于合纵，亦未离战国说士之习"(《玉函山房辑佚书》)。

虞氏微传 书名。战国赵孝成王相虞卿撰。《史记·平原君虞卿列传》云："虞卿者，游说之士也。蹑蹻檐簦，说赵孝成王。一见，赐黄金百镒，白璧一双；再见，为赵上卿，故号为虞卿。"刘向《别录》云：

"铎椒作钞撮八卷,授虞卿。"姚振宗《汉书艺文志条理》称:"虞卿为铎氏弟子,此《微传》二篇,似传注之流,为《铎氏微》而作欤。"《汉书·艺文志》著录二篇,列于春秋家。《隋书·经籍志》不载。久佚。参见"铎氏微"。

虞世基(?—618) 隋会稽余姚(今属浙江)人,字懋世,小字播郎。博学多才,兼善草隶。仕陈,官至尚书左丞。入隋,拜内史舍人。炀帝重其才,迁内史侍郎。与苏威、宇文述等参掌朝政。大业十二年(616),炀帝游江都,请发兵守洛口仓,炀帝不从。知无法谏止,又见高颎、张衡被杀,乃唯诺取容。时起义军纷起,郡县多没,他都隐匿不报,鬻官卖狱,贿赂聚敛,朝野共愤。宇文化及兵变时被杀。《全隋文》存文四篇,《先秦汉魏晋南北朝诗》存诗十八首。

虞世南(558—638) 隋唐时越州余姚(今属浙江)人,字伯施。陈时,与兄世基俱从顾野王学,历十余年,入隋,官秘书郎。唐时,官至秘书监,封永兴县子,人称虞永兴。编有《北堂书抄》传世。书法师王羲之七世孙僧智永,偏工行草。以太宗雅好王羲之书,遂备见推崇,声名出于欧阳询之上。与欧阳询、褚遂良、薛稷并称唐初四大书家。其行草书传真迹多收入《淳化秘阁法帖》。又有传为墨迹《汝南公主墓志》行书草稿,已影印。至于正书实非擅长,有《孔子庙堂碑》,但远不如欧体影响深远。有集三十卷,今存一卷。

虞书 《尚书》组成部分之一。包括《尧典》、《皋陶谟》。伪《古文尚书》从《尧典》中分出《舜典》,从《皋陶谟》中分出《大禹谟》,又增《益稷》,合为五篇。记述传说中唐尧、虞舜、夏禹等事迹。《书·尧典》"虞书"孔颖达疏:"尧典虽曰唐事,本以虞史所录,末言舜登庸由尧,故追尧作典,非唐史所录,故谓之《虞书》也。"

虞思 又称虞后氏。相传为舜之后裔,夏朝虞国(今河南虞城)之君。少康曾逃奔有虞,任庖正,虞思又以二姚(二女)为少康妻(《左传·哀公元年》)。

虞遂 夏商时人。见"遂"。

虞潭 晋会稽余姚(今属浙江)人,字思奥。初辟州从事。举秀才,齐王司马冏请为祭酒,徙为醴陵令。起兵参与讨平张昌、陈敏、杜弢等。丞相司马睿召补军咨祭酒,迁宗正卿。王敦叛,时告疾在里;遂于本县召合宗人及郡中大姓万人赴难。敦平,征拜尚书、右卫将军、散骑常侍。成帝即位,出为吴兴太守。苏峻反,加督三吴、晋陵、宣城、义兴等六郡军事,受陶侃节制。峻平,诏转吴国内史。时饥荒,因出仓米赈救,修沪渎垒固海防。咸康中,进卫将军、侍中、光禄大夫。年七十九卒。

虞通之 南朝宋会稽余姚(今属浙江)人。善言《易》。历领军长史、黄门郎,官至步兵校尉。明帝为诫诸公主之妒,尝使撰《妒妇记》(一说《妒记》)。另有文集,皆佚。

虞抟(1438—1517) 明义乌(今属浙江)人,字天民,自号花溪恒德老人。出身世医之家。少年习举子业,后因母亲多病,乃专攻医学,善于脉理。与名医朱震亨同乡,受其学说影响。晚年因"憾世医多偏门,而民命之夭于医者不少"而作*《医学正传》一书,是明代中医书籍佳作之一。另撰有《苍生司命》、《方脉发蒙》等。

虞玩之 南朝齐会稽余姚(今属浙江)人,字茂瑶。起家宋东海王行参军。齐初为黄门郎,奉命与骁骑将军傅坚意检定黄籍,上表以为自宋泰始三年(467)以来,扬州等九郡所正黄籍,犹未四万,宜更立明科,使官长亲自检校。齐高帝因而别置版籍官,限人一日检得数欺隐者,连年不已,百姓怨望,乃有唐寓之起义。后以久疾辞官,卒于家。

虞喜(281—356) 晋会稽余姚(今属浙江)人,字仲宁。博学好古。历惠、怀至成帝屡辟不就。穆帝时,朝廷有大议,遣使咨访。曾因挟藏户口,县令欲绳以峻法。终因地方豪族,置之不究。专心经传,兼览谶纬,因宣夜之说著《安天论》,以非难浑天、盖天说,又著《志林》三十篇。余俱散佚。

虞县 秦置。治今河南虞城县北。汉晋属梁国。北魏废。《史记·曹相国世家》:秦末,"又攻(秦)下邑以西,至虞",即此。

虞乡县 北魏末置。治今山西永济市东。后并入南解县。保定元年(561),复改绥化县为虞乡县。治今永济市东北。隋大业九年(613),移治今运城市西南解州。唐武德元年(618),改为解县。另置虞乡县于今永济市东虞乡镇。贞观二十二年(648)并入解县。天授二年(691),复分解县置。蒙古至元三年(1266),并入临晋县。清雍正八年(1730)复置。1954年废。西魏、北周属河东郡,隋先后属蒲州、河东郡,唐、北宋、金属河中府,清属蒲州府。

虞庠 学校名。周代对贵族子弟进行初级教育的机构。相当于"小学"。《礼记·王制》:"周人养国老于东胶,养庶老于虞庠。"郑玄注:"虞庠,亦小学也。""周之小学,为有虞氏之庠制,是以名庠。"

虞啸父 东晋会稽余姚(今属浙江)人。少历显位,为侍中,常侍孝武帝饮宴。隆安元年(397),为吴国内史。司徒左长史王廞举兵讨王国宝,以应王恭,使行吴兴太守入吴兴、义兴召募兵众。国宝死,廞又据吴郡反,反为王恭讨平。有司奏与廞同谋,被收付廷尉,罪当斩,以其祖潭旧勋,赎为庶人。复拜尚书。桓玄用事,以为太尉左司马。寻迁护军将军、会稽内史。义熙初,去职,卒于家。

虞诩 东汉陈国武平(今河南柘城南)人,字升卿。初辟太尉李脩府,拜郎中。安帝永初四年(110),羌胡进攻并、凉时,曾建议李脩任西州豪杰为属吏,牧守长吏子弟为郎,以消弭边患。后任朝歌长,设谋镇压宁季领导的农民起义。迁武都太守,平息羌变,招还流亡,开通水运,使郡内盐米丰贱,二三年间户口由万余增至四万余。顺帝永建元年(126),为司隶校尉,劾奏中常侍张防弄权,坐论输左校,旋得赦,任尚书仆射。是时长吏二千石借"义钱"之名聚敛,或受取百万以上,因其上疏而止。以数忤权戚,曾九见谴考,三遭刑罚,然刚正之性终老不改。永和初,迁尚书令,后免官。

虞延(? —约71) 东汉陈留东昏(今河南兰考北)人,字子大。力能扛鼎。少为亭长。建武初仕执金吾府,除细阳令。为政宽平,每至岁时伏腊,辄放囚徒归家团聚。建武二十四年(48)迁洛阳令。时外戚阴氏客为奸盗,乃收考之,拒绝阴氏请托,获一书即加笞二百。是后外戚稍有收敛。再迁南阳太守。永平中,历位太尉、司徒。受楚王刘英狱事牵连及阴氏中伤,免官自杀。

虞胤(? —335) 晋济阳外黄(今河南民权西北)人。晋元帝敬皇后弟。初拜散骑常侍,迁步兵校尉。太宁末,袭父爵平山县侯,转右卫将军。与南顿王司马宗俱为明帝亲信,并典禁兵,多聚勇士以为羽翼。护军将军庾亮以宗将有异谋,解其兵卫,徙之为宗正卿。咸和二年(327)宗被杀,出为桂阳太守,频徙琅邪、庐陵。

虞预 晋会稽余姚(今属浙江)人,字叔宁。少好学。东晋初,历仕会稽郡主簿、佐著作郎、秘书丞、著作郎、散骑常侍领著作。先后从平王含、苏峻之乱。年老解职。著有《晋书》、《会稽典录》、《诸虞传》等。

虞允文(1110—1174) 南宋隆州仁寿(今属四川)人,字彬甫。以父荫入官。绍兴进士。绍兴三十年(1160),使金,见运粮造船者多,还奏所见,请加强战备。次年,金主完颜亮率兵号称百万南下,他以中书舍人参谋军事,犒师采石(今安徽当涂境内),适主将王权罢职,宋军无主,他招集诸将,勉以忠义,遂督师击溃金军。三十二年,出为川陕宣谕使,与大将吴璘共谋进取,收复陕西数处州郡。不久,朝议主和,多次上疏力争,未被采纳。乾道元年(1165)入朝,任参知政事兼知枢密院事。不久,复出为四川宣抚使。五年,为右相兼枢密使,迁拜左丞相兼枢密使。后再宣抚四川,在蜀一年,病卒。少有大志,以文学致身台阁,晚际时艰,出入将相垂二十年。留心搜罗人才,有所见闻,即记之,号"材馆录"。曾举荐胡铨、周必大、王十朋等,均为宋代名臣。

虞仲 ❶即"仲雍"。❷仲雍玄孙周章之弟。周武王灭商后,寻求太伯、仲雍后人,得周章,是时已为吴国之君,武王加封;又封其弟虞仲于夏墟,建立虞国(今山西平陆北),称虞公(《逸周书·世俘》)。

虞仲文(? —1123) 辽武州宁远(今山西五寨北)人,字质夫。举进士。历仕太常少卿、中书舍人、枢密直学士、翰林侍讲学士。保大二年(1122),拥耶律淳称帝,为参知政事、领西京留守、同中书门下平章事、内外诸军都统。金天会元年(1123)降金,为枢密使、侍中、秦国公。自燕京北上,途中被平州军帅张觉杀死。

愚书 书名。南宋唐仲友著。自序称:"取经传䌷绎奥义,愚虑所及,随辄记录。"故名。今本从《悦斋文粹》残本录出,计有《君臣》、《士民》、《治教》、《兵财》、《道学》、《圣贤》六篇,每篇二十则。其言"道学",谓"道者事之理,事者道之实。于道默而识之,于事敏以求之。不以道而废事,不以性而废学"。与言道统心传者异趣。

愚斋存稿 书名。清末盛宣怀著。一百卷,补遗十二卷。1939年刻本。此书包括光绪二十年(1894)至宣统三年(1911)的奏稿、电奏和朋僚电稿三类。可供研究清末历史的参考。

艅艎 又作余皇。船名。春秋时吴国王侯的专用座船,水战时作为指挥旗舰。其形体高大,装饰华丽,船首雕绘有鹢首图案,航行性能优良。《抱朴子·博喻》:"艅艎鹢首,涉川之良器也。"

舆 ❶即"舆人❷"。❷又名车舆。用车载人称作"舆",古人常把车舆连用。作为陆上交通工具。

舆地 ❶舆即地。《易·说卦》:"坤为地,……为大舆。"《史记》汉褚少孙补《三王世家》:"臣请令史官择吉日,具礼仪上,御史奏舆地图。"《索隐》:"谓地为舆者,天地有覆载之德,故谓天为盖,谓地为舆,故地图称舆地图。"❷舆地图(即地图)的略称。《汉书·江都易王非传》:"具天下之舆地及军陈图。"

舆地碑记目 书名。南宋王象之撰。四卷。为《舆地纪胜》中的碑刻部分,成于南宋嘉定十四年(1221)。所收碑目以南宋版图为限,起临安府迄龙州,按地编辑。内容包括神道碑、墓志、庙碑、纪功碑、纪事碑、石经、题记、赞文、榜题、塔记、造像等,碑下注有所在地、年月、撰写人姓名及内容提要等,其中有些考证颇精。

舆地广记 书名。北宋欧阳忞编著,政和中成书。北宋地理总志。三十八卷。主要叙述政区沿革,并结合历史故实。一般地志共有的四至、道里、户口、风俗、土产等,此书概不采入。前四卷先叙历代疆域,五卷以后按元丰时四京、二十三路分区,分述州县建置沿革;路下附有化外州县。采用略古详今,纵横解剖的著作方法。端委详明,系统清晰,颇便于寻检。

舆地纪胜 书名。南宋王象之编著,约宝庆三年(1227)成书。南宋地理总志。二百卷。以南宋十六路版图,宝庆以前建置为标准,叙述当时一百六十六个府、州、军、监的地理胜状,分府州沿革、县沿革、风俗形胜、景物、古迹、官吏、人物、仙释、碑记、诗、四六等目。所载多南宋事,内容丰富,引书中又多佚本,可补史志缺略。原著佚去三十二卷,缺页十六卷。清岑建功辑《舆地纪胜补缺》,刘文淇等撰《舆地纪胜校勘记》,对整理此书均有贡献。

舆地图 ❶古代指地图。参见"舆地❷"。❷书名。元朱思本撰。参阅《水经注》、《通典》、《元和郡县志》、《元丰九域志》、《大元一统志》等书,考订古今地理远近,自至大四年(1311),迄延祐七年(1320),成此一书。图用计里开方之法,先作各地分图,然后合成长广各七尺的大图。在制图史上是一创造。原图已佚。明罗洪先增补为《广朱思本舆图》,简称《广舆图》,有明刻本,清嘉庆重刻本。

舆地学会 地学会组织。清光绪二十二年(1896)由邹代钧发起在湖北武昌(今武汉)成立。从事地图的翻译和编绘。编绘地图采用西方的地图投影法,多用圆锥投影,并标明比例尺。共译绘中外地图七百多幅。

舆地志 书名。南朝陈顾野王撰。三十卷。记周、秦以来政区沿革、山川道里、城邑、古迹、事件、风俗、物产等。是书抄录众家之言,“集汉魏以来二百四十家地理书大成”。宋初尚有传本,后佚。清王谟有辑本,辑佚三百二十五条,收入《汉唐地理书钞》;王仁俊有辑本,收入《玉函山房辑佚书补编》。《史记注》、《太平御览》、《太平寰宇记》等均有引文。

舆服 车舆冠服与各类仪仗。古代车舆、冠服、仪仗皆有定制,按尊卑列等。《左传·定公五年》:“王之在随也,子西为王舆服以保路。”如不按规定之舆服,则为僭越。《史记·平准书》:“室庐舆服僭于上,无限度。”正史中多有《舆服志》。

舆鬼 见“鬼宿”。

舆论日报 报纸名。清光绪三十四年正月二十八日(1908.2.29)在上海创刊。狄葆丰主编,罗普主笔政。鼓吹君主立宪,反对民主革命。附出石印画刊《舆论日报图画》,随报分送。

舆人 ❶制作车舆的工匠。《周礼·考工记》:“舆人为车。”❷一种身份卑微的职吏,又简称舆。《左传·昭公四年》:“舆人纳之,隶人藏之。”杜预注:“舆、隶皆贱官。”又《左传·昭公七年》载“人有十等”,“皂臣舆,舆臣隶”,舆为第六等。❸指众人,《左传·僖公二十八年》:“听舆人之诵。”杜预注训舆为众。

舆帅 官名。春秋时晋国置,掌兵车的军吏。《左传·成公二年》:“公会晋师于上鄍。赐三帅先路三命之服。司马、司空、舆帅、候正、亚旅皆受一命之服。”杜预注:“舆帅,主兵车。”

舆司马 官名。(1)春秋时晋国置。“上军司马”的别称。大夫爵。《国语·晋语七》:“知籍偃之惇帅旧职而恭给也,使为舆司马。”韦昭注:“舆司马,上军司马也。”(2)《周礼》夏官之属。掌军队战车。

舆算学会 清末进步团体。光绪二十四年二月(1898.3)罗辉山、潘仁瑶创建于湖南郴州。本会不分畛域,无论本省外省之生童贡监一律延纳。旨在略去虚文,专求实学。舆地以绘险要究兵略为主,旁及农矿;算学以程功董役行军布阵制器为主,旁及天文。要求会员平居无事,当讨论中外古今盛衰之源,联合士气,互相师法,合天下为一群以复振中国。还拟专立农矿兵商学堂及博物院,设体操场,派游学生,以期养根竢实,蔚起通才。

舆图 ❶地图。亦称舆地图。如杨守敬编《历代舆地图》。❷疆土。《新元史·世祖纪》:“舆图之广,历古所无。”

舆尉 官名。春秋时晋国置。(1)军吏“上军尉”的别称。《国语·晋语七》:“知铎遏寇之恭敬而信强也,使为舆尉。”韦昭注:“舆尉,上军尉也。”(2)县属主持军赋的官员。《左传·襄公三十年》:“赵孟问其县大夫,则其属也。召之而谢过焉”,“而废其舆尉。”

舆县 西汉置。治今江苏仪征市北。属临淮郡。东汉属广陵郡。南朝宋元嘉十三年(436)并入江都县。

罛者扣舟 古代人工鱼礁捕鱼法。见于《淮南子·说林训》。东汉高诱注:“罛者,以柴积水中以取鱼。扣,击也,鱼闻击舟声藏柴下,壅而取之。”即利用鱼类喜在水中礁石内隐藏之习性,用柴堆积人工鱼礁来捕鱼。

踰冬减死 刑法用语。宽减罪犯死刑的一种规定。汉制,处决死刑罪犯定在冬天。如踰冬至次年春天,则得减免死罪,改服徒刑。《汉书·楚元王传》:“上亦奇其材,得踰冬减死论。”颜师古注引服虔曰:“踰冬,至春行宽大而减死罪。”

yǔ

与郭仆(僕)射书 即“争坐位稿”。

与罗君章书 篇名。东晋孙盛撰。全文仅百余字。提出“形既粉散,知亦如之”命题,以形死神散,批驳罗含“神不灭”思想。载《弘明集》卷五。

与南北美洲诸华商书 书信名。又名《答南北美洲诸华商论中国只可行立宪不可行革命书》。近人康有为著。写于清光绪二十八年(1902)。信中谓今日中国民智未开,“公理未明,旧俗俱在”,只可行“立宪”,不可行“革命”,行革命必生“内乱”。称光绪帝乃“旷世圣主”,“革命者开口必攻满洲”,此为“大怪不可解之事”,意在保皇,反对民主革命。章炳麟撰《驳康有为论革命书》予以驳斥。

与舍学报 杂志名。清光绪三十三年(1907)初在开封创刊。半月刊。狄杏南主办。发行十六期停刊。

予成(?—485) 柔然可汗。吐贺真子。北魏和平五年(464)继立,号受罗部真可汗(意为“惠王”)。曾仿中原王朝制度,建年号永康,并向南齐求医工等物,又数犯北魏边塞,连年进攻敦煌。永康十六年(479),亲率骑十余万逾漠南下至塞,炫耀武力。但也不时遣使向北魏朝贡,求和亲。

予告 古时官员休假称告。汉代法令规定,二千石以上官吏经考课居最,可带职休假,称予告。因病回家调治称赐告。后世,官员因老、疾休致均称予告。清制,凡官员年老告休者,令致仕;大臣予告者,则加衔,或食俸,以示优礼。

予宁 官制用语。汉代官员因父、母去世,皇帝准许离职回家居丧。其期限由朝廷决定。

予虞 官名。新莽始建国元年(9)更名水衡都尉曰予虞,东汉废。

芋尹 官名。春秋楚、陈等国置,掌田猎驱兽之事。《左传·昭公七年》:“楚子之为令尹也,为王旌以田。芋尹无宇断之。”《新序·义勇》:“芋尹文者,荆之殴鹿彘者也。”芋尹误作芊尹。

宇 空间。始见于先秦诸子。刘义庆《世说新语·排调》刘孝标注引《尸子》“天地四方曰宇”。《墨子·经上》:“宇,弥异所也。”弥,周遍;所,具体空间。认为“宇”包括一切处所,其空间概念之义甚明。《庄子·庚桑楚》:“有实而无乎处者,宇也。”指出空间之客观实在性。晋郭象注:“宇者,有四方上下,而四方上下未有穷处。”则进一步指出空间之无限性。又《淮南子·齐俗训》、《尹文子》等均有类似记载。

宇妥·云丹贡布(708—833) 唐时吐蕃堆龙(今西藏堆龙德庆)人。出身于藏医世家，自幼随父学医。赤松德赞时，为宫廷医生，后游学全藏，并入内地，去尼婆罗、印度等地，广学博闻，总结前人经验，结合个人实践，主持编写成《四部医典》，为藏医学形成和发展奠定了理论基础。另著有《原药十八种》、《人体内针灸穴位》。

宇文 古部落名。出于匈奴。与鲜卑语言、习俗颇异。后合并，统治部分鲜卑人，于二世纪后叶率部参加檀石槐建立的部落军事大联盟，为东部四大人之一。西晋末至东晋初，一度强盛，首领自称单于，与慕容部迭相攻击。东晋建元二年(344)为慕容皝所灭。宇文部亡后，宇文氏贵族仕于慕容氏所建前燕、后燕者甚多。西魏时，宇文泰掌握军政实权，泰子宇文觉建立北周。隋唐时宇文为著姓。

宇文弢(546—607) 隋河南洛阳人，字公辅。博学多通。仕北周，为礼部上士，尝出使外邦，前后降附三十余部。曾修定"五礼"。建德五年(576)，随武帝攻北齐，以功为上仪同。入隋，为尚书右丞，持节出使安集西羌，置盐泽、蒲昌二郡。为行军总管，节度诸军，随杨素攻陈，擢刑部尚书。与博士论议礼制，得文帝赞赏。开皇十八年(598)，从汉王杨谅攻高丽，军还，历朔、代、吴三州总管，皆有能名。大业初，历任刑部、礼部尚书。因声望甚重，遭炀帝嫉忌。后与高颎等私议朝政得失，与高颎、贺若弼等同时被杀。著有《尚书》、《孝经》注及辞赋等，皆佚。

宇文部 东晋十六国时鲜卑部所建之政权。其先出自匈奴，有名葛乌菟者，雄武多谋略，鲜卑慕之，奉以为主，遂统辽西一带鲜卑十二部，世为大人。以其俗谓"天子"曰"宇文"，因号"宇文国"，并以为氏，都紫蒙川(今辽宁朝阳西北)。西晋太康中方盛，屡攻前燕。太安元年(302)，其首领宇文莫廆(一作宇文莫圭)自称单于，建立政权。东晋咸和八年(333)，东部大人宇文逸豆归逐宇文乞得归自立。建元二年(344)，宇文逸豆归为前燕慕容皝所败，走死漠北，宇文氏散亡。共历四主，四十三年。

宇文测(489—546) 北朝时代郡武川(今内蒙古武川西)人，字澄镜。宇文泰族子。北魏末，从魏孝武帝西迁长安，进爵广川公。宇文泰为丞相，授右长史，委以军国政事。大统四年(538)，拜侍中、长史。六年，除骠骑大将军、大都督，行汾州事。为政简惠，地接东魏，互相通好，使边境之民各安其业。八年，转督绥州，设斥候报警，使突厥不敢复至。十年，拜太子少保。后卒于位。

宇文阐 即"北周静帝"。

宇文达(？—580) 北周代郡武川(今内蒙古武川西)人，字度斤突。宇文泰第十一子。北周武成初，封代国公。建德初，进位柱国，出为荆淮十四州十防诸军事、荆州刺史。在州有政绩，周武帝手敕褒美。建德三年(754)，进爵代王，出为益州总管，从武帝攻齐，为右军总管。大象元年(579)，拜大右弼。二年，朝京师，为杨坚所杀。

宇文导(511—555) 北朝时代郡武川(今内蒙古武川西)人，字菩萨。北魏末，随宇文泰入关，连年征战。永熙三年(534)，为原州都督，追杀秦州刺史侯莫陈悦于牵屯山，以功封饶阳县侯。西魏文帝即位，以定策功，进爵为公。大统三年(537)，督率左右禁旅，大败东魏高欢于沙苑(今陕西大荔南)。四年，为华州刺史，平沙苑降将赵青雀等叛乱，进爵章武郡公，加骠骑大将军。征还朝，拜大将军、三雍二华等二十三州军事，屯咸阳。善抚御，宇文泰每出征，他多留守，深为吏民所附。卒于上邽。

宇文福 北魏洛阳(今属河南)人。太和初，拜羽林郎将，累迁都牧给事。太和十八年(494)，受敕检察牧马所。因善牧养，孝文帝任为司卫监。二十二年，从帝南下攻南朝齐，大败尚书崔慧景军。赐爵昌黎伯。寻奉命讨高车，军败被黜。后历任都官尚书、瀛州刺史，甚有声誉。正光年间，为怀朔镇将，至镇，病卒。

宇文公谅(1292—？) 元湖州归安(今浙江湖州)人，字子贞。元统进士。授婺源州同知，改余姚州同知，摄会稽县事，迁高邮府推官。未几，入为国子助教，调应奉翰林文字、同知制诰，兼国史院编修官。历国子监丞、江浙儒学提举，金岭南廉访司事。平生著述甚多，今多不存。卒后门人谥为纯节先生。

宇文贵(？—567) 北朝时昌黎大棘(今辽宁义县西北)人，字永贵。善骑射，有将帅才。北魏末先后从源子雍、尔朱荣、元天穆攻破六韩拔陵、葛荣、邢杲等军，除郢州刺史、武卫将军。永熙三年(534)，从魏孝武帝西迁，进爵化政郡公。西魏大统三年(537)，丞相宇文泰以宗室亲委以车骑大将军。寻与东魏将尧雄激战于颍川(今河南长葛东北)，以寡制众，大破雄军。进侍中、骠骑大将军。十六年，进位大将军。魏废帝时，位至都督益、潼等八州诸军事，益州刺史。北周孝闵帝即位，进位柱国。武成初，以讨吐谷浑功，进封许国公。历迁大司空、大司徒、太保。后卒于张掖。

宇文护(513—572) 北朝时代郡武川(今内蒙古武川西)人，字萨保。宇文泰侄。西魏大统初，随泰擒东魏窦泰、复弘农(今河南灵宝北)。又从破沙苑(今陕西大荔南)，战河桥(今河南孟县西南)，并立战功，迁镇东将军、大都督。大统八年(542)，进车骑大将军。邙山之役，战败免官。十二年，加骠骑大将军，进封中山公。恭帝元年(554)，与柱国将军于谨破江陵(今湖北荆州)。三年，泰死，拥立宇文觉为帝，建北周。拜大司马，封晋国公，邑万户。孝闵帝元年(557)杀大宗伯赵贵等重臣，拜大冢宰，威权日盛，专擅朝权。寻杀觉，另立宇文毓为明帝，拜太师。武成二年(560)，又改立武帝宇文邕，事无巨细，皆先断后闻。保定元年(561)，都督中外诸军事，功比周公。四年，率大军东征，无功而还。后为邕所杀。

宇文化及(？—619) 隋代郡武川(今内蒙古武川西)人。宇文述之子。文帝时，任太子仆。数以受贿罪免官，赖太子庇护复职。炀帝即位，为太仆少卿，恃宠贪冒尤甚。大业初，从炀帝至榆林，违禁与突厥交易，以罪同其弟智及被贬为奴。后再起为右屯卫将军,随巡江都。十四年(618),与骁果总领司马德戡等于江都发动兵变,缢死炀帝,立秦王杨浩为帝,自为丞相,遂率军北上,引向东都,被李密战败于童山(今河南浚县西南),北走魏县(今河北大名西南),鸩杀杨浩称帝,国号许,建元天寿。次年,于聊城(今山东聊城东北)被窦建德擒杀。

宇文籍(770—828) 唐人,字夏龟。宪宗时,以咸阳尉直史馆,预修《顺宗实录》。穆宗时,为驾部员外郎、史馆修撰,预修《宪宗实录》。文宗时,为谏议大夫,专掌史笔。

宇文节 唐京兆万年(今陕西西安)人。宇文弢孙。贞观中,为尚书右丞,明习法令,以干练著称。永徽二年(651),迁黄门侍郎,同中书门下三品。次年,代于志宁为侍中。坐与房遗爱友善,贬死桂州。

宇文觉 即"北周孝闵帝"。

宇文恺(555—612) 隋朔方(治今陕西靖边白城子)人,后迁居长安,字安乐。出身武将世家。好学博览,多技艺。初仕北周。入隋,任营新都副监,凡所规划,皆出其手。大业时,任营东都副监,迁将作大匠,考历代宫殿法式,继其华丽,逾其宏伟。拜工部尚书。又征民工开凿广通渠,以利灌溉。引渭水,达黄河,以通漕运。大业三年(607),炀帝北巡,命其造殿、帐。精研前代机械、车辆,造作大帐,其下可坐数千人。又造观风行殿,能容侍卫数百人,下装轮轴,可推移。著有《东都图记》、《明堂图议》、《释疑》,已佚。

宇文懋昭 金人。后投宋,自称淮西归正人。宋授以承事郎、工部架阁。旧传《大金国志》为懋昭所撰。然据《四库全书总目提要》及清李慈铭、近人余嘉锡考证,其书为宋元间人伪作,则懋昭是否有此著作,尚属疑问。

宇文莫圭 即"宇文莫廆"。

宇文莫廆(?—约302) 一作宇文莫圭。晋时宇文鲜卑部首领。其先南匈奴单于远属,世为鲜卑东部大人。莫廆继父位,自称单于,称雄漠北,塞外诸部咸惮之。与慕容氏争夺辽西,曾遣兵十万围攻慕容根据地棘城。自此,宇文、慕容结怨,频相攻伐。

宇文融(?—约730) 唐京兆万年(今陕西西安)人。明辨有吏干。开元初,为监察御史。时豪强兼并,百姓流离。开元九年(721)春,献策检括逃户,置劝农判官,并摄御史,分按州县,括得客户八十余万和大量土地。累擢御史中丞、户部侍郎兼劝农使。中书令张说素恶其人,又患其权重,多罢其议。后张说被他构陷,罢知政事。十七年,拜黄门侍郎、同平章事。以治财获宠,始广置诸使,竞为聚敛,百姓怨苦,百官浸失其职。为人疏躁,好自矜伐,被劾营私结党,居相百日而罢。旋坐赃贿,配流岩州,卒于道。

宇文深(?—568) 北朝时代郡武川(今内蒙古武川西)人,字奴干。宇文泰族子。好读兵书,善察时势,为北魏丞相尔朱荣所雅重,拜厉武将军,领宿卫兵。随魏孝武帝西迁,大统元年(535)宇文泰启为丞相府主簿,献策智擒东魏窦泰。后于沙苑(今陕西大荔南)大败高欢,亦如其策。四年,从战河桥(今河南孟州西南),六年讨白额稽胡,并立战功,进爵为侯。西魏恭帝二年(555),进车骑大将军。北周孝闵帝即位,迁吏部中大夫。寻改安化县公。历豳州刺史、京兆尹、司会中大夫。卒于位。

宇文神举(532—579) 北周代郡武川(今内蒙古武川西)人。宇文泰族子。北周保定元年(561),袭爵长广县公。四年,进骠骑大将军。建德元年(572),参与周武帝谋诛权臣宇文护,迁京兆尹。三年,出为熊州刺史。从周武帝攻齐,平并州,授并州刺史。在镇励精图治,远迩悦服。寻加上大将军,进柱国大将军。宣政元年(578),受命率兵攻突厥,击平范阳卢昌期等反叛,又连胜稽胡、突厥,以功授并、潞、肆、石四州十二镇诸军事、并州总管。大成元年(579),宣帝忌其名望,兼以宿憾,赐死。

宇文盛(?—约579) 北朝时代郡(治今山西大同北)人,字保兴。世为沃野镇军主。初随宇文泰破秦州刺史侯莫陈悦,授威烈将军。继从擒东魏窦泰,复弘农(今河南灵宝北),破沙苑(今陕西大荔南),进爵为公。以密告楚公赵贵谋反,授大将军,进爵忠城郡公。北周天和六年(571),从宇文宪东拒齐师,受命运粟援汾州被围守军,力战齐将段孝先。建德五年(576),又随周武帝东伐,率师守汾水关,追破齐师。宣帝即位,拜上柱国。大象中卒。

宇文士及(?—642) 唐初代郡武川(今内蒙古武川西)人,后徙居雍州长安(今陕西西安),字仁人。宇文述子,宇文化及弟。娶隋炀帝女南阳公主。大业中,为尚辇奉御。从炀帝至江都。化及杀炀帝,署为内史令。化及败,归唐。妹为高祖昭仪,因渐见亲礼,授上仪同。从李世民(太宗)平窦建德、王世充,进爵郢国公。太宗即位,拜中书令。转殿中监、蒲州刺史,入为右卫大将军,甚见亲顾。为政宽简,但生活奢侈。卒谥纵。

宇文述(?—616) 隋代郡武川(今内蒙古武川西)人,字伯通。本姓破野头。骁锐善骑射。仕北周,起家开府,累迁英果中大夫,从韦孝宽平尉迟迥,擢上柱国。入隋,为右卫大将军。及攻陈,为行军总管,率军三万自六合出兵,又平复东吴之地,以功拜安州总管。与杨素等合谋助晋王广(炀帝)夺太子位。炀帝即位,拜左卫大将军,改封许国公。从北巡榆林,西巡张掖,多次击败吐谷浑军。并与苏威等典选举。大业八年(612),炀帝攻高丽,为扶余道军将,战败除名为民。次年,复官爵,再攻高丽,旋以杨玄感起兵攻东都,奉召还师讨之,斩玄感。时北方危急,随炀帝南下江都,病卒。他广收贿赂,金宝盈积,有家僮千余人。因善奉迎聚敛,得炀帝信任,贵宠一时莫比。

宇文泰(507—556) 北朝时代郡武川(今内蒙古武川西)人,字黑獭。其先为匈奴远支,后与鲜卑族合。少随父在五原降户鲜于修礼军,继随贺拔岳迎魏孝庄帝回洛阳。又入关破万俟丑奴,定陇右,行原州事。太昌元年(532),岳为关西大行台,委以左丞,领台府司马,事无巨细,皆参预议决。寻为夏州刺史。永熙三年(534),岳为侯莫陈悦所害,遂为其众所推，率军攻杀悦，威镇秦陇。拜关西大行台，传檄方镇，暂除丞相高欢。八月，迎魏孝武帝入关，寻杀帝，立元宝炬为帝，专军国大政，授大将军，进位丞相。西魏大统元年(535)，都督中外诸军事、大行台，改封安定公。十四年进太师，后以冢宰总朝政。军纪严明，知人善任，拔李弼、独孤信等于戎伍之中，又擢用苏绰、卢辨于儒士之间。锐志改革。上三十六条新制，禁贪污、裁减官员、实行屯田等，以为"中兴永式"。颁行均田制，又广募关陇豪右，以增军旅，编为十二军，由八柱国统率，创立府兵制度。执政二十余年，奠定了北周基础。卒谥文公。闵帝受禅，追谥文皇帝，庙号太祖。

宇文贤(？—约580)　北周代郡武川(今内蒙古武川西)人，字乾阳。明帝宇文毓长子。北周保定四年(564)，封毕国公。建德三年(574)，进爵为王。出为华州刺史，迁荆州总管。历大司空、上柱国、太师。北周末，以言杨坚欲倾宗社，被坚所杀。

宇文宪(544—578)　北朝时代郡武川(今内蒙古武川西)人，字毗贺突。宇文泰第五子。西魏恭帝元年(554)，封安城郡公。北周初，历骠骑大将军、大将军。后除益州总管，益、宁、巴、泸等二十四州诸军事，镇蜀。时年十六，有政绩，进位柱国。保定中，征还，拜雍州牧。天和三年(568)，进大司马。建德元年(572)，周武帝诛宇文护亲政，以为大冢宰。三年，进爵齐王。周武帝大举东征，乃上私财助军费，并率大军与齐频战。以善谋略、长抚众，摧锋陷阵，为士卒先而得众，累建奇功，威名日重。宣帝即位，深忌其权重望尊，诬以谋反罪被执缢死。著有《兵书要略》五篇。

宇文孝伯(544—579)　北周代郡武川(今内蒙古武川西)人，字胡三。宇文深子。北周武成元年(559)，拜宗师上士。周武帝即位，引为心腹，朝廷机务，皆得先闻。参预谋诛宇文护，授开府仪同三司、东宫左宫正。从太子宇文赟征讨吐谷浑，决策军事有功，授京兆尹。建德五年(576)，加大将军，进爵广陵郡公。六年，周武帝病重，召以后事付之，授司卫上大夫，总宿卫兵马事，镇守京师。及宣帝即位，授小冢宰，谏勿诛齐王宇文宪，而帝荒淫日甚，仍频谏之，遂被赐死。

宇文忻(523—586)　隋京兆(治今陕西西安)人，字仲乐，祖籍朔方(治今陕西子长东南)。善驰射，通兵法。仕北周，年十八，因讨突厥功，为仪同三司。后屡立战功，进位柱国，任豫州总管。与杨坚友善。大象二年(580)，为行军总管，从韦孝宽平尉迟迥，进位上柱国，封英国公，助坚代周建隋。开皇五年(585)，拜右领军大将军。改封杞国公。以佐命功臣，妙解兵法，名于当世，遭忌去官。阴与梁士彦、刘昉等谋反，事泄被杀。

宇文虚中(1079—1146)　宋成都华阳(今四川成都)人，字叔通。大观进士。累迁中书舍人。宣和间，蔡攸、童贯等谋引金攻辽，他上疏谏阻，降集英殿修撰。金兵南下，为军前宣谕使。数使金营议和，金兵退，言者劾其议和之罪，被贬斥。建炎二年(1128)，使金被留。历官金翰林学士、知制诰兼太常卿，号为国师，后迁礼部尚书。金人每欲南下，辄饰词谏阻。恃才轻肆，常讥讪金人，卒被诬谋反，全家被焚死。淳熙间，宋廷追谥肃愍，著有《宇文肃愍公文集》。

宇文邕　即"北周武帝"。

宇文逌(？—580)　北周代郡武川(今内蒙古武川西)人，字尔固突。宇文泰第十三子。少好经史。北周武成初，封滕国公。建德三年(574)，进爵滕王。宣政元年(578)，进位上柱国，受诏为元帅，节度诸军伐陈。大象二年(580)，朝京，寻为杨坚所杀。

宇文毓　即"北周明帝"。

宇文赟　即"北周宣帝"。

宇文招(？—580)　北朝时代郡武川(今内蒙古武川西)人，字豆卢突。宇文泰第七子。西魏恭帝三年(556)，封正平郡公。北周武成元年(559)，进封赵国公。历益州总管、大司空、大司马，进爵为王。建德五年(576)，从周武帝攻齐，平并州，以功进位上柱国。宣政中，拜太师。大象二年(580)杨坚辅政，将代周，遂谋设宴杀坚，事泄被诛，国除。有文集十卷，行于世。

宇文之邵(1029—1082)　北宋汉州绵竹(今属四川)人，字公南。举进士，为文州曲水令。神宗即位求言，上疏论得失，不用。以太子中允退居十五年而终。其志行学识为司马光、范镇所推许。

宇文直(？—574)　北朝时代郡武川(今内蒙古武川西)人，字豆罗突。周武帝弟。西魏恭帝三年(556)，封秦郡公。北周武成初，进卫国公。历雍州牧、襄州总管。天和二年(567)，出兵援后梁，与陈军战于沌口(今湖北武汉西南)，失利免官。建德元年(572)与周武帝谋诛执政之晋公宇文护，冀得其位。及杀护，只授以大司徒，遂于三年举兵反，败走荆州，被俘，寻被杀。

宇文周　即北周。以皇室姓宇文，史称宇文周。

羽集乜　亦作羽集乜川、亦集乃。河名。今称额济纳河，在内蒙古自治区阿拉善盟额济纳旗。

羽厥里　即"乌古"。

羽林　皇帝禁卫军。西汉武帝太初元年(前102)始置，名曰建章营骑，后更名羽林骑。属光禄勋，掌禁卫皇宫。有令丞。宣帝令中郎将、骑都尉监羽林，秩比二千石。东汉由羽林中郎将统率。魏晋南北朝沿之。北魏太和十九年(495)，选天下武勇之士十五万人为羽林、虎贲。武人挽上格者为羽林，次格者为虎贲。除担任宿卫外，也时常出征。隋唐府兵隶于左右威卫(隋称屯卫)者名羽林，始于隋炀帝时。

羽林孤儿　西汉常备军。武帝始置。取从军死事之子孙养羽林，教以五兵，称羽林孤儿。及壮，常从征战。至西汉末年，亦用为大臣葬仪之仪仗。

羽林监　官名。东汉置羽林左、右监，秩六百石，属光禄勋。三国魏(一说西晋)省其左而置，掌宿卫送从。晋惟置羽林左监。南朝宋永初元年(420)复置。齐、梁、陈及北魏、北齐沿置。西晋领营兵。

南朝多以文职领此衔。北齐属左、右卫，十五人。魏、晋、宋为五品，梁五班，陈七品、秩六百石。北魏太和二十三年(499)定六品，北齐亦六品。

羽林军 ❶府兵名。唐武德二年(619)分关中为十二道，各统军府，次年改名十二军，其同州道改羽林军。又隋左右屯卫、唐左右威卫所领府兵号羽林。❷唐北衙禁军之一支。武德时，始于玄武门置左右屯营，以元从禁军子弟充；贞观时，于屯营中增置飞骑，又于飞骑中置百骑，皆属于左右屯营而番上，隶左右屯卫。龙朔二年(662)改左右屯卫为左右威卫，左右屯营则别立为左右羽林军。各有大将军一人，正三品，将军三人，从三品，下有长史、录事参军及仓、兵、骑、胄等曹参军事。掌统北衙禁兵，宿卫朝会则周卫阶陛，巡幸则夹驰道为内仗。

羽林郎 官名。西汉宣帝令中郎将监羽林，谓羽林中郎将；领郎百人，谓羽林郎。选送汉阳、陇西、安定、北地、上郡、西河六郡良家子补，出则可补三百石丞、尉。东汉沿置，秩比三百石，无员额。安帝时，三公以国用不足，奏令吏人入钱谷为之。魏、晋、南北朝沿置，魏晋为八品，北魏太和十七年(493)定从五品中。北魏另置高车羽林郎，由高车(敕勒)部族人选充。

羽林郎将 官名。西晋始置，属光禄勋，统率羽林郎禁卫宫殿门户。东晋兴宁二年(364)，省光禄勋，并入司徒属下。宁康元年(373)，复置光禄勋，仍属之。北魏亦置，太和十七年(493)定从四品上。北魏另置高车羽林郎将，统高车羽林郎，侍卫皇帝，随驾从征。

羽林率 官名。北周禁卫军*六率之一。设左右羽林率上士各二人，正三命，左右羽林率倅长中士各二人，正二命，左右羽林倅长下士，正一命。左右羽林率掌羽林之士，器服皆用白色。

羽林骑 汉代皇帝的武装侍从官。汉武帝太初元年(前104)置，为建章宫禁卫，初名"建章营骑"，后改称羽林骑。设令及丞。羽林言其如羽之疾，如林之多；一说取为王者羽翼之意。宣帝以中郎将、骑都尉监羽林骑。东汉专以羽林中郎将为主官，秩比二千石。中郎将领郎百人，羽林郎秩比三百石，常从汉阳、陇西、安定、北地、上郡、西河六郡良家(指不属有罪的官吏、逃亡的罪犯、有"市籍"的商贾等的家庭，即身家清白之意)子中选补。又置羽林左监、右监，秩各六百石，分主羽林左、右骑。后世常称皇帝的禁卫军为*羽林军。

羽林右监 官名。东汉置。秩六百石。隶羽林中郎将。主羽林右骑，有丞一人。职掌宿卫宫禁，护从皇帝。

羽林中郎 官名。北魏置，负责皇帝的禁卫。多由宗室或鲜卑拓跋部人充任，为皇帝左右亲信之职。太和十七年(493)职令定为从四品上，二十三年复次职令无此职。

羽林中郎将 官名。西汉宣帝令中郎将监羽林骑，称羽林中郎将，主羽林郎，掌宿卫侍从，属光禄勋，秩比二千石。东汉，三国魏、蜀沿置，多由外戚或功臣子弟等亲信充任。西晋罢。北魏复置，属领军将军(中领军)，多授宗室或鲜卑拓跋部族人，仍掌宫禁宿卫。太和十七年(493)职令定三品下，二十三年复次职令无。北魏又曾置羽林中郎，从四品上。

羽林左监 官名。东汉置。秩六百石，隶羽林中郎将。主羽林左骑，有丞一人。职掌宿卫宫禁，护从皇帝。

羽奴思(1416或1417—1487) 明亦力八里(蒙兀儿斯坦)王。歪思长子。弟也先不花继位时，被迫离亦力八里，去撒马儿罕、伊朗等地。景泰年间返回亦力八里，活动于伊塞克湖附近和费尔干纳、阿克苏一带，自立为汗。天顺六年(1462)，也先不花卒，复向土鲁番扩张，至成化八年(1472)，亦力八里全境皆为其所有。

羽骑尉 隋武散官名。文帝置，八尉之一，炀帝时废。详见"武骑尉"。

羽人 官名。(1)春秋时齐国置。《晏子春秋·外篇》："景公盖姣，有羽人视景公僭者。"(2)《周礼》地官之属。掌征收羽毛制作饰物。

羽山 相传舜杀禹父鲧处。在今山东郯城县东北。《史记·夏本纪》：舜巡狩，"行视鲧之治水无状，乃殛鲧于羽山以死。"《左传》昭公七年(前535)杜预注："羽山在东海祝其县西南。"《书·禹贡》："蒙、羽其艺。""羽"即指此。一说在今山东蓬莱市东南，见《太平寰宇记》。

羽觞 古代酒器，又称耳杯。《楚辞·招魂》："瑶浆蜜(幂)勺，实羽觞些。"朱熹《集注》："羽觞，饮酒之器，为生爵形，似有头、尾、羽翼也。"传世与考古发掘所出实物，以青铜、陶、漆器制成。器体椭圆，平底，两端微翘，两侧有弧形耳或方耳。流行于战国与汉。战国楚墓出土之羽觞多用整木雕成，磨光髹漆，器腹绘有几何形纹、涡纹及龙、凤、鸟纹等。汉时流行陶羽觞。

羽兽 鸟类。《管子·幼官》："以羽兽之火爨。"羽兽之名，实由大兽衍发而来。其义与羽物同。

羽书 亦作羽、羽檄。古代军事文书，上插鸟之羽毛以示紧急，须迅速传送。《墨子·号令》："传令里中者以羽，……失令若稽留令者，断。"岑仲勉注："羽，鸟毛也，旧日军书称羽书、*羽檄，均取鸟飞急捷之意。"

羽庭集 书名。元刘仁本撰。六卷。仁本，字德元，黄岩(今浙江台州)人，一作天台人。以进士乙科历官江浙行省左右司郎中，入方国珍幕。方国珍兵败，仁本为朱元璋将朱亮祖所俘，鞭背溃烂死。其诗文原为十卷，已佚。《四库全书》从《永乐大典》录出，厘为诗四卷，文二卷。通行有清道光二十八年(1848)刊《乾坤正气集》本(文分为四卷，无诗)，1919年黄岩杨氏石印《台州丛书已集》本，分文四卷，诗四卷，各增补遗一卷，民国杨晨辑。

羽物 古代动物学名词。语出自《周礼·地官·大司徒》："其动物宜羽物。"郑玄注："羽物，翟雉之属。"又《尔雅·释鸟》："二足而羽谓之鸟。""羽物"即言其体外被羽毛的动物。在动物学上，羽物即指鸟类。

羽檄　即羽书。汉代征召军队的一种文书，上插鸟羽以表示紧急，须尽快传递。《汉书·高帝纪》："吾以羽檄征天下兵，未有至者。"颜师古注："檄者，以木简为书，长尺二寸，用征召也。其有急事，则加以鸟羽插之，示速疾也。"

羽仪　唐代南诏兵种之一。由清平官等之子弟充当，以羽仪长领之，担任诏主警卫。犹御林军。

羽真　又作羽直。鲜卑语译音。官名。北魏置，为皇帝身边侍从近臣。《元昭墓志》："祖连，使持节、侍中、征西大将军、都督河西诸军事、内都坐大官、羽真、统乃突镇都大将、常山王。"另有内行羽真、内大羽真、太羽真等名号。孝文帝太和改制时废。

羽真侯　契丹部落名。大贺氏八部之一。唐设为徙(或误作徒)河部。徙河即羽真侯之异译。

羽滋伯克　即"玉资伯克"。

雨霖铃　一作雨淋铃。唐教坊曲名。后用为词牌。相传玄宗因安史之乱迁蜀，途中不得已赐死杨贵妃。入斜谷，霖雨连日，栈道中闻铃声激越，为悼念杨贵妃遂作此曲。双调，一百零三字。上阕十句，五仄韵，下阕九句，五仄韵。白居易《长恨歌》有"行宫见月伤心色，夜雨闻铃肠断声"之句。

雨师　战国时人祭祀的雨神。传名为蓱翳、屏翳、玄冥。屈原《天问》王逸注云："雨师号呼，则云起而雨下。"

雨施陂　唐水陂名。在淮南道光州光山(今属河南)西南八里。永徽四年(653)，光州刺史裴大觉积水成陂，溉田百余顷。

雨无正　《诗·小雅》篇名。相传《韩诗》本篇篇首有"雨其无极，伤我稼穑"八字，故题名《雨无正》。《诗序》："大夫刺幽王也。"郑玄笺云："亦当为刺厉王。"诗中怨恨昊天失德，降下饥荒，责怪天饶恕有罪的人，掩盖其罪行，却使无辜者遭受祸殃。并对群臣畏难避祸而不敢匡救时政表示忧愤。

禹　又称崇禹、戎禹、伯禹、大禹。一说名文命，号高密，姒姓，鲧之子。奉舜命继鲧治理洪水，以疏导方法平水治土，发展农业，在外十三年，终于成功。因功大，继舜位，为夏朝第一代王。建都之地有阳城(今河南登封告城镇)、阳翟(今河南禹州)、安邑(今山西夏县北)、平阳(今山西临汾西南)诸说。曾"会诸侯于涂山(今地有安徽当涂、河南登封三涂山、浙江绍兴西北三说)，执玉帛者万国"(《左传·哀公七年》)。传又东巡狩，至会稽之山(今浙江中部绍兴、嵊州一带)，大会诸侯，诛违命后至的防风氏(《国语·鲁语下》)，死后葬于会稽。

禹碑　即岣嵝碑。凡七十七字，象缪篆，又象符箓。碑在湖南衡山云密峰。后人附会夏禹治水时所刻。昆明、成都、长沙、绍兴、南京栖霞山和西安碑林等处，皆有摹刻。

禹鼎　西周厉王时的青铜器。1942 年于陕西扶风任家村出土，通高 54.6 厘米，立耳，蹄足，最大腹径偏下，颈饰窃曲纹，腹饰波带纹。铭文二百零六字，大意是：上天降灾祸于周，鄂侯御方率南淮夷、东夷侵周朝东境、南境。周王派西六师、殷八师往战而未取胜，武公乃令禹率戎车百乘，厮役二百、徒千前往，战于鄂，获其君御方，禹作此鼎以示纪念。此鼎为研究西周晚期与南方民族的战争和军事制度提供实物资料。

禹贡　《尚书》中的一篇。作者不详，著作时代无定论，近代多数学者认为约在战国时。用自然分区方法，记述当时中国的地理情况，把全国分为九州，假托为夏禹治水以后的政区制度，对黄河流域的山岭、河流、薮泽、土壤、物产、贡赋、交通等，记述较详；长江、淮河等流域的记载则相对粗略。作者以治水传说为基础写成中国最早一部地理著作，科学价值很高。后世研究校释《禹贡》的书很多，著名的有宋程大昌《禹贡论》及《禹贡山川地理图》，傅寅《禹贡说断》等；清胡渭《禹贡锥指》，更是一本具有总结性的著作。

禹贡地域图　古地图集名。晋裴秀在门客京相璠协助下编绘。共十八篇，约泰始四年(268)至七年间完成。对《禹贡》所载的山海川流、原隰陂泽、古之九州及晋之十六州、郡国县邑、疆界乡陬，及古国盟会旧名、水陆径路等，均作查对核实，是上起夏禹下至西晋的历代政区沿革图。图已佚，今存图序。图序提出"制图六体"。一曰分率，所以辨广轮之度；二曰准望，所以正彼此之体；三曰道里，所以定所由之数；四曰高下；五曰方邪；六曰迂直。依六体制图，可审曲直远近，避免得之一隅而失之他方的偏差，为后代治图者所遵循。六体基本上符合近代制图学原理。唐代贾耽《海内华夷图》深受其影响。英人李约瑟评裴秀"堪称中国科学制图学之父"。

禹贡山川地理图　宋程大昌撰。《宋史·艺文志》作《禹贡论图》五卷，《文献通考·经籍考》、陈振孙《直斋书录解题》作"《禹贡论》图三十一"。明嘉靖时尚有传本，其后散佚。《通志堂经解》惟刻叙说及图目三十而缺其图。今传本系后人从《永乐大典》中辑出，仅存二十八图(缺九州山川实证总图、今定禹河汉河对出图二幅)，仍据《通志堂经解》分为上、下二卷。以《禹贡山川地理图》名传世。本书论证《禹贡》山川，取前人旧说，详加辨正，另作新图。关于大河经流、九河故道、济汴分合、三江、九江、弱水、黑水等较为复杂的问题，皆历引各家之说，并指出其讹误难通的症结。也涉及后世改变的水道，如南朝宋武帝所开的汳水、隋炀帝所凿的汴渠等。据自序，原图地名用唐制，以分色区别各种地理要素：以青为水、以黄为河，以红为古今州道郡县疆界，用雌黄识别旧说之未妥者。为我国地图学史上重要著作。

禹贡锥指　书名。清胡渭撰。题二十卷，实二十六卷。康熙四十一年(1702)成书。此书在前人注释《禹贡》的基础上，广征博引，逐句加注，亦提出自己的见解，订正前人注释中的一些谬误。书中"导河"部分，"附论历代徙流"，提出黄河五次大改道的论证，对后世研究黄河变迁史的影响很大。书首有图四十七幅，其中三分之一以上，是明艾南英《禹贡图注》的翻版，但未注明出处。

禹杭 浙江余杭市的别称。相传夏禹治水,会诸侯于会稽,至此舍杭(航)登陆,因名;至少康,封庶子无余于越,以主禹祀,又名余杭。按余杭本系古越语地名,"余"据《越绝书》卷八是汉语"盐"之意,禹杭当系余杭的汉化地名,所谓夏禹之事,出于后人附会。

禹河 指《书·禹贡》所述大河下游河道。宋程大昌《禹贡山川地理图》有"今定禹河、汉河对出图"(今缺)。《禹贡·导水》叙述大河下游:"东过洛汭,至于大伾;北过降水,至于大陆;又北播为九河,同为逆河入于海。"大致自今河南荥阳北广武山(今称邙山)北麓东北流,经今浚县大伾山西,北流经今河北成安、曲周、巨鹿等县之东,又东北贯河北平原中部,分成多股,干流经青县至天津市东南入海。与《山经》河水、《汉书·地理志》河水同为先秦时代大河下游河道之一。古今学者或以为禹河即大禹治水以后的河道,或以为是先秦文献记载最早的、唯一的一条大河下游河道,均非。

禹迹图 中国现存最早的石刻地图之一。伪齐阜昌七年(1136)刻石,长宽各 3.42 尺。编制人不详,制作年代在 1081—1094 年间。现存陕西省博物馆。采用画方绘法,每方折地百里,尚保存唐代地名,无山脉符号,系据贾耽《海内华夷图》中《禹贡》九州部分缩编,但海岸线及河流形状较《华夷图》更近实际,长江水系上游的金沙江也基本准确。

禹陵 在今浙江绍兴市东南会稽山麓。《史记·夏本纪》:"或言禹会诸侯江南计功而崩,因葬焉,命曰会稽。"又《太史公自叙》:"登会稽,探禹穴。"故历来传说禹陵在会稽山,但位置不明。今所存"大禹陵"碑为明嘉靖二年(1523)绍兴知府南大吉所立。

禹门山 即龙门山。在今山西河津市西北与陕西韩城市东北,夹河对峙。相传为大禹所凿,故名。《水经·河水注》:"昔者大禹导河积石,疏决梁山,谓斯处也,即《经》所谓龙门矣。《魏土地记》曰:梁山北有龙门山,大禹所凿,通孟津河口,广八十步,岩际镌迹,遗功尚存。"两山间河道狭窄,形势险峻,为秦、晋间交通冲要。明清在河东置禹门渡巡检司。

禹王城 即"魏安邑故城"。

禹王台 原名吹台,又名繁台。在今河南开封市东南郊。相传为春秋时音乐家师旷吹乐处。《太平寰宇记》河南道开封府开封县:"吹台在县南五里。《陈留风俗传》:县有苍颉、师旷城。其城上有列仙吹台,梁孝王亦增筑焉。朱梁开平二年(908),改繁台为讲武台,此即吹台也。其后有繁氏居其侧,里人乃以姓呼之。"唐诗人李白、杜甫、高适曾在此咏诗。明清时修建禹王庙于台上。上有三贤祠,祀李白、杜甫、高适。又有水德祠、御书楼、御碑亭等建筑。建国后,辟为禹王台公园。

禹显(1190—1230) 金雁门(今山西代县)人。贞祐初,隶上党公张开部,以战功任义胜军节度使兼沁州招抚副使。元光二年(1223),扼守龙猪谷,夹击蒙古大帅达儿解、按察儿军,追至祁县,收复所经州县。领兵三百人,守襄垣八年,屡拒蒙古军。升权元帅右都监。正大六年(1229)底,城破被擒。后逃出,途中被俘杀。

禹余(餘)粮 褐铁矿的古名。又名太一禹余粮,亦为中药名。始见于《神农本草经》。《计然万物录》说:"出河东。"《名医别录》云:"一名白余粮,生东海及池泽中。"不是一种单独的矿物,而是以针铁矿、纤铁矿等铁的氢氧化物为主,包含含水氧化硅的泥质等的混合物,因而成分变化很大。常成葡萄状、肾状、乳房状、块状、土状等集合体。作为中药的禹余粮,有的是褐铁矿,有的是粘土矿物,有的是粘土岩,因产地、产状不同而异。

禹域 中国的别称。古代传说禹首先划分九州,并指定名山、大川为各州界地,后世遂相沿称中国为禹域。

禹藏花麻 吐蕃西市新城(今甘肃榆中北)首领。西夏毅宗谅祚拱化元年(1063),因宋攻掠,以城降夏。夏毅宗妻以宗室女,封驸马。四年,夏升西市新城为保泰军,受命镇守。大安七年(1080)因太后梁氏兄妹囚惠宗秉常,移书于宋,请讨梁氏,愿作内应。宋军攻城,他佯败,弃城西走夏都兴庆(今宁夏银川)。次年,遣使约期降宋,不果。

禹之鼎(1647—1716) 清江南江都(今江苏扬州)人,字上吉,一字尚基,号慎斋。康熙间官鸿胪寺序班,以画供奉,入值畅春园。早年师法蓝瑛,取法宋元。以善画人物著称。其写真多白描,推当代第一。一时名人小像多出其手。曾为王石谷作《骑牛南还图》,为宋荦作《国门送别图》。

禹之谟(1866—1907) 清湖南湘乡青树坪(今双峰境)人,字稽亭。曾参加中日甲午战争,在刘坤一部襄办军需事务。光绪二十六年(1900)参与自立军活动,事败赴日学纺织工艺。二十八年返湘办实业。三十年加入华兴会。次年被推为湖南商会会长和教育会会长,加入同盟会,任湖南分会会长,领导抵制美货及铁路废约自办运动。三十二年夏,发起公葬陈天华、姚洪业于岳麓山。并参加湘乡学界反对盐税浮收风潮。旋被捕入狱,就义于靖州。

禹州 本钧州,明万历三年(1575)避神宗名讳,改今名。治今禹州市。辖境相当今河南禹州市、新密市地。明末李自成农民起义军攻克此州,杀明宗室徽王,改名均平府。清复名禹州,不辖县。明清属开封府。1913 年改为禹县。1988 年撤县改为禹州市。

语冰阁奏议 书名。清邓承脩撰。八卷。附中越勘界往来电稿四卷。是书涉及面甚广,内政外交多有建言。卷六、卷七有些奏疏及所附电稿各卷,均为中法战争和中越勘界事,可资参考。1918 年印行。

语石 书名。十卷。清叶昌炽撰。作者生平留意石刻,广搜碑文拓片至八千余通,加以探讨,撰为是书,历叙中国古代石刻源流、书法演变、文字内容、摹拓技术及有关石刻掌故等,凡四百八十六条。卷一论历代碑刻风气演变及各时期特点;卷二着重介绍各省碑刻,兼及朝鲜、日本、安南及欧、非两洲个别碑刻;卷三论碑各部位情况及其种类;卷四至五收录墓志、经幢、刻经、造像及画像、地图、题名等;卷六至七专谈碑版文体及书人;卷八记帝王名臣硕儒所书之碑;卷九论碑刻行文款式如阳文、反文、"回文"等;末卷论及摹本、孤本、残本、足本等各类碑刻传本。全书发凡起例,分门别类,自具别识体系,足为后学指示门径。有宣统元年(1909)作者自刻本。

圉　❶即"圉人"。❷春秋郑地,战国属魏。即今河南杞县西南圉镇。《左传》昭公五年(前537):"韩起反(返),郑伯劳诸圉";《史记·楚世家》:顷襄王十八年(前281),楚人以弋说王曰:"王朝张弓而射魏之大梁之南,……还射圉之东",皆即此。西汉置县。

圉城县　北魏景明元年(500)置圉县,后改名圉城县。治今河南杞县西南。属阳夏郡。北齐省。隋开皇六年(586)复置,属宋州,大业时属梁郡。唐武德初属杞州,贞观元年(627)废。

圉牧司　官署名。金置,掌饲养牛马等牲畜。兴定二年(1218)设。置使、副使、判官理司事,秩正七品、正八品、正九品。

圉人　官名。省称圉。掌养马的小吏。周代王室、诸侯官吏及卿大夫家臣属吏皆置。

圉师　官名。《周礼》夏官之属。掌教圉人养马。每一圉师掌养马四匹。

圉县　西汉置。治今河南杞县西南。属淮阳国。东汉改属陈留郡。西晋省。北魏景明元年(500)复置,后改名圉城县。

圉长　官名。苑马寺属官。明永乐四年(1406)置苑马寺后,寺管六监,每监下掌四苑。圉长为各苑之首,从九品,率领各群长负责养牧、繁殖马匹事宜。

郿　周代国名。妘姓,一说风姓。在今山东临沂北。公元前524年,邾人袭郿,俘郿君。次年,宋伐邾,使邾尽释所俘。后被鲁所灭,改其地名启阳。

庾　又作庼。❶露天堆放粮食之处。即仓无屋者。《诗·小雅·谷风》:"我仓既盈,我庾维亿。"❷古代量名。《考工记·陶人》:"庾实二觳,原半寸,唇寸。"觳,斗二升(《说文解字·鬲部》)。庾二斗四升,相当于现代四升八合。一说即"逾",容十六斗。戴震、孙诒让均以二斗四升之说为是。

庾敳(262—311)　西晋颍川鄢陵(今河南鄢陵西北)人,字子嵩。与王敦等号曰"四友"。初为陈留相。虽在职任而不羁于世务。读老庄,以为与人意阖同,太尉王衍重之。著《意赋》以表于乱世通达之情。屡迁吏部郎,参东海王司马越太傅军事,转军咨祭酒。于时有重名,而好聚敛,为世所讥。永嘉五年(311),石勒大败晋兵,与太尉王衍等同被执杀。

庾冰(296—344)　晋颍川鄢陵(今河南鄢陵西北)人,字季坚。初为秘书郎。以讨华轶功,封都乡侯。出补吴国内史。咸和三年(328),苏峻攻之,乃弃郡至会稽,内史王舒以为行奋武将军,将兵万人,西进京师,攻克石头(今江苏南京西清凉山)。出补会稽内史。咸康五年(339)入为中书监、扬州刺史、参录尚书事,继王导为相。为政颇任威刑,核实户口,料出隐户万余人充军实。八年,成帝病重,与中书令何充等并受顾命。兄弟皆以外戚显贵,恐易帝之后,为他人所间,每说成帝以弟琅邪王岳为嗣,许之,康帝乃得立。后惧权盛致祸,乃求外出。建元元年(343)都督江、荆、宁、益、梁、交、广七州及豫州之四郡军事,领江州刺史,镇武昌。尚节俭,世以此称之。

庾阐　晋颍川鄢陵(今河南鄢陵西北)人,字仲初。好学,九岁能属文。少随舅孙氏过江,母居项城。永嘉末,母没于石勒,遂不婚宦,绝酒肉,垂二十年。后为西阳王司马羕太宰掾,迁尚书郎。苏峻之难,出奔郗鉴为司空参军。峻平,拜彭城内史,召为散骑侍郎,领大著作。出补零陵太守。以疾征拜给事中,复领著作。作《扬都赋》,为世所重。年五十四卒。

庾纯　西晋颍川鄢陵(今河南鄢陵西北)人,字谋甫。为当世儒宗。辟郡主簿,累迁黄门侍郎,封关内侯,历中书令、河南尹。以司空贾充奸佞,举之镇关中,欲不使居中枢,不果。又曾与充相讥,后惧,上表自劾免官。廷议其事,武帝认为于礼律未违,诏复为国子祭酒。迁侍中、御史中丞,转尚书,拜少府。年六十四卒。

庾旉　西晋颍川鄢陵(今河南鄢陵西北)人,字允臧。武帝时为博士。齐王司马攸出之国,武帝命议崇锡之物。遂与太叔广等上表,以为出之违旧章,讽留齐王。武帝以其不答所问,答所不问,大怒,事下有司。廷尉刘颂奏以大不敬,论弃市。尚书夏侯骏独为驳议,诏以免死,除名。后数岁,复起为散骑侍郎,终于国子祭酒。

庾衮(?—约306)　西晋颍川鄢陵(今河南鄢陵西北)人,字叔褒。明穆皇后伯父。州郡征召不应,事亲以孝称,时人号之为"异行"。永宁元年(301),齐王司马冏起兵,赵王伦部将张泓掠阳翟,众以其为坞主,率士庶保于禹山。据险阨,修壁坞,保境安民,敌不能犯。后又携妻子迁居林虑(今河南林州),邑人归之,咸称"庾贤"。及石勒来攻,与父老徙大头山,田于其下。后坠岩而卒。

庾龢(329—?)　东晋颍川鄢陵(今河南鄢陵西北)人,字道季。庾亮子。好学。与袁宏等以清谈知名于时。叔翼迁镇襄阳,因谏宜修城坚壁,勤农练兵,相机北伐。时年始十五,翼甚奇之。升平中,为丹杨尹,表除重役六十余事。太和初,为中领军,卒于官。

庾皇后(296或297—328)　晋颍川鄢陵(今河南鄢陵西北)人,名文君。庾亮妹。元帝聘为太子妃。明帝即位,立为皇后。成帝初,以皇太后临朝摄政,亮主诏命。及苏峻、祖约叛乱,京师陷落,被辱逼,以忧死。

庾季才(516—603)　隋新野(今属河南)人,字叔奕。精于天文、地理。南朝梁时,历任中书郎,领太史。入北周,亦掌太史事,迁骠骑大将军,以占象助杨坚(隋文帝)代周。入隋,授通直散骑常侍、均州刺史。曾参校北齐、北周,南朝梁、陈及祖暅等官私星图,作盖式全天星图。开皇十七年(597),因与张胄玄、袁充辩论天象、历法,触怒文帝,被免职。著有

《灵台秘苑》一百二十卷、《垂象志》一百四十二卷、《地形志》八十七卷,已佚,《全隋文》存文两篇。

庾肩吾 南朝梁新野(今属河南)人,字子慎。擅吟咏,工书法。初为皇太子萧纲常侍。及开文德省,以其子信与徐摛子陵充学士。侯景乱梁,武帝死,纲即帝位,授度支尚书。时景矫诏使赴江州,说当阳公萧大心举州降,因逃入建昌界。久之方得至江陵(今湖北荆州)。历江州刺史,封武康县侯。旋卒。著有《书品》、《采璧》等。原有集,已佚,明人辑有《庾度支集》。

庾峻(?—273) 西晋颍川鄢陵(今河南鄢陵西北)人,字山甫。少好学,有才思。历郡功曹,举计掾,州辟从事。太常郑袤举为博士。时重庄、老而轻经史,独潜心儒典,尝为魏高贵乡公解《尚书》疑文。迁秘书丞。入晋,累迁侍中,加谏议大夫。常侍武帝讲《诗经》,又疾世风浮华,著论以非之。

庾楷(?—402) 东晋颍川鄢陵(今河南鄢陵西北)人。庾亮孙。初拜侍中,为豫州刺史,镇历阳(今安徽和县)。与弄权之王国宝结党。前将军王恭欲诛国宝,以其士马甚盛而不敢发。隆安初,进号左将军。以会稽王司马道子割其所督四郡,使王愉督之。乃上疏抗言,诏不许,遂怀恨。隆安二年(398),使子鸿说恭,以讨愉等专权为辞,与荆州刺史殷仲堪、广州刺史桓玄等连谋举兵。兵败奔桓玄,玄用为武昌太守。后惧玄必败,密结司马元显,以为讨玄内应。谋泄,为玄所杀。

庾亮(289—340) 晋颍川鄢陵(今河南鄢陵西北)人,字元规。明穆皇后兄。善谈论,好庄老。为镇东将军司马睿西曹掾,转丞相参军。以讨华轶功,封都亭侯。元帝即位,拜中书郎,累迁中领军。明帝时为中书监。王敦反叛,时为左卫将军,与诸将讨敦党钱凤、沈充。事平,转护军将军。明帝病重,与司徒王导受遗诏辅成帝,徙中书令,政事皆决于亮,而未得人望,又废杀宗室。咸和二年(327)欲征历阳内史苏峻入朝以夺其兵权,峻遂起兵讨之。乃出奔寻阳(今江西九江),与骠骑将军温峤推征西大将军陶侃为盟主。乱平,求外镇自效,出为豫州刺史,镇芜湖。五年,江州刺史郭默叛,与侃等击破之。侃卒,领江、荆、豫三州刺史,进号征西将军,迁镇武昌。谋废王导,以太尉郗鉴不从而罢。咸康五年(339),谋复中原,率众十万移镇石城(今湖北钟祥),声援征伐诸军,诏不许。以后赵陷邾城(今湖北黄冈西北)未能救,忧病卒。

庾珉(?—313) 西晋颍川鄢陵(今河南鄢陵西北)人,字子琚。性好学。少历散骑常侍、本国中正、侍中,封长岭男。怀帝为刘聪所俘,从侍左右。建兴元年(313)正旦,聪大会,逼帝青衣行酒,不胜悲愤,起而大哭,聪恶之。会有告其谋以平阳应刘琨,聪遂杀之。

庾司 宋代各路提举常平司的简称。

庾蔚之 南朝宋颍川(治今河南许昌东)人。元嘉中,文帝立儒、玄、文、史四学,与会稽朱膺之并以儒学监总诸生。孝武帝时,为太常丞。后官至员外常侍。著有文集十六卷及《丧服世要》、《礼答问》等,皆佚。清马国翰辑有《略注丧服经传》。

庾羲 东晋颍川鄢陵(今河南鄢陵西北)人,字叔和,小字道恩。庾亮次子。初为吴国内史,时穆帝颇爱文义,遂至郡献诗,旨存讽谏。其诗文多不载,方见用而卒。

庾铣(455—532) 南朝梁新野(今属河南)人,字彦宝。隐居不仕。博览经史百家,纬候书射、棋算机巧,并一时之绝。晚年尤遵佛教,于宅内立道场,环绕礼忏,六时不辍,日诵《法华经》一遍。卒谥贞节处士。著有《帝历》、《易林》、《东晋新书》等。

庾信(?—581) 南北朝时南阳新野(今属河南)人,字子山。自幼博览群书,尤善《春秋左氏传》。初仕梁,与父肩吾出入宫禁。盛有文名,每出一文,京都士民莫不传诵。累迁通直散骑常侍,出使东魏,文章颇为邺下所称。还为东宫学士,领建康令。侯景之乱,奔江陵(今湖北荆州)。梁元帝嗣位,命使西魏,被拘留长安。北周孝闵帝即位,迁骠骑大将军,旋拜洛州刺史。明帝、武帝亦好文学,特加宠遇。虽位高名显,常有思乡之念,所作《哀江南赋》等著名于世。大象初以疾去职。有文集二十卷,今存。

庾业延(?—407) 北魏代(治今山西大同市东北)人,又赐名岳。匈奴族。其父与兄世典畜牧,富拟国君。道武帝时为外朝大人,参预军国。先后击平贺兰部帅附力眷和胡帅呼延铁等,以功赐爵西昌公。有谋勇,名冠诸将。迁相州刺史、司空。天赐四年(407),被诬拟仪人君,被杀。

庾怿(293—342) 晋颍川鄢陵(今河南鄢陵西北)人,字叔预。苏峻叛乱,随兄护军将军庾亮等奔寻阳(今江西九江)。峻平,封广饶男。亮欲开复中原,咸康五年(339),表为监梁、雍二州军事,梁州刺史,镇魏兴(今陕西安康西北),又进监秦州氐羌诸军事。遣牙将霍佐迎将士妻子,佐驱三百余口投降石虎。因降职为建威将军。朝廷欲召还,亮护之,乃止。后迁豫州刺史,镇芜湖(今属安徽)。八年,以毒酒送江州刺史王允之,允之觉,乃密奏于成帝,帝怒,惧而饮鸩自杀。

庾翼(305—345) 晋颍川鄢陵(今河南鄢陵西北)人,字稚恭。苏峻之乱,兄亮使领数百人守备石头(今江苏南京清凉山)。事平,辟太尉陶侃参军。咸康四年(338)亮欲收复中原,表为南蛮校尉,领南郡太守,镇江陵(今湖北荆州)。石虎陷邾城(今湖北黄冈西北),围石城(今湖北钟祥),乃设奇兵退之,石城得全。因功赐爵都亭侯。亮卒,为都督江、荆、司、雍、梁、益六州诸军事,安西将军,荆州刺史,镇武昌。建元元年(343)准备大举北伐,发所统六州奴及车牛驴马。又欲移镇襄阳(治今湖北襄樊),朝廷止之,仍违诏北行,以庾冰都督七州军事,镇武昌,以为继援。北伐不果,病卒。

庾质(?—614) 隋新野(今属河南)人,字行修。庾季才子。开皇元年(581)拜奉朝请,迁鄢陵令、陇州司马。大业初,授太史令。潜心研究星象、历法。因反对炀帝远攻高丽及外出巡游,被囚,死于狱。曾协助其父撰《垂象志》、《地形志》等书,已佚。

窳匿 见"康居"。

yù

玉版 上古之珍贵文籍。磨玉为版,刻字于上,故云玉版。《史记·太史公自序》云:"秦拨去古文,焚灭诗书,故明堂石室,金匮玉版,图籍散乱。"裴骃集解引如淳曰:玉版者,"刻玉版以为文字"。

玉版宣 纸名。亦称宣纸。产地在今安徽泾县。唐代泾县属宣州,故称宣纸。据传宣纸为东汉孔丹始创,唐代列为贡品。宋苏轼《孙莘老寄墨四首》:"豁石琢马肝,剡藤开玉版",即指宣纸。宣纸以檀皮、稻草、石灰等为原料。纸张纯白、细密、均匀、柔软,经久不变色,是手工纸中的精品,反映了中国古代手工造纸的高超水平。

玉壁城 西魏大统四年(538)东道行台王思政因玉壁险要,筑城以御东魏,兼置并州镇此。在今山西稷山县西南汾河南岸。"城周回八里,四面并临深谷"(《元和郡县志·绛州·稷山县》)。后又为南汾州、勋州、绛州治。东魏高欢攻此不克。北周时曾在此置玉壁总管。

玉壁之战 西魏大统十二年(546)九月,东魏丞相高欢以重兵围西魏河东重镇玉壁(今山西稷山西南)。西魏大将韦孝宽据城坚守。欢堵塞汾水以截断城中水源,又在城南起土山以居高临下进攻城垣。孝宽在城楼砌木使高于土山以御之,东魏军不能登城。欢又挖掘地道攻城,用战车撞城,引火烧城楼,均为孝宽所破。"城外尽攻击之术,而城中守御有余"。东魏派人说降,亦为孝宽拒绝。欢智穷力竭,积劳成病,于十一月解围东归。东魏围攻玉壁凡五十日,士卒战死病死者七万人。此次战役为中国军事史上著名防御战例之一。

玉宸院 见"仪凤司"。

玉宸乐院 见"仪凤司"。

玉池老人自叙 书名。清末郭嵩焘撰。一卷。是书首载李鸿章、王先谦等人所撰郭氏墓表、碑铭、事实数篇。次为郭氏生平自叙,系晚年病中遗嘱。记有协助曾国藩组织湘军镇压太平军,和福建按察使、驻英大使任上等事。有光绪十九年(1893)养知书屋刊本。

玉典赤 蒙古语,意为守门者。汉译户郎、户者。别译额闭阓赤、额兀迭臣。蒙、元怯薛执事之一,掌宿卫门禁。中书省、宣徽院下也设有多人。

玉殿传胪 见"传胪❶"。

玉牒 ❶文书名。古代告天之文书。书于简,镉而封之,以玉为饰,故名。凡帝王举行封禅之礼时则用之。❷皇族族谱。自唐即有之,至清沿袭未变。如清代皇族,自兴祖至溥仪,其爱新觉罗一族男女老幼之生卒年月、嫡庶名分、封爵官职,以及婚丧嫁娶、妻妾子女等皆记录在内。玉牒之修纂,宋代隶玉牒所,清代隶玉牒馆。

玉牒馆 官署名。清代宗人府所属机构,掌修玉牒(皇族谱牒)。顺治十三年(1656)开馆。后定制玉牒十年一修,届修则开,修成则闭。设正、副总裁官,无定员,届修时由皇帝在宗令、宗正及大学士、礼部尚书、侍郎、内阁学士内钦派;督催一人,以大学士充;总校官一人,以府丞充;提调官二人,纂修官十一人,收掌官十二人,誊录官三十六人,分别由宗人府及内阁、礼部、翰林院等衙门选派。玉牒修成后缮录三份,分存大内乾清宫、景山寿皇殿(嘉庆十二年以前存皇史宬)、盛京敬典阁(乾隆八年以前存礼部)。另录副本及备查档,存宗人府,以为备查及下届纂修之底本。

玉牒所 官署名。唐大和二年(828)前置修玉牒官。宋至道初,建玉牒殿诏编皇属籍未成,咸平间续编,于咸平三年(1000)完成,后以《皇宋玉牒》为名。大中祥符九年(1016),置修玉牒官,属宗正寺。南渡后,建玉牒所。提举一人或二人,由宰执充任,以侍从一人兼修,宗正卿与少卿以下同修纂。玉牒采编年体叙帝系及各帝在位年数,记政令赏罚、封域户口、年岁丰歉等。

玉府 官名。《周礼》天官之属。掌管王室金玉珍宝兵器的收藏,供应礼服玉饰。

玉府上士 官名。西魏恭帝三年(556)仿《周礼》玉府置,北周沿置。天官府太府中大夫属官,正三命。设玉府中士以佐其职。隋开皇元年(581)罢。

玉琯岩 在今湖南宁远县南。汉景帝时,零陵郡文学奚景得玉琯十二于舜祠后石室,因名。

玉海 书名。(1)南朝齐张融撰。共数十卷。此书为张融文集,文辞诡激,独与众异。时司徒褚渊问其《玉海》名,对曰:"盖玉以比德,海崇上善耳。"书已佚。(2)南宋王应麟撰。二百卷。分为天文、地理、官制、食货、宫室、服用等共二十一门。搜罗典故,囊括旧文。卷末附《辞学指南》四卷。与《太平御览》、《太平广记》、《册府元龟》称宋代四大类书。元、明、清俱有刻本,以光绪九年(1883)浙江书局刊本为现存较完好的版本。

玉河 即今新疆和田河,见《梁书·西北诸戎传·于阗国》、《新唐书·西域传·于阗》等。《新五代史·四夷附录》:于阗有河三:"东曰白玉河,西曰绿玉河,又西曰乌玉河。"白玉河即今和田县东玉龙喀什河,乌玉河、绿玉河即今县西喀拉喀什河及其支流。

玉河军 唐在西域之军事建置。约在今新疆喀什河附近。高宗时,隶安西都护府(治今新疆库车东)。

玉恒 十六国成(汉)李期年号(335—338)。凡四年。

玉衡 十六国成(汉)李雄年号(311—334)。凡二十四年。

玉花骢 马名。唐玄宗所乘马有玉花骢、照夜白。以其面白,又称玉面花骢。杜甫《丹青引赠曹将军霸》赞霸所画玉花骢图:"玉花却在御榻上,榻上庭前屹相向。"犹如两匹活马,相向屹立,形象生动逼真。

玉皇示梦庆王奕劻 义和团运动时期的著名揭帖(传单)之一种。清光绪二十六年(1900)五月,在北京、天津、直隶和东北等地区均有流传。主要内容是指斥大学士、总理各国事务衙门大臣奕劻勾结洋人镇压义和团,并阐明义和团运动的正义性。

玉匠局 官署名。元世祖至元三年(1266)置,用正七品印,掌各路玉匠造作。十五年,改为玉局提举司。

玉局提举司 官署名。元世祖至元十五年(1278)改玉匠局置,秩从五品,隶诸路金玉人匠总管府,掌各路玉匠造作。设提举、同提举、副提举各一员。

玉崑 清末满洲镶红旗人,字石轩。光绪二十八年(1902)任凉州副都统。宣统元年(1909)任成都将军。保路风潮起后,不赞同赵尔丰镇压政策。成都独立后,自动交印。清帝逊位后,剪半截辫发离川北返。

玉兰堂 ❶明文征明藏书堂。藏书印有堂名,或辛夷馆、翠竹斋、梅华屋、梅溪精舍、玉磬山房等字。❷明嘉定人唐景亮、高淳人孔四可室名。

玉梁渠 在今河南息县西北。《新唐书·地理志》蔡州新息县:"西北五十里有隋故玉梁渠,开元中,令薛务增浚,溉田三千余顷。"

玉列赤局 官署名。元代置,秩从七品,隶尚工署,掌皇后中宫裁缝制作。置提领、大使、副使各一员。

玉林琇(1614—1675) 明末清初江苏南蓉城(今江苏江阴)人,俗姓杨,名通琇,号玉林。因其父早年于杭州云栖寺受戒摩顶时,曾代求法号大潜,故每称潜子。临济宗僧人。十八岁逃婚入家乡广因寺,后拜于常州磬山寺天隐圆修禅师门下,削发为僧。圆修示寂后,嗣任湖州报恩寺住持,以"道风清峻"称誉禅衲之中。入清后,被世祖接至宫中问佛,赐"大觉禅师"法号,又封为"大觉普济禅师",赐紫衣、金印。世祖因爱妃董鄂氏丧,欲入空门,力谏乃止。晚年讲法于浙江天目山,后因占夺宜兴善权寺寺侧地产,为民情所怒,纵火焚寺,遂逃至淮安清江浦慈云庵而死。著有《大觉普济玉林国师语录》。

玉麟(1766—1833) 清满洲正黄旗人,哈达纳喇氏,字子振。乾隆进士。嘉庆时历任内阁学士、吏部侍郎、驻藏大臣等职。道光四年(1824)以兵部尚书兼军机大臣。九年为伊犁将军。时张格尔叛乱初平,他在当地加强驻军力量,举办屯田,筹划军饷。后奉调回京,在途中病死。

玉龙关 又名下关、龙尾关。在今云南大理市。清顺治十六年(1659),多尼败白文选于玉龙关,即此。

玉门关 西汉武帝置。旧说因西域输入玉石取道于此得名。故址即今甘肃敦煌市西北小方盘城;一说本在今甘肃玉门市西北赤金堡一带,太初二年(前103)李广利伐大宛后,始迁至小方盘城。与西南的阳关同为通往西域的门户:出玉门关为北道,出阳关为南道。东汉建武末废,永平十七年(74)经伊吾之新道开通,成为中西交通要道,复置于今安西东南桥子乡西北马圈村西小古城。关城东濒古河道,即《大慈恩寺三藏法师传》所载"上置玉门关,路必由之"之瓠庐河。旧说六朝时自今甘肃安西县通新疆哈密市的伊吾道日益重要,关址东移至今安西县东双塔堡附近。宋以后,中西陆路交通逐渐衰落,关遂废圮。

玉门军 见"玉门县❶"。

玉门郡 见"玉门县❶"。

玉门县 ❶西汉罢玉门关屯戍,徙其民于此,因以名县。属酒泉郡。治今甘肃玉门市西北赤金堡附近。北魏孝明帝改置玉门郡,北周武帝省。隋开皇十年(590)复置县。唐贞观元年(627)废,后复置。开元中废县置军,天宝十四载(755)又改为县。安史乱后地入吐蕃,遂废。❷清乾隆二十四年(1759)置。治今甘肃玉门市西北玉门镇,1958年并入玉门市。

玉茗堂 见"玉茗堂四梦"。

玉茗堂四梦 又称《临川四梦》。即传奇剧本《紫钗记》、《还魂记》(即《牡丹亭》)、《南柯梦》、《邯郸记》的合称。明临川(今属江西)汤显祖著。其书斋名"玉茗堂",故有此称。剧中均以梦境为主要情节。

玉木忽儿 又译药木忽儿、岳木忽而、要木忽儿。元蒙古宗王。阿里不哥长子。至元八年(1271),从北平王那木罕镇阿力麻里(今新疆霍城)。十三年,与诸王昔里吉、脱脱木儿等同叛。次年,进犯和林(今蒙古国哈尔和林),为元军所败。后叛王内讧,攻杀脱脱木儿。十八年,攻撒里蛮,兵败被执,送朝廷,道经斡赤斤后王境,密赂斡赤斤后王救出,于是尽取昔里吉、撒里蛮之斡耳朵,投靠术赤后王火你赤。元贞二年(1296),不愿臣事海都,率部归降元廷,成宗复其封地,增给岁赐。大德三年(1299),封定远王。率本部军讨伐笃哇,获胜。九年,改封威定王。至大元年(1308)进封定王,置王傅府。

玉你伯牙 又译许尼白牙。元地名。在上都(今内蒙古正蓝旗东)西北。元于此置系官牧场,孳养马匹,属太仆寺。

玉努斯(?—1826) 清新疆吐鲁番人。维吾尔族。郡王伊斯堪达尔之子。喀什噶尔(今喀什)阿奇木伯克。嘉庆十六年(1811)袭爵。十九年,因私允中亚浩罕部在喀什噶尔设立哈子伯克等罪,革职夺爵,发伊犁监禁。二十四年释回原籍。道光五年(1825)以张格尔寇边,令赴喀什噶尔办事。次年,张格尔陷喀什噶尔,被杀。

玉努斯江(约1826—1905) 全名穆罕默德·玉努斯江。清浩罕塔什干(今属乌兹别克斯坦)人。十九世纪中叶,浩罕内乱,俄军乘机入侵。同治四年(1865)因不敌返浩罕复位之胡达雅尔汗的追击,窜入新疆投奔入侵者阿古柏,任叶尔羌(今莎车)伪阿奇木伯克。光绪三年(1877),清军收复新疆,逃经色勒库尔(今塔什库尔干)时,被塔吉克族人诱擒,送交清军。后释返费尔干纳,在浩罕等地充宗教法官。

玉篇 书名。南朝梁顾野王撰。用楷书写成,释字以音义为主,于汉许慎《说文解字》多有增补。原作已佚,今本经梁萧恺、唐孙强、宋陈彭年等屡加增改,凡三十卷,五百四十二部。

玉钤卫 官署名。唐光宅元年(684)至神龙元年(705)改左右领军卫为左右玉钤卫。

玉清昭应宫 道教宫观名。北宋真宗崇奉道教,大中祥符二年(1009),在京师建玉清昭应宫,供奉伪造的"天书"。历时七年建成,有房二千六百一十间,耗资甚巨,仅铸造"玉皇"、"圣祖"与真宗像即用金一万两,银五千两。并设官管理。

玉泉寺铁塔 在今湖北当阳市玉泉寺前。原名佛牙舍利宝塔。铸于北宋嘉祐六年(1061)。铁铸仿木结构楼阁式,平面为八角形,共十三层,高约17.9米,为国内现存最高铁塔。铸有斗栱、额方、柱子、门窗等形式。双层须弥座每边铸有"八仙过海"、"二龙戏珠"以及山水等纹饰。台座八角各铸冠胄衣甲的托塔力士一尊,体态刚健,状极威猛。每层相对四面各设一莲弧门龛,其余四面铸有佛像、花纹,每层斗栱下铸有数以百计的小佛像连续排列环饰塔身,在角梁飞檐前端铸有凌空龙首悬挂风铃。在二层的南、北、东、西四面铸有塔名、塔重、铸造时间、工匠姓名及有关事迹。塔体分段冶铸,逐层迭装,不加焊接。形体挺拔纤瘦、稳健玲珑。现为全国重点文物保护单位之一。

玉泉子 书名。唐佚名撰。一卷。记中晚唐杂事,凡八十二条。所叙时政与掌故片断,含有他书未载的资料。有关文人轶事亦颇可采。惟部分条目已见于《因话录》、《尚书故实》等书。又有十一条为《太平广记》引作《卢氏杂记》。《类记》所收十八条,与今本多有不同。1958年中华书局出版标点本。

玉人 官名。又称玉尹。春秋时楚国置。主相玉之官。《韩非子·和氏》:"楚人和氏得玉璞楚山中,奉而献之厉王,厉王使玉人相之。"《新序·杂事五》:"荆人卞和得玉璞而献之荆厉王,使玉尹相之。"

玉蜀黍 即玉米。又名御麦、番麦。明正德时由西北邻邦传入。

玉笥山 又名石帆山。在今湖南汨罗市汨罗江北岸。相传屈原被流放于此,作诗篇《九歌》。清乾隆时建有屈子祠。

玉素布(?—1767) 一译玉素富、玉素卜、岳素布。清新疆哈密人。维吾尔族。固山贝子额敏长子。袭父爵。乾隆二十年(1755)助平达瓦齐。二十一年助平吐鲁番莽噶里克之乱。二十三年从清军征布拉呢敦、霍集占,授领队大臣,驻守乌什。旋以劳绩晋封多罗贝勒,赏郡王品级。二十六年助垦哈密塔勒纳沁屯田,授参赞大臣,赴阿克苏办事。后赴京朝觐,死于山西途次。

玉素甫·哈斯·哈吉甫 哈喇汗朝人。维吾尔族。诗人。生于八剌沙衮(今吉尔吉斯斯坦楚河流域之托克马克),后迁居喀什噶尔(今新疆喀什)。于1069—1070年间用古代维吾尔语写成著名古典叙事长诗《福乐智慧》,献给桃花石·布格拉汗·哈森。问世后汗授以"哈斯·哈吉甫"(即侍从官)称号。

玉素甫·喀的尔汗(?—1032) 哈喇汗朝在于阗之第一代汗。即《宋史》之于阗黑韩王。哈森·布格拉汗之子。率军攻于阗,经长期围困始攻陷之。自是于阗由信仰佛教而改宗伊斯兰教。

玉素富 即"玉素布"。

玉素普(约1789—1836) 清新疆喀什噶尔(今喀什)人,全名为迈玛特玉素普。维吾尔族。伊斯兰教白山派和卓布拉呢敦长孙。居布噶尔(今乌兹别克斯坦布哈拉)。道光十年(1830)受浩罕汗之召,募兵数万,侵喀什噶尔、英吉沙尔、叶尔羌等处,遭当地兵民坚决抵抗。旋清援兵至,浩罕撤兵,亦遁走。史称玉素普之乱。后卒于浩罕。

玉素普之乱 见"玉素普"。

玉速帖木儿 即"玉昔帖木儿"。

玉台新咏 书名。南朝陈徐陵撰。十卷。为继《诗经》、《楚辞》后具有代表性的诗歌总集。刘肃《大唐新语》谓南朝梁简文帝为太子时,好作艳诗,境内化之,浸以成俗。晚欲改作,追之不及,乃令陵撰《玉台新咏》,以大其体。此书选录自汉至梁有关妇女及男女恋情诗歌,共七百六十九篇。世所通行妄增又几二百。所录诗多萧统《文选》所不载,可以观历世诗歌盛衰之变。名篇《古诗为焦仲卿妻作并序》,即被收入卷一中。

玉潭镇 在今湖南宁乡县。《资治通鉴》:五代汉乾祐三年(950),马希萼侵潭州,楚王希广"复遣牙内指挥使崔洪琏将兵七千屯玉潭",为希萼所败,即此。

玉堂 ❶殿名。西汉未央宫、建章宫内均有玉堂。《三辅黄图》卷二:"建章宫南有玉堂,壁门三层,台高三十丈,玉堂内殿十二门,阶陛皆玉为之。"又,嫔妃所居之处也称玉堂。《汉书·谷永传》:"抑损椒房玉堂之盛宠,毋听后宫之请谒。"颜师古注:"玉堂,嬖幸之舍也。"❷官署名。《汉书·李寻传》:哀帝时寻待诏黄门,自言"过随众贤待诏,食太官、衣御府,久汙玉堂之署"。王先谦补注引何焯曰:"汉时待诏于玉堂殿。"又引沈钦韩曰:"后书《百官志》玉堂署长,宦者为之,寻待诏于其署耳。"❸唐宋以来翰林院之别称。宋苏易简为翰林学士,太宗以红罗飞白书"玉堂之署"四字以赐。

玉堂丛语 书名。明焦竑撰。或谓其门人所撰。八卷。体裁仿《世说》,目别仿《类林》,载录明万历以前翰林人物行实,自德行、政事,以至文学、言语,凡五十四类,博采稗官野史,取舍精严,评议审慎。有万历曼山馆初刻本、1981年中华书局《元明史料笔记丛刊》本。

玉堂荟记 书名。明末清初杨士聪撰。四卷。士聪,字朝彻,号凫岫,山东济宁人。崇祯进士。官至谕德。是书成于崇祯十六年(1643)十二月,载录崇祯十余年间时局朝政,物态人情,于周延儒、薛国观、温体仁、王应熊等门户倾轧之由,政刑颠倒之故,颇能道其原委。然士聪为延儒门生,颇多回护,而于黄道周、倪元璐、张溥试诗,孔有德之变,所议叙皆失于偏。

玉堂嘉话 见“秋涧先生大全文集”。

玉纬七部目录 道教经典目录汇编。南朝齐孟法师编。为集所出诸道经,先将其他道书编补入《太玄经》、《太平经》、《太清经》和《正一经》中,名为“四辅”,复加上陆修静整编之“三洞”,合为七部。

玉昔帖木儿(1242—1295) 又译玉速帖木儿、玉速铁木儿。蒙古阿儿剌部人。博尔术之孙。袭爵为右翼万户长,统按台山(今阿尔泰山)部众。元世祖时,入为怯薛宝儿赤长,赐名月吕鲁那颜(意为能官)。至元十二年(1275),拜御史大夫。二十四年,败乃颜。次年,复败其余党合丹秃鲁干。二十九年,代丞相伯颜镇守杭海岭(今蒙古国杭爱山),防海都。次年,辅皇孙铁穆耳(成宗)抚军北边。忽必烈死后,拥立铁穆耳即位。

玉元鼎 元西域人,本名阿鲁丁,字元鼎,以字行。先祖玉速阿剌,从成吉思汗征战,为功臣,子孙以玉为氏,或误为王。居于金陵(今江苏南京)。至大、皇庆间入国子学,从吴澄学,官至翰林学士。善作曲。著有《古今历代启蒙》。

玉簪记 书名。传奇戏曲。明高濂作。共二十四出。濂字深甫,号瑞南道人,钱塘(今浙江杭州)人,曾任官鸿胪寺。是书约写于万历年间。为南宋时道姑陈妙常与书生潘必正在女贞观恋爱的故事。表现了冲破封建礼教和道教清规的约束,争取婚姻自由的精神。富于喜剧气氛。

玉照新志 书名。南宋王明清撰。六卷。多谈神怪、琐事,间及朝野旧闻、前人逸作。有的逸作全文移录,足资参证。

玉芝堂谈荟 书名。明徐应秋编。三十六卷。应秋,字君仪,西安(今浙江衢州)人。此书采集小说杂记,与《太平广记》、《说郛》相近,但体例微有不同。每类立一标题为纲,备引诸书以证之。其中轶事旧闻,名物掌故,兼收并蓄,资料颇为丰富。

玉烛宝典 书名。隋杜台卿撰。十二卷。自序称:“《尔雅》四气和为玉烛,《周书》武王说周公推道德以为宝典”,故以名书。分月记述时令,各为一卷。卷首均冠以《礼记·月令》原文,并予注释。于时令物候、雷云雨霜、鸟兽活动、草木变化、人事掌故、四时节俗、文娱生活及名物训释等无不载列。大抵以隋为主,兼溯前代。为研究古代社会生活与风俗习尚的重要参考资料。征引前代经传百家旧籍甚多,于文字考证和辑佚校刊均有所裨。惟颇引佛经,难免臆说。元、明以来,国内不见本书流传。清末杨守敬据日本抄本抄得。现有《丛书集成》本。

玉孜巴什 即“玉资伯克”。

玉兹 哈萨克的地域区别。突厥语音译,意为“正面”、“侧面”。形成于十五、十六世纪之际,共有三玉兹。位于哈萨克草原东部和东南部的大部落,被称为大玉兹,或右部;北部和东北部的被称为中玉兹,或左部;西部的被称为小玉兹,或西部。此种区分导致十八世纪初哈萨克汗国分裂成为若干小汗国。中国哈萨克族,主要由中玉兹和大玉兹的部落组成。

玉资伯克 官名。一译羽滋伯克,亦称玉孜巴什。新疆维吾尔语音译,意为百户长,专司征输所属粮赋。清乾隆二十四年(1759)定为七品。光绪十三年(1887)废。参见“伯克”。

驭夫 官名。《周礼》夏官之属。掌王副车,及其驾车马匹的驯驭。

驭仆(僕)大夫 官名。即太子仆,唐龙朔二年(662)改,咸亨元年(670)复名太子仆。

驭仆(僕)寺 官署名。即太子仆寺,唐龙朔二年(662)改,咸亨元年(670)复名太子仆寺。

驭倭录 书名。明王士骐撰。九卷。作者任兵部主事时,采录明代倭寇侵扰事迹,编撰而成。起自洪武元年(1368),迄于万历二十四年(1596)。搜集当时诏旨、章奏,以及中外战守方略,按年编撰,颇具本末。自序谓薛俊的《日本考略》、王文光的《补遗》、郑若曾的《筹海图编》,多取野史为证,往往失真。故本书所录,皆出于国史。但《四库全书总目提要》认为,当时的章奏邸报,亦多有掩败为功、欺蔽蒙饰之处,所记史事未必尽为实录。

郁(鬱)刀 亦作郁刃。古代云南铸造之兵器。次于铎鞘。其制作方法,相传用毒药并冶,甚锐利,伤人即死。唐贞元十年(794),南诏主异牟寻遣清平官尹辅酋等入唐献方物,郁刀即其一。

郁地引那 见“乌秅”。

郁(鬱)督军山 古山名。或作於都斤山、郁都斤山、乌德鞬山等。即今蒙古国境内杭爱山。唐初为薛延陀可汗牙帐所在地。贞观二十年(646),李勣统唐军于此招降薛延陀诸部。天宝三载(744),回纥怀仁可汗(骨力裴罗)复建牙帐于此。

郁(鬱)孤台 在今江西赣州市西北田螺岭上。相传建于唐广德至大历间,因隆阜郁然孤起平地数丈,得名。唐虔州刺史李勉登台北望,慨然曰:“余虽不及子牟,而心在魏阙一也,郁孤台岂令名乎!”(《舆地纪胜》)遂改为望阙。南宋绍兴十七年(1147)知军曾慥增筑二台,南为郁孤,北为望阙。台有三层,巍然矗立,宏丽壮观。此后屡有修葺或重建。名人墨客多有题咏,辛弃疾《菩萨蛮·书江西造口壁》词有“郁孤台下清江水,中间多少行人泪”句。

郁捷(?—735) 又作遇折、李遇折。契丹乙室活部落长。唐开元二十二年(734),助唐兵斩屈列及可突于,受唐封松漠都督。次年,被契丹乙室部贵族涅里杀死。

郁久闾 柔然王族姓氏。公元三世纪中,鲜卑拓跋部掠得一奴,因其头秃,名之为木骨闾,此即传说中柔然始祖。木骨闾与郁久闾音相近,其子孙遂以此为姓。郁久闾氏投北魏后,部分改称闾氏。

郁久闾后(525—540) 柔然可汗阿那瓌长女。西魏大统元年(535)柔然犯西魏边,文帝与之通好结婚,娶阿那瓌长女,立为皇后。六年临产死,谥曰悼后。

郁鞠 十六国时北方鲜卑索头部首领。前赵时归刘曜,封为忠义大将军、右贤王。后赵建武二年(336),率众三万附石虎,署亲通赵王(一作亲赵王),

其余首领皆封列侯,部众散处于冀、青等六州。

郁立师 古西域国名。王治内咄谷,在今新疆吉木萨尔县以南大龙沟河谷一带。汉时属西域都护。后并于车师后部。

郁(鬱)林郡 西汉元鼎六年(前111)取南越地置。治布山县(今桂平市西古城)。辖境相当今广西河池、凌云、天等等市、县以东,鹿寨、桂平等市县以西,凭祥市、十万大山以北,三江、贵州榕江二县以南和越南高平等地。东汉属交州,三国吴永安末属广州。凤凰三年(274)析置桂林郡。东晋太兴元年(318)析置晋兴郡。辖境缩小。南朝梁为定州治,后为南定州治。隋开皇九年(589)废。大业中及唐天宝、至德时又曾分别改郁州、郁林州为郁林郡。

郁(鬱)林县 隋开皇十年(590)置。治今广西贵港市东南,大业初为郁林郡治。唐属郁林州。北宋开宝年间废入郁平县。后又改郁平县为郁林县。治今贵港市。为贵州治。元大德九年(1305)省入贵州。

郁(鬱)林州 唐麟德二年(665)置郁州,乾封元年(666)改名。治石南县(今广西玉林市西北)。北宋开宝间移治兴业县(今属广西),至道二年(996)又移治南流县(今玉林市)。辖境相当今玉林市北部地。唐属岭南道,宋属广南西路,增入今博白县及玉林市南部地。元属湖广行省,明属梧州府,清属广西省,又增入今北流、陆川二市县地。1912年升为郁林府。1913年废府改为郁林县。1956年改为玉林县,1983年改设市。

郁若 官名。北魏置。《南齐书·魏虏传》:"郁若,比二千石。"此系南朝人对北魏鲜卑语官名的音译。

郁(鬱)水 汉、魏、南北朝时期的郁水,首受温水及夜郎豚水,至今广东广州市入海,凡今广西的右江、郁江、浔江及广东的西江皆称郁水。豚水即今北盘江,温水即今南盘江,二江与右江本不相通,古人不明了郁水的源流致有此误。南朝以后,郁水下游兼称西江。唐、宋、元时常以左江为上源,明清时则以左、右江为上源,合流后称郁江,也作大江;今广西东部桂平以下一段称浔江。故今广西境内郁江,只相当古郁水的一段。

郁松年 清江苏上海(今上海市)人,字万枝,号泰峰。贡生。喜藏书,家富,凡宋人典籍,不惜重资收购。道光二十年(1840)开始编辑出版《宜稼堂丛书》。该丛书收入秦九韶《数书九章》和杨辉《详解九章算法》、《杨辉算法》等重要数学著作。

郁头州 见"尉头"。

郁新(?—1405) 明凤阳临淮(今属安徽)人,字敦本。洪武时以才征,授户部度支主事,累升至尚书。议减亲王禄米,定郡王以下岁禄。又因边饷不继,定开中之法。建文三年(1400),引疾归里。成祖即位,召掌户部事,规划漕运,议减军屯岁额。卒于官。

郁羽陵 契丹部落名。大贺氏八部之一,唐设为羽陵州。

郁证 中医名词。由于情志不舒、气机郁滞所引起的一类病证。元王安道《医经溯洄集·五郁论》:"凡病之起也,多由乎郁。郁者,滞而不通之义。"其五郁系木、火、土、金、水。朱震亨在《丹溪心法·六郁》中提出:"气血冲和,万病不生,一有怫郁,诸病生焉,故人身诸病,多生于郁。"可见情志波动,失其常度,则气机郁滞,气郁日久不愈,由气及血,变生多端,可以引起各种症状,故有"六郁"之说。即气郁、血郁、痰郁、湿郁、热郁、食郁等六种,其中以气郁为先,而后湿、痰、热、血、食等诸郁才能形成。

郁郅县 西汉置。治今甘肃庆阳县。属北地郡。东汉废。

郁秩县 西汉置。治今山东平度市,属胶东国。王莽时改胶东国曰郁秩,当移国治于此。东汉建武六年(30)更封冠军侯贾复为胶东侯,食郁秩等六县。后改为胶东县。

郁洲 郁一作鬱。又作鬱林山(《隋书·地理志》)。亦名田横岛。相传项羽死后田横与其属五百人居此岛,故名(《元和郡县志》)。在今江苏连云港市东云台山一带。古时悬在海中。清初因海岸扩展,始与大陆相连。东汉末,邴原将家入海,住郁洲山中,即此。东晋隆安五年(401)孙恩攻建康不克,浮海至此。南朝宋泰始初失淮北地,以洲"在海中,周回数百里,岛出白鹿,土有田畴鱼盐之利",且"海中易固"(《南齐书·州郡志》),遂于此侨置青、冀二州。先后为齐郡、北海郡治。为南朝东北边防要地。自隋至宋,置东海县。唐武德时又曾置环州。

飓海道行军大总管 唐讨平龟兹之行军建置。龙朔二年(662)吐蕃支持龟兹叛唐,高宗遣苏海政为飓海道行军大总管,统阿史那弥射、阿史那步真两可汗所部往讨。步真与弥射有宿怨,因诬弥射谋反,海政不察,误杀之。于是十姓离心,部落散亡。唐军至疏勒(今喀什地区)南,与吐蕃约和而归。十姓阿史那都支、李遮匐等附吐蕃。

育才馆 学校名。(1)太平天国在天京(今江苏南京)设立的学校。(2)清光绪二十三年(1897),直隶总督兼北洋大臣王文韶在天津设立,招收士绅子弟入学肄业,以六十名为额,共三百人。课程有经史、策论、天文、地理、格致、图算等。五年毕业。(3)光绪二十三年绅士冯诚求等在江苏嘉定(今属上海市)南翔兴办,招收十二岁至二十岁的子弟入学肄业,课程有英文、算学、论说词章、声、光、化、电、医、矿等学。

育才书社 学校名。清光绪二十九年(1903)由英籍犹太人嘉道理(Ellis Kadoorie)创办于上海。以培养中英文翻译人才为宗旨。设中文、英文两部。1912年改校名为工部局立育才公学,英人陶伟(Dowie)、霍伦(Holland)先后担任校长。除历史、地理用中文教授外,音乐、美术、体育等均用英文讲授。抗日战争胜利后,改名为上海市市立育才中学。建国后,改称上海市育才中学。

育才书塾 学校名。俗称王氏育才书塾、上海育才书塾。清光绪二十二年(1896)王维泰创建于上海,次年春开学。分正馆、备馆两级。正馆课经史、词章、掌故、算学、化学、英文诸科,备馆专重中文兼课英文、算学。二十六年王植善任校长,仿日本学制,参考中国各教会学校,订立中学课程,学制四年。三十年易名南洋中学。

育材馆 即"育胄馆"。

育犁县 西汉置。治今山东烟台市福山西北。以地良沃,故以育犁名,属东莱郡。东汉废。

育阳县 育一作淯(《后汉书·光武帝纪》)。西汉置。治今河南南阳市南、白河西岸。属南阳郡。东晋孝武帝时为避简文帝讳,改淯阳为云阳,后周废。唐武德三年(620)复置淯阳县,八年又废。

育英书院 见"崇信义塾"。

育胄馆 又称育材馆、储材馆。郑成功在思明州(今福建厦门)设。容纳阵亡将士子女,延师教育,优秀者选入储贤馆。

昱岭关 在浙江临安市西南浙、皖交界昱岭上,为浙、皖间交通要冲,今杭徽公路经此。《明史·胡大海传》:元至正十七年(1357)朱元璋遣大海等率军克徽州(治今安徽歙县),"自昱岭关攻建德",即此。

狱成 刑法用语。即犯罪事实成立。《唐律疏议·名例·除名》注:"谓赃、状、露、验及尚书省断讫未奏者。"赃指赃物,露指赃物被查获,状指杀人等罪行,验指查得犯罪现场。罪状经尚书省刑部复查断决后,虽未经上奏朝廷,亦为狱成。凡官吏犯十恶、故杀人、反逆缘坐狱成者,虽会赦犹*除名。

狱持 武则天时,酷吏对犯人的残害行为。如将犯人耳装泥,头罩笼,折肋骨,签钉手指,悬发熏耳,伤害四肢等。

狱官令 唐代对犯罪者的刑事诉讼法令。包括对犯人的审判程序、刑罚执行手续、赎法、赦法及监狱法规等。令文散见于《唐律疏议》、《唐六典》诸书。日本养老时代(717—723)的《狱令》亦可资参考。

狱鞫 刑法审讯程序。即审讯问罪。《睡虎地秦墓竹简·法律答问》:"士伍甲盗,以得时值赃,赃值过六百六十,吏弗值,其狱鞫乃值赃。"汉亦称鞫狱、鞫狱。《汉书·景武昭宣元成功臣表》:新畤侯赵弟"太始三年,坐为太常鞫狱不实,入钱百万赎死,而完为城旦"。颜师古注引如淳曰:"鞫者以其辞决罪也。"《尚书·吕刑》孔颖达正义:"汉时问罪谓之鞫。"后沿为历代审讯程序。

狱空 宋代,各类监狱无拘禁人犯,即奏报"狱空",朝廷因而下诏奖谕。但官员贪功图赏,常将现禁人犯寄藏他处,而后谎报。

狱吏 官名。春秋置。掌理狱讼。汉朝及后代沿置,为地方官府职掌刑狱的属吏。

狱门亭长 官名。西晋置,为县属吏。

狱司 泛指掌刑狱之官。《梁书·朱异传》:"上书言建康宜置狱司,比廷尉。"

狱掾 官名。秦汉县级行政机构属吏,职掌刑狱。十六国前秦郡置。北魏太和十七年(493)定从七品下。北齐大理寺置二人。隋大理寺所属,增至八人。

狱子 宋代州县下等役人之一,掌看守牢狱人犯。明清时称为"牢子"。

语儿 又作御儿(《国语·越语》)。春秋越地。在今浙江桐乡市西南。《越绝书·吴地传》:"柴碎亭到语儿、就李,吴侵以为战地。"

语书 秦代的一种法律文书。《睡虎地秦墓竹简》保存有南郡守腾发布之文告,原简题为"语书",内容为告诫吏民守法,宣布官吏良、恶标准,颁行于南郡地区。

浴种 蚕卵消毒方法之一。指洗净附着在蚕种上之蛾尿、鳞毛和病原等脏物。《礼记·祭仪》中已有"奉种浴于川"之记载。最早在孵种养蚕前,将蚕种放到河水或井水中浴洗干净。宋元时,已成为养蚕常规操作程序。自当年收种到来年饲养前要经过三、四次浴洗。元明之际,又发明盐卤浴和石灰浴。到清代,把盐卤浴种改良成为用食盐杀种(即腌种);石灰浴改用浓石灰水浸种。

预备仓 明代各州县所设专备赈贷之仓库。洪武三年(1370),令全国州县各立四仓,官给钞籴谷,收贮备荒,由当地年高笃实者民管理。正统后,以收贮罪囚赎米入仓,无定数。成化后,始有每里积三百石或五百石之例。弘治三年(1490),定各州县仓库粮贮数目:凡十里以下积粮一万五千石;军卫每千户所积粮一万五千石,每百户所三百石。三年一盘查。十八年又定:凡赎罪等项及赃罚等物,尽行折纳,籴买稻谷上仓。正德七年(1512),令囚犯该纳纸札者,二分纳纸,八分折米谷上仓,不许折收银两。万历五年(1577),各州县分三等积谷,上等每岁以千石为准,多者二三千石,下等以数百石为准,少至百石。

预备立宪 清政府为抵制革命,笼络地主资产阶级上层的政治措施。光绪三十一年六月(1905.7)清政府派载泽等五大臣赴日本和欧美考察宪政,又命会议政务处筹订宪法大纲。三十二年七月十三日(1906.9.1)正式下诏宣布"预备仿行宪政",通称"预备立宪"。首先从改革官制入手,旨在排斥汉族官僚和削弱地方督抚的势力,借以巩固满洲贵族的统治。次年宣布在中央筹备资政院,各省设咨议局,准备将来改为国会和地方议会。又派达寿、汪大燮、于式枚分赴日、英、德三国再次考察宪政。旋将考察政治馆改为宪政编查馆,把会议政务处并入内阁。立宪派对"预备立宪"表示欢迎,但屡次上书要求召开国会,早行宪政。清政府遂于三十四年颁布《钦定宪法大纲》,并宣布筹备立宪以九年为期。宣统元年(1909)各省成立咨议局。次年中央成立资政院。各省立宪派接连在北京发起三次立宪请愿运动,要求速开国会。清政府被迫宣布缩短"预备立宪"期限,定于宣统五年召开国会。三年四月,清政府颁布新订内阁官制,新内阁中皇族占绝对优势,被斥为"皇族内阁"。资产阶级革命派不断揭穿预备立宪的骗局,立宪派对此也感到失望。不久爆发辛亥革命,清朝被推翻。

预备立宪公会 清末立宪派团体。光绪三十二年十一月一日(1906.12.16)在上海成立,会长郑孝胥,副会长张謇、汤寿潜,江、浙、闽等省名流为骨干。以遵奉预备立宪上谕、开发地方绅民之政治知识为宗旨。三十四年联合各省立宪党人发动请愿,要求清政府速开国会,实行君主立宪。在清政府被迫宣布预备立宪以九年为期后,其主要成员参加国会请愿同志会活动。

预备立宪公会报 杂志名。预备立宪公会言论机关。清光绪三十四年正月二十八日(1908.2.29)创刊于上海。半月刊。孟昭常主编。以"使人民知立宪之所有事,而促其进化之思想"为主旨。鼓吹君主立宪。设撰述、辑译、纪事等门类,汇登有关立宪法令、文牍和议案,研讨立宪理论,提出立宪方案。共出四十六期,宣统元年十二月(1910.1)停刊。

预备立宪官话报 杂志名。清光绪三十二年十月(1906.11)在上海创刊。月刊。庄景仲经理,上海预备立宪社发行。"专以开化风俗,改良社会,使人人有预备立宪之资格为宗旨",鼓吹君主立宪。提倡官制改革、地方自治、兴办教育、振兴实业,以达救亡图强之目的。已见发行六期。

预备立宪意见书 书名。康继祖编。二册。辑录清廷预备立宪文件而成,凡分谕旨、奏章、立宪原起、万国宪法考、五使行程记、荣膺学位、谊重邦交、钦使回国、廷臣会议、改订官制等十节。清光绪三十二年(1906)教育品物公司出版。

预借 ❶加税之一。宋代两税等税,按照规定,不得以预借为名加倍征收。但往往有预借一、二年甚至六、七年者,其预借税额亦不止于两税正额,支移、折变、加耗等等,照各地惯例,也税上加税,使人户负担成倍增加。❷宋制,川峡、广南、福建等路边远州军幕职州县官,允许预支一月至数月俸钱,亦称"预借"。

预买 见"和买"。

预征 清初地方官每以经费不足为由,提前征收翌年赋税,名预征。民间一年需纳两年之粮,康熙四年(1665)禁止。但以后仍时有预征者。

欲谷设 即"乙毗咄陆可汗"。

阏与 战国韩邑,后属赵。即今山西和顺县。一说在今河北武安市西南;又说在今山西沁县西北。《史记·廉颇蔺相如列传》:"秦伐韩,军于阏与",赵将赵奢"大破秦军,……遂解阏与之围";《秦始皇本纪》:秦始皇十一年(前236),"翦将攻赵阏与,破之,拔九城",均即此。

淯水 一作育水。即今河南白河。《后汉书·刘玄传》:新莽地皇四年(23),新市、平林诸将"设坛场于淯水上沙中",立刘玄为帝,建元更始,即此。

谕 旧指皇帝所颁诏令。如圣谕、谕旨、上谕等。清代凡皇帝主动发布的指示性命令称谕,根据臣工的请示报告而发布的答复性指示称旨。参见"谕旨"。

谕德 官名。唐、宋时置为东宫官,有太子左、右谕德,简称谕德。明于詹事府所属左、右春坊置,左、右各一人,掌侍从赞谕之责。清初沿置,满、汉各一人,汉员兼翰林院修撰,掌记注撰文之事。乾隆十三年(1748)裁。参见"左谕德"、"右谕德"。

谕祭文 清制,王公大臣死后奉旨赐祭者,皇帝赐给祭文,称谕祭文。由礼部行文翰林院撰拟,进呈皇帝钦定,再交礼部转行。初制,满、汉两体兼备,乾隆四十九年(1784)规定祭汉大臣者专用汉文。

谕救一切天生天养中国人民谕 太平天国檄文。清咸丰二年(1852)以东王杨秀清、西王萧朝贵名义颁布,后收入《颁行诏书》。文中说明上帝"是天下万国人民亲爷",天王是奉上帝命下凡"作天下万国太平真主",号召"误在妖营"之人,"反戈替天诛妖"。

谕旨 文书名。下行文。清代皇帝处理日常政务下达的指示和命令的统称。谕和旨的具体区别是:皇帝特降的命令或因臣僚奏请而下达宣示中外的命令,称"谕"或"上谕";对臣僚奏请批示的意见,或令人传达的某项指示,称"旨"。雍正以后,重要谕旨均由军机处草拟进呈,皇帝审定后或交内阁"明发",或由军机大臣"寄信"。

谕旨汇奏 档案名称。清制,内阁每月应向皇帝当面汇奏当月之内所有经内阁颁发之上谕全文,此类当面汇奏之件,称为"谕旨汇奏"。

尉迟跋质那 隋唐时于阗(今新疆和田)人,一作吐火罗国人。曾为质于隋,封郡公。善画西域人物及佛像,擅名于时。子名乙僧,亦善画,分称大、小尉迟。所画《六番图》、《外国宝树图》、《婆罗门图》以及《千钵文殊像》、《净土经变》、《黄犬》及《苍鹰》等壁画,传于当时。

尉迟伏阇信(?—692) 唐时于阗王。贞观二十二年(648)阿史那社尔讨龟兹,遣子赍驼马三百匹馈军。唐行军长史薛万备率五十骑至其国,召之,遂与子叶护玷俱诣长安。永徽元年(650)高宗拜之为右骁卫大将军,授其子为右骁卫将军,留数月遣归,以其子弟入宿卫。垂拱三年(687)复来朝。

尉迟纲(517—569) 北朝时代郡(治今山西大同市东北)人,字婆罗。鲜卑族。尉迟迥弟。以迎魏孝武帝西迁功,拜殿中将军。西魏大统年间,从丞相宇文泰擒东魏窦泰,复弘农(今河南灵宝北),战沙苑(今陕西大荔南)。又战丁河桥(今河南孟州西南),奋力搏击,救泰于败军之中,进爵为公,拜平远将军。大统十四年(548),迁骠骑大将军,后历掌禁旅、总宿卫。北周初,助宇文护废孝闵帝。武成元年(559),封吴国公,除泾州总管。历少傅、大司空、陕州总管。

尉迟恭 即"尉迟敬德"。

尉迟敬德(585—658) 唐朔州善阳(今山西朔州)人,名恭,以字行。一说铁匠出身。隋末从军,骁勇善战,以功授朝散大夫。后为刘武周偏将。武德三年(620),败降归唐,授秦府统军。从秦王李世民击破王世充、窦建德、刘黑闼、徐圆朗等。九年,参与玄武门之变,射杀李元吉,论功与长孙无忌并为第一。贞观元年(627),拜右武候大将军,封吴国公。居功傲物,与宰相失和,出为襄州都督。历同州刺史,鄜、夏二州都督,封鄂国公。名列凌烟阁功臣。晚年笃信方术,居家不通宾客。卒,陪葬昭陵(在今陕西礼泉东北)。

尉迟迥(? —580) 北朝时代郡(治今山西大同市东北)人,字薄居罗。其先为鲜卑族尉迟部。宇文泰之甥。西魏初迁大丞相帐内都督,娶文帝女金明公主。从泰攻东魏,复弘农(今河南灵宝北),战沙苑(今陕西大荔南),颇有时望,累迁尚书左仆射,拜大将军。废帝元年(552),梁武陵王萧纪据蜀称帝,次年,受命帅师取蜀制梁。蜀平,以功封大都督,益、潼等十八州诸军事,益州刺史。治蜀有恩威。北周初,拜柱国大将军,进位蜀公,后为相州总管。大象二年(580),指斥随国公杨坚有不臣之迹,兴师讨伐,自称大总管,举兵应者众数十万。与韦孝宽、高颎大战于邺城(今河北临漳西南),兵败自杀。

尉迟青 唐于阗(今新疆和田)人。德宗时,官至将军,居长安常乐坊。善筚篥,时人称其技艺冠绝古今。曾以吹奏技巧折服幽州名手王麻奴。

尉迟屈密 唐时于阗王。一作尉迟屋密。本臣于西突厥。贞观六年(632)遣使献玉带。十三年,臣唐,遣子入侍。一说此王本出西突厥处密部。

尉迟胜(约 722—785) 唐时于阗国王。塞种人。天宝中入朝,玄宗妻以宗女,授右威卫将军、毗沙都督。还国后佐高仙芝破萨毗、播仙,累进光禄卿。天宝十四载(755)应召率兵五千助讨平安禄山,留弟曜摄国事。肃宗广德中,进骠骑大将军,遣归国,不肯,以王位让弟曜,乃留长安,加开府仪同三司,封武都郡王。历事玄、肃、代、德四世。兴元间转右领军将军。贞元三年(787)其弟曜表立胜子锐嗣为于阗王,他固辞乃止。卒赠凉州都督。

尉迟偓 五代时人。曾官南唐。著有《中朝故事》。

尉迟乙僧 唐于阗(今新疆和田)人。尉迟跋质那子。工佛像、鬼神、人物、花鸟,绘画颇具西域画特点:线条如屈铁盘丝;用色沉着,如堆起绢素而不隐指。论者谓与阎立本不相上下。长安慈恩诸寺及洛阳大云寺均留有其画迹。宋时内府藏有其画《弥勒佛像》等七幅,今均失传。其绘画对唐代及以后的绘画均有影响。

棫林 ❶西周郑国都城。即今陕西华县。《史记·郑世家》司马贞索隐:"郑,县名,属京兆。秦武公十一年'初县杜、郑'是也。又《系本》云:'桓公居棫林,徙拾'。宋忠云'棫林与拾皆旧地名',是封桓公乃名郑耳。至秦之县郑,盖是郑武公东徙新郑之后,其旧郑乃是故都,故秦始县之。"❷春秋秦邑。在今陕西礼泉县东。《左传》襄公十四年(前 559):"郑司马子蟜帅郑师以进,师皆从之,至于棫林",即此。或误以为在今陕西华县。❸春秋许邑。在今河南叶县东北。《左传》襄公十六年:晋伐许,"次于棫林"。

棫阳宫 战国秦昭襄王建。在今陕西扶风县东北三十里。西汉文帝后二年(前 162)出巡至此。

遇醆 金代上自朝廷下至州县都有遇醆之礼。如宰相百官生日及民间娶妇、生子,迎送上差、趋拜州县官之类,以酒果为具,并馈赠币帛、金银、鞍马、珍玩等,主人敬酒于宾客,祝贺祈求,名为"遇醆",用以结恩释怨。

喻昌(约 1585—1664) 明末新建(今江西南昌)人,字嘉言。崇祯年间以选贡入京都,清军入关后遂隐居,皈依佛门。既而攻医,并往来于南昌、靖安之间。后移居江苏常熟,所至皆以医术蜚声于时。精于切脉、望色、听声、察形,治病多见效。推崇《伤寒论》,强调辨证施治。著有《寓意草》、《尚论篇》、《医门法律》等。

喻樗(? —1180) 南宋严州(治今浙江建德东北)人,字子才(才一作材),号湍石,一号玉泉。建炎进士。赵鼎都督川陕、荆襄,引为僚属。后以鼎荐,为秘书省正字兼史馆校勘。因反对与金议和,忤秦桧,致仕家居。桧死,复起为大宗正丞,历知蕲州、提举浙东常平等。少慕伊、洛之学,受业于杨时。尝谓"六经"之义,不出"君臣、父子、夫妇、长幼、朋友"十字之外。著作有《中庸大学论语解》、《玉泉语录》,今佚。

喻归 东晋南昌(今属江西)人。穆帝、哀帝时任侍御史,曾出使前凉十余年。著有《西河记》。

喻寒波掣逋 官名。吐蕃官,整事大相,与副整事、小整事共任国事。

喻寒波充 官名。吐蕃官,小整事,与整事大相、副整事等共任国事。

喻寒觅零逋 官名。吐蕃官,副整事,与整事大相等共任国事。

喻皓 亦作预浩、预皓、喻晧、喻浩。北宋浙东人。尝为都料匠,人称预都料。擅建塔。吴越建造杭州梵天寺木塔,患其动摇,他教以逐层铺板钉实之法,塔身遂稳。太宗时,营建开封开宝寺塔,塔高为京师之最。他使塔身略倾西北,认为"京师地平无山,而多西北风,吹之不百年,当正也"。曾著《木经》三卷(已佚),内有关于建屋比例之"三分法"。书出,人皆守以为法,为中国古代重要的建筑专著。欧阳修誉为"国朝以来木工,一人而已"。

喻杰 明庐州六安(今属安徽)人,字本亨,号月川、三榛。万历时兽医学家,与其兄喻仁合著《马经大全》、《牛经大全》等。

喻均 明新建(今江西南昌)人,字邦相。隆庆进士。除工部主事。以事谪官。寻迁兰溪知县。历处州、松江知府,进天津兵备副使。曾与刘元卿共著《江右名贤编》。另著有《山居集》。

喻口 地名。喻一作谕。在今江苏阜宁县西南。为下河津要。《宋史·李全传》:南宋绍定三年(1230),李全袭陷盐城县,使人"造浮桥于喻口,以便盐城往来",即此。明置巡司。

喻老 《韩非子》篇名。韩非以比喻阐述《老子》的篇章。认为君主治国应以权势为基础,以赏罚为"利器"。提出"天下之难事必作于易,天下之大事必作于细"、"将欲取之,必固与之"等辩证观点,说明生死、祸福、吉凶、强弱的转化,强调"随事以举事","自胜之谓强"。

喻良能 南宋义乌(今属浙江)人,字叔奇。绍兴进士,补广德尉。历鄱阳丞、国子监主簿、工部郎中、太常寺丞,出知处州。以朝请大夫义乌县开国男致仕。为文精深典雅,著有《忠义传》、《诸经讲义》、《家帚编》、《香山集》等。

喻茂坚 明四川荣昌(今属重庆)人,号月梧。正德进士。历任监察御史、云南参政等。嘉靖二十六年(1547)官至刑部尚书。二十八年致仕。

喻培伦(1886—1911) 清末四川内江人,字云纪。光绪三十一年(1905)留学日本。先后入警监学校、经纬学校、大阪高等工业预备学校及千叶医学校。三十四年入同盟会。悉心研制炸弹,积极从事暗杀活动,先后谋刺赴任直隶总督端方及摄政王载沣,均未果。宣统三年(1911)春参加黄花岗之役,随黄兴攻入督署,再攻督练公所,弹尽力竭,被俘遇害。为黄花岗七十二烈士之一。次年南京临时政府追赠为"大将军"。

喻仁 明庐州六安(今属安徽)人,字本元,号曲川。万历时兽医学家,与其弟喻杰合著《马经大全》、《牛经大全》等。参见"元亨疗马集"。

喻汝砺(?—1143) 宋陵井监仁寿(今属四川)人,字迪孺。崇宁进士。官祠部员外郎。靖康二年(1127),闻金人欲废赵氏立张邦昌,扪其膝谓:"不能为贼臣屈!"遂挂冠去,自号"扪膝居士"。高宗即位,自京师趋行在,复为郎,因论迁都之害,为李纲所重,除四川抚谕官,督输四川漕计、羡缗及常平钱物。建炎二年(1128),刷川纲金帛八百余万缗,乞留用为陕州五路军粮犒设之费。绍兴五年(1135),知普州,十年,直秘阁、知遂宁府。

喻上猷 明江西丰城人,原籍湖广石首(今属湖北)。崇祯进士,官至御史。后降李自成,十六年(1643)任吏政府侍郎。次年起义军克北京,任兵政府尚书。

喻士珍 唐人。咸通时任嶲州刺史。六年(865,一说大和五年,831),趁南诏攻嶲州,掠东蛮、西林蛮(属乌蛮)人口卖与南诏为奴。是年降于南诏。十一年曾为南诏攻成都设谋。

喻世明言 书名。原名《古今小说》。四十卷。冯梦龙编著,约成书于明末。内容取自唐、宋、元、明话本小说及稗官野史。其中不少篇章反映明后期社会生活、封建官场黑暗没落,亦有宣扬迷信因果报应及色情描写之处。与作者所编著《警世通言》、《醒世恒言》合称"三言"。

御 官名。周代置。(1)驾驭车马之官。同"驭"。《诗经·小雅·车攻》:"徒御不惊。"郑玄笺:"徒,御马也。"《礼记·王制》:"凡执技以事上者,祝、史、射、御、医、卜及百工。"(2)武官。又称御戎。《左传·成公十八年》:"弁纠御戎,校正属焉,使训诸御知义。"《商君书·境内》:"大将,御、参皆赐爵三级。"(3)侍御之臣。《国语·吴语》:"一介嫡男,奉盘匜,以随诸御。"韦昭注:"御,近臣宦御之属。"(4)宫内女官。《国语·周语上》:"王御不参一族。"韦昭注:"御,妇官也。"

御笔 文书名。皇帝亲笔所撰。北朝始有此名。《北史·元勰传》:"帝令勰为露布,辞曰'臣闻露布者,布于四海,露之耳目。以臣才小,岂足大用?'帝曰:'汝亦为才达,但可为之。'及就,尤类帝文,有人见者,咸谓御笔。"北宋政和中宰相蔡京推荐吴敏充馆职,中书侍郎刘正夫以为不可,蔡京乃请皇帝亲书诏旨,特召吴敏上殿,除右司郎官。御笔始盛行。后蔡京患言者议己,每有奏请,皆乞徽宗亲书手诏,称为御笔,致使徽宗命宦官杨球代书,号称书杨。皇帝亦以此处理政事,上至庙堂政务,下至州县民事,对内平乱,对外和战,皆以御笔处分。三省无所干预,唯奉行而已,缴驳之制遂废。南宋初年废,凡御笔事出于法外者,悉加厘正。高宗绍兴二年(1132),复以御笔行事,但必经三省、枢密院,如有未省,许臣下奏禀、缴驳。

御伯 官名。北周改侍中为御伯,设御伯中大夫、下大夫等官。保定四年(564),又改御伯为纳言。参见"纳言"、"侍中"。

御伯中大夫 官名。西魏恭帝三年(556)置,天官府属官,员二人,正五命。《大唐六典》卷八《侍中》:"后周天官府,置御伯中大夫二人,天子出入,则侍于左右,大祭祀盥洗,则授巾,武帝改御伯为纳言,盖侍中之职也。"北周武帝保定四年(564)改称纳言中大夫。

御仓 西夏粮仓名。西夏于产粮地多设窖藏粮。鸣沙州(今宁夏中宁东北)一地有窖藏米多至百万石。

御茶房 官署名。明代内府所属机构。掌供奉皇帝及宫中茶酒瓜果。置提督太监正、副二人,牌子四人,常行近侍无定员。

御茶膳房 官署名。清内务府所属机构。掌供皇帝、皇室各膳房、茶房所需各种食物,宫内办事官员、侍卫等饮食及典礼筵宴酒席,此外还管理炊具、金银器皿,收贮额交、进献鱼肉野味、采买鸡鸭猪肉等物。顺治初年,分设茶房、饭房。乾隆十三年(1748),合并为御茶膳房。设管理事务大臣,无定员,特简,下设尚膳正、尚膳副、尚茶正、尚茶副、尚膳、尚茶等职官,分掌各事。三十六年,设立档案房,办理御茶膳房题奏及往来文书。

御臣要略 书名。唐李德裕撰。或以为即《大和辨谤略》的别称。

御厨 官署名。北宋初年置,掌供奉御用膳食等事。设勾当官四人,以京朝官、诸司使副及内侍充任。辖有食手、兵校千余人。元丰改制,归隶膳部。后改隶光禄寺。崇宁二年(1103),并入太官局。南宋复分置,隶膳部。

御厨使 官名。唐代置,为内诸司使之一。初由宦官充任。唐末尽诛宦官,始改用文武官。宋初属东班诸司使,多不领本职,仅为武臣迁转之阶。咸平元年(998)定为同六品,元丰改制,改为正七品,政和二年(1112)重定武臣阶官,废。

御带 官名。宋初,选三班使臣以上亲信武臣佩櫜、御剑,为皇帝护卫,称御带,或以宦官充任。真宗咸平元年(998),改称带御器械。

御刀 晋、南朝时,帝王仪仗所执之刀称御刀,引申为帝王左右之执刀卫士。又专指南朝齐东昏侯左右之佞幸宠臣。参见“刀敕”。

御断 刑法名。金制:上自宰相公卿,下至判司簿尉,犯罪杖责,名为“御断”。宋使忤金帝之命,去衣卧地,侍卫以杖箠打,也称“御断”。

御(禦)儿 古地名。又作蘌儿、蓹儿、语儿。见“语儿”。

御方 商代方国(见殷墟甲骨文)。武丁时期卜辞有“王命御方”(《殷墟文字外编》第30片)。其故地在商王畿之西北部。

御府 官署名。两汉隶少府,设令、丞。西汉掌宫廷金钱、衣服、玉器珍玩及刀剑之库藏及出纳,亦称中御府。东汉掌使役宫婢制作补浣宫廷所用衣服等事,又置织室丞。三国沿袭。西晋改隶光禄勋,掌使役工匠制作宫廷所用器玩。东晋太兴二年(319)废。十六国后赵复置。南朝宋大明中,改门下省细作署置,设令、丞各一员,隶少府,掌制作精巧手工艺品,后废帝时省。南齐复置。梁、陈其制不详,然有御府锦署、堂署,掌营造礼乐仪服、军器等。隋初改北齐之主衣局为御府局,为门下省六局之一,设监为长官,掌宫廷服用器玩。

御府监 官名。隋门下省御府局长官,置二员,正六品,大业三年(607)改为尚衣奉御,隶殿内省。

御府局 官署名。隋门下省所统六局之一,置监二员,直长四员。大业三年(607)改为尚衣局,隶殿内省(殿中省)。

御府令 官名。汉代置。属少府。掌典官婢作中衣服及补浣之事。三国魏沿置,七品。吴亦置。西晋属光禄勋。东晋省。南朝宋大明四年(460),改细作署令为左右御府令,置丞二人,遂兼掌御用剑、绶及诸玩好器物之制造。初为三品勋位,明帝改为二品勋位。后废帝初省。后又置。齐因而不改。皆属少府。

御河 ❶封建时代往往称皇室御用的河道为“御河”。如隋代的通济渠、永济渠,清代京师皇城内的玉泉等。❷宋元时代所谓的“御河”,专指今河南、河北二省境内的卫河,即隋所开永济渠的一部分。

御酒房 官署名。明代内府所属机构,掌酿酒及酒糟制物。设提督太监一员,金书无定员。

御酒库 官署名。宋代掌储存供应御酒,于禁中置局,设主管官。元于世祖中统四年(1263)亦置,秩从六品。以金符宣差。至元十一年(1274)增设提点一员。掌制造诸王百官酒醴。十六年改为尚酝局。

御览诗 书名。又名《唐歌诗》、《选进集》、《元和御览》、《唐御览诗》。唐令狐楚编。一卷。选录三十人,诗二百八十九首。为宪宗时奉敕编进。所录唯韦应物为天宝时人,其余李端、司空曙等皆大历以下人。诗唯取近体,不避俚俗,大致雍容谐雅,不失风格。1958年中华书局出版《唐人选唐诗(十种)》。

御龙弓箭直 宋禁军番号名。宋皇帝最亲近之扈从禁军步军诸直中有御龙弓箭直,选禁军步军天武诸军材貌魁杰者充任。

御龙骨朵子直 宋禁军番号名。宋皇帝最亲近之扈从禁军步军诸直中有骨朵子直,太平兴国二年(977)改称御龙散手直,后又改御龙骨朵子直。

御龙弩直 宋禁军番号名。宋皇帝最亲近之扈从禁军步军诸直中有御龙弩直,与御龙直、御龙骨朵子直、御龙弓箭直统称御龙诸直。

御龙氏 相传夏孔甲时,陶唐氏之后裔刘累向豢龙氏学畜龙之术,服事孔甲,赐氏御龙。

御龙直 宋禁军番号名。宋皇帝最亲近之扈从禁军步军诸直中有簇御马直,太平兴国二年(977)改称簇御龙直,后改御龙直。

御马监 官署名。明清宦官衙门之一。掌理御厩、兵符之事。明洪武十七年(1384)改御马司设,置令、丞、奉御等官司之。二十八年更定职秩,设正四品太监一人为主官。下设左、右少监,左、右监丞及典簿、长随、奉御等官佐之。所属有象房、大坝等二十四马房、鹰房、豹房、百鸟房及天师庵、旧都府等处草场。为内官二十四衙门之一。清顺治十年(1653)沿置。初设都管一人为主官,左、右副管各一人佐之,后俱裁,十八年改称阿敦衙门。

御马院 官署名。南宋养马机构,又称御前马院,掌御前良马。设副知、手分等领其事。

御门听政 又称常朝仪。清代皇帝于宫内乾清宫面见大臣处理政务的仪式。凡部院题本未奉旨而折角者,谓之折本,下内阁,积若干件,奏请御门,奉旨举行。清初沿明制,每日御门,其后改于宫内召对臣工,仍于折本积存到一定数量时,间一御门,以存旧制。御门时间,春夏以辰初,秋冬以辰正。至日,内阁及部院官黎明咸集乾清门外,候侍卫传旨宣入。记注官及翰林、科道并侍班,分司记注及纠仪。皇帝升座后,各部院衙门依照次序进本奏事。初制吏、户、礼、兵、工五部轮流首奏,刑部常列三班;雍正以后,吏部改列部院之末。宗人府奏事,恒居部院之首。奏事毕,吏部引见各部院属官,然后退。内阁侍读学士二人至御案前奉奏疏,然后退。翰林、科道侍班者亦退。均退毕,大学士、学士至御案前承旨,以满内阁学士一人捧折本跪奏,然后皇帝降旨。承旨毕,与记注官并退,皇帝还宫。每年初次御门,刑部不入班。大臣年老者,往往免其入班。乾隆以后,御门之典亦时于圆明园勤政殿举行。咸丰以后,不再御门。

御名 见“庙讳”。

御辇院 官署名。北宋置。掌供奉乘舆步辇及宫廷车乘之事。监官三人,以诸司使及内侍充任。其下有供御指挥使、副兵马使、供御辇官、次供御辇官、下都军使、下都辇官等,分掌轮流擎御辇,荷负御衣箱,伺候宫中及外戚车舆。

御鸟枪处 官署名。清内务府所属机构,成立时间无准确记载。掌皇帝所用鸟枪之承应。设管理王大臣,无定员。下设蓝翎总承、副总承、鸟枪长等职官。其御用枪炮,由养心殿造办处制造。遇有奏进新造鸟枪,由本处试放。凡巡幸及木兰行围,则以枪炮备用。

御女　官名。北魏置为内官,位视元士。《魏书·皇后列传》:"高祖改定内官,左右昭仪位视大司马,三夫人视三公,三嫔视三卿,六嫔视六卿,世妇视中大夫,御女视元士。"隋文帝仁寿二年(602)后置八十一员,炀帝置二十四员,正六品,位宝林下、采女上。唐因隋制,置二十七员,正七品。金朝内命妇沿唐制置,与宝林、采女为八十一御妻之数。

御仆(僕)　官名。《周礼》夏官之属。掌群吏庶民的奏告,奉王命吊劳。

御妻　妃嫔称号。《礼记·昏义》:"古者天子后六宫,三夫人、九嫔、二十七世妇、八十一御妻。"御妻亦作女御。《周礼·天官·女御》:"掌御叙于王之燕寝,以岁时献功事,凡祭祀赞世妇,大丧掌沐浴,后之丧持翣……。"隋文帝以此为据,置女御三十八员,掌女工丝枲。后增御女(即女御、御妻)至八十一人。炀帝改以宝林二十四人、御女二十四人、采女三十七人,合称女御。

御器厂　明代官办瓷器工场。专造内宫所用瓷器。洪武间设于江西饶州景德镇。初有烧窑二十座。宣德间增至五十八座。一度增至八十座。正统间曾停烧。正德初重建,并派中官督造。正德一朝,共烧御器三十余万件。嘉靖八年(1529)至三十八年,共烧造六十五万四千余件。正、嘉之际,有工匠三百余名。后又行召募,至隆庆时有大小工匠约五百名,奔走力役者以千计。所造御用全黄并青绿双龙凤等瓷器,选送尚膳监供应。又有龙凤素圆匾瓶、罐、爵、盏等器,送内承运库交收,光禄寺领用。

御前大臣　官名。清康熙间置。由王公大臣内特简兼充,无定员。掌乾清门内侍卫、司员诸务,实际即统辖内廷事务,并常日侍直于皇帝左右。逢皇帝出宫巡幸,与领侍卫大臣任后扈大臣。并兼管奏事处事务。乾隆以后,蒙古王公递摄其职。

御前都统　官名。辽代北面官。皇帝亲征,则设此职总领御林军。

御前弓马所　见"御前弓马子弟所"。

御前弓马子弟所　官署名。南宋孝宗时有御前弓马所,后罢。开禧二年(1206)复置,以御前弓马子弟所为名。设提举官一员,干办官二员,并兼押教官,招募现在军、离军兵官及品之官家或良家子弟,不限有无官资或武举有学籍生员,年在三十岁以下,身高五尺五以上,有小使臣一人为保,共五百人入所教阅武艺,每一百人设弓马都头一员,提举官每年抽试一次,合格者,量其武艺人材补转官资。隶枢密院。

御前甲库　官库名。南宋绍兴间置。凡皇帝所需图画、什物,有关机构不能供应者,皆取于此。百工技艺之巧者皆集其中。

御前近侍　官名。明代在皇帝身边侍奉的宦官。其中名位尊显者,有乾清宫管事,负责督理御用诸事;打卯牌子,掌随朝捧剑。二者仅居司礼、东厂、提督、守备太监之后。此外,还有御前牌子、煖殿、管柜子、赞礼、答应长随、当差听事、弩马、尚冠、尚衣、尚履等。皇后、妃嫔、皇子女等身边侍奉近侍则称某宫近侍。皆穿红衣,故又总称穿红近侍。

御前军器所　官署名。北宋末年置,掌以御前法式制造兵器,设提举官领之。南宋初沿置,设提举制造御前军器所一人,提点二人,下设提辖官、干办官、监造官、受给官、监门官等。辖东西作坊工匠五千人。绍兴五年(1135),令隶工部,罢提举官,由工部郎官、军器监官轮日赴所点检监视。十一年,复置提举官以内侍充任,不隶工部。三十二年,孝宗即位,复令隶工部。乾道四年(1168)拨属步军司,以主管步军司公事提点。

御前牌子　官名。明代宦官。侍奉皇帝身边,听候差遣。

御前侍卫　清代侍卫之一种。即靠近皇帝,常日直班内廷之侍卫。由侍卫内特简,无定员。

御前行走　清代侍卫之一种。次于御前侍卫。掌翊卫近御,常日直班内廷。于蒙古王公内特简,无定员。由御前大臣统领。

御前忠佐军头司　见"御前忠佐军头引见司"。

御前忠佐军头引见司　官署名。简称军头引见司。宋初有军头司与引见司,端拱二年(989),改军头司为御前忠佐军头司,引见司为御前忠佐引见司。后合为一司,掌诸军拣阅、引见、分配之政。皇帝外出遇陈诉,负责问明情况回奏。北宋时设勾当官,以内侍省都知、押班或武臣閤门通事舍人以上充任;南宋时,以閤门宣赞舍人兼则为提点官,以閤门祗候兼则为干办官。

御前忠佐引见司　见"御前忠佐军头引见司"。

御前诸军　南宋军名。(1)建炎三年(1129),命辛企宗为御营使司都统制,该司高级将领韩世忠、张俊不服,遂另设御前诸军,以韩世忠所部为御前左军,张俊所部为御前右军。四年,改御前五军为神武诸军。(2)绍兴十一年(1141)后,陆续在沿江和四川设置十支御前诸军,作为正规军。参见"屯驻大军"。

御前作　官署名。明代宦官机构。设掌作官一人,散官十余人,均由司礼监监工年老资深者挨转充任。听司礼监掌印或秉笔太监提督。掌营造龙床、龙桌、箱、柜之类。所需物料则由甲字库支取。并掌宫中糊饰等杂务。

御人　官名。(1)侍御之臣。西周、春秋置。《得免父鼎铭》:"中伯御人得免父作旅鼎。"《左传·庄公二十八年》:"御人以告子元。"(2)女官。新莽置。《汉书·王莽传》:"御人八十一,视元士。"

御戎　官名。春秋时晋、楚等国置。掌驾国君戎车,众御官之长。

御食曹　官署名。北魏置,掌管皇帝饮食事务,或以内行官领之。

御食监　官名。北魏置。为后宫女职,典御膳烹制。

御食使　使职名。唐末所置内诸司使之一,掌御膳,天复三年(903)第五可、范曾为之。五代后梁开平元年(907)改为司膳使。

御史　官名。西周为侍从属吏,同"御事"。春秋战国置为史官,本职掌记录国事、君王言行,接受、保管文书等;因侍从君主左右,为亲近之职,常执行临时性差遣。秦、韩等国常奉遣监察郡、县、军队。秦或奉使出外调查审理重大案件,收捕罪犯。秦代置御史大夫为其长官,御史监郡成为定制,亦称“监御史”、“郡监”。西汉置四十五员,为御史大夫属官,其中三十员留御史府(御史大夫官署),由御史丞统领,监察考课百官政务,亦或受遣出使,执行专项监察任务;十五员入侍殿中,由御史中丞统领,称“侍御史”,职权尤重,依其职务、差遣之不同,又有符玺御史、治书御史、绣衣直指御史、监军御史等名目。西汉前期犹以御史监郡。武帝时改置诸州刺史。新莽改名“执法”。东汉罢御史府,置御史台,以御史中丞为长官,设侍御史十五员。两汉侍御史皆可简称御史,西汉御史府、御史大夫亦或简称御史。三国、两晋、南北朝则为侍御史、治书侍御史、督军粮侍御史、殿中侍御史、监国侍御史之简称。又有禁防御史、检校御史,虽隶御史台,不居台中,不入宿,不带“侍”字。北周为春官府内史上大夫所辖御史上士、中士、下士的简称。隋唐以来,成为对侍御史、治书侍御史、殿中侍御史、监察御史等官的统称。中唐以后,常为外官所带宪衔。

御史丞 官名。汉代御史大夫属官。据《汉书·百官公卿表》:御史大夫有两丞,一为御史中丞,另一丞则未论及。后人对此有不同看法。《前汉纪》以为两丞是中丞和内史。《宋书·百官志》和《通典》则以为是中丞和御史丞。但文献中提到的御史丞多为御史中丞之简称。

御史大夫 官名。(1)秦始置,位仅次于左、右丞相,辅助丞相处理全国政务,权重而秩尊。西汉沿置,仍为丞相副贰,秩中二千石,与丞相对称“二府”,协调处理天下政务,而以监察、执法为主要职掌,为全国最高监察、执法长官,位上卿。主管图籍秘书档案、四方文书;百官奏议经上呈,皇帝诏命由其承转丞相下达执行;负责考课、监察、弹劾官吏,典掌刑狱,收捕、审讯有罪官吏等;或派员巡察地方,镇压事变,有时亦督兵出征。丞相缺位,常由之递补。因与皇帝关系亲近,有时权势在丞相之上,或尊称丞相。属官有两丞:一名御史丞,领御史三十员留御史府,受理百官事务;一名御史中丞,领侍御史十五员入侍宫中兰台,掌文书档案,收纳公卿奏事,监察百官,外督诸部刺史。武帝以后,章奏诏命之出纳转归尚书、中书,监察、弹劾之职权实移御史中丞,御史大夫职权逐渐旁落。成帝绥和元年(前8),改名大司空,列位三公,号称宰相,备位而已。哀帝建平二年(前5)复旧,元寿二年(前1)复改大司空。东汉称司空,参议朝政,职掌土木工程,不复领御史、掌监察。东汉末曹操罢三公,曾复置。三国吴置左、右御史大夫。魏、晋、南北朝不置,唯十六国汉、西秦、大夏等国置,位次丞相,名同汉制,实权仍归尚书。隋、唐、五代为御史台长官,专职监察弹劾百官,地位虽隆,职司同前朝御史中丞,非如秦汉副丞相之职。隋为从四品,唐初从三品,武宗会昌二年(842)升正三品。龙朔二年(662)改名大司宪,咸亨元年(670)复旧;光宅元年(684)改置左、右肃政大夫,神龙元年(705)改名左、右御史大夫;先天中复并为一员。中唐至五代,多为外官所带宪衔,正职常缺。北宋前期正员存而不除,多作从二品加官。元丰改制后罢检校加官,正员仍存,未尝除授。辽置为南面官,任用契丹贵族。西夏任用党项贵族,职位崇高,在皇帝左右谏诤参谋,后期常出任金国使臣。金亦置,为御史台长官。掌纠察朝仪、弹劾百官、审核官府公事、复查刑狱案件。金初正三品,世宗大定十二年(1172)升从二品。元置一至二员,世祖至元五年(1268)定为从二品,二十一年升从一品。江南、陕西诸道行御史台亦置,品秩同内台。元末朱元璋吴元年(1367)置左、右御史大夫为御史台长官,职任清要,从一品;明洪武十三年(1380)随台罢。后设都察院为御史府,复置御史大夫为长官,成祖复改御史府为都察院,御史大夫为左、右都御史。(2)西汉初诸侯王国自置,位次丞相,掌督察官吏。景帝中元三年(前147)省。东汉末至南北朝诸王府所建王国或置,称帝后悉改司空。

御史房 官署名。北宋元丰六年(1083),于尚书省都司置,掌纠弹御史失职,考校六察御史殿最。置簿籍记载六察御史纠劾之多寡当否为殿最,岁终取旨升黜。本房举发六察御史察而不当及失察不尽等事,岁终由都司考校。

御史府 官署名。明建文二年(1400)改原都察院而置,设官御史大夫,改所辖各道为左、右两院,设御史二十八人。成祖即位,复旧制。

御史渠 水渠名。在唐关内道灵州怀远(今宁夏银川)东北黄河西岸,郭子仪守灵州,开丰宁军御史渠,溉田二千顷。大历十三年(778),吐蕃马重英部四万骑攻灵州,塞御史、尚书、光禄三渠水口,以扰屯田,为朔方留后常谦光逐出。后李听为灵州大都督府长史,复加疏导,以溉屯田。

御史台 官署名。国家最高监察机构。东汉始置,设于禁中兰台,别称兰台、宪台,与尚书、谒者台并称“三台”,名义上隶少府。职掌保管宫廷所藏图籍秘书、文书律令、档案,监察、弹劾百官,复查疑狱。长官为御史中丞,属官为治书侍御史二员,掌复核疑狱;侍御史十五员,分掌令、印、供、尉马、乘五曹,监察举劾百官;兰台令史,掌管章奏文书印工。三国沿置。西晋以符节台并入,殿中侍御史增为四员,侍御史九员分领吏、课第、直事、印、中都督、外都督、媒、符节、水、中垒、营军、法、算十三曹。东晋减殿中侍御史为二员,省课第曹,置库曹(后分为外左库、内左库曹)。南朝其职虽重,其官为世族所轻。北齐又领符节署,亦称兰台、南台。北魏宣武帝延昌以后,新长官到任,即由其自行更选御史。隋初始由吏部选用,仍入直禁中,以御史大夫一员、治书侍御史二员为长贰,侍御史八员,殿内侍御史、监察御史各十二员,录事二员。大业三年(607),罢御史入宿禁中之制,台中庶务皆由治书侍御史主持。唐沿置,下设三院:台院,置侍御史六员,掌监察弹劾百官、入阁承诏、管理台务;殿院,置殿中侍御史九员,掌监督殿庭朝会巡幸供奉仪节、宫禁门户库藏及京城内外治安,领京畿诸州兵马;察院,置监察御史十五员,分察尚书省六部,巡按州县,监督地方行政。又有主簿、录事、主事等属官。高宗时因避讳,改次官治书侍御史为御史中丞,主持台务,然具体事务实由侍御史主管。初不受词讼,后多承制受理刑狱。龙朔二年(662)改名宪台,咸亨元年(670)复旧。光宅元年(684)改置左、右肃政台,左台监察在京百官及诸军旅,右台按察州县、省风俗。旋命左、右兼察州县,两台定期遣使八员,巡察地方,春曰风俗使,秋曰廉察使。两台诸御史,又有假、检校、员外、试等名目。神龙元年(705)罢诸假、检校等名目,改名左、右御史台,后或并或分,因两台职权重叠,纠举苛察,百官厌其烦,先天中,并为一台。时又于东都洛阳置留台,称东台,亦设诸官,员额较少,称分司御史。北宋以御史大夫为加官,中丞实为御史台长官。其初诸御史多为宪衔兼官,常以他官兼领,多出外任。咸平四年(1001)以御史二人充左、右巡使,分纠文武官员之违法,祭祀时兼监察使,掌受誓戒致斋,检视纠劾;另有廊下使,掌入阁监食;监香使,掌国忌行香,通称五使。后又置言事御史,兼谏诤之责。元丰改制后,使名悉罢,台院置侍御史一员,为御史台次官;殿院置殿中侍御史二员,掌监督朝会仪制,许谏诤言事,兼掌监察;察院置监察御史六员,分察中央、地方官吏,南宋改置三员,亦许言事;又有检法、主簿等属官。北宋西京(今河南洛阳)、南京(今河南商丘)、北京(今河北大名)三留守司亦各置御史台,设管勾台事,以朝官充任,为闲散差遣。辽代为南面官署,主要职责为复查刑狱,设御史大夫、御史中丞、侍御史等官。西夏亦置,属次等司,设御史大夫为长官,有御史中丞、殿中御史、监察御史等官。金掌纠察朝仪,弹劾官吏,勘鞫官府公事,复查刑狱,以御史大夫、御史中丞为长贰,属官有侍御史、治书侍御史、殿中侍御史各二员,监察御史十二员,及典事、架阁库管勾、检法、狱丞等员,辖登闻检院。元代于世祖至元五年(1268)置,掌纠察百官善恶、政治得失,得与中书省、枢密院同奏政事。因江南、云南等处设行御史台,中央所设号内台。行台举劾官吏,五品以上须上咨内台奏闻。设御史大夫二员为长官,领御史中丞、侍御史、治书侍御史各二员,及典事(都事)、检法、狱丞等。辖殿中司(置殿中侍御史二员)、察院(置监察御史三十二员)。江南、陕西(云南)诸道行御史台,设官秩与内台等,员额稍减。元末朱元璋吴元年(1367)亦置,设左右御史大夫、御史中丞、侍御史、治书侍御史、殿中侍御史、监察御史、经历、都事、照磨、管勾等官,与中书省、大都督府并称三大府,职任清要。明洪武十三年(1380)罢,十五年改置都察院。

御史台记 书名。一名《御史台记事》。唐韩琬撰。十二卷。记唐初至开元五年(717)御史台诸官姓名、行事及官制沿革故实,以御史大夫、御史中丞、侍御史、殿中侍御史、监察御史及主簿、录事等逐一载次。末附杂说五十七条,论御史正邪得失。已佚,《通鉴考异》有征引。今本一卷,五十条,系由唐人小说中辑出。虽多戏笑琐言,但对御史台职制研究仍有一定参考价值。清王仁俊有《御史台佚文》,收于《经籍佚文》。

御史台记事 即"御史台记"。

御史台精舍碑 今存陕西西安碑林。唐开元十一年(723)刻。崔湜撰,梁升卿书。隶书十八行,行三十字。碑文完好,书法整丽。碑阴及侧皆当时名流如颜真卿等人题名。清翁方纲谓"唐人小楷,无此题名出色"。

御史台五使 官名合称。北宋前期指御史台左巡使、右巡使、监察使、廊下使、监香使。元丰改制,皆罢。

御史长史 官名。西汉绥和元年(前8)更名御史大夫为大司空,置长史如中丞,建平二年(前5)复故。元寿二年(前1)更名御史中丞为御史长史。东汉复名御史中丞。至献帝建安十三年(208)复置御史大夫,并置长史,然别置御史中丞。

御史知杂 侍御史知杂事之简称。

御史执法 官名。西汉初年置,以监察百官。《汉书·叔孙通传》:"御史执法举不如仪者辄引去。"

御史治书 即治书侍御史。《晋书·崔洪传》:"武帝世,为御史治书。"

御史中丞 官名。西汉始置,为御史大夫副贰,秩千石。简称中丞、中执法。居宫中兰台,为宫掖近臣。其主要职掌为监察、执法;掌管兰台所藏图籍秘书、文书档案;外督诸监郡御史(武帝以后为诸州刺史),监察考核郡国行政;内领侍御史十五员,监督殿庭、典礼威仪,受公卿奏事,关通中外朝;考核四方文书计簿,劾按公卿章奏,监察纠劾百官;参治刑狱,收捕罪犯等。汉初,百官奏议先呈御史大夫,经由中丞,始得上呈;皇帝诏命经中丞传达御史大夫,始得转达丞相执行,故比御史大夫更接近皇帝。武帝以后,章奏诏命出纳之职移归尚书、中书,又增丞相司直、司隶校尉监察京师百官,然仍以中丞为最尊。成帝改御史大夫为大司空后,中丞曾改名大司空长史、御史长史,实为诸御史之长。东汉独立为御史台长官,秩千石。名义上隶少府,专掌监察、执法,领治书侍御史、侍御史,常受命领兵,出督军旅。与司隶校尉、尚书令并号"三独坐",为京师显官,职权甚重。三国沿置。魏四品,一度改名宫正,旋复。又或置督军御史中丞,两晋南北朝及十六国皆置。南朝亦称南司,其职虽重,世族名士多不乐为之。晋、宋四品,梁十一班,陈三品、二千石。北魏改名御史中尉,北齐复旧,从三品,皆甚重其职。隋代因避文帝讳,改置御史大夫为御史台长官。唐初因之,高宗时因避讳,改御史台次官治书侍御史为御史中丞,员二人,佐御史大夫监察弹劾百官,为清要之选。初正五品上,会昌二年(842)升正四品下。龙朔二年(662)改名司宪大夫,咸亨元年(670)复旧;光宅元年(684)改置左、右肃政台中丞,神龙元年(705)改名左、右御史台中丞,先天中复并为一御史台,中丞员二人。中唐以后,御史大夫常缺而不授,中丞权任甚重,亦用作外官所带宪衔,然御史台日常具体事务实由诸侍御史主持。宋为御史台长官,初为正四品,兼理检使,常以他官兼、权。元丰改制后,为正员职事官,从三品。辽、西夏、金、元则为御史台次官。西夏多由党项贵族担任,后期多出任辽、金使节。金从三品。元初从三品,世祖至元二十一年(1284)升正三品,二十七年升从二品,大德十一年(1307)升正二品。江南、陕西诸道行御史台亦置。元末朱元璋吴元年(1367)置二员,正二品,为御史台次官,明洪武十三年(1380)分设左、右,旋罢。清代作为各省巡抚兼右副都御史的别称。

御史中尉 官名。十六国前燕曾置。北魏为御史中丞之改称,主御史台,颇重其选。太和十七年(493)定为三品上,二十三年定为从三品。东西魏沿置。西魏恭帝三年(556)改官制,遂罢。北齐复名御史中丞。

御史中执法 官名。西汉初年置。汉初诏令即由御史大夫下相国,相国下诸侯王,御史中执法下郡守。或以为即御史中丞。

御士 官名。春秋楚、宋、吴等国置。君王侍卫武臣。《左传·襄公二十二年》:"子南之子弃疾为王御士,王每见之,必泣。"

御试 见"殿试"。

御书处 清内务府所属机构。原名文书馆,康熙二十九年(1690)改御书处。掌勾摹皇帝所写文字事务,并造珠墨。设管理王大臣,无定额。所属有刻字作、裱作、墨刻作及墨作。

御属 官名。为公府吏职。东汉太尉置令史及御属二十三员,御属掌为太尉驭车。西晋诸公、位从公府置,赵王伦为相国,其府僚属二十曹皆设,职掌省录公事。东晋、南齐诸公府唯置二员。北魏亦置,七品上。

御司马 官名。战国燕置。君王侍卫长官。

御亭 三国吴孙权所立。在今江苏吴县市西北南望亭镇。《晋书·王舒传》:东晋咸和三年(328),顾飏监晋陵军事,筑垒于御亭,即此。南朝梁庾肩吾《乱后行经吴御亭》诗:"御亭一回望,风尘千里昏。"隋开皇十八年(598)置御亭驿。唐常州刺史李袭誉改名望亭。

御婉 妃嫔名号。北周置,在后宫中地位最低,地位相当于六府官的士。但是否依上、中、下士那样分三个等级,不详。

御围内六班直 西夏景宗元昊所建侍卫军名。由豪族子弟中选拔善骑射者五千人组成,分三番宿卫,人月给米二石。

御武副尉 官名。唐贞观十一年(637)置,为从八品下武散官。宋沿置,元丰改制罢。

御武校尉 官名。唐贞观十一年(637)置,为从八品上武散官。宋沿置,元丰改制罢。

御(禦)侮城 在今四川荥经县西。《新唐书·李德裕传》:太和四年(830),"作御侮城,以控荣(荥)经犄角势",即此。

御(禦)侮副尉 官名。唐置,为从八品下武散官。

御(禦)侮校尉 官名。唐置,为从八品上武散官。

御香局 官署名。元武宗至大元年(1308)置,属太医院。掌修合御用诸香。有提点与司令各一人。

御羞令 官名。初属少府。汉武帝元鼎二年(前115)后属水衡都尉。有两丞。《汉书·百官公卿表》水衡都尉条颜师古注引如淳曰:"御羞,地名也,在蓝田。其土肥沃,多出御物可进者。"东汉省。

御药房 官署名。明代置,为内府所属机构。掌皇帝用药,置提督太监正、副二人,近侍、医官无定员。与太医院相辅。凡皇帝有疾,御医诊毕将药方送入,御药房用金罐煎成进上。罐口以"御药谨封"缄记。清亦置,属内务府。掌内廷药物供应。设于顺治十年(1653),初由总管、首领等内监管理,至康熙十年(1671)改由内务府管理,设管理大臣(特简,无定员)、主事等职官。设苏拉、医生四十四名,招募民间医生十七名,负责配制丸散,管理药物,按节令于宫中各处按放药物。御药房在日精门之南,其御药库在东华门内东三所之东。

御药院 官署名。北宋至道三年(997)置。掌按验秘方,以时剂和药品进御和供奉禁中之用。仁宗时,又置上御药及上御药供奉,后罢。其属有典、药童、匠、典事、局史、书史、贴书及守阙贴书等。元丰改制,以入内内侍四人为勾当官,所制药品皆先尝而后进,有奏方书则集国医按验以闻,兼掌馈进膳羞,祭祀、朝会、燕飨、行幸,则于皇帝左右扶持,岁时酌献陵园、春夏颁中外药、元旦生辰致契丹国礼币及宫省庆赐,皆先期为之办具,仍主廷试禁令。南宋沿置,设干办官领之,又置待诏掌书写崇奉先皇表词,并召置工匠专一应奉乘舆服御之物。金代属宣徽院,掌进御汤药,设提点、直长、都监、同监等官。提点秩从五品,直长正八品,明昌五年(1194)设,以亲信内侍充任;都监正九品,不限员;同监从九品,不常设。元代改隶太医院,秩从五品,设于世祖至元六年(1269),掌收受各路乡贡及诸蕃国进献珍贵药品。置达鲁花赤一员,大使二员,副使三员。明清改称御药房。

御衣院 官署名。唐代太常寺所统四院之一,掌收藏天子大享所用祭服。

御医 官名。供奉内廷之医官。(1)隋门下省尚药局置四人,正七品上。亦称侍御医。大业三年(607)随局改属内殿省。唐殿中省尚药局置四人,从六品上,掌供奉诊候。(2)明清太医院医官。明初设四人,后增至十八人。隆庆五年(1571)定制为十人。正八品。专为皇帝、后妃等诊治疾病。凡诊视御脉,与院使、院判共同参看校同,会内臣就内局选药,连名封记药剂,具本开写药性、证治之法以奏。药凡烹二剂,一由御医、内臣先尝,一进御。清沿明制,顺治元年(1644)置十一人,康熙五十二年(1713)省二人,雍正元年(1723)复故,七年增至十五人,道光二十二年(1842)定为十三人。皆汉员,各精专一科,分班侍值。内兼首领厅事二人。初制正八品,雍正七年升七品,给六品冠带。宣统元年(1909)升正六品。初由各省选举精通医理之士报太医院考选补用,后改由太医院吏目、医士中考试顶补。

御(禦)夷府　地方行政机构。与府级行政机构同。明代,隶云南承宣布政使司之御夷府二:建文三年(1401),置孟定御夷府,领耿马安抚使司一,授土官罕氏为世袭土知府;永乐三年(1405),置孟艮御夷府(今在缅甸),封土官罕氏为世袭土知府。均属吏部。

御(禦)夷镇　北魏太和中置,以防御柔然。在今河北赤城县独石口之东。与沃野、怀朔等六镇同为北魏军事重镇。一说不数沃野,而以御夷为六镇之一,不确。

御(禦)夷州　地方行政机构。系直隶州,以府级行政机构视之,品秩与土知州同,掌一州之政令。明代,隶云南承宣布政使司之御夷州二:建文三年(1401),置威远御夷州(今景谷),授土官刀氏为土知州,沿至清雍正二年(1724)改土设流;永乐三年(1405),置湾甸御夷州(今永德、施甸),授刀氏为世职土知州。永乐七年,授土官刀氏为世职土知州。均沿至近代。

御椅　官名。明代锦衣卫属官。洪武十五年(1382)置,正六品,职掌不详。

御营使　使职名。唐天祐元年(904)东迁洛阳,以扈卫士兵为御营,朱全忠以其将张廷范为御营使,提举御营一行事务。南宋建炎元年(1127)亦置,以中书侍郎黄潜善兼充,以同知枢密院事汪伯彦兼副使,旋以尚书右仆射兼中书侍郎李纲兼御营使,掌行在诸军,四年以范宗尹为尚书仆射兼御营使,旋罢。

御营使司　官署名。南宋建炎元年(1127)置,总领行在军政。设御营使以宰相兼,御营副使以执政兼。其属有参赞军事,以侍从官兼;提举一行事务,以大将兼。将佐有都统制及五军统制等。三年依令仅辖行在五军,其余边防事务归三省、枢密院。四年罢,兵权皆归枢密院。绍兴三十二年(1162)复置,仅掌殿前忠勇等军,不久即罢。

御营司　即“御营使司”。

御营宿卫使　官名。南宋高宗绍兴三十一年(1161)置,掌皇帝出行之事。同年罢。

御用监　官署名。明清宦官衙门之一。掌理御前所用围屏、摆设器具之事。明初设之,乃总管内府之称。洪武十七年(1384)复设,专办御用器具,设令、丞、奉御等官司之。二十八年更定职秩,设正四品太监一人为主官。下设左、右少监,左、右监丞及典簿、长随、奉御等官佐之。所属有智仁殿 、监库等机构。为内官二十四衙门之一。清顺治十年(1653)沿置,为十三衙门之一。初设都管一人为主官,左、右副管各一人佐之,后俱裁。十八年置银、皮、缎、衣四库隶之,设郎中三人,员外郎八人,库使四十人。康熙十六年(1677)改称广储司。

御用器物局　官署名。设于元世祖中统四年(1263),掌内府宫殿营缮器物与工匠,受中书省札。至元七年(1270),改器物局。

御媛　妃嫔名号。北周置。后宫中地位较低的妃嫔,仅在御婉之上。分上媛、中媛、下媛三个等级,地位分别相当于六府中的上、中、下大夫。

御札　❶古代帝王之书札、手诏。《旧五代史·唐书·庄宗纪七》:“出御札示中书门下。”❷文书名。宋代布告登封、郊祀、宗祀及重大号令皆用御札,由翰林学士起草。

御仗　官名。北齐置。为左、右卫府御仗属官,由御仗正、副都督统领,负责舆驾出入仗卫。九品。

御仗五职　即御仗都将、御仗别将、御仗统军、御仗军主、御仗幢主合称。北齐置,属左、右卫府,由御仗正副都督统领。负责舆驾出入仗卫。从八品。

御仗正都督　官名。北齐置。为皇帝侍从武官首领之一,属左、右卫府,下统御仗副都督、御仗五职、御仗等。掌舆驾出入仗卫。从四品上。

御仗主　官名。南朝齐置。统御仗队,为宫廷侍卫武官。永明初,萧谌以建威将军、步兵校尉、带南濮阳太守领之。

御仗左右　官名。北魏置。《魏书·官氏志》:“(孝文帝太和)十九年(495)八月,初置直斋、御仗左右武官。”长孙瑱曾以左军将军领之。

御帐亲军　辽帝后帐下的直属军。述律后(太祖后)直属的亲军称属珊军,为蕃汉精兵,号二十万骑。辽太宗直属军为皮室军,号三十万骑。

御正　官名。(1)西周置,主管周王室车马驾御之事。(2)西魏、北周时御正中大夫之省称。

御正上大夫　官名。北周明帝武成元年(559)八月,以御正职亲任重增置,天官府属官,员四人,正六命。后罢,静帝大象元年(579)二月复置,亦称大御正。隋开皇元年(581)废。

御正中大夫　官名。西魏恭帝三年(556)置,北周沿之。天官府御正司长官,正五命。周明帝武成元年(559)于其上置上大夫,遂降为副职。周武帝建德二年(573)省,以下大夫主司务,静帝大象元年(579)复置,仍在上大夫下。在皇帝左右,负责宣传诏命,参议刑罚爵赏及军国大事。颁发诏书时,须由其连署。属官有小御正下大夫、主寝上士、司服上士等。隋开皇元年(581)废。

御制千字诏　太平天国印书。洪秀全撰。清咸丰四年(1854)刊行。全书仿旧蒙馆《千字文》,四字一句,共一千一百零四字,为太平天国幼学课本,叙述了太平天国历史。

御庄　西夏皇室庄园。惠宗时在新占领的龛谷(今甘肃榆中)、智固、胜如(今甘肃兰州附近)等地,派士卒屯田,置仓储谷,其中一部分后来转为皇室私有。庄内设城堡,置戍兵,以保护仓储和监视劳动者。

寓公　古诸侯失国寄寓别国者泛称。《礼记·郊特牲》:“诸侯不臣寓公,故古者寓公不继世。”后亦以称仕宦之寄寓他乡者。

寓圃杂记　书名。明王锜撰。十卷。锜字元禹,号梦苏道人、苇庵处士。苏州长洲(今江苏苏州)人。是书载洪武至正统间朝野事迹,尤详于吴中掌故。有《玄览堂丛书》本,《纪录汇编》亦收入节本。

现有中华书局《元明史料笔记丛刊》本。

寓试 宋科举考试方式之一。嘉熙元年(1237),停止牒试。凡郎官以上资序监司、知州、通判的门客和姑姨同宗子弟以及寓居士人,由所住县发给公据,家状写明原籍,不问举人来自何地,采取乡试方法,混合试于各路转运司。

寓言报 报纸名。清光绪二十七年(1901)在上海创刊。李芋仙主笔,以寓言讽刺时政。设先声(讽刺诗)、论说、小说、官场笑话、市井嬉谈、时令演说、花国寻芳、梨园谈艺、日下新闻、海隅碎录、灯谜等栏目。另将《皇朝掌故丛谈》、《国朝诗三百首》等作副页印行,随报分送。

寓意草 书名。明末喻昌撰。成书于明崇祯十六年(1643)。记录喻氏医论及医案六十四则,其中医案有六十二则,记载所治患者七十余人次,主要病证多为伤寒证和内科疑难重症。强调先议病,后用药;在治案中对病因、病情记述较详,辨证治疗剖析明晰。对肿胀治法,立下培养、招纳、解散三法。喻氏以"逆流挽舟法"治痢尤为后世医者所赞誉。除此之外,书中运用麦冬、阿胶、生地、人参、梨汁、竹沥等生津养阴药,亦对后世温病学派用药有一定影响。现存有明崇祯原刊本以及各种单行本和合刊本五十余种。1959年上海卫生出版社出版铅印本。

寓意篇 书名。明都穆著。一卷。记述作者所见江南民间近三十位收藏家、字画商所蓄名人字画情况。凡六十条,鉴别颇详。有《四库全书》本及《美术丛书》本等。

裕备仓 仓名。清各省州县于常平仓外兼设之仓。康熙三十一年(1692)议准,令各省按比例每亩捐输一定数量米谷,储仓备用,以补常平仓之不足,同时亦备接济邻境之转输。如歉收之年,停止捐谷。此仓遇灾赈济,平时于每年青黄不接之时,借贷民间,秋后还仓。

裕昌缫丝厂 商办企业。清光绪三十年(1904)由张湛华、周廷弼创办于江苏无锡。资本十五万元。

裕诚(? —1858) 清末满洲镶黄旗人,佟佳氏。道光六年(1826)袭一等公爵。历官左都御史。二十八年调授荆州将军,旋改成都将军。三十年回京,改任兵部尚书。咸丰元年(1851)调任户部尚书。次年晋文渊阁大学士,旋改文华殿大学士。曾奏请广开捐输以济军用,镇压太平军。八年春至第一次大沽之战前,英、法、美、俄侵略者多次给予照会,提出无理要求,均不予答复。同年病死。

裕德(? —1905) 清满洲正白旗人,喜塔腊氏,字寿田,号少云。光绪进士。光绪八年(1882)充咸安宫总裁。十三年擢内阁学士兼礼部侍郎衔。旋提督山东学政。二十五年为都察院左都御史,查办四川盐政,严惩贪官。后连擢理藩院尚书、兵部尚书,抚平哲里木盟扎萨克图王旗叛乱。三十年调署礼部尚书,旋授体仁阁大学士,次年拜东阁大学士。

裕固族 中国少数民族之一。自称尧呼尔,也被称作黄番。明代中叶后,原居于甘、青、新交界处的撒里维吾尔东迁,进入酒泉及其南祁连山一带,与当地藏、蒙、汉等族长期共同生活,逐渐融合而成。也有人认为,元明以来的撒里维吾尔,就是今裕固族。人口12 293人(1990年)。一部分人操尧呼尔语,一部分人操恩格尔语。无文字。信仰喇嘛教。主要从事牧业,一部分从事农业。建国后,实行社会改革,经济有很大发展。

裕勒阿里克 见"西夜"。

裕陵 ❶宋神宗赵顼陵名"永裕陵",宋人亦以"裕陵"称神宗。❷金显宗陵墓,在今北京市房山区西北。据《续文献通考》,金大定二十五年(1185)十一月,显宗葬于大房山。❸明英宗陵墓,在今北平昌平县北。据《明史·英宗后记》,天顺八年(1464)春正月庚午崩,葬裕陵。❹清高宗陵墓。参见"京东陵"。

裕禄(约1844—1900) 清满洲正白旗人,喜塔腊氏,字寿山。崇纶子。以刑部笔帖式历官郎中。同治六年(1867)出为热河兵备道,次年为安徽布政使,十三年擢安徽巡抚。光绪十一年(1885)署湖广总督,十三年实授。十五年调为盛京将军。十七年热河金丹教发动反教会斗争,他派兵镇压。二十三年改授四川总督,未任。次年召为军机大臣、礼部尚书兼总理各国事务衙门大臣。旋任直隶总督兼北洋大臣。义和团运动兴起后,先主镇压,曾捕杀义和团首领;后又主"抚",传集义和团配合清军狙击联军北上,并攻打天津紫竹林租界和保卫天津。天津城陷,被革职留任。七月与联军战于北仓,兵败自杀。

裕民 清时耿精忠年号(1674—1676)。凡三年。

裕民局 官署名。北宋重和元年(1118)置。掌讨论振兵裕民之法。宣和元年(1119)废。

裕民司 官署名。明太祖洪武七年(1374)于广西庆远府(治今广西宜州市)置,设大使一人,从八品;副使一人,正九品,掌购买当地少数民族所养马匹。后革。

裕谦(1793—1841) 清蒙古镶黄旗人,博罗忒氏,字鲁山,号舒亭。嘉庆进士。道光六年(1826)出为湖北荆州知府,十九年授江苏巡抚。二十年鸦片战争爆发后,代署两江总督,亲赴宝山、上海要塞筹防,疏陈规复定海之策,疏劾琦善张皇欺饰、军心沮丧、事败委过前人等五大罪状。二十一年受命为钦差大臣赴浙江办理军务,实授两江总督。英军复犯浙江,率军驰至镇海督战。八月英军陷定海,攻镇海,总兵余步云不战而退,镇海失陷,遂投水殉难。谥靖节。著作有《裕靖节公遗书》。

裕瑞(? —1868) 清满洲镶蓝旗人,佟佳氏,字进莽。道光五年(1825)任整仪尉。二十年调任广州副都统,署广州将军,鸦片战争中负责防守省城。后历官江宁、福州、成都将军。咸丰三年(1853)任四川总督,在泸州防堵杨隆喜起义军,旋因将无辜民人以谋逆罪处置,革职。六年充喀什沙尔办事大臣,继任叶尔羌参赞大臣。十一年内召,充京旗都统等职。后调任绥远将军,卒于任。

裕慎缫丝厂 商办企业。清光绪十六年(1890)创办于上海。资本二十万两。有缫机二百车。

裕圣皇后 即“伯蓝也怯赤”。

裕泰(？—1851) 清满洲正红旗人,字东岩。由官学生考授内阁中书,迁侍读。嘉庆末出为四川成绵龙茂道。道光十一年(1831)擢盛京刑部侍郎,调工部,兼管奉天府尹。十三年授刑部侍郎,寻出为贵州巡抚。二十年擢湖广总督。次年镇压湖北崇阳钟人杰起义。二十九至三十年率军进攻湖南李元发起义军,俘获元发。寻调闽浙总督。咸丰元年(1851)调陕甘总督,入觐卒。谥庄毅。

裕泰纺织公司 商办企业。亦称裕泰纱厂。清光绪三十一年(1905)由朱幼鸿创办于江苏常熟。资本近七十万元。初有他人股份,后归朱氏独资。开业初有纱锭万余枚,营业不佳,乃先后出租于裕丰公司和裕兴公司接办,宣统三年(1911)收回自办。

裕泰恒火轮面局 商办企业。清光绪八年(1882)由商人陈可良创办于上海。除磨面粉外,兼营碾米业务。

裕通面粉厂 商办企业。清光绪三十年(1904)由朱计创办于上海。资本五十万元。有工人百余名。

裕源纱厂 商办企业。清光绪二十年(1894)由朱鸿度创办于上海。资本五十万两。机器购自英国,有纱锭二万五千枚。

裕源织麻公司 商办企业。清光绪三十一年(1905)由张广生创办于安徽芜湖。资本四十二万元。

裕州 ❶五代梁贞明初改鼎州置。治美原(今陕西富平县东北)。辖境相当今陕西富平县东北部地。唐同光初废入耀州。❷金泰和八年(1208)分唐、汝、许等州地置。治方城(今县,明废入本州)。辖境相当今河南方城、舞阳、叶县等县地。属南京路。元明属南阳府。清不辖县。1913年改为方城县。

粥熊 即“鬻熊”。

蔚悼王 即“朱厚炜”。

蔚州 北齐置北蔚州,后废。北周置蔚州,治灵丘(今属山西),隋大业三年(607)废。唐武德六年(623)复置,侨治阳曲(今山西阳曲西南)等地,贞观五年(631)再移灵丘,天宝元年(742)徙治安边县(至德二载〔757〕改名兴唐,今河北蔚县)。辖境约当今山西灵丘及河北蔚县、阳原、涞源等地。五代改州治兴唐县为灵仙县。明洪武四年(1371)省灵仙县入州,属山西大同府。清康熙间复设蔚县为州治,属河北宣化府。乾隆二十二年(1757)又省县入州,1913年改州为县。

毓坤会 学校名。即贵胄女学堂。清光绪三十年(1904)慈禧太后允裕庚之女奏请,在紫禁城南海创设女学,赐名毓坤会,命王公贝勒之福晋、格格及京员三品以上之命妇女子,均著报名入会,学习东西文字,以备赐宴各国公使夫人时任翻译。

毓贤(？—1901) 清汉军正黄旗人,字佐臣。监生出身,以同知纳赀为山东知府。光绪十五年(1889)委署曹州,两年后实授。二十一年升兖沂曹济道,镇压大刀会。二十二年杀会首刘士瑞、曹得礼。补山东按察使。二十四年署江宁将军。次年调山东巡抚,杀平原义和拳首领朱红灯和心诚和尚。复因目睹教会欺凌平民日甚,练拳自卫者众,转主“招抚”,将义和拳改称义和团。遭列强反对,迫使清政府将其撤职。二十六年任山西巡抚。清政府宣战后,杀死教士数十人。八国联军陷北京,慈禧太后等逃西安,途经山西,奉旨随扈。被联军指为“祸首”之一。在充军新疆途中被处死。

瘉壄堂诗集 书名。近人严璩编。收严复所作诗而成。二卷。上卷系辛亥以前所作,录诗凡九十四首;下卷系民国以后所作,录诗一百七十二首。收录基本完备。有1926年铅印本。《严复集》亦收。

薁鞬日逐王 匈奴贵族封号。见《后汉书·南匈奴列传》,当即系*日逐王。

豫 河南省的简称,因古为豫州地而得名。明王士性著有《豫志》。

豫报 杂志名。清光绪三十二年十一月(1906.12)创刊于日本东京。月刊。河南留日学生主办。“以改良风俗,开通民智,提倡地方自治,唤起国民思想为唯一之目的”,“专供我河南父老兄弟披阅,作扩充见闻之用”。鼓吹修铁路、开煤矿、发展养蚕事业、兴办学校、开展体育、实行征兵制,以求富国强兵。出版六期。因社内成员复杂、宗旨不一而无法维持,三十四年四月一日自行停刊。

豫变纪略 书名。清郑廉撰。成于康熙年间。八卷。主要记述了河南在明末清初的社会变化及各地的农民起义,重点是李自成、张献忠、罗汝才、袁时中等农民军在河南的活动。作者目击时变,与农民军有直接接触,较为注重求实,辑录了许多有价值的史料,是研究明末清初农民战争史的重要著作。有乾隆八年(1743)河南夏邑彭家屏刻本、辽宁图书馆藏瞿瞿室刻本、民国九年(1920)河南省官书局刻本、北京图书馆藏淡宁轩抄本、浙江古籍出版社明末清初史料选刊本等。

豫军纪略 书名。清尹耕云等编。十二卷。记咸同年间豫军在河南境内与太平军、捻军作战经过及镇压其他农民起义情况。全书分“粤匪”(太平天国北伐军)、“皖匪”(捻军)、“会匪”(秘密宗教)、“土匪”(主要是一般农民起义)四目,记“捻军”尤详,列有二十三个专题,主要依据奏章文檄等编辑而成。有同治十一年(1872)刊本。

豫让 春秋战国间晋国人。毕阳之孙。初事范氏、中行氏,皆不得志,转投知伯,知伯以国士遇之。晋出公二十二年(前453),赵、韩、魏三家灭知伯,分其地。赵襄子以知伯之头为饮器。他称“士为知己者死”,逃入山中,变姓名,行刺赵襄子,不中,被捕,襄子义而释之。他毁形容,哑声音,第二次谋刺,终不成。被捕后,请得襄子之衣,击之,然后伏剑而死。

豫山(？—1890) 清满洲正黄旗人,字东屏。荫生。曾任济东泰武临道。光绪五年(1879)擢河南按察使,一度被降职。复起为湖南按察使,迁山西布政使。十五年晋升山西巡抚。卒于任。

豫园 江南名园。在今上海市南市旧城厢东北。

明四川布政使上海人潘允端为其父潘恩所建。名取“豫悦老亲”之意。嘉靖三十八年(1559)始建,万历五年(1577)完工。占地七十余亩。名匠张南阳主持设计。以大假山为主体,依地势凿池引水,构筑亭阁。聚散有序,主次分明。明末荒芜。清乾隆二十五年(1760)重建。现为全国重点文物保护单位。

豫章 ❶春秋楚地。《左传》昭公十三年(前529):“吴人败诸豫章。”杜预注:“当在江北淮水南。”定公四年(前506):“蔡侯、吴子、唐侯伐楚,舍舟于淮汭,自豫章与楚夹汉。”杜预注:豫章,“汉东江北地名。”后人据此解释不一:《史记·楚世家》张守节《正义》谓即洪州,在今江西修水、锦江流域及南昌、丰城、进贤等市、县地;顾栋高《春秋大事表》谓,豫章系宽大语,东从今安徽中部起,西至河南息县、湖北红安县(包括二省的江北、淮南地),南从江西鄱阳湖地区起,北至安徽西北部,皆为楚之豫章地;高士其《春秋地名考略》谓在今安徽凤阳县以西,包括淮河以南的光山县以东,霍山县以北地区;近人又谓豫章专指今安徽寿县、合肥间连接淮河与巢湖的通道地带。又有以为豫章不止一处,有淮南、汉东二处,淮南、江南二处和淮南、汉东、江南三处等说。❷江西省的别称。

豫章郡 西汉高帝六年(前201)分九江郡置。治南昌县(今市)。汉武帝元狩二年(前121)以后辖境相当今江西省地。三国魏以后辖境缩小,约当今江西彭泽、星子、永修、南昌、丰城、新干、安福等市、县以西地区。南朝陈时仅包有今江西锦江流域、南昌市、清江等县地。隋开皇九年(589)改为洪州。大业初及唐天宝、至德间,又曾改洪州为豫章郡。

豫章书 书名。明郭子章撰。一百二十二卷。即江西之总志,全用史体为之。分大记二十卷,志二十二卷,表十卷,事纪二卷,列传六十八卷。前无序而有总目,总目作列传六十六卷,系刊本误。其体例依《华阳国志》,但冗杂太甚,选材欠确当。

豫章水 即今江西赣江的上源章水。又赣江干流在《汉书·地理志》中虽以湖汉水为正名,但亦称为豫章水;《水经·赣水注》则豫章水、赣水二名通称,而以赣水为主。

豫章台 楚国台名。故址在今湖北荆州东南。郦道元《水经注》卷三十四:江水“南过江陵县南,……又东得豫章口,夏水所通也。西北有豫章冈,盖因冈而得名矣。或言因楚王豫章台名,所未详也。”

豫章县 隋开皇九年(589)改南昌县置,为豫章郡治,因以郡名县。治今江西南昌市。唐为洪州、豫章郡治。宝应元年(762)因避代宗李豫讳,改为钟陵县。贞元中仍改名南昌县。

豫州 ❶古九州之一。《书·禹贡》:“荆、河惟豫州。”《周礼·职方》、《尔雅·释地》:“河南曰豫州。”“荆”即荆山,在今湖北南漳西;“河”指黄河。❷西汉十三刺史部之一,察郡国四,约有今淮河以北,南、北汝河流域以东的豫东、皖北和江苏丰、沛二县地。❸东汉州治谯县(今安徽亳州市),三国魏治安城(今河南汝南县东南),西晋治陈县(今河南淮阳县)。东晋、南朝屡有移徙,最北治悬瓠城(今汝南县),最南治邾城(今湖北黄冈市西北)。辖境伸缩不常,最大时相当今江苏、安徽长江以西,安徽望江县以北的淮河南北地区。北魏治悬瓠城。北周大象二年(580)改为舒州,旋仍为豫州。隋大业元年(605)因改洛州为豫州,乃先后改此豫州为溱州、蔡州。地处中原冲要,为东晋南北朝时军事重地。❹十六国时后赵、前燕置豫州,镇许昌(今河南许昌市东);前秦置豫州,初镇许昌,后移镇陕城(今河南陕县西),又移镇洛阳(今洛阳市东北);后燕置豫州,镇洛阳,亦曾与兖州并镇滑台(今河南滑县东);夏置豫州,镇李润堡(今陕西大荔县北)。

鬻拳(? —前675) 春秋时楚国人。曾进谏楚文王,不听,遂以武器相逼,文王惧而从之,旋认罪自刖。楚人任之为大阍,主管郢都城门,称为大伯。楚文王十三年(前675,一说前677),楚文王在津(今湖北荆州南,一说今枝江津乡)被巴人打败回郢,他闭门不纳,迫使文王北上败黄,文王归时病死,他葬王后自杀。

鬻熊 鬻又作粥,又称鬻熊子、鬻子。楚之祖先。相传曾为周文王师。成王时追封功臣后裔,其曾孙熊绎受封于楚蛮,建立楚国。《汉书·艺文志》道家有《鬻子》二十二篇,小说家有《鬻子说》十九篇,今存《鬻子》一卷。

鬻子 ❶即“鬻熊”。❷书名。旧题周鬻熊撰。《汉书·艺文志》道家类有《鬻子》二十二篇,小说家类有《鬻子说》十九篇。刘勰《文心雕龙·诸子第十七》:“至鬻熊知道,文王咨询,余文遗事,录为《鬻子》。”内容“阐域中之教化,论刑德之是非”(《鬻子·逢行圭序》)。今本《鬻子》一卷,其文与《列子》引道家之《鬻子》三条不类,与贾谊《新书》引小说家之《鬻子说》六条略同,故清人认为系六朝以后人仿贾谊引文撰拟。有唐逢行圭、明谢汝诏注,明杨慎评议,收入《二十二子全书》、《说郛》等丛书。

yuān

身毒 南亚古国名。一般认为在北印度。始见于《史记·大宛列传》。译自梵文 Sindhu,亦讹作天竺等。张骞首次西使抵大夏时,见蜀布与邛竹杖,当地人言贩自身毒。骞乃劝武帝重开西南夷。《后汉书·西域传》:“身毒有别城数百,城置长。别国数十,国置王”,俱以身毒为名。后月氏(即贵霜)“杀其王而置将,令统其人”。

苑君璋 唐马邑(今山西朔州东北)人。为当地土豪。隋大业十三年(617),刘武周举兵于马邑,以为内史令。唐武德初,为刘武周献策,联合突厥,结援唐朝,南面称王,武周不听。五年(622),刘武周死,突厥命为大行台,统武周余众,屡引突厥兵南攻唐境。高祖遣使招之,初拒命,及势蹙,又见颉利可汗政乱不可恃,乃于贞观元年(627)率部降唐,授安州都督,封芮国公。贞观中卒。

苑康 东汉勃海重合(今山东乐陵西)人,字仲真。少受业太学,与郭林宗友善。后举孝廉,迁颍阴令。灵帝时,任太山太守,收捕逃匿界内之中常侍侯览宗族宾客,无有遗脱。遂为览所诬,徙日南。旋还本郡,卒于家。

宛 春秋战国楚邑。在今河南南阳市。《史记·秦本纪》:缪公五年(前655),虞大夫"百里傒亡秦走宛,楚鄙人执之"。后地入韩、秦。秦昭襄王十六年(前291):"封公子市宛。"秦汉置县。

宛冯 战国韩地。在今河南荥阳市西北。产利剑。《战国策·韩策一》苏秦说韩王曰:"韩卒之剑戟皆出于冥山、棠溪、墨阳、合伯、邓师、宛冯、龙渊、大阿,皆陆断马牛,水击鹄雁,当敌即斩。"

宛朐县 即冤句县,秦置。治今山东曹县西北。属济阴郡。西汉景帝封楚元王子执于此,称宛朐侯。《史记·封禅书》:齐人公孙卿有札书曰:"黄帝得宝鼎宛朐",即此。晋属济阳郡。魏、隋属济阴郡。唐属曹州。北宋元祐元年(1086;一作大观二年,1108)改为宛亭县。

宛亭县 北宋元祐元年(1086;一作大观二年,1108)改冤句县置。治今山东曹县西北。属兴仁府。金属曹州。大定八年(1168),黄河决口改道,县城圮于河,遂废。

宛县 春秋楚邑,秦昭襄王置县。治今河南南阳市。战国时为楚著名铁产地。秦以后历为南阳郡治。汉在此置工官、铁官。新莽时置五均官,为五都之一。地皇四年(23),新市、平林诸将在此立汉宗室刘玄为帝,建元更始。三国魏为荆州治。地处南北交通要冲,东晋南北朝时为争战要地。北周废入上陌县。

鸳鸯泺 即今河北张北县西北安固里淖。辽代诸帝春猎之所。元周伯琦《上京扈从诗后序》云:"其地南北皆水泺,势如湖海,水禽集育其中,以其两水,故名鸳鸯。或云水禽唯鸳鸯最多。"圣宗统和二十年(1002)始游猎于此。以后兴宗、道宗、天祚帝均至此游猎。金天辅六年(1122)宗翰追袭天祚帝于此,天祚帝奔西京。

鸳鸯碕 在今四川犍为县东北,临岷江。《资治通鉴》:东晋永和三年(347),桓温伐汉,李势将昝坚拒温,自江北鸳鸯碕渡河向犍为,即此。

鸳鸯阵 阵法名。明嘉靖时戚继光所创。其法以十二人为一作战单位,最前一人为队长,其他十人分为两列纵队,分列队长之后,最后一人为火伕。队长后面二人,一人执长牌,一人执藤牌,用以遮拦敌人重矢、长枪,掩护后队前进。又后二人执狼筅,照顾牌手,抵御敌人刀枪。有四人分为两行,持长枪,每行分别照顾一牌一筅。再后二人用短兵器,如叉、钯、棍、偃月刀之类,与长枪彼此相倚,配合杀敌。此阵法可发挥各种武器的效用,把十二人结成一个整体。根据敌情、地形变化,可演变为三才阵和小三才阵。

冤报记 即"还冤志"。

冤海述闻 书名。清末冤海述闻客撰。一卷。中日甲午战争中济远舰管带方伯谦以临阵脱逃罪被杀,作者编纂此书为其鸣冤。凡《牙山战事纪实》、《大东沟战事纪实》、《方管带驻韩日记并条陈防倭事宜》三篇,并附海战图十二幅。于方氏多所褒扬,于丁汝昌等颇加贬斥。有光绪二十一年(1895)刊本。

冤魂志 即"还冤志"。

冤句县 见"宛朐县"。

渊泉县 西汉置。因地多泉水,故名。治今甘肃安西县东。属敦煌郡。西晋元康五年(295)曾改属晋昌郡。北周废入凉兴县。清乾隆二十四年(1759)复以安西、柳沟二卫置。治今甘肃安西县。为安西府治。三十九年废。

渊圣皇帝 即宋钦宗赵桓。建炎元年(1127)宋高宗赵构即位后,遥尊赵桓为"孝慈渊圣皇帝",宋人因以"渊圣皇帝"或"渊圣"称钦宗。

渊颖集 书名。元吴莱撰。十二卷。吴莱学识宏博,与黄溍、柳贯齐名,卒后,门人宋濂等私谥为渊颖先生,并编遗稿为此集。卷一赋,卷二至卷四诗,卷五至卷十二文,末附《渊颖先生碑》、《谥议》两篇,合为一卷。有元至正刻本;明、清传刻,均出此本,《四部丛刊》据以影印,题《渊颖吴先生集》。

渊颖吴先生集 即"渊颖集"。

蜎子 书名。战国楚环渊著。环渊又作"玄渊"、"蜎渊"。《汉书·艺文志》著录十三篇,列于道家。并谓环渊系老子弟子。《史记·孟子荀卿列传》称环渊"学黄老道德之术,因发明序其指意。……著上下篇"。《隋书·经籍志》已不著录。久佚。

yuán

元 ❶蒙古族乞颜—孛儿只斤氏贵族所建王朝。金泰和六年(1206),成吉思汗(元太祖)建立蒙古国,汗位传窝阔台(太宗)、贵由(定宗)、蒙哥(宪宗)至忽必烈(世祖)。中统元年(1260),忽必烈在开平即位。至元八年(1271),取《易》经"大哉乾元"之义,正式建国号为大元。次年,建都于大都(今北京)。自成吉思汗建国起,历史上都泛称为元朝。忽必烈以后,元朝传九帝至顺帝妥欢贴睦尔。至正二十八年(1368)八月,明军攻下大都,顺帝北逃,仍用元朝国号,史称北元。元朝自成吉思汗建国至大都被攻陷,凡十四帝,一百六十三年(元世祖建国号以来,凡十帝,九十八年)。元世祖忽必烈灭宋后,元朝统治领域北到西伯利亚,南到南海,西南至今西藏、云南,西北至今新疆,东北至鄂霍次克海。蒙古汗建立的钦察汗国和伊利汗国,名义上仍奉元朝皇帝为大汗。❷云南大理白族先民语汇之一的音译,意为汉语中君王自称的"朕"。《新唐书·南诏传》:南诏"王自称曰元,犹朕也"。❸古代算学术语。天元之简称,表示方程中的一个未知量。此概念约出现于北宋,现存古算书中最早见于李冶《测圆海镜》。

元白 中唐诗人元稹和白居易的并称。白居易《刘白唱和集解》:"江南士女,语才子者,多云元白。"二人交谊深厚,唱和较多,文学主张相近,同为新乐府运动倡导者,并名于世。但论成就,元不及白。

元宝 ❶古代钱币的名称之一。常冠以年号、朝代等,铸于币面。唐武德时铸开元通宝钱,俗又读作开通元宝。肃宗乾元元年(758)史思明在洛阳铸“得一元宝”钱,系正式以“元宝”名钱之始。此后,唐代宗时铸“大历元宝”,后晋有“天福元宝”,北宋太宗有“淳化元宝”,徽宗有“圣宋元宝”,南宋理宗有“大宋元宝”,元初有“中统元宝”,清末有“光绪元宝”等。❷元以后所铸之金银锭。银元宝亦称宝银、马蹄银,系货币之一。分大、中、小三种。大锭重约五十两,形似马蹄,上铸有银匠姓名及铸造日期、地点,用于巨额支付,但重量成色各有参差。中锭约重十两,形式不一,多为锤形,故又称锞子;其为马蹄形者称小元宝。小锭又称小锞银,状如馒头,重约三两、五两不等。清中叶后,元宝须经公估局鉴定,批明重量和成色才能流通。金元宝一般供保藏而极少流通。

元宝炬 即“西魏文帝”。

元宝库 见“宝钞总库”。

元宝总库 官署名。元世祖中统元年(1260)设,掌收储、发放钞币。至元二十五年(1288)改称宝钞总库。

元叉(486—526) 或作元义。北魏宗室。字伯儁,小字夜叉。京兆王元继长子。为胡太后妹夫,官至侍中、领军将军。及孝明帝亲政,时太傅、清河王元怿辅政,乃假胡太后诏杀怿,遂与高阳王元雍专权。帝呼为姨父。常直禁中,事无巨细皆决之,威震内外。既得志,乃耽酒好色,怠惰政事,元雍亦忌畏之。帝与太后乃解其兵权,并赐死。

元常 即“允常”。

元朝典故编年考 书名。清孙承泽撰。十卷。前八卷取元代朝廷事实,分代编辑,正史以外,更采元人文集,于《元史》删繁增简,自成一体。九卷为录《元朝秘史》,十卷附辽金遗事。

元朝秘史 书名。原名《蒙古秘史》,明人误译称《元朝秘史》,亦称《元秘史》。撰者不详。现流传有十五卷本和十二卷本两种。是中国蒙古族最早撰写的一部历史和文学巨著。十三世纪中叶成书。原著早佚,现仅存明初的汉字音译本(附汉文翻译)。内容记述蒙古族的起源和成吉思汗、窝阔台汗时期的事迹,为研究蒙古族早期的社会历史、语言文字提供了宝贵资料。十五卷本是清人鲍廷博从《永乐大典》中抄出,有钱大昕跋,故亦称钱本《秘史》,杨氏《连筠簃丛书》所刊,即据此本。十二卷本有顾广圻本和叶德辉本两种。顾本是以张祥云所藏旧抄本《秘史》为底本,参照当时流行的其他抄本加以校勘,后归盛昱所有,嗣藏于上海涵芬楼,《四部丛刊》续编所收的《元朝秘史》,即据顾本影印。叶本是文廷式从盛氏所藏顾校本抄出,后归叶德辉所有,亦即叶氏观古堂刊本。现存的三种版本都不是明代原版本;国外有法、德、俄、日、英、匈、捷、土等文译本,也是从此三种版本中移译的。

元朝秘史注 书名。清李文田撰。十五卷。李氏治蒙古、元朝史地之学,侧重史料辑佚校注,尤致力于《永乐大典》本《元朝秘史》的校注考证。其遍探群籍,包括历代正史及孟珙《蒙鞑备录》、黄震《古今纪要逸编》、程大昌《北边备对》等宋、金、元人史乘笔记、碑碣和同代人研究著作凡六、七十种,对书中所述地理、年代、人名、史实详加比证,考订讹误,使此书得以通读。特详于西域、蒙古舆地沿革。然作者不懂蒙文,所据资料又不外旧籍,故其立说时有疏误。如将《元朝秘史》蒙文书名音译“忙豁仑纽察脱察安”误为撰人姓名等。

元朝名臣事略 即“国朝名臣事略”。

元琛(?—约527) 北魏宗室。字昙宝。袭爵河间王。宣武帝时为定州刺史,以贪纵被胡太后废免于家。后贿侍中刘腾,出为秦州刺史。性奢侈,每欲与高阳王雍争富,自谓富比石崇。孝昌二年(526),与扬州刺史兼大都督长孙稚镇压鲜于修礼所部。至邺(今河北临漳西南),奉诏改授为大都督。及修礼袭击稚军,不赴救,遂败,并除名。后出击汾、晋的胡、蜀诸少数族,卒于军。

元成宗(1265—1307) 即铁穆耳。元代皇帝。公元1294—1307年在位。元世祖太子真金子。至元三十年(1293),受皇太子宝,总兵北边。次年,世祖死,即皇帝位。又次年,改元元贞。限制诸王投下,减免江南部分赋税,又编辑整理律令,保持守成局面。与西北诸王海都、笃哇战争,获胜,迫使笃哇、察八儿(海都子)等归附。在位期间滥行赏赐,造成国帑不继,屡次动支钞本;出兵八百媳妇国,引起西南骚动。在位十三年病死。蒙语尊号完泽笃皇帝。庙号成宗,谥钦明广孝皇帝。

元成宗实录 书名。元程钜夫、邓文原、畅师文、元明善等撰。五十六卷。附《事目》十卷,《制诰录》七卷。始修于至大元年(1308)三月,完成于皇庆元年(1312)十月。已佚。

元城县 西汉置。《汉书·地理志》颜师古注引应劭曰:“魏武侯公子元食邑于此,因而遂氏焉。”治今河北大名县东。属魏郡,三国魏及西晋为阳平郡治。东魏改属魏尹。北齐省。隋开皇六年(586)复置。属魏州。移治今山东莘县朝城东北。大业初属武阳郡。唐贞观十七年(643)并入贵乡县,圣历二年(699)复置。移治今大名县东北。开元十三年(725)移治今大名县东,与贵乡县同为魏州治。五代唐改为兴唐县,晋复旧名。宋、金与大名县同为大名府、大名府路治。蒙古至元二年(1265)又并入大名县。后复置。为大名路治。明洪武三十一年(1398)移治今大名县。为大名府治。1913年并入大名县。

元澄(?—519) 北魏宗室。字道镜。孝文帝堂叔。袭封任城王。初为征北将军,出讨柔然。又任梁州刺史,使氐、羌款顺。转徐州刺史,以功迁中书令,改授尚书令。及帝迁都洛阳,以兼右仆射留守平城(今山西大同),击平恒州刺史穆泰之叛。宣武帝时为顾命大臣,尚书令高肇专权时,恐受其害,乃终日昏饮。孝明帝即位,奏利国济民事凡十条,又奏垦田授受之制八条。卒谥文宣王。

元初 东汉安帝年号(114—120)。凡七年。

元次山文集 书名。唐元结撰。结字次山。十卷。宋时辑本不一,已非原貌。明时有湛若水校本,始称《元次山文集》。《四部丛刊》影印明本。1960年中华书局出版《元次山集》。

元从禁军 唐初禁军名。简称元从军。高祖李渊统一全国后,留宿卫军三万(一作六万),号元从禁军。以渭北白渠旁七县绝户肥腴之地授之,令屯驻北门,又称北门屯营。后年代寖久,军士老缺,以其子弟代之,谓"父子军"。

元大都遗址 元代都城遗址。位于北京市旧城的内城及其以北地区。始建于元世祖至元四年(1267)。1964—1974年发掘居址和建筑遗存十余处。元大都平面呈长方形。南北长约7600米,东西宽约6700米,面积约50余平方公里。南城垣在今东、西长安街稍南,东、西城垣即明清北京内城的东、西垣,北城垣在今安定门小关和德胜门小关一线。北城垣迄今犹残存。城墙用夯土筑成,基部宽达24米。皇城位于城南部,宫城偏在皇城东部。宫城的南门约在今故宫太和殿的位置上。元大都的中轴线与明清北京城的中轴线相沿未改。发掘的居住遗址中,以后英房遗址为最重要。它为一所大型住宅,其主院前有轩廊、后有抱厦,正房前有东西厢房。出土物中以瓷器的数量为最多,有珍贵的青花瓷器、景德镇影青瓷器、龙泉窑青瓷器与磁州窑黑(褐)白花瓷器等。

元代白话碑 书名。近人冯承钧编。集录元代用汉文白话翻译的蒙古文公牍碑文,1933年商务印书馆出版。1955年科学出版社出版蔡美彪《元代白话碑集录》,所收原碑拓片和金石书中资料较原书增出三分之二以上。

元亶(?—537) 北魏宗室。魏孝文帝孙。袭封清河王。孝武帝时官至司徒。永熙三年(534),帝西奔关中后,丞相高欢擢之为大司马,使居尚书省,有继帝位意。欢却议立其子善见为帝,恚忿南走,追之而还。一说为欢所鸩死。

元旦 即岁首。1912年,中国开始采用《公历》(即格列高利历,现国际通用历法),但同时又颁行传统的《夏历》。为区别这两历的岁首,把《公历》一月一日定为元旦,而将《夏历》正月初一称为春节。

元德 西夏崇宗年号(1119—1127)。凡九年。

元德通宝 西夏钱币。铜质,圆形方孔,汉字。铸于崇宗元德年间。

元德重宝 西夏钱币。铜质,圆形方孔,汉字。铸于崇宗元德年间。

元典章 书名。《大元圣政国朝典章》的简称。元代官修,不署撰人。正集六十卷,附新集不分卷。正集记载自元世祖即位(1260)至元仁宗延祐七年(1320)的典章制度,分诏令、圣政、朝纲、台纲、吏部、户部、礼部、兵部、刑部、工部十门。新集续记至元英宗至治二年(1322)。所记史实多为《元史》所未载,为研究元代政治、经济、法律、风俗的重要资料。但体例杂乱,记载多不扼要。传世有沈家本刻本及台湾故宫博物院影印元刻本。今人陈垣撰有《元典章校补》十卷,可参阅。

元鼎 西汉武帝年号(前116—前111)。凡六年。因元鼎元年得宝鼎,故名。一说得宝鼎应在元鼎四年,元鼎年号亦如建元、元光,皆后来追命。参见"元朔"。

元定(?—567) 北朝时河南洛阳人,字愿安。鲜卑族。北魏永安初,从尔朱天光东征邢杲。永熙三年(534),贺拔岳为侯莫陈悦所害,随宇文泰讨平之。西魏大统三年(537),从擒东魏窦泰于潼关,复弘农、破沙苑、战河桥、攻邙山,皆为先锋,有勇略,然未尝自言其功,深受诸将敬重。以功加车骑大将军,进爵为公。西魏废帝二年(553),以宗室进封建城郡王。北周明帝初,拜岷州刺史。天和二年(567),从宇文直出兵助后梁,与陈将徐度、吴明彻战于郢州(今湖北钟祥),兵败被执,数月后忧愤成疾卒。

元定宗(1206—1248) 即贵由。蒙古汗国大汗。公元1246—1248年在位。元太宗长子,母脱列哥那可敦。太宗五年(1233),与按只带攻辽东,擒蒲鲜万奴。七年,与诸王拔都、蒙哥西征,入侵斡罗思及东欧诸地。十二年,东还。乃马真后五年(1246),立为汗。即位后,杀大臣奥都剌合蛮,以牙老瓦赤领汉地事务,命察罕进攻江淮,又派野里知吉带率军进驻波斯等地。定宗二年(1247)秋,领兵西归藩邸封地叶密立(今新疆伊敏河上)。次年春,行抵横相乙儿(在今乌伦古河上游地)病死。庙号定宗,谥简平皇帝。

元定宗实录 书名。元翰林国史院撰修。始修于至元二十三年(1286),完成于大德七年(1303)。已佚。

元法僧(454—536) 北魏宗室。道武帝重孙。孝明帝时,以为太尉行参军,累迁益州刺史。为官贪虐枉杀,致合境皆反。后除光禄大夫、兖州刺史、徐州刺史。孝昌元年(525),杀行台高谅,反于彭城(今江苏徐州),自称尊号,建元天启。孝明帝派兵征讨,乃南奔梁。梁武帝授以侍中、司空,封始安郡公。寻改封宋王。

元妃 妃嫔称号。本为"元配"之意,指第一次娶的嫡妻(正夫人)。辽金以为妃子名号。金有元、贵、淑、德、贤五妃,均当于正一品官,以元妃为诸妃之首。

元丰 宋神宗年号(1078—1085)。凡八年。

元丰改制 宋神宗元丰三年(1080)至五年的官制改革。宋初建官沿袭五代,三师、三公不常置,宰相不专任三省长官,中书省、门下省列于皇城之外,又别置中书于禁中,是为政事堂,与枢密院对掌大政。天下财赋,内庭诸司,中外管库,皆隶三司。中书省但掌册文、复奏、考帐;门下省主乘舆八宝,朝会板议、定谥及祠祭受誓戒等事。且官员除授制度复杂,有官、职、差遣之分。官以定品阶俸禄,称为寄禄官;职指殿阁学士、待制等,加于文学之士,以示尊宠;惟差遣为实职。因此,三省、六部、二十四司类以他官主判,其正官皆不领本司之事,止叙位禄。给事中不封驳,中书舍人不草诏令,谏议大夫不规谏,起居郎不记注，司谏、正言非特旨不领谏职。别以差遣分治中外政事，以京朝官出领各种差遣。又置殿阁学士、待制、直阁及三馆诸职，以宠待文学之士。元丰三年，制定寄禄新格，以原散官开府仪同三司等为新寄禄官，而原寄禄官改为各机构正官，成为主管本部门的职事官。次年，又改革铨选制度，并规定凡除授职事官，皆以寄禄官品高下为准。五年，废三司，依《唐六典》颁布三省、枢密、六曹条制，设三省、六部、二十四司及诸寺监，皆置正官为职事官，枢密院依旧。文、武散官皆罢，唯蕃官仍授。

元丰九域志 书名。北宋官修地理总志。王存、曾肇、李德刍编著。十卷。始修于熙宁八年(1075)，元丰三年(1080)成书。后陆续修订，元祐元年(1086)正式颁行，故《容斋续笔》又名《元祐九域志》。源于唐《十道图》。北宋大中祥符六年(1013)王曾、李宗谔参照《十道图》修成《九域图》，作为考定官吏俸给、赋役和政府实施政令的依据，至熙宁八年(1075)由于政区改变，《九域图》已不敷用，于是重修，以王存主其事。因原书名虽为图，实只限于文字，遂改称为志。所载政区，以元丰八年为准，始于四京，次列二十三路，终于省废州军及化外、羁縻州。分路记载所属府、州、军、监及其地里、户口、土贡、领县等，府、州、军、监皆列等第，每县又详列乡、镇、堡、寨与山川。其中地里记府、州、军、监的四至八到，叙述最详；府、州、军、监土贡，备载额数，为其他志书所不及；所列各县之镇、监、场、务，尤为治经济史者重要参考资料。因志书简略，绍圣四年(1097)黄裳复辑录各地山川、民俗、物产、古迹等，以补其缺，名为《新定九域志》。其中"古迹"一门，成于崇宁以前，《四库全书总目提要》以为南宋坊贾所增定，误。

元丰库 官库名。北宋元丰三年(1080)建，掌收储诸路所输常平钱物，凡封桩者皆入此库，隶尚书都省。

元丰类稿 书名。北宋曾巩作。因编于神宗元丰年间，故名。五十卷。凡诗八卷，文四十二卷。续附一卷。有影印元大德刊本。清康熙间顾崧龄刊本附有集外文二卷。清陆心源辑有《元丰类稿补》二卷，收入《群书校补》中。巩另有《续元丰类稿》四十卷，已佚。又金刻本《南丰曾子固先生集》三十四卷，其中有《类稿》未收诗文百余篇，今人点校本已辑出。

元丰通宝 宋代钱币。神宗元丰元年(1078)铸。圆形方孔，钱文分篆、隶、行三体。分铜、铁两种。

元丰增修五朝会要 书名。又名《六朝国朝会要》。北宋王珪等撰。三百卷。熙宁三年(1070)，以旧修《三朝会要》，记事止于庆历三年(1043)，因命王存、林希、李德刍、陈知彦等续修。元丰四年(1081)书成，监修国史王珪上之。起庆历四年，止熙宁十年，并对旧修略为增损。分二十一类、八百五十五门，礼乐政令、仪物事为，无所不载。已佚。

元封 年号。(1)西汉武帝年号(前110—前105)。凡六年。(2)南诏大蒙国异牟寻年号(？—808)。

元凤 西汉昭帝年号(前80—前75)。凡六年。

元孚(？—540) 北魏宗室。字秀和。少有令誉，累迁兼尚书右丞。胡太后临朝，上《古今名妃贤后》凡四卷，迁左丞。时柔然主阿那瓌率众入塞，请赈给，乃受命赈恤之，反被执，后放还。有司以其辱命，处流罪。后拜冀州刺史。劝课农桑，民颂之。及怀朔镇将葛荣攻城，被执。还为冀州刺史。从孝武帝入关，除尚书左仆射、扶风郡王。寻监修国史，历位司空，迁太傅。

元服 皇帝之冠。《汉书·昭帝纪》颜师古注："元，首也。冠者，首之所著，故曰元服。其下《汲黯传》序云：'上正元服'，是知谓冠为元服。"自汉以下，皇帝加冠，多称"天子加元服"。《通典》卷五十六《嘉礼一》专立"天子加元服"条追述唐代以前的这一礼仪。

元符 宋哲宗年号(1098—1100)。凡三年。

元干(幹)(469—499) 北魏宗室。字思直。孝文帝弟。太和九年(485)，封河南王。随帝南下攻齐，以为都督关右诸军事。十七年，改封赵郡王，除冀州刺史。二十一年，帝复攻齐，以为都督中外诸军事。后因贪淫不遵典法，为御史中尉李彪所纠，免王，以王还第。死谥灵王。

元恭 即"北魏节闵帝"。亦称前废帝。

元光 年号。(1)西汉武帝年号(前134—前129)。凡六年。据后人考定，元光年号为元鼎年间追命。近年来据称发现刻有建元年号的器物，由此推断，元光年号也应为原有，并非追命。(2)金宣宗年号(1222—1223)。凡二年。

元光珍货 金代钞币。元光二年(1223)五月，以绫印制"元光珍货"新币，每一贯折"贞祐通宝"五十贯。与银钞及其他钞币并行。银贵钞贱，以至商人罢市，贸易停顿。

元光重宝 金代铜钱。元光二年(1223)铸造。每贯当"贞祐通宝"五十贯。

元贵靡 西汉时乌孙昆莫(王)。军须靡长子，解忧公主所生。宣帝时汉立其为大昆弥，赐印绶。

元好问(1190—1257) 金太原秀容(今山西忻州)人，字裕之。兴定进士。历官南阳令、尚书省掾、左司员外郎。金亡不仕，号遗山真隐，以著作自任，欲撰金史。时金实录在顺天张万户家，乃言于张，愿为撰述，既而为乐夔所阻而止。自以不可使一代史迹泯没不传，于是往来四方，采集金代君臣遗言往行，有所得辄以寸纸细字录之，积至百余万言。构亭于家，著述其上，名曰"野史亭"。今所传者有《中州集》。

元昊 即"夏景宗"。

元颢(495—530) 北魏宗室。字子明。北海王元详子。袭爵。少慷慨有壮志。时关陇多事，以为西道行台率军讨之，迁车骑大将军。寻除相州刺史以御葛荣。武泰元年(528)，大都督尔朱荣入洛阳，立庄帝，以为太傅。寻因尔朱氏暴虐，遂奔南朝梁。梁武帝以为魏主，遣东宫直阁将军陈庆之将兵送之北返。永安二年(529)，于梁国(今河南商丘南)城南即位,年号孝基。及进入洛阳,改元建武。骄奢淫佚,朝野失望。及魏孝庄帝还南,命尔朱荣讨之。后战败出逃,为临颍县卒所杀。

元和 年号。(1)东汉章帝年号(84—87)。凡四年。(2)唐宪宗年号(806—820)。凡十五年。

元和百司举要 即“百司举要”。

元和格后(後)敕 唐律令文书。元和十三年(818),由凤翔节度使郑余庆等在元和五年许孟容等删定的《开元格后敕》基础上加以删补。三十卷。

元和观象历(曆) 古历名。唐徐昂撰。本名《观象历》,自元和二年(807)行用,故称。该历循用旧法,测验不合。长庆元年(821),穆宗立,诏日官改撰新历,名宣明历,于次年颁行。宣明历首创日食三差(时差、气差、刻差),后世用之。宋元时,周琮、郭守敬等以为宣明历亦徐昂造,不确。

元和郡县图志 书名。即《元和郡县志》原名。北宋时,载于各镇之首的地图佚去,世称此书已多去“图”字。

元和郡县志 书名。原名《元和郡县图志》。唐李吉甫撰。四十卷,目录二卷。书成于元和八年(813)。仿《括地志》体例,以元和时全国行政区划为准,依十道分卷,据四十七镇分篇,篇首各冠地图。分叙以府州为单位,大抵首列户口,次叙沿革,继以府境八至、贡赋,终以辖县建置、去州府里程、山川、河流、城邑、名胜、古迹及历代大事。凡垦田、监牧地、水利设施、工矿盐政、军事设施、兵马配备、重要关亭寨障,无不叙及。所记开元、元和户数、乡数、贡物名品、各地境界及去长安里程,具有极高的史料价值。有关自然、经济地理记载,可采甚多。叙述沿革,往往直源《尚书·禹贡》。于南北朝政区及治所变迁,尤为可观。宋以后地图、目录并佚,缺卷十九、二十、二十三、二十四、三十五、三十六共六卷,故今本三十四卷,其中卷十八、二十五又各存半卷。书初刊于南宋淳熙三年(1176)。1983 年中华书局出版点校本。

元和朋党录 书名。一作《元和录》。宋马永易(一作马永锡)撰。一卷。记述唐牛李党争史事,起自元和三年(808)牛僧孺、李宗闵等应制举贤良方正直言极谏科,对策抨击宰相李吉甫,宦官吐突承璀等主持讨伐藩镇刘辟、李师道、李锜等叛乱,迄于大中十三年(859)牛党令狐绹罢相。已佚。

元和体 ❶元和为唐宪宗年号。元稹、白居易主要创作活动正当其时。《新唐书·元稹传》:“稹尤长于诗,与居易名相埒,天下传讽,号‘元和体’。”❷唐中后期摹拟元和时作家的作品。李肇《唐国史补》卷下:“元和已后,为文笔则学奇诡于韩愈,学苦涩于樊宗师。歌行则学流荡于张籍。词章则学矫激于孟郊,学浅切于白居易,学淫靡于元稹。俱名为元和体。”

元和县 清雍正二年(1724)分长洲县南境置,与吴县、长洲县同治苏州府城内(今苏州市旧城区)。辖境有今苏州市及吴县东部,北起阳澄湖,东南抵角直、陈墓、周庄。1912 年并入吴县。

元和姓纂 书名。唐林宝撰。十卷。书成于元和七年(812)。为奉敕所编姓氏族系郡望总谱。首列皇族李氏,以下按唐韵二百零六部,分四声类集古今姓氏。每韵皆以大姓为首,各姓均载其得姓受氏源流和诸家谱系,于唐人姓氏载之尤详。宋郑樵《氏族略》于本书颇多引述。书中多引《风俗通义》立说,于《世本》、《三辅决录》和各种族姓谱录多所援据。其旧文残载,颇有裨于史籍碑铭考校。原书已佚。今本初由清四库馆臣从《永乐大典》中辑出,编为十八卷;清孙星衍、洪莹重为辑校,编为十卷。有《四库全书》本。近人罗振玉有《元和姓纂校刊记》和《元和姓纂佚文》,岑仲勉有《元和姓纂四校记》。

元亨 大理段智兴年号(1185—1195)。凡十一年。

元亨利贞 《易经》乾卦的卦辞。元,大也;亨即享,祭也;利,利益;贞,占问。《易·乾·彖》从自然现象方面加以解释:“大哉乾‘元’,万物资始,乃统天。……保合大和,乃‘利贞’。”认为“天”有善、美、利物、贞正之德,春暖夏热秋凉冬寒,各有规律,故能资生、普利万物。《易·乾·文言》则从人伦道德方面加以解释,认为君子法“天”,也有这些品德:“元者,善之长也;亨者,嘉之会也;利者,义之和也;贞者,事之干也。君子体仁足以长人,嘉会足以合礼,利物足以和义,贞固足以干事。”其实《易经》之本意是筮遇乾卦,可举行大亨之祭,乃有利之占问。《易传》解经,往往与《易经》本意相去甚远。

元亨疗马集 书名。又名《疗马集》、《牛马驼经》、《元亨疗马牛驼大全》。明喻仁(字本元)、喻杰(字本亨)兄弟合撰。原为《疗马集》、《疗牛集》、《驼经》三书,常合为一书出版。作者搜集历代兽医知识,吸取当时民间兽医经验,加上自身医疗实践体会,总结汇纂而成。内容包括马三十六起卧、七十二大症;牛五十六病;驼四十八病等。每种病症有“论”,以说明病因;有“因”,表示症状;有“方”,说明治法(包括针灸和外治法)。文字表达形式为“歌”或“颂”,使学习者便于诵记。全书收载三百多个治疗方剂,许多现今仍在使用。中国古代兽医学著作,以《元亨疗马集》刻印数量最多,流传最广,为一部总结性兽医学著作,其成就远远超过前代同类著作。十八世纪初传入日本。本书始刻于万历三十六年(1608),在流传过程中,各种抄本、刻本很多。

元弘嗣(565—613) 隋河南洛阳人。少袭周爵,年十八为左亲卫。入隋,从晋王杨广(炀帝)平陈,以功授上仪同。历观、幽二州总管长史,专以严峻任事。仁寿末,授木工监,营建东都。大业初,受命往东莱海口监造船,役丁昼夜立于水中,自腰以下无不生蛆,死者十之三四。寻迁黄门侍郎,转殿内少监。从攻高丽,进位金紫光禄大夫。大业九年(613),杨玄感起兵反,被诬谋应,除名,谪发日南(今越南中部),死于途中。

元宏 即“北魏孝文帝”。

元侯 诸侯之长。《左传·襄公四年》:“三夏,天子所以享元侯也。”杜预注:“元侯,牧伯。”

元后(前70—后13) 即王政君。西汉魏郡元城(今河北大名东)人。元帝皇后,王莽姑母。宣帝五凤中,入掖廷为宫女,后为太子(即元帝)所幸。元帝即位,立为皇后。成帝即位,尊为皇太后。兄凤为大司马大将军领尚书事。河平二年(前27)兄弟谭、商、立、根、逢等五人同日封侯,王氏专权自此始。哀帝即位,尊为太皇太后。哀帝死。复召王莽入朝为大司马,共议征立平帝。遂临朝称制,委政于莽。王莽称帝后,追其更名为"新室文母太皇太后"。

元候 先秦官名。《国语·晋语七》:"知张老之智而不诈也,使为元候。"韦昭注:"元候,中军候奄。"候奄亦作候正,为军中谍报侦察之官。

元晖 ❶(?—519)北魏宗室。字景袭。魏宣武帝时历任侍中、领右卫将军、吏部尚书、冀州刺史等。孝明帝时任尚书左仆射。曾召集崔鸿等撰录百家要事,以类相从,上起伏羲,迄于晋、宋,凡十四代,名为《科录》,计二百七十卷。❷隋河南洛阳人,字叔平。先世本鲜卑拓跋氏。少好学。初仕北周,为相府中兵参军,迁武伯下大夫。出使突厥,说以利害,可汗遣使,随献方物。保定初,与崔睦使北齐,归迁振威中大夫,封义宁公。隋开皇元年(581),拜都官尚书兼太仆。出使突厥,联合玷厥可汗,抵御摄图可汗。寻转兵部尚书,监修漕渠。出为魏州刺史,有治绩。以疾去职,卒于京师,年六十。

元晖业(?—551) 北齐时人,字绍远。拓跋晃之玄孙。父元弼济阴王爵号为叔父、尚书仆射元丽所夺。建义元年(528),乃上诉复爵。东魏时累迁司空、太尉,领中书监,录尚书事。时丞相高澄有不臣之迹,乃以曹操、司马懿之心讥之。北齐天保二年(551),因痛骂魏彭城王元韶屈事齐文宣帝高洋,被杀。曾撰魏藩王家世,号曰《辨宗室录》,凡四十卷,已佚。

元徽 ❶(?—531)北魏宗室。字显顺。太武帝拓跋焘四世孙。宣武帝时袭封城阳王,任河内太守,有称誉。孝明帝时迁并州刺史,开仓赈救灾民,生活清俭。还都后历任度支尚书、吏部尚书、尚书令。后阿附胡太后,识者鄙之。大都督尔朱荣入洛阳立庄帝时,拜司州牧,又迁大司马、太尉。后与庄帝密谋诱杀尔朱荣,尔朱诸将反攻入洛阳后,弃帝出逃,遇害于途。❷南朝宋后废帝年号(473—477)。凡五年。

元会运世 亦称元会。北宋邵雍计算历史年代的单位。邵雍《皇极经世》认为世界有终始,从始至终的一个周期称作"元"。一元十二会,一会三十运,一运十二世,一世三十年。故一元为十二会,三百六十运,四千三百二十世,十二万九千六百年。是为"皇极经世一元之数"。邵雍以同样方法,认为三十元为"元之世",十二"元之世"为"元之运",三十"元之运"为"元之会",十二"元之会"为"元之元"。"元之元"共十二万九千六百元。到"元之元",整个世界就要发生一次大变动。用以推算社会历史治乱兴衰。

元惠宗 即"元顺帝"。

元继(465—528) 北魏宗室。字世仁。袭封江阳王。孝文帝时,以为都督北讨诸军事,招降高车酋长树者有功。宣武帝立,除青州刺史,转恒州刺史,入为度支尚书。及胡太后临朝,以子叉纳太后妹,除特进、侍中、领军将军。徙封京兆王,迁司徒公。又除录尚书事、大都督节度西道诸军。依仗其子威势,聚敛无度,天下患之。后其子被黜,遂废于家。寻复为太师、司州牧。

元嘉 年号。(1)东汉桓帝年号(151—153)。凡三年。(2)南朝宋文帝年号(424—453)。凡三十年。

元嘉历(曆) 古历名。又称《建元历》。南朝宋何承天造。元嘉二十年(443)书成,上奏文帝,言及新历优点为以盈缩定其小余而正朔望之日。文帝令太史令钱乐之检定后,于二十二年推行全国。何承天所测五星会合周期的数值精于前历,又创立强弱二率以调日法。唐宋历家都墨守其法。

元嘉四铢 南朝宋铜钱。文帝元嘉七年(430)始铸,形制略仿汉五铢。钱文隶兼篆意,文曰"四铢",横读,重如其文,或有背面带星点者。

元嘉之治 南朝宋景平二年(424)文帝即位,改元元嘉。统治期间,为政力求"简靖",能"广引视听",使"纲维备举,条禁明密,罚有恒科,爵无滥品",故政局比较稳定。曾多次下令劝农、恤民,并使宫内养蚕,欲以讽励天下。强调州郡估税、所在市调、山泽之利、役召之品"咸依法令"。加以战乱很少,民不外劳。故能民勤本业,氓庶繁息,至余粮栖亩。又命雷次宗立儒学,何尚之立玄学,何承天立史学,谢元立文学,谓之"四学",各聚生徒。《南史》云:"于斯为美,后言政化,称元嘉焉。"史称元嘉之治。

元鉴 ❶北魏宗室。字绍达。道武帝子河南王曜之后。孝文帝时为齐州刺史,宣武帝初转徐州刺史。时徐、兖大水,表加赈恤,又奏免虐政残民之梁郡太守程灵虬。年四十二卒。❷(?—527)北魏宗室。字长久。安乐王长乐子。袭爵。除相州刺史。孝昌二年(526),为北讨大都督出击怀朔镇将葛荣,后据邺(今河北临漳西南),叛降葛荣,旋为都督源子邕等所败,被斩首送京师。

元江府 明洪武十五年(1382)改元元江路置。治奉化州(今元江县)。属云南布政司。辖境约当今云南元江、墨江二县及红河、绿春二县的一部分。清乾隆三十五年(1770)改为直隶州。

元江路 元至元二十五年(1288)置。治今云南元江县。属云南行省。辖境约当今云南元江、普洱、江城、思茅等市、县及墨江、新平、绿春等县大部。明洪武十五年(1382)改为府。

元江州 清乾隆三十五年(1770)改元江府置。治今元江县。辖境约当今云南元江、新平、江城三县及红河、墨江二县的一部分。属云南省。1913年改为县,1979年改为元江哈尼族彝族傣族自治县。

元绛(1009—1084) 北宋人,字厚之。其先为临川(今属江西)危氏,唐末徙杭州,易姓元,遂为钱塘(今浙江杭州)人。天圣进士。调江宁府推官,历任知县,善治狱,累擢度支判官。皇祐中,依智高据岭南,除广东转运使。建寨缮城,供给军械兵食皆充足,以功迁工部郎中。历两浙、河北转运使,召拜盐铁副使,历知州府。熙宁中,召为翰林侍读学士,知开封府,拜三司使。熙宁八年(1075),除参知政事。元丰二年(1079),坐事罢知亳州,改颍州,提举中太一宫,致仕。著作不传。

元结(719—772)　唐河南鲁山人,字次山,自称元子,又号漫叟、聱叟等。北魏拓跋(元)氏后裔。少师族兄元德秀。天宝进士。乾元二年(759)苏源明荐之,至长安,上《时议》三篇,陈述兵势。肃宗授山南道节度使参谋,以拒史思明叛军有功,拜监察御史。代宗时,授著作郎,转道州刺史,减赋税,免徭役,安抚流亡。主张文章"道达情性"、"救世劝俗",反对"拘限声病"。其诗多反映民间疾苦,风格古朴直拙。《悯荒诗》、《贫妇词》、《舂陵行》等为代表作。曾编《箧中集》,收沈千运等八人诗二十四首,为唐人编唐诗诸集之一。原集已佚,有《元次山文集》行世。

元经　书名。隋王通撰。十五卷,七十篇。编年体。书成于隋大业四年(608)。仿《春秋》及《公羊传》、《谷梁传》体例,记自孔子获麟之年至南北朝史事。于诸国皆以列居正统者入于"经"文,余则入于"传"文。为《王氏六经》之一。久佚。今本十卷。前九卷记西晋太熙元年(290)至隋开皇九年(589)史事,题隋王通撰;末卷记隋开皇十年至唐武德元年(618)史事,题唐薛收撰。注文题宋阮逸撰。《郡斋读书志》、《直斋书录解题》、《四库全书总目》等并断为阮逸伪作。所记多无可取。自北魏太和以后,记事寥寥,残佚甚多。自平陈以后,则有"经"无"传"。有《汉魏丛书》本。

元经世大典　书名。亦名《皇朝经世大典》。元代官修政书。至顺二年(1331)仿唐、宋《会要》修成。凡八百八十卷,目录十二卷,附公牍一卷,纂修通议一卷。全书分帝号、帝训、帝制、帝系、治典、赋典、礼典、政典、宪典、工典十门,六典又各分若干科目,《元文类》所收虞集《经世大典序录》志之甚详。明修《元史》,其各《志》及《外夷传》多以此书为据。《永乐大典》亦收录。原书已散佚,除现存《永乐大典》残本中保存其一部分遗文外,经前人辑出而不见于今影印《永乐大典》者还有:《广仓学窘丛书》所收《大元马政记》、《元代画塑记》、《大元毡罽工物记》、《大元官制杂记》、《元高丽纪事》;《海国图志》所收《元经世大典图》;《元文类》所收《序录》。

元景安(?—577)　北齐时人。拓跋什翼犍五世孙。沉敏有干局,善骑射。北魏末为尔朱荣大将军府长流参军,永熙三年(534)丞相高欢入洛阳,补京畿都督。后随魏孝武帝进关,旋归东魏。北齐天保初,赐姓高。堂兄景皓不愿易姓,为其密告处死。天统四年(568),除豫州刺史。复授行台尚书令,封历阳郡王。其在边州,恩威并济,诸少数族咸得宁辑。周代齐后,建德六年(577)以大将军讨稽胡,战死。

元酒　见"玄酒"。

元君庙遗址　仰韶文化半坡类型遗址。在陕西华县柳子镇。1958年发现,清理出一批墓葬,以集体二次葬为主。另外还发现两座较特殊的墓葬:一座是男性老人二次葬,以石块堆砌成棺,随葬尖底瓶等。另一座是女孩二次合葬墓,墓坑底铺整齐的红烧土块,随葬丰富,除尖底瓶一、罐二、钵三、骨针一外,还有大量骨珠。

元凯　"凯"亦作"恺",原指贤人才子,后成为对尚书八座(尚书令、仆射、列曹尚书)及辅佐大臣的美称。

元刊杂剧三十种　书名。元杂剧选集。凡三十种。元大都及杭州刊刻。清黄丕烈收藏,题《元刻古今杂剧》。王国维改为今题,是现存最早刊刻的杂剧集。其中十四种不见于明人刊本。所收杂剧,仍存元代原貌。多数仅有曲词,无科白。有《古本戏曲丛刊》第四集影印本。中华书局出版徐沁君校注本。

元康　年号。(1)西汉宣帝年号(前65—前61)。凡五年。(2)晋惠帝年号(291—299)。凡九年。

元恪　即"北魏宣武帝"。

元匡(?—525)　北魏宗室。字建扶,孝文帝赐名匡。宣武帝亲政,除肆州刺史,迁恒州刺史,为度支尚书,袭封广平王。时尚书令高肇专权,乃造棺欲论肇罪恶。后被御史中尉王显奏为诬毁,降为光禄大夫。寻出为兖州刺史。孝明帝初,入为御史中尉,严于弹纠。为尚书令任城王元澄所怨,被奏罪状三十余条,当死。诏特加原宥,削爵除官。后徙青州刺史,寻为关右都督。

元廓　即"西魏恭帝"。

元朗　即"北魏废帝"。

元老　❶天子之老臣。《后汉书·章帝纪》:"行太尉事节乡侯熹三世在位,为国元老。"❷唐代宰相相互之间的别称。

元里　战国时在秦、魏交界处,两国常争战于此。在今陕西澄城县南。《史记·魏世家》:文侯十六年(前430),"伐秦,筑临晋、元里",即此。

元丽　北魏宗室。字宝掌。拓跋晃孙。位兼宗正卿、右卫将军,迁光禄勋。正始三年(506),为使持节、秦州刺史,与杨椿镇压吕苟儿、陈瞻起义,大破之。杀掠良善,宣武帝因其"功"而宥之。拜雍州刺史,为政严酷。迁冀州刺史,枉杀道人二百余。入为尚书左仆射。

元烈祖　即"也速该"。

元陵　唐代宗李豫墓。大历十四年(779)五月,代宗卒,十月,葬此陵。在今陕西富平西北二十五里檀山。

元秘史补注　书名。清末沈曾植补注。十五卷。引证正史、方志、碑刻等几十种资料,注释《元朝秘史》(十五卷本)。李文田《元朝秘史注》重在历史地理考证,此书除运用对音方法考释地名、人名外,较偏重史事考证。对铁木真破蔑尔乞惕部年代、拖雷年寿以及辽金时北方一些少数民族族源等均有新见。前附"元秘史蒙语原文九十五功臣名"(实为九十人)。书于沈氏死后,经张尔田校订,刊入《敬跻堂丛书》。

元秘史李注补正 书名。清高宝铨撰。十五卷。高氏研治《元朝秘史》多年,积有译说稿。李文田《元秘史注》出,乃取以对证,选其稿中与李氏所见不合者刊为是书。补正李注,有助读史。并以史地证明西北强邻喧宾夺主之势,呼吁思患预防为当今急务。取材除历代元蒙典籍暨史志、笔记之有关著录外,尚吸取文廷式、施世杰等同时学者研究成果。较多采用对音方法,以辨别地名、人名异译。考证以方域舆地为主,旁及人物、典制、习俗。于额洏古涅河、康孩、斡鲁思、古尔罕等多条,考释綦详。

元秘史山川地名考 书名。清末施世杰撰。十二卷。施氏针对《元秘史》中同地异名、译无定字、名似同名地非一地、译音音节不一等缺误,以灵石杨墨林刊本为底本,译以对音,稽以史籍,参以《元经世大典图》、阮惟和《元秘史地理今释》等图籍,对其中山川地名遍加考证,并亲临内外蒙古实地验证,屡加改易,总成一百六十四条,撰为是书。对《元史》、《辽金元三史国语解》及张穆、何秋涛、魏源、李文田诸家有关著作有所是正。然牵强附会亦复不少。有光绪二十三年(1897)邘郑学庐刊本。

元秘书监志 即"秘书监志"。

元明善(1269—1322) 元大名清河(今属河北)人,字复初。早岁游学吴中,后为南行台掾。仁宗时,以太子文学改翰林待制,升直学士、侍讲学士。先后参与编修成宗、顺宗及武宗实录,选《尚书》有关政要者译为蒙文进呈。延祐二年(1315)会试天下进士,充考试官及读卷官。改礼部尚书。英宗时升翰林学士,预修仁宗实录。卒后追封清河郡公。有《清河集》。

元明事类钞 书名。清姚之骃辑。四十卷。摘取元明诸书,分门编纂,形式似类书。纂述大抵皆典则可观,所载事实,足补《元史》诸志之缺及列传之所未备。但明代说部浩如烟海,所采自不可能详赅。万历以后,门户交争,所记多不足凭,所取尚较审慎。

元明宗(1300—1329) 即和世㻋。元代皇帝。元武宗海山长子。延祐三年(1316),封周王,出镇云南。行至延安,起兵反,失败。西行至阿尔泰山,西北诸王来附,遂镇北边。致和元年(1328)七月,泰定帝死,弟图帖睦尔(文宗)入大都(今北京),遣使来迎。天历二年(1329)正月,在和林北即帝位。四月,立图帖睦尔为皇太子。八月,行至旺忽察都地,被燕帖木儿毒死。蒙语尊号忽都笃皇帝。庙号明宗。

元明宗实录 书名。元张起岩、欧阳玄、成遵、谢端等撰。始修于元统二年(1334),成书年代不详。已佚。

元谋大墩子遗址 云南新石器文化遗址之一。1972—1973年进行过两次发掘,共发现长方形木结构房屋遗迹、成人的土坑墓葬及儿童的瓮棺墓。出土石器有石斧、双孔半月形石刀、砺石等;陶器以夹砂灰陶为主,用泥条盘筑法。器形多为侈口小平底鼓腹的罐类。纹饰主要是划纹和压印纹。一个陶罐中还发现了已碳化的粳稻。经放射性碳素测定,年代是公元前1260年±90年。这一遗址表明金沙江中游及其支流新石器文化已有自己的特色。

元谋人 亦称元谋直立人、元谋猿人。中国现在已知的最早人类化石。1965年5月1日发现于云南元谋县上那蚌村。仅存左右上侧门齿各一枚,同属一个成年的男性。齿冠基部肿厚,底结节强烈凸起;齿冠舌面中部为一凹面,沿凹面两边有褶棱;齿冠呈长方形,唇面有强烈凸面,具有猿人的特征,比北京人还要原始,据古地磁法测定,其存在距今约一百七十万年。同出土的有较多动物遗骸化石,还有一些加工粗糙的打制石器,可推知他们已能制造和使用石器,从事采集与狩猎。

元谋猿人 即"元谋人"。

元宁宗(1326—1332) 即懿璘质班。元明宗次子。母八不沙后。明宗及八不沙后相继遇害后留居京师。天历三年(1330),封鄜王。至顺三年(1332)八月,文宗病死,遗命立明宗子。十月即帝位,十一月病死,年七岁。庙号宁宗。

元宁宗实录 书名。元张起岩、欧阳玄、谢端等撰。始修于元统二年(1334),成书年代不详。已佚。

元丕 ❶(422—503)北魏宗室。太武帝赐爵兴平子,献文帝时官至尚书令。孝文帝立,封东阳王,拜侍中、司徒公。及孝文帝南下攻齐与迁都洛阳,均诏其与广陵王元羽留守平城(今山西大同)。雅爱本风,不愿改随汉俗。后其子隆、超等以谋反伏诛。免其死,黜为太原百姓。宣武帝时敕留洛阳。历仕六世,垂七十年,诏为三老。❷北魏明元帝子。泰常七年(422),封乐平王,拜车骑大将军。后督河西、高平诸军出击南秦王杨难当。军至略阳(今甘肃秦安东北),禁令齐肃。难当大惧,遂还仇池(今甘肃成县西北)。太武帝将出兵攻高丽,上疏以为应先广修农殖,以饶军实,然后进图。帝纳之。后坐刘洁不法事,忧死。

元平 西汉昭帝年号(前74)。

元气 ❶哲学概念。指产生、构成天地万物的原始物质,或指阴阳二气混沌未分的实体。较早见于汉代。河上公《老子章句》以"元气"为宇宙本始。《淮南子·天文训》称:"太始生虚霩,虚霩生宇宙,宇宙生元气。元气有涯垠,清阳者薄靡而为天,重浊者凝滞而为地。"认为元气是阴阳未分之气。它产生天地,而又非宇宙之根本。东汉何休《春秋公羊解诂》:"元者,气也,无形以起,有形以分,造起天地,天地之始也。"把元气看成产生宇宙的原始物质。《论衡》有"万物之生,皆禀元气","元气未分,浑沌为一"。《鹖冠子·泰录》谓"天地成于元气"。❷吉祥、精神、生气之气。《春秋繁露·王道》:"王正则元气和顺。"《旧唐书·柳公绰传》:"吾初无术,但未尝以元气佐喜怒,气海尝温耳。"❸中医学名词。亦称"原气",指人体维持组织、器官生理功能的基本物质与活动能力。久病之后元气渐复。

元钦 即"西魏废帝"。

元曲 元散曲和杂剧的总称。散曲有小令和套数两种体裁。戏曲有北曲和南曲。北曲即杂剧,是元代戏曲的主要剧种。狭义的元曲,专指北曲杂剧。

元曲选 书名。明臧晋叔(懋循)编。成书于万历四十四年(1616)。共收元杂剧一百种,前录诸家曲论。所收杂剧均经编者据明内府本与家藏本校订,曲词科白完整,是流传最广的元杂剧选集。有文学古籍刊行社排印本。

元曲选外编 书名。《元曲选》补编。今人隋树森编。据元刊《古今杂剧》、明刊《古名家杂剧》、明脉望馆赵清常抄校《元明杂剧》等剧集所收《元曲选》以外的元人杂剧,集中编集校订,共收杂剧六十二种。末附元人杂剧目录。现存元剧残文未予收录。1959年中华书局出版。二册。

元人百种曲 即"元曲选"。

元仁宗(1285—1320) 即爱育黎拔力八达。元代皇帝。公元1311—1320年在位。答剌麻八剌次子,元武宗弟。母弘吉剌氏答己。早年师事李孟,习儒学。大德九年(1305),奉诏与母出居怀州。十一年成宗死,赴丧至大都,与右丞相哈剌哈孙合谋,挫败阿难答等图谋自立的阴谋。兄海山(武宗)领兵南返即帝位,受封为皇太子,相约兄终弟及,弟死传侄。至大四年(1311)武宗死,继位为帝。次年,改元皇庆。力矫武宗弊政,罢尚书省,杀尚书省诸臣,任用李孟等汉人儒臣,提倡儒学。延祐元年(1314),创行科举;在江浙、江西、河南经理田产。出兵西北,连败察合台汗也先不花。出武宗子和世㻋于云南,立已子硕德八剌(英宗)为皇太子。蒙古语尊号普颜笃皇帝。庙号仁宗,谥圣文钦孝皇帝。

元仁宗实录 书名。元元明善、袁桷、曹元用等撰。六十卷。附《事目》十七卷,《制诰录》十三卷。始修于延祐七年(1320)十一月,完成于至治三年(1323)二月。已佚。

元融(?—526) 北魏宗室。字永兴。初为秘书郎。宣武帝时复先爵为章武王。正始三年(506),北徐州刺史昌义之攻陷梁城(今安徽砀山),乃奉命迎敌,以功除并州刺史。寻迁中护军,领河南尹。性贪残,恣情聚敛,被削除官爵。后复诏为征东将军以讨汾、夏山胡,战败。孝昌二年(526),除车骑将军,与广阳王元渊等镇压鲜于修礼。及修礼被部下所杀,葛荣自立,又与之战于白牛逻(在今河北博野境)。因无外援,苦战终日,大败被杀。

元儒考略 书名。明冯从吾撰。四卷。记元代学者八十二人,每人一传。大抵以《元史·儒学传》为主,旁采其他志乘,根据学术成就大小,有大笔特书者,亦有简记附传者。元儒讲学著作,极少传世,亦无汇集诸家明其传授之著作。作者搜集资料,勒成本书,可略见元代学术梗概。然体例颇丛杂,名姓往往乖舛,系严谨不足疏于校雠所致。

元睿宗 即"拖雷"。

元睿宗实录 书名。元翰林国史院撰修。始修于至元二十三年(1286),完成于大德七年(1303)。已佚。

元山电线条约 清政府与朝鲜订立的电信事务约章。光绪十七年二月十五日(1891.3.24)签订。凡九条。主要内容:(1)变通《中国代办朝鲜陆路电线合同》中有关规定,允朝鲜自行设办元山线路;(2)根据前订有关条约的原则,元山线路不得与其他国家的水、陆电线连接,归清电信局管理;(3)经此线的清政府官报免费;(4)嗣后朝鲜再增设电线,仍按前订条约中由清方承办的规定。

元善(540—599) 隋河南洛阳人,亦名善住。北魏宗室后裔。通涉五经,尤精《左传》。仕北周,为太子宫尹。入隋,拜内史侍郎,迁国子祭酒。善讲经,听者忘倦。曾荐高颎为相,及颎被诬免官,他忧惧疾发而卒。

元善见 即"东魏孝静帝"。

元韶(?—559) 北魏宗室。字世胄。孝庄帝之侄。大都督尔朱荣将入洛阳,避难民间,寻为孝庄帝访获,袭封彭城王。孝武帝西奔关中后,丞相高欢以其为婿,颇得宠遇。官至侍中、太尉。北齐天保元年(550),降爵为县公。自此,文宣帝高洋屡辱之,剃其须髯,施粉黛,着妇人服,以讥元氏柔弱。十年,北齐尽杀元氏后裔,他亦饿死地牢中。

元诗选 书名。清顾嗣立编选。嗣立字侠君,江苏长洲(今苏州)人。三集,每集又以十干分为甲集至癸集。初集录元好问以下一百家六十八卷,二集录段克已兄弟以下一百家二十六卷,三集录麻革以下一百家十六卷,所收各家附有小传及评语。书中保存不少原集已佚的作品,如杨果《西庵集》、杜瑛《缑山集》、汤炳龙《北村集》、姚枢《雪斋集》、李思衍《两山集》、郭昂《野斋集》、胡长孺《石塘集》、卢挚《疏斋集》等。有清康熙顾氏秀野堂刻本。原书癸集未及完成,嘉庆间席世臣增补《元诗选癸集》十集。

元十三朝实录 书名。元翰林国史院纂修。即《太祖实录》、《太宗实录》、《定宗实录》、《宪宗实录》、《世祖实录》、《成宗实录》、《武宗实录》、《仁宗实录》、《英宗实录》、《泰定实录》、《明宗实录》、《文宗实录》和《宁宗实录》。十三朝外,元代并纂有《睿宗(拖雷)实录》及《顺宗(答剌麻八剌)实录》,均佚。

元史 书名。明宋濂等撰。二百一十卷。洪武元年(1368)十二月诏修《元史》,次年二月命李善长为监修,以宋濂、王袆为总裁。以元十三朝实录和《经世大典》为依据,至八月修成一百五十九卷。因顺帝一朝无实录可据,未完稿,乃命人去北平等地采集史料。洪武三年二月重开史局,至七月间最后成书。前后两次纂修,仅用三百三十一天。全书有本纪四十七卷,志五十八卷,表八卷,列传九十七卷。记述上起元太祖称成吉思汗(1206),下至元顺帝至正二十八年(1368)一百六十多年史事。书中保存不少原始史料,尤以天文、历、地理、河渠四志材料最为珍贵。但因修撰时间过早,成书仓促,不能广泛搜集资料,连极重要的《元朝秘史》也未用上。还产生一些不应有的差错,甚至出现一人两传。对资料缺乏融会贯通功夫,有的原封不动沿用案牍原文,文辞也欠斟酌推敲。

元史本证 书名。清汪辉祖撰。五十卷。内"证误"二十三卷、一千八百余条,"证遗"十三卷、一千余条,"证名"十四卷、九百余条,共三千七百余条。

作者病《元史》事迹舛阙、音读歧异，著此书加以厘正，因所据全为《元史》本文，未考旁书，故名《本证》。书成于嘉庆六年(1801)，其中部分条文为其子继培所补，亦有录自钱大昕《廿二史考异》者，均注明。内容虽间有讹误脱漏，但纠谬补阙之功甚巨，其中对蒙古、色目人名异译的考订尤见功力，有助于后人研读《元史》。中华书局1984年出版点校本。

元史地理通释 书名。清末张郁文撰。四卷。成书于光绪二十七年(1901)。张氏字壬士，号胥湖居士，江苏吴县人。尝以《元史》谬舛，地理为尤，乃于光绪年间，搜辑《蒙古游牧记》、《朔方备乘》、《汉西域图考》诸书，考订元代地名、方位、建置沿革，著为是书。分为直省、分地、部族、山水四考，于《元史》错误有所是正。间有元代十行省图、岭北行省图、西北三藩图。末附其祖尧阶所撰《辽金元史地略》一篇。有1925年苏州利苏印书社排印本。

元史纪事本末 书名。明陈邦瞻撰。二十七篇，内《律令之定》一篇为臧懋循补写。所据书不出《元史》和商辂等撰《续纲目》的范围。叙事虽过于简略，但对元代政治、经济上的一些重要事件，均有扼要记载。漕运、河渠部分叙述较详。传世有六卷本、四卷本、二十七卷本。二十七卷本为张溥附加史论于各篇之后，重行分类，重刻者多用此本。有中华书局标点本。

元史考订 书名。清末曾廉撰。四卷。曾氏光绪年间谪居贵州黎平，于编著《元书》同时，搜罗《元秘史》、《续资治通鉴》、《辽史》和元人文集、碑传等，与《元史》对照考证，编为是书。考订结论多收入《元书》，对《元史》缺误有所是正。然作者治史偏于褒贬史事是非，忽略史实文义，所据史料又不外旧籍，考证亦多武断之处，不为元史研究者所重视。

元史类编 书名。清邵远平撰。四十二卷。作者康熙时曾为詹事府少詹事兼翰林院侍讲学士。高祖邵经邦取唐、宋诸史，删为《弘简录》二百五十四卷，记唐、宋、辽、金史事。远平继高祖之业续成此书，补记元代史事，又名《续弘简录》。清康熙三十八年(1699)进呈。卷一至卷十纪，卷十一至卷四十二传。无志、表，凡天文、地理、历律制度，均按年入纪。全书以《元史》为基础加以改编，以《元典章》和其他史料增补，正文下酌加注文，考订异同。

元史氏族志 书名。清钱大昕撰。三卷。大昕以稽考氏族于金元之际甚难，金制系氏于名，元则名与氏不相属，公私称谓有名无氏。前史所载，音既不正，又多互异。乃博采正史、杂史，旁及碑刻文集题名录等，考其得失，审其异同，仿《唐书·宰相世系表》之例，取其谱系可考者列为表，疑者缺之。始创于乾隆十八年(1753)七月，成书于四十五年五月，历时近三十年。

元史新编 书名。清魏源撰。九十五卷。凡本纪十四卷、列传四十二卷、表七卷、志三十二卷。《元末群盗》、《释老》、《遗逸》有目无文。记述上起元太祖元年(1206)，下迄元顺帝至正二十八年(1368)间一百六十三年史事。作者有感于鸦片战争失败和太平天国运动，遂补正旧史撰成是书，以总结元代兴亡之教训，后经欧阳俌之、邹代过勘补成书。史料除采自正史外，征引《元朝秘史》、《蒙古源流》、《皇元圣武亲征录》、《元典章》、《元文类》和元人文集，着重补充统治中原前太祖至宪宗四朝史实、元代的治河、钞法和西北边徼沿革。本纪自世祖以下袭用邵远平《元史类编》。表志采用钱大昕《氏族表》、《艺文志》。体例上于列传部分划分"开国"、"世祖"、"中叶"、"元末"四期，人物按功臣、相臣、文臣、言臣、奸臣等分类相从，"传事与传人相兼"，另具别裁。光绪三十一年(1905)湖南邵阳魏氏慎微堂初刊，1936年上海书局铅印。

元史续编 书名。明胡粹中撰。十六卷。作者因明初所修《元史》，详于世祖以前攻战之事，而略于成宗以后政治事迹，顺帝一朝更多阙漏，故编撰本书以综合其大要。起自世祖至元十三年(1276)，终于顺帝至正二十八年(1368)。仿《通鉴纲目》体例，编年系月，大字为提纲，小字为细目。遇有评论，亦随事组合记载。评语如《后汉书》中"赞"之例。

元史艺文志 书名。清钱大昕撰。四卷。大昕以明初修《元史》，不列艺文之科，乃取当时文士撰述，录其都目，以补前史之缺。分经、史、子、集四部。每部各为一卷，其中再分子目若干。于辽、金作者亦附见于后。

元史译文证补 书名。清洪钧撰。三十卷(内缺十卷)。洪氏于光绪十五年(1889)任驻俄、德、奥、和(荷兰)四国大臣时，得俄人贝勒津(Илья Николаевич Березин)所译波斯人拉施都丁《史集》(当时仅译出《成吉思汗传》、《突厥、蒙古部族考》两章)、伊朗人志费尼《世界征服者史》、波斯人瓦萨甫《伊儿汗史记》、阿拉伯人讷萨怖《苏丹只剌哀丁传》、亚美尼亚人多桑《蒙古史》等西方蒙元史著，赖金楷利(Kreyer)等译人之助，口述笔录，摘编成是书，以补充、考证《元史》的缺误，特详于先元四朝史事。其中《太祖本纪译证》补载了成吉思汗及其诸弟、皇子、公主的事迹；朮赤、拔都、阿八哈、阿鲁浑、合赞、合儿班答、西域、报达、木剌夷诸补传详于蒙古西征、四大汗国的史实；阿里不哥、海都补传记述元代宗室权力之争；《地理志西北地附录释地》、《西域古地考》详记西北舆地沿革。但作者未及校订而卒，书中察合台诸王、旭烈兀、不赛因、帖木耳补传和《蒙古部族考》等十卷有目无文。虽考证和译名多所不足，然作为利用外国资料研究元史的开端，对后世颇有影响。

元史语解 见"三史国语解"。

元始 西汉平帝年号(1—5)。凡五年。

元始历(曆) 古历名。又名《甲寅元历》。十六国北凉赵歐于玄始元年(412)制订。该历摒弃沿用近千年之十九年置七闰月之法，改为六百年置二百二十一闰月，使历法中回归年与朔望月之关系更趋精密。

元始天尊 又称玉清元始天尊。晋代以后道教信奉的最高天神，因其居于道教所谓"三清"(玉清、上清、太清)仙境之首玉清，又生于"太元"之先而名元始。其称谓早期道教经典中不载,始见于东晋葛洪《枕中书》。南朝梁陶弘景《真灵位业图》把道教天神分为七级,最高即元始天尊,老子仅位列第四。《道藏》中有《元始无量度入上品妙经》。

元士　官名。(1)受命于天子之士。《礼记·王制》:"天子之元士视附庸。"郑玄注:"元,善也。善士谓命士也。"(2)王莽始建国元年(9),更秩六百石为元士。新莽官制,九卿分属三公,每一卿置大夫三人,每大夫置元士三人,凡二十七大夫,八十一元士,分主中都官诸职。东汉废。北魏天赐元年(404)八月复置,为大夫属官,秩七品。太和十七年(493),改为从四品上;二十三年复次职令无此职。(3)宋徽宗政和八年(1118)置,以赐在学选人,正五品。(4)明洪武中改给事中为元士,后以六科为政事本源,改源士。旋复称给事中。

元氏　战国赵地。在今河北元氏县西北。《史记·赵世家》:孝成王十一年(前 255)"城元氏",即此。

元氏长庆集　书名。唐元稹撰。成书于长庆年间,故名。原为一百卷,已佚。通行明嘉靖三十一年(1552)董氏翻刻本,六十卷。《四部丛刊》据此雕本影印。1983 年中华书局出版点校本《元稹集》,六十卷,外集八卷。

元氏县　西汉置。治今河北元氏县西北故城。为常山郡治。三国魏属赵国。北魏属赵郡。北齐省。隋开皇六年(586)复置。隋末移治今县。唐属赵州。五代汉改属镇州。宋金属真定府。元属真定路。明清属真定府。

元世祖(1215—1294)　即忽必烈。元代皇帝。公元 1260—1294 年在位。拖雷子,母唆鲁禾帖尼。宪宗蒙哥弟。宪宗元年(1251),受命总领漠南汉地军国庶事。三年,奉命征云南,灭大理国。六年,建开平府(今内蒙古正蓝旗东),经营宫室。八年,宪宗攻宋,受命领兵攻鄂州。次年,宪宗死于合州军前。他在鄂州与宋议和,领兵北返。十年三月,在开平举行忽里台,即大汗位称皇帝,建元中统。弟阿里不哥在和林由漠北诸王推戴为汗,连年争战。至元元年(1264),阿里不哥败降。八年十一月,建国号大元。九年,建都大都(今北京)。后大举出兵攻南宋。十三年,灭宋。在位期间,蒙、汉、色目官员之间,不断相互倾轧。北方蒙古诸王一再举兵反,均被平定。三十一年正月病死。蒙语尊号薛禅皇帝。庙号世祖,谥圣德神功文武皇帝。

元世祖平云南碑　元代碑刻。程文海(钜夫)撰碑文。立于元至大元年(1308)。今存云南大理市旧城西三月街。由上下二石相接而成,通高 4.44 米,宽 1.65 米。有石龟碑座。额题"世祖皇帝平云南碑"八字,篆书。上石三十行,行二十字;下石二十八行,行二十五字,皆阴文正书,直行。记蒙哥汗(蒙古宪宗)二年(南宋淳祐十二年,1252)至三年,忽必烈(元世祖)率蒙古军远征云南,灭大理段氏政权,统一滇东南三十七部,以及设置云南中书省史实。为研究元史及云南地方民族史珍贵实物资料。

元世祖实录　书名。元董文用、王恽、赵孟頫、姚燧、王构等撰。二百十卷。附《事目》五十四卷,《圣训》六卷。始修于至元三十一年(1294)六月,完成于大德八年(1304)二月。已佚。

元寿　❶(550—612)隋河南洛阳人,字长寿。颇涉文史。初仕北周,授仪同三司。入隋,监修攻陈船舰,以强干见称。开皇八年(588)从晋王杨广(炀帝)伐陈,为行台左丞,兼领元帅府属,累迁尚书左丞、基州刺史。炀帝时,从杨素讨汉王杨谅,为元帅府长史。历任太府卿、内史令,多次从炀帝西攻吐谷浑,东攻高丽,以疾卒于途中。❷年号。(1)西汉哀帝年号(前 2—前 1)。凡二年。(2)大理段智廉年号(? —1204)。

元狩　西汉武帝年号(前 122—前 117)。凡六年。历来认为元鼎年间追命。近年来发现刻有建元年号的器物,由此推断,元狩应为原有,并非追命。

元书　书名。清末曾廉撰。一百零二卷,内本纪十五卷、志十卷、列传七十六卷、自序一卷。纪传体。记述自元太祖元年(1206)至元顺帝至正二十八年(1368)间史事。曾氏尝病《元史》芜漫,光绪年间谪居贵州黎平时,搜罗《元秘史》、《续通鉴》、《辽史》、《金史》及元人文集、碑传等,重编元代史事,撰为是书。认为元亡于纲常礼教隳坏,故力倡崇儒重道,反对功利,颂扬科举,掇萃史事以存一代始终治乱兴衰得失之林。列传较旧史有所增益,《儒林》、《隐逸》、《权幸》诸传尤详,另补入其先人仕元事迹。志书除取钱大昕《元史·艺文志》外,皆就《元史》删改。对《元史》缺误,亦有所是正,考证收入《元史考订》。末为《自序》,叙作者经历外,全录其反对戊戌变法,请杀康梁之奏章。

元书后妃公主列传　书名。清毛岳生撰。一卷。毛氏尝病《元史》冗漏,见钱大昕《元史稿》残稿,因加补辑,欲著《元书》以补正旧史之缺误,未竟。所撰诸表及《考辩》数卷皆佚,仅存后妃、公主二传。《后妃传》中烈祖后诃额伦、太祖后忽阑等传,为《元史》所无,余均有增益。《公主传》记蒙古、元代公主四十余人事,详其氏族、世系和婚嫁,补《元史·公主表》之缺。对《元史》讹误亦有所纠正。收入《渐学庐丛书》。

元帅　官名。其名始于春秋时晋国,《左传·僖公二十七年》:"(晋)作三军,谋元帅。"意为三军中军主将,并非实有此官。东汉灵帝时置西园八校尉,以小黄门上军校尉蹇硕为元帅,非定制。督司隶校尉下,虽大将军亦归其领属。北周置行军元帅,始为官名。其职总辖军务,以宗室或重臣为之,行军出征方置为大军统帅,亦非常制。开府,设监军、长史、司马、列曹参军等僚佐。隋沿置。唐皆以亲王担任,掌征伐,兵罢即解。安史乱后,置天下兵马大元帅,大历八年(773)罢。其后凡调诸道兵马会战,则置元帅或都统,以为战时最高军事长官,多由亲王挂名,副元帅实掌军政,幕职有行军长史、行军司马、掌书记、判官、参谋、兵马史、都虞候等官。五代、北宋有天下兵马大元帅,非常置之官。亦有加地名者,如靖康元年(1126)任康王赵构为河北兵马大元帅。金设都元帅府,置都元帅、左右副元帅、元帅,以都元帅统辖全国军政。辽北面官有天下兵马大元帅府,以太子、亲王为天下兵马大元帅、副元帅;又有大元帅府,以大臣为大元帅、副元帅,南京都元帅府有都元帅、大元帅。元朝于各行省置都元帅府,秩正二品,元帅府正三品。元末丧乱,拥兵者多称元帅以至都元帅。明末郑成功设为各军统帅,其军队分为左、右、前、后、中五军。郑成功自为中军元帅。

元顺(487或495—528)　北魏洛阳(今属河南)人,字子和。鲜卑族。年十六,通《杜氏春秋》。宣武帝时为给事黄门侍郎,为领军元乂所惮,出为恒、齐等州刺史。每怀郁快,遂纵酒自娱。后入朝,累迁侍中。复为城阳王元徽所间,出任护军将军、太常卿,封东阿县开国公。作《苍蝇赋》以讥徽。孝昌二年(526),授吏部尚书,兼右仆射,拜征南将军。建义元年(528),为陵户鲜于康奴所害。家徒四壁,止有书数千卷。著有《帝录》。

元顺帝(1320—1370)　即妥欢贴睦尔。元代皇帝。1333—1368年在位。元明宗和世球长子,妃哈剌鲁氏迈来迪所生。明宗遇害后,被徙居高丽和广西静江(今桂林)。至顺三年(1332)文宗、宁宗相继去世,文宗后立为帝,然为权相燕铁木儿所迁延;燕铁木儿死,始即位于上都,改元元统。依靠右丞相伯颜清除燕铁木儿势力,伯颜恃功擅权。至元六年(1340),支持脱脱逐走伯颜。脱脱当政,有所改革,终因朝政积弊太深,社会矛盾日趋尖锐。至正十一年(1351),爆发全国性的农民战争。二十八年,明军进逼大都时,北逃应昌(今内蒙古克什克腾旗西北),越二年病死。谥号惠宗,蒙古语谥乌哈噶图汗。明太祖因其“知顺天命,退避而去”,加号顺帝。

元顺宗　即“答剌麻八剌”。

元顺宗实录　书名。元元明善等撰。一卷。始修于至大元年(1308)三月,完成于皇庆元年(1312)十月。已佚。

元朔　西汉武帝年号(前128—前123)。凡六年。历来认为为元鼎年间追命。近年来发现有建元字样的物件,由此推断,元朔应为原有,并非追命。

元司空　官名。春秋时晋国置。掌都邑、宫室等工程建造事务的长官。大夫爵。

元司马　官名。又称中军司马。春秋时晋国置。晋国上、中、下三军皆设司马。元司马为中军的军法执行官。大夫爵。

元嵩(469—507)　北魏宗室。字道岳。拓跋晃孙。初为步兵校尉,后兼武卫将军。从孝文帝南下攻齐,勇冠三军,大败齐太尉陈显达,赐爵高平县侯。宣武帝时,为荆州刺史,转扬州刺史。屡破南朝梁军。后为苍头李太伯等所害。

元随傔人　宋代官员役卒随身、傔人合称。宰相、执政、使相至正任刺史以上有随身,其余官员给傔人。

元随傔人衣粮　宋制,宰相、执政、使相至正任刺史以上有随身,余止傔人。按不同等级给其衣粮,自七十人至一人不等。亦有至百人者,如枢密使带使相等。

元太宗(1186—1241)　即窝阔台。元太祖第三子。1229年,由蒙古各儿鲁思汗拥戴即位,称合罕。始立朝仪,颁札撒(法令)。次年,定诸路课额,置十路征收课税使。七月,率师攻金。五年,命撒礼塔侵高丽。六年,联宋军下蔡州,灭金。建行宫于达兰达葩之地,大会诸王百官。以失吉忽秃忽为中州断事官。七年春,建和林城。遣诸王大臣及皇子贵由等分兵进攻钦察、斡罗思及高丽、南宋。八年,印行交钞,忽秃忽括汉户以分赐诸王贵族。立五户丝制,定中原赋税。命路府州县皆置达鲁花赤,以探马赤军分镇中原,设官分掌军民之事。十二年正月,以奥都剌合蛮充提领诸路课税所官,主汉民财赋。十二月,诏贵由自西域班师。十三年十一月,病死。在位十三年。元世祖至元三年(1266)追上庙号太宗。谥英文皇帝。

元太宗实录　书名。元翰林国史院撰修。始修于至元二十三年(1286),完成于大德七年(1303)。已佚。

元太祖(1162—1227)　即成吉思汗。蒙古乞颜部人,孛儿只斤氏,名铁木真。出身贵族。少时父也速该被仇人毒死,所属人众离散,随寡母度日,屡遭艰险。后投奔克烈部汪罕,收集亡父旧部,逐渐恢复实力。约在金大定末建立宫帐,称汗。与札答阑部札木合等作战,败绩,史称十三翼之战。金承安元年(1196),与汪罕联兵助金截击塔塔儿部于斡里札河(今蒙古乌勒吉河),金授察兀忽鲁之官。又随汗罕与乃蛮部战,战后诸部来附,势力增强。金泰和元年(1201)二月,与汪罕战胜以札木合为首的蒙古高原十余部盟军。灭塔塔儿四部,据呼伦贝尔草原,实力大增。三年,被汪罕发兵掩袭,败退至班朱尼河(呼伦湖西南)。不久,乘汪罕不备,奇袭汪罕牙帐,灭克烈部。次年与乃蛮部决战,灭乃蛮。六年于斡难河(今鄂嫩河)畔召开忽里台大会,建蒙古国,即大汗位,加号成吉思,颁布札撒,建万人怯薛,分封九十五千户,设札鲁忽赤掌行政司法诸事。此后数年间,吉利吉思、畏兀儿、哈剌鲁等邻部先后降附。即位之四年(1209),大举入侵西夏,引河水淹中兴府(今宁夏银川),迫使西夏纳女请和。六年,率大军南下攻金,分兵三路破华北各地。九年,因金帝献岐国公主请和,乃退兵。十年,复以金帝迁都南京(今河南开封)为口实,攻占中都(今北京)。十二年,以攻金事委付木华黎,返回蒙古草原,准备西征。十四年,率二十万骑远征花剌子模。数年间先后破兀提剌耳(今哈萨克斯坦锡尔河右岸阿雷斯河口附近)、不花剌(今乌兹别克斯坦布哈拉)、撒麻耳干(今乌兹别克斯坦撒马尔罕)、玉龙杰赤(今土库曼斯坦乌尔根奇)等城,侵占中亚大片土地。十八年还师。二十一年攻西夏,次年灭夏。病死六盘山。元世祖至元二年(1265)上庙号太祖。次年,追上谥号圣武皇帝,至大二年(1309)加谥法天启运圣武皇帝。

元太祖实录　书名。元翰林国史院撰修。始修于至元二十三年(1286),完成于大德七年(1303)。已佚。

元泰定实录 书名。元王结、张起岩、欧阳玄、成遵等撰。始修于元统二年(1334),成书年代不详。已佚。

元天穆(？—530) 北魏人。鲜卑族。高凉王拓跋孤后裔。初为员外郎。六镇起义时,以太尉掾慰劳北讨诸军。及路出秀容(今山西忻州西北),与车骑将军尔朱荣约为兄弟。除并州刺史。建义元年(528),迁太尉,封上党王。寻为大将军,世袭并州刺史。时北海王元颢奉梁武帝萧衍令陷荥阳(今河南荥阳东北),孝庄帝北逃,乃自毕公垒北渡迎帝于河内(今河南沁阳)。及孝庄帝还宫,加太宰。本无德望,因丞相尔朱荣而隆极当时,又受纳财货,珍宝充积。后与荣同为孝庄帝所杀。

元统 年号。(1)金末耶律留哥时年号(1213—?)。一作天统。(2)元顺帝年号(1333—1335)。凡三年。

元统元年进士题名录 书名。编者不详。一卷。分蒙古、色目及汉人、南人两部分,各五十人,均书其籍贯、氏族、别字、生年月日以及三代姓名,颇为详瞻。后附策问二道、对策十余篇。元之登科录传世者甚少,此书为研究元科举制度的参考资料。其中如余阙、月鲁不花、李齐、聂炳、塔不歹、明安达尔、丑闾、成遵、张桢、宇文公谅等人,皆见于《元史》,钱大昕《元史氏族表》常取材于此。有元元统元年(1333)刻本。南陵徐乃昌辑印《宋元科举三录》,据此本影刻。

元万顷(？—689) 唐河南洛阳人。北魏宗室后裔。乾封二年(667),以通事舍人从李勣攻高丽,掌书记。作《檄高丽文》,讥高丽"不知守鸭绿之险",此语为高丽利用,因贬流岭南。后赦为著作郎。武则天引入禁中修撰图书,并密令参决时政,为北门学士之一。与范履冰、苗神客、周思茂、胡楚宾共撰《列女传》、《臣轨》、《百僚新戒》、《乐书》等千余卷,皆佚。武后临朝,迁凤阁舍人,擢凤阁侍郎。因与徐敬业兄弟友善,为酷吏构陷,流配岭南而死。

元尉 官名。春秋时晋国置。晋国军队中设军尉,负责管理为卿将驾车之军吏及训练士卒。元尉为中军之军尉。大夫爵。

元魏 朝代名。即北魏。以皇室改本姓拓跋为元,史称"元魏"。参见"北魏"。

元魏方镇年表 书名。近人吴廷燮撰。二卷。起自北魏太和十七年(493),止于永熙三年(534)。吴氏辑录正史、编年、地志、文集、类书、杂史、稗官、石刻有关元魏方镇资料,编为是表,对元魏方镇设置情况,叙述颇详。汇入《历代方镇年表》。

元文都(？—618) 隋河南洛阳人。为人鲠直有才干。仕北周为右侍上士。入隋,擢尚书左丞,转太府少卿。炀帝即位,授太府卿。大业十二年(616),炀帝游江都,诏与段达等辅越王杨侗,留守东都。炀帝死,推越王侗为帝,为内史令。时宇文化及拥兵至彭城,建议招降李密以拒之。王世充不悦,因与有隙。后谋诛世充,事泄,反被杀。

元文类 书名。元苏天爵编。七十卷。原作《国朝文类》。《四库全书》本改题今名。所录诗、文八百余篇,起自元初,迄于延祐,按文体分为四十三类,故名。编者旨在保存文献,全书收诏制、奏议、碑传行状多达二百三十余篇,为研究元代史事的重要资料。有元统二年(1334)刊本、至正二年(1342)杭州路西湖书院刊本。《四部丛刊》本据至正二年刊本影印。

元文遥 北魏宗室。字德远。少有才名。初隐于林虑山,后出为东魏大将军府功曹。齐受禅,授中书舍人。忽被幽禁积年,继起用为尚书祠部郎中。事高洋、高演、高湛三主,官至中书监。天统二年(566),赐姓高氏,迁尚书左仆射,进封宁都郡公。曾创县令选用士人之制。因与权臣和士开不和,出为兖州刺史。后复征入朝,亦不见用。

元文宗(1304—1332) 即图帖睦尔。元代皇帝。公元1328—1332年在位。元武宗次子,明宗弟。母唐兀氏。英宗时,出居海南琼州(今琼山)。泰定帝即位,召还京师,封怀王。泰定二年(1325),出居建康(今江苏南京)。后又徙居江陵(今湖北荆州)。致和元年(1328)七月泰定帝病死上都。八月,留守大都的佥枢密院事、钦察贵族燕帖木儿发动政变,逮捕大臣,迎他至大都即皇帝位,改元天历。宣称待兄和世㻋到来让位。九月,泰定帝幼子阿剌吉八在上都即位称帝。十月,被他击败。天历二年(1329)正月,和世㻋(即明宗)在和林之北即位称帝,八月,至上都。文宗逊位,与燕帖木儿往迎,途中毒死明宗,复即帝位。出兵镇压四川、云南蒙古宗王的反抗。在朝大力提倡汉文化,建奎章阁、学士院,延揽名儒,讲授儒学,纂修《经世大典》,倡导程朱道学,又受佛戒,崇奉佛教。朝政为燕帖木儿等贵族所把持。后病死上都。蒙语尊号札牙笃皇帝。庙号文宗。

元文宗实录 书名。元张起岩、王结、欧阳玄、成遵、谢端、苏天爵等撰。始修于元统二年(1334),成书年代不详。已佚。

元武宗(1281—1311) 即海山。元代皇帝。公元1307—1311年在位。元世祖太子真金孙。父答剌麻八剌,母弘吉剌氏答己。大德三年(1299),代宁远王阔阔出总兵北边,连败海都兵。八年,封怀宁王。十年,进兵也儿的石河(今额尔齐斯河),逐海都子察八儿。十一年春成宗死,拥兵南还,即皇帝位于上都,封弟爱育黎拔力八达(仁宗)为皇太子,相约兄终弟及。次年,改元至大。至大二年(1309),立尚书省。改行至大银钞,始行至大铜钱。四年正月,病死。蒙语尊号曲律皇帝。庙号武宗,谥仁惠宣孝皇帝。

元武宗实录 书名。元翰林国史院撰修。皇庆元年(1312)十月修成。有《实录》五十卷、《事目》七卷、《制诰录》三卷,总计六十卷。

元熙 ❶(？—520)北魏宗室。字真兴。中山王元英子。延昌二年(513)袭爵,累迁光禄勋,后授相州刺史，为将常斩杀无辜，以增首级。与清河王元怿交好。及侍中元叉矫诏杀怿，乃于正光元年(520)，以讨元叉等为名起兵于邺(今河北临漳西南)。未几，为长史柳元章所执，寻被元叉杀害。❷年号。(1)汉(前赵)刘渊年号(304—308)。凡五年。(2)晋恭帝年号(419—420)。凡二年。

元玺 十六国前燕慕容儁年号(352—357)。凡六年。

元禧(?—501) 北魏宗室。字永寿，一作思永。孝文帝长弟。封咸阳王。加侍中、骠骑大将军。后除司州牧。赞同改鲜卑语。及宣武帝立，受遗诏辅政，为宰辅之首。骄奢贪淫，不亲政务。后帝亲政，削其权，乃欲废帝自立，因谋泄被诛。

元显宗 即"甘麻剌"。

元宪宗(1209—1259) 即蒙哥。蒙古汗国大汗。1251—1259年在位。元太祖孙，拖雷长子，母唆鲁禾帖尼。自幼由太宗窝阔台抚养。太宗七年(1235)，与拔都、贵由等率师西征，败钦察部，征斡罗思，克也烈赞(今俄罗斯梁赞)。贵由死，海迷失后三年(1251)，召开忽里台于斡难河，被推为大汗。镇压窝阔台后王及其近臣，命弟忽必烈领治漠南汉地军民事；分派诸臣管领燕京等处、别失八里等处与阿母河等处诸行尚书省。没收前朝与诸王滥发之牌符、诏旨、宣命，定诸王乘驿制度，禁止擅招民户，禁止商人乘驿，均定呼罗珊及汉地赋税，籍汉地与斡罗思户口，禁止诸王官吏非法敛赋民财。宪宗二年(1252)，命忽必烈南攻哈剌章，旭烈兀西攻木剌夷与报答(今伊拉克巴格达)哈里发。连年对南宋与高丽用兵。八年，大举攻宋，亲率主力入四川，克利州(今陕西汉中)，破苦竹隘、大良山诸险，围攻合州(重庆合川)钓鱼城，守军顽强抵抗，相持半年，病卒城下。一说攻城时受伤，死于军中。庙号宪宗，谥桓肃皇帝。

元宪宗实录 书名。元翰林国史院撰修。始修于至元二十三年(1286)，完成于大德七年(1303)。已佚。

元详(476—504) 北魏宗室。字季豫。献文帝第七子。太和九年(485)，封北海王。加侍中，转秘书监。孝文帝卒，以司空辅政。宣武帝时，屡迁录尚书事，进位太傅，领司徒。声色侈纵，贪财纳贿，又依附宠臣茹皓。后为尚书令高肇所纠，被废为庶人，禁于太府。未几，暴卒。

元相 十六国前秦称丞相为元相，因其位居百官之首，故称。

元象 东魏孝静帝年号(538—539)。凡二年。

元谐 隋河南洛阳人。少与杨坚同窗。仕北周，累迁大将军。入隋，进位上大将军，封安乐郡公。奉诏参修律令。吐谷浑攻凉州，受命为行军元帅，统步骑数万败之。拜宁州刺史，以谋反罪被杀。

元勰(?—508) 北魏宗室。字彦和。孝文帝六弟。太和九年(485)，封始平王，后改彭城王，除中书监。从孝文帝南讨萧齐，除都督南征诸军事，大破齐军于新野、南阳(今属河南)。及帝患病，内侍医药，外总军国之务。宣武帝即位，为司徒、录尚书事。时外戚高肇掌朝政，诬其与京兆王元愉等谋反，被鸩杀。尚文史，曾撰《要略》三十卷等，已佚。

元兴 年号。(1)东汉和帝年号(105)。(2)三国吴末帝年号(264—265)。凡二年。(3)晋安帝年号(402—404)。凡三年。

元兴营缮都司 官署名。掌营缮工程。元文宗天历元年(1328)，置大兴规运提点所，置官五员。三年，改为元兴营缮都司，秩正四品，隶隆祥使司。置达鲁花赤、司令、大使、副使各一员。

元行冲(653—729) 唐河南(治今河南洛阳)人，名澹，以字行。北魏皇室后裔。进士出身。博学多识，尤善音律、训诂。累迁通事舍人。景云中，任太常少卿。以系出拓跋氏，而北魏无编年史，遂撰《魏典》三十卷，事详文简，学者赞之。开元初，为右散骑常侍、东都副留守。后升大理卿，转太子宾客、弘文馆学士等职，封常山郡公。继马怀素、褚无量未竟之业，组织学者撰古今书目《群书四部录》二百卷。又为玄宗所注《孝经》作疏，列于学官，为魏征所注《类礼》作《义疏》五十卷。今仅存《孝经疏》一卷、《疑疑论》一卷，《全唐文》存文三篇。

元行省丞相平章政事年表 书名。近人吴廷燮撰。一卷。元初沿金制，设置行省，但宪宗以前，名称不定，置罢不常。宪宗时开始，行省制度逐渐确立。是表所列限于行省丞相平章政事。卷末辑有题名录。汇入《历代方镇年表》。

元修 即"北魏孝武帝"。

元修义 北魏宗室。字寿安。孝文帝时为左将军、齐州刺史，为政宽和。及宣武帝立，在秦州任内多所受纳。迁吏部尚书后，论价授官，惟专货贿，中散大夫高居斥之为"大贼"。正光五年(524)，诏兼尚书右仆射，为西部行台，镇压莫折念生起义。性嗜酒，遇风病，无功而还。复出为雍州刺史，卒于州。

元诩 即"北魏孝明帝"。

元学 古代算学术语。清代数学家谢家禾综合研究古代天元术和四元术，以为都和方程有关。因归纳命名为元学，著有《衍元要义》一书。有道光十七年(1837)刊本行世。

元恂(483—497) 北魏孝文帝子。字元道，后改宣道。太和十七年(493)，立为皇太子。及帝南征，留守洛阳。体貌肥大，苦河南暑热，意欲返北。又私着胡服，为中庶子高道悦切谏，恨之。二十年，与左右谋奔平城(今山西大同北)，手刃道悦于禁中。帝杖之，废为庶人，置以河阳无鼻城(今河南孟州西南)。御史中尉李彪密奏其谋逆，赐死。

元延 西汉成帝年号(前12—前9)。凡四年。

元延明(?—约530) 北魏宗室。袭爵安丰王。博识多闻，初为太中大夫。孝明帝时为豫州刺史，以政绩累迁侍中。受诏与侍中崔光定服制。及徐州刺史元法僧反，以为东道行台讨之。寻迁徐州刺史。孝庄帝时兼尚书令、大司马。北海王元颢攻入洛阳时，颇受委寄，旋因颢败而奔梁。死于江南。著述甚丰，有诗赋铭颂三百余篇，又撰《五经宗略》、《诗礼别义》及《列仙传》。另与河间人信都芳共撰《古今乐事》九章十二图。皆行于世。

元遥 北魏宗室。字太原。初以左卫将军随孝文帝南下攻齐,赐爵饶阳男。宣武帝立,拜冀州刺史,寻加右光禄大夫。延昌四年(515),诏为使持节、都督北征诸军事,镇压冀州沙门法庆起事,转战数月,俘杀法庆及其妻尼惠晖等。后病卒。

元晔(?—532) 北魏宗室。字华兴,小字盆子。起家秘书郎,稍迁通直散骑常侍。孝庄帝时封长广王,出为太原太守,行并州事。永安三年(530),天柱大将军尔朱荣为孝庄帝所杀,尔朱世隆与尔朱兆奔并州立之为帝,改元建明。次年被废。节闵帝即位,改封东海王。孝武帝时被杀。

元一 东晋葛洪哲学术语。《抱朴子·畅玄》:“玄者,自然之始祖,而万殊之大宗也。”“玄”与“道”一样,均为无所不在、无所不有、无所不为、无所不能的宇宙本体。从“玄”中产生“元一”,“胎胞元一,范铸两仪;吐纳大始,鼓冶亿类”。“元一”为宇宙之原始形态,从“玄”到万物之中介体。在方术中还有“守元一”、“守真一”的通神之法,其实都是神化的气功中法门。

元一统志 见“大元大一统志”。

元仪(?—409) 北魏宗室。代王拓跋什翼犍孙。有算略,善骑射。赐爵九原公。登国六年(391),从道武帝征匈奴刘卫辰,封东平公。受命督屯田于河北五原至棝阳塞外,分农稼,大得人心。及后燕平,迁尚书令。后为左丞相,封卫王。又从征高车,自西北破其别部。矜功恃宠,遂与宜都公穆崇谋叛,寻被赐死。

元遗山 即“元好问”。

元颐(?—500) 北魏宗室。本名安寿。得孝文帝赐名,袭爵阳平王。累迁怀朔镇大将,都督三道诸军事。与帝议攻柔然,寻大破之,除朔州刺史。时恒州刺史穆泰谋反,欲推其为主。不从,并密以状闻,致使泰等伏诛。宣武帝立,改拜青州刺史。卒谥庄王。

元怿(487—520) 北魏宗室。字宣仁。孝文帝第四子。太和二十一年(497),封清河王。宣武帝初,拜侍中,转尚书左仆射。延昌元年(512),任司空。孝明帝初,灵太后临朝,迁太尉,以帝叔预朝政。为领军元叉所嫉妒,诬其谋反,得雪乃释。自以忠而遭谤,乃鸠集往昔忠烈之士,著《显忠录》二十卷明志。正光元年(520),为叉所杀。四年,追封范阳王。改葬于洛阳瀍河西邙山。

元怿墓志 北魏碑刻。刻于孝昌元年(525)十一月。志石高99.5厘米,宽100厘米,厚20厘米,为洛阳出土之北魏墓志最大者。志文阴刻魏体,三十二行,行三十二字。其书端严方正,字划清晰,刚劲秀拔,渐脱魏体,已近楷书。志文所载,可与史传相印证。1960年于洛阳金沟征得志石,现藏洛阳石刻艺术馆。

元英(?—510) 北魏宗室。字虎儿。袭封南安王。初为武川镇都大将。随孝文帝南下攻齐,败梁州刺史萧鸾,以功迁安南大将军,镇荆州。太和二十三年(499)为齐太尉陈显达所败,免官。及宣武帝即位,为使持节、假镇南将军南讨,下义阳(今河南信阳),克三关,封爵中山王。正始三年(506),乘胜进围钟离(今安徽凤阳东北),终为梁军所败,案劾处死,诏恕死为民。后复爵。时义阳三关之戍降梁,乃诏以假征南将军,与邢峦共讨之,擒来援之梁将二十六人,以功除尚书仆射。旋卒。

元英宫 战国时燕国宫名。在今北京城西南。《史记·乐毅列传》:“大吕陈于元英。”张守节正义引《括地志》云:“燕元英、磿室二宫,皆燕宫,在幽州蓟县西四里宁台之下。”

元英宗(1303—1323) 即硕德八剌。元代皇帝。公元1320—1323年在位。元仁宗子。幼从汉儒读经史。延祐七年(1320)三月,即帝位。任拜住为左丞相,以谋废立罪杀太皇太后答己之幸臣黑驴、失烈门、亦烈失八及原左丞相阿散等,疏远右丞相铁木迭儿。次年,改元至治。至治二年(1322),铁木迭儿与答己相继病死,以拜住为右丞相;以罪杀铁木迭儿子宣政院使八思吉思。次年,颁《大元通制》,行助役法。八月,在上都以西之南坡被铁木迭儿义子、御史大夫铁失等刺死。蒙语尊号格坚皇帝。庙号英宗。

元英宗实录 书名。元吴澄、曹元用、马祖常、谢端等撰。四十卷。附《事目》八卷,《制诰录》二卷。始修于泰定元年(1324)十二月,完成于至顺元年(1330)五月。已佚。

元雍(?—528) 北魏献文帝子,孝文帝弟。字思穆。先封颍川王,改封高阳王。宣武帝时,屡迁司空,议定律令。孝明帝正光元年(520),进位丞相,与侍中元叉同决庶政。富贵冠一国,一食值钱数万,有僮仆六千,伎女五百,曾与河间王元琛斗富。孝庄帝初,大都督尔朱荣发动河阴之变,被杀。

元祐 宋哲宗年号(1086—1094)。凡九年。

元祐党籍碑 宋代摩崖石刻。在今广西桂林市东七星山瑶光峰下的龙隐岩。北宋徽宗时蔡京专权,把元祐、元符间司马光、文彦博、苏轼、黄庭坚、秦观等三百零九人列为奸党,将姓名刻石颁布天下,后诏毁其碑。现存碑刻为南宋庆元四年(1198)梁律据家藏旧本重刻。碑距地丈余,额有蔡京手书“元祐党籍”四字。久经风雨侵蚀,文字已模糊不清,但尚可辨认。是国内仅存较完整的一块。

元祐党人碑 北宋崇宁元年(1102),宋徽宗用蔡京为相,以崇奉熙宁新法为名,否定建中初政。又令籍定元祐旧党姓名,蔡京开列文彦博、司马光、苏轼等一百二十人,其中包括新党陆佃等,悉称奸党。御书刻石,立于端礼门及各地官厅。三年,又重定元祐、元符党人及上书反对绍述者,共三百零九人,其中包括新党曾布、章惇等,御书刻石于文德殿门东壁,蔡京手书刻石于各州县。入碑籍者皆受迫害。

元祐党人传 书名。清陆心源撰。十卷。宋元祐党人碑列名三百零九人的传记合集。其中一百一十二人节录自《宋史》本传,对原传舛误作了勘正,而因属附传致事迹不详者亦有所增益,其他诸传则由陆氏参稽群籍为之辑补。末卷为《党禁始末》,总承全书。为研究元祐党争史的专书。

元祐法式 即元祐《营造法式》。参见“营造法式”。

元祐更化 北宋哲宗元祐年间废除熙宁、元丰时新法的事件。元丰八年(1085),神宗死,子煦(哲宗)继位,年幼,祖母宣仁太后高氏垂帘听政,陆续起用司马光、吕公著、范纯仁、吕大防等,废除神宗与王安石推行的大部分新法,贬黜熙宁、元丰时用事诸臣,停止使用王安石《三经新义》为科举考试的根据,修改熙宁、元丰时史官纪录,重新编纂《神宗实录》。此外,还将神宗时所取米脂等四寨还给西夏。

元祐库 官库名。北宋元祐三年(1088),改封桩钱物库置,属尚书省左右司,掌收储江南、荆湖、福建、成都府诸路运至京师之封桩钱物。

元余(?—452) 北魏宗室。太武帝少子。太平真君三年(442),封吴王,后改封南安王。正平二年(452),太武帝被杀后为中常侍宗爱所立,改元承平。自以违次而帝,乃厚赏群下,府藏因之虚竭。好声色,大权旁落宰相宗爱之手。同年十月,欲诛宗爱,反而被杀。及文成帝立,葬以王礼,谥隐。

元愉(488—508) 北魏孝文帝之子。字宣德。封京兆王。宣武帝初,为护军将军,迁中书监。好文章,颇著诗赋,招四方儒士宾客数十人馆而礼之。崇信佛道,竟慕奢丽,乃贪纵不法。出为冀州刺史。永平元年(508),于州谋反称帝,改元建平。后被尚书李平执送京师,于途中卒。

元羽(470—501) 北魏宗室。字叔翻。孝文帝弟。太和九年(485),封广陵王。少有声誉,善断狱。为大理。孝文帝为迁都洛阳,以攻齐为名率军南下时,与太尉元丕留守代京平城(今山西大同),除使持节,都督青、齐、光、南青四州诸军事。宣武帝即位,迁司州牧,后转司徒、司空。后于夜游时被宿仇狙击,伤重死。

元彧(?—531) 北魏宗室。本名亮,字仕明,又字文若。袭封济南王,改临淮王。宣武帝时,拜前军将军。累迁侍中,兼尚书右仆射。六镇起事后,率军镇压,败还。及尔朱荣发动河阴之变,南奔梁。后梁武帝以礼遣还,除尚书令。永安三年(530),任司徒。年底,尔朱兆攻入洛阳,遭殴杀。

元裕宗 即“真金”。

元渊(?—526) 唐人避讳作元深。北魏宗室。字智远。袭封广阳王。孝明帝时为恒州刺史,在州多受纳。正光四年(523),诏以为北道大都督,从尚书令李崇征讨破六韩拔陵。及崇征还,乃专总戎政。未几,上书乞还京师,为侍中、右卫将军。孝昌二年(526)复领大都督,与章武王元融、相州刺史裴衍出讨鲜于修礼。军抵交津,使人离间修礼。及修礼为部下元洪业所杀,葛荣复杀元洪业自立,北度瀛州,乃率众北转追之。后融为荣所败,遂退走定州。兵抵州南时,刺史杨津疑其有异志,遂又出走。行至博陵郡(治今河北蠡县南)界,为葛荣游骑所执,被杀。

元悦(?—533) 北魏孝文帝子。好读佛经,览书史。封汝南王,累迁开府仪同三司。熙平二年(517),坐杀人免官。及领军将军元叉擅权,因附于叉,得为侍中、太尉。迁太保,出为徐州刺史。值大都督尔朱荣入洛,乃投奔南朝梁,被立为魏主,年号更兴。后还京。孝武帝初为侍中、大司马。寻被杀。

元云(?—481) 北魏宗室。文成帝弟。和平五年(464),封任城王。献文帝时拜都督中外诸军事。从帝北伐柔然,复击平仇池氐,以功除开府、徐州刺史。寻迁冀州刺史,甚得下情。孝文帝闻而嘉之,迁长安镇都大将、雍州刺史。挫抑豪强,廉谨自修。卒陪葬云中之金陵。

元载(?—777) 唐凤翔岐山(今属陕西)人,字公辅。家本寒微,随母嫁景氏,冒姓元氏。嗜学善文。天宝初,举老、庄、列、文子高第。至德中,累迁户部侍郎。宝应元年(762)以租庸使往江淮,按籍征八年逋欠租调,扰民甚剧。寻充度支、转运使。结附宦官李辅国擢同平章事。代宗立,进中书侍郎,仍同平章事,委刘晏以度支钱谷事。大历五年(770),预谋杀宦官鱼朝恩,恃功骄肆,自以为一时无两,结党营私,堵塞言路,卖官纳贿。膏腴别业,疆畛相望。但颇知边事,曾用马璘、郭子仪屯边御吐蕃。后以权势过盛,为代宗所杀。有集十卷,已佚,《全唐文》存文六篇,《全唐诗》存诗一首。

元昭宗 即“爱猷识理达腊”。

元照(1048—1116) 北宋僧人。字湛然,俗姓唐。杭州余杭(今浙江杭州西)人。为允堪再传弟子。先习天台教观,同时博究诸宗。元丰后,始专宗律学,后住持杭州灵芝崇福寺三十余年,时称“灵芝律师”。曾为高丽僧统义天演讲律宗要旨,并授菩萨戒,著述流行高丽。主张戒律与净土并重,又以天台教义注释律部,为律宗中兴大师。绍兴中,追谥“大智律师”。著有《行事钞资持记》、《羯磨疏济缘记》、《戒疏行宗记》及《芝园集》等。

元贞 元成宗年号(1295—1297)。凡三年。

元桢(447—496) 北魏宗室。皇兴二年(468),封南安王。孝文帝时屡迁长安镇都大将、雍州刺史。因聚敛肆情,被削除封爵,禁锢终身。后以议定迁都,复封南安王。为镇北大将军、相州刺史。

元稹(779—831) 唐河南洛阳人,字微之,别字威明。北魏拓跋(元)氏后裔。生于万年(今属陕西),九岁能赋诗文。贞元九年(793)以明经擢第。十九年,中书判拔萃科。后应制举,历校书郎、左拾遗、监察御史。曾上疏论谏,分司东都。弹劾不法官吏,得罪权贵。元和五年(810),贬江陵府士曹参军。历通州司马,虢州长史。十四年入为膳部员外郎。穆宗即位,读其《连昌宫词》悦之,授祠部郎中、知制诰。长庆元年(821),转中书舍人、翰林学士。自此与宦官交结,为皇帝所重,排斥裴度。次年,拜同平章事。旋因李逢吉诬告罢相,出为同州刺史,曾均定当地税籍。三年,转越州刺史、浙东观察使。后暴卒于武昌节度使任。善写讽喻诗,代表作有《织妇词》、《田家词》、《连昌宫词》等,其悼亡诗感情真挚。传奇有《莺莺传》,为后世《西厢记》取材。与白居易友善,共倡新乐府运动,世称“元白”。有《元氏长庆集》。1983年中华书局出版点校本《元稹集》。

元志(?—524)　北魏宗室。字猛略。河间公齐孙(一作子)。孝文帝时任洛阳令,不避强御。及随帝南征,有箭射帝,以身障之,乃丧一目。孝明帝时,除扬州刺史,赐爵建忠伯。转雍州刺史,华侈聚敛。正光五年(524)以为西征都督,出讨关陇莫折念生,败还岐州(今陕西凤翔南)。旋为城民锁送念生,被杀。

元胄(?—604)　隋河南洛阳人。北魏什翼犍后裔。少英勇,多武艺。仕北周,官至大将军。杨坚为相,引为心腹。入隋,进位上柱国,封武陵郡公。迁右卫大将军。历任豫、亳、浙三州刺史。拜灵州总管,以御突厥。复为右卫大将军。开皇二十年(600)参预废太子杨勇之谋。蜀王杨秀获罪,坐除名。炀帝即位,仍不得调。因与丘和议政,被和告发,处死。

元子攸　即“北魏孝庄帝”。

邧　古邑名。春秋秦地。在今陕西澄城县南。《左传》文公四年(前623):“晋侯伐秦,围邧、新城。”战国称元里。

园丞　官名。西汉置,属太常,掌守陵园。东汉沿置,员一人,秩三百石。南朝宋华林园丞亦省称园丞。唐太子家令寺典仓署置二人,掌园圃种植之事。

园池令　官名。西晋置,隶大鸿胪,掌皇家园林、温泉。东晋省。北齐复置,为园池署长官,隶长秋寺,有丞为副。

园地　清代内务府、王公宗室及八旗官员庄田之一种。内务府园地有菜园、瓜园、果园地,每所选园头一名,给园地十九垧,后改为九顷。王公宗室园地,自亲王至奉恩将军,区别等级给园地一千八百亩至六十亩不等。八旗官员所给园地亦多寡不同。

园户　❶宋时种茶农户。榷茶地区园户无权支配自己生产的茶叶,用茶输纳赋税,按官定岁课和茶价卖纳茶课,或按额将茶叶售给专卖茶商,不得私卖。园户对封建官府的隶属关系和遭受的超经济剥削较一般农户为重。因植茶收入较多,其经济情况一般不低于农户。非榷茶地区园户对所生产的茶叶,有一定的支配权,其地位和经济情况较榷茶地区为优。❷即种菜户。明代南北两京光禄寺所有蔬菜地之特定人户。弘治十五年(1502)规定:每户量留二三丁供役,其余丁多者,悉查出当差。如有投充影射者,发边卫充军。

园陵坟地　帝王陵墓所占土地。明制,占地内设有卫所、祠祭署、神宫监、神马房、宰牲亭等,房室多至数百间。隙地则由陵户耕种,并多为果园,以所产供给祭祠诸用项。诸王墓亦有占地,正统十三年(1448)定:亲王坟茔地五十亩,房五十间;郡王三十亩,房九间;郡王之子二十亩,房三间;郡主十亩,房三间。

园陵啬夫　官名。掌管帝王园陵。东汉光武帝时置。《后汉书·城阳恭王祉传》:“(建武)十八年,立考侯、康侯庙,比园陵,置啬夫。”李贤注:“啬夫本乡官,主知赋役多少,平其差品,园陵置之,知祭祀、征求诸事。”

园令　官名。(1)主管陵园官。西汉置,属太常,有丞。东汉定置一人,秩六百石,丞一人,三百石。(2)主管园林官。南朝宋置华林园令,简称园令。

园圃　专门种植蔬菜、果树之农用地。原始农业发生后,蔬菜、果树类作物与谷物长时期混种在一起。大约自夏、商、周时期逐渐分开。西周时,圃仍属场圃结合形式,春夏种菜,秋冬之时,筑而为场,用以堆谷和脱粒。《诗·豳风·七月》:“九月筑场圃,十月纳禾稼。”樊迟向孔子请学“为稼”、“为圃”,孔子回答说:“吾不如老农”、“吾不如老圃”。说明春秋时期园圃业已从大田农业分离出来成为一个独立生产部门。后代园圃各有分工,“园”专种果树,“圃”专种蔬菜。

园寝　清代指妃嫔及皇子等墓穴所在地。多位于皇帝陵墓之侧。

园头　清代内务府官庄菜园、瓜园、果园之生产管理者。每园设一名,下辖壮丁五人或十人。从政府领得园地、牛具、种籽,管理壮丁进行生产,向内务府缴纳蔬菜、瓜果或一定数量的折征银。

园冶　书名。明计成撰。三卷。崇祯四年(1631)成稿,七年刊行。系造园专著。卷一内容由兴造论和园说两篇组成,“兴造论”阐明造园的指导思想,指出园林的特点是因地制宜,灵活布置,在设计和建造过程中要始终贯穿“巧于因借,精在体宜”。“园说”分(一)相地、(二)立基、(三)屋宇、(四)装折。卷二栏杆主述栏杆图式。卷三为(五)门窗、(六)墙垣、(七)铺地、(八)掇山、(九)选石、(十)借景。共十部分,加上栏杆为十一部分。系统阐述了造园的具体手法。还绘有园林建筑和细部图式二百三十余幅。是一部关于造园理论的优秀著作。陈植有《园冶注释》,1981年中国建筑工业出版社出版。

员程　兴建工程所用人数和时间指标。《睡虎地秦墓竹简·为吏之道》:“徒隶攻丈,作务员程。”《汉书·尹翁归传》:“责以员程,不得取代,不中程,辄笞督。”颜师古注:“员,数也,计其人及日数为功程。”

员外　❶官制用语。指定员,即正员之外添置之官。魏、晋、南北朝多有设置,初无员额,后渐成定员。如员外散骑常侍、员外散骑侍郎、员外将军、员外司马督等等,多为闲职,用以安置闲退官员。隋因之。唐高宗至唐中宗时,人数剧增,给俸禄,使厘务,以至有与正员争事相殴者,后罢员外厘务。唐玄宗尽罢员外官,唯以皇亲及有战功者特行录用,后又以员外官安置贬谪官员。称“员外置同正员”者,享受俸禄、待遇等与正员相同。❷南诏官。位大军将下,犹唐代试官,是一种带衔,无实事。❸六部诸司员外郎的简称。❹称谓。指富豪和有地位的士绅。因员外或可捐买,故名。

员外将军　即正员限额以外添授的将军。南北朝时期为殿中员外将军的省称。隋代为殿内员外将军的省称。

员外郎　❶魏、晋、南北朝员外散骑侍郎的简称。❷官名。隋开皇六年(586)始置,为尚书省六部诸司副长官。大业三年(607)废,改置承务郎行其事。唐武德三年(620)复置,为六部诸司副长官,从六品上,与郎中通称郎官。永昌元年(689),尚书都省左、右司亦置为副长官。北宋初皆为六品寄禄官,元丰改制后复为职事官。辽南面官亦置,但无事权。金、元左、右司沿置,六部不设诸司,故与侍郎、郎中并为尚书的佐官,仍从六品。明洪武六年(1373)罢中书省,六部直属皇帝,下属诸司以郎中、员外郎、主事为各司官的三个级别,以次递升。员外郎从五品,简称外郎或员外,通称副郎。清代称副理事官,顺治元年(1644)改为员外郎。六部诸司以外,理藩院各司、宗人府、太仆寺、内务府、步军统领衙门、陵寝衙门等官署皆置,制同六部诸司,为郎中副贰。宗人府、陵寝衙门专任满人,其余则满、蒙、汉参用。雍正二年(1724),宗人府所属员外郎复名副理事官。清末先后设立外务部、民政部、度支部、学部、陆军部、法部、农工商部、邮传部等,所属各司皆置。❸隋炀帝时谒者台属官,八十人,掌出使。❹宋代校书郎等官的俗称。

员外散骑常侍 官名。初为正员之外添差之散骑常侍,无员数,后为定员官。三国魏末置,两晋、南朝、北魏、北齐沿置。属散骑省(东省、集书省)。初多授公族、宗室,虽是闲职,仍为显官。南朝宋以后常用以安置闲退官员、衰老之士,地位渐低。至梁武帝天监六年(507)复重其选,以其职依正员,品视黄门郎,但终不为人所重。梁十班,陈四品。北魏置六员,孝文帝太和十七年(493)定为从二品上,二十三年改五品上。北齐置二十员,五品。隋初属门下省,与散骑常侍等并掌立朝当班、陪从顾问。员六人,正五品上。隋文帝开皇六年(586)废。

员外散骑侍郎 官名。初为正员之外添差之散骑侍郎,无员数,后成定员官。西晋武帝始置,南朝、北魏、北齐沿置,属散骑省(东省、集书省)。初多以公族、功臣子充任,为闲散之职,常用以安置闲退官员、衰老人士。南朝陈为三公之子起家官。梁三班,陈七品。北魏初沿例授予南朝北奔之士,班比吏部郎,员六人,孝文帝太和十七年(493)定为从四品下,二十三年改七品上。北齐此官所授颇滥,集书省设一百二十员,七品上。隋初为门下省属官,职掌同散骑常侍,兼掌出使劳问,从五品。炀帝大业三年(607)废。唐初复置,其后无闻。

沅陵郡 南朝陈天嘉元年(560)分武陵郡置通宁郡,太建七年(575)改名。治沅陵县。隋开皇九年(589)废。大业三年(607)改辰州复置。辖境相当今湖南沅陵县以西、以南的沅江流域和贵州清水江(沅江上游)下游一带。唐武德四年(621)改为辰州。

沅陵县 西汉初置。治今湖南沅陵县西南,北枕沅江。属武陵郡。南朝陈移今治。为沅陵郡治。隋至宋为辰州,元为辰州路,明清为辰州府治。西汉高后元年(前 187)封长沙王吴芮子吴阳为沅陵侯,即此。县东北有壶头山,高一百里,广圆三百里,东汉马援攻五溪蛮营于此,遇瘴病死。

沅南县 东汉建武二十六年(50)置。因在沅水之阴得名。县城乃上年马援征武陵五溪蛮时所筑,在今湖南桃源县东北。属武陵郡。隋开皇九年(589)并入武陵县。

沅水 即今湖南沅江。东汉建武二十三年(47)武陵蛮反,遣刘尚将兵由沅水入武溪击之,即此。

沅湘耆旧集 书名。清邓显鹤编辑。前编四十卷,本编二百卷。前编为邓氏取其子邓琮历年所辑沅湘地区晋宋至元代的公卿、布衣、闺阁、释道三百三十家所作诗二千二百三十余首,对作者生平履历及其著述情况,也有较详介绍。显鹤所辑称为本篇,辑沅湘明至清诗人一千六百九十九人,诗一万五千六百八十首,体例同前编。沅湘地区诗人文献大抵都汇集于是书,以表彰乡邦文人学者的事迹。其中收集的俚语、民歌、农谚以及少数民族和矿工、盐贩的谣歌,均反映了历史内容、地方风尚。

沅湘通艺录 书名。清末江标辑。八卷,附二卷。江氏任湖南学政,尝整顿校经书院,与陈宝箴、黄遵宪等创办时务学堂,提倡新学,创行新政。此编即辑当世人士有关维新论著而成。分经、史、掌故、舆地、算学、词章、四书文七门。所选阐释经义、考辨史地、议论文词等文,均较精要。蔡钟濬《各国君主民主君民共主表》,陈为镒《拟西学通考凡例》,唐才常《尊新》、《拟自造各种机器遏洋货利权议》,姚炳奎《魏氏〈海国图志〉近日应改应增条例》等皆辑入。有光绪二十三年(1897)刊本。

沅州 唐贞观八年(634)分辰州置巫州,天授二年(691)改沅州。治龙标县(今洪江市西北黔城镇)。辖境相当今湖南怀化、芷江、会同、靖州、通道、新晃及贵州天柱等市、县地。长安三年(703)分西部置舞州(后改业州),略有缩小。开元十三年(725)又改为巫州,大历五年(770)改为叙州,北宋熙宁七年(1074)复为沅州。属荆湖北路。移治卢阳县(今芷江县)。绍圣以后辖境相当今怀化、芷江、洪江、麻阳、新晃等市、县地。元至元十四年(1277)升为沅州路,1364 年朱元璋改为沅州府,明洪武九年(1376)复降为州,以州治卢阳县并入,属辰州府。清乾隆元年(1736)升为沅州府。

沅州府 元至正二十四年(1364)朱元璋改沅州路置。属湖广行省。治卢阳县(今芷江县)。辖境相当今湖南怀化、芷江、洪江、麻阳、新晃等市、县地。明洪武九年(1376)降为州,清乾隆元年(1736)又升为府。属湖南省。治芷江县。嘉庆二十二年(1817)分今新晃县地置晃州直隶厅,辖境缩小。1913 年废。

沅州路 元至元十四年(1277)升沅州置。属湖广行省。治卢阳县(今芷江县)。辖境相当今湖南怀化、芷江、洪江、麻阳、新晃等市、县地。元至正二十四年(1364)朱元璋改为沅州府。

垣 ❶建筑名词。即矮墙。❷天文术语。(1)星官名,如紫微垣十五星,太微垣十星,天市垣二十二星。(2)天区名。《步天歌》将全部天空分为三垣二十八宿三十一个天区。三垣天区即上垣太微垣,中垣紫微垣,下垣天市垣。每垣均包括若干星官。

❸数学名词。其形状同堑。故用同一公式求其体积。❹战国魏邑。因境内王屋山如垣,故又名王垣。在今山西垣曲县东南王茅。《史记·魏世家》:武侯二年(前394),"城安邑、王垣";《秦本纪》:昭襄王十五年(前292),"大良造白起攻魏,取垣,复予之",皆即此。西汉置垣县。

垣苗城　在今山东长清县西南。南朝宋武帝西征,令垣苗镇此,因名。《资治通鉴》:泰始三年(467),肥城、垣苗、糜沟等戍皆不附魏,既而为魏将慕容白曜攻克,即此。

垣商　又称场商。清代指收购场盐再转售于运商之商人。原在运商下承领资本,后自行出资立垣收购。亦有自置亭池兼营盐业生产者。

垣县　❶西汉置,在今山西垣曲县东南王茅。属河东郡。东汉改为东垣县。❷隋大业三年(607)改亳城县置,在今山西垣曲县东南古城。属绛郡。唐武德中为邵州治。贞观以后属绛州(龙朔、长安间曾属洛州,贞元、元和间曾属陕州)。北宋改为垣曲县。

垣雍　即衡雍。在今河南原阳县西南原武西北。《史记·秦本纪》昭襄王四十八年(前259):"韩献垣雍";又《魏世家》:信陵君谓魏王曰:秦"有郑地,得垣雍",皆即此。

爰得县　西汉置。治今甘肃泾川县东南。属安定郡。东汉废。北魏复置,属新平郡,北周又废。

爰金　见"楚金币"。

爰历(歷)篇　字书名。秦赵高撰,与李斯《苍颉篇》、胡母敬《博学篇》同为秦统一后官定识字读本,兼为文字规范,其字体为小篆。《汉书·艺文志》合三书著录为"苍颉一篇",而注曰"爰历六章"。书久佚。参见"苍颉篇"。

爰陵　战国楚邑。即宛陵。在今安徽宣州市。《鄂君启节》铭文:"内入浍江,庚爰陵",即此。

爰娄　古邑名。《春秋》作袁娄。春秋齐地。在今山东淄博市临淄西。《左传》成公二年(前589):"晋师及齐国佐盟于爰娄,使齐人归我汶阳之田",即此。

爰戚县　秦置。治今山东嘉祥县西南。《史记·曹相国世家》:秦二世二年(前208),"击章邯车骑,攻爰戚及亢父",即此。西汉为侯国,汉高帝六年(前201)封赵成为爰戚侯。属山阳郡。东汉废。

爰骞　战国时中山国大臣。与季辛有隙。因中山相司马喜亦恶季辛,司马喜使人将其暗杀以嫁祸季辛。中山君闻他被杀,误以为季辛所为,遂杀季辛。见《韩非子·内储说下》。

爰书　古代司法机关通行记录囚犯供词的文书。《汉书·张汤传》颜师古注:"爰,换也,以文书代换其口辞也。"王先谦补注:"传爰书者,传囚辞而著之文书。"《睡虎地秦墓竹简》和《居延汉简》中均有爰书,其内容包括司法案件的诉辞、供辞,现场检验记录和案件的综合性报告。秦汉以后历朝沿其制,并规定须由主审官员据人犯招供亲自定稿,并连同有关案卷咨揭刑部备案复核,由刑科稽察。重大案情则须由三法司会勘,或九卿会议,再报皇帝裁决。

爰田　东周时的一种土地制度。爰亦作辕、趄,义为变换。春秋初年,晋惠公兵败被俘,为争取支持,"朝国人而以君命赏,……晋于是乎作爰田"(《左传·僖公十五年》)。战国中期商鞅变法也"制辕田,开阡陌"(《汉书·地理志》)。其内容或说是废除按村社体制集体耕作的井田制,把田地分授给农民以个体小农方式经营。或说爰田即赏田,为晋君加赐国人的田地。

爰延　东汉陈留外黄(今河南民权西北)人,字季平。桓帝时为博士,迁侍中。后历任五官中郎将、魏郡太守、大鸿胪等职,曾借灾异上封事谏劝灵帝"除左右之权,寤宦官之敝"。因病免归,旋卒。

捐毒国　汉代西域国名。时王治衍敦谷(今新疆乌恰县西北),或谓在今帕米尔北部阿赖谷地一带。属西域都护。

袁安(?—92)　东汉汝南汝阳(今河南商水西北)人,字邵公。少传家业,习《孟氏易》。曾举孝廉,除郡县长吏。明帝永平中,三府举荐,拜楚郡太守。案验楚王刘英谋逆案所株连者,赦出四百余家。征为河南尹,治政严明。在职十年,名重朝廷。章帝建初八年(83),迁太仆,后为司空、司徒。和帝即位,外戚窦宪兄弟专权,尽树亲党于诸郡,赋敛吏人,贿赂公行,遂与司空任隗举奏诸二千石,连及贬秩免官者四十余人。其子孙世代公卿,"汝南袁氏"为东汉著名世家大族。

袁盎(?—前148)　或作爰盎。西汉内史安陵(今陕西咸阳东北)人,字丝。文帝时为郎中。见淮南王长擅杀辟阳侯审食其,恐诸侯王太骄生患,建议削地以弱其势。文帝不听。后刘长果以谋反获罪,迁蜀绝食而死。乃请立其三子为王,由此名重朝廷。历任陇西都尉、齐相、吴相。素与晁错交恶。景帝时,错为御史大夫,使吏案其受吴王财物事,遂被废为庶人。吴楚七国反,密劝景帝斩错以谢吴,旋为太常使吴,吴王濞欲杀之,得脱逃归。七国乱平,为楚相。病免家居,景帝时时使人咨询。后因谏止立梁孝王为帝嗣,被梁刺客所杀。

袁保恒(1826—1878)　清河南项城人,字小午。道光进士。改庶吉士,散馆授编修。咸丰三年(1853)赴安徽随父袁甲三镇压太平军和捻军。十一年率军平定苗沛霖部起事。同治元年(1862)叙功擢翰林院侍讲。七年赴李鸿章军营助攻捻军。旋奉命赴陕甘总督左宗棠军营听用。十三年返京,历任内阁学士、户部和刑部左侍郎等职。光绪三年(1877)末,奉旨帮办河南赈务,卒于任。

袁彬　明江西新昌(今宜丰)人,字文质。正统末,以锦衣校尉从明英宗北征。*土木之变,也先拥帝北去,从官悉奔散,他独随侍,不离左右。英宗复辟,擢指挥佥事,进同知,奏请无不从。进指挥使,掌卫事。以平曹钦功,进都指挥佥事。门达弄权,独不屈,被诬调南京带俸闲住。英宗死,复原官仍掌卫事。成化初,进都指挥同知,又进都指挥使。十三年(1477)擢都督佥事,莅前军都督府,卒于官。

袁粲(420—477)　南朝宋陈郡阳夏(今河南太

康)人,亦名愍孙,字景倩。太子左卫率袁淑侄。初为扬州从事。明帝末,为尚书令,领丹阳尹。受遗命辅后废帝,历吏部尚书、侍中。与褚渊、刘秉、萧道成并称"四贵"。负才尚气,虽位任隆重,不以事务经怀。元徽二年(474),桂阳王刘休范反,虽居母丧,仍上殿表示与社稷共存亡,以激励诸军。顺帝初,迁中书监,镇石头。知道成欲代宋,谋起兵诛之,事泄,反为其所杀。有集已佚。

袁昶(1846—1900) 清浙江桐庐人,字爽秋。光绪进士。光绪九年(1883)任总理各国事务衙门章京。十八年以员外郎出任徽宁池太广道。二十四年擢江宁布政使,旋调直隶。曾上书光绪帝要求改革,旋任总理衙门大臣。次年授光禄寺卿,转太常寺卿。二十六年义和团运动兴起,力主镇压。八国联军陷大沽,朝议和战,他反对围攻使馆和对外宣战,忤慈禧太后等人。七月与许景澄同时被杀。著有《于湖文录》、《渐西村人集》。未刊稿有《袁昶日记》。

袁敞(?—117) 东汉汝南汝阳(今河南商水西北)人,字叔平。袁安子。少传《易经》。以父任为太子舍人。和帝时,历任侍中、东郡太守、太仆、光禄勋。安帝元初中,拜司空。元初四年(117),坐子与尚书郎张俊交通、漏泄省中语,策免。复与外戚邓氏相忤,被迫自杀。

袁晁(?—764) 唐台州(治今浙江临海)人。出身小吏。宝应元年(762),唐廷追征江淮地区安史之乱以来租调,搜括粟帛,激起当地农民反抗。他于翁山(今浙江舟山东)率众起义,攻下台、信、温、明等州,众至二十万,建元宝胜(一作昇国),唐廷被迫减免浙东诸州租调。次年,为唐将李光弼部将张伯仪击败,被俘遇害。其弟袁瑛率五百骑退保宁海北紫溪洞,被围不屈饿死。

袁充(544—618) 隋陈郡阳夏(今河南太康)人,字德符。寓居丹阳(治今江苏南京)。好道术,善占候。初仕陈,历秘书郎、太子舍人、散骑常侍。入隋,领太史令。开皇二十年(600),迎合文帝意,假称观天文,当废太子杨勇。炀帝即位,他又称天象取媚,赏赐万计。大业六年(610),迁内史舍人。后从攻高丽,拜朝请大夫、秘书少监。隋末,民怨沸腾,义军四起,他仍以天文取悦炀帝。超拜秘书令。江都兵变时,与炀帝同被杀。

袁崇焕(1584—1630) 明广西藤县人,祖籍广东东莞,字元素,号自如。万历进士。授邵武知县。天启二年(1622)擢兵部职方主事,单骑出关巡察辽东,还京后遂自请守辽。超擢宁前兵备佥事。助孙承宗筑宁远,设宁锦防线御敌。孙承宗罢,高第继任,主张放弃关外。他坚守宁远不撤。五年,进按察使。六年守宁远,用红夷炮击败努尔哈赤,以功授辽东巡抚。次年败皇太极,获宁锦大捷。受魏忠贤排挤去职。崇祯元年(1628)起为兵部尚书,兼右副都御史,督师蓟辽、登莱、天津军务,镇宁远。二年,杀悍将毛文龙。不久率师解北京之危。因崇祯帝中后金反间计,下狱。次年被杀。善赋诗,所作寄托忧国之情,激昂慷慨,收入《袁督师遗集》。

袁大化(1851—1935) 安徽涡阳(今蒙城)人,字行南。清光绪三十二年(1906)以徐州道授山东按察使,后历任山东、河南布政使,署理河南、山东巡抚。宣统二年(1910)授新疆巡抚。次年镇压刘先俊领导的迪化(今乌鲁木齐)起义。三年调兵镇压伊犁新军起义。旋因"南北统一",袁世凯电令停战,乃宣布共和,并保举新疆原提法使兼镇迪道杨增新为都督。1917 年张勋复辟时曾授内阁议政大臣。后寓居天津。著有《抚新纪程》。

袁大捨 南朝陈人。为后主宫人,有文才,称女学士。每随后主游宴后庭,与诸贵人、狎客共赋新诗,互相赠答。

袁耽 晋梁国阳夏(今河南太康)人,字彦道。少以雄豪见称,与桓温善。温少时赌博负债,因随温与债主博,赢而戏之。咸和三年(328),苏峻叛乱,时为司徒王导参军,导使说降峻党路永。峻平,拜建威将军、历阳太守。咸康元年(335)石虎有游骑十余至历阳(今安徽和县)。他上奏敌情不言骑多少,朝廷震惧,致使王导以宰辅亲征。后闻系散骑已去,始解严。以妄报军情免官。后复为导从事中郎。卒年二十五。

袁翻(476—528) 北魏陈郡项县(今河南沈丘南)人,字景翔。初为奉朝请。景明初,为著作佐郎,参修史事。神龟末,除凉州刺史。正光二年(521)柔然两主阿那瓌和婆罗门相继以国乱来降,乃建议分其众于怀朔镇(今内蒙古固阳西南)北及西海(今内蒙古居延海)屯田。后迁中书令、度支尚书。武泰元年(528),于*河阴之变遇害。

袁甫 ❶西晋淮南历阳(今安徽和县)人,字公胄。好学,与才学见称之华谭齐名,以词辩称。尝诣中领军何勗,自言能为剧县令。勗问何不为台阁职?答以人各有能与不能,任人以职必先考虑其才能。勗善之,即任之为松滋令,转淮南国大农、郎中令。年八十余卒于家。❷宋庆元鄞县(今属浙江)人,字广微,号蒙斋。袁燮子。嘉定七年(1214)进士第一。为秘书省正字,极言内外局势可惧,请严守帅之选。迁秘书郎,复言边事之病,不在外而在内。历任提举江东常平、本路提点刑狱、福建转运判官,所至救灾除弊。入为中书舍人,屡言边事当以上流为急,议和恐误事。官至权兵部尚书、兼吏部尚书。著有《蒙斋集》、《蒙斋中庸讲义》等。

袁溉 南宋汝阴(今安徽阜阳)人,字道洁,世称德君子。隐士。初从二程学。闻蜀有薛翁者,以卖香自给,遂往求教,得其所学,"自六经百氏,下至博弈、小数、方术、兵书,无所不通。……于《易》、《礼》说尤邃"(《浪语集·袁先生传》)。认为辨别义理,"学者当自求之,他人之言善,非吾有"(同上)。人或劝其就试求官,则谓"官不可苟求也"。避地州西山中,死时年七十。

袁珙(1335—1410) 明浙江鄞县(今宁波)人,字廷玉,号柳庄居士。以善相术知名,经姚广孝荐于燕王朱棣,用相术促其起兵夺位。永乐初,因功授太常寺丞。卒后追赠太常少卿。著有《符台集》、《柳庄集》等。

袁瓌 东晋陈郡阳夏(今河南太康)人,字山甫。因避乱渡江。元帝以为丹阳令,后任治书御史、庐江太守、临川太守等。苏峻之乱时,与王舒共起兵讨伐,累迁散骑常侍、大司农、国子祭酒。咸康三年(337)上疏请兴儒教办国学以救时弊,主张"立人之道",应以《易》为首。成帝从之。江南国学之兴,自瓌始。旋以年近七十告老,寻卒。

袁纥 古部落名。高车之一部。维吾尔族先祖。游牧于鹿浑海(鄂尔浑河)西北。北魏太武帝北征,迫使高车数十万落南迁。孝文帝南侵,召漠南高车随征。高车不从,共推袁纥树者为主,相率北上,入柔然境。隋作韦纥,唐作回纥或回鹘。

袁宏(328—376) 东晋陈郡阳夏(今河南太康)人,字彦伯。善文章,曾作《咏史诗》,为安西将军谢尚所赏识,引为参军。后迁大司马桓温府记室,转吏部郎,出为东阳太守。在他以前,记载后汉事迹的史书已有十余种、数百卷,他认为或烦秽杂乱,或阙略而无次序,且各有错谬,互有同异;又以为撰史的目的是为了通古今而笃名教,而过去史书则表达不足。遂博采群书,重新撰作,历时八年,成《后汉纪》三十卷,深为后世推崇,与荀悦《汉纪》并称编年体断代史之佳作。但荀悦仅根据班固《汉书》一书予以删削,而袁宏则广集资料,抉择去取,自出鉴裁,更为难能可贵。又著有《竹林名士传》、《三国名臣颂》、《东征赋》、《北征赋》等。

袁宏道(1568—1610) 明湖广公安(今属湖北)人,字中郎,号石公。万历进士。授吴县知县。万历二十六年(1598)改顺天府(今北京)教授。历官国子监助教、礼部主事、考功员外郎等,立岁终考察群吏法。官至稽勋郎中。三十八年病归,卒于家。喜游山水,善诗文,反对复古摹拟,主张崇尚自然,与兄宗道、弟中道称"三袁",为公安派首领。著有《宗镜摄录》、《袁宏道诗文集》等。

袁化中(? —1625) 明山东武定(今惠民)人,字民谐,号熙宁。万历进士。天启初官至河南道御史。天启四年(1624)以助杨涟疏劾魏忠贤,忤帝意。次年下狱,受酷刑死。

袁涣 东汉末陈郡扶乐(今河南太康西北)人,字曜卿。汉司徒袁滂子。初为郡功曹,迁侍御史。刘备举为茂才。后避地江淮,为袁术所辟,旋为吕布拘留。布败,乃归曹操,拜为沛南部都尉。时募民屯田,民多逃亡。因谏顺民愿否以募,操从之,民大悦。建安十八年(213),为郎中令,行御史大夫事,居官数年卒。

袁黄 明浙江嘉善人,字坤仪,号了凡。万历进士。授宝坻知县。究心垦荒,主张对滨海碱卤地进行改造,提出筑岸以阻潮水,开沟以泄渍卤的措施。万历二十年(1592)任兵部职方主事,赴朝赞画御倭兵事。后遭劾归,久之卒,年七十四。著有《宝坻劝农书》、《祁嗣真诠》、《两行斋集》、《皇都水利》等。

袁继咸(1598—1646) 明末江西宜春人,字季通,号临侯。明天启进士。崇祯末累官至兵部右侍郎,兼右佥都御史。总督九江军务。南明弘光元年(顺治二年,1645)曾极力劝阻左良玉举兵东讨马士英。后良玉子梦庚率部降清,不从,被执送北京,不屈遇害。

袁家渡 即今贵州湄潭县南乌江渡口。明万历二十八年(1600)征播之役,杨应龙子朝栋率军渡乌江迎战,连为湖广总兵陈璘战败,把总吴应龙追及于袁家渡,即此。

袁甲三(1806—1863) 清河南项城人,字午桥。袁世凯从祖父。道光进士。历任主事、军机章京、江南道监察御史等职。咸丰三年(1853)命赴皖佐团练大臣吕贤基军务,专事镇压捻军。次年擢左副都御史。六年攻陷捻军据点雉河集,旋授太仆寺卿。九年命署钦差大臣,督办安徽军务,实授漕运总督。十一年败捻军张乐行部,又解散苗沛霖团练。有《袁端敏公奏议》。

袁江(? —约1746) 清江苏江都(今扬州)人,字文涛。善画山水楼阁。初学仇英,中年得无款古人画稿,遂吸取宋人画法。所作景物曲折有致,有清一代推为第一。雍正间供奉养心殿,在宫廷作画。

袁郊 唐陈郡汝南(今属河南)人,一作蔡州朗山(今河南确山)人,字子乾,一作之仪。懿宗时,为祠部(一作刑部)郎中。又曾为虢州刺史。昭宗时,为翰林学士。与温庭筠友善。著传奇小说《甘泽谣》一卷,多琐事轶闻,以《红线》一篇最为著名。《全唐诗》收诗四首。

袁桷(1266—1327) 元庆元鄞县(今浙江宁波)人,字伯长,号清容居士。出身南宋官僚世家。以茂才异等,举为丽泽书院山长。大德初,阎复等荐为翰林撰修。时初建南郊,进郊祀十议,礼官多采用之。后升应奉翰林文字、同知制诰,兼国史院编修官。至治元年(1321),迁侍讲学士,为丞相拜住所敬重。泰定初辞归。谥文清。在词林时,朝廷制册、勋臣碑铭,多出其手。对历代礼乐沿革,官吏迁次,百家诸子目录,士大夫族系,悉能推本溯源。师事戴表元。认为"先儒虽有理气之分,以命言之,其实一也"(《宋元学案》卷八十五)。仁义礼智是理,贫贱寿夭为气,人同受二者于天,谓之"不可移"之"命"。著有《清容居士集》、《澄怀集》、《延祐四明志》等。

袁凯 明松江华亭(今上海松江)人,字景文,自号海叟。元末为府吏。工诗文,有盛名。尤以《白燕诗》著称,因别号白燕。洪武三年(1370)荐授御史,为诸将说《四书》。后佐皇太子录囚,持法宽,忤帝意下狱。出狱后装疯归里。晚年优游江南山水,卒于家。著有《在野集》、《海叟集》。

袁朗 隋末唐初长安(今陕西西安)人。世为江左冠族。初仕陈,为秘书郎,累迁太子洗马,德教殿学士。陈亡徙长安。以文学见长。历尚书仪曹郎。唐武德初,齐王李元吉引为王府文学,转给事中。贞观中卒。有文集,已佚。

袁娄 春秋齐地。在今山东淄博市东北。《春秋》成公二年(前 589):"秋七月齐侯使国佐如师。己酉,及国佐盟于袁娄",即此。《左传》作"爰娄"。

袁枚(1716—1798) 清浙江仁和(今杭州)人,字子才,号简斋。后号随园,世称随园先生。乾隆进士。授翰林院编修,散馆历任溧水、江浦、江宁知县。后丁父忧归,绝意仕宦。从中年起,筑园林于江宁小仓山。博学多识,以诗称于世,洒脱不羁,对当时居统治地位的汉学、宋学均有抨击,又认为六经所言未必皆当。对诗歌创作,主张直抒性情,诗人应不失赤子之心,不为格律所拘,为清代诗坛中性灵派的主要代表。所作古文、骈文亦纵横跌宕,自成一家。时与纪昀齐名,有"南袁北纪"之称。喜奖掖士类,又提倡妇女文学,礼教之士讥其轻薄无行。所著有《小仓山房诗文集》、《随园诗话》、《子不语》等。

袁彭年 明末清初湖广公安(今属湖北)人,字介眉,别号特邱。明崇祯进士,官礼部主事。南明弘光立,任礼科给事中。隆武朝任原官。闽陷,降清,被李成栋荐为广东提学副使。后随成栋复归南明,擢左都御史,倚李元胤为援,结成"楚党",交章弹劾群臣。与刘湘客、金堡、丁时魁、蒙正发并称"五虎"。永历四年(顺治七年,1650)为吴贞毓等合参,解官居佛山(一说肇庆)。旋卒。

袁乔(约312—约347) 东晋梁国阳夏(今河南太康)人,字彦叔,小字羊。博学有文才。起家佐著作郎、辅国将军,桓温引为司马,领广陵相。与豫章太守褚裒友善,及裒女康献皇后临朝,乃致书裒,与之断交。后转督沔中诸戍,江夏、随、义阳三郡军事,江夏相。桓温伐蜀,使领二千人为前锋。初战失利,众惧欲退,而鼓吏误鸣鼓前进,遂麾众大破敌军,直入成都,李势降。进号龙骧将军,封湘西伯。寻卒。著有《袁乔集》,又注《论语》等,皆佚。

袁容 明凤阳寿州(今安徽寿县)人。洪武二十八年(1395)选配永安郡主。"靖难之役"中有战功。永乐元年(1403)进驸马,封广平侯。成祖每出巡,则令居守。性骄横,帝令赵王高燧戒之。宣德时死,赠沂国公,谥忠穆。

袁山松(?—401) 一作袁崧。东晋陈郡阳夏(今河南太康)人。安帝时历仕秘书监、吴国内史。孙恩起义时,他筑沪渎垒(在今上海)以为备。城陷被杀。曾论作史有五难:一、烦而不整;二、俗而不典;三、书不实录;四、赏罚不中;五、文不胜质。著有《后汉书》,已佚。

袁尚(?—207) 东汉汝南汝阳(今河南商水西北)人,字显甫。袁绍幼子,最得宠爱。绍死,被部将拥立为嗣。与长兄谭相争,兵败,走依次兄袁熙。旋为部将所攻,与熙俱投辽西乌桓。建安十二年(207),复为曹操所败,再奔辽东太守公孙康,旋为康所杀。

袁绍(?—202) 东汉汝南汝阳(今河南商水西北)人,字本初。出身世家大族、四代任三公之职。少为郎。灵帝时辟大将军何进掾属,为侍御史、虎贲中郎将。中平元年(184),任佐军校尉。灵帝死后,劝何进召董卓率兵进京诛灭宦官。及何进为宦官杀害,遂引兵入宫,捕宦者无少长皆杀之。后董卓入京废少帝,以不满卓专横,出奔冀州。初平元年(190),起兵与诸州牧刺史讨伐董卓,自为盟主,号车骑将军,领司隶校尉。各地州郡先后响应。又联络公孙瓒迫冀州牧韩馥让权,自领冀州牧。其后击败公孙瓒,镇压黑山军于毒、张燕部和河北地区农民军,遂占据冀、青、幽、并四州。建安二年(197)称大将军,兼督四州。性刚愎自用,外宽而内忌,拒绝谋臣沮授所建积蓄力量、以图天下之策,连年兴兵与曹操争战。五年,双方决战于官渡(今河南中牟东北),大败。后病死。

袁时中(?—1643) 明末滑县(今属河南)人。崇祯十三年(1640)率饥民袭开州(今河南濮阳),称"小袁营"。不久渡河攻兰阳(今河南兰考),活动于陈、蔡两州,拥众二十万。十四年归附李自成,为其婿,每战辄任先锋。后与李自成不和,率军另据柘城、鹿邑。十六年欲降明,被李自成擒杀。

袁世敦 清末河南项城人。袁世凯胞弟。光绪二十五年(1899)任济南候补知府、统带时,奉命统带亲兵马步队赴平原镇压朱红灯义和拳起义,在森罗殿被击败,却纵兵滥杀村民。旋因掩败邀功、滥杀无辜被参,清廷以"行为孟浪,纵勇扰民"予以革职处分。

袁世凯(1859—1916) 河南项城人,字慰庭,别号容庵。清光绪八年(1882)随淮军提督吴长庆入朝鲜,负责庆军前敌营务处。十一年以道员任"驻朝总理交涉通商事宜"。甲午战争前夕请调回国。二十一年授浙江温处道,在天津小站编练新建陆军。戊戌变法期间,以告密出卖维新派得慈禧太后宠信。二十五年升山东巡抚,镇压义和团运动。次年又参与刘坤一、张之洞等策划的"东南互保"。二十七年升署直隶总督兼北洋大臣,次年实授。二十九年任练兵处会办大臣,将北洋军扩编为六镇。三十三年任军机大臣、外务部尚书。宣统元年(1909)被摄政王载沣黜免,暂时蛰居彰德。武昌起义后,被起用为内阁总理大臣。一面威胁革命党人妥协,一面胁迫清帝退位,在帝国主义支持下窃取临时大总统职位。1913年派人刺杀国民党领导人宋教仁,并大借外债,出兵镇压南方革命势力。旋又解散国会,撕毁约法,实行专制独裁。1915年在筹备帝制过程中,接受日本提出的旨在灭亡中国的"二十一条"。12月宣布改次年为"洪宪"元年。护国战争爆发后,北洋军连遭失败。1916年3月被迫宣布取消帝制,但仍图保持总统职位。6月6日焦虑病亡。

袁枢(1131—1205) 宋建宁建安(今福建建瓯)人,字机仲。孝宗隆兴元年(1163),试礼部,词赋第一,调温州判官,教授兴化军。乾道九年(1173),任严州教授,以《资治通鉴》为蓝本,区别事目,分类编纂。每事自立标题,按年代顺序,辑录成《通鉴纪事本末》,为中国第一部纪事本末体史书。后历太府丞兼国史院编修官、工部侍郎兼国子祭酒、知江陵府等。任国史院编修官分修国史列传时,章惇家以同里情谊,宛转请文饰其传,他说:"吾为史家,书法不隐;宁负乡人,不可负天下后世公议。"时人叹为"无愧古良史"。

袁淑(408—453)　南朝宋陈郡阳夏(今河南太康)人,字阳源。元嘉中,初为彭城王刘义康司徒祭酒。临川王刘义庆好文学,请为咨议参军。官至太子左卫率。太子劭杀父自立时,以不从劭行动被杀。孝武帝追赠侍中、太尉,谥忠宪公。文采艳丽,喜夸谈,每为时人所嘲。著有《袁淑集》,另有《俳谐文》,皆散佚,明人辑有《袁忠宪集》。

袁术(?—199)　东汉末汝南汝阳(今河南商水西北)人,字公路。袁绍从弟。出身世家大族。初举孝廉,累迁河南尹、虎贲中郎将。董卓废少帝后,惧祸出奔南阳,得长沙太守孙坚之助,据有其地。与袁绍交恶,先后为绍及曹操所败,退据扬州,自领刺史、兼称徐州伯。建安二年(197)称帝于寿春(今安徽寿县),自号"仲家",置公卿百官。性骄奢淫逸,媵御数百,皆衣罗纨、食粱肉,而民多饥死,江淮间相食殆尽。其后粮尽众散,不能自保,乃焚宫室,归帝号于袁绍,旋病卒。

袁术固　一名袁公坞。在今河南偃师市西南。东汉末,袁术所筑,因名。《水经·洛水注》:合水东北流注于公路涧,"上有袁术固,四周绝涧,迢递百仞,广四五里。"《元和郡县志》引宋武《北征记》:"少室山西有袁术固,可容十万众。一夫守隘,万夫莫当。"

袁树勋(1847—1915)　清末湖南湘潭人,字海观,晚号抑戒老人。早年曾参与镇压太平军与捻军,历任江苏高淳、铜山及上海、南汇知县。甲午战争期间,随刘坤一赴东北办理军需。光绪二十一年(1895)任江西饶州知府,同年调任天津知府。二十六年调任苏松太道。后历任江苏按察使、顺天府尹、民政部左侍郎、山东巡抚。宣统元年(1909)署两广总督,吁请开国会、消祸萌,不为清廷所采纳。次年辞官寓居上海。

袁恕己(?—706)　唐沧州东光(今属河北)人。长安中,历迁司刑少卿,知相王(睿宗)府司马。神龙元年(705),预诛张易之兄弟,又从相王统南衙兵以备非常。以功拜中书侍郎、同中书门下三品。进中书令,封南阳郡公。为武三思所构,罢政事,诬以与王同皎通谋,贬流环州(今广西环江西北),为酷吏周利贞所杀。

袁太常戊戌条陈　书名。清袁昶撰,沈惟贤辑。约一万八千言。内容为请筹八旗生计,许满人经营商业或屯田。折上,奉旨下阁部九卿会议。于光绪二十四年七月二十九日(1898.9.14)明谕实行,遂为戊戌新政之一。二十九年华亭沈氏平原村舍据于湖文录本校印。

袁谭(?—205)　东汉汝南汝阳(今河南商水西北)人,字显思。袁绍长子。早年随父征战,为青州刺史。绍死,逢纪等矫称遗命立少子袁尚为嗣。乃自称车骑将军,出军黎阳,与尚相争。兵败,投奔曹操,与曹氏结为婚姻。得操军支持,败尚于中山。后乘曹操围邺,复背之。兵败,堕马死。

袁天纲　隋末唐初益州成都(今属四川)人。少孤贫,好道艺。隋大业中,为盐官令。唐武德初,任火井令。相传工相面之术。曾于洛阳遇杜淹、王珪、韦挺,为之相面,预言三人前程,后又相窦轨、武则天、岑文本、张行成、马周等。有《相书》七卷,已佚。

袁炜(1508—1565)　明浙江慈溪人,字懋中,号元峰。嘉靖进士。授编修,进侍读,遇中外献瑞,每极词颂美,以此称旨,累擢礼部尚书。嘉靖四十年(1561)改户部,兼武英殿大学士,入阁参预机务。善写青词媚帝,时讥为"青词宰相"。四十四年病归,卒于途,谥文荣。著作有《袁文荣公文集》、《袁文荣诗略》等。

袁隗(?—190)　东汉汝南汝阳(今河南商水西北)人,字次阳。袁绍叔父。出身世家大族。灵帝时,任大鸿胪、司徒等职。献帝即位,为太傅,与袁绍共同辅佐大将军何进执政。后进为宦官所杀,董卓挟持献帝西迁。袁绍起兵讨卓,他与袁氏宗族在京师者男女五十余人,尽为董卓所杀。

袁希之　唐人。著有《汉表》。

袁熙(?—207)　东汉汝南汝阳(今河南商水西北)人,字显雍。袁绍次子。早年随父征战。绍据有冀、青、幽、并四州后,出为幽州刺史。绍死,袁谭、袁尚兄弟相攻。尚败,走依熙。后为其部将所攻,与尚俱投辽西乌桓。建安十二年(207)为曹操所败,再奔辽东公孙康,旋为康所杀。

袁燮(1144—1224)　宋庆元鄞县(今浙江宁波)人,字和叔,学者称絜斋先生。淳熙进士。调江阴尉。浙西大饥,负责往赈恤,命每保画荒政图,悉载田畴、山水、道路、居民、产业等,合保为都,合都为乡,合乡为县,征发、争讼、追胥,披图便可了然。宁宗即位,以太学正召。庆元党禁起,去官。嘉定时,提举江西常平,权知隆兴府。召为都官郎官,迁司封,劝宁宗崇奖朴直。迁国子祭酒。后为礼部侍郎。与丞相史弥远争议和事,被劾罢。起知温州。因见陆九渊"发明本心"之旨,曾师事之。发挥陆学要旨,由"心即理"、"仁义者人之本也",推论出"天人一理"、"君民一体",在社会政治伦理方面发挥陆九渊的心学观点。《四库全书总目》谓"其传金溪之学较杨简为笃实"。著有《絜斋集》、《絜斋家塾书钞》、《絜斋毛诗经筵讲义》、《袁正献公遗文钞》。

袁垚龄(?—1889)　清安徽泗州(今泗县)人。由文童投效湘军。同治三年(1864)从湘军攻下天京后擢知县。五年由湖北巡抚曾国荃调鄂镇压捻军。十年赴甘肃佐刘锦棠营务,镇压回民起义,升同知。后随军赴新疆攻剿阿古柏,克乌鲁木齐等城,以知府补用并加盐运使衔。光绪十二年(1886)补阿克苏兵备道。十四年调补喀什噶尔道。十五年署新疆布政使,未赴任卒。

袁晔　晋广陵(今江苏扬州)人,字思光。著有《汉献帝春秋》。

袁义　明庐州无为(今属安徽)人,本姓张,名四为。元至正十九年(1359)投朱元璋,任亲军元帅,赐姓名。历官指挥佥事、同知。洪武十四年(1381)从沐英征云南,留镇楚雄,迁卫指挥使。入朝,以其老,命染须发还任。历二十年,垦田筑堰,修城架桥,规划周详。建文元年(1399)召为右军都督府佥事，进同知。卒于官。

袁应泰(?—1621) 明陕西凤翔人，字大来。万历进士。授临漳知县，治漳水，筑长堤四十余里。调河内(今河南沁阳)，又引沁水，成二十五堰，溉田数万顷，治行冠两河。迁工部主事，移疾归，后起河南右参政，以按察使治兵永平(今河北卢龙)，供关外军需，多及时。泰昌元年(1620)进兵部右侍郎，巡抚辽东，寻为经略。天启元年(1621)后金兵攻辽阳，屡战失利，城破自缢死。

袁于令(约1603—1674) 明末苏州长洲(今江苏苏州)人，初名晋，字韫玉、令昭、白宾，号凫公、箨庵、幔亭仙史、吉衣道人等。明末贡生，因事被革。顾公燮《消夏闲记》谓袁于顺治初，受托为苏州乡绅写表降清。其说出于百年后传闻，未必可信。后任荆州知府数年，以忤上官罢去。工隶书，好词曲。著有《西楼记》、《金锁记》、《玉符记》、《珍珠衫》、《鹔鹴裘》、《双莺传》，前五种辑为《剑啸阁传奇五本》。另有诗文《留研斋稿》。

袁裕(1226—1284) 元洛阳(今属河南)人，字仲宽。中统初由聊城县丞升中书右司掾。至元八年(1271)，官监察御史。迁西夏中兴等路新民安抚副使，兼本道巡行劝农副使，与安抚使独吉立三屯，计丁给地，安置移民万余。十三年，任甘州等路宣抚副使，兼西夏中兴等路新民安抚副使。后历任南阳知府、刑部侍郎、顺德路总管等职。

袁悦之(?—389) 东晋梁国阳夏(今河南太康)人，或名悦，字元礼。始为冠军将军谢玄参军。后为会稽王司马道子所亲信，每劝道子亲揽朝政。时中书令王国宝与道子擅权，国宝使他致书与太子母陈淑媛，称颂国宝忠谨。孝武帝知其罔，托以他罪杀之。

袁真(?—370) 东晋人。初为庐江太守。永和六年(350)，攻冉魏，克合肥，俘南蛮校尉桑坦。进龙骧将军，十一年，持节诣洛阳，修五陵。转西中郎将，监护豫、司、并、冀四州，豫州刺史，镇汝南，运米五万斛馈洛阳。太和四年(369)平北将军桓温北伐，兵次枋头，使其克谯、梁，凿石门以通水运。他克谯、梁而不能开石门，致军粮竭尽，温军既败，被废为庶人。因怨温诬已，据寿春(今安徽寿县)叛，降前燕慕容暐。暐署为征南大将军、扬州刺史，旋病卒。

袁中道(1570—1624) 明湖广公安(今属湖北)人，字小修。青年时从兄宗道、宏道游京师，广交四方名士。万历进士。历徽州教授、国子监博士、南京礼部主事。天启四年(1624)任南京吏部郎中，卒于官。诗文豪迈，属＊公安派。著有《珂雪斋集》、《禅宗正统》等。

袁州 隋开皇十一年(591)置。因境内袁山得名(《元和郡县志》)。治宜春县(今市)。大业初改为宜春郡。唐武德四年(621)复为袁州。辖境相当今江西萍乡、宜春、分宜、新余等市、县地。天宝、至德间，又曾改为宜春郡。北宋属江南西路，辖境东面划出新余县，北面包有万载县。元至元中升为路。

袁州府 元至正二十年(1360)朱元璋改袁州路为府。治所、辖境同袁州路。明、清属江西省。1912年废。

袁州路 元至元中升袁州为路。治宜春县(今市)。属江西行省。辖境相当今江西宜春、萍乡两市及分宜、万载两县地。至正二十年(1360)朱元璋改为府。

袁著(约133—151) 东汉汝南(治今河南平舆北)人。桓帝时为郎中，年十九，因不满外戚梁冀专权跋扈，上书奏请抑损其权。为冀迫害，数变易姓名，终被追捕笞杀。

袁滋 唐陈郡汝南(今河南汝南西)人，一说蔡州朗山(今河南确山)人，字德深。工篆隶。建中初，以处士荐授试校书郎。贞元十年(794)，韦皋招南诏内属，其王异牟寻贡物请使。德宗选郎吏可行者，皆惮行，至滋不辞。遂擢祠部郎中兼御史中丞，为册南诏使，成都少尹庞颀副之，判官崔佐时等随行。滋等出戎州(今四川宜宾)，入滇，经拓东城(今昆明市东)、抵阳苴咩城(今大理市大理镇，时南诏都城)。十月，册异牟寻为南诏王。次年夏，还抵长安。著《云南记》五卷，今佚。

袁滋摩崖 唐云南摩崖刻石。在云南盐津县豆沙关之山崖上，今尚存。刻于唐德宗贞元十年(794)。摩崖范围约为0.44×0.36米。文共八行，行三至二十一字，左行，正书；末行题名篆书。贞元时，南诏异牟寻决心与吐蕃决裂，重新归唐，袁滋等一行奉命前来册封，途经石门摩崖刻石留念。袁滋为著名书法家，工篆隶，与李阳冰等齐名。末行袁滋题名，在书法史上弥足珍贵。

袁宗道(1560—1600) 明湖广公安(今属湖北)人，字伯修，号玉蟠。万历进士。选庶吉士。授编修，调文选郎中。后官右庶子，卒于任。与弟宏道、中道齐名，时称"三袁"。善诗文，师法白居易、苏轼，书斋因名"白苏斋"，属公安派。著有《白苏斋类集》、《尚书纂注》等。

袁宗第(?—1664) 明末清初人。初任李自成部前营制将军，封绵侯。自成死后，与郝摇旗等率大顺军余部十万众至湖南，联合明将何腾蛟共同抗清，转战楚、蜀，或依川东、荆西山寨，据险而守，屡败清兵。永历四年(顺治七年，1650)与李来亨等组成夔东十三家军，结连互守川、巴间，晋封靖国公。十二年，与十三家军水道袭重庆，不克。康熙二年(1663)出击巫山，遭清兵围攻，退至巫山黄草坪，战败被俘，后不屈遇害。

袁宗皋(1453—1521) 明湖广石首(今属湖北)人，字仲德。弘治进士。弘治四年(1491)充兴藩长史，进江西按察使。后扈从明世宗入继皇位，擢吏部右侍郎，迁礼部尚书兼文渊阁大学士。卒赠太子、太保。

原 周畿内邑。春秋初属郑，后属晋。在今河南济源市西北。《左传》隐公十一年(前712)：周与郑人苏忿生之田十二，原居其一；僖公二十五年(前635)：夏，周与晋"阳樊、温、原、攒茅之田"，均即此。

原道 ❶《淮南子》篇名。亦称《原道训》。认为宇宙的本原是“道”,而“道”是阴阳二气混沌未分的实体。发挥了道家天道自然无为的思想,否定神学目的论。❷篇名。唐韩愈撰。“道”即所谓君、臣、民“相生养之道”,意欲恢复“道”的本来面貌,故名。认为“博爱之谓仁,行而宜之之谓义,由是而之焉之谓道,足乎己无待于外之谓德”。提出尧、舜、禹、汤、文、武、周公、孔子、孟轲一脉相承的“道统”说,指斥当时盛行的佛、老“弃而君臣”,“去而父子”,“外天下国家”。载《韩昌黎集》。

原道救世歌 太平天国文献。洪秀全著。写于道光二十五年(1845)至二十六年。咸丰二年(1852)编入《太平诏书》刊行。作者以诗歌体裁宣传天父上帝为“独一真神”,说明“天父上帝人人共,天下一家自古传,盘古以下至三代,君民一体敬皇天”;“天人一气理无二,何得君王私自专”;“普天之下皆兄弟,上帝视之皆赤子”。针对当时社会颓风,反对“淫”、“忤父母”、“行杀害”、“为盗贼”、“为巫觋”、“为赌博”与吸食鸦片等六不正行为,劝人“作正人”,以改变社会风气,表达出农民群众反对等级制要求。后改称《原道救世诏》。收入《中国近代史资料丛刊·太平天国》第一册。

原道觉世训 太平天国文献。洪秀全著。写于道光二十七年(1847)至二十八年。咸丰二年(1852)编入《太平诏书》刊行。指斥封建皇帝为“阎罗妖”,强调“自秦汉至今一二千年,几多凡人灵魂被这阎罗妖缠捉魔害”,号召群众推翻清朝封建统治,“皇上帝乃是帝也,虽世间之主称王足矣”。谴责“佛老之徒”“造出无数怪诞邪说,迷惑害累世人”,说明“世间所立一切木石泥团纸画各偶像,皆后起也,人为也”,是“无知无识”之“蠢物”。后改称《原道觉世诏》。收入《中国近代史资料丛刊·太平天国》第一册。

原道醒世训 太平天国文献。洪秀全著。写于道光二十五年(1845)至二十六年。咸丰二年(1852)编入《太平诏书》刊行。作者根据“皇上帝天下凡间大共之父”的原则,提出“天下凡间,分言之则有万国,统言之则实一家”,“何得存此疆彼界之私,何可起尔吞我并之念”。号召群众“相与正已正人”,“作中流之底(砥)柱”,“挽已倒之狂澜”,变“陵夺斗杀之世”为“强不犯弱,众不暴寡,智不诈愚,勇不苦怯之世”,实现“天下一家,共享太平”的理想。提出“乱极则治,暗极则光,天之道也”,有朴素辩证法观点。后改称《原道醒世诏》。收入《中国近代史资料丛刊·太平天国》第一册。

原额人丁 ❶又称旧额人丁。清代指明末登名征册的人丁。清初人口流徙严重,在册人丁寥寥无几,为督促地方官迅速招抚流民,减少赋税损失,清政府将各地区明末万历或天启年间的人丁数作为清初人丁的标准数额,称原额人丁。每届人丁编审,编审册中首开原额人丁数,次列现在实际人丁数,两相对比,藉以检查人丁恢复情况,并以此衡量地方官的政绩。在许多地区,原额人丁还是清初派征丁税的标准,尽管实存人丁远远少于原额人丁,丁税仍照明朝末年数量征收。❷指*常额人丁。

原富 书名。英国亚当·斯密(Adam Smith, 1723—1790)著,严复译。二卷。以古文直译,但有所删节,加按语以阐发个人见解。冠有《斯密亚丹传》。清光绪二十二年九月(1896.10)前始译,二十六年十二月完成,旋刊行前两篇。二十八年九月全书由上海南洋公学译书院出版。原著旨在总结近代初期各国资本主义发展经验,系统阐述国民经济运动过程,强调经济自由主义。收入《严译名著丛刊》。另有王亚南、郭大力的现代汉语直译本,名《国民财富的性质和原因的研究》,1981年商务印书馆出版。

原公 周人。文王时大史。事迹不详。见《国语·晋语四》。

原管佐领 见“永管牛录”。

原过 战国初人。晋赵襄子家臣。晋出公二十年(前455)知伯率韩、魏攻赵,赵襄子奔晋阳(今山西太原西南)。相传他在王泽遇三神人,送给他竹二节。他至晋阳告襄子,襄子剖竹而得朱书,内云知氏将灭,赵必兴盛等意。

原机启微 书名。元倪维德著,明薛己校注。二卷。刊于明洪武三年(1370)。该书从病理病因来分析眼科疾病,分为十八类,如淫热、风热、七情五贼、血凝、气散、热积、亡血、斑疹等,究其因、论其治,立法处方。上卷主论眼病之因、治则,计十八论;下卷论眼症之制方例法,并附四十六方,均有炮制方法、应用与方义说明。薛己校注时增补,内有十一论,附方三十九首。现有1958年上海卫生出版社排印本。

原杰(1417—1477) 明山西阳城人,字子英。正统进士。授御史,巡按江西。成化二年(1466)迁右副都御史,巡抚山东。十二年,以左副都御史出抚荆、襄流民,新设府州县卫,招之附籍。再迁南京兵部尚书,卒于南阳。

原亢 春秋末鲁国人,名亢,或作冗,字籍,一作子籍。孔子学生。

原陵 东汉光武帝刘秀陵墓。位于今河南孟津县西。建武二十六年(50)初作寿陵。中元二年(57)二月光武帝卒,三月葬此。《后汉书·明帝纪》李贤注引《帝王纪》曰:“原陵方三百二十步,高六丈,在临平亭东南,去洛阳十五里。”

原妙(1238—1296) 宋末元初吴江(今属江苏)人,俗姓徐,字高峰。禅宗临济宗僧人。十五岁出家,十七岁受具足戒,后至杭州净慈寺精修。元至元十六年(1279),上杭州天目山狮子岩,入小洞,题名“死关”,十五年不出,声名远扬。弟子数百人,明本最著名。

原圃 即*圃田泽。《左传》僖公三十三年(前627):郑“有原圃”,即此。

原强 篇名。近人严复著。系统介绍达尔文(Charles Robert Darwin, 1809—1882)及其学说,高度评价其《物种起源》一书。并以达尔文生物进化论和斯宾塞(Herbert Spencer, 1820—1903)社会有机论为变法维新、救国图强的理论根据。提出“鼓民力”、“开民智”、“新民德”的变法主张。期求从西学入手，通过教育途径进行政体改革，实现“君不甚尊，民不甚贱，而联若一体”的君主立宪制。始发表于光绪二十一年(1895)天津《直报》，后收入《侯官严氏丛刊》。

原人论 佛教书名。全名《华严原人论》。唐宗密著。一卷，共分四节。第一节《斥迷执》，指责儒、道思想“迷执”，并对世界和人类的起源，以及社会上贫富贵贱的根源作了宗教论证。第二节《斥偏浅》和第三节《直显真源》，提出“五教”说，认为“人天教”、“小乘教”、“大乘法相教”、“大乘破相教”等四教均属“偏、浅”，只有“一乘显性教”(即华严宗)才以“佛性”与“妄念”、“真如”世界与现实世界互相通融，无障无碍，显示出佛教最高、最完满的真理。第四节《会通本末》，旨在将以前所破斥诸教会归一源，以明华严一乘的教旨。

原涉 西汉茂陵(今陕西兴平东北)人，字巨先。先世居阳翟(今河南禹州)。父为南阳太守，及卒，涉让还南阳赙送，为之行丧冢庐三年，由是显名京师。后任扶风议曹，大司徒史丹举为谷口令，因为季父报仇，自劾去官。郡国诸豪及长安、五陵任侠者皆归慕之。专以周人之急为务，而奴客多恃其势犯法。王莽时，任为镇戎大尹。莽败，归附更始，因使客刺杀西屏将军申屠建之主簿，为建所斩。

原始瓷器 商周时期器物。胎质一般细腻坚硬，以灰白色为多，部分近白而略呈淡黄，极少呈灰绿或浅褐，经化验，内含矽、铝、铁、钙、钛等，与现在一般瓷胎所含化学元素同，是高岭土和石英细致加工而成。器釉光亮，以青绿色为主，部分呈褐或黄绿色，经化验，主要由矽、铝、钙、镁、铁等元素组成，与现在瓷釉元素成分相近。釉和胎骨结合紧密，火候一般在1 000℃以上，叩之发金石声，不吸水分，已具有瓷器的特征，故名原始瓷器。从现有发掘材料看，其年代可早到商代中期。原始瓷器的发现，把中国使用瓷器历史提前到三千多年以前。

原始空首布钱 铸行于春秋时期的青铜布钱。系布钱最原始的形态。形体宽大而厚重，长方形身，短銎，銎部中空，其内多留有范泥。刃部稍成弧状或呈弧裆尖足状。大型者通长10—12厘米左右，足宽6—7厘米左右。

原思仲 即“原宪”。

原王 金代封爵。次国一字王号。完颜宗本、完颜璟(章宗)等先后受封。

原武县 西汉置。治今河南原阳县。属河南郡。其后屡有废置。隋开皇十六年(596)移治今原阳县西南原武。属管州。大业中属荥阳郡。唐属郑州。北宋熙宁五年(1072)降为镇，并入阳武县。元祐元年(1086)复置。仍属郑州。元属汴梁路。明属开封府。清属怀庆府。1949年与阳武县合并为原阳县。

原宪(前515—?) 春秋末鲁国人，名宪，字子思，亦称原思、原思仲。孔子学生。以安贫乐道著称。孔子为鲁司寇时，曾任孔子家宰。孔子死后，不求仕禄，隐居于卫国草泽中。

原性 篇名。唐韩愈撰。以人性“三品”说为性之原本，故名。认为人之性“与生俱生”，人之情“接于物而生”。性乃仁、礼、信、义、智，情乃喜、怒、哀、惧、爱、恶、欲。各分上、中、下三品。性之上者善，中者可导而为善为恶，下者恶。指出孟子性善说、荀子性恶说、扬雄性善恶混说皆“举其中而遗其上下”，“得其一而失其二”。其论对理学“心统性情”说深有影响。李翱据此论作《复性书》，主张去情复性，开理学人性论之先河。载《韩昌黎集》。

原阳县 西汉置。治今内蒙古呼和浩特市东南二十家子古城。属云中郡，东汉末废。

原轸 即“先轸”。

原州 北魏正光五年(524)改高平镇置。治高平县(西魏末改平高县，今固原县)。隋大业初改为平凉郡，唐武德初复为原州。辖境相当今宁夏同心、泾源、隆德、固原及甘肃平凉、静宁、崇信等市、县地。广德元年(763)地入吐蕃，置行原州于灵台县百里城(今甘肃灵台县西南)。贞元十九年(803)移治平凉县(今市)，元和三年(808)移治临泾县(今甘肃镇原县)，大中三年(849)收复关、陇，还治平高县，广明后覆没吐蕃，又侨治临泾县。北宋辖境相当今甘肃镇原县及宁夏固原县东部地区。属秦凤路。金属庆原路。元改为镇原州。

原州都督府 唐都督府之一。贞观五年(631)于原州置。督原、庆、会、银、达、亭、要等州。十年，废亭、达、要三州，唯督四州。后银州划属夏州都督府。景云二年(711)并入泾州都督府。后复。开元四年(716)庆州又置都督府，仅督原、会二州。相当今宁夏同心县以南，甘肃景泰、靖远、会宁、定西、静宁、平凉、崇信等市、县地区。

圆 一种与方形相对的以规作成的几何图形。《墨子·法仪》：“百工为方以矩，为圆以规。”圆，通圜。《墨子·经上》：“圜，一中同长也。”这是圆的较严格的几何定义。因古人的宇宙概念是“天圆地方”，故圆也代表天。《淮南子·本经训》：“戴圆履方，抱表怀绳。”汉班固《西都赋》：“振神灵之正位，放太紫之圆方。”

圆测(613—696) 唐时新罗国王孙，名文雅。幼年出家。武德时来华，从法常、僧辩学佛教经论。贞观时，住长安玄法寺。贞观十九年(645)，师事玄奘，受《瑜伽师地论》、《成唯识论》等，与窥基相伯仲。因居西明寺，又称为唯识宗西明派。高宗时，入译经馆，充证义，佐地婆诃罗、实叉难陀译经。著《解深密经疏》、《仁王经疏》、《般若心经疏》等。弟子道证，新罗人，归国后多有建树。

圆方 ❶古代称天圆地方，因以圆方作天地的代称。见“圆”。❷正方形及其内切圆，《周髀算经》：“方中为圆者谓之圆方。”

圆寂 佛教名词。梵文Parinirvāṇa(般涅槃)的意译。佛教的最高境界。后来亦指僧人逝世为圆寂。参见“涅槃”。

圆理奇核 书名。清周达著。光绪三十三年

(1907)著成,同年由日本数学家长泽译成日文。宣统元年(1909)中文稿收入《福慧双修馆算稿》刊行,现存1938年版。分为前序、后序、正文、附论和附“以转倒法解累圆难题”五部分。是从古希腊大学者派帕司 pappus 累圆奇题出发,研究与圆有关的几何问题的专著。书中多有创新,其中一几何问题被国际上誉为“支那之问题”。作者未用射影几何,而用“纯”欧氏几何证明累圆奇题。

圆零就整 见“合零就整”。

圆率考真图解 书名。清曾纪鸿撰。一卷。书中先由几何图形证得两角和的正切公式,次以单位圆的八分之一圆弧(即圆周率π值的四分之一)可表为五个反正切函数值之和,此图及公式系首创。再展为无穷级数。称“以月余之力推得圆周率百位”,书中载有结果,在中国圆周率计算史上达到空前的精度。但该书只附二十四位草式且有字误,令人怀疑是否真算到一百个有效数字。同治十三年(1874)刊于长沙古荷池精舍,为《白芙堂算学丛书》之一种。

圆明和尚(1294—1320) 元人。原姓白,名唐兀台。本耀州美原县(今陕西耀县东)探马赤军。僧人。延祐七年(1320)四月,在盩厔县(今陕西周至)小高山建禅庵诵经,县人来烧香者受戒牒。六月十三日,集合苏子荣等五十余人祀星斗,自称皇帝,订于七月五日举兵攻奉元路。为人告发,官军追捕。八月九日,被元奉元路达鲁花赤伯颜执杀。

圆明园 清代皇家园林。位于北京西直门外海淀附近,为皇帝居住和处理政务之所。系圆明、长春、绮春(后改名万春)三园之统称。其中圆明园为明故园,康熙年间曾是皇四子胤禛的赐园,经康熙、雍正、乾隆三朝陆续修建,于乾隆九年(1744)基本建成。长春园、绮春园分别建成于乾隆中和嘉庆时。三园的平面布局呈倒置“品”字形,圆明园在西,长春园在东,万春园居南,福海居于中央。后经嘉庆、道光、咸丰各朝继续扩建增修,占地五千余亩,周长约二十里,园内建有亭台楼阁及殿堂轩榭一百四十余处,集中了中国园林建筑艺术的精华。圆明园在三园中面积最大,前后有四十八景。长春园的建筑为中西合璧,其中以西洋楼最为著名。绮春园也有三十景。园内藏有极为丰富的名贵字画和文物珍品,是一座文化艺术宝库,被誉为“万园之园”。咸丰十年(1860),所藏珍品为英法联军抢掠一空,全园被焚毁。光绪二十六年(1900),复遭八国联军劫掠,遂成一片废墟。现列为全国重点文物保护单位。

圆明园护军营 全称圆明园八旗内务府三旗护军营。清代禁卫军之一。由圆明园八旗护军营和内务府三旗护军营组成,掌圆明园环园门汛的守卫及皇帝出入圆明园途中的警跸事宜。雍正二年(1724)置,乾隆十六年(1751)职制始备。设掌印总统大臣一人、总统大臣若干人掌全营政令,下设协理事务营总、护军参领各二人及护军校、笔帖式等掌章奏文移。所辖八旗护军营设营总、护军参领(旗各一人)及副护军参领、署护军参领、护军校、副护军校等职,内务府三旗护军营设营总一人、护军参领、副护军参领、署护军参领(旗各一人)及护军校、副护军校等职,分掌所辖营众,值班守卫,警夜巡昼。此外,附设官学四所,教习六人,掌教营中官兵子弟。

圆器 陶瓷术语。用陶车、陶轮成形的坯体,习称圆器,多为盘、碗、碟、杯等。

圆仁(794—864) 日本下野国都贺郡(在今栃木县)人,姓壬生氏。九岁时就大慈寺宏智出家,十五岁入比叡山师*最澄。唐开成三年(承和五年,838),随遣唐使藤原常嗣使舶入唐,至扬州。后入五台山(在今山西五台)巡礼,返回途中至长安,从元政学密宗经典,并从南天竺宝月学悉昙。大中二年(嘉祥元年,848)乘新罗商船辗转归国,带回大批佛教典籍及诸尊坛像、舍利、高僧影像。继义真、圆澄为日本第三代天台宗座主,系日本天台宗山门派开山祖。病死后追赠慈觉大师。著有《入唐求法巡礼行记》、《显扬大戒论》、《法华观金刚顶经疏》、《法华观心论四种记》、《在唐送进录》、《入唐新求圣教目录》等。

圆容较义 书名。明意大利传教士利玛窦口授,明李之藻演录。为比较图形关系的几何学著作。论及多边形之间,多边形与圆之间,锥体与棱柱体之间,正多面体之间,正多面体与球体之间等的关系。主要结论有:周长相同,则边长相等的正多边形面积大于边长不等的多边形面积,边数较多的正多边形面积必大于边数较少的正多边形面积,故圆的面积最大;同样可得,表面积相同的多面体中,球的体积最大。

圆审 明清司法制度。又称九卿会审。遇大案、要案及难决之案,三法司会审仍不决,便会同吏、户、礼、兵、工五部长官,通政使司通政使共同审理。

圆坛大乐礼器库 官署名。宋代太常寺所属机构。掌收储有关礼器。设专知官、库子各一人。

圆行(799—852) 日本人。入唐请益僧。空海弟子。开成三年(承和五年,838)随遣唐使藤原常嗣使舶入唐,至长安。于青龙寺从义真学密宗经典。次年,随遣唐使舶归国,带回大批佛教经典及佛像、佛具、佛舍利等。后奉敕为日本山城北山灵严寺开山祖。

圆珍(814—891) 日本赞岐国(在今香川县)人,姓和气氏,俗名广成。十五岁于比叡山就最澄出家。唐大中七年(仁寿三年,853)乘唐商船入唐。曾巡礼五台山(在今山西五台),并于越州(今浙江绍兴)开元寺学天台宗经典。后经洛阳至长安,从法全学密宗经典。十二年,归国,带回大批佛教典籍及道具、法物。后在近江开创圆城寺,为日本天台宗寺门派开山祖,任天台座主。卒谥智证大师。著有《讲演法华仪》、《大日经指归》、《瑜伽略记》、《在唐记》、《传教大师手谱》等。

圆阵 古代阵法之一。队列呈圆形,是方阵的收缩,便于防守。《孙膑兵法·十阵》:“圆阵者,所以槫也。”槫,借为团,集聚。《武经总要·前集》卷八:“圆阵无角,利以坚守。”

圆锥曲线说 书名。原著作者不详,清李善兰与英国艾约瑟(Joseph Edkins, 1823—1905)合译。三卷。分别阐述抛物线、椭圆线、双曲线的定义和性质,体例与欧几里得《几何原本》大致相仿。咸丰九年(1859)由墨海书馆出版。

援 《墨经》逻辑术语。相当于类比法。《墨子·小取》:“援也者,曰子然,我奚独不可以然也。”即援彼例此,援引对方之论说以作类比推理。

援黔录 书名。清唐炯撰。十二卷。是书为同治六年(1867)作者署四川夔州知府时,奉命援黔,镇压苗民起义及号军的原始记录。包括上谕一卷、禀报军情四卷、往来信札二卷、议援黔及黔楚关系一卷、公文一卷、指令一卷、告示一卷。

援守井研记略 书名。清董贻清撰。一卷。记井研清军、乡勇顽抗太平军事。咸丰十年(1860)董氏署理资州,任内值李永和率起义军进取井研县,三月二十七日,董氏率乡勇赴井研顽抗,至五月十八日,相持六十余日。逐日记载战事成此编。于两军攻守得失,用兵方法等记载颇详。

援照军功外奖酌给功牌成例 清政府为奖励工商业发展所作的补充规定。光绪三十三年(1907)农工商部颁行。规定凡商人出资一万元至八万元、经营有实效者,分别酌给七品至九品的奖牌顶戴。

缘边交市监 ❶官署名。隋代置。掌周边互市之事,设监、副监领其事。畿内互市隶于司农寺,自外互市隶于相关各州。炀帝大业三年(607)入鸿胪寺,隶每方使者署,为互市监。❷官名。隋代缘边交市监长官,置一人,视从八品,掌其所辖地域互市事。大业三年入鸿胪寺,隶每方使者署,改为互市监。

缘橦 杂技名。一作担幢。橦,即长竿。缘橦,即爬竿。即一人托竿,其余人爬至竿顶作耍戏状。此技汉时又称寻橦、高橦。十六国后赵石虎时,出现额上缘橦、齿上缘橦或马车上缘橦等多种项目。《南史·东昏侯纪》称:南朝齐东昏侯萧宝卷有膂力,能担幢。初学时,每倾倒在幢杪者,必致腕伤。其后白虎幢七丈五尺,齿上担之,折齿不倦。担幢诸校具服饰,皆自制之,缀以金华玉镜众宝。

缘陵 春秋杞国都。在今山东昌乐县东南。《春秋》僖公十四年(前646):“诸侯城缘陵。”杜预注:“缘陵,杞邑。辟淮夷,迁都于缘陵。”《左传》:“诸侯城缘陵而迁杞焉。”

缘起 梵文 Pratityasamutpāda 的意译,亦译“缘生”,音译“钵剌底医底界叁嗢钵地界”。佛教名词。指事物的“生灭”、“变异”皆依此为“缘”(条件),方有彼“起”,故名。以此解释世界、社会、人生以及各种精神现象产生的原因。《中阿含经》第四十七:“此有则彼有,此无则彼无,此生则彼生,此灭则彼灭。”佛教各宗派和经书均以此说作为自己全部世界观和宗教实践的基础理论;成就菩提觉悟达到佛的境界,亦依赖于对缘起的认识,有“如来藏缘起”(真如缘起)、“阿赖耶识缘起”、“法界缘起”、“业感缘起”等。

缘起法 即“有为❸”。

趄田 即“爰田”。

源昌缫丝厂 商办企业。清光绪二十年(1894)由祝大椿创办于上海。资本五十万元。

源贺(407—479) 北魏西平乐都(今属青海)人,本名破羌。太武帝赐名源贺。鲜卑族。南凉主秃发傉檀之子。自乐都奔魏,赐爵西平侯。从征凉州,招慰姑臧(今甘肃武威)城外四部鲜卑,进爵为公。复从征柔然、盖吴,拜殿中尚书。文成帝时,以定策功加封为王。后出为冀州刺史,改封陇西王,拜太尉。及献文帝将禅位于京兆王子推,乃固谏之,遂使元宏继帝位。又依古今兵法略探至要,作《十二阵图》。

源怀(444—506) 北魏西平乐都(今属青海)人,原名思礼。鲜卑族。源贺次子。文成帝末,为侍御中散。孝文帝时,拜殿中尚书、雍州刺史。迁尚书令,参仪律令。从孝文帝攻齐,加卫大将军。景明二年(501),除尚书左仆射。四年,加侍中、行台,使持节巡行北边六镇及恒、燕、朔三州,赈给贫乏,按察官吏。所上裁减镇吏等事宜四十余条,皆见采纳。后病卒。

源乾曜(? —731) 唐相州临漳(今河北临漳西南)人。进士出身。神龙中,以殿中侍御史监察江东。景云中,迁谏议大夫,出为梁州都督。开元四年(716),任黄门侍郎、同平章事,逾月而罢。八年,复为黄门侍郎、同中书门下三品,寻进侍中。时权势之家多任京官,子弟亦不外任。其子三人为京官,请出二人,由是公卿京官子弟出外者百余人。为相十年,与张嘉贞、张说等同时秉政,不与争权,持禄保身,唯诺署名,无所参议。后迁太子少傅,卒年七十余。

源师 隋河南洛阳人,字践言。历仕北齐、北周。入隋,除魏州长史,入为尚书考功侍郎,摄吏部。朝章国宪,多所参定。历尚书左右丞,出为益州总管司马。炀帝即位,拜大理少卿,转刑部侍郎,卒于官。

源士 官名。明洪武二十二年(1389)改原元士而置。初置给事中八十一人,因与古元士数相合,名之元士。后复以六科为政事本源,改元为源。二十四年复名给事中。

源雄 隋西平乐都(今属青海)人,字世略。鲜卑族。历仕东魏、北周,累官平州刺史、检校徐州总管。入隋,以战功进位上大将军,历怀州刺史。开皇七年(587)迁朔州总管。以平陈功,进位上柱国。复镇朔州。旋请致仕,征还京师卒,年七十。

源子恭(? —538) 北魏西平乐都(今属青海)人,字灵顺。鲜卑族。源贺孙。初辟司空参军事。孝明帝时,屡迁至豫州刺史,以御梁将夏侯亶等功兼尚书行台。孝庄帝时,平定板桥蛮,封临颍县侯,迁侍中。永安三年(530),孝庄帝杀丞相尔朱荣,诏以之为都督,讨尔朱余党。寻除卫将军。后又率诸将于太行筑垒以防之,为尔朱兆击败,被执,旋获释。孝武帝时,拜吏部尚书,加骠骑大将军。及东魏建,除中书监。寻卒。

源子雍(488—527) 北魏西平乐都(今属青海)人,字灵和,或名子邕。鲜卑族。源贺孙。少好文雅,笃志于学,推诚待士,士多归之。孝明帝时,累迁夏州刺史。六镇起事后,率众苦战,以擒康维摩、破契官斤省功,除兼行台尚书。又讨平相州刺史安乐王元鉴之乱,封阳平县开国公,进号镇东将军。后奉命镇压葛荣，战败被杀。

辕 ❶春秋齐邑。在今山东禹城市西南。《左传》哀公十年(前485)：晋赵鞅帅师伐齐，“取犁及辕”，即此。西汉置瑗县。❷车的部件名。车前驾牲畜的直木。安阳殷墟出土的马车，为双轮，方形车厢，独辕，辕后端与车轴相连，辕前横衡，两边有人字轭，用来驾马。汉代车已多为双辕。

辕固 又名辕固生。西汉齐人。景帝时，以治《诗》为博士。曾与黄生辩论汤、武受命事。黄生言汤、武非受天命，乃弑君。他据经义非之，称汤、武因天下之心而诛桀、纣，乃受命所为。窦太后召问《老子》书，答曰：“此家人言耳。”太后怒，使其入圈击彘，景帝授以利刃，彘应手而倒。后拜清河王太傅，以疾免。武帝初，复以贤良征。时年九十余，旋罢归。齐地以《诗》显贵者，皆其弟子。清马国翰《玉函山房辑佚书》辑有《齐诗传》二卷。

辕固生 即“辕固”。

辕门 古代帝王巡狩、田猎，住宿野外，用车围成行宫，以两车之辕相向交插成半圆形之门，称“辕门”。《周礼·天官·掌舍》：“设车宫辕门。”后也指军营之大门。《尉缭子·将令》：“表置辕门期之，如过时则坐法。”后亦指官署外门。清代习惯上专指督抚官署。

辕门抄 清代地方督抚衙门发行的地方性质的公报。所载内容，均抄自督抚衙门。因称督抚衙门为辕门，故名。

辕田 即“爰田”。

圜 通圆。《墨子·经上》：“圜，一中同长也。”因也以指天之体。《易·系辞》：“乾为天，为圜。”清李明彻著《圜天图说》。

圜钱 战国时期青铜铸币。体圆，中有孔，孔亦称“好”或“穿”，孔外的钱身部分称“肉”，穿边缘与钱外缘或有郭或无。可分为两大类：(1)圆孔圜钱，又称“圜金”。秦国约在战国中期始铸行圜钱(详“秦圜钱”)。战国晚期三晋、两周地区亦出现圜钱(详“魏圜钱”、“两周圜钱”、“赵圜钱”)。(2)方孔圜钱，出现于战国晚期。主要有*燕圜钱、*齐圜钱、*秦圜钱三种。秦统一后，方孔圆钱成为中国古代铸币的主要形式。

圜丘 皇帝祭天大祀之处。又名圜丘坛、圜丘台、拜天台或祭天台。在今北京天坛公园内，为天坛之主要建筑。始建于明嘉靖九年(1530)，清乾隆十四年(1749)在明代坛基上扩建。圆形三层，台面铺艾叶青石，除中心石外，均以扇形石块围砌，共九重，第一重九块，第二重二九十八块，依次排列，直至九九。四周栏板也用九的倍数。台上不建房屋，祭祀时对空面祭，谓之“露祭”。四周另有象征天的“皇穹宇”等建筑。清代皇帝每年冬至日亲至此祀天。国有大典也必先祭告于圜丘。圆台地面，从中心向栏杆处稍作倾斜。在台中心说话，声音能经栏杆反射到地面，再从略斜的地面反射回人耳，因时间短促，回声和原声混在一起，耳朵分辨不出，其效果是说话者可听到比平时响亮的声音，且以为是从地底下传来的回音。它表明中国建筑声学的高超技巧。

yuǎn

远安县 北周改高安县置。治今湖北远安县西北。为汶阳郡治。隋属夷陵郡。唐宋属峡州。元属峡州路。明属夷陵州，成化四年(1468)移治今县东，崇祯十三年(1640)移今治。清雍正十三年(1735)改属荆州府，乾隆五十六年(1791)又属荆门直隶州。

远地 宋官员担任差遣州军离都城逾千里者为“远地”。

远恶州军 宋代法律规定，有些犯人须移居遥远、艰险的地区。如广南的南恩、万安、昌化、吉阳军等，称“远恶州军”。

远济堰 古堰名。又名通济堰。在唐剑南道眉州彭山(今属四川)西北。有大堰一、小堰十，自新津邛江口引渠南下，流一百二十里，至眉州西南入江，溉田一千六百顷。开元二十八年(740)，益州长史章仇兼琼开。五代时，眉州刺史张琳重修。

远镜说 书名。德国传教士汤若望撰。成书时间不详。介绍了利用伽利略望远镜观察天空与地面的情形以及其制法和用法等。为中国最早论述望远镜的制造及利用的专著。系《崇祯历书》之一卷，也有单本。书中有望远镜图一帧。虽为最早传入中国的光学知识，但其光路图全部画错，对后来影响至坏，郑复光《镜镜诊痴》的光路图即是受其影响之一例。

远西奇器图说 书名。即“奇器图说”。

远游冠 楚国冠名。《后汉书·舆服志下》：“远游冠，制如通天，有展筩横之于前，无山述，诸王所服也。”《通典·礼十七·君臣冠冕巾帻等制度》：“远游冠，秦采楚制，楚庄王通梁组缨，似通天冠……。”后世因之。至元代始废。亦省称“远游”。三国魏曹植《求通亲亲表》：“若得辞远游，戴武弁，解朱组，佩青绂……乃臣丹情之至愿，不离于梦想者也。”参见“通天冠服”。

远志斋稿 书名。清葛士达撰。六卷。葛氏江苏上海(今上海)人，曾寓潘鼎新幕，官知山西平定州。略通洋务，留心时事。有条陈时事六则，于船政、盐政、铜矿皆详加指陈。书中另有《津门罪言》，事涉海防，可资参考。有光绪九年(1883)刊本。

远州 或作琬州。宋置羁縻州，属绍庆府(治今重庆彭水)，隶夔州路。治地待考。

yuàn

苑丞 官名。汉代始置，为上林苑次官，亦称“上林丞”。隶少府。《汉书·百官公卿表》：“上林苑有五丞。”南朝宋置，为掌御苑之官。时设乐游、上林、南苑诸御苑，各置苑丞主其事。清代亦置，为内务府属官。设于内务府奉宸苑，以及圆明园、畅春园、万寿山、玉泉山、香山等处。各处二、三员至十余员不等。初名“总领”、“催总”，乾隆二十四年(1759)改是称。奉宸苑所属为六品职衔,余六、七品兼用,食八品俸。分掌各园庭看守、值宿、管理、修缮等事。南苑苑丞掌征守南苑之地赋及管理行宫。天坛斋宫苑丞掌斋宫之陈设、洒扫等事。

苑川 又名子城川、勇士川。今甘肃榆中县宛川河流域。汉置牧师苑、龙马苑于川内,故名。西晋末鲜卑乞伏部迁居于此。十六国时乞伏国仁称大单于,在此置苑川郡,筑勇士城居之,前秦苻登曾封之为苑川王。乞伏乾归称西秦王,复都苑川。有东、西二苑城,相去七里。西城即乞伏所都。

苑陵县 秦置。治今河南新郑市东北。属颍川郡。两汉属河南郡。晋属荥阳郡。后魏属陈留郡。东魏天平初属广武郡。隋开皇十六年(596)省入新郑。唐武德四年(621)复置,治山氏城(今河南尉氏县南)。贞观元年(627)又废。

苑马监 明代马政中官牧的一种形式。在兵部下设*苑马寺、监、苑三级机构,负责养马。寺设卿、少卿、寺丞等,监设监正、监副等,苑设圉长。一圉长率牧马夫五十人,每夫牧马十四。

苑马寺 官署名。明代在各地掌管设苑养马事宜之专门机构。永乐四年(1406)首置于北直隶、辽东、甘肃和平凉。后陆续在各地增置。每寺辖六监,每监管四苑,共二十四苑。各有其拨定之草场、水泉,地方坐落,四至分明。苑分上、中、下三级,各养马万匹、七千、四千不等。每寺设卿一人为长官,少卿一人和寺丞若干佐之。掌管六监二十四苑之马政,而听于兵部。首领官为主簿,属官为牧监、监止、监副、录事等。

苑牧公田 北魏都城洛阳(今属河南)周围专供帝王狩猎之地。后亦有以"赐田"形式赐给代迁户者。

苑啬夫 官名。管理苑囿。战国时秦国置。《睡虎地秦墓竹简·秦律十八种·内史杂》:"苑啬夫不存,县为置守,如厩律。"

苑乡 邑聚名。在今河北任县东北。西晋永嘉六年(312),广平游纶、张豺拥众数万,据苑乡,即此。后赵石氏于此置苑乡县。

苑总监 官署名,亦作本署长官名。隶司农寺。唐于西京长安、东都洛阳皆置苑总监,称京、都苑总监,掌宫苑内馆宇、园池修葺、种植花草树木与饲养六畜之事。各有监一人,从五品下;副监一人,从六品下;丞二人,从七品下。下有主簿等。另京、都苑又有东面监、西面监、南面监、北面监,总称京、都苑四面监,皆置监一人,从六品下;副监一人,从七品下;丞二人,正八品下。所掌与苑总监相同。

怨军 辽末军名。天庆六年(1116),秦晋国王耶律淳为都元帅,募中京道东部及东京道西部饥民为怨军,取报怨于金之意。七年,置怨军八营共二万八千余人。同年末,怨军与金军遭遇,初战即溃,两营叛逃。保大元年(1121),怨军作乱,事平后,选留二千人为四营,由奚六部大王回离保统率,其余约二万四千人分置南京(今北京)周围。辽军都统耶律余睹曾说:怨军未能报怨于金人,而屡怨叛于我家。二年,回离保等挟怨军拥立耶律淳为帝,怨军改号常胜军。同年末,郭药师率怨军大部降宋。三年,怨军击败回离保所部。金天会三年末(1126初),郭药师率怨军降金。

院本 金代的原始戏剧。自宋、金诙谐歌舞的杂剧发展而来,为元杂剧(北曲)的前驱。由末泥、引戏、副净、副末、装孤五脚色表演,以诙谐调笑的副净、副末为主。念白、唱曲、舞蹈动作相结合。较简短。原由行院(民间散乐)艺人表演,因名院本。金代盛行,元代仍继续编演。陶宗仪《辍耕录》记有院本名目。杂剧男演员樊李兰奚、侯要俏等均兼演院本。

院考 即"院试"。

院判 官名。(1)即宋、元的枢密院判官。(2)明代为各院的副职。朱元璋吴元年(1367)于太史院置,正五品。协掌天文历法之事。洪武元年(1368)罢。吴元年,太医院亦置,正五品。洪武十四年罢,二十二年复置,二人,正六品,协掌太医院之事。

院使 官名。(1)明代各院长官。朱元璋吴元年(1367)于太史院、太医院置,均正三品。洪武元年(1368)罢太史院使。十四年,改太医院使为令,二十二年复改令为院使,正五品。掌太医院之事。(2)清宣统三年(1911)五月置为内阁法制院主官。管理院务,监督指挥本院各官。

院试 清代童生试的第三阶段考试。凡经县试、府试两次考试录取的童生,即可参加由各省学政主持的考试。因学政别称提督学院,故名。童生报名、填写履历、取五童互保、廪生保结等,与县试、府试略同。乾隆五十七年(1792),又增加派保廪生一项,以防止认保廪生舞弊。正场考四书文二篇,五言六韵试帖诗一首。初选有名者还需复试一场,录取者即可入府、州、县学,成为生员。

院体书 唐时,人称学习僧怀仁所集右军王羲之《圣教序》字者为院体。清钱泳谓"大历以前宗欧、褚者多,大历以后宗颜、李者多。至大中、咸通之间,则皆习徐浩、苏灵芝及集王《圣教》一派,而流为院体,去欧、虞渐远矣"。因有整秩方光形质,缺乏动人神采,故称院体书。又宋张洎谓唐贞元中,吴通微创院体书,亦可备一说。

院务 官署名。金代置。掌酒业酿造及税收。设在课不及二万贯之地。置都监、同监各一员,领院务事,不及千贯之院务仅设都监一员。

院虞候 司理院虞候的简称。宋代州役之一。有节级(小头目)、狱子等,掌管牢狱人犯。一般差第四等以上户充。

院长 ❶唐代指御史台三院御史之为首者,分别主持三院院务,遂以其为御史之别称。见赵璘《因话录》卷五。❷唐代拾遗之别称。❸唐代翰林学士院之翰林学士承旨。《新唐书·沈传师传》:"召入翰林(院)为学士,改中书舍人。翰林缺承旨,次当传师,穆宗欲面命,(传师)辞曰:'学士院长,参天子密议,次为宰相,臣自知必不能,愿治人一方,为陛下长养之。'因称疾出。"❹宋代都城内辑事人。❺书院之掌教。宋元书院之掌教曰山长,清乾隆三十年(1765)改山长为院长。至清末仍名山长。❻清末新设内阁法制院及弼德院之长官,主管院事,简任,有副院长佐之。

掾 属官统称。汉代三公府及其他重要官府皆置掾、史、属,分曹治事。掾为曹长,史、属为副贰。故掾史多冠以曹名,如户曹掾、户曹史等。掾史为有职吏,其下还有从掾位、从史位、待事掾、待事史等散吏。三国、晋、南北朝公府皆置。晋以前大抵诸曹各设一人,每府有掾一二十人。东晋以后仅户曹、仓曹等数曹设。品级自五品至七品不等,北齐大理寺、郡县并置,亦为僚属泛称。隋大业三年(607)郡置东西曹掾。

掾史 吏名。明代一、二品衙门中高级吏员。凡宗人府、五军都督府、南京五军都督府、协理京营、提督京营、各省镇守总兵等衙门皆设,员额不等。正八品出身。由一、二品衙门典吏、令史三年考满后充用。掌管衙门中政事。

掾属 属官统称。汉代泛指公府及郡县官府属吏,正曰掾,副曰属,如各曹掾史及其下属吏。三国、晋、南北朝沿置。参见“掾”。

瑗县 西汉置。治今山东禹城市西南。属平原郡,东汉废。

yuē

约法三章 公元前206年刘邦率农民起义军占领秦都咸阳后,向关中父老宣布的临时律令。内容是“杀人者死,伤人及盗抵罪”(《史记·高祖本纪》)。史称“约法三章”。

约翰医学校 学校名。清光绪七年(1881)由美国文恒理(Henry William Boone,1839—1925)在上海虹口同仁医院内设立医学班,专施医学教育。二十二年,圣约翰大学设立医学专科,聘请文恒理为校长,入学者在校学习四年,方可毕业,但只给文凭,并无学位。三十二年,因圣约翰大学在美注册,得与美国境内诸大学享受平等待遇,乃改医学专科学制为五年。授予毕业学生以医学博士学位。1914年与广州的本薛文义医学校合并。本薛文义医学校的教员、学生自粤来沪。校名遂改为本薛文义医学校,即圣约翰大学之医科。

约剂 古代用作凭信的盟辞和契券。《周礼·春官·太史》:“凡邦国都鄙及万民之有约剂者藏焉。”郑玄注:“约剂,要盟之载辞及券书也。”又《秋官·司约》:“凡大约剂,书于宗彝;小约剂,书于丹图。”郑玄注:“大约剂,邦国约也。……小约剂,万民约也。”

约束游学章程 即《约束鼓励出洋游学生章程》。清光绪二十九年(1903)湖广总督张之洞与日本驻华公使内田康哉商订颁布。同年由外务部刊印成册。内容包括《约束游学章程》十款、《奖励游学毕业生章程》十款、《自行酌办立案章程》七款。规定中国留日学生未经出使大臣和总监督公文保送不准入学;留日学生如刊登、翻译干预政治的文章,如有“犯禁”,即行退学;被斥退的留日学生如“无悛改之望者”,饬令即刻回国等。并在各学堂设立“考察制度”,以监视和阻止中国留日学生进行革命活动。

约孙 蒙古语,意为“礼”、“理”。

约特干遗址 新疆古城遗址。在今和田西10公里处。主要为一洼地,面积约10平方公里。文化遗物深埋于3—6米厚的冲积层下。1949年前出土大量金页、金箔花形饰片、小金鸭、佛像、附饰动物形象的陶器及人形陶饰、玉石残件等。未经科学发掘。一说为汉唐于阗国都城遗址。

约章成案汇览 书名。清北洋洋务局辑。二编,五十二卷。辑录康熙朝至光绪三十年(1904)间与各国订立的条约、章程等而成。甲编为条约,以国分卷,按年月先后为序,多道光以来各朝所定,均依外务部颁行原本翻印,照会、附件具备。乙编为章程成案,以门类分卷,凡订约、交际、疆界、开埠、租借、通商、行船、禁令、狱讼、聘募、招工、游历、游学、传教、偿借、铁路、矿务、圜法、邮电、赛会二十门。分类辑录外务部和北洋洋务局所存中外各国所订章程,有关订立条约、章程之奏折等档案,并附《各国立约年月表》、《各口岸通商开埠原始表》、《大清舆图》等十余种图表。为清代外交史料。有光绪上海点石斋石印本。

yuè

月孛 见“十一曜”。

月表 按月纪事的史表。《史记》有《秦楚之际月表》。司马迁以秦楚之际局势复杂,变化很快,不可以年记,故列为月表。

月常江 在今越南清化省东境。明永乐中,张辅败陈季扩之党阮朔于九真州月常江,即此。

月赤察儿(1249—1311) 蒙古许兀慎部人。博尔忽之曾孙。至元十七年(1280),长第一怯薛。次年,任宣徽使。二十七年,劾桑哥,荐哈剌哈孙为丞相。三十年,兼知枢密院事。成宗即位,加太保。大德四年(1300)进太师,副晋王甘麻剌督师北边。次年,败海都、笃哇。十年,遣军深入,夺取察八儿所部,迫使察八儿降元。至大四年(1311)入朝,不久病死。

月旦评 东汉末名士许劭与从兄许靖对乡党人物加以褒贬评论,每月更换品题,后成为汝南地方习俗,称月旦评。

月灯阁 唐佛阁。位于长安(今陕西西安)东南等驾坡。高台建筑,下临广场。唐后期,进士及第者于雁塔题名后,在此击球、宴饮。咸通十三年(872)三月,新进士集于月灯阁痛饮,为打球之戏,广场杂演百戏,士宦之家于广场四周搭看棚纵观。

月堤 沿河大堤之外的防护副堤。明代治河工程中多筑于河势激急或大堤不甚坚固之处,以防溃决。

月港 明代对外贸易港口。位于福建漳州府龙溪县(今龙海市海澄镇),距府城四十里。其形如月,负山枕海,可停泊大型海船。嘉靖时有居民数万家,甚为富庶,著名海商巨贾多出其中。嘉靖三十年

(1551)后建靖海馆于此,有通判往来巡缉。四十四年于其地设海澄县。隆庆五年(1571)滨港筑海澄县城。

月宫故事镜 唐铜镜。1978年在江苏扬州出土,直径15.1厘米,厚0.4厘米,半球形钮。镜面上方刻一轮明月,月中有桂树,树下有玉兔持杵捣药。镜钮两侧各有一喜鹊相对而飞,下方从海面波涛中跃出蛟龙。画面简洁生动,镜薄而坚实,水银包浆黑里透亮,为晚唐器物。现藏江苏扬州博物馆。

月河 明代治河时所修之人工分水河。用于分泄主流水势,以保堤防,兼可通行舟楫。其法分为两种:一于原河堤外数丈筑重堤,分水注两堤之间为河;一距老堤略远筑中堤,其外再筑外堤,分水注入中、外堤之间为河。

月活 ❶明清农业雇工,按月计工资者,名月活。❷清云南铜矿厂矿工之一种,按月计酬,去留自由。

月即别 ❶见"乌孜别克族"。❷(? —1341)钦察汗国第九代汗。1313—1341年在位。为第五代汗忙哥帖木儿幼子脱黑里勒察子,第八代汗脱脱侄。即位后,元仁宗曾遣使册封。在位时期钦察汗国达极盛阶段,有军队三十万人。迁都别儿哥萨莱(今俄罗斯伏尔加格勒附近),与伊利汗国、埃及等国通好。奉伊斯兰教为国教。扶植莫斯科公国,以镇压反抗蒙古的特维尔公国。

月建 见"干支纪月法"。

月校 见"私试❷"。

月课 清国子监、八旗官学及地方儒学对在校学生每月进行考校的制度。国子监每月逢望、朔日对六堂肄业生进行考校,试以四书、诗、经义等,由司业主持。八旗官学亦定期对学生试以经书及满、汉文字等。府、州、县学,四书文外兼试策论。考试翌日,并讲《大清律例》刑名、钱谷之要者若干条。除丁忧、患病、游学、有事故外,不应月课三次者戒饬,无故终年不应者黜革。试卷申送学政查核。嘉庆以后,渐不举行。

月离 历法术语。表示月球在白道上的位置及其变化。用二十八宿的赤道宿度或黄道宿度表示。两者分别相当于现代天文学的赤经或黄经。东汉永元年间,贾逵发现月行迟疾;刘洪在《乾象历》中,提出因月行不均匀而改正求月离的方法。由于当时东汉政治腐败而未加施用。早期根据月行迟疾来校正平朔望时刻的方法都已失传,现在传世的是后来孙吴地区采用的《乾象历》里的算法。它采用以月球通过近地点时刻为计算起点,记载每日的月行度,并以这数为基础,提出从平朔望换算为定朔望的改正方法。北齐张子信发现日行不均匀后,刘焯开始在计算上述改正后,还须求出因日行不均匀而引起的改正。

月离表 古代历法中的一种反映月亮运动的天文表。从刘洪《乾象历》起,各家历法都给出以月球过近地点的时刻为起算点,制成月球在一近点月内的运行情况表,称月离表。以《大衍历》月离表为例,表中共列六项:(1)转日,指过近地点后的天数;(2)转分,指月球每日实行分数,如再以转法76除之则得实行度数;(3)列衰,每两转分前后项的差数;(4)转积度,为逐日转分化为度数后的总和;(5)损益率,月球每天实行与平均运动度数之差再除以平均运动后所得的值;(6)朓朒积,是损益率的累加。详细计算,见于下表。

转日	转分	列衰		转积度		损益率		朓朒积	
1	917	进	13	度	初	益	297	朒	初
2	930	进	13	12度	5分		259	朒	297
3	943	进	13	24度	23分		220		556
4	956	进	14	36度	54分		180		776
5	970	进	14	49度	22分		139		956
6	984	进	16	62度	04分		97		1095
7	1000	进	18	75度空		初益 末损	48 6		1192
8	1018	进	19	88度	12分	损	64		1234
9	1037	进	14	101度	42分		106		1170
10	1051	进	14	115度	15分		148		1064
11	1065	进	14	129度	02分		189		916
12	1079	进	13	142度	03分		229		727
13	1092	进	13	157度	18分		267		498
14	1105	进 退	10 3	171度	46分	初损 末益	231 66		231
15	1112	退	13	186度	11分	益	289	朓	66

（续表）

转日	转分	列衰		转积度		损益率		朓朒积
16	1099	退	13	200度	59分		250	355
17	1086	退	13	215度	18分		211	605
18	1073	退	14	229度	40分		171	816
19	1059	退	14	243度	49分		130	987
20	1045	退	17	257度	44分		87	1117
21	1028	退	18	271度	25分	初益 末损	36 18	1204
22	1012	退	18	284度	65分	损	73	1222
23	992	退	14	298度	11分		116	1149
24	978	退	14	311度	15分		157	1033
25	964	退	14	324度	05分		198	876
26	950	退	13	336度	57分		237	678
27	937	退	13	349度	19分		276	441
28	924	退 进	7 6	361度	44分	初损 末益入后	165	165

月粮 明军士兵、舍人、余丁、军匠每月向官府支取之粮。供本人及家属生活之需。因时、地、军以及有无家小之不同，标准为三斗至一石五斗不等。所支有本色米、布、青稞，有折色钞、布等。另外，监生、吏员亦有月粮。清代亦沿此称，然支粮对象、数量与明代略有不同。

月令 《礼记》篇名。记载一年十二个月中每个月的天象、物候及应行的政令。其作者有两种说法：东汉马融、贾逵、蔡邕以及三国魏的王肃等认为是周公所作；而东汉郑玄、高诱等则认为是吕不韦所作。《月令》的天象记事作为当时发布十二个月政令的基础，以使人事不违时令。其记载按日躔而不就月离，但各季分孟、仲、季月，且记昏、旦中星。例如：“孟春之月，日在营室，昏参中，旦尾中。”可以认为其中的日躔是指月初节气那天太阳所在位置。其观测年代当在公元前六世纪前后。《月令》的天象记事，与《吕氏春秋》、《明堂月令》、《淮南子·时则训》、《天文训》等有密切关系。至于其来源，仍无定论。

月令从事 官名。南朝宋置，为广州、徐州刺史属官，主时节祠祀。

月令师 东汉司隶校尉及州部佐吏。《后汉书·百官志》司隶校尉有假佐二十五人，本注曰：“月令师主时节祠祀。”州部员职略同。

月鲁不花(1308—1366) 元蒙古逊都思氏，字彦明。元统进士。授将仕郎、台州路达鲁花赤。至正元年(1341)，任行都水监经历。改集贤待制，除吏部员外郎。奉命至江浙籴米，充军饷。后历官吏部侍郎、工部侍郎、保定路达鲁花赤、吏部尚书、大都路达鲁花赤、江南行御史台中丞、浙西肃政廉访使、山南道廉访使。在海道遇倭人，被杀。

月鲁帖木儿(？—1352) 元蒙古朵鲁班氏。仁宗时入宿卫，拜监察御史，劾右丞相铁木迭儿。泰定初，迁汴梁路总管。致和元年(1328)，得罪权贵，被谪乾宁安抚司(治今海南琼山)安置。至元六年(1340)，被召还。至正四年(1344)，任大宗正府也可札鲁花赤。九年，由太医院使任翰林学士承旨、知经筵事。十二年，任江浙等处行中书省平章政事，领兵镇压红巾军，复淳安(今属浙江)等县。七月，病死于徽州(今安徽歙县)。

月吕鲁 又译月儿鲁、月儿吕、月鲁、玉吕鲁、月吕禄等。即“玉昔帖木儿”。

月伦 又译诃额仑。也速该正妻。斡勒忽讷兀惕氏。生四子：铁木真(即成吉思汗)、搠只哈撒儿、哈赤温、铁木哥斡赤斤；一女：帖木伦。也速该死，在穷困中抚养诸子成人，助铁木真统一蒙古诸部。

月落万川 宋明理学术语。源出禅宗永嘉玄觉《永嘉证道歌》：“一月普现一切水，一切水月一月摄。”意谓万川之月实为一月之体现。以阐述佛教“佛性”说。朱熹及其门人常借以说明“理一分殊”之道理。陈淳说：“总而言之，只是浑沦一个理，亦只是一个太极，分而言之，则天地万物各具此理，又各有一太极，又都浑沦无缺欠处”，“陈儿叟月落万川、处处皆圆之譬，亦正如此”(《北溪全集》附《四书性理字义》)。

月名 十二月别名。《尔雅·释天》：“正月为陬，二月为如，三月为病，四月为余，五月为皋，六月为且，七月为相，八月为壮，九月为玄，十月为阳，十一月为辜，十二月为涂。月名。”古人以月阳、月名相配纪月,如正月干支名有五:甲寅、丙寅、戊寅、庚寅、壬寅,可分别纪为毕陬、修陬、厉陬、窒陬、终陬;二月干支为乙卯、丁卯、己卯、辛卯、癸卯,分别纪为橘如、圉如、则如、塞如、极如。余类推。

月食五限 天文学名词。初亏,食既,食甚,生光,复圆辰刻,古称月食五限。

月市 明代蒙汉人民在官府指定地点所进行的一种贸易。每月开市一两次,故名。因规模小、市期短,亦称小市。弘治年间始设于广宁、开原,以待海西女真及朵颜三卫。万历元年(1573),开设月市于宣府、大同、山西、陕西、宁夏、甘肃诸边,以待土默特、袄儿都司等近边蒙古各部。蒙古牧民以畜产品、盐碱、柴草、木材等,换取汉族商民的粮米、布匹、锅釜、耕具等。

月税 明代税课之一。地方官府于商税之外,对集市商人按月征收之税。非定制,各地官府可自行自废。

月思别 见“乌孜别克族”。

月坛 帝王祭月之坛。又称夕月坛。北周始建,定秋分皇帝祭月于京城西门外。唐宋因之。苏轼《次韵蒋颖叔·扈从景灵宫》:“道人幽梦晓初还,已觉笙箫下月坛。”明初建于南京,洪武二十一年(1388)罢日月之祭。嘉靖议礼,复祀,建于北京阜成门外,秋分祭祀。以甲、丙、戊、庚、壬年皇帝亲祭,余年遣大臣摄祭。清因之。

月头银 宋太宗以戍守北方军士劳苦,每月另给补助银两,称月头银。

月脱 见“喝盏”。

月选 官员铨选制度。元代规定从七品以下官员由吏部注拟,一月一次铨注。明时吏部每月开选一次,但单、双月有所不同。初授官及考定升降之官归双月大选,改授、改降、丁忧、候补者归单月急选。清沿用明制,京官自郎中以下,外官自道以下,皆为月选缺。双月为大选,开选除班,升班;单月为急选,开选补班。闰月停选。凡月选,满洲、蒙古、汉军以上旬(每月五日),汉官以下旬(每月二十五日),笔帖式以中旬(每月二十日)前期截缺。每月截缺后,由吏部以本月所开之缺,按数截出到班者若干人,先司议,后堂议,定出定选官名单。到选日,封固缺签,传齐各官到部,公同掣签,以定官缺。

月阳 天干与月相配之名。《尔雅·释天》:“月在甲曰毕,在乙曰橘,在丙曰修,在丁曰圉,在戊曰厉,在己曰则,在庚曰窒,在辛曰塞,在壬曰终,在癸曰极。月阳。”“在甲”、“在乙”指月干支名中有甲、有乙等。参见“月名”。

月漾桥 在今河北任丘市北鄚州南。《国榷》:明建文二年(1400)燕王朱棣之师战败李景隆,“追及月漾桥”,即此。

月月小说 杂志名。清光绪三十二年九月十五日(1906.11.1)在上海创刊。月刊。群学社发行。汪庆祺(惟父)、吴沃尧(趼人)、许伏民先后主编。以开通知识、进国民于立宪资格为宗旨。提出“借小说之趣味、之感情,为德育之一助”。以刊载历史小说为主,或著或译,兼刊论文、戏曲、诗词等。揭露社会,鼓吹“群治”,刊有吴趼人《劫余灰》、《发财秘诀》等。共出二十四号,三十四年十二月停刊。

月折 清两淮盐商总商向散商摊派之一种浮费。名为豢养乏商子孙,由乏商子孙按月支取,故称月折。

月折包 档案名称。参见“奏折”。

月支 即“月氏”。

月支都督府 唐羁縻都督府名。龙朔元年(661)置于吐火罗境内阿缓城,故地在今阿富汗东北昆都士城附近,以其王叶护领之,辖州二十五,隶于安西都护府。约八世纪中叶后,因大食势力东进而废。

月氏 氏一作支。古游牧部族名。其族属有突厥、伊朗诸说,迄未定论。故地在今敦煌以东,祁连山以西。秦时势盛,与东胡从东西两面胁迫匈奴,头曼单于曾送子为质。秦末汉初,匈奴转强,月氏两次为冒顿所败,于汉文帝前三年(前177)至前四年,遭匈奴攻击,大部分西迁塞种地区(今新疆伊犁河流域及其迤西一带),称大月氏;一小部分未能西迁的入南山(今祁连山),与羌人杂居,称小月氏。

月氏道 西汉置,当因河西月氏迁此,故名。治今甘肃隆德县境。属安定郡。东汉废。

月桩钱 南宋杂税名。绍兴二年(1132),始置月桩钱,令江南东路每月堆桩并发送十万贯钱以供军需。其后月桩钱推行于江、浙及湖南,各地无从桩办,都巧立名目,临时措画,横取于民,以江南东、西路为害最重。

月祖伯 见“乌孜别克族”。

月作人 古代按月计工资雇用的工人称谓。《太平广记·唐庆》载,唐庆在京都雇月作人。唐大中初,有佣作之值月五百者。

乐 音乐。《礼记·乐记》:“乐者,音之所由生也。”西周统治者以之为表现“礼”的一种手段,列为“六艺”之一,令贵族子弟于学宫习之。用于政治、祭祀及道德教化方面。《易·豫·象》:“先王以作乐崇德,殷荐之上帝,以配祖考。”《孝经·广要道》:“移风易俗,莫善于乐。”儒家常以“制礼”与“作乐”并提。

乐部 官署名。西魏、北周春官府原设司乐,北周保定四年(564)改为乐部。掌演乐事,以乐部中大夫主其事。后代多废不置,其演乐事分属太常寺太乐署等机构。清乾隆七年(1742)置。乃特设之机构。掌管大祭祀、大朝会的演乐及审定乐器音律事务。长官为管理大臣,亦称典乐大臣,初由礼部满尚书兼任,其他懂音乐之王大臣亦可简派,无定员。后改为由各部侍郎、内务府大臣兼理,而满大臣中懂音乐者亦可派为管理大臣。下设署正、署丞、协律郎、司乐等官,以及乐生一百八十人,舞生三百人,分别隶于各署、处。所属机构有神乐署、和声署、什榜处等。此外,内务府掌仪司所掌宫中庆贺燕飨之乐及銮仪卫所掌卤簿诸乐,均由乐部统一管理,其职官仍隶原衙门。

乐部管理大臣 官名。亦称典乐大臣。清代乐部之长官，掌部事。乾隆七年(1742)设，以礼部满洲尚书一人兼充，或从王大臣内知乐者特旨简派，无定员，后亦由各部侍郎、总管内务府大臣兼理。

乐部尚书 官名。北魏初有乐部尚书，为五尚书之一，掌知伎乐及角使伍伯。

乐部中大夫 官名。北周保定四年(564)，改大司乐中大夫置。仍属春官府，为乐部长官。掌音律、教授乐舞，管理各种伎乐的演奏。下设小司乐下大夫、小乐部上士、小乐部中士以佐其职。领乐师上士、乐胥中士、司歌中士、司钟磬中士、司鼓中士、司吹中士、司舞中士、籥章中士、掌散乐中士、典夷乐中士、典庸器中士等官属。建德二年(573)省。宣帝即位后，复置。正五命。隋开皇元年(581)罢。

乐大心 春秋时宋国人。宋元公十二年(前520)，任右师，居桐门，故又称桐门右师。后和乐祁之子溷有隙，溷向宋景公诬其将为乱，被逐奔曹。宋景公十八年(前 499)，景公弟辰同仲佗、石彄、公子地等据萧(今安徽萧县西北)叛宋，他由曹至萧附之。

乐道融(? —322) 晋丹阳(治今江苏南京)人。荆州刺史王敦参军。受敦遣赴梁州，说梁州刺史甘卓俱发。他虽为敦佐，然忿其叛逆，因说卓伪许敦命而驰袭武昌(今湖北鄂州)，以立大勋。卓遂传檄勤王，率军讨敦。卓年老多疑，出军稽迟，敦遣使求和，卓遂回师。虽昼夜泣谏，不听，遂忧愤死。

乐茷 春秋末宋国人，字子潞。为司城官，又称司城茷。宋景公无子，取公孙周之两子得、启，养于公宫。宋景公四十八年(前 469)，景公死，大尹以武装胁迫六卿盟誓，立启为君。他与大司马皇非我等率国人进攻大尹，迫其奔楚，另立得为君，是为昭公。

乐府 ❶官署名。秦置。西汉武帝时，乐府负责皇帝朝会祭祀、巡行时所奏音乐，兼管采集民歌，并为之配乐。后世作为主管音乐官署的泛称。❷诗体名。可以入乐诗歌的名称。乐府诗有民间歌谣，也有文人拟作，其中以两汉民歌最有价值。据《汉书·艺文志》，西汉乐府民歌有一百三十八首，现存仅三、四十首，加上东汉作品，约有一百多首。均为“感于哀乐，缘事而发”。内容广泛地反映了当时的阶级关系、社会风貌、下层人民的爱憎和愿望。语言朴素生动，形式自由多样，往往通过叙事抒情，富于浪漫色彩，有的具有较高的思想性和艺术性，对后世诗歌发展有重要影响。一些名篇如《孔雀东南飞》、《陌上桑》、《有所思》、《孤儿行》、《上山采靡芜》等，历来脍炙人口，为文学史上的宝贵遗产。

乐府令 官名。西汉置。《汉书·百官公卿表》少府属官有乐府令、丞。主宗庙祭祀之乐。惠帝、文帝、景帝世已有乐府主宗庙乐，惠帝时有乐府令夏侯宽。《汉书·礼乐志》又谓武帝定郊祀之礼，乃立乐府。颜师古注：“始置之也。乐府之名盖起于此。”所辖乐人众多。桓谭《新论》：“余昔在成帝时为乐府令，凡所典领倡优伎乐，盖有千人。”哀帝初，乐府有器乐、歌舞演员等八百二十九人。哀帝罢乐府，其中三百八十八人改属太乐令。

乐府新编阳春白雪 即“阳春白雪”。

乐府杂录 书名。唐段安节撰。一卷。音乐著作。安节，齐州临淄(今山东淄博东北)人。昭宗时，为国子司业。书成于唐末。作者通晓乐律，能自度曲。所记首列乐部九条，次列歌舞俳优三条，又列乐器十四条，乐曲十三条。举凡唐代乐部管理制度，宫廷与民间各种乐曲、舞蹈、乐器的源流和内容皆有叙述，穿杂艺伎小传。末附《别乐识五音轮二十八调图》，今图亡而说尚存。后人又称《琵琶录》。

乐广 西晋南阳淯阳(今河南南阳南)人，字彦辅。少孤贫，侨居山阳(今河南焦作东)。王戎举为秀才，累迁中书侍郎、侍中，官至尚书令。崇尚老庄，善言名理，与王衍并为当时天下“名士”之首。不信鬼神，反对用神秘的观点解释梦境，认为梦是“想”。凡论人，“必先称其所长，则所短不言而自见矣。人有过，先尽弘恕，然后善恶自彰矣”。针对一些名士以放任为达或至于裸体者，提出“名教内自有乐地，何必乃尔”。

乐户 中国古代以音乐歌舞为业，供统治阶级取乐之人户。地位卑贱，倍遭歧视，不属于良民之列。历代统治者常将犯罪妇女或罪犯妻女没官为伎，名隶乐籍。《魏书·刑罚志》：“诸强盗杀人者，首从皆斩，妻子同籍，配为乐户；其不杀人，及赃不满五匹，魁首斩，从者死，妻子亦为乐户。”明清时，山西、直隶、陕西等省有众多乐户，列于贱民。据载，其先世因明建文末不附燕兵而被害，妻女落为乐户，世世不得自拔为良民。清雍正元年(1723)，下令豁除乐户贱籍，改为良民，与编氓同列。乾隆三十六年(1771)定制，改籍后四世，亲支无习贱业者，方准报捐、应考入仕。

乐黄目(972 或 963—1027) 北宋抚州宜黄(今属江西)人，字公礼。乐史次子。淳化进士。曾请真宗效唐初之制，慎州县长吏之选。历度支盐铁判官，京西、广南西路、陕西转运使，权知开封府。累官给事中。旋因事出知荆南、潭州，复入知审官院。后出知亳州卒。博学多著作，著有《学海搜奇录》、《圣朝郡县志》，已佚。

乐恢 东汉京兆长陵(今陕西咸阳市东北)人，字伯奇。好经学，事博士焦永。任本郡吏。后征拜议郎，数上书谏争外戚窦宪出征匈奴。入为尚书仆射，复奏劾宪党羽。诸所刺举，无所回避，为贵戚所恶。其妻劝之明哲保身，不听，奏劾不法如故。后称疾免归乡里。窦宪指使州郡迫胁，饮药自杀。

乐籍 古代对乐户编制的户籍。编入乐籍的乐户不属于良民，地位卑贱。清雍正元年(1723)，令乐户改业为良民，乐籍始废除。参见“乐户”。

乐嘉藻(1870—1941) 贵州黄平人，字彩臣。举人出身。清光绪二十一年(1895)在京会试，参加公车上书。寻自费赴日本考察学务。归国后在贵阳创办新式学堂。三十三年发行《黔报》，主笔政。宣统元年(1909)被举为贵州咨议局议长，三次赴京参加国会请愿运动。贵州光复后，任军政府枢密院枢密员。1913 年任天津工商品陈列所所长，曾出席旧金山博览会。嗣调补农商部主事。后退职寓居北京。

乐进(?—218) 东汉末阳平卫国(治今河北大名东)人,字文谦。为曹操帐下吏。从征吕布、张绣,以功拜讨寇校尉。官渡之战,斩袁绍大将淳于琼。又从征袁谭、袁尚,杀其将严敬。屡立战功。建安十一年(206),操表为折冲将军。后又从征高干、管承、刘备。二十年,与张辽、李典在合肥大破孙权军。迁右将军。

乐经 《六经》之一。《庄子·天运》:"丘治《诗》、《书》、《礼》、《乐》、《易》、《春秋》六经。"今不存,内容无考。《汉书·艺文志》著录有《乐记》等六种,凡一百六十五篇,而无《乐经》之名。《宋史·乐志》认为焚于秦火。邵懿辰《礼经通论》认为,乐本无经,"乐之原在《诗》三百篇之中,乐之用在《礼》十七篇之中"。

乐欬 春秋末鲁国人,名欬,一作欣,字子声。孔子学生。

乐令 唐时关于音乐舞蹈的法令。包括乐器、乐队、乐曲、舞蹈队的名称、编制、服饰及用场等。令文散见《唐六典》、《通典》、《旧唐书·音乐志》等。

乐律 见"音律"。

乐律全书 书名。明朱载堉著。四十七卷。系音乐、算学、历法论著汇刻。书成于万历三十四年(1606)。有《律学新说》、《乐学新说》、《算学新说》、《律吕精义》及乐谱、舞谱等十三种,以及算学、历法著作四种。作者折衷周伶州鸠、西汉京房、北魏陈仲儒诸家之说,约于万历十二年提出"十二平均律"(即"新法密率")的理论,解决了历代众说纷纭的旋宫问题,较西欧早一百余年。有《万有文库》影印明原刻本。

乐律学 古代乐学与律学的总称。乐学,从音乐实践出发,探求乐音及其音感的相互关系,包括宫调、记谱、读谱、乐器法等内容;律学,从发音体振动规律出发,研究乐音的数理关系,包括生律法、律制关系、定律器,甚而与历法、度量衡的关系。律学亦称音律学。先秦时已有律学专篇,如《吕氏春秋》中《音律》篇。司马迁作《史记》,有《乐书》与《律书》二种,分属乐学与律学。此后,乐与律常连用,沈括《梦溪笔谈》中有《乐律》卷。明朱载堉著《乐律全书》,内含《乐学新说》和《律学新说》。乐律学时有称为律吕之学。如宋蔡元定的《律吕新书》,朱载堉的《律吕精义》等。

乐祁(?—前502) 一称乐祁犁、子梁。春秋时宋国人。官司城。曾对宋元公说,季氏掌鲁政已历三世,鲁君丧失政权已经四代,鲁君如伐季氏,必然出亡。后鲁昭公兴兵讨伐季氏,果为三桓所败奔齐。宋景公十三年(前504),奉命出使晋国,被晋拘留,终于晋。

乐器局 官署名。北齐置,属太府寺左尚方署,设丞。掌宫廷乐器制作。

乐卿 ❶汉武帝所置武功爵第八级。其时国用不足,置赏官,称为武功爵。买爵者得试补为吏,最高可至乐卿。❷唐宋太常卿之别称。

乐商 即"乐腾"。

乐韶凤(?—1380) 元末明初滁州全椒(今属安徽)人,字舜仪。元末投朱元璋于和阳,参谋军事。洪武三年(1370)授起居注。历兵部尚书、侍读学士、国子祭酒等。编《大明日历》,撰《回銮乐歌》、《洪武正韵》等。十三年致仕。

乐生 见"乐舞生"。

乐师 官名。周代国学专职教育官员之一种。《周礼·春官·乐师》郑玄注及孙诒让疏云,其职是教国子诵诗、习舞和培训乐仪。培训乐仪,是要让国子懂得并能够做到在演奏不同的音乐时保持相应的仪容。隋初太常寺太乐署置八人,清商署置二人,为乐官,从九品,掌教习声乐。大业三年(607)改为乐正。

乐师上士 官名。西魏恭帝三年(556)仿《周礼》乐师置,北周沿置。初为春官府大司乐中大夫属官,北周保定四年(564),改大司乐为乐部,遂为乐部中大夫属官。员一人,掌乐官政令,听其治讼,并主持乐官的演奏。正三命。下设乐师中士以佐其职。隋开皇元年(581)罢。

乐实(?—1311) 元高丽人,寄居莱州(今属山东)。初为世祖侍卫。后出任山东宣慰使,开胶莱海道,置运粮万户府。至元二十九年(1292),以盗库钞等事被解职。至大二年(1309),进言钞法大坏,请更钞法,图新钞式以进。并议立尚书省,任平章政事。建言江南富室岁收粮五万石以上者,令每石输二升于官,仍质一子为军。三年,加尚书左丞相,行平章政事,封齐国公。因娶宗王移相哥子埜仙帖木儿三女及忽都帖木儿之女,又封驸马都尉。四年,被仁宗以变乱旧章罪处死。

乐史(930—1007) 北宋抚州宜黄(今属江西)人,字子正。南唐时,任秘书郎。入宋为平原主簿。太平兴国中,以现任官举进士,授武成军节度掌书记。五年(980),赐进士及第。历三馆编修、直史馆,数任知州。为官颇以贿闻。勤于著述。所著《太平寰宇记》,历述北宋初期各州军地理沿革及户口、风俗、人物、土产,对宋以前少数民族及与中国发生联系之海外国家,亦有叙述,为研究历史地理之要籍。

乐使 宋女官名。太祖置,主宫中声伎。太宗改为仙韶使。

乐书要录 书名。唐武则天撰,实为北门学士奉命撰。十卷。约成书于久视年间。《宋史·艺文志》未录,可见缺佚已久。今存有日本正仓院本,仅五、六、七三卷。系唐时日人带回国内。本书征引古籍,如月令章句、五经通义、三礼义宗等,皆世所罕见。又如旋宫之法,十二律相生之图,均为宝贵的音乐资料。

乐思晦(?—691) 唐雍州长安(今陕西西安)人。乐彦玮子。天授二年(691),以鸾台侍郎同平章事。数月,为酷吏诬杀。

乐腾 亦作乐商。战国时魏文侯臣。贤者。由魏文侯弟魏成子所推荐。魏成子以荐贤之功,被任为相。见《吕氏春秋·举难》。

乐舞生 乐生、舞生之合称。专备大祀、宗庙、社稷、山川、孔子及各山陵祭祀演奏乐舞之用。明代隶神乐观,由太常寺协律郎等官教习。每遇祭祀,先期于本观演习。各种祀典所用人数皆有严格规定。洪武初,选用道童,其后乐生用道童,舞生用军民俊秀子弟。清代隶神乐署,兼隶太常寺。其中乐生一百八十人,舞生三百人,俱汉员。

乐胥中士 官名。西魏恭帝三年(556)仿《周礼》大胥置,北周沿置。初为春官府大司乐中大夫属官,北周保定四年(564),改大司乐为乐部,遂为乐部中大夫属官。掌教授舞乐及纠正演奏、舞蹈者的错误。正二命。下设乐胥下士以佐其职。隋开皇元年(581)罢。

乐悬院 唐太常寺所领四院之一。掌收藏大祭所用之乐器。

乐学 见"乐律学"。

乐逊(500—581) 北朝汉东猗氏(今山西临猗)人,字遵贤。北魏正光中,从徐遵明学《论语》、《左氏春秋》等。有时望,西魏太尉李弼、丞相宇文泰请以经术教授诸子。魏恭帝二年(555),授太学助教。北周初,除秋官府上士。武成元年(559),陈时宜十四条,其重战伐、禁奢侈等条甚切时弊。保定中,历迁遂伯中大夫、车骑大将军。天和中,历湖州刺史。大象初,进爵崇业郡公,为露门博士。隋开皇初,以老病辞官,旋卒。著有《春秋序义》及《孝经》、《论语》"序论"等凡十余篇。

乐彦玮(?—676) 唐雍州长安(今陕西西安)人,字德珪。显庆元年(656),为给事中。时刘洎子上言洎贞观末为褚遂良所谮枉死,中书侍郎李义府赞成之。他独辨其事不枉。历东台舍人。麟德元年(664),以西台侍郎同东西台三品。数月,罢为大司宪。

乐彦祯(?—888) 唐魏州(治今河北大名东北)人,本名行达。魏博自何全皞以后,韩君雄、韩简父子相继为帅。他为韩简部将,曾任博州刺史。中和三年(883),韩简为部下所杀,将士拥之为帅。在镇时筑魏州城,周八十里,一月完工,人怨其残。子从训尤凶悖。将士离心,遂逼之为僧,旋又杀之。

乐羊 亦作乐阳。战国时魏国人。魏文侯时,受翟璜推荐,为将军。周威烈王十八年(前408),将兵越赵境,北伐中山,三年而克之,以功封于灵寿(今河北灵寿西北)。后子孙留居封地,世代为将,乐毅即其后裔。

乐阳 即"乐羊"。

乐毅 战国时灵寿(今河北灵寿西北)人。魏将乐羊后代。燕昭王时入燕,任亚卿,辅助昭王治燕。昭王二十八年(前284),以上将军率燕、赵、魏、韩、秦五国联军大败齐军。后率燕军独进,先后下齐城邑七十多座,攻入齐都临淄,齐湣王逃奔莒(今山东莒县)。因功封为昌国(今山东淄博东)君。燕昭王死,惠王即位,素与他不和,又中田单反间计,改用骑劫为将。遂出奔赵国,受封于观津(今河北武邑东南),号望诸君。骑劫败死后,惠王曾使人召之,不肯就,终老于赵。

乐毅伐齐 战国齐宣王六年(前314),齐军破燕,使燕国损失惨重。燕昭王即位后,奋发图强,招徕贤者,吊死问生,与百姓同甘苦。经长期休养生息,燕国殷富,日益强盛。时齐湣王出兵灭宋,又南取楚之淮北,西侵三晋,诸侯不满,共谋伐齐。燕昭王二十八年(前284),燕以乐毅为上将军征发全国军队并联合秦、赵、魏、韩之师伐齐。燕军长驱直入,一举攻陷齐都临淄(今山东淄博市东北临淄北)。齐湣王逃奔莒(今山东莒县),为楚将淖齿所杀。乐毅率军接连攻占齐国七十余城,独莒(今山东莒县)与即墨(今山东平度东南)不下。齐国几亡。

乐尹 官名。春秋时楚国置。《左传·定公五年》:"王(楚昭王)将嫁季芈,季芈辞曰:'所以为女子,远丈夫也。钟建负我矣。'以妻钟建,以为乐尹。"杜预注:"司乐大夫。"

乐运(540—?) 北朝时南阳淯阳(今河南南阳南)人,字承业。少好学,不拘章句。初仕梁。承圣三年(554),江陵(今湖北荆州)为西魏所破,籍没长安,为人佣保多年。北周天和初,为柱国府记室参军,寻为露门学士。周武帝时,累直谏,多被纳用。建德二年(573),除万年县丞,抑挫豪右,号称强直。周宣帝即位,昏纵日甚,乃陈其有八失,几被杀戮。隋开皇五年(585),转毛州高唐令,有政绩。然性讦直,不被重用,遂发愤录夏、殷以来谏争事,集六百三十九条,合四十一卷,名《谏苑》,今佚。

乐正 官名。(1)乐官之长。相传尧时已置。春秋战国沿之。分大、小乐正。属官有太师、瞽工等。《礼记·王制》:"乐正崇四术,立四教。"郑玄注:"乐正,乐官之长。"后世乐正地位较低。南朝梁太常卿下有乐正,掌乐事。隋初太常寺太乐署、清商署置乐师若干人。炀帝改名乐正。唐太乐署、鼓吹署置,从九品下,助理本署令教习鼓乐。北宋太常寺亦置,掌声律。(2)后宫官,南朝宋明帝置。掌铨查六宫。官品第三。

乐正氏之儒 孔子后儒家分派之一。一说此学派代表人物乐正子春,是孔子学生曾参的门徒。唐柳宗元认为,乐正子春曾参加过编纂《论语》的工作。此派孔门弟子强调主忠信。又,郭沫若称,乐正氏应为孟子弟子乐正克。

乐正子 战国时鲁国人。孟轲弟子。鲁平公时执政。后随子敖至齐,见孟子,被指责为学古之道以猎取衣食。

乐正子春 战国初鲁人。曾子学生。以孝著称,谓"君子顷步而不敢忘孝","壹举足而不敢忘父母,壹出言而不敢忘父母"(《礼记·祭义》)。母死,"五日而不食"。《孝经》可能由他参与编成。相传曾传授《左传》。

乐资 西晋鲁(今山东曲阜)人。曾任著作郎。以《左传》、《汉纪》之间无编年体史籍,乃取材《战国策》与《史记》,著《春秋后传》。又著有《山阳公载记》。

乐祚 战国时赵将。赵成侯十三年(前362),率军与魏相公叔痤战于浍水北岸，兵败被俘。赵因失皮牢（今山西翼城东北）。

刖 古代的一种酷刑。即断足。《史记·鲁仲连邹阳列传》："昔卞和献宝，楚王刖之。"

岳伯 古代传说谓尧、舜时有四岳分掌四方诸侯。周有方伯为诸侯之长。后世因以岳伯为疆吏的泛称。

岳存(1194—1262) 元大名冠氏（今山东冠县）人，字彦诚。初归东平严实，任帅府都总领，保冠氏。太宗元年(1229)，迁冠氏主簿。十三年，升本县丞。海迷失后二年(1250)，移治楚丘。宪宗五年(1255)，告老。

岳飞(1103—1142) 宋相州汤阴（今属河南）人，字鹏举。出身农家。从二十岁起，曾先后四次从军。建炎元年(1127)，上书反对京师南迁，受革职处分。投河北招抚司，被张所破格提拔为统制，随王彦渡河收复新乡，在太行山刺杀金将。因率部擅自行动，险遭军法处决。旋归宗泽，为留守司统制。泽死，从杜充南下。四年，在清水亭、静安等地袭击北撤金军，获胜，收复建康，升为通泰镇抚使兼知泰州。后曾参与平定游寇李成、曹成等，擢任都统制，授承宣使，总重兵屯戍九江。所部军纪严明，英勇善战，称为"岳家军"，深得人民爱戴。绍兴四年(1134)，讨伐伪齐，收复襄阳等六郡，任清远军节度使，驻守鄂州。五年，镇压杨幺起义。六年，进驻襄阳，派兵深入伪齐境内，收复洛阳西南一些州县，逼近黄河，与太行山义军取得联系，因粮食不足而撤回。十年，挥师大举北伐，连克蔡州、郑州、洛阳等地，取得郾城大捷。因高宗、秦桧主和，以十二道金牌下令退兵，被迫班师。十一年夏，受召赴临安，解除兵柄，改任枢密副使。不久，被诬下狱。十二月二十九日(1142.1.27)以"莫须有"的罪名被杀害。孝宗时，追谥"武穆"。宁宗时，追封鄂王。著作后人编有《岳忠武王文集》。

岳飞墓 俗称岳坟。在今浙江杭州市西湖边栖霞岭下岳王庙西侧。南宋绍兴十一年十二月(1142.1)，岳飞因反对与金屈辱议和，遭高宗、秦桧等杀害。被害后，狱卒隗顺潜负其尸，埋于北山旁。孝宗隆兴元年(1163)，岳飞之冤昭雪，改葬于此。宁宗嘉定时在墓旁立庙。墓前现存墓阙、照壁（上嵌明人洪珠书"尽忠报国"四字）以及四个面墓而跪的铁铸人像（即谋害岳飞的秦桧、桧妻王氏、张俊、万俟卨），多为明、清遗物。碑刻百余，俱后人歌颂岳飞、谴责秦桧之作。为全国重点文物保护单位。

岳凤(?—1584) 明江西抚州（今临川）人，或谓南直隶苏州（今属江苏）人。先世经商，旅居陇川遮莫傣家村寨。至凤，从其俗，文身异饰，骁桀多智，为陇川土司多士宁器重，委充宣抚司署头目，并以其妹妻之。日久，专政柄，阴结木邦土舍罕拔等谋反。隆庆六年(1572)，毒死其主士宁，自称宣抚使，投附缅甸国主。万历初，凤、罕二人与邻近耿马罕虔、南甸（今梁河）刀落参、芒市放正堂等头目，倚缅甸之势，先后侵盏达、干崖（今盈江）、南甸、木邦、顺宁（今凤庆）诸土司地，远近为之震恐。十一年五月，明廷遣刘綎为游击将军，率师及土兵数万人，分路击破之。次年五月就擒，送京师处死。

岳家军 南宋初年对岳飞所部的习惯称呼。其正式番号前后四易，为神武右副军、神武副军、神武后军、行营后护军。岳家军兵力最多时达十万以上，分背嵬、前、右、中、左、后、游奕、踏白、选锋、胜捷、破敌、水军等。重要将领有张宪、王贵、徐庆、牛皋、董先等。岳家军以鄂州（治今湖北武汉）为大本营，为南宋对金作战之主力与中坚，军纪严明，不扰百姓，战斗力强，屡破金军，使金军叹谓"撼山易，撼岳家军难"。

岳珂(1183—1234) 南宋相州汤阴（今属河南）人，字肃之，号倦翁。岳飞孙，岳霖子。嘉定间，出守嘉兴（今属浙江），定居于府西北之金佗坊。官至户部侍郎、淮东总领制置使、宝谟阁学士。因痛念其祖遭诬害死，撰《金佗稡编》以讼冤。生平富收藏、精鉴赏、工诗文，为辛派词人。著述有《九经三传沿革例》、《愧郯录》、《桯史》、《宝真斋法书赞》及《玉楮集》等。

岳乐(?—1689) 清宗室。爱新觉罗氏。努尔哈赤孙。初封镇国公，顺治三年(1646)，从豪格赴四川镇压张献忠农民起义军。六年封贝勒。八年袭父阿巴泰爵，改号安郡王。次年掌工部事，与议政。十二年掌宗人府事。进亲王。康熙十三年(1674)，吴三桂、耿精忠叛乱，他以定远平寇大将军，率师讨伐。出江西，破萍乡，攻长沙，屡有军功。十九年师还京帅，后病卒。

岳里斤 又译要儿斤、月儿斤、主儿勤、禹儿乞。蒙古部名。成吉思汗伯祖斡勤巴剌合之后。《元朝秘史》载，合不勒合罕七子中"因其最长，于百姓内选拣有胆量，有气力，刚勇能射弓的人随从他。……无人能敌，故名主儿勤"。故知此部乃由少数氏族贵族和多数外族属人所组成。岳里斤部后被成吉思汗所征服。

岳璘帖穆尔 畏兀儿人。唐回鹘国相暾欲谷后裔。兄仳理伽普华，袭国相，献计于其主亦都护，杀西辽少监，降蒙古。他精通畏兀儿文，年十五，以质子从成吉思汗征战。后奉命教皇弟斡赤斤诸王子畏兀字书。从攻河南，任河南等处军民都达鲁花赤。元太宗时，任大断事官，从斡赤斤出镇顺天（治今河北保定）等路。

岳麓山 一名麓山，又名灵麓峰。在今湖南长沙市湘江西。为南岳衡山北麓，故名。北宋开宝中于山下抱黄洞建立书院，天禧中真宗赐名"岳麓书院"，为全国四大书院之一。

岳麓书院 北宋著名书院之一。在今湖南长沙市西岳麓山抱黄洞下。宋太祖开宝九年(976)，潭州太守朱洞造讲堂五间，书斋五十二间。真宗咸平二年(999)，潭州太守李允则扩大规模，学生达六十余人。国子监赐诸经释文、义疏及《史记》、《玉篇》、《唐韵》等。大中祥符八年(1015)赐岳麓书院匾额。同年，山长周式拜国子学主簿。南宋孝宗时湖广安抚使刘珙重建，张栻、朱熹都曾讲学于此，学生多达千人，颇负名声。张栻有《岳麓书院记》。明清时不断修缮，成为规模较大的讲学场所。

岳木忽而 即“玉木忽儿”。

岳升(昇)龙(?—1713) 清四川成都人，字见之。大将军岳钟琪父。行伍出身。初为千总。康熙十四年(1675)，从西宁总兵王进宝征讨吴三桂叛军，以功官天津总兵。三十五年，随大军征噶尔丹，昭莫多之役护粮督战建功，擢四川提督。五十年乞休。

岳素布 即“玉素布”。

岳天祯(1238—1309) 元大名冠氏(今山东冠县)人。袭父岳存职，任冠氏县军民弹压。世祖至元初，从围襄樊。又从大军灭宋，平奉化反元军，录功升管军千户。后历任福州、吉州、赣州等路总管，镇压尤溪、永新起义军。大德七年(1303)，迁建康，后卒于任。

岳托(託)(1599—1639) 清宗室。礼亲王代善长子。初授台吉，屡从征战，谋勇兼优。天命十一年(1626)太祖死，与弟萨哈璘劝父拥立皇太极，封贝勒，为镶红旗旗主。次年，从阿敏攻朝鲜，力主受和还师。天聪五年(1631)受命主管兵部，疏请抚明降人。崇德元年(1636)，封和硕成亲王，旋以徇庇莽古尔泰降贝勒。三年为扬威大将军，统右翼兵攻明，旋卒于军，追封多罗克勤郡王。

岳王会 清末安徽革命团体。因仰慕民族英雄岳飞的精忠报国精神，故名。光绪三十一年(1905)初，陈独秀、柏文蔚、常恒芳等在安徽芜湖发起。以反清为宗旨。陈独秀任总会长。后又设分会于南京、安庆，运动新军，并设同心会、华族会、维新会等外围组织。接受同盟会领导，大部分成员入盟。陈独秀东渡日本后，总会陷于停顿。三十四年该会熊成基发动安庆新军起义失败后，安庆岳王会亦随之解散。

岳希蓬长官司 即“岳希长官司”。

岳希长官司 土司名。又作岳希蓬长官司。明洪武七年(1374)置。治今四川茂县西南。长官坤姓。正德八年(1513)，长官坤十父子与静州长官司联合叛乱被杀，其弟坤元袭职。天启间升宣慰司。清顺治九年(1652)降，康熙五年(1666)颁给印信，继任其职。改流后置岳希里。

岳阳 地区名。指太岳山(今山西霍山)以南，黄河以北地区。《书·禹贡》：“既修太原，至于岳阳”，即此。

岳阳郡 南朝梁置。治岳阳县(今汨罗市东长乐)。辖境相当今湖南汨罗、湘阴、平江等市、县地。为罗州治。陈属巴州。隋开皇九年(589)废。《梁书·武帝纪》：中大通三年(531)封昭明太子萧统子曲阿县公督为岳阳郡王，即此。

岳阳楼 今湖南岳阳市旧城西门城楼。唐时因在岳州州署之南，亦称南楼；又以临洞庭湖，一称洞庭楼或洞庭驿楼。开元四年(716)，张说自中书令为岳州刺史，常与文士登此楼赋诗，有诗百余篇列于楼壁，因此著名于世。其后有李白《与夏十二登岳阳楼》、杜甫《登岳阳楼》、韩愈《岳阳楼别窦司直》、白居易《题岳阳楼》等诗，才固定用岳阳楼这一名称。宋庆历中，知州滕宗谅重修，范仲淹为作《岳阳楼记》。明、清时屡加修葺。楼高三层，建筑精湛，气势雄伟。建国后整修一新，与附近地区辟为公园。

岳阳县 南朝梁置。治今湖南汨罗市东长乐。因在天岳山东南得名。为罗州及岳阳郡治。陈为岳阳郡治。隋开皇九年(589)为玉州治。寻改为湘阴县。

岳云(1119—1142) 宋相州汤阴(今属河南)人。岳飞长子(一说养子)。十二岁入伍抗金，在张宪部下转战立功。十六岁，随大军参加收复襄阳等六郡的战斗，攻随州时，率先登城，迁武翼郎。绍兴十年(1140)，从岳飞北伐。颍昌之捷，亲领背嵬军浴血奋战，身被创百余处，击败金完颜宗弼(兀朮)主力，升遥郡防御使。后与岳飞、张宪同被冤杀。

岳正(1418—1472) 明通州漷县(今北京通州区)人，字季方，号蒙泉。正统进士，授编修。天顺初改修撰，以原官入阁预机务。因直言忤石亨，谪钦州同知，戍肃州。成化初复职，出任兴化知府，修水利便民。后致仕。博学能文善绘事，尤长于画葡萄。著有《深衣注疏》、《类博稿》、《蒙泉杂言》等。

岳忠武王文集 书名。南宋岳飞(谥忠武)作。清乾隆间黄邦宁校刊本，八卷。包括奏疏、公牍、书启、诗词等，共一百七十三篇。卷首有年谱，末附遗事等一卷。《四库全书》本名《岳武穆遗文》，一卷，为明徐阶所编。

岳钟(鍾)琪(1686—1754) 清四川成都人，字东美，号容斋。康熙五十年(1711)由捐纳同知改武职，授游击，旋擢副将。五十八年，从都统法喇入藏驱准噶尔兵，所向有功，超擢四川提督。雍正元年(1723)授参赞大臣，参加平定青海罗布藏丹津之乱，以功授三等公。旋授川陕总督，代年羹尧为宁远大将军主持西路军事。曾揭发曾静投书事，受世宗嘉奖。寻以军事失机，削爵下狱。乾隆二年(1737)出狱放归。十三年，因金川用兵，复起为四川提督。旋说降金川土司莎罗奔，复封三等威信公。后卒于资州。著有《姜园诗集》。

岳州 隋开皇九年(589)改巴州置。治巴陵县(今岳阳市)。辖境相当今湖南沅江市以东，湘阴、平江等县以北地区。北宋以后逐渐缩小，南宋时只有今岳阳、平江、临湘、华容、南县等市、县地。属荆湖北路。元至元十三年(1276)升为岳州路。

岳州府 元至正二十四年(1364)朱元璋改岳州路置。明洪武九年(1376)降为州，十四年又复为府。治巴陵县(今岳阳市)，属湖广省。辖境相当今湖南岳阳、平江、临湘、华容、安乡、南县等市、县地。三十年澧州划属本府，辖境扩大至今澧县、临澧、石门、慈利、桑植、张家界等市、县地。清属湖南省。雍正七年(1729)澧水流域分置澧州直隶州，辖境缩小。1913年废。

岳州路 元至元十三年(1276)升岳州置。治巴陵县(今岳阳市)，属湖广行省。辖境相当今湖南岳阳、平江、临湘、华容、南县等市、县地。至正二十四年(1364),朱元璋改为岳州府。

钺 古代兵器和刑具。用青铜铸成,用以砍杀,装有柲(柄),形如后世的大斧,刃一般为弧形。身中部往往有孔;近木处有串索固柲用长孔,称为穿;后端有与身起平衡作用的部分,称为内。也有在身、内间作出插柲的銎的。盛行于商代到西周初,至战国时仍有。另有以玉或陨铁为刃的,见于商至西周初。

阅货 宋时外国商船输入货物,由政府派员检阅,称为阅货。

阅卷大臣 官名。清代科举考试中特设之官员。朝考时设,由皇帝从亲王、大臣中委派。负责阅卷,并将所阅试卷分列一、二、三等,将前十名卷进呈,送军机处请旨,候上钦定。此外,负责乡、会试复试之官员,亦称阅卷大臣。

阅史约书 书名。明王光鲁撰。五卷。专为读史者参考而制作之图表,成于崇祯七年(1634),其后又增补地图,并作地理直音,十六年刊行。分为地图一卷,初版十七枚,后增补至三十五枚,应用明末印刷新技术朱墨套版法印刷,当时地名用朱色,古地名用墨色;地理直音二卷,列出地图中不出现之历代地名,下注当时府州县名;古语训略一卷;元史备忘录一卷,因元代人同名颇多,易相混淆,故记录重名,以便区别。本书虽便于初学寻检,却嫌精深不足,古语训略又用《释名》、《广雅》体例训释史文,既不赅备,徒增支赘。

阅世编 书名。清初叶梦珠撰。十卷。梦珠字滨江,号梅亭,上海人。是书分天象、历法、水利、灾祥、田产、学校等二十八门,记述明崇祯至清康熙六十余年间松江府自然地理和社会状况,尤以社会经济和建置沿革最为详尽、具体。向无刊本。1934年上海通社据松江图书馆抄本编入《上海掌故丛书》。今有1981年上海古籍出版社《明清笔记丛书》本。

悦般 古西域族名。东汉永元元年(89)北匈奴西迁后,老小羸弱留在龟兹(今新疆库车)以北的后裔。至南北朝时,已有地数千里,人口二十余万。初与柔然友好,后为仇敌,互相征战。北魏太平真君九年(448),遣使北魏,求击柔然。太武帝以淮南王拓跋他为先锋,与悦般军共击之。后为铁勒所并。

悦般州都督府 唐羁縻都督府名。龙朔元年(661)置于石汗那国艳城,故地在今阿富汗兴都库什山脉中部斯科扎尔附近(一说在塔吉克斯坦迭脑附近)。隶于安西都护府。约公元七世纪末叶,因大食势力东进而废。

悦绾(?—368) 十六国时人。前燕主慕容儁时任将军,曾率三万军与石琨等破冉闵军。迁尚书右仆射。慕容儁光寿二年(358),并州壁垒百余降于燕,以绾为安西将军、领护匈奴中郎将、并州刺史以抚之。慕容暐时,迁尚书左仆射。上疏议宜罢断诸荫户,尽还郡县。暐从之,令主其事,出户二十余万,举朝怨之,太宰慕容评大不平,寻暗杀之。一说病卒。

悦众 僧官名。赞宁《大宋僧史略》卷中《僧寺纲科》:"案西域知事僧总曰羯磨陀那,译为知事,亦曰悦众,谓知其事悦其众也。"亦译作维那。十六国后秦以慧远为之,佐僧正管理全国僧务。僧正秩同侍中,此职稍降。又各寺中亦皆置,以管理寺中僧务。参见"维那"。

越 越一作粤。❶古国名。姒姓。相传始封君为夏少康庶子无余,都会稽(今浙江绍兴)。春秋晚期,屡与吴国交战。公元前494年为吴王夫差所败,越王勾践卧薪尝胆,刻苦图强,于公元前473年灭吴。其后与齐、晋等诸侯会于徐州(今山东滕州),遂称霸。疆土有今浙江北部、江西东部、安徽南部、江苏大部及山东南部一小部分。公元前468年曾迁都琅邪(今山东胶南北),至越王翳时又迁于吴(今江苏苏州)。战国时国力衰弱,约在公元前306年(一说在公元前334年)为楚所灭,越人分散,仍有称王称君者。❷泛指战国、秦汉、三国时主要分布在长江下游及东南、中南沿海地区的各族。《汉书·地理志》颜师古注引臣瓒曰:"自交趾至会稽,七八千里,百越杂处,各有种姓。"其名称见于记载的,有扬越、於越、句吴、东越、闽越、东瓯、南越、西瓯、骆越、山越等。扬越为《禹贡》扬州境内各族的泛称。与百越同义。闽越、东瓯、南越在汉初形成为所在地域的政治中心,各有疆域,但至武帝时皆被征服,改为汉朝郡县。秦汉王朝屡迁越人至异地与华夏族杂处,又徙大批华夏人入越人各部。在长期发展中彼此互相融合,族称亦有变易。东汉、三国以来有山越;魏晋以后西瓯、骆越有乌浒;隋以后复有蜒、僙、俚、僚、㐌等名称。百越有共同文化特征。主要为种植水稻、冶铸青铜剑、造舟、织葛布、文身断发,有蛇、鸟图腾,语言不同华夏族等。从语言、习俗及考古发现等方面,一般认为百越与现在南方壮、傣、黎、高山等少数民族有渊源关系。

越报 杂志名。旅沪浙江学生于清宣统元年九月三十日(1909.11.12)以全浙学生名义创刊于上海。月刊。赵汉卿等主编,雷铁厓等撰稿。以"代表舆论,开通民智,排斥乱群,提倡教育,振兴实业,改良风俗"为宗旨,期达"发聋振聩,救国拯民"之目的。仅见发行一期。

越城 名范蠡城,俗称越台。在今江苏南京市中华门外雨花路西侧。《景定建康志》引《越绝书》、《金陵故事》谓周元王四年(前472)越相范蠡所筑。城北临秦淮河,周二里八十步。为今南京地区有确切年代可考的最早城邑。六朝时为建康城南军事要地。东晋义熙六年(410)卢循起义军至淮口,刘裕修治越城,在此屯守。

越城岭 岭一作峤。五岭之一。又名始安峤(《水经·漓水注》)、越岭(《舆地志》)。在今广西兴安县、全州县一带湘、粤交界处。唐初在附近置临源县(今兴安县),大历改名全义县。故又有临源岭、全义岭之称。《元和郡县志》桂州全义县:"越城峤,在县北三里,即五岭之最西岭也。"

越底延 见"乌秅"。

越度 罪名。指不由关门或津渡,私自绕道从他处通过。唐律规定,越度者比*私度者罪加一等,即徒一年半。

越法战书 书名。全名《绘图越法战书》。清末王子芹辑。四册。凡三篇。首《圣朝盛事》,辑录光绪九年(1883)有关中法战争之谕旨、奏疏、檄文、战书等,附刘永福战图四幅。次《越南传略》。末《安法战纪》,为光绪九年正月至十年三月各月份军报,多前线函电及各地各国报刊新闻等。有光绪十年刊本。

越幅 科举考试用语。属于考生答卷违式例之一。考生所答试卷,有一定格式。卷面有红线画出的横直格,每页的行数及每行的字数均有规定,如超越行、格随意书写者即为越幅。凡越幅者,即以违式论,试卷贴出,不予录取,旨在防止舞弊。

越恨 书名。《中国女报》总编辑陈志群(署湘灵子)编。一册。清宣统元年(1909)作该报号外刊行,辑录有秋瑾案始末、原电、专件、函牍汇志、清议、时评,附刊陈志群所著《轩亭奇冤传奇》。

越靖王 即"朱瞻墉"。

越绝书 书名。又称《越绝》、《越绝记》、《越记》、《越录》等。今存十五卷,十九篇。内容记载春秋吴越二国史地人物以及吴越交战、越王勾践兴越灭吴等,多异闻旧说,为他书所不载。此书《隋书》、《旧唐书》、《新唐书》均云子贡作。明杨慎等据此书末篇《越绝篇叙外传记》中的隐语,认为系东汉会稽袁康、吴平所撰,清《四库全书总目提要》肯定此说。卢文弨、邵懿辰等据王充《论衡》记载的吴君高《越纽录》,认为《越纽录》是《越绝书》的别名(君高是吴平的字),肯定此书为东汉初吴君高所撰。宋陈振孙、明田汝成等根据各篇内容文字差异,认为此书非一时一人所作,系战国后的作品,经汉人附益而成。

越缦堂读史札记 书名。清李慈铭撰。三十卷。近人王重民撮录李氏手批所藏正史史籍中之批校,兼采《越缦堂日记》中有关评识,汇编而成。分为《史记》、《汉书》、《后汉书》、《三国志》、《晋书》、《宋书》、《梁书》、《魏书》、《隋书》、《南史》、《北史》等十一史札记。所据诸史籍,《汉书》、《宋书》、《南史》、《北史》用明汲古阁本,《梁书》、《隋书》用明北监本,《魏书》以汲古阁本为底本,而以宋本中的列传第三十五至四十卷校汲本。其参引古籍遍及经史小学。所记以摘录原文下加"慈铭案"方式,校订史籍文字之脱衍讹误、版式失当、史讳之改字、标点句读等,兼及文义诠释、史笔、史裁评议诸方面,并间发史论。其中考订,有就过去学者所校本对校者,有就史实核证者,说皆有据,言之成理,有其见地。

越缦堂日记 书名。清李慈铭撰。正编、补编共六十四册。系按日记述的读书札记及友朋交游文字酬答、书函往来、政治议论等。始于咸丰三年(1853),止于光绪十五年(1889),中间因故有少数间断。李氏每读一书,必求其所蓄之深浅,致力之先后,并作评论。他对经学、史学、小学、文学等均有研究,阅读他人著作时,除进行考订外,并发挥己见,如经学最详三礼,多申后汉郑玄之义;史学则订补缺失,得失臧否,因事以明,而于明季遗闻、江浙地方掌故尤为重视。原书分两次印行,1920年出版五十一册。1933年又出版十三册,称《越缦堂日记补》。

越南辑略 书名。清徐延旭撰。二卷。作者于同治九年(1870)和十年二次奉命至越南。此书系其权广西太平纂务时,将所查绘越南之地图及得诸越南臣民之所言,并合诸史籍群书所载而辑成。内容包括:越南地图;越南世系沿革;国朝贡品;朝仪;赐予;禁令;道路;越南吞并各国;中越交界各隘卡;越南地名及其沿革;越南之山川、风俗、古迹、名宦、人物、文学、土产及杂记诸项。是一部了解越南情况的参考书。光绪三年(1877)刊行。

越南世系沿革 书名。清徐延旭撰。徐氏在广西为官多年,熟悉越南情形。是书可供研究中法战争、近代中越关系史参考。有光绪三年(1877)刊本。

越南条款 即"中法新约"。

越南亡国史 篇名。清梁启超撰。载《饮冰室丛著》,商务印书馆排印。此篇系梁氏寓日时据越人巢南子所述编辑,主要内容有:越亡原因及事实;国亡时志士小传;法人困弱愚瞽越南之情状及越南之将来诸项。

越南小志 书名。近人梁启超撰。一册。五节。简述越南建国历史及沦为法国殖民地经过。揭露法借越南侵略中国的野心,以冀中国人警惕沦为殖民地。其中摘有法越《西贡条约》、《顺化条约》要点及法在越大建铁路并向中国发展的计划。撰成于光绪三十一年(1905)。有《饮冰室合集》本。

越骑 汉、隋、唐骑兵军种之一。汉武帝时有越骑校尉,掌越骑。为越人内附者所组成之骑兵,戍卫京师,兼任征伐。隋炀帝始于鹰扬府每府置越骑校尉二人,掌骑士,步兵校尉二人,领步兵。唐府兵以能骑射者为越骑团,余为步兵团,皆以校尉领之。

越骑将军 官名。东汉初置,统兵出征。后省。东汉建安末曹操复置,以子曹彰行之,统兵留守长安。

越骑校尉 官名。(1)西汉武帝始置,为北军八校尉之一,位次列卿,属官有丞、司马等。领内附越人骑士,戍卫京师,兼任征伐。秩二千石。东汉初罢,建武十五年(39)改青巾左校尉置,为五校尉之一,隶北军中候,掌宿卫兵,有司马一员。当时五校尉所掌北军五营为京师主要的常备禁军,地位亲要,官显职闲,多以宗室外戚或近臣充任。秩比二千石。三国沿置,曹魏时隶中领军(领军将军),晋沿之。其时别置二卫、四军诸禁军掌宿卫,五校职任渐轻。后罢其兵,旋省其官。十六国多置。南朝复置,为侍卫武官,不领兵,仍隶中领军,用以安置勋旧武臣。曹魏、两晋、南朝宋四品,梁七班,陈六品。北魏初典掌禁军,位次列卿,后成为武散官,不领兵,定员二十人。北齐置十人,隶领军府所辖左、右卫府。北魏太和十七年(493)定为从三品中,二十三年改为五品,北齐从四品。(2)隋大业三年(607),令诸鹰扬府每府置二员,领骑士,正六品。唐武德元年(618)废。

越峤纪闻 见"广报"。

越人歌 迄今保存较完整的一首越语歌曲。歌词有汉字逐句音译及汉文译意，俱载刘向《说苑·善说》，为研究越语的重要资料。近人将此歌与现在壮语作比较研究，认为古越语同现代壮语有密切关系。

越睒 唐代南诏地名。在今云南腾冲北部。《元混一方舆胜览·腾冲府》："古越睒也。"

越诗派 明初诗坛流派。以浙江人刘基、宋濂、王袆、方孝孺、张孟兼、唐肃为代表，宗魏晋诗风，绝句清新淳朴。

越事备考 书名。清末刘名誉辑。十二卷。中法战争期间，刘氏将有关战事、边防之邸抄和报章上大臣奏折、时论等辑录而成。分上谕、奏议、刍言、案略四类。选材以中法战争为中心，旁及边防、火器、练兵乃至学校考选等建制。《刍言》选辑结合实际，颇为精审，反映了洋务运动一个方面。所录上谕未注年代，报章论说亦未注出处、人名。有光绪二十一年(1895)刊本。

越诉 法律名词。指越级申诉。自汉至清皆禁止越诉。《唐律疏议·斗讼》规定，越诉及受理越诉者，各笞四十。邀皇帝车驾于仪仗外俯伏及挝登闻鼓以申诉冤枉者不在禁限。《元史·刑法志》规定，告人罪者，自下而上，不得越诉；但陈诉官吏受贿不法，径赴宪司者，不以越诉论。《明律·刑律》诉讼门越诉条规定，凡军民词讼，皆须自下而上陈告，若越本管官司，辄赴上司称诉者，笞五十。

越王孚错枝 战国时越国国君。越王翳立三十六年(前376)为太子诸咎所杀。诸咎自立为王，国内乱，诸咎旋被国人所杀。他被立为王。在位仅一年。

越王勾践 即"勾践"。

越王勾践剑 春秋末期越国所造的青铜剑。1965年出土于湖北江陵(今荆州)望山一号战国楚墓中，上有铭文"越王鸠浅(勾践)自作用鐱(剑)"八字。通长55.7厘米，宽4.6厘米，茎部以丝绳缠绕，剑格之两面花纹嵌蓝色琉璃。剑身满布菱形暗纹，刃薄而锋利。做工精细，造型华美。此外《商周金文录遗》著录一件传世越剑，格上有阳文铭文"越王之子鸠浅"，也是勾践的剑。

越王鹿郢(？—前459) 战国时越国国君。公元前464—前459年在位。亦名鼫与。越王勾践子。

越王盲姑(？—前448) 战国时越国国君。公元前458—前448年在位。亦名不寿。越王鹿郢子。在位十年被杀。

越王山堰 水堰名。在唐江南道越州山阴(今浙江绍兴)北三十里。贞元元年(785)观察使皇甫政凿山以蓄泄水利。

越王无疆(？—约前334) 战国时越国国君。约公元前354—约前334年在位。无颛弟。在位期间，北伐齐，西伐楚。后为楚所败，他被杀。越从此削弱，诸族子争立，或为王，或为君，滨于江南海上，朝服于楚。

越王无余之(？—约前363) 或作初无余、王之侯、莽安、莽。战国时越国国君。约公元前374—约前363年在位。越王翳三十六年(前376)为太子诸咎所杀，诸咎自立为王，旋被越人杀之，国内乱，孚错枝被立为王。次年，越大夫寺区平定越乱，立他为王。后被寺区之弟忠(一作思)所杀。

越王无颛(？—前355) 战国时越国国君。亦名菼蠋卯、菼蠋卯，或作子搜。约公元前362—约前355年在位。继越王无余之之后为王。因越人三世杀其君(翳、诸咎、无余之)，他患之，逃入南山丹穴，越人以艾熏之，他乃出，被立为君，号曰无颛。

越王翳(？—前376) 战国时越国国君。越王朱勾子。公元前411—前376年在位。越王翳三十三年(前379)迁都吴(今江苏苏州)。后被太子诸咎所杀。

越王朱勾(？—前412) 亦作朱句、州句，或误作朱旬。战国时越国国君。公元前448—前412年在位。盲姑子。盲姑在位十年(前448)被杀，朱勾得立。在位期间，曾灭滕(今山东滕州西南)，灭郯(今山东郯城西南)。

越王诸咎(？—前376) 战国时越国国君。越王翳之太子。越王翳三十六年(前376)他杀父自立为王。旋被国人所杀，在位仅三月。一说在位十三年始被杀。

越戏方 又名反虎方。商、周方国。在今河南巩义市东南。《逸周书·世俘解》："吕他命伐越戏方"，即此。

越析诏 亦称磨些诏。唐初滇西六诏之一。以居越析州而得名。其地在今宾川之宾居。居民为磨些蛮，系今纳西族先民。开元中，当地白蛮豪族张寻求暗害诏主波冲。唐剑南节度召张寻求至姚州杀之，以越析诏之地并归南诏。波冲兄子于赠徙部落于双舍(在今四川盐边)。后于赠部落又被南诏征服。

越嶲郡 西汉元鼎六年(前111)以巩都国地置，"言其越'嶲水'以置郡，故名"(《后汉书·西南夷传·注》)。治邛都县(南朝齐废，北周改置越嶲。今四川西昌市东南)。元封二年(前109)分数县入益州郡，辖境相当今四川峨边彝族自治县、冕宁县以南，云南大姚县以北，丽江纳西族自治县以东，金沙江以西地区。三国蜀汉后辖境缩小，不包有今云南部分。南朝齐为僚郡，梁复开置。汉至南朝齐属益州，梁属嶲州，北周属西宁州。隋开皇初废。隋大业，唐天宝、至德时又曾改嶲州为越嶲郡。

越嶲羌 即"旄牛羌"。

越嶲卫 明洪武二十五年(1392)置。治今越西县。属四川都司。二十七年改属四川行都司。辖境相当今四川越西、甘洛二县及汉源、石棉二县的大渡河以南地区。清雍正六年(1728)改为厅。

越喜 隋唐靺鞨诸部之一。位于今黑龙江同江市一带。属安东都护府。天宝后屡入贡，贞元间为渤海所并，置安远府与怀远府。

越窑 唐、五代、北宋初著名瓷窑。以今浙江上虞、余姚、慈溪所产为代表。绍兴、诸暨、鄞县、奉化、临海、黄岩等也都烧造越窑青瓷。唐代已有“类玉”、“类冰”及“千峰翠色”之誉。唐人陆羽《茶经》评价青瓷茶盏，置越窑于第一。五代时，一部分产区为钱氏吴越国宫廷垄断，成为中国最早的官窑，其典型产品为秘色器。其釉偏于黄色，或青中闪黄，称艾色。追求玉的质感。五代晚期至北宋，釉色趋于湖绿色。唐代以素面为主，有少量堆贴及划花图案；五代堆贴及刻划花仍不占主要地位，出现釉下褐色彩绘；北宋初则有丰富的刻划花图案，纹饰取材于唐代金银器。多见“太平戊寅”(太平兴国三年)款的碗类器物。产品远销海外，印度、伊朗、埃及、日本和东南亚地区均有发现。北宋中期以后衰落。

越质诘归　十六国时陇西鲜卑越质部首领。居平襄(今甘肃通渭西)一带。西秦建义四年(388)，乞伏国仁破其部，以为陇西太守。太初四年(391)，据平襄叛，为乞伏乾归所败，复降，被任为立义将军。

越州　隋大业元年(605)改吴州置。因春秋时为越国旧地，故名。治会稽县(今浙江绍兴市。唐后复分置山阴，并为州治)。辖境相当今浙江浦阳江(义乌市除外)、曹娥江流域及余姚市地。大业二年复为会稽郡。唐武德四年(621)复置越州，天宝元年(742)又为会稽郡，乾元元年(758)复为越州。为浙江东道节度使治。五代吴越钱镠号为东府。南宋绍兴元年(1131)升为绍兴府。

越州纪略　书名。作者佚名。记咸丰十一年(1861)至同治二年(1863)清军与太平军在绍兴争战经过，并涉及太平天国官制、乡官、税收、关卡、考试、姊妹馆等制度。收入上海申报馆《聚珍本丛书》。

越州临民录　书名。清李铎撰。撰者于康熙间任浙江绍兴知府。书内所收文章即其任官时所作。卷一为文记；卷二为祭文；卷三为信牌；卷四为告示；另卷首一卷，有荐李铎疏三篇，记其生平的传记一篇。是书内容广涉绍兴地区的民政、经济、法律、民俗等方面。有康熙年间刊本。

越转　即“超转”。

越族　京族的旧称。

粤　广东省的简称。因古为百粤(百越)地得名。

粤报　报纸名。清光绪十一年(1885)在香港创刊。香港英商汇丰银行买办罗鹤明主办。出版未及一年，因亏蚀而无法维持，由罗敬之顶办，十五年停刊。

粤道贡国说　书名。清梁廷枏编。六卷。收清初至道光年间由海道至广东贸易和向清廷“入贡”的暹罗、荷兰、英、意、葡等国与清朝来往国书、藩属入贡条例及有关谕旨和地方官奏章，分国按年编次，材料多录自粤海关档案。为考察清代中外关系史料。收入《海国四说》。

粤东　地区名。指今广东省地。因位于古百粤(百越)地东部而得名。

粤东公报　杂志名。清光绪三十二年三月(1906.4)在广州创刊。政府公报性刊物。温宗尧主办，周绍光总编，范公说、詹宪慈等主笔。以汇录公文、公牍和各国新闻为主，论说由学务处供稿，禁止议论朝政和官场得失。

粤东剿匪纪略　书名。清陈坤撰。五卷。编年体。记粤东农民起义军攻克诸州县情况，并涉及会党活动和太平军汪海洋、李世贤入粤事。起道光三十年(1850)正月，灵山等县李士奎、方晚同时起义反清，迄同治五年(1866)二月失败止。陈坤宦粤日久，足迹遍于粤东四州九府，所记多出于见闻及公文资料。有同治十年刊本。

粤东三烈　见“广东三忠”。

粤匪北犯纪略　书名。清马振文撰。辑五律三十二首。叙太平军北伐渡河入晋，克直隶深州、河间、沧州，攻天津，吉文元阵亡，克临清、高唐、连镇，林凤祥、李开芳被执诸事。有光绪二十八年(1902)刊本。

粤匪犯湖南纪略　书名。著者佚名。抄本。记清咸丰二年(1852)太平军由桂入湘攻道州起至克岳州(今岳阳)止的敌对双方情况。书中反映太平军纪律严明、清朝官吏畏葸无能、清军奸淫掳掠等情况。收入《太平天国资料丛编简辑》。

粤匪纪略　书名。又名《江南大营军事纪略》。清萧盛远撰。稿本。作者于咸丰三年(1853)至十年在广西清营办理文案，后入钦差大臣和春幕府，参议戎机。本书以其从军经历及见闻写成，记道光三十年(1850)太平天国金田起义至咸丰十年江南大营第二次溃败为止的主要战役，于和春之战事尤详。收入《太平天国资料丛编简辑》。

粤匪南北滋扰纪略　书名。清姚宪之撰。二册。据清政府邸报等编成。记咸丰元年(1851)太平天国金田起义至五年太平军北伐事，对太平军转战南北各地和清政府的对策均有记载，并对洪秀全、杨秀清等太平天国领袖有所评述。

粤匪始末纪略　书名。清杏花樵子辑。一册。作者随清军镇压太平军，据见闻辑成是书。述太平天国起义始末及地主阶级举办团练等事较详。

粤匪陷临清纪略　书名。清马振文撰。棠芾书屋诗稿本。记咸丰四年(1854)三月太平军攻克山东临清始末。后附*《粤匪北犯纪略》，收入《中国近代史资料丛刊·太平天国》。

粤匪杂录　书名。又名《平粤纪闻》。三卷。辑录清咸丰三年(1853)三月至四年正月有关镇压太平天国和上海小刀会起义的谕旨、奏稿、书信以及江南各府州县紧急情报等。一卷为《粤匪纪事诗》，署名海虞学钓翁著，另有粤西告示；二卷为清朝官方文书；三卷为歌谣、词曲、籤诀、碑文等。收入《太平天国资料丛编简辑》。

粤氛纪事　书名。清谢山居士(夏燮)辑。十三卷。记自咸丰元年(1851)至十年间太平天国革命及清军与太平军作战史事。以纪事本末体分叙粤西起事、两楚被兵、浔皖失援、长江挺险等专题。所记战争过程较扼要。部分战事如叙述塔齐布、罗泽南两军攻岳州，战败太平军，而不载塔氏湘潭之战。每卷末附记清方死亡者姓名。有同治年间刊本。

粤风　书名。清李调元辑。四卷。调元，字羹堂,四川罗江人。此书为广西少数民族诗歌集。卷一为粤歌,睢阳修和原辑;卷二为瑶歌,濠水赵龙文原辑;卷三为俍歌,东楼吴代原辑;卷四为僮歌,四明黄道原辑。用汉文记录,并略加注释。分叙事、叙史和抒情三种。内容反映壮、瑶、苗等民族社会历史、风土人情和青年男女恋爱婚姻等。是研究广西少数民族文化艺术史的重要资料。《丛书集成初编》收录。

粤海关 官署名。清康熙二十三年(1684)诏设于广州。次年正式开关,为四榷关之首。多以亲贵满员任监督,且另负机密使命。首任监督为郎中宜尔格图。鸦片战争前,外商携来之珍奇洋物例由粤海关选择进贡。乾隆二十二年(1757)专限粤海一口通商,遂成为全国唯一管制对外贸易之机构,其地位更加重要。四十八年后,岁入居全国二十九个税关首位,占全国关税总额四分之一。道光十九年(1839)粤海关共征关税银一百四十四万八千五百五十八两,超过广东全省地丁银。二十二年后,通商重心北移上海,粤海关乃逐渐失去原有地位。咸丰间,分设洋关。咸丰十年(1860)设粤海新关(洋关)于广州沙基,自此行政权为洋税务司所夺。

粤海关监督 官名。清代户关监督之一。康熙二十三年(1684)设一人,为粤海关主管。派遣内务府包衣充任。掌征纳洋船、夷船及沿海贸捕船通关税,并兼充内务府买办及人参、东珠、玉石等物之发卖。时人视为美差。所属曾置笔帖式一员,形同副监督,裁撤后由地方佐杂官充任委员,分理关务,并设书吏、巡丁等吏役佐关。所辖总口七处,分口五十三处,挂号口二十二处。咸丰九年(1859)改隶总理衙门,设税务司管理税务。监督之名虽存,所掌仅只循例按期向户部奏报征课数目而已。

粤海关志 书名。清梁廷枏总纂。三十卷。纂录历代史书、方志、航海闻见及清官方档案等有关资料,分皇朝训典、前代事实、口岸(附各口岸图说)、设官(附清粤海关职官表)、税则、奏课、经费、禁令、兵卫、贡舶、市舶、行商、夷商、杂识等十四门,叙述道光十八年(1838)前广东海关沿革、港口、通商、税收及行政制度,并对二十多个来华贸易国的历史地理作了简单考察。主张健全海关制度,发展中外贸易,并述及广东海疆形势和兵营设施,要求加强海防,禁止鸦片入口,严防外敌入侵。资料丰富,税则部分记当时各种货物税率及乾隆十五年(1750)至道光十七年历年征税额尤为详备。有道光年间刊本。

粤汉川汉铁路借款合同 亦称《湖广铁路借款合同》。宣统三年四月二十二日(1911.5.20)由清政府邮传部大臣盛宣怀与英、法、德、美四国银行团代表在北京签订。共二十五款。主要内容为:借款六百万英镑,九五折付款,利息五厘,四十年还清;以湘鄂百货厘金、盐捐等为抵押;四国银行团享有湘鄂境内粤汉、川汉铁路的修筑权;以后铁路延长,四国银行团有继续借款修筑的优先权。清政府以铁路国有为名,出卖粤汉、川汉铁路权利。川、鄂、湘、粤四省因已集股兴工,纷起反对,掀起了保路运动。

粤汉铁路 广州至武昌铁路。清光绪二十四年(1898)经湘粤人士请准修筑。因工巨费绌,清廷乃于二十四、二十六年两次与美国美华合兴公司订约,息借美金四千万元,由其代筑。该公司仅于广州至三水支线修成49公里一段,糜费二百余万元,并将股票三分之二售予比利时人。鄂湘粤三省官绅发起废约,三十一年以六百七十五万美元赎回。三省协商,路归各办,款归各筹。广东于三十二年成立商办铁路总公司,宣统二年(1910)推举詹天佑为总理兼总工程师。1915年修成广州至韶州(今韶关)段。湖南于光绪三十三年(1907)成立官督商办公司,修成长沙至株洲段。湖北设立铁路总局官办,因筹款困难未及兴工。兼任督办粤路大臣张之洞遂与英、法、德、美四国银团订立借款草约。张死后,盛宣怀取消各省商办,于宣统三年正式签订《湖广铁路借款合同》,激起各省绅民保路风潮。民国初年先后以谭人凤、詹天佑为汉粤川铁路督办,1918年基本修成武昌长沙段。1936年株洲至韶州段接通,全线始通车。现为京广铁路南段。

粤汉铁路借款合同 清光绪二十四年三月二十四日(1898.4.14)清政府驻美公使伍廷芳与美国美华合兴公司在华盛顿签订《粤汉铁路借款合同》十五款。二十六年六月十七日(1900.7.13)又在华盛顿签订《粤汉铁路借款续约》二十六款。两次合同的主要内容为:借款总额美金四千万元,九折实付,年息五厘,偿还期五十年;以铁路财产为担保;工程由美华合兴公司包筑;借款本利未还清以前,铁路由美华合兴公司代为经理。并规定:美华合兴公司根据合同所享的权益,不许"转与他国及他国之人"。但美华合兴公司不久即将股票的三分之二售予比利时银团的万国东方公司,因而于三十年激起湘、鄂、粤三省的收回粤汉铁路运动。三十一年七月在湖广总督张之洞主持下,由驻美公使梁诚与美华合兴公司在华盛顿签订《收回粤汉铁路美国合兴公司售让合同》,以六百七十五万美元赎回粤汉铁路已筑未筑的权利。

粤剑编 书名。明王临亨撰。四卷。临亨,字止之,苏州昆山(今属江苏)人。万历进士。二十九年(1601)赴粤审案,记途中见闻而成此书。分古迹、名胜、时事、土风、物产、艺术、外夷、游览八类,于万历时中官税使横暴为虐、欧人东来、葡人据澳、倭寇之扰等,尤多反映。初刻于万历时,《玄览堂丛书》据以影印。

粤军志 书名。日人曾根俊虎著。一册。作者曾亲历太平军转战之地,并参以外人从军记载,纂为是书。起咸丰元年(1851),迄同治三年(1864)十二月。记太平天国兴亡之迹,于清军奏议仅记大略,而洪秀全讨清檄文一依原文,每一大事后,均作简短评论,判其得失。全书用汉文撰写。

粤寇起事纪实 书名。署半窝居士著,近人考证作者系清人俞风翰。太平天国金田起义时,作者游幕广西,书中反映其耳闻目睹金田起义前后情况以及清朝官僚的昏庸无能。

粤民御(禦)夷录 书名。清梁应时辑。稿本。作者在道光末年广州反入城斗争中为高第街团练之首事。是书辑录有关文件十篇,包括地方政府札谕、团练领导人名单、公结及致英人书信等,反映了当时反侵略斗争的一个侧面。

粤逆纪略 书名。作者佚名。抄本。记述太平天国在南京实施的各项制度及措施颇详,诸如“拜降”、“拜天父”、“新兄弟馆”、“新姊妹馆”、“老民馆”、“考试”及各衙门名称、职务等均有涉及。收入《太平天国资料丛编简辑》。

粤逆陷宁始末记 书名。清陈锡麒撰。四卷。咸丰十年(1860)太平军进军浙江,次年克海宁,陈氏逃亡,同治三年(1864)随清军复归海宁。以感叹事变,乃重为采访查勘。扩充原著《海宁失守记略》成此编。凡《失守始末》、《克复记》、《铸像诛奸记》、《殉难烈士录》四篇。于太平军在海宁活动情况记述较详。原系写本,后收入《太平天国丛书十三种》。

粤商自治会 清末粤商社团。光绪三十三年(1907)由陈惠普、李戒欺等人发起成立。曾领导反对英国侵略者攫取西江缉捕权和进行抵制日货的斗争,参与立宪请愿运动。武昌起义爆发后,积极策动广东和平独立。

粤西 ❶地区名。指今广西壮族自治区地。因位于古百粤(百越)地西部而得名。❷杂志名。清光绪三十三年十月十日(1907.11.15)在日本东京创刊。月刊。以干支和日本东历纪年。同盟会广西分会长刘崛等发起,卜世伟主编。“以开通知识,发扬民气,改良社会,谋兴公益为宗旨”。反对帝国主义侵略,呼号自由独立,鼓吹铁血主义。共出七期。

粤西笔述 书名。清张祥河辑。一卷。祥河,字诗舲,江苏娄县(今上海松江)人。于道光二十五年(1845)任广西布政使时,博采资料,编成此书。内容包括广西山川、物产、古迹、民俗等。记事翔实,网罗精博,较范成大《桂海虞衡志》略为详细,是研究广西历史的重要文献。

粤西丛载 书名。清王森编。三十卷。森于康熙年间任桂林府通判。回乡后,广泛搜求文集,辑录广西历代天象、气候、物产、金石、风土人情及遗闻杂事。所录诗文名诗载、文载,杂事名丛载,是研究广西民族历史的重要资料。

粤西桂林守城记 书名。无编撰人。抄本。汇辑太平天国时期清方人员笔记、信札、禀谕、探报、歌谣等,大都为身临其境者所记,篇目有《粤西桂林守城记》、《太仓蔡刺史退贼守城记》、《镇江见闻录》、《孙亦恬金陵被难记》等。收入《太平天国资料丛编简辑》。

粤西偶记 书名。清陆祚蕃撰。一卷。作者游历广西时,深入壮、瑶、苗等少数民族地区,广收博采撰成此书。内容包括节日歌舞、生活习俗、山川地理、物产资源、集市交易等。为研究广西少数民族历史的重要资料。

粤西诸蛮图记 书名。清钱元昌撰。元昌字朝采,浙江嘉兴人。该书记载广西瑶、壮、苗等民族的分布及其历史、风土人情、土特产等,可供研究少数民族历史参考。

粤绣 “四大名绣”之一。包括广州、南海、番禺、顺德等的广绣和潮州的潮绣。唐代已出现著名刺绣艺术家和传世佳作。题材主要有人物、花果、龙凤、百鸟、博古、走兽等,以百鸟朝凤和龙、凤最著名。其构图丰满而层次分明,多变而和谐统一,色彩浓郁鲜艳,富有浓厚的图案装饰趣味和南国民间艺术特色。针法上,广州刺绣主要有直扭针、捆咬针及钉金垫绣等四十多种;潮州刺绣有六十多种,特点是钉金银垫绣,具有浮雕感和金碧辉煌的艺术效果。粤绣品种很多,有条屏、挂屏、屏风、座屏等艺术欣赏品,及被面、枕套、靠垫、头巾、披肩、睡衣、绣花鞋、戏剧服装、台帷、寺庙佛堂的装饰品等。明代开始成为出口的主要手工艺品。曾以孔雀尾羽织为丝缕,绣成衣物饰品。清乾隆年间广州成为中国对外贸易唯一商港,粤绣通过广州洋行销往欧美各国,迅速发展。

粤学会 清末进步团体。光绪二十三年十二月十三日(1898.1.5)康有为等创办于北京南海会馆,以“续强学会之旧”。会员二十余人,多广东旅京人士。数日一集,倡导维新变法,强国御侮。并以各会馆皆为京官会集之处,欲因而导之,乃草疏交御史陈其璋上奏,请将总署同文馆群书颁发各省会馆,以便各京官讲习西学。三月扩大发展为保国会。

粤游小识 书名。清张心泰撰。凡七卷。为有关广东地理民俗的杂著。全书分为山川、古迹、风俗、物产、金石、交游、杂志七门。其山川古迹均为作者所亲历,金石多为诸书未录及新出土者。其余各门亦广泛涉及民俗风情、物产气候及轶事传闻。有光绪二十六年(1900)梦梅仙馆刻本。

粤越边界勘界节录 法国与清政府订立的关于中国广西与越南的界约。光绪十三年三月五日(1887.3.29),由会办广西勘界事宜大臣邓承修与法国代表狄隆签于钦州东兴。具体规定了由中国竹山至广西、云南交界点地段中越边界的划分。

粤州 唐贞观四年(630)置,乾封中改名宜州。治龙水(今广西宜州市)。天宝元年(742)改为龙水郡,辖地约当今广西宜州市地。乾元元年(758)复旧称。南宋咸淳元年(1265)改置庆远府。

龠 商代祭名。见于商代甲骨文。即籥字,为编管乐器。《春秋公羊传·宣公八年》:“籥者何?籥舞也。”注:“籥所吹以节舞也,吹籥而舞,文乐之长。”古有禴祭,为宗庙四时之祭中的夏祭。《诗·小雅·天保》:“禴祠烝尝,于公先王。”毛传:“春曰祠,夏曰禴,秋曰尝,冬曰烝。”卜辞中龠祭无季节之分,多与彡祭合祭。如祖庚、祖甲时期卜辞有:“戊辰卜,口贞:王宾大丁彡、龠,无祸,十月。”(《戬寿堂所藏殷墟文字》第2页第9片)入周以后发展为乐舞助祭,为历代所沿袭。

yún

云 周代国名。即“郧❶”。

云安军 北宋开宝六年(973)以夔州云安县建为军。治云安县(今云阳县)。辖境相当今重庆市云阳县地。属夔州路。宋末废。元至元十五年(1278)复置。二十年升为云阳州。

云版 亦作云板。一种长形扁铁片,两端作云头形,故名。本为古乐器,清太祖努尔哈赤时又被作为报警工具。初规定置于汗门后,官署与满族权贵之家皆有,逐渐成为集众报事的信号。

云敞 西汉右扶风平陵(今陕西咸阳西北)人,字幼孺。师事同县吴章。平帝时为大司徒掾。章坐法腰斩,乃自称吴章弟子,收尸葬之,为京师所称。车骑将军王舜荐为中郎谏大夫。王莽代汉后,为鲁郡大尹。更始政权建立后,以安车征为御史大夫。病免,卒于家。

云车 即楼车。汉代作战时用以侦察敌方动静的活动高台,攻城时多用之。《后汉书·光武帝纪》:"云车十余丈,瞰临城中。"李贤注:"云车即楼车,称云,言其高也,升之以望敌。"

云顶山 即今四川成都市东北云顶。本名石城山,唐天宝六载(747)改名。《续资治通鉴》:南宋淳祐三年(1243),余玠帅蜀,于此筑城移利州兵于此;宝祐六年(1258),蒙古将耨埒长驱成都,败杨大渊于灵泉山,进围云顶山城,扼其归路,即此。

云都 即"亚圉"。

云都赤 又译温都赤、兀勒都赤。蒙古语,意为"带刀者"。蒙古、元朝怯薛执事之一。《南村辍耕录》:"云都赤,乃侍卫之至亲近者,……负骨朵于肩,佩环刀于腰,或二人四人,多至八人。时若上御控鹤,则在宫车之前,上御殿廷,则在墀陛之下",从事警卫。大臣"有所奏请,无云都赤在,不敢进"。

云杜县 西汉置,治今湖北京山县。属江夏郡。西魏废。王莽地皇二年(21)绿林军大破王莽荆州兵于此。

云峰胡先生文集 书名。一作《云峰集》。元胡炳文撰。十卷。炳文诗文原本二十卷,后毁于兵。此集为其七世孙用光、八世孙浚掇拾散佚所编。凡杂文七卷,诗一卷,附录本传、行状及赠答题咏诗文二卷。有明正德二年(1507)何歆、罗缙刻本,清道光十一年(1831)胡积成刻本。

云峰集 即"云峰胡先生文集"。

云冈石窟 著名石窟。在今山西大同市西武周山(又名云冈)南麓。依山开凿,东西绵延1公里,为中国最大的石窟群之一。现存主要洞窟五十三个,造像五万一千余尊,最高者达17米,最小者仅几厘米。始凿于北魏兴安二年(453),主要洞窟完成于太和十八年(494)迁都洛阳之前,而造像工程一直延续到正光年间。后世曾多次修缮,尤以辽金两代规模最大。此窟石雕造像气魄雄伟,菩萨、力士及飞天等形象生动活泼,在塔柱雕造的蟠龙、狮、虎和金翅鸟等动物形象千姿百态,在中国艺术史上占有重要地位。雕刻技艺,在继承和发展秦汉石雕艺术的基础上,吸收外来艺术精华,形成独特风格。其中以昙曜五窟开凿最早,气魄最雄伟。

云谷杂记 书名。南宋张淏撰。淏字清源,婺州武义(今属浙江)人,祖籍河南开封。绍定初以奉议郎致仕。四卷。书久佚。清代修《四库全书》时,从《永乐大典》中辑出,除叶适等题跋外,共一百二十余条,多为记叙当代史事、人物及考辨艺文之作。引证较广博。另有明抄《说郛》本,存四十九条,内二十条为《大典》辑本所无。近人将两本合并校录,有中华书局排印本。

云汉 《诗·大雅》篇名。《诗序》认为是周宣王大夫仍叔作。时遇大旱,民丧国危,作此诗祭神祈救。诗中抱怨说:"上下奠瘗,靡神不宗。后稷不克,上帝不临。耗斁下土,宁丁我躬。"反映西周晚期对上帝及神和祖先信仰的动摇。

云和大夫 散官名。金章宗明昌三年(1192)置,属教坊。从五品中。元废。

云和署 官署名。元世祖至元十二年(1275)始置。属礼部仪凤司。掌乐工调音律及部籍更番之事。秩正七品,后升从五品,以署令领之,下设署丞、管勾、协音、协律等。

云亨(1884—1926) 内蒙古土默特旗人,字嘉惠。清光绪三十一年(1905)加入同盟会。宣统二年(1910)考入北京殖边学校。三年秋奉派回内蒙古策划起义。1912年被同盟会任为绥远将军,与阎锡山攻归化城(今呼和浩特)未克,至上海、南京,见孙中山、黄兴,支持阎锡山为山西都督,旋遭阎排挤,遂赴陕西参加反袁斗争。1919年发动地方武装反对北洋军阀。1925年奉冯玉祥命,拟组织国民军第五军。次年在洛阳城西观战,中弹身亡。

云麾将军 官名。南朝梁天监七年(508)置,为将军名号,与武臣、爪牙、龙骑将军取代旧置前、后、左、右将军,为武职二十四班中第十八班。陈沿置,为二十五号将军之一,四品,秩中二千石。唐武德七年(624)置为从三品散号将军,以加武士之无职事者。宋代为从三品上武散官。

云麾使 官名。清代銮仪卫职官。顺治四年(1647)设。十一年定员二十二人,正四品。其中十四员为"掌印云麾使",分掌六所一卫下属十四司之印。八员为"掌所事云麾使",分管左、右、中、前、后、驯象六所日常事务。另有二员管理驾仪。

云笈七签(籤) 书名。北宋张君房编。一百二十二卷。系其所编《大宋天宫宝藏》(四千五百六十五卷,已佚)的摘要。道教称书箱为"云笈";分道书为"三洞"(洞真、洞玄、洞神)、"四辅"(太玄、太平、太清、正一),总称"七签",故名。内容包括经教宗旨、仙真位籍、服食炼气、内丹外丹、方药符图、赞颂诗歌、神仙传记等。多摘录原文,分类汇集,不加论说。包括宋以前《道藏》的主要内容,并保存有部分佚失之道书篇章,为研究道教的重要资料。《四库全书总目提要》称此书"类例既明,指归略备,纲条科格,无不兼赅,《道藏》菁华,亦大略具于是矣"。收入《道藏》六百七十七至七百零二册。

云纪大夫 散官名。金置。属司天台。从五品上。元废。

云际峒　在今广东罗定市西南。唐开元十六年(728),泷州僚陈行范兵败,逃至云际、盘辽二峒,杨思勗追擒之,即此。

云间　旧华亭县或松江府的别称。因西晋文学家陆云(字士龙)家在华亭县(今上海市松江区,元至清为松江府治),对客自称"云间陆士龙"而得名。

云间据目抄　书名。明范濂撰。五卷。濂字叔子,华亭(今上海松江)人。记松江掌故,分人物、风俗、祥异、赋役、土木五类,各为一卷。直书时事,于手工业、商业之繁荣及江南城市生活有较多反映,对地方官吏、乡绅之劣迹,尤加痛诋。时人谓:"孔子作《春秋》而乱臣贼子惧,范君作《据目抄》而贪官污吏惧。"

云蕉馆纪谈　书名。明鲁人孔迩撰。一卷。共十九条,述陈友谅事约据其半,又数条述明玉珍、明升事,多为它书未载;亦及明初史事。当著于明洪武以后。有《稗乘》本、《丛书集成》本。

云津桥　在今云南昆明市东二里,跨银棱河上,元名大德。明初修造更名。

云锦　四大名锦之一。指南京(今属江苏)生产的各种提花丝织锦缎。用金(包括捻金、缕金、缕银和银线)装饰织物花纹。始于元,成熟于明,发展于清。主要品种有库缎、织金、织锦、妆花。图案常用花卉、果实、走兽、游鳞、昆虫,及仙道宝物、吉祥纹样等。布局严谨,注重章法,纹样变化概括性强,讲究呼应与气势。配色浓艳大胆,巧妙运用"色晕"的装饰方法和"片金绞边"、"大白相间"对比调和的处理技巧,使之浓而不重、艳而不俗、繁而不乱、对比而不刺激。大朵主题花一般多用"三晕"。风格庄重、华丽、高贵,为御用织物。

云居寺　佛寺名。一名石经寺。位于今北京房山西石经山下。隋僧静琬主建于大业年间。静琬并在此刻凿石经,直至唐贞观十三年(639)去世。石经藏于洞中。后人续有刻藏。寺依山而筑,有五层院落,六进殿宇;每院逐步升高,各正殿有配殿,四周为僧房。寺南北两塔对峙,北为辽代砖塔,平面作八角形,名舍利塔,或曰罗汉塔。南塔为八角形十一层密檐式砖塔,毁于抗日战争时,塔下有藏经穴,又称压经塔。另有静琬墓塔等,塔内雕刻佛像、供养人、金刚力士等,神态生动,线条流畅。石经山山腰南北方向上下两层凿有九个藏经洞,今称其藏为云居寺石经或房山石经。为全国重点文物保护单位。

云雷纹　商周青铜器上的纹饰之一。大都是连续的回旋状线条。一般称圆形的为云纹,方形的为雷纹。多用作地纹,以衬托主要纹饰。

云林石谱　书名。南宋杜绾撰。于政和八年(1118)至绍兴三年(1133)写成,描述石品一百一十六种,叙述其产地、形状、颜色、质地、坚硬度、吸湿性、透明度、纹理、光泽、晶形、用途、化石成因、采取方法、等级等。石品按现在矿物岩石的性质分类,有石英岩、玛瑙、水晶、石灰岩、砂岩、含锰铁的石灰岩或砂岩、叶腊石、云母、滑石、页岩,比较纯的金属矿物和玉、化石等。作者从沉积环境解释鱼化石的成因,是一项重要的科学贡献。

云陵县　西汉昭帝置。治今陕西淳化县东南,属左冯翊。东汉废。

云龙赕　地名。宋大理国时置。辖地相当今云南云龙县,驻地在县西南澜沧江西岸旧州。元初改置云龙甸军民府。

云龙记往　书名。清王凤文撰。一卷。凤文,山东诸城人,乾隆五十三年(1788)任云南云龙州知州。此书自序谓其为据董善庆《云龙野史》一卷删正。全书分《云龙记》、《摆夷记》、《阿昌记》、《段保世职传》四篇。其《摆夷记》并非记摆夷(傣族)事,而记僰夷(白族)事,与《阿昌记》同为远古传说。《段保世职传》一篇较《明史·土司传》所记为详。自序议论多错误,惟董书赖以得存。此书收入《云南备征志》。章学诚《章氏遗书·文集》载有节抄一篇。

云龙桥　即兴隆山卧桥。位于甘肃兰州东南兴隆山,跨栖云、兴龙两峰间。清乾隆二十八年(1763)建。单向伸臂木梁桥。桥身长15.5米,宽3米。上覆单檐长廊九间,桥头两端各建一座歇山顶殿屋,甚为讲究,是伸臂木梁桥上建桥屋之典型。

云麓漫钞　书名。十五卷。南宋赵彦卫撰。书中十之七考证名物,析误钩隐,十之三记宋代杂事。所记唐制科名目与宋送迎金使经费,皆史志所未详,然间亦有纰漏。吕大防《长安图》原书已佚,此书可得其梗概。

云门堰　水堰名。在唐剑南道绵州龙安(今四川安县北)东南二十三里。贞观元年(627)筑,引县东茶川水溉田。

云门宗　中国佛教禅宗五家之一,属南宗"青原行思"系。唐末五代之际文偃所创立。因居韶州(今广东韶关)云门山,故名。以"云门三句"为宗旨。"三句"者,即"函盖乾坤",指心体君临一切,无不包函覆盖;"截断众流",指以心体论及宇宙万有,犹如"冰消瓦解","万机顿息",无不虚幻;"随波逐流",指"应病与药"的灵活施教方法。并将此比喻为"云门剑"、"吹毛剑",能够"斩尽"一切,求得解脱。其宗风锋辩险绝。盛于北宋,至南宋即衰微。

云梦　据今人考证,古籍中的"云梦"(或单称"云"或"梦")并不专指*云梦泽,一般都泛指春秋战国时楚王的游猎区。此区大致包括整个江汉平原及东、西、北三面一部分丘陵山峦,南则春秋时兼有郢都以南的江南地,战国时改为限于江北。在这个区域内,并不全属于"云梦",错杂着已经开发了的耕地聚落及都邑。

云梦睡虎地木牍　战国末期秦国木牍。共两件。1975年12月至1976年1月期间出土于云梦睡虎地秦墓4号墓。此墓为小型木椁墓,木牍出于头箱中部。一件保存完好,长23.4厘米、宽3.7厘米、厚0.25厘米。另一件已残,残长16厘米、宽2.8厘米、厚0.3厘米。两件正、背面均有墨书秦隶文字,共计五百二十七字,大部分清晰可辨;内容系黑夫与惊两名秦国士兵在秦王政二十四年(前223)时于征伐淮阳之役中所写的家信,主要是向家中要衣服、布和钱,并谈及经历的一些战事。为了解秦统一战争及当时秦国兵士军需状况等问题之珍贵材料,亦是目前中国所发现的最早的家书实物。

云梦睡虎地秦简 战国末至秦代初期竹简。1975—1976年出土于云梦睡虎地秦墓11号墓。墓为小型木椁墓,随葬有青铜、漆、陶等器。竹简出于棺内,保存较好。共一千一百五十余枚(另残片八十片),简长23.1—27.8厘米,全部用隶书书写。内容包括以下十种:(1)《编年纪》五十三枚。逐年记述秦昭王元年(前306)至始皇三十年(前217)秦统一六国的历次战争等大事,并附记一名叫"喜"的人之生平及有关事项。(2)《语书》十四枚。系秦王政二十年(前227)四月二日秦南郡郡守腾颁发给本郡所属各县、道官吏之文告。(3)《秦律十八种》二百零一枚。为十八种秦律中每种的部分律文。律文每条末记律名。内容系有关农事、牧业、徭役、刑徒监管、货币、财物、关市税收、官营手工业、军爵、置吏等各方面的法律规定。(4)《效律》六十枚。详细规定了核验都官、县的物资帐目及统一度量衡器之制度。(5)《秦律杂抄》四十二枚。是《秦律十八种》以外的各种法律条文,多与军事及官营手工业有关。(6)《法律答问》二百一十枚。以问答形式解释秦律的某些条文、术语及律文的意图,重点解释秦法律中的刑法。(7)《封诊式》九十八枚。共二十五节。是对官吏审理案件的要求,及报上级审讯与调查记录之文辞格式。内中列举了一些供参考的具体案例。(8)《为吏之道》五十一枚。规定了官吏必须遵循的各项原则,列举了善、恶之标准。附有魏律两条。(9)《日书》甲种一百六十六枚。(10)《日书》乙种二百五十七枚。主要内容是有关选日之吉凶宜忌,亦反映了社会状况与某些民俗。一般认为《编年记》中所记之名"喜"者,即墓主人,生于秦昭王四十五年,卒于《编年记》所止年(前217),是年四十六岁,恰与人骨鉴定结果相合。喜生前任过秦的低级司法官吏,故墓中以大批法律文书竹简殉葬。此批竹简为研究战国时秦国与秦代初期的政治、经济、文化、军事、法律、阶级关系等提供了丰富材料,对汉字发展史与简牍制度的研究亦有重要价值。

云梦睡虎地秦墓 战国末至秦代初期秦墓。共十二座。集中分布于湖北云梦睡虎地西部。1975—1976年发掘。皆小型长方形竖穴土坑墓,无墓道,葬具均一棺一椁,葬式可辨者,有仰身直肢与仰身屈肢两种。随葬器物组合相类,陶器组合为瓮、盂、甑、釜,铜器组合为鼎、鍪。全部秦墓可分为两组。第一组七墓。其中7号墓椁室门楣上刻有"五十一年曲阳士五邦"九字,其入葬时间为秦昭王五十一年(前256),表明此组墓属战国末期。第二组五墓。其中11号墓的时代,据所出秦简内容与人骨鉴定结果,当在秦始皇三十年(前217),表明此组墓属秦代初年。11号墓出土竹简一千一百五十余枚(详"云梦睡虎地秦简")。属第一组的4号墓出土木牍两件(详"云梦睡虎地木牍")。此十二座墓依据随葬器物的种类、数量与优劣可大致分为两类,其中第一类二墓(9、11号墓),据11号墓所出竹简内容及随葬器物推断,墓主人约为低级官吏;第二类十墓,随葬器物与第一类有一定差距,墓主人身份约属中小地主阶层。此批秦墓的发掘有助于江汉地区秦墓分期与分类的研究,并为了解战国晚期的秦代手工业发展的状况提供了新资料,大量秦简的出土也是考古学上最重要的发现之一。

云梦台 楚国台名。宋玉《高唐赋》:"游于云梦之台。"当在云梦泽。

云梦县 西魏大统十六年(550)分安陆县置。即今湖北云梦县。隋属安陆郡。唐属安州。北宋熙宁二年(1069)省入安陆县。元祐元年(1086)复置。宋、元、明、清均属德安府。

云梦泽 古泽名。《国语》、《左传》或单称"云",或单称"梦"。《楚辞》或称"梦",或称"云梦"。《战国策》、《周礼·职方》、《尔雅·释地》、《吕氏春秋》、《淮南子》等皆作"云梦"。《书·禹贡》一本作"云梦土作乂",一本作"云土梦作乂"。后世说法不一:一说本二泽,一名"云"或"云土",一名"梦",以相近故合称"云梦";一说本一泽,省文则单称"云"或"梦",全称则为"云梦";一说楚人名"泽"为"梦","云梦"就是"云泽";一说江北为"云",江南为"梦";一说江南江北随处都可以叫做"云"或"梦"。据《汉书·地理志》等汉、魏人记载,云梦泽在南郡华容县(今湖北潜江市西南)南,范围不大。晋以后的经学家将古之云梦泽的范围越说越大,一般都把洞庭湖包括在内,与汉以前记载不符。

云缅山川志 书名。清李荣升撰。一卷。荣升,字奠基,号厚冈,江西九载人,乾隆时任职于云州(今云南云县)、缅宁(今属云南)。此书以实地考察云州、缅宁、顺宁、猛麻、底回等地之资料,并绘图记述山脉、水系、道路、官署、民房、军屯、隘口、墟市多寡远近等状况,对旧志书记载多有辨证。《问影楼舆地丛书》第一集刊印,略舆图。

云南 杂志名。清光绪三十二年八月二十八日(1906.10.15)在日本东京创刊。月刊。云南留日学生李根源、罗佩金、赵伸、杨振鸿、吕志伊主办,周钟岳、席上珍、张耀曾等先后主编。以"开通风气,鼓舞国民精神","推倒专制政体,鼓吹民族主义"为宗旨。宣传民族民主革命,大量报道革命党人活动和武装起义消息,揭露英、法帝国主义侵吞云南的野心和暴行。三十四年改双月刊。宣统二年四月(1910.5)与《滇话报》合并,三月一期。出版六年,武昌起义后停刊,共出二十三期,另发行《滇粹》增刊一册。

云南备征(徵)志 书名。清王崧纂。二十一卷。云贵总督阮元倡修《云南通志》时,聘崧总其事,未完成而因故离去。此书即编成于此时。全书汇编有关云南史料四十余种,自《史记》、《汉书》以至明代及清初有关云南史料,均注出处,取材矜审;摘录正史传志,惟取专篇;散见于《资治通鉴》、《续资治通鉴》者,则摘录有关部分。虽收录尚有缺漏,但方便检阅。此书初刻于道光十一年(1831),原刊本今已罕见,另有1910年云南官报局排印本,1914年云南图书馆刊本,收入《云南丛书》。

云南财政说明书 书名。清末云南清理财政局编。八册。宣统二年(1910)辑录云南财政收支各项资料而成。分岁入、岁出两门。岁入有协款、田赋、盐茶税课、关税、杂税、厘金、捐输等十项;岁出有解款、行政总费、交涉费、民政费等十二项。各项皆略述原委。其田赋等项,各府厅州县细数均列。有宣统二年印本。

云南重九起义 即云南起义。清宣统三年(1911)武昌起义后,云南革命党人密议举义响应。原订九月九日(10.30,重阳节)夜半开始行动,进攻省城昆明。因七十三标起义工作受阻,该标遂在李根源、李鸿祥率领下提前起义,攻入北门。蔡锷旋率七十四标等部直扑昆明城下,与城内接应之陆军讲武堂、陆军小学革命党人会合。起义军先后攻占军械局、五华山制高点和总督署,毙清军十九镇统制钟麟同,云贵总督李经羲逃匿。次日中午昆明光复。革命党人出示安民,宣布独立,并在十一日成立大汉云南军都督府,推举蔡锷为都督,李根源任参议院议长兼军政部总长,殷承瓛、韩建铎分任参谋部、军务部总长。嗣后各府县传檄而定,不旬日全滇光复。

云南赕 地名。唐代南诏时置。宋大理国时改云南州,治今云南祥云县东南云南驿。

云南刀 亦称大理刀。范成大《桂海虞衡志》云:其刀铁青黑色,以象革为鞘,涂以朱漆,画奇兽花卉,且一鞘有两室,各函一刀,靶以皮条缠束。大理段氏所佩,则以金银丝饰之。以大理所出为佳,驰誉四邻,宋人视若宝刀,常至邕州(治今广西南宁)横山寨博易。

云南道 官署名。明清都察院所属诸道之一。明永乐十八年(1420)置。设监察御史十一人。南京都察院亦设二人。本道之外协管顺天府、广备库,在京羽林前卫等二卫,及直隶永平、广平二府,通州右卫等二十卫,居庸关等四千户所。清顺治元年(1644)沿置。初为坐道,由掌浙江道兼理。乾隆十四年(1749)设掌印监察御史满、汉各一人,实领本道事务。属员有笔帖式、经承等官。负责稽核云南刑名并稽察理藩院、钦天监事务。

云南道提刑按察司 官署名。设于元世祖至元二十年(1283),置司中庆路(今云南昆明),设使、副使等官。隶御史台。二十四年罢,二十六年复置。二十七年升为云南诸路行御史台。

云南等处行中书省 即“云南行省”。

云南独立 见“云南重九起义”。

云南府 明洪武十五年(1382)改中庆路置。治昆明县(今昆明市)。辖境相当今云南昆明市和嵩明、富民、禄丰、易门、安宁、晋宁、呈贡、宜良等市、县。明清为云南省会所在。1913年废。

云南高等学堂 学校名。清光绪二十九年(1903)在云南省垣五华书院旧址设立。陈灿任总办,陈荣昌任总教习,分理财、兵学、交涉三科,教习从留心时务之科举中人选聘。三十年选派教习往京师大学堂及日本、欧美学习,以提高教育质量。三十二年因学生普通科学程度不足,乃改为预科三班,称普通部,为养成高等专门人才之准备;又添招师范部三班。共计六班,凡四百余人。课程由日本人教授数理化等科,留学日本的华人教授史地、国文、图画、音乐、体操等科。次年改为两级师范学堂。

云南光复阵中日志 书名。近人刘存厚撰。稿本。作于1913年。记宣统三年(1911)昆明重九起义情况,分云南陆军之沿革、革命之潜势、实行革命之动机、实行革命之迫切、革命人员之组织、革命之进行、革命实施之战斗、革命之战捷、革命成功后之建设等篇。1981年辑入《云南辛亥革命资料》一书。

云南河口起义 又称戊申河口之役。清光绪三十四年(1908,戊申年)孙中山派黄明堂、王和顺、关仁甫率镇南关撤退之革命军百余人,以清军反正之防营一部为内应,于四月一日(4.30)夺取云南河口,成立军政府。义军分兵进逼蒙自,克新街、南溪。孙中山即以黄兴为云南国民军总司令,节制各军。因粮饷短缺,进军失机。清廷调滇、黔、川、桂军至,陷河口,义军六百余人退往越南,被法军缴械,解送新加坡遣散。

云南回民起义 清咸丰四年(1854),云南临安(今建水)回、汉两族为争夺楚雄石羊银矿,发生冲突,云贵总督恒春、云南巡抚舒兴阿密令各州县屠杀回民,事态扩大。六年春,云南各地回民相继起义,马金保起于姚州(今姚安),马复初起于新兴(今玉溪),马如龙起于临安,杜文秀起于蒙化(今巍山),马凌汉起于昆明,马联升起于曲靖,并逐渐汇合成两支起义军:马复初、马如龙活动于云南东部和南部,后为清军收买,于同治元年(1862)降清。杜文秀活动于滇西,以大理为中心,建立“平南国”,被推为总统兵马大元帅,发布起义檄文,先后攻克云南五十三州县,在其统治区内发展生产,实施回汉平等的民族政策。十一年,清军进迫大理,杜文秀死难。其部属在滇黔边境继续坚持斗争,至同治十三年失败。

云南机器局 官办军用企业。清光绪十年(1884)云贵总督岑毓英创设于昆明。规模较小,所产枪支弹药只供应本省驻军使用。

云南机务钞黄 书名。明张纨辑。一卷。纨,字昭季,富平(今属陕西)人。洪武十五年(1382)为云南左参政,在滇十七年。此书辑录洪武十五年二月至二十一年七月有关云南谕告公牍三十七篇,原文全录,为有关明初平定云南全境之重要史料。传本有《金声玉振集》、《纪录汇编》、《惜阴轩丛书》,后者有《丛书集成》本。《弇山堂别集》摘录明太祖取云南事部分。

云南记 书名。唐袁滋撰。五卷。德宗贞元十年(794,一说十九年),袁氏奉命至南诏,曾至羊苴咩城(今云南大理),归后将其见闻撰为是书。已佚。

云南讲武堂 学校名。即云南陆军讲武堂。清宣统元年(1909)在昆明开办。培训新军和巡防营等带兵官。李根源任监督,次年擢总办。顾品珍、刘祖武和罗佩金、唐继尧等为专任或兼任教官。有甲、乙、丙三班，分步、骑、炮、工四科。学习基础知识和军事技术。前后毕业十九期。教官多属同盟会员或受同盟会宣传影响者，为辛亥革命和护国战争培养了骨干力量。1916年后落入滇系军阀手中。

云南郡 三国蜀汉建兴三年(225)分建宁、永昌、越嶲三郡置。治梇栋县(今云南姚安县北)。辖境相当今云南维西、兰坪、漾濞等县以东，巍山县、楚雄市以北，元谋、永仁、宁蒗等县以西地。属益州。西晋改属宁州，移治云南县(今云南祥云县东南云南驿)。以后辖境逐渐减缩。南朝齐移治东古复县(今云南永胜县东)。南朝梁大宝后废。

云南勘界筹边记 书名。清姚文栋撰。二卷。文栋，字子樑，上海南翔人，曾任清政府出使日、俄、德等国外交人员。清末外交使臣薛福成与英交涉滇缅界务，文栋受薛委命于光绪十七年(1891)三月至五月至滇缅边境调查，五月抵昆明，为云贵总督王文韶留办边务一年。此书即记此一年间事，其中有关滇缅边境之详细情形，多为当时居缅甸瓦城之云南腾越举人张成濂所提供。此书收入《姚氏四种》、《南槎杂著》、《小方壶斋舆地丛钞》，并有湖南新学书局刊本。

云南陆军讲武堂 即"云南讲武堂"。

云南缅甸边界陆路电线相接约款 又称《原订滇缅电线约款》。清政府与英国订立的电信事务条约。光绪二十年八月七日(1894.9.6)，由清津海关道盛宣怀与英方代表戈颁(Henry Cockburn，1859—1927)签于天津。凡十一款。主要内容：(1)拟在云南腾越与缅甸周岗间相宜之处，中英双方设局连接电线，各自负责本方界内线路；(2)中国、香港与缅甸、印度、锡兰通报按欧洲以内章程，其他所有经滇缅线路之报按欧洲以外章程，未注明传路之报，全部或至少一半归该线寄发；(3)具体规定了各类电报价目和有关报务事宜。

云南民变 明万历年间反对矿监税使斗争之一。云南税监杨荣恣行威虐，杖毙数千人，积怨甚深。万历三十四年(1606)，又因求马不获，毒打指挥使樊高明，逮系指挥使贺瑞凤，且扬言尽捕六卫军官。指挥贺世勋、韩光大率万余军民，焚杨荣府第，杀死杨荣及其党羽二百余人。神宗闻之，数日不食。后贺世勋下狱被杀。

云南清吏司 官署名。简称云南司。(1)明清户部诸司之一。管理云南省钱粮收支数目。明永乐十八年(1420)置。设郎中、员外郎、主事等官。分置民科、度科、金科、仓科等四科治事。兼掌在京泰陵等七卫之俸饷及管理大军仓、皇城四门仓，在外临清、德州、淮安诸仓与漕运事。洪熙元年(1425)，南京户部亦置，设官略同。清顺治元年(1644)沿置。设郎中、员外郎、主事及笔帖式、经承若干人。分置民科、支科、南漕科、北漕科、火房等机构办事。兼掌本省厂课及漕运事。光绪三十二年(1906)裁。(2)明清刑部诸司之一。掌理云南省刑名之事。明永乐十八年置。设郎中、员外郎、主事等官。兼掌顺天府、承运库、万全左等卫及蒲州千户所等处刑名。洪熙元年，南京刑部亦置，设官略同。清顺治元年沿置。设郎中、员外郎、主事及经承若干人，兼掌收办镶黄旗、东直门、云南道御史之文移与堂印封启之事。光绪三十二年裁。

云南实录 书名。元郝天挺撰。五卷。已佚。

云南史记 即"蛮书"。

云南事状 书名。作者不详。一卷。记述唐末群臣奏议招辑南诏事。已佚。《资治通鉴考异》有征引。

云南水道考 书名。清李诚撰。五卷。诚字静轩，浙江黄岩(今台州)人，道光间官云南姚州普淜州判、顺宁知县，后为《道光云南通志稿》之主撰。其所撰《通志》中《山川志》分府州叙述水道沟洫，较旧志为详，此书为《山川志》之摘要统说，以一水为始终叙述全省水道，小沟洫从略。此书刊入《嘉业堂丛书》，附其《滇南山川辨误》。

云南通志 书名。有明隆庆六年(1572)邹应龙纂修本，清康熙三十年(1691)范承勋纂修本、道光十五年(1835)阮元纂修本等。其中较常见者为清鄂尔泰等监修、靖道谟纂修本。三十卷。雍正间成书。乃据旧志增修，旧志冗复失当者删之，又补旧志之所无。分三十门，门为一卷，纲领粲然，颇有条理。史料价值高于旧志。有乾隆元年(1736)刊本，旧志有康熙三十年刊本。

云南王 元代镇守云南的宗王。至元四年(1267)初封，镇大理、鄯阐、茶罕章、东秃赤哥、金齿等处，拥有监督、干预行省事务及统兵、指挥作战等权力，为蒙古皇族统治云南的代表。先后受封的有世祖第五子忽哥赤、忽哥赤子也先帖木儿、老的、王禅、王禅子帖木儿不花、阿鲁、阿鲁子孛罗等。

云南县 西汉武帝时置，治今云南祥云县东南云南驿。属益州郡。东汉改属永昌郡。三国蜀汉改属云南郡。西晋为云南郡治。南朝梁大宝后废。明洪武十五年(1382)以云南州复置，属大理府。治今祥云县。1929年改名祥云。

云南行记 书名。唐韦齐休撰。一卷，或作二卷。约大和三年(829)至四年成书。记赴云南途程及当地物产风俗等，为樊绰《蛮书》等大量采录。明清之际散佚。现有向达辑文，附于1962年中华书局出版《蛮书校注》。另有王叔武辑文，收于1979年云南人民出版社出版《云南古佚书钞》。

云南行省 元地方建置。至元四年(1267)，封皇子忽哥赤为云南王，往镇其地；八年，被三十七部都元帅宝合丁毒杀。乱平后，十年，诏立行省。次年，以赛典赤为平章政事行省云南，置云南等处行中书省，治中庆(今云南昆明)，自此军政诸事皆决于行省。辖三十七路、二府及诸部族军民府，置曲靖、乌撒乌蒙、罗罗斯、临安广西元江、大理金齿、八百等宣慰司及丽江、威楚开南等宣抚司，分治各路。宣慰使以下多委任当地部族首领担任。辖境包括今云南省及四川、广西部分地区和泰国、缅甸北部。

云南盐场 明代盐场之一。分布今云南中部。包括黑盐井、白盐井、安宁盐井、五井四盐课提举司所辖四盐井及十二盐课司。洪武时,岁办灶课一万七千八百余大引。其盐行销云南境内。岁入太仓盐课银三万五千余两。

云南志 见“蛮书”。

云南志略 书名。元李京撰。一卷。京,字景山,河北河间人,大德时任云南乌撒乌蒙道宣慰副使,兼管军万户,对乌蛮、六诏、金齿百夷等地山川、地理、土产、民族风俗了解较详,以其见闻,参考众说,编集此书,进呈朝廷。文献书目著录此书为四卷,今流传仅有《云南总叙》及《诸夷风俗》二篇,尚不足一卷,收录于涵芬楼本《说郛》卷三十六。其记南诏大理事之诸王传位年代及年号,资料来源于《白古通记》,与后来之《南诏野史》、《滇载记》每有出入。《白古通记》早佚,此为尚存之较早记录。其《诸夷风俗》载白人(白族)、罗罗(彝族)、金齿百夷(傣族)、末些土僚(纳西族)、野蛮、斡泥蛮(哈尼族)、蒲蛮(布朗族)等民族社会生活历史情况。景泰、正德两种《云南通志》、《千顷堂书目》、钱大昕《补元史艺文志》、倪灿补《辽金元史·艺文志》等均著录。曹学佺《蜀中广记》、陶宗仪《辍耕录》、师范《滇系》、王崧《云南备征志》、张志淳《南园漫录》、《书史会要》等书均引载。

云南州 南诏置,治今云南祥云县东南云南驿。大理因袭。元降为县。

云南诸路道肃政廉访司 官署名。设于元世祖至元二十九年(1292)九月,置司中庆路(今云南昆明)。三十年二月罢。大德元年(1297)复立,监治云南各路、州,隶陕西行御史台。设使二人,正三品;副使二员,正四品;佥事四员,正五品;经历一员,从七品;以及知事、照磨、书吏、译史、通事等吏员。

云南诸路行御史台 官署名。元世祖至元二十七年(1290),升云南道提刑按察司为云南诸路行御史台,治中庆路(今云南昆明),监治云南行中书省。设官、品秩同于御史台。二十九年废,三十年复立。大德元年(1297),迁往京兆,改名为陕西诸道行御史台。

云内州 辽清宁初升代北云朔招讨司置,治柔服(今内蒙古土默特左旗东南)。属西京道。辖境相当今内蒙古包头市、固阳、土默特右旗及土默特左旗一带。元不辖县,属大同路。明洪武五年(1372)废。1123年,辽天祚帝被金败于白水泺(今内蒙古察哈尔右翼前旗北黄旗海),遁入云内州,即此。

云骑将军 官名。南朝梁天监六年(507)改骁骑将军为云骑将军,秩十班。陈沿置,位四品。北齐亦置,官品与陈同。

云骑尉 官名。隋开皇六年(586)置,为武散官八尉之一,正九品下。大业三年(607)罢。唐武德七年(624)改帅都督置,为二转勋官,比正七品。宋金为第十一阶勋官,秩正七品。明为第十一阶武勋,正六品。清为九等爵第八等,正五品,乾隆元年(1736)定满文拖沙喇哈番汉字为此,满文如故;此为授爵之始,故称半个前程。

云气 天文学名词。古代望气术的观测对象。包括各种形状、色彩异常的云及各种非星非云的发光物。据《晋书》、《隋书》“天文志”记载,云气大体有:瑞气,若烟非烟,若云非云,郁郁纷纷,是谓景云(庆云,即《史记》中的卿云)等;妖气,包括虹蜺;十煇,即十种云气现象,据以判断吉凶;杂气,包括天子气,内赤外黄,四方形,或如华盖在气雾中;猛将之气,如猛兽,火烟之状,白如粉沸;军胜之气,如堤如坂,前后磨地,或如埃尘粉沸,其色黄白;军败之气,如马肝色,或死灰色,或云如卷席等。云气中实际包括了云、各种大气光学现象、极光、尘埃及其他微粒物等。参见“望气”。

云桥 攻城之具。唐建中四年(783),朱泚围奉天城,造云桥。宽数十丈,以巨轮为足,推之使前。唐李商隐《送千牛李将军赴关五十韵》:“火箭侵乘石,云桥逼禁营。”

云韶大夫 散官名。金章宗明昌三年(1192)始置,属教坊。从四品上、元升从三品。明废。

云韶府 官署名。掌女乐。唐武德后在禁中置内教坊。武则天如意元年(692)改此名,以宦官为使。中宗神龙元年(705)复名内教坊。

云台编 书名。唐郑谷撰。原集三卷,有自序。乾宁初,谷随昭宗出游,途次寓住云台道舍,于所作千余首诗中选定编集。宋有蜀刻本,题《郑守愚文集》,下有“云台编”三字。《四部丛刊续编》据此影印。清胡思敬编《云台编拾遗》一卷,收入《豫章丛书》。

云台二十八将 东汉初年二十八位开国功臣的合称。亦称中兴二十八将。明帝时追念开国功臣功绩,将二十八名功臣图画于洛阳南宫云台,故名。据《后汉书·朱景王杜马刘傅坚马传》,云台二十八将依次为:太傅高密侯邓禹、大司马广平侯吴汉、左将军胶东侯贾复、建威大将军好畤侯耿弇、执金吾雍奴侯寇恂、征南大将军舞阳侯岑彭、征西大将军阳夏侯冯异、建义大将军鬲侯朱祐、征虏将军颍阳侯祭遵、骠骑大将军栎阳侯景丹、虎牙大将军安平侯盖延、卫尉安成侯铫期、东郡太守东光侯耿纯、城门校尉朗陵侯臧宫、中山太守全椒侯马成、河南尹阜成侯王梁、琅邪太守祝阿侯陈俊、骠骑大将军参蘧侯杜茂、积弩将军昆阳侯傅俊、左曹合肥侯坚镡、上谷太守淮陵侯王霸、信都太守阿陵侯任光、豫章太守中水侯李忠、右将军槐里侯万脩、太常灵寿侯邳彤、骁骑将军昌成侯刘植、捕虏将军杨虚侯马武、骠骑将军慎侯刘隆。

云梯 古代攻城用的长梯。《墨子·公输》:“公输盘为楚造云梯之械成,将以攻宋。”孙诒让閒诂:“《淮南子·兵略》许慎注云:云梯,可依云而立,所以瞰敌之城中。”又《脩务训》高注云:“云梯,攻城具。高长上与云齐,故曰云梯。”《武经总要前集》卷十《攻城法》言其结构曰:“云梯,以大木为床,下施六轮;上立二梯,各长二丈余;中施转轴,车四面以生牛皮为屏蔽,内以人推进。及城,则起飞梯于云梯之上以窥城中,故曰云梯。”

云梯兵 即“健锐营”。

云梯关 在今江苏滨海县西南废黄河北岸。明中叶以前为黄河海口所在,设关戍守。万历初潘季驯采取"束水攻沙"方针治河告成后,黄河所挟带泥沙大部分由此输送入海,海岸迅速扩展。至清康熙时海口已下移五十余里。咸丰五年(1855)黄河改道由山东入海时,关址已距海一百四五十里。故自清中叶后,其地即不再置兵戍守,仅存云梯关之名。

云卧山庄尺牍 书名。清郭崑焘撰。八卷。书中涉及晚清时政、民情文字甚多。有咸丰六年(1856)刊本。

云溪友议 书名。唐范摅撰。三卷。摅为僖宗时人,自号五云溪(今浙江绍兴若耶溪)人,故以名书。凡六十五则。所记多为中唐以后诗人杂事。虽有记载不实、毁誉不当之处,然以唐人说唐诗,终较后人为近。有1958年古典文学出版社出版标点本。

云霄厅 清嘉庆三年(1798)分平和、诏安二县置。治今福建云霄县。属漳州府。1913年厅废,改为云霄县。

云需总管府 官署名。元仁宗延祐二年(1315)置。掌守护察罕脑儿行宫及行营供办、养鹰等事。领以达鲁花赤、总管各一员,并正三品;下设同知、副总管、判官各一员。辖境东起滦河上源,西至怀秃脑儿,与宝昌州(今内蒙古太仆寺旗九连城)接境。

云阳 战国秦邑。在今陕西淳化县西北。《史记·秦始皇本纪》:秦王政十四年(前233),"韩非使秦,秦用李斯谋,留非,非死云阳",即此。秦置县。

云阳集 即"云阳李先生文集"。

云阳李先生文集 书名。一作《云阳集》。元李祁撰。十卷,附录一卷。祁字一初,号希蘧,茶陵(今属湖南)人。元统进士,累官江浙儒学副提举,元末隐居永新山。明初征召不起,自称不二心老人。祁死后,俞子茂曾刻其遗集十卷,未见传本。此集乃弘治间五世从孙东阳重刻,凡诗二卷,文八卷,多记顺帝时事。通行别有四卷本,为清广州释大汕所删削,不全。

云阳氏 即少昊。相传少昊葬于云阳(《路史·外纪》)。

云阳县 ❶秦置。治今陕西淳化县西北。属内史。秦始皇三十五年(前212)筑直道,自九原至此,以加强关中与河套地区的联系,并移民五万家于此。西汉属左冯翊。太始元年(前96)又迁各地豪强于此。县有甘泉宫,一称云阳宫,汉武帝在此避暑。三国魏改为抚夷护军。❷北魏置。治今陕西泾阳县西北。属北地郡。北周为云阳郡治。隋大业初属京兆郡。唐初屡有迁徙,后移治今泾阳西北云阳镇,属京兆府。蒙古至元初省入泾阳县。

云阳政略 书名。清宜思恭撰。六卷。作者于康熙时任湖南茶陵知州。是书所录即其任官时所作诸文。卷一为详文,是各种呈文;卷二为招详,是有关各种案件的呈报;卷三为谳语,是案件的记录;卷四为杂文;卷五为告示;卷六为署攸县时所作。书中收录大量有关清代刑法的材料,对研究当时的法律政治颇有裨益。有康熙年间刊本。

云阳州 元至元二十年(1283)升云安军置。治今重庆云阳县。不领县。辖境同云安军。属夔州路。明洪武六年(1373)降为县。

云养集 书名。朝鲜人金允植撰。十六卷。金氏为十九世纪末二十世纪初朝鲜政局中的重要人物,集中涉及中国近代史,特别是中日甲午战争的文字颇有参考价值。有1913年刊本。

云阵 阵名。阵形如云之忽聚忽散,以利弩兵射箭。《孙膑兵法·官一》:"射战以云阵。"

云中都护府 唐都护府之一。龙朔三年(663)以瀚海都护府改名。治云中古城(北魏云中郡治盛乐城,今内蒙古和林格尔县西北土城子),统辖漠南东突厥各部诸羁縻府州,相当今内蒙古阴山以南、黄河以北、西拉木伦河源以西地区。麟德元年(664)改为单于都护府。

云中府 北宋宣和四年(1122)计划收复辽大同府改置,治今山西大同市。为云中府路治所。是宋金联合攻辽盟约中预定应归宋之地。六年金人失约,地遂入金,仍改名大同。

云中君 战国时楚国人祭祀的云神。屈原《九歌·云中君》王逸注:云中君是"云神丰隆也,一曰屏翳"。《史记·封禅书》说,北方三晋地区亦祀此神。又有人认为云中君是虹神,主管水旱,即《礼记》所言的"雩宗"。

云中郡 ❶战国赵武灵王置。秦代治云中(今内蒙古托克托县东北)。辖境相当今内蒙古土默特右旗以东,大青山以南,卓资县以西,黄河南岸及长城以北。西汉辖境缩小。东汉属并州。东汉末废。❷唐天宝元年(742)改云州置。治云中县(今山西大同市)。辖境约相当于今山西大同、左云、怀仁、浑源、右玉等市、县地。乾元元年(758)复为云州。

云中县 ❶秦置。治今内蒙古托克托县东北。为云中郡治。东汉建安中移治今山西原平市西南,属新兴郡。北魏太平真君七年(446)废入定襄县。❷北周改太平县置。治今山西大同市西三十里。属长宁郡。隋开皇初避文帝父杨忠名讳,改为云内县。❸唐开元十八年(730)改定襄县置。治今山西大同市。为云州治。辽重熙十七年(1048),分县之东部为大同县,与大同县同为西京大同府治。蒙古至元二年(1265)废。

云中新科之诫 书名。全称《云中音诵新科之诫》。二十卷。北魏嵩山道士寇谦之在太武帝支持下,自称受太上老君旨意,"就系天师正位","清整道教,除去三张伪法"而作。后寇谦之在此诫基础上创立以礼拜修炼为主要形式的新天师道,世称北天师道。太武帝尝亲至道场受符箓,并改元太平真君。

云州 ❶北魏永熙中改朔州置。寄治并州界,在今山西祁县西。北齐废。❷唐贞观十四年(640)置。治定襄县(今大同市)。永淳元年(682)废。开元二十年(732)复置。辖境约当今山西雁北地区的大同、怀仁、右玉、浑源、左云等市、县地。天宝元年(742)改为云中郡,乾元元年(758)复为云州。辽重熙十三年(1044)建西京,升为大同府。❸蒙古中统四年(1263)升望云县置。治今河北赤城县北云州。属上都路。辖境相当今赤城县。明初废。❹明万历二十六年(1598)改大侯土州置,治大侯城(今云南云县南),三十一年移治大栗树(今云县)。属顺宁府。1913年改为云县。

云庄礼记集说 书名。元陈澔撰。澔号云庄,故名。三十卷,今本并为十卷。注解简易,又因解说源自朱熹,故明初定《礼记》用澔注,胡广等修《五经大全》,其中《礼记》亦以澔注为主,为明代科举取士课本之一。

匀德实 契丹迭剌部人。辽太祖阿保机之祖父。史称他“始教民稼穑,善畜牧,国以殷富”。兴宗重熙二十一年(1052)追尊为简献皇帝,庙号玄祖。

邧 古国名。即“郧”。

郧 ❶春秋国名。在今湖北安陆市。《左传》桓公十一年(前701):“郧人军于蒲骚,将与随、绞、州、蓼伐楚师。”灭于楚,为楚邑。《左传》定公四年(前506):吴败楚入郢,楚昭王自云中“奔郧”,即此。❷春秋卫邑。确址无考。《左传》哀公十一年(前484):卫大叔疾“死焉,殡于郧”。❸春秋吴地。《春秋》哀公十二年(前483):“公会卫侯、宋皇瑗于郧。”据杜预注:在今江苏如皋市东,但据杨伯峻《春秋左传注》据王夫之说,谓“在山东莒县南”。

郧城 在今湖北安陆市。东晋太元八年(383),前秦苻坚大举南下,慕容垂拔此城。

郧西人 距今约一百万至五十万年的旧石器时代早期古人类,因1976年在湖北郧西县神雾岭白龙洞发现而得名。化石为两颗牙齿,是猿人类型的古人类。

郧县人 距今约一百万至五十万年的旧石器时代早期古人类,因1975年发现于湖北郧县龙骨洞而得名。化石是四颗牙齿,属于猿人阶段的古人类,从同出动物化石看,估计早于北京人。文化遗物有一件经人工打击过的石核。

郧乡县 西晋太康五年(284)改锡县置。治今湖北郧县。属魏兴郡。南朝齐、梁与北朝西魏、北周为齐兴郡治。隋大业初属淅阳郡,唐属均州。南宋末移治今郧县西南,元至元十四年(1277)迁还旧治,改为郧县。

郧阳 巡抚名。明成化十二年(1476)置。驻郧阳府(今湖北郧县)。辖汉中府,西安府商州,河南南阳府,湖广襄阳府、郧阳府,四川夔州府等地。万历二年(1574)加提督军务兼抚治郧阳等处职衔。清康熙六年(1667)废。

郧阳府 明成化十二年(1476)分襄阳府置。治郧县。辖境相当今湖北郧县、保康县以西地区。明清属湖北省。1912年废。

耘锄功 北魏前期课田办法之一。即无牛家偿予有牛家代为耕田所付出之劳力。

耘盪 一种中耕农具。宋元时期出现于江浙一带。《王祯农书》载,形如木屐而实长尺余,宽约三寸,木板上列短钉二十余为齿,安上长五尺余的竹柄,用以推盪禾垅间的草泥,提高耘田功效,减轻劳动强度。

耘爪 一种中耕农具。始用于宋元时期。用竹管制成,随手指大小截之,长可逾寸,削去一边,状如爪甲,或好坚利者,以铁为之,穿于指上。用之水田中耘田除草,以代指甲,犹鸟之用爪也。后以长竹为柄,以铁为齿,用耘稻禾。

涢 周代国名。即“郧”。

涢口 即今湖北汉川市东北涢口。《资治通鉴》:西晋建兴三年(315)荆州将郑攀“帅其徒三千人屯涢口,西迎杜曾”,即此。

筼轩集 书名。元唐元撰。十三卷。元歙县(今属安徽)人,字长孺,泰定间以文学授平江路学录,再任建德路分水县教谕,以徽州路学教授致仕,卒。据朱文选《筼轩唐先生行状》,子桂芳辑,其诗文共五十卷,久已散佚。传本凡诗稿八卷,文稿五卷。文多序记杂著之属,诗或有误收他人之作。明正德十三年(1518)程敏政辑,张芹刊入《唐氏三先生集》。《四库全书》据此著录。

yǔn

允常 允一作元。周代越族首领。周敬王时,越族首领名夫谭,其子即允常,始开拓疆土称王。鲁定公四年(前506),吴攻楚入郢都。次年他乘机攻吴,败吴王阖闾。其子即越王勾践。

允川 地区名。在大榆谷、小榆谷之西,去赐支河曲数千里,相当今青海青海湖东南、贵德县西北的黄河以北地区。东汉时为烧当羌所居。《后汉书·西羌传》:永元十三年(101),烧当羌迷唐复还赐支河曲,“将兵向塞,周鲔与金城太守侯霸,及诸郡兵、属国湟中月氏诸胡、陇西牢姐羌,合三万人,出塞至允川,与迷唐战”,即此。

允䄉(1683—1741) 即胤䄉。清圣祖第十子。康熙四十八年(1709),封敦郡王。五十七年,掌正黄旗满洲、蒙古、汉军三旗事。以党附允禩、允禵,为世宗所恶。雍正元年(1723),命赍印册赴喀尔喀赐奠泽卜尊丹巴胡土克图,他托疾不行,居张家口,又私行禳祷。后被劾疏文内连书“雍正新君”,夺爵拘禁。乾隆二年(1737),获释,封辅国公。

允格 相传为金天氏(少昊)后裔。昧之子。封于都(今河南内乡与陕西商州间),为允姓之戎之祖。

允街县 西汉神爵二年(前60)置。治今甘肃兰州市西湟水北岸。属金城郡。《资治通鉴》:东汉中元二年(57),烧当羌滇吾率众攻陇西,“败太守刘盱于允街”,即此。北魏废。

允礼(1697—1738) 即胤礼。清圣祖第十七子。雍正时受封果亲王。先后管理理藩院、户部事务,兼宗人府宗令。高宗继位,为顾命大臣。后病死。善诗,著有《春和堂集》、《奉使纪行诗》等。

允禄(1695—1767) 即胤禄。清圣祖第十六子。雍正元年(1723)出嗣庄亲王博果铎,袭爵,管内务府事。世宗死,承受顾命。乾隆四年(1739)因与废太子允礽子弘皙往来诡秘,罢职。后管乐部事务。精于数学、乐律。

允祺(1679—1732) 即胤祺。清圣祖第五子。康熙三十五年(1696),从征噶尔丹,领正黄旗大营。三十七年,封贝勒。四十七年,太子允礽被囚,他亦遭拘禁。次年释放后被封为恒亲王。

允礽(1674—1725) 即胤礽。清圣祖次子。母孝诚皇后。康熙十四年(1675)立为皇太子。圣祖出征噶尔丹,受命留京城,处理国事。后为人告发,渐失宠。四十七年,以与内大臣索额图谋早日登极罪,被废黜、圈禁。次年复立为皇太子。五十一年再废,寻禁锢。死后追封理密亲王。

允禩(1681—1726) 即胤禩。清圣祖第八子。康熙三十七年(1698)封贝勒。四十七年以太子允礽被废,谋为储贰,并受朝臣举荐,被圣祖申斥。世宗继位,晋封廉亲王,总理事务,阳为重用,实加抑制。雍正四年(1726)削黜宗室,改名*阿其那,加以幽禁,旋死于禁所。

允禟(1683—1726) 即胤禟。清圣祖第九子。康熙四十八年(1709)封贝子。曾支持允禩谋夺储位,为世宗所不容。雍正四年(1726)被削除宗籍,改名*塞思黑,幽禁保定,旋死于禁所。

允禵(1688—1755) 即胤禵。清圣祖第十四子。原名允祯。世宗同母弟。康熙四十八年(1709)封贝子。五十七年出任抚远大将军,晋王爵,至青海指挥清军入西藏,讨伐准噶尔兵。圣祖死,有传位十四子之说。世宗即位,召回京,旋被圈禁。乾隆初获释,封恂郡王。晚年皈依佛、道。著作有《抚远大将军奏议》。

允吾县 ❶西汉置。治今青海民和县南古鄯附近北古城。为金城郡治。西晋废。十六国西秦太初十三年(400),乞伏乾归为姚兴所败,欲西保允吾,即其故城。❷隋大业二年(606)置。治今甘肃永登县东南。属武威郡。六年改为会宁县。

允禧(1711—1758) 即胤禧。清圣祖第二十一子。字谦斋,号紫琼道人,又号春浮居士。乾隆时封慎郡王。善书画,山水笔力超逸,宗法元人倪云林,水墨花卉,亦富雅韵。有"本朝宗藩第一"之誉。著有《花间堂载笔》等。

允祥(1686—1730) 即胤祥。清圣祖第十三子。初被宠爱,授贝子。废太子事件中获罪,革爵。世宗继位,大加宠信,封怡亲王,总理事务,主管户部,经画直隶营田,管理宫中侍卫,并兼议政、军机大臣,参与重大机密事务。又代世宗联络官僚。卒谥贤,并破格加"忠敬诚直勤慎廉明"八字,配享太庙。著有《明善堂诗集》。

允姓之戎 古族名。戎的一支。原居瓜州(今陕西秦岭北约宝鸡至陇县一带),后迁至渭汭。有人认为即陆浑之戎。或说一支由瓜州西迁中亚,即为塞种人之一部。

允禔(1672—1734) 即胤禔。清圣祖长子。屡从征讨噶尔丹。康熙三十七年(1698)封直郡王。四十七年因被人告发用邪术诅咒太子允礽,谋取储位获罪,夺爵圈禁。

允祉(1677—1732) 即胤祉。清圣祖第三子。康熙三十七年(1698)封诚郡王。四十八年晋亲王。曾开蒙养斋馆,与陈梦雷、方苞等编纂《古今图书集成》、《律历渊源》等书。雍正八年(1730)为世宗圈禁。

yùn

运弁 领运漕船之武职官员。清有漕省分卫所领运千总、守备及随船帮效力之武举,统称运弁。

运曹 官署名。❶尚书省郎曹之一。西晋置,设郎。东晋省。❷公府僚属诸曹之一。西晋末司马睿始置于丞相府,设参军。南朝宋省。

运道塘 水塘名。在唐江南道越州山阴(今浙江绍兴)西北十里。元和十年(815)观察使孟简开。

运丁 古代负担运输役使之成年男子。后又专指负责漕运之民夫或军丁。东晋成帝咸和六年(331)因粮运不继,"发王公已下千余丁,各运米六斛"。东晋后期,战乱频仍,多征发运丁,以致死亡叛散,不返者众。南朝梁时,除运丁外,还出现"匹妇劳于转输"之情况。据丘濬《大学衍义补·漕挽之宜上》载:"隋于蒲、陕等十三州募运米丁,又于卫、陕等州置仓,转相灌注漕粟,以给京师,盖于凡经过之处以丁夫递运,要害之处置仓场收贮,次第运之,以至京师。运丁得以番休而不久劳,漕船得以回转而不长运。"唐宋亦雇用民夫漕运粮米。明初江南漕粮多由纳粮户自行运到指定仓口。嘉靖初,运米民户尚有保全之家,十年后均遭破产。清代指有漕省分各卫所之军丁,后改称屯丁。康熙二年(1663),定漕船每艘十人。三十五年定,漕船出运,每年佥派一名为正丁。正丁召募水手九人至十二人。其余九丁为闲丁。正丁不准他人代替,但绅衿、监生、书吏不在此限。

运丁编审 即"屯丁编审"。

运渎 水渠名。三国吴赤乌三年(240),左台侍御史郗俭监凿,于建业城(今江苏南京市)西南开渠,"自秦淮北抵仓城"(《建康实录》),以通漕运。五代以后堙废。

运副 ❶宋转运副使的简称。❷明清盐运司副使之简称。

运干(幹) 宋代转运司干办公事的简称。

运河 大运河在唐以前称为沟、渠、漕渠、运渠、漕河,宋代始有运河之称,元明以来渐成通称。元以前,著名的运河有春秋末吴所开的邗沟,战国初魏所开的鸿沟,汉武帝时所开的漕渠,东汉末曹操所开的白沟,隋炀帝时所开的通济渠、邗沟、江南河、永济渠和宋代的*漕运四河等。元代修浚利用一部分隋唐以来原有运河和某些天然河道,又在今山东临清市、济宁市间先后开凿了济州河、会通河,在今北京市、通州区间开凿了通惠河,因而形成了一条自大都(今北京市)出发,可以经由通惠河、白河、御河(永济渠)、会通河、济州河、泗水、黄河、淮扬运河(邗沟)、浙西运河(江南河)直达杭州的沟通海河、黄河、淮河、长江、钱塘江五大流域的南北大运河(隋永济渠、通济渠、邗沟、江南河亦沟通五大流域,后人亦称之为运河)。元末山东境内淤废。明永乐初重开会通河,此后四百余年除通惠河一段通塞不常外,其余各段,经常通航(局部地段曾改易运道),成为当时南粮北运、公私商旅往来的主要水运通道。清咸丰五年(1855)黄河北徙改由今道出海,运河堤被冲毁,汶水被挟东流,运道涸竭,又因海运兴起,南北商贩日盛,自此漕粮或改折现金,或改海运,经由运河北上的只一小部分。光绪二十七年(1901)将漕粮全部改折,停止漕运。不久,自黄河北至临清市一段运河,遂全部淤成平陆。

运库 清代盐运司之仓库。贮盐课。库银岁终解户部。其中小部分留为盐司办公、赒济贫灶、维修场滩等费用。

运历(曆)图 书名。北宋龚颖撰。六卷。起秦昭襄王五十一年(前256),止宋太宗雍熙四年(987),计一千二百四十三年。上列甲子,下附历代兴亡大事。端拱元年(988)献于朝。已佚。

运判 ❶宋转运判官的简称。❷明清盐运判官之简称。

运商 亦曰引商。清代盐商之一种。运商办引纳课后,赴指定盐场向场商购盐,凭引将盐运往指定引地行销。

运使 宋代转运使的简称。

运水渠 水渠名。唐永泰二年(766),京兆尹黎干为改善长安薪炭供应而开凿。渠阔八尺,深丈余。自南山谷口入京城,过景风门、延喜门入苑内。

运同 官名。同知盐运使司事之简称。明代于两淮、两浙、长芦、河东、山东、福建六个都转运盐使司各设一人,为都转运使之副职,从四品。清沿明制,于直隶、山东、广东各设一员,为盐运使之佐贰,分督各盐课司大使,管理盐务分司产盐地方,直接督察各盐场。亦为从四品。

员半千(621—714) 唐齐州全节(今山东济南东北)人,客居晋州临汾(今属山西),原名余庆,字荣期。初师事王义方十余年,博涉经史,知名河朔。义方谓之曰:"五百年一贤,足下当之矣。"因改名半千。上元初应八科举,授武陟尉。永隆元年(680)又应岳牧举,高宗称善,擢上第。数任学士职,官至太子右谕德,兼崇文馆学士,封平原郡公。历高宗、武后、中宗、睿宗、玄宗五朝,有清白节。圣历二年(699),以正谏大夫兼右控鹤内供奉,以古无其职,授任者又多轻薄,上疏请罢之,由是忤旨贬水部郎中。尝修《三教珠英》,撰《明堂新礼》三卷、《三国春秋》二十卷,皆佚。《全唐文》存文三篇,《全唐诗》存诗三首。

郓 春秋鲁邑。鲁有二郓。一在今山东沂水县东北,为东郓,后入莒。《春秋》文公十二年(前615):"季孙行父帅师城诸及郓";《左传》昭公元年(前541):"季武子伐莒,取郓",皆即此。《公羊传》作"运"。一在今山东郓城县东,为西郓。《春秋》成公四年(前587):"冬,城郓",即此。《公羊传》作"运"。

郓城县 隋开皇十八年(598)以万安县改置。治今山东郓城县东。先后为郓州、东平郡治。唐武德四年(621)为郓州治。贞观八年(634)徙州治于须昌县,县仍属郓州。天祐二年(905)改为万安县。五代唐复为郓城县。周广顺二年(952)改属济州。金大定六年(1166)为避河决,迁治盘沟村,即今治。元明先后属济宁路、府、州。清属曹州府。

郓王 金代封爵。次国一字王号。完颜神土门、张通古、完颜按答海、完颜琮等先后受封。

郓州 隋开皇十年(590)置。治万安县(十八年改郓城县,今郓城县东)。大业三年(607)改为东平郡。唐武德四年(621)复为郓州。贞观八年(634)移治须昌县(五代唐改须城县。今东平县西北,北宋移治今东平县)。辖境相当今山东郓城、东平、梁山、巨野、嘉祥等县地。天宝元年(742),复为东平郡。乾元元年(758),又改郓州。北宋宣和元年(1119),升为东平府。

恽光宸(?—1860) 清江苏阳湖(今常州)人,寄籍顺天大兴(今属北京市),原名尔谦,字濬生,号薇叔。道光进士。道光十二年(1832)任湖南岳州知府,调长沙知府。十九年任广东督粮道,旋迁江西按察使。咸丰三年(1853)守南昌城,后又率兵赴九江配合湘军围攻太平军。五年回赣,负责防守事。九年出任江西巡抚。卒于任。

恽敬(1757—1817) 清江苏阳湖(今常州)人,字子居,号简堂。乾隆举人,历官富阳、平阴、新喻、瑞金等县知县。为人矜尚名节,所至辄与上官忤,后因事被劾黜官,退而锐意为文。少为齐梁骈俪之作,稍长治古文,亦曾研经史,然说经非其所长,终以古文见称。与张惠言共创"阳湖派"。古文理论与"桐城派"大致同,而写作实践有别。文章尚气势,无"桐城派"拘谨枯淡之病。语言取法六经史汉,旁及诸子百家,有辞采。著有《言事》、《大云山房文稿》等。

恽世临(1817—1871) 清江苏阳湖(今常州)人,寄籍顺天大兴(今属北京市),字季咸,号次山。道光进士。初任御史,后历任长沙知府、岳常沣道。任内与太平军作战,镇压当地反清斗争。同治二年(1863)升任湖南巡抚,后获咎降四级调用。卒于家。

恽寿平(1633—1690) 清江苏武进(今常州)人,初名格,字寿平,后以字行,改字正叔,号南田,又号云溪外史、白云外史、东园客等。不应科举,家贫以卖画为生。诗格超逸,书法遒隽,画笔生动,时称"三绝"。初工山水,及见王翚,自逊不如,遂专工花竹禽虫。斟酌古今,自称学宋人徐崇嗣没骨法,一洗时习,独开生面,为一代写生正宗。有"常州派"之称。性落拓雅尚,遇知己数月为之点染,非其人视百金如土芥,不市一花片叶。以故遨游数十年而贫如故。卒后家贫不能具丧,王翚为之经理。著有《瓯香馆集》。后人并四王、吴、恽合称"清六家"。

恽祖翼(1835—1900) 清江苏阳湖(今常州)人,字叔谋,又字崧耘。同治举人。以知县累迁至道员。光绪十五年(1889)调湖北汉黄德道兼江汉关监督。二十一年晋湖北按察使。次年擢浙江布政使,在嘉兴开浉河,疏浚杭州上塘河,三十余万亩农田皆获灌溉之利。二十六年八国联军入侵,代表浙江巡抚刘树棠参加张之洞、刘坤一发起的"东南互保"。旋擢浙江巡抚,以浙省防练各营积弊太深,疏请整饬。不久病死。

辉工中士 官名。西魏恭帝三年(556)置,北周沿置。冬官府司皮下大夫属官,正二命。下设辉工下士以佐其职。隋开皇元年(581)罢。

辉人 官名。周朝置。掌制作鼓。《周礼·冬官·考工记·辉人》:"辉人为皋陶。"郑玄注引郑司农:"皋陶,鼓木也。"孙诒让正义:"疑皋陶当读为鼛鼖,《大司乐》有雷鼖、灵鼖,路鼖则亦当有皋鼖矣。"

晕珥 日旁晖气。《吕氏春秋·明理》:"有晕珥。"高诱注:晕珥,"日旁之危气也,……(在)两旁内向为珥。晕,读为君国子民之君。气围绕日周匝,有似军营相围守,故曰晕也。"此说欠精当。珥是日边缘喷射的红色气体云团(主要是氢气),形状既非"内向",亦不限定在日"两旁"。如《晋书·天文志》释为:"青赤气员而小,在日左右为珥","日有一珥为喜,在日西,西军战胜;在日东,东军战胜。南北亦如之"。晕是云层中的冰晶折射而成的彩色(或白色)光环。绕日为日晕,绕月为月晕。虽曰绕日(月),距日(月)尚有较大距离,晕环视半径在22°—46°之间。紧包日外的彩色气环称为日冕,与晕不同。

晖珥 即日珥。《吕氏春秋·明理》:"有晖珥。"参见"晕珥"。

酝都 突厥—蒙古语。可装大量乳类之巨大容器。拉施都丁《史集》释作"大瓮、大桶"。《元史·兵志三·马政》释作"承乳车",并称每酝都可装四十匹母马每天所产之乳。

缊纥提 柔然首领。地粟袁次子。父死,部众分为两部,他领有西部。晋太元元年(376)叛拓跋鲜卑,附铁弗刘卫辰。十六年为拓跋珪击破,被徙至云中(今内蒙古托克托一带)。十九年子社仑西逃,缊纥提下落不明。

韵海镜源 书名。唐颜真卿撰。三百六十卷。天宝末始撰,大历中撰成。于陆法言《切韵》之外增出一万四千七百六十一字。引《说文》、《尔雅》诸家书,详加训解,并以经史子集中两字以上成句者,广事编纂,故名"韵海";以其镜照源本,无所不见,故名镜源。至宋元之际,仅存十六卷。后全佚。其著书始末,备载《颜鲁公集》。

韵镜 书名。一卷。成书于唐,今传南宋张麟之再刻本,为现存最早的韵书之一。共四十三图,分图列韵。韵目次序与《广韵》略同。各图横分四声与四等,纵列二十三行以统括三十六字母。所列字大体代表《广韵》一系音韵系统,有助于对隋唐语音的认识,对反切学理的理解。有中华书局1982年出版李新魁《韵镜校正》。

蕴位 即勋位。南朝梁武帝天监七年(508)定百官九品为十八班,其中著作正令史、集书正令史等官为三品蕴位。

Z

zā

扎经染色 印染方法名词。把经纱分批扎结、染色,再用白色或浅色纬纱织造出经浮显花的织物。是西北少数民族特有的工艺技术,至迟在宋代已出现。织造工序需经绘样、扎经、染色、拆经、对花、匀经、织造。纹样多为粗块长线条组成的几何图形,色彩对比强烈、浓艳。著名的有新疆和田地区的"爱的丽斯绸"。

匝布梯墨克塔布伯克 或译杂布窨玛克塔卜伯克、沙卜提莫提卜伯克。新疆维吾尔语音译。官名。总管地方伊斯兰教经文教习。清乾隆二十四年(1759)定为六品。光绪十三年(1887)废。参见"伯克"。

咂酒 四川羌、彝族地区和部分藏族地区群众自酿的一种酒。饮用时,将当地高山特产的竹杆数支,插入酒罐中吸吮,吸完后注入清水再饮,至味淡乃止,故名咂酒。此酒系用青稞、大麦、玉米煮熟后拌上酒曲,置入罐中外覆以草发酵而成。味醇而带酸甜,当地男女老少均喜饮用。

咂力巴 亦作搽里八、擦巴。藏语的音译。古地名。当今西藏自治区拉萨市东郊蔡贡塘,藏传佛教噶举派蔡巴分支本寺所在地,元代立搽里巴八田地里管民万户于此,为十三万户之一。明代译名为咂力巴等,初沿元制设万户,永乐十一年(1413)以擦巴头目为乌思藏都指挥使都指挥佥事。僧人称咂力巴辇卜阇(辇卜阇,藏语音译,活佛的敬称),也在洪武永乐间遣使朝贡。

zá

杂办 明代上供物料的一种贡纳制度。为额办、坐办之外的泛杂项目。但明代地方志中亦有指府州县官府公费者,不尽一致。各布政使司奉户、礼等部勘合,不时征派,无定额。与*额办、*坐办合称三办。皆取办于里甲。福建邵武府杂办有生漆、棕毛、杂皮、黄蜡、水胶、白麻布、皮纸张、线罗、荒丝、纻丝、铁线、木炭等。

杂变 即"沿纳"。

杂布窨玛克塔卜伯克 即"匝布梯墨克塔布伯克"。

杂出身 官制用语。宋代凡非经应举登第、荫补、吏人年劳出职而得以补官者,皆属"杂出身"。

杂调 又称横调。北朝时租调之一。非定制。北魏文成帝、献文帝等曾屡次诏令减免或废除,但旋又恢复。至北齐时,杂调屡有增加,成为农民额外苛重负担。

杂端 官称别名。唐御史台置侍御史四人,以年资深者一人掌台内日常事务,名知杂事,称为杂端或台端,余三人称散端。杂端多以前行(吏部、兵部)郎官兼充。

杂犯 刑法用语。一般指犯十恶、四杀等罪犯为*正犯,其他罪则为"杂犯"。杂犯在朝廷常赦、皇帝疏决时,一般可获赦免或减罪一等。

杂犯律 北周刑律之一。即惩处*杂犯的法令。系沿李悝《法经》中之杂法,隋唐更名"杂律"。《唐律疏议·杂律上》:"李悝首制经法,而有杂法之目……然至后周,更名杂犯律。隋又去'犯',还为杂律。"参见"杂律"。

杂泛 见"杂徭"。

杂泛差役 见"杂徭"。

杂泛杂役 见"杂徭"。

杂谷 见"理番厅"。

杂谷安抚司 土司名。明永乐五年(1407),为抚辑维州而置,治所在今四川理县杂谷脑镇。管辖藏民及雅都、维城、曲谷等地(今四川茂汶羌族自治县),被称为"新番"、"旧番"、"后番"之羌人。清康熙中安抚使桑吉朋降清后继任其职。乾隆十四年(1749)土司苍旺征金川有功,升宣慰司。后势力扩大,不断对外兼并,西至党坝,东抵通化,自称"大酋长"。十七年清朝实行改土归流,四川总督策楞、提督岳钟琪率兵镇压,擒杀苍旺,其地北部置里,南部则建土屯制,归理番厅管辖。

杂谷厅 清乾隆十七年(1752)改杂谷宣慰司置。属茂州。二十五年升为直隶厅。属四川省。治今四川理县东北薛城。辖梭磨宣慰司和从噶克、卓克采、丹坝三长官司,相当今理县、马尔康等县地。嘉庆八年(1803)改为理番直隶厅。

杂谷土司 指明永乐五年(1407)所置之杂谷安

抚司。治今四川理县杂谷脑镇。清乾隆十七年(1752)改厅。

杂卦 《易传》篇名。"十翼"之一。内容为杂解六十四卦之卦义。《周易兼义》卷九韩康伯注:"杂卦者,杂糅众卦,错综其义,或以同相类,或以异相明也。"其解说有以卦象为据者,有以卦名为据者,多不合《易经》原意。其中:"《损》、《益》,盛衰之始也。""《否》、《泰》,反其类也。""《革》,去故也;《鼎》,取新也"等命题,反映了作者对事物矛盾对立之简单粗浅认识。

杂号将军 指地位较低、置废无常、无固定职掌的诸名号将军。汉代以大将军、骠骑将军、车骑将军、卫将军及前、后、左、右四将军等为重号将军,余皆为杂号将军。魏晋以下,将军名号骤增。上述将军,领军、护军、四征、四镇、四安、四平,中、镇、抚三号及征虏、伏波将军等为重号将军,宣威将军以下至偏、裨将军仍称杂号将军。

杂户 ❶北魏至隋唐时户口之一种。北魏时又称隶户。乃征讨西凉等地所俘人户,被分配给官府及贵族、官吏。以从事杂役,故分别称为伎作户、盐户、绫罗户、细茧户、金户、兵户、营户、佛图户、寺户等。杂户身份低于良人,高于奴婢,且世代相袭,不能迁徙、改业,不得读书、做官。偶有做官者亦不得任*清官。杂户虽可赏赐,然不准买卖。建德六年(577),北周平齐后,诏免诸杂户悉改为百姓。隋唐时为贱民之一。来源为前代犯罪没官者,或本朝籍没者,或由官户放免而来。社会地位高于奴婢及官户,低于平民。户籍属于州县,但由政府机构驱使,每年服役两个半月。"老免进丁受田依百姓例",负担则与百姓不同。婚姻"止可当色相娶,不合与良人为婚"。若逃亡被捕,"一日笞三十,十日加一等,罪止徒三年"。不经放免手续,不算良人,凡年老疾病,七十岁以上,可免为良人。❷金代户类之一。金制,以女真人为本户,以汉族、契丹等族人为杂户。

杂华经 即"华严经"。

杂家 战国末至汉初兼收诸子思想的学派。《汉书·艺文志》列为九流之一。认为诸子学说各有长短,企图汇合各家之长,成为一个统一体系,反映文化融汇趋势。但未能提出独创的中心观点,没有形成完整体系。以秦相吕不韦、汉淮南王刘安为主要代表。吕不韦广招门客,使各著所闻,斟酌百家学说,集论成书,"以为备天地万物古今之事,号曰《吕氏春秋》"(《史记·吕不韦列传》)。此书以道德为标的,以无为为纲纪,儒、道色彩较浓。刘安宾客合编《淮南子》一书,取道家"贵生"之义,墨家"薄葬"之说,法家"察今"之旨以及儒家教育、音乐思想,而以道家为宗,托"黄老"以统一百家。班固谓杂家"兼儒、墨,合名、法,知国体之有此,见王治之无不贯,此其所长也。及荡者为之,则漫羡而无所归心"(《汉书·艺文志》)。

杂监司 宋代诸路除转运使司等称监司外,主管特殊事务的官司,如提举坑冶铸钱司、提举市舶司等,可合称杂监司。

杂匠 唐代少府监掌百工技巧之事,有配京都诸司诸使杂匠一百二十五人。太子家令寺掌东宫营缮,亦有杂匠一百人。

杂剧 ❶源于唐代。以诙谐打诨为主,辽帝生辰宴乐,与乐舞并进。❷金百戏之一。皇帝贵族宴会,与其他伎艺并进,有秦正鼓乐伴奏。诙谐优谏,夹以歌舞。由教坊俳优表演。❸元戏曲的主要剧种。在金院本和诸宫调基础上形成。金末元初流行于山西、河北一带,又称北曲。剧本以唱为主,唱词每折(幕)由同一宫调的套曲组成,句尾入韵。主要演员(脚色)一人唱到底,以正末或正旦为主,其他脚色有科(动作)白(念词)配合。主要脚色多由女演员担任。一剧分为四折,剧前或各折间可加楔子。剧本内容广泛,包括历史传说和当代的社会生活。元灭宋后,杂剧传到江南,盛行于民间。元代有姓名可考的剧作家一百余人,演员数十人。现存剧本近二百种,见《元曲选》和《元曲选外编》。

杂历(歷) 明代以监生往各衙署历事制度。凡派往各衙门写本,或随同御史出巡者,称杂历。名额有定数,计各司写本,户部十名,礼部十八名,兵部二十名,刑部十四名,工部八名,都察院十四名,大理寺、通政司各四名;随御史出巡四十二名。俱于一年满日后上选,一般皆得补官。

杂令 唐时不便归为一类的法令。如度量衡的标准,断屠月(正、五、九月)的规定,矿物私采的准许,公私放债月息的限额,官、私地得宿藏物的分配法,畜产伤人的惩治法,五品职事官因私事外出投驿住宿的规定等。令文多与《唐律疏议》之《杂律》相关。散见于《唐六典》、《唐会要》、《通典》、《旧唐书·食货志》诸书。日本养老时代(717—723)的《杂令》亦可资参考。

杂流 官制用语。宋代非科举中第,而由军班、进纳、捧香恩例、上书献策、勤王、守御、捕盗、奉使等途径补授官职者,包括公人、吏人、作匠、技术人(如医人)出身者,皆属杂流。其迁官至武功大夫止。破格迁横行者,恩数、俸禄仍依武功大夫。补官限至训武郎,差遣限至监当、将领、副将等。明清为官员出身异途之一种。明代主要指吏员、承差、知印、书算、篆书、译字、通事诸出身者。清代主要指经承、攒典、典史、书史、供事、承差诸出身者。

杂律 唐律第十篇名。指不便归为一个类型的犯罪行为。如国忌作乐,私铸钱币,城内走马,负债不偿,错认良人为奴婢,侵街巷道路,犯夜,奸罪,私造度量衡器等,皆受相应刑罚。共六十二条。战国魏李悝《法经》中即有杂法,北周改称杂犯律,隋称杂律,唐因之。

杂买务 官署名。北宋太平兴国四年(979)改市买司置,掌收购官廷、官府所需之物。设监官三人,以京朝官、三班使臣及内侍充任。元丰改制,归隶太府寺。南宋沿置,隆兴二年(1164)选通判、知县资序,不曾犯赃私罪,未满六十者主管。

杂卖场 官署名。北宋景德四年(1007)置,掌收受京城与各地官府多余物资,计值以待出卖,或准折支用。设监官二人,以内侍及三班使臣充任,后亦差文武朝臣主管。元丰改制,归隶太府寺。南宋沿置,与杂买务总为一署。绍兴六年(1136)置提辖一人,隆兴二年(1164)令选通判、知县资序人充任。

杂蛮疍 明乡兵之一。由广东沿海地区疍户组成,多为新会、东莞人。善使长牌、斫刀。不隶军籍。

杂史 史书分类名目之一。创始于《隋书·经籍志》,以后目录书中多有之。清《四库全书总目·史部·杂史类叙》述其著录标准云:"大抵取其事系庙堂,语关军国,或但具一事之始末,非一代之全编;或但述一时之见闻,衹一家之私记。"

杂税 指正税之外的各种税收。起源很早。南朝时已有记载。《南史·宋纪中·武帝》:"东境去岁不稔,宜广商货,远近贩鬻米粟者,可停道中杂税。"唐代已成为征收中的正式名目。《旧唐书·食货志上》:"大抵有唐之御天下也,有两税焉,有盐铁焉,有漕运焉,有仓廪焉,有杂税焉。"其后历代相沿,名称各异。如宋代称杂变、沿纳。清代又称杂征,作为除田赋、丁银、关税、盐课、茶课等项收入外,所有苛细税收之总称。包括牛马税、石膏税、木税、落地税、靛税、榷酤、牙税、当税、契税、衣物税、食物税等。无定额,尽收尽解。参见"沿纳"。

杂说 篇名。唐韩愈著。由四篇短文组成。其四专论择才选能。指出识马须有伯乐,"世有伯乐,然后有千里马,千里马常有,而伯乐不常有"。认为虽有千里之马,不饱以食,不尽其才,则不可求千里。载《韩昌黎集》。

杂卫 唐十六卫中,以左右卫与左右金吾卫合称四卫,余称杂卫,包括左右骁卫、左右武卫、左右威卫、左右领军卫、左右监门卫、左右千牛卫。

杂物库 官署名。北宋置,掌收纳内外杂输之物,以备支用,由瓷器库监官兼领,隶太府寺。金亦置,大定二年(1162)从内藏库析出,隶宣徽院。设都监,正九品;同监领库事,从九品。

杂学士 宋有龙图、天章等阁以藏累朝御集,诸阁皆有学士,统称杂学士,以别于翰林学士。

杂压 官制用语。宋代官员班序制度。各类职官,上至太师、太保、太傅,下至诸州司士、文学、助教等,不分实职、贴职、寄禄、环卫、散官,大体依品级高下排成一个上朝的班序,称为杂压,亦称合班。

杂徭 徭役名。晋至唐,多称杂徭,宋以后多称杂役,元、明、清又称杂泛、杂泛杂役、杂泛差役。名称虽异,内容均同,即正役外之徭役。晋代役法,男丁每岁役不过二十日,每十八人出一运丁役之。北周定十八岁至五十九岁皆任于役,丰年不过三旬,中年二旬,下年一旬。然于正役之外,统治者常额外征役。晋升平中,丹杨尹庾龢表除重役六十余事,均属杂徭。南朝齐延兴元年(494)诏禁扰民尤深之杂徭,有县使、村长、路都、防城、直县等名目。梁、陈且役及女丁。北魏延兴三年(473)诏,鳏寡孤独贫不自存者,免其杂徭。唐代又称轻徭、小徭。以户为征发对象,丁男、中男都要负担,也称户役,其中包括充夫及杂使等。政府根据需要,随时调发,各种杂事,无所不为。宋代各种差使均为杂役,表面上是按人丁户口科差,然官户、形势户享有免役特权,实际上还是落在贫苦人户上,以至民不堪命。宋人丁谓《丁晋公谈录》:"一日,杂役兵士于公署壁题之曰:'无了期,无了期,营基才了又仓基!'"辽代杂役繁重,民至破产。后改为使民出钱,官自募役。金代的差役有坊正、里正、主首等名目,由富民均出雇钱,募强干可靠者充。修筑工程、运输官物等,都征发大量人夫,按土地进行摊派。元代差役名目有里正、主首、坊正、隅正和仓官、库子等,力役则随时根据需要征发。规定均按各户的丁力资产情况摊派,定期轮换。有的项目只限于富户,实行户等制的地方是上户或上、中户;有的项目则先派富户(上户),后及中、下户。成宗以后,南方实行"随产定役",按土地或税粮数分摊,有一石之田,当一担之役。元初,军、匠、站、儒、医、僧、道、盐户等都可免当杂泛差役,只有民户承当。成宗时诸色户计均承当,只有边远出征军人、大都至上都自备* 首思的站户可免。元末儒户可免役。明代地方各衙门之经常性差役,如禁子、库子、斗级、皂隶、驿夫、门子、弓兵、铺兵、轿夫等,以及不定时、无定额,非经常性临时差遣之役,如军需转输、堵塞黄河决口、开凿治理漕河运道、修筑堤坝、筑塞边墙、修建宫殿、开掘转运石料、亲王之国就藩、营建陵墓、修路筑城等等,每年由见年里长斟酌各役轻重,各照黄册原定上中下三等人户,在本里本甲中临时点差。或按户征发,或按丁起派。故俗称户役或丁役。清代各府州县均按定额设吏役,如衹侯、禁子、弓兵、快手、皂隶、门卒、库子诸役,皆由良民充任。此为正役。除此,州县事剧役繁,往往另派各种差役,诸如税粮完欠、田宅争辩、词讼曲直、盗贼生发、命案审理等。此种杂项差役,称杂泛差役。

杂议 宋司法名词。凡遇疑难重要案件,经复审不能判决,即命内、外制与大臣、台谏官一起讨论,称杂议。

杂役 即"杂徭"。

杂营户帅 又称杂户帅、营户帅。北魏官府手工业作坊长官。工匠按军事编制,杂营户帅不隶守宰。

杂造局 官署名。明代工部及各布政使司置,掌造其他同类专业局(如军器局)所不属者。工部所置,设大使一人,正九品;副使一人,从九品。各布政使司所置,设大使一人,从九品;副使一人。

杂征 见"杂税"。

杂职官 明、清官阶均分九品,每品又各分正、从,从九品为最低级,与其他未入流并称杂职官。

杂传 史书分类名目之一。杂记各种人物的传记。阮孝绪《七录·记传录》有杂传部,《隋书·经籍志·史部》、《旧唐书·经籍志·史部》均有杂传类,《新唐书·艺文志·史部》有杂传记类。

杂俎 文体名。与杂录、随笔相似。唐段成式命其所作笔记为《酉阳杂俎》,后人效之,常将无类可归之文,标目为杂俎。

砸击法 石器时代打制石器的方法。是直接打制法的一种。产生于旧石器时代早期,是把选做石料的石块放在石砧上,以另一石块作锤,砸击石料,以获得石片,用以加工成为工具。

zāi

戈方 商代方国(见殷墟甲骨文)。武丁时期卜辞有:"王占曰,吉,戈。之日允戈戈方,十月。"(《殷墟文字缀合》一百十八片)"戈戈方"意为伐戈方。戈方故地即春秋时期之戴国,在今河南兰考、民权、杞县一带。

栽接使 使职名。唐代内诸司使之一,领掌宫苑内花木果树栽接事,肃宗至德二载(757)宦官李辅国拜殿中监,为闲厩、五坊、宫苑、营田、栽接总监使。五代沿置。

栽竹四法 宋代御花园花匠所总结的种竹经验。所谓"四法"即"疏种、密种、浅种、深种"。"疏种",即栽竹要保持一定距离,使土壤疏松便于行鞭;"密种",是每垛要有四、五株,使鞭根密集,便于成活出笋;"浅种",指栽竹不可太深;"深种",即栽植竹时用河泥培壅,以促使新栽母竹迅速成活,提早成林。

溦水 又名沫水,即今四川境内的大渡河。《汉书·地理志》蜀郡汶江:"溦水,出徼外,南至南安,东入江,过郡三,行三千四十里",即此。

zǎi

载记 史书体裁之一。记载割据政权的事迹。东汉明帝时,班固奉命撰述开国以来史事,始列此目。唐修《晋书》,将十六国史事编为载记。清修《四库全书》,史部列有载记一类。

载书 古代记载诸侯盟约之文书。《左传·襄公九年》:"晋士庄子为载书。"杜预注:"载书,盟书。"载书又单称载。《周礼·秋官·司盟》:"司盟掌盟载之法。"郑玄注:"载,盟辞也。盟者书其辞于策,杀牲取血,坎其牲,加书于上而埋之谓之载书。"参见"盟"。

宰 官名。(1)商代始置,掌管家务和家奴。西周、春秋沿置,为王室总管。掌王家内外事务,传达君王王后之命。后为官吏通称,百官之长称太宰或冢宰,卿大夫家臣之长称家宰,卿大夫采邑总管称邑宰,都邑长官如中都宰,以及膳宰、庖宰等。新莽始建国元年(9)曾改县令、长曰宰。(2)县令、知县之简称。

宰臣 官名。春秋时晋国置。掌膳羞之事的小吏。《韩非子·内储说下》:"(晋)文公之时,宰臣上炙而发绕之,文公召宰人而谯之。"

宰丰雕骨 商代晚期刻字雕骨。骨长约28厘米,背面雕刻花纹三段:上为三角纹和云纹,中为兽面纹,下为卷尾的龙纹。正面刻有文字两行,共二十八字,方向与背面花纹相反,记述商王六年五月壬午日,王于麦麓田猎,猎获兕牛。因而赏赐宰丰,时值举行肜祀,宰丰以此为荣,刻骨留念。这种刻字雕骨对研究商末祭祀制度及艺术具有价值。

宰夫 官名。周代置。(1)周王近侍。掌饮食膳羞。《仪礼·少牢馈食礼》:"宰夫以笾受啬黍,主人尝之,纳诸内。"郑玄注:"宰夫掌饮食之事者。"(2)冢宰属官,掌百官征令。《仪礼·大射》:"宰夫戒宰及司马。"郑玄注:"宰夫,冢宰之属,掌百官之征令者。"(3)《周礼》天官之属。下大夫爵。属员有上士、中士、旅、府、史、胥、徒若干。职掌治朝之法,正百官之位,各级官府的征令,考核吏治,收敛财货,以及祭祀、朝觐宾客、会同的牢礼膳羞饮食的陈设。

宰府 指宰相府。西汉时丞相即宰相,故丞相府亦称宰府。《后汉书·马严传》:"旧丞相、御史亲治职事,唯丙吉以年老优游,不案吏罪,于是宰府习为常俗。"丙吉即西汉宣帝时丞相。东汉丞相更名司徒,司徒府亦沿称宰府。《后汉书·蔡邕传》:"臣自在宰府。"李贤注:"宰府谓司徒桥玄府也。"

宰辅 ❶对宰相、三公、执政等辅政大臣的泛称。《后汉书·李固传》:"时太后比遭不造,委任宰辅,固所匡正,每辄从用。"《魏书·王肃传》:"高祖崩,遗诏以肃为尚书令,与咸阳王禧等同为宰辅。"明清亦作为对大学士的尊称。❷太平天国后期翼王新设官职。设天台、地台、人台宰辅,各分左右。

宰辅拜罢录 书名。宋范冲撰。二十四卷。记建隆元年(960)至绍兴六年(1136)宰辅除罢时间、缘由。宰相自范质至张浚,执政自赵普至折彦质,亦略叙在位本末于后。

宰官曹 官署名。北魏置,掌管皇帝的饮食事务,属尚书省。以宰官尚书、宰官令为长、贰,还有内廷派驻本曹的宰官中散等。太和改制罢。

宰官令 官名。北魏置。掌供御膳。《魏书·慕容白曜传附慕容契传》:"迁宰官令,微好碎事,颇晓工作,主司厨宰,稍以见知。"

宰官尚书 官名。北魏置。尚书省宰官曹长官,掌供御膳。《魏书·昭成子孙列传》:"及(拓跋浑)为宰官尚书,颇以骄纵为失,坐事免。"一说与太官尚书为同职异称。

宰官中散 官名。北魏孝文帝太和初始见此官,典宰官尚书宰官曹,主文或奏事,职似给事中,在内廷分典;或分至尚书曹。孝文帝太和十七年(493)改制后废。

宰衡 新莽官号。西汉平帝元始四年(4),加安汉公王莽号曰宰衡。王莽因伊尹为阿衡,周公为太宰,故采二人称号以自尊。位上公,在诸侯王上,掾史秩六百石。三公言事称"敢言之"。出则尚书郎、侍御史、谒者、中黄门随从,期门羽林侍卫。

宰爵 官名。春秋战国置。掌祭祀所用牺牲之牢数。《荀子·王制》:"宰爵知宾客祭祀飨食牺牲之牢数。"王先谦注:"宰爵者,主爵也。《汉书·百官公卿表》:'主爵中尉,秦官,掌列侯。'秦官之有主爵,殆本于古之宰爵乎?其所掌为列侯,故宾客、祭祀、飨食、牺牲之牢数,无不与知。"

宰旅 官名。春秋周王室置。太宰属官。掌收纳诸侯所献职贡。《左传·襄公二十六年》:"晋韩宣子聘于周,王使请事。对曰:'晋士起将归时事于宰旅，无他事矣。'"

宰人 官名。周代置。(1)冢宰属吏。《左传·哀公三年》："命宰人出礼书。"杜预注："宰人，冢宰之属。"《国语·晋语九》："及臣之长也，端委韠带以随宰人。"韦昭注："宰人，宰官也。"(2)膳宰，掌饮食。《吕氏春秋·过理》："晋灵公无道"，"使宰人臑熊蹯不熟，杀之"。《庄子·说剑》："王乃牵而上殿，宰人上食。"《韩非子·内储说下》："宰臣上炙而发绕之，文公召宰人而谯之。"(3)近侍之臣。《晏子春秋·内篇杂下》："晏子入，呼宰人具盥，御者具巾。"

宰赛 又作斋赛、介赛、寨赛。明末蒙古内喀尔喀部落首领。住牧于辽河中游一带，占据福余卫故地，与明通贡。万历三十三年(1605)，以诱杀明庆云堡(今辽宁开原市西)守将，被革市赏。三十五年复其贡市。天命四年(1619)后金攻陷铁岭时，率部迎战被擒，旋获释。后为别部所掠，只身逃亡，不知所终。

宰桑 官名。清代蒙古准噶尔部官。时准部分为二十四个鄂拓克(部属)，每一鄂拓克设一至三、四人，管理大小事务。清政府统一设旗后废。

宰杀务 ❶五代后梁开平三年(909)，刘守光围攻沧州城，城中食尽，吕兖选男女羸弱者，饲以曲面而烹之，以给军食，谓之宰杀务。❷见"供庖务"。

宰士 ❶宰相僚属尊称。《汉书·翟方进传》："今丞相宣请遣掾史，以宰士督察天子奉使命大夫，甚悖逆顺之理。"颜师古注："谓丞相掾史为宰士者，言其宰相之属官，而位为士也。"魏、晋、南北朝时宰相所辟之士亦称。❷北魏置，掌膳饮，皇帝出巡则负酒食以从，属宰官尚书。

宰我 即"宰予"。

宰相 ❶初为君王辅政大臣如相国、相邦、丞相等官的泛称，始见于《韩非子·显学》。秦汉以来成为对辅佐皇帝、统领百官、综理全国政务的最高行政长官的通称。其具体职名、职权范围因时因人而异，历朝各有不同。秦、西汉以相国、丞相当之，参决大政，综理要务，不亲庶事，职高权重；御史大夫为其副贰。武帝、昭帝以后，逐渐形成以大司马、大将军为首领，以尚书、中书为核心，由皇帝高级侍从官员组成的中朝(内朝)，掌握政务的决策之权；以丞相为首的中央政府号外朝，仅负责奉诏命、执行政务之责。西汉后期罢丞相、御史大夫，改置大司马、大司徒、大司空，并号丞相，三分相权。东汉太尉、司徒、司空三公名义上仍为宰相，然位尊权轻，备员而已，实际上由尚书台总揽政务，统摄百官。汉末建安中复置丞相，由曹操担任。三国魏初以原魏王所属秘书令，改为中书监、令。魏、晋遂以中书监、令为宰相。吴只设丞相。蜀汉初设丞相，后以大将军录尚书事主国政。魏、晋、南北朝相国、丞相亦号宰相，实非寻常人臣之职，多用以安置权臣；三公皆为名誉宰相；诸公、将军、开府仪同三司等大臣加录尚书事衔者始得为实际主持政务的真宰相，或以数人同录尚书事；录尚书事缺而不授时，尚书令、尚书仆射亦可为真宰相。当时宰相无常官，皇帝所与商决政事、委以机密者，皆可行其职权，故近臣如中书监、中书令、侍中、黄门侍郎、领军将军、中书舍人等如受命参议国政，亦可称宰相。北周设六官府分管全国政务，如皇帝下达"五府总于天官"之诏命，则天官府长官大冢宰得为真宰相，然至末年，军政大权悉归由权臣担任的大宰相。隋以尚书省正副长官尚书令、仆射为真宰相，内史令、纳言参掌政务，或有宰辅之称。唐初以尚书、门下、中书三省长官尚书左右仆射、侍中、中书令为真宰相，在政事堂共同商决政务，轮番秉笔。太宗以后渐以他官加参知政事、参掌机密、参预朝政、参知机务、同中书门下三品、同中书门下平章事等职衔为副宰相，入政事堂议政，削弱尚书左右仆射等正宰相的职权。玄宗以后，三省长官多虚而不除，或作为藩镇加官，同中书门下平章事成为正式宰相职衔。宰相多置四员，皇帝初崩，新君始立，选一人摄冢宰名义，是为首相。首相多授太清宫使，次三相皆带馆职，以弘文馆大学士、监修国史、集贤殿大学士为序。又置枢密使以分其职权。宰相用人渐轻，权力缩小，又常作为加官，用以赏功及安置大臣、藩镇，遂有使相之名。五代因之。北宋前期以同平章事为真宰相，无定员，以尚书丞、郎以上至三师为之。如置二相，则以首相兼昭文馆大学士、监修国史，次相兼集贤殿大学士；如置三相，则分别兼昭文馆大学士、集贤殿大学士、监修国史。亲王、枢密使、留守、节度使而兼侍中、中书令、同平章事衔者，称使相，不预政务，有时宰相虚位，即令其代宰相签署敕书。又有参知政事，为副宰相之职，号执政。元丰改制后，以尚书左、右仆射为宰相，兼领中书、门下二省事，政和二年(1112)改名太宰、少宰。后又以太师、太傅、太保为真宰相，少师、少傅、少保为副宰相。钦宗靖康元年(1126)复行元丰之制。南宋初尚书左、右仆射皆加同中书门下平章事，孝宗乾道八年(1172)改置左右丞相。西夏建国初年设为官，以党项人充任。晚期称右丞相。金代以尚书省左右丞相、平章政事为宰相，左右丞、参知政事为副宰相。元代以中书省左右丞相、平章政事为宰相，左右丞、参政为副宰相。明初置中书省左右丞相，太祖洪武十三年(1380)罢中书省，不设宰相，皇帝亲揽政务，总领六部。又置诸殿、阁大学士，侍从左右，初仅备顾问而已；成祖以后，渐得参预机务，然品秩较低，不置属官，不得干预六部事务；仁宗、宣宗以后，其职渐崇，号为内阁，居六部之上，拟定诏旨，批答章奏，裁决政务，然其职权又常受制于宦官。成为事实上之宰相，称辅臣，居首者为首辅。清沿明制。雍正以后实际由军机大臣执行宰相职权，大学士成为闲职。明清习惯上都称授大学士为拜相。然从制度上说，自洪武十三年起，宰相制度已被废弃。❷吐蕃王朝仿唐所置官职译名。亦译作大论。总管政务，员数不定。❸官名。辽代北面官有北、南宰相府，各置左、右宰相为长官，分领部族，佐理军国大政，由皇族、外戚充任。诸大部族亦置左、右宰相，协助大王处理部族事务。元代有内八府宰相，为近侍官员，凡八员，掌诸王朝觐傧介事务，并与蒙古翰林院官同译写、润色诏令文字。以其贵近，特以其名宠之，并无授受宣命。秩视正二品，以国戚勋贵子弟充任。

宰尹 官名。同膳宰。周代置。饮食官之长。《韩非子·八说》："厨人轻君而重于宰尹矣。"

宰予(前 522—前 458) 春秋末鲁国人，字子我，亦称宰我。孔子弟子。善辞令，名列孔门言语科之首。曾因认为守孝三年过长，被孔子斥之为"不仁"，又因昼寝，又被斥为"朽木不可雕"。

宰执 宰相与执政合称。北宋前期，宰执包括宰相、参知政事和枢密院长官、副长官。元丰改制，以左右仆射兼门下、中书侍郎为宰相，尚书左右丞与枢密院长官、副长官为执政。元代包括中书省右、左丞相，平章政事，右、左丞及参知政事。

宰祝 官名。春秋战国置。掌献牺牲以荐祭祝。《淮南子·时则训》："乃命宰祝，行牺牲，案刍豢，视肥臞全粹"，"以犬尝麻，先荐寝庙"。

zài

再考 见"考满"。

再撩稻 又名女禾、稻孙。南宋范成大《吴郡志》："今田间丰岁，已刈而稻根复蒸，苗极易长，旋复成实，可掠取，谓之再撩稻。"系水稻收割后，利用稻桩茎节上休眠芽所萌发的再生蘖培育成穗。晋已利用。两宋时期长江中下游许多地区都有利用，标志着南方稻田多熟制的发展。直到二十世纪五十年代，还是中国稻区双季稻的一种形式。

再生纪略 书名。明末清初陈济生撰。一卷。日记体。李自成农民军进入北京时，作者任明太仆寺丞，逃回故里，是书记其经过。

再述奇 书名。一名《欧美环游记》。清张德彝撰。六卷。张氏随蒲安臣、志刚出使欧美日记。起同治六年(1867)十二月，迄八年八月。凡《经日本东渡记》、《合众国游记》、《英吉利游记》、《法朗西游记》、《归程记》五篇，于所历诸国之社交活动、政治、经济、文化等记载颇详。沿途之山川形势、东南亚一带的风俗民情等亦有记述。为张氏八种海外述奇的第二种。

在京房 官署名。宋代枢密院所属机构。元丰改制置，掌行遣殿前步军司事，及支移兵器、川陕路边防，畿内、福建路吏卒，军头司、皇城司兵卒。

在理会 亦称在理教。清代华北秘密结社。创立于清初，原以"反清复明"为宗旨，渐以戒人吸烟饮酒为事。清末在承德等地掀起反洋教、反官府斗争。宣统三年八月(1911.10)武昌起义爆发后，北方革命党人试图与京津保一带的会众建立联系，因会众不听指挥，未果。

在理教 见"在理会"。

在园活动 清末豫西人民的反清革命活动。宣统三年(1911)河南洛阳东关下园菜农南大定等组织在园会(又称小刀会、大刀会，对内称复汉军)，接受同盟会领导，开展反对增加田赋斗争，逐渐扩展到附近各县。首领称"大哥"，会众按时集会，仅洛北庄王山参加者即达八九千人。因准备响应武昌起义，被清政府发觉，南大定被捕遇害，斗争受挫。后同盟会员杨源懋、刘粹轩等又联络豫西在园会众，准备与王天纵起义军会合，在洛阳发动起义，事泄未成，遭到清政府镇压。

在中国的圣战 书名。又译《中国穆斯林的战争》。清新疆宁远(今伊宁)维吾尔族人毛拉比拉勒·本·毛拉玉素甫著。回历 1293 年(光绪二年，1876)成书。内容叙述清同治三年(1864)至十年伊犁农民起义经过，以俄兵侵占伊犁结尾。未及完稿即为俄国侵略者潘特索福所得。1880 年在俄国喀山出版时改书名为《穆斯林反抗中国的战争》，有潘特索福所作俄文注释与序。

载 西周姬姓国。即"戴"。

载初 年号。(1)唐武后年号(689—690)。凡二年。(2)唐时安庆绪年号(757)。

载淳 即"同治帝"。

载沣(1883—1951) 清宗室。光绪帝弟、宣统帝父。袭封醇亲王。清光绪二十七年(1901)被派为头等专使赴德，就驻华公使克林德被杀事道歉。三十四年正月入值军机处，十月宣统帝继位，授监国摄政王。旋罢免袁世凯，编练禁卫军，代为海陆军大元帅，并借立宪之名集权皇族。宣统二年(1910)取缔国会请愿运动，次年四月成立皇族内阁。武昌起义爆发后被迫辞职。1928 年移居天津。后曾短期在东北伪满洲国为"太上皇"。

载澜 清宗室。嘉庆帝曾孙。惇亲王奕誴第三子。初封三等辅国将军，再进封不入八分辅国公。光绪二十六年(1900)义和团运动兴起时，力主"招抚"和利用义和团。五月，清廷派载勋、刚毅"统率"京津义和团，他以署右翼总兵会同办理。七月，八国联军陷北京，随扈慈禧太后西逃。后被联军指为"首祸诸臣"之一。十二月以"庇护"义和团夺爵，命戍新疆。

载濂 清宗室。嘉庆帝曾孙。惇亲王奕誴长子。同治三年(1864)封不入八分镇国公。十一年进辅国公，袭贝勒爵，加郡王衔。光绪二十六年(1900)参与"招抚"、利用义和团的活动，十二月以"庇护"义和团被追究，夺爵。

载龄(？—1883) 清宗室。满洲镶蓝旗人，字鹤峰，号芷庵。道光进士。历官内阁学士、光禄寺卿、副左都御史。咸丰四年(1854)任工部侍郎，出京防堵太平天国北伐军。半年后参与防堵杨隆喜起义军。旋署陕西巡抚。次年回京。同治元年(1862)以吏部侍郎擢都察院左都御史，迁兵部尚书。九年袭辅国公。光绪三年(1877)任吏部尚书、协办大学士。次年授体仁阁大学士。六年病归。

载穆(？—1911) 清宗室。满洲镶蓝旗人，字敬修。光绪三十二年(1906)授太原城守尉。次年递裁驻防，分遣归农，遂倡农桑，劝女工，兴学校。宣统三年(1911)简京口副都统。武昌起义后，镇江新军响应，他拒不缴械，自缢死。

载芟 《诗·周颂》篇名。诗中描述西周时期周王于春季籍田,以及耕作、收获的情形,反映了当时大规模农业生产的状况。

载师 ❶官名。《周礼》地官之属。主管土地分配、使用及征收税赋。上士二人,中士四人。❷官署名。西魏、北周置,属地官府。长官为载师中大夫,下设小载师下大夫、小载师上士,辖司封中士、司农上士、司均上士、司赋上士、司役上士、掌盐中士、掌遗中士、掌堰下士、典牧中士、典牛中士等。主管土地分配、使用,农业运输,和赋役摊派等。

载师中大夫 官名。西魏恭帝三年(556)置,北周沿置。地官府载师司长官,掌封邑的划分,管理全国农、牧、盐业生产及赋役的征发。下设小载师下大夫、小载师上士以佐其职,领司封中士、司农上士、司均上士、司赋上士、司役上士、掌盐中士、掌遗中士、掌堰下士、典牧中士、典牛中士等官属。北周武帝建德二年(573)省,以下大夫为长官。宣帝即位后,复置。正五命。隋开皇五年(581)罢。

载湉 即"光绪帝"。

载土术 古代算学术语。《九章算术》商功章提出的计算土方工程的方法。由土方体积、运输距离、装卸车时间所相当的距离、每人之程行、每车载量及每车用徒数等因素,计算每人分配的工作量及用徒数。

载勋(?—1901) 清宗室。第九代庄亲王奕仁子。光绪五年(1879)袭庄亲王。二十六年义和团运动兴起时,力主"招抚"义和团排外。清廷下诏对各国宣战后,与刚毅为统率京津义和团大臣,在庄王府中设坛,成为各地义和团进京挂号编伍的总部。旋任京师步军统领,悬赏捕杀外国人。北京陷落时随慈禧太后西逃,任行在查营大臣。清政府与联军议和后,被指为"祸首"之一。次年削爵,命在山西蒲州(今永济西南)自尽。

载洵(1886—1949) 清宗室。光绪帝弟。清光绪十五年(1889)晋辅国公,次年又晋镇国公。二十八年袭贝勒,三十四年加郡王衔。宣统元年(1909)任筹办海军大臣,并赴欧美考察海军。次年授海军部大臣。辛亥革命后在北京、天津闲居。

载漪(1856—1922) 清宗室。嘉庆帝曾孙。惇亲王奕誴次子。咸丰十年(1860)出继瑞亲王绵忻,袭贝勒爵。光绪二十年(1894)封端郡王。二十五年慈禧太后谋废光绪皇帝,立漪子溥儁为"大阿哥"(皇位继承人),遂受重用。次年五月充任总理各国事务衙门大臣,办理外交。义和团兴起后,排外心切,力主围攻东交民巷使馆,诛杀反对对各国宣战的徐用仪、许景澄和袁昶等人。北京陷落时随慈禧太后西逃。二十七年,清廷与联军议和时被指为"祸首",夺爵戍新疆。

载垣(?—1861) 清宗室。康熙帝第十三子允祥的五世孙。道光五年(1825)袭爵怡亲王,曾在御前大臣行走。咸丰帝即位后,历任左宗正、宗令、领侍卫内大臣。咸丰十年八月(1860.9)英法联军进逼北京时,与兵部尚书穆荫同为钦差大臣,前往通州(今北京通州区)接替桂良与英、法议和。谈判破裂后,拘囚英人巴夏礼等。旋随咸丰帝逃往热河(治今河北承德市)。次年咸丰帝死,与端华、肃顺、景寿等八人同受顾命大臣,赞襄政务。慈禧太后与恭亲王奕䜣发动祺祥政变,他被迫令自尽。

载泽(1866—1928) 清宗室。初名载蕉,字荫坪。清光绪三年(1877)为辅国公。二十年晋镇国公。二十七年任正蓝旗副都统。三十一年被派为出使各国考察政治大臣,离京时被吴樾炸伤。延期赴日本、欧美。次年回国,奏请改行立宪政体。三十三年任度支部尚书,次年加贝子衔。宣统元年(1909)任筹办海军事务大臣,督办盐政大臣。次年充纂拟宪法大臣。三年任皇族内阁度支部大臣。

载振(1876—1948) 清宗室。满洲镶蓝旗人,字育周。庆亲王奕劻长子,封贝子。光绪二十八年(1902)赴英参加英皇加冕典礼。次年赴日本考察第五届劝业博览会。返国后奏请成立商部,任尚书。三十二年改为农工商部尚书。旋因纳段芝贵所献歌妓杨翠喜事辞职。宣统元年(1909)署正白旗副都统,再度奉派赴日。后任蒙古正红旗副都统。三年,奕劻内阁成立,任弼德院顾问大臣。辛亥革命后居天津,从事金融商业活动。

𢦏 商代邑名。见殷虚卜辞。帝乙征人方所经。陈梦家《殷墟卜辞综述》谓即汉代甾丘,在今安徽宿州市东北。王国维《殷虚卜辞中所见地名考》谓古文为"𢦏",即《春秋·谷梁传》隐公十年"伐载"之"载"(《左传》作戴)。也即汉代甾县(《汉书·地理志》:梁国甾县,故戴国)。在今河南民权县东北。

zān

簪花 科举考试用语。指接待新科进士的一种礼仪。清制,每科殿试后,新进士赴孔庙行释褐礼。届时国子监预备红花、香烛、酒果以接待。诸进士由状元率领行礼后,更易补服,诣彝伦堂拜祭酒、司业,祭酒、司业向一甲三名进酒,并为其簪金花;诸进士则由属官接待,仪礼同前,簪红花。

簪花仕女图 画名。唐周昉作。纵 46 厘米,横 180 厘米。画中六宫女,前四较大,后二稍小,各簪花朵,姿态不同。右前一人面对花丛,右手拈花,回首俯视尾随之猧犬,身后有一女伫立。中一女拈花徐进,前面有一鹤扬翅舞步,身后一女持扇步随。左方,前一女侧身回视,右手向上弯举与肩平,左手下指另一猧犬。身后一女侧身向右俯视,右手掎裙,左手持拂尘引逗猧犬。现藏辽宁省博物馆。

簪袅 爵名。亦称谋人。战国秦置,为二十等爵第三级。秦及西汉沿置。《汉书·百官公卿表》颜师古注:"以组带马曰袅。簪袅者,言饰此马也。"

zán

咱雅班第达(1599—1662) 明末清初厄鲁特蒙古著名喇嘛,宗教活动家。原名"纳姆哈嘉木措",出身和硕特部贵族。明万历四十三年(1615)被厄鲁特蒙古首领和硕特部拜巴噶斯认为义子，出家为僧。次年赴西藏习经。崇祯十一年(1638)奉达赖五世和班禅四世之命返厄鲁特传教。清顺治七年(1650)至九年再次赴藏，促进西藏宗教上层与厄鲁特蒙古贵族的联系。康熙元年(1662)赴西藏途中病殁。尝参与制定《蒙古卫拉特法典》，创制托忒蒙文，并用托忒文翻译一百七十余种藏文经典和著作。

zǎn

昝殷 唐蜀(今四川)人。官医学博士。尤精妇产科，撰《产宝》二卷，辑产乳验方二百七十八篇，后由周颋增辑成《经效产宝》三卷，为现存最早的妇产科专著。又著《食医心鉴》一卷，已佚，但有《医方类聚》辑本，是营养学及饮食疗法专书。

zàn

暂行矿务章程 清光绪二十八年(1902)外务部曾奏定矿务章程十九条，三十年经商部修改奏准颁行，定名为《暂行矿务章程》。共三十八条。规定凡禀请办矿，须由部发给执照为凭；集股应以华股占多为主，附搭洋股以不逾华股之数为限；华商能独出资本五十万两以上，查明矿工办有成效者，由部专折请旨给予优奖。三十三年又颁行《大清国矿务正章》。

赞德 妃嫔称号。唐高宗龙朔二年(662)置赞德二人，正一品，以代妃嫔中的夫人。咸亨二年(671)复旧。

赞读 官名。宋代始置。徽宗政和七年(1117)改原诸王府侍读而置，又资善堂亦设，职掌同旧制。明建文中增设资德院为太子官属，置此官。成祖即位废。

赞府 ❶唐代县丞之别称。❷即"赞普"。

赞公 县丞之别称。

赞教 官名。明清道官之一。分掌道教事务。明太祖洪武元年(1368)设二人，隶属于龙虎山正一真人。清顺治中沿设四人，由正一真人保举、报部给札。秩七品。依例升补提举，缺出由知事升补。

赞礼郎 官名。明清太常寺属官。掌祭祀、典礼时赞导事务。朱元璋吴元年(1367)始设，隶太常司。洪武三十年(1397)改隶太常寺。正九品。常设九人。嘉靖中增至三十三人，后革二人。南京太常寺亦设。清顺治元年(1644)沿设，满洲十六人、汉十六人，其后省设不一。乾隆时定汉十四人、满洲二十二人。定为用六品冠带，食七品俸。又有学习赞礼郎，满洲八人、宗室六人，正九品。又，盛京礼部亦置，十六人，均满员。

赞理 ❶官制用语，代理(某官)之谓。亦称摄理。❷官名。明朝廷派往设有总兵之地为巡抚的兼职，称赞理军务或赞理某某地方军务，为协同管理军务之意。不设总兵之地，则称提督军务。均加都御史等衔。因事而设。始见于宣德中，至崇祯末年，先后于辽东、宣府、大同、延绥、宁夏、甘肃、陕西、湖广、广东、云南、天津、登莱、安庐、偏沅、密云、淮扬、承天(今湖北钟祥、仙桃等地)、松潘等地设置。

赞理军务 明职衔泛称之一。武臣统兵出征，多以文臣参赞。总督、巡抚官亦多带此职衔，辖制和参与地方军事。

赞宁(919—1001) 北宋吴兴德清(今属浙江)人。祖籍渤海，俗姓高。在杭州祥符寺出家。吴越王钱俶授以两浙僧统。太平兴国三年(978)到开封，太宗赐号"通慧大师"，委其掌管洛京宗教诸事，官至左街僧录。精于南山律，时人誉为"律虎"。又精于佛教史学，著有《宋高僧传》、《三教圣贤事迹》以及《内典集》、《外学集》等。

赞婆(？—704) 唐时吐蕃大将。禄东赞之子。兄钦陵掌政时，据吐蕃东部三十余年。多次攻唐，败唐军。唐圣历二年(699)，吐蕃赞普器弩悉弄杀钦陵亲党，他与侄莽布支等千余人降唐，受封为辅国大将军，归德郡王。戍守河源(今青海西宁)。后从唐征六诏，死于军中。

赞普 亦作赞府、籛逋。藏语音译，意为雄强的男子。吐蕃君长的称号。六世纪时，*囊日松赞始有此称号。

赞普钟(锺) 唐南诏阁罗凤年号。天宝十载(751)，杨国忠、张虔陀欺凌南诏，遣唐将鲜于仲通往攻，阁罗凤大败仲通，与唐决裂，臣于吐蕃。次年，阁罗凤于邓川(今云南洱源县境内)接受吐蕃赞普墀德祖赞所予"赞普钟南国大诏"封号，改元赞普钟元年。赞普，吐蕃君长尊称；钟，意为弟。大历四年(769)改元长寿。

赞善 见"左赞善"。

赞善大夫 官名。太子官属。唐龙朔二年(662)初置太子左右赞善大夫各一员，以代替左右春坊之太子中允、中舍人。咸亨元年(670)中允、中舍人复置，左右赞善大夫不废，别自为官，左、右各置五员，正五品上。掌传令、讽过失、赞礼仪，以儒家经典教授诸郡王。制比左右谏议大夫。洪武元年(1368)改赞善而置。以勋旧大臣兼领。仅为虚职，不专掌辅导太子之事。十五年，更定左、右春坊官，复改赞善。

赞善王 明对乌斯藏佛教高僧的封号。永乐四年(1406)，朵甘灵藏(今四川德格北)僧著思巴儿监藏遣使入贡，封为灌顶国师。五年封王，国师如故，赐金印诰命。终明世，奉贡不绝。

赞书 ❶周天子诏文，若后代之诏书。《周礼·春官·御史》："掌赞书。"郑玄注："王有命，当以书致之，则赞为辞，若今尚书作诏文。"❷官名。明建文时，增设资德院为太子官署，置为属官，帮助太子习字。成祖即位废。

赞务 官名。原名赞治。隋朝京尹的佐贰。隋初，雍州牧(京师地方长官)之下，有别驾、赞务等官。从其序次来观，位约当前代治中。炀帝罢州置郡，取消长史、司马二官，只置赞务为佐贰，旋改郡赞务为郡丞，则其地位本即郡丞。隋赞务品秩，京兆、河南从四品,郡自正五品至正六品不等。

赞仪署 官署名。属内正司。元仁宗皇庆二年(1313)始置。掌皇后车舆器备杂造事务。有提领、大使、副使等官。

赞引 吏职名。隋于太常寺置六十人,唐贞观时减至二十人,祭祀时为赞相导引之吏。

赞者 吏职名。隋太常寺、鸿胪寺皆置。唐门下省、太常寺亦置。员额不一。掌赞唱,为行事之节。分番上下。太子左春坊亦置四人。宋代太常寺沿置,正名赞者七人、守阙赞者七人、私名赞者七人。

赞治 官名。*赞务原名。唐避高宗讳,改"治"为"务"。

赞治少尹 官名。明置,为文勋官,以授从四品文官再考称职者。

赞治尹 官名。明置,为文勋官,以授正四品文官再考称职者。

酇长 《周礼》谓为一酇之长。每酇一百家。参见"遂大夫"。

zāng

赃罚库 官署名。明代为内库之一。设于洪武年间,属户部。有大使一人,正九品;副使二人,从九品,嘉靖中革。又设内官掌库一人,贴库、佥书无定员。掌贮籍没之财物。清代为刑部下属机构。掌收储刑部现审案内之赃罚款项及本部现银、堂印。设满司库一人,满库使二人,经承一人。光绪三十二年(1906)废。

赃人 罪名。即栽赃陷害。《睡虎地秦墓竹简·法律答问》:"赃人者,甲把其衣钱匿藏乙室,即告亡,欲令乙为盗之,而实弗盗之谓也。"

赃罪 罪名。汉代凡官吏犯有贪污受贿、侵占公物等不法行为,即构成赃罪。犯有赃罪的官吏称为"赃吏"。汉法以赃罪最重,赃至十金,辄从重论处。纵得免死,亦禁锢终身,剥夺担任官职的权利,至罪及子孙。据《汉书·贡禹传》,文帝时,吏坐赃者"禁锢不得为吏"。东汉安帝初,清河相叔孙光坐赃抵罪,遂增锢二世,延及其子。永初中,因陈忠奏言而解禁。

牂柯 牂一作牂,柯一作牁、轲。先秦西南夷国名。《管子·小匡篇》:"桓公曰:余乘车之会三,兵车之会六,九合诸侯,一匡天下……南至吴、越、巴、牂柯、瓟、不庾、雕题、黑齿、荆夷之国。"后臣属夜郎。一说战国楚顷襄王时,庄跅伐夜郎,军至且兰,椓船于岸而步战。以且兰有椓船牂柯处,因名且兰为牂柯。在今贵州东境。西汉置牂柯郡。

牂柯江 或作牂柯水。《史记·西南夷列传》:"牂柯江,广数里,出番禺城下。"《水经·温水注》:"豚水,东径牂柯郡且兰县,谓之牂柯水。"即今北盘江,一说即今濛江。其下游指今红水河及西江。又有沅江、乌江等说。

牂柯郡 西汉元鼎六年(前111)平且兰,以其地与犍为郡南部置。治故且兰县(今贵州黄平、贵定二县间)。辖境屡有变动:元封二年(前109)分西部置益州郡;元凤五年(前76)罢象郡,以其部分地区并入。有今贵州大部、广西西北部和云南东部。三国蜀汉建兴三年(225),分南部置兴古郡;东晋建武元年(317)又分置平夷、夜郎二郡,辖境缩小,西晋移治万寿县(今贵州瓮安县境)。南朝齐改为南牂柯郡。汉至西晋武帝属益州,晋武帝后改属宁州。梁大宝后废。隋大业三年(607)又改牂州为牂柯郡。治牂柯县(今瓮安县境)。唐武德三年(620)复为牂州。

牂柯蛮 唐时对黔中道牂柯地区少数民族的统称。主要分布在今贵州中部及南部。从事农业。其地气候郁热,多霖雨,宜稻作,年可二熟,风俗略与东谢蛮同。隋大业末,大姓谢龙羽据其地。唐武德三年(620),遣使来朝,以其地置牂州,授刺史,封夜郎郡公。开元中,牂柯之长为大姓赵氏所代。开元二十五年(737),赵君道入朝献方物。贞元七年(791),赵主俗以朝贡授官。长庆、宝历间,朝贡不绝。会昌二年(842)封牂柯别帅为罗甸王,其地遂又包括今贵州西南部。

牂柯县 牂亦作牂。隋置。治今贵州瓮安县境。唐永徽后废。隋唐时曾先后为牂州及牂柯郡治。

牂州 州名。本经制州。唐武德三年(620)以牂柯首领谢龙羽地置,为下州,授谢龙羽刺史职,封夜郎郡公。四年改名柯州,后复更名牂州。领建安、宾化、新兴三县。贞观四年(630)属黔州都督府(治今重庆彭水),隶江南道。圣历元年(698)属庄州都督府。景龙二年(708)属播州都督府。先天二年(713)复属黔州都督府。开元中降为羁縻州,属黔中采访处置使,隶黔中道。天宝元年(742)属黔中郡。乾元元年(758)仍属黔州都督府。大顺元年(890)属武泰军节度使。后晋天福八年(943)州土官以其地附楚王马希范。宋太平兴国间州犹存。治建安县(在今贵州瓮安东北草塘区)。

臧 见"臧获"。

臧霸 三国时泰山华县(今山东费县东北)人,字宣高,一名奴寇。东汉末,从陶谦击黄巾,拜骑都尉,遂聚众自立为帅。将兵助吕布拒曹操,布败,遂为操所得。表为琅邪相,割青徐二州委之。数以精兵入青州,使操出征袁绍而无他顾。以功封都亭侯,加威虏将军,迁徐州刺史。曹丕即王位,迁镇东将军,封武安乡侯、都督青州诸军事。魏黄初三年(222),与曹休攻吴,破吕范于洞浦(今安徽和县南)。曹操死后,其部及青州兵皆鸣鼓擅去,文帝疑其有跋扈之意,遂东巡而夺其兵。迁执金吾,位特进。明帝时卒。

臧宫(?—58) 东汉初颍川郏(今属河南)人,字君翁。曾为县亭长、游徼。新莽末,率宾客参加绿林农民军所部下江兵。又从刘秀镇抚河北,任偏将军。及刘秀称帝,为侍中、骑都尉,封成安侯。转辅威将军。助岑彭伐蜀,破荆门;复从吴汉取成都(今属四川),灭公孙述。任广汉太守,镇抚蜀地。定封朗陵侯。后历任太中大夫,城门校尉,左中郎将等职。明帝时图画功臣,列为云台二十八将之一。

臧谷(縠) 见“臧获”。

臧洪(?—195) 东汉广陵射阳(今江苏宝应东北)人,字子源。初举孝廉,补即丘长。灵帝中平末,弃官归家,广陵太守张超请为功曹。后劝说超与兖州刺史刘岱等联兵声讨董卓,未果。继附袁绍,先领青州刺史,徙东郡太守。及曹操围张超于雍丘,绍坐视不救,以此怨之,绝不与通。后东郡为绍所破,被杀。

臧获 奴隶或卑贱者之称。《韩非子·难一》:“今使臧获奉君命诏卿相,莫敢不听,非卿相卑而臧获尊也,主令所加,莫敢不从也。”《难势》:“夫良马固车,臧获御之则为人笑。”臧获又称臧縠,《荀子·礼论》:“君子以倍叛之心接臧縠,犹且羞之。”《庄子·骈拇》:“臧与縠二人相与牧羊而俱亡其羊。问臧奚事,则挟筴读书;问縠奚事,则博塞以游。二人者,事业不同,其于亡羊均也。”又称臧聚。《庄子·盗跖》:“今谓臧聚曰:‘汝行如桀纣。’则有怍色。有不服之心者,小人所贱也。”马叙伦《庄子义证》:“孙诒让曰:聚读为驺。《说文解字》曰:驺,厩御也。”《方言》:“奴婢贱称也。荆淮海岱杂齐之间,骂奴曰臧,骂婢曰获。齐之北鄙,燕之南郊,民男而婿婢谓之臧,女而妇奴谓之获;亡奴谓之臧,亡婢谓之获。皆异方骂奴婢之丑称也。”《汉书·司马迁传》颜师古注引晋灼曰:“臧获,败敌所被虏获为奴隶者。”

臧吏 犯有臧罪的官吏。汉代臧吏禁锢终身,东汉时又锢及子孙。参见“臧罪”。

臧琳(1650—1713) 清江苏武进人,字玉林。康熙间补县学生,治经以汉注、唐疏为主。教人从《尔雅》、《说文解字》入手,以为不解字义,便无以读书;不通训诂,便无法明了经义。阎若璩称其深明两汉之学,钱大昕校定其书,推重其务实而不近名。著有《尚书集解》、《经义杂记》。

臧懋循(1550—1621) 明浙江长兴人,字叔晋,号顾渚。万历进士。授荆州府学教授,擢南京国子监博士。万历十三年(1585)劾罢,寓居南京,著述终老。工诗书,善词曲。编撰《元曲选》、《删改玉茗堂传奇》、《古诗所》、《唐诗所》、《古逸词》、《校订昙花记》、《古本荆钗记》、《六博碎金》等,另有《负苞堂诗文集》。

臧梦解(?—1335) 元庆元(今浙江宁波)人,号鲁山。宋末进士。至元十三年(1276),降元后,任婺州路军民人匠提举。升知海宁州。三十年,为广西肃政廉访副使,遍历辖区,法办贪官污吏八十余人。成宗时,历任江西肃政廉访副使、浙东肃政廉访副使、广东肃政廉访使。后以老病居杭州。著有《周官考》、《春秋微》。

臧莫孩 十六国时人。神玺二年(398),北凉段业筑西安城(今甘肃张掖东南),以之为太守,寻为后凉吕纂所败。迁镇军将军。天玺三年(401),沮渠蒙逊起兵反业,率部归附。蒙逊立,拜辅国将军。永安三年(403),率兵大败后秦将齐难前军,遂迫后秦结盟罢兵。

臧荣绪(415—488) 南朝齐东莞莒县(今属山东)人。隐居不仕。著《晋书》,为第一部总括西晋、东晋史事之书。又著有《续洞纪》,以续韦曜《洞纪》。

臧寿恭(1788—1846) 清浙江长兴人,原名耀(一作曜),字眉卿。嘉庆举人。嗜汉儒经学,兼通天文勾股之术。撰《左氏春秋经古义》、《左氏传古义》,凡七易稿始成。据《三统历》以考证岁星超辰朔闰之次。又备掇《汉志》所引刘歆之说,以左氏之学兴于歆,皆有裨于古义。《左氏传古义》稿已佚,《左氏春秋经古义》缺昭公二十三年以下,其弟子杨岘补完。所著尚有《南史事略》、《春秋朔闰表》、《天步证验勾股六术衍》等。

臧孙子 即“臧子”。

臧荼(?—前202) 秦末人。随六国贵族后裔起兵反秦,为燕将。后从项羽救赵,因从入关。公元前206年,项羽分封诸侯时,立为燕王,都蓟(今北京市西南)。遂击杀故燕王韩广,并其地。楚汉战争中从汉王刘邦击项羽。汉高帝五年(前202)七月,因谋反被杀。

臧文仲(?—前617) 春秋时人。臧孙氏,名辰,字文仲。鲁国大夫。历仕于鲁庄公、闵公、僖公、文公四世。有学识。曾出使晋、宋、楚等国,应对得宜,不辱国体。鲁旱,力持旱灾与巫尪无关,认为抗灾要务在于修城郭,省费用,劝稼穑。曾“废六关”(《孔子家语》作“置六关”)、禁游说之士,为孔子所反对。

臧武仲 春秋时人。臧孙氏,名纥。短小多智,号称“圣人”。鲁国大夫。官司寇。鲁襄公四年(前569),邾、莒伐鄫,他率师救鄫而侵邾,败于狐骀(今山东滕县东)。十七年,齐高厚围困他于防(今山东泗水西南),由陬叔纥(孔子之父)等人率甲三百,夜间突围护送而出。二十一年,鲁多“盗”,季武子因他任司寇而提出质问。二十三年因与孟孙氏有仇,被告发将作乱,遭季孙氏讨伐,他出奔到邾。旋又奔齐。

臧庸(1767—1811) 清江苏武进人,本名镛堂,字在东,号拜经。初师事卢文弨,后入阮元幕。元主持纂修《经籍籑诂》、《十三经注疏校勘记》,出自庸手者甚多。其学术精审,尝续其祖琳之《经义杂记》为《拜经日记》,王念孙极称之。撰《孟子年谱》,辨齐宣王、湣王之伪,陈寿祺叹为绝识。另著有《拜经文集》、《月令杂说》、《孝经考异》、《诗考异》、《尔雅古注》、《说文旧音考》等。

臧纡青(1796—1855) 清末江苏宿迁人,字牧庵。举人出身。鸦片战争爆发后,于道光二十一年(1841)入奕经幕府,去浙江襄办军务。建议募选山东、河南、江淮勇士及沿海渔民、疍户、“盐枭”等,分伏定海、镇海、宁波,水陆并攻,人自为战,以游击战歼灭英军。奕经许而未行。太平天国起义时,团练乡勇对抗,擢通判。后在安徽桐城为太平军所杀。

臧质(400—454) 南朝宋东莞莒县(今属山东)人,字含文。晋末,为太尉刘裕世子中军参军。宋元嘉中,历官建平郡太守等。元嘉二十七年(450),北魏太武帝率大军攻宋，乃以为辅国将军，率万人北救，进至盱眙（今属江苏），与太守沈璞坚守。自二十八年正月至二月，魏军力攻不克，解围撤走。以功迁雍州刺史。三十年，太子刘劭杀父自立，随孝武帝平之，迁江州刺史。乃潜有异图，诱说荆州刺史、南郡王刘义宣起兵反，约豫州刺史鲁爽同时举兵，而爽先期发难，遂仓猝举事，兵败被杀。

臧子 一作臧孙子。战国时宋国人。《战国策·宋卫策》载齐攻宋，宋使其往楚求救，楚王悦而应允。回国时他深感忧虑。御者问其故，答以宋小而齐大，救小宋而得罪于齐，此为楚所忧；今楚王悦，是口头答允救宋以坚定宋国抗齐决心，而齐亦必疲惫，这将利于楚。后齐攻宋，取五城，楚救兵终未至。

zǎng

驵会 又作驵侩。秦汉时说合牲畜交易的经纪人。《史记·货殖列传》："节驵会。"裴骃集解引徐广曰："驵，……马侩也。"《汉书·货殖传》作"节驵侩"。颜师古注："侩者，合会二家交易者也。驵者，其首率也。"

zàng

臧府 官署名。亦称中藏府、中黄藏府。汉代置。掌管皇室财物。《汉书·百官公卿表》未载。《汉书·王莽传》："时省中黄金万斤者为一匮，尚有六十匮。黄门、钩盾、臧府、中尚方处各有数匮。"东汉少府属官有中藏府令，秩六百石。《后汉书·百官志》本注曰："掌中币帛金银诸货物。丞一人。"章帝时曾以中藏府钱赏赐大臣。建宁中窦太后临朝，又下诏调中藏府金钱采物，增助军费。

臧河 亦作藏河、牂水。古藏文的译名，即今雅鲁藏布江。《册府元龟》卷九百六十一外臣部土风云："有藏河，去逻些三百里，东南流，众水凑焉，南入昆仑国。"唐代吐蕃赞普设夏帐，议国事，接见使者往往在此河之北。一说相当于今雅鲁藏布江支流拉萨河。

藏 ❶指后藏。今西藏自治区元明时为乌思、藏、纳里速古鲁孙三部。藏为三部之一。❷西藏自治区的简称。

藏巴汗 明末西藏后藏地方统治者称号。始于辛夏巴才旦多吉自称。才旦多吉原为后藏统治者仁蚌巴家仆，明嘉靖四十四年(1565)乘仁蚌巴属民暴动，取代仁蚌巴政权，在三竹节寨（今日喀则）建立统治，自称藏堆杰布或第悉藏巴，意为"后藏人之王"（汉籍作藏巴汗）。其后数传，皆袭此称。历任皆崇奉藏传佛教噶玛噶举派，压制格鲁派（黄教），并得到噶玛派活佛和喀尔喀蒙古部封建主的支持。第二、第三两任汗曾先后于万历三十三年(1605)、四十六年派兵入前藏，打击格鲁派。崇祯十五年(1642)，格鲁派首领达赖五世引和硕特蒙古部固始汗兵入藏，执杀第四任汗丹迥旺布，此政权遂被推翻。

藏币 指西藏地方政府发行的章噶（硬币）和藏钞（纸币）。西藏最早通用内地汉银、宝钞，清初始铸银质章噶两种，一当藏银一两五钱，一当藏银三两。后有尼泊尔商人从西藏收集银两，掺铜铸成银币，流通于西藏，以致白银外流。乾隆五十八年(1793)，清廷规定西藏照内地例，用纯汉银一两，铸章噶六枚，各重一钱五分，余银一钱为铸造费，并规定兑换比价。辛亥革命后，停铸银币，发行藏钞，即纸币，票面有五两、十两、二十两、五十两、百两等。辅币为铜质，有一钱、五钱数种。

藏才族 宋党项羌之一支。族种有三族、八族、中族、东族、西族等，淳化元年(990)至大中祥符四年(1011)间，先后朝贡于宋。

藏传佛教 亦称西藏佛教，俗称喇嘛教。中国佛教的一支。主要形成和发展于藏族地区。藏传佛教文献将其发展分为"前弘期"与"后弘期"两期。"前弘期"始于公元七世纪初佛教传入，终于九世纪中叶赞普达磨灭佛。此期，印度僧人寂护、莲花生等人于八世纪后半叶进藏传教、建寺，剃度僧人出家，吐蕃王室予以扶持，佛教在吐蕃的势力和影响有较大的发展。十世纪后半期，佛教于受挫之后又在新兴封建领主支持下复兴，分别从青海和阿里两路传入卫藏地区，自此进入"后弘期"。佛教在与吐蕃原有的本教长期斗争和相互影响中，吸收了本教的若干仪式和色彩，到"后弘期"时，终于形成具有西藏地方形式的藏传佛教。十一世纪中叶以后，陆续形成一些教派，主要有宁玛派（红教）、萨迦派（花教）、噶举派（白教）。自十三世纪起，*噶玛噶举派开始实行活佛转世制度。同一时期，藏传佛教的一些教派也传入蒙古族地区。十三世纪中叶至十七世纪中叶萨迦派和噶举派在元、明两朝的支持下，先后执掌卫藏地方政权。十五世纪初叶，宗喀巴创立格鲁派（黄教），势力发展迅速，十六世纪后半期至十七世纪中叶，陆续建立了达赖、班禅活佛转世系统。十七世纪中叶，格鲁派在清朝支持下成为实力最强大的教派，并自十八世纪中叶起执掌西藏地方政权。在中国，流传于藏、蒙古、门巴、裕固、土、纳西、普米等民族地区。在国外，蒙古国、俄罗斯、尼泊尔、不丹、锡金等地也有流传。

藏喇嘛 清代对西藏地区各喇嘛之统称。除达赖、班禅额尔德尼外，其出呼毕勒罕入于理藩院名册者，尚有呼图克图十八人、沙布隆十二人。

藏历(曆) 历法名。中国藏族使用的历法，属阴阳历的一种。《藏历》岁首与今《夏历》十分相近，因在公元十三世纪改以建寅之月为岁首第一月；以月亮圆缺周期为一个月，即 29.530 59 日；大小月相间，大月 30 日，小月 29 日，平年十二个月，全年 354 日。《藏历》把二十四节气分为"气"和"中"，以没有"中"的月份作为前一个月的闰月。平均三十二又半个月有一个闰月；闰年则十三个月，全年 384 日。《藏历》重视"定望"，不重视"定朔"，即望必须在每月十五，"朔"不一定在每月初一。这样《藏历》与《夏历》日序可相差一天。《藏历》亦采用干支纪年，以

“阴阳”与“木、火、土、金、水”五行相配代替十天干，以十二生肖(鼠、牛、虎……)代替十二地支，再以天干、地支相配成：阳木鼠、阴木牛、阳火虎……其对应如下两表。

藏历五行与十天干对照表

顺 序	1	2	3	4	5	6	7	8	9	10
十天干 五 行	甲 木阳	乙 木阴	丙 火阳	丁 火阴	戊 土阳	己 土阴	庚 金阳	辛 金阴	壬 水阳	癸 水阴

藏历十二地支与十二生肖对照表

顺 序	1	2	3	4	5	6	7	8	9	10	11	12
地支 生肖	子 鼠	丑 牛	寅 虎	卯 兔	辰 龙	巳 蛇	午 马	未 羊	申 猴	酉 鸡	戌 狗	亥 猪

这样排列组合，对公元2000年庚辰，《藏历》则称为“阳金龙”年。《藏历》也用“日、月、火、水、木、金、土”七曜来纪日；亦用二十八宿来注历；把一日分为六十水时，一水时分六十水雨，一水雨分为六息，其关系为：

1日＝60水时＝24小时

1水时＝60水雨＝24分

1水雨＝6息＝24秒

1息＝4秒。

而以日出到第二天日出为一日；实际所用的回归年是365日16水时14水雨1息12.707厘。《藏历》对五大行星运行和日月食亦作预报；1951年西藏和平解放后采用《公历》，但同时仍每年编制《藏历》发行。

藏律 律名。秦代关于官府库藏管理及惩处的单行法律。见于《睡虎地秦墓竹简·秦律杂抄》。其中规定：贮藏的皮革被虫咬坏罚啬夫一甲，令、丞一盾。

藏内善后(後)章程 清政府改革西藏地方行政体制的规定。曾颁布过两次。一次为乾隆十六年(1751)平定珠尔默特那木扎勒之乱后，由策楞等奏订的“善后章程十三条”；一次为乾隆五十八年清军击退廓尔喀军入侵后，由福康安等奏订的“藏内善后章程二十九条”(藏文作“水牛年文书二十九条”)，而以此次章程所定内容最为详备，凡有关西藏官制、军制、司法、边防、财政、户口、差役、涉外事宜及达赖、班禅转世抽签办法，悉有明细规定，尤具体确定了驻藏大臣全面督办西藏事务的职权。道光二十四年(1844)，琦善等于奏参摄政徇私舞弊并治罪后，复拟定“裁禁积弊章程二十八条”，亦属善后章程性质。此章程重申前两章程所定驻藏大臣职权，并据当时实情，对有关吏治、藏军、寺院管理等条款有所修改。

藏钱 ❶税目名称。据新疆吐鲁番北朝时高昌墓葬出土文书所知，为麹氏高昌国时期的税收项目之一。其详情有待进一步探讨。❷清代在西藏设局铸造之银币。每枚重者一钱，轻者五分。依铸造时间之不同，分别为“乾隆宝藏”、“嘉庆宝藏”、“道光宝藏”。

藏王墓 西藏早期(约公元七世纪)藏王的墓群。在西藏琼结县城对面山上。相传松赞干布和文成公主及前后几代的藏王均葬于此。墓区内保存有石碑、石狮等雕刻。为全国重点文物保护单位。

藏文大藏经 藏传佛教经、律、论及其他文献的总集。以经、律、论为主，包括天文、历算、工艺、医药、美术、诗歌等著作，约四千五百种，由甘珠尔、丹珠尔两部分组成，为世界知名的藏文佛教丛书。第一部藏文大藏经文集始于元仁宗时，由西藏那塘寺高僧久丹日巴日迟(旧译释尊剑，山南人)及其弟子卫巴洛塞等，以萨迦寺藏书为基础，搜集不同版本编纂而成。此后，西藏各地写本相继出现，如蔡公塘《甘珠尔》(即蔡巴甘珠尔)、夏鲁寺《甘珠尔》及《丹珠尔》。仁蚌、泽塘、贡嘎、丹萨梯等地以夏鲁寺为蓝本，广为缮写。江孜第斯热丹衮桑帕巴以那塘甘珠尔为蓝本，图杰贝校定，成《甘珠尔江孜天邦玛》。藏文《大藏经》前后曾刻印多次，有：明永乐九年(1411)甘珠尔南京雕版，称永乐版；万历二十二年(1594)在北京补刻的丹珠尔，称万历版；还有明崇祯至清初的里塘版；清康熙至雍正间的那塘新版(又称“官版”)以及德格版、北京版、卓尼版、拉萨版等。各版内容基本相同，但在编排次序、经文精细程度、插图等方面各有特色。明永乐、万历版堪称豪华珍本；德格版以收各家之言著称；拉萨版注重收格鲁派论著；卓尼版以文字秀丽闻名；那塘版以校勘精确见称。上述雕版除德格版、拉萨版尚存外，其余均毁失。

藏文学堂 学校名。清光绪三十二年(1906)四川总督锡良在成都创办，招收文理通顺、身体健壮之学生一百二十名入堂肄业。聘请兼通汉藏文字教习二员教授藏文藏语；另聘汉教习教授国文、修身、伦理，并兼授英文、历史、地理、算学、体操诸科。

藏象 亦作脏象。中医名词。指人体内脏机能活动表现的征象。其内容包括五脏六腑、五官九窍、皮肉筋骨等组织器官和气、血、精、津液等功能及其相互关系。藏象学说为中医基础理论重要组成部分。

藏印条款 即"中英藏印条款"。

藏印条约 即"中英藏印条约"。

藏印续约 即"中英藏印条款"。

藏元 清末西藏通用货币之一。光绪三十四年(1908)四川总督赵尔丰奏准由川省鼓铸。每元重银三钱二分,与印度卢比相同。

藏族 自称博巴,少数又称堆巴、安多哇、嘉绒哇等。中国少数民族之一。分布在西藏自治区及川、青、甘、滇等省部分地区。人口 4 593 072 人(1990 年)。语言属汉藏语系藏缅语族藏语支。使用藏文。主要从事农、牧业。多信藏传佛教。文化遗产丰富。有记载的历史始于藏文文献中六牦牛部(《后汉书·西羌传》称发羌)在西藏山南地区活动的传说。公元六世纪,山南雅隆部首领起为诸部落之长,称赞普(王),建立奴隶制王朝。七世纪初,赞普松赞干布统一全藏,定都逻些(今拉萨),国家制度大备。汉文史籍称之为吐蕃。贞观十五年(641),松赞干布与唐和亲,迎娶文成公主,受封为驸马都尉西海郡王。武周长安元年(701),赞普墀德祖赞复娶唐金城公主。两次联姻,促成中原工艺、技术、文物大量传入吐蕃,增进唐、蕃间政治、经济、文化交流,关系日益密切。元代在中央设置宣政院(原名总制院),管辖西藏地区军民政教。在西藏及藏族所在地区设置由中央统一管理的地方行政机构宣慰使司、都元帅府、万户府等,统治所有藏族。明承元制,在西藏地区设乌思藏行都指挥使司,在西北、西南藏族聚居地区设朵甘行都指挥使司。又先后在藏族地区分封三大法王和五个王爵。清朝进一步完善对藏族的统治制度。在中央设置理藩院管理西藏、蒙古等地事务;在西藏地区,根据藏族宗教信仰、政治传统,册封藏传佛教格鲁派两大活佛为达赖喇嘛和班禅额尔德尼,并任命驻藏大臣会同地方办理行政事务。清末大部分地区仍保持贵族僧侣联合专政的封建农奴制度,赋役苛重。居民仍主要从事农业和畜牧业,木制与铁制农具并用,耕作比较粗放,产量不高;牧区辽阔,生产水平亦比较低下,无力抵抗灾害。1951 年西藏和平解放后,各项事业都有很大的发展。

zāo

遭乱纪略 书名。清解涟撰。简略记载咸丰三年(1853)至同治二年(1863),太平军与清军在镇江、丹阳一带作战以及淮北捻军斗争情况。有 1918 年横山草堂丛刻本。

遭章 官场用语。宋代凡官员被台谏官上疏奏论其罪过并请朝廷贬责,称为遭章。

záo

凿 古代开孔、槽用的工具。用青铜制成,形细长,下端有刃,上端略宽,有銎可装木柄,也有柄与身用青铜一次铸成者,始见于商代。战国以后出现铁凿。

凿空将军 官名。将军名号。南朝梁置。天监七年(508)定为施用于境外武职二十四班中的五班,拟克狄将军等号;大通三年(529)定制后,改拟明智将军等号。

凿台 在今山西榆次市南,潇河南侧。《史记·春申君列传》:智氏信韩、魏,"从而伐赵,攻晋阳城,胜有日矣,韩、魏叛之,杀智伯瑶于凿台之下"。唐代为洞涡水侵圮,无复遗迹。

凿岘 地名。在今河南信阳市南。《资治通鉴》:南朝梁天监三年(504),曹景宗、王僧炳等帅步骑三万救义阳,"僧炳将二万人据凿岘",即此。

zǎo

早朝 古代帝王于早晨召见文武官员,处理政务,称早朝。历代多行之。明代定有早朝仪,属常朝仪。其制,早朝时皇帝至华盖殿或奉天殿。若在华盖殿,文武官员则于鹿顶外东西而立,鸣鞭后依次行礼。四品以上官员入殿内,五品以下于殿外。有事出班启奏,奏毕,鸣鞭,以次出。若在奉天殿,则先于华盖殿行礼,奏事。五品以下于丹墀站班,五品以上及翰林院官、给事中、御史入殿内。洪武二十四年(1391)定班序,东为六部、都察院堂上官、十三道掌印御史、通政司、大理寺、太常寺、太仆寺、应天府、翰林院、春坊、光禄寺、钦天监、尚宝司、太医院、五军断事及京县官。西为五军都督府、锦衣卫指挥、各卫掌印指挥、给事中、中书舍人。每日昧爽而朝,各衙门事务,均于大班内启奏。永乐七年(1409)因北京冬季寒冷,令百官朝见毕,于右顺门内便殿奏事。

早稻田大学清国留学生部 1905 年日本早稻田大学为接收中国留学生而设。有两年制本科(分师范、政治理财及商业三科)、一年制预科及补习科。最初入学的中国学生七百六十二名,1907 年达八百五十名,次年减至三百九十四名。1910 年停办。

早贵 明云南瓦甸(今腾冲北)人。景颇族。正统五年(1440)十一月,为麓川平缅宣慰使思任发攻据瓦甸时所俘,后杀其看守十七人,挈家归明,授安抚使职衔,并赐给诰命及彩币诸物。

早期改良派 中国资产阶级最初的思想代表。随中国近代民族工业产生而出现,活动于十九世纪七十至九十年代初。主要采用个人著书立说的方式传播其思想主张,而尚未诉诸实际的政治运动。代表人物有王韬、薛福成、陈炽、马建忠、郑观应等,多出身于商人和封建地主家庭,当过洋行买办和洋务官僚。主张发展民族经济,创立民办、民用企业,提倡"振兴商务"以抵抗外国资本主义经济侵略,保护本国利源。要求设立议院以沟通民情,但始终未能提出明确的政治纲领。

早事档 档案名称。清军机处档册。其内所载为每日早朝由某衙门值日,引见若干人,某官奏某事,奉何旨谕及召见某某官员等事宜。起自咸丰元年(1851),迄于宣统三年(1911),每年多为二册。

早张 一作早章。明云南茶山(今缅甸北境恩梅开江中游)人。景颇族。为景颇族山官。永乐初,明廷屡颁文绮彩帛等物以示笼络。永乐五年(1407)以捍卫边土有功,授茶山长官司长官,给诰印敕符金字红牌及钞币。据景颇族茶山支传说,距今二十二代前,曾有峨罗章其人,被皇帝封为掌印官。一般认为峨罗章即早张。

枣柏大士 即"李通玄"。

枣林 邑聚名。在今北京市通州区东南。元为京畿东南要道。致和元年(1328),上都兵也先帖木儿军等破通州,燕铁木耳与战,败之枣林;又至正十八年(1358)山东毛贵等攻漷州,至枣林败元兵,均指此。

枣林杂俎 书名。明谈迁撰。分为始、义、圣、中、仁、和六集,杂记有明一代典制掌故,下及小说遗闻,足补史事之缺。有清宣统二年(1910)国学扶轮社铅印本,1934年上海新文化书社《笔记小说丛书》本。

枣强县 西汉元朔三年(前126)封广川王子刘晏为枣强侯,以"其地枣木强盛",故名(《元和郡县志》)。属清河郡,后改为县。治今河北枣强县东南东故县。东汉省。三国魏复置,属安平郡。北魏神瑞二年(415)省入广川县,太和二十二年(498)复置,改属长乐郡。北齐天保七年(556)移治今景县西南广川。隋开皇二年(582)又移治今枣强县东南前旧县,属信都郡。唐属冀州。宋熙宁元年(1068)省入信都县,十年复置。金天会十年(1132)移今治。

枣阳王(?—1555) 即朱祐楒。明襄宪王朱瞻墡后裔。字夏父。弘治十六年(1503)袭封。嘉靖初议大礼时,上疏请尊奉兴献王世系受帝褒奖,又请除宗人之禄,使事四民之业以谋生。四年(1525)因擅逮襄王府承奉罪,夺爵。十八年始复。善文章,精骑射,博涉历算、医农之学,著有《朱仲子集》等。卒谥荣肃。

枣阳县 隋仁寿元年(601)改广昌县置,以枣阳村为名。治今湖北枣阳市。属昌州。大业初为春陵郡治。唐属随州。元至元十四年(1277)属南阳府,十九年属襄阳路。明清属襄阳府。1988年撤县改设市。

枣祗 东汉末颍川长社(今河南长葛东)人,本姓棘。曹操用为东阿令。兴平元年(194),陈宫在兖州叛迎吕布,乃率吏民坚守,与荀彧、程昱共保鄄城、范、东阿三城以待操。后为羽林监。是时岁饥旱,军食不足,建安元年(196),请建置屯田,操从之,使祗为屯田都尉,任峻为典农中郎将。屯田许(今河南许昌东)下,州郡亦置田官,数年中所在积粟,仓廪皆满。史称操"军国之饶,起于枣祗而成于(任)峻"。

璅珪居蟹 动物的一种异种共栖现象。东晋郭璞《江赋》李善注引《南越志》:"璅珪,长寸余。大者长二、三寸,腹中有蟹子,如榆荚。合体共生。俱为珪取食。"南朝梁任昉《述异记》:"璅珪似小蚌,有一小蟹子在腹中,珪出求食,故淮海之人呼为蟹奴。"璅珪为海月科的海月。大"如榆荚"的蟹即今之豆蟹。此现象在动物学上,实为海月与豆蟹间的异种共栖关系。

藻井 古建筑室内顶棚装饰形式。室内吊顶局部上隆呈四角覆斗形、八角覆斗形或近于半球形,内饰彩画,极富装饰性。位于宫殿、寺庙中的宝座前、佛坛顶上等重要部位,以突出这一地方的空间。由古代穴居顶上的通风采光口"中溜"演变而来。汉张衡《西京赋》薛综注:"藻井当栋中,交木如井,画以藻文。"始见于汉墓中,有"斗四"和"覆斗形"两种。宋《营造法式》载有斗八、小斗八两种。现存最早的木构藻井在天津蓟县独乐寺观音阁上层。明清之际其构造日趋细巧,如故宫太和殿藻井在八角井上置一圆井,当中做突雕蟠龙,垂首衔珠,称为龙井,是清代藻井之代表作。

zào

皂 ❶养马之官,因马槽名皂,故称。《史记·邹阳列传》裴骃集解引韦昭云:"皂,养马之官,下士也。"❷一种身份较低的官吏。《左传·昭公七年》载"人有十等","士臣皂,皂臣舆",皂为第五等。

皂保(?—1882) 清满洲镶黄旗人,宁古塔氏,字荫方。道光进士。咸丰十一年(1861)任内阁学士兼礼部侍郎衔。同治元年(1862)迁兵部右侍郎兼署工部。三年署吉林将军。次年奉调入关拱卫京畿,以防捻军。五年督办察哈尔军务。次年,迁吏部左侍郎。后擢都察院左都御史、理藩院尚书。十三年任正红旗蒙古都统。光绪二年(1876)改为刑部尚书,四年因病开缺。擅长书画。

皂荚桥 在今江苏南京市西南。南朝宋元徽二年(474),桂阳王休范反,攻建康。其将丁文豪破台军于皂荚桥,即此。

皂角林 地名。在今江苏邗江县南。南宋绍兴三十一年(1161),金主亮南侵陷扬州,刘锜退军瓜洲,遣将王佐等败金兵于此。

皂隶 古代贱役。《左传·襄公九年》:"其庶人力于农穑,商工皂隶不知迁业。"后专以称衙门里的差役,及文武官员的侍从勤杂人员。如明初规定,取刑部笞杖囚人应役。后照人户差点,不愿当者,解柴薪银两代。各衙门、各品级官员配给数目不等,前后亦有变化。

皂啬夫 战国时秦国掌管饲养牛羊马匹的官吏。《睡虎地秦墓竹简·秦律杂抄》:"马劳课殿,赀皂啬夫一盾。"按皂啬夫与厩啬夫之职责近似,同为管理饲养牛羊马匹之官吏。参见"厩啬夫"。

皂市遗址 商代中期遗址。位于湖南石门县皂市。面积约570平方米。1960年、1977年曾发掘400多平方米。文化层一般厚度为0.8米—3.1米。出土遗物主要有石器等生产工具和生活用具如陶器鬲、豆、簋、甑、大口缸、碗、罐、瓮等。陶器大多为素面,也有饰绳纹、方格纹、同心圆纹、旋涡纹、三角纹的。此外,遗址还出土铜块、铜渣和铜镞。此遗址为研究商文化的范围和湖南境内出土青铜器的来源提供了线索。

皂物　生物术语。《周礼·地官·司徒》:“以土会之法,辨五地之物生:一曰山林,……其植物宜皂物;二曰川泽,……其植物宜膏物;三曰丘陵,……其植物宜覈物;四曰坟衍,……其植物宜荚物;五曰原隰,……其植物宜丛物。”此系按照计土征纳贡赋的方法辨别五种不同地势所生长的植物资源。“皂物”,指柞栗之属,即今壳斗科植物,果实都有壳(皂)斗;“膏物”,指莲芡之属,具有膨大花托,把果实包含在内的植物;“覈物”,指具有核果的梅李之属,即今称核果类植物;“荚物”,指荠荚、王棘之属,主要指今豆科植物;“丛物”,指萑苇之属,即今芦苇类植物。这些记载既反映了古代对植物与生活环境关系的认识,也是中国最早的根据植物果实形状进行的生态分类的记载。

灶　煎熬食盐之单位。每灶工具有定数,煎盐有定时,产盐额数须上报。

灶仓　清代煎盐灶户所设之仓。雍正五年(1727),以煎盐灶户皆居住滨海之地,离城最远,故令两淮近灶之地建仓积谷,以备贫苦灶户一时缓急之用。

灶地　❶旧称盐户聚居设灶煮盐的土地。明政府拨给灶户为保证备办盐课而减免赋役的田地,也是灶户因煎办盐课额免负担的土地。明初,政府将濒海田土划拨灶户耕种执业,田八亩办盐一引,不纳民粮。拨与佃户劏草煎盐之荡地,堪耕者亦许灶户耕垦纳粮米。弘治十八年(1505)议准,办纳盐课灶丁一至十九丁者,每丁免田七十至三十亩不等,二、三十丁者全户优免,该免之外的多余田亩,方许派差。嘉靖十一年(1532),许山东永利等场灶户开垦堪以耕种地段,权取花利,备办盐课。清代长芦、山东、两淮、浙江、福建、广东灶丁之地曰灶地,为官田。❷各盐场周围为灶户所有可以耕种的土地。为清代民田之一种。分布于浙江、山东等地。

灶丁　见“盐丁”。

灶儿坡　地名。在今河北沧县东北。《读史方舆纪要》:“居民于此煮盐为业,因名。”明建文二年(1400)盛庸遣将屯守沧州,燕军由通州至直沽,以青县有备,一日夜兼行三百里,由灶儿坡径达沧州城,遂攻克之。

灶户　即盐户。其称始于五代,时称设灶煎盐的盐户为灶户。宋以后作为盐户的通称。宋代的盐户以亭户专立为政府户籍之一,时亦称灶户。元以后则专以灶户为政府登记的户籍。元代灶户中的男劳力称为盐丁或灶丁。由国家指派,户籍上自成一类,归盐运司管辖,不属于地方政府。灶户世代承袭,固定在指定的盐场,不能随意迁移。每户按不同财产状况向官府交纳数目不等的盐,称为额盐。然官府所发给的报酬工本钞则为数甚微。元中叶后,灶户被迫逃亡者甚多,很多贫苦灶户参加了元末农民起义。明代的灶户多系故元灶籍人口,部分系明政府金派之民户及罪囚。户役皆永充,不得脱籍。灶户执役煎盐,政府发给卤地、草荡、工本钞等工具,征收灶课,换取余盐,并免其杂泛差役,按从事制盐壮丁之数目免纳不同数量的田粮。明中叶后,因停给工本,加之荡地多为总催、富灶兼并,被迫逃亡或制售私盐者日众。清承明制,以各盐场、盐井、盐地之灶丁别立户籍,称灶户。后灶丁所负担的灶课、丁银均摊入地亩征收,但仍保留灶籍。

灶籍　元、明、清户籍之一种。即登录从事制盐人户之户籍。隶此籍之灶户,世代承袭,不得改籍。元、明均控制很严。明嘉靖后控制稍弛,然恳请归民籍而获准者,为数极少。清代灶丁所负担的灶课、丁银摊入地亩征收后,仍保留灶籍。明代之户籍分为军、民、匠、灶四种,清代之户籍分为军、民、商、灶四种。

灶课　❶明代盐课之一。向灶户所征之税。明制,灶户由官府提供生产资料,向国家办纳额盐。洪武初,依元朝旧额征课。洪武十三年(1380)定:灶户按丁产多寡,随地利有无办课。二十三年,两淮、两浙盐课按丁配额,每丁岁办小引盐十六引,每引重二百斤。二十六年又定:每岁盐课各有定额,不得任意增减。全国各运司原定额征本色盐课二百二十九万九千七百三十六小引。中后期改征折色银八十万两。为明政府财政重要来源之一。❷清代场课之一。因灶丁不尽有地,故分灶地税和灶丁税二类。雍正年间,将灶丁税摊入地亩征收。

灶头　清代盐场中掌核察灶户熬盐起止时间者。由场官在同灶灶户中拣选。

灶长　清代盐场基层管理人员。由场官从若干灶户中拣选,下辖若干灶头。其职掌为登记灶户熬盐起止时间,查验其产盐数量,并负责巡察,以防灶户私卖余盐。

造　战国时人。秦国客卿,与穰侯魏冉同时。是时,魏冉封邑在陶(今山东定陶西北),他为魏冉设谋,言陶近于齐,如攻齐之事成,则陶为万乘之国,率小国朝天子,成五霸之业;若攻齐不成,则陶将失其根据,有为邻国吞并之忧,故攻齐为陶存亡的关键。并建议魏冉劝诱燕相国举兵伐齐。

造案司　官署名。西夏置,掌首饰制造。仁宗仁孝《天盛年改定新律》属五品(末品)。

造笔直　吏职名。唐开元六年(718)于丽正修书院置四人。

造币总厂　清末官方铸造金属货币的机构。光绪三十一年(1905)户部为使币制划一,将天津北洋银元局所办之造币厂改为户部造币北分厂。三十三年扩充规模建为总厂。执掌官正监督一人,副监督二人。宣统二年(1910)度支部奏定《造币厂章程》十八条。内称:造币厂归度支部管辖,掌铸造国币;天津设总厂,武昌、云南、成都、广州四处设分厂。奉天(今沈阳)分厂一处为暂设。各分厂均受辖于总厂。

造丹法　见“铅汞甲庚至宝集成”。

造父　西周时人。善驾驭。蜚廉、恶来之后。为周穆王驾车巡狩,攻破徐偃王有功,穆王赐以赵城(今山西洪洞北),为晋国赵氏之祖。其后裔建立赵国。

造各表简法 书名。又名《垛积招差》。清徐有壬著。咸丰六年(1856)成书。此书把《四元玉鉴》垛积招差术施于割圆,又参考杜德美、董祐诚、项名达、戴煦、李善兰等人成果,参以己见,得出正弦、正矢、正切、八线对数、对数造表法。

造历(曆) 明时张琏年号(1560—1562)。凡三年。

造士 爵名。汉武帝时置武功爵共十七级,造士为第一级(最低级)。北魏时沿用此名,规定文官五品以下,才能秀异者总比之造士,亦有五等。

造水使 官名。唐置。掌边地牧场渠堰。不常设置。

造像碑 古代用以雕造佛像的石碑。碑上面开龛造像,或者浮雕佛本生、经变故事等,有的还雕有供养人或造像铭记。也可用作一般雕刻宗教偶像石碑的通称。

造阳 地名。在今河北赤城县独石口以北滦河上游闪电河一带。战国时燕筑长城,西起造阳,东至襄平(今辽宁辽阳市)。西汉武帝元朔年间"弃上谷之斗辟县造阳地以予胡"。

造意 刑法用语。指共同犯罪中首先提出犯罪意图。《汉书·孙宝传》:"宝到部,亲入山谷,谕告群盗,非本造意,渠率皆得悔过自出,遣归田里。"《晋书·刑法志》:"唱首先言谓之造意。"按汉代法律规定,对共同犯罪中的"造意"者多处以重刑。

造狱 刑法制度。已有法律条文之外特设之严刑。《汉书·王尊传》:"尊曰:'律无妻母之法,圣人所不忍书,此经所谓造狱者也。'"颜师古注:"非常刑名,造杀戮之法。"

造纸院 官署名。西夏置,掌造纸。仁宗仁孝《天盛年改定新律》属五品(末品)。

篷 宋三司副使之简称。

zé

则古昔斋算学 书名。清李善兰撰。十三种二十四卷。计有《方圆阐幽》一卷,《弧矢启秘》二卷,《对数探源》二卷,《垛积比类》四卷,《四元解》二卷,《麟德术解》三卷,《椭圆正术解》二卷,《椭圆新术》一卷,《椭圆拾遗》三卷,《火器真诀》一卷,《对数尖锥变法释》一卷,《级数四求》一卷,《天算或问》一卷。同治六年(1867)江宁(今南京)刊本。系李善兰的数学和天文学著作集。此外,同治十一年上海《中西闻见录》上又载其题为"《则古昔斋算学》十四"的《考数根法》。

则克录 见"火攻挈要"。

则瓦 古代测水之瓦。为掌握城外水之深度,在城内井墙置瓦为记,约与后世之水涨表同。《墨子·备水》:"置则瓦井中,视外水深丈以上,凿城内水渠。"

责任内阁 清末最高行政机构。宣统三年(1911)为行宪政,清政府撤销内阁和军机处,设立责任内阁。置总理大臣一员、协理大臣二员,以军机大臣任之,并与外务、民政、度支、学务、陆军、海军、司法、农工商、邮传、理藩等十部大臣同为国务大臣。为掌管国家权力的最高行政机关,辅弼皇帝担负责任。下设承宣厅、制诰局、叙官局、统计局、印铸局和法制院等机构。同年四月和九月先后组织过奕劻、袁世凯两届内阁,十二月,随清帝逊位而解散。

责授 官场用语。宋制,贬谪官员,朝廷授以低阶,称责授某官,不受法定该降若干级官阶的限制。责授散官者,许任意居住一地,但不得擅离。

择能院 官署名。五代时吴越王钱元瓘命沈崧设置,选吴中文士入院,其性质相当于唐之集贤院、后梁之文思院(亦称乾文院),为储备人才之所。

择种 选种。《诗经》中已有"嘉种"、"黄茂"等良种的概念,并出现秬、秠、糜、芑、植(先种)、稺(后种)、重(后熟)、穋(先熟)等品种类型的名称,且已将肥大饱满具有活力作为选种的标准,开创出人工选择育种之方法。汉代出现穗选技术,《氾胜之书》有较详细的记载。北魏提出别种别收的选种措施。贾思勰《齐民要术》提出年年选种,建立种田,确保纯种防止杂种。明代出现粒选技术,清代对选种的重要性又有进一步的认识,杨屾在《知本提纲》中提出"母强则子良",并采用单株选种法(一穗传),育成御稻米等良种。

泽潞 见"昭义军"。

泽农要录 书名。清吴邦庆撰。邦庆,字霁峰,直隶霸州(今属河北)人。全书六卷。作者出身世代农家,家乡多低洼沮洳,可以种植水稻,因而搜集古书中有关稻作资料,于道光四年(1824)编成本书。分授时、田制、辨种、耕垦、树艺、耘耔、培壅、灌溉、用水、收获等十门,并有作者实践心得。《畿辅河道水利丛书》收有此书。

泽散 地名。见于《魏略·西戎传》。其地望主要有埃及亚历山大和波斯湾头的亚历山大(Charax)二说。后说似误。

泽王 金代封爵。次国一字王号。至宁元年(1213)纥石烈执中受封。

泽虞中士 官名。西魏恭帝三年(556)仿《周礼》泽虞置,掌泽薮之政令,北周沿置。地官府虞部下大夫属官,正二命。下设泽虞下士以佐其职。隋开皇元年(581)罢。

泽州 隋开皇初以建州改名,因州内濩泽水为名。治高都县(旋改丹川县,今山西晋城市东北高都镇)。大业初改为长平郡,唐武德元年(618)改为盖州。又于濩泽县(今阳城县)置泽州,八年移治端氏县(今沁水县东六十里端氏村),贞观元年(627)移治晋城县(今市),废盖州,以其县来属。辖境相当今山西沁水、阳城、晋城、高平、陵川等市、县地。天宝初改为高平郡,乾元初复为泽州。宋属河东路。金天会六年(1128)改为南泽州,天德三年(1151)复为泽州,属河东南路。元属晋宁路。明为直隶州,省晋城入州,属山西省。清雍正六年(1728)升为泽州府。

泽州府 清雍正六年(1728)升泽州为府。治凤台县(今晋城市)。辖境相当今山西沁水、阳城、晋城、高平、陵川等市县地。1912年废府存县。1914年改凤台县为晋城县。

笮融(？—195)　东汉末丹杨(今安徽当涂东北)人。徐州牧陶谦以为下邳相,督广陵、下邳、彭城粮运,大起佛祠,礼拜所费以亿计。曹操破谦时,将万口走广陵(今江苏扬州),杀广陵太守赵昱,过江与彭城相薛礼依扬州刺史刘繇,屯于秣陵(今江苏南京)。兴平二年(195),孙策来攻,又杀礼。后为孙策所击败,走豫章(治今江西南昌)。时刘繇亦为策所败,驻彭泽(今江西湖口)。繇使之往助豫章太守朱皓,他竟杀皓代领郡事,繇往击之。乃走入山,被杀。

zè

夨人盘　即"散氏盘"。

昃勃极烈　官名。金太祖建国后,设谙班、国论忽鲁、阿买、昃四勃极烈,共掌国政。以弟杲为昃勃极烈,意为国家第二勃极烈。太宗时,杲死,此官遂废。

zéi

贼捕掾　官名。汉代为郡县掾吏,主收捕盗贼事。晋代亦置。

贼曹　官署名。西汉丞相(三公)府所属诸曹之一,主盗贼事。东汉沿置,以掾主之,秩三百石。郡县亦置,掾秩百石。三国魏末大将军府亦置。咸熙中相国府贼曹增属二人。晋代公府所置,增属一人,至赵王伦为相国,增设掾一人。太子二傅、诸大将军不开府者、三品将军、诸郡县亦置。西晋末镇东大将军府贼曹长官为参军。东晋末,分为长流贼曹、刑狱贼曹、城局贼曹,各置参军。南朝齐公、将军府仅置长流贼曹。北齐清都郡邺县等置贼曹,以掾主之;诸州亦置,以参军主之。又,亦为贼曹官员如掾属、参军等省称。

贼曹参军　官名。西晋末镇东大将军府僚属,贼曹长官。东晋沿置。贼曹一分为三后,亦为城局贼曹、长流贼曹、刑狱贼曹参军之省称。参见"贼曹"。

贼盗律　唐律第七篇名。贼指谋反及杀人,盗指偷窃财物。如谋反,谋叛,部曲奴婢谋杀主人,谋杀人,劫狱,造畜蛊毒,造妖书妖言;盗供神物,盗御宝,发冢,强盗,窃盗;略诱人及略卖人等,各处以相应刑罚。共五十四条。自秦汉至北魏,有贼律及盗律,北齐合为贼盗律,隋唐因之。

贼情汇纂　书名。又名《洪杨类纂史略》、《洪杨纪事》。另有删节本,题名《太平天国别史》。清张德坚主编。十二卷。张氏江苏甘泉(今扬州)人,原任湖北巡捕官,自咸丰三年(1853)起即探闻、辑录有关太平天国情报,成《贼情集要》一册。次年十一月受曾国藩命编纂此书,进而广搜博采,屡作增删,至五年成书。汇纂道光三十年(1850)秋至咸丰五年(1855)六七月间有关太平天国人物、官制、军制、礼制、文告、宗教、经济、文化等文件和探报,部分材料及于六年。本书材料大都资于曾国藩所获太平天国文籍,所辑太平天国文件颇多,对文告、印信、服饰、旗帜之类,又复绘图说明。有1932年石印本。收入《中国近代史资料丛刊·太平天国》。

贼杀　刑法名目。即故意致人死命。《睡虎地秦墓竹简·法律答问》:"欲贼杀主,未杀而得,为牧。"《晋书·刑法志》引张裴曰:"无变斩击谓之贼。"

贼伤　刑法名目。指故意致人伤残。《睡虎地秦墓竹简·法律答问》:"引梃贼伤人。"《晋书·刑法志》引张裴曰:"无变斩击谓之贼。"

zēng

曾　西周至战国时姬姓诸侯国。西周称缯或鄫。春秋战国不见文献记载。据铜器铭文,当时称曾,又以多处发掘出曾国文物,断定其国于西周末春秋初,主要活动在今河南南阳盆地南部。后楚向北扩展,曾从湖北谷城县太平店向东南进入随枣走廊,经枣阳市、茶庵而东至随州市西南、京山县东北。战国楚惠王时,曾国都西阳(今河南光山县西南)。后当亡于楚。一说以为曾国即随国,在今湖北随州市。因其地发现曾国君墓,并断定西阳也在其附近。曾、随乃一国两名。

曾安止　北宋庐陵西昌(今江西泰和)人,字移忠。熙宁进士。曾任彭泽(今属江西)县令。后辞官回乡。元祐年间写成《禾谱》五卷,记述西昌、龙泉(江西遂川)、太平(安徽当涂)一带的水稻品种。是中国最早的水稻品种专著。明末清初此书亡佚。现发现的残存于曾氏族谱中的《禾谱》已非原貌,记有水稻品种四十六个。

曾璧光(？—1875)　清四川洪雅人,字枢垣。道光进士。任记名御史。入直上书房,为恭亲王奕䜣、醇亲王奕譞的授读师傅。咸丰九年(1859)任贵州镇远知府,累迁至贵州布政使。同治六年(1867)署贵州巡抚,次年实授。任内镇压各族人民起义。卒于官。

曾秉正　明江西南昌人。洪武初以荐举授海州学正。借天变上疏,力主与民休息。历官思文监丞、刑部主事。十年(1377)置通政司,命为通政使,在位数言事。寻因忤旨罢官。贫不能归,鬻其四岁女,被处腐刑。后不知所终。

曾伯霥簠　春秋时期鄫国青铜器。旧传有两件,实为一盖一器。饰细密的蟠螭纹,盖器对铭,分别为九十二与九十字。据研究为春秋中期器,铭中所记鄫国参加对淮夷的战争,打通自南方取得铜、锡的道路,与《诗·泮水》和《左传》的记载相合。也有学者认为器属春秋初,与晋姜鼎同时,是晋、鄫受王命伐淮夷所作。

曾布(1036—1107)　北宋建昌军南丰(今属江西)人,字子宣。曾巩弟。嘉祐进士。神宗时,任集贤校理。初坚持变法,颇受王安石信任,与吕惠卿共创青苗、助役、保甲、农田水利之法。进翰林学士,兼三司使。因斥吕嘉问以市易法搜括,忤王安石。吕惠卿为相,以其沮新法,黜知饶州。哲宗亲政,章惇当权,他任同知枢密院事,赞助"绍述"甚力。哲宗死,附和太后意,欲立徽宗,遂与章惇意见相左。徽宗立,被任为右仆射,独当国政,渐进"绍述"之说。复与蔡京不相容,屡被放逐。后死于润州(今江苏镇江)。

曾德昭(Alvare de Semedo,1585—1658) 葡萄牙人,曾名谢务禄,字继元。天主教耶稣会传教士。明万历四十一年(1613)来华,在南京等地传教。崇祯十三年(1640)抵罗马,出席各国耶稣会代表会议。顺治元年(1644)返华,任在华耶稣会会长,在广州主持教务。七年清军克广州,被执,后获释。十五年死于广州。著有《字考——汉葡及葡汉字汇》、《中国通史》(1645)等。

曾觌(1109—1180) 南宋开封(今属河南)人,字纯甫,号海野老农。以父任补官。绍兴三十年(1160)为建王(即孝宗)内知客。孝宗受禅,任权知閤门事兼干办皇城司,与知閤门事龙大渊朋比为奸,恃宠干政,广收贿赂,声势甚张。后坐事出为淮西副总管,移浙东。乾道六年(1170)升承宣使、节度使,后除开府仪同三司。前后用事近二十年,权震中外。著有《海野词》。

曾点 春秋末鲁国南武城(今山东费县)人。点一作蒧,名点,字皙,或说字子皙,亦称曾皙。曾参之父。孔子学生。笃信孔子学说,在自述志向时,曾得到孔子的赞许。

曾凤韶(1374—1402) 明庐陵(今江西吉安)人。洪武进士。建文初为监察御史。燕王称帝,以原官召,不赴。又以侍郎召,知不可免,乃刺血书衣襟明志"不愧吾文天祥"云云,自杀。

曾公亮(999—1078) 北宋泉州晋江(今福建泉州)人,字明仲。天圣进士,知会稽县。迁知制诰兼史馆修撰,进翰林学士,判三班院。出知郑州,为政有能声。复入为翰林学士,知开封府。嘉祐初,擢参知政事,历枢密使。六年(1061)拜吏部侍郎、同平章事。仁宗末,与首相韩琦共请建皇储,是为英宗。英宗疾,又奉诏立太子,是为神宗。神宗即位,加尚书左仆射,提举修英宗实录。尝荐王安石可大用,及安石除参知政事,又暗助其变法。熙宁三年(1070)罢相,四年判永兴军,旋以太傅致仕。为宰辅十五年,历三朝,号称老成持重,也有讥为持禄固宠的。康定中,尝与丁度奉命编集古兵法及本朝计谋方略,为《武经总要》。

曾巩(1019—1083) 北宋建昌军南丰(今属江西)人,字子固。少有文名,为欧阳修所赏识,王安石尝与之交游。嘉祐二年进士。初为太平州司法参军,召编校史馆书籍,迁馆阁校勘、集贤校理,为实录检讨官。出通判越州,历知齐、襄、洪、福等州。元丰三年(1080),判三班院。四年,迁史馆修撰,典修五朝国史,管勾编修院。未及属稿,擢中书舍人。后病卒于江宁。任地方官时,注意除民害,平冤狱,治疫救灾。任职史馆,曾整理《战国策》、《说苑》,并校定南齐、梁、陈三书。散文含蓄典重,雍容平易,为"唐宋八大家"之一,亦能诗。著有《元丰类稿》。

曾衮 宋人。初为军士。绍兴五年(1135)率众在惠州河源(今属广东)起兵,不久受招安,官承信郎,补归善巡检。旋又起兵,归河源。六年遭经略使连南夫、广东钤辖韩京合兵袭击,战败而降。

曾国藩(1811—1872) 湖南湘乡白杨坪(今属双峰)人,原名子城,字伯涵,号涤生。道光进士。曾从理学大师唐鉴、倭仁讲求程朱理学,系军机大臣穆彰阿的门生。二十七年超擢内阁学士兼礼部侍郎衔,二十九年升任礼部右侍郎,后历署兵部、吏部侍郎。咸丰二年(1852)丁母忧回籍,年底奉命赴长沙帮办湖南团练,后扩编为湘军。四年发布《讨粤匪檄》,攻击太平天国。率兵阻击太平军,并出省作战,夺取武昌和田家镇。五年在湖口、九江被打败,退守南昌。次年再陷武昌、汉阳。八年占据九江。十年授两江总督、钦差大臣,督办江南军务。次年攻占安庆,奉命统辖苏、皖、赣、浙四省军务。同治元年(1862)奏派李鸿章率淮军援沪,并力主借洋兵助剿。三年以其弟国荃攻陷天京(今南京),受封一等侯爵,加太子太保。四年奉命北上督军"剿捻",屡战屡败。五年冬仍回两江总督本任。七年调任直隶总督。九年奉命处理天津教案,残民媚外,遭到舆论谴责。不久调任两江总督。在六、七十年代,他曾鼓吹并推进洋务运动,主张对外坚守"忠信笃敬","以羁縻为上";对内修明政事,急求贤才,引进西方的军事装备、机器生产和科学技术,先后在安庆设立内军械所,在上海与李鸿章合办江南制造总局,并奏准派遣幼童赴美留学。后病死南京。谥号文正。遗著辑为《曾文正公全集》。

曾国华(1822—1858) 清湖南湘乡白杨坪(今属双峰)人,字温甫。曾国藩二弟。咸丰五年(1855)太平军困曾国藩于江西南昌,胡林翼派其率兵往援,攻陷湖北咸宁、蒲圻(今赤壁)等城,进至江西瑞州。八年从李续宾进军三河镇,为太平军所围,被击毙。

曾国荃(1824—1890) 清湖南湘乡白杨坪(今属双峰)人,字沅甫,号叔纯。贡生。曾国藩三弟。咸丰六年(1856)在湖南募勇三千赴援江西吉安,对太平军作战。所部称吉字营。八年攻陷吉安,升知府。次年升道员。十一年率军攻陷安庆,加布政使衔。同治元年(1862)授浙江布政使,寻迁江苏布政使,率所部围困天京(今南京)。二年擢浙江巡抚。三年攻陷天京,纵兵焚掠。加太子少保,封一等伯爵。六年为湖北巡抚,帮办军务,镇压捻军。光绪元年(1875)授陕西巡抚,复调山西巡抚。七年授陕甘总督,次年署两广总督。十年正月署礼部尚书,调署两江总督兼通商大臣,七月实授。十六年十月病卒。追赠太傅。谥忠襄。

曾鉌(?—1899) 清满洲正白旗人,喜塔腊氏,字怀清。宁夏将军庆昀之子。累迁郎中,充军机章京,转御史。光绪九年(1883)出为陕甘督粮道,清理纳粮之积弊。设立蚕桑局,聘织师传授技术。十三年迁按察使,次年迁甘肃布政使。二十四年擢湖北巡抚,力主变法,遂假陕甘总督印上陈补官、掣签、度支、讼狱四事宜变通成例,厚植国本。后以莠言乱政,被劾褫职。

曾侯乙 战国初年曾国国君。公元前443年或略后去世。1978年在湖北随州擂鼓墩发现其墓。规模很大,陪葬礼乐器甚多,超出当时其他第一等的九鼎大墓。出土编钟六十四件尤为精美,每件甬钟可奏两个乐音,总音域跨五个八度之多,已能演出采用和声、复调和转调手法的乐曲。

曾侯乙墓编钟 战国时曾国青铜乐器。1978年于湖北*随州曾侯乙墓出土。编钟有六十四件,包括钮钟十九件、甬钟四十五件,另有楚惠王赠曾侯乙之镈一件(参见"楚王酓章镈"),共六十五件。整套编钟依大小和音高为序,编为八组,悬挂于三层铜木结构钟架上。钟架呈曲尺形,全长10米以上,通高2.73米,由六具铜人形钟虡承托。钟上皆有铭文,多数错金,除甬钟有一面钲部铭"曾侯乙乍(作)時(持)"外,主要是记音阶名称与乐律,记载了曾国和楚、周、齐、晋等国律名、阶名、变化音名之间的对应关系。据钟铭与实际音测,每件钟皆可敲出两个乐音,整套编钟有七声音阶,在七个音间尚有五个完备的中间音,形成了完整的十二乐音体系,可以旋宫转调,而且音域宽广,从最低到最高音,跨越了五个八度。经实际演奏,可奏出古今中外多种乐曲,音调优美动听。此套编钟的出土,对于研究中国传统乐律学和当时的金属铸造技艺均具有重要价值。现藏湖北省博物馆。

曾侯乙墓二十八宿图像 战国时曾国天文图像。绘于漆箱盖上,箱自铭为"匫"。1978年夏季出土于属战国早期的湖北*随州曾侯乙墓。此箱盖口呈长方形,盖面呈拱形,通长82.8厘米,宽47厘米,通高19.8厘米,盖面以黑漆为底,中心朱书一个象征北斗的大"斗"字,周围朱书二十八宿星名,左右两端以红彩绘白虎、青龙,二者头尾方向相反。所书二十八宿名称多与《吕氏春秋》等文献记载吻合,仅少数有出入。青龙、白虎所处位置亦与古文献记载的四象划分大致相同。系迄今发现的记有二十八宿全部名称,并与北斗、四象相配的最早的天文实物资料。

曾恴(? —1130) 宋建昌军南丰(今属江西)人,字仲常。曾巩孙。太学内舍生,累迁司农丞。建炎二年(1128)任温州通判。道经越州(治今浙江绍兴),奉命监三江寨。次年金兵陷越州,不屈被执,与家属四十人同日遇害。

曾翚(? —1491) 明江西泰和人,字时升。宣德进士。任刑部员外郎。正统十三年(1448)擢广西右参政。天顺初改河南道御史、山东右布政使。成化中官至刑部左侍郎,巡抚浙江,罢不称职官吏百余人,吏风肃然。还朝,乞病归。

曾惠敏公遗集 书名。清曾纪泽撰。十七卷。所辑奏议、公牍、日记等涉及中外交涉事甚多,为研究近代中外关系史之重要资料。光绪十九年(1893)刊行。今人标点本更名《曾纪泽遗集》。

曾几(幾)(1084—1166) 宋河南(治今河南洛阳)人,其先居赣州(今属江西),字吉甫。初入太学有声,后任将仕郎,赐上舍出身。历校书郎等。南宋初,提刑江西、浙西。绍兴八年(1138),因兄曾开力斥和议触怒秦桧,同被罢官,寓居上饶茶山寺七年,因自号茶山居士。桧死,复官。绍兴末,金兵大举南下,他上书反对乞和。官至敷文阁待制,以通奉大夫致仕。工诗,推重杜甫,而原出黄庭坚,与庭坚、陈与义号为江西派三宗。陆游、杨万里、范成大、尤袤皆出其门下。所作不忘恢复中原,时亦关心人民疾苦。著有《茶山集》。

曾姬无卹壶 战国时楚国青铜器。同形同铭者二器,传出安徽寿县。器体呈方形,通盖高78.7厘米,腹旁蹲两兽为耳,盖上有三足,全身饰蟠虺文。口内有铭五行三十九字,铭曰:"隹王廿又六年,圣趄之夫人曾姬无卹,望安兹漾陲蒿间之无嗎(匹),甬(用)作宗彝隣壶,后嗣甬(用)之,职在王室。"曾即姬姓之曾国,在今湖北。关于此器年代,一说是楚惠王二十六年(前463)器;一说圣趄之夫人即声趄夫人,亦即楚声王夫人,娶于曾,系楚宣王二十六年(前344)器。

曾纪凤(? —1891) 清湖南邵阳人,字挚民。附生,以军功历保知县。同治元年(1862)以营官随清军入川追击太平军石达开部。三年晋知府。十年入贵州镇压苗民起义,晋道员。次年赏巴图鲁名号,加按察使衔。光绪元年(1875)补授贵州贵西道。七年调署粮储道,旋补按察使,署布政使。十三年调云南布政使。

曾纪鸿(1848—1881) 清湖南湘乡白杨坪(今属双峰)人,字栗诚。曾国藩少子。光绪恩赏举人,会试未第。官兵部武选司员外郎、郎中,以肺病早逝。青少年时随父在两江军旅中,即得算家李善兰、张文虎熏陶。同治十一年(1872)父丧守制期间,参加丁取忠在长沙古荷池精舍主持的数学活动及《白芙堂算学丛书》的部分编撰工作。著有《对数详解》、《圜率考真图解》,列入该丛书行世。另有《宏贲斋经解》、《宏贲斋诗文集》、《电学举隅》、《炮攻要术》等,未刊。

曾纪泽(1839—1890) 清湖南湘乡白杨坪(今属双峰)人,字劼刚。曾国藩长子。初以荫生补户部员外郎。后袭侯爵。光绪四年(1878)任驻英、法公使,补太常寺、大理寺少卿。六年任使俄大臣,赴俄交涉修改崇厚擅订的《里瓦几亚条约》,次年签订中俄《伊犁条约》,收回伊犁和特克斯河等地区,旋授宗人府府丞、都察院左副都御史。中法战争期间,疏陈备御六策,主张抗法,由左宗棠荐擢兵部右侍郎,与英国议定洋药税厘并征条约,岁增入银二百余万两。十一年回国,命帮办海军衙门事务。旋调兵部左侍郎。次年兼总理各国事务衙门大臣。撰有《中国先睡后醒论》,主张"强兵"优先于"富国"。后调户部左侍郎及管理同文馆事务。卒谥惠敏。有《曾惠敏公遗集》。

曾鲸(约1568—约1650) 明末福建莆田人,字波臣。寄寓南京、嘉兴。善绘,尤工人物。受西洋画法影响，注重墨骨。画法风行一时，故有"波臣派"之称。

曾静(1679—1736) 清湖南永兴人，号蒲潭先生。康熙秀才。中年弃举业，授徒为生。雍正六年(1728)，遣徒张熙赴陕投书，策动川陕总督岳钟琪反清，为钟琪告发，遂下狱。旋供出曾读已故理学家吕留良遗著，受其影响，并披露民间流传世宗篡权夺位之说。世宗遂命人刊《大义觉迷录》，公布于世，为己辩护；又以大逆罪，将吕留良剖棺戮尸，著述焚毁，子孙、门徒均受牵连。次年，世宗将其与张熙免罪释放回籍，以示宽宏大量。高宗继位，解京，被磔死。

曾立昌(？—1854) 清广西浔州(治今桂平)人。参加金田起义。以避韦昌辉讳，改名立沧。咸丰三年(1853)任指挥，又升检点。林凤祥北伐后，守扬州，后撤至瓜州，升夏官又副丞相。四年奉命与陈仕保、许宗扬率部救援北伐军。由江苏丰县入山东，连克巨野、郓城、临清等地。后为清军胜保所败，退至黄河边，跃马渡河死难。据传追封经王(一作立王)。

曾廉(1857—1928) 清末湖南黔阳(今洪江东北)人，字伯隅，号阳生。光绪举人。曾在家乡办爱莲书院。戊戌变法时上书请杀康有为、梁启超，反对变法。同年为国子监学正，预修《大清会典》。光绪二十六年(1900)入李秉衡幕，值八国联军进犯北京，随李氏出都御敌，兵溃几溺死。旋随慈禧太后逃西安。二十七年授陕西道员，同年贬至贵州黎平。治史尚春秋笔法，认为文义可以错而歧，是非不可曲而淆，撰述多托史褒贬时事。辛亥革命后居乡里，犹疾新学如仇。著有《元书》、《元史考订》、《禹贡九州今地考》、《瓠庵集》、《续集》、《续集录遗》等。

曾鲁(1319—1373) 明江西新淦(今新干)人，字得之。以文学著名。元至正中，乡里少壮聚而听其讲道，时称"君子乡"。洪武初应征修《元史》，充总裁官。复编辑礼书，授礼部主事。五年(1372)超六阶，升中顺大夫、礼部侍郎，主京畿乡试。以病卒。著有《大明集礼》、《守约斋集》、《六一居士集正讹》、《南丰类稿辨误》等。

曾朴(1872—1935) 江苏常熟人，字孟朴，又字籀斋，笔名东亚病夫。清光绪举人，捐内阁中书。曾入北京同文馆习法文。后结识陈季同，接触法国文学、哲学。光绪三十年(1904)与徐念慈等在上海创办小说林社。接手金天翮未完成的小说《孽海花》初稿六回，加以修改增写并出版。三十三年创刊《小说林》月刊。后入端方幕。三十四年加入预备立宪公会。宣统二年(1910)以候补知府分发浙江，充绿营营产局会办。辛亥革命后加入共和党，当选江苏省议员，历任江苏官产处长、财政厅长、政务厅长。1927年开设真美善书店。尚著有《补〈汉书艺文志〉》、小说《鲁男子》等，译有《九三年》、《钟楼怪人》等。

曾棨(1372—1432) 明吉安永丰人，字子启，号西墅。永乐进士。授翰林修撰，与进士二十八人同入文渊阁进学。明代选庶吉士之制自此始。后以副总裁预修《永乐大典》、《天下郡邑志》，进侍读学士。仁宗即位，授春坊大学士，仍兼侍读学士，进少詹事。工书善文，朝廷文字多出其手。卒赠礼部左侍郎，谥襄敏。著有《西墅集》。

曾如炷(？—1843) 清人。道光二十三年(1843)聚众反对地主乘灾荒运米出境，遭武冈知州徐光弼镇压。遂与曾以得、杨老六等在洪崖洞组织农民武装，于五月包围州衙，击毙徐光弼。湖南巡抚吴其濬、永州镇总兵英俊，带兵前往镇压，杨老六等七十余人在高沙市被俘。他与曾以得退往新化，后被捕遇害。

曾申 春秋末鲁国人，字子西。曾参之子。尝从子夏学诗，居河济间，为儒门后学。

曾参(前505—前436) 春秋战国间鲁国南武城(今山东费县西南)人，名参，字子舆。孔子弟子，以孝名世，能融会贯通孔子之道，提出"吾日三省吾身"的修养方法。认为"忠恕"是孔子"一以贯之"的思想。卒于鲁。将孔子学说传于子思，经弟子再传于孟子。因其学颇得孔子学说精髓，后世儒家誉其为"宗圣"。相传《孝经》为其所作。《汉书·艺文志》载有《曾子》十八篇，为曾参门人所撰。今存十篇，收入《大戴礼记》。

曾水源(约1831—1855) 清广西武宣人。农村塾师。道光三十年(1850)入拜上帝会。金田起义后封御林侍卫，为洪秀全、杨秀清撰拟诏书，批答文报。咸丰二年(1852)随萧朝贵攻长沙，任仲后副侍卫，旋升土官正将军。至武昌，任东殿簿书。三年至南京，擢职同检点，旋升东殿左丞相、天官又正丞相，率部救出扬州守军。四年升天官正丞相，仍理东殿事。七月攻打高淳东坝败回，收入东牢。据传五年初被杀。

曾孙 《诗经》中周成王的通称。《诗·小雅·信南山》孔颖达疏："成王继文武之后，为太平之主，特异其号，故《诗经》通称成王为曾孙也。……盖周虽文王受命，而大王亦有王迹所起，见其王业之远，故继而称曾孙。"

曾天诰(约1815—？) 清广西浔州(治今桂平)人，原籍广东惠州(今惠阳)。因避天字讳，改名添诰。壮族。随兄天养参加金田起义。咸丰三年(1853)封殿左二十七指挥，随石达开经略安徽，治军严明，众称曾七哥。次年入湘，助天养守岳州(今岳阳)，天养战死，率众退守武昌。封恩赏丞相。后退守田家镇、九江。其后不详。

曾天养(约1795—1854) 清广西浔州(治今桂平)人，原籍广东惠州(今惠阳)。因避讳天字，改名添养。壮族。参加金田起义，授御林侍卫。咸丰三年(1853)克南京，升殿左九指挥。三月参加太平军西征，六月升检点，十月升秋官又正丞相。四年率军克随州、宜昌，逼荆州，与韦志俊、林绍璋等攻克岳州(今岳阳)、常德、澧州(今澧县)。七月城陵矶之役，大败湘军水师于旋湖港，在直刺湖南提督塔齐布时，马蹶，英勇战死。后追封烈王。

曾同亨(1533—1607) 明江西吉水人，字于野，号见台。嘉靖进士。历任吏部主事、贵州巡抚。万历十六年(1588)官至工部尚书。二十年致仕。旋复召为南京吏部尚书,辞不就,后复原官。二十三年大计京官,因忤权臣,遂请病归。著有《工部条例》、《泉湖山房稿》等。

曾望颜(? —1870) 清广东香山(今中山)人,字瞻孔。道光进士。历任监察御史、刑科给事中、光禄寺少卿。道光十六年(1836)任顺天府尹,后调福建布政使。以遇事敢言著称。咸丰六年(1856)擢陕西巡抚,会同湖北清军击败进攻陕西的太平军。九年署四川总督,镇压李永和、蓝朝柱起义失利。次年革职留任。同治元年(1862)重新起用。五年任内阁侍读学士。

曾文正公大事记 书名。清王定安编,李鸿章、曾国荃审定。四卷。本书将曾国藩一生主要活动用大事记方式按时间顺序排列。书中保留有关上谕和曾国藩奏报较多,详于镇压太平军、捻军战事,并涉及与曾国藩有关联的许多人事。有光绪二年(1876)刊本。

曾文正公年谱 书名。清黎庶昌编,李翰章审订。十二卷。附于《曾文正公全集》。是谱记嘉庆十六年(1811)至同治十一年(1872)曾国藩生平。谱内引用大量奏稿详记曾国藩镇压太平天国、捻军,办洋务、处理教案等情况。有光绪二年(1876)刊本。

曾文正公全集 书名。清曾国藩撰,李翰章编辑。一百六十七卷。汇集曾国藩奏稿、十八家诗抄、经史百家杂抄、经史百家简编、鸣原堂论文、诗集、文集、书札、批牍、杂著、求阙斋读书录、求阙斋日记类抄、孟子要略、年谱、传记、墓志铭等论著,反映了曾国藩的政治、军事、外交、学术思想和实践。有光绪二年(1876)刊本。

曾文正公手书日记 书名。清曾国藩撰。四十册。曾氏卒后,其家藏日记手稿久未印行。宣统元年(1909)其后人以既编全集仍犹未足,乃出此日记补入。始自道光二十一年(1841)正月一日,迄同治十一年(1872)二月三日,即曾氏卒前一日。其中咸丰八年(1858)六月前缺失较多,仅存二册,此后基本完整。记曾氏历任两江总督、督办江南军务钦差大臣、直隶总督、通商大臣等要职期间,指挥镇压太平军、捻军起义和同治九年赴天津查办教案等经历。虽记事简略,但保存了不少原始资料。有宣统元年(1909)上海中国图书公司石印本。

曾晳 即"曾点"。

曾铣(? —1548) 明扬州江都(今江苏扬州)人,字子重,号石塘。嘉靖进士。以御史巡按辽东,平定辽阳、广宁、抚顺兵变。二十五年(1546)擢兵部侍郎,总督陕西三边军务,主复河套;条上方略十八事,得首辅夏言支持。以忤严嵩,被杀。著有《复套议》。

曾省吾(1532—?) 明湖广钟祥(今属湖北)人,字三甫,号确庵。嘉靖进士,授富顺知县。隆庆六年(1572)擢右佥都御史,巡抚四川。万历八年(1580)以张居正门生,进工部尚书。居正死,受劾致仕,削籍归。

曾养性(? —1682) 清盛京奉天(今辽宁沈阳)人。初为靖南王耿继茂部将,官左翼总兵。康熙十三年(1674)从耿精忠叛,为东路统帅,北攻浙赣,陷温州、台州。十五年降清。三藩乱平,被磔于京师。

曾一本(? —1569) 明嘉靖、隆庆时农民起义首领。初为潮州农民军首领吴平部下,后降官府。隆庆元年(1567)再度起义,击杀澄海守备李茂才,俘获知县。二年攻广州,转战于闽、粤海域。后遭总兵俞大猷、李锡、郭成等部联军镇压,被俘而死。

曾英(1621—1647) 明末清初福建莆田人,字彦侯。初从父宦游成都而留居四川,广结交,人称曾公子。明崇祯末,组织地主武装与农民军相抗,曾设伏于瞿塘峡口,阻张献忠入川。旋兵败匿民间。后重组武装入据重庆。南明永历朝封平蜀侯。献忠死后,孙可望、李定国率大西军余部走川东,渡江攻重庆,遂屯兵阻击,兵败堕水死。

曾元 战国时鲁国人。曾参之子。齐大夫公行子之赴燕,途中遇之,问燕君何如,他答以志向卑小,不求贤人为助,不足为谋。见《荀子·大略》。

曾慥 宋晋江(今福建泉州)人,字端伯,号至游子。曾公亮裔孙。官至尚书郎、直宝文阁。后隐居银峰。善诗文,曾编《类说》六十卷。于道教修炼方面提出"修身者,先养其命焉"之主张。倡以由动返静之"主静"说。曾辑北宋以来道教各派文献资料,成《道枢》四十二卷。书存《道藏·太玄部》。

曾钊(1821—1854) 清广东南海(今广州)人,字敏修,号冕士。道光拔贡,任合浦县教谕,调钦州学正。笃学好古,研求经义文字及训诂,著述宏富,计有《周易虞氏义笺》、《周易注疏小笺》、《诗说》、《诗毛郑异同辨》、《考异》、《音读》、《虞书命义和章解》、《论语述解》、《读书杂志》、《面城楼集》等。两广总督阮元开学海堂以古学造士,特命其为学长。道光二十一年(1841)召集南海、番禺二县团勇三万六千人,昼夜演练,以防英军侵扰。

曾钊扬(约1826—?) 清广西桂平人。农村塾师,为拜上帝会司笔札。金田起义后,撰拟文檄,授右史,掌记洪秀全言行。咸丰二年(1852)升右掌朝仪、职同指挥,编纂仪制。次年擢东殿右丞相,掌东王府文书。五月封恩赏丞相。十一月升天官又副丞相,仍掌东殿事。洪秀全曾命其主持删改六经。后不详。

曾肇(1047—1107) 北宋建昌军南丰(今属江西)人,字子开。曾巩弟。治平进士。调台州黄岩主簿、郑州教授。擢崇文院校书、馆阁校勘兼国子监直讲,删定《九域志》。修仁宗、英宗两朝正史,为国史院编修官。进吏部郎中,参加修纂《两朝宝训》。元祐初,为《神宗实录》检讨,擢起居舍人、实录修撰,历中书舍人、吏部侍郎。徽宗即位,复为中书舍人,上疏建议广开言路,叙复已死元祐党人。迁翰林学士、知制诰,兄曾布为宰相,避亲嫌,除龙图阁学士、提举中太一宫。崇宁初,落职,谪知和州。继贬濮州团练副使,汀州安置。著有《曲阜集》等。

曾之谨 南宋庐陵泰和(今属江西)人。曾安止侄孙。曾任耒阳县令。惜安止《禾谱》不谱农器，乃作《农器谱》三卷，续二卷，是一部最早系统记述各种农具的专著，已佚。

曾忠襄公年谱 书名。清王定安编，萧荣爵增订。四卷。谱主曾国荃卒谥忠襄，是谱系其幕客据曾氏奏议、公牍等辑成。起道光四年(1824)，迄光绪十六年(1890)。记谱主在赣、湘、皖、苏等地镇压太平军、捻军及晋省灾情和种植鸦片情况。有光绪二十九年刊本。

曾忠襄公全集 书名。清曾国荃撰，萧荣爵编。六十卷。附年谱等六卷。大半为曾氏历任之奏议、公牍、批示、书札。其中有不少涉及湘军、太平军、捻军历史及晚清统治集团内部关系的文字。有光绪二十九年(1903)刊本。

曾铸(1849—1908) 清福建同安(今厦门北)人，字少卿。航运商业资本家出身。光绪二十七年(1901)贩运南洋大米至上海，获厚利。三十一年因美国虐待华工和限制华工入境，上海、广州等地掀起反美爱国运动，他在上海极力倡议抵制美货和收回苏浙铁路权利。旋任上海商务总会总理。三十三年投资镇江造纸厂和江西瓷业公司，发起上海商团公会。曾捐资三万，在上海创办贫儿院，得清廷嘉奖。历年水灾，也慨捐巨款，清廷奖候选道衔。遗稿编入《山钟集》。

曾子 ❶即“曾参”。❷书名。战国曾参门人撰。《汉书·艺文志》著录十八篇。列于儒家类。《隋书·经籍志》著录《曾子》二卷、《目》一卷。唐、宋时《目》一卷亡，仅存二卷，共十篇，俱见《大戴礼记》四十九至五十八篇，即《曾子立事》、《曾子本孝》、《曾子立孝》、《曾子大孝》、《曾子事父母》、《曾子制言》上、中、下，《曾子疾病》、《曾子天圆》。《立孝》、《大孝》、《事父母》论家族及伦理；《天圆》论天地之理。宋陈振孙《直斋书录解题》认为《曾子》系后人从《大戴礼记》中录出别行为书。北周卢辩、清阮元皆有注本。宋汪晫、清严式海及任兆麟有辑本。

曾子学派 战国儒家分派之一。代表人物曾参，是孔子的弟子。这一学派发展了孔子关于孝道的思想，《大戴礼·曾子大孝》载曾子语：“孝者，天下之大经。”《汉书·艺文志》儒家有《曾子》十八篇，书已佚。《大戴礼记》中有《曾子立事》、《曾子本孝》、《曾子立孝》、《曾子大孝》、《曾子事父母》、《曾子制言》(上、中、下)、《曾子疾病》、《曾子天圆》十篇，都冠有曾子的名字，很多人认为出自《曾子》一书。一说《大学》、《孝经》出自该派学人之手。

鄫 ❶国名。姒姓。春秋时为鲁附庸，被莒所灭。在今山东苍山县西北鄫城。《春秋》襄公六年(前567)：“莒人灭鄫”，即此。《谷梁传》“鄫”作“缯”。寻为鲁所取。《春秋》昭公四年(前538)：“取鄫。”后又属齐。《史记·吴世家》：夫差七年(前489)，“败齐师于艾陵，遂至缯。”秦置缯县。❷春秋郑地。在今河南睢县东南。《春秋》襄公元年(前572)：“仲孙蔑会齐崔杼、曹人、邾人、杞人次于鄫”，即此。《公羊传》作“合”。

鄫衍 古国名。即“鄫”。

增阿暂章 见“中俄奉天交地暂且章程”。

增补都门纪略 书名。清杨静亭编，李静山增补。十卷。凡列天下全国图、会馆地址、首善全图、国朝鼎甲馆、皇城图说、各衙门地址、都门杂咏、都门杂记、菊部群英诸类。于名胜掌故、名人轶事均有收入，内容详备。光绪五年(1879)新镌。

增成 算学术语。古筹算中以加代除的一种捷算法。至少产生于北宋初年。最初用于除数是个位数的情形。其方法是将除法变成下位加上位数与十减去除数所得差的和，所得之和若大于除数，则从中减去除数，并在前一位上加一；若小于除数则重复上述步骤。其优点为避免了试商。杨辉等人将此算法推广到多位数的情形。后发展为归除，于珠算中行用至今。

增城县 东汉置。以濒增江得名。治今广东增城市东北。唐末移治今市东，旋又移治今市。自东汉至清历属南海郡、东官郡、广州、广州路、广州府。1993年改设为市。

增乘开方法 算学术语。又称递增开方法。北宋贾宪创造的一种开方程序。在求得根的某一位数后，不是一次利用开方作法本源中的系数，而是自下而上随乘随加，即增乘的方法求减根方程，以期求根的下一位得数。它比传统开方法简洁、整齐，亦更加程序化。《永乐大典》载杨辉《详解九章算法》有贾宪增乘开平方法及其例题的图草、增乘(开立)方法及例题、递增三乘方的例题及法草。此法后来经过北宋刘益，到南宋秦九韶正负开方术发展成为完备的求高次方程正根的开方法。后来在阿拉伯地区也出现了同类的方法。而在欧洲，类似的方法是由意大利人鲁菲尼在1804年、英国人霍纳在1819年创造的，故在西方称作鲁菲尼—霍纳法或霍纳法。

增订各学堂管理通则 清宣统二年(1910)学部奏准颁行，共十三章。内分学堂各员职分章、学生品行功课考验章、斋舍规条章、讲堂规条章、操场规条章、礼节规条章、放假规条章、各室规条章、学堂禁令章、赏罚规条章、经费规条章、接待外客规条章、建造学堂法式章等。

增订清文鉴 书名。清傅恒等奉敕编纂，清代官修的第一部满汉分类大辞典。乾隆三十六年(1771)编成，由武英殿刊行。书凡四十六卷，包括总纲八卷，补总纲二卷，正编三十二卷，补编四卷。此书以康熙朝所编《清文鉴》为基础，做了相当大的增改，正编部分增收新词四千七百余条，补编部分收入古代及罕见名词一千六百余条，全书共分二百九十二类，收词条一万八千余，较《清文鉴》增加二分之一。

增改吉林铁路交涉总局章程 沙俄强加于中国的不平等条约。清光绪二十七年六月三日(1901.7.18)，由吉林将军长顺与俄方代表签于哈尔滨。该约系对《吉林铁路交涉总局章程》的扩充修订。凡十一条。比较前约增改的主要内容：“铁路交涉总局”审办范围，由前订关涉铁路公司者，扩及在路区或暂住或久居的一切华人。从而沙俄进一步攫取和控制了该区的司法权。

增广生 见"增生"。

增广生员 见"增生"。

增耗 即"耗羡"。

增祺(1851—1919) 清末满洲镶白旗人,伊拉里氏,字瑞堂。曾任齐齐哈尔副都统。光绪二十年(1894)署黑龙江将军。二十四年擢福州将军,充船政大臣,兼署闽浙总督。次年调盛京将军。二十六年俄军占领盛京(今沈阳),他逃至新民厅。后在俄军胁迫下,派人至旅顺谈判,签署《中俄奉天交地暂且章程》,事发,被革职留任。三十三年授宁夏将军,改正白旗蒙古都统。宣统元年(1909)迁广州将军,兼署两广总督。三年调北京,仍授都统,兼弼德院顾问大臣,不久去职。

增生 增广生员之简称,亦称增广生。明清府、州、县学中生员名目之一。明初府、州、县学的生员在定额之内的廪生外,于多才之地增广员额三至五人,称增广生。宣德三年(1428)定,增广生员在京府学六十人,在外府学四十人,州学三十人,县学二十人,照例优免差徭。名额与廪生等,在生员中列居二等。其缺额由岁、科两试高第者补充。清沿明制,数额基本与廪生相等。

增修筹饷事例条款 书名。清户部奉敕编。四卷。咸丰朝以来,清廷以捐官输银筹饷,而银数并非每项皆有定例,同治五年(1866)户部遂将咸丰元年(1851)以来文武职官捐纳成案,一一检核,厘为此编。分条款、事例二类。详《户部则例》所讳。为清政治制度史料。有同治官刊本。

增韫 清末蒙古镶黄旗人,字子固。光绪三十一年(1905)后,历任奉天府尹、直隶按察使、布政使等职。三十四年擢浙江巡抚,曾奏请实行立宪。武昌起义后,拒不宣布浙江独立。杭州光复时被捕,旋释归。

缯 古国名。即"鄫"。

缯县 本春秋缯国,秦置县。即今山东苍山县西北鄫城。《史记·货殖列传》:"朐、缯以北,俗则齐",即此。东汉为侯国。西晋永嘉后并入即丘县。秦、西汉属东海郡,东汉、魏、西晋属琅邪国。

罾布 苎麻纱与棉纱的交织物。明代出产于新安(今广东深圳)南头。《说文解字》:"罾,渔网也。"苎麻编织而成。以棉纱为经线,破渔网为纬条,织成后再用石灰煮练,溪水漂洗。织物表面带有绒毛,有单面绒、双面绒之分,以绒头长者为贵。染以薯莨,则丝劲爽可为夏服。不染则柔以御寒。粤人视之为贵重物品。

罾浦 在今福建福州市东南。五代晋开运三年(946),南唐兵围李仁达于福州。仁达求救于吴越,吴越兵自罾浦南潜入州城,即此。

zěng

矰田 宋时果州(治今四川南充)、合州(治今重庆合川)、戎州(治今四川宜宾)等处,农民于山陇之上筑堤储雨水,开田种稻,称矰田;又因其待雨而成,俗称雷鸣田。

zèng

赠官 朝廷对官员的一种恩典。即授予已故官员或现职官员的已故直系亲属如曾祖父母、祖父母、父母、妻室的荣誉职衔。始于晋朝,历代沿之,制度或有不同。明代凡三品以上政绩突出及死谏、死节、阵亡者,皆可得赠。七品以上官员都可推恩于曾祖、祖、父三代,凡三代中已死者,均可追赠与子孙相同的官职。

赠贴银米 简称赠贴。清漕项之一种。为发给漕粮运军费用而征收之赋税。顺治九年(1652)漕运改为官收官兑,因定赠贴,随漕粮征收。各省名目不同,多寡不一。山东、河南谓之润耗。江苏、安徽谓之漕赠。浙江谓之漕截。江西、湖北、湖南谓之漕贴。加征赠贴有米有银,惟湖北、湖南不征赠贴银,只征赠贴米。

甑山 在今湖北汉川市东南汉水侧。一名小别山。东晋建武元年(317),荆州刺史王廙退甑山,即此。

zhā

柤 春秋宋邑,后入楚。在今江苏邳州市西北泇口。《春秋》襄公十年(前563):公会晋侯、宋公、卫侯等"会吴于柤",即此。《水经·沭水注》引京相璠曰:柤,宋邑。在今山东微山县东南。《淮水注》又作"鄌",以为即汉之酂县,在今河南永城市西。

查弼纳(?—1731) 清满洲正黄旗人,完颜氏。初任佐领。康熙末任兵部侍郎、两江总督。雍正四年(1726)以其为允禩党人,召京审查,尽言苏努、阿灵阿结党事,得免罪,任吏部尚书。八年为北路军营副将军,随靖边大将军傅尔丹征伐准噶尔部策妄阿拉布坦。次年战死于和通泊。

查布河沟古墓葬 战国至汉时墓葬。在今新疆和靖北哈拉毛墩天山山谷冲积台地上。墓葬密集,均系用卵石围成圆形、方形圈的石堆墓。墓室用石砌成,口小于底,呈覆釜形。有单人葬、双人葬和多人丛葬。丛葬的肢骨分离,上下叠压。出土文物以实用陶器最多,有壶、罐、杯、碟、纺轮等,均素面,也有精致彩陶。还有木盘、骨纺轮、石器等。

查顿(William Jardine,1784—1843) 一译渣甸。英国苏格兰人。外科医生出身。1802年赴印度经商致富。1820年在印度经营鸦片业,两年后到广州。为人机诈,浑号"铁老鼠"。清道光十二年(1832)与鸦片贩孖地臣组成查顿·孖地臣公司,以广州为中心,在中国沿海进行鸦片走私。以传教士郭士立为翻译,走私规模日大,遂致巨富。在禁烟运动中,被林则徐指斥为鸦片流毒的祸首,遂于十八年底(1839.1)逃回英国。回国后极力鼓吹侵华战争,并向英国外交大臣巴麦尊献计献策，谋划侵华战争的兵力、步骤及侵略要求。1841年被选为下院议员。

查继佐(1601—1676) 明末清初浙江海宁人，字伊璜，号舆斋、东山钓史。明亡后更名省，字不省。崇祯举人。长期授徒乡里。清兵南下，奔赴浙东参加抗清斗争。鲁王监国，授兵部职方郎中，曾参与保卫钱塘江战斗。失败后，隐居海宁硖石东山之万石窝，从事著述，晚年讲学杭州铁冶岭，名其居曰敬修堂，学者称敬修先生或朴园先生。课余则致力于明代史事的整理和著述。曾出游广东，搜访遗闻轶事。庄廷钺"明史案"发生，牵连入狱。获释后，改名左尹，号非人，依然著述不倦。著有《罪惟录》、《鲁春秋》、《东山国语》、《国寿录》等。

查剌温 又译查老温。即"塔思"。

查郎阿(?—1747) 清满洲镶白旗人，纳喇氏，字松庄。康熙末袭世职。雍正初，历官吏部侍郎、左都御史。雍正五年(1727)，受命偕副都统迈禄率兵进藏，平阿尔布巴叛乱。七年，从藏回至西安，署川陕总督，协同岳钟琪办理军需。十年，代钟琪署宁远大将军。驻重兵于哈密，与准噶尔相持。后晋文华殿大学士，兼川陕总督。乾隆三年(1738)回京。十二年以病乞休。

查浦 在今江苏南京市清凉山南，直秦淮河口。东晋咸和三年(328)，苏峻据建康，陶侃率舟师讨之，屯兵于此。义熙六年(410)卢循兵泊蔡洲，刘裕在此筑垒屯守。

查慎行(1650—1727) 清浙江海宁人，字悔余，一字查田，号初白，原名嗣琏，字夏重。康熙举人，赐进士出身，应召入值南书房，任编修。雍正时因弟嗣庭案受株连下狱。后赦归。少受学黄宗羲，能诗善词。有《敬业堂诗集》、《补注东坡编年诗》、《黔中风土记》、《庐山游记》等。

查士标(1615—1698) 明末清初安徽休宁人，一说歙县人，流寓扬州。字二瞻，号梅壑。明诸生，明亡弃举子业，专事书画。家多鼎彝及宋元真迹，精于鉴赏。书法米芾，画学倪云林。用笔不多，惜墨如金。与同里孙逸、汪之瑞、僧弘仁并称"海阳四大家"。晚年技益超群。著有《种书堂遗稿》。

查嗣庭(?—1726) 清浙江海宁人，字润木，号横浦。康熙进士。雍正初，受隆科多之荐，任内阁学士，又受蔡珽荐举，兼礼部侍郎，雍正四年(1726)，出为江西乡试正考官，所出试题有："正大，而天地之情可见矣！""其旨远，其辞文"，"百室盈止，妇子宁止"，世宗把题中的"正"、"止"二字联系起来，谓其指雍正的"正"字有"一止"之意，有意诽谤。又于寓所搜出日记，有直论时事之文，援以为叛逆之实据。且因查系隆科多、蔡珽所荐，谓系属死党。乃将之下狱。次年结案，时已死于狱中，仍戮尸枭示，家属流三千里，家产入官。

叡方 商代方国(见殷墟甲骨文)。商王朝所册封的方国之一。见"四封方"。

zhá

扎答 见"察合台人"。

扎杜(?—1797) 清云南威远(今景谷)人。拉祜族。嘉庆元年(1796)，领导威远厅所属"倮黑"(今拉祜族)农民起义。次年四月，被俘遇害。

扎尔固齐 满语官名。又称都堂。清入关前所设职官。设于明万历四十三年(1615)，共十人。意为"理事官"、"断事官"，故又称"理事十大臣"，与"理事听讼大臣"五人共同掌理国政，凡诉讼之事，先经扎尔固齐审理，然后由五大臣、诸贝勒逐级听断公议，最后由努尔哈赤亲加审问。皇太极以后不再有此称号。

扎罕格尔 即"张格尔"。

扎合敢不 即"札阿绀孛"。

扎喀纳(1611—1659) 清宗室。贝勒扎萨克图长子。崇德三年(1638)从军攻明，有战功。次年封镇国公，寻缘事降辅国公。六年从攻明锦州。七年以太宗元妃丧时歌舞作乐，削爵幽禁。顺治二年(1645)叙入关军功，复宗籍，授辅国公品级，旋从征湖广。六年晋固山贝子。九年从敬谨亲王尼堪征湖南，于衡州为李定国所败，尼堪战死。十一年追论衡州败绩罪，削爵。次年复授辅国公品级。十五年从征明桂王。后卒于军中。

扎克必拉色钦毕都哩雅诺尔盟 清外蒙古诸盟之一。以会盟地在毕都哩雅诺尔，故名。隶理藩院。辖喀尔喀西路扎萨克图汗部各旗及附辉特一旗，共十九旗。东界赛因诺颜部，西界科布多，南接额济纳，北界唐努乌梁海。

扎库塔 ❶地名。扎库塔城，又称扎库塔路。位于珲春城西一百二十里，约在今吉林嘎呀河入图们江口稍北的西岸。扎库塔人初归顺努尔哈赤，旋降于乌拉部布占泰，为努尔哈赤所灭。❷满族姓氏。因地得名。散处瓦尔喀、扎库塔、噶哈里河(今嘎呀河)、萨其库哈达(今老松岭)等地。

扎库塔城 约在今吉林延吉、图们市境。明末属东海虎尔哈部，万历三十九年(1611)为努尔哈赤派兵攻克。

扎拉克 即"察拉克"。

扎剌儿 又译札剌亦儿、押剌伊而、札腊尔。蒙古部的一支。原居于怯绿连河，分为察哈、朵郎吉等十部。辽置阻卜札剌部节度使司，为辽北边属部。扎剌儿人因遭辽军袭击，逃往蒙古莫拿伦牧地，杀死莫拿伦全家，仅长孙海都得免。后此部为海都征服，成为他的斡脱古孛斡勒(世代的奴隶)。成吉思汗时，此部人多分给长支岳里斤属下，岳里斤亡，转属于成吉思汗。蒙古攻金后，扎剌儿等五部受封牧地于漠南东部。扎剌儿人为蒙古立战功者甚多，以木华黎最著名。

扎赉特 清内蒙古部名。首领为成吉思汗弟哈撒儿后裔。天命九年(1624)随科尔沁部归附后金。顺治五年(1648)设扎萨克旗，牧地在黑龙江齐齐哈尔城西南。属哲里木盟。参见"札赉尔"。

扎里赤 元怯薛执事之一。掌书写圣旨。

扎鲁库克齐伯克 新疆维吾尔语音译。《回疆通志》:吐鲁番郡王之孙爱哈特巴克任该伯克,二品顶戴。其他无考。

扎萨克 即"札萨克"。

扎萨克图汗部 即"札萨克图汗部"。

扎什伦布寺 汉译须弥福寿。在西藏日喀则尼色日山下。藏传佛教格鲁派(黄教)寺院,与甘丹、哲蚌、色拉三大寺合称四大寺。明正统十二年(1447),由格鲁派创始人宗喀巴弟子根敦主(后被追认为达赖一世)兴建,至四世班禅罗桑却吉坚赞时,复大规模扩建,共有四扎仓(经学院):罗赛林、夏孜、吉康、阿巴。僧人定额四千四百人。寺周筑有城垣,方圆约2公里。寺内建有班禅居住的德钦颇章(宫)和历世班禅灵塔。收藏有清朝皇帝赐给班禅的金册、金印,还有"唐卡"(卷轴佛画)、织锦等大量工艺品。历世班禅以此寺为母寺。

扎由瓦 元乌思藏宣慰司所辖万户之一。地在今西藏山南地区隆子县东南甲域河谷。

札 文书名。下行文。始用于宋代,时称札子,为机密文书。凡中书、枢密院处置公事,均用以指挥所部。中书札子,宰相押字在上,次相及参政依次向下;枢密院札子则枢密院长官押字在下,副长官依次向上。元明两代改称札付。清代沿用,但札与札付区别使用。中央六部、都察院行文顺天府尹,六部行文太常寺、太仆寺、光禄寺、鸿胪寺、国子监、钦天监、太医院、宝泉局、宝源局、各仓监督、各关监督、各织造以及布政使、按察使等,都察院行文六科,礼部行文各省学政,兵部行文各提督、总兵,经略行文提督、副都统等,均用札。亦俗称札子。凡接受札文之衙门,回文均用咨呈文。惟各省织造、各关监督对户部,提督、总兵对兵部用呈文。参见"札付"、"简❶"。

札阿绀孛 又译札哈坚普、札合敢不。克烈部长汪罕之弟。曾随汪罕联合铁木真袭蔑里乞部。后与汪罕失和,率众投乃蛮。铁木真攻灭克烈、乃蛮,随大将术赤台降,献二女。长女亦巴合嫁铁木真,后赐术赤台;次女唆鲁禾帖尼嫁拖雷。后复叛,为术赤台擒杀。

札八儿火者 又译劄八。回回人。伊斯兰教创始人穆罕默德后裔,以赛夷(Sayyid)为氏。火者(Khwajah)乃宗教职衔。蒙古建国前,即从元太祖与蒙古各部争战。后奉命使金,察知金关隘险要形势。太祖八年(1213),导攻金大军由小道越长城,从腹背攻入居庸关南口。十年,入据中都(今北京),与诸将留守,任黄河以北铁门以南天下都达鲁花赤,汉人称为"宣差相公"。享年过百岁。

札卜罕河 河名。亦作扎卜汗、扎巴哈。蒙古国西部流入吉尔吉斯湖的河流。明代蒙古汗马可古儿吉思和土默特部俺答汗曾先后在此与瓦剌作战。

札赤剌 即"札只剌"。

札答剌 即"札答阑"。

札答阑 又译札答剌。蒙古部的一支。传说孛端察儿曾掳夺一孕妇为妻,所生之子名札只剌歹,就是札答阑氏的祖先。札答阑由蒙古语札惕(外人)和阿阑(人)两词组成,意指其血缘是族外人子孙。札答阑的复数是札答剌惕,音变为札只剌惕,故此部又有札只剌之名。

札尔固齐 即"扎尔固齐"。❶蒙古语音译,意为"掌管诉讼之人"。系准噶尔兀鲁思负责司法的官员,辅佐图什墨尔治理政事,兼办一切刑名案件。定员六名。❷后金官名。又称都堂。努尔哈赤任费英东等人为札尔固齐,听讼治民。明万历四十三年(1615)置理政听讼大臣五人以后,札尔固齐的职掌偏重于审断词讼。凡有诉讼之事,先经札尔固齐十人审问,然后告于五大臣。皇太极以后不再有此称号。

札尔鼐·罗追杰布(?—1728) 清西藏拉萨人。藏族。康熙五十九年(1720),向导清军进藏,平定侵藏的准噶尔部。同年九月,达赖七世格桑嘉措在布达拉宫坐床,被任为强佐(总管)。次年,受清封为一等台吉。雍正元年(1723)又被任命为西藏地方噶伦。五年,附和阿尔布巴·多吉杰布,杀首席噶伦康济鼐。次年,为颇罗鼐所执,后被清廷处死。

札付 文书名。下行文。宋代有札子作为下行文,元明仿宋制,改称札付。清代沿用,但与札区别使用。中央六部及地方巡抚、提督等衙门向非所属下级衙门行文时用札付,余用札。如巡抚行文副将、参将、游击、都司,提督行文府、厅、州、县,均用札付。又,绿营自总兵至把总等各级武职官员赴任时,均由兵部给予札付,任满咨部截角缴销。参见"札"。

札哈沁 蒙古语,边守人之意。为准噶尔主管防守边界,坐镇卡伦和巡查访察事务的人。后集中一处执守,渐形成札哈沁鄂拓克。

札忽惕 蒙古语。元代汉译为"汉儿"或"汉人",指原金朝统治地区的各族人。

札喀关 即今辽宁新宾县西北三道关。为后金边防要地。天命四年(1619)努尔哈赤征叶赫部,分兵守此,以御明兵。

札剌 一译劄剌、扎腊。元太祖时蒙古副元帅。参见"哈真"。

札剌亦儿 即"扎剌儿"。

札赉尔 明蒙古部名。源于元代的札剌亦儿。统治者为成吉思汗弟哈撒尔后裔。为科尔沁属部之一,游牧于兴安岭以东。明天启四年(后金天命九年,1624)随科尔沁首领归附后金。今称扎赉特。

札赉诺尔遗址 中国石器时代遗址。在内蒙古满洲里市附近。1927年发现。出土有大量动物化石、少量石器和两个人类头骨及一个下颌骨化石。动物化石有披毛犀、猛犸和原始牛等。

札兰额真 即"甲喇额真"。

札兰章京 即"甲喇章京"。

札里赤 官名。蒙古语音译。蒙、元为怯薛执事之一。蒙语"札里"意为圣旨,"赤"意为者。"札里赤"意为书写圣旨者,掌书写大汗、皇帝的口述圣旨。

札鲁忽赤 官名。又译札鲁火赤、札鲁花赤。

蒙古语。汉译断事官。蒙古建国之初,司法、行政、财政事务简易,只设札鲁忽赤领其事。汗廷、诸王投下皆有此官。札鲁忽赤之长称“也可札鲁忽赤”,汉译大断事官。元朝建国后,政事归中书省,立大宗正府,设札鲁忽赤至四十人左右,以诸王领其事,审理怯薛及各投下蒙古、色目人案犯,亦审理汉人、南人重囚,并按检诸路刑狱。中书省设断事官(札鲁忽赤)三、四十员,以皇室及投下怯薛官充任,掌刑狱,并理算钱谷。枢密院断事官掌处决军府狱讼。

札鲁花赤 即“札鲁忽赤”。

札鲁火赤 即“札鲁忽赤”。

札鲁特 清内蒙古部名。明内喀尔喀五部之一。天聪二年(1628)归附后金。顺治五年(1648)设左右两旗,隶昭乌达盟。嘉庆间两旗各有佐领十六。牧地约当今内蒙古扎鲁特旗。

札马鲁丁 又译札马剌丁。元回回人。忽必烈即位前,征召回回习星学者。他应召,事于藩府。至元四年(1267),造西域观测仪器七种,即混天仪、测验周天星曜之器、春秋分晷影堂、冬夏至晷影堂、浑天图、地球仪和昼夜时刻之器,形制与同时期伊利汗国天文学家纳速剌丁为蔑剌合天文台所造者基本相同。同年,撰进《万年历》。八年,置回回司天台于上都,为提点。十年,回回司天台隶秘书监,授知秘书监事,仍兼提点。二十二年,奏请由秘书监主持编修地理图志,奉命主其事,后复请以所存西域地理图册与各省图志合编,并荐举陈俨、虞应龙、萧𣂏等参与编修,三十一年修成,名《至元大一统志》。累迁阶嘉议大夫、中奉大夫,授集贤大学士,仍知秘书监事。

札木合(?—1205) 蒙古札答阑部首领。早年与铁木真(成吉思汗)结为按答。曾助铁木真结集部众,后同游牧。铁木真分离自立,乃纠集诸部,进击铁木真于答阑版朱思(今克鲁伦河上游北)。1201年,会弘吉剌等十一部于刊河(今额尔古纳河支流根河),被推举为局儿罕。次年,进攻铁木真于阙奕坛,军溃,被迫请降。1203年逃至乃蛮部。次年,乃蛮部被铁木真击败,与随从五人出逃,途中被从人缚送铁木真,处死。

札撒 又译札撒黑。蒙古语,意为法度。元太祖生前依蒙古习惯法颁布法律,称大札撒。《元史·太宗纪》:“大札撒,华言大法令也。”元代奉为祖宗大法。新帝即位,必隆重宣读。大札撒原文已佚,散见于《世界征服者史》、《史集》、《埃及志》等书。

札撒黑 即“札撒”。

札萨克 官名。亦作扎萨克。蒙古语音译,意为“藩封掌印”,即“一旗之长”。清制,外藩蒙古及哈密、吐鲁番回部每旗一人,由理藩院于每旗之王、贝勒、贝子、公、台吉、塔布囊等贵族内拣选请旨充任,掌一旗之政令,仍受理藩院及当地将军、大臣等节制。下设协理台吉二至四人赞理旗务,并置管旗章京、副章京、参领、佐领、骁骑校等官分理各项军民事务。此外,内蒙古六盟各设兵备札萨克一人,管理本盟之军务。

札萨克达喇嘛 封号。清代藏传佛教之职任喇嘛。乃活佛之下最高喇嘛称号。北京、盛京、热河等处皆设。掌理寺庙佛教之事。

札萨克喇嘛 封号。清代藏传佛教之职任喇嘛。位在札萨克达喇嘛之下。驻京喇嘛设四人。蒙古各庙徒众过五百人者设一人。分理寺庙宗教事务。

札萨克图汗 即“土蛮”。

札萨克图汗部 又称喀尔喀西路。清外蒙古部名。明末清初,部长素巴第始号札萨克图汗。以汗号得名。康熙二十七年(1688)归附清朝。三十年,设旗分掌,封部主策旺扎布和硕亲王,保留汗号。次年定为喀尔喀西路。嘉庆间有旗十九,辖佐领二十四。牧地在杭爱山左右,隶札克必拉色钦毕都哩雅诺尔盟。

札温 蒙古语,意为百,或用以简称百户。

札兀惕忽里 又译察兀惕忽里。金章宗承安元年(1196)封授铁木真的官号。义为群纠统领。忽里,为金朝封授统领数部的首领称号。

札牙笃皇帝 即“元文宗”。

札也 又作札野。金代军事将领的勤杂服役人员,选勇敢及家庭富有者充任。元代仍沿此制。

札迻 书名。清孙诒让撰。十二卷。孙氏在研究经史著作的过程中,感到古籍由于三代文字之通假、秦汉篆隶之变迁、魏晋正草之混淆、六朝唐人俗书之流失、宋元明校刊之羼改,以及多次传抄与刊刻,而错误百出。遂以三十余年精力,对《易乾凿度郑康成注》、《韩诗外传》、《春秋繁露》、《春秋释例》、《战国策高诱鲍彪注》、《越绝书》、《吴越春秋徐天祐注》、《汉旧仪》、《水经注》、《晏子春秋》、《邓析子》、《尹文子》、《盐铁论》、《新序》、《论衡》、《风俗通义》、《穆天子传郭璞注》、《西京杂记》、《南方草木状》、《竹谱》、《楚辞王逸注》、《蔡中郎集》、《文心雕龙》等著作,按册迻录,申证厥谊,间依卢文弨《群书拾补》例附识旧本异文,以备甄考,汉唐旧注及清代校释错误或不妥之处,亦加纠正。是书在校勘方面功力颇深。

札只剌 又译札赤剌、插只来。蒙古部的一支。最早见于《辽史》,作茶札剌、茶赤剌,系辽北面属部。部分部民曾随耶律大石西征。参见“札答阑”。

札子 即“札”。

轧车 见“搅车”。

闸漕 见“闸河”。

闸官 官名。元代置各闸提领官、监闸官,明代始称闸官。清沿置,为未入流之杂职,例以吏员担任。掌司各水闸之启闭,按时蓄水、泄水及各闸之维修管理事。

闸河 明、清会通河的别称。会通河地势中间隆起,向南北两端倾斜,高下相差悬殊,加以河道东西两岸地势多有起伏,水源不均,故元代在沿线设闸,分段启闭,递相灌输,以利通航。明末全河建闸五十一座,清乾隆时有闸四十九座。河道河闸化,故名。因会通河为运河的一部分,主要用于漕运,故又称“闸漕”。

铡 又称铡刀、镲。一种手工农具。将铡刀的一端固定在一个中间有缝的硬木上,利用杠杆原理,可以省力。在硬木上,缝的两侧各钉若干铁钉,以防被铡物滑走。主要用于切碎饲草,还用来切割成捆庄稼的穗。也用以切药材。在河南禹县(今禹州)曾出土了北宋铁铡刀。元王祯《农书》对铡有详细记述。

牐官 清吏员名。掌启闭河牐,以时蓄泄。属河道总督。

霅川之变 宋宁宗无子,嘉定十四年(1221),以皇侄赵贵和为皇子,更名赵竑。竑不满史弥远与杨后专权,准备即位后将史弥远决配,事机泄漏。十七年,宁宗死,史弥远与杨后另立帝侄沂王昀(理宗)为帝,以竑为济王,出居湖州(今属浙江)。宝庆元年(1225),潘壬、潘甫、潘丙发动政变,欲立竑为帝。竑不从,以州兵讨捕潘壬等,事平。史弥远乘机遣门客秦天锡逼赵竑自缢。湖州别名霅川,故称"霅川之变"。

霅溪 ❶即今浙江湖州市苕溪下游。由苕溪(西苕溪)、余不溪(东苕溪)、前溪、北流水汇流而成,北流入太湖。《太平寰宇记》:"霅者以四水激射之声也",故名。❷浙江旧吴兴县(今湖州市)别称。因境内霅溪得名。宋末、元初画家钱选为吴兴人,自号霅溪翁。

zhà

乍浦 即今浙江平湖市东南乍浦。元时已是海上港口。明洪武十四年(1381)置巡检司,十九年改建千户所,筑城。清代兴盛,国内闽、粤、瓯、越及日本、琉球、安南商人云集,为杭州湾海上交通名镇。孙中山曾设想于此附近区域建设"东方大港"。

诈马宴 即只孙宴。诈马(Jamah)为波斯语,义为衣。蒙古、元朝宫廷及宗王斡耳朵设宴,因与宴者着一色衣,故名。

诈伪律 唐律第九篇名。即关于伪造凭证及欺诈行为的刑法。如伪造皇帝宝玺,伪写官文书印,伪写宫殿门符;诈伪诏书,诈假得官,诈伪及改窜官文书,妄认良人为奴婢或部曲,诈伪瑞应,诈乘驿马,诈病及死伤等,皆受相应刑罚。共二十七条。三国魏始名,隋唐因之。

栅城渠 在今山西文水县北。《新唐书·地理志》:"文水县(今县东旧城)西北二十里有栅城渠,贞观三年(629)民相率引文谷水(今文峪河),溉田数百顷。"

栅口 一作栅江口。巢湖泄水口。在今安徽和县西南长江边。南朝梁太平元年(556),北齐遣仪同三司萧轨等合军十万进犯,出栅口,即此。

栅栏积茭 古代养羊之法。贾思勰《齐民要术·养羊》:"于高燥之处,竖桑棘木作两圆栅,各五、六步许。积茭(青饲料)著栅中,高一丈亦无嫌。任羊绕栅抽食,竟日通夜,口常不住。终冬过春,无不肥充。"此法优点,是可完全满足羊之食欲;避免羊践踏干草,造成浪费;节省劳力,加一次草可维持几天,不需经常加草;以及可保持和加强羊群之卫生与活动。

栅水 一作栅江,即濡须水。源出巢湖,下游入长江处在今安徽无为县东南濡须口以东的栅口,与濡须水下游不同。

栅中日录 书名。朝鲜李民寏撰。明万历四十七年(1619),明与后金战于萨尔浒,朝鲜国王受明之命,派姜弘立率军往援,明师败绩,弘立降。民寏为弘立幕僚,随军作战,同时被俘,圈禁于赫图阿拉(今辽宁新宾县西老城),次年获释归国。此书即记载民寏的亲身经历,为研究萨尔浒之战、后金与朝鲜关系的珍贵资料。有日本稻叶君山抄本及今西春秋之影印本,辽宁大学历史系排印本。

炸炮 地雷类火器。明代使用。以生铁铸体,大如碗,空腹,上留指大一口,入火药,以木杵填实,插入小竹筒,穿火线于内,用纸隔药,上少覆干土。火药线穿入火槽,一槽可连多雷。设于路,掘坑埋之。药槽通接钢轮发火机构,土掩。敌踏其机,火发雷爆,铁块四飞,火焰骤起,以杀伤敌人。其制还有多种,雷壳或铁或石,或磁或瓦,造成空腹,填火药即可;亦可将不同类型的雷连合,皆异常猛烈。名称不一,有石炸炮、自犯炮、冲天雷等名谓。

榨机 又称榨、榨床。一种加工机械。用以制酒、油、糖等。最早记载见于宋王灼《糖霜谱》,用于榨油的榨机又称油榨、榨油机。元王祯《农书》有详细记载。用于榨糖的榨机又称造糖车。明宋应星《天工开物》记载的造糖车是两辊式榨机,用于榨甘蔗。

蜡 周代周历十二月(夏历十月)普祭众神的祭典。因合聚万物的神灵加以祭祀,又称"大蜡"。因万物的神灵中又以祭祀与农事有关的八神为主,故又称"八蜡"。八神之名,依《礼记·郊特牲》为:(1)先啬,即首创稼穑的人,郑玄说即神农;(2)司啬,即主管农事的人,郑玄说即后稷;(3)百种,谷神,一说是为人类提供衣食来源的各类作物之神;(4)农,田官之神;(5)邮表畷,田间庐舍及阡陌之神;(6)禽兽,供人役使的禽兽之神;(7)猫虎,猫食田鼠,虎食野猪,保护农业生产有功,故迎其神祭之;(8)坊与水庸,堤防及沟洫等水利设施之神。凡祭之日,举国上下可开怀畅饮、唱歌跳舞,尽情欢乐。传周公制礼作乐后,将祭天帝和祭祖合并在此节日中进行,主会场设于都城南郊的祭天之所。各地举行蜡祭与否,视当年收成情况而定。歉收不举行,以节省开支;丰收举行,以调节民众的劳苦生活。春秋时,此风仍盛,甚至达到"一国之人皆若狂"的程度。

zhāi

斋教 又称老官斋教,为白莲教支派之一,崇奉弥勒佛,以"天国普有"为宗旨,明清两代在闽、浙、苏、湘、黔等省流传很广。咸丰五年(1855)斋教领袖罗光明在贵州都匀领导起义,后与黄号军潘明杰部经常联合作战。后被清军击败。同治五年(1866)斋教以"戒杀、放生、消灾、避劫"为口号,活跃于武夷山区。首领为陈顺光、杨维忠等,参加者多为当地农民和茶农,头裹白布、红巾和绿巾,旗帜上书“天国普有”。起义军曾占领崇安和建阳,后在清军进攻下失败。

斋郎 官名。掌郊庙祭祀杂役。三国魏置。隶太常,八品。两晋、南朝因之。北魏分太常斋郎与祀官斋郎。唐太常寺置太庙斋郎(后归宗正寺)一百三十人,所领两京郊社署置郊社斋郎一百十人,鸿胪寺司仪署置三十人。出任者乃经过考试的五品或六品官子孙,任职年久可补室长、掌坐、掌次等,为官员子弟入仕途径之一。宋略如唐制。

斋舍 见“号舍❷”。

斋帅 官名。(1)南朝宋、梁置。在皇帝、诸王及州郡长官左右担任侍卫及洒扫、铺设等职。地位较低,多由寒人充任。北朝在皇帝左右的斋帅地位较高,常兼任其他较重要的官职。《魏书·李灵传》:“(李翼)初为荡寇将军、斋帅,又除员外郎,迁尚书郎,仍斋帅。”北齐门下省设斋帅局,有斋帅四员,从七品。诸王国皆设斋帅四员。北齐时此职还有伺察百官的作用。(2)东宫官。北魏已置。北齐太子门下坊设斋帅局,置二员,负责东宫侍卫及洒扫等事务,八品。隋代四员,正七品下。唐初沿之,龙朔二年(662)改名太子典设郎。

斋帅局 官署名。北齐门下省、东宫门下坊置,掌铺设、洒扫等事务,设斋帅、内阁帅等官。隋及唐初仅置于太子门下坊,仍设斋帅,掌东宫汤沐、灯烛、洒扫、铺设事。唐高宗时改名典设局。

斋文 宋制,每逢有关节日或遇天灾,在著名佛寺举行祭祀仪式,由翰林学士或地方官起草奏章表文,献给神佛。一般用四六句文体。有时亦称水陆道场文词为斋文。

斋务提调 官名。又名斋务长。清末各学堂负责斋务之职官。光绪二十七年(1901)后在全国各类中、高等新式学堂及大学堂设置。掌考验学员品行及堂外寄宿舍一切事务。辖监学官、检查官。

斋用钱 南宋太学外舍生初次*参斋,须向本斋集正纳钱十七千,称斋用钱,然后准赴帘试,次日在官厨就餐。此后,每人每月纳斋用钱一千,请长假者、斋长、斋谕和内舍生免纳,贫乏者减半。参见“参斋”。

斋谕 学校职事名。宋代学校分斋教学,每斋约三十人。庆历间太学始设斋谕。元丰二年(1079)起,太学各斋设斋长、斋谕各一员,选学生担任。斋谕协助斋长率导本斋学生,执行学规和斋规。

斋长 学校职事名。宋代各类学校分斋教学,每斋约三十名学生,设斋长一员。太学斋长,选学生担任,按斋规处罚犯规学生,每月登记本斋学生行艺于簿籍,每季末评选成绩优秀者送学谕考试。明代沿置。国子监监生在六堂习业,分斋管理,每斋选厚重勤敏监生一名充任。为诸生表率,每日通轮四名,于彝伦堂值日,整点礼仪和序立班次,并催督各斋功课。有事外出则率诸监生告本斋教官,并向祭酒或司业请假。

摘印 清代官员处分制度。外任官员因钱粮、刑名事件被降调或革职离任,由督抚另行委员接署印篆者,称为摘印。凡被参奉旨降革之员,于部文到日,该督抚应及时委员摘印。否则,得照徇庇例,降三级调用。至于钱粮、盗案限满等案处分定例内,必须离任者,督抚于查参之日即可委员摘印署理,不必等候部复。

摘种 选择蚕种。南宋初陈旉《农书》记述留种、自育自繁问题时说:“凡育蚕之法,须自摘种,若买种,鲜有得者。”又说:“若自摘种,必择茧之早晚齐者,则蛾出亦齐矣。蛾出既齐,则摘子亦齐矣。摘子既齐,则出苗亦齐矣。出苗既齐,勤勤疏拨,则食叶匀矣。食叶既匀,则再眠起等矣。”对育蚕自留种茧之方法、目的和要求阐述得很清楚。

zhái

宅地 北魏均田制中所授盖房之地。规定凡新居者,三口给地一亩,以为居室;奴婢五口给一亩。北周时改为人口十口以上,宅五亩;九口以下,宅四亩;五口以下,宅三亩。但据西魏大统十三年(547)敦煌户籍计帐残卷所载,平均每户受宅田仅及一亩,故北周均田令宅田条徒具空文。

宅家 唐对皇帝的敬称,亦称官家。

宅税 通称屋税。宋时对坊郭户所征的房产税。应天府(治今河南商丘)每年征收屋税五千多贯,均输纳钱币。荆湖南路屋每间纳绢一丈三尺。屋税等级、数额、品类并无定制。河北路屋税分十等,并依此划分坊郭户等和分摊盐税钱。有的地区却无此税。

宅田 战国时国家所授民之建宅用田。《周礼·地官·载师》:“以宅田、士田、贾田任近郊之地。”郑玄注引郑司农曰:“民宅曰宅,宅田者以备益多也。”言宅田为供民增建住宅所需之田。郑玄则谓:“宅田,致仕者之家所受田也。”言此辈退官后无禄,又因尝仕,不可同于齐民,故需别授之田以养其家。具体授田量,据《白虎通·致仕》云:“三分其禄以一与之”,《王度记》云:“臣致仕于君者,养之以其禄之半”。孙诒让《周礼正义》引沈彤云:“前说当谓食大夫以上,后说当谓食元士以下也。若其家则皆别受田五十亩耳。”

宅阳 在今河南荥阳市东。《史记·魏世家》:惠王五年(前 365),“与韩会宅阳”。张守节正义引《括地志》:“宅阳故城一名北宅,在郑州荥阳县东南十七里。”

翟斌如(? —1728) 清河南济源人。康熙末,从道人潘凤池行医传教,后为教首,人称“翟神仙”。雍正五年(1727),与张冉公、杨廷选、靳广等于泽州(今山西晋城)聚众密谋起事。旋事泄,遂率众拒捕,为州役所获。次年遇害。

翟超(? —169) 东汉人。桓帝时任山阳太守。为当世名士,与张俭等人并称“八及”。署俭为东部督邮,举劾中常侍侯览及其母罪恶。后宦官诬俭等共为部党，灵帝下诏缉捕，党锢由此再兴。与长乐少府李膺等百余人被捕下狱，死于狱中。

翟方进(？—前7) 西汉汝南上蔡(今河南上蔡西南)人，字子威。家世微贱。后学《春秋》，以射策甲科为郎、举明经，迁议郎。成帝时为博士。后任朔方刺史，迁丞相司直。旬岁间劾免两司隶校尉，朝廷由是惮之。时起昌陵，贵戚近臣子弟宾客多辜榷为奸利，乃部署掾史发奸赃数千万。徙京兆尹，搏击豪强，京师畏之。永始二年(前15)迁御史大夫，旋擢丞相，封高陵侯。兼通文法吏事，以儒雅缘饰法律，甚得成帝器重。为政公洁，请托不行郡国。然持法刻深，举奏牧守九卿，中伤者尤多。任相十年，后因灾害频仍，民多流亡，又以用度不足，奏请增赋，税城郭旁地园田，增益盐铁。绥和二年(前7)为成帝所责，即日自杀。

翟璜 璜一作黄。战国时下邽(今陕西渭南东北)人，一名触。在魏文侯时官至相国，爵为上卿，辅佐文侯三十余年，荐举大批人才，皆为国家栋梁。他曾对武侯说："昔者西河无守，臣进吴起而西河之外宁。邺无令，臣进西门豹而魏无赵患。酸枣无令，臣进北门可而魏无齐忧。魏欲攻中山，臣进乐羊而中山拔。魏无使治之臣，臣进李克而魏国大治。"(《说苑·臣术》)

翟翦 战国时魏国人。翟璜之后。魏文侯时曾为上卿。据《吕氏春秋·不屈》，魏惠王时，听从其相惠施以"大术"治魏，他以为惠施之术"善而不可行"，惠王不听。其后魏国士民疲羸，国家空虚，天下之兵四至，诸侯不助。惠王遂更听其谋，社稷乃存。

翟角 战国时人。魏文侯欲伐中山，他为翟璜所荐。文侯用其谋，于魏文侯四十年(前406)攻灭中山。见《韩非子·外储说左下》。

翟进(？—1128) 宋河南伊阳(今河南嵩县西南)人，字先之。翟兴弟。以战功充京西第一将，屡败契丹。金兵攻京师时，统河南民兵，收复西京(今河南洛阳)。后又屡破金兵，授武义大夫，迁武功大夫、閤门宣赞舍人，任京西北路兵马都钤辖，擢本路制置使，兼知河南府。后击败叛将杨进的进犯，追数十里，破四寨，马惊坠堑，遇害。

翟銮(1477—1546) 明山东诸城人，居北京，字仲鸣，号石门。弘治进士。嘉靖六年(1527)官至吏部左侍郎兼学士，入直文渊阁。十二年丁忧归。十九年用贿得进礼部尚书兼武英殿大学士，声誉顿衰。二十一年任首辅。二十三年为其子科场舞弊案所累，被严嵩排挤，削职为民。病死。

翟酺 东汉广汉雒(今四川广汉北)人，字子超。四世传《诗》，好《老子》，尤善图纬、天文、历算。仕郡，征拜议郎，迁侍中。安帝时，应试补尚书，见外戚阎显等专权用事，上疏进谏。延光三年(124)，出为酒泉太守，迁京兆尹。顺帝即位，拜光禄大夫，再迁将作大匠，节省费用岁达四五千万。上言修缮太学，开拓房室，均被纳用。学者为之立碑铭于学。后屡遭权贵诬陷，卒于家。著有《援神》、《钩命解诂》十二篇。

翟强 战国时人。魏国大臣。与楼廪共事魏襄王，为魏王所依恃。他与楼廪有隙。楼廪欲合秦、楚外齐以轻翟强，他则欲合齐、秦外楚以轻楼廪。见《战国策·魏策三》。

翟勍(？—417) 十六国时武始(治今甘肃临洮)人。西秦乞伏乾归时历左司马、主客尚书、尚书令。永康元年(412)乞伏炽磐即位，拜为相国。

翟让(？—617) 隋东郡韦城(今河南滑县东南)人。骁勇有胆略。初为东郡法曹，犯法亡命至瓦岗(今河南滑县东南)，率众起义。单雄信、徐世勣等人响应，众至万余，所部多为渔猎手，善使长枪。大业十二年(616)，李密来归，为其策划，合并附近各部义军，破金堤关，克荥阳等县，并于荥阳大海寺北丛林中设伏，杀隋将张须陀，威震中原。次年，与李密攻下兴洛仓(在今河南巩义东北)，开仓赈饥。相继攻占河南诸郡，众至数十万，建行军元帅府。后推密为魏公，自任上柱国，司徒，封东郡公。或劝其总领军务，以夺密权，旋为密所杀。

翟汝文(1076—1141) 宋润州丹阳(今属江苏)人，字公巽。元符进士。徽宗时，除秘书郎，后拜中书舍人，迁给事中。因劾内侍梁师成强市百姓墓田，增辟园池，黜守宣州(今属安徽)。钦宗时，召为翰林学士，知越州兼浙东安抚使。绍兴二年(1132)，除参知政事。右相秦桧劾其专擅，罢去。工画，尤精篆籀。著作有《忠惠集》。

翟善 明扬州泰兴(今属江苏)人，字敬夫。洪武中以贡举入太学，历官吏部文选司主事。洪武二十六年(1393)署部事。累迁至尚书。明于经术，为帝所器重。二十八年，坐事降宣化知县，卒于官。

翟汤 晋南阳(今属河南)人，侨居寻阳(治今江西九江)，字道渊。隐于柴桑南山。司徒王导辟之，不就。始安太守干宝遣船载货馈之，竟不受赐，以货易绢寄还。建元元年(343)，安西将军庾翼北伐石虎，发僮客充戎役，敕有司特免其所调，乃悉使僮仆归乡吏应调，吏奉旨不受；遂放免僮仆为编户。康帝以散骑常侍征之，辞老疾。卒年七十三。

翟守素(922—992) 北宋初济州任城(今山东济宁)人，字昭俭。后晋天福初以荫为殿直，历后汉、后周，迁供奉官，领承天军使。宋乾德中，随军攻蜀，蜀平，判四方馆事，复入蜀经略诸郡，防止变乱。开宝三年(970)，为剑南十州都巡检使。太平兴国二年(977)，塞河决，平梅山洞蛮。吴越纳土，为两浙兵马都监，安抚诸郡，知杭州。雍熙四年(987)为天雄军兵马钤辖、知大名府，筑城垒。后徙屯夏州，知凤翔府、石州。谨厚自持，凡断大辟狱，虽罪状明白，仍遍访僚属，无异议始决。

翟兴(1073—1132) 宋河南伊阳(今河南嵩县西南)人，字公祥。骁勇善战，与弟进号大翟、小翟。金军南犯时，以保护陵寝功，补承信郎，为京西北路兵马副钤辖、陕西宣抚司前军统制。翟进为叛将杨进所害，他率兵击杀杨进。屡败进犯河南的金兵，团结敌后忠义抗敌。授河南、孟、汝、唐州镇抚使，兼知河南府，又为节制应援河东、河北路兵马使。绍兴元年

(1131)春,金以重兵犯河南时,设计擒金帅。次年,严拒刘豫诱降,后被刘豫买通裨将杨伟刺杀。

翟义(?—7) 西汉汝南上蔡(今河南上蔡西南)人,字文仲。翟方进之子。少以父任为郎。成、哀帝时历任南阳都尉、弘农太守、青州牧、东郡太守等职。王莽居摄二年(7)与东郡都尉刘宇、严乡侯刘信等举兵,立信为太子,自号大司马柱天大将军,移檄郡国,声讨莽鸩杀平帝、矫摄尊号。及至山阳(今河南焦作东南),众十余万。三辅闻之,自茂陵以西至汧,二十三县群起响应。后为莽军所败,被捕后磔尸弃市,夷三族。

翟庄 晋南阳(今属河南)人,居寻阳(治今江西九江),字祖休。少以孝友闻。承家教,不交名人,耕而后食,语不及俗,以钓猎为事。后不复钓猎,端居筚门,以杂粮、白水为食饮。州有礼命,公车征召,皆不赴。年五十六卒。

zhài

债帅 唐自大历以来,将帅多不经中书,径由禁军中尉(宦官)委任。禁军将校欲得此职者,须以重资贿中尉,无钱者则向富户借高利贷,到镇后重敛百姓以偿债,因被称为债帅。太和元年(827),忠武节度使卒,宰相裴度、韦处厚奏以熟悉当地军情的太仆卿高瑀充任。时人相庆曰:“韦、裴作相,天下无债帅。”

砦兵 见“土兵❶”。

祭 周代国名。或作郲、蔡。姬姓,在今河南郑州东北,始封君为周公之子。祭公谋父为穆王臣,其国至春秋尚存。

祭方 商代方国(见殷墟甲骨文)。武丁时期卜辞有“雀戋祭方”(《战后南北所见甲骨录》诚斋第30片)。其故地即春秋时期郑大夫祭仲之封邑,在今河南郑州市以东,开封市以西一带。

祭公谋父 周人,名谋父。穆王大臣。周公后裔,祭国(今河南郑州东北)国君。曾劝谏穆王征伐犬戎,穆王不听,又作《祈招》之诗,劝王爱惜民力,减少巡游。《逸周书·祭公》记其临终对穆王之嘱托。

祭肜(?—73) 东汉颍川颍阴(今河南许昌)人,字次孙。光武帝时,任偃师长、襄贲令。迁辽东太守,整顿边备,争取鲜卑大都护偏何等合击匈奴和赤山乌桓。明帝时,征为太仆。永平十六年(73)奉命与南单于左贤王信伐北匈奴,因为信所诈骗,无功而还,坐逗留畏懦罪下狱。出狱数日,呕血而死。

祭仲 又称祭仲足、祭足。春秋时郑国人。事郑庄公为卿。郑庄公三十七年(前707)率左拒之师参与繻葛之战,大败周桓王。四十三年,郑庄公死,他立庄公太子忽,是为昭公。旋被宋人劫持,归后被迫改立公子突,即厉公,昭公奔卫。郑厉公四年(前697),厉公以他专擅国政,谋使雍纠杀之,赖其女告密,执杀雍纠,厉公奔蔡,昭公复位。郑子亹元年(前694),齐伐郑,师至首止(今河南睢县东南),郑子亹等往见齐襄公,为齐所杀。他因知齐襄公与子亹有怨,称病未往,以此免祸,时人曰“祭仲以知免”。

祭遵(?—33) 东汉初颍川颍阳(今河南许昌)人,字弟孙。更始年间,从刘秀征河北,任刺奸将军。建武二年(26)任征虏将军,定封颍阳侯。先后率兵与诸将平定弘农、新城,击破涿郡张丰,征讨公孙述及隗嚣,屡建战功。后卒于军中。明帝时图画功臣,列为云台二十八将之一。

寨 ❶防卫所用的木栅。❷宋代设置在边区的军事行政单位,隶属于州或县。岭南左、右江地区有太平等寨,统领州县。明亦置。奴儿干都司下有黑龙江忽里平寨,属羁縻卫所,以当地少数民族首领管理。

寨官 官名统称。宋代寨主、寨主簿、寨都监、寨监押、寨将、寨副将、寨巡检通称寨官。

寨老 侗族族姓或村寨之长,侗族称宁老或样老。自然形成。其职能为调解寨内或族内日常纠纷,代表本族本寨与外界联系。平时从事生产,有事出面调处,无固定报酬及特殊权益。部分壮族村社亦有寨老,壮语称“波板”,意为“村父”,职能同上。

寨桑 即“宰桑”。

寨使 金代管理女真户口的人员。女真人在州县境内别立村寨,不与汉人杂居,五十户以上的猛安谋克村寨,设寨使一人,查考一切违法事宜。

寨主 见“知寨”。

zhān

占城 古国名。在今越南中南部。宋时,同中国往来密切。建隆二年(961),其王释利因陁盘遣使莆诃散来华,以后往来不断。

占城稻 原为占城(今越南中南部)旱稻良种,传入中国后,在福建种植。抗旱力强,不择地而生。宋真宗时,推广于江、淮一带。

占候 ❶根据天气变化来预测吉凶。《后汉书·郎顗传》:“能望气占候吉凶。”❷天气预报。《太平御览》卷二引《吴录》曰:三国时“吴人吴范,……善占候,知风气。”《通志》卷六十八《风云气候占》中列出占候专著十九部三十三卷。

占腊 即“真腊”。

占梦 ❶周代占卜方式之一。凡周人有梦,一般皆根据梦境的内容,以类比推理的方法预测吉凶。周代设有掌管占梦事务的官员,主要是兼职占梦的大卜和专职占梦的占梦。《周礼·春官·大卜》载大卜兼“掌三梦之法,一曰致梦,二曰觭梦,三曰咸陟。其经运十,其别九十”。据说致梦、觭梦、咸陟皆三代占梦书名,书分十经,每经九变,计有九十种占梦之辞。先秦古籍中有关占梦的记载不少,仅《左传》所记就达三十多处。❷官名。《周礼》春官之属,掌占验梦的吉凶。

占婆 即“林邑”。

占人 官名。《周礼》春官之属。掌视蓍龟兆卦而预言吉凶。

占星 即占星术。亦称星占、星术。

占星术 即占星。根据一些天象(如日食、月食,彗星、流星、新星和五大行星的动态)来占卜人间吉凶祸福的方术。世界上一些文化发展较早的地区,如古巴比伦、希腊、埃及等地区都盛行占星术。开始用以占卜国家命运、战争胜负,后则用以占卜个人兴衰。中国古代以分野为依据,观察天象以占卜对应的州、国将发生的事件;有的则用栻盘来布算占卜。占星虽属迷信,但由于占星是依据天象占卜,因而勤于观测、积累资料,人们对这些认识在实践中不断加以分析,去其谬误,保留正确,从而逐渐形成古代的科学知识。中国现存的古代占星书主要有唐李淳风所著的《乙巳占》和瞿昙悉达的《开元占经》。前者共十卷,前八卷为天文占卜条文,多来自古代占星书籍;后二卷为云气、风方面的占验,保存不少气象史资料。后者共一百二十卷,其中大量引用各家占语,可算自战国至唐前的占星大全,有关日月星辰、云气、物异等占条,收集自当时可见的七十多种著作。

沾化县 金明昌六年(1195)改招安县置。《齐乘》:"取龚遂为渤海太守,海滨之民复沾圣化立名。"治今山东沾化县西沾化城。金、元、明属滨州,清属武定府。1957年移治富国镇,即今县治。

沾水 源出今山西壶关县东南,东流经河南林州市东南入淇河。上游即今山西沟河,下游即今河南之淅河。《水经·淇水注》:"沾水出壶关县东沾台下,石壁崇高,昂藏隐地,东南流注淇水。"

沾县 西汉置。治今山西昔阳县西南。属上党郡。西晋泰始中为乐平郡治。北魏时县废。

毡 是动物毛(主要是羊毛、骆驼毛、牦牛毛等)经湿、热、挤压等物理作用制成的无纺织物。又写作氈、旃、毦、氊。东汉时西域盛产。马融《樗蒱赋》:"素毡紫罽,出于西邻,缘以缋绣,紩以绮文。"出现了各种方法制成的花毡,有彩毡、绣毡、刻毡、防染色毡。北齐时山西产的毡颇佳。隋唐时中原地区制毡业逐步扩大,唐代官府设有"毯毡坊"。著名毡产地有原州(今宁夏固原)、夏州(今陕西横山西)、安西都护府(治今新疆库车)等地。品种有乌毡、白毡、绯毡、浑脱毡、绣鸱毡、花丛毡、青毡、碧毡、紫茸毡、轮台毡、单于毡等。宋代官府设毡坊。元代制毡原料除羊毛外,也选用骆驼毛、牦牛毛等。品种有披毡、掠绒剪花毡、衬花毡、衬布答毡、海波失花毡、蒙鞍花毡、毡帽、毡衫等六十余种。明清制毡工艺继承于元代。

毡库 官署名。清代内务府武备院办事机构。康熙十五年(1676)设。掌制造、收发弓箭、靴袜、毡片等。下设备弓处、备箭处、箭厂、头作、毡作、沙河毡作、帽作、杂活作。置五品员外郎二人,六品库掌二人,六品委属库掌一人,各种匠役一千二百余人。

毡毯副使 官名。宋初属东班诸司使,多不领本职,仅为迁转之阶。咸平元年(998),定为同七品。元丰改制,改从七品。政和二年(1112)重定武阶官名,废。

毡毯使 官名。唐有毡坊使与毯坊使,五代合而为一称毡毯使。宋因之,属东班诸司使。通常无职掌,仅为武臣迁转之阶。咸平元年(998),定为同六品。元丰改制,改正七品。政和二年(1112)重定武阶官名,废。

毡衣去里 清初防止科举考试中夹带的措施之一。参见"皮衣去面"。

旃然水 即今河南荥阳市索河。《左传》襄公十八年(前555):楚师伐郑,"次于旃然"。杜预注:"水出荥阳成皋县,东入汴。"《水经·济水注》:"济水又东索水注之,……即古旃然水也。"

粘八葛 辽属部之一。金代称粘拔恩。

粘拔恩 金北边部名。原属西辽,后附于金。

粘竿处 清代尚虞备用处别称。

粘竿处拜唐阿 官名。清代尚虞备用处属官。拜唐阿,满语意为执事官。此处指尚虞备用处一般侍卫,额设四十人,负责皇帝巡狩垂钓的准备工作。

粘竿处蓝翎侍卫 官名。清代尚虞备用处属官。额设十五人。负责皇帝巡狩垂钓的准备工作。

粘竿长头等侍卫 官名。清代尚虞备用处职官。位管理大臣之下,额定一人,正三品。掌翊卫随扈之事,并兼协理事务头等侍卫,掌章奏文移。

粘割 又作粘合、粘葛、粘哥、岩葛。金女真部落姓氏。部人散居西南路招讨司(以今内蒙古呼和浩特市东郊白塔子镇为中心)等地。

粘割斡特剌(1130—1198) 金盖州(今属辽宁)别里卖猛安奚屈谋克人。贞元初,以习女真字试补户部令史。大定十八年(1178),累迁刑部尚书,升参知政事,以考择人材颇称世宗意。二十三年,升尚书右丞。二十六年,转左丞。二十八年,出任上京留守。明昌二年(1191)致仕。承安元年(1196),北边有警,起为东京留守。二年,改上京留守。九月还朝,任平章政事,封芮国公。

粘葛奴申(?—1233) 金女真人。天兴元年(1232),由同知开封府事迁陈州防御使。时蒙古军已入河南,受命后间道就任,择官吏,修城郭,收集流亡几十万口。次年,陈州改为金兴军,任节度使。又拜参知政事,行尚书省事于陈州,立五都尉司以领所辖兵。因多次减发军粮,被部将所杀。

粘罕 即"完颜宗翰"。

粘合南合(?—1267) 元汤阴(今属河南)人。女真族。粘合重山子。初官江淮安抚使。太宗十年(1238),袭父职行军前中书省事。中统元年(1260),授西京安抚使,改宣抚使。二年,擢中书左丞,行省河西中兴等路。三年,迁秦蜀五路四川行中书省事。至元元年(1264),进中书平章。

粘没喝 即"完颜宗翰"。

詹大悲(1887—1927) 湖北蕲春人,原名培瀚,一名瀚,字质存。清光绪三十四年(1908)在武汉任《商务日报》主笔,宣传革命。宣统二年(1910)在汉口出版《大江报》,任主编兼发行人。三年初与蒋翊武等在武昌组织文学社,任文书部部长。旋因刊登反清文章而被捕入狱。武昌起义后主持汉口军政分府。"二次革命"失败,逃亡日本。1914年参加中华革命党。1924年被选为中国国民党第一次全国代表大会代表,拥护孙中山实行三大政策。1926年随北伐军到达武汉。次年春任湖北财政厅长,旋被桂系军阀胡宗铎部枪杀。

詹何 战国时楚人。亦称詹子、瞻子。继承杨朱思想,主张"重生"、"为身"。认为"重生则轻利"(《吕氏春秋·审为》),为身与为国互相对立。反对"伤生"的纵欲任性行为。曾居室内,"有牛鸣于门外……曰:然,是黑牛也,而白在其角"。韩非批评他是"无缘而忘(妄)度也","愚之首也"。事见《韩非子·解老》。

詹徽(?—1393) 明徽州婺源(今属江西)人,字资善。詹同之子。洪武十五年(1382)举秀才,历官监察都御史、左佥都御史、左都御史、吏部尚书、太子少保。有才智,勤治事,然用法苛严。坐蓝党狱诛死。

詹老鹞(?—1290) 元处州(今浙江丽水)人。至元二十五年(1288)春,举兵反元,攻瑞安、平阳州境。次年,又入永嘉县境。二十七年,与温州人林雄合,称王,立枢密都督府,改年刻印,众至数万。不久,被元兵执杀。

詹师庐单于(?—前102) 匈奴单于。乌维单于之子。汉武帝元封六年(前105)立。因年少,号"儿单于"。立后匈奴遭大雨雪,畜多饥寒死。又好杀伐,部众不安。左大都尉欲杀之降汉,未成。立三岁,病死。

詹事 官名。詹,古碑志亦作"瞻"。《汉书·百官公卿表》颜师古注引应劭曰:"詹,给也。"詹事即给事、执事。战国秦为管理太后、王后、太子诸宫庶务的官员。秦、西汉皇太后、皇后、太子宫皆置,秩二千石(一说真二千石),亦有秩中二千石者。皇太后宫所置冠以宫名,称长信詹事,位在九卿之上,掌宫内人小庶务,景帝时改名少府。哀帝时曾置左、右詹事,旋罢。皇后宫所置亦称中少府,掌宫内供御侍奉事务。太子宫所置职掌略同,兼掌警卫、刑狱、食邑车马等事,领诸供奉之官如太子率更令、家令、仆、中盾、卫率长、厨长、厩长等。东汉省,其属官改隶太子少傅。魏晋以来唯置于太子宫,故亦称太子詹事。位三品,掌东宫内外庶务,明帝后省。西晋咸宁二年(276)复置,领东宫庶务,后或省或置。太安以后常置。自后太子诸师傅虽以辅导为名,詹事实负辅翊教导太子之责,兼掌东宫一切事务、官属。两晋南北朝东宫地位极重,官属齐备,拟于朝廷,时号宫朝。詹事任总宫朝,当时称其职比朝廷之尚书令、领军将军,位权甚重,或亦参预朝政。其官署称府,属官有太子家令、率更令、仆、门大夫、左右卫率(或增置前、后卫率)、中庶子、中舍人、食官令、庶子、舍人、洗马、屯骑步兵、翊军校尉、冗从仆射、旅贲中郎将、左右积弩将军、殿中将军等。晋、宋三品,梁十四班,陈三品、中二千石。北魏初分置左、右,太和十七年(493)定为二品下,后并为一员,二十三年改三品。北齐三品,领东宫三寺及左右卫坊、门下坊、典书坊。北周改置太子宫正宫尹。隋初复置,旋省。唐代复置,为詹事府长官,正三品,掌东宫三寺十率府之政。位高职闲,多用以安置退罢大臣。龙朔二年(662)改名端尹,咸亨元年(670)复旧。天授中改名宫尹,神龙元年(705)再复。宋代初年为闲散之职,止食其俸禄,天禧四年(1020)以后建储辄置,领本职,多以他官兼任,从三品。时东宫官多阙,或虽设而无职司,詹事职事闲简。辽、金、元为詹事院长官。辽制不详。金从三品,掌东宫内外庶务,隶宫师府,三寺、诸率府亦直属宫师府。元置省无常,或置左右詹事、副詹事,或单置詹事,或改名储庆使、储政院使,秩正二品至从一品,掌辅翼皇太子,管理东宫官属,职任较重。明初置左、右副詹事为东宫官,皆以勋旧大臣兼领,洪武二十二年(1389)置詹事院,二十五年改院为府,置詹事一员为长官,正三品,掌辅导太子,统詹事府、左右春坊、司经局之政,多由尚书、侍郎等官兼任,并带翰林院学士衔。清亦为詹事府长官,顺治九年(1652)置,十五年裁。康熙十四年(1675)复置,满、汉各一员,正三品,汉员兼翰林院侍读学士衔。初犹有辅导太子之职,康熙以后不立太子,遂定其职掌为文学侍从,经筵充日讲官,典试提学,编纂图书,与翰林官略同。凡秋审朝审及下十卿翰詹科道合议之事,皆入班参与集议。嘉庆二年(1797)裁,五年复置,光绪二十四年(1898)裁,旋复,二十八年废。

詹事丞 官名。初为詹事副贰官,协掌宫内庶务,战国秦太后、王后、太子诸宫皆设。秦、西汉沿置,秩从六百石。太后宫所置景帝后改名少府丞,皇后宫所置成帝时省,太子宫所置东汉省。魏、晋以来,唯置于太子东宫,管理詹事府内事务,掌文书,亦称"太子詹事丞"。魏、晋、南朝宋七品,梁四班,陈八品。北魏太和十七年(493)定为从五品中,二十三年改七品,北齐从七品。北周不置。隋初复置,旋省。唐代设少詹事为詹事副贰,丞降为处理詹事府日常公务的事务官,亦称"詹事府丞",员二人,正六品上。凡敕令及尚书省、左右春坊符牒下东宫百司,及东宫百司上呈文表,皆由其转发。龙朔二年(662)改名端尹丞,咸亨元年(670)复旧。天授改名宫尹丞,神龙元年(705)复旧。宋代仅存空名,未尝除授。辽、元为詹事院事务官,明初沿置,由勋旧大臣兼领,洪武二十五年(1392)改院为府遂称府丞,员二人,正六品,协助詹事、少詹事管理府事,多与坊、局及翰林院职互兼,常参与试士、修书等事。

詹事府 官署名。管理东宫事务,以詹事为长官。南北朝设。北周不置。隋初复置,旋罢,由三寺、二坊、十率府分掌东宫事务。唐代复置,龙朔二年(662)改名端尹府,咸亨元年(670)复旧。天授中改名宫尹府,神龙元年(705)复旧。五代因之。宋代东宫官常阙,或以他官兼任,或唯食俸禄而无职司,其府形同虚设。辽、金、元改称詹事院等名,变革不常。明洪武二十五年(1392)复改詹事院置。清顺治元年(1644)设,寻裁。九年复置,十五年再裁,康熙十四年(1675)再设,初仍掌辅导太子之职,康熙以后,不立太子,遂成为翰林院辅佐机构,备翰林官迁转之地。嘉庆二年(1797)以府事改隶翰林院,五年复旧;光绪二十四年(1898)省入翰林院,寻复旧,二十八年仍省入翰林院,遂废。参见“詹事”。

詹事府丞 见“詹事丞”。

詹事司直 官名。唐代太子詹事府属官,置二员,正七品上,掌纠劾官僚及率府之兵;太子监国,一人与司仪郎、舍人分日受理启状。

詹事院 官署名。辽代始置,金沿置。元文宗时曾更名储政院,至正十三年(1353)复旧名。明初不置,洪武二十二年(1389)以左、右春坊、司经局等无所统属,始置。二十五年改詹事府。

詹体仁(1143—1206) 南宋建宁浦城(今属福建)人,字元善。隆兴进士,调饶州浮梁尉。光宗时,历提举浙西常平、湖广总领、司农少卿。宁宗即位,韩侂胄议北伐,他认为兵不可轻动,宜遵养俟时。少从朱熹学,以存诚慎独为主。周必大当国,他疏荐三十余人,皆当世名士。有《詹元善先生遗集》。

詹天佑(1861—1919) 安徽婺源(今属江西)人,生于广东南海(今广州市)。字眷诚。清同治十一年(1872)以幼童留学美国,为中国所派首批留学生之一。光绪七年(1881)毕业于耶鲁大学,获土木工科学士学位。返国后在福建海军服役,参加中法马尾之役。曾任教于福州船政局、广东博学馆、广东水陆师学堂。十四年任中国铁路公司工程师,参与修筑津沽及关内外等铁路。三十一年以总工程师主持修建京(北京)张(张家口)铁路,宣统元年(1909)竣工,是为中国第一条自建铁路,并培养了一批铁路建筑管理人才。先后被选为英国土木工程师学会和美国工程师学会会员,清廷亦授予工科进士第一名。1913年任交通部技监,驻汉口专办路事。次年任汉粤川铁路督办。1917年任交通部铁路技术委员,主持拟订国有铁路标准。1919年奉派参加协约国西伯利亚铁路监管会,任技术部中国代表,旋病辞。先后当选为广东中华工程师会、中华工学会、中华工程师会的会长或名誉会长。著有《铁路名词表》、《京张铁路工程纪略》等。

詹同 明徽州婺源(今属江西)人,初名书,字同文。幼聪慧,称才子。元至正中,举茂才异等,授郴州学正。后仕陈友谅,为翰林学士承旨兼御史。朱元璋下武昌,召为国子博士,赐今名,教功臣子弟《易》、《春秋》,以学识渊博见称。历翰林直学士、侍读学士、吏部尚书。洪武六年(1373)兼学士承旨,制定奠先师乐章,总裁《日历》,编辑《皇明宝训》。著有《天衢吟啸集》、《海岳涓埃集》等。

詹仰庇 明福建安溪人,字汝钦,号咫亭。嘉靖进士。由南海知县征授御史,能直言,疏言内官假上供名,恣意渔猎。宦官恨之,以其疏言不合礼,以大不敬攻之,遂遭梃杖,除名,为御史仅八月。神宗嗣位,录先朝直臣,召除广东参议。累官左副都御史。为保位计,不免附丽,失直节盛名。有《咫亭文集》。

詹沂 明宁国宣城(今安徽宣州)人,字浴之,号鲁泉。隆庆进士。授知县,擢南京吏科给事中。以议张居正夺情遭斥,出为山东副使,不久被革籍。万历三十三年(1605)召为左副都御史。于冤狱多所解救。后屡疏乞休不准,遂径自解职归里。著有《洁身堂稿》。

詹遇(?—1078) 北宋人。元丰元年(1078)在岳州(治今湖南岳阳)率众起义,宋命荆湖北路转运使孙颀镇压。他率众转战潭州,攻打江西洪、筠、袁、吉及湖南郴、衡等地,屡败官军。后为权荆湖北路都监彭孙杀害。

詹子 战国时楚国人,名何。楚王曾问以为国之道,答以:“何闻为身,不闻为国。”认为治国之本在于为身,“身为而家为,家为而国为,国为而天下为”。见《吕氏春秋·执一》。

瞻德城 为伊犁九城之一。即今新疆霍城县清水河子。清乾隆四十五年(1780)建于伊犁河北岸察罕乌苏。驻绿营屯镇右营。同治十年(1871),沙俄侵入伊犁后被毁。

瞻对土司 有上、中、下之分,亦名三瞻。上瞻对长官司、下瞻对安抚司,均清雍正六年(1728)置;中瞻对长官司,乾隆十年(1745)置。在今四川新龙县一带。地处雅砻江上游,纵横数百里。宣统三年(1911)废土司,设瞻对设治委员。1912年改为怀柔县。1916年改名瞻化县。1952年改名新龙县。

瞻思(1278—1351) 元真定(今河北正定)人,字得之。先世大食国人。祖父随蒙古军东来,原居丰州,后迁居真定。弱冠时,从翰林学士承旨王思廉习汉学。顺帝至元二年(1336)任陕西行台监察御史,上“封事十条”,主张开言路、复科举、一刑章、宽禁网,实行儒家之治。三年任浙西肃政廉访司事,禁僧寺包庇奸民,平反冤狱。生平研究易学,于天文、地理、音乐、数学、水利均有造诣,亦擅书法。著有《四书阙疑》、《五经思问》、《帝王心法》、《西国图经》、《西域异人传》、《金哀宗纪》、《正大诸臣列传》、《审听要诀》等文集三十卷。现仅存《重订河防通议》二卷。

瞻卬 《诗·大雅》篇名。《诗序》认为是讥刺周幽王乱政亡国的诗,相传作者是天子大夫凡伯。诗中揭露幽王宠爱褒姒,斥逐贤良,倒行逆施,导致亡国之祸。抱怨上天不施恩惠,反而“降此大厉”,撒下罗网,“此宜无罪,女反收之;彼宜有罪,女覆说(脱)之”,反映出西周末年天命思想的动摇。

鹯阴县 见“鹑阴县”。

zhǎn

斩衰 古代丧服名。衰与缞通。五服之一。其服用最细的生麻布制成,不缝边,表示无饰,是最重之丧服。服期为三年。先秦时期定为子为父服丧三年,至明太祖洪武七年(1374)改为父母皆服三年,清沿袭。妻为夫、妾为君之丧亦是三年。见《仪礼·丧服》、《清会典·礼部》。参见“五服”。

盏西 地名。在今云南盈江东北。明南甸宣抚司知事闷氏居地。

展台 战国燕国台名。据董说《七国考》引《一统志》曰:台在涿州(今属河北)西南,旧传燕昭王尝展礼于此,作展台。

展拓香港界址专条 英国强迫清政府订立的关于租借九龙的条约。清光绪二十四年四月二十一日(1898.6.9)总理衙门大臣李鸿章、礼部尚书许应骙与英驻华公使窦纳乐在北京签订。主要内容:(1)英国租借九龙半岛(具体地点在次年划定),租期九十九年。(2)中国保留九龙城内区域的行政权,所有九龙城内驻扎的中国官员仍各司其事,其余新租之地,专归英国管辖。(3)九龙至新安陆路和码头准中国官民使用;界内所建衙署、筑造炮台所需地段,皆应从公给价;大鹏湾、深圳湾水面,中国兵船无论平时、战时,均可享用。六月十九日(8.6)在伦敦交换批准。

展子虔 隋人。历北齐、北周。入隋,为朝散大夫、帐内都督。善画楼阁人马,人物描法甚细,以色晕开面部,神采如生,意度俱足,开唐画之先河。写江山远近之势尤工,有咫尺千里之趣,为李思训父子所取法。作立马有走势,卧马则有腾骧起跃势。擅绘壁画,遗迹遍长安、洛阳、江都等地寺院。作品有《法华经变》、《授塔天王图》、《北齐后主幸晋阳图》、《朱买臣覆水图》、《十马图》等。存世《游春图》,金碧设色,景物秾丽,山峦树石空钩无皴,今藏故宫博物院。其画对南朝以来重视色彩、远近、明暗的技法,以及重写实的传统有所继承、发展。

zhàn

占籍 ❶即"占数"。❷即"占市籍"。

占山格 南朝宋时对占山之规定。孝武帝大明初,因羊希之议,立制五条。主要内容为:官品第一、第二听占田五顷,至第九品及百姓占田一顷;皆依定格,条上赀簿;若先占阙少,依限占足;凡已占并加工修作者,听不追夺。

占市籍 亦作占籍。明代经地方官府批准,取得*市籍者。

占数 即"占籍"。汉代向政府呈报家口之数,登记在户籍上,称占数。《汉书·叙传》:"昌陵后罢,大臣名家皆占数于长安。"颜师古注:"占,度也。自隐度家之口数而著名籍也。"占数要得到国家批准。

占田 西晋时对私田占有的规定。太康元年(280)颁行占田制,规定职官占田以贵贱区分,一品占五十顷,以下递减,至九品为十顷;王公在京郊占田,大国一千五百亩,次国一千亩,小国七百亩;百姓占田,男子一人七十亩,女子三十亩。

占役 见"隐占"。

占著 即登录名籍。为汉代公文用语。《后汉书·明帝纪》:(永平八年)诏募死罪系囚,减罪一等,屯朔方、五原。"妻子自随,便占著边县"。李贤注:"占著谓附名籍。"

占租 汉代对商人、手工业者和高利贷者等实施的征税制度。纳税人自报其财产多少曰"占",所报不实要受罚;依财产多少出税,曰"租",税率因行业不同而有差别。《汉书·昭帝纪》始元六年(前81)"秋七月,罢榷酤官,令民得以律占租,卖酒升四钱"。即恢复私人卖酒的纳税制度。

栈道 又称栈阁、阁道或桥阁。中国古代在今川、陕、甘、滇诸省境内峭岩陡壁上凿孔架桥连阁而成的一种道路。《水经·沔水注》引诸葛亮《与兄瑾书》云:"烧坏赤崖以北阁道,缘谷百余里,其阁梁一头入山腹,其一头立柱于水中",即此。战国已有修建。《战国策·秦策三》:"栈道千里于蜀汉。"《汉书·张良传》:"汉王之国,良送之褒中。……良因说汉王烧绝栈道,示天下无还心。"颜师古注:"栈道,阁道也。"《太平寰宇记》兴元府:"西北取斜谷桥阁路至凤州三百八十里";南郑县:"斜谷路……有桥阁二千九百八十九间。"相传战国秦伐蜀所修"金牛道",后世名"南栈道",即今川陕公路的一段。

栈鹅易肥法 一种家禽肥育技术。元《居家必用事类全集》:"以稻子不计,煮熟。先用砖盖成小屋,放鹅在内,勿令转侧,门以木棒签定,只令出头吃食。日喂三、四次,夜多与食,勿令住口。如此五日必肥。"同书亦载以此法养鸡。其基本点是多给精料,减少运动,以促鹅、鸡积累脂肪。

栈阁 即栈道。《后汉书·隗嚣传》:"白水险阻、栈阁绝败。"李贤注:"栈阁者,山路悬险,栈木为阁道。"《读史方舆纪要》汉中府引《汉中志》云:"褒斜谷中,宋时有栈阁二千九百八十九间。"详"栈道"。

战兵 清代绿营兵之一。清因明制,绿营分马兵、战兵、守兵。战兵为巡防征战之步兵,于守兵(亦步兵)内拨补。

战国 时代名。因当时秦、齐、燕、楚、韩、赵、魏七个诸侯大国称雄争霸,连年战争,故称为"战国"。西汉末刘向编《战国策》始作为时代名称。战国下限至秦王政二十六年(前221)秦统一中国止。其起始年代有多种说法:1.司马迁《史记·六国年表》作周元王元年(前475);2.司马光《资治通鉴》作周威烈王二十三年(前403);3.吕祖谦《大事记》作鲁哀公十四年(前481);4.林春溥《战国纪年》和黄式三《周季编略》作周贞定王元年(前468)。

战国策 书名。作者不详。原有《国策》、《国事》、《短长》、《事语》、《长书》、《修书》等名称,经西汉刘向整理编次,以其内容主要为"战国时游士辅所用之国为之策谋",乃命为今名。是一部记载战国史事和策士议论、权谋的汇集,共三十三篇,计东周、西周各一篇,秦五篇,齐六篇,楚、赵、魏各四篇,韩、燕各三篇,宋、卫合为一篇,中山一篇。东汉末年高诱为之作注。流传至唐以后残缺不全,北宋曾巩校勘馆阁藏书,勤加搜访,全书得以复完。但高诱注仅存第二至四、六至十、三十二、三十三,共十卷。南宋初姚宏据曾本及高诱残注重加校定,即今流行的三十三卷高注本。又有与姚宏同时的鲍彪,依据曾本,删去高注,改变原编,定为西周一,东周二,秦三,齐四,楚五,赵六,魏七,韩八,燕九,宋、卫、中山十,并移动章次,重新作注,为《战国策注》十卷。鲍注虽便于读者,然谬误不少。元代吴师道作《战国策校注》,纠正其失,常参用姚本,为一部较佳注本,即今所见的鲍、吴注十卷本。本书资料丰富,文章优美,为研究战国史的重要依据。1973年湖南长沙马王堆出土西汉帛书,记述战国时事,定名《战国纵横家书》,与本书内容相似。

战国策校注 书名。元吴师道撰。十卷。师道鉴于鲍彪《战国策注》虽纠高诱之讹漏,仍多未善,乃取姚宏续注与彪注参校,并杂引诸书以考正之。其篇第注文,一仍鲍氏之旧,每条之下所谓补者,乃补鲍注之阙;所谓正者,乃正鲍注之失。又取刘向、曾巩所校三十三篇、四百八十六首原第为彪所改窜者,列于书首,以存其旧。前有师道自序,撮举彪注之大谬者凡十九条,议论颇为精审。其他随文驳正,亦具有条理。

战国策注 书名。(1)东汉高诱撰。二十一卷。唐以后残缺不全,仅存十卷。(2)宋鲍彪撰。十卷。《战国策》旧有高诱注,至宋而残阙已甚。彪考《史记》诸书,重加注释,以纠高注之讹漏。稿凡四易,于绍兴十七年(1147)成书。原书篇第为刘向所定,彪核其事迹年月而移易之,又以西周更置卷首,虽不无讥议,而至今相沿不改。

战国春秋 书名。北齐李概撰。二十卷。记十六国史事。已佚。

战国官玺 战国职官玺印。当时各国任命官吏,诸凡丞相、郡守、县令等,皆由国君授以玺印,作为行政权力之凭证。官吏升迁、辞职、免职或死亡时,要缴回其所使用之官玺。《韩非子·外储说左下》:"西门豹为邺令,……居期年上计,君收其玺。"《吕氏春秋·执一》:吴起谓商文曰:"今日释玺辞官其主安轻。"《战国策·秦策三》:"应侯因谢病,请归相印。"故战国官玺中凡出自墓葬者均非实用品。传世之六国官玺多铜质。其形状多数为鼻纽,正方形,印文多凿款白文,少数铸款朱文。印文内容主要是职官名称。列国官玺之形制与印文字形也各有独特风格。可用以考证战国官制、地理、玺印制度,于古文字学研究亦有所裨益。

战国纪年 书名。清林春溥撰。六卷。编年体史书。上接《左氏春秋》,下迄于两周之亡。战国时记载诸侯国历史的史记,多毁于秦火。林氏在《资治通鉴》、《通鉴纲目》的基础上,增成此编。前列战国舆图及说明,简叙列国疆域分野;后附战国年表,于世次年表,名谥异同,均作叙述。其纪年世系不同,偶因事见者亦附载。共记战国二百四十八年的历史。有道光二十年(1840)竹柏山房家刻本。

战国七雄 指战国时魏、赵、韩、齐、秦、楚、燕七个强大的诸侯国。因争雄称霸,后世遂以为名。

战国私玺 战国时期私人玺印。乃适应私人间社会交往之需要而出现。多随身佩带,死后则随葬。今所见有铜、银、玉质。形制大小不等,有方形、长方形、圆形及不规则形。多作鼻纽,间有其他纽形。印文有朱、白文两种。朱文印系铸成,多加边阑。印文内容主要为姓名,通常亦称此种专著姓名之印为"姓名印"。也有作吉成语者(详"成语印")。传世所见战国姓名印中尚有两面铸字者,即"两面印"。

战国纵横家书 帛书名。1973年湖南长沙马王堆三号汉墓出土。未标书名,现名系整理者据内容所加。共分二十七章,一万一千余字。内容绝大部分为战国后期史料,系从三种不同的战国游说故事册中辑录而成。前十四章是苏秦的书信及游说之词,各章内容相互联系。除四、五章部分与《战国策》同外,其余均不见于《战国策》和《史记》。十五至十九章内容不相联系,除十七章外,均见于《战国策》、《史记》。二十至二十七章内容亦不联系。其中二十至二十二章亦为苏秦游说词,但所用文字与前十四章不同,当是出于另一来源。该书提供了前所未知的新史料,可订正司马迁关于苏秦与张仪为同时人历史记载之误。对古文献的补缺订误价值甚高。

战鸟山 一名孤圻山、灵山。在今安徽繁昌县西北,临长江。《宋书·邓琬传》:泰始二年(466),吴喜"运资实,至于赭圻,于战鸟山筑垒";《资治通鉴》:梁承圣元年(552)侯景将侯子鉴"还至战鸟",皆即此。

战诛法 军法名。各级军吏惩处权限的规定。《尉缭子·束伍令》:"战诛之法曰:什长得诛十人,伯长得诛什长,千人之将得诛百人之长,万人之将得诛千人之将,左右将军得诛万人之将,大将军无不得诛。"

站 ❶元代驿站。为蒙古语音译,源于古阿尔泰语。元代汉语习用此译名,沿用至今。参见"站赤"。❷清代邮递交通机构。专为传递军报而设,其范围限于西北地区。由千总、把总、外委管理驿务。东北吉林、黑龙江以及直隶北部喜峰口、古北口、独石口,山西杀虎口以外亦设,置站官一人,或由理藩院章京管理。❸明代于少数民族地区设置之军政机构。由少数民族首领自行管理,级别低于都司、卫、所。终明之世共置别儿真、黑龙江地方莽亦帖、弗朵河、亦罕河卫忽把希、忽把希、弗答林、古代替等七站。

站赤 元代驿传的蒙古语音译。意为掌驿站者,亦作站驿或驿站。《元史·兵志四》:"元制,站赤者,驿传之译名也。盖以通达边情,布宣号令,古人所谓置邮而传命,未有重于此者焉。"成吉思汗时始在境内设置。元朝建立后,全国遍设站赤。据至顺二年(1331)成书的《经世大典》记载,总数达一千五百多处(不包括西北诸汗国的驿站在内),形成以大都为中心的交通网。驿站东北达奴儿干之地(黑龙江口一带),东达高丽,北达吉利吉思部落(今叶尼塞河上游),西南达乌思藏宣慰司辖区(今西藏地区),南达安南、缅国。分水站、陆站。陆站又有马、牛、车、轿站和步站之分,辽东黑龙江下游地区则另有狗站。至元二十六年(1289)为运送外国使臣进贡之便,特设从泉州至杭州的海站,二十八年即罢。世祖初全国站赤由中书省管理。至元七年设立诸站都通领使司,后改名通政院。至大四年(1311)汉地站赤属中书省兵部,蒙古站赤属通政院。延祐七年(1320)统一由通政院掌管。地方站赤初由本府、州、司、县兼管,后定制皆直隶于路。大站设驿令,小站设提领。承担站役的民户称站户。元政府规定,只有军政事务才许乘驿,须持有铺马圣旨圆牌或札子等凭证。

后制度日滥，站户不堪其役，多有逃亡，铺马短缺，站赤制度日益衰败。

站船　旧指驿站为走水路官员所备之船。明王圻《三才图会·器用四·站船》："此官府所坐之船。谓之站者，就驿中之程言耳。"

站丁　古代驿站所用人夫。参见"站夫"。

站夫　古代驿站之役夫。顾炎武《天下郡国利病书·浙江下》："自汉以来，驿传之马，皆官置之。站夫之名，肇见于元，盖自此遂为民役矣。"清代站夫又称站丁。

站户　❶元代诸色户计之一。由官府在民间强制签发，总数不下三十万户。主要承担站役，包括：养马（牛、狗）或备船；出马夫或船夫；供应首思（往来人员的饮食分例）。站户可免纳科差。北方站户还可免四顷地税，南方站户养一匹马（一般是数户合养）可免税粮七十石，其他养牛、备船也可免一定数量的税粮。供应首思的站户可免当杂泛差役、和雇和买，不供应的不得免。站户中贫富有很大差别。❷明代驿站服役人户。水陆驿站均佥派有服役人户。陆站服役人户又称马户，水站服役人户又称船户。均由民户佥发轮充，亦有以罪囚、军士发充者。

站笼　明代厂卫所施酷刑之一。置囚于笼中，肩套重枷，身直立不得屈，不数日即致死。清代亦有之。

站银　明代站户（亦称驿户、驿马户）所纳之代役银。由设有驿站及递运所之州县征收。大部分存留地方供驿递支用，间亦有部分解户部充边费。常额三百一十三万零一百七十二两。万历五年（1577）减至二百一十八万七千八百三十二两。

湛渠　水渠名。又名白沟、涤渠。在唐河南道汴州开封（今属河南）。载初元年（689）开，引汴水注白沟，以通曹、兖赋租。

湛然（711—782）　唐常州（今属江苏）人，世居晋陵荆溪（今江苏宜兴南）。俗姓戚。家本业儒。年二十余从左溪玄朗习天台宗教义，年三十八出家受戒。玄朗死后，"挈密藏独运于东南"，住天台山国清寺，以中兴天台宗自任，继吉藏后，提出"无情有性"观点，认为宇宙万有，包括木石等无情感之物，皆有"佛性"，对发展天台宗教义作出贡献，被称为天台"九祖荆溪尊者"。在该宗历史上，称"湛然中兴"。著有《法华玄义释签》、《摩诃止观辅行传弘决》、《止观大意》、《金刚錍论》、《法华三昧行事运想补助仪》等。弟子有元浩等。

湛然居士文集　书名。元耶律楚材（号湛然居士）撰。十四卷。以诗为主，仅第八、十三、十四卷收有书序碑记。书中有关西域诗六十余首，为扈从元太祖西征时所作。有《四部丛刊》影元抄本。

湛若水（1466—1560）　明增城（今属广东）人，字元明，号甘泉。弘治进士。官至南京国子监祭酒，历吏、礼、兵三部尚书。其学以随处体验天理为宗。初与王守仁极为相契，后各立宗旨：阳明主良知之说，他主"随处体认天理"之说；阳明指方寸言心，他以"体万物而不遗者"言心。一时学者遂分王、湛之学。著有《二礼经传测》、《春秋正传》、《古乐经传》、《格物通》及《甘泉文集》。

湛渊遗稿　书名。元白珽撰。三卷，补一卷。珽撰《湛渊集》，诗文各二十卷，诗集元时曾锓梓以行，戴表元为之序，久已散佚。此书三卷，为清杭州沈崧町所辑，凡赋二篇，诗六十三首，文六篇，末附宋濂所作墓志。《四库全书》所收即此辑本。补一卷，为清鲍廷博补录。通行有《知不足斋丛书》本、《丛书集成》本，《武林往哲遗著本》多附录一卷。

孱陵县　西汉置。治今湖北公安县西南。属武陵郡。东汉建安二十四年（219），孙权封吕蒙为孱陵侯于此。西晋仍为县，属南平郡。永嘉六年（312），荆州刺史王澄自江陵徙治此县。南朝齐为南平郡治。隋开皇九年（589）省入公安县。

蘸釉　古陶瓷术语。器坯上釉的方法之一。《陶说》："上釉旧法，将琢器之方长棱角者，用羊毛笔蘸釉上器，失之不匀。至大小圆器，浑圆琢器，俱在缸内蘸釉。"

zhāng

张安世（？—前62）　西汉京兆尹杜陵（今陕西西安东南）人，字子孺。张汤之子。武帝时，以父任为郎，给事尚书。后擢尚书令，迁光禄大夫。昭帝即位，霍光荐其为右将军光禄勋，以为倚重。元凤六年（前75）封富平侯。昭帝死，徙车骑将军，与谋废昌邑王，迎立宣帝。霍光死后，任大司马车骑将军、领尚书事。旋更为卫将军，两宫卫尉、城门、北军兵皆属之。职掌枢机，以谨慎周密著称，深得宣帝信任。食邑万户，家僮七百人。内治产业，富于霍光。自后子孙相继，一门之中，为侍中、中常侍、诸曹散骑、列校尉者凡十余人。

张卬　❶西汉京兆尹杜陵（今陕西西安东南）人。张汤子。武帝时，人有上书言漕运自故道抵蜀，水路多险，回远，而穿褒斜道则少阪，近四百里，便于底柱之漕，为武帝采纳。遂任卬为汉中守，发数万人，作褒斜道五百余里。道虽便近，但水流湍急，不可漕运。❷一作张印。新莽末年人。初随王匡等聚众绿林山（今湖北大洪山）起兵反莽。地皇三年（22），分兵北入南阳，号新市兵。次年与诸将拥立刘玄为帝，建更始政权，拜卫尉大将军。更始移都长安，封淮阳王。建武元年（25），赤眉进军关中时，与廖湛等谋劫更始东归南阳。事泄，与王匡等归附赤眉。

张敖（？—前182）　西汉初人。张耳之子。秦末随父参加陈胜、吴广起义，曾封成都君。汉高帝五年（前202），嗣爵为赵王，娶高祖长女鲁元公主。八年，高祖过赵时，执子婿礼甚恭，反遭辱骂。赵相贯高等以此谋刺高祖，未遂。次年事发，被牵连入狱。后因贯高极力辨白，得赦，尚鲁元公主如故，贬爵宣平侯。

张拔都　金昌平（今北京昌平西）人。元太祖六年（1211），率众附蒙古，留备宿卫。从攻西域、西夏、陕西等地，以勇敢善战赐名拔都。太宗六年（1234），代为炮手诸色军民人匠都元帅。

张白坞 地名。在今河南宜阳县西北。东汉末张白骑据此,故名。《资治通鉴》:南朝梁大同四年(538),魏权景宣攻拔孔城,洛阳以南西附,"丞相(宇文)泰即留景宣守张白坞",即此。

张百麟(1879—1919) 清末贵州贵阳人,字石麒。光绪二十八年(1902)留学日本,肄业于早稻田大学法政速成科。三十三年发起组织贵州自治学社,任会长。继又创办公立法政学堂,发行《自治学社杂志》和《西南日报》,在各界及会党中发展力量。辛亥革命时,与黄泽霖等在贵阳发动起义,成立贵州军政府,被推为枢密院院长。旋为宪政派所迫,离黔至沪。后加入国民党,曾参与"二次革命"。

张百熙(1847—1907) 清湖南长沙人,字埜秋。同治进士。累迁至侍读学士。甲午战争时曾严劾李鸿章误国。光绪二十三年(1897)任广东学政,迁内阁学士。戊戌政变后,以荐举康有为革职留任。二十六年任礼部侍郎,擢左都御史。以后任管学大臣,主持京师大学堂,派留学生出国。后历任礼部、户部、邮传部尚书等职。

张百祥 ❶(?—1182)宋人。初为黎州(今四川汉源)大安寨统率土丁的寨将。淳熙八年(1182年),因不堪知州龚总苛役土丁、寨民,遂率众起义,攻打州城。后为黎州统领官刘大年击败,被俘杀。❷(?—1914)清末四川广安人,名启善,一字伯祥。光绪三十年(1904)在乡率众抗粮。次年留学日本,入东斌学校习军事,参加同盟会。三十三年与孙武、焦达峰等组织共进会,被举为会长。宣统二年(1910),奔走长江各省联络会党。三年保路风潮起,赴湖北宜昌运动筑路工人罢工,被捕入狱。宜昌光复始出。后归川东,组织敢死队,拟北伐。1912年5月将敢死队并入蜀军,由重庆军政府委为川东宣抚使。11月至成都,创办《人权报》,并任法团联合会会长,反对代理四川都督胡景伊营私作恶。"二次革命"中举兵讨伐袁世凯,自任全蜀民军总司令长。1914年在沪被捕,转送北京遇害。

张邦昌(1081—1127) 宋永静军东光(今属河北)人,字子能。举进士。钦宗时为少宰,进太宰兼门下侍郎。金兵犯汴京,与康王质于金,割地请和。还,仍命为河北路割地使。上书者讦其通敌,目为社稷之贼,黜为中太一宫使,罢割地议。靖康初,京师陷,被金人册立为帝,僭号"大楚"。金兵既还,吕好问等请奉迎康王。高宗即位,仍徙太保、奉国军节度使,封同安郡王。宰相李纲上书极论其罪,高宗特与免贷,责授昭化军节度副使,潭州(今湖南长沙)安置。后以其僭立时秽乱宫廷,赐死。

张邦杰 元济南历城(今山东济南)人。张荣之子。济南为宗王按赤带五户丝分地,故以世侯子入质于辽东兀鲁回河(今内蒙古东乌珠穆沁旗乌拉根果勒)。乃马真后称制时,以张荣告老,袭父济南兵马都总管兼知府事职。佩金虎符。宪宗三年(1253),以考课第一,割授河间之将陵、临邑等六处,不久病卒。

张宝 ❶(?—184)东汉末巨鹿(治今河北平乡西南)人。张角之弟。灵帝中平元年(184)与角发动黄巾起义,号"地公将军"。同年十一月,率军在下曲阳(今河北晋州西)抗击左中郎将皇甫嵩所部官军,战败牺牲。❷十六国时成汉人。李雄部将。晏平四年(309),訇琦等叛杀太尉李离,以梓潼(今属四川)降晋。乃用计逐琦,取梓潼,拜为太尉。

张背督 又作张訇督。一名石会。晋羯族部落首领。永嘉时,拥众数千,与冯莫突据上党(今山西潞城一带)称雄。石勒往投,劝归刘曜,曜封为亲汉王。后勒赐其姓石名会,称兄,结为知己。

张本(1367—1431) 明山东东阿人,字致中。洪武中以国子监生授江都知县。后降燕王,永乐初升扬州知府。历官江西右参政、刑部右侍郎。仁宗初拜南京兵部尚书,兼掌都察院事。居官清廉,有"穷张"之称。

张泌 一作张佖。五代时淮南(治今江苏扬州)人,字子澄。仕南唐,官句容尉。建隆二年(961),上书力陈时弊,有"十急务"之说,后主览书称善而不能用其言。著有《妆楼记》一卷,《全唐文》存文一篇,《全唐诗》存诗一卷,词二十七首。

张弼(1425—1487) 明松江华亭(今上海松江区)人,字汝旭,一作汝弼,号东海。成化进士。历兵部主事、员外郎。成化十四年(1478)改南安知府,二十年以病归。善诗文,工草书,墨迹流传海外。著有《张东海先生文集》。

张碧 唐人,字太碧。贞元间屡举进士不第。诗学李白,七言歌行有相似之处。《农父》诗反映农民的苦难,《野田行》慨叹战乱害民。孟郊誉为"下笔证兴亡,陈词备风骨"。有《歌行集》二卷,已佚。《全唐诗》存诗十九首。

张璧(1475—1545) 明湖广石首(今属湖北)人,字崇象,号阳峰。正德进士,选庶吉士,授修撰,预修《弘治实录》。进左谕德。嘉靖二十三年(1544)以礼部尚书入阁。著有《阳峰家藏集》。

张昪(992—1077) 北宋韩城(今属陕西)人,字杲卿。大中祥符进士。累迁侍御史知杂事,因论事激直,指斥张贵妃及宦官杨怀敏,为仁宗所不悦,出知濠、庆、秦三州。至和二年(1055),拜御史中丞,论事仍无所畏避。曾奉使契丹。嘉祐三年(1058),擢枢密副使,迁参知政事、枢密使。英宗朝以年老坚请辞位,出判许州。旋致仕。

张宾(?—322) 十六国时赵郡中丘(今河北内丘西)人,字孟孙。少时博涉经史,有智谋。永嘉乱后,石勒下山东,他提剑至军门求见,以才识渐受倚重,被勒引为谋主,拜参军都督,领记室。石勒称赵王,他任大执法,专总朝政,位冠僚首,呼为右侯,凡所计策,勒多从之。后赵制度,多出其手。后因程遐、石弘等猜忌,免官。旋病死。

张丙(?—1833) 清福建南靖人。祖居嘉义(今属台湾),卖鱼为业。道光十二年(1832),因被奸商诬陷劫米,遂聚众起事,率部进袭嘉义盐水港,杀台湾知府,自称开国大元帅,建号天运,众至二三千人。

旋分两路攻嘉义县城,各地饥民纷纷响应。后战败被俘,解京磔死。

张昺 ❶(?—1399)明山西泽州(今晋城)人。洪武中举人材,累官工部右侍郎。建文初,出任北平布政使,受密命防燕。建文元年(1399)七月,与北平都指挥使谢贵同为燕王设计擒杀。❷(1443—1520)明浙江慈溪人,字仲明,号寓庵,又号棣庄主人。成化进士。授铅山知县。善治狱,擢南京御史。与大学士刘吉有隙,改南京通政司经历。历四川按察司佥事,进副使。为官清廉,晚年引疾归,环堵萧然,炊烟屡绝。卒于家。

张伯淳(1242—1302) 宋末元初崇德(今浙江桐乡)人,字师道。宋末进士。元世祖至元二十三年(1286),授杭州路儒学教授。后历任浙东道按察司知事、翰林直学士等职。大德四年(1300),拜翰林侍讲学士。次年,入朝,扈从上都。著有《养蒙集》。

张伯端(984—1082) 北宋天台(今属浙江)人,字平叔。后名用诚,号紫阳。道士。幼习儒学,少有志于科举。后坐累谪岭南。未久,入陆诜帐下典机事,旋又事司农少卿马默。研读儒、道、佛三教经书,通刑法、书算、医卜、天文、地理、战阵之术。以东汉道士魏伯阳内丹说,糅合禅宗达磨"三界唯心"和儒家"性命之奥",于熙宁八年(1075)著《悟真篇》,建金丹教。宣扬儒、佛、道"三教一理"思想。至南宋,被奉为道教南宗开创者或紫阳派祖师。

张伯路(?—111) 东汉人。安帝永初三年(109),率青州沿海民众三千余人起义,著赤帻、服绛衣,自称将军,活动遍及沿海九郡。后为侍御史庞雄率兵镇压,乃乞降。次年复起,联合平原、勃海之刘文河、周文光等攻厌次(今山东惠民东),杀县令。又为御史中丞王宗、青州刺史法雄所败,亡走海岛。永初五年(111)复败于东莱。旋被杀。

张伯行(1651—1725) 清河南仪封(今兰考)人,字孝先,号敬庵、恕斋,人称仪封先生。康熙进士。康熙四十六年(1707)官福建巡抚,请增乡试中额。四十八年调江苏巡抚,揭发江南科场情弊,与总督噶礼互控,圣祖以其为天下第一清官,将噶礼革退。后官礼部尚书。崇理学,辑刊《正谊堂丛书》,著有《正谊堂文集》、《困学录》等。

张勃 西晋人。祖籍敦煌(今属甘肃)。晋武帝时为太子仆。著有《吴录》。

张布(?—264) 三国时人。初为吴琅邪王孙休左右督,素见信爱。永安元年(258),休即位,乃自长水校尉迁辅义将军,封永康侯。同年,丞相孙綝专权骄纵,遂与左将军丁奉合谋诛綝。又言惧妨政事为借口,劝孙休勿与博士祭酒韦昭等讲论,实患昭等道其短。元兴元年(264),休卒,以左典军万彧之言,与丞相濮阳兴屡说朱太后以孙皓为嗣。皓既立,粗暴骄盈,乃悔之,为皓徙于广州,道中被杀。

张步(?—32) 新莽末琅邪不其(今山东青岛)人,字文公。初据本郡聚众数千人反莽,自号五威将军。后更始将刘永承制封其为辅汉大将军、忠节侯,督青、徐二州。拓地益广,兵甲日盛。建武三年(27)称齐王,据郡十二。五年,光武帝自将兵讨之,遂归降,封安丘侯,与家属居洛阳。八年,将妻子逃奔临淮,欲与其弟招集旧部,乘船入海,为琅邪太守陈俊所杀。

张采(1596—1648) 明末清初太仓(今属江苏)人,字受先,号南郭。崇祯进士。与张溥同里,共学于七录斋,人称"娄东两张"。授临川县令,振弱摧强,名声大起。与张溥、杨廷枢等同创复社。陆文声等讦攻复社,被诬结党乱政。溥死,上书为之辨白。福王时,起礼部主事,进员外郎,乞假告归。有《知畏堂集》、《太仓州志》等。

张綵(?—1510) 明陕西安定人。弘治进士。历官吏部主事、文选郎中等。被劾家居。正德初刘瑾擅权,以焦芳荐复起,正德四年(1509)官至吏部尚书。次年瑾败,下狱死。

张参议耀卿纪行 书名。元张德辉撰。一卷。后人又称《塞北纪行》、《边堠纪行》、《岭北纪行》。记述元定宗二年(1247)赴召北上,至和林地区觐见忽必烈事。详记经历各地的道里、山川、人物、风俗,以及蒙古大汗驻帐情形。载入元王恽《秋涧文集·玉堂嘉话》。明顾亭林《天下郡国利病书》收录。

张苍(?—前152) 秦末阳武(今河南原阳东南)人。精于律历。秦时为御史,主四方文书。后有罪亡归,随刘邦起兵,从入关灭秦。楚汉战争中历任常山守、代相、赵相。汉高帝六年(前201)封北平侯,迁计相,旋以列侯为主计。主持订正律历,制定律令及百工程式品类。后为淮南王刘长相。高后八年(前180)为御史大夫,与绛侯周勃等尊立文帝。后四年,为丞相。文帝后元二年(前162),因反对采纳土德时历制度,又所任人为奸利,被免职。景帝时病卒。《汉书·艺文志》阴阳家有《张苍》十六篇,今佚。

张苍水集 别集名。明张煌言(号苍水)作。此集清代列入禁书,仅有传抄稿本。1901年始有章炳麟排印二卷本,附《北征录》一卷。1909年国学保存会排印本为十二卷,补遗一卷,附录八卷。另有《四明丛书》本九卷,附录八卷。1949年后重加整理,分为四编,包括《冰槎集》、《奇零草》、《采薇吟》、《乡荐经义》及《北征录》。附录一卷,载有年谱、传略、序跋等。

张策 唐末五代河西敦煌(今属甘肃)人,字少逸。少好学聪悟,通章句。初为僧,居长安慈恩寺。后累历韩建、朱温幕职。后梁开平二年(908),拜中书侍郎、同平章事。以风疾致仕,卒于洛阳。著有诗词、笺表等多卷,已佚。

张柴村 在今河南遂平县东南。《资治通鉴》:唐元和十二年(817),李愬讨淮西,自与监军"至张柴村,尽杀其戍卒及烽子,据其栅",即此。

张豺(?—349) 十六国时人。西晋末,与广平游纶拥众数万,受安北将军王浚假署,保据苑乡(今河北任县东北)。后降后赵石勒,任戎昭将军。领兵破前赵上邽(今甘肃天水),获刘曜女献于石虎。建武十五年(349),为镇卫大将军、领军将军、吏部尚书,掌文武大权,与石遵、石斌等并受遗诏辅政。复与刘后合谋矫诏杀石斌，为太保、都督中外诸军事、录尚书事。又谋诛大都督李农，未成，将士离心。旋被石遵执杀。

张阐(1091—1164) 宋温州永嘉(今浙江温州)人，字大猷。幼力学，博涉经史，善属文。宣和进士。绍兴十三年(1143)，迁秘书郎兼国史院检讨官。因不附秦桧，罢去。孝宗即位，权工部侍郎兼侍讲，上十事，皆切中要害。隆兴元年(1163)，力陈和议有六害，反对与金媾和。进工部尚书兼侍读。次年，引疾请归，奏言："许和则忘祖宗之仇，弃四州则失中原之心，遣归正人则伤忠义之气。"居家逾月卒。

张昌(?—304) 西晋义阳(今河南新野)人。蛮族。少为平氏县吏，武力过人，好论攻战。太安二年(303)，惠帝颁"壬午诏书"，征荆州武勇入蜀讨李流，号"壬午兵"。蛮、汉怨恨，乃与流民群起而反抗。更姓名李辰，聚众立山都县吏丘沈为天子，易其名为刘尼，称汉后裔，建元神凤。置百官，自任相国。江沔黎庶从之如流，旬月之间，众至三万。乃遣其将黄林、马武、石冰、陈贞等四出攻占州郡，地跨荆、江、徐、扬、豫五州。后为镇南将军刘弘、大都护陶侃等击败，被杀。

张昌宗(?—705) 唐定州义丰(今河北安国)人。张易之弟。万岁通天二年(697)，太平公主荐侍武后，引其兄易之入宫，同为内宠。官云麾将军、行左千牛中郎将，进银青光禄大夫。武承嗣、武三思等候其门，争为执鞭，恭称六郎。圣历中，为控鹤监内供奉、秘书监。武后为掩与张氏兄弟淫乱丑声，诏其引文学之士撰《三教珠英》。长安中，书成，加司仆卿，封邺国公。迁春官侍郎。及强市民田、私引术士占相等事被告发，赦而不问其罪。武则天晚年，张氏兄弟专权，奸赃狼藉，危害朝政。后张柬之等发动政变，迎中宗复位，被诛。

张长林(1826—1906) 清直隶深州(今属河北)人，后定居天津，字明山。幼随父学制泥塑玩具，后逐渐熟习社会生活并发挥自己的艺术才能，塑出高约十二寸、敷色艳丽的时装人物和戏剧人物，并能给人捏像。后传之子孙，形成风格独特、造型生动的彩塑泥人艺术，人称"泥人张"。

张长叔 西汉末雒阳(今河南洛阳白马寺东)人。家赀亿万。王莽改制时，任为纳言士，督五均六筦。

张昶(?—1367) 元大都路宛平(今北京城西南)人。至正二十二年(1362)，以户部尚书奉命南下招谕朱元璋，至集庆(今江苏南京)，为朱元璋所留。初任中书省都事，后任中书省参政。因熟悉历代典章制度，深得朱元璋信用，建置制度，多从其议，颇有权势。但自以元臣失节，心常不乐。二十七年，因暗中托人奉表于元，被朱元璋处死。

张醿 明长洲(今江苏苏州)人，字景春。著有《吴中人物志》。

张敞(?—前47) 西汉河东平阳(今山西临汾西南)人，字子高。其家先徙茂陵(今陕西兴平东北)，后徙杜陵(今陕西西安东南)。昭帝时，为太仆丞。因切谏昌邑王显名。宣帝擢为豫州刺史，旋征为太中大夫，平尚书事。后历任山阳太守、胶东相、守京兆尹。整顿京师治安，颇有成效。朝廷每议大事应奏得体，多为宣帝采纳。尝为妻画眉，时人非之，以此不得大位。后以光禄勋杨恽获罪被杀事牵连，被劾奏当免。掾属讥之为"五日京兆"，不肯听命，他愤而案杀之，以此免为庶人。后复起任冀州刺史、守太原太守等职。

张超(?—399) 北魏人。乌桓族。天兴元年(398)，聚众三千余家反于南皮(今属河北)，自号征东大将军、乌桓王，攻略诸郡。后被征虏将军庾岳所败，旋为部众所杀。

张朝爵(约1821—?) 清广西人。金田起义后，为杨秀清部卒。咸丰二年(1852)为军帅。三年克南京，升巡查、总制，旋升副将军。四年封恩赏丞相，升检点，凡安民造册、筹粮等事，皆总其成。八年封谢天福，与吴定彩、叶芸来同守安庆，专主民政。十一年安庆陷，回天京(今南京)。后封力王(一作齐王)。天京陷落后，不知所终。

张潮(1650—?) 清安徽歙县人，字山来，号心斋。曾任翰林院孔目。能词。喜刊刻丛书。刻有《昭代丛书》、《檀几丛书》。辑有短篇小说集《虞初新志》。作有《心斋聊复集》、《花影词》、《幽梦影》等。

张成墓碑 元世祖至元年间湖北蕲州(今蕲春)人张成(1226—1294)墓碑。成曾任敦武校尉、上百户。碑志记载元初在黑龙江下游及其东北极边水达达地面屯田镇守的史实，并涉及元朝与高丽、日本的关系。1924年在辽宁省金州发现，现保存于旅顺博物馆。

张诚(Jean François Gerbillon，1654—1707) 法国人，字实斋。天主教耶稣会传教士。清康熙二十六年(1687)，受法王路易十四(Louis XIV)派遣，与白晋等来华传教。次年抵京，携来西洋天文仪器、图书多种。二十八年与徐日升同为中方译员，参加尼布楚中俄边界谈判。曾八次随圣祖赴满蒙各地巡行。后因通晓历法，留京供职。译著有《实用几何学》(与白晋合译)、《满文字典》四卷、《张诚日记》等。

张诚日记 见"北巡纪行"。

张承(178—244) 三国时彭城(治今江苏徐州)人，字仲嗣。吴辅吴将军张昭子。少以才学知名，与诸葛瑾、步骘、严畯相友善。孙权为骠骑将军，辟西曹掾，出为长沙西部都尉。征讨山民，得精兵万五千人。后为濡须都督、奋威将军，封都乡侯，领部曲五千人。能甄识人物，卫尉蔡款、豫章太守谢景，皆所拔荐。其女为权子孙和妃。

张承业(846—922) 唐末五代时同州(治今陕西大荔)人，字继元。本姓康，幼被阉割，为懿宗内常侍张泰养子。昭宗时，被派往晋王李克用处任河东监军。克用死后，他尽力辅助其子存勖，存勖与梁夹河交战十余年，军国之事，多以委之。后闻存勖欲自立，苦谏不从，不食而卒。

张城 春秋晋邑。在今山西临猗县西南。《古本竹书纪年》："齐师逐郑太子齿奔张城、南郑。"西汉称东张邑,属河东郡解县。

张重华(327—353) 十六国时前凉主。公元346—353年在位。字泰临。凉州牧张骏次子。初为五官中郎将、凉州刺史。父死嗣位,自称凉州牧、西平公、假凉王。因连败后赵,遂怠政事。遣军伐前秦苻健,大败而还。东晋拜为凉州牧,因自谋凉王,辞之。旋为属下尊为丞相,凉王,雍、秦、凉三州牧。私谥昭公、桓公,东晋赐谥敬烈,张祚追谥明王,庙号世祖。

张崇 五代时慎县(今安徽肥东东北)人。唐末,以骁勇隶军籍,随杨行密征战,屡有战功。入吴,历庐州观察使、德胜军节度使、武宁军节度使。武义元年(919),加安西大将军。居镇贪纵不法,士庶苦之。尝入觐广陵,百姓以为改任,相庆曰:"渠伊不复来矣!"及归而闻之,计口征"渠伊钱"。次年,再入觐,人多钳口不敢言,惟捋髭相庆。及归,又征"捋髭钱"。为民患二十余年。大和三年(931),赐爵清河郡王。卒年七十二。

张筹 明常州无锡(今属江苏)人,字惟中。洪武举人,授翰林应奉。改礼部主事,与尚书陶凯集汉、唐以来藩王事迹,编《昭鉴录》。洪武九年(1376)进尚书,与学士宋濂定诸王妃丧服之制。博闻强记,熟悉历代礼文沿革。后坐事免官。

张丑 战国时齐国人。齐威王二十四年(前333),楚威王伐齐,败之于徐州,并令齐必逐其相田婴。田婴恐,他奉婴命使楚游说,谓楚所以胜齐于徐州,是因田盼与田婴不和,未被任用,而任用无能的申纪。如田婴被逐,齐必用田盼,此于楚不利。楚威王乃止。

张础(1232—1294) 元真定(今河北正定)人,字可用。宪宗六年(1256),以儒者被廉希宪荐于忽必烈。九年,从忽必烈攻宋,起草征发军旅文檄。中统元年(1260),权中书省左右司事。至元十四年(1277),为江南浙西道提刑按察副使,与同知浙西道宣慰使刘宣镇压遂安县民反元起义。后历任岭南广西道提刑按察使、岭北湖南道提刑按察副使、安丰路总管等职。

张楚 秦末农民起义所建的政权名。秦二世元年(前209),陈胜、吴广等九百名闾左谪戍渔阳(治今北京密云西南)。行至泗水郡蕲县大泽乡(今安徽宿州东南刘村集),起义反秦。旋入据陈县(今河南淮阳),陈胜称王,设置官职,建立政权,号"张楚",意即张大楚国。诸郡县争杀长吏以应之。陈胜以吴广为假王,监诸将击荥阳(今属河南),武臣徇赵,周文西进关中。武臣及六国贵族后裔纷纷据地自立,周文兵败自杀,吴广亦为部将所杀,义军在军事上连遭挫折。陈胜在称王后也逐渐脱离部众,内部人心涣散,后为秦将章邯所破,退至下城父(今安徽涡阳东南),为御者庄贾所杀。其后,陈王故涓人将军吕臣率苍头军收复陈县,杀死庄贾,随即归附项梁。通常以陈胜牺牲作为张楚政权终止的标志。

张纯(?—56) 东汉初京兆杜陵(今陕西西安东南)人,字伯仁。富平侯张安世之后。少袭爵邑。哀帝、平帝间为侍中,新莽时至列卿。建武初投光武帝刘秀,故得复国,更封武始侯。先后任太中大夫、五官中郎将、太仆、大司空等职。因历世在朝,明习典章,凡郊庙婚冠丧纪之礼多所正定。又奏立宗庙、禘祫之祭及行封禅之礼,俱得采纳。

张次公 西汉河东(治今山西夏县西北)人。以校尉从大将军卫青击匈奴,封岸头侯。后为将军,领北军。元朔五年(前124)再从卫青出征。后坐法失侯。

张蚝 十六国时上党泫氏(今山西高平)人。本姓弓,后为前秦并州守将张平养子。永兴二年(358),投苻坚,任武贲中郎将。淝水战败后,坚使守并州。坚死,迎苻丕入晋阳即帝位,官至太尉。

张璁(1475—1539) 明浙江永嘉人,字秉用,号罗峰,后赐名孚敬,字茂恭,号罗山。正德进士。世宗即位初议大礼,力折廷臣,迎合帝意,受信任。嘉靖六年(1527)官至礼部尚书兼文渊阁大学士,预机务。锐意兴革,罢各地镇守太监,清理勋戚庄田。八年被劾罢官,不久召还,复任首辅。十五年因病致仕。卒谥文忠。著作有《张文忠集》、《保和冠服图》、《谕对录》。

张从申 唐吴郡(治今江苏苏州)人。大历进士。历检校礼部员外郎,入大理司直。学王羲之书,善正、行、草。志业精专,结字紧密,晚亦自放,不务调端。中唐以后,高步江淮间。书碑多为李阳冰篆额,名益高。遗迹有《李玄静碑》,书类《集王圣教序》。

张从正 即"张子和"。

张翠 战国时韩国人。韩宣惠王二十一年(前312),楚攻韩,围雍氏(今河南禹州东北),他奉命继尚靳入秦求救。在秦说甘茂,胁以如秦再不救韩,韩必投向楚国,终使秦昭王发兵救韩。见《战国策·韩策二》。

张存孟 即"不沾泥"。

张存仁(?—1651) 明末清初辽东(今辽宁辽阳)人。原为明宁远副将。崇祯四年(1631)降后金,仍授副将,屡疏请攻明。崇德元年(1636)任都察院承政,屡言时政。后隶汉军镶蓝旗。顺治元年(1644)从征入关,略山西,下江南。次年任闽浙总督,破南明方国安部。六年,授兵部尚书兼右副都御史,总督直隶、山东、河南三省,进攻榆园抗清军。后卒于任。

张大安(?—684) 唐魏州繁水(今河南南乐西北)人。张公谨子。仪凤二年(677),以太子左庶子同中书门下三品。太子李贤令与刘讷言等注范晔《后汉书》。调露二年(680),太子废,贬为普州刺史。卒于横州司马。

张大复 清江苏吴县(今苏州)人,名彝宣,字星期(一作心其)。曾寄寓城外寒山寺,因自号寒山子。作有传奇《如是观》、《醉菩提》、《钓鱼船》、《金刚凤》等二十九种,另有杂剧《万国帆航》、《万笏朝天》等六种。并曾编订《寒山堂新定九宫十三摄南曲谱》。

张大节(1121—1200) 金代州五台(今属山西)

人,字信之。天德进士。任东京市令,为东京留守宗王完颜雍(世宗)所倚重。世宗时,累官至横海军节度使。黄河决口于卫州,横流至沧州境,他于相宜处修复九处黄河故道堤防。章宗即位,升中都路都转运使。后以震武军节度使致仕。精于奕棋,被推为当世第一。

张大经(1114—1198) 南宋建昌军南城(今属江西)人,字彦文。绍兴进士。知龙泉县,有善政。历任仪真知县、提举湖南常平、提点江东刑狱等职。巨豪犯法,严惩不贷。孝宗时,累迁监察御史、大理少卿、殿中侍御史。曾言民力竭、军士贫,乃当今大弊。除礼部尚书兼侍读。屡请祠。以徽猷阁学士知建宁府。未几,进龙图阁学士,以通奉大夫致仕。宁宗即位,进正议大夫。

张大素 唐魏州繁水(今河北南乐西北)人。龙朔中,任东台舍人,兼修国史。卒于怀州长史。著有《后魏书》、《隋书》、《隋后略》、《敦煌张氏家传》、《说林》。

张大豫(?—387) 十六国时前凉人。凉州刺史张天锡子。随父降前秦。淝水之战后,天锡降晋,他为秦长水校尉王穆所匿,及苻坚还长安,遂与穆俱奔河西,往投鲜卑秃发思复鞬。传檄起兵,攻后凉吕光,进逼姑臧,求决胜负,穆力谏不从。他自号抚军将军、凉州牧,改元凤凰,以穆为长史。旋为光所败,奔广武,被广武人执送姑臧,为光所杀。

张岱(1597—约1689) 明末清初浙江山阴(今绍兴)人,又名维城,字宗子、陶庵,号石公、蝶庵居士。青年时游历苏、浙、鲁、皖诸名胜。工骈文,散文亦短隽有味,好音乐,能弹琴制曲。明亡,避乱剡溪山(在今绍兴、嵊州)中,杜门谢客数十年,著有《石匮书》、《石匮书后集》、《快园道古》、《嫏嬛文集》、《三不朽图赞》、《西湖梦寻》、《溪囊十集》、《陶庵梦忆》,辑有《冰雪文》等。

张纨 明陕西富平人,字昭季,号鹞庵。洪武时举明经,为东宫侍书。十五年(1382)出任云南左参政,升左布政使,治行天下第一。在滇十七年,土地贡赋、法令条格皆所裁定。建文初,召为吏部尚书。成祖即位,令解职,惧而自杀。著有《冢宰文集》、《云南机务抄黄》等。

张澹(917—974) 北宋河南(今河南洛阳)人,字成文。后晋开运进士。由校书郎历左拾遗、礼部员外郎,并充史馆修撰。后周恭帝初,为左司员外郎、知制诰。建隆二年(961),加祠部郎中,通判泰州、梓州。累迁权直学士院,摄殿中监。开宝中预修《五代史》。

张导江 即"张翌"。

张焘 ❶(1013—1082)北宋临濮(今山东鄄城西南)人,字景元。张奎子。举进士。为单州通判,知沂、潍二州,改提点河北刑狱、摄领澶州,会河决商胡,虽拯溺救饥,仍被免职。数年,复提点河东、陕西等路刑狱。为陕西都转运使,进天章阁待制。治平四年(1067)加龙图阁直学士、知成都府,徙瀛州。熙宁中判太常寺,知邓、许二州;又知通进银台司。才智敏给,颇有治绩。❷(1091—1165)宋饶州德兴(今属江西)人,字子公。政和进士。高宗时,累迁中书舍人,权吏部尚书。金使来议和,他上章论其非,力主谨边防,厉将士,图自强。绍兴九年(1139),出知成都府兼本路安抚使。在蜀四年,戢贪吏,薄赋敛,安抚雅州少数族,赈济灾民,颇有政绩。自蜀归,闲居十三年。秦桧死后,知建康府兼行宫留守。不久,任吏部尚书。复知建康府。隆兴元年(1163),为参知政事,以老病辞归。

张道陵(34—156) 一名张陵。东汉沛国丰(今江苏丰县)人,字汉辅。本太学生,博通五经。曾任江州令。顺帝时入鹄鸣山(一作鹤鸣山,在今四川大邑境内)修道。著道书二十四篇,自称"太清玄元",谓逢"天人",授以正一明威之道,创立道派。受道者出五斗米,故称"五斗米道"。自号"天师"(一说系道徒对他的尊称),亦称"天师道"。以符水咒法为人治病,教人思过,从者户至数万。建二十四治,立祭酒分领其户。"陵死,子衡行其道;衡死,鲁复行之"。后裔继承道法,世居龙虎山,称"张天师"。

张德成(1846—1900) 清直隶新城(今河北高碑店)人。船夫出身。光绪二十五年(1899)在家乡组织义和团,先后设立北坛、南坛、东坛、西坛。次年在静海(今属天津市)独流镇建立"义和神团天下第一坛"(亦称"天下第一团"),所辖团众多达二万余人,成为义和团的重要首领。大沽失陷后,应直隶总督裕禄之请,于六月初一(6.27)率领义和团五千余人进入天津,与曹福田等所部义和团配合清军进攻紫竹林租界、老龙头火车站等,天津失陷时仍在城内与八国联军巷战。后突围至独流镇,准备再起,旋在静海王家口被地主诱杀。

张德辉(1195—1274) 元太原交城(今属山西)人,字耀卿,号颐斋。金末为御史台掾。金亡,真定史天泽聘为经历官,后升参议。定宗二年(1247),忽必烈(世祖)召见,进讲儒术,推荐儒士。宪宗二年(1252),又与元好问觐见忽必烈,请求蠲免儒户兵赋。忽必烈即帝位,为河东宣抚使,迁东平路宣慰使。至元三年(1266)参议中书省事。告老。

张德胜(1328—1360) 元末庐州合肥(今属安徽)人,字仁辅。至正十五年(1355)与俞通海等率舟师归朱元璋。历官总管、秦淮翼元帅、枢密院判等。二十年,与陈友谅军战于龙江,大捷。追击至采石,战死。追封蔡国公。

张德彝(1847—1918) 清末汉军镶黄旗人,本名德明,字在初。同治元年(1862)选入同文馆英文班。四年,经总署大考,被保奏为八品官。次年随赫德及斌椿父子等游历欧洲,将见闻撰成《航海述奇》。七年,随蒲安臣、志刚使团赴欧美访问,充任译员。随后相继从崇厚、郭嵩焘等出国任翻译。光绪十三年(1887)随洪钧在柏林使馆任职。十六年回国后任总理衙门英文正翻译官。次年充任光绪帝的英文教师。二十二年在伦敦使馆充任参赞。二十七年至三十二年间任出使英、意、比国大臣。前后八次出国,广泛接触西方社会与文化,见识颇广,勤于笔耕。继

《航海述奇》之后，又撰《再述奇》至《八述奇》，记述所见西方的语言文字、风土人情。其中对火车、轮船、电报、电梯、煤气灯等强工巧技和名胜古迹及社会生活等记述尤详。还著有《使法杂记》、《使英杂记》等。

张登 战国时人。中山国大臣。善游说。前323年，中山国听从公孙衍"五国相王"之议，欲与韩、燕、赵、魏等称王，齐王不悦，欲结燕、赵共伐之。他为中山出使于齐，说服田婴召中山君而许之王。旋又出使赵、魏，使赵、魏亦亲中山。见《战国策·中山策》。

张迪(?—约1125) 一作张敌。北宋洺州(治今河北永年东南)人。宣和末，聚众数十万人，攻克州县。曾率众五万围濬州五日。后为刘光世所袭杀。

张棣 金人。淳熙中归宋，任承奉郎。著有《金国志》、《正隆事迹记》，皆归宋之后述所见闻之作。

张店 地名。即今山西平陆县北张店镇。《资治通鉴》：唐乾宁四年(897)，"河东将李嗣昭败陕兵于猗氏，又败之于张店，遂解河中之围"，即此。其地"南扼颠軨，北控盐坂，向为南北孔道"(《清统志》解州关隘张店镇引《平陆县志》)。宋金以后置张店镇，属平陆县。

张雕(519—573) 北齐中山北平(今河北满城北)人，一名雕虎，或作雕武。出身寒贱，励志求学，通《五经》，尤精《三传》，弟子以百数。丞相高欢召令与诸子讲读。天保中，为永安王府参军。乾明初，除国子博士，迁平原太守，以贿赃失官。后除通直散骑侍郎，加国子祭酒。与张景仁号"二张博士"。后主时，因结好宠臣胡人何洪珍，遂位至侍中。欲有所为，因韩长鸾进谗而被杀。

张定边 元人，号泼张。陈友谅部将。官至太尉。至正二十三年(1363)八月陈友谅死，拥立友谅子陈理为帝。次年二月，随陈理降朱元璋。

张读 唐深州陆泽(今河北深州西南)人，字圣用，一作圣朋。牛僧孺外孙。大中进士。乾符六年(879)知礼部贡举。历官中书舍人，礼部、吏部侍郎，尚书左丞，弘文馆学士，判院事。作小说《宣室志》，所记皆鬼神灵异之事，若干故事为《聊斋志异》取材。又撰《建中西狩录》十卷，已佚。

张端义(1179—?) 南宋郑州(今属河南)人，字正夫，自号荃翁。少读书于苏州，曾师事项安世，与杨简、陈埙、魏了翁等游。端平中，三次应诏上书，坐"妄言"罪，安置韶州。淳祐六年(1246)，著《贵耳集》一至三集成，时年六十八。负气好议论，《贵耳集》所载多轶闻，颇资考证。

张敦仁 (1754—1834) 清江苏阳湖(今常州)人，字古余。乾隆进士。历官江宁、扬州、南昌、吉安等府知府，云南盐法道。居官之暇钻研群书，尤通历算。著有《缉古算经细草》、《求一算术》、《开方补记》等。

张尔岐(1612—1678) 明末清初济阳(今属山东)人，字稷若，号蒿庵。明末诸生。明亡，绝意仕进，潜心经籍，兼及佛老，以教授乡里，著述终身。学守程朱，斥陆王为"异说"。博学多识，尤以经学见长。于《易》、《诗》皆有考说。精研《仪礼》，所著《仪礼郑注句读》，章分经注，酌定句读，融以己意，考辨详博，颇得一时学者推许。又著有《周易说略》、《诗经说略》、《老子说略》、《济阳县志》、《蒿庵闲话》等。为文朴质有法，辑为《蒿庵集》刊行。晚年一度预修《山东通志》，究心《春秋》，撰《春秋传议》，未成而卒。

张耳(?—前202) 战国末魏大梁(今河南开封西北)人。少时为魏信陵君客，曾任外黄令，与陈余为刎颈交，俱为魏之名士。秦灭魏，以重金悬赏缉拿二人，乃与余变名姓至陈，为里监门。秦二世元年(前209)参加陈胜、吴广起义反秦，为校尉，劝陈胜立六国后，未被采纳。又请兵略赵地，与陈余共立武臣为赵王，自任丞相。巨鹿之战后，与余交恶，从项羽入关。公元前206年项羽分封诸侯时，立为常山王，都襄国(治今河北邢台)。因受陈余袭击，遂归附汉王刘邦。旋随韩信破赵，汉王四年(前203)，立为赵王。

张二奎(1814—1864) 清北京人，一说安徽或浙江人。名胜奎，行二，字子英。道光年间为工部小吏，因串戏被革，遂下海搭和春班，工老生。道光二十五年(1845)入四喜班。仪表修伟，善演帝王贵胄一类脚色，以"王帽戏"最为著称。与程长庚、余三胜并称京剧"老生三杰"、"三鼎甲"。宗之者有周春奎、卢胜奎等，称"奎派"。代表剧目有《打金枝》、《金水桥》等。

张璠 西晋安定(治今甘肃镇原东南)人。曾以秘书郎参著作，又任令史，后出为地方官。著有《后汉纪》。

张范(範)(?—212) 东汉末河内修武(今河南获嘉)人，字公仪。汉司徒歆孙。曹操表为谏议大夫，转议郎，参丞相军事。与北海邴原以德行为操敬重，操每率军出征，常令二人留与世子曹丕居守。

张方(?—306) 西晋河间(治今河北献县东南)人。世贫贱，以材勇得幸于河间王司马颙。太安二年(303)，颙与成都王颖讨长沙王乂，以为都督，自函谷关进逼洛阳，决千金堨，水碓皆涸，致使公私困迫。次年正月入洛阳，杀长沙王乂，大掠洛中官私奴婢万余人，西返长安，军中乏食，杀人杂牛马肉同食。被颙任为右将军、冯翊太守。荡阴之役后，占洛阳，挟惠帝至长安。为中领军、录尚书事，领京兆太守。永兴二年(305)，东海王越攻颙入关中，颙欲与越和解，恐方不从，遣郅辅杀之。

张方故垒 在今河南洛阳市东汉、魏雒阳城西七里。晋齐王冏将张方所筑，为戍守之所。《资治通鉴》：西晋永嘉五年(311)，汉刘聪遣将呼延晏攻洛阳，"晏留辎重于张方故垒"，即此。

张方平(1007—1091) 北宋应天宋城(今河南商丘)人，字安道，号乐全居士。少颖悟。景祐元年(1034)，举茂材异等科，知昆山县。又中贤良方正科，迁睦州通判。西夏入犯，上平戎十策。直集贤院，知谏院。论建甚多，主张与西夏讲和。历知制诰、权知开封府，进翰林学士，拜御史中丞，改三司使。坐事罢知滁州，徙知江宁府、杭州，入判吏部流内铨，出知滑州，徙知益州。再召为三司使，复出知数州。治平中，召拜翰林学士承旨。神宗即位，除参知政事，反对任用王安石。极论新法之害，谓“必有覆舟、自焚之祸”。其守蜀时，得眉山苏洵及其子轼、辙，深为器重，尝荐轼为谏官，轼下诏狱，又抗章相救，故轼终身敬事之。著有《乐全集》。

张昉(?—约1274) 金末元初东平汶上(今属山东)人，字显卿。金时为吏部令史。金亡，还乡，充东平行台严实属吏。元宪宗五年(1255)升权知东平府事。中统四年(1263)，进参知中书省事。至元三年(1266)，任制国用使司郎中。十一年，进兵刑部尚书。不久病死。

张放(?—前7) 西汉京兆杜陵(今陕西西安东南)人。成帝时，以公主子得幸，为侍中中郎将，监平乐屯兵，置幕府，仪比将军。常从成帝微行出游、斗鸡走马长安中。外戚王氏嫉其得宠，言于太后，议者又以灾异皆由放起。遂为丞相薛宣等劾奏，左迁北地都尉。复征入为侍中。历任天水属国都尉、侍中光禄大夫等职。后免官就国。成帝卒，哭泣而死。

张飞(?—221) 三国时涿郡(治今河北涿州)人，字益德。少与关羽随刘备起兵，与羽并有“万人敌”之称。东汉建安元年(196)，袁术与刘备争徐州，奉刘备命守下邳(治今江苏睢宁西北)，因袁术与吕布合袭下邳，败走。曹操入荆州，刘备南奔，操追至当阳长坂(今湖北当阳北)，乃率二十骑拒后，据水断桥，无敢近者。后任宜都太守、征虏将军，封新亭侯。刘备攻益州牧刘璋时，他与诸葛亮等溯江入蜀，至江州(治今重庆)，俘降巴郡太守严颜，与刘备会军于成都。益州平，领巴西太守。二十年，因操将张郃略地三巴(巴东、巴西、巴郡)，欲徙其民于汉中，遂率精兵万余大破之。二十二年，刘备出兵汉中，遣他与马超等屯下辨(今甘肃成县西)，为魏将曹洪所败。蜀章武元年(221)，刘备称帝，任为车骑将军，进封西乡侯。刘备攻吴时，当在阆中(今属四川)发兵会合。临发，为部将刺死。追谥桓侯。

张沣中(?—1847) 清陕西潼关人，字兰沚。嘉庆进士。嘉庆二十二年(1817)授刑部主事，累迁郎中。执法明允，数从大臣谳狱黑龙江、奉天、江南、山东。道光十二年(1832)出为直隶大顺广道。累迁福建按察使、署山西巡抚。二十年擢云南巡抚，于刑狱尤矜慎。二十三年召署刑部侍郎，寻实授。

张凤 ❶(?—471)南朝宋豫章(治今江西南昌)人。明帝泰始中，聚众于康乐山(在今江西万载)，断江劫抄，声势颇盛，屡败官军。泰始七年(471)，大败台军军主毛寄生于豫章江中。旋在望蔡(今江西上高)，为龙骧将军周山图伏兵所杀。❷(1396—1461)明真定安平(今属河北)人，字子仪。宣德进士，授刑部主事。正统时迁刑部右侍郎。严于执法，有“板张”之称。官至南京户部尚书。卒于任。

张凤翙(1881—1958) 陕西咸宁(今长安)人，字翔初。陕西陆军武备学堂毕业。清光绪三十年(1904)赴日留学，先后入振武学校及士官学校。曾加入同盟会。宣统二年(1910)先后出任陕西新军督练公所委员、二标一营管带。武昌起义后，发动西安起义，被举为“秦陇复汉军”大统领，成立陕西军政府，旋任“中华民国秦军政分府”大都督。次年任陕西都督，后镇压反袁斗争和白朗义军。抗日战争期间，任陕西临时议会议员与参政会参政员，主张抗日。建国后，曾任陕西省副省长等职。

张凤林(?—1862) 清河南汝宁(今汝南)人。咸丰十年(1860)在家乡结捻起义，活动于信阳、罗山、確山等州县。与陈大喜等所部捻军编为五大旗，领黄旗。同治元年(1862)为清军击败，降清。旋再次起义未果，被处死。

张凤翔 明山东堂邑(今聊城)人，字稚羽。万历进士。历任吏部主事、兵科给事中。崇祯初官至兵部尚书。崇祯二年(1629)定入“逆案”，赎徒为民。著有《石蕊集》、《礼经集注》、《乐经集注》等。

张凤翼 ❶(1527—1613)明苏州长洲(今江苏苏州)人，字伯起，号灵墟。嘉靖举人。后绝意仕进，卖书自给。著有《处实堂集》、《文选注》、《史汉评林》等。另有传奇九种，现存《红拂记》、《祝发记》、《窃符记》、《虎符记》、《灌园记》、《扊扅记》六种，合称《阳春六集》，以文词华丽见称。❷(?—1636)明山西代州(今代县)人。万历进士。天启三年(1623)擢右佥都御史，巡抚辽东，力主退守山海关。六年巡抚保定，建魏忠贤生祠。崇祯元年(1628)被劾，引病去官。三年，复原官，总督蓟、辽、保定军务。五年，擢兵部尚书。九年，清军攻昌平，乃自请督师，而畏敌不前。后惧罪死。

张芾(1814—1862) 清陕西泾阳人，字黻侯，号小浦。道光进士。历任内阁学士、工部侍郎等职。咸丰二年(1852)擢江西巡抚，曾与太平军多次激战于赣皖两省。五年被革职，旋起复。十年以太平军连克太平、建平、广德诸县，被革职留军，后丁忧回籍。十一年任陕西督办团练大臣，镇压回民起义。同治元年(1862)赴渭南招抚西北回民起义军，被义军所杀。

张孚敬 即“张璁”。

张福(?—1219) 南宋人。初为兴元府(今陕西汉中)兵士。嘉定十二年(1219)，调戍关外，因官吏克扣军饷，与莫简率众反抗，以红巾裹头，号为“红巾队”。攻入利州(治今四川广元)，转战于阆、果、普诸州及遂宁等地。后在普州茗山被沔州都统制张威所围，他投降被杀，简不屈自杀。

张福僖(?—1862) 清浙江归安(今湖州)人，字南屏。曾中秀才。道光十九年(1839)从学于著名天文算学家陈杰。二十三年与丁兆庆等合编《两边夹一角图说》，后撰《彗星考略》、《日月交食考》。咸丰二年(1852)经李善兰介绍至上海墨海书馆任译员，与英人艾约瑟合译《光论》等天算格致诸书。太平军逼湖州时，被误杀。

张甫(?—1227) 金人。初降蒙古。兴定元年(1217)，受涿州刺史李瘸驴招，与张进俱降金。后任中都东路经略使，权元帅右都监。四年，受封高阳公，辖雄、莫、霸州及高阳、信安、文安、大城、保定等县。元光元年(1222),纳河间公移刺众家奴,收复河间府等地。迁金紫光禄大夫,赐姓完颜,升信安为镇安府。立寨水泊中,孤军战于中都(今北京)南十余年。后降李全,在山阴(今江苏淮安南)被全兄李福所杀。

张辅 ❶(?—305)西晋南阳西鄂(今河南南阳北)人,字世伟。惠帝时,历仕蓝田令、山阳令、尚书郎、御史中丞、冯翊太守等。喜评论历史人物,认为管仲不若鲍叔,曹操不及刘备,乐毅莫如诸葛亮。又论班固不如司马迁,认为迁叙三千年事仅五十万字,而固记二百年事乃八十万字,烦省不同,一不如;良史应记善足以奖劝、恶足以鉴诫之大事,而固则于人道之常、中流小事亦书之,二不如;固毁贬晁错,伤忠臣之道,三不如。又迁为创造,固乃因循,难易不同。迁"述辩士则辞藻华靡,叙实录则隐核名检",亦固所不及。❷(1375 或 1378—1449)明河南祥符(今开封)人,字文弼。张玉之子。燕师南下,从父力战,以功为指挥同知。永乐初,封信安伯,进新城侯。永乐四年(1406)代朱能统兵攻安南,以功封英国公。交阯三司设置后,局势不定,屡奉命往镇。仁宗即位,掌中军都督府事,进太师。宣德时解府务,侍宣宗左右。正统十四年(1449),英宗亲征瓦剌,从行。至土木堡(今河北怀来东)被围,死于难。追封定兴王。

张纲(108—143) 东汉犍为武阳(今四川彭山东)人,字文纪。顺帝时为侍御史,上书抨击宦官专权。汉安元年(142),与杜乔、周举等人为使者循察州郡。行前埋车轮于洛阳都亭,以为"豺狼当路,安问狐狸"。旋参奏当权外戚大将军梁冀、冀弟河南尹梁不疑,京师为之震动。后任广陵太守,诱降张婴农民起义军。卒于任。

张高儿 辽末人。天庆八年(1118),与安生儿同举事于上京(今内蒙古巴林左旗)东南,部众号称二十万。同年夏,为辽将耶律马哥等部所破,安生儿死。他率部退至懿州(今辽宁阜新东北),与霍六哥部起义队伍会合,曾攻入海北州(今辽宁义县东南)。为辽将回离保等部镇压。

张高友(?—1862) 又作张羔友。清福建漳州人,客居广西荔浦。咸丰四年(1854)起事反清。后联合其他义军攻占荔浦、修仁、永安等州县,势力遍及平乐、桂林、浔州三府。六年夏,响应进攻柳州的大成军,占榴江、鹿寨等地以为援。八年袭破荔浦莲塘堡为根据地,与清军及地主武装殊死战斗。同治元年(1862)莲塘堡陷入重围,战死。

张格尔(1790—1828) 一译扎罕格尔。清新疆喀什噶尔(今喀什)人。维吾尔族。伊斯兰教白山派和卓布拉呢敦孙。幼居浩罕。利用和卓后裔在维吾尔族中的影响,煽动叛乱,屡袭击边境卡伦。道光六年(1826)得英国之助,并纠合浩罕兵侵入喀什噶尔(今喀什)、英吉沙尔、叶尔羌(今莎车)、和阗(今和田)四城,煽起叛乱,复辟和卓家族的统治。自称赛亦德·张格尔·苏丹。清廷出兵讨伐,在四城人民支援下,接连败叛军于柯尔坪喀什噶尔,将四城次第收复。张格尔势穷,流窜于柯尔克孜族之游牧地。次年底被俘,解京处死。

张根(1061—1120) 南宋饶州德兴(今属江西)人,字知常,号吴园。元丰进士。任临江司理参军、遂昌令。元祐六年(1091)以通直郎致仕。建中靖国元年(1101)以孝行著闻,召对,请罢杭州制造局,历任杭州通判、提举江西常平、淮南转运使,力陈花石纲之弊,责安置郴州(今属湖南)。著有释《周礼》、《易》、《春秋》等书,今传《吴园周易解》。

张庚(1685—1760) 清浙江秀水(今嘉兴)人,字溥三,后号浦山,自号瓜田逸史,又号弥伽居士、白苎村桑者。幼孤贫,与海盐陈氏为近戚,曾学画于南楼夫人陈书。雍正十三年(1735)应博学鸿词荐。曾游历鲁、燕、梁、楚、蜀,画山水出入董源、巨然、黄公望间,深得墨法。亦善白描,复致力于书画鉴赏。著有《国朝画征录》、《浦山论画》等。

张公谨(584 或 594—632) 唐魏州繁水(今河南南乐西北)人,字弘慎。仕王世充为洧州长史。武德初归唐。初未知名,李勣、尉迟敬德荐入李世民幕府。武德九年(626),李世民将讨建成、元吉,使卜人占之。他自外至,取龟投地曰:"卜以决疑,今事在不疑,尚何卜乎?"于是定计。玄武门之变,守玄武门,力挫东宫齐府兵,以功授左武候将军。贞观元年(627),任代州都督,置屯田以省馈运。后上书言突厥六可取之状,副李靖破突厥颉利可汗,封邹国公。转襄州都督,以惠政闻。死后图形凌烟阁。

张公桥 在今河北邢台县西北。唐末李克用争河北,每出青山口必经张公桥,而后至邢、洺诸州。《资治通鉴》:五代梁乾化四年(914),晋王李存勖会兵于赵州,"晋军至张公桥,裨将曹进金来奔",即此。

张公素 唐范阳(治今北京城西南隅)人。从幽州列将升至平州刺史。咸通十三年(872),卢龙节度使张允伸死,他乘机率兵入幽州,逐允伸子简会。朝廷即任之为节度使。性暴厉,人称"白眼相公"。乾符二年(875),为部将李茂勋所逐,奔京师,贬复州司户参军。

张公襄理军务纪略 书名。清丁运枢、陈世勋、葛毓琦编。六卷。分为《防剿粤匪》、《襄办海疆》两部分。前记太平军事,后述第二次鸦片战争事,以英法联军两次侵占天津时,乡绅张锦文办团防事为详,而张氏在支应局供应英法联军食物、屈膝投降等言行,亦有述及。有宣统元年(1909)石印本。别有雪堂丛刻本,题名《襄理军务纪略》,四卷。

张公洲 在今江苏南京市西南四里长江中,周三里(《太平寰宇记》)。《资治通鉴》:南朝梁承圣元年(552)王僧辩败侯景将侯子鉴,"督诸军至张公洲,……乘潮入淮(今秦淮河)",即此。胡三省注:"张公洲即蔡洲。"按蔡洲在今南京市西十二里长江中,周五十里(《太平寰宇记》),胡注误。

张恭(1877—1912) 清末浙江金华人,一名临,字伯谦,号万平。光绪举人。早年在浙东组织积谷会、千人会等反清会党,后组龙华会,充副会主。又参加光复会,于光绪三十三年(1907)与徐锡麟、秋瑾等共组浙东光复军,任分统。徐锡麟安庆起义事败后，走日本，主《民报》笔政。次年返国，与熊成基谋安庆起义，事泄被捕入狱。武昌起义后始获释，任同盟会浙江支部长，兼浙江都督府参议。并创办《平民日报》，宣传民生主义。旋病逝。

张瓘(?—359)　十六国时前凉人。前凉主张氏族人。张骏时为宁戎校尉，曾败后赵将王擢。骏分兴晋等八郡为河州，以为刺史。张祚时任枹罕护军。祚恶其兄弟强盛，遣将袭之，遂与宋混起兵杀祚，立张玄靓为凉王，自为都督中外诸军事、尚书令、凉州牧、张掖郡公。猜忌苛虐，人情不附。欲杀宋混等而行篡立。宋混起兵攻之，兵败自杀。

张光(259—313)　西晋江夏(治今湖北云梦)人，字景武。少为郡吏，家世有部曲，以牙门将伐吴，迁江夏西部都尉。氐、羌起事，率百余人戍马兰山北，出奇制胜，擢新平太守。随刘忱讨河间王颙，兵败被俘，颙表为右卫司马。平陈敏乱，以功迁材官将军、梁州刺史。因秦州邓定率饥民攻汉中，不得赴州，镇汉中。建兴元年(313)，以王如余党李运等逼汝中，乃求援于氐王杨茂搜，茂搜遣子难敌援之，难敌与之有宿怨，反助运等。他婴城固守三月。后以疾卒。

张光弼诗集　书名。一名《可闲老人集》。元张昱撰。七卷。张昱，庐陵(今江西吉安)人，字光弼，自号一笑居士，曾为江浙行省左右司员外郎、行枢密院判官，元末弃官不仕。明初被征至京，太祖悯其年老，曰"可闲矣"，厚赐遣还，乃自号可闲老人。旧稿散佚，明正统元年(1436)杨士奇得残帙刊刻。有《四部丛刊续编》本。

张光辅(?—689)　唐京兆(治今陕西西安)人。明辨有吏干。累迁司农少卿、文昌右丞。垂拱三年(687)，拜凤阁侍郎、同平章事。次年，节度诸军平越王李贞、琅邪王李冲之反。永昌元年(689)，进纳言内史。旋被诬杀，家口籍没。

张广泗(?—1749)　清汉军镶红旗人。监生出身。康熙六十一年(1722)选授思州知府。历贵州按察使、巡抚，佐鄂尔泰推行改土归流，镇压苗民起义。雍正十年(1732)，以熟悉军务，授副将军佐岳钟琪攻准噶尔部。旋任护理大将军，主持西路军务，与准噶尔军相持三年，屡获小胜。乾隆元年(1736)授经略，镇压湖南、贵州苗民起义。十一年任川陕总督，主持大金川军务，师久无功。十三年被逮至京，旋以贻误军机罪处斩。

张珪(1264—1327)　元易州定兴(今属河北)人，字公端。张弘范子。至元二十九年(1292)，拜江淮行枢密使。成宗初，擢南台中丞。皇庆初，拜中书平章政事。遭倖臣失烈门诬害，受杖罚，托病家居。英宗至治年间，起为集贤殿大学士，复拜中书平章政事。至治三年(1323)，铁失等杀英宗，上书泰定帝，力请诛铁失。泰定元年(1324)，赴上都奏当世得失，不获采纳。知经筵事。三年，因病辞归。

张轨(255—314)　西晋安定乌氏(今宁夏固原东南)人，字士彦。家世孝廉，以儒学显。中书监张华甚器之，以为二品之精。晋初历尚书郎、太子洗马、散骑常侍。以时方多难，阴图据有河西，于是求为凉州(治今甘肃武威)，永宁元年(301)拜凉州刺史。时凉州鲜卑屡叛，至州击破鲜卑，威著西土。晋末大乱，州郡多不朝，他独贡献不绝。汉将王弥、刘曜等攻洛阳、长安时，屡遣军勤王。累迁至侍中、太尉、凉州牧、西平郡公。时丧乱方殷，中州人士避乱者日月相继，置武兴郡以居之。又劝农桑、复币制、立学校，重用凉州士人，河西经济、文化于时独盛。张氏据凉州近八十载，其时虽未称王，实为前凉国始创之主。谥武穆，后张祚称帝，追尊武王。

张贵(?—1272)　宋末人。民兵将领。元兵围襄阳五年，他与张顺应募为都统，咸淳八年(1272)五月，突围抵襄阳城中。守将吕文焕力劝共同留守。他遣人赴郢州(今湖北钟祥西南)请兵夹击围城元兵。谋泄，率部顺流东下接应援军，途中遇元兵邀击，仓猝接战，所部死伤殆尽，身被数十创，力尽被俘，不屈而死。

张贵妃　❶即"张丽华"。❷(1024—1054)北宋河南永安(今河南巩义南)人。仁宗妃。幼无依，八岁入宫为御侍。长得幸，有盛宠。巧慧多智数，善承迎，势动中外。康定元年(1040)，为才人。庆历元年(1041)，进修媛。三年，以疾自请下迁为美人。八年，册为贵妃。死后追册为皇后，谥温成。

张衮(339—410)　北魏上谷沮阳(今河北怀来东南)人，字洪龙。有文才。代王拓拔珪选为左长史，参决大谋。与黄门侍郎崔宏同掌机要。登国十年(395)，珪采其先骄后克之法于参合陂(在今内蒙古凉城东北)击败后燕。天兴初，尝荐崔逞、卢溥，后以所举皆失旨，黜为尚书令史。年过七十，阖门守静，刊定经书乖失。

张国纪(?—1644)　明河南祥符(今开封)人，字宪章(一作宪台)。熹宗懿安张皇后之父。天启元年(1621)，封太康伯。因张皇后为熹宗乳母客氏及魏忠贤所忌恨，遂遭诬陷。崇祯十一年(1638)，以捐资助饷进爵为侯。李自成克北京，被杀。

张国樑(1823—1860)　清广东高要(今肇庆)人，初名嘉祥(或作家祥)，字殿臣。原为广西天地会首领。道光二十九年(1849)投降广西布政使劳崇光为把总。金田起义后，隶向荣部镇压太平军，由千总、守备，擢都司。咸丰三年(1853)尾追太平军至天京(今南京)，建立江南大营，曾攻克雨花台。擢副将、总兵。六年太平军击溃江南大营，奉命帮办江南军务。七年任湖南提督。八年与和春等重建江南大营，继续围攻天京，调任江南提督。十年陷九洑洲，天京震动。太平军第二次击溃江南大营后，逃至丹阳，坠河淹死。

张国维(1595—1646)　明末清初浙江东阳人，字止庵，一字九一，号玉笥。明天启进士。崇祯元年(1628)擢刑科给事中。七年任右佥都御史，巡抚应天、安庆等十府。十四年任兵部右侍郎，兼督淮、徐、临、通四镇兵。累官至兵部尚书。南明弘光朝时以原官协理兵政。旋以马士英专权，乞归。弘光元年(顺治二年，1645)清兵陷南京，遂拥立鲁王监国，进武英殿大学士，督师钱塘江上。次年，清兵渡钱塘江,诸军溃败,鲁王航海出逃,遂归东阳,知势不可支,作绝命词三章,赴水死。著有《吴中水利书》,另有《张忠敏公遗集》。

张国彦 明广平邯郸(今属河北)人,字熙载,号弘轩。嘉靖进士。授襄陵知县,累迁户部侍郎,总督仓场,曾谏止房山开矿。后协理兵部尚书,奏设"背包军马",令畿民遣戍者还籍充驿递。万历十九年(1591)官至刑部尚书,不久致仕。著有《琐垣疏议》。

张果 俗称张果老。唐人。传为道教八仙之一。隐中条山(在今山西芮城东北),往来汾、晋之间,时人传其有长生秘术,自云年数百岁。曾拒武则天所召。复居恒山(在今河北曲阳北)。开元二十二年(734),玄宗召入东都洛阳宫中,优礼甚厚,问治道神仙事,语秘不传。玄宗欲以公主嫁之,恳辞。擢银青光禄大夫,号通玄先生,赐衣帛放归恒山,造栖霞观于隐所,不知所终。

张果老 即"张果"。

张海(?—1043) 北宋人。京西、陕西一带农民起义首领。庆历三年(1043)与郭邈山(一作郭邈三)等率饥民千余人在商山(今陕西商州东南)起义,不久与党君子、范三、李铁枪等起义部队相合,声势大振,转战襄、邓、唐、汝、光、随、均、房、金、商、安、郢等十余州。宋令曹元喆、张宏、黎遂等率禁兵镇压,后又以韩琦宣抚陕西,他与郭邈山等败死。

张海鹏(1755—1816) 清昭文(今江苏常熟)人,字若云,号子瑜。乾隆监生。家有"照旷阁",藏书万余卷,多为宋元刻本。以校刻古书为己任,校刊有《学津讨原》、《墨海金壶》、《借月山房汇抄》等。

张翰 ❶西晋吴郡吴县(今江苏苏州)人,字季鹰。有清才,善属文,纵任不拘,时人以拟阮籍,称之为"江东步兵"(阮籍为步兵校尉)。齐王冏辟为大司马东曹掾。因世乱有去志。见秋风起,思吴中菰菜、莼羹、鲈鱼脍,遂归。任心自适,不求名爵。曾说:"使我有身后名,不如即时一杯酒。"年五十七卒。原有集已佚,今存诗六首。❷(1160—1214)金忻州秀容(今山西忻州)人,字林卿。大定进士。大安三年(1211),随平章政事独吉思忠等行省戍边,任左右司郎中。贞祐元年(1213),任翰林直学士,充元帅府经历官。中都(今北京)被蒙古军包围,改户部侍郎,调度军需。宣宗南迁,规措扈从人粮草至真定。奉召至南京(今河南开封),任户部尚书。

张瀚(1511—1593) 明浙江仁和(今杭州)人,字子文,号元洲、虎林山人等。嘉靖进士,授南京工部主事。历庐州、大名知府。嘉靖二十九年(1550)应诏简民兵入卫京师拒俺答,以功累迁兵部右侍郎。隆庆元年(1567)督两广军务,改工部尚书。万历元年(1573)官至吏部尚书。五年因阻张居正夺情,被劾归。晚年家居,著述终老。善诗文,曾结"白云楼社"会友。著有《松窗梦语》、《奚囊蠹余》、《台省疏稿》、《吏部掌考》、《张翰诗文集》等。

张好古(?—1262) 元冀州南宫(今属河北)人,字信甫。东平严忠济部属,权知东平府事张晋亨之子。初奉忠济命领父军戍宿州。宪宗八年(1258),真授行军千户,攻宋樊城、扬州等地。次年,从忽必烈攻鄂州。中统元年(1260),还宿州,兼恩州刺史。移戍蕲县。李璮叛时,宋军攻蕲县,力战死。

张浩(?—1163) 金辽阳(今属辽宁)人,字浩然。太祖定辽东,为承应御前文字。天会八年(1130),赐进士及第,授秘书郎。提点缮修东京宫阙,超迁卫尉卿,权签宣徽院事,协助制定朝仪。又任大理卿,详定内外仪式。累官平阳尹。海陵王即位,召为户部尚书,拜参知政事,进尚书右丞。天德三年(1151),受命扩建燕京城,营造宫室。海陵迁都燕京,进拜平章政事、尚书右丞相兼侍中、左丞相。又受命营建汴京宫室。海陵迁汴京,任太傅、尚书令。世宗即位,上贺表,官拜太师、尚书令。

张镐(?—764) 唐博州(治今山东聊城东北)人,字从周。少师事吴兢。好读王霸大略。天宝末,官左拾遗,徒步扈从玄宗入蜀。肃宗即位,奉命至凤翔,奏议多有补益,任谏议大夫。寻迁中书侍郎、同平章事。肃宗信佛,令僧数百于内道场晨夜诵经。他切谏,肃宗纳之。时军戎方兴,肃宗以其有文武才,命兼河南节度使、都统河南诸军事。史思明表请归顺,知其伪,谏勿招纳而以计取之;又论滑州防御使许叔信狡狯必变,应招入宿卫,肃宗以所论不切时机,罢相,授荆州大都督府长史。后史、许果叛。代宗初,起为抚州刺史,迁洪州观察使,后改江西观察使。居身清廉,不营资产,谦恭下士,议论识大体,为时所重。

张颢 金末元初冀州南宫(今属河北)人。仕金为同知安武军节度使事,领枣强令,以冀州数县之众附于严实。后从严实降蒙古,进安武军节度使。从西征,战死。

张郃(?—231) 三国时河间鄚县(今河北任丘北)人,字儁乂。东汉末应募为军司马,属韩馥,馥败,以兵归袁绍为校尉,破公孙瓒有功。官渡之战,绍遣之攻曹操本营,未下。闻操攻破乌巢(今河南延津东),乃降,拜偏将军,封都亭侯。从征袁谭、袁尚,又与张辽讨破陈兰、梅成之叛,败马超、韩遂于渭南。建安二十年(215),从操征张鲁,奉命与朱灵击破武都氐,入汉中。鲁降,与夏侯渊留守汉中。又略地三巴(巴东、巴西、巴郡,今四川东部、重庆大部及贵州北部一小部分),欲徙其民于汉中,为张飞所败。拜荡寇将军。二十四年,夏侯渊战死后被推为军主。文帝即魏王位,以为左将军,进爵都乡侯。又封鄚侯。黄初四年(223),与夏侯尚攻江陵(今湖北荆州),夺中洲。太和二年(228),诸葛亮出祁山时,以特进督诸军大败亮将马谡于街亭(今甘肃张家川西北),平南安等三郡。五年,亮军复出,粮尽而退,乃追亮军至木门(今甘肃天水东)中矢死。

张贺 西汉京兆尹杜陵(今陕西西安东南)人。张汤之子。武帝时得宠于卫太子。及太子败,宾客皆诛,因其弟安世上书,乃得减死,下蚕室。后为掖庭令,养育皇曾孙。及皇曾孙立为宣帝,贺已死,乃追思旧恩,为置守冢三十家,赐谥阳都哀侯。

张赫(?—1390) 明凤阳临淮(今属安徽)人。元末结义兵保乡里,率部归附朱元璋。历官千户、万户、常春翼元帅。洪武元年(1368),擢福建卫都指挥副使。在海上久,捕斩倭寇不可计数,曾追至琉球大洋。太祖称其功,命掌都指挥印。复升大都督府佥事,督辽东海运。二十年封航海侯。往来辽东十二年,凡督十运,军饷有赖。以病卒,封恩国公。

张鹤龄(?—1537) 明河间兴济(今河北青县)人。明孝宗孝康张皇后之弟。弘治五年(1492)袭封寿宁侯。与弟张延龄横行骄肆,屡夺民产。后以迎立世宗功进封昌国公。嘉靖十二年(1533)因其姐曾抑世宗生母,坐事革爵,谪南京锦衣卫指挥同知。后又自南京逮赴诏狱,瘐死。

张鹤鸣(1551—1635) 明凤阳颍州(今安徽阜阳)人,字元平。万历进士。累官右佥都御史,巡抚贵州。天启元年(1621)任兵部尚书。袒护王化贞而抑熊廷弼,致使辽事败坏。次年称病归。崇祯八年(1635)李自成克颍州,被俘杀。

张亨(1125—1202) 金大兴漷阴(今北京通州东南漷县村)人,字彦通。皇统进士。大定二年(1162),补尚书省令史。累迁中都路都转运使,被劾解职。后起任户部尚书、绛阳军节度使。章宗即位,置九路提刑司,任河东南北路提刑使,兼劝农采访事,访利病十三条上奏。以知归德府事致仕。

张衡 ❶(78—139)东汉南阳西鄂(今河南南阳北)人,字平子。早年游学长安,观太学于洛阳,通五经,贯六艺,才高于世。与当时著名学者马融、崔瑗等友善。曾两度任太史令,执管天文、历法。晚年任河间相、尚书。一生潜心发明著述。创制了世界上最早利用水力转动测定天体星象的浑天仪、测定风候的候风仪和测定地震的地动仪(一说候风地动仪为一器),还发明和复制出指南车和记里鼓车等多种机械,并第一次正确解释了月食之成因,说明月光是日光的反照,月食乃因月球进入地影而成。其天文著作《灵宪》总结了当时的天文知识,明确提出"宇之表无极,宙之端无穷"的宇宙无限性看法,又认识到行星运动快慢与距离地球的远近有关,反对当时盛行之谶纬之学,阳嘉二年(133)曾上书请禁绝图谶。又擅长文学,作品主要为诗、赋,其中《二京赋》铺写京都气象,宏浑巨大;《归田赋》形式短小,重在抒情。晚年作品《髑髅》等赋以旷达、悲愤著称。五、七言诗格调清新,各具特色,对后世诗歌均有较大影响。著作原有集,已佚,明人辑有《张河间集》。❷东汉沛国丰(今江苏丰县)人,字灵真。五斗米道首领。张道陵之子,张鲁之父。在汉中地区继承父业,以治病为名,传授道法。后被道教徒尊为"嗣师",相传于灵帝光和二年(179)"白日升天"。❸(?—612)隋河内(治今河南沁阳)人,字建平。初仕北周,为掌朝大夫。入隋,拜司门侍郎。依附晋王杨广(炀帝),历任河北行台刑部、度支二曹郎,并州总管掾,扬州掾。竭诚事广,为其策划夺嗣,得任右庶子。仁寿四年(604),参与害死文帝。炀帝嗣位,为御史大夫,恩宠无比。炀帝欲修汾阳宫,进谏失宠,出为榆林太守,怨望不满,除名为民。又以谤讪朝政罪被杀。

张弘策(456—502) 南朝梁人,祖籍范阳方城(今河北固安西南)人,字真简。起家齐邵陵王国常侍。萧衍为雍州刺史,从衍西行,任州录事参军,带襄阳令。衍将起兵反齐,与中兵参军吕僧珍被召入宅定议。萧衍率军入郢城(今湖北武汉)后,众军东下,途中凡矶、浦、村落,军行宿次、立屯处所,他都预为图测。建康(今江苏南京)平定,迁卫尉卿,加给事中。梁天监初加散骑常侍。东昏侯余党复作乱,遂遇害。

张弘范(範)(1238—1280) 元易州定兴(今属河北)人,字仲畴。张柔第九子。中统三年(1262),任行军总管,从征李璮。世祖罢世侯子弟兵权,被免军职。至元元年(1264),为顺天路管民总管。次年,移守大名。六年,任益都淄莱等路行军万户,参与襄樊之战。十一年,元军大举攻宋,为前锋,以功改亳州万户,赐名拔都。十五年,为蒙古汉军都元帅,进军闽广,俘文天祥于海丰五坡岭。十六年,在厓山(今广东新会南)大败宋军,灭宋。后病死。有《淮阳集》。

张弘纲(1237—1301) 元东安州(今河北廊坊西)人,字宪臣。张禧子。幼从军,膂力过人。宪宗时父受诬入狱,遂劫狱,与父逃投忽必烈。宪宗九年(1259),从忽必烈攻鄂州。后参加灭宋之役,以功升管军总把、千户、总管、招讨使等职。至元十三年(1276),从参政高兴破建德,升河南诸翼征行万户。大德四年(1300),从右丞刘深攻*八百媳妇。次年,在八番战死。

张弘靖(760—824) 唐蒲州猗氏(今山西临猗)人,字元理。祖嘉贞、父延赏俱为宰相。以门荫入仕,累至工部、户部侍郎,陕虢观察使,河中节度使。元和九年(814),为刑部尚书、同平章事,寻加中书侍郎。甲第东都洛阳,时号三相张家。十年,宪宗欲讨河朔藩镇王承宗,他请并力先平淮西吴元济,后伐河朔,不被采纳,遂自请罢政事。次年,出为河东节度使。后征为吏部尚书,迁宣武节度使。长庆元年(821),代刘总为卢龙节度使。骄贵自负,又委政幕僚,不亲将士,遂激起兵变,贬太子宾客,分司东都,再贬吉州、抚州刺史。迁太子少师卒。

张弘略(?—1296) 元易州定兴(今属河北)人,字仲杰。张柔第八子。宪宗五年(1255),权顺天万户。中统二年(1261),继柔任顺天路管民总管,行军万户。李璮之变后,解兵职。至元元年(1264),入宿卫。三年,佐父筑大都,为宫城总管。十三年,任淮东道宣慰使。十六年,迁江西宣慰使,镇压饶州(今江西波阳)起义。二十九年,为河南行省参知政事。

张弘彦 元易州定兴(今属河北)人。张柔第四子。宪宗九年(1259),从父由虎头关攻宋,破宋兵于沙窝。授新军总管,攻鄂州。中统元年(1260),扈从上都,改顺天路新军总管。三年,任亳州万户,佩金虎符。至元二年(1265),任鄂州万户。十六年,受皇太子召为侍卫亲军副都指挥使。

张红红 唐大历时人。与父于市肆卖唱乞食,将军韦青纳为姬。曾暗听乐工谱唱新曲,以豆粒记其拍节,遂能歌唱,一声不误。后被召入宫为才人。演唱于宜春院,宫中称为记曲娘子。后闻韦青卒,一恸而绝。

张宏(1229—1287) 元济南历城(今山东济南)人,字可大。通蒙古语,宪宗时,嗣父邦杰济南兵马都总管兼知府事职。宪宗九年(1259),从忽必烈攻鄂州。世祖即位,授济南行军万户、管民总管。中统三年(1262),李璮叛于益都,陷济南,他奔京师,从宗王合必赤围李璮于济南,以功升大都督。至元元年(1263),改迁真定路总管兼府尹。次年,以在济南时乘变盗用官物罪罢官。九年,起为新军万户,说宋安抚使吕文焕以襄阳降。次年,任襄阳等处统军使。宋亡,以疾告归。因其二女为按赤带后王忽列虎儿和金刚奴妃,乃留居兀鲁回河(今内蒙古东乌珠穆沁旗乌拉根果勒)草地。

张纮(152—211) 东汉末广陵(治今江苏扬州)人,字子纲。举茂才,公府辟,皆不就。汉末避乱江东,孙策数咨以世务,深受信赖,与张昭并与参谋。建安四年(199),受策派遣至许,曹操留为侍御史。少府孔融等皆与亲善。后操闻策死,欲乘丧攻吴,被他谏止。被任为九江太守,以疾固辞,操乃出之为会稽东部都尉,欲令辅孙权内附。权初统事,常令与张昭草创撰作。权西击黄祖,命其居守。十三年,权征合肥,任为长史。劝孙权以秣陵(今江苏南京)为都。后奉命还吴迎家,道病卒。好文学,著诗赋铭诔十余篇,策书责袁术僭号,即其所作。又善楷篆。

张泓 西晋人。初为给东宫使令。武帝常疑太子不慧,设宴会令当众决事以试之。遂与太子妃贾氏合谋,为之起草,令太子自写,帝览甚悦,太子得安。永宁元年(301),赵王伦篡位,辟为征虏将军。三王起兵讨伦时,受伦遣出战齐王冏。成都王颖入京助冏,乃降。

张侯论 书名。《论语》的一种改订本,共二十篇。西汉流行三种《论语》传本:《齐论》、《鲁论》、《古论》。西汉末安昌侯张禹授《鲁论》,兼讲《齐论》,善者从之,为世所贵,故名。东汉包咸、周氏为之章句,列于官学。汉熹平石经采用此本刻石。东汉郑玄又将其与古文《论语》混合,成为今本。

张侯桥 在今江苏南京市内。东晋、南朝时在建康城宣阳门外。南朝梁太清二年(548),侯景攻建康,太子以临贺王正德守宣阳门,正德率众于张侯桥迎景入宣阳门,即此。

张祜 唐南阳(今属河南)人,一作清河(今属河北)人,字承吉。祜或误作祐。寓姑苏。大和中,为令狐楚所荐,献诗于朝。受元稹压抑,无成而归。隐丹阳,以处士终。诗风近王建,以宫词和山水诗名世。卒于大中年间,年约六十。有《张处士诗集》。

张华(232—300) 西晋范阳方城(今河北固安西南)人,字茂先。少孤贫,学识优博。著《鹪鹩赋》,声名始著。司马昭时官至中书郎。晋初,拜黄门侍郎,封关内侯,迁中书令。力排众议,定灭吴计。及举兵,为度支尚书,供应军粮。吴灭后,封广武县侯,名重一时。仪礼、宪章、诏诰皆所草定。后被谮,不得任三公,出为持节、都督幽州诸军事。又征为太常。惠帝即位,为太子少傅。遭外戚杨骏忌,不预朝政。楚王玮举兵反,曾以计诛玮,因首谋功,拜右光禄大夫、侍中、中书监。元康元年(291),任司空,领著作。时朝廷派系矛盾日深,尽力匡辅,维系达十年。受贾后重信,多方规谏,作《女史箴》,阻害太子之谋。以反对赵王伦、孙秀废贾后夺帝位之谋,为伦所杀。其诗华丽妍冶,兴托不奇。著有《博物志》,今有辑本,乃后人杂取各书引文附以他书而成。文集今有《司空张华集》。

张华奎(?—1897) 清安徽合肥人。张树声子。光绪进士。光绪十五年(1889)发四川以道员补用。十七年四川总督刘秉璋檄办滇黔边引盐务,悉心厘剔,有成效。旋署川东道,参与办理大足教案。十八年补建昌道。次年调署按察使,旋改署成绵龙茂道。二十一年再署川东道,参与处理成都教案。又与日本领事交涉重庆通商事宜,使日方未能尽如其愿。事后奉旨补川东道。

张怀瓘 唐海陵(今江苏泰州)人。累官率府兵曹、鄂州司马、翰林院供奉。真、行、小篆、八分俱工。著有《书断》,闻名于世。另有《书估》、《六体书论》与《书议》。品评真、行、草、章四体各家等第,兼论各体之法,颇有卓识。

张怀寂墓志铭 唐代碑刻。楷书志文三十三行,满行三十五字。记述张怀寂家世及武周时抵御吐蕃、收复四镇事。清宣统二年(1910)出土于新疆吐鲁番阿斯塔那墓地。现藏新疆维吾尔自治区博物馆。

张怀素(?—1107) 北宋舒州(治今安徽潜山)人,自号落魄野人。崇宁年间,在京师、真州、苏州等地以宗教游说于公卿之间,与蔡京、蔡卞等有交往。大观元年(1107)与和州守吴储及储弟承议郎侔密谋起事,因范寥告发被杀。株连官吏甚众,悉遭罢黜。

张淮阳集 即"淮阳诗集"。

张奂(104—181) 东汉敦煌渊泉(今甘肃玉门西北)人,字然明。初为大将军梁冀属吏,以疾去官,复举贤良,以对策第一,擢拜议郎。桓帝时,历任安定属国都尉、使匈奴中郎将、武威太守、度辽将军、大司农、护匈奴中郎将等职。任职边郡期间,不受羌人豪帅所赠好马、金鐻,并与羌人为约:"使马如羊,不以入厩;使金如粟,不以入怀。"对南匈奴、羌人用兵时不专以杀伐为能。灵帝初,受中常侍曹节矫令,率军攻杀大将军窦武与陈蕃。后深悔为宦官利用,遂上疏为武、蕃申辩。遭宦官忌恨,诬为党人,免官归家,禁锢终身。闭门教授生徒。著有《尚书记难》,今佚。

张皇后 ❶(?—前163)汉惠帝皇后。父宣平侯张敖,母鲁元公主。惠帝即位,吕太后欲为重亲,立之为后。吕后死,废处北宫。❷即"张良娣"。❸(?—1442)明河南永城人。彭城伯张麒之女。洪武二十八年(1395)封燕世子高炽妃,永乐二年(1404)进皇太子妃,仁宗即位,册为皇后。历宣德、正统朝,以皇太后、太皇太后裁决军国大议。卒谥诚孝,葬献陵。❹(?—1541)明河间兴济(今河北沧州北)人。寿宁侯张鹤龄之姐。成化二十三年(1487)选为皇太子妃,孝宗即位,册为皇后。正德时尊为皇太后。武宗卒,与阁臣杨廷和等定策禁中,擒拿江彬等。世宗入继帝位,改称圣母、伯母。卒谥孝康,葬泰陵。❺(?—1644)明河南祥符(今开封)人。天启元年(1621)册为皇后。因不满客氏、魏忠贤擅权,遭忌受诬。熹宗病危时,力挫魏党阴谋,促成明思宗继位,受尊号。崇祯十七年(1644)农民军克北京,自缢死。

张煌言(1620—1664) 明末浙江鄞县(今宁波)人,幼名阿云,字玄著,号苍水。崇祯举人。南明弘光政权覆亡后,同钱肃乐等拥鲁王监国,据守浙东,官权兵部尚书加右佥都御史。鲁监国二年(清顺治四年,1647),松江提督吴胜兆起兵反清,遂监张名振水军往援,至崇明,遇飓风舟覆,脱身间道归海上。后随鲁王迁舟山。六年,舟山破,又从至福建,依郑成功。永历八年(顺治十一年,1654),监张名振水军攻入长江,克京口,威震南京。十二年,永历帝封为兵部尚书兼东阁大学士。次年,与郑成功合军复入长江,陷瓜洲,取江浦,下芜湖,传檄江南郡邑,大江南北相率归服,凡得四府三州二十四县。旋成功兵败南京城下,遂孤军作战,师溃于铜陵,退守浙东。后流寓象山南田岛悬岙。康熙三年(1664),被清军所执,拒降不屈,于杭州遇害。著作有《张苍水集》。

张辉 北宋永嘉(今浙江温州)人,字子充,学者称草堂先生。与周行己等同游太学,为永嘉九先生之一。每举不中,荐为国子学录。自六经诸子史百家之说,皆通习而辨析。尝与许景衡等从事于治气养性之术,从学者益多。著有《草堂语录》,已不传。

张徽 即"张野狐"。

张汇 宋兖州(今属山东)人,字东卿。宣和中随父官保州(今河北保定),金人南下被掳,在金十五年,天眷三年(宋绍兴十年,1140)归宋。任右从事郎。有《金国节要》三卷。

张惠 ❶(?—1232)金燕(今河北)人,号"赛张飞"。为山东行省完颜霆部将。屡与红袄军李全等战。元光元年(1222),随纥石烈牙吾塔守泗州。泗州西城为李全所陷,乃降。受宋命,自领一军守盱眙。正大四年(1227),降金,受封为临淄郡王,专制河南,以拒蒙古。开兴元年(1232),战死于钧州三峰山(今河南禹州境)。❷(1224—1285)元成都新繁(今四川新都)人,字廷杰,蒙古名兀鲁忽讷特。张商英裔孙。元太宗八年(1236)蒙古军攻入四川,被俘送杭海(今蒙古国杭爱山),留居其地多年,通晓诸国语言。后入侍忽必烈,中统间授燕京宣慰副使。至元间累官中书左、右丞,以依附阿合马党被罢黜,旋被起用。

张惠绍(457—519) 南朝梁义阳(今河南信阳)人,字德继。齐时为竟陵横桑戍主。后随萧衍入建康。梁初北伐,他首克宿预(今江苏宿迁东南)。天监六年(507)与曹景宗、韦叡等大败魏军于钟离(今安徽凤阳东北),为司州刺史。后征还,为左卫将军。

张惠言(1761—1802) 清江苏武进(今常州)人,字皋文。嘉庆进士。官翰林院编修,曾充实录馆纂修官。好《周易》、《仪礼》。《易》宗虞翻,认为惟虞翻传西汉今文孟氏《易》学,后儒罕能通之,乃著《周易虞氏义》、《周易虞氏消息》等,发挥虞氏《易》学。《礼》主郑玄,著《仪礼图》、《读仪礼记》等。为文效韩愈、欧阳修,与恽敬同为阳湖派之代表。能词,为常州词派创始人。强调词应"感物而发"。工篆书。还著有《茗柯文编》、《茗柯词》,并辑有《词选》、《七十家赋抄》。

张机 见"张仲景"。

张积中(?—1866) 清江苏仪征人,字石琴。贡生出身,以屡试不中,遂绝意仕途。道光间拜周太谷为师,传习太谷学派,合儒释道三家为一,被官府斥为"妖教"。咸丰六年(1856)举家北上,迁居济南附近黄崖山中,讲学授徒。咸丰十一年命弟子修筑山寨,购置武器粮食,相从入山者达八千余家,各以其财物半数归公,又派人去各城市经商,以所赚归入山寨。清吏上书告变。山东巡抚阎敬铭令其出山投案,被他拒绝。旋遭阎敬铭所派万余官兵围剿。同治五年(1866)山寨被破,他和部众拚死抵抗,几全部战死。参见"黄崖事变"。

张即之 南宋和州(治今安徽和县)人,字温夫,号樗寮。以父荫授承务郎。官至司农寺丞。后告老,特授直秘阁,致仕。宝祐四年(1256),阆州守王惟忠因谗被劾处死,他移书贾似道请恤其遗孤。又使从孙娶惟忠孤女。以能书闻名。

张集馨(1800—1878) 清江苏仪征人,字椒云,别号时晴斋主人。道光进士。尝为山西朔平知府,历福建、陕西、四川、甘肃、河南、直隶、江西等省知府、道员、按察使、布政使、署理巡抚等职。同治四年(1865)被劾革职。曾将仕途经历与见闻撰为自叙年谱,今名《道咸宦海见闻录》。另有《张集馨日记》一卷。

张籍(约768—约830) 唐吴郡(治今江苏苏州)人,寓居和州乌江(今安徽和县),字文昌。贞元进士。累任太常寺太祝、国子助教、秘书郎、国子博士、主客郎中、水部员外郎、国子司业等,世称张水部,又称张司业。官职低微,早年受韩愈知遇,晚年又与王建齐名。居官多年未改寒士生活。患眼疾,因被孟郊嘲为穷瞎张太祝。工乐府诗,善将复杂社会现象压缩、凝炼于简短篇幅之中。勇于暴露现实,也有描写封建制度压迫下妇女悲惨处境之作。乐府诗与王建之作并称张王乐府,亦受白居易称赞。代表作有《野老歌》、《征妇怨》、《凉州词》等。1959年中华书局出版《张司业集》。

张季子九录 书名。张謇(季直)言行集。近人张怡祖编。八十卷。内政闻录十九卷、实业录八卷、教育录六卷、自治录四卷、慈善录一卷、文录十九卷、诗录十卷、专录十卷、外录三卷。凡张謇一生有关政事、经济、农工商行政、水利计划、盐务改革、纱厂、教育事业等事实,及其著作包括专著、论说记述、序跋、赠序、笺启、碑传、哀祭、词赋铭赞、科举文艺、诗等,均作了汇集,为研究张氏及清末民初历史提供了资料。末附许彭年、孔容照编《张南通先生荣哀录》十卷。

张垍 唐河南洛阳人。张说子,张均弟。娶玄宗女宁亲公主。玄宗特加恩宠,许于禁中置内宅,赏赐珍玩,不可胜数。为中书舍人,玄宗并欲任为相。天宝十三载(754),遭杨国忠谗,贬卢溪郡司马。同年召还,拜太常卿。安史之乱时,授伪相,死于乱中。

张洎(933—996) 五代时滁州全椒(今属安徽)人,旧字师黯,改字偕仁。少有俊才。南唐进士。元宗时,任上元尉、监察御史。后主即位,历任工部、礼部员外郎,知制诰,中书舍人,清辉殿学士等,参与机密。好建议,每上言未即行,必称疾,经慰谕,始复视事。后宋师破金陵,随后主降宋。历任要职,官至参知政事,与寇准同列。文采清丽,兼通释老,有文集五十卷,已佚,今存辑本《贾氏谈录》一卷,《全唐文》存文二篇。

张济 ❶(?—196)东汉末武威祖历(今甘肃靖远西南)人。为董卓所部校尉。献帝初平三年(192)卓被杀后,随李傕等攻陷长安,纵兵杀掠,死者万余人。自为镇东将军,出屯弘农。及献帝东归洛阳,与傕等追杀朝官,掳掠乘舆辎重。后至南阳抄掠,中飞矢而死。❷(?—408)北魏西河(今山西汾阳)人,字士度。博学善辩,为道武帝所喜,引为左右,拜散骑侍郎,袭爵成纪侯。曾奉命会见东晋雍州刺史杨佺期,及还因辞顺意达而称旨,拜胜兵将军。后频随帝北伐,多有谋略。以疾卒。

张既(?—223) 三国时冯翊高陵(今陕西高陵西南)人,字德容。出身寒门,少为郡吏。举茂才,曹操任为新丰令。建安十三年(208),说马腾及子超归操。后以功迁京兆尹,在任招怀流民,兴复县邑。后出为雍州刺史。又从操征张鲁,议徙汉中民数万户实长安三辅。二十四年,建言操北徙武都(治今甘肃成县西北)氐五万余落出居扶风(治今陕西兴平东南)、天水(治今甘肃天水西北),以免为刘备所有,氐人始散居秦川一带。魏文帝时,领凉州刺史,平定河西,以功封西乡侯。

张继(?—约779) 唐邓州南阳(今属河南)人,一作襄州(治今湖北襄阳)人,字懿孙。天宝进士。安史乱起,避地吴越。大历时,官检校祠部员外郎,充盐铁判官,分掌财赋,卒于洪州。诗体清迥,不事雕琢。所作《阊门即事》、《送邹判官往陈留》诗,反映战乱对农村经济的破坏。七绝《枫桥夜泊》已成传世名篇。有《张祠部诗集》一卷。

张继庚(?—1854) 清江苏江宁(今南京)人,字炳垣。廪生。咸丰二年(1852)曾在湖南长沙对抗太平军。后回江宁。次年,太平军克南京,建为天京,他暗结同伙,密谋内应。后与织营总制、原江宁监生吴复成(字蔚堂)合谋叛变。次年被师帅张沛泽发觉,吴复成逃脱,他被捕后诬陷太平军将士多人为同谋,使数十人被屈杀,自己亦被杀。

张继庚遗稿 书名。清张继庚撰。咸丰三年(1853)太平军攻克南京,张继庚等潜伏城中勾结清军,阴谋叛乱,为杨秀清所杀。本书汇编张继庚遗稿八篇,有《致祁公子书》与七封《上向帅书》。内容主要为向江南大营主帅向荣通报南京城内太平军兵力、防御、政策制度等各种情况。

张骥(?—1449) 明湖广安化(今属湖南)人,字仲德。永乐举人。宣德初授御史,出按江西。正统八年(1443),迁大理寺右少卿,巡抚山东。十三年巡抚浙江,招降邓茂七部属陈鉴胡。次年召还,卒于途。

张佳胤(1527—1588) 明四川铜梁(今属重庆)人,字肖甫,号崌崃山人。嘉靖进士。授知县,迁按察使。万历七年(1579)进兵部右侍郎。十年巡抚浙江,镇压杭州兵变。不久以功迁右副都御史,总督蓟、辽、保定军务。复进兵部尚书。次年谢病归。好诗文,与王世贞诸人唱酬,与世贞等称"嘉靖七子";又与余曰德、魏裳、汪道昆、张九一号为"后五子"。著有《崌崃山房集》、《督抚奏议》等。

张家口厅 清雍正二年(1724)以张家口外开垦加广、生聚日繁设置,管理口外官地及察哈尔东翼镶黄一旗、西翼正黄半旗蒙民,并口内蔚、保安二州,宣化、万全、怀安、西宁四县旗民。属直隶口北道。治张家口下堡,即今河北张家口市。光绪七年(1881)移治兴和城。1913年废厅改置张北县。

张家湾 地名。在今北京通州区东南。原为卢沟河与白河会流处。是南北水陆交通要道,以元代万户张瑄督海运至此,故名。元明清时期东南漕粮多经此转运入通州,再至京师,故均设仓储粮于此。其地官民船舶骈集。明嘉靖三十一年(1552)筑城,并设有巡司。清设粮运通判及都司。

张家湾盐仓检校批验所 官署名。明代设于通州东张家湾(今北京通州区东南)的批验盐引机构,为户部直辖。设大使、副使各一人。隆庆六年(1572)革。

张家骧(?—1885) 清浙江鄞县(今宁波)人,字子腾。同治进士。选庶吉士,散馆授编修。同治六年(1867)提督山东学政,旋调任山西学政。十三年迁侍讲,入值南书房。光绪元年(1875)充日讲起居注官。六年直隶提督刘铭传奏请修筑由清江至北京、汉口至北京两条铁路,他上疏指斥铁路有三大弊,竭力反对。九年授户部右侍郎。次年调吏部右侍郎。

张家玉(1615—1647) 明末清初广东东莞人,字玄子(一作元子),号芷园。明崇祯进士。南明隆武朝官佥都御史。隆武二年(清顺治三年,1646),清兵攻江西,遂回粤募兵数万,将赴援,闻隆武亡,乃回东莞。旋清兵陷广州,永历朝势危,遂联合农民军据东莞起兵抗清,永历帝进兵部尚书,率部连克新安、博罗、归善诸城。后又与陈子壮、陈邦彦密约攻广州,事泄,同清军激战于增城,力竭兵败,投野塘死。与子壮、邦彦合称"广东三忠"。

张嘉贞(666—729) 唐蒲州猗氏(今山西临猗)人,本范阳旧姓。垂拱元年(685)应五经举,补平乡尉。长安中,武后召见,奇其才,擢监察御史。历中书舍人、并州长史,奏置天兵军,以处置来附突厥九姓。开元八年(720),宋璟、苏颋罢知政事后,擢中书侍郎、同平章事。寻进中书令。玄宗又以其弟嘉祐为金吾将军,兄弟并将相,时人畏惮。敏于裁决,然不免刚愎自用,与宰相张说不和。虽贵不营家产,自谓不为无赖子弟置酒色之资。十一年,嘉祐贪赃事发,左迁幽州刺史。寻召为户部尚书。十四年,为工部尚书、定州刺史。在州为恒岳庙书颂立碑。后以疾卒于东都。曾为赵州安济桥作《石桥铭序》,指出桥为隋匠李春所造。

张甲河　水渠名。在唐河北道贝州经城(今河北广宗东北)西南四十里。神龙三年(707),姜师度因故渎开凿。

张柬之(625—706)　唐襄州襄阳(今属湖北)人,字孟将。少补太学生,后中进士。始调清源丞。永昌元年(689)以贤良征试,对策第一,擢监察御史,累迁凤阁舍人。因反对与突厥和亲,忤武后旨,出为合州、蜀州刺史,旋转荆州长史。长安中,狄仁杰荐其有宰相才,召为洛州司马,寻授司刑少卿、秋官侍郎。后姚崇再次力荐,长安四年(704)以夏官侍郎同凤阁鸾台平章事。神龙元年(705),乘武则天病重,与桓彦范、敬晖等定计诛张易之兄弟,助中宗复位,以功擢天官尚书、同凤阁鸾台三品,封汉阳郡公。寻进中书令,监修国史。后为武三思所忌,封汉阳王,罢相,被诬与王同皎通谋,贬新州司马,又流泷州(今广东罗定南),忧愤而卒。有集十卷,已佚,《全唐文》存文五篇,《全唐诗》存诗五首。

张俭　❶(115—198)东汉山阳高平(今山东微山西北)人,字元节。初举茂才。桓帝延熹八年(165)为郡东部督邮,举劾中常侍侯览及其母罪恶,奏请诛之,以此显名士人,尊为"八及"之一。后侯览使人诬其与同郡二十四人共为部党,图危社稷。灵帝下诏缉捕。遂四处亡命,望门投止。时人重其名节,多破家相容。以此株连致死者以十数,宗亲并被诛灭,郡县为之残破。党禁弛解,乃还乡里。三公举辟、公车特征皆不就。献帝建安初,征为卫尉。因曹操掌权,故不预政事,岁余病卒。❷(594—653)唐京兆新丰(今陕西西安东北)人,字师约。唐高祖从外孙。贞观初,为朔州刺史。时突厥颉利可汗恃强,每遣书边州,求取不已,他独拒之。教民营田,岁收谷数十万斛,州境以安。突厥平,安辑思结部,后徙之于代州。因任检校代州都督,劝思结部垦田力耕,和籴入官。累官营州都督,兼护东夷校尉。贞观十九年(645),太宗攻高丽,拜行军总管,领诸蕃骑,为六军前锋,破敌于建安城,以功累封皖城郡公。永徽初,加金紫光禄大夫。卒于官。❸(963—1053)辽南京宛平(今北京城西南)人,字仲宝。圣宗统和十四年(996)进士甲科第一。为寺丞、县令,迁监察御史,供职行在。二十九年,授礼部郎中、知制诰、直枢密院,充贺宋帝生辰副使。开泰元年(1012),迁政事舍人、知枢密直学士。累官参知政事、同知枢密院事,参预军国政务。七年,为守司徒(一作守司空)兼政事令。太平五年(1025),兼武定军节度使出镇大同。六年,入为南院枢密使、左丞相兼政事令、监修国史。圣宗死。受遗诏辅立兴宗,拜太师。重熙四年(1035),致仕。六年,特封韩王。十一年封陈王。

张戬(1030—1076)　北宋凤翔郿县(今陕西眉县)人,字天祺。张载弟,关中学者称为"二张"。嘉祐进士。熙宁初,为监察御史里行。累章论王安石乱法擅国,又诣中书面争。且数劾曾公亮、吕惠卿等人。贬知公安(今属湖北),徙监司竹(今陕西周至境内)监。生平治学力践躬行,伊川称之"有自然德器",为当时学者所称道。

张謇(1853—1926)　江苏通州(今南通)人,字季直,号啬庵。清光绪状元。授翰林院修撰。中日甲午战争后,愤政府丧权辱国,遂致力于实业、教育。光绪二十二年(1896)经张之洞奏派总办通州商务局,并创办南通大生纱厂。二十五年纱厂建成开工。次年又筹建通海垦牧公司、上海大达外江轮步公司、资生铁冶厂等企业。逐步形成拥有十九个企业的大生资本集团。又积极创办文教事业,先后建立通州师范、女子师范及各类职业、专科学校、中小学、博物苑、图书馆等。曾著《变法平议》,并代张之洞等起草《拟请立宪》奏稿,鼓吹君主立宪。三十二年在沪成立预备立宪公会,成为国内立宪运动的首领。宣统元年(1909)当选江苏咨议局议长,发起入京请愿,要求开国会、行宪政。武昌起义后,赞同共和。1912年任南京临时政府实业总长,1913年曾任北洋政府农林、工商总长,兼全国水利局总裁。两年以后以不赞成帝制,辞职南归。晚年继续经营实业。有《张季子九录》、《啬翁自订年谱》、《张謇日记》。

张建封(735—800)　唐邓州南阳(今属河南)人,字本立。客居兖州。能文善辩。大历初,投转运使刘晏,为操理漕务,岁余罢。马燧为河东节度使,以其为判官,对军事多所建言。建中时,为岳州刺史,后转寿州,屡败叛将李希烈。贞元四年(788),以功迁徐、泗、濠节度使,支度营田观察使,令守江淮运路。乃按据纲纪,严明赏罚,使徐州为雄镇。十三年,入朝,上言宫市之弊。后还镇,军州称理。礼贤下士,天下名士如许孟容、韩愈等多乐归门下。卒官于彭城。有文二百三十篇,已佚。

张建章(806—866)　唐中山北平(今河北顺平)人,字会主。好读书,善诗文,藏书万卷。大和七年(833),随瀛州司马朱衣使渤海。次年,至上京龙泉府,渤海王大彝震重礼之。归而著《渤海国记》三卷,备录其诸王谥号、官制、品秩、物产、交通、风俗、宫殿等,《新唐书·渤海传》多所取材。已佚。

张荐(744—804)　唐深州陆泽(今河北深州西南)人,字孝举。张鷟孙。少精史传。大历中,任史馆修撰。德宗朝,历左拾遗、太常博士。贞元四年(788),从关播送咸安公主于回纥。十一年,拜谏议大夫。裴延龄惧其论己奸恶,奏改秘书少监,并令再使回纥。二十年,吐蕃赞普死,又以工部侍郎充入吐蕃吊祭使,至赤岭东病殁。有集三十卷及著作多篇,已佚。

张鉴　❶(947—1004)北宋涿州范阳(今河北涿州)人,字德明。太平兴国进士。历知婺州、监察御史、殿中侍御史、掌左藏库。判三司度支凭由催欠司,时三部各置凭由催欠司,请并为一。任江南转运使,议置临江军。知梓州,判大理寺、三司都催欠司,改都勾院,拜枢密直学士,知通进银台封驳司,掌三班,兼磨勘职。淳化中,督王继恩军镇压王小波、李顺起义,迁户部使。进攻西夏时,专督军粮,馈运不乏。又议弃灵州与李继迁,免竭物力、困甲兵。后出知广州、朗州。❷(1768—1850)清浙江归安(今湖州)人,字春冶。嘉庆九年(1804)副贡生。尝讲学于阮元所办诂经精舍。又为其谋划海防、赈灾诸事,有《两浙赈灾记》。并力主海运,有《海运刍言》四卷,后英和采其说奏请允行。博览群书,工诗古文,尤精考据之学。著述尚有《西夏纪事本末》、《东南半壁纪事》、《隋朝行宫录》、《蕃厘观志》、《历统岁实消长表》以及《十三经丛说》等。

张角(?—184) 东汉末巨鹿(治今河北平乡西南)人。初奉事黄老。依《太平经》部分内容创"太平道,"自称"大贤良师"。后以符水咒说治病为名,发展徒众,准备起义。十余年间,徒众至数十万,遍及青、徐、幽、冀、荆、扬、兖、豫八州。分为三十六方,大方万余,小方六七千,各立渠帅。灵帝中平元年(184),宣称"苍天已死,黄天当立,岁在甲子,天下大吉"。定于甲子日(三月五日)三十六方同时举事。因叛徒告密,事泄,被迫提前起义。自号"天公将军",攻郡县,杀官吏,远近响应。起义军皆著黄巾以为标帜,故称"黄巾"。与其弟张梁率黄巾军主力击败东汉北中郎将卢植、东中郎将董卓军。旋病死军中。后被皇甫嵩剖棺戮尸。

张介宾 即"张景岳"。

张金称(?—616) 隋清河鄃县(今山东夏津)人。大业七年(611),聚众起义。杀另一起义首领孙安祖。九年,在清河(今属河北)击败隋将冯孝慈。十二年,连克平恩(今河北曲周东南)、武安、巨鹿(今俱属河北)、清河等县,屡败隋军。后因轻敌,被隋太仆卿杨义臣击败,逃往清河,为清河郡丞杨善会俘杀。余部归窦建德。

张进(?—1232) 金霸州保定(今河北霸州南)人。兴定元年(1215),与张甫同被涿州刺史李瘸驴招降。三年,任中都南路经略使。元光二年(1223),升元帅左监军,赐姓完颜。后封北平公。河北被蒙古军征服后,仍孤守信安水泊诸寨十余年。元太宗四年(1232),金将亡,率所部兵民降蒙古大将阿术鲁,任征行万户。奉阿术鲁令领兵入徐州,欲夺国用安军,被用安杀死。

张晋亨(?—1276) 元冀州南宫(今属河北)人,字进卿。从严实及兄颢降蒙古。娶严实女。随实长子忠贞入质。太祖二十二年(1227),从国王孛罗败益都李全,迁恩州刺史兼行台马步军都总领。太宗六年(1234),从实入觐,受任东平路行军千户。累次领兵攻宋。严实子忠济嗣位,他任权知东平府事。宪宗元年(1251),改任恩州管民万户。中统三年(1262),从严忠范平李璮,改本道奥鲁万户。四年,受金虎符,充万户,分将本道兵戍宿州。至元八年(1271),改任淄莱路总管。十一年,领兵攻宋,留戍镇江,兼管民政,卒于官。

张缙彦 明末河南新郑人,一作新乡人,字坦公。崇祯进士。历官知县、编修等。崇祯十六年(1643)因善谈兵擢兵部尚书。次年李自成农民军围北京,与太监曹化淳开齐化、东便二门降。后脱逃,以贿马士英,任福王政权兵部尚书,总督北直、山西、河南诸处军务。清顺治二年(1645)降清。

张经(?—1555) 明福建侯官(今福州)人,字廷彝,号半洲。初冒蔡姓,久之乃复。正德进士,授嘉兴知县。嘉靖四年(1525)擢吏科给事中。十六年进兵部右侍郎,总督两广军务,镇压大藤峡农民起义。以功任南京兵部尚书兼右都御史。三十三年总督江南北、鲁、浙、闽、湖广诸军御倭。次年遭赵文华诬陷,被逮问。诏书未达之时,获王江泾(今属嘉兴)大捷,但仍以失律处死。著有《半洲稿》。

张鲸 ❶(?—1215)金锦州(今属辽宁)人。元太祖九年(1214),杀金锦州节度使,聚"黑军"万余人,自立为临海王,降蒙古。次年,奉成吉思汗令总北京(今内蒙古宁城西大明城)十提控兵,从脱伦阇里必征金燕南未下州郡。至平州(今河北卢龙),称病逗留,被监军石抹也先执送成吉思汗处,他许以弟张致为质。既而出逃,被也先追杀。❷(?—1608)明保定新城(今河北高碑店)人。嘉靖二十六年(1547)入宫为宦官,投太监张宏名下。万历十年(1582)与张宏共逐冯保,得掌东厂,颇受神宗信任。万历十八年以贪赃专擅遭劾失宠,遂去职。

张景碑 东汉碑刻。其残石于1958年春出土于河南南阳市。隶书,现存十一行,可识者二百二十五字,字体宽扁,端正秀雅。桓帝延熹二年(159)宛县男子张景所立。碑文系摘录地方官吏三篇公文。一是郡太守丞所颁文告,宣布张景自愿出钱置办立春鞭土牛劝农仪式所需用具,故免除其家劳役;二是宛令右丞对属吏指示,命张景为官府建造瓦屋二间并负担其杂项;三是"掾赵述告宛人"之言,因碑已残阙,其内容不可知。碑文所记从侧面反映了当时徭役的苛重,有一定的史料价值。

张景仁(?—574) 北齐济北(今山东平阴西)人。幼孤贫,工草隶,与姚元标等齐名。丞相高澄引为宾客。天保八年(557),除开府参军。旋被孝昭帝高演选为东宫侍书。后主高纬即位后,令与帝所宠胡人何洪珍家通婚,遂大富贵。及立文林馆,任总判事,除侍中。封建安王。迁中书监,病卒。

张景岳(1563—1640) 明会稽山阴(今浙江绍兴)人,名介宾,字会卿,号景岳,又别号通一子。性端静,少时从京师名医金梦石习医,尽得其传。壮岁从军,曾抵河北、山东,还出榆关,履碣石,经凤城,渡鸭绿。后因功名未就,乃回乡攻读医学,医名日增。对《素问》、《灵枢》研究甚深,历三十年编成《类经》三十二卷,对《内经》以类分门,探索《内经》精义,阐发颇多。在医论上,对于先天后天,阴阳气血,独能补其所偏,求其所全,重视温补元阳。倡"阳非有余,真阴不足"论,为温补派代表人物之一,对后世影响甚大。晚年以其丰富临证经验和深湛理论，撰成《景岳全书》。

张爆 即"张炜"。

张敬 一作张景。十六国时人。初与张宾、刁膺等依附石勒，为谋士。后任左长史。汉麟嘉三年(318)，受命率骑五千为前锋讨靳准。后与张宾等请石勒称赵王。

张敬儿(?—483) 南朝齐南阳冠军(今河南邓州西北)人，本名苟儿。宋末，桂阳王刘休范反，隶骠骑大将军萧道成，屯新亭(在今江苏南京)。以刺杀休范功除骁骑将军，加辅国将军。继为雍州刺史，镇襄阳(今湖北襄樊)。升明元年(477)，沈攸之自荆州起兵反道成，攻郢城(今湖北武汉)不克。乃乘机袭取江陵(今湖北荆州)。攸之无所归，因而败死。入齐，官至散骑常侍、车骑将军，加开府仪同三司。永明元年(483)，因见疑于武帝，被杀。

张九成(1092—1159) 南宋钱塘(今浙江杭州)人，字子韶。绍兴二年(1132)进士第一。入仕为佥判、著作郎、礼部侍郎等。反对和金，忤秦桧，出为江州太平兴国宫祠官。又被诬与禅师宗杲交游，谤讪朝政，遂谪居南安军十四年，自号横浦居士，亦称无垢居士。秦桧死，起知温州，四年后病卒。曾师事杨时，与宗杲相契，受其影响。故其学术思想大端仍属程门理学，然多有援佛入儒之意，如谓"仁即是觉，觉即是仁，因心生觉，因觉有仁"(《横浦心传》卷上)。被朱熹攻击为"阳儒阴释"、"洪水猛兽"。著有《横浦文集》、《横浦心传》、《横浦日新》、《孟子传》等。

张九龄(673 或 678—740) 唐韶州曲江(今广东曲江西北)人，字子寿，一名博物。长安进士，调校书郎。先天元年(712)，对策高第，迁左拾遗。玄宗即位，上书请重地方守令，未任地方官者不得入中央，选官重贤能，不循资历。开元十一年(723)，进中书舍人。十九年，为秘书少监、集贤院学士。二十一年，以中书侍郎同平章事。次年，进中书令，监修国史。曾反对以李林甫为相，又奏劾安禄山狼子野心，建议及早诛灭，以绝后患，皆未被采纳。二十四年八月五日，玄宗生日，群臣多献宝镜，他独上《千秋金镜录》五卷，具陈前代帝王兴衰之迹，以伸讽谏。旋为李林甫所谗，以尚书右丞相罢知政事，贬荆州长史。作《感遇》诗十二首，托物抒怀。有《曲江集》二十卷传世。

张九思(1242—1302) 元宛平(今北京城西南)人，字子有。至元二年(1265)入备宿卫。后侍太子真金，以工部尚书兼东宫都总管府事。十九年，千户王著等刺杀阿合马时，适值宿宫中，指挥卫士捕王著等。詹事院立，入为丞。荐举名儒宋衜、刘因、夹谷之奇、李谦等。三十年，进拜中书左丞。成宗嗣位，以东宫旧臣进中书右丞，领修世祖、裕宗实录。大德六年(1302)，进阶光禄大夫，卒于官。

张九一(1533—1598) 明新蔡(今属河南)人，字助甫，号周田。嘉靖进士。授黄梅知县，官至右佥都御史，巡抚宁夏。有《朔方奏议》、《绿波楼诗集》。

张居正(1525—1582) 明湖广江陵(今湖北荆州)人，字叔大，号太岳。嘉靖进士，选庶吉士，授编修。为徐阶所器重。累官右中允、国子司业，翰林院侍讲学士。隆庆元年(1567)任吏部左侍郎兼东阁大学士，与高拱共同促成俺答封贡。神宗即位，联合宦官冯保逐高拱，任首辅。万历初年，慈圣皇太后以帝年幼，委以大权，帝亦以师礼待之。前后当国十年，大力改革，倡行恢复祖制，综核名实，整饬吏治，知人善用；禁滥用驿传、冒滥生员；汰冗员、饬边防，致物议飞腾，多以为操切。万历五年(1577)丧父，遵旨夺情。次年下令清丈全国田亩。九年推行一条鞭法，平均赋役，国库渐丰，内外安谧。次年病卒，谥文忠。因神宗厌其生前恩威震主，遂惨遭抄籍。有《张文忠公全集》。

张举(?—351) 十六国时人。后赵石虎时，历任征北将军、太尉。与李农定议立石世为太子。太宁二年(350)，冉闵大杀诸胡，遂与太宰赵庶等万余人奔襄国(今河北邢台西南)，依石祗。受祗命与石琨等率众七万攻邺(今河北临漳西南)，被冉闵击败。后冉闵进围襄国，奉使前燕求援，许送传国玺。燕主慕容儁以为妄而杀之。

张珏(?—1280) 南宋凤州(治今陕西凤县东北)人，字君玉。年十八，从军钓鱼山，以战功累官中军都统制，号为"四川虓将"。开庆元年(1259)，蒙哥汗合诸道兵围合州(今重庆合川)，他与王坚合力坚守九月。景定四年(1263)，知合州，练兵积粟，坚持抵抗。后擢四川制置副使，知重庆府。德祐元年(1275)，入重庆城，任四川制置使，收复泸、涪等州。景炎二年(1277)，在重庆被围。次年，粮尽城破，为元军所执，后自缢死。

张觉(?—1123) 一作张瑴。辽平州义丰(今河北滦县)人。辽进士。为辽兴军节度副使。燕王耶律淳死，知辽必亡，练兵聚粮为一方之备。金以为临海军节度使，知平州，后升平州为南京，加同中书门下平章事。时燕民尽徙，流离道路。他与学士李石合谋，杀降金辽相左企弓，纵人归燕，复称辽保大年号。徽宗闻其叛金，命詹度讽之内附。建平州为泰宁军，任为节度使，世袭平州。后遭金兵突袭，逃匿于王安中军中。金人索急，遂被安中缢杀。

张瑴 即"张觉"。

张均 ❶唐河南洛阳人。张说子。初为太子通事舍人、中书舍人，迁兵部侍郎。开元二十六年(738)，坐贬饶州、苏州刺史。后以太子左庶子征入，复为兵部侍郎。天宝九载(750)，迁刑部尚书。自以才名当为相，遭李林甫排抑。复附陈希烈。遭杨国忠忌，以为大理卿，遂大失望，意常郁郁。安史之乱中，任伪中书令。肃宗还京，罪当死，以房琯力救，流合浦郡(治今广西合浦东北)卒。有集二十卷，已佚。❷(?—1314)元济南(今属山东)人。宪宗时，袭父爵为百户，从宗王塔察儿攻宋鄂州。中统三年(1262)，从征李璮，以功升千户，守淄州。后攻宋屡立战功。至元二十二年(1285)，升松江万户。二十四年，从镇南王攻交趾。二十六年，从征叛王海都，任前卫亲军副都指挥使。成宗时，受命屯田和林，任和林等处副元帅、都元帅等职。

张君房 北宋岳州安陆(今属湖北)人。景德进士。累擢尚书度支员外郎充集贤校理。大中祥符间,谪官海宁。真宗命戚纶等校正《道藏》,纶荐他主其事,遂取秘阁及苏、越、台三州《道藏》至杭州,集道士十人协助修校,编成《大宋天宫宝藏》四千五百六十五卷。又自集其中精华,编成《云笈七签》一百二十二卷,对整理宋代《道藏》有贡献。

张君佐(?—1284) 元郾陵(今属河南)人。张荣孙,张奴婢子。元世祖时,袭父职为炮水手元帅,从攻宋,破樊城、襄阳、阳逻堡,败宋师于丁家洲,攻扬州,皆有功。至元十三年(1276),任安庆府安抚司军民达鲁花赤。次年,败张德兴义军,复取黄州(今湖北黄冈),为黄州达鲁花赤。十九年,率新附汉军万人,修胶西闸坝,以通漕运。后兼任海道运粮事。

张钧(?—184) 东汉中山(治今河北定州)人。灵帝时为郎中(一说侍中)。中平元年(184),张角领导黄巾起义后,奏言角等作乱,其源皆由张让等"十常侍"残害百姓,宜斩十常侍以谢天下。灵帝以其书示诸常侍。张让等反诬其学黄巾道。遂下狱,拷掠至死。

张俊(1086—1154) 宋成纪(今甘肃天水)人,字伯英。宋南渡四大将之一。建炎元年(1127),为御营司统制官。三年除夕,守明州城,击退来犯金兵,获高桥之捷;旋以完颜宗弼(兀术)率援兵反扑,弃城逃遁,明州遭焚掠几尽。绍兴初,为江淮招讨使,镇压各地义军,讨伐叛将李成。绍兴五年(1135),宣抚淮西,挫败伪齐刘猊的攻扰。十年,其部将王德北上,克亳州,他迎合高宗、秦桧旨意,引军还屯寿春。次年,力赞和议,首请纳兵柄,拜枢密使。晚年,封清河郡王,拜太师,备受高宗宠遇,死后追封循王。因排挤刘锜,参与谋害岳飞,为后世所唾弃。

张浚(1097—1164) 宋汉州绵竹(今属四川)人,字德远,号紫岩。政和进士。建炎三年(1129),苗刘之变,勤王复辟有功,除知枢密院事,力主抗金,建议经营川陕,以保东南,遂出任川陕宣抚处置使。富平之战虽失利,然知人善任,得保全蜀,江淮赖之以安。绍兴五年(1135),除尚书右仆射、同中书门下平章事兼知枢密院事,部署沿江、两淮诸路军马大举北伐。因郦琼兵叛,引咎求罢。秦桧执政,被排斥在外近二十年。三十一年,金完颜亮南下,重被起用。隆兴元年(1163),任枢密使,督师北伐,因将领不和,符离之战失利。不久再相,终为主和派所排去。著有《中兴备览》等。

张骏(307—346) 十六国时前凉主。公元324—346年在位。字公庭。凉州刺史张寔子。西晋末,封霸城侯。父卒,叔茂立,拜为抚军将军、武威太守、西平公。茂卒,嗣位,称使持节、大将军、凉州牧。时称藩于前赵,又称藩于成,以假道通东晋,晋拜为镇西大将军。有计略,勤庶政,举贤纳谏,时号积贤君;境内渐平,尽有陇西之地,为前凉鼎盛时期。遣沙州刺史杨宣率众越流沙,伐龟兹、鄯善,西域诸国皆遣使贡方物,以晋戊己校尉赵贞不附己,击擒之,遂置高昌郡(治今新疆吐鲁番东)。建兴三十三年(345)分凉州为凉、河、沙三州,自称大都督、大将军、假凉王,督摄三州,始置官署。私谥文公,东晋赐谥忠成公,张祚追谥文王,庙号世祖。

张开(?—1233) 金景州(今河北东光)人。贞祐元年(1213),蒙古军至河北,聚乡兵自保。四年二月,率所部收复河间府及沧、献二州十三县。四月,又复清州等十一城。升观州刺史、权本州经略使,赐姓完颜。潼关破,奉命入卫南京(今河南开封)。兴定三年(1219),权昭义军节度使、元帅左都监,与郭文振收复太原。四年,受封上党公,辖泽、潞、沁州。正大间,潞州失守,退居南京。天兴元年(1232),与刘益同为西面元帅。次年随哀宗渡河攻卫州,败于白公庙,被民家所杀。

张凯嵩(1820—1886) 清湖北江夏(今武汉)人,字云卿,又字月卿。道光进士。初任广西兴业等县知县,参与镇压太平军。咸丰五年(1855)擢庆远知府。同治元年(1862)迁广西巡抚,镇压境内农民起义。六年授云贵总督,次年革职。光绪六年(1880)起授通政使。九年迁贵州巡抚。次年调云南巡抚。奏准招商集股开矿。卒于任。

张楷 东汉蜀郡成都(今属四川)人,字公超。通《严氏春秋》、《古文尚书》,门徒常百人。曾隐居弘农山中,学者慕名而随,所居遂成公超市。家贫,常以卖药为生。好道术,自称能作五里雾。桓帝时遭诬陷,在狱中恒讽诵经籍,作《尚书注》。后得释,朝廷安车备礼聘之,以疾辞,年七十,卒于家。

张闿(265—328) 晋丹阳(治今江苏南京)人,字敬绪。安东将军司马睿引为安东参军,甚加礼遇。转丞相从事郎中、给事黄门侍郎、本郡大中正,以佐翼勋赐爵丹阳县侯。睿即位后,出补晋陵内史,筑曲阿新丰塘,溉田八百余顷。以擅自兴造,免官。后帝感悟,起任大司农。后为大匠卿,营建平陵。事毕,迁尚书。苏峻之乱,与司徒王导入宫侍卫。及峻陷台城(在今江苏南京),使之权督东军,乃与导谋,密宣太后诏于三吴,令速起兵。乃赴晋陵遣人运谷与徐州刺史郗鉴。又与吴国内史蔡谟、吴兴太守虞谭、会稽内史王舒等集兵讨峻。峻败,加散骑常侍,赐爵宜阳伯。迁廷尉,以疾解职,拜金紫光禄大夫。寻卒。有《张闿集》,已佚。

张堪 东汉初南阳宛(今河南南阳)人,字君游。为郡族姓。建武初,召为郎中,三迁为谒者。助大司马吴汉伐公孙述,拜蜀郡太守。时汉以粮草不足欲退师,乃力谏止之。既平述,入据成都,检阅库藏,收其珍宝,悉条列上报。征拜骑都尉。迁渔阳太守,抵御匈奴侵扰,郡界清静。又于狐奴开稻田八千余顷,劝民耕种,以致殷富。后病卒。

张康 宋末元初潭州湘潭(今属湖南)人,字汝安,号明远。通天文术数之学,宋吕文德、江万里、留梦炎皆推重之,辟之幕下。宋亡,隐居衡山。世祖至元十四年(1277),应召至大都。次年,至上都见世祖,授秘书监著作佐郎。二十五年,迁秘书监丞。卒年六十五。

张亢　晋安平武邑(今属河北)人,字季阳。有文才,时人谓其与兄载、协及陆机、陆云为“二陆三张”。东晋初,拜散骑侍郎,领佐著作郎,出补乌程令。入为散骑常侍、领著作。撰《历赞》一篇,已佚。

张可久　元庆元(今浙江宁波)人,字小山。以路吏转首领官,掌省署文牍。曾为桐庐典史。至正初,年七十余,匿其年岁,为昆山幕僚。工散曲小令,今存小令七百五十一首,套数七套,近人辑有《小山乐府》六卷。

张肯堂(?—1651)　明末清初松江华亭(今上海松江区)人,字载宁,号鲵渊(一作鲵渊)。明天启进士。崇祯间擢御史,巡抚福建。南明隆武朝时,加兵部尚书。寻为吏部尚书,改左都御史,屡疏请出兵恢复。隆武二年(顺治三年,1646),诏总制北征,专理兵马粮饷,节制镇抚。旋进大学士,率舟师由海道抵吴淞,招募义旅。隆武政权覆亡,入舟山。鲁监国四年(顺治六年,1649),拜为东阁大学士,加太傅。六年,清兵攻舟山时,受命留守,兵败自缢死。

张孔孙(1233—1307)　元东平(今属山东)人,字梦符,号寓轩。先世为辽乃惹部人。世祖时历官侍御史、礼部尚书、燕南提刑按察使等职。大德七年(1303),为集贤大学士,商议中书省事。擅弹琴,精骑射,以文学名于时。

张奎(988—1052)　北宋临濮(今山东鄄城西南)人,字仲野。大中祥符进士。历仕州县,有治绩。曾按察秦州盐课亏损事,请变食盐官卖为通商。迁度支判官,历任转运使、都转运使等,又安抚京东,募民十二万充军。入朝,判吏部流内铨及审官院。出知河南府,以能政闻。归朝即以枢密直学士出知郓州,镇压京东农民起义。

张乐进求　又作张乐尽求。唐时白子国(或称建宁国、云南国,在今云南弥渡县红崖)大首领。白蛮(白族)。贞观末,唐封为首领大将军(或说又封西洱河侯)。时蒙舍首领细奴逻部众日盛,他知不可力争,乃以女妻之,逊位而隐。

张乐行(1811—1863)　即张洛行。清安徽亳州雉河集(今属涡阳)人。早年曾结党贩卖私盐,为当地著名捻党首领。咸丰二年(1852)与龚得树等聚众万余人起义抗清,曾攻克河南永城,并与永城、宿州等捻首十八人在雉河集歃血为盟,号称“十八铺聚义”,被推为总捻首。三年起而响应太平天国北伐军。清廷派周天爵赴皖攻捻,曾受招安,是年冬再次起义。五年召集各路捻军首领于雉河集会盟,被推为盟主,称大汉永王(一作大汉明命王),建立黄、白、红、黑、蓝五旗军制,兼领黄旗,各路捻军俱听调遣。七年接受太平天国领导,配合太平军转战江淮间,九年封鼎天福,十年升征北主将,后封沃王。同治二年(1863)雉河集为清军攻陷,率残部突围退至蒙城、宿州交界的西阳集,被叛徒出卖,英勇就义。

张乐忠　一作张忠乐。北宋初永平军(今四川邛崃)少数民族首领。乾德三年(965)王全斌平蜀时,永平军管内捕盗游兵使曹光实杀害乐忠部属,遂率众数千人起义,围攻光实住所,杀其家属。后光实投奔王全斌,率兵攻占乐忠军据点。他被俘,余部退保沈黎,旋亦为光实所镇压。

张耒(1054—1114)　北宋楚州淮阴(今属江苏)人,字文潜,号柯山。少以文章受知于苏轼兄弟。熙宁进士。绍圣初,以直龙图阁知润州。后坐元祐党籍,徙宣州,谪监黄州酒税,再徙复州。徽宗即位,起为黄州通判,旋知兖州,入为太常少卿,又出知颍、汝二州。崇宁初,以曾为苏轼“举哀行服”,再贬房州别驾,黄州安置。晚年居陈州。工诗赋散文,为“苏门四学士”之一。诗多关怀现实、同情人民之作,颇受白居易、张籍影响,风格自然晓畅。论文主张接近苏轼。著作有《张右史文集》。

张离　十六国时人。石勒称赵王时,与张良等并为门生主书,司禁胡人不得欺侮汉族士人。石虎在位时转右仆射领五兵尚书,专总兵要。为求媚于太子石宣,说宣削公侯吏兵。又为征西左长史、龙骧将军、雍州刺史,以察关中石鉴。太宁元年(349),石世即位,张豺专权,以镇军大将军、监中外诸军事、司隶校尉,为豺之副。旋石遵起兵攻豺,又率军斩关迎遵。

张黎(?—452)　北魏雁门原平(今山西代县西)人。善书计。明元帝时管综机要,赐爵广平公。太武帝以为辅弼,除大司农卿。以征夏主赫连定功,迁征北大将军。与乐安王范等镇长安,清约公平,家无余财。文成帝立,除太尉。因议不合旨,免官,仍与司徒古弼同被杀。

张立　元泰安长清(今属山东)人。原为严实部下,攻江淮有功,升百户。宪宗八年(1258),从蒙哥征蜀,率兵攻陷大获山城外堡;攻钓鱼山(今重庆合川东),有战功。中统元年(1260),从世祖北征阿里不哥。后任管军总把、侍卫军镇抚、侍卫军千户、左卫亲军副都指挥使等职。至元十四年(1277),率千人运粟往和林。同年,升后卫亲军都指挥使。后以年老退职。

张立道(?—1298)　元大名(今属河北)人,字显卿。父善,金进士,后为拖雷宿卫必阇赤。年十七,袭任宿卫。世祖至元四年(1267),任皇子云南王忽哥赤王府文学、大理等处劝农官,兼领屯田事。忽哥赤被云南都元帅宝合丁毒死,他遣人至京师告变,诛宝合丁等。十年,领大司农事,又任大理等处巡行劝农使。佐行省平章赛典赤治滇池,役丁夫泄池水,止泛滥,得良田万余顷。教爨、僰人养蚕植桑之法,收利倍增。十五年,任中庆路(治今云南昆明)总管,建孔子庙、置学校。后历任临安广西道宣抚使、北京路总管、陕西行台侍御史、云南行省参知政事。著有《效古集》、《平蜀要论》、《安南录》、《云南风土记》、《六诏通说》。

张丽华(560—589)　南朝陈人。本兵家女,父兄以织席为业。十岁入宫。后主即位,封为贵妃。容貌端丽,聪慧有才识,后主为其造结绮阁,并制《玉树后庭花》等曲。宠冠后宫,内外宗族多被引用。隋军破台城(今江苏南京)时,与后主同匿于景阳殿外井中。隋元帅长史高颎下令杀之。

张砺(?—947) 五代后唐磁州滏阳(今河北磁县)人,字梦臣。同光进士,授翰林学士。清泰三年(936),从赵德钧援张敬达军,兵败降辽。仍授翰林学士。进为翰林承旨、吏部尚书。辽会同九年(946),从太宗灭晋,次年入汴。谏言不可专用契丹人。太宗死后,辽将萧翰等领兵围其中京(镇州,今河北正定)住所,意欲加害。忧愤病死。

张涟(1587—1671) 明末松江华亭(今上海松江区)人,字南垣。青年时学山水画,仿元黄公望、吴镇画中意境,叠假山,筑园林,构盆景,名声大起。江南名园多出其手。晚年居嘉兴,终老南湖。

张联桂(1838—1897) 清江苏江都人,字丹叔,又字弢叔。咸丰间入资为太常博士。同治初授广西庆远府同知,累迁至广东高州知府。光绪八年(1882)擢惠潮嘉道,调署粮道。中法战争期间,筹办海防,曾陈十二策,多被两广总督张之洞所采纳。十二年调湖北荆宜施道。次年擢广西按察使,迁布政使。十八年升广西巡抚,任内注重育人才、兴工商、练新军。后因病解任。有《张中丞奏议》。

张琏(?—1562) 明广东饶平人。初因打死族长,投奔郑八、萧雪峰起义军。郑八死,与萧分统其众,称帝改元,众至十万。嘉靖三十九年(1560)出击江西、福建。四十一年与官军战,兵败被杀。一说脱险后移居南洋,万历时尚在世。

张良 ❶(?—前190)秦朝末年人,字子房。其先为战国韩人,祖与父相继为韩五世相。秦灭韩后,图谋复国,倾家财求刺客,于博浪沙(今河南郏县东)狙击秦始皇,误中副车。旋亡匿下邳,从圯上老人学《太公兵法》。秦二世元年(前209),聚少年百余人响应陈胜、吴广起义。不久,归属刘邦,为重要谋士。刘邦进兵关中后,曾劝其不可贪恋宫室,又在鸿门宴上为刘邦解危。楚汉战争中,力主争取英布、彭越、韩信,联兵破楚,反对郦食其分封六国诸侯之策。刘邦数用其计,誉之为“运筹策帷幄中,决胜千里外”。汉高帝六年(前201),封留侯,又助刘邦定功行封。并劝刘邦西都关中,定立太子等。后病卒。❷十六国时人。家富侔佛,积聚无已。后赵石勒称王时,与张离等并为门生主书,司禁胡人不得侮易汉族士人。后任尚书、右仆射、征西将军。太宁元年(349),从大都督李农率军讨梁犊义军,大败。

张良娣(?—762) 唐邓州向城(今河南南召东南)人。祖母窦氏为玄宗母之妹。肃宗为忠王时,纳为良娣。安禄山反,说肃宗趋灵武(今属宁夏),由是得宠,册为淑妃。乾元元年(758),立为皇后。与宦官李辅国勾结,专权用事。潜杀建宁王李倓,幽禁太上皇玄宗,谋废太子李豫,肃宗不能制。后与李辅国争权。肃宗病危,谋立越王李系,为李辅国与程元振勒兵入宫杀死。

张梁(?—184) 东汉末巨鹿(治今河北平乡西南)人。张角弟。灵帝中平元年(184),与角发动黄巾起义,称“人公将军”。所部精勇善战,曾击败北中郎将卢植与东中郎将董卓军。同年冬与左中郎将皇甫嵩大战于广宗(今河北威县东),遭官军夜袭,兵败战死。

张亮(?—646) 唐郑州荥阳(今属河南)人。贫苦农家出身。隋末参加瓦岗军,隶徐世勣部。随世勣投唐,任郑州刺史。房玄龄等荐于秦王李世民,遣往经营洛阳,统千余人以应变。为齐王李元吉告发下狱,寻得释。贞观中,历任御史大夫,豳、夏、鄜三州都督,相州长史。抑豪强,恤贫弱,颇有政声。封郧国公,名列凌烟阁。贞观十七年(643),由太子詹事出为洛州都督,密告侯君集约同反叛,以功授刑部尚书,参预朝政。十九年,率舟师从太宗攻高丽。后被告交通术士,养假子五百,以谋反罪诛。

张亮基(1809—1871) 清江苏铜山(今徐州)人,字采臣,号石卿。道光举人。道光二十六年(1846)任云南临安知府时,林则徐曾与其共事河工。三十年擢云南巡抚,兼署云贵总督。咸丰二年(1852)调湖南巡抚,旋署湖广总督,抗拒太平军和镇压两湖群众斗争。后调山东巡抚。四年缘事被撤职遣戍军台。次年释回,命赴皖随办军务。七年赴云南帮办攻灭回民起义。八年授云南巡抚,旋擢云贵总督。同治元年(1862)命以总督衔署贵州巡抚。二年率军镇压贵州苗民、号军和斋教起义。四年所部饥兵索饷,诸将骄横,被劾革职。有《张惠肃公奏议》。

张辽(169—222) 三国时雁门马邑(今山西朔州)人,字文远,本姓聂。并州刺史召为从事,使领兵诣京师。先后属何进、董卓、吕布。建安三年(198)曹操破吕布于下邳(今江苏睢宁西北),遂降于操,拜中郎将,赐关内侯。其后降昌豨于东海(今山东郯城北),从攻袁尚于邺(今河北临漳西南),破单于蹋顿于白狼山(今辽宁喀喇沁左翼东),平陈兰、梅成之叛于灊山(在今安徽潜山),以功为荡寇将军,封都亭侯。操授以七千余人,与乐进等守合肥。二十年,亲率八百人冲击孙权十万围城之众,吴人气馁。经十余日,权引军退,遂率军追击,权几不免。拜征东将军,魏文帝即位,转前将军。黄初三年(222),与大将军曹休等破吴吕范军。旋病死于江都(今江苏扬州)。

张烈(462—538) 北魏清河东武城(今河北清河东北)人,字徽仙。孝文帝赐名烈。少孤贫,颇涉经史,与本州崔徽伯、房徽叔并有令誉,号称“三徽”。初任侍御,迁洛阳后除尚书仪曹郎、太子步兵校尉。寻除顺阳太守,太和二十三年(499),抗击南朝齐崔慧景军达七十余日。宣武帝时,封清河县开国子。寻以母老归养,积十余年。及侍中元叉当权,谄附之。胡太后返政,以叉党出为瀛州刺史。后以老辞还乡里。

张林 ❶东汉人。章帝时为真定令,窦宪荐为尚书。曾建议实行布帛为租、盐利归官及恢复汉武帝均输之法,以解决朝廷经用不足,多被采纳。元和中,太尉郑弘奏其阿附窦宪,不宜处位。后因贪赃抵罪。❷(?—1220)金益都(今山东青州)人。桃林寨总领,号张大刀。兴定三年(1219),据险自立,自称安化军节度使。次年,率万余人攻东平,为金军所俘,乃降。任莱州兵马钤辖。蒙古军至山东,投宋。驻楚州(今江苏淮安),隶李全部。因李全妻杨妙真及弟李福等屡反,与国用安等五人杀李福,分北军为五,由五人分掌。十月,为国用安所杀。❸一作张琳。金益都人。初为兵卒,以参与恢复益都府有功,升治中。后率众反金,据益都。兴定三年迎宋忠义军将领李全至益都,以青、莒、密、登、莱、滨、棣、宁海、济南等二府九州降宋,任京东安抚使兼总管。次年,合李全军数万袭金东平(今属山东)。后与李全冲突,于元太祖十六年(1221)降蒙古,被木华黎任为山东东路益都府,沧、景、滨、棣等州都元帅。

张琳 ❶(?—1122)辽沈州(今辽宁沈阳)人。道宗时为秘书中允,累迁至枢密副使。天祚帝即位,为知枢密院事。天庆五年(1115),奉旨自汉人富民中募兵抵御金兵,在涞流河大败。又募辽东流民二万人至沈州镇压高永昌。金兵破沈州,缒城逃走。贬为平州(今河北卢龙)辽兴军节度使。保大二年(1122),辽中京(今内蒙古宁城西大明城)陷,随耶律淳守南京(今北京)。淳称帝,为守太师,病死。❷即“张林❸”。

张璘(?—994) 一作张嶙。北宋人。初为西川行营指挥使,隶王文寿。淳化五年(994)随文寿前往镇压张余农民起义军。因文寿苛酷,遂率众杀之,以部众五百余人,归附张余。旋被其部属杀害。

张凌翔(?—1864) 清贵州盘县人。回族。咸丰八年(1858),与阿图在大坡铺清真寺聚众起义。安龙、兴仁一带回、苗、布依及汉族纷纷响应,形成以回族为主的各族农民军。在太平军和云南回族农民军支援下,连克兴义、册亨、贞丰、安南(今晴隆)、普安、盘县等城。九年攻陷新城(兴仁),建立根据地,组成临时政权。同治三年(1864)部将叛变,在平叛中遇害。

张陵 即“张道陵”。

张令铎(911—970) 北宋初棣州厌次(今山东惠民)人,本名铎。少以勇力隶军伍,历仕后唐、晋、汉武官。周末授侍卫亲军步军都指挥使。入宋,迁侍卫马步军都虞候。建隆元年(960),太祖平李筠时为东京旧城内都巡检。二年,太祖罢宿卫兵权,出为镇宁军节度使。

张留孙(1248—1321) 元信州贵溪(今属江西)人,字师汉。少入龙虎山从正一道三十六代天师张宗演学道。至元十三年(1276),从师入觐世祖,留侍大都(今北京),号上卿,居崇真宫,专掌祠事。十五年,授玄教宗师。大德中,加号玄教大宗师,同知集贤院道教事。至大间,升大真人,知集贤院,位大学士上。延祐二年(1315),加号辅成赞化保运玄教大宗师。

张龙 ❶(?—1397)明初濠州(治今安徽凤阳东北)人。元末投朱元璋,从渡江,攻战有功,历官花枪所千户、威武卫指挥佥事。洪武三年(1370)以凤翔卫指挥守凤翔。败元将贺宗哲,击退蜀将吴友仁,召佥大都督府事。十一年,因征西番洮州功封凤翔侯。多次用兵西南,后以老请归。❷(?—1860)即张瀥,又名张元龙。清安徽怀远人。原为地方团练首领,因内讧参加捻军,驻守凤阳。太平天国封以九门御林征北大佐将钟天福,地位仅次于张乐行。但暗中勾结清军,接受清廷三品顶戴。咸丰十年(1860)清军攻凤阳时乞降,被处死。

张鲁(?—216) 东汉沛国丰(今江苏丰县)人,字公祺。张道陵之孙,张衡之子。五斗米道首领。献帝初平二年(191)任益州牧刘焉都义司马,率徒众攻取汉中,建立政教合一的地区性政权,自号“师君”,传道教民,统治达三十年之久。不设长吏,以祭酒管理地方政治,在其辖区内设立义舍,置义米、义肉,行路者量腹取用,春夏禁杀牲、禁酿酒等。针对汉代以酷吏为治、以刑法为威的统治政策,对犯法者原宥三次,然后用刑;有小过者则修路百步。受到当地人民的拥护,史称“民夷便乐之”。建安二十年(215)曹操攻汉中,避入巴中(今属四川),不久即降,被任为镇南将军,封阆中侯。后被道教徒尊为“系师”。

张禄 即“范雎”。

张路 明河南祥符(今开封)人,字天驰,号平山。弘治时太学生。工绘人物,师法吴伟,名重一时。然不求仕进,颓唐自放。晚年潦倒,门巷萧然。绘有《风雨归庄图》、《达摩渡海图》、《老子骑牛图》等。

张璐(1617—1699) 明末清初苏州长洲(今江苏苏州)人,字路玉,号石顽老人。明亡后,隐居洞庭山达十余载。专治医学,业医六十余年,大江南北皆慕其名。博览古今医书,辑成方书《医归》(后易名为《医通》)十六卷。又著《伤寒缵论》二卷,以补前人对张仲景医法衍释之未备;《伤寒绪论》二卷,于外感诸证,尽能发明其所自。还著有《本经逢原》、《诊宗三昧》、《千金方衍义》等。

张履祥(1611—1674) 明末清初浙江桐乡人,字考夫,号念芝,因居杨园村,学者称杨园先生。明末诸生。初受业于刘宗周,后专意程朱。明亡,归居乡里课蒙终身。倡居敬穷理,践履笃行,力主耕、读不容偏废,无以空言著书。讲学余暇,岁耕田十多亩,草履箬笠,习于农事。所著《补农书》,大至治地,小至编篱,及养鱼酿酒,凡农家事,精粗毕载,为世所推重。另著有《读易笔记》、《读史偶记》、《初学备忘》、《言行闻见录》等。后人辑为《杨园先生全集》。

张纶(1454—1523) 明宁国宣城(今安徽宣州)人,字大经,号敬轩。成化进士。授盐山知县,擢浙江道监察御史。正德三年(1508)官至大理卿,断案常抗刘瑾意。十二年进右都御史。世宗即位后致仕,卒于家。著有《敬亭集》。

张曼成(?—184) 东汉人。黄巾起义将领。自称“神上使”。灵帝中平元年(184)率南阳黄巾数万杀郡守褚贡,屯军宛城下。后为南阳太守秦颉击败、战死。其余部十余万,据宛城达数月之久。

张旄 战国时魏国权臣。楚怀王侍臣靳尚之仇人楚小臣,建议他暗杀靳尚,楚王必怒张仪,使秦、楚交兵而魏无祸患。他从之,使人杀靳尚,楚、秦果交战,并争事魏。他因此而贵重。见《战国策·楚策二》。曾劝魏安釐王勿联秦攻韩。见《战国策·魏策四》。

张茂 ❶(?—322)晋会稽(治今浙江绍兴)人,字伟康。少贫寒,有志行。时与孔愉(字敬康)、丁谭(字世康)齐名,号"会稽三康"。永兴二年(305),陈敏弟斌东略诸郡,率郡人讨斌。元帝辟为掾属。后迁太子右卫率,出补吴国内史。沈充反,被杀。❷(277—324)十六国时前凉主。公元320—324年在位。字成逊。凉州牧张轨子。西晋末屡辞征辟。兄寔亡,摄前凉主位称使持节、平西将军、凉州牧、西平公。建兴十年(322),遣韩璞率军取陇西、南安之地,置秦州。次年,前赵刘曜率军二十八万来攻,寻称藩于赵,曜拜为凉州牧,封凉王。善纳谏,能断事。曾诱杀势倾西土的凉州大姓贾摹,威行西土。在州五年,前赵谥成烈王,私谥曰成,张祚时追尊为成王。❸明人。隆庆间农民起义首领。隆庆二年(1568)于江西万洋山组织种兰棚民反抗官军,一年后在出山作战时失败。

张茂昭(762—811) 唐京兆万年(今陕西西安)人,字丰明。先世奚族。张孝忠之子。原名升云,德宗赐今名。沉毅通书传。历定州刺史、义武军节度使,封延德郡王。贞元二十年(804)入朝,陈述河北、西北边事,德宗恨相见之晚。顺宗立,进中书门下平章事。令还镇,赐女乐、宅第,皆辞不受。元和四年(809),奉诏讨王承宗,披甲胄自为前锋,屡胜。次年,恳辞使职,举族还长安。时藩镇多阻命自固,父死子代,他自云此举使后世子孙不为污俗所染。授检校太尉、中书令,充河中节度使。越年卒于京师。

张懋 ❶(1218—1280)元涿州范阳(今河北涿州)人,字之美。子良子。世祖时,率军镇守归德府,升知归德府事、济南诸路新军千户,从伯颜军灭宋,以功升泗州安抚司达鲁花赤。后历任同知淮西道宣慰司事、吉州路总管等职。❷(1441—1515)明河南祥符(今开封)人。英国公张辅之子。景泰元年(1450)袭爵。成化时屡领军府,加官至太师。正德初,率文武大臣纠弹八虎。性豪侈,颇朘削军士,屡为言者所劾。握兵柄四十年,尊宠为勋臣之冠。卒赠宁阳王。

张猛 ❶(?—前40)西汉汉中成固(今陕西城固)人,字子游。张骞之孙。有俊才。元帝初元三年(前46)为光禄大夫、给事中,大见信任。因权臣石显及外戚许、史等谮毁,左迁为槐里令。永光四年(前40),任太中大夫、给事中。复为石显诬陷,自杀于公车。❷(?—210)东汉末敦煌(治今甘肃敦煌西南)人,字叔威。随父移居华阴(今陕西华阴东南)。建安初,为华阴郡吏,以父在河西有威名,补为武威太守。与雍州刺史邯郸商不睦,建安十四年(209),袭杀商。次年,为将军韩遂所攻,自焚死。

张猛龙碑 北魏碑刻。孝明帝正光三年(522)立。现藏山东曲阜孔庙。碑文楷书,碑阳二十四行,行四十六字。碑额楷书题"魏鲁郡太守张府君清颂之碑"三行。无撰书人姓名。碑文记载张猛龙任鲁郡太守之政绩。书法劲健雄峻,额书尤险劲,碑阴题名亦颇流动。其结构精能,格调高古,为著名北魏碑书之一。

张孟明 北魏时敦煌人。高昌王。太和五年(481),高车王阿伏至罗杀高昌王阚首归,立之为王。后为国人所杀。

张缅(490—531) 南朝梁范阳方城(今河北固安西南)人,字元长。张弘策子。历仕武陵太守、豫章内史、太子中庶子。大通元年(527)任御史中丞。性爱典籍,聚书至万余卷,尤明东汉及晋代史事。抄东汉及晋史众家异同为《后汉略》、《晋书抄》。

张邈 ❶(?—195)东汉末东平寿张(今山东东平西南)人,字孟卓。少有侠名,与曹操、袁绍等友善。拜骑都尉,迁陈留太守。初平元年(190)起兵陈留(今河南开封东南),加盟讨董卓。兴平元年(194),与陈宫等举兵反操,迎吕布为兖州牧,据濮阳(今河南濮阳南)。二年,以布败,乃诣袁术求援,为其众所杀。❷十六国时人。初仕敦煌郡功曹,及李暠被推为敦煌太守,乃代暠为效谷令。及暠建立西凉,任为右长史,赞成暠迁都酒泉以逼沮渠蒙逊之议。

张敏(?—112) 东汉河间鄚(今河北任丘北)人,字伯达。章帝建初二年(77),举孝廉,四迁为尚书。上疏驳议"轻侮法",以为此法开相杀之路,有违"杀人者死"之三代通制。和帝纳之。后历任司隶校尉、汝南太守、议郎、颍川太守。安帝永初元年(107),征拜司空,为官清约不烦,用刑平正,有理能名。卒于家。

张名振(1601—1656) 一作张明正。明末应天江宁(今江苏南京)人,字侯服。崇祯末为台州石浦游击。南明弘光亡,与张煌言等拥鲁王监国,加富平将军,封定西侯。绍兴失守后,入舟山依黄斌卿。鲁监国二年(清顺治四年,1647),松江提督吴胜兆反清,通书舟山,因斌卿不应,乃独率军五万往援,至崇明,遇飓风,全军尽覆,只身浮海还。四年,率部火并斌卿,迎鲁王入舟山,晋太师,掌机务。六年,舟山陷,复奉鲁王航海。八年,率兵二万北上,截长江,驻军崇明平洋沙。寻被谗撤回。次年,再溯长江,攻入京口,威震南京。永历九年(顺治十二年,1655),被郑成功拜为元帅。旋病卒;一说为成功使人毒死。

张鸣岐(1875—1945) 山东无棣人,字坚白,号韩斋。举人出身。清光绪二十四年(1898)入岑春煊幕。二十九年岑总督两广,任以总文案兼管学务、练兵处。次年随岑入桂,历任营务处、布政使等要职。三十三年升广西巡抚。宣统二年(1910)因贿赂奕劻,得署两广总督。次年实授,并兼署广州将军,曾镇压黄花岗起义。辛亥革命爆发后逃往香港、日本。袁世凯执政后,回到北京,挂名为袁的高级顾问。继任广西民政长、广东巡按使等。1916年赞助袁世凯称帝。晚年寓居天津。

张穆 ❶十六国时敦煌(治今甘肃敦煌西南)人。北凉主沮渠蒙逊以其通经善文,拜为中书侍郎,委以机密之任。玄始六年(417)蒙逊巡行盐池,祀西王母于寺,时内有《玄石神图》,受命为赋,铭于寺前。❷(1805—1849)清山西平定人,初名瀛暹,字诵风,一字硕洲、石州,晚号靖阳亭长。道光十一年(1831)

优贡生，充白旗汉教习。十九年应顺天乡试，因冒犯监考被斥，遂绝举业，一意著述。精于西北历史地理。尝助杨尚文刻《连筠簃丛书》，未竟。为祁寯藻校订其父韵士所著《藩部要略》。复用史志体撰*《蒙古游牧记》。又以《魏书·地形志》分并建革，一以天平、元象、兴和、武定为限，主要记东魏，而于雍、秦诸地之入西魏者，或略或缺，乃更事排纂，于沿革所系、废兴所关及西北坡塘堰泽讨论尤详。惜未刊，稿佚。还著有《顾亭林先生年谱》、《阎潜丘(若璩)先生年谱》、《月斋文集》、《月斋诗集》等。

张鼐 明末人。李自成养子。从自成起义，崇祯十三年(1640)参与巴西、鱼腹山突围，为五十骑之一。十六年，任威武将军。次年在西安封义侯，军中称"小张侯"。李自成死后，降清被杀。

张南轩 即"张栻"。

张讷 明四川阆中人。万历进士。天启中任御史，附魏忠贤，承其意首劾赵南星，请毁东林、关中、江右、徽州诸书院。思宗即位定"逆案"，判充军罪。

张嶷(?—254) 三国时巴西南充国(治今四川南部)人，字伯岐。初为县功曹，后为蜀牙门将，辅马忠讨平汶山羌、南夷刘胄、牂牁兴古僚等。延熙三年(240)任为越巂太守，以招降与镇压并行，使夷人畏服。又收盐铁之利，开通至成都旧道，加抚戎将军。在郡十五年，境内安睦。后以疾还，拜荡寇将军。十七年，又随卫将军姜维自狄道攻临洮(今甘肃岷县)，为魏将徐质所杀。

张牛角(?—185) 又称青牛角。东汉博陵(今河北蠡县南)人。中平二年(185)聚众响应黄巾起义，自号将兵从事。旋与张燕部会合，被推为首领。攻瘿陶时为飞矢所中，临终前令部众奉张燕为帅。

张欧 西汉人，字叔。文帝时以刑名侍太子。景帝时常为九卿。武帝元光四年(前131)，任御史大夫。为政宽厚。元朔二年(前127)，以上大夫禄归老于家。子孙咸至大官。

张杷 地名。在今四川三台县南。《资治通鉴》：唐中和四年(884)，高仁厚讨东川帅杨师立，别将杨茂言走至张杷而还，为仁厚所斩，即此。

张培爵(1876—1915) 清末四川隆昌人，字列五。光绪三十年(1904)入成都高等理科优级师范学校，三十二年加入同盟会。次年谋成都起义未果。宣统二年(1910)任重庆府中学堂学监，为重庆同盟会支部领导人之一。次年重庆独立后，被举为蜀军政府都督。1912年任四川军政府副都督，旋改任民政长。后被调往北京任总统府高等顾问。"二次革命"时，在天津谋起事，事泄，避居租界。后被袁世凯捕杀。著有《张列五先生手札》。

张佩纶(1848—1903) 清直隶丰润(今属河北)人，字幼樵，号绳庵，又号篑斋。同治进士。光绪元年(1875)以编修擢侍讲，充日讲起居注官。八年任都察院左副都御史，命在总理衙门行走。与宝廷、吴大澂、陈宝琛等号称"清流派"。时法国侵略越南，他屡上奏疏，主张治水师、固边防、援越抗法。十年会办福建海疆事务，署船政大臣。法国舰队闯进马尾港，他毫无戒备，致福建水师被击溃，官兵伤亡七百余人。又因保荐唐炯、徐延旭失当，被革职戍边。释还后复入李鸿章幕。甲午战争时，为御史端良所劾，被逐迁居南京。二十六年应诏入京助李鸿章与列强议和，后生龃龉，称疾不出。著有《涧于集》、《涧于日记》等。

张鹏 ❶(1422—1491)明涞水(今属河北)人，字腾霄。景泰进士。授御史，出按大同宣府。天顺元年(1457)，以劾石亨、曹吉祥得罪，戍辽东。宪宗立，复原官，超擢福建按察使。成化四年(1468)，以右佥都御史巡抚广西，还理南京都察院事。十八年为兵部尚书，加太子少保。初为御史，刚直尚气节，后循职而已。畏中官，不能有所匡正。被劾给驿以归。❷明浦城(今属福建)人，字搏南。正德进士，授户部主事，历兵部郎中，擢山东按察副使，致仕，家居四十载，年八十卒。❸(1502—1545)明沁州(今山西沁县)人，字鸣南，号漳源。嘉靖进士。授河南推官，以廉慎闻，迁御史，历按甘肃、山东，皆有善政。迁大理寺右丞。有《北还集》、《遗文谏草》、《东巡录》。

张鹏翮(1649—1725) 清四川遂宁人，字宽宇，又字运青。康熙进士。康熙二十七年(1688)，随索额图等赴沙俄谈判，因路途阻隔，谈判改期而返。历官浙江巡抚、江南江西总督、河道总督等。治河十载，以毁撤拦黄坝，开浚大通道口之劳绩流传后世。后入为刑、户、吏部尚书。雍正元年(1723)晋武英殿大学士。著有《圣谟全书》、《信阳子卓录》、《奉使俄罗斯行程录》、《河防志》等。

张平 十六国时代郡(治今河北蔚县东北)人。初为后赵石虎并州刺史。后赵亡，先降燕，又结苻秦，各受爵位，欲中立以自固。燕主遣兵攻之，遂逃奔前秦。秦苻健以为大将军、冀州牧。健子苻生时，姚襄攻掠河东，受命讨之，他反与襄通和。前秦永兴元年(357)，叛秦降晋，晋署为并州刺史。次年苻坚亲自往讨，兵溃请降，坚署为右将军。

张凭 晋吴郡(治今江苏苏州)人，字长宗(或作嗣宗)。举孝廉，初诣丹阳尹刘惔，被处下坐，及与清谈，一坐皆惊，受惔赏识。惔荐于抚军大将军司马昱，昱与之语，叹为"理窟"，即用为太常博士。官至吏部郎、御史中丞。原有集已佚。

张蒲(355—426) 北魏河内修武(今河南获嘉)人，本名谟，字玄则。初为后燕慕容宝尚书左丞，道武帝平后燕，叙用。明元帝时为内都大官，赐爵泰昌子。后出讨丁零，斩其首领翟猛雀。又攻占南朝宋青、兖诸郡，迁济州刺史。及太武帝立，出为相州刺史，敦化大行。卒于州。

张酺(?—104) 东汉汝南细阳(今安徽阜阳北)人，字孟侯。明帝时以《尚书》教授四姓小侯，除为郎，入授皇太子。章帝即位，待以师长之礼，擢为侍中、虎贲中郎将。数月，出为东郡太守。在郡擢用义勇，搏击豪强。和帝初，迁魏郡太守，征入为河南尹。时外戚窦氏横行，乃收捕窦景家人、缇骑以正其罪。后历任太仆、太尉、光禄勋、司徒。卒于官。

张浦(?—1014) 银州(今陕西榆林南)人。党项首领李继迁、李德明重臣。宋太平兴国七年(982),献策于继迁,走避地斤泽,联络党项豪酋,抗宋自立。曾多次领兵对宋作战。雍熙二年(985),继迁占银州,受封左都押牙。三年,使契丹请降。至道元年(995),奉使入贡于宋,被太宗留于京师。三年,继迁归宋后放还。德明嗣位,授兼行军司马。大中祥符元年(1008)、二年,两度领兵攻甘州(今甘肃张掖),俱战败。继迁、德明实力的扩展,他谋画之功居多。景宗元昊即位,追封银州伯。

张普惠(468—525) 北魏常山九门(今河北藁城西北)人,字洪赈。精于《三礼》。孝文帝时为尚书都令史,为司空元澄所赏识。凡表议书记,多出其手。孝明帝初,上书屡论礼仪及时政得失,除光禄大夫。后奉诏西入关陇,抚谕仇池武兴郡氐族。旋出除左将军、东豫州刺史。卒于州。

张溥(1602—1641) 明苏州太仓(今属江苏)人,字乾初,改天如,号西铭。师事徐光启,少时嗜学,所读书必手抄七遍,名读书处为"七录斋"。诗文敏捷,与同里张采齐名,号"娄东二张"。崇祯二年(1629),集江南诸社合为"复社",倡复古学,以嗣"东林"自诩。四年成进士,授庶吉士,乞归葬亲。六年主"复社"虎丘大会。晚年受温体仁排挤。卒后私谥仁学。著有《七录斋稿》、《宋史纪事本末》、《元史纪事本末》,辑有《周易注疏大全合纂》、《汉魏六朝百三名家集》。

张齐贤(943—1014) 北宋曹州冤句(今山东曹县西北)人,徙居洛阳,字师亮。太祖至洛,以布衣条陈十事。太平兴国进士。北汉平,朝廷议取幽蓟。他以为百战百胜,不若不战而胜,当使民休息,务农积谷,以实边用,人民为本,疆土为末,宜先本而后末。为江南西路转运使,改革诸州罪人锢送阙下等弊政。八年,擢签书枢密院事。雍熙三年(986)知代州,御辽兵甚力。端拱二年(989)为枢密副使,淳化二年(991)擢参知政事,不数月,拜吏部侍郎、同中书门下平章事。四年,罢相。咸平元年(998)复相,三年罢。四年,为泾、原等州军安抚经略使,请调江淮荆湖丁壮,加强防御西夏。景德初,知青州。著有《洛阳缙绅旧闻记》等。

张起岩(巖)(1285—1353) 元济南(今属山东)人,字梦臣。延祐进士。除同知登州事,特旨改集贤修撰,转国子博士。历国子监丞、翰林待制兼国史院编修官、礼部尚书、翰林侍讲学士、知制诰兼修国史。修三朝实录,加同知经筵事。官至翰林学士承旨、知经筵事。熟知金源典故,尤多究心宋儒道学原委。至正三年(1343)诏修辽、金、宋三史,为总裁官,史官有立言未当者,多所是正。著有《泰定、天历两朝实录》、《华峰漫稿》、《华峰类稿》、《金陵集》。

张洽(1161—1237) 南宋临江军清江(今江西樟树西南)人,字元德,号主一。嘉定进士。历袁州司理参军、知永新县、通判池州,有治绩。后长白鹿洞书院,选好学之士,日为讲说,汰其不合格者,清查学田,使书院废而复兴。端平初,除直秘阁,主管建康崇禧观。卒谥文宪。少从朱熹学,博览群书,自"六经"传注而下,皆究其本旨。著有《春秋集注》、《春秋集传》等。

张迁碑 东汉碑刻。隶书。碑额篆书:"汉故谷(穀)城长荡阴令张君表颂"。灵帝中平三年(186)立。碑文宣扬张氏祖先及张迁为谷城长时的政绩,并有污蔑黄巾起义的字句。字体朴厚中见劲媚,方整中多变化。碑阴刻立碑官吏姓名及出资钱数,笔力更为雄健酣畅。石在山东东平。

张骞(?—前114) 西汉汉中成固(今陕西城固)人。武帝建元元年(前140)为郎。次年,应募奉使西域,连络月氏,夹击匈奴。途经匈奴,被拘留,历时十余年,娶妻生子。后得脱,由大宛、康居抵月氏。当时月氏已定居妫水流域,统治大夏,无意报复匈奴,乃留岁余还。归途复为匈奴所获,又被拘留年余。元朔三年(前126),匈奴内乱,始亡归汉。为武帝言西域情状,拜太中大夫。因在大夏时,得知由蜀西南取道身毒,可抵大夏,遂劝武帝开西南夷道,后因受阻昆明夷而罢。六年,以校尉随卫青征匈奴,封博望侯。元狩二年(前121)为卫尉,与李广出右北平击匈奴,失期当斩,赎为庶人。后以中郎将使乌孙,并分遣副使往大宛、康居、大月氏等旁国。元鼎二年(前115)归国后,拜大行,次年卒。

张虔陀(?—750) 唐人。一作张乾陁。任云南别驾。天宝八载(749),为云南郡太守。屡辱南诏王阁罗凤,奏请以阁罗凤弟诚节代之为王,且多所征求。阁罗凤不应,乃使人詈之,又暗奏其罪。阁罗凤愤怨,发兵围姚州。九载,姚州破,被杀(一说饮鸩死)。

张潜(?—401) 十六国时人。北凉沮渠蒙逊凉州牧府长史。永安元年(401),蒙逊所部酒泉、凉宁二郡降于西凉,后秦姚硕德破后凉主吕隆,有进逼北凉之势。蒙逊遣弟挐与潜至姑臧(今甘肃武威)见硕德,请率郡人东迁。硕德喜,拜潜为张掖太守。他同见蒙逊,劝之东迁。挐私说蒙逊,不应离桑梓,受制于人,蒙逊遂以潜有异心而杀之。

张谴 战国时人。为韩国相。死前曾向韩昭侯推荐公乘无正与公子食我,认为无正"重法而畏上",公子食我能得民心。死后,公乘无正继为相。见《韩非子·说林上》。

张翘(?—402) 北魏人。沙门。天兴五年(402)二月起事,自号无上王,与丁零族人鲜于次保合军于常山郡之行唐(今河北行唐北)。四月,战败被杀。

张芹(1466—1541) 明新淦(今江西新干)人,字文林,号歉庵。弘治进士。授福州推官。正德中召为南京御史。抗疏劾李东阳,乞立赐罢斥以为事君不忠者戒。李东阳不能辩。帝斥其沽名,停俸三月。寻出为徽州知府。嘉靖初,迁浙江海道副使,历右参政、右布政使。坐为海道时倭人争贡误伤居民,罢归。持身俭素,布袍粝食终其身。著有《备遗录》。

张清夜(1676—1763) 清长洲(今江苏苏州)人,初名尊,字子还,号自牧道人。少为诸生,后至武当山为道士。中年入蜀,居成都临江寺之惜字宫,潜心修道,坚辞仕事。认为"道德五千言,总以清静为宗;金丹四百字,惟期守真是务"(《玄门戒白》)。主张儒、道一源,宣称"大道出于纲常,纲常外无大道";"孝弟(悌)忠信,为三教之主宰,礼义廉耻,实列圣之纲维"(同上)。著有《玄门戒白》、《阴符发秘》等。

张清志　元乾州奉天(今陕西乾县)人。年十六出家,先后师事真大道七祖李德和、八祖岳德文。大德十一年(1307),奉召至京师,掌真大道教,为九祖。赐号演教大宗师、凝神冲妙玄应真人。

张丘建算经　书名。三卷。北魏张丘建著。丘建,清河(今山东临清东北)人,生平不详。是书约成于公元466—485年之间。《算经十书》之一。在《九章》基础上成功解决了最小公倍数和等差级数诸因素互求的方法,对复杂算术问题除用盈不足术外,还开创了直接解决方法。卷下之百鸡问题是一类不定方程问题,对后世影响极大。传本有刘孝孙细草和李淳风等注释。现存最早版本为南宋鲍澣之刻本,藏上海图书馆,此后各版皆宗于此。1963年钱宝琮重加校点,收入《算经十书》下册,中华书局出版。

张秋镇　地名。即山东阳谷县东南张秋,运河所经。五代周显德初,河决杨刘,宰相李谷治堤自杨刘抵张秋镇,即此。宋、金改名景德镇。但自宋迄清,仍通称为张秋镇。元至元二十七年(1290),置都水分监治此。明时河屡决,弘治七年(1494)命刘大夏治之。功成,赐名安平镇。清复改张秋镇。乾隆二十年(1755),移粮捕通判治此。为阳谷东南最大农贸市场。

张璩　十六国时人,字元玉。年十四拜奉车都尉。曾从梁肃破后赵石虎将王擢,由是显名。前凉主张重华时任宁戎校尉。为前凉名将。赵将麻秋率众八万攻枹罕(今甘肃临夏西南),乃固守大城,杀伤秋众数万。又击退凉将郎坦。

张去华(938—1006)　北宋开封襄邑(今河南睢县)人,字信臣。以荫补太庙斋郎。周世宗平淮南,献《南征赋》、《治民论》,召试,授御史台主簿,弃官而归。宋建隆二年(961)进士第一,直史馆,擢右补阙。从太宗征太原,监随驾左藏库,历任京东、江南转运使。雍熙三年(986)上《大政要录》,为开封府判官。因事贬安州司马,历知杭州、苏州等地。曾献《元元论》及《国田图》,论为政以养民务穑为急,为真宗所赏识。

张去疾　战国时韩国人。《荀子·臣道》以张去疾与赵之奉阳君、齐之孟尝君并列入"篡臣"类。一说为汉留侯张良之祖。

张全义(852—926)　唐末五代濮州临濮(今山东鄄城西南)人,原名言(一作居言),字国维。农民出身。乾符末,以受县令辱,参加黄巢起义军。大齐政权建立,任吏部尚书、水运使。黄巢败,降唐河阳节度使诸葛爽,昭宗赐名全义。爽卒,联合李罕之驱逐爽子,为河南尹,据洛阳。后附朱温,驱逐罕之,巩固洛阳附近地区的统治。及朱温代唐建后梁,封之为魏王,赐名宗奭。他初至洛阳时,值兵火之后,城邑残破,居民不满百户,田地荒芜。乃招复流散,奖励耕殖,躬载酒食,劳民田间。又于农隙训练丁夫,维持治安。数年之间,京畿无闲田,编户五六万,并在财物上支持后梁。后唐庄宗灭梁,自洛阳归降,复名全义,任河南尹,封齐王,兼领河阳。同光四年(926),魏博兵据邺都兵变,拥立李嗣源(明宗),忧惧死。

张诠　十六国南燕人。曾任尚书郎。著有《南燕录》。

张铨　❶明凤阳定远(今属安徽)人。元末投朱元璋,积功至指挥佥事。从伐中原,升都督佥事。奉命于青州督建齐王府。事毕,从征贵州、云南。洪武二十三年(1390)封永定侯。❷(?—1621)明沁水(今属山西)人,字宇衡。万历进士。授保定推官,擢浙江道御史,巡视陕西茶马。丁忧归。起巡按江西。熹宗即位,巡抚辽东。辽阳被后金军攻破,被执不屈,自经死。著有《国史纪闻》。

张悫(1065—1128)　宋河间乐寿(今河北献县)人,字诚伯。元祐进士。累迁龙图阁学士、计度都转运使。靖康元年(1126),康王赵构开大元帅府时,筹集粮钞甚力。高宗即位,为户部尚书、同知枢密院事、措置户部财用,兼御营副使。请募三河之民联以什伍,且耕且战,以为巡社。官至中书侍郎。

张让(?—189)　东汉颍川(治今河南禹州)人。桓帝时,为小黄门。灵帝时迁中常侍,封列侯。与赵忠等并称"十常侍"。劝说灵帝聚敛财货,增天下田亩税十钱助修宫室,公开鬻卖官职,以此备受宠信。灵帝常称:"张常侍是我父,赵常侍是我母。"遂无所惮畏,贪赃受贿,并大起第宅。灵帝死,与赵忠等共杀谋诛宦官之大将军何进。后袁绍率军入宫,捕杀宦官,乃挟持少帝走小平津,途中投河死。

张人骏(1846—1927)　直隶丰润(今属河北)人,字千里。清同治进士。光绪二十六年(1900)任山东布政使。后历任漕运总督、山西巡抚、河南巡抚等职。三十三年升任两广总督。宣统元年(1909)改两江总督。武昌起义后,与张勋、铁良等遏阻徐绍桢第九镇新军响应革命。江浙联军进攻南京后,他渡江脱逃。

张仁黼(?—1908)　清河南固始人,原名世恩,字劭予。光绪进士,选庶吉士,授编修。光绪十年(1884)奏请加强海防,抵抗法国侵略。次年提督湖北学政,倡导宋明理学,整顿士风。甲午战争期间,奏请起用奕䜣主管枢务、派军驰援旅顺。义和团运动兴起,奉命在家乡督办团练。三十一年日俄战争结束,奉命筹议接收东三省事宜,建议选派老练外交大员直接参与日俄两国在华盛顿的议和,并广泛收集各国政府的反应,以制定相应的对策。三十三年累迁至大理院正卿,奏请钦派各部院大臣,会同制订法律。后调补吏部右侍郎。

张仁愿(?—714)　唐华州下邽(今陕西渭南北)人,本名仁亶,避睿宗(李亶)讳改今名。有文武才。武则天时,以检校幽州都督邀击突厥兵。神龙二年(706),为左屯卫大将军,兼检校洛州长史。景龙二年(708),任朔方军总管,在黄河北岸建造三受降城,北拓地三百余里,置烽候一千八百所,以御突厥。建城时，不置壅门及备守之具。或问之，对曰："兵贵进取，不利退守。寇至，当并力出战，回首望城者，犹应斩之，安用守备，生其退葸之心也！"其为将，号令严，赏罚明，将吏信服。后人为立祠受降城，出师必祭之。

张日晸(?—1850) 清贵州贵筑(今贵阳)人，字晓瞻。嘉庆进士。道光九年(1829)出为四川叙州知府，调成都，勤于吏职；刻《树桑百益书》劝民植桑养蚕。十九年任湖北按察使，调四川，迁河南布政使。二十六年擢云南巡抚。勤于察吏，免铜厂民欠工本银六千余两。任内清厘铜政积弊，颇有政绩。

张戎 西汉长安(今陕西西安北)人，字仲功。习水利。王莽时，诏求天下能治河者，应征者数以百计。他时任大司马史，提出黄河多沙与河床冲淤的观点，认为：水性就下，流速快就会冲刷河床，使河稍深。黄河水向来浑浊，号称一石水有六斗泥。上中游沿河百姓引水灌溉，延缓了黄河流速，使泥沙停淤，河床加高，雨多水暴至，则溢决。若停止灌溉，靠水力冲走泥沙，则不会发生决溢。停止灌溉的建议虽不现实，但提出以水冲沙的观点是可取的。同时，第一次从数量上描述了黄河水的含沙量，也有重要意义。

张荣 ❶宋人。原为梁山泊(今山东梁山、郓城、巨野之间)渔民，为反抗金军南下，以舟数百活动于梁山泊。东京留守杜充以为武功大夫、忠州刺史，军中号为张敌万。后率舟师南下，至鼍潭湖，积茭敷泥为城，众至万余，活动于樊梁、新开、白马三湖之间。茭城为金兵所破，他至缩头湖作水寨，继续抗金。绍兴元年(1131)三月，金监军完颜昌(挞懒)以水军来攻，他迎战告捷，知泰州，后历官统制、都统制。❷(1181—1263)金末济南历城(今山东济南)人，字世辉。金末，率乡民据济南黉堂岭，占领淄州及章丘等县。元太祖二十一年(1226)，以军民五十余万降蒙古，官山东行尚书省兼兵马都元帅，知济南府事。太宗三年(1231)，由东路攻金，率先渡河。五年，下汴梁。从阿术鲁攻归德。又破沛县，攻徐州国用安军，拔邳州。八年，从阔出太子破宋枣阳等城。十三年，请致仕，子邦杰、孙宏相继袭爵。中统元年(1260)，封济南公。

张荣实(1218—1278) 元霸州保定(今河北霸州南)人。金北平公张进子。太宗时，由宿卫充征行水军千户，统领水军，参与攻宋。中统元年(1260)，升水军万户。三年，从史天泽平李璮之乱，镇守胶西。至元五年(1268)，从阿术攻襄阳、樊城等地。十一年，从军渡江灭宋，率部先行。十三年，任福建道宣慰使，进兵广东。次年，为江东宣慰使、行省参知政事。十五年，任湖北道宣慰使、诸路水军万户，不久病死。

张榕(1884—1912) 清末奉天抚顺(今属辽宁)人，字荫华，号辽鹤。光绪二十九年(1903)入北京译学馆，习俄文。三十年日俄战争时，发起"关东独立自卫军"。次年因与吴樾谋炸五大臣，被捕下狱。三十四年越狱走日本，入同盟会。武昌起义后，回国组织"奉天联合急进会"，被举为会长，策动奉天独立。1912年被张作霖杀害。有《辽鹤集》。

张榕轩(1851—1911) 清末广东梅县(今梅州)人，字煜南。早年到南洋荷属东印度的苏门答腊谋生，与其弟耀轩(鸿南)在南洋巨商张振勋属下当职员。后自立门户，曾大量投资于垦殖开荒，种植橡胶，引进中国蔬菜，养殖淡水鱼等。后又全力投资房产建筑，承办荷印殖民政府军需，并入股参加张振勋兴办的荷属日里银行和远洋航运公司。又在新加坡创办八打威银行。光绪二十五年(1899)回国，受光绪帝召见。二十九年，张氏兄弟集资筹建广东潮汕铁路，三十二年正式通车，为华侨回国投资兴建的第一条铁路。晚年热心家乡公益事业，曾集资支持湘、鄂、粤绅民收回路权的斗争。

张融(444—497) 南朝齐吴郡吴县(今江苏苏州)人，字思光。宋孝武帝时为新安王北中郎参军。曾浮海至交州，作《海赋》，文辞诡激。还京时，以示镇军将军顾觊之，觊之以为胜过木玄虚《海赋》。举秀才，对策中第，为仪曹郎。齐时，官至司徒左长史。著有《玉海集》、《大泽集》、《金波集》等，均佚。

张柔(1190—1268) 金末元初易州定兴(今属河北)人，字德刚。金末聚众结寨，建立土豪武装，官至金中都留守，兼大兴府尹，本路经略使。元太祖十三年(1218)，兵败被执，降蒙古。二十年，任行军万户、保州等处都元帅。参与攻汴京、破蔡州等战役，以功升万户。太宗七年(1235)以后，参加对宋战争，任节制河南诸翼兵马征行事。宪宗九年(1259)，从忽必烈攻鄂(今湖北武汉)。中统二年(1261)，请致仕。至元三年(1266)，任判行工部事，营筑大都。

张汝弼(?—1187) 金辽阳(今属辽宁)人。彰信军节度使玄征之子。母高氏与世宗母李氏有亲。妹为世宗妃，生子永中。正隆进士。世宗即位，擢应奉翰林文字。累迁吏部尚书，拜参知政事，进拜尚书右丞、左丞。罢为广宁尹。与皇子永中结党。死后，妻高氏以左道为永中母子祈福，觊图帝位，被处死。

张汝霖(?—1190) 金辽阳(今属辽宁)渤海人。张浩次子。贞元进士，为翰林待制。大定八年(1168)，受世宗召见。次年，授太子左谕德兼礼部郎中，进为太子少师兼礼部尚书。二十八年，拜平章政事。与右丞相完颜襄同受顾命，立章宗。谥文襄。

张汝明 北宋庐陵(今江西吉安)人，徙居真州(今江苏仪征)，字舜文，一字祖舜。元祐进士。历卫真、江阴、宜黄、华阴四县主簿，杭州司理参军，亳州鹿邑县丞，滞州县二十年。大观中，召入学制局，擢监察御史。尝摄殿中侍御史，即日上疏劾蔡京等市恩招权。出为宁化军通判，又坐事谪监寿州麻步场。晚年知岳州，卒于官，年五十四。

张瑞图(1570—1641) 明福建晋江(今泉州)人，字无尽、长公、果亭，号二水。万历进士。天启六年(1626)以附魏忠贤晋礼部尚书兼东阁大学士，预机务。长于书法，与董其昌、米万钟、邢侗齐名，魏忠贤生祠碑文多为其手书。崇祯初名列"逆案"，坐徒赎为民。著有《白毫庵集》。

张润(1470—1552) 明山西临汾人,字汝霖,号西磬。弘治进士,授宜阳知县。正德二年(1507)擢刑科给事中。嘉靖十九年(1540)官至工部尚书,后改南京吏部尚书。二十七年以户部尚书致仕。卒于家。

张若 战国时秦国人。秦惠文王更元十一年(前314),封公子通为蜀侯,置巴郡,命他为蜀国守,移秦氏于蜀。后与张仪建成都城(今属四川)、郫城(今四川郫县)、临邛城(今四川邛崃),城设盐铁市,列肆,与咸阳同制。秦昭王杀蜀侯绾,留他为蜀守。曾助秦将白起攻楚,取筰(治今四川汉源东南)及江南之地(今金沙江以南地区)。

张若霭(1713—1746) 清安徽桐城人,字景采,号晴岚。张廷玉之子。雍正进士。任翰林院编修,官至通政使,袭伯爵。以书画供奉内廷。善画山水、花鸟。

张若谞朋 谞或作謵。相传为黄帝时人。曾与方明、昌寓、昆阍滑稽给黄帝驾车时为马前之先导。见《庄子·徐无鬼》。

张若虚(约660—约720) 唐扬州(今属江苏)人。官兖州兵曹。与贺知章、张旭、包融齐名,称吴中四士。所作《春江花月夜》诗有盛名,写景抒情,寓寄哲理,细腻自然。其音节和谐,清丽婉畅,颇受民歌影响。《全唐诗》存诗二首。

张三八 元处州龙泉(今属浙江)人。至元十五年(1278),合章畿、季文龙等举兵反元,众二万,杀庆元县达鲁花赤也速台儿。得衢州、遂昌诸地响应。与元兵战,不胜,被俘。

张三丰 丰亦作峰。元末明初辽东懿州(今辽宁阜新东北)人,名全一,一名君宝,号玄玄子,又号张邋遢。武当山道士。终年只穿一衲一蓑。明太祖求之不得。游历陕西、四川、湖广,踪迹莫测。永乐初明成祖累致书敦请,积数年不遇。英宗时封赠通微显化真人。不知所终。世传为太极拳创始人,实为后人假托之词,不足凭信。有《张三丰全集》。

张僧繇 南朝梁吴(治今江苏苏州)人,一说吴兴(今浙江湖州)人。精于绘画。姚最谓其善图塔庙,朝衣野服,今古不失;奇形异貌,殊方夷夏,各臻其妙。有"张家样"之称。天监中,为武陵王国侍郎,直秘阁,知画事。历右军将军、吴兴太守。武帝思念在外诸王,遣使乘传画貌,有对画如对人之叹。大同中,敕买数百家宅地造佛殿,其经变诸图,并出其手笔。丹青之工,一时冠绝。

张善安(?—624) 隋方与(今山东金乡东南)人。年十七率百余人反隋,转攻淮南。义宁元年(617)克庐江(今属安徽),渡江据豫章(今江西南昌)。武德五年(622),以虔、吉等五州之地降唐,任洪州总管。六年,举兵响应辅公祏反唐,杀黄州总管周法明。旋降唐安抚使李大亮,被执送长安。七年,公祏败,唐得其与公祏来往书信,遂被杀。

张商英(1043—1122) 北宋蜀州新津(今属四川)人,字天觉,号无尽居士。治平进士。熙宁中以章惇荐,权检正中书礼房公事,擢监察御史里行。坐事责监荆南商税。元丰中,又因为婿请托,责监鄂州汉川镇酒税。哲宗即位,除开封府推官,反对变更新法,出提点河东刑狱,连徙数路。哲宗亲政,召为右正言,迁左司谏,上疏力攻元祐大臣司马光、吕公著等。徽宗即位,除中书舍人,历翰林学士知制诰,崇宁元年(1102)拜尚书右丞,进左丞。时蔡京为相,因议政不合,遂互诋。为御史所劾,罢知亳州,复入元祐党籍。大观四年(1110),拜尚书右仆射,变更蔡京所为。政和初,因与方技郭天信往来,罢知河南府,旋贬衡州安置。著有《宗禅辩》等。

张邵(1096—1156) 宋和州乌江(今安徽和县东北)人,字才彦。宣和三年(1121)登上舍第。建炎三年(1129),使金被囚。金遣至刘豫所,他严责豫,豫知其不屈,复送于金,被拘于燕山圜福寺。后又北徙会宁府。绍兴十三年(1143),和议成,始得南归,除秘阁修撰。二十五年,知池州。次年卒。

张绍曾(1879—1928) 直隶大城(今属河北)人,字敬舆。清光绪二十五年(1899)留学日本,入士官学校炮兵科。二十八年毕业归国,历任北洋督练公所教练处总办、贵胄学堂监督。宣统三年(1911)初,任新军第二十镇统制,为参加永平秋操,由新民调驻滦州(今河北滦县)。武昌起义后,兵谏清廷立宪,又谋与吴禄贞合取丰台,推翻清朝。吴禄贞被刺后,调任长江宣抚大臣,未就,旋潜至上海。1913年被袁世凯任为绥远将军。1916年为北洋政府陆军训练总监。1922年任陆军部总长。次年任国务总理。后在天津被刺死。

张涉 唐蒲州(治今山西永济西)人。家世业儒,初为国学讲说,稍迁国子博士,日试万言,时呼张万言。德宗为太子时,任侍读。德宗即位,擢居翰林学士,常召入宫,咨以政事。后因举荐不当而见疏,又因受赃事发,放归。

张慎言(1577—1645) 明末山西阳城人,字金铭。万历进士。授寿张知县,有能声。历官至南京吏部尚书,掌右都御史事。南明弘光朝时,命专理部事,曾上中兴十议。后遭权臣马士英恶言攻击,遂乞休,流寓芜湖、宣城间。弘光政权覆亡后,病卒。

张升(昇)(1261—1341) 元平滦路(治今河北卢龙)人,字伯高。至元二十九年(1292),任翰林国史院编修官,预修《世祖实录》,升应奉翰林文字、修撰。武宗时出知汝宁府,政绩为诸郡第一。后历任治书侍御史、淮西道廉访使、陕西行省参知政事、河南省左丞等职。六十九岁致仕。至顺二年(1331),复起为集贤侍讲学士。

张胜温画卷 大理国著名文物。张胜温是大理国画工,生平无考。画卷作于段智兴盛德五年(1180),现存台湾。辽宁省博物馆藏有摹本,画卷为巨型佛像卷轴画,总长30米,一百三十四开,素笺本,彩色施金,细笔精绘,前绘段智兴及男女扈从,中绘诸佛菩萨天龙八部等像,后绘天竺十六国王。仅人物就有六百二十八个,是珍贵的佛教艺术品,被誉为"天南瑰宝"。画中南诏王室男女服饰仪帽与剑川石宝山石窟南诏王室塑像相似,是研究南诏、大理国时期服饰、仪仗、教派、神话、传说、故事等方面的重要资料。

张时彻(1504—?) 明鄞县(今浙江宁波)人,字唯静,又字九一,号东沙、芝园。嘉靖进士。授兵部主事,改礼部。历任员外,郎中,江西提学副使,福建参政,云南按察使,山东、河南布政使,官至南京兵部尚书。著有《善行录》、《明文范》、《芝园定集》等。

张寔(271—320) 十六国时前凉主。公元314—320年在位。字安逊。凉州牧张轨之子。西晋末举秀才,除尚书郎。永嘉初还凉州,封建武亭侯,寻迁西中郎将,进福禄县侯。以轨年老多疾,拜副凉州刺史。轨卒,州人推摄父位。仍用晋建兴年号。晋愍帝授凉州刺史、领护羌校尉、西平公。西晋亡,遣使劝司马睿称帝,然不奉东晋年号。后为帐下阎涉刺死。在州六年。晋元帝赐谥元公,私谥昭公,张祚追谥为昭王,庙号高祖,葬宁陵。

张始均(?—519) 北魏清河东武城(今山东武城西北)人,字子衡。历仕司徒行参军、著作佐郎、员外常侍。改陈寿《魏志》为编年体,并广益异闻,成三十卷。

张士诚(1321—1367) 元泰州白驹场(今江苏大丰境)人。原名九四,盐贩出身。至正十三年(1353)春,与弟士德、士信及李伯升等率盐丁起兵反元,克兴化。五月,克高邮。次年正月,称诚王,立国号大周,年号天祐。十五年,由通州(今江苏南通)渡江,克常熟。十六年二月,定都平江(今苏州),改平江为隆平府。次年八月,降元,受封为太尉,割据浙西。此后六年间,逐年向元输纳漕粮。二十三年春,遣吕珍攻安丰,逼走韩林儿、刘福通。九月,称吴王,停供漕粮。与朱元璋战,屡败。二十七年九月,平江城破,被俘至应天(今江苏南京),自缢死。

张士德(?—1357) 元泰州白驹场(今江苏大丰境)人,原名九六。张士诚弟。至正十三年(1353)五月,从张士诚举兵反元,攻克泰州、高邮。十五年,率兵由通州(今江苏南通)渡江,攻入常熟,下元浙西地,功居多,任平章。次年七月,与朱元璋军战于常州城外,兵败遭擒。乘间寄书士诚,劝降元。被囚应天(今江苏南京),绝食死。

张士贵 唐虢州卢氏(今属河南)人,本名忽峍。善左右射,弯弓百五十斤。隋末聚众攻剽城邑,人称忽峍贼。归唐,拜右光禄大夫。从平东都,授虢州刺史。入为右武候将军、右屯卫大将军。贞观七年(633),为龚州道行军总管,攻东西洞僚,亲当矢石,为士卒先。十五年,以庆州道行军总管出云中,击薛延陀。十九年,以行军总管参与攻高丽战役。二十二年,为茂州都督。时连年征民造船,备攻高丽,雅、邛、眉三州僚民反抗,他率军镇压之。累迁左领军大将军,封虢国公。显庆初卒,陪葬昭陵。

张士逊(964—1049) 北宋光化军乾德(今湖北光化西北)人,字顺之。淳化进士,调郧乡主簿。历仕数县,荐为监察御史。累迁太子詹事兼知审刑院、判史馆。天禧末,除枢密副使。天圣六年(1028),拜同中书门下平章事。次年,曹利用被谮得罪,他为之开解,遂罢知江宁府,移许州。明道初再入相,明道二年(1033),坐事罢,出判许州,徙河南府。宝元元年(1038)复入相。康定初,西夏入犯,朝廷多事,机务悉委士逊,然以老病,无所建明,遂为谏官韩琦所论,封邓国公致仕。

张氏医通 ❶书名。清张璐撰。成书于康熙三十四年(1695)。十六卷。本书前十二卷论病,以内科证治为主,兼及五官、疮疡、妇人、婴儿各科。共分十六门,门下又设子目。取法《证治准绳》,征引古代文献及历代医家有关医论,结合作者临症实践加以阐述。后四卷载方,共分九十四门,选方实用。该书引证广博,参合诸家之说,流传甚广。现存有康熙宝翰楼刊本、《张氏医书》本、四库存目、光绪浙江书局刊本。❷丛书名。又名《张氏医书七种》。清张璐等撰,刊于康熙三十八年,包括《本草逢原》、《诊宗三昧》、《伤寒绪注》、《伤寒缵注》、《伤寒舌鉴》、《伤寒兼证析义》、《张氏医通》七种。

张世杰(?—1279) 南宋范阳(今河北涿州)人。少从元将张柔,后奔宋。由小校积功至都统制。德祐元年(1275),元兵南下,征诸将勤王多不至,他独率部入卫临安,收复平江等地。元军迫临安时,主张与文天祥合兵背城一战,为丞相陈宜中所阻。二年,临安失守,提兵走定海(今浙江宁波东北),杀元劝降使者。后至福州,与文天祥、陆秀夫等立赵昰为帝,坚持抵抗。景炎三年(1278)赵昰死,又与陆秀夫等立赵昺于硇洲(在广东雷州湾外硇洲岛),任少傅、枢密副使。不久迁崖山(今广东新会南)。次年,与元将张弘范决战海上,兵败,以十余舰突围出,遇飓风覆舟溺死。

张世则 明诸城(今属山东)人。万历进士。官至四川安绵兵备副使。著有《貂珰史鉴》。

张栻(1133—1180) 南宋汉州绵竹(今属四川)人,字敬夫,一字钦夫,又字乐斋,号南轩。张浚之子。与朱熹、吕祖谦齐名,时称"东南三贤"。曾任知江陵府兼湖北路安抚使。后以右文殿修撰提举武夷山冲佑观。卒谥宣。曾应聘主湖南岳麓书院教事,从学者众,遂奠定宋代理学湖湘学派之规模。一生力主抗金,谓"欲复中原之地","先有以得吾民之心"(《宋史·张栻传》)。敢于直谏,知无不言,大抵皆修身务学,施仁恤民,抑侥幸,屏谗谀之意。学宗二程,师承胡宏。以古圣贤自期,撰《希颜录》以明志。理学思想重在明人伦,尤其以天理人欲辨义利,剖析精明,谓"学莫先于义利之辨。义者,本心之当为,非有为而为也。有为而为,则皆人欲,非天理"。以"存天理,去人欲"为治学宗旨。以"理"为万物之本,"仁"为"圣学之枢"(《南轩全集·答陈择之》)。主性善说,谓人之所以有不善,盖因"气禀之性"所致,然"气禀之性可以化而复其初"(《孟子说》)。注重内心涵养功夫。主张评骘古人、史事应"尚论其世",谓"古人所遇之时不同,故其行事有异而其道则一而已"(同上)。主要著作有《论语解》、《孟子说》等,收入《南轩全集》。另有《南轩易说》,存入《四库全书》珍本。

张释之　西汉南阳堵阳(今河南方城东)人,字季。文帝时以赀为骑郎,十年不得调。后补谒者,言秦汉兴亡得失称旨,得任谒者仆射,迁公车令。尝以事劾奏太子、梁王,文帝奇之,拜为中大夫。后任廷尉,以用法持平著称。时有人犯跸,惊乘舆马,奏当罚金。文帝怒其罚轻,乃对曰:"法者天子所与天下公共也,今法如是,更重之,是法不信于民也。"(《汉书·张释之传》)景帝时,出为淮南相,年老病卒。

张守(?—1145)　宋常州晋陵(今江苏常州)人,字全真,一字子固。崇宁进士。建炎初,为监察御史,上防淮渡江利害六事,主张恢复中原,反对画江自守。历官中书舍人、御史中丞、翰林学士、同签书枢密院事。建炎四年(1130),除参知政事,后又兼权枢密院事。绍兴间,历知绍兴府、福州、婺州、洪州、建康府。著有《毗陵集》。

张守珪(?—739)　唐陕州河北(今山西平陆西南)人。形伟壮,善骑射。初从军北庭(今新疆吉木萨尔北),御突厥有功,再转幽州良杜府果毅。开元十五年(727),以战功任瓜州刺史、墨离军使。吐蕃来攻,置酒城上作乐,以空城计退敌。乃筑城舍,修渠堰,招流亡,以功为瓜州都督。二十一年,为河北节度副大使,寻加采访处置使。屡败契丹,斩契丹大将屈剌、可突干。拜辅国将军、右羽林大将军、御史大夫。后因匿部将乌知义败状,谎报军功,及行贿事泄,贬括州刺史,卒。

张守节　唐人。攻读三十余年,六经、诸子、地理书以及《仓颉》、《尔雅》,无不精心研讨,几以半生精力撰成《史记正义》。

张守约(1017—1091)　北宋濮州(治今山东鄄城北)人,字希参。以荫入仕,主管原州截原寨,招徕羌人十七族一万一千帐。为广南走马承受公事。欧阳修荐其有智略,知边事,擢知融州。复以修荐,为定州路驻泊都监。徙秦凤路,居职六年,筑硖石堡、甘谷城,屡败夏人。熙宁中为熙河钤辖,大破羌人,遂知岷州,徙镇戎军。元丰间知环州,进环庆路都钤辖、知邠州。徙泾原、鄜延、秦凤路副总管,改知泾州。以龙神卫四厢都指挥使召还,道卒。历典边州,治军严明,颇著战功。

张守直(1515—1588)　明蓟州遵化(今属河北)人,字时举,号笔峰。嘉靖进士,授知县。历官吏部考功、文选司郎中。以不阿附严嵩,嵩败后擢大理寺卿,定严世蕃狱案。隆庆四年(1570)官至户部尚书。六年致仕归。

张寿王　西汉人。昭帝时任太史令,曾奏言以为阴阳不调皆因太初改历之故,建议用《黄帝调律历》。昭帝下诏钩校诸历用状,结果仍以《太初历》最为精确,其所治《黄帝调历》实疏阔。遂以非汉历逆天道,淆乱制度被劾,终至下狱。

张叔夜(1065—1127)　北宋开封(今属河南)人,字嵇仲。少喜言兵,以荫为兰州录事参军,累迁开封少尹。大观四年(1110)赐进士出身。历任右司员外郎、中书舍人、给事中、礼部侍郎。知海州,曾镇压宋江领导的起义军。后知济南府、青州。靖康元年(1126)金人南下,请以骑兵断其归路,不报。徙邓州,领南道都总管,领三万兵入卫京师,进资政殿学士、签书枢密院事。与金人力战被创。汴京陷,拒不签名推戴张邦昌。从二帝北上,绝食,至白沟扼吭而死。

张树珊(1826—1866)　清安徽合肥人,字海柯。咸丰三年(1853)为抗拒捻军和太平军,与其兄树声创办团练。咸丰五年后,与太平军激战于皖北,由外委、千总擢都司。同治元年(1862)李鸿章组建淮军,令其统率树字营,赴援上海,后与程学启、刘铭传等联合攻陷嘉定、江阴、无锡、常州诸城。由游击、参将,擢总兵。四年从曾国藩镇压捻军。六年在湖北为捻军击毙。

张树声(1824—1884)　清安徽合肥人,字振轩,又字振仙。廪生出身。咸丰三年(1853)在家乡办团练镇压捻军和太平军,并出境在淮南各地作战,擢知府。同治元年(1862)率部加入李鸿章淮军,后在江浙一带镇压太平军。九年授山西布政使,寻护理巡抚。次年擢漕运总督,旋改江苏巡抚。光绪五年(1879)授贵州巡抚,调广西巡抚,旋迁两广总督,派兵镇压广西境内农民起义。八年署直隶总督,派兵赴朝鲜挫败日本利用"壬午兵变"控制朝鲜的阴谋。次年回任两广总督。十年中法战争爆发,因在广西边防备战不力革职留任。不久病死。有《张靖达公奏议》。

张澍(1781—1847)　清甘肃武威人,后定居西安。字伯瀹,又字寿谷、介侯、鸠民。嘉庆进士,授翰林院庶吉士,充实录馆纂修,散馆,改任贵州玉屏、遵义,四川屏山、南溪,江西永新、泸溪等县知县及临江通判等职。曾创修或续修玉屏、大足、泸溪等县县志,撰有《蜀典》、《续黔书》、《凉州府志备考》等。又留心关陇地区文献,着力搜辑刊刻,并编撰有《五凉旧闻》、《二酉堂丛书》、《续敦煌实录》、《诸葛忠武侯文集》、《三古人苑》、《秦音》、《姓氏五书》。著有《养素堂文集》、《养素堂诗集》、《诗小序翼》、《说文引经考证》等。

张顺(?—1272)　宋末人。民兵将领。元兵围襄阳五年,京湖制置大使李庭芝督师进援,他与张贵应募为都统,率三千人赴援。咸淳八年(1272)五月,发舟百艘,各舟置火枪、火炮、炽炭、巨斧、劲弩。时元军舟师满布江面,他突破封锁,斩断铁索木桩数百处,转战百余里,黎明抵城下。身中四枪六箭,战死。

张舜民　北宋邠州(治今陕西彬县)人,字芸叟,自号浮休居士,又号碇斋。治平进士。为襄乐令。曾上书反对王安石新法。元丰四年(1081),从高遵裕攻西夏,因作诗述及宋兵久屯失利情形,被劾,谪监郴州酒税。司马光当政时赦还,荐为监察御史。进秘书少监,使辽。加直秘阁,为陕西转运使。徽宗初,召为右谏议大夫,居职七日,上事六十章,极陈陕西之弊、河朔之困。坐元祐党人,谪楚州团练副使,商州安置。后复为集贤殿修撰。喜论事,以敢直言称。工诗词,著有《画墁集》,今存八卷。

张舜咨　元钱塘(今浙江杭州)人,字师夔,号栎山，又号辄醉翁。天历二年(1329)前为儒学教授，后迁行省宣使、休宁县簿，升龙溪和莆田县尹。享年八十以上。长于山水、竹石，集前代各家之长，自成一家。传世作品有《鹰桧图轴》等。

张朔 东汉颍川(治今河南禹州)人。张让之弟。桓帝时，倚势得为野王令，贪残无道，致虐杀孕妇。后畏罪逃匿让家，藏于合柱中，被司隶校尉李膺破柱拿获处死。

张思明(1260—1337) 元辉州(今河南辉县)人。初为御史台、中书省吏员，继为首领官。皇庆元年(1312)，升两浙盐运使。延祐四年(1317)，拜中书参知政事。依附权臣哈散，升左丞。又依权臣铁木迭儿。拜住为左丞相时，杖免，籍其家。文宗天历元年(1328)，起为江浙行省左丞。二年，又召为中书左丞。后被监察御史弹劾，黜罢。

张思训 北宋巴中(今属四川)人。太宗时以推步应召进司天台。太平兴国四年(979)，造太平浑仪。为报时和浑象的混合体，仪高丈余，机隐于内，以水银代水作动力，昼夜运行，自然精妙。其部件名称多与后世苏颂、韩公廉所制水运仪象台中的相同。后任司天浑仪丞。

张四维(1526—1585) 明山西蒲州(今永济西南)人，字子维，号凤磐。嘉靖进士。有才智，熟知边事。隆庆时促成“俺答封贡”，以功进吏部右侍郎。万历三年(1575)由张居正引荐，以礼部尚书兼东阁大学士，入预机务。张居正当政，事无异议。及居正死，进内阁首辅，乃力反前政。十一年丁忧归。著有《条麓堂集》。

张四知 明山东费县人，字贻白，号岩叟。天启进士，选庶吉士，授检讨，累迁国子监祭酒。崇祯十二年(1639)由礼部侍郎进礼部尚书兼东阁大学士。官至吏部尚书、武英殿大学士。十五年致仕。后降清。

张松(?—213) 东汉末蜀郡(治今四川成都)人，字子乔。为人短小放荡，然识达精果。任益州牧刘璋别驾。常以璋暗弱无为叹息。建安十三年(208)，璋闻曹操克荆州，遣之致敬于操。操不为存礼，因而怨之。会曹军失利于赤壁，归而劝璋绝操，与刘备相结。十六年，以操将讨汉中张鲁，乃劝璋遣军议校尉法正迎备入蜀，密谋奉备为州主。十七年，备既入蜀，操攻孙权，备恐荆州有失，欲回救。他致书备，以为大事垂立，不应释此而去。其兄广汉太守肃发其谋，遂为璋所杀。

张松溪 明浙江鄞县(今宁波)人。师事孙十三老，自言其法承张三丰。嘉靖年间以内家拳享名于宁波府。为人谦恭，外表瘦弱。时有少林寺僧七十人慕名求见，在众僧一再要求下比试获胜，众僧慑服。得其传者有单思南，亦为内家拳名家。

张遂 即“一行”。

张遂辰(约1589—1668) 明歙县(今属安徽)人，字卿子，号相期，又号西农老人。后迁居杭州。少羸弱，医不获治，乃自检方书，上至岐伯、扁鹊，下至刘完素、张子和、李东垣及朱丹溪诸大家之言，均探究其宗旨，自疗病愈。为人治病，多有奇效。对伤寒论研究较深，曾以成无已注解《伤寒论》为本，参照诸家之旨，著成《张卿子伤寒论》十卷，还著有《张卿子经验方》。善诗好古文，其弟子以张开之、沈亮辰为最著名。

张遂谋 清人。太平天国石达开部将。咸丰四年(1854)任检点，守安徽舒城。次年升春官正丞相。天京内讧后，随石达开离天京出走，自皖赴赣。八年任元宰，转战浙、闽、湘、桂。后不知所终。

张所(?—1127) 北宋青州(今属山东)人。徽宗朝进士，累官至监察御史。靖康二年(1127)四月，受康王赵构派遣，按视陵寝。高宗即位，为兵部员外郎，以言事忤黄潜善，责凤州团练副使、江州安置。李纲入相，除直龙图阁、充河北西路招抚使。置司北京(今河北大名)，以王彦为都统制，岳飞为统制。李纲罢相后，他被谪居广南，入潭州界即遇害。

张泰亨(?—1277) 元东昌堂邑(今山东聊城西北)人。宪宗时袭父职为管军百户。中统二年(1261)，为侍卫军总把。三年，参与平李璮之乱。至元四年(1267)，升京东归德等处新军千户。后随军攻略宋地，远达广西静江府。十四年，还军潭州，金疮发作而死。

张汤(?—前115) 西汉杜陵(今陕西西安东南)人。初习律令。曾任长安吏、内史掾和茂陵尉。因丞相田蚡推荐，补侍御史。以穷治陈皇后狱和淮南、衡山王等谋反事得武帝赏识。累迁太中大夫、廷尉、御史大夫。与赵禹编次律令，制定《越宫律》、《朝律》、见知故纵和监临部主之法。用法严峻苛刻，治狱以人主意旨为准绳，并以《春秋》古义加以文饰，又协助武帝统一货币，实行盐铁官营、算缗告缗，打击富商大贾，诛锄豪强并兼之家。数行丞相事，权势隆贵，远在丞相之上。元鼎二年(前115)，为御史中丞李文及丞相长史朱买臣等排陷而自杀。死后家产不过五百金，皆得自俸禄赏赐。撰有《越宫律》二十七篇，已佚。

张唐 战国时秦国将。号张卿。秦昭王四十九年(前258)率军攻魏。次年取郑，又攻赵，拔宁新中(今河南安阳)，改宁新中名为安阳。赵为之悬赏得张唐者赏以百里之地。秦王政时，丞相吕不韦遣之相燕，欲与燕共同伐赵，以广河间之地。他以曾攻赵为赵所怨，赴燕必经赵为由，称疾不行。后经甘罗说服，终成行。

张唐英(1029—1071) 北宋蜀州新津(今属四川)人，字次功。张商英兄。庆历进士。调渝州决曹掾，上《兴王正议》五十篇。再调归州狱掾，移谷城令。神宗即位，擢殿中侍御史。荐王安石可用，又论宜减宗室俸禄，建言革差役之弊。少刻苦读书，长于议论，有史才，著有《宋仁宗政要》、《宋名臣传》、《蜀梼杌》等。

张特立(1179—1253) 金曹州东明(今属山东)人，字文举。初名永，避卫绍王讳改名。泰和进士。正大四年(1227)，拜监察御史。连续弹劾尚书右丞颜盏世鲁、参知政事徒单兀典等人。以劾奏不实罪降为邳州军事判官。金亡,精研程氏《易》,教授诸生,屡受东平严实礼遇。元定宗元年(1246),忽必烈赐号中庸先生,命赵璧前往谕意,又赐其读书堂名"丽泽"。著《易集说》、《历年系事记》。

张体顺 十六国时人。西凉李暠用为右司马,迁宁远将军、建康太守。李歆时,任左长史,屡谏勿与北凉决战。嘉兴四年(420)李歆拒谏出战,遂为北凉所灭。归北凉后,为奉常。

张悌(?—280) 三国时襄阳(今湖北襄樊)人,字臣先。少有名,吴景帝时为屯骑校尉,后为军师。天纪三年(279),为丞相。四年,晋安东将军王浑率军南下时,督丹阳太守沈莹、副军师诸葛靓帅众三万渡江逆战,迫降王浑部将张乔于杨荷桥(今安徽和县东南)。会莹出战不利,为晋军所乘,张乔又反正,自后击之,吴兵大败,遂被杀。此役,吴精兵丧失殆尽。

张天纲 金霸州益津(今河北霸州)人,字正卿。至宁词赋进士。天兴二年(1233),任左右司郎中,扈从哀宗至归德(今河南商丘),升吏部侍郎、权参知政事。又从哀宗迁蔡州(今河南汝南),后转御史中丞。蔡州城破,被宋将孟珙俘送临安(今浙江杭州),不屈,不知所终。

张天伦(约1757—1802) 清湖北襄阳人。先从王廷诏习白莲教。嘉庆元年(1796),与兄张天美等起于襄阳双沟。东乡会师后,与高均德同为襄阳白号首领。后与均德部会合,转战川、陕、楚,屡败清军。七年,遭清军冲营,于通江流坪渡河时溺水死;一说战死于巴州金子寺。

张天锡(346—406) 十六国时前凉主。公元363—376年在位。字纯嘏,小字独活。凉州牧张骏少子。兄张祚立,封长宁王。侄玄靓立,任中领军,与中护军张邕共辅政,寻除邕。改奉东晋升平年号。升平七年(363),杀玄靓,自称凉州牧、西平公。十年,晋以为大将军、都督陇右关中诸军事,凉州刺史、西平公。荒于声色,不恤政事。时前秦方盛,屡攻凉。二十年,苻坚大举攻凉,遂降秦,前凉亡。坚任为北部尚书,封归义侯,迁右仆射。淝水之战时,为苻融征南司马,于阵归东晋。封西平郡公,拜金紫光禄大夫。隆安中,任庐江太守、平西将军。桓玄起兵反晋,以为凉州刺史。寻卒,谥悼公。

张天祐(?—1355) 元末濠州红巾军将领,郭子兴部属。至正十五年(1355)正月,率兵攻拔和州(今安徽和县)。郭子兴死,与子兴子天叙及朱元璋等归属宋韩林儿红巾军,为右副元帅,同朱元璋渡江。同年九月,与郭天叙率兵攻集庆(今江苏南京),为元义兵元帅陈埜先俘杀。

张铁枪 即"女奚烈资禄"。

张廷珪(?—734) 唐河南济源人。进士出身,又中制科。少以文学知名。长安中,任监察御史。反对税钱建白司马坂佛祠,作大佛像,又谏市河南、河北牛羊、荆益奴婢充军资,武后皆纳之。神龙初,张易之兄弟被杀,株连甚众,建言勿穷治。开元中,历礼部、黄门侍郎。数上书陈治国要务,谏勿袭回纥,请复十道按察使,皆被采纳。出为沔、苏、宋、魏州刺史。居官以威惠闻。后以太子詹事致仕。死年七十余。善八分书,李邕每撰碑文,必请其书。遗迹有《狄梁公生祠记》、《兖州刺史韦府君遗爱颂》等。

张廷枢(?—1729) 清陕西韩城人,字景峰,号息园。康熙进士。康熙四十五年(1706),授吏部侍郎,审理湖广土司田舜年僭妄不法案,罪督抚、土司等十余人。后历官刑、工部尚书。五十六年,赴河南镇压宜阳亢珽、阌乡王更一农民暴动及兰阳白莲教起义。雍正元年(1723),以徇纵编修陈梦雷降级。七年,命完纳任内所获赃银,于押解途中病卒。

张廷玉(1672—1755) 清安徽桐城人,字衡臣,号砚斋(一作研斋)。大学士张英子。康熙进士。康熙五十九年(1720)官刑部侍郎。世宗继位,升礼部尚书,值南书房,为《明史》总裁官。雍正四年(1726)晋保和殿大学士,兼管吏、户部及翰林院事,充军机大臣,为世宗草拟上谕,制定军机处规则,赞助对准噶尔部用兵。高宗继位,为总理事务大臣。乾隆二年(1737)赐伯爵,号勤宣。后与大学士鄂尔泰分别门户,遭高宗谴责。著有《澄怀园主人自订年谱》、《澄怀园文存》等。

张庭坚 北宋广安军(治今四川广安)人,字才叔。元祐进士。调成都观察推官。绍圣间通判汉州,入为枢密院编修文字,坐与邹浩通信告别免官。徽宗即位,除著作佐郎,擢右正言。数上书言事,反对恢复新法,称赞司马光、吕公著贤良,又荐用苏轼、苏辙,颇忤徽宗意,出为京东转运判官,改知汝州,降为陈州通判。蔡京欲引为己用,不附,遂于崇宁元年(1102)入元祐党籍,编管虢州。五年,赦归故里。卒年五十七。

张庭瑞(1234—1290) 元北京路(治今内蒙古宁城西大明城)人,字天表。张庭珍弟。初任宪宗宿卫,从攻四川。世祖中统二年(1261),参议青居(今四川南充南)元帅府事。筑城虎啸山,抗拒宋军。至元七年(1270),任高唐州(今山东高唐)尹,劝农桑,兴庙学,大司农司考课第一。后由成都路总管升诸蛮夷部宣慰使,改茶叶官卖为民营,命黎(今四川汉源)、雅(今四川雅安)州戍兵屯田,免嘉定(今四川乐山)舟民漕运粮食。镇压都掌蛮,斩其酋长德兰西。后改任叙州(今四川宜宾)等处蛮夷部宣抚使,潭州路总管。

张庭珍(1229—1284) 元北京路(治今内蒙古宁城西大明城)人,字国宝。父楫,元太宗时任北京都转运使。他初为宪宗必阇赤。随攻宋,任阆州安抚使。世祖即位,以熟悉西京(今山西大同)通漠北路,奉命立砂井(今内蒙古四子王旗北大庙)等驿,为征阿里不哥军筹运军粮。又任同签吐蕃经略使。从攻宋襄阳,任行省郎中。历任襄阳路总管兼府尹,郢、复二州、平江路(今江苏苏州)达鲁花赤,大司农卿。至元十九年(1282),任南京路总管兼开封府尹,处死劫掠百姓的控鹤军士;免除境内饥民赋税,发仓廪赈流民。黄河决口,派船筏载粮食救灾民,亲督人夫筑堤防。

张通古(1088—1156) 辽易州(治今河北易县)

人,字乐之。天庆进士,补枢密院令史。辽亡,隐居易州。金完颜宗望入燕京,召为枢密院主奏。天会四年(1126),为工部侍郎,又任中京副留守,为诏谕江南使,出使宋朝。十五年十一月,金废齐国,在汴京置行台尚书省,受任参知省事。海陵王时,迁行台左丞,进为平章政事。拜司徒,进封曹王。正隆元年(1156),致仕。

张同敞(1608—1651) 明末湖广江陵(今湖北荆州)人,号别山。张居正曾孙。崇祯中以荫补中书舍人。南明永历朝官兵部右侍郎兼翰林侍读学士,总督诸路军马,知兵有胆略。永历四年(清顺治七年,1650),与瞿式耜同守桂林,清兵破城,被执,旋不屈遇害。

张琬 明江西鄱阳(今波阳)人。洪武初,历官给事中、户部主事。太祖问全国财赋户口,对答无遗,即升户部左侍郎。以谨身殿灾,上言时政,请蠲民租百余万石。以疾卒于官,年仅二十七,时人惜之。

张万公(?—1207) 金东平东阿(今属山东)人,字良辅。正隆进士。明昌初,累迁御史中丞,以言事忤旨,除彰国军节度使,后为大兴、东平、河中、济南等府尹,有业绩。擢平章政事,封寿国公。泰和三年(1203),致仕。六年,复起判济南府,安抚山东便宜事。

张万家奴(?—1283) 元人。拖雷宿卫、河东南北路船桥随路兵马都总管万户札古带子。中统二年(1261),袭父职为万户。至元四年(1267),率军驻眉州、简州。后屡与宋军接战,攻克泸州等地。宋亡后,率军攻西南亦奚不薛、哈剌章。二十年,随军侵缅国,战死。

张万仙 一名张仙。宋人。宣和六年(1124)率众起义,与高托山同时在山东一带活动,有众十万,号"敢炽"。宋以内侍梁方平率军镇压,次年春,又以礼部尚书洪中孚为宣谕使进行诱降。同年,他率部五万人降于京东路转运副使李孝昌。

张王坝 在今贵州遵义市东南。明万历中,黔帅李应祥败杨应龙之兵,屯张王坝,与诸路合师共破播州,即此。

张威 南宋成州(治今甘肃成县)人,字德远。初为策选锋军骑兵。开禧用兵,与金人战屡胜。吴曦叛宋被杀后,隶李贵部,以复西和州功,升统制。又以坚守天水功,擢充利州副都统制。迁沔州都统制。嘉定十二年(1219),南下救蜀,破金兵于金牛镇,复遣兵袭大安军,歼金精兵三千。后攻红巾军于普州(今四川安岳),捕杀其首领张福等。旋以攻金泰州无功,罢兵权。卒于利州。他御军纪律严整,临阵战酣,两眼皆赤,时号"张红眼",为金人所惮。又创"撒星阵",分合灵活,屡破金兵。

张为 唐江南人,一作闽中人。大中末,流寓长沙。后入钓台山访道。原有集一卷,已佚。《全唐诗》存诗三首。《全唐诗外编》录诗一首。著《诗人主客图》,以白居易、孟云卿、李益、孟郊、鲍溶、武元衡为主,与其风格相近者为客,分为上入室、入室、升堂、及门四等,附于主下。每人摘句举例,开后世诗派之说。但对中晚唐诗歌流派的划分,对诗人的评价,多有偏见。

张惟吉(?—约1054) 北宋开封(今属河南)人,字佑之。初为入内黄门,后迁殿头、高阳关路走马承受。康定初,西夏攻延州,兵既退,他不主追击。庆历八年(1048)澶州商胡等地河决时,为澶州修河都钤辖。转运使施昌言请立即堵塞,他以为民困财乏,工程宜少待。迁如京使、果州团练使,复领皇城司。

张维屏(1780—1859) 清广东番禺人,字子树,一字南山,号松心子。道光进士。署湖北黄梅知县,后为江西南康知州。道光十六年(1836)退隐。工诗文,精书法。鸦片战争期间,愤英军淫掠,支持广州人民抗英,赋《三元里》长诗,歌颂抗英志士,斥责奕山、余保纯媚敌、乞和行径。又作《三将军歌》,颂扬陈连升、葛云飞、陈化成壮烈殉国的事迹。著有《松心草堂集》,另辑有《国朝诗人征略》。

张伟(?—约460) 北魏太原中都(今山西平遥西南)人,字仲业,小名翠螭。通经书,在家教授。神䴥四年(431),为太武帝征聘至平城,授中书博士。转散骑常侍,与司徒崔浩等同修国史。奉使北凉、南朝宋。寻迁平东将军、营州刺史,进爵建安公。

张時 ❶(657—746)唐汝州襄城(今属河南)人。家富财,好宾客。景龙初,为铜鞮令,时临淄王李隆基(玄宗)为潞州别驾,他倾心结纳。及隆基立为太子,召授宫门大夫,累擢左御史台中丞。玄宗即位,建言去太平公主,被流贬岭南。太平公主败,征授大理卿,封邓国公。开元元年(713),雍州改称京兆府,首任京兆尹。历太子詹事、尚书左右丞、左羽林大将军等职,甚受荣宠。子、弟皆为清近官。❷(?—1217)金莒州日照(今属山东)人,字明仲。镇西军节度副使张莘卿之子。正隆进士。大定二十五年(1185),任太常丞兼原王府文学。二十七年,原王册为皇太孙(章宗),复任左赞善,改左谕德。章宗即位,累迁右谏议大夫兼礼部侍郎。明昌六年(1195),任礼部尚书,进《大金仪礼》。承安三年(1198),任御史大夫。四年,以奏事不实被解职。后起为安武军节度使,致仕。

张炜(?—1216) 金洺州永年(今河北永年东南)人,字子明。本名煾,避金章宗讳改。大定进士。承安五年(1200),任同知镇西军节度使事,转同知西京转运使事。主持筑界墙工役。后任桓州刺史,充宣差西北路军储。大安三年(1211),起为同签三司事,迁户部侍郎。于古北口主持调供兵粮,刻剥军士。贞祐二年(1214),任河北东路转运使。宣宗南迁,助尚书右丞胥鼎前路排顿,及修缮南京宫室。坐事降孟州防御使。三年,迁安国军节度使,致仕。

张位 明江西新建(今南昌)人,字明成,号洪阳。隆庆进士。历官徐州同知、南京尚宝丞、国子监祭酒。万历十九年(1591)进吏部左侍郎入阁。二十六年因所荐杨镐丧师于朝鲜,夺职闲住。不久又因攻击郑贵妃削籍为民,病卒。著有《问奇集》、《词林典故》、《悟真篇注解》、《周易参同契注解》等。

张温 ❶(?—191)东汉末南阳穰(今河南邓州)

人,字伯慎。少有名誉。灵帝中平元年(184),以大司农转司空。次年,拜车骑将军。率破虏将军董卓镇压湟中北宫伯玉等羌、汉人民起义。后历任太尉、卫尉等职,封互乡侯。及董卓专权,与司徒王允共谋诛卓。事未及发,卓使人诬其交通袁术,笞杀于市。❷(193—230)三国时吴郡吴县(今江苏苏州)人,字惠恕。孙权东曹掾张允子。少修节操,为权所知,拜议郎、选曹尚书,徙太子太傅。黄武三年(224),以辅义中郎将使蜀,蜀人甚贵其才。使还,授兵往豫章讨山越。后权恶其称美蜀政,又因声名太盛,恐终不为己用,借暨艳案斥还本郡。将军骆统为之说情,亦不为权所纳。后六年病卒。❸(?—1393)元末明初人。参加朱元璋起义军。从徐达北伐,收中原,克陕西,以天策卫指挥佥事守兰州,击退扩廓帖木儿军。元璋称为奇功,升大都督府佥事,兼陕西行都督府佥事。洪武十二年(1379)论功封会宁侯。二十六年坐蓝玉党死。

张文瓘(606—678) 唐魏州昌乐(今河南南乐)人,字稚圭。原籍贝州武城(今河北清河东北)。幼孤,事母兄以孝友闻。贞观初,举明经,补并州参军,为长史李勣所重。历水部员外郎、东西台舍人。乾封二年(667),擢东台侍郎、同东西台三品。性严正,诸司奏议,多所纠驳。数上书请息兵减役,高宗皆纳之。后迁大理卿,执法平恕。上元二年(675),拜侍中。力谏高宗息兵,勿攻新罗。父子五人皆官至三品,时谓"万石张家"。

张文光(1882—1914) 清末云南腾越(今腾冲)人,原名少鉴,字绍三。光绪三十二年(1906)入同盟会后,在滇西创立自治会,发展革命力量。宣统三年(1911)春拟响应广州起义,未果,流亡缅甸。武昌起义后,在腾越起兵响应,被举为滇西都督府都督。次年以协都督名义统辖腾越、永昌、顺宁驻防军。1913年调任云南提督,旋去职归里。"二次革命"失败后,被袁世凯下令通缉,不久被刺杀。

张文虎(1808—1885) 清末南汇(今属上海)人,字孟彪,又字啸山,别号天目山樵。诸生。同治中入曾国藩幕。精于校勘,所校《守山阁丛书》、《小万卷楼丛书》,时称善本。有《古今乐律考》、《舒艺室随笔》、《舒艺室诗存》等。

张文谦(1217—1283) 元顺德沙河(今属河北)人,字仲谦。与刘秉忠同学。定宗二年(1247),经刘秉忠荐,入忽必烈(世祖)王府掌管教令笺奏。忽必烈征大理、攻鄂州,均从行。忽必烈即帝位,为中书左丞。至元元年(1264),以中书左丞行省事于西夏中兴等路,用郭守敬浚唐来、汉延二渠,灌田十余万顷。三年,还朝。七年,拜大司农卿,请立诸道劝农司。又与窦默请立国子学。十三年,迁御史中丞。次年,拜昭文馆大学士,领太史院事,主持修订历法。十九年,迁枢密副使。病死。

张文收 唐贝州武城(今河北清河东北)人。隋内史舍人张虔威之子。善音律。入唐,官协律郎。太宗时,与祖孝孙参定雅乐。孝孙卒后,复依《周礼》厘正郊庙雅乐。贞观十四年(640),创《景云河清》乐,名为"宴乐",为诸乐之首。咸亨元年(670),迁太子率更令,卒于官。撰《新乐书》十二卷,已佚。

张文蔚(?—908) 唐末五代河间(今属河北)人,字右华,一作在华。乾符进士。以文行知名。昭宗时,为翰林学士承旨,拜中书侍郎、同平章事。天祐四年(907),与杨涉等率百官奉禅位诏至大梁。朱温称帝,仍以为相。后梁初时制度,多所裁定。病卒。

张文襄公全集 书名。清末张之洞著。二百二十九卷,首二卷。1928 年刊。包括奏议七十二卷、电奏十三卷、公牍三十六卷、电牍八十卷、专著杂文等二十八卷。内容自光绪五年(1879)起至三十四年止,涉及洋务运动、清末"新政"、对外关系及思想文化诸方面,为研究中国近代史的重要资料。

张文襄公事略 书名。一作《五十年大事记》。清末四明听雨楼主人撰。十九节。卷首录宣统元年(1909)赐恤诏书。本文分事业、政绩、学问、新政、吏治、育才、举贤等门记述张之洞生平,所举事例,如《马关条约》签订后密助唐景崧保台自立等,持论鲜明。其中对张氏之革新力加褒扬,而于其守旧则辩解为"稍形固执",反映了时论之一侧面。

张文襄幕府纪闻 书名。汉滨读易者(辜鸿铭)撰。二卷,七十二篇。笔记体。作者任张之洞幕僚二十余年,并深受器重,是书即摭拾其在幕府中见闻而成。所叙张之轶事及政治、经济、军事、文化、艺术掌故,可补史乘之不足。对重大问题,亦发表己见,诙谐笑骂,无所忌惮。对张氏多溢美之词,间有对清廷腐败、官员贪劣之讥评。有宣统二年(1910)刊本。

张文忠公文集 书名。元张养浩撰。二十八卷。自序为四十卷,题《归田类稿》,孛术鲁翀序作三十八卷。均未见传本。传世有元元统刊本。养浩为元代名臣,集中所收《谏灯山疏》、《时政书》所论皆当时要务,《驿卒佟锁住传》、《哀流民操》反映当时社会状况,陈安、陈天祥、元明善等神道碑亦可补证史传。《四库全书》以明季二十七卷刻本别采《永乐大典》所录重编为二十四卷。乾隆五十五年(1790)周书昌、毛载刻本凡二十卷题《张文忠公云庄归田类稿》,皆不及元刊本完备。

张文忠公云庄归田类稿 见"张文忠公文集"。

张文仲(约 620—700) 唐洛州洛阳(今属河南)人。与同乡人李虔纵、韦慈藏一起行医,并称当时三大名医。天授初为侍御医,善治疗风病。武则天令其集当时各地名医共撰《疗风气诸方》。另著有《随身备急方》三卷,现已佚。

张问(1013—1087) 北宋襄阳(今湖北襄樊)人,字昌言。举进士,康定二年(1041)又举茂才异等科。通判大名府,有政声。擢提点河北刑狱,徙江东、淮南转运使。熙宁元年(1068)自河北转运使知澶州,入拜度支副使,复出为河东转运使,坐误军需贬知光化军。未几,复为河北转运使。历知虢州、沧州、河阳、潞州。反对新法,尝对神宗言:"民苟免常平、助役之苦,反以得流亡为幸。”元祐初为秘书监、给事中,以疾提举醴泉观卒。

张问达(?—1625) 明陕西泾阳人,字德允。万历进士。累迁礼科都给事中。万历三十年(1602)疏劾李贽,致使瘐死。四十七年官至刑部尚书。天启元年(1622)十二月任吏部尚书。次年致仕。五年遭劾,不久死。

张问陶(1764—1814) 清四川遂宁人,字仲冶,号船山。乾隆进士。历官吏部郎中、莱州府知府。以病免,遂侨寓苏州。工书擅画,尤长于诗。其诗强调性灵,时有“青莲再世”之称,生气涌出,沈郁空灵,能自成一家。书法险劲,画近徐青藤。著有《船山诗草》。

张渥 元杭州(今属浙江)人,字叔厚,号贞期生。主要活动于十四世纪上半期。累试科举不中,致力于诗画,以白描人物著称,有“前无古人”之誉。传世作品有《九歌图卷》、《雪夜访戴图轴》等。

张无垢 即“张九成”。

张锡 唐魏州昌乐(今河南南乐)人。张文瓘侄。久视元年(700),为凤阁侍郎、同平章事。曾请召还庐陵王(中宗)后坐赃流循州(治今广东惠州东)。中宗时,累迁工部尚书,兼修国史,东都留守。韦后临朝,复相,旬日出为绛州刺史,累封平原郡公。以年老致仕卒。

张锡銮(1843—1922) 浙江钱塘(今杭州)人,字金波,又作金颇。监生出身。曾任广东嘉应州知州。清光绪元年(1875)在奉天(今辽宁)讨“马贼”有功,历任通化知县、锦州凤凰厅候补道等职。二十年任东边道,训练新军。次年曾在宽甸抗击入侵日军。三十三年任奉天度支使兼营务处督办。宣统三年(1911)授山西巡抚,因武昌起义爆发未能赴任。民国成立,任直隶总督,旋调任东三省西边宣抚使、奉天都督。1913年兼署吉林都督。次年以镇安上将军节制东三省军务。后历任湖北将军、参政院参政。1917年退出政界。

张熙(?—1736) 清湖南衡州(治今衡阳)人,字敬卿。曾静弟子。雍正五年(1727)被派到吕留良家中访求遗书,与留良子毅中、学生严鸿逵和鸿逵的学生沈在宽交结,反对清朝统治。次年奉师命,化名张倬,入陕劝川陕总督岳钟琪反清,被告发下狱,后释归。高宗即位后,被捕杀。

张喜 一作张禧。清直隶天津(今天津市)人,一名士淳,字小沧。道光十七年(1837)充云贵总督伊里布家丁。十九年伊里布调任两江总督时渐获宠信。二十年六月英军陷定海,受命率员弁至定海犒赏英军牛酒,并多次传递与英军交涉文书,探听英军动静。次年,伊里布被革职,他亦回里闲居。二十二年六月复被召至镇江、南京,与英军联络,议和过程中负责与英方传话。后曾将定海、南京联络情形著为《探夷说帖》、《抚夷日记》。

张禧(1217—1296) 元东安州(今河北廊坊西)人。十六岁从军,先后随大将阿术鲁、元帅察罕攻徐州、归德、寿春、安丰等地。后受诬陷,逃投忽必烈。宪宗九年(1259),从忽必烈攻鄂州。中统元年(1260),为新军千户。三年,从征李璮。后屡败宋军。至元十年(1273),以破樊城、襄阳功升水军万户。次年,任水军先锋,从伯颜灭宋。后历任江阴路达鲁花赤、招讨使、都元帅等职。十七年,任“征日本行省”参知政事,与范文虎、李庭率军侵日本,次年败归。

张先(990—1078) 北宋湖州乌程(今浙江湖州)人,字子野。天圣进士。初为宿州掾,历吴江令、嘉禾判官。晏殊知永兴军,辟为通判。后以屯田员外郎知渝州、虢州。治平初,致仕。晚年优游于湖杭之间,尝与梅尧臣、欧阳修、赵抃、苏轼等游。工诗,词与柳永齐名,造语工巧,多花月艳冶之词,人称“张三影”,为小令向慢词发展中作家。著有《安陆词》(一名《张子野词》)。

张先壁(?—1652) 明末云南临安(今建水)人。崇祯末从傅宗龙军出滇,以副总兵守长沙,拒张献忠大西军。后自募兵就食民间,为何腾蛟所收编。永历元年(清顺治四年,1647),清兵陷长沙,遂走宝庆,拥兵屯黔、楚间,永历帝封南宁侯。后拥众据镇沅,夺民田以耕,与苗民相仇杀。旋归附孙可望。六年,随刘文秀出蜀攻保宁,师败,为可望所杀。

张先培(1888—1912) 清末贵州贵阳人,字心裁。早年肄业贵阳乐群学堂。宣统三年(1911)入北京陆军贵胄学堂,毕业后供职于军咨府测地局。武昌起义后,赴天津参加同盟会京津支部,负责北京暗杀团。1912年与黄芝萌等炸袁世凯不中,被捕牺牲。

张先岳(嶽) 清福建晋江(今泉州)人,字北拱。著有《循良前传约编》。

张县 西汉地节二年(前68)封赵顷王子刘嵩为张侯。属巨鹿郡。后改为县。治今河北邢台县东北。五凤二年(前56)改属广平郡。东汉废。

张宪(?—1142) 宋人。为岳家军前军统制、同提举一行事务。绍兴四年(1134),参加收复襄汉六郡之战,收复郢州后,与徐庆、牛皋等军进克随州,擒伪齐将王嵩;又与王贵进兵,大败金将刘合孛堇和伪齐将李成数万联军,复邓州。十年,随岳飞北伐,率军夺据颍昌府和淮宁府。郾城之战后,率军攻复临颍,并与徐庆等军在临颍附近再次击破金军。因屡立战功,官至观察使。十一年,岳飞罢兵权后,他任鄂州(治今湖北武汉)大军副都统制,被诬谋反,与岳飞、岳云并被杀害。

张献忠(1606—1647) 明陕西延安人,字秉吾,号敬轩。供役为捕快、边兵。崇祯三年(1630)在米脂起义,自号八大王,一作西营八大王。次年,参加王自用联军,为三十六营之一。后破凤阳,焚皇陵,转战皖、豫、陕、鄂。十一年袭南阳失利,乃伪降,休兵谷城(今属湖北)。十二年再起,以走制敌,转战四川境,使明军疲于奔命。十四年,大败明军于开县黄陵城,长驱出川,破襄阳,杀襄王朱翊铭,进破光州等地。明督师杨嗣昌因此畏罪自杀。十六年据武昌,称大西王。不久克长沙,宣布免征三年钱粮,从者愈众。十七年破成都，改称秦王，国号大西，改元大顺。后称帝，以成都为西京。大顺三年(1646)率部北上抗清，于西充凤凰山遇清兵，战死。

张襄壮奏疏 书名。清张勇撰。子云翼编辑。凡六卷。收集的奏疏始于顺治六年(1649)，终于康熙二十三年(1684)，共一百二十篇。张勇为清初大将。明末曾任副将。入清渐升为提督，参与平定三藩叛乱，是书主要内容是其出镇甘肃时有关政治、军事情况的奏议，其中有不少关于三藩之乱的材料，从中也可了解到清初清廷经略甘肃的方略。有《四库全书》本。

张祥河(?—1862) 清江苏娄县(今上海松江区)人，字诗舲。嘉庆进士。善诗。曾任军机章京、主事、郎中、按察使、布政使等职。道光二十四年(1844)擢陕西巡抚，镇压刀客。咸丰八年(1858)迁工部尚书。后病死。

张相文(1866—1933) 江苏泗阳人，字蔚西，号沌谷。甲午战争后，潜心地学研究。光绪二十五年(1899)至二十九年在上海南洋公学任教。后任天津北洋女子高等学校校长，并执教于北京大学。曾出版《初等地理教科书》和《中等本国地理教科书》，在地理教育方面产生很大的影响。宣统元年(1909)在天津与白毓崑等发起成立"中国地学会"，并被选为会长。编辑《地学杂志》。著有《地文学》、《地质学教科书》(据日本横山又次郎编《地质学》编译)、《中国地理沿革史》、《长城考》等。著文数十篇汇集《南园丛稿》。

张孝纯(?—1144) 宋徐州(治今江苏徐州)人。元祐进士。宣和五年(1123)，为河东安抚使，知太原府。七年冬，金人分道攻宋，宣抚使童贯逃离太原，他力阻未成，乃与副都总管王禀坚守太原，金将完颜宗翰(粘罕)屡遣人招降，均被拒绝。次年，城陷被俘。建炎四年(1130)金人立伪齐，他被任为尚书右丞相，遂失晚节。绍兴八年(1138)，被金人遣归后自请致仕，回徐州滕县卒。

张孝杰 辽建州永霸(今辽宁朝阳西)人。重熙进士。道宗清宁间，累迁枢密直学士。咸雍三年(1067)后，升参知政事、同知枢密院事，进为北府宰相。大康元年(1075)，与北院枢密使耶律乙辛结党，诬陷宣懿皇后致死。赐姓耶律。三年，与乙辛陷害太子濬。五年，被道宗比为唐狄仁杰，因赐名仁杰。六年十月，因道宗察觉乙辛党阴谋，出为武定军节度使。次年十二月，削爵为民。大安间死于乡。天祚帝即位，为宣懿后雪诬，戮孝杰尸，其家属分赐群臣为奴。

张孝祥(1132—1170) 南宋和州乌江(今安徽和县东北)人，字安国，号于湖居士。绍兴二十四年(1154)，举进士第一。上疏请昭雪岳飞，为秦桧所忌。历礼部员外郎、起居舍人、权中书舍人。任建康(今江苏南京)留守，因赞助张浚北伐，罢职。后知荆南府，为荆湖北路安抚使，兴办水利，筑寸金堤；置万盈仓，以储漕粮。乾道五年(1169)，因病退居芜湖。意气豪迈，不忘恢复。善诗文，工词，为豪放派重要作家。著作有《于湖集》、《于湖词》。

张孝忠 ❶(730—791)唐奚族人，本名阿劳。乙失活酋帅后裔。父名谧，开元中归唐。善骑射。与王武俊齐名。天宝末，为安禄山偏将，充叛军先锋。乱平归唐，属李宝臣帐下。上元中，累功迁金吾卫将军，赐名孝忠。统易州诸镇十余年，以其骁勇，田承嗣、朱滔等不敢轻犯。建中二年(781)，李宝臣死，子李惟岳反，与朱滔合兵破之，进义武军节度使。及王武俊、朱滔等叛，坚守定、易二州，不为所诱。贞元二年(786)，河北蝗旱，与部下共食粗粝，人服其俭。❷元人。张万家奴之子。袭父职为船桥万户。至元十九年(1282)，从四川都元帅也速答儿镇压亦奚不薛、阿永等族的反抗，还镇成都。二十二年，从攻乌蒙、大坝都掌、蚁子等族。二十七年，从西征，至沙州、瓜州。任佥书四川等处行枢密院事。后以本军万户镇守成都。

张协(?—约307) 西晋安平武邑(今属河北)人，字景阳。少有俊才，与兄载、弟亢同称"三张"。辟公府掾，历秘书郎、中书侍郎，转河间内史，在郡清简寡欲。于时天下已乱，遂屏居草泽，以诗文自娱。拟诸文士作《七命》，世以为工。永嘉初，征黄门侍郎，不就，终于家。原有集行世，今存明辑本《张景阳集》。

张燮(1574—1640) 明福建龙溪(今漳州)人，字绍和，别号海滨逸史。万历举人。周游各地，寄情山水，尤好地理之学。著有《东西洋考》等。

张忻 明末清初山东掖县(今莱州)人，字静之。天启进士。授知县，擢吏部主事。崇祯十六年(1643)官至刑部尚书。李自成率军克北京，纳银得释。顺治初任天津巡抚，后病死于家。

张兴 十六国时人。初为后燕慕容熙左卫将军。建始元年(407)与冯跋等结盟杀熙而立北燕高云，云以为辅国大将军。跋称天王，署为卫将军、尚书左仆射、永宁公。广川公冯万泥、上谷公冯乳陈叛，随燕主冯弘率步骑二万讨平之。

张兴世(420—478) 南朝宋竟陵(今湖北潜江西南)人，本名世，字文德。少家贫，依太守宗珍之为客，以白衣随武宁太守王玄谟攻蛮。后随武陵王刘骏镇寻阳，补南中郎参军督护。太子刘劭杀父自立，从骏讨之。骏即帝位后，又随玄谟平南郡王刘义宣之叛，有战功。明帝即位，四方反叛。进号龙骧将军，率军进据钱溪(即梅根河，在今安徽贵池东)，大败晋安王刘子勋军于贵口，与吴喜共平江陵。迁左军将军。后为雍州刺史。卒官光禄大夫。

张熙(?—1869) 清新疆奇台人。同治七年(1868)不堪布伦托海(今福海)办事大臣李云麟欺压，领导乌伦古河流域的满汉农民起义，参加者达千人。八年夏，袭击侵入中国斋桑湖地区建立非法哨所的俄兵。秋，在清军镇压时，被叛徒缚解清营处死。

张行成(587—653) 唐定州义丰(今河北安国)人，字德立。少师刘炫，好学不倦。隋末，举孝廉，为谒者台散从员外郎。王世充于洛阳称帝，以为度支尚书。唐初,应制举乙科,累补殿中侍御史,纠劾不避权戚。太宗尝言及山东、关中人,意有同异,奏曰:“天子四海为家,不容以东西为限,是示人以隘矣。”自此每有大政,常令参议。贞观十九年(645),太宗攻高丽,令与高士廉等同掌机务,辅太子监国。二十三年,为侍中,兼刑部尚书。高宗即位,受命监修国史,寻进尚书右仆射、太子少傅。

张行简(?—1215) 金莒州日照(今属山东)人。张暐之子。大定进士,入翰林。章宗时,对典礼制度多所订正。泰和五年(1205),改顺天军节度使。六年,任礼部尚书,兼侍讲、同修国史。累迁太子太保、翰林学士承旨。谥文正。著有《礼例纂》一百二十卷,文章十五卷,均佚。

张行信(1163—1231) 金莒州日照(今属山东)人,字信甫,原名行忠,先名行中。张暐之子。大定进士。累官至左谏议大夫、山东东路按察使兼转运使。金都南迁后,历任吏、户、礼三部尚书,参知政事,屡折术虎高琪。寻以暗通红袄军与宋军之嫌被贬,出为彰化、保大、静难三节度使。哀宗即位,起复尚书左丞,致仕。

张雄飞 元沂州临沂(今属山东)人,字鹏举。通蒙古语。至元二年(1265),经廉希宪推荐,为平阳路转运司同知。建议立御史台,为侍御史。十六年,拜江南行台御史中丞,改陕西汉中道提刑按察使,皆未行。升中书省参知政事。二十一年,罢职。二十三年,为燕南河北道宣慰使。

张雄夫妇墓志 唐代碑刻。青石质,正方形,边长74.5厘米。楷书志文三十行,满行三十字。记述高昌国左卫大将军张雄(583—633)和夫人麴氏生平。志载张雄对高昌王反唐立场持反对态度,主张统一于唐朝。1973年新疆吐鲁番阿斯塔那墓出土。现藏新疆维吾尔自治区博物馆。

张熊(1803—1886) 清浙江嘉兴人,流寓上海。字子祥,别号鸳湖外史。收藏金石书画甚富。善画花鸟、草虫、蔬果,重写生与默写。从其学画者甚多。所画雅俗共赏,时称“鸳湖派”,画风流行于上海及苏、杭等地。与画家朱熊、任熊合称“沪上三熊”。

张修(?—191) 东汉汉中(今属陕西)人。本为天师道首领。中平元年(184)黄巾大起义时,曾在巴郡(治今重庆嘉陵江北岸)组织农民起义,后归益州牧刘焉,任别部司马,与张鲁攻杀汉中太守苏固。不久为张鲁所杀。一说天师道首领的张修与曾任别部司马的张修为两人。

张秀眉(1823—1872) 清贵州台拱(今台江)人。苗族。雇工出身。咸丰三年(1853)曾参加贵州榔党起义。五年率众抗税,在台拱掌梅里起义,被推为大元帅,下设将军等文武职官。在以台拱为中心的黔东南地区,没收清军屯田和地主土地,并与号军及石达开部太平军配合作战。同治九年(1870),清军陷台拱等地,他率部从雷公山退至乌鸦坡,被清军围困。十一年兵败被俘,就义于长沙。

张绣(?—207) 东汉末武威祖厉(今甘肃靖远西南)人。汉末凉州大乱,以县吏招合少年,随叔张济起兵从董卓。迁建忠将军,封宣威侯。济死领其众,屯宛城(今河南南阳),与刘表连和。建安二年(197)曹操军于淯水,乃降。会操纳济妻,又以金与其将胡车儿,因疑惧,遂袭操军,杀操长子昂,操中流矢,败走。四年,袁绍遣人招降,从贾诩计拒之,并降于操,操表为扬武将军,为子娶其女。官渡之战力战有功,迁破羌将军。十二年从征乌桓,死于途中。

张须陀(565—616) 隋弘农阌乡(今河南灵宝西北)人。开皇十七年(597),从史万岁击西爨,以功授仪同。炀帝即位,随杨素击平汉王杨谅。大业中,累迁齐郡丞、通守,领河南道十二郡黜陟讨捕大使,镇压王薄、郭方预、卢明月等农民起义军。转荥阳通守。后与瓦岗军战于荥阳大海寺北,遇伏,为起义军所杀。

张䇓(1236—1302) 元导江(今四川都江堰)人,字达善。侨寓江南。学者称导江先生。曾从王柏受业于上蔡书院,研习程朱理学。至元中,受聘为江宁(今江苏南京)学官,时中原士大夫遣子弟来受学者甚多。其在维扬(今江苏扬州),来学者尤众。对朱熹理学北传有贡献。有《经说》及文集。

张旭 唐苏州吴县(今江苏苏州)人,字伯高。初为常熟尉,官至金吾卫长史,故称张长史。以草书著名,嗜酒,醉后下笔愈奇。世称张颠。其草书被列为神品。颜真卿从受笔法而著《述张长史笔法十二意》。世传真迹有《古诗四帖》,草书四十行。藏辽宁省博物馆。

张绪 ❶南朝齐吴郡吴县(今江苏苏州)人,字思曼。宋时州辟议曹从事,举秀才。明帝时,官至吏部郎,参掌大选。入齐,两领国子祭酒,官至吏部尚书。长于《周易》,言精理奥,名重一时。卒年六十。❷一作张彭。北宋蜀(今四川)人。开宝三年(970),句延庆著《锦里耆旧传》,述前、后蜀事。绪续其书,记乾德三年(965)平蜀以后事,至大中祥符二年(1009)为止,凡十卷。

张煦(?—1895) 清甘肃灵州(今宁夏灵武)人,字南坡。咸丰进士。以主事签分刑部,累迁至贵州镇远知府。同治年间曾在直隶(今河北)参与镇压太平军,后率部攻占贵州镇远,补贵阳府知府。光绪九年(1883)补陕西按察使,旋迁广东、山西布政使。十四年擢陕西巡抚,裁革一切冗费,剔除科场积弊。次年调抚湖南。十八年改抚山西,曾赈济久旱无炊之民。后病死。

张萱 唐京兆(治今陕西西安)人。开元时,任馆画直。善画贵公子、妇女、婴儿、花溪、竹树,点缀皆极妍巧。尝以“金井梧桐秋叶黄”之句,作《长门怨》画,甚有思致。善起草点簇景物,铺设亭台,树木花鸟,皆有妙趣。画妇女以朱晕染耳根,别具姿质。有《唐后行踪图》大轴传世,人物衣褶有顿挫,别有风格。武后体态丰盈,背景中画二墨竹,为首创之法。又有《捣练图》、《虢国夫人游春图》,皆为宋徽宗摹本,前者藏美国波士顿美术馆,后者图录于《中国名画集》。

张瑄(?—1303) 元嘉定(今属上海市)人。南宋末年，与朱清结为兄弟，为盗海上。元军南下，与朱清同率众降，为行军千户。南宋亡，奉伯颜命，用船运帑藏图籍经海道北上。至元十九年(1282)，与罗璧、朱清由海道运粮四万余石至大都(今北京)。二十年，为海运千户，后进万户。二十八年元朝立海道都漕运万户府二，以淮东道宣慰使兼领海道都漕运万户府事。元贞二年(1296)，为江西行省参政。大德七年(1303)，以行贿罪被处死。

张玄靓(350—363)　十六国时前凉主。公元355—363年在位。字元安。凉州牧张重华少子。张祚和平二年(355)，河州刺史张瓘杀祚，立他为主，复奉晋年号为建兴四十三年。时年幼，瓘自负功勋，谋篡立，尚书仆射宋混杀瓘，辅政。混死后，其弟澄代之。右司马张邕又杀澄，与中领军张天锡共辅政。后天锡尽诛邕党，专掌朝政，改建兴四十九年，奉东晋升平年号。后终为天锡所杀，谥冲公，东晋赐谥敬悼公。

张玄素　❶(?—664)唐蒲州虞乡(今山西永济东北)人。隋末，任景城县户曹，为官清廉。窦建德破景城，将杀之，县民为之请命，遂署为黄门侍郎。建德败，归唐。太宗时，授侍御史，迁给事中，在朝直言敢谏。贞观四年(630)，太宗下诏修洛阳宫乾阳殿。他上书极谏，以为战乱方息，营不急之务，役疮痍之民，则有同炀帝，太宗纳谏罢役。历太子少詹事，迁右庶子，行左庶子。太子李承乾喜声色游猎，屡上书切谏，不听。十七年，太子被废，受株连除名为民。后授潮州刺史，徙邓州，致仕卒。❷金辽阳(今属辽宁)人，字子真。与张浩同宗。先世仕辽为节度使，以荫得官。附高永昌，据辽阳。后降金，特授世袭铜州猛安。太宗时，历任西上閤门使、客省使、东宫计司。熙宗时，知涿州，改镇西军节度使，迁东京路都转运使、兴平军节度使。世宗即位于东京辽阳，他建言早赴燕京，迁户部尚书，出为定武军节度使。卒年八十四。

张学颜(?—1598)　明广平肥乡(今属河北)人，字子愚，号心斋。嘉靖进士。授曲沃知县。万历初，累官右佥都御史，巡抚辽东。在任充实军伍，整顿战备。与李成梁击败土蛮。万历六年(1578)进户部尚书。上清丈条例，助张居正改革。十一年改兵部尚书。次年加太子太保。十三年以张居正党被劾，致仕归。

张觷(?—1137)　宋福州(今属福建)人，字柔直。政和进士。宣和元年(1119)，馆蔡京家，教其子弟，曾对京子弟说："天下被而翁破坏至此，旦夕贼来，先至而家，汝曹惟有善走，庶可逃死。"京即见觷问计，他劝京亟引老成忠义之士。京不能用，绍兴元年(1131)，知兴化军，改知南剑州，参与镇压范汝为起义。后知虔州，不久卒。

张勋(1854—1923)　江西奉新人，字绍轩。初隶广西提督苏元春部为参将。甲午战争后，参加小站练兵，任管带。清光绪二十五年(1899)随袁世凯镇压山东义和团，升至总兵。二十七年调北京，宿卫端门。三十二年调奉天，两年后升提督。宣统二年(1910)接统江防营，驻浦口。次年任江南提督，镇守南京。辛亥革命时，被江浙联军击败，退守徐州，仍被清廷授为江苏巡抚兼署两江总督、南洋大臣。民国成立后，所部改称武卫前军，驻兖州，表示仍效忠清室，禁其部剪发辫，人称"辫帅"，所部称"辫子军"。1917年7月，拥溥仪复辟，自封议政大臣兼直隶总督、北洋大臣。十二日而败，逃入荷兰使馆，后病死。

张巡(709—757)　唐蒲州河东(今山西永济西)人，一说邓州南阳(今属河南)人。博通群书，晓军事。开元进士。天宝中，为清河令，政令肃然。后调真源令。安禄山反，他在真源玄元皇帝庙率吏民起兵，转守雍丘(今河南杞县)，抗击叛军令狐潮。城中无储备，内外隔绝，以少击众，常破敌军。至德二载(757)移守睢阳(今河南商丘南)，与太守许远合兵六千余人守城，阻止叛军南下。城中食尽，外援亦绝，军士煮茶纸，易子而食，犹争效死力。前后大小四百余战，杀敌十二万。因临淮(今江苏盱眙北)河南节度使贺兰进明不出兵增援，城陷被俘，不屈而死。

张洵古　一作张询古、张绚古。唐人。著有《五代新记》(一作《五代新说》)。

张恂(348—416)　北魏上谷沮阳(今河北怀来东南)人，字洪让。初在代王什翼犍帐下参谋军事，后劝道武帝宜收中土士庶之望，以建大业。皇始初，拜中书侍郎，参预帷幄，赐爵平皋子。出为广平太守，招集离散，劝课农桑，流人归者数千户。迁常山太守，开建学校，优礼儒士，为士庶所赞，政绩为当时第一。明元帝即位，征拜太中大夫。

张逊　元平江(今江苏苏州)人，字仲敏，号溪云。主要活动于十四世纪上半期。博学能诗文，善画竹，作勾勒法，名闻于时。亦能山水。传世作品有《双勾竹卷》。

张燕　东汉末常山真定(今河北正定南)人，本姓褚。灵帝中平元年(184)聚众响应黄巾起义，转战山泽间，众至万余人，旋并归博陵张牛角所率起义军。张牛角牺牲后，被义军推举为帅，遂改姓张。与常山、赵郡、中山、上党、河内等地起义军联合，众至百万，号"黑山军"。后向东汉王朝乞降，任平难中郎将。又参与官军混战，其旧部逐渐离散，遂归降曹操，拜平北将军，封安国亭侯。

张延登　明山东邹平人，字济美。万历进士，授知县，擢给事中。天启初迁太仆寺卿。不附魏忠贤，托病归。思宗立，擢右副都御史，巡抚浙江，疏请毁魏忠贤生祠。崇祯二年(1629)请申海禁。五年晋工部尚书，改左都御史。七年致仕归。

张延朗(?—936)　五代时汴州开封(今属河南)人。初仕后梁，为郓州粮料使。后唐明宗时，充三司使，兼判户部、度支、盐铁。号为有心计，然无所建树。末帝时，为吏部尚书兼平章事，仍判三司。与石敬瑭交恶。后唐亡，被杀。

张延龄(?—1546)　明河间兴济(今河北青县)人。明孝宗孝康张皇后之弟。弘治八年(1495)封建昌伯，十六年进侯。后因其姐曾抑世宗生母，嘉靖十二年(1533)坐事下狱。张皇后死，遂被杀。

张延赏(727—787) 唐蒲州猗氏(今山西临猗)人,本名宝符,玄宗赐今名。张嘉贞子。肃宗时,任监察御史。大历二年(767),官河南尹,充诸道营田副使。轻徭赋,疏河渠,流民归附。历淮南、荆南、剑南西川节度观察使。政尚简约,管内富足。建中四年(783),泾原兵变,德宗避难奉天,赖其贡奉不辍。贞元初,擢中书侍郎、同平章事。以私怨轻谩李晟,罢其兵柄,又大举裁减州县官员,内外怨之。寻以疾卒。

张延寿(?—前152) 西汉京兆尹杜陵(今陕西西安东南)人。张安世之子。宣帝时任中郎将侍中,出为北地太守,复征入为左曹太仆。元康四年(前62),嗣父爵为侯。其国在陈留,别邑在魏郡,租入岁千余万。数上书让减户邑。乃徙封平原,并一国,户口如故,而租税减半。

张岩(巖) 南宋人。原籍开封,迁扬州,再迁湖州(今属浙江),字肖翁。乾道进士。累迁至监察御史,附韩侂胄禁止道学。嘉泰元年(1201)任参知政事。开禧二年(1206),迁知枢密院事,次年代丘崈督视江淮军马,未几罢去。侂胄死后,致仕。

张岩(巖)叟 金代州五台(今属山西)人,字孟弼。大节子。大定进士。累官至中都路都转运副使、刑部员外郎。因其父以震武军节度使致仕,特授忻州刺史,以便禄养。后历任太常卿兼国子祭酒等职。贞祐三年(1215),以沁南节度使致仕,退寓洛阳。

张炎(1248—1320) 宋末元初临安(今浙江杭州)人,字叔夏,号玉田,又号乐笑翁。祖籍成纪(今甘肃天水)。张俊六世孙。幼承家学,宋亡,流落不偶。元至元二十七年(1290),被征赴大都缮写金字藏经,次年事毕南归。晚年在浙东、苏州一带漫游作客。工长短句,与周密、王沂孙为词友。所作多追念昔游及个人哀怨之作,长于咏物,特别重视音律及用字典雅,后世以其与姜夔并称。有词集《山中白云词》及论词专著《词源》。

张彦辅 元蒙古人。从正一道吴全节学道,得真人称号。善画山水、鞍马,元末名闻一时,曾为宫廷作壁画。

张彦泽(?—947) 五代时太原(今山西太原西南)人。先世为突厥人。以善射为骑将,屡从后唐庄宗、明宗攻战,与石敬瑭联姻。后晋时历任镇国、彰义节度使,入为右武卫大将军。开运二年(945),与诸将力战,在阳城破契丹兵。次年,为马军都排阵使,从都招讨使杜威御契丹,随威降契丹。旋奉契丹主命为前驱,入大梁,大肆掳掠,擅杀桑维翰,迫辱出帝。契丹主至汴,杀之。市人争食其肉。

张晏之 晏一作宴。北齐清河东武城(今河北清河东北)人,字熙德。北魏永安二年(529)从大将军尔朱荣拒投梁之宗室元颢,赐爵武成子,累迁尚书二千石郎中。东魏武定六年(548),大都督高岳出征颍川(今河南长葛东北),用为都督中兵参军。北齐天保初,高阳王元湜娶其女为妃,出北徐州刺史,有政绩。迁兖州刺史,未拜而卒。

张杨(?—198) 东汉末云中(治今内蒙古托克托东北)人,字稚叔。初为并州武猛从事,为何进募兵,得众数千。初平二年(191),归袁绍,与匈奴南单于合兵讨董卓。旋为南单于劫持降卓,卓以为建义将军、河内太守。兴平二年(195),董卓旧将李傕、郭汜相攻,献帝自长安出奔,乃欲迎帝返洛阳,诸将不听。建安元年(196),使董承缮修洛阳宫,名殿曰"杨安",以示己功,又以献粮迎献帝归,拜大司马,出屯野王(今河南沁阳)。三年,曹操围吕布于下邳(今江苏睢宁西北),因与布善,出兵遥为布应,为部将杨丑所杀。

张养浩(1270—1329) 元济南(今属山东)人,字希孟。博通经史。以不忽木荐为御史台掾,复授堂邑县尹,在官十年,有政绩。武宗时,拜监察御史,奏时政万言,得罪权贵。延祐初,以礼部侍郎知贡举,又升礼部尚书。英宗至治初,参议中书省事。天历二年(1329),陕西大旱,特拜陕西行台中丞,出赈饥民,卒于任。工散曲,有《云庄休居自适小乐府》,另有《归田类稿》、《三事忠告》。

张尧佐(987—1058) 北宋河南永安(今河南巩义东南)人,字希元。仁宗张皇后伯父。举进士。通晓法律。为殿中丞,知犀浦县,县多田讼,他正其疆界,讼事顿减。累迁端明殿学士、三司使。皇祐中,一日之间,拜淮康军节度使、群牧制置使、宣徽南院使、景灵宫使,为御史中丞王举正、谏官包拯等所反对,遂罢宣徽、景灵两使。未几,又以宣徽使判河阳,后徙镇天平军。

张曜(1832—1891) 清直隶大兴(今属北京)人,祖籍浙江上虞,字亮臣,号朗斋。有勇力,初在河南固始办团练,为僧格林沁所赏识,参与镇压太平军和捻军。咸丰十一年(1861)以功授河南布政使。旋以目不识丁被参劾,改总兵加提督衔。此后发愤读书,始通文墨。同治八年(1869)率嵩武军赴甘肃、宁夏镇压回民军。光绪二年(1876)随左宗棠进军新疆,参与克复吐鲁番和乌鲁木齐。六年命帮办新疆军务,移驻喀什噶尔。十一年授广西巡抚。次年调山东巡抚,曾治理黄河水患,在青州(今属山东)建海岱书院。后襄办海军。病重时犹贻书李鸿章,言山东为北洋门户,宜治炮台以防不虞。

张耀(503—565) 耀或作曜。北齐上谷昌平(今北京昌平南)人,字灵光。初为中军大都督韩轨府长史,转丞相高欢府仓曹。天保初,摄仓、库二曹事,迁尚书右丞。曾居守宫门,文宣帝夜归,以真伪难辨拒入,致以火至识面乃开门。帝深嗟赏之。太宁初,迁秘书监。奉职谨慎,好读《春秋》。后暴疾卒。

张耀灵(344—355) 十六国时前凉人,字元舒。凉州牧张重华子。十岁嗣位,称凉州刺史、西平公。为伯父张祚矫重华遗令所杀。在位不及一月,谥哀公。

张野狐 即张徽。唐人。优名野狐。与名优黄幡绰齐名,好为弄参军,又擅长觱篥、箜篌。曾随从玄宗入蜀。后玄宗返长安,于望京楼下奏新曲《雨霖铃》。张祜有诗曰:"雨霖铃夜却归秦,犹是张徽一曲新。长说上皇和泪教,月明南内更无人。"

张掖金塔寺东西窟 佛教石窟。位于今甘肃张掖地区肃南裕固族自治县境内大都麻河西岸的大刺沟峭壁上。两窟相邻,其形制均为中心柱式,窟内为敷彩泥塑和壁画,其开凿时代被认定为十六国北凉时期,为国内现存最早的石窟之一。

张掖郡 西汉武帝分武威郡置。取"张国臂掖"(应劭语)为名。治觻得县(今甘肃张掖市西北。晋改名永平县,隋开皇中改酒泉县,大业初又改名张掖县,移治今张掖市)。辖境相当今甘肃高台县以东弱水上游和内蒙古额济纳旗地。一说分酒泉郡置。辖境尚包有后置的武威郡地。东汉属凉州。辖境缩小。十六国北凉沮渠蒙逊曾建都于此。西魏为西凉州治,旋为甘州治。隋开皇初废。大业初和唐天宝、至德时又曾改甘州为张掖郡。地当通往西域及漠北道路冲要,水草丰美,有畜牧之饶。隋时与西域商人互市于此。

张掖县 ❶西汉置。治今甘肃武威市南。属武威郡。三国魏废。❷隋开皇改永平县为酒泉县,大业二年(606)又改酒泉县为张掖县。治今甘肃张掖市。为张掖郡治。唐为甘州治。永泰二年(766)地入吐蕃,遂废。清雍正二年(1724)复置。为甘州府治。1913年裁府留县。1985年撤县设市。

张仪(?—前309) 战国时魏国人。魏贵族后裔。传曾学于鬼谷先生。先游说于楚,后入秦,秦惠王以为客卿,谋伐诸侯。秦惠文王十年(前328)为相,采用连横策略,使秦占有河西、上郡及河东、河南部分地。秦惠文王更元三年(前322)相魏,劝魏背纵约而事秦;六年,魏改用合纵策略,以公孙衍为相,他被逐回秦。十二年,由秦至楚,以割商於之地六百里为饵,欺楚背齐亲秦。连横之策使秦"拔三川之地,西并巴蜀、北收上郡、南取汉中"(《史记·李斯列传》),他以功封五邑,号武信君。秦武王即位,被逐之魏,相魏一岁而卒。《汉书·艺文志》纵横家有《张子》十篇,今佚。

张仪楼 秦国楼名。秦惠文王更元十四年(前311),张仪筑成都城,于城西南建楼,高百余尺,临山瞰江,名张仪楼。杜甫《石犀行》:"蜀人矜夸一千载,泛滥不及张仪楼。"

张彝(461—519) 北魏清河东武城(今河北清河东北)人,字庆宾。少豪放,通经史。孝文帝时为主客令,以参定迁都之功,进侯爵。宣武帝初,迁侍中,寻除秦州刺史,羌夏畏服。曾与仆射高肇争尚陈留公主,被谮。后加征西将军、冀州大中正。神龟二年(519),以子仲瑀上封事,求铨别选格,排抑武人,不使预清品,被羽林虎贲聚众捶辱至死。著有《历帝图》,今佚。

张彝宪 明宦官。初任司礼太监,崇祯四年(1631)奉命总理户、工二部钱粮,称"户工总理"。巡视二部,位居尚书之上。八年始撤。后奉命守备南京,不久病死。

张倚 战国时魏国人。魏昭王六年(前290),秦、赵相约攻魏,他奉魏昭王命使赵以间秦、赵之约,许赵以魏之邺(今河北临漳西南)地,赵因闭关绝秦。见《战国策·魏策三》。

张议潮(799—872) 一作张义潮。唐沙州敦煌(今甘肃敦煌西)人。安史乱后,河西、陇右诸州为吐蕃占据。大中二年(848),乘吐蕃内乱之机,于沙州率众驱逐吐蕃镇将,占领沙州和晋昌(即瓜州,治今甘肃安西东南),随即遣使向唐告捷,五年,宣宗任之为沙州防御使。时已控制沙、瓜、伊(治今新疆哈密)、西(治今新疆吐鲁番东南)、甘(治今甘肃张掖)、肃(治今甘肃酒泉)、兰(治今甘肃兰州)、鄯(治今青海乐都)、河(治今甘肃和政西北)、岷(治今甘肃岷县)、廓(治今青海贵德东)等十一州之地。是年,其兄张议潭(泽)等携十一州地图户籍入朝。宣宗于沙州置归义军,任之为归义军节度使兼十一州营田、处置、观察等使。咸通二年(861),将蕃汉兵收复凉州。七年,收复西州、轮台、清镇等城,吐蕃势力全被逐出河西、陇右之地。八年,入朝,拜右神武统军,赐田宅于京师。其侄淮深代守归义。后卒于京。

张易(?—1282) 元太原交城(今属山西)人,字仲一。事世祖于潜邸。中统元年(1260),任燕京行省参政。至元间由中书右丞累官至中书平章政事、枢密副使,兼领秘书监、太史院、司天台事。至元十九年(1282)三月,王著、高和尚等诛阿合马,曾托称皇太子命向他征兵(一说易策划其事),他以兵付给。事后论罪被杀。

张易之(?—705) 唐定州义丰(今河北安国)人。以门荫入仕。美姿容,善音律歌词,粗能属文。万岁通天二年(697),与弟昌宗入侍宫中,官司卫少卿。为武后内宠,武三思、武承嗣等候其门庭,争执鞭辔,尊称五郎。圣历二年(699),为控鹤监。久视中,改奉宸令。武后欲掩与张氏兄弟淫乱丑声,诏其引文学之士修《三教珠英》。书成,加麟台监,封恒国公。武则天晚年,张氏兄弟专权,益加妄法,奸赃狼藉,非议者得罪,弹劾者诬贬,势倾朝野。长安末,则天病重,与昌宗侍侧。后张柬之等发动政变,迎中宗复位,被诛。

张绎(1071—1108) 北宋河南寿安(今河南宜阳)人,字思叔。幼年失学,佣力于市,发愤读书,遂以文名。年三十,始受业于程颐,记颐言行,编为《师说》。程颐尝谓晚年得二士,即绎与尹焞。

张诩(1455—1514) 明南海(今广东广州)人,字廷实,号东所。成化进士。因病归里,六年不出。后授户部主事、南京通政司左参议等职,均辞不仕。师事陈献章。为学"以自然为宗,以忘己为大,以无欲为至"(《明儒学案》卷六),主张"专静"、"不假外求"的修养方法。其溺禅尤深,即献章亦颇訾之。著有《张东所文集》。

张裔(166—230) 三国时蜀郡成都(今属四川)人,字君嗣。博览群书,干理敏捷。刘璋时举孝廉,为鱼复长。还州署从事,领帐下司马。东汉建安十九年(214)诸葛亮与张飞领兵入蜀,璋令其领兵拒于德阳(今四川遂宁),军败还成都,随璋降备。任为巴郡太守,后转司金中郎将,典作农战之器。豪帅雍闿杀益州太守正昂后，受任为益州太守，被闿缚送与吴。建兴元年(223)，蜀尚书邓芝使吴结好，乃得放还。丞相诸葛亮任为参军，署府事。亮驻汉中时，以为射声校尉领留府长史，加辅汉将军。

张镒(?—783) 唐苏州(今属江苏)人，字季权，一字公度。以门荫入仕。郭子仪为关内副元帅，荐为判官，又入江西观察使张镐幕府。与杨绾、崔祐甫相善。大历五年(770)，任濠州刺史，为政清简，延师授徒。十一年，李灵曜反于汴州，团练乡兵，严为备御，加沿淮镇守使。历江西、河中观察使。建中二年(781)，拜中书侍郎、同平章事。后为卢杞排挤，代朱泚为凤翔节度使。四年，与吐蕃尚结赞盟于清水(今属甘肃)，划定分疆。旋朱泚为乱，被叛将李楚琳所杀。著有《三礼图》九卷，《孟子音义》三卷，今存辑本。

张翼(?—264) 三国时犍为武阳(今四川彭山东)人，字伯恭。刘备定益州时为书佐，累迁至蜀郡太守。蜀建兴九年(231)，为庲降都督，用法严峻。诸葛亮出武功(今陕西武功西南)，以为前军都督，领扶风太守。亮卒，拜前领军，赐爵关内侯。延熙元年(238)，为征西大将军，进封都亭侯。十八年，卫将军姜维复议出兵，则以为国小民劳，不宜黩武。后迁左车骑将军。景耀六年(263)，与姜维在剑阁降于魏将钟会。次年，参与钟会谋反，为乱兵所杀。❷(?—1393)明凤阳临淮(今属安徽)人。元末从父投朱元璋，授副千户。后嗣文职，为大同卫指挥同知。历官都指挥佥事、都督府佥事。洪武十七年(1384)以征云南功封鹤庆侯。后坐蓝玉党被杀。

张寅 见“李福达之狱”。

张荫桓(1837—1900) 清广东南海(今广州)人，字樵野，又字皓峦。纳赀为知县，由丁宝桢荐至道员。光绪二年(1876)起，历任登莱青道、山东盐运使、安徽徽宁池太广道、按察使及在总理衙门学习行走等职。因其谙外交，于十一年奉命为出使美国、西班牙、秘鲁三国大臣。四年后回国，历授大理寺卿、太仆寺卿、在总理衙门行走、左副都御史、户部侍郎等职。甲午战争后期，与邵友濂被命为议和大臣赴日，为日方所拒。二十三年奉命出使英、美、法、德、俄等国。次年命主持京师矿务铁路总局事务。戊戌政变后被革职，谪戍新疆。义和团运动时，在戍所被杀。著有《三洲日记》、《铁画楼诗文集》等。

张荫棠(?—1935) 清广东南海(今广州)人，字憩伯。光绪十八年(1892)纳资为内阁中书，次年考取海军衙门章京。后任驻美参赞、领事，调西班牙任代办。三十一年随唐绍仪赴印度与英议订藏印新约，始关注藏事。三十二年以副都统衔奉旨往西藏查办事件，八月抵藏，奏参前任驻藏办事大臣有泰等官员十余人贪赃枉法事，藏中震动。与西藏僧俗上层商议善后问题，拟二十四条，传谕藏众。且亲临噶厦公所讲演物竞天演强种强国之道。三十三年，议设财政、督练、交涉、学务、盐茶、农务、工商、巡警、路矿九局，与驻藏大臣联豫分派人员兴办。颁发《训俗浅言》、《藏俗改良》。七月调离，以全权大臣衔至印与英商订藏印通商章程。三十四年约成返国。入民国，屡使外国，颇著政声。有奏牍五卷。

张英(1637—1708) 清安徽桐城人，字敦复，号乐圃，又号梦敦。康熙进士。康熙十六年(1677)任侍讲学士，首与高士奇等入值南书房，备顾问，掌机要，为圣祖所倚重。二十九年，晋礼部尚书，兼翰林院掌院学士。三十八年晋文华殿大学士。旋致仕归。著有《恒产琐言》、《笃素堂文集》。

张婴 东汉广陵(治今江苏扬州)人。顺帝末，聚众数万人起义，杀刺史及郡守，转战徐、扬之间十余年，屡败官军。汉安元年(142)，为广陵太守张纲诱降。纲死后再次率众起义，占据广陵。为中郎将滕抚所败。

张莹 晋人。曾任江州从事。著有《后汉南记》(一称《汉南记》)、《史记正传》。

张雍(939—1008) 北宋德州安德(今山东陵县)人。开宝进士。任开封府推官，以鞫狱不当免官。雍熙初，为御史台推直官。历盐铁推官、判官，判度支勾院，淮南、两浙转运使，知审刑院。淳化三年(992)，为户部使，出知梓州。五年，王小波、李顺起义，围攻梓州，他守城八十余日，王继恩援师至，起义军始解围去。擢给事中。历知永兴军、度支使、盐铁使，官至兵部侍郎。大中祥符初，以尚书右丞致仕。

张雍敬 清浙江秀水(今嘉兴)人，字简庵。潜心历术，多主中历。曾裹粮走千里，往见梅文鼎，相与辩论历算学。著有《定历玉衡》、《西术推步法例》、《宣城游学记》等。

张永(1465—1529) 明保定新城(今属河北)人，字德延，号守庵。十一岁入内廷为宦官。弘治九年(1496)侍从太子。武宗即位，进御用监太监，受宠信，为“八虎”之一。先后提督三千营、神机营、十二团营，兼掌乾清宫、尚膳监事。因刘瑾专权，不相合。正德五年(1510)平寘鐇之变，从杨一清劝，借回京献俘之机奏诛之。后掌司礼监事，参与镇压山东、河南、北直隶等地农民起义，复提督北边军务。十四年随帝南征宸濠。嘉靖初被劾闲住。嘉靖八年(1529)起掌御用监，提督团营。同年卒。

张永德(928—1000) 宋初并州阳曲(今山西太原)人，字抱一。周太祖婿，世宗时，从征南唐、契丹，战功卓著，官至殿前都点检，旋解禁卫兵权，加检校太尉、同中书门下平章事。恭帝时，领忠武军节度使。曾资助赵匡胤聘纳孝明皇后。宋初特受宠遇，加兼侍中，授武胜军节度使。召对宴饮，太祖常待以故旧之礼。曾以己资造战船数十，运粮万斛，助平南唐。太平兴国二年(977)，拜左卫上将军。次年，封邓国公。后历安化军、泰宁军节度使，河北两路排阵使，知镇州等。真宗即位，封卫国公。咸平三年(1000)，授检校太师、彰德军节度、知天雄军。

张永明(1499—1567) 明浙江乌程(今湖州)人，字钟诚，号临溪。嘉靖进士，授芜湖知县。迁南京刑科给事中，连劾张瓒、严嵩、戴金贪污，有声誉。嘉靖四十一年(1562)官至刑部尚书，改左都御史。穆宗即位，遭劾乞归，病死于途。卒谥庄禧。著作有

《张庄禧公集礼集》。

张永祚 清浙江钱塘(今杭州)人,字景韶。幼时喜观五纬星象,知星学,后研究天象。年近三十始为诸生。闽浙总督嵇曾筠求知星象者,试永祚后荐于朝,授钦天监博士。占候皆验,屡受引见。刊《二十二史》时,校勘《天文》、《律历》诸志。著有《天象原委》。

张咏(946—1015) 北宋濮州鄄城(今属山东)人,字复之,自号乖崖。太平兴国进士,知鄂州崇阳县,累迁荆湖北路转运使。太宗闻其强干,召入朝,擢枢密直学士、同知银台通进封驳司,兼掌三班院。出知益州,参与镇压李顺起义,对蜀民实行怀柔政策,鼓励蜀地士大夫参加科举考试,以稳定统治。真宗时,历御史中丞、同知贡举,出知杭州、永兴军等。归朝后掌三班院,领登闻检院。以疾求外任,知升州,并充升、宣等十州安抚使。再入朝,极论丁谓、王钦若大兴土木,致国库空竭之罪,因遭排挤,出知陈州。有《乖崖先生集》传世。

张勇(1616—1684) 明末清初陕西咸宁(今长安)人,一说陕西洋县人,字非熊。初为明副将,降清授游击。顺治间从孟乔芳转战陕甘,又随洪承畴经略湖广,进军黔滇,晋云南提督。康熙初还镇甘肃。吴三桂、王辅臣叛起,乃授靖逆将军,率部力战,复五府、五十州县,晋封靖逆侯。用人尽其才,所甄拔多起卒伍至大将,赵良栋、王进宝尤为显著。后病死于军中。

张用直(?—1152) 金临潢(今内蒙古巴林左旗)人。初在辽王宗干门下,教其子充与亮(海陵王)学。熙宗天眷二年(1139),赐进士及第。海陵王即位,召为签书宣徽院事、太常卿、太子詹事。天德四年(1152),为贺宋国正旦使,途中卒于汴(今河南开封)。

张余(餘)(?—995) 北宋人。川峡地区农民起义将领。初为李顺部将,淳化五年(994)李顺战死后,率部攻下嘉、戎、泸、渝、涪、忠、万、开八州,乘胜进攻施州和夔州,众至十万。在夔州遭到白继赟、解守颙等部官军的前后夹击,迎战失利,收余部西走,继续反抗。次年,在嘉州(治今四川乐山)被俘杀。

张愉曾 清安徽徽州(今歙县)人,字庭硕。著有《十六国年表》等。

张羽(1333—1385) 明江西九江人,字来仪,号附凤,又作辅凤。元末居吴兴,任安定书院山长。后徙苏州。洪武四年(1371)征至京师,因应对不合帝意,放归。七年任太常寺丞,兼翰林,奉命祭凤阳祖陵。后因事谪岭南,途中投龙江死。文章简洁,清圆浑脱,长于赋诗,善绘山水,为*吴中四杰之一。著有《静居集》。

张禹 ❶(?—前5)西汉河内轵(今河南济源南)人,字子文。后徙莲勺(今陕西蒲城南)。以明经举郡文学。元帝时为博士,授太子《论语》,迁光禄大夫。成帝即位,以帝师赐爵关内侯,任诸吏光禄大夫、给事中、领尚书事。河平四年(前25)为丞相,封安昌侯。鸿嘉元年(前20),因老病辞官,以特进为天子师。朝廷每有大政,必与定议。永始、元延年间,吏民多借灾异讥切外戚王氏专政。因惧触犯王氏,竟谓吏民之言乱道误人,成帝由是不疑王氏。性奢淫,内殖货财,买田多至四百顷,皆泾渭膏腴良田,家财无数。❷(?—113)东汉赵国襄国(今河北邢台)人,字伯达。明帝时举孝廉。章帝建初中,拜扬州刺史。元和二年(85),转兖州刺史。后迁下邳相。因徐县蒲阳坡多良田,乃开水门,通引灌溉,得熟田千余顷,劝课吏民耕种。邻郡贫者归之千余户,室庐相属,其下成市。和帝时,入为大司农,拜太尉。延平元年(106)迁太傅,录尚书事。每朝见,与三公绝席,以示优宠。建言将广成、上林苑囿空地假贫民,邓太后纳之。安帝永初元年(107),以定策功封安乡侯,更拜太尉。后策免。卒于家。

张禹爵(?—1868) 清安徽亳州雉河集(今属涡阳)人,原名张琢,又名张五孩、张五黑。张乐行侄。同治二年(1863)张乐行遇害后,袭爵幼沃王。五年捻军分东西两支,为西捻军,地位仅次于张宗禹,以善战著称。次年为援救东捻军,随张宗禹从陕北东下。七年五月在河北饶阳与清军作战时被杀(一说战死于山东陵县,又一说战死于山东阳信流坡坞庄)。

张玉 ❶(?—1288)元霸州保定(今河北霸州南)人。张荣实子。世祖时袭父职,为诸路水军万户。至元十六年(1279),以都元帅兼水军万户,镇守黄州。二十四年,从侵安南。次年战死。❷(1343—1400)明河南祥符(今开封)人,字世美。元末为枢密知院。洪武十八年(1385)自漠北归附明朝,历官济南卫副千户、安庆卫指挥佥事,改燕山左护卫。数从燕王出征,得其亲任。建文初,力主起兵"靖难",率众夺北平(今北京)九门,擢都指挥佥事。与官军战多首功。东昌之战,为救燕王陷阵,力战而死。追赠都指挥同知,封荣国公,洪熙时加封河间王。

张玉良(?—1861) 清四川巴县(今重庆巴南区)人,字璧田。咸丰元年(1851)从向荣镇压太平军,由游击、副将累升至总兵。十年太平军克杭州,赴援,专办浙江军务。陷杭州,升广西提督。四月太平军第二次击溃江南大营,奉命节制溃军。十一年太平军再攻杭州,被击毙。

张玉书(1642—1711) 清江南丹徒(今属江苏)人,字素存,号润甫。顺治进士。康熙二十二年(1683)官翰林院掌院学士。二十六年升刑部尚书,次年调礼部,二十九年拜文华殿大学士兼户部尚书。三十五年,圣祖征噶尔丹,参预机要。四十年侍从南巡,试江南士子。任大学士二十年,久任机务,为圣祖所重。后病卒。著作有《张文贞集》。

张育(?—374) 十六国时蜀郡(治今四川成都)人。前秦建元十年(374)五月,与杨光起兵反秦,向东晋称臣请援。称蜀王,巴僚酋帅举兵相应,进围成都,建元黑龙。旋与巴僚帅张重等争权内讧,为秦将邓羌、杨安各个击破。退屯绵竹(今四川德阳东北)。至九月败亡。

张预 宋东光(今属河北)人,字公立。隐居不仕，善谈兵。尝览历代史书，发现古今将帅用兵无不与孙武兵书相合，因费数年之功，取古良将百人，撰《百将传》，今仅存辑本。

张遇(?—353) 或作张道、冉遇。晋人。原为冉魏豫州牧。永和七年(351)，以许昌(今属河南)等城降晋安西将军谢尚，拜镇西将军。尚不能抚绥，遂叛，命其部将据洛阳，攻仓垣，使北伐晋军不得进。后为前秦苻雄所俘，以为征东大将军、豫州牧。其继母被苻健纳为昭仪，屡于众中呼之为假子。因不堪其辱谋袭健，事觉，被杀。

张遇贤(?—943) 五代时南汉循州博罗(今属广东)人。初为县吏。光天元年(942)，被农民起义军各部推为中天大(八)国王，年号永乐，署置百官，发兵数万，攻潮、惠二州，败南汉循王刘宏杲军。二年，越大庾岭至南唐虔州(今江西赣州)，众至十万，连克诸县，屡败南唐官兵。曾于白云洞建造宫室营署。后被南唐边镐、严恩所率兵围攻，部将叛变，被执至金陵，遇害。

张裕酿酒公司 商办企业。清光绪二十一年(1895)由华侨张振勋和张应东创办于山东烟台。资本为一百万元。三十三年改为股份公司，资本增至一百六十万元。

张裕钊(1823—1894) 清末湖北武昌(今武汉)人，字濂卿，一作廉卿。道光举人。官内阁中书，历主江宁、湖北等地书院。曾师事曾国藩，与黎庶昌、吴汝纶、薛福成称“曾门四弟子”。通经史，善训诂，精研书法，以散文著称。有《濂亭文集》及续集、诗集等。

张渊 北魏人。初事前秦苻坚，曾劝坚勿攻晋。又仕后秦灵台令。后入夏任太史令。北魏太武帝平夏统万(今陕西靖边东北白城子)，入魏为太史令，数被访问。神䴥二年(429)，以占候不利说帝勿攻柔然，群臣共赞之，惟司徒崔浩异议，太武帝从浩议，大破柔然。后为骠骑军谋祭酒。著有《观象赋》，言星文甚备。

张元(?—1044) 北宋华州(今陕西华县)人。与友吴昊累举进士不第，于景祐四年(1037)投奔西夏。与吴分拆元昊之名以为己名，得见元昊，被任用。西夏天授礼法延祚四年(1041)，官至国相、太师、中书令。常参与机密，为元昊建结辽抗宋之策。夏宋好水川、定川砦等战役中从战有功。后病死。

张元干(幹)(1091—约1175) 宋福州长乐(今属福建)人，字仲宗，号芦川老隐。靖康元年(1126)李纲任亲征行营使，抗击金军，他为属官。南渡后，秦桧当权。耻与奸佞同朝，弃官归。以词名。绍兴中，因作《贺新郎》词送胡铨而激怒秦桧，被除名。著有《归来集》、《芦川词》，语多慷慨悲愤。

张元素 金易州(今河北易县)人，字洁古。试进士不第，去而学医。认为“运气不齐，古今异轨”，治病不用古方，用药依准四时阴阳增损，颇著效验。著有《病机气宜保命集》。

张园拒俄会议 清光绪二十九年(1903)沙俄拒不按约从中国东北撤兵，反而提出七项新要求，企图永久霸占东北。四月初一日(4.27)由汪康年等发起，上海绅商学各界千余人集会张园，数十人即席演说，并致电清政府外务部和各国外交部，谴责沙俄侵略罪行。

张愿 东晋人。原为晋泰山太守。太元十一年(386)，以郡降丁零翟辽。十五年，彭城太守刘牢之进平泰山(今山东泰安东)，败翟辽于滑台(今河南滑县)，被俘，遂降。

张说 ❶(667—731)唐河南洛阳人，字道济，又字说之。武则天时，对策贤良方正，署乙等，授太子校书郎。预修《三教珠英》，擢凤阁舍人。张易之诬魏元忠谋反，他为元忠辨诬，坐流钦州。中宗立，召为兵部侍郎，加弘文馆学士。景云二年(711)，进中书侍郎、同平章事，兼修国史。玄宗即位，以先请讨太平公主功，任中书令，封燕国公。开元七年(719)，检校并州大都督府长史，兼天平军大使，慰抚九姓同罗、拔曳固等部落，以安北边。九年，任兵部尚书。次年，为朔方军节度使，移河曲六州胡五万余口，配河南诸州，以空朔方边地。以时无强敌，请罢缘边戍兵二十余万还农，又以当番卫士贫弱逃亡，建策罢府兵番上，另召募壮士以充宿卫，后称“彍骑”。十三年，为右丞相兼中书令，集贤院学士，知院事。反对宇文融括户，诏令致仕。十八年，复任尚书左丞相。文冠一时，亦能诗，时朝廷重要文诰多出其手，与许国公苏颋并称“燕许大手笔”。有《张燕公集》(一称《张说之文集》)二十五卷。❷(?—1180)宋开封(今属河南)人。娶寿圣皇后女弟，累迁知閤门事。乾道初，为枢密都承旨，加明州观察使。七年(1171)，为签书枢密院事，同知枢密院事刘珙耻与之同命，朝论亦哗然不平。改任安庆军节度使，提举万寿观。次年，复召为签书枢密事，又遭官员反对而出任江西转运判官。淳熙元年(1174)孝宗察其欺罔，罢为太尉，提举玉隆宫。又以奸赃被劾，降为明州观察使，责居抚州卒。

张说之文集 别集名。唐张说撰。三十卷。有影宋蜀刻本。通行的《四部丛刊》影印明嘉靖间龙池草堂刻本，仅二十五卷，缺末五卷。清仁和朱氏《结一庐丛书》本作二十五卷补遗五卷。《四库全书》本改题《张燕公集》，二十五卷，但已重加编次，有《武英殿聚珍版书》本。

张云 唐人，字景之，一字瑞卿。曾任起居舍人，后出为剑南西川成都府少尹。咸通十一年(870)南诏大举进围成都城，被唐军民奋起击退。他撰《咸通解围录》，记述其经过。

张允随(1693—1751) 清汉军镶黄旗人，字觐臣，号时斋。康熙末以赀入官。雍正初擢楚雄知府，为总督鄂尔泰所赏识。曾主持云南铜厂事务，整顿旧矿，复开新矿，铜产大增，足供铸钱之用，因而停购洋铜。旋授云南巡抚。乾隆二年(1737)署云南总督，后授云贵总督。在滇二十余年，时值改土归流之后，留心吏治，立学校，设教职，曾疏浚金沙江千余里，开浚洱海出口。十五年入京，晋东阁大学士。

张载 ❶西晋安平武邑(今属河北)人，字孟阳。

博学有文才，与弟协、亢同称“三张”。太康初，至蜀省父，道经剑阁，著铭诫蜀人。益州刺史张敏表上其文，武帝遣使刻于剑阁山。又为《榷论》、《濛汜赋》，司隶校尉傅玄见而为之延誉，遂知名。起家佐著作郎，出补肥乡令，迁乐安相、弘农太守。长沙王乂请为记室督。拜中书侍郎，复领著作。见世方乱，乃称疾告归，卒于家。原有集行世，今存明辑本《张孟阳集》。❷(1020—1078)北宋凤翔郿县(今陕西眉县)横渠镇人，字子厚，世称横渠先生。嘉祐进士。任签书渭州判官公事，协助渭州军帅蔡挺筹划边防。熙宁二年(1069)为崇文院校书。次年，因病屏居，读书讲学。十年同知太常礼院，复以病归。岁末卒。嘉定中谥“明”。少喜谈兵，曾欲结客收复洮西失地。博览群书，其学以《易》为宗，以《中庸》为体，以孔、孟为法。认为世界万物的一切存在和一切现象都是“气”，即“太虚”，主张“理在气中”。又认为只有“德性之知”才能认识“天下之物”。讲学关中，故其学派称为“关学”。著有《正蒙》、《横渠易说》、《经学理窟》、《张子语录》、文集等，后人编为《张子全书》(《张载集》)。

张瓒(1473—1542) 明河间沧州(今属河北)人，居京城，字廷献。弘治进士，授吏科给事中，改兵科都给事中，督两广军务。依附郭勋，又因状貌称世宗意，嘉靖十四年(1535)官至兵部尚书。卖官鬻职，颇多劣迹。卒于任。

张璪 ❶一作张藻。唐吴郡(治今江苏苏州)人，字文通。代宗、德宗时，为检校祠部员外郎、盐铁判官。坐事贬衡州司马，移忠州。工画树石山水。尝画松，以手握两笔齐下，一为枯枝，一为生枝，气傲烟霞，势凌风雨。其画山水，则高低秀逸，咫尺重深，石尖欲落，泉喷如吼。自云其画得之“外师造化，中得心源”。著有《绘境》，言画之要诀，已佚。作品有《松石图》、《松竹高僧图》等。❷(?—1093)北宋滁州全椒(今属安徽)人，初名琥，字邃明。张洎孙。嘉祐进士。初为缙云令。熙宁中，王安石执政，引入同编修中书条例，未几除集贤校理，数月间骤迁知谏院、直舍人院、同修起居注。历知蔡州、判司农寺、知河阳。元丰初，权度支副使，进知制诰、知谏院，判国子监。元丰四年(1081)，自翰林学士拜参知政事，次年改中书侍郎。哲宗即位，台谏交攻他党附王安石、吕惠卿等，并数起大狱，陷冯京、苏轼。遂于元祐元年(1086)罢知郑州，徙河南、定州、大名、扬州。

张藻 即“张璪”。

张择端 宋密州诸城(今属山东)人，字正道。少时游学汴京。后习绘画，尤工界画，别成一家。徽宗时，作有《清明上河图》卷。图中城郭、市肆、桥梁、街道之远近高下，草树、马牛、驴驼之大小出没，居者、行者、舟车之往还先后，皆曲尽其态。此画今存，为稀世珍品，系研究宋代都市生活以及建筑、绘画等绝好材料。

张曾敭(1852—1920) 清末民初直隶南皮(今属河北)人，字小帆。清同治进士。历任福建盐法道、广西布政使、山西巡抚等职。光绪三十一年(1905)调任浙江巡抚。三十三年派绍兴知府贵福率兵包围大通学堂，捕杀秋瑾，舆论哗然。清廷将其连续调任江苏、山西，仍难平民愤。后忧惧成疾，辞官回籍。

张湛 ❶东晋高平(治今山东金乡西北)人，字处度。官至中书侍郎、光禄勋。其思想倾向于玄学中的向秀、郭象一派，兼取何晏、王弼之说，并袭取佛教的教义，提出“至无者，故能为万变之宗主也”。并谓“谓之生者，则不无；无者，则不生。……则有何由而生？忽尔而自生。忽尔而自生，而不知其所以生，不知所以生，生则本同于无”(《列子·天瑞篇注》)。以“无”为群生万变的根由。认为“生必由理，形必由生”，以“理”为群生万变的规律。宣称“理”无“生死”、“乐恶”、“爱憎”、“亲疏”、“逆顺”、“利害”(见《列子·黄帝篇注》)，若违反自然之性，“封殖财货，树立权党，终身欣玩”(《列子·天瑞篇注》)而不知自悟，皆乖背“天理”之必然，亦与儒家名教不合。在一定程度上表现出对现实“浊世”的不满与不安。知医能医。永嘉之乱避难江南时，得《列子》多卷，参校有无，始得全备。著有《列子注》、《养生要集》。❷北魏敦煌渊泉(今甘肃安西东)人，字子然，一字仲玄。为河西著姓。先事北凉沮渠蒙逊，为兵部尚书。后入北魏，赐爵南浦男。深为司徒崔浩所识，常给其衣食，荐为中书侍郎，固辞。及浩被杀，乃闭门却扫，庆吊皆绝，屡征不赴，卒于家。

张钊(?—1852) 清广东鹤山人。绰号大头羊。早年加入三合会，活动于广西浔、柳江上。道光三十年(1850)赴金田参加拜上帝会，旋叛变降清，助清军夹击太平军。咸丰二年(1852)被两广总督徐广缙处死。

张昭(156—236) 三国时彭城(治今江苏徐州)人，字子布。察孝廉，徐州刺史陶谦举茂才，皆不就。东汉末年，避乱渡江。孙策创业，命为长史、抚军中郎将，文武之事，一以委之。策卒，受遗命辅立孙权。赤壁之战前，曹操挟天子以征四方，势众，因言不如迎之。权不从，责其只顾妻子，挟持私虑，深失所望。后议置丞相，众议举之，权终不用。权称帝后，以老病，上还官位及所统领，更拜辅吴将军，改封娄侯。辽东太守公孙渊向吴称藩，因反对遣使辽东，与权反复辩论，权不纳，乃称疾不朝。卒谥文侯。著有《春秋左氏传解》、《论语注》，今佚。

张昭远 五代时濮州范县(今河南范县东南)人，字潜夫。因避后汉高祖(刘知远)讳，改名昭。曾预修《旧唐书》及《后唐庄宗实录》、《后唐明宗实录》，著有《纪年录》、《武皇以来功臣列传》。入宋，为吏部尚书。著有《名臣事迹》。

张兆栋(1820—1887) 清山东潍县(今潍坊)人，字伯隆，自号友山。道光进士。同治元年(1862)任陕西凤翔知府，镇压陕甘回民起义军。后授四川按察使。四年迁广东布政使。九年擢漕运总督。十一年调广东巡抚，后兼摄两广总督。光绪七年(1881)任福建巡抚。十年中法战起，曲意奉迎会办海疆事宜大臣张佩纶，怯懦而不主事。后兼署闽浙总督，旋因清廷追究马尾海战失败责任而被革职。

张炤(1225—1288) 元济南(今属山东)人，字彦明。初为小吏，中统元年(1260)升中书省掾、右司提控案牍。至元十一年(1274)，任淮西等路行中书省左右司郎中，为攻宋瓜洲、镇江元军输送粮食、战具。十三年，从阿术攻扬州有功，升扬州路总管府达鲁花赤，商议行中书省事。后历任镇江路总管府达鲁花赤、东昌路总管等职。

张照(1691—1745) 清江苏娄县(今上海松江区)人，字得天，号泾南，自号天瓶居士。康熙进士。雍正十一年(1733)授左都御史，署刑部尚书。十三年，贵州苗民事起，擢抚定苗疆大臣，入黔办理苗疆事务，否定"改土归流"政策，首倡弃地之议。后因旷日无功，罢黜下狱。乾隆二年(1737)，复起内阁学士、南书房行走。七年进刑部尚书。十年，奔父丧，卒于途。以书法知名，著有《天瓶斋书画题跋》；兼善音律，升平署宫廷大戏剧本多出其手。

张振武(1877—1912) 清末湖北竹山人，原名尧鑫，字春山。湖北省立师范学校毕业，后在武昌黄鹤楼道小学任教。宣统元年(1909)参加共进会，负责财务。后参加武昌起义，被推为湖北军政府军务部副部长。后参与组织民社。1912年被袁世凯任为东北屯垦使。旋黎元洪勾结袁世凯，将他杀害于北京。

张振勋(1840—1916) 清末民初广东大埔人，字弼士，号肇燮。咸丰六年(1856)赴荷属巴达维亚(今印尼雅加达)学徒佣工为生。同治五年(1866)起在南洋各地经营种植园，并开办矿业、轮船公司及日丽银行。在国内投资广厦铁路公司、广西三岔银矿公司、惠州福惠玻璃厂等，以烟台张裕酿酒公司最为著名。光绪十六年(1890)奉派为清政府驻槟榔屿首任领事。二十一年升任新加坡总领事。三十一年获赏头品顶戴，补授太仆寺正卿，并派为商部考察外埠商务大臣。宣统二年(1910)任全国商会联合会会长。辛亥革命后曾任华侨联合会名誉会长、全国商会联合会会长。后死于巴达维亚。

张镇芳(1863—1933) 清末民初河南项城人，字馨庵。袁世凯表弟。清光绪进士。历任天津道、长芦盐运使、湖南提法使、署直隶总督等职。民国成立后，任河南都督兼民政长。1915年支持袁世凯复辟帝制，与朱启钤等同被列为"七凶"。1917年参与张勋复辟，任内阁议政大臣、度支部尚书，复辟失败后被捕。1918年获释，在天津任盐业银行董事、董事长。后病死。

张镇州 一作张镇周。隋同安(治今安徽潜山)人。任朝请大夫。大业五年(609)，炀帝遣朱宽招抚流求(今台湾)被拒，他受命与陈稜率东阳郡(治今浙江金华)兵万余人，自义安(今广东潮州)渡海击之，俘万余人而归。次年，献俘于洛阳，以功进金紫光禄大夫。十三年，任左屯卫将军，率军镇压李通德起义军。

张正见 南朝陈清河东武城(今河北清河东北)人，字见赜。幼好学，有清才。梁太清初，射策高第，除邵陵王国左常侍。元帝即位，授通直散骑侍郎，迁彭泽令。以时丧乱，避地匡俗山。陈初还建康，为撰史著士，累官至尚书度支郎。太建中卒，年四十九。善五言诗，有集十四卷。

张正谟(1762—1796) 清湖北宜都人。初习白莲教。嘉庆元年(1796)，与聂杰人于宜都洋郑畈聚众起义，众至万余人。旋率众据守枝江灌湾脑，与清军相持数月。后遭清兵围攻，出降，解至京师被杀。

张之洞(1837—1909) 清直隶南皮(今属河北)人，字孝达，号香涛，晚号抱冰。同治进士。授编修，历任翰林院侍讲学士、内阁学士、四川学政。与宝廷、陈宝琛、张佩纶纠弹时政，号为清流。光绪七年(1881)授山西巡抚。十年升两广总督。中法战争中起用冯子材，在广西边境击败法军。曾设广东水陆师学堂、矿务局，立广雅书院，以图自强。十五年调湖广总督，开办汉阳铁厂和湖北枪炮厂，设织布、纺纱、缫丝、制麻四局，创办两湖书院，筹办芦汉铁路。中日甲午战争时代任两江总督兼江宁将军，巡阅江防，购新式炮，筑西式炮台，编练江南自强军，广设武备、农工商、铁路、方言、军医学堂，主张改革科举。《马关条约》签订后，以约文许日人在中国设厂，劝江苏二状元张謇、陆润庠兴办实业。二十一年列名北京、上海强学会，后授意查禁上海强学会和《强学报》，回任湖广总督。二十四年在《劝学篇》中提出了"旧学为体，新学为用"。义和团运动时期，与两江总督刘坤一等倡"东南互保"，镇压反洋教斗争及自立军起义。二十七年与刘坤一上变法三疏多被采纳。次年充督办商务大臣、署两江总督。二十九年任经济特科阅卷大臣，厘定大学堂章程。三十二年晋协办大学士，擢体仁阁大学士，授军机大臣兼管学部。后督办粤汉铁路，充实录馆总裁官。有《张文襄公全集》。

张之万(1811—1897) 清直隶南皮(今属河北)人，字子青。道光状元。累迁詹事府詹事兼工部左侍郎。咸丰十一年(1861)与醇亲王奕譞等支持祺祥政变，擢兵部左侍郎兼工部左侍郎，旋迁内阁学士。同治元年(1862)偕太常寺卿彭寿等，辑前代帝王及垂帘事迹可为法戒者上之，赐名《治平宝鉴》。是年，以河南巡抚督师镇压捻军起义。三年迁河道总督。九年任江苏巡抚，次年补闽浙总督。后任兵部尚书，调刑部。光绪十年(1884)入赞军机处兼权吏部。后拜体仁阁大学士、东阁大学士。二十年免职。精绘画。有《张文达公遗集》。

张知白(?—1028) 北宋沧州清池(今河北沧州东南)人，字用晦。端拱进士。历知剑州、判三司开拆司、权管勾京东转运使事、知审官院等，再迁尚书工部郎中。曾建议选台阁官出任州郡，以矫任官重内轻外之弊，并自请外任，出知青州。大中祥符九年(1016)为参知政事。因议论与王钦若不合，辞位，出知大名府，徙南京留守，复知亳州。仁宗即位，召为枢密副使。天圣三年(1025)拜相，卒于位。

张知謇 唐岐州(治今陕西凤翔)人，字匪躬。弟兄五人励志读书，皆以明经擢第。调露时，为监察御史里行。武则天时,历任房、贝等十一州刺史,为政威严,人不敢犯。曾入朝,则天以才貌两绝称之。中宗被废为庐陵王,安置房州,他加以保护。神龙元年(705),中宗复位,擢为左卫将军,封范阳郡公。以大理卿致仕。从政不喜请托求进,子侄经义不精不许论举。开元中卒,年八十。

张直方(?—881)　唐范阳(今北京西南)人。张仲武子。大中三年(849),以副使袭位。行为不法,军中将乱,托言出猎,举族逃奔京师,授金吾大将军。后进检校尚书右仆射。以罪累贬康州司马。咸通中,为左金吾卫大将军。广明元年(880)底黄巢进军长安,佯迎于灞上,暗中招纳亡命,收罗公卿贵戚,谋劫杀黄巢。事泄,被起义军处死。

张至发(?—1642)　明山东淄川(今淄博西南)人,字圣鹊,号宪松。万历进士。历玉田、遵化知县。迁礼部主事,改御史,巡按河南、应天。万历四十三年(1615)以病归。天启元年(1621)进大理寺丞,后避党争去职。崇祯五年(1632),起任顺天府丞,进光禄卿。八年,迁礼部左侍郎兼东阁大学士。十年任首辅。次年遭劾致仕。卒于家。

张志和(约743—约810)　唐婺州金华(今属浙江)人,字子同,初名龟龄,号玄真子。肃宗时明经及第。待诏翰林,授左金吾卫录事参军。坐事贬南浦尉。遇赦还,不复仕,放浪江湖以终。自号烟波钓徒。著《玄真子》三卷,有《知不足斋丛书》、《丛书集成》本。能绘画、击鼓、吹笛,善歌词。作品多写隐居闲散生活。《渔父》词五首,描写景物生动,为其仅存之词。《全唐诗》存诗词九首。

张制军年谱　书名。清张祖祐编,林绍年订正。二卷。张亮基年谱。系谱主之孙据其自订谱稿纂辑而成。起嘉庆十二年(1807),迄同治十年(1871)。记张氏镇压回民起义、太平军、苗教起义文字颇多;另记当时清朝统治集团内部矛盾事亦不少。谱后附行状、事略、家传、墓志铭等多篇。有光绪三十一年(1905)家刊本。

张质(944—1017)　北宋博州高唐(今属山东)人,字守朴。太祖时在枢密院兵房为吏,为赵普、曹彬所知。供职枢密院达五十年,历兵房副都承旨、枢密副都承旨、都承旨等。以办事精敏、廉谨,熟悉从五代到宋初军籍更易之制,为真宗所赏识,每出巡幸,多用为随从官,委以护卫等要务。

张治(1488—1550)　明湖广茶陵(今属湖南)人,字文邦,号龙湖。正德进士。累官南京礼部尚书。嘉靖二十八年(1549)以礼部尚书入阁。因不满辅臣撰写青词媚主,忧郁而死。著有《龙湖文集》。

张致(?—1216)　金锦州(今属辽宁)人。元太祖九年(1214),与兄张鲸降蒙古。鲸被杀,据锦州反,称汉兴皇帝,改元兴龙。募养敢死士,号黑军,攻占平州(今河北卢龙)、滦州(今河北滦县)、瑞州(今辽宁绥中西南)、利州(今辽宁喀喇沁左翼蒙古族自治县)、义州(今辽宁义县)、懿州(今辽宁彰武西)及广宁府(治今辽宁北宁)等地。十一年春,陷兴中府(今辽宁朝阳)。不久,败于蒙古木华黎军,困守锦州,为部将高益缚送蒙古军前,被处死。

张致远(1090—1147)　宋南剑州沙县(今属福建)人,字子猷。宣和进士。南渡初,因宰相范宗尹荐,擢枢密院计议官。绍兴四年(1134),除殿中侍御史。金兵与伪齐分道南下时,力赞宰相赵鼎劝高宗亲征之议。累官户部侍郎、给事中,以显谟阁侍制致仕。曾屡次上书,建言国家财政应"量入为出,先务省节,次及经理","明禁僭侈,自宫禁始"。言论风旨,多有可观。

张中孚　宋张义堡(今宁夏固原西南)人,先世居安定。字信甫。以父达荫补承节郎。屡从吴玠、张浚拒金兵,累官知镇戎军兼安抚使。富平败后,叛降金朝,为金镇洮军节度使、知渭州,兼泾原路经略安抚使。绍兴九年(1139),金以河南、陕西归宋,乃入朝为检校少傅。完颜宗弼(兀术)再取河南、陕西,移文征中孚等,复仕金朝为参知政事,贞元初,迁尚书左丞。卒年五十九。

张中彦　宋张义堡(今宁夏固原西南)人,字才甫。其父仕宋,封庆国公,在宋金战争中战死。少时以父荫为宋将,后降金,累官至吏部尚书,封宋国公。精于土木工程,颇具智巧。正隆时,汴京(今河南开封)营建新宫殿,负责采运关中材木。时青峰山巨木最多,但高深阻绝,唐宋以来均无法采运,乃令人建长桥十余里,以车运木,若行平地。又开六盘山水洛之路,以通汴京。其后负责在黄河上架设浮桥。亲自制作船模,长仅数寸,不假胶漆而艏艉自相钩带,称为"鼓子卯",诸匠骇服,仿照制造。架桥所用巨舰造成,命筑斜坡,又取新秫密布于斜坡,用大木固定,凌晨时乘霜滑拖曳入河,节省大量工役,为船舶下水工艺的一大创新。

张忠　明顺天霸州(今属河北)人。正德时任御马监太监,侍武宗于豹房,与张雄、张锐并称"三张"。正德九年(1514),监督宣(府)大(同)军务,私通宁王宸濠。宁王反,劝帝亲征。嘉靖初,谪孝陵卫充军。

张忠武公事录　书名。清陈庆年辑。四卷。光绪二十一年(1895)刘绍臣谋建前江南提督张国樑祠,以编其事迹属陈氏,历五年而成此录。有谕旨、奏疏、传记、歌咏等。张国樑与太平军作战始末及其交游大抵悉备。有光绪三十二年刊本。

张忠志　即"李宝臣"。

张钟(鍾)端(1881—1911)　清末河南许州(今许昌)人,字裕厚。光绪三十一年(1905)留学日本,肄业于中央大学,不久加入同盟会。三十三年与刘积学等在东京创办《河南》杂志,宣传西方政治思想学说,鼓吹革命。宣统三年(1911)归国。武昌起义后,与黎元洪规划方略,并亲至豫东归德等地策动仁义会(又称"哥老会")谋响应。不久返开封,与王庚先等组织秘密机关,被推为河南都督(一说河南军政府总司令兼参谋长),准备发动起义,事泄被捕牺牲。

张仲方(766—837)　唐韶州始兴(今属广东)人。贞元进士,又第宏词科。累历御史、郎官。元和中,为金州刺史,三次上疏言宦人夺金州民田事。入为度支郎中。以忤宪宗意,贬遂州司马,迁河东少尹、郑州刺史。敬宗即位,宰相李程以同年进士召为右谏议大夫。时诏淮南破巨费造竞渡船,苦谏乃减之。文宗时,历福建观察使、京兆尹、华州刺史,终秘书监。有集三十卷,已佚。

张仲景 东汉南郡涅阳(今河南南阳)人,名机。少时有志研究岐黄之学,即从同郡张伯祖学医,由于刻苦钻研,深入堂奥,终成著名医学家,有“医圣”之称。据传曾任长沙太守。当时瘟疫流行,即辞去官职,立业行医。“勤求古训,博采众方”,参考《素问》、《八十一难经》、《阴阳大论》及《胎胪药录》等书,并结合当代医家及自己长期积累的医疗经验,著成《伤寒杂病论》十六卷,原本已佚。该书经后人整理为《伤寒论》和《金匮要略》两部。前者以“六经”辨证,专述外感热病;后者以脏腑辨证,广涉各种杂病。他的医学著作确立了中医学辨证施治的法则,丰富了祖国医学的理论和治法,并明确提出了包括理、法、方、药在内的一整套诊治原则,使其基础理论和临床实践密切结合起来,从而为后世临证医学的发展奠定了基础,成为中医的古典名著。另有医书数种,均佚。

张仲武(?—849) 唐范阳(今北京西南)人。少习《左传》,投笔从戎,为雄武军使。会昌元年(841),卢龙军乱,起兵平乱。次年,定幽州,遂为节度使。回鹘扰境,遣将兵大破之,加兼东面招抚回鹘使,又败回鹘于五原(今陕西定边),回鹘遂衰。大中初,攻破奚部,累加检校司徒、同平章事。

张仲瑀 北魏清河东武城(今河北清河东北)人。张彝次子。初为司空祭酒、给事中。神龟二年(519),上书求铨别选格,排抑武人,使不预清品,为羽林虎贲不满。屋宇被焚,父被捶辱几死,已亦负伤,后走避荥阳(今属河南)。胡太后于闹事羽林中收凶强者八人杀之。伤愈奔父丧,诏赐布帛千匹。

张胄玄 隋渤海蓨县(今河北景县)人。初授云骑尉,参议律历。开皇十四年(594)经校验知《开皇历》错误甚多,参加制定新历,将刘孝孙遗稿稍作修改,删去定朔法,于十七年颁行。仁寿四年(604),刘焯献《皇极历》,因他与太史令袁充反对,未得施行。大业四年(608),又据刘焯意见修订新历,名《大业历》。次年,颁行。官至员外散骑侍郎,兼太史令。

张竹君(1879—?) 广东番禺人。毕业于广州夏葛女医学堂,创建禔福、南福两医院,并组织演说会,抨击清政府,宣传维新思想。清光绪三十年(1904)到上海,创办医院多所。武昌起义爆发后,发起成立中国赤十字会,组织救伤队,随黄兴至汉口。民国成立后,仍返上海行医。

张翥(1287—1368) 元晋宁(今山西临汾)人,字仲举,号蜕庵先生。父为吏,随元军攻宋,留居江南。他从安仁儒者李存研习陆九渊之学;又从杭州仇远学诗。延祐间北返故里,应试不中。至正初,被召为国子助教,寻退居淮东。复起为翰林国史院编修官,预修辽、金、宋三史。官翰林侍读兼国子祭酒。至正末,以河南行省平章政事致仕。有《蜕庵集》。

张鷟(约658—约730) 唐深州陆泽(今河北深州西南)人,字文成,自号浮休子。幼聪敏,博览群书。上元进士。人称其“文辞犹青铜钱,万选万中”,时号青钱学士。长安初,官御史。开元初,因讥讽时弊,贬岭南,入为司门员外郎。属文敏速,才名远播。时新罗、日本使至,必以重金购求其文。撰笔记《朝野佥载》、判牍《龙筋凤髓判》、传奇《游仙窟》等。

张谘(谘) 十六国时人。曾任前燕右仆射。著有《凉记》。

张资禄 即“女奚烈资禄”。

张镃(1153—?) 南宋临安(今浙江杭州)人,先世居成纪(今甘肃天水)。字功父,一字时可,号约斋。张俊之后。累官承事郎、直秘阁、权通判临安府事。开禧三年(1207),为左司郎官,参与谋诛韩侂胄。嫌赏薄,复与宰相史弥远忤,贬死象台(今广西象州)。有诗名,广交游。建宅南湖,其园池声色服玩之丽甲天下。著有《南湖集》等。

张子 书名。战国魏张仪撰。《汉书·艺文志》著录十篇,列于纵横家。《隋书·经籍志》已不载。久佚。

张子房 即“张良”。

张子和(约1156—1228) 金睢州考城(今河南兰考东)人,名从正,以字行,号戴人。名医。法宗刘完素,用寒凉剂,多有成效,尤善“汗、下、吐”三法。兴定中召补太医,辞去。著有《儒门事亲》等。

张子良(1194—1271) 金涿州范阳(今河北涿州)人,字汉臣。金末募兵守乡里,后受任总管陕西东路兵马,守宿州。元太宗十年(1238),降蒙古,为东路都总帅,升京东路行尚书省兼都总帅。宪宗、世祖时,历任归德府总管、泗州军民总管、大名路总管兼府尹等职。

张子麟(1459—1546) 明真定藁城(今属河北)人,字元瑞,号恒山。成化进士。历官大理事评事、河南布政使等。正德七年(1512)官至刑部尚书。颇通嬖幸与钱宁等朋比。嘉靖元年(1522)致仕。后病死。

张子全书 书名。北宋张载撰。十五卷(内附录一卷)。明万历间沈自彰将传世之张氏《西铭》、《正蒙》、《经学理窟》、《易说》、《语录抄》、《文集抄》汇集,又采宋、元学者论述及行状编纂而成。1978年中华书局以沈刻为底本,增补材料,调整篇目编次,并校点,题为《张载集》。其中《正蒙》为概述其一生哲学言论之精华,《易说》阐发其哲学学说,《经学理窟》等反映其政治、经济、伦理思想。有朱熹注本(清康熙朱轼刊本)。

张子信 北齐河内(治今河南沁阳)人。学艺博通,少以医术知名,尤精历数。北魏末,因避葛荣之乱隐居海岛。积三十余年以浑仪观测日月五星的运行,发现了太阳、行星视运动的不均匀性和视差对交食的影响。

张子正蒙注 书名。明末清初王夫之撰。九卷。《正蒙》为北宋张载所著。作者通过对《正蒙》的逐篇注释,表彰张学,以与程朱、陆王之学相颉颃。认为“张子之学,上承孔孟之志,下救来兹之失”(《序论》)。对张载“虚空即气”之说阐发精粹,独抒心得,多为后人所继承。收入《船山遗书》。

张自聪(约1619—1674) 一作张志聪。清浙江钱塘(今杭州)人,字隐庵。博览群书,穷研医理。建侣山堂于杭州胥山,讲论医学,从学者甚众。著有《素问集注》、《灵枢集注》、《伤寒论集注》、《针灸秘传》等。

张自勋 明宜春(今属江西)人,字卓庵。竭一生之力,于《通鉴纲目》进行增益、更改、删除。著有《纲目续麟》、《廿一史独断》、《卓庵心书》等。

张宗(?—59) 东汉初南阳鲁阳(今河南鲁山)人,字诸君。新莽末,曾以乡佐率民起兵反莽。后至长安,为更始偏将军。及东汉大司徒邓禹定洛阳,遂归之。先后任偏将军、京辅都尉。将突骑与征西大将军冯异击破关中诸营保,迁河南都尉。后历位太中大夫、谒者,琅邪相等职。为政严猛。卒于官。

张宗苍(1686—1756) 清江苏吴县(今苏州)人,字默存,号篁村,晚号瘦竹。善画山水,师承黄鼎,用笔沉着。乾隆十六年(1751),高宗南巡至苏州,进呈吴中十六景画册。高宗命入都,侍奉内廷。十九年授户部主事,时年将七十,次年以老告归,卒于家。

张宗颜(1096—1139) 宋延安(今属陕西)人,字希贤。以父荫补官。张俊选为部将。建炎二年(1128),随俊平秀州军校叛变,以功迁御前中军统制。后守明州,破金前军。绍兴元年(1131),讨叛将李成,迁神武右军统制。六年,伪齐犯淮,合杨沂中兵于藕塘,大败之,擢龙神卫四厢都指挥使。卒于知庐州任。

张宗演(?—1292) 元信州贵溪(今属江西)人,字世传,号简斋。龙虎山正一道第三十六代天师。至元十三年(1276),奉召至大都(今北京),受命主领江南道教。十八年、二十五年再次入觐。卒,其子与棣嗣,为三十七代宗师。

张宗禹 清安徽亳州雉河集(今属涡阳)人。别号"小阎王"。张乐行族侄。咸丰三年(1853)参加捻军起义,五年参加捻军雉河集会盟,领镶黄旗。七年捻军接受太平天国领导,十年后封梁王,转战豫、陕间。同治三年(1864)天京(今南京)失陷,与任化邦率捻军同太平军赖文光部会合,推赖为首领,坚持抗清。四年在山东歼灭僧格林沁所部骑兵。五年捻军分东西两支,与张禹爵等率西捻军入陕,在西安灞桥十里坡歼灭湘军三十营,击毙清提督萧德扬等,克陕北绥德、延川等城。六年底为援助东捻军率军东下,七年经山西、直隶,进入山东,被清军围困于黄河、运河、徒骇河之间。六月所部在茌平南镇被清军击溃,投徒骇河不知所终。

张作楠 清浙江金华人,字丹邨。初任处州府学教授,历太仓州至徐州知府。后辞官归。平生笃好西洋历算,在职时不好应酬,谓与其虚费时日,不如以薄俸招工匠制仪器、刻算书,于学有益。著书甚多,以《翠微山房算学丛书》为代表。

张祚(?—355) 十六国时前凉主。公元354—355年在位。字太伯。凉州牧张骏庶长子。与宠臣赵长等废张耀灵,自称凉州牧、凉公,寻称帝,不奉晋建兴年号,改元和平。残虐不道,置五都尉,司人奸过,百姓怨愤。河州刺史张瓘与宋混起兵讨之,被杀。追谥威王。

张庫(?—前292) 战国时燕将。一名魁。齐湣王七年(前293),兴兵伐宋,燕昭王佯为屈从齐国,派他率燕军助攻。次年,为齐湣王所杀。

章 ❶历法名词。冬至和朔旦连续两次同日同时相合的周期称为一章。例如,古六历以十九年为章,章有七闰。冬至、朔旦再次相合的时刻就是新的一章开始的章首。每一年有十二个中气,称为岁中。一章共二百二十八个中气,名为章中。一章共二百三十五个月,称为章月。以十九年七闰为闰法,则称十九年为章岁。而七个闰月则称章闰。北凉玄始元年(412),赵𢾺编《元始历》,采用六百年中设二百二十一个闰月;这样,章岁为六百,章月七千四百二十一(亦称时法),章闰则为二百二十一,章中为七千二百。南朝宋大明六年(462),祖冲之造《大明历》,以三百九十一年置一百四十四闰,则章中为四千六百九十二,章岁为三百九十一。章闰一百四十四,章月为四千八百三十六。因历史上十九年七闰的闰周行用时间最长(约一千年),故后世作品中,常将十九年称为章。例如,后世发现的天文现象章动之所以得名,即因其周期相近于十九年。❷文书名。指臣下给君主的奏章。《后汉书·寒朗传》:"帝问曰:'谁与共为章?'"韩愈《元和圣德诗》:"四方节度,整兵顿马,上章请封。"❸即"章徽"。

章安大师 即"灌顶"。

章安县 东汉建武初改回浦县置(《晋太康记》作章和中置)。治今浙江临海市东南章安。为会稽郡东部都尉治。三国吴太平二年(257)后至两晋南朝,为临海郡治。隋开皇九年(589)废。唐武德四年(621)分临海县复置。八年又废。

章炳麟(1869—1936) 浙江余杭人,一名绛,字枚叔,号太炎。早年从俞樾习经史。清光绪二十一年(1895)列名强学会。二十三年任《时务报》撰述,宣传变法。二十五年编辑《訄书》,以尊君改良为旨。二十六年参加唐才常发起的"张园国会",倡言革命排满。二十八年在日本发起"支那亡国二百四十二周年纪念会"。次年任上海爱国学社教员。为邹容《革命军》作序,发表《驳康有为论革命书》。"苏报案"发,被捕入狱,被判监禁三年。三十年在狱中研究佛学,参与策划组织光复会,增修《訄书》,鼓吹革命光复主义。三十二年出狱,东渡日本,入同盟会,主编《民报》,与改良派论战。三十三年在日本发起成立亚洲和亲会,手订《约章》。三十四年与《新世纪》论战,抨击无政府主义。宣统元年(1909)秋发表《伪"民报"检举状》,抨击孙中山等。二年在日本重组光复会,任会长。武昌起义后返国,散布"革命军起,革命党消"言论,要求解散同盟会。1912年1月在上海组织中华民国联合会,任会长。旋改名统一党,任理事。5月与民社等合并成立共和党,拥护袁世凯。充袁氏总统府高等顾问,冬改任东三省筹边使。1913年因“宋案”事离任南返,策动讨袁。1917年参加护法军政府,任秘书长。五四运动后渐入颓唐,反对新文化运动,鼓吹尊孔读经。1931年主张抗日救国。1934年迁居苏州。次年设立国学讲习会,出版《制言》杂志。一二九运动时,曾致电宋哲元,反对镇压学生运动。对文字学、声韵学、经学、诸子学等都有精深研究,世称国学大师。其哲学思想早期有唯物主义倾向,后期则受佛教唯识宗和西方的某些主观唯心论影响。著作多收入《章氏丛书》。1982年开始陆续出版《章太炎全集》。

章草 书体名。隶书的草写,即早期的草书。始于西汉而流行于东汉。汉明帝命北海敬王睦作草书尺牍,即此。其特点为保留隶书笔画形迹,减省形体,简化轮廓,改变笔法,以就简捷。笔画可分,字不连写,波磔挑架仍存隶意。后人为与晋以后兴起的新体草书(今草)相区别,称之为“章草”。其得名之由,说法不一。或以其适于书写奏章,或以为汉章帝对其有特殊爱好,或言因史游用以书写《急就章》,或以为较今草更有章法。

章冲 南宋湖州吴兴(今浙江湖州)人,祖籍建州浦城(今属福建),字茂深。章惇之曾孙,叶梦得婿。官朝请大夫。淳熙中,尝知台州。叶梦得精于春秋之学,故他亦究心于《左传》,著有《春秋左氏传事类始末》。

章存道(?—1372) 明浙江龙泉人,章溢之子。元末从父投归朱元璋,以处州翼元帅副使守浦城。后从李文忠入闽,又从冯胜北征,积功授处州卫指挥副使。洪武三年(1370)从徐达西征,留守兴元,进左卫指挥同知。五年从汤和出塞,战死于断头山。

章得象(978—1048) 北宋建州浦城(今属福建)人,字希言。咸平进士。居翰林十二年,刘太后听政期间能独立自守,以此为仁宗所赏识。仁宗亲政后擢同知枢密院事,旋拜相。在中书八年,不用宗党亲戚。庆历中,对范仲淹等推行改革持缄默态度,遂以久居相位无所建明遭弹劾。庆历五年(1045),出判陈州及河南府,旋以疾致仕。

章德大夫 官名。金代教坊阶官,为二十五阶之第四阶,止五品上。

章德窦皇后 见“窦皇后❷”。

章惇(1035—1105) 北宋建州浦城(今属福建)人,字子厚。徙居苏州。举进士。博学善文,王安石重其才能,擢为编修三司条例官。元丰三年(1080)任参知政事。哲宗即位,高太后听政。他知枢密院事,与司马光力辩免役法不可废罢,为刘挚、苏辙等所劾,黜知汝州(今河南临汝)。哲宗亲政,起为尚书左仆射兼门下侍郎,引用蔡京、蔡卞等,倡“绍述”之说,恢复青苗、免役等法,力排元祐党人,报复仇怨,株连甚众。又反对还西夏故地,断绝岁赐,战争再兴。哲宗死,曾反对议立徽宗。及徽宗即位,贬睦州(治今浙江建德)卒。

章凤街 地名。在今云南陇川西南。清代属云南腾越厅陇川土司,为自腾越入缅甸新街(今八莫)必经之地。

章服 唐、宋官员公服,三品以上紫色,五品以上绯色(大红),有时官品不及而皇帝特许服紫或服绯,凡服绯、紫者须佩鱼袋,称章服。

章甫(1045—1106) 北宋建州浦城(今属福建)人,字端叔。熙宁进士。调临川尉,移寿春令。进所著《孟子解义》,除应天府国子监教授,改著作佐郎。元丰中知山阴县,监左藏北库。哲宗朝通判宿州,后除开封府提举常平等事。徽宗即位,知虔州。崇宁初,立元祐党籍,遂上言元祐臣僚皆因国事获罪,不应著籍刻名、禁锢子孙。坐降官知泰州,提举舒州灵仙观以卒。

章邯(?—前205) 秦人,字少荣。秦二世时任少府。陈胜、吴广起义后,奉二世之命发骊山徒、奴产子镇压起义。先击败周文所率攻入关中的起义军,继又击溃项梁及陈胜领导的义军队伍,屠杀甚众。后渡河击赵。二世三年(前207)巨鹿一战,为项羽所率义军大败,旋投降。公元前206年项羽分封诸侯,立为雍王。封咸阳以西地,都废丘(今陕西兴平)。楚汉战争时,随项羽攻汉王刘邦,后为刘邦所杀。

章和 年号。(1)东汉章帝年号(87—88)。凡二年。(2)高昌王麴坚年号(531—548)。凡十八年。

章衡(1025—1099) 北宋建州浦城(今属福建)人,字子平。章惇族侄。嘉祐二年(1057)进士第一,通判湖州。召试除校书郎,迁太常寺丞,改盐铁判官,同修起居注,出知颍州、汝州。熙宁初,还判太常寺,知审官西院。尝编纂历代帝系,名曰《编年通载》,神宗览而称善。判吏部流内铨,旋知通进银台司、直舍人院,拜宝文阁待制、知澶州,徙知成德军。元丰四年(1081),坐事落职提举洞霄宫。元祐中,起知秀州,历徙数州府。

章洪钧 清安徽徽州(治今歙县)人。同治进士,改翰林院庶吉士,散馆授编修。光绪七年(1881)为直隶总督李鸿章奏调赴津办海防并中外交涉事。十一年以知府留直隶补用。次年补宣化府,政绩有治河修路、扩充书院、整理义仓诸端。

章鸿钊(1877—1951) 浙江吴兴(今湖州)人,字演群,又字爱存。光绪三十年(1904)入上海南洋公学,三十四年留学日本,主修地质。毕业回国后,长期从事地质调查、地质研究及教学工作,是中国地质事业的主要创始人之一。著有《石雅》、《古矿录》、《地质研究所师生修业记》、《中国温泉辑要》、《中国地质发展小史》等,发表有《杭州西湖之成因》、《地质学与相对论》、《中国中生代初期之地壳运动之异点》等有关地质的论文二十余篇。

章华东门 战国齐国章华城之东门。《史记·田敬仲完世家》:“苏代自燕来,入齐,(齐湣王)见于章华东门。”张守节正义引《括地志》曰:“齐城章华之东有闾门、武鹿门也。”

章华台 楚离宫名。故址有四:(1)楚灵王所筑。在今湖北潜江市西,古华容城内。《左传》昭公七年(前535):“楚子成章华之台,愿与诸侯落之。”杜预注:“台在今华容城内。”《史记·楚世家》:灵王七年(前534)"就章华台"。《水经·沔水注》:"台高十丈,基广十五丈。"(2)在今安徽亳州市东南,古城父县境内。《续汉书·郡国志》城父有章华台。《元和郡县志》亳州城父:"章华台,县南九里。"一说亦为楚灵王所建。杨守敬《水经注疏》以为灵王可能先建于华容,后因乐乾溪风物而筑此,仍袭用旧名。(3)在今河南商水县西北。《太平寰宇记》引《春秋后语》相传战国时楚顷襄王为秦将白起所逼,北保于陈时所筑,并袭用旧名。(4)在今湖北荆州市。《读史方舆纪要》引《荆州志》谓故楚离宫,楚灵王所筑,亦曰豫章台。《魏书·地形志》汝阳郡汝阳县(今商水县西南)"有章华台"。按《水经·江水注》江水"又东得豫章口,西北有豫章冈,盖因冈得名矣。或言因楚王豫章台名,所未详也"。盖非章华台,后人附会为楚灵王所筑。

章怀太子　即"李贤❷"。

章怀太子墓　唐墓葬。章怀太子李贤为武则天次子。永淳二年(683)废为庶人,于巴州自杀,后追封雍王,陪葬乾陵。墓位于今陕西西安乾陵东南六里处。夯筑封土作覆斗形,底部长宽各43米,顶部11米见方,高约18米。正南约50米处有残土阙一对。再南东西并列石羊一对。四周有残存围墙,墓地面积约三十九亩。经1971年发掘,墓由墓道,过洞,天井,甬道和前、后室组成,全长71米。原设有木门、石门各一,小龛六个。葬具有石椁一座。随葬陶俑及器物约六百余件。壁画五十多组。其中《出行图》、《马毬图》、《客使图》等为前所未见之作。墓室置石志两合,一称《雍王墓志》,为神龙二年(706)从巴州迁葬时所立;一称《章怀太子墓志》,为景云二年(711)追赠太子并谥章怀,与其妃房氏合葬时所立。

章徽　亦作章。古代军队中佩带之徽章。《墨子·旗帜》:"城中吏、卒、民、男女皆辨异衣章徽","城上吏置之背,卒于头上;城下吏、卒置之肩,左军于左肩,右军于右肩,中军置之胸"。《尉缭子·兵教上》:"卒异其章。左军章左肩,右军章右肩,中军章胸前,书其章曰某甲某士。"

章嘉呼图克图　清代所封内蒙古地区藏传佛教格鲁派(黄教)大活佛。其一世名阿旺洛桑却丹,生于青海宗喀宗塞依格地区的多达秋村。清康熙四十年(1701)奉旨常驻内蒙古多伦汇宗寺及北京嵩祝寺。四十四年受封"呼图克图"、"灌顶普善广慈大国师",掌管内蒙古地区喇嘛事务。五十二年奉旨随康熙帝巡视多伦。五十四年于多伦圆寂,传承六世。

章鉴　南宋隆兴分宁(今江西修水)人,字公秉。以省试及第。咸淳十年(1274),拜右丞相兼枢密使。次年二月,以国势危急,元兵迫近临安,托故逃遁。三月,召还,罢相。旋因庇护殿帅韩震事,被逐出京,放归田里。

章醮　道教仪礼之一。即用章符作醮。其礼用于祭祀与庆典等。源于东汉末张道陵、张鲁,盛行于魏、晋、南北朝时。

章节体　史书体裁名。分章分节叙述历史事迹。始于清光绪三十年(1904)出版的夏曾佑所著《中国历史教科书》,其后逐渐流行,为史学界普遍采用。这种体裁既能完整地叙述历史事件及其间的联系,又能分门别类叙述多方面的史迹,兼有过去编年体、纪传体、纪事本末体的长处,而弥补其不足。

章楶(1027—1102)　北宋建州浦城(今属福建)人,字质夫。以荫入官。进士及第。历知县、提刑、转运使。元祐初,知庆州,败夏兵环州城下。绍圣四年(1097),知渭州,帅四路兵出胡芦河川,筑平夏等二城,环庆、鄜延、河东、熙河诸路,相继拓境筑城,以迫西夏。元符元年(1098),西夏大举攻围平夏十余日,他遣将袭败夏军,俘其勇将。宋夏议和,擢枢密直学士。徽宗初,同知枢密院事。后为中太一宫使。

章碣　唐钱塘(今浙江杭州)人。乾符进士。咸通末有诗名,创变体律诗,每句末字平仄皆押韵。作《焚书坑》诗,讥刺秦始皇焚书坑儒。原集一卷,已佚,《全唐诗》收诗二十六首。

章京　官名。一作獐鹰。满语。职守官之意。清代不论职位高低,世爵大小有无,凡有职守之官皆称此。军职多称章京,如巴雅喇纛章京(简称纛章京),汉译护军统领;梅勒章京,汉译副都统;甲喇章京,汉译参领;牛录章京,汉译佐领等。又蒙古各旗扎萨克的属员有管旗章京。军机处和总理各国事务衙门办理文书事务的官员,亦称章京,为堂官的重要助手。军机处的章京,被称为小军机。在满族官员中,又成为对上级自称的称谓。此词本为女真人对汉语将军之讹读,后又译成满文 jiyanggiun,但宗室封爵中的镇国、辅国、奉国、奉恩等将军,均为 janggin,不用 jiyanggiun。

章旷(1612—1647)　明末清初松江华亭(今上海松江)人,字于野,号峨山。明崇祯进士,授沔阳知州。南明弘光时,任监军,督饷湖南,曾代表何腾蛟与大顺军余部刘体纯等人共商抗清,又招抚左良玉部将马进忠等。隆武时巡抚湖北,擢右佥都御史。永历朝加兵部右侍郎。永历元年(顺治四年,1647),清军逼湖南,率孤军御战不支,退守宝庆。后与腾蛟意见不合,郁郁致病,卒于郴州。

章良能　南宋处州丽水(今属浙江)人,迁居湖州(治今浙江湖州),字达之。淳熙进士,除著作佐郎。开禧二年(1206),任宗正少卿,以为人欠庄重免职。不久起用,累官兵部、礼部、吏部侍郎,曾预修国史、实录、玉牒。嘉定元年(1208),任御史中丞,建议加紧治理两淮、荆襄,当地长官未满任不得迁转,并弹劾朝廷大臣有败行劣迹者。后官至同知枢密院事、参知政事。著有《嘉林集》,今不传。

章陵　唐文宗李昂墓。开成五年(840)正月文宗卒,八月葬此陵。在今陕西富平西北二十里天乳山。陪葬有杨贤妃。

章纶(1413—1483)　明浙江乐清人,字大经。正统进士,授南京礼部主事。景泰初迁仪制司郎中。景泰五年(1454)率群臣面帝论易储,忤帝意下狱。英宗复位,遂得释。官至礼部右侍郎。后调南京吏部,以老归。著有《拙斋集》、《困志集》等。

章楠 清末浙江会稽(今绍兴)人,字虚谷。自幼读医书,推崇叶桂、薛雪之说。对刘河间、李东垣、朱震亨、张景岳等说则善于撷取其精华,并能提出中肯之见。在杂病辨治上亦有丰富经验。提倡张仲景辨证论治之理论。著有《医门棒喝》及《伤寒论本旨》,对温病学说影响较大。

章佩监 官署名。元代置。掌宦者速古儿赤所收御服宝带。至元二十二年(1285)置。至大元年(1308)升为院,秩从二品。四年复为监。秩正三品,领以监卿五员;下设太监、少监、监丞等官。辖御带库、异珍库。

章佩院 见“章佩监”。

章樵 南宋临安昌化(今浙江临安西)人,字升道,号峒麓。嘉定进士。历山阳教授、吴县知县、常州通判、处州知州。习知海上事,曾上书宰执力陈*李全必叛。注《古文苑》二十一卷传世。

章庆使司 官署名。元代置。至大三年(1310)立,掌皇太后答己兴圣宫事宜,隶徽政院,秩正二品。置司使四员,下设同知、副使、司丞各二员。辖管领怯怜口诸色民匠都总管府、管领大都与管领上都二怯怜口诸色人匠提举司、杂造人匠提举司、江浙等处财赋提举司、瑞州等路管民都提举司、寿和署、管领本投下大都等路怯怜口民匠总管府等机构。至治三年(1323)罢。

章丘县 隋开皇十六年(596)改高唐县置。治今山东章丘市西北旧章丘。《元和郡县志》:“取县南章丘山为名。”县界有长白山,隋大业七年(611)邹平人王薄起义于此。九年县人杜伏威又起义。隋先后属齐州、齐郡,唐属齐州,宋、金属济南府,元属济南路,明、清属济南府。1960 年移治今市。

章如愚 南宋婺州金华(今属浙江)人,字俊卿。自幼聪慧,负才尚气。庆元进士。初授国子博士,改知贵州(治今广西贵港),有治声。开禧初,因疏陈时政,触怒韩侂胄,罢归。乃结山堂数十间讲学,远近之士俱师之。死时,门人谥之为山堂先生。所撰《群书考索》,一反时尚议论而少考证的疏阔学风,虽体例稍杂,但网罗繁富,博采诸家,考据亦多心得。

章生一 传为宋处州(治今浙江丽水)人。与弟生二在龙泉各主一窑。他所烧者名哥窑,又名琉田窑。弟所烧者名弟窑,又名龙泉窑。皆宋代名瓷,足与官窑媲美。哥窑或即今人所指龙泉仿官窑器,不是传世哥窑。弟窑似系一般龙泉白胎青瓷。

章圣 宋真宗赵恒谥号为“文明武定章圣元孝皇帝”,宋人常以“章圣”称真宗。

章实斋 即“章学诚”。

章士钊(1881—1973) 湖南善化(今长沙)人,字行严,号青桐、秋桐,笔名黄中黄。早年入两湖书院和江南陆师学堂。清光绪二十九年(1903)至上海加入爱国学社,并任《苏报》主笔。曾据宫崎寅藏所著《三十三年落花梦》写成《孙逸仙》一书,向国人介绍孙中山。“苏报案”后回长沙,与黄兴组织华兴会以图举义,事败走日本。旋赴英国留学。辛亥革命后回国。曾办《独立周报》和《甲寅》杂志,并任《民立报》主笔、北京大学教授、护法军政府秘书长、南北议和南方代表。1924 年后任北洋政府司法总长兼教育总长。抗日战争期间,任国民参政会参政员。解放战争后期为国民政府和平谈判代表团成员,谈判破裂,遂留北平。建国后,曾任政务院法制委员会委员、全国人大常委、中央文史研究馆馆长等职。著有《中等国文典》、《柳文指要》等。

章氏丛书 书名。近人章炳麟著。共十三种,四十八卷。1914 年章氏被袁世凯幽禁于北京,手定是书,包括《春秋左传读叙录》、《镏子政左氏说》、《文始》、《新方言》、《小敩答问》、《说文部首均语》、《庄子解故》、《管子余义》、《齐物论释》、《国故论衡》、《检论》、《太炎文录初编、别录、补编》、《菿汉微言》等。所收大都是学术专著,《太炎文录》也收录了部分诗文。有上海右文社铅字排印本、浙江图书馆刊本、上海古书流通处印本和上海世界书局印本。右文社本刊行于 1915 年,多误字;浙江图书馆本最精,刊行于 1919 年,其中《齐物论释》重定本、《太炎文录补编》、《菿汉微言》三种,为右文社本所无。

章氏丛书三编 书名。即《太炎文录续编》。近人章炳麟著。一种,七卷。章氏逝世后,章氏国学讲习会编印,收《汉学论上下》、《尚书续说》等学术专著,及辛亥革命志士的传记和诗等,1938 年在武汉刊行。

章氏丛书续编 书名。近人章炳麟著。共七种,十七卷。收《广论语骈枝》一卷、《体撰录》一卷、《太史公古文尚书说》一卷、《古文尚书拾遗》二卷、《春秋左氏疑义答问》五卷、《新出三体石经考》一卷、《菿汉昌言》六卷。1933 年章氏弟子吴承仕、钱玄同校刊于北平(今北京)。

章氏遗书 丛书名。清章学诚撰。五十一卷。道光间,王宗炎、章华绂先后编次,1922 年吴兴刘承干辑补刊刻,收入《豫恕堂丛书》。内有《文史通义》、《校雠通义》,及方志论、《湖北通志检存稿》,与人论学书等文集札记,末附王秉恩校勘记。《文史通义》另有《万有文库》本及《国学基本丛书》本。章氏于《遗书》中谓“六经皆史”,主张考据当与义理结合,提出治史要通贯古今,以明历代变革之故等观点,于学术思想上俱有贡献。

章绶 印章与绶带合称。

章肃皇帝 即“李胡”。

章台 ❶秦离宫台名。《史记·秦始皇本纪》:“诸庙及章台、上林皆在渭南。”❷汉长安街名。《汉书·张敞传》:“时罢朝会,过走马章台街。”颜师古注引孟康曰:“在长安中。”又引臣瓒曰:“在章台下街也。”

章太炎 即“章炳麟”。

章太炎先生家书 书名。近人汤国梨编次。系章氏被袁世凯羁禁于北京期间致夫人汤国梨的家书,共八十四通。起 1913 年 8 月,迄 1916 年 6 月,按年月编次。1962 年中华书局上海编辑所照原式影印出版。所述反对袁世凯称帝及袁氏的阴谋活动等事实,有一定史料价值。

章谭合钞 书名。录章太炎(炳麟)文钞四卷,谭嗣同文钞两卷,末附谭嗣同传。有1914年上海中国图书公司和记铅印本。

章武 三国蜀汉昭烈帝年号(221—223)。凡三年。

章武国 西晋泰始元年(265)置。治东平舒(今大城县,北魏改名平舒)。辖境相当今河北大清河、海河以南,文安县、大城县以东,沧州市、海兴县以北地。属冀州。北魏改为郡。隋开皇初废。

章武县 ❶西汉文帝后七年(前157)封窦广国为章武侯,元狩元年(前122)改为县。治今河北黄骅市北郛隄城。属渤海郡。有盐官。东汉建安末改属章武郡。北魏改属浮阳郡。北齐废。❷唐长寿二年(693)改行唐县置。治今河北行唐县。属镇州。神龙元年(705)复为行唐县。

章献垂帘 宋真宗末年,久病,刘后预政。乾兴元年(1022),真宗死,子仁宗即位,因年幼,军国事权取刘太后处分。刘太后垂帘听政,任用王曾、张知白、吕夷简、鲁宗道等,贬窜丁谓、曹利用,主持朝政凡十一年。明道二年(1033),病死,谥章献明肃,宋仁宗始亲政。

章学诚(1738—1801) 清浙江会稽(今绍兴)人,字实斋,号少岩,原名文敩。乾隆进士。曾任国子监典籍。自以迂拘,不合世用,未入仕途。先后主讲定州定武、保定莲池、归德文正等书院。又入湖广总督毕沅幕,协修《续资治通鉴》,主编《湖北通志》,并借其力编纂《史籍考》。多年为生活驱迫,未得安定,其代表作《文史通义》大多撰著于旅途之间,直至病终,尚未完稿。本拟改编《宋史》,未能如愿。因肆力于方志的编纂,先后撰修和州、亳州、永清等志,但均未完整保留下来。他总结前人编撰方志的得失,提出修志义例和理论,建立方志学。强调修志要实地调查,重视乡邦文献,要求详近略远,反对追求形式。坚持学术研究要"经世致用",对空谈义理和专务考索两种倾向均予以反对。主张编修通史,提倡发挥图、表在史书中应有的作用。所著除《文史通义》、《校雠通义》外,大多散失。全部文稿生前委托萧山王宗炎代为校定,1922年刘氏嘉业堂依王氏所定之目加以补订,刻为《章氏遗书》。

章谊(1078—1138) 宋建州浦城(今属福建)人,字宜叟。崇宁进士。高宗南渡,迁殿中侍御史,献战守四策。绍兴四年(1134),奉命使金,与完颜宗翰(粘罕)等论事,不少屈。五年,知温州,是岁大旱,米价腾贵,用唐刘晏招商之法,置场增直以籴,米商辐辏,其价自平。累官户部尚书、江南东路安抚大使、知建康府兼行宫留守。其奏疏多经国济时之策,为时所称。

章溢(1314—1369) 明浙江龙泉人,字三益,号匡山居士。元末组织乡兵抵抗农民起义军,授浙东都元帅府佥事。辞不受,退隐匡山。朱元璋聘至应天(今江苏南京),询以治道。与刘基、宋濂、叶琛被称为四先生。受命理营田司事,于江东、两淮分籍定税,民以为便。历官湖广按察佥事、浙东按察副使,分兵屯田,安定地方,供应粮饷,元璋称其功不在诸将之下。洪武元年(1368)升御史中丞兼赞善大夫。次年病卒。著有《章氏家乘》。

章鹠 即"商均"。

章颖(1141—1218) 南宋临江军(治今江西樟树)人,字茂献。以兼经中乡荐。孝宗即位,应诏上万言书,礼部奏名第一,孝宗称其文似陆贽,调道州教授。召对,除太学录、历太常博士、左司谏、兵部侍郎。因忤韩侂胄,罢官。侂胄死,除集英殿修撰,累迁礼部尚书。请修改《甲寅龙飞事迹》,诏令考订削诬,上之。晚年奉祠家居。著有《南渡十将传》等。

章元振 宋建州崇安(今福建武夷山市)人,字时举。政和进士。历宁乡、长沙令,改知徽州休宁县。方腊起义,极力督兵对抗。移知泰宁县。后知潮州,革除弊政。改知肇庆府,以治绩闻。迁谏议大夫、提举广南东路常平茶事兼东西路盐事。与秦桧同科登第,及桧当国,任用亲故,他甘于远宦,不与往还。

章昭达(518—571) 南朝陈吴兴武康(今浙江德清西)人,字伯通。梁大同中,为东宫直后。侯景之乱,募乡人援台城(在今江苏南京)。城陷归里,结识陈蒨。景平,屡从蒨征讨。入陈,尝大破原梁湘州刺史王琳水军于芜湖(今属安徽)。又平抗命之闽州刺史陈宝应,擒反叛之广州刺史欧阳纥于广州。以军功至车骑大将军,进位司空。太建二年(570),统兵击败后梁明帝萧岿于江陵(今湖北荆州)。次年卒于军中。性严刻,每出征必昼夜兼道。而有所克捷,必推功于将帅。饮食同于群下。将士亦以此附之。

章拯(1479—1548) 明浙江兰溪人,字以道,号朴庵。弘治进士,授刑部主事。正德初以忤刘瑾谪梧州通判。瑾败,擢南京兵部郎中。嘉靖八年(1529)官至工部尚书。次年议南北郊典礼,忤世宗意,遂罢归。卒于家。有《朴庵文集》。

章子 即"匡章"。

章宗源(1752—1800) 清浙江山阴(今绍兴)人,字逢之。乾隆举人。专心从事经史群籍传注的采集,辑录唐宋以来大量亡佚古书,积十余年,著成《隋书经籍志考证》。并将已辑各书编次成帙,皆为之序。性恬淡不肯干谒,以事佛与广慧寺妖僧牵连罪,不得复与会试。后持长斋以素食终身。

章奏房 官署名。北宋神宗元丰改制后,门下省置,掌有关章奏之事,以本省属吏领之。

鄣 春秋纪附庸国。姜姓。后为齐所灭。在今山东东平县东北。《春秋》庄公三十年(前664):"齐人降鄣",即此。

鄣郡 始见于《汉书·高帝纪》。秦置。一说楚汉之际置。治故鄣县(今浙江安吉县西北)。辖境相当今江苏、安徽两省长江以南,浙江省新安江流域以北,江苏省茅山以西地。西汉初曾先后为荆王刘贾、吴王刘濞封地。元封二年(前109)改为丹阳郡(《汉书·地理志》)。一说"元封"当作"元狩"。

鄣县 《续汉书·郡国志》、《新唐书·地理志》、《旧唐书·地理志》、《元史·地理志》均作"鄣",《魏书·地形志》作"彰",《隋书·地理志》作"障",《明史·地理志》始作"漳"。东汉置。治今甘肃漳县西南。属陇西郡。西晋永嘉后废。北魏复置。为广宁郡治。唐天授二年(691)改名武阳县,神龙元年(705)复故。属渭州。广德后地入吐蕃。宋置盐川寨。金为镇。元至元十七年(1280)复置县。属巩昌路。明属巩昌府,正统中移今漳县治。

彰八里 见"昌八剌"。

彰德府 金明昌三年(1192)升相州为彰德府,治安阳县(今安阳市)。辖境相当今河南安阳、汤阴、鹤壁、林州及河北临漳等市、县地。蒙古至元二年(1265)改为路,明洪武元年(1368)复为府。辖境较金为大,还包有今河北武安市、涉县、磁县。1913年废。

彰德路 蒙古至元二年(1265)改彰德府置。治安阳县(今河南安阳市)。辖境相当今河南安阳、林州、汤阴、鹤壁和河北临漳等市、县地。明洪武元年(1368)复改为府。

彰化县 清雍正元年(1723)分诸罗县北半线地置。治今台湾彰化市。属台湾府。光绪二十一年(1895)为日本侵占,1933年改彰化市。1945年日本投降后,原辖区改置彰化县,驻地仍称彰化市。

彰施 工艺名。指以彩绘、刺绣、染色、印花等多种工艺技术为织物及服饰施以色彩及纹样,以增加美感。最早见《尚书》:"以五彩彰施于五色。"

彰所知论 书名。元帝师八思巴撰。约在1278年八思巴应蒙古真金太子之请作于萨迦寺,后亲为真金太子讲述。内容以佛教观点讲说世间形成、印度释迦牟尼前诸佛及释迦牟尼成道过程、吐蕃王统及佛教传播、西藏邻族分布、元代诸帝传承及蒙古佛教兴起。有藏汉文两种,藏文收在《萨迦五祖全集》pa字卷(即八思巴著作部分)内。汉文为八思巴弟子沙罗巴大师所译,收入日本大正新修大藏经第三十二卷论集部。

彰信可汗(?—839) 唐时漠北回鹘可汗。公元832—839年在位。昭礼可汗从子。原称胡特勤,或萨特勤。嗣位后,建号爱登里罗汨没密施合句主录毗伽可汗,唐册为彰信可汗。开成四年(839)回鹘大饥,族帐离散。其相安允合与柴革特勤谋废之,未成。又一宰相掘罗勿将兵在外,联合沙陀兵共击之,逼其自杀。

彰义军 ❶唐、五代方镇名。见"泾原"。❷唐方镇名。见"淮西"。

漳腊堡 在今四川松潘县东北。明洪武十一年(1378)置屯堡。宣德时为土著攻占,景泰中收复,增置官军。嘉靖中修筑边墙。为川北要重地。

漳腊营 清置。漳腊(在今四川松潘县北)之北有隘口通甘青,明嘉靖十一年(1532)巡抚宋沧议于漳腊后山岭建靖虏墩,西小高岭建御寇墩,设戍防守。二十年巡抚王珩展建漳腊城堡。清改为漳腊营,辖寒盼九寨、商巴十寨、祈命十一寨、羊洞前山三十八寨。

漳洺南堤 河堤名。又名漳河堤。在唐河北道洺州鸡泽(今河北鸡泽南)东二十里。时漳水在县境与洺水合流东北注。永徽五年(654)筑堤,高一丈,长二十五里,防漳水、洺水漫溢。

漳南书院 清初书院之一。在直隶广平府肥乡屯子堡(今属河北)漳河之南。郝公函以义学田收入建置,侍郎许三礼题匾。颜元六十二岁时应聘主其教事,设文事、武备、经史、艺能等科,与当时讲习理学书院制度有别。后书院遭水灾淹没,颜元辞教归里。

漳南县 隋开皇六年(586)置东阳县。十八年改为漳南县。在今河北故城县东北。属贝州。大业时属清河郡。唐复属贝州。北宋属恩州。至和元年(1054)降为镇。

漳浦县 唐垂拱二年(686)置。为漳州治。治今福建云霄县。开元四年(716)移李澳川,即今漳浦县治。乾元二年(759)后为漳州属县。元属漳州路。明清属漳州府。

漳渠 即"漳水十二渠"。

漳澨 春秋楚地。在今湖北荆门市西漳水侧。《左传》宣公四年(前605):楚庄王"师于漳澨",即此。

漳水十二渠 又称漳渠、西门渠、引漳十二渠。中国北方最早的引水灌溉大型渠系工程。位于今河南安阳北,河北临漳西南。始建于战国时期,以漳河为水源。当时灌区在漳河南岸,属魏国邺县(今临漳西南)。《史记》等古籍记为魏文侯时邺令西门豹创建。《吕氏春秋》和《汉书》则记为魏襄王时邺令史起所修。后人调和二说,认为"西门溉其前,史起灌其后"。渠首在邺西十八里,渠首以下二十里河段内有拦河低溢流堰十二道,于南岸各开引水口,设引水闸,形成十二条干渠。当时灌区面积约十万亩。漳水浑浊多泥沙,引灌后可以落淤肥田。据汉代记载,亩产较修渠前提高八倍以上,邺地因而富饶。东汉末年,曹操以邺为根据地,大修渠堰,改称天井堰。灌区在邺城南,大约在今安阳、临漳、魏县的西南及南部。东魏天平二年(535)改建为单一渠首,称天平渠,灌区亦较大。后亦称万金渠,渠首在今安阳北20公里余的漳河南岸。以后历代都有改建和维修。唐咸亨三年(672)复修天平渠,并扩建分支,灌区达千顷以上。清代、民国时期都有修治记载。直到1959年修漳河丘城水库,自库区开渠引水,灌田数百万亩,取代了古灌渠。

漳厦铁路 福建漳州至厦门铁路。清光绪三十一年(1905),福建全省铁路公司设立,兴筑此路。三十三年兴工,宣统二年(1910)仅完成嵩屿至江东桥段28公里,耗资二百四十二万余元。民国初年全线(45公里)通车。

漳州 唐垂拱二年(686)分泉州置,以州南有漳水得名(《元和郡县志》)。治漳浦县(今福建云霄县,开元四年〔716〕移治今漳浦县),天宝元年(742)改为漳浦郡。乾元元年(758)复为漳州,二年移治龙溪县(今漳州市)。属江南东道。大历后辖境相当今福建九龙江流域及其西南地区。宋属福建路。元至元十六年(1279)升为漳州路。

漳州府 明洪武元年(1368)改漳州路为府。属福建省。治所、辖境同漳州。清辖境缩小,只相当今福建九龙江中、下游流域及其西南地区。1913年废。

漳州路 元至元十六年(1279)升漳州为路。属福建行省,二十二年后属江浙行省。治所、辖境同漳州。明洪武元年(1368)改为漳州府。至元十七年陈桂龙、陈吊眼领导汉族、畲族人民起义于此。

漳州谕畲 篇名。南宋刘克庄撰。克庄,字潜夫,莆田人,号后村居士。此文收入《后村先生大全集》卷九十三。记述福建漳州地区畲民情况颇详,为最早称福建漳州一带少数民族为"畲民"的文献。

璋 古代礼仪用器。六种瑞玉之一。一般以玉制成,作扁平长条形,下端平直,上端为斜直边,形如半圭。以石制成,称为石璋。始见于商代。

樟树镇 即今江西樟树市。为南北药材汇集地,明洪武三年(1370)置巡司、税课局。正德十四年(1519),宁王朱宸濠作乱,南赣抚臣王守仁起兵吉安,会军于樟树镇,以讨宸濠,即此。

zhǎng

长 先秦为地方正职政务官名称,秦汉以后为朝廷各机构及地方行政长官或次官名称。

长大夫 官爵名。即上大夫。战国魏置。《吕氏春秋·慎小》:"吴起治西河,欲谕其信于民,夜日置表于南门之外。令于邑中曰:'明日有人能偾南门之外表者,仕长大夫。'"高诱注:"长大夫,上大夫也。"

长德 官名。北魏道武帝天兴三年(400)置,相当于*中散大夫,不经常设置。与受恩、蒙养、训士均为北魏前期官名。

长贰 旧时诸官署正、副长官之通称。

长公 西周时人辛余靡之号。

长公主 公主之尊崇者为长公主。《后汉书·皇后纪》:"汉制,皇女皆封县公主,仪服同列侯。其尊崇者,加号长公主,仪服同蕃王。"西汉时多封皇帝长女。据《汉书·外戚传》,文帝立,"窦姬为皇后,女为馆陶长公主"。颜师古注:"年最长,故谓长公主。"或封皇帝长姊。如昭帝立,其姊鄂邑公主益汤沐邑,为长公主。东汉诸帝多封长女为长公主,惟顺帝、桓帝之女皆封为长公主。唐代、明代均为皇帝姊妹的称号。清代固伦公主、和硕公主亦有称长公主者。

长官 ❶各府署机构最高首长的泛称。❷即"长官司长官"。

长官司 地方政权机构名。元代始于西南少数民族地区置,又称蛮夷长官司。秩如下州,设达鲁花赤、长官、副长官等,多以土人为之。明沿元旧称,只作为土官世袭的地方政权。湖广、四川、云南、广西、贵州等省设有,多隶于府。设长官、副长官等职,均为土官。又设吏目为首领官。此外,尚置蛮夷长官司,设官及品级均同于长官司。清沿明制设。雍正时改土归流,一些长官司被废。

长官司长官 官名。元代为西南地区诸溪洞所置长官司之职官。位达鲁花赤下,掌司事。多以土人为之。明沿元旧称,始作为土官名号之一,武职。湖广、四川、云南、广西、贵州等省设有,为长官司之主官。正六品。管所辖土兵及司事,受地方长官约束。世袭,其承袭事隶兵部。清沿明制。详"土官❸"。

长爵 汉代高爵的别称。《汉书·贾谊传》:"今西边北边之郡,虽有长爵不轻得复。"颜师古注引张晏注:"长爵,高爵也。"

长老 ❶旧时对年高者之称谓。《管子·五辅》:"养长老,慈幼孤。"❷佛教对释迦上首弟子之尊称,也用以称呼年长德尊之僧人。又为住持僧之尊称。❸荷兰殖民者侵占台湾时所置村社头人。汉文记载称土官、甲螺。其中高山族村社按旧有习惯选出的头人为之,授以刻有荷兰徽章的银头藤杖,作为职权标志。1645年起设长老评议会,分南北二部,每年3月8日开北部评议会,4月4日开南部评议会,在赤嵌举行。检阅新选长老名单,分派任务。常以赠送物品等手段诱其合作,但在斗争尖锐时,长老多站在群众一边,如1661年南部各村社长老,皆随同群众参与郑成功驱逐荷兰殖民者之役。

长吏 地位较高官吏的统称。秦、汉一般指秩六百石以上官吏,县丞、尉禄秩虽低,亦可称长吏。魏、晋以后,多指县令长和郡守。

长女不嫁 战国时齐国风俗之一。《汉书·地理志》载,当时齐国家庭的长女有至老不出嫁,养父母,为家里主持祭祀,称为"巫儿"。这些女子虽不出嫁,但可实行族内婚,《战国策·齐策》载有不嫁之女"行年三十而有七子"者。

长史 官名。(1)战国秦置,掌顾问参谋。秦汉沿置。西汉时丞相、太尉、御史大夫府及大将军、车骑将军等主要将军幕府皆置,为所在府署诸掾属之长,秩皆千石。掌府中诸务,并佐府主参预国政,其中丞相长史职权尤重。东汉三公府、诸主要将军府皆沿置,秩千石。魏晋南北朝时诸公府、将军府及诸王府沿置,主持府务,其中司徒(丞相、相国)府自西晋起设左、右长史,除府务外,掌全国民政户籍、官吏选举考课等事务。隋唐时期诸卫、诸军、东宫诸率府及诸王府亦置。宋代唯亲王府置。明代置为诸王府长史司长官,左、右各一人,掌王府政令,并领庶务。清代亲王、世子、郡王、长子府沿置,乾隆五十一年(1786),固伦公主府亦置,掌督帅府僚,总理庶务。(2)地方官府佐官。西汉置,诸边郡于丞外复置此职,佐太守掌兵马,秩六百石,内郡亦有置者。东汉时诸边郡、属国不置丞而置此职,掌兵马,常称为将兵长史。不置西域都护时,以西域长史代行其职,主护理西域诸国事务。度辽将军、护羌校尉、护乌桓校尉亦置。魏晋南北朝时期诸护夷蛮中郎将、校尉多沿置。隋唐时期诸都督府、都护府、州府皆置,但除扬州、益州等大都督府长史在中期以后例兼本镇节度使外,其余多无实际职任,用以安置闲散及贬谪官员。(3)宋代置,为散官名。用为士人恩赏,或安置贬降官员,皆无实际职权。

长使 皇帝姬妾名号。西汉承秦置。《汉书·外戚传》:“长使视六百石,比五大夫。”颜师古注:“长使、少使,主供使者。”东汉省。

长水校尉 官名。西汉武帝初置,为北军八校尉之一,秩二千石,位次列卿,属官有丞、司马等。领长水宣曲胡骑,屯戍京师,兼任征伐。东汉建武七年(31)省,十五年复置,为北军五校尉之一,秩比二千石,隶北军中候。掌宿卫禁兵,下设司马、胡骑司马各一员。旧有胡骑校尉,亦省并长水。时五校尉所掌北军五营为京师主要禁军,故地位亲要,官显职闲,府寺宽敞,舆服光丽,伎巧毕给,多以宗室外戚近臣充任。三国沿置。魏、晋四品,隶中领军(领军将军),迄东晋初犹领宿卫兵。其时别置二卫、四军诸禁军掌宿卫,五校职任渐轻,后罢其营兵,旋省其官。十六国多置。南朝复置,为侍卫武官,不领兵,仍隶中领军(领军将军),用以安置勋旧武臣。宋四品,梁七班,陈六品、千石。北魏初领营兵,位次列卿,后罢其兵,成为武臣散官,定员二十人。太和十七年(493)定为从三品中,二十三年改五品。北齐置十员,隶领军府所辖右卫府,从四品。

长孙道生(370—451) 北魏代(治今山西大同东北)人。长孙嵩从子。鲜卑族。道武帝爱其慎重,使掌机密,出入诏命。明元帝即位,除南统将军、冀州刺史。太武帝时,进爵汝阴公,迁廷尉卿。从征柔然、赫连昌,以功拜司空,加侍中,进封上党王。性廉约,时人比之晏婴。为将有权略,善待士众。每建大议,亦多合时宜。

长孙肥(?—408) 北魏代(治今山西大同东北)人。鲜卑族。道武帝初为大将,统禁兵,曾从征东部大人刘显、库莫奚、后燕主慕容宝等,以功赐爵琅邪公,迁卫尉卿。天兴二年(399),出讨赵郡聚众反叛之赵准,五年,破后秦义阳公姚平,勇冠诸将,身先士卒,威信著于淮、泗,以功赏赐奴婢数百口。后降爵蓝田侯。

长孙皇后(601—636) 唐河南洛阳人。长孙晟女,长孙无忌妹,李世民(太宗)妻。好读书,知借鉴历史。武德元年(618),册封秦王妃,世民倚为内助。太宗即位,立为皇后。性俭约,御下宽厚,常与太宗纵论古事,但不干预朝政。又累请解除兄无忌及诸外戚职。时魏征极谏,太宗盛怒欲斩征,她贺以君明臣直,使太宗省悟。临终请复用房玄龄,抑退外戚。又请纳忠谏,勿受谗言,省游畋作役。卒葬昭陵(今陕西礼县东北)。高宗时,谥文德顺圣皇后。生有李承乾、泰、治三子,长乐、晋(城)阳、新城三公主。著《女则》十篇,已佚。

长孙俭(492—569) 北朝时河南洛阳人,本名庆明。鲜卑族。北魏末,从雍州刺史尔朱天光入陇右,赐爵索卢侯。夏州刺史宇文泰引为录事参军,参预谋策。从平侯莫陈悦。旋镇渭州。历夏州、西夏州刺史,总统三夏州诸军事。西魏攻取荆襄,授都督三荆等十二州诸军事、荆州刺史、东南道行台仆射。任内安抚各族,改革风俗,奖励农桑。西魏废帝二年(553)密陈攻取江陵(今湖北荆州)之策。江陵平,进爵昌宁公,拜大将军,移镇荆州,总管五十二州诸军事。北周初,拜小冢宰。保定四年(564)拜柱国。天和间,历峡州、夏州总管。卒于州。

长孙览 隋河南洛阳人,初名善,字休因。略涉书史,尤晓钟律,有辩才。北周时任大都督。武帝即位,超拜车骑大将军。因常受命先览奏章,遂赐现名。及武帝诛宇文护,以功封薛国公。武帝卒,受遗命辅佐宣帝,进位上柱国、大司徒。在朝颇受信任,女嫁蜀王杨秀为妃。杨坚(隋文帝)为相,转宜州刺史。入隋,为东南道行军元帅,统八总管出寿阳,水陆并进攻陈。开皇二年(582),会陈宣帝卒而还军。后为泾州刺史,有政绩,卒官。

长孙平 隋河南洛阳人,字处均。北周时,曾助武帝杀宇文护。宣帝即位,为小司寇。素与杨坚友善。尉迟迥乱时,代贺若弼镇守寿阳。入隋,任度支尚书。开皇五年(585),见州县水旱灾害,百姓不能自给,奏令民间每秋出粮备荒,名曰义仓。转工部尚书。突厥达头可汗与都兰可汗相攻,奉诏往调和。历汴、许、贝、相等州刺史,俱有善政。以治郧闻名。进位大将军,拜太常卿,判吏部尚书事。仁寿中卒官。

长孙晟(552—609) 隋河南洛阳人,字季晟。聪敏多智,武艺超群。年十八,仕北周为司卫上士。曾出使突厥,察其山川形势、部伍强弱。及隋初突厥南下,上表献远交近攻、离间突厥诸部之策。文帝召问,口陈形势,手画山川,定其虚实,皆如指掌。授车骑将军,数出使突厥。开皇末,从晋王杨广大败突厥达头部。仁寿二年(602),从杨素定漠北诸部。卒右骁卫将军。

长孙顺德 唐河南洛阳人。太宗长孙皇后族叔。仕隋为右勋卫。大业时,避攻高丽役,亡命太原,投李渊(唐高祖),奉命募兵。及李渊起兵,统军从破霍邑、临汾、绛郡、潼关,擒屈突通,以功拜左骁卫大将军,封薛国公。武德九年(626),玄武门之变,与秦叔宝等讨李建成余党。贞观元年(627),以枉法受人馈绢,太宗当殿赐绢以羞之。李孝常谋反,坐与交通除名。后起任泽州刺史,为政明肃。前刺史张长贵等占州内腴田数十顷,他夺以分给贫民。寻又坐事免官。死后名列凌烟阁。

长孙嵩(358—437) 北魏代(治今山西大同东北)人。鲜卑族。世为部落大人。年十四,代父统军。登国元年(386),率众归代王拓跋珪。皇始元年(396)从征中山(今河北定州),除冀州刺史,赐爵巨鹿公。稍迁侍中、司徒、相州刺史。所在著称。明元帝时,与奚斤、崔宏等八人为“八公”,听理万机。及太武帝即位,进爵北平王,迁太尉,加柱国大将军。自后多以元老留镇京师,坐朝堂,断刑狱。

长孙无忌(?—659) 唐河南洛阳人,字辅机。先世出于北魏皇族。长孙晟子,太宗长孙皇后兄。常从太宗征战,累除比部郎中。武德九年(626),策划发动玄武门之变,助太宗夺取帝位。贞观中,擢吏部尚书,拜尚书右仆射,封赵国公。曾谏止诸功臣袭刺史。贞观十七年(643),太宗图画功臣二十四人像于凌烟阁,以他为首。进同中书门下三品。后与褚遂良受遗诏辅立高宗,进太尉、同中书门下三品,奉命与于志宁等编成《唐律疏议》三十卷。永徽六年(655),反对废王皇后立武昭仪为皇后,不果,武后恨之。后许敬宗揣武后意,诬其谋反,流黔州(今重庆彭水),逼令自缢。

长孙稚(?—535) 北魏代(治今山西大同东北)人,原名冀归,字承业。鲜卑族。初为孝文帝前将军。宣武帝以为扬州刺史、都督淮南诸军事。孝昌二年(526),奉令镇压鲜于修礼,战败免官。复除雍州刺史。孝庄帝时,迁司徒公,兼尚书令。及孝武帝入关,随赴长安。后位至太师,封上党王。

长子 清代宗室十四等封爵之第四等,位郡王之下,多罗贝勒之上。郡王嫡子奉特旨始得封为长子,为郡王爵位的指定继承人。

涨海 南海别名。指今中国南部的南海以至爪哇海一带的海区和中国的南海诸岛。可能因其随潮汐涨落而衬托放大而得名。较早记载涨海名称的为晋谢承的《后汉书》。

掌案 吏职名。唐中书省置二十人。

掌班 官名。明代宦官特务组织东厂置,无定员。高级宦官如各监、司、局掌印太监,司礼监秉笔太监,随堂太监的私臣中亦置。

掌宝 官名。(1)隋炀帝始置,为宫廷女官二十四掌之一。属尚工局。员二人,从九品。唐改正八品,属尚服局。为司宝、典宝之佐。协掌宝玺符契图籍之事。宋、金、明悉如唐制。(2)见"太子掌宝"。

掌宾 官名。隋炀帝始置,为宫廷女官二十四掌之一。属尚仪局。员二人,从九品,唐改正八品。为司宾、典宾之佐,协掌宾客参见、朝会引导、宴会赐赉之事。宋、金悉如唐制。明永乐后归其职于宦官。

掌簿 官名。隋炀帝始置,为宫廷女官二十四掌之一。属尚宫局。员二人,从九品。唐改正八品,为司簿、典簿之佐。宋置为尚宫属佐,协助司簿掌宫人名册及廪赐之事。金沿唐宋之制,员二人。明宫中尚宫局下设二人,正八品。永乐后归其职于宦官。

掌綵 官名。隋炀帝始置,为宫廷女官二十四掌之一。属尚工局。员二人,从九品。唐改正八品,隶尚功局。为司綵、典綵之佐,协掌锦衣缣綵丝枲之事。宋、金悉如唐制。明永乐后归其职于宦官。

掌朝下大夫 官名。北周依《周礼》置六官,其秋官府有掌朝下大夫,正四命,下有小掌朝上士,掌内外朝仪。

掌出上士 官名。西魏恭帝三年(556)置,北周沿置。天官府计部中大夫属官,掌国家各项财政支出帐簿,下设掌出中士以佐其职。正三命。隋开皇元年(581)罢。

掌畜 官名。《周礼》夏官之属。一说周代置。掌驯养鸟类动物,以供祭祀用牲及饮食膳羞。

掌船局 官署名。隋代都水台置,掌舟楫,以都尉领其事。大业三年(607)改都水台为监,掌船局为舟楫署。

掌灯 官名。隋炀帝始置,为宫廷女官二十四掌之一。属尚寝局。员二人,从九品,唐改正八品。为司灯之佐,协掌灯油火烛之事。宋、金悉如唐制。明永乐后归其职于宦官。

掌法案 官署名。宋代太常寺与大晟府所属机构。掌礼乐之法。

掌缝 官名。唐代置为太子内官,员三人,从八品。掌东宫裁剪、缝纫与织绩,隶司则。

掌盖 官名。又称伞房掌盖。清代内务府武备院所属北鞍库属官。初设时称掌伞总领,二人,康熙三十三年(1694)增为三人。乾隆二十四年(1759)改是称,正六品,掌伞房事。凡皇帝御殿或祭祀行礼,则负责掌黄盖。

掌稿笔帖式 官名。清代中央机构属官,掌册籍整理之事。吏部文选司、兵部武选司即设,由该部笔帖式中遴选。五年期满,勤慎无过,案卷清楚,可升用。

掌葛 官名。《周礼》地官之属。一说周代置。掌向山泽农家征收织布用的葛和苎麻。

掌贡举 科场称谓。指主持科举考试的官员。如总裁、主考等。

掌固 官名。(1)《周礼》夏官司马属官,有上士二人、下士八人。掌修筑城郭沟池树渠等防御工事。(2)即"掌故"。(3)太子掌固之简称。(4)唐、五代中央部分官署流外吏职,由隋"掌事"改名,掌管仓库及厅事铺设,经考试可转府、史。

掌故 官名。亦称掌固。西汉置,属太常,亦称太常掌故,秩百石。又有文学掌故、太史掌故、治礼掌故等。熟习礼乐制度等典章故事,备咨询。武帝时,丞相公孙弘请置博士弟子,一岁皆试,能通一艺以上,补文学掌故;择太常掌故补中二千石曹史,文学掌故补郡属曹史。后遂成定制,岁课甲、乙、丙三科,其丙科即补文学掌故,射策得乙科可为太常掌故、太史掌故。南朝梁、陈太常卿属官亦置,为乐官。北齐尚书省吏部、仪曹、三公、虞曹、都官、二千石、比部左户诸郎曹皆置,为吏职。

掌故时务教科书 书名。清末储丙鹑著。六卷,三十六章,二百四十课。清代中小学堂历史教科书。储氏据《东华录》、《清朝文献通考》、《清朝通典》、《清朝通志》等有关资料编纂而成。历述清开国以来内政、外交之事,使学生能洞明时局,开通知识。书分《历朝圣德》、《平边武功》、《内乱起灭》、《外交战和》、《行政枢要》、《变法基础》等六部分。末附讲求宪法、考察议院、造就军国民等"救急"三策。有光绪三十年(1904)印本。

掌关防参领 官名。清代八旗都统衙门所属左、右司职官。雍正七年(1729)设,每旗二人,左、右司各一人。负责掌管本旗印信。十三年省,改设印务参领。

掌关防处 官署名。又名掌关防管理内管领事务处、内管领处,俗称关防衙门。清内务府所属办事机构。掌理宫内房屋修葺、拔草、裱糊、洒扫以及备办粮、盐、水、糖、饼饵、菜蔬等物。由内务府郎中一人、员外郎一人兼管。下设内管领、副内管领各三十人及笔帖式等员。役使苏拉近五千人。所属有官三仓、恩丰仓、内外饽饽房、酒醋房、菜库、车库等。

掌关防章京 官名。清代八旗都统衙门所属左、右司职官。雍正七年(1729)设,每旗二人,左、右司各一人。协助掌关防参领掌管本旗印信。十三年省,改设印务章京。

掌果 官名。清内务府掌仪司果房主官。康熙十六年(1677)设,员二人,正九品。掌理供备祭祀、筵席果品及供应内廷食用果品之事。下设司果执事十二人,分办各项事务。

掌醢令 官名。隋代光禄寺掌醢署长官。置一员,从八品下,大业三年(607)升为正七品。唐沿置,员一人,正八品下。掌供醯醢之属而辨其名物。北宋初存其名,极少除授。明洪武八年(1375)改光禄寺为光禄司,置为掌醢署长官,员一人,从六品,三十年复置光禄寺,改署令为署正。

掌醢署 官署名。隋光禄寺置,有令一员、丞二员、掌醢十员。唐沿置,令一员,丞二员,掌供醯醢之物:鹿、兔、羊、鱼醢;宗庙用俎以实豆,宾客、百官用醢酱以和羹;又有主醢、酱匠、酢匠、豉匠、菹醢匠等属。宋初存其名而无职司。明洪武八年(1375)光禄司置,有令、丞各一员,监事一员。三十年改隶光禄寺,置署正一员、署丞四员、监事四员,掌供饧、油、醯、酱、梅、盐之事。清光禄寺沿置,满、汉署正各一员,满洲署丞二员,又有笔帖式、经承等属,掌供醢酱,筵宴廪饩皆供其物,征果园赋额致诸库。

掌函 吏职名。唐中书省置二十人。

掌翰 吏职名。唐殿中省尚辇局置三十人,朝会掌纸笔砚等杂供奉。

掌货贿 官名。《周礼》秋官之属。一说周代置。掌邦国所致货贿。

掌籍 官名。隋炀帝始置,为宫廷女官二十四掌之一。属尚仪局。员二人,从九品。唐改正八品,协助司籍、典籍掌管四部经籍,教授笔札之事。宋属尚书内省,员二人,正八品,职掌如故。金同唐、宋制,置二人。明置为宫中尚仪局女官,正八品。永乐后归其职于宦官。

掌计 官名。唐代始置,为宫廷女官二十四掌之一。属尚功局。员二人,正八品。为司计、典计之佐,协掌度支衣服、饮食、柴炭及其他杂物之事。宋、金悉如唐制。明永乐后归其职于宦官。

掌记 官名。唐始置,为宫廷女官二十四掌之一。属尚功局。员二人,正八品。为司记、典记之佐,协掌宫内诸司簿书,出入录目,审署加印,然后授行之事。宋、金悉如唐制。明永乐后归其职于宦官。

掌家 官名。明代为高级宦官如各内府监、司、局掌印太监,司礼监秉笔太监,随堂太监的私臣,仍以宦官为之。掌各大太监公私干办之事。

掌疆 官名。《周礼》夏官之属。一说周代置。掌理边境疆界守备。

掌交 官名。《周礼》秋官之属。一说周代置。掌巡行邦国结好诸侯。

掌节 官名。《周礼》地官之属。掌各种符节的保管、使用。

掌考 官名。太平天国朝上职官。定都天京(今江苏南京)后始设。一度特任,为会试、乡试主考官。天试、东试、北试、翼试及各省乡试均设正、副一人。翼王出走后,仅存天试。天历己未九年(1859),干王改革科举,改为钦命文衡总裁。

掌科 官名。明指六科掌印者。洪武六年(1373)铸六科给事中印,推各科给事中年长者掌之。二十四年定各科都给事中一人,掌本科印,故名。

掌客 官名。(1)《周礼》秋官之属。掌飨宴宾客牢礼等级之事。(2)隋鸿胪寺典客署官。员十人,正九品。大业三年(607)改典客署为典蕃署后不置。唐鸿胪寺典客署复置,员十五人,正九品上。掌送迎蕃客,专莅馆舍。

掌库 官名。(1)宋置为吏职。服法物库及鞍辔库均置,各若干名,掌本库细务。(2)明置为内官。内府甲字、乙字、丙字、丁字、戊字、承运、广盈、广惠、广积、赃罚各设一员,由低级宦官充任。有关防曰某字库关防,篆文一行直下。

掌戮 官名。《周礼》秋官之属。一说周代置。掌刑杀罪犯。

掌纳上士 官名。西魏恭帝三年(556)仿《周礼》职内置,北周沿置。天官府计部中大夫属官,掌赋税等国家各项收入帐簿,定期与掌出上士所管财政支出帐日核对,以掌握国家所存资财。设掌纳中士以佐其职。正三命。隋开皇元年(581)罢。

掌辇 官名。隋大业三年(607)殿内省尚辇局置,员六人。唐殿中省尚辇局初置四员,开元十三年(735)减二员,正九品下。掌率主辇四十二人分七辇以供事。北宋初存其名,极少除授。

掌皮 官名。《周礼》天官之属。一说周代置。掌制作皮革。

掌囚 官名。《周礼》秋官之属。掌囚禁罪犯。

掌阙案 官署名。北宋元丰改制后,吏部置,掌官阙。

掌染草 官名。《周礼》地官之属。一说周代置。掌染料作物的种植和收获加工。

掌扇 吏职名。唐殿中省尚辇局置六十人,朝会掌执伞扇。

掌膳 ❶官名。隋炀帝始置,为宫廷女官二十四掌之一。属尚食局。员四人,从九品。唐改正八品。为司膳、典膳之佐,协掌膳羞器皿之事。宋、金悉如唐制。明永乐后归其职于宦官。❷唐太子家令寺食官署,员四人,掌饮膳。

掌膳郎 散官名号。明洪武十年(1377)置,以授光禄司大官、珍羞、良酝、掌醢四署署丞中庖人出身者。三十年改司为寺,官制仍旧。

掌设 官名。(1)隋炀帝始置,为宫廷女官二十四掌之一。员二人,从七品,隶尚寝局,与典设佐司设掌内宫床席帷帐、铺设洒扫。唐沿置,员二人,正八品。宋亦隶尚寝局。金同唐制,与典设佐司设掌帷帐、床褥、枕席、洒扫、铺设。明洪武十七年(1384)置,员二人,正七品;二十七年增二十四典后,遂改为正八品;服劳多者,或五、六载,得归父母,听婚嫁,年高者许归,愿留者听,现授职者家给与禄。永乐后,其职尽移于宦官。(2)唐卫尉寺守宫署属官,置六员,流外八品,掌帐帘、帷幕。鸿胪寺司仪署置十八员,掌陈设凶礼丧葬之具。

掌舍 官名。(1)《周礼》天官属官。掌王之会同之舍。(2)小吏。宋代三馆置。员一人,掌有关细务。

掌食 官名。唐代置为太子内官,员三人,从八品。掌东宫膳羞、酒醴、灯烛、柴炭及宫人食料器皿,隶司馔。

掌饰 官名。隋炀帝始置,为宫廷女官二十四掌之一。属尚服局。员二人,从九品。唐改正八品。为司饰、典饰之佐,协助膏沐巾栉服玩之事。宋、金、明悉如唐制。

掌书 官名。(1)战国齐置,掌书记之事。又称尚书。《吕氏春秋·骄恣》:齐宣王"遂召掌书曰:'书之,寡人不肖,而好为大室,春子止寡人。'"(2)唐太子内官,三人,从八品,掌符契、经籍、传宣、启奏、教学、禀赐与纸笔等事。(3)明清衍圣公府属官,一人。明以流官充任,清定秩正七品,掌府内文书。(4)太平天国官,专掌文书。金田起义时即设,于东、西、南、北、翼王殿六部尚书之下,国宗、侯、相、检点、指挥之下,官阶随之变化,一般只低于主管官一级;最高则至职同总制。如国宗掌书职同总制,侯、相掌书职同监军。(5)明代道官。为龙虎山正一真人僚佐。

掌书记 官名。唐景龙元年(707)于行军总管府置,开元元年(713)方镇节度使府置为幕僚,掌起草朝觐、聘问、慰荐、祭祀、祈祝之文与号令及使府升绌之事。五代各方镇皆以重金聘求。观察使府亦置。辽节度使亦置。

掌率 太平天国官号。设于太平天国丁巳七年(1857)石达开出走之后,员四人,分别称正掌率、又正掌率、副掌率、又副掌率。初本负掌执朝政之责,洪仁玕执政后,掌率职权渐轻。

掌炭 官名。《周礼》地官之属。一说周代置。掌征收灰炭。

掌闱 官名。隋炀帝始置,为宫廷女官二十四掌之一。属尚宫局。员二人,从九品。唐改正八品。为司闱、典闱之佐,协掌宫闱管钥之事。宋、金悉如唐制。明永乐后归其职于宦官。

掌武 太尉的别称。

掌饎 官名。隋炀帝始置,为宫廷女官二十四掌之一。属尚食局。员二人,从九品。唐改正八品。为司饎、典饎之佐,协掌宫人饭食及柴炭之事。宋、金、明沿置。宋、金为尚食属佐。明置于尚食局下。明永乐后归其职于宦官。

掌玺 官名。隋炀帝始置,为宫廷女官二十四掌之一。隶尚服局。员二人,从九品,与典玺佐司玺掌内宫琮玺符节。

掌闲 吏职名。唐殿中省尚乘局置,员五千人,掌饲六闲之马,治其乘具鞍辔。由平民轮流上番,后亦可纳资代行。

掌宪 清代都察院御史之别称。

掌讶 官名。《周礼》秋官之属。一说周代置。掌礼籍等级以迎宾客。

掌严 官名。唐置为太子内官,员三人,从八品。掌东宫首饰、衣服、巾栉、膏沐、服玩、仗卫等事,隶司则。

掌言 官名。隋炀帝始置,为宫廷女官二十四掌之一。属尚宫局。员二人,从九品。唐改正八品。为司言、典言之佐,协掌宣传启奏之事。宋、金悉如唐制。明永乐后归其职于宦官。

掌筵 官名。唐代置为太子内官,员三人,从八品。掌东宫帷幄、床褥、几案、舆伞、铺设、洒扫等事,隶司闺。

掌药 官名。隋炀帝始置,为宫廷女官二十四掌之一。属尚食局。员二人,从九品。唐改正八品。为司药、典药之佐,协掌医方药物。宋、金悉如唐制。明永乐后归其职于宦官。

掌冶方令 官名。唐贞观元年(627)置,垂拱元年(685)改名掌冶令。

掌冶方署 官署名。唐贞观元年(627)置,垂拱元年(685)改名掌冶署。

掌冶令 官名。隋代太府寺掌冶署长官,置二员,从八品上。大业三年(607)改隶少府监,升从六品。唐垂拱元年(685)改掌冶方令置,一员,正八品上,掌冶铸铜铁器物。北宋初存其名而罕除授。

掌冶署 官署名。隋代太府寺置,有令二员、丞四员,大业三年(607)改隶少府监。唐垂拱元年(685)改掌冶方署置,令一员、丞二员,掌冶铸金银铜铁及涂饰玻璃玉作;另有监作、典事等。北宋存其官名而无职司。

掌谒司 官署名。元世祖至元三十一年(1294)由典宝署改立,秩从五品,隶徽政院。元贞元年(1295)升正四品,设官四员。大德十一年(1307)升正三品。置司卿、少卿各四员,丞二员。至治三年(1323)罢。

掌衣 官名。隋炀帝始置,为宫廷女官二十四掌之一。员二人,从九品,唐沿置,正八品,属尚服局。为司衣、典衣之佐,协掌衣服首饰之事。宋、金、明悉如唐制。

掌医 官名。唐置为太子内官,员三人,从八品。掌东宫医药、伎乐,隶司馔。太平天国军中置为给事官。

掌医监 官署名。元至大元年(1308)由掌医署改立,秩正五品,隶徽政院。置领监官、达鲁花赤各一员,卿四员,太卿、太监各五员,少监六员,丞二员。至治三年(1323)罢。

掌医署 官署名。元世祖至元三十一年(1294)由典医署改立,秩从五品,隶徽政院。至大元年(1308),升掌医监。

掌仪 官名。(1)隋鸿胪寺司仪署置二十员。(2)唐太子左春坊置二员,流外二品,为左赞善大夫之属，赞相礼仪。(3)宋太学、武学、州县学常置一员，掌升堂释奠礼仪。

掌仪署 官署名。元置。属徽政院。世祖至元二十年(1283)始置，属詹事院。掌有关户口房舍事务。三十一年，改属徽政院。泰定帝泰定元年(1324)，改典设署。有令、丞。

掌仪司 官署名。清代内务府所属七司之一。初名钟鼓司，继改礼仪监、礼仪院，康熙十六年(1677)改掌仪司。掌内廷礼乐及太监之品级、升调诸事。每届纂修玉牒之年，将未入黄册之皇子、皇孙、公主等开单送宗人府。设郎中二人，员外郎八人，主事、委署主事各一人，以及赞礼郎、司俎、司祝、司香、司碓、司爨、笔帖式、书吏各官。又设首领太监、副首领太监、太监等，掌传达内廷交办事项及内务府与敬事房往来文移。所属有中和乐处及果房，分掌奏乐和供备果品。此外，南苑、京畿、直隶、盛京等处所设果园之额征亦由本司查核。宣统元年(1909)以避溥仪讳改掌礼司。

掌饮局 官署名。元代置，秩正五品，掌内府饮食。

掌印给事中 官名。清代六科主管。康熙五年(1666)改都给事中设。每科满、汉各一人。掌发科抄，稽庶政，注销各衙门文卷及发给敕书、赴任文凭，察核奏销册、文武生童学册等事。初制，满员四品，汉员七品，康熙九年，俱定七品。雍正七年(1729)升正五品。光绪三十二年(1906)升正四品。

掌印监察御史 官名。清代都察院属官。初，十五道中仅河南、江南、浙江、山东、山西、陕西六道授给印信，其掌印者称掌道，一般监察御史称协道；湖广、江西、福建、四川、广东、广西、云南、贵州八道为不给印的空衔坐道，由六道掌道兼理；京畿道给印而不设专员。乾隆十四年(1749)按道定额，各道均给印信，每道设掌印监察御史满、汉各一人，并固定各道职掌。

掌印太监 官名。明代于宦官二十四衙门及内府供用库、司钥库、内承运库、灵台、皇陵、孝陵、长陵等处分置。为各衙门最高宦官。以司礼监掌印太监品秩最尊。

掌舆 官名。隋炀帝始置，为宫廷女官二十四掌之一。属尚寝局。员二人，从九品。唐改正八品。为司舆、典舆之佐，协掌舆辇伞扇之事。宋金沿唐制，为尚寝属佐。明置于尚寝局下，员二人，正八品。明永乐后归其职于宦官。

掌禹锡(992—1068) 北宋许州郾城(今属河南)人，字唐卿。天禧进士。历道州司理参军、并州通判。丁度荐为侍御史。出为河东提点刑狱。返朝后累擢直秘阁。英宗朝以尚书工部侍郎致仕。好储书，记述甚多。曾预修《皇祐方域图志》、《地理新书》。又校注《神农本草》，将药物名状，绘为图经。

掌园 官名。唐置为太子内官，员三人，从八品。掌东宫园苑种植蔬果，隶司馔。

掌苑 官名。隋炀帝始置，为宫廷女官二十四掌之一。属尚寝局。员二人，从九品。唐改正八品。为司苑、典苑之佐，协掌园苑种植蔬果之事。宋、金悉如唐制。明永乐后归其职于宦官。

掌乐 官名。隋炀帝始置，为宫廷女官二十四掌之一。隶尚仪局，为司乐、典乐之属，员四人，从九品，协掌音乐。唐沿置，员四人，正八品，协掌内宫弦乐及诸乐陈布之仪。金沿唐制，品秩、职掌皆同。明洪武十七年(1384)尚仪局置，员四人，正八品，协助司乐、典乐掌音乐之事。

掌乐郎 散官名。金章宗明昌三年(1192)置，属教坊。从八品上。元废。

掌酝 ❶官名。隋炀帝始置，为宫廷女官二十四掌之一。属尚食局。员二人，从九品。唐改正八品，为司酝、典酝之佐，协掌酒醴进御。宋、金悉如唐制。明永乐后归其职于宦官。❷吏名。隋、唐光禄寺良酝署置，员数十人，掌酒醴供设。

掌赞 官名。隋炀帝始置，为宫廷女官二十四掌之一。属尚仪局。员二人，从九品。唐改正八品。为司赞、典赞之佐。宋为尚仪属佐，协助司赞掌礼仪、班序、设版、参拜之事。金沿唐、宋之制，置二人。明置为女官六局中尚仪局属，位次司赞，员二人，正八品，掌朝见、宴会、赞相之事。明永乐后归其职于宦官。

掌藏 官名。唐代置为太子内官，员三人，从八品，掌东宫财货、珠宝与锦彩出入，隶司则。

掌仗 官名。隋炀帝始置，为宫廷女官二十四掌之一。属尚服局。员二人，从九品。为司仗、典仗之佐。协掌朝贺时帅女官擎执仪仗之事。唐改正八品。宋、金、明悉如唐制。

掌珍 官名。唐代始置，为宫廷女官二十四掌之一。属尚功局。员二人，正八品。为司珍、典珍之佐，协掌金玉珠宝财货之事。宋、金悉如唐制。明永乐后归其职于宦官。

掌正 官名。(1)隋炀帝始置，为宫廷女官二十四掌之一。隶尚官局，员二人，从九品，与典正为司正之佐。(2)唐太子内官，置三员，从八品，掌文书出入、管钥、纠察推罚，隶司闺。

掌织 官名。隋炀帝始置，为宫廷女官二十四掌之一。隶尚工局。员二人，从九品，与典织佐司职掌内宫织染。

掌制 官名。隋炀帝始置，为宫廷女官二十四掌之一。属尚工局。员二人，从九品。唐改正八品，属尚功局。为司制、典制之佐，协掌裁缝衣服之事。宋、金悉如唐制。明永乐后归其职于宦官。

掌馔 官名。(1)金置，为皇后位下女职。员一人，八品，掌饮食汤药酒醴蔬果之事。(2)明国子监属官。洪武十三年(1380)改典膳置。国子监掌馔厅初置一人，后增至二人。中都国子监、南京国子监均置。于掌馔厅办事，管监生饮膳之事。

掌坐 官名。宋代恩荫官名目之一。由礼部奏补。

掌座 官名。唐代两京郊社署郊坛置，员二十四人，以主神御之物，皆由礼部自斋郎中奏补，任满十二年授官。

zhàng

丈夫团　全称铁血丈夫团。清末留日学生团体。光绪三十三年(1907)初,黄兴代理中国同盟会总理,为避免中国留日陆军士官学生中的同盟会员暴露身分,另组织"丈夫团"以资联络。以"富贵不能淫,贫贱不能移,威武不能屈"(孟子语)为守则。主要成员有黄郛、李根源、李烈钧、程潜、李书城等二十八人。曾派遣会员回国在新军中开展活动。后更名丈夫成城团。

丈量步车　明程大位发明的测量长度的工具。其原理和现在的卷尺相同。程大位自称:"宾渠初创心机巧。"宾渠即程大位的字,步车的主要构件为竹篾,并涂以明油,量地时弄脏后可洗净,结构精巧实用。

丈量册　明清土地登记簿。册内按户登记土地亩数、四至疆界,并将土地高岗、低洼、涝旱、肥瘠及沙卤诸形绘入册内。

仗内六闲　马厩名。掌饲养御马,也称六厩,为飞龙、祥麟、凤苑、鹓鸾、吉良、六群。始置于武周万岁通天元年(696)。初隶殿中丞,后专属闲厩使。

仗身　❶即执仗卫士。南朝皇帝禁卫军有斋内仗身,即皇宫斋内执仗卫士。北朝王公、权臣亦有仗身,多者达百人。❷唐代色役之一。配给文武官的役使人。初,在京职事武官和武散官五品以上,分别配给一至三人,取于番上卫士,役而不收课;外官或都护府官员,配给二至四人,皆取于防人、卫士,十五日而代;镇戍之官,分别配给一至四人;折冲府官,配给一至六人。麟德二年(665)起,文官职事五品以上,同武职事,配给仗身,以掌闲、幕士为之。后时废时置,无定制。折冲府将官的仗身,取于本府府兵,普遍实行纳资代役,岁纳资课钱二千五百六十文。

仗头　清代贩卖私盐集团的首领。

杖刑　古代刑罚名目。用官杖责打犯人脊背或臀部、腿部。唐律定为"五刑"之二,重于笞刑,轻于徒刑。五刑之中,除笞、死二刑外,杖、徒、流均要行杖刑。杖刑原定一百、九十、八十、七十、六十下共五等,宋代行*折杖法,顺次改罚臀杖二十、十八、十七、十五、十三下五等。元明以后复旧制。

帐　亦称族帐。党项人居住单位。一家号一帐。所居帐篷,用木架结构,覆以毛毡。

帐房　❶清代工商厂铺之会计处,称帐房。❷清代江浙地区大绸商所开设之总店,称帐房。一般不直接开设机房,而散放织机与丝经给予机户,机户于家中为之代织,由其包收,计匹给值。每个帐房均控制若干小机户。

帐籍告身案　官署名。北宋元丰改制置,隶兵部,掌兵部帐籍,颁发武选告身。南宋沿置。

帐内　❶官名。北魏末高欢置为近侍之职。《北齐书·张保洛传》:"以帐内从高祖出山东,有麴珍、段琛、牒舍乐、尉摽、乞伏贵和及弟令和、王康德,并以军功至大官。"西魏宇文泰亦置,皆用亲信,掌侍卫。又有帐内大都督、帐内军主、帐内别将、帐内都将、帐内都督、帐内督等名。大丞相府又置帐内亲信大都督、帐内亲信都督、帐内虞候大都督、帐内虞候都督、帐内直荡都督等职。隋代三公以下、三品以上官员左右并置为亲兵。唐代诸王亲事府、帐内府置六百六十余人,以典军、副典军统领,掌侍卫、陪从。❷兵种名。据新疆吐鲁番出土十六国北凉玄始十一年(422)文书等所记,当为北凉统治集团的警卫或亲随一类的军兵组织。

帐内都督　官名。北魏末及东、西魏置。统领主帅左右的侍卫军士,东魏中外府、西魏大丞相府皆设。

帐内府　官署名。唐武德年间秦王、齐王府置,并分左、右。贞观以后不分左、右。置典军、副典军各二员,掌府事,领校尉、旅帅、队正、队副及帐内亲兵,侍卫陪从。

帐司　宋代提举帐勾磨勘司等的简称。又作吏名。于帐司置,选后行人充任。

帐下　官名。十六国前凉及北魏置,为将帅左右的亲信侍从。因行军多居营帐,故有此称。北魏初,诸王亦置。自东汉末,又有帐下吏、帐下帅、帐下司马、帐下统军、帐下都督、帐下督等诸多名目。

帐下都督　官名。北魏置。为主将亲信,统领帐下亲军,侍卫主将。

帐下督　官名。三国魏王公领兵及任方面者与诸将军,置有帐下督(或称帐下都督)一人,统帐下兵,为七品官。吴有帐下左右都督,掌宿卫兵。晋诸公及诸大将军皆置。十六国时后燕亦置。

帐下司马　官名。东汉末置,掌有关军旅事务。兴平元年(194)赵韪为益州帐下司马。西晋太尉贾充统军伐吴时,置二十人。

障　秦、汉时边塞上险要处作防御用的城堡。《史记·蒙恬列传》:"太史公曰:吾适北边,……行观蒙恬所为秦筑长城亭障。"《汉书·匈奴传》:"出五原塞数百里,远者千里,筑城、障、列亭,至卢朐。"《资治通鉴》:西汉武帝元狩四年(前119),"居一障间",胡三省注引颜师古曰:"障,谓塞上要险之处,别筑为城,因置吏士,而为蔽障以御寇也。"胡三省注又云:"汉制,每塞要处别筑为城,置人镇守,谓之候城,此即障也。"

障车　唐时民间嫁娶,彩车过时,观者拦截,邀酒食以为戏乐,致车不得行,称为障车。王公贵家乃至广奏音乐,多集徒侣,遮拥道路,留滞淹时,邀取财物,动逾数万。太极元年(712),左司郎中唐绍奏请禁断。建中元年(780),礼仪使颜真卿再请禁断。虽有禁令,但无实效。

障塞　秦汉时边防工事。汉代长城称塞,每隔百里塞墙,于险要之处筑一城堡,称障。边郡部都尉领诸障,障领诸亭燧,故常以障塞与亭燧对称。《汉书·匈奴传》:"障塞破坏,亭燧灭绝。"

障山　在今湖北安陆市东。《资治通鉴》:西晋太安二年(303),义阳蛮张昌起事,"诏遣监军华宏讨之,败于障山",即此。

障尉 官名。又称塞尉、障塞尉。为障候之副。《后汉书·百官志》:“边县有障塞尉。本注曰:掌禁备羌夷犯塞。”秩二百石。与障候同辖诸部候长。障候不在,常试守候事。属吏有尉丞、士吏、尉从史、尉史等。障候下行文书皆经障尉而下达于士吏、候长等。

zhāo

招宝山 在今浙江宁波市镇海区东北角甬江口北侧。因该地潮汐出入,本名候涛山,后因海上来华贸易各国船只停泊于此,改今名。南临港口,屹然耸峙,为海防要地、浙东门户。明代前在此设烽堠。嘉靖三十九年(1560)于山顶筑威远城,驻兵戍守。清光绪三年(1877)建威远炮台。十一年中法战争时,炮台守军重创入侵法舰,法帅孤拔因伤毙命。

招捕总录 书名。不著撰人。见于《国朝文类》所收虞集《经世大典序录》,实即《经世大典·政典·征伐》招捕条之文。元修《经世大典》早已散佚,赖此得以部分保存。所记元代招捕事宜,起于世祖至元,迄于英宗至治,包括云南、广东、广西、湖南、湖北、江西、福建、浙东、四川等地,叙述颇详。多不见于《元史》,为研究元代各族人民起义的重要资料。单行本收入《守山阁丛书》。

招差术 古算学术语。又称招差法、内插术或内插法。是已知若干与自变量对应的函数值,求在这些自变量范围内与其他自变量相对应的函数值的一种方法。常用来推算日、月、五星的运动和位置。内插法分为自变量等间距内插和自变量不等间距内插两种。设自变量x,取间距恒为h,函数关系为f,则函数值之差$f(x+nh)-f[x+(n-1)h]$称为一次差,其中$n=1,2,\cdots$。若各一次差不恒为零,且各不相等,则可以求得各相邻一次差的差数,称为二次差。以此类推。现代数学可以证明,自变量等间距的第n次代数函数,其第n次差为恒等的常数。《周髀算经》载有最简单的内插法,即等间距一次内插法。这种内插法是以太阳作匀速运动为前提的。隋天文学家刘焯认为太阳作匀加速运动,故他首先在天文历法中采用了等间距二次内插公式,载于所著《皇极历》。唐张遂(即僧一行),在《大衍历》中首次采用了不等间距二次内插法。元郭守敬、王恂等进一步认识到,日、月、五星运行的加速度也是不断变化的。故他们在《授时历》中使用等间距三次差内插法来计算太阳及其他天体的视行度数。元朱世杰解决了四次差内插法,其原则可推广到解决任意次差的招差问题。

招刺 宋承晚唐五代旧制,招募军士时,须刺字于被募者之面或手臂、手背,标明其所属军队番号,以防逃亡,称招刺。

招刺利物 宋新募军士刺字后,按军队等级,发放衣鞋、钱币之类,称招刺利物。

招籴 南宋时,置场招徕商人、富豪等籴买粮草,称招籴。在财政窘急时,往往变为强行征购。

招抚使 官名。唐代置于边疆地区,掌安抚边民。宋代不常置。掌招抚讨伐事务。宋太宗时,为镇压李顺起义,曾设川峡招抚使。北宋末年,对金战争中,有时在金统治区设招抚使,负责收复失地。如张所曾任河北西路招抚使,刘光世曾任三京等路招抚处置使,但旋即废罢。招抚使官署称招抚使司,也称招抚司。

招复 科举考试用语。清制,童生参加院试初选有名者,由学政再行面试,以定去留,称“招复”,亦曰“提复”。面试内容不固定,大多较简单,且时间很短,至有以一炷香为限者。招复无定制,或仅招复数人,或竟不招复,均由学政决定。

招刚 即“招纲”。

招纲 一作昭纲、招刚。傣族土司属官。钱古训、李思聪《百夷传》:“昭纲,领千余人。”

招谏匭 见“铜匭”。

招解 司法用语。清制,业已招供的罪犯,需解送上级复审者,录其招供,派胥役押解送审,谓之招解。

招木化 一作招化。明代老挝军民宣慰使司属官,地位仅次于招木弄、招木牛。参见“招木弄”。

招木牛 一作招木中。明代老挝军民宣慰使司属官,地位仅次于招木弄。参见“招木弄”。

招木弄 一作招木美。明代老挝军民宣慰使的傣语称谓。《明史·云南土司传》:老挝军民宣慰使司有三等,“一曰招木弄,一曰招木牛,一曰招木化。”宣慰使为招木弄。

招募砂丁 清代矿工之一种。受雇于峒主,按月领取工银,去留自由。参见“砂丁”、“月活”。

招商中茶 明代招商开中茶叶,以充边饷之制度。洪武末,行“茶粮事例”,于四川成都、保宁(今阆中)、重庆(今重庆市)、播州(今贵州遵义)置茶仓,令商纳米中茶,以米济边或备赈,旋罢。宣德十年(1435),行“运茶支盐事例”,令商于成都、保宁等处官仓支茶,每官茶百斤,与折耗茶十斤,自备脚力运赴甘州(今甘肃张掖)、西宁(今属青海),付准浙官盐八引、六引为酬,正统元年(1436)罢。弘治三年(1490)行“茶钱事例”,令陕西布政司出榜召商,商人纳价给引,赴产茶地收买茶斤,运付指定茶马司,以十为率,六分听其货卖,四分入官,亦有五五中分或官三商七者,引价初纳钞,后改纳银。十五年,命禁招商中茶。

招讨使 ❶使职名。唐贞元末始置。为战时权置军事长官,兵罢则停。其下有副使等。任命时多冠以某某道名或战争方位名。北宋亦置。为一路至数路地区统兵官,掌招抚讨伐事务。南宋初,位宣抚使下、制置使上。对金战争中,往往以文武大臣遥领金统治区招讨使。其官署称招讨使司或招讨司。辽、金、元亦置。辽负责统领编入军籍之俘降军兵,金掌招抚征讨及接受贡纳、颁给赏赐等事,元掌招抚征讨事。❷明清土官名号之一。明仅四川设一员,从五品,为土官署招讨司长官,其下有副使,受地方长官约束,世袭,其承袭事隶兵部。清沿明制。雍正间改土归流后废。

招讨司　官署名。初为军事行政机构。北宋庆历三年(1043),以郑戬为四路都招讨,置府于泾州,招讨使始专置官署。辽始置招讨司,时俘降军兵,编入军籍,隶招讨司统领。有招讨使、副使、都监等官职。金置西北、西南、东北三路招讨司,掌招抚、征讨诸部族及接受贡纳、颁给赏赐等事。有招讨使一员,副使二员,下设判官、勘事官、知事、知法等官。元招讨司置于边远地区,为地方官署,秩正三品。置达鲁花赤、招讨使、经历各一员,有土番、剌马刚、天全、係不思、沿边溪洞等处招讨司。设于唆尼、诸番、征沔、长河西里管军、檐里管军、脱思麻田地的招讨司,各置副使一员,无达鲁花赤。明代,设置天全、六番招讨司一,为土官衙门。长官为招讨使,其属官有副使、吏目各一员,掌管地方军政事务。初属吏部,后改属兵部。

招提　一作召提。佛教寺院别称。

招贤馆　一名集贤馆。湖北军政府为延揽人才而设立的专门机构。1911 年 10 月在武昌(今湖北武汉)成立。设馆长一人,总领馆务,由刘度成、蒋秉忠等先后担任,负责起草电文、布告、往来函件及接待四方投效人员等事务。

招贤所　官署名。金代置,备咨询。设于宣宗贞祐四年(1216),以谏官许古等掌其事。

招远将军　官名。南朝梁置,天监七年(508)定为武职二十四班中的二班,大通三年(529)改为武职三十四班中的七班。陈沿置,定为拟九品,比秩四百石。

招主　明清时与瑶山、官府及商人均有交结的人。多以通报官府动静,取得瑶民信任,充当入山贸易的商人与瑶山之间的中间人。平时为官府刺探瑶山虚实,镇压时充当向导,通过此类活动取得不正当的利益。

昭　明代云南 * 百夷最高土首领名号。世封宣慰使,亦为宣慰使俗称。

昭百　明代云南百夷土首领等级之一。领军民百余人。

昭常　战国时楚国大臣。楚怀王三十年(前299),怀王入秦被拘,入质于齐的楚太子欲归,齐王以索楚东地五百里放归。太子回楚即位,是为楚顷襄王。齐使旋来索东地,他劝顷襄王勿予齐地,认为楚为"万乘者,以地大为万乘,今去东地五百里,是……有万乘之号,而无千乘之用也"。旋奉命为大司马,往守东地。见《战国策·楚策二》。

昭代典则　书名。明黄光升编辑。二十八卷。编年体。叙述明朝历代帝王功绩,文武大臣与贤哲之士事业,并记载有关礼乐征伐,以及行政建置、人口变动等。始自元至正十二年(1352)明太祖起兵,止于穆宗隆庆六年(1572)。按年月记事,每条皆提纲列目,内容简赅,颇有条理,而特详于太祖一朝。前有祝世禄序,称作者为郑晓之后颇有史材之史家,自成一家之言。有万历二十八年(1600)刻本,流传极少。

昭代经济言　书名。明陈子壮辑。十四卷。是书辑明臣八十余人之言论,汇为一集。自洪武朝至于天启初,有一定史料价值。清道光年间收入《岭南遗书》,原刊中汪道昆《北虏纪略》一篇,大部被删节。

昭盖　战国时楚国大臣。楚顷襄王初立,齐使强索楚之东地,他为王出谋,令屈署以东地伪和于齐,诱使秦出兵援楚。秦果令华阳君告楚,勿予齐东地,秦将出兵。楚东地得以保全。见《战国策·楚策四》。

昭纲　亦作招刚。明代云南百夷土首领名号之一。领军民千余人。

昭功万户都总使司　元官署名。至顺二年(1331)立,领文宗潜邸扈从之臣。秩正三品,领以都总使二员,下设同知、副使等官。辖宫相都总管府、膳工司等机构。顺帝时罢,至元六年(1340),将其司属付资正院领之。

昭关　春秋楚国东部重要关隘,在今安徽含山县西北小岘山上。其地两山峙立,有口可守,当楚、吴两国交通要冲。《史记·伍子胥列传》:楚平王时,伍子胥"奔吴,到昭关,昭关欲执之",即此。南宋时,宋、金又尝作战于此。《宋史·王德传》:绍兴十一年(1141),拔和州,"敌退保昭关,又击走之"。

昭哈斯　明代云南百夷土首领等级之一。领军民五十人左右。

昭和署　官署名。元代置。设于世祖至元十七年(1280),专领河西乐人,秩从六品,隶礼部仪凤司。成宗大德十一年(1307),升正六品。武宗至大四年(1311),改为天乐署。

昭怙釐大寺　古龟兹寺院。又名雀离大寺。玄奘西行,曾至此礼拜。在今新疆库车北约 20 公里苏巴什铜厂河东、西两岸。塔庙隔河对峙,故名东西昭怙釐。

昭华　妃嫔名号。三国魏明帝置,位在昭仪下,爵比乡侯。晋代未置。南朝宋孝建三年(456)复置。为九嫔之一,泰始元年(465)废,三年复置。南齐未置,梁、陈仍列入九嫔。北齐亦置,为二十七世妇之一,比从三品。

昭惠国后　即"周娥皇"。

昭忌　战国时魏国大臣。秦攻韩之管邑(今河南郑州市),魏昭王发兵救之。他以为如是则秦必攻魏之大梁(今河南开封市)。魏王不听。秦果释管而攻魏。魏王恐,使其见秦昭王,以攻大梁将促成天下合纵攻秦为言,秦果放弃攻魏。见《战国策·魏策四》。

昭睢　战国时楚国人。事楚怀王,力主联齐、援韩以拒秦。楚怀王三十年(前 299),秦昭王约楚怀王会武关(今陕西丹凤东南),曾劝谏怀王毋行,以为"秦虎狼不可信",当发兵自守。怀王不听,入秦果被拘留。时怀王太子横为质于齐,楚无君。诸臣欲立怀王子在国者。他以为不宜。乃诈称怀王死,使齐归太子横而立之,是为楚顷襄王。

昭觉寺　在今河南孟津县境。《资治通鉴》:唐宝应元年(762),仆固怀恩讨史朝义,朝义悉其精兵十万"陈于昭觉寺,官军骤击之,杀伤甚众"。

昭君墓 相传为西汉元帝时,远嫁匈奴单于,受封宁胡阏氏(王后)的王昭君(名嫱)之墓。因远望墓表黛色冥濛,故又称青冢。在今内蒙古呼和浩特市南郊、大黑河南。占地约五十亩,高30余米,有土阶可登。建国后进行修整。墓前有亭,旁有碑碣,以记昭君事迹。

昭釐 战国时楚国大臣。事楚威王。因恶威王学书于沈尹华,使王之侍御进谗于王,威王遂疏沈尹华,他得行其私于朝。见《吕氏春秋·去宥》。

昭礼可汗(?—832) 回鹘汗国第十一代可汗。原号曷萨特勤。保义可汗弟。长庆四年(824)嗣位,建号爱登里啰汨没密施合毗伽可汗。大和六年(832)为部下所杀。

昭梿(1776—1830) 清礼亲王代善后裔。自号汲修主人,又号檀樽主人。嘉庆七年(1802)授散秩大臣。十年袭礼亲王爵。二十年被人控告凌辱大臣、非法拷打属下庄头,革爵,作为闲散宗室圈禁三年。次年提前释放,自此脱离政治活动。所著《啸亭杂录》,记载清代典章制度、名人轶事、史事遗闻等,有较高史料价值。

昭陵 ❶唐太宗李世民墓。在今陕西礼泉东北四十五里之九嵕山。始建于贞观十年(636),葬长孙皇后。二十三年,葬太宗。陵山以垣墙围绕,四隅建角楼,南北东西开四门,名为朱雀、玄武、青龙、白虎。陵园内有献殿、寝宫、祭坛。玄武门东西庑殿列石刻六骏马,又有十四蕃国君长石刻像。陵园周长一百二十里,面积约三十万亩。现为全国重点文物保护单位。陪葬墓一百六十七座,遗存墓碑四十二通,1974年移入昭陵博物馆内陈列,称昭陵碑林。❷宋仁宗陵名"永昭陵",宋人亦以"昭陵"称仁宗。❸明穆宗陵墓。参见"十三陵"。❹清太宗皇太极和孝端文皇后博尔济吉特氏陵墓。在今辽宁沈阳市区北部。又称北陵。为盛京三陵(余为福陵、永陵)中规模最大和保存最完整的一座。崇德八年(1643)埋葬皇太极时始建,至顺治八年(1651)竣工。康熙、嘉庆时又有所增建。陵为平地建造,面积18万平方米。

昭陵六骏 唐浮雕名。贞观中,太宗命于昭陵琢平生征战所乘六马石像,立于北阙祭坛之东西庑殿。太宗自制马赞,欧阳询八分书刊石上。马皆为浮雕,各有名称,姿态不同,并有中箭数及立功故事。名白蹄乌者,为平薛仁杲时所乘;名特勒骠者,为平宋金刚时所乘;名飒露紫者,为平东都时所乘;名青骓者,为平窦建德时所乘;名什伐赤者,为平王世充、窦建德时所乘;名拳毛䯄者,为平刘黑闼时所乘。欧书早已磨灭,原石亦在1914—1918年被盗窃者砸破。其中四石今存陕西省博物馆。拳毛䯄、飒露紫二石被盗往国外,今存美国费城宾夕法尼亚大学博物馆。

昭陵县 西汉置。治今湖南邵阳市。属长沙国。东汉属长沙郡。三国吴先后为零陵北部都尉、昭陵郡治。西晋太康元年(280)因避司马昭讳,改为邵陵县。

昭禄 亦作招鲁。明云南百夷土首领名号之一。领军民一万余人,听命于明。

昭卯 即"芒卯"。

昭孟 亦作陶孟、叨孟。明代云南百夷土首领名号。总理政事,兼领军民,统辖十数万人,少者亦数万人,地位仅次于昭。

昭明 商先公。相传为契之子。居于砥石,后又迁于商(今河南商丘南),见《世本·居篇》。

昭明县 西汉武帝置。治今朝鲜黄海南道信川郡北一带。初属真番郡,昭帝后为乐浪郡南部都尉治,东汉末属带方郡,约西晋初更名南新县。

昭莫多 一作昭摩多,蒙古语为"树木",在今蒙古国乌兰巴托市东南土拉河上游南岸宗莫德。清康熙三十五年(1696)康熙帝率大军败噶尔丹于此。

昭莫多之战 清军与蒙古准噶尔部噶尔丹间的重大战役。康熙三十四年(1695)五月,噶尔丹以骑兵三万,并扬言借俄罗斯炮手鸟枪兵六万,由科布多东犯克鲁伦河以北巴颜乌兰。三十五年二月,清圣祖北上第二次远征,发兵十万,分为东、西、中三路出击。费扬古率西路清军在昭莫多(今蒙古国乌兰巴托东南宗莫德)与噶尔丹主力遭遇。激战一日,胜负未决。清军调骑兵迂回猛袭噶尔丹阵后辎重,并另遣骑兵攻翼侧。噶尔丹部阵乱,西窜塔米尔河流域。是役,噶尔丹主力尽失,清朝取得了战争的决定性胜利。

昭穆 古代礼制中宗庙的排列次序。《周礼·春官·小宗伯》:"辨庙祧之昭穆。"郑玄注:"自始祖之后,父曰昭,子曰穆。"即始祖居中,以下子孙分别排列左、右,左昭右穆。始祖之子为昭,始祖之孙为穆,始祖孙之子又为昭,始祖孙之孙又为穆。这样,在昭穆排列中,父子始终异列,而祖孙则始终同列。墓地葬位也同样分左右次序,《周礼·春官·冢人》:"先王之葬居中,以昭穆为左右。"祭祀时,子孙也按此规定排列次序,用来分别宗族内部的辈分,《礼记·祭统》:"夫祭有昭穆。昭穆者,所以别父子、远近、长幼、亲疏之序而无乱也。"

昭平县 北宋宣和六年(1124)改龙平县置。治今广西昭平县。属昭州。南宋淳熙六年(1179)改为龙平县。明洪武十八年(1385)废入平乐县。万历四年(1576)分平乐、富川二县地复置,次年又分贺县地益之。明清属平乐府。

昭仁寺碑 又称《豳州昭仁寺碑》。今存陕西长武昭仁寺中,石仍完好。唐贞观四年(630)刻。朱子奢撰,书者不具名。楷书四十行,行八十四字。与《等慈寺碑》同为太宗纪念唐开国战死者而立。宋郑樵、明赵崡定为虞世南书,清王澍否定之。

昭容 内官名。皇帝嫔妃。南朝宋孝建三年(456)置,泰始三年(467)取代修容以为九嫔之一。南齐武帝永明七年(489)复置,位列九嫔。梁、陈沿置。唐代置为九嫔第二,一人,正二品。宋代为内命妇之一,位昭仪下、昭媛上,正二品。金代亦为九嫔第二,正二品。

昭鼠 战国时楚将。楚怀王时为宛(今河南南阳)尹。秦令术视伐楚,他率军十万屯于汉中。时楚将昭睢已胜秦军于重丘(今河南泌阳东北)。他恐楚王分其兵于昭睢,遂以秦兵将出汉中为由,遣苏厉说于楚权臣芈戎,芈戎言于楚王,以保全其兵。见《战国策·楚策二》。

昭潭 在湖南长沙市南湘江中。因在昭山之下,故名;一说周昭王南征,没于此潭,因以为名。南朝宋刘澄之《永初山川记》:"昭山下有旋潭,深无底,是湘水最深之处"(《太平寰宇记》卷一一四引)。东晋南朝时因在湘州治所(今长沙市)附近,亦名湘州潭。隋改湘州为潭州,即因此潭得名。

昭通府 清雍正九年(1731)改乌蒙府置。治恩安县(今昭通市),辖境相当今云南昭通地区(巧家县除外)。属云南省。1913年废。

昭王南征 西周昭王即位之后,致力于向南方发展。曾多次率军南征荆楚,十六年又率军南征。十九年南征楚后返师时乘船经汉水,因船坏而死于水中。《左传·僖公四年》:"昭王南征而不复,寡人是问。"杜预注:"昭王,成王之孙,南巡守,涉汉,船坏而溺。周人讳而不赴(讣告),诸侯不知其故,故问之。"

昭文馆 官署名。即唐代弘文馆,神龙元年(705)因讳改,二年改修文馆,景云中又改昭文馆,开元七年(719)复名弘文馆,隶门下省。宋代为崇文院三馆之一,掌藏经、史、子、集四部图籍及修写校雠等事,置大学士,以宰相兼,别置直馆、判官,元丰改制,并归秘书省。辽代置,有直学士等员。

昭文县 清雍正二年(1724)分常熟县东南部置。与常熟县(今江苏常熟市)同城而治。属苏州府。1912年并入常熟县。

昭文相 北宋宰相兼昭文馆大学士的简称。

昭文新报 报纸名。清同治十二年闰六月(1873.7)由艾小梅创办于汉口。初为日刊,后改五日刊。装订如书册状。内容以奇闻轶事、诗词杂作为主。因销路不畅,未几停刊。

昭乌达盟 清内蒙古诸盟之一。以会盟地在翁牛特左翼旗境内的昭乌达地方,故名。隶理藩院。辖敖汉、奈曼、阿鲁科尔沁、克什克腾、喀尔喀左翼各一旗,巴林、札鲁特、翁牛特各二旗,共八部十一旗。南界卓索图盟,北界哲里木盟,西界锡林郭勒盟。今内蒙古仍沿用该盟名称为所辖政区名,辖两县七旗,地略同。

昭武 清初吴三桂年号(1678)。

昭武大夫 官阶名。清初武职正四品之封赠,乾隆五十一年(1786)改为昭武都尉。

昭武大将军 武散官名。金、元皆置,三十四阶之第七阶。金正四品上。元正三品,宣授。

昭武都尉 官阶名。清乾隆五十一年(1786)改昭武大夫设,为武职正四品之封赠。

昭武副尉 官名。唐始置,为正六品下武散官。北宋初沿置,为正六品武散官,元丰改制罢。

昭武将军 官名。三国魏置,为杂号将军中权任较重者,五品。三国吴亦置。北魏置,太和十七年(493)定为从三品下,二十三年改为四品。明代置为武职正三品加授之散阶称号。

昭武校尉 官名。唐始置,为正六品上武散官。北宋初沿置,为正六品上武散官,元丰改制罢。

昭武九姓 隋唐时对中亚阿姆河、锡尔河流域九姓政权的总称。据《新唐书·西域传下》,九姓为康、安、曹、石、米、何、火寻、戊地、史。康国旧居祁连山北之昭武城(今甘肃临泽北),其王本温姓,月氏人,汉康居之后裔,为匈奴所破,移居于此。其支庶分王各地,并以昭武为姓,故谓昭武九姓。其俗信祆教,杂以佛教。居民以农业为主,兼营畜牧,并善经商。与隋唐关系密切。永徽年间内附,唐以其地置康居、大宛二都督府及南谧、佉沙、贵霜、安息、木鹿五州,以其王任都督、刺史,隶安西都护府。后为大食征服。

昭武钱 清康熙十三年(1674),吴三桂称周王,继铸利用钱后,又铸文为"昭武"之钱,称昭武钱。乾隆二十二年(1757)令易换收回。

昭武王 元代诸王封号,授驼纽金印。合伯驸马、火沙知院等先后受封。

昭武县 相传本大月氏昭武城(《魏书·西域·康国传》),西汉置县。治今甘肃临泽县北。属张掖郡。西晋改为临泽县。

昭西陵 清太宗孝庄文皇后陵墓。参见"京东陵"。

昭奚恤 战国时楚国人,名鱼(鱼亦作歔)。楚宣王时封于江(今河南正阳),故亦称江君奚恤。曾为楚令尹,历仕楚宣王、威王、怀王三朝,专国政,以威势著闻于中原诸侯。楚宣王十七年(前353),魏破赵都邯郸(今属河北),赵向楚求援,他劝楚宣王不救赵而助魏,楚王不纳。楚怀王十九年(前310),魏相田需死,楚恐魏以张仪、公孙衍、田文为相,他嘱苏代劝魏襄王以太子为相。他曾与江乙相恶,《战国策·楚策一》载江乙所言"狐假虎威"的故事,即暗喻昭奚恤为狐。

昭信股票 清末公债名。光绪二十四年(1898)清政府为支付《马关条约》规定的第四期赔款而在国内发行。户部特设昭信局,各省设分局管理。公债发行总额一万万两,年息五厘,以地丁、盐课为担保。自三十四年起,分二十年还清,前十年付息,后十年本息并还。股票准许自由买卖,亦可抵纳地丁、盐课。总额在十万两以上者优奖,五十万两以上者破格奖赏。结果全国募集不足五百万两,大部分系强制摊派。同年七月停止发行。

昭信校尉 官名。三国蜀置,授予出使其他政权的使臣。金、元皆置为武散官,金正七品下;元正六品,敕授。明代定为正六品武官初授之散阶称号。清初沿置,为武职中属绿营者正六品之封赠。乾隆二十年(1755)改名武信郎。

昭信局 清末发行内债机构。光绪二十四年(1898)清政府为偿还《马关条约》规定的第四期赔款,应右中允黄思永奏请,谕准发行"昭信股票"一万万两。户部设昭信局。各省设分局,遴选司员办理公债发行及偿还事宜。同年七月股票因故停止发行,遂撤销。

昭宣使 宋代宦官的高级官称。淳化四年(993)置。朝参时位在东班前,称为班官。政和二年(1112)改拱卫大夫。

昭玄 官署名。北魏置,主管佛教事务,由监福曹改名。以沙门统为长官。北齐时称昭玄寺,置大统一人,统一人,都维那三人,下置功曹、主簿等,以管诸州、郡、县沙门曹。

昭玄曹 即"昭玄寺"。

昭玄大统 即"大统"。

昭玄都 官名。东魏、北齐置,主管僧务。《北齐书·杜弼传》:"敕弼升师子座,当众敷演。昭玄都僧达及僧道顺并缁林之英,问难锋至,往复数十番,莫有能屈。"一说即昭玄寺大统的别称。

昭玄寺 见"监福曹"。

昭玄统 北齐昭玄寺次官。协助大统管理佛教事务。亦称"沙门统"。

昭训 太子妃名。唐置十六人,正七品。位次良娣、良媛、承徽之下。

昭衍 战国时东周大臣。时楼蔪使秦、魏结约,以魏太子为质于秦。因魏臣纷彊阻挠,魏王遂令太子止于酸枣(今河南延津西)。他从周使魏,受楼蔪请求,往说魏王,请遣太子入质于秦,以成此约。见《战国策·秦策五》。

昭阳 战国时楚国大臣。楚怀王时,官至上柱国,爵为执圭。楚怀王六年(前323),曾率兵破魏军于襄陵(今河南睢县),得八邑。

昭阳县 西汉置。治今湖南邵东县东。属长沙国。元始五年(5)封长沙孝王子赏为昭阳侯,改属零陵郡。三国吴改为县,孙皓宝鼎元年(266)属昭陵郡。西晋武帝避其父司马昭讳,改为邵阳县。

昭仪 内官名。皇帝嫔妃。西汉元帝始置,位视宰相,仅次皇后,爵比诸侯王。东汉唯皇后行册封礼时权置。东汉末曹操置为内官第二等。三国魏沿置,位淑媛下,爵比县侯。十六国后赵置一人,位比上公;北燕、后燕亦置。南朝宋孝建三年(456)又置,泰始三年(467)列为九嫔;梁、陈复置为九嫔之一。唐代置为九嫔之首,一人,正二品。宋代为内命妇之一,位婉仪、婉容下,昭容、昭媛上,正二品。金代亦为九嫔之首,正二品。明代间置,永乐中李氏曾为之,嘉靖后定九嫔,遂罢此号。

昭义军 唐、五代方镇名。又名泽潞。至德元载(756)置泽潞沁节度使,治潞州(治今山西长治市),领泽、潞、沁三州。广德元年(763)又置相、卫节度使,治相州(治今河南安阳市),领相、卫、贝、邢、洺、磁六州和河阳三城。大历元年(766)相、卫节度使号昭义军节度使。十二年与泽潞沁节度使合为一镇。建中初移治潞州,但领潞、泽、邢、洺、磁五州。中和后因李克用据泽、潞二州,昭义军节度使曾分为二:一治邢州(今河北邢台市);一治潞州。天复元年(901)复合为一。五代后梁龙德二年(922)晋改为安义军节度使,梁末改为匡义军节度使,唐灭梁复为安义军节度使,晋复为昭义军节度使。宋初废。

昭毅大将军 武散官名。金、元皆置。金为三十四阶之第八阶,正四品中。元为第九阶,正三品,宣授。

昭毅将军 明散阶称号。武官正三品升授之阶。

昭应 战国时楚将。曾说楚怀王伐韩,认为韩疲于战争,仓廪空虚,无以守城,不过一月必能取得。见《战国策·西周策》。

昭应县 唐天宝二年(743)分新丰、万年二县地置会昌县,七年改为昭应县。治今陕西西安市临潼区。属京兆府。北宋大中祥符八年(1015)改为临潼县。

昭勇大将军 武散官名。金、元皆置。金为三十四阶之第九阶,正四品下。元为第八阶,正三品,宣授。

昭勇将军 官名。北齐置,以褒赏军功勋臣,无职事,六品上,位在尚书诸曹郎中之上。明代定为正三品武官初授之散阶称号。清初沿置,为武职中属绿营者正三品之封赠。乾隆二十年(1755)改名武义大夫。

昭余祁 泽薮名。在今山西祁县西南、介休市东北。是《周礼·职方》的并州薮,《尔雅·释地》的十薮之一。《吕氏春秋》作大昭,《淮南子·墬形训》作昭余,都是九薮之一。《汉书·地理志》改称九泽,《水经注》称近邬县(今介休市东北)者为邬泽,俗名邬城泊,近祁县(今县东南)者为祁薮。唐宋时只有邬城泊见于记载,已日渐涸塞。元初在祁县东南浚得细水溉田,称为昭余池。明清时涸时溢。

昭鱼 即"昭奚恤"。

昭媛 内官名。皇帝嫔妃。唐代列为九嫔第三,一人,正二品。宋代为内命妇之一,位昭容下、修仪上,正二品。金代亦为九嫔第三,正二品。

昭忠祠 清代奉祀死于王事之文武大臣及征战阵亡将士的祠宇。在北京崇文门内,建于雍正二年(1724)。凡入祀者纂其籍贯事迹,各为立传。嘉庆七年(1802)令各省建昭忠祠,凡阵亡之文武官员及兵丁乡勇皆可入祀。八旗二品以上大员出师阵亡者,除入祀京师昭忠祠外,并于阵亡地方昭忠祠内设牌位致祭。

昭忠录 书名。不著撰人姓名。一卷。记南宋末抗元斗争人物事迹,自绍定四年(1231)元兵破马岭堡至南宋灭亡(1279),共一百三十人,多为《宋史》所未载。其记张世杰及谢枋得事,亦较诸书为详。

昭州 唐贞观八年(634)因境内有昭潭,改乐州为昭州。治平乐县(今平乐县西南)。辖境相当今广西平乐、恭城二县地,属岭南道。宋属广南西路。增入今蒙山、昭平等县地。元大德五年(1301)升为平乐府。

昭准 明代云南百夷土首领等级之一。领军民十人左右。

铝 农具名。流行于战国齐地。类镰而大。《管子·轻重已》:"铝、铪、叉、橿,……所以御春夏之事也,必具。"

朝歌 殷末帝乙、帝辛(纣)的别都。即今河南淇县。周初,平武庚、管叔、蔡叔之乱后,为卫国都。春秋时曾为狄人所居。《春秋》闵公二年(前 660):"狄入卫",即此。后属晋。《左传》襄公二十三年(前 550):齐"伐晋,取朝歌"。战国属魏。《史记・魏世家》:景湣王二年(前 241),"秦拔我朝歌"。西汉置县。

朝歌县 本战国魏邑,秦置县。治今河南淇县。属河内郡。楚汉之际,项羽封司马卬为殷王,都于此。两汉属河内郡。东汉建安十七年(212)属魏郡。三国魏曾为朝歌郡治。西晋、北朝属汲郡。隋大业初,改为卫县。

朝郏 春秋宋邑。在今河南夏邑县境。《左传》成公十八年(前 573):郑伯侵宋,"遂会楚子伐宋,取朝郏",即此。

朝亭 地名。在今广东广州市西北西场一带。南朝宋泰始四年(468),刘思道攻广州,刺史羊希遣兵御之于朝亭,败绩,即此。

朝云馆 战国楚国馆名。即朝云观,在重庆巫山境。楚怀王建。《文选》宋玉《高唐赋》李善注引《襄阳耆旧传》曰:"楚怀王游于高唐,昼寝,梦与神遇,自称是巫山之女。王因幸之,遂为置观于巫山之南,号为'朝云'。后至襄王时,复游于高唐。"

zhǎo

爪都 元宗王。别里古台之孙,也速不花之子。继承其祖之兀鲁思。元宪宗八年(1258),从攻南宋四川。中统元年(1260),与塔察儿等率东道诸王与其他宗王、大臣会于开平(今内蒙古正蓝旗东),拥立忽必烈为帝。因推戴功,每年受额赐银五千两,缎三百匹。三年,封广宁王。

爪忽都 蒙古语。指纠人所居地区。

爪牙将军 官名。南朝梁置,天监七年(508)定为武职二十四班中的十八班,与武臣将军等同班,代旧前、后、左、右四将军。大通三年(529)定为武职三十四班中之二十八班。南朝陈拟四品,比秩中二千石。如加为爪牙大将军,则较此职进一阶。

zhào

召 旧指君主呼唤属下前来。《左传・僖公三十二年》:"召孟明、西乞、白乙,使出师于东门之外。"

召阿儿 蒙古语音译,意为左翼。

召百 一作昭百。傣族土司属官。统领百人的头目。钱古训、李思聪《百夷传》:"昭百者,领百人。"

召哈斯 傣族土司属官。钱古训、李思聪《百夷传》谓领五十人者为昭哈斯。傣语谓五十曰哈斯,谓官、主人曰昭(召),故称。

召见 皇帝特旨命某官员进见,称召见。《史记・田叔传》:"有诏召见卫将军舍人。"清代官吏奉特旨召见者皆属高级官员,其他官员均为循例引见。

召买 召商买办之简称。明代官府征取物料之辅助手段。凡内库无现贮物料,酌勘议价,责令铺行置买,以补民间解纳之不足。嘉靖以后,各地起解京库物料,除部分土特产听纳本色外,其余皆折银解京,召商置买,以应上供。万历间,御用监所用物料俱系召买。往往收纳不时,价值不时给,给不十一,或全不给。以致市井负累,商贾匿迹。

召勐 见"陶孟"。

召募使 官名。唐德宗建中四年(783)以神策军使白志贞为京城召募使,募禁兵以讨李希烈,以曾为节度、观察、团练使者子弟率奴马自备资装从军,授以五品官。贫者甚苦之,人心动摇。

召片领 傣语音译,意为广大土地之主。解放前西双版纳地区最高封建领主。宋代大理段氏时为猛泐(即今西双版纳)大首领。宋淳熙七年(1180)叭真在西双版纳建立的统一地方政权,即为第一代召片领。自元、明、清设置土司制度以来,历被封为彻里路军民总管、车里宣慰史,世代承袭,掌管西双版纳地区军政大权,并兼僧侣首领。其权力机关为议事庭,自此发布命令,分派负担,对所属农奴及境内各族人民进行统治。

召试 ❶宋选举官员考试方式之一。即直接由朝廷诏召应试。文科进士出身已任官职而献文求试,或被荐举,特旨召试,合格者授秘书省官;武科人召试,合格者授中书舍人。试法为应试官预先交纳家状、试卷稿纸;试前一日,考官锁宿拟题;在学士院或舍人院、中书后省应试;试诗、赋或策、论。试卷成绩分成七等或五等。宗室献文求试,亦召试学士院,合格者赐进士出身或迁官。❷清代皇帝在外出巡幸地临时举行的考试。亦属制科之一种。康熙、乾隆、嘉庆历次巡幸,屡有召试之举。当巡幸所至之地,迎銮献册之进士、举人、贡监、生员,均可参加由学政会同督抚奉旨组织的考试。由俊秀捐纳之贡监不准应试,现任京堂翰詹科道及外官府道以上之亲兄弟子侄只许献诗,不准应试。考试题目为钦定,赋一,论一,诗一,由阅卷大臣阅定,分拟等第进呈。列取一等者,进士、举人授为内阁中书,遇缺即补;贡监、生员特赐举人,授为内阁中书学习行走,亦有仅赐举人者,并仍准一体会试。二等者赏给缎匹,亦有派充各馆誊录者。清代召试,颇得其人。康熙时曾得吴士玉等七十三人;乾隆时得王昶等八十五人,初彭龄等十七人;嘉庆时得姚文田等十六人,龙汝言等九人。其中多有登进士入词林而阶尚书、侍郎、九卿者。

召庄 傣语音译,意为官家亲属。或称"鲁郎道叭",意为官家后裔。原是云南西双版纳傣族大、小封建领主之疏亲远戚,各自占有少量田地,自耕自食,成为介于领主与农奴之间的一个中间阶层。有私有土地,世代承袭,或自由买卖;若迁离村寨,仍有所有权,免除或少承受封建负担,有资格充当领主侍从。沿至解放前,部分召庄开始承受封建负担,因丧失土地而沦为雇工、无业游民或成为从事商业、手工业个体劳动者,约占傣族总农户之 5.1%。

召准 一作昭准。傣族土司属吏、小头目。领十余人。钱古训、李思聪《百夷传》:"领一什者,为昭准。”

兆惠(1709—1764) 清满洲正黄旗人，吴雅氏，字和甫。雍正九年(1731)由笔帖式入值军机处。乾隆十三年(1748)赴金川军营督办粮运。二十一年充参赞大臣，旋授定边右副将军，率兵平定准噶尔阿睦尔撒纳之乱，以军功封一等武毅伯。次年任定边将军，统兵平定大小和卓之乱，并筹办善后，晋一等武毅谋勇公。二十六年授协办大学士，屡赴直隶、江南查勘水利。后卒于京。

兆人本业 书名。唐武则天敕编。三卷。为中国第一部官修农书。唐时曾经普遍传录，用以教导农民。《旧唐书·文宗纪》：“太和二年(828)二月庚戌勅，李绛所进，则天太后删定《兆人本业》，宜令所在州县写本散配乡村。”唐亡后，即很少流传，终至亡失。本书内容，据《困学纪闻》卷五说，主要为“农俗和四时种莳之法”，共八十事，详细内容不知。

兆域图 地图名。墓穴和墓穴区域图。《周礼·春官·冢人》：冢人“掌公墓之地，辨其兆域而为之图”。现存最古者为战国时期中山国王𰯼墓穴之图，1977年于河北平山三汲中山王墓出土。约绘于王𰯼五年(前323)至十三年间，随葬于前309年前后。参见“中山王墓兆域图”。

诏 ❶文书名。下行文。初意为上告于下。《周礼·春官·大宗伯》：“诏相王之大礼。”秦统一天下，始定天子称皇帝，其令为诏。此后，即作为皇帝专用的命令文书之一。后世皆因之。亦称“诏书”、“诏旨”、“诏命”等。宋代赐待制、大卿、大监、中大夫、观察使等五品以上官用诏书，由翰林学士院锁院起草，采用四六句文体。明代之诏书，由殿阁大学士起草进画，以下之诸司。清代皇帝在遇有“大政事布告臣民，垂示彝宪”时使用诏书，如即位、亲政、上尊号等，均应诏告天下。皇帝临终也有遗诏。例由内阁撰拟，钤用“皇帝之宝”。其刊刻颁行全国称“誊黄”。❷南诏称王为诏。《旧唐书·南蛮传》：南诏“谓王为诏”，“其先渠帅有六，自号六诏”，唐开元间，“六诏合为一诏”。

诏敕 帝王的命令。诏，始于秦；敕，始于汉。汉以后官长谕僚属，尊长谕子弟，仍可用“敕”。唐显庆中规定，必经凤阁、鸾台，方为“敕”，限制始严，然文字中用“敕”为动词，仍属常见。

诏官 特诏授官之谓，相对于常选而言。南朝皇帝提拔官员，可以不由选序。凡特诏授官者，即宣付诏诰局起草诏章奏闻，由天子敕可。然后以黄纸抄付门下省，由门下签诏，请付外施行。天子再画可，付选司行召。此类官谓之得诏官。

诏式 档案名称。清代内阁撰文中书所起草之诏书定稿，用折纸誊写，于折面上书“诏式”二字，以便进呈皇帝审定。

诏授 官制用语。即下诏除授官职，适用于较高级官员的任命。《隋书·百官上》：“(南朝陈定官品并遵梁制)为十八班，而官有清浊。自十二班以上并诏授，表启不称姓。自十一班至九班，礼数复为一等。”

诏书 见“诏❶”。

诏书盖玺颁行论 太平天国印书。清咸丰三年(1853)刊行。收吴容宽、钟湘文等人论文二十五篇，论述了太平天国印书盖玺颁行制度。

诏狱 刑狱名。汉代奉皇帝诏令拘禁犯人之监狱，也用称奉皇帝命令审理的案件。西汉时诏狱较多，宗正有司空诏狱，少府有若卢诏狱。东汉光武帝废诸狱，仅存廷尉诏狱及洛阳诏狱。宋初官员犯法，由御史台或开封府、大理寺审讯。仁宗后，直接由皇帝下诏特派官员或太监置狱审讯。明用以专指锦衣卫镇抚司狱。洪武中置，末年废罢，永乐中复置。其用刑酷烈，为刑部狱所不能比。

诏佐 古代白蛮语音译，意为国君之妻妾。樊绰《蛮书》：“南诏有妻妾数百人，总谓之诏佐。”

赵 古国名。(1)战国七雄之一。自周定王十六年(前453)赵襄子(赵孟)与韩、魏灭知氏后，三家分晋之势已成。晋幽公时，晋君反朝于三家。襄子以后的桓子(嘉)、献侯二代，实际上已为国家。至献侯子烈侯六年(前403)被周威烈王承认为诸侯。赵初都晋阳(今山西太原市西南)。桓子继位之年(前425)迁中牟(今河南鹤壁西)，敬侯元年(前386)迁邯郸(今河北邯郸市)。疆域有今山西中部、陕西东北角、河北西南部。赵武灵王进行军事改革，胡服骑射，攻灭中山，打败林胡、楼烦，建立云中、雁门、代郡，占有今河北西部、山西北部和内蒙古河套地区。长平之战为秦所大败，国势从此衰落。赵代王嘉六年(前222)为秦所灭。(2)秦末割据政权。辖境相当今河北南部及河南浚县、内黄县，山东高唐、夏津、临清、武城县地。秦二世元年(前209)武臣自立为赵王。不久，武臣被杀。赵歇为王，都信都(今河北邢台)。(3)汉代所设之诸侯国。汉王四年(前203)封张耳为赵王，都襄国县(今河北邢台市)，领有秦邯郸、巨鹿、常山三郡。九年，废张氏，徙代王刘如意为赵王，都邯郸县(今市)，兼有秦云中、雁门、代郡三郡。十一年，分置代国，仍有始封之境，然已增设为邯郸、巨鹿、常山、清河、河间、魏郡、中山七郡，相当今河北太行山以东、恒山以南，汉时大河以西地区。高后元年(前187)分置常山国，旋国除为郡，仍属赵国。文帝二年(前178)分置河间国，景帝二年(前155)削常山郡，封域日蹙。三年，赵王反诛，国除。五年，以邯郸郡复置，辖境相当今邯郸、邢台、沙河、肥乡、永年、巨鹿、柏乡、高邑、临城、内丘等市县及赵县、隆尧县部分地区。武帝元朔二年(前127)后，辖境日益缩小，元帝时仅有今邯郸、邢台、沙河、永年等市县及隆尧县西部地。东汉属冀州，建安中改为郡。三国魏太和六年(232)复为国，并移治房子县(今高邑县西南)，辖境相当今高邑、赵县、元氏、赞皇、临城、内丘等县及隆尧县西部地。西晋末复为郡。

赵安仁 北宋深州乐寿(今河北献县)人。幼时被辽兵俘掳，为阉宦。圣宗时为黄门令，又为秦晋国王(耶律隆庆)府祗候。王死，改授内侍省押班、御院通进。开泰八年(1019)，谋南奔，中途被擒。圣宗赦之。兴宗时，参与废钦哀太后事，授左承宣、监门卫大将军,充契丹汉人渤海内侍都知,兼都提点。

赵柏岩(巖)集 书名。清赵炳麟撰。四十卷。此书所录谏院奏事录及文存、诗话中,盖多涉及清末政局。集中劾奕劻、袁世凯二疏,颇为时重。

赵苞(?—177) 东汉甘陵东武城(今山东武城西北)人,字豪威。初仕州郡,举孝廉,迁广陵令、辽西太守。从兄赵忠为"十常侍"之一,他深以为耻,不与交往。后鲜卑劫其母、妻作人质,载以攻辽西。他仍率军迎战,母、妻均被害。灵帝封为鄃侯。葬母事毕,呕血而死。

赵宝英(?—778) 唐人。任赴日使节。代宗时,陪送日本遣唐使小野石根归国途中,海上遇难死。

赵保吉 即李继迁。为宋淳化二年(991)降宋时所赐姓名。

赵保忠 即李继捧。为宋端拱元年(988)所赐姓名。

赵豹 ❶战国时赵国封君。赵肃侯时受封为阳文君。赵武灵王元年(前325)为赵相。见《史记·赵世家》。❷战国时赵国封君。赵惠文王同母弟。封平阳君。赵孝成王四年(前262),韩上党郡守不欲上党入秦,遣使至赵,愿以上党十七邑献赵。他说赵王,以为"韩氏所以不入于秦者,欲嫁其祸于赵也"。劝王勿受。赵王及平原君赵胜不听,发兵取上党。卒使秦、赵爆发长平大战,赵丧师四十余万众。

赵必愿 南宋饶州余干(今江西余干西北)人,字立夫。嘉定进士。知崇安县时,兴学校,革除胥吏鬻盐弊政,推行义役,上下以为便。历知全、处、台等州,所至拨仓谷救荒。端平间宋军在汴京、洛阳失败,他建议合江淮之兵,救江陵之急,节财用,抚流民,善择将帅,皆切于时要。累迁权户部尚书。淳祐五年(1245),知福州、福建安抚使。

赵贲亨 元冠氏(今山东冠县)人,字文甫。天锡之子。袭父职为行军千户,累从军攻宋,有功。至元十二年(1275),败张世杰、孙虎臣于焦山。十四年,为处州路总管府达鲁花赤。先后领兵镇压青田(今属浙江)季文龙、章焱,龙泉(今属浙江)张三八,衢州(今属浙江)陈千二等领导的起义军。改任处州路管军万户。卒年五十七。

赵璧(1220—1276) 元云中怀仁(今属山西)人,字宝臣。年二十三,为忽必烈(世祖)召见,奉命聘请名士王鹗等人。又奉命学习蒙古语,为忽必烈讲解儒家经典。宪宗即位时,与塔察儿等人到燕京(今北京)抚谕军民。宪宗二年(1252),与忙哥、史天泽等同为河南经略使,屯田边境,加强对南宋战备。九年,随忽必烈攻南宋,围鄂州(治今湖北武汉),宋守臣贾似道请和。奉命入城谈判。世祖即位,为燕京宣慰使、中书省平章政事,先后参与征伐阿里不哥、李璮之役。至元四年(1267),为枢密副使。六年,与阿术出兵攻宋襄、樊。同年,因高丽国王为权臣所逐,奉命行东京中书省事,驻兵平壤,主张护送国王复位,被采纳。军还,迁中书右丞。十年,复为平章政事。

赵抃(1008—1084) 北宋衢州西安(今浙江衢州)人,字阅道,号知非子。景祐进士。仕州县,以治绩召为殿中侍御史。弹劾不避权幸,人称"铁面御史"。出知睦州,改梓州路转运使,徙益州路。遍行部中,禁吏为奸,自奉甚俭,蜀风为之一变。召为右司谏,以言事罢知虔州。历度支副使、河北都转运使,治平初改知成都府。匹马入蜀,以一琴一鹤自随,为政简易。神宗即位,除参知政事。因反对王安石变法,熙宁三年(1070),罢知杭州,徙青州。五年,再知成都府,政尚宽简。复徙越州、杭州,致仕。谥清献。著作有《成都古今记》、《清献集》等。

赵秉钧(1859—1914) 清末河南汝州人,字智庵。书吏出身。早年曾入左宗棠部,驻新疆。光绪十五年(1889),捐典史。甲午战后以趋奉袁世凯,逐步升为巡警道。后任民政部侍郎,继又擢尚书。宣统三年(1911)袁组责任内阁,任民政部大臣。辛亥革命爆发后曾代表袁世凯"逼宫"。民国成立后任内务总长,旋升内阁总理。1913年和袁策划刺杀宋教仁,不久被调为直隶都督。次年被袁毒死灭口。

赵秉温(1222—1293) 元蔚州飞狐(今河北蔚县南)人,字行直。赵瑨之子。从刘秉忠学。宪宗时,从忽必烈攻云南等地。中统元年(1260),行右三部事,佐刘秉忠规划建大都。至元七年(1270),与史杠等人拟定朝仪,升礼部侍郎,兼知侍仪司事。历任秘书监少监、知太史院侍仪司事、昭文馆大学士。编有《国朝集礼》。

赵秉文(1159—1232) 金磁州滏阳(今河北磁县)人,字周臣,晚号闲闲老人。大定进士。有才学,工书翰。累官应奉翰林文字,同知制诰。章宗时坐讥讪大臣与议论朝政,免官。不久起复同知岢岚军,历任兵部郎中兼翰林修撰、司天台少卿、翰林直学士等。贞祐初,建言迁都、导河、封建三事。贞祐四年(1216),除翰林侍讲学士。次年,转侍读、知集贤院。后为礼部尚书,兼官如故。著述宏富,考订、研究诸经诸子之作,达九种四十一卷,有《闲闲老人滏水文集》、《资暇录》。

赵昺 即"宋帝昺"。

赵炳(1222—1280) 元惠州滦阳(今河北迁西西北)人,字彦明。宪宗时,忽必烈(世祖)驻营桓(今内蒙古正蓝旗)、抚(今河北张北)间,以为抚州长官。世祖中统元年(1260),任北京等路宣抚副使。参与征李璮之役。后历任中书省断事官、枢密院断事官、济南路总管、辽东提刑按察使等职。至元九年(1272)为京兆路总管。十四年加镇国上将军、安西王相。十七年,被王府官员毒杀。

赵炳然(1507—1569) 明四川剑州(今剑阁)人,字子晦,号剑门。嘉靖进士,授新喻知县。迁兵部侍郎兼右佥都御史,巡抚浙江。进兵部尚书兼右都御史,协理戎政总督宣大、山西军务。隆庆初致仕归。卒于家。

赵伯驹(1119—1185) 宋太祖七世孙。字千里。官至浙东兵马钤辖。绍兴初年,以绘画享盛名,擅长金碧山水,学唐李思训父子,笔法秀劲工致,布景周密,着色清丽,不同于唐人浓郁之风。与弟伯骕合作画集贤殿屏风,高宗极为欣赏。有《江山秋色图》、《仙山楼阁》留传至今。明代画家文征明誉为“艺林中有千里,如山中之有昆仑”。

赵伯骕(1124—1182) 宋太祖七世孙。字希远。赵伯驹弟。少从高宗于康邸,以文艺侍左右。淳熙七年(1180)为和州防御使。擅金碧山水与界画人物,尤长花鸟,其风格是“傅染轻盈,顿有生意”。与其兄伯驹合作绘集贤殿屏风,深得高宗赞赏。后又画苏州天庆观图样进呈,孝宗令依图建造。其画为后人所重。今有《万松金阙图》、《仙峤白雪图》传世。

赵步 渡口名。在今安徽凤台县东淮河北岸。《资治通鉴》:五代后周显德四年(957),世宗将攻淮南,自下蔡移军于赵步,即此。

赵才(547—619) 隋张掖酒泉(今属甘肃)人,字孝才。文帝时,以功迁上仪同三司,配事晋王(炀帝)。炀帝即位,迁右骁卫将军。从攻吐谷浑,以功进位金紫光禄大夫。大业八年(612),随攻高丽,出碣石道,迁右候卫大将军。炀帝每巡幸,为警卫。十二年,炀帝将游江都,以极谏获谴。后江都兵变,为宇文化及所俘,以本官从事。随化及入山东,为窦建德所获,数日卒。

赵仓唐 即“赵苍唐”。

赵仓堂 即“赵苍唐”。

赵苍唐 一作赵苍、赵仓唐、赵仓堂。战国初魏国人。《史记·魏世家》载,文侯十七年(前429),破中山,使太子击(魏武侯)守之,以他为傅。《说苑》与《韩诗外传》记他奉太子击命见文侯,应对从容,辩诘得宜,甚为文侯赏识。

赵昌言(945或955—1009) 北宋汾州孝义(今属山西)人,字仲谟,一作幼谟。太平兴国进士。历知青州、知制诰,预修《文苑英华》。雍熙四年(987),河东用兵,条上边事,为枢密副使。明年,贬行军司马。出知天雄军,治河有功。淳化四年(993),参知政事。王小波、李顺起义,时议招抚,他独主出兵镇压,为川峡都部署。咸平三年(1000)为御史中丞,知审官院。复遭贬谪。景德初,判尚书都省,历知北边州、军。临事果断,无所顾避,屡经摈斥,未尝少自抑损。李沆、王旦、王禹偁均为其所识拔。

赵长城 战国时期赵国修筑的长城。见于史载者两条:(1)漳滏长城。系赵国于漳、滏二水流域修筑的长城。《史记·赵世家》记赵肃侯十七年(前333)“围魏黄不克,筑长城”。赵武灵王十九年(前307)“召楼缓谋曰:‘我先王因世之变,以长南藩之地,属阻漳、滏之险,立长城。’”说明此长城筑于赵肃侯十七年。首起今武安以西太行山下,于漳、滏二水间缘二水东南行,于今磁县西南境折向东北,入今肥乡南境,抵于漳水。(2)赵武灵王所筑长城。《史记·匈奴列传》:“而赵武灵王亦变俗,胡服,习骑射,北破林胡、楼烦,筑长城,自代并阴山下,至高阙为塞。”此长城兴筑之时当在《史记·赵世家》所记赵武灵王二十六年(前300)“攘地北至燕、代,西至云中、九原”之后。东起代之北界(约今河北张家口北)。西行入雁门(今山西北境),复沿阴山(今大青山、乌拉山)山脉南麓迤逦向西,经九原(今包头西)北止于高阙。高阙地望,《水经注·河水三》言在阴山下,约今内蒙古临河北狼山口;或说在乌拉山西端,即今乌拉特前旗宿亥乡之大沟口。经实地考察,知此条赵长城建于山坡上或贴近山脚,除少数地段为石筑外,多为夯土筑,宽3—4米,长城南侧并散布有烽台、城障遗址及居住址。

赵昶(?—约558) 北朝时天水南安(今甘肃陇西东南)人,字长舒。北魏孝昌中,拜都督,镇小平津。西魏大统初,宇文泰擢为相府典签。大统九年(543),西魏军与东魏战于邙山(今河南洛阳北)失利,清水氐酋李鼠仁自军中逃还,凭险叛乱。他受命谕服。又为先驱,攻破汾州胡及宕昌、潭水羌。以功拜安夷郡守,转武州刺史,加骠骑大将军。北周明帝初,率兵平凤、兴两州民反抗,进爵长道郡公,赐姓宇文氏。后以吏部致仕。

赵成侯(?—前350) 战国时赵国国君。名种,赵敬侯之子。因赵都邯郸(今属河北),故又称邯郸君。公元前374—前350年在位。赵成侯三年(前372),攻卫,取乡邑七十三,卫更弱小。五年,攻齐至甄(今山东鄄城北)。六年,与韩迁晋桓公于屯留(今山西屯留南),晋遂绝祀。七年,攻齐至长城。二十二年,邯郸为魏所破,二十四年,魏以邯郸还赵,盟于漳水之上。

赵成子 即“赵衰”。

赵城 西周邑。在今山西洪洞县赵城镇东北。《史记·赵世家》:周缪王“赐造父以赵城,由此为造氏”。春秋时,赵简子居此,亦称赵简子城。隋义宁初置赵城县。

赵城县 隋义宁元年(617)分霍邑县置,因故赵城为名。治今山西洪洞县赵城镇东北。唐麟德元年(664),移治今赵城镇西南。《新五代史·李存孝传》:“张濬、韩建伐晋,击阴地关,晋以李存信、薛阿檀等当浚,别遣存孝军于赵城”,即此。北宋熙宁五年(1072)废为镇。元丰三年(1080)复为县。政和三年(1113)以赵城县为造父始封之地,升为庆祚军。金复为赵城县。明宣德五年(1430)移治今赵城镇。隋属霍山郡,唐属晋州,北宋属平阳府,金以后或属平阳府,或属霍州。1954年与洪洞县合并为洪赵县,1958年改为洪洞县。

赵城藏 书名。金代雕印的《大藏经》,简称《金藏》。皇统八年(1148)至大定十三年(1173)在解州(治今山西运城西南)天宁寺雕印,元初又有补刻。收佛典六千九百余卷,卷装。1933年在山西赵城广胜寺发现,存四千九百五十七卷,故称赵城藏。因其刻工属金代雕版事业中心平水(今山西临汾)系,又称平水藏。现存北京图书馆。

赵充国(前137—前52) 西汉陇西上邽(今甘肃天水)人,字翁叔。后徙金城令居(今甘肃永登西北)。武帝时为骑士,以六郡良家子善骑射补羽林。勇武有谋略,熟悉匈奴与羌族事务。后以假司马从贰师将军李广利击匈奴有功,拜中郎,迁车骑将军长史。昭帝时,以水衡都尉击匈奴,俘西祁王,擢后将军。因与大将军霍光迎立宣帝,封营平侯。将兵屯守边郡,匈奴不敢犯境。神爵元年(前61)先零羌反汉,时年七十六岁,仍请领兵往击。后复为后将军、卫尉。后其子有罪自杀,遂罢官就第。然朝廷每议边事,仍常与谋划。

赵崇度(1175—1230) 宋宗室。居饶州余干(今江西余干西北),字履节,号节斋。赵汝愚次子。年十六,谒见朱熹,熹授以《大学》。汝愚罢归,又授以《通鉴》。嘉定间,提举湖南常平,改江西。以朝散大夫致仕。著有《磬湖集》、《节斋闻记》等,俱佚。

赵崇宪(1160—1219) 宋宗室。居饶州余干(今江西余干西北)。字履常。赵汝愚长子。淳熙八年(1181),以取应对策第一。越三年,又擢进士甲科。监饶州赡军酒库,历抚州军事推官、江西转运司干办公事。因父被贬死,阖门自处。居数年,父追复故官,起知南昌县,救荒安民。请彻底昭雪父冤,改正诬史。知江州,永蠲和籴,修陂塘以便灌溉。提举江西常平兼权隆兴府事,修复汝愚所创养济院,使四方旅客得食与药。官至直秘阁。

赵俶 明浙江山阴(今绍兴)人,字本初。元末进士。明经史,通贯古今。洪武六年(1373)授国子博士,请颁定《十三经》。九年,以翰林院待制致仕。卒年八十一。

赵川赕 唐南诏时地方建置,以河东州置,驻地即今云南大理市东南凤仪镇。元至元十一年(1274)改置赵州。居民主要为白蛮,即今白族。

赵绰 隋河东(治今山西永济西南)人,字士倬。质直刚毅。仕北周,历天官府史、内史中士、掌朝大夫。入隋,授大理丞。执法公允,考绩连最,得文帝赏识,转大理正。寻迁尚书都官侍郎、刑部侍郎。仁寿中卒于官,年六十三。

赵衰(?—前622) 又称赵成子。春秋时晋国大夫。字子余,亦称成季、孟子余。共孟之子。晋献公时事公子重耳,从重耳在外流亡十九年,并助其返国即位。晋文公(重耳)即位后,命为原(今河南济源西北)大夫,故又称原季。助晋文公成其霸业。晋文公四年(前633),晋作三军,谋求元帅,他荐郤谷。晋文公命他为卿,他辞而让于栾枝、先轸等人。后为中军佐,与中军将先且居帅师败秦军于彭衙(今陕西澄城西北)。

赵达 东汉末河南(治今河南洛阳西)人。少从汉侍中单甫学。后避乱江东,治九宫一算之术。孙权行师征伐,每令之有所推步。阚泽、殷礼等皆就学,竟秘而不告,其术遂绝。

赵悼襄王(?—前236) 战国时赵国国君。名偃。赵孝成王子。公元前244—前236年在位。曾欲通平邑(今山西阳高西南)、中牟(今河南鹤壁西)之道,未成。先后使李牧、庞煖将兵攻燕。又与韩、楚、燕、魏等合纵攻秦,至蕞(今陕西西安东北),不利而回。

赵德芳(959—981) 宋太祖第四子。开宝九年(976),授贵州防御使。太平兴国元年(976),授兴元尹、山南西道节度使、同平章事。三年,加检校太尉。卒后追封岐王,谥康惠。南渡后,高宗选太祖后入嗣,所立孝宗,即德芳六世孙。

赵德钧(?—937) 五代时幽州(治今北京西南)人,原名行实。少事刘守文、守光兄弟,为幽州军校。后降李存勗,赐姓名李绍斌。后唐同光三年(925)任卢龙节度使,镇幽州。明宗时复姓赵,赐名德钧,封北平王。后纳款于契丹,欲与石敬瑭争为"儿皇帝"不得,被契丹所执,逾年而死。

赵德全(1883—1912) 清末湖北襄阳人,字纯臣。行伍出身。曾任湖北新军哨长。光绪三十年(1904)随军入黔,后升队官。武昌起义后,与自治学社发难响应,成立贵州军政府,推为副都督。旋代理都督。后为滇军捕杀。

赵德胜(1325—1363) 元末濠州(今安徽凤阳)人。魁伟有膂力,人称"黑赵"。初为义兵长,后投朱元璋,为帐前先锋。屡立功,历左副元帅、统军元帅、佥江南行枢密院事。与朱文正、邓愈共守洪都(今江西南昌)。至正二十三年(1363)陈友谅兵围城,力战中流矢死。追封梁国公。

赵德昭(951—979) 宋太祖次子。字日新。乾德二年(964),授贵州防御使。开宝六年(973),授兴元尹、山南西道节度使。太平兴国元年(976),改京兆尹,移镇永兴,封武功郡王。四年,从太宗攻辽。军中尝夜惊,失太宗所在,有谋立德昭者。事闻,太宗不悦。及归,因北征失利,久不行平定北汉之赏,他乘间入言,为太宗所怒斥,遂自杀。追封魏王,谥懿。

赵迪(1183—1252) 金真定藁城(今属河北)人。曾为义军万户、真定尉、藁城丞。蒙古军至藁城,率众归降。蒙古成吉思汗十七年(1222),藁城改为永安州,任同知节度使事。曾从太祖西征。

赵典 东汉蜀郡成都(今属四川)人,字仲经。博学经书。桓帝建和初,征拜议郎,侍讲禁中,再迁侍中。后嗣爵为侯。历任弘农太守、少府、大鸿胪、长乐少府、卫尉等职。朝廷每有灾异疑事,常咨询之,为当世名士,士人誉为"八俊"之一。

赵鼎(1085—1147) 宋解州闻喜(今属山西)人,字元镇。崇宁进士。南渡后,历右司谏、殿中侍御史,陈战、守、避三策,为御史中丞。绍兴四年(1134),任参知政事,力荐岳飞收复襄阳,旋拜右相兼知枢密院事。五年,迁左相,与右相张浚论事不合,以观文殿大学士出知绍兴府。后复入相。荐胡寅、吕本中等,言秦桧可共大事,但终以力辟和议,为秦桧所倾,一贬再贬,安置潮州,杜门谢客,不问时事。后移吉阳军(今海南三亚西北),绝食而死,谥忠简。著作有《忠正德文集》等。

赵惇 即"宋光宗"。

赵盾(?—前602) 亦称赵宣子、宣子、赵孟、宣孟。春秋时晋国人。赵衰子。晋襄公七年(前621),任中军帅,制定法令,执掌国政。襄公卒,他以太子年幼,使士会、先蔑至秦迎公子雍即位,后因襄公夫人穆嬴力争，遂于次年立太子夷皋为君，是为灵公。又阻击送公子雍的秦军，败之于令狐（今山西临猗西南）。旋以新君初立，邀鲁、齐、宋、卫、郑、陈、许、曹诸国君在扈（今河南原阳）会盟，是为晋大夫主盟之始。晋灵公六年（前615），率军与秦战于河曲，秦军夜遁，晋师无功而返。因屡谏灵公荒淫暴虐，遂为灵公所忤。十四年，灵公欲加谋杀，他避祸出走，未出境，其族弟赵穿杀灵公，他归而迎立晋成公。共专晋国政二十年。

赵铎（?—1465）　明四川德阳人。天顺八年（1464）起义。川中小部起义军，如天涧沟杨瓒、汉川僧悟昇、花溪陈焕章、连山河黄鹞子，都受其领导。称赵王。以川北为主，南到内江，东到湖广的荆襄一带，进行流动作战。次年，在彰明（今江油南）中伏死。

赵尔丰（1846—1911）　清汉军正蓝旗人，字季和。光绪二十九年（1903），随锡良入川镇压会党起义。三十一年，任四川建昌道。次年加侍郎衔，任川滇边务大臣，在川边实行“改土归流”。三十四年，兼驻藏大臣。宣统三年（1911），调署四川总督，残酷镇压保路风潮，激起武装反抗。成都独立后，被迫交出政权，但仍以办理边务名义拥兵自重。旋被新任四川都督尹昌衡派人处死。

赵尔巽（1844—1927）　清末汉军正蓝旗人，字公镶，号次珊，亦号无补。同治进士，授翰林院编修。曾任皖、陕、甘、新、晋诸省按察使、布政使等职。光绪二十九年（1903）起历任湖南巡抚、署户部尚书、盛京将军以及湖广、四川、东三省总督等职。民国成立，任奉天都督，旋辞职，居青岛。1914年任清史馆总裁，主编《清史稿》。袁世凯称帝时，被尊为“嵩山四友”之一。1917年张勋复辟，被命为枢密院顾问。1925年段祺瑞执政期间，任善后会议议长、临时参议院议长。

赵范　南宋潭州衡山（今属湖南）人，字武仲。少年时即随父赵方抗金。嘉定间与弟葵先后在枣阳、邓州、蕲州等地败金军，以功授京湖制置安抚司内机。绍定中，与葵统兵镇压李全，升淮东安抚使。端平元年（1234），与葵主张收复三京，据河守关。后任京湖制置使兼知襄阳府。三年，因部将王旻、李伯渊焚襄阳叛降蒙古，被削夺官职。嘉熙四年（1240），知静江府。后卒于家。

赵方（?—1221）　南宋潭州衡山（今属湖南）人，字彦直。从张栻学。淳熙进士。累迁京湖制置使兼知襄阳府，指挥所部数解枣阳围，以功进焕章阁直学士。又败金驸马阿海于淮西。进太中大夫、权刑部尚书，迁京湖制置大使。帅边十年，以战为守，使京西一境屡免金人蹂躏之祸。在官留意人才，知名士陈晐、游九功与名将扈再兴、孟宗政，皆其所拔擢。病危时，犹贻书宰相，论疆场大计。

赵汸　元末明初休宁（今属安徽）人，字子常，学者称东山先生。自幼励志向学，不事科举。入明后，潜心著述。洪武初年屡次拒绝征辟，后以山林遗逸征请，预修《元史》，书成后又请归，卒年五十一。对诸经造诣颇深，尤精通《左传》。对《春秋》主张不能舍史论事，不能离传求经，不完全拘泥孔子的褒贬。评论三传，以为《左传》主史释经，忽略笔削本旨，而《公羊传》、《谷梁传》只求笔削之旨，却不考鲁史旧章，皆各有所偏。从而离经析意，分为八类，辩而释之，著《春秋属辞》，用以著明孔子笔削意义。又著有《春秋集传》、《春秋左氏传补注》、《春秋师说》。

赵飞燕（?—前1）　汉成帝皇后。原为阳阿公主家歌女，因善舞体轻，故号“飞燕”。成帝微行过公主家作乐，见而悦之，召入宫中，大受宠幸。其妹合德复被召入宫，俱为倢伃。永始元年（前16）立为皇后。姊妹专宠十余年，然无子，后宫有产子者辄为其所害。哀帝即位，尊为皇太后。及哀帝死，贬为成帝皇后，徙居北宫。旋废为庶人，是日自杀。

赵䜣（约401—约430）　十六国时敦煌（治今甘肃敦煌西）人。任北凉太史令。著有《七曜历数算经》、《玄始历》等各一卷。皆佚。其《玄始历》破十九年七闰之旧法，创六百年二百二十一闰法。北魏曾以《玄始历》代《景初历》。后以其星度稍为差远，被《正光历》所取代。

赵沨（?—约1195）　金东平（今属山东）人，字文孺，号黄山。大定进士。仕至礼部郎中。工书法，小篆与党怀英齐名，时称“党、赵”。有《黄山集》，已佚。

赵凤（?—935）　五代幽州（治今北京西南）人。少以儒学知名，刚强好直言。唐天祐时，避刘守光征兵，逃太原。后随李存勗（后唐庄宗）。庄宗即位，拜凤阁舍人、翰林学士。明宗时，拜门下侍郎、同平章事，多所匡谏。后为安重诲辨诬，罢安国军节度使。末帝时，召为太子太保。性豁达，常周济士友。

赵凤昌（1856—1938）　江苏武进人，字竹君。早年纳赀捐杂职，分发广东候补。清光绪十年（1884）入两广总督张之洞幕，后充文案，参机要。十五年随张赴鄂，升总文案。十九年因张被劾受牵连，革职回籍。二十六年参与东南互保活动。辛亥革命爆发后，在上海以所居惜阴堂为南北代表幕后活动场所。南京临时政府成立，被派代表官股出任汉冶萍公司董事长，旋辞职。1912年参与组织统一党，任基金监。党部北迁后辞职，寓居上海。

赵旉（1127—1129）　南宋高宗子。生于南京（今河南商丘南）。封魏国公。建炎三年（1129）二月，从至杭州。三月，苗傅、刘正彦发动兵变，迫高宗禅位于他，由隆祐太后垂帘听政，改元明受，四月，高宗复辟，立为皇太子。从至建康，七月卒。谥元懿。参见“苗刘之变”。

赵复　宋末元初德安（治今湖北安陆）人，字仁甫。乡贡进士。学者称江汉先生。私淑朱学。为人耿介。端平二年（1235），蒙古军南渡攻宋，于德安被俘，时值杨惟中、姚枢奉忽必烈命搜求儒、道、释、医、卜、士，即以儒生被开脱，并受邀至燕，主讲太极书院。主张“简在心得，鄙薄事功”。作孔、孟至程、朱《道统图》，著《伊洛发挥》，以明其理学宗旨。编朱子门徒五十三人《师友图》，辑伊尹、颜渊言行为《希贤录》。姚枢、许衡、郝经、刘因皆尊信其学。郝经谓程朱理学传于北方，当自其始。居燕不忘故宋，拒不出仕，旋退隐真定（今河北正定），以授徒终生。卒年八十余。

赵槩（996或998—1083） 北宋应天虞城（今属河南）人，字叔平。天圣进士。通判海州，为集贤校理、开封府推官。出知洪州，筑临江石堤，水不为患。加直集贤院、知青州，因举官失当罢去。再被起用，累迁知制诰，为翰林学士。皇祐三年（1051）聘契丹还，兼翰林侍读学士。以龙图阁学士知郓州、应天府，还朝拜御史中丞。嘉祐间，历枢密副使、参知政事。熙宁初，拜观文殿学士、知徐州。自左丞转吏部尚书，以太子少师致仕。退居十五年，尝集古今谏争事，为《谏林》一百二十卷。

赵干（幹） 五代江宁（今江苏南京）人。善画山林、泉石。南唐后主时，为画院学生。作画皆江南风景，多楼观、舟舡、水村、渔市，并点缀花竹，有烟波浩渺之感，令人观之欲往。存世作品有《江行初雪图》。

赵刚（约502—558） 北朝时河南洛阳人，字僧庆。北魏末，官至金紫光禄大夫，加閤内都督。西魏大统元年（535）入关，见丞相宇文泰于灞上，陈关东情势，封阳邑县子。累受诏使梁，进爵武城县侯。旋除颍川郡守、卫大将军。从攻东魏，复弘农（今河南灵宝北），克阳城（今河南登封东南），转陈留郡守。北周孝闵帝即位，出为利州总管。因击信州少数民族，出师逾年，士卒亡叛，无功而还。卒于途。

赵高（？—前207） 秦人。先世为赵国贵族，因父母有罪，没入秦宫，兄弟数人皆生于隐宫。后为宦者，任贱役。以通于狱法，举为中车府令，私自授公子胡亥决狱。曾犯罪被蒙毅据法判以死刑，秦王政（即秦始皇）赦之。后兼行符玺令事。秦始皇三十七年（前210）随始皇帝东巡。始皇死于沙丘后，他嗾使胡亥与丞相李斯通谋，诈为受诏立胡亥为太子，迫令始皇长子扶苏自杀。胡亥旋即位称二世皇帝。高自任郎中令，居中用事，教二世更为法律，诛戮宗室大臣。二世元年（前209）陈胜、吴广起义后，为进一步擅权，又诬害丞相李斯等人，自为中丞相，封武安侯。阴谋作乱，恐群臣不听，乃于朝会时指鹿为马，凡不阿从者皆借故诛除之。二世三年，刘邦率起义军攻入武关，他以此为二世指责，遂乘二世斋于望夷宫时，指使其婿阎乐率兵围宫，逼令二世自杀，更立公子婴。旋为子婴所命宦者韩谈诛杀，夷三族。作有《爰历篇》。今佚。

赵公浑脱 唐长孙无忌以乌羊毛为毡帽，人多仿效之。因无忌封赵国公，故名。

赵恭毅公自治官书类集 书名。清赵申乔撰，二十四卷。何祖柱辑。卷一至卷七为奏疏，始于康熙四十二年（1703）二月到任，终于五十年正月离职内升。卷八为咨文；卷九为告示；卷十至卷十二为牌檄；卷十三至卷十五为批详；卷二十一至卷二十二题为赵恭毅公櫱案略存，是其任浙江布政使时的文稿；卷二十三题为赵恭毅公哀荣录，收录了有关赵申乔的一些传记资料；卷二十四题为赵恭毅公行述，收其子所作行述及刊刻小引。是书保存了大量当时的奏疏呈文和各种告示禁约等政府文件，对于研究湖南、浙江等地的民政、法律、社会生活及经济颇有帮助。有雍正间刊本。

赵拱 南宋人。宁宗时为都统司计议官。嘉定十四年（1221），被淮东制置使贾涉遣往河北蒙古军前议事，得其大将扑鹿花所献皇帝恭膺天命之宝玉玺一座，并元符三年（1100）宝样一册，进于朝。著有《蒙鞑备录》。

赵珙 宋人。宁宗时，贾涉任淮东制置使，他为都统司计议官。嘉定十三年（1220），以朝命谕京东，招降原金长清令严实，实遂以魏、博、恩、德、怀、卫、开、相等州降宋。次年，又被贾涉遣往河北蒙古军前议事。近人王国维据《齐东野语》载《士子上葛司成书》称珙为"异类"。以他屡使山东、河北，似熟悉北方情况，故疑珙为金人降宋者。《蒙鞑备录》旧题孟珙撰，误，实系赵珙所著。

赵羾（1364—1436） 明河南祥符（今开封）人，字云翰，号云涧。洪武时由乡举入太学，授兵部职方主事。画天下要害阨塞屯戍所宜以进，称帝意，升员外郎。建文初出为浙江参政，建策捕海寇有功。永乐二年（1404）出使交阯。历刑、工、礼部侍郎。仁宗嗣位，改南京刑部尚书。宣德五年（1430）致仕。著有《伧父集》。

赵构 即"宋高宗"。

赵古元 即"赵一平"。

赵嘏（约806—约852） 唐山阳（今江苏淮安）人，字承祐。屡试落第，曾游历南北。武宗会昌四年（844），与诗人项斯、马戴同榜及进士第。宣宗大中中仕为渭南尉。时杜牧在长安，览其诗卷，吟其《长安早秋》诗"残星几点雁横塞，长笛一声人倚楼"句，以为佳作，时人号嘏为赵倚楼。卒于官，年四十余。工于七律，警句颇多，如"杨柳风多潮未落，蒹葭霜冷雁初飞"（《长安月夜与友人话故山》）、"一千里色中秋月，十万军声半夜潮"（《钱塘》残句）。《全唐诗》编其诗为二卷。

赵固（？—319） 十六国时人。刘渊时任安北将军，多从征战，所在有功。石勒火并王弥，惧而投晋将刘琨，琨以为雍州刺史，寻复归刘聪，拜为荆州刺史，领河南太守，镇洛阳。与长史周振不协，遂斩振而降晋将李矩，矩复令守洛阳。与郭默共攻聪河东，聪遣刘粲击之，弃洛阳。与矩、默等互攻战，祖逖和解之，遂受逖节度。

赵官堡 在今贵州贵阳市西北。明天启二年（1622）水西安邦彦反，抚臣王瑊先遣兵败安氏于此。

赵官家 宋、元时代对宋朝皇帝的俗称。官家指皇帝，汉族民间通用。赵官家即赵皇帝。蒙古语中借用此词，泛指宋朝。《元秘史》中音译蒙语"赵官"即赵官家之省，旁译作"宋"。《元典章》及戏曲小说中之赵官家，指宋帝。

赵光（？—1865） 清云南昆明人，字仲明，号蓉舫。嘉庆进士。曾任编修、御史、内阁学士、侍郎等职。咸丰元年（1851）应诏陈言，饬令各地肃清吏治；增强武备；建言推行保甲制度，严范人民的反抗活动。三年擢工部尚书，旋调刑部。八年英法联军进犯天津，奉命督办京城团防事宜。后历兼署工、兵、户、吏部尚书。

赵光逢 唐末五代京兆奉天(今陕西乾县)人，字延吉。幼嗜学，性方直温润，时人目为“玉界尺”。乾符进士。昭宗时，为翰林学士承旨、御史中丞。后弃官归洛阳。入后梁，为中书侍郎、同平章事，累迁左仆射兼租庸使，致仕。末帝时，起为司空、同平章事，以司徒致仕。后唐同光时，弟光胤为平章事，为避嫌，自署门曰：“请不言中书事。”天成初，以太保致仕，封齐国公。

赵光奇 唐新店(今陕西西安)人。业农。贞元三年(787)底，德宗游猎至其家，问以百姓乐否，答云不乐。问其故，乃指朝廷“诏令不信”，言两税之外，多所诛求，名为和籴，实为强取，以致百姓破产不能支，虽时有诏书优恤，然实为一纸空文。德宗令免其家赋。

赵光义 即“宋太宗”。

赵光裔(?—940) 唐末五代奉天(今陕西乾县)人，字焕业。唐光启进士。乾宁时，官至膳部郎中、知制诰，仕后梁，奉诏出使岭南，被留不返，遂事刘隐，为节度副使。入南汉，进兵部尚书，改门下侍郎，同平章事。为相二十余年，府库充实，四邻辑睦，政事清明，号为贤相。

赵光胤(?—925) 唐末五代京兆奉天(今陕西乾县)人。赵光逢弟。大顺进士。累官至驾部郎中。后唐同光元年(923)拜平章事，颇以熟悉礼乐典章制度自负，然无所建树，浮谈而已。后与宦官杨希朗交恶，忧惧卒。

赵广(?—439) 南朝宋伍城(今四川中江东)人。元嘉九年(432)九月，与乡人帛氏奴等率众反抗益州刺史刘道济，有众数千，屡败官军，连下广汉(今四川广汉北)、涪城(今四川绵阳东)等地。涪陵、江阳等郡太守，闻风出逃。乃迎枹罕道士程道养为蜀王，诈称晋宗室*司马飞龙，建元泰始，备置百官。众十余万，两次围攻成都，不克，退保广汉。宋临川王刘义庆遣部援成都，与蜀军联合进攻，广汉、涪城遂陷。十三年，文帝又遣宁朔将军萧汪之统军讨之。次年降宋，二年后因图再起被杀。

赵广汉(?—前65) 西汉涿郡蠡吾(今河北博野西南)人，字子都。少为郡吏。后历任州从事、平准令、阳翟令、京辅都尉、守京兆尹等职。以与议尊立宣帝，赐爵关内侯。迁颍川太守。郡有豪强原氏、褚氏，宗族宾客横恣，前二千石莫能制。既至乃诛其首恶，郡中震栗。后为京兆尹，精于吏职，自汉兴以来治京兆者莫能及。霍光死后，摧辱霍氏及贵戚大臣，无所回避。地节三年(前67)以杀害无辜，事下丞相御史案验。因上书告发丞相魏相，为司直萧望之劾奏，下廷尉狱，腰斩。

赵归真(?—846) 唐人。为道士，通铅汞方术。敬宗时，充两街道门都教授博士。出入宫掖，被呼为赵炼师。及敬宗被杀，流放岭南。武宗即位，复入禁中，于三殿建九天道场，授法箓。会昌四年(844)，为右街道门教授先生，门庭车马辐辏，势倾朝野，备受崇信。次年，于望仙台主持飞升修炼，耗银颇巨。并与道士刘玄静请武宗毁佛。旋武宗死，宣宗即位，被杀。

赵瓌(?—688) 唐京兆长安(今陕西西安)人。历任左千牛将军、定州刺史。上元二年(675)，因妻常乐公主得罪武后，贬括州刺史。其女为英王李显妃，亦坐废，幽死于内侍省。垂拱四年(688)，越王李贞起兵时，为寿州刺史，谋率兵相应。事败被杀。

赵轨 隋河南洛阳人。少好学。仕北周，任卫州治中。入隋，为齐州别驾，有治绩。入朝，与牛弘等撰定律令格式。授原州总管司马，转寿州总管长史，整修芍陂五门堰，灌田五千余顷。秩满归里，卒年六十二。

赵贵(?—557) 北朝时天水南安(今甘肃陇西东南)人，字元贵(或作元宝)。北魏末入葛荣军，永安元年(528)荣败，从尔朱荣为别将，继随贺拔岳平关中，赐爵魏平县伯。永熙三年(534)，岳被侯莫陈悦杀害，率部伪降悦，收岳尸，首议聚众迎夏州刺史宇文泰诛悦。奉泰命迎孝武帝入关中，又以谋立西魏文帝有功，进爵为公，寻授岐州刺史，领大丞相府长史。从泰攻东魏，复弘农(今河南灵宝北)，战沙苑(今陕西大荔南)，拜侍中、骠骑大将军。又从战河桥(今河南孟州西南)，援玉壁(今山西稷山西南)，再战邙山(今河南洛阳北)，拜柱国大将军，赐姓乙弗氏。北周孝闵帝即位，迁太傅、大冢宰，进封楚国公。后因谋杀晋公宇文护失败，被杀。

赵过 西汉人。武帝末年任搜粟都尉。曾总结出一种适合旱地耕作的代田法，在关中地区和西北边郡加以推广，用力少而得谷多。又改进耕耘下种的农器，制作三脚耧。因耕牛缺乏，乃推荐平都令光为丞，教民挽犁共耕。

赵邯郸故城 战国中晚期赵国都城遗址。位于今河北邯郸市。赵国自赵敬侯元年(前386)至赵王迁八年(前228)亡于秦皆建都于此。遗址分赵王城与大北城两部分。赵王城是宫城遗址，在今邯郸市区西南，由东、西、北三座小城组成，平面似“品”字形。周围尚存有残高3—8米的夯土城垣及城门遗址。三座小城内均有当时宫殿建筑的台基，其中尤以西城为密集。西城内以中南部高大的夯土台“龙台”与其北部的两大夯土台为中轴线，两侧排列有夯土台及夯筑基址六处，构成一组布局有序的宫殿群基址。大北城系郭城，位于赵王城东北，相距80余米，平面为不规则的长方形，东西约3 200米，南北约4 800余米，城内发现有战国时代炼铁、铸造、制陶、制骨、制石器等作坊遗址，并有大量生活用具，属于赵都城内的手工业、商业及居民区。大北城西北的丘陵地带有赵王室陵墓(详“邯郸赵王陵”)。现为全国重点文物保护单位。

赵好德 元末明初河南汝阳(今汝南)人，字秉彝。元末投朱元璋，由安庆知府入为户部侍郎，进尚书，复改吏部。历官有政绩，与四辅官同召入内殿，论治道。后出任陕西参政。

赵合德(?—前7) 汉成帝妃。赵飞燕之妹。因其姊得宠于成帝,被召入宫,为倢伃,更号昭仪,亦有宠。所居昭阳宫以黄金为饰、白玉为阶,自后宫未尝有之。然无子,后宫有产子者辄为其所害。绥和二年(前7)成帝暴卒,皇太后诏令治问成帝发病状,被逼自杀。

赵河 水渠名。在唐江南道明州奉化(今属浙江)北二十五里。元和十二年(817)县令赵察开,引溪流溉田八百余顷。

赵黑(?—482) 一作赵默。北魏酒泉安弥(今甘肃酒泉)人,初名海,字文静。宦官。本凉州隶户。太武帝平凉州时没为阉人,改名。以近侍累迁选部尚书,任举颇得其人。加侍中。时献文帝欲传位其叔京兆王子推,百官唯唯,他独以死反对。及孝文帝立,得幸于冯太后及帝。曾以选事与尚书李䜣争于殿庭,后为䜣所谗,黜为门士。逾年,还入为尚书右仆射,复兼选部。后进爵为王,卒于冀州刺史任内。

赵恒 即"宋真宗"。

赵宏灿(?—1717) 清甘肃宁夏(今宁夏银川)人。云贵总督赵良栋长子。康熙十九年(1680)由荫生拔宁夏总兵,从父镇压三藩之乱,于四川作战有功。三藩平定后,任川北总兵。三十八年晋浙江提督。四十五年升两广总督。五十五年内迁兵部尚书。次年回京途中病死于武昌。

赵宏伟(1244—1326) 元许州(今河南许昌)人,字子英,号松涧。至元十三年(1276),投元将宋都解军。以功升吉州参佐、太和县尹,俘宋文天祥部将罗开礼,杀叶良臣等。十七年,任衡州路总管府治中。二十三年,解职家居。十五年,从导江张𢩊习伊洛之学。大德五年(1301),起任佥浙西道肃政廉访司事。后历任江南行台、内台都事、江南行台治书侍御史、福建道肃政廉访使等职。

赵宏燮(1656—1722) 清甘肃宁夏(今宁夏银川)人。云贵总督赵良栋次子。初为完县知县。历按察使、布政使。康熙四十三年(1704)晋河南巡抚,次年改抚直隶。五十四年以勤劳供职,特加总督衔。

赵竑(?—1225) 南宋宗室。初名均,寻改名贵和。宁宗嘉定十三年(1220),太子询死;次年,被立为皇子,改名竑,封祁国公。十五年,进济国公。时丞相史弥远专国政,他深恶之。弥远侦知而惧,因谋废立。十七年,宁宗死,弥远矫诏立宗室子赵昀为帝,是为理宗。封竑济王,赐第湖州,以醴泉观使就第。宝庆元年(1225),湖州人潘壬等谋立之,他先依违;后度潘等不足成事,复率州兵讨平之。事闻,被弥远遣人逼死。

赵鸿举(?—1892) 清河南涉县(今属河北)人。道光武进士,授二等侍卫。道光末年在湖南堵御太平军。咸丰初年起从军转战鄂、皖、豫镇压太平军和捻军。咸丰十一年(1861),署河南南阳镇总兵。光绪八年(1882),补山东曹州镇总兵。曾修筑贾庄河、孙楼河河堤。

赵桓 即"宋钦宗"。

赵桓子(?—前424) 战国初人,名嘉。赵襄子之弟(一说襄子之子)。晋国六卿之一。前424年,逐襄子兄伯鲁之孙浣(一说襄子之子,即赵献侯),自立于代,旋卒。

赵焕(1542—1619) 明山东掖县(今莱州)人,字文光,号吉亭。嘉靖进士。万历三十九年(1611)任刑部尚书兼署兵部。次年改署吏部,不久任吏部尚书。因与东林党人不协,举措多不合清议,四十一年遭劾归。四十六年复职,附齐党。后卒于任。

赵璜(约1462—1532) 明江西安福人,字廷实,号西峰。弘治进士。授工部主事,改兵部,历员外郎,出为济南知府,正德初,擢工部右侍郎。嘉靖元年(1522)官至工部尚书。于宫廷、勋戚耗费多所抑止,遂招忌受劾,六年致仕归。著有《归闲述梦》。

赵恢 战国时人。燕昭王二十九年(前283),值岁饥,赵伐燕,楚军救燕,途经魏,他见楚将,劝楚将以"伐燕未必胜,而秦将乘赵伐燕之机,出兵攻赵西境"往说赵惠文王。后赵王从楚将言,停止攻燕,他因得燕王所封之地。见《战国策·燕策二》。

赵惠文王(?—前266) 战国时赵国国君。名何。赵武灵王少子。公元前298—前266年在位。武灵王传位后,自称主父。赵惠文王四年(前295),其兄公子章与相田不礼起兵作乱,为公子成、李兑所败,主父被围饿死。于是公子成为相,李兑为司寇,他以年少,由成、兑主政。九年,使赵梁为将,合齐军攻韩。十二年至二十八年间,先后使赵梁、廉颇、赵奢、蔺相如等数度攻齐。三十年,赵奢大破秦军于阏与(今山西和顺)。

赵佶 即"宋徽宗"。

赵季良(?—946) 五代济阴(今山东菏泽南)人,字德彰。通敏善谋略。初仕后唐,为魏州司录、盐铁判官、太仆卿。天成元年(926),奉使至蜀,遂留事孟知祥,为西川节度副使、武泰军节度使,佐孟氏拒后唐,击灭董璋。及孟知祥建后蜀,拜司空,兼门下侍郎、同平章事。知祥卒,为顾命大臣,与王处回等拥戴后主(孟昶),进太保,分判三司,兼户部事。

赵简王 即"朱高燧"。

赵简子 即"赵鞅"。

赵鉴(1454—1537) 明山东寿光人,字克正,号清溪。成化进士。除萧山知县,擢御史,出按宣大。正德时官安庆知府。后累擢右副都御史,出抚甘肃,大修边务。官至大理寺卿。嘉靖二年(1523),进刑部尚书。五年致仕。后病死。

赵江汉 即"赵复"。

赵倢伃(?—前88) 即钩弋夫人、拳夫人。西汉河间(治今河北献县东南)人。武帝巡狩过河间时得幸,进为倢伃,居钩弋宫。太始三年(前94)生子弗陵。后元元年(前88)武帝欲立弗陵为嗣,恐她日后擅权,遂借故赐死。次年,弗陵立为皇太子,旋即位为昭帝,追尊她为皇太后。又成帝后赵飞燕入宫初亦为倢伃。

赵金龙(?—1832) 清湖南江华锦田长塘砦人。瑶族。道光十一年(1831),利用宗教组织群众。次年,在江华两河口起义,联络广西富川、广东连南瑶民,扩大队伍,大败清军于蓝山祠堂圩。桂阳、常宁、宁远等地瑶、汉人民纷纷响应,势力扩及湘、粤、桂边境十余县。清廷调集两湖、两广、贵州等五省兵力镇压,在常宁县洋泉镇击败义军。他力战死。

赵津(?—156) 东汉太原晋阳(今山西太原西南)人。桓帝时为小黄门,贪暴犯法,为患乡里。后被县吏王允捕杀。

赵锦(1516—1591) 明浙江余姚人,字元朴,号麟阳。嘉靖进士。任南京御史。嘉靖三十二年(1553)因上疏弹劾首辅严嵩,被斥为民。穆宗即位复官。万历时受张居正排挤致仕。万历十一年(1583)任左都御史,反对抄张居正家,对其政绩有所肯定。迁兵部尚书兼右都御史,掌都察院。十九年任刑部尚书,由家赴京上任,途中病死。

赵瑨(1202—1284) 元蔚州飞狐(今河北蔚县南)人。金万户赵珪之弟。太祖八年(1213),降蒙古军。十二年,为百户,从攻蠡州(今河北蠡县)、相州(今河南安阳)等地,以功升冀州行军都元帅、冀州军民总管、易州达鲁花赤等职。太宗时,任权中都事,中山、真定二路达鲁花赤。中统三年(1262),为顺天宣慰使。后历任淄莱路总管、太原路总管、燕南道提刑按察使等职。

赵景纬 南宋临安於潜(今浙江临安西)人,字德父,号星渚。淳祐进士,授江阴军教授。历史馆检阅、主管崇道观。景定元年(1260),特授秘书郎,迁著作郎,主管佑神观兼史馆校勘。史成,进直秘阁,主管崇禧观。后知台州,约束官吏扰民五事,平重州,治象横,浚河道,筑堤路,节浮费,建黄岩县社仓,为下户代输秋苗。历崇政殿说书、宗正少卿、权礼部侍郎兼修玉牒、集英殿修撰、中书舍人等,每进秩,必固辞。官至显文阁待制。

赵憬(736—796) 唐渭州陇西(今属甘肃)人,字退翁。好学修洁。宝应时,代宗拟造泰(玄宗)、建(肃宗)二陵,用度甚广,乃布衣上疏,奏请从俭。后累为州县佐官及藩镇幕职。建中时,为湖南观察使,入为给事中。贞元四年(788),为副使送咸安公主嫁回纥,不私带缯絮市马规利,为人称赞。使还,迁尚书左丞。著《北征杂记》一卷记其事,已佚。八年,与陆贽并拜相。颇为贽所抑,及贽罢相,始秉政。以选贤任能,务节俭,薄赋敛,宽刑罚为为政之本。又献《审官六议》,对任相、选官、考课等提出意见。为相五年,生活清俭,居第仆使,与常人同,俸入不营田产,为时所称。

赵敬侯(?—前375) 战国时赵国国君。名章。赵烈侯之子。公元前386—前375年在位。赵敬侯元年(前386),赵始都邯郸(今属河北)。四年,攻卫,卫向魏求救,魏破赵军于兔台。五年,齐、魏助卫攻赵,卫取赵之刚平(今河南清丰西),攻至中牟(今河南鹤壁西)。六年,赵向楚求救,楚出兵攻魏,赵取魏之棘蒲(今河北魏县南)、黄城(今河南内黄西北)。后曾两度攻伐中山。

赵炅 即"宋太宗"。

赵煚(532—599) 隋天水西县(今甘肃礼县东北)人,字贤通。少孤,后涉书史。西魏时,累转中书侍郎。仕北周,任陕州刺史,对北齐、陈作战,屡立战功,拜大宗伯。入隋,进位大将军,赐金城郡公,拜相州刺史。开皇三年(583),以尚书右仆射兼内史令。出为冀州刺史,荐历法学家刘焯,举术数家张胄玄。又铸铜斗铁尺于市,防止市井奸诈。赐盗蒿者一车蒿,使之知愧,胜于重刑。备受文帝器重。撰有《战略》二十六卷,已佚。《全隋文》存文一篇。

赵居信 元许州(今河南许昌)人,字季明。至元二十九年(1292),与胡祗遹、程巨夫、姚燧、王恽等十人被召赴阙赐对。至治三年(1323),丞相拜住以为硕德老儒荐,授翰林学士承旨。著有《蜀汉本末》、《史评》、《经说》、《理学正宗》、《礼经葬制》等。

赵均用 即"赵君用"。

赵君用(?—1359) 一名赵均用。元萧县(今安徽萧县西北)人。原为社长。至正十一年(1351)八月,与芝麻李等以白莲教聚众反,攻占徐州。次年九月兵败,投奔濠州(今安徽凤阳东北)孙德崖、郭子兴部红巾军。与郭子兴不合,率部转攻盱眙、泗州,自称永义王。十六年冬,克淮安(今属江苏),归属大宋红巾军。十九年初,淮安失守,至益都(今山东青州)从毛贵。四月,杀毛贵。七月,被毛贵部将续继祖杀死。

赵俊 明初人。洪武时官工部侍郎,进尚书。奉诏考定、修补国子监所藏书板,古籍始备。洪武十七年(1384)免官。

赵郡 东汉建安中改赵国为郡。治所仍在邯郸县(今市)。三国魏太和中复为国,并移治房子县(今高邑县西南)。西晋末复为郡。辖境相当今河北赵县、元氏、高邑、内丘、临城、赞皇等县及平乡、隆尧二县部分地。北魏移治平棘(今赵县)辖境缩小,相当今河北赵县、元氏、高邑、柏乡等县地。隋初废。大业及唐天宝、至德时又曾分别改栾州及赵州为赵郡。

赵开(1066—1141) 北宋普州安居(今四川遂宁西南)人,字应祥。元符进士。善理财。宣和末,除成都路转运判官。建炎二年(1128),擢为都大提举川陕茶马事,大更茶马之法。张浚宣抚川蜀时,他总领四川财赋,变酒法、盐法。浚治兵秦川,经营两河,旬犒月赏,尽取办于开。吴玠为四川宣抚副使、席益为四川安抚制置大使,均与之有隙。后提举太平观。

赵开心(?—1664) 明末清初湖南长沙人,字灵伯。明崇祯进士,官员外郎。顺治元年(1644)降清,授陕西道监察御史,以处置故明太子案疏言不当,获罪免死。次年擢左佥都御史,疏谏剃发,不允。后被革职为民。八年,起为原官,旋擢左都御史。次年以徇庇其子夺职,永不叙用。十年再次起用。次年因未先行疏劾大学士陈名夏,降补太仆寺卿。十二年迁户部侍郎,以奏请放宽逃人法,复降补太仆寺寺丞。寻擢少卿,协理兵部督捕,因逃人多不获,复降补鸿胪寺少卿。康熙二年(1663)擢仓场侍郎。旋病死。

赵刻 即"赵利"。

赵匡 唐河东(治今山西永济西)人,字伯循。官洋州刺史。师事啖助。助卒,与陆淳损益其师所撰《春秋集传》。对《春秋》经文多有攻驳,乃发挥“微言”以述己意,开宋儒怀疑经传之风。撰《春秋阐微纂类义疏》,已佚。遗说见存于唐陆淳《春秋集传纂例》和清马国翰《玉函山房辑佚书》。

赵匡义 即“宋太宗”。

赵匡胤 即“宋太祖”。

赵逵(1117—1157) 南宋资州(今四川资中)人,先世秦人。字庄叔。绍兴二十一年(1151)进士第一。除校书郎,不附权贵。秦桧死,为著作佐郎,充普安郡王府教授。二十六年,迁著作郎,寻除起居郎。次年,同知贡举,尽公参阅,革除旧弊。除中书舍人,距登第不过六年,为南渡后所未有。刚正善文,有名于时。文章似苏轼,被誉为“小东坡”。著有《栖云集》。

赵葵(1186—1266) 南宋潭州衡山(今属湖南)人,字南仲。少年时即随父赵方抗金。嘉定间,先后与金军战于枣阳、邓州、蕲州等地,以军功授承务郎、知枣阳军。绍定中,与兄范败李全,升兵部侍郎。旋任淮东制置使,知扬州。端平元年(1234),金亡,他与兄范建乘机收复三京之议。并与全子才进兵河南,为蒙古军所败。还任淮东,前后在扬州八年,垦田治兵,加强战备。淳祐间,官至右丞相兼枢密使,以言者谓不由科举不能为相而罢。以后历任沿海制置使、两淮宣抚使。

赵扩 即“宋宁宗”。

赵括(?—前260) 战国时赵将。马服君赵奢子,亦称马服子。少学兵法,善言兵事,然空谈其父所传兵法,不知时变。赵孝成王六年(前260),秦、赵相持长平(今山西高平西北),赵王中秦反间计,命他代廉颇为将。到任后,改变坚守战略,大举出击,秦将白起佯败走,另置两支奇兵,分断赵军,绝其粮道四十余日。他亲率锐卒搏战,被射死,四十余万赵军降秦,尽被坑杀。

赵累 一作周累。战国时东周大臣。秦武王四年(前307),秦将甘茂伐韩宜阳(今河南宜阳西),他料宜阳必为秦所破,遂劝东周君说楚将景翠在宜阳失陷后再出兵救援,旨在使楚乘秦军疲惫之际击败之,形成周楚同盟,共抗强秦。见《战国策·东周》。

赵立(1094—1130) 宋徐州(今属江苏)人。以敢勇隶兵籍。靖康元年(1126),为武卫都虞候。建炎三年(1129),金兵攻徐州,他督阵抗击,身中六矢。城陷后又率军收复,权知徐州。同年末,受命援楚州(今江苏淮安),且战且行,出没敌中,七战七捷,突入楚州城。四年,为楚泗州、涟水军镇抚使,兼知楚州。屡拒伪齐诱降,击败金军。后中敌飞炮,脑碎而死。他与士卒同甘苦,每战擐甲胄先登,众乐为用。人谓张巡、许远不能过。

赵利 亦作赵刻。战国时赵国人。魏文侯三十八年(前408),魏借道于赵攻中山,赵烈侯不许。他认为魏如攻中山不克,则魏必疲惫,魏若拔之,必不能越赵而有中山,“是用兵者魏,而得地者赵也”。因劝烈侯许之。见《战国策·赵策一》。

赵琏(?—1353) 元许州(今河南许昌)人,字伯器。赵宏伟孙。至治进士。授嵩州判官,累迁湖广行省郎中,除杭州路总管。因治有政绩,召为吏部侍郎,历中书左司郎中、礼部尚书,迁中书参议,出为山北辽东道廉访使。至正十一年(1351),为淮南江北行省参知政事。十三年,张士诚以泰州降元,他移镇泰州。不久,士诚复反,遂被杀。

赵良 战国时人。秦孝公时曾劝说商鞅废新法,指斥其不以百姓为事,地位如朝露,劝其归商於之地,隐居山林。商鞅未从,终被车裂灭宗。

赵良弼(1217—1286) 元女真人,字辅之。太宗十年(1238)考试儒士时中选,教授赵州(今河北赵县)。宪宗元年(1251),忽必烈(世祖)立邢州安抚司,擢为判官。后升京兆宣抚司郎中。九年,随忽必烈南下。世祖中统元年(1260),参议陕西四川宣抚司事,后升参议陕西省事。至元八年(1271)、十年,两次奉命出使日本。十一年,为同佥枢密院事。十九年,告老。

赵良栋(1621—1697) 清甘肃宁夏(今宁夏银川)人,字擎宇、擎之、西华。顺治时参加镇压农民军余部。康熙时历任广罗总兵、宁夏提督、云贵总督,参加讨平王辅臣之叛。康熙二十年(1681)以勇略将军挥军入滇,攻克昆明。然居首功而不得赏,屡上疏申辩,以与奋威将军王进宝争功互讦,改官銮仪使。后复将军、总督衔。

赵良嗣(?—1126) 辽燕(今河北北部)人。本名马植。出身大族。仕至光禄卿。政和初童贯使辽,因献灭燕之策,随贯归宋,易名李良嗣。徽宗纳其言,赐姓赵,为秘书丞。迁直龙图阁,提点万寿观,加右文殿修撰。宣和二年(1120)使金,见阿骨打,议夹攻灭辽,往返六七次,与金争议,颇尽心力,进龙图阁直学士,官至光禄大夫。后以力谏毋纳张觉事,被夺职。靖康元年(1126)宋金战争起,兵连祸结,御史胡舜陟论其结成边患,贬逐柳州(今湖南永兴南),后被处死。

赵烈侯(?—前387) 战国时赵国国君。名籍。赵献侯之子。公元前408—前387年在位(一说烈侯九年卒,弟武公立,武公在位十三年)。任用公仲连、牛畜、荀欣、徐越等人,为政待以仁义,约以王道,又选练举贤,任官使能,节财俭用,察度功德。赵烈侯六年(前403),与韩、魏并立为诸侯。

赵邻几(幾)(921—979) 北宋初郓州须城(今山东东平)人,字亚之。后周显德进士,历任秘书省校书郎,许、宋二州从事。宋太平兴国初,为左赞善大夫、直史馆。累迁左补阙、知制诰。常欲追补唐武宗以来实录,访求遗事,孜孜不倦,书未及成而卒。著有《会昌以来日历》、《六帝年略》、《史氏懋官志》、《鲰子》等。

赵令穰 宋宗室。太祖五世孙,字大年。官至崇信军节度观察留后。虽生长宫邸,而能留心经史,勤于笔墨,尤擅长绘画。喜藏历代墨迹名画,每一过目,辄得其妙。但所绘不外博弈狗马,所写不出京城内外景色。后周览江浙荆湖崇山峻岭、江湖溪涧，笔法为之一新。曾进所画扇，哲宗书"国泰"二字赐之，一时以为荣。

赵令畤(1061—1134) 宋宗室。初字景贶，苏轼为改字德麟，自号聊復翁。太祖次子燕王德昭玄孙。元祐六年(1091)，签判颍州公事，苏轼为知州，荐其才于朝；轼贬岭外，坐废十年。绍兴初，袭封安定郡王，迁宁远军承宣使，同知行在大宗正事。好文辞，尝以唐元稹《会真记》为题材，为《商调蝶恋花鼓子词》十二首，对后来《西厢记》诸宫调及杂剧俱有影响。著有《侯鲭录》、《聊復集》等。

赵隆 北宋秦州成纪(今甘肃天水)人，字子渐。以勇敢应募，参加取熙河、破西市、讨鬼章等役，立功。为泾原第九将，与西夏战，功最多。崇宁中，为熙河路兵马钤辖，参与复鄯、廓二州。童贯问以燕云事，极言不可用兵。知西宁州，为陇右都护，羌族信服。后从刘法攻羌，出奇兵而胜，城震武，迁温州防御使、四厢都指挥使、本道副都总管。

赵伦之(?—429) 南朝宋下邳僮县(今江苏沭阳)人，字幼成。刘裕舅。晋末，从裕起兵讨桓玄，以军功累迁雍州刺史。义熙中，随裕北伐后秦，以偏师破姚弘于蓝田。入宋，以佐命功封霄城县侯，历安北、护军、镇军等将军，卒官左光禄大夫、领军将军。

赵萌 西汉末南阳棘阳(今河南南阳南)人。新莽末年，投奔更始政权。更始西都长安，建议悉封功臣为王，被任为右大司马。因女为更始帝刘玄夫人，遂专权放纵。后出屯新丰(今陕西西安东北)，以拒赤眉。不知所终。

赵孟頫(1254—1322) 元湖州归安(今浙江湖州)人，字子昂，自号松雪道人。宋太祖十一世孙。年十四，以父荫补官，中吏部铨法，调真州(治今江苏仪征)司户参军。宋亡居家。至元二十三年(1286)被召至大都，授兵部郎中。官至翰林学士承旨。诗文为世所重，书画均入神品。篆、籀、分、隶、真、行、草书，无不精奇，长于画山水、木石、花竹、人马。卒谥文敏。妻管道升，子雍、奕，亦均能书工画。著有《松雪斋集》。

赵孟坚(1199—1295) 南宋嘉兴海盐(今属浙江)人，字子固，号彝斋。宝庆进士。历官集英殿修撰，知严州(治今浙江建德东)。宋亡后，不仕，隐居秀州广陈镇(今浙江平湖东北)。善书画，早年以"勾勒"、"白描"技法画山水，晚年专工梅竹，借以显示清风劲节。存世书画有《白描水仙卷》、《墨兰卷》、《自书诗卷》等。著有《梅谱书法论》、《彝斋文编》。

赵密(1095—1165) 宋太原清源(今山西清徐)人，字微叔。政和四年(1114)授河北队将。建炎初，从张俊征战，转左军统领。*苗刘之变，随张俊破赤心军于临平(今浙江余杭)。金兵犯明州，败之，升统制。绍兴元年(1131)，大破窜扰江淮之叛将李成、马进。转康州刺史，总管泾原马步军。十年，败金兵于亳、宿。次年，金兵攻滁、濠，又败之。后以年劳转太尉、殿前都指挥使。隆兴二年(1164)，进少保致仕。

赵灭中山 赵国自赵武灵王实行军事改革、"胡服骑射"以后，国势日强，乃谋取中山。从赵武灵王二十年(前306)起，多次攻中山。二十五年，赵出兵，中山君惧而奔齐。次年，复攻中山。略地北至燕、代，西至云中(今内蒙古呼和浩特西南)、九原(今包头西北)。赵惠文王三年(前296)，赵以二十万之众全力进攻，卒灭中山。中山王被俘，迁于肤施(今陕西榆林南)。

赵明诚(1081—1129) 北宋密州诸城(今属山东)人，字德父(亦作德夫、德甫)。赵挺之之子，李清照之夫。少喜收蓄前代石刻。为太学生，以荫入仕。崇宁四年(1105)除鸿胪少卿。大观二年(1108)与妻归青州故第，屏居多年，广求古器、彝铭、遗碑、刻石。宣和中出守莱州，后调淄州。靖康二年(1127)奔母丧南赴江宁，起知江宁府。建炎三年(1129)移知湖州，未赴，卒于建康。长期从事《金石录》撰著工作，仿欧阳修《集古录》，将金石刻辞二千种编排成帙，诠叙条理，考证精博，为金石学名著。

赵模 唐人。贞观时，太宗命与冯承素同临《兰亭序》真迹。楷书，方整娟秀，虽不能与欧阳询、虞世南比肩，却与王知敬、高正臣相伯仲。遗迹有《高士廉茔兆记》。

赵南星(1550—1627) 明真定高邑(今属河北)人，字梦白，号侪鹤。万历进士。累迁吏部考功郎中。二十一年(1593)考察京官，秉公汰劣，忤权臣。罢官归。有声誉，与顾宪成、邹元标齐名。天启初拜左都御史，改吏部尚书。三年(1623)主京察，忤魏忠贤，谪戍。死于代州(今山西代县)。追谥忠毅。著有《赵忠毅公文集》、《味檗斋遗书》、《史韵》等。

赵朋 见"霍鸿"。

赵普(922—992) 宋初幽州蓟县(今北京西南)人，后迁河南洛阳。字则平。五代后周时，为赵匡胤幕僚，任掌书记，策划陈桥兵变，助其代周。入宋，以佐命功，授右谏议大夫，充枢密直学士。建隆元年(960)，说太祖兵机贵速，应立即出师平定李筠之乱，并自请从征。以功迁兵部侍郎、枢密副使。同年，又请速平李重进之乱。三年，任枢密使、检校太保。乾德二年(964)，代范质为宰相。北宋初年的重大方针政策，如罢宿卫和节镇兵权，命文臣知州；诸州置转运使、置通判，以集中行政权和财政权；先南后北、先易后难的统一战略，以及对契丹采取守势等，皆参预谋划。及太祖晚年，其宠渐衰，出为河阳三城节度使。太宗时两次入相，两度出为武胜军、山南东道节度使。淳化三年(992)因病辞职，封魏国公。死后，追封真定王，真宗时改韩王。谥忠献。他智谋虽多，但读书太少，晚年常读《论语》，因有"半部《论语》治天下"之说。

赵普胜(?—1359) 元末天完红巾军将领，白莲教徒。善用双刀，号双刀赵。至正十二年(1352)九月，在长江中游小孤山附近大败元军，俘元江西行省平章星吉，克江州(今九江)。十五年春，与李普胜、俞通海等据巢湖结水寨，拥众万余。同年夏，与朱元璋联合渡江，中途火并，离去。多次率兵攻安庆、池州(今安徽贵池)元军，并与朱元璋军交锋。十八年正月,与陈友谅共同攻克安庆。次年九月,被陈友谅杀害。

赵岐(约108—201) 东汉京兆长陵(今陕西咸阳东北)人,字邠卿。又名嘉,字台卿。初仕州郡。后辟司空掾,历任皮氏长、京兆尹功曹等职。曾贬议中常侍唐衡之兄唐玹。及玹为京兆尹,惧祸及,遂逃难四方,曾卖饼北海市中。唐衡兄弟死后,三府并辟,擢拜并州刺史。坐党事免。灵帝时复遭党锢十余岁。献帝时任议郎、太仆、太常等职。精研经学,著有《孟子章句》、《三辅决录》等。《孟子章句》今存,收入《十三经注疏》中。

赵琦美(1563—1624) 明苏州常熟(今属江苏)人,原名开美,字玄度、仲朗,号密度、清常道人等。以父荫起,历官南京都察院照磨、刑部郎中,授奉政大夫。卒于京。爱好戏曲,收集元、明杂剧二百余种,整理校勘,成《脉望馆钞校本古今杂剧》。另著有《洪武圣政记》、《伪吴杂记》、《容台小草》、《脉望馆书目》等。

赵愭(1144—1167) 宋孝宗嫡长子。初名愉。绍兴二十一年(1151),赐名愭,除右监门卫大将军、荣州刺史。孝宗受禅,封邓王。乾道元年(1165),立为皇太子。卒谥庄文。

赵禥 即"宋度宗"。

赵谦(?—192) 东汉蜀郡成都(今属四川)人,字彦信。中平三年(186)任汝南太守,参与镇压黄巾起义。后从光禄勋迁为太尉。随献帝迁都长安,行车骑将军事,转为前将军。因击白波黄巾军有功,封郫侯。初平三年(192)为司徒,复拜尚书令。旋卒。

赵权府 即"赵益"。

赵全(?—1570) 明山西阳和(今阳高)人。原为大同左卫(今左云)士兵。嘉靖三十三年(1554)逃入蒙古土默特部,受俺答汗重用。统治板升地区汉民,发展农业生产;助俺答汗制作攻城器具,引导劫掠山西州县,被授予"把都儿哈"、"仪宾倘不浪"之号;又尊俺答汗为帝,为之修筑大板升城。隆庆四年(1570)俺答汗孙把汉那吉降明,俺答汗同意明朝以赵全等为交换条件,将其缚送明朝处死。

赵染(?—314) 染一作冉。十六国时人。西晋末为南阳王司马模牙门将,求冯翊太守不得,怒而降汉刘聪。拜平西将军,从刘粲攻模于长安,执模送于粲。又败晋将麴允,刘曜承制加前锋大都督、安南大将军。以累捷而傲,与晋将索綝战,败绩。复败于晋将麴允,中流矢死。

赵仁本 唐陕州河北(今山西平陆西南)人。贞观中,累转殿中侍御史。曾请出远使,不畏跋涉艰险,归擢吏部员外郎。乾封二年(667),以司列少常伯知政事。咸亨元年(670),因拒右相许敬宗请托,贬为尚书左丞,罢知政事,遂卒官。著有《法例》二卷,已佚。

赵仁荣 元惠州滦阳(今河北迁西西北)人。赵炳子。大德七年(1303),奉使宣抚江南、湖广,继为江南行台御史中丞。八年,迁中书省参知政事。十一年武宗即位,授太子詹事。

赵柔(?—约1236) 金涞水(今属河北)人。金末聚众据守西山。元太祖八年(1213),降蒙古军,为涿、易二州长官。后历任真定涿等路兵马都元帅、银冶总管、诸处打捕总管。

赵汝适 宋太宗八世孙。寓居四明(今浙江宁波)。第进士,历任卿、监、郎官等。理宗朝,官至朝散大夫、提举福建路市舶司。宝庆元年(1225),以提举市舶司时之见闻并所亲访的有关海外诸国事迹,著成《诸蕃志》,叙述详赅,可补正史之不足。

赵汝谈(?—1237) 宋宗室。居余杭(今浙江杭州西)。字履常。以父荫补将仕郎。淳熙进士。曾参与拥立宁宗,丞相赵汝愚欲任以要职,辞去。嘉定六年(1213),金国内乱,卫绍王被杀,他向宁宗献"料敌"、"备边"二策。金亡,南宋乘机收复河南,他力言不可轻战。后宋入洛之师战败,朝论始服其先见。官至权刑部尚书。著作有《介轩诗集》等。

赵汝愚(1140—1196) 宋宗室。居饶州余干(今江西余干西北),字子直。乾道进士。绍熙五年(1194)与韩侂胄立赵扩为帝(宁宗),官至右丞相。后被侂胄倾轧,除观文殿学士,知福州。既又贬永州,途径衡州,暴卒。为学注重"经世致用"。极力褒扬程朱理学,以其为安邦定国、礼义教化之大计。与朱熹、吕祖谦、汪应表交往密切。庆元党禁起,被列为"党人"之首。著有《太祖实录举要》,编有《国朝诸臣奏议》。

赵三多(1841—1902) 清直隶威县(今属河北)人。又名洛珠,字祝盛,人称赵老祝。早年习梅花拳,后收徒授技,徒弟遍及邻近各州县。光绪二十一年(1895)应山东冠县梨园屯阎书勤等邀请,参加反教、护庙斗争。二十四年,与阎书勤率众焚山东冠县梨园屯附近教堂。九月在梨园屯首次公开以义和拳名义发动起义,树"扶清灭洋"旗帜,攻打教堂。后率众转战冀南、冀中,打击教会势力,开展"均粮"斗争。八国联军攻陷北京后,转至广宗地区活动。二十八年与景廷宾联合发动反清武装起义,打出"扫清灭洋"旗帜。失败后被捕入狱,绝食而死。

赵三三 即"赵伟"。

赵善湘(?—1242) 南宋明州(治今浙江宁波)人,字清臣。庆元进士。调金坛县丞、知余姚县,累官江淮制置使。曾先后镇压固始(今属河南)、楚州(治今江苏淮安)人民反抗,创防江军、宁淮军,击败李全进犯。嘉熙二年(1238),知绍兴府兼浙东安抚使。后以观文殿学士致仕。著有《洪范统一》等。

赵善政 唐云南宁北(今洱源邓川)佉逸塝人。唐末任南诏清平官。五代后唐天成三年(928),剑川节度使杨干贞杀大长和国郑隆亶后,被拥为国主,改国号大天兴国。次年,干贞又赂结诸臣,废善政自立。

赵绍祖(1752—1833) 清安徽泾县人,字绳伯,号琴士。年二十,受知于大兴朱筠,拔入县学,不久补廪膳生。曾参与《安徽省志》纂辑,在局五年,志成,条举件系,详赡有体。两署滁州训导,一署广德州训导,皆仅数月。又历主池州秀山、太平翠螺两书院。长于金石考证,著有《古墨斋金石跋》、《泾川金石记》、《金石文钞》、《安徽金石略》及《新旧唐书互证》、《通鉴注商》、《安徽人物志》等。

赵袑 战国时赵国大臣。赵武灵王二十一年(前305)奉命率右军,与许钧之左军,公子章之中军,牛翦之车骑,赵希之胡、代军,共伐中山,取丹丘(今河北曲阳西北)等多城,中山献四邑而和。

赵奢 战国时赵将。初任赵之田部吏,收租税。平原君因其奉公执法而荐之于赵王,主治国赋,国赋平,民富而府库实。赵惠文王二十九年(前270),秦经韩上党,围赵阏与(今山西和顺)。赵王召诸将问是否救援,廉颇、乐乘皆以道远险狭而言难救,唯他以为将勇者胜。次年,赵王令其为将前往,大破秦军,解阏与之围而归。赵王赐号马服君,与廉颇、蔺相如同位。

赵申乔(1644—1720) 清江南武进(今属江苏)人,字慎旃、松伍。康熙进士。康熙四十年(1701)任浙江布政使,寻升巡抚。后调偏沅巡抚,曾疏劾地方官私征加派,以清廉善谏称于时。四十九年内召为左都御史。次年告发戴名世之《南山集》有大逆语句。五十二年迁户部尚书。著作有《赵恭毅公剩稿》。

赵甡之 一作赵甡。南宋人。官从义郎。著有《中兴遗史》。

赵昚 即"宋孝宗"。

赵升(昇) 南宋文昌(今属海南)人,字向晨。著有《朝野类要》。

赵声(1881—1911) 清末江苏丹徒人,原名毓声,字伯先。光绪二十七年(1901)先后入江南水师学堂和陆师学堂。二十九年东渡日本,结识黄兴等。回国后,执教两江师范学堂,编《歌保国》宣传革命,并演说拒俄。后赴南北各地谋革命,皆不果。三十一年在南京任督练公所参谋官,在江阴训练新军。旋赴广西任巡防营管带,不久复返南京任新军第九镇第三十三标二营管带,擢标统。次年入同盟会,后至广州,任新军管带、标统与陆军小学堂监督。宣统元年(1909)春,遭忌弃职。次年参与广州新军起义,事败走南洋。三年春发动黄花岗起义,事败至香港,旋病死。

赵胜 即"平原君"。

赵师鲁(1285—1337) 元霸州文安(今属河北)人,字希颜。秘书少监赵趾子。太学生。仁宗时,任工部主事、中书省检校官等职。泰定中,官监察御史。文宗时,任枢密院判官,持节治四川军马。后出为河间路转运盐使,除弊政,岁课大增。病归京师。

赵师秀 南宋温州永嘉(今浙江温州)人,字紫芝,号灵秀。绍熙进士。浮沉州县,终于高安推官。嘉泰前后尚在世。不满江西派诗风,与徐照、翁卷、徐玑合称"永嘉四灵",以晚唐贾岛、姚合诗相尚,多闲逸写景之作,流连光景,苦无深致。曾选辑唐人诗歌成《众妙集》一卷,著作有《清苑斋集》。

赵师雍 南宋黄岩(今浙江台州)人,字然道。淳熙进士。官至朝议大夫,直宝章阁。师事陆九渊,兼学于朱熹。陆死后,欲订证朱、陆之是非,为朱熹所恶。后朱熹门人作《考亭渊源录》,视其为朱门叛逆。

赵师睪(1148—1217) 宋太祖八世孙。字从善。淳熙进士。除司农簿,迁金部郎中。奏请孝宗在左右曹、度支、仓部等财政税务机构设立总计,以绝奸弊。后知吉州,即山炼铜,铸钱积二十万贯,进户部郎官、淮东总领。光宗立,知秀州,改淮南运判。时铁钱不行,他发度牒、出仓粟收铁钱,又请造交子行于江南诸州。宁宗时,谄事韩侂胄,得转工部尚书,知临安府。侂胄请下诏伐金,他坚持异议而被劾罢。曾四知临安府,以干练称,然谄附权贵,时论鄙之。

赵士锦 明常熟(今属江苏)人,字前之。崇祯进士,授知化州。崇祯十六年(1643)腊月调北京补工部营缮司员外郎,未几,又主管节慎库。旋为李自成攻占北京后选用之第一批旧明官员,但拒不就职,押刘宗敏营中。后被释放,回到故乡。南明福王复其原官。弘光元年(1645)三月补都水司员外郎。著有《甲申纪事》,收入《壹是堂集》。

赵士㒟(1084—1153) 宋宗室。字立之。初补右班殿直,累迁权同知大宗正事。靖康末,承元祐皇后旨,赍圭宝诣南京(今河南商丘南)奉高宗即位。未几,因论黄潜善误国,出知南外宗正事。*苗刘之变,贻书张浚、吕颐浩,促其勤王。事平,加检校少保,除同知大宗正事。累迁开府仪同三司,判大宗正事。绍兴九年(1139),诣河南修奉陵寝,归封齐安郡王。数言事忤秦桧。岳飞被诬,他请以百口保之。桧大怒,遂夺官。十二年,谪居建州。卒后追封循王。

赵士桢(约1552—约1610) 明浙江温州乐清人。字常吉,号后湖。万历六年(1578)以善书征,授鸿胪寺主簿。二十四年晋中书舍人。喜谈兵事,工骑射,讲火器,撮合西洋铳和佛郎机之长处,制成掣电铳,掇取鸟铳和三眼铳的优点制成迅雷铳。还发明火箭溜等火器多种,并将所研制火器著成《神器谱》、《续神器谱》、《神器谱或问》、《备边屯田车铳议》等,对明火器的发展有很大的促进作用。

赵世安 元易州涞水(今属河北)人。天历元年(1328),拥戴元文宗图帖睦尔夺取帝位,升中书参知政事。二年,为中书左丞,提调国子监。至顺元年(1330),与赵世延等纂修《经世大典》。同年改为御史中丞。三年,又为中书左丞。

赵世卿(?—1618) 明山东历城(今济南)人,字象贤,号南渚。隆庆进士。万历初授南京兵部主事,以忤张居正贬为楚府右长史。万历三十年(1602)擢户部尚书。力主罢矿税、惩税使、减王室费用,皆不纳,乃连疏乞去。未果。三十八年自我解职。次年径自归里。

赵世延(1260—1336) 元汪古部人,字子敬。按竺迩孙,赵国宝子。至元二十六年(1289),任监察御史,劾桑哥不法事。成宗、武宗时,历任安西路总管、四川肃政廉访使、陕西行台侍御史。清理壅滞文牍，赈灾救民，除军官抑良为奴之弊，修都江堰水利工程，有政绩。仁宗延祐初，劾权相铁木迭儿十三罪，后以此遭诬入狱，借英宗、拜住之力得免。泰定时迁中书右丞，兼知经筵事。文宗即位，以拥戴之功拜平章政事。至顺初，应诏与虞集等纂修《经世大典》。历事九朝，居省台约五十年。曾校定律令，汇编为《风宪宏纲》行世。

赵书 书名。十六国前燕田融撰。十卷。记后赵史事。久佚。今有清汤球辑本，共计四十二则，收入《广雅书局丛书》。

赵叔向(?—1127) 宋宗室。号西隐埜人，魏王廷美玄孙。金人破汴京，潜出至京西。金人退，引众屯青城，入至都堂，叱王时雍等速归政，置救驾义兵。因部将密告将谋不轨，被刘光世奉诏捕杀。著有《肯綮录》。

赵舒翘(?—1901) 清陕西长安(今西安)人，字展如。同治进士。授刑部主事，迁员外郎。光绪十五年(1889)擢浙江温处道，再迁布政使。二十年擢江苏巡抚。二十三年以谙律令，被召为刑部左侍郎，次年晋尚书。命为总理各国事务衙门大臣，兼管顺天府尹。极力支持溥儁为大阿哥，取媚于慈禧太后。二十六年义和团占据涿州城，他请旨派兵镇压，继则主张“抚而用之”。八国联军陷北京，随慈禧太后逃至西安，被联军指为“祸首”之一。次年初赐令自尽。

赵曙 即“宋英宗”。

赵爽 三国时吴国人，一名婴，字君卿。精算学。注《周髀算经》，详加疏释。其《勾股方圆图注》不仅为现今所见中国对勾股定理的最早证明，而且对勾股算术和二次方程解法有一定贡献。

赵思温(?—939) 唐卢龙(今属河北)人，字文美。原为李存勗(后唐庄宗)部将，任平州刺史兼平营蓟三州都指挥使。辽太祖神册二年(917)降辽，从辽太祖攻渤海，为汉军团练使。辽太宗即位，进检校太保、保静军节度使。天显十一年(936)，领兵攻后唐援后晋，改南京留守、卢龙军节度使，又改临海军节度使。会同元年(938)，为副使，出使晋，行册礼。加检校太师。

赵思忠 即“木征”。

赵四儿 即“点灯子”。

赵夙 春秋时晋国人。晋献公十六年(前661)，献公率师攻耿(今山西河津东南)、霍(今山西霍州西南)、魏(今山西芮城)三国，他为献公驾御戎车。三国灭后，献公即以耿赐之为食邑，以为大夫。其子孙后为晋之强族，终与韩、魏三分晋地而建赵国。

赵肃 十六国时人。原为天水(今属甘肃)等六郡大姓之一。西晋元康八年(298)，同李特等率流民入蜀。特自称镇北大将军，初建政权，以为腹心之臣。李雄晏平五年(310)，为司空。次年雄母罗氏死，雄信巫者之言，欲不葬，乃力谏阻之。

赵肃侯(?—前326) 战国时赵国国君。名语。赵成侯之子。公元前349—前326年在位。赵肃侯二年(前348)，与魏惠王会于阴晋(今陕西华阴东)。七年，攻魏首垣；十一年，复攻魏；十七年，围魏之黄城(今河南内黄西)，不能下，赵以漳水、滏水(今滏阳河)的堤防为基础，筑南长城，以防齐、魏。后屡与齐、魏战，互有胜负。

赵鐩(?—1512) 明霸州文安(今属河北)人。生员出身，人称“赵疯子”。正德六年(1511)为刘六、刘七起义军所俘，归附，为首领之一。率起义军一部纵横于河北、山东、山西、河南和江、淮地区，被推为副元帅，改名怀忠。次年破河南泌阳，前大学士焦芳仅以身免，焚其宅第，斩其衣冠。于湖广江夏(今湖北武汉)兵败被捕，入京处死。临刑犹以不能手刃焦芳父子为恨。

赵太后 战国时赵国人。赵惠文王后，赵孝成王母。亦称惠文后。孝成王新立，她用事。秦急攻赵，赵求救于齐。齐必以太后少子长安君为质。她不肯，谓左右曰：“复言长安君为质者，老妇必唾其面。”后左师触龙以“位尊而无功，奉厚而无劳”为喻谏之，为其所纳，遂许长安君入质于齐。齐兵乃出。一说赵太后为惠文王母，则长安君乃武灵王之子，实误。

赵天麟 元东平(今属山东)人。博学能文。世祖至元末，以布衣进《太平金镜策》数万言，议论时政得失，未受擢用。

赵天锡(1189—1238) 金冠氏(今山东冠县)人，字受之。历官修武校尉、洺水监酒。元太祖十六年(1221)，投归东平严实，从攻潞州，有功，任冠氏令。十九年，率部从蒙古军破宋彭义斌军，授左副元帅、同知大名路兵马都总管事。太宗五年(1233)，授行军千户。十年，从攻宋，病还。

赵廷美(947—984) 宋太祖、太宗之异母弟。字文化，本名光美。建隆元年(960)，授嘉州防御使。二年，迁兴元尹、山南西道节度使。开宝六年(973)，改京兆尹、永兴军节度使。太宗即位，为开封尹，封齐王。太平兴国四年(979)，从征太原；太宗征辽，命留守京师，进封秦王。七年，被诬告有异谋，出为西京留守。复坐与宰相卢多逊交通，降为涪陵县公，房州安置。九年，忧悸病死，追封涪王，谥悼。

赵廷瑞(约1490—1549) 明大名开州(今河南濮阳)人，字信臣，号洪洋。正德进士。历任刑科都给事中。嘉靖十八年(1539)，以右副都御史巡抚陕西。二十七年论战鞑靼功，任兵部尚书。次年免官，卒于家。

赵廷隐(884—949) 五代时开封(今属河南)人。初为后梁裨将。后唐时随孟知祥入西川，因功充左厢马步军都指挥使。长兴元年(930)底，率军扼剑州(今四川剑阁)，破后唐石敬瑭军，遂为昭武军留后。三年，又为王建破东川节度使董璋，入梓州，杀董璋，以功为保宁军留后，镇领阆、果、蓬、渠、开五州。孟昶立，加兼侍中，为六军副使。后官至中书令。

赵挺之(1040—1107) 北宋密州诸城(今属山东)人，字正夫。第进士，为登、棣二州教授。通判德州，推行市易法。元祐中召试馆职，苏轼谓系“聚敛小人”，表示反对。及为监察御史，乃劾苏轼诽谤神宗;反为谏官所劾,谪徐州通判。徙知楚州,累官中书舍人、给事中。徽宗立,为礼部侍郎,拜御史中丞,力主绍述之说,攻击元祐诸臣。崇宁元年(1102),自吏部尚书拜尚书右丞,进左丞、中书门下侍郎。四年,以蔡京力荐,拜尚书右仆射,因与京争权,数月即罢。次年复相。大观元年(1107)再罢。

赵佗(?—前137) 西汉真定(今河北正定)人。秦时为南海郡龙川县令,后行南海尉事。秦亡后,兼并桂林、象郡,自立为南越武王。汉高帝十一年(前196),遣陆贾使南越,立佗为南越王,剖符通使,使和辑百越。高后时,因汉廷禁越关市铁器,愤而自称南越武帝,攻长沙边县,闽越、西瓯、骆均役属之。文帝元年(前179)陆贾再使南越,乃上书称臣,去帝制。至景帝时遣使入朝请,称王朝命如诸侯。死后,其孙胡为南越王。

赵绾(?—前139) 西汉代(治今河北蔚县东北)人。尝从鲁人申公受《诗》。武帝初,丞相窦婴、太尉田蚡举为御史大夫,乃与郎中令王臧议立明堂以朝诸侯,草巡狩封禅改历服色事,后又请毋奏事东宫,以此触怒太皇窦太后,与臧俱被下狱,旋自杀。

赵万年 南宋福州长溪(今福建霞浦)人,字方叔。庆元进士,为襄阳制置司干办官。开禧二年(1206),金兵围襄阳,协助知府赵淳守城,至九十余日,始解围。著有《襄阳守城录》及《裨幄集》。

赵王 ❶汉王四年(前203)封张耳为赵王。❷辽代封爵。耶律喜隐、萧孝友、耶律乙辛、萧别里剌、耶律习泥烈、高勖、杨皙等先后受封。❸金代封爵,大国一字王号。世宗及完颜永中等先后受封。❹元代诸王封号,授兽纽金印。汪古部主术忽难驸马由鄃王进封。术安、阿鲁秃、马札罕、怀都、八都帖木耳、汪古图等袭封。❺明永乐二年(1404)封成祖第三子高燧为赵王,后世袭爵,传至明亡。

赵王迁 战国时赵国国君。名迁。赵悼襄王庶子。公元前235—前228年在位,其母为邯郸倡女,宠幸于悼襄王。王废嫡子嘉而立之。为政无行,信谗言,诛良将李牧,用佞臣郭开。赵王迁八年(前228),终为秦将王翦所掳。赵亡。后追谥为幽缪王,或称幽湣王。

赵惟一(?—1075) 辽道宗时人。为伶官,曾歌唱宣懿后所制曲。大康元年(1075),被耶律乙辛等诬指与宣懿后通,全族处死。

赵伟 金人。又名赵三三。正大八年(1231),任宣差,从陕州同知完颜探春招募在城民充军,得军八百余,号"破敌军"。任权宝昌军节度使,兼行河解元帅府事,领兵屯金鸡堡。次年冬十一月,以行省停给军饷,粮尽,领军渡河夜袭陕州城,杀关陕总帅阿不罕奴十剌、行省左右司员外郎李献能等官员二十一人。诬奏奴十剌等欲反,被任为元帅左监军,兼西安军节度使,行元帅府事。天兴二年(1233)三月,降蒙古。

赵文 战国时赵国大臣。反对赵武灵王胡服骑射,认为"如故法便",武灵王答以"循法之功,不足以高世;法古之学,不足以制今"(《史记·赵世家》)。

赵文华(1503—1557) 明浙江慈溪人。嘉靖进士,授刑部主事。佞事严嵩为父,日益贵幸。累官通政使。嘉靖三十四年(1555),东南倭患紧急,他献平倭策,遂奉命南下祭海神,主持军事。他颠倒功罪,讳败为胜。进工部尚书,加太子太保。次年以右副都御史,总督江南、浙江诸军事。后以骄横失宠,革职病死。著有《嘉靖平倭祇役纪略》、《嘉兴府图记》、《文华全集》、《世敬堂集》等。

赵文子 即"赵武"。

赵无恤 即"赵襄子"。

赵武(约前589—前541) 春秋时人。晋国大夫。赵朔子。或称赵文子,亦称赵孟。其母庄姬,为晋景公之姊,与赵婴私通,赵同、赵括因把赵婴放逐到齐。庄姬向景公诬告赵同、赵括将为乱。晋景公十七年(前583),景公诛灭赵氏,他与母庄姬畜养于宫中。因韩厥请,立为赵氏后。晋悼公新立,任为卿。晋平公十年(前548),任中军元帅,执政。令减少诸侯纳"币"之数,而以重礼待诸侯。二十七年,与楚屈建(即子木)主持第二次弭兵之会。《史记·赵世家》所载赵氏被灭和他复立的故事,与此大异,当为传说。

赵武公(?—前387) 战国时赵国国君。赵烈侯之弟。公元前399—前387年在位。一说赵并无武公。

赵武灵王(?—前295) 战国时赵国国君。名雍。谥武灵。赵肃侯之子。公元前325—前299年在位。武灵王十九年(前307),改革军事,行胡服骑射,以防御游牧部族进攻。后五年,又命将军、大夫、嫡子、代吏均胡服,国势渐强。曾陆续攻灭中山国,破林胡、楼烦,扩地北至燕、代,西至云中(治今内蒙古呼和浩特西南)、九原(治今内蒙古包头西北)。二十七年,传位于少子何,是为赵惠文王。自号主父,封其长子公子章为代安阳君,使田不礼相之。后公子章因不服其弟为王,与田不礼作乱。公子成(武灵王之弟)与李兑起兵镇压,章败逃至主父处,成与兑遂围主父所居沙丘宫,章死后三月余,他亦饿死。

赵武孟 唐甘州张掖(今属甘肃)人。举进士。由长安县丞累官至右台侍御史。著有《河西人物志》。已佚。

赵希郤 即赵郎。自称宋宗室直徽猷阁赵游孙。嘉定中与王子清等以船舶十八艘起事,活动于闽、浙沿海。嘉定十一年(1218)四月攻泉州晋江,击杀泉州守真德秀部将王大寿。五月,德秀以兵船出击,败之于漳浦(今属福建)沙陶洋。被俘后死于狱中。子清遁去,为台州杜门巡检所俘。

赵熙(?—947) 五代京兆奉天(今陕西乾县)人,字绩巨。后唐天成二年(927)为史馆修撰。后晋天福六年(941)为秘书少监,预修《唐书》。书成,授右谏议大夫。契丹灭后晋,被任为括钱使,至晋州,为百姓杀死。

赵憙(前4—80) 东汉南阳宛(今河南南阳)人,字伯阳。少仕更始政权,拜中郎将,封勇功侯。建武中历任怀令、平原太守,有治绩。征为太仆,迁太尉。

明帝时，封节乡侯。坐考中山相薛修事不实免官，旋授卫尉，后代行太尉事，内典宿卫，外干宰职。章帝即位，进为太傅、录尚书事。以病终。

赵匣剌(?—1275) 元人。中统年间袭父职为千户，守东川，屡败宋兵。至元三年(1266)，为东川路先锋使。五年，兼管京兆、延安两路新军，戍守东安、虎啸山城。后多次参加围攻宋钓鱼山。十二年，率舟师再攻钓鱼山，围重庆，败宋将赵安军。旋得病，就医泸州。被泸州反元军擒杀。

赵昰 即"宋端宗"。

赵㬎 即"宋恭帝"。

赵献侯(?—前409) 战国初人，名浣。赵襄子兄伯鲁之孙(一说子)。公元前423—前409年在位。赵襄子卒，他年幼即位，为襄子弟桓子所逐。桓子旋卒，国人杀其子，他得复立。

赵献可 明末浙江鄞县人，字养葵，号医巫闾子。行医江南、陕西、山西，著有《内经抄》、《素问注》、《经络考》、《正脉论》、《二朱一例》、《医贯》等。

赵襄子(?—前425) 战国初人。名无恤，一作毋恤。赵鞅庶子，翟婢所生。赵鞅以其贤，废太子伯鲁而立之。为晋卿。曾设计杀代王，灭代国(今河北蔚县东北)，封伯鲁之子周为代成君。晋出公二十年(前455)，知伯向韩、魏、赵索地，独赵不与。知伯怒，与韩、魏攻赵，围晋阳(今山西太原西南)，他固守晋阳三年，知伯以水灌之，"城不浸者三版"。后赵臣张孟谈奉其命乘夜出城，说韩、魏与赵联合。遂共灭知伯，三家分其地。

赵霄(1061—1109) 北宋瑞安(今浙江温州)人，字彦昭，时称赵颜子。与许景衡诸人同尚洛学，为永嘉九先生之一。崇宁进士。官至太学正。博学，知古今，喜论天下事。任济州教授时，尝以躬行之实，不专事科举教导诸生，士俗为之一变。

赵孝成王(?—前245) 战国时赵国国君。名丹，赵惠文王子。公元前265—前245年在位。即位初，由母惠文后专权。赵孝成王四年(前262)，秦攻韩取野王(今河南沁阳)，切断了上党郡通韩都新郑的通道。上党郡守冯亭以其地献赵，赵受之，终致爆发秦、赵长平之战，赵丧士卒四十余万，国力大衰。后期重用廉颇，屡破燕军。

赵孝祖 唐人。永徽初任左领军将军。永徽二年(651)，郎州白水蛮(居今云南武定、禄劝、元谋一带)犯麻州(在今宣威至寻甸一带)时，任郎州道行军总管，与郎州都督任怀玉率兵击之。白水蛮首领秃磨蒲、俭弥于等率众拒战，被击斩，其部众亦因大雪冻死几尽。他奏准率其部讨小勃弄、大勃弄(在今祥云、弥渡一带)诸部落。三年，斩小勃弄首领殁盛(一作师盛)，擒大勃弄首领杨承颠，悉破降余部。遂罢郎州都督(治今曲靖)，更置戎州都督(治今四川宜宾)。

赵歇 秦末人。原为战国末年赵国宗室。秦二世二年(前208)，被张耳、陈余拥立为赵王，居信都(今河北邢台西南)。公元前206年项羽分封诸侯时，徙为代王，另立张耳为常山王，王赵地。陈余向齐王田荣请兵，击走张耳，复歇故地。汉王三年(前204)，为汉将韩信、张耳所虏。

赵偕 元慈溪(今属浙江)人，字子永，学者称宝峰先生。赵宋宗室后裔，生于宋，隐于元。初读杨简书，谓"道在是矣，何他求为?"遂弃举子业，尊信陆学。为学尚静坐，近于禅冥。主张道心常存，人随自然之化即得其安，又近于道家。全祖望称其为元代陆学之"中兴"者，列为"象山四传"。与陈苑齐名。晚年适元末方国珍起事，强起不从。其徒有陈麟、桂彦良、乌本良等，俱为元末明初显儒。遗文由其后代赵文华辑佚为《宝云堂集》(《四库全书总目提要》作《宝峰集》)。

赵卨(1027—1091) 北宋邛州依政(今四川新津西南)人，字公才。举进士，为汾州司法参军。郭逵宣抚陕西，辟掌机宜文字，多所建议。除集贤校理，提点陕西刑狱。改知延州，遣裨将*曲珍等击败夏人四万之众。括公私闲田，募骑兵万七千，又招抚蕃部，使占田充兵。后降知桂州。元丰中宋军攻夏，为河东转运使，坐兵食不继，黜知淮阳军。寻复职知庆州，屡败夏人，再帅延安，数有功。

赵廞(?—301) 西晋巴西安汉(今四川南充东北)人，字叔和。初为长安令，元康六年(296)以扬烈将军迁益州刺史，加折冲将军。八年至州，以晋室衰乱，阴有割蜀之志，乃倾仓廪，赈流民，以收众心。厚遇流民首领李特兄弟以为爪牙。成都内史耿滕密表告于晋廷，遂交恶。永康元年(300)，诏征为大长秋，使滕代之，他惧以贾后之姻亲连坐，遂遣兵拒滕，杀滕及西夷校尉陈总。自称大都督、大将军、益州牧。次年，忌李庠骁勇得众心，杀之。李特等皆怨，遂引军攻成都，他败走，为从者所杀。

赵信 ❶战国时齐将。约与苏秦同时。在齐、宋冲突中被杀。见《战国纵横家书》十四。❷(?—约前107)西汉人。原为匈奴小王，后降汉，封翕侯。元朔六年(前123)，以前将军从卫青出征匈奴，失利，将其余骑复归匈奴。伊稚斜单于以其姊妻之。遂为单于划策，先退居漠北，待汉军度漠，人马疲罢，而后击之。单于从其计，于寘颜山筑赵信城，积粟。元狩四年(前119)，卫青、霍去病分兵远征漠北，曾追击单于至赵信城而还。后死于匈奴。

赵信城 在今蒙古国杭爱山南。乃降匈奴之西汉人赵信建议修筑。西汉元狩四年(前119)，卫青出击匈奴，至寘颜山赵信城而还，即此。

赵雄(1129—1193) 南宋资州(今四川资中)人，字温叔。隆兴元年(1163)类省试第一。乾道五年(1169)，除秘书省正字。极论恢复，为孝宗所赏识，除中书舍人。使金，不辱命，金人谓之"龙门"。淳熙初，为礼部侍郎、同知枢密院事，五年(1178)参知政事，进右丞相。每进见，必称:"二帝在沙漠。"有言其私里党，遂放外任。后改知江陵府，修造府城，恃以御敌。光宗即位，授宁武军节度使，进卫国公，改帅湖北。以判隆兴府终。

赵修(脩)(?—503) 北魏赵郡房子(今河北高邑西南)人，字景业。初为给事东宫。宣武帝时充禁侍,累迁员外通直散骑常侍、光禄卿。本起自贫贱,帝屡赐钱帛宅舍,富贵拟于诸王,遂奢傲无礼,为众所疾。后阿附者揭发其淫乱及谋匿玉印诸事,为司徒高肇所劾。诏鞭一百,徙敦煌为兵。然实鞭三百,乃死。

赵顼 即"宋神宗"。

赵煦 即"宋哲宗"。

赵宣 东汉乐安(治今山东高青高苑镇)人。善沽名钓誉。父母死后,自称居墓道中服丧二十余年,被誉为"孝子"。州郡数请辟为官。后陈蕃任乐安太守,揭露其服丧期间生子女五人。遂以"诳时惑众,诬汙鬼神"论罪。

赵宣子 即"赵盾"。

赵学敏(1719—1805) 清浙江钱塘(今杭州)人,字恕轩,号依吉。贡生,后绝意仕途,致力于医药学。广览医药论著,并在养素园种植药材,以便观察研究。写成《本草纲目拾遗》以补《本草纲目》之不足,提出药物品种变异之说。又注意民间医药及走访医生,总结其治病经验。著有《利济十二种》等。

赵珣 北宋雄州归信(今河北雄县)人。好学,工骑射。年十六,召试便殿,授三班借职,累迁濠州兵马都监。随父赵振驰骋疆场,曾访陕西五路形胜利害,作《聚米图经》五卷。后应诏上该图经、《五阵图》及《兵事》十余篇,为执政大臣陈执中、吕夷简所赞赏,荐任陕西缘边巡检使,以战功改泾原路都监。后会同葛怀敏抵御西夏,在定川兵败被俘,死于西夏。

赵延寿(?—948) 五代恒山(今河北正定)人。本姓刘。父邧,为蓨县(今河北景县)令。后梁时,沧州节度使刘守光攻陷蓨县。他为偏将赵德钧所俘,被收为养子,改姓赵。及长,娶后唐明宗李嗣源之女为妻。明宗称帝,授驸马都尉,历河阳、宋州节度使,入为上将军、枢密使,镇许州(今河南许昌)。辽天显十一年(936),辽太宗在晋阳(今山西太原)立石敬瑭为晋帝,败后唐张敬达军。赵德钧与他领兵援敬达,屯兵不进,旋降辽。次年,德钧死。受辽封为燕王,任南京(今北京)留守,加政事令。会同六年(943)从太宗攻晋。次年,下贝州,授魏博等州节度使,封魏王。九年,再从攻晋,败晋杜重威军于滹沱河。大同元年(947),太宗灭晋入汴,他求为皇太子。太宗不许,授大丞相、中京(镇州,今河北正定)留守。次年,病死。

赵延顺(?—1000) 北宋益州(治今四川成都)戍卒。咸平三年(1000)正月,因钤辖符昭寿驭下苛酷,遂率众杀之,逐知州牛冕,拥都虞候王均为帅,建号"大蜀",年号"化顺",设官职。攻下汉州(治今四川广汉)等地,众至数万人,屡败宋军。后攻邛、蜀诸州,不下,遂与均坚守益州。宋遣雷有终等率军八千入川镇压。八月,他据城奋战,中流矢死。

赵俨(171—245) 三国时颍川阳翟(今河南禹州)人,字伯然。初避乱荆州,东汉建安二年(197)投曹操,任郎陵长,以阳安都尉李通征户调甚急,恐生变乱,请免,被操采纳,下令所征绵绢悉还民,郡内遂安。张辽、于禁、乐进三将不协,操使之并参三军,每事训谕,遂相亲睦。后迁关中护军,尽统诸军,屡败来犯之羌人。又镇压陈仓(今陕西宝鸡东)屯田客吕并起义。二十四年,关羽围樊城,操任以议郎参曹仁军事,随徐晃驰援,羽解围退,议勿追,欲存之以为孙权之害。魏黄初三年(222),为征东大将军曹休军师征吴,军还,拜度支中郎将,迁尚书。明帝封为都乡侯,迁大司农。齐王芳使都督雍凉诸军事,假节转征蜀将军,迁征西将军。正始六年(245),为骠骑将军,迁司空。

赵彦 明陕西肤施(今延安)人。万历进士。泰昌元年(1620),以右佥都御史巡抚山东。天启二年(1622),因镇压徐鸿儒起义功,晋兵部尚书。五年忤魏忠贤,罢官归。

赵彦若(约1033—约1095) 北宋青州临淄(今山东淄博临淄西北)人,字元考。以父任入官,历将作监主簿、知县、集贤校理等,通判淄州,因审理刑狱与知州议异,被诬谪监酒税。召知礼院,嘉祐四年(1059)为秘阁校理,熙宁中迁知宗正丞,议改宗庙中秋荐新为春献。元丰二年(1079)除国史院编修官,撰《百官公卿表》、《宗室世系表》,迁修起居注。七年试秘书监,出任知州。元祐元年(1086)迁兵部侍郎、礼部尚书,充国史院修撰兼知院事,参加撰修《神宗实录》。绍圣初,责授安远节度副使,澧州安置。

赵彦深(507—576) 北齐平原(今山东聊城北)人,祖籍南阳宛县(今河南南阳)。本名隐,以字行。初为尚书令司马子如贱客,渐用为正令史。荐与丞相高欢,用为大丞相功曹参军,专掌机密,小心恭慎,甚得欢心。后转大行台都官郎中。武定七年(549),从丞相高澄攻颍川,单身入城劝西魏大将军王思政降。入齐,迁秘书监、侍中。乾明元年(560),与王晞等拥高演为帝。武成帝时,迁尚书令,封宜阳王。武平二年(571),拜司空,为侍中祖珽所离间,出为西兖州刺史。四年,复征为司空,转司徒,后以暴疾终。

赵彦昭 唐甘州张掖(今属甘肃)人,字奂然。少以文辞知名。进士出身。景龙三年(709),仕中书侍郎,同平章事。睿宗即位,出为凉州都督。迁刑部尚书,封耿国公。后殿中侍御史郭元振劾其事女巫,会姚崇执政,恶其为人,贬江州别驾。

赵燕 战国时赵国公族。赵武灵王命群臣胡服,他不即遵行。王责备说:"寡人胡服,子独弗服,逆主罪莫大焉。以从政为累,以逆主为高,行私莫大焉。故寡人恐亲犯刑戮之罪,以明有司之法。"他感谢王不用刑而用教,并表示遵命而行。见《战国策·赵策二》。

赵鞅(?—前475) 春秋末晋国大夫。即赵简子,又名志父,又称赵孟。赵武孙,赵景叔子。曾与荀寅在汝滨筑城,铸刑鼎,上著范宣子所为刑书。晋定公十一年(前501),鲁阳虎奔晋,他纳阳虎。次年,攻卫。十五年,他杀同族邯郸午,午之子赵稷等据邯郸(今属河北)叛乱。他被范吉射、荀寅所攻,乃退保晋阳(今山西太原西南),晋定公围晋阳。后韩、魏请定公赦之,复其位。晋定公十九年(前493),齐运粮救据朝歌的范氏、中行氏,郑以兵护送。他袭击郑兵,临战誓师曰:“克敌者,上大夫受县,下大夫受郡,士田十万,庶人、工、商遂,人臣隶圉免。”(《左传·哀公二年》)乃获大胜。后扩大封地,奠定建立赵国的基础。

赵尧 西汉初人。高祖时曾任符玺御史。因见高祖担忧戚夫人与吕后有隙,赵王如意不能自全,遂献计请徙御史大夫周昌为赵相。旋代为御史大夫。后从击陈豨有功,封江邑侯。复以御史大夫事惠帝。吕后称制,怨其为如意画策,免其职。

赵耶利(561—636) 唐天水(今属甘肃)人,世居曹州济阴(今山东菏泽西南)。琴艺超人,为时所重,被尊为赵师,传授弟子甚众。撰《琴叙谱》九卷、《琴手势谱》一卷等,又修订琴曲五十余首,均佚。

赵野(1084—1127) 北宋开封(今属河南)人。政和进士。历任中书舍人、给事中、大司成、刑部尚书、翰林学士。宣和五年(1123)拜尚书右丞,升左丞、门下侍郎。靖康元年(1126)为北道都总管,入援京师,故意迟留。建炎元年(1127)责邵州安置。复知密州,弃城遁逃,为军校杜彦追杀。

赵晔 东汉会稽山阴(今浙江绍兴)人,字长君。少为县吏。后弃职,专心向学,诣杜抚受《韩诗》,积二十年。州召补从事,不就。卒于家。著《吴越春秋》、《诗细历神渊》。蔡邕以为《诗细》长于《论衡》,传之京师,为学者诵习。

赵一平(?—1600) 明浙江山阴(今绍兴)人。改名赵古元,迁徐州,自称宋皇室后裔,准备起义。后事泄,逃至宝坻,为官府捕获,万历二十八年(1600)被处死。

赵一清(1710或1711—1764) 清浙江仁和(今杭州)人,字诚夫,号东潜。幼承父教,又学于全祖望,博极群书,尤长于舆地。以《水经注》自宋以来,传写舛驳,几不可读,乃集全祖望、沈炳巽治《水经注》之成果,著《水经注释》,广征博引,订伪辨误,至为精博。稿呈四库馆。后戴震有《校水经注》,内容与赵书多有雷同。论者多谓戴校水经,实窃赵著。魏源、张穆与近代学者杨守敬、王国维亦持此说。段玉裁则极力为之辨诬。此事尚为学术史上一悬案。另著有《水经笺刊误》、《东潜文集》、《三国志注补》、《东潜诗文稿》等。

赵宧光(约1559—约1625) 明苏州太仓(今属江苏)人,字凡夫,水臣,号广平。国子监生。中年隐居苏州寒山,偕妻子往来诸庵院,以诗书自娱。好字学,尤工草篆。著有《六书长笺》、《说文长笺》、《弹雅集》、《九寰史》等。

赵以焕 清贵州广顺(今长顺西北)人。光绪进士。初荫袭骑都尉职。光绪十九年(1893)补江苏丹阳知县,兴修水利,除境内旱潦灾患。又捐廉奉整治丹阳城内河道,以通舟楫。二十一年散资遣散丹阳境内数千齐豫流民与散兵游勇,使各回原籍。

赵食其 西汉左内史祋祤(今陕西耀县)人。武帝时,以主爵都尉从大将军卫青出征匈奴。元狩三年(前120)赐爵关内侯。次年,为右将军,复从卫青出定襄,迷失道,论法当斩,赎为庶人。

赵益(?—1222) 金太原(今属山西)人。早年读书未仕。蒙古兵入境,收集乡兵,保聚山寨,屡战有功。受晋阳公郭文振署为寿阳令,驻兵榆次重原寨。兴定三年(1219),领兵收复太原,护老幼二万余口以出。升同知太原府事,兼招抚使。五年,权知太原府事,人称赵权府。又领兵三万围太原。元光元年(1222),遭蒙古军围攻,乃焚毁府库,自杀。

赵逸 十六国夏天水(今属甘肃)人,字思群。先仕后秦为中书侍郎,入夏为著作郎。夏亡,入北魏为中书侍郎。在夏时与北地(治今陕西耀县)人张渊同奉命撰写夏史,夏亡后多被焚毁。

赵翼(1727—1814) 清江苏阳湖(今武进)人,字云崧,一字耘松,号瓯北。年二十四中举,旋入京参与东阁大学士刘统勋主持的修史工作。乾隆二十六年(1761)进士,授翰林院编修,预修《通鉴辑览》。历官广西镇安知府、贵西兵备道。中年即以亲老乞养归,不复出仕,主讲安定书院,专心著述,终老写作不辍。工诗善文,与袁枚、蒋士铨齐名,尤长于历史考据,与钱大昕、王鸣盛齐名。所考史不限于对旧史所作发疑正读、补缺订伪,而且对分散之史料作出比类综合,加以评论,对历代治乱兴衰之故,古今风会之变化多所评述,《廿二史札记》是其代表作。所著尚有《陔余丛考》、《檐曝杂记》、《皇朝武功纪盛》、《瓯北诗钞》、《瓯北诗话》、《平定台湾述略》、《粤滇杂记》等,大多收入《瓯北全集》。

赵印选 明末清初云南临安(今建水)人。明卫国公胡一青表兄。南明弘光元年(清顺治二年,1645),御史陈荩募滇兵入卫南京,乃与一青从其军,任副总统。次年从陈荩出兵湖南。陈荩死后,与一青率部归何腾蛟,授副总兵,屯永州。南明永历元年(顺治四年,1647),率军至武冈扈卫永历帝,赐号御滇营,授总兵官都督同知。旋清兵围桂林,遂与一青率部救援,屡败清军,以功封新兴侯。后封开国公,驻桂林,骄横日甚,置疆场不问。四年桂林陷,弃城奔柳州。六年,大西军李定国部入广西,与一青率残部归附。后不知所终。

赵莹(886—951) 五代华州华阴(今属陕西)人,字玄辉。后唐时,为石敬瑭(后晋高祖)掌书记。入后晋,拜翰林学士承旨、门下侍郎、同平章事,监修国史。选任史官纂补唐实录,修撰唐史。出帝时,为中书令,出镇晋昌。寻复相,加弘文馆大学士。后晋亡,从出帝入契丹,事辽世宗为太子太保。后周广顺初,在幽州见后周通好使,悲不自胜。病前告契丹主,愿归骨南朝。及卒,其子护丧南归,葬于华阴。《全唐文》存文二篇。

赵庸(?—1390) 明庐州合肥(今属安徽)人。元末与兄仲中结水寨,屯巢湖。至正十四年(1354)归附朱元璋。仲中失安庆被诛,因得其官为枢密院佥事。参战多,皆有功,累官参知政事,中书左丞。从徐达北伐,取山东。洪武元年(1368)兼太子副詹事。三年,论功封南雄侯。四年从伐蜀,转闽、粤,镇压广东海上武装首领铲平王起义。后坐胡惟庸党死。

赵雍 元湖州(今属浙江)人,字仲穆。赵孟頫次子。以父荫入仕，官至集贤待制(正五品)、同知湖州路总管府事。绘画有父风，山水、人物、花鸟、鞍马，皆其所长。传世作品有《松溪钓艇图卷》、《挟弹游骑图轴》等。有《赵待制遗稿》，兼工书法。约卒于至正二十(1360)到二十四年之间。

赵用贤(1535—1596) 明常熟(今属江苏)人，字汝师，号定宇。隆庆进士。选庶吉士。万历初授检讨。上疏斥责张居正不奔父丧，被杖削籍。居正死后复官，累迁吏部左侍郎，性刚直，极言朋党之弊。旋免官归。著有《松石斋集》、《三吴文献志》。

赵幽湣王 即“赵王迁”。

赵幽缪王 即“赵王迁”。

赵友钦 宋末元初鄱阳(今江西波阳)人，又名敬，字子恭，自号缘督。宋宗室。宋亡，避祸隐遁。先居江西德兴，后迁龙游(今浙江衢州)，间往东海独居十年。在龙游鸡鸣山麓筑观星台，察天象。在东海独居，注释《周易》。卒于龙游，葬鸡鸣山。所著甚丰，*《革象新书》主要讨论天文、历法问题。也讨论了数学、物理学问题。还著有《推步立城》、《金丹正理》和《金丹问难》，均散佚。

赵诱(?—317) 西晋淮南(治今安徽寿县)人，字元孙。世以将显，州辟主簿。说刺史郗隆应齐王冏檄讨赵王伦。隆疑虑，旋为其下所害，诱乃还家不出。左将军王敦以为参军，与甘卓、周访击败华轶。建兴三年(315)，复与卓攻灭杜弢，为武昌太守。杜曾反于荆州，与襄阳太守朱轨等共击之，战死于女观湖(今湖北荆州北)。

赵与懽 宋燕懿王德昭八世孙。字悦道。嘉定进士，调会稽尉。后知安吉州，有善政。累迁户部侍郎兼权兵部尚书、户部、吏部尚书。在朝多所建言，主张整肃纲纪，裁节浮冗，士大夫清白奉法；其论边防战事至为深切，多见施行。再知临安府，筑钱塘江堤。改提领户部财用兼侍读兼修国史、实录院修撰。会饥荒，乃三知临安府，尽力赈济。有奏议、诗文百卷。

赵与票(1242—1303) 南宋台州黄岩(今浙江台州)人，字晦叔。宋宗室。咸淳进士，为鄂州教授。元军南下时，曾上书伯颜，求缓师。元世祖至元十四年(1277)，应召北上，条陈江南利害十六事。十六年，为翰林待制，累迁至翰林学士。

赵禹 ❶战国时人。赵国大臣。赵孝成王四年(前262)，韩割上党郡予秦，韩上党守冯亭不愿以地入秦，遣使告赵愿以地归之。他与平原君劝赵王坐受上党之地，赵遂发兵取上党。❷(?—约前100)西汉扶风斄(今陕西武功西)人。武帝时，以刀笔吏积劳，迁御史，至中大夫。与张汤议定律令，作见知故纵、监临部主之法。后免官。复为廷尉，以清廉倨傲著称。任职期间，舍无食客，以绝知友宾客之请。晚年徙为燕相，后有罪免归，以寿卒于家。

赵遹(?—1126) 北宋开封(今属河南)人。政和五年(1115)在梓州路转运使任内，值泸南安抚使贾宗谅科敛竹木，晏州少数民族首领卜漏被迫起兵，他劾罢贾宗谅，受命为泸南招讨使。率军三万进攻，生俘卜漏，平定泸南。赐上舍出身，拜兵部尚书，与童贯论事每多不合。后出知熙州。金军南下，受召回朝，不久卒。

赵元昊 即西夏景宗。先世臣宋，赐姓赵，故宋人仍沿此称。

赵元杰(971或972—1003) 宋太宗第五子。字明哲，初名德和。太平兴国八年(983)改今名，封益王。淳化五年(994)徙封吴王。真宗即位，改封兖王。性好学，建楼贮书二万卷。善属词，工草、隶、飞白。卒谥文惠。

赵元楷 隋天水西县(今甘肃礼县东北)人。精明干练。大业中，为历阳郡丞。大业十二年(616)，炀帝至江都，竭百姓之产，献异味。超任江都郡丞，兼领江都宫使。宇文化及缢杀炀帝时，他逃归长安。

赵元淑(?—613) 隋博陵(治今河北安平)人，寓居京兆云阳(今陕西泾阳西北)。以父功袭典宿卫，家贫不治产业。炀帝时，从杨素击平汉王杨谅，以功进位柱国。历任德州刺史、颍川太守，执法威严，颇有惠政。入为司农卿，以十日内完纳天下租谷，颇受炀帝称赏。后率军镇临渝，因杨玄感反隋事株连，被杀。

赵元僖(966—992) 宋太宗次子。初名德明。太平兴国七年(982)，封广平郡王。八年，改名元佑，进封陈王。雍熙三年(986)，改今名，为开封尹兼侍中。赵普为同列所排斥，他上表言普开国忠臣，愿复以为相。太宗从之。端拱元年(988)，进封许王。卒赠皇太子，谥恭孝。

赵元俨(985—1044) 宋太宗第八子。帝特爱之，期以年二十始就封，故宫中称为“二十八太保”。真宗即位，数优加恩命，封广陵郡王，进封荣王。大中祥符八年(1015)，坐侍婢纵火，延烧禁中，降封端王。寻进彭王，改通王、泾王。仁宗幼年即位，章献太后临朝，他自以属尊望重，恐为太后所忌，深自沉晦。仁宗亲政，益加尊宠，累封定王、镇王、孟王、荆王。性严毅，名闻中外。喜聚书，好为文辞，颇善二王书，工飞白。卒谥恭肃。

赵元佐(965—1027) 宋太宗长子。字惟吉，初名德崇。太平兴国七年(982)，封卫王。八年，改名元佐，进楚王。初，秦王廷美得罪，他独申救之。及廷美死，遂发狂。雍熙二年(985)，坐纵火焚宫废为庶人。真宗即位，复封楚王。累拜天策上将军、兴元牧。卒谥恭宪。

赵原 明山东莒城(今莒县)人，寓居苏州。一名元，字善长，号丹林。善绘山水，师法王维、董源，气韵生动，得深邃之意。兼善绘竹，有龙角、凤尾、金错刀诸技法，为时人所重。后被征至京，绘历代功臣、名贤像，以应对失误，被太祖所杀。绘有《合溪草堂图》、《溪亭秋色图》、《晴川送客图》、《山居读易图》等。

赵圜钱 战国晚期赵国青铜铸币。一说为秦占领赵地后所铸。皆圆孔，面铸地名，背平素。主要有：(1)“蔺”圜钱。蔺(今山西离石西)为赵邑。有外郭，径约3.5厘米，重11.2克左右。(2)“离石”圜钱。离石(今属山西)为赵邑。有外郭,径约3.5厘米,重10.6克左右。

赵颢(1056—1088) 宋英宗第四子。初名仲恪,封鄂国公。神宗即位,进乐安郡王,改高密郡王。熙宁四年(1071),进嘉王。元丰三年(1080),进曹王。哲宗即位,进荆王。卒谥端献。好学,博通群书。工飞白、篆、籀。善画墨竹。又颇好医书,著有《普惠集效方》,今佚。

赵云(?—229) 三国时常山真定(今河北正定)人,字子龙。本属公孙瓒,时刘备亦依于瓒,遂深相结托,后为备主骑。曹操入荆州,追备及于当阳长坂(今湖北当阳北),他力战救护甘夫人与备子禅,使免于难。迁牙门将军。备还攻益州牧刘璋时,随诸葛亮溯江入蜀,会军于成都。成都既定,备以为翊军将军,累迁至镇东将军,封永昌亭侯。建安二十四年(219),以孤军抗操大兵,备叹称"子龙一身是胆"。蜀建兴六年(228),亮出祁山,使之为疑兵据箕谷(今陕西汉中西北),兵虽败,但仍敛众固守,贬为镇军将军。

赵昀 即"宋理宗"。

赵允让(995—1059) 宋太宗孙,商王元份子。字益之。悼献太子祐死,真宗将其迎养禁中。及仁宗生,送还邸。仁宗即位,授汝州防御使,累拜宁江军节度使。景祐二年(1035),建睦亲宅,命知大宗正事,宗子咸畏服之。庆历四年(1044),封汝南郡王。至和二年(1055),改判大宗正司。卒后追封濮王,谥安懿。仁宗无子,以允让第十三子宗实为皇子,后为英宗。

赵造 战国时赵国贵族。曾反对赵武灵王胡服骑射,认为圣人不易民而教,智者不变俗而动。服奇者志淫,俗辟者乱民。武灵王斥以"先王不同俗,何古之法?帝王不相袭,何礼之循"?"循法之功,不足以高世;法古之学,不足以制今"(《战国策·赵策二》、《史记·赵世家》)。

赵瞻(1019—1090) 北宋盩厔(今陕西周至)人,字大观。庆历进士,调孟州司户参军。历知州县,有善政。知威州,著《西山别录》,为熙宁间朝廷经理西南参考。治平初,除侍御史,力言不可尊濮王为皇考,出为汾州通判。神宗立,徙知商州,提点陕西刑狱。熙宁三年(1070)入为开封府推官,言青苗法不便。出为陕西转运副使,改永兴军路转运使,徙知同、陕州。哲宗即位,召为太常少卿,迁户部侍郎,元祐三年(1088)除签书枢密院事,次年进同知院事。著作不传。

赵照渠 水渠名。在唐河北道冀州信都(今河北冀州)东二里。贞观十一年(637)刺史李兴公开,引水注葛荣陂。

赵贞吉(1508—1576) 明内江(今属四川)人,字孟静,号大洲。泰州学派学者。嘉靖进士。授编修,后升左春坊左谕德兼江南道监察御史,因忤严嵩被谪。隆庆间,出为南京礼部尚书,召拜文渊阁大学士参预机务。寻与高拱不合,乞休归。尝从学于徐樾,承王艮之传,然其学近禅,谓禅不足以害人。批评世儒论"中",只徒知其名,而不知其为物,认为不可离器物而言"中"。又谓学术有如货币商品,当通天下之物,济天下之用,而不必为地域所限。卒谥文肃。著作有《文肃集》等。

赵祯 即"宋仁宗"。

赵榛 宋徽宗十八子。累封信王。靖康元年(1126),金军破东京(今河南开封)。次年,被金军俘去,中途逃匿真定(治今河北正定)境,为马扩、赵邦杰迎至五马山砦(在今河北赞皇),奉立为主,号令两河抗金忠义。后砦被攻破,不知所终。或说与徽宗同居金国五国城(今黑龙江依兰)。一说马扩所奉迎的信王为燕人赵恭所冒充。建炎、绍兴初,抗金武装颇有以信王相号召者。

赵振 十六国时广武(治今甘肃永登南)人。少好奇略,闻秃发乌孤在廉川(今青海民和西北),弃家从之。乌孤拜为左司马。南凉太初二年(398)羌酋梁饥攻西平(治今青海西宁),西平人田玄明求援于乌孤。因劝乘机破羌扩地,乌孤纳之。果破羌。俘斩数万,得西平、乐都、湟河、浇河等郡。

赵整 十六国时略阳清水(今属甘肃)人,一说济阴(治今山东定陶西北)人。字文业。一名正。年十八,为前秦主苻坚著作郎。迁为黄门侍郎、武威太守。好直言,上书及面谏前后五十余事。坚宠信鲜卑贵族,幸嬖慕容垂夫人,宴群臣令以极醉为限,他曾作歌以谏。坚分徙氐户于诸镇,又援琴而歌:"远徙种人留鲜卑,一旦缓急语阿谁?"欲出家,坚不许。太安元年(385)坚卒,遂遁迹商洛山,更名道整。专精经律。年六十余,终于襄阳(今湖北襄樊)。

赵政 即"秦始皇"。

赵之琛(1781—1860) 清浙江钱塘(今杭州)人,字次闲,号献父,别号宝月山人。师事同里浙派画家陈豫钟,精于金石之学,篆刻能尽各家之长,以工整挺拔出之,尤擅单刀,为"西泠八家"之一。书法兼善隶、楷。画山水参酌黄子久、倪云林,萧疏幽淡;花卉笔意潇洒超逸,着色清雅;写生草虫,无不逼肖。晚年终日杜门,栖心内典,喜写佛像,名其庐曰"补罗迦室"。有《补罗迦室印谱》,曾传日本。

赵之谦(1829—1884) 清浙江会稽(今绍兴)人,字㧑叔,号悲盦,又号憨寮、冷君等。咸丰举人。历任江西鄱阳、奉新、南城等知县。工书画篆刻。书法师法二王和颜真卿,后兼学北碑,"颜底魏面",别具一格。绘画吸取南北二派之长,将诗、书、画、篆刻融合为一,理法严密,笔墨酣畅,形神兼备。与任伯年、吴昌硕并称清末三大画家。著有《补寰宇访碑录》、《悲盦居士文存》、《六朝别字记》等。曾总纂《江西通志》。篆刻作品由西泠印社编为《赵㧑叔印谱》、《赵㧑叔手刻印存》等。

赵执信(1662—1744) 清山东益都(今青州)人,字伸符,号秋谷,晚号饴山老人。康熙进士,授编修,官至右春坊右赞善。康熙十八年(1679),以国丧时违制观演"长生殿"戏,被劾罢官。既归,放情诗酒,纵游南北。幼承家学,颖慧能诗。论诗以写性真为主,主张诗中有人,诗外有事,与王士祯之重神韵不合，著《谈龙录》，谓诗以言志，意在诋士祯。诗中不乏反映人民疾苦，讽刺地方官吏之作。著有《声调谱》、《因园集》、《饴山文集》等。

赵至 西晋代郡（治今河北蔚县东北）人，字景真。兵家子。寓居洛阳缑氏县。诣师受业，闻父耕叱牛声，以不能荣养老父，投书而泣，自耻士伍，欲以宦学立名。年十四，诣洛阳，游太学，见嵇康写石经，徘徊不去。年十六，佯狂游学，复遇康，随康还山阳，改名浚，字允元。康卒，诣魏兴太守张嗣宗，甚被优遇。嗣宗卒，乃向辽西占户。幽州三辟部从事，断狱精审。太康中，以良吏赴洛。知母亡，呕血卒，年三十七。

赵志皋（?—1601） 明浙江兰溪人，字汝迈，号濲阳。隆庆进士。万历初任侍读，忤张居正谪官。居正死，复职。十九年（1591）以礼部尚书兼东阁大学士，预机务。次年任首辅，后去职。二十二年再任首辅。屡上疏请立国本、罢矿税。时年逾七十而为人柔懦，被朝士所轻。二十六年遭劾乞病休。死于北京。著有《内阁奏题稿》、《四游稿》、《灵洞山房集》。

赵志忠 一作赵至忠。辽进士。曾任翰林学士、修国史。兴宗时投奔宋朝，先后献《辽地图》及《杂记》、《契丹国俗官称仪物录》、《契丹蕃汉兵马机密事》并《契丹出猎图》等。宋授黄州通判、殿中丞、国子博士等职，并赏赐银绢。著有《阴山杂录》、《虏廷杂记》。

赵忠（?—189） 东汉冀州安平（今属河北）人，桓帝时为小黄门，因参与诛外戚梁冀封都乡侯。延熹八年（165）贬为关内侯。灵帝时任中常侍、大长秋。与中常侍张让、曹节等并称“十常侍”。封侯贵宠，权势炽盛，父兄子弟遍布州郡，残害百姓。又劝灵帝聚敛财货，增天下田亩税十钱以修宫室，公开设价鬻卖官职。灵帝常谓“张常侍是我公，赵常侍是我母”。后迁车骑将军，旋罢。灵帝死，与张让、段珪等杀谋除宦官的大将军何进，旋即为袁绍捕杀。

赵仲卿（约541—约604） 隋河南洛阳人，一说天水陇西（今甘肃陇西东南）人。粗壮有力。仕北周，以平北齐功累迁上仪同，兼赵郡太守。助平王谦，进位大将军。入隋，历石州刺史、朔州总管。法令严猛，境内称治。又主持塞北屯田事，收获岁广，边戍无馈运之劳。开皇十九年（599），破突厥达头可汗，进位上柱国，复任检校司农卿。仁寿二年（602），奉命往益州按问蜀王杨秀事，深文致法，牵连大半州县长吏，文帝以为能。炀帝即位，判兵部、工部尚书事。

赵州 北齐天保二年（551）因避太子殷讳，以殷州改名。治南赵郡（今隆尧县东旧城）。唐武德初移治柏乡县（今县），武德四年（621）移治平棘县（今赵县）。辖境相当今河北赵县、宁晋、元氏、赞皇、高邑、栾城、临城、柏乡等县和隆尧县的一部。北宋属河北西路。宣和元年（1119）升为庆源府。金天会七年（1129）复降为赵州。天德三年（1151）改为沃州。元复为赵州，属真定路。明洪武元年（1368）废平棘县入州。清雍正二年（1724）属直隶。1913年废，改本州为赵县。州南洨河上的安济桥，俗称赵州桥，为中国现存著名的大石拱桥。

赵州桥 即“安济桥”。

赵州陀罗尼经幢 俗称石塔。在今河北赵县城内。建于宋景祐五年（1038），用石料叠砌，高约18米，平面为八角形，幢身分五节，下大上小，逐节缩短，下有幢座，上有幢刹。幢座束腰刻有金刚力士、“妇人掩门”等像，以及莲花图案。经幢一、二、三节用楷、篆书刻陀罗尼经文。其余各节刻佛教人物、经变故事、建筑花卉等。现为全国重点文物保护单位。

赵翥 明河南永宁（今洛宁）人。以学行知名。洪武时历官训导，赞善大夫。官至工部尚书，奏定岁造军器之数及藩王宫城制度。洪武二十年（1387）改署刑部，不久致仕。

赵准（?—399） 十六国时赵郡（治今河北高邑西南）人。北魏克中山（今河北定州），中山太守仇儒不乐内徙，亡匿赵郡，推准为主，号使持节、征西大将军、巨鹿公。有众二千余。据关城，连引丁零，势及常山、广平诸郡。后被北魏中领军长孙肥所败，执送平城（今山西大同市东北）杀之。

赵子青（?—1832） 清广东连州人。瑶族。道光十二年（1832）五月初在连州黄茅冲响应江华瑶民赵金龙起义，率众进入湖南江华、蓝山一带流动作战。旋遭清军镇压，被俘遇害。

赵子崧（?—1132） 宋燕懿王德昭五世孙。字伯山，号鉴堂居士。崇宁进士。宣和间，官至宗正少卿，除徽猷阁直学士，知淮宁府。汴京失守，起兵勤王，道阻未得进。遣人请康王赵构进兵南京（今河南商丘南），传檄以定中原。康王以为大元帅府参议官、东南道都总管，统东南勤王兵。移书责张邦昌逆节。康王即位，请放诸路常平积欠钱；建三屯之议，一屯澶渊，一屯河中、陕、华，一屯青、郓间，以张收复声势。除延康殿学士、知镇江府。建炎二年（1128），坐事降单州团练副使，谪居南雄州。著有《朝野遗事》。

赵宗儒（746—832） 唐邓州穰县（今河南邓州）人，字秉文。进士及第，授校书郎。又以书判入高等。从陆浑主簿入为右拾遗，充翰林学士，再迁司门、司勋员外郎。贞元六年（790），主持考功，黜陟公当，无所畏忌。进考功郎中，迁给事中。十二年，进同平章事。十四年，罢为太子右庶子。二十年，迁吏部侍郎。元和中，历礼、户、刑、兵、吏部尚书。曾出镇荆南，裁冗兵二千人。后为晋、绛、慈、隰等州节度观察使。长庆初，守太常卿。穆宗纵情声色，遣人取太常“师子乐”，不敢违。宰相以其怯不任事，改太子少师。后以司空致仕。

赵足 战国时赵国大臣。曾奉奉阳君李兑之命问事于苏秦。见《战国纵横家书》二。

赵犨（824—889） 唐末宛丘（今河南淮阳）人。世为陈州牙将。初为州牙校，以功升马步都虞候。以曾击走王仙芝起义军，得授为陈州刺史。中和三年(883),迎战自长安东撤的黄巢起义军,俘杀其骁将孟楷。旋为黄巢、秦宗权重兵合围,困守近三百日,得朱温、李克用之援而免。从此依附朱温,以温女为儿媳,尽力支援,凡所征调,无不率先。后唐廷以陈州为忠武军,拜为节度使。

照驳 明代大理寺职掌之一。凡刑部、都察院所推问狱讼,情词不明,或失出入者,依律驳回改拟。

照会 文书名称。(1)明清官府间平行文书。明代为五军都督府对六部行文。清代地方衙门间亦使用。经略行文将军、督抚,总督行文总兵,提督行文司、道、运司,总兵行文府、厅、州、县,总兵行文非所辖副将,驻防副都统行文非所属之副将,副将行文州县及非所辖之都司、守备,都司、守备行文非所辖之千总等,皆用照会。(2)清政府与外国政府交涉往来的外交文书。道光二十二年(1842)中英《南京条约》规定,以后两国往来文件均用照会。从此,照会成为清政府与各国间正式的外交文书。

照勘 见"磨勘❷"。

照烈 又译昭列、召烈台、沼兀列亦惕。蒙古部名。成吉思汗远祖孛端察儿之妾所生之子名沼兀列歹。其后人称照烈氏,依附于泰赤乌部。

照磨 官名。元代始置,为首领官。中书省、行中书省、六部均置。正八品,掌各衙门钱谷出纳、营缮料理等事。设于路总管府衙门者,兼理案牍、刑狱。多由吏员升任。明代于各照磨所置,品秩随所属衙门高低而定,自正八品至从九品不等。掌文书卷宗。清沿明制,于山西、浙江、福建、四川、湖北、甘肃等省布政使司设照磨所,各设照磨一员,秩从八品,又于安徽、浙江、福建、湖南、甘肃、贵州等省按察使司设照磨所,各置照磨一员,秩正九品,又府设照磨者共二十五处,厅设照磨者三十五处,俱从九品。掌照刷案卷及办理文移等事。

照磨所 官署名。元代所置,有左三部照磨所。明代沿置,为户部,刑部,都察院,各布政使司、按察使司及各府衙门下属办事机构,主管文书、卷宗。置官照磨、检校。清代沿置,仅置于各布政使司及顺天府。

照票 ❶文书名称。清代官府发给工商人等的执业许可证。❷商业用语,如钱庄可以兑现之钱票,经出票之钱庄检查比对并加盖"某庄照票"之图章后,即称照票,至期必付。❸见"印票❶"。

照凭 太平天国后期颁发的私人经营工商业执照。按经营规模大小抽税,加以保护和监督。

照刷 元、明、清公文用语。照意为明察,刷意为刮扫寻究,即检察文卷规定事务是否依限完结,有无错失、遗漏、规避、侵挪款项、刑名违错情况。

照夜白 唐画名。纸本。纵30.8厘米,横33.5厘米。独画一匹白马,缰系木桩,昂首蹴蹄,嘶鸣欲脱。笔法意趣,非曹霸、韩干莫为。杜甫诗赞曹霸"曾貌先帝照夜白,龙池十日飞霹雳"。元汤垕云:"照夜白粉本上有韩自书'内供奉韩干照夜白粉本'十字。"可知此画先由韩摹曹,而后又有人摹自韩本。有清乾隆"御题"。《大观录》另录一本,题签少一"画"字。现藏美国大都会博物馆。

照札 官府文书名。宋神宗后官员除授,先给信札。若官员辞免,或不待其接受诰命,使先供职,令有关官府知晓,皆再降札子,由宰执亲自签押,称"照札"。

肇丰城 即"雅尔城"。

肇论 全称《僧肇四论》。佛教书名。东晋僧肇著。一卷。系南朝梁陈间人汇编而成。卷首载《宗本义》,概括全书大意,内辑录《物不迁论》、《不真空论》、《般若无知论》、《涅槃无名论》,并附有僧肇与刘遗民的问答书信及《上姚兴表》。本书以贵无贱有,泯是非,一动静,齐物我等玄学命题,融会《般若经》、《中论》、《百论》的经义,提出世界"不真"故"空",万物"不化"故"不迁"等观点。叙述采中国论学文体,对推进佛教的华化颇有建树。注疏本有唐元康《肇论疏》三卷,宋遵式《注肇论疏》六卷,元文才《肇论新疏》、《肇论新疏游刃》各三卷。其中《宗本义》和《涅槃无名论》,近代学术界有人疑非僧肇所著。

肇庆府 北宋重和元年(1118)升端州置。治高要县(今肇庆市)。辖境相当今广东肇庆、广宁、四会、高要、高明等市、县地。属广南东路。元至元十七年(1280)改为肇庆路,明洪武元年(1368)复为府,增入今德庆、封开、新兴、恩平、阳江、阳春、开平等市、县地,属广东省。清光绪三十二年(1906)割今阳江、阳春、恩平三市、县地置阳江直隶州,辖境缩小。1912年废。

肇庆路 元至元十七年(1280)改 * 肇庆府置。治所、辖境同肇庆府。属江西行省广东道宣慰司。明洪武元年(1368)又改为肇庆府。

肇域志 书名。(1)明地理总志。顾炎武撰。不分卷。据自序"此书自崇祯己卯(1639)起",经"二十余年之苦心",始辑成"初稿"。内容有建置、沿革、山川、名胜、水利、贡赋等。取材于《明统志》、二十一史、明历朝实录、地方志和奏疏、文集,偶有少量清初材料。所引明方志一千余种和各种专志,大多已佚,赖此书得以窥其一斑。又订正了《明统志》及方志旧籍中的错误,南直隶部分收辑考订尤为详尽,故具有较高的学术价值。但系未定之书,各部分内容详略悬殊,编排混乱、体例不纯及文句讹舛处较多。自清初以来,仅抄本流传。现存抄本约一百万字,缺北直隶、江西、四川、广西等部分。(2)明山东地理志。又称《山东肇域记》。顾炎武撰。成书于清初。现存抄本一册,六卷(济南等六府各一卷)。据考证,系作者据《肇域志》稿的山东部分删订而成。

肇州 原为出河店。金天会八年(1130)以太祖阿骨打于此大破辽军,肇其王绩,遂建为州。治始兴(今黑龙江肇源县茂兴站南)。隶会宁府。蒙古废。

zhē

遮害亭 在今河南浚县西南、淇口之东十八里,古为黄河所经。《汉书·沟洫志》:哀帝初,待诏贾让奏言:治河有上、中、下策,"今行上策,徙冀州之民当水冲者,决黎阳遮害亭,放河使北入海。河西薄大山,东薄金堤,势不能远泛滥,期月自定"。

遮砮(?—711) 唐时突骑施首领。乌质勒子,娑葛弟。乌质勒时,曾奉使至唐。娑葛立,与之分疆而治,及附唐,赐名突骑施守节。景云二年(711),吕休璟北伐后突厥,与其兄俱为前军,师未发而阙特勤引军猝至。他素憾所分部落少于其兄,因降后突厥。及娑葛被俘,同被杀。

遮些 即"结些"。

遮阳海船 即"遮洋浅船"。

遮洋浅船 明初运粮海船之一种。船底长六丈,梢长一丈一尺,底头阔七尺八寸,底梢阔六尺。梁头十六座。以百人驾船,可载米二千石。

zhé

折班 明代内地军士纳银免赴边卫轮班之制。始于嘉靖四十三年(1564)。延绥巡抚胡志夔请免戍军三年,每名征银五两四钱,为募兵之用。万历初,又命河南应戍班军免戍三年,以所折银为边防修筑之费。边班因此耗减,折银亦渐无从征集。

折班银 明代*边班为免应戍所纳之银。详"折班"。

折本 被皇帝退回需另拟票签之题奏本章。清制,凡内阁票拟之题奏本章,不能为皇帝所同意者,即折角发下,仍由内阁逐日收存。待积至十件以上,可在御门听政时,由内阁大学士、学士等捧进请旨,谓之进折。得旨后,另由内阁缮写票签,随同其他本章进呈御览,其批本程序,与其他本章相同。

折变 宋赋税输纳方式,后成为变相加税名。征科赋税有固定物品,而一时所需,则变而取之,谓之折变。折变按规定用平估,使其值轻重相当,实际上却往往增取其值;折变物色数额,按规定,须于起纳前半年(后改为九十日)揭榜晓示,实际上却往往临时变更,反复纽折。结果,税户于常税之外,或增五七倍之赋。南宋时,以税钱折麦,以苗米折糯,相当普遍。以银折纳的地区,也有扩大。

折俵马 明代在征收俵马中由本色改折银两,称折俵马。始于成化年间。最初所占比例不大,后逐渐增多,万历中期之后,南方全部改折,北方占十分之七。

折帛钱 南宋杂税名。特指"东南折帛钱",分夏税折帛与和买折帛。始征于建炎三年(1129)。后两浙路上供丝帛一半折纳,绢一匹折纳钱二贯。绍兴二年(1132),诸路均如两浙例,上供丝帛,并半折钱。此后钱额不断提高,绍兴十七年规定,两浙分别为七贯与六贯五百文,江东为六贯文。

折博仓 见"折中仓"。

折博务 官署名。北宋于陕西沿边诸州置,掌商人入中现钱与粟帛,按值给以茶盐。

折漕 明清漕粮改折银两或其他实物之制度。亦称漕折、漕粮折征。明初漕粮悉征米粮。永乐二年(1404)允许江西官田折征布匹。宣德八年(1433)江南巡抚周忱奏定漕粮加耗折征之例。正统时定,漕粮每年四百万石,折银一百余万两。后增减不等。改折原因不一,或因漕船短缺,或因连岁荒歉,或因地区僻远难以运输,或因仓米积压过多,或因边饷空匮。折价不等,低者每石七八钱,高者达一两五钱。清代常例折征项目凡四:一为永折,江苏、安徽、山东、河南、湖北、湖南六省应征漕粮中有三十六万余石永折征银,其价银归地丁报部。二为灰石改折,江、浙两省原有给运军办运灰石之米,改折银两,供工部备置灰石之用。三为减征,遇荒年本折各半。四为民折官办,在不产米地区,由司库出银按时价采办漕米,令民纳银补足。此外,遇灾害或运道梗阻等因,亦有临时折征。清政府历来严禁地方官擅私折征,定有改折漕粮罪,然地方官仍多私行折征,以便浮收多取。光绪二十七年(1901)起,各省漕粮一律改征银或钱,仅留江苏、浙江两省一百万石海运京仓。辛亥革命后,所留漕粮名目折收银元。

折草银 明代军马所需草料之折价银两。

折笞法 宋代刑罚方法之一。徒、杖二刑的代用刑。大观二年(1108)改定笞法,用小杖责打,笞十改小杖五、二十为七、三十为八、四十为十五、五十为二十。重和元年(1118)复定折笞杖之数,笞五十折杖十、四十折八、三十折七、二十折六、十折五。后又规定每笞二十下,折大杖一下;笞四十,折脊杖一下;每笞一下,折减役十四天。

折冲都尉 官名。为折冲都尉府长官,唐贞观十年(636)由统军改名,每府置一员,上府正四品上,中府从四品下,下府正五品下,领所属府兵备宿卫。辽代诸卫亦置。金泰和六年(1206)伐宋,权置殄寇折冲都尉,正六品,为统兵将官,军还则罢;元光年间招义军,置总领使,正大二年(1225)更名都尉,四年升从三品,有折冲之名。

折冲都尉府 官署名。唐贞观十年(636)改统军府为之,遍布全国各主要州,皆有名号。有折冲都尉、左右果毅都尉,领所属备宿卫,出师则总领军器、粮草、物资、传点等事。以善骑射者为越骑,余为步兵。凡兵马在府,每岁季冬,则习以军阵、战斗之法。垂拱年间,以千二百人为上府,千人为中府,八百人为下府,赤县为赤府,畿县为畿府。属员废置略有变化,置长史(或司马)总司兵、司骑二局。又有左右别将、兵曹参军事。以三百人为团,以校尉统领;团下有旅,以旅帅统领;旅下为队,以队正领之;队下有火,以火长领之。天宝中停止上下鱼符及上番、发兵活动,天宝末虽保其官员和兵额,却名实难符。

折冲府 即"折冲都尉府"。

折冲将军 官名。新莽时有折冲将军阎迁。东汉献帝建安十一年(206)曹操亦置。三国魏、吴,两晋,南朝宋、梁、陈沿置。十六国成汉、前凉、西凉、北凉及北魏、北齐皆置。为杂号将军中地位较高者。魏、晋、宋为五品。梁天监七年(508)为武职二十四班第十班,大通三年(529)后地位稍降。陈为七品,秩六百石。北魏太和十七年(493)、二十三年职员令皆为第五品上。北齐亦为第五品。高昌国亦置。

折从阮(892—955) 唐末五代云中(今山西大同)人,出于羌族折掘氏,本名从远,字可久。后唐同光中,为府州刺史。因洞习边事,加检校工部尚书。石敬瑭割幽蓟十六州,在府州拒守。后晋出帝与契丹绝盟,他率师出击,深入边界,连拔契丹十余砦。迁本州团练使,兼朔州刺史。后汉建立,先后为永安军、武胜军节度使。入后周,历任宣义、保义、静难三镇节度使。显德二年(955),以年老上章请代,诏许。同年冬卒于洛阳。

折德扆(917—964) 五代时党项人。后周静难军节度使折从阮子。后晋为府州马步军都校。显德元年(954)授永安军节度使。显德中,率师取河市镇,被召入朝。请迁内地,世宗以其素得边情,不许。宋初,取河东沙谷砦。建隆二年(961)入朝,遣归镇。乾德元年(963)败北汉军于太原,获其将杨璘。

折籴 唐宋官府使民以谷物折纳青苗税钱。唐元和时,白居易针对和籴甚于赋税之弊,曾建议官府用现钱议价收购农民之谷物,以折纳青苗税钱,谓之折籴。六年(811)宪宗下诏,放免京兆府每年所配折籴二十五万石。宋仁宗时,以内藏库绢下河北路折籴军储,乡村上户凡纳税一石者,征购五斗;神宗时,令淮南、两浙等路,将民间积欠的青苗钱、役钱、坊场钱等折纳粮食,都称折籴。

折估钱 南宋时,四川地区以军需为名而征收的一项杂税,其税金主要来源于榷盐、榷酒收入。

折桂 《晋书·郤诜传》:"武帝于东堂会送,问诜曰:'卿自以为何如?'诜对曰:'臣举贤良对策,为天下第一,犹桂林之一枝,昆山之片玉。'"后因以"折桂"比喻为科举及第。温庭筠《春日将欲东归寄新及第苗绅先辈》诗:"犹喜故人先折桂,自怜羁客尚飘蓬。"

折国 东汉广汉雒(今四川广汉北)人。其先张江封折侯,因以为姓。曾为郁林太守,徙居广汉。有赀财二亿,家僮八百人。

折继闵(1018—1052) 北宋时党项人,字广孝。宋初知府州折惟忠子。天圣二年(1024)为三班奉职。后擢西京作坊使,嗣州事。康定元年(1040),率部深入夏境,破寨二十余所。庆历二年(1042)城建宁砦。次年冬,大破夏军于杜胡川。五年,奉诏筑宁府、安丰、西安、靖化、永宁五寨。六年,迁果州团练使、麟府路兵马钤辖,仍知州事。后以疾卒,赠太尉。

折脚堰 在今四川安县南。唐贞观元年(627)开,引水溉田,大为民利。

折节 即"蛇节"。

折掘部 一作叠掘。十六国时河西鲜卑部落之一。居今青海湖东。东晋太元二十年(395)为秃发乌孤击破,臣属之。后南凉主秃发傉檀即娶折掘部女为后。南凉嘉平三年(410)沮渠蒙逊围南凉姑臧,其部又降北凉。

折可存(1096—1126) 北宋时党项人,字嗣长。宋秦州观察使折克行子。既冠入仕,为右班殿直,迁左侍禁,改忠训郎,充经略司准备差使。以计擒夏将女崖功,迁秉义郎、阁门祗候,升任第四副将。宣和初以伐西夏功升阁门宣赞舍人。讨方腊,迁武节大夫;讨宋江,迁武功大夫。驻兵崞县援雁门,金人取崞县,被质于应州。靖康元年(1126),逃往中山府北寨,卒。

折可适(1051—1110) 北宋时党项人,字遵正。宋文思副使折克儁子。荐试廷中,补披带班殿侍,充鄜延路经略司准备差使。元丰五年(1082),败西夏于米脂。元祐六年(1091),又败西夏梁太后于洪德砦。以功积官至皇城使、成州团练使,知岷、兰州、镇戎军。绍圣二年(1095),奉诏袭夏国大将嵬名阿埋、昧勒都逋,俘其族属三千人,取天都山,以其地为西安州。迁东上閤门使、洛州防御使、泾原钤辖、知州事,拜和州防御使、明州观察使,为副都总管。崇宁三年(1104),曾进陈开垦广土、进筑要害之利。后因踏口之战失利,贬郑州观察使。复命泾原路经略安抚使、马步军都总管,知渭州,拜淮康军节度使。大观初被谤陷,召为佑神观使。后复知渭州。四年(1110)复命帅泾原,到任四月,以疾告老。

折克行(?—1108) 北宋时党项人,字遵道。宋知府州折继闵子。初仕军府。熙宁三年(1070),败西夏军于葭芦川,为诸将称道。擢知府州。元丰四年(1081)率部落兵参与宋军五路伐夏,杀夏国大将咩保吴良。绍圣三年(1096),为太原守将孙览城葭芦献策,行疑敌之计。又奉诏于河东进筑八砦,通道鄜延。乘士气之锐,先筑远城,以先制敌。在边三十年,善抚士卒,战功最多,羌人呼为"折家父"。官至秦州观察使。卒赠武安军节度使。

折课市取 南朝税制之一。指政府以折收钱币征取三调实物,再以钱币向民间购买军国所需米谷、丝绵等物。宋时周朗称"桑长一尺,围以为价,田进一亩,度以为钱",便是折课。齐武帝永明五年(487),曾下诏京师及诸州出钱亿万,"见直和市",以籴米谷、丝绵之属,便是市取。

折里麦 又译者勒蔑、哲里马。蒙古兀良合氏。族人早在铁木真远祖时即依属于蒙古部。他自幼在铁木真家中当"门限内的奴婢"(孛莎合因·孛斡勒),成为铁木真最早的那可儿(伴当)。勇猛善战,屡立战功,与虎必来、速不台、哲别号称"四狗"。蒙古建国,以功封左翼千户长。

折连怯呆儿 地名。又译折连怯儿、者连怯耶儿。折连,蒙古语,意为黄羊;怯呆儿,意为川原。在今西辽河下游北。元于此置系官牧场,孳养马匹,属太仆寺。后复置万户府于此。

折罗漫山 天山,一名白山,隋唐时当地少数民族称为折罗漫山,一作初罗漫山,或作时罗漫山。即今横贯中国新疆中部,西端伸入中亚的天山山脉。

折摩驮那 见"且末"。

折钱租 宋代指用钱币折纳的地租。产品定额租向货币地租转化的过渡形式。官田中,职田,宗室庄田,沙地芦场,漳州、广州、常州、平江府、绍兴府、庆元府等地的学田和广惠院田,北宋末年以来都有征收折钱租的情况。南宋时,兴化(今福建莆田)多种秫糯,仙游(今属福建)多种甘蔗,卖充造酒制糖原料,士大夫家收租多折价;浦江(今属浙江)俗善织,纺织业商品生产发达,也有佃人用钱货折租记载。

折泉县 汉置。治今山东五莲县西北。西汉初元元年(前48),封城阳荒王子根为折泉节侯于此。属琅邪郡。东汉废。

折色 明代指改折金银、钱钞、丝绢或其他物征收之税粮。亦作"折收"。《明史·食货志二》:"云南以金、银、贝、布、漆、丹砂、水银代秋租,于是谓米麦为本色,而诸折纳税粮者,谓之折色。"洪武九年(1376),银一两或钱千文、钞一贯,皆折米一石,小麦减值十之二。棉布苎布一匹折米六斗或麦七斗,麻布一匹折米四斗或麦五斗。明中期后折纳银两日多,通称折色银。清代的折色,专指税粮改征银或钱。中国历代赋税中,原定征收的实物而改征其他实物或货币,称折色。

折上巾 即幞头。亦称四脚(带)。二带系于脑后,另二带反系头上,曲折附顶,故曰折上巾。初用软帛垂脚,后以桐木为之,使顶高起。

折食钱 南宋部分官员俸禄外的加给。凡官员任纂修之职者,于俸禄外加给折食钱。

折维昌(978—1014) 北宋时党项人。宋初永安军节度使折御卿子。至道三年(997),以内图使代知府州事,兼麟府浊轮寨都巡检使。咸平二年(999)八月,与李继迁战败逃走,逾月,又与继迁万保移埋部等战,获胜,以功领富州刺史,改文思使。景德三年(1006)护粮抵麟州,又入朔州界破狼水砦。次年拜兴州刺史。大中祥符二年(1009),率所部首领名崖入朝,乞赐旗竿三十以壮军容。七年,受命援河东民运粮麟州,力疾冒风沙而行。旋卒。

折像 东汉广汉雒(今四川广汉北)人,字伯式。折国之子。家富赀财。以门户殖财日久,子又不才,乃散其家财,周施亲疏。年八十四,召宾客九族饮食,辞决而终。

折易轻赍 清征收余耗米之外,每石又加脚米六升。此外,每百石,江西别加过湖米七升,浙江别加脚耗四斗二升,江苏南部别加三斗三升,江苏北部别加二斗七升,均作脚米。脚米二升折银一分征收,谓之折易轻赍。

折狱龟鉴 书名。又称《决狱龟鉴》。南宋绍兴间,郑克集郑子产以后典型疑难刑事案件,加按语论说,编纂成书,以为典狱之戒。共三卷(一作二十卷)、三百九十五事,分释冤、辨诬、鞫情、议罪等二十门。现存《龙威秘书》本,一卷;《四库全书》、《墨海金壶》、《丛书集成初编》等本,八卷。清人陆心源辑其遗文,撰《折狱龟鉴补》,载《潜园总集·群书校补》。

折御卿(957—995) 北宋时党项人。后周永安军节度使折德扆子。幼补节院使,后为兵马都校,召为闲厩副使、知府州。宋太平兴国四年(979),从太宗征河东,奉诏取岚州,以功迁崇仪使。淳化三年(992),累迁府州观察使。五年,拜永安军节度使,败契丹于子河汊。岁余,带病与契丹战。卒于军中。

折御勋(938—977) 五代时党项人,字世隆。后周永安军节度使折德扆子。时为右职。宋乾德二年(964)父卒,以衙内都指挥使、汾州团练使,权知府州事。三年加府州防御使。开宝二年(969),太祖征太原,诣行在谒见,授永安军观察留后。九年因病改泰宁军节度使,留居京师。

折阅 指纸币贬值。两宋发行各种纸币,滥印滥发,造成严重贬值,谓之折阅。其本义则为物资亏损。

折杖法 宋代刑罚方法之一。流、徒、杖、笞刑的代用刑。建隆四年(963)规定:凡原判加役流,改罚配役三年、脊杖二十下;原判流放三千、二千五百、二千里,顺次改罚脊杖二十、十八、十七下,皆配役一年;原判徒刑三年、二年半、二年、一年半、一年,顺次改罚脊杖二十、十八、十七、十五、十三下,刑后释放;原判杖刑一百、九十、八十、七十、六十下,改罚臀杖二十、十八、十七、十五、十三下,刑后释放;原判笞刑五十、四十和三十、二十和十下,改罚臀杖十、八、七下,刑后释放。后又规定,每脊杖一下,减役五十四日;大杖一下,减役二十七日。

折中仓 宋初于京师置仓,受商人入中粮食,谓之折中仓。淳化二年(991)改名折博仓。折中仓的设置在于既保证京师粮食需要,又免除军民挚运重役。商人运粮入仓,优给代价,发给交引,折换江淮茶、盐等物。后因商人操纵粮食与茶、盐比价,亏损国课而废。

折子 文书名称。奏折的别称。

哲百伯克 即"哲博伯克"。

哲蚌寺 汉译吉祥米聚十方尊胜洲,简称哲蚌寺或布赉绷寺、别蚌寺。在拉萨西北郊5公里处。藏传佛教格鲁派(黄教)寺院,与甘丹寺、色拉寺合称拉萨三大寺。明永乐十四年(1416),由格鲁派创始人宗喀巴弟子绛央却杰·扎西贝丹(1379—1449)兴建。共有四扎仓(经学院):罗赛林、共芒、德央、阿巴。僧人定额七千七百人,为藏传佛教最大寺院。全寺僧众集会的错钦大殿近2 000平方米,有明柱一百八十三根,可容八九千人。寺内收藏有明清两代大量历史文物、佛教经典及工艺美术品。寺西南部的甘丹颇章(宫),约建于明嘉靖九年(1530),为达赖二世至五世居住之处。历世达赖喇嘛以此寺为母寺。

哲别(?—约1223) 又译者别、只别、遮别等。蒙古别速部人,原名只儿豁阿反。降铁木真,改名"哲别"(意为"箭")。骁勇善战,由十户长屡升至千户长,与折里麦、虎必来、速不台号称"四狗"。元太祖六年(1211),从成吉思汗攻金,充先锋。十四年,从成吉思汗西征。与速不台攻略阿塞拜疆、谷儿只、阿速、钦察、斡罗思诸部,直至克里木半岛。归途中病死。

哲博伯克 或译哲坡伯克、哲百伯克。新疆维吾尔语音译。官名。为哈喇都官伯克之副,专司修造甲械。清乾隆二十四年(1759)定为六品,光绪十三年(1887)废。参见"伯克"。

哲布尊丹巴呼图克图 清代所封藏传佛教*呼图克图之一。藏语音译,意为"尊胜"。蒙古语称

"温都尔格根",意为"至高光明者"。自哲布尊丹巴一世起,传承八世。

哲布尊丹巴一世(1635—1723) 清喀尔喀蒙古部人。清代所封藏传佛教*呼图克图之一。明崇祯七年(1634)藏传佛教觉囊派第十五世多罗那它于库伦圆寂。确认喀尔喀蒙古土谢图汗衮布多尔济之子乍那巴乍耳为第十六代转世。清顺治六年(1649),赴藏学经,改宗黄教,由五世达赖授予"哲布尊丹巴呼图克图"名号,班禅授格楚戒。康熙二十七年(1688),以准噶尔部扰掠喀尔喀,遂率众南下。三十年,在多伦诺尔受清廷封为大喇嘛,掌外蒙古地区喇嘛事务。

哲陈部 明建州女真诸部之一。位于浑河上游,包括今辽宁新宾南杂木、抚顺营盘东部、清原西南部。北接哈达部,南邻苏克素护河部,西界浑河部,东连辉发部。所属城寨有托漠河(亦作托木河)山城、巴尔达城、洞城等。万历十五年(1587),为努尔哈赤所并。

哲得沙尔汗国 一作哲德沙尔汗国(意为"七城汗国")。(1)清同治三年(1864)新疆少数民族起事中建立的政权之一。以回族封建主金相印等为头目,建于喀什噶尔地区。因乞援于浩罕,触发阿古柏入侵新疆而被取代告亡。(2)同治六年阿古柏入侵新疆后建立的伪政权。光绪四年(1878)被左宗棠平定。

哲德沙尔 即"七城"。

哲里木盟 清内蒙古诸盟之一。以会盟地在科尔沁右翼中旗境内哲里木山,故名。隶理藩院。辖科尔沁六旗,扎赉特、杜尔伯特各一旗,郭尔罗斯二旗,共四部十旗。南界盛京边墙,北接黑龙江将军辖界,东界吉林打牲乌拉,西界昭乌达盟。今内蒙古自治区仍沿用该盟名称为所辖政区名,辖一市二县五旗,地略同。

哲孟雄 藏语的音译,一名锡金。王国名。在喜马拉雅山南麓。原居民为雷布查人,十三世纪大批藏族自北移入当地,明崇祯十四年(1641)藏人在该地建立政教合一的王国,居民信仰藏传佛教,与西藏保持密切联系,实为西藏属部。十八世纪下半叶,与廓尔喀争地,国土西部为廓尔喀人占据。清嘉庆二十一年(1816)英国迫使尼泊尔归还侵地,藉此干涉哲孟雄内政。道光十九年(1839)英国租借南部大吉岭山区。咸丰十一年(1861)英国寻衅入侵,迫王室缔约,王室频向驻藏大臣告急,不应。光绪十四年(1888)为英国所灭,十六年清政府与英国订立《中英藏印条约》,承认其为英国保护国。1947 年印度独立后,成为印度的保护国。1975 年被并为印度的一个"邦"。

哲庙 北宋皇帝赵煦庙号哲宗,宋人亦以"哲庙"称哲宗。

哲坡伯克 即"哲博伯克"。

辄勒克 即"察拉克"。

谪 刑法制度。初为强迫罪犯戍边或罚作劳役。《汉书·陈胜项籍传》颜师古注:"谪读曰谪,谓罪罚而行也。"《睡虎地秦墓竹简·秦律十八种》规定:"非谪罪也而欲为冗边五岁,毋偿兴日,以免一人谓庶人,许之。"汉武帝时又有所谓"七科谪",明确规定强迫谪发的七种人。后多用于对官吏的处罚,即谪贬官职,降用或不用。

谪边 见"谪"。

谪发 明初卫所军士之一种。指以罪谪迁为兵者。洪武二十七年(1394),诏兵部,凡以罪谪充军者,名为恩军。其子孙世世执役,因而又称长生军。

谪吏 因犯罪而罚处劳役的官吏。

谪民 秦汉时因犯罪或其他原因被强迫服徭役或兵役的庶民。《史记·南越列传》:"秦时已并天下,略定扬越,置桂林、南海、象郡,以谪徙民,与越杂处十三岁。"《汉书·武帝纪》:太初元年(前 104)"遣贰师将军李广利发天下谪民西征大宛"。颜师古注:"庶人之有罪谪者也。"

磔 刑罚名目。同"矺"。死刑之一种,即分尸。先秦时代即有此酷刑,秦以后列入刑条。《睡虎地秦墓竹简·法律答问》:"甲谋遣乙盗杀人,受分十钱,问乙高未盈六尺,甲何论?当磔。"《史记·李斯列传》:"十公主矺死于杜。"司马贞索隐:"矺音宅,与磔同。"景帝中元二年(前 148)"改磔曰弃市","勿复磔"。颜师古注:"磔谓张其尸也。"此后历代虽时有用此刑者,但非常刑。

zhě

者别 即"哲别"。

者继荣(?—1586) 一作者继容。明云南曲靖罗雄州(今罗平)土知州者濬之子。彝族。精通彝文经典。隆庆时袭父职。万历间,明廷为征缅甸,调其兵,将行,杀其父,遂与沾益州女土官安素仪联结反明。十三年十二月,攻广西师宗(今属云南)、陆凉诸府州。会刘綎解官至沾益(今云南宣威),出兵杀之。以其地置定雄军,寻改为罗平州,设流官知州。

者阑 地名。即今缅甸南坎东北之姐兰。元属麓川路,明属麓川平缅宣慰司。

者乐甸长官司 土司名。明永乐元年(1403)置,治今云南镇源县东北恩乐。初隶云南都指挥司,后改隶布政司。清雍正五年(1727)改土归流,置恩乐县。

者勒蔑 即"折里麦"。

者连怯耶儿 即"折连怯呆儿"。

者舌 古西域国名。为波斯语音译。故康居国,在破落那(今中亚锡尔河上游费尔干纳盆地)西北。北魏太延三年(437),遣使朝贡,自后不绝。

者线蒙庆等处宣慰司都元帅府 元云南行省所辖。治者线(今泰国清盛)。泰定四年(1327),因八百媳妇土官之请置。设木安、孟杰二府隶属。以乌撒宣慰司官你出公与当地土官招南通并为宣慰使都元帅,南通之子、侄知二府事。至正二年(1342)罢,并入八百宣慰司。

赭面国 唐代文献中对吐蕃的别称。因吐蕃有以赭色涂面之俗,故名。敦煌写本法成译《释迦牟尼如来像法尽灭之记》作"赤面国"。《新唐书·吐蕃传》:"〔文成〕公主恶其人赭面,〔弃宗〕弄赞令国中权且罢之。"元和中,此俗曾一度传入长安,白居易《时世妆》诗讽之曰:"元和妆梳君记起,髻惟面赭非华风。"

赭圻城 在今安徽繁昌县西北长江南岸。东晋哀帝时加桓温为扬州牧,召入朝,温自荆州至赭圻,诏止,遂城赭圻而居。为江防重镇。南朝梁置南陵县、南陵郡治此。

赭衣 罪人别称。因罪人服赤褐色衣,故称。原为一种象征性刑罚,《荀子·正论》:"杀,赭衣而不纯。"秦刑徒之无爵者,皆穿赭衣服苦役,故有"赭衣塞路"、"赭衣半道"之说。

zhè

柘城县 隋开皇十六年(596)置。治今河南柘城县北。属宋州。唐贞观元年(627)废入谷熟、宁陵二县,永淳元年(682)复置。北宋属应天府。金元属睢州。明嘉靖中移治今县治。明清属归德府。

柘东城 柘一作拓。在今云南昆明市。南诏赞普钟十四年(765),南诏王阁罗凤子凤伽异所筑。是南诏东境的重镇,置有柘东节度。劝丰祐保和七年(830)改名善阐。

柘东节度 公元八世纪南诏置。治柘东城(在今云南昆明市)。统辖原东、西爨地区,相当今云南绥江、盐津等县以南至红河沿岸一带,和贵州赫章、威宁、普安等县。

柘皋之战 宋金战争重要战役之一。绍兴十一年(1141)初,金军突入淮西。二月,宋将杨沂中、刘锜、王德等率大军进至柘皋镇(今安徽巢湖西北),与完颜宗敏(阿鲁补)、韩常等军对阵,金军大败。然宋朝并无乘胜扩大战果之意,张俊与杨沂中会议班师。既而闻金兵攻濠州(今安徽凤阳),引兵赴援,未至而城已陷。杨沂中与王德军又遭伏击,遂致溃败。战后,宋诸军退回江南,金兵亦撤回淮北。

柘湖 在今上海市金山区东南张堰镇一带。秦于此置海盐县。后沦为湖。《宋史·河渠志》列为秀州境内四大湖泊之一。元后渐淤。

柘林郡 西魏改顺阳郡置。治今河南唐河县西南。北周降为县,属升平郡。隋大业初废。

柘林县 在今河南唐河县西南。参见"柘林郡"。

柘林寨 即今广东饶平县东南柘林。地当闽粤之交,明季为海防要地,后郑芝龙曾破海寇于此。

柘林镇 即今上海市奉贤县东南柘林镇。《明史·日本传》:嘉靖三十三年(1554),"倭(寇)以川沙洼、柘林为巢,抄掠四出。"后筑城置戍,为海防要地。

柘县 秦置,因县有柘沟得名。治今河南柘城县北。《史记·陈涉世家》:秦二世元年(前209),陈胜、吴广起义,攻柘下之,即此。西汉属淮阳国。东汉属陈国。西晋废。

柘枝舞 唐乐舞名。源出自中亚石国(今乌兹别克斯坦塔什干)。舞者着红紫五色罗衫,窄袖,锦靴,腰带银蔓垂花,头冠绣花卷檐虚帽,帽上装金铃。白居易《柘枝妓》:"红蜡烛移桃叶起,紫罗衫动柘枝来。带垂细胯花腰重,帽转金铃雪面回。"此舞初为女子单舞,伴奏以鼓为主。舞姿变化丰富,既矫健明快,又婀娜柔美。后又有对舞,名《双柘枝》,二童女藏于莲花中,花坼而后见,对舞相占。属健舞。

柘州 唐州名。显庆三年(658)置,一说仪凤二年(677)置。以山多柘木而得名,治柘县(今四川黑水西南)。辖境约当今四川黑水县西南一带。天宝元年(742)改为蓬山郡。乾元元年(758)复旧称。后地入吐蕃。

浙案纪略 书名。清末陶成章撰。是书初刊于1908年缅甸仰光《光华日报》。1910年复厘为三卷。上卷纪事本末,分文字狱、党会原始、进取纪事、破坏纪事等四章,并增补刘师培叛变诸事;中卷为革命党人列传七篇;下卷附录,分革命文告和清吏案牍二集。又有外纪一篇,名教会源流考。付印时,因其叙述革命党内情过详,为保密起见,仅先以中卷列传及外纪《教会源流考》刻于日本,书中所涉之革命党人,亦多仅录其姓而隐其名,原稿悉藏于东京。辛亥革命时,作者遇刺身死,此稿迭经转手,1916年始由魏兰(光复会会员)补注书中隐缺诸人名,全文刊行。记清末江、浙、皖地区会党组织情形和革命党人反清活动,尤以光复会组织经过和徐锡麟、秋瑾起义事件为详,并对光复会革命实践有所总结。所记多作者亲历,为研究光复会活动之重要资料。其体例兼取纪事本末与纪传体之长,并用章节体编写,叙事清晰,纷而不乱。

浙漕 明代运河自京口闸至长江之段。

浙党 明万历时形成的官僚集团之一。主要成员有大学士沈一贯、给事中姚宗文、御史刘廷元等,均为浙江人。与齐党、楚党相勾连,竭力排斥东林党。天启时,部分成员依附魏忠贤。

浙东 ❶唐方镇名。浙江东道的简称。见"浙江东道"。❷路名。南宋两浙东路的简称。见"两浙东路"。

浙东筹防录 书名。清薛福成撰。四卷。薛氏在中法战争期间充任浙江宁绍台道,亲自参与布置海防之事。光绪十一年(1885)法国海军入侵镇海,薛氏与浙江提督欧阳利见同心御敌,使法军未能得逞。事后,利用当时公私函牍,按年月先后辑成是书。光绪十三年刊行。

浙东道宣慰司 官署名。元代置。秩从二品,隶江浙行省。置司庆元路(今浙江宁波),领庆元、衢州、婺州、温州、台州、处州、绍兴七路军民政务,辖境包括今浙江省大部分地区。设宣慰使三员,同知、副使、经历各一员。

浙东海右道肃政廉访司 官署名。简称浙东(道)廉访司。由提刑按察司改立,江南十道监司之一,置司于婺州路(治今浙江金华)。

浙东海右道提刑按察司 官署名。元代置。

掌地方监察。设于世祖至元十四年(1277),置司绍兴府,监治婺州、绍兴、庆元、建德、衢州等路。二十六年,移司于婺州路(治今浙江金华)。二十八年,改肃政廉访司。

浙东纪略 书名。清徐芳烈撰。一卷。成书时间不详,有《痛史》本、上海涵芬楼旧藏抄本、浙江古籍出版社明末清初史料选刊本。记载南明鲁王政权的历史。作者曾任鲁王中书舍人,目睹时事,循日记体,多属实录,许多内容较他书尤详,如乙酉闰六月江上义师四起、沿江布防详情、唐鲁矛盾等,为研究南明鲁监国始末之重要著作。

浙东路 南宋两浙东路的简称。见"两浙东路"。

浙东平寇纪略 书名。又名《青岩御寇录》。二卷。系集邑人之诗文,记咸丰八年(1858)太平军林彩新部进攻东阳,监生陈真卿率团练于青岩顽抗事。卷一为《青岩平寇记》、《保守青岩杀贼记略》等,除记当时战况外,并辑有林氏檄文,及青岩团练总局与林氏书札等。卷二为诗词。是书虽述一隅战事,实反映了太平军在浙东活动情况。有光绪十四年(1888)刊本。

浙东学派 ❶南宋浙东各学派之通称。与朱学、陆学相鼎峙。包括吕祖谦代表之金华学派(亦称婺学或吕学);叶适代表之永嘉学派和陈亮代表之永康学派。金华学派尤尚史学,提倡经史以致用,为清初浙东学派之先导。永嘉、永康学派主张事功之学,反对理学家空谈心、性、命、理。❷以地域关系命名的学派。清代浙江之宁波、绍兴、台州、温州等地,统称浙东。清初黄宗羲,上承刘宗周,下启万斯大、万斯同,以及稍后的全祖望、章学诚等人,同出浙东,皆以经学为根柢,以史学为经世之具,重视实践,不尚空言,考证史实,不凭传闻,一脉相承,形成了以史学为特色的清浙东学派。该学派在历史编纂、史论和史料学方面,均作出重要贡献。

浙东运河 是钱塘江和姚江之间西起西兴镇、东至通明坝的几段内河的总称。全长约二百五十里。各段完成时期先后不一。绍兴至曹娥江段见于《越绝书》,完成最早;西兴至绍兴段又称西兴运河,为晋会稽内史贺循疏浚。曹娥江以东,运河自梁湖镇到通明坝。通明坝以下,利用姚江的天然河道,可达宁波。北宋以后,因钱塘江口沙潬淤涨,外商来华多由宁波取道浙东运河至杭州,然后北上。南宋建炎三年(1129)高宗从杭州渡浙江,如浙东,即由此河经越州至明州。为浙东地区重要水运航道。

浙海关 海关名。清道光二十二年(1842)设于宁波。咸丰十一年(1861),聘一名外国人为税务司,归宁绍台道监督。

浙江 即钱塘江,上游指今新安江。此水《庄子》作制河,《山海经》、《史记》、《越绝书》、《吴越春秋》作浙江,《汉书·地理志》、《水经》作渐江水,制、浙、渐本系一声之转。《说文》以此水为渐水,别以"江水东至会稽山阴为浙江"。清人阮元以《说文》为据,著《浙江图考》,分浙、渐为二水,以今杭州市以上钱塘江当古渐水,以《汉志》分江水下游约当今太湖杭州间的浙西运河及杭州以下的钱塘江为古浙江;认为《山海经》"浙"字系"渐"字之误,《史记》、《越绝书》、《吴越春秋》的浙江专指今杭州以下的钱塘江;汉后浙江故道渐淤废,后人始以浙江一名移指古渐水。清乾嘉以来学者大都信从阮说。实际《说文》对"浙"字的解释并不足据,古人所谓"浙"、"渐"确指一水,近人王国维著《浙江考》考辨甚明。

浙江部 官署名。(1)明代户部十二属部之一。洪武二十三年(1390)改原民部、度支部、金部、仓部四属部而置十二属部。分别以十二布政司为名。设郎中、员外郎各一人,主事二人,领浙江布政司户口、钱粮等事。部下分设四科:民科、度支科、金科、仓科。并置照磨、检校各一人,掌管文书出入等事。二十九年,改为浙江清吏司。(2)明代刑部十二属部之一。洪武二十三年,改原宪部、比部、都官部、司门部四属部而置十二属部,分别以十二布政司为名,设官同户部,领浙江布政司及部分在京衙门卫所刑名之事,并兼领云南布政司刑名。二十九年,改为浙江清吏司。

浙江潮 杂志名。清光绪二十九年正月二十日(1903.2.17)在日本东京创刊。月刊。留日浙江同乡会主办,孙翼中、王嘉榘、蒋智由、蒋方震、马君武等编辑。以"发其雄心"、"养其气魄",激发革命潮为宗旨。揭露帝国主义,呼号爱国救亡;抨击封建主义和改良派的"和平立宪",主张"革命造反"和建立"民族的国家"。刊载鲁迅早期作品《斯巴达之魂》等文。发刊一年,共出十二期,每期印销五千册。

浙江慈溪火柴厂 商办企业。清光绪十五年(1889)由宁波商人创办。其制品在当地经销。

浙江大学堂 学校名。清光绪二十八年(1902)由求是大学堂(前身为杭州求是书院)改名而成。次年又改称浙江高等学堂。三十一年扩充学额为二百名,分高等预备科和师范完全科;另设师范传习所,学额百四十名。辛亥革命后改称浙江高等学校。1928年后改名国立浙江大学。

浙江道 官署名。明清都察院所属诸道之一。明洪武十五年(1382)置。设监察御史十人。南京都察院亦置,设监察御史二人。在本道之外协管中军都督府,在京府军左、金吾左等十二卫,牧马千户所,及直隶庐州府并庐州、六安二卫。清顺治元年(1644)沿置。初掌浙江道兼理云南道。乾隆十四年(1749)设掌印监察御史、监察御史,均满、汉各一人;属官有笔帖式、经承等。负责稽核浙江刑名并稽察礼部、都察院事务。

浙江东道 唐方镇名。乾元元年(758)置浙江东道节度使,简称浙东节度使,治越州(治今浙江绍兴市),领越、睦、衢、婺、台、明、处、温八州。大历五年(770)降为观察使,十四年与浙江西道观察使合并。建中元年(780)又分,二年复合,贞元三年(787)复分。以睦州属浙江西道观察使。中和三年(883)升为义胜军节度使,光启三年(887)改威胜军节度使,乾宁三年(896)又改镇东军节度使。天祐后仅领越、台、明、处、温五州。五代地属吴越。北宋初废。

浙江东道节度使 见“浙江东道”。

浙江独立 清宣统元年(1909)后,浙江革命党人在军队中加强工作。三年,上海独立消息传到杭州,部分新军、各地集中的会党及从沪赶至的敢死队于九月十四日(11.4)攻占省城,俘巡抚增韫。驻防将军德济据营顽抗,以汤寿潜任都督相挟,此议与立宪派及部分革命党人意见一致,遂迎汤由沪至杭履职。浙江军政府成立后,传檄各属反正。

浙江法政学堂 学校名。清光绪三十二年(1906)浙江清泰门内小米巷原有军装局改建而成。次年二月开学,经费每年四万余元,其中有法律本科二年级一班,政治本科一年级一班,法律专修科一、二、三年级各一班,政治经济专修科二年级一班,学生约二百二十名。后迁新民路。停办时名浙江省立法政专门学校。

浙江革命记 书名。近人顾乃斌撰。九章。顾氏为清末浙军军官,曾入同盟会,并亲与组织浙军起义活动。是书主要叙同盟会在浙军中运动革命情况,尤详于辛亥浙军起义及杭城光复之事,对其役组织过程、发布命令和参与人员均详为记载。附《浙军参加攻克南京之役》,记乌龙、幕府山、马群、孝陵卫、天堡城诸役。有1912年浙军第四十九旅司令部印本。

浙江海运漕粮全案重编 书名。清黄宗汉、马新贻主编。二十卷。咸丰、同治年间,太平军占领镇江、扬州等运河沿线重镇,清廷浙江漕运于咸丰三年(1853)起被迫改为海运,此编即汇辑当时有关海运之奏折、章程等而成。原编八卷、续编四卷,为黄氏纂辑,新编八卷为马氏纂辑,合刊成此重编。分商船事宜、经费事宜、沪局事宜、放洋巡护事宜、津局事宜、运竣事宜、娄局事宜、采办事宜、减漕事宜、省局事宜并图说等类。为清代海运史料。有同治浙江粮储道库刊本。

浙江机器局 官办军用企业。清光绪九年(1883)由浙江巡抚刘秉璋创设于杭州。规模不大,专事制造枪弹,不造枪械。十一年又将当地火药局并入。

浙江教育官报 杂志名。清光绪三十四年七月十日(1908.8.6)在杭州创刊。初为月刊,从第二十二期起改五日刊。浙江学务公所主办。主要刊登学务章奏和文牍。宣统三年(1911)八月停刊,共出九十六期。

浙江禁烟官报 杂志名。清光绪三十四年(1908)九月在杭州创刊。旬刊。浙江禁烟处主办。约于宣统二年(1910)停刊。

浙江抗英战役 鸦片战争中战役之一。清道光二十一年(1841)英军从厦门北犯定海。钦差大臣兼两江总督裕谦派兵五千人守定海。八月十七日(10.1)葛云飞等三总兵苦战牺牲,定海失陷。二十五日英军攻镇海外围,提督余步云不战而逃。次日总兵谢朝恩战死,裕谦投水殉国,镇海失陷。二十九日宁波陷落。道光帝派宗室奕经率军援浙。二十二年一月二十九日,奕经率军反攻宁波、镇海失败。副将朱贵战死,提督余步云、段永福部溃退,英军乘机攻陷慈溪,奕经等逃往杭州。四月九日,乍浦陷落。由于浙江战败,道光帝决意妥协,派耆英和伊里布向英军求和。

浙江两级师范(範)学堂 学校名。清光绪三十二年(1906)浙江巡抚张曾敭奏请以省城贡院旧址改建。次年冬招收优级、初级和体操专修科学生六百名。宣统元年(1909)春校舍落成,正式开学。经费每年计五万三千一百八十余元,学生除书籍费自备外,其余概免。优级分设史地、理化、博物、数学四科,学制三年,其中预科一年,正科二年,限中学毕业者投考,间有秀才出身者。另附设体育、图画手工专修科,学习一至二年不等。学生约为二百名。初级学制二年,限高等小学毕业或有同等学历者投考,学生约为四百名。1912年后,于优级设公共科,修史地、理化等课程。1913年停办。

浙江清吏司 官署名。简称浙江司。(1)明清户部诸司之一。掌理浙江省钱粮收支数目。明洪武二十九年(1396)改浙江部置,设郎中、员外郎、主事等官。分置民科、度支科、金科、仓科等四科治事。兼理在京羽林右等七卫及神机营之俸饷。洪熙元年(1425)南京户部亦置,设官略同。清顺治元年(1644)沿置。设郎中、员外郎、主事及笔帖式、经承若干。分置民科、支科、金科、仓科、火房等机构办事。兼掌天下之民数、谷数及织造之奏销。光绪三十二年(1906)裁。(2)明清刑部诸司之一,掌理浙江省州名之事。明洪武二十九年(1396)改浙江部置,设郎中、员外郎、主事等官。兼掌崇府、中军都督府、广洋等八卫及两浙盐运司等处刑名之事。洪熙元年(1425)南京刑部亦置,设官略同,清顺治元年(1644)沿置。设郎中、员外郎、主事及经承若干人。兼理分办都察院、南城御史、杭州将军及乍浦副都统等处之文移。光绪三十二年(1906)裁。

浙江求是书院 即“求是书院”。

浙江全省铁路有限公司 商办企业。由浙省京官黄绍箕等及本地士绅倡议,于清光绪三十一年(1905)七月创设,经商部奏准立案。举汤寿潜为总理,刘锦藻为副总理,筹办全省铁路,主张专招华股,专任华人主持工程。曾与江苏铁路公司一起发起斗争,废止中英苏杭甬铁路草合同,收回自办。并抵制邮传部向英国贷款转借给浙、苏两路公司的变相卖路办法。于宣统元年(1909)六月修成沪杭甬铁路杭州枫泾段,全长123.92公里。1914年9月,北洋政府交通部向英国贷款收回杭嘉段为国有,公司随即撤销。

浙江省减赋全案 书名。清杨昌濬主编。十卷。同治年间清廷尝允许浙江省减赋,同治九年(1870)杨氏任浙江巡抚,乃辑录前后奏议、谕旨、公牍及各属原征细册、除减实征细册等成此编。为浙江财政史料。有同治浙江粮储道库刊本。

浙江四时潮候图 钱塘江全年四季昼、夜潮大小和时辰的潮汐表。北宋吕昌明编于至和三年

(1056)。由春秋、夏、冬三个分表组成。为五代赞宁提出的"钱塘江潮候口诀"的进一步发展。收录于《淳祐临安志》、《咸淳临安志》、《海塘录》等书。元末宣昭在杭做官时,将此潮汐表刻石于钱塘江岸六和塔附近的浙江亭壁,供渡江者参考,今石无存。

浙江通志　书名。有明嘉靖四十年(1561)胡宗宪纂修本、清康熙二十三年(1683)王国安纂修本,其中以清嵇曾筠等监修、李卫等编纂本最常见。此书二百八十卷。雍正十三年(1735)成书。分五十四门,较旧志增目十七。所引诸书,皆具列原文,标列出典,有见异辞者,又附加考证于下。虽过求赅备,但信尔有征,为清修省志之上乘。有乾隆刊本、光绪重刊本与民国影印本。

浙江同乡会　清末浙江学生社团。光绪二十八年十月(1902.11)成立于日本东京,设立调查、出版等部,以笃厚乡谊为宗旨。首批加入者为浙江籍留日学生百有一人。次年正月发刊《浙江潮》,宣传爱国救亡和地方自治。

浙江武备学堂　学校名。清光绪二十二年(1896)浙江巡抚廖寿丰在杭州设立。任伍兰荪、联豫为总办,聘日本军官为总教习,挑选省内防营中年在二十五岁以下、略识文字、身体健壮的哨长、营书、勇丁入学学习,分正科与速成科两科。正科修业期限三年,课程有战术、兵器、地形、筑城、代数、三角、测绘、日本语言文字、兵式操练,马术、器械、体操等技艺,及物理、化学、行伍须知、史地等;速成科修业一年,课程有战术、简易测图、筑城、数学、汉文、兵式操练及器械、体操等技艺。招生限额四十名。三十二年停办,改设浙江陆军小学堂。

浙江西道　唐方镇名。乾元元年(758)置浙江西道节度使,简称浙西节度使,治升州(治今江苏南京市),领升、润、宣、歙、饶、江、苏、常、杭、湖十州。旋徙治苏州(治今江苏苏州市),次年还治升州,上元二年(761)徙治宣州(治今安徽宣州市),罢领升州。大历元年(766)改为观察使,治苏州,罢领宣、歙二州。十四年与浙江东道观察使合并,建中元年(780)又分,二年复合,贞元三年(787)复分。治润州(治今江苏镇江市)。四年领润、苏、常、杭、湖、睦六州。元和二年(807)升为镇海军节度使。光化元年(898)移治杭州(治今浙江杭州市)。天祐以后辖境缩小。五代吴越仅领杭、湖、苏、秀四州。北宋淳化时改为宁海军节度使,不久废。

浙江西道节度使　见"浙江西道"。

浙江兴业银行　商办金融企业。浙江铁路公司发起,清光绪三十二年(1906)开办,股本初为一百万元。总行设杭州,上海等地设分行。开办时即有发行钞票权。

浙江银行　官商合办金融企业。清宣统元年(1909)开办,官商合股,总行设杭州,上海设分行。民国以后改组为浙江地方实业银行。

浙江中等工业学堂　学校名。清宣统三年(1911)浙江巡抚增韫在杭州设立。分设机械、机织、染色三科,并附艺徒班。另设浙江省立中等工业教员养成所,以培养工业学堂教师为目的,分金工、木工、机织、染色四班。1912年后改名浙江公立甲种工业学校。

浙江忠义录　书名。清杨昌濬等纂。三十卷(内续编二十卷)。咸丰三年(1853)起,太平军相继攻克浙江大部分地区,地主官僚蜂起顽抗。同治三年(1864)太平军失败后,浙江即设采访忠义总局,搜集当时奏稿、请恤事实册、私人行述和家传中浙人在本省和他省被杀者的资料,至七年编成十卷。同治八年至光绪元年(1875)又续编二十卷。其立传以职官、将弁、客将、团练、绅民、列女为次,无事迹可稽者统归于表。

浙派　明代绘画流派之一。以浙江人吕纪、林良、戴进为代表。多为供奉内廷之专职画家,工于笔墨技法,用笔谨严,但缺乏韵味。或称其富匠气而乏士气。

浙西　❶唐方镇名。浙江西道的简称。见"浙江西道"。❷路名。南宋两浙西路的简称。见"两浙西路"。

浙西路　南宋两浙西路的简称。见"两浙西路"。

浙西水利书　书名。明姚文灏著,三卷。文灏字秀夫,号鄱东野人,江西贵溪人。成化进士,官至湖广提学佥事。是书分"宋书"、"元书"、"今书",述苏、松、杭、嘉、湖地区水利事,"今书"详记弘治七年(1494)前后治理淞江经过。

浙西运河　见"江南河"。

浙源汇报　杂志名。清光绪三十一年四月(1905.5)在浙江金华创刊。半月刊。由《萃新报》、《东浙杂志》改易而来。张恭等主办。"以启发普通知识,渐求进步为宗旨"。鼓吹爱国救亡,实行君主立宪。内容多采辑各报章之新闻论说,力求"平和"。已知出版五期。

浙中发(髮)匪纪略　书名。清李应珏撰。不分卷。主要记咸丰八年(1858)至同治三年(1864)清军在浙江与太平军作战情况。对杭州、衢州、嘉兴、绍兴诸地重要战役,逐日记其始末,并论及清军用兵得失与设局抽厘筹饷等事,于清军军纪腐败,屡被乡民杀溃和太平军骁勇善战之情形,亦间有反映。资料多取自秦缃业《平浙纪略》。有光绪十七年(1891)刻本。

浙中英法战争纪略　书名。清李应珏撰。二篇。据《英夷入寇记》、《防海纪略》、《浙东筹防录》等有关资料编纂而成。分《英事纪略》和《法事纪略》。前者记第一次鸦片战争,后者记中法战争,均略述始末,但侧重浙中战事。北京图书馆藏有抄本。

橐皋　春秋吴邑。即今安徽巢湖市西北柘皋镇。《春秋》哀公十二年(前483):"公会吴于橐皋",即此。西汉置县。属九江郡。东汉废。唐为橐皋镇。其后讹"橐"为"拓",又讹为"柘"。

鹧鸪军　明阵法之一。成化二十年(1484),余子俊总督大同、宣府军务,以战车五百辆为一军,每车配士兵十人;车隙间补以鹿角。因迟重不可用,时人以此名讥之。

zhēn

贞丰里庚申见闻录 书名。清陶煦撰。二卷。咸丰十年(1860)太平军进攻贞丰里(即周庄古名,今属江苏昆山),陶氏与都司费玉成办团练顽抗。后据闻见成此编。详于贞丰里战事始末,兼及元和、吴江两县战事,对李秀成在苏州拙政园建王府事也有所记述。刊于光绪八年(1882)。

贞丰州 清雍正五年(1727)置永丰州,隶贵州南笼府。嘉庆二年(1797)改名贞丰,属兴义府。即今贵州贞丰县。

贞符 篇名。唐柳宗元著。作于元和三年(808)。专为反对谶纬迷信而作。认为人之初因生存争斗产生礼法与圣人君主,后世好怪之徒,陈怪物以为帝王受命之符,皆诡谲阔诞。指出"受命不于天,于其人;休符不于祥,于其仁"。载《柳河东集》。

贞妇 汉代为提倡封建礼教,褒奖妇女贞节而设立的名号。有的给予免除徭役的优待。《汉书·平帝纪》:"复贞妇,乡一人。"颜师古注:"乡一人,取其尤最者。"

贞观 年号。(1)唐太宗年号(627—649)。凡二十三年。(2)西夏崇宗年号(1101—1113)。凡十三年。

贞观宝钱 西夏国钱币。铜质,圆形方孔,西夏文字。铸于崇宗贞观年间。

贞观格 唐律令文书。贞观十一年(637)颁行。由房玄龄等根据武德、贞观以来颁行的敕格三千余件,斟酌今古,除烦去弊,定留七百条,编为十八卷。以尚书省诸曹(二十四司)为篇目名称(如《户部格》、《刑部格》等),总名为《贞观格》。已佚。此后唐历代诸帝皆沿此制。

贞观公私画史 书名。唐裴孝源撰。一卷。卷首有贞观十三年(639)自序。所记凡贞观以前存世之名画与可见之壁画。从三国魏高贵乡公起,终贞观十三年秘府、佛寺、私家所藏,共二百九十八幅,壁画四十七所。《四库全书总目提要》曾指明原序与书多有不符之处,但仍为"赏鉴家之祖本"。

贞观礼 书名。唐太宗时,中书令房玄龄、秘书监魏征与礼官、学士等,因隋之礼增以天子上陵、朝庙、养老、大射、讲武、读时令、纳皇后、皇太子入学、太常行陵、合朔、陈兵太社等,定著吉礼六十一篇、宾礼四篇、军礼二十篇、嘉礼四十二篇、凶礼十一篇,总一百三十八篇,分为一百卷。凡补周、隋所阙,增二十九条。余并准依古礼,旁求异代,择其善者而从之。已佚。

贞观令 唐律令文书。房玄龄等删定《武德令》而成。凡三十卷,一千五百九十条。贞观十一年(637)颁行。全文已佚。散见于《唐会要》、《通典》和新、旧《唐书》诸志者尚多。日本人仁井田陞《唐令拾遗》中亦辑有一些佚文。

贞观律 唐太宗时制定的刑律。贞观元年(627),太宗命长孙无忌、房玄龄等修改旧律,将旧法应处绞刑的罪行五十条改为免死、断右趾。后又采纳裴弘献等建议,改断趾法为加役流。减隋《开皇律》死刑为流刑者九十三条。共定律文五百条,分十二卷。十一年,颁行之。今存《唐律疏议》所载律文,基本上即其条文。

贞观氏族志 即"氏族志"。

贞观政要 书名。唐吴兢撰。十卷,四十篇。以君道、政体、任贤、纳谏等为题,分别采摘贞观年间太宗李世民同魏征等四十五位大臣的论政内容,歌颂太宗的德政与治术,并以此劝诫李唐后继人,"克遵前轨",永保唐朝基业。主要内容为治国方针、选贤任能、精简机构、申明法制、崇尚儒术、借鉴历史经验、调整社会关系等。同时强调统治阶级"内省",诸如谦逊谨慎、防止奢惰等。论述深刻具体,史料价值较高,多为两《唐书》、《资治通鉴》取资。今存国内外古写本二十种,刻本十余种。1978年上海古籍出版社出版点校本。

贞观之治 唐贞观时,太宗君臣以隋亡为鉴,孜孜求治。国家重新统一,继续实行均田制、租庸调制、府兵制、科举制和三省六部制。修订律令,健全法治,改善吏治,减轻赋役,人民生产、生活条件有所改善。名臣房玄龄、杜如晦、魏征、王珪、李靖、李勣、戴胄、马周、长孙无忌等悉心辅政直谏,太宗励精求治,纳谏蔚成风气,致使政治清明,经济复苏,户口增加,社会安定,民族关系缓和,中外友好往来增多。史载贞观四年(630)"天下大稔,流散者咸归乡里,米斗不过三四钱,终岁断死刑才二十九人"。"民物蕃息","号称太平",故旧史家誉为"贞观之治"。贞观后期,太宗逐渐骄奢,厌烦谏诤,又因连年征战,赋役加重,国家治理情况不如前期。

贞惠公主墓碑 古墓碑。贞惠公主为唐时渤海文王大钦茂次女。生于开元二十六年(738),死于大历十二年(777)。该墓为方形石室墓,属敦化六顶山渤海墓群,在今吉林敦化城南约5公里处。1949年在墓甬道内发现该墓碑,阴刻汉字楷书,计七百二十五字,记述墓主生平事迹。立于渤海宝历七年(780)。书法、雕技皆仿唐制。对研究渤海历史、文化颇有参考价值。

贞陵 唐宣宗李忱墓。大中十三年(859)宣宗卒,咸通元年(860)葬此陵。在今陕西泾阳西北六十里仲山。制度如乾陵,惟石刻稍见卑小,规模仅逊于昭陵。

贞陵遗事 书名。唐令狐澄撰。澄,懿宗乾符中累官中书舍人。二卷。记述宣宗十七事。已佚。《资治通鉴考异》有征引。

贞明 年号。(1)南诏大封民国文武帝隆舜年号(878—?)。(2)五代后梁末帝年号(915—921)。凡七年。

贞人 史官名。商代置,掌用龟占卜。甲骨卜辞中"贞"上一字,即是贞人之名。贞人之名常被用作甲骨卜辞分期的重要标准。

贞松老人遗稿 书名。近人罗振玉撰。三集。收入罗氏生前已刊、未刊著述十五种并附录数种。

甲集收自传《集蓼编》等,附录《家传》、《行述》、《著作总目》。乙集收《大云书库藏书题识》等。丙集收《松翁賸稿》、《宸翰楼所藏书画目录》。1941 年后相继印行。

贞素(?—828) 唐时渤海僧人。元和八年(813)入唐学佛,以应公为师。与日本留唐学问僧灵仙交谊甚厚。宝历元年(825,日本天长二年),返渤海,是年冬随高承祖出使日本。次年回国,日本以百金托寄灵仙。宝历三年,随渤海贺正使入唐,闻灵仙遇害,哭赠以诗。次年回渤海,船沉溺死。

贞素斋文集 书名。元舒頔撰。八卷。頔字道原,别号贞素,绩溪(今属安徽)人。顺帝至元三年(1337)为贵池教谕,秩满调丹徒,至正十年(1350)归隐山中,明初屡召不出。平生著作数十卷,俱散佚。此集乃其七世孙旭、八世孙孔昭等辑,明嘉靖十九年(1540)绩溪知县赵春刊。凡文三卷,诗三卷,附录俞希鲁、唐仲实等所作铭、记数篇为一卷,其弟远、逊遗诗《北庄遗稿》、《可庵搜枯集》一卷。今传世者多为抄本。通行有清道光十八年(1838)绩溪胡培翚刊本,编次与明刻本稍异,并增补遗文数篇。

贞威将军 官名。南朝梁置,天监七年(508)定为武职二十四班中的八班,大通三年(529)后班阶稍降,为武职三十四班中的十班,陈定为拟七品,比秩六百石。

贞孝公主墓碑 古墓碑。贞孝公主为唐时渤海文王大钦茂四女。生于唐至德二载(757),死于贞元八年(792)。该墓为墓塔葬,属和龙龙头山渤海墓群,在今吉林和龙市东北约 25 公里处。1980 年在墓甬道内发现该墓碑,阴刻汉字楷书,计七百二十八字,并发现五壁壁画等,内容、书法、画风皆仿唐制,壁画为渤海画首次发现。对研究渤海历史、文化颇有参考价值。

贞一先生 即“司马承祯”。

贞毅将军 官名。南朝梁置,天监七年(508)定为武职二十四班中的十四班,与轻车将军同班,代旧“辅国将军”。大通三年(529)后,为武职三十四班中的二十四班,陈定为拟五品,比秩千石。梁将军加大者最低为此职,陈时其下还有明威将军,凡加大者,通进一阶。

贞祐 年号。(1)南诏大长和国肃文帝郑仁旻年号。上承安和。(2)金宣宗年号(1213—1217)。凡五年。

贞祐宝券 金钞币。贞祐三年(1215)七月,改旧交钞为贞祐宝券,分二十贯、一百贯、二百贯、一千贯四种。数月后为贞祐通宝代替。

贞祐通宝 金铜钱。宣宗兴定元年(1217)二月铸造行用。一贯当“贞祐宝券”千贯。四贯当银一两。后低落至八百贯当银一两。

贞元 年号。(1)唐德宗年号(785—805)。凡二十一年。(2)金海陵王年号(1153—1156)。凡四年。

针博士 官名。唐代太常寺太医署置一人,从八品上,掌以针灸之术教授针生。

针刺术 古代兽医特有的一种外治疗法。春秋战国以来,此术有所发展。相传秦穆公时著名相马家孙阳(伯乐),不仅善相马,且善于治马病,通晓马明堂针穴。《内经》中所述针刺已不限于微针,“九针”中之镵针为兽医所专用。唐针刺技术取得引人瞩目成就,《伯乐针经》已提到穴位名七十七个,针刺点一百七十一个及“看病深浅,补泻相应”治疗原则与针刺手法。同时,指出各种针具之适应症和适用穴位。到明清时,兽医针灸已有理论上之总结,针灸穴位扩充至三百六十个,还出现了较先进之“火针法”。针刺疗法并开始应用于治疗鸡、鸭、鹅等家禽瘟病。对人类则为针和灸之术。

针工局 官署名。明宦官二十四衙门之一。洪武十二年(1379)置。十七年,更定宦官品职,定设大使一人,正九品;副使一人,从九品。二十八年改大使正五品,左、右副使各一人,从五品。后渐改置掌印太监一人,管理、佥书、掌司、监工无定员。掌造宫中内使衣服之事。

针经 亦称针谱、针路簿等。应用指南针导航的手册。一般认为系由原始航海手册更路簿经舟师整理补充后形成。除针位更路外,还有关于气象方面的内容。北宋朱彧《萍洲可谈》卷下:“舟师识地理,夜则观星,昼则观日,阴晦观指南针。”主要针经有《渡海方程》、《海道针经》、《顺风相送》、《东西洋考》、《指南正法》等。

针灸 针灸疗法的简称。中国传统医学的一种治病方法。由针刺法和艾灸法组成。针刺法是用金属制成的针,运用手法,刺入身体一定穴位。灸法是用艾绒搓成艾条或艾炷,点燃以温灼穴位的皮肤表面。两者均是通过刺激经络穴位,达到防病治病目的。在治疗中常配合使用,故合称为针灸。是中国医学中重要学科之一。

针灸大成 书名。又名《针灸大全》。明杨继洲撰,靳贤校正。十卷。初刊于万历二十九年(1601)。本书是杨氏在家传《卫生针灸玄机秘要》基础上,搜集二十余种有关资料增辑而成。卷一论述针灸源流;卷二、三为针灸歌赋;卷四为针法;卷五为十二经井穴、五俞穴、子午流注、灵龟八法;卷六、七为十四经脉及十四经穴、经外奇穴、针刺深浅、主治病证等;卷八为诸证治法,论述内、外、妇、儿、五官等各科常见病针灸治疗;卷九为治证总要及东垣针法;卷十为陈氏小儿按摩经。此书总结了明代以前针灸学成就,内容系统而丰富,是一部重要的针灸学专著。现存各种版本五十余种。1973 年人民卫生出版社出版铅印本。

针灸大全 书名。明徐凤著。六卷。成书于正统四年(1439)。系综合性的针灸学著作。卷一为针灸穴位、经脉、宜忌及治疗歌赋二十二首;卷二为《标幽赋》的全文及注释;卷三首载周身折量、寸法及全身各部经穴位置七言诗;卷四为十二经脉、奇经八脉、各种病证的主治穴位及有关手法;卷五记载了徐氏本人的《金针赋》及子午流注针法,烧山火、透天凉等针刺手法;卷六为点穴、艾炷、壮数、避忌、灸疮保养、要穴取法及经穴别名等。现存明清刊本,1958

年人民卫生出版社出版排印本。

针灸甲乙经 书名。原名《黄帝三部针灸甲乙经》,简称《甲乙经》。魏晋间皇甫谧著。十二卷,一百二十八篇。系《素问》、《针经》和《明堂孔穴针灸治要》三书的分类合编。前六卷论脏腑、经络、俞穴、诊法与病机;后六卷各论病证及针灸法,如论六经伤寒热、五脏寒热、头痛、痹、痫及五官咽喉和小儿病。唐时定为儒生必读之书。传入日本后,亦为医校主要用书。为现存最早而完整的针灸学著作,对后世针灸学的发展起到一定作用。现被国际针灸经络穴位委员会列为必读之参考书。

针灸聚英 书名。又名《针灸聚英发挥》。明高武撰。四卷。初刊于嘉靖八年(1529)。卷一论五脏六腑,仰伏人尺寸、手足阴阳流注、十二经脉、奇经八脉及其所属经穴的循行及主病,并附有经脉经穴图;卷二为骑竹马法、四花穴、灸痨穴、窦氏八穴、子午流注等各家取穴方法;卷三为煮针、火针、温针、折针、艾炷、灸疮、禁忌等针法;卷四为要穴歌、经脉歌、针灸临床主治歌赋、针灸补泻手法歌及针灸禁忌歌等。汇集了明以前针灸文献的理论与治疗经验,并记载了作者的学术见解,是一部重要的针灸专著。现有明刻本及日本复刻本。

针灸俞穴铜人像 见"针灸铜人"。

针灸铜人 古代中医用针灸模型。北宋仁宗天圣五年(1027)医官王惟一编写《铜人俞穴针灸图经》,并在医官院主持监制铜质人体模型,刻有经脉俞穴,以供教授与学习辨认俞穴用。此后各代亦有制造。现南京藏有明正统八年(1443)所铸针灸模型,称"针灸俞穴铜人像"。该铜人高188.5厘米,肩宽57.9厘米,体空,重114.5公斤,全身六百六十六处穴位孔。

针灸问对 书名。又名《针灸问答》。明汪机著。三卷。成书于嘉靖九年(1530)。以问答形式,对于针灸疗法的演变、阴阳、气血、经络、要穴、病因、病理、诊法、针刺手法及经穴流注等,均作了较详细的解释。此书依据《内经》、《难经》,扼要总结了针灸学中的一些基本问题,具有一定的参考价值。原书收入作者自著的《汪氏医学丛书》,近代有单独刊行的石刻本和排印本。

针灸资生经 书名。宋王执中撰。七卷。执中,字叔权,瑞安(今属浙江)人。成书于乾道元年(1165)。卷一分部论头胸腹之腧穴,分经论四肢之腧穴,载三百六十穴,附四十六图;卷二论针灸法,以灸法为多,明确提出同身寸;卷三至七论述各证取穴与施治,载一百九十三种取穴法与配方。本书集宋以前针灸疗法之大成,是一部因证取穴、内容丰富的临床针灸专著。初刊于嘉定十三年(1220)。现存元、明刊本及日本刊本。

针路 航海术语。明清时期,指南针成为导航的主要仪器。《松江府志》:"进某澳,转某门,以至开洋,避礁避浅,皆以针定。"故航线称之为针路,而记录针路的专书则称针经,亦叫针谱、针路簿等。

针盘 一种测定磁方位的仪器。由磁针和方位盘组成。方位盘方形或圆形,上列二十四个方位。又称罗盘、罗经盘、地螺。宋曾三异《因话录》最早记述"地罗"一词,吴自牧《梦粱录》述及航海中"风雨冥晦,惟凭针盘而行"。可见针盘始于南宋年间。从用途言,有堪舆罗盘,有航海罗盘;从磁针安装方式言,有水罗盘,有旱罗盘。水罗盘是让指针及其支承物浮于水面,早期针盘多为水罗盘。旱罗盘是将磁针直接安装在方位盘中央,因无水而可以随意放置,使用方便。1985年江西临川发掘宋庆元四年(1198)一墓葬,内有"张仙人"瓷俑一具,该俑左手抱一旱罗盘,为堪舆使用。清代将罗盘安装在常平支架或陀螺(古称"被中香炉")上,便于各种目的使用。在《皇朝礼器图式》卷三中画有各种陀螺罗盘图。

针生 唐太常寺太医署学习针灸的生员。以针博士教之。其考课、录用同于国子监生徒。

针师 吏职名。唐太常寺太医署置十人,针工二十人。为以针灸治病的医务人员。

珍宝数珠 书名。蒙古文历史著作。清喀尔喀人噶勒丹协理台吉撰。道光二十一年(1841)成书。内容为佛教起源及传布、蒙古简史,记述喀尔喀部事较详。书中利用了很多满文和蒙文文档资料。1883年,俄国波兹德涅夫曾将此书清代部分加注,在圣彼得堡出版。1960年,蒙古国乌兰巴托出版有那孙巴勒珠尔合校本。

珍妃(1876—1900) 清光绪帝妃。满洲镶红旗人,他他拉氏。侍郎长叙之女。光绪十四年(1888)被选为珍嫔。聪明,有才学,得宠于光绪帝,进珍妃。二十四年,支持变法,助光绪帝理朝政。遭慈禧太后忌恨。戊戌政变猝发,密谏急派太监聂八十、寇连才出宫给维新派传递消息。旋被圈禁。二十六年,八国联军陷北京,慈禧太后出逃时,命太监崔玉贵将其推入井中溺死。

珍羞署 官署名。唐垂拱元年(685)改原肴藏署置。设令一人,丞二人,典书、饧匠若干人。掌供祭祀、朝会、宾客所用之物。神龙元年(705)复名肴藏署。玄宗开元元年(713)再复原称。宋置而未设官。明洪武八年(1375)置,隶光禄司。三十年改隶光禄寺。设置令一人,丞一人,监事一人,洪熙元年(1425)南京光禄寺亦置,设官略同。掌供宫廷膳肴之事。清顺治元年(1644)设置。设署正满、汉各一人,署丞满洲一人,满笔帖式五人,经丞一人。掌供备禽、兔及鱼物,大祭祀预备应用器皿,并总办筵席及供应官员食物等事。十八年改隶礼部。康熙十年(1671)复属光禄寺。光绪三十二年(1906)随光禄寺并归礼部。

珍珠囊药性赋 书名。又名《雷公药性赋》、《珍珠囊指掌补遗药性赋》。原题金李杲撰。实为多种不同时期同类著作的合编。卷数不一,流行较广的为四卷本。主要内容为将四百余种药物的临床应用、药性、剂型、炮制、禁忌等编成歌赋,并附注释。明代以后为习医药者广泛采用。有多种刊本。1956年上海卫生出版社出版铅印本。

浈水 ❶《汉书·地理志》浈水即今广东北江支

流滃江。❷即今广东北江东源浈江。北宋蒋之奇《浈水》诗："城东浈水碧渊洄，杨仆楼船向北来。"所指为今浈江。

浈阳县　西汉置。因处浈水之阳得名。治今广东英德市东大站。历属桂阳郡、始兴郡。南朝宋泰始三年(467)改作贞阳县。隋开皇十六年(596)省入曲江县。唐复置为浈阳县，并移治今英德市。五代南汉于县置英州。宋作真阳县。北宋为英州治。南宋为英德府治。元省入英德州。

真　官场用语。指真除实授。汉代官吏有真、守之分。官吏由守(代理)转正曰真。后世如北齐等沿用。亦指行、兼或领某职的官员得到朝廷的正式除授。

真臣邦君公　亦作臣邦真戎君长。战国时秦国对少数民族首领的称谓。真，谓纯少数民族血统。《睡虎地秦墓竹简·法律答问》："真臣邦君公有罪，致耐罪以上，令赎。"

真大道教　道教派别之一。金初东岳真人刘德仁创立。初名大道教。元宪宗时五祖郦希诚掌教，改名真大道教。以无为清静为宗，真常慈俭为宝。不务化缘，日用衣食皆耕桑自办。道徒出家在家不必拘束。亦不言"飞升化炼"、"长生久视"之事。元世祖至元五年(1268)授九祖张清志"演教大宗师、凝神冲妙玄应真人"。元中叶以后渐趋衰落。

真德秀(1178—1235)　南宋建州浦城(今属福建)人，字景元，改为希元，号西山，世称西山先生。一说原姓慎，因避孝宗赵眘讳改。庆元进士，开禧元年(1205)中博学宏词科。历江东转运副使，知泉州、潭州、福州，所至有政声。端平元年(1234)入为翰林学士，次年拜参知政事。于时政多所建言，奏疏不下数十万字，卒谥文忠。学宗朱熹，尝言"三纲五常，扶持宇宙之栋干，奠安生民之柱石。"曾修《大学衍义》，自谓此书可作《大学章句》之辅佐。庆元党禁后，程朱理学得以复盛，多出其力。著作有《真文忠公集》。

真谛　❶(Paramārtha，499—569)音译波罗末陀，一名拘罗那陀(Kulanātha)，意译"亲依"。古印度西部优禅尼国僧人。应南朝梁武帝邀请，于中大同元年(546)，携带经论梵本二百四十夹来华，到达南海(治今广东广州)，随即北上，沿途停留。太清二年(548)抵建康(今江苏南京)，深受礼敬。后因战乱，辗转游历今苏、浙、赣、闽、广等地，虽流徙不定，但仍随方翻译讲习，未尝中止。自梁武帝末至陈宣帝初二十余年间，共译经论疏记等四十九部，一百四十二卷，现存二十六部，八十七卷。弘扬瑜珈学派无著和世亲的学说，尤以《摄大乘论》的译本(本论三卷，释论十二卷)，对传播大乘有宗思想有较大影响。为当时著名的佛学翻译家和义学大师。❷佛学概念。指真实不虚之道理，与俗缔(世缔)对称，合称二缔。

真定府　五代唐同光元年(923)升镇州置。治真定县(今正定县)。宋辖境相当今河北石家庄、正定、鹿泉、井陉、栾城、元氏、藁城、灵寿、行唐、平山、阜平等市、县地。宋、金时为河北西路治。元改为路。明洪武元年(1368)复为府。先后属河南、山东、北平等省。永乐后直隶京师。辖境东部扩大至今定州、晋州、深州、饶阳、武邑、枣强等市、县，南部扩大至今临城、隆尧、南宫等市、县。清雍正元年(1723)改为正定府。

真定府路　北宋庆历八年(1048)所置河北四安抚使路之一。治真定府(治今河北正定县)。领真定府，邢、洺、相、赵、磁六州兵马。辖境相当今河北阜平、行唐、藁城、宁晋、广宗、邱县、肥乡、临漳等市、县以西地区及河南安阳、鹤壁、林州、汤阴等市、县。金废。

真定国　西汉元鼎三年(前114)分常山郡三万户置。治真定县(今正定县南)。辖境相当今河北石家庄、正定、藁城等市、县及鹿泉市东北部分地。地节三年(前67)，割西北部地属常山郡，辖境缩小。东汉建武十三年(37)废入常山国。

真定路　元改真定府置。治真定县(今正定县)。属中书省。辖境相当今河北阜平、灵寿、新乐、定州、蠡县等市、县以南(除安国市、深泽县、辛集市外)，沙河、广宗、南宫等市、县以北，饶阳、武邑、枣强等县以西地区。明洪武元年(1368)复改为府。

真定县　西汉高帝十一年(前196)以东垣县改名，治今河北正定县南。唐初移治今正定县。载初元年(689)改为中山县，神龙元年(705)复为真定县。历为真定国、常山郡、恒山郡、恒州、镇州、真定府及真定路治所。清改为正定。

真二千石　汉代官吏秩位。次于中二千石，高于二千石。银印青绶。《史记·汲郑列传》裴骃集解引如淳曰："诸侯王相在郡守上，秩真二千石。《律》：真二千石，俸月二万。"此乃以钱计俸。有时亦以谷计俸。《汉书·汲黯传》颜师古注引如淳曰："《律》，真二千石，月得百五十斛，岁凡得千八百石耳。"东汉半钱半谷，偶有变动。

真番郡　西汉元封三年(前108)灭朝鲜以南的真番国置。治霅县(疑即今朝鲜汉城)。辖境略当今朝鲜黄海北道南部、黄海南道及京畿道北部。始元五年(前82)废，北部并入乐浪郡，为南部都尉辖地。

真符县　唐开元十八年(730)置华阳县，天宝三载(744)废。八载，王鉷开清水谷路复置，因凿山得玉册，改名真符县(《元和郡县志》)。治梨园(今陕西洋县北)。属京兆府。十一载，移治桑坪店(今洋县北华阳镇)，以路远改属洋川郡。乾元以后属洋州。北宋乾德四年(966)移治今洋县东真符村。蒙古至元二年(1265)废。

真诰　道书名。南朝梁陶弘景编。二十卷。传为神仙授"真人"诰谕，故名。内容皆言仙真授受真诀事项，兼及药物、导引、按摩之术及修炼方法。其中《甄命授》、《协昌期》、《阐幽微》诸篇，将佛教戒律及地狱托生之说引入道教。文体杂陈，或诗歌，或问答，或谕戒，保存了若干道教史和科技史资料。收入《道藏》六百三十七至六百四十册。

真哥(？—1327)　元弘吉剌氏。武宗皇后。脱怜子进不剌女。至大三年(1310)，立为后。谥宣慈惠圣皇后。

真光杂志 杂志名。清光绪二十八年(1902)在广州创刊。月刊。基督教东山浸信会主办,张亦镜主编。宣传基督教义和资产阶级自由。后迁上海出版。

真皇 即宋真宗。参见"真庙"。

真教寺 又名凤凰寺。中国伊斯兰教古寺之一。在浙江杭州。始建于唐,毁于宋,元至元十八年(1281)回回大师*阿老瓦丁重建。今仅存大殿,全用砖砌,不用木架,顶作穹隆式,故称无梁殿。壁画雕刻精美,为伊斯兰教风格。寺内存有阿拉伯文碑十一块,还有明永乐、弘治敕谕碑及清顺治、康熙年间重修寺碑。

真金(1243—1286) 元世祖第二子,察必皇后所生。少从姚枢、窦默习儒学。中统三年(1262),封燕王,守中书令。四年,兼判枢密院事。至元十年(1273),立为皇太子。十六年,参决朝政。凡中书省、枢密院、御史台及百司政事皆先启禀皇太子,然后奏闻皇帝。曾面斥阿合马奸恶。后为世祖所疑,忧病而死。子三人:甘麻剌、答剌麻八剌、铁穆耳(成宗)。成宗时上庙号裕宗。

真觉寺金刚宝座塔 真觉寺又称五塔寺,在今北京市北京动物园北。明永乐初始建,成化九年(1473)建成。清乾隆二十六年(1761)重修,改称大正觉寺。寺内殿宇已毁,唯存五塔。仿照中印度佛陀伽耶寺塔,内砌砖,外甃石,底座为石台,内有阶梯可盘旋而上至石台之顶。周身刻有梵文佛经、建塔事迹及狮、象、马、孔雀、人首鸟身等迦楼罗纹饰。是佛教中金刚界五佛之塔。现为全国重点文物保护单位。

真腊 古国名。或称吉蔑。即今柬埔寨。本扶南属国。唐贞观初,灭扶南。都伊奢那城。俗信佛教,民务农。至圣历中,数遣使通好于唐。神龙后,分为*水真腊与陆真腊两部。后臣属于室利佛逝的夏连特拉王朝。贞元十八年(802)独立,重新统一,定都吴哥,史称吴哥王朝。元人周达观《真腊风土记》载此国于十三世纪时自称甘孛智,《明史·真腊传》则载此国于万历后改称柬埔寨。二者乃同名异译。

真腊风土记 书名。元周达观撰。一卷。达观,字草庭,温州永嘉(今属浙江)人。元贞元年(1295)达观随元使赴真腊(今柬埔寨),大德元年(1297)返国,因记所见闻,撰成此书。内容包括城郭宫室、人物风俗、山川物产、饮食器用等方面,共四十条,记载颇翔实。记中之都城,即今柬埔寨吴哥窟。中华书局1981年出版校注本。

真理的入门 书名。又作《真理的献礼》。维吾尔族盲诗人阿合买提·尤那克著。约于十三世纪初用喀什噶尔语写成。形式为歌诗体,格律严谨。内容为宣扬道德规范,也杂有伊斯兰教思想。有三种抄本传世,即:撒马尔罕甲本,用回鹘文,抄成于1444年;伊斯坦布尔乙本,是回鹘文与阿拉伯字母的维吾尔文的合璧本,抄成于1480年;伊斯坦布尔丙本,用阿拉伯字母的维吾尔文,抄成时间不详。1981年新疆人民出版社出版汉译本。

真灵位业图 道教经书名。全称《洞玄灵宝真灵位业图》。南朝梁陶弘景撰。一卷。书中按七阶排列道教诸神仙,每阶设有中、左、右各位。其中位次序为:元始天尊、玉宸道君、金阙帝君、太上老君、九宫尚书、定录真君、酆都大帝等。

真庙 北宋皇帝赵恒庙号真宗,宋人亦以真庙称真宗,有时亦称真皇、真祖。

真宁县 唐天宝元年(742)因获玉真人像二十七,以罗川县改名(《新唐志·地理志》)。治今甘肃正宁县西南罗川。属彭原郡,乾元后属宁州。明万历二十九年(1601)改属庆阳府。清乾隆间改为正宁县。1958年并入宁县,1961年复置,移今治(山河镇)。

真人 道家指"得道"或"成仙"的人。始见《庄子·天下》:"关尹、老聃乎,古之博大真人哉!"《楚辞·九思·哀岁》:"随真人兮翱翔。"王逸注:"真人,仙人也。"唐玄宗天宝元年(742)诏封赠庄子为南华真人,文子为通玄真人,列子为冲虚真人。

真如 佛教名词。梵文 Tathatā 或 Bhūtatathatā 的意译。亦称如、如如。"真实如是"(《大乘止观法门》)之谓。佛教学者称之为真实不变的精神性本体,认为除此之外的一切事物均属变动不居的假相。《成唯识论》卷九:"'真'谓真实,显非虚妄;'如'谓如常,表无变易。谓此真实,于一切位,常如其性,故曰真如。"佛教各宗派从不同角度把它与"性空"、"实相"、"佛性"、"佛心"、"法界"等视为同义。

真数 相对于假数(即对数)而言的数。始见于《数理精蕴》下编卷三十八"对数比例"。设 a 是个不等于1的正数,即 $a>0$,且 $a\neq1$。若 $a^P=b$,则称 P 为 b 的以 a 为底的对数;而称 b 为 P 的以 a 为底的真数。记作 $P=\mathrm{Log}a^b$。

真王 年号。(1)北魏时破六韩拔陵年号(523—525)。凡三年。(2)北魏时杜洛周年号(525—528)。凡四年。

真相 ❶又译宰生,或称三温台吉。明代蒙古土默特部人。丙兔子。万历十七年(1589)袭父指挥同知之职,在山西水泉营与明互市。随父入青海,住莽剌川(今青海贵南),与火落赤经常袭扰明朝河、洮、岷一带州城,被明视为边患。❷官场用语。宋代称同平章事、尚书左仆射、尚书右仆射等实际宰相为真相,以与使相相区别。

真兴 夏赫连勃勃年号(419—425)。凡七年。

真言五祖像 画名。唐李真作。五祖即金刚智、善无畏、不空金刚(大广智)、惠果、一行等真言宗祖师。现存日本京都教王护国寺。

真言宗 即"密宗"。

真源县 本谷阳县。唐乾封元年(666)高宗以玄元皇帝老子生于此,改为真源县。治今河南鹿邑县。属亳州。载初元年(689)改为仙源县。神龙初复旧名。北宋大中祥符七年(1014)改名卫真县。

真藏 中医术语。一名*五藏真气。《素问·阴阳别论》谓，真藏属阴，胃气属阳。阴阳相得则生；独阴不欲人见，见则必死。

真州　北宋大中祥符六年(1013)升建安军置，治扬子县(今江苏仪征市)。属淮南东路。辖境相当今江苏仪征、六合等市、县地。两宋时，州临江滨，处东南水运冲要，为江、淮、两浙、荆湖等路发运使驻所，繁盛过于扬州。元至元十四年(1277)升为真州路。二十一年复为真州，隶扬州路。明洪武二年(1369)改为仪真县。

真州长官司　土司名。明洪武十七年(1384)置。以元珍州思宁等处长官司蛮夷总管郑氏后裔郑瑚为长官，隶播州宣慰使司(治今贵州遵义市)，属贵州都指挥使司。二十七年改属四川布政使司。累传至郑葵，不附播州宣慰使杨应龙之乱，于万历二十八年(1600)以千人从军为向导，助明军定播州。事平，改置真安州，设流官，以郑葵为土同知。清初裁袭。居民主要有杨保，也有仡佬族、苗族。

真珠河　又称质河。即今吉尔吉斯斯坦锡尔河上流纳伦河。杜环《经行记》："真珠河，一名质河，并西北流。"

真珠毗伽可汗(？—645)　薛延陀汗国建立者。姓壹利咄氏，名夷男。乙失钵俟斤之子或孙。原属东突厥。唐贞观元年(627)率回纥等九姓反叛，颉利遣欲谷设、突利、阿史那社尔先后讨之，尽为所败。三年，太宗遣使间道册之为真珠毗伽可汗，约以南北合击颉利。次年，共灭东突厥，遂尽有漠北，创立薛延陀汗国。建庭突厥故牙郁督军山，东至靺鞨，西邻西突厥，南接大碛，回纥、同罗、车鼻施、奚、契丹等部悉归附，国势强盛。以嫡子拔灼、庶子曳莽分统东西部，太宗皆册为小可汗。十三年，阿史那思摩率突厥至漠南，薛延陀欲讨击，太宗不许，约以大碛分界，以北属薛延陀，以南属思摩。十四年请婚于唐，又未许。十五年太宗东巡，他乘间破思摩，唐遣李勣往救，败薛延陀军。十六年遣使谢罪，复求和亲。十七年唐许妻以新兴公主而厚索羊马以为聘礼。属国多叛，国势乃衰。

真珠叶护可汗(？—659)　唐时西突厥可汗。名颉苾达度设。咄陆可汗子。永徽四年(653)嗣位，号真珠叶护。遣使通唐。与五弩失毕击阿史那贺鲁，破其牙帐。六年，丰州都督元礼臣奉诏持节前往册封，至碎叶城，阻于阿史那贺鲁而返。显庆二年(657)唐击贺鲁，他自西应之，复得弩失毕地。四年，为阿史那弥射击斩于双河。

真祖　即宋真宗。参见"真庙"。

真罪　法律用语。指实犯罪行。《睡虎地秦墓竹简·法律答问》："诬人盗值廿，未断，又有它盗，值百，乃后觉，当并赃以论，且行真罪，又以诬人论？当赀二甲一盾。"

桢林县　西汉置。治今内蒙古准格尔旗西南。属上郡。东汉末废。

桢陵县　西汉置。治今内蒙古清水河县西北黄河东岸。为云中郡西部都尉治。东汉改名箕陵县，末年废。

砧基簿　田产底帐。宋代绍兴经界法规定，人户砧基簿由各户自造，图画田形坵段，标明亩步四至、原系祖产抑或典卖，赴县印押讫，用为凭证。各县亦置砧基簿，以乡为单位，每乡一册，共三本，县、州、转运司各藏一本。人户典卖田产，须各赍砧基簿及契书赴县对行批凿，有契书而不上砧基簿者无效。

禎明　南朝陈后主年号(587—589)。共三年。

斟灌　灌又作戈。夏诸侯。姒姓。后羿取代夏政，夏后相迁帝丘(今河南濮阳西南)，斟灌与斟鄩共助相。后羿臣寒浞杀后羿，浞使子浇帅师灭之(《左传·襄公四年》)。故地在今山东寿光。

斟让辇真监藏　即"辇真监藏"。

斟县　西汉置。治今山东潍坊市东南。属北海郡。东汉废。

斟寻　寻亦作鄩(《左传》哀公元年)。夏代都城之一。在今河南巩义市境。《史记·夏本纪》张守节正义引《汲冢古文》："太康居斟寻，羿亦居之，桀又居之"，即此。《汉书·地理志》北海郡平寿县注引应劭曰，在汉之平寿县(今山东潍坊市西南)。《夏本纪》张守节正义引臣瓒曰"斟寻在河南，盖后迁北海也"。

斟鄩　斟又作㪷，鄩又作寻、𨺚。夏诸侯。姒姓。后羿取代夏政，夏后相迁帝丘(今河南濮阳西南)，斟鄩与斟灌共助相。后羿臣寒浞杀后羿，浞使子浇帅师灭之(《左传·襄公四年》)。故地在今河南巩义西南，一说山东潍坊西南。

甄宝车　隋济北(治今山东东阿西北)人。大业九年(613)聚众起义，有众万余，进攻城邑。十三年于嶲山(在今山东东阿)为隋将高毗击败。

甄琛(452—524)　北魏中山毋极(今河北无极西)人，字思伯。太和初，为中书博士，迁谏议大夫。宣武帝时，任中散大夫，兼御史中尉。上表求弛盐禁，从之。参八座议事。迁侍中，却不能绳纠权贵。曾附贵宠赵脩。脩死，被劾免归本郡。后复除散骑常侍，领给事黄门侍郎，定州大中正。甚见亲宠，委以门下庶事。迁河南尹。奏以羽林为游军，于诸坊巷司察盗贼，为后世所宗。出为营州刺史。后复拜侍中。

甄城县　秦置。治今山东鄄城县北旧城集。属东郡。西汉改为鄄城县。

甄翟儿　隋人。魏刁儿起义军将领。大业十二年(616)，拥众十余万攻太原，破隋军，击杀隋将潘长文。旋与李渊军大战，困渊众于雀鼠谷(今山西介休西南)，李世民率兵救援，义军遂败。

甄丰(？—10)　西汉末年人。哀帝末为左将军光禄勋。平帝立，以定策安宗庙封广阳侯，为少傅。助王莽定制度，议立"安汉"、"宰衡"名号等。莽居摄，为太阿右拂大司空。因畏汉宗室反对，不欲莽称帝，被贬为更始将军、广新公。始建国二年(10)其子寻作符命遭莽追捕，乃自杀。

甄官令　官名。东汉将作大匠所属有前、后、中甄官令、丞。晋少府属官有甄官署令，掌供砖瓦石器陶瓷等事。南朝宋、齐有东、西陶官，瓦署督令各一人。梁、陈仍置甄官令、丞。北齐太府寺有甄官署，署有令，位从九品上，有丞。又别领石窟丞。西魏恭帝三年(556)依《周礼》建六官，冬官司空府有陶工中士一人，正二命；陶工下士一人，正一命，掌为簠彝簠簋等器。北周因之。隋代置员二人，从八品；唐代沿置一人，从八品下。宋代存其名而罕除授。金代复置，从六品。

甄官署 官署名。掌供砖瓦石器陶瓷等事，设令、丞为长贰。西晋隶少府，东晋并归丹扬尹，南朝复隶少府。北齐隶太府寺，兼领石窟丞。隋初因之，设令二员、丞四员。大业三年(607)改隶将作监。唐代设令、丞各一员，又置监作、典事等属官。宋代存其名而不设官。金代复置，设令、丞、直长等官，隶工部。

甄邯(？—12) 西汉末年人。平帝时为侍中奉车都尉，封承阳侯，后迁轻车将军。得王莽亲信。为莽褒扬功德，助定制度。居摄二年(7)翟义起兵反莽，被任为大将军，领天下兵屯卫京师。及莽称帝，拜大司马，封承新公。

甄皇后(182—221) 三国时中山毋极(今河北无极西)人。甄邯之后。其家世吏二千石。东汉建安中嫁袁绍子熙。建安九年(204)曹操平冀州，据邺，熙逃辽西，操为子丕纳为妻。有宠，生明帝及东乡公主。丕登位立为夫人。以留邺不得见文帝，失意有怨言，又为郭贵嫔所谮，被赐死，赠皇后玺绶，葬邺。明帝即位，追谥文昭，改葬朝阳陵。

甄楷(492—537) 北魏中山毋极(今河北无极西)人，字德方。永平中，上《高祖颂》，除秘书郎。孝明帝末，定州刺史广阳王元渊台兼长史，委以州任。孝昌二年(526)五原降户鲜于修礼据定州左人城(今河北唐县西北)反，欲与城内之燕、恒、云三州避难户相应，乃杀避难户之粗豪者。孝庄帝后，为中书侍郎。屡迁右光禄大夫。后侍中高澄以为仪同府咨议参军。

甄立言(545—？) 隋唐时许州扶沟(今属河南)人。名医甄权弟。武德时，任太常丞。精本草学，善治寄生虫病。著有《本草音义》、《本草药性》、《古今录验方》，已佚。

甄鸾 北周中山毋极(今河北无极)人，字叔遵。北周时，为司隶校尉、汉中郡守。笃信佛教，通释典及天文历算。曾撰《天和历》，于天和元年(566)颁行。著作甚丰，各种文献对此记载互有异同详略。注《九章算经》、《周髀算经》、《张丘建算经》、《孙子算经》、《数术记遗》(一说为鸾自撰自注)等，编撰《七曜历算》、《七曜本起历》。撰《五曹算经》、《五经算术》、《笑道论》等。

甄权(541—643) 隋唐时许州扶沟(今属河南)人。隋开皇初，为秘书省正字。因母病与弟立言立志学医。专医方，精针术。唐贞观中为少府。太宗曾亲临其家，视访饮食、药性，并赐寿杖、衣物，授朝散大夫。著有《脉经》、《脉诀赋》、《针方》、《明堂人形图》、《针经钞》，已佚。

甄邵 东汉颍川(治今河南禹州)人。灵帝时攀附外戚梁冀，为邺令。后卖友求官，迁郡守。令下时其母适亡，遂埋尸于马屋，先受封，然后发丧。行至洛阳，被河南尹李燮笞辱，书帛于其背曰："谄贵卖友，贪官卖母。"遂废锢终身。

甄淑(？—约1639) 明湖广黄冈(今属湖北)人，字尔仪。万历进士。授知县，擢给事中。天启四年(1624)进户科都给事中。忤魏党，次年削职归。崇祯元年(1628)召为光禄寺卿。十二年晋刑部尚书。次年因纳贿下诏狱，后瘐死。

甄用监 官署名。元代置，秩正三品，掌供须、文成、藏珍三库，供内府缎匹宝货，隶徽政院、储政院。设于至大元年(1308)。置卿三员，太监、少监、丞各二员。至治三年(1328)罢。

甄之会 战国时魏国与齐国的会盟。秦惠文王时多次对魏用兵，取得魏之河西、上郡之地。为了拉拢与国和秦对抗，魏惠王先与韩宣惠王和齐威王在平阿(今山东阳谷东北)相会后，继之又于魏惠王后元十二年(前323)同齐威王在甄(即鄄，今山东鄄城北)相会。会上魏惠王对齐威王卑躬屈节，双方订盟抗秦。

溱 水名。《诗·郑风·褰裳》："子惠思我，褰裳涉溱。"在今河南新密市东，双洎河上源支流。

溱水 ❶即今河南确山、汝南县境汝河支流臻头河。南朝梁中大通二年(530)，陈庆之败北魏将娄起于此。❷即今广东武水、北江。

溱州 唐贞观十六年(642，一说十七年)置，治荣懿(今重庆綦江东南)。辖境约当今重庆綦江东南一带。天宝元年(742)改为溱溪郡。乾元元年(758)复旧称。北宋熙宁七年(1074)改置荣懿等寨。大观二年(1108)别置溱州，治溱溪(今贵州习水东北)，宣和二年(1120)废州及县，以溱溪为寨。

箴尹 楚国官名。亦作"鍼尹"。《吕氏春秋·勿躬》高诱注，谓系谏臣。

鍼工局 官署名。明置。八局之一，有掌印太监主管，下设管理、佥书、掌司、监工等员。掌造宫中衣服。

zhěn

诊籍 古代病历，即关于病史的文字记录。最早见于《史记·扁鹊仓公列传》："今臣(淳于)意所诊者，皆有诊籍。"现存汉代诊籍的内容，包括病者姓名、居处、职业、病状、诊断、方药、病情发展过程和结果等。

诊家枢要 书名。元滑寿撰。成书于至正十九年(1359)。一卷。论述了左右手寸关尺三部与脏腑配属的相应部位，于四时、五脏之平脉、及妇人、小儿脉法亦颇多创见。归纳"举"、"按"、"寻"切脉三法，总结二十九脉及其主病。清周学海曾评注此书，并于卷后附录"诸脉条辨"及"持脉总论"。

诊家正眼 书名。明李中梓撰。二卷。成书于崇祯十五年(1642)。初刻于清顺治七年(1650)。原刻本已佚，康熙六年(1667)其门人尤乘将此书与《病机沙篆》、《本草通玄》合刊为《士材三书》，后世或单行镌版。卷一,论述脉学基础理论与临床运用,以《内经》、《难经》理论为主,强调脉以胃气为本,并引王叔和、李东垣、朱震亨、滑寿、李时珍等诸家之说加以发挥。此外,还简要介绍了望、闻、问三诊。卷二,结合各家学说,以四言歌诀形式分述二十八脉,并辨析高阳生之《脉诀》。末附"脉法总论"。1966 年上海科技出版社出版删节本。

诊宗三昧　书名。全称《石顽老人诊宗三昧》。清张璐撰,其子张登编辑。成书于康熙二十八年(1689)。一卷,十二篇。以论述脉理为主,一至二篇阐明宗旨,批判前人某些脉学观点;三至六篇分述医学、色脉、脉位、脉象、经络;七篇师传,提出浮、沉、迟、数等三十二脉;八篇口问十二则,论述古今辨证、论脉异同及脉症不合有关问题;九至十二篇为逆顺、异脉、妇婴之脉等内容,辨析全面深刻,有一定影响,但亦有芜杂之说,如论清脉、浊脉,仍没脱出太素脉之臆说。1958 年上海卫生出版社出版铅印本。

枕碧楼偶存稿　书名。清沈家本撰。十二卷。是沈氏文史著述的合集。其内容为论说、考据、序、跋、墓表、传、诗等。在史学方面有《岳忠武恢复论》、《曲端论》、《元祐党籍碑人名次序辨》、《苏松嘉湖浮粮考》、《汉豫章郡名考》、《豫章水考》、《明总督巡抚考》、《畲民考》、《书光绪江西通志后》、《书唐律疏议进律表后》、《元秘史润文序》、《说文校议议序》、《内外服制通释跋》、《万历大明会典跋》等重要文章。资料丰富,言之有据。

枕中鸿宝苑秘书　书名。久佚。据《汉书·刘向传》,武帝时淮南王刘安有此书,主要讲炼金术和长生术,当是淮南王宾客所撰。书藏于枕中,秘不示人,故名。后为刘向发现,并据以炼黄金,然所费甚多而方不验。《汉书·艺文志》未著录。

轸　春秋国名。在今湖北应城市西。《左传·桓公十一年》:"楚屈瑕将盟贰、轸",即此。后灭于楚。

轸宿　❶星官名。二十八宿之一。南方朱鸟七宿的末一宿,亦为二十八宿的末一宿。有星四颗,即乌鸦座 ν、ϵ、δ、β 四星。《礼记·月令》:"仲冬之月,……旦轸中。"《史记·天官书》:"轸为车,主风。"司马贞索隐:"宋均云:轸四星居中,又有二星为左右辖,车之象也。轸与巽同位,为风,车动行疾似之也。"以西北星为距星。❷天区名。除主体轸宿星官外,还有青邱、军门、土司空、器府以及附座长沙、左辖、右辖等八个星官。

zhèn

阵　亦作陈。指作战时的兵力部署和战斗队形。《孙膑兵法》有《八阵》、《十阵》。《尉缭子·兵令上》:"阵以密则固,锋以疏则达。"《史记·廉颇蔺相如列传》:"秦人不意赵师至此,其来气盛,将军必厚集其阵以待之。"

阵纪　书名。明何良臣撰。约成书于万历十七年(1589)。四卷。一卷曰募选、束伍、教练、致用、赏罚、节制;二卷曰奇正、虚实、众寡、率然、技用;三卷曰阵宜、战令、战机;四卷曰摧陷、因势、车战、骑战、步战、水战、火战、夜战、山林泽谷之战、风雨雪雾之战,共六十六篇。本书专讲选练实战之法,结合作战经验,而自得之;并以中原野战立说,在明代兵家尤为切实近理者。在《技用》一篇中,记有四百余种各类兵器名称,几乎述及了当时所使用的各种兵器。本书版本较多,现存有明万历十九年刊本、清道光间瓶花书屋刊本、《四库全书》本等。

振　即"亥"。

振国　见"渤海"。

振华纱厂　商办企业。清光绪三十三年(1907)由吴祥林创办于上海,资本近四十二万元。工人曾达七百余名。

振华五日大事记　杂志名。清光绪三十三年三月(1907.4)在广州出版。莫梓铃主编。以"改良社会,维持实业,共图公益"为宗旨。提倡新学,力持立宪救国。共出五十一期,三十四年初停刊,续出《半星期报》。

振陇将军　官名。南朝梁置,天监七年(508)定为施用于境外武职二十四班中的六班,拟武毅将军等号。大通三年(529)定制后班阶略提高,改拟忠勇将军等号。

振旅　整顿军队。古代每三年举行军事演习,返回时对军队进行整顿。《左传·隐公五年》:"三年而治兵,入而振旅。"出征得胜而归,亦整顿军伍,也称振旅。商代已有此称,殷墟甲骨卜辞:"丁丑王卜贞,其振旅。"(《殷契佚存》971)

振旅将军　官名。南朝梁普通六年(525)刊正将军名号时置,定为武职三十四班中的十班。陈沿置,定为拟七品,比秩六百石。

振漠将军　官名。南朝梁置,天监七年(508)定为施用于境外武职二十四班中的十二班,拟武威将军等号。大通三年(529)定制后,改拟威雄将军等号。

振群丛报　杂志名。清光绪三十三年十月二十九日(1907.12.4)在上海创刊。月刊。振群学社主办,李葭荣(怀湘)、王之瑞(云五)主编。以"开通民智,造就立宪国民之资格"为主旨。

振朔将军　官名。南朝梁置,天监七年(508)定为施用于境外武职二十四班中的十三班,拟宁远将军等号。大通三年(529)定制后,仍拟宁远将军等号。

振肃　官名。金置。属殿前都点检司。分为左、右。掌妃嫔出入总领护卫导从。

振肃卫司　官署名。金代置。设于南京宫城。掌妃嫔出入,总领护卫导从。

振威大夫　散阶称号。清乾隆三十二年(1767)始定,为武职从一品之封赠。初,武职中属八旗者正、从一品封光禄大夫,属绿营者正、从一品封荣禄大夫。至此,始分正、从,并统一封赠。五十一年,改振威将军。

振威副尉　官名。唐置,为从六品下武散官。北宋初沿置,元丰改制废。

振威将军 ❶官名。*五威将军之一。东汉初始置。三国魏沿置,位四品。蜀、吴均有。晋因之。十六国时西秦亦置。南朝宋沿晋制,位亦四品。北魏亦置,孝文帝太和十七年(493)《职令》中,位四品中,二十三年改制为从四品。北齐沿置,位亦从四品。隋初列为散号将军,从七品上,大业三年(607)罢。❷官阶名。清乾隆五十一年(1786)改振威大夫设,为武职从一品之封赠。

振威校尉 官名。唐始置,为从六品上武散官。北宋初沿置,元丰改制废。

振武 唐方镇名。乾元元年(758)置振武节度押蕃落使。治单于都护府(治今内蒙古和林格尔县西北),领单于、镇北都护府及麟、胜二州。广德二年(764)并入朔方节度使。大历十四年(779)复置。增领绥、银二州及东、中受降城。贞元十二年(796)后东、中二受降城划归天德军,辖境缩小。元和时领有单于都护府、东受降城及麟、胜二州。五代梁移治朔州(治今山西朔州市)。晋割入契丹,废。

振武将军 官名。*五武将军之一。西汉末始置。东汉沿之,不常置。三国魏沿置,位四品。晋因之。十六国时西秦亦有。南朝宋沿置,位亦四品。北魏亦置,孝文帝太和十七年(493)《职令》中,位四品下,二十三年改制为从四品。北齐沿置,位亦从四品。

振武节度使 见"振武"。

振武县 辽置。治今内蒙古和林格尔县西北土城子。属丰州。金废。

振武学社 清末湖北革命团体。宣统二年八月(1910.9)由群治学社改组成立。主要发起人为杨王鹏、李抱良、章裕昆等,杨任社长。以"联络军界同胞,讲求武学"为公开宗旨,暗中进行革命宣传、组织工作。在武昌新军中吸收社员二百四十余人。嗣因风声外露,杨、李等被军队开除,由蒋翊武主持社务,后另组文学社。

振武学校 学校名。日本士官学校的预备学校。1902年(一说1903年)在日本东京专为中国留学日本习陆军者开设。主持校务者为福岛安正、尾野实信等人,教习由中国筹给津贴。1904年清政府练兵处选送学生百余名入校肄业。学制初为十五个月,后为三年。课程分普通学、军事学两种。普通学为日本语文、历史、地理、数学、物理、化学、博物、图画八科;军事学为徒手教练、枪械教练、部队教练、测量及战术等科。学校规章严厉,学生入学须填写警约:不干涉政事、敬顺、耐劳忍苦、尚威重、讲求功课、敦睦厚谊。因留学日本陆军者均受教于此,在校生人数连年增加,1907年学生已达三百三十名。毕业生多入士官学校,后为中国军界重要人物。

振武营 明南京驻军之一部。嘉靖二十四年(1545)冬建立。选诸营锐卒及淮安府、扬州府丁壮矫捷者共三千人组成。以勋臣为将,用防海警。隆庆元年(1567)罢。

振新纱厂 商办企业。清光绪三十三年(1907)由荣宗敬、张石君、荣瑞馨等创办于江苏无锡,资本二十一万元。工人曾达一千六百余名。

振兴电灯公司 商办企业。清光绪三十四年(1908)由祝大椿招股开设于苏州,资本十四万元。专以电灯、汽灯供给城厢。

振兴工艺给奖章程 近代中国第一个奖励科学发明提倡工商业的法令。清政府于光绪二十四年五月二十五日(1898.7.13)颁布。共十二款。主要内容:(1)对于采用新法,制造各种船械枪炮等超过西方各国现有水平者,兴办大工程有利国计民生者,可给特赏,获得专利制造权五十年;(2)对制造日用之物,为各国所无者,可授以官职,获得专利权三十年;(3)对仿造各国器械而成功可用者,可授以官职,获得专利权十年;(4)对著新书发明专门学问并切实可用于今世者,可授以官职,所著之书享有专售权二十年;(5)对捐款兴办学校、藏书楼、博物院、枪炮厂者,按其规模,给不等奖励;(6)各种发明创造经政府考核,方可给奖。

振行 考功郎中、度支郎中别称。

振远将军 官名。南朝梁置,天监七年(508)定为武职二十四班中的十三班,与宁远将军等代原宁朔将军。大通三年(529)定为武职三十四班中的二十三班。陈沿置,列为五远将军之一,拟五品。

振州 唐武德五年(622)置。治宁远县(今三亚市西北崖城)。辖境相当今海南三亚市和保亭、乐东二县部分地区。天宝、至德间曾改为延德郡。北宋开宝五年(972)改为崖州。

朕 秦汉以后历代封建皇帝专用的自称。秦以前,一般人都可以用朕自称。蔡邕《独断》:"朕,我也。古者尊卑共之。"秦始皇统一六国之后,采纳丞相王绾、御史大夫冯劫和廷尉李斯等人建议,规定朕专用为皇帝自称。后世因而不改。汉代皇太后临朝听政,也自称朕,见《后汉书·和帝纪》窦太后诏。

震 《周易》卦名。八经卦之一,卦形为☳;又六十四别卦之一,卦形为䷲,下震上震。基本卦象是雷,又比刑,象鹄、刚、动等。

震旦博物院 清咸丰十一年(1861)上海徐家汇法国天主堂创设。陈列法国神父韩德(Pierre Heude, 1836—1902)采集的动植物珍异标本,收藏中国及欧美有关博物的珍贵书籍。

震旦日报 报纸名。清宣统三年正月(1911.2)在广州创刊。康仲荦、梁慎余、陈援庵等主办。日出两大张,附赠石印图画,发行副刊《鸡鸣录》。"以诱导舆论,扶植人权,奖进民德,提倡实业为宗旨",痛诋时政,呼号扫除赌业、维护人权。1913年,声援"二次革命",支持广东独立。龙济光入粤后,捕杀康仲荦,该报被迫停刊。

震旦学报 杂志名。清光绪三十三年九月初一日(1907.10.7)在北京创刊。月刊。吴起潜、侯毅主编。"以述高等完备之学,供学子研究之资为宗旨",编译各学科中外学说、参考资料和治学方法。

震旦学院 学校名。清光绪二十九年二月(1903.2)由马相伯捐资创办,校址在上海徐家汇天文台。马相伯自任监院(院长),并主持教务。聘请一部分法籍神父义务教习,以法语为唯一外语。按院章程规定,以"广延通儒,培养译才"为宗旨。内设语文学、致知学(哲学)、象数学(数学)、形性学(格物学)等科。学制为预科一年,本科二年。三十一年,法国神父南从周取得学院管理权,自任院长,"尽改旧章",学生相率离校。此后学生多来自徐汇公学和天主教教友家庭。同年李问渔出任院长,增设英文、中外地理、经济、博物等课程,改学制为四年。三十四年迁至卢家湾新校址,学科增设法政、理、医学等三科。学制定为六年,预科和本科各为三年。宣统三年(1911)增设医科及法政科。1917年始,更名震旦大学。

震国 见"渤海"。

震天雷 火器名。外壳铁制,火药点燃后,声如雷震,杀伤力较强。蒙古灭金时,金守汴京城(今河南开封),战具有火炮名"震天雷",用铁罐盛药,以火点燃,炮起火发,其声如雷,声闻百里外,燃烧面积至半亩以上。火点着于甲铁,甲铁皆透。

震泽 ❶又名具区(《尔雅·释地》)。即今江苏太湖。《书·禹贡》:"三江既入,震泽底定。"❷市镇名。因傍震泽水,故名。位于南直隶苏州府吴江县之西南,即今江苏吴江市西南震泽镇。市出棉绫,商民汇聚,乃明代新兴之江南市镇。设巡检司一。

震泽长语 书名。明王鏊撰。二卷。为作者晚年归里后笔录读书心得及记时事、逸闻之书。分经传、国猷、官制、食货、象纬、文章、音律、音韵、字学、姓字、杂论、仙释、梦兆十三类。叙述明代制度、人物,多有它书所未载者。有万历《震川先生别集》本,《纪录汇编》收有《震泽长语摘抄》一卷。

震泽纪闻 书名。明王鏊撰。二卷。收有明初至中叶各类人物传记五十一篇。内容详悉生动。有万历《震川先生别集》本。作者曾孙禹声又著《续震泽纪闻》一卷,并载《震川先生别集》中。

震泽县 清雍正二年(1724)分吴江县西部地置。与吴江县(今江苏吴江市)同城而治。属苏州府。1912年并入吴江县。

镇 ❶捍防守御据点。北魏于各地置,地位与州等同,以镇都大将或镇将为长官,下设副将、监军及长史、司马、录事参军等属,不置州郡的西、北地区则兼统军政、民政;与州郡并置地区仅掌军政,若兼所在州刺史则仍兼掌军政、民政;下统军(相当于郡)、戍。孝文帝改制后内地多废,北魏末年北地亦改为州。隋代沿置,有将、副,分三等。唐代以防人五百为上镇,三百为中镇,不足者为下镇,皆置镇将、镇副、兵曹参军事、兵曹佐、仓督等属;上镇又有仓曹参军事、仓曹佐等员。凡军镇,皆有使、副使各一员;不及二万人置司马一员,增仓、兵曹参军各一员;镇将、镇副防掌捍防守御,且征械甲粮饷,权侵州县。❷节度使辖地。唐代中后期称方镇,其兵称镇兵。辽、金两代称节镇。❸有课税而不成县之街市。宋代县置,以监镇官管辖,管火禁并兼酒税之事。大县置十余镇,亦有不置者。镇可升县,县可降镇。❹明、清多用于称总兵官。❺古称一方的主山为镇。《尚书·舜典》"封十有二山"孔传:"每州之名山殊大者,以为其州之镇。"《周礼·职方》:"东南曰扬州,其山镇曰会稽。"

镇安堡 ❶即今辽宁黑山县正安堡。明正德四年(1509)朵颜南侵,泰宁部避居于此。❷长城关堡。明成化八年(1472)筑。在今河北赤城县东北。嘉靖间瓦剌曾由此入侵。

镇安府 明洪武二年(1369)改镇安路置。治今广西德保县。辖境相当今德保、靖西、那坡等县及天等县西部、百色市南部地区。属广西。嘉靖初,府属归顺州升为直隶州,割出靖西、那坡县地。清雍正年间辖境扩大有德保、靖西、那坡等县及田阳、田东二县南部和大新、天等二县西部地。割出百色县南部地属思恩府。光绪十二年(1886)府属归顺州升为直隶州。又割出靖西、那坡二县及大新县西北地。1913年废。

镇安军 金军名。本红袄军余众,皆单州人,约有四百,兵败降金。正大九年(1232)徙镇亳州。

镇安路 宋置右江镇安宣抚司,元至元间改路。治今那坡县。辖境相当今广西靖西、那坡二县,德保、大新、天等三县西部地。明洪武二年(1369)改为镇安府。

镇安县 明景泰三年(1452)以咸宁县野猪坪置。治今陕西柞水县境。属西安府。天顺七年(1463)移治谢家湾,即今镇安县。成化十三年(1477)改属商州。

镇北大将军 官名。三国蜀、吴置,职掌同于镇北将军,历代皆不常置,唯资深者方得任。晋定为二品,禄赐同于特进。如开府,则位同从公,假金章紫绶,升为一品。十六国前秦、北魏、北齐,及南朝诸代皆置。南朝宋列为二品;南齐位从公,开府仪同如公。南朝梁、陈较镇北将军高一阶。北魏太和十七年(493)定为从一品上,位次尚书令,二十三年改为二品。北齐为褒赏军功勋臣的二品闲职。

镇北关 即今辽宁开原市东北镇北堡。明嘉靖中,海西族分道款关,因以镇北曰北关。为海西族朝贡市易之地。

镇北将军 官名。东汉建安间置,三国魏时,位列四镇将军,多授持节都督,出镇方面。魏、晋及南北朝前期权势甚重。三国魏定为二品;晋、南朝宋改为三品,如持节,进为二品。十六国汉、前秦、后秦、南凉沿置。南朝梁、陈位列八镇将军。梁天监七年(508)定为武职二十四班中的二十二班。普通六年(525)改为武职三十四班中的三十二班。陈因梁制,拟二品,比秩中二千石。北魏太和十七年(493)定为从一品下,二十三年改为从二品。北齐为褒赏军功勋臣的从二品闲职。麴氏高昌国亦有此官。

镇边县 清乾隆三十一年(1766)置小镇安厅,光绪十二年(1886)改为镇边县。治今广西那坡县。属归顺直隶州。1953年改为睦边县,1965年又改为那坡县。

镇标 清代各地总兵亲辖之绿营兵,谓之镇标。

镇兵 北魏军镇之兵士。北魏初,都于平城(今山西大同市东北),北边为重,镇兵多为高门子弟。后地位下降,及孝文帝迁洛阳,边任益轻,致犯罪者亦配边,留居北镇者皆入军籍,称为“府户”,役同厮养,乃有六镇之乱。因地位低下,后又成为骂人之辞。

镇兵将军 官名。南朝梁置,天监七年(508)定为武职二十四班中的十七班,与翊师将军等代旧四中郎将。普通六年(525)改为武职三十四班中的二十七班。陈因之,拟四品,比秩中二千石。如加为镇兵大将军,则进一阶。

镇东大将军 官名。三国魏置,职掌同于镇东将军,历代皆不常置,唯资深者方得任。晋定为二品,禄赐同于特进。如开府,则位从公,假金章紫绶,升为一品。十六国前秦、后燕、北燕、北凉亦置。南朝宋为二品,南齐时位从公,开府仪同如公。梁、陈时较镇东将军进一阶。北魏太和十七年(493)定为从一品上,位次尚书令,二十三年改为二品。北齐为褒赏军功勋臣的二品闲职。

镇东将军 官名。东汉献帝时置,三国魏时与镇南、镇西、镇北将军合称四镇将军,多授持节都督,出镇方面,二品。一般不与征东将军并置。蜀、吴亦置。晋朝为三品,若持节,则进为二品。十六国汉、前燕、前秦、大夏沿置。南朝宋因晋制。梁、陈属八镇将军。梁天监七年(508)定为武职二十四班中的二十二班。普通六年(525)改为武职三十四班中的三十二班。陈因之,拟二品,比秩中二千石。北魏太和十七年(493)定为从一品下,二十三年改为从二品。北齐成为褒赏军功勋臣的从二品闲职。麴氏高昌国亦有此官。

镇东节度使 见“义胜军”。

镇东军 唐、五代方镇名。见“浙江东道”。

镇东王 元代诸王封号,授龟纽镀金银印。至元二十八年(1291)也先铁木儿受封。

镇都大将 官名。北魏缘边置镇,以此官为其长,管理辖区内军务和民政,地位甚高,多任用鲜卑宗室,如拓跋他以镇西大将军为虎牢镇都大将。其下设都副将以佐之。太和十七年(493)职员令及二十三年复次职令时皆未载其品秩。

镇遏军 元军种之一。元代从江南海运漕粮至直沽(在今天津市)输入海津仓时,从宿卫诸军中调集卫士千人,前往镇遏,故又名海运镇遏军。

镇抚 官名。元代始置,为万户府下镇抚司官。二人,蒙古、汉人参用。上万户府所属为正五品,中万户府从五品,俱金牒;下万户府所属正六品,银牒。明代于各卫镇抚司设,二人,从五品,掌本卫刑名。设于千户所千户下二人,初正六品,后改从六品,掌狱事,无狱事则管军,百户缺则代之。又,明初曾置都镇抚司,总领禁卫,设都镇抚、副镇抚。后改宿卫镇抚司,设宿卫镇抚。洪武三年(1370)改留守卫,制同诸卫。

镇抚使 官名。南宋初,因宰相范宗尹建议,在与金、伪齐接壤的淮南、京西、湖北等路分置镇抚使,其辖区至数府、州、军,并兼知府或知州。如翟兴为河南府、孟、汝、唐州镇抚使、兼河南知府,赵立任楚、泗州、涟水军镇抚使、兼楚州知州。镇抚使掌辖区兵、民、财政,而茶盐之利仍归朝廷。嗣后各镇抚使或战死,或降金,或反叛,或失地,乃废。南宋晚期复置。其官署称镇抚使司或镇抚司。

镇抚司 官署名。南宋在与金、伪齐接壤的地区置镇抚使,掌辖区兵、民、财政。其官署称镇抚使司或镇抚司。元代置。隶万户府,设镇抚二人,上万户府正五品,中万户府从五品,下万户府正六品,蒙古、汉人参用。明代沿置,隶卫指挥使司下,掌本卫刑名。设镇抚二人,从五品。隶锦衣卫下者,除掌本卫刑名及理军匠外,兼掌诏狱。洪武末罢锦衣卫狱,成祖即位复旧,并增设北镇抚司,专理诏狱。成化中,治北司印,狱成得专达,锦衣官不得干预。旧设则称南镇抚司,专理军匠。

镇筸镇 今名沱江镇,为湖南凤凰县治。本明五寨长官司,清康熙三十九年(1700)改沅州总兵官为镇筸总兵官驻此。以境内有筸子坪溪,相邻又有明镇溪千户所及筸子坪长官司辖地得名。四十三年置凤凰厅。1913年改为凤凰县。后世又以镇筸为凤凰厅、凤凰县的别称。

镇国 汪古部人。阿剌兀思剔吉忽里之侄。汪古部降蒙古后,为五千户汪古人中一千户之长。曾率众反抗蒙古。后又归服成吉思汗,娶汗女阿剌海别吉,受封为北平王。死后其子聂古台袭爵。

镇国大将军 官名。北宋置,为武散官,从二品。元丰五年(1082)罢。

镇国公 爵名。清代宗室封爵有奉恩镇国公、不入八分镇国公。又,清廷对蒙古贵族之封爵亦设镇国公,为第五等。列贝子下,辅国公上。

镇国将军 ❶官名。明代置为武散官,从二品,初授。❷明清宗室封号。明代郡王由嫡长子袭爵,余子封镇国将军。清沿明置,为宗室封爵十二等中第九等。位列不入八分辅国公之下,有一、二、三等之别。

镇国军 ❶方镇名。(1)唐上元元年(760)分河中之同华二州设同华节度使。次年,以华州置镇国军,亦名关东节度。大历二年(767)废。后时废时置。治华州(治今陕西华县),领同、华二州,约当今陕西黄河以西,澄城、华县以东,陇海路以北,梁山以南地区。天复三年(903)号感化军。天祐三年(906)省入同州。历为周智光、朱温、韩建、朱友裕等割据。(2)五代后梁开平二年(908),改保义军置,治陕州(治今河南三门峡市西),领陕、硖石、灵宝三县。后唐时复旧称。❷唐禁军名。约置于德宗时,元和以后无闻。

镇国上将军 官名。金、元皆置,为武散官。三十四阶之第六阶。金从三品下。元从二品,宣授。

镇国中尉 明代宗室之封号。封奉国将军嫡长子外之余子。

镇海(1169—1252) 蒙古克烈部人。早年从成吉思汗,为班朱尼河誓师诸将之一。1205年,受封为百户。从征金、夏有功,率俘人屯田阿鲁欢,建镇海城。元太宗三年(1231),任必阇赤,主管畏兀字书写之文书,汉人称中书右丞相。乃马真氏称制,被罢黜。定宗贵由即位,复任中书右丞相。宪宗二年(1252),以党于窝阔台后王,被处死。

镇海军 方镇名。唐建中二年(781)合浙江东、西二道观察使置,治润州(治今江苏镇江)。贞元三年(787),节度使韩滉卒后废。分所治为三:浙西(治润州)、浙东(治越州)、宣歙池(治宣州)。后复以浙江西道为镇海军。领润、常、苏、杭、湖、睦六州,约当今江苏长江以南,浙江新安江、富春江以北,浙江、安徽交界以东地区,屡废屡置。光启三年(887),军乱,节度使周宝被逐。景福二年(893)重置镇海军,治杭州,以钱镠为节度使。

镇海楼 ❶在今浙江杭州旧城内吴山东麓。即吴城之南门。初名朝天门,元改为拱北楼,明始改今名。楼甚壮丽,可眺望钱塘江,今圮。❷在今福建福州市旧城北越王山(屏山)顶。明洪武二年(1369)建。清乾隆六十年(1795)重修,高约二十米。旧时海舶昏夜从闽江口进入,均以此为标志。❸在今广东广州市北越秀山上。明洪武十三年(1380)建,高五层,故亦称“五层楼”。登楼远眺,全市尽览。清时为羊城八景之一。后年久失修,楼已残旧。建国后按原样重建加固,辟为博物馆,为游览胜地。

镇海之战 亦称甬江之战。中法战争著名战役。马尾之战后,浙江提督欧阳利见与宁绍台道薛福成等在地处甬江口的镇海严密布防,筑工事,埋地雷,铺电线,设疑营,分兵把守水陆要隘,欧阳亲临南岸金鸡山督师。当地民众组织民团,防贼除奸,支援守军。清光绪十一年一月十五日(1885.3.1),法国远东舰队统帅孤拔率舰四艘来犯,守军舰船与炮台密切配合,击退敌舰,并于次日夜粉碎敌鱼雷艇及舢板的偷袭。十七日法舰再次来犯,被阻击在江口之外。孤拔在是役中受伤,旋毙命于澎湖。自此,法舰只在口外窥伺,不敢再战。

镇后(後)将军 官名。南朝梁天监七年(508)置,为八镇将军之一。定为武职二十四班中的二十二班,只授予在京师任职之官。普通六年(525)改为武职三十四班中的三十二班。陈因之,改拟二品,比秩中二千石。

镇冀 唐方镇名。见“成德军”。

镇监 官名。南朝梁、陈置,为朝廷派驻诸镇监察政务的官员。梁天监七年(508)定为流外三品蕴位。

镇江府 北宋政和三年(1113)以润州为徽宗潜邸,升为镇江府。治丹徒县(今镇江市)。属两浙路。辖境相当今江苏镇江、丹阳、丹徒、金坛等市、县地。元至元十三年(1276)改为镇江路。至正十六年(1356)朱元璋改为江淮府,同年又改为镇江府。明属南京。清康熙后属江苏省,雍正后辖境领有今镇江、丹徒、丹阳、溧阳、金坛等市、县地。1912年废。

镇江府官立中学堂 学校名。清光绪二十九年(1903)由绅士吴士锜等发起开办,以镇江府知府为承办监督,主持校务者为帮办监督。培养的学生向未分科,从三十二年起毕业近六十名。宣统三年(1911)改从文科,招收学生一百多名,分甲、乙、丙三班,肄习修身、国文、经学、历史、地理、算学、博物、理化、图画、体操、法制、英文等课程。

镇江关 海关名。清咸丰八年(1858)开设,归江苏常镇通海道管理。十一年聘二名外国人充任税务司。

镇江剿平粤匪记 书名。清陈庆年撰。上、下篇。上篇记咸丰三年(1853)至七年清军与太平军在镇江的战事。下篇记清军与太平军在江浦、六合、浦口、瓜洲一带战事。收入作者所著《横山乡人类稿》。

镇江路 元至元十三年(1276)改镇江府为路,治丹徒(今镇江市)。辖境相当今江苏镇江、丹阳、丹徒、金坛等市、县地。属江浙行省。明初复为府。

镇江女塾 学校名。清光绪十年(1884)美国美以美会传教士设立,课以《圣经》、《蒙学捷径》、《三字经》、《百家姓》、《千字文》,以及算法、心算、数学、地理、动物、植物、英文、体操等科目。

镇江之战 鸦片战争中的战役。清道光二十二年六月初五至十二日(1842.7.12—19),英国舰船五十六艘陆续驶抵镇江江面,准备攻城。参赞大臣齐慎、湖北提督刘允孝率部守城外各地,副都统海龄率驻防旗兵千人与青州兵六百人守城内。十四日,英军六千余人大举进攻,齐、刘奋力抵抗,重创英军。英军复用车推炮连环进攻,齐、刘不支败退。英军六千余人遂全力攻城,海龄死守二日。城破,清军与英军激烈巷战。海龄及眷属殉难。英军官兵死三十七人,伤一百二十八人,失踪三人。清军官兵阵亡二百三十九人,伤二百六十三人,失踪一百五十六人。镇江失陷。

镇将 官名。北魏置,为镇的长官。在不设州郡的地区,如西边、北边诸镇,兼统领军民;在设州郡的内地,主要掌军政;兼任驻在州刺史时,则兼理民政。北魏前期多以宗室或鲜卑贵族为之,多兼刺史,亦并持节、都督邻近州镇,地位高于刺史,孝文帝改制以后,地位渐低。其下设副将、监军及长史、司马等僚佐。太和十七年(493)职员令及二十三年复次职令未载其品阶。北齐复置。隋以后仅于边防处置镇,以其捍卫防守,总判镇事,地位较前更为下降。隋、唐镇皆分三等,隋上镇将为正六品下,中镇将正七品上,下镇将正七品下。

镇军大将军 官名。三国魏黄初六年(225)置,权任甚重,二品。蜀、吴亦置。两晋开府者位从公,一品。不开府者二品,禄赐同于特进。南朝宋二品,南齐位从公,开府仪同如公。北魏太和十七年(493)定为从一品中,在四征将军之下;二十三年改为二品,在四征将军上。

镇军将军 官名。东汉建安末刘备置。三国魏定为三品,蜀、吴亦置。西晋武帝泰始五年(269)罢,六年复置,三品。位在镇军大将军下,与中军、抚军三号将军位比四镇将军。主要为中央军职,但亦可出任地方军事长官,并领刺史等地方官,兼理民政。十六国成汉、前秦、北凉沿置。南朝宋为三品,南齐位在四征将军之上。北魏太和十七年(493)定为从一品下,二十三年改为从二品。北齐成为褒赏军功勋臣的从二品闲职。北周为八命。隋初列为散号将军,正六品,大业三年(607)罢。

镇康州 土州名。元为路。明洪武十五年(1382)置府。十七年降为州。后废,并入湾甸。永乐七年(1409)复设州,以百夷土首领曩光为土知州。治所在今云南永德东北,直隶云南布政司。

镇卤堡 在今四川松潘县北。明万历二十八年(1600)番骑围漳腊,攻镇卤,守将杜世仁御之,即此。

镇蛮护军 官名。东晋、南朝置。职掌如将军,而地位略低。统兵,管理少数民族事务。南朝宋定为六品。庐江、晋熙、西阳太守加此官,立府。梁时,南新蔡太守亦加之。陈拟八品,比秩八百石。不兼太守者减太守一阶,如其上别设将军,亦减一阶。

镇蛮校尉 官名。东晋改南夷校尉置,掌管宁州少数民族事务。领兵,立府,置长史、司马、参军等僚属。四品。南朝沿置,宋四品,陈拟六品,比秩千石。

镇墓兽 战国楚墓随葬物。多以木料雕刻而成,少数以陶土烧成。一般包括座、身、颈、头四部分。座下部多呈方台状,上部四周面呈梯形,外表雕刻花纹,并施彩绘。身部立于方座正中孔眼内,以套榫相合。身、颈皆有曲、直两种形式,头部作兽面或人面,作兽面者表情凶猛狰狞,或长舌外伸,头顶两侧多插有成对的鹿角。据考古发掘资料,此种随葬物有双头双身、单头单身两种,后者出土数量较多。约始行于战国早期,盛行于战国中期,衰于战国晚期。均出于随葬有铜礼器或仿铜陶礼器的有椁墓中,一般置于椁内头箱内,每座墓只出一件。随葬此物之意,一般认为是用以驱邪镇恶,保护亡灵。

镇南大将军 官名。三国蜀置,职掌同于镇南将军。晋定为二品,禄赐同于特进。开府者,升为一品,位如公。十六国后燕、北燕亦置。南朝宋列为二品。南齐时位从公,开府仪同,置僚属皆从公。梁、陈时皆较镇南将军进一阶。北魏太和十七年(493)定为从一品上,位次尚书令,二十三年改为二品。北齐为褒赏军功勋臣的二品闲职。

镇南关 一称大南关,又名界首关。明初设置。在今广西凭祥市西南。峻崖夹峙,中建关城。清雍正时两旁增筑城堞百余丈,为中国边防要隘。1953年改名睦南关。1965年又改名友谊关。

镇南关大捷 中法战争中的一次著名战役。清光绪十年十二月(1885.2)因清军主将、广西巡抚潘鼎新畏敌怯战,法军攻占谅山后于次年一月直驱镇南关(今友谊关)前,并一度深入关内数十里。张之洞奏准起用老将冯子材帮办广西军务。冯赶至前线,积极整军备战,在镇南关内十里的关前筑墙掘壕,分兵三路拒守。冯率部独当中路,王孝祺部为右翼,陈嘉、蒋宗汉部为左翼,另有王德榜部扎关外油隘。二月初七日,法军二千余人分三路进犯,均被击退。次日晨,法军主力猛扑关前,冯子材身先士卒,众将士奋勇力战,越南千余义民亦来助战,大败法军。清军乘胜连日反攻,重伤法军前敌统帅尼格里(François Oscar de Négrier,1839—?)。十三日收复谅山。是役法军死伤近三百余人,法国茹费理内阁亦因此倒台。

镇南关起义 又称丁未镇南关之役。清光绪三十三年(1907年,丁未年),孙中山任黄明堂为都督,赴广西边境谋划起义。十月二十七日(12.2)攻占镇南关(今友谊关)右辅山三炮台。孙中山、黄兴等亲赴前线指挥,与士卒并肩作战,击退清将龙济光、陆荣廷多次围攻。孙中山因筹款购械赴河内,黄明堂率部坚守数日。后弹尽援绝,突围而走。

镇南将军 官名。东汉献帝初平年间置。三国魏时,与镇东、镇西、镇北将军合称四镇将军,多为出镇方面的持节都督。魏、晋及南北朝前期权势颇重,后渐轻。三国魏定为二品;晋、南朝宋改为三品,如为持节都督则进为二品。梁、陈时位列八镇将军。梁天监七年(508)定为武职二十四班中的二十二班。普通六年(525)改为武职三十四班中的三十二班。陈因之,拟二品,比秩中二千石。北魏孝文帝太和十七年(493)定为从一品下,二十三年改为从二品。北齐成为褒赏军功勋臣的从二品闲职。麴氏高昌国亦置。

镇南军 方镇名。唐咸通六年(865)升江南西道都防御团练观察使为镇南军节度使。乾符元年(874)复为江南西道观察使。龙纪元年(889)又升为镇南军节度使。治洪州(今南昌市)。较长期领有洪、饶、古、江、袁、信、虔、抚八州,相当今江西省。北宋初废。

镇南王 元代诸王封号,授螭纽金印。世祖第九子脱欢始封。老章、脱不花、帖木儿不花、孛罗不花等袭封。

镇宁王 元代诸王封号,授驼纽金印。宗王孛罗始封。那怀等袭封。

镇前将军 官名。南朝梁天监七年(508)置,为八镇将军之一。定为武职二十四班中的二十二班,只授予在京师任职之官。普通六年(525)改为武职三十四班中的三十二班。陈因之,拟二品,比秩中二千石。

镇羌堡 即今山西大同市西北镇羌堡。明嘉靖二十四年(1545)置。《明通鉴》:嘉靖三十年四月,开马市于大同镇羌堡,即此。与拒墙、拒门、助马为"塞外四堡"之一。

镇戎军 北宋至道三年(997)置。治今固原县。初属陕西路。后属秦凤路。辖境相当今宁夏固原及同心县治以南地。大观二年(1108)北境析置怀德军。辖境限于今固原县南部。地当西通回鹘、西凉六谷等部孔道,为泾、原、渭等州北面屏障。宋置榷场于此,与西夏互市。金大定二十二年(1182)改为镇戎州。

镇戎州 金大定二十二年(1182)升镇戎军置。治今固原县。初属熙秦路,后属凤翔路。辖境相当今宁夏固原及同心县治以南地。蒙古改为原州。北宋庆历初西夏败宋军于此。

镇守 官名。明代派出总镇一方的武臣,均为总兵官或副总兵,称镇守某处总兵官或副总兵官。

镇守海口屯储亲军都指挥使司 官署名。元侍卫亲军指挥机构。又称镇守海口侍卫亲军屯储都指挥使司,简称海口侍卫。设于武宗至大二年(1309),掌汉军五千,康里军二千,屯田于直沽(今天津市)海口。秩正三品。置都指挥使、副都指挥使等职。

镇守使 使职名。镇守一方之军事长官,多以经略使、节度使兼。唐长寿三年(694)曾诏诸军经略、镇守大使以一子为宿卫。先天二年(713)甄道一除幽州节度、经略、镇守使。乾元二年(759)置陕虢华节度使,领潼关防御、团练、镇守等使,治陕州(今河南三门峡市)。代宗时有缘淮镇守使。

镇守太监 官名。镇守原为明代武官职衔,系总镇一方军事长官,由总兵充任。永乐元年(1403),明成祖遣顾成、韩观、何福出镇贵州、广西、宁夏诸边,同时选宦官偕行,赐公侯服,位诸将上。此为太监出镇之始。洪熙元年(1425),太监王安出镇甘肃,始有镇守太监之名。后各省各边均设镇守太监,监视武臣,控制军权。嘉靖、崇祯时曾两度裁革,旋即恢复。

镇朔将军 官名。(1)南朝梁置,以代旧辅国将军。天监七年(508)定为武职二十四班中的十四班。陈因之,拟五品,比秩千石。(2)明代宣府总兵挂印则称镇朔将军。

镇台 清代总兵之俗称。

镇威城 在今山西朔州市西南。北宋置。《续资治通鉴》:靖康元年(1126),西夏攻此,摄知城事朱昭力战而死,城遂破。

镇卫大将军 官名。十六国时汉主刘聪置为十六大将军之一。后赵置,在武职中地位仅次于大将军,握有实际兵权。十六国北凉沿置,沮渠蒙逊立其子政德为世子,加此职并录尚书事。南朝梁、陈沿置,地位甚高,任此职者多为宗室。

镇卫将军 官名。十六国后赵石虎建武年间置,位在车骑将军之上。南朝梁天监七年(508)复置,定为武职二十四班之首,在骠骑、车骑将军之上。陈因之,拟一品,比秩中二千石。

镇西大将军 官名。三国蜀置,职掌同于镇西将军,唯资深者方得任,历代皆不常置。晋为二品,禄赐同于特进。如开府,则位从公,假金章紫绶,升为一品。十六国后秦亦置。南朝宋为二品。南齐时位从公,开府仪同及僚属皆如公。梁、陈时则较镇西将军进一阶。北魏太和十七年(493)定为从一品上,位次尚书令。二十三年改为二品。北齐改为褒赏军功勋臣的二品闲职。

镇西府 明洪武十五年(1382)改镇西路为府。永乐元年(1403)改为干崖长官司。参见“镇西路”。

镇西将军 官名。(1)东汉末置,献帝初平三年(192)以韩遂任之。三国魏时,与镇东、镇南、镇北将军合称四镇将军。多授持节都督,出镇方面,二品。位在征西将军下,一般不与征西将军并置。蜀、吴亦置。晋代定为三品,如为持节都督,则进为二品。十六国前秦、后秦、后燕、北凉沿置。南朝宋沿晋制。梁、陈时列为八镇将军之一。梁天监七年(508)定为武职二十四班中的二十二班。普通六年(525)改为武职三十四班中的三十二班,陈拟二品,比秩中二千石。北魏太和十七年(493)定为从一品下,二十三年改为从二品。北齐成为褒赏军功勋臣的从二品闲职。北周命品不详。麹氏高昌国亦置。(2)明代延绥总兵挂印者称镇西将军。

镇西路 元至元十三年(1276)置。治今云南盈江县东北。辖境相当今云南大盈江上游地区。明洪武十五年(1382)改为府。

镇西武靖王 元代诸王封号,授驼纽金镀银印。大德元年(1297),世祖孙、奥鲁赤子铁木儿不花受封。搠思班、卜纳剌等袭封。

镇星 行星土星的古名。因其运动缓慢,约二十九年在恒星背景上绕行一周,古人认为其每年处于二十八宿中的一宿,犹如镇宿之星,故名。或也名填星,其意近似。最早在长沙马王堆汉墓中出土的《五星占》中记有它的会合周期为三百七十七日,比今测值小1.09日。所记恒星周期则为三十年,比今测值大0.54年。因其色黄,故汉以后又名土星。中国记载伽利略用望远镜观土星的事最早是《天问略》(1615),当时记的是土星旁有两小星,似耳。实际是因伽利略望远镜的分辨能力不够。所见实为土星光环在土星两旁之凸出物。此事直到清乾隆二十四年(1759)出版《皇朝礼器图式》时始有纠正。书中“七政仪”条不仅纠正了土星光环的被误认,且记录了土星有五颗卫星。

镇雄府 明嘉靖五年(1526)改芒部军民府置,治今云南镇雄县。初用流官知府,九年改以土官陇胜署府事,遂为土府。领长官司五。属四川。辖境相当今云南镇雄、彝良、威信等县地。清雍正五年(1727)改隶云南,次年降为州。

镇雄州 清雍正六年(1728)降镇雄府为州。治今云南镇雄县。隶云南昭通府。光绪三十四年(1908)升为直隶州。辖境与明时府境相同。1913年改为县。

镇燕军司 全称黑水镇燕监军司。西夏监军司名。景宗元昊建国初所建十二监军司之一。驻地在黑水城(今内蒙古额济纳旗黑城遗址)。防卫回鹘、契丹与鞑靼。

镇洋山 人工所造之山。在今江苏太仓市。明弘治十年(1497)太仓州知州李端筑。周三百步,上有集仙洞,建迎春、来仙、游仙三亭。祝允明曾为作记。清末已荒毁。

镇洋县 清雍正二年(1724)分太仓州地置。因镇洋山得名。为太仓州附郭县(治今江苏太仓市),辖州治南偏。1912年并入太仓县。

镇夷郡 西夏重镇之一。景宗元昊于大庆元年(1036),升甘州(今甘肃张掖)置。襄宗安全未称帝时曾任镇夷郡王。

镇右将军 官名。南朝梁天监七年(508)置,为八镇将军之一。定为武职二十四班中的二十二班，只授予在京师任职之官。普通六年(525)改为武职三十四班中的三十二班。陈因之，拟二品，比秩中二千石。

镇沅府 元为元江路，明建文四年(1402)改置镇沅土州，永乐四年(1406)升为土府，隶云南布政使司，领长官司一。清雍正五年(1727)，改土归流为府，隶云南省。乾隆三十五年(1770)，降直隶州。道光二十年(1840)，升直隶厅。1913年改县。即今云南镇沅县。

镇远府 元始设，明洪武四年(1371)降为土州。永乐十一年(1413)升为土府。治所在今贵州镇远，隶贵州布政司，领县二，长官司三。为湖广至贵州、云南之通路，位置重要。清沿置。

镇远将军 官名。新莽置，因事而设，事迄即罢。东汉建安末刘备置，权任甚重。晋代不常置。十六国后秦亦置。南朝梁置，为将军名号，专施用于境外，品班拟车骑将军，相当于武职中最高一班。北魏太和十七年(493)定为从三品下，二十三年改为四品。北齐四品上，北周正六命。隋初列为散号将军，正七品上，大业三年(607)罢。

镇远王 元代诸王封号，授龟纽金镀银印。至元二十七年(1290)，拖雷庶子拨绰孙牙忽都受封。脱列帖木儿、也不干袭封。

镇远州 旧名古陇。广西土州。宋置，隶邕州。元隶太平路。明洪武初，土官赵胜昌归附，授世袭知州，设流官吏目佐之，隶太平府。治所即今广西天等县东北镇远。所辖居民主要有僮(壮)族。

镇寨官 宋于人烟繁稠处置诸镇监官，巡逻盗窃、征收酒税或兼管火禁；于险要处置诸寨寨官、巡检，主维持治安与防御。与寨官合称镇寨官。

镇州 唐元和十五年(820)改恒州置。治真定(今正定县)。辖境相当今河北石家庄、井陉、行唐、止定、阜平、栾城、平山、灵寿、藁城等市、县地。属河北道。五代唐升为真定府。晋改恒州，汉复改镇州，又升为真定府，周又改镇州。宋时辖境略有变动。庆历八年(1048)又升为真定府。属河北西路。

镇土 官名。南北朝防守要地的军事长官，地位相当于刺史，多由刺史兼任。北魏时亦用为"镇将"的别称。

镇左将军 官名。南朝梁天监七年(508)置，为八镇将军之一。定为武职二十四班中的二十二班，只授予在京师任职之官。普通六年(525)改为武职三十四班中的三十二班。陈因之，拟二品，比秩中二千石。

zhēng

正旦使 见"贺正旦国信使"。

正朔 古代历法，年始曰正，月初曰朔，一年的第一天称正朔。夏正建寅，以正月为岁首。殷正建丑，以十二月为岁首。周正建子，以十一月为岁首。改定正朔，表示王者受命于天，与前代不相袭，"所以变易民心，革其耳目，以助化也"(《白虎通·三正》)。西汉初年，沿袭秦代制度，以十月为岁首。武帝太初元年(前104)，制定新历法，改以建寅之月即正月为岁首。其后一直沿用到清代。

争国本 明万历时立皇太子之争论。明神宗皇后无子，恭妃王氏生长子朱常洛，郑贵妃生三子朱常洵。神宗宠爱郑贵妃，迟迟不立太子。大臣担心废长立幼，纷纷进言，要求早建东宫。争论自万历十四年(1586)起，持续十五年。不少朝臣因此获罪。二十九年，神宗迫于众议，立朱常洛为皇太子，常洵为福王。

争世王 明末高迎祥起义军部将。本名刘希尧。初转战陕北，后入英、霍山区，为"革左五营"主帅之一。崇祯十五年(1642)归附李自成，任右营制将军。后与高一功等联明抗清。永历三年(1649)率军从梧州北上，被清军袭杀于宜昌，一说彬州。亦有记其降清者。

争羡盐 明官府对四川井户增收灶课盐之一种。四川灶课，洪武间已有定额。宣德时，富义等处井户，寻井开煎，得盐一万五千三百八十八斤，遂列入正额征收。

争坐位稿 唐广德二年(764)，颜真卿所书致定襄王郭英乂尺牍稿本，又名《与郭仆射书》。内容为争坐位或论坐，多称《争坐位帖》。原稿已佚。传世刻本数十种，最早刻本在今陕西西安碑林。字体正雅，圆劲苍古，与《兰亭序》并誉为行书双璧。

征北大将军 官名。三国吴会稽王孙亮时置，以任魏降将文钦，率军伐魏。晋沿置，职掌与征北将军同，位在其上，多统兵出镇一方，都督数州军事。不常置。二品，秩禄与特进相同，如开府，则位从公，进为一品。十六国后燕亦置。南朝宋列为二品，齐位从公，开府仪同公，梁、陈时较征北将军进一阶。北魏太和十七年(493)定为一品下，二十三年改为二品。北齐时成为褒赏军功勋臣的二品闲职。

征北将军 官名。东汉兴平年间置。曹操执政后，列为四征将军之一，多为持节都督，出镇一方，地位重要，秩二千石。魏黄初时，位次三公，二品。两晋沿置。十六国汉、后燕、大夏亦置。南朝沿置，宋为三品，为持节都督则进为二品。梁天监七年(508)定为武职二十四班中的二十三班，大通三年(529)定为武职三十四班中的三十三班。陈拟二品，比秩中二千石。北魏太和十七年(493)定为从一品中，二十三年改为二品。北齐成为褒赏军功勋臣的闲职，二品。北周为八命。隋初列为散号将军，无职事，降为正六品。大业三年(607)罢。

征北小城 又作征北府小城。在今北京市东。西晋置征北将军驻此，因名(《资治通鉴》胡三省注)。东晋太兴元年(318)，刘琨与段匹磾共讨石勒，匹磾屯蓟城，琨屯征北小城，即此。

征(徵)侧(?—43) 东汉交趾麊泠县(今越南河内东北)人。建武十六年(40)，因反抗交趾太守苏定，与其妹征贰举兵自立为王。十八年，汉遣伏波将军马援、楼船将军段志率兵镇压。次年马援破交趾，征氏姐妹被杀。

征东大将军 官名。三国魏黄初三年(222)置,以曹休任之,假黄钺,督张辽等及诸州郡二十余军征讨孙权。职掌同于征东将军,而地位居其上,多统兵出镇方面,都督数州军事。不常置。二品。晋沿其制。秩禄与特进同。如开府,则位从公,进为一品。十六国汉、前秦、北燕亦置。南朝宋二品,齐位从公,开府仪同公。梁、陈皆较征东将军进一阶。北魏太和十七年(493)定为一品下,二十三年改为二品。北齐时成为褒赏军功勋臣的闲职,二品。

征东将军 官名。东汉初平三年(192)置。曹操执政后,列为四征将军之一,多为持节都督,出镇方面,地位显要,秩二千石。魏黄初年间,位次三公,官二品。两晋沿置,官三品,若持节,则为二品。十六国前凉、前秦、西凉亦置。南朝沿置,宋三品,为持节都督则进为二品。梁天监七年(508)定为武职二十四班中的二十三班,大通三年(529)改为武职三十四班中的三十三班。陈沿置,为二品,比秩中二千石。北魏太和十七年(493)定为从一品中,二十三年改为二品。北齐成为褒赏军功勋臣的闲职,二品。北周为八命。隋初列为散号将军,无职掌,降为正六品。大业三年(607)罢。

征东元帅府 元代镇守黑龙江下游及库页岛等地军事机构的专称。驻地奴儿干城(今俄罗斯境内黑龙江口附近)。居民为女真水达达与吉里迷。属辽阳行省水达达路管辖。元初,因骨嵬(今库页岛)越海掠吉里迷人,特设征东招讨司镇守其地。至元二十二年(1285),诏授征东招讨使杨兀鲁携三珠虎符,为征东宣慰使都元帅。寻仍设征东招讨司。后屡败骨嵬而招抚其民。时元帅府已改为招讨司,而元帅府之旧称不改。

征(徵)贰(?—43) 见“征侧”。

征和 西汉武帝年号(前92—前89),一作延和。凡四年。

征剿纪略 书名。清尹嘉宾撰。四卷。咸丰、同治年间,太平军与捻军先后在颍、亳、楚、豫等地及淮河南北作战。尹氏原为颍州阜阳县团练头目,在当地亲自率军镇压农民军,其后转战安徽、河南。是书虽极力夸张其个人事迹,但也从侧面反映了太平军、捻军英勇战斗的情况,所记各战役之具体过程,有一定史料价值。

征阶 北魏优给随军出征而不直接参加战斗之文、武官员的官阶。太和二十二年(498),诏从征武直之官进位三阶,文官二阶,外官一阶。其后建义元年(528)诏从四品以下从征者不得优阶,正四品者优一阶。军级从三品以上从征者优一大阶。正五品以下,还依前格,若有征阶十余,计入四品、三品,限授五阶。对征阶之优给作出一定之限制。

征虏将军 ❶武官名号。东汉初有征虏将军祭遵。❷官名。魏、晋、南北朝置。南朝宋、齐、梁及北魏为武官,亦作为高级文职官员的加官。三国魏、晋、南朝宋为第三品。梁天监七年(508)置智威、仁威、勇威、信威、严威等五将军代替此职,为武职二十四班中的十六班。北魏太和十七年(493)定为第三品上,二十三年改为从三品。

征虏亭 在今江苏江宁县方山南。东晋、六朝为京师三亭之一,居建康东行大路旁。南朝齐永泰元年(498),王敬则举兵会稽,太子宝卷使人上屋,望见征虏亭失火,以为敬则至,即此。

征蛮纪略 书名。明王尚文撰。二卷。尚文,字宝江,河北真定(今正定)人,官福建总兵。该书记载广西十寨瑶、壮族起义始末及被镇压情况。作者以亲身经历,叙述对峙激战状况颇详。

征蛮将军 官名。明代军制,两广地区总兵官挂印称将军者,称此号。

征南大将军 官名。东汉建武二年(26)置。魏、晋、南北朝时,为将军名号,多授予统兵出镇在外、都督数州诸军事者。在武职中地位较高,在四征将军之上,历代皆不常置。三国魏二品,晋仍为二品,禄赐与特进同。开府则位从公,假金章紫绶,升正一品。十六国前燕亦置。南朝宋二品,齐亦置,位从公。梁、陈时皆置。较征南将军高一阶。北魏太和十七年(493)定为一品下,二十三年改为二品。北齐时为褒赏军功勋臣的二品闲职。

征南将军 官名。(1)东汉建安中曹操置,为四征将军之一,秩二千石。魏黄初年间定为二品,位次三公。三国蜀、吴亦置。两晋、南北朝多授持节都督,出镇方面,地位显要。晋、南朝宋列为三品,若为持节都督则进为第二品。十六国成、前秦、西秦、南燕、北凉、大夏亦置。南朝梁天监七年(508)定为武职二十四班中的二十三班。大通三年(529)改为武职三十四班中的三十三班。陈拟二品,比秩中二千石。北魏太和十七年(493)定为从一品中,二十三年改为二品。北齐成为褒赏军功勋臣的二品闲职。北周改为八命。隋初列为散号将军,降为正六品,大业三年(607)罢。(2)明代驻云南总兵,挂印则称征南将军。

征欠司 见“都理欠司”。

征羌县 东汉置。治所在今河南郾城县东南。属汝南郡。晋省。后魏复置,属汝南郡。北齐废。

征人 见“兵募”。

征(徵)士 即“征君”。称曾经朝廷征聘而不肯受职的隐士。

征(徵)仕郎 散阶称号。明代置,为文职从七品之升授。清代沿置,为文职从七品之封赠。

征(徵)事郎 官名。(1)隋大业三年(607)置,员五十人,正八品,隶谒者台,据事大小出使。(2)唐代置,为正八品下文散官。金元皆置,四十二阶之第三十七阶。金代为从八品上。元代改从七品,敕授。明代从七品,升授。

征收课税使 官名。又称宣课使、税课使。元代置。太宗二年(1230)在所辖十路内设征收课税所,选择士人任征收课税使为长官,燕京路陈时可,宣德路刘中,西京路周立和,太原路吕振,平阳路杨简,真定路王晋,东平路张瑜,北平路王德亨,平州路夹谷永,济南路田木西。掌管路内科差、租税、课税的征收与转运,兼管刑名和选考儒士。

征收课税所 官署名。简称课税所。元太宗二年(1230)置。蒙古初据中原,税收无定制,官吏多聚敛自私。太宗准备攻金,军需无从筹措,耶律楚材建议均定中原地税、商税、酒、醋、盐、铁、山泽之利,岁可得银五十万两,帛八万匹,粟四十万石。乃立征收课税所,长官为正、副使,以士人陈时可等人担任。共分燕京、宣德、西京、太原、平阳、真定、东平、北京、平州、济南等十路,合称十路征收课税所。

征税口岸 清代水路钞关派出之征税机构。各关依据货物种类及吞吐量而置,设有定额,题报在案,多者数十,少者一至数个,不得任意增减。口岸由监督派委所属笔帖式、司库等官督同家人、长随、书吏分驻,掌其榷务。所征货税逐日登记报查。

征西大将军 官名。东汉建武三年(27)以冯异任此职,统兵征讨赤眉。两晋、南北朝时为将军名号,多统兵出镇在外、都督数州诸军事。在武职中地位较高,居四征将军之上,历代皆不常置。两晋定为二品,秩禄同于特进。如开府,则位从公,升为一品,假金章紫授。十六国后燕、后秦、北燕亦置。南朝宋为二品。齐位从公,开府仪同公。北魏太和十七年(493)定为一品下,二十三年改为二品。北齐时为褒赏军功勋臣的闲职,二品。

征西纪略 书名。清曾毓瑜撰。四卷。曾氏尝游幕陕甘,随军天山,得闻左宗棠镇压回民起义、与俄交涉等旧事。后即撰成此编,为《陕甘靖寇记》、《新疆靖寇记》、《新疆兵变记》三篇。文简事赅。材料大都得自见闻,可资研究西北回民起义及中俄交涉参考。有京师官书局排印本。

征西将军 官名。(1)东汉永元间置。同杂、偏、裨等号将军。建安间曹操主持国政,列为四征将军之一,地位提高,秩二千石。三国魏文帝时多授予都督雍、凉二州诸军事者,驻长安,三品,若为持节都督,则进为二品。十六国汉、西秦、大夏沿置。南朝、北魏亦置,地位显要,南朝宋为三品。梁天监七年(508)定为武职二十四班中的二十三班,大通三年(529)定为武职三十四班中的三十三班。陈拟二品,比秩中二千石。北魏太和十七年(493)定为从一品中,二十三年改为二品。北齐仍二品。北周为八命。隋初列为散号将军,降为正六品。大业三年(607)罢。(2)明代驻西夏总兵,挂印则称此号。

征西前将军 官名。明代军制,大同地区总兵官挂印称将军者,称此号。

征(徵)信录 书名。清汪季铭撰。二卷。卷上《粤匪洪秀全始末纪略》,为太平天国起义事。卷下《广东英夷入城纪略》、《半线遭难纪略》、《漳州徐观察殉难纪略》三篇,分别记第二次鸦片战争时英军侵入广州事,汪氏叔侄兄弟被俘入太平军营而后逃出经过,及同治三年(1864)九月太平军进攻漳州等事。有光绪十二年(1886)刊本。

征一法 明中叶江南赋役改革中之重要措施。指拉平官民田科则,使赋役逐步合一,部分折纳货币。因应天巡抚欧阳铎在制订经赋册中,有"征一定其则"条,故名。主要在嘉靖年间推行,各地作法不尽相同。一是以轻赍及耗米办法调节官民田科则。嘉靖十四、五年(1535—1536)间,欧阳铎与苏州知府王仪提议,重则田派征轻赍,递减耗米,减轻粮额;轻则田征收本色,递增耗米,加重粮赋。二是归并役目,将部分里甲、均徭折银,按不同比例摊入丁田征收。三是统一官名田科则,二十六年,嘉兴知府赵瀛提出,田不分官民,税不分科则,一切以三斗起征。苏、松、常等府仿行。

征远将军 官名。南朝梁置,天监七年(508)定为武职二十四班中的十四班,与轻车将军同班,代旧辅国将军。大通三年(529)移入宁远将军班,定为武职三十四班中的二十三班。陈沿置,拟五品,比秩千石。如加为征远大将军,则进一阶。

征(徵)在 春秋时鲁人。颜氏之女,亦称颜征,孔子之母。

征(徵)藏史 官名。周置,掌收藏典籍。《庄子·天道》:"孔子西藏书于周室。子路谋曰:'由闻周之征藏史有老聃者,免而归居,夫子欲藏书,则试往因焉。'"成玄英疏:"为周征藏史,犹今之秘书官,职典坟籍。"

承阳县 承一作烝或蒸。西汉置,以在承水之阳得名。治今湖南邵东县东南。属长沙国。元始五年(5)封长沙孝王(《汉书·王子侯表》误作"剌王")子景为承阳侯。东汉属零陵郡。三国吴属衡阳郡。东晋废。

峥嵘洲 在今湖北黄冈市西北长江中。东晋元兴三年(404),刘毅大败桓玄于此。

钲 一名钲铖。古代敲击乐器。用青铜铸成,为行军时所用。形体似钟,狭长,柄细长可用手执。使用时,口朝上,以槌敲击。盛行于春秋时期的徐、楚、吴等国。西汉时仍有使用。与此相似的乐器有名"句镩"者,见于春秋晚期吴、越等国。

烝阳县 三国吴改烝阳侯国置。治今湖南邵东县东南。属衡阳郡。东晋废。

蒸湘 湘江至湖南衡阳市北与蒸水会合后称为蒸湘。与潇湘、潇湘合称"三湘"。

zhěng

氶县 氶一作承或丞。西汉置。以氶水所经得名。在今山东枣庄市东南旧峄县西北。隋大业初改为兰陵县。唐武德四年(621)又改为氶县。《资治通鉴》:唐元和十四年(819),"李愬败平卢兵于沂州,拔氶县",即此。汉及西晋初属东海郡,西晋元康后及南朝宋属兰陵郡,东魏至北周为兰陵郡治,隋及唐初为鄫州治,唐贞观以后及北宋属沂州。金明昌六年(1195)复改兰陵县。

整董 地名。又名振董。在今云南江城西南与景洪东北交接处。元至正七年(1347)于此置耿冻路。

整分庄头 见"半分庄头"。

整甲 即"河亶甲"。

整轮 清食盐销售术语。官盐由扬州船运抵武汉口岸,商人停船挨卖,谓之整轮。盐商可以运用整轮,抬价居奇或销售私盐。

整事大相 古代吐蕃官名。藏语作喻寒波掣逋。下设副整事(藏语作喻寒觅零逋)、小整事(喻寒波充)等官,负责刑法事务。

zhèng

正 ❶西周称执政大臣。《大盂鼎铭》:"若文王命二三正。"❷正职。即一官之长。《周礼·天官·大宰》:"乃施法于官府,而建其正,立其贰。"❸乡官名。晋代凡千户以上乡置一人。

正安 大理段思廉年号(1053—1055)。凡三年。

正宾 明代乡饮酒礼诸宾之一,选参加者中年龄最长之人充任。

正参军 官名。晋制,诸公府置诸曹参军,又有正参军、行参军、兼行参军及长兼行参军等员。除拜者为正参军。诸府参军皆七品。南朝齐时,局曹以上十二曹,署正参军各一人。梁、陈、北魏、北齐沿袭,均有正、行参军。

正参领 军阶名。清末新陆军中等官阶之一。光绪三十年(1904)定新陆军三等九级官制,始置。为中等第一级,任统制官、正参谋官等。秩视参将,阶正三品。宣统元年(1909)修订,军官冠以某队(步队、马队)、军佐冠以某科(军医、军需)字样。

正仓 唐时泛指全国各州县的官仓。相对义仓而言,故名。其储量据《通典·食货十二》记,天宝八载(749)时,为四千二百十二万六千一百八十四石。

正仓院 日本奈良时代文物库。亦称正藏院。位于奈良东大寺大佛殿西北。为一木构建筑,分北、中、南三仓。库中存有古代文物一万余件。主要为奈良时代光明皇后献入东大寺的圣武天皇遗物,天历四年(950)由东大寺羂索院仓库中移入的古代器物。有文书、文具、佛具、乐器、服饰、兵器、工具、医药、生活用品及绘画雕刻等工艺品,种类丰富,制作精巧,保存较好,大部具有浓厚的唐代及中亚风格。其中一部分系直接由唐传入日本,如银平脱合子、螺钿琵琶、鸟毛立女屏风、三合鞘御刀子、金银钿庄唐大刀、唐三彩磁鼓筒等,极其珍贵,已成为日本国宝。其他文物亦可见唐代风格的影响,为奈良文化的结晶,反映唐时中日两国文化的广泛交流。

正抄 见"发抄"。

正仇满论 篇名。章太炎撰。清光绪二十七年(1901)刊于《国民报》第四期。为批驳梁启超《中国积弱溯源论》而作。抨击保皇派拥立光绪,实行君宪谬论;论证革命并非"仇满",梁氏反对革命,只是"忠爱"于光绪一人而已。

正刺 正任刺史的简称。

正大 金哀宗年号(1224—1231)。凡八年。

正大光明殿 清宫殿名。在北京圆明园二宫门(出入贤良门)内。殿中悬有清世宗题"正大光明"匾额。清代雍正至咸丰年间,历朝皇帝凡住圆明园期间,大都在此朝会听政。咸丰十年(1860),被英法联军纵火焚毁。

正德 年号。(1)西夏崇宗年号(1127—1134)。凡八年。(2)明武宗年号(1506—1521)。凡十六年。

正德云南志 书名。明周季凤纂修。四十四卷。季凤,字公仪,江西南昌人,正德间官云南按察提刑副使。此书纂修于正德五年(1510),据弘治十六年(1503)云南按察司提学副使彭纲纂修之《云南总志》重加编定。卷一至卷三十三为正志,首列布政司,次按各府、州、指挥使司等地区,分载其建置沿革、郡名等二十四目,次要事一卷,列传七卷,文章十一卷。其余十一卷为外志,载寺观、仙释,及汉唐诸夷传、大理国传、缅甸传。此书体例较《景泰云南志》有所改进,且补景泰志以后五十年事迹较详。《天一阁书目》著录。北京图书馆藏原刊本。云南省图书馆藏影抄原刊本。

正丁 又名丁。合于承担赋役之人,年龄因时而异。如北魏行均田制时规定男年十五至七十为丁,晚期则以年十八为丁。北齐时改年十八以上,六十五以下为丁。西魏、北周时则以年十八至六十四为丁。详见"丁"。

正定府 本真定府,清雍正元年(1723)避帝名胤禛讳改名。治正定县(今县)。属直隶。辖境相当今河北无极、晋州等市、县以西,藁城、元氏、赞皇等市、县以北,新乐、行唐、阜平等市、县以南地区。1913年废。

正定铜佛 河北正定隆兴寺的铜质观音像。高约22米,重76吨。背后、肋下、正面计伸出四十二只手。铸于北宋开宝四年(971)。据记载,佛像下有一个深5米,以七根铁柱为骨,并浇有铁水的三合土基座。全身分七段铸成,一段铸至莲花座,二段至膝盖,三段至脐下,四段至胸,五段至腋下,六段至肩,七段铸头部,后背添铸三十六臂。是现存中国古代最大铜铸佛像。

正都统 军阶名。清末新陆军上等官阶之一。光绪三十年(1904)定新陆军三等九级官制,始置。为上等第一级,任总统官。秩视提督,阶从一品。

正兑 即正兑米。清代漕运入京师各仓之漕粮。原额三百三十万石,内含折征。乾隆十八年(1753)实征二百七十五万余石,嘉庆十七年(1812)为二百五十六万余石,光绪十三年(1887)为二百四十七万余石。

正犯 法律用语。宋代法律称劫杀、谋杀、故杀、斗杀并已杀人的罪犯,以及犯*十恶,伪造符印,放火,官员犯入己赃,将校、军人、公人犯枉法赃,监主自盗赃等罪犯,为正犯。余如将邪法药物给人服食,为人合药、针刺故意不如原方,制造厌魅、符书、咒诅企图给人疾苦,故意使牲畜、猛兽杀伤他人,故意给人食用有毒之物,诬告他人死罪,诈陷他人,断案官吏故意入人死罪等,皆同正犯。正犯遇朝廷常赦、皇帝*疏决,不予赦免或减刑。后代则以首谋者为正犯。《元典章·刑部五·检验》:"今省部定到尸形格式于内,于是开写正犯、干犯名色。"黄六鸿《福惠全书·刑名·比差》:“凡抗拘不到,已改差拿,而牌上正犯,仍有不到,必该差明知必责,定受重贿,希图破调。必重责,严限补拘,自无不到。”

正方案 天文仪器。元郭守敬创制。用木或铜制成正方形,每边长四尺,厚一寸,周边设有水槽以置水平。正中安一圆柱,其高与直径均两寸,其上固定一细棒,此棒由案面起算高一尺五寸(春秋分时用),夏至时则再加长五寸,冬至时减五寸。案面上从圆柱外起,以一寸为间隔,画十九个同心圆,最外一圈为重规;附刻有十二方位和乾、坤、震、坎、艮、巽、离、兑等以表示季节,以及周天度。此仪器用途有三:(一)水平放置测太阳方位;(二)正南北方向垂直立于地面,可测北极出地高度;(三)帮助安装天文仪器,使天文仪器的两枢轴与天北极平行或重合。

正奉大夫 散官名。北宋置,为正四品上阶文散官,元丰改制后废。大观二年(1108)又改右光禄大夫置,为正三品文臣寄禄官。金、元亦置,为四十二阶文散官之第十二阶。金从三品上;元从二品,宣授。明代沿置为散阶,以授从二品文官。

正奉郎 散阶称号。明洪武四年(1371)置,以授正七品内官。

正俸 清代指王公百官额定俸禄。有俸银、俸米、俸缎等名目。凡正俸皆分别依等发放:宗室之俸分二十一等,公主格格之俸分十四等,世爵之俸分二十七等,文职官之俸分十等,八旗武职之俸分九等,绿营武职之俸分八等,外藩蒙古之俸分九等,回爵之俸分六等。其文职官,从一品至正九品为九等,从九品及未入流列为第十等,俸银从岁支银一百八十两递降至三十一两有奇,且正俸银一两兼支米一斛。其官俸之低,自古少见。

正负开方术 算学术语。南宋秦九韶在北宋贾宪增乘开方法基础上提出的开方程序,是为《数书九章》的主要数学方法之一。规定实常为负,相当于现今之将常数项移至方程左端,因而可将随乘随加的过程进行到底。方程的系数在有理数域内没有限制,可正可负,可为分数,亦可为小数。求解的方程有的高达十次。建立方程的过程还进行了无理式的有理化。此术把高次方程求正根的方法推向世界高峰,超前其他文化传统几个世纪。

正负术 算学术语。即今之正负数加减法则。始见于《九章算术·方程》。中算家在应用直除法解线性方程组时引入正负数,遂创造了正负术。当方程两行所消元的系数同为正数或负数,即同名时,用减法。此时若其他对应项的系数(含常数项)为一正一负者,就相加,即$a-(-b)=a+b$,$-a-b=-(a+b)$,$a,b>0$;若被减行对应项有缺项,无有与之相减,称之为“无入”,那么“正无入负之,负无入正之”,即$0-a=-a$,$0-(-a)=a$,$a>0$。当方程两行所消元的系数为一正一负,即异名时,用加法。此时若其他对应项系数为同号者,就相加,即$a+b$,$-a+(-b)=-(a+b)$,$a,b>0$;两行任一个有缺项,其加法法则为“正无入正之,负无入负之”,即$0+a$(或$a+0$)$=a$,$0+(-a)$(或$-a+0$)$=-a$,$a>0$。《九章算术》将此概括为“同名相除,异名相益,正无入负之,负无入正之;其异名相除,同名相益,正无入正之,负无入负之”。确立了正负数加减运算的完整法则,与今一致。

正负数 算学术语。相反意义量的表示。始见于《九章算术·方程》。其第三问之方程组在应用直除法消元过程中,出现“以多减少”而不够减的情形,遂引入正负数概念。刘徽注云:“今两算得失相反,要令正负以名之。”并以“正算赤,负算黑,否则以邪正为异”记之。《九章算术》还提出正负数加减运算法则(详“正负术”),并在实际上运用了正负数乘除运算法则。而后者的完整阐述则在元朱世杰《算学启蒙》中。

正赋 即田赋。相对于盐茶等杂课而言。系中国历代政府对土地征课的税项。春秋战国称税,秦、汉、魏、晋称租。后课私田称税,课官田称租。宋代课官民田均称赋,田赋之名始此。明行一条鞭法后,逐渐将徭役、土贡并入田赋,清初又陆续将各项杂征并入田赋,自雍正年间摊丁入地,地丁合一,田赋成为最主要的财政收入。清正赋按亩分夏秋两季征收,分别土地类别、肥瘠,轻重各有不同,以粮交纳(称本色或本征)或折银交纳(称折色或折征)。正赋外又有各种附加税,如羡余、火耗、平余等。

正供 ❶吏名。宋代殿中省尚舍局、尚辇局属吏。宋徽宗崇宁二年(1103),改次供御置。❷清代官员的正常收入。即按官员品级每年发给的固定银米,亦称*正俸。区别于恩俸、养廉、津贴等额外待遇。

正光 北魏孝明帝年号(520—525)。凡六年。

正光历(曆) 历法名。北魏宣武帝时,以所行《玄始历》已有疏漏,命更造新历。自延昌四年(515)冬开始集议新历,并立表实测日影,历时三年。神龟元年(518),由著作郎崔光总合张洪、李业兴、张龙祥、卢道虔、卫洪显、胡荣、僧道融、樊仲遵、张僧豫九家所上新历,共成一历,以壬子为元,应魏之水德,名曰《神龟历》奏闻。孝明帝以新历告成,大赦,改元正光,因名新历为《正光历》,于正光三年(522)施行。此历开始记载七十二候,对后世修历颇有影响。

正广和洋行(Caldbeck. macgregor & Co.) 外资商行。清同治三年(1864)由英商创办于上海。主要从事制酒及生产各种饮料。

正耗 清代附加税之一种。凡运往京师之米豆,谓之漕粮,储于京仓者,称为正兑。各省征收米豆各有定额。于定额外,又视距京师路途远近,每正兑漕粮一石,另外加征数斗不等,随漕起运,以弥补京仓耗损及解运沿途折耗,名正耗。

正和缫丝厂 商办企业。清光绪二十年(1894)由华商创办于上海。有工人四百名。

正户 ❶见“主户”。❷金户类名。猛安谋克的奴婢放免为良民后,隶于主人属部者,称为正户。

正脊 建筑部件名称。位在屋顶前后两面坡相交处。等级较高建筑的正脊两端砌出鸱尾、鸱吻、龙尾、吻兽、正吻等装饰物。脊中间砌出宝瓶等饰物。

汉代起正脊两端开始有生起，唐、宋、元沿用，明、清恢复平直状态。

正籍　战国齐国征收人口税之簿籍。《管子·轻重甲》："民无以与正籍者，予之长假。"郭沫若《管子集校》引安井衡曰："'正籍'谓正户正人之籍。"正户一般指有本业者，正人即一家之长。马非百《管子轻重新诠》则谓"正"读如"征"，征籍指为应纳税者所著之籍。

正纪郎　散官名。金代置，为司天监散官，属二十五阶之第二十二阶，秩正九品上。元代沿置，属十四阶之第十一阶，秩正八品。

正监　官名。战国秦国商鞅时设此官。主管监察事项。《商君书·境内》："将军为木台，与国正监，与王御史参望之。其先入者，举为最启；其后入者，举为最殿。"高亨注释："正监，官名，主管监察事项。"

正监理官　官名。清末度支部派驻各省清理财政局官员。宣统元年（1909）各省设清理财政局，始置。每省一人，三、四品不等，度支部遴员奏派。共派二十人，任期二年。掌稽查督催该局一切应办事宜。

正谏大夫　官名。唐龙朔二年（662），改谏议大夫为正谏大夫。神龙元年（705），复原名。

正将　军职名。北宋神宗行将兵法，每路兵设一员统领。金代诸边将亦置，正七品，掌率所部轮番巡守边境。

正军　军队中直接作战的正规士兵。(1)辽制，契丹民年十五以上、五十以下隶兵籍。正军一名，随从打草谷家丁及守营铺家丁各一名，马三匹。铁甲弓箭兵器皆由正军自备。所需粮草，由打草谷骑丁四出抄掠。(2)西夏制，男子年十五为丁，二丁取一人为正军。随正军服杂役者称为负担。正军疲弱者，马可充负担。正军一名给马、驼各一匹。(3)金制，女真诸部民，壮者皆兵，由各部孛堇（部落长）征调。正军又称甲军，兵仗糗粮皆自备。随带副从士卒一至二人，称阿里喜，担任杂役，多为正军之子弟。世宗时规定，可由驱丁充任。(4)元制，汉军军户以两户或三、五户合并出军一名，由其中丁力强者充，称为正军户或正军。详"正军户"。

正军户　元代指出军的军户。元代采用正、贴军户制，以两、三户或三、五户合出军一名，其中丁力强者出军一名，其他各户出钱相助。出军户即为正军户，又称军头，出钱户称贴军户。正军户无丁可出时，由贴军户出军，正军户出钱津助，但正、贴地位不变。元朝规定，正、贴户卖田产，许相互过问，以免影响出军和贴军。

正军校　军阶名。清末新陆军次等官阶之一。光绪三十年（1904）定新陆军三等九级官制，始置。为次等第一级，任督队官、执事官等。秩视守备，阶正五品。宣统元年（1909）修订，军官冠以某队（步队、马队）、军佐冠以某科（军医、军需）字样。

正军械官　官名。清末新陆军职官。光绪三十年（1904）定新陆军营制，始置。每镇一人，从三品，以副参领充，简放。掌考查全镇战具军火等事。

正军医官　官名。清末新陆军职官。光绪三十年（1904）定新陆军营制，始置。每镇一人，从三品，以副参领充，简放。掌考查全镇卫生医药等事。

正开拆官　吏名。南宋置，隶临安府开拆司，主管开拆司事，其下有副开拆官、下名开拆官。

正考父　西周末东周初宋国人。宋湣公之后裔。孔子七世祖。事戴、武、宣三公。曾从周太师得《商颂》十二篇，加以考校，后散佚七篇。一说为春秋时宋襄公之大夫，襄公修行仁义，欲为盟主，他美襄公之行，"追道契、汤、高宗，殷所以兴"，故作《商颂》。

正科　❶科举考试用语。明清时指按期举行的科举考试。明清定制，每三年举行一次科举考试，即每逢子、卯、午、酉年举行乡试，丑、辰、未、戌年举行会试、殿试。这些年份的乡、会、殿试即为正科。如遇皇帝登极或皇帝、太后万寿等庆典增设之考试，称为恩科。如庆典恰逢正科之年，则以正科为恩科，或将正科移于前，或将正科移于后。清制，有些省份因战乱等因未能举行的正科，可于下届正科时补行，取中名额仍照原科定额录取。❷官名。明清地方府之医学学官。明洪武十七年（1384）设，每府一人，从九品。设官不给俸。掌教授生徒之事。清沿明制设，未入流。由所辖有司遴选谙医理者，咨部给札。宣统元年（1909），奉天模范监狱成，设医务所所长，省府正科一人。

正郎　唐代尚书省诸司郎中别称。

正历　❶**（正歷）**明代国子监监生拨历（即分拨到各衙门历事）形式之一。凡正式指派监生往在京各大衙门历事者，称正历。名额有定数，计吏部四十一名，户部五十三名，礼部十三名，兵部二十五名，刑部七十名，工部二十四名，都察院六十三名，大理寺二十八名，通政司五名，行人司四名，五军都督府五十名。历事三月，期满后补官，但常有延至一年余者，遇有缺出，挨次补官。❷**（正曆）**渤海康王大嵩璘年号（794—809）。凡十六年。

正粮　❶明代军屯所产供士兵及家属食用之粮。参见"屯粮"。❷清代有漕省分所纳漕粮中，称米为正粮。以别于豆麦、荞麦等杂粮。

正领　官名。明末清初郑成功设。其军队分为五军，下辖陆军七十二镇、水师二十镇。每镇五协，共有官兵一千二百人。每协设正领五人、副领十人，掌率兵士。每正领管十班，班设班长。

正令史　佐理案牍文书的官吏。简称令史。秦、汉诸官署多置令史，掌文书。三国魏、两晋、南朝、北魏、北齐省、台、府、寺诸官署沿置，称正令史，高于书令史。魏、晋、南朝宋、北魏为流内官，梁、陈、北齐皆为流外吏职。

正留守　官名。明洪武十四年（1381）于中都（凤阳）留守司置，为留守司长官，掌中都守御防护之事。武职，正二品。嘉靖十八年（1539）于兴都（湖广承天府，治今湖北钟祥市）留守司亦置，设官、职掌同中都之制。

正隆　金海陵王年号（1156—1161）。凡六年。

正隆事迹记　书名。南宋张棣撰。一卷。记金海陵炀王之事,始于初立,终于瓜州之变,凡十有二年。内容大抵得之传闻,疏漏殊甚。海陵改元三次,此但称正隆,以著其要。《宋史·艺文志》著录有《金亮讲和事迹》一卷,亦张棣撰,当为此书之异名或节本。

正隆通宝 金铜钱。圆形,方孔,汉字。海陵王正隆二年(1157)始铸,与辽、宋旧钱通用。《金史》、《续文献通考》俱作"通宝",今存实物作"元宝"。

正律 ❶按三分损益法,依次先计算出的十二律,称为正律。若继续再往下计算,所得超出十二律外的律,为变律。❷指音高适中的一个八度内的十二律。比其低八度的十二律称为倍律,因其振动弦长均比相应的正律长一倍;比其高八度的十二律称为半律,因其振动弦长均比相应的正律短一半。在高低三个八度三十六律中就形成了倍-正-半关系。朱载堉《律学新说》有详细论述。

正律器 见"定律器"。

正蒙 书名。北宋张载著。九卷。用儒家圣功正道启蒙后学,故名。系作者"历年致思之所得",门人苏昞会归义例,仿效《论语》、《孟子》篇次章句,以类相从,为十七篇。熙宁九年(1076)成书。明沈自彰收入《张子全书》。以"气"为万物之本原,阐述"虚空皆气"、"阴阳气化"、"一物两体"、"穷神知化"、"穷理尽性"、"明理去欲"、"民胞物与"等观点,并斥佛道"以心为法"、"以空为真"、"生死轮回"之说。门人范育作序,认为此书旨在"与浮屠老子辨"。主要注本有王夫之《张子正蒙注》,王植《正蒙初义》,刘玑《正蒙会稿》,高攀龙、徐必达《正蒙释》,李光地《正蒙注》,杨云达《正蒙集说》等。

正蒙书院 又名梅溪书院。清末私人出资兴办的分科设教的新型学堂,为最先改良之私塾。光绪四年(1878)张焕纶在上海创办。略仿西方小学教育之法,分设国文、舆地、经史、时务、格致、算学、歌诗等科;不授帖括,以明义理、识时务为宗旨,课余开展游戏等娱乐活动,兼采西方教育之所长。十一年,扩建新舍落成,改名梅溪书院。二十八年改名梅溪高等小学堂。三十年改为官立。宣统三年(1911)上海光复后,改名市立梅溪高等小学校。

正名 名,原指等级名分,后泛指名称,正名即辨正其等级名分、名称。子路问孔子为政,孔子答以:"必也正名乎!"认为"名不正,则言不顺;言不顺,则事不成;事不成,则礼乐不兴;礼乐不兴,则刑罚不中;刑罚不中,则民无所措手足。"(《论语·子路》)以等级名分作为评判现实的标准,遂引起名实之争。墨子以"取名予实"的理论与此说相对立。荀子作《正名篇》,认为"名无固宜",主张"制名以指实"。

正拟 即"拟正"。

正平 年号。(1)即"丑平"。(2)北魏太武帝年号(451—452)。凡二年。(3)南朝梁临贺王萧正德年号(548—549)。凡二年。

正平县 隋开皇十八年(598)改临汾县置。《元和郡县志》:"因正平故郡城为名。"治今山西新绛县。为绛州治。大业三年(607),为绛郡治,唐、宋为绛州治,金为晋安府治。元复为绛州治。明洪武初并入绛州。

正仆(僕)人 官名。又称仆人正或太仆正。春秋楚置。仆官之长。《左传·昭公十三年》:"蔡公使须务牟与史猈先入,因正仆人杀太子禄及公子罢敌。"

正气会 自立会的初名。见"自立会"。

正契 又称官契。宋制,人户典卖田宅,须请买官府印卖的文契书填,方许印押投税,具有法律效力。正契有一定格式。绍兴十年(1140)规定:若契内不开具顷亩间架、四邻所至和税租役钱,及无立契业主、邻人、牙人、保人和写契人书字者,并依违法典卖田宅断罪。

正寝 即路寝。帝王、公侯之正居。《春秋公羊传·庄公三十二年》:"路寝者何?正寝也。"何休注曰:"公之正居也。天子诸侯皆有三寝:一曰高寝,二曰路寝,三曰小寝。父居高寝,子居路寝,孙从王父母,妻从夫寝,夫人居小寝。"

正卿 卿之长者。春秋时各国称卿之当权者为正卿。《左传·庄公二十二年》:"五世其昌,并于正卿。"杨伯峻注:"文七年、宣二年传之正卿皆指晋之赵宣子,襄四年传之正卿指鲁之季文子,襄二十一年传之正卿指鲁之季武子,昭元年传之正卿指晋之赵武,皆卿之当权者。《诗·小雅·雨无正》有正大夫,郑玄笺云:'正,长也。'大夫之长曰正大夫,卿之长曰正卿。"

正人 周代称官吏之长。《书·康诰》:"惟厥正人。"孔传:"惟其正官之人。"孔颖达疏:"正官之人,若《周官》三百六十职。正,官之首。"

正人籍 战国齐国人口税。《管子·国蓄》云:"以正人籍,谓之离情。"尹知章注:"(正人)正数之人,若丁壮也。"谓正人籍为只向丁壮者所征之夫税。马非百《管子轻重新诠》引姚永概曰:"'以正人籍',计口而籍之也,计口则人无免者,故曰'离情'。"认为正人籍属计口而征的普遍人口税。

正任 宋制,观察使、防御使、团练使、刺史为武官虚衔,无实际职掌,凡不带阶官者为正任,带阶官为遥郡。遥郡品位依阶官为准。正任高于遥郡,能参预朝谒御宴,遥郡则否。

正声 乐律术语。始见于《荀子·乐论》。(1)音阶中的五声。沈括《补笔谈》卷一:"变宫在宫、羽之间,变徵在角、徵之间,皆非正声。"(2)能发生共振的乐音。沈括《补笔谈》卷一:"声律高下苟同,虽在他琴鼓之,应弦亦震,此之谓正声。"(3)先秦时称"雅颂之声"为正声,称"郑卫之音"为奸声。《荀子·乐论》:"凡奸声感人而逆气应之。……正声感人而顺气应之。"(4)以"太声"、"正声"、"少声"区别由低到高的三个八度组的律名或阶名。曾侯乙钟铭已有"太"、"少"前缀词。相对于"太"(低八度)、"少"(高八度)而言,中间八度的律音为正声。

正史 史书分类名目之一。被认为最正规、最重要者。始见于《隋书·经籍志·史部》,以纪传体著作为正史,居首位。刘知几《史通》以《尚书》、《春秋》

及以后之编年、纪传二体史书均为正史。《明史·艺文志》以纪传、编年二体并称正史。清乾隆时编辑《四库全书总目》,以纪传体为正史,并诏定《史记》至《明史》二十四种为正史,自此正史遂为二十四史专有之名称。

正史削繁 书名。南朝梁阮孝绪撰。九十四卷。已佚。

正始 年号。(1)三国魏齐王曹芳年号(240—249)。凡十年。(2)十六国北燕高云年号(407—409)。凡三年。(3)北魏宣武帝年号(504—508)。凡五年。

正始之音 指魏晋清谈风气。因魏晋玄学始于魏齐王正始年间,故名。由何晏、王弼首创。以清谈论辩为形式,以《老子》、《庄子》阐释儒家经义为内容。简约玄淡,倾动当世,两晋之士,莫不景慕效仿。《晋书·卫玠传》:"昔王辅嗣(弼)吐金声于中朝,此子(卫玠)复玉振于江表,微言之绪,绝而复续。不意永嘉之末,复闻'正始之音'。"明顾炎武《日知录·正始》有评述。

正侍大夫 官名。北宋政和二年(1112),重定内侍官名,改延福宫使置,正五品。

正侍郎 阶官名。北宋政和六年(1116)置,为武臣阶官,从七品。

正首领 军职名。西夏军队职官。在将佐之下,小首领之上。另有权正首领。

正书 见"正字"。

正术 官名。明清阴阳学学官之一。明洪武十七年(1384)始设,府各一人,从九品。凡天文、占候、星卜、相宅、选日之流,悉归管理。然设官不给禄。清顺治初沿设,府各一人,未入流,由所辖有司遴选学行端正者,咨部给札。雍正七年(1729),令兼辖星学。

正数 算学术语。(1)大于零之数,与负数相对。魏晋间刘徽云:"今两算得失相反,要令正负以名之。"(2)恰好之数。刘徽以齐同术论盈不足术云:"通计齐则不盈不朒之正数。"

正思 唐李翱哲学术语。谓通过勿虑、勿思,寐然不动的方法,达到克服一切情欲的目的。《复性书·中》:"弗虑弗思,情则不生;情既不生,乃为正思。正思者,无虑无思也。"此说受佛教理论影响,近于佛教修持过程之"渐悟"阶段。

正太铁路 直隶正定(今属河北)柳林堡至山西太原铁路。清光绪二十二年(1896)山西巡抚胡聘之请准开办。经山西商务局与俄国华俄道胜银行商议借款承办,并订立草合同。义和团运动时停顿。二十八年清政府将该路作为芦汉支路,归并铁路总公司,遂另立合同,援照芦汉铁路例,借俄款四千万法郎。三十年四月开工,三十三年十月通车,全长242公里,窄轨。后以石家庄为起点,加以改造,改名为石太铁路。

正堂 明清地方府、州、县主官之尊称。

正体类要 书名。明薛己著。二卷。上卷载主治大法,包括外伤及汤火伤治验等;下卷收载内、外科治疗方药七十首。在证候诊断与治疗方法上,均与其他伤科专著不同,以论述一般性软组织损伤为主,故不侧重外治手术法的使用,而是以内治法为主要治疗手段。刊于嘉靖八年(1529)。今传者有《薛氏医案》本、《中国医学大成》本。1957年上海卫生出版社出版排印本。

正田 北魏均田制中属于还受之露田称正田。又规定凡居于狭乡不乐迁宽乡之受田者,则以其家桑田为正田分。

正贴司 吏名。北宋元丰改制后,吏部、秘书省等官署置,分领有关细务。

正统 ❶西夏军官。为第一等,有副统辅佐。❷明英宗年号(1436—1449)。凡十四年。

正统司 官署名。西夏仁宗乾祐年间置。与枢密院分掌军政。

正途 明清官员出身之一。凡进士、举人出身及恩贡、拔贡、副贡、岁贡、优贡生、荫生出身者均为正途,其余出身者均为异途。清代定制,异途经保举,亦同正途出身,但不得考选科道。非科甲正途出身,不得授翰林院、詹事府及吏、礼二部官员,惟旗员不拘此例。清代官吏出身限制极严,八旗户下、汉人家奴、长随等不准入仕籍,即"别流品,严登进"之意。

正卫郎 散官名。明洪武四年(1371)置。初授库副使、仓丞等,后内官品秩屡更,则专授从七品内官。

正象历(曆) 历法名。五代前蜀颁于永平二年(912)十二月。已佚。

正选 清代吏部铨选制度。为月选官员班秩之一。凡内外官缺出,以正班之员选补。单、双月选官缺,分别以进士、举人、恩贡、拔贡、副贡、荫生、散馆庶吉士、满教习、教习及捐输、应升、俸满即升、卓异、俸深、议叙、降调、开复等官为正班,皆依吏部所颁规制办理。

正押衙 官名。唐末、五代盐铁、户部、度支三司所置属官。五代后唐长兴四年(933)以盐铁转运使额职极多,将正押衙设为尚书省省职,为转迁之序。其下有同押衙、衙前都虞候、衙前子弟,其他名目撤销。

正言 官名。北宋端拱元年(988),改左、右拾遗为左、右正言,八品。其后多出居外任,或兼领别司,不专任谏诤之职。明道元年(1032)置谏院后,非特旨供职者不预规谏之事。元丰改制,始专掌规谏讽谕,凡朝廷有阙失,大事则廷诤,小事则论奏,升从七品,左隶门下省,右隶中书省。南宋淳熙十五年(1188)复为左、右拾遗,绍熙二年(1191)复改左、右正言。明洪武十三年(1380)置谏院,设左、右正言各二人,从七品,掌侍从、规谏、补阙、拾遗,并稽察六部百司之事。十五年罢。

正盐 旧指按规定为官府生产之盐。宋代亭户所产之盐属正盐。时煮盐之地曰亭场,煮盐之民户曰亭户。凡亭户所产之盐,全部交公,不得私售,谓正盐。另,江淮地区亭户之外,又有锅户,锅户产盐,鬻之商贩,称浮盐。正盐居其四,浮盐居其一。明代灶丁额办之灶课盐谓之正盐。因灶课收贮在官，亦称官盐。多用以济边，又名边盐。商人支盐运销，须凭官给盐引，故又称引盐，共约二百三十余万引。清承明制，凡灶丁每岁按规定为官府生产之正课额盐，即谓之正盐。

正一 ❶官名。明清道录司之职官。洪武十五年(1382)始设，左、右各一人，正六品。掌全国道教事务。详见"左正一"、"右正一"。❷明代道士的第二等，地位低于全真。

正一道 亦称正一教、正一派。道教符箓各派的总称。与全真道同为元以后道教两大派。从五斗米道演变而来。相传东汉张陵创教时，称太上老君"教以正一新出道法"，又"授正一科术要道法文"、"正一盟威妙经三业六通之诀"，以"伐诛邪伪，与天下万神分付为盟，悉承正一之道也"(《云笈七籤》卷二十八)，故名。以《正一经》为主要经典，不重修持。崇拜神仙，画符念咒，祈福禳灾。入道者可以有家室。唐宋以来，南北天师道与上清、灵宝等道教逐渐合流。元成宗大德八年(1304)授三十八代天师张与材"正一教主，主领三山(龙虎山、閤皂山、茅山)符箓"。其后凡是道教的符箓各派统称正一道。

正一经 道教经典。为《道藏》四辅经书之一。主要为道教符箓各派(正一道)所奉持，其经最早部分约成于东汉末。此经以真一为宗，劾召鬼神。据《正一经治纪品目录》载，有正目经九百三十卷，符图七十卷，合千卷。其最重要者为《正一盟威箓》。道士张陵一派所传经箓，即以此为主。

正一真人 道教封号。全称龙虎山正一真人。明清掌道教者。领龙虎山上清宫道众。洪武元年(1368)，张正朝入朝，封为真人，秩二品，世袭。隆庆中革去真人，只称提点，万历初仍复旧称。所属有法官、赞教、掌书等。清顺治八年(1651)授张应京大真人，秩三品，袭封。所属有提点、提举、法箓局提举、副理、赞教、知事等。乾隆元年(1736)授光禄大夫。后降为正五品，三十一年仍复旧制。

正仪大夫 散官名。金天眷年间始置，为司天翰林官散阶，从四品中。明洪武四年(1371)定钦天监散官，监令为正四品，授正仪大夫。十五年后，改依品级授以文职散官。

正议大夫 散官名。隋大业三年(607)始置，正四品。唐沿置，为正四品上文散官。宋初沿唐制，太平兴国初改正奉大夫。元丰三年(1080)置为新寄禄官，取代旧寄禄官六部侍郎，从三品。元祐三年(1088)分为左、右二阶。大观二年(1108)，又以左正议大夫为正议大夫，改右正议大夫为通奉大夫。金代置，为正四品上文散官。元代改正三品，宣授。明代为正三品，加授。

正议校尉 官名。东汉末孙策置，以张纮任之，与长史张昭并参谋议，地位很高，常一人随孙策征伐，一人主持留守事务。见《三国志·张纮传》裴骃注引《吴书》。

正谊书局 清同治五年(1866)闽浙总督左宗棠在福州创设。专事重刊先哲遗书，录选举贡百余人，分班校拨。次年改为正谊书院。凡福建举人及恩、拔、副、岁、优五贡，概准与考，每年由督抚亲临甄别，三年后择其材器优异者量予奏奖，以示鼓励。

正谊书院 见"正谊书局"。

正引 又名额引。清盐商贩盐凭证之一。政府根据全国各引地之大小、人口之多少，定每岁额销之盐，其凭证为正引。如其不足民需，可配销余引盐。

正印官 简称正印。明清对地方各级长官统称。如布政使、知府、知县等。以其主管一级政府政务，有僚属，且所用印为正方形，故名。

正御史 官名。战国秦置。御史之长。

正元 三国魏高贵乡公曹髦年号(254—256)。凡三年。

正员 官制术语。指正式编制以内的官员。参见"员外❶"。

正员将军 官名统称。官至将军而未有军号者，为正员将军。

正月 《诗·小雅》篇名。相传为周幽王时作品，为士大夫所作。抒发了诗人忧国忧民的心情。

正赃 罪行名。对*倍赃而言。即赃物本身。《唐律疏议·名例·犯罪未发自首》："称正赃者，谓盗者自首，不征倍赃。"

正长 ❶君长。《墨子·尚同上》："天下之所以乱者，生于无政长。"孙诒让注："毕云：政当为正。"❷百官群吏之长。《左传·襄公二十五年》："自六正、五吏、三十帅、三军之大夫、百官之正长、师旅及处守者，皆有赂。"❸乡里之长。《墨子·尚同上》："诸侯国君既已立，以其力为未足，又选择其国之贤可者，置立之以为正长。"孙诒让注："此正长，即中篇所云左右将军、大夫及乡里之长。"

正朝夕 古代由日影测定东西方向的方法。《周礼·考工记·匠人》："昼参诸日中之景，夜考之极星，以正朝夕。"贾公彦疏："朝夕，即东西也。"测法：在水平地面上立表，分别记下日出、日入时日影位置，以规整齐两影之长短，引绳连接两日影端点，绳即东西正向。此为使用指南针以前较精确之测向法。

正赈 清代凡遇灾害，国家即出钱粮赈济被灾贫民。雍正七年(1729)定制，救济一个月，称正赈，又称急赈。待察明灾情，视被灾程度，欠收程度超过六分以上，次第加赈一月、二月不等，谓之加赈。

正直将军 官名。北魏置。《魏书·叔孙建传》："太宗即位，念建前功，乃以建为正直将军、相州刺史。"太和十七年(493)职员令及二十三年复次职令皆未载。

正直侍中 魏、晋、南北朝时指诸侍中之主要值事者，由侍中轮流担任。舆驾出时，由其主持仪式，并负玺陪乘。

正治 元时陈空崖年号(1297)。

正治卿 勋官名。明置，以授从二品文官再考称职者。

正治上卿 勋阶称号。明置，以授正二品文官*再考称职者授予。

正字　官名。北齐始置,为秘书省属官。四人,从九品上。掌校定典籍,刊正文字。后代因之。隋代于秘书省置四人,著作曹置二人,从九品上。唐代属秘书省者改正九品。贞元八年(792),集贤殿书院置二人,从九品上。又,隋初太子司经局置二人,从九品,大业三年(607)改名正书,至唐复旧称,从九品上。北宋初亦置于秘书省,为寄禄官。元丰改制后,秘书省置二人,从八品,掌编集书籍,校正脱误。南宋建炎二年(1128)罢,绍兴中复置。辽代南面官置,属秘书监著作局。掌典籍校雠事。又,司经局置太子正字,与太子校书郎共掌典校图书。元不置。明代于詹事府司经局置二人,从九品,与校书同为洗马属官。清初沿明制。康熙十四年(1675)定满、汉各二人,三十八年定为汉一人,为内阁中书兼衔。乾隆三十六年(1771)裁。

正总制　官名。又称正总权。明末李自成农民军政府设。崇祯十七年(1644)三月,改原总兵为正总制,副总兵则改副总制,其职掌仍因袭明朝。

正奏名　见"特奏名"。

正卒　秦汉兵役之一种。《汉旧仪》:"民年二十三为正,一岁而以为卫士,一岁为材官、骑士,习射御骑驰战阵。"即男子成丁至老免,一生中有一年时间在本郡服役任材官(步兵)、骑士或楼船(水军),一年在京师服役任卫士,或守卫边塞,是为正卒。其余时间在本郡为预备兵,听候紧急调遣。东汉建武七年(31)取消材官、楼船、骑士等常备兵。二十二年,又废罢戍边兵役。

证圣　周武则天年号(695)。

证治汇补　书名。清李用粹撰。初刊于康熙二十六年(1687)。八卷。是书参考历代医家著述,结合个人经验,按提纲、内因、外体、上窍、胸膈、腹胁、腰膝、下窍分类,共论述八十余种病证的辨证论治。以内科杂病为主,内容简明扼要,切于实用。

证治准绳　又名《六科证治准绳》。简称《六科准绳》。医学丛书。明王肯堂撰。四十四卷。初刊于万历三十年(1602)。全书以阐述临床各科证治为主,故名。包括《杂病证治准绳》八卷、附《杂病证治类方》八卷、《伤寒证治准绳》八卷、《幼科证治准绳》九卷、《女科证治准绳》五卷、《疡医证治准绳》六卷。每证引《内经》、《伤寒杂病论》及金元各家学说,结合己见论述,内容丰富,条理清楚,博而不乱,用药很少偏见。所列诸证疗法,为后世医家所宗。现存较重要版本有明万历初刻本、《四库全书》本、《图书集成》本。1957—1959年上海卫生出版社分六册陆续出版。

证自证分　与"相分"、"见分"、"自证分"同为佛教法相宗大乘有宗认识学说,合称"四分"。"证"者,证明之义,"证自证分",即对"自证分"的证明。指识自体所具有的判断是非的功能。据《成唯识论》卷二,"见分"能知"相分","自证分"能证明"见分",受纳"相分"的大小长短,而"证自证分"则能判断"自证分"证明之结果的正确与否,故"证自证分"亦称"量果"。

郑　❶商代诸侯(见殷墟甲骨文)。郑又释作奠,为祭名。武丁时期卜辞称为"侯郑"(《龟甲兽骨文字》第二卷第七页第三片)、"郑臣"(《殷墟文字乙编》第四千五百三十九片)。记事刻辞有"郑来十"(《甲骨续存》上第一片)。或说其故地即周宣王弟郑桓公所封之郑。在今陕西华县东。❷周代国名。姬姓。公元前806年,周宣王封其弟友于郑(今陕西华县东),为郑桓公。前774年,桓公任王朝司徒,见王室将乱,把家属资财迁移到东方的东虢与郐之间,本人则死于西周覆灭之时。周平王东迁后,郑武公灭东虢与郐,重建郑国(今河南新郑)。武公、庄公皆为周王卿士,国势颇强,疆土有今河南北半省之中部,北至黄河,南至许昌,东至开封,西至荥阳。春秋中期,部分土地为晋、楚所夺,国力渐弱。公元前375年为韩国所灭。❸政权名。唐武德二年(619),王世充于洛阳称帝,国号郑,建元开明。四年,灭亡。凡一主,共三年。

郑哀公(?—前455)　战国时郑国国君。公元前462—前455年在位。名易。郑声公之子。后被国人所杀。

郑安平(?—前255)　战国时魏国人。范雎在魏国时受须贾陷害,被笞击折肋,他助范雎隐匿。后范雎入秦为相,他被雎举为将军。秦昭王四十九年(前258),率军围赵都邯郸(今属河北),次年,魏、楚出兵救赵,他反为赵军所围,以二万人降赵,赵封为武阳君。后死于赵。

郑板桥　即"郑燮"。

郑邦　春秋末鲁国(一说宋国)人,名邦,《史记·仲尼弟子列传》避汉高祖讳改为"国",《孔子家语·七十二弟子》则作薛邦,字子徒。孔子学生。

郑陂　水利工程。三国魏时沛郡太守郑浑于萧(今安徽萧县西北)、相(今安徽濉溪西北)二县修筑。陂成,比年大收,顷亩岁增,租入倍常,郡中赖其利,刻石颂之,号称郑陂。

郑丙(1121—1194)　南宋福州长乐(今属福建)人,字少融。绍兴进士。初任谏职,积官至吏部尚书。朱熹劾奏知台州唐仲友,他迎合宰相王淮,庇护仲友,并谓道学欺世盗名,不宜信用。尝知泉州,为政暴急。官终端明殿学士。

郑伯熊(约1127—1181)　南宋温州永嘉(今浙江温州)人,字景望。绍兴进士。历官著作佐郎、吏部员外郎、国子司业、宗正少卿,以直龙图阁知宁国府,移知建宁府。他与乡里薛季宣皆以学行闻名,尤精于古人经制治法。绍兴末,与弟伯英、伯海,以振起伊洛之学为己任,由是永嘉学者,多宗郑氏。著有《郑敷文书说》等。

郑彩(?—1650)　明末清初福建同安(今厦门北)人。同安侯郑芝龙从子。有智略。弘光时,以总兵官守采石矶。隆武帝封永胜伯。清军下浙东,遂迎鲁王入闽。鲁监国二年(顺治四年,1647)进封建国公,署兵部尚书事,军声颇振,克闽地三十余城。然恃功专政,杀大学士熊汝霖。四年,闽地尽失,遂弃鲁王而去。次年,与郑成功争地,兵败入海。旋为成功所招,乃归,卒于家。

郑朝　战国时人。周赧王时,赵取周之祭祀用地,周患之。他以三十金贿于赵之太卜,太卜乘赵惠文王病时,言周祭地为祟,因还与周。见《战国策·东周》。

郑辰(?—1444)　明浙江西安(今衢州)人,字文枢。永乐进士。授监察御史,超迁山西按察使。平反冤狱,纠治贪浊。宣德三年(1428)授南京工部右侍郎。英宗即位,往四川、贵州、云南考察官吏,正统二年(1437)奉命赈饥河南、南畿,迁兵部左侍郎转饷宣府、大同,均有政绩。后以风疾告归。

郑成公(?—前571)　春秋时郑国国君。公元前584—前571年在位。名睔,一作纶。郑悼公之弟。继悼公即位。郑成公三年(前582),朝晋景公,因贰于楚,被执于晋。次年,郑子如立公子繻为君。郑人杀繻,立髡顽。晋旋会诸侯伐郑,与郑盟,送他返国复位。十年,又叛晋从楚。晋人伐之,引起晋楚鄢陵之战,楚虽失利,仍留兵戍郑。十三年,晋韩厥、荀偃率诸侯之师攻郑,入郑都,败郑徒兵(步兵)于洧上(洧,今双洎河)。

郑成功(1624—1662)　明末清初福建南安人,本名森,又名福松,字明俨,号大木。明平国公郑芝龙长子。初甚为隆武帝所器重,授总统使、招讨大将军,赐姓朱,名成功,人称"国姓爷"。南明隆武二年(清顺治三年,1646),力阻其父降清不果,乃走南澳(今属广东),起兵抗清。后永历帝封为延平郡王,率部数创浙闽粤清兵,屡拒招降。曾两次派兵与张名振合师北上入长江,并与李定国通声息。永历十三年(顺治十六年,1659)亲与张煌言合师北入长江,破瓜洲,下镇江,围江宁(今南京),清廷震动。旋因连胜轻敌,战败撤回思明州(今厦门)。十五年,率军二万人出厦门,经澎湖,直达台湾鹿耳门,围赤嵌城,败荷兰援军。次年,荷兰总督揆一降,遂复台湾全岛,以赤嵌城为东都,建立府县,编制军队,屯田垦荒,奖励移民。旋病卒。

郑成功画像　画名。绢本设色,纵164.3厘米,横65厘米。画右款为"壶蓝黄梓敬写",下钤二印,漫蚀难辨。上有王忠孝楷书百字赞,称其气吞湖海,胸藏甲兵。郑克塽降清入京时曾携郑成功画像三件,此即其一。画原藏郑成功九世孙郑泽处,现藏中国历史博物馆。

郑成功墓　在今福建南安市。南明永历十五年(清顺治十八年,1661)郑成功渡海驱逐荷兰殖民者,次年收复台湾,旋病死,葬于台南洲子尾。康熙三十八年(1699)迁葬福建南安祖墓。墓为三合土结构,分为九室,墓道为石砌,墓前有华表一对,石夹板九对。现列为全国重点文物保护单位。

郑成功传　书名。清匪石撰。十七节。资料大半依据日本书籍如《郑成功》、《台湾郑氏记事》、《郑成功传碑》、《野史台湾传》,以及申报馆《台湾外纪》、黄澄《泣闽录》等。叙述明末时势,郑成功的幼年及其起兵抗清、收复台湾,以及成功死后,其孙克塽降清的情况。末附《郑成功世系表》、《郑成功年谱》。

郑城　在今安徽颍上县。《资治通鉴》:南朝梁普通六年(525)裴邃攻魏,"拔郑城",即此。

郑冲(?—274)　西晋荥阳开封(今河南开封县西南)人,字文和。出身寒微,博究儒术及百家之言。魏曹丕为太子,任为文学。累迁尚书郎,出补陈留太守。世重其儒雅清廉,历任司空、司徒、太保,封寿光侯。位高而不预政事。入晋,拜太傅,进爵为公。致仕卒。与何晏等编《论语集解》传世。

郑崇　西汉高密(今山东高密西南)人,字少游。家世本高密大族,祖父徙平陵(今陕西咸阳西北)。少为郡文学史。哀帝时官至尚书仆射。因上书谏封傅太后从弟商及宠臣董贤事忤旨,以此见谴。后被尚书令赵昌陷害,死狱中。

郑崇俭(?—1641)　明山西乡宁人,字大章。万历进士。授推官。崇祯十二年(1639)官至兵部右侍郎,总督陕西三边军务。次年败于四川农民军,遂削职下狱。后被处死。

郑崇义(?—1900)　清安徽合肥人。同治元年(1862)以武童生投效刘铭传淮军,累迁至参将。光绪六年(1880)受直隶总督李鸿章委派,充督标行营中军并随办海防事务。十七年接统直字前后两营驻大沽口北岸炮台,因功升总兵,加提督衔。二十三年调赴闽办理安靖、长金各营台营务处。次年管带长门炮台。二十五年受两广总督李鸿章征调赴粤,次年署南澳镇总兵,旋因病乞假。

郑纯(?—75)　东汉郪县(今四川三台)人,字长伯。孝明帝初,为益州西部属国(今云南保山、德宏及其以西诸地)都尉。其地物产丰富,盛产金、银、琥珀、宝石、犀、象诸方物,凡任此官者,皆富及十世,惟纯独守清廉,以是颇得人心。永平十二年(69),改西部属国为永昌郡,仍任太守,曾与哀牢人立约:当地豪门每岁输木棉布贯头衣二件、盐二斗,以为常赋。卒于官。

郑赐(?—1408)　明福建建宁人,字彦嘉。洪武进士。历官监察御史、湖广布政司参议、工部尚书等。曾督河南兵抵御燕师。燕王入京,释不问,授刑部尚书。永乐二年(1404)揣帝意劾李景隆、耿炳文等。次年,改礼部。卒于官。洪熙元年(1425)赠太子少保,谥文安。著有《闻一斋集》。

郑村坝　地名。在今北京市东。《明通鉴》:明建文元年(1399),燕王朱棣"与(李)景隆战于郑村坝,……景隆大败",即此。

郑当时　西汉陈(今河南淮阳)人,字庄。以任侠名闻梁楚间。景帝时为太子舍人。武帝时,曾任济南太守、右内史、大司农等职。喜招宾客,好推举士及官属丞史,常以为贤于己,故为时人所称,有"郑庄行,千里不赍粮"之言。然在朝常趋承上意,不敢明言是非。后以罪赎为庶人。旋守长史,迁汝南太守。卒后家无余财。

郑悼公(?—前585)　春秋时郑国国君。公元前586—前585年在位。名费。一作濆,或沸。郑襄公之子。继襄公即位。许灵公恶郑,告于楚。他至楚诉之不胜,乃弃楚亲晋。与晋、齐、鲁等盟于郑地虫牢(今河南封丘北)。旋卒。

郑道昭(?—516)　北魏荥阳开封(今河南开封县西南)人,字僖伯。自称中岳先生。郑羲子。少综览群书。初为中书学生,迁秘书郎。后为秘书监,兼中书侍郎。从孝文帝攻齐,除中书郎、国子祭酒。后出为光州、青州刺史。为政宽厚,不任威刑。复入为秘书监。好为诗赋,善书。所书碑文甚多,其中云峰山(在今山东莱州)之《郑羲下碑》石刻尤为后世习魏碑者所宗。

郑鼎(1215—1277)　元泽州阳城(今属山西)人,蒙古名也可拔都。太宗时为泽、潞、辽、沁千户,从答海甘卜攻宋四川。乃马真后四年(1245),迁阳城县军民长官。宪宗时,从忽必烈征大理,又从忽必烈围鄂州(今湖北武汉)。世祖中统元年(1260),升平阳、太原两路万户。后历任河东南北两路宣抚使、平阳太原宣慰使、平阳路总管。至元十一年(1274),从攻宋。任淮西宣慰使,改湖北道宣慰使。领兵镇压蕲、黄二州起义人民,战于樊口,船翻淹死。

郑定公(?—前514)　春秋时郑国国君。公元前529—前514年在位。名宁。郑简公之子。继简公即位。郑定公八年(前522),执政子产死。十三年,与晋顷公等诸侯会于黄父(今山西沁水西北)。

郑敦谨(1802—1885)　清湖南长沙人,字松峰、叔厚,号筱山、睦轩。道光进士。授刑部主事,升郎中。历迁山东登州知府、河南南汝光道、河南布政使等职。咸丰四年(1854)署河南巡抚,督率官绅兴办团练,镇压捻军。同治元年(1862)署户部侍郎,旋擢河东河道总督,四年授湖北巡抚。六年署山西巡抚,次年授工部尚书,仍留山西堵击回民起义军。九年擢刑部尚书。次年以病辞官。

郑法士　隋人。曾仕北周,为大都督、左员外侍郎、建中将军。入隋,授中散大夫。工画,师张僧繇。善绘故实,尤长佛道人物,气韵标举,风格遒俊。并画飞阁层楼,间以乔林嘉树、碧潭、花草,亦号绝伦。有"江左自僧繇以后,郑君是称独步"之誉。作品有《擒卢明月像》、《阿育王像》、《游春苑图》等,皆不传。弟法轮、子德文、孙尚子皆传家学。

郑方　西晋南阳(今属河南)人,字子回。自以为有才而未能荐达。及齐王司马冏辅政专恣,于太安元年(302)步诣洛阳,自称荆楚逸民,上书谏冏"五失"。冏含忍答之而不能用,旋败。方后事不详。

郑复光(1780—?)　清安徽歙县人,字瀚香或浣香,又字元甫。监生。精研数学、物理学及机械制造。道光初年,曾自制测天望远镜。道光二十二年(1842)著《费隐与知录》一书,以科学原理解释时人不可解的自然现象。二十七年又著《镜镜诒痴》,论述几何光学原理,并刻入《连筠簃丛书》。另著有《火轮船图说》。

郑刚中(1088—1154)　宋婺州金华(今属浙江)人,字亨仲,号北山。绍兴进士。累官为监察御史、殿中侍御史。初为秦桧所荐,桧主和议,他不敢言和议之非。金归所占地,被桧遣为宣谕司参谋官,及还,除礼部侍郎、川陕宣谕使。不久,充陕西分画地界使,与金交涉地界,金欲尽取阶、成、岷、凤、秦、商六州,他力争不从。改四川宣抚副使。治蜀有方,曾奏蠲杂征,营田屯兵,选将授任。秦桧怒其专擅,罢官,责居桂阳军。再责濠州团练副使、安置复州,又徙封州而卒。著有《西征道里记》、《北山集》等。

郑共公(?—前424)　战国时郑国国君。郑声公之弟,名丑。郑哀公八年(前455),哀公被国人所杀,他继立。公元前454—前424年在位。

郑恭王(?—1591)　即朱厚烷。明郑靖王朱瞻埈后裔。嘉靖六年(1527)袭封郑王。二十七年上《居敬》四箴、《演连珠》十章,规谏世宗修德讲学,忤帝意。后二年被宗人诬以叛逆,遂削爵,禁锢凤阳高墙。隆庆元年(1567)复王爵。后病死。

郑躬(?—前17)　西汉广汉(治今四川金堂东)人。成帝鸿嘉三年(前18),率六十余人起义,攻打官府,释放囚徒。自称"山君"。次年众至万人,活动范围遍历四县。丞相御史遣掾史逐捕不能克,州郡不能制。同年冬,成帝拜河东都尉赵护为广汉太守,发郡中及蜀郡合三万人进击,以军法从事。数月,被镇压。

郑谷(约849—约911)　唐袁州宜春(今属江西)人,字守愚。光启进士。历京兆鄠县尉、右拾遗,终都官郎中,世称郑都官。所作《鹧鸪》诗,为当时传诵,故又称郑鹧鸪。受司空图、马戴等赏识,诗名颇高。与许棠、张乔等十人唱和,时号芳林十哲。诗多咏物,亦有感怀伤时之作。所撰《宜阳集》、《国风正诀》已佚。今存《云台编》(一称《郑守愚文集》)三卷。

郑观应(1842—1922)　清广东香山(今中山)人,原名官应,字正翔,号陶斋,别号杞忧生、慕雍山人、罗浮待鹤山人。幼年到过南洋。青年时代,受民族危机刺激而学习西语、西学。咸丰十年(1860)入上海英商宝顺洋行、太古轮船公司为买办,亦自营商务,投资轮船公司。光绪六年(1880)后,先后由李鸿章、盛宣怀委为上海机器织布局总办,轮船招商局帮办、总办,上海电报局总办,粤汉铁路总办等职。中法战争期间,奉调赴粤会办湘军营务,曾只身入暹罗、金边、西贡侦探敌情,反对李鸿章在上海议和。因受洋务派排斥和外国公司迫害,更研究时务,逐渐形成维新改革思想。中法战争结束后,隐居五年,集中精力编著《盛世危言》,并研习医学。认为"性命之原"为道,自然科学为器,主张"道为本,器为末;器可变,道不可变。"即中学为体,西学为用。政治思想以"富强救国"为核心,认为"欲攘外,急需自强;欲自强,必先致富;欲致富,必首在振工商;欲振工商,必先讲求学校,速立宪法,尊重道德,改良政治"(《盛世危言·自序》)。主张在工业支持下,与洋商进行"商战";以"商贾之道"经营企业,"决不拘以官场体统"。十九世纪九十年代后,思想趋于保守,拥护清政府的假立宪,敌视革命运动。晚年反对袁世凯称帝和张勋复辟,厌恶军阀混战。著作还有《救时揭要》、《易言》、《盛世危言后编》、《罗浮待鹤山人诗草》等。

郑光(?—857)　唐润州(治今江苏镇江)人。宣宗母孝明太后之弟。不学无识。宣宗即位,自乡民擢检校户部尚书、诸卫将军。后历平卢、河中、凤翔等镇节度使。宣宗赐给鄠县、云阳县良田。大中六年(852),免其租赋。宰相魏謩奏不当以外戚废法,宣宗乃追废前诏,敕依民户例供税。庄吏恣横乡里,积年不输官赋,京兆尹韦澳逮系之,至输足乃免。后留京为右羽林统军,厚赐金帛,不复委镇地方。

郑光祖 元平阳襄陵(今山西临汾西南)人,字德辉。曾在杭州路任小吏。共作剧十八种,今存五种,据唐陈玄祐的《离魂记》创作的《倩女离魂》为其代表作;模拟《西厢记》创作的《㑇梅香》,有"小西厢"之称。与关汉卿、马致远、白朴合称为元曲四大家。

郑广 宋人。绍兴五年(1135),与郑庆等率众入海起义,自号"滚海虾",活动于福建莆、福沿海一带。六年,转战广州扶胥镇、南恩州等地。旋与宋沿海制置司水军统领严安雅、广州水军统领范德冲所部水军激战于新会三灶山,失利后率众投降,补保义郎。十五年,参与镇压福州陈小三之海上起义军。

郑贵妃(约1564—1630) 明顺天大兴(今属北京)人。万历六年(1578)选入宫。封贵妃,生皇三子,进皇贵妃。恃帝宠,欲立己子为太子,引起*争国本、*梃击诸案。神宗死后失势。病卒,谥恭恪。

郑国 战国时韩国水工。秦王政元年(前246,一说十年),受韩命入秦游说,建议引泾水东注洛水为渠,企图疲劳秦人,勿使伐韩。秦王采纳其议,命他主持其事。工程进行中为秦王察觉,拟加诛戮。他说渠成将为秦万世之利,因得以继续施工。后渠成,"于是关中为沃野,无凶年,秦以富强,卒并诸侯,因名曰'郑国渠'"(《史记·河渠书》)。参见"郑国渠"。

郑国鸿(1777—1841) 清湖南凤凰人,字雪堂。世袭云骑尉出身。道光二十年(1840),擢浙江处州镇总兵。次年率兵一千二百人调防定海,驻守竹山门。八月英军再犯定海,与葛云飞、王锡朋协力抗击。血战六昼夜,壮烈牺牲。著有《诗经疏义》、《易学崇源》等。

郑国渠 战国时期关中平原上最早兴建的大型人工灌溉渠道。秦王政元年(前246;一说十年)采纳韩国水工郑国的建议开凿,故名。主要工程从中山西瓠口(即谷口,又称焦获薮,在今泾阳县西北)利用西北向东南逐步倾斜的地形,引泾水东流,至今三原县北,合浊水,利用浊水及石川河水道,再引流东经今富平、蒲城之南,注入洛水。全长三百余里。整个工程由渠首、引水渠、灌溉渠三部分组成,除在中途利用部分天然河流作灌溉渠外,还截取了纵流小河作水源的补充,设计合理。建成后,"溉泽卤之地四万余顷"(相当今二百八十万亩),皆亩收一钟(即六石四斗)。从此,"关中为沃野,无凶年,秦以富强"(均见《史记·河渠书》)。唐代郑、白二渠趋于混合,主要发展白渠,郑国渠逐渐堙废。

郑国泰 明顺天大兴(今属北京)人。明神宗郑贵妃之兄。万历十七年(1589)授都指挥使。四十三年*梃击案发,有谋刺皇太子之嫌。因神宗宠贵妃,欲息其事,免予追究。官至左都督。

郑韩长城 战国时期韩国修筑的长城。《水经·济水注》:"梁惠成王十二年(前358)龙贾帅师筑长城于西边,自亥谷以南,郑所城矣,《竹书纪年》云是梁惠成王十五年(前355)筑也。"前375年韩灭郑,迁都于郑(今河南新郑),亦称郑,故前355年筑亥谷以南长城之郑,应是指韩国。此条长城可能北接魏国河南长城(参见"魏长城")。

郑韩故城 东周时期郑国与韩国的都城遗址。位于河南新郑境内双洎河与黄水河汇合处的三角地带。春秋初郑武公自郑(今陕西华县)迁都于此,以为郑国新都,世称"新郑",前375年韩哀侯灭郑后,自阳翟(今河南禹州)迁都于此。因此城邑先后为郑、韩所都,故后世通称为"郑韩故城"。故城略呈长方形,被中部一南北向的隔墙分为西城与东城两部分。西城城垣平面近长方形,其北垣西起双洎河东岸,长约2 400米,东垣即隔墙,长约4 300米,西、南二垣已湮没于地下。东城平面呈曲尺形,城垣多露于地表,其北垣略偏向东南,伸至黄水河西岸,长约1 800米,东垣北段与隔墙平行,中、南段则缘黄水河西岸筑成,总长约5 100米,南垣大部分在双洎河南岸,平行于北垣,长约2 900米。西城内中部与北部分布着大面积的夯土建筑基址,基址南部有一东西长约500米,南北宽约320米的小城,可能是宫城。西北部有南北长约135米、东西宽80米,高8米的大型夯土台基"梳妆台"。手工业作坊遗址主要分布于东城内,重要的有城西南部的仓城村铸铁遗址、东部的铸铜作坊遗址、北部的制骨器作坊遗址等。1971年11月东城东南部白庙范村北曾发现一处韩国青铜兵器窖藏,出土戈、矛、剑等兵器一百八十余件,时代属战国晚期,多有铭文。故城内还分布有春秋时期郑国贵族的墓地,城外有东周时期的平民小墓。现为全国重点文物保护单位。

郑颢(?—约860) 唐郑州荥阳(今属河南)人。郑絪孙。会昌进士。授弘文馆校书,迁起居郎。大中四年(850),娶宣宗女万寿公主,拜驸马都尉,恩宠无比。历给事中、中书舍人、礼部侍郎,选拔滞才,人多称誉。十三年,授河南尹。

郑和(1371或1375—1433或1435) 明云南昆阳(今晋宁)人,本姓马,小字三保(保一作宝)。回族。曾祖、祖父均到过伊斯兰教圣地麦加。幼时就对外洋情况有所了解。明初入宫为宦官,从燕王起兵,赐姓郑,升为内官监太监。永乐三年(1405)奉命与副使王景弘等率舰队通使西洋,两年而返。以后二十六年间(1407—1433),又远航六次,先后经三十余国,最远曾达非洲东岸和红海海口,促进了中国和亚非各国间的经济文化交流,其远航亦为世界航海史上的壮举。他最后一次航行,年逾六十。回国后,病死于南京。一说1433年归途中卒于古里。详见"郑和下西洋"。

郑和航海图 明代航海图。即《自宝船厂开船从龙江关出水直抵外国诸番图》省称。成图时间不详:一说约在十五世纪中叶;一说在洪熙元年(1425)

至宣德五年(1430)间。载于明末茅元仪《武备志》卷二百四十。原图二十四页,其中序一页,地图二十页,《过洋牵星图》二页(四幅),空白一页。原图为手卷式,今已不存。序仅一百四十二字,当出自茅元仪手。全图采用自右向左一字展开式。该图所示总方位,从南京宝船厂到长江口,是上南下北,出了长江口,是上北下南,过了榜葛剌(今孟加拉)以后,是上东下西。绘示郑和出使西洋各国的航程和经历的地名方位,范围遍及南海及印度洋沿岸,远达伊朗霍尔木兹和东非沿岸。记载地名达五百多,其中外国约占五分之三。详细绘出航线,并注明针位和更数。自太仓(今江苏太仓市)至忽鲁谟斯(今霍尔木兹)的针路,共五十六线,由忽鲁谟斯回太仓的针路,共五十三线。从龙涎屿(今苏门答腊西北亚齐海上)至锡兰山(今斯里兰卡)开始应用牵星数据,锡兰山以西海域辽阔,经常出现牵星数据,注在岛屿和沿岸或航线上,即利用天体星座方位与高度,导引海舶航行。是世界上现存最早的航海图,为研究十五世纪中西海上交通和天文导航技术的重要资料。绘图方法受中国古代传统山水画形式地图的影响,其道里和方位很不正确。近一个世纪来,中外学者都对此图进行研究。1961年中华书局有向达整理本出版,附有地名注释。

郑和下西洋 明初大规模远洋航行。均由太监郑和率领出航。因郑和小字三保(一作宝),人称三宝太监,故又作"三保太监下西洋"。始于永乐三年(1405),郑和奉命率"宝船"队,自苏州刘家港(今江苏太仓东浏河镇)出发,出使西洋(指中国南海以西海域)诸国。五年九月返回。同年再次出使,七年返回。第三次出使于七年至九年。第四次出使为十一年至十三年。第五次出使为十五年至十七年。第六次出使于十九年至二十年。第七次为宣德六年(1431)至八年。先后到达占城(今越南南部)、真腊(今柬埔寨)、暹罗(今泰国)、满剌加(今马六甲)、彭亨(今属马来西亚)、苏门答腊、旧港(今印度尼西亚苏门答腊岛东南巨港一带)、爪哇、阿鲁(今印度尼西亚苏门答腊岛日里河流域)、锡兰山(今斯里兰卡)、溜山(今马尔代夫)、榜葛剌(今孟加拉)、南浡里(在今苏门答腊岛北部)、忽鲁谟斯(今伊朗波斯湾口霍尔木兹)、祖法儿(今佐法尔)、阿丹(今亚丁湾北岸一带)、比剌(在今索马里境内)、竹步(在今索马里境内)、木骨都索(今索马里摩加迪沙)、麻林(今肯尼亚马林迪)和天方(今麦加,属沙特阿拉伯)等三十多个国家和地区。其出航,统领军士、水手多达两万余,分乘"宝船"六十多艘,大者长四十四丈,宽十八丈,九桅十二帆,可容千余人。航行使用罗盘,夜则仰视天空星辰,昼夜行驶。其规模之大,航程之远,实为世界航海史上之壮举。船队所至,以瓷器、丝绸、金银、铜铁等换取香料及其他珍奇宝货,扩大了中国与亚、非各国的经济、文化往来。随同出使的马欢所著《瀛涯胜览》,费信所著《星槎胜览》,巩珍所著《西洋番国志》,记录了各国的风土人情,山川道里,极有价值。

郑亨(1356—1434) 明庐州合肥(今属安徽)人。洪武中袭父职为大兴左卫副千户,迁密云卫指挥佥事。"靖难"初降燕王。善用兵,累进都指挥佥事、同知。成祖即位,擢中府左都督,封武安侯。永乐元年(1403)出镇宣府。成祖五次北征,皆从行。洪熙、宣德时移镇大同,垦田积谷,边备完固。卒赠漳国公。

郑弘 ❶(?—约前37)西汉泰山刚(今山东宁阳东北)人,字稚卿。以明经、通法律政事为南阳太守。条教法度,为时人所称。元帝永光二年(前42)以右扶风为御史大夫。后以与京房议论朝政,为中书令石显所陷,免官。❷东汉会稽山阴(今浙江绍兴)人,字巨君。少为乡啬夫,举孝廉。明帝时,其师焦贶因楚王刘英谋反案牵连被捕病卒,诸生故人皆变名姓以避祸,他独诣阙为之申诉,由是显名。章帝初,历任尚书令、侍中。建初八年(83)任大司农,奏开零陵、桂阳峤道,以利中原与交趾间陆路交通。在职二年,又奏言宜省贡献,减徭费,省费三亿。后为太尉,因劾奏窦宪党羽被诬,上书乞归。旋卒。

郑鸿逵(?—1657) 明末清初福建南安人,字羽公。明平国公郑芝龙弟。明崇祯武举人,累官至登州副总兵。南明弘光朝建立,加总兵官,驻镇江,以舟师扼守长江口。弘光政权覆亡后,引师南下。旋与芝龙拥立唐王于福州,封定国公。后以拥兵自重,避敌不前,削爵。隆武政权覆亡,与侄郑成功合兵抗清。永历四年(清顺治七年,1650),因军事处置失当,自退居白沙,曾拒清廷诱降。后卒于金门。

郑桓公(?—前771) 西周郑国始封国君。公元前806—前771年在位。名友。周厉王少子,宣王庶弟。宣王二十二年(前806)受封于郑(今陕西华县东)。幽王时任王朝司徒,预见幽王政乱会引来灾难,遂率臣民携财富东迁至东虢与郐之间(今河南荥阳、新郑一带),为东周时期郑国创下基础。幽王十一年(前771)在犬戎灭周时死难。一说名多父,为宣王子,幽王三年伐郐国克之,居郑父之丘,名之为郑(今河南新郑)(古本《竹书纪年》)。

郑回 唐相州(治今河南安阳)人。天宝中举明经,授嶲州西泸县令。至德元载(756,一说二载,或说天宝末),南诏陷嶲州,被俘归南诏。南诏王阁罗凤重其通儒学,信遇之,赐名蛮利,使王室子弟师事之,甚有威望,每授学,得责打生徒。相传曾奉命撰写大历元年(766)南诏所立《德化碑》碑文,表达南诏日后仍愿归唐之意。异牟寻嗣位后,任清平官,事皆咨之,为同列清平官所敬重。时南诏北臣吐蕃,深苦吐蕃索兵助防,重征赋役,占夺险隘。因劝异牟寻弃吐蕃归唐。异牟寻纳其议,谋内附甚久,终在贞元九年(793),遣使表请归唐。十年,与唐使者在点苍山神祠会盟,唐诏重归于好。

郑浑 三国时河南开封(今开封西南)人,字文公。汉名儒郑兴之后。避乱渡江,投豫章太守华歆。曹操召为掾,迁下蔡长、邵陵令,劝农养生,民所育子女多以郑为字。迁左冯翊,与夏侯渊平梁兴等之乱。拜京兆尹,制移居之法,民乃安于农。魏文帝时为侍御史、驸马都尉。迁阳平、沛郡太守,郡患水涝,乃率吏民兴陂开田,人称“郑陂”。转山阳、魏郡太守,劝树榆植果,民得财足用饶。明帝时拜将作大匠,卒于官。

郑吉(?—前49) 西汉会稽(治今江苏苏州)人。初以卒伍从军,数随从出使西域。宣帝地节三年(前67),以侍郎与校尉司马熹将免刑罪人屯田渠犁,发西域诸国兵和田卒破车师,迁卫司马,使护鄯善以西南道。神爵二年(前60)发兵迎匈奴日逐王降汉,由是威震西域。遂并护车师以西北道,号都护,督察乌孙、康居等三十六国。西域都护之设置自此始。因功封安远侯。

郑继之(约1535—约1626) 明湖广襄阳(今湖北襄樊)人,字伯孝。嘉靖进士。万历四十二年(1614)官至吏部尚书。政事悉秉齐、楚、浙党人意。四十六年致仕。卒于家,年九十二。

郑笺 书名。《毛诗传笺》简称。东汉郑玄撰。郑氏自云:“注《诗》宗毛为主,毛义若隐略,则更表明,如有不同,即下己意,使可识别。”(《四库全书总目提要・毛诗正义》引《六艺论》)其书阐释《毛传》,如今人之签记,积而成帙,故谓之“笺”。郑玄为东汉经学大师,兼通今、古文经学,以《毛诗》为主,兼采今文三家诗说,互相贯通。此书既行,齐、鲁、韩三家遂废。然《郑笺》与《毛传》之义亦时有异同。三国魏王肃撰《毛诗注》、《毛诗义驳》、《毛诗奏事》、《毛诗问难》诸书,以申毛难郑。后数百年间,郑、王优劣之辩往复不绝。唐孔颖达等因《郑笺》为《毛诗正义》。疏通毛、郑之作有清马瑞辰《毛诗传笺通释》,考证《郑笺》来源之作有清陈奂《郑氏笺考征》。

郑简公(?—前530) 春秋时郑国国君。公元前565—前530年在位。名嘉。郑僖公之子。僖公被子驷毒杀后即位。诸公子因子驷杀僖公,欲杀之。子驷知其谋,尽诛诸公子。郑简公元年(前565),攻蔡得胜,楚来攻,向楚求和。四年,晋率诸侯攻郑,与晋盟于亳(今河南商丘北)。十二年,以子产为卿。二十七年,朝楚,子产从之。次年与诸侯会于申(今河南南阳北)。子产作丘赋。又二年,子产铸刑书。

郑介夫 元衢州开化(今属浙江)人,字以居。大德七年(1303),上《太平策》一纲二十目,多切时弊,文见《历代名臣奏议》。后授金溪县丞,卒于任。

郑经(1643—1681) 清福建南安人,一名锦,字玄之,小字锦舍。明延平郡王郑成功长子。康熙元年(1662)嗣为延平郡王,以陈永华主政,刘国轩主军,经营台湾,发展经济,屡拒绝清廷招抚。十三年,乘三藩之乱,率师进攻闽粤沿海潮、漳、泉诸州。十九年败回台湾,次年病死。

郑靖王 即“朱瞻埈”。

郑居中 ❶(1059—1123)北宋开封(今属河南)人,字达夫。第进士。崇宁中,以贵妃从兄弟,连擢都官、礼部员外郎、起居舍人至中书舍人、直学士院,迁给事中、翰林学士。大观元年(1107),同知枢密院,以外戚罢,改资政殿学士。蔡京免相,曾力言京当政无失。京复相,希再得枢密不遂,乃与京结怨。政和中,再知枢密院,拜太宰。与蔡京立异,反对变乱法度,为士论所称。朝议遣使金,约夹攻契丹复燕云,他力持不可。后暴疾卒。编著有《政和五礼新仪》。❷即“郑亦邹”。

郑珏(?—932) 唐末五代人,一说小字十九郎。性畏慎,美辞翰,有长者之风。光化进士。官至监察御史。入后梁,累迁中书舍人、翰林学士承旨。贞明二年(916),以中书侍郎同平章事,碌碌无所作为。后唐灭梁,贬曹州司马。后唐明宗时复相,以尚书左仆射致仕卒。

郑瑴(1080—1129) 宋建州建安(今福建建瓯)人,字致刚。政和进士。授安陆府教授,权信阳县尉,自监南康军酒税召为御史台主簿。汴京陷落后,见康王于济州(今山东巨野)。高宗即位,擢监察御史,迁谏议大夫。随至杭州,奏请擢吴中人才以为用。*苗刘之变时,张浚起兵勤王,他遣所亲谢响变姓名,微服为商贾,至平江(今江苏苏州)见浚等,具言城中事;且言当严设兵备,大张声势,持重缓进,使其自遁,无致城中之变。高宗复位,除签书枢密院事。执政甫百日而卒。

郑均 东汉东平任城(今山东济宁东南)人,字仲虞。章帝建初六年(81)公车特征,迁尚书。后因病免归,诏赐终身食尚书禄,时人称“白衣尚书”。永元年间卒。

郑君阳 即“郑康公”。

郑君乙 即“郑康公”。

郑开阳杂著 书名。明郑若曾(号开阳)撰。十一卷。旧分《筹海图编》、《江南经略》、《四隩图论》等编,各自为书。清康熙中,经删汰重编,合成一帙,定为:《万里海防图论》二卷和《江防图考》、《日本图纂》、《朝鲜图说》、《安南图说》、《琉球图说》、《海防一览图》、《海运全图》、《黄河图议》、《苏松浮粮议》等各一卷。《江南经略》已缺不载。作者在胡宗宪幕中襄赞平倭军事,故论述江防海防形势皆耳闻目睹,日本诸事皆咨访考究,翔实可信。所绘各图,尤为细致。

郑康成 即“郑玄”。

郑康公 战国时郑国国君。公元前395—前375年在位。郑幽公弟。名乙,或作乙阳、阳。亦称郑君乙,郑君阳。郑繻公二十七年(前396),子阳之党杀繻公,立之为君。郑康公二年(前394),负黍(今河南登封西南)反郑归韩。十一年,为韩所伐,失阳城(今河南登封东南)。二十一年,为韩哀侯所灭。

郑克塽(1670—?) 清福建南安人。明延平郡王郑成功孙、郑经子。康熙二十年(1681)为冯锡范所拥立,嗣延平郡王位,年仅十二。二十二年,清福建水师提督施琅率水师克澎湖,攻台湾,乃出降,举家迁北京,隶汉军正红旗,封公爵。后病死。

郑魁士(?—1873) 清直隶宣化(今属河北)人。行伍出身。累升守备。道光二十九年(1849)统兵赴湖北镇压李元发起义,旋从向荣赴广西、湖南追击太平军。咸丰初年授总兵,与太平军、捻军对抗,先后克舒城、庐江、无为、桐城等州县。后调赴江南军营,授浙江提督,督办宁国军务。同治六年(1867)署直隶提督,督办练军。八年因病开缺回籍。

郑朗(?—857) 唐郑州荥泽(今河南郑州西北)人,字有融。长庆进士。累迁右拾遗。开成中,为起居郎。文宗索观起居注,拒之,文宗称其善守职。后迁谏议大夫、侍讲学士。宣宗时,历义武、宣武二军节度使。入为工、礼二部尚书,加同平章事,进中书侍郎、集贤殿大学士,以疾罢为太子少师。

郑厉公(?—前673) 春秋时郑国国君。名突。郑庄公之子。郑庄公四十三年(前701),庄公死,大夫祭仲立太子忽为君,是为昭公,他得宋庄公支持,由宋劫持祭仲,迫祭仲逐昭公而立他为君。在位四年,不满祭仲专政,欲杀之,谋泄奔蔡。后居栎(今河南禹州)。郑子婴十四年(前680),他借郑大夫傅瑕之力,得入郑复位,旋杀傅瑕。前后在位十一年。

郑灵公(?—前605) 春秋时郑国国君。公元前605年在位。名夷。郑穆公之子。即位不久,以食鼋之故欲杀公子宋,反被公子宋、公子归生所杀。

郑买嗣(860—909) 唐末、五代时大长和国第一世主。又名昶。系南诏异牟寻清平官郑回七世孙。唐光启元年(885),骠信隆舜卒,子舜化年幼,以重臣摄政。龙纪元年(889)篡位。乾宁四年(897)还政舜化,自为国老,专政柄。天复二年(902)舜化死,杀蒙氏八百人,再次篡位,改国号为大长和国。大长和国安国七年(909,后梁开平三年)八月卒,传子郑仁旻。

郑袤(189—273) 魏晋时荥阳开封(今河南开封县西南)人,字林叔。少孤,华歆养之如子。东汉建安间,初为临淄侯文学。司空王朗辟为掾,迁尚书郎。出为黎阳令,迁尚书右丞,历转济阴太守,拜广平太守,皆有政绩。高贵乡公即位,以预迎驾,封广昌亭侯。徙光禄勋,领宗正。答大将军司马师问讨毌丘俭计,师以为善。转太常。后预议立常道乡公,进封安城乡侯。景元初失明。入晋,封密陵侯,后拜司空,固辞,以侯就第。

郑梅涧(约1727—1787) 清歙县(今属安徽)人,名宏纲,字纪元,号梅涧,又号雪萼山人。世医家庭,精喉科,代有传人。自幼得喉科秘传,专于喉科有年,精研其理论。救急起死,不可胜数。认为治疗喉证病之精要处均在针法,故其施治每以针法取效。著有《重楼玉钥》二卷。该书内容切合实用,是喉科专书中之佳作。郑氏之子孙,皆承家学,世称"南园喉科"。

郑默(213—280) 魏晋时荥阳开封(今河南开封县西南)人,字思元。起家魏秘书郎,转尚书考功郎,专典伐蜀事,迁司徒左长史。十二郡中正选举曾与司马炎同品辈。及炎即帝位,常得嘉奖,与帝骖乘。入为散骑常侍。以父丧去官,寻为廷尉。时鬲令袁毅坐交通货赂,牵连甚广,大兴刑狱,独以清慎不染其流。迁太常。为大司农,转光禄勋。

郑穆公(前649—前606) 春秋时郑国国君。公元前627—前606年在位。名兰。郑文公之子。初即位,秦穆公使孟明视、西乞术、白乙丙率军袭郑。郑商人弦高诈以君命以牛犒劳秦军,秦以郑有备,遂灭滑而还。郑穆公三年(前625),助晋攻秦。次年,与晋、鲁、宋、卫攻沈(今河南上蔡东南)。十一年,楚穆王攻郑,郑与楚和。次年,与宋昭公从楚穆王在孟诸泽(在今河南商丘东北)会猎。十八年,晋灵公会诸侯,以郑有贰心于楚,拒他于门外。赖大夫子家致书晋赵盾,言居大国间,不能不委曲求全,晋乃与郑和。

郑普思 唐人。神龙元年(705),以妖妄的长生不老术,被中宗宠信,墨敕为秘书监,朝臣桓彦范等谏,不从。又进女后宫,潜谋左道,监察御史崔日用劾之,不听。其妻第五氏以鬼道得宠于韦后。二年,聚党徒于雍、岐二州谋乱,西京留守苏瓌、侍御史范献忠等力请诛之,乃流儋州(今海南儋州西北)。

郑虔(705—764) 唐郑州荥阳(今属河南)人,字弱齐。好书法,常苦无纸,取柿叶日习之,岁久殆遍。能诗善画,鱼水山石,时称奇妙。尝自写其诗并画以献,玄宗大喜,署其尾曰:"郑虔三绝。"天宝初,为协律郎。曾集掇当时事,著书八十余篇,有人告其私撰国史,坐谪十年。后还京师,玄宗特为置广文馆,以为博士,时号"广文先生"。迁著作郎。在官甚贫,与杜甫、李白为诗酒友。长于地理,著《天宝军防录》,详记山川险易、兵戍众寡,已佚。天宝末,陷于安禄山,伪授水部郎中,称疾求缓。乱平,贬台州司户参军事。卒于贬所。另著有《胡本草》,亦已佚。

郑樵(1104—1162) 南宋兴化军莆田(今属福建)人,字渔仲。青年时不应科举,筑草堂于夹漈山上,刻苦读书三十年,学者称为夹漈先生。出外访书十年,遇藏书家必借住,读尽乃去。广游名山大川,进行实地调查研究。于经、史、礼、乐、天文、地理、草木、虫鱼、文字、音韵等学,无不究通,皆有论著。绍兴十九年(1149),携所著书十八种、一百四十卷至临安,上于朝廷,高宗诏藏于秘府。数年后,由于侍讲王纶、贺允中的推荐,得高宗召见。任右迪功郎、礼兵部架阁。为御史叶义问所劾,改监潭州南岳庙。网罗旧籍,贯串历代,著为《通志》进献,深受重视,被任为枢密院编修官。他反对空谈心性,不满辞章之学,斥为"欺人"、"欺天"之妖妄邪说。推崇司马迁、刘知几治史重在"会通"之精神,谓"天下之理,不可以不通"。治史旨在通"古今之变"。其史学著作《通志》,总汇隋唐五代以前文献,自谓"集天下书为一书","成一家之言"。主张研究学问要实事求是,注重实际知识以及对图谱、文物的研究。生平著作丰富,达八十四种,但大多散佚。其《通志·二十略》,集中反映了著者之史学思想。尚著有《夹漈遗稿》、《尔雅注》等。

郑清之(1176—1251) 南宋庆元鄞县(今浙江宁波)人,字德源;初名燮,字文叔。嘉定进士。调峡州教授,累迁国子学录。嘉定十七年(1224),参与史弥远废皇子竑,拥立理宗,累迁参知政事兼同知枢密院事。史弥远死,为右丞相兼枢密使,又改左丞相,命枢密院按时间缓急、道路远近调戍防边,并次第停罢沿江船税。淳祐十年(1250),拜太傅、保宁军节度使充醴泉观使,进封齐国公致仕。著有《安晚堂诗集》。

郑繻公(?—前396) 战国时郑国国君。公元前422—前396年在位。名骀(一作繚)。郑共公之子,幽公弟。郑繻公十五年(前408),为韩所攻,雍丘(今河南杞县)被占。十六年,伐韩,败韩于负黍(今河南登封西南)。二十三年,围韩阳翟(今河南禹州)。二十五年,杀其相子阳。后为子阳之党所杀。

郑若曾 明苏州昆山(今属江苏)人,字伯鲁,号开阳。嘉靖贡生。初从魏校、王守仁学,后佐胡宗宪抗倭,叙功授锦衣世荫,不受;荐修国史,亦不就,归而著书。有经世志,好军事、地理之学,长于绘图。著有《江防图考》、《日本图纂》、《江南经略》、《黄河图议》等,收入《郑开阳杂著》,又著有《筹海图编》。

郑三俊 明池州建德(今安徽贵池)人,字用章。万历进士。授元氏知县。天启时历官光禄少卿、左副都御史。以疏劾魏忠贤,被削职归。崇祯元年(1628)任南京户部尚书,兼掌吏部事。是年京察,澄汰南京阉党一空。十年晋刑部尚书。次年忤旨下狱。十五年召为吏部尚书,贤士之废斥者多复用,不久乞休归。明亡后家居十余年卒。

郑深(1314—1361) 元浦江(今属浙江)人,字仲几,一字浚常。至正初入脱脱馆,教其子哈剌章。八年(1348),为太傅府长史。迁宣文阁授经郎,转鉴书博士,改中书吏部员外郎。十七年,除佥江南浙西道肃政廉访司事。二十一年,移江东道,未及上任,卒。

郑声公(?—前462) 春秋末战国初郑国国君。公元前500—前462年在位。名胜。郑献公之子。继献公即位。曾攻宋,围宋雍丘(今河南杞县)为宋所败。后晋荀瑶率师伐郑,郑驷弘求救于齐,齐兵出,晋军闻之而退。

郑师山 即"郑玉"。

郑士利 明台州宁海(今属浙江)人,字好义。洪武时兄士原涉空印案下狱,上书详为辨析。触帝怒,与兄士元皆输作江浦。

郑士良(1863—1901) 清广东归善(今惠阳)人,原名振华,字安医,号弼臣。早年加入三合会。光绪十二年(1886)就读广州博济医院附设南华医学校,结识孙中山。十四年辍学归里,密结会党,被拥为三合会首领。二十一年参与在香港建立兴中会总部,寻至广州建立分会,联络会党谋发动乙未广州起义,事泄与孙中山东渡日本。后参与成立兴汉会。二十六年奉命领导惠州三洲田之役,失败后避香港。次年病逝(一说被清廷奸细毒死)。

郑书 书名。春秋时郑国史书。见《左传·襄公三十年》。

郑述祖(485—565) 北齐荥阳开封(今河南开封西南)人,字恭文。好属文。初为司空行参军。天保中,累迁太子少师、光州刺史。有政绩。女为赵郡王高叡妃。善鼓琴,自作《龙吟十弄》,时人以为绝妙。

郑思肖 宋末元初福州连江(今属福建)人,字所南,号忆翁,一号三外野人。少为太学上舍生,应博学宏词科。元兵南下,痛国是日非,上书,不报。宋亡,客吴下,寄食城南报国寺。坐卧未尝北向,岁时伏腊便南望野哭。誓不与北人交结言谈,遇宋臣仕元者,虽至交必与之绝。工墨兰,不画土根,谓"中国地为蕃人夺去"。亦善诗,惓惓有家国之思。临终属友书一牌位云:"大宋不忠不孝郑思肖"。卒年七十八。著有诗集《心史》,旧无传本,明崇祯时得自苏州承天寺井中,有铁函封缄,因称《铁函心史》(一说后人伪托)。著作尚有《郑所南先生文集》、《所南翁一百二十图诗集》等。

郑肃 唐郑州荥阳(今属河南)人,字义敬。儒学世家。元和进士,举书判拔萃。大和六年(832),累擢太常少卿。长于经学,博士有疑,必就决之。因特选为太子李永讲经,授太子宾客。太子死,出为河中节度使。武宗立,累迁户部、兵部尚书,充山南东道节度使。会昌五年(845),以本官同平章事,加中书、门下侍郎,监修国史。与李德裕协力辅政。宣宗即位,德裕罢相,他复出为河中节度使。以疾辞,为太子太保,卒。

郑所南 即"郑思肖"。

郑太后(?—326) 晋河南荥阳(今河南荥阳东北)人,名阿春。世为冠族,少孤,先适田氏,生一男而寡,依舅吴氏。元帝为丞相时,纳为琅邪王夫人,甚有宠。生琅邪悼王、简文帝、寻阳公主。元帝即位后,虽为夫人,命太子等皆母事之。卒后追号会稽太妃。孝武帝时,定尊号为简文宣太后。

郑覃(?—842) 唐郑州荥泽(今河南郑州西北)人。郑珣瑜子。以父荫补弘文馆校书郎。历考功员外郎、刑部郎中。元和十四年(819),迁谏议大夫,春罢宦官充和籴使。谏穆宗勿喜游宴,不恤政事。成德节度王承元听命徙镇郑滑,三军固留之,他喻以大义,始得去。文宗立,改散骑常侍。大和三年(829),以本官充翰林侍讲学士。颇受宰相李德裕重视,而为李宗闵、牛僧孺所忌。历工、户、刑部尚书,迁尚书右仆射,兼判国子祭酒。甘露之变后,加同平章事,监修国史,封荥阳郡公。精通经籍,文宗从其议,置五经博士,校定六经,勒石于太学,进《石壁九经》一百六十卷。不喜文学,病进士浮夸,建议废进士科。武宗时,李德裕执政,欲援为宰相,称足疾固辞,以司徒致仕。

郑畋(825—883) 唐荥阳(今属河南)人,字台文。会昌进士。大中时,白敏中、令狐绹秉政,以其父与李德裕善,因累佐幕府不得调。咸通十年(869),刘瞻为相,荐为翰林学士,知制诰。韦保衡当权,贬梧州刺史。乾符元年(874)以兵部侍郎同平章事。五年罢相。广明元年(880)出为凤翔节度使。黄巢克长安,拒守京西,僖宗授以京西诸道行营都统,乃传檄诸道召兵,使黄巢军不得西进。寻以病召赴成都行在为相。后与宦官田令孜、陈敬瑄不睦,罢相。能文善诗,《全唐文》存文十一篇,《全唐诗》存诗十六首。

郑廷鹄(?—1563) 明海南岛琼山(今属海南)人,字元侍。嘉靖进士。历任工部都水主事、江西督学副使等职,迁江西参政后致仕。曾两上"平黎疏"。主张在海南岛建州县,屯田耕守;治城廓,兴水利,将不服从之黎人外迁。著有《石湖集》。

郑同 战国时韩国(一说楚国)人。自谓南方草鄙之人。曾北游赵,见惠文王,劝赵加强军备,抵御外侮。又曾往见魏昭王。见《战国策·赵策三》。

郑王 ❶战国韩哀侯二年(前375)灭郑,并其国,韩因徙都郑(今河南新郑),故韩王亦称郑王。❷辽代封爵。耶律隆祐、萧惠、萧虚烈、萧革、耶律淳等先后受封。❸金代封爵。次国一字王号。刘筈、完颜永功、完颜永蹈等先后受封。天兴二年(1233),崔立政变,自号郑王。❹明藩王封爵。明仁宗次子朱瞻埈受封,其后子孙承袭,至明亡。

郑望之(1078—1161) 宋彭城(今江苏徐州)人,字顾道。崇宁进士。累官驾部兼金部员外郎。靖康初,金军攻汴京,以军前计议使使金请和,后又随李棁再往。金人索金帛,并提出割三镇、质亲王宰相。他数次往返,盛言敌势强大,不可不和。建炎初,为李纲论罢,谪居连州。纲罢,复为吏部侍郎、知宣州。后以徽猷阁学士致仕。著有《靖康奉使录》。

郑惟忠(?—722) 唐宋州宋城(今河南商丘东南)人。仪凤进士。天授中,应制举。历水部员外郎、凤阁舍人。中宗时,擢黄门侍郎。奏请从岭南风俗,准酋长家存兵器。进大理卿,转御史大夫。开元初,为礼部尚书、太子宾客。

郑维桓 明慈溪(今浙江慈溪东南)人。永乐进士,为御史。永乐十九年(1421)北京三殿灾,以言事触帝怒。出为交阯南清知州,卒。

郑文宝(953—1013) 北宋汀州宁化(今属福建)人,字仲贤。太平兴国进士。初师事徐铉,仕南唐为校书郎。入宋,受知于李昉。太宗、真宗时,数任陕西转运使,熟悉西边山川形势、风俗人情,曾献《河西陇右图》,建议营田,积粟实边,反对放弃灵州(今宁夏灵武西南),多次参与抵御西夏及辽的战役。官终兵部员外郎。善篆书,有诗名,风格清丽柔婉,为欧阳修、司马光所称。著有《江表志》、《南唐近事》、《谈苑》等。

郑文公(?—前628) 春秋时郑国国君。公元前672—前628年在位。名捷,一作踕。郑厉公之子。郑文公十九年(前654),齐、鲁、宋、陈、卫、曹联军攻郑。楚国许救郑,诸侯救许,楚还军。次年,齐攻郑,郑听命于齐。二十一年,齐、鲁、宋、卫、许、曹、陈与周盟于洮(今山东鄄城西),共谋王室,郑亦乞盟。其后,多次与诸侯会盟。三十六年,晋重耳流亡过郑,不以礼相待。晋楚城濮战后,晋、秦围郑。郑烛之武说秦穆公,秦遂与郑盟,晋亦解郑围而去。

郑文公碑 北魏摩崖刻石。全称"魏故兖州刺史荥阳文公郑羲之碑",或称"郑羲碑"。宣武帝永平四年(511)刻。有两碑:一在今山东平度市天柱山崖,称上碑;一在今山东莱州市东南云峰山摩崖,称下碑。两碑文大体相同,但上碑比下碑字小。因下碑结衔下刻"草"字,故有草稿之说。内容记载郑羲生平事迹及著述,但碑文谀词失实。因与郑羲季子道昭在云峰山等处的题名、题诗,如出一手,清包世臣即以为郑道昭所书,并大加赞赏。楷书,笔力雄强,为书法家所推崇。

郑文焯(1856—1918) 清末奉天铁岭(今属辽宁)人,隶汉军正白旗,字俊臣,号小坡、叔问,又号冷红词客等,别署大鹤山人。光绪举人,任内阁中书。后旅居苏州四十余年。能词,兼善金石、书画、医学。精通音律。其词功力深厚,与王鹏运、况周颐、朱祖谋并称清季四大家。辛亥革命后,侨居关下,以遗老自居,其词常流露出对清朝覆灭的痛惜。各类著作颇丰,有《冷红词》、《樵风乐府》等,均收入《大鹤山房全集》。

郑武公(?—前744) 春秋时郑国国君。公元前770—前744年在位。名滑突,一作掘突。郑桓公之子。继桓公即位。娶申女为夫人,称武姜,生太子寤生,后又生少子叔段。武姜爱叔段。他病时,武姜请立叔段为太子,不许。死后,太子继位,是为郑庄公。

郑僖公(?—前566) 僖又作釐。春秋时郑国国君。公元前570—前566年在位。名髡顽,一作髡原,又作恽。郑悼公之子。继悼公即位。后被子驷所杀。

郑羲(426—494) 北魏荥阳开封(今河南开封西南)人,字幼麟。少以文学举秀才。文成帝末,拜中书博士。天安元年(466),随殿中尚书元石赴汝南,参谋军事,迎降南朝宋司州刺史常珍奇。次年,复引军攻宋汝阴,平淮北,迁中书侍郎。孝文帝时,征为中书令,议定律令。后出为西兖州刺史,多所受纳,政以贿成。及帝纳其女为嫔,迁秘书监。

郑侠(1041—1119) 北宋福州福清(今属福建)人,字介夫,号一拂居士。治平进士,调光州司法参军。素为王安石所重。秩满入京,对安石言新法不便。安石屡欲召辟,皆为所拒。久之,监安上门。熙宁七年(1074)久旱不雨,绘《流民图》上神宗,极尽扶携塞道、质妻鬻女之状,并奏称新法为"掊克不道之政",请悉罢去。次日,新法罢去者十有八事。王安石罢相出知江宁,又绘《正直君子邪曲小人事业图迹》,指斥吕惠卿等。惠卿奏为谤讪,编管英州(治今广东英德)。哲宗立,始得归,为泉州教授。元符中再窜英州。徽宗立,赦还,复故官,旋又为蔡京所夺,遂不复出。著有《西塘集》。

郑鲜之(364—427) 晋宋之际荥阳开封(今河南开封西南)人,字道子。家世官宦。东晋时曾任御史中丞、都官尚书等。入宋,官至尚书右仆射。曾参与形神之辩。认为,"神"与"太极"均属无形,故佛教的"神不灭"论与《易》"以太极为两仪之母",词异而意同,并以"神道玄远,至理无言"的观点,论证"理精于形,神妙于理"(《神不灭论》)。笃信儒家名教,提出"忠不能救主,孝不顾其亲,是家国之罪人"(《宋书·郑鲜之传》)。反对官吏因父母病去职处以禁锢三年的新制。著有《神不灭论》等。

郑县 春秋秦武公十一年(前687)置。治今陕西华县。秦属内史。两汉属京兆尹。三国魏属京兆郡。北魏为东雍州及华山郡治。西魏为华州治。隋仍属京兆郡。唐复为华州治。元初废入州。

郑献公(?—前501) 春秋时郑国国君。公元前

513—前501年在位。名虿。郑定公之子，继定公即位。郑献公八年(前506)，晋定公假周王室之名会诸侯于召陵(今河南偃城东)，郑与会。十三年，执政驷歂杀邓析而用其竹刑。是年死。

郑襄公(?—前587) 春秋时郑国国君。公元前604—前587年在位。名坚。郑穆公之子。继郑灵公即位。即位后叛楚亲晋，楚伐郑，晋救郑。其后附和于晋、楚之间。郑襄公八年(前597)，又附晋。楚庄王攻郑，围之三月，晋不救，乃降于楚。他肉袒牵羊执宗庙之器以谢罪。楚允和。后晋救兵至，他助楚大破晋军于邲(今河南荥阳北)。

郑向 北宋开封陈留(今河南开封)人，字公明。举进士。为大理评事、通判蔡州，累官龙图阁直学士知杭州。著有《五代开皇纪》。

郑晓(1499—1566) 明海盐(今属浙江)人，字窒甫。嘉靖进士，授兵部职方主事。日披故牍，尽知天下阨塞，兵马虚实强弱之数。撰《九边图志》，人争传写。调吏部，历考功郎中。后改任南京吏部尚书、兵部尚书等职。以御倭寇有功，还京师主持刑部工作，以忤严嵩削职。晓通经术，习知国家典故，长于史学，著述甚富。仿正史撰《吾学编》。另有《吾学编余》、《征吾录》、《今言》、《古言》，皆其所见所闻，随笔记录，补《吾学编》之不足。

郑孝穆(约506—565) 北朝时荥阳开封(今河南开封县西南)人，本名道邕，字道和。魏末从大都督元天穆讨邢杲，以功迁骠骑将军。西魏大统中，行岐州刺史。任内，留心绥抚，使流民渐归，考绩为天下最，征拜京兆尹。大统十六年(550)，从丞相宇文泰东讨，与杨宽、苏亮等分掌众务，并引接关东归附人士，以功拜中书令，赐姓宇文氏。北周孝闵帝即位，加骠骑大将军。保定中，频历宜、华、虞、陕四州刺史，后以疾卒。

郑孝胥(1860—1938) 福建闽县(今福州)人，原名苏戡，字太夷。清光绪举人。光绪十七年(1891)任驻日本使馆书记官。次年，任驻大阪、神户领事。后历任广西边防大臣，安徽、广东按察使，湖南布政使。宣统三年(1911)入盛宣怀幕，主张铁路国有化政策。1923年投奔废帝溥仪，先后任懋勤殿行走、总理内务府首席大臣。1925年后，总管溥仪的总务处和外务事宜。九一八事变后，协助日本人胁持溥仪至东北，充当日本傀儡。1932年伪满洲国成立，任伪国务总理兼文教部总长等职。工诗和书法。著有《海藏楼诗》。

郑獬(1022—1072) 北宋安州安陆(今属湖北)人，字毅夫，一作义夫。皇祐五年(1053)进士第一。累迁知制诰，纠察在京刑狱，疏请从俭营治仁宗陵寝。治平二年(1065)奏言：朝廷有求谏之名，无求谏之实，请于臣下进见之际，访以得失。出知荆南，还判三班院。神宗初，拜翰林学士，权知开封府，因不以新法按狱，为王安石所恶，熙宁二年(1069)，出知杭州。次年，徙青州。时方散青苗钱，又以不忍使民无罪而陷法网，引疾提举鸿庆宫。著有《郧溪集》。

郑澥 唐人，字蕴士。宪宗时，曾为山南东道节度使李愬掌书记。后任开州刺史。著有《凉国公平蔡录》。

郑燮(1693—1765) 清江苏兴化人，字克柔，号板桥、板桥道人。乾隆进士。选山东范县知县。后调知潍县，遇岁饥，救灾不遗余力。又为民请赈，因而忤大吏，罢官。归扬州，卖画为生，声名大著。工诗词，善书画，尤擅兰竹。书法隶楷参半，别成一体，自称六分半书。作诗不拘体格，兴至则成。在扬州，日事诗酒，时写丛兰竹石于酒肆僧壁，随手题诗。时人以诗书画"三绝"称之。有《板桥全集》。

郑兴 东汉初河南开封(今开封西南)人，字少赣。少学《公羊春秋》，晚善《左氏传》。新莽天凤中为刘歆所重，使撰条例、章句、传诂，校《三统历》。认为"《春秋》以天反时为灾，地反物为妖，人反德为乱，乱则妖灾生。"(《后汉书·郑范陈贾张列传》)言政事依经守义，不善谶纬。后为更始政权丞相长史，劝说更始西都长安。为谏议大夫，使安集关西及朔方、凉、益三州。还拜凉州刺史。更始亡，归依隗嚣。建武六年(30)东归。汉征为太中大夫。九年，与大司马吴汉俱击公孙述。述死，奉诏留屯成都。因私买奴婢，坐左转莲勺令。后免官。卒于家。好古文经学，尤明《左氏》、《周官》。东汉言《左氏》者多师之，与名儒贾逵并称"郑贾之学"。清马国翰辑有《周礼郑大夫(兴)解诂》一卷。

郑性之(1172—1255) 南宋福州(今属福建)人，初名自诚，字信之，一字行之，号毅斋。嘉定元年(1208)进士第一。历知赣州、隆兴、建宁府。端平元年(1234)召为吏部侍郎，奏请戒谗谄，肃朝纲。迁左谏议大夫，又请理宗鉴古今安危之变。除签书枢密院事。次年，同知枢密院事兼权参知政事。嘉熙元年(1237)进知枢密院事兼参知政事，建请冲要之处增守备。后加观文殿学士致仕。

郑袖 一作郑裦。战国时楚怀王夫人。深得怀王宠信。时张仪为秦使楚，因欺骗怀王被囚，怀王欲杀之。经靳尚向她游说，她遂劝怀王勿杀张仪，使张仪得释。一说即南后。《战国策·楚策三》："南后郑裦贵于楚。"

郑裦 即"郑袖"。

郑玄(127—200) 东汉北海高密(今属山东)人，字康成。经学家称后郑，以与"先郑(郑众)"相别。少为乡啬夫，有志于学，遂入太学受业。从京兆人第五元先习今文京房《易》、《公羊春秋》及《三统历》、《九章算术》，又从东郡人张恭祖受古文《周官》、《礼记》、《左氏春秋》、《韩诗》、《古文尚书》。后西进入关，师事古文经学家马融。兼通经今古文，见经今古文两家各立门户，意欲破其壁垒，自成一家之言。后游学归里，徒众相随已数百千人。因党祸事被禁锢，乃杜门不出，遍注群经。其内容均兼采今古文。如笺《诗》，以《毛诗》为主，兼采三家；注《尚书》用古文，而又有别于马融注；注《仪礼》并存今古文；注《论语》，混合《张侯论》、《齐论》与《古论》。遂集汉代经学之大成，世称"郑学"。对公羊学家何休的门户之见多有非难。喜综合群经异说，异中求同，致有若干附会。其著作号称“百余万言”,在整理古代历史文献上颇有贡献。所著《毛诗传笺》、《仪礼注》、《礼记注》、《周礼注》今存,收入《十三经注疏》;《周易注》、《论语注》、《六艺论》、《孝经注》、《驳许慎五经异议》等残缺,清马国翰《玉函山房辑佚书》、袁钧《郑氏遗书》等有辑录。另有皮锡瑞《郑志疏证》可参考。

郑学 经学流派之一。东汉郑玄所传之学。代表人物尚有三国魏王基、孙炎等。其学兼采经今古文两家之说,不复分别。以历史比较法注释儒家经典中记述的典章制度,少有“微言大义”,故当时经生多从郑学,不必更求各家。其学促进了经今古文学的融合与统一,影响及于伊、洛以东,淮、汉以北,流传魏晋至隋唐。清乾嘉学派也曾发挥其说。主要典籍有《毛诗传笺》、《仪礼注》等。

郑珣瑜(738—805) 唐郑州荥泽(今河南郑州西北)人,字元伯。少孤贫,耕作养母。大历时,以讽谏主文科高第,授大理评事,累迁侍御史、刑部员外郎。贞元时,官吏部侍郎。改河南尹,清静惠下,不尚刻剥,军需非诏取者,不妄调拨。十九年(803),进门下侍郎,同平章事。曾诘责京兆尹李实剥下进奉。顺宗立,王叔文秉政,乃称病不朝。寻卒。

郑言 唐人。宣宗时任修撰官。奉命与崔瑑、薛逢、杨绍复等修撰《续会要》。

郑俨(?—528) 北魏荥阳(今属河南)人,字季然。初为司徒胡国珍参军。因得幸于胡太后,拜谏议大夫、中书舍人,昼夜在禁中,与中书舍人徐纥共相表里,势倾内外。累迁中书令、车骑将军。孝明帝恶其行,于武泰元年(528),密诏大都督尔朱荣举兵内向讨之。乃与太后毒杀帝。及荣逼京师,逃归乡里。寻为其部下所杀。

郑也可拔都 即“郑鼎”。

郑以伟(?—1633) 明江西上饶人,字子器,号方水。万历进士,授检讨。天启时迁礼部侍郎,忤魏忠贤,罢官归。崇祯二年(1629)召任礼部尚书,五年入阁。不善票拟,屡乞休,不允。卒于官。著有《灵山藏集》、《沍泥集》等。

郑义(?—1232) 元河间(今属河北)人。太宗时为山东路都元帅,兼景州军民人匠长官。太宗四年(1232),攻金归德,战死。

郑亦邹 清初福建漳州海澄人,字居中。顺治举人。淡于仕进,乞假归,结庐白云山麓,为南屏文社,交结学者,从事著述。著有《明季遂志录》、《明季辨误》、《江闽事略》、《明余行国录》、《明遗民录》等。

郑译(540—591) 隋荥阳开封(今河南开封西南)人,字正义。北周时官内史上大夫等职,封沛国公。大象二年(580),周宣帝病危,与刘昉矫诏引杨坚入宫为大丞相,总朝政。自任相府长史,参预机密,时人有“刘昉牵前,郑译推后”之说。然生性轻险,恃功放纵,赃货狼藉,渐为杨坚所疏。入隋,以佐命元勋,授上柱国。因行事不法,被除名,复授隆州、岐州刺史等职。先后参预修撰律令,厘定音乐,为杨坚所称誉。

郑懿辰(?—1861) 清浙江仁和(今杭州)人,字位西。道光举人。授内阁中书,久居京师,究悉朝章国故,与曾国藩、梅曾亮等友善。性峭直,能文章。升刑部员外郎,入直军机处。咸丰三年(1853)奉命巡防河口,次年坐罢归里。致力于经籍,著《尚书通义》、《礼经通论》、《孝经通论》。后以协防杭州复原官。十一年李秀成率太平军攻杭州,他与巡抚王有龄登陴固守,被击毙。著作多亡佚,长孙郑章辑录为《半岩庐所著书》,共三十余卷。

郑絪(752—829) 唐郑州荥阳(今属河南)人,字文明。大历进士。又登博学宏辞科。初入西川张延赏幕府为掌书记。德宗召为翰林学士,谦谨奉职凡十三年。累迁中书舍人。宪宗立,拜中书侍郎、同平章事。居相位四年无所建树而罢。历岭南、河中节度使,御史大夫。文宗时,以太子太傅致仕。有集三十卷,已佚。

郑愔(?—710) 唐沧州南皮(今属河北)人,字文靖。进士出身。武则天时,依附权臣张易之兄弟,擢殿中侍御史。及张氏兄弟败,贬宣州司士参军。中宗时,又附武三思,引为中书舍人太常少卿。为武三思与韦后夺权出谋划策。景龙三年(709),以吏部侍郎同平章事,与崔湜同掌铨衡。寻以赃贿狼藉,贬江州司马。及韦后败,欲起兵拥立谯王重福,被杀。

郑隐(?—302) 西晋人,字思远。本为儒生,明五经,兼综九宫、三奇、推步、天文、河洛、谶记、律历、候纬之术。晚而好道,曾师事葛玄,受《太清丹经》、《九鼎丹经》、《金液丹经》。后授弟子葛洪金丹之经及《三皇内文》、《枕中五行记》。宣称“杂道书卷卷有佳事,但当校其精粗而择所施行。……若金丹一成。则此辈一切不用也”(《抱朴子·遐览篇》)。为东汉道教丹鼎派最早传授者之一。

郑雍(1031—1098) 北宋襄邑(今河南睢县)人,字公肃。嘉祐进士,调兖州推官。历秘阁校理、知太常礼院,坐事通判峡州,知池州。还知太常礼院,历开封府推官、判官。元丰中为嘉王、岐王府记室参军。哲宗立,擢起居郎、中书舍人,累官御史中丞。元祐六年(1091),与殿中侍御史杨畏劾宰相刘挚威福自恣,又论王岩叟、朱光庭等三十人皆挚党,刘、王、朱皆罢黜。七年,拜尚书右丞,进左丞。绍圣中罢知陈州,徙北京留守,坐元祐党夺职知成都府。

郑幽公(?—前423) 战国时郑国国君。公元前423年在位。名已。郑共公之子。即位当年,晋韩武子伐郑,他被杀。

郑余(餘)庆(746—820) 唐郑州荥阳(今属河南)人,字居业。三世显官。大历进士。德宗时,由幕府选为翰林学士,迁工部侍郎,知吏部选事。贞元十四年(798),拜中书侍郎、同平章事,后坐事贬郴州司马。宪宗立,再拜相。四朝为官,刚正鲠直,言朝政得失多中肯,不畏权奸。曾面斥中书省主书滑涣勾结宦官,干预朝政。罢为太子宾客,迁国子祭酒、吏部尚书。元和九年(814),授山南西道、凤翔节度使。十三年,拜尚书左仆射。次年,兼太子少师,封荥阳郡公,兼判国子祭酒事。以太学荒毁日久,奏取文官月俸百分之一整修。精通六经,奏议多引经义古语,吏多不解,人谓其不合时宜。性清俭,死后家无余财,穆宗命给一月俸料以助丧事。有文集五十卷,已佚。

郑妪 见"八绝"。

郑玉(1298—1358) 元徽州歙县(今属安徽)人,字子美,号师山。顺帝诏以翰林待制奉议大夫,称疾不受。蛰居师山书院授徒、著述。元末,朱元璋兵至徽州,邀其出山,以死拒辞,被拘,即自缢死。其于理学,谓朱、陆各有长短,而根本宗旨,则无不同。两派门徒之争,非朱、陆垂教之本意。为元代继吴澄之后,又一调和朱、陆之争的学者。精于《春秋》,谓《春秋》之功足以"遏人欲于横流,存天理于既灭,明之治帝王之治可复。六经无《春秋》殆皆空言而已"(《春秋经传阙疑序》)。著有《周易纂注》、《春秋经传阙疑》、《师山文集》等。

郑遇春(?—1390) 明凤阳(今属安徽)人。以勇力闻名乡里。元末从朱元璋起兵,累官总管、左翼元帅、六安卫指挥佥事、朔州卫指挥副使。洪武三年(1370)进同知大都督府事,封荥阳侯。后督金吾诸卫,造海船运饷辽东。二十三年坐胡惟庸党死。

郑元庆 一作郑庆元(《碑传集》)。清浙江归安(今湖州)人,字芷畦,又字子余。善治经学,与万斯同、毛奇龄、胡渭等交往甚密。雍正间卒。所辑《行水金鉴》,载河、淮、汉、江、济、运诸水之变迁及漕运等有关历史资料。另著有《礼记辑注》、《湖录》等。

郑元璹(?—646) 唐汴州开封(今河南开封西南)人,字德芳。郑译子。仕隋,袭爵沛国公、右卫将军。大业末,为文城郡守。降李渊(唐高祖),仕太常卿。武德元年(618),初使突厥始毕可汗。次年,处罗可汗立,攻并州,往谕之。未几,处罗死,颉利可汗立,留之数年不遣。五年,始还,高祖比之苏武之不辱,授鸿胪卿。同年,突厥又入扰,往见颉利可汗,与颉利争辩,讲明和好之利,许以金玉重币,突厥遂退兵。贞观元年(627),复使突厥,侦其内情,还告突厥疲弱必亡之状,坚定太宗对突厥用兵的决心。累转左武候大将军、宜州刺史。

郑元勋(1604—1645) 明末徽州歙县(今属安徽)人,字超宗,号惠东。出身盐商,寓居扬州。好附庸风雅,筑影园,富藏书,极园林之美,名闻四方。工诗善绘,喜结纳文士,邀复社友朋读书其间,诗文自适。崇祯十六年(1643)进士,以假归。次年参与调解扬州士民与高杰之争,被扬州百姓误杀。著有《英雄恨》、《读史论赞》、《瑶华集》等。

郑藻如(1827—1894) 清广东香山(今中山)人,字玉轩。同治四年(1865)由容闳举荐于李鸿章,被任为上海机器制造局帮办。光绪四年(1878)任津海关道。七年赏三品卿衔,任出使美国、西班牙、秘鲁大臣,任内保护华工和维护华侨利益。十年授通政司副使。次年授光禄寺卿,旋病免。

郑长者 战国时人。史失其名。约与魏文侯、田子方同时。主张"体道,无为无见(现)"(见《韩非子·难二》)。《汉书·艺文志》道家类著录《郑长者》一篇。《太平御览·逸民部》引袁淑《真隐传》曰:"郑长者,隐德无名,著书一篇,言道家事,韩非称之,世传是长者之辞,因以为名。"已佚。清马国翰《玉函山房辑佚书》有辑本。

郑昭甫 明初福建人,号云居山人。善绘人物、山水,师法吴道子、李思训,以运笔纤细、流畅见长。洪武间应选赴京。为人倔傲,驸马都尉王恭曾逼其画像,乃投笔大哭而去。

郑昭公(?—前695) 春秋时郑国国君。公元前696—前695年在位。名忽。郑庄公之子。郑庄公三十八年(前706),他以太子领兵救齐,大败北戎于齐郊,庄公死,继立为君,旋因大夫祭仲为宋劫持,谋立公子突(即厉公)而奔卫。不久因祭仲擅权,厉公欲杀祭仲,谋泄出奔,他被迎返复位。后在出猎时被大夫高渠弥射杀。

郑珍(1806—1864) 清贵州遵义人,字子尹,晚号柴翁。道光举人。曾任荔波县训导。同治二年(1863),大学士祁寯藻荐于朝,特旨以知县分发江苏补用,次年卒。治经学、小学,又崇尚考据之学。为晚清宋诗派作家。有《仪礼私笺》、《说文逸字》、《说文新附考》、《巢经巢集》等。

郑芝龙(1604—1661) 明末清初福建南安人,字飞皇(一作飞黄),又字曰甲,小字一官。明天启、崇祯时为海盗,出没于台湾、金厦间。后被招降,积官至都督总兵官。南明弘光时,封南安伯。弘光政权覆亡,与弟郑鸿逵拥立唐王于福州,进封平国公,拥兵擅权,预征赋税,大卖官爵。隆武二年(清顺治三年,1646)阴通洪承畴,撤兵不守,清军乃入福建。旋被送至北京,隶汉军正黄旗,封同安侯。顺治十一年(1654),以招降子郑成功不成被幽禁,后曾议遣戍宁古塔。十八年与其三子同时被处死。

郑志 书名。三国魏郑小同编。十一卷。仿《论语》体例,记载郑玄与其门人赵商、张逸等的问答之词,内容多为训释经传疑义。某些经解为宋代理学家论礼时所称引。此书与郑玄门人所编《郑记》,均为研究郑玄思想的重要资料。原书已佚,《古经解汇函》有辑本三卷,补遗一卷。清皮锡瑞作《郑志疏证》八卷,附《郑记考证》一卷,可参考。

郑仲夔(约1592—?) 明末江西信州(今上饶)人,字胄师、龙如。幼年失怙,由长兄抚育成人。屡试不第,教书为生,诗赋自娱。又漫游大江南北,多采辑明代名士文人言行风貌,仿《世说新语》体例,撰《偶记》、《耳新》、《清言》、《隽区》,合称《玉麈新谭》。另著《质草》、《冷赏》等。

郑众 ❶(?—83)东汉河南开封(今属河南)人,字仲师。经学家称"先郑",以与"后郑"(玄)相别;又称郑司农,以与宦官郑众相别。曾任大司农。年十二,从父郑兴受《左氏春秋》,致力于学,明《三统历》,作《春秋难记条例》,兼通《易》、《诗》,知名于世。受章帝诏作《春秋删》十九篇。著作已佚。清马国翰辑有《周礼郑司农(众)解诂》六卷、《郑众春秋牒例章句》一卷。❷(?—114)东汉南阳犨县(今河南鲁山东南)人,字季产。章帝时为小黄门,迁中常侍。和帝时加位钩盾令。不附权戚,深得宠信。永元四年

(92),与谋诛灭窦宪等人,以功迁大长秋。由是常与议政事,永元十四年(102)封鄛乡侯,宦官干政自此始。

郑州 ❶东魏武定七年(549)改颍州置。治颍阴县(今河南许昌市)。北周改为许州。❷隋开皇初改荥州置。治成皋县(后改汜水县,今河南荥阳市西北汜水镇)。大业二年(606)治管城县(今河南郑州市)。三年改为荥阳郡。❸唐武德四年(621)于虎牢城(今汜水镇)置。贞观七年(633)移治管城县(今郑州市)。天宝初改为荥阳郡,乾元初复为郑州。辖境相当今河南郑州、荥阳、新郑、中牟、原阳等市、县地。其后辖境屡有变化。北宋熙宁五年(1072)废。元丰八年(1085)复置。属京西北路。金属南京路。元属汴梁路。明初废管城县入州,属开封府。清雍正二年(1724)升为直隶州,属河南省。十二年仍属开封府。光绪三十年(1904)又升为直隶州。辖境相当今河南郑州、荥阳等市地。1913年废,改本州为郑县。1949年改设郑州市。

郑州南关外铸铜遗址 商代中期铸铜作坊遗址。位于郑州南关东南500米处,1954年发现,面积约1 050平方米。出土遗物有炼铜坩埚,形制有三种:外涂草拌泥的大口尊、外涂泥的砂质陶缸和用草拌泥堆成的炼埚。其内壁有铜渣,器外被火烧成红土块。同时发现炼铜所用木炭碎屑及草木灰,并有铸青铜器所用泥范千余块,为合范及内外范。由范知道此地所铸的器物有鬲、斝、镞、刀、镢等,同时出土有镞、刀、镢、鱼钩等,由此知道这作坊以铸造生产工具为主。

郑州商城 商代古城遗址。位于今河南郑州市区东部。1955年发现城墙。现已查明城呈方形,周长6 960米,连同周围商代遗址总面积达25平方公里。城墙用夯土分层筑成,剖面近梯形,中部为水平夯筑,底宽16.25米,梯形两腰为筑成的"护城坡"。残墙最高处高达9米。四周城墙有缺口十一个,有的可能是城门。据出土物及叠压关系判断,此墙建于商二里岗期下层,到二里岗期上层仍在使用。城内东北部发现大面积夯土台基和大型房基,保存最高处达2.5米,并有白灰面、柱洞、柱础等,当为宫殿区,出土有玉簪、青铜簪和玉器等。东北角一贵族墓内出土贝币四百六十枚。城墙外的白家庄、杨庄、铭功路为贵族墓区,出土有青铜礼器、兵器、玉器和原始青瓷、象牙器等,有的墓有殉人。墙外周围还发现许多小房基、窖穴、水井、墓葬等,为平民生活区。城东南部墙外发现窖藏大方鼎、圆鼎、羊首罍等铜器七件,西墙外杜岭出土两件大方鼎。南墙外的南关外和北墙外的紫荆山发现铸铜遗址,紫荆山以生产青铜刀、镞为主,南关外以生产青铜镬为主。紫荆山以北是骨器作坊。西墙外的铭功路发现以烧制泥质陶为主的陶窑遗址。关于城址时代和性质学术界意见不一,有人认为是商代中期仲丁所都的嚣(隞),也有人认为是商代早期所都亳。

郑朱 战国时赵国之贵人。赵孝成王六年(前260),秦赵长平之战时,赵王曾派他去秦国讲和,秦虽接待而媾和未成。事见《战国策·赵策三》。

郑注(?—835) 唐绛州翼城(今属山西)人,本姓鱼,冒姓郑氏,时号鱼郑。出身寒微,始以医术游于长安权豪之家。元和末,依李愬,累从襄阳、徐州幕府,愬荐于监军王守澄,得其赏识,携之入长安,颇重用之,朝臣亦多趋附。后为文宗医病,得信用,累迁工部尚书、翰林侍讲学士,献策置茶官,行榷茶法。又引进李训,秉文宗意,夺王守澄权,后杀之。出为凤翔节度使,欲内外协力共除宦官。大和九年(835)甘露之变时,引兵入京接应,中途闻事败而返,为监军所杀。

郑庄公(?—前701) 春秋时郑国国君。名寤生。公元前743—前701年在位。郑武公之子,继武公即位。即位后任祭仲为卿。封其弟叔段于京(今河南荥阳东南),号京城太叔。叔段以京城叛,母武姜欲应之,乃发兵平叛,叔段出奔共(今河南辉县)。遂迁武姜于城颍(今河南登封西),誓言"不及黄泉,无相见也"(《左传·隐公元年》)。居年余,悔迁母,颍谷封人颍考叔为之谋,掘地为隧相见。为周平王卿士。曾联齐、鲁击败宋、卫。后侵周地,割取禾麦。郑庄公三十七年(前707)以周桓王免其卿士职位,遂不朝周。周桓王率诸侯师伐郑。他率部抗御,大败王师于繻葛(或即长葛),桓王中箭受伤。

郑子(?—前680) 春秋时郑国国君。名子仪,一作子婴。子亹之弟。郑子亹元年(前694),子亹、高渠弥被齐襄公杀后,大夫祭仲立他为君。公元前693—前680年在位。子婴十四年(前680),被出亡在栎(今河南禹州)的郑厉公使傅瑕杀死。无谥号。

郑子亹(?—前694) 春秋时郑国国君。无谥。郑庄公之子,郑昭公之弟。郑昭公二年(前695),昭公被大夫高渠弥射死,祭仲(祭足)与高渠弥立他为君。次年,齐襄公会诸侯于首止(今河南睢县东),他因与齐襄公有宿怨,到会后又不谢罪,被襄公伏甲所杀。

郑子阳 即"子阳❷"。

郑子仪 即"郑子"。

郑子婴 即"郑子"。

郑祖琛(?—约1851) 清浙江乌程(今湖州)人,字梦白。嘉庆进士。分发江西。历任广饶九南道、直隶天津道、两淮盐运使、福建布政使等职。鸦片战争爆发后,奉命赴镇海军营帮办军务和粮台事务。后任陕西布政使、广西巡抚等职。道光二十六年(1846),督兵助攻湖南新宁李元发起义,并先后镇压湘黔边界的天地会起义和苗民起义。咸丰元年(1851)太平天国起义,他以防范懈怠,被革职逮问。

郑遵谦(?—1648) 明末清初浙江会稽(今绍兴)人,字履恭。明末生员。南明弘光元年(顺治二年,1645),清兵陷杭州,乃树帜抗清,迎鲁王监国至绍兴,授中军府左都督。寻以功封义兴伯。次年,清兵攻浙东,师溃,走依郑彩,领陆军。后为郑彩诱杀。

政道集 即"治道集"。

政典 书名。唐刘秩撰。三十五卷。成书于开元末。仿《周礼》六官分职体例,采摭经史百家所载,记自传说中黄帝至开元末年历代典章制度建置沿革,并论其得失,已佚。见于《新唐书·艺文志三》著录。

政法学报 杂志名。清光绪二十九年三月(1903.4)由《译书汇编》改名而成。月刊。胡英敏主编,馆设日本东京。以宣传介绍政法基本知识为主旨,求政法学之发达与政法社会之改良进步。由原单纯译书转以刊载论著为主要内容,鼓吹法治。设论说、学术、讲演、杂纂、研究资料等栏目。已见发行八期。

政和 宋徽宗年号(1111—1118)。凡八年。

政和重修会要 书名。北宋蔡攸等撰。一百一十卷,目录一卷。元符三年(1100),诏王觌、曾肇续修元丰至元符年间会要,未及成书。崇宁中,又诏蔡攸重修治平四年(1067)至崇宁五年(1106)间会要。政和八年(1118)成。起熙宁十年(1077)以后,止政和年间。分帝系、后妃、吉礼三类。已佚。

政和圣济总录 即"圣济总录"。

政和县 北宋政和五年(1115)改关隶县为政和县。治今福建政和县。属建州,后属建宁府。有银场。元属建宁路,明清复属建宁府。1960年与松溪县合并改为松政县。1974年恢复政和县。

政戾庶长 爵名。为西汉武功爵第十级。武帝时以军国财用不足,故置武功爵,令民得以钱谷买之。自第七级千夫以上即可享受免役优待。

政论 ❶书名。东汉崔寔撰。成书于桓帝时。《后汉书·崔寔传》称寔"论当世使事数十条,名曰《政论》"。此书为抨击时政而作,指斥当时上下懈怠、萎靡不振、风俗巧伪,而以"奢侈"、"趋末"、"厚葬"为"天下三患"。书中谴责官吏贪婪残暴,愤慨于"贤佞难别,是非倒纷"。认为济时救世之策不必侈谈上古三代,应根据时势,"重赏罚以御之,明著法术以检之",以严猛之政致太平。《隋书·经籍志》著录为六卷,宋世已佚。今仅见《后汉书·崔寔传》、《群书治要》及《意林》所录片断。清严可均、马国翰各有辑本。❷杂志名。清立宪派团体政闻社机关刊物。光绪三十三年九月一日(1907.10.7)在日本东京创刊,后迁上海。梁启超主办,蒋智由主编,麦孟华、黄可权、王恺宪、吴冠英等撰稿。以拥护新政、实行国会制度、建设责任政府为主旨,鼓吹"以秩序的行动,为正当之要求"的改良主义,反对民主共和,诋毁暴力革命。三十四年七月随政闻社被清廷查禁而停刊,共出七号。

政事令 官名。辽代置。南面官,太祖时,始命韩延徽为守政事令、崇文馆大学士,中外事悉令参决。世宗建政事省,名义上以政事令为长官,但实际上此职多为大臣加官,政事省改称中书省后,政事令亦改称中书令。

政事仆(僕)射 五代吴武义元年(919),徐知诰拜左仆射、参知政事,总揽吴政。国人谓之政事仆射。

政事舍人 官名。辽代置。南面官,政事省官员,袭唐中书舍人之制,掌侍奉进奏、参议表章,及劳问有功将帅及大宾客,按察详决冤狱等事。政事省改称中书省后,改称中书舍人。

政事省 官署名。辽代置。南面官,掌南面政令之发布及铨注任命州县录事参军、主簿以下官。始置于天禄四年(950),重熙十二年(1043),改称中书省。

政事堂 官署名。唐代宰相"共议国政"之所,即中央政府最高议政决策机构。直接对皇帝负责,承受皇帝旨意,提供决策,颁发诏令。唐初,为真宰相——三省长官"共议国政"之所,非三省长官不得入。后以他官加"参知政事"、"同中书门下三品"、"同中书门下平章事"为副相,分三省长官之权,皆可入政事堂议政。高祖武德年间,常于门下省议事,至太宗贞观十六年(642)前后,魏征以太子太师知门下省事、房玄龄起复授左仆射知门下省事,始名政事堂,并成为制度。睿宗文明元年(684),中书令裴炎迁政事堂于中书省。玄宗开元十一年(723),中书令张说改政事堂为中书门下,设吏、枢机、兵、户、刑礼五房于其后,分曹以主众务,制度始备,总中书、门下二省职权,佐天子统大政。初以中书令为秉笔宰相,即首相,称执笔,或称执政事笔。后改为轮值,或一人知十日,或一人直一日。有会则为执行主席,无会则为值班宰相,处理日常公务、承帝旨。凡皇帝命令,须政事堂会议通过并加盖政事印方可颁行生效。后由翰林学士掌制诰,可不经政事堂直接颁下。懿宗时,"宰相、枢密,共参国政"。此后,枢密进一步分割政事堂之权。五代后期,枢密院成为与政事堂并立的宰相机构。宋代政事堂又称中书门下,与枢密院并称"二府"。元丰改制,以尚书省都堂为政事堂。清末宣统三年(1911)责任内阁亦置,为总理大臣、协理大臣及国务大臣议政之所,清亡废。

政书 史书分类名目之一。《四库全书总目》列有此类,著录记载有关典章制度的史书。

政堂省 官署名。渤海国置,有大内相一人,居左、右相之上;左、右司政各一人,居左、右平章事之下,以比仆射;左、右允,比二丞。

政闻社 清末立宪团体。光绪三十三年九月十一日(1907.10.17)成立于日本东京,马良为总务员,徐佛苏、麦孟华为常务员,另有评议员若干人,实际领袖为康有为、梁启超。刊行《政论》杂志,鼓吹君主立宪 ,反对同盟会的革命主张。次年春总部迁上海,鼓动立宪请愿。七月十七日为清政府查禁。参见"政闻社宣言书"。

政闻社宣言书 清末资产阶级立宪派团体政闻社纲领性文件。光绪三十三年九月(1907.10)梁启超在日本东京成立政闻社时发表。宣言改造政府,改造国民,实行君主立宪,创设议会,减杀君权之一部分而以公诸民。宣布以实行国会制度建设责任政府、厘订法律巩固司法权之独立、确立地方自治正中央地方之权限、慎重外交保持对等权利为纲领。公开反对民主革命,宣言"当以秩序的行动,为正当之要求,其对于皇室绝无干犯尊严之心,其对于国家绝无扰紊治安之举"。

政务处 官署名。清光绪二十七年(1901)三月设立。初名督办政务处。以军机大臣领督办事,参预大臣无定员。下设提调、帮提调、总办、帮总办等属员。负责汇集中央及地方各官吏关于“新政”的奏疏和条陈、建议,经讨论后提出处理意见,择报皇帝,以备实施。三十二年九月,更名会议政务处,隶内阁。宣统三年(1911)四月设立责任内阁后裁撤。

政务大臣 官名。清光绪二十七年(1901)三月始设,有“督办政务大臣”、“政务大臣”及“参预政务处事宜”等名义。均为兼职,由一部分军机大臣、大学士和重要的总督充任。为清末新设机构政务处的主官,专司筹议、推行“新政”之事。

政学报 杂志名。清光绪二十八年二月十五日(1902.3.24)在上海创刊。旬刊。东亚译书会商务报馆发行,张鸿主编。设上谕、论说、奏议、章程、译报、选报、同社著述、小说等栏目。第一号曾刊乌目山僧(黄宗仰)所绘孔子像。仅出三期即停刊。

政学会 清末立宪团体。成立于宣统三年(1911),成员仅限于资政院议员,为首者有汪荣宝等,旋即分化。

政艺丛书 书名。亦称《政艺通报××丛书》,政艺通报馆辑印。内容全部辑自《政艺通报》,自清光绪二十八年(1902)开始,每年按该报内容分类归并,汇编成册,作专书出版,凡政、史、艺各篇,“灿然明备”,便于读者了解世界大势和新法新理。《政艺通报》发行六年,辑为六集,以壬寅、癸卯、甲辰、乙巳、丙午、丁未干支纪年相区别。第七年两期未收入。

政艺通报 杂志名。清光绪二十八年正月十五日(1902.2.24)在上海创刊。半月刊。邓实、黄节主编。以总结中外历史治乱和国家兴衰为职志,提倡研究学术以达开通民智、普及政治思想之目的。以介绍西方文化、振兴国学为主要内容。设上下篇,上篇言政,下篇言艺。从第十二期起,一度增设中篇,专言历史。三十四年正月改月刊,仅出两期停刊,共出一百四十六期。该刊每年按内容分类,汇编出版《政艺丛书》。

政治官报 杂志名。清政府推行“预备立宪”的言论机关报。光绪三十三年九月二十日(1907.10.26)在北京创刊。日出一册。考察政治馆主办,官报局出版。宣言以“使通国人民开通政治之知识,发达国家之思想,以成就立宪国民之资格”为宗旨。专载清廷政治文牍,设谕旨批折、宫门抄、电报奏咨、奏折、咨札、法制章程等十门。鼓吹君主立宪,抵制革命舆论。免费分寄京内各部院、各省督抚衙门,其余分派购阅,不发售。宣统三年(1911)皇族内阁成立,改名《内阁官报》。

zhī

之分法 见“连枝同体术(2)”。

之罘山 亦作芝罘山。即今山东烟台市北芝罘岛。《史记·秦始皇本纪》:二十八年(前219)“登之罘,立石颂秦德焉而去”;《汉书·武帝纪》:太始三年(前94),“登之罘”,皆即此。《孟子·梁惠王章句下》:齐景公曰:“吾欲观于转附、朝儛”,一说转附即此山。

支 姓。月氏(亦作月支,即贵霜王朝)来中国者多冠此姓。据《高僧传》,汉有支谶、支曜等。

支差房 官署名。北宋元丰改制置,属枢密院,掌行调整发军,迁补殿侍、选亲事官等事务。

支谶 全名支娄迦谶。东汉僧人。月氏人。博学多才思。桓帝末到洛阳,于灵帝光和、中平年间译《般若道行品经》、《首楞严经》、《般舟三昧经》等佛经,但其译经部、卷数,诸说不一。以“一切皆本无,亦复无本无”(《太明度经·本无品》)为宗,认为心亦非有,佛亦如幻,是第一个传布大乘般若学的僧人。

支大纶 明嘉善(今属浙江)人,字华平,又字心易。万历进士。除南昌教授。擢泉州推官。谪江西布政司理问。终于奉新知县。著作有《世穆两朝编年史》、《华平集》、《华萃词》等。

支道林(约314—366) 即支遁。东晋陈留(今河南开封东)人,一说河东林虑(今河南林州)人,后迁居江南,俗姓关,名遁,以字行。世称“支公”、“林公”。家世事佛,自幼读经,二十五岁出家。为般若学即色宗创始人。与谢安、王羲之等交游,好清谈玄理,时人将其与向秀并称,为清谈代表人物之一。著《即色游玄论》,主张:“夫色之性也,不自有色,色不自有,虽色而空。故曰:‘色即为空,色复异空。’”(《世说新语·文学》注引)即谓“色”系人们主观施设之名言概念,而非自身固有之存在,故“色”非真实之色,以发挥般若学的“性空”思想。又注《庄子·逍遥游》,另著有《释即色本无义》、《道行旨归》和《圣不辩知论》等。其著作大都已佚,清严可均《全晋文》辑有残文。

支度使 官名。唐代军官,掌计度军资粮仗,唐代天下边军皆置。此职多以节度使兼领。景云元年(710),置河西节度、支度、营田等使,领凉、甘、肃、伊、瓜、沙、西七州,治凉州。节度不兼支度者,以支度自为一司,有遣运判官、巡官、判官各一名。

支度务使 官名。唐末五代节度使兼支度使,其下则置此官,主钱粮开支诸事。

支遁 即“支道林”。

支胡 古代月氏人的别称。参见“月氏”。

支计官 官名。(1)唐代左、右神策军属官,会昌五年(845)七月,敕定额一员。(2)唐代太仓属官,官三员。

支郡 ❶西汉初诸侯王国所辖的郡。《汉书·晁错传》:“迁为御史大夫,请诸侯之罪过,削其支郡。”颜师古注:“支郡,在国之四边者也。”❷唐、五代、辽藩(节)镇所辖的州或郡。《资治通鉴》:唐元和十四年(819)夏,“诏诸道节度、都团练、都防御、经略等使所统支郡兵马,并令刺史领之”。❸金代防御州、刺史州之兵马,皆隶其附近之节镇,称为该节镇的支郡。《金史·地理志》:虢州,刺史。“贞祐二年(1214)割为陕州(节度州)支郡,以备潼关。”

支离 春秋时的一种阵法。《左传·哀公二十五年》:“公为支离之卒。”杜预注:“支离,陈(阵)名。”或说系将军队分散以造成敌方错觉。

支娄迦谶 即“支谶”。

支罗寨 在今重庆石柱县西南。明嘉靖中土司黄俊据此为叛,伏诛。旋其子黄中复依寨起事。嘉靖四十四年(1565)讨平。

支愍度 一作支敏度。东晋僧人。般若学派“六家七宗”心无宗创始人。其宗义不强调否定外界为空无,而重在主张心要“豁如太虚”,从而达到无所不知。僧肇《不真空论》谓其义“失在于物虚”。成帝时曾与康僧渊、康法畅等南渡江左,宣讲“心无义”,著述颇多,计有《合维摩诘经》五卷、《合首楞严经》八卷、《经论都录》一卷、《经论别录》一卷以及《修行道地经序》等。

支那暗杀团 亦称东方暗杀团。同盟会的暗杀组织。清宣统二年三月(1910.4)成立于香港,隶同盟会香港分会。刘思复、朱述堂、谢英伯、李熙斌、高剑父、林冠慈等二十余人先后加入;分执行员和辅助员,亟谋暗杀清朝文武要员,以推进革命。两次筹划入京刺杀摄政王载沣,未果。三年闰六月十九日(1911.8.13)林冠慈、陈敬岳在广州炸伤广东水师提督李准。九月李沛基炸死广州将军凤山。民国成立后解散。

支那保全分割合论 篇名。孙中山撰。刊于清光绪二十九年(1903)《江苏》杂志第六期。为驳斥帝国主义鼓吹“保全”清政府、“分割”中国领土而作。指出清政府为君主一人之产业,政治腐败,日趋消亡,无可保全。中国统一已数千年,无分割之势,外人胆敢瓜分,中国人民必将“同仇敌忾”,“以死抗之”。就国势、民情而论,均无可保全、无可分割之理。

支那革命丛报 杂志名。清光绪三十四年六月(1908.7)在日本东京创刊。月刊。联系人李修文。“以绍介支那革命事情,供世界人士研究为宗旨”。声言中立,实则颂赞资产阶级革命,批判“调和种族,销弭革命”之君主立宪说。集中揭载河口起义革命文献。已知出版三期。

支那亡国二百四十二周年纪念会 亦称支那亡国纪念会。清光绪二十八年三月(1902.4)章炳麟、秦力山等在东京发起。拟借南明永历帝覆亡(1661)二百四十二周年纪念日(4.26)举行集会,宣传反清革命。后因清驻日公使蔡钧请求日本政府禁阻,遂改在横滨补行纪念式。孙中山主持,章太炎宣读纪念辞。

支那小报 报纸名。清光绪二十八年六月(1902.7)在上海创刊。日商经营。设译林、奇新、语林、谐林、花林、文林等栏目,多为游戏性文字。

支期 战国时魏国大臣。魏安釐王四年(前273),秦败魏、赵联军于华阳(今河南新郑北)。安釐王将入朝于秦,他见王,陈说利害,谏止朝秦。旋又设计使魏王佯病,终使力主入秦的魏相长信侯亦不复劝王入秦。见《战国策·魏策三》。

支谦 三国吴居士。一名越,字恭明。月氏后裔。祖父法度于汉灵帝时率国人数百迁居中原,拜率善中郎将。他生于洛阳,习中外典籍,通六国语。后受业于支谶弟子支亮。献帝末年,避兵乱居吴地,孙权拜为博士,使辅导东宫。太子澄卒,隐居不出。从孙权黄武至孙亮建兴三十余年间,译出《大明度无极经》等三十六部,四十八卷,是宣传大乘空宗般若学先驱者之一。首创集引众经,比较其文,以明其义的翻译方法,为佛经“会译”之始。

支·赛乳恭顿 吐蕃大臣。唐贞观十五年(641),受赞普松赞干布之命同禄东赞赴长安求婚,迎护文成公主入蕃。

支使 官名。(1)唐节度使、采访使、观察使之属,置一人,掌分使出入,或掌表笺书翰。(2)即宋观察支使。

支司 唐时渤海国政堂省左、右司中的次等司。左六司中为爵、仓、膳部,右六司中为戎、计、水部。不置卿,只有郎中、员外。

支雄 十六国时后赵将领。先世月氏胡人。晋永嘉乱后随石勒起兵,为中垒将军。勒即赵王位,命其专判胡人辞讼。石虎即位,拜龙骧大将军,与姚弋仲统步骑十万伐段辽,迁户二万余于雍、司、兖、豫四州。

支言集 见“吴文正公集”。

支曜 东汉末僧人。据《高僧传》,系月氏(即贵霜)人。灵帝、献帝时译《成具光明定意经》,与康居、康孟详等皆以“慧学之誉,驰于京洛”。

支移 宋赋税的输纳方式。送纳赋税有固定处所,而以有余补不足,则移此输彼,移近输远,谓之支移。支移远近以户等高下而定。宋哲宗时,陕西分三等,乡村第一、二等户三百里,第三、四等户二百里,第五等户一百里。若非期限紧迫或战争急需,允许人户纳脚钱以免支移,成为变相加税。脚钱亦按等征收,且不断增重,甚至与正税相当。也有既不免支移,仍须添纳脚钱的。

支应局 官署名。清后期,各省督、抚可就地筹款,应付特殊用途,通常设置支应局,为非正式的财务机构。职掌可繁可简,滥支冒领之弊亦因而丛生。

支应所 官署名。金置。属太府监。掌宫中财政出入及皇帝支赐金银币帛。大安三年(1211)废。

支酉(?—493) 北魏北地(治今陕西耀县东南)人。太和十七年(493),聚众数千反于长安城北石山,南结齐。得秦州人王广响应,执杀刺史刘藻。一时之间,秦、雍等七州民多投之,众至十万,各守堡垒。屡败河南王元干、司空穆亮,逼使南下攻南朝齐之孝文帝退师。后被都将薛胤俘杀。

支运 明代漕运方式之一。亦称转搬法。始行于永乐十三年(1415)。其时会通河及江淮河道均已修通,故漕粮停止海运,改为河运。其法,先由民运漕粮至淮安、徐州、临清或德州等仓,再由卫所官军分段运至北京、通州(今北京通州区)二仓。每年四次,运粮达三百余万石。不久又采行民运。宣德间改行兑运。

支掌　见"节度掌书记"。

支子　即"庶子"。《仪礼·丧服》贾公彦疏:"支者,取支条之义。"参见"庶子"。

卮　或作巵。古代酒器。(1)角制酒器。《汉书·高帝纪下》:"上奉玉卮为太上皇寿。"应劭曰:卮,"饮酒礼器也,古以角作,受四升。古卮字作觗。"《庄子·杂篇·寓言》:"卮言日出。"郭象注:"夫卮,满则倾,空则仰,非持故也。"(2)圆筒状酒器。《说文解字》:"卮,圜器也。一名觛。所以节饮食。"《汉书·高帝纪下》颜师古注:"卮,饮酒圆器也,今尚有之。"战国晚期至汉代的墓葬中多有漆卮出土,圆筒状。无盖或有盖,单环形鋬,器表绘有纹饰。卮亦有以玉、银、陶等质料制成者。

芝罘报　杂志名。清光绪三十一年二月二十六日(1905.3.31)在山东芝罘创刊。周刊。"嗜奇子"主办。除论说外,综合报道政、学、商、外交等时事新闻。专辟日俄战事栏,报道日俄战争情况。

芝罘条约　即"中英烟台条约"。

芝麻李(?—1352)　即李二。元萧县(今属安徽)人。至正十一年(1351)八月,与赵君用等以烧香聚众,举兵起义,攻占徐州。次年九月,徐州为元丞相脱脱攻破,出逃未久,被俘牺牲。

芝州　唐贞观中置。治忻城县(今县)。辖境相当今广西忻城县、都安县东部等地。属岭南道。北宋初改为羁縻州,属广南西路。庆历三年(1043)废入宜州。

枝阳县　西汉置。治今甘肃永登县东南、庄浪河东岸。属金城郡。晋废。前凉复置。十六国时属广武郡,北魏又废。

知　官制用语。初为兼官形式之一,即以他官暂时主持某一官署事务。亦称权知、掌知、监知、知某事等。唐代以佐官代理长官亦用此称。宋代派遣中央官员主持州、军、县等地方事务,多用此称,为"差遣"(即实际职务)形式之一。后世遂入衔,成为正式官称。

知班　官名。主管朝会班秩、威仪。唐代多以殿中侍御史充任,若全都出使在外,则以监察御史行充,纠察离班、语不肃者。五代沿之。宋咸平六年(1003),三京留司御史台置一员,与令史分按院、管勾两班;又有入品知班三员、知班五员,南宋渐废。

知本提纲　书名。清杨屾撰。屾字双山,陕西兴平人。十卷。为作者向学生讲解修身、齐家、治国、平天下即处世立身之本的道理而编写的纲要。分十四章,其中《修业章·农业之部》专论农事。因原书文字简略,故由其学生郑士铎在他指导下,以注解形式作详细阐述。另杨屾又把本书中修身、齐家两部分抽出,由其学生齐倬作注后另成一书,称《修齐直指》,其中也有农业方面的内容。作者在两书中既讲耕种、栽桑、养蚕和禽畜饲养的经营原则,也讲具体技术,反映了陕西当地农民的创造性。

知潮州寺丞东岩先生洪公行状　篇名。南宋文天祥撰。此文收入《文山先生全集》卷十一。对潮州峯民起义斗争有所记述,为最早称广东畲族为"峯民"的文献。

知城　官名。宋代于边境险要处设置堡寨,以知城、知寨或寨主主管,掌训练士卒、完固防守以捍边境,兼收纳赋税、听断诉讼,小事许自理,大事则禀报上司裁决。金代亦置,从七品。

知耻学会　清末维新派团体。光绪二十三年(1897)康有为、寿富创立于北京。梁启超为之序,称日本知耻维新,更张百度,虽耻无害;今中国危亡在即,民贵知耻,愿"诵耻以倡于天下"。寿富亦撰后序以伸学会大旨。是会痛陈甲午战后割地赔款、丧权辱国之耻,认为欲明耻雪恨,"莫如为学"。遂购置图书,聚结同志,私相讲习,并呼吁满洲贵族子弟能知国耻并兴新学。期冀通过讲求实学,使民智渐开,国势复振。戊戌政变后停止活动。

知崇政院事　即"崇政院使"。

知顿使　唐官名。亦称置顿使。掌皇帝出行时沿途食宿事务。

知法　官名。金代设于枢密院、三司、大理寺、登闻鼓院、登闻检院及司、府等官属,掌律令格式,审断刑名。设二至三员,秩从八品。明昌五年(1194)规定,女真知法从省院台部统军司令史、书史内,年五十以下者选充。

知府　官名。地方行政机构府之长官。宋代始置,称"知某府事",简称"知府"。掌教化百姓,劝课农桑,旌别孝悌,奉行法令条制,宣读赦书,举行祀典,考察属官,赈济灾伤,安集流亡,以及赋役、钱谷、狱讼等事。视本府地望高下,或兼留守司公事,或兼安抚使、都总管、兵马钤辖、巡检等职务,总理本府兵民之政。以朝官及刺史以上官充任。凡二品以上官及带中书、枢密院、宣徽使等官职任职者,称"判府事"。辽代五京都总管府及黄龙府、兴中府等均设"知府事"。元代亦作为"知某府事"之简称。其后,或设府尹,或设知府,时府尹又称知府,均正四品,总判府事。江南兼管内劝农事,江北另兼诸军"奥鲁"。明代始以知府为正式名称,掌一府之政令,总核所属州县之赋役、诉讼等事,汇总于布政司、按察司。明初,知府品秩不一。洪武六年(1373)分天下之府(元代诸路改)为三等,税粮二十万石以上为上府,知府从三品;二十万石以下为中府,知府正四品;十万石以下为下府,知府从四品。后并定为正四品。清沿明制,然品秩改为从四品。例以京察一等记名翰林院侍读、侍讲等,内阁侍读、给事中、御史,六部及理藩院、内务府、步军统领衙门郎中、员外郎、太仆寺员外郎等,以及治中、运同、同知、直隶州知州升任。清之各府,以冲、繁、疲、难四字分定等第,划为最要缺、要缺、中缺、简缺。各府调补知府时,有"请旨缺"、"题补缺"、"调补缺"、"留补缺"之分,应升、应补官员,亦按为官情况划分等第,以求人、缺相宜。

知府事　即"知府"。

知閤门事　见"閤门司"。

知贡举　官名。科举考试中特设之官。唐代为主考官,开元二十四年(736)始以礼部侍郎充任,后亦有别命他官充任者。宋代礼部试时设一员,并有同知贡举二、三员，均由侍从近臣、两省及台谏长官中选充，总称“知举官”。主持本届考试，决定合格举人名次。清代为会试之监考官，由礼部侍郎充任。总摄考场事务，不负阅卷取士之责。

知关 见“关使”。

知观 明代神乐观道官。从八品。掌教习乐舞生，以备祭祀舞乐。隶太常寺。嘉靖时革。

知归子 即“彭绍升”。

知匦使 使职名。唐垂拱元年(685)始置匦(铜柜)四枚，东曰延恩，西曰申冤，南曰招谏，北曰通玄，以受理冤滞诉状。设知匦使以总其事。天宝九载(750)改名献纳使，乾元元年(758)复旧。多以谏议大夫、补阙、拾遗一人充任。凡匿名投匦，必有副章交知匦使，事大者立即奏请，事小者交中书或御史台处置，若遇虚妄之事，则斥逐之。

知后(後)官 吏名。宋承唐制，各州置邸于京师，以本州人为进奏官，掌呈送本州公文，并接受诏令与朝廷各部门公文送回本州；诸军、监场务掌进奏事者，称为知后官。太平兴国七年(982)废，选其合格者为进奏官。

知会 文书名称。清代中央各部院使用的平行文书之一。

知见人 西夏文书用语。卖地、典当、借贷立契约文书时的见证人。

知监 见“监使”。

知举官 即知贡举、权知贡举、同知贡举的统称。俗称主司。唐玄宗开元中，礼部侍郎缺人，始以别官权知贡举，掌礼部贡举之事。宋代每礼部试，必于侍从近臣、两省和台谏官中，临时选差知贡举一员或权知贡举一员，同知贡举二至三员(其中一员须差台谏官)，主持当届考试，决定合格举人名次，以防事先请托。

知军 见“军使(2)”。

知军国重事 官名。唐代宰相职衔名义。神龙元年(705)后，不加“同中书门下三品”而为宰相者，必加此衔；尚书左、右仆射自高祖至武则天长安四年(704)为当然宰相；中宗即位，豆卢钦望自开府仪同三司拜左仆射，未加同中书门下三品，则不敢入政事堂参议政事，后诏加此名者，方得议政，为相。

知令录 宋官名简称。知令，指知县令；知录，指知司录、知录事参军。选人知令录包括知司录、知录事参军、知县令。

知虑 南朝范缜的认识论范畴。“知”指感觉和知觉，“虑”指思维。认为手眼等感官有痛痒之知，而“是非之虑，心器所主”。“知”和“虑”均为精神的表现形态，“知即是虑。浅则为知，深则为虑”(《神灭论》)。朴素地解释了知觉与思维的统一性和差别性，以批驳佛家关于“虑体无本”的观点。

知门下省事 职衔名义。唐代非门下省长官侍中而受命主持门下省事者。《旧唐书·太宗纪下》：“贞观十年(636)夏六月，以侍中魏征为特进，仍知门下省事。”《玄宗纪上》：开元二十四年(736)“殿中监牛仙客兵部尚书、同中书门下三品。”十二月丙寅，“牛仙客知门下省事。”凡加此职衔者，均为宰相，并在制度上取得参加政事堂议政的资格。

知命 孔子用语。指认识天命。《论语·尧曰》：“不知命，无以为君子也。”《为政》：“五十而知天命。”认定人生的穷达荣辱，生死祸福，均受天命支配，而唯有道德高尚、阅历丰富之人，才能认识天命。

知内侍省事 官名。初为职衔名义。唐代非内侍省长官内侍监而受命主持内侍省事者。《旧唐书·高力士传》：“先天中，预诛萧、岑等功，超拜银青光禄大夫，行内侍同正员。开元初，加右监门卫将军，知内侍省事。”《新唐书·兵志》：贞元十二年(796)，以“知内侍省事窦文场为左神策军护军中尉，知内侍省事霍仙鸣为右神策军护军中尉”。北宋徽宗时改内侍省都都知置，为内侍省长官。

知事 ❶官名。金代始置，为都元帅府、大宗正府、司农司、大兴府等官署之首领官。各置一至二员，品秩正七品至正八品不等。掌付事勾稽、省署文牍，总录诸案之事。多以识女真、汉字者充任。元代沿置。设于户部、礼部、兵部各司、库，以及肃政廉访司(原为提刑按察司)、诸路总管府等官署者，为经历之副职，掌理案牍和管辖吏员。设于散府、上州等官府者，位在提控案牍之上，多由吏员升任。其品秩有正八品、从八品之别。明代通政使司、都转运盐使司、提刑按察使司、军卫，以及府经历司经历下均设，与经历同掌出纳文移。品秩从七品至正九品不等。清代通政使司设，满、汉各一人，正七品，满缺以各部院、将军、督抚衙门笔帖式升任，汉缺以知县、詹事府主簿、直隶州州同升任。与经历同掌出纳文移，并督役巡查登闻鼓厅。外省只江西按察使司设一人，正八品，掌收发文书及勘察刑名等事。例以布政司照磨、盐运司知事等升任。府、厅所设者十七处，正九品，均以刑部汉司狱、宣课司大使、兵马司吏目等升任。此外，盐运司亦设，直隶、两淮、广东各一人，从八品，例以县主簿升任。清末改革官制，光绪三十年(1904)设京师内外城巡警总厅，内城五分厅、外城四分厅各设知事一人为主官，正五品，掌厅事。宣统元年(1909)裁分厅，省知事。❷僧职之一，禅宗主事之别名，专管僧院事务。❸清代道官之一。分掌道教事务。顺治中设，十八人。隶于龙虎山正一真人，并由其保举，报部给札。皆未入流。依例升迁副理、赞教，缺出由候补道官升补。

知书官 唐开元五年(717)，于乾元殿写经史子集四部书，置乾元院使，有知书官八人，分知四库书，每库二人，掌写书出纳及名目编次。

知枢 宋代知枢密院事的简称。

知枢密院事 官名。五代后晋天福元年(936)始置，主管枢密院政务，以桑维翰为之。北宋初，无定制，与枢密使不并置。熙宁中并置，主持全国军政。元丰改制罢枢密使，以知枢密院事为枢密院长官，正二品，置同知枢密院事为副贰。元祐初又置签书院事为之贰。南宋绍兴七年(1137)罢，改置枢密使，遂为定制。辽代北面朝官契丹北枢密院置，位北院枢密使、知北院枢密使事下；南面朝官汉人枢密院亦置,位枢密使、知枢密使事下。西夏枢密院亦置。元世祖至元二十八年(1291)置一员,因枢密使由太子真金兼领,以后常缺,遂为枢密院实际长官,屡有增置,后定置六员,从一品,掌全国军事机密之务;天历二年(1329)岭北行枢密院亦置一员,掌边庭军务。

知通 宋代知州与通判的合称。

知先行后 见“知行”。

知县 官名。地方行政机构县之长官。源于唐。唐代县之长官为县令,如县令阙,以佐官代理县令之职者则称“知县事”。知县之名起于宋。乾德元年(963),始以朝官为县之长官,称为“知县事”,简称“知县”。掌教化百姓,劝课农桑,平决狱讼。凡户口、赋役、钱谷、赈济、给纳等事皆掌之。有戍兵驻县者,则兼兵马都监或监押,总治本县兵民之政。元代不置,以县尹为县之长官。明代始以知县正式为县一级长官。掌一县之政令,亲理户籍、赋役、缉捕、诉讼、文教等事,为临民之官,故有“父母官”之称。明初,知县品秩不一,朱元璋吴元年(1367)分天下县为三等,税粮十万石以下为上县,知县从六品;六万石以下为中县,知县正七品;三万石以下为下县,知县从七品。后并定为正七品。初期,颇重吏治,知县不限资格,而考核颇严。治绩优异者得取入京,升授六部主事等官,故每以内任为荣。中叶以后,地位愈轻。清承明制,品秩亦为正七品。例以新进士朝考后分发各省即用,或国子监荫生及恩、拔、副、岁贡生奉旨外用,以及由兵马司副指挥、京县县丞、汉军七品笔帖式、京府经历等官升任。

知新报 杂志名。戊戌时期维新派的重要报刊之一。清光绪二十三年正月二十一日(1897.2.22)发刊于澳门。原拟名《广时务报》,后改此名。初为五日刊,自第二十册起改为旬刊,至一百一十二册又改为半月刊。何廷光、康广仁任总理,徐勤、何树龄、梁启超等为撰述。载有论说、上谕、京外近事、各国情况、农事、工事、商事、矿事、中外交涉新闻、各省新闻等。与上海《时务报》相呼应,宣传变法图存思想,发表维新条陈与言论,介绍新政推行情形。戊戌政变后,自第六十八册起,重要论著或不署撰人姓名或用笔名,继续刊登有关新政文字和对政变的评论,曾著论指斥清廷,为变法维新辩护。停刊时间不详。今见第一百三十三册,出版于光绪二十六年十二月一日(1901.1.20),一说时即自动停刊。

知行 中国哲学术语。指知识(或道德观念)和行为(或行动)之间的关系。《左传·昭公十年》:“非知之实难,将在行之”,提出“知易行难”的知行观。《老子》四十七章:“不出户,知天下;不窥牖,见天道。其出弥远,其知弥少。是以圣人不行而知,不见而名,不为而成。”《论语·季氏》:“生而知之者上也,学而知之者次也。”都认为“知”可以脱离“行”而存在。荀子则主张:“不闻不若闻之,闻之不若见之,见之不若知之,知之不若行之,学至于行之而止矣。”(《荀子·儒效》)强调知来源于行,行高于知,学问的目的在于实行。南宋朱熹提出“知先行后”说,主张先具备知识或伦理观念然后再去实行。明王守仁批评朱熹将“知、行分作两件”(《传习录下》),提出“知行合一”说,归行于知,以知代行。王廷相提出“讲得一事即行一事,行得一事即知一事,所谓真知矣。”(《王氏家藏集·与薛君采二首之二》)以行出真知的灼见与理学家的知行观相对立。明清之际王夫之提出:“行可兼知,而知不可兼行”,重申行是知的基础,认为“君子之学,未尝离行以为知也必矣”(《尚书引义·说命中二》)。近代谭嗣同主张“贵知不贵行”,他说:“知者,灵魂之事也;行者,体魄之事也。……是行有限,而知无限;行有穷,而知无穷也,且行之不能及知,又无可如何之势也。……僻儒所患能知而不能行者,非真知也,真知则无不能行矣。”(《仁学》)孙中山在承认“能实行便能知”的基础上提出“行易知难”说,包含了知来源于行的观点,并且在“行”的概念中包括了自然科学实验。

知行合一 明王守仁认识论命题。《传习录中·答顾东桥书》谓:“知之真切笃实处,即是行;行之明觉精察处,即是知,知行工夫本不可离。”批评学者将“知”、“行”“分作两截用功”,反对朱熹“知先行后”说,认为“真知即所以为行,不行不足谓之知”。但其所谓“知”、“行”均在于“致良知”,同属思维活动,即其所谓“我今说个知行合一,正要人晓得,一念发动处便即是行了”(《传习录下》)。因此归结为“求理于吾心,此圣门知行合一之教”。王夫之称此说“所谓知者非知,而行者非行”(《尚书引义·说命中》)。

知宣徽院事 官名。辽宣徽院置。低于宣徽使。北面官宣徽南院、宣徽北院,南面官宣徽院、南京宣徽院皆设。

知言 书名。亦名《胡子知言》。南宋胡宏撰。六卷。为著者平日论学言治之随笔札记,于道、理、心、性、天理、人欲诸理学范畴,均有所论述,尤于论性特详,系统反映著者之理学思想。原无篇名,明人仿《论语》,以每篇开头二字名篇。是书惟明《永乐大典》所藏本尚不失其真。今通行本系明孝宗弘治间新安程敏政汇次。

知易行难 中国古代认识论命题。源出《左传·昭公十年》:“非知之实难,将在行之。”认为知容易,行困难。伪《古文尚书·说命中》亦称“非知之艰,行之惟艰”。

知印 ❶吏名。金代置,为掌管各衙门印章之吏员。于孔目官内轮差,无孔目官,以上名司吏充任。元代沿置,由长官自行选派。武宗至大元年(1308)规定,凡衙门设两名者,一名由职官充任。清代各部院衙门中亦设,又称经承。❷官名。明清孔氏世袭衍圣公所属职官,掌印信。清制,正七品,由衍圣公保举题授或题补。

知院 官名。(1)即知枢密院事省称。(2)明时鞑靼部官号。洪武末年,阿鲁台任其职,景泰时,阿剌任其职。

知杂案 官署名。北宋元丰改制后,尚书左选、尚书右选、吏部考功、户部右曹、金部、仓部、刑部都官、工部、秘书省、太常寺、大晟府、宗正寺、大理寺等部门,皆曾先后设置,主管有关杂务。

知杂房　官署名。北宋元丰改制后,枢密院置,掌有关杂务。南宋初沿置。乾道六年(1170)并入礼房。

知杂侍御史　官名。唐宋时,御史台置侍御使,辅助御史中丞处理御史台事务,以尚书省郎中、员外郎充任。宋初,以侍御史兼知杂事,元丰七年(1084)始命侍御史不再知杂事。

知杂司　官署名。北宋元丰改制后,户部、大理寺均设,主管有关杂务。

知寨　官名。宋于险要处置寨,以寨主或知寨主管,若置城堡,则以知城主管,掌招收土军,教习武艺,以防盗贼、守边防。

知政使　官名。明末李自成农民军政府设。崇祯十七年(1644)三月,在北京改原通政使为知政使,其职掌仍因袭明制。

知政事　官名。唐代宰相职衔名称。《新唐书·高祖纪》:武德元年(618)六月,"赵国公世民为尚书令,裴寂为尚书右仆射,知政事。"罢此衔者即罢宰相之职。《旧唐书·高宗纪上》:麟德二年(665)四月,"西台侍郎孙处约、乐彦玮并停知政事"。

知制诰　官衔名。唐初中书舍人掌草拟诏敕,称知制诰。玄宗开元后,或以尚书省诸司郎中等官领其职,称兼知制诰。其后翰林学士入院一年即加此衔,专掌内制,草拟机密诏令,以他官兼者则掌外制,起草政府文书。宋初因之。后翰林学士别领省府职任时仍带此衔;他官领外制者,亦或带此衔出为外官。神宗元丰改制,复置中书舍人,罢他官知制诰,而翰林学士仍带此衔,以示其专掌内制。辽代为翰林院属官。金翰林学士承旨、翰林学士、翰林侍读学士、翰林侍讲学士、翰林直学士,皆带此衔,掌制撰词命。明初翰林院亦置,以本院官充任,掌制诰。后罢,其职归内阁。清代为军机章京之俗称。

知中外留事　官名。魏晋时置,当主掌全国军事大权之都督中外诸军事出征时,临时设知中外留事以主军府留后事宜。

知州　❶官名。地方行政机构州之长官。宋代以朝官为州一级长官,称"权知军州事"、"知军州事",简称"知州"。掌教化百姓,劝课农桑,旌别孝悌,奉行法令,考察属员,赈济灾伤,以及赋役、钱谷、狱讼等事。其时,州有都督、节度、观察、防御、团练、军事六等,其中节度州为三品,刺史州为五品。初制,官品与州品相同者领一州之政,则称为知州。其后,除辅臣、宣徽使、太子太保、仆射外,其余朝官领一州之政者,皆称为知州。辽代南面官亦置,为某些州之长官,总领州事。如易、涿、平、蓟等州即设。元代州分上、中、下三等,上州长官称州尹,中、下州长官称知州,品秩分别为正五品和从五品。明代,统以知州为州一级长官,每州设一人,从五品,掌一州之政。州分两种,一为属州(属府所辖),一为直隶州(直隶布政使司),属州如县制,直隶州如府制,而知州品秩相同。清沿明制,然直隶州知州正五品,例以六部、理藩院等衙门保举记名之主事等官升任;散州知州从五品,例以通判、知县、布政司经历、理问等升任。❷见"矩州"。

知宗　宋代知宗正司事的简称。

织彩中士　官名。西魏恭帝三年(556)置,北周沿置。冬官府司织下大夫属官,正二命。下设织彩下士以佐其职。隋开皇元年(581)罢。

织金城　即今贵州织金县。明天启三年(1623),安邦彦叛,为抚臣王三善所逼,退据此城。

织绢院　官署名。西夏置掌丝绸织造。仁宗仁孝《天盛年改定新律》属五品(末品)。

织络　三国时因罪没于官之织工称织络。其地位与仆隶大体相同。《三国志·陆凯传》载,陆凯谏孙皓云:"自昔先帝时,后宫列女及诸织络,数不满百",至孙皓时,"织络及诸徒坐乃有千数"。

织染局　官署名。(1)元代置。见"织染杂造人匠都总管府"。(2)明清掌织染绸缎事务之机构。明代又称"织染杂造局"。设于南、北两京和地方各布政使司。南、北两京所设者分内外,内局为宦官八局之一,以应上供,外局为地方所设者,浙江之杭州、湖州、嘉兴等十府,福建之福州、泉州二府,山东之济南府,直隶之镇江、苏州、松江等六府及江西、四川、河南布政使司。皆备公用,亦间有上供取用者,各设大使一人,府大使从九品,州大使未入流,副使一人。清代中央衙门沿置。初隶工部,康熙三年(1664)改隶内务府。设专管大臣、员外郎、笔帖式、司库、库使、司匠等官。皆供内务府应用。道光二十三年(1843)裁。(3)明清宦官衙门之一。掌织染御用缎匹之事。明洪武十七年(1384)改尚染局设,又称"内织染局"。设大使、副使司之。二十八年更定职秩,设正五品大使一人为官。下设左、右副使各一人佐之。所属有外厂、蓝靛厂等。为内官二十四衙门之一。清顺治十年(1653)沿置,十八年重立内务府,遂改隶工部。康熙三年又改隶内务府,设专管大臣司之。下设员外郎、笔帖式、司库、库使、司匠等十二人佐之。道光二十二年裁撤。

织染署　官署名。隋大业三年(607)并司织、司染二署置,改隶少府监。唐初为织染方署,隶太府寺,贞观元年(627)复隶少府监,垂拱元年(685)改少府监为尚方监,织染方署则去方字,为织染署,掌织纴、染色杂作,供皇帝、皇太子及百官冠冕与绵织物等,令一员,丞二员,另有监作、典事等。北宋初存其名而无职司。金代少府监置,有令、丞、直长,掌织维、色染诸供御及宫中锦绮币帛纱谷。

织染所　明代政府所属工艺制造机构。隶于工部,设大使一人,正九品;副使一人,从九品。掌织染布匹等事。

织染杂造局　官署名。简称织染局。明代分置于南北两京及地方各府州,通计二十二处。参见"织染局"。

织染杂造人匠都总管府　官署名。元至元二十年(1283)设总管府,管领织染缎匹匠人。元贞二年(1296),以营缮浩繁,事务冗滞,升为都总管府,隶徽政院。天历元年(1328),改隶储庆使司。三年,改属宫相府。秩正三品,领以达鲁花赤、总管各一员,下设同知、副总管等官。辖织染局、绫锦局、纹锦局、中山局、真定局、弘州纳失失局、荨麻林纳失失局、大名织染提举司、大名杂造提举司、供用库等机构。

织室 官署名。西汉初置东、西织室,河平元年(前28)省东织,更名西织为织室,置令、丞,隶少府。职掌皇室丝帛织造和染练。东汉省令,置丞。三国吴亦置。

织室令 官名。职掌郊庙衣服织作。《汉书·五行志》:"织室所以奉宗庙衣服。"刘邦任汉王时已有织室,当承秦而置。《汉书·百官公卿表》少府属官有东织、西织令、丞。成帝河平元年(前28)省东织,更名西织为织室。东汉省令,置丞。属御府令,以宦官为之。

织丝中士 官名。西魏恭帝三年(556)置,北周沿置。冬官府司织下大夫属官,正二命。下设织丝下士以佐其职。隋开皇元年(581)罢。

织枲中士 官名。西魏恭帝三年(556)仿《周礼》典枲置,北周沿置。冬官府司织下大夫属官,正二命。下设织枲下士以佐其职。隋开皇元年(581)罢。

织造 官名。明清负责江南织造衙门之长官。明代于南京、杭州、苏州各置提督织造太监一人,均由宦官充任。掌织造御用龙衣。清代沿置,江宁、杭州、苏州三处各设织造监督一人。简称织造。不用宦官,例以内务府司员简派。所属有司库一人,笔帖式二人,库使二人。光绪三十年(1904),省江宁一人。清制,织造官为钦差,与地方长官平行,权势大于明代,不仅管理织务、机户、征收机税等,亦兼理采办及皇帝交办的其他事务,且监察地方,成为皇帝派驻江南要地的耳目。可专折奏事,行文中称织造部堂。

织造局 ❶织造管理机构、织造衙门及官营织造作坊之总称。起自宋、明。清承明制,于江宁(南京)、苏州、杭州三处分别建置。织造内用缎匹及祭祀制帛、诰敕等。❷清代官营织造作坊之专称。内又以"堂"和"号"分为若干生产单位,并设有所官和总高手、高手、管工等技术管理人员。其经费由户部和工部拨给。所用原料丝斤,按官价采买。工匠主要来自招募。江南织局,初以工部侍郎一人总理,顺治十八年(1661)归隶内务府。

织造衙门 官署名。又作三织造处。详"织造"。

织组中士 官名。西魏恭帝三年(556)仿《周礼》典丝置,北周沿置。冬官府司织下大夫属官,正二命。下设织组下士以佐其职。隋开皇元年(581)罢。

栀子 染料植物名。茜草科常绿灌木,含栀子素、藏红花酸等色素。秦汉以来主要黄色染料。《史记·货殖列传》:"千亩栀茜,此其人与千户侯等。"种植染料植物,所获不菲。其色素的抽提方法,以栀子之子实用冷水浸泡后,再经煮沸,便可得到黄色染液,为直接染料,可直接上染丝、毛、棉纤维。如以不同的金属盐媒染,可得到灰黄、嫩黄、暗黄等不同色调。

祇候 ❶官名。宋代内侍省、入内内侍省有祇候小内品、祇候内品、祇候高品、祇候高班内品、祇候黄门、祇候殿头、祇候殿直、祇候侍禁等官;閤门又有閤门祇候。置于东西上閤门,为閤门宣赞舍人之佐,与舍人同为閤职。掌朝会宴享赞相礼仪之事。❷元代公使人。各级衙门均置,随侍长官左右,听候使唤。上等县设十二名,其他衙门多少不等。于税粮二石之下一石之上的民户中选充,应纳税粮由其他人户代纳。

祇候班 官名统称。宋代入内内侍省、内侍省置,隶入内内侍省者,包括北班内品、后苑勾当事内品、后苑内品、把门内品、入内内品、贴祇候内品、祇候小内品、祇候内品、祇候高班内品、祇候高品、祇候殿头十二阶。隶内侍省者,包括后苑散内品、散内品、北班内品、后苑勾当事内品、把门内品、后苑内品(与把门内品同为一阶)、内品、贴祇候内品、祇候内品、祇候高班内品、祇候高品十阶。

祇候典 宋代诸州役职名。又称知后典。掌受付州县之间往来文书。

祇候殿头 内侍阶官名。政和二年(1112)改名祇候侍禁。

祇候殿直 ❶见"祇候高品"。❷官名。西夏置。内侍阶官。西夏中期惠宗时有此官职,多以党项人领其职。

祇候高班内品 宦官名。宋代入内内侍省及内侍省置,位在祇候高品下。徽宗政和二年(1112),改名祇候黄门内品。

祇候高品 宦官名。宋代入内内侍省及内侍省置,政和二年(1112)改名祇候殿直。

祇候黄门 见"祇候高班内品"。

祇候库 官库名,属太府寺。掌收受钱帛、器皿、什物、衣服、巾带、茶菽,以备皇帝殿庭赏赐和诏令颁赐。监官三人,以诸司使、诸司副使和内侍充任。

祇候内品 官名。宋代入内内侍省、内侍省宦官,位在祇候高班内品下。

祇候侍禁 见"祇候殿头"。

祇候小内品 官名。宋代入内内侍省宦官,位在贴祇候内品上、祇候内品下。

祇应司 官署名。辽代有皇太后、皇太妃、皇后、近位、皇太子、亲王等祇应司,职掌不详。隶属工部,掌给宫中诸色工作。设提点、令丞、直长、收支库都监、同监等官。提点、令、丞领司事,秩从五品、从六品、从七品。直长正八品。收支库都监、同监置于章宗泰和元年(1201)。元隶大都留守司,秩从五品,设于世祖中统年间。领油漆、画、销金、裱褙、烧红等局工匠七百户。置大使、副使各一员。

zhí

执鞭之士 ❶清路之人。古代天子或贵族出门时,有二至八人执鞭清除行路之人以让道,称执鞭之士。《周礼·条狼氏》:“条狼氏掌执鞭以趋辟。王出入则八人夹道,公则六人,侯伯则四人,子男则二人。”❷市场守门卒。手执皮鞭,维持市场秩序。《周礼·司市》:“凡市入,则胥执鞭度守门市。”《论语·述而》子曰:“富而可求也,虽执鞭之士,吾亦为之。”

执幢 官名。北魏置。出征时持掌旌旗作为军中仪仗。

执盾 官名。亦作执楯、陛楯郎。始见《墨子·号令》。皇帝的亲近侍卫。朝会时持盾挟陛护卫皇帝。多见于秦及西汉初。《汉书·惠帝纪》:“谒者、执楯、执戟、武士、驺比外郎。”颜师古注引应劭曰:“执楯、执戟,亲近陛卫也。”

执法 官名。(1)春秋战国执行法令之官。《史记·滑稽列传》:齐威王置酒后宫,淳于髡曰:“赐酒大王之前,执法在傍,御史在后,髡恐惧俯伏而饮,不过一斗径醉矣。”(2)即“御史”。新莽始建国元年(9)改,东汉复。(3)三国吴置,分中、左、右各一人,掌平决诸官奏事。十六国后赵置大执法总掌朝政,宫门小执法掌谏议。又有左、右执法郎,执法御掾等设置。

执圭 ❶使臣代称。《论语·乡党》:“执圭,鞠躬如也。”刘宝楠注引包咸说:“为君使聘问邻国,执持君之圭;鞠躬者,谨慎之至。”❷见“执珪”。

执珪 亦作上执珪。“珪”或写作“圭”。爵位名。本指西周时持珪聘问邻国国君的臣僚。春秋战国时为楚国最高爵位。《吕氏春秋·异宝》:“荆国之法,得五(伍)员者,爵执珪,禄万担,金千镒。”《战国策·东周策》,记赵累谓周君曰:“君谓景翠曰:‘公爵为执圭,官为柱国,战而胜,则无以加焉。’”秦汉之际刘邦反秦时沿之。

执戟 ❶皇帝的亲近侍卫。秦汉以郎中、中郎、侍郎等郎官执戟宿卫宫殿门户,故亦为郎官代称。❷武官名。唐天授二年(691)始于诸卫各置五人,正九品下,为* 四色官之一;东宫六率各三人,从九品下。乾元元年(758)北衙六军亦准诸卫置,员额、品秩皆同。宋初仅存空名,元丰改制废。

执金吾 官名。西汉太初元年(前 104)由中尉改置,秩中二千石。掌京师治安、督捕盗贼,负责宫廷以外、京城之内的警卫,戒备非常水火之事,管理中央武库,皇帝出行则掌护卫及仪仗。属官有丞、候、司马、千人及中垒、寺互、武库、都船四令、丞,领式道左、右、中候、候丞及左、右京辅都尉、尉丞、兵卒,出巡时舆服导从甚盛。王莽始建国元年(9)更名奋武。东汉复旧名。京师治安多委司隶校尉,遂减省属官,惟领一丞及武库令、丞,罢其兵,领缇骑二百人,专掌巡察宫外及主中央武库。三国魏、蜀、吴均置,三品,秩中二千石。西晋罢。北魏初亦置,寻罢。

执驹 为一种保护幼驹措施。春天马发情(“中春通淫”)时,把幼驹加以管束,使不得混杂于母马之间。这与分群放牧、定期交配、配种必用强壮牡马之家畜繁育技术相联系。1956 年陕西郿县(今眉县)出土一批西周中期铜器中,有一驹形盠尊,其铭文中有“王初执驹于牧”六字。周王参加执驹之礼,说明周代对养马业之重视。

执膳郎 明散阶称号。专授光禄寺所属各署监事出身庖人者。

执舍地 即“摄舍提”。

执事 ❶指一般官吏。《书·盘庚》:“邦伯,师长,百执事之人。”❷指专司某一职事的属官。《周礼·天官·大宰》:“祀五帝,则掌百官之誓戒,与其具修。前期十日,帅执事而卜日,遂戒。”郑玄注:“执事,宗伯、大卜之属。”

执事官 ❶各级官府内有具体职掌的官员,相对于散官而言。《隋书·百官志下》:“居曹有职务者为执事官,无职务者为散官。”❷祭祀时主祭官的辅佐者。如清太常寺赞礼郎、读祝官,祭祀时各充执事。❸官名。清末新陆军军官。光绪三十年(1904)始置,军、镇、协、标各一人,正五品,掌庶务。正军校充,奏补。

执守侍 官名。清代七品太监衔名,充首领太监。亦有充总管太监、副总管太监者。

执信将军 官名。南朝梁置。天监七年(508)定为施用于境外的武职二十四班中的十一班,拟电威将军等号,大通三年(529)定制后拟武猛将军等号。

执讯 官名。春秋时郑国置,掌通讯联络。《左传·文公十七年》:“郑子家使执讯而与之书,以告赵宣子。”杜预注:“执讯,通讯问之官。”

执讯将军 官名。南朝梁置。天监七年(508)定为武职流外八班中的四班,代旧“广威将军”,大通三年(529)定制后改为武职二十四班中的三班。

执一以静 韩非子用语。谓君主执掌法术而静观臣下之功。《韩非子·扬权》:“用一之道,以名为首。名正物定,名倚物徙。故圣人执一以静,使名自命,令事自定。”卢文弨注:“一谓道,可以常行。”陈奇猷注:“一,指主道之道,即法术。法术为人主所独擅,故曰一。”

执衣 唐代色役之一。配给诸州县流内九品以上官及在外监官的役使人。人数按官品级分给,最高二品十八人,最低八品,九品配三人,取当地土户中男充任,免本身课役,分三番上下,即每年服役四个月。“周岁而代,供役不逾境”。后皆纳资代役,岁纳资课一千文。边州无执衣者,取邻近州人充。

执义将军 官名。南朝梁置。天监七年(508)定为施用于境外的武职二十四班中的七班,普通六年(525)刊正将军名号后罢。

执驭 吏职名。唐太仆寺典厩署置一百人,掌饲马、牛等杂畜。

执政 ❶指执掌国政的大臣。《左传·昭公十六年》:“辟邪之人而皆及执政,是先王无刑罚也。”❷专指宰相以外的执政大臣。宋代指参知政事、枢密使、枢密副使、签书枢密院事、知枢密院事、同知枢密院事、尚书左丞、尚书右丞、中书侍郎、门下侍郎等，地位仅次于宰相。金代指尚书左、右丞与参知政事，元代指中书左、右丞与参知政事，皆为副相。

执政官 见“执政❷”。

执秩 官名。春秋晋置，掌爵秩。《左传·僖公二十七年》：“作执秩以正其官。”杜预注：“执秩，主爵秩之官。”

直百 三国蜀汉后期所铸铜钱。“直百”即“直百五铢”之省称。后主刘禅恣意奢侈，改铸直百钱。制作粗糙，圆形方孔，钱文“直百”，横读，有传形。其时政治腐败，经济崩坏，故钱币颇杂乱，类似民间私铸。

直百五铢 三国蜀铜钱。东汉献帝建安十九年(214)，刘备拔成都，虑军用不足，乃从刘巴之议，铸直百钱，以平诸物价，令吏为官市。数月后，府库遂充实。其钱圆形方孔，钱文“直百”用隶体，“五铢”为篆文。背有模铸阳文“为”字，因有益州犍为郡(治今四川彭山东)铸说；或释“贮”字，即资财，从贝、为声；或曰此乃古“货”字。亦有背作阴文或纹饰者，如工、吉祥、带勾、三星等，模铸或镂刻。

直兵曹 官署名。东晋末诸公府、将军府僚属诸曹之一，掌亲兵卫队，长官为参军。刘裕为相，改与中兵曹共设一参军。南朝宋、齐沿置，凡单设者亦置参军。梁、陈王府、公府、将军府皆置，设参军。

直不疑 西汉南阳(今属河南)人。文帝时为郎。景帝前元三年(前154)，以二千石将击吴楚之乱。后元年(前143)，任御史大夫，封塞侯。武帝建元中，以过免。

直崇政院 官名。五代后梁改崇政院直学士置，后唐庄宗同光元年(923)改名枢密院直学士。

直除法 算学术语。中国古代解线性方程组的同解变形消元方法。始见于《九章算术·方程》。“除”即减，“直除”则是反复连续对减。三国魏刘徽注云“举率以相减，不害余数之课也”，是为此法之理论基础。

直刺 清代直隶州知州之别称。以知州别称刺史，故名。

直从 宿卫兵。北魏之制，武人左挽上格者为羽林，次格者为虎贲，下格者为直从。北齐宫卫之制，有直从虎贲，左右各六队，在左者为前驱队，在右者为后拒队。

直达 漕运的一种名称。宋仁宗时，东南地区金、帛、茶、布之类纲船直达东京开封府(治今河南开封)，运米纲船则仍于沿途转般仓下卸，由汴河纲船转运。徽宗时，废汴河纲船转运，由东南纲船直接送至开封，称为直达。

直荡 唐府兵总称卫士。十二卫及东宫六率所统又各有其名，隶左右*清道率府者名直荡。

直刀 亦称“平首刀”、“钝首刀”，旧认为是战国时期赵国的青铜刀钱，故又称“赵刀”。刀体平直，或微弧。面文主要是地名，背面或有文字或无。依形体大小可分三种：(1)形体较大者刀身多稍显弧形，长13.8—15厘米，面文地名为“甘丹(邯郸，今属河北)”、“白(柏，今河北隆尧)人”、“白”(或即“白人”省称)以及“成白”。平山中山灵寿故城内曾出土有成捆的“成白”直刀币与其石质币范。故一说“成白”刀钱可能是中山国自铸的货币。(2)形体较小者刀身略呈弧形，面文地名为“閵(藺，今山西离石南)”，亦称“藺直刀”，通长11厘米、宽1.1厘米，重8.2克。(3)形体最小者刀身完全平直，面文地名为“言昜(圁阳，今陕西神木东)”，旧释“晋阳”。主要有“圁阳亲(新)化”、“圁阳化”与“圁化”、“圁半”四种，亦称“圁阳小直刀”，通长9.2—10.3厘米，宽0.92—1.2厘米。

直道 秦始皇三十五年(前212)命大将蒙恬主持开筑之路。北起九原(今内蒙古包头市西北)，南抵云阳甘泉宫(今陕西淳化县西北)，“堑山堙谷，千八百里”(《史记·蒙恬列传》)。是联结关中平原和河套地区的主要通道。以道路较直，故名。三十七年，始皇死于沙丘平台，棺载辒凉车中，“行从直道至咸阳”(《史记·秦始皇本纪》)。今陕甘二省交界的子午岭上，以及内蒙古鄂尔多斯高原地区，犹有遗迹，清晰可辨。

直殿监 官署名。明代宦官二十四衙门之一。置掌印太监一员，佥书等官数十员。掌洒扫皇极、建极、中极、武英、文华殿庭、楼阁、廊庑。

直渎县 东晋义熙中分盱眙县地置。治今江苏盱眙县南。东晋南北朝属盱眙郡。隋初省入盱眙县。

直符史 亦称直符。汉代郡府值班之佐吏。《汉书·王尊传》：“直符史诣阁下，从太守受其事。”颜师古注：“直符史，若今之当直佐史也。”又《后汉书·张禹传》李贤注引《东观记》，功曹史有过，郡守张禹“令直符责问”。

直阁 官名。(1)或作“直閤”。南朝及北魏置，为皇帝左右侍卫之官。北魏时，位在直阁将军之下，为比视官，有罪不得除刑。孝明帝时，胡太后从任城王元澄之议，直阁可依中正之例当刑。又，朱衣直阁和直阁将军亦省称直阁。隋文帝时，左右卫置直阁将军六人，直寝十二人，直斋、直后各十五人，并掌宿卫侍从。太子左右卫率府亦有直阁、直寝、直斋、直后若干员。炀帝时悉罢，仅于左右监门府各置直阁六人，为本府郎将之贰。(2)宋代为馆阁职名。有直龙图阁、直天章阁、直宝文阁、直显谟阁等十二阁之称。金代置为皇后位下女官。掌帐幕床褥舆伞、洒扫铺陈、薪炭灯烛之事。员一人，正九品。明成祖即位后，特简解缙、胡广、杨荣直文渊阁，是为明代阁臣参预机务之始。时亦简称直阁。

直阁将军 官名。南朝及北魏、北齐置。为皇帝左右侍卫之官。南朝梁时亦领兵出征。北魏时，以宗室任此职。北齐时为左右卫府直阁属官。北魏太和十七年(493)定为从三品下，北齐为从四品。隋代时为左右卫属官，各六人，从四品。大业三年(607)改三卫为三侍，直阁将军等并废。

直閤 即“直阁”。

直沽 金、元时称潞(今北运河)、卫(今南运河)

二河汇合处为直沽。在今天津市内狮子林桥西端旧三汊口一带,为天津聚落最早兴起之地。元延祐三年(1316)置海津镇,明永乐二年(1404)筑天津城,为南北漕运和海运咽喉,京师东南之巨镇。元、明时由于直沽聚落的发展,专称旧三汊口一带为小直沽,称其东南海口附近一带(今天津市东南海河北岸)为大直沽。

直馆 官名。唐代弘文馆、史馆皆置,以他官兼领而未登朝者,或卑位而有才者,加此号。天宝后以他官兼史职而初入馆者加此;大中八年(854)废史馆直馆二员,增修撰四员。

直后(後) 官名。北魏置。为皇帝左右侍卫武官,亦或以给事中、宣威将军等领之。原为比视官,有罪不得除刑,孝明帝时,胡太后从任城王元澄之议,得依中正例当刑。南朝齐亦置,职掌同。北齐时为左右卫府直阁属官,从六品上。隋初属左右卫府,员十五人,从六品,大业三年(607)罢。

直集 宋代直集贤院的简称。

直集贤院 官名。五代南唐置,以朝士充任。北宋淳化元年(990)再置,以朝官充任。天圣十年(1032),始以特恩加授外官,遂兼为贴职。元丰改制,三馆并入秘书省,用为贴职。绍圣二年(1095),并入直秘阁。

直讲 学官名。唐代国子学、四门学置,掌佐博士、助教讲授经义。初无定额,长安四年(704)定置四员。宋淳化五年(994)于国子监置,以京朝官充任。皇祐四年(1052)定以八人为额,须年四十以上,通明经义,行为端正,堪为生徒楷模,并选择进士及九经及第者相参荐举,每人各专一经,以教授学生。熙宁四年(1071)定以十人为额,二人共讲一经。元丰三年(1080)改为太学博士。又,政和七年(1117),改原王府侍讲为直讲。资善堂亦设,以儒臣充任,掌讲读经史。

直讲李先生文集 书名。北宋李觏撰。因其创建"盱江书院",又名《盱江文集》。三十七卷,外集三卷,年谱一卷。其中《易论》、《礼论》、《富国策》、《平土书》等反映其哲学、社会思想,反对理学家的禁欲主义,主张依《周礼》实行"平土"均田。现存有明成化左赞刻本,对原集中《常语》作了删节。另有明正德孙甫刻本、万历孟庆绪刻本。中华书局1980年点校出版,名《李觏集》,增加《常语》佚文十六条、《宋史》本传及各版序跋和书目提要等。

直接打制法 石器时代制造石器的方法。用一定方式将两块石头直接打击,打下石块的一部分,再修整成所需工具。直接打制法又可分为锤击法、碰砧法和砸击法几种。

直隶 宋制,地方行政机构以州领县,其直属京师者称直隶。元不属诸路及宣慰司或行省的府县,亦称直隶。明清直属于京师的地区为直隶省,不属府而直属布政司的州称直隶州。

直隶白话报 杂志名。清光绪三十一年正月初一日(1905.2.4)创刊于保定。半月刊。吴樾主编。以"开通民智,提倡学术"为宗旨。鼓吹学习科学技术,发展民族工商业,兴学尚武。呼号爱国救亡,"文明排外","自立自强"。出版十四期,七月停刊。

直隶高等工业学堂 学校名。清光绪三十年(1904)由天津直隶工艺总局附属之工艺学堂改建而成。周学熙任总办,赵元礼为庶务长,聘日本教习多名。分正科和速成科。正科有应用化学科、机器科,三年毕业;速成科有制造化学科、意匠图绘学科,二年毕业。毕业生或充任教习,或充当工程师,以发展工业为目的。

直隶高等农业学堂 学校名。清光绪二十八年(1902)由直隶省城保定农务学堂改建而成。以农桑为主业,制造为副业,力求改良兴民利。分速成、预备两科。速成科,学习以一年为限,由外国教习教授农、桑各专门学;预备科,学习五年卒业,由中国教习授以汉文、修身等课程,由外国教士教授普通各学,满三年后,再各授以农、桑各专门学,二年毕业。

直隶高等学堂 学校名。清光绪二十四年(1898)北洋大臣兼直隶总督荣禄在保定莲池书院改建而成。拟取各属举贡生监入学,分班肄习,课以经史及普通科学。二十八年四月开学,设总办(后改称监督)一人,主持校务;总教习一人,掌学制及聘请外籍教习。招考学生约二百五十人,按北洋大学二等学堂之制,肄业四年,并明定为北洋大学之预备学校,毕业生直接升入北洋大学正科。三十三年学校由监督、教务长等经管,延聘中外教习十五人,分任伦理、经学、国文、英文、中国历史、中国地理、西方地理、法律、化学、物理、几何、代数、翻译、体操等课程。学生分本科、师范科、补习科三科,本科又分甲、乙、丙、丁四组。每组学生三、四十名。1913年并入北洋大学堂。

直隶工艺志初稿 书名。清光绪三十一年(1905)周学熙嘱周尔润编纂。共八册,分章牍、表志、报告、丛录四类。记周学熙创办各项实业、工艺各事之筹款用人、拟牍订章、征法察弊、选料考工及直隶兴办工艺等事。有周学熙所撰序文。

直隶工艺总局 清光绪二十九年(1903),周学熙呈请直隶总督袁世凯批准在天津设立。以创兴工艺、提倡实业为宗旨。周学熙任总办,周家鼎为会办,任用中日职员多名。除附属之学堂、工厂均归其管辖外,凡本省各属之兴办工艺,皆有提倡保护之责。局址先在草厂庵,后移玉皇阁。在其倡导、主持下,四年之间工艺成绩斐然。先后创办高等工业学堂、教育品制造所、劝工陈列所、实习工厂、劝铁工厂、种植园、官造纸厂、劝业会场等。指导直隶各府、厅、州、县开设工艺各局、厂六十五处,尤以织布一事,各县闻风蔚然兴起,高阳称最。

直隶教育官报 见"教育杂志"。

直隶教育杂志 见"教育杂志"。

直隶清吏司 官署名。清代刑部所属十八清吏司之一。简称直隶司。乾隆六年(1741),改现审右司设。掌核顺天府、直隶及八旗游牧察哈尔左翼所属刑名案件。兼理京畿道御史、顺天府府尹、东西陵、热河都统、围场总管、密云副都统、山海关副都统、古北口、张家口、独石口、喜峰口、芦峰口、塔子沟、多伦内尔等处文移。设郎中满、汉各一人;员外郎,满洲、蒙古各一人,汉二人;主事,满、汉各一人;经承四人。光绪三十二年(1906),刑部改为法部,遂废。

直隶省 明称直属于京师的地区为直隶省,与十三布政司并为地方最高一级行政区域。洪武初建都南京(后改称京师,永乐初复旧名,今江苏南京市),以应天等十四府四州为直隶中书省,简称直隶。永乐初移都北京(今北京市),以顺天等八府二州和万全等都司为北直隶;直隶南京的地区为南直隶。北直隶相当今北京、天津二市、河北省大部和河南、山东部分地区;南直隶相当今江苏、安徽、上海二省一市。清初废南直隶,改置江南省,北直隶仍为直隶省,辖境依旧;雍正、乾隆后在承德、张家口地区北部和内蒙古西拉木伦河以南及辽宁大凌河、西河上游以北原蒙旗地方,改设州、县,划属直隶,辖境扩大。1914 年长城以北地区划属热河、察哈尔二特别区。1928 年改直隶省为河北省。

直隶厅 地方行政机构。清代常于新设置地区设直隶厅,以同知或通判为行政长官。隶布政使司,制同府。另有一般散厅,亦以同知或通判为行政长官,隶于府,制同县。

直隶武备学堂 即“新建陆军行营武备学堂”。

直隶州 ❶元代不置总管府的州称为散州,其中直隶于行省的称为直隶州,地位略次于路和直隶府。一般领县并有附郭县,也有只领县而无附郭县或全无属县的。❷明清直隶于省的州。地位略次于府。有属县;除极少数外,无附郭县。其隶属于府的州,地位等于县,称*属州或*散州。

直棂窗 窗的一种。为窗框内用直棂条(方形断面的木条)竖向排列有如栅栏的窗。若用三角形断面的破子棂条,又称破子棂窗。该窗不能开启。直棂窗在汉墓和陶屋明器中有见,北朝石建筑和石刻及唐、宋、辽、金的砖、木建筑及壁画中亦有大量表现。明代始为槛窗代替,唯民间尚有。

直龙 宋代直龙图阁的简称。

直龙图阁 官名。北宋大中祥符九年(1016)始置。其后,凡久任馆职者必选直龙图阁,作为擢升待制之基础。元丰改制,省郎、寺监长贰补外或领监司帅臣,则除此职。元祐中定为正七品。俗称直龙图阁为假龙。

直鲁古 ❶吐谷浑人。幼时适逢辽太祖阿保机破吐谷浑,为述律后收养。长学医,善针灸。辽太宗时为太医。著脉诀针灸书。卒年九十。❷即“耶律直鲁古”。

直秘 宋代直秘阁的简称。

直秘阁 官名。简称直秘。北宋端拱元年(988)始置。以朝官充任,掌管秘阁事务。元丰改制废馆职,仅以直秘阁为贴职。参见“贴职”。

直前 官名。北齐隶于太子左右卫坊率,位从六品,侍从东宫。

直寝 官名。北魏置。为皇帝左右的侍卫武官,多选用功臣子弟充任。北齐时为左右卫府直阁属官,从五品。侯景篡梁后,于太始元年(551)改直殿主帅为此。隋初属左右卫府,员十二人,从五品上,大业三年(607)罢。

直入正都督 官名。北齐置。为左、右卫府之直荡属官,负责舆驾出入之侍卫。五品上。领直入副都督。

直舍人院 见“舍人院”。

直史 宋代直史馆的简称。

直史馆 官名。简称直史。宋代初年置,为馆职之一,任职一至二年后委以重任,可超迁官阶。后亦作为特恩加授外任官。元丰改制罢。

直事曹 官署名。(1)尚书省诸郎曹之一。西晋置,设郎。东晋省。(2)御史台诸曹之一。西晋置,设侍御史掌其事。南朝宋、齐沿置。梁、陈不详。

直事郎 官名。(1)西晋尚书省直事曹长官,六品。(2)北魏置,职掌、隶属不详。太和十七年(493)定为从七品上。

直事尚书郎 官名。东汉有直事尚书郎,谓署郎当次值者。三国魏因之。西晋武帝沿置,为尚书三十五曹之一,在尚书诸曹郎之上。东晋后省之。

直枢密院 官名。辽代置。保大二年(1122),李处温立耶律淳为帝,以族弟李处能直枢密院,实掌枢密院之权。

直说 杂志名。清光绪二十九年正月十六日(1903.2.13)创刊于日本东京。月刊。直隶留日学生主办。以“输东西方文明,开内地风气”为宗旨,选译“东西各论”和“日本最新学说”,宣传天赋人权,呼号爱国救亡,抨击封建专制主义。仅见两期。

直突都督 官名。北齐置。为左、右卫府之直突属官,负责舆驾出入之侍卫。从六品上。

直卫正都督 官名。北齐置。为左、右卫府直卫属官,负责舆驾出入之侍卫。五品上。领直卫副都督。

直文华殿东房中书舍人 官名。明代于文华殿东房置。初为内官职,继以中书舍人分值,后乃专选书法优良的中书舍人充任,从七品,无定员。专掌奉旨缮写书籍,称直文华殿东房中书舍人,简称“文华殿舍人”。

直武英殿西房中书舍人 官名。明代于武英殿西房置。初为内官职,继以中书舍人分直,后乃专选书法优良之中书舍人充任,从七品,无定员。专掌奉旨篆写册宝、图书、册页,称直武英殿西房中书舍人,简称“武英殿舍人”。

直下 五代后唐庄宗时,租庸使孔谦重敛急征,使帖直接下诸州调发,不经诸道节度使、观察使,谓之直下。

直学 学官名。北宋太学始置,四员。初为太学职事名,由学生担任,掌理诸生学籍及监察出入。徽宗时又置命官直学,为学官,与职事直学并存。后州、县学亦置,各一至二员,差进士或州学生充任,掌本学钱粮。宗学、武学亦设,职责与太学直学略同。元代设于各路、府、州书院,掌钱谷事,由郡及宪府中官吏试补。任满后,考试合格者升为学录、教谕。

直学士 ❶官名。唐代弘文馆、集贤殿书院置,以六品以下官为之。掌详正图籍,教授生徒。金代翰林院置,从四品,无定员。元代翰林兼国史院、蒙古翰林院、集贤院皆置,各二员,从三品。朱元璋吴元年(1367)于翰林院置,正五品。洪武十四年(1381)废。清宣统三年(1911)典礼院置,员八人,掌讨论典礼,清亡遂废。❷宋代枢密直学士、诸阁直学士,辽代昭文馆直学士、崇文馆直学士省称。

直学士院 官名。北宋太祖开宝二年(969)始置。以中书舍人及知制诰充任。其后,翰林学士阙,常以他官直学士院。南宋,以翰林学士官高多不除人,而以直学士院代行其职。

直言 选举科目。十六国后赵石勒赵王二年(320),"令群僚及州郡岁各举秀才、至孝、廉清、贤良、直言、武勇之士各一人。"(《晋书·石勒载记下》)石勒建平二年(331)又下书公卿百僚岁荐直言一人,答策上第者拜议郎,中第中郎,下第郎中。

直豫皖三省北伐军 清末革命武装。宣统三年十月十九日(1911.12.9)为抗击南下清军,由陆军将校团黄郛、直隶唐之道、河南杨曾蔚、安徽盛典型等在上海发起组成。拟先练士兵一千,俟饷械充足,扩为一镇(师)。

直辕 春秋关隘名。在今河南罗山县南豫鄂界上。即南北朝时义阳三关中的黄岘关,今罗山县西南九里关。一说即武阳关。《左传》定公四年(前506):蔡侯、吴子、唐侯伐楚,楚左司马戌谓子常曰:"子沿汉而与之上下,我悉方城外以毁其舟,还塞大隧、直辕、冥阨",即此。

直斋 官名。北魏孝文帝太和十九年(495)始置,以直殿内斋阁得名。孝武帝时,加强宿卫,增武直人数,自直阁以下分别增为数百人,选轻捷剽悍者充任。北齐时为左右卫府直阁属官,位从五品。隋初属左右卫府,员十五人,从五品。大业三年(607)罢。

直斋书录解题 书名。南宋陈振孙撰。今本二十二卷。作者嗜藏书,每得古籍,即为之撰写提要,费时十余年,辑成书目五十六卷,著录古籍三千余种。原书明已不传,清修《四库全书》,从《永乐大典》中辑出。有《丛书集成初编》本等。

直长 官名。北魏始置,为皇帝近侍。间有左、右之分,多以他官兼领。北齐时门下省领左、右局,置左、右四人,从五品。隋唐五代亦置。一为殿中省所领尚食、尚药、尚衣、尚舍、尚乘、尚辇六局所置,无定员,正七品上,为本局次官。一为左、右监门卫置,位监门校尉下,为宿卫武官,六百八十人,太子左、右监门率府亦置七十八人,均从七品下。宋代于太史局置。金太常寺各署置,明昌三年(1192)后,仅存诸陵署者。又于殿前都点检司下各监、局、署、鹰坊,宣徽院各局,太医院,各库、署,太府监,少府监,军器监各署司,惠民司,法物库,修内司,祗应司,甄官署,上林署等置,为各官署属官,多为正八品。明洪武三年(1370)置为秘书监属官,掌内府书籍。十三年与秘书监俱革。

直真 官名。北魏置。《南齐书·魏虏传》:"国中呼内左右为直真。"此系南朝人对北魏鲜卑语官名的音译。

直指使 官名。明末李自成农民军政府设。崇祯十七年(1644)三月,在北京改原十三道御史而置,其职掌仍因袭明代。

郦 战国楚邑,秦置县。治今河南南阳市西北。《史记·楚世家》:顷襄王十八年(前281),楚人说王曰:"楚之故地汉中、析、郦,可得而复有也。"

郦县 本楚郦邑,秦置县。治今河南南阳市西北。秦至魏属南阳郡,晋属南阳国。北魏分为南、北两郦县。北郦县属东恒农郡,仍治汉、魏郦城;南郦县属恒农郡,治今河南内乡县北。《水经·淯水注》:淯水"东流径郦县故城北。……郦有二城,北郦也"。又《湍水注》:"湍水东南流径南郦县故城东。"北周复合为郦县,治今河南内乡县北。隋开皇初改为菊潭县。

值年河道沟渠处 官署名。清代工部所属机构。乾隆十七年(1752)置,设值年河道沟渠大臣四人管理。掌京师五城河道沟渠之事,春秋勘察,分别疏浚。先是,顺治元年(1644)由街道厅管理京师内外沟渠。雍正四年(1726)将内城沟渠交步军统领管理,外城沟渠交街道厅管理。至是划一。光绪三十二年(1906)改隶民政部。

值年河道沟渠大臣 官名。简称值年大臣。清代工部值年河道沟渠处管理大臣。乾隆十七年(1752)设,四人,每年由部奏请钦派本部堂官一人,奉宸苑、颐和园、步军统领衙门堂官各一人,岁终更代。掌理京师内外沟渠之事。光绪三十二年(1906)裁。

值年旗 清代办理八旗共同事务的联合机构。乾隆十六年(1751)置。设值年旗大臣八人,于都统、副都统内特简,年终更换。掌八旗会理之事,并于年终将八旗已结、未结及其他年例事件按款奏闻。下设值年旗参领、章京,掌章奏文移;笔帖式,掌翻译。

职 官制用语。宋代任官制度,有官、职、*差遣之别。职为一种加官,即馆职和贴职。有时差遣亦简称职,故又常称贴职为"职名",以示区别。

职币 官名。《周礼》天官之属。掌收敛官府结余费用财物。

职道 官场用语。清代道台谒见督抚时自称。

职方 ❶官名。《周礼》夏官之属有职方氏。掌天下地图及四方职贡。❷官署名。西魏、北周置,隶夏官府,设官职方中大夫,下设小职方中大夫、小职方上士,辖土方中士、山师中士、川师中士、怀方中士、训方中士等。掌管天下图籍、山林川泽之名及四方职贡。隋唐五代置为司,为尚书省兵部第二司,设郎中、员外郎一人及主事等官,掌地图、城隍、镇戍、堡寨、烽堠及征防路途远近诸事。唐龙朔二年(662)改司城司,咸亨元年(670)复旧。宋代沿置,亦隶兵部。北宋前期设判职方事一人,以无职事朝官充任,掌受诸州闰年图及图经。元丰改制,置郎中、员外郎,掌地图及城隍、堡寨烽候、四方海外归朝内附诸事。后或兼领库部,或由兵部郎官兼。明初置职方部,为兵部属部。洪武二十九年(1396)改职方清吏司,置郎中、员外郎各一人,主事二人,后间有增置。以郎中主司事,掌舆图、军制、城隍、镇戍、简练、征讨之事;三年一报地图,以听征调之令;阅视修浚城池,因事增置镇戍将校,设兵屯戍;巡视操练,请命将出师,悬赏罚、调兵食、纪功过,及关津、缉捕、整顿军伍诸事。南京兵部亦置。清沿置,并掌关禁、海禁。设郎中七人,满洲五人、汉二人;员外郎五人,满洲二人、蒙古一人、汉二人。下设承发、督漕、关引等科,直隶、两广等甲,分别办理各项事宜。光绪三十二年(1906),兵部改为陆军部,遂裁。❸《周礼·夏官·大司马》中的一篇。作者不详。著作时代约在战国。记职方氏所掌的职务。叙述九州的区域和境内重要的山镇、泽薮、川浸、物产、男女、畜种和谷类。进而辨"九服"的远近、分封和巡守。所记与《禹贡》不尽相同,但同为有价值的古代地理名著。

职方部 官署名。明代兵部属部。洪武六年(1373)置。掌舆图、军制、城隍、镇戍、简练军伍及征讨之事。设郎中、员外郎各一人,主事二人。十三年,改设主事一人。二十九年,改职方清吏司。

职方郎官 职方郎中、职方员外郎通称。

职方郎中 官名。隋文帝置职方侍郎,炀帝改职方郎。唐武德三年(620)置为郎中。尚书省兵部职方司长官,掌天下地图、城隍、镇戍、烽候等事。龙朔二年(662)改司城大夫,咸亨元年(670)复旧。北宋前期置为五品寄禄官。元丰改制后始领本职,为从六品职事官,掌地图、城隍、烽堠等事。明初置职方部,隶兵部,设郎中一人。洪武二十九年(1396)改置职方清吏司,初置郎中一人,正五品。正统十年(1445)增一人,万历九年(1581)革。清代沿置,定制七人,满洲五人,汉二人。初正三品,顺治十六年(1659)改正五品,后升正四品,康熙六年(1667)复正三品,九年定正五品,遂为定制。

职方清吏司 官署名。明清兵部四司之一。简称职方司。参见"职方❷"。

职方氏 官名。见"职方❶"。

职方式 唐尚书省兵部职方司办事章程。式文已佚。《唐律疏议·卫禁·烽候不警》中曾略引此式中关于烽候放烽规定的条文。

职方侍郎 官名。隋代置。尚书省兵部职方司长官。二员,初为正六品上。开皇三年(583)加为从五品。大业三年(607)改为职方郎。唐武德三年(620)改为职方郎中。

职方司 官署名。隋、唐、五代、宋兵部四司之一。明、清改称职方清吏司,亦简称职方司。详"职方❷"。

职方外纪 书名。明末意大利来华耶稣会士艾儒略撰。五卷。天启三年(1623)成书。首载李之藻、杨廷筠、瞿式穀序及艾儒略自序,序后冠以万国全图、五大洲总图界度解。卷一记亚细亚洲、卷二记欧罗巴洲、卷三记利未亚洲(非洲、利比亚)、卷四记亚墨利加洲(南、北美洲)及墨瓦蜡尼加洲(大洋洲)。每洲先有洲图,次总说,次列国、各国叙述方位、风土、气候、民情、物产。卷五记东海、西海、北海、南海之方位,并述其中海岛、海族、海产、海状、海舶、海道等。书中还第一次向中国介绍哥伦布远航美洲事。又附有南舆地图和北舆地图。是较早介绍至中国的西方地理知识书之一。

职方员外郎 官名。隋开皇六年(586)始置,大业三年(607)改职方承务郎。唐武德三年(620)复置为员外郎。员一人,从六品上。为尚书省兵部职方司副长官,与郎中共掌天下地图、城隍、镇戍、烽候等事。龙朔二年(662)改司城员外郎,咸亨元年(670)复旧。北宋前期置为六品寄禄官。元丰改制后,始领职方事,为正七品职事官。明初曾置职方部,属兵部,设员外郎一人。洪武二十九年(1396)改职方清吏司,仍设一人,从五品。嘉靖十二年(1533)增一人。清沿置,员五人,满洲二人、蒙古一人、汉二人。初秩正四品,顺治十六年(1659)改正五品,康熙六年(1667)复旧秩,九年定从五品,遂为定制。

职分田 即"职田"。

职贡 古代诸侯国按等级、地区向王朝贡纳的制度。相传周代诸侯分为五服,其贡纳各有不同规定(参见"五服")。武王克商,九夷、百蛮等边远部族皆贡纳当地特产。春秋时期小国向大国的贡纳,亦称职贡。其后,藩属国或外国按期向朝廷纳贡亦称职贡。《清史稿·礼志十》:"厥后至者弥众,迺令各守疆圉,修职贡,设理藩院统之。"

职贡图 画卷名。清金廷标绘。纸本设色,纵33.8厘米,横1 438厘米,共两卷。清廷平定大小金川后,下令沿边各督抚于所属境内各族以及交往各国,绘其服饰状貌,汇送军机处,金廷标等据此绘制。族属凡三百,男女别幅,共六百幅。除少数为交往各国外,余皆国内各族,并有文字题记记其居住地区、生活习俗以及向清朝贡赋情况。

职官 ❶做官之人,亦为文武百官的通称。❷指职守。

职金 官名。《周礼》秋官之属。主管金、玉、锡、石、丹砂、空青等物资,掌其戒令。

职吏 汉代丞相(三公)及郡县官署各曹皆置。官府处理具体事务的员吏。晋代,凡郡、国户不满五千者置职吏五十人,五千户以上置六十三人,万户以上置六十九人;凡县户不满三百置十八人,三百以上置二十八人,五百以上置四十八人,千户以上置五十三人,千五百以上置六十八人,三千以上置八十八人。

职令状 又称关升职令状、关升荐削。宋代高、中级官员荐举选人由判、司、簿、尉* 关升为令、录、职官的一种举状。选人初官,若被注授幕职官差遣,则得"职状";被注授县令、县丞,则得"令状"。

职内 官名。《周礼》天官之属。主管财税收入。

职钱 官制用语。宋初官员带大学士等职者,于寄禄官俸禄外,另给添支钱,如奉差遣外任知州或安抚使等官,再另给职钱。元丰改制后,在京职事官于正俸外，以寄禄官高下，分行、守、试三等给职钱，不称行、守、试者亦按行给。大观三年(1109)，改大学士至待制职钱为贴职钱，宣和三年(1121)复旧。

职丧 官名。《周礼》春官之属。掌诸侯及卿大夫士的丧葬事务。

职事官 官名。一作执事官。隋、唐、宋指居曹而有执掌之官员统称。唐三公及省、台、寺、监、卫府、东宫、王国、州县、镇戍等官为职事官。北宋前期，省、部、寺、监之官多为寄禄官，而以差遣为职事官。元丰改制后，始复行唐制。此后历朝皆用以区别无具体职务的散官。

职事学录 宋代太学职事名。参见“学录”。

职司 ❶指职掌、职务。❷宋代选人磨勘改官，须一定员数举主奏举，其中之一必为职司，即现任所隶官司长官、副长官。❸宋代监司与朝廷特派的宣抚、安抚、察访等使统称。

职岁 官名。《周礼》天官之属。掌财政支出。

职田 又作职分田、公田、禄田。历代依官职品级所授的田地。作为官吏俸禄补充，或以其所得供给官吏作为俸禄，官员离职时交还。其具体规定历代有所不同。如北魏太和九年(485)均田令中规定：官吏各随近给公田，刺史十五顷，太守十顷，治中、别驾各八顷，县令、郡丞各六顷。此为职田之始。唐代自一品至九品，所给职田为一千二百亩至二百亩不等。离职时交还。每亩地租二至六斗，由于地租重，农民多不愿承佃，而由官府抑配。宋咸平二年(999)始设，仁宗时罢，后复设。以系官田及远年逃田充给，作为官吏在职补贴的官田。亩数以差遣为别。金代定地方官正三品三十顷，递降至从九品二顷。由佃户租种，亩取粟三斗，草一称，佃户赴各官衙门交纳。天德二年(1150)，改输官仓，均定其数，与月俸一起发给官员。元以后，因江南地狭人稠，而南北田地产量有差，遂定北方地方与按察司官员自十六顷至二顷，南方减半。初由佃户赴各官衙门送纳。至元三十一年(1294)，改为交纳官仓，再行支给。不久又恢复旧制。至大二年(1309)改支禄米，其田拘收入官。四年，复旧制。明、清沿制，而非常制，以职田所得为官府公费及官吏俸禄。

职言分纪 书名。北宋孙逢吉撰。五十卷。记北宋元祐年间以前历代官制。每官先列《周礼》官制，次述历代沿革，兼及曾任此官的名人事迹，皆采自史传，可供研究历代制度的参考。

职役 又称吏役、徭役。宋基层政权乡、里、都等头目及州县衙门办事人员，均由民户充当，统称职役。分乡役、县役和州役。北宋前期，职役大都差民户轮充，故又称差役。后复出现雇役和义役。元明以后称常役。

职员令 ❶又称《职品令》，简称《职令》。北魏孝文帝改革官制时所制定之法令。太和十七年(493)制成颁行，共二十一卷。后经修改，二十三年再次制定，由宣武帝颁行，以为永制。《职令》袭用中原汉族王朝官制，唯于“正品”外又置“从品”，为一代之别置。今《魏书·官氏志》惟载《职令》之官名及品阶，然据佚文，则有关于官之清浊、职司以及官员选用之规定。❷唐代关于各统治机构官员数目、职掌的法令。具体区分为三师三公台省职员令、寺监职员令、卫府职员令、东宫王府职员令、州县镇戍岳渎关津职员令、内外命妇职员令等六项，可视为各级政府的组织法。令文散见于《唐六典》、《通典》、《旧唐书·职官志》诸书，敦煌曾发现唐《职员令》残卷。

职制律 唐律第三篇名。即关于官吏在职守上所犯行政错误和罪行的刑法。如官员署置超过规定名额，诸州贡举科举人员不当，刺史、县令私出管界，官吏无故不上班，公文收发误期，奏事犯宗庙讳，地名、官名犯祖、父名而不避位，受贿枉法等，皆处以相应刑罚。共五十八条(有一条误为二条)。篇名始于隋，唐因之。

职状 见“职令状”。

植 搁置蚕箔、蚕筐之具。《礼记·月令》中称“植”。后世北方称之为“蚕槌”，南方则称“蚕架”。形制大同小异，均有四木为立柱，再有以木、竹、绳等作成之横隔，层次多少不等。

植物名实图考 书名。清吴其濬撰。三十八卷。收载植物一千七百十四种、插图一千八百六十五幅。主要是根据作者实际考察植物的名实所得，“以证诸今”。书中记载的植物种类比《本草纲目》多五百十九种，多数是中国南方或边疆地区(云南、贵州等)植物，呈现区域性特点，补充了历代本草地区性的缺漏和不足。对植物形态性状的描述，比前人更加精细。在继承《本草纲目》分类基础上，把植物分为谷、蔬、草、果、木五大类，然后再细分小类。同一类植物中把相近的植物排列在一起，可看出植物自然属性和亲缘关系。本书绘图精美，多据实物写生。是一部极有价值的植物专著。

植物名实图考长编 书名。清吴其濬著。二十二卷。为《植物名实图考》姊妹篇。记录植物八百三十八种。是作者利用侍讲内廷、得读四库书的有利条件，摘录历代本草、农书、史籍、方志、诗词等多种书籍中有关植物的大量资料，进行植物名实的文献考证，“以稽诸古”。有重要参考价值。

植物图说 书名。清末英国传教士傅兰雅编译。四卷，图一百五十四幅，说明文字二万六千字。为中国传播西方植物学知识较早的植物学教科书。绘图十分精确，借以解说植物体各部分之结构与功能，犹如现今之“植物学图解手册”。

植物学 书名。清李善兰和英国学者韦廉臣合译，并于咸丰八年(1858)出版。为中国近代介绍西方近代植物学知识的第一部著作。系根据英国植物学家林德利(John Lindley，1799—1865)的有关植物学著作编译而成。全书八卷，插图二百多幅。内容是关于植物学方面的基础知识，即所谓“普通植物学”。这同中国古代传统的偏于实际应用方面的植物学知识完全不同。译者在编译过程中，结合中国传统文化创译了“植物学”等名词术语。在沟通东西方植物学思想方面，起了一定作用。

殖业银行则例 清光绪三十四年(1908)度支

部厘定。共三十四条。规定该类银行为股份有限公司,以放款于农工为宗旨,其资本总额至少须二十万两以上。股票概用记名式,只许本国人购买,不准股东将股票转卖或抵押于外国人及外国公司。无论官办、商办,其详细章程均须报度支部核准方可开办。可与同行订联结契约,亦可兼营农工业汇兑事务。度支部得就各地方官中特派监理官监理,随时检查,详细报部。并对放款与债主还款办法、放款利息率、结帐等项订有细则。

跖　相传春秋战国之际人。名跖,或作蹠。旧时被诬称为"盗跖"。《史记·伯夷列传》谓其"聚党数千人横行天下"。《荀子·不苟》称其"名声若日月,与舜禹俱传而不息"。《庄子·盗跖篇》称他为柳下惠之弟,曾率"从卒九千人,横行天下,侵暴诸侯。所过之邑,大国守城,小国入保(堡)"。一般认为《庄子》载跖与孔子问答属寓言性质,不可信。但以跖为领袖的起义,春秋战国之际曾发生过。

摭言　即"唐摭言"。

摭异记　即"松窗杂录"。

蹠口城　蹠亦作墌。在今江西南昌市西南。《资治通鉴》:南朝陈永定元年(557),梁广州刺史萧勃起兵,出南康,遣将"傅泰据蹠口城",为陈霸先将周文育所擒,即此。

zhǐ

止从死　战国时秦国废除人殉制度的法令。秦献公元年(前384)宣布"止从死",即以法令形式正式废除殉葬制。秦自武公二十年(前678)卒,"初以人从死,从死者六十六人"(《史记·秦本纪》),至此共历十九君,二百九十四年始废。但据《战国策·秦策二》载,秦昭襄王母宣太后因爱魏丑夫,临死欲以魏丑夫为殉,则秦之殉葬制度至战国晚期似仍未完全绝迹。

止法　宋代官员转官的一项规定。即各类官员和吏人逐级升转达到的最高官阶。文官至中大夫,原该升转至侍从官阶的太中大夫,但依法必待官职达到侍从格,方许升转;执政至金紫光禄大夫,必待拜相,方许转行特进。武官至武功大夫,须建立军功,方许转至横行官阶的右武大夫。后妃亲属按恩例得官,只能转至训武郎;吏人年劳出职,只能转至承直郎或从政郎。

止贡噶举　西藏佛教噶举派塔布噶举系帕竹支系下八小支系之一。南宋淳熙六年(1179),帕木竹巴弟子止贡巴·仁钦贝(1143—1217)在今西藏墨竹工卡县东北建止贡帖寺,此派即由寺得名。寺主由止贡巴所属居热氏家族世代相承。元代其寺主受封为万户长。至元二十七年(1290),因反对萨迦派而受到萨迦地方政权和元朝军队的攻击,止贡帖寺被毁,史称"止贡林变"。至正十年(1350),又为帕竹万户击败,实力一再受挫。十五世纪初,格鲁派兴起,此派与格鲁派斗争中更趋衰落,但其传承一直延续到晚近。

止观　"止",梵文Śamatha(奢摩他)的意译,亦译作"禅定"。意为"止心不乱",全神贯注。"观",梵文Vipaśyana(毗婆舍那)的意译。意为"智慧"。佛教名词。佛教重要修行方法之一。"观"在"止"的基础上,对特定对象进行"观想",使认识符合佛教教义的要求。南北朝时期,北方禅学重禅定("止"),南方般若学重义理("观"),至天台宗始提倡"止观并重"、"定慧双修",并视其为最高修习原则。禅宗以"慧"为体,以"定"为用,将此修习原则的重点,引向对"心"的反省体验。

止那隘　云南腾越九关之一。在今盈江县境内。明万历二十二年(1594)置。为边防士弁驻屯之所。抚夷(土目)初为刘姓,清嘉庆中改金姓,世职。

只儿斤　又译只儿吉、朱力斤。蒙古建国前克烈部的一支。以作战骁勇著称,克烈部汪罕出征时,常以为前锋。汪罕败亡,被瓜分给忙兀氏畏答儿妻、子及逊都思氏塔孩等各千户中。

只哈赤　蒙古语,意为渔人。指蒙、元时期宫廷、投下捕鱼人户及掌管渔务官员。

只孙服　见"只孙宴"。

只孙宴　只孙又作质孙。蒙古语,意为颜色。蒙古、元朝宫廷及宗王斡耳朵设宴,与宴者着一色服饰,称只孙服,宴称只孙宴。

旨　本为意见,上下均可通用。宋以后专指皇帝的命令。

旨方　商代方国(见殷墟甲骨文)。旨或释作召。武乙、文丁时期卜辞有"贞:王征旨方受佑。"(《战后宁沪新获甲骨集》第一卷四二三片)学者或说其故地与古黎国相近,在今山西东南部。释作召方者则认为是西周召公奭的采地召城,在今陕西凤翔雍城东之召城。

旨授　唐任官制度,六品以上分别为册授、制授、敕授,均由宰相商议拟定,上奏得准后除拜。六品以下为旨授,由尚书省拟奏,文属吏部,武属兵部。但员外郎、御史、供奉等官仍归敕授。

旨意档　档案名称。清代升平署记载上传戏差、乐差日期地址及相关的皇帝旨意的档册。清制:凡皇帝命令升平署于某日演戏或奏乐,照例由御前太监口传旨意,传旨升平署与内务府预备,并将旨意登记存案。现存旨意档自光绪三十一年(1905)至宣统三年(1911),共六册。

旨准颁行诏书总目　太平天国旨准颁行的官书书目。据《太平天国十一年新历》卷首所列,共二十九部:天父上帝言题皇诏、天父下凡诏书、天命诏旨书、旧遗诏圣书、新遗诏圣书、天条书、太平诏书、太平礼制、太平军目、太平条规、颁行诏书、颁行历书、三字经、幼学诗、太平救世诰、建天京于金陵论、贬妖穴为罪隶论、诏书盖玺颁行论、天朝田亩制度、天理要论、天情道理书、御制千字诏、行军总要、天父诗(太平天国三年新镌《天朝田亩制度》所列"总目"无《天父诗》,有《天父圣旨》)、钦定制度则例集编、武略书、醒世文。除《钦定制度则例集编》外,《天父上帝言题皇诏》等二十八种已先后发现。太平天国后期"旨准颁行"官书,未列入"总目",原因不明。

芷阳 战国秦邑。在今陕西西安市东北。《史记·秦本纪》:昭襄王四十年(前267):"悼太子死魏,归葬芷阳",即此。亦作"茝阳"。《秦始皇本纪》:"昭襄王享国五十六年,葬茝阳"。西汉置霸陵县。

芷阳县 唐武德二年(619)分万年县置。属雍州,治今陕西西安市东北灞河东。七年废。

沚 见于殷墟甲骨文。❶商时人。为沚族的代表人物,武丁时卜辞有"命沚"(《殷墟书契后编》上第十六页第三片)、"沚来"(《殷墟文字甲编》3155片)。❷商代地名。武丁时卜辞有"王使人于沚,若"(《殷墟文字乙编》1355片),祖庚、祖甲时卜辞有"丁卯卜,王在沚卜"(《甲骨文录》557片)。地望一说在今山西西北部,一说在今河南陕县一带。

沚或 商时人。见于殷墟甲骨文。武乙、文丁时将领,随王征伐旨方。或因甲骨分期新说认为即武丁、祖庚时沚戜。

沚戜 商时人(见殷墟甲骨文)。武丁时将领,常随王或奉王命出征,主要征伐西北方的土方和商西南地区的方国。沚地应是其封地。参见"沚"。

纸 中国四大发明之一。始于汉代。东汉许慎《说文解字》云:"纸:絮一箈也。从糸,氏声。"似为一种丝质物。而《说文解字》对"絮"、"箈"等字的解释为:"絮,敝绵也";"箈,潎絮箦也";"潎,于水中击絮也";"箦,床栈也",即竹席。综合上释,许慎把纸定义为:在水中打击敝绵絮,荐存在竹席上的一片絮渣。东汉服虔《通俗文》:"方絮曰纸。"清段玉裁《说文解字注》:"按造纸昉(导源)于漂絮,其初丝絮为之,以箈荐而存之。今用竹质、木皮为纸,亦有致密竹帘荐之是也。"又说:"纸:絮一箈也。谓絮一箈成一纸也。"亦有说,在许慎《说文解字》之前已有用纸记载,如《三辅旧事》:"当以纸蔽其鼻。"此事发生在武帝征和二年(前91),《汉书·司马相如传》载相如作《游猎赋》,帝令尚书给笔札。对此唐颜师古注云:"时未多用纸,故给札以书。"意为较少用纸,但并非无纸。还有东汉应劭《风俗通》讲光武帝"车驾徙洛阳,载素、简、纸经凡二千辆"。《后汉书·贾逵传》说章帝建初元年(79),令贾逵选二十人教以《春秋左氏传》,并"给简、纸经传各一通"。造纸原料为楮、桑等皮料或麻料。蔡伦在造纸原料和方法上都有所改进,利用多种废物(破布、旧渔网)和其他容易得到的原料(如树皮)造廉价的纸。汉纸制造包括八步流程:一浸湿二切碎三洗涤四舂捣五打槽六抄纸七晒纸八揭纸。造纸方法的传播和技术的改进,可造出不同规格、五光十色的纸。五世纪纸由新疆传到中亚各地,造纸技术在唐朝传到阿拉伯,再西传到非洲北部和欧洲各国。七世纪,中国东南各国也学会中国造纸法。十二世纪前后,东亚都学会造纸。

纸户 宋时从事造纸的专业户。

纸甲 五代、两宋时,以柔软纸加工,叠厚三寸,制成纸甲,遇水浸湿,箭矢难透。常为宋时乡兵和水军使用。神宗《熙宁编敕》规定,私造纸甲五领者处绞刑。

纸桥之战 刘永福黑旗军援越抗法的战役。清光绪八年(1882)三月,法国交趾支那舰队司令李维业(Henri Laurent Rivière,1827—1883)率军再度占领越南河内。次年二月,法军攻陷南定。越南北圻总督邀黑旗军援助。刘永福遂率部进驻怀德府,并派兵攻打河内。四月中旬,李维业率法军进攻位于河内西郊二公里处的纸桥,遭到黑旗军右翼杨著恩的伏击,双方激战三小时之久,法军大败而去,李维业被当场击毙。杨著恩亦战死。

纸药 亦称滑水。始见明宋应星《天工开物·杀青》。造竹纸时从打浆到捞纸之间一道工序:"竹麻已成,槽内清水浸浮其面三寸许,入纸药水汁于其中(形同桃竹叶,方语无定名),则水干自成洁白。"从现传民间土法造纸技术中,植物纤维经一系列物理、化学处理后,逐渐细纤维化,并搅拌后即成浆液。但这还不能直接抄纸,而常是事先在纸槽中加入适量植物黏液,再强力搅拌后始行捞纸。这种植物黏液称之为纸药或滑水。

纸札银 清代漕船运丁给漕船运官之银两。每帮银二两,于运丁应得之轻赍银中开支。

纸朱银 清盐杂课之一,刷办盐引之费。顺治元年(1644)定宝泉局刊铜版刷印盐引,每引纳纸朱银三厘,附同正课,按年解部,以供印刷。

指 公孙龙名学术语。本意为以手指指物的动作,后演化为表示物的属性。公孙龙的"指"即为后者。参见"指物论"。

指北针 见"指南针"。

指分 又称加捐指分。清代仟官方法之一。清制:凡京外月选官,均由吏部掣签确定分发何省或何衙门。捐纳章程规定,凡候补官,只要缴足规定额数捐银,即可要求指定分发至某省或某衙门,谓之指分。

指挥 ❶军事编制单位。五代后唐始置,隶军之下,每军十指挥。宋沿置,其上为厢、军,其下为都,都百人,五都为一指挥。统兵官为指挥使和副指挥使。每指挥均有番号,如捧日左厢第六军第三指挥、虎翼右厢第二军第三指挥、骁锐第三指挥、云翼第八指挥等。北宋禁兵屯驻、更戍和出战,往往以指挥为单位。禁军兵力,也按指挥计算。南宋屯驻大军无指挥的编制。❷法令名称。宋代为尚书省各部临时解释敕文,命令下级遵照办理的指令。高宗时,秦桧专权,率用政事堂批状、指挥行事。指挥的效力,有时凌驾于敕令格式之上。孝宗时,编入敕令格式,成为法律的一部分。❸官名。辽代置。统和六年(988)以宋降军分置七指挥统领,各分左右厢,号称归圣军。明清京城的五城兵马司,置指挥、副指挥,掌坊巷治安。太平天国官亦置,为朝内正职官,职位次于检点。初期共设七十二人。按左一右二左三右四编衔,再加殿前二字。出征时常统数军,总制以下均归指挥。另设职同指挥、恩赏指挥,属虚衔。❹指挥使之简称。

指挥佥事 官名。明代各卫、京卫、王府护卫指挥使司置。正四品。佐指挥使掌司事。清沿置为武职土官。甘肃设有。共八人,隶指挥使之下。正四品,世袭。其中洮州府属一人,平番县属一人,西宁县属二人,碾伯县属三人,洮州卓泥堡一人,分掌所属土兵事务。

指挥使　官名。唐始置。僖宗时,宦官田令孜新编左右神策军为五十四都,以神策大将军为都指挥使。晚唐五代,藩镇皆置都指挥使、指挥使,为领兵将领。宋代军下各指挥皆置。西夏元昊建国初于十二监军司内设置,为军职,党项与汉人均可出任。金代置为指挥使司之长官,掌本司事。明代各外卫、京卫、王府护卫及少数民族地区羁縻卫均置,为各卫长官,正三品,与同知、佥事共掌各卫事。多为世袭,兼有流官。羁縻卫指挥使则由少数民族首领充任。凡袭替、升授、优给、优养,报都指挥使司,达所隶之都督府,移兵部。清顺治元年(1644)沿明制置锦衣卫,设此官。二年罢。又,清土官中设,武职,正三品。甘肃、云南二省设有,掌所属土兵事务,分别受陕甘总督、青海办事大臣及云贵总督管辖。

指挥使司　官署名。金代置。凡州府所募射粮军、牢城军,每五百人为一指挥使司。设使掌本司事。分为四都,都设左右什将、承局、押官各一人。如本处军员不足,三百人或二百人亦设指挥使,百人则止设军使,百人以下立为都,不及百人设什将、承局、管押官各一员。明代各卫置指挥使司,为各卫指挥机关。设指挥使、指挥同知、指挥佥事等官。清代于甘肃、云南置指挥使司,作为武职土官衙门。长官为指挥使,下设指挥同知、指挥佥事。

指挥同知　又称同知指挥使。官名。明代各卫、京卫、王府护卫指挥使司副长官。从三品。佐指挥使掌司事。清沿置为武职土官。甘肃、云南二省设有,隶指挥使之下。从三品,世袭。甘肃七人,云南一人,分别掌管所属土兵事务。

指甲纹　古代陶器纹饰。陶器成型后,以指甲按印其外壁所留下的印痕。多见于新石器时代。

指南车　又名司南车。相传为黄帝战蚩尤时始作,东汉张衡复造。汉末战乱,其器不存。三国魏明帝青龙间,令博士马钧复制之。车驾四马,其下制如楼,三级四角,金龙衔羽葆,上置木人,依靠齿轮的作用,举手常指南方,车箱回转,所指仅微差。晋乱,复亡。石虎使解飞、姚兴使令狐生又造成此车。东晋义熙十三年(417),刘裕北伐后秦,于长安得此车修复之。后秦所制,机数不精,虽曰指南,多不审正。南朝宋升明末,萧道成为相,使祖冲之更行改造铜机,其制甚精,虽千回百转,所指未尝移变。齐因宋制,复加修饰。北魏造车不成。梁、唐依宋、齐之制,备于大驾,行则先导。

指南鱼　古代指向仪器。北宋初年,为军事行动中辨别方向,以薄铁片制成鱼形,利用地磁场磁化法使之带有磁性。在行军时以铁片鱼浮于水面,即能指南。

指南针　具有磁性的方向指示针,也有称为指北针。宋沈括《梦溪笔谈》卷二十四载:“方家以磁石磨针锋,则能指南”,“其中有磨而指北者,予家指南、北者,皆有之。”历史上还有“指南鱼”、“指南龟”。前者见宋曾公亮《武经总要前集》卷十五,以铁片剪成鱼形,经高温加热后沿地磁方向淬火而成;后者见《事林广记》卷十,将指南针装于木刻龟体中而成。中国人最早发明指南针,也最早在航海中使用指南针。宋朱彧《萍洲可谈》卷二说:“舟师识地理,……阴晦观指南针。”

指南正法　见“两种海道针经”。

指射　❶宋制,四川、两广、福建、湖南等八路文、武官差遣,许本路及北方诸路在选官员随意选定窠阙,称八路官员“指射差遣法”。亦称指射。吏部四选窠阙,在一定情况下,亦许选人指射。若两人以上指射一窠阙,则当日拟定名次最高人。❷宋制,百姓指定租佃或购买某处系官田产或房屋等,亦称“指射”。

指省　清代任官方法之一。又称加捐指省。根据捐纳制度规定,没有补授实缺之官员在吏部候选者,不等抽签分发,而由自己捐钱指定到某省听候委用,称为指省。

指使　官名。北宋低级武官,至宋神宗时,又选派散直、从九品使臣、无品殿侍等充当指使,作为军队一种训练官。保甲教阅,也派指使作教官。后指使亦为提举保甲司、安抚使司属官。

指物论　《公孙龙子》篇名。旨在论证“指”与“物”二者的关系,故名。“物”即事物;“指”,解说不一,有“概念”、“属性”等说。以“物莫非指而指非指”为全篇总纲,强调“指”是抽象、独立存在的。一切事物都可用“指”来陈述,故云:“物莫非指。”然而“指”又区分为“指”和“物指”,前者指独立于物之外的抽象的概念、属性,后者指被用来陈述与物结合的具体的概念、属性。“物指”非“指”自身,故云:“指(物指)非指。”

枳　战国楚邑。在今重庆涪陵区东北。《战国策·燕策二》:苏代约燕王曰:“楚得枳而国亡,齐得宋而国亡,齐、楚不得以有枳、宋事秦者,何也?”秦置县。

枳己　古族名、地名。《逸周书·王会》所附《伊尹朝献四方令》谓正西有“枳己”。《墨子·节葬下》:“舜西教乎七戎,道死,葬南己之市。”《吕氏春秋·安死篇》:“舜葬于纪市。”何秋涛谓“纪市”与“枳己”声近,盖即一地。并谓“枳己”即所谓“南己之市”,当为西方戎族及其居地名。

枳县　❶秦置。治今重庆涪陵区东北乌江口东岸。属巴郡。三国移治今涪陵市西长江畔。东晋后复移还故治。北周废。❷北宋宣和元年(1119)以武龙县改名。治今重庆武隆县北,乌江北岸。属涪州。南宋绍兴元年(1131)复为武龙县。

轵　战国魏邑。即今河南济源市东南轵城。《史记·秦本纪》:昭襄王十六年(前291)伐魏,“左更错取轵”,即此。西汉置县。

轵道　❶秦汉亭名。在汉长安城东十三里,今陕西西安市东北。《史记》秦始皇本纪、汉高祖本纪:沛公兵至霸上,秦王子婴“降轵道旁”。《汉书》“轵”作

"轵"。❷为豫北平原进入山西高原的交通孔道。自古为兵争要地。在今河南济源市境。《战国策·赵策》苏秦说赵王:"秦下轵道则南阳动",即指此。

轵关 当*轵道之险,故名。在今河南济源市西北,"太行八陉"的第一陉,历代为兵家必争之地。《资治通鉴》:东晋太元十九年(394),"燕主垂顿军邺西南,月余不进。西燕主永怪之,以为太行道宽,疑垂欲诡道取之,乃悉敛诸军屯轵关,杜太行口",即此。

轵县 战国魏邑,西汉置县。治今河南济源市东南轵城。《史记·文帝本纪》:前元年(前179),"封将军薄昭为轵侯",即此。汉、晋至北朝皆属河内郡。隋大业初废入河内县。唐武德初复置。属怀州。贞观元年(627)废入济源县。

zhì

至拔州都督府 唐羁縻都督府。龙朔元年(661)置于俱密国褚瑟城,故地约当今塔吉克斯坦达尔瓦兹。隶于安西都护府。约八世纪中叶后,因大食势力东进而废。

至成 唐时安庆绪年号。见"天成❶"。

至诚 儒家用语。自我修养的目标。《孟子·离娄上》:"至诚而不动者,未之有也。"《礼记·中庸》:"唯天下至诚,为能尽其性。"朱熹注:"天下至诚,谓圣人之德之实,天下莫能加也。"(《中庸章句集注》)李翱将此作为"复性"过程的终极,认为人复其性,应先"弗思弗虑",使情不生,是为"正思",既而"动静皆离,寂然不动",便可达到"至诚"境界。

至大 元武宗年号(1308—1311)。凡四年。

至大通宝 元铜钱。武宗至大二年(1309),尚书省奏准变更钞法,并铸大元通宝与至大通宝两种铜钱。使钱钞并行,设泉货监六处,于至大三年初开始铸造行用。至大通宝正面钱文为汉字正楷,每一文准至大银钞一厘,十文准大元通宝一文。四年,仁宗即位,罢尚书省,废钱法,复行中统钞,禁用新旧铜钱,已发至大通宝限五十日赴库倒换。自行用至废除,前后仅十八个月。

至大银钞 元纸币。武宗至大二年(1309)印造发行。钞面用银计值,从二两至二厘,分十三等;一两准至元钞五贯(中统钞二十五贯),白银一两,金一钱。次年,印造新钞一百四十五万多锭。四年武宗死,仁宗即位,罢尚书省,废至大银钞。已发行者许倒换中统、至元钞。

至道 宋太宗年号(995—997)。凡三年。

至道建储 宋太宗长子楚王赵元佐曾营救叔父涪陵公赵廷美,与父不和。廷美死,元佐发狂疾。雍熙二年(985),因纵火焚宫,被废为庶人。淳化五年(994),太宗以第三子襄王元侃为开封尹,进封寿王。至道元年(995),立为太子,更名赵恒。三年,太宗死,宦官王继恩与参知政事李昌龄、知制诰胡旦等谋立元佐,被宰相吕端制止,宋真宗赵恒即位,遂贬窜王继恩、李昌龄、胡旦等。

至德 年号。(1)南朝陈后主年号(583—586)。凡四年。(2)唐肃宗年号(756—758)。凡三载。

至和 宋仁宗年号(1054—1056)。凡三年。

至精 最为精深。《易·系辞上》:"无有远近幽深,遂知来物,非天下之至精,其孰能与于此。"《系辞》认为《易》有"三至":"至精"、"至变"、"至神"。

至宁 金卫绍王年号(1213)。

至圣编年世纪 书名。清李灼、黄晟撰。二十四卷。孔子年谱,宋元以来历代均有编纂,大多简略。李灼、黄晟乃广搜众家之说,于乾隆十六年(1751)撰成是书。一至十六卷为孔子年谱,十七至二十四卷为历代尊崇之典,并冠以灼所作《孔子生日说》、《孔子出妻辨》、《增祀孔璇论》三篇。三篇所载多为牵强穿凿之说。

至顺 元文宗年号(1330—1332),宁宗沿用不改(1332—1333)。凡四年。

至顺镇江志 元地方志。俞希鲁撰。二十一卷。希鲁字用中,永嘉平阳(今属浙江)人。从其父德邻侨寓镇江。曾官从仕郎、衢州路江山县尹。此书前列郡县表、官制表,次分地理、风俗、户口、土产、田土、赋税、山水、神庙、僧寺、道观、学校、兵防、古迹、宫室、公廨、廪禄、公役、封君、刺守、参佐、宰贰、司属、学职、将佐、寓治、人材、杂录二十七门。体例大致取法于宋卢宪《嘉定镇江志》,内容详备。传世有丹徒鲍氏刊本。

至相大师 即"智俨"。

至元 年号。(1)元世祖年号(1264—1294)。凡三十一年。(2)元顺帝年号(1335—1340)。凡六年。或称又至元,通称后至元。

至元辨伪录 书名。简称《辨伪录》。元释祥迈奉敕撰。五卷。记述宪宗五年(1255)、八年佛道两教辩论始末,驳斥全真道徒用以贬抑佛教的《老子化胡经》、《老子八十一化图》等书,附录宪宗、世祖所下焚毁道教经典(《道德经》除外)的诏书等有关文献。《佛祖历代通载》收有此书。

至元嘉禾志 元地方志。单庆修,徐硕纂。三十二卷。嘉禾是宋时秀州嘉兴府郡名。宋时曾数次修志未竟成。硕因旧本续补成书。地域仍因宋旧,兼及松江府华亭县。自沿革以下分四十三门,间附考证。其中部分极为详尽。如水道分江海、湖泖、浦溆、溪潭、陂塘、河港、泾沟、堰闸等八门。碑碣多至十一卷,自东吴至两宋,收录甚丰。多为前人所未收。是研究嘉兴和上海地区的重要资料。有清末沈氏海日楼刻本。

至元通行宝钞 元纸币。简称至元宝钞、至元钞。至元二十四年(1287),世祖采纳尚书右丞叶李的建议,改立钞法,印造至元钞。钞面分二贯、一贯、五百文、三百文、二百文、一百文、五十文、三十文、二十文、一十文、五文共十一等,与中统钞并行,每贯当中统钞五贯,二贯易银一两,二十贯易赤金一两。顺帝至正十年(1350)变更钞法,不再印造至元钞。

至元新格 书名。元法令类编。何荣祖撰。世祖至元二十八年(1291)颁行。元初沿用金律,世祖时始定制新法,本书为元代第一部法典。据《元史·世祖本纪》载,内容包括公规、治民、御盗、理财等十事。已佚。现见于《通制条格》及《元典章》者有九十余条,存《永乐大典》卷一九四二四者有有关站赤之法制一条。

至元译语　即"蒙古译语"。

至正　元顺帝年号(1341—1370)。凡三十年。1368年元亡,顺帝北走应昌,仍用至正年号。

至正帝　即"元顺帝"。

至正河防记　书名。元欧阳玄著。是书总结了至正十一年(1351)贾鲁自至正四年以来治黄河决口的方法和经验,施工的要点是疏、浚、塞三法并举。先整治旧河道、修复堤防以便恢复故道,疏浚减水河以便分流,又于口门筑坝三重,挑溜归故;最后采用二十七艘大船,同时凿沉为坝(石船堤)的办法,抢险堵合,河复故道。对河身的深宽,堤埽的物料、设计、制作和施工,皆有详细记述。全书四千零二十余字,较全面地反映了十四世纪中国水利技术的高度水平。对后世治黄有重要参考价值。《元史·河渠志》黄河篇全文照录。别有《学海类编》本。

至正集　书名。元许有壬撰。原诗文一百卷,为其晚年自编。今存八十一卷。凡赋一卷,诗二十八卷,序、记十四卷,碑志二十一卷,杂志九卷,公移四卷,乐府四卷。篇帙浩繁,资料丰富。如《大司农司碑》、《重修陕西行台碑》、《兴元阁碑》,以及阿剌罕、马祖常、刘国杰、畅师文、苏志道、阿塔海牙、勘马剌丁、叶谛弥实、郑昂霄、哈只哈心等人的神道碑,《风宪十事》、《正始十事》,均可备补证史传或考订史实。传世者多为抄本。有宣统三年(1911)聊城邹氏石印本。另有《圭塘小稿》十三卷,别集二卷,续集一卷,附录一卷。《小稿》亦为有壬自辑,弟有孚序,明成化五年(1469)五世孙容校正刊行。与《至正集》大略相同,但亦互有出入。有《三怡堂丛书》本。

至正金陵新志　元地方志。张铉撰。十五卷。铉字用鼎,光州(今河南潢川)人,奉元路学古书院山长。元集庆路(治今江苏南京)古称金陵。书成于至正四年(1344),分地理图、通志、世年表、疆域志、山川志、官守志、田赋志、民俗志、学校志、兵防志、祠祀志、古迹志、人物志、世谱、列传、摭遗、论辨十七门。是以南宋周应合《景定建康志》之体例为本,删留都、文籍两门。元代故实本之戚光《集庆续志》及路州司县呈报事迹。北京图书馆藏有元至正四年集庆路刊本。

至正四明续志　元地方志。王元恭修,王厚孙撰。十二卷。至正二年(1342)成书,乃续补《延祐四明志》而作。"四明"指庆元路,治今浙江宁波市。全书沿用旧体例,分沿革、风土、职官、人物、城邑、山川、河渠、土产、赋役、学校、祠祀、释道、集古十三门。惟土产一门为新增。内容多增补延祐以后事及前志之所缺略者,较为完备。今通行的是清咸丰四年(1854)徐氏烟屿楼刊本。

至正条格　书名。元法令类编。顺帝至元四年(1338)平章政事阿吉剌监修。五年书成,六年颁行。内制诏一百五十条,条格一千七百条,断例一千零五十九条,凡二千九百零九条。系增删《至元新格》、《大元通制》诸书而成。原书已佚。《四库全书》从《永乐大典》录出者凡二十三卷,分祭祀、户令、学令、选举、宫卫、军防、仪制、衣服、公式、禄令、仓库、厩牧、田令、赋役、开市、捕亡、赏令、医药、假宁、狱官、杂令、僧道、营缮、河防、服制、站赤、榷货二十七目,列入政书类存目。

至正通宝　元铜钱。至正十一年(1351),变更钞法,立宝泉都提举司,掌鼓铸"至正通宝",与历代铜钱通用。每一千文准"至正印造"中统交钞一贯,至元宝钞二贯。未久,钞法大乱,遂罢铸。

至正直记　书名。又名《静斋类稿》。元孔齐撰。四卷。齐字行素,号静斋,曲阜(今属山东)人。父为建康路书掾,因家溧阳。元末避兵居四明(今浙江宁波)。所记内容甚杂,多元末溧阳事。有《粤雅堂丛书》本。《学海类编》所收题曰《静斋直记》,分为五卷。

至治　年号。(1)大理段思良年号(946—951)。凡六年。(2)元英宗年号(1321—1323)。凡三年。

志　纪传体史书的一部分。班固著《汉书》,将记载典章制度的各篇统名为志,其后史书多沿用之。也有作为史书名称的,如《三国志》、《华阳国志》、《通志》等。

志费尼　即"术外尼"。

志功　《墨子》用语。《墨子·鲁问》:"吾愿主君之合其志功而观焉。""志"谓意志,"功"谓结果,指主观的意志与客观的功效之统一。后期墨家已看到意志与功效未必相契合,因而说"志功不可以相从也"。但也认识到主观意志的好坏要靠客观功效来检验,所以说"义,利;不义,害。志功为辩"(《墨子·大取》)。

志和(?—1883)　清满洲正蓝旗人,字蔼云,号春圃。咸丰进士。其父文蔚为驻藏大臣。光绪三年(1877)授内阁学士、刑部右侍郎,旋改吏部左侍郎兼户部右侍郎。五年迁吏部右侍郎,改吏部左侍郎。次年擢都察院左都御使,旋改理藩院尚书,国史馆总裁。九年升兵部尚书。

志贺惠隐　日本遣隋学问僧。大业四年(608,推古十六年)随遣隋使小野妹子使舶入隋,留居中土三十二年。贞观十三年(639,舒明十一年)归国。次年,在大斋会上讲《无量寿经》。

志钧(?—1900)　清满洲镶黄旗人。他塔拉氏,字仲鲁,号陶。光绪六年(1880)联捷乡试,官翰林,充散秩大臣。数次上书言事。二十一年列名上海强学会。二十六年八国联军犯北京,设醴祭先,率妻子儿女自缢死。谥贞愍。

志锐(1852—1912)　清满洲镶红旗人,他塔拉氏,字伯愚,号公颖,一字廓轩,晚号迂安,自号穷塞主。瑾妃、珍妃之兄。光绪进士。改庶吉士,授编修。与黄体芳、盛昱等数上书言事。累迁詹事,擢礼部右侍郎。中日甲午战争中,上万言长疏言战守策略,自请募勇设防,遂练兵热河。寻以其妹瑾、珍两妃贬为贵人,被谪戍乌里雅苏台参赞大臣。数年间五次上疏筹西北防务,揭发强邻狡谋。宣统二年(1910)迁杭州将军。次年调伊犁将军,加尚书衔。武昌起义时在新疆,因拒为都督,被起义军杀死。谥文贞。

志锜 清末满洲镶红旗人,他塔拉氏。光绪帝妃瑾妃、珍妃之幼弟。官工部笔帖式,常侦宫中密事,输告维新派。戊戌政变后,被革职。

志远斋史话 书名。清杨以贞撰。六卷。为杨氏史论随笔。多引史以论古来是非成败,为封建统治者提供政治借鉴。其编纂不按历史顺序。光绪初年成书。

志愿决死团 全名中华民国旅沪志愿决死团,后改名中华民国游击志愿决死团。清末革命军事团体。宣统三年九月二十四日(1911. 11. 14)由何海鸣、胡仰、卢保三等人在上海发起成立,总代表为陈血岑。其宗旨为"牺牲性命,早复江汉,直捣幽燕,并破除共和政体之一切障碍"。1912 年 1 月编练成军,赴鄂参加武汉防卫,改编为近卫宪兵。

志愿决死团始末记 书名。近人余汉英编辑。一册。陈血岑曾参加广州黄花岗起义,后流亡香港。闻武昌起义,即至沪与同志组织志愿决死团,拟先取南京再援鄂,及抵鄂,战事已了。余氏为陈氏幕僚,将决死团前后之各种文件辑成此编。其中有传单、演说、宣言、章程、军律、报告、广告、声明、电报、禀批、挽联、投效志愿书等。首冠决死团代表合影、全体合影、援鄂后演习等照片。为辛亥革命史料。有1913 年排印本。

识大录 书名。明刘振撰。记明代君臣事迹,仿正史体例,改本纪为帝典,自太祖至穆宗共二十四卷。列传不分卷数,自母后、储宫、宗室、宰辅以至四裔,皆以类分编。材料主要来源于实录,又旁采诸家文集铭志之类。但叙述疏漏乖舛,义例杂糅。

识小录 书名。明徐树丕撰。四卷。树丕字武子,号活埋庵道人,苏州长洲(今苏州)人,明诸生,入清不仕,著述自娱。是书札记读书心得,明代掌故逸闻,于明季史实及苏州人物风俗,尤有较多记述。向无刊本,1916 年始据手稿影印。

郅都 西汉河东杨县(今山西洪洞东南)人。以郎事文帝。景帝时为中郎将,敢直谏,面折大臣于朝。时济南豪强瞷氏为非作歹,郡守莫能制。景帝任他为济南太守,至则诛杀瞷氏首恶,郡中称治。迁中尉,行法不避贵戚,列侯宗室侧目而视,号称"苍鹰"。因得罪窦太后,免官归家。后复拜雁门太守。匈奴闻其名,不敢入郡骚扰。终因为窦太后所恶,被杀。

郅居水 即今蒙古国北部之色楞格河。《汉书·匈奴传》:征和三年(前 90),汉武帝遣贰师将军李广利等五将分道深入漠北出击匈奴,"单于闻汉兵大出,悉遣其辎重徙赵信城北邸郅居水",即此。

郅恽 东汉初汝南西平(今河南西平西)人,字君章。通《韩诗》、《严氏春秋》等。新莽时,曾谏莽归还帝位,下狱当诛,会赦得出,亡遁苍梧。东汉初,任将兵长史、汝南功曹等。后免,居江夏教授。郡举孝廉,为洛阳上东城门候。奉诏授皇太子刘彊《韩诗》,侍讲殿中。及郭后废,劝太子让位,退居藩国。再迁长沙太守,坐事左转芒长。后免归,避地教授,以病卒。

郅支单于(?—前 36) 即郅支骨都侯单于。匈奴单于。名呼屠吾斯,虚闾权渠单于之子。汉宣帝五凤二年(前 56)乘匈奴统治集团内讧之机,自立为郅支单于,与其弟呼韩邪单于对立。四年,击败呼韩邪,都单于庭,史称"北匈奴"。呼韩邪率众至漠南,求助于汉廷,是为"南匈奴"。因呼韩邪得汉兵谷之助,乃引兵西走,征服乌孙、乌揭、坚昆、丁零等。元帝初元四年(前 45),因杀汉使,又闻呼韩邪益强,恐遭袭,遂至康居,与其王婚姻,并于都赖水(今哈萨克斯坦塔拉斯河)畔筑郅支城。建昭三年(前 36),为汉西域都护甘延寿与副校尉陈汤攻杀于郅支城。

郅支骨都侯单于 即"郅支单于"。

制 ❶本意为制度、法式、命令。秦始皇统一六国后,定为皇帝命令文告之一种,又称制书。汉唐多因之。内容有一定格式,其文曰制诏三公,皆玺封,尚书令印重封。武则天改诏为制,作为女皇的诏命。宋、明以后成为一种公文程式,即以上达下公文之一。明代由殿阁学士起草进画,下之诸司。清代凡举行大典,皇帝例有制辞,宣示百僚;制辞由内阁按定式拟进,经皇帝批准后由内阁发布。❷一名北制。即虎牢。本西周东虢邑,春秋属郑。在今河南荥阳市西北汜水镇西。《左传》隐公元年(前 722):"制,岩邑也",即此。一说在今荥阳市东北。《左传》襄公十年(前 563):"诸侯之师城虎牢而戍之。晋师城梧及制,士鲂、魏绛戍之。"制与虎牢为二地,谓制即虎牢者误。

制帛 明代祭祀所用之帛。太祖洪武三年(1370),定分为五等。郊祀上天及配享,称郊祀制帛;太庙祖考,称奉先制帛;亲王享配,称展亲制帛;社稷、历代帝王、先师孔子及诸神祇,称礼神制帛;功臣,称报功制帛。颜色有苍、白、青、黄、赤、黑等,依所祭分别使用。洪武十一年(1378)定,在京大祀、中祀及在外王国及府、州、县均用帛;小祀则止用牲醴。

制敕房 官署名。明宣德初设,与诰敕房同为内阁书办文书的机构。掌书制敕、诏书、诰命、册表、宝文、玉牒、讲章、碑额、题奏、揭帖等文书和王府册符底簿。用中书舍人任其事。

制敕院 宋称中书属吏堂后官以下官吏处理行政事务处所为制敕院。

制度局 戊戌维新时期拟设的官署。清光绪二十四年二月十九日(1898. 3. 11)康有为《上清帝第六书》建议在宫中设立是局,挑选天下通才为修撰,派王大臣充任总裁,改革旧制,制定典章制度,总理新政事宜。以总理衙门王大臣抵制而未果。此后康有为又多次请立,并认为这是"存亡强弱第一关键",但终未开设。

制诰局 官署名。清宣统三年(1911)五月设置,为责任内阁下属机构之一。掌管原内阁中书科部分职掌,如起草制、诏、诰、敕,管理勋封、藩封、世袭,并收藏进呈实录。设局长、副局长各一人管理。

制国用使 官名。南宋乾道二年(1166)置,为国用司长官,以宰相兼任,总管国家财政。五年罢。宁宗嘉泰四年(1204)再置,开禧三年(1207)废。元世祖至元三年(1266)置,为制国用使司长官,权任极重。以中书平章政事阿合马兼领,下设同知制国用使司事、制国用副使。七年罢。

制国用使司 官署名。元世祖至元三年(1266)置,掌财政。中书平章政事阿合马兼领制国用使,下设同知制国用使司事、制国用副使。七年罢,改立尚书省。

制机 宋代制置司主管机宜文字的简称。

制将军 官名。明末李自成农民军所设武职。李自成军分中、左、右、前、后五营,各营俱设,一人,为各营之长,而以中营者为最高。其品级诸书所记不同,多称为二品。《绥寇纪略》载:中营制将军李岩,左营刘芳亮,右营刘希尧,前营袁宗第,后营李过。

制局监 官名。南朝宋称外监,齐以后制局监、外监互称。领器仗兵役。凡征兵兴役,调动军队皆决于制局监,实际权力在领军将军之上。属官有典事。但官秩卑微,多由寒人之被恩幸者充任。梁、陈皆沿置。

制举 即"制科"。

制决 明代刑法制度。即皇帝亲自断决重大狱讼。凡刑部、都察院移送大理寺狱案,经复审多次驳回,而九卿圆审亦难裁定,则请旨发落。

制军 清代对总督的称谓。意为总督有节制文武各官之权,故有此称。尊称为制宪,别称为制台。宪和台都是对高级官长的尊称。

制勘案 官署名。宋元丰改制后刑部置,掌根究推勘诸路公事。

制勘司 官署名。清末法部八司之一。光绪三十二年(1906)设。掌勘定秋审实缓,宣布死刑,复核四川、河南、陕西、新疆、乌里雅苏台、科布多刑事民事各案件。置郎中三人,员外郎五人,主事四人。

制勘院 宋代临时审讯机构之一。神宗以来,奉皇帝命令临时立案审问判决,称"制勘院",结案后撤销。

制科 由皇帝亲自下诏而临时设置的科举考试科目。又称制举。始于西汉。目的在于选拔各类特殊人才。未仕、已仕者均可应诏参加考试。未仕者考中授官,已仕者考中升迁。待遇比一般进士科优厚。唐代制举科目甚多,据记载有上百个,其中较重要者为贤良方正直言极谏科、才识兼茂明于体用科等。名臣文苑多出其中,如张九龄、颜真卿、白居易、柳公绰、裴度、杜牧等。宋代制科名目不多,最多时为九科,但事实上只有贤良方正能直言极谏、茂材异等、才识兼茂明于体用三科。神宗熙宁七年(1074)废,哲宗元祐二年(1087)复置贤良方正能直言极谏科,绍圣元年(1094)又罢。南宋时复置,仅一科,以至宋末。宋代名士如苏轼、苏辙、富弼等均由此科入仕,故士大夫以此为荣,称之为"大科"。元、明不设制科。清代曾设博学鸿词科、孝廉方正、经济特科等,并未成为制度。

制阃 宋代制置使司的简称。

制虏塞 西汉为防御匈奴南侵而筑,是西河郡西部都尉治虎猛县(今内蒙古伊金霍洛旗西南红庆河古城)西之边塞。《汉书·匈奴传》:王莽天凤元年(14),匈奴伊墨居次云、须卜当"遣人之西河虎猛制虏塞下,告塞吏曰欲见和亲侯",即此。

制钱 明清官铸铜币。明初尚无此名。后渐出现,专指本朝官铸之铜钱,如洪武通宝、嘉靖通宝等;而称以前历朝之铜钱为旧钱,如唐开元通宝等。时重制钱,其值一般高于旧钱。清沿此称,指官局所铸之铜钱。因其形式、重量、成分、文字皆有定制,故名。

制使 见"制置使"。

制授 唐任官制度,三品以上册授,五品以上制授,以下分别为敕授、旨授。金自从七品以下至从九品归吏部拟官,正七品以上呈尚书省,以听制授。

制书 官府文书名。宋制,皇帝处理国家大事,颁布赦令、德音,任命宰相、节度使等,采用诏告、宣敕、御札、御宝批以及颁发给三省、枢密院的"奉圣旨"文书等,皆为"制书"。

制帅 宋代制置使的简称。

制台 清代总督的俗称。

制天命 荀子用语。制,控制、掌握;天命,自然之必然性即规律。《荀子·天论》:"大天而思之,孰与物畜而制之!从天而颂之,孰与制天命而用之!"反对儒家传统的"知命"和"畏天命"思想,认为与其顺从和颂扬自然,不如掌握自然规律使之造福于人,具有人定胜天的思想。唐柳宗元、刘禹锡进一步发挥荀子这一"勘天"思想,主张"谋之人心以熟吾道",反对"务言天而不言人"(柳宗元《断刑论》),提出"天与人交相胜,还相用"(刘禹锡《天论》)的论断。

制图局 官署名。清末军咨处第四厅所属机构。宣统元年(1909)设。负责绘制军事地图。置局长一人,由第四厅第三科科长兼任,下设经理委员、艺师、科员、艺士若干。三年,改属军咨府。

制图六体 晋代制图学家裴秀总结前人制图经验,在《禹贡地域图序》中提出六条制图原则,即"制图六体":分率(比例尺)、准望(方位)、道里(道路里程)、高下(地势起伏)、方邪(倾斜角度)、迂直(河流、道路的曲直)。主要说明绘制地图必须制定比例尺以及测得地物之间的方向与地物间的水平直线距离,即今地图学上比例尺、方向和距离三要素,为中国传统地图学奠定了理论基础。至明末,为中国制图者所遵循,在世界地图史上也有重要地位。

制宪 清代地方官员对总督之尊称。见"制军"。

制义 见"八股文"。

制义科琐记 书名。清李调元撰。四卷。记明清两代科举考试之事,共一百七十六条。明洪武至崇祯为三卷,清顺治、康熙为一卷。但其所引皆不著出处。前有乾隆四十三年(1778)自序。

制艺 见"八股文"。

制用司 官署名。清末度支部所属机构。光绪三十二年(1906)设。掌筹拨京协各饷,稽核各项工程领款、一切例支杂支札库、河工海塘岁修款项、路矿邮电本利、福建船厂经费报销及一切官有财产出入事宜。置郎中三人,员外郎四人,主事三人。

制造库 官署名。清代工部所属之办事机构。顺治元年(1644)置。十六年裁归内监局,本年改归工部。初以虞衡司员额管库事,乾隆十九年(1754)改为制造库郎中,设满洲二人、汉一人。下设司库、司匠各二人,库使二十二人,经承七人,分东西两科办事。所属有银作、镀作、皮作、绣作、甲作及帘子库、门神库等作库。掌制造各项宫廷用品,如册宝、车驾、仪仗、祭器、宫殿金铁饰件、帘幕、棕毡、更鼓与新年张挂的门神、门对等项,并兼掌循例颁给衣饰器用之物及查验都水司各项工程。光绪三十二年(1906)改隶内务府。

制置发运使 见"发运使"。

制置解盐使 简称解盐使。官名。掌陕西解州(治今山西运城西南)池盐生产、销售等事宜。咸平六年(1003),始以梁鼎任陕西制置使,掌管盐政,旋罢。后以解州知州勾当盐池事。庆历八年(1048),以范祥任陕西提点刑狱兼制置解盐使。其官署为制置解盐司。

制置青白盐使 官名。北宋康定元年(1040)始置,以閤门祗候充任,掌行陕西、河东沿边盐法。

制置三司条例司 官署名。宋神宗于熙宁二年(1069)二月任用王安石为参知政事,实行变法,设立此司为主持变法机关,筹划与制定新财政经济政策,改变旧法,颁布新法,由王安石与知枢密院陈升之兼领。曾颁布淮、浙、江、湖六路均输法,行青苗法,颁农田水利法。次年五月并入中书。

制置使 官名。简称制使。唐代后期置,为临时军事长官,镇抚地方。宣宗时,以白敏中充招讨党项行营都统制置使。北宋或置,掌经画边防军旅之事。政和中,西北用兵,以内侍童贯为之。宣和末,又置京畿辅郡兵马制置使。靖康元年(1126),河东路与陕西五路亦置。南宋建炎元年(1127)置招捉盗贼制置使,三年置行在五军制置使。又增置制置副使。诸路之使多以安抚大使兼任,掌本路军马屯防捍御之事。绍兴二年(1132)置沿海制置使,三年置安抚制置使。六年,始铸印以某路制置司为名。其属有参谋、参议,主管机宜、书写文字、干办公事、准备将领、差遣、差使等。后唯四川与沿海置,余皆罢。

知伯(?—前453) 知或作智。即知襄子。春秋战国间人,名瑶。晋国六卿之一。晋出公十七年(前458),与韩、赵、魏三卿联合灭范氏、中行氏,其势最强。二十年,使人向韩、魏、赵索地,独赵不与。遂与韩、魏攻赵,围晋阳(今山西太原西南),三年不下。后赵襄子使张孟谈出城说服韩、魏与赵联合,他反被韩、赵、魏三家所灭。

知伯瑶 即"知伯"。

知国 知或作智。春秋战国间人。晋卿知伯之家臣。《吕氏春秋·当染》言知伯信其谗言,终遭灭亡之祸。

知果 即"知过"。

知过 知或作智。一作知果。春秋战国间人。晋知伯之族。曾谏劝知宣子勿立知伯瑶而立宵,知宣子不听。晋出公二十年(前455)知伯以索赵地不得,率韩、魏之师围赵晋阳(今山西太原西南),三年不下。他认为韩、魏二主必反,劝知伯杀之,知伯瑶不听,遂自更其姓为辅氏,去而不见。后赵、韩、魏共灭知伯,三分其地,知氏尽灭,惟辅氏存。见《战国策·赵策一》。

知襄子 即"知伯"。

知䓨(?—前560) 一作荀䓨。春秋时晋国人,字子羽。晋大夫。邲之战,为楚俘虏,被晋景公赎回。韩厥告老后,他为中军将,曾多次伐郑,筑城于虎牢,逼郑臣服。又将军队一分为三,以其中一支常年防备楚军。

质 ❶相传为舜时之乐人。《吕氏春秋·古乐》:"帝舜乃令质修九招、六列、六英,以明帝德。"高诱注:"招、列、英,皆乐名也。"❷见"券"。

质测 明末清初方以智哲学用语。意指科学。《物理小识·自序》:"物有其故,实考究之,大而元会,小而草木螽蠕,类其性情,征其好恶,推其常变,是曰质测。"认为天地、象数、律历、医药和人类本身,皆为科学研究的对象。"西学"之长处亦在此:"万历年间,远西学入,详于质测而拙于言通几。"参见"通几"。

质当 清代江西等省流行的一种典当方式。即以物件抵押,借贷银钱或谷米者,通称"质当",又作"质押"。系农村高利贷的一种形式。殷实富户,囤积大量粮食,于农民青黄不接之时,将米谷作为"当本","听农民以物质抵押",于秋冬收获之日赎回,或三、五分起息,或加倍取息。

质馆 古代接待周边各族或外国降附者人质之馆舍。《后汉书·鲜卑传》:"通胡市,因筑南北两部质馆。"李贤注:"筑馆以受降质。"明王志坚《表异录·军旅》:"边有质馆,以居降夷。"清夏燮《〈中西纪事〉后序》:"大抵住冬有期,防秋尢警,降城三筑,质馆两开。"

质剂 古代买卖行为所用约券。《周礼·天官·小宰》:"听卖买以质剂",用木札写上有关文字,分之为二,买卖双方各执其一。买卖人口或牛马,用长券,称质;买卖兵器、珍异之物,用短券,称剂。

质库 古代经营抵押放款之店铺。亦称质舍、质肆、解库等。初见于南朝。唐代经济发展,贵戚、官僚、寺院、富商地主皆经营之,五代时并有官营者。质者以金银财物送质库折价,换取押款,到期后还本付息将原物赎出。此种贷款取利极高,质物估价甚低,贷款到期不还,质物即被没收。开元二十五年(737)规定:动产质,至利过本不赎,即行拍卖。宋沿之,质库月息一般二至四分,有的更高。时城市质库业兴旺,富豪之家有开设质库几十所者。至明,质库始称为当铺。

质律 管理市场物价的法律。《荀子·王霸》："关市几而不征,质律禁止而不偏,如是,则商贾莫不敦悫而无诈矣。"王先谦注："质律,质剂也,可以为法,故言质律也。"

质钱 指以物品典当钱币。南朝齐临汝侯萧坦之从兄萧翼宗,家赤贫,"唯有质钱帖子数百"。又南齐甄彬曾以苎一束,就荆州长沙寺库"质钱",后赎还。可知南朝典当业已很普遍。隋唐以后,典当业进一步发展,唐韩愈《柳子厚墓志铭》中有"其俗以男女质钱"之语。宋以后,以物质钱之事更为常见。

质人 官名。《周礼》地官之属。掌理平衡市场价格及买卖双方契约文书。

质任 即"质子"、"任子",三国时始连称。《三国志·卫觊传》裴松之注引《魏书》："时关西诸将,外虽怀附,内未可信,司隶校卫钟繇求以三千兵入关,外托讨张鲁,内以胁取质任。"三国、两晋、南北朝时,征戍将领、地方长官、少数民族首领向君主、上司提供人质,或军阀集团间互相提供人质,已形成制度。其人质称质子、任子或质任,或由任子馆、保宫等机构看管,或委以官职。纳质者如军败降敌或反叛,质任要受惩罚或被斩首。《陈书·后主纪》："诏曰:'中岁克定淮泗,爰涉青除,彼土酋豪,并输罄诚款,分遣亲戚,以为质任。今旧土沦陷,复成异域,南北阻远,未得会同","外可即检任子馆及东馆并带保任在外者,并赐衣粮,颁之酒食,遂其乡路,所之阻远,便发遣船仗卫送,必令安达。若已预仕宦,及别有事义不欲去者,亦随其意"。

质孙 即"只孙宴"。

质学会 清末维新派团体。光绪二十三年(1897)在武昌成立。意在劝学,务崇质实,故名。分经学、史学、法律学、方言学、算学、图学、天文学、地学、农学、矿学、工学、商学、兵学、格致学等,前六科为兼习之学,后八科为专门之学。又以为六经皆圣人经世之书,西国富强之术亦不能出其范围,故仍须习六经诸史。还拟刊行学报,出版与译著书籍。戊戌政变后停止活动。

质言 书名。清范城(字质甫)撰。抄本。为作者自订年谱,起于道光十八年(1838),止于光绪二十三年(1897)。谱主曾在浙江各县游幕多年,谱中多记此六十年间浙江近代史事,诸如鸦片战争时定海之战,太平军攻克绍兴后实施之政策,太平天国失败后土豪劣绅掠夺土地等情况。

质银 清代用语。又名佃价银、粪土佃银、粪土银等。(1)佃户租地时所交业主购买佃权之钱。(2)有永佃权之佃户将租地转佃之时所收价银。

质用 南朝齐梁之际范缜论形神关系的范畴。"质"有"物质"和"实体"的含义,"用"指属性或作用。认为人的形体是产生精神的实体;精神属于形体的作用。"用"由"质"而生、离"质"即没有"用"。"形者神之质,神者形之用。是则形称其质,神言其用,形之与神,不得相异也"(《神灭论》)。

质斋先生年谱 书名。清王其慎编。因谱主萧培元号质斋,故名。培元(1816—1873),字钟之,云南昆明人,历任济南知府、济东泰武临道,官至署按察使。是谱起嘉庆二十一年(1816),讫同治十二年(1873)。以仕历为主,间涉时事及山东吏治民生、风俗等。

质正 官名。《周礼》作"质人"。《周礼·地官·质人》："质人掌成市之货贿、人民、牛马、兵器、珍异。"贾公彦疏："质人若今市平准,故掌成平市之货贿已下之事。"《庄子·知北游》："夫子之问也固不及质正获之问于监市履狶也。"高亨《诸子新笺》："质正即质人,而名质正者,正,长也,官也。如酒正庖正之例耳。"

质主 清代拥有永佃权之佃户。

质子 一国统治者派往别国为人质之子弟。《谷梁传·隐公八年》："盟诅不及三王,交质子不及二伯。"战国时列国常互遣质子。汉代西域诸国常遣王子为质于汉及匈奴,亦称侍子。《汉书·西域传》："楼兰更立王,汉复责其质子,亦遣一子质匈奴。"至三国时,始与"任子"连称,为"质任"。参见"质任"。

质子军 即"秃鲁花"。

质作 南朝时处分罪犯的方式之一。即以身抵押服劳役,期限依犯罪轻重而定。

炙勃焦 西夏党项卜法之一。以艾烧羊髀骨,视其裂纹征兆以卜战争胜负。

泜水 又名滍水。即今沙河,源出河南鲁山县西尧山(东大尖),东流经县南,又东经平顶山市南、叶县北,又东入汝水。《左传》僖公三十三年(前627)："晋阳处父侵蔡,楚子上救之,与晋师夹泜而军",即此。

治 ❶国都及郡县等地方官署所在地。如郡治、府治、县治。天子所都亦称治。❷官制用语。即以他官行使某官职权,多以较高官职来管理较低官职事务,或有同级官员兼治的。北朝时较多见。

治安策 又称《陈政事疏》。西汉贾谊撰。文见《汉书·贾谊传》,系节录。《治安策》之名为后人所加。文帝时诸侯王僭制,匈奴侵扰边郡,谊欲有所匡建,乃上疏陈治安之策。建议限制并削弱诸侯王势力,割地定制,"众建诸侯而少其力"。主张抵抗匈奴侵扰,使天下之民归农务本等。文帝从其议,分齐为六国,分淮南为三国。

治道集 书名。亦称《政道集》。隋李文博撰。十卷。论前人治国要理,凡一百十篇。今存卷三之惧说、远佞人、屏奸臣、慎所从、辨邪正、储训,卷四之君臣相济、君臣成败、宽猛相济、审大臣、详任使、慜诚臣、臣难、举大罪过略小过、臣体、讽谏等共十七篇。有敦煌卷子本。前十三篇现藏法国巴黎国家图书馆。

治法 指治理国家之法。与"治人"相对。《荀子·君道》："有治人,无治法,……故法不能独立,类不能自行。"黄宗羲在其《明夷待访录·原法》中称："论者谓有治人无治法,吾以谓有治法而后有治人。"认为治天下不可无法,此法非君主"一家之法",而是"天下之法"。立此法,方有"能治之人",而后天下治。参见"治人"。

治古答意长官司 又名治古寨长官司和答意长官司。土司名。原系二司,均明永乐三年(1405)置,属贵州宣慰司。十一年改属乌罗府。长官石各野(苗族)。宣德五年(1430)与箄子坪长官吴毕郎(苗族)一起,参加苗民反抗明朝统治的斗争。正统三年(1438),司治与乌罗府同废。居民有苗族。

治河方略 书名。清靳辅著。十卷。原名《治河书》,乾隆三十二年(1767)由崔应阶重编时改名。为靳辅在康熙年间任总河时的治河奏疏和论著总汇。记述黄、淮、运干支水系、泉源、湖泊概况,黄河演变、治理和历代治黄议论,着重阐述十七世纪苏北地区黄、淮、运决口泛滥和治理经过。当时治河以保运为主,采取浚淤、开河、分洪、堵口、筑堤、疏通海口等一系列措施,颇见成效。卷首有黄、淮、运、湖、济等图七幅,附有说明。后附靳辅得力助手陈潢所著《河防述言》和《河防摘要》。为研究清代黄运史的重要文献。

治河图略 书名。元王喜撰。一卷。至正四年(1344),黄河决堤,元廷访求治河方略,本书可能作于此时。书中首列禹、汉、宋、元时代的黄河图和治河、河源之图,每幅河图之下附以说明;前有作者自序,末附《治河方略》和《历代决河总论》二篇。书中持论与贾鲁"疏塞并举,挽河东行,以复故道"之策相合。有《四库全书》本、《墨海金壶》本。

治剧 亦称案剧、理剧。汉代察举科目之一。两汉时,郡县因治理难易而有剧、平之分。如陈遵以大司徒马宫举"能治三辅剧县,补郁夷令"(《汉书·陈遵传》)。袁安以三府举"能理剧,拜楚郡太守"(《后汉书·袁安传》)。后成为选用考察地方官吏的标准之一。选廉洁有能力的官吏,调往雄剧难治之地任官,以其才能胜任该地治理之事,故名。

治礼郎 官名。汉属大行令,共四十七人。晋减为四人。北齐为三十人,属鸿胪寺司仪署。北周有治礼中士、下士。唐为避高宗李治讳,改治为奉,所掌为礼仪之事。

治礼掌故 见"掌故"。

治礼中士 官名。西魏恭帝三年(556)置,北周沿置。为春官府典命下大夫属官,后改典命为大司礼,遂隶大司礼,北周保定四年(564),改大司礼为礼部,又为礼部下大夫属官,员一人。正二命。下设治礼下士以佐其职。隋开皇元年(581)罢。

治民 周初政治观念,指贵族统治管理所受之民。"治"金文中为"辪"。王国维《观堂集林》卷六《释辪上》:"彝器多见辪字,……本义当训为治,从自从屰,……加从止,盖谓人有屰(罪屰),自以止之,故训为治。"《书·召诰》:"治民今休。"后逐步引申为国家各级官吏治理百姓。

治民长 官名。北魏道武帝时置,其职掌为"敷奏政事,参与计谋"。

治平 ❶宋英宗年号(1064—1067)。凡四年。❷元末徐寿辉年号(1351—1355)。凡五年。

治平胜算全书 军事类书。清年羹尧辑。二十卷(又作十二卷、二十八卷),附图四百五十余幅。内容涉及军事地理、军事条例、通讯侦察、阵图营法、守城攻城、火攻水战、旗帜号令、火器诸说等多方面。其中十卷为记叙各种传统冷兵器和火器专卷,资料主要辑自《武经总要》、《武备志》等大型综合性兵书。汇集各类兵器战具二三百种之多。此书由年羹尧谪官武林后整理成帙,未付刊印,年氏便于雍正三年(1725)末被杀,因此只有抄本传世。

治期 《论衡》篇名。"治"指治乱安危,"期"指时期、期数。认为社会治乱,国家兴衰,皆由具有一定周期变化之自然条件所决定,与统治阶级之德行、才能、礼乐、教化无关。故"世之治乱,在时不在政;国之安危,在数不在教。贤不贤之君,明不明之政,无能损益"。反映了一种命定论的历史观。

治人 指治国安邦的人。与"治法"相对。《荀子·君道》:"有治人,无治法,……故法不能独立,类不能自行。"黄宗羲在其《明夷待访录·原法》中称:"有治法而后有治人";如无"治法",即使有"能治之人",也会被"牵挽嫌疑",而无法施展其才能。参见"治法"。

治世王 明陕西延安人。本名蔺养成。初为高迎祥部闯将。崇祯四年(1631)为王自用三十六营联军之一。后转战英、霍山区,为"左革五营"主帅之一。十五年归附李自成。十六年任通达卫左威武将军,守夷陵。李自成死后,率部继续抗清。

治市 官名。春秋战国时置。掌理集市治安。《荀子·王制》:"使宾旅安而货财通,治市之事也。"

治书 ❶治书侍御史之简称。❷汉代诸侯王国属官,由尚书改名。掌出纳文书。秩比六百石。两晋、南朝置为王、公、侯等国属官,大国员四人。

治书侍御史 官名。秦置。亦称治书御史、持书侍御史,简称御史、侍御。或说西汉宣帝时令侍御史二人治书(管理图籍文书),遂有其名。东汉为御史台属官,置二员,秩六百石。职掌依据法律审理疑狱,与符节郎共平廷尉奏事,选御史考试高第、明习法律者充任。魏、晋、南北朝为御史中丞佐贰,御史台要职,置二至四员,分领侍御史诸曹,监察、弹劾较高级官员,亦奉命出使,收捕犯官等。西晋初曾置黄沙狱治书侍御史,专掌审理疑狱,旋罢。南朝不为世族所重,梁武帝始重其选。北朝则威权甚重。魏、晋、宋六品,梁六班,陈七品、六百石;北魏太和十七年(493)定为五品上,二十三年改六品上,北齐从五品。隋代以御史大夫为御史台长官,治书侍御史为次官,员二人,实际主持台务,从五品。唐高宗时因避讳,改置御史中丞。金、元复置,员二人,为御史台属官,协助侍御史掌奏事、判台事。金从六品;元初因之,世祖至元二十一年(1284)升正六品,二十七年升从五品,大德十一年(1307)升正三品。朱元璋吴元年(1367)亦置,正三品,明洪武九年(1376)罢。参见"侍御史"、"御史台"。

治书御史 即"治书侍御史"。

治书执法 官名。三国魏置,官六品,掌奏劾。与治书侍御史同列,属御史台。晋省之,唯设治书侍御史。

治水筌蹄 书名。明万恭撰。上、下二卷。约始刊于万历初年。取《庄子·外物篇》:"筌者所以在鱼","蹄(捕兔器,以绳做活套,兔中套即被缚)者所以在兔"之意名书。全书约二万四千余字,共一百四十八条,不分篇章。内容分黄河河工修缮防护和管理、漕运管理制度、黄河河道、运河河道、治河理论等五个方面。其中关于黄、运防修管理所占比例最大,近全书之半。运河河道着重于会通、淮南二河。治河理论所占篇幅虽少,然为其精华所在,多有创见。为后世治河者所遵循。《明史·艺文志》、《四库全书总目提要》未著录。有万历重刻本,藏清华大学图书馆。1985年水利电力出版社有排印本。

治粟都尉 官名。西汉置,掌军粮,韩信曾任此官。

治粟内史 官名。《汉书·百官公卿表》:"秦官,掌谷货,有两丞。"秩中二千石。入汉沿置。景帝后元年(前143)更名大农令。参见"大司农"。

治所 古代地方行政机构治理政事的处所。《汉书·朱博传》:"使者行部还,诣治所。"颜师古注:"治所,刺史所止理事处。"

治田 官名。掌农业生产。一说即"司田"。《荀子·王制》:"相高下,视肥硗,序五种,省农功,谨蓄藏,以时顺修,使农夫朴力而寡能,治田之事也。"于省吾新证:"治田即司田,《管子·立政》作申田之事也,申田即司田。"

治头大祭酒 东汉末张鲁五斗米道政权官名。《三国志·张鲁传》:"其来学道者,初皆名鬼卒。受本道已信,号祭酒,各领部众,多者为治头大祭酒。""不置长吏,皆以祭酒为治。"

治徒娱 战国时人,疑为墨子弟子。《墨子·耕柱》篇载其曾与县子硕问于墨子"为义孰为大务"?以求了解学义。

治水 《汉书·地理志》:"阴馆累头山,治水所出,东至泉州入海。"上游即今山西、河北境内的桑干河与永定河;自今北京市西南卢沟桥以下,故道在今永定河之北,在今天津市入海。

治仪正 官名。清代銮仪卫之职官。掌六所一卫治仪之事。顺治四年(1647)设。十一年,定员二十四人,正五品。宣统元年(1909)为避帝讳,改称治宜正。

治元多(?—约221) 东汉凉州(今甘肃张家川)人。卢水胡。建安末,与族人伊健妓妾起兵于河西。魏黄初二年(221)被魏凉州刺史张既败于显美(今甘肃永昌)。

治则 中医学名词。指治疗疾病的总原则。《素问·移精变气论》原称"治之大则"。是从整体观点出发,进行辨证施治,把原则性和灵活性结合起来。首先着重治病求本,寻找致病原因,重视病体发病的内在因素,注意正气与邪气之间的辩证关系。同时分析具体情况,分清缓急,区别主次,施行治疗。治则既重视病情的早期治疗,亦寓有防患于未然的要求。

治中 ❶官府案卷文书。《周礼·春官·天府》:"凡官府乡州,及都鄙之治中,受而藏之,以诏王察群吏之治。"郑玄注引郑司农说:"治中,谓其治职簿书之要。"❷官名。治中从事(史)省称,汉代为州之佐吏。秩百石,主选署及文书案卷,有书佐。三国魏、蜀、吴皆置。晋亦置。魏晋之世,治中身份虽低,职权极重。东晋、南朝治中、别驾虽地位尊崇,但职任日见削弱。南朝宋治中掌众曹文书事,多以六品官为之。齐同。梁扬州治中九班,他州分五等,高者七班,低者一班。陈扬州治中六品,他州高者六品,低者九品。十六国前凉置。北魏亦置,州或一至三人不等。太和二十三年(499)定司州治中为从四品下,他州治中自正五品至正七品不等,治中多迁别驾。北齐司州治中从四品下,上州治中正六品下,中州从六品下,下州无。北周三万户以上州治中四命,一万户以上州正三命,五千户以下州三命。自汉、魏、晋以来,治中例用本地人,由刺史自辟,后渐由中央敕用。自北周始,合州衙军府佐吏为一。隋初于诸郡置,开皇三年(583)改司马。唐初亦称治中,永徽时又改司马。明代为顺天、应天府尹佐官,正五品,参理府事。清代顺天府沿置,奉天府亦置,位于府丞之下,正五品。顺天府所属,顺治元年(1644)设,初为三员,六年,省二员,留一员,遂为定制。奉天府所属一员,康熙二年(1663)设,光绪二年(1876)省。职掌佐府尹、府丞掌府事,纪纲众务,兼乡会试场务。

治中从事 见"治中❷"。

治中从事史 见"治中❷"。

峙峪文化 距今约二万八千年旧石器时代晚期的文化,因1963年在山西朔县(今朔州)峙峪村发现而得名。化石为人枕骨一块,属现代人类型,但尚带有原始性。石制品一万五千余件,石器多用砸击法打制而成,也掌握较进步的技术;石器较细小多样,主要类型有小型砍砸器、尖状器、石镞、刮削器等,其中以刮削器形制较为复杂,有加工成斧状、雕刻器状和锯齿状等形;骨器有尖状器等,还发现表面有刻划痕迹的骨片,可能是用于记事的。有一件用石墨作原料,从一面穿孔而成的装饰品。遗址中大量的烧石、烧骨,表明当时人们已会人工取火。在五千余枚动物牙齿化石中,以野马最多,估计峙峪文化的主人主要以猎野马为生,故被称为"猎马人"。

袟虫 唐时室韦大都督。开成四年(839)十二月,率三十人朝唐。

挚壶正 官名。唐长安二年(702)始于太史局置,员二人,从八品下,掌知更鼓漏刻。乾元元年(758)加号五官挈壶正,置五人,正八品上。宋初沿置,隶司天监。元丰改制后,隶秘书省太史局,掌钟鼓漏刻。哲宗时定为正九品。辽隶司天监。元隶太史院,从八品。明钦天监置五官挈壶正,从八品,初设二人,后减一人,掌知刻漏。清沿明制,置于钦天监漏刻科,满、蒙各一人,汉二人,从八品。

挚虞(? —311) 西晋京兆长安(今陕西西安西北)人,字仲洽。少事皇甫谧,才学通博,著述不倦。郡征为主簿。举贤良,拜中郎,擢为太子舍人,除闻喜令。召补尚书郎。以汉末丧乱,谱传亡失,撰《族姓昭穆》。历秘书监,卫尉卿。八王之乱时,从惠帝奔长安。东海王越率军来迎,百官奔散,因流离南山中。还洛阳后,历光禄勋、太常卿。怀帝行郊祀礼,乃考正旧典,遵行之。及洛阳荒乱,饿死。著有《文章志》、注解《三辅决录》,又撰《流别集》辨析文体,为世所重。明张溥辑有《挚太常集》。

挚仲氏任 即"太任"。

致公堂 亦称洪门,又名义兴公司。海外华侨会党。清咸同年间创立。总部设美国旧金山,纽约、芝加哥等地均设有分堂。以"反清复明"为旗帜。戊戌政变后保皇会梁启超、徐勤等加入,使之性质骤变。孙中山为联络华侨,于光绪二十九年十二月(1904.1)在檀香山加入,被封为洪棍(又称元帅,掌刑罚)。旋赴美,在总堂大佬(会长)黄三德支持下,整顿致公堂,改进组织,确定以"驱除鞑虏,恢复中华,创立民国,平均地权"为宗旨,驳斥保皇谬论,遂成为资产阶级革命性质的团体。三十一年司徒美堂任总监督。宣统三年(1911)与同盟会联合组成洪门筹饷局,支援辛亥革命。其支派有"秉公堂"、"协胜堂"等名目。

致果校尉 官名。唐贞观十一年(637)置为正七品上武散官。宋初沿置,元丰改制罢。

致和 元泰定帝年号(1328)。

致良知 明王守仁理学用语。从《孟子·尽心上》"人之所不学而能者,其良能也;所不虑而知者,其良知也"发展而来。《寄正宪男手墨二卷》:"吾生平讲学,只是致良知三字。"(《阳明全书》卷二十八)"致"有推极、恢复之意,"良知"即天理。宣称"致吾心良知之天理于事事物物,则事事物物皆得其理矣"(同上,卷二)。认为致自己的良知是致知,事事物物都得到理是格物。

致曲术 书名。清夏鸾翔撰。讨论平圆、椭圆、抛物线、双曲线、摆线、对数曲线、螺线等的计算问题。用无穷级数展开方法解决若干与椭圆有关的问题。

致曲术图解 书名。清夏鸾翔撰。一卷。夏氏撰《致曲术》后复著此书,对二次曲线及若干超越曲线进一步综合讨论。研究了弧长等的计算问题,对二次曲线的中心、准线、渐近线、法线、切线、曲率、曲率半径均有讨论,并附以图解。被视为当时学习曲线理论者的最佳教材。

致仕 指官员告老辞官。《礼记·曲礼下》有"大夫七十而致仕"之说。汉代无年龄规定。宣帝时,韦贤为相五岁,年七十余,以老病乞骸骨,赐黄金百斤,罢归,加赐第一品。丞相致仕自此始。致仕后待遇为皇帝褒赏,并非定制。东汉亦然。唐代凡职事官年七十以上,即应致仕。若齿力未衰,亦听厘务。宋代规定,文臣年满七十致仕,武臣可至八十。自请就闲,可提前致仕。北宋前期,官员致仕不许带学士及馆职,神宗以后许带职致仕。致仕官享有种种优待,自真宗时起皆给半俸,部分有功武官可领全俸,致仕时皆升转一官,后每遇朝廷推恩,还可转官。享有荫补特权的官员致仕时,可特补子弟为官。南宋时,一些官员死后数年,朝廷仍追除致仕,以使其子弟享受恩例。明洪武元年(1368)规定,内外大小官员七十岁退职,十三年改为六十岁。二十六年复为七十岁。一般非特旨选用,不得逾例。凡自愿告退者,不分年限。致仕又分以礼和考察致仕。明初,凡以礼致仕者,与现任同,朝廷待以优礼,又有升秩给俸、赐敕之典。其后大臣致仕,或给驿还乡,或命地方官岁拨人夫,月给食米。其尤宠者,或赐敕,或加赐白金文绮,或官一子,皆自特恩,非定制。考察致仕指大计之年,官员以年老、疾病、不称职致仕。其初为吏部稽勋司职掌,后改考功司。清代亦称休致,其制规定,凡自陈衰老,准予休致者,称"自请休致";年老不克胜任而令休致者,准予"原品休致";年老有疾,恋职不退而被议者,则"勒令休致",罢其职而存其衔。官员休致,不属处分之列,其或因故被议处,应降调者,按级降去顶戴;应革职者,革去职衔;应议罚俸、降俸、降职及降革留免位者,俱免议。

致事 ❶年终向上级报告所司职事治理情况。《周礼·天官·大宰》:"岁终,则令百官府,各正其治,受其会,听其致事,而诏王废置。"《小宰》:"岁终,则令群吏致事。"❷告老辞官。同"致仕"。《礼记·曲礼上》:"大夫七十而致事。"郑玄注:"致其所掌之事于君而告老。"

致远务 官署名。宋代属太仆寺。掌饲养驴骡,以供载运皇帝出行时所用杂器,并供边防军事需用。以车营务监官兼领。

致政 ❶即辞官。《礼记·王制》:"七十而致政。"郑玄注:"致政,还君事。"❷指归还所掌政权。《周礼·天官·冢宰》郑玄注:"周公居摄而作六典之职,谓之周礼。营邑于土中,七年,致政成王。"

秩 ❶官吏之职位。《左传·文公六年》:"教之防利,委之常秩。"杜预注:"常秩,官司之常职。"❷官吏品级。如"秩以五品",即其品级为五品。故秩品连用。北周流外官之品级亦称秩,共分九秩,以九秩为高。❸官吏任期。如谓"未尝至秩满",即任期未满之意。❹官吏俸禄。如岁秩八百匹,即岁禄八百匹。❺俸禄之等级。故秩禄连用。汉代官秩以石计,自二千石至百石不等。西汉主要为谷,东汉为半钱半谷,南北朝大体沿汉制。❻计算俸禄单位。如北齐之制,分品官岁禄为四秩。官一品,岁禄八百匹,一秩为二百匹;官九品,岁禄二十八匹,一秩为七匹。事繁者优一秩,闲者降一秩。即同一品内,事繁之官增一秩,即增该品岁禄总额的四分之一;事闲之官,降一秩,即减该品岁禄总额的四分之一。

秩官 常设的官职。《商君书·修权》:"秩官之吏隐下以渔民,为民蠹也。"

秩史 官名。县之属吏。战国时秦国置。职掌不详。《史记·六国年表》:秦孝公十三年(前349),"初为县,有秩史"。

秩宗 官名。虞舜时为掌宗庙祭祀之官(见《书·舜典》)。新莽时,曾为太常改称,又以宗正官并入,或典兵,加将军衔,称秩宗将军。后世亦用以称礼部。

掷箭 亦称摔手箭。手掷暗器。不用弓弩,而以手发之。有多种形制。一以铁制,粗如小指,镞如箭,作三角形。杆近镞处细,而后渐粗,以求飞行之稳。一为铁镞加竹、木杆,末加羽。亦有纯以竹制者,削竹为前锐后丰呈浑圆。多行于清。

铚 ❶春秋战国宋邑。在今安徽濉溪县南、浍河北岸。《史记·春申君列传》:楚顷襄王二十年(前279),黄歇说秦昭襄王曰:"魏氏将出而攻留、方与、铚、湖陵、砀、萧、相,故宋必尽。"秦置县。❷农器。又称爪镰和捻刀。一种收割禾穗用的农具。即短镰刀,今称"爪刀"。形制多为长方形、梯形及半月形,一面有刃,一面穿孔,孔内系一绳套,可穿绳系于腕上使用。《诗经·周颂·臣工》:"庤乃钱镈,奄观铚艾。"《说文解字》:"铚,获禾短镰也。"新石器时代已大量使用石铚、陶铚、蚌铚、骨铚(即考古学讲的石刀、陶刀、蚌刀、骨刀)。铚初期无孔,后带孔。商周出现青铜铚。战国出现铁铚。汉代起大量使用铁铚。

铚县 本春秋宋铚邑,秦置县。治今安徽濉溪县南、浍河北岸。西汉属沛郡。西晋属谯郡。南朝宋废。《史记·陈涉世家》:秦二世元年(前209),陈胜"攻铚、酂、苦、柘、谯皆下之"。

智 春秋晋大夫智氏邑。在今山西永济市虞乡西北。《续汉书·郡国志》河东郡解县刘昭注引《博物记》"有智邑"。《括地志》:"故智城在蒲州虞乡县西北四十里。《古今地名》云:'解县有智城',盖谓此也"(《史记·魏世家》"共灭智伯"张守节正义引)。

智部 官署名。渤海国置,右六司之一,置卿一人,又有郎中、员外郎。

智部郎中 官名。渤海国右六司智部属官,位卿下。

智部卿 官名。渤海国右六司智部长官,员一人,居司政下。

智部员外郎 官名。渤海国右六司智部属官,位郎中下。

智城洞碑 摩崖石刻。在今广西上林县智城山麓智城洞。武周万岁通天二年(697)无虞(今上林县东)县令韦敬一制。碑高164厘米,宽79厘米。楷书。凡二十四行,一千一百零八字。记述当时广西中部社会面貌和人民生活状况。

智聪 职官封号。西夏授予中品官,与办式同一等级。

智果 隋会稽(治今浙江绍兴)人。出家为僧,居永兴寺。颇爱文学,书法瘦健。炀帝赞其得右军(王羲之)骨,隶、行、草皆入能品。窦泉誉为"禅林笔精"。传世书迹有《评书帖》,收于《淳化》、《大观》等帖。著有《心成颂》,分析字的结构,颇有道理,但原文似有错漏。

智化寺 明代寺庙。在今北京市东城禄米仓胡同。正统八年(1443),司礼太监王振就其家庙增建而成,英宗赐名报恩智化寺。主要建筑为如来殿,系两层楼阁。上层四壁遍布佛龛九千多个,称万佛阁。还有钟鼓楼、智化门、智化殿及东西配殿等。为全国重点文物保护单位。

智慧 职官封号。西夏授予次品官,与集礼同一等级。

智慧端正长寿孝顺可敦 即"咸安公主"。

智猛(?—453) 南北朝时京兆新丰(今陕西西安东北)人。年少时出家,矢志外求真经。十六国后秦弘治六年(404),招结同志十五人发于长安(今陕西西安)。历尽艰险,至天竺时仅余五人。后又失三伴,唯与昙纂生还,前后长达二十四年以上。得《大般泥洹经》、《摩诃僧祇律》等梵本。回凉州后译出《大般泥洹经》二十卷。南朝宋元嘉十四年(437)入蜀,卒于成都。

智群白话报 杂志名。清光绪二十八年十二月(1903.1)在上海创刊。月刊。唐孜权主办,砭俗道人主编,文明编译印书局发行。设论说、砭俗、教育、生理、小说、唱歌等栏目。已见发行三期,旋停刊。

智天豹编造万年书案 清乾隆朝文字狱。智天豹,清直隶高邑(今属河北)人,行医为业。乾隆四十三年(1778),编造万年书,言清朝国运比周朝八百年更为长久。次年四月,命其徒张九霄于高宗谒陵途中呈献,原望邀恩请赏。高宗以其书中直书圣祖名字,妄称天运定数,且断定乾隆只能享位五十七年,狂诞悖逆,下令处斩。

智铤 明真定元氏(今属河北)人。万历举人,受业于赵南星,授知县。天启中附魏忠贤,擢御史,疏诋赵南星,劾罢徐光启等,官至太仆少卿。思宗即位定"逆案",判徒三年,赎为民。

智威将军 官名。将军名号。南朝梁置,为五德将军之一。天监七年(508)定为武职二十四班中的十六班。陈置为五威将军之一,拟四品,比秩中二千石。

智武将军 官名。将军名号。南朝梁置,为五德将军之一。天监七年(508)定为武职二十四班中的十五班。陈置为五武将军之一,拟四品,比秩中二千石。北魏亦置,但太和十七年(493)职员令及太和二十三年复次职令皆未载其品阶。

智俨(602—668) 隋末唐初天水(今属甘肃)人,俗姓赵。年十二从法顺出家,聪颖好学,对《摄大乘论》,以及《十地》、《涅槃》、《毗昙》、《成实》、《地持》等经论均有征研。后从智正学《华严经》,又从地论师慧光《华严疏》中得到启发,从而领悟《华严》一乘"圆教"的地位和"法界缘起"思想,提出"六相义"、"十玄门"等学说,被推崇为华严宗"二祖"。因曾居终南山至相寺,世称"至相尊者";又因晚年讲经于云华寺,亦称"云华和尚"。弟子主要有法藏等。著有《华严一乘十玄门》、《华严五十要问答》、《华严搜玄记》、《华严经内章门孔目章》等。

智顗(538—597) 隋初颍川(治今河南许昌)人,后迁往荆州华容(今湖北潜江东南)。俗姓陈,字德安。其父为梁元帝时散骑常侍。因家世衰败,十八岁出家,从慧思受业。陈太建七年(575)入天台山(在今浙江天台),讲《法华经》十余年,为中国佛教天台宗实际创始者,因称"天台大师"。隋灭陈以后,云游两湖，在荆州建玉泉寺。开皇十五年(595)，重返天台山。受隋晋王杨广赐号“智者”，故又称“智者大师”。宣传“真如缘起”、“一念三千”、“一心三观”、“三谛圆融”等佛教教义，尤重“止观”学说。提倡“止观并重”、“定慧双修”，被视为天台宗之基本教义和最高修习原则。口述《法华玄义》、《法华文句》、《摩诃止观》等，由弟子灌顶集录成书。

智永　陈、隋之际会稽(今浙江绍兴)人，俗姓王。王羲之七世孙。与兄孝实俱舍宅入永欣寺为僧。工正草书，妙传家法。远采张芝之风，近得右军(王羲之)之髓。尝不下楼四十年，书《千字文》八百余本，分送江东诸寺。求书者如市，门限为之踏损，用铁叶裹之，人谓铁门限。虞世南得其传授，影响唐初书学。有《正草千字文》墨迹传世。另有石刻本(世称关中本)，在西安碑林。

智缘　北宋随州(今属湖北)人。僧人。善医。熙宁时，枢密副使王韶谋取青唐(今青海西宁)，上奏蕃族重僧侣，僧结吴叱腊主部帐甚多，请他随往协助，因受神宗召见，称“经略大师”，随军而西，径入蕃中说僧结吴叱腊归宋。旋为韶所忌，召还。

智照塔铭　原作《大光明寺住持瑞岩长老智照灵塔铭并序》，系云南大理五华楼所出元碑，瑞岩为蒙古兀鲁氏，与大理总管段氏(白族)关系颇深，碑署“资善大夫云南诸路行中书省左丞大理顺宁等处宣慰司土官宣慰使玉山段信苴宝篆额”，信苴宝即段宝，乃大理总管段功之子，所篆碑额“智照塔铭”四字今尚完好无损。碑末题“大元宣光九年龙集已未”云云，为现存海内外金石所见宣光最晚之记年，实当北元天元元年，明洪武十二年(1379)。对考证元代云南民族关系及北元宣光纪年有重要意义。

智者大师　即“智𫖮”。

智证大师　即“圆珍”。

智中　明中叶著名喇嘛。本汉人。原籍仁和(今浙江余杭)。姜姓。初为大悲寺都纲。景泰初年，以能抚慰吐蕃，封崇化禅师。七年(1456)，松潘总兵罗绮讨伐王永时，他率精锐乘夜破扑爬诸寨，擒卓劳、阿儿结等头目十余人，因功擢国师。

智周(668—723)　唐濮阳(今河南濮阳西南)人，俗姓徐。年二十三从慧沼习法相宗教义。时窥基(慈恩系)、圆测(西明系)有争论，他继承慧沼学说，专弘窥基一系，世称濮阳大师。著有《大乘入道次第》、《梵网经菩萨戒本疏》、《因明入正理论疏记》、《成唯识论了义灯》等。武周长安三年(703)，新罗僧智凤、智鸾、智雄入唐，开元五年(717)日僧玄昉等入唐，皆从之研习法相学说。玄昉归日，创海东法相宗。

㲛　西周邑。“因㲛水为名”(《元和郡县志》)。即今山西霍州市。《国语·周语》：厉王暴虐，国人暴动，“乃流王于㲛”，即此。西汉置县。

㲛县　本周㲛邑，西汉置县。治今山西霍州市。属河东郡。东汉阳嘉三年(134)改为永安县。

置顿使　使职名。唐玄宗时已置，天子出，主置顿储供，有副使、判官。天宝十五载(756)六月车驾次马嵬驿，诛杨国忠等后，以韦谔为御史中丞，充置顿使，旋以监察御史宋若思为御史中丞充置顿使，发扶风郡。乾宁二年(895)李继鹏(阎圭)乱，帝宿莎城镇，以薛王、京兆尹知柔权知中书事及置顿使。

置将法　北宋王安石改革兵制的措施。北宋旧制，分遣禁军，轮番更戍各地，将官所统无常兵，兵不知将，将不知兵，训练不精。又以兵额日增，军费庞大，财政困难。王安石变法，改革兵制，大量裁汰老弱冗兵，从神宗熙宁七年(1074)起，在各路分别设将，每将各统一军，加强训练。全国共置将九十二员，每将置副一人，东南兵额在三千人以下的仅有单将，不设副职。另编马军十三指挥，忠果十指挥，土兵二指挥。哲宗元祐初，司马光废新法，欲尽罢各路将官，受到激烈反对而止。以后将的数字续有增加。北宋末年，军政腐败，缺额大增，河北将兵十无二三，置将法仅存形式，终于完全丧失了战斗力。

置吏律　律名。关于官吏任免的单行法律。秦置吏律，见于《睡虎地秦墓竹简·秦律十八种》。内容规定：县、都官、十二郡任免吏佐和官府属员，都以十二月朔日免除，至三月底截止，如有死亡及因故出缺者，为补之，毋须等到上述规定时间。

置传　秦汉时由四匹好马拉的高级传车。《汉书·高帝纪》颜师古注引如淳曰：“四马高足为置传。”乘坐者通常地位较高。

雉河集　地名。即今安徽涡阳县治。地当雉河入涡河之口。清咸丰五年(1855)各路捻军首领大会于此，推张乐行为盟主，为皖、鲁、豫一带捻军抗清斗争的主要据点。同治二年(1863)被清军攻克，次年于此置涡阳县。

雉河集会盟　捻军的一次重要会议。清咸丰五年(1855)秋，各路捻军首领会合于安徽亳州雉河集(今属涡阳)。决定建立联盟，公推张乐行为大汉盟主(一作大汉明命王)，并发布反清告示和《行军条例》十九条，分设黄、黑、白、红、蓝五色军旗，分别由张乐行、苏天福、龚得树、侯士伟、韩奇峰(一说为王贯三)率领。此外还有五色镶边旗、八卦旗、小花旗、绿旗等。各旗总目皆听盟主调遣。从此捻军在组织上由分散趋向统一，成为北方反清武装的主力。

雉钱　又称稚钱。南朝梁时民间流通的古钱之一。系一种较狭小之五铢钱，因射雉戏用此钱，故称。

雉县　西汉置。治今河南南召县东南。属南阳郡。南朝宋废。

稚钱　即“雉钱”。

滍川　即滍水。今河南省沙河。源出今鲁山县，东流经叶县北，下游走今灰河入汝。《后汉书·光武帝纪》：更始元年(23)，光武击王邑、王寻，“从(宛)城西水上冲其中坚，寻、邑陈乱，……莽兵大溃，走者相腾践，奔殪百余里间，……滍川盛溢。”

寘鐇之乱　明安化王朱寘鐇发动的叛乱。正德四年(1509)，宦官刘瑾遣人丈量宁夏屯田，诸戍将卫卒皆怨愤。五年四月，朱寘鐇以讨刘瑾为名，于宁夏卫城(今银川)举兵反，杀巡抚，设置官属。游击将军仇钺诈降,留居城中。时陕西总兵官曹雄闻变,以兵扼守黄河,并约仇钺为内应。钺乘叛军出营迎战官军,集壮士,缚寘𫔍,继擒诸叛将,械送京师,皆伏诛。此次叛乱前后只有十八日。

觯 古代饮酒器。一般用青铜铸成,流行于商代至西周初,春秋晚期又有出现。商代觯多圆腹,侈口,短颈,下有圈足,有的有盖。西周觯与商代相似而渐修长,作侈口瓶状,无盖。春秋时觯体更长,侈口、圈足,无盖,略近于觚。

zhōng

中 ❶宫禁之内,引伸为朝廷。《史记·秦始皇本纪》:"赵高用事于中。"皇帝将臣下章奏留在宫中,称留中。❷官府簿书。清人江永《周礼疑义举要·秋官》:"凡官府簿书谓之中,故诸官言治中,受中。"❸投壶时盛放筹码之器。❹中马。古时一车驷马,中间二匹称"服",亦称"中"。多见于先秦。❺户役年龄。参见"中男"。

中庵集 书名。元刘敏中撰。二十五卷。魏谊编。卷一至十六文,卷十七至二十五赋、诗。集中奏议数篇,所论皆当时要政。传世有元刻本,题《中庵先生刘文简公文集》。《四库全书》著录二十卷,系从《永乐大典》辑出,不及元本完备。

中庵先生刘文简公文集 即"中庵集"。

中奥匈通商条约 亦称《中奥北京条约》。奥匈帝国在英国支持下,强迫清政府订立的不平等条约。同治八年七月二十六日(1869.9.2),由钦差全权大臣董恂、崇厚与奥匈帝国代表毕慈(Anton von Petz)签于北京。凡四十五款。主要内容:(1)奥可遣使驻北京和往来中国各处;(2)中国各通商口岸准奥设领事,任奥人贸易、居住、租地建造、雇佣华人、买卖各种书籍;(3)奥国在华商税俱照通例,与列强均等;(4)清方负责保护奥人在华之财货、债权;(5)奥享领事裁判权和片面最惠国待遇。随同此约还签订了《通商章程海关税则》。

中巴和好通商条约 简称《中巴通商条约》,亦称《中巴天津条约》。巴西挟持清政府订立的条约。光绪七年八月十一日(1881.10.3),由钦差全权大臣李鸿章与巴西政府特使喀拉多(Eduardo Callado)签于天津。凡十七款。主要内容:(1)两国可互派使臣驻京;(2)两国可在通商口岸互设领事;(3)两国人民可遵章在对方各地游历和在通商各口贸易,互享最惠待遇;(4)不得贩运鸦片至对方;(5)巴西享领事裁判权。此约某些条款表面上对等互惠,但在当时条件下实际只能惠及巴西。

中巴通商条约 即"中巴和好通商条约"。

中比汴洛铁路借款合同暨行车合同 清光绪二十九年九月二十四日(1903.11.12)订于上海。为筑开封至洛阳铁路,清政府向比利时铁路合股公司借款一百万英镑,九扣实付,年息五厘,二十年还清,以该路进款和国家财政收入作保,并聘比人为总工程师,由该公司代购材料。

中比通商条约 亦称《中比北京条约》。比利时强迫清政府订立的不平等条约。同治四年九月十四日(1865.11.2)由三口通商大臣崇厚与比国使臣金德俄固斯德(Auguste T 'Kint de Roodenbeke)签于北京。凡四十七款。主要内容:(1)比国可遣使驻北京和往来中国各地;(2)中国各通商口岸准比国设领事,任便比商贸易、居住、租地建造、雇佣华人、买卖各种书籍;(3)比人可持照到中国内地通商、游历;(4)比人可在中国自由传教;(5)比国在华商税俱照通例,与列强均等;(6)清方负责保护比人在华之财货、债权;(7)比国享有领事裁判权和片面最惠国待遇。随同此约还签订了《通商章程:海关税则》。

中秘天津会议专条 亦称《查办华工会议专条》。清政府与秘鲁就华工问题订立的专约。同治十一年(1872),掠运华工的秘鲁船玛也西号被日本截留,秘鲁掠卖、虐待华工之真相暴露,为公论所谴责。次年秘使葛尔西耶(Aurelio Garcia Y. Garcia)诣华议约,清政府提出先议查办华工专约再立他约。十三年五月十三日(1874.6.26),葛尔西耶与清政府代表李鸿章于天津签订本专条。主要内容:(1)中国派员赴秘查办华工受虐待情形;(2)旅秘华工享最优侨民待遇;(3)华工合同期满愿回国者由秘方负责送回,同日签订了《中秘通商条约》。

中秘通商条约 亦称《中秘天津条约》。秘鲁胁迫清政府订立的条约。同治十三年五月十三日(1874.6.26),由北洋大臣李鸿章与秘鲁使臣葛尔西耶(Aurelio Garcia Y. Garcia)签于天津。凡十九款。主要内容:(1)两国可互派使臣驻京;(2)两国可互派领事驻对方有他国领事所驻之地;(3)两国可在对方通商口岸贸易,互享最惠国待遇;(4)不准在澳门及中国各口诱、掠华人出洋;(5)秘鲁享领事裁判权。该约某些条款表面上对等互惠,但在当时条件下实际上只能惠及秘鲁。同日还签订了《中秘天津会议专条》。

中兵 ❶兵制名。三国魏置五兵尚书,下领五曹,中兵乃其中一曹,掌畿内及宫廷宿卫兵。晋太康中,分左、右中兵。南朝宋复合为一。北魏亦置左、右中兵,又称"台军"。或宿卫,或出征,多以鲜卑人充任。北齐因之。❷中兵参军的简称。

中兵参军 官名。西晋末司马睿置,为丞相府中兵曹长官。东晋诸公及主要将军府皆置为主要僚属之一,亦称中兵参军事,掌本府中兵曹事务,兼备咨询。其品阶随府主地位高下不等。东晋末至南朝宋诸公府省,由中直兵参军兼领中兵曹。齐、梁、陈复置。北魏、北齐亦置,北周以后废。

中兵参军事 见"中兵参军"。

中兵曹 官署名。(1)三国魏置,为尚书省诸郎曹之一,掌都城畿内军队政令,以中兵郎(郎中)为长官,隶五兵尚书。西晋太康中分为左、右中兵曹,东晋复并为一曹,南朝沿置。北魏时与左、右中兵曹并置,隶七兵尚书。北齐初沿置,后省,唯置左、右中兵曹。(2)西晋末司马睿置,为丞相府僚属诸曹之一,以中兵参军为长官,掌府中亲兵及江东军务。东晋时诸公及主要将军府皆置,掌本府亲兵,初以中兵参军为长官,末期至南朝宋诸公府以中直兵参军兼掌本曹。南朝齐、梁、陈复以中兵参军为长官。北魏、北齐亦置,以中兵参军为长官。

中兵都令史 官名。两晋以来尚书省置。助尚书左、右丞处理都省事务,监督诸曹尚书,参与政要,但用人常轻。南朝梁始重其选,位二班。陈沿置。北魏、北齐复置。

中兵郎 官名。三国魏置。为尚书省中兵曹长官,掌都城之军,六品。属五兵尚书。西晋太康中分为左、右中兵郎,东晋复并为一官,六品。南朝沿置,宋六品,梁五班,陈四品,秩六百石。北魏时与左、右中兵郎并置,属七兵尚书。太和二十三年(499)后称郎中,但仍可通称为郎。北齐沿之,后罢。

中兵马指挥司 官署名。明代置,为京师五城兵马司之一,负责中城治安事务,掌巡捕盗贼、疏理街道、宣示条教及囚犯火禁等。设指挥、副指挥为长贰。清沿置,兼掌平粜、赈恤等事务。

中部大人 官名。晋永嘉二年(308)鲜卑族代公拓跋猗卢统摄三部后始置,统中部,居代郡参合陂(今内蒙古凉城东北岱海)北。

中部都尉 官名。三国魏末改中部帅置,为南匈奴中部长官,统六千余落,居大陵县。一说西晋武帝太康中始改置。

中部帅 官名。东汉建安中曹操分入居塞内的南匈奴为左、右、南、北、中五部,各部立其贵者为帅,掌本部事务,选汉人为司马以监督之。魏末改称中部都尉。一说西晋武帝太康中改。

中部同盟会 清末资产阶级革命团体。全称中国同盟会中部总会。清宣统三年闰六月六日(1911.7.31)在上海成立。举宋教仁、陈其美、谭人凤、杨谱笙、潘祖彝为总务干事,设本部于上海,设分会于苏、皖、湘、鄂、川省。宣布以推翻清政府,建立民主立宪政体为主义,奉东京本部为主体,认南部分会为友邦。反对同盟会的"边地革命",坚主"长江革命"。联络上海商界人士,创设中国国民总会作为外围组织。上海及长江沿岸各省革命活动渐有起色。七月派谭人凤赴鄂,促进文学社与共进会联合,领导武昌起义。旋与光复会联合发动上海起义,率商团攻占江南制造局。上海光复后,同盟会本部自东京抵上海,该会遂告结束。

中部县 十六国后秦置。治今陕西黄陵县南。西魏大统九年(543)移治杏城(今黄陵县西南),为北华州治。后为鄜州治。隋开皇九年(589)改为内部县。大业三年(607)移治今黄陵县南沮河南岸。唐武德二年(619)复为中部县。为坊州治。元改属鄜州。明成化中移治今黄陵县。1944 年改为黄陵县。

中才人 内官名。西晋武帝始置,位三夫人、九嫔下,爵视千石以下。南朝宋武帝废,孝建三年(456)复置,以为散位。泰始元年(465)省,三年又置,位在五职下,为散役。南齐亦为散职,位九嫔下。北魏亦置,视四品。

中曹长官司 土司名。明洪武五年(1372)改元中嘈白纳等处长官司置,移治今贵州贵阳市西南中曹,长官谢姓。清顺治十五年(1658)归附清政府。管中曹、白岩、蔡家关、后寨等处村寨。居民有布依族、苗族、龙家等。

中尝食典御 官名。北魏置,掌皇帝饮食事务,以亲信宦官充任。北齐改称中尚食典御。

中尝药典御 官名。北魏置,掌皇帝、皇后医药事务,由宦官充任。北齐改称中尚药典御。

中常大夫 官名。金代置,为内侍阶官,秩从五品上。

中常侍 官名。西汉元帝时置,为加官,诸侯、将军、卿大夫、尚书、郎中等官员,凡加常侍者,即可出入禁中,常侍皇帝左右。无定员,可多至数十人,任用士人。元帝以后称中长侍。东汉改为专职,侍从皇帝左右,顾问应对,赞导宫中诸事。初秩千石,后增为比二千石。名义上隶于少府,实则直属皇帝。明帝时定员四人,杂用士人与宦官。和帝时增为十人,并兼领卿署之职。安帝时和熹太后以女主称制,不接公卿,遂成为宦官专职。东汉后期任此职者结党营私,把持朝政,权倾人主。三国蜀、十六国汉及成汉沿置。十六国西秦置为中枢长官,与左、右常侍共掌国务,任用士人。北魏复用为宦官的高级职位,侍从帝、后左右,传达诏命,受理尚书、门下奏事,四品上。北齐置为中侍中省次官,初定员四人,四品上。末年宦官当权,带此职者数十人,多封王,开府。隋代改称内常侍。金复置,为内侍寄禄官,正五品。

中朝 ❶西周时天子、诸侯处理政务的三朝之一,在燕朝与外朝之间,设于路门以外,亦称治朝、正朝,是正式处理政务的场所。一说与燕朝俱属内朝。❷西汉武帝置,亦称内朝。汉初本无内外朝之分,丞相为百官之长,佐皇帝处理国政。武帝为加强皇权,选拔文学之士,加侍中、常侍、给事中等官职,侍奉皇帝左右以备顾问,并参预国家大政的决策,遂形成中朝,亦称内朝。以丞相为首的百官形成外朝,演变为执行一般政务的机构。昭帝、宣帝以后,担任大司马和将军的外戚重臣多领尚书事,成为中朝的核心成员。中朝官主要为大司马、左右前后将军、侍中、常侍、散骑、左右曹、诸吏、给事中、尚书等。东汉初裁并中朝官职,专任尚书,尚书台的作用遂日益重要。❸东晋人士称西晋政权为中朝,系指其为建都中原的政权,以别于当时偏安江左的朝廷。❹宋代作为三省及台省寺监之统称。❺古代指中原王朝。《资治通鉴》:五代后周显德六年(959)"南唐清源节度使留从效遣使入贡,请置进奏院于京师,直隶中朝。"

中朝故事 书名。五代南唐尉迟偓(渥)撰。两卷,或作一卷。记唐宣宗、懿宗、昭宗、哀宗四朝遗闻轶事。南唐以承续唐统自许,特称唐朝为中朝,书因得名。前半部分多叙唐末君臣事迹及朝廷制度,后半部分杂录神仙怪异,传闻奇事。所记朝中政争和朝政黑暗情况,可与史传相参证。《新唐书》、《资治通鉴》均从中取材。惟记事未尽切实。今有 1958 年中华书局标点本。

中朝商民水陆贸易章程 清政府与朝鲜政府

订立的条约。光绪八年八月二十日(1882.10.1),由直隶总督、署北洋大臣李鸿章督同津海关道周馥等人,与朝鲜政府使节金宏集等签于天津。凡八条。主要内容:(1)开放海禁,两国商船听其驶入对方通商口岸贸易,并准租地和赁房建屋;(2)边境上鸭绿江对岸的栅门与义州、图们江对岸的珲春与会宁等处,任边民随时往来交易,两国各于本境处所设卡征税;(3)禁止鸦片、药材和军器贸易;(4)两国派员驻对方通商口岸。

中朝通商条约　清光绪二十五年八月七日(1899.9.11)清政府全权大臣徐寿朋与朝鲜外部大臣朴齐纯在汉城签订。共十五款,附以"朝鲜国海关税则"。主要内容:两国互派公使和领事,不得以商人兼充,并不得兼理商务;两国商民享一切利益,货物进出口悉照最惠国商民税钞例;领事裁判权相等;两国边民向来互市,宜重定陆路通商章程税则。

中车府令　官名。战国秦置,掌王室车马政令。秦统一六国后沿置。

中臣　侍从皇帝左右之官,中朝之臣。《汉书·霍光传》:"令故昭帝侍中中臣侍守王。"《后汉书·李固传》:"又诏书所以禁侍中尚书中臣子弟不得为吏察孝廉者,以其秉威权,容请托故也。"后亦把宦官包括在内。

中丞　❶御史中丞的省称。❷明清巡抚的别称。因巡抚多带副都御史衔,而其与御史中丞地位相当,故有此称。

中丞相　官名。秦二世二年(前208)右丞相冯去疾、左丞相李斯相继为宦官赵高谋陷至死,二世皇帝乃以赵高为中丞相,居中用事,代行丞相职务。秦汉中丞相仅此一见。

中城　春秋鲁邑。在今江苏沭阳县西北。《春秋》成公九年(前582):"城中城"。又《谷梁传》:"城中城者,非外民也",即此。

中从事　官名。即治中(全称治中从事史,亦称治中从事)。《北史》、《北齐书》避唐高宗李治讳,省作中从事。

中村弥六(1854—1929)　日本信州人,号背水或背山,俗称背山将军。早年曾留学德国,归国后任教于大阪、东京各校。1890年当选为众议院议员,以后曾八次当选,并参加日本宪政党。1900年孙中山为准备惠州起义,曾托其代购军火,他竟以陆军废弃药械混骗。《万朝报》揭露真相后,宪政党将其开除。

中大夫　官名。(1)春秋时晋、齐等国大夫分上、中、下三等,此为第二等。战国时魏国等国亦置。(2)秦代置,为皇帝侍从官员。西汉初沿置,掌议论,侍从皇帝左右,秩比二千石。无定员,多时至数十人。汉武帝太初元年(前104)改称光禄大夫。(3)汉代置,为王国官,多以文学之士充任,常受任奉使京师或出使诸王国。晋、南北朝沿置。(4)北魏置,为职事官,如典命中大夫等。太和改制罢。西魏、北周置为六府诸司长官,正五命。隋开皇元年(581)罢。(5)唐代置,为文散官,从四品下。北宋初沿置,从四品下。元丰改制后,改为正五品寄禄官。金复置为文散官,从四品中。元改为从三品,宣授。明为从三品,升授。

中大夫令　官名。战国秦置。《史记·秦始皇本纪》有"中大夫令齐",职掌不详。西汉景帝初,更名卫尉为中大夫令,秩中二千石。掌宫门卫屯兵。至中六年(前144)复名卫尉。

中大人　东汉时对年长而有权势的宫女之称。《后汉书·邓皇后纪》:"时宫婢出入,多能有所毁誉,其耆宿者皆称中大人。"

中大通　南朝梁武帝年号(529—534)。凡六年。

中大同　南朝梁武帝年号(546—547)。凡二年。

中道　❶梵文 Madhyamāpratipad 的意译。佛教名词。中者,不二之谓。佛教认为,一切事物和现象具有"二边"(如生与灭、断与常、同与异、来与去等对立双方),对此无所偏倚,无所肯定,取超然态度,即是脱离"二边"行"中道"。但各宗派对中道解释不尽相同。据《大智度论》卷四十三:"断见"(事物灭后不再生起之主张)和"常见"(事物是常住不变之主张)均属"偏见",只有"不断亦不常"(事物既非断而不续、又非常住不变之主张),才符合中道。《成唯识论》卷七,以事物之"非空非不空"为中道。但各宗派均认为,中道为佛教最高"真理",故有时与"真如"、"实相"、"佛性"等同义。❷儒家伦理思想。指言行以"礼"为准,不偏不倚,无过无不及,意与"中庸"相近。《孟子·尽心下》:"孔子不得中道而与之,必也狂狷乎!狂者进取,狷者有所不为也。孔子岂不欲中道哉?"赵岐注:"中道,中正之大道也。"《论语·子路》:"子曰:不得中行而与之。"朱熹注:"行,道也。"中行即中道。

中德改订山东五处矿务合同　又称《山东采矿公司合同》。清光绪三十三年七月十四日(1907.8.22)订于济南。德国华德采矿公司原要求在山东五处共十二万方里之地区勘矿采矿,清政府以利权损失颇大,遂与改订。凡八条。规定公司可租用开矿地亩七块,每块面积不得逾三十方里,且须缴纳开矿执照费、矿产出井税和出口税。

中德高等学校　学校名。清宣统元年(1909)由中德政府在青岛联合举办。中方提供办学经费,任命学监,德方委任校长兼校董、教授等。分预科和高等学校两部分。预科学制五年,课程有德文、中文、算术、代数、几何、历史、地理、自然、植物学、动物学、化学等,毕业考试及格者升入高等学校。高等学校设法律与政治经济学、路矿与电学技术、林业与农业、医学四个系,学制三至四年不等。考试成绩优异的毕业生由中国政府委以官职。初招生六十余人,至宣统三年学生已达二百人。该校设有一所教学实践器材陈列馆,另设一所体育场、一处示范农场。1914年停办。

中德汉口租界合同　德国强加于中国的租界条约。清光绪二十一年八月十五日(1895.10.3),由湖北汉黄德道瞿廷韶与德国驻沪总领事史都培(O. Stuebel)签于汉口。凡十款。主要内容:德国在汉口设立租界,面积六百亩;租界内一切事宜归德国领事办理;华民不能在界内居住;华民在界内"违章",由中德双方"会审"。

中德胶高撤兵善后(後)条款 清光绪三十一年十一月二日(1905.11.28)订于济南。凡五款,另附"工房卖契"。规定从山东省胶州、高密撤退义和团运动期间非法进驻之德军;中国以四十万元赎买德军所建工程。

中德胶济铁路章程 清光绪二十六年二月二十一日(1900.3.21)由山东巡抚袁世凯等与德国驻青岛总办山东铁路事务锡乐巴订于青岛。凡二十八款。根据《胶澳租界条约》允准德国在山东修造铁路的条款,落实德国由胶澳租界至济南府修路事宜。规定:设立华商、德商胶济铁路公司,招集华、德股份;山东当局派员承担协助勘路、购地、保护等责;租界以外不准载运外国兵队及其军械;将来中国国家可备价收回。

中德人民互相嫁娶归夫治管辖章程 德国与清政府订立的约章。具体签订日期不详。光绪十四年四月(1888.5)总理衙门出具咨文。主要内容:华女嫁德国人归其夫治管辖,惟德员需知照中方;中国人娶德国妇人亦援女嫁从夫之例。

中德山东收回德商五矿合同 清宣统元年十一月十九日(1909.12.31)订于济南。凡七款。规定光绪三十三年(1907)所订华德采矿公司合同作废,德商将宁海州(今烟台)、茅山等处矿权交还中国招商接办,中国付与公司三十四万两作为补偿。

中德天津租界合同 德国强加于中国的租界条约。清光绪二十一年九月十三日(1895.10.30),由清天津兵备道与德国驻津领事司艮德(Edwin Seckendorff, 1854—1933)签于天津。凡十七款,另加《附则》二条。主要内容:(1)德国在天津设立租界,勘定界址;(2)划入租界内的华民地基,德国如需收买,与清官方办理,倘有华民不愿出让,清官方予以勒收。

中德续修条约 德国援《中德通商条约》有关条款,强迫清政府订立的不平等条约。光绪六年二月二十一日(1880.3.31),由兵部尚书沈桂芬、户部尚书景廉与德国使臣巴兰德(Maximilian August Scipio von Brandt,1835—1920)签于北京。凡十款。主要内容:(1)中国除前开通商口岸和码头外,再开江苏吴淞口供德船停泊和装卸货物;(2)洋商可在通商口岸自设关栈;(3)德商运中国土煤出口,每吨完纳正税银两不超过三钱,德商船厂应用杂物免税;(4)德商船漏报、捏报货物罚款不得超过五百两,德人无照赴中国内地游历,罚款不得超过五百两;(5)重申德国享片面最惠国待遇;(6)中外官员审办交涉案件等事宜另议。随该约还签订了《中德续修条约善后章程》。

中德续修条约善后(後)章程 《中德续修条约》之附章。签订时间、地点、人员同主约。将主约中有关规定具体化并加以扩充,凡九款。主要内容:(1)任便德船在吴淞口载卸货物;(2)中国通商口岸如何设立关栈,先由上海试办;(3)中德双方船只不得张挂对方旗号,违者由中国方面知照或解交德国领事办理。

中典军 官名。三国蜀置,统诸军,位中监军下。三国吴亦置,与左、右典军共典宿卫禁军。东晋时祖约亦曾置此官。

中甸归化寺 云南境内最大的藏传佛教寺院。属黄教,初建于清康熙十八年(1679)。原属西藏地方政府,雍正六年(1728)改归清廷直接管辖。最盛时有喇嘛二千余人。寺庙组织及制度略同西藏,内分八个"康参"。建国前是整个中甸地区政治、军事、宗教的中心,拥有武装。

中锭 银锭之一种。重约十两,亦有三五两者。多为锤形。其马蹄形者,称小元宝。

中东大战演义 书名。全名《绘像中东大战演义》。清末洪兴全撰。四卷,三十三回。首冠中日人物图七幅。简述中日甲午战争始末。褒扬抗战将领,抨击无能腐败官员。但对清廷多粉饰之词。史实、传闻兼采,为通俗历史读物,亦可资研究中日甲午战争参考。有光绪二十六年(1900)石印巾箱本。

中东和议问答节略 书名。清佚名辑。一卷。为光绪二十一年(1895)二月二十四日至三月二十一日李鸿章与日相伊藤博文在马关的五次会谈记录。记中日甲午战争停战缔约事,对日方勒索巨额赔款和威逼清政府订立不平等条约的情况有所揭露。收入《中东战纪本末》卷五,题为《问答节略》、《续问答节略》。

中东铁路 又称东清铁路、东省铁路。包括东北满洲里经哈尔滨至绥芬河的干路和哈尔滨至大连的支路。由华俄道胜银行控制的中国东省铁路公司兴造,清光绪二十三年(1897)开始测量,次年开工,二十九年全线竣工通车。满洲里至绥芬河线长1 510公里,哈尔滨至大连线长972公里。耗资2.5亿多卢布。沙俄通过此路获得在中国东北进行水陆转运、开矿、采木、征税及筑轻便铁路等特权。三十一年,俄国在日俄战争中失败,遂将长春至大连铁路权益转让日本,另称"南满铁路"。十月革命后,苏俄政府宣布将中东路归还中国,不果。1935年伪满洲国以1.4亿元购下,委托日本"代管",日本遂占有该路。抗日战争胜利后,复将南满、中东两路合并,改称"中国长春铁路"(简称"中长铁路"),由中苏共管。1952年移交中国政府,分别改称滨洲、滨绥和哈大铁路。

中东战纪 书名。清洪弃父撰。一卷。记中日甲午战争始末。起同治十三年(1874)日本侵台,迄光绪二十一年(1895)中日议和。于战事,仅述大概,对清廷不筹制胜之策,不图制敌之事及李鸿章待和、求和、坐失战机等妥协投降事,颇多批评。

中东战纪本末 书名。美国传教士林乐知与蔡尔康编。八卷。附人物画像、黄海战场图。辑有关中日甲午战争谕旨、奏疏、电报、公牍、条约等,并当时林、蔡所作论说、记事文章。光绪二十二年(1896)成书。由图书集成局刊行。因作者立于教会立场发论,加之所记史事失实,世人颇有批评。以后又辑成续编、三编四卷,合前编,附以《文学兴国策》二卷,由图书集成局再版。

中东战役 即“中日甲午战争”。

中都 ❶邑名。(1)春秋晋邑,战国属赵。在今山西平遥县西南。《左传》昭公二年(前540):齐陈无宇送女,晋侯“谓陈无宇非卿,执诸中都”;《史记·秦本纪》:惠文君后九年(前316),“伐取赵中都、西阳”,皆即此。一说执陈无宇之中都在今介休市东南。秦置县。(2)春秋鲁邑。在今山东汶上县西。《史记·孔子世家》:“定公以孔子为中都宰”,即此。❷都名。(1)唐开元九年(721)以蒲州(治今山西永济市西南蒲州镇)当东、西二都,即长安与洛阳间的交通枢纽,升为河中府,建号中都。同年削除京、府号,仍为蒲州。(2)859年,南诏王世隆称帝,改国号大理,其国都阳苴咩城(今云南大理市西北旧大理)旧称西京,至此改称中都。(3)金贞元元年(1153)迁都燕京,改燕京析津府为中都大兴府。在今北京城西南隅。城周三十三里余,四面城门各三。皇城位于大城内偏西部,内有宫城。贞祐二年(1214)迁都南京(今河南开封市);次年,蒙古攻克中都,仍改称燕京。至元元年(1264)复号中都。四年改筑新城于旧城东北郊外,遂定都于此,基本为今北京城内城。九年改称大都。(4)元至大元年(1308)于旺兀察都行宫立。在今河北张北县西北沙城。四年罢。(5)明洪武二年(1369)九月以太祖朱元璋出生地临濠府(治今安徽凤阳县东北临淮关)为中都。六年改临濠府为中立府,七年又改为凤阳府,移治今凤阳县。❸对京师、都城的通称。《史记·平准书》:“漕转山东粟,以给中都官。”司马贞索隐:“中都犹都内也。”《汉书·昭帝纪》始元四年(前83)诏:“诸给中都官者,且减之。”颜师古注:“中都官,京师诸官府。”

中都大官 北魏中都坐大官的省称。

中都督曹 官署名。西晋始置,御史台下属十三曹之一,设侍御史掌其事,监察京都畿内诸军府长官。东晋、南朝宋沿置。

中都官 汉代京师诸官府的统称。《汉书·昭帝纪》:“诸给中都官者,且减之。”颜师古注:“中都官,京师诸官府。”亦指京师诸官府之官吏。《史记·酷吏列传》:“(赵禹)以佐史补中都官。”司马贞索隐:“谓京师诸官府吏。”

中都官徒 一作诸官徒。中都官即京师诸官府。据《汉仪注》,西汉京师长安中诸官府设监狱三十六所(一说二十六所)。京师诸官狱所系囚徒即称中都官徒。中都官徒因处京师,人数众多,比较集中,故常被利用卷入统治阶级内部纷争。如汉初韩信被告发欲诈诏赦诸官徒奴,发兵以袭吕后、太子。武帝时巫蛊之祸起,戾太子亦矫制赦长安中都官囚徒。东汉时则多以中都官徒和郡国囚徒徙边戍守或定居。

中都官狱 汉代京师诸官署设置的监狱,始自西汉武帝。因主要关押奉皇帝诏书拘禁的犯人,故其中一部分监狱亦称为“诏狱”。《后汉书·百官志》本注曰:“孝武帝以下,置中都官狱二十六所,各令长名。世祖中兴皆省,唯廷尉及雒阳有诏狱。”其二十六所(一说三十六所)可考者有未央厩狱、若卢狱、廷尉狱、考工狱、别火狱、郡邸狱、都司空狱、内官狱、导官狱、居室狱(后改保宫狱)、永巷狱(后改掖庭狱)、暴室狱、寺互狱、都船狱、上林诏狱、黄门北寺狱等。

中都国子监 学校名。明洪武二年(1369)以临濠(今安徽凤阳)为中都,八年置中都国子学,命京师(南京)国子学分官领之。十五年改学为监,依京师国子监例置祭酒、司业、监丞、博士等官,二十六年罢。

中都护 官名。三国蜀置,统内外军事,权任甚重。北宋初亦置,位五大都督府长史下,少卿监上,后不常置。

中都令 官名。北魏道武帝时有中都令,为中都坐大官中都曹长官之一,位次于大夫及长,主狱讼。孝文帝太和十七年(493)改制后废。

中都留守司 官署名。明设于中都凤阳的军事机关。洪武十四年(1381)置。设正留守一人,正二品;副留守一人,正三品;指挥同知二人,从三品。下设经历司、断事司等。统凤阳、凤阳中、凤阳右、皇陵、留守左、留守中、长淮、怀远等八卫,护卫皇陵。

中都路 金贞元元年(1153)改燕京路置。治大兴府(治今北京市西南隅)。辖大兴府(治大兴,今北京城西南),及节镇州三:平、雄、保;刺史州十:通、蓟、易、涿、顺、滦、霸、安、遂、安肃;县四十九;镇七。贞元二年以后辖境相当今天津市,河北大城、文安、雄县、高阳、清苑、满城等县以北,长城和北京市内长城以南,河北抚宁、昌黎等县以西和紫荆关以东地区。蒙古成吉思汗十年(1215)改为燕京路。

中都县 ❶秦置。治今山西平遥县西南。西汉高帝立中子刘恒为代王,都此。北魏移治今榆次市东,北齐天保中又移治今榆次市。秦至北周皆属太原郡。隋开皇十年(590)改为榆次县。❷唐天宝元年(742)改平陆县置。治今山东汶上县。属兖州。贞元十四年(798)改属郓州。北宋属东平府。金贞元元年(1153)改为汶阳县,泰和八年(1208)又改汶上县。

中都坐大官 官名。北魏前期置,多省称为中都大官,并与内都坐大官、外都坐大官合称为三都大官。掌刑狱,听理民讼,权势颇大,任职者多为宗室或胡汉重臣。太和改制罢。

中督护 官名。魏晋间各方镇所置领兵官称督护。十六国前凉置中督护,即中军之督护。

中渎水 即邗沟。《汉书·地理志》作渠水。《水经·淮水注》:“中渎水,首受江于广陵郡之江都县,县城临江,……自江东北通射阳湖。《地理志》所谓渠水也。西北至末口入淮。”东晋永和中江都水断,一度曾自欧阳埭(今江苏仪征市东北)引江水为源。详“邗沟”。

中度桥 在今河北正定县东南五里,跨滹沱河上。《资治通鉴》:五代晋开运三年(946),契丹入侵,自易、定趋恒州,晋杜威御之,"至中度桥,……契丹焚桥而退",即此。

中渡 即今四川雅江县雅砻江东岸河口镇。清代为自打箭炉入里塘的要津。宣统三年(1911)置河口县于此,1914年改名雅江县,建国后移治江西岸,即今县。

中渡厅 清光绪三十二年(1906)置。治今广西鹿寨县西北。辖境相当今鹿寨县西北部分地区。属桂林府。1912年改置中渡县。1951年与榴江、洛容二县合并为鹿寨县。

中渡镇 即今河南息县东南淮河南中度店。南宋设榷场于此,与金互市。属光州。《宋史·宁宗纪》:嘉定十年(1217),"金犯光州中渡镇,执榷场官盛允升杀之",即此。

中俄瑷珲条约 即《中俄瑷珲和约》。第二次鸦片战争中沙俄以武力逼迫清政府订立的不平等条约。咸丰八年四月十六日(1858.5.28),由清黑龙江将军奕山与俄国东西伯利亚总督穆拉维约夫在瑷珲(今黑河南)签订。主要内容:(1)把黑龙江以北、外兴安岭以南六十多万平方公里的中国领土割给俄国,仅瑷珲对岸精奇里江以南至豁尔莫勒津屯(江东六十四屯地区)的中国人仍在原地"永远居住",由中国官员管理,俄国人"不得侵犯";(2)把乌苏里以东约四十万平方公里的中国领土划为中俄两国"共管";(3)黑龙江、乌苏里江只准中、俄两国船只航行。清政府拒绝批准,直到咸丰十年才被迫认可。

中俄北京条约 即《中俄续增条约》。第二次鸦片战争末期沙俄利用英法联军攻占北京之机,胁迫清政府订立的不平等条约。咸丰十年十月二日(1860.11.14)清钦差大臣奕䜣与俄国驻华公使伊格那提也夫在北京签订。共十五款。除迫使清政府承认《中俄瑷珲条约》外,主要内容有:(1)把乌苏里江以东约四十万平方公里的中国领土割归俄国;(2)规定中俄西段疆界,自沙宾达巴哈起经斋桑淖尔、特穆尔图淖尔(今伊塞克湖)至浩罕边界,"顺山岭、大河之流及现在中国常驻卡伦等处"为界。据此规定,同治三年(1864)签订的《中俄勘分西北界约记》,将巴尔喀什湖以东、以南和斋桑淖尔南北共四十四万多平方公里的中国领土割给俄国;(3)增开新疆喀什噶尔(今喀什市)为商埠;两国边民免税自由贸易;(4)俄国得在库伦(今蒙古国首都乌兰巴托)和喀什噶尔两处设立领事官。

中俄北满洲税关章程 清光绪三十三年五月二十八日(1907.7.8)互换。中国设满洲里、绥芬河两税关,铁路运货按三分减一纳税,俄国取得运货至边界百里内之车站免税的特权。

中俄边界陆路电线相接条约 沙俄挟制清政府订立的电信事务条约。光绪十八年七月四日(1892.8.25),由北洋大臣李鸿章与俄方代表喀希尼(A. P. Кассини)签于天津。凡十款。主要内容:(1)拟由中国珲春、海兰泡、恰克图分别与俄方临近的三电局接线;(2)在本境内各自设办、经营线路,惟海兰泡与俄局间的黑龙江水线,由双方共同经营作为"公产";(3)报务按国际通行章程;(4)报价在各自界段内归自定,但对中国与俄国和欧洲诸国往来电报的价目作了具体规定。

中俄布连斯奇界约 雍正五年(1727)清政府代表策凌、四格、图理琛等与沙俄政府代表萨瓦订于波尔河畔布拉村。界约确定了中俄中段边界的走向:以恰克图和鄂尔怀图山之间的第一鄂博(界标)为起点,向东至额尔古纳河,往西抵沙宾达巴哈为两国边界线,北归俄国,南属中国。

中俄电报接线草约 沙俄挟制清政府订立的电信事务草约。光绪十五年九月八日(1889.10.2),由北洋大臣李鸿章与俄驻华公使库满(A. M. Кумани)签于北京。凡十一款。主要内容:(1)中国先在珲春和海兰泡两处与俄接线,五年之内再设线至恰克图与俄线相接;(2)电局公报章程及收发传递各事均按1885年万国电报公会在柏林所定章程;(3)在本方界内线段之报价均归自定,但在十四年为期的核定条款期间,须按双方议定的价目,如需更改,需双方同意。

中俄东清铁路煤矿合同 清光绪三十三年七月二十二日(1907.8.30)订于哈尔滨。俄营东清铁路公司取得在吉林、黑龙江两省铁路沿线三十华里内开采煤矿的特权。

中俄奉天交地暂且章程 简称《增阿暂章》。俄国胁迫奉天地方官员签订的非法地方性条约。清光绪二十六年(1900)俄军占领中国东三省。九月十七日(11.8)俄国占领军总司令阿列克赛耶夫强令盛京将军增祺派已革职道员周冕为代表,在旅顺谈判"交还"奉天问题。二十日,诱使周冕在其预先拟好的《奉天交地暂且章程》上签字。共九条,主要内容为:奉天(今沈阳)设俄国总管一员,办理盛京将军与俄"辽东总理大臣"往来交涉事件;留俄军驻防;奉天清军一律缴械遣散,俄军未占领的炮台、营垒、火药库一律拆毁;奉天如设立警察,要"转请俄带兵官,尽力帮同办理"。次年,沙俄逼迫增祺擅订《章程》事败露,清政府将增祺革职,宣布此约作废。

中俄改订陆路通商章程 沙俄强迫清政府订立的不平等商约。(1)同治八年三月十六日(1869.4.27),由总理衙门大臣奕䜣与沙俄驻华公使朗嘎哩(A. E. Влангали)在北京就同治元年所订《中俄陆路通商章程》有关条款改订。凡二十二款。主要内容:1.俄商在蒙古免税贸易,取消前约中惟"小本营生"免税的限制;2. 将前约中运天津之俄货在张家口"酌留十分之二"改为"酌留若干",以增加在张家口的贸易额;3. 放宽对俄商检查和违章处理的规定。(2)光绪七年正月二十六日(1881.2.24)中俄在签订《中俄伊犁条约》时签订,作为该条约中有关通商条款的补充。凡十七款。主要内容:1.重申两国边境百里之内免税贸易;2.蒙古、新疆边境地区设卡伦三十五处供俄商出入贸易;3.俄商货物路经张家口可酌留若干在该地销售;4.俄商由陆路运至天津、肃州之货,进口税照税则所载正税减三分之一。

中俄改订条约 即"中俄伊犁条约"。

中俄会订塔城哈萨克归附条约 清光绪十年十一月(1885.1)塔城参赞大臣锡伦与俄国领事巴尔喀申签订。据光绪九年《中俄塔尔巴哈台西南界约》,巴尔鲁克山仍是中国地方,准俄属哈萨克牧民借牧十年,中国牧民不得迁往。十九年订《中俄收回巴尔鲁克山文约》,俄国牧民始撤。

中俄交还关外铁路条约 清光绪二十八年八月二十一日(1902.9.22)订于北京,九月六日在山海关签字交收。凡七款。规定俄国将义和团运动期间占领之山海关至营口、新民厅铁路归还中国铁路总局,惟参照《辛丑条约》准许各国享用北京至山海关铁路之例,俄国仍取得在该路运送军队、军实及办理邮电等权益。

中俄交收东三省条约 即"交收东三省条约"。

中俄喀什噶尔东北界约 即"中俄喀什噶尔界约"。

中俄喀什噶尔界约 又称《中俄喀什噶尔东北界约》。沙俄强迫清政府订立的界约,系《中俄伊犁条约》的子约之一。光绪八年十月二十七日(1882.12.7),由清政府特派分界大臣沙克都林札布与沙俄代表梅金斯基(В. Мединский)签于喀什噶尔。凡四条。划定了喀什噶尔东北境自那林哈勒噶至别牒里的中俄边界。沙俄藉以侵占了天山正干之南扎纳尔特河源地区的中国领土。

中俄喀什噶尔西北界约 即"中俄续勘喀什噶尔界约"。

中俄勘分西北界约记 沙俄援引并歪曲《中俄北京条约》中有关条款,强迫清政府订立的界约。清同治三年(1864)九月,乌里雅苏台将军明谊、塔尔巴哈台参赞大臣锡霖与俄国驻伊犁总领事依旺·杂哈劳(伊万·扎哈洛夫,И. И. Захаров)、鄂木斯克军团上校依旺·巴普考(伊万·巴布阔福,И. Ф. Бабков)签订于新疆塔尔巴哈台(今塔城)。共十条。主要内容为:规定中俄两国自沙宾达巴哈至"浩罕边界"为止的共同边界;人随地归;挪移卡伦与民庄;建立界牌等。订有勘界议定书三:《中俄科布多界约》、《中俄乌里雅苏台界约》、《中俄塔尔巴哈台界约》,其他界约因沙俄强占伊犁及阿古柏入侵南疆而未及签订。该约全面更改中国西北边界。自巴勒喀什池(今巴尔喀什湖)以东、以南和斋桑淖尔南北四十四万余平方公里领土为俄国割占。

中俄科布多界约 《中俄勘分西北界约记》勘界议定书之一。清同治八年(1869)七月,由科布多参赞大臣奎昌与俄国西西伯利亚军区副参谋长巴布阔福签订。自布果素克岭至玛呢图噶图勒干,建立二十处界牌,俄方割占原属中国斋桑湖以北包括阿勒坦淖尔乌梁海在内的大片领土。

中俄科布多新界牌博记 见"中俄科塔界约"。

中俄科塔界约 又称《科布多界约》、《科布多界志》或《喀巴河上定约》。沙俄强迫清政府订立的界约,系《中俄伊犁条约》的子约之一。光绪九年七月十日(1883.8.12),由伊犁参赞大臣升泰、科布多帮办大臣额尔庆额与沙俄代表巴布科夫(И. Ф. Бабков)、彼甫佐夫(М. В. Певчов)签于哈巴阿赛哩乌兰奇巴尔。凡五条。具体划定了斋桑湖以东地区自赛哩乌兰岭(萨乌尔岭)的木斯岛山西脚至阿克哈巴河源的中俄边界,沙俄由此割占了阿拉别克河以西,以及该河河口以南经迈哈布奇盖至木斯岛山一线以西与旧界间的中国领土。

中俄满洲里界约 清宣统三年十一月一日(1911.12.20)中俄订于齐齐哈尔。本约为中俄两国重定由塔尔巴干达呼第五十八界点起,至阿巴该图第六十三界点,并顺额尔古讷河至与黑龙江会流处止之国界总案。

中俄密约 即"中俄御敌互相援助条约"。

中俄尼布楚条约 又称《中俄尼布楚议界条约》、《黑龙江界约》。康熙二十八年(1689)清政府代表索额图与俄国政府代表戈洛文在尼布楚城(今俄罗斯涅尔琴斯克)签订,为两国间第一个条约。条约规定:中俄东段边界以格尔必齐河、外兴安岭和额尔古纳河等自然界线划分;外兴安岭与乌第河之间地区暂行存放,留待后议;尼布楚及以西地区划归俄国,俄军撤出雅克萨城,拆毁、迁移在额尔古纳河南岸的全部据点;严禁彼此越界入侵;两国人民持有护照者,可以过界来往,贸易互市。条约在法律上肯定了黑龙江和乌苏里江流域的广大地区为中国领土。

中俄恰克图界约 雍正五年(1727)清政府与沙俄政府订于恰克图。共十一条,其中第三条即《中俄布连斯奇界约》全文。界约重申乌第河与外兴安岭之间地区仍为未定区,双方均不得进占;除划分边界并规定与边界有关事项外,又确定恰克图为双方互市地点及有关通商贸易事宜。

中俄恰克图市约 清乾隆中,因俄方收纳中国逃人及其他违约事件,中方曾三度停止恰克图互市,俄方屡以为请。乾隆五十七年(1792),清政府代表松筠、普福等与俄国政府代表色勒裴特订市约于恰克图。约文共五条,规定双方重开互市。此约签订后,中俄贸易大有发展。

中俄收回巴尔鲁克山文约 见"中俄会订塔城哈萨克归附条约"。

中俄四厘借款合同 沙俄挟制清政府订立的政治借款合同。因该款为俄、法合贷,亦称俄法洋款。光绪二十一年闰五月十四日(1895.7.6)由清驻俄公使许景澄与沙俄代表签订于俄国首都圣彼得堡。凡十九条,另附《四厘借款声明文件》。主要内容:(1)清政府订借款额四亿法郎(折银约九千九百万两),以九十四又八分之一折扣交付,年息四厘,以关税作为押保;(2)借款分三十六年还清,若不能按期还本付息,除关税押保外,需再以别项进款加保;(3)1896年1月前清政府不得另向他国借款;(4)若清政府给予他国"办理照看"税收的权力,亦准俄均沾。

中俄松花江行船章程 清宣统二年七月四日

(1910.8.8)订于北京。俄国强迫清政府承认光绪二十六年(1900)俄军侵占东北时行船松花江之既成事实,凡十一节,另有附件三。规定俄国取得在松花江全流任便行船和贸易等特权。

中俄塔尔巴哈台北段牌博记 见"中俄科塔界约"。

中俄塔尔巴哈台界约 《中俄勘分西北界约记》勘界议定书之一。清同治九年(1870)七月,科布多参赞大臣奎昌与俄国西西伯利亚军区参谋长巴布阔福(中文约本无),总参谋部中校穆鲁木策傅签订。此前一年俄国已单方面树立从玛呢图噶图勒干至哈巴尔苏界牌九处。中方交涉无效,被迫签字并于俄界之侧另立中方界牌。斋桑湖及其以东以南原属中国领土遂为沙俄所有。

中俄塔尔巴哈台西南界约 沙俄强迫清政府订立的界约,系《中俄伊犁条约》的子约之一。光绪九年九月三日(1883.10.3),由伊犁参赞升泰与沙俄七河省省长弗里德(А. Фриде)签于塔尔巴哈台(塔城)。凡七条。主要内容:(1)据《中俄勘分西北界约记》所规定的塔尔巴哈台地区哈巴尔素达巴罕(哈巴尔苏)至喀尔达坂(喀拉达坂)的中俄边界线,设立界牌二十一处,逐一开明;(2)巴尔鲁克山及塔尔巴哈台所属地方仍属中国,但允俄属哈萨克人暂在此游牧,中国不得将其迁居,也不得在该地设卡。

中俄塔尔巴哈台议定贴补条约 即"中俄议结塔城焚俄贸易圈案议定条款"。

中俄天津条约 第二次鸦片战争期间沙俄以调停为名,胁迫清政府订立的不平等条约。咸丰八年五月三日(1858.6.13)清钦差大臣桂良、花沙纳与俄国驻华公使普提雅廷在天津签订。共十二款。主要内容:(1)俄国得在上海、宁波、福州、厦门、广州、台湾(台南)、琼州七处口岸通商,若别国在沿海增开口岸,亦准俄国一律照办;(2)俄国得在原有两国通商地点扩大贸易,对俄国"商人数目及所带货物并本银多寡",不得加以限制;(3)俄国得在中国通商口岸设立领事官,俄国兵船有权在各通商口岸停泊;(4)俄国东正教教士得入内地自由传教;(5)俄国在中国享有领事裁判权和片面最惠国待遇,日后中国给予别国的一切政治、贸易及其他利益,俄国得一律享受;(6)中俄两国派员查勘"从前未经定明边界",为沙俄进一步掠夺中国领土制造"依据"。

中俄天津租界条约 沙俄强加于中国的租界条约。清光绪二十六年十一月九日(1900.12.30),由直隶总督李鸿章与俄驻华公使格尔思(Н. К. Гирс, 1856—1924)签于天津。凡二款。规定在天津海河以东地方设立俄租界。

中俄乌里雅苏台界约 《中俄勘分西北界约记》勘界议定书之一。清同治八年(1869)七月,署伊犁将军、乌里雅苏台参赞大臣荣全与俄国西西伯利亚军区副参谋长巴布阔福签订。自沙宾达巴哈至布果素克建立界牌八处,唐努乌梁海西北部原属中国领土遂为沙俄所有。

中俄续订接线展限合同 清光绪二十八年十月二十八日(1902.11.27)订于北京。中俄在光绪十八年、二十二年、二十三年先后订立三个条约,规定将中国珲春至海兰泡电线与俄线相接,并展接至恰克图。本约规定将以上各约展期至1925年,亦可展至1930年,并允俄国将电线与丹麦公司电线相接。

中俄续勘喀什噶尔界约 又名《中俄喀什噶尔西北界约》。《中俄伊犁条约》勘界议定书之一。清光绪十年(1884)五月,巴里坤领队大臣沙克都林札布与俄国费尔干省省长密登斯开(梅金斯基)签订。共六条。划定自别迭里至乌孜别里段双方国界。除将天山以北地区划属俄国外,俄方以天山西南支脉强指为天山主脉,违约多占阿克赛河地区;又以中国现管之地强指为俄国现管之地,又违约多占和什库珠克帕米尔等地。自乌孜别里山口以南,界约第三条规定:"俄国界线转向西南,中国界线一直往南",沙俄除割占中国乌孜别里西南至阿赖岭领土之外,又在两线之间形成待议地区,为下一步侵占预留口实。

中俄伊犁交涉始末 书名。清罗惇曧撰。叙光绪四年(1878)至七年间,中国为索还同治十年(1871)沙俄趁浩罕头目阿古柏侵占天山南路之机强占中国领土伊犁的交涉过程。所记崇厚因沙俄胁迫擅自签订丧权辱国的《里瓦几亚条约》以及曾纪泽为修订崇约衔命赴俄谈判等事,可供研究近代中俄关系史参考。

中俄伊犁界约 沙俄强迫清政府订立的界约,系《中俄伊犁条约》的子约之一。光绪八年九月十八日(1882.10.29),由清哈密帮办大臣长顺与沙俄七河省省长弗里德(А. Фриде)签于伊犁。凡三条。规定了伊犁地区自那林哈勒噶山口起至喀尔达坂的中俄边界,其间设界牌三十三处。由此,沙俄不但割占了霍尔果斯河、廓里札特村东一线与同治三年(1864)旧界之间的中国领土,而且在伊犁西南自廓里札特村东至哈勒噶山口一段,更违背《中俄伊犁条约》规定,侵占了达喇图河与苏木拜河之间的中国领土。

中俄伊犁塔尔巴哈台通商章程 俄国逼迫中国签订的第一个不平等条约。清咸丰元年(1851)七月,伊犁将军奕山、参赞大臣布彦泰与俄国代表科瓦列夫斯基在伊犁签订。凡十七条。主要内容为:准俄国在伊犁、塔尔巴哈台设置领事;领事享有裁判权;俄商得在伊犁、塔尔巴哈台设置贸易圈,并享有免税贸易权。此为俄国取得在华设领事与领事裁判权的开始。

中俄伊犁条约 亦称《中俄改订条约》。清政府拒绝《里瓦几亚条约》后,沙俄强迫清政府改定的不平等条约。光绪七年正月二十五日(1881.2.24),由清方代表曾纪泽与俄方代表格尔斯(Н. К. Гирс)、布策(Е. К. Бючов)签于俄国首都圣彼得堡。凡二十一条,另附专条一,并随签《中俄改订陆路通商章程》。此约与《里瓦几亚条约》相比:(1)争回伊犁南境特克斯河流域,但仍划失霍尔果斯河以西地区和北疆的斋桑淖尔以东地区;(2)增设领事由七处减为肃州和吐鲁番两处;(3)通商路线取消了嘉峪关至汉口之陆路和沿松花江至伯都纳之水路,将俄商在新疆免税贸易改为“暂不纳税”;(4)清方赔款由五百万卢布增至九百万卢布。其他内容大致相同。沙俄援引并歪曲本约中有关勘界和安设界牌的规定,又先后强迫清政府订立了《中俄伊犁界约》、《中俄喀什噶尔界约》、《中俄科塔界约》、《中俄塔尔巴哈台西南界约》和《中俄续勘喀什噶尔界约》等子约。通过本约及其子约,沙俄又割占中国领土七万多平方公里,并进一步扩大了在华的政治、经济特权。

中俄议定两属缠头商民事宜条约 沙俄与清政府订立的条约。光绪九年二月二十七日(1883.4.4),由清方官员刘宽与沙俄代表巴拉喀什(Н. Н. Балкашин)签于塔尔巴哈台(今塔城)。凡五条。规定塔尔巴哈台的中俄回族人(即所谓“缠头”)发生争端,依回教旧规,先令自行择人调处,不解再由双方官员“会办”。

中俄议结塔城焚俄贸易圈案议定条款 又称《中俄塔尔巴哈台议定贴补条约》。清咸丰八年(1858)参赞大臣明谊与俄国代表阿赓特签订于塔城。共九条。主要内容为:中国赔偿被焚贸易圈内房屋;被焚俄货折合白银十三万五千六百余两,以武彝茶五千五百箱贴补俄商;按律治办案内徐天尧、安玉贤等人。另外,俄国还非法取得在伊犁、塔城贸易圈内各驻兵五十名的特权。

中俄御敌互相援助条约 又称《中俄密约》。清光绪二十二年四月二十二日(1896.6.3)俄国财政大臣维特等诱使清廷特使李鸿章在莫斯科签订。共六款,另附专条。主要内容:(1)日本如侵占俄国的远东领土或中国及朝鲜领土,两国应共同出兵并接济军火、粮食;(2)非两国公商,一国不能独自与敌议立私约;(3)战争期间,中国所有口岸均对俄国军舰开放,中国地方官应尽力供其所需;(4)允许俄国通过黑龙江、吉林两省接造一条可达海参崴的铁路,但不得借端侵占中国土地并妨碍清政府应有权利。该路的修筑及经营由华俄道胜银行承办,合同由中国驻俄公使与银行商订;(5)无论战时或平时,俄国均可经该路运送军队和军需物品;(6)本条约有效期十五年,届期六个月以前,由两国再行商办展限。沙俄势力遂进一步侵入中国东北地区。

中俄正太铁路借款合同暨行车合同 清光绪二十八年九月十四日(1902.10.15)订立。为筑正(定)太(原)铁路,清政府向俄国华俄道胜银行借款四千万法郎,九扣交付,年息五厘,二十年还清;以该路产业及进款作保,并由银行代聘总工程师和购买材料。

中法巴黎停战议定书 即《中法停战条件》,又称《中法和议草约》。法国诱胁清政府订立的关于停止中法战争的协议。光绪十一年二月二十九日(1885.4.4),由清政府谈判专使英籍税务司金登干与法国外交部政务司司长毕乐(A. Billot)签于巴黎。凡三款,另附《释义》五条。主要内容:(1)清政府允批准前订《中法会议简明条款》;(2)双方“俟必须之命令能颁布及奉到后即行停战”,中国撤还驻越东京军队,法国撤除对台湾封锁;(3)法国派员赴华商定条约细目和双方撤兵日期。

中法北京条约 原称《中法续增条约》。法国强迫清政府订立的关于结束第二次鸦片战争的不平等条约。咸丰十年九月十二日(1860.10.25)清钦差大臣奕䜣与法国全权代表葛罗在北京签订。共十款。除确认《中法天津条约》仍属有效外,又增加了扩大侵略的条款:(1)《中法天津条约》中规定的二百万两赔款增至八百万两;(2)赔还以前没收的天主教产,法方在中文约本上又私自增加“并任法国传教士在各省租买田地,建造自便”等字样;(3)增开天津为商埠;(4)准许法国招募华工出国。

中法兵事本末 篇名。清罗惇曧撰。是文记述中法战争始末,言简意赅,堪称佳作。对马尾之役及其失败叙议尤为详尽;对在中法战争中李鸿章等人的误国行为,亦能直书不讳。初刊于1912年《庸言》一卷七、八两期。

中法滇越边界联接电线章程 清电报总局与法国订立的电信事务章程。光绪十四年十月二十八日(1888.12.1),由清方代表盛宣怀与法国驻津领事林椿(Paul Ristelhueber)签于烟台。凡十二款。主要内容:(1)中国由广西镇南关、广东东兴、云南蒙自分别与越南同登、芒街、保胜的法方三处电局接线,各自主持、负责本方界内线段;(2)中国与越南、真腊(柬埔寨)等地通报照欧洲以内章程,其余由中法线传递之报按欧洲以外章程;(3)未注明传路之报,全部或至少一半由中法陆线寄发;(4)收费价目的具体规定。

中法滇越界约 法国与清政府订立的中国云南与越南的界约。光绪二十三年五月十四日(1897.6.13),由清方官员刘春霖与法国代表本义德称签于越南保胜。系根据前订有关条约,分四段具体划定滇越分界并确定界碑树立地点。

中法滇越铁路章程 清光绪二十九年九月十日(1903.10.29)订于北京。共三十四条。规定法国取得在中国云南修造滇越铁路的特权,八十年后中国才能与法国商议备价收回。

中法黄埔条约 见“黄埔条约”。

中法会订越南条约 即《中法越南条款》,亦称《中法新约》或《李巴条约》。法国诱胁清政府订立的关于结束中法战争的不平等条约。光绪十一年四月二十七日(1885.6.9),由清政府代表李鸿章、锡珍、邓澄修与法国驻华公使巴德诺(Jules Patenôtre, 1845—1925)签于天津。凡十款。主要内容:(1)清政府承认法越间已订和将订条约;(2)拟定以保胜以上、谅山以北中越边境的某两处为通商边关,法国在此所享权益同于在华各通商口岸;(3)减低云南、广西与越南边界的进出口税率;(4)日后中国修筑铁路自向法国业此之人商办;(5)法军撤出台湾、澎湖。从此法国势力深入云南、广西,并开始谋取中国路权。

中法会议简明条款 简称《中法简明条款》,亦称《李福协定》。中法战争期间法国诱胁清政府订立的不平等条约。光绪十年四月十七日(1884.5.11),由北洋大臣李鸿章与法国代表福禄诺(François Frnest Fournier, 1842—1934)签于天津。凡五款。主要内容:(1)清政府不干涉法、越间已订和将订之条约;(2)中国自越南即行撤军;(3)中越边境开埠通商,按"于法国商务极为有益之原则"议定商约税则;(4)三个月后对该约条款再行详议。此次议约,促使法国进一步扩大对中国的侵略战争。

中法混合军 一称信义军,因头裹花巾,又称花头、花勇或花头勇,外人称中法混合军。清同治元年(1862)法海军军官勒伯勒东、宁波海关税务司法人日意格勾结清浙江巡抚左宗棠仿照常胜军编制,在宁波募勇组成。初约千余人,曾一度至三千人,由勒伯勒东任统领,清政府命名为"常捷军"。次年勒伯勒东及继任者买忒勒在绍兴先后被太平军击毙,由法军官德克碑继任,协助左宗棠攻陷太平天国绍兴、富阳、杭州、湖州等地。三年被遣散。

中法龙州至镇南关铁路合同 清光绪二十二年四月二十四日(1896.6.5)订于北京。凡八条。系中国委托法国费务林公司承包修筑广西龙州至镇南关铁路工程的具体规定。二十五年八月十一日又订有《中法龙州至镇南关续立铁路合同》,进一步落实有关事宜。

中法天津条约 原称《和约章程》。第二次鸦片战争期间法国强迫清政府订立的不平等条约。咸丰八年五月十七日(1858.6.27)清钦差大臣桂良、花沙纳与法国全权代表葛罗在天津签订。共四十二款,另附《和约章程补遗》六款。主要内容:(1)法国得派公使驻北京,并在各通商口岸设领事官;(2)增开琼州、潮州(后改汕头)、台湾(台南)、淡水、登州(后改烟台)、南京为通商口岸;(3)天主教教士可入内地自由传教;(4)准许法国人往内地游历,在各通商口岸任意租地建屋、设立教堂、开设医院、兴办学校等;(5)凡中国与各国议定的税则、关口税、吨税、过关税、出入口货税,法国都可"均沾";(6)法国兵船、商船有权驶入中国各通商口岸停泊,(7)确定领事裁判权与片面最惠国待遇;(8)中国给法国赔款银二百万两。

中法停战条件 即"中法巴黎停战议定书"。

中法五口贸易章程 即"黄埔条约"。

中法新约 即"中法会订越南条约"。

中法续议界务专条 法国强迫清政府订立的中越界约。光绪十三年五月六日(1887.6.26),由清政府代表奕劻、孙毓汶与法国驻华公使恭思当(J. A. E. Constans)签于北京。凡五款。据《中法会订越南条约》有关规定,具体划定了粤越边界和滇越部分界段,即大致为龙膊以东的中越边界。

中法续议界务专条附章 法国强迫清政府订立的中越界约。光绪二十一年五月二十八日(1895.6.20),由清政府代表奕劻、徐用仪与法国驻华公使施阿兰(Auguste Gérard)签于北京。凡五款。对前订《中法续议界务专条》进行修改,规定改勘滇越边界,将中国洪江地区划归越南。通过此约,法国将其占领下的越南领土扩张至湄公河上游的东岸。

中法续议商务专条 法国强迫清政府订立的不平等条约。为前订《中法越南边界通商章程》之修改和续增。光绪十三年五月六日(1887.6.26),由清政府代表奕劻、孙毓汶与法国驻华公使恭思当(J. A. E. Constans)签于北京。凡十条。主要内容:(1)中国除开广西龙州、云南蒙自为商埠外,增开云南蛮耗;(2)再次降低边关进、出口税率,按海关税则减十分之四收取正税;(3)法、越船只可在松吉江、高平河免税贩货;(4)中国在南部边境地区给予他国之一切权益法国无条件均沾;(5)放宽对违禁货物的规定。通过此约,法国进一步取得在中国西南边境的贸易优势和特权地位。

中法续议商务专条附章 法国强迫清政府订立的不平等条约。光绪二十一年五月二十八日(1895.6.20),由清政府代表奕劻、徐用仪与法驻华公使施阿兰(Auguste Gérard, 1852—1922)签于北京。该约系对《中法续议商务专条》的修订、扩充。凡九条。主要内容:(1)准法国在广东东兴(今属广西)任便派驻领事;(2)将前约所订商埠中的蛮耗改为河口,并增开思茅;(3)经龙州、蒙自、河口、思茅四处货物进出口税率减十分之四;(4)中国将来在云南、广西、广东开矿时,先向法国业此之人商办;(5)中国思茅与越南孟阿营电局接线。通过此约,法国不仅扩大了在华商务特权,而且进一步攫取了矿务、电政方面的特权。

中法续议商务专条来往照会 清光绪十三年五月三日(1887.6.23)总理衙门与法国公使的往复照会。凡两件。是为即将签订的《中法续议商务专条》和《中法续议界务专条》的补充和说明。主要内容:(1)关于清政府可在越南各大城镇设立领事之原议缓行;(2)俟中国在越南河内、海防两处设领事时,法国始可在中国云南、广西省城设立领事;(3)清政府所允法国在中国龙州、蒙自和蛮耗等陆路通商处所设领事,不可仿通商口岸设租界。

中法学校 学校名。清光绪十六年(1890,一说光绪十二年)由上海的法租界公董局设立。原名为法文学堂,后改为中法学校。学科分中学、小学两级,学制十年到十二年不等。其中初小三年、高小三年、初中一至三年、高中三年。公董局将该校教育权授诸天主教传教士,聘请法国教士六人、华人十人担任教师。招收学生约二百五十人,每人月纳学费二元。

中法越南边界通商章程 又称《滇粤陆路通商章程》或《中法天津协定》。援《中法会订越南条约》订立的不平等商约。光绪十二年三月二十二日(1886.4.25)由清政府全权代表李鸿章与法国驻华公使戈可当(M. G. Gogordan, 1849—1904)等签于天津。主要内容:(1)拟定在广西、云南边境某两处设关通商,法国可在此设立领事;(2)法、越商民所贩货物经此边关,进、出口税分别按海关税则减收五分之一和三分之一;(3)不准贩运洋药、土药、军火、食盐及各项“有坏人心风俗之物”,粮食不准贩出中国边关,如系进口准其免税;(4)华人与法、越人在边关的诉讼案件,由中、法官员会审,双方不得庇匿逃犯。法国后又强迫清政府签订《中法续议商务专条》。

中法越南条款 即“中法会订越南条约”。

中法战争 清季法国侵略中国的战争。十九世纪七十年代,法国侵略越南北部,进窥中国。应越南政府之邀,刘永福自同治十二年(1873)起即率领黑旗军援越抗法,屡创法军。清政府亦增派军队出境防御。光绪九年(1883)法国强迫越南签订《顺化条约》,把越南变成法国“保护国”。同年十一月法军向派驻越南的中国军队发动进攻,挑起中法战争。战争初期,清军作战连连失利,清政府主和派李鸿章力主妥协。次年四月与法国签订《中法会议简明条款》,承认法国对越南的“保护权”,同意在中越边界开埠通商,并声明将驻越南北圻的清军撤回境内,但未明确商定时限。法国仍不满足,蓄意扩大战争。闰五月初挑起“观音桥事变”,并向中国境内发起进犯。六月中旬法国舰队进攻台湾基隆,被击退。七月三日(8.23)法国舰队在马尾港突袭福建水师得逞。六日清政府被迫对法宣战。八月法军再犯台湾沪尾(今淡水)被击退。十一年一月中旬,法舰北犯浙江镇海,亦被击退。在陆路战场上,法军直逼镇南关(今友谊关),曾一度深入关内数十里。清将冯子材率军赴战,于二月上旬取得镇南关大捷,乘胜南进克复谅山。刘永福部黑旗军也在越南义军配合下,在临洮大败法军。法军失利,引起了法国政局的动荡,茹费理(Jules François Camille Ferry)内阁因此倒台。清政府却“乘胜即收”,诏令前线停战撤兵。二月十九日(4.4)中法签订《停战条件》。四月二十七日(6.9)双方在天津签订《中法会订越南条约》(即《中法新约》),中法战争遂以法国不胜而胜、中国不败而败告结。法国不仅把越南变成其殖民地,而且打开了中国西南门户。

中峰 即“明本”。

中奉大夫 官名。宋元丰改制前为正四品下阶文散官,元丰三年(1080)后废。大观二年(1108)又以寄禄官左中散大夫改置中奉大夫。金、元皆置,为文散官四十二阶之第十四阶。金从三品下。元从二品,宣授。明为文官从一品初授之阶。

中抚将军 官名。南朝梁置,与中军、中卫、中权将军合称四中将军,专授在京师任职官员,地位显要。天监七年(508)定为武职二十四班中的第二十三班。陈沿置,拟二品,比秩中二千石。

中抚军 官名。三国魏末置,司马炎自中护军迁任,副贰相国事,执掌朝政大权。南朝梁时为“中抚军将军”的省称。

中府 ❶汉代诸侯王宫中保管财物的机构。《汉书·田叔传》:“鲁王闻之,大惭,发中府钱,使相偿之。”颜师古注:“中府,王之财物藏也。”❷明代五军都督府之中军都督府的省称。❸明洪武六年(1373)定税粮二十万石以下、十万石以上为中府。设同知、通判、推官分掌政务。

中妇诸子 春秋时齐国女官号。《管子·戒》:“(齐)桓公外舍,而不鼎馈,中妇诸子谓宫人:‘盍不出从乎?君将有行。’”尹知章注:“中妇诸子,内官之号。”

中复堂全集 书名。清姚莹撰。九十卷。其中《东溟文集》六卷、外集四卷,《东溟文后集》十四卷、文外集二卷,《后湘诗集》九卷、二集五卷,《后湘续集》七卷,《东溟奏稿》四卷,《识小录》八卷,《东槎纪略》五卷,《寸阴丛录》四卷,《康輶纪行》十六卷,《姚氏先德传》六卷。姚氏在鸦片战争时曾在台湾抗英,是当时著名的爱国人士,学有经法,通识时事。故于第一次鸦片战争时台湾抗英情况,叙述尤详。是书具有重要的资料价值。

中傅 官名。(1)西汉置,为诸侯王国主要官员之一,掌教导诸侯王,位在太傅下。(2)南朝宋置为后宫女官,掌铨选人士,员一人,四品。

中更 爵位名。战国秦置,二十等爵第十三级。“更”指更卒,即轮流服役的士卒。中更与第十二级左更、第十四级右更,均以更卒之将为爵位名。《汉书·百官公卿表》颜师古注:“更言主领更卒,部其役使也。”秦汉沿置。

中宫 ❶天文学名词。《史记·天官书》中将全部星空分为五个大区域,即中宫、东宫、南宫、西宫及北宫。中宫是北天极附近的天区,大约相当于后世的紫微垣。包括星官有天极星、紫宫、阴德、天枪、天棓、阁道、北斗、文昌宫、三能、辅星、招摇、天锋及贱人之牢等,共十三官。中宫曾被唐司马贞在《史记·天官书》索隐中改为中官。说云:“天文有五官。官者,星官也。星座有尊卑,若人之官曹列位,故曰天官。”但星官是区域较小的恒星组织,少只一星,多的也不过四十多星。与《史记·天官书》所说的五宫区域相比甚小。且《汉书·天文志》和许多纬书如《春秋文耀钩》等都称为五“宫”,而不称五“官”。故司马贞之说实无根据。❷皇后之宫。《汉书·哀帝纪》:“食邑如长信宫、中宫。”颜师古注:“中宫,皇后之宫。”亦以称皇后。《后汉书·邓晨传》:“乘舆与中宫亲临丧送葬。”卫宏《汉旧仪》:“皇后称中宫。”

中宫黄门冗从仆(僕)射 官名。东汉置,统领中宫黄门冗从,掌皇后宫宿卫事务。员一人,秩六百石,以宦官充任。隶大长秋。

中宫仆(僕) 官名。东汉置,掌皇后车马。员一人,秩千石,由宦官充任,隶大长秋。

中宫仆(僕)令 官名。北齐置,长秋寺中宫仆署长官,从九品,以宦官充任。

中宫仆(僕)署 官署名。北齐置,掌后宫车马。以令、丞为长贰,领乘黄局教尉、细车马都督、车府部丞等,皆由宦官充任,隶长秋寺。

中宫尚书 官名。东汉置,掌皇后宫中文书。员五人,秩六百石,以宦官充任,隶大长秋。

中宫私府令 官名。东汉置,掌皇后宫中所藏币、帛等物,并管理后宫裁衣被补浣者。员一人,秩六百石,以宦官充任,隶大长秋。

中宫药长 官名。东汉置，掌皇后宫中药物配制及存贮。员一人，秩四百石，以宦官充任，隶大长秋。

中宫谒者令 官名。东汉置，领中宫谒者三人，主皇后宫报中章。员一人，秩六百石，以宦官充任，隶大长秋。

中宫永巷令 官名。东汉置，掌后宫宫女，员一人，秩六百石，由宦官充任，隶大长秋。

中估 唐时平抑每月绫绢米麦等税物的价格。建中元年(780)实施两税法后，物价大幅度下降。为了使以实物纳税者有力负担税款，朝廷令各地政府以"中估受纳"。元和六年(811)制："近日所征布帛，并先定物样，一例作中估受纳。"

中观宗 亦称大乘空宗。与瑜伽宗并称为大乘佛教之两大派别。公元二、三世纪，古印度龙树及其弟子提婆所创。龙树著《中论》(原名《中观本颂》，经弟子青目注释而成)、《十二门论》、《大智度论》，提婆著《百论》，以"二谛"、"八不中道"为教门。认为"诸法"(宇宙万有)依"俗谛"说是"有"，依"真谛"说是"空"，但"有"非实有，"空"非真空，唯有将主、客观世界看成是非有非空之幻相，无生灭、断常、一(同)异、来出之区别，才符合"中道正观"，故名。"中观宗"即"空宗"，盛行于古印度。两晋之际传入中国，后成为中国三论宗、天台宗等佛教宗派之渊源。

中官 ❶官名。(1)对春、夏、秋、冬官而言。贾公彦《周礼正义疏》："春官为木正，夏官为火正，秋官为金正，冬官为水正，中官为土正。"唐以后，司天官有中官，设正一人，与春、夏、秋、冬诸官正掌习四时，各司其变。(2)即宦官，以给事于禁中，故名。《汉书·高后纪》："诸中官、宦者令丞皆赐爵关内侯"，食邑。颜师古注："诸中官，凡阉人给事于中者皆是也。"❷京官或朝中官员的泛称。❸天文学名词。(1)泛指二十八宿带以内及以北的各个星官。初见于《汉书·天文志》："凡天文在图籍昭昭可知者，经星常宿中、外官凡百一十八名，积数七百八十三星。"吴末晋初时陈卓综合石氏、甘氏、巫咸三家星官。因三家星官体系中都包含了二十八宿及其附座，陈卓即把它们单独提出来。其所定石氏中官、甘氏中官及巫咸中官中就不再包括二十八宿及其附座星官在内。(2)一些史学家认为，《史记·天官书》中的"中宫"，当是"中官"之误。按此说，则《史记》将全天星空划分为五大天区，称为东、南、西、北、中五官。中官则是指北极左右的广大天区。此说初见于唐司马贞《史记索隐》："案，天文有五官。官者，星官也。星座有尊卑，若人之官曹列位，故曰天官。"后经清代孙星衍等人张目，影响至今。但《史记索隐》之说本有矛盾，既知"官者，星官也"，而星官则仅是若干颗恒星的组合，所占天区远较一宫为小，则何以还称五官？且《汉书·天文志》等均称五宫，以此更证中宫不当改为中官，五宫不当改为五官。

中官大夫 官名。南宋淳熙三年(1176)置，为太史局伎术官阶官。

中官副正 官名。唐肃宗乾元元年(758)置，为中官正副贰，员一人，正六品上。

中官正 官名。唐乾元元年(758)置。司天台属官，为春、夏、秋、冬、中五官正之一。掌司四时及其方之变异。员一人，正五品上。北宋沿置，初属司天监，元丰改制后隶太史局，正八品。明代为钦天监属官，掌推历法，定四时，正六品。任职者不得改他官，子孙不得从他业。清沿置，为钦天监时宪科官员，汉员一人，从六品。掌编制时宪书，并推算日、月食。

中官庄田 明代宦官占有的土地。始自宣德时期。庄田或来自钦赐、奏讨，或占夺官地、民田，或接受投献。早期土地为数不多，少者数顷，正统九年(1444)，赐尚膳监太监尹奉庄田三顷十亩，十二年，御用监太监喜宁奏乞河间府青县地，赐其荒闲者七十九顷八十亩。正统中叶以后，乞请占夺日多，大都集中在近京地区。正德时，刘瑾在天津受献庄田，不下千顷。谷大用占夺民田达万顷之多。明末司礼太监魏忠贤有庄田二千顷。

中光禄大夫 官名。十六国后赵石虎建武中置，位左、右光禄大夫上。

中贵 指为君王所宠信的宦官，与中贵人同。

中贵人 皇帝宠幸之宦官。《史记·李将军列传》："天子使中贵人从广勒习兵击匈奴。"裴骃集解引《汉书音义》："内官之幸贵者。"

中国 古时中国含义不一。❶指国都、京师。《诗·大雅·民劳》："惠此中国，以绥四方。"毛传："中国，京师也。"《史记·五帝本纪》："夫而后之中国，践天子位焉。"裴骃集解："刘熙曰：帝王所都为中，故曰中国。"❷指华夏族、汉族活动及其文化影响所及的地区为中国(以其在四夷之中)，与四夷对称。《诗·小雅·六月序》："《小雅》尽废，则四夷交侵，中国微矣。"《礼记·中庸》："是以声名洋溢乎中国，施及蛮貊。"初因华夏族、汉族多建都于黄河中游，故称其地为"中国"，与"中州"、"中原"、"中华"、"中夏"含义相近。后以华夏族、汉族活动范围扩大和夷戎华夏化，黄河下游也被包括在"中国"一词范围之内。战国时则专指山东诸国为中国。《史记·楚世家》："秦为大鸟，……垂头中国。"司马贞索隐："言欲吞山东。"秦汉以后，随着华夏族、汉族统治地区的扩大，在统一时期多指王朝全部疆域而言。如《史记·南越列传》："高帝已定天下，为中国劳苦，故释(赵)佗弗诛。"分裂时期多指黄河流域。《三国志·蜀志·诸葛亮传》："亮说权曰：'若能以吴、越之众与中国抗衡，不如早与之绝。'"十九世纪中叶以后，"中国"始专指中国全部领土，不作他用。

中国白话报 杂志名。清光绪二十九年十一月一日(1903.12.19)在上海出版。初为半月刊，自第十三期起改为旬刊。林獬主编，刘师培、林宗素编撰。以劳动者和青少年学生为主要宣传对象，期达"个个增进学问，增进识见"，"中国自强"之目的。以浅显易懂的革命道理和白话文辞，鼓吹反帝爱国和革命排满，激发国民的民族主义和爱国主义思想。三十年九月停刊，共出二十四期。

中国报 报刊名。《中国日报》和《中国旬报》之总称。参见“中国日报”、“中国旬报”。

中国报界俱进会 清末报界团体。宣统二年八月一日(1910.9.2)在南京成立。“以结合群力,联络声气,督促报界之进步为宗旨”。由上海《时报》、《神州日报》发起,有上海、北京、天津、奉天、吉林、哈尔滨、广东、江西、湖北、浙江、江苏、福建、四川、贵州、安徽和香港等各大中城市四十六家报馆参加。推举郭定森为主席。辛亥革命后改名中华民国报馆俱进会,旋解散。

中国丛报(Chinese Repository) 期刊名。本无中文译名,时称《澳门月报》,后译《中国丛报》或《中国文库》。季刊。清道光十二年四月(1832.5)美国传教士裨治文在广州创刊并主编。传教士马礼逊、卫三畏先后参加编辑。刊载有关中国社会、政治、经济、地理、文化、语言、文字、风土民俗等方面的文章,报道与评论有关中国的时事、中英关系及外国人在华活动等情况,并译载清帝上谕与大臣奏折等重要文件。主要在南洋、广州、澳门等地发行。咸丰元年(1851)年底停刊,因常脱期,仅出二十本。

中国代办朝鲜陆路电线合同 清政府与朝鲜订立的电信事务约章。光绪十一年六月六日(1885.7.17)中国电报局与朝鲜代表签于天津。凡八条。主要内容:(1)朝鲜自仁川经汉城至义州,连接中国凤凰城(今凤城)的电线,由中国电报局承办;(2)中国代借关平银十万两为经费,五年后起,朝鲜分二十年还清,无利息;(3)该线竣工后,自通报之日起二十五年内,不准他国在朝鲜代为设线,有欲扩充、添设处仍由中国承办。

中国地学会 中国第一个地学学术团体。由张相文发起,于1909年9月28日在天津成立,1912年迁往北京。学会从爱国主义出发,提倡推动中国地理学之研究。学会早期成员主要有陶懋立、苏莘、王桐龄、史廷飏、姚明辉、章鸿钊、白眉初等。后期主要成员有翁文灏、张星烺、聂崇岐、黄国璋、王成组等。该学会除以集会演讲推动地理学研究外,还发行机关刊物《地学杂志》,发表论文,翻译介绍国外的地理学思想和新发展。

中国电报局与丹麦大北公司修订沽津京恰借线合同 清光绪二十八年九月二十一日(1902.10.22)订于上海。凡十二款。中国将大沽经北京至买卖城(恰克图)陆线内拨出一条无偿借与大北古本海根(即哥本哈根)水线有限公司经营,借期至1925年,亦可展至1930年。

中国电报总局与英国大东水线公司会订北京大沽借线合同 清光绪二十八年九月二十一日(1902.10.22)订于上海。凡七款。中国将大沽至北京电线拨出一条无偿借与英国大东水线公司经营,借期至1925年,亦可展至1930年。

中国法理学发达史论 书名。近人梁启超撰。一册。光绪三十一年(1905)清廷派五大臣出国考察宪政,次年宣布预备立宪。梁氏于光绪三十二年初发表此书,鼓吹法治主义,强调制定宪法是当务之急。凡《绪论》、《法之起因》、《法字之语源》、《旧学派关于法之观念》、《法治主义之发生》五章。对西方及中国儒、道、墨、法诸家之国家、法学思想进行了比较研究,探讨诸家学说兴衰的原因。然于国家、法律等上层建筑的形成、发展,并没有从经济基础出发去考察。此为梁氏研究古代法学理论专著,亦是清末立宪派政治宣传读物。收入《饮冰室合集》。

中国革命记 杂志名。上海时事新报馆编印(有数册改署上海自由社编印)。不定期,大多是五至十日为一册。共刊行三十册。汇集当时报刊所载而成。分为图画、记事、言论一斑、传记、文牍、法令章程、文苑、杂录等栏。记事起于1911年9月30日,止于1912年3月30日。内载民国人物五十余人之小传,亦采谕旨、奏折、函电等,于辛亥革命、南北议和记叙较详。1911年至1912年陆续出版。

中国革命纪事本末 书名。近人郭孝成撰。一册。凡《中国革命缘起及湖北革命始末》、《各省革命志略》、《民清议和及共和立国》三编。于武昌起义、全国各省光复、南北议和及各党派斗争,记述颇详。间载文牍、章程。报章佚事、琐谈亦为之贯串。为辛亥革命之史料。有商务印书馆1912年刊本。

中国革命日记 书名。新中国图书局编印。专记辛亥革命事,按日诠次,起清宣统三年八月七日(1911.9.28),终十一月十三日(1912.1.1)南京临时政府成立。1912年上海广益书局发行。

中国革命实地见闻录 书名。原名《支那革命实见记》。日人池亨吉(署断水楼主人)著于清光绪三十四年(1908),1927年上海三民公司印行。一册。作者就其亲身参加孙中山起义活动之见闻,记述镇南关起义与云南党人反清革命史事,附录孙中山《中国问题之真解决》、《革命方略》和胡汉民《云南革命军情形》等五篇。

中国革命史 书名。清末苏生著。十八章。主要记辛亥(1911)武昌起义事,兼及是年三月革命党人广州起义和四川保路风潮概况。始于三月二十九日(4月27日),止于九月四日。附有汉口战地大势图及其他图片若干。有宣统三年(1911)时事新报馆铅印本。

中国革命史论 书名。陈天华撰。存《绪论》、《秦末之革命》两篇。为驳斥梁启超《中国历史上革命之研究》保皇论调而作。赞美秦末农民革命与十八世纪法国资产阶级革命,指出中国前途是国民革命。原载《民报》第一、二号。后收入《陈天华集》。

中国革命运动二十六年组织史 书名。近人冯自由撰。一册。以编年体记述清王朝被推翻以前二十六年间资产阶级革命团体兴中会、同盟会等在海内外的组织情况。1948年商务印书馆出版。

中国革命政府债券 清光绪三十一年底(1906年初)孙中山以“中国革命政府”名义发行,用于筹集革命经费。在越南西贡以英文和法文分两面印制,券面一百元,规定“本政府在中国成立后一年,由广东政府官库或其海外代理机构支付”。在华侨中发行甚多。

中国工业史 书名。近人陈家锟撰。四编十章。陈氏叙述中国历代工业发展情况,以冀唤起国民注重工业。认为远古至尧舜是开化时代,饮食器和武器制作为工业起源。夏、商、周是进化时代,以建筑、冶金为此期代表。秦汉至明是退化时代,重农战、抑工商,然有唐、宋、明三次小进化。清是退化而趋进化时代,叙开港后工业变迁,如船舰、枪炮制作、铁路铺设、厂矿兴办等尤详。全书对历代陶瓷、冶金、建筑、纺织、火药、印刷、交通、机械诸方面均有所记述。

中国公会 清末筹议的进步团体。光绪二十一年(1895)中日战争清军败绩后,汪康年知非变法不足以图存,非将教育、政治及一切经国家、治人民之大经大法改弦易辙不足以变法。遂在武昌倡设此会,期于联合同志,讲求中国贫弱、西方富强之原因。起草《中国公会章程》,称其意在保中华之圣教、种族,使不至澌灭、沦胥,并联结天下人之心气,"将拯衰弱,俾臻富强"。未及建立,即应张之洞之邀赴上海,曾与在沪诸名流集议,未果。

中国公学 学校名。清光绪三十二年(1906)春,为抗议日本当局限制中国留学生活动的留日学生返回上海,在北四川路横浜桥租地自办此校。姚宏业、孙镜清等筹集经费,秋瑾等参加建校工作,陈伯平等为教员。分高等、普通、师范、理化四科。实行民主自治管理,学生自办《竞业旬刊》,宣传革命。旋因经费困难,学校干事、同盟会员姚宏业愤投黄浦江自尽。

中国共和研究会 清末民初政团。宣统三年九月二十七日(1911.11.17)由夏廷桢在上海发起。1912年3月14日改称国民公党,举岑春煊、伍廷芳、程德全为名誉总理,王人文为总理,温宗尧为协理。政纲为实行平民政治、整理地金、减除苛税、尊重法律、拥护人权、调剂国用、休养民力、提倡国民外交。8月与同盟会等合并成立国民党。

中国古代史 见"最新中学中国历史教科书"。

中国官音白话报 杂志名。初名《无锡白话报》,第五期始易此名。参见"无锡白话报"。

中国国会 清末维新派在上海成立的政治团体。光绪二十六年六月(1900.7)自立会组织者唐才常邀集容闳、严复、章太炎、毕永年等具有资产阶级政治倾向的人士八十余人,在上海张园开会,称"中国国会"。推容闳、严复为正副会长,唐才常为总干事,林圭、沈荩等为干事,宣布以"保全中国自主之权,创造新自立国"和拥戴光绪帝复辟为宗旨,兼顾革命与保皇,以期取得两派支持。章太炎反对既"排满"又"勤王"的矛盾主张,当场剪发辫与之决裂。汉口自立军事败后,国会首要成员被通缉,该会遂告解散。

中国国民党史稿 书名。邹鲁编著。二册。分组党、宣传、革命、余编四篇。1947年上海商务印书馆再版,增订为四册,改余编为列传,一百五十余万言。记清末革命党兴中会、同盟会、国民党和中华革命党系统有关组织、宣传和武装起义等史迹。分类纪事,详叙本末,撰辑二百二十余人传记。起于光绪二十年(1894)兴中会成立,迄1925年国民革命军北伐前。1929年上海民智书局出版。

中国国民总会 ❶清末民初革命团体。由宋教仁、陈其美、沈缦云等发起,清宣统三年五月十五日(1911.6.11)成立,总会设于上海,南京、江西、江都等地设立支会。沈缦云任会长,马相伯任副会长,叶惠钧任坐办,陈其美、章梓、史家麟等任各机构主要职员。骨干多为中国同盟会中部总会成员。以提倡尚武、兴办团练、实行国民应尽义务相号召。实系同盟会外围组织。参与策划上海起义,所办模范体操团参加攻打江南制造局之役。1912年12月归并于国民党。❷清末政团。又名四民总会、四民公会。参见"四民总会"。

中国国债史 书名。近人梁启超撰。一卷。书成于光绪三十年十一月。记光绪初年迄光绪三十年(1904)间中国向英、德、法、俄等国借债及举办昭信股票的史实。附有图表多种。揭露了以慈禧太后为首的清政府腐朽无能,榨取人民血汗以抵偿外债并供娱乐挥霍诸情事。号召人民争取立宪,争取财政监督权。有《饮冰室合集》本,附《埃及国债史》,为作者从日本柴四郎《埃及近世史》第十二章中译出。

中国魂 书名。近人梁启超(饮冰室主人)撰。二卷。辑录梁氏光绪二十五年(1899)至二十七年论著而成。凡《少年中国说》、《呵旁观者文》、《中国积弱溯源论》、《过渡时代论》、《论近世国民竞争之大势及中国之前途》、《论中国与欧洲国体异同》、《国家思变迁异同论》、《十种德性相反相成义》、《论中国今日当以竞争求和平》、《排外平议》、《论国家思想》、《论进取冒险》等十二种。其中多提倡民族独立,宣传破坏主义。有光绪二十八年上海广智书局排印本。后有朝鲜文译本。

中国机器轧铜公司 商办企业。清光绪十二年(1886)由福建商人创办于上海。因资本不足,发展缓慢。

中国教会新报 见"万国公报❶"。

中国教育会 清末资产阶级文化团体。光绪二十八年二月(1902.4)章炳麟、蔡元培、蒋智由、黄宗仰等在上海发起成立,推举蔡为会长。以"编订教科书,改良教育,以为恢复国权之基础"为宗旨,并集结爱国志士从事反满革命活动。是年夏,南洋公学发生学潮,百余人退学,教育会遂以退学学生为基础,组成爱国学社。该社学生全体加入中国教育会。是年冬,又设立爱国女学校。该会每周集会演说,并以《苏报》为阵地,倡言革命。另办有《中国白话报》、军事讲习会等。二十九年四月南京陆师学堂发生退学风潮,学生章士钊等四十余人转入上海爱国学社学习,并成立军国民教育会,每天早晚军训。苏报案发生后,爱国学社被解散。教育会名存实亡。民国时期曾一度有所复兴。

中国近三百年学术史 书名。近人梁启超撰。一册。凡《清代学术变迁与政治的影响》、《阳明学派之余波及其修正》、《清代经学之建设》、《清初史学之建设》、《程朱学派及其依附者》、《实践实用主义》、《科学之曙光》、《清代学者整理旧学之总成绩》等十六篇。又附表多种。对明末迄民国初年的经学、史学、诸子学、文字学、音韵学、历算学、乐曲学、西学等,及其中各个学派的特点、源流、产生的社会基础、原因,分别进行了探讨和总结。在论述清代史学时,对重要史家的生平事迹、师友学生、学术成绩和重要史著的思想、价值均有较详的论述。兼论辨伪和学术史研究的方法。书中对黄宗羲、唐甄的民主思想,颜元、李塨的实践论,王锡阐、梅文鼎的历算学成就颇加赞许。称乾嘉学派为"科学的古典学派",希望后人用其治学方法转治自然科学。书中建议对经学、文字学进行史学和社会学的研究;对《水经注》等历史地理书进行实地勘察的研究;设立国家图书馆,搜集全国族谱以研究民族、风俗;设立国家音乐学校以整理古代的音乐戏曲。1924 年成书。有单行本,收入《饮冰室合集》。

中国历(歷)史 书名。一名《中国历史教科书》。清末陈庆年纂。六卷。章节体。光绪三十年(1904)成书。陈氏以日人桑原隲藏《东洋史要》为依据,去粗取精,纂为此编。将中国历史分为上古(太古至秦统一),中古(秦至唐亡),近古(五代至明),近世(清开国至陈氏编书时)四个时期,而叙止顺治二年(1645)李自成兵败被害。于政治、学术、宗教等均有论述。为近代较早章节体中国通史教科书之一。

中国历(歷)史歌 书名。清袁桐撰。不分卷。中国历史启蒙读本。依据《御批通鉴辑览》,将自伏羲、神农至南明福王历朝史事,以四言韵文重编,书眉补录历朝帝号和一代国祚,间注重要史实。其有关域外方国皆用今名,便于童蒙讽记。

中国历(歷)史讲义 书名。清末徐念慈撰。二编十章。章节体中国通史。徐氏据正史、《通鉴》、纪事本末有关资料外,复参考夏清贻《本国史教科书》、夏曾佑《中国历史教科书》及日人久保天随《东洋通史》。第一编总论,叙述地理、人种和远古传说。第二编为历代兴亡史,分上古纪(夏至战国),中古纪(秦至唐亡),近古纪(五代至北宋),近世纪(南宋至元亡),近代纪(明代史),现世纪(满族初兴至同治十二年),今代纪(光绪即位至预备立宪)七个时期。末附《中国史大事年表》、《光绪三十年后大事月表》。有光绪三十四年(1908)宏文馆印本。

中国历(歷)史上革命之研究 篇名。近人梁启超撰。梁氏统称中国历史上农民战争、地主军阀战争为"革命"。认为中国历来没有西方资产阶级"文明"革命的条件。宣传中国战争阻碍文明进步,借以否定反清革命。撰成于义和团运动失败后至光绪三十年(1904),为康有为、梁启超保皇派与革命派论战的代表作之一。受到陈天华等人的批判。初发表在《新民丛报》。后收入《饮冰室合集》。

中国历(歷)史研究法 书名。近人梁启超撰。六章。以在南开大学所讲《中国文化史稿》编订而成。总结了清末以来对中国封建史学的批判和改造主张,规定了史学研究的对象任务。主张用西方资产阶级的方法来整理东方古代文明。详细分析了史料的种类,论述了史料搜集、鉴别、排比、归纳的方法。但否认社会历史有一定的形态,认为英雄、人类心理在社会发展中有决定的因素。资料上亦略有讹误。为中国较早的资产阶级史学理论和方法论专著。曾简编为《中国文化史纲》,发表在 1921 年《改造》杂志上。有商务印书馆 1924 年排印本。

中国历(歷)史研究法补编 书名。近人梁启超撰。一册。继《中国历史研究法》而成。论述人物传、年谱、政治史、经济史、文化史、史学史等研究方法。强调分科分类进行各种专史的研究,然后合成大规模完整的通史。批评偏向于琐碎考证钩沉的风气。其中认为历史研究不受因果律的支配,否定了他原来的说法,是他历史观点的倒退。并且竭力用折中主义、不可知论反对历史唯物主义。此书系梁氏 1926 年至 1927 年在清华讲课,由周传儒、姚名达笔记,而后审阅编定。尚有《分论二・事的专史》、《分论四・地方的专史》、《分论五・断代的专史》未及讲授成稿。收入《饮冰室合集》。

中国历(歷)史战争形势图说附论 书名。近人卢彤撰。上、下两卷。自黄帝破蚩尤于涿鹿,晋文公破楚城濮之战始,至清代曾国藩、左宗棠、李鸿章镇压太平天国、捻军起义及左宗棠由陕甘进军新疆等历史上的重要战争,共四十四次,均绘有形势图,并分专题就每次战争形势进行论述。认为地利难凭而实可凭,兵机无定而实有定,问题是指挥者能否审时度势地指挥。

中国留学生会馆 清末留日学生团体。光绪二十七年(1901)秋冬间由中国留日学生发起创立,馆址设于东京神田骏河台铃木町十八番地。设干事若干,由留学生全体大会选举产生,负责联系各省留学生,并协调其活动。后在清驻日公使蔡钧压力下,改名为清国留学生会馆。1912 年复改称中华民国留学生会馆。

中国留学事务所 亦名驻洋肄业局。清政府设在美国管理留美幼童事务的机构。同治十三年(1874)在美国康纳特克州哈特福德的克林街建造该所办公楼宇,可容监督、教员、学生七十五人居住,并设有教习汉文的大课堂。正、副监督驻此主持工作。光绪七年(1881)解散,并着手将留美学生撤回。

中国秘密社会史 书名。日本平山周撰。一册。1912 年商务印书馆编译所译订出版。作者曾加入兴中会,并到中国考察秘密结社和革命党情况,经对会党进行调查而成此书。共六章,分白莲会、天地会、三合会、哥老会、兴中会及同盟会、光复会论述。

中国民族权力消长史 书名。近人陶成章(会稽先生)撰。分三大部七时代叙中国历史上民族盛衰之迹。一为葱隆之部(自盘古至战国末),分邃古、太古、上古三时代;二为开展之部(自秦统一至唐玄宗天宝十三载),为中古时代;三为衰落之部(自唐玄宗天宝十四载至 1904 年),分近古、近世、近今三时代，并综论中国民族兴亡问题。末附希望之部，预测世界历史发展趋势。所叙以中国历史上各民族势力消长和战争融合过程为主，兼及各时代政治文化科技状况。同时极力鼓吹“种族革命”，要求推翻清廷，使中国免遭列强瓜分，实现民族复兴。是书1904年刊于日本东京，1907年易名《中国民族史》再版，为当时流行的反清革命书籍，曾遭清政府查禁。

中国民族志 书名。近人刘师培撰。十八章。成于清光绪三十一年(1905)。记叙中国历史上诸民族之分布、兴衰及其同化。依据“物竞天择”的进化观点，强调中国民族若不自振，将有亡国灭种之祸，激励人民反清和反对外来侵略。收入《刘申叔先生遗书》。

中国穆斯林的战争 即“在中国的圣战”。

中国女报 杂志名。清光绪三十二年十二月一日(1907.1.14)在上海创刊。月刊。秋瑾、陈伯平主编，徐双韵、燕斌、陈志群、吕碧城等撰稿。“以开通风气，提倡女学，联感情，结团体，并为他日创设中国妇人协会之基础为宗旨”。批判封建纲常名教，反对包办婚姻和缠足，主张男女平权，鼓吹民主革命。刊有秋瑾名作《精卫石》等。出版两期停刊。

中国女史 书名。清末金炳麟、王以铨辑。二十一卷。搜罗史籍中有关记载，依朝代先后为次，编为是辑。起轩辕，迄明季，所列范围自后妃至妾、婢，以及农民起义女将等，凡皇后、妃嫔、公主、命妇、女宗、女将、贤母、贤妻、孝女、烈女、义女、贞女、文女、艺女、侠女、妓女、“匪女”、悟女十八类，一千五百余人。有宣统元年(1909)印本。

中国女学会 清末妇女进步团体。光绪二十三年(1897)夏秋之交，在维新派和外国驻沪领事、男女传教士赞助下，由李闰(谭嗣同妻)、黄谨娱(康广仁妻)倡办于上海并任董事。次年创办中国女学会书塾，称上海桂墅里女学堂，由经元善总理，妇女主管堂务，为中国近代第一所自办女校。旋在城内设立分校，专备就近女生走读。后又创办《女学报》，是为中国近代第一份女报。二十六年学堂以费绌停办。

中国女学堂 即“经正女学”。

中国女子留学生速成师范(範)学堂 学校名。附设于日本东亚女学校，1905年4月在东京开办，专门教育中国女留学生，以期养成师范之资格。除教授普通学科的本科外，并设音乐专修科、游戏体操专修科。分别肄习修身、日语、教育、英语、数学、地理、历史、家事、图画、音乐、体操等课程。修业年限本科两年，专修科六个月。修完所定课程者，学堂授予卒业文凭。

中国日报 报纸名。清光绪二十五年十二月二十五日(1900.1.25)在香港创刊。兴中会主办，陈少白任社长兼总编辑，陆伯周、黄鲁逸、郑贯公等先后主编。日出两大张。同时发行《中国旬报》，统称《中国报》。以发聋振聩、保国救民、复兴中国为主旨。三十一年转为同盟会言论机关，陈少白、冯自由、谢英伯、卢信等先后主编，张继、胡汉民、汪兆铭、朱执信等撰稿。倡革命排满之说，宣传三民主义，号召推翻清王朝，建立民主共和国；揭露帝国主义侵略，主张“文明排外”；声援武装斗争，颂赞革命精神；批判保皇谬论，与改良派喉舌《岭海报》、《商报》、《新民丛报》长期论战。辛亥广东光复后迁广州，1913年“二次革命”失败后被龙济光查封。

中国商业研究会月报 杂志名。清宣统二年正月二十九日(1910.3.10)在日本东京创刊。留日学生主办，王钝根总编辑。以不谈政治、只论商业为宗旨。初为月刊，实不定期，每期八十余页。设论说、学说、纪事、调查、统计等栏目。辛亥革命后改名《中国商业月报》，迁上海出版。1920年5月停刊，共出十二期。

中国商业杂志 杂志名。清宣统二年正月十五日(1910.2.24)在上海创刊。初为月刊，第二号起改双月刊。留日归国学生主办，陈籽辉、陈家灿主编。以振兴商业为主旨，设论说、学艺、译述、杂俎、记载、文牍等栏目。

中国社会党 清末民初政党。前身为社会主义研究会。由江亢虎等发起，宣统三年九月十五日(1911.11.5)成立，江亢虎任主任干事。上海设本部，苏州、天津、北京等地相继设支部。发刊《社会日报》，宣传社会改良主义。政纲有“赞同共和”、“改良法律、尊重个人”、“破除世袭遗产制度”、“奖励劳动家”等八条，声称“其宗旨在于不妨害国家存立范围内主张纯粹社会主义”。1912年11月沙淦等与之脱离，另组社会党。1913年8月为袁世凯政府解散。1920年以后江亢虎复以该党名义活动，直至抗日战争结束。

中国剩余定理 即“大衍求一术”。

中国实业杂志 杂志名。清宣统二年(1910)九月在日本东京创刊。月刊。李文权任社长、主编。设论说、传记、调查等栏目。1917年移天津出版。1919年停刊。

中国史叙论 篇名。近人梁启超撰。光绪二十七年(1901)梁氏发愿创著中国通史，因先写定此叙论。凡《史之界说》、《中国史之范围》、《中国史之命名》、《地势》、《人种》、《纪年》、《有史以前之时代》、《时代之区分》八节。批判封建史书只是帝王家谱，指出中国还没有国民自作之史。认为新史要探讨因果联系，要包括学术(智力)、经济(产业)、美术、宗教、政治五个方面，分为上世史(黄帝迄秦)、中世史(秦迄清乾隆末年)、近世史(乾隆末年迄当时)三个时期。认为中国亦存在石器、铜器、铁器诸时代。虽叙及国家起源，然通篇无视阶级关系。为中国较早的资产阶级史学理论著述之一，影响较大。初在光绪二十七年《清议报》发表，后收入《饮冰室合集》。

中国史研究法 书名。一名《大学分科中国史学研究法初编》。清末周嵩年撰。八章。是书囊括古今，撮其大纲，依类纂辑，凡四十八目，贯通历代朝廷之政教得失，统系、疆域、风俗、人才、物产之盛衰消长，典礼、制度、仪法因革损益等，以此为研究中国史所宜知者。有宣统二年(1910)印本。

中国四十年来大事记 见“李鸿章❷”。

中国体操学堂　学校名。清光绪三十四年(1908)虞洽卿等在上海发起成立。分设本科,一年半卒业;选科,一年卒业。课程主要有兵式体操、器械、游戏、柔术、击剑、生理、医学、音乐等。

中国铁路公司　即“天津铁路公司”。

中国通商银行　商办金融机构。清光绪二十三年(1897)由盛宣怀创建,额定资本五百万两。除在上海设总行外,陆续在汉口、北京、天津、广州、烟台、香港、重庆等地增开分行。具有发行钞票的特权。

中国同盟会　简称同盟会。中国资产阶级革命政党。清光绪三十一年七月二十日(1905.8.20)孙中山联合兴中会、华兴会、光复会和科学补习所等革命团体在日本东京成立。举孙中山为总理。东京本部设执行(下设庶务、内务、外务、书记、会计、调查六科)、评议、司法三部,以黄兴为执行部庶务长,协助总理主持全面工作,宋教仁、汪精卫、邓家彦等分任各部职务。初有会员百余人,包括十七省人士,成为以资产阶级、小资产阶级革命派为主体的全国性革命政党。确定以“驱除鞑虏,恢复中华,建立民国,平均地权”为政治纲领,制订《中国同盟会总章》、《军政府宣言》、《革命方略》等文件;发刊《民报》为机关报;宣传“民族、民权、民生”三民主义学说,同改良派展开论战;在国内外设立支部和分会,联络华侨、会党、新军和各界群众。不及一年,会员即达万余人。自光绪三十二年起,先后发动了萍浏醴起义、潮州黄冈起义、惠州七女湖起义、钦廉防城起义、镇南关(今友谊关)起义、钦廉上思起义、云南河口起义、广州新军起义和广州“三·二九”起义,直至宣统三年(1911)武昌起义,掀起全国规模的革命浪潮。后本部由日本东京迁至上海;南京临时政府成立,再迁南京。1912年3月3日在南京召开会员大会,制订新纲领,宣布以“巩固中华民国,实行民生主义”为宗旨,成为公开的政党。1912年8月改组为国民党。

中国同盟会中部总会　即“中部同盟会”。

中国同盟会总章　同盟会正式章程。黄兴等起草,清光绪三十一年七月二十日(1905.8.20)同盟会成立大会正式通过。原章程三十条已佚,三十二年四月十三日改订稿计二十四条。主要内容为:(1)以“驱逐鞑虏,恢复中华,创立民国,平均地权”为宗旨;凡与本会宗旨相同,并愿联为一体之各会党,皆可为成员。(2)设总理一人,由全体会员公举。总理对外有代表本会之权,对内有执行事务之权。(3)本部设东京,下设执行、评议、司法三部。(4)在国内外分设九个支部(国内五个、国外四个),直接受本部统辖。(5)在东京的会员按省籍设立分会,受本部统辖。1912年南京临时政府成立后,同盟会公开,《总章》重加修订。共六章三十四条。规定以巩固中华民国,实行民生主义为宗旨,列举九条政纲:(1)完成行政统一,促进地方自治。(2)实行种族同化。(3)采用国家社会政策。(4)普及义务教育。(5)主张男女平权。(6)厉行征兵制度。(7)整理财政,厘定税则。(8)力谋国际平等。(9)注重移民垦殖事业。

中国图书公司　清光绪三十二年(1906)由张謇等人在上海发起成立,沈恩孚任编辑所长,出版书籍有《算学自修书》、《初小算学课本》、《高等国文课本》、《初小国文课本》、《高小历史课本》、《高小地理课本》、《几何学教科书》等。

中国问题的真解决　书名。孙中山撰。原系英文,题为《The True Solution of Chinese Question》。又译作《支那问题真解》或《支那问题的真解决》。清光绪三十年(1904)秋在美国纽约报纸发表,并由美国人麦克威廉斯出资,加印单行本万册分赠各国人民。同年冬译成中文,在日本以中英文合本刊印。书中揭露清廷黑暗腐败统治,驳斥帝国主义散布的“黄祸论”,劝说西方各国放弃支持清政府的政策,呼吁欧美人民对中国革命在道义上与物质上给以同情和支援。今收入《孙中山全集》。

中国新报　杂志名。清光绪三十二年十二月七日(1907.1.20)在日本东京创刊。月刊。杨度主编,熊范舆、薛大可、李倪、方表、谷钟秀等编撰。以“谋开国会”,“改造责任政府”为主旨。反对外来侵略,提倡“金铁主义”;反对民主共和,鼓吹君主立宪;反对暴力革命,主张和平改良。配合《新民丛报》与《民报》进行论战。三十三年十月迁上海,十二月发行第九期,旋停刊。

中国新女界杂志　杂志名。清光绪三十二年十二月二十三日(1907.2.5)在日本东京创刊。月刊。炼石女士(燕斌)倡办,自任主编兼发行人,撰稿人多为留日女学生。以提倡女界新学说、输入女界新文明为主义。批判男尊女卑和封建妇德,宣传男女平等和妇女解放。文言白话兼采。三十三年五月底停刊,共出六期。

中国学生同盟会　清末学生组织。光绪二十九年(1903)五月,邹容在上海通过《苏报》发起组织中国学生同盟会。计划在各省设总部,各府县设分部,联合各省学生团体组成一全国性的学生组织,“以鏖战于中国前途竞争逼拶中”。旋因邹容入狱而告流产。

中国旬报　杂志名。兴中会机关刊物。十日刊。清光绪二十五年十二月二十五日(1900.1.25)与《中国日报》同时在香港创办,并称《中国报》。陈少白主办,杨少欧、黄鲁逸主编。以保国救民、复兴中国为宗旨。以日报内容为基础,分类汇编而成,主要刊载长篇论说和译稿。载有《论民权》、《解辫发说》、《主权篇》等文,宣传“革命维新”。二十六年十二月停刊,共出三十七期。

中国印度见闻录　书名。一名《苏莱曼游记》。二卷。上卷过去认为系阿拉伯商人苏莱曼撰,不确。约撰于公元851年(回历237年,当公元851.7.5—852.6.22之间,唐宣宗大中五年至六年)。记自阿拉伯的阿曼经印度至广州航程所经过的海洋、港湾、国家及奇闻异事,印度、中国的风俗、物产、工商业及政治组织等情况,为阿拉伯人关于中国的最早报道。下卷为阿拉伯尸罗夫港(一译尸罗围)人阿布·赛义德·哈桑所作,或为他的谈话记录,约在公元916年

(后梁贞明二年)成书。记黄巢(写作 Banshu)攻下广州、长安,使中、阿贸易中断,阿拉伯人伊本·瓦哈卜觐见中国皇帝事,兼及中国商业、手工艺和风俗等,对唐朝法制备加赞美。本书原为阿拉伯文,最早有法文译本。中文译本先有张星烺的节译,载《中西交通史料汇编》中,后刘半农有全译本,称《苏莱曼游记》。1983 年中华书局出版据索瓦杰法译本和藤本胜次日译本的新译本,为较标准的译本。

中国与外洋彼此收递电报办法合同 丹麦大北电报公司挟制清电报总局订立的电信事务合同。光绪七年一月二十八日(1881. 2. 26),由清方代表盛宣怀与丹方代表恒宁生(Jakob Henningsen,1849—1913)签于天津。凡十四款。主要内容:(1)经中国线路寄发与外国往来电报,凡发报未指定线路者,由日本至海参崴之丹公司线路传寄;(2)寄发电报使用对方线路,照章付费;(3)双方可自定报价,但寄外国电报须按国际章程;(4)中国设立对丹方有利的津沪线路;(5)长江水线修理须雇丹方船只、人员。

中国猿人 即"北京人"。

中国专制政治进化史论 书名。近人梁启超撰。四章。将中国专制政治制度的演变、发展,分为封建未定期(黄帝至周初)、全盛期(周至汉初)、变相期(汉景帝至清初)、全灭期(康熙平三藩以后)四个时期及十三个小阶段来论述,并探讨其发展变化的原因。用西方资产阶级民主、自由学说批判了中国专制政治。然否定中国阶级的历史存在,无视经济基础的决定作用。为中国较早的政治制度通史。收入《饮冰室合集》。

中行 ❶春秋时晋国军制。晋文公五年(前632)于上、中、下三军之外,增设左、中、右三行,以御狄。"行"为步兵。八年,废。❷唐宋时尚书省六部依其办公位次,分为前、中、后行,户部、刑部为中行。

中行桓子 即"荀林父"。

中行文子 即"荀寅"。

中行献子 即"荀偃"。

中行说 西汉燕人。文帝时宦官,奉命随宗室公主赴匈奴和亲,至则投靠匈奴,得单于爱幸。教单于左右疏记,计课人畜。又为匈奴骚扰汉朝出谋划策,给汉朝造成很大祸患。

中和 ❶儒家伦理思想。指情感之抒发符合"中道",不偏不倚。《礼记·中庸》:"喜怒哀乐之未发谓之中,发而皆中节谓之和。"朱熹注:"喜怒哀乐,情也。其未发,则性也"、"以性情言之,则曰中和"。认为"致中和,天地位焉,万物育焉。"❷儒家政治思想。指宽严相济之统治方策。《荀子·王制》:"中和者,听之绳也。"杨倞注:"听,听政也……中和,谓宽猛得中也。"❸唐僖宗李儇年号(881—885)。凡五年。

中和殿 宫殿名。清皇宫外朝三大殿之一。位于北京紫禁城太和殿后,明永乐十八年(1420)建。初名华盖殿,后改中极殿,清顺治二年(1645)改称今名。皇帝御太和殿举行大典前,先至此小憩,并接受大臣及侍卫执事人等行礼。祀方泽、太庙、社稷之前一日阅祝版,耕耤前阅农器种箱,上皇太后徽号前阅奏书及玉牒修竣进呈等仪礼,也在此举行。

中和殿大学士 官名。清代置,为大学士衔名之一。顺治十五年(1658)改内三院为内阁后,始加大学士殿阁衔。乾隆十三年(1748)省。

中和节 唐贞元五年(789)置。德宗因以前上巳日(三月上旬的巳日)大宴集,每与寒食节同时,乃准李泌请,以二月初一为中和节。时文武百僚进农书,献农种,王公戚里上春服,士庶间以刀尺相遗。村社作中和酒,祭句芒神,祈年谷。聚会宴乐,名为飨句芒。次年,始令进武后所撰《兆人本业记》,司农献黍粟种各一斗,以示务本崇农。

中和堂 清末资产阶级革命派联络华侨的组织。日本横滨原有华侨工界俱乐部,名忠和堂。光绪二十五年(1899)兴中会会员尤列、陈少白更其名为中和堂,尤列被举为会长。宗旨为联络华侨,宣传革命。二十七年尤列、黄世仲又在吉隆坡及南洋英属各埠设分会。部分成员后入同盟会。

中河 今江苏宿迁市至淮阴市间废黄河北岸一段运河的前身。清康熙二十六年(1687)由河道总督靳辅主持开凿。河身在当时黄河北岸缕、遥二堤之间。起自宿迁市西张庄运口,经骆马湖口,历桃源县(今泗阳县),至清河县(今淮阴市西南废黄河北岸)西仲家庄建石闸与黄河相通为运口。又自仲家闸分中河东流经安东县(今涟水县),转东北由潮河入海,名下中河;用以分泄黄水,因兼盐运之利,故又名盐河。二十七年正月竣工。自后南来粮船北上,出南运口后,行黄河数里,即入中河,直达张庄运口,避开了黄河一百八十里风涛之险。三十八、九年总河于成龙弃中河桃源县以下半段,以北堤为南堤,另筑北堤,称新中河。后又因新中河三义坝(今泗阳县东南)以北河身浅狭,改用旧中河,与新中河合为一河。重加修浚,运道称便。

中候 官名。秦代置,属将作少府。西汉沿置,掌视察工徒,或分置左、右,隶将作少府(将作大匠)。执金吾属下有式道中候,掌车驾出还清道。东汉时唯北军置,称北军中候。武周天授二年(691)于十二卫及左、右千牛卫置,员各三人,皆正七品下;东宫六率亦置,员各二人,从七品下。乾元二年(759)又于北衙六军置,员额、品秩同诸卫。

中护军 官名。东汉置,掌军中参谋、协调诸部。明帝时班固为中护军。建安十二年(207)曹操改护军置。曹魏沿置,四品,资重者可迁护军将军,掌武官选举,与中领军同掌禁军,出征则督护诸将;隶中领军(领军将军)。蜀亦置。入晋则不隶领军,亦不典武选,升三品,自领营兵;东晋永昌元年(322)省并入领军,太宁二年(324)复分置,掌督护京师以外地方诸军。属官有长史、司马、功曹、主簿、五官,受命出征则置参军。南朝沿置,梁十四班;陈三品,中二千石。北魏则侍臣带护军始加中字,太和十七年(493)定为二品中,二十三年改为三品。北齐沿之,管四中关津,舆驾出则护驾,统东、西、南、北四中将府及诸关尉、津尉,属官有长史、司马、功曹、五官、主簿、录事及诸曹参军。唐贞元十二年(796)亦置,以宦官充任,位次于护军中尉,为左右神威军监军使加号,以示尊宠。

中华 ❶古代华夏族、汉族多建都于黄河南北,在四夷之中,后世因称其地为中华。《魏书·礼志》:“下迄魏晋,赵、秦、二燕虽地据中华,德祚微浅。”初,仅指黄河中下游而言,其后中原各朝疆土渐广,凡所统辖,皆称中华,亦称中国。参见“中国❷”。❷对华夏族、汉族的称谓。《北齐书·高昂传》:“于时鲜卑共轻中华朝士,唯惮服于昂。”

中华报 杂志名。清光绪三十年十一月一日(1904.12.7)在北京出版。日出一册。彭翼仲、杭辛斋主办,杭兼主编。以“恢复国权,启导民智”为宗旨。宣布由华商自办,“无洋人资本,亦不借他国保护”。注重宪政,鼓吹社会改良。

中华博医会 外国医药传教士团体。清光绪十二年九月二十六日(1886.10.6)在上海成立,推举广州博济医院院长嘉约翰(John Glasgow Kerr)为第一任会长,上海同仁医院院长文恒理(Henry William Boone)为副会长。次年出版英文医学季刊。十四年又在上海出版中文《博医会报》,介绍西医西药。1932年与中华医学会合并。

中华革命军 清末革命组织。光绪二十九年(1903)孙中山鉴于檀香山兴中会员多为保皇会所惑,乃于是年十二月(1904.1)初重建,不用兴中会原名,而称中华革命军,以记邹容《革命军》之功。孙中山主盟,誓词为“驱除鞑虏,恢复中华,创立民国,平均地权,如有反悔,任众处罚”。首批加入者凡数十人。宣统二年(1910)春,改组为同盟会檀香山分会。次年孙中山在旧金山发起成立美洲洪门筹饷局(国民救济局),亦称中华革命军筹饷局。

中华共和促进会 即共和促进会。清末民初政团。前身为共和国民会。宣统三年十一月(1911.12)由胡飞、厉明度、张明远等人在上海成立。选伍廷芳、陈其美为名誉正副会长,厉为总干事,发布政纲十四条,以联络各省志士协助军事、维持政事、敦促国民求达共和为宗旨。南北议和期间,联合其他政团通电反对君主立宪。旋因内部分裂而解散。

中华国民军 清末革命武装。光绪三十二年(1906)秋冬间,孙中山、黄兴、章炳麟等在日本制订《革命方略》,以中华国民军名义起草《军政府宣言》、《安民布告》、《对外宣言》、《招降满洲将士布告》等文件。其后,同盟会组织、领导的多次武装反清起义,均将军队编为中华国民军,以此名义发布对内对外文告。

中华进步党 清末民初政团。宣统三年十月(1911.11)苏筠尚、杨岘庄等在上海发起。以破除阶级、伸张人权、扫除人道之障碍、救济众生之苦恼为宗旨。日本、新加坡、青岛、香港、汕头各处均有支部。1912年4月17日在上海召开大会,选谭人凤为主裁,李经羲为副主裁。

中华民国 国号。二十世纪初年资产阶级革命运动兴起后,邹容在《革命军》中首先提出革命后建立的国家定名“中华共和国”。清光绪三十二年(1906)孙中山、黄兴等制订的《中国同盟会革命方略》已把未来国家称作“中华民国”。宣统三年(1911)武昌起义后的第二天,即正式揭橥“中华民国军政府”旗号。1912年1月1日,以孙中山为首的南京临时政府成立,标志着中华民国的正式建立。此后直到1949年中华人民共和国成立前,中华民国为中国国家名称。

中华民国北伐先锋队 清末革命军事团体。宣统三年十月七日(1911.11.27)由王养吾等在上海发起成立,成员从军、警、学界闲散人员中招募。后改称中华民国北伐先锋军,驻扎南京,待命北伐。旋解散。

中华民国大事纪 书名。神州广文社编。初集,三十一条。首载伍廷芳等请摄政王逊位电,继载各省先后独立、湖南革命之曲折、袁世凯利用北洋军镇压革命,以及冯国璋与段祺瑞间的矛盾等情况。

中华民国公报 报纸名。湖北军政府机关报。清宣统三年九月二十五日(1911.10.16)在武昌创刊。湖北军政府主办,张越、蔡良村等先后主编,任岱青、张祝南、刘菊坡、蔡寄鸥等编撰。以“开通民智,鼓荡民气,推倒恶劣政府而建共和民国”为宗旨。刊发军政府各种文告、檄文、军法、律令。初时出版张数不定,后改为日出两大张。1912年初,转而成为民社言论机关,背离原有宗旨,拥护袁世凯,攻击革命。1913年停刊。

中华民国金币票 清宣统三年(1911)美洲洪门筹饷局发行之债券,用于筹集革命军饷。券面十元,规定“中华民国成立之日,此票作为国宝通用,交纳税课,并随时如数向国库交换实银”。

中华民国军 书名。清末天恨生编。十二章。作于宣统三年(1911)。主要记叙武昌起义前后形势及起义过程,起宣统三年八月十四日,迄二十七日刘家庙激战,兼插黎元洪、黄兴小史和逸事。其中所记起义后武昌地区社会秩序、商业、新闻报业诸情况,多属作者亲见。有民醒社石印本。

中华民国军光复上海记 书名。不著撰人。二集。第一集五章介绍上海光复情形,第二集介绍上海光复后有关情况。清宣统三年九月十六日(1911.11.6)光汉学社石印。

中华民国军政府条例 武昌起义后湖北军政府制订的组织纲领。于清宣统三年八月二十五日(1911.10.16)通过。共六章二十四条。规定都督府下设军令、军务、参谋、政事四部,均直辖于都督,受都督之指挥命令;有关军政各重要事项,由都督召集临时军事参议会或顾问会讨论施行;凡发布命令及任免文武官员,亦均属都督之权限。九月四日为《中华民国鄂军政府改订暂行条例》所取代。

中华民国开国前革命文献 书名。陆曼炎编。一册。辑录辛亥革命前革命团体兴中会、同盟会有关文献、函电,分宣言、檄文、发刊词、论著、序、跋、供词、函札等类,篇末附解说、评论。1944年名山出版公司出版。

中华民国开国史 书名。又名《中华民国临时政府实录》。近人谷钟秀撰。一册。武昌起义后,谷氏往来武汉、南京,以直隶省代表身份,参与临时政府筹建事。继为临时参议院议员。至临时政府告终,引身而退,乃将闻见大端,撰为此编。凡五编:第一编《绪论》,叙清末革命形势,及辛亥革命原因。第二编《组织政府时代》,记武昌起义至和议发端。第三编《南京临时政府时代》,记孙中山就职至唐绍仪组织新内阁。第四编《北京临时政府时代》,记内阁更迭至熊希龄组阁事。第五编《结论》,论今后政治趋势及理想之共和国。所记颇多内幕情状。有上海泰东图书局1914年刊本。

中华民国联合会 民初政团。章炳麟、程德全、张謇等发起,1912年1月3日在上海成立,章、程分任正副会长。次日发刊《大共和日报》,以"联合全国,扶助完全共和政府之成立"为宗旨。3月2日改组为统一党。

中华民国宪政党 清末民初政团。宣统三年十月十四日(1911.12.4),由李平书、殷汝骥等倡议,伍廷芳、唐文治赞助,在上海组织中华民国宪法预备会,以博采民国宪法,确定中华共和政体为宗旨,发刊《共和宪政杂志》。十一月十日(12.29)召开中华共和宪政会成立大会,李平书、伍廷芳任正副长。1912年3月24日更名中华民国宪政党,伍、李分任正副领袖。

中华民国学生军 清末革命军事团体。宣统三年九月(1911.11)在上海成立,宗旨为"扫除满虏专制,造成共和政体",成员皆为曾受中等以上教育之青年学生。十一月编练成军,转赴杭州驻扎训练。

中华民国自由党 清末民初政团。宣统三年十二月十六日(1912.2.3)由蔡之韶、谢树华等发起成立于上海。拥戴孙中山、黄兴为正副主裁,孙、黄未就,由同盟会员李怀霜为临时副主裁。以维持社会之自由、扫除共和之障碍为宗旨,凡事与同盟会协力进行。发刊《民权报》。后本部迁北京,上海组织机关部。1913年8月因北京政府镇压而解散。

中华民军协济总会 清末民初革命募捐团体。发起人为姚勇忱、李征五等。宣统三年十一月五日(1911.12.24)成立,总部设于上海,庞青城任会长,各重要省市设分部。主要活动是募款支援民军,调查各省财政盈绌,预算北伐经费。1912年2月上海军政府通告停募军饷,该会遂解散。

中华民务兴利公司债券 清光绪三十一年(1905)孙中山和同盟会以广东募债总局和中华民务兴利公司名义发行,用于筹集革命经费。券面一千元,规定"自本公司开办生意之日始,每年清还本利五分之一,限期五年之内本利清还"。在日本横滨印制,曾在越南华侨中少量发行。

中华女子共和协进会 清末民初政团。宣统三年十一月(1912.1)成立于上海。汤汉民、朱广明等发起。以征求女子意见、扫除专制流毒、维护共和之制为宗旨。该会于1912年2月22日致电袁世凯,称"民国统一,赖公缔造"。

中华平民党 清末民初政团。宣统三年十一月二十六日(1912.1.14)成立于上海。主张男女齐权、财产平均、种界融合、废止法律。

中华新报 报纸名。清光绪三十四年三月十七日(1908.4.17)在广东汕头创刊。革命派言论机关。叶楚伧主编。日出两大张,周一休刊。

中华医药传教会 外国医药传教士团体。由东印度公司医生、英国人哥利支倡议,于清道光十八年(1838)在广州成立。哥利支为会长,美国传教医生伯驾为副会长。鸦片烟商颠地(Lancelot Dent)、查顿为终身董事。宗旨为通过在中国人中间行医来推进传教事业。后在广东、广西、浙江、江苏等地设立医院和小型诊所数十处,广州博济医院即为该会所办。光绪十二年(1886)成立中华博医会后,该会停止活动。

中黄令 官名。南朝梁置,掌宫中金帛库藏,隶少府卿。陈沿置。

中黄门 官名。西汉置,掌皇宫黄门以内诸伺应杂务,持兵器宿卫宫殿,为宦官中地位较低者。名义上隶属于少府,无员额。东汉沿置,位小黄门下。初秩比百石,后增为比三百石。魏、西晋沿置,皆七品。东晋省。十六国汉(前赵)、南燕、后燕亦置。北魏、北齐时隶中黄门令,位小黄门上,皆九品上。

中黄门令 官名。两汉少府属官有黄门令,主省中诸宦者,领中黄门。三国魏及晋光禄勋均有黄门令,非宦者任职。十六国后燕置中黄门令。《晋书·慕容德载记》:慕容宝"遣其中黄门令赵思召慕容钟来迎"。北魏亦置,孝文帝太和十七年(493)定为四品中,二十三年改为从八品上阶;另有中黄门,原为五品中,二十三年改为九品上。北齐长秋寺有中黄门署,署有令,位从八品上,其副职为丞,又有冗从仆射及博士四人。

中黄门冗从 官名。东汉置,执兵器侍卫宫殿,护从车驾,隶少府及大长秋。少府所属由中黄门冗从仆射主之,大长秋所属由中宫黄门冗从仆射主之,皆以宦官充任。

中黄门冗从仆(僕)射 官名。东汉置,统领中黄门冗从,掌侍卫皇宫,护卫车驾。名义上隶少府,秩六百石。魏、晋不置。北魏、北齐复置,隶长秋寺中黄门署,从八品上。

中黄门署 官署名。十六国后燕、北魏、北齐皆置。北齐属长秋寺,以令、丞为长贰,领中黄门冗从仆射、中黄门博士等官,皆用宦者。

中黄臧府 见"臧府"。

中黄藏令 官名。三国魏置,掌宫中币帛金银货物。晋属少府,与左、右藏令分掌,设丞为副职于邺。东晋后少府官属多省并不常。南朝梁复置。北齐省称黄藏令,为太府寺黄藏署主官。

中获 唐评定战功标准之一。参见"上获"。

中机布 明代松江所产棉布。较标布稍狭而长,价与标布相等,销湖广、江西、两广等地。

中极殿 宫殿名。明代北京紫禁城诸殿之一。即今故宫中和殿。嘉靖四十一年(1562)改华盖殿置。其南为皇极殿，其北为建极殿，皆在大内中轴线上。

中极殿大学士 官名。明嘉靖时改华盖殿大学士置，为殿阁大学士之一，备皇帝顾问，并代皇帝批答奏章、草拟诏令。正五品。虽品阶不高，但权任颇重，故常以尚书兼任，以高其品秩。

中给事 官名。十六国北燕置，负责宫中与外朝的联系，以宦官充任。北魏沿置，太和十七年(493)定为从三品中，后改称中给事中。北齐沿之。

中给事中 官名。北魏太和末改中给事置，从五品。北齐沿置，掌后宫事，并负责与外朝的联系，员四人，从五品，由宦官充任，隶中侍中省。

中家 汉代指财产属于中等的人家。汉代中家有相应的财产标准。《史记·孝文本纪》："百金，中民十家之产。"十金相当十万钱。汉武帝时杨可主持告缗，中家以上的商贾多被告发而破产。东汉初年，富商大贾放高利贷，"中家子弟，为之保役，趋走与臣仆等勤，收税与封君比入"(《后汉书·桓谭传》)。

中家人子 宫女名号。西汉置。时挑选良家女入宫，其地位低微未有职号者，但称家人子，有上、中之分。其秩位视有秩斗食。诸侯王亦置。东汉省。

中甲 见"上甲"。

中坚将军 武官名。东汉建安初曹操置。魏、晋、南朝梁、十六国后赵、前凉及北魏、北周沿置。魏中坚将军率营兵，掌侍卫之责。齐王曹芳正始六年(245)曹爽毁中垒、中坚营，以兵属其弟中领军曹羲，嘉平六年(254)前复置此职。两晋时无营兵，魏晋均为四品。南朝梁时地位低下，属流外六班，为寒人所任之官。北魏时地位与魏晋相似，太和十七年(493)定为四品上，二十三年复次职令定为从四品上，北周时为六命。

中谏 唐代左、右补阙的别称。

中江 ❶《书·禹贡》导江："东为中江，入于海。"汉以后有多种解释：(1)《汉书·地理志》丹阳郡芜湖："中江出西南，东至阳羡入海。"指自今安徽芜湖东经江苏高淳、东坝、溧阳至宜兴通太湖一水。当即指今胥溪和荆溪(此水在东坝附近穿越茅山余脉，当出于人工开凿)，明初筑断东坝，已不通流。(2)《初学记》引郑玄说指岷江(长江)在汇合北江(指汉水)、南江(指赣江)以下的经流。(3)盛弘之《荆州记》指长江经流自今湖北荆州以下至江西九江一段。参见"三江"。❷今四川沱江，六朝以来有中江之称，亦称中水。《资治通鉴》：东晋义熙九年(413)，刘裕命朱龄石伐蜀，"臧熹从中水取广汉"，即此。

中将军 官名。北魏置，为诸皇子及王、公国属官，统国中军兵。品秩随国主地位而高下不等，自从八品至从九品上。北齐沿置，品秩同。

中校丞 官名。西汉置，为中校令副贰，阳朔三年(前22)省。唐代复置，为将作监中校署次官，员三人，正九品下。

中校令 官名。西汉置，领工徒，掌营造修建事，隶将作少府(将作大匠)。阳朔三年(前22)省。唐代复置，为将作监中校署长官，员一人，从八品下。

中校署 官名。唐代置，掌供舟车、兵仗、杂器等，以令、丞为长贰，下设监事、典事等官。隶将作监。北宋初存其名而无职司。

中禁兵 北宋禁兵月俸钱五百文、七百文者，称中禁兵。

中京 ❶东晋、南朝称西晋故都洛阳为中京，一直沿用到初唐、盛唐。❷唐都长安，自显庆二年(657)建洛阳为东京，因称长安为西京。至德二载(757)建凤翔为西京，改称长安为中京。上元二年(761)复称西京。❸渤海以显德府为中京。一说在今吉林敦化市西南敖东城；一说即今吉林和龙市。❹辽统和二十五年(1007)建中京大定府于故奚王牙帐地，此后常为辽帝驻跸之地。即今内蒙古宁城县西大明城。金初仍辽旧称，贞元元年(1153)改称北京。❺金兴定元年(1217)改河南府为金昌府(治洛阳，即今洛阳市)，建号中京。

中京道 辽统和二十五年(1007)置。治中京大定府(治今内蒙古宁城县西大明城)。置留守司、度支使司、都总管府等衙。辖府二：大定、兴中；节度州六：成、宜、锦、川、建、来。府、节度州下辖观察州三、刺史州十三。辖境约当今辽宁医巫闾山、大凌河以西，河北沽源、赤城等县以东，河北秦皇岛市、北京市密云县以北，内蒙古敖汉旗、赤峰市以南地。金贞元元年(1153)改为北京路。

中京都总管府 官署名。辽代置，掌中京军民政事。以中京都总管知大定府事为长官，兼领大定府事。

中京度支使司 官署名。辽代置，掌中京道赋税、度支、盐铁等事务。以度支使为长官，下设知度支使、副使、判官等。与上京盐铁使司、东京户部使司、南京三司使司、西京计司合称五计司。

中京留守 官名。辽南面官，中京留守司长官，兼领大定府政事，位中京都总管知大定府事上。

中京留守司 官署名。辽南面官。圣宗统和二十五年(1007)，以奚王牙帐地建中京(今内蒙古宁城西大明城)，置留守司，以中京留守为长官，下设副留守、同知、判官、推官等。总领中京军政事务，并兼领大定府事。

中京显德府 唐时渤海五京之一。治今吉林和龙西古城子，一说在吉林桦甸苏密城。范围包括吉林省东部及朝鲜咸镜北道、两江道各一部。下辖卢、显、铁、汤、崇、兴六州及二十五县。卢州治今吉林安图明月镇，显州治今敦化南敖东城，铁州治今敦化北额穆，汤州治今敦化西南马号村，崇州治今敦化东北，兴州治今靖宇东北。

中厩 官署名。春秋时楚国置，掌管王、后车马，以中厩尹为长官。战国秦亦置。秦、汉沿置，以中厩令为长官，主宫中车马等事务。

中涓 官名。亦称涓人。春秋战国置，秦汉沿之。为左右亲近之官。曹参、靳歙等皆以中涓从沛公举兵反秦。主通书谒出入。《汉书·万石传》颜师古注："中涓，官名，主居中而涓洁者也。外有书谒，令(石)奋受之也。"后罢。明清时指内侍、宦官。

中涓大夫 官名。金代置，为内侍阶官，秩正六品下。元沿置，从四品。

中卷 明代中部及西南部诸省参加会试士子之考卷。宣德、正统间，会试举人分南、北、中卷，以百人为率，中取十名。包括四川、广西、云南、贵州、庐州、凤阳、安庆七省、府，徐、滁、和三州。成化二十二年(1486)万安当国，周洪谟为礼部尚书，皆四川人，乃因四川布政使潘稹之请，南北各减二名以益于中。参见“北卷”。

中军 ❶官名。(1)春秋晋国僖侯时“司徒”之改称。以僖侯名司徒，故以避讳改之。(2)中军将军的简称。此外，中军元帅、中军都督、中军都将，亦有省称为此者。(3)明嘉靖二十九年(1550)，京营三大营之五军营、神枢营、神机营各设中军官十一人，位千总上，俱由本营内推选。清代为绿营军中各标、协、营之首领官，负责协助领兵长官统理所辖各营军备。总督所辖者称督标中军，负责掌管关防，综理军备；河运总督所辖者称河标中军，负责督理河员，稽核工汛；漕运总督所辖者称漕标中军，负责催护漕船、督率官弁，均由副将充任。抚标、提标中军由参将充任。镇标中军由游击充任。副将、参将、游击所辖协、营之中军由都司、守备充任。❷春秋时，大国多设三军，如晋设中军、上军、下军，以中军之将为三军统帅。楚设中军、左军、右军。西晋时诸王国皆置军，分上、中、下三军。中军二千人，上、下军各一千五百人。南朝宋、齐，及北魏、北齐沿之。明代京营三大营中五军营、神机营内设中军，与左、右掖，左、右哨，谓之五军。另，正德时，武宗以阅兵为戏，自领群阉善射者为一营，亦称中军。

中军大夫 官名。春秋时晋国置。晋国军制分上、中、下三军，皆设大夫。中军大夫位在中军将、佐之下，侯长之上。助将、佐管理军务。

中军大将军 官名。三国魏文帝黄初中置，曹真自上军大将军、都督中外诸军事、假节钺转拜此官。地位显要，不常置。二品。晋朝不开府者仍为二品，其禄与特进同。南朝宋定为二品，南朝齐时位从公，开府仪同如公，置官属亦从公。南朝梁、陈时规定，较中军将军进一阶。北魏太和十七年(493)定为从一品中，二十三年改为二品。

中军都督 官名。统兵武官。三国吴以全尚任卫将军督中军。十六国前秦、北魏皆置。北魏有中军大都督、中军副都督、中军四面大都督等名目。明代立五军都督府，其中军都督，正一品。

中军都督府 官署名。明代五军都督府之一。初分领在京留守中卫、神策卫、广洋卫、应天卫、和阳卫、牧马千户所。永乐后改广洋卫隶南京中军都督府，增蕃牧千户所。并领在外直隶扬州卫、和州卫、高邮卫、淮安卫、镇海卫、滁州卫、太仓卫、泗州卫、寿州卫、邳州卫、大河卫、沂州卫、金山卫、新安卫、苏州卫、仪真卫、徐州卫、安庆卫、宿州千户所及中都留守司、河南都司所领卫所。永乐后革和州卫，改宿州千户所为卫，增潼关卫、归德卫、武平卫、镇江卫及庐州卫、六安卫、徐州左卫、建阳卫、汝宁千户所、松江中千户所、青村中前千户所、南汇嘴中后千户所、嘉兴中左千户所、吴淞江千户所、宝山千户所、刘河堡中千户所、崇明沙千户所、兴化千户所、通州千户所、泰州千户所、盐城千户所、东海中千户所、海州中前千户所、莒州千户所。

中军督 官名。三国吴置，统率禁军，护卫宫省，权任颇重，由皇帝亲信担任。

中军官 见“中军❶”。

中军将军 官名。(1)西汉武帝置，为杂号将军，以公孙敖为之。后省。西晋泰始元年(265)复置，以羊祜任之，统左、右卫，前、后、左、右骁骑等宿卫七营禁军，主管京师及宫廷警卫。四年罢，置北军中候代其职。后复置为将军名号，不再领宿卫禁军，可离开京师，出任持节都督，镇守一方。十六国前秦时与镇军、抚军、冠军将军合称四军将军。南燕亦置。南朝置为重号将军，宋位比四镇将军，三品；南齐位在四征将军之上。梁、陈与中卫、中抚、中权将军合称四中将军，专授予在京师任职的官员，地位显要。梁天监七年(508)定为武职二十四班中的二十三班，与四征将军同班；陈拟二品，比秩中二千石。北魏位在四镇将军下，太和十七年(493)定为从一品下，二十三年复次职令，改为从二品。北齐用以安置罢任武官，成为无实权的闲职。北周八命。隋因避讳，改称内军将军。(2)王国官。西晋以平原、汝南、琅邪、扶风、齐为大国，各置上、中、下三军，中军二千人，设将军一人统之。其余王国不设中军。南朝宋大、小国皆设三军。地位很低，晋、宋时皆未能列入九品以上的流内品阶。齐、梁沿宋制。梁天监七年(508)定皇弟子国上、中、下三军将军为流外七班中的七班，嗣王国三军将军为六班。蕃王国三军将军为五班。

中军将 官名。又称元帅。春秋时晋国置。晋国军制分上、中、下三军，中军为各军中枢，设中军将，统帅各军。兼掌国政。上卿爵。

中军校尉 官名。东汉中平五年(188)置，西园八校尉之一，是统领禁军的主要将领。以虎贲中郎将袁绍任之。后董卓以其兄子董璜任此职。

中军师 官名。东汉建安中曹操置，为丞相府重要僚属，位前、左、右军师之上。参议军国大政，并典刑狱。三国蜀亦置。晋朝人修史时，因避讳，改称中军司。

中军司 见“中军师”。

中军司马 官名。又称元司马。春秋时晋国置。晋国军制上、中、下三军皆设司马。中军司马隶属于中军尉，掌执军法。大夫爵。

中军尉 官名。又称元尉。春秋时晋国置，晋军设军尉，主管派遣为将佐驾御车马的军吏，及训练士卒。中军尉为中军所设之军尉，大夫爵。

中军佐 官名。春秋时晋国置。中军主帅之副。《左传·宣公十二年》：“(晋军)及河，……以中军佐济。”

中郡太守 官名总称。北魏太和二十三年(499)定制，郡太守分为上、中、下三等，中郡太守位五品。北齐郡太守亦分为上、中、下三等，每等又有上、中、下三等，共九等。故中郡太守有中上、中中、中下三等，合称三等中郡太守。三等中郡太守，皆位从四品上。

中郎 官名。(1)秦置，西汉沿置，为郎官之一，位侍郎、郎中上，秩比六百石。给事禁中，宿卫宫禁，出充车骑，侍从皇帝左右、参议政事。隶郎中令(光禄勋)，由五官，左、右中郎将分别统领。无员限，多时至千余人。东汉分属五官，左、右中郎将三署，名义上仍职宿卫，实际上成为后备官员，无固定职掌，或给事于朝廷各机构。魏、晋或罢三署，但留置此职作为后备官员，皆为八品。(2)中郎将的省称。(3)从事中郎的省称。(4)宋代三卫府及其所属之亲卫、勋卫、翊卫府置，为武职侍从官。

中郎将 官名。秦代置，为中郎长官，隶郎中令。西汉沿置，掌宫禁宿卫，随行护驾，佐郎中令(光禄勋)考核选拔郎官，亦常奉诏出使。后专设五官，左、右中郎将分领中郎、谒者、常侍侍郎。期门(虎贲)、羽林郎亦专设中郎将统领。东汉沿置，并增设使匈奴中郎将管理南匈奴事务，亦有单称中郎将者。东汉末至魏晋南北朝，置诸名号中郎将为统兵将领，成为次于将军、高于校尉的统兵武职名称。建安中，曹丕为五官中郎将，为丞相副职，此乃特例。唐武德七年(624)改左右卫的三卫五府、诸卫翊府、太子诸率府的三卫三府的骠骑将军为中郎将，各统禁卫府兵，诸卫所置正四品下，诸率所置从四品上。左右监门卫、千牛卫、羽林军亦置，位次将军下。永徽三年(652)曾改称旅贲郎，旋复旧。宋代环卫官中左右金吾卫、左右卫、左右千牛卫亦置，位将军下、郎将上，无职事，无员限，仅为武臣赠典、武臣责降散官及安置武职闲散人员，或除拜宗室、外戚。

中垒曹 官署名。西晋侍御史所属十三曹之一。东晋及南朝宋皆沿置，由御史居曹掌事。

中垒将军 官名。三国魏置，晋，十六国后赵、前秦及北魏沿置。三国魏初有营兵，担任宫禁宿卫。齐王曹芳正始六年(245)，曹爽毁中垒营，以兵属中领军。后不领营兵，仅作为将军名号。三国魏、晋皆定为四品，北魏太和十七年(493)定为四品上，二十三年复次职令，改为从四品上。

中垒校尉 官名。汉武帝初置。为北军八校尉之一，秩二千石，戍卫京师，兼任征伐，有丞、司马。《汉书·百官公卿表》载中垒校尉掌北军垒门内，外掌西域，或谓“西域”当作“四城”。东汉省。

中垒令 官名。西汉置，掌军中垒门。《汉书·百官公卿表》：中尉属官有中垒令、丞，两尉。武帝太初元年(前104)中尉更名执金吾后改隶之。东汉省。

中垒营 兵制名。两汉有中垒校尉。三国魏文帝时取中垒之名，增置中垒营，与武卫营及五校营并由领军将军统领。晋武帝初省。

中立县 明洪武二年(1369)改钟离县置。治今安徽凤阳县东北临淮关。属临濠府。次年改名临淮。

中良大夫 官名。金代置，为内侍阶官，秩正六品上。

中亮大夫 官名。北宋政和二年(1112)重定武臣及内侍阶官名，改客省使、宣庆使置，从五品。金亦置，为内侍阶官，正六品上。

中亮郎 官名。北宋政和二年(1112)改客省副使置，为武臣阶官，后定为从七品。

中列大夫 官名。金代置，为内侍阶官，秩正五品上。

中林长官司 又名中林验洞蛮夷长官司。土司名。明洪武中置，后废。永乐元年(1403)复置。清顺治十五年(1658)归附清政府。长官杨姓，治今贵州锦屏县西南，管平寨、贡寨等二十四寨。居民有侗族、苗族。

中领军 官名。东汉建安中曹操改领军置。与中护军皆典禁兵，属丞相府(一说延康元年始置)。三国魏时又置领军将军，职掌同，以资格较深者任之。为禁卫军最高统领，有营兵，主五校、中垒、武卫三营，并管中护军。三国蜀亦置。西晋泰始七年(271)省并北军中候。惠帝时复置，一说永嘉中始复。东晋永昌元年(332)改为北军中候，寻复，成帝时又改为北军中候，寻又复。东晋时无营兵，总统二卫、骁骑、材官诸营禁军，不再管中护军。十六国成、前凉、后燕皆置。南朝掌京师驻军及禁军，而由中护军掌外军。魏、晋、宋三品，秩中二千石。北魏侍臣带“领军”者，称中领军，太和十七年(493)定为二品中，二十三年改为三品。北齐为领军府长官，掌禁卫宫掖，主朱华阁以外的禁卫官，又领左右卫、领左右等府，三品。西魏时仍总宿卫，恭帝三年(556)建六官时罢。

中留县 留又作溜。秦始皇三十三年(前214)置。以境内留水得名。治今广西武宣县西南。汉属郁林郡。西晋废。后复置。南朝宋为桂林郡治。隋开皇十一年(591)并入桂林县。

中庐县 西汉置。治今湖北襄阳县西南。属南郡。三国魏属襄阳郡。南朝梁废。北宋太平兴国元年(976)改义清县复置。属襄州。治今南漳县东北。北宋末属襄阳府。南宋绍兴五年(1135)并入南漳县。

中滦镇 滦一作栾。在今河南封丘县西南黄河北岸。元初为南北漕运中继站，江南漕米由江、淮溯黄河至此，转陆运至淇门镇(今河南浚县西南淇门)，入御河(今卫河)到大都(今北京市)。元末筑城。后因劳费不赀，改海运至直沽，遂日趋衰落。明洪武中曾置驿及巡检司于此。

中论 书名。(1)亦名《中观论》。佛教著作。古印度龙树著，其弟子青目释，后秦鸠摩罗什译。四卷，二十七品，号称“五百颂”(实为四百四十六颂)。以宣传宇宙万有(“一切法”)本性自空，故无生、灭、断、常、同、异、来、去之区别(统称“八不”或“八不中道”)为主要内容。与《百论》、《十二门论》并称般若“三论”。为般若学之基本经典著作，中国佛教三论宗的理论来源之一。注疏甚多，有隋唐间吉藏《中论疏》十卷,《三论玄义》一卷等。(2)东汉末三国初徐干著。二卷,二十余篇。为阐明儒家经义之作。《隋书》录作六卷。今本凡二十篇。

中美公断条约 清光绪三十四年九月十四日(1908.10.8)订于美国华盛顿。此约系中美两国对1899年海牙《和平解决国际争端公约》有关内容的补充条约。凡四款。规定两国遇有争端,关于法律意义或条约解释,为外交法不能议结者,应交由该公约设立之"海牙常川公断院"(即常设仲裁法院)判结,惟此种判结须无碍彼此主权、名誉和第三国利益,方可照办。

中美华工条约 原名《限禁来美华工保护寓美华人条约》。美国强迫清政府订立的限制旅美华工的条约。光绪二十年二月十一日(1894.3.17),由清驻美公使杨儒与美国国务卿葛礼山(W. Q. Gresham)签于华盛顿。凡六款。主要内容:以十年为期禁止华工入美;居美华工离美期逾一年者不得返美;不准华人加入美籍;居美华工照美国国会通过的苛待华工条例进行登记。自十九世纪七十年代起,美国对华工的排斥日益加剧,继《中美续修条约》之后,光绪十四年中美还订立过《限禁华工条约》,为美国参议院否决,双方均未批准,其后订立本约。

中美上海新定虹口租界章程 美国强迫上海道订立的扩展上海租界的条约。清光绪十九年五月二十三日(1893.7.6)和六月十日(7.22),由美国驻沪代理总领事伊孟思(W. S. Emens)和上海道台聂缉椝先后签署于上海。凡八条,另附《租界界址》。重新确定扩展了的上海美租界范围,并对有关事宜作了具体规定。

中美天津条约 原称《中美和好条约》。第二次鸦片战争期间美国以调停为名胁迫清政府签订的不平等条约。咸丰八年五月八日(1858.6.18)清钦差大臣桂良、花沙纳与美国驻华公使列卫廉在天津签订。共三十款。主要内容:(1)美国公使得随时到北京"暂住",清政府若允许其他国家公使驻京,应准美国一例照办;(2)增开潮州(后改汕头)、台湾(选定台南)为通商口岸,美国商人得在各通商口岸租地建屋,修建医院、教堂等;(3)清政府应保护美国教士在中国自由传教;(4)美国在中国享有领事裁判权,两国人在中国争讼,中美官员应会同办理,美国人在中国犯罪,"应归领事官按本国例惩办";(5)扩大片面最惠国待遇,即"无论关涉船只海面、通商利益政事交往等事情",美国得"一体均沾"。

中美望厦条约 见"望厦条约"。

中美五口贸易章程 即"望厦条约"。

中美续修条约 美国强迫清政府订立的限制和排斥华工的条约。光绪六年十月十五日(1880.11.17),由清政府代表宝鋆、李鸿藻与美驻华公使安格尔(J. B. Angell)等签于北京。凡四款。主要内容:(1)如华工前往美国"实于美国之益有所妨碍",美国可以"或为整理,或定人数、年数之限";(2)美国可随时拟定有关章程,知照中国。另有《续约附款》四款,为商务及诉讼方面内容。美国先是利用《中美续增条约》招收华工开发资源,及至旅美华工日众,遂实施限制和排斥。

中美续议通商行船条约 清光绪二十九年八月十八日(1903.10.8)订于上海。凡十七款。规定:中美互派公使、领事;美国人可在中国开办工商、矿务、内河航运等业,其机制产品豁免进出口税;中国裁撤各地厘卡,开奉天(今沈阳)、安东为商埠。

中美续增条约 亦称《蒲安臣条约》或《中美天津条约续增条款》。清同治七年六月九日(1868.7.28)前美国驻华公使蒲安臣以清政府"办理中外交涉事务重任大臣"名义,擅自与美国国务卿西华德(W. H. Seward)在华盛顿订立。凡八款。规定:(1)中国可于原订贸易章程之外自订与美国商民的贸易章程,但不得违背原章;(2)清政府得在美国各埠设立领事;(3)两国人民互相往来,或游历,或贸易,或久居,得以自由,并享受最惠待遇;(4)两国侨民不得因宗教信仰不同而受歧视苛待;(5)两国人民可在对方入学,并可设立学校。

中美中国留学生会 清光绪二十九年(1903)中国留美学生在芝加哥市成立。以联络友谊为宗旨。宣统三年(1911)与东美中国留学生会等合并为留美中国学生总会。

中门使 官名。五代时晋王李存勗封内,凡节镇皆有中门使。其职掌同于朝廷之枢密使。

中秘 官名合称。南北朝时以中书省和秘书省合称"中秘"。

中秘书 皇宫中藏书。《汉书·成帝纪》:"光禄大夫刘向校中秘书。"颜师古注:"言中以别外。"

中皿 见"编号"。

中牟 地名。《论语·阳货》:佛肸为中牟宰;《史记·赵世家》:献侯元年(前423)自耿(今山西河津县南)迁都中牟,皆即此。地址传说不一,《史记》张守节正义:"相州荡阴县西五十八里有牟山,盖中牟邑在此山侧也。"其说较近,在今河南鹤壁市西。

中牟县 春秋郑地,战国属魏,西汉置县。治今河南中牟县东。北魏太平真君八年(447)废,景明元年(500)复置。隋开皇初改为内牟县,旋改名圃田县。唐武德初复名中牟县。明天顺中移今治。两汉属河南郡,西晋属荥阳郡,东魏、北齐、北周属广武郡,唐属郑州,宋、金、元、明、清属开封府。《资治通鉴》:唐乾符三年(876),王仙芝攻郑州,"昭义监军判官雷殷符屯中牟",即此。

中牟徐子 即"徐子❷"。

中男 指未合承担常赋役之人,年龄因时而异。北魏时年十一至十四岁为中男。西魏时以十至十七岁为中男。北齐时复改为十六岁以上,十七岁以下为中男。隋十一岁以上,十七岁以下;唐初十六岁以上,二十岁以下,天宝三载(744)改为十八岁以上,二十二岁以下;金十六岁,皆为中男。

中南山 即"终南山"。

中平 东汉灵帝年号(184—189)。凡六年。献帝沿用不改(189)。

中葡北京条约 原名《中葡和好通商条约》。

葡萄牙在英国支持下强迫清政府订立的不平等条约。光绪十三年十月十七日(1887.12.1),由清政府代表奕劻、孙毓汶与葡方代表罗沙(Thomas de Souza Roza)签于北京。凡五十四款。主要内容:(1)承认《中葡会议草约》之规定,葡国永驻和管理澳门及澳属之地;(2)葡国可派使节驻北京,在华通商口岸设领事,享领事裁判权;(3)葡人可在华通商口岸居住、租买土地、建造房屋、设立教堂、雇役华人,享他国所享一切特权;(4)清方负责保护在华葡人之人身安全及财货、债权;(5)传天主教"全获保护",不得"苛待禁阻";(6)葡享片面最惠国待遇。

中葡广澳铁路合同 清光绪三十年十月五日(1904.11.11)订于上海。凡三十一条。中葡商人合股之中葡广澳铁路公司取得修筑广(州)澳(门)铁路特权,五十年后中国才能收归国有。

中葡会订洋药如何征收税厘之善后(後)条款 根据《中葡会议专约》中有关规定,葡萄牙强迫清政府接受的关于鸦片贸易的补充条款。光绪十三年十月十七日(1887.12.1),由英国人赫德以清总税务司身分与葡萄牙参赞官斌德乐签于北京。凡四款。主要规定:(1)鸦片由澳门运入中国内地,税额每百斤不得过一百一十两,一次完纳后概不重征,并任便包装运销;(2)商人与关卡或巡船交涉事件澳门当局可随时派员会同审办。

中葡会议草约 又称《中葡会议节录》或《中葡会议条款》。葡萄牙强加于中国的不平等条约。清光绪十三年三月二日(1887.3.26),由任清税务司的英国人金登干与葡国外部大臣巴罗果美签于葡京里斯本。凡四款。主要内容:(1)确定将于北京议定双边条约,约内须有片面最惠国待遇条款;(2)清政府须准葡国永驻、管理澳门;(3)澳门鸦片贸易仿香港例。该约为《中葡北京条约》和《中葡会议专约》的签订制造了依据。

中葡会议专约 葡萄牙强迫清政府签订的不平等条约。《中葡北京条约》第四款原则规定,葡国在澳门"协助"中国征收运华各海口鸦片税厘,一仿英国在香港所事。《中葡会议专约》即其附属专约。签订时间、地点、人员同《中葡北京条约》。凡三款。主要内容:(1)具体规定了澳门鸦片贸易规例六则;(2)规定由澳门至中国各海口之鸦片,须有专衙准照并经税务司办理税务。

中葡通商条约 清光绪三十年十月五日(1904.11.11)订于上海。凡二十款。规定:葡萄牙人可在华开办工商制造、采矿各业,亦可与华人合股经营或合办贸易公司;葡船可至西江及广州附近内港航行;中国尽免进出口货物厘金,准葡国在通商、纳税等方面享受最惠国待遇。此约仅签字,未互换。

中期 亦作中旗。战国时秦国琴师。初事秦武王,曾与武王争论,武王大怒,他徐行而去。秦昭王轻视韩、魏,左右随声附和,他独不以为然,推琴而起,与昭王辩论,认为晋六卿之时,知氏最强,后却败于韩、魏,身死国灭,为天下笑。今秦虽强,不能过知氏。劝昭王勿自满。见《战国策·秦策四》。

中气 天文学名词。西汉《太初历》规定,从冬至起,奇数的"气"称为中气,如:冬至、大寒、雨水、春分、谷雨、小满、夏至、大暑、处暑、秋分、霜降、小雪等十二个;还把中气配属于某月,可安排于月初至月末之间,如雨水必在正月,大雪必在十二月出现。无中气之月,则为上月的闰月。

中千户所 官署名。元代军府,秩正五品,管军五百以上。置达鲁花赤、千户各一员,俱正五品;副千户一员。从五品。

中卿 官名。西周、春秋时期置,为卿爵第二等,在上卿下,下卿上。诸侯国的卿也依国势强弱而地位不等,大国的中卿相当于次国的上卿,次国的中卿只相当于大国的下卿,却又相当于小国的上卿。

中庆路 元至元十三年(1276)改善阐路置。治昆明县(今市)。为云南行省治所。辖境相当今云南昆明市和禄丰、富民、安宁、易门、普宁、呈贡、嵩明、宜良等县地。明洪武十五年(1382)改为云南府。

中丘 春秋鲁地。在今山东临沂市东北。《春秋》隐公七年(前716):"城中丘",即此。

中丘县 西汉置。治今河北内丘县西,始属邯郸郡,后改属常山郡。东汉、魏、晋属赵国。十六国后赵改为赵安县。北魏并入柏人县,太和十九年(495)复置,移治今内丘县。属南巨鹿郡。北齐属襄国郡。隋开皇初避文帝父杨忠名讳,改为内丘县。

中权将军 官名。南朝梁天监六年(507)置,专授在京师任职官员,与中军、中卫、中抚将军合称四中将军,地位显要。或分置左、右。天监七年定为武职二十四班中的第二十三班。如加"大",称中权大将军,则进一阶。陈沿置,拟二品,比秩中二千石。

中缺 见"要缺"。

中人 春秋狄邑。在今河北唐县西南。《左传》昭公十三年(前529):晋荀吴"以上军侵鲜虞,及中人",即此。战国为中山国地,后属赵。《史记·赵世家》:敬侯十一年(前376),"伐中山,又战于中人"。东汉有中人亭,属中山国唐县。

中日安奉铁路节略 清宣统元年七月四日(1909.8.19)订于奉天(今沈阳)。日俄战争中日本非法在中国修筑安奉轻便铁路,后又自行改建。节略迫使清政府承认既成事实。

中日北京专条 即"中日北京专约"。

中日北京专约 即《中日北京专条》。日本讹诈清政府订立的不平等条约。同治十三年(1874)春,日本借口琉球船民在台湾遇难事件,发兵侵台,遭当地人民顽强抗击,清政府亦遣兵布防,日本遂在英美支持下转事外交讹诈。同年九月二十二日(10.31),恭亲王奕䜣等与日本特使大久保利通于北京签订该约。凡三条,另附《会议凭单》。主要内容:清政府承认日本此次侵台为"保民义举";日本退兵;清政府付日本"抚恤"费和在台"修建费"计银五十万两。

中日本溪湖煤矿合同 清宣统二年四月十四日(1910.5.22)奉天交涉司使韩国钧与日本总领事小池张造、日商大仓喜八郎订于奉天(今沈阳)。共十五款。中国政府将大仓非法经营之本溪湖煤矿收回改为中日商人合办,大仓原产业充作股本加入本溪湖煤矿有限公司。

中日兵事本末 书名。清罗惇曧撰。记叙清同治元年(1862)后中日关系及日本侵略朝鲜,发动中日甲午战争,强迫清政府签订不平等的《马关条约》,割占台湾、澎湖列岛等过程。并分析中国失败的原因,斥责清政府腐败昏庸及其将帅的贪鄙无能;认为中日战争的结果加剧了列强瓜分中国的危机。全书文字简赅。原刊于1913年《庸言》一卷五号。

中日船只遭险拯救章程 日本与清政府订立的关于双方救难事宜的约章。签约日期不详,自光绪十六年七月十七日(1890.9.1)执行。由清总理衙门与日本公使大鸟圭介签于北京。凡三款。主要规定:两国彼此拯救海上难民,所给之衣食、路费、医药或捞尸、埋葬等诸费,由该难民之国偿付,救难人员所用费用毋庸偿付;救存对方遭难船只、货物所需人工等费,由收领该船只货物之人偿付。

中日大冶矿山借款合同 又称《大冶购运矿石预借矿价正合同》。清光绪二十九年十一月二十八日(1904.1.15)由盛宣怀与日本驻沪总领事小田切万寿之助订于上海。共十款。主要内容:湖北大冶矿局向日本兴业银行借款三百万日元,三十年为期,年息六厘,以大冶矿山及矿局财产作保,用向日本八幡制铁所按年出售矿石之价值还本付息。

中日电约 清光绪三十四年九月十八日(1908.10.12)订于日本东京。凡八条。规定:中日共同安设关东至烟台水线一条,优先供日本官、商电报使用;中国以五万日元赎买日本在满洲铁路境外之电线;日本取得满洲铁路境内电线借用权,为期十五年,每年交付三千日元贴回费。

中日东三省交涉五案条款 清宣统元年七月二十日(1909.9.4)外务部尚书梁敦彦与日本驻华公使伊集院彦吉订于北京。凡五款。规定:(1)中国如筑新法铁路允与日本先行商议;(2)中国认大石桥至营口铁路为南满铁路支路,俟南满铁路期满才交还中国;(3)日本取得开采抚顺、烟台煤矿之权;(4)安奉、南满两路沿线矿务由中日合办;(5)日本允京奉铁路展造至奉天(今沈阳)城根。

中日合办鸭绿江采木公司章程 清光绪三十四年四月十五日(1908.5.14)清政府外务部会办大臣那桐与日本驻华公使林权助订于北京。凡十三条。规定中日合资之采木公司取得经营鸭绿江右岸中国森林资源的特权。

中日会订大连海关试办章程 清光绪三十三年四月十九日(1907.5.30)清政府英籍总税务司赫德与日本驻华公使林权助订于北京。包括《设关征税办法》及其副件。规定中国在大连设关征税,日本取得日人任税务司和租界进出口货物免税等特权。

中日会议东三省事宜条约 又称《满洲善后协约》。日俄战争后,日本夺取沙俄在中国东三省南部地区的侵略特权,为迫使清政府承认,光绪三十一年十一月二十六日(1905.12.22)由日本外相小村寿太郎与清外务部总理大臣奕劻在北京签订此约。共正约三款,附约十二款。主要内容:(1)清政府承认《朴茨茅斯和约》中有关东三省的规定,承认日本继承俄国旅大租借地和南满铁路等特权;(2)允在凤凰城(今凤城)、辽阳、新民屯(今新民)、铁岭、通江子(今通江口)、法库门(今法库)、长春、吉林、哈尔滨、宁古塔(今宁安)、珲春、三姓(今依兰)、齐齐哈尔、海拉尔、瑷珲(今黑河)、满洲里开埠通商;(3)在营口、安东、奉天(今沈阳)划定日本租界;(4)允许日本经营安奉铁路和在鸭绿江右岸采伐林木。

中日甲午战争 清季日本侵略中国的战争。因爆发于旧历甲午年,故称"甲午战争"。日本明治维新以后逐步走上侵略扩张的道路,制订了以侵占中国为基本目标的"大陆政策"。光绪二十年(1894),趁朝鲜政府请求清政府协助镇压东学党起义之机,乃一面怂恿清政府出兵,一面抢派重兵进驻朝鲜。六月二十三日(7.25)日本舰队在牙山口外丰岛海面袭击中国运兵船舰,正式挑起中日战争。同日,日本陆军进攻牙山清军,二十七日清军战败北走平壤。七月一日(8.1)中日双方正式宣战。八月中旬日本陆军万余进攻平壤,清军战败撤回国内。十八日日本海军在黄海大东沟海面拦击北洋舰队,双方激战数时皆有较大损伤。日军占领朝鲜和取得制海权后,遂由陆海两线直犯中国境内。九月下旬,接连占领九连城、安东(今丹东)、凤凰城,十月又相继侵占金州、大连、旅顺。次年一月攻占威海卫,北洋舰队全军覆没。二月辽东日军又夺取牛庄、营口、田庄台等要地。爱国军民英勇抗敌,清政府则一意乞和,于三月二十三日(4.17)与日本签订《中日马关条约》,中日战争以中方失败告结。

中日交接台湾文据 日本强迫清政府依照《中日马关条约》规定交割台湾订立的文据。清光绪二十一年五月十日(1895.6.2),李经方和桦山资纪分别代表清、日政府签于台湾基隆。

中日交收辽南条约 简称《辽南条约》,全称为《交还奉天省南边地方中日条约》。日本政府与清政府就交收辽南而订立的条约。光绪二十一年九月二十二日(1895.11.8),由清政府全权大臣李鸿章和日本驻华公使林董签于北京。凡六款,另附《议定专条》。规定清政府交付日本库平银三千万两"赎回"辽东半岛;自交款之日起三个月内日军撤离该地。参见"三国干涉还辽"。

中日交收营口条款 清光绪三十二年十月二十日(1906.12.5)由清山海关兵备道梁如浩与日本驻华使馆一等书记官阿部守太郎等订于营口。共六款,附件一件。规定:日本将其在日俄战争中所占中国营口地方交还中国;日商可继续经营自来水、电车、电灯等业;中国须聘日人充警察教习和医生。

中日马关条约 原名《马关新约》,又称《春帆楼条约》,日文本称《媾和条约》。日本通过甲午战争迫使清政府订立的不平等条约。光绪二十一年三月二十三日(1895.4.17),由清政府钦差头等全权大臣李鸿章、钦差全权大臣李经方与日本内阁总理大臣伊藤博文、外务大臣陆奥宗光签于日本马关(今下关)春帆楼。凡十一款,附《另约》和《议定专条》。主要内容:(1)清政府承认朝鲜"独立自主",实即承认日本对朝鲜的控制权;(2)台湾全岛及所有附属各岛屿、澎湖列岛和辽东半岛割予日本;(3)赔偿日本军费库平银二亿两;(4)增开沙市、重庆、苏州、杭州为商埠,日船可沿内河驶入;(5)日本得在通商各口设领事官;(6)日本得在中国通商口岸任便设厂制造,产品与进口货物一样免征一切杂税,并可在内地设栈存放。次年又援本约有关条款订立《中日通商行船条约》,日本攫得领事裁判权和片面最惠国待遇。

中日满洲陆线办法合同暨烟台关东水线办法合同 清光绪三十四年十月十四日(1908.11.7)订于日本东京。系对《中日电约》有关条款议定具体实施办法。

中日天津会议专条 又称《中日为朝鲜商订专条》或《中日朝鲜撤兵条约》。清光绪十年(1884)冬,驻朝日军支持朝鲜亲日派发动政变,清军应朝鲜政府之邀帮助镇压,日本藉此要挟清政府谈判。次年三月四日(1885.4.18),双方全权代表李鸿章和伊藤博文于天津签订本约。凡三款,另附李鸿章致伊藤博文照会一件。主要内容:(1)中日同时从朝鲜撤兵;(2)嗣后两国均不派员充任朝军教练;(3)今后朝鲜有重大事变,中日两国或一国出兵应先互行文知照,且事定兵撤,不再留防。日本藉本约扩张在朝权益,挟制清政府,且日后用作发动甲午战争的口实。

中日停战条款 中日双方于马关议和期间订立的条约。清光绪二十一年三月五日(1895.3.30),由清政府全权代表李鸿章与日本全权代表伊藤博文、陆奥宗光签于日本马关。凡六款。主要规定两国军队暂行停战,各自就地驻守,停战期内不得前进、不得增援。

中日停战展期专条 日本与清政府订立的条约。签订时间、地点、人员同《中日马关条约》。凡二款。规定自该约签订之日算起,将《中日停战条款》展期二十一天,届期不论双方批准和约与否,此约即告作废。

中日通商行船条约 日本援《中日马关条约》有关条款,强迫清政府订立的不平等条约。光绪二十二年六月十一日(1896.7.21),由总理衙门大臣、户部左侍郎张荫桓与日方代表林董签于北京。凡二十九款,另附双方往复照会六件。主要内容:(1)两国可互派公使驻京;(2)中国各通商口岸准日本设领事,准日人往来居住、从事工商业、赁买房屋、租地建造、雇役华人等事;(3)日本对华贸易援列强通例,免除厘金等一切杂派;(4)日本享领事裁判权和片面最惠国待遇。

中日通商行船续约 清光绪二十九年八月十八日(1903.10.8)由吕海寰、盛宣怀、伍廷芳与日方日置益、小田切万寿之助订于上海。共十三款,附件七件。规定:开长沙、奉天(今沈阳)、大东沟为商埠;中国尽免进出口货物全部厘金;日本臣民可与华民合股经营或合办公司;日本享有内河航行、利益均沾等利权。

中日通商章程 援《中日修好条规》有关条款,日本与清政府订立的商约。签订日期、地点、人员同《中日修好条规》。凡三十三款,另附双方《海关税则》。主要内容:(1)划定中国对日开放十五口,日本对华开放八口;(2)准在对方口岸租地、建房、居住、开栈;(3)商人进至对方口岸,禁入内地,其货由所在国商人向内地运销;(4)不准贩运违禁货物。

中日同盟里面史 书名。近人雷鸣著。一册。主要根据日本黑龙会《东亚先觉志士传》和萱野长知《中华民国革命秘笈》写成。全书分十章,前七章均记述辛亥革命与日本朝野之复杂关系,多内幕事实。附录孟祺《犬养木堂与中国革命》、余学文《中国革命与日本同志》、陈去病《宫崎寅藏传》三篇,另插图十余帧。有1945年刊本。

中日图们江中韩界务条款 又称《间岛协约》。"间岛"系朝鲜人对图们江北岸一带中国领土的俗称,早年即有朝鲜人越界来垦。光绪三十三年(1907),日本制造"间岛问题",阴谋侵占该地。于宣统元年(1909)强迫清政府订立此约。七月二十日(9.4)由清外务部尚书会办大臣梁敦彦与日本驻华公使伊集院彦吉在北京签订。规定:以图们江为中、韩(朝鲜)两国国界,准朝民在江北垦地居住;开龙井村、局子街、头道沟、百草沟为商埠,日本设领事馆并享有领事裁判权;日本取得吉会铁路修筑权。

中日为朝鲜商订专条 即"中日天津会议专条"。

中日新奉吉长铁路借款续约 《中日新奉吉长铁路协约》之续约。清光绪三十四年十月十九日(1908.11.12)订于北京。凡七款。规定新奉路借款数为三十二万日元,吉长路为二百十五万日元,年息五厘,九三折实付,聘日人为总工程师和司账人员。

中日新奉吉长铁路协约 清光绪三十三年三月三日(1907.4.15)订于北京。凡七款。规定中国政府将日本所造新奉铁路收买自建,建造该路辽东段及吉长铁路所需款项之一半须向日本南满铁路公司筹借,以两路产业及进款作保。

中日修好条规 清政府与日本政府之间订立的第一个条约。同治九年(1870)、十年,日本两次遣使来华,要挟清政府"仿西成例,一体订约",经清政府据理力争,未尽如其愿。同治十年七月二十九日(1871.9.13),李鸿章与伊达宗城作为双方全权代表于天津签订本约。凡十八条。主要内容:(1)两国各以礼相待,互不侵越;(2)两国政事自主,"彼此均不得代谋干预";(3)两国可互派使臣驻京;(4)议定通商港口,可在指定的对方各口设理事官,行使对等职权;(5)两国兵船为保护各自商民可往来指定的对方口岸,禁止驶入他口及内地河湖支港。

中日暂立奉新电线借用合同 清光绪三十二年正月十九日(1906.2.12)订于辽阳。凡三款。规定日本将其在日俄战争中非法占据之中国奉天(今沈阳)至新民府电线一条"借与"中国。

中日战辑 书名。一名《中日战辑图考》。清王炳耀编。六卷。辑录《万国公报》等报所载有关光绪二十年(1894)中日甲午战争之上谕、奏议、函牍、书札等而成,颇多美国传教士林乐知的文字。分述朝鲜内乱、中日战端、遣使议和、两国全权大臣问答记等,及中外人士关于战事之议论。别录胡遹芬奏变法自强条陈疏,叶耀元上张之洞书。并附有《水战形图》、《陆战地图》、《地球全图》、《十八省图》、《台湾全图》、《春秋地图》。

中日正金银行一千万日元借款合同 又称《邮传部借款合同》。清宣统三年二月二十四日(1911.3.24),由清政府邮传部尚书盛宣怀与日方代表小田切万寿之助订于北京。凡十五款,附《还本付息清表》一件。清邮传部为还赎买京汉铁路官款,向日本横滨正金银行借款一千万日元,年息五厘,九五折实付,二十五年为期,以京汉铁路进项等还本付息,以江苏漕粮折价一百万两作为头次抵押。

中瑞卿 官名。元代中瑞司长官,员五人,正三品。掌司事。

中瑞司 官署名。元代置,属中政院,掌奉中宫宝册。秩正三品,置卿五员,丞二员。

中瑞通商条约暨增加条款 清光绪三十四年六月四日(1908.7.2)订于北京。凡十七款。规定:中瑞(典)两国互设使、领馆;在通商、航运等方面互给最惠国待遇;瑞典取得领事裁判权、传教等特权。宣统元年(1909)四月六日又增加一款,对原约第四款作补充说明。

中散 官名。(1)北魏置,为内廷官,直宿禁中,在皇帝左右参预机密,奉使出巡,亦掌管御用兵器。兼用文武,亦任用以医、卜等使能侍奉皇帝者,无员限。中期以后,分设主文中散、奏事中散、侍御中散等,长期派驻某一机构,则冠其名,如秘书中散、外都曹奏事中散等。设中散庶长,位在其上。太和十七年(493)定为五品中,二十三年复次职令,未见。(2)中散大夫的省称。

中散大夫 官名。西汉后期置。东汉时隶光禄勋,秩六百石,无员限。与光禄、太中、谏议大夫等皆备顾问应对,无常事,唯诏令所使。魏、晋、南北朝多养老疾,无职事。魏、晋皆七品,南朝梁十班,陈四品、秩千石,北魏为四品上或四品下,北齐皆四品下,北周七命。唐置为文散官,正五品上。北宋初沿置,元丰三年(1080)废文散官,遂为从五品新寄禄官。元祐三年(1088)分为左、右两阶,大观二年(1108)以左中散大夫为中奉大夫,右中散大夫为中散大夫。金天德中置为内侍阶官,从四品上。元沿置,正二品。

中散骑常侍 官名。三国魏置散骑常侍,即汉代散骑及中常侍之合称,于皇帝左右规谏过失,以备顾问。十六国时南凉有中散骑常侍。

中山长城 战国时中山国修筑的长城。《史记·赵世家》:赵成侯六年(前369)"中山筑长城"。按当时形势,中山长城应主要用于防赵。其位置约处于今河北、山西两省交界地带与河北省西南部战国时赵、中山交界地带。

中山成公(?—约前320) 战国时中山国国君。中山桓公子。据河北平山县中山王墓出土中山王䰯鼎、壶铭,其在位年代约在公元前340—前320年。其子王䰯以幼童承嗣。又据《战国策·中山策》,前323年,中山曾与魏、韩、赵、燕"五国相王",或即成公在位时所为。

中山府 北宋政和三年(1113)升定州置。治安喜县(今定州市)。属河北西路。辖境相当今河北定州、唐县、新乐、顺平县、望都、曲阳、无极等市、县地。为军事重镇。靖康元年(1126)金兵南下,进围京师,许割三镇于金,此为其中之一。金天会七年(1129)降为定州,后复升为府。元属真定路,辖境缩小,仅有今定州、新乐、无极三市、县地。明洪武二年(1369)降为定州。

中山复国 中山国位于今河北定州一带,乃春秋时白狄别族所建。战国初年建都于顾(今河北定州)。魏文侯曾派乐羊率兵越过赵国进攻中山,并于魏文侯四十年(前406)灭之。因赵处于魏与中山之间,魏难以对中山有效控制。魏武侯十六年(前380)前后,当魏忙于同周围各国混战之时。中山武公之子(中山桓公)乘机复国,并迁都于灵寿(今河北平山东北)。史称"中山复国"。

中山公子牟 即"魏牟"。

中山宫令 官名。北齐长秋寺所属中山宫署之主官。其下有丞;又有宫教博士二人,位从九品上;别有面豆局丞。

中山宫署 官署名。北齐置,掌中山宫事务,设令、丞为长贰,下设宫教博士等,皆由宦官充任,隶长秋寺。

中山国 ❶春秋、战国国名。春秋末白狄的一支鲜虞人所建。也称鲜虞。都今河北正定县东北。武公(约前414年即位)时徙都顾(今河北定州市)。前406年为魏文侯所灭,约于前380年复国,桓公时徙都灵寿(今灵寿县西北)。战国前期,疆域有今河北西南部涞源县以南,唐县以西,高邑、宁晋等县以北,平山、井陉等县以东地。前323年和赵、燕等国同时称王。前314年,齐宣王乘燕乱,攻破燕国,中山也得以"辟启封疆,方数百里,列城数十"。前296年为赵惠文王所灭,立国时间约从前414至前296年。❷西汉高帝末年分常山郡东部置中山郡,景帝改为国,五凤三年(前55)改为郡,永光元年(前43)复为国,建始二年(前31)又改为郡,阳朔二年(前23)复为国。治卢奴县(今定州市)。辖境相当今河北保定、定州、安国、蠡县、深泽、无极、新乐、望都、唐县、顺平县、满城等市、县及徐水县部分地区。东汉属冀州,辖境略有扩大,北有今涞源县,东南有今博野县。三国魏辖境北扩至今山西灵丘县。西晋北部、东部略有缩小。十六国后赵改为郡,前燕又曾改为国,前秦复为郡。

中山桓公(?—约前340) 战国时中山国国君。约前378—约前340年在位。中山武公之子。公元前406年,魏文侯灭中山国,以其地封其子太子击,并以李克相之。前378年,中山武公之子中山桓公败魏师于浍水,恢复中山国。徙都灵寿(今河北平山东北)。

中山桓王　即“中山桓公”。

中山郡王　辽封爵。开泰五年(1016),圣宗弟耶律隆庆长子查割受封。

中山刻石　亦称守丘刻石。战国时期中山国刻石。约二十世纪三十年代发现于河北平山南七汲村西南。西距中山王墓(参见“平山中山王墓”)1、2号墓1公里余。系一块大河光石,长90厘米,宽50厘米,厚40厘米,上刻铭文两行,存十九字。铭曰:“監罟又臣公乘旻(得)守坵(丘)丌(基)臼䣷(将)叡敢谒后尗贤者。”“丘”字下原石表面残损,亦可能有缺文。一般认为“丘”是指中山王室陵墓,此刻石系守丘官吏为护陵而立。为现今所见战国刻石中文字较长者。1980年文物出版社出版《河北省文物选集》收有此刻石较清晰的影像。

中山狼　杂剧剧本。明康海著。四折。写东郭先生误救中山狼,几为所害故事。明王九思亦有此作,内容相仿。

中山灵寿故城　战国时中山国都城遗址。约公元前四世纪前期中山桓公复国后兴建,废于前296年中山为赵所灭时。位于今河北平山三汲乡境内,1977至1982年进行了勘察。城内地势北高南低,城垣依自然地形修筑,南北最长处4.5公里,东西宽约4公里。全城分东西两城,目前已能确定的城门有两处,位于东城西北角与西城垣中部。东城内东北部、南部与西城中部发现有大型宫殿基址,西城北部为王陵区,东城西部有制陶、骨、玉、石器与铸铜、铁器作坊遗址。城西西灵山南坡高地是城外王陵区所在,城址外东北、西北、西部及西南部分布有中、小型墓葬的墓区。城外东面高坡上有东西长1 400米、南北宽约1 050米的小城,中央建一夯土台,可能用于军事设防。

中山三器　战国时中山国国君所制三件青铜器。即中山王譽鼎、中山王譽方壶、妤𧊒壶。1977年出土于河北平山中山王墓1号墓。

中山王譽　战国时中山国国君。中山成公之子。文献失载。据河北中山王墓出土中山王譽鼎、壶及妤𧊒壶铭文记载中山国君有文公、武公、桓公、成王、王譽、王妤𧊒。《吕氏春秋·当染》又记有中山王尚,共七世。他约在公元前322年或前321年即位。在位时,国势强盛,其相司马赒(貫)伐燕,开拓疆土数百里,列城数十。卒后中山国渐衰。

中山王譽鼎　战国时中山王譽所作青铜器。1977年出土于河北平山中山王墓1号墓。青铜身,铁足,身扁圆,有盖,盖顶有三环钮,附耳、蹄足。通高51.5厘米,最大径65.8厘米。鼎盖环钮以下至鼎身足部以上刻铭文七十七行,共四百六十九字,系迄今发现的最长的战国青铜器铭文。王譽在铭文中以燕王哙惑于子之而亡国为例,说明要警惕奸邪小人,追述了其自幼继承王位得到相邦貫(即司马赒)辅佐的经过,赞颂了貫的德行与其率三军征伐燕国,开辟疆土之功业。铭末训教后嗣,要以越覆吴之史实为治国之鉴。据此铭,鼎作于王譽在位之十四年,当在前314年齐破燕与前307年赵军略中山之前的一段时间内。铭文中所载中山伐燕、中山君世系,以及越“五年覆吴,克并之至于今”等史实,可补史籍之阙。文内多次引用儒家经典,亦反映了儒学在中山国之盛行。

中山王譽方壶　战国时中山王譽所作青铜器。1977年出土于河北平山中山王墓1号墓。盖著四方形钮,肩部有四夔龙,腹两侧上部各有一铺首,通高63厘米,腹径35厘米。腹四面刻有铭文,每面十行,共四百五十字。据铭文,此壶系中山王譽在位之十四年,令相邦貫用掠获的燕国青铜器所铸。时在前314至前307年间(参见“中山王譽鼎”)。王譽于铭文中斥责燕王哙禅位于子之,赞美相邦貫(即司马赒)竭志尽忠、勤于王事的精神与其志愿伐燕,并因而受赏于周天子之业绩。铭末还告诫后嗣要以德义治国。铭文中所记载的中山伐燕及王譽以上文、武、桓、成四世之世系,可补史籍之阙。文中多套用《诗经》词句。

中山王墓兆域图　战国时中山国王室陵园建筑平面规划图。因图面有“兆法”字样,故又称“兆法图”。1977年出土于河北平山中山国墓地1号墓椁室。图用金、银错于一块铜版上,该版长94厘米,宽48厘米,厚约1厘米,一面是图,另一面有一对铺首。图中标明了陵园建筑各部分的名称、位置、尺寸,规定了王后与夫人等葬具的级别。并附有中山王修建陵园的诏令。所绘陵园平面为横长方形,有称为“中宫垣”、“内宫垣”的两重围墙;内宫垣里为凸字形丘坪,四边呈斜坡状;丘顶中部并排横列有三座大型墓上建筑,中间是“王堂”,两边是“哀后堂”和“王后堂”,均方二百尺,相距百尺。在“后堂”两侧间隔八十尺,配有规模较小的“夫人堂”和某堂,各方百五十尺。内宫垣后部开有四门,通向四座方百尺的宫室。整组建筑有明确的中轴线,突出了王陵,从单体建筑设计到群体布局都达到了较高的水平。经实地发掘证明,图中的“王堂”与“哀后堂”应分别是平山1号墓(即中山王譽墓)与2号墓的墓上建筑,而其余三墓及其上的建筑并未建成,整个规划实际上未能全部实现。此图系迄今所知中国最早的平面建筑规划图。

中山王尚　尚或作胜。战国时中山国国君。或即中山王妤𧊒之子。周赧王十六年(前299)赵武灵王攻灭中山,妤𧊒逃入齐,旋死。赵另立他为中山君。十九年,赵灭中山,他被迁于肤施(今陕西榆林东南)。

中山王胜　即“中山王尚”。

中山王妤𧊒(?—前299)　战国时中山国国君。中山王譽之子。在位时数遭赵武灵王之攻伐,国势急转直下。周赧王十六年(前299)赵师攻入中山,他逃亡至齐,旋死于齐。赵另立尚为中山君。

中山文公　战国时中山国国君。1974—1978年,河北省平山县中山王譽墓出土中山王譽鼎、壶,记中山国之先世为文公、武公、桓公、成王、王譽、舒䖍六世。《史记·赵世家》以赵献侯十年(前414)中山武公初立。但据中山王譽壶铭“隹朕皇祖文武”,可知在中山武公前,尚有文公一世,其时间约在公元前414年之前,乃中山立国之始祖。

中山武公(?—前406) 战国时中山国国君。约公元前414—前406年在位。中山文公之子。中山属白狄,春秋时称鲜虞。建都于顾(今河北定州)。政治腐败,生活荒淫奢侈,“男女切倚,固无休息,康乐歌谣好悲”(《吕氏春秋·先识》)。前406年为魏文侯所灭。不久,其子桓公复国。

中山尹 后燕慕容垂燕元二年(385)改中山郡为尹,并定都于此,治弗违县(今定州市)。辖境相当今河北定州市、新乐市、唐县、顺平县及无极县北部。北魏复改为郡。

中尚方 官署名。西汉武帝时分尚方置,掌制作御用器物,隶少府。东汉沿置。一说西汉时为尚方别称,东汉末始分为中、左、右尚方,各设令以主之。三国魏、西晋沿置。东晋省,唯置尚方。北魏复置。南朝梁及北齐时称中尚方署。

中尚方丞 官名。东汉置,为中尚方次官,员一人,四百石。三国魏、西晋沿置,皆九品。东晋省。南朝梁复置,为中尚方署次官,三品勋位。北齐亦置为中尚方署次官。隋代因避讳改称内尚方丞。唐初复置,员四人,正九品下。垂拱元年(685)改称中尚丞。

中尚方令 官名。西汉置,为中尚方长官,隶少府。东汉沿置,员一人,六百石。一说东汉始置。三国魏、西晋沿置,皆七品。东晋省。南朝梁初复置,为中尚方署长官,后省。北魏亦置,为中尚方长官。北齐沿置,为中尚方署长官,隶太府寺。隋代因避讳,改称内尚方令。唐初复置,员二人,从七品下。垂拱元年(685)改称中尚令。

中尚方署 官署名。南朝梁初置,以令、丞为长贰,隶少府卿。后省。北齐亦置,隶太府寺,以令、丞为长贰,又领别局、泾州丝局、雍州丝局、定州绸绫局四局丞。隋代因避讳改称内尚方署,隶少府监。唐初复名中尚方署,掌供郊祀圭璧、皇帝器玩、后妃服饰的制作,设令、丞、监作等官员。垂拱元年(685)改称中尚署。

中尚监 官署名。元代置。掌大斡耳朵属下怯怜口等事务及领资成库毡作,供内府陈设帐房、帘幕、车舆、雨衣之用。至元二十三年(1286)改尚用监置。至大元年(1308)升为院,秩从二品。四年,复为监。秩正三品,领以监卿八员,下设太监、少监、监丞等官,参用宦官三人。至元二十三年,以太府监所属掌造毡货之资成库隶之。三十年,分置两都滦河三库、怯怜口杂造等九司局而总领之。

中尚令 官名。唐垂拱元年(685)改中尚方令置,为中尚署长官,员二人,从七品下,掌供郊祀圭璧及皇帝器玩。开元十八年(730)省为一人,升为从六品上。北宋虽存其名而罕除授。

中尚食典御 官名。北齐置,为中尚食局长官,负责皇帝饮食事务,隶中侍中省。由宦官充任。员二人,从五品上。

中尚食局 官署名。北齐置,掌管皇帝饮食事务。以中尚食典御为长官,下设丞二人,监四人,皆由宦官充任。隶中侍中省。

中尚使 使职名。唐开元中置于中尚署,掌检校进奉杂作,多以少府监及诸司五品以上官充任,权在中尚令之上。天祐元年(904)省。

中尚署 官署名。唐垂拱元年(685)改中尚方署置,掌宫内杂作,供郊祀圭璧、皇帝器玩、后妃服饰等与百官鱼袋制作。以令、丞为长贰。隶尚方监(少府监)。开元后又常置中尚使以监之。北宋虽存其名而无职司。

中尚药典御 官名。北齐置,负责皇帝的医疗诊治及药物等事务,隶中侍中省。由宦官充任。员二人,从五品上。

中尚院 见“中尚监”。

中舍人 官名。西晋咸宁初置四人,选舍人才学美者充任,与中庶子共掌文翰,位在中庶子之下、洗马之上,官六品。南朝宋亦置四人,官品同晋。齐置一人。梁以功高者一人与中庶子祭酒共掌其坊之禁令,官品八班。陈因之,官五品。北魏、北齐均置,同为五品上。隋避杨忠(隋文帝父)讳,改称内舍人。唐仍旧称,别称太子中书舍人。为右庶子的副贰,与之同掌侍从、献纳、启奏。高宗永徽间,以避太子忠讳,改称内舍人,太子废后复旧。龙朔间,又一度改称右赞善大夫。不久复置中舍人,但不废右赞善大夫。辽南面官亦置。宋亦置,而不隶春坊。

中石器时代 考古学分期中指旧石器与新石器时代间的过渡时期。磨制石器的出现,是区分旧石器和中石器时代的标志,但仍以打制石器为主。以渔猎和采集为主要经济。发明了弓箭,产生了畜牧业,人类开始进入定居。这时期生产和技术进步情况,大致相当于摩尔根和恩格斯讲的“蒙昧时代”的“高级阶段”。中国发现的中石器时代文化有内蒙古呼伦贝尔盟海拉尔的松山、陕西大荔沙苑、河南许昌灵井、河北阳原虎头梁等遗址。时间约当公元前一万年至前七千年之间。在山西沁水下川,发现有自旧石器时代晚期到中石器时代的遗存。

中史 官名。西周置,掌司法案件备案。

中使司 见“公主府”。

中士 ❶爵秩名。(1)周代诸侯官制中,士一级爵位的第二个等级,在上士之下。(2)王莽始建国元年(9),改秩四百石为中士。❷官名。(1)西魏、北周置,为六府中的低级官吏,依职掌不同,称司服中士、典牧中士等。正二命。(2)清末新建陆军中的低级官员。可充任陆军部及所属各司处之录事,正九品。宣统元年(1909),修正陆军官制,其马、步、炮、工、辎、警察各队及军需、军医、测绘、军乐等部门皆置此职。

中侍大夫 官名。北宋政和二年(1112)改内侍官景福殿使置,为寄禄官,正五品。金代置为内侍阶官,从四品下。明洪武四年(1371)定为散官,授从四品内官。

中侍局 官署名。金代置，掌东宫阁内禁令，省察宫人廪赐给纳诸物。以都监、同监为长贰，隶宫师府。

中侍郎 官名。(1)十六国西秦置，位在中、左、右常侍下。(2)北宋政和六年(1116)置，为武臣阶官，从七品。

中侍上士 官名。西魏恭帝三年(556)置，北周沿置。天官府宫伯中大夫属官，分置左、右，皆正三命。负责皇帝寝宫侍卫，皇帝出行或临朝时亦随从护卫。隋开皇元年(581)罢。

中侍中 官名。侍中例以士人充任，若以中官(宦官)充任，则称中侍中。北魏孝文帝时，文明冯太后宠任宦官，大者任令仆，小者任卿守，以宦官为中侍中，盖始于此时。太和十七年(493)定为二品上。北齐置中侍中省，掌出入门阁，其长官为中侍中，员二人，位从三品。北周有司内上士，其职掌与中侍中相类似。

中侍中省 官署名。北齐置，为管理宫中事务的最高行政机构。掌皇宫警卫、管理皇宫诸门，并掌皇帝饮食、药物等事务。以中侍中为长官，下设中常侍、中给事中等，皆由宦官充任。领中尚药典御、中谒者仆射及中尚食局、内谒者局等。

中受降城 唐三受降城之一。本拂云祠所在，景龙二年(708)朔方总管张仁愿筑城。在今内蒙古包头市西南黄河北岸。自开元二年(714)至天宝八载(749)，为安北都护府治所。

中书 ❶官署名。中书省或中书门下的简称。❷官名。(1)三国吴"中书典校"省称，掌察诸官府、州郡文书，寻求过失。(2)中书省官员省称。南北朝时多指中书侍郎、中书舍人，明代指内阁及中书科所置中书舍人。(3)清代内阁属员，额设一百二十四人，其中满洲七十人，蒙古十六人，汉军八人，汉人三十人，皆正七品。分别在内阁各房处任事，掌撰拟、缮写、记档、翻译等事务。例由贴写中书、笔帖式等考试除授，亦有新进士分部以中书用，到阁行走者。又，中书科亦设六人，从七品，掌诏诰缮写。宣统三年(1911)改官制后废。

中书博士 北魏中书教授博士、中书教学博士的省称。

中书丞 官名。三国吴置，隶中书令，可参议国政，权任颇重。

中书房 官署名。明代宦官机构。设掌房官一人，内官散官十余人。以司礼监监工年老资深者充任。听司礼监掌印或秉笔太监提督。掌管文华殿中书舍人所写书籍、对联、扇柄等，承旨发写，写完奏进，并掌宫中糊饰等杂务。

中书分省 官署名。元顺帝至正十一年(1351)置于有关行省，处理军政事务。先后于济宁、彰德(今河南安阳)、陵州(今山东德州)、冀宁(今山西太原)、保定、大同、真定(今河北正定)等地设置。明朱元璋建国前，亦曾置于婺州(今浙江金华)。

中书后(後)省 官署名。北宋元丰八年(1085)改中书外省置。设右散骑常侍、右谏议大夫、右司谏、右正言、中书舍人、起居舍人等，分上、下、制诰、谏官、记注五案，掌中书省日常事务。南宋时以中书舍人为长官，掌行诰命。属官有令史、守当官、守阙守当官等，设上、下、制诰、记注四案。

中书监 官名。魏、晋、南北朝为中书省长官之一。三国魏黄初年间分秘书为中书，置监、令各一人，秩并千石。及刘放为中书监，孙资为中书令，二人用事，权自此重。魏置监位高于令，中书典尚书奏事，若密诏下州郡及边将，则不由尚书。晋监、令并三品，秩千石，掌撰诏命，记会时事，典作文书，尚书诏奏之权便归中书。东晋更重其职，多以诸公领之，职掌曾归入散骑省、西省，后复置。南朝宋、齐均置监、令，品秩同晋。梁监增秩至中二千石，官十五班；令增秩至二千石，官十三班。陈因之。北魏中书监为从一品中，中书令为从二品中；太和末监为从二品，令为正三品。北齐因之。北周置内史中大夫二人，掌王言，盖比中书监、令之任。后又增设内史上大夫。

中书教授博士 学官名。北魏置，属中书学，职任与中书教学博士同。多省称为中书博士。一说即中书教学博士。

中书教学博士 学官名。北魏置，属中书学。选用博学之士担任，教授中书学生。任职者升迁较易，多升为中书、门下省要职。省称为中书博士。

中书科 官署名。明永乐中置，设于午门外，定设中书舍人二十人，其恩荫带俸者不在员额内。掌书写诰敕、制诏、银册、铁券等事。舍人员无正贰，由历俸年深者掌印。清沿置，初设中书舍人十二人，以资俸深者掌理科事。顺治九年(1652)设满洲记事官，同掌科事。康熙九年(1670)改记事官为中书舍人。乾隆十四年(1749)定设满中书二人，推资深者一人为掌印；汉中书四人，推资深者一人为掌科。三十六年增设管中书科事汉内阁学士一人。次年改管科事为稽察科事满、汉内阁学士各一人。掌缮写册文、诏诰等事务。下设笔帖式、供事等办理科务。宣统三年(1911)废。

中书郎 官名。西汉置，隶中书谒者令，职掌及沿革不详。三国吴置，掌草拟诏书，并常被派出执行皇帝使命，权任颇重。一说三国蜀亦置。魏、晋、南北朝时亦作为中书通事郎、中书侍郎的省称。

中书令 官名。(1)西汉时中书谒者令之省称。(2)三国魏文帝黄初初年置，为中书省长官之一，与中书监皆三品，而班次略低。掌收纳奏章、草拟及发布皇帝诏令，权任甚重。三国吴亦置为中书长官，主草拟诏令。西晋沿置，三品。东晋时纳奏、拟诏、出令之任移归散骑省、西省，遂成闲职，多授予宗室、大臣，以示礼遇。南朝中书省复掌纳奏、拟诏、出令，然权归中书舍人，此职多用为重臣加官。南朝宋三品，梁十三班，陈三品、秩中二千石。北朝亦置为中书省长官之一，北魏、北齐皆三品。隋改称内史令。唐武德三年(620)复置，为中书省长官，总判省事，员二人，正三品。与门下、尚书省长官并为宰相，在政事堂共议国政。高宗以后,在三省长官中权任最重。龙朔二年(662)改称西台右相,咸亨元年(670)复旧;光宅元年(684)改称凤阁内史,神龙元年(705)复旧;开元元年(713)改称紫微令,五年复旧;天宝元年(742)改称右相,至德二载(757)复旧。大历二年(767)升为正二品,名位虽高,但罕预政事。唐中期以后,常加"检校"名义,以褒赏功臣或用为藩镇加官。北宋前期为二品寄禄官,元丰改制后复为中书省长官,正一品,然因位尊未尝除授,以尚书右仆射兼中书侍郎代行其职。南宋省。辽重熙十三年(1044)复置,在南面官署中品位最高,然非实职。或用作亲王、大臣尊号。西夏建国初期为全国政务长官,掌宣发命令,多由党项亲贵充任。金前期虽三省并立,然中枢政务属尚书省,此职为无职掌的尊号,后随省废。蒙古国时期,汉人文官"必阇赤"或号中书令,为汉人随意选择的译名,非实称。元代为中书省长官,典领百官,员一人,例由皇太子兼领,不常设。中书省政务由左、右丞相主持。明初罢。

中书门下 ❶官署名。唐开元中改政事堂置,设于中书省,为宰相议政办公处所,下设吏、枢机、兵、户、刑礼五房分主众务。北宋初沿置,亦称政事堂,与枢密院分掌政务、军事,并称"二府"。题榜仅称中书,印文行敕称中书门下。其长官中书令、侍中皆不预政事,而别以丞郎以上至三师为同平章事,行使宰相职权,以中书舍人以上至尚书为参知政事,辅佐宰相处理国务。属下有舍人院及孔目、吏、户、兵礼、刑等房。元丰改制废。又建炎三年(1129)并中书省与门下省为一省,称中书门下省,与此不同。❷中书省、门下省合称。

中书门下后(後)省 官署名。北宋元丰八年(1085)改中书门下外省置,为中书后省、门下后省的合称。

中书门下内省 官署名。宋代以中书门下(政事堂)设于禁中,故称中书门下内省,以与设于皇城外的中书、门下省署相区别。

中书门下省 官署名。南宋建炎三年(1129)合中书省、门下省置,掌原二省所主事务。

中书门下省检正诸房公事 官名。南宋建炎三年(1129)置,员二人,正六品。掌检举催促行移稽留事务。一员检正吏、礼、兵房,一员检正户、刑、工房。次年罢。绍兴二年(1132)复置,员一人。

中书门下外省 官署名。北宋初置中书门下于禁中,俗称中书门下内省。设于皇城外的中书省与门下省,遂被称为中书门下外省。元丰改制后,为中书外省与门下外省的合称。

中书仆(僕)射 官名。西汉中书谒者仆射的省称,为中书谒者令之副,隶少府。二者同掌传达诏令章奏,皆由宦者充任。成帝时罢。三国吴复置。

中书舍人 官名。三国魏置,为中书省属官,与通事共掌收纳、转呈章奏,员一人,七品。一说魏唯置通事,西晋始增设舍人,东晋合为一官,后省去"通事"二字,七品。南朝宋复名中书通事舍人,省称为通事舍人、中书舍人、舍人,员四人,七品。齐沿置,梁、陈又省去"通事"二字,梁四班,陈增为五人,八品。南朝多以寒士、寒人充任,入直禁中,除收纳、转呈文书章奏外,并夺中书侍郎草拟诏令之任。南朝齐以后,为舍人省长官,名虽隶于中书省,实际直接听命于皇帝。故品阶虽低,但权任甚重。北朝时专掌草拟诏令,权任较南朝为轻,北魏为六品上或六品下。北齐六品,定员十人。隋改称内史舍人、内书舍人。唐武德三年(620)复为中书舍人,员六人,正五品上。侍从朝会,参议政务。皇帝旨意由宰相传达词头后,交其草拟诏敕;如其对词头有异议,有权封还;所拟诏敕经本省长官和皇帝审批后,再由其颁行。六员分押尚书省六部,协助宰相批复公文。以资深者一人为阁老,判本省日常事务;一人知制诰,在政事堂值班;其余四人分署制敕。高宗、武则天、玄宗时曾随省改称西台舍人、凤阁舍人、紫微舍人,旋皆复旧。开元以后由翰林学士草拟机密诏书,此职唯草拟例行诏敕,后又常令他官兼知制诰或知中书舍人事,掌草诏敕,此职渐成闲职。北宋初为寄禄官,元丰改制后为职事官,员四人,正四品,主管中书后省,掌草拟制敕。南宋以他官兼摄者称权舍人,资历浅者称直舍人院。辽代为南面朝官,隶中书省下属中书舍人院。西夏为中书省属官,掌文书。明洪武九年(1376)改直省舍人置,员十人,初为正七品,寻改从七品,隶中书省。十年,改隶承敕监,掌缮写诏敕。十三年废中书省后,仍留置此职,简称"中书"。中书科设员二十人,亦有在文华殿、武英殿当直及属内阁诰敕、制敕二房者,皆无定员。清初置于内阁中书科,员十二人,推资深者掌理科事。乾隆十四年(1749)定满洲员二人,推资深者为掌印;汉员四人,推资深者为掌科。掌缮书诏诰,稽颁册轴。乾隆三十七年改称"中书"。

中书省 ❶官署名。三国魏黄初初年置。掌收纳群臣章奏,草拟皇帝诏令,兼领修史,权任颇重。以中书监、令为长官,下设通事郎、著作郎等。西晋沿置,初兼领秘书、著作,惠帝以后秘书独立为监,著作亦归秘书,遂专掌纳奏、拟诏、出令。东晋时纳奏、拟诏、出令之职移归散骑省、西省,本省长官遂成闲职,唯以中书侍郎一员直西省,分掌草诏。南朝时复掌纳奏、拟诏、出令之职,然实权操于中书舍人(中书通事舍人)之手,南朝齐以后,名义上隶属于本省的舍人省成为实际的政务中枢。北朝时掌纳奏、拟诏、出令之职,以中书监、令为长官,并兼领宫廷伎乐等。隋改称内史省。唐武德三年(620)复置,与尚书、门下并号三省,共理军国政务。掌草拟诏令,审阅群臣进奏的章表文书,并草拟批答。以中书令、中书侍郎为长贰。龙朔二年(662)改称西台,咸亨元年(670)复旧;光宅元年(684)改称凤阁,神龙元年(705)复旧;开元元年(713)改称紫微省,五年复旧。唐初三省并重,自弘道元年(683)政事堂由门下移至中书,在三省中地位遂最重。唐中期以后,翰林院、枢密院分割本省拟诏、出令之权,本省专掌撰拟常规例行诏敕。北宋初仅掌供给郊祀及皇帝册文版、幕职州县官较考等事,设判省事一人,以外制官充任。元丰改制后,掌承受、宣布皇帝诏令,批复、转呈群臣章奏文书,除授省、台、寺、监等高级官员。以中书令为长官,但未实授,而以尚书右仆射兼中书侍郎,代行其职,另置中书侍郎一人为次官。下设中书舍人四人,主持中书后省;起居舍人一人,为侍立修注官。设吏、户、兵礼、刑、工、主事、班簿、制敕库八房,分掌庶务。元祐后,析兵、礼为二房,并增催驱房、点检房,后又改主事房为开拆房。南宋建炎三年(1129)与门下省合为中书门下省。辽重熙十三年(1044)改政事省置,然仅掌铨选州县录事参军、主簿等官,并备顾问咨询。西夏置为全国政务中枢,掌草拟、宣发诏令。金初三省并置,正隆元年(1156)废中书、门下二省。元代置为全国最高行政机构,总领百官,综理政务,职权极重。中书省管辖六部,分掌政务。又设诸行中书省,分领各地军政事务。元末又增设数处中书分省,主持当地军政事务。明初沿置,统领全国庶务。洪武十三年(1380)罢。❷行政区名。(1)元代以前,中书省为中央行政机构,不直辖地方。元中书省除治理全国政务外,还直辖腹里地区,亦称中书省,以别于各行中书省辖区。蒙古中统元年(1260)置。治开平(五年改为上都路,治今内蒙古正蓝旗东闪电河北岸)。至元四年(1267),移治中都(九年改为大都,今北京市西北隅)。至顺初辖境相当今河北、山东、山西三省,内蒙古自河套以东至哲里木盟、河南的黄河以北(原阳、延津、封丘等县除外)及虞城、江苏丰县和沛县、安徽砀山等县。明洪武元年(1368)废,分属河南、山东二行中书省。(2)元至正十六年(1356)朱元璋置江南行中书省,治应天府(今江苏南京市),洪武元年(1368)建南京,罢行中书省,以所领府州直隶中书省,仍称中书省;十三年罢中书省,以所领直隶六部,改称京师或直隶,相当今江苏、安徽、上海二省一市。

中书省断事官 官名。元世祖中统元年(1260)置,为中书省属官,掌刑狱与清算钱谷,以皇室和投下怯薛官充任。初置员三十一人,后增为四十一人,秩正三品。

中书省录事 吏名。简称录事。宋代为中书省属吏。原为中书堂后官,元丰改制分建三省,废堂后官,改置中书省录事、门下省录事、尚书省都事,分领三省吏务。

中书侍郎 官名。三国魏置通事郎,为中书省属官,掌草拟诏令,多选用文学之士,五品。后增设中书郎,亦称中书侍郎。晋朝沿之,员四人,五品。东晋时,纳奏、拟诏、出令之权转归他省,以此职一员值班西省,掌诏令起草。一度改称中书通事郎。南朝拟诏、出令之权仍归中书省,但由中书舍人执掌,侍郎职闲官清,成为诸王起家官。宋五品,梁九班,陈四品。北魏为四品上或从四品上。北齐从四品。隋改称内史侍郎。炀帝时为内书侍郎。唐初为内史侍郎。唐武德三年(620)复称中书侍郎,为中书省次官,参议朝政,传宣皇帝旨意,审复中书舍人所拟诏敕,处理本省日常事务。员二人,正四品。加同中书门下平章事、参知政事等职衔,则列位宰相。高宗、武则天、玄宗时曾随省改称西台侍郎、凤阁侍郎、紫微侍郎等,旋皆复旧。唐中期以后,中书令常缺,则由其主持省务。大历二年(767),升为正三品。北宋前期为三品寄禄官,元丰改制后为职事官,员二人,一员由尚书右仆射兼任,代行中书令之职;另一员为中书省次官,主省务,并参议朝政,传宣诏令。南宋建炎三年(1129),改宰相官名,复置参知政事,中书侍郎乃废。辽代置为南面朝官。西夏亦置。

中书堂后(後)官 官名。北宋初置,为中书门下属官。中书门下五房各置员三人,其中一人登录皇帝指示,一人抄写公文,一人校对发印。原选吏人充任,开宝六年(973)后选用士人,太平兴国九年(984)起渐以京朝官充任。元丰改制罢。

中书通事郎 官名。三国魏置,为中书省属官,位黄门郎下。进呈并为皇帝阅读经黄门郎署名的臣下奏章,代皇帝批阅意见。位虽不高,而权任甚高。可省称为中书郎,或称中书侍郎。后改称中书侍郎,一说西晋始改。东晋初复置,不久,仍改称中书侍郎。

中书通事舍人 见“中书舍人”。

中书外省 官署名。北魏置,中书省办公处所之一,设于宫禁之外,故有此称。尚书、门下省官员常在此议事。北宋元丰改制复置,设右散骑常侍、右谏议大夫、右司谏、右正言、中书舍人、起居舍人等,分上、下、制诰、谏官、记注五案,掌中书省日常事务。元丰八年(1085)改称中书后省。

中书五房 官署名合称。北宋前期中书门下所属孔目房、吏房、户房、兵礼房、刑房的合称。元丰改制罢。

中书学 学校名。北魏明元帝时改国子学置,隶中书省。为培养高级统治人才的学校,主要招收鲜卑及汉人士族子弟为中书学生,有时由皇帝特旨指定某人子弟为中书学生。学生毕业后多升为内外要职,是当时的主要仕进途径之一。以博学之士担任中书教授博士、中书教学博士和中书助教博士,为学生讲授经义。太和中,复改为国子学。

中书学生 北魏*中书学之学生。

中书谒者丞 官名。西汉武帝置,为中书谒者令副贰,由宦官充任,属少府。

中书谒者令 官名。西汉武帝置,选用明习法令故事,善为请奏的宦官充任。掌收纳尚书奏事,草拟并传达皇帝诏令。名义上隶属少府,实则直属皇帝。宣帝之后,典掌机密,权任尤重。成帝建始四年(前29)改称中谒者令,专掌宫廷事务,纳奏出令仍归尚书。

中书右丞 官名。元世祖中统二年(1261)置,沿革、品阶同中书左丞。

中书助教博士 学官名。北魏置,属中书学。由中书学生中选器业优者任之。不仅在中书学中讲释经义,还可入宫为皇太子讲授经义。选任标准很高,有时皇帝亦亲自参加选用讨论。位在中书教学博士下。

中书左丞 官名。元世祖中统二年(1261)置,为中书省主要官员。与中书右丞并称“左右辖”，佐宰相处理政务，位居执政，正二品。初员数不定，至顺元年(1330)定员一人。行中书省亦置，员额、品阶同中书省。明初沿置，旋废。

中书左右部 官署名。元世祖中统三年(1262)以吏、户、礼为左三部，兵、刑、工为右三部，统称中书左右部。至元元年(1264)并入中书省。三年复置。五年改为吏礼、兵刑、户、工四部。

中枢政考 见“钦定中枢政考”。

中署 ❶官署名。东汉灵帝置，设于宫中，收取天下珍玩，聚为私藏，以宦官掌之。三国魏沿置，以中署监为长官。南朝宋后废帝元徽初，省御府而置，掌制作御刀、绶、剑等玩好器物，隶少府右尚方令。南朝梁为大长秋所统诸署之一。❷北朝后期至隋唐寺、监所统之中等署的通称。

中署监 官名。三国魏置，为中署长官，七品。参见“中署❶”。

中庶子 ❶门客。《史记·商君列传》：“鞅少好刑名之学，事魏相公叔痤为中庶子。”中庶子又称御庶子。《战国策·魏策一》：“座有御庶子公孙鞅。”❷太子官。《战国策·韩策二》：“中庶子强谓太子曰：‘不若及齐师未入，急击公叔。’”太子即王位后，原中庶子仍称中庶子。《战国策·燕策三》：“于是荆轲遂就车而去，终已不顾。既至秦，持千金之资币物，厚遗秦王宠臣中庶子蒙嘉。”《新序·杂事第二》：“楚庄王莅政三年”，“中庶子闻之，跪而泣曰：‘臣尚衣冠，御郎十三年矣，前为蒙矢，而后为藩蔽，工赐士庆相印而不赐臣，臣死将有口矣。’”汉代以后为太子中庶子省称。

中数 算学术语。大数进位制度中万万进制者。参见“三等数❶”。

中水县 西汉高祖封吕马童为中水侯，后改为县。以地在瓜水河曲之中而得名。治今河北献县西北，属涿郡。东汉改属河间国。北齐天保七年(556)废。

中顺大夫 官名。金代置，为文散官，正五品下。元沿置，正四品，宣授。明亦置，正四品，初授。

中说 书名。一名《文中子》。为隋末名儒王通子福郊、福畤仿《论语》体例，集通生前言论，以问答形式整理而成。今有宋阮逸注十卷本。分《王道》、《天地》、《事君》、《周公》、《问易》、《礼乐》、《述史》、《魏相》、《立命》、《关朗》十篇。其哲学思想确认天、地、人为“三才”，“天者统元气焉”，“地者统元形焉”，“人者统元识焉”，但又相信“天神”、“地祇”的存在。认为治乱、穷达、凶吉都有命，“君子畏之”，又认为吉凶祸福，惟人自召，在人自取。矛盾之处很多。政治思想的核心是“明王道”，抨击现实社会暴政，依据孟子仁政学说，提出要统治者“遗身”(即至公无私)、“推诚”，盼望重建王道政治。主张儒、佛、道三教归一，但以儒家为主。并希望恢复分封制和井田制。王通在《中说》中提出的思想是宋代理学的先声。后人因其中所记王通门人多隋唐间大臣，年龄与事实不符，或疑其为伪作，虽不尽然，但其中有夸饰之词，则为事实。

中司 唐、宋御史中丞的别称。

中祀 古代祭祀之一。仅次于大祀，故亦称次祀。帝王派官员祭祀日月星辰、山川河岳等为中祀。《周礼·春官·肆师》：“立大祀用玉帛、牲牷，立次祀用牲币，立小祀用牲。”郑玄注：“郑司农曰：‘大祀，天地；次祀，日月星辰；小祀，司命以下。’玄谓，大祀又有宗庙，次祀又有社稷，五祀五岳，小祀又有司中、风师、山川、百物。”历代沿其制，所定略有不同。《隋书·礼志一》：“星辰、五祀四望等为中祀。”明清时亦属吉礼。明初定以太岁、星辰、风云雷雨、岳镇、海渎、山川、历代帝王、先师、旗纛、司中、司命、司民、司禄、寿星为中祀。嘉靖时又增先农、朝日、夕月为中祀。由皇帝派官致祭，帝王陵庙及孔子庙，则传制特遣致祭。清初定以天神、地祇、太岁、朝日、夕月、历代帝王、先师、先农为中祀。乾隆时改为先蚕为中祀。咸丰时改为关圣、文昌为中祀。

中宿县 西汉置。以境内中宿峡为名。治今广东清远市西北。有洭浦关。东汉末并入四会县，三国吴复置。历属南海郡、始兴郡。隋改为政宾县，唐武德六年(623)入清远县。

中台 ❶春秋战国时司徒的别称。❷即尚书省。唐龙朔二年(662)改名中台，咸亨元年(670)复旧称。长安三年(703)又改，神龙元年(705)再复。❸尚书台(省)的别称。❹元代各地设行御史台，故称设于朝中的御史台为中台。

中台省 官署名。渤海国置，为三省之一，设右相、右平章事、内史、诏诰舍人等官，掌草拟诏诰。辽太祖天显元年(926)灭渤海国后置，为辽东丹国官署，掌政务，设左大相、右大相、左次相、右次相等官。圣宗时罢。

中台右丞 见“中台左丞”。

中台左丞 官名。唐武则天先改尚书左右丞为文昌左右丞。长安三年(703)，再改为中台左右丞。神龙元年(705)，中宗即位恢复尚书左右丞原名。

中太仆(僕) 官名。西汉置。《汉书·百官公卿表》：“中太仆掌皇太后舆马，不常置也。”或冠以长信、长乐宫名。东汉因之。《后汉书·百官志》：“长乐又有卫尉，仆为太仆，皆二千石，在少府上。其崩则省，不常置。”

中潬城 沙洲为潬，因建城于河中沙洲上，故名。有二：一为*河阳三城之一；一在古蒲津关下黄河中流。隋建，大业十三年(617)，李渊引兵自河东济河而西，朝邑法曹靳孝谟以蒲津、中潬二城降，即此。

中唐 唐诗分期名称。元、明、清学者为唐诗分期，一般以大历初至元和末(766—820)或大和时(766—835)为中唐。后亦用于划分唐代历史，具体时限无定论。参见“四唐”。

中堂 ❶宰相的别称。唐代设政事堂于中书省，宰相在此处理公务，故有此称。宋元沿之。明清大学士职权与宰相相似，故以此作为其尊称。一说明代大学士处理公务时居中间大堂，故有此称。❷东晋后期太学临时所在地。在建康(今江苏南京)宣阳门外。旧为置兵之地,穆帝升平元年(357)一度以中堂为太学。孝武帝时,以太学在秦淮河南,远离台城,乃于中堂权立行太学。

中堂事记 见"秋涧先生大全文集"。

中体西用 即中学为体,西学为用的简称。亦称旧学为体,新学为用。近代中国一大社会思潮。鸦片战争后,魏源首倡"师夷之长技以制夷",为中体西用论之思想先导。十九世纪六十年代,成为洋务运动的指导思想。咸丰十一年(1861)冯桂芬在《校邠庐抗议》中提出:"以中国之伦常名教为原本,辅以诸国富强之术"的主张。光绪二十一年(1895)沈寿康发表《救时策》一文,认为:"中西学问,本自互有得失。为华人计,宜以中学为体,西学为用。"嗣署江苏按察使吴之榛在《上张香帅请设中西学堂书》中亦云:"创'中学为体,西学为用',冀开海内风气。"二十二年孙家鼐在《议复开办京师大学堂折》中指出:其立学宗旨"自应以中学为主,西学为辅;中学为体,西学为用。中学有未备者,以西学补之;中学有失传者,以西学还之。以中学包罗西学,不能以西学凌驾中学"。二十四年张之洞发表《劝学篇》,系统阐发"旧学为体,新学为用","中学治身心,西学应世事",并以此为建国治国之方针。清末新政即奉行这一主张。它是以封建主义文化为主体、结合西方资产阶级文化的产物,在中国近代政治、思想上有过较大影响。

中统 元世祖年号(1260—1264)。凡五年。

中统元宝 元代钱币。元世祖中统年间铸。圆形方孔,钱文楷篆两体,背无文。

中统元宝交钞 元纸币。简称中统宝钞。中统元年(1260)十月开始印造发行。钞面用钱文单位,分一十文、二十文、三十文、五十文、一百文、二百文、三百文、五百文、一贯文省、二贯文省十种。以银为本,中统钞两贯同白银一两。后因大量印造,钞值跌落。至元二十四年(1287)变更钞法,改发至元通行宝钞,停止印造中统钞;中统旧钞仍通行,五贯同至元钞一贯,十贯同白银一两。至大二年(1309),行至大银钞,罢中统钞。四年,仁宗即位,又恢复印造中统钞,与至元钞并行,凡官司出纳,百姓交易,并以中统钞数计算。至正十年(1350),印发新中统元宝交钞,每贯当至元钞两贯,铜钱一千文,印造无限额,钞法大坏。中统钞初行时,用木版印刷,自至元十三年起改用铜版。近年发现至正印造新中统钞,钞背钤印"至正印造元宝交钞"字样。

中外大都督 官名。东晋置。掌指挥全国军队,权任极重,不常置。一说即"都督中外诸军事"的别称。十六国后凉吕光即位前亦自称此号。

中外大事报 杂志名。清光绪二十五年七月十日(1899.8.15)在上海创刊。旬刊。朱凤衔、高翔经理,天记书局发行。言论倾向维新派。设论说、杂文、外论汇译、训政实录、各国近事、各埠近事、路透汇电、海国丛谈等栏目。发行六期后停刊。

中外大事汇记 书名。一名《光绪二十四年中外大事汇记》。清末倚剑生辑。二十九卷。于光绪二十四年(1898)年底,汇辑是年各报资料,继续鼓吹维新图强。分论说、学术、掌故、官常、交涉、兵防、农事、商业、工艺、矿务、历算、格致、医理、新闻十四类。首录有关变法谕旨。戊戌变法前后中外情态,巨细毕见。除国外报刊,征引中国报刊六十余种,其中有些今已很难得见,亦可作中国报学史资料。有光绪二十四年广智报局刊本。

中外纪闻 杂志名。清末维新派团体强学会机关报。光绪二十一年六月二十七日(1895.8.17)康有为创办于北京。初四十五期名《万国公报》。因和广学会机关报重名,十一月一日起改现名。双日刊。梁启超、麦孟华任编辑。主要编译西报西电,介绍资本主义国家政治经济情况,刊载清廷上谕奏章等。意在启发士大夫,推动维新运动。由京报报房以木刻活字代为印刷,免费随京报或宫门抄附送朝官,多时每期达二三千份。影响致使一些官员士大夫"识议一变","渐知新法之益"。为顽固派所嫉恨,十二月六日(1896.1.20)被查禁。

中外交涉类要表 书名。清末钱恂撰。四卷。钱氏留意时势,稽掌故、询文书,纂为此编,以期当局者采鉴。凡四表:《各国换订约章表》起康熙二十八年(1689)迄光绪十三年(1887)、《江海口岸贸易表》起道光二十二年(1842)迄光绪十四年、《陆路口岸贸易表》起康熙二十八年迄光绪十三年、《使臣出洋分驻表》起光绪元年迄十四年。每表皆冠叙论一篇。光绪十四年成书。有光绪二十年与《光绪通商综核表》合刊本。

中外日报 报纸名。清光绪二十四年七月一日(1898.8.17)在上海创刊,前身为《时务日报》。汪康年主办。维新运动期间,"以提倡变法为主旨",记载中外大事、评论时政得失。义和团运动时期,主张"急剿乱民"。尔后又赞誉清廷"新政",反对资产阶级革命。三十四年因经济拮据,得上海道蔡乃煌资助,是为中国报界受政界津贴之始。旋汪康年将报馆售予蔡,销数大落,同年三月终刊。

中外算报 即"中外算学报"。

中外算学报 杂志名。清光绪二十八年(1902)初在上海创刊。月刊。杜亚泉主编。以介绍数学为主要内容,设文编、演说、译编、来稿、课艺、问答等栏目。译编栏刊出微分子、解析几何学、平面立体几何学、三角、物理计算法、化学计算法、大代数等教学参考资料。油光纸石印,每期二十余页。

中外晚报 报纸名。清宣统三年九月二十六日(1911.10.17)在上海创刊。彩色纸石印。报道武昌起义和各省响应的新闻消息。

中外往来仪式节略 列强挟制清政府接收的外交礼仪章法。光绪五年十二月十一日(1880.1.22),列强驻华公使向清总理衙门提出关于中国地方官员与外国领事往来礼仪的节略一件。次年十月十一日总理衙门提出本节略答复,取得各国公使同意。凡三款。基本依从外国公使拟议:(1)清地方大员随时接见外国领事,以客礼相待;(2)遇紧要公务外国领事与清督抚可径致照会;(3)清督抚对外国领事行文不能以朱笔圈点。

中外小说林 杂志名。清光绪三十三年五月一日(1907.6.11)在广州创刊。旬刊。黄伯耀、黄世仲主编。编译中外小说,兼刊小说理论、歌谣、剧本,多使用方言。从第十七期起,改由公理堂主办,文内加插画,署《绘图中外小说林》。

中卫 ❶官署名。元世祖至元八年(1271)分京城侍卫亲军为左、右、中三卫,皆秩正三品,以都指挥使为长官,掌宫禁侍卫及皇帝出行时扈从,兼掌屯田。下辖镇抚所、行军千户所十个,弩军千户所一个,屯田千户所两个。❷中卫将军的省称。

中卫大夫 官名。北宋政和二年(1112)置。为武臣及内侍阶官,取代旧武阶官引进使及内侍阶官宣政使,从五品。金代为内侍阶官,从五品下。元沿置,正四品。明洪武四年(1371)定为散阶,正五品内官得加此阶。

中卫将军 官名。三国魏元帝咸熙二年(265)于晋王司马昭相国府置,统兵,位在骁骑将军、左右长史之上。司马炎即晋王位后,分为左、右卫将军。十六国前凉、后燕仍置。南朝梁天监六年(507)复置,以尚书右仆射王茂为之。七年,王茂进号车骑将军,又以领军将军曹景宗为之。与中军、中权、中抚将军合称四中将军,地位显要,专授在京师任职的官员。初为武职二十四班中的第二十三班,与四征将军同班,大通三年(529)改制后,为武职三十四班中的三十三班。陈改为拟二品,秩中二千石。

中卫郎 官名。北宋政和二年(1112)改旧武臣阶官引进副使为中卫郎,从七品。

中卫尉 官名。金代卫尉司长官,掌皇后宫事务,从三品。

中尉 官名。(1)战国赵置,掌选举。(2)秦代置,掌京城治安,属官有丞、候、司马、千人等。西汉初,置为将兵武职。后遂常置,主京师治安事务,又称备盗贼中尉,为九卿之一,秩中二千石。领中垒、寺互、武库、都船四令丞及式道左右中候,兼领左右京辅都尉兵卒。太初元年(前104)改称执金吾。东汉末复改为中尉,自三品。三国魏、蜀、吴均置。魏黄初年间复旧名为执金吾。(3)诸侯国军事长官。西汉初,由诸侯国自置,景帝以后由朝廷委派。统领国中军兵,监察军吏,维护国内治安,秩二千石。东汉沿置。魏、晋、南北朝时期地位稍减,与郎中令、大农并称为王国三卿,掌国中军兵。其品秩随国主地位而高下不等。隋改称尉。元复置,隶诸王内史府,员六人,正三品。(4)秦、西汉时主爵中尉之省称。(5)北魏御史中尉之省称。(6)唐护军中尉之省称。

中倭战守始末记 书名。清思恢复生辑。四卷。光绪二十一年(1895)《马关条约》签订后,选录中日开战至订立和约期间中外各报报道辑成此书。旨在促当局者猛省、发愤自强。详述历次战役、各国往来、中日交涉诸事之大局细节。有关谕旨、奏折、照会、函牍、和约等均有采入。是研究中日战争史料书。有光绪年间刊本。

中吴 ❶江苏旧苏州府的别称。宋龚明之《中吴纪闻》,即记载苏州的风土、人物等事。❷江苏镇江府的别称。明周祁《名义考》:"润州,中吴也。"镇江府在隋、唐时为润州。参见"三吴"。

中西大药房股份有限公司 商办企业。清光绪十三年(1887)由顾松泉创办于上海。制药并售药。最初资本数万两,后增至十万两。

中西和好贸易条约 即"中西通商条约"。

中西纪事 书名。清夏燮撰。二十四卷。以纪事本末体裁记载自道光二十年(1840)鸦片战争时起,至咸丰十年(1860)各国换约时止的中外关系史事,是中国近代史著中较早记载两次鸦片战争历史的专著。揭露了英、美、法、俄的侵略罪行,谴责了主和派琦善、奕山等的腐朽无能,颂扬了中国人民的英勇反抗。是书系根据当时流传的奏稿函札、条约章程等资料编撰而成,具有较大的参考价值。作者因议论切直,恐致祸,署名江上蹇叟著。刊行后被毁版,同治十年(1871)重刊。

中西教会报(Missionary Review) 杂志名。清光绪十七年正月(1891.2)始刊于上海。英文月刊。由美国传教士林乐知主编。出至第三十五册,于十九年十一月停刊。二十年十二月(1895.1)复刊,册次重起,先后由美国人卫理(E. T. Williams)、英国人高葆真(W. A. Cornaby)、华立熙(W. Gilbert Walshe)、莫安仁(Evan Morgan)、季理斐(D. M. Gillivray)等主编。至1912年1月第二百三十四册易名《教会公报》。1917年2月停刊。共出二百九十四册。

中西女塾 学校名。清光绪十八年二月(1892.3)由美国监理会妇女传道会主任海淑德(Laura Haygood)创办于上海。校规由中西书院创办人林乐知拟定,专收"高贵华人"女子入学。海淑德为首任校长。以培养亦中亦西的"通才"为宗旨。以英文、音乐、宗教为主要课程,另设国文、历史、地理、物理、化学等课目。1929年改聘杨锡珍为第一任中国校长,美国人殷罗德为顾问。次年改校名为中西女子中学。1936年薛正接任校长。1952年同圣玛利亚女子中学合并,改名上海市第三女子中学。

中西日报 见"广报"。

中西天津条约 即"中西通商条约"。

中西通商条约 原名《中西和好贸易条约》,亦称《中西天津条约》。西班牙强迫清政府订立的不平等条约。同治三年九月十日(1864.10.10),由总理衙门大臣薛焕、三口通商大臣崇厚与西班牙使臣玛斯(Sinibaldo de Mas,? —1868)签于天津。五十二款,另附专条一。主要内容:(1)西班牙可遣使驻北京和往来中国各地;(2)中国各通商口岸准西班牙设领事,任便西班牙人贸易、赁房买屋、租地建造;(3)西班牙人可雇佣华人,并可招其赴西班牙承工;(4)西班牙在华商税援列强通例;(5)中国不得苛待禁阻天主教之传习;(6)清方负责保护西班牙人在华之财货、债权;(7)西班牙享领事裁判权和片面最惠国待遇。

中西闻见录 杂志名。清同治十一年七月(1872.8)由外国教会组织京都施医院创办于北京。月刊。由美国人丁韪良和英国人艾约瑟(Joseph Edkins)等主持。以刊载各国近事、商业消息、一般新闻评论和介绍"天文地理格致之学"为主,传播西方思想文化,进行政治宣传。光绪二年(1876)易名《格致汇编》,迁至上海发行。

中西新报 报纸名。清光绪二十六年(1900)冬在广州创刊。日报。黄清海经理,陈跃墀主笔。设谕旨、官话、论说、粤闻、时局等栏目。最高日销二千份。三十年停刊。

中西医学报 杂志名。清宣统二年三月(1910.4)在上海创刊。半月刊。中西医学研究会主办,著名医学家丁福保主编。设论说、学说、东西译稿、社友来稿汇录、医事新闻、丛录等栏目。兼论中西医学,刊有《解剖学的动物试验》、《动脉学一夕谈》、《伤寒症》、《鼠疫一夕谈》、《心理疗法》等文。清末发行二十四期,从1912年起按年重起期数。

中夏 ❶与指华夏族、汉族地区的"中国"同义。班固《东都赋》:"目中夏而布德,瞰四裔而抗稜。"❷指黄河流域,与广义的"中原"同义。《后汉书·马融传》:"明德曜乎中夏,威灵畅乎四荒。"《晋书·王珣传》:"时(桓)温经略中夏,竟无宁岁。"❸指中国中部地区。《南齐书·柳世隆传》史臣曰:"柳世隆势居中夏,年浅位轻,首抗全师。"按此指宋升明元年(477)荆州刺史沈攸之起兵反萧道成,攻郢州刺史柳世隆于夏口(郢州治。今湖北武汉市武昌)。时称荆州(今属湖北)为西夏,而称其东宋朝中部地区之郢州为中夏。

中县 金、元、明县的等级。金代以户口万户之下、三千户以上为中县,秩从七品,置令、主簿、尉。元代江北以六千户之下、二千户之上,江淮以南三万户以下、万户以上为中县,秩正七品,置达鲁花赤、尹、主簿、尉、典史。明代以税粮三至六万石为中县。设知县、县丞、主簿、典史等。若无县丞、主簿,则典史领其事。

中县令 官名总称。北魏太和二十三年(499)定制,县令为上、中、下三等,中县令位七品。北齐亦分县令为上、中、下三等,每等又有上、中、下三等,共九等。故中县令有中上、中中、中下三等,合称三等中县令。皆位七品,而禄秩不同。中上县令岁秩一百匹,中中、中下县令,各递减五匹。中上县令之属官佐史共三十八人,中中县令三十三人,中下县令三十二人。

中宪 唐、宋时御史中丞的别称。

中宪大夫 官名。金代置,为文散官,正五品中。元沿置,正四品,宣授。明为文职正四品之升授。清为文职正四品之封赠,另,清初武职中属八旗者正、从四品亦封此。

中兴 年号。(1)西燕慕容永年号(386—394)。凡九年。(2)南朝齐和帝年号(501—502)。凡二年。(3)北魏安定王元朗年号(531—532)。凡二年。(4)渤海成王大华屿年号(794)。(5)南诏大封民国孝哀帝舜化贞年号(898—902)。凡五年。(6)五代南唐元宗李璟年号(958)。(7)于阗国年号(978—982)。凡五年。

中兴别记 书名。清李滨撰。六十一卷。编年体。起自道光十六年(1836)三月,止于同治三年(1864)九月。作者以三十年之力,搜辑资料,以当时邸钞、奏章、官方文件为主,辅以笔记、杂录、碑传、传闻,并参阅《钦定剿平粤匪方略》,所辑史料达二百余种。又访问曾参与镇压太平军的清军将领,撰成札记,相与互证。所记起义前洪秀全率众于象州捣毁庙神偶像,题诗于壁,州官不敢与较诸事,为他书所不载。又道光二十七年桂平儒生王作新,控告冯云山反清,而知县王烈反袒护云山,是书全录其控文及批辞。但当时传闻异辞,所记洪秀全与杨秀清矛盾斗争事,谬误百出,其他不实之处亦多。

中兴府 西夏都城。原名兴庆府。今宁夏银川市。西夏桓宗天庆十二年(1205),蒙古主铁木真攻掠西夏,兵退后,桓宗令修复城堡,大赦境内,改名中兴府。据西夏文文献,至少在天盛年间已有中兴府之称。元至元二十五年(1288)改为宁夏府路。

中兴间气集 书名。唐高仲武编。二卷。选录自钱起至张南史二十六诗人一百四十首诗。宋时,该书残缺,佚郑当诗八首,故陈振孙《直斋书录解题》卷十五谓选诗一百三十二首。入选者均为安史乱后,肃宗、代宗中兴时诗作,故名。诗人姓名之下,各有品题,拈其警句,体例与《河岳英灵集》相同。编者评语,颇多精到见解,间有赞誉失当之处,有《四部丛刊》影印明翻宋刻本。1958年收入中华书局出版《唐人选唐诗(十种)》一书。

中兴将帅别传 书名。又名《咸丰以来功臣别传》、《中兴名臣事略》、《国朝先正事略续编》。清朱孔彰撰。三十卷。朱氏曾为曾国藩幕僚,熟悉湘军将帅及其镇压太平天国运动、捻军和左宗棠进军新疆等情况,同时参考咸丰、同治年间有关记载一百三十余种,将咸丰以来的重要将帅曾国藩、胡林翼、江忠源、左宗棠、乌兰泰、骆秉章及华尔、戈登等近二百人的有关事实,分别立传叙述。绝大多数传后都有作者评论。后附《续编》六卷,载李鸿章等十四人事迹。有光绪二十三年(1897)刻本。

中兴礼书 书名。南宋礼部太常寺纂修,清徐松辑。抄本。原书三百卷。分吉礼、嘉礼、宾礼、军礼、凶礼五类,区为六百八十门。记南宋建炎初至淳熙十一年(1184)前所行历次郊祀、明堂、朝献、亲飨、耕耤、高禖、内禅、登位、上尊号、庆寿、朝会、册命后妃与皇太子、参加大庆典礼等仪式过程、乐舞器服制度和有关诏令等。成于南宋淳熙十一年,向无刊本流传,抄本亦罕见,《四库全书》未著录。此抄本系徐松从《永乐大典》辑出校定,后未及刊印,几经流转传抄,有阙佚,经咸丰间沈炳垣重加厘定,仅得二百四十七卷,今藏于北京图书馆。

中兴礼书续编 书名。南宋叶宗鲁纂修,清徐松辑。抄本。原书八十卷。分吉礼、嘉礼、宾礼、凶礼四类。据南宋礼部太常寺案牍编类纂成,续记《中兴礼书》未备的孝宗朝所行各种典礼仪式及制度，体例一如《中兴礼书》。成于宁宗嘉泰二年(1202)，至今无刊本流传。此抄本系徐松从《永乐大典》辑出校定，未及刊印，流转传抄，有阙佚，咸丰间沈炳垣将其重加排次勘定，仅得六十六卷，今藏于北京图书馆。

中兴路 元天历二年(1329)改江陵路置。治江陵县(今荆州)，属河南江北行省。辖境相当今湖北荆州、枝江、松滋、公安、石首、监利、潜江等市、县地。至正二十四年(1364)朱元璋改为荆州府。

中兴煤矿公司 商办企业。矿区在山东枣庄。原为华德合办，资本华六德四，以山东盐运使张莲芬为华总办，前津海关税务司德璀琳为洋总办。清光绪三十四年(1908)收回自办，改名山东峄县中兴煤矿有限公司，张莲芬为总理。

中兴面粉公司 商办企业。清光绪三十一年(1905)创设于上海。创办人不详。资本额三十五万元。1913年为荣德生收买，改为福新二厂。

中兴日报 报纸名。同盟会南洋支部机关报。清光绪三十三年七月十二日(1907.8.20)在新加坡创刊。陈楚楠、张永福、林义顺等主办，王斧、田桐先后主编，胡汉民、汪兆铭、居正等先后主笔。以"开发民智，而使数百万华侨生其爱种爱国之思想"为主旨，"专为发挥民族民权二大主义"，间及民生主义，宣传反清革命。与当地保皇派机关报《南洋总汇报》长期论战。刊载孙中山(署"南洋小学生")《论惧革命召瓜分者乃不识时务者也》等文。宣统元年十二月下旬(1910年2月初)停刊。

中兴苏浙表忠录 书名。清王希曾撰。正录三十六卷，续录八卷。收录对抗太平军而被杀的人物，予以表彰。以江苏、浙江两省为主，间附被会党、捻军所杀者，自官绅士庶及乡团士勇一一罗列。正录分郡立卷，续录为苏浙人出仕死别省，及别省人而原籍苏浙者一并收集。是书诋毁太平天国，然资料丰富，于两省战况皆有反映。有光绪二十九年(1903)刻本。

中兴五论 篇名。南宋陈亮撰。见于《龙川文集》。其论《中兴》凡一千八百余言，又有《开诚》、《执要》、《励臣》、《正体》诸论。乾道五年(1169)呈于孝宗；表达其抗金主张，"赤子嗷嗷无告，不可以不拯；国家凭陵之耻，不可以不雪；陵寝不可以不还；舆地不可以不复"，以经营荆襄为抗金根本，并提出"节浮费"、"斥虚文"、"严政条"、"惩奸吏"等措施，认为"中兴之功"可因此而奏效。

中兴小纪 书名。纪本作历，清人避高宗(弘历)讳改。南宋熊克撰。四十卷。编年体南宋高宗朝史。起建炎元年(1127)五月，迄绍兴三十二年(1162)六月。取材广泛，上援朝典，下参私记，缀辑联贯，颇具条理，但失误亦多。原书早佚，今有《永乐大典》辑录本，及清光绪年间廖廷相据巴陵方氏传抄本参考宋史等之校刊本。

中兴行省 见"甘肃行省"。

中兴遗史 书名。南宋赵甡之撰。六十卷，一作二十卷。记南宋初年军事甚详，而于朝政则甚略。宁宗庆元中上进。陈振孙《直斋书录解题》谓书中有记张浚攻濠州一段，自称姓名为开封张鉴，因疑此书非甡之所作。已佚。

中兴永式 即"大统式"。

中兴政要 书名。南宋佚名撰，清文廷式辑。一卷。原书久佚，文氏从《永乐大典》、《建炎以来系年要录》中辑出四十余则，编为是书。内容皆有关南宋高宗驾御将帅之事迹。每则冠以标题，如"怒刘光世不受杜充节制"、"抚偏裨以分将权"、"谕岳飞大将以安危自任不当计较功赏"、"收诸大将兵权"等。间有简短勘证。收入《振绮堂丛书》二集。

中兴治迹统类 书名。宋彭叔融撰。三十三卷。叔融曾撰《太平治迹统类》，记北宋九朝典故。此书乃其后集，记南宋高宗、孝宗两朝典故。已佚。

中兴忠义录 书名。南宋龚颐正撰。三卷。先是绍兴十三年(1143)诏史馆编修靖康、建炎《忠义录》，未成。此书自建炎元年(1127)至绍兴三十一年(1161)，凡三十五年间，忠义可嘉者，自李若水、刘韐等大臣名士，至妇人卒伍，皆予收录。

中星 天文学名词。(1)指正在天球子午线上的恒星。黄昏时观测到的中星，称为昏中星；清晨时观测到的，称为旦中星。在不同的季节里，可以看到不同的昏中星和旦中星。反之，从所见到的昏、旦中星也可推知观测日所在的季节。《夏小正》："正月，……初昏参中"。"五月……初昏大火中"，"八月，……参中则旦"。因此，中国古代极其重视中星观测。《史记·历书》载，在传说的颛顼帝时代就有"南正重司天以属神"，"火正黎司地以属民"。火正是专门观测大火星的，包括大火星的出、没和成为昏、旦中星。南正的观测对象虽无传留，但既称南正，则当是观测中星的。《书·尧典》所载："日中星鸟，以殷仲春"，"日永星火，以正仲夏"，"宵中星虚，以殷仲秋"，"日短星昴，以正仲冬"，是古代观测黄昏时鸟、火、虚、昴四个星组成为中星以定春分、夏至、秋分、冬至四个节气的著名的中星观测记事。《吕氏春秋·十二月纪》和《礼记·月令》则更是列出了一年中每个月的昏、旦中星。(2)指正在子午线上具有某一赤道度数的赤经圈，并不要求该赤经圈上正有一颗恒星。东汉《四分历》给出的一份二十四气太阳表中有：昏、旦中星两项，其所列都不是某个具体实有的中星。例如，冬至昏中星为"奎六(度)弱"，旦中星为"亢二(度)少强"。

中行评博 即"中书舍人"、"行人"、"评事"、"博士"。

中学 ❶指中国固有之学术文化，故又称"国学"，与"西学"相对。为中国近代言西学、洋务者所习用。如郑观应谓"中学其本也，西学其末也；主以中学，辅以西学"(《盛世危言·西学》)。张之洞谓"中学为体，西学为用"(《张文襄公全集·奏议》)、"中学治身心，西学应世事"(《劝学篇》)等。其内容主要指以孔、孟为代表的儒家学说及其纲常名教。参见"旧学"。❷清代的府、州、县学，依取进生员数额，分为大学、中学、小学，一般大州、县学为中学，初定入学名额为三十名,后屡有减增。

中宴 明代宫中宴会仪式。属嘉礼。各种庆典之日及立春、元宵、四月八日、端午、重阳、腊八等日举行。洪武二十六年(1393)定,仪同大宴,但仅进酒七爵。参见"大宴"。

中央氏 相传为上古帝王,在女娲氏之后。见《庄子·胠箧》。

中阳 战国赵邑。即今山西中阳县。《史记·赵世家》:赵惠文王十四年(前285)"与秦会中阳",即此。西汉置县。

中阳县 西汉置。治今山西中阳县。属西河郡。东汉末废。三国魏复置,移治今山西孝义市。晋永嘉中并入隰城县。1914年复改宁乡县为中阳县。

中药藏局 官署名。南朝梁置,东宫诸局之一,掌东宫药品配制、存贮,设丞为长官。

中射士 官名。亦作中射或中射之士。掌宫廷侍御。《韩非子·十过》:"中射士谏曰。"于省吾《双剑誃诸子新证·韩非子新证卷一》云:"吴北江先生谓射乃榭之借字,是也。谢、榭金文作廚。《虢季盘》:'宣廚爰飨。'《春秋》宣十六年作'宣榭'。此言中射,谓射中给事之臣也。"

中谒者 官名。西汉置,掌奉引车驾,亦常奉使外出视疾护丧。初任用士人,后多以宦官充任。十六国后赵、南朝宋皆用宦官。北魏时属中谒者仆射,亦为宦官。太和十七年(493)定为从五品下,二十三年复次职令,未载。

中谒者令 官名。原为中书谒者令,西汉成帝建始四年(前29)改为中谒者令,以士人为之。专掌宫廷事务。十六国后赵亦有中谒者令。

中谒者仆(僕)射 官名。北魏置,统诸中谒者,以宦官充任。太和十七年(493)定为五品上,二十三年改为从八品上。北齐沿置,员二人,从八品上。掌宗亲谒见时的通报、导引等,隶中侍中省。

中仪 唐代礼部员外郎的别称。

中仪大夫 官名。金代置,为内侍阶官,秩正五品下。元沿置,从三品。

中议大夫 文散官名。金元皆置,四十二阶之第二十一阶。金正五品上。元正四品,宣授。明代为文官正四品加授之阶。清代为文职从三品之封赠。

中邑县 西汉置。治今河北沧州市东北。属勃海郡。东汉废。

中益大夫 官名。金代置,为内侍阶官,秩从五品中。

中意人民互相嫁娶归夫治管辖来往照会 意大利驻华公使与清政府总理衙门之间的照会。光绪十四年十二月二十一日(1889.1.22)意方首先致照,光绪十五年正月二十五日(1889.2.24)清总理衙门复照,凡二件。主要议定:华女嫁意国人归其夫治管辖,惟意国男方需知照中方;中国人娶意国妇人亦援女嫁从夫之例。

中意通商条约 意大利强迫清政府订立的不平等条约。同治五年九月十八日(1866.10.26),由清总理衙门大臣谭廷襄、三口通商大臣崇厚与意国使臣阿尔明雍(Vittorio Arminjon)签于北京。凡五十五款。主要内容:(1)意大利可遣使驻北京和往来中国各地;(2)中国各通商口岸准意大利设领事,任便意商贸易、赁房买屋、租地建造;(3)意人可持照到中国内地通商、游历;(4)意人可任便雇佣华人,买卖各种书籍;(5)意大利在华商税俱照通例,与列强均等;(6)清方负责保护意人在华之财货、债权;(7)意大利享领事裁判权和片面最惠国待遇。随同此约还签订了《通商章程:海关税则》。

中尹 官名。北魏始置,与大长秋卿同为皇后卿官,掌顾问应对,位次大长秋卿,皆以宦官充任。孝文帝太和十七年(493)定为三品上;二十三年改为四品上。北齐长秋寺亦置一人,位四品上,掌诸宫阁,领掖庭等令,亦以宦官充任。

中尹大夫 官名。金代置,为内侍散官阶,秩从四品中。元改称中引大夫。

中引大夫 官名。元代置,为内侍散官,从二品。

中英安徽铜陵县矿改定合同章程 即《铜官山开矿合同》。清光绪三十年四月二十二日(1904.6.5)订于北京。凡二十三条。英商凯约翰为总董的安裕公司取得开采安徽铜陵县铜官山矿产之权,以六十年为限,如展期,不得逾二十五年。

中英北京条约 原称《中英续增条约》。英国强迫清政府订立的关于结束第二次鸦片战争的不平等条约。咸丰十年九月十一日(1860.10.24)清钦差大臣奕䜣与英国全权代表额尔金在北京签订。共九款。除确认《中英天津条约》仍属有效外,又增加了扩大侵略的条款:(1)《天津条约》中规定的赔款增至八百万两,赔款陆续由海关税收内扣缴;(2)割让九龙司地方一区给英国;(3)增开天津为商埠;(4)准许英国招募华工出国。

中英北京协约 即"中英新定条约"。

中英丹会订电报根本合同 英国大东公司、丹麦大北公司挟制清电报总局订立的电信事务合同。光绪十三年五月十七日(1887.7.7)签于芝罘(烟台)。凡九款。主要内容:(1)香港、上海、福州、厦门与欧洲各国(俄国除外)往来电报收入归英、丹,分给中方十分之一,在中国其他地方与欧国往来电报收入归中国;(2)中国官报不论从何处寄发,海线传递收入归英、丹,陆线传递收入归中国;(3)具体划定了各类报价,规定欲更改外洋电报和上海、福州、厦门、香港报价,须由三方商定。

中英丹会订电报齐价摊分详细合同 英国大东电报公司和丹麦大北电报公司挟制清电报总局订立的电信事务合同。光绪十三年六月二十一日(1887.8.10),由清方代表盛宣怀与英、丹方代表直德、恒宁生签署。地点不详,或说上海。系对前订《中英丹会订电报根本合同》的具体扩充。二十款,除包括前合同的基本内容外,具体规定了各种电报价目和其他有关事宜,并规定朝鲜的线路亦照此合同。

中英道清铁路借款合同暨行车合同 清光绪三十一年六月一日(1905.7.3)订于北京。清政府向英国福公司借款七十万英镑筑河南道(口)清(化)铁路,九折实付,年息五厘,三十年为期,以铁路进款作保,并任福公司所派之英人为行车总理,代为调度经理、行车、生利事宜。

中英滇案交涉本末 书名。清罗惇曧撰。简叙中、英两国政府关于光绪元年(1875)英国翻译马嘉理在云南被杀案的交涉过程。所引资料多为李鸿章有关奏章。对英国在交涉中借机要挟,企图掠取更多在华权益的侵略野心有所揭露。

中英福州电线合同 英国大东电报公司挟制清电报总局订立的电信事务合同。光绪十年八月二十九日(1884.10.17)由清方代表盛宣怀与英公司特派总办滕恩签于天津。凡九款。主要内容:(1)准英方在福州川石山地方原设于趸船的水线房移上海岸;(2)为方便英方,中国原设长门之电局移至川石山;(3)川石山及南台报价较前减半收取。

中英广九铁路借款合同 清光绪三十三年正月二十三日(1907.3.7)订于北京。为筑广州至九龙边界铁路,清政府向英国中英公司借款一百五十万英镑,九四折实付,年息五厘,三十年为期,以铁路作抵。

中英沪杭甬铁路借款合同 清光绪三十四年二月四日(1908.3.6)订于北京。凡二十四款。为筑沪杭甬铁路,清政府向英国中英公司借款一百五十万英镑,九三折实付,年息五厘,三十年为期,以本路进款及关内外铁路余利作保。

中英沪宁铁路借款合同 清光绪二十九年闰五月十五日(1903.7.9)订于上海。清政府向英国银公司借款三百二十五万英镑筑沪宁铁路,九折实付,年息五厘,五十年为期,以铁路产业作抵;由银公司代为建造沪宁全路及行驶火车,订约后十二个月不兴工,则此约作废;中国若未满二十五年之前取赎,则加息二厘半。

中英会商上海至香港电报办法合同 英国大东电报公司挟制清电报总局订立的电信事务合同。光绪九年二月二十三日(1883.3.31)由清方代表盛宣怀与英公司总办滕恩签于上海。凡十六款。主要内容:(1)安设上海至香港海线,改有关前议,准英方将海线设至洋子角,华局由此设陆线与之相接通至上海,港沪线路报费收入英中双方分别取其百分之九十五和百分之五;(2)英方不得设水线至宁波、温州、厦门、福州、汕头、广州等其他各海口;(3)华局可将电线自广东设至香港,与英公司陆线相接。

中英会议缅甸条款 即“中英缅甸条款”。

中英混合军 因头裹绿巾,又称绿头勇或绿勇。外人称“中英混合军”。清同治元年(1862)英驻宁波海军司令哷乐德克(Roderick Dew)勾结清浙江巡抚左宗棠仿常胜军编制组成,募勇千人,由英人葛格(Cooke,一译科克)任统领,下辖两队,其中由英军官马昂为管带、王维圻为统带的一队,称“常安军”,英人英常为管带、王锡训为统带的一队则称为“定胜军”,主要用以镇压浙东太平军。

中英缅甸条款 亦称《中英会议缅甸条款》。英国政府为吞并缅甸和向中国西南地区侵略扩张,强迫清政府订立的不平等条约。光绪十二年六月二十三日(1886.7.24),由总理衙门大臣奕劻、孙毓汶与英国前署驻华公使欧格讷(Nicholas Roderick O'conor, 1843—1908)签于北京。凡五款。主要内容:(1)清政府承认“英国在缅甸现时所秉一切政权”;(2)双方派员勘定中缅边界,另立边界通商专章;(3)《烟台条约》中所订英派员由印度入西藏事停止,印藏边界通商仍行议办。

中英南京条约 见“南京条约”。

中英天津条约 又称《中英续约》。第二次鸦片战争期间英国强迫清政府订立的不平等条约。咸丰八年五月十六日(1858.6.26)清钦差大臣桂良、花沙纳与英国全权代表额尔金在天津签订。共五十六款。另附《专条》。主要内容:(1)英国得派公使及其眷属驻京,并在各通商口岸设领事官;(2)耶稣教、天主教士得自由传教;(3)英国人得往内地各处游历、通商,并得在各通商口岸任意租地盖屋;(4)英国商船可在长江各口自由通商、往来;(5)增开牛庄(后改营口)、登州(后改烟台)、台湾(台南)、潮州(后改汕头)、琼州、汉口、九江、镇江、南京为通商口岸;(6)中国给英国赔款银四百万两;(7)英国兵船可在中国口岸停泊,地方官妥为照料;(8)确定领事裁判权和片面最惠国待遇。

中英通商章程善后(後)条约 又称《中英通商章程》。《中英天津条约》的补充条款。清咸丰八年十月三日(1858.11.8)由钦差大臣桂良、花沙纳与英国全权代表额尔金在上海签订。共十款,附有《海关税则》。主要内容:(1)海关聘用英人;(2)海关对进出口货一律按时价值百抽五征税;(3)洋货运销内地,只纳子口税百分之二点五,不再纳厘金税;(4)允许鸦片进口,每百斤纳进口税三十两。

中英五口通商章程 中英《南京条约》的补充条款。清道光二十三年八月十五日(1843.10.8)清钦差大臣耆英与英国全权公使璞鼎查在虎门签订。共十五款,附《海关税则》。主要内容有:(1)在华英人享有领事裁判权,凡中国人和英国人“交涉词讼”,其英人如何科罪,由英国议定章程、法律,发给管事官(即领事官)照办,中国无权根据本国法律制裁。(2)所附海关税则,具体兑现《南京条约》中协定关税的条款,将绝大多数进出口货物的税率定为值百抽五。首开中国同外国协定关税的恶例。此章程实为《五口通商附粘善后条款》(即“虎门条约”)的一部分。因将其提前公布,故为独立条约。

中英新定条约 亦称《中英北京协约》,英国通常称《阿礼国协定》。援《中英天津条约》有关条款订立的不平等商约。清同治八年九月十九日(1869.10.23),由总理各国事务衙门大臣奕䜣等与英驻华公使阿礼国签于北京。凡十六款,另附《新修条约善后章程:新修税则》。主要内容:(1)英商一体均沾清政府与各国所定约章之益,但亦应遵其章;(2)开温州、芜湖为商埠;(3)洋布、大呢、洋绒等品运销中国,完正税和子口税后,在通商口岸省份均免重征;(4)洋商自置土货运赴海口,沿途完纳税厘,如系出口者,所纳厘税超过子口半税之数额发还;(5)英船厂及英商所用杂物免进口税;(6)改征鸦片进口税(由原每百斤税银三十两增至五十两)和丝出口税(由原每百斤税银十两增至二十两)。此约增加了通商口岸,扩大了减税范围。

中英修订藏印通商章程 清光绪三十四年三月二十日(1908.4.20)订于印度喀勒克塔(即加尔各答)。凡十五款。划定江孜商埠全地界址,并规定英人在藏享有自由贸易、领事裁判权等特权。

中英续订上海香港电报章程 英国大东电报公司挟制清电报总局订立的电信事务章程。光绪九年四月一日(1883.5.7)由清方代表盛宣怀与英方代表腾恩等人签于上海。系对前订《中英会商上海至香港电报办法合同》的修订、扩充。凡六款。主要内容:(1)英方于福州、汕头择定一处将线设至;(2)因英公司海线已抵吴淞口,急欲通报,华局设立上海至吴淞的陆线与之相接,不必再用前议洋子角接线;(3)华局设线与英公司水线相接,所有英局通报事宜,均由英方自行派人办理。

中英续订藏印条约 清光绪三十二年四月四日(1906.4.27)订于北京。侵藏英军于三十年七月强迫西藏地方官员非法签订《拉萨条约》,规定:非经英政府照允,不得将西藏土地利权让与他国;开江孜、噶大克、亚东为商埠;拆除印度边界至江孜、拉萨的炮台和山寨;赔偿英国五十万英镑。条约严重损害中国主权,清政府不予承认,派代表与英国交涉,重订本约,英国不得不承认中国对西藏的主权,"允不占并藏境及不干涉西藏一切政治";惟将《拉萨条约》附入,英国仍取得许多特权。

中英续议滇缅界、商务条款 援《中英缅甸条款》有关规定,英国强迫清政府订立的不平等条约。光绪二十年正月二十四日(1894.3.1)由清政府代表薛福成与英外务大臣劳斯伯里(Earl of Rosebery)签于伦敦。凡二十条,另有《约后附载》。主要内容:(1)划定尖高山以南中缅边界;(2)清方"不再索问永昌、腾越界外之隙地",英国让出北尼丹、科干、孟连、江洪等驻地,但不许中国将其割让他国;(3)华货除盐之外陆路入缅,英货及缅土产除米之外陆路运华,概不收税,中缅贸易边关暂定蛮允、盏西两处,以后再行添设;(4)英国和清政府分别可在蛮允和仰光派驻领事。通过《中英缅甸条款》和本约,英国扩大了在中国西南地区的侵略特权。

中英续议内港行轮修改章程 《中英续议通商行船条约》之附件。清光绪二十八年八月四日(1902.9.5)订于上海。英国取得英轮航行内河,并可拖带船只及在沿岸租赁栈房、码头等特权。

中英续议通商行船条约 根据《辛丑条约》关于修改通商行船条约的规定,英国强迫清政府于光绪二十八年八月四日(1902.9.5)在上海订立本约。凡十六款,另附件一。主要内容为:英商可购买中国公司股票;中国尽免进出口货物之厘金;英商在华设厂生产之纱、布仅纳出厂税,其余各税概行豁免;开长沙、万县、安庆、惠州、江门为商埠;中国须制订商标法、版权法等以保护英商利益。

中英烟台条约 简称《烟台条约》或《芝罘条约》,又称《滇案条约》或《中英会议条款》。英国借口马嘉理事件强迫清政府订立的不平等条约。光绪二年七月二十六日(1876.9.13)由北洋大臣李鸿章与英国公使威妥玛签于烟台。三端十六款,附加《另议专条》。主要内容:(1)自1887年起五年内,由英国派员到云南大理或其他相宜一处驻寓,"察看通商情形";(2)双方派员商订云南缅甸边界地区来往通商章程;(3)清方赔偿关银二十万两;(4)中国各地"有关系英人命盗案件",英可派员观审;(5)开放宜昌、芜湖、温州、北海为商埠,大通、安庆、武穴、陆溪口、沙市为停泊码头;(6)各口租界内免收洋货厘金(鸦片除外),未划定租界的各口予以划定,洋货运入内地,只纳进口税;(7)英人可经甘肃、青海、四川等地入藏转赴印度,也可由印度入藏。英国借以进一步攫得侵略中国滇、藏等多方面特权。

中英烟台条约续增专条 简称《烟台续约》。援《中英烟台条约》有关条款订立的关于鸦片贸易的专约。清光绪十一年六月七日(1885.7.18),由钦差大臣曾纪泽与英国外务大臣萨道义(Salisburg)签于伦敦。凡十款,另附双方照会各一件。主要内容:(1)鸦片运入中国应由海关验明封存,俟按百斤箱完税后方许搬出拆改包装;(2)每百斤箱向海关纳正税三十两,纳厘金不超过八十两;(3)鸦片由华人持凭运往内地,禁洋人运寄内地;(4)鸦片货包在行销地开拆,如有应纳捐税等项,不得较土烟例增加,亦不得别立税目;(5)倘有约各国不一体遵照此约,则英国有权"立废新章",而鸦片税项即复照前此所行之成法办理。

中英银公司 简称中英公司。外国金融机构。清光绪二十四年(1898)由英商汇丰银行和怡和洋行合资设立。总公司设在伦敦,分公司设在北京和上海。从事铁路投资,曾先后贷款给京奉、沪宁、沪杭、广九等铁路。

中英藏印条款 即《中英会议藏印条款》。又称《藏印议订附约》或《藏印续约》。英文本称《1890年哲、藏条约附属通商、交涉、游牧章程》。系《中英藏印条约》的附加条款。光绪十九年十月二十八日(1893.12.5),由清政府代表何长荣与英国政务司保尔(Alfred Wallis Paul, 1847—1912)签于大吉岭。凡十二款。主要内容:(1)中国开放亚东为商埠,任英商前往贸易,并允英国派员驻寓;(2)出入藏哲边界之英、印货物,自亚东开放之日起五年内免税;(3)限制藏民在哲孟雄(今锡金)之传统游牧。

中英藏印条约 即《中英会议藏印条约》,又称《藏印条约》。英国通过第一次侵藏战争强迫清政府订立的不平等条约。光绪十六年二月二十七日(1890.3.17),由清政府驻藏帮办大臣升泰与英国印度总督兰斯顿(Henry Charles Keith Lansdowne)签于印度加尔各答。凡八款。主要内容:(1)划定中国西藏与哲孟雄(今锡金)的边界;(2)规定哲孟雄归英国保护督理;(3)有关通商、交涉和游牧问题留待后议。通过该约,英国侵占了哲孟雄和中国西藏隆吐山、热纳和咱利一带。后又据该约有关条款签订《中英藏印条款》,英国攫得商品免税倾销西藏的特权。

中庸 ❶儒家术语。中,不偏不倚,中正之意;庸,平常,常道之意。孔子首倡"中庸之为德也,其至矣乎"(《论语·雍也》),以此作为人们言行必须遵守的道德准则,旨在利用对立面相互依存的关系防止事物发展到极端而向反面转化。主张"无过无不及",不走极端;"宽以济猛,猛以济宽",以一端制约另一端;"居安思危",兼顾两端;"天下有道则见,天下无道则隐",因时权变。《礼记·中庸》认为"中节"(即适中)乃"天下之达道",主张"执其两端用其中"。儒家后学进而宣称中庸为自然和社会的根本法则,为常道、常行之德,天命之性,天下之正道正理。❷《礼记》篇名。相传战国子思作,一说秦汉之际儒者作。《礼记·中庸》孔颖达疏引郑玄目录:"名曰'中庸'者,以其记中和之为用也。"篇中以"中和"为道德行为的最高标准和世界万物的基本秩序。提出"喜怒哀乐之未发谓之中,发而皆中节谓之和","至中和,天地位焉,万物育焉";以"诚"为个人修养的至极境界及世界本体。把"诚"与天道、社会历史相联系,提出"诚者,天之道也,诚之者,人之道也"。认为达到"至诚"就可前知兴亡、祸福。唐韩愈、李翱着力推崇,宋程颢、程颐奉之为"孔门传授心法",认为"其书始言一理,中散为万事,末复合为一理"。《二程全书·程氏经说》有《中庸解》一篇,传为吕大临作。朱熹曾撰《中庸章句集注》,又作《中庸或问》,以理学思想解释原文,将伪《古文尚书》中"人心惟危,道心惟微,惟精惟一,允执厥中"十六字奉为《中庸》之"传授心法"。以之与《论语》、《孟子》、《大学》合为《四书章句集注》。清毛奇龄《中庸说》、李塨《中庸传注》与朱论相异。

中庸注 书名。近人康有为撰。一卷。光绪二十七年(1901)成书。谓《中庸》一书之"大义微言",经西汉刘歆之篡乱而湮灭;宋明以来,言者虽多,然皆"向壁虚造",致使"大义未光,微言不著",故作此书以明之。旨在推明孔子因时改制之大义,假托孔子之名,"以攻时流守旧复古之徒",宣称"今当升平之时",应发"自主自立之义,公议立宪之事",为其变法主张提供"经典"之依据。

中玉兹 哈萨克*三玉兹之一。或称左部。十六世纪初形成。游牧于巴尔喀什湖北部、阿尔泰、塔城周围,吐比勒、艾斯勒、奴拉、吐尔阿衣、斯尔、沙尔苏等河沿岸,卡腊山、克孜勒库木、茂音库木周围。部落有乃蛮、克烈、阿尔根、克普卡克、弘吉剌、瓦克、塔拉克提等。十八世纪初,因准噶尔的进攻,乃蛮部和克烈部被迫从阿尔泰、塔城退到额尔齐斯河、额敏河以西。从十八世纪中叶到十九世纪末返回故乡,成为中国的哈萨克。这两部落应即成吉思汗时期乃蛮部和克烈部后裔。

中御大夫 官名。唐龙朔二年(662)改殿中丞置,咸亨元年(670)复旧称。金亦置,为内侍阶官,秩正五品中。元沿置,正三品。

中御大监 官名。唐龙朔二年(662)改殿中监置,咸亨元年(670)复旧称。

中御府 官署名。唐龙朔二年(662)改殿中省置,咸亨元年(662)复旧称。元元贞二年(1296)复置,秩正三品,掌皇后中宫财赋等事务,以中御卿为长官。大德四年(1300)改称中政院。

中御少监 官名。唐龙朔二年(662)改殿中少监置,咸亨元年(670)复旧称。

中元 东汉光武帝年号(56—57)。一作建武中元。凡二年。

中元克复 唐谯王李重福年号(710)。或作中宗克复。

中原 地区名。即中土、中州,以别于边疆地区而言。狭义的中原指今河南省一带,约当《书·禹贡》豫州地,因在九州之中而得名。《明实录》永乐十四年(1416):伏维北京,"南俯中原"。广义的中原,或指黄河中下游地区。《宋史·李纲传》:"自古中兴之主,起于西北,则足以据中原而有东南。"或指整个黄河流域。陆游《示儿》:"王师北定中原日"即此意。在南北朝分裂时期,常以此与江东等词相对称。

中原报 报纸名。清宣统三年七月二十七日(1911.9.19)在广州创刊。日报。郭唯灭、卢岳生、杨计白等编撰。鼓吹尊攘主义、复仇主义、人道主义。发刊两日,被官方勒令停刊。

中原音韵 书名。元周德清著。二卷。上卷为曲韵韵谱,分韵十九,每韵分平声阴、平声阳、上声、去声、入声作平上去三声等类,类下排列同音字组。下卷为《正语作词起例》,有起例、辨明古字略、宫调名、作词十法等篇章。是中国最早的一部论述北曲体制、技巧、韵律的曲韵著作。成书于泰定元年(1324)。传世善本为明正统六年(1441)刊讷庵本,中华书局1978年6月影印发行,附校勘记。

中允 官名。东汉时太子属官有中允,后不置。唐代为太子左春坊次官,左庶子副贰,协掌东宫侍从赞相、驳正启奏。唐贞观时改中舍人置,员二人,正五品下。高宗曾改名内允、左赞善大夫,寻复旧称。中宗始用庶姓,以其职比门下侍郎。宋初为文臣五品寄禄官,元丰改制,改为通直郎。辽代亦置。明洪武十五年(1382)于左、右春坊分置,为左、右中允,各二员,正六品,位左、右庶子,左、右谕德下。清因之。仍分左中允、右中允。乾隆十三年(1748)复为左、右庶子副贰,正六品。

中盾 官名。即太子中盾。亦称中允。秦置,西汉因之。据《汉书·百官公卿表》,詹事属官有中盾。成帝鸿嘉三年(前18)省詹事。后属大长秋。东汉改属太子少傅。《后汉书·百官志》:"太子中盾一人,四百石。本注曰:主周卫徼循。"北魏亦置,孝文帝太和十七年(493)定为五品上。

中盾令 官名。两汉时为太子官属。北魏置,掌周卫禁防、漏刻钟鼓。孝文帝太和十七年(493)定为五品上。北齐率更令领有中盾署,署置令一人,位九品;丞一人。

中藏府 官署名。东汉置,掌宫中金银币帛诸物,以令、丞为长贰,名义上隶属少府。三国魏沿置。

中藏府令 官名。东汉置,为中藏府长官,掌宫中币帛金银诸货物,员一人,秩六百石。三国魏沿置,七品。吴亦置。

中藏经 书名。又名《华氏中藏经》。托名华佗撰。编年不详。三卷。全书分为二大部分:前叙医论,分析病候和脉象,也论各个脏腑之虚实寒热,生死逆顺之法。后介绍各科治疗方剂及主治病证,有内、外、妇、儿、骨伤、五官等科常见病及方剂。该书实用性强,故流传较广。现存《医统正脉》、赵孟頫手写本等多种刊本。今有排印本和校注本。

中藏钱 汉代帝室的内币,因由中藏府令管理,故名。西汉亦称御府禁藏。主要供皇帝或皇室费用,有时亦用于赏赐或赈贷受灾贫民。

中寨监军司 西夏监军司名。驻地在葫芦河附近(今宁夏同心一带)。防卫守镇戍军。

中章 战国初赵国中牟(今河南鹤壁西)人。修身博学,得中牟令王(壬)登荐,赵襄子以之为中大夫。见《韩非子·外储说左上》。

中诏 皇帝手诏不经主管部门官吏收转而直接颁行。《后汉书·陈蕃传》:“宦官由此疾蕃弥甚,选举奏议,辄以中诏谴却,长史已下多至抵罪。”

中阵 唐评定战功标准之一。见“上阵”。

中镇抚 官名合称。南北朝时中军将军、镇军将军、抚军将军的合称。

中正 官名。(1)秦末张楚政权置,主监察群臣。(2)东汉献帝延康元年(220)曹丕置。一说曹操置于东汉献帝建安中。由各郡长官推选籍贯本郡,任职于朝廷的有名望士人兼任,无品、无禄。掌将本郡士族依家世与本人才德划分为第一品至第九品九个等级,并写出“品”与“状”,作为吏部委任官职的依据之一。三国魏齐王曹芳时在郡中正之上设州大中正。晋、南北朝沿置,有州大中正、州中正、郡国大中正和小中正,北齐时县亦设中正。其属官有清正、访问等。隋代因避讳,未置。唐武德七年(624),各州复置大中正,贞观初罢。

中正大夫 明散阶称号。洪武四年(1371)定,以授正四品内官。

中正历(曆) 五代南唐历法。升元四年(940)历官陈承勋撰。显德五年(958),南唐失淮南,奉后周正朔,遂废。今佚。

中正台 官署名。渤海国置,职掌比御史台,以大中正为长官,员一人,职比御史大夫。

中政使 官名。元大德四年(1300)置,为中政院长官,员七人,正二品。至大三年(1310)升从一品,四年省。皇庆二年(1313)复置,员、秩同前。

中政院 官署名。元代置,掌皇后财赋、营建、供给及宿卫士和分地人户等事。元贞二年(1296)初置中御府,大德四年(1300)升中政院。至大四年(1311)并入典内院,皇庆二年(1313)复为中政院。设院使,正二品。下设同知、佥院、同签、院判等官。下辖中瑞司、内正司、翊正司、典饮局、江浙等处财赋都总管府、辽阳等处金银铁冶都提举司、宝昌库、奉宸库、广禧库以及一些地方的打捕鹰坊民匠总管府及金银场提领所多处。

中织室 官署名。战国楚置,主管纺织业。战国楚官印有“中织室钵”。

中执法 官名。(1)汉代御史中丞之别称。(2)三国吴置,员一人,掌监察群臣。

中直兵参军 官名。东晋末刘裕置,为丞相府主要僚属之一,领中兵、直兵二曹,统府中亲兵。南朝宋诸公府沿置。齐复以中兵参军领中兵曹,此职唯统直兵曹,位在中兵参军之上。梁时皇弟皇子府、嗣王府、蕃王府、庶姓公府、庶姓持节府皆置,品班随府主地位高下不等,自七班至三班。陈沿置,自六品至八品。

中直兵曹参军 官名。三国魏、西晋时,公府及位从公开府者有兵曹掾,掌兵事。司马睿为镇东大将军,其府始置中兵、直兵二曹参军。及刘裕为丞相,合二曹置一参军,称中直兵曹参军,典掌近卫亲兵。南朝沿置。北朝则称中兵参军,并为幕府僚属,凡公府、位从公开府者、将军都督府及州刺史府等皆置。其品秩依府主地位高低而有不同,一般在五至九品之间。北周大丞相杨坚为避父讳,改为内兵曹参军。

中旨 古代官府文书名称。凡颁降御笔或圣旨,不经中枢机构而直接交付有关官府执行,称中旨。

中州 ❶地区名。犹言“中原”。对异域而言指中国,在中国范围内或泛指黄河流域,或专指居《禹贡》九州中间方位的豫州之域。明清以来专指河南一省。参见“中原”。❷州的等级。元在江北以户口六千户以上、一万五千户以下为中州,江南三万户以上、五万户以下为中州。每州设达鲁花赤、知州各一员,正五品;同知、判官各一员,从六、七品。参佐官吏目、提控案牍各一员。

中州刺史 官名总称。北魏太和二十三年(499)《职令》中,州刺史分为上、中、下三等,中州刺史位从三品。北齐亦分州刺史为上、中、下三等,每等又有上、中、下三等,共九等。故中州刺史有中上、中中、中下三等,合称三等中州刺史。三等中州刺史皆位从三品。

中州断事官 官名。元太宗六年(1234)灭金后置,为燕京行尚书省长官,掌管中原政刑财赋。又称行天下诸路也可札鲁忽赤、燕京等处行尚书省事等。世祖中统元年(1260)罢。

中州集 书名。金元好问编。十卷,附中州乐府一卷。集录金二百四十九人诗词,并分别撰有小传,记述生平始末,兼评其诗,或一传附见数人,借诗以存史。前有元好问自序。有《四部丛刊》影印元刻本、明汲古阁刊本。

中州人物考 书名。明末清初孙奇逢撰。八卷。是书为作者晚岁居夏峰村时所撰,所收二百余人,均系明代河南人。分理学、经济、忠节、清直、方正、武功、隐逸七类,每类又以世次为序。各人传赞详略不等,由于史料无征,少的仅一行,并不以详略定褒贬。末卷《补遗》、《续补》,实为七类之外无所归从之人物。最后尚有列名而无传者三十四人。书前冠有自序。

中州日报 报纸名。清宣统三年闰六月四日(1911.7.29)在开封创刊。河南抚署主办。日出两张,单面铅印。1912 年 3 月停刊。

中柱 见“柱❷”。

中宗祖乙 即“祖乙”。

中卒 古代兵种名称。谓中军的兵士。《睡虎地秦墓竹简·秦律杂抄》:“轻车、赿张、引强、中卒所载傅(传)到军,县勿夺。”《商君书·境内》:“国尉分地,以中卒随之。”朱师辙《商君书解诂定本》:“中卒,中军之卒。”

忠 战国时越国人。越大夫寺区之弟。越王无余之立十二年(前 363)被他所杀。

忠部 官署名。渤海国置,左六司之一,置卿一人,又有郎中、员外。

忠臣岭 原名南岭,在今广东紫金县东南南岭一带。元至元十四年(1277),文天祥收散卒屯此,后人遂呼为忠臣岭。

忠峒土司 土司名。明洪武四年(1371),当地首领田蛮王归附,永乐四年(1406)置安抚司,清初改为土司。治今湖北宣恩东南。居民主要为土家族。雍正十三年(1735)改流。

忠建土司 土司名。明为忠建宣抚司,清初改置。治今湖北宣恩东南。居民主要为土家族。雍正十三年(1735),以土司田兴爵横暴不法,拟罪改流,属恩施县。

忠节吴次尾先生年谱 书名。明末吴应箕年谱,清夏燮撰。吴氏字次尾,为复社领袖。是书记述其自明万历二十二年(1594)出生至清顺治二年(1645)共五十二年间事迹。吴应箕曾与顾杲、左国材、沈士柱、黄宗羲等为《留都防乱公揭》斥阉党头目阮大铖。顺治二年清兵南下,明故金都御史金声于新安之绩溪起兵抗清,吴氏自池州起兵响应,旋兵败被俘,被害于贵池石灰冲。是书记明末史实颇多。

忠静冠服 明代官员冠服。为皇帝赐予。始定于嘉靖七年(1528),以取进思尽忠,退思补过之意,故名。仿古玄冠、玄端服之制。乌纱帽,两山俱列于后。方冠顶,微起三梁,以金线为边。四品以下为浅线边。服用深青色纻丝纱罗制成。三品以上用云,四品以下用素,以蓝青缘边,前后饰以本等花样补子。深衣用玉色。只准在京七品以上官及八品以上翰林院、国子监、行人司官,在外的方面官,及各府堂官、州县正堂、儒学教官,武官都督以上,以及宗室镇国将军至奉国中尉及王府长史、审理、纪善、教授、伴读穿著。

忠开营 四川部分农民军和明军旧将归附永历政权后的部队称号。清顺治五年(1648),永历政权平四川朱容藩之乱,原川中诸将相继臣属永历朝。其中于大海、李占春、袁韬、武大定、王光兴、王友进、王昌、王祥等部,被名为“忠开营”,受堵胤锡节制。不久,湖广重陷于清,忠开营诸将或从永历至滇黔,或降,或独自抗清。

忠烈备考 书名。清佚名著。不分卷。据奏案等编纂而成。为咸丰、同治年间太平军进驻南京时,一部分顽抗战死或被镇压之官绅丁壮等人名录。分《上元殉难男册》、《江宁殉难男册》二篇。主要记死者姓名、字号、籍里、身分、生卒等。

忠烈传 书名。清陈鼎撰。原六十余卷,仅存五卷。鼎于明亡后奔走海内二十余年,采访死难死事忠臣义士事迹,得四千六百余人,撰为是书。欲上之史馆,但被人窃去,仅存姓名录五卷。

忠恕 孔子的伦理思想。忠诚宽厚之谓。《论语·里仁》:子曰:“参乎! 吾道一以贯之”;“曾子曰:夫子之道,忠恕而已矣”。“忠”以律己:“为人谋而不忠乎!”(《论语·学而》)即对人应尽其忠心。“恕”以待人:“子曰:其恕乎! 己所不欲,勿施于人。”(《论语·卫灵公》)即推己及人,己之所恶,勿加于人。此为孔子的“一贯之道”。思孟学派以此为达于性命之道的途径。《中庸》:“忠恕违道不远,施诸己而不愿,亦勿施于人。”主张行“恕”以尽“忠”,认为如此做,将距天道不远,重视后天的道德修养。宋明理学家解释“忠者天理,恕者人道;忠者无妄,恕者所以行乎忠也。忠者体,恕者用,大本达道也”(《二程语录》卷十一)。认为,“忠”是真实无妄之“天理”,主宰宇宙万有之本体,“恕”为本体之作用,强调“内省”,轻视践行,故朱熹宣称:“一以贯之,犹言以一心应万事。忠恕是一贯底注脚。一是忠,贯是恕底事。”(《朱子语类》卷二十七)

忠顺夫人 即“三娘子”。

忠顺可汗 突骑施苏禄的唐朝封号。

忠武公会办发(髮)逆奏疏 书名。即《向荣奏稿》。清向荣撰,其子命幕客编纂而成。抄本。十二卷。选录咸丰二年(1852)十二月至六年七月向荣奏折及所奉上谕,记向荣任钦差大臣,建立江南大营后,与太平军作战经过较详,对清军弱点、清统治阶级矛盾以及有关太平天国早期情况也有所反映。收入《中国近代史资料丛刊·太平天国》。

忠武将军 官名。南朝梁天监七年(508)置,为诸名号将军中地位较高者,属武职二十四班中的十九班,仅次于重号将军。陈沿置,官四品,秩中二千石,如加“大将军”,则进一阶。唐武德七年(624)置为正四品上武散官,宋初因之。元丰五年(1084)罢武散官,唯蕃兵蕃官仍授。

忠武校尉 散官名号。始置于金代。以授从七品上武官。元代沿置,改敕授武官从六品。明代亦置,为武官从六品,升授。

忠武军 方镇名。(1)唐贞元三年(787)置陈许节度使,治许州(今河南许昌)。领陈、许二州,约当今河南襄城以东,太康、沈丘以西,舞阳以北,长葛、鄢陵以南地区。十年,号忠武军。五代后梁改为匡国军,后唐复旧称。(2)五代后梁时,改唐匡国军置,治同州(今陕西大荔)。后唐初复旧称。

忠显校尉 散官名号。始置于金代,为武散官,授从七品下武官。元沿置,改为敕授武官从六品。明为武官从六品,初授。清初沿置,为武职中属绿营者从六品之封赠。乾隆二十年(1755),改武信佐郎。五十一年,与八旗从六品官员一起,统一定为武略佐骑尉。

忠孝军 军种之一。金宣宗时,由回鹘、乃满(即乃蛮)、羌人、吐谷浑和中原地区曾被蒙古俘虏逃回的汉人组成,以善骑射为条件。人有两马或三马,粮饷高于其他军队三倍,作战时充先锋。

忠训郎 见“左侍禁”。

忠义夫人 即“大成比吉”。

忠义会 清代广西天地会系统秘密结社。嘉庆二十年(1815)衡阳人李泳怀在广西恭城创立。结会时以红纸书写“忠义堂”三字张贴,仪式类似天地会。

忠义纪闻录 书名。清陈继聪撰。三十卷,续录十卷。陈氏于同治年间参与重修《鄞县志》,以所见有关镇压太平军之奏疏、文集、各省纪事,着手搜集战死之名臣、上将、乡绅、士民事迹。光绪年间复参与修《蛟川志》、《慈湖志》,史料倍获,于是人系以传,排纂成书。陈氏为镇海人,所辑以浙江人物居多。非与太平军战死者如林则徐等,亦予辑入。引用资料,注明出处。所叙人物之诗文,间有采录。续录为陈氏卒后续刻。有光绪八年(1882)刊本。

忠义将军 官名。三国魏置,为杂号将军,后罢。南朝梁复置,为十忠将军之一,大通三年(529)定为武职三十四班中的十六班。陈沿置,改为拟六品,比秩千石。

忠义军 ❶方镇名。(1)唐至德二载(757)升襄阳防御使为山南东道节度使,文德元年(888)号忠义军。治襄州(今湖北襄樊市)。领襄、隋、唐、邓、均、房等州,约当今湖北郧西、竹溪,陕西白河以东,湖北随州、河南桐柏、泌阳以西,伏牛山、方城以南,湖北大神农架、荆山、大洪山以北地区。天祐三年(906)复旧。(2)五代后梁时置,治延州(今陕西延安)。后唐改名彰武军。❷清末东北抗俄武装。光绪二十六年(1900)沙俄军队侵入东北,绿林首领刘永和(刘单子)等在吉林通化率众抗俄,号忠义军,自称统领。所部二万余人中有义和团余部、清军散兵、民团和“马贼”。转战奉天(今辽宁)东部和吉林南部广大地区,痛击俄军于海龙南山,一度占据新宾堡、宽甸、怀仁、凤城、安东(今丹东)等城镇。后在俄军与清兵、乡团联合进攻下瓦解,一部分首领被捕遇害。刘永和退入吉林蜂密山继续斗争,至二十九年失败。

忠义录 书名。清余瓒馨编。三卷。咸丰四年(1854)太平军进攻江西武宁县安乐乡等地,余氏以举人率团练顽抗。后将战死三百余人事迹辑为此编。其中余姓族人居大半。叙江西战事甚详。光绪十一年(1885)其族孙牒锄又重为补订再版。有光绪刻本。

忠义人 凡宋代军人、百姓,在边境或邻国境内,心怀忠义,建立军功者,皆称“忠义人”。部分*归正人,亦属忠义人。

忠义巡社 南宋民间抗金军事组织。北宋末至南宋初,河朔人民自结巡社,抗击金军。建炎元年(1127)八月,因张悫建议,宋廷规定诸路府、州、军巡社并以忠义为名,以甲、队、部、社和都社为编制单位,分设甲长、队长、部长、社长、都社正和副都社正。忠义巡社在抗金战争中起了相当作用。梁兴在北方组织人民抗金,亦以忠义社为名。

忠义传 书名。南宋喻良能撰。二十卷(一说二十五卷)。记自战国王蠋至五代孙晟,共一百九十人事迹,皆所谓忠义之士。淳熙八年(1181)进于朝,乞颁之武学,授之将帅。

忠翊校尉 武散官名。金、元皆置,三十四阶之第二十八阶。金正八品下。元正七品,敕授。

忠翊郎 官名。北宋政和二年(1112)重定武臣官名,改右侍禁置,为正九品武阶官,属小使臣。

忠翊侍卫亲军都指挥使司 官署名。元侍卫军的指挥机构之一。至元二十九年(1292)置,时为屯田府。大德十一年(1307)增其军数,立大同等处侍卫亲军都指挥使司。后一度移属徽政院,并改为中都威卫使司。至治元年(1321)始改为忠翊侍卫亲军都指挥使司,秩正三品。置都指挥使三员,副都指挥使、佥事各二员。下领行军千户所十翼,弩军千户所一翼,屯田左、右手千户所各一翼。

忠意将军 官名。北魏置。见于《魏书·车路头传》,太和十七年(493)职员令及太和二十三年复次职令,均未见。

忠勇校尉 武散官名。金、元皆置,三十四阶之第二十七阶。金正八品上。元正七品,敕授。

忠勇王 见“金忠❶”。

忠贞可汗(?—790) 唐时漠北回鹘汗国第五代可汗。公元789—790年在位。名多逻斯。天亲可汗子。原称泮官特勤。贞元五年(789)嗣立。唐使郭锋册为爱登里罗汨没密施俱录毗伽忠贞可汗。旋被其妻少可敦叶护公主(一称叶公主)与其弟鸩死。

忠贞营 李锦、高一功领导的明末大顺农民军余部联明抗清后的称号。永昌二年(顺治二年,1645)李自成牺牲后,李锦和高一功屡拒清廷招降,率领大顺军余部主力三十万众南移至澧州,与南明将领何腾蛟、堵胤锡达成联明抗清协议。并接受唐王的封赐,李锦改名李赤心,高一功改名高必正,号其营曰忠贞,受湖北巡抚堵胤锡监督。永历二年(1648)至七年间,与抗清明军配合,曾一度收复湖南、湖北失地,成为中南地区抗清主力。后因受南明掣肘,抗清失利,乃脱离南明先后进入川东鄂西重新组织“夔东十三家”军,坚持独立抗清。

忠州 唐贞观八年(634)改临州置。“以地边巴徼,意怀忠信为名”(《太平寰宇记》)。治临江县(今忠县)。辖境相当今重庆丰都、垫江、石柱等县地。天宝元年(742)改为南宾郡,乾元元年(758)复为忠州。宋属夔州路。咸淳元年(1205)以度宗潜邸,升为咸淳府。元复为州。至元二十一年(1284)改属重庆路。明洪武中废州治临江县。属重庆府。清雍正十二年(1734)升为直隶州。属四川省。辖境相当今重庆忠县、丰都、垫江、梁平等县地。1913年州废,改为忠县。

终古 相传为夏桀时太史令。见桀迷惑、暴虐,遂出其图法(绘有先王政绩之图)泣谏,桀不听,乃投奔商汤(《吕氏春秋·先识》)。

终军(?—前112) 西汉济南(治今山东章丘西北)人,字子云。少好学,以辩博能文闻名郡中。年十八选为博士弟子。至长安上书言事,得武帝赏识,任谒者给事中。使行郡国,奏事称旨。擢为谏大夫。元鼎四年(前113)奉使南越,晓谕南越王举国内属,并留驻当地。次年为南越相吕嘉所杀。死时年仅二十余,时人谓之"终童"。《汉书·艺文志》儒家有《终军》八篇,今有清马国翰等人辑本。

终黎 即"钟离"。

终南山 一名中南山、南山等。(1)指今秦岭山脉。《资治通鉴》胡三省注引程大昌曰:终南山横亘关中,南面西起秦、陇,东彻蓝田,凡雍、岐、郿、鄠、长安、万年相去几八百里,而连绵峙据其南者,皆此一山也。(2)指今陕西西安市南终南山。《括地志》终南山,又名中南山、太一山、南山、橘山、楚山、泰山、周南山、地脯山,在雍州万年县南五十里。唐万年县治今陕西西安市。或说终南山与太一山,含义不同。《文选·西京赋》"终南太一"李善注:终南,南山之总名;太一,一山之别号耳。山中道观甚伙,佛寺亦多,为道、佛二教圣地。

终南十志 书名。唐卢鸿撰。一卷。记终南山(今陕西西安市南)古迹名胜十处,首叙形状,间及轶闻,末附歌词,各百余字。收于《说郛》。

终南县 唐武德二年(619)析盩厔县置。治今陕西周至县东终南镇。属雍州。贞观八年(634)废入盩厔县。北宋大观元年(1107)复置。属京兆府。元至元初废。

终童 见"终军"。

终养 官员因父母、祖父母年老,无人侍养,呈请离职居家奉养,称终养。清制,旗员祖父母、父母年七十五以上,汉员祖父母、父母年八十以上,或七十以上而属独子者,皆为合例。

钟 ❶(鐘)古代敲击乐器。用青铜制成,悬于架上,多以大小及音阶不同的若干件排列成组,称为编钟,用木槌叩击或以木棒撞击而鸣,常用于祭祀、宴飨。钟身中空,下缘向上弯曲,顶上有圆柱形甬的称为甬钟,有半环形纽的称为钮钟。钟各部位有专门名称。钟身中部为钲,顶部为舞,钲两旁突出乳丁为枚,枚端为景,枚间为篆,钲下方为鼓,鼓中间为遂,下口为于,两尖为铣。甬顶端为衡,中段突节为干,干上供悬挂用的环为旋。甬钟流行于西周中期到战国早期,钮钟出现于西周晚期,逐渐取代甬钟而流行于后世。❷(鍾)(1)古代器名。即圆形壶,用以藏酒浆或粮食。盛行汉代。(2)古量单位。春秋时齐国的"公量",以四升为豆,四豆为区(瓯),四区为釜,十釜为钟。陈氏(即田氏)的"家量",以四升为豆,五豆为区,五区为釜,十釜为钟。田氏代齐后,这种"家量"就成为齐国的标准量器。战国时魏、秦等国也兼用这种量器。

钟(鍾)昂(?—1130) 一作钟子昂。宋鼎州武陵(今湖南常德)人。钟相长子。靖康二年(1127)率民兵三百人北上抗金,被遣返后,即以所部为基础,与相谋划起义。建炎四年(1130)二月,相率众起义,称"楚王",立他为太子。同年春夏间,与相同时被害。

钟(鐘)表减税并严防偷漏章程 列强强加于中国的不平等商约。清同治八年(1869)三月间由法国公使白罗呢(Brenier de Montmorand,1813—1894)拟出,清政府被迫同意,于同年四月一日(5.12)执行。规定凡钟表进口减税,一律照值百抽五完纳。

钟(鍾)步 在今江西兴国县北。南宋景炎二年(1277)元将李恒攻兴国,文天祥遣兵战于钟步,不利,即此。

钟(鍾)昌祚(1871—1912) 清末贵州开阳人,一名元黄,字山玉。光绪二十三年(1897)入贵阳经世学堂,旋改入武备学堂。毕业后充靖边营哨官。三十年留学日本。归国后,任北京西分厅警官。三十三年返黔,与张百麟等组织自治学社,被举为社长。后全体被吸收为同盟会员。创办公立法政学堂,并发刊《自治学社杂志》和《西南日报》,宣传革命。宣统三年(1911)举孝廉方正赴京应廷试,代表《西南日报》参加报界联合会。贵州光复后被委为黔省代表至南京,被举为参议员。1912年滇军唐继尧部入黔时,赴滇力争不果,旋在安顺被宪政党人杀害。

钟(鍾)传(?—906) 唐洪州高安(今属江西)人。以商贩为业。唐末大乱中,鸠集百姓,依山为壁,自称高安镇抚使,众至万人。后阻击王仙芝军得胜,入据抚州(今江西临川),被任为刺史。中和二年(882),逐江西观察使高茂卿,自称留后,占有洪州(今江西南昌),任洪州节度使。先后平服危全讽、韩师德部,擢镇南节度使,割据江西近三十年,封南平郡王。

钟(鍾)聪 明畲民起义军首领。正德七年(1512)正月,联合闽、粤、赣三省交界的大帽山畲汉两族起义军,攻陷建宁、宁化、石城、万安诸县。南赣巡抚都御史周南调赣、粤、闽三省兵力,分路进攻,据点被摧毁,起义失败。

钟(鍾)存羌 即"钟羌"。

钟(鐘)鼎款识 书名。宋王厚之撰。一卷。收录古代铜器五十九件。每器之前题有器名,并列有出土地点、收藏之处与文字考释。

钟(鐘)鼎文 即"金文"。

钟(鍾)都赉卫征诺颜 即"庄秃赖"。

钟(鐘)鼓司 官署名。明清宦官衙门之一。掌理出朝钟鼓之事。明洪武二十八年(1395)置。设正五品司正一人为主官,下设左、右司副等官佐之。所属有学艺司房等机构。为内官二十四衙门之一。清顺治十年(1653)沿置,为十三衙门之一。十三年改置礼仪监。

钟(鐘)鼓院 官署名。宋置,掌文德殿钟鼓楼刻漏进牌之事。设节级三人,直官三人,鸡唱三人,学生三十六人。初属司天监,元丰改制后隶太史局。

钟(鍾)官令 官名。初属少府,武帝元鼎二年(前115)后属水衡都尉,有丞。《汉书·百官公卿表》颜师古注引如淳注曰:"钟官,主铸钱官也。"为上林三官之一。武帝悉禁郡国铸钱,专令上林三官铸钱,诸郡国前所铸钱,皆废销之,输其铜三官。王莽时民因私铸钱被囚送钟官罚作官奴婢者以十万数。东汉省。

钟(鍾)皓 东汉颍川长社(今河南长葛东)人,字季明。隐居密县山中,教授诗律,门徒千余人。曾任郡功曹,旋辞职。后公府九次辟举,皆不就。年六十九,卒于家。

钟(鍾)会(225—264) 三国时颍川长社(今河南长葛东)人,字士季。钟繇少子。魏正始中为秘书郎,迁尚书中书侍郎。高贵乡公即位,赐爵关内侯。毌丘俭、诸葛诞反,从征,以谋画克敌有功,为司马昭所宠信,屡迁黄门侍郎、司隶校尉。闻嵇康名而访之,康不为之礼,遂深衔之,因谮康尝助毌丘俭,且言论放荡,害时乱教,昭遂杀康。景元四年(263),奉命统十余万众出汉中伐蜀,与姜维相持于剑阁(今四川剑阁东北),不能克,欲退。而邓艾以奇兵从阴平道进军成都,迫降刘禅。以艾承制专事,乃密告其谋反。诏书槛车征艾,使他进军成都监其事。遂独揽大权,自谓功名盖世,不可复为人下,因与降将姜维谋,召集众将,矫太后遗诏,起兵反司马昭。护军胡烈诳言他将尽杀外兵,遂为乱兵所杀。博学精练名理,与王弼并知名,尝论《易》无互体,将当时的才性之辩,划分为"才性同"、"才性异"、"才性合"、"才性离"四派,他持"才性合"的观点,认为性是体,才为用,两者相合相济。后得其书二十篇,名曰《道论》。清人辑有《钟司徒集选》。

钟(鍾)景祺 又名《双帕锦香亭》。畲歌名。为畲族小说歌中深受群众喜爱,广为流传的一种,现已失传。

钟(鍾)炌(?—1650) 明江西分宜人,字淑宪。天启进士。授中书,擢给事中。崇祯十一年(1638)晋左都御史。次年因审阉党忤旨,削职归。卒。

钟(鍾)离 春秋小国。在今安徽凤阳县东北临淮关。《春秋》成公十五年(前576):叔孙侨如及晋、齐、宋、卫、郑等大夫"会吴于钟离"。前518年灭于楚,旋属吴。秦置县。

钟(鍾)离春 又称无盐君。战国时齐国无盐(今山东东平东南)人。齐宣王之后。史传其貌极丑,年四十未嫁。自请见齐宣王,陈说齐外有秦、楚强敌,内聚奸臣,贤者隐退,邪伪当朝,谏其励精图治。被宣王纳为后,拜无盐君。宣王于是拆渐台,罢女乐,退谄谀,进直言,选兵马,实府库。四辟公门,以招谏者,齐国大安。见《列女传》。

钟(鍾)离郡 东晋安帝时置。治燕县(北齐改名钟离县,今凤阳县东北临淮关)。属南兖州。南朝宋泰始以后为徐州治,齐为北徐州治,东魏为楚州治,北齐、北周为西楚州治。隋开皇初废,大业初复置,辖境相当今安徽凤阳、定远、明光等市县地。唐武德初改为濠州,天宝元年(742)复为钟离郡,乾元元年(758)又改为濠州。

钟(鍾)离昧(?—前201) 秦末东海朐(今江苏连云港西南)人。楚汉战争中为楚军大将。后因陈平施反间计,遭猜疑。项羽死后,亡归韩信,被刘邦缉捕。高帝六年(前201),刘邦欲擒韩信,信欲斩之以自保,遂自杀。

钟(鍾)离牧 三国时会稽山阴(治今浙江绍兴)人,字子干。吴赤乌五年(242),从郎中补太子辅义都尉,迁南海太守,后累官中书令。太平二年(257),出为监军使者,平建安、鄱阳、新都三郡山民之乱,获其众以充兵役。封秦亭侯,拜越骑校尉。永安六年(263),任为武陵太守。时魏人诱使五溪蛮叛吴,遂率军缘山险行凡二千里,击平五溪,迁公安督、扬武将军,封都乡侯。卒于官。

钟(鍾)离县 秦置。治今安徽凤阳县东北临淮关。两汉属九江郡。三国时废。西晋太康二年(281)复置。东晋安帝时改名燕县。北齐复名钟离县。明洪武二年(1369)改名中立县,次年又改临淮县。北齐以后历为钟离郡、西楚州、濠州、临濠府治。

钟(鍾)离意 东汉会稽山阴(今浙江绍兴)人,字子阿。少为郡督邮,举孝廉,辟大司徒侯霸府。历任瑕丘、堂邑令。明帝即位,征为尚书。帝性偏察,公卿大臣数被诋毁,他独敢与谏争,数封还诏书。后出为鲁相,卒于官。

钟(鍾)离之会 春秋时晋、吴等国举行的一次诸侯之会。晋景公十六年(前584),晋申公巫臣至吴,教授车战,使吴与楚为敌。晋厉公五年(前576),晋邀鲁、齐、宋、卫、郑、郲等国于钟离(今安徽凤阳东北)和吴相会。商讨共同抗楚。此会为吴和中原诸侯正式交往之始。

钟(鍾)礼 明浙江上虞人,字钦礼,号南越山人、会稽山人。善画云山、草虫。所居面对南山,常坐古松下,观云烟变灭,寓于笔端,得自然之致。弘治时应征入京,直仁智殿。孝宗观其作画,叹为"天下老神仙",因镌章以佩。所绘景物清新细润,有一尘不染之誉。绘有《雪景山水图》、《高士观瀑图》、《豆荚螳螂图》等。

钟(鍾)良弼 清福建福鼎人。畲族。童生时赴福宁府应考,因畲族不准参加科举,被主考官赶出考场。嘉庆七年(1802)赴省城告状,得巡抚同情,胜诉,考取秀才。后其事被畲族人民编为小说歌,广为传唱。

钟(鍾)凌秀(?—1632) 明广东大埔人。畲族。崇祯四年(1631)领导广东大埔等地畲、汉人民数千人,攻广东程乡(在今梅县)、福建武平、江西会昌等地。次年在明参将郑芝龙等镇压下,被捕遇害。

钟(鐘)律 ❶古代律学中泛指最早的定律法。《史记·律书》:"钟律调自上古。"就计算方法而言,汉以后说法不一。朱载堉《律学新说》:"古之为钟律者,以耳齐其声。"仅凭听觉,而无计算方法。另一种意见认为,自有其计算方法,但未见记载文字。❷钟的定律法。《国语·周语上》"度律均钟"的均钟,是以弦音校定钟音;《晋书·律历志》"度晷景,候钟律"的钟律,实为律管;先秦钟的定律法,实际是兼用三分损益律和纯律。两汉及其以后,主要是用律管或弦准确定钟的音律高低。

钟(鐘)律郎 官名。十六国前燕置。《晋书·慕容暐载记》:"(慕容)暐钟律郎郭钦奏议以暐承石季龙水为木德,暐从之。"北魏亦置,为秘书省属官,负责历法的推算。太和十七年(493)定为从六品上。

钟(鍾)猛虎 元末潮州人。畲族。顺帝至正八年(1348)春,元朝增设汀、漳二州元帅府,加强地方武装。他领导潮州路畲、汉两族人民进行反抗,潮、漳地区的官吏和豪绅遭到沉重打击。

钟(鍾)明亮 元汀州(今福建长汀)人。畲民。至元二十四年(1287)冬,举兵反元,称大老,众十万,活跃于今福建、江西、广东三省交接地区。二十六年正月,攻赣州、宁都,据秀岭。五月降元。十月复反,攻梅州,漳、韶、雄等州人民群起响应,声势大盛。次年二月,又降。不久,再反。病死。

钟(鍾)谦均(?—1874) 清湖南巴陵(今岳阳)人。道光二十四年(1844)报捐分发湖北。咸丰六年(1856)擢知县。同治元年(1862)补汉阳府知府,助复晴川书院,赈灾治水。八年擢广东盐运使,严行缉私,十一年署广东按察使。

钟(鍾)羌 又作钟存羌。古族名。汉时西羌的一支。东汉初分布于陇西、武都塞外(今甘肃南部碌曲、玛曲、舟曲、卓尼一带),先后与先零羌、烧当羌为邻。永初元年(107)参加西羌大起义,多次击败汉军。东汉末,胜兵十余万,为西羌中最强大的部落。

钟(鍾)全(?—1234) 南宋江西赣州人。畲族。宝庆元年(1225),率众响应陈三枪赣州起义。宋将许应龙、陈铧等领军分道围剿。端平元年(1234)正月,与陈三枪一起遇害,起义失败。

钟(鍾)人杰(1803—1842) 清湖北崇阳人,名世雄,以字行。生员出身,在乡为塾师。道光十六年(1836)因故革去功名,流徙孝感。二十一年潜返故里,乘民众闹漕抗粮之际,于十二月十日(1842.1.20)与陈宝铭、汪敦族等聚众起义,攻占崇阳、通城,称钟勤王,树都督大元帅旗。起义军迅增至万余人。清廷调大军堵剿,崇阳被围。遂弃城出走,途中被执,解赴北京,遭杀害。起义失败。

钟(鍾)嵘(?—518) 南朝梁颍川长社(今河南长葛东)人,字仲伟。齐永明中,为国子生。举本州秀才,起家王国侍郎。出为安国令。梁时官西中郎晋安王萧纲记室。尝品评汉魏以来五言诗,论其优劣,名为《诗评》,即《诗品》,开结集评诗之端。

钟(鍾)三 明福建上杭人。畲族。成化十四年(1478),领导上杭畲、汉人民起义,为右佥都御史高明所镇压。

钟(鍾)山 ❶在今湖北随州市东北。《资治通鉴》:王莽地皇三年(22),"严尤、陈茂破下江兵;成丹、王常、张卬等收散卒入蒌溪,略钟、龙间,众复振;引军与荆州牧战于上唐,大破之"。"钟"即"钟山"。❷亦名金陵山、北山、紫金山,三国吴孙权曾改名蒋山。即今江苏南京市区东紫金山。相传诸葛亮有"钟山龙盘"之说,实出于后人附会。

钟(鍾)山县 隋开皇四年(584)改齐安县置,因县西钟山得名。治今河南信阳县东北中山铺。属申州,大业二年(606)属义州,三年属义阳郡。唐复属申州。北宋开宝九年(976)废入信阳县。

钟(鍾)绍京 唐虔州赣县(今江西赣州)人,或称南康(今属江西)人,字可大。书法家钟繇后裔。初为司农录事,以善书直凤阁。武则天时,诸宫殿、明堂题额、九鼎铭文,皆出其手。唐隆元年(710),参与平韦氏乱,拜中书侍郎、同中书门下三品,参知机务。进中书令,封越国公。赏罚自肆,时人恶之。旋出为蜀州刺史。玄宗时,拜户部尚书。再贬果州刺史,怀恩尉。开元十五年(727)入朝。后以少詹事卒。年逾八十。性嗜书画,藏王羲之父子、褚遂良等真迹数百卷。遗迹《维摩经》、《灵飞经》,皆翻刻本。

钟(鍾)师 官名。《周礼》地官之属。掌钟鼓演奏。

钟(鍾)氏 官名。《周礼》冬官之属。掌染鸟羽以为旌旗及车饰的工官。

钟(鍾)嗣成 元汴梁(今河南开封)人,后徙居杭州。字继先,号丑斋。科举不中,居家写作。文宗时著《录鬼簿》二卷。所作散曲套数、小令甚多,现只有部分作品散见于《朝野新声》、《太平乐府》、《雍熙乐府》等曲集中。明无名氏编《录鬼簿续编》他被列于首,并著录其剧作《章台柳》、《钱神论》等七种,均不传。死于明初。

钟(鍾)谭 即明末竟陵人钟惺、谭元春。皆以诗文名,人称竟陵派。

钟(鍾)同(1424—1455) 明江西永丰人,字世京。景泰进士。授贵州道监察御史。景泰五年(1454)以疏言易储事有"太子薨逝,足知天命有在"之语,兼陈一切弊政,忤帝,下狱,次年杖死。

钟(鍾)岏 南朝梁颍川长社(今河南长葛东)人,字长岳。官至府参军。著有《良史传》。

钟(鍾)文烝(1818—1877) 清浙江嘉善人,字朝美,又字殿才,号子勤。道光举人,候选知县。同治初,应江苏忠义局聘,与陈奂等同任编纂。曾主讲敬业书院。生平究心于《春秋》,认为《春秋》三传中,《左氏》、《公羊》之失甚多,唯《谷梁传》独得真传。尝谓:"《谷梁传》者,《春秋》之本义也"(《春秋谷梁经传补注·序》)。以三十余年之力,网罗诸家之说,撰成《春秋谷梁经传补注》。又兼究宋、元诸儒书。著作还有《乙闰录》、《鲁论语》、《论语序说详正》等。

钟(鍾)吾 春秋国名。子爵。在今江苏新沂市南。《左传》昭公二十七年(前515):吴"公子烛庸奔钟吾",即此。后三年"吴子执钟吾子",疑遂亡。西汉置司吾县。

钟(鍾)武县 西汉置。治今湖南衡阳市西南武水北。元康元年(前65)封长沙顷王子度为钟武侯。

属零陵郡。后侯国徙江夏郡境内，仍为钟武县。东汉永建三年(128)改为重安县。

钟(鍾)祥县 明嘉靖十年(1531)置。治今湖北钟祥市，为承天府治。清为安陆府治。1990年改设为市。

钟(鍾)相(?—1130) 宋鼎州武陵(今湖南常德)人。初以县属唐封乡水连村为据点，利用宗教组织农民，自称“老爷”，亦称“天大圣”。提出“等贵贱、均贫富”等主张，深受周围数百里农民拥护。靖康二年(1127)，其子昂(一作钟子昂)率领民兵三百人北上抗金，被遣返，遂筹划起义。建炎四年(1130)二月，金兵攻潭州，宋溃兵孔彦舟部窜扰澧州，遂以保卫家乡为号召，聚众抗击，焚毁官府、寺庙及豪富之家。杀官吏、儒生、僧道、巫医、卜祝及有仇隙之人。称杀人为“行法”，斥宋朝法制为“邪法”，称夺取地主豪富财物为“均平”。众至数十万人，占领十九县。被拥为“楚王”，建号“天载”(一作“天战”)，设立官职。后与子昂被俘牺牲，所部由杨么统率，继续斗争。

钟(鍾)兴 东汉汝南汝阳(今河南商水西南)人，字次文。少从丁恭受《严氏春秋》。光武帝时，召拜为郎中，迁左中郎将。受诏定《春秋》章句，以授皇太子与宗室诸侯。后封关内侯，谦让不受，归功于其师。

钟(鍾)惺(1574—1625) 明湖广竟陵(今湖北天门)人，字伯敬，号退谷。万历进士。授行人。历工部主事、南京礼部仪制司主事、祭司郎中、福建提学佥事等。天启三年(1623)丁忧归，卒于家。善诗文，与同里谭元春辑《诗归》，倡汉魏诗风，时称竟陵派。晚年好禅学，著有《如说》。诗文有《隐秀轩集》、《史怀》、《钟伯敬集》。

钟(鍾)雅(?—329) 晋颍川长社(今河南长葛东)人，字彦胄。初为汝阳令，东海王越请为参军，迁尚书郎。避乱东渡，丞相司马睿以为丞相记室参军。太宁二年(324)钱凤叛逆，时任宣城内史，率众据泾县(今安徽泾县西)，破凤党广德人周玘所部。凤平，拜尚书左丞。成帝初，迁御史中丞。苏峻之乱，为前锋监军，领精勇千人拒峻，拜侍中。峻逼帝迁石头，乃与刘超侍帝左右。咸和四年(329)，因与超等谋奉帝出逃，事泄，遇害。

钟(鍾)阳 在今四川绵阳市东北。唐景福元年(892)，洋州将杨守忠侵东川，无所归，盘桓绵、剑间。西川将李简破守忠于钟阳，即此。

钟(鍾)仪 ❶又称郧公钟仪。春秋时楚国人。楚共王七年(前584)随子重伐郑被俘，为郑献于晋，囚于军府。九年，晋景公问其世官，答先人为楚之伶人。命其奏琴，操南音。问楚共王情况，所答合礼。晋范文子以其尊君忠敏，不背本忘旧，建议释放，以促成晋、楚和好。晋景公以礼相待，放之回楚。❷(?—1135)一作钟义或钟子义。宋鼎州武陵(今湖南常德)人。钟相幼子。建炎四年(1130)二月，随相起义。相败死后，与*杨么等突围，率部数万活动于洞庭湖一带。绍兴三年(1133)四月，杨么被推为首领，称“大圣天王”，他被立为太子。五年六月，因叛徒黄诚、杨钦出卖，起义失败，被俘遇害。

钟(鍾)英(?—1866) 即钟万信。洪秀全之婿。封天二驸马、金王。清同治二年(1863)率部由浙入皖。天京(今南京)失陷后，随军至赣、闽、粤。五年，在广东丰顺县白水寨兵败被俘就义。

钟(鍾)繇(151—230) 三国时颍川长社(今河南长葛东)人，字元常。少举孝廉，辟为黄门侍郎。东汉兴平二年(195)，因助汉献帝摆脱李傕、郭汜控制，以功迁御史中丞、侍中尚书仆射，封东武亭侯。建安二年(197)，曹操表为侍中，守司隶校尉，持节督关中诸军事。因安抚马腾、韩遂等，使操无西顾之忧，全力对付袁绍。七年，得马腾之助，击杀袁尚部将郭援，并降南单于。又徙关中民充实洛阳。十八年，为大理，迁相国。二十四年，坐西曹掾魏讽谋反，免官。曹丕即王位，复为廷尉，迁太尉。魏明帝时，又迁太傅。曾主张以肉刑代死刑，未行。擅书法，尤精隶、楷，与王羲之并称“钟王”。

钟(鍾)羽正 明山东益都(今青州)人，字叔濂。万历进士。累迁吏科都给事中。万历二十年(1592)因疏请皇长子出阁就学，忤帝意，罢归。天启二年(1622)擢佥都御史。次年拜工部尚书，不久乞归。崇祯初复官，久之卒。著有《青州风土记》、《崇雅堂集》。

钟(鐘)院 官署名。辽代处理上诉冤案的机构，有冤者到钟院击钟，以达于皇帝。始置于太祖时，穆宗时废，保宁三年(971)，景宗下诏恢复，并铸钟刻诏，说明废置之意。

钟(鍾)允章(?—959) 五代邕州(治今广西南宁南)人，徙家番禺(今广东广州)。为人侃直，博学善文辞。南汉高祖(刘龑)时进士及第。中宗(刘晟)时，拜工部郎中、知制诰。凡诰敕碑记多出其手，佐中宗经略湖南，取贺、昭等州。后主(刘)𬮤嗣位，擢尚书左丞，参知政事。抗疏请诛乱法宦官，以正纲纪，为宦官所疾，诬以谋反，族诛。《全唐文》存文一篇。

钟(鍾)子仁 明初福建上杭人。畲族。洪武十八年(1385)，领导上杭畲、汉人民抗明，被知县邓致中镇压。

衷圣斋诗文集 书名。清刘光第撰。二册。上册录刘氏所作诗，为诗集，原名《介白堂诗集》；收入《戊戌六君子遗集》时，略有增补。下册载刘氏家传、序表、书函、杂说等，为文集。前有高楷撰《刘杨合传》及梁启超作《刘光第传》。有1914年成都昌福公司铅印本。

衷贞吉(?—1596) 明江西南昌人，字孔安，号洪溪。嘉靖进士。授刑部主事，擢松江知府。万历二十一年(1593)累迁工部尚书。次年任左都御史，卒于任。

zhǒng

种(種)肥 作物播种时施用的肥料。主要方法有拌种、浸种或将肥料施入种沟、种穴等。至迟汉代已使用。《氾胜之书》:"薄田不能粪者,以原蚕矢杂禾种种之,则禾不虫。"

种(種)类相禅 生物术语。见于明王廷相《慎言·道体篇》:"人化生之后,形自相禅。"形指人体形态特点性状,禅指连续,说明了人类的性状遗传是具有连续性的。

种(種)马 即孳牧马。明马政中养马形式之一。永乐十三年(1415)由户马改行此法。被编佥养马之人户,需按规定额数上缴马驹,战时不须从征。此法除行于两畿鲁豫之民户外,亦实行于卫所之军户。弘治六年(1493)定两京太仆寺所属种马共十二万五千匹。正德二年(1507)规定养马人户依额定应缴马驹之数缴出马匹即可,不求其所来。隆庆二年(1568)将两畿鲁豫民养种马变卖一半,价银交官,万历九年(1581)种马被全部变卖。

种(種)人 古代少数民族对自身的别称,如金代对女真人的称呼。又称"国人"。

种(種)首 战国时齐国大臣。田姓。甚得齐威王信重,被视为"宝"。齐威王任以维持治安,境内道不拾遗。见《史记·田敬仲完世家》。

种(種)有几(幾) 古代生物学概念。《庄子·至乐》:"种有几:得水则为㡭(继);得水土之际则为鼃蠙之衣;生于陵屯则为陵舄。"其义不一:(1)物种最初时代的种子。近人胡适认为:《易》:"几者,动之微。""几(幾)字从二丝,幺(𠃋),本象生物胞胎之形。"(2)物种生长有地势(或环境条件)之限制。几与畿音义相通。陆德明《经典释文》:"畿本作几(幾)。"《诗经·商颂》:"邦畿千里。"毛传:"畿,疆也。"《庄子·则阳》:"无终无始,无几无时。"几与时对言,盖指空间,几犹言地理环境。在生物学上,"种有几",即言物种与环境之关系。

种(種)子 梵文 Bīja 的意译。佛教名词。佛教大乘有宗指"本识"(即"阿赖耶识")所含藏的精神性的单子,为构成世界的基因。其功能类似草木之种子,能产生出与自己相应的结果,故名。种子的类别很多,其功能各异,物质世界和精神世界的一切现象均系由不同的种子所产生,故亦名"第一缘起"。

冢邦君 又称冢君。西周诸侯国君别称。《逸周书·商誓》:"尔冢邦君无敢其有不告见于我有周。"

冢君 周代诸侯封君别称。《国语·郑语》:"唯谢、郏之间,其冢君侈骄,其民怠沓其君,而未及周德。"

冢卿 上卿别称。《左传·襄公十四年》:"先君有冢卿以为师保。"

冢人 官名。(1)掌墓地兆域的官吏。春秋战国置。《仪礼·士丧礼》:"筮宅,冢人营之。"郑玄注:"冢人,有司掌墓地兆域者,营犹度也。"(2)《周礼》中掌王陵墓地兆域的官员。《周礼·春官》:"冢人,下大夫二人,中士四人,府二人,史四人,胥十有二人,徒百有二十人","掌公墓之地,辨其兆域而为之图。先王之葬居中,以昭穆为左右"。

冢司马 官名。西周置。西周师旅中有司马,掌马政,冢司马即其长。见《趞鼎铭》。

冢司土 官名。西周置。为师旅中掌管土地事务的长官。《曶壶铭》:"王乎(呼)尹氏册命曶,曰:'更乃祖考作冢司土于成周于八师。'"

冢宰 ❶相传为殷、周辅政大臣、百官之长。《尚书·伊训》:"百官总己以听冢宰。"《礼记·檀弓下》:"古者天子崩,王世子听于冢宰三年。"春秋战国泛指执掌国政的大臣。后世亦用以称宰相。唐代中后期,皇帝初崩,新君始立,从诸宰相中选一人摄冢宰,相当于首相之位。❷《周礼》天官之长。亦作大(太)宰。居六卿之首,主管宫廷供御事务,参掌大政,总领百官及财赋之政。西魏末、北周建六官府,置为天官府长官。明清亦作为吏部尚书的别称。参见"大冢宰"、"天官府"。❸同"宰夫"。《诗经·大雅·云汉》:"鞫哉庶正,疚哉冢宰,趣马师氏,膳夫左右。"陈奂《诗毛氏注疏》:"此冢宰为宰夫。"参见"宰夫"。

冢子 ❶太子别称。《左传·闵公二年》:"太子奉冢祀、社稷之粢盛,以朝夕视君膳者也,故曰冢子。"❷官名。战国三晋为太子特设的官职,掌兵器监造。《冢子韩赠戈铭》:"十八年冢子韩赠,邦库啬夫","造戈"。

zhòng

中额 科举考试用语。指各级考试所取中的名额。有固定与不固定两种,如明清的乡试,各省取中举人的名额均有定数;而殿试录取进士的名额却无固定的中额,清代乃届期请旨钦定。

中二千石 汉代官吏秩位之一。中即满,九卿皆为中二千石,银印青绶,西汉月俸百八十斛,一岁凡得谷二千一百六十石。或亦兼发钱谷。东汉半钱半谷,偶有变动。

中䨻 即"仲虺"。

中劳律 律名。关于军戍劳绩的单行法律。见于《睡虎地秦墓竹简·秦律杂抄》。其中规定:擅自增加劳绩年数者,"资一甲,弃劳"。汉代也有类似法律。《居延汉简甲编》一一四有"中劳二岁"。二二五九又有"中劳三岁六月五日"。

中壬 即"仲壬"。

中式 ❶官名。北魏太武帝始置,为后宫妃嫔名号。❷科举考试用语。指各级考试被录取。如明清乡试被录取为举人,会试、殿试后放榜为进士,皆称中式。有符合其考试标准或程式之意。

中盐马 明代以盐引换取商人上交之马。正统三年(1438)始于西北地区。其初,商人上交之马须经验过之后,方可领取盐引,后则变成向官府缴出买马银两,即可领取盐引。

中衍 中又作仲。相传为商王太戊之车正。其先祖为大费(益)子大廉。

仲伯 商汤臣。参见"谊伯"。

仲长统(180—220) 东汉山阳高平(今山东微山西北)人,字公理。少好学,博览书记,擅长文辞。

年二十余游学于青、徐、并、冀各州。不拘小节，时人或称之为狂生。州郡辟召，多称病不就。尚书令荀彧闻其名，举为尚书郎。后参丞相曹操军事。著有《昌言》十余万言，对战国以来社会治乱及当时豪强地主之骄奢淫逸多有论述，并流露出反"天命"的思想。《后汉书·仲长统传》录有《昌言》的《理乱篇》、《损益篇》和《法诫篇》。

仲丁 殷墟甲骨文作中丁。商王。名庄，太戊之子。仲丁是庙号。继太戊即位。即位后将王都自亳迁嚣(一作敖，今河南荥阳东北)。殷墟卜辞中列为直系先王祭祀。

仲敦巴·杰哇迥乃(1005—1064) 藏传佛教噶当派创立人。堆龙(今西藏堆龙德庆)人。藏族。出身于富豪之家。幼年在许(今西藏朗县境内)地方学习藏文，后到康区，从赛尊学习佛教及梵文。闻阿底峡自印度抵古格，于宋庆历五年(1045)专程前往迎其至卫藏传教，并以之为师，但终生未出家为僧。阿底峡卒后，曾在聂当主持悼念仪式，并建聂当寺。此后，回家乡小住。旋受达木(今西藏当雄)地方势力之请，于嘉祐元年(1056)初在热振(今西藏林周北部)地方建立热振寺，创噶当派。

仲父族帐常衮司 官署名。辽北面官。耶律阿保机叔父释鲁的后代称皇族仲父房，为四帐皇族之一。专设常衮司，以掌族帐之事。

仲弓 即"冉雍"。

仲虺 仲又作中，虺又作虮、傀、蘬、儡，又称莱朱。商汤臣。相传为夏朝车正奚仲后裔，居于薛(今山东滕州南)，夏桀时弃夏奔商，为汤之左相，助汤灭夏。曾为汤作诰，称《仲虺之诰》。

仲家 ❶东汉末年袁术自封称号。《后汉书·袁术传》："建安二年，因河内张炯符命，遂果僭号，自称'仲家'。"❷布依族之旧称。

仲堪 相传为高辛氏时八元之一。

仲康 仲又作中，康或误作庐。夏王。启之子，太康之弟。相传在位时，掌管天文的羲和酗酒失职，致使历法废乱，日食引起人们惊恐，他命大臣胤侯进行征讨(《左传·昭公十七年》、《史记·夏本纪》)。

仲康日食 夏仲康时，天文官羲和失职，废时乱日，日蚀时，造成混乱，"瞽奏鼓、啬夫驰、庶人走"(《左传·昭公十七年》)。仲康遂命胤侯前往讨伐。

仲良氏之儒 孔子后的儒家分派之一。代表人物可能是鲁人仲梁子。有人据《礼记·檀弓》记有曾参和仲梁子的对话，推测仲梁子是曾子学派的传人之一。又，传陶潜《圣贤群辅录》称，"仲良氏传乐，为移风易俗之儒"，但此书被顾颉刚断为伪书。梁启超、郭沫若认为仲良氏可能是《孟子·滕文公》所说的楚人陈良。

仲庐 即仲康。按"庐"应为"康"字之误。

仲尼 即"孔子"。

仲庆父 即"庆父"。

仲壬 又作中壬。商王。名庸。汤之子，外丙之弟。外丙死后继位，殷墟甲骨文未见祭祀，或说卜辞中之南壬即是仲壬(董作宾《甲骨文断代研究例》)。

仲仁 北宋越州会稽(今浙江绍兴)人，住衡州(治今湖南衡阳)华光山。出家为僧，自号华光长老。好画梅。所作墨梅，重在写意，别成一家。所绘《平沙远水图》，时人称超凡入圣。《华光梅谱》、《画梅谱》二书，相传为其所著。

仲容 相传为高阳氏时八恺之一。

仲山父 即"仲山甫"。

仲山甫 甫或作父。周宣王大臣。食采于樊(今河南济源东南)，又称樊仲、樊穆仲、樊仲山父。曾反对宣王干预鲁国君位继承，又劝谏宣王"料民"，皆为宣王所拒。

仲石伴(？—764) 日本遣唐使节。上元二年(761，天平宝字五年)任遣唐大使，护送唐使沈惟岳归国，因使舶破毁而未成行。后参与藤原仲麻吕反叛被杀。

仲叔圉 即"孔圉"。

仲夏堰 水堰名。在唐江南道明州鄮县(今浙江宁波东南)西南四十里。太和六年(832)刺史于季友筑，溉田数千顷。

仲熊 相传为高辛氏时八元之一。

仲衍 即"中衍"。

仲雍 仲又作中，或称吴仲或虞仲、虞公。周古公亶父次子。古公欲立幼子季历，他与兄太伯同避江南，断发文身，共建吴国。避让季历。太伯死后，继位为吴君。

仲永檀(？—1743) 清山东济宁人，字襄西。乾隆进士。官陕西道监察御史。乾隆六年(1741)疏劾步军统领鄂善贪污受贿，并及大学士张廷玉、赵国麟、张照等，鄂善因之被责令自尽。旋以敢于直言，擢佥都御史，又擢左副都御史。次年以泄漏机密，结党营私罪，革职究治。后卒于狱中，一说为张照毒死。

仲由 即"子路"。

仲云 一作众熨。古西域族名。源出小月氏，分布于沙州以西，于阗以东。后晋高居晦使于阗，北宋王延德使高昌皆记其部。

众 即"众人"。

众甫 万物初生状态。《老子》第二十一章："自古及今(帛书《老子》及傅奕本作'自今及古')，其名(道)不去，以阅众甫(父)。"王弼注："众甫，物之始也。以无名说万物始也。"无名、"道"产生万物，故以观察万物之初生状态。

众经录目 即"法经录"。

众经音义 即"一切经音义❶"。

众人 亦称众。殷墟甲骨文有"王大命众人曰：劦田，其受年十一月。"(《殷墟书契续编》卷二第二十八叶第五片)，是商代众人协力耕作之记录。《诗·周颂·臣工》："命我众人，庤乃钱镈，奄观铚艾。"指周代众人受命从事农耕。西周《曶鼎》铭记载：匡因为掠夺了曶的禾稼，曾用田、众及臣作为赔偿。学者认为"众人"可能为奴隶之称，也有不同意见。

众生 梵文 Sattva 的意译。佛教名词。一般指有情识生命者，故又译"有情"。认为众生根据生前善恶行为有六种轮回转生的趋向,称“六趣”或“六道”,即人、天、地狱、饿鬼、畜生、阿修罗(恶神)。

众熨 即“仲云”。

种(種)痘 医学名词。指人工接种预防天花的技术手段,分人痘与牛痘两种。人痘接种法为中国发明,明代开始使用。其法取天花患者痘浆或痂为苗,接种于未曾染疫、没有免疫能力者身上,实现一次人工感染。所用痂苗经多次传种,致病毒性减轻,称为“熟苗”,较为安全。此法广传国外,对牛痘法的发明,有一定的启发作用。

种(種)户 见“田主”。

种(種)生 亦称种五生。用以供观赏和装饰的作物盆栽。宋代出现。据《东京梦华录》记载:是以“绿豆、小豆、小麦于磁器内,以水浸之,生芽数寸,以红蓝彩缕束之”。当时颇受欢迎。

种(種)树还山 旧时广西大瑶山地区的一种租佃剥削形式。山丁向山主批山耕种,先交一定租金获取佃农权。在种植作物时,为山主间种或护理林木,或种植作物,几年后再植树。每年收获粮食,以部分交租,直至林木成长,地力耗尽,即将土地与林木无偿退还山主。是一种以劳役地租为主结合实物、货币地租的剥削方式。

种(種)树书 书名。明俞宗本(即俞贞木)撰。三卷。成书于洪武三十年(1397)。上卷为月令体,记载一年十二个月的种植事宜,中、下两卷分桑、竹、木、果、菜、花六部分,每部条目不等。总结了当时农业生产实践中有关种植、栽培、嫁接、施肥等各方面的许多经验。是古代较为重要的一部专科性农书。《居家必备》、《格致丛书》、《田园经济》、《淡生堂余苑》均收有本书。1962年农业出版社出版康成懿校注本。

种(種)田杂说 书名。清江召棠撰。是书最早作为附文附于《抚郡农产考略》之后,介绍临川地方农业生产。内容分三大部分:首先着重记述临川田土情况、治田方法和四季不同气候所应注意问题及农田水利等。其次,着重介绍使贫瘠之田变肥沃之办法。第三介绍消灭农田虫害、病害之法。本文既结合当时农业改良实践,又取传统农业之经验,实属难得。光绪三十年(1904),以连载形式发表于《江西官报》。

种(種)艺必用 书名。宋吴欑撰。全书一百三十条。其中《补遗》为元张福作,计七十三条。多记南方农业生产技术,保存大量农艺种植资料,文献价值较高。书中有过去农书不见的外来蔬菜,如菠菜、莴苣、丝瓜等;对竹类的特性、果树的栽培与嫁接都有详细记载。后失传。明俞贞木著《种树书》,大部内容抄自此书。传世本为今人胡道静从《永乐大典》辑本。

种(種)鱼经 书名。又名《养鱼经》、《鱼经》。明黄省曾撰。刊行于万历年间。一卷,计三篇,分别介绍繁殖鱼秧、养鱼方法以及鱼之种类。明代已开始海水鱼的养殖,书中首次记载了松江养殖海水鱼,即鲻鱼之情况:“松之人于潮泥地凿池,仲春潮水中捕盈寸者养之,秋而盈尺,腹背皆腴,为池鱼之最。”为中国现存最早最完整之养鱼专著。《居家必备》、《夷门广牍》、《丛书集成》等收有此书。

重法地分 宋仁宗嘉祐间规定开封府诸县为“重法地分”,凡出现在这一地区的盗贼皆从严判刑。后扩大到其他各路。

重号将军 相对于小号、杂号将军而言,用以称地位重要的名号将军,各代所包含的将军名号不同。参见“将军”。

重禄法 宋代特别法之一。熙宁三年(1070)立仓法。朝廷各司与监司、各州均仿之,吏人皆给厚俸,称重禄法。领取重禄吏人称重禄公人,重禄公人受贿或勒索,即从严惩罚。

重质 重要的人质。古时为取信对方,送王子、世子、公子或贵臣作抵押,这种人质关系重大,战争期间必须使其有妥善居处,不致逃脱。《墨子·旗帜》:“重质有居。”岑仲勉注:“重质指他国之为质者,谓须辟比较安全之地以居之。”

重罪十条 《北齐律》规定之十种重罪。北齐河清三年(564),尚书令赵郡王高叡等上《北齐律》十二篇,又列重罪十条。其罪名为:反逆、大逆、叛、降、恶逆、不道、不敬、不孝、不义、内乱。《北齐律》首创重罪十条之禁令,并规定犯此十罪者,不在八议、论赎之限。

zhōu

舟楫署 官署名。隋大业三年(607)都水监置。唐贞观六年(632)沿置,设令一人,为长官,主舟楫、漕运事。上元二年(675),设丞二人,掌运漕隐失。开元二十六年(738)罢。宋初犹存空名,元丰改制废。

舟鲛 官名。春秋鲁国置,掌泽薮之官。《左传·昭公二十年》:“泽之萑蒲,舟鲛守之。”孔颖达疏:“鲛是大鱼之名。泽中有水有鱼,故以舟鲛为官名也。”一说即“舟虞”,为掌船官。

舟牧 官名。周代置,掌舟船。《礼记·月令》:“命舟牧覆舟,五覆五反,乃告舟备具于天子焉。”郑玄注:“舟牧,主舟之官也。”

舟人 上古国名。相传为祝融之后,秃姓。后为周所灭(《国语·郑语》)。

舟师绳墨 书名。清水军教科书。其《舵工事宜》篇所载“立冬北风虽大不为台,夏至以后北风一起即有台风”、“六月雷响止九台,七月雷响九台来”、“或水有臭味,或水起黑沫,或无风偶发移浪,礁头作响,皆是做风的预兆”、“潮候随四时之节令,长退有一定之去来。……各按时候,即如春天初一日,此次不浅可过,转至夏天初一日,此处却过不去。由此类推,行船无失”等内容,叙述了预测风暴、风暴潮、潮候等方法。

舟虞 官名。掌舟舸之官。《国语·鲁语下》载诸侯伐秦至泾水,晋叔向“召舟虞与司马”,韦昭注:“舟虞掌舟。”又《吕氏春秋·上农》:“泽非舟虞不敢缘名。"高诱注:"舟虞,主舟官。"

州 ❶春秋国名。(1)姜姓,建都淳于,在今山东安丘市东北杞城。亦称淳于。《春秋》桓公五年(前707):"州公如曹。"《左传》作"淳于公如曹"。春秋初年为杞所灭,淳于遂为杞都。(2)偃姓,在今湖北洪湖市东北。《左传》桓公十一年(前701):"郧人军于蒲骚,将与随、绞、州、蓼伐楚师。"后灭于楚。❷周畿内邑。即今河南温县东北武德镇。《左传》隐公十一年(前712):周与郑人苏忿生之田十二,州居其一。后属晋,为栾豹邑。栾氏亡,昭公三年(前539):晋侯以州赐郑公孙段。七年:郑子产复"归州田于韩宣子"。西汉置州县。❸古代民户编制。《周礼·地官·大司徒》:"五党为州,使之相赒;五州为乡,使之相宾。"❹地方行政区划。周代为王畿六乡所属。春秋时齐国沿置,为乡属行政单位。秦、汉为监察郡国行政而置,武帝时于司隶校尉之外分全国为十三州。东汉则将司隶校尉列入十三州之数。以刺史(州牧)主其事。西晋武帝省司隶,置司州,天下共置十九州,统一百七十三郡,以刺史统之。任重者,为使持节都督;次者,为持节都督。并有别驾、治中从事、诸曹从事等属官。东晋、南朝沿置。北魏诸州初置刺史三人。太和二十三年(499)定州为上、中、下三等,分置刺史。北齐司州置牧外,州分九等,分置刺史。隋沿北齐制,炀帝罢州置郡。唐初复郡为州,置刺史,有别驾、治中从事等属。贞观十三年(639)定簿,州府三百五十八,分上、中、下三等。玄宗一度改州为郡、改刺史为太守。开元二十八年(740)户部计帐,郡府三百二十八。安史乱起,刺史带本州团练、防御、镇遏等使则兵马额隶之,不加使者则不领军事。北宋宣和四年(1122),天下分路二十六、府三十、州二百五十四、监六十三。诸州各置知州事一人,或兼经略安抚使、马步军都总管等,掌本州兵民之政。南宋以州升节镇者十二,为节度使州。又有观察使州、防御使州、团练使州等,依次位刺史州之上。辽五京道、各府皆置州,以节度、观察、团练、防御等使及刺史领其事。节度使州另有军名。契丹贵族掳掠人口为私属,于居地另建"头下军州"。金则分为节镇、防御、刺史三等。节镇以某军节度使领其事,兼本州管内观察使事。防御州和刺史州,则分别以防御使、刺史领其事。皆隶于路或府。元世祖分州为三等,先以一万五千户以上为上州,六千户以上为中州,余为下州。后又以江南五万户以上为上州,三万户以上为中州,余为下州。每州设达鲁花赤、州尹(或知州)各一人,上、中、下州分为从四品、正五品、从五品。明朝以天下为二百三十四州,分为属州、直隶州两等。属州视县,直隶州视府,但品秩相同。设知州总其政,同知、判官等属则视事繁简而置。清代于府下置,以知州一人掌州务,州同、州判等属亦视事而置。另有直隶州,隶于布政使司。

州部 官名。又称州部之吏。战国始见,地方州长属吏。《韩非子·显学》:"故明主之吏,宰相必起于州部。"《五蠹》:"州部之吏,操官兵,推公法而求索奸人。"陈奇猷注:"州部之吏为地方小官","即州长之下属官"。

州部之吏 见"州部"。

州大夫 官名。春秋时齐国置。《管子·度地》:"常以冬少事之时,令甲士次更以益薪,积之水旁,州大夫将之,唯毋后时。"

州都 官名。魏、晋、南朝各州大中正的别称。一说为州都大中正的省称。亦称都士。北魏为州牧属官,掌评士族内部品第。北齐为州刺史属官,视八品,地位远低于州大中正。隋初雍州所置,视正八品,诸州所置视从八品。开皇三年(583)始不理事,称为乡官,十五年罢。

州都督 官名。北魏孝庄帝即位后以天下多事,遂于永安初在京畿置大都督,州置州都督,俱总军人。州都督由刺史表奏启用,或直接辟召,为刺史之僚佐,与以刺史所兼任之当州都督有异。然亦可统兵出战,负责一州之军事。

州端 官名别称。即州别驾。南朝宋沛郡太守张畅尝称徐州别驾王子夏为"州端"。别驾以其居州群僚之首,故有此称。

州告 即"周告"。诉讼程序。指原告因控告不实被驳回后又以它事重复控告。《睡虎地秦墓竹简·法律答问》:"州告者,其所告且不审,又以它事告之。勿听,而论其不审。"对于州告,官府不仅拒绝受理,对其失实之处还要追究刑事责任。

州侯 战国时楚国大臣。楚顷襄王时封君。善为巧言佞说取悦于君,《荀子·臣道》列为"态臣"。楚大夫庄辛曾言于楚顷襄王:"君王左州侯,右夏侯,辇从鄢陵君与寿陵君,专淫逸侈靡,不顾国政。"(《战国策·楚策四》)江乙曾对楚宣王说:"州侯相楚,贵甚矣,而主断。"(《战国策·楚策一》)

州胡 国名。位于马韩西边海岛(今朝鲜半岛南部西海岸)。国人短小,髡头,衣韦。好养牛豕。常乘船贸易于三韩。

州驾 清代州同之别称。

州将 东汉司隶州长官司隶校尉的尊称。《后汉书·张奂传》:"奂奏记谢段颎曰:'小人不明,得过州将。'"时颎为司隶校尉,张奂由敦煌移家弘农,弘农归司隶管辖,故奂屈于颎,称之为州将。魏、晋、南北朝时,刺史当方面之任,总兵权,亦通称州将。

州郡兵 魏晋时刺史、太守统率之地方军。三国魏在若干州郡设置军队,至太和年间十二州中有八州置兵。魏末晋初,诸州或以都督领刺史,或刺史加将军号领兵,自是诸州皆置兵。西晋太康三年(282)刺史罢将军名号,亦不领兵,遂罢州兵,元康时,刺史复加军号,州郡又多领兵。

州郡令 见"魏令"。

州来 春秋国名。在今安徽凤台县。初属楚,《左传》昭公十二年(前530):"楚子狩于州来。"此后属于吴,《春秋》昭公十三年(前529):"吴灭州来。"其后又为楚邑,《左传》昭公十九年:"楚人城州来。"昭公二十三年:"吴人伐州来。"自是又属吴。季札受封于此,称延州来季子。公元前493年,蔡昭侯畏楚,吴王夫差迁蔡于此,称为"下蔡"。

州黎 春秋时周大史。周敬王三十一年(前489),楚地上空有云如众赤鸟,夹日以飞三日。楚昭王以为不祥,派人问他。他劝昭王禳祭,把灾祸转移至大臣身上。昭王未从。

州牧 官名。(1)省称“牧”。汉成帝改州刺史置,秩二千石,位次九卿,监察州郡。后废置不常。东汉灵帝时复置,掌一州军政大权,位高于郡守。自三国至南朝,成为一州最高长官,与刺史并置时位高于刺史。其间,亦有遥领之制。南朝宋以后仅扬州、豫州等置,为荣誉称号,授丞相等权臣。北魏、北齐司州置,从二品。北周雍州置,九命。唐代雍、洛、并三州(即三都)置,从二品,亲王遥领,以别驾(长史)总领其事。宋代冀、兖、青、徐、扬、荆、豫、梁、雍等州置,以亲王为之,不赴任,或用为宗室追赠。明清则为知州的别称。(2)明末李自成农民政权设。崇祯十六年(1643)李自成军在襄阳,改原知州为州牧,其职掌仍因袭明代。

州判 官名。清代知州之佐贰官。从七品。与州同分掌督粮、捕盗、海防、水利诸事。全国设直隶州州判三十五人,属州州判三十五人,管河州判十三人。

州史 官名。春秋战国时置,掌一州之文书。《礼记·内则》:“宰告闾史,闾史书为二,其一藏诸闾府,其一献诸州史。州史献诸州伯,州伯命藏诸州府。”

州司马 ❶州衙佐官,位长史下,同掌统州衙僚属,纲纪众务。唐高宗改州治中置,上州从五品下,中州正六品下,下州从六品上。显庆二年(657),洛州置。大足元年(701)东都、北都、雍、荆、扬、益州分左、右置,各一人,中宗省,玄宗改少尹,置二人,从四品下。太极元年(712)四大都督府增置一人,分左、右,玄宗改二人,不分左、右,中唐以后常为节度使行军司马。余州司马,多无实任,用为安置贬谪京官。❷清代州同的别称。

州同 官名。清代各州副职。明代称州同知,清改称州同,以别于各府同知。各州无定额,从六品,与州判分掌督粮、捕盗、海防、水利诸事。全国直隶州共置二十人,例以举人除授;散州共置三十二人,例以兵马司副指挥、京县丞、京府经历等升任。

州统 北朝僧官。北魏诸州置,为沙门曹长官,掌本州僧尼事务。

州望 官名。又名州重。南朝梁置,掌举荐本州人才。《梁书·武帝纪中》:天监七年(508)“诏于州、郡、县置州望、郡宗、乡豪各一人,专掌搜荐”。

州县 本周畿内州邑,西汉置县。治今河南温县东北武德镇。属河内郡。东魏天平初为武德郡治,隋开皇十八年(598)改为邢丘县,大业初改为安昌县。

州乡侯国 西汉元朔三年(前126)封河间献王子刘禁置。治今河北河间市东北。初属广阳郡,后改属涿郡。东汉废。

州学 学校名。古代设于州的地方官办学校。南北朝后期已有州学。隋文帝废州学,炀帝复置。旋罢州置郡,遂改名郡学。唐代诸州均置,学生上州六十人,中州五十人,下州四十人,由该州长官选拔。每年十一月,诸州送毕业生员往尚书省参加科举考试。开元七年(719),玄宗下令从州县学中选拔若干生员入四门学为俊士。宋代各州均置,各设教授二人。崇宁三年(1104),罢州郡解试和省试,取士皆由学校按三舍法升贡,县学上舍升州学外舍,州学上舍贡入辟雍。宣和三年(1121)罢州县学三舍法。辽代州学设教授、助教掌教学事。金大定二十九年(1189),于原有府学十七处外,置节镇、防御州学六十处,增养千人,各设教授一员,以提举学校官主之。元代的州学,上、中州设教授一员,下州设学正一员,掌教授儒家经典。生徒肄业期满,经地方官推荐,并经考核,或用为教官,或取为吏属。明洪武二年(1369)亦置,设学正一员,训导三员,定生员为三十人。凡经童生试合格者方可入学。宣德中定制,州学增加三十人,称增广生员。生员经岁考、科考合格,方许赴乡试。清沿置,设学正、训导各一员。入学名额初定为三十人,后屡有增广。其余一依明制。元以后,与府学、县学并称为儒学。

州役 宋州府职役,即州府衙门公吏的总称。吏人从都孔目官到粮料押司官有十级,叫做“职级”,以下有手分、贴司等,掌文职行案事务。以所掌职务分有客司(掌招待宾客)、通引官(掌接引传达)、书表司(掌书写文件)、法司(掌司法事务)、攒司、帐司(掌攒造帐册)、开拆司(掌收发文件)等等。公人有衙前、专副、祗候典、散从官、院虞候、杂职、仓、库、斗、秤、拣、掐子、拦头等等,执行具体事务。

州于 即“吴王僚”。

州吁(? —前719) 春秋时卫国人。卫庄公之子。为庄公爱妾所生,受庄公之宠而好武。与石厚同游。卫桓公十六年(前719),他杀桓公自立,听大夫石碏计使陈,被陈桓公拘留,为卫右宰丑所杀。

州院 官署名。宋代各州有州院,与司理院同掌刑狱,以录事参军主管。若州升为府则称府院。

州长 官名。(1)周代州的最高行政长官。《管子·立政》:“分国以为五乡,乡为之师。分乡为五州,州为之长。”一说即州伯,为二百一十国之长。《礼记·王制》:天子于“千里之外设方伯。二百一十国以为州,州有州伯”。孔颖达疏:“州伯则州长也。”(2)《周礼》地官之属,乡大夫属官,中大夫爵。掌一州政教法令。(3)新莽天凤元年(14)置,六郊州长各一人,人主五县。(4)西魏、北周州长上士、州长中士的简称。

州长史 官名。州衙佐官,与州司马同掌统州衙僚属,纲纪众务。唐初改州别驾置,上州从五品上,中州正六品上,下州正六品下。西都、东都、北都置牧,以亲王遥领,则长史总知其事。开元初,雍州、洛州、并州改为府,升长史为尹,从三品,专总府事。扬、益、并、荆四州为大都督府,亦置一人,从三品,中唐以后例兼本镇节度使。余州长史,多无实任,用为安置贬谪大臣。

州志 记载一州事迹的方志。明胡松撰《滁州志》、谢少南撰《嘉靖全州志》,是较有名的州志。

州中正 官名。三国魏齐王曹芳时始置,全称为“州都大中正”,掌一州之人物品第,以为吏部铨选之根据,并有委任州主簿及从事之权。魏晋时州一级中正皆可称州大中正或省称州中正、大中正、州都、都士等,南北朝时则常特称小州之中正为州中正。冠“大”字者则为大州之中正。

州重 又名州望。见“贡举”。

周 ❶部落名。始祖后稷,原居邰(今陕西武功西南),传至公刘,迁豳(今陕西彬县)。古公亶父时,定居于周原,部族日臻强盛,周遂成为其部落名。周文王时迁都于丰。❷朝代名。公元前十一世纪周武王灭商后建立。建都于镐(今陕西长安沣河以东)。公元前771年申侯联合犬戎攻杀周幽王。次年周平王东迁到洛邑(今河南洛阳)。历史上称平王东迁以前为西周,以后为东周。东周又可分为春秋和战国两个时期。前256年为秦所灭。共历三十四王,八百多年。❸即“北周”。❹天授元年(690),武则天代唐所建国号,至神龙元年(705),凡十六年。亦称武周,以洛阳为神都。❺即“后周”。❻元至正十四年(1354),张士诚在高邮(今属江苏)所建国号。十六年,定都平江(今江苏苏州),改平江为隆平府,据湖州(今属浙江)、常州、松江诸路。次年秋降元。凡四年。❼吴三桂所建国号。清康熙十二年(1673),吴三桂叛清,称天下都招讨兵马大元帅,以明年为周王元年。十七年于湖南衡州(今衡阳)称帝,国号周。旋病卒,孙世璠即位,二十年为清所灭。

周哀王(?—前441) 战国时周王。名去疾。周定王长子。周定王二十八年(前441)死,他继立,立三月,为其弟叔所袭杀。

周安(?—1365) 元江西永新人。至正十二年(1352),参加天完红巾军,从欧普祥攻克袁州(今江西宜春)。不久,还据永新,屡与元兵战。十六年,发兵万余攻吉安,为元兵所败。二十一年冬,合陈友谅部将安福饶鼎丞、吉安孙本立等攻兴国、东乡。次年,孙本立降朱元璋,遂与饶鼎丞联兵攻孙本立,所过残荡。二十四年,降附朱元璋,仍守永新。次年叛朱元璋,为朱元璋部将汤和击败。后永新破,被执送应天(今江苏南京)处死。

周安堡 在今广西忻城县南周安,地当八寨之中。参见“八寨”。

周安王(?—前376) 战国时周王。名骄。公元前401—前376年在位。周威烈王子。安王十六年(前386)承认齐田和为诸侯。

周昂(?—1211) 金真定(今河北正定)人,字德卿。年二十四中进士,任南和县主簿、良乡县令。拜监察御史,以诗涉谤讪罪谪东海上十余年。后以边功召为三司官。大安三年(1211)蒙古南攻,权行六部员外郎,从参知政事完颜承裕行省事备边。会河堡战败,走易州(今河北易县),城陷,与侄嗣明同死于难。有《常山集》,已佚。

周邦彦(1056—1121) 北宋钱塘(今浙江杭州)人,字美成。元丰初,为太学生,以献《汴都赋》,得神宗赏识,命为太学正。后任庐州(今安徽合肥)教授、溧水县令。绍圣初,历国子主簿、校书郎。徽宗时,提举大晟府,专事谱制乐曲。不久,知顺昌府,又徙处州。卒于南京(今河南商丘南)。精音律,工词,为北宋婉约派大家,对词的审订整理多有贡献。著有《片玉词》。

周宝(814—887) 唐平州卢龙(今属河北)人,字上珪。会昌时被选补宿卫,以善击毬为神策军军将。相传其毬艺击拂之妙,天下知名。后为泾原节度使,号为良将。乾符六年(879)移镇海节度使。中和二年(882),进同中书门下平章事,兼天下租庸副使,封汝南郡王。晚年子、婿用事,军纪废弛,征敛繁重。后因部将刘浩、刁顒、薛朗叛,出奔至常州,为钱镠所杀。

周本(862—938) 五代时舒州宿松(今属安徽)人。三国吴将周瑜之后。少孤贫,勇武有力。隶杨行密帐下为牙将,战功卓著。累迁淮南马步军使。吴天祐六年(909),抚州刺史危全讽攻洪州,他奉命率军往援,擒全讽,取袁、吉、饶、信四州,定江西之地。改德胜军节度使,加中书令,封西平王。吴末,徐知诰(李昪)将废吴禅代,他竭力抵制。后被迫随众至建康劝进,愧恨而卒。

周必大(1126—1204) 南宋吉州庐陵(今江西吉安)人,字子充,又字弘道,自号平园老叟。绍兴进士,授徽州司户参军。孝宗即位,除起居郎,迁权中书舍人。权给事中,缴驳不避权幸。任枢密使,创诸军点试法,整肃军政。淳熙十四年(1187),拜右丞相,进左丞相。光宗时,封益国公。后遭谏官何澹弹劾,出判潭州。宁宗初,以少傅致仕。工文词,著有《省斋集》、《平园集》、《玉堂类稿》、《玉堂杂记》等八十一种,后人汇为《周益国文忠公全集》。

周髀算经 书名。中国古代数学、天文学著作。《隋书·经籍志》著录为《周髀》一卷,赵婴注。宋本题汉赵君卿撰。成书年代当不迟于西汉。髀即股,在周地立八尺之表为股。表影为勾,故称《周髀》。书中利用勾股定理和开平方等方法及分数乘除计算天文题。在天文方面,主要阐述“盖天说”。

周秉礼(?—1890) 清湖北汉阳(今武汉)人。咸丰四年(1854)以县学生参加胡林翼楚军,次年奖训导。同治二年(1863)起先后主持福建按察使张运兰营务处、湖北巡抚曾国荃部坚字营营务处、陕西布政使蒋凝学湘楚军营务处,参与镇压太平军、捻军。九年升知州留山东补用。光绪二年(1876)以直隶州知州用。所至兴蚕桑,赈灾荒,治水利。

周伯 书名。战国齐人撰。姓名不详。《汉书·艺文志》著录十一篇,列于阴阳家。《隋书·经籍志》已不载。久佚。

周伯琦(1298—1369) 元饶州鄱阳(今江西波阳)人,字伯温,号坚白居士。翰林待制周应拯子。博学能文,擅长书法。顺帝至元元年(1335),任翰林国史院编修官,预修泰定帝、宁宗实录。至正元年(1341),任授经郎,兼经筵译文官,教授皇亲勋贵。五年,任广东道肃政廉访司事。累官监察御史。十七年,招谕张士诚,留平江(今江苏苏州)。张士诚亡,还乡。有《近光集》。

周伯颜(?—1353) 元末天完红巾军将领。至正十二年(1352)六月,率兵攻克道州(今湖南道县)。八月,克全州。次年十月,道州为元广西元帅甄崇福攻破,被杀。

周勃(?—前 169) 秦末泗水沛(今属江苏)人。早年以织薄曲为生。秦二世元年(前 209)随刘邦起义,为中涓。在反秦斗争和楚汉战争中功勋卓著。初赐爵为威武侯,刘邦称帝后定封绛侯。从高祖平定韩王信、陈豨和卢绾的叛乱。历任太尉、相国。为人重厚少文,高祖以为可属大事,曾称"安刘氏天下者必勃也"。高祖死,以列侯事惠帝。复任太尉。后与丞相陈平合谋诛灭诸吕,迎立文帝。为右丞相,因惧功高招祸,又不谙政事,故称病辞职。陈平死,复为丞相,旋免相就国。岁余,被人诬告谋反,下狱,后获赦免。

周昌(?—前 192) 秦末泗水沛(今属江苏)人。初为泗水卒史。后与从兄苛随刘邦起兵,为职志,从入关破秦。拜中尉,迁御史大夫,常从击项羽。汉高帝六年(前 201)封汾阳侯。为人倔强,敢直言。高祖欲废太子,赖其力争而罢。后高祖为保全戚姬及子赵王如意,徙之为赵相。高祖死,吕后鸩杀赵王。乃称病不朝,三岁而卒。

周常 北宋建州(今福建建瓯)人,字仲修。第进士。著《礼檀弓义》,为王安石、吕惠卿所称,补国子直讲、太常博士。年未五十即致仕。元符初,命其复职,累官起居舍人。以论救邹浩,贬监郴州酒。徽宗立,召为国子祭酒、起居郎。认为熙宁、元祐法度互有得失,不可偏废。主张求治之主不可溺于富贵,蔽于谄谀。官至礼部侍郎。蔡京当权,不能容,出知湖州,不久夺职。卒年六十七。

周朝瑞(?—1625) 明山东临清人,字思永,号衡台。万历进士。授中书舍人,累迁太仆少卿。因与杨涟友善,天启五年(1625),为阉党诬以妄议移宫及受熊廷弼贿等罪,被逮下狱死。

周臣 明苏州吴县(今江苏苏州)人,字舜卿,号东邨。善绘山水,兼画人物,运墨以工整见长。仇英曾从之学画。

周忱(1381—1453) 明江西吉水人,字恂如,号双崖。永乐进士。自请进学文渊阁,预修《永乐大典》等。历刑部主事、员外郎、越府长史。宣德五年(1430)以大学士杨士奇、杨荣荐,升工部右侍郎,巡抚江南诸府,总督税粮。创平米法,令大户亦出耗米。革粮长收粮之弊,令纳户于各县所置囤支纳税粮。以漕粮民运误农,改*兑运。并与知府况钟等奏免重租官田粮额。余如赈灾救荒,兴修水利,政绩卓著。在江南二十二年,两税未尝负欠,以善理财赋著称。景泰二年(1451)以工部尚书致仕,民立生祠祀之。卒谥文襄。著有《双崖集》。

周成王 西周王。姬姓,名诵,或作庸。周武王之子。继位时年幼,由武王弟周公旦摄政。管叔、蔡叔疑周公欲篡王位,与武庚联合作乱。周公率军东征,经三年,诛武庚、管叔,流放蔡叔,又东伐淮夷及奄,命召公奭于洛邑建东都(今河南洛阳),以镇抚东方,并安置殷遗民。周公摄政七年后还政。

周承休国 西汉初元五年(前 44)置。治今河南汝州市东北。属颍川郡。《汉书·元帝纪》:初元五年,"以周子南召为周承休侯,位次诸侯王";《成帝纪》:绥和元年(前 8),进"周承休侯为公";《平帝纪》:元始四年(4),改"周承休公曰郑公",皆即此。东汉建武十三年(37)废。一说元始二年(当作四年)改为"邥公",非"郑公"。见《后汉书·袁绍传》注。

周墀(793—851) 唐汝南(今河南汝南西)人,字德升。长庆进士。辟湖南团练府巡官,入为监察御史、集贤殿学士、起居舍人。开成二年(837),知制诰,充翰林学士。四年,迁中书舍人。武宗即位,出为华州刺史,后迁江西观察使,镇抚地方。大中元年(847),以兵部侍郎判度支。二年,进同平章事,兼修国史。次年,以议经略河湟事忤旨,罢为剑南东川节度使。

周处(约 236—297) 西晋吴兴阳羡(今江苏宜兴)人,字子隐。鲂子。少孤,膂力超人,好田猎,为患州里。传说当时郡人以南山虎、长桥蛟及周处为三害。察觉后,杀虎斩蛟,并改过自新,遂除三害。励志好学,州郡交辟,仕吴为东观左丞,转无难督。入晋,任新平、广汉太守,皆有政绩。历楚国内史,入为散骑常侍。迁御史中丞,纠劾不避宠戚,梁王司马彤违法,深文案之。元康六年(296),因氐帅齐万年称帝于关中,聚众数十万。乃以为建威将军,隶夏侯骏西援梁王彤。彤、骏与之有宿怨,遂逼其以少击众,并绝其援。次年,于六陌(今陕西乾县西北)力战死。著有《默语》、《风土记》、《吴书》,均佚。

周楚(?—371) 东晋汝南安成(今河南汝南东南)人,字元孙。起家参征西军事,随父抚入蜀,拜鹰扬将军、犍为太守。父卒,监梁、益二州,袭爵建城公。兴宁三年(365)梁州刺史司马勋反,围之于成都,与鹰扬将军朱序救之。进冠军将军。太和五年(370),蜀人李金银、广汉李弘并起,聚众万余。又陇西李高诈称成主李雄子,破涪城。乃遣子琼讨高、孙虓讨弘,皆击平。

周春 清广东番禺人,又名亚春、培春、春之,绰号"豆皮春"。广东天地会首领。参加过三元里抗英斗争。咸丰四年(1854)天地会在广东起义,他聚众响应,自称大都督,与李文茂等围攻广州,未果,率部入赣,加入太平军。六年任指挥,后升总制,随石达开出走。九年冬离石返京,隶李世贤部,后封怀王。天京(今南京)陷后,与李世贤、汪海洋转战闽粤,后不详。

周春秋 书名。记周朝史事。见《墨子·明鬼下》。

周琮 宋人。曾任殿中丞、司天监历官等职。皇祐初年奉诏与于渊、舒易简等人改制黄道浑仪、漏刻和圭表。又在皇祐元年(1049)至五年间,测定恒星位置,包括三百四十五个星官距星的入宿、去极度,其观测结果编入王安礼修定的《灵台秘苑》中。用新仪测候与唐一行尤异。治平元年(1064)英宗即位,奉诏造《明天历》。次年颁行。行用仅三年,但对历代历法有较好的总结。

周达(1878—?) 清浙江建德(今建德西南)人,字美权。喜研数学,早期著有《垛积循环小数》等十余种。后与张剑虹等研讨西方数学,并于光绪二十八年(1902)和三十年两次东渡,与日本数学家长泽、上野诸氏研究日本与西方数学,是以传统方式研究中国数学向近现代数学过渡的代表人物,并为中国最早的现代数学团体之一——扬州知新算社创始人。著有《调查日本算学记》、《巴氏累圆奇题解》和《圆理奇侅》、《周美权算学十种》等。

周达观 元永嘉(今浙江温州)人,自号草庭逸民。元贞元年(1295)随元使赴真腊访问,至大德元年(1297)返国。撰有《真腊风土记》一卷。

周党 东汉初太原广武(今山西代县西南)人,字伯况。曾散千金家产,免遣奴婢,至长安游学。王莽称帝,托疾家居。东汉建武中,征为议郎。以病去职,隐居著书而终。

周道登(?—1633) 明苏州吴江(今属江苏)人,字文岸。万历进士。官至少詹事。天启初任礼部左侍郎,为避党争称病归。五年(1625)廷推为礼部尚书,被魏忠贤削籍。崇祯初复入阁,后以袒护王在晋遭劾,遂致仕。

周德清 元高安(今属江西)人,号挺斋。工乐府,善音律。泰定元年(1324)著《中原音韵》一书,以为词曲之定格。时称"天下之正音"。

周德润(?—1892) 清广西临桂人。同治进士,选庶吉士,散馆授编修。光绪五年(1879)崇厚与沙俄擅订《里瓦几亚条约》,他奏请另遣使臣更约,被采纳。次年署日讲起居注官。九年授内阁学士兼礼部侍郎衔。时法国侵略越南,力主援越抗法。命在总理衙门行走。不久因反对中法议和被罢职。十一年奉命赴云南会办中越勘界事宜。回京后署工部右侍郎,补刑部右侍郎。十四年提督顺天学政。十八年管理户部三库事务。

周德威(?—919) 五代时朔州马邑(今山西朔州东北)人,字镇远,小字阳五。以勇敢多谋闻名。初为晋王李克用骑将,以功迁衙内指挥使。李克用、李存勖父子与后梁交争数十年,屡立战功,拜振武节度使、同中书门下平章事。开平四年(910),后梁攻镇冀节帅王镕,他受命增援,诱敌出营,以少胜多,大败梁军。又出兵击破已称燕帝的刘守光,下涿州(今属河北)、幽州(今北京西南),以功拜卢龙军节度使。贞明四年(918)底,胡柳陂(今山东鄄城西南),兵败被杀。之役,因存勖轻敌怠战,兵败,他力战阵亡。

周德兴(?—1392) 明濠州(今安徽凤阳)人。与朱元璋同里,自幼相好。从元璋起义,历左翼大元帅、湖广行省左丞。洪武三年(1370)封江夏侯。用兵四川、广西,功出诸将上,署中立府,行大都督府事。理湖广、福建军务;军事设置,多具规划。二十五年,因子骥乱宫被杀。

周迪(?—565) 南朝陈临川南城(今江西南城东南)人。少居山谷,以射猎为生。侯景乱梁,从宗人周续起兵。续死,被推为主,遂据有临川。以助周文育讨广州刺史萧勃有功,迁江州刺史。陈初,平梁湘州刺史王琳之叛,以功加平南将军,开府仪同三司。文帝时,又与周敷、黄法氍等共破豫章太守熊昙朗。后举兵反陈,为都督程灵洗所败,逃入山中,寻被临川太守骆牙诱杀。

周地图记 书名。作者不详,或说北周宇文护撰。一百零九卷(一作九十卷、一百三十卷)。记述北周政区沿革、山川道里、地名缘由、事件、传说、古迹等。已佚。清王谟有辑本,收入《汉唐地理书钞》。《元和郡县志》、《太平御览》、《太平寰宇记》均有引文。

周定王 ❶(?—前586)东周周王。名瑜。公元前606—前586年在位。周匡王之弟。即位元年,楚庄王伐陆浑之戎,至洛水,观兵周郊。他命大夫王孙满慰劳楚王。楚庄王问周鼎之大小轻重,王孙满答以"周德虽衰,天命未改,鼎之轻重,未可问也"(《左传·宣公三年》)。❷(?—前441)战国时周王。又称贞定王。名介。公元前468—前441年在位。周元王之子。定王十六年(前453)晋国魏、赵、韩三卿共灭知氏,三分其地,事实上成为诸侯,周王室无力禁止。他死后,诸子争立,周王室愈益衰微。❸即"朱棣"。

周敦颐(1017—1073) 北宋道州营道(今湖南道县)人,原名惇实,避英宗旧讳改,字茂叔。历任南安军司理参军、虔州通判等。熙宁初,知郴州。四年(1071)移知南康军。次年,定居庐山,筑堂于麓。堂前有溪,源于莲花峰下,取营道故居濂溪名之。世称"濂溪先生"。嘉定中谥"元"。程颢、程颐少时尝受其业。善谈名理,深于《易》学,于阐发心性义理之精微,有开创之功,为宋代理学之开创者。主要著作有《太极图·易说》、《易通》、《爱莲说》等。《易说》阐述"无极而太极"之宇宙生成论,深受道家"有生于无"之思想影响。《易通》与《易说》互为表里,"大抵推一理、二气、五行之分合","决道义、文辞、利禄之取舍"(《晦庵先生文集》卷八十一),而又重在阐发思、孟关于"诚"之学说。晚年慕佛。其《爱莲说》以佛典《华严经探玄记》之"莲华"比喻人性,将佛性移植于人性,深受佛教"因缘"说之影响。《四库全书总目提要》著录其书为《周元公集》,《清麓丛书》编为《周子全书》。

周娥皇(936—964) 五代时广陵(今江苏扬州)人,一作秣陵(今江苏江宁)人。南唐大司徒周宗之女。十九岁为太子李煜妃。通书史,善音律,尤工琵琶。元宗李璟赞赏其弹奏技艺,赐以御用琵琶。后主(煜)即位,册为国后。得盛唐霓裳羽衣曲残谱,去其淫淫讹谬,繁手新音,清越可听。又作《邀醉舞破》,行于时。因子年幼暴卒,哀痛而亡。后主亲撰诔文,并谥昭惠。

周法 书名。撰者不详。《汉书·艺文志》著录九篇,列于儒家,并谓内容系"法天地,立百官"。章学诚《校雠通义》谓为官礼之遗。久佚。梁启超《汉书艺文志诸子考略》谓该书可能是战国秦汉间儒者述周代制度之书。

周法尚(556—614) 隋汝南安成(今河南汝南东南)人,字德迈。好读兵书。初仕陈,任散骑常侍。归北周,任顺州刺史。入隋,任巴州刺史,迁衡、黄州总管,并奉命刺探江南军情,参与攻陈,屡立战功。开皇十年(590),为桂州总管,兼岭南安抚大使。十七年,攻杀桂林俚帅李光仕。炀帝时,累迁云州刺史、定襄太守、左武卫将军。从攻吐谷浑。出为敦煌、会宁太守。大业九年(613),从宇文述等破杨玄感军。后卒于沧海军中。

周方 殷墟卜辞中对周的称呼,也称周。《殷墟书契续编》五卷第二页第二片:"已卯卜 贞,令多子族从犬侯戣周,叶王事,五月"等辞表明,武丁时周常与商交战。《殷墟文字乙编》第三十四、五十二片"周入",则为周入贡的记载。有时贡入女子,如《殷墟文字乙编》第七千三百十二片"丁巳卜 贞,周氏嫀。"周原出土周文王时代的甲骨文中出现了"周方伯"。

周方伯 即"周文王"。

周防 东汉汝南汝阳(今河南商水西北)人,字伟公。年十六为郡小吏。光武帝巡狩汝南,召掾史试经,以能诵读,拜为守丞,因年少请去。后师事盖豫,受《古文尚书》。又举孝廉,拜郎中。撰《尚书杂记》三十二篇,四十万言。太尉张禹荐补博士,稍迁陈留太守,坐法免。年七十八卒。

周鲂(?—约238) 三国时吴郡阳羡(今江苏宜兴南)人,字子鱼。东汉末举孝廉,为吴宁国长。平定钱唐大帅彭式,迁丹阳西部都尉。吴黄武中,任为鄱阳太守,击平鄱阳大帅彭绮之乱,加昭义校尉。黄武七年(228),向魏扬州牧曹休伪降,促休出兵接应。即随大都督陆逊大败休军步骑十万于石亭(在今安徽怀宁、桐城间)。加裨将军,赐爵关内侯。子处,入晋为御史中丞。

周访(260—320) 晋汝南安成(今河南汝南东南)人,字士达。其先迁居江南已三世,吴亡后,因家庐江寻阳。琅邪王司马睿渡江,参镇东府军事。先后参与讨平华轶、杜弢、杜曾等,历任振武将军、寻阳太守、龙骧将军、豫章太守、安南将军、梁州刺史。大将军王敦以其勋业隆重,深忌之,违诺不使领荆州。于是在襄阳务农训卒,守宰有缺,先补后报,敦不能制。知敦有反心,常切齿。敦亦惮之,不敢妄动。

周昉 唐长安(今陕西西安)人,字景玄,一字仲朗。世家出身。官宣州长史,亦称周长史。善画释道以及仕女等贵族人物肖像。初师张萱,后有发展。显名于中晚唐。所画人物颇具风姿,衣裳劲简,彩色柔丽。德宗时,画章敬寺神像,精妙称当时第一。其画仕女,体态丰腴健美,古今冠绝,时称为周家样。所画观音菩萨,妙创水月体。曾为郭子仪婿画相,不仅形貌极似,兼得其神气及性情言笑之姿态。存世作品传为真迹者有《挥扇仕女图》,今藏故宫博物院,《簪花仕女图》,藏辽宁省博物馆,《调琴啜茗图》,藏美国纳尔逊美术馆。

周敷(530—564) 南朝陈临川南城(今江西南城东南)人,字仲远。为郡中豪族。侯景乱梁时,乡人周续以讨景为名聚合徒众。后众推周迪为主,迪倚敷族望,深求交结,遂渐有兵众。陈初,任宁州刺史。时原梁湘州刺史王琳据长江中游,新吴洞主余孝顷与琳党李孝钦等共围迪,乃助迪擒之。豫章太守熊昙朗叛杀镇南将军周文育,将兵袭敷,亦为敷所败。除豫章太守。及周迪反,率众从都督吴明彻讨迪,大败之,迁南豫州刺史。迪收合余众,还袭东兴(今江西南城东南),复从都督章昭达讨之。后为迪诱杀。

周福 东汉甘陵(今河北临清东北)人,字仲进。桓帝为蠡吾侯时曾师事之,及即帝位,乃擢为尚书。时有"因师获印周仲进"之谚。与同郡房植各树朋党,互相倾轧。党人之议自此始。

周抚 ❶(?—365)晋汝南安成(今河南汝南东南)人,字道和。周访子。任鹰扬将军、武昌太守。大将军王敦任为督沔北诸军事、南中郎将。与邓岳从敦反晋,敦败,奔西阳蛮王向蚕。会赦,始归,仍遭禁锢。咸和初,司徒王导任为从事中郎,出任宁远将军、江夏相。从江州刺史温峤讨平苏峻,再迁监沔北军事、南中郎将,镇襄阳。为石勒部将所败,免官。后任益州刺史,永和二年(346),督梁州四郡军事,屡破蜀将,平定益州。后进镇西将军,在州三十余年卒。❷(?—319)晋沛国(治今安徽濉溪西北)人,一名坚。任彭城内史。西晋末,与沛国内史周默各结坞堡,以抄掠为事。后因默降祖逖,遂袭杀默,以彭城、沛郡降石勒。太兴二年(319),与晋下邳内史刘遐、徐州刺史蔡豹、泰山太守徐龛战于寒山,兵败被杀。

周馥(?—311) ❶西晋汝南安成(今河南汝南东南)人,字祖宣。起家为诸王文学,迁司徒左曹掾,以主定九品,褒贬允当,累迁吏部郎、御史中丞、侍中,拜徐州刺史,征为廷尉。惠帝时,出为平东将军、都督扬州诸军事。与议郎周玘等讨陈敏。时东海王司马越专权,他屡言必正朝纲,越深惮之。又睹洛阳孤危,上书请迁都寿春(今安徽寿县),越怒其不先白己。淮南太守裴硕称受越密旨,出兵袭之。琅邪王司马睿亦应越之请,遣甘卓攻之,遂溃败,弃寿春奔项(今河南沈丘),被拘,忧愤病卒。❷(1837—1921)清末安徽建德(今东至)人,幼名玉成,又名宗培,后改名馥,字玉山,别字兰溪。初入李鸿章幕,累保道员。清光绪七年(1881)任津海关道,办洋务三十余年,先后参与组建北洋海军,设立电报局、开平煤矿及唐胥铁路等。十四年迁直隶按察使。甲午战争时,任职前敌营务处。二十五年任四川布政使,次年调直隶,协助李鸿章议和和处理教案。李死后一度署直隶总督,兼北洋通商大臣。二十八年任山东巡抚,留京与外国侵略者交涉撤销天津都统衙门等事宜。后任两江、两广总督。三十三年告老归。1917年张勋复辟时授协办大学士。后隐居青岛。谥悫慎。著作辑为《周悫慎公全集》。

周公 西周初人,姬姓,名旦,亦称文公、叔旦。周武王弟,与吕尚同为西周开国元勋。以鲁公封于曲阜,留朝执政,长子伯禽就封。武王卒,成王幼,摄政。管叔、蔡叔、霍叔等不服,联合殷贵族武庚和东夷反叛。他率师东征,平定叛乱,灭奄(今山东曲阜东)后大举分封诸侯,营建成周洛邑(今河南洛阳)。又制礼作乐,为西周典章制度的主要创制者,主张“明德慎罚”,以“礼”治国,奠定了“成康之治”的基础。言论见于《尚书》之《大诰》、《康诰》、《多士》、《无逸》、《立政》诸篇。

周公测景台 古代天文建筑遗迹。在今河南登封告成镇周公祠前。据清乾隆二十年(1755)碑文记载,本为东周所建的天文建筑,今已不存,但尚保存有唐南宫说于开元十一年(723)立的石表一座,表阳面刻有“周公测景台”五字。《周礼·地官·大司徒》“日至之景,尺有五寸,谓之地中”。郑玄注引郑司农云:“土圭之长尺有五寸,以夏至之日,立八尺之表,其景适与土圭等,谓之地中,今颍川阳城地为然。”贾公彦疏:“周公摄政四年,欲求土中,而营王城,故以土圭度日景之法测度也。”经测量整个石圭,“表”高1.64米,广0.45米,厚0.21米,其上石帽高0.34米,与“表”共1.98米。石座为不等边梯形,高1.98米,其斜面长为南面2.04米,北面2.00米;东、西两面都为2.03米。上广,东西都为0.89米,南、北都为0.88米;下广,南为1.90米,北为1.8米,东、西都为1.70米。如换成开元尺,可证明当时立“表”确为八尺,景为尺有五寸。唐立石“表”是在周公测景台遗址上兴建的。从其尺度来看,可知夏至日中表影正齐石座上面北限,石座北斜面上无影。当地人因而称之为“无影台”。

周公窑 明后期江西景德镇著名瓷窑之一。隆庆、万历年间,有苏州人周丹泉者,善烧造瓷器。后至景德镇,成为烧瓷能手。善于仿烧古瓷器,所仿宋定窑瓷器,几可乱真,故人称其窑为周公窑。

周恭王 恭或作共。西周王。姬姓,名繄扈,或作伊扈。穆王之子。停止昭王、穆王四方征伐政策,明法息民。史称他能改正昭、穆过失(《国语·鲁语下》)。

周观政 明浙江山阴(今绍兴)人。洪武时以荐举授九江教授。擢监察御史,以敢言著称。监奉天门时,有中使领女乐入,力止之,太祖称是。官至江西按察使。

周官 ❶《尚书》篇名。《书·周官·序》:“成王既黜殷命、灭淮夷,还归在丰作《周官》。”记述周王朝官职设置及成王的训诫。❷即“周礼”。

周官新义 书名。北宋王安石撰。二十二卷。不拘章句名数,提倡为天下“安危治乱”而治经之新学风,开宋儒义理之学先河。以《周官》为新法之依据,附会《周官》经义,提出理财、整军等改革主张,为变法革新提供理论依据。原书已佚。《永乐大典》有《周官义》辑佚本,缺地官、夏官。清修《四库全书》又将该书抄出,分为十六卷,附《考工记解》二卷。收入《经苑》。

周光 晋汝南安成(今河南汝南东南)人。周访次子。年十一,大将军王敦任为宁远将军、寻阳太守。太宁二年(324),率千人应王敦之叛。既至,敦已死。乃劝其兄抚勿与敦党钱凤作贼。及凤走阖庐洲(在今江苏南京江中),遂斩之,诣阙赎罪,故得不废。苏峻反,随江州刺史温峤力战有功。卒于官。

周汉(1843—1910) 清湖南宁乡人,字铁真。咸丰十年(1860)以诸生投军旅。光绪八年(1882)起在刘锦棠军中帮办营务,后保荐至陕西补用道。十年受刘锦棠嘱托至长沙参与集资刻印善书事业。愤洋人在内地日益强横,自十六年至二十四年主持撰刻反教文件多达三十三种,在两湖和长江流域广为流传,尤以《鬼教该死》、《灭鬼歌》、《禀天主邪教》等篇最著名。十八年湖广总督张之洞屈从外国压力,将其暂行革职,交地方官严加管束。迨至中日甲午战败,再度广泛散发揭帖,号召湖南绅民共同驱逐洋寇,反对耶稣教会。二十四年重被监禁,直至宣统二年(1910)病重,被接回籍。

周翰林近光集 即“近光集”。

周沆(999—1067) 北宋青州益都(今山东青州)人,字子真。天圣进士。历知州县,为开封府推官。庆历中,击降“湖南蛮”唐和、盘知谅等。皇祐中,侬智高乱平,除广西安抚使。擢陕西、河北都转运使,徙河东转运使,迁龙图阁直学士、知庆州。英宗时,进枢密直学士,知成德军。以户部侍郎致仕。

周鹤芝 明末清初福建福清人,字九玄,号九京。初为海盗,后就抚。南明隆武帝加水军都督,副黄斌卿镇守舟山。旋以斌卿残暴不仁,乃入闽,加平海将军。隆武二年(顺治三年,1646),清兵入闽,曾力谏郑芝龙勿降清。鲁监国三年(顺治五年,1648)鲁监国封为平夷侯,率水师于浙江沿海抗清。后不知所终。

周恒祺(?—1882) 清湖北黄陂人,字子维,号福皆。咸丰进士。累迁山东督粮道、广东按察使、福建布政使、直隶布政使。光绪五年(1879)授山东巡抚。七年擢漕运总督。次年病免。

周弘让 南朝陈汝南安成(今河南汝南东南)人。周弘正弟。始仕不得志,隐于句容(今属江苏)之茅山,频征不出。侯景乱梁,被任为中书侍郎,为时人所讥。承圣初为国子祭酒,迁仁威将军。自题句容居处为“仁威垒”。陈天嘉初,以白衣领太常卿、光禄大夫。著有集九卷,后集十二卷。

周弘正(496—574) 南朝陈汝南安成(今河南汝南东南)人,字思行。幼孤,为叔父梁侍中周舍所养。十岁通《老子》、《周易》,十五岁召补国子生。起家丹阳尹晋安王主簿。梁普通中,累迁国子博士,居城西士林馆讲授。特善玄言,兼明释典。元帝时官至左户尚书,加散骑常侍,雠校秘府图籍。尝力劝元帝从江陵(今湖北荆州)迁都建康(今江苏南京),未果。入陈,奉文帝命赴长安迎回陈顼(后为陈宣帝)。累官至尚书右仆射、国子祭酒。著有《周易讲疏》、《庄子疏》等。

周怀政(?—1020) 北宋并州(治今山西太原)人。宦官。累迁入内高品。真宗东封泰山,命主修建工程。其后屡监修宫观,官至昭宣使、黄州团练使、入内副都知,权力颇盛。真宗立皇太子,奉命给事东宫,又领皇城司。后真宗病,他潜召杨崇勋、杨怀吉等密谋杀丁谓等人,立仁宗,以真宗为太上皇。为二杨告发,被处死。

周桓王(?—前697) 东周周王。名林。周平王之孙。公元前719—前697年在位。即位初欲削郑庄公权势。桓王五年(前715),任虢公忌父为左卿士,八年,强取郑的鄔、刘、苏、邘四邑之田。十三年,免去郑庄公卿士职权,郑因此不朝觐王室。同年秋,率周师和蔡、卫、陈之师伐郑,战于繻葛(今河南长葛),为郑所败,被射中肩而受伤。

周惠达(?—544) 北朝时章武文安(今河北文安东北)人,字怀文。北魏末随瀛州刺史萧宝寅攻万俟丑奴。出军累年,频战不利。孝昌三年(527),宝寅举兵反,为贺拔岳所败。遂从岳为府祭酒,参预谋议。及平秦州刺史侯莫陈悦,归大都督宇文泰为秦州司马,安辑陇右。从镇华州(治今陕西),以功除中书令,进爵为公。西魏大统四年(538),兼尚书右仆射。宇文泰征东魏,总留守事。西魏初建,与礼官损益旧章,建立仪轨。寻拜仪同三司。后病卒。

周惠王(?—前652) 东周周王。名阆。公元前676—前652年在位。周僖王(一作釐王)之子。惠王二年(前675),被王子颓(庄王庶子)与苏国、边伯、詹父、子禽、祝危五大夫所攻,败之。王子颓奔卫。卫、南燕攻周,立王子颓。次年,郑厉公调和王室冲突无效,乃迎他至郑居栎(今河南禹州)。郑、虢二君攻杀王子颓,迎他复位。十年,遣召伯廖赐齐桓公为侯,命令其伐卫,以讨拥立王子颓之罪。二十二年,他欲以王子带(惠王少子)为嗣,齐桓公会诸侯,会周太子郑于首止(今河南睢县东南),谋定其位。

周纪 书名。一作《周史》。隋牛弘撰。十八卷。已佚。

周季编略 书名。清黄式三撰。九卷。编年体战国史。起于周贞定王元年(前468),终于秦始皇二十六年(前221)。资料采集以《战国策》、《史记》为主,辅以《资治通鉴》、《稽古录》、《吕氏大事记》、《汲冢纪年》、《水经注》诸书。每条下注明出处。对战国二百四十八年间各诸侯国之盛衰存亡,详考其本末,溯其源流。有关苏秦、张仪、公孙衍等的合纵连横之争,以及白起、王翦、蒙恬之攻战等,编录颇详,从中可见周季历史之大略。

周济(1781—1839) 清荆溪(今江苏宜兴)人,字保绪,一字介存,号味斋,晚号止庵。善武术,通兵法。嘉庆进士。初为淮安府学教授,旋去职。年四十七,始专心学术,先成《说文字系》、《韵原》,并辑平日古今体诗词杂文,最后乃成《晋略》十册,则寓以平生经世之学,借史事发挥之。晚复就淮安府学教授,与漕运总督周天爵友善。死后由天爵刊其所撰《晋略》以传世。另有《味隽斋词》、《词辩》,并选有《宋四家词选》。

周祭 商代晚期王室以翌、祭、壹、劦、彡(肜)五种祀典对祖先的一种周而复始的祭祀。周祭先公先王始自上甲微,包括旁系先王,祭祀次序以即位次序为准。周祭先妣始自示壬之配妣庚,直系先公先王的配偶才被祭祀,祭祀次序以所配先王的即位次序为准。到商末,以上述五种祀典轮番祭祀一周需要三十六旬或三十七旬,约相当于一年。

周家禄(1846—1909) 清江苏海门人,字彦升、蕙修,晚自号奥簃老人。同治九年(1870)科举优行贡生,朝考用教职,授江浦县训导,历署丹徒、镇洋、奉贤训导。曾为张之洞、袁世凯幕僚。先后主讲师山书院、白华书塾、湖北武备学堂、南洋公学等。著有《经史诗笺字义疏证》、《三礼字义疏证》、《谷梁传通解》、《三国志校勘记》、《晋书校勘记》、《国朝艺文备志》、《寿恺堂诗文集》等。

周家样 唐周昉画仕女人物,体态丰腴健美,线条劲简,傅色柔丽,被人仿效,世称周家样,与曹仲达的曹家样,张僧繇的张家样,吴道子的吴家样齐称,为南北朝至唐人物画的四种风格,誉为四圣。尤以周家样对后世人物画影响更大。

周嘉谟(1546—1629) 明湖广汉川(今属湖北)人,字明卿。隆庆进士。万历时以右副都御史巡抚云南。后擢兵部侍郎,改督两广军务兼抚广东。四十八年(1620)官至吏部尚书。光宗病危受顾命,辅皇长子即位。天启元年(1621)忤魏忠贤,致仕归。崇祯初复授南京吏部尚书,后卒于官。著有《滇粤奏议》、《披沥疏稿》等。

周简王(?—前572) 东周周王。名夷。公元前585—前572年在位。周定王之子。简王六年(前580),周公楚因旧怨为惠、襄两王族所逼,又与人夫伯舆争政失败,怒而出奔阳樊(今河南洛阳东北)。他命刘康公前去劝阻,两人盟于鄄(王畿内地名)。回王都三日后周公楚又奔晋。同年晋郤至与周争温邑(今河南武陟西南)的鄇田。他命刘康公、单襄公赴晋诉讼。两公申明该地原是"王官之地",郤至乃罢。

周姜 即"太姜"。

周佼 战国时西周国人。因使西周与秦建立友好关系而受封于梗阳(今山西清徐)。见《战国策·韩策三》。

周经(1440—1510) 明山西阳曲人,字伯常,号松露。天顺进士,选庶吉士,授检讨。弘治二年(1489)擢礼部右侍郎。倡毁黄村尼寺,以挫中官修寺;又以土鲁番贡狮不由故道,却之。九年官至户部尚书,力主轻徭赋。武宗时改礼部,刚介方正,好强谏,虽忤宦官贵戚亦不馁。十三年致仕。

周景王(?—前520) 东周周王。名贵。公元前544—前520年在位。周灵王之子。周室自顷王以来,公卿争政,周王不能制止,只求诸侯为之和合。即位后,为葬灵王,诸侯多推委不赴周送葬,唯郑国上卿子展派年幼的印段前往。王室威望更加下降。

周敬王(?—前476) 东周周王。名丐(一作匄)。公元前519—前474年在位。周景王之子。景王死,王子猛继位,是为悼王。王子朝争位作乱,悼王旋死。他继位。后因乱出居狄泉(今河南洛阳境内),王子朝入王城自立为王,于是"二王并存"。

敬王四年(前 516),晋出兵勤王,王子朝与同党持周典籍奔楚。十五年(前 505),乘吴破楚,派人杀王子朝。《史记·周本纪》谓敬王在位四十二年,同书《十二诸侯年表》谓在位四十三年。《左传》列于鲁哀公十九年(前 476),则在位四十四年。

周举(?—149) 东汉汝南汝阳(今河南商水西北)人,字宣光。博学多闻,为儒者所宗,京师有"五经纵横周宣光"之誉。初辟司徒府,后为平丘令。顺帝时为并州刺史。郡内百姓为祀介子推,每冬辄寒食一月,老小不堪,岁多死者,乃下令革此陋俗,使民复还温食。转冀州刺史。阳嘉三年(134)征拜尚书。汉安元年(142)以侍中与杜乔等七人俱为使者巡行州郡,劾奏贪官污吏,士人誉为"八俊"之一。后迁大鸿胪、光禄勋。

周浚(?—289) 西晋汝南安成(今河南汝南东南)人,字开林。仕魏为尚书郎。累官扬州刺史。晋咸宁五年(279),随都督扬州诸军事王浑伐吴,破吴丞相张悌所率之主力。太康二年(281),镇秣陵(今江苏南京),甚有威德。迁侍中,转少府,领将作大匠。七年,出为使持节、都督扬州诸军事、安东将军。卒于官。

周堪(?—前 40) 西汉齐人,字少卿。宣帝时,与诸儒论《五经》异同于石渠,为太子少傅。元帝即位,以诸吏光禄大夫与太傅萧望之并领尚书事。时外戚放纵,宦官弘恭、石显擅权,乃与望之议欲罢退宦官,为石显等诬陷免官。后复为光禄勋,左迁河东太守。永光四年(前 40)拜光禄大夫,秩中二千石,领尚书事。因中书令石显控制尚书台,事决显口,遂积愤病卒。

周康王 西周王。姬姓,名钊。周成王之子。即位后由召公奭、毕公高等辅政,继成王之业,"天下安宁,刑错四十余年不用"(《史记·周本纪》),史称"成康盛世"。

周考王(?—前 426) 战国时周王。一作考哲王。名嵬(或作隗)。公元前 440—前 426 年在位。周定王少子。公元前 441 年杀兄周思王叔自立。封其弟揭于河南(今河南洛阳西),都王城,称西周桓公,从此形成"西周"小国。

周考哲王 即"周考王"。

周苛(?—前 204) 秦末泗水沛(今属江苏)人。曾任泗水卒史。与从弟昌随刘邦起兵,从入关破秦,任御史大夫。楚汉战争中守荥阳,为项羽所俘。不降,被烹死。

周克亮 明广西马平(今柳州)人。嘉靖元年(1522)遭饥荒,入山违禁采矿,无所得,乃起义。转战于马平一带,众至数万。数月后失败。

周口店遗址 中国旧石器时代的重要遗址。全国重点文物保护单位之一。周口店的龙骨山在北京市西南约 48 公里。1927 年开始发掘,是北京猿人和山顶洞人化石的发现地。建国以来,又陆续发现了北京猿人化石、打制石器和用火遗迹等新材料,是研究人类发展史和中国原始社会史的极其珍贵的资料。建国后在该处建立北京猿人展览馆。

周匡王(?—前 607) 东周周王。名班。公元前 612—前 607 年在位。周顷王之子。周顷王在位时,卿士周公阅与王孙苏争政。他曾许诺即位后助王孙苏。但旋即变卦,因恐王孙苏作乱,派卿士尹氏、大夫聃启入晋,讼于晋灵公。晋灵公派赵盾调解,使公卿各归其位以辅佐王室。匡王三年(前 610),戎人犯王都,命大夫甘歜败之于邥垂(今河南洛阳南)。

周奎 明苏州(今属江苏)人,徙居大兴(今属北京),字云路。思宗庄烈周皇后之父。崇祯三年(1630)封嘉定伯。性吝啬。崇祯末,思宗密谕其倡议助饷,坚辞。后不得已捐银万两,且乞庄烈周皇后相助。李自成农民军入京,搜抄其家得金甚多。不久降清。

周葵(1098—1174) 南宋常州宜兴(今属江苏)人,字立义,号惟心居士。宣和进士。任监察御史,绍兴十一年(1141)徙殿中侍御史,在职仅两月,言事至三十章,且历举所行不当事凡二十条,直接指责宰相。时秦桧当权,他不肯附和,被劾落职。绍兴末,知太平州,水坏圩堤,全部加以修复,凡百二十里。又浚导河道,公私便之。隆兴元年(1163)任参知政事,二年兼权知枢密院事。旋因反对北伐,与宰相虞允文、陈康伯不合,罢去。著有《圣传诗》等,今佚。

周朗(425—460) 南朝宋汝南安成(今河南汝南东南)人,字义利。初为南平王刘铄冠军行参军,因故除名。复为江夏王刘义恭太尉参军。元嘉二十七年(450),闻朝议遣义恭统军北伐魏,出镇彭城(今江苏徐州),知其不能成事,即自解职。孝武帝即位,除建平王刘宏中军录事参军。上书切言时弊,忤旨,又自解去职。后出为庐陵内史,称疾去官,为有司所纠。寻母卒,居丧不依常节,遂以"悖礼"罪徙宁州,于途中杀之。

周累 即"赵累"。

周礼 书名。亦名《周官》、《周官经》。儒家经典之一。古文经学家认为周公所作,今文经学家认为出于战国或指为西汉末年刘歆所伪造。近人从周秦铜器铭文所载官制,参证该书的政治经济制度和学术思想,认其为系战国时代儒者根据当时各国官制,添附儒家政治思想,增减排编而成。其中经济思想杂有法家的一些观点。全书有《天官冢宰》、《地官司徒》、《春官宗伯》、《夏官司马》、《秋官司寇》、《冬官司空》六篇。《冬官司空》早佚,汉时补以《考工记》。注释有东汉郑玄注,唐贾公彦疏。清孙诒让撰《周礼正义》,博采众说,资料丰富,对文字音义,多有订正。

周礼正义 书名。清孙诒让撰。八十六卷。始撰于同治末年,历二十载而成。自称"处今日而论治,宜莫若求其道于此经",故"宣究其说,由古义古制以通政教之闳意眇恉"(《叙》)。认为《周礼》之最古经本为唐石经,其最精之注本为明嘉靖仿宋本。遂以此二本为主,间有讹脱,则以孟蜀石经及宋刻诸本,参校补正。以《尔雅》、《说文》正其训诂,以《仪礼》、大小戴《礼记》证其制度。又博采汉唐至清乾嘉诸经儒旧诂,"参互证绎",以发郑玄注本之"简奥",补贾公彦疏本之"遗阙"(同上)。其于古义古制,疏通证明，较之旧疏为详。有《四部备要》本，系上海中华书局据光绪三十一年(1905)刻本校刊。

周厉王(?—前828) 西周王。姬姓，名胡，金文作㝬。周夷王之子。曾命虢仲征伐淮夷，又伐戎，均不克。好利，听信荣夷公之言，任之为卿士，对民实行专利(垄断山泽物产)，以聚敛人民之财；又用卫巫监视国人，杀有怨言者。诸侯不向周朝见。于是“国人莫敢言，道路以目”(《国语·周语上》)。公元前841年，被国人逐奔于彘(今山西霍州东北)，居汾水之旁，称“汾王”，朝中共和行政。十四年后，死于彘。

周立春(1814—1853) 清江苏青浦(今属上海)人。早年参加天地会。咸丰二年(1852)五月在青浦组织抗粮斗争。次年八月初与徐耀联合攻克嘉定，以“义兴公司”名义发布告示，宣布反抗清朝统治，豁免钱粮，镇压恶官、劣绅。率数千人增援上海小刀会起义，成为上海小刀会领袖之一。后派军攻克青浦、宝山等城。八月清军攻陷嘉定，在撤退中被俘，就义于苏州。

周利贞 唐人。崔湜表兄。武后时，为钱塘尉。后任侍御史，攀附权要。张柬之、崔玄暐、桓彦范、敬晖、袁恕己等五王疾之，出为嘉州司马。神龙二年(706)，五王遭贬。崔湜荐其摄右台侍御史，驰赴岭外，于贵州残杀桓彦范、敬晖、袁恕己等三人。升左台御史中丞。为武三思耳目。先天元年(712)，为广州都督，夷僚百姓苦其残虐，均起兵反抗，贬涪州刺史。开元初，玄宗特诏称其为酷吏，终身勿齿。复授邕州长史。后赐死梧州。

周亮工(1612—1672) 明末清初河南祥符(今开封)人，字元亮，号栎园、缄斋，或称栎下先生。明崇祯进士。历任潍县知县、浙江道试御史。明亡降清，历官福建布政使、户部右侍郎。晚年游江浙，死于南京。著有《因树屋书影》、《读画楼画人传》、《印人传》、《同书》、《赖古堂集》、《闽小记》，辑有《尺牍新编》等。好篆刻，所镌多收入《赖古堂印谱》。

周烈王(?—前369) 战国时周王。名喜。周安王之子。公元前375—前369年在位。周王室日益衰落，诸侯不朝。

周麟之(1118—1164) 南宋泰州海陵(今江苏泰州)人，一说江宁(今江苏南京)人，字茂振。绍兴进士。为武进尉。应博学宏词科试合格，除左修职郎。历中书舍人、著作郎、兵部侍郎。绍兴二十九年(1159)，以刑部侍郎使金，金主完颜亮贻以金宝器皿，归后上缴赠物。官至权吏部尚书、同知枢密院事。后完颜亮背盟，他又奉命出使。临行前，上疏表示决不辱命。后被劾，授秘书少监，分司南京、筠州居住。著有《海陵集》。

周灵王(?—前545) 东周周王。名泄心。公元前571—前545年在位。周简王之子，继简王即位。灵王九年(前563)，他助伯舆与王叔陈生争政，王叔怒而出奔至黄河边，他杀与王叔有怨之史狡以取悦，王叔不回，并奔晋国，他只得以单靖公为卿士辅助王室。十四年，刘定公、单靖公至齐为他迎娶齐女为后。

周律 周代法度、律令。《管子·侈靡》：“周郑之礼移矣，则周律之废矣。”尹知章注：“周之法则坏矣。”《新唐书·韩瑗传》：“父仲良，武德初，与定律令，建言：周律其属三千，秦汉约为五百。依古则繁，请崇宽简，以示惟新。”

周率 算学术语。圆周相对于径率而存在的一个常数，又称为周径相与之率，今称之为圆周率。《九章算术》使用周三径一之率。西汉末刘歆制造王莽铜斛，使用周率3.1 547，径率1，东汉张衡求出周率$\sqrt{10}$，径率1。魏晋时刘徽在用极限思想严格证明了半周乘半径等于圆面积的公式之后指出：“此一周径，谓至然之数，非周三径一之率也。”他从直径为二尺的圆开始割圆，求出圆面积近似值，由已证明过的圆面积公式，求出周长六尺二寸八分，由此周率157，径率50，是周径相与之率；又进而求出周率3 927，径率1 250。祖冲之“更开密法，以圆径一亿为一丈，圆周盈数三丈一尺四寸一分五厘九毫二秒七忽，朒数三丈一尺四寸一分五厘九毫二秒六忽，正数在盈朒二限之间”。这相当于$3.1415926<\pi<3.1415927$。这个数值，直到1247年才被阿拉伯数学家阿尔·卡西所超过。南朝祖冲之又提出密率：圆径一百一十三，圆周三百五十五，即$\pi=\frac{355}{113}$，是分母小于一万六千六百零四的接近π的真值的最佳分数。1573年德国奥托亦得到此结果。

周伦(1463—1542) 明苏州昆山(今属江苏)人，字伯明，号贞庵。弘治进士，授新安知县，迁监察御史。正德时忤刘瑾，被罚米输边，瑾败复职，进副都御史。嘉靖八年(1529)官至刑部尚书，不久改南京刑部尚书。后致仕。卒谥康禧。著作有《西台纪闻》、《医略》、《贞翁净稿》等。

周罗睺(542—605) 隋九江浔阳(今江西九江)人，字公布。善骑射，谙军事。仕陈，屡挫北齐、北周之师，以猛将著称。官至散骑常侍。祯明二年(588)，都督巴峡缘江诸军，以拒隋军。次年，隋晋王杨广以陈后主手书召之，乃降。授豳、泾等州刺史。开皇十八年(598)，从攻高丽，为水军总管，自东莱渡海攻平壤，遇大风，船多漂没，无功而还。十九年，从杨素大破突厥达头可汗。炀帝即位，从杨素讨汉王杨谅，授上大将军。时谅余党据绛、晋等三州未下，受命率军攻之，中流矢死。

周美 北宋灵州回乐(今宁夏吴忠)人，字之纯。少隶朔方军，以材武称。李继迁陷灵州，弃家奔开封，隶禁军。屡充真宗宿卫。仁宗朝，历延州兵马都监、鄜延路兵马都监、副总管、副都总管等。前后与西夏兵十余战，多有战功，为经略使范仲淹、庞籍等赞誉。后召入朝，任马军副都指挥使。善抚将士，所得赏赐皆分与部下。及卒，家无余财。

周密(1232—1298) 南宋济南(今属山东)人，先世南渡后居吴兴(今浙江湖州)。字公谨，号草窗、四水潜夫、弁阳老人等。早年随父往来闽、浙。景定间，为临安府幕属，后监和剂局、丰储仓，为义乌令。

宋亡不仕。居杭州，与谢翱、邓牧相往还，又与王沂孙、王易简、李彭老、张炎、仇远等共结词社。其词格律谨严，亦有感慨时事之作，为宋末"雅正派"代表作家。生平广交游、富藏书，熟悉当代史事。著有《草窗韵语》、《草窗词》、《武林旧事》、《齐东野语》、《癸辛杂识》、《浩然斋雅谈》、《云烟过眼录》等，又选编《绝妙好词》七卷。所著保存南宋文艺及社会史料甚多。

周穆王 西周王。姬姓，名满。昭王之子。在位五十五年，曾西征犬戎，南伐徐至九江。好周游，欲使其足迹遍于天下。西晋时汲冢出土的《穆天子传》，载有其西游的传说。

周纳 战国时赵国大臣。曾为赵奉阳君李兑出使于齐，游说齐湣王。见《战国纵横家书》三。

周南 ❶指洛阳一带。《史记·太史公自序》："太史公留滞周南。"《史记》裴骃集解引虞挚云："古之周南，今之洛阳。"司马贞索隐引张晏云："自陕已东，皆周南之地也。"❷即"终南山"。

周赧王(?—前256) 战国时周王。名延(一作诞)，亦称王赧。公元前314—前256年在位。慎靓王之子。在位时，依附西周武公，处列强之间，深受兼并之害。又曾依附于秦。赧王五十九年(前256)秦攻韩，取阳城(今河南登封东南告成镇)。西周恐，与诸侯合纵隔断秦与阳城通路。秦使将军摎伐西周，西周君降秦，赧王亦卒。至此周天子名实俱亡。秦庄襄王元年(前249)秦更灭东周，周代亡。相传他因欠民债，逃避于台上，周人名其台曰"逃债台"。赧王之名即由此而得。

周盘龙(415—493) 南朝齐北兰陵兰陵(今山东苍山西南)人。宋世土断，改属东平(今江苏淮阴)。宋末累官至司州刺史。齐建元二年(480)，以军主、假节，助豫州刺史垣崇祖抗击魏军于寿春(今安徽寿县)，杀伤数万人。三年，又隶都督、领军将军李安民救角城(今江苏淮阴市西)，与子奉叔奋力陷阵，大败魏军。父子由是知名。永明五年(487)，出为兖州刺史。以年老求解职，卒官散骑常侍、光禄大夫。

周磐(49—121) 东汉汝南安成(今河南汝南东南)人，字坚伯。少游京师，学《古文尚书》、《洪范五行》、《左氏传》，诸儒宗之。举孝廉。和帝初拜谒者，除任城长，迁阳夏、重合令，皆有惠政。后弃官教授，门徒常千人。公府三辟，皆不就。卒于家。

周平王(?—前720) 东周周王。名宜臼。公元前770—前720年在位。周幽王之子。母为申后，因幽王立褒姒子伯服为太子，母子均被废，乃逃至母舅家申国。申侯联合犬戎和缯攻杀幽王，灭西周，与鲁侯、许文公立之为王。因镐京(今陕西长安)残破，迁都雒邑(今河南洛阳)，此即东周之始。东迁后，郑国武公、庄公父子相继任卿士，实掌王室之政。平王五十一年(前720)，欲分郑庄公的部分权力给虢公。庄公为此怨恨，乃与郑交换质子，以求相互信任。

周期雍(1479—1551) 明江西宁州(今修水)人，字汝和。正德进士，任南京御史。嘉靖时迁浙江参议，以镇压温州、处州矿工起义，升右佥都御史，官至刑部尚书。嘉靖十九年(1540)被郭勋排挤致仕。久之病死。

周齐曾(1603—1671) 明末清初浙江鄞县人，字思沂，号唯一。崇祯进士，授广东顺德知县，旋罢归。鲁王监国绍兴，授给事中，绍兴破，入山结茅为庵，尽去其发，自称无发居士，更号囊云，学者又称囊云先生。著有《鲁春秋》、《闽粤春秋》。

周崎(?—322) 晋邵陵(今湖南邵阳)人。为湘州从事。永昌元年(322)，王敦叛军攻湘州，谯王司马丞使求外援，为敦将魏乂所执。乂使语城中外援无望，伪许之。既到城下，大呼"即日来援，努力坚守"，遂被害。

周玘(258—313) 西晋吴兴阳羡(今江苏宜兴)人，字宣佩。周处子。强毅如父而文学不及。累荐名宰府，举秀才，除议郎。先后率乡里私兵合官军平张昌、陈敏、钱璯，三定江南。永嘉四年(310)，琅邪王司马睿嘉其勋，使行建威将军，为吴兴太守，封乌程县侯。并于其乡分置义兴郡以旌之，然颇疑惮其宗族强盛和依附者众。以北人南渡者多掌实权，而已不得调，又受丞相左长史刁协轻侮，乃谋诛诸执政，以南士代之。后知谋泄，忧愤而卒。

周启 战国时东周国人。因使东周与秦建立了友好关系而受封于平原(今山东平原南)。见《战国策·韩策三》。

周起元(?—1626) 明福建海澄(今龙海东南)人，字仲先，人称绵贞先生。万历进士。天启间为右佥都御史，巡抚苏松十府，公廉爱民，丝粟无所取。屡与魏忠贤抗争，忠贤怒，矫旨逮入狱，毙于狱中。崇祯时赠兵部右侍郎，谥忠愍，福王时追谥忠惠。有《周忠愍奏疏》。

周前将军墓 古墓葬。在今江苏宜兴市周墓墩，有西晋平西将军周处(即周前)及其家族墓群。1953年和1976年发掘其中六座墓。其中以周前墓最大，全长13米多，分前后室，出土"元康七年(297)九月廿日阳羡所作周前将军砖"，以及各类西晋青瓷器和各种模型器、生活器物等。墓群中另有其父周鲂及其子周玘等墓。出土青瓷器为研究中国瓷器的发展提供了重要的实物资料。

周桥 地名。在今山东曹县东北。《资治通鉴》：隋大业九年(613)，"济阴孟海公起为盗，保据周桥，众至数万"，寻据曹、戴二州，即此。

周青臣 秦人。曾任仆射。秦始皇三十四年(前213)置酒咸阳宫时，极力称颂秦之功德。博士淳于越斥其"面谀"、"非忠臣"。以此引起李斯焚书之议。

周顷王(?—前613) 东周周王。名壬臣。公元前618—前613年在位。周襄王之子，继襄王即位。时卿士周公阅与王孙苏为争政发生矛盾，他无力解决。死后，周公卿争政加剧，只得讼于晋，晋赵盾调解后，各复其位，辅佐新王匡王。

周庆立 唐人。开元二年(714)为市舶使，见《册府元龟》卷五百四十六。是为市舶使一官见于现存史籍之最早者。

周去非 南宋温州永嘉(今浙江温州)人,字直夫。学于张栻。隆兴进士。历试桂林尉,州学教授等。淳熙五年(1178)著《岭外代答》,记岭外制度方物等颇详。仕至绍兴府通判。

周全(?—1305) 元汝宁光州(今河南潢川)人。曾仕宋为军官。至元十二年(1275),率众降渡江元军,为管军千户,从元帅宋都䚟攻江西。次年,进兵福建、广东,克韶州城,杀宋安抚使熊飞,下广州。十四年,从攻广西静江府,升管军总管。次年,镇压赣州崖石山寨反元武装。十七年,进管军副万户,镇守龙兴(今江西南昌)。二十年,以病辞官。

周饶 即"焦侥"。

周人 官名。春秋时鲁国置。掌理周代礼法典籍。《左传·哀公三年》:"命周人出御书,俟于宫。"杜预注:"周人,司周书典籍之官。"

周仁 西汉任城(今山东济宁东南)人。家徙阳陵。文帝时为太子舍人,积功迁至太中大夫。景帝初任郎中令。沉默寡言,以是得幸。所得赏赐甚多,然常让不敢受。诸侯群臣赂遗,亦无所受。武帝时病免。以二千石禄归老。子孙咸至大官。

周任 周太史。曾言治国必须除恶,方能从善。

周容(1619—1679) 明末清初鄞县(今浙江宁波)人,字鄮山(亦作茂三、茂山),号躄堂。明诸生。明亡后,为僧,旋以母在返俗。康熙时拒荐博学鸿词科。善诗,工书画。书法欧阳询、褚遂良;画枯木竹石,自抒胸臆,萧然有致。尝受知于御史戴殿臣,戴为海寇所掠,他以身为质,濒死不悔。著有《春涵堂集》。

周如磐(?—1626) 明福建莆田人,字圣培。万历进士。历任南京国子监祭酒、吏部右侍郎、礼部尚书,预修《神宗实录》,充总裁。天启五年(1625)八月入阁,十一月致仕,未及一月即病死。

周山图(420—483) 南朝齐义兴义乡(今浙江长兴西北)人,字季寂。少贫微,佣书自业。初为宋吴郡晋陵防郡队主。明帝泰始年间,以龙骧将军将兵讨平临海田流、豫章张凤,除宁朔将军戍防涟口,尝遏涟水,筑西城,以断叛军骑路,并以溉田。宋末为左中郎将。曾以荆州刺史沈攸之有异图告萧道成,又助道成子赜败之,因而见称。齐初以佐命功封广晋县男,出为兖州刺史,镇淮阴。卒官黄门郎,领羽林四厢直卫。

周尚文 ❶(1475—1549)明陕西西安后卫人,字彦章。多谋略,精骑射。十六岁袭指挥同知,屡出塞有功,进都指挥佥事充甘肃游击将军。嘉靖间累官大同左都督,加太子太傅。以得将士死力,御俺答,战辄又有功,威名颇盛。❷清江苏长洲(今苏州)人,字素坚,号石湖。周顺昌五世孙。善画,师法王翚、王原祁。清高宗南巡,曾作《龙泓秋霁图》以纪其胜。晚居石湖之滨,年七十三尚能作大幅山水。

周绍 绍一作袑。战国时赵国人。以孝闻。赵武灵王二十五年(前301)使他为王子傅,他陈言为傅之道有六:知虑不躁达于变,身行宽惠达于礼,威严不足以易于位,重利不足以变其心,恭于教而不快,和于下而不危。武灵王遂赐之胡服衣冠,贝带黄金师比,使傅王子。事见《战国策·赵策二》。

周社 周人祀土地神之处。《吕氏春秋·应同》:"及文王之时,天先见火,赤鸟衔丹书集于周社。"参见"两社"。

周舍 ❶春秋末期晋人。为史官。事晋卿赵简子鞅,敢直书记过以谏。死后,简子怀念他,叹道:"千羊之皮,不如一狐之腋。诸大夫朝,徒闻唯唯,不闻周舍之鄂鄂!"❷(469—524)南朝梁汝南安成(今河南汝南东南)人,字升逸。起家齐太学博士。梁初,吏部尚书范云荐于武帝,拜尚书祠部郎。礼仪损益,多自其出。虽居职屡迁,而常留尚书省内,预机密二十余年。国史诏诰、仪体法律、军旅谋谟,皆兼掌之。卒于官。著有《书仪疏》、《正览》等。

周慎靓王(?—前315) 战国时周王。名定。公元前320—前315年在位。周显王子。在位期间,周室微弱,诸侯皆称王。

周生烈子 书名。三国魏周生烈撰,清张澍辑。不分卷。原书十三卷,久已散佚。张氏据《太平御览》、《困学纪闻》中所载资料,辑为是书。是研究中国思想史的资料。收入《二酉堂丛书》。

周胜坤(?—1856) 清广西人。典当商。参加金田起义。初任左一军副典圣库。咸丰三年(1853)升将军,率军攻镇江、扬州、瓜州一带。十一月攻三叉河,援救扬州有功,封恩赏丞相。四年升夏官又正丞相,守庐州(今合肥)。六年在镇江汤头与清军战斗牺牲。

周盛波(?—1888) 清安徽合肥人,字海舲。咸丰三年(1853)与其弟盛传在籍办团练,对抗捻军、太平军。同治元年(1862)李鸿章组建淮军,令就所部选募成军,名盛字营,赴援上海。后参与攻陷太仓、昆山、无锡、常州等城,由游击擢副将,晋提督。四年,授甘肃凉州镇总兵,镇压捻军。光绪十年(1884)中法战争爆发,奉命募淮勇赴天津备防。后任湖南提督。

周盛传(1833—1885) 清安徽合肥人,字薪如。咸丰三年(1853)与其兄盛华、盛波办团练对抗太平军和捻军。十一年,李鸿章募淮军,同治元年(1862)从李鸿章援上海,充亲兵营哨官。三年加提督衔,所部被李鸿章改为传字营。次年与其兄参加镇压捻军,由游击、参将擢总兵。九年赴陕镇压回民起义。李鸿章移督直隶后,调所部卫护畿辅,着力兴修京畿水利和大沽、北塘炮台。光绪八年(1882)擢湖南提督,仍留天津练兵。十一年,署湖南提督。谥武壮。著述辑为《周武壮公遗书》。

周湿 战国时齐湣王使者。曾与长驷一起出使于赵,与赵奉阳君李兑相约攻秦。见《战国纵横家书》十二。

周十隆 一作周世隆。南宋虔州(今江西赣州)人。曾从钟十四起义。绍兴三年(1133)率众攻循、梅、汀等州。统制官赵详等合兵镇压。次年投降。旋因官兵掳掠所部妇女,复率众活动于汀、循、梅、潮一带。五年受虔州守韩照招安。后又起事,八年复降于虔州守张甭。

周史六弢　书名。撰者不详。《汉书·艺文志》著录六篇，列于儒家，并云作于"(周)惠(王)、襄(王)之间，或曰(周)显王时，或曰孔子问焉。"颜师古注曰："即今之《六韬》也，盖言取天下及军旅之事。"此书当别为一书，非今之《六韬》。清沈涛《铜熨斗斋随笔》云"六乃大字之误。《汉书·古今人表》有'周史大弢'……《庄子·则阳篇》有'仲尼问于太史大弢'，盖即其人，此乃其所著书。故班氏有'孔子问焉'之说。颜氏以为太公之《六韬》，误矣。"此说较可信。

周士朴(?—1642)　明河南商丘人，字丹其，号味澹。万历进士。授知县，擢御史。天启初屡劾宦官不法事，忤魏忠贤，遂谢病归。崇祯五年(1632)进工部尚书。七年忤帝意，削籍归。十五年李自成克商丘，乃自缢死。

周氏医学丛书　又称《周氏医学全书》。丛书名。清周学海辑。三集，三十二种。刊于光绪十七年(1891)至宣统三年(1911)。初集是周氏校勘的明以前历代医家名著，有《神农本草经》、《本草经疏》、《脉经》、《脉诀刊误》、《难经本义》、《中藏经》、《内照法》、《脉因证治》、《诸病源候论》、《小儿药证直诀》、《阎氏小儿方论》、《董氏小儿斑疹备急方论》。二、三集为周氏所撰及其评注书，二集有《脉义简摩》、《脉简补义》、《诊家直诀》、《辨脉平脉章句》、《内经评文》、《读医随笔》、《诊家枢要》、《藏府标本药式》、《金匮钩玄》、《三消论》、《温热论》、《幼科要略》、《叶案存真类编》、《印机草》；三集有《伤寒补例》、《形色外诊简摩》、《重订诊家直诀》、《韩氏医通》、《评注史载之方》、《慎柔五书》。全书涉及医经、伤寒、温病、本草、诊断、内科、儿科、医案、医话等方面，内容丰富，见解独到，多切于实用。

周世宗实录　书名。北宋王溥等撰。四十卷。记周世宗一朝历史。建隆元年(960)宋太祖诏修是书，参预纂修的有扈蒙、张澹、王格、董淳等，宰相王溥监修。次年书成。已佚。近人缪荃孙有辑本，所录显德二年(955)至六年，才六、七事，见《烟画东堂小品》。

周是修(1354—1402)　明江西泰和人，名德，以字行。洪武末举明经，为霍丘训导。擢周府奉祀正，迁纪善，改衡府纪善，留京师，预翰林纂修。靖难之役中燕兵渡淮，上书指斥用事者。京城失守，自经死。著有《进思集》等。

周寿昌(1814—1884)　清湖南长沙人，字应甫、荇农，晚号自庵。道光进士，选庶吉士，散馆授编修。道光二十九年(1849)，充顺天乡试同考官。咸丰二年(1852)擢升侍讲转侍读、充日讲起居注。时太平天国运动爆发，他奉命在巡防大臣上行走，兼办京畿团防。同治五年(1866)迁庶子，充实录馆纂修官，后任詹事府詹事等。光绪二年(1876)迁内阁学士兼礼部侍郎衔。著有《汉书注校补》、《后汉书注补正》、《三国志注证遗》、《五代史注纂注补续》、《宫闺文选》、《思益堂集》等。

周书　❶《尚书》组成部分之一。今本共三十二篇。其中《牧誓》、《洪范》、《金縢》、《大诰》、《康诰》、《酒诰》、《梓材》、《召诰》、《洛诰》、《多士》、《无逸》、《君奭》、《多方》、《立政》、《顾命》、《康王之诰》、《吕刑》、《文侯之命》、《费誓》、《秦誓》二十篇属《今文尚书》。《泰誓》(上、中、下)、《武成》、《旅獒》、《微子之命》、《蔡仲之命》、《周官》、《君陈》、《毕命》、《君牙》、《冏命》十二篇属伪《古文尚书》。❷《逸周书》简称。古人认为系《尚书·周书》的逸篇，故名。今本七十一篇中十一篇仅存篇目，实存五十九篇及《序》一篇。❸书名。唐令狐德棻等撰。五十卷。记述北周史事。纪传体。计有本纪八卷，列传四十二卷。北周时，秘书丞柳虬兼领著作，开始修撰周史。隋文帝时，牛弘续撰帝纪，成十八篇。唐太宗时，德棻奉诏主持修撰，贞观十年(636)书成。本纪记述南北诸政权变易的局面，较《北史》条理清晰。列传中的类传标题只有皇后、儒林、孝义、艺术、异域五种，较简明；《梁书》无萧詧传，本书特为立传，并附录其臣僚二十六人事迹，铨配较当；赵贵等传后，总叙八柱国十二大将军，保存了原始资料；《苏绰传》载六条诏书及《大诰》，可考见一代创制原委。但亦有叙事失实及编次不当之处。原书至北宋时已残缺，今本为宋仁宗时林希、王安国采取《北史》等书补缀而成。

周书斠补　书名。清孙诒让撰。四卷。《周书》七十一篇，在抄刻中颇多阙误。孙氏尝以南宋高似孙《史略》、《黄氏(震)日钞》进行校勘，征引上自诸子记述，下迄清卢文弨校本、朱珪集训，对其讹误有所纠正外，兼为拾遗补阙，所下功力甚大。但引用《古籀拾遗》等书资料，亦有不足征信之处。

周述学　明山阴(今浙江绍兴)人，字继志，号云渊子。读书好深思，精于天文、地理、数学等。嘉靖中以博学为陆炳荐至北京，名重一时。后避仇雠，归里。曾入胡宗宪幕府参谋抗倭机宜，但不受官职，以布衣终老。著有《神道大编》。

周树槐(1786—1858)　清湖南长沙人，字星叔，号壮学子。嘉庆进士。任山西沁源、江西吉水等县知县。道光十二年(1832)辞官回乡。主张禁烟并抗击英国侵略。关注盐政、货币等经济问题。否定人能成"仙"及有关"河神"等有神论，反对"慕神仙之不死"(《与人论神仙书》)。否定人死为鬼，认为"鬼荫"说是"徒欲以臆见幻想、莫须有之事，伸不可知不必知之说"(《再答论堪舆书》)。强调"鬼不能荫，吉凶由人"(同上)。并反对风水、禄命、选日、超度等迷信习俗，以谓之"诬罔"。著作有《壮学斋文集》等。

周顺昌(1584—1626)　明苏州吴县(今江苏苏州)人，字景文，号蓼洲。万历进士。授福州推官，曾捕治税监高宷爪牙。天启时任吏部文选员外郎。忤权臣，辞官归。天启五年(1625)魏大中被逮，道经吴县，他为之饯行，并结姻亲，痛骂魏忠贤。次年被捕入京，受酷刑死。著有《烬余集》。

周思茂(?—688)　唐贝州漳南(今山东武城东北)人。自右史转太子舍人。武则天召入禁中修撰，为北门学士之一，与范履冰最受亲信。政事损益，多所参与。曾预修《列女传》等书。历官麟台少监、崇文馆学士。后下狱为酷吏所杀。

周思王(?—前441) 战国时周王。名叔。周定王次子,周哀王弟。周定王二十八年(前441)死,子去疾立,是为哀王。他旋杀哀王自立,立五月为少弟嵬所攻杀。

周嵩(?—324) 东晋汝南安成(今河南汝南东南)人,字仲智。周浚子。司马睿为丞相,引为参军,睿为晋王,拜奉朝请。太兴元年(318)百官劝睿称帝,嵩则上疏劝揖让,被贬出为新安太守。临行又褒贬朝士,诋毁侍中戴邈,邈密表之,元帝怒,收付廷尉,欲以大不敬罪弃市,因其兄顗方贵重,帝隐忍之。后起为御史中丞。时扬州刺史王敦势盛,元帝渐疏王导,乃与兄顗上疏,明导等忠义,使之获全。永昌元年(322),以顗为敦所害,常怀愤激。敦甚恨之,惧失人情,故未加害,用为从事中郎。既而又言敦养子王应不宜统兵,遂与周莚同被诬为勾结道士李脱谋为不轨,被杀。有《周嵩集》,已佚。

周颂 《诗经》组成部分之一。自《清庙》至《般》,三十一篇。都是西周时代周王朝廷的作品,多数作于昭王、穆王以前,用于祭祀。内容反映出西周统治阶级的上帝、祖先观念,部分诗篇提供了重要的古代社会史、经济史史料。

周泰 三国时九江下蔡(今安徽凤台)人,字幼平。初随孙策,署别部司马。孙权爱之,乃归权。时权驻宣城(今安徽南陵东),山民数千猝然来攻,权几危殆,赖其奋战得免,而身被十二创。策深德之,任为春谷长。建安八年(203),补官春长。从击黄祖有功。十三年,与周瑜等败曹操于赤壁,围曹仁于南郡(治今湖北荆州)。二十二年,操攻濡须(今安徽巢湖市东南),不克而退,遂留督濡须,拜平虏将军。时朱然、徐盛等皆在所部,又以其出身寒微,并不服。权因会诸将,表其忠诚,历述其战功,诸将乃服。后权欲进图蜀,拜为汉中太守、奋威将军,封陵阳侯。黄武中卒。

周天爵(1772—1853) 清山东东阿人,字敬修。嘉庆进士。历任知州、布政使等职。道光十七年(1837)授漕运总督,整顿漕务。十九年擢湖广总督。二十年因纵容属卜滥用酷刑被劾革职,遣戍新疆。二十二年起复,以知府候补,后署漕运总督。二十三年又因滥刑及失察漕书、私镌关防,降级留任。三十年冬起复署广西巡抚,咸丰元年(1851)实授,加总督衔,率军镇压太平军。钦差大臣李星沅卒后,暂署钦差大臣。由于堵截太平军失败,褫总督衔,解军务,旋回京。三年任安徽巡抚。以年高辞之。后以兵部侍郎衔督师皖北镇压捻军,卒于军。

周天球(1514—1595) 明苏州太仓(今属江苏)人,字公暇,号幼海。十六岁随父迁吴县,补府学诸生,屡试不中。与文征明为友,究心诗书,尤善大小篆、古隶、行楷。一时丰碑大碣皆出其手。

周天受(?—1860) 清四川新都人,字百禄。回族。行伍出身。咸丰元年(1851)随向荣赴广西镇压太平军,后转战两湖、江南,升游击。五年率军援赣,与太平军激战于婺源、石埭、泾县等地,累升至总兵。八年加提督衔,督办浙江军务。太平军进攻皖南,奉命回守徽州。十年太平军克安徽宁国,被击毙。

周廷弼(1852—1923) 江苏无锡人,字舜卿。早年在上海学徒习贾,后自设升昌五金煤号,专营煤铁交易。营业发达后,分别在日本长崎和中国牛庄、镇江、苏州、温州等地设立分号。在无锡南乡开辟周新镇,招致众商,并自办裕昌缫丝厂。清宣统二年(1910)曾以宁、苏两属纳税最多名义作为资政院议员候选人。

周头 即"焦侥"。

周威烈王(?—前402) 战国时周王。名午。公元前425—前402年在位。周考王子。周室益衰。威烈王二十三年(前403)策命晋大夫魏斯、赵籍、韩虔为诸侯,是为魏、赵、韩正式立国之始。

周维桢(1880—1911) 清湖北麻城人,字干臣。武昌经心书院肄业。光绪二十八年(1902)留学日本弘文学院师范科,与李书城等创办《湖北学生界》。因撰文批驳"忠君"思想,被停官费归国。在两湖及四川等地从事革命活动。三十二年随吴禄贞赴西北视察防务,几为陕甘总督升允杀害。后赴东北,协助吴禄贞经营延吉边务,起草《延吉边务报告书》,以确凿事实证明延吉地区自古为中国领土。宣统三年(1911)武昌起义后,与吴禄贞、张世膺等谋在北方响应。事泄,三人同被袁世凯派人刺杀于石家庄。

周位 明初苏州太仓(今属江苏)人,字玄素,号自耕生。善绘山水、人物壁画。洪武初入画院,以智略不凡、奏对雍容得太祖称许。后遭同列忌,死于谗。绘有《美人剖瓜图》、《渔翁对话图》、《渊明逸致图》等。

周文(?—前208) 即周章。秦末陈县(今河南淮阳)人。战国末年曾任楚将项燕军中"视日",自称熟习兵事。陈胜、吴广起义建立张楚政权后,任将军,率主力向秦都咸阳进攻。不久至戏(今陕西临潼境内),离咸阳仅百余里。二世急令少府章邯率骊山徒及奴产子抵御。因孤军深入,后援不继,退守曹阳(今河南灵宝东),坚守数月,再退至渑池(今属河南),兵败自杀。

周文公 即"周公"。

周文嘉(?—1863) 又名周文佳。清广西人。早年参加太平军。后隶李秀成部,封绍天豫。咸丰十年(1860)参与克江苏青浦。同治元年(1862)封宁王,守绍兴。二年屡败常捷军。是年底守苏州时,与郜永宽、汪安钧等八人刺杀慕王谭绍光,献城降清,旋被李鸿章所杀。

周文靖 明福建莆田人。善绘山水,以运墨苍润精密见长。兼工人物、鸟兽、楼阁。宣德时征至北京,直仁智殿,所绘《枯木寒鸦图》被宣宗列为当时第一佳作。官至鸿胪寺序班。尚绘有《雪夜访戴图》、《茂叔爱莲图》等。

周文矩 五代时金陵句容(今属江苏)人。为宫廷画家,事南唐后主李煜为翰林待诏。善画仕女、释道、鬼神、车服、楼观、山水、泉石,自成一家。其仕女画近唐周昉画风,而纤丽胜之,多用曲折"战笔"表现人物衣纹。画有游春、捣衣、熨帛、绣女等图。相传《重屏会棋》、《明皇会棋》、《琉璃堂人物》等图为其传世作品。

周文王 又称周侯、西伯、姬伯,周原甲骨文作周方伯。姬姓,名昌。王季之子,武王之父。原为商朝的诸侯,三公之一,封西伯。能敬老慈少,礼贤下士。太颠、闳夭、散宜生、鬻子、辛甲大夫等人皆先后投奔。商纣暴虐,作炮烙之刑,醢九侯,脯鄂侯,他知而叹惜,被囚于羑里(今河南汤阴北)。经闳夭等人赂纣得释,献洛西之地,请纣废炮烙之刑。归周后,评断虞(今山西平陆北)、芮(今山西芮城)两国争讼,得诸侯拥护,于是伐犬戎、密须(今甘肃灵台西),灭崇国(今陕西户县东),建立丰邑(今陕西长安沣河西),迁都居之;进而伐邗国(今河南焦作西),灭黎国(今山西长治西南),诸侯归者日众,"三分天下有其二,以服事殷"(《论语·泰伯》)。在位共五十年。

周文育(509—559) 南朝陈义兴阳羡(今江苏宜兴)人,字景德。本居新安寿昌(今浙江建德西南),姓项,名猛奴。少孤贫,义兴人周荟养为己子。梁太子詹事周舍为之取名,并使兄子弘让教以书计、骑射。后随南江督护卢安兴击俚、僚,因功除南海令。侯景乱梁,从陈霸先讨之。景平,累迁至散骑常侍。及霸先杀王僧辩,战乱迭起,曾督军讨平震州刺史杜龛、会稽太守张彪及广州刺史萧勃。陈永定二年(558),以镇南将军率军出豫章,讨据南土为乱之余孝劢,后被豫章内史熊昙朗所杀。

周武(?—1390) 明大名开州(今河南濮阳)人。元末参加朱元璋起义军,积功至指挥佥事。从定中原,进都督佥事。洪武十一年(1378)从沐英讨朵甘。师还封雄武侯。出理河南军务,巡抚北边。卒赠汝国公。

周武王 周朝建立者。周文王之子。姬姓,名发。用太公望、周公旦、毕公高、召公奭等人辅政。时商纣暴虐,拒比干、微子、商容、祖伊等人劝谏。武王九年(一作十一年)率师东征,至盟津(今河南孟津东),有八百诸侯相会。以时机未至,暂返。二年后,纣暴虐更甚,剖比干,囚箕子,太师疵、少师彊奔周,乃率兵再渡盟津伐纣。甲子日晨,与商军会战于牧野(今河南淇县西南)。商军前徒倒戈,纣登鹿台自焚而死;遂率军占领商都,灭商。周朝建立,都镐京(今陕西长安沣河东)。二年后病卒。

周武壮公遗书 书名。清周盛传撰。周盛传谥号武壮。是书汇集周氏军事著述,分军谟、御兵、简器、练法、战事、城工等篇;其他还录有书牍、诗、联语、教会和格物琐记等。对研究淮军编制、操练、历史等有一定参考价值,同时也有一些关于太平天国和捻军方面的史料。有光绪三十一年(1905)刻本。

周锡能案件 太平天国早期的叛变案。周锡能,广西博白人,早年参加拜上帝会,金田起义后封军帅。清咸丰元年五月(1851.6)借回原籍团集人马之机,暗中降清,得六品顶戴。十月率朱八、陈五回永安(今蒙山)太平天国所在地,阴谋策反,企图行刺太平天国领导人,外攻内应,夺取州城。事为杨秀清所觉察。十月二十九日杨秀清假借天父下凡,公开审讯周锡能,将其全家及同谋者处死。二年,太平天国将此案全部经过刊刻于《天父下凡诏书一》。

周僖王 即"周釐王"。

周釐王(?—前677) 东周周王。釐又作僖,名胡齐。公元前681—前677年在位。周庄王之子。周平王东迁以来,王室衰弱,诸侯强大。即位以后,诸侯齐桓公开始称霸。釐王四年(前678),诸侯同盟于幽(宋邑),共尊周王室。同年,封郳国国君克子爵,自此始称郳国君为郳子。

周显王(?—前321) 战国时周王。名扁。公元前368—前321年在位。周烈王弟。显王五年(前364)秦、魏石门(今山西运城西南)之战,秦大胜,王贺以黼黻,秦献公称霸。二十五年,魏惠王称王。逢泽(今河南开封东南)之会,诸侯朝周。四十四年,秦惠文王称王。其后诸侯相继称王。

周宪王 即"朱有燉"。

周襄王(?—前619) 东周周王。名郑。公元前652—前619年在位。周惠王太子。惠王死,畏王子带争位,不敢发丧,求助于齐。齐盟诸侯于洮(今山东鄄城西南),尊之为王。次年,齐桓公举行葵丘之盟,他遣宰孔往赐祭酒。曾以狄女为后,继又废之。襄王十六年,王子带引狄师伐周,他被迫逃至氾(今河南襄城南)。次年,晋师杀王子带,护送他返王城复位,因赐晋以阳樊、温、原、欑茅之田。后应晋文公之召,参预温之会,《春秋》以礼诸侯不能召天子,故书此事为"天子狩于洛阳"以予掩盖。

周虓(?—382) 东晋汝南安成(今河南汝南东南)人,字孟威。周楚孙。初为州祭酒,迁西夷校尉,领梓潼太守。宁康元年(373),坚守涪城(今四川绵阳),以御前秦将杨安,遣兵送母、妻东还,为前秦将朱彤所获,遂被迫降。苻坚欲官以尚书郎,不受。每见坚,箕踞呼氐贼,骂坚众为戎狄、犬羊。坚待之愈厚。及晋桓冲镇江陵,暗通之,太元三年(378),潜奔汉中,为坚追获,又被赦。后与苻阳谋袭坚,事泄,被严刑拷挞,徙于朔方(今内蒙古杭锦后旗)北,卒。子兴迎丧归,谢玄亲临哭祭,比之苏武。

周霄 即"周肖"。

周孝王 西周王。姬姓,名辟方。周恭王之弟。一说懿王弟,名方。继懿王而立。曾任命非子为王室牧马,封于秦邑(今甘肃天水东北),后发展为秦国。

周肖 亦作周霄、周趮。战国时魏国人。与魏文子、田需相善。曾请宫他为之说齐王,愿为齐外臣,借齐国之力在魏得势,见《战国策·魏策二、四》。又曾见孟子,问孟子古之士是否出仕以及君子为道等问题。见《孟子·滕文公下》。

周勰 晋吴兴阳羡(今江苏宜兴)人,字彦和。常记父玘临终"杀我者诸伧子"之言,欲起兵逐中州人,建兴二年(314)遂潜结吴兴郡功曹徐馥,使馥矫叔周札命,以讨王导、刁协为名,反于吴兴(今浙江湖州)。札闻大惊,告乱于义兴太守孔侃,馥党惧而杀馥,乱遂平。元帝以周氏世望,抚之如旧,于是失志归家，淫侈纵恣。终于临淮太守。

周緤(?—前175) 秦末泗水沛(今属江苏)人。以舍人随刘邦起兵，从入关灭秦。楚汉战争中，常为参乘，封信武侯。汉高帝十二年(前195)，更封鄘城侯。

周䜣 战国时魏国大臣。魏安釐王四年(前273)，秦败魏、赵联军于华阳(今河南新郑北)，安釐王将入朝于秦，卜者许绾劝王行。他以为秦乃不可知之国，犹不测之渊，入朝于秦不可取。劝王毋行。见《战国策·魏策三》。

周新(?—1412) 明广东南海(今广州)人，初名志新，字日新。洪武中以诸生贡入太学。历官大理寺评事、监察御史，以善决狱称。成祖即位，为监察御史，多所弹劾，贵戚震惧。迁浙江按察使。后忤锦衣卫指挥纪纲，遭诬杀。

周兴 ❶东汉庐江舒(今安徽庐江西南)人。少有名，善历法。安帝永宁中拜尚书郎。延光二年(123)，与张衡奏言改行"九道法"。公卿多持异议，未得施行。❷(?—691)唐雍州长安(今陕西西安)人。少习法律。初为尚书都事，历河阳令，累迁司刑少卿、秋官侍郎。自垂拱后屡决审狱，判理韩王李元嘉、鲁王李灵夔、魏玄同、黑齿常之等案，前后妄杀数千人。天授元年(690)，武则天革唐为周，他上疏请铲除李唐宗室属籍，任尚书左丞。次年，被告与丘神勣谋反，来俊臣审讯之，用其本人之法，取大瓮炽火，命入内，他叩头服罪，是为"请君入瓮"故事。罪当诛，则天特免之，徙岭南。道中为仇家所杀。

周兴嗣(?—521) 南朝梁陈郡项县(今河南沈丘)人，字思纂。世居姑孰(今安徽当涂)。齐时中秀才，历任新安郡丞、员外散骑侍郎佐撰国史、给事中佐撰国史、临川郡丞。博通记传，善属文章。著有《梁皇帝实录》、《皇德记》、《起居注》、《职仪》等百余卷，文集十卷。以实录名书，自其始。所撰《千字文》传于今。

周行逢(917—962) 五代时朗州武陵(今湖南常德)人。少无赖，因犯法发配为军卒，以骁勇升小校。后与王逵发动兵变，占朗州，迎刘言为帅。保大九年(951)，与逵受命攻长沙，逐南唐边镐。任武安节度使行军司马。广顺三年(953)，参与逐杀刘言。次年，拜武清军节度使，权知潭州军府事，始专制湖南。后逵被杀，移治朗州，领武安、武平两镇。既得志，恣行诛戮。将吏不法，即行惩办。但多知民间疾苦，注意以廉取士，条教简约，躬俭节制，故民安稼穑，四五年间，仓廪充实。后周末，缮治戎器，增筑城壁，选练乡兵，大修武备。后归宋，加中书令。

周行己(1067—约1120) 北宋永嘉(今浙江温州)人，字恭叔，学者称浮沚先生。元祐进士。元丰间，与许景衡、刘安节、刘安上、戴述、赵霄、张煇、沈躬行、蒋元中同游太学，号称永嘉九先生。惟他与景衡亲见程颐，得其所传，为永嘉最早传播洛学者之一，故有"先生(行己)发明《中庸》之旨，邦人始知有伊洛之学"(《温州府志·儒林传》)之说。南渡后，其学一度衰歇，私淑弟子郑伯熊兄弟，以"统纪不接"为惧，首刻程氏书于闽中，由是重光。故"永嘉之学"，有"周作于前，郑承于后"之称。黄宗羲谓"永嘉诸先生从伊川者，其学多无传，独先生尚有绪言"。著有《浮沚集》。

周秀英(?—1855) 清江苏青浦(今属上海)人。小刀会领袖周立春女。咸丰三年(1853)参加青浦农民起义，连克青浦、嘉定两城。周立春被俘就义后，与徐耀率部分义军走归刘丽川，被任为女将军，助守上海，屡败清军。五年随刘丽川从上海撤退时遇害。

周叙 ❶(1392—1452)明江西吉水人，字公叙，一作功叙，号石溪。永乐进士，选庶吉士。历官编修、侍读。正统时上书论时政缺失，迁南京侍讲学士。以宋、辽、金三史体例未当，欲重修。诏许自撰，未成而卒。著有《石溪文集》等。❷明湖广九溪卫(今湖南慈利)人，字子厚。正德进士。官至大理寺正卿。正德十四年(1519)因谏阻武宗南巡，谪为永嘉县丞。嘉靖初擢韶州知府，历官辽东巡抚、大理寺卿。十七年(1538)进工部尚书。

周续 南朝梁临川南城(今江西南城东南)人。侯景乱梁，聚乡里徒众讨之。临川内史始兴王萧毅以郡让之；宗人周迪召募乡人从之。所部皆郡中豪族，骄横不法。怨其立禁限制，遂杀之奉迪。

周续之(377—423) 南朝宋雁门广武(今山西代县西南)人，字道祖。世居豫章建昌(今江西永修)。从豫章太守范宁通《五经》，既而闭居读《老子》、《易经》，入庐山事释慧远，与刘遗民、陶渊明并称"寻阳三隐"。尝为刘裕世子讲《礼》月余。宋初，武帝召至建康(今江苏南京)，于东郭外开馆授徒。病卒于钟山。

周宣王(?—前782) 西周王。姬姓，名静。公元前827—前782年在位。厉王之子。国人逐厉王，因藏于召穆公家，召公以子代替，得免。厉王流死于彘后，为大臣共立。早年励精图治，攘逐西北猃狁侵扰，开拓东南荆楚徐淮地区，号称中兴。晚年干预鲁国君位继承，以私爱立鲁武公少子为太子，引起诸侯不满，又与姜戎战于千亩(今山西介休南)，大损人力、物力，乃"料民于太原"，统计人口，国势渐衰。

周学熙(1866—1947) 安徽建德(今东至)人，字缉之，又字止庵，号松云居士、砚耕老人。周馥子。清光绪举人。光绪二十八年(1902)助袁世凯筹办直隶银元局，兼鼓铸铜元，旋参与创办北洋实业。三十一年署天津道。次年任长芦盐运使，并集资组织启新洋灰公司，筹建滦州煤矿公司。后调任直隶按察使、工商部丞参。1912年，任北洋政府财政总长，为袁世凯签订善后大借款，旋辞职。1915年再任财政总长，倡行烟酒公卖及清理官产，并倡设中国实业银行，开办华新纱厂等企业。以兴办实业闻名，1927年以年高引退。

周训 书名。撰者不详。《汉书·艺文志》著录十四篇，列于道家。颜师古注引刘向《别录》曰"人间小书，其言俗薄"。久佚。

周亚夫(?—前143) 西汉沛(今属江苏)人。周勃次子。文帝时,任河内守,封条侯。文帝后元六年(前158)任将军,军细柳(今陕西咸阳西南),备匈奴。治军严谨,迁中尉。文帝临死时嘱咐太子,如即有缓急,周亚夫可任将兵。及景帝即位,为车骑将军。景帝前元三年(前154),以太尉率军平定吴楚七国之乱。越五年,迁丞相。后因谏废栗太子等诸事触犯景帝,梁孝王又数言其短,致遭猜忌。后元元年(前143),其子被人告发盗买官器。因受牵连,召诣廷尉,绝食五日,呕血而死。

周延(1499—1561) 明江西吉水人,字南乔,号崦山。嘉靖进士。任兵科给事中。以反对夺王守仁爵,谪太仓州判。后任副都御史、兵部右侍郎等。嘉靖三十四年(1555)擢左都御史掌院事。洁身自好。卒谥简肃。著作有《简肃公遗稿》。

周延儒(1593—1644) 明常州宜兴(今属江苏)人,字玉绳,号挹斋。万历四十一年(1613)进士第一,累迁礼部右侍郎。性机敏,善揣帝意。崇祯二年(1629)擢为礼部尚书兼东阁大学士,预机务。次年任首辅。六年遭温体仁排挤,称病归。十四年以贿近侍复为首辅。十六年自请视师京畿抗清,因畏敌不前、虚报战功罪,令自尽。

周莚(?—324) 晋吴兴阳羡(今江苏宜兴)人。周处孙。卓荦有才干,拜征虏将军、吴兴太守,迁黄门侍郎。族兄续聚众附徐馥谋乱,琅邪王司马睿使率力士百人轻骑还阳羡,杀续,并诛从兄邵。迁太子右卫率。及王敦作乱,加冠军将军,都督会稽、吴兴、义兴、晋陵、东阳军事,率水军三千讨敦将沈充,未发而王师败绩。及闻其叔札开城纳敦,愤慨形于辞色。王敦任为咨议参军,时周氏一门五侯,敦深忌之,乃诬其与道士李脱等谋为不轨,于军中收杀之。

周扬俊 清江苏苏州人,字禹载。副贡生,屡试不第,年四十弃儒从医,钻研张仲景之学十余年。著有《温热暑疫全书》、《伤寒论三注》、《金匮玉函经二注》等。

周阳 西汉侯国。在今山西绛县西南,一说在今闻喜县东三十里东镇城南。属河东郡。文帝元年(前179)封淮南王舅赵兼为周阳侯(见《史记》本纪);武帝即位,封田蚡弟胜为周阳侯(见《田蚡传》),均即此。元狩二年(前121)废。《魏书·地形志》正平郡闻喜县:"有周阳城。"《水经·涑水注》:"其城南临涑水,北倚山原。"

周阳由 西汉人。原姓赵,父封周阳侯,因以为氏。初为郎。景帝时,为郡守。武帝初,于二千石中最为暴酷骄恣,所爱者枉法活之,所憎者曲法灭之。后任河东都尉,与郡守胜屠公争权,获罪弃市。

周夷王 西周王。姬姓,名燮。周懿王之子。孝王死后,受诸侯拥戴得立。曾烹齐哀公而另立胡公,又命虢公伐太原戎,获马千匹。

周𫖮(269—322) 晋汝南安成(今河南汝南东南)人,字伯仁。少有盛名。弱冠袭父浚爵武城侯,拜秘书郎。累迁尚书吏部郎。琅邪王司马睿镇江左,为军咨祭酒,出为荆州刺史。建兴元年(313)为杜弢军所逐,奔豫章(治今江西南昌)。还建康后转丞相右长史。睿为晋王,补吏部尚书,坐弟嵩之门生斫伤人,免官。太兴三年(320),为尚书左仆射,领吏部。寻为护军将军。常醉不醒,有司屡纠之而不改,时人号为"三日仆射"。王敦起兵,镇北将军刘隗劝元帝尽诛王氏。他力称王导忠诚,导因获免。敦素惮之,入建康,与征西将军戴渊俱被收。敦问导二人是否当诛,导无言,遂被杀。后导见𫖮表殷切救己,执之流涕曰:"吾虽不杀伯仁,伯仁由我而死。"

周𫖮母 西晋汝南(治今河南平舆北)人,姓李,字络秀。𫖮父浚为安东将军,尝猎遇雨,过止李家。见其美,因求为妾,其父兄不许,乃言,"若连姻贵族,将来庶有大益",父兄遂允。生𫖮及嵩、谟,并列显位。

周易 书名。亦称《易经》、《易》。周代的占卜书,后成为儒家经典之一。"易"的原义是简易,因周人以蓍草占卜较以前以甲骨占卜简单容易,故名。内容包括《经》和《传》两部分。《经》亦名《易经》,主要是六十四卦和三百八十四爻,卦有卦名与卦辞,爻有爻题和爻辞。旧传伏羲画卦,实际其萌芽期可能在殷周之际,西周时大体形成。《传》亦名《易传》,是对《经》的解释,共七种十篇,旧称"十翼"。成书于《经》之后,旧传《彖》、《象》两种四篇为孔子所作,不可信,实为与其余六篇同为从战国后期至汉初人所作。《周易》以八卦象征天、地、雷、风、水、火、山、泽等自然现象,推测自然和社会的变化,认为阴阳两种势力的相互作用形成万事万物。包含朴素辩证观点。旧有郑玄注,已佚。今通行本有《周易注疏》,三国魏王弼、晋韩康伯注,唐孔颖达正义;唐李鼎祚《周易集解》;宋程颐《程氏易传》;朱熹《周易本义》;清孙星衍《周易经传集解》;朱骏声《周易六十四卦经解》;焦循的《易学三书》(《易通释》、《易图略》、《易章句》);近人尚秉和《周易尚氏学》。今人于省吾的《周易新证》、李镜池的《周易探源》、高亨的《周易古经通说》和《周易大传今注》,都是研究《周易》的有价值之专著。参见"易经❷"、"易传"。

周易本义 书名。亦称《易本义》。南宋朱熹撰。十二卷。分上、下经二卷,十翼十卷。旨在申明《彖传》、《象传》义理,以尽乾坤二卦之蕴。与《易学启蒙》互为"体用"。咸淳元年(1265)九江吴革所刊为善本。明洪武初,颁行五经,而《易》兼用程颐《伊川易传》、朱熹《周易本义》。永乐中敕修《周易传义大全》,乃取朱熹卷次附程传之后,遂成别本《周易本义》四卷。明、清以之命题试士。朱鉴(熹嫡长孙)编有《朱文公易说》二十三卷,广采《朱子语录》义理之文,以补《本义》之略,足资参考。

周易参同契 即"参同契"。

周易程氏传 即"伊川易传"。

周易集解 书名。又称《李氏易传》。唐李鼎祚撰。原十八卷,包括附录《略例》、《索引》。《略例》、《索引》已佚,今本为十七卷。采集子夏、孟喜、京房至孔颖达三十二家《易》说,又引张伦、朱仰之、蔡景君三家注及《乾凿度》,合为三十六家。其中引虞翻、荀爽之说尤多。汉代人说《易》之作后多无传,赖此书得以保存。收入《古经解汇函》。

周易口义 书名。北宋倪天隐述其师胡瑗之说。十二卷。仁宗皇祐、至和间,胡瑗为国子直讲,主太学,讲《易》,此书或为当时倪天隐所记。其说《易》受王弼影响,注重义理而不取术数之说,对理学家程颐有较大影响。有《四库全书》本。

周易略例 书名。三国魏王弼著。一卷。分上、下篇,上篇五章,下篇二章。系解释《易传》的著作。以提出"得象而忘言"、"得意而忘象"的命题著名。认为言是由象(卦象)产生的,可根据言的内容追溯象;明确了象,言即可抛弃。象是"圣人"制定的,可根据象探寻圣人制象的本意;明确了象的本意,象即可抛弃。否认语言能表达物象及反映物象本质的思想。还提出一与多、本体与万有等的关系问题。其叙述偏重哲学,改变了汉代经学解《易》的任意比附之风。唐邢玮有注解。今收入《王弼集校释》。

周易时论 书名。系《周易时论合编图象几表》之简称。明方孔炤撰,方以智编。其中《周易时论合编》十五卷。署"桐城方孔炤潜夫论述";《周易图象几表》八卷,署"皖桐方孔炤潜夫校编"。各卷首有当时精于天文、数学之学者揭暄、游艺等校定署名。李世洽谓其书"精搜京(房)、王(弼)、郑(玄)、周(敦颐)、程(颐)、张(载)、蔡(元定、沈)之奥"(《序》),而主要是吸收象数学之理论。认为"六十四卦,皆不息之时",猜测到时间之无限性。《周易图象几表》则为方以智所编集,以《易卦》为基础,包括大量象数图及论说,涉及天文、地理、历法、医学、声韵学、数学等,显示出象数学之特色。其中科学与神秘、真理与谬误综糅错杂。有清顺治十七年(1660)李世洽序白华堂刻本。朱彝尊《经义考》、《四库全书总目提要》、《桐城方氏七代遗书》均提及此书。但传世甚少。北京与日本东京有个别藏本。

周易述 书名。清惠栋撰。二十三卷。另有目录凡四十卷。始撰于乾隆十四年(1749),未竟而卒。后人即据其手稿刊印。卷一至二十一,训释《周易》经传文;卷二十二、二十三,为《易微言》,系杂抄经典论《易》语;卷二十四后,有录无书。释文宗主汉儒,认为:"《易》有五家,有汉《易》,有魏《易》,有晋《易》,有唐《易》,有宋《易》,惟汉《易》有师法,独得其传"(卷首《卢见曾序》)。故以荀爽、虞翻为主,参以郑玄、宋咸、干宝诸家之说,融会其意,自注自疏。掇拾散佚,推阐考证,用力甚勤。后其再传弟子江藩撰《周易述补》五卷,遂成完书。收入《皇清经解》。

周易外传 书名。明末清初王夫之撰。七卷。前四卷论卦,五、六两卷论《系辞》,末卷论《说卦》、《序卦》、《杂卦》。始撰于顺治十二年(1655)。作者借论《周易》,系统地阐明自己的哲学思想。认为"天下惟器而已矣"、"无其器,则无其道"(卷五《系辞上传》),指出"太虚者,本动者也"(卷六《系辞下传》),"动静互涵,以为万变之宗"(卷四《震》)。并由此入手,建立其哲学体系。所著之《周易》著作,尚有《周易内传》、《周易大象解》、《周易稗疏》、《周易考异》等。

周易注 书名。三国魏王弼著。六卷。系解释《易经》的著作。认为本体是永恒静止的,万物虽雷动风行,千化万变,若雷风平息运化停止之后,必然要回复到静止的状态中。宣称静止为绝对,运动起源于静止。对自然和名教,象和意等问题有所阐述。注文的特点是以《老子》化《周易》。清朱彝尊《王弼论》:"盖汉儒言《易》,或流入阴阳灾异之说,弼始畅以义理"(《曝书亭集》卷五十九),即"使《易》竟入于老庄者"(《四库全书总目提要》卷一)。唐孔颖达主编的《五经正义》,将其定为《周易》的标准注解。以后又编入《十三经注疏》。今收入《王弼集校释》。

周懿王 西周王。姬姓,名囏,或作坚。周恭王之子。在位时王室衰微,狎狁不断侵犯,周人不得安居。

周殷 秦末人。楚汉战争中,任楚大司马。公元前206年,被英布诱降叛楚,与汉军合击项羽于垓下(今河南鹿邑东)。

周颖 北宋江山(今属浙江)人,字伯坚。学于胡瑗,与赵抃友善。抃为谏官,曾勉以公心事君,平心待物。熙宁初以荐召,赐进士第,授校书郎。王安石问他新法如何,他以民谣"市易青苗,一路萧条"对。因出知乐清县。卒后门人私谥"正介"。著作有《正介先生集》,今不传。

周应秋 明镇江金坛(今属江苏)人,字茂实,号春台。万历进士。历官工部侍郎。天启三年(1623)为避东林清议,称病辞官。次年,魏忠贤起为南京刑部左侍郎,后任左都御史。曾屡以煨蹄取悦魏忠贤及忠贤侄魏良卿,时称"煨蹄总宪"。八年,擢吏部尚书,鬻官分贿,尽逐清流,为魏忠贤门下"十狗"之魁首。崇祯初名列逆案第四等,遣戍死。

周颙 南朝齐汝南安成(今河南汝南东南)人,字彦伦。初为海陵国侍郎。建元初为山阴令。后官至国子博士,兼著作。音辞辩丽,长于佛理,撰《三宗论》。甚为时人所重。又精声韵,著有《四声切韵》。

周永春 明山东金乡人。官礼科给事中。万历中言路齐党、楚党、浙党三方鼎立,他与亓诗教为齐党之魁。历官太常少卿、右佥都御史,代李维翰巡抚辽东,首请益兵加赋,始有辽饷加派。值丧败之后,佐经略调运军需,越二年罢归。天启初,言官追论开原失陷罪,遣戍。

周永年(1730—1791) 清山东历城(今济南)人,字书昌,号林汲山人。乾隆进士,与邵晋涵、戴震等同征修《四库全书》,授编修。在四库馆编兵、农、天算、术数诸类书,钩稽精义,议论允当,为同馆所推重。又从《永乐大典》中,辑宋元遗书十余家。曾筑借书园,聚古今书籍达十万卷,供人阅览传抄。学识渊博,但生平不存稿,不喜著书,传世著作仅有《先正读书诀》。

周用(1476—1547) 明苏州吴江(今属江苏)人,字行之,号伯川。弘治进士,授行人。正德时历任福建按察使、河南右布政使,嘉靖初历吏部左、右侍郎。嘉靖二十三年(1544)迁左都御史。二十五年进吏部尚书。次年卒于任,谥恭肃。著作有《周恭肃集》。

周幽王(?—前771) 西周王。姬姓,名宫湦,或作宫涅。公元前781—前771年在位。周宣王之子。在位时任用虢石父执政,政治腐败,边患严重,加以地震、旱灾频繁,致民不聊生。后废申后和太子宜臼,宠褒姒立之为后,以其子伯服为太子,使统治集团内部解体。“三事大夫,莫肯夙夜,邦君诸侯,莫肯朝夕”(《诗·小雅·雨无正》),申侯联合缯国和犬戎伐周,诸侯坐视不救,遂被杀,西周灭亡。

周纡(?—97) 东汉下邳徐(今江苏泗洪南)人,字文通。好韩非之术,少为廷尉史。明帝永平年间补南行唐长,历任博平令、齐相。为政严酷,专任刑法,吏人震慑。章帝时迁勃海太守。每有赦令下达,辄遣吏先行处决属县犯人,然后出示诏书,以此坐免。复起用为郎,迁召陵相、洛阳令、御史中丞。因不事权贵,为贵戚所劾,免官遣归。后官至将作大匠。以病卒。

周瑜(175—210) 东汉末庐江舒县(今安徽庐江西南)人,字公瑾。少与孙策友善,将兵佐策平江东,授建威中郎将,时年二十四,吴中皆呼为周郎。策欲取荆州,以为中护军,领江夏太守,从攻皖,拔之。策卒,与张昭同辅孙权。建安七年(202),曹操下书责权送质子,众人犹豫,因上言拒之,权母吴夫人赞其议,遂定。十一年,攻下麻、保二屯(在今湖北嘉鱼),俘获山民万余口。十三年为前部大督,时操率军南下,力驳迎降之议,以为操北土未安,水战非其所长,且军士不习水土,必可破之。亲率吴军,以火攻大败操军于赤壁(参见“赤壁之战”)。又进军南郡,击败魏将曹仁于夷陵(今湖北宜昌东南),次年迫使曹仁自江陵(今湖北荆州)撤军。拜偏将军,领南郡太守,镇江陵。操曾密遣蒋干说降,干还白操,称其雅量高致,非言辞所能离间。拟进取蜀,旋病卒于巴丘。精音乐,当时有“曲有误,周郎顾”之语。

周羽翀 宋初人。曾任儒林郎试秘书省校书郎、桂州修仁令。著有《三楚新录》。

周遇吉(?—1644) 明锦州卫(今辽宁锦州)人,字萃庵。行伍出身。崇祯时为京营游击。以参与镇压农民起义,官至左都督。十五年(1642)进山西总兵官。十七年固守代州(今代县)拒李自成农民军,后退保宁武关,城破被杀。

周元王(?—前469) 战国时周王。名仁,一说名赤。周敬王之子。公元前476(一作前475)—前469年在位。《史记·六国年表》以周元王元年(前476,一作前475)为战国时代之开始。

周原 周人早期居住地。在今陕西境内,西起汧河左岸,东濒漆水河,北倚岐山,南临渭河,包有今凤翔、岐山、扶风、武功四县大部并兼有宝鸡、眉县、乾县、永寿四县小部地。《诗·大雅·绵》:“周原朊朊”,言其肥沃。周人先祖古公亶父自豳(今彬县)迁此。《史记·周本纪》张守节正义:“因太王所居周原,因号曰周。”一说周人最早居住地本在太原,即今山西临汾市一带,太王以后始西迁今陕西岐山之下。

周原遗址 先周和西周时期的重要遗址。全国重点文物保护单位之一。位于今陕西省岐山、扶风两县北部的岐山脚下,总面积约15平方公里。据文献记载,当地为周文王祖父古公亶父率众迁居之处,西周时期仍是重要的政治中心。自古以来,这一带地方即曾多次出土西周有铭铜器,最著名的有大丰簋、盂鼎、克鼎、毛公鼎等。1976年以后在此进行大规模的考古发掘。岐山凤雏村发现一组年代较早的两进封闭式院落遗址,第一次成批出土周初的有字卜甲,总数已近二百片。扶风召陈村发现的十几座西周中晚期大型建筑基址,有成排的柱础和卵石散水,又出土不同型式的板瓦及带瓦当的筒瓦。历年来,周原还曾发现很多窖藏铜器,例如扶风庄白村的微氏家族铜器群多达一百零三件,其中史墙盘铭文二百八十四字;再如岐山董家村的“裘卫四器”、扶风强家村的师𩛥鼎、扶风齐村的㝬簋等,都有一百多字的长篇铭文。为研究西周历史增添了新的文字资料,也为西周铜器的断代提供可靠的标尺。

周允元(?—695) 唐豫州安城(今河南汝南东南)人,字汝良。弱冠举进士。延载元年(694),检校凤阁侍郎、同平章事。尝与诸相侍宴,武后令各述书传中善言,对以“耻其君不如尧舜”。武三思劾其语有指斥,武后曰:“闻其言足以诫”,不以为过。卒后,武后著七言诗以悼之。

周载 书名。东晋孟仪撰。三十卷。略记前代,下至秦。久佚。

周在浚 清河南祥符(今河南开封)人,字雪客。康熙十九年(1680),博采群书为陆游《南唐书》作注,历十六年而成。尚著有《云烟过眼录》、《秋水集》等。

周趮 即“周肖”。

周札(?—324) 东晋吴兴阳羡(今江苏宜兴)人,字宣季。周处次子。少以豪右自居,州郡辟均不就。后察孝廉,除郎中,为大司马齐王司马冏参军。讨钱璯,赐爵漳浦亭侯。平徐馥,迁吴兴内史,封东迁县侯。后转右将军、都督石头水陆军事。永昌元年(322),王敦攻石头,开门为应,致王师败绩。敦以为光禄勋,后迁右将军、会稽内史。时其兄弟子侄,一门五侯,贵盛无比。敦深忌惮,遂杀之,灭其族。

周章(?—107) 东汉南阳随(今湖北随州)人,字次叔。和帝时为郡功曹。曾谏阻太守阿附外戚窦宪,以此受器重,得举孝廉。历任五官中郎将、光禄勋、太常。安帝永初元年(107)为司空。因中常侍郑众、蔡伦等干预朝政,数进直言。后图谋诛车骑将军邓骘兄弟及郑众等,并废安帝及邓太后,立平原王刘胜为帝,事败自杀。家无余财。

周昭 三国吴人,祖籍颍川(今河南许昌东),字恭远。吴少帝(孙亮)时,曾与华覈、韦曜、薛莹、梁广共撰《吴书》。景帝(孙休)时,为中书郎,坐事被诛。

周昭王 西周王。姬姓,名瑕。周康王之子。即位后致力向南方发展。十六年伐楚荆,至十九年“丧六师于汉”(《古本竹书纪年》),没于汉水而死。

周贞定王 即“周定王❷”。

周浈 明江西鄱阳(今波阳)人,字伯宁。江西十才子之一。洪武初任饶州长史,升湖广都事,累官至刑部尚书。

周祯 明应天江宁(今江苏南京)人,字文典。元末流寓湖南。朱元璋灭陈友谅,用为江西行省佥事。历大理寺卿,与李善长、刘基等编定律令。洪武元年(1368)任刑部尚书,改治书侍御史。次年出为广东行省参政。三年召为御史中丞。以病致仕。

周政 书名。撰者不详。《汉书・艺文志》著录六篇,列于儒家。内容述周时法度政教,久佚。梁启超《汉书艺文志诸子考略》谓该书可能是战国秦汉间儒者述周代制度之书。

周之冕(约1540—约1600) 明苏州长洲(今江苏苏州)人,字服卿,号少谷。喜绘花鸟,兼工古篆。传世作品有《竹石雄鸡图》、《芙蓉鸭图》等。

周执羔(1094—1170) 南宋信州弋阳(今属江西)人,字表卿。宣和进士。绍兴五年(1135),通判湖州。累迁右司员外郎。擢权礼部侍郎,充贺金生辰使,使还,兼权吏部侍郎。又同知贡举,因反对秦桧以科第私其子,罢去。起知眉州,徙阆州,改夔州,兼夔路安抚使。三十年,知饶州,寻除敷文阁待制。乾道时复为礼部侍郎,拜本部尚书,屡劝孝宗辨忠邪、纳谏诤。奉命厘正《统元历》,撰有《历议》、《历书》、《五星测验》。

周志 书名。记周朝史事。见《左传・文公二年》及孔颖达疏。

周治平 清浙江临海人,字起峰。习学历算,颇得阮元赏识,特拔入诂经精舍学习。助阮元校录《畴人传》。著有《纬候不始于哀平辩》。

周重 唐人。居于濠州(今安徽凤阳东北)、泗州(今江苏盱眙北)间。有谋略。初隐居乡里,庞勋攻占徐州,迎为上客。为义军草表朝廷求旌节,面授攻取天下之策。建议庞勋赦囚徒,据扬州,北收兖(今属山东)、郓(今山东东平北),西举汴(今河南开封)、宋(今河南商丘南),东掠青(今属山东)、齐(今山东济南),拓境大河,食敖仓(今河南荥泽西北),持久作战,勋未纳。义军连败唐军,勋骄矜,日事游宴,他谏勿骄奢,又劝阻勋勿轻杀将领王弘立。柳子(今安徽濉溪西南)战事失利,泣言于勋,劝杀徐泗观察使崔彦曾以绝人望,建大号以表决心,悉兵四出,与唐决一死战。庞勋败后,不知所终。

周庄王(?—前682) 东周周王。名佗。公元前696—前682年在位。周桓王之子。庄王三年(前694),周公黑肩欲杀他而立王子克。大夫辛伯告之。遂杀周公黑肩,王子克出奔。

周子 即"晋悼公"。

周子旺(?—1338) 元袁州(今江西宜春)人。顺帝至元四年(1338)六月,与其师彭莹玉在袁州借白莲教组织反元,自称周王,改年号。不久,被元兵执杀。

周自强 元临江路新喻州(今江西新余)人,字刚善。初为吏。泰定间,因说降广西瑶民起义首领,超授广西两江道宣慰司都事。转饶州路经历,迁婺州路义乌县尹,改抚州路金溪县尹。以江州路总管致仕。

周宗 唐末五代时广陵(今江苏扬州)人,一作秣陵(今南京)人,字君太。原为李昇侍从,善辞令,遇事机警。李昇为金陵尹时,任为都押牙,参预机密。南唐建国,擢为内枢使、同平章事,迁侍中,颇得亲信。后因宋齐丘等倾轧,罢为镇南军节度使。李璟继位后复出,留守东都。以司徒致仕。卒年七十余。二女均为后主后。

周宗建(1582—1626) 明苏州吴江(今属江苏)人,字季侯,号来玉。万历进士。由知县进御史。天启二年(1622),率先抗疏弹劾魏忠贤、客氏乱政。次年再上疏直攻魏忠贤擅权,旁及客氏、刘朝辈。触怒熹宗,令夺俸。魏忠贤矫旨削籍,诬其受熊廷弼贿,下狱处死。

周祖培(1793—1867) 清河南商城人,字叔滋,又字芝台。嘉庆进士。咸丰元年(1851)出任刑部尚书,充实录馆总裁。旋调任工部、吏部。太平军起,为筹款事建议清廷开办捐输,并主张令各省巨富报效。八年会办五城团防。十年咸丰帝逃奔热河后,留京办事,以体仁阁大学士管理户部。咸丰帝死后总理丧仪。同治初立,上疏请更正原定"祺祥"年号。后负责定陵工程及《文宗实录》及圣训的编修,卒于任。

周最 最或作冣、聚。战国时周人。周之公子。约生活于周慎靓王、赧王时期。曾谋立为太子未果。后相周、魏、齐等国,频繁往来于周、秦、齐、魏、楚、郑之间,属纵横家,力主合纵,反对连横,以智谋存周室。其活动事迹颇多,但史料支离破碎,不易连缀。

盩厔县 西汉置。《元和郡县志》:"山曲曰盩,水曲曰厔。"治今陕西周至县东终南镇。属右扶风。东汉废。西晋复置。属始平郡。北魏属扶风郡。北周尝置周南郡,又侨置恒州,寻并废。天和二年(567)移治今户县西北三十五里,建德三年(574)移治今周至县。隋属京兆郡。唐初属雍州,天授二年(691)改属稷州,大足元年(701)复属雍州。天宝元年(742)改名宜寿县,至德二载(757)复旧。乾宁二年(895)又改属乾州。天复元年(901)改属凤翔府。元属奉元路。明清属西安府。1964年改作周至县。

zhǒu

肘后卒急方 书名。又名《肘后备急方》。简称《肘后方》、《卒急方》。晋葛洪著。三卷。为《金匮药方》精简本,以便于携带和应急,故名。载有内、外、妇、儿、眼诸病治疗方药,并介绍各种灸法。其中关于"虏疮"(天花)、"尸注"(结核病)、"恐水"(疯狗病)、"沙虱毒"(恙虫病)等传染病症状及治疗方法,在世界医学史上有较高地位。后经南朝梁名医陶弘景加以整理、改编,金代杨用道又将宋代《证类本草》中附方补充进去。此本流传至今。

zhòu

纣 即"帝辛"。

咒禁博士 官名。隋于太常寺太医署置，唐因之，置一人，从九品下。掌以咒禁驱邪之术教授咒禁生。

咒禁生 唐太常寺太医署学习咒禁驱邪之术的学生。由咒禁博士教之，其考试登用一同国子监生徒。

咒禁师 吏职名。唐太常寺太医署置二人，咒禁工八人，掌咒禁驱邪。又殿中省尚药局亦置四人。

咒水之祸 亦称咒水之会。清初缅王诱杀南明永历朝臣的事件。顺治十六年(1659)，清兵入云南，永历政权流亡缅甸。缅政府初因李定国屯兵边境，并屡次谋接回永历帝，一时不敢加害永历朝臣。后吴三桂率清兵进临缅境，乃定计谋杀永历从官。十八年七月，请明从官往新城饮咒水(即盟誓)。永历朝大臣、内监除个别人因故未去外，沐天波、马吉翔等四十二人皆前往，为缅方所害。

呪羊 西夏卜法一种。夜间对羊焚香祷祝，再烧谷火散布于僻静处，次日清晨杀羊，剖视肠胃，若畅通则出兵无阻；羊心有血，不吉。

宙 时间。始见于先秦诸子。刘义庆《世说新语·排调》刘孝标注引《尸子》："往古来今曰宙。"认为"宙"是古往今来、绵延持续之过程。《庄子·庚桑楚》："有长而无本剽者，宙也。"晋郭象注："宙者，有古今之长，而古今之长无极。"唐陆德明《经典释文》："宙虽有增长，亦不知其始末所至者也。"则不仅肯定"宙"之时间概念，且指出其无限性。

胄 一名兜鍪。俗称头盔。古代防御用装备。商周时以青铜铸成，形如圆帽，两侧与后部向下延伸，以保护头部。胄顶或有直立圆管，以插缨饰，有的有钮，同时胄下缘两旁也有小钮，用以穿连皮带，系束在头上。战国时出现铁胄，为铁片连缀而成。

胄曹参军事 官名。唐长安初改铠曹参军事置。十六卫各置一员，正八品下，掌兵械甲仗、公廨兴缮、罚谪，左右监门、左右千牛四卫则兼骑曹参军事；禁卫军六军各置一员，正八品下；太子十率府各置一员，从八品下。神龙元年(705)复名铠曹参军事，先天元年(712)又改为胄曹参军事。

冑监 宋国子监的别称。

冑试 即"牒试"。

冑子监 官署名。渤海国置，有监长等官。

冑子律博士 官名。南朝梁天监四年(505)置，隶廷尉卿。三班。陈沿置，八品。别有"廷尉律博士"。

咮 见"柳宿"。

昼 战国齐邑。在今山东淄博市临淄西北。《孟子·公孙丑下》："孟子去齐，宿于昼。"赵岐注："昼，齐西南近邑也。"

昼夜漏刻 计时学名词。昼漏刻和夜漏刻的合称，古代分一昼夜为一百刻。以日入后三刻(后改二刻半)，为昏，以日出前三刻(后改二刻半)，为旦，从昏到旦为夜漏刻；从旦到昏为昼漏刻。冬至昼漏四十刻，夜漏六十刻；夏至昼漏六十刻，夜漏四十刻。春、秋分昼夜各五十刻。由于冬、夏至时间相隔一百八十二至一百八十三日，而昼夜漏刻相差二十刻，因此在东汉以前规定从冬(夏)至日起，每隔九日昼漏增(减)一刻。事实上每日昼长的变化并不相等，误差可达到二、三刻。东汉以后，由于漏刻测量逐步精确，自永元十四年(102)起，按太阳去极度，每隔二度四分时，漏刻增减一刻。自《后汉四分历》以后，各个历法中都根据自己的测算，将二十四节气日的昼夜漏刻或相应的其他数据列表绘出。与昼夜百刻平行的，还有一昼夜分为十二时辰制度，每辰等于 $8\frac{1}{3}$ 刻。由于一百刻不能为十二整除，一百刻与十二时辰难以配合。汉哀帝建平二年(前5)和王莽居摄三年(8)，改百刻为百二十刻，但不久即停止。南朝梁武帝天监六年(507)，曾一度改昼夜九十六刻。大同十年(544)，又改为一百零八刻，也都只通行数十年。到陈文帝(约563)朱史造漏刻，又复百刻制；唐宋以来，仍用百刻制。清以后又改为九十六刻和十二时辰配合使用。

酎金 酎为三酿之醇酒，用以祭祀宗庙。汉文帝时规定，各诸侯王、列侯每年都要按封国人口献黄金助祭，每千口奉金四两，余数超过五百口也出四两，称为酎金。武帝元鼎五年(前112)，列侯坐献酎金不如法夺爵者达一百零六人。

酎金律 律名。汉代规定酎金数量和成色的法律。文帝时颁行。酎金即王侯向封建国家交纳用以供奉宗庙祭祀的黄金。《史记·平准书》裴骃集解引如淳曰："《汉仪注》王子为侯，侯岁以户口酎黄金于汉庙，皇帝临受献金以助祭。大祀日饮酎，饮酎受金。金少不如斤两，色恶，王削县，侯免国。"据《汉书·武帝纪》，元鼎五年(前112)武帝借口列侯所献酎金数量和成色违犯规定，一次夺爵一百零六人。

鲖阳渠 在今安徽临泉县西北。始修年代不详。据《后汉书·何敞传》，和帝时敞任汝南太守，修理鲖阳旧渠，百姓赖其利，垦田增三万余顷。《水经注》称，汝水支流濦水东南流左迤为葛陂，陂水东出为鲖水，鲖陂东注为富水。灌溉区域，当在今平舆、临泉、新蔡县之间。

鲖阳县 西汉置。因在鲖水之阳得名。治今安徽临泉县西鲖城集。属汝南郡。西晋属汝阴郡。惠帝后改属新蔡郡。东晋咸康二年(336)省入新蔡县，旋复置。北齐废。隋开皇十一年(591)又置。大业中属淮阳郡。唐贞观初废。

籀史 书名。宋翟耆年撰。以介绍金石书目为主。原有上下两卷，上卷收书目十九种，下卷收十五种。现仅存上卷。除介绍书目作者生平事迹，概括书的内容外，并附评论。保留了一些已佚金石书籍的情况。

zhū

朱 即"丹朱"。

朱安世 西汉阳陵(今陕西高陵西南)人。武帝时人称京师大侠，武帝下诏指名缉捕。征和年间，丞相公孙贺为赎子罪自请逐捕之。下狱后,乃上书告贺子敬声与阳石公主私通,使巫祭祠祝诅等。有司案验,贺父子下狱死,族诛。巫蛊之祸由此起。

朱柏(1371—1399) 明宗室。太祖第十二子。洪武十一年(1378)封湘王,十八年就藩荆州(今属湖北)。嗜学,信道术,自号紫虚子。建文初,有人告其谋反,自焚死。初谥戾,永乐间改献。

朱柏庐(1617—1688) 明末清初苏州昆山(今属江苏)人,名用纯,字致一,自号柏庐。崇祯生员。入清后隐居不仕,究心程、朱之学。著有《愧讷集》、《治家格言》、《大学中庸讲义》。

朱葆三(1848—1926) 浙江定海(今舟山)人,名佩珍。清咸丰八年(1858)在上海协记五金店学徒,后任平和洋行买办。光绪四年(1878)开设慎裕五金号,迅速成为上海五金行业巨头。二十三年任中国通商银行总董。后陆续创办和投资华安水火保险公司、上海内地自来水公司、法商东方航业公司、上海华商电车公司、广州自来水厂、浙江兴业银行、四明银行等。清末曾任上海商务总会协理、董事。辛亥革命后,一度任沪军都督府财政长。1919年以上海总商会名义,通电支持段祺瑞政府,旋被迫辞职。

朱笔档 档案名称。清代军机处档册,内载皇帝每日朱笔谕旨及朱批奏折的数目,并于朱笔谕旨下注明简略事由,于朱批奏折下注明具奏者姓名。其中文字亦间有满、汉合璧者。起自嘉庆十六年(1811),止于光绪六年(1880)。

朱碧山 元嘉兴渭塘(今浙江嘉善)人,一名玉华。天历、至正间以雕刻金银器著称。所雕人物、动物,形象生动,神态可掬,技艺精湛,为时人所重。有"昭君出塞"、"达摩银像"等名作。

朱弁(?—1144) 南宋徽州婺源(今属江西)人,字少章,号观如居士。朱熹族叔祖。青年时在太学,以诗见重于晁说之。建炎初,以通问副使赴金,言和战利害甚悉,为金拘留。绍兴初,金人迫仕伪齐,誓死不屈,被留十七年始得归。劝高宗勿失恢复时机,见沮于秦桧,终奉议郎。善文章,在金思念故国之诗,深切婉转。著有《曲洧旧闻》、《风月堂诗话》等。

朱标(1355—1392) 明太祖长子。朱元璋为吴王时,立为世子,洪武元年(1368)立为皇太子。经历农事,察民情好恶。二十四年巡抚陕西,考察民情风俗。还京师,献陕西地图,上言经略建都事宜。次年病死。有五子,次子即建文帝(朱允炆)。建文元年(1399)追尊为孝康皇帝,庙号兴宗。成祖即位后,复称懿文太子。

朱彬(1753—1834) 清宝应(今属江苏)人,字武曹,一字郁甫。乾隆举人。为雍乾间理学家朱泽沄族孙。学承其乡王懋竑,推尊朱熹,抨击陆、王。时与刘台拱、王念孙、王引之、汪中、邵晋涵等往复论学。以治经见长,于训诂、音韵、文字之学,用力尤深。所著《经传考证》、《礼记训纂》,一本汉学家法,疏通古音古字,为同时学者推重。短篇杂著,辑为《游道堂集》刊行。

朱并(並) 东汉山阳高平(今山东微山西北)人。素性佞邪,为郡督邮张俭所弃,以此心怀怨恨。建宁二年(169)秉承中常侍侯览意旨,诬告俭与同郡二十四人共为部党,图危社稷。灵帝遂下诏大捕党人。

朱博(?—前5) 西汉杜陵(今陕西西安东南)人,字子元。成帝时,除大将军王凤幕府属,后历任博阳令、冀州刺史、左冯翊、光禄大夫、廷尉、后将军等职。善操持下属,治郡常用豪猾以为大吏,尽力者厚赏,不称者诛罚。后因红阳侯王立有罪牵连,坐免。哀帝即位,起家复为光禄大夫,迁京兆尹。时哀帝祖母定陶太后谋求尊号,大司马傅喜与丞相孔光等共持异议,乃与太后从弟傅晏顺旨劾奏,致喜罢官就国,光免为庶人,以此得为大司空,旋迁丞相,封阳乡侯。又承傅太后旨,奏免傅喜、何武为庶人。哀帝知悉其奸,召诣廷尉。旋自杀。

朱粲(?—621) 隋亳州城父(今安徽亳州东南)人。初为县佐史。大业十一年(615)率众起事,自称迦楼罗王,人称可达寒贼。众至十余万。引军渡淮,活动于荆、沔及山南郡县。武德元年(618)于冠军(今河南邓州西北)称楚帝,年号昌达,拥众二十万。次年降唐。复投王世充,拜龙骧大将军。四年,王世充于东都降唐,他被杀。其众不务稼穑,以劫掠为业,无粮即取小弱男女以为食。所至杀戮,破坏性极大。死后,士庶嫉其残忍,竞投瓦砾以击其尸。

朱昌祚(?—1667) 清山东高唐人,隶汉军镶白旗人,字懋功,号云门。顺治间官宗人府启心郎,授浙江巡抚。康熙四年(1665)擢直隶、山东、河南三省总督。次年,以请停镶黄、正白两旗换地事革职,后被鳌拜矫旨诛死。鳌拜败,乃昭雪。

朱常淓(1608—1646) 明宗室。号敬一。穆宗孙、神宗侄。万历四十六年(1618)袭封潞王。崇祯十七年(1644)李自成农民军攻河南,乃流寓淮安。旋南京诸臣议立新帝,吕大器、史可法等曾欲拥戴之。福王即帝位,遂移居杭州。弘光元年(顺治二年,1645),清兵至杭州,乃降。次年,被杀于北京。隆武帝追谥为闵王。善书工画。尤酷嗜古琴,编撰琴谱《古音正宗》,尝监制仿古琴数十张,称"潞琴"。擅佛学,通内典,有《古今宗藩懿行考》。

朱常浩 即"瑞王"。

朱常洛 即"明光宗"。

朱常润 即"惠王"。

朱常洵 即"福恭王"。

朱常瀛 即"桂端王"。

朱钞 旧指已经注销的单据。钞是单据,朱指朱印。宋代税钞用印前称白钞,用印后称朱钞。元代凡缴纳税粮或钱物,官府收受后在单据上加盖朱印,以示注销,即为朱钞。民户为官府雇佣,运粮到指定地点,也要以朱钞回来报销。参见"税钞"。

朱宸濠(?—1521) 明宗室。宁献王朱权四世孙。袭封宁王。久蓄异志,谋夺帝位。招集亡命,私藏兵甲,于正德十四年(1519)与致仕都御史李士实、举人刘养正等起兵反,分兵陷九江、南康,围攻安庆,声言直取南京。为王守仁所败,被俘,历时仅四十三日。次年底被处死于通州(今北京通州区)。

朱冲 西晋南安(治今甘肃陇西东南)人,字巨容。贫而好学,著名乡里。咸宁四年(278),诏补博士,称疾不应。后每闻征书至,辄逃入深山。居近夷俗,为羌戎所信奉,常以礼让为训,邑里感化,路不拾遗。卒以寿终。

朱充燿(?—1547) 明宗室。简王朱桂后裔。正德五年(1510)封泰顺王。嘉靖九年(1530)袭封代王。十二年大同兵变,避祸于宣府,事平始返。后病死。

朱椿(1370或1371—1423) 明宗室。太祖第十一子。洪武十一年(1378)封蜀王。初驻凤阳,二十三年就藩成都。性典雅,通文史,于西南地区传播礼教,有功于边地安定,太祖呼为"蜀秀才"。卒谥献。

朱慈炯 即"定王"。

朱慈烺(1629—?) 明宗室。思宗长子。一周岁即立为皇太子。崇祯十七年(1644)李自成农民军克北京,被俘,封为宋王。农民军撤离北京后,不知所终。弘光元年(1645),有自称太子者至江南,福王政权以为伪,囚于南京狱中,士民哗然不平,一时真伪莫辨。福王朱由崧逃离南京后,被士民释出,不久降清。随豫王赴北京,遭害死。

朱慈炤 即"永王"。

朱泚(742—784) 唐幽州昌平(今北京昌平西南)人。初为幽州卢龙节度使李怀仙部将。及朱希彩取代李怀仙,又得希彩信任。大历七年(772),希彩为部下所杀,众推其为节度留后。次年,代宗不得已,许为节度使。九年,入朝以示恭顺,甚得嘉奖,遂统领汴、宋、淄、青兵。十二年,代李抱玉为陇右节度使。建中二年(781),因击平泾州叛将刘文喜,加太尉、中书令,节度凤翔。次年,因弟朱滔反,被软禁。四年十月,泾原兵变,德宗逃往奉天(今陕西乾县),节度使姚令言拥其称大秦皇帝,建元应天。次年,改国号为汉,称汉元天皇。后李晟等军攻破长安,他逃往宁州彭原(今甘肃镇原东),为部下所杀。

朱次琦(1807—1881) 清广东南海人,字子襄,号稚圭。道光进士。咸丰二年(1852)任山西襄陵知县。旋引疾归,在九江镇礼山草堂讲学二十余年,世称九江先生。论学平实敦大,提倡实学,凡示生徒修行之实有四:一、敦行孝弟,二、崇尚气节,三、变化气质,四、检摄威仪;读书之实有五:经学、史学、掌故之学、性理之学、词章之学。被誉为人伦师表。著有《国朝名臣言行录》、《五史实征录》、《晋乘》、《国朝逸民传》、《性学源流》、《蒙古闻见》等,去世前尽焚之,仅存手辑《朱氏传芳集》、《南海九江朱氏家谱》、《大雅堂诗集》、《燔余集》、《囊中集》。有《朱九江先生集》。

朱聪 宋人。绍兴五年(1135)正月,率众数百人、船三十余艘,在潮州(治今广东潮州)沿海起义,攻入广州境内,转攻泉、福等州,众至万余人。旋受招安。

朱存理(1444—1513) 明苏州长洲(今江苏苏州)人,字性甫,号野航。诸生。嗜书成癖,善楷书,工考证,尤长于鉴赏书画人物。著有《铁网珊瑚》、《经学钩玄》、《吴郡献征录》、《野航漫录》、《鹤岭随笔》、《野航集》等。

朱存枢 明宗室。秦愍王朱樉后裔。万历时袭封秦王。崇祯十六年(1643)李自成克西安,被俘投降,授权将军。

朱耷(1624或1626—1705) 明末清初江西南昌人,原名统鍌。明宁王朱权后裔。明亡,出家为僧,后还俗,又作道士,居南昌青云谱道院。号八大山人,别号有个山、雪个、人屋、良月、道朗、破云樵者等。作画署款"八大山人",联书似"哭之"或"笑之"。善书画,尤擅花鸟。画风继徐渭水墨之后,简练而含蓄,豪放中寓温雅,自成独特风格,对后世水墨花鸟画影响甚大。论者每称:八大画鸟,眼珠多向上,所谓白眼看青天,以抒发其愤郁之气。与石涛、弘仁、髡残合称"清初四高僧"。

朱大典(?—1646) 明末清初浙江金华人,字延长,号未孩。明万历进士。崇祯末官漕运总督、凤阳巡抚,以贪黩闻名。南明弘光立,以兵三千入卫,加兵部尚书,总督江上军务。弘光亡,还守金华,鲁监国加以东阁大学士,隆武帝进以文渊阁大学士,封婺安伯。鲁监国元年(顺治三年,1646)清兵攻金华,率部坚守三月,城破,自焚死。

朱大定(?—1646) 明末清初浙江秀水(今嘉兴)人,字君求(一作君永)。初以荫授成都通判,后升同知。南明弘光朝覆亡,首于嘉兴起兵抗清。旋城破,护众出逃,航海至绍兴,鲁监国授监军副使。鲁监国元年(顺治三年,1646)养病于乡里,被清兵执送杭州,不屈遇害。

朱丹溪 即"朱震亨"。

朱单钱 盐杂课之一。清制,盐商领引纳课时,由官方填给朱单(又名照单或支单),凭单于盐场购盐。领取朱单时须按引缴纳一定费用,称朱单钱。

朱诞(?—316) 西晋吴郡(治今江苏苏州)人,字永长。江南大族。有名江东。晋惠帝时任淮南内史,陈敏之乱,江东豪右皆受敏爵位,唯他与贺循不豫其事。后为光禄大夫。永嘉三年(309),降刘渊。劝渊攻洛阳,并任前锋都督。后官至大司农,为刘聪所杀。

朱棣 即"明成祖"。

朱典楧(?—1590) 明宗室。伊厉王朱㰘后裔。嘉靖二十三年(1544)袭封伊王。性贪吝,占民女,夺民舍,勒索官吏。又筑崇台,拟帝阙,自称"千岁"。四十三年废为庶人,由洛阳移置开封。封国被除。

朱栋(1388—1414) 明宗室。太祖第二十四子。洪武二十四年(1391)封郢王,永乐六年(1408)就藩安陆(今湖北钟祥)。谥靖。无子,封国除。

朱端 明浙江海盐人,字克正。少贫,以捕鱼采樵为生。善绘山水,仿王维,以气韵取胜,兼善绘花鸟、墨竹。正德时征入京,以画士直仁智殿,授指挥。钦赐"一樵图书",因以一樵为号。有《烟江远眺图》、

《寒江钓雪图》、《弘农渡虎图》等。

朱敦儒(约1080—1175) 南宋河南(治今洛阳)人,字希真,号岩壑老人。早年以布衣负重望,屡辞征召。南渡乱离,流落两广。高宗绍兴二年(1132)应召,赐进士出身,为秘书省正字,旋任浙东路提刑。因与主战派李光来往,以"专立异论"罪名罢官。寓居嘉禾(今浙江嘉兴)。晚年,受秦桧笼络,任鸿胪少卿,为时论所讥。桧死,废黜。工词,颓放消极,南渡后亦有忧时愤激之作。有词集《樵歌》。

朱尔典(John Newell Jordan, 1852—1925) 英国人。清光绪二年(1876)来华,历任英使馆翻译生、汉文秘书等职。二十二年以后任驻朝鲜总领事、代办。三十二年起任驻华公使。宣统三年(1911)为北京公使团的领袖公使。任内执行英日同盟时期加紧侵略中国的政策;掠夺中国矿山、铁路权益,侵略中国西藏,协助袁世凯破坏辛亥革命。第一次世界大战期间,鼓动北洋政府对德宣战,又扶植亲英美的直系军阀控制北京政权。1920年退休回英。

朱尔铿格 清鄂伦春人。康熙二十二年(1683)率部民于精奇里江一带袭击沙俄殖民者,屡著战绩。

朱方 ❶春秋吴邑。即今江苏镇江市东南丹徒镇。《左传》襄公二十八年(前545):齐庆封"奔吴,吴句余予之朱方,聚其族焉而居之"。一作吴国县。《史记·吴太伯世家》:王余祭三年(前545),"齐相庆封有罪,自齐来奔吴,吴予庆封朱方之县,以为奉邑"。秦置丹徒县。❷南朝时京口或南徐州的别称。因南徐州治京口(今江苏镇江市),而京口春秋时为朱方地,故称。《南齐书·臧荣绪传》:"隐居京口教授。……建元中,(司徒褚渊)启太祖曰:'荣绪'朱方隐者。"

朱方旦(?—1682) 清湖北汉阳人,号尔枚,自称二眉道人。康熙时以修炼为名,广招党羽,秘密刻书,自称圣贤。曾入大将军勒尔锦幕府。后游历江浙各地。康熙二十一年(1682)以"诡立邪说,煽惑愚民"罪被捕处死。

朱芾 明初松江华亭(今上海松江)人,字孟辨,以字行,号沧洲生。善诗文、书法,尤善绘翎毛、山水及白描人物。洪武初应征,官至中书舍人。绘有《芦洲聚雁图》、《惠麓秋晴园图》等。

朱渍(?—1808) 清广东人。初以广东沿海为根据地,嘉庆九年(1804)与福建蔡牵海上武装会合,打击清军。十二年进攻台湾的鹿港、淡水、噶玛兰、苏澳等地,次年与清军激战时,中炮死。

朱凤 东晋晋陵(今江苏武进)人。元帝时,历任著作佐郎、中书郎。著有《晋书》。

朱凤标(1800—1873) 清浙江萧山人,字建霞,号桐轩。道光进士。授编修,累迁至兵、户部右侍郎。道光二十八年(1848)奉命查办漕运,又偕大学士耆英巡察山东,弹劾贪吏。次年复陈山东盐政积弊,税课虚悬,请变通章程,先课后盐。咸丰元年(1851)擢左都御史。先后迁刑、户、兵部尚书。八年任顺天府乡试副考官,继任大理寺少卿、通政使等。十一年护送咸丰帝梓宫回京,授吏部尚书,充上书房总师傅。同治七年(1868)兼翰林院掌院学士,复拜体仁阁大学士、武英殿总裁等职。

朱浮 东汉初沛国萧(今安徽萧县西北)人,字叔元。新莽败亡后,以主簿从刘秀破王郎,更拜大将军、幽州牧,封舞阳侯。招纳王莽时故吏二千石,皆引置幕府。与渔阳太守彭宠交恶,为宠袭败。光武帝惜其才干,任为执金吾,徙封父城侯。时二千石多以微过斥罢,而黜退之权归刺举之吏,不复委任三府,乃上书谏之,又建言宜广选博士,光武帝多所采纳。后历任太仆、大司空。建武二十二年(46)坐卖弄国恩免。二十五年徙封新息侯。以好陵折同僚,明帝永平中下诏赐死。

朱榑(1366—1428) 明宗室。太祖第七子。洪武三年(1370)封齐王。初与燕、周、楚三王同驻凤阳,十四年就藩青州(今属山东)。喜武略,数出塞。建文初以凶暴不法废为庶人。永乐元年(1403)复旧封,四年因谋反夺爵,封国除。宣德中暴卒。

朱棡(1359—1398) 明宗室。太祖第三子。洪武三年(1370)封晋王,十一年就藩太原。好学而性骄,在藩国多行不法。太祖欲罪之,太子朱标力救得免。有武略,数将兵出塞。与燕王朱棣并被委以重任,冯胜、傅友德等皆听其节制。卒谥恭。

朱皋镇 在今安徽阜南县东南淮河北岸。元至正十一年(1351),刘福通入颍州,据朱皋,破罗山等县,即此。

朱高炽 即"明仁宗"。

朱高燧(1383—1431) 明宗室。成祖第三子。永乐二年(1404)封赵王。曾与汉王高煦合谋夺皇太子位,事发,成祖欲加罪,太子力救得免。仁宗即位,就藩彰德(今河南安阳)。宣德时,汉王高煦与之通谋。汉王之变平定后,朝臣多请并除之。宣宗不从,仅削其护卫。卒谥简。

朱高煦(1380—?) 明宗室。成祖次子。洪武二十八年(1395)封高阳王。"靖难"之役中从父征战,有大功。永乐二年(1404)改封汉王。封国云南、青州(今属山东),皆不往。屡谋夺嫡,数谤太子。十五年以不法徙封乐安州(治今山东广饶)。宣德元年(1426)八月起兵反叛。宣宗亲征,未战而降,废为庶人,后被杀。

朱根仁(?—1878) 清江苏常熟人,字礼斋。咸丰十年(1860)投效临淮大营。同治元年(1862)以军功升知县。三年署安徽定远县知县。时兵燹初定,民不堪命,遂牒请缓试征,平诉讼,释冤狱,推行怀柔政策。六年复署定远知县,申例律,平乡党,筑城聚粮,对抗捻军;倡导修堰、治井、辟塘,预防旱涝灾害。光绪元年(1875)再署阜阳知县,捕获当地捻党首要程黑。次年任全椒知县。

朱赓(1535—1609) 明浙江山阴(今绍兴)人,字少钦,号金庭。隆庆进士。万历二十九年(1601)以礼部尚书兼东阁大学士,预机务。次年莅职。疏陈矿监税使之害。三十四年因沈一贯、沈鲤致仕,独掌内阁。次年任首辅。卒谥文懿。著作有《朱文懿公奏疏》、《朱文懿公文集》。

朱肱 北宋湖州乌程(今浙江湖州)人,字翼中,号大隐翁,又自号无求子。元祐进士。曾官奉议郎。后忤旨罢官,侨居杭州大隐坊,著书酿酒,作《北山酒经》。苦心钻研《内经》及张仲景学说,历数十年,遂精于医。将《伤寒论》以各证分类,用问答体裁叙述,于大观二年(1108)写成《伤寒百问》,后重加校订,附方,更名《南阳活人书》,又称《类证活人书》,全书二十卷,推阐仲景之论,颇多发挥。另撰有《内外二景图》一书,流传于世。

朱恭枵(?—1644) 明宗室。周定王朱橚后裔。万历十七年(1589)封周世子,不久袭封周王。崇祯十四年(1641)助饷守开封,抵抗李自成农民军。次年,李自成再围开封,河决城圮,他被援军救出,寄居彰德。后南下,病死于淮安。

朱句(?—前412) 战国时越国君。公元前448—前412年在位。周威烈王十一年(前415)灭滕(今山东滕州西南),十二年灭郯(今山东郯城西南)。今出土有其时所作青铜剑及矛。

朱古 藏语意为化身。藏族对西藏佛教中活佛的称谓。参见“活佛”。

朱光卿 元增城(今属广东)人。顺帝至元三年(1337)正月,在增城率众起义,石昆山、钟大明等纷起率众参加,称大金国,年号赤符。归善(今广东惠阳)聂秀卿、谭景山也率众响应,推戴甲为首,称定光佛。同年七月,兵败被俘杀。

朱光庭(1037—1094) 北宋偃师(今河南偃师东南)人,字公掞。少从学于胡瑗、孙复。嘉祐进士,调万年主簿,历知数县,辟庆州判官。熙宁末以言新法不便,为签书河阳判官。哲宗即位,司马光荐为左正言,请罢提举常平司及青苗、保甲等法,又劾新党章惇、蔡确等。师事程颐,为洛党重要人物。元祐元年(1086)弹劾苏轼所拟策题文字不识大体,遂起洛蜀党争。累官给事中,后落职知亳州,徙潞州。

朱珪(1731—1807) 清顺天大兴(今属北京)人,字石君,号南崖(一作南厓),晚号盘陀老人。乾隆进士。少与兄朱筠并有文名。历侍读学士、按察使、布政使等职。乾隆四十年(1775)内召为侍讲学士,命在上书房行走,为仁宗师傅。后出任安徽、广东巡抚。嘉庆四年(1799)高宗死,宣召入京,入值南书房,凡军国大事,仁宗多与商酌。十年拜体仁阁大学士。清廉正直,历久不渝。卒后仁宗为诗吊之,有“半生惟独宿,一世不贪钱”之句。著有《知足斋诗集》等。

朱贵(?—1842) 清甘肃河州(今临夏)人,字黻堂。以武生入伍。道光初,从杨遇春平定张格尔叛乱。二十一年(1841)升任浙江金华协副将。是年,英军连陷定海、镇海、宁波三城,扬威将军奕经奉命赴浙江办理军务,他率陕甘兵九百以从。二十二年春奕经规复宁波、镇海失利后,奉调赴长溪岭大营,屯慈溪城西大宝山。率部迎击来犯,与子武生昭南一同阵亡。

朱桂(1374—1446) 明宗室。太祖第十三子。洪武十一年(1378)封豫王,二十五年改封代王,就藩大同。立护卫屯田,以省粮饷转运。性暴虐,建文时废为庶人,永乐初复爵。妄为无道,贪取财货,成祖屡责戒之。卒谥简。

朱国宝(1230—1288) 元宝坻(今属天津)人。宪宗时从军。九年(1259),从忽必烈攻鄂。中统二年(1261),为千户。次年,从平李璮之乱,镇守东海。元军攻宋襄阳,摄四翼镇抚,督造战舰,筑万山堡。后参加灭宋战争,屡立战功,升管军万户、海北海南道宣慰使等职。至元二十三年(1286),为广南西道宣慰使。二十五年升都元帅,行尚书省参知政事。因军事至赣州,病死于旅舍。

朱国祯(?—1632) 明湖州乌程(今浙江湖州)人,字文宁,号平涵。万历进士。历官编修、国子监祭酒等,后谢病归。曾上书浙江巡抚、巡按,请行均田,计亩定役,遂招祸,致居室被焚。天启三年(1623)拜礼部尚书兼东阁大学士,入参机务。次年,继叶向高、韩爌为内阁首辅,因忤魏忠贤,遭劾称病归。卒谥文肃。著有《涌幢小品》、《皇明史概》、《大政记》等。

朱国治(?—1673) 清汉军正黄旗人。顺治四年(1647)由贡生官固安知县。十七年升江宁巡抚。次年审办哭庙、奏销案,江南绅衿坐罪者达一万三千五百余人,有恶名。康熙十年(1671)调云南巡抚。十二年吴三桂叛,胁降不从,遂被杀。

朱国祚(?—1624) 明浙江秀水(今嘉兴)人,字兆隆,号养淳。万历十一年(1583)进士第一,授修撰,进谕德。日本丰臣秀吉侵朝鲜时,他反对妥协。二十八年以礼部右侍郎代行尚书事,屡疏争国本。光宗即位,进礼部尚书兼东阁大学士,参预机务。天启元年(1621),进文渊阁大学士。三年,累官户部尚书,不久乞归。谥文恪。著有《介石斋集》。

朱皠 清江苏吴县人,字素臣,号苼庵。毕生致力于戏曲创作和研究,作品有《振三纲》、《一着先》等十九种,现存九种。根据《醒世恒言》中《十五贯戏言成巧祸》改编的剧目《十五贯》(又名《双熊梦》)是其代表作。其作品取材广泛,社会生活内容丰富,适合舞台演出,亦深受当时梨园界称誉。

朱鹤龄(1606—1683) 明末清初江苏吴江人,字长孺,号愚庵。明诸生。入清后隐居著述。与李颙、黄宗羲、顾炎武并称“海内四大布衣”。初长于诗词,曾笺注杜甫、李商隐诗,后转而致力于诸经注疏。著有《愚庵诗文集》、《毛诗通义》、《尚书埤传》、《禹贡长笺》等。

朱衡(1512—1584) 明江西万安人,字士南、惟平,号镇山。嘉靖进士。累官南京刑部尚书。隆庆三年(1569)以治理黄河功擢工部尚书。万历二年(1574)致仕归。著有《道南源委录》。

朱红灯(1862—1899) 清末山东泗水人,原名逢明。游民出身。光绪二十四年(1898)至长清习“神拳”,为当地义和拳重要首领。后退至茌平、平原一带,与禹城义和拳首领心诚和尚互为声援。次年率团众千余至平原县杠子李庄,打退平原知县的进攻,旋又在森罗殿击败清军。后在济南被害。

朱宏祚(1630—1700) 一作朱弘祚。清山东高唐人,字徽荫。朱昌祚弟。初由举人拔盱眙知县,有惠政。康熙二十六年(1687)晋广东巡抚。时三藩之乱方定,讦告之风盛行,遂下令禁止株连无辜,并减免浮收苛派,整饬盐政。三十一年任闽浙总督。后病死。著作有《清忠堂奏疏》。

朱洪英(? —1874) 清湖南耒阳(一作东安)人,又名声洪、盛洪、胜洪、世雄。早年加入天地会。咸丰二年(1852)冒称明裔,与胡有禄以"恭义堂"名义在广西南宁发动起义,后活动于湘桂边界。四年攻克灌阳,建立升平天国,奉"太平天德"年号,自称镇南王。起义军以红巾帕头,称红巾军,攻克广西富川、恭城等地。七年克柳州。次年退出,转入贵州古州(今榕江)。同治十三年(1874)在湖南宜章被捕就义。

朱洪章(1831—1895) 清贵州黎平人,字焕文。道光三十年(1850)为乡勇,从胡林翼镇压农民起义。咸丰四年(1854)隶湘军塔齐布部,塔齐布死,隶毕金科部。数年间在两湖、江西与太平军作战,升千总。毕金科死,代领其军。九年后,从曾国荃转战赣皖,擢至参将。同治三年(1864)湘军用地雷炸坍天京(今南京)城墙后,率部为前锋,首先攻入城内,赐黄马褂,予骑都尉世职,后授总兵。

朱厚烷 即"郑恭王"。

朱厚炜(1495—1496) 明宗室。孝宗次子。死后追封蔚王,谥悼。

朱厚照 即"明武宗"。

朱厚熜 即"明世宗"。

朱华奎(? —1643) 明宗室。楚昭王朱桢后裔(楚恭王朱英煃子)。万历六年(1578)封世子,八年袭封楚王。三十一年宗人华越等上书称其为异姓子,大学士沈一贯护之,事息而真伪竟不明。崇祯年间,收集溃兵组成楚府军,以拒张献忠。武昌城破,被农民军溺死于长江。

朱桓(177—238) 三国吴吴郡吴县(今江苏苏州)人,字休穆。初从孙权,为余姚长。平丹杨等地山民有功,迁裨将军,封新城亭侯。后代周泰为濡须督。黄武二年(223),在濡须(今安徽巢湖东南)击退魏将曹仁,斩仁将常雕,掳王双。封嘉兴侯,迁奋武将军,领彭城相。七年,鄱阳太守周鲂伪降于魏,诱魏大司马曹休出兵,乃献计请率部断夹石、挂车两道,可尽歼曹军,陆逊不从。后魏军果败经此地。黄龙元年(229),拜前将军,领青州牧,假节。性耻为人下,然轻财贵义,卒时家无余财。

朱晃 即"朱温"。

朱晖 东汉初南阳宛县(今河南南阳)人,字文季。家世衣冠,与光武帝刘秀为世交。初任为郎。明帝时拜卫士令,迁临淮太守。后坐法免。章帝建初中,南阳大饥,乃尽散家资赈济宗里故旧贫者。元和中,召拜尚书仆射。时章帝采纳尚书张林建议,尽封钱,一取布帛为租,官自鬻盐,行均输之法,乃上言以为"均输之法与贾贩无异;盐利归官,则下人穷怨;布帛为租,则吏多奸盗。"(《后汉书·朱晖传》)因称病笃,拒不署议。后历任尚书令、骑都尉。和帝时病卒,年八十余。

朱绘 宋人。官左朝请大夫。宣和中,以唐刘存《事始》、后蜀冯鉴《续事始》疏略,著《事原》三十卷。又著有《历代帝王年运铨要》。

朱晦庵 即"朱熹"。

朱橞(1379—1428) 明宗室。太祖第十九子。洪武二十四年(1391)封谷王,二十八年就藩宣府(今河北宣化)。建文四年(1402),开京师金川门迎燕王,获厚赏赐,改封于长沙。在封国甚骄横,谋不轨,为蜀王朱椿告发。永乐十五年(1417)废为庶人。自焚死,封国除。

朱鸡石(? —前 208) 秦末符离(今安徽宿州东北)人。二世元年(前 209),起兵响应陈胜、吴广起义,率部围东海。后为项梁别将,与余樊君迎战秦将章邯,兵败亡走,为项梁所杀。

朱己 战国时人。魏国大臣。魏安釐王十五年(前 262)欲亲秦,并将与秦攻韩,他劝谏魏王,以为秦乃虎狼之国,贪戾好利而无信,魏不如受楚、赵之约,挟韩之质,以存韩为务,此即"存韩安魏而利天下"之策。朱己,《史记·魏世家》作无忌,或说即信陵君。

朱纪 十六国时上党(治今山西长治北)人。西晋时,与刘渊、范隆同师事崔游。渊立国,以之为太常,迁中书监。刘聪时历尚书令、光禄大夫、大司空、太傅。靳准之乱,投奔刘曜。与太保呼延晏等奉曜为帝,拜为司徒。

朱绩(? —270) 三国吴丹杨故鄣(今浙江安吉西北)人,字公绪。朱然子。以父任为郎,后拜建忠都尉。叔父卒,领其兵。父死,拜平魏将军,乐乡督。赤乌十三年(250),魏征南将军王昶率众攻江陵(今湖北荆州),乃约奋威将军诸葛融于昶退兵时共邀击之,融不至,为昶伏兵所败,遂与融有隙。建兴二年(253),大将军诸葛恪被杀,他与无难督施宽等乘机攻杀恪弟融于公安(今湖北公安东北)。太平二年(257),拜骠骑将军。后迁上大将军,都护督。元兴元年(264),为左大司马。

朱家 西汉初鲁(治今山东曲阜)人。以任侠闻,家无余财,而专趋人之急。曾脱季布于危难,及布尊贵,终身不见。自关以东,莫不延颈愿交。

朱家宝(1864—1928) 云南宁州(今曲靖)人,字经田。清光绪进士。历任保定知府、江苏通永道、江苏按察使等职。光绪三十三年(1907)署吉林巡抚,次年调安徽巡抚。宣统三年(1911)秋,安徽咨议局宣布独立,曾被推为都督,旋被江西军队驱逐。1914 年任直隶民政长兼直隶都督。依附袁世凯,支持帝制复辟。1917 年赞助张勋复辟,任为民政部尚书。后寓居天津。

朱见济(? —1453) 明宗室。景泰帝朱祁钰之子。朱祁钰为郕王时,封为郕王世子。景泰三年(1452)五月,立为太子。四年十一月病卒,谥怀献,称怀献太子。天顺元年(1457)英宗复辟,降称怀献世子。

朱见浚(1456—1527) 明宗室。英宗第七子。英宗被软禁南宫时生。天顺元年(1457)英宗复辟后封吉王。成化十三年(1477)就藩长沙。颇重学术,好访古迹,于岳麓书院刊刻《先圣图》及《尚书》,以授学者。嘉靖中病卒,谥简。

朱见潾(1448—1517) 明宗室。英宗第二子,初名见清。景泰三年(1452)封荣王。英宗复辟,改封德王。成化三年(1467)就国济南,广占湖地、牧马地为庄田。卒谥庄。

朱见沛(1462—1505) 明宗室。英宗第九子。成化二年(1466)封徽王,十七年就藩禹州(今属河南)。自置吏员,左布政使徐恪革罢之。又乞请庄田,多至数千顷。卒谥庄。

朱见深 即"明宪宗"。

朱见澍(1452—1472) 明宗室。英宗第五子。天顺元年(1457)封秀王。于近畿内立庄田。成化六年(1470)就藩汝宁(今河南汝南)。属官请迁文庙以护王邸,不许。卒谥怀。

朱见泽(1455—1505) 明宗室。英宗第六子。天顺元年(1457)封崇王,成化十年(1474)就藩汝宁(今河南汝南)。弘治时,周太后年老欲召其至京,群臣交章建言,以为不可,遂止。卒谥简。

朱见治(1458—1472) 明宗室。英宗第八子。成化二年(1466)封忻王。未及就藩而卒,谥穆。无子,封国除。

朱建(?—前177) 西汉楚人。曾为淮南王英布相。以谏阻布谋反,故布被杀后得赐号平原君。事母至孝。辟阳侯审食其欲与结交,乃以厚礼赠其母丧。食其素为吕后所幸,诸吕被杀后,赖他多方周全,得免于祸。文帝时,以其党于食其,使吏捕治,遂自杀。文帝惜之,乃召拜其子为中大夫。

朱建平 三国时沛国(治今安徽濉溪西北)人。传善相术。又善相马。曹操召为郎。魏黄初中卒。

朱鉴(1391—1478) 明福建晋江(今泉州)人,字用明。永乐举人。授蒲圻教谕。擢御史,巡按湖广,改湖湘男女婚嫁过晚(年逾三十)之俗。后按广东,增设屯田佥事。正统时升山西左参政。土木之变后,举兵勤王。景泰初官至右副都御史。三年(1452)因议景帝宜让位与英宗,忤帝意致仕。久之卒。

朱脚 见"鼠尾簿"。

朱瑾(867—918) 唐末五代宋州下邑(今河南夏邑)人,小字慜哥。早年随堂兄朱瑄居郓州(治今山东东平西北),补军校。僖宗时,袭取兖州(今属山东),拜泰宁军节度使,与朱温攻战十余年。乾宁四年(897),为朱温将葛从周所败,率部投奔杨行密。淮南不习骑射,得其骑兵,军声大振。旋大败朱温骁将庞师古于清口,行密因此保有淮南之地。以功任行营副都统,同平章事。因不满徐温、徐知训父子专政,被排挤,乃设计杀知训,旋以势窘自刎。

朱桱(1386—1415) 明宗室。太祖第二十三子。洪武二十四年(1391)封唐王。永乐六年(1408)就藩南阳(今属河南)。卒谥定。

朱敬则(635—709) 唐亳州永城(今属河南)人,字少连。早以辞学知名。咸亨中,授洹水尉。武后临朝,除右补阙,上疏请绝告密罗织之徒,武后善其言。长安三年(703),迁正谏大夫,兼修国史,寻同凤阁鸾台平章事。以用人为先,不省细务。时张易之兄弟诬构魏元忠、张说,无敢言者,他独抗表申理,乃得减死。后为宗楚客等所诬,贬庐州刺史。卒于家。著有《十代兴亡论》十卷,已佚,《全唐文》存文十四篇。

朱靖甸(?—1895) 清河南安阳人。咸丰进士,以知县即用。同治二年(1863)任清苑知县,治水利,建新闸,并手定启闭章程。后累迁至湖南岳常澧道。光绪二十一年(1895)擢直隶按察使,署布政使。清廉自持,遗产仅足治丧事。

朱九江先生年谱 书名。清简朝亮编。朱次琦(人称"九江先生")年谱。编者系其门人。起嘉庆十二年(1807),迄光绪七年(1881)五十岁前,简述其求学、科试、仕宦等事,五十岁以后多录论学要旨,可供研究清代学术史参考。

朱九涛(?—1855) 清末湖南郴州人,原名邱昌道。咸丰元年(1851)托名朱九涛,假托为朱明后人,以"广东老万山"为堂名,在湖南衡州(今衡阳)发展天地会。三年在郴州率数千人起义,击败知州戚天保,杀团绅喻德位,活动于郴州、永兴一带。后湖南巡抚骆秉章派罗泽南率乡勇围剿,起义军失败。五年在郴州周源山被戚天保拘捕杀害。

朱居槃 见"子合"。

朱驹波 见"子合"。

朱巨川告身 即唐代朱巨川的授官凭信。有徐浩书和颜真卿书两种,皆为楷书。徐书为唐大历三年(768)朱巨川授濠州钟离县令时作,今藏于台湾,笔稍软弱。颜书为建中三年(782)朱巨川授守中书舍人时作,刻入《停云馆》、《三希堂》等帖,笔力劲健。

朱俱波 古国名。汉魏时又称子合国、朱驹波国、悉居半国、朱居槃国、遮拘迦国。《大唐西域记》作斫句迦、沮渠,《新唐书·西域传》又作朱俱槃国。故地在今新疆叶城。俗信佛教。唐时数遣使朝贡。

朱据(194—250) 三国吴吴郡吴县(今江苏苏州)人,字子范。黄武初,征拜五官郎中,补侍御史。孙权因其才兼文武,迁建义校尉,领兵屯湖孰(今江苏南京东南)。又婚以公主鲁育,拜左将军,封云阳侯。黄龙二年(230),青州人隐蕃至吴任廷尉监,谋作乱,事觉被杀,因曾数称蕃有王佐之才,遭孙权切责,禁入殿省,历时乃解。赤乌九年(246),迁骠骑将军。十二年领丞相。时权子太子和与鲁王霸有隙,他党附太子和。十三年,以权幽闭和,乃连日屡谏,权甚恶之,左迁新都郡丞。未至官,赐死。

朱卷 科举制度中试卷名目之一。明清两代,乡试及会试场内,应试人的原卷(即墨卷)须由誊录人用朱笔誊写一遍,方送考官批阅,称为朱卷,以防考官徇私舞弊。考中后,将本人在场中所作之文刊印赠人,也叫朱卷。先载姓名履历;继载始祖以下尊属,及兄弟叔侄,妻室子女;附载受业、受知师;最后选登文数篇。与场中的朱卷名同而实异。

朱骏声(1788—1858) 清江苏吴县人,字丰芑,号允倩。嘉庆举人。官黟县训导。少时问学于钱大昕,奠定小学与经史基础。咸丰元年(1851)进呈所著《说文通训定声》,文宗赏以国子监博士。是书取许慎《说文》所收之字,以声为经,义为纬,依古韵分十八部以统纪之,首明本义,次言假借、转注,使读者检一字而通、假、正、别,一目了然,为清人治《说文》之名著。另著有《六十四卦经解》、《尚书古注便读》、《左传旁通》、《夏小正补传》、《传经室文集》等。

朱儁(?—195) 东汉会稽上虞(今属浙江)人,字公伟。初仕本郡主簿,举孝廉,再迁兰陵令。灵帝光和元年(178),任交阯刺史,镇压梁龙起义,以功封都亭侯,征为谏议大夫。黄巾起义爆发后,迁右中郎将。先后领兵镇压颍川、汝南、陈国、宛城等地黄巾军及张燕所部黑山军,封西乡侯,更封钱塘侯。历任光禄大夫、将作大匠、少府、太仆、河内太守、河南尹等职。董卓迁都入关后,留守洛阳,与山东诸将密谋诛卓。卓伏诛后,李傕、郭汜专朝政,复征入为太仆。初平四年(193)任太尉,录尚书事。后傕汜相攻,被郭汜扣留为质,旋病死。

朱克融(?—826) 唐幽州昌平(今北京昌平西南)人。少为幽州军校。节度使刘总将入朝,虑其生变,先荐送朝廷。在京求官不得,随张弘靖还镇。及幽州兵乱,囚张弘靖,遂领军务。时镇州王庭凑亦叛,与之合兵围深州。敬宗初,累迁检校司空。后军乱被杀。

朱克柔 南宋华亭(今上海松江西)人,又名朱刚。与沈子蕃同以缂织技艺著称。擅画,结合缂织技艺与绘画艺术发明缂织画。题材悉取院体绘画,配色丰富典雅,层次分明协调,充分体现原作神韵风采。所作人物、树石、花鸟,精巧绝伦,古淡清雅,为一时之绝技。收藏家将其作品视如名画。主要作品有《莲塘乳鸭图》、《山茶》等,另有《牡丹图》、《碧桃蝶雀图》等传世。

朱孔彰(1842—1919) 江苏长洲(今苏州)人,字仲我,原名孔阳,字仲武,晚号圣和老人。清光绪举人。父骏声,通经学、小学。少承家学。咸丰十年(1860)投曾国藩军幕,留营读书。旋襄校江南官书局。治经之余,留心掌故。网罗咸同以来名臣将帅事迹,成《中兴将帅别传》。光绪中,刘坤一聘修《两淮盐法志》,冯煦聘修《凤阳府志》,兼主淮南书局。历任江楚编辑局、江南通志局协修等。宣统元年(1909)掌教安徽存古学堂。民国后尝应清史馆聘,撰传稿数十篇。著作还有《三朝闻见录》、《中山王徐达传注》、《说文重文笺》、《论语孝经尔雅孟子古注汇辑》等。

朱宽 隋人。炀帝时,任羽骑尉。大业三年(607),受命与海师何蛮赴流求(今台湾),求访异俗。次年,再至流求,取其布甲而还。

朱匡业 五代时庐州舒城(今属安徽)人。初从李昇为军校。及李昇代吴称帝(即南唐烈祖),出为歙州刺史,旋召还授神卫统军。周攻南唐淮南,他任内外巡检使,以驭军严肃著称。李煜(后主)袭位,任官至神武统军,加中书令。

朱昆田 清浙江秀水(今嘉兴)人,字文盎。朱彝尊子。与沈名荪合编《南史识小录》、《北史识小录》。著有《笛渔小稿》,附《曝书亭集》中。

朱帘秀 即"珠帘秀"。

朱梁兴创遗编 书名。五代时后梁敬翔撰。二十卷。记朱温事。起唐广明元年(880),迄天祐四年(907)。内容实即《大梁编遗录》之前半部。已佚。

朱亮祖(?—1380) 明初庐州六安(今属安徽)人。元末为"义兵"元帅。朱元璋军克宁国,被俘,元璋喜其骁勇,仍旧官。数月叛,据宣城。元璋亲自督战,复擒之。壮其志而免其死,留置麾下。从攻战屡有功,历官枢密院判、广信卫指挥使、浙江行省参政。洪武三年(1370)以平两广功封永嘉侯。十二年镇广东,勇悍善战而不知学,所为多不法。番禺知县道同揭其不法,反诬奏同致死。次年,被召至京,与子暹俱鞭死。后追论为胡惟庸党。

朱璘 清浙江上虞人,字青岩。由贡监官武昌府同知,康熙二十七年(1688)署湖北驿盐道。二十九年以镇压夏逢龙兵变擢南阳府知府。首葺书院,延师教郡人子弟,从游者数百人。据前人编年之书,成《纲鉴辑略》;又搜集明季以来文献,续成《明纪全载》。尚著有《耐岩考史录》。

朱龄石(379—418) 东晋沛郡沛县(今属江苏)人,字伯儿。世为将帅。初为殿中将军,追随桓修兄弟。后从刘裕,任建武参军。迁武康令,杀不法豪强数十人,一郡得清。从裕征南燕,击卢循,升宁远将军、西阳太守。义熙八年(412),奉裕命伐蜀,为元帅,率二万人下成都。以平蜀功,进监秦、梁六郡诸军事,赐爵丰城县侯。后为雍州刺史,督关中诸军事,代刘裕子义真镇长安。旋被长安百姓所逐,奔潼关。夏主赫连勃勃入长安,追击晋军,赫连昌执之送长安,被杀。

朱陆异同 南宋朱熹理学与陆九渊心学的同异。朱、陆同以孔孟儒家学说为正宗,同以封建纲常名教为"天理",同以"存天理、去人欲"为指归。但两派对理学的主要概念或范畴之理解不尽相同。朱熹认为"万物一理",客观的"天理"是世界本原;为学主张先"道问学"、"即物穷理",更注重读经注经。陆九渊声言"宇宙即是吾心",主观的"心"是天地万物的本原;为学主张先"尊德性","发明本心",谓"六经皆我注脚"。两派对周敦颐"无极而太极"之说的理解亦异。朱熹释之为"无形而有理",陆九渊则怀疑其为周敦颐本人之思想。以后,两派的门弟子继续其辩论。参见"鹅湖之会"。

朱轮华毂 汉代高级官吏车乘的文饰,即将车轮涂成红色,车毂绘成彩色。景帝中元六年(前144)诏设车服之禁,令长吏二千石车朱两轓,千石至六百石朱左轓。东汉时,诸车文饰也各有科品。《后汉书·舆服志》有详细记载,其中规定:公、列侯为朱班轮,卿朱两轮。因车马文饰按官吏品级规定,故朱轮华毂成为列侯或二千石以上高级官吏代称。

朱买臣(？—前115) 西汉会稽吴县(今江苏苏州)人,字翁子。家贫,以卖樵为生。好读书,常担束薪,且行且诵。妻以为羞,遂离去。后至长安诣阙上书,待诏公车。因严助推荐得召见。说《春秋》、《楚辞》称旨,拜中大夫。与助等俱侍中,奉命与丞相公孙弘辩论置朔方郡之便。后坐事免,复召待诏。出任会稽太守,受诏将兵与横海将军韩说等俱击破东越。元狩元年(前122)征入为主爵都尉。数岁,坐法免官,复为丞相长史。后与长史王朝、边通合谋告发御史大夫张汤阴事,汤自杀,他与朝等以此被诛。

朱蒙 一作东明。夫余语,"善射"之意。传说中高句骊族始祖。见朝鲜《三国史记·高句骊本纪》。

朱梦炎 明江西进贤人,字仲雅。元至正进士,授金溪县丞。以博闻强识著称。至正二十六年(1366),应朱元璋召,编《公子书》,教公卿子弟。洪武十一年(1378)官至礼部尚书。援古证今,了如指掌,满朝皆服。卒于官。

朱勔(1075—1126) 北宋苏州(今属江苏)人。因父冲谄事蔡京、童贯,父子均得官。时徽宗垂意花石,他取浙中奇石异卉进献。政和中,设置应奉局于苏州,勒取花石,以船由淮、汴辗转运至京城,号"花石纲"。声势煊赫,谄事之人即得官,不附己者辄罢去,时称东南小朝廷。为六贼之一。豪夺渔取,凌虐百姓达二十年。方腊起义,即以诛勔为名。钦宗即位,削官放归田里,后编管循州(今广东龙川),遣使杀之。

朱明 南宋人。绍兴十四年(1144)率众千余人起兵福建海上,进袭沿海州县,杀宋将张深,攻建州(治今福建建瓯)。旋为步军司统领张守忠所败,受招安。

朱明镐 明太仓(今属江苏)人,字丰芑。著有《史纠》。考订《三国志》至《元史》书法之谬及其事迹抵牾,多有精核可取处。

朱铭盘(1852—1893) 清江苏泰兴人,字俶僩,原字日新,号曼君。光绪三年(1877)客庆军统领提督吴长庆军幕,得与张謇为挚友。八年优贡,举本科乡试。从吴长庆率军援朝鲜,与朝鲜士大夫时有唱酬。十四年起,为金州张仲明军幕。以军功保举知州。后卒于金州军中。著有《四裔朝献长编》、《两晋会要》、《宋会要》、《齐会要》、《梁会要》、《陈会要》及《桂之华轩诗文集》等。

朱模(1380—1431) 明宗室。太祖第二十一子。洪武二十四年(1391)封沈王,永乐六年(1408)就藩潞安(今山西长治)。卒谥简。

朱谋玮(约1564—约1624) 明宗室。字郁仪、明义。宁献王朱权七世孙。封镇国中尉。博览群书,通晓朝廷典故。万历二十二年(1594),以学行被荐,管石城(今属江西)王府事务,主藩政三十年。好天文、地理及文字训诂之学。私谥贞静先生。著有《水经注笺》、《天运绍统》、《唐宜同声》、《古文奇字辑解》、《诗故》、《枳园近稿》等百十二种。

朱母郎玛阿林 地名。今珠穆朗玛峰最早文献记录的汉文名称。首次出现于康熙六十年(1721)木版《皇舆全览图》上。乾隆九年(1744),《大清一统志》写作"朱木拉马山"。二十六年《水道提纲》写作"朱木郎马"。乾隆二十五年至三十五年制成的乾隆十三排地图上写作"珠穆朗玛阿林",和现在写法基本一致。道光二年(1822)《皇朝地理图》省"阿林"两字,与现在的称呼完全一致。

朱睦㮮(1517—1586) 明宗室。字灌甫,号西亭。嘉靖十年(1531),封镇国中尉。喜搜购古书图籍,竭四十年之力,得书万余卷,仿四部法,用各色牙签识别,起"万卷堂"读书其中。又筑室东坡,延招学者。万历五年(1577)举文行卓异,为周王府宗正,主持宗学十余年。卒年七十。学者称西亭先生。著有《圣典》、《革除逸史》、《明帝世表》、《周国世系表》、《五经稽疑》、《河南通志》、《陂上集》等。

朱睦楧 即"南陵王"。

朱穆(100—163) 东汉南阳宛县(今河南南阳)人,字公叔。好学勤思。初举孝廉。顺帝末,辟大将军梁冀府,使典兵事,甚见亲任。桓帝即位,举高第为侍御史。屡谏梁冀求贤能,斥佞恶,戒侈暴,而冀不听。永兴元年(153),擢冀州刺史,不与宦官结交,整肃法令,该部令长闻风畏惧,解印绶去者四十余人。举劾权贵,或至死狱中。又案验宦官赵忠葬父僭制,至剖棺陈尸,以此触怒桓帝,被输作左校。太学生刘陶等数千人诣阙上书讼之,得获赦免。后征拜尚书,志除宦官,故数为中官称诏诋毁。终以愤懑发疽而卒。禄仕数十年,蔬食布衣。曾与延笃、边韶共著作东观,著文凡二十篇,其中《崇厚论》、《绝交论》为矫正世弊之作。

朱能(1370—1406) 明凤阳怀远(今属安徽)人,字士弘。洪武中嗣父职为燕山护卫副千户。建文初,从燕王起兵"靖难",有显功。历指挥同知、都指挥佥事,以善战称。建文四年(1402),燕师屡败,军心动摇,乃力斥归守之议,进都督佥事。成祖即位,授左军左都督,封成国公。永乐二年(1404)加太子太傅。四年充总兵官攻安南,途中病卒于龙州,追封东平王,谥武烈。

朱鸟 亦称"朱雀"。二十八宿南宫七宿别名。《书·尧典》称为"鸟"("日中星鸟"),《周礼·司常》九旗有鸟隼旗,1978年在湖北随县曾侯乙墓出土的战国初期绘天文纹漆箱盖上,有代表东、西宫的龙、虎纹,没有鸟纹。《礼记·曲礼上》、《吴子·治兵》、《淮南子·天文训》等称为朱鸟。

朱沛文(约1805—?) 清广东南海(今广州)人,字少廉,又字绍溪。自幼随父习医,后又阅读传入西医书籍,并到西医院观看人体解剖,遂对中西医汇通有所见解。认为中医"精于穷理,而拙于格物",西医"长于格物,而短于穷理"。主张中西并兴。著有《华洋脏象约纂》。

朱(硃)批 清制,皇帝在臣僚奏章上以朱笔所作批示称朱批。

朱(硃)批档 档案名称。也称回缴朱批档。清代军机处档册,雍正时定制,凡经皇帝朱笔批示过的奏折,在发还具奏人遵照执行后,例应缴回宫中。其中有的是经军机处汇收后上缴内奏事处,存储宫中。朱批档即军机处记载所收各处缴回朱批奏折的登记簿。

朱(硃)批谕旨 ❶见"朱谕(3)"。❷书名。清世宗撰辑。三百六十卷。雍正十年(1732)成。世宗阅览臣工奏折,每有批语,数十字或数百字不等,批过的奏折遂为朱批奏折。世宗拣选各类官员二百二十三人约七千件朱批奏折,汇为此书,多反映雍正朝政治和社会生活。有雍正十一年及乾隆三年(1738)内府本、红字活字本。

朱(硃)批奏折 档案名称。即经皇帝批示过的奏折。

朱貔孙 南宋饶州浮梁(今属江西)人,字兴甫。淳祐进士。累迁监察御史兼崇政殿说书。首疏论右相丁大全误国之罪。时鄂州被围,边报日急,内侍董宋臣建议迁都四明,他上疏反对。后以言董宋臣事忤旨,迁大理少卿。不久再任监察御史,进侍御史,屡言贾似道公田法之弊。度宗即位,力辞言职,出知宁国府,论罢。久之,以华文阁学士知袁州,革除斛面勒索,兴学校以教士。后升敷文阁学士,未几卒。

朱楩(1379—1450) 明宗室。太祖第十八子。洪武二十四年(1391)封岷王,二十八年改驻云南。建文元年(1399)废为庶人,徙漳州(今福建龙海西)。永乐初复爵。永乐六年(1408),因杀戮吏民、擅收诸司印信被削护卫,居北京。仁宗即位,移居武冈(今属湖南)。卒谥庄。

朱祁钰 即"明代宗"。

朱祁镇 即"明英宗"。

朱其昂(? —1878) 清末江苏宝山(今属上海)人,字云甫。由淞沪沙船巨商捐资为道员。咸丰十年(1860)始,在山东烟台与美国商人合办清美洋行,以承办上海、烟台、天津等口岸海运为主要业务。曾任江苏海运局会办、浙江漕运局总办、海运委员。同治十一年(1872)由李鸿章授意,拟定轮船招商章程,在上海设局招商,并"以身家作抵",任总办。次年招商局改组,任会办,负责漕运和官务。光绪三年(1877)为招商局洽购美商旗昌轮船公司产业。次年李鸿章委为津海关道,任命三日后死去。

朱淇(1858—1931) 广东南海(今广州)人,原字箓孙,字季鍼。清光绪秀才。光绪二十年(1894)加入兴中会。次年孙中山谋广州起义时,由他起草讨满檄文。二十三年在广州创办《岭学旬报》、《岭海日报》。二十五年赴青岛办《胶州日报》。三十年至京,创办《北京报》(后改名《北京日报》)。武昌起义后,曾赴滦州(今河北滦县)游说张绍曾、吴禄贞等发难。1915年拒绝袁世凯收买《北京日报》,并发表反帝制评论。晚年闭门研究儒释道经典。

朱琦(1803—1861) 清广西临桂人,字濂甫,号伯韩。道光进士,选庶吉士,授编修。以气节自励,迁御史。鸦片战争后,数上疏切论时务,人咸推其抗直,为名御史。道光二十六年(1846)告归。咸丰八年(1858)参与浙江巡抚王有龄军务。十一年总理团练局,太平军攻杭州,被击毙。能诗文,有《怡志堂文集诗集》。

朱谦(? —1451) 明河南夏邑人。永乐初袭指挥佥事。正统八年(1443)充右参将,守万全左卫。后以功累进都督同知,与参将纪广等守宣府(今河北宣化)。*土木之变英宗被俘,也先挟英宗至城下,令开门,他拒之不应。进右都督,后进左都督,充总兵官,镇守宣府。景泰初因军功封抚宁伯。卒于任,赠抚宁侯。

朱㳘 即"殳㳘"。

朱强甫集 书名。清朱克柔撰。三卷。朱氏久居湖北,维新运动时创《萃报》,宣传变法。故是书有不少涉及变法和时政的文字可资参考。有光绪三十二年(1906)刊本。

朱清(1237—1303) 元崇明(今属上海市)人。宋末为富户杨氏佣工,杀杨氏,为海盗。元军南下,帅众降,授行军千户。南宋亡,奉伯颜命,用船将帑藏图籍由海道运至大都(今北京)。至元十九年(1282),与罗璧、张瑄由海道运粮四万余石至大都。二十年,为中万户,专管海道运粮。二十八年,元朝立海道都漕运万户府二,以江东道宣慰使兼领万户府事。元贞二年(1296),为河南行省参政。四年,迁左丞。大德七年(1303),以行贿罪,被捕下狱,自杀。

朱庆余(餘) 唐闽中人,一作越州(治今浙江绍兴)人,名可久,以字行。入长安后,以诗谒水部员外郎张籍,为籍所赏识。宝历二年(826)登进士第,官秘书省校书郎。曾客游边塞。工诗,长于五律,情婉词新,内容多为士子送别、闺情游赏。风格略近张籍,但成就不及。与贾岛、姚合等相酬唱,有名当时,而不得志于仕途。有《朱庆余诗集》一卷,《四部丛刊》续编本。

朱权(1378—1448) 明宗室。字臞仙,号涵虚子、丹丘先生。太祖第十七子。洪武二十四年(1391)封宁王。二十六年就藩大宁(今内蒙古宁城西)。建文元年(1399)被削护卫。"靖难"兵起,燕王袭大宁,遂从。永乐元年(1403)改封南昌。有才略,多智数,好文学、医学,尤善北曲。卒谥献。著有《琴阮启蒙》、《臞仙神隐书》、《神奇秘谱》、《太和正音谱》、《乾坤生意》、《寿域神方》、《诗谱》及杂剧《私奔相如》、《大罗天》等。

朱全忠 即"朱温"。

朱雀 ❶亦称朱鸟。四象之一。古代二十八宿南方七宿(井、鬼、柳、星、张、翼、轸)之总名。《三辅黄图·汉宫》:"苍龙、白虎、朱雀、玄武,天之四灵,以正四方,王者制宫阙殿阁取法焉。"古代又常以之作为宫阙名、城门名。❷中国古代南方之神,后为道家所信奉。与青龙、白虎、玄武同为四方之神。❸渤海僖王大言义年号(812—818)。凡七年。

朱雀航 即朱雀桥。航一作桁。在今江苏南京市中华门内镇淮桥稍东,跨秦淮河南北。三国吴时名南津大桥(《三国志·吴志·孙权传》);因在朱雀门外,又名朱雀桥(《三国志·吴志·孙綝传》)。又因在台城之南,通称"南航";其时淮水(秦淮)上有二十四航,此为最大,亦称"大航"。为都城南面的门户。东晋太宁二年(324)王敦叛,犯建康,温峤烧朱雀桁,以挫其锋。自后以泊船为浮航,长九十步、广六丈,冬夏可随水高下。每遇警急,则撤航为备。隋灭陈后废。《景定建康志》引《旧志》谓镇淮桥"即古朱雀航所",误。

朱雀门 旧时都城之南门多称朱雀门。以朱雀为南方七宿,又代表南方之神,故名。如六朝都城建康(今江苏南京)南城门即名朱雀门。始建于晋成帝咸康二年(336)。又,隋唐都城长安皇城正南门亦名朱雀门。隋开皇二年(582)建。北与宫城承天门,南与郭城明德门相对。文帝时立制,士庶不得杂居于朱雀门内。故门内唯列宗庙、百僚廨署,门外始为坊巷士庶第宅。隋唐两代,皇帝多在此门劳师赏军。开皇九年,隋平陈师还,文帝亲御朱雀门劳师,大行庆赏,自门外夹道列布帛之积,达于南郭。

朱雀桥 即"朱雀航"。

朱然(182—249) 三国吴丹杨故鄣(今浙江安吉西北)人,字义封。本姓施。年十三,以甥过继朱治为子。与孙权同学。至权统事,历任余姚长、山阴令、临川太守、偏将军等。建安二十四年(219),从攻关羽,与潘璋断羽退路,俘羽。迁昭武将军,封西安乡侯。吕蒙病重,举以代己,遂假节镇江陵。黄武元年(222),与陆逊并力拒刘备于宜都(今湖北枝城),破其前锋,断其后道,拜征北将军,封永安侯。次年,江陵为魏围攻,坚守凡六月,魏兵乃退,由是名震内外。改封当阳侯。黄龙元年(229),拜车骑将军、右护军。赤乌四年(241),率军围攻魏樊城(今湖北襄樊),破其外围。九年,征相中(今湖北南漳),杀掠数千人,拜为左大司马、右军师。治军常备不懈,故辄有功。

朱让栩(?—1547) 明宗室。蜀献王朱椿后裔。正德五年(1510)袭封蜀王。以创义学、修水利、赈灾荒,得世宗嘉许。

朱肜 肜又作彤。十六国时京兆(治今陕西西安西北)人。与王猛并知名关中,猛荐于秦主苻坚,任尚书侍郎,领太子庶子,后迁秘书监。秦建元中,率军攻仇池(治今甘肃成县西北),降仇池公杨纂。后又攻晋蜀地,陷汉中,梁、益二州遂为秦有。淝水战前,坚与群臣议攻东晋事,违众议阿附于坚,以为出兵必胜。坚大悦,酿成坚淝水之败。

朱荣(1359—1425) 明山东沂州(今临沂)人,字仲华。洪武时,以总旗从沐英征云南。累官副千户,守大宁(今内蒙古宁城西)。燕王起兵,降附,以功升都督佥事。永乐初,从张辅攻交阯,擢都督。屡从成祖北征,镇守大同。十八年(1420)改镇辽东。二十年,以破兀良哈功封武进伯。卒于镇,赠侯。

朱容藩(?—1648) 明宗室。楚通城王支庶。崇祯末逃入左良玉军,冒称郡王,为诸将所恶。永历帝立,赴肇庆,丁魁楚荐于朝,掌宗人府事,参与大政。永历元年(顺治四年,1647),以兵部右侍郎总督川东兵马职,入川。旋因赃私狼藉,被削职,乃自称楚世子天下兵马副元帅,选授文武。复置行台于夔州。次年,遭堵胤锡面责,散其党。旋为督师吕大器所杀。

朱儒 即"焦侥"。

朱瑞(1883—1916) 清末浙江海盐人,字介人。光绪三十一年(1905)南洋陆师学堂毕业,任浙江新军第二标执事官。次年入光复会。三十三年与秋瑾谋起义。几及于难。宣统元年(1909)任安徽督练公所参谋处提调兼测绘学堂监督。次年调充浙江新军标统。武昌起义后,参与杭州光复,任浙军司令,曾率浙军会攻南京。南京临时政府成立,迭任第六师师长、第五军军长及浙江都督兼民政长。后拥护袁世凯称帝,捕杀王金发。帝制失败,避居上海,病死天津。

朱三太子案 明崇祯帝第三子朱慈炯,系周皇后所生,封定王,李自成进北京后受封宅安公。李自成退出北京后下落不明。汉人谋反清复明,往往诈称朱三太子,以组织和号令群众,清代历史上出现的"朱三太子"事件有:(1)康熙十二年(1673),北京杨起隆称朱三太子,组织暴动,失败后出逃。(2)约在康熙十三年,福建漳州白头军蔡寅称朱三太子,有众数万,与郑经联合,同清朝作战,被海澄总兵黄芳世击败。(3)康熙十九年,旗下逃人在汉中谋举事诈称杨起隆,即诈称朱三太子,被捕杀。(4)康熙四十六年,四明大岚山起义军奉朱三太子为首领。清廷到处搜捕,旋在山东捉获王士元,云系朱三太子。清廷明知非真,仍加杀害。(5)雍正七年(1729),传说朱一贵的儿子称朱三太子,活动在交趾小西天。

朱善(1314—1385) 元末明初江西丰城人,字备万,号一斋。善作文,元末隐居山中著书。洪武初授南昌教授,历官修撰、翰林待诏等。洪武十八年(1385)升文渊阁大学士,与刘三吾、汪叡合称三老。以老请归。正德时谥文恪。著有《一斋集》、《诗经解颐》等。

朱少屏(1881—1942) 江苏上海(今属上海市)人,名葆康,号天一、屏子。早年入南洋公学,毕业后留校任教。旋赴日本留学,加入同盟会。归国后在上海从事革命活动。清光绪三十二年(1906)创办健行公学。后协助于右任创办《民呼日报》、《民吁日报》、《民立报》等报纸,并参与南社活动。又充《大陆报》华董。宣统三年(1911)参加上海起义,攻打制造局。沪军都督府成立,任总务科长。1912年任南京临时政府总统府秘书。后供职《太平洋报》、《生活日报》、《中华日报》、《申报》、《中国评论周报》等报刊,先后举为全国报馆俱进会会长、环球中国学生会总干事。曾任上海市通志馆副馆长。后任驻菲律宾领事,被日本占领军杀害。

朱射斗(1743—1800) 清贵州贵筑(今贵阳)人,字文光,号辉亭。曾参加金川之役,以军功擢至总兵。乾隆五十七年(1792)从福康安入藏反击廓尔喀入侵。六十年复从福康安镇压湘黔苗民起义,获首领石三保;又随额勒登保破平陇及石隆寨,击杀石柳邓。嘉庆二年(1797)撤回川北,镇压白莲教起义,作战奋勇,时称"朱虎"。四年随德楞泰破麻坝寨,获冉文俦。次年被冉天元部义军击毙于蓬溪高院场。

朱升(1299—1370) 元末明初徽州休宁(今属安徽)人,字允升,学者称枫林先生。元末举乡荐,为池州学正。后弃官隐居石门。朱元璋下徽州,召问时务,答以"高筑墙、广积粮、缓称王"。遂留参密议。吴元年(1367)授侍讲学士,知制诰,同修国史。洪武元年(1368)进翰林学士,定宗庙时享斋戒等礼,预修《女诫》。时大封功臣,制词多出其手。以老请归。著有《枫林集》等。

朱胜非(1082—1144) 宋蔡州(治今河南汝南)人,字藏一。崇宁进士。靖康元年(1126)权知应天府,次年,诣济州迎康王赵构即位南京(今河南商丘南)。历尚书右丞、中书侍郎,建炎三年(1129),拜尚书右仆射兼御营使。苗刘之变时仍留相位,善事斡旋,高宗得以复辟。乱平,出知洪州、江州。绍兴二年(1132),因吕颐浩力荐,再相,主和议及定都临安。曾先后诋毁李纲,排斥赵鼎,为时论所轻。与秦桧有隙,桧得政,废居八年而卒。著有《秀水闲居录》。

朱士行 三国魏颍川(治今河南许昌东)人。僧人。少年出家,专心读经。甘露五年(260)西行寻求经书原本,辗转至于阗(今新疆和阗)。经二十多年始得《放光般若》梵本,凡九十章,六十余万字(二万余颂)。晋太康三年(282),命弟子弗如檀(一译法饶)送回洛阳。后由无罗叉、竺叔兰译出,被经师奉为圭臬。然因于阗主所阻,终身留居西域,终年八十。为中国正式受戒为沙门之第一人,也是汉僧西行求法之倡导者。后人因其求法诚笃,途多艰险,辑有《朱士行集》。

朱世杰 元大都(今北京)人,字汉卿,号松庭。大德七年(1303),著《四元玉鉴》三卷,凡二百八十问,列开方演段诸图凡四十一,总结宋、元四元术(四元高次方程组)及消元解法,列出高阶等差级数的内插公式。又著《算学启蒙》三卷,凡二十四门,为数学启蒙教科书。

朱世卿 南朝陈人,亦名三议,自称寓滋先生。据传曾"心重《大乘》,口诵《般若》",后转而批驳佛理。认为"万法万性,皆自然之理"而"非造物之功";人生皆由命定,性命纯属偶然,"如温风转华,寒飙飏雪,有委溲粪之下,有累玉阶之上",与"善恶报应"无关。主张"征其事"以验其言。其取证的比喻和方法,和范缜颇相类似。著有《性法自然论》。

朱轼(1665—1736) 清江西高安人,字若瞻,号可亭。康熙进士。康熙五十六年(1717)官浙江巡抚,请修海塘。五十九年任左都御史。雍正元年(1723)入值南书房,反对实行摊丁入地。充《明史》、《会典则例》总裁。三年晋文华殿大学士,与怡亲王允祥往直隶督理水利营田。十三年赴浙江董理海塘工程。乾隆元年(1736)充《世宗实录》总裁,寻病死。著作有《朱文端公集》。

朱守谦(?—1392) 明宗室。原名炜。四岁时父文正被谪,太祖命育于宫中。洪武三年(1370)改名,封靖江王。九年就藩桂林,因作怨诗废为庶人。七年后复爵,迁镇云南。复因横暴虐民,谪居凤阳。后锢于京师卒。

朱守仁 元末明初徐州(今属江苏)人,字元夫。元末为枢密同知,守舒城。后降朱元璋。洪武四年(1371)官至工部尚书,奉命察访山东官吏。改北平(今北京)行省参政,因馈饷不继贬官。历任苍梧知县、高唐知州、四川布政使。以年老致仕。十五年,召为云南楚雄知府,均平徭役,兴建学校。二十八年任太仆寺卿,立牧马草场于江北滁州等处,辖十四监九十八群,马匹蕃息,史称马政之修自守仁始。永乐初病卒。

朱寿(?—1393) 元末人。参加朱元璋起义军,历官万户、总管。转战南北,积功为横海卫指挥,进都督佥事。时连年北征,与张赫督理漕运。洪武二十年(1387)封舳舻侯。后坐蓝玉党被杀。

朱淑真 南宋杭州钱塘(今浙江杭州)人,一说海宁(今属浙江)人,自号幽栖居士。南渡初或尚在世。出身仕宦家庭,尝随夫宦游吴、越、荆、楚间,传因婚姻不满意,抑郁以终。工绘画,晓音律,所作诗词多哀怨幽伤之篇。淳熙九年(1182),魏仲恭辑其所作,名《断肠集》。

朱樉(1356—1395) 明宗室。太祖次子。洪武三年(1370)封秦王,十一年就藩西安。二十二年,设宗人府,命为宗人令。有武略,数将兵出塞有功。二十八年征洮州(今甘肃临潭东)西番,迫其降。师还而卒,谥愍。

朱舜水 即"朱之瑜"。

朱思本(1273—1333) 元临川(今属江西)人,字本初,号贞一。龙虎山道士。从玄教大宗师吴全节至大都(今北京),奉诏代祀名山大川,得以周游天下,考察地理。积十年之力,绘成《舆地图》二卷,其图采用"计里画方"法,先制各地分图,然后合成长广各七尺的大图,已开始使用图例符号。原图已佚。明罗洪先《广舆图》即据此图增补而成,故学者仍称"朱思本图"。至治元年(1321),主玉隆万寿宫。工诗文,有《贞一斋诗文稿》。

朱伺(?—317) 西晋江夏安陆(今湖北安陆北)人,字仲文。少为吴牙门将给使。归晋后为郡将,参与镇压张昌起义,为骑部曲督,加绥夷都尉。又从陶侃平陈敏之乱。永嘉中,石勒破江夏,遂走夏口(在今湖北武汉黄鹄山)依陶侃,从讨杜弢有功。建兴中,加广威将军,领竟陵内史。建武元年(317)为杜曾所围,受伤,退还甑山(今湖北汉川东南汉水对岸),旋卒,年六十余。

朱松 ❶(1097—1143)宋徽州婺源(今属江西)人,字乔年,号韦斋。朱熹之父。曾从程门弟子罗从彦学。政和八年(1118),同上舍出身,授建州政和县尉,更调南剑州尤溪县尉。绍兴四年(1134),召试除秘书省正字。历官著作佐郎、史馆校勘,与修《哲宗实录》。秦桧当权,决策议和,他以吏部郎上章力陈不可,遂出知饶州,旋奉祠卒。有《韦斋集》。❷(1380—1407)明宗室。太祖第二十子。洪武二十四年(1391)封韩王。性恭谨,好文学。未及就藩卒。谥宪。

朱棣(1361—1425) 明宗室。太祖第五子。燕王朱棣同母弟。洪武三年(1370)封吴王,十一年改封周王,驻凤阳。十四年就藩开封。建文初,因燕王朱棣起兵夺位,锢于南京。永乐元年(1403)复旧封。好学,能词赋,尤爱好植物学、医学,著有《救荒本草》、《普济方》及《甲子编年》等。卒谥定。

朱台符(965—1006) 北宋眉州眉山(今属四川)人,字拱正。善词赋。淳化进士。累迁秘书丞、知浚仪县。真宗初年,与梁颢等同知贡举,旋出为京西转运副使。曾上疏建议与契丹通市修好,专力对西夏,并自请往使契丹。后入为盐铁判官,改判户部勾院,换度支判官。出为陕西转运使,改知郢州,徙洪州,卒于道。

朱檀(1370—1389) 明宗室。太祖第十子。洪武三年(1370)封鲁王,十八年就藩兖州。善诗文。因食金石药而死,谥荒。

朱檀墓 明太祖第十子鲁荒王朱檀的坟墓。在山东邹城九龙山。葬于洪武二十二年(1389)。出土有戗金漆箱、南宋七弦琴、冕旒等衣物。最珍贵的是墓中还保存了宋高宗题跋的金粉葵花蛱蝶、元钱选自跋的白莲和无款金碧山水三幅绢画,以及《四书集注》、《通鉴节要》、《杜工部诗史》等七种二十余册元刻本书籍。

朱滔(746—785) 唐幽州昌平(今北京昌平西南)人。朱泚弟。初为卢龙节度使朱希彩帐下。及泚为节度使,说泚入朝,得继任卢龙节度留后。建中二年(781),李惟岳反,奉命讨之。次年,破惟岳于束鹿(今河北辛集东北),进取深州(治今河北深州西南)。以功领节度,赐德、棣二州。因不得所取深州而不满,遂与田悦、王武俊等同叛,自称冀王,为盟主。四年,泾原兵变,奉朱泚据长安称帝,得立为皇太弟。复与田悦不睦,率燕蓟回纥五万兵攻田氏贝州(今河北清河西北)。王武俊忌其势强,与李抱真合击之,败不成军,走还幽州,上书降唐,不久病卒。

朱天保(?—1718) 清满洲镶白旗人,字九如。康熙进士,官翰林院检讨。康熙五十七年(1718)疏请复立允礽为皇太子,谏圣祖以汉武帝废立戾太子故事为鉴,触圣祖怒,坐斩。

朱天麟(?—1652) 明末清初江苏昆山人,字游初,一字震清。明崇祯进士。授饶州推官,改翰林院编修。南明隆武朝时,任少詹事。永历初,拜东阁大学士兼礼部尚书,疏请出兵进取中原。时朝臣党争纷起,以主吴党,自恃从驾旧臣,与金堡等互为水火,被迫辞位。旋复召入阁,力主封孙可望为秦王,并请移驻云南。后经略左、右江,招土司兵以勤王。永历六年(顺治九年,1652)病死。

朱廷禧 明山东聊城人,字允修。万历进士。由翰林检讨累迁礼部右侍郎,充日讲官。天启三年(1623)以礼部尚书入阁。未几晋太子太保、文渊阁大学士。五年加吏部尚书、建极殿大学士。因疏救杨涟、左光斗,忤魏忠贤,遭劾罢归。著有《畸斋诗文集》。

朱纨(1494—1550) 明苏州长洲(今江苏苏州)人,字子纯,号秋厓。正德进士。嘉靖二十五年(1546)累官右副都御史,巡抚南赣。次年改任提督浙闽海防军务,巡抚浙江,严行海禁以御倭。二十七年遣都司卢镗破双屿倭寇。不久遭浙闽通倭势家攻讦,谪为巡视。二十八年于诏安击败葡萄牙海盗,斩杀与倭寇及葡萄牙海盗勾结的李光头等九十六人,遂被劾为擅杀,解职按问。后含愤服毒自尽。著有《甓余集》、《茂边纪事》。

朱鲔 新莽末淮阳(治今河南淮阳)人。初随王匡等聚众绿林山(今湖北当阳东北)起义反莽。地皇三年(22),分兵北入南阳,号新市兵。更始政权建立后,任大司马。更始移都长安后拟封其为胶东王,乃以"高祖约,非刘氏不王",辞让不受。徙左大司马,与李轶等镇抚关东,据守洛阳,拒刘秀。建武元年(25)投降刘秀,拜平狄将军,封扶沟侯。后为少府,传封累世。

朱温(852—912) 即后梁太祖。五代时后梁建立者。公元907—912年在位。宋州砀山(今属安徽)人。幼随母佣工萧县刘崇家。既长,以雄勇自负。唐末,参加黄巢起义军。中和二年(882),任同州防御使。旋叛变,降唐河中节度使王重荣,任河中行营副招讨使,赐名全忠。次年,改宣武军节度使,加东北面都招讨使。与李克用等联兵镇压黄巢起义军,以后陆续吞并、击败秦宗权、朱瑄、李茂贞、朱瑾等藩镇,挟制唐昭宗,进爵梁王,乃大杀宦官,尽揽重权。天祐元年(904),迫昭宗迁洛阳。不久杀之,立李柷(哀帝)。拥有宣武等二十一道地,初步统一黄河流域。天祐四年,废哀帝自立,都汴,国号梁,史称后梁。改名晃,年号开平,开启五代历史。次年,令诸州灭蝗,以利农桑。开平三年(909),又令两税外不得妄有科配,禁州县猾吏广敛贪求,对唐朝积弊有所改革。又诛戮功臣,防范节度使,但藩镇交兵战争依然不断。曾与沙陀贵族李克用父子连年征战,严重破坏社会经济。晚年淫乱,为子友珪所杀。葬宣陵。

朱文公文集 书名。全名《晦庵先生朱文公文集》,亦称《朱子大全》。南宋朱熹撰。一百卷。又有续集十一卷,别集十卷。内有各类诗文,及有关论学和部分哲学著作。该书经后人辑编,有《晦庵朱先生文集》、《朱子文集大全类编》、《晦庵先生集》等不同刻本,正、续、别集卷数多不一致。明嘉靖间胡岳刻本较为完备。为研究朱熹思想的重要资料。

朱文圭(1402—1458) 明宗室。惠帝少子。年二岁,成祖夺位,幽禁凤阳,称"建庶人",天顺元年(1457)始获释。

朱文进(?—944) 五代永泰(今属福建)人。仕闽,为拱宸都将,掌亲兵。通文四年(939),与连重遇发动兵变,杀闽康宗,迎立景宗。天德二年(944),又杀景宗,据福州,自称闽王,诛王氏宗族五十余人。寻称藩于后晋,受封威武军节度使、闽国王。后与重遇同被部下所杀。

朱文奎(1396—?) 明宗室。惠帝长子。建文元年(1399)立为皇太子。七岁时,燕师入京,不知所终。

朱文正(?—约1365) 元末钟离(今安徽凤阳东)人。朱元璋侄。自幼丧父,为元璋所抚养。后为将领,元至正二十一年(1361)以军功升至大都督。骁勇善战,平江西,功最多。曾坚守洪都(今南昌)八十五日,数却陈友谅大军。因赏赐在常遇春等之下有怨言,被免官,谪居桐城,不久卒。

朱希彩(?—772) 唐人。初为幽州、卢龙节度使李怀仙兵马使。大历三年(768)杀怀仙,自称留后。唐命恒州节度使张忠志讨之,不克。代宗不得已,赦其罪,任为幽州节度副使。寻任节度使。五年,进封高密郡王。既得位,横暴自恣,人不堪命。七年,为部下李怀瑗所杀。

朱希忠(1516—1573) 明怀远(今属安徽)人,字贞卿。成国公朱能四世孙。嘉靖十五年(1536)袭爵。从世宗赴承天(今湖北钟祥),掌行在左府事。至卫辉,行宫夜失火,救世宗出,由此备受恩遇,入直西苑。历掌后军、右军都督府及京营之事,累加太师。卒后追封定襄王,谥恭靖。万历十一年(1583)追夺王爵。

朱锡琨(1814—1854) 清广西博白(一作玉林)人。金田起义时为右军长。咸丰元年(1851)在茶地升监军,迁指挥。三年克南京,升检点,守大东门。旋奉命与黄益芸率部北伐,接应林凤祥北伐军。后升秋官正丞相,转战皖豫,至朱仙镇,以功封剿胡侯。后不详。同治二年(1863)追封为抚王(一作麟王)。

朱熹(1130—1200) 南宋徽州婺源(今属江西)人,生于南剑州尤溪(今属福建),后徙居建阳(今属福建)考亭。字元晦,一字仲晦,号晦庵,又号晦翁,别称紫阳。绍兴十八年(1148)进士,任泉州同安县主簿。淳熙时,知南康军,改提举浙东茶盐公事。时浙东大饥,乃单车按行境内,救荒革弊。光宗时,历知漳州、秘阁修撰等。宁宗初,为焕章阁待制,旋以本职提举南京鸿庆宫。庆元二年(1196),落职罢祠。后致仕。卒后追谥"文"。早期主张抗金,中年后转以防守为上策。受业于李侗,得程颢、程颐之传,兼采周敦颐、张载等人学说,集北宋以来理学之大成,建立一个客观唯心主义的思想体系,是中国封建社会后期影响最大的思想家。其学派被称为"闽学",或考亭学派、程朱学派。曾被韩侂胄视为"伪学",加以禁止。他认为,"太极"是宇宙的根本和全体,包括不能分离的"理"、"气","理"在"气"先;万物有万理,万理均源于"天理",而"天理"即"三纲五常"。人们须"去人欲,存天理","正心诚意"、"居敬"、"穷理"以"求仁"。生平主要从事著书、讲学,对经学、史学、文学、乐律以至自然科学都有贡献。学生众多。主要著作有《四书章句集注》、《伊洛渊源录》、《名臣言行录》、《资治通鉴纲目》、《楚辞集注》、《诗集传》、《韩文考异》及后人编纂的《朱子语类》、《朱文公文集》等。

朱仙镇 在今河南开封县西南。南宋绍兴十年(1140),岳飞大败金兵于郾城,乘胜进军朱仙镇,又大破之,即此。元代贾鲁河开通后,货运至此转陆运到开封,商业繁盛。明清时与景德、佛山、汉口合称四大镇。

朱显槐 即"武冈王"。

朱宪㸅 明辽简王朱植后裔。初封句容王,嘉靖十九年(1540)袭封辽王,以奉道教得帝宠,赐号清微忠教真人。多淫虐不法事。隆庆二年(1568)被劾,废为庶人,封国被除。

朱襄氏 相传为上古帝王。《吕氏春秋·古乐》:"昔古朱襄氏之治天下也,多风而阳气畜积,万物散解,果实不成。"或说为炎帝之别号(同上高诱注)。

朱孝臧 即"朱祖谋"。

朱燮(?—613) 隋吴郡(治今江苏苏州)人。大业九年(613),与管崇聚众十余万反隋,推刘元进为帝,据吴郡,自任尚书仆射,旋被隋将吐万绪、鱼俱罗、王世充击败,战死。

朱燮元(1566—1638) 明浙江山阴(今绍兴)人,字懋和,号衡岳。万历进士。由大理寺评事历官四川左布政使。天启元年(1621),以四川永宁宣抚使奢崇明及贵州水西土目安邦彦反,加兵部侍郎,总督四川及湖广荆、岳、郧、襄、陕西汉中五府军务兼巡抚四川。他坚守成都百余日,又率秦良玉等收复重庆、永宁。四年,以兵部尚书兼督贵州、云南、广西军务,移镇遵义。崇祯二年(1629)破水西,杀奢崇明、安邦彦。又招抚流亡,修路筑驿,广开屯田,西南遂安。有《督蜀疏草》、《朱襄毅疏草》。

朱新堞(?—1643) 明宗室。晋恭王朱㭎七世孙。家居汾州(今山西汾阳)。崇祯十四年(1641)由宗贡生任陕西中部(今黄陵)知县。十六年,李自成农民军兵临城下,传檄促降,自杀死。

朱兴隆 清广东清远人,一作湖北人。早年参加天地会。咸丰四年(1854)在广东起义,失败,入赣加入太平军,隶石达开部。七年随石出走,转战浙、闽、湘、桂。九年冬离石回京,隶李秀成部,后封利王。同治三年(1864)天京(今南京)陷落,随李世贤转战于皖赣闽粤各地。次年在广东嘉应州(治今梅州)降清,改名朝安。后不详。

朱雄英(1375—1382) 明宗室。懿文太子朱标长子,死时仅八岁。追封虞王,谥怀。

朱熊(1801—1846) 清浙江嘉兴人,字吉甫,号梦泉、蝶生。寓居上海,鬻画自给。善画花卉竹石,随意点笔,意颇清绝,为时人所重。与画家张熊、任熊合称"沪上三熊"。好古陶,以"乐陶"名其室。

朱虚侯国 西汉置。在今山东临朐县东南。属琅邪郡。传为帝尧之子丹朱之虚,故名。吕后二年(前186),封齐悼惠王子刘章为朱虚侯。文帝二年(前178),进封章为城阳王,改朱虚侯国为县。

朱虚县 西汉文帝二年(前178)改朱虚侯国置。治今山东临朐县东南。属琅邪郡。东汉永初元年(107)改属北海国。魏因之。晋属东莞郡,南朝宋属平昌郡。北齐废入郡城县。

朱序(?—393) 东晋义阳平氏(今河南桐柏西北)人,字次伦。世为名将。累迁鹰扬将军、江夏相。以平司马勋之乱,拜征虏将军,封襄平子。宁康二年

(374)，任吴兴太守，又击平钱弘之乱。次年，迁兖州刺史。太元二年(377)，迁梁州刺史，镇襄阳(今湖北襄樊)。秦将苻丕攻襄阳，乃率众固守，母韩氏领城中妇女于西北角筑新城以防之，号为“夫人城”。四年，因李伯护叛变，城陷被俘，苻坚任之为度支尚书。淝水之战前，受坚遣返晋营劝降，遂乘机建议谢石速击秦军。晋军渡淝水时，坚军稍退，他于阵后大呼“秦兵败矣”！众遂大奔溃败。归晋后授龙骧将军、琅邪内史，转豫州刺史，屯洛阳。与石燕作战有功，累监兖、青二州诸军事，二州刺史，镇彭城(今江苏徐州)、淮阴(今江苏淮阴西南)。

朱宣 即少昊。相传黄帝时“大星如虹，下流华渚，女节梦接，意感而生白帝朱宣。”宋均注：“朱宣，少昊氏也。”(《太平御览》卷七十九引《河图》)

朱瑄(？—897) 瑄又作宣。唐宋州下邑(今河南夏邑)人。为平卢军王敬武牙卒，随青州将曹存实至郓州(今山东东平西北)，以功署濮州刺史。中和二年(882)，魏博韩简攻郓州，杀留后曹存实。他奋力守城，魏博兵围城半年退兵。僖宗授天平节度使。光启三年(887)，朱温为秦宗权所迫，他出兵增援，败宗权兵。但朱温忌其军壮，出兵攻郓，三四年间，不断入其境剽掠。乾宁四年(897)朱温将葛从周、庞师古破郓州，他在出奔途中被害。

朱延鄣(？—1643) 明宗室。简王朱桂后裔。崇祯时任巩昌通判，署秦州(治今甘肃天水)事。崇祯十六年(1643)，被农民军俘获，拒降被杀。

朱炎 清浙江海盐人，初名琰，字桐川，号笠亭，又号樊桐山人。乾隆进士。官富平知县。曾考察景德镇瓷窑，参研旧籍，著《陶说》六卷，为论述中国陶瓷发展史之重要著作。学识广博，还编著有《说文录》、《异韵学》、《琴学》、《唐诗笺律》、《明人诗综》等多种。兼工绘画，善山水。

朱琰 即“朱炎”。

朱楧(1376—1420) 明宗室。太祖第十四子。洪武十一年(1378)封汉王，二十五年改封肃王。初驻平凉。二十八年改封甘州(今甘肃张掖)，理甘州五卫军务。后改藩兰州。卒谥庄。

朱邪赤心(？—887) 唐沙陀部人，复姓朱邪。大中元年(847)，吐蕃联合党项及回鹘余部攻河西，河东节度使王宰统代北诸军进讨，以他为前锋破敌。迁蔚州刺史、云州守捉使。咸通十年(869)，以沙陀突骑三千从康承训充先锋，击败庞勋，升为云州节度使。懿宗赐姓李，名国昌，迁振武节度使。十三年，徙大同军防御使，称疾拒命。乾符五年(878)，其子克用杀大同节度使段文楚。他欲父子并据振武、大同二镇，遂与克用合兵攻掠，与唐军冲突。广明元年(880)，败于雄武军(今北京平谷东北)，与克用逃入阴山鞑靼部。及黄巢入长安，僖宗仍用李克用还军朔州，参与镇压。他已老，留为代北节度使，卒于军中。

朱一贵(1689—1721) 清福建长泰人，幼名祖。康熙末迁居台湾，以养鸭为生。康熙六十年(1721)以台湾知府王珍税敛苛虐，滥杀无辜，遂率众起于凤山罗汉门(今高雄旗山镇)，诈称朱明后裔，响应者甚众。旋杀清总兵欧阳凯，陷府城，占全台，称中兴王，年号永和，封官爵无数。后遭清军镇压，被俘于诸罗(今嘉义)沟尾庄，槛送京师遇害。

朱一新(1846—1894) 清浙江义乌人，字鼎甫，号蓉生。光绪进士。选庶吉士，散馆授编修。曾与诸友谈论时势，认为内忧在于民穷财尽，外患则以俄罗斯为甚。法国侵略越南时，奏请援越抗法，并献筹划海防之策。光绪十一年(1885)任陕西道监察御史，上疏言海军用人不当，又劾内侍李莲英，降为主事。旋乞归。后应张之洞之聘，主讲肇庆端溪书院，继为广州广雅书院山长，认为多事之秋治经不如治史，故对舆地、经济之学专心研究。著有《无邪堂答问》、《奏疏》、《诗古文词杂著》、《京师坊巷考》、《汉书管见》、《佩弦斋文存》等。

朱衣点(？—1863) 清湖北人。太平天国进士。咸丰五年(1855)封将军。原隶石达开部。七年随石出走，封为精忠大柱国，转战于浙、闽、赣、湘、桂。十年为孝天豫，在广西与童容海、吉庆元等率部离开石达开。次年至江西抚州、铅山，与李秀成会合。封福爵，后升安爵。同治元年(1862)升孝天义。二年在常熟被俘死难。

朱衣直阁将军 官名。简称朱衣直阁。南朝梁天监六年(507)置，都督南兖等五州诸军事、辅国将军、南兖州刺史昌义之首任此职，掌宫内侍卫，属中领军(领军将军)，为皇帝亲信。十班。陈沿置，改四品、秩千石。北齐为左、右卫府直阁属官，从四品，位直阁将军上。

朱彝尊(1629—1709) 清浙江秀水(今嘉兴)人，字锡鬯，号竹垞，又号驱舫，晚号小长芦钓鱼师，又号金凤亭长。早年与山阴祁氏兄弟(班孙、理孙)交往，结客谋恢复。事既不成，远游四方，南至岭南，北出云朔，行旅中不废读书，行迹与顾炎武相似。中年以后，以天下既定，渐废初衷。康熙十八年(1679)，应博学鸿儒科试，授翰林院检讨、日讲起居注官，参修《明史》。始以诗词古文名噪一时，与王士祯称南北两大家。中年后，益肆力于经史，淹贯群籍，时王士祯工诗，汪琬工文，毛奇龄工考据，独彝尊兼有众长。尝纂集唐宋金元词五百余家为《词综》。其词负盛名，为浙西词派创始人，以姜夔、张炎为宗，重声律，字琢句炼，精工隽永，一些咏物怀古之作，与感慨明亡有关，显有寄托。另有《经义考》、《日下旧闻》、《曝书亭集》。

朱㰘(1388—1414) 明宗室。太祖第二十五子。洪武二十四年(1391)封伊王，永乐六年(1408)就藩洛阳。好习武，生活放荡。卒谥厉。

朱以海(1609 或 1618—1662) 即南明监国鲁王。明太祖十世孙。崇祯十七年(1644)嗣鲁王位。弘光朝覆亡，为钱肃乐、朱大典等所拥戴，监国于绍兴。时浙东抗清义师纷起，遣诸军守钱塘江。未几，各地将领交争激烈，又与福建隆武朝互争统属。鲁监国元年(顺治三年，1646)清军抢渡钱塘江，浙东失守，遂逃亡海上。四年，辗转进驻舟山。六年清军攻占舟山，为张煌言等扈至厦门，旋移驻金门。八年去监国号。病卒于金门。

朱异 ❶（？—257）三国时吴郡吴县（今江苏苏州）人，字季文。吴前将军朱桓子。以父任除郎，后拜骑都尉，代桓领兵。赤乌四年（241），随朱然围攻魏樊城（今湖北襄樊），献计破其外围，还拜偏将军。建兴元年（252），迁镇南将军。魏军出东兴（今安徽含山西南）时，督水军攻其浮桥，大破魏军。次年，从大将军诸葛恪围新城（今安徽合肥），连月不下，兵卒死者大半。以议速还，被恪夺其兵权。太平二年（257），魏征东大将军诸葛诞叛，为魏军围于寿春（今安徽寿县），从大将军孙綝率众往救，以丁奉等为前部，为魏军所败，辎重被焚。以士卒乏食，拒从綝死战之命，被杀。❷（483—549）南朝梁吴郡钱塘（今浙江杭州）人，字彦和。编治五经，兼通杂艺。年二十一，为扬州议曹从事史。深得梁武帝赏识，迁尚书议曹郎，入兼中书通事舍人。累官至中领军。又掌机密，与少府卿徐驎、太子右卫率陆验等骄贪弄权，时人恨之。太清元年（547）揣知武帝意赞同纳侯景降。二年，又主与东魏议和。景遂谋反，仍不为备。旋景以讨异为名，起兵攻建康（今江苏南京）围台城，惭愤发病卒。撰《礼》、《易》讲疏及仪注、文集百余篇，皆佚。

朱邑（？—前61） 西汉庐江舒县（今安徽庐江西南）人，字仲卿。少为本县桐乡啬夫，廉平不苛。后举贤良为大司农丞，迁北海太守，以治行第一入为大司农。身为列卿，居处俭节，禄赐以供九族乡党，家无余财。

朱益吾（？—1674） 清初广东人，寄居江西萍乡。以传授拳术组织棚民，进行反清斗争。顺治五年（1648）率棚民几万人连克萍乡、袁州（治今宜春）。次年又克万载。康熙十三年（1674）再克万载、萍乡，后在三关战死。

朱翊钧 即"明神宗"。

朱翊镠 即"潞简王"。

朱翊铭（？—1641） 明宗室。襄宪王朱瞻墡后裔。万历二十九年（1601）袭封襄王。崇祯十四年（1641）张献忠克襄阳，被杀。

朱印 官文书用朱色盖印，称朱印。参见"紫印"。

朱英 ❶战国观津（今河北武邑东）人。春申君门客。楚考烈王无子，赵人李园送其妹于春申君，知有身孕，乃献于楚王，生子男，立为太子，李园亦贵。考烈王病重，他进说春申君，认为李园不为兵而私养死士，楚王若卒，必先杀春申君以灭口。自请为春申君杀李园，春申君不听。乃亡去。不久，楚考烈王卒，李园果杀春申君。❷（1417—1485）明湖广桂阳（今属湖南）人，字时杰，号诚庵。正统进士。授御史。景泰初任广东右参议，立十岁一更、一役九休均徭法。成化初迁福建、陕西布政使，亦行之。历总制两广，兼巡抚，招抚诸山少数民族归山复业，增户口二十余万。成化二十年（1484）以宁静镇抚地方，不妄用兵，擢右都御史。卒于任。著有《诚庵遗稿》、《认真子集》。

朱英燿（？—1545） 明宗室。楚昭王朱桢后裔，楚愍王朱显榕子。性淫恶。嘉靖二十四年（1545），以杀父罪被逮入京，处死。

朱楹（1383—1417） 明宗室。太祖第二十二子。洪武二十四年（1391）封安王，永乐六年（1408）就藩平凉（今属甘肃）。卒谥惠。无子，封国除。

朱应 三国人。吴黄武五年（226），交州刺史吕岱任之为从事，奉命与康泰出使扶南（在今柬埔寨及湄公河三角洲一带）等国，经历和传闻的有百数十国。归国后，撰有《扶南异物志》，《隋书·经籍志》和《旧唐书·经籍志》、《新唐书·艺文志》都著录为一卷，今佚。

朱勇（1391—1449） 明凤阳怀远（今属安徽）人，字惟贞。朱能之子。嗣父职掌都督府事。永乐末从成祖北征，宣德初从征汉王，于军事多有建言。正统中加太保。正统十四年（1449）从英宗出征御瓦剌，于鹞儿岭中伏，丧师败死。天顺初，追封平阴王。

朱由检 即"明思宗"。

朱由校 即"明熹宗"。

朱由樍（？—1644） 明宗室。崇简王朱见泽后裔。万历四十年（1612）袭封。崇祯十六年（1643），李自成克河南汝宁，被俘，封为襄阳伯。后因拒绝招降未下州县，被杀于泌阳（治今河南唐河）。

朱由榔（1623—1662） 即南明永历帝。1646—1661年在位。明神宗孙、思宗堂弟。明崇祯九年（1636）封永明王。隆武时袭封桂王。隆武二年（顺治三年，1646）受丁魁楚、瞿式耜等拥戴，于肇庆监国，旋即帝位，建元永历。时据有两广、云贵、湖广、四川、江西等地，大顺、大西农民军余部受抚，并联络郑成功活动于海上，一度抗清声势浩大。然朝臣植党相争，攻讦不休，又排斥农民军，致朝政紊乱，危局屡现，居无定所。永历十年（顺治十三年，1656）为李定国迎至昆明。十二年清军入云南，乃出奔滇西。次年入缅甸。后被缅人献与清军，为吴三桂杀害于昆明篦子坡。

朱由崧（1607—1646） 即南明弘光帝。1644—1645年在位。明神宗孙、福王朱常洵长子。明崇祯十四年（1641）李自成破洛阳，常洵被杀，他得脱逃河南怀庆，十六年袭福王。十七年李自成克怀庆，复逃往淮安，北京陷，由凤阳总督马士英等拥至南京，先称监国，旋即称帝，建元弘光。昏庸腐朽，追逐声色，任用非人，置国事于不问。弘光元年（顺治二年，1645），清兵南下占南京，遂走芜湖依黄得功。旋被俘送北京，次年被杀。

朱友珪（？—913） 五代后梁皇帝。公元912—913年在位。生于亳州（今属安徽），小名遥喜。朱温庶子。开平元年（907）封郢王，后充左右控鹤都指挥使、诸军都虞候等。乾化二年（912），朱温病，欲传位于养子友文，乃出其为莱州刺史。遂率禁军突入寝殿，杀朱温，矫诏杀友文，即皇帝位。次年，改元凤历。荒淫、杀戮无度，内外愤怒。朱温婿赵岩、甥袁象先与均王朱友贞等发动禁军政变，他被杀，在位仅七个月。

朱友贞 即“后梁末帝”。

朱有燉(1379—1439) 明宗室。周定王之子。号诚斋。洪武二十二年(1389),理藩府事。正统元年(1436)袭封周王。卒谥宪,世称周宪王。博学善书,尤工词曲,善北杂剧,著有《曲江池》、《义勇碎金》、《香囊怨》等杂剧三十一种,总名《诚斋乐府》。著有《诚斋录》等。

朱祐(?—48) 东汉初南阳宛(今河南南阳)人,字仲先。新莽末年随刘缜、刘秀起兵,从征河北,为偏将军,封安阳侯。刘秀称帝后,任建义大将军。建武二年(26),更封堵阳侯。先后率兵征讨邓奉、延岑、秦丰等。为将以克定城邑为本,不滥杀,禁止士卒掳掠百姓。十三年定封鬲侯。十五年,上大将军印绶,奏言改诸王为公,三公去“大”字,以符经典,为光武帝所纳。

朱祐槟(1479—1539) 明宗室。宪宗第六子。成化二十三年(1487)封益王,弘治八年(1495)就藩建昌(今江西南城)。性节俭,好书诗。卒谥端。

朱祐楎(1479—1538) 明宗室。宪宗第七子。成化二十三年(1487)封衡王,弘治十二年(1499)就藩青州(今属山东)。卒谥恭。

朱祐极(1469—1472) 明宗室。宪宗次子。因宪宗长子早死,成化七年(1471)立为皇太子。次年卒,谥悼恭。

朱祐楷(1487—1503) 明宗室。宪宗第十四子。弘治四年(1491)封申王,未及就藩而卒。谥懿。无子,封国除。

朱祐枪(1478—1501) 明宗室。宪宗第五子。成化二十三年(1487)封岐王,弘治八年(1495)就藩德安(今湖北安陆)。卒谥惠。

朱祐桲(1484—1541) 明宗室。宪宗第十一子。弘治四年(1491)封汝王。十四年就藩卫辉(今属河南)。正德时,请预支十年食盐为婚费。卒谥安。

朱祐榕 即“德懿王”。

朱祐枢(1486—1539) 明宗室。宪宗第十三子。弘治四年(1491)封荣王。正德三年(1508)就藩湖广常德(今属湖南)。居国骄纵不法。卒谥庄。

朱祐橓(1485—1537) 明宗室。宪宗第十二子。弘治四年(1491)封泾王,十五年就藩沂州(今山东临沂)。卒谥简。子先死,封国除。

朱祐樛 即“枣阳王”。

朱祐樘 即“明孝宗”。

朱祐枟(1481—1507) 明宗室。宪宗第八子。成化二十三年(1487)封雍王,弘治十二年(1499)就藩衡州(今湖南衡阳)。卒谥靖。无子,封国除。

朱祐樲(1481—1545) 明宗室。宪宗第九子。弘治四年(1491)封寿王。十一年就藩保宁(今四川阆中)。正德元年(1506)移居德安(今湖北安陆)。以贤闻。卒谥定。

朱圉山 圉一作圄(《汉书·地理志》)。在今甘肃甘谷县西南,自汉以来无异说。但《书·禹贡》导山“西倾、朱圉、鸟鼠,至于太华”,列朱圉于西倾、鸟鼠之间,今本《禹贡》则把朱圉列在鸟鼠之后,方位次序不同。

朱瑀 东汉人。宦官。灵帝时任长乐五官史。建宁元年(168),盗发奏疏,得知大将军窦武与太傅陈蕃等谋诛宦官,遂与中常侍曹节、长乐从官史共普、张亮等歃血盟誓,矫诏杀窦武等人。以此封都乡侯,赐钱五千万。后更封华容侯。病卒,养子传国。

朱玉华 即“朱碧山”。

朱聿键(1602—1646) 即南明隆武帝。1645—1646年在位。小字长寿。明太祖九世孙。崇祯五年(1632)袭唐王爵,居南阳。九年,以擅自率护军勤王,废为庶人,安置凤阳高墙。后逢弘光朝大赦,徙居广西平乐。未行,寓杭州。弘光亡,为郑鸿逵、黄道周等拥立于福州,年号隆武,遂联络各地抗清军,招抚大顺农民军余部。然受制于郑芝龙,且与浙东鲁王监国互相水火。隆武二年(顺治三年,1646),清兵入福建,乃逃至汀州,为清将李成栋所杀。永历朝尊为思文皇帝。

朱聿𨮁(?—1647) 即南明绍武帝。1646年在位。隆武帝朱聿键弟。隆武二年(顺治三年,1646)封唐王。隆武亡,逃至广州,旋为苏观生、何吾驺等拥立称帝,年号绍武,与肇庆桂王永历朝举兵相攻。后清军破广州,被清将李成栋所俘,遂自杀。

朱(硃)谕 文书名。(1)清代皇帝用朱笔亲自书写的谕令。(2)清代由大学士草拟,呈皇帝审定同意,再用朱笔誊写于黄折的上谕。一般是颁发各部院衙门,传其堂官亲领。(3)清代军机处草拟的谕旨,经皇帝朱笔修改颁发者,称朱批谕旨。颁发执行后,须缴回存宫中。

朱元璋 即“明太祖”。

朱云 西汉鲁国(治今山东曲阜)人,家徙平陵(今陕西咸阳西北)。字游。少时任侠。年四十,学《易》、《论语》。元帝时,与少府五鹿充宗论《易》,折之,由是为博士。先后任杜陵令、槐里令。时中书令石显用事,百官畏之。他独与御史中丞陈咸不附。后以触犯显与丞相韦玄成,与咸俱被诬陷下狱,减死为城旦,终元帝世遭废锢。成帝时,上书请赐尚方剑以斩帝师张禹,几遭杀害,赖左将军辛庆忌相救得免。自后不复仕。

朱筠(1729—1781) 清顺天大兴(今属北京)人,字美叔,一字竹君,号笥河。乾隆进士。官至翰林院侍读学士。历充福建乡试正考官,顺天乡试同考官,提督福建、安徽学政。宏奖人才,主持风会,一时绩学之士,多出其门。乾隆时命从《永乐大典》中采辑逸书,后首议开四库馆。其学博闻宏览,藏书数万卷,碑版文字千卷。说经宗汉儒,诸史百家皆考证是非同异,又精金石文字之学。著有《十三经文字同异》(未完)、《笥河文集》。

朱允熥(?—1415或1417) 明宗室。懿文太子朱标第四子。建文元年(1399)封衡王,成祖夺位降怀恩王,居建昌(今江西南城)。后废为庶人,禁锢凤阳。

朱允熥(1377—1415) 明宗室。懿文太子朱标第三子。建文元年(1399)封吴王。尚未就藩而燕王夺位,降广泽王,居漳州。后废为庶人,禁锢凤阳。

朱允熞(1391—1406) 明宗室。懿文太子朱标第五子。建文元年(1399)封徐王,成祖夺位降敷惠王,随母吕太后居懿文太子陵。永乐二年(1404)改封瓯宁王。四年死于邸中之火,谥哀简。

朱载垕 即"明穆宗"。

朱载埨(?—约1556) 明宗室。徽庄王朱见沛后裔。初封浦城王。嘉靖三十年(1551)袭封徽王。以进献方士之药受帝宠,封为清微翊教辅化忠孝真人。后与方士有隙,被揭私游扬州、凤阳诸过失,夺真人印。三十五年又以图谋不轨罪,削爵下狱,自缢死。封国被除。

朱载堉(1536—1611) 明宗室。字伯勤,号句曲山人。郑恭王朱厚烷世子。青年时自号狂生、山阳酒狂仙客。嘉靖二十九年(1550)痛其父受诬削爵禁锢,筑土室于宫门外,独居十九年。穆宗初,父冤得白,始入宫。万历十九年(1591)父亡,坚辞王爵,以世子终其身。善诗歌,多愤世嫉俗之作。潜心研求历算、音韵之学,创十二平均律,于声学旋宫尤多新解。著有《醒世词》、《律历融通》、《乐律全书》、《律吕正论》等。考辨详确,识者称之。卒谥端清。

朱载圳 即"景恭王"。

朱泽沄(1666—1732) 清江苏宝应人,字湘陶,号止泉。少年好学,遍读程朱之书,又曾向陈厚耀学天文。后与王懋竑相友善,同为朱熹之学。著有《朱子圣学考略》、《先儒辟佛考》、《阳明晚年定论辨》及《朱止泉先生文集》等。

朱㮵(1378—1438) 明宗室。太祖第十六子。洪武二十四年(1391)封庆王。二十六年就藩韦州(今宁夏灵武),后移宁夏(今银川),理庆阳、宁夏诸卫军务。正统初,有告其煽惑士民、私造兵器者,未加处置。卒谥靖。

朱瞻墺(1409—1446) 明宗室。仁宗第七子。永乐二十二年(1424)封淮王,宣德四年(1429)就藩韶州(今广东韶关),正统元年(1436)迁饶州(今江西波阳)。卒谥靖。

朱瞻堈(1406—1453) 明宗室。仁宗第六子。永乐二十二年(1424)封荆王,宣德四年(1429)就藩建昌(今江西南城)。正统迁蕲州(今湖北蕲春西南)。卒谥宪。

朱瞻基 即"明宣宗"。

朱瞻垍(1411—1441) 明宗室。仁宗第九子。永乐二十二年(1424)封梁王。宣德初,岁给钞十万贯,倍于他王。四年(1429)就藩安陆(今湖北钟祥)。卒谥庄。无子,封国除。

朱瞻埈(1404—1466) 明宗室。仁宗次子。永乐二十二年(1424)封郑王。仁宗卒,与襄王瞻墡监国,以待宣宗。宣德四年(1429)就藩凤翔。性暴厉,数杖人至死。正统九年(1444)迁怀庆(今河南沁阳)。卒谥靖。

朱瞻垲(1409—1425) 明宗室。仁宗第八子。永乐二十二年(1424)封滕王,未及就藩而卒。谥怀。

朱瞻墡(1406—1478) 明宗室。仁宗第五子。永乐二十二年(1424)封襄王,宣德四年(1429)就藩长沙,正统元年(1436)徙襄阳(今湖北襄樊)。十四年,英宗于土木堡(今河北怀来东南)被俘,孙太后从众议,欲召其秉政。固辞,且请立太子,使郕王监国。卒谥宪。

朱瞻埏(1416—1438) 明宗室。仁宗第十子。永乐二十二年(1424)封卫王。谨慎好学,因多病未就藩。卒谥恭。

朱瞻垠(1405—1421) 明宗室。仁宗第四子。永乐时封静乐王,十九年卒。仁宗即位,改封蕲王,卒谥庄献。无子,封国除。

朱瞻墉(1405—1439) 明宗室。仁宗第三子。永乐二十二年(1424)封越王。未就藩,宣宗赐以昌平庄田。卒谥靖。无子,封国除。

朱桢(1364—1424) 明宗室。太祖第六子。生时恰平武昌,洪武三年(1370)封楚王。初与燕、周、齐三王同驻凤阳,十四年就藩武昌。先后领兵镇压贵州铜鼓(今锦屏东南)、思州(今岑巩)、古州(今黎平西北)等地少数民族。二十二年设宗人府,命为右宗人。永乐初进宗正。卒谥昭。

朱震 ❶东汉陈留(今河南开封东南)人,字伯厚。桓帝时为州从事,曾举奏济阴太守单匡赃罪,并连及其兄中常侍单超。时人誉为"疾恶如风朱伯厚"。灵帝建宁元年(168),陈蕃被宦官曹节等杀害,乃弃官收葬蕃尸,匿其子逸。事发下狱,备受拷掠,誓死不言,逸以此得免。❷(1072—1138)宋荆门军(今湖北荆门)人,一作邵武(今属福建)人,字子发,世称汉上先生。政和进士,历仕州县。高宗时,官至翰林学士兼资善堂翊善。与胡安国同学友好。南宋时,胡安国、赵鼎等荐讲经筵。绍兴七年(1137),高宗行明堂大祭,他曾引《礼记》"丧三年不祭",上书谏止,未被采纳。其社会政治思想继承二程的传统,崇复"三代",反对新法。哲学思想则相沿两汉,以象数学为宗。所著《汉上易集传》,保存大量象数学与哲学思想资料。精于象数学。认为东汉以前,《易》学仍保持其象数学之原貌,三国以降,王弼、钟会一扫汉儒之说,遂使"天人之道"被分割。提出《易》之传授系统,谓陈抟以《先天图》传种放,放传穆修,修传李之才,之才传邵雍。放又以《河图》、《洛书》传李溉,溉传许坚,坚传范谔昌,谔昌传刘牧。修以《太极图》传周敦颐,敦颐传程颢、程颐。另有关于《春秋》及《诗》之著作,今不传。

朱震亨(1281—1358) 元婺州义乌(今属浙江)人,字彦修,号丹溪,世称丹溪翁。从许谦受朱学。谓理学不惟"修己",当经世致用,反对空论心性。主张儒者精于一艺,方有益于世。不事科举,致力医道,谓其为"吾儒格致知一事"。提出"凡动皆属火"命题,以"火"释万物"恒动"的原因。其说为方以智所取。与刘完素、张从正、李杲并称金元四家,治病以养阴为主。医著甚丰,以《格致余论》、《丹溪心法》、《医学发明》、《活法机要》为最著。另有《局方发挥》、《金匮钩元》等,收入《元明善本丛书十种》。

朱之琏 清汉军正白旗人。明宗室代王后裔。明末先人朱文元在松山战役中被清军所俘,隶内务府镶白旗。雍正二年(1724)任正定知府。旋因系明裔,封为一等侯,世袭,以奉明祀。

朱之瑜(1600—1682) 明末清初余姚(今属浙江)人,字楚屿,一字鲁玙,号舜水。明诸生。崇祯末因不满政局,多次拒绝征召。明亡,受南明权臣马士英迫害,流亡海上近十五年,多次来往于日本、安南、暹罗等地,筹划反清复明活动。永历十二年(1659)参与郑成功、张煌言抗清活动,败后亡命日本,客居长崎、江户(东京)、水户等地,讲学二十余年,传播中国文化及建筑、农艺等方面的技术知识,受到日本学者尊重,后被水户藩主德川光圀聘为宾师,支持德川光圀建学宫并制定释奠仪注。总结明亡的教训,认识到"民心"之重要,"其心既变,川决山崩"(《阳九述略·致虏之由》),认为政治腐败的原因是八股取士的科举制。反对空虚玄远之学,谓"圣贤要道只在彝伦日用"(《题颜子像》),"学问之道贵在实行"(《答安东守约问》),对宋明理学多有批评。又反对经学独尊,认为史学比经学更实际有用。重视教育的社会作用,谓"敬教劝学建国之大本,兴贤育才为政之先务"(《杂说》)。其思想对当时的日本有相当影响,卒后日本学者私谥文恭先生。著作大部分写于日本,日本学者编有多种版本,辛亥革命后传入中国,得到进一步整理。全部著作今人编为《朱舜水集》。

朱芝垝(1458—1511) 明宗室。太祖三世孙,唐宪王琼炟子,成化七年(1471)封三城王。素好翰墨,尤精于绘事,擅长人物,并工设色折枝花卉。所作《王母》、《百花》等图,均妙绝一时。有《进修稿》。

朱执信(1885—1920) 广东番禺人,原籍浙江萧山。名大符。出身于士大夫家庭。光绪三十年(1904)官费留学日本,次年加入同盟会,任评议部议员兼书记。为《民报》撰文,揭露清政府立宪骗局,参与同资产阶级改良派的论战。曾译释马克思等人的传略和《共产党宣言》、《资本论》的片断,是中国近代早期翻译和介绍《共产党宣言》的革命者之一。三十二年回国,先后在广东高等学堂、广东法政学堂和方言学堂任教,秘密进行革命活动。参与广东革命党人的各次起义。黄花岗之役,攻入督署,事败,避居香港。辛亥革命后,任广东军政府总参议、广(州)阳(江)军务处督办、广东审计院院长。"二次革命"失败后,参加反袁和护法斗争,并加入中华革命党。1917年任广东大元帅府军事联络和机要文书。次年随孙中山赴上海。五四运动后在上海任《民国日报》、《建设》杂志编辑,并协助孙中山撰《建国方略》。1920年,在广东虎门炮台策动桂系守军反正时遇害。有《朱执信集》。

朱植(1377—1424) 明宗室。太祖第十五子。洪武十一年(1378)封卫王,二十五年改封辽王,次年就藩广宁(今辽宁北宁)。习军旅,屡立军功。建文中改封荆州(今属湖北)。永乐十年(1412)削护卫。卒谥简。

朱至澍(?—1644) 明宗室。蜀献王朱椿后裔。万历三十二年(1604)封蜀王世孙。四十四年改封世子,不久袭封蜀王。张献忠农民军克成都,投井自杀。

朱志尧(1863—1949) 上海人,字庞德,号开甲。早年就读徐汇公学。清光绪十三年(1887)任招商局江天轮买办。二十四年起任法商东方汇理银行买办。二十八年起,陆续创办或投资上海求新机器制造厂、大德油厂、同昌油厂、新诚米厂、同昌纱厂等企业,并任华商电气公司、内地自来水厂、申大面粉厂、中国图书公司董事。宣统二年(1910)任江苏咨议局议员。1912年发起创立宝兴铁矿公司。后又合办大通地产公司、大通仁记航业公司。曾任上海公教进行会副会长。晚年从事各地教会和天主教举办的慈善事业。

朱治(156—224) 三国时丹杨故鄣(今浙江安吉西北)人,字君理。初为县吏,后察孝廉,辟从事,从孙坚出征,历任司马、行都尉及督军校尉。坚卒,辅助孙策,依就袁术。后知术政德不立,乃劝策还江东。策卒,与张昭等共尊奉孙权。东汉建安七年(202),任吴郡太守,行扶义将军。吴黄武元年(222),封毗陵侯。次年,拜安国将军,徙封故鄣。曹操破荆州,劝阻孙权从兄贲遣子入质之谋,为权所重,恩敬特隆。

朱寘𫓹(?—1510) 明宗室。庆靖王朱栴后裔。弘治五年(1492)袭封安化王。正德五年(1510)以讨刘瑾为名,于安化(今甘肃庆阳)起兵,为官兵擒获,械送京师处死。详见"寘𫓹之乱"。

朱倬(1086—1163) 宋福州闽县(今福建福州)人,字汉章。宣和进士。调常州宜兴簿。以张浚荐,除福建、广东西财用所属官。与秦桧忤,出教授越州。桧死后,知惠州,不久除浙西提举,迁御史中丞,参知政事。绍兴三十一年(1161),拜尚书右仆射同中书门下平章事,提举三朝国史。金兵临江,曾陈战、备、应三策。孝宗时,以资政殿学士致仕。

朱子大全 即"朱文公文集"。

朱子龙(1876—1907) 清湖北江陵(今荆州)人,本名家梃,一名元成,字松坪。光绪二十九年(1903)在武昌投入新军。次年夏,与人共创科学补习所,三十一年又参与发起日知会,任干事。不久东游日本,入同盟会。三十二年冬,萍浏醴起义爆发,奉派返鄂响应。日知会遭破坏,被捕入狱。次年春病死狱中。

朱子年谱 书名。清王懋竑撰。四卷,《考异》四卷,《附录》二卷。历来为朱熹作年谱者甚多,大多详略失当,懋竑参照李默、洪璟诸本,取朱子文集、语类以及著述纂辑之书,细心考订,融会钩稽,竭二十余年之力,四易其稿而成此书。又备列其去取之故,为《考异》;采摘其论学之辞,为《附录》。是书详于学问而略于政事,于朱熹著述一一叙其年月,为研究朱熹学术思想的重要参考书。

朱子全书 书名。南宋朱熹的著作汇编。清李光地、熊赐履等奉敕编纂。六十六卷。初刻于康熙五十三年(1714),以“御纂”名义颁行。系将朱熹文集、语录等摘抄、整理,分为十九门,以类相次,汇辑而成。编者自谓此书于朱熹原著“文虽不悉录,而微言大义庶几具是”,故名“全书”;并认为《朱子语类》等书篇目,往往以太极、阴阳、理气、鬼神等类置于前,“颇失下学上达之序”,故此书篇目以论学为首,次为论四书、五经,而将有关性理、天地、阴阳、鬼神等论置于其后。卷端康熙帝所撰《序》文,尊为“集大成而绪千百年绝传之学,开愚蒙而立亿万世一定之规”。书中内容涉及朱熹哲学、政治、经济、教育等方面思想。

朱子晚年定论 书名。明王守仁纂。首冠以《序》,中录朱熹《答黄直卿》等三十四书,末附吴澄《说》,袁庆麟《跋》。初刻于正德十三年(1518)。后编入《王文成公全书》。认为世所流传朱熹《论语集注》、《孟子集注》及其《或问》诸书,乃朱熹中年未定之说,而其晚年“已大悟旧说之非”,“思改正而未及”。遂从朱熹书信中选编此书,以为其晚年定论,借以指斥当世学者徒守未定之说而不求既悟之论,“竞相呶呶以乱正学”(《序》)。是书出,罗钦顺、陈建辈先后诘难,指斥其颠倒年次,厚诬朱熹。王守仁虽亦承认所选朱熹信件“中间年岁早晚诚有所未考”(《阳明全书·答罗整庵少宰书》),然对“晚年定论”之说仍坚执甚笃。

朱子语类 书名。南宋朱熹讲学语录,为其门人汇集。原有池州、饶州、建安所刊三种语录,眉州、徽州所刊二种语汇。南宋度宗咸淳六年(1270),经黎靖德合并,删除重复一千一百五十余条,编辑为今本。共一百四十卷,分“理气”、“鬼神”、“性理”等二十六门。内容广泛,涉及自然科学、哲学、政治、史学等各方面。为研究朱熹思想的重要资料。

朱子语类评 书名。清颜元撰。一卷。原为《朱子语类》批语。生前未成书,系由门人抄录而成。抨击朱熹半日静坐、半日读书之治学方法是半日为达摩,半日为汉儒,泥守经学和佛学之窠臼,全不以习行经济为事,与尧、舜、周、孔不合,与经世致用相乖。推崇王安石之事功,谓:“王介甫吾所推服,为宋朝第一有用宰相”,“荆公所办,正是宋家对症之药,即治疮之砒霜,破块之巴黄,犹之治虚劳之参苓也”。收入《颜李丛书》。

朱梓(1369—1390) 明宗室。太祖第八子。洪武三年(1370)封潭王,十八年就藩长沙。好学善文。二十三年,妃于氏父兄坐胡惟庸党被诛。大惧,与妃同自焚死,封国除。

朱祖谋(1857—1931) 浙江归安(今湖州)人,原名孝臧,字古微,号沤尹,又自号上彊村民。清光绪进士。官至侍读学士、礼部侍郎。光绪三十年(1904)出为广东学政,与总督不合,引疾去。善词。初学南宋词人吴文英,晚又肆力苏轼、辛弃疾二家,作品融诸家之长,声情益臻朴茂,为时人所崇。辛亥革命后,以遗老自居,多怀念清室之作。1917年校刻唐宋五代宋金元词总集四种,别集一百六十八家,名曰《彊村丛书》。词作集为《彊村语业》二卷,其门人又为补刻一卷。又辑有《湖州词征》、《国朝湖州词征》、《沧海遗音集》。

朱嶟(1791—1862) 清云南通海人,字致堂、仰山。嘉庆进士。曾任检讨、御史、内阁学士等职。道光十六年(1836)许乃济奏请弛禁鸦片。他最先上奏驳斥,要求道光帝对违禁犯法者处以严刑。十七年擢兵部侍郎,先后兼署吏、户二部。主张暂停铸钱,以使钱银价平,解决钱贱银贵危机。咸丰六年(1856)擢左都御史,迭署兵、礼二部尚书。

朱遵度 五代青州(今属山东)人。家富藏书,周览略遍,当时推为博学,人称朱万卷。初避辽太宗(耶律德光)之召,携书奔楚。诸学士每为文章,先向其问古今首末之变,楚人号为“幕府书厨”。后徙居金陵,不仕。著述丰厚,有《鸿渐学记》一千卷、《群书丽藻》一千卷、《漆经》等,皆佚,《全唐文》存文一篇。

朱佐朝 清初江苏吴县人,字良卿。与李玉、朱㿥等相友善。一生创作甚勤,著有传奇三十余种。现存《吉庆图》等十二种,代表作为《渔家乐》。其作品曲文平易,结构紧凑,风格多变,宜于舞台演出。

邾 ❶西周、春秋国名。相传周武王封颛顼之后挟于此。春秋时进爵为子。曹姓。一作“鼅”或“邹”,或称“邾”,又称“邾娄”。在今山东曲阜市东南南陬村。《春秋》隐公元年(前722):“公及邾仪父盟于蔑”,即此。《公羊传》:“公及邾娄仪父盟于眜。”何休解诂:“邾人语声后曰娄,故曰邾娄”。公元前614年迁于绎,在今山东邹城市东南纪王城。《左传》文公十三年(前614):“邾文公卜迁于绎”。战国时为楚所灭。❷战国楚邑。在今湖北黄冈市西北。《水经·江水注》:“楚宣王灭邾徙居于此,故曰邾也。”

邾经 元扬州海陵(今江苏泰州)人,字仲谊,号观梦道士,又号西清居士。元末乡贡进士,明初为浙江考试官。后居杭州,不仕。善著文,有杂剧《三塔记》等四种。又有《观梦集》、《玩斋稿》,今佚。

邾娄 即“邾❶”。

邾县 战国楚邾邑,秦置县。治今湖北黄冈市西北。项羽分封吴芮为衡山王,都此。西汉初为衡山郡治,文景时为衡山国治。元狩二年(前121)改属江夏郡。三国初属魏,公元241年,为吴陆逊攻取,筑城置戍,为防魏要地,属蕲春郡。晋属弋阳郡。东晋咸康五年(339)毛宝为豫州刺史,与西阳太守樊峻戍此,为后赵将张貉攻陷。后废。

邾峄山 即“峄山”。

诛妖檄文 太平天国印书。洪仁玕撰。一卷。载檄文二篇。第一篇为太平天国辛酉十一年(清咸丰十一年,1861)值咸丰帝之丧,拟出师讨伐而号召天下军民官绅士庶人等共起灭“妖胡”。第二篇劝谕清官兵人等弃暗投明,共出迷途,以保永福。檄文均用干王名义发出。是时天京既困,发此檄文,以壮军心。

洙泾镇 在今上海市金山区西南。宋、元时置大盈务于此。明洪武三年(1370)改置泖桥巡检司。

洙水 据《水经·洙水注》,源出今山东新泰市东北,西流至新泰市西,折西南至泗水县东与泗水合流，西至曲阜城东北。又与泗水分流，洙北泗南，西经兖州市至济宁市合洸水，折南注入泗水。后世(未能确指何时)上源在新泰市西改道西流与柴汶会合北入汶水，今为小汶河上游，已与泗水隔绝。曲阜、兖州间故道久湮。自兖州以下，现今的府河和济宁市、鲁桥间运河大致即其故道。今有洙水自曲阜城北孔林之东，西南流入沂水，与古洙水无涉。

洙泗 指洙、泗二水。古时二水自今山东泗水县东合流西下，至鲁国首都曲阜(今市)北，又分为二水，洙北泗南，"洙、泗之间"，即孔子聚徒讲学之所阙里。后世因以洙泗代称鲁国的文化和孔子的"教泽"。

洙泗考信录 书名。清崔述撰。四卷。嘉庆元年(1796)由陈履和初刻于江西南昌。洙、泗原为鲁国水名，因孔子乃鲁国人，该书主要考辨孔子生平事迹，故取以为名。以儒家经典为主，凡传、注与经相合的则予以参证，不合的则加以考辨。排击《孔子家语》、《孔丛子》等书。其考辨史实，多发前人所未发。但因旨在尊孔颂圣，亦有牵强失实之处。

珠尔墨特·那木扎勒(？—1750) 清西藏江孜人，又名达赖巴图尔。藏族。西藏郡王颇罗鼐次子。乾隆十二年(1747)袭郡王爵，总理藏务，一反其父所为，阴谋叛乱。杀其父所用旧人殆尽。奏请清军撤回内地。十五年复杀其兄珠尔墨特·策布登。遣使请准噶尔进兵拉达克以为声援，隔绝西藏至内地塘汛。驻藏大臣傅清、拉布敦以其反形已露，定计先发，以宣诏为由，召其至驻藏大臣公署杀之。傅清、拉布敦旋亦为其党罗卜藏札什杀害。四川总督策楞率兵于次年诛罗卜藏札什，平定叛乱。奏定《善后章程》十三条，立噶厦，设四噶伦，禀承驻藏大臣及达赖喇嘛之命处理政务。

珠江镜 报纸名。清光绪三十二年(1906)春在广州创刊。日报。何言总编。"以监督善界，维持路事为宗旨"，鼓吹民主革命。揭露清政府勾结善堂豪绅出卖路权，要求粤汉铁路商办。闰四月被迫迁港续办，因被禁止在广州发行，五月自行停刊。

珠帘秀 元人。姓朱氏。艺名珠帘秀。元世祖时著名女演员。杂剧号称"当今独步"，兼擅驾头、花旦、软末泥。行四，人称朱四姐，后辈尊称朱娘娘。初在大都演剧，南宋亡后，南下江淮间。胡祗遹、关汉卿均有赠曲传世。据《绿窗纪事》载：后嫁道士洪舟谷。死于杭州。

珠母海 今广西北海市、合浦县以南海面。产大蚌。《旧唐书·地理志》廉州合浦县："有珠母海，郡人采珠之所。"

珠襦 用珍珠缀的衣衫。汉代多用作皇帝和权贵的葬具。《汉书·佞倖传·董贤传》："及至东园秘器，珠襦玉柙，豫以赐贤，无不备具。"颜师古注："珠襦，以珠为襦，如铠状，连缝之。"

珠舍里部 明建州女真长白山三部之一。位于讷殷部东，长白山之阴。即今吉林安图及抚松东北境。万历十九年(1591)，珠舍里、讷殷二部引叶赫兵劫建州所属东界叶臣所居洞寨。二十一年，首领悠冷革领兵随叶赫等九部联军进攻建州，败归。寻为建州招服。

珠算 用带珠的算盘为工具进行运算的方法。有古、今两类。(1)见于北周甄鸾伪托汉徐岳撰《数术记遗》。用一块板，刻成三分。上、下两分停游珠，中间一分定算位。每一位共五珠。上一珠与下四珠颜色不同。上一珠当下四珠；下四珠每珠当一。现代珠算史家中有一派人认为这是今珠算盘的前身。(2)今珠算盘。其各表数的穿珠均用小竹棍串连在一起，称为档。珠可上、下拨动。盘中间有横档，将各档隔成上、下两部分。上部每档有二珠(中国式)或一珠(日本式)，每珠当下部五珠。下部有五珠(中国式)或四珠(日本式)，每珠当数目一。平时将上、下两部分珠靠边停放。运算时将代表数目之珠从上部拨下，或从下部拨上，以靠近横档，上、下二部分珠合成一个数。今珠算盘中穿档的发明是个关键，使它与古珠算盘有了质的区别。今珠算盘的发明时间，诸说不一，其可靠史料可上溯到元代。元刘因《静修先生文集》卷十一有《算盘诗》一首。王振鹏所画《乾坤一担图》中的货郎担担有一把算盘。明洪武四年(1371)刻的《魁本对相四言杂字》中载有算盘图。现存最早讲珠算的专著是明徐心鲁的《盘珠算法》(1573)，而最普及的珠算书则为程大位的《算法统宗》(1592)。珠算算法口诀从筹算捷算口诀移植而来。依口诀拨珠，即可完成计算。四则运算口诀产生后，珠算简捷、准确的优越性得以发挥，遂为后人长期使用。先后流传到日本、朝鲜、东南亚各国和欧美。

珠绣 最早用彩色丝线串以珍珠绣制而成，自唐代开始历代均有。现今所谓珠绣，系用彩色小玻璃珠绣制，以福建厦门最著名。约始于清光绪年间，最初由福建民间艺人用从捷克进口的小玻璃珠制作珠绣拖鞋，先在福建漳州试制成功，后传至厦门，品种发展到提包、挂屏、服饰等。又由厦门发展到邻近的漳州、诏安、同安、晋江、泉州、南安等地，约有几万名生产人员。广州也是珠绣的传统产区，早在清光绪年间即已流行珠绣的帽、拖鞋、衣裙等。后因借鉴粤绣针法，珠绣针法从十多种发展为近百种，还发展了晚礼服、门帘、腰带、窗帘等新品种。珠绣工艺，外观珠光灿烂、绚丽多彩、层次清晰、立体感强，产品具有浮雕艺术效果。针法有平绣、凸绣、串绣、粒绣、乱针绣、竖珠绣、叠片绣等。

珠轩 满语。打牲组织之意。清吉林松花江乌拉地方专供皇室贵族所需的采捕组织。每三十牲丁为一珠轩，设正副珠轩长各一人，领催十二人管理。属上三旗的珠轩为六十五个，其贡赋上交宫廷，由内务府都虞司考核、赏罚；属下五旗的珠轩共四十五个，其贡赋交王、贝勒、贝子诸府，亦由内务府代管。

珠轩达 满语官名。汉译作"珠轩长"。参见"珠轩"。

珠崖郡 珠一作朱(《太平御览》引《林邑记》)，崖一作厓(《汉书·贾捐之传》)。(1)西汉元封元年(前110)在今海南岛置。因崖边出真珠，故名(《太平寰宇记》)。一说元鼎六年(前 111)置,不确。治瞫都县(今琼山市南),辖境相当今海南东北部。后因当地土著屡屡反抗,于初元三年(前 46)废弃。隋大业六年(610)复置。治舍城县(今琼山市东南)。辖境亦相当今海南东北部。唐武德初改为崖州。天宝元年(742)复为珠崖郡。乾元元年(758)复改崖州。(2)三国吴赤乌五年(242)欲征抚海南,于徐闻县(今广东徐闻县南)境内置。未果。南朝宋元嘉八年(431)复置。旋废。

珠英学士集 书名。唐崔融编。五卷。集武后时修《三教珠英》学士李峤、张说等四十七人诗二百七十六首。宋时犹存,今佚。另有敦煌残卷本,有诗三十七首,辑入《敦煌诗录》和《全唐诗外编》。

株林 春秋陈国夏氏封邑。在今河南西华县西南。《诗·陈风·株林》:"胡为乎株林,从夏南兮。"

株萍铁路 湖南株洲至江西萍乡铁路。清光绪二十五年(1899)开工,三十一年竣工,全长 91 公里,系官款所筑。现为浙赣铁路的一段。

诸 春秋时鲁邑。在今山东诸城市西南。《春秋》庄公二十九年(前 665):"城诸及防",即此。西汉置县。

诸病源候论 又名《巢氏诸病源候论》、《巢氏病源》。书名。隋巢元方等撰。五十卷。成书于大业六年(610)。分六十七门,论述了一千七百三十九种病候。总结了魏晋以来医疗经验,阐明各科疾病病因、病证、诊断和预后。还记载了部分外科手术名称,证明医家当时已能施行人工流产、肠吻合、拔牙等手术。对症状的记载广泛而准确,诸证之末多附导引法,但不记载治疗方药。此书对后世医学影响深远。唐孙思邈《千金要方》、王焘《外台秘要》,宋王怀隐《太平圣惠方》、刘昉等《幼幼新书》,明朱橚《普济方》,清《医宗金鉴》都曾参引此书。是中国现存第一部以探讨病源、描述症状为主要内容的临床医学著作。

诸曹 丞相、三公以至州郡等官署所属各职事机构统称。所置曹多寡不同,各有主事,曹置掾(史)。

诸曹走使 官名。为尚书诸曹间往来传事之官。北魏初年制定官号不按周、汉官名,而取譬于习见之事物,以拟远古云鸟之义,遂名诸曹走使为"凫鸭",取其飞之迅疾。太和十七年(493)改制后废。

诸城县 隋开皇十八年(598)改东武县置,为高密郡治。治今山东诸城市。

诸儿 即"齐襄公"。

诸蕃志 书名。南宋赵汝适撰。二卷。此书为作者提举福建路市舶时所作。上卷志国,东自日本,西至摩洛哥,凡五十余国,所记国别之多,在中外交通史古籍中为最。下卷志物,对物产详加疏释。虽得诸访闻,偶有舛讹,然颇有前人不载之史料,为治宋代中外交通史者所重视。原本已佚,今本辑自《永乐大典》。近人冯承钧有校注。

诸樊(? —前 548) 春秋时吴国国君。公元前 560—前 548 年在位。吴王寿梦之长子。他与余祭、余昧、季札为同母兄弟,寿梦因季札贤,临终嘱其由季札继位。兄弟相让,乃以长子继位。即位后将都城迁于吴(今江苏苏州)。诸樊二年(前 559),楚令尹子囊率军攻吴,吴兵不出,楚还军时遭吴邀击,楚军大败。子囊还楚临终时,嘱必于郢筑城以防吴。十二年,楚以水师攻吴,未胜而还。他召舒鸠叛楚从吴。旋率军攻楚,中箭而死。

诸房旁通考校图 宋礼部贡院考官分工考校试卷时使用的一种图。宁宗时,试卷进入贡院,即分给各房考官考校,并绘制分俵各房情况示意图,称"诸房旁通考校图"。如第一场试卷在某房,第二、三场试卷在某房,披图即见。

诸父 周代天子对同姓诸侯、诸侯对同姓大夫均尊称"父",一般则称"诸父"。《诗经·小雅·伐木》:"既有肥羜,以速诸父。"

诸葛长民(? —413) 东晋琅邪阳都(今山东沂南南)人。有文武干才。平西将军桓玄引为参军,以贪刻免。元兴三年(404),与建威将军刘裕定谋起兵讨玄,为豫州刺史刁逵所执,送于玄,送人破槛车出之。还趋历阳(今安徽和县),逵弃城走。以功拜辅国将军、宣城内史。又破桓歆于芍陂(在今安徽寿县南),封新淦县公。义熙初,击破南燕于下邳(今江苏睢宁西北)。历青州刺史、领晋陵太守,豫州刺史、领淮南太守。义熙六年(410),将兵入卫京师以拒卢循军,并欲奉帝过江,裕不听。八年,裕讨刘毅,以为监太尉留府事。因骄纵贪侈,所在残虐。毅败后,恐祸及己,欲为乱,因致书冀州刺史刘敬宣谋共为变,敬宣转呈于裕。九年,裕自江陵(今湖北荆州)轻船潜还,杀之。

诸葛诞(? —258) 三国时琅邪阳都(今山东沂南南)人,字公休。以尚书郎为荥阳令,累迁御史中丞尚书。与夏侯玄等善。魏明帝恶其浮华,免官。齐王芳时复仕,迁扬州刺史,拜镇东将军。嘉平四年(252)十二月,率众七万攻吴东关(今安徽含山西南),军败,还徙为镇南将军。正元初,毌丘俭、文钦反于淮南,乃从司马师进讨。复督扬州,封高平侯,拜征东大将军。时以司马氏擅政,内不自安,遂结众心养死士,又请增兵十万,临淮水筑城御吴,实欲自保。司马昭知其不附己。甘露二年(257)诏拜司空,实夺其兵柄,遂杀扬州刺史乐綝,兴兵据寿春,遣使往吴请救。吴以为左都护、骠骑将军,发军应之。昭领军围寿春。三年,城中叛走相继,吴军又未能解其围,粮尽援绝,乃突城走,被杀。

诸葛丰 西汉琅邪(治今山东诸城)人,字少季。以明经为郡文学。元帝时,任司隶校尉,刺举无所避。侍中许章以外戚贵幸,不奉法度,纵容宾客犯事,乃举节欲收捕之,元帝以此收其节。司隶去节自此始。后徙城门校尉。因上书告光禄勋周堪事忤旨,免为庶人。终于家。

诸葛恢(284—345) 晋琅邪阳都(今山东沂南南)人,字道明。魏司空诸葛诞之孙。弱冠知名,试守即丘长,转临沂令。西晋末渡江,与荀闿、蔡谟皆字道明,号为"中兴三明"。安东将军司马睿以为主簿,迁江宁令。讨周馥有功,封博陵亭侯,迁从事中郎,兼统记室。任会稽太守三年,政绩第一。明帝以为侍中,加奉车都尉,出征王敦。又讨王含有功,进封建安伯,累迁尚书右仆射。康帝即位,加侍中。

诸葛瑾(174—241) 三国时琅邪阳都(今山东沂南南)人,字子瑜。诸葛亮兄。东汉末避乱江东,得孙权优礼,任为长史。建安二十年(215),使蜀,与亮俱秉公办事,深为权所信任。后以绥南将军代吕蒙领南郡太守。吴黄武元年(222),迁左将军,督公安,假节,封宛陵侯。与平北将军潘璋击破围南郡(今湖北公安)之魏军。五年,攻襄阳(今湖北襄樊),为司马懿所败。黄龙元年(229),权称帝后,拜大将军、左都护,领豫州牧。嘉禾三年(234),权围合肥,乃与陆逊屯夏口(今湖北武汉)以呼应,旋退还。赤乌四年(241),率军攻柤中(今湖北南漳境蛮河流域),懿驰救,遂引军退。

诸葛靓 三国时琅邪阳都(今山东沂南南)人,字仲思。诸葛诞之子。甘露二年(257),诞叛魏于淮南,受父遣与长史吴纲至吴请救。吴拜为右将军,镇建业(今江苏南京)。击平施但之乱。天纪四年(280),晋伐吴,从丞相张悌率大军渡江迎战,为副军师,大败于板桥(今安徽含山北)。乃帅数百人遁去。吴亡,匿于其姊琅邪王妃家,晋武帝往见,诏以为侍中。固辞不受,归于乡里,终身不向朝廷而坐。

诸葛恪(203—253) 三国时琅邪阳都(今山东沂南南)人,字元逊。诸葛瑾长子。少有才名,拜骑都尉,为吴太子孙登宾友。辩论敏捷,孙权甚异之,欲试以事,令守节度。嘉禾三年(234),被任为抚越将军,领丹杨太守,率兵攻山越。用围困夺粮之术使山越饥穷出降。以功拜威北将军,封都乡侯。赤乌中,陆逊卒,迁大将军,假节,驻武昌,代逊领荆州事。权卒,辅立孙亮,拜太傅,改善国政,颇得人心。建兴元年(252),败魏兵于东兴(今安徽巢湖市),进封阳都侯,加荆、扬州牧,督中外诸军事,遂有轻敌之心,力主再攻魏。二年,攻魏新城(今安徽合肥西北)不克,士卒多伤病,退兵,国内怨声载道。旋被皇族孙峻所杀。

诸葛亮(181—234) 三国时琅邪阳都(今山东沂南南)人,字孔明。少孤,从叔父玄往荆州依刘表,隐居隆中(今湖北襄阳西)。时人号为卧龙。刘备屯新野(今属河南),亲诣之,凡三往乃见。遂为备定据荆、益二州,联吴抗曹操之策。东汉建安十三年(208),操入荆州,表子琮降。备南逃,受遣说孙权共拒操,大败操军于赤壁,备遂以之为军师中郎将,督零陵、桂阳、长沙三郡。十六年,益州牧刘璋迎备使击张鲁时,与关羽镇荆州。后备还军攻璋,又与张飞、赵云等率军溯江入蜀,与备共围成都。成都平,任为军师将军,署左将军府事。备即帝位,拜为丞相、录尚书事。章武三年(223),备于永安(今重庆奉节东)病危,受嘱辅刘禅。禅立,封武乡侯,开府治事,又领益州牧,政事无巨细,咸决之。遣使与吴修好。为政科教严明,赏罚必信。建兴三年(225),率众南征,悉平叛郡。五年,出驻汉中。临发,上表明志,并进言后主善纳忠言。六年,亲率诸军攻祁山(今甘肃张家川西北),南安、天水、安定三郡叛魏响应,会先锋马谡违节度,败于街亭(今甘肃庄浪东南),乃还,杀谡并自贬三等。此后,围陈仓,斩魏将王双;攻武都、阴平,夺取二郡。九年,复出祁山,屡战屡胜,终以粮尽退兵,并设伏射杀魏将张郃。十二年,帅大军自斜谷出,据五丈原(今陕西眉县西南),分兵屯田,为久驻之计,竟病卒于军,遗命葬于定军山(今陕西勉县东南)。谥忠武侯。长于巧思,连弩、木牛、流马之作皆出其意,又推演兵法,作八阵图。晋陈寿曾编《诸葛亮集》共二十四篇,凡十万余字,今多不存。

诸葛亮集 书名。三国蜀诸葛亮(曾官丞相,谥忠武侯)作。初,陈寿进《诸葛亮集》,凡二十四篇,其集久佚。今传本为明清人所辑。有明刻《诸葛忠武侯集》二十一卷本,张溥刻《诸葛丞相集》一卷本等。清嘉庆道光间张澍刻《诸葛忠武侯文集》十一卷,凡文集四卷,附录二卷,《诸葛故事》五卷。建国后,据张澍本整理校点,名《诸葛亮集》,并附入《诸葛亮著作考》。

诸葛玫(?—307) 西晋琅邪阳都(今山东沂南南)人,字仁林。浮躁有才辩。历官骠骑从事中郎、侍中、御史中丞。曾弃长沙王司马乂,奔邺投成都王颖。及东海王越辅政,与吏部郎周穆共说越废怀帝立清河王司马覃,越不许。再言之,越怒,遂杀之。

诸葛颍(539—615) 隋丹阳建康(今江苏南京)人,字汉。初任梁邵陵王参军事,转记室。侯景之乱,投奔北齐,官至太子舍人。入周,不得迁调。入隋,晋王杨广引为参军事,转记室。炀帝即位,升著作郎。后从炀帝北巡,卒于途次。著有《銮驾北巡记》(一作《北伐记》)、《幸江都道里记》(一作《巡抚扬州记》、《巡总扬州记》)、《玄门宝海》、《洛阳古今记》、《马名录》、文集等。

诸葛元声 明会稽(今浙江绍兴)人。著有《两朝平攘录》。

诸葛瞻(227—263) 三国时琅邪阳都(今山东沂南南)人,字思远。诸葛亮子。与公主婚,拜骑都尉,屡迁侍中、尚书仆射,加军师将军。蜀景耀四年(261),行都护卫将军,与辅国大将军董厥并平尚书事,对宦官黄皓弄权,不能矫正。六年,魏征西将军邓艾自阴平入蜀时,督诸军拒艾至涪(今四川绵阳东),尚书郎黄崇屡劝宜速行据险,无令敌得入平地。未为所纳。艾长驱而进,因退至绵竹(今四川德阳北),临阵与子尚俱战死。

诸葛忠武侯故事 书名。清张澍纂辑。五卷。是书就诸葛亮氏族、身世、事迹、遗迹、影响、评议乃至史料之偏颇诸端,凡史志、类书、笔记等官私撰述中所涉及者,均加以汇集。厘为《诸葛篇》、《遗事篇》、《用人篇》、《制作篇》、《遗迹篇》五篇。资料皆注明出处,对歧异者则加按语说明。

诸宫调 说唱伎艺。联结不同宫调的套曲,演唱长篇故事。用琵琶伴奏。弹、唱、念由一人兼擅。起源于宋代。传说创始人为孔三传。金代北方流传。元初仍流行,后渐衰落。现存金人作品有董解元《西厢记诸宫调》及无名氏《刘知远诸宫调》残本。元人作品有王伯成《天宝遗事诸宫调》散见于曲集。元代女演员善唱诸宫调者,有赵贞卿(一作真真)、杨玉娥、秦玉莲等。诸宫调的流传对元杂剧的形成,有直接影响。

诸国臣服传 书名。撰人不详。元世祖至元十三年(1276)诏修。今未见传本。

诸侯 ❶西周时各级封国国君统称。《令方彝铭》:“众诸侯:侯、田(甸)、男。”❷春秋以后专指封国国君。诸侯分公、侯、伯、子、男五等,为封国最高统治者,掌握一国政治、军事、经济等大权。并按时向周天子交纳贡赋和朝见述职。《国语·周语上》:“诸侯春秋受职于王以临其民。”❸借指掌握军政大权的地方长官。诸葛亮《前出师表》:“臣本布衣,躬耕于南阳,苟全性命于乱世,不求闻达于诸侯。”

诸侯王 汉代皇子封为王者,称诸侯王。《汉书·百官公卿表》:“诸侯王,高帝初置。”颜师古注:“蔡邕云汉制皇子封为王,其实诸侯也。周末诸侯或称王,汉天子自以皇帝为称,故以王号加之,总名诸侯王也。”以上所说均指同姓诸侯王。汉初还有七个异姓诸侯王,即楚王韩信、梁王彭越、淮南王英布、赵王张耳、燕王臧荼、韩王信、衡山王吴芮。刘邦为巩固汉朝统治,先后翦除异姓诸侯王,仅保留势力较小的吴芮。又陆续分封许多刘姓子弟为王,即同姓诸侯王。汉初诸侯王国具有相对独立性,与直属中央的郡县并存,除国相外,得自置百官,如朝廷之制,掌握封国军、政、财权。景帝、武帝以后,其官属皆由朝廷任命,诸侯王治国的权力被剥夺,但食租税而已。诸侯王国或削或减,虽存其名,实与郡县无异。

诸侯相 官名。汉代诸侯王国相。高帝时王国置丞相,统王国众官,秩二千石,由朝廷任命。景帝中元五年(前 145),令诸侯王不得复治国,改丞相曰相。成帝绥和元年(前 8)省内史,更令相治民,如郡太守。东汉相一人,秩二千石,职如太守,有长史,如郡丞。

诸暨县 秦置。治今浙江诸暨市。属会稽郡。五代初改名暨阳县,后复名诸暨县。元元贞初升州。至正十九年(1359)朱元璋改为诸全州,二十六年复改为诸暨县。1987 年改设市。

诸家神品丹法 书名。宋孟要甫述。辑录诸炼丹者的丹法而编成。收入《道藏》。

诸监 西周派驻各诸侯国的监察官员统称。《仲几父簋铭》:“仲几父使于诸侯、诸监。”

诸匠营 太平天国机构名。金田起义初由军中手工业工人按技艺编成,生产军用物资。建都天京(今南京)后扩及社会,现可考者有:木营(建筑)、土营(一作瓦匠营,从事挖地道攻城、建筑)、金匠营(铸印、打造金银器皿)、织营(织绸缎和布匹)、金靴营(制靴鞋)、绣锦营(绘画、刺绣)、镌刻营(刻字)等。各营统以指挥,其下有总制、监军、军帅直至两司马,一如军队编制。主要集中于天京。

诸节 西周各级受有符节官吏的统称。《史记·周本纪》:“(武王)乃告司马、司徒、司空、诸节。”裴骃集解引马融曰:诸节即“诸受符节有司也”。

诸科 北宋科举初沿唐法,有九经、五经、开元礼、三史、三传、三礼、学究、明法等科,统称诸科。地位次于进士科。应举者经礼部试和殿试合格,即各获本科及第、出身或同出身。熙宁年间罢诸科,命诸科举人改应进士科,原诸科举人最多的京东、陕西等五路举人,在礼部试时另行考试,并增加录取名额。元祐年间复设诸科中部分科目如春秋科、通礼科等,另立经明行修科。绍圣年间,罢春秋科。南宋尽废诸科,科举常选仅进士一科。参见“进士科”。

诸可宝(1845—1903) 清浙江钱塘(今杭州)人,字迟鞠,一字璞斋。官江苏昆山知县。博涉群籍,尤精天算。踵阮元、罗士琳《畴人传》初、续编之例,撰《畴人传三编》七卷,辑录道光四年(1824)后历算学家的主要事迹。又著有《璞斋集》、《江苏省全舆图》等。

诸吏 官名。秦及西汉为加官。西汉属中朝官。《汉书·百官公卿表》:“诸吏得举法。”东汉省。

诸盩 即“公叔祖类”。

诸梁 春秋末楚国人,字子高。沈尹戌之子,封于叶(今河南叶县),又称叶公子高、叶公诸梁。令尹子西欲自吴召白公胜回楚,他以胜狡诈好乱劝阻,子西不听,于是托疾出居于蔡。楚惠王十年(前 479),白公胜果于郢作乱,杀子西和司马子期,劫持惠王。他自蔡率兵至郢平乱,自兼令尹、司马二职。后局势安定,以子西之子宁为令尹,子期之子宽为司马,他仍返叶。

诸陵署 官署名。金代置。属太常寺,主管山陵事务。设提点山陵、令、丞、直长诸官。提点山陵秩正五品,由涿州刺史兼领;令、丞掌守山陵,秩从六品、从七品;直长正八品。

诸路宝钞都提举司 见“宝钞都提举司”。

诸路宝泉都提举司 见“宝钞都提举司”。

诸路交钞都提举司 见“交钞提举司”。

诸路金玉人匠总管府 官署名。元代置。属将作院。掌造宝贝金玉冠帽、系腰束带、金银器皿,并总管诸司局事。世祖中统二年(1261)初,立金玉局,次年改总管府,秩正三品。后定置达鲁花赤、总管、副达鲁花赤、同知、副总管各二员领之。下领玉局提举司、金银器盒提举司、玛瑙提举司、阳山玛瑙提举司、金丝子局、鞓带斜皮局、瓘玉局、浮梁瓷局、画局、管领珠子民匠官、妆钉局、大小雕木局、宣德隆兴等处玛瑙人匠提举司、温犀玳瑁局、上都金银器盒局、漆纱冠冕局,大同路采砂所、管匠都提领所、监造诸般宝贝官、收支诸物库、行诸路金玉人匠总管府等机构。

诸路杂造总管府 官署名。元代置。属工部。世祖至元元年(1264),改提领所为提举司。十四年,改工部尚书行诸路杂造局总管府。秩正三品。置达鲁花赤、总管、同知、副总管各一员。下领帘网局、收支库。

诸罗县 清康熙二十三年(1684)置。初治佳里兴堡(今台湾台南市佳里镇)。属台湾府。四十三年移治今台湾嘉义市。乾隆五十二年(1787)改名嘉义县。

诸器图说 书名。明王征撰。一卷。有图十一幅,每图均有文字说明,介绍著者所创虹吸、鹤饮、轮激、风硙、自行磨、自行车、轮壶、代耕架、新制连弩等九种机具。天启七年(1627)在扬州初刊,后有多种版本行世。通常附《奇器图说》后合并刊行。

诸泉塘 水塘名。在唐江南道泉州莆田(今属福建)西一里。贞观时修,与县南之沥峙塘、横塘,西南之永丰塘,东北之颉洋塘,东南之国清塘共溉田一千二百顷。

诸色户计 元代居民按职业划分为若干种户,常见的有十种左右,如民、军、站、匠、盐、儒、僧、道等。其中军、站、盐、匠等户是国家强制签充的,儒、僧、道等户是国家通过考试或其他方式认可的。每种户都对国家承担特定的封建义务,如军户出军、站户当站、僧道念经等,他们的赋役负担各不相同。统称为诸色户计,色是种类之意,计是统计之意。

诸色人匠总管府 官署名。管领官工匠生产。元世祖至元十二年(1275)始置,属工部。秩正三品。设达鲁花赤、总管、同知、副总管等官。下辖梵像提举司、出蜡局提举司、铸泻等铜局、银局、镔铁局、玛瑙玉局、石局、木局、油漆局、诸物库及管领随路人匠都提领所等机构。各局均有大批官工匠从事生产。

诸申 一作珠申。满语。即女真音转。(1)早期满族人的自称。皇太极于天聪九年(1635)正式改定族称为"满洲",辛亥革命后通称满族。(2)历史上满族内部的一个阶层。在贝勒(贵族)以下,阿哈(奴仆)以上。其身份和地位随时代而变化。

诸生 ❶指儒生。《史记·曹相国世家》:"尽召长老、诸生,问所以安集百姓,如齐故(俗)诸儒以百数。"《汉书·叔孙通传》:"夫儒者难与进取,可与守成。臣愿征鲁诸生,与臣弟子共起朝仪。"也指在学读书的学生。韩愈《进学解》:"晨入太学,招诸生立馆下。"《通俗编·文学·诸生》:"诸生犹诸侯,虽一人亦得云诸。"❷明清时称府、州、县学之生员为诸生。顾炎武《书吴潘二子事》:"当国变后,年皆二十以上,并弃其诸生,以诗文自豪。"

诸史蒙求歌诀 书名。清黄焱秋编。一册。黄氏将中国史籍提纲挈要,约举撰述卷数、体例、源流得失等,用通俗韵语编成是册。除正史外,兼及编年、纪事本末、实录等诸体史书与史家论史之切要者。语词简洁,便于蒙童学习。有光绪二十四年(1898)上海千顷堂印本。

诸史然疑 书名。清杭世骏撰。一卷。是书为读《后汉书》、《三国志》、《晋书》、《宋书》、《魏书》、《北史》、《陈书》等书的笔记,纠正有关史文之疏漏,各书条数多寡不等。

诸史拾遗 书名。清钱大昕撰。五卷。涉及范围起自《三国志》,终于《元史》,内容性质与《三史拾遗》同,两书内容连接,合称《考史拾遗》,为《廿二史考异》之续作。

诸史琐言 书名。清沈家本撰。十六卷,内《史记琐言》三卷、《汉书琐言》五卷、《后汉书琐言》三卷、《续汉书志琐言》一卷、《三国志琐言》四卷。为沈氏读史心得笔记和考证的汇集。所作考证,可供读史者参考。

诸史异汇 书名。明末清初李清辑。二十四卷。读史笔记。作者于读史中将有益教戒之事随笔摘录,分类编排,每卷一类,每类条数不等,每条均加标题。以封建伦常为分类顺序,如君臣、父子、夫妇、朋友、德行、政事、仁、义、礼、智、信、怜才、善诱、异闻、天地等。浙江省图书馆藏有传抄本。

诸司 ❶众官吏;众官署。《左传·桓公十三年》:"其谓君抚小民以信,训诸司以德,而威莫敖以刑也。"《新唐书·百官志一》:"诸司奏大事者,前期三日具状。"❷官名。南宋国史实录院置,员一人,以内侍省官充任。

诸司副使 见"诸司使"。

诸司局人匠总管府 官署名。元代置。属工部。管领制作。世祖至元十四年(1277)始置,领两都金银器盒及符牌等十四局。二十四年,改以所隶八局别属工部与金玉府,只领收支库、大都毡局、大都染局、上都毡局、隆兴毡局、剪毛花毯蜡布局等机构,专掌制作毡毯等事,秩正三品。设达鲁花赤、总管、副达鲁花赤、同知、副总管等官。

诸司使 官名统称。唐后期始置,多以宦官充任。五代改用武臣。宋初尚有职掌,嗣后渐成阶官,除特殊情形外,仅为叙迁之阶而无实际职务。诸司使分东西二班,各二十使,东班为皇城使、翰林使、尚食使、御厨使、军器库使、仪鸾使、弓箭库使、衣库使、东绫锦院使、西绫锦院使、东八作使、西八作使、牛羊使、香药库使、榷易使、毡毯使、鞍辔库使、酒坊使、法酒库使、翰林医官使;西班为宫苑使、左骐骥使、右骐骥使、内藏库使、左藏库使、东作坊使、西作坊使、庄宅使、六宅使、文思使、内园使、洛苑使、如京使、崇仪使、西京左藏库使、西京作坊使、东染院使、西染院使、礼宾使、供备库使。诸司正使下又各有副使,总称诸司副使。真宗咸平元年(998),定正使为同六品,副使为同七品。徽宗政和二年(1112)使、副皆罢,改换新阶。

诸司正使 即"诸司使"。

诸天讲 书名。近人康有为著。十五卷。初稿写于清光绪十一年(1885),成书于1926年。系探讨宇宙("诸天")生成问题之专著,故名。其中介绍有关中国古代天文学和西方近代自然科学方面的知识,如哥白尼的太阳中心说、牛顿的万有引力说、康德的星云说等,并以发展变化的观点解释天体现象,谓太阳有成毁、地球有生灭、诸星球有"老少之别"。然又宣传"纬书"中的迷信思想和佛教、基督教思想,断言"上帝之必有"、"天之大不可思议"等神秘主义观点。

诸庭诲 唐钱塘(治今浙江杭州)人。开元中,官至谏议大夫。正书精熟。遗迹有《玄览法师碑》。

诸王文学馆 官署名。辽代置。掌辅导诸王学习经史,收藏管理诸王府典籍等事。设教授、伴读等职。

诸物库 官署名。元代置。秩从七品，隶宣徽院，设于大德四年(1300)，掌宫廷诸物出纳。置提领、大使、副使各一员。

诸夏 见“夏❶”。

诸县 西汉置。治今山东诸城市西南。两汉属琅邪郡，魏、晋属城阳郡，北魏、东魏属东莞郡。北齐天保七年(556)并入东武县。

诸行宫都部署院 官署名。辽代置。北面官，总诸行宫契丹汉人之事。道宗清宁元年(1055)，“诏部署院，事有机密即奏，其投谤讪书，辄受及读者并弃市”(《辽史·道宗纪一》)。置都部署、知事、副部署、判官等职。

诸冶东道署 官署名。北齐置，设令、丞。掌东部地区诸冶，领滏口、武安、白间三局丞。隶太府寺。隋并入掌冶署。

诸冶东西道令 官名。北齐太府寺有诸冶东、西道署，为官手工业机构，掌冶铸，署有令，位从八品上，有丞。参见“诸冶东道署”、“诸冶西道署”。

诸冶西道署 官署名。北齐置，设令、丞。掌西部地区诸冶，领晋阳冶、泉部、大邳、原仇四局丞。隶太府寺。隋并入掌冶署。

诸尹 西周各官署正长合称。《作册夨令尊铭》：“明公朝至于成周出命，舍三事命，众卿事寮、众诸尹、众里君、众百工。”

诸祐 一作诸佑。五代时南唐蕲州(治今湖北蕲春北)独木村人。自言不茹荤者数世，能使贫者富，富者贫。乡民信之。积数百众，夜行昼息，劫富人财物，州县惮而不敢问。升元中，陈起授黄梅令，独不至祝贺，并不从命令，蔑视如故。后陈起借兵捕杀之。

诸御 官名。春秋时齐国等置，掌仆御。《吕氏春秋·慎势》：“齐简公有臣曰诸御鞅，谏于简公。”陈奇猷校释：“《越世家》有‘诸御千人’之语，是列国时有诸御之官。然则诸御鞅者，以官为氏，而为齐大夫也。”

诸站都统领使司 官署名。元代置。掌驿站。设于世祖至元七年(1270)，设官六员。十三年，改通政院。

诸子 ❶官名。《周礼》夏官之属。负责贵族子弟的教育管理，掌其戒令。❷指先秦至汉初的各派学者或其著作。《汉书·艺文志》：“战国纵衡，真伪分争，诸子之言纷然殽乱。”

诸子学 简称子学。研究诸子学说的学问。与经学、史学相对。“诸子”泛指先秦至汉初各个学派的代表人物及其著作。《庄子·天下篇》把春秋战国百家之学，概括为邹鲁之士，墨翟、禽滑釐，宋钘、尹文，彭蒙、田骈、慎到，关尹、老聃，惠施等派别，分别予以评论，开“子学”先河。《荀子》的《非十二子》和《解蔽》，《韩非子·显学》，《商君书·开塞篇》，司马谈《论六家之要指》等，均系子学开创性著作。西汉刘歆《七略》、东汉班固《汉书·艺文志》均将儒家以外各学派著作列入《诸子略》。自此以后，诸子学成为不包括儒家经典的各学派学说研究之专称。三国魏郑默《中经》、晋荀勖《新簿》分图书为甲乙丙丁四部，列诸子著作于乙部。《隋书·经籍志》始标明经史子集四部。清编纂《四库全书》宣称“自六经以外，立说者皆子书也”(《四库全书总目提要叙》)。其间，不少学者反对此说，清傅山强调要对经、子作同等的研究，反对“子不如经之尊”的传统偏见。傅山《霜红龛集》、章太炎《诸子学略说》均可参考。

诸子学略说 篇名。近人章炳麟撰。原系作者在日本东京“国学讲习会”之讲义，刊于《国粹学报》丙午年(清光绪三十二年，1906)第八、九号。又以《论诸子学》为题，收入《国学讲习会略说》(日本秀光社铅印本)。对先秦儒、道、墨、阴阳、纵横、法、名、杂、农、小说诸家均有所论列，重点论述儒家，斥其“湛心荣利”，又谓中庸为甚于乡愿之“国愿”，借以讥刺康有为、梁启超等保皇党人。

铢 见“斤”。

铢寸录 书名。清窦垿著。八卷。认为“理宰乎气而能为主者也”，反对陆王心学，于“义”、“利”之辨，认为“义或有不利者，利未有不义者”。收入《云南丛书》。

猪拱箐 地名。在今贵州赫章县东北。地当川、滇、黔三省之交，八山环合，与海马姑犄角相望。清同治六年(1867)，陶新春率苗民起义军据猪拱箐，即此。

猪笼机 即“竹笼机”。

猪突豨勇 新莽天凤六年(19)为征伐匈奴，临时征召天下丁男及死罪囚、吏民奴所组成的军队。《汉书·食货志》颜师古注：“东方名豕曰豨。一曰，豨，豕走也。”又引服虔曰：“猪性触突人，故取以喻。”

猪仔峡 在今广西武宣县东北。两山并峙，中通一线，十分陡险。清咸丰元年(1851)六月，太平军以新墟、双髻山、猪仔峡为要隘；六月二十七日，向荣指挥清后路军进攻猪仔峡，太平军在石壁上炮轰清军，清军失利；七月十五日，清军由间道分四路攻猪仔峡，太平军失利，皆即此。

袾宏 即“莲池”。

袾裷 即朱衮。古代君王所穿之红色礼服，上绣龙纹。《荀子·富国》：“故天子袾裷衣冕。”杨倞注：“裷与衮同。画龙于衣，谓之衮。”

朝那县 ❶西汉置。治今宁夏固原县东南。属安定郡。北魏末废。汉初，匈奴“悉收秦前所取匈奴地，与汉关故河南塞，常侵至朝那、肤施”(《史记·匈奴列传》)，即此。❷西魏大统元年(535)置。治今甘肃灵台县西北。为安武郡治。隋末废。

zhú

术伯 又译出伯。察合台汗国阿鲁忽汗子。元世祖时降元。至元二十年(1283)，率探马赤军与海都等战于斡端(今新疆和田)、可失哈儿(今新疆喀什)一带。至元末年至大德初年，驻曲先塔林(今新疆库车及塔里木河流域)及哈剌火州。火州为笃哇占据,退守哈密力(今新疆哈密)及瓜、沙一带。大德八年(1304),封威武西宁王。武宗即位,进封豳王。

术赤(? —1224) 又译拙赤。成吉思汗长子。元太祖八年(1213)攻金,与窝阔台总右军,进兵太行山两侧。西征中,受命攻玉龙杰赤(今土库曼斯坦库尼亚乌尔根奇),与察合台不和。攻下玉龙杰赤后,自率军返回封地。封地自海押立延伸至花剌子模地区。后病死。多子,知名者十四人。次子拔都嗣位。

术赤台 又译主儿扯歹、术儿彻丹、术彻台、拙赤解。蒙古兀鲁兀部首领。初依札木合,后率部归铁木真。蒙古与克烈部战于哈阑真沙陀(在今蒙古国东方省南境),兀鲁兀、忙兀两部充当先锋,射伤汪罕之子亦剌合。蒙古建国,受封为左手兀鲁兀四千户之长,成吉思汗赐克烈贵族札阿绀孛之女亦巴合别乞为其妻。元太祖八年(1213),从攻金,围中都(今北京)。后分兵三道,与皇弟哈撒儿等领左军,取蓟、平、滦和辽西诸州郡。

术赤兀鲁思 即"钦察汗国"。

术虎 金女真部落姓氏。部人分布于涞流水、活论水(今拉林河及其支流活论河)等地。入中原后,改汉姓董氏、术氏。

术虎高琪(? —1220) 高琪或作高乞。金西北路(今内蒙古多伦北)女真人。护卫出身。历任州官、刺史。泰和六年(1206),与宋人战,有功。大安三年(1211),官泰州刺史,率纠军三千入卫中都(今北京),驻缙山。贞祐元年(1213),为元帅右监军,被蒙古军战败,惧获罪,乃率军入中都城,杀权臣胡沙虎,任平章政事。四年,进官尚书右丞相,日益专权。兴定三年(1219)十二月,被处死。

术甲 又作术要甲、诸甲等。金女真部落姓氏。部人散居上京(今黑龙江阿城白城子)、北京(今内蒙古宁城西大明城)等地。入居中原后,改汉姓为赵。

术甲脱鲁灰(? —1232) 金上京(今黑龙江阿城)人。世为北京路部长。袭北京路宋阿答阿猛安爵。贞祐二年(1214),率本部兵赴中都(今北京),扈从宣宗迁南京(今河南开封),任御前马步军都总领。兴定五年(1221),从同签枢密院事时全攻宋,升元帅右都监,行蔡、息等州元帅府事。正大七年(1230),任小关子元帅,屯商州大吉口。九年春,从行省参政徒单兀典领潼关兵入援南京,至铁岭(今河南卢氏境)遇蒙古军,被俘不屈,自杀。

术里者 即"萧仲恭"。

术外尼(Ala-al-Dīn 'Ata-Malik al Juwai-nī, 1226—1283) 又译志费尼。波斯人。史学家。出身波斯贵族,父别哈丁1232年降蒙古,曾任呼罗珊等地蒙古财政长官。他任蒙古阿母河行省长官阿儿浑之书记。1252—1253年,随阿儿浑至和林(今蒙古国哈尔和林),居留十六月,撰写《世界征服者史》。1256—1257年,随旭烈兀汗攻灭木剌夷国及报达阿拔思王朝。1259—1283年,任报达州长官(一作副长官)。

竹敦城 在今湖北麻城市西北。《资治通鉴》:南朝梁天监三年(504),北魏取三关,"上遣马仙琕筑竹敦、麻阳二城于三关南。司马悦遣兵攻竹敦,拔之",即此。

竹高折地 算学名题。出自《九章算术》勾股章第十四题。大意为:有竹高一丈,竹末被折而抵地,竹末去竹本三尺,求相折处高。以竹末去竹本为勾,竹末折而抵地部分为弦,相折之处为股。即由勾、股弦和推求股。

竹拱桥 由数根弯成拱形的细长竹竿组成的桥。一般为临时性简易桥。以南方产竹区最为盛行。

竹火枪 管形火器。多用于明代。用毛竹长三尺,钻透,底用土筑实一二寸,凑土处钻眼作火门,装药线。枪外用铁丝、麻绳扎紧,以灰漆涂固,内用荡药荡过,用直性火药一钱六分,放铅子一枚,照准打放,携带方便。

竹火鹞 兵用抛掷燃烧性火器。始于宋代。多用于攻守城。编竹为疏眼笼,腹大口狭,形微修长,外糊纸数重,刷令黄色。入火药一斤并加小卵石,使其势重,束秆草三五斤为尾,以砲放之。焚攻城敌军积聚及惊兵马。

竹间道人自述年谱 书名。清黎培敬撰。起道光六年(1826),迄光绪八年(1882)。以记谱主任贵州学政、巡抚时之经历、家事为主,间涉贵州吏治民情及经济状况。有重要参考价值。有光绪十七年湘潭黎氏刊本。

竹简 见"简"。

竹课 元代赋税名目。元初,在卫辉路、怀孟路(两路在今河南北部)和京兆路、凤翔路(两路在今陕西中部),设立司竹监,砍伐百姓的园竹,四六抽分(原定官得六分,后改四分);百姓所得,也由官府收买。司竹监将所得园竹,在民间发卖,每年可得银一千二百余锭。未经司竹监自行发卖的,称为私竹,发现后竹及价钱没官。司竹监设有巡行官(巡竹人),防止百姓私自砍伐。至元二十一年(1284),元世祖根据卢世荣建议,罢各处司竹监,听从百姓自由货卖,官府收取竹课。二十三年,又在卫州(属卫辉路,今河南卫辉市)设立竹课提举司,管辖卫辉、怀孟及河南、山东部分地区的竹课;属于官府的竹园,每年砍伐后给引发卖;属于百姓的竹园,按照各自的地亩,摊派一定的竹课,允许自行发卖。在陕西也设立竹课提举司。二十九年,因怀孟竹园砍伐殆尽,曾暂停在民间摊派竹课,但不久又恢复。江南竹木也课税,具体办法不详。

竹里 在今江苏句容市北六十里竹里山间。东晋南朝时,为京口(今镇江市)、建康(今南京市)间重要通道。因途甚倾险,行者号为翻车岘(《元和郡县志》)。东晋隆安元年(397),王恭举兵京口,会稽王道子遣兵戍竹里,即此。

竹立牌 见"木立牌"。

竹林七贤 指魏晋间阮籍、嵇康、山涛、向秀、刘伶、王戎、阮咸等七名士。《魏氏春秋》曰:嵇康与向秀相友善,游于竹林;晋袁宏著《竹林名士传》,以阮籍等七人为竹林名士。南朝宋戴逵撰《竹林七贤论》

后，其名遂著。此七人均崇尚老庄，喜谈玄道，重自然而轻名教，其言行成一时之风气，世称“竹林七贤”。近人陈寅恪以为“竹林”一词实假托佛教veluvana译语而来，即佛祖说教之处，七贤大谈玄道，故以velu一词比附，遂有竹林之游一说。竹林地属河内郡(治今河南武陟西南)，河内为魏宗室所居，隐然为洛阳以外又一政治中心。七贤盘桓于此，与司马氏集团相抗衡。

竹林寺女科 书名。又名《竹林寺三禅师女科三种》，又称《胎产新书》。清浙江萧山竹林寺三僧(静光禅师、雪岩禅师、轮应禅师)撰。刊于乾隆三十六年(1771)。共二十卷。集以下三书：《女科秘要》八卷。分别为：胎产杂病、胎前产后各症、经期各症、经带各症、胎产备要、产后各症(共述一百六十九条，均有标题，有方有论)，方症补遗。《女科旨要》四卷。分别为：月经诸病、胎前诸症、产后诸症、十八般难产及“儿科问候”。《女科秘旨》八卷，又称“续集”。分别为胎前、产后诸症的症治。三书体例与内容虽异，但其治病处方仍有相同或相近之处，可互为补充。此书流传较广，各种不同名称的刊本仅现存者不下三十余种。

竹灵倩 唐剑南道越嶲都督。参见“爨归王”。

竹笼机 广西壮族生产壮锦的古老织机。因其开口提花机构为竹笼，故名。又其形似猪笼，亦称猪笼机。该织机起源无考。全机长158厘米，高142厘米，有吊装竹笼起落和综片升降的V形摇臂架各一个。竹笼直径27厘米，长102厘米。竹笼上有圆形竹棍七十至一百二十根，根据花纹纬循环大小而定。其机构巧妙，可用少蹑控制多综。明万历年间所织龙凤花纹壮锦，是当时的重要贡品。

竹络 又称竹落、竹篓、竹笼。一种水工建筑构件。以竹篾编成笼子，径数尺，长数丈，内填石块，堆筑为堤堰。古代河工建筑物中的丁坝、堤防、河岸护坡，水工建筑物中的分水坝、导流堤、溢流坝、拦水坝等都普遍采用竹络结构。战国秦李冰筑都江堰时始用。据《汉书·沟洫志》：河平元年(前28)，黄河决口，河堤使者王延世以此法堵口，获得成功。五代吴越王钱镠在杭州候潮门外筑捍海塘，用竹笼木桩法，“造竹器，积巨石，植以大木，堤岸既固”(《宋史·河渠志》)。

竹木抽分局 亦称竹木抽分场、抽分竹木局。明代征收商税的机构，对兴贩竹木、柴薪、石炭、砖瓦、石灰等货物之客商*抽分。洪武二十六年(1393)设南京龙江、大胜港二处；永乐六年(1408)又设北京通州、白河、卢沟、通积、广积五处。后复于真定、保定、杭州、荆州、太平、兰州、广宁等地分设。成化六年(1470)令每处差主事、给事中、御史各一员，七年令每处只差御史一员。其后间有设大使、副使者，下设攒典、巡军。

竹木税 唐德宗以后历代政府对竹木贩运所征之税。建中三年(782)九月，户部侍郎赵赞请置常平轻重本钱，收贮斛斗匹段丝麻等，贵则下价出卖，贱则加估收籴，权轻重以利民。乃于诸道津要置吏税商货，以充常平本钱，其中竹木什一税之。时军费浩繁，常赋不足，所税随时而尽，终不能为常平本。至兴元元年(784)下诏罢之。五代恢复征收。北宋按十分抽一的税率征收实物，南宋初一度停征，旋又恢复。元代对竹的砍伐亦有限制，并征竹课。明代以征实物为主，称“抽分”或“抽解”，亦兼收银钞，并专设竹木抽分局。清仍征之，均征银两。

竹木务 官署名。宋代置。属将作监。掌接受诸路水运木材，及抽算诸河商贩竹木，以供营造之用。勾当官一人，以京朝官充任。

竹谱 书名。晋戴凯之撰。一卷。记载竹类凡七十多品种，内容以四言韵语叙述，然后逐条附于注释。为中国有关竹子的最早专著。

竹谱详录 书名。原名《竹谱》。元李衎撰。二十卷。撰于大德三年(1299)。原书已失。清四库馆臣据《永乐大典》辑录，收入《四库全书》。全书分为四门六子目：画竹谱、墨竹谱、竹态谱、竹品谱和全德品、异形品、异色品、神异品、似是而非竹品、有名而非竹品。凡十卷。卷各有图，绘图精确。“盖二卷并为一卷”。记述竹类(含变种)约三百余种(“神异品”以下未计)。多为长江流域及其以南诸省(远及越南)所产，旁及江淮、齐、鲁、豫等地。涉及形态、种类、生境、产地(含地理分布)及其经济用途。明确指出：(一)竹根(地下茎)类型有散生(即如今之单轴散生茎)和丛生(即如今之合轴丛生茎和复轴混生茎)两种；并依竹根之不同类型分竹类植物为“散生之竹类”和“丛生之竹类”；(二)生长地不同其材质性能也各异，“凡竹生于石，则体坚而瘦硬，枝叶多枯焦。……生于水，则性柔而婉顺，枝叶多稀疏。……生于土石之间，则不燥不润，根干劲圆，枝叶畅茂……”；(三)将“似是而非竹者(如荀草、荻等)”和“有名而非竹品(棕榈竹、萹竹、椒竹、久竹等)”与竹类植物区分开来。是中国十三世纪时的集艺术与科学为一体的禾本科竹亚科植物著作。另有清嘉庆中鲍廷博辑本，七卷，题为《竹谱详录》，收入《知不足斋丛书》，尚有《唐宋丛书》本传世。

竹堑 本台湾东土著番社名，即今台湾新竹县驻地，清雍正九年(1731)移淡水厅治此。光绪元年(1875)改置新竹县。

竹蜻蜓 一种民间流传的玩具。其结构是在一个两端加工成斜面或弯曲面的薄竹片中央榫接一根竹或木制的立轴杆。操作时，通过手搓或绞纽牵动轴杆，带动斜面在垂直方向快速转动，使竹片借助气流而上升。起于何时，已不可考，但一般认为《抱朴子·内篇》所记述的“用枣木为飞车，以牛革结环剑，以引其机。……上升四十里”的飞车即其早期形式。后这种被称为“中国陀螺”的玩具传到欧洲，引起航空实验家注意，并将其原理应用于飞机螺旋桨制造发明。

竹使符 汉代皇帝向郡国传达重要命令或征调兵将时所使用的凭证，以竹制成，需交验符合后方得行动。《汉书·文帝纪》：文帝二年(前178)“初与郡守为铜虎符、竹使符。”颜师古注：“与郡守为符者，谓各分其半，右留京师，左以与之。"又引应劭曰："竹使符皆以竹箭五枚，长五寸，镌刻篆书，第一至第五。"京师与郡国各存其半，朝廷有命于郡国，须遣使持其右半与郡国之左半合符，符合，郡国守相乃受命。魏、晋、南北朝时给郡国竹使符第一至第十，共十枚。

竹书纪年 书名。本称《纪年》，因西晋武帝时在汲郡战国魏襄王墓中发现大批竹简书，此为其中之一种，故名。亦称《汲冢纪年》。原有十三篇，是魏国的编年体史书。记事起自黄帝（一说起自夏、殷、周），至周幽王为犬戎所灭，以晋事接之，三家分晋后，专述魏事，止于魏襄王二十年（前 299）。其中若干事可纠正《史记》谬误，故当时受到一部分学者之重视。但因有些记载与传统经籍之说不合，如益干启位，启杀之；太甲杀伊尹；文丁杀季历等，为一些学者所排斥，故流传不广。大约在两宋时期亡佚。其后有人杂采各书，撰成《今本竹书纪年》，清朱右曾以其不可信，为追复古本，乃广稽群籍所引之文，辑成《汲冢纪年存真》二卷。近代王国维又加以补正，成《古本竹书纪年辑校》一卷。今人对王氏书又作了补充，成《古本竹书纪年辑校订补》等。辑本虽非原书，但仍为研究古代史的重要资料。

竹书纪年补证 书名。清林春溥撰。四卷。汲冢所出竹书，内容虽简略，包罗颇广，学者多据以校正古籍记载之讹误，或补充史传之未载。但竹书传本不尽相同，林氏在前代学者考订的基础上，据善本，订讹补缺，参稽同异，博引诸家资料，附注其下，内容较为丰富。有道光二十年（1840）竹柏山房家刻本。

竹书纪年集证 书名。清陈逢衡撰。五十卷。其中卷四十九、五十为《补遗》；卷首《凡例》、《叙略》、《集说》，不入卷数。逢衡以孙晴川、徐文靖两家纪年之书尚未精当，乃旁搜博采，细为诠释。始以群书订《竹书纪年》之讹，继且以《竹书纪年》证群书之误。除经史外，所引诸书及各家著述，皆标明姓氏书目；而出自己见者，加"衡案"二字以为别。古今学者于《竹书纪年》有详述考辨，议论精当者，汇为《集说》；而《叙略》则列作者随事驳正之重要者七十七条，于此可知其书之梗概。又辑录《竹书纪年》有他书援引，而今本无者一百二十则，汇为《补遗》，并于各条下标明某书某卷，外附录《琐语》数十则，《师春》一则，《徵书》一则。是书草创于嘉庆九年（1804）九月，迄十七年冬十月而稿始定。考订精详，可称集《竹书纪年》之大成。

竹书纪年校正 书名。清郝懿行撰。十四卷。其中五帝纪一卷，夏纪三卷，商纪四卷，周纪六卷。凡唐以前书所引，皆据以补入，详加校勘考订。卷首自序并《纪年通考》，对历代各书所载《纪年》篇卷同异、分卷原由及为后人羼乱者辨证甚详。

竹书纪年统笺 书名。清徐文靖撰。十二卷。《竹书纪年》自发现后，考证者甚多，南朝梁沈约始为附注，然好言符瑞，于事实罕有发明，文靖乃特为统笺，逐事分载，以纪其详。仿郑氏诗笺之例，于《纪年》中逐字详注谓之笺。不特于《纪年》笺之，附注笺之，凡所引书传间有讹误者亦并笺之，故云"统笺"。乾隆十二年（1747）开始笺注，至十五年成书。

竹书纪年义证 书名。清雷学淇撰。四十卷。学淇先纂成《考订竹书纪年》一书，考订三百余事。其后又重加增订，为《竹书纪年义证》，凡正经史之疑义，旧说之违误者又五百余事。

竹塾镇 在今江苏盱眙县东南。南宋绍兴四年（1134），金兵南侵，兀朮屯竹塾镇，为韩世忠所扼，即此。

竹索桥 索桥的一种。以竹索悬挂于两岸当桥。竹索古作"筰"，亦通"笮"。是继藤索桥之后出现的桥。公元前三世纪已有竹索桥，秦取西蜀，李冰造七桥，其一便是笮桥。自《汉书》后的众多古籍图书中，称笮者，均指藤桥或竹索桥。四川省都江堰市西的古珠浦桥（安澜桥）最为著名。

竹头市 在今湖南益阳市东南。五代汉乾祐三年（950），楚马希萼遣兵攻马希广将张晖于益阳，晖自竹头市遁归长沙，即此。

竹瓦街青铜器 商末周初青铜器。1959 年于四川彭县（今彭州）竹瓦街发现夹砂粗陶大缸一个，内装青铜器二十一件，计有青铜容器八件、兵器十三件。其形制及所饰之兽面纹、夔纹、雷纹和扉棱、立兽等，与中原地区商末周初青铜器相似。1980 年，在该地又发现夹砂灰褐陶缸一个，内装青铜容器四件、兵器十五件。这两次发现为研究周初中原与西南民族关系提供了资料。

竹王祠 祠名。西汉初，夜郎竹王兴于遯水（一般认为即今云、贵境内北盘江），后被都尉唐蒙所杀。当地少数民族视竹王为神，求立祠。牂柯太守吴霸奏请朝廷允之，并封其三子列侯，配列父祠，后人称祠曰竹王三郎祠。竹王故事流传于南方一些少数民族中，多有建祠者。

竹溪六逸 唐诗人李白早年客居任城（今山东济宁），与孔巢父、韩准（沔）、裴政、张叔明、陶沔共隐于徂徕山下竹溪，结社吟诗，酣歌纵酒，时号竹溪六逸。

竹县 西汉以竹邑县改置。治今安徽宿州市北老符离集。属沛郡。东汉复名竹邑县。

竹刑 春秋时郑国邓析所作刑书。因所作刑律书之于竹简，故名竹刑。鲁定公九年（前 501）郑执政驷歂（一作遄）杀邓析，而用其竹刑。

竹叶亭杂记 书名。清姚元之撰。八卷。作者嘉、道间先后任职翰林院、南书房、内阁、都察院及礼、兵各部，居官既久，熟悉掌故，遂成此书。卷一、二记清朝掌故、礼仪制度；卷三记各地风土人情；卷四记石刻印章、古籍文物；卷五、六记官僚文人、同乡亲友的行迹政事；卷七为读书札记、考辨杂纂。卷八记花草木石鱼虫走兽。从不同侧面反映了清代中期的社会风貌，有一定史料价值。有光绪十九年（1893）刊本、1982 年中华书局点校本。

竹邑县 秦置。治今安徽宿州市北老符离集。属泗水郡。西汉改为竹县。东汉复原名。属沛国。西晋后废。北齐复置竹邑县，隋开皇三年（583）废入符离县。《汉书·曹参传》:高帝十二年(前195)黥布反,曹参与高帝破布军,“南至蕲,还定竹邑”,即此。

竹枝 亦作竹枝词。源出巴歌。古时巴人于欢会时以竹枝击鼓,且歌且舞,故名。始称其名者为唐人顾况:“巴人夜唱竹枝后,肠断晓猿声渐稀。”唐刘禹锡于贞元中在沅湘创新体,成七言绝句,咏风土人情及民间生活情趣。后世学者将其体列入全唐诗之杂体类,将其乐列入唐乐府之清平乐。隋唐至清,文人效其体裁而作,演为十四字二句、二十八字四句两体。因其源于巴歌,故又称“巴渝词”。明清之际,土家族文人多习擅之,以寄其乡土情思。

竺 姓。天竺人来中国者,多冠以此姓。据《高僧传》,汉有竺朔佛等。

竺道生(355或364—434) 即道生。东晋巨鹿(今河北平乡西南)人,寓居彭城(今江苏徐州),本姓魏。年幼出家,师事竺法汰,因而改姓竺。颖悟奇思,十五岁即登讲座。晋孝武帝太元末,问学于庐山,从僧迦提婆习《小乘一切有部》七年。复又诣长安拜鸠摩罗什为师,学《大乘般若经》等,为其四大弟子之一。义熙五年(409),至建康(今江苏南京)。力主般若涅槃学,融会大乘、小乘教义,首倡“一阐提”(断尽善根之人)皆得顿悟成佛。僧众哗然,斥之为异端。南朝宋文帝元嘉五年(428),被摈出山门,出走吴郡(治今江苏苏州)虎丘山,向石头说法。寻返庐山。后昙无谶译本《大般涅槃经》内传,佛界始悟其说为先知卓见,门徒趋之若骛,为之心折。后世遵之为“涅槃圣”。著述甚丰,然多已散佚,今存《妙法莲华经疏》等。

竺法护(Dharmaraksa) 又称法护,即昙摩罗刹(一作昙摩罗察)。西晋敦煌(今属甘肃)人,祖籍月支,本姓支。八岁出家,师事竺高座,故姓竺。时大乘经典多在西域,乃随师游历西域诸国,通三十六国语,遍学诸经古训及音义,携大量胡本还。自敦煌至长安,沿路传译,泰始二年(266)译《须真天子经》;其后又译《修行道地经》、《正法华经》、《勇伏定经》;永嘉二年(308)于天水(今属甘肃)译《普曜经》。所译诸经约一百五十部,对大乘教派在中国传播,有重大影响。后死于凉州(治今甘肃武威)。

竺法兰 相传为中天竺僧人。据《高僧传》,少时即明汉言,又谙熟西域情形。东汉永平年间,明帝感梦,遣使者蔡愔往西域求法,遂继摄摩腾之后至洛阳,后译出《十地断结》等五部经。然所译不见两晋、南北朝各家经录,事属可疑。

竺法温 一作竺法蕴,又称温法师。东晋人。僧人竺法琛弟子。悟解入玄,尤善《放光》、《般若》诸经,曾作《心无二谛论》。慧达《肇论疏》谓其为“六家七宗”心无宗创始人。经陈寅恪《支愍度学说考》一文考证,心无宗创始人应为支愍度,竺法温乃其晚辈。

竺绍康(1878—1910) 清末浙江嵊县(今嵊州)人,字酌仙。早年在家乡组织平阳党(又称平洋党),后与王金发等结为生死交,从事反清革命。光绪三十一年(1905)入绍兴大通学堂学习,曾一度与吕逢樵等主持该学堂,训练会党骨干。三十三年秋瑾与徐锡麟商定在皖浙两省同时起义,他被任为光复军分统,事败,遭通缉。后避往上海,联络陈其美等继续从事革命活动。

逐便 宋制,官员被贬责至远地州军,若遇赦恩,*量移近里州军;再遇赦恩,则撤销对其居住地的限制,称“逐便”。但亦有不经量移即放令逐便者。

逐犁稚种 一种播种方法。用犁起土并顺着犁路点播覆盖。最早见于《齐民要术》:“种大、小麦,先畤,逐犁稚种者,佳,再倍省种子而科大。”

逐要 幕职名。唐方镇使府置。

烛川电灯公司 亦称烛川电灯厂。商办企业。清光绪三十四年(1908)由尹德钧创办于重庆,资本三十万元。

烛剌赤 蒙古语,意为“掌灯烛者”。元大都上都留守司所属仪鸾局,下设烛剌赤提领所,掌殿庭灯烛张设等事。

烛之武 春秋时郑国人。鲁僖公三十年(前630),晋、秦联军围郑都城,他受郑文公命,夜以绳从城上系下往秦营,见秦穆公言亡郑无益于秦,只能增加晋的疆土。又数说秦予晋恩惠甚多,而晋对秦则恩将仇报。并预言如晋灭郑,必西向侵秦扩展土地。秦穆公遂与郑结盟,率军返秦。晋文公闻之,亦解围而去。

筑 贵州贵阳市的简称。因明代先后为贵筑司、贵筑乡,清代为贵筑县而得名。

筑水 秦汉以前名彭水。即今汉水支流南河及其支流马栏河。秦汉时置有筑阳县,即因在此水之阳得名。《汉书·地理志》:“筑水出汉中房陵(今湖北房县),东入沔(今汉水)。”

筑阳县 秦置。治今湖北谷城县东。属南阳郡。三国魏属南乡郡,晋太康后改属顺阳郡。隋开皇初废入义成县。

zhǔ

主 ❶古代君主。《广雅·释诂》:“主,君也。”❷家族之长,特指大夫。❸神主,即供奉死者的牌位。❹公主的简称。

主案 吏名。元官署中起草案牍的人员,是吏员的助手,也是吏员的来源之一。

主巴噶举 藏传佛教噶举派塔布噶举系帕竹支系下八小分支之一。由帕木竹巴弟子林热·白马多吉开创,成于藏巴嘉热·意希多吉(1161—1211),称中主巴。其后,藏巴嘉热弟子洛热巴·旺秋尊追(1187—1250)建下主巴分支,另一弟子郭仓巴·衮布多吉(1189—1258)建上主巴分支。此派分布广泛,僧徒众多,注重苦修。藏巴嘉热曾建热垅寺和主寺,曾先以主寺后以热垅寺为根本寺院。另有一分支传入不丹,称南主巴,其领袖人物曾执掌不丹政教大权。

主巴衮雷传 书名。明代西藏僧人主巴衮哷雷贝班党撰。三百五十三叶。弘治十八年(1505)成书。作者属藏传佛教噶举派中之主巴噶举支派中支(中主巴支派),该派有藏嫩、卫嫩、主嫩三颠僧,放荡不羁,语出狂言,性情怪诞。作者乃此三颠僧中之主嫩。此书即其自传。亦有谓作者非此人,乃多吉明坚。

主宝　官名。唐代门下省符宝郎属官,置二员,流外四品,掌印玺。分番上下,谓之番官。

主兵　与客兵相对。明某地卫所军和召募当地人组成的军队。均于当地执行军务。

主兵年例　明朝廷每年拨给各边*主兵之军饷。

主簿　官名。汉代中央及州郡官府均置,典领文书簿籍,经办事务。丞相或三公府称黄阁主簿,录省众事,职权甚重。三国魏末丞相府置,员四人。西晋初三公及位从公者加兵,始置。东晋则诸公皆置,员二人,与祭酒、舍人主阁内事。南朝沿之,其品位秩级随府长官地位高下而异。北朝同,诸将军、五校尉等军府、列卿寺监、光禄大夫等皆置,品位秩级亦随府长官地位高下而不等。州、郡、县亦置,虽非掾吏之首,然地位较高,县之主簿较州之主簿更甚。隋、唐、五代部分中央及地方机构皆置。中央御史台、秘书省、司天台、诸寺监、东宫詹事府及太子诸寺,以及地方县、关所置,多掌监印,检核文书簿籍,勾稽缺乏,故有“主簿为印曹”之说。王府所置,掌覆省王教;公主邑司所置,掌督封地租税及主财货出入。宋代台、省、寺、监沿置,职掌文书。辽、金、元三代为县府佐贰官,金正八品或正九品,元从八品或正九品。明制,詹事府、太仆寺、鸿胪寺、钦天监、苑马寺,以及在外各县编户二十里以上者均置。属府、寺、监者,典勾省文移之事,其办事机构称为主簿厅;县主簿则与县丞分掌巡捕、粮马之事。清代于鸿胪寺、钦天监、太仆寺设。鸿胪寺、钦天监为满、汉各一人,分别为从八品、正八品,太仆寺仅满员一人,正七品。分管各寺、监之章奏文移及档案事务。另,县佐贰官亦设,无定员,视地方事务之繁简,事繁之县多至数人,事简则不设,正九品,佐知县掌钱粮、户籍诸事。

主簿厅　官署名。明清詹事府、鸿胪寺、太仆寺、钦天监之下属机构。掌理本机构之章奏文移,或兼理他事。设主簿一职,管理厅事。

主祠　官名。掌祭祀。《吕氏春秋·季秋》:“命主祠祭禽于四方。”高诱注:“主祠,掌祀之官也。”

主符　官名。隋唐门下省符宝郎属官,掌印符。唐置三十人,流外四品。分番上下,谓之番官。

主腐者吏　官名。战国秦置。掌腐刑。《史记·吕不韦列传》:“太后乃阴厚赐主腐者吏,诈论之,拔其须眉为宦者,遂得侍太后。”

主父　即“赵武灵王”。

主父偃(?—前126)　西汉齐国临淄(今山东淄博东北)人,复姓主父。初学纵横术,后治《易》、《春秋》、百家言。家贫,北游燕、赵、中山,不得志。乃至长安上书言事,朝奏,暮被武帝召见,与徐乐、严安等皆为郎中。旋迁谒者、中郎、中大夫,一岁四迁。其所上奏如建议颁布推恩令以削弱诸侯王势力,迁徙豪杰兼并之家于茂陵,置朔方郡以备匈奴等,皆为武帝采纳。后任齐相,究治齐厉王淫佚之行,王惧而自杀。武帝怒其胁迫齐王致死,赵王又使人告发其受诸侯金,遂被族诛。《汉书·艺文志》纵横家有《主父偃》二十八篇,今有清马国翰辑本。

主稿　官名。清代中央各部院负责办理文牍之官员。自各部所属司官中选派熟谙部务者充任。

主公　官名代称。朝廷宰辅及州长官通称为明公。自东汉后凡改称主公者,有尊事之为君主之意。后代亦有臣仆称其主人为主公者。

主管安抚司公事　官名。北宋若以官阶低者领安抚司事,则为管勾安抚司事。南宋避高宗赵构名讳改称主管安抚司公事。

主管茶马司　官名。北宋都大提举茶马司置,掌收茶利以供市马经费。位在都大提举下,同主管上。

主管殿前司公事　见“殿前都指挥使司”。

主管官告院　官名。北宋元丰改制置,为官告院长官,以吏部诸司郎官兼任。后另委他官充任。

主管机宜文字　官名。宋置。原名管勾机宜文字,后避高宗赵构名讳改。都督、招讨使、宣抚使、经略安抚使等的属官。掌管机要文件。转运使属官有主管文字。

主管架阁库　官名。南宋置。以选人有时望者充任。北宋原有管干架阁库官,掌储藏尚书省帐籍文案,宣和年间废。南宋绍兴十五年(1145)复置,吏、户部各差一员,礼、兵部共一员,刑、工部共一员,以主管尚书某部架阁库为名。嘉定八年(1215),又置三省、枢密院架阁官。

主管禁卫所　官名。南宋初置,为行宫禁卫所长官,以皇城司官兼任。

主管神霄宫　宫观官名。北宋政和中,天下州郡遍置神霄宫,以郡守兼管勾、通判兼同管勾。靖康元年(1126)罢。南宋避高宗赵构名讳,改称。

主管侍卫步军司公事　见“侍卫亲军步军都指挥使司”。

主管侍卫马军司公事　见“侍卫亲军马军都指挥使司”。

主管书写机宜文字　官名。宋代都督、宣抚使、招讨使、镇抚使等的属官。负责机密文件的书写。多由本司长官奏辟。

主管太医局　官名。南宋太医局置,以京官充任,从八品,为太医局次官,位判太医局下。

主管文德殿钟(鐘)鼓院　官名。南宋置,属太史局,掌刻漏进牌之事。

主管诸司　官名。南宋国史院、日历所、会要所置,以本署官兼任。掌本署修史之事务。

主癸　殷墟甲骨文作示癸。商先公,主壬之子,汤之父。示癸是庙号。

主醢　吏职名。唐光禄寺掌醢署置,十人。流外五品。掌酱醋醯醢。

主户　户籍名目。与客户对称。初指各地土著人户。又称土户、正户。秦汉以后,为征收租赋、徭役,历代均编定户籍,以将民户固定于土地之上。民户则常因兵徭、赋税、战争及荒歉等灾难逃亡异乡,于是各地多有土著和客民之区别。唐代始将主、客户列入户籍名目。主户即土著之户,需纳税,而客户指客居之人户,只登记姓名而不责其纳税。德宗时,因逃亡者众,行两税法,征收赋役,不分主、客,概以其地现居人户按贫富等差征税。宋代户籍中亦有主、客之名目,然内涵与前不同。主户专指城市有房产或乡村有田产,应纳税服役之人。又称税户、编户。分坊郭主户、乡村主户。乡村主户按家产多少,分为五等,一般第一、二、三等称乡村上户,其中第三等又称乡村中户,第四、五等称乡村下户或*无产税户。官府按户等高下摊派税役,或免除乡村下户某些税役。灾荒时也常优先减免下户赋役,或优先赈贷下户。但事实上,乡村上户以各种方式将赋役负担转嫁于乡村下户和客户。乡村上户须依户等和家产轮流差充各种职役。元以后不再用主户、客户名目。

主计 官名。职掌同*计相,主国家财赋,计其出纳。《史记·张丞相列传》:"迁为计相,一月,更以列侯为主计四岁。"裴骃集解引张晏曰:"以列侯典校郡国簿书。"司马贞索隐:"谓改计相之名,更名主计也。此盖权时立号也。"

主计处 官署名。清末海军部所属机构。宣统二年(1910)设。掌核计本部各项出入款目,各省支出海军款目,并办理海军统计报告事宜。辖统计、会计两科。置处长一人,科长二人,科员八人,录事六人。

主记 官名。(1)长官亲近之吏,掌记录、文书。三国魏郡府、吴将军府置,北齐清都郡,邺、临漳、成安三县亦置。(2)东汉以来,常作为主记室史等记室属史之省称。

主记史 主记室史之省称。

主记室 官名。晋代置,郡府属吏,掌记录、文书。位仅次于主簿。

主记室史 官名。省称主记史、记室史,汉代郡县属吏,主录记书,催期会。

主甲微 即"上甲微"。

主将 ❶主要将领。《三国志·吴志·张纮传》:"夫主将乃筹谟之所自出,三军之所系命也。"❷太平天国官名。初期官阶甚高,设中、前、后、左、右五军主将。清咸丰九年(1859)又加设靖东、平西、定南、征北四方主将。十年后,在主将之上增设天将、朝将、神将,官阶日下。后封赏益滥,有的以地域、兵种命名,有的用数字编号或另加特衔。

主节 掌符节之小吏。战国置。《墨子·杂守》:"守节出入,使主节必疏书,署其情,令著其事,而须其还报,以参验之。"孙诒让注:"主节,小吏,掌符节者。"唐代亦置,隶门下省符宝郎,掌守幡节,十八人,流外七品,分番上下,谓之番官。

主敬 ❶先秦儒家经典中原指对鬼神、君师之虔诚、谦虚的态度。《礼记·少仪》:"宾客主恭,祭祀主敬。"《孟子·公孙丑下》:"父子主恩,君臣主敬。"❷程朱理学道德修养的方法。《河南程氏遗书》卷十八:"涵养须用敬,进学则在致知。"《朱文公文集·答程允夫》:"是知圣门之学,别无要妙,彻头彻尾,只是个敬字而已。"《近思录·为学》又谓:"君子主敬以直其内,守义以方其外。"实则要求人们对封建伦常和道德规范保持恭敬不苟的态度,严格恪守,终始不渝。

主静 宋明理学家道德修养的方法,意指保持心境的宁静空寂状态。周敦颐《太极图说》:"圣人定之以中正仁义而主静,立人极焉。"认为产生天地万物的太极本无极,无极本静,因而人性亦静,由于后天染上了"欲",故"无欲"才能"主静",达到修养的最高标准。此说为理学的重要思想,后与佛、道的寂然无为说合流。

主爵 ❶官署名。即主爵曹。北齐为吏部三曹之一,掌封爵事,置郎中一员。隋代置为吏部四曹(司)之一,设侍郎、员外郎各一员,大业三年(607)改侍郎为郎,废员外郎而置承务郎。唐武德三年(620)改郎为郎中、承务郎为员外郎。龙朔二年(662)、垂拱元年(685)曾改为司封,旋皆复名主爵。开元二十四年(736)定名为司封。❷官名。主爵中尉之省称。

主爵都尉 官名。西汉景帝中元六年(前144)改主爵中尉为主爵都尉,掌封爵之事。武帝太初元年(前104)更名为右扶风,职掌全异,治内史右地,成为三辅行政长官之一。

主爵郎 官名。隋大业三年(607)改主爵侍郎置,为主爵司长官。唐初沿置,武德三年(620)加中字,为主爵郎中。

主爵郎中 官名。北齐吏部始置,为主爵曹长官,一员,六品上。唐武德三年(620)改主爵郎置,为吏部主爵司长官,一员,从五品上,掌封爵等事。龙朔二年(662)改为司封大夫,咸亨元年(670)复旧,垂拱元年(685)又改为司封郎中,神龙元年(705)再复。开元二十四年(736)定名司封郎中。

主爵下大夫 官名。北魏置。太和中高道悦自治书侍御史迁此。太和十七年(493)职员令定为四品上,二十三年复次职令时,未见。

主爵员外郎 官名。隋开皇六年(586)始置,一员,司主爵曹之籍帐,为主爵侍郎副贰,侍郎缺则厘其曹事。大业三年(607)废,寻置承务郎,职同员外郎。唐初复置,一员,从六品,为主爵司次官。龙朔二年(662)、垂拱元年(685)曾改为司封员外郎,旋皆复名主爵员外郎。开元二十四年(736)定名司封员外郎。

主爵中尉 官名。秦置,西汉因之。掌列侯封爵之事,秩二千石。景帝中元六年(前144)更名主爵都尉。

主考 明清乡试之主持者。又称主司。由皇帝简派。明代每省用二人,清朝每省正、副各一人,惟顺天府乡试用三人。考差主要由推举产生,清乾隆中改用保举、考试并行之法。掌理批阅士子试卷,分别去取,核定名次,上奏皇帝,候旨颁布。其主要助手为同考官。

主考官　科举考试中对主持各级考试的官员之统称。又称主司。如明清乡试的主考、清代会试的总裁等。

主客　❶官名。战国齐置，掌迎送接待宾客。《史记·滑稽列传》："（齐威王）以（淳于）髡为诸侯主客。"张守节正义："今鸿胪卿也。"秦汉时匈奴亦置。《史记·匈奴列传》："郭吉既至匈奴，匈奴主客问所使。"韦昭注："主使来客官也。"❷官署名。(1)见"主客司"、"主客曹"。(2)麹氏高昌国所置八部之一，设长史、司马为正、副长官。❸主客郎、主客郎中的省称。

主客部　官署名。明代礼部属部。洪武六年(1373)置。设郎中、员外郎各一人，主事三人。十三年，改设主事一人。二十九年，改主客清吏司。职掌同主客清吏司。

主客曹　官署名。(1)尚书曹名。或作客曹，西汉始置。《晋书·职官志》：成帝建始四年（前29），"又置尚书五人，一人为仆射，而四人分为四曹，通掌图书秘记章奏之事，各有其任"，"其四曰主客曹，主外国夷狄事"。东汉初分为南、北主客曹，东汉末省并为客曹，皆置尚书。掌少数民族蕃国朝聘接待之政令及护法驾。三国魏、西晋改名客曹。十六国后秦、西秦及北魏复置，设尚书为长官，北魏又设令、给事中、郎等。北齐省，其职属祠部。(2)尚书省郎曹名。三国魏始置南主客曹，西晋分为南、北、左、右主客曹，掌少数民族蕃国朝聘接待之政令。皆设郎（郎中）主其事，隶客曹尚书。太康以后省客曹尚书，其隶属不详。东晋并为一主客曹，旋省。南朝复置，皆一曹，隶尚书左仆射。或说北魏孝文帝时有南、北主客曹，隶吏部尚书；左、右主客曹，隶仪曹尚书。北齐唯置主客曹，隶祠部尚书。隋代改称主客司。

主客给事　官名。北魏置。为派驻尚书省主客曹监察政务、兼理曹事的内廷官员。《魏书·尉羽传》："驾部令，转主客给事。"位次主客给事中。太和十七年(493)定为从三品上。

主客给事中　官名。北魏置。为派驻尚书省主客曹监察政务、兼理曹事的内廷官员。位在主客给事上。太和十七年(493)定为从三品上。

主客郎　官名。尚书省主客曹长官通称。三国魏置南主客郎，西晋有南、北、左、右主客郎。东晋省并，唯置一主客郎，亦称主客郎中，六品。后省。南北朝复置，宋六品，梁五班，陈四品、六百石。北魏太和十七年(493)定郎中为五品上，郎从五品中，二十三年皆称郎中，六品，仍可通称为郎。北齐六品上。隋初改名主客侍郎，大业三年(607)复旧，从五品；五年改名司蕃郎。参见"主客曹(2)"。

主客郎中　官名。魏晋南北朝与主客郎互称，为尚书省主客曹长官。唐武德三年(620)改司蕃郎置，为礼部主客司长官，员一人，从五品上。龙朔二年(662)改名主客大夫，咸亨元年(670)复旧。五代沿置。北宋初为五品寄禄官，表示品级俸禄，不预本司公事。元丰改制后，始为职事官，从六品。元祐初兼领膳部事，后或与膳部郎官互置兼领，南宋省。明初复置，正五品，洪武二十九年(1396)改名主客清吏司郎中。

主客令　官名。北魏初有典客监，从五品。太和十五年(491)改置主客令，掌接待少数民族和外国宾客事务。参见"典客令"。

主客清吏司　官署名。明清礼部四司之一，简称主客司。明初沿前制，于礼部设主客部。洪武二十九年(1396)，改部为清吏司。掌土司及诸蕃朝贡接待、赏赐之事，兼提督会同馆。初设郎中、员外郎、主事各一人，分掌司事。弘治五年(1492)，增主事一人，专管会同馆事。清顺治元年(1644)沿置。设郎中三人，满洲、蒙古、汉各一人；员外郎二人，宗室、满洲各一人；主事二人，满、汉各一人；以及笔帖式、经承若干人。掌宾礼之事，并司进贡芽茶之额与实录、玉牒告成之颁赏。所属有赏赐科、四译科、芽茶科、火房等机构，分办本司事务。光绪三十二年(1906)，并入仪制清吏司。

主客尚书　官名。又称客曹尚书、主客曹尚书，简称客曹、主客。三国魏合南、北主客为一曹，官三品，掌迎送周边民族宾客等事。晋沿魏置，太康中省。十六国后秦及西秦等曾复置。北魏置，太和改制后罢。南北朝多不置，以其职归尚书左仆射或祠部尚书、礼部尚书等掌之。

主客少卿　官名。北魏置。《魏书·官氏志》："（孝文帝太和十五年）又置司空、主客、太仓、库部、都牧、太乐、虞曹、宫舆、复育少卿官。"太和十七年(493)定为三品上，二十三年复次职令时，无此职。

主客式　唐尚书省礼部主客司办事章程。式文已佚。《唐律疏议·卫禁·越度缘边关塞》中保存一条关于蕃客入朝在路，国内百姓、官人不得与客交关的式文。

主客侍郎　官名。隋代尚书省礼部所辖主客司长官，置二员，正六品上，开皇三年(583)升为从五品。炀帝大业三年(607)改为主客郎，五年又改为司蕃郎。

主客司　官署名。隋初置，为尚书省礼部四司之一，设侍郎二人为长官，开皇六年(586)又置员外郎一人贰之；炀帝时改名司蕃。唐武德三年(620)复旧，设郎中、员外郎各一人为长、贰。职掌前朝二王后裔入朝之接待及生活用品之供应，少数民族及外国宾客使节接待给赐之事，颁发诸蕃国封爵授官之命。五代因之。北宋初礼部诸务归太常礼仪院，本司无职掌，郎中、员外郎为寄禄官。元丰改制后，恢复职事，诸少数民族、外国宾客入朝，由其确定接待规格，至则图其衣冠，书其山川风俗，有封爵礼命，则承诏颁付；兼掌嵩、庆、懿陵祭享，崇义公承袭之事。下设四案。元祐初兼领膳部事，绍圣初与膳部互置郎官兼领，南宋建炎三年(1129)省并郎曹，遂改由礼部郎官兼领其职。明初置为礼部四属部之一，设郎中、员外郎各一员，洪武二十九年(1396)改名主客清吏司，清因之。

主客司马　官名。麹氏高昌国主客部次官，协助主客长史处理本部事务。如被派遣到诸城相监检校,则称"城令"。

主客员外郎 官名。隋开皇六年(586)置,为礼部主客司之副长官,员一人,佐长官侍郎掌司事。大业三年(607)改称司蕃承务郎。唐武德三年(620)复旧称。置一员,从六品上,佐长官郎中掌司事。五代沿置。北宋前期为六品寄禄官,元丰改制后,始有实际职掌,为正七品。南宋省。明初复置,从五品。洪武二十九年(1396)改名主客清吏司员外郎。

主客长史 官名。麴氏高昌国主客部长官,职掌同尚书。

主酪 吏职名。唐太仆寺典牧署置数十人,掌奶酪品制造事。

主吏 官名。秦置。西汉因之。即功曹。掌人事,居掾属之首。《史记·高祖本纪》:"萧何为主吏。"裴骃集解引孟康曰:"主吏,功曹也。"丞相、郡县掾属皆有之。

主廪 官名。金代设于掖庭局、太后两宫,掌仓廪出纳薪炭等事,秩从八品。

主辇 吏职名。隋唐太常寺诸陵署及殿中省尚辇局皆置。唐尚辇局共置四十二人,凡七辇,每辇六人。

主旗贝勒 后金天聪间,将八旗执政诸贝勒按是否主管旗务分为两等:主管旗务的"主旗贝勒"和不主管旗务但参与议政的"不主旗议政贝勒"。参见"和硕贝勒"。

主寝上士 官名。西魏恭帝二年(556)置,北周沿置。天官府御正中大夫属官,正三命。掌管皇帝寝室诸事务。下设主寝中士以佐其职。隋开皇元年(581)罢。

主壬 殷墟甲骨文卜辞作示壬。商族先公。报丁之子。汤之祖。示壬是庙号。

主膳 吏职名。唐殿中省尚食局、光禄寺太官署分别置主膳八百四十人和十五人。

主上 古代臣下对国君或帝王的称呼。《韩非子·孤愤》:"是以国地削而私家富,主上卑而大臣重。"《史记·吴王濞列传》:"今主上虽急,固有死耳。"

主射左右 官名。即太子左右内率府所统备身左右,隋大业三年(607)改名,唐代复名备身左右。

主乘 官名。隋大业三年(607)太仆寺典厩署始置。唐代沿置,六员,正九品下。

主食 官名。唐代殿中省尚食局置十六员,流外三品,掌侍奉皇宫膳食;太子左春坊典膳局置六员,流外四品,掌侍奉东宫膳食。

主事 官名。汉代光禄勋所属有南北庐主事、三署主事,于诸郎中察茂才高第者为之,秩四百石。三国魏沿置,属中书,官七品。晋代门下、中书亦置,官八品。南朝宋、齐、梁、陈及北朝魏、齐并置,称主事令史。北齐尚书诸曹、隋初诸省亦置。隋炀帝改制,规定每十令史设一主事。杂用才术之士。唐、五代以流外官入流者充任,为中央部分官府掌管署覆文书案牍之下级官员。然亦常得擅权。一般为九品上阶,唐开元二十四年(736)稍增其秩。宋代尚书省二十四司皆置,为高级吏职。金、元设于六部,为首领官,掌管案牍和管辖吏员等。金各部设四至五名,秩从七品,多以进士任职,非特旨不得用吏员。元代员数不等,秩七品,多由吏员升任。明初亦为六部首领官,洪武二十九年(1396)始改为司官,为司官中最低一级,正六品。清代中央各部、院及其他机构皆置,或称司官,掌章奏文移及缮写诸事。原称"额哲库",顺治元年(1644)更定六部官制,改置主事。其他机构如理藩院、太仆寺、内务府、宗人府、銮仪卫、侍卫处、盛京五部及盛京、吉林、黑龙江各驻防将军衙门均置,名额不等,历由满洲、蒙古、汉军及宗室人员充任。初制四品,顺治十六年改六品,康熙六年(1667)升五品,九年定为正六品。各部院等衙署又有堂主事(在堂上办事者)及委署主事(尚未实授者)之称。清代新进士分部或庶吉士散馆分部用者先补主事,以次迁升员外郎、郎中。光绪年间先后成立、改设之外务部、民政部、度支部、学部、陆军部、法部、农工商部、邮传部等均设此职,沿至清亡。

主事房 官署名。北宋前期,中书门下置,掌依时限分配文案。神宗元丰改制后,中书省置,掌受发文书。

主事令史 官名。南朝宋门下省、梁中书省置。北魏尚书诸司、北齐门下省亦置。北齐员八人。隋文帝时为太子官,门下坊、典书坊各置四人。开皇十四年(594)诸省各置主事令史员。大业三年(607)定,诸司主事并去令史之名,每十令史置一主事,不满十人者,亦置一人。其余四省三台,亦皆曰令史,九寺五监诸王府,则曰府史。

主守 唐律术语。指低级法律事务官员有呈办管理之责。《唐律疏议·名例·称监临主守》:"主守,谓行案典吏,专主掌其事及守当仓库、狱囚、杂物之类。"

主首 ❶主持寺观的僧道。宋赵彦卫《云麓漫钞》卷六:"(佛寺)在法寺有寺主,郡有僧首,总称主首。"❷金元时差役名目。参见"里正"。

主书 官名。(1)战国魏置。掌文书档案。《吕氏春秋·乐成》:"文侯知之,命主书曰:'群臣宾客所献书者,操以进之。'主书举两箧以进,令将军视之。"北齐置,为中书省属官。隋大业三年(607)改主书令史称主书,置四人,加为正八品。唐代中书省置四人,从七品上,以流外入流者累转为之。又,龙朔二年(662)曾改门下省录事为东台主书,咸亨元年(670)复旧。宋代废。(2)主书令史省称。

主书令史 官名。掌文书。位在正令史、书令史之上。魏、晋、南北朝尚书、中书、秘书等省多置。亦省称主书。中书省初用武官,南朝宋以后改用文吏。北齐唯置于中书省,去"令史"之名。一说陈亦去"令史"名。隋复加令史,大业三年(607)又改为主书。魏、晋八品;北魏太和十七年(493)定为七品上,二十三年改从八品上。

主帅 官名别称。(1)又称签帅。南朝宋、齐时称典签为主帅。宋孝武帝以来,典签多由皇帝亲近左右充任,威行州郡,权重蕃君。(2)即斋帅。东晋、南朝皇帝及诸王斋内皆有斋帅,被称为主帅。(3)后代亦称掌管方面之任的将领为主帅。

主司 ❶泛指各级官府之主管官员。《魏书·释老志》:"但主司冒利,规取赢息。"❷唐以后对科举考试中主考官之称呼。《新唐书·选举志》:"诸生拜,主司答拜;乃叙齿,谢恩,遂升阶。"

主图令史 官名。魏、晋、南朝尚书、中书、秘书等省多置,掌宫廷图书。《宋书·吴喜传》:"为主书书史,进为主图令史。"魏晋八品,后不详。

主王 东晋南朝时,诸王出镇,其僚属称藩王为主王。

主文 科场称谓。指主文卷之考官。宋范镇《东斋纪事》卷一:"景德中,李迪、贾边皆举进士,有名当时。及就省试,主文咸欲取之。"

主文中散 官名。为北魏中期由中散官中分化出来的专门掌管文书事务的中散官。任职于秘书省、侍御曹者称秘书主文中散、侍御主文中散。五品中。太和改制罢。参见"中散"。

主玺局 官署名。南朝梁始置,属东宫,掌太子符玺之事。陈因之。北齐置殿内局统其事。

主玺令史 官名。南朝宋置,掌皇帝印信。属门下省。

主玺下士 官名。西魏恭帝三年(556)置,北周沿置。天官府纳言中大夫属官,员四人,分掌神玺、传国玺与六玺之藏。正一命。隋开皇元年(581)罢。

主药 官名。隋唐太常寺诸陵署、太医署及殿中省尚药局皆置。掌药物之刮削擣筛等事。

主药下士 官名。西魏恭帝三年(556)置,北周沿置。天官府太医下大夫属官,员六人,掌药之配制、收藏。正一命。隋开皇元年(581)罢。

主衣 官名。南朝皆置,掌御用衣服器玩。皇帝、后宫、东宫、诸王处均置。宋为女官,准二卫五品,敕吏比六品;梁置东宫主衣局,多用左右亲信,以寒人充任。北魏亦置。北齐有主衣局,隶门下省。唐代殿中省尚衣局置十六员,诸陵署(台)置四员。

主衣都统 官名。北魏置,西魏、东魏、北齐沿置。掌管御用衣服器玩等事务,为皇帝左右亲近之职,地位很高,多以散骑常侍兼领。罗鉴、高季武以金紫光禄大夫兼领。北齐为门下省主衣局长官,员二人,五品。

主衣局 官署名。北齐置,属门下省。掌管御用衣服器玩等事务。设主衣都统二人为长官,下设主衣子统二人。南朝梁东宫亦设。

主衣子统 官名。北齐置,属门下省主衣局,员二人。协助主衣都统管理御用衣服器玩等事务。

主译者 亦作都译勾管作者。西夏译经者称号。主持译经,常以国师担任。景宗元昊时为白法信,惠宗秉常时为白智光。

主藏 官名。金代设于掖庭局、太后两宫,掌库藏财货出入之事,秩从八品。

主章长 官名。西汉置。《汉书·百官公卿表》将作大匠属官有主章长、丞。主管将作大匠所用木料。东汉省。

主政 明清中央各部院主事之别称。

渚宫 春秋楚成王所建离宫。在今湖北荆州市江陵区城南。《左传》文公十年(前617):子西"沿汉溯江,将入郢,王在渚宫下见之"。后世遂以此为江陵别称。南朝梁元帝在此即位,扩建宫苑。其后遗址渐堙。唐余知古搜录上起鬻熊,下迄唐代的荆楚故事,著《渚宫旧事》。

渚宫故事 即"渚宫旧事"。

渚宫旧事 书名。一称《渚宫故事》。唐余知古撰。十卷。以朝代为序,记古荆楚地区史事、人物及掌故,始于西周文王时的鬻熊,止于唐末。渚宫为春秋时楚之别宫,因取为书名。宋代以来,仅存前五卷,记事至晋止。清四库馆臣为辑补遗一卷,自南朝叙至唐末。为研究湖北地区历史发展的参考资料。所引古籍,多后世不见之书,可据以订证经史。有《丛书集成》本等。

渚阳城 即汉张县故城。《元和郡县志》邢州任县:"张城,一名渚阳城,……汉张县也。"在今河北邢台县东北。《晋书·石勒载记》:晋将王浚遣鲜卑段就六眷等讨勒,"就六眷屯于渚阳,勒分遣诸将连出挑战,频为就六眷所败",即此。

煮枣 战国魏邑。在今山东东明县南。《史记·苏秦列传》:苏秦说魏襄王曰:大王之地,"东有淮、颍、煮枣、无胥";又《田敬仲完世家》:魏王谓韩冯、张仪曰:"煮枣将拔,齐兵又进",皆即此。

属吏 委事于吏。《汉书·夏侯胜传》:"王怒,谓胜为祅言,缚以属吏。"

褚师 官名。春秋时宋、郑、卫等国置。即市官。《左传·昭公二年》:"请以印为褚师。"杜预注:"褚师,市官。"《六书故》:"褚以贮衣,然则褚师或当如《王制》所云:布帛精粗不中数,幅广狭不中量,不鬻于市者,而褚师掌其禁欤?"

麈史 书名。宋王得臣撰。三卷。是书分类系事,凡四十四门、二百八十四事。其中自朝廷至州里,凡掌故、遗闻,有可训、可法、可鉴、可诫者,无所不载。而于当时制度及考究古迹,尤为精核。前有徽宗政和五年(1115)自序,称时年八十。

麈尾 两晋、南朝时,清谈家显示身份以助谈锋之物。麈,又名驼鹿,传常摇尾以指挥鹿群行向。其状今可见之于敦煌壁画中。西晋清谈领袖王衍,每捉玉柄麈尾,与手同色。东晋孙盛与殷浩辩论良久,无暇进食,奋掷麈尾,毛悉脱落饭中,食冷而复暖者数四。南朝陈后主将新成玉柄麈尾特授张讥,谓堪捉此者独此人耳。在《高逸图》中,阮籍亦手执麈尾。旧说释其为拂子或拂尘,与此有异。

zhù

予 即"杼"。

苎萝山 春秋时越国美女西施、郑旦出生地。见《吴越春秋》、《越绝书》。山在今浙江诸暨市境,见《会稽记》、《舆地志》。但《续汉书·郡国志》余暨县下刘昭注引《越绝》曰:“西施之所出。”汉余暨县即唐以来萧山县。近世诸暨、萧山二市皆有苎萝山。

助教 官名。(1)国子监诸学置,为学官。协助博士教授生徒。西晋始置,历代沿置。详“国子助教”、“国子监助教”。(2)太医官。协助诸博士以教生徒医学。北魏置太医助教。隋代太常寺太医署置二员。唐代太医署置药医助教一员、针助教一员。(3)太史官。协助太史博士教诸生天文历法。北魏置太史助教。(4)太卜官。协助诸博士教生徒占卜相术等。隋代太常寺太卜署置太卜助教二员、相助教一员。(5)州郡学官。北齐郡置太学助教以协助博士掌教学事。宋代开封、临安、河南应天府以外诸次府、大都督府、都督府、诸州、诸军皆置,多以特恩授士人,或用以安置贬谪官员,亦为纳粟授官名目。辽代上、东、中、南、西五京学,黄龙府学,兴中府学,诸州学、县学皆置。

助军修宫钱 东汉灵帝时刺史、二千石及茂才孝廉因任官或升迁所责纳的钱,实为变相的买官钱。《后汉书·宦者传·张让传》:“刺史、二千石及茂才孝廉迁除,皆责助军修宫钱,大郡至二三千万,余各有差。”

助饷 明末田赋加派之一。崇祯八年(1635),为筹措军饷,凡士大夫家,赋银每两加二钱。民间十两以上者,每两加一钱。后一律每两征收一钱。因饷名义上出于捐助,故名。

助役 又称义役。元代杂泛差役繁重,应役当差,往往倾家荡产。有些地方的居民按资产多少各出一定比例土田或钱钞,以土田出产或钱钞利息津贴应役者,叫做助役或义役。元初民间自行组织。仁宗延祐五年(1318)规定,浙西地区有田百亩以上者都要出田助役。英宗至治三年(1323)在全国范围内推行助役法,规定助役田由应役者轮流掌握,官府不得干预。但助役田(钱)一般均由地方豪强大户支配。

助役钱 见“免役法”。

助译者 西夏译经者称号。亦作相佑助译者。辅助主译者译经,分工负责记录、翻译、核文、润色。

住钞 见“税钞❶”。

住持 佛教僧职。取久住护持佛法之意。南北朝时,始作为寺院主持人之称呼。入唐,各宗寺院普遍以之为精神领袖,传道弘法,训勗徒众。寺院具体寺务则由三纲(上座、寺主、都维那)负责。中唐时,怀海改革教规,住持渐固定为一方禅宗丛林的最高寺职,尊为长老,亦称方丈。前任住持称前住,现任者称现住,后任者称后住,已故者称故住。后道教亦沿用此称为道观负责者。

住蕃 宋时,对在外国长期居住的中国人,称住蕃。

住俸 清制,凡官员因丁忧,或受处分,自开缺之日,停给俸银,称住俸。又,京官出差,其原俸仍由京城支领,本人在外另得俸饷,称行俸,亦名住俸。

住家功德司 即“和尚功德司”。

住税 见“商税”。

住唐 宋时,对在中国长期居住的外国人,称住唐。

住引 清代浙江盐区贩盐凭证之一。离场灶稍远者,政府发给商人运盐住卖之引凭,以四百斤为一引。

住坐工匠 明代工匠之一种。元代已有住坐之名。明永乐年间,始有“军民住坐匠役”之称。因户籍分为军匠和民匠两种。民匠由民间直接征集而来。籍属匠籍,存于户部。拨入内府各监局终年应役,属内府之内官监管理。时南京迁往北京者二万七千户。其户口附籍于京师或大兴、宛平二县,就近服役,免其杂派差役,并免一丁帮助应役。如有缺额,令原籍地方补取。每月上工十日,歇二十日按月由工部支给月粮,月支三斗至一石,增减不一,以每月支米五斗为常。上工期间,又由光禄寺计日发给直米。正统以后,又给月盐。嘉靖十年(1531)进行清理,京师以一万二千二百五十名为额。南京内府各监局约七千六百余名。

杼 又作予、伃、宁、伫,又称季杼、后杼、伯杼、伯子杼、公孙曼。夏王。少康之子。少康时曾受命往戈(今河南杞县、太康一带)诱杀寒浞子豷。即位时居原(今河南济源西北),后迁于老丘(今河南开封陈留镇北)(古本《竹书纪年》),曾征于东海,至于三寿。或传为甲和矛的创造者(《世本·作篇》)。

贮贝器 古代“滇”人特有的盛贝器物。多由铜鼓改装而成。最大的直径118.6厘米,高53.9厘米;最小的直径16.3厘米,高31.2厘米。古代滇人以海贝作饰物或用作货币,故制此物珍藏之。晋宁石寨山曾出土几件贮贝器,盖上还铸有以立体组雕形式表现的战争、杀人祭祀、纺织、放牧、乐舞等人物活动场面。

注册局 官署名。清末商部附属机构。光绪三十年(1904)设。掌商标等注册事宜。原由江海关、津海关管理的标牌注册局作为沪、津二分局,归其管辖。置章京六人,供事四人。

注差 明代户部十三司官吏的差委。由吏部选授。若由户部疏名上请则为题差,札委则为部差。合为三等,任期分别为三年、一年或三个月。

注城 战国韩邑。一作注人。在今河南汝州市西。《史记·魏世家》:文侯三十二年(前414),“败秦于注”,张守节正义引《括地志》:“注城在汝州梁县西十五里”;《赵世家》:孝成王元年(前265),田单“攻韩注人,拔之”,皆即此。

注籍 ❶记录之簿册。《后汉书·杨赐传》:“后帝徙南宫,阅录故事,得赐所上张角奏及前侍讲注籍,乃感悟。”李贤注:“所注之籍录。”亦指登记入册。❷东晋、南朝户籍正文外之注文。东晋初,侨人户籍称白籍。土断后易为黄籍。士族在黄籍上注有先辈爵位和年月。南朝庶民为冒充士族,在黄籍上“窃注爵位,盗易年月”,诈入士流,以避课役。❸东晋、南朝时佃客、衣食客之类人口,不能独立户籍,须附于主人户籍中,即所谓“客皆注家籍”。由此便可免课役,但附属于主人。

注辇国 古国名。为朱罗国在宋时的别称。故地在今印度东南沿海一带。北宋时，国势大盛。大中祥符八年(1015)、天禧四年(1020)、明道二年(1033)、景祐元年(1034)、熙宁十年(1077)多次来宋，与中国关系友好。

注人 战国韩邑。在今河南汝州市西，北汝河北岸。《史记·赵世家》：孝成王元年(前265)，"攻韩注人，拔之"，即此。东汉称注城。

注销 ❶清制，官员因过失被撤销所存记的职衔和记录等称注销。❷清代官场用语。指某项事件办结，按规定行文声明。如刑部现审寻常案件，按期结案称依限注销。如延迟未完者，称为注销违限，得照例议处。

注子 古酒器。用金属或瓷制成，另有注碗，注子可坐入注碗中。唐元和初，酌酒用尊杓，虽数十人，一尊一杓，挹酒无遗滴，寻改用注子。太和中，仇士良恶注子之名同郑注，乃加柄安系若茶瓶，更名曰偏提。

驻跸 跸，意为帝王的车驾。《汉书·梁孝王传》："得赐天子旌旗，从千乘万骑，出称警，入言跸。"驻跸，指帝王出巡时，途中停留之处。《周书·宣帝纪》："一昨驻跸金墉，备尝游览。"

驻跸山 唐贞观十九年(645)，太宗率军东征高丽时，曾驻跸于辽宁辽阳市西南的马首山(今称首山)、北宁市西北的医巫闾山及海城市西南平顶山，因称以上诸山为"驻跸山"；又曾为表彰战绩，勒石纪功于驻营过的海城市南面的山上，后人也称此山为"驻跸山"。

驻泊 北宋时，军队实行更戍法，轮流出戍各地。出戍军由总管统辖者，称驻泊。废更戍法后，驻泊无固定含义。

驻防八旗 清代兵制名称。驻守畿辅和各地的八旗官兵，称为"驻防八旗"。顺治二年(1645)始置，以后于各要冲之地陆续增派。各按专城设将军、都统、副都统、城守尉等为驻防长官，下设协领、佐领、防御、骁骑校等职，统率所属官兵，镇守一方，控制险要。凡驻防八旗官兵均合满洲、蒙古、汉军以为营。官兵旗籍仍隶于京旗，防守事务则统于兵部。畿辅驻防二十六处，东三省驻防四十四处，各省驻防二十四处，以及陵寝、围场、边门、察哈尔、打牲处各驻防，共有官兵十二万七千余人。

驻防将军 清以八旗兵分驻各省要地，称为"驻防"。顺治二年(1645)，派八旗兵驻守顺德、济南、德州、临清、徐州、潞安、平阳、蒲州等地，为八旗兵驻防之始。后陆续在各省险要之地增派八旗兵分驻，各按专城设将军、都统、副都统、城守尉、防守尉等官，统率所属旗兵。各地驻防官兵旗籍仍属在京的原佐领，驻防事务则属兵部。全国共设驻防将军十三人，分别驻守盛京、吉林、黑龙江、绥远城、江宁、福州、杭州、荆州、西安、宁夏、伊犁、成都、广州，分别冠以所在地名如盛京将军、吉林将军等。将军为旗兵最高长官，凡与总督同驻一省者，如会同奏事，以将军领衔，实权虽不及总督而地位高于总督。

驻防庄田 清代官庄之一。系拨给八旗驻防官兵土地所建立之庄田。分盛京、吉林、黑龙江驻防官兵庄田和直省驻防官兵庄田两种。盛京、吉林、黑龙江驻防庄田，清初按旗分处，各有定界。继因边内地瘠，粮不足支，展边开垦，两黄旗移于铁岭、两白旗移于安平、两红旗移于石城、两蓝旗移于大城。直省驻防庄田，除浙江驻防官兵不给田，俸饷照经制支给外，余各省驻防官兵立庄于驻地，人各给田三亩。旗员给园地，多则二百四十亩，少则六十亩，各省不同。庄田设庄头管理壮丁进行生产，为旗员及其家属提供口粮。换防时庄田撤回。

驻京八旗 即"京师八旗"。

驻京喇嘛 清代对京城各喇嘛之统称。清政府为加强对各地喇嘛的保护和管理，按其居住地区分为驻京喇嘛、藏喇嘛、番喇嘛、游牧喇嘛。各定额缺，发给度牒、印信，登记名册，统由理藩院总理稽察，不准私行增设。驻京喇嘛设有掌印札萨克达喇嘛、副掌印札萨克达喇嘛、札萨克喇嘛、达喇嘛、副达喇嘛、苏拉喇嘛、教习苏拉喇嘛、额外教习苏拉喇嘛、德木齐、格斯贵等名目。其徒众称格隆、班第。此外，伊犁之掌教堪布及四川懋功广法寺之堪布亦由驻京喇嘛内派往，三年更换一次；热河、盛京、多伦诺尔、五台山各喇嘛之额缺升转，皆与驻京喇嘛一例。

驻粤八旗志 书名。清长善、果勒敏、尚昌懋、吉和等主撰。二十五卷。卷首为敕谕，余凡官兵额设、建置志、经政略、职官表、选举表、人物志传、杂记、古迹八目。记自清康熙中废平南王派驻汉军起，中经乾隆二十一年(1756)加驻满兵，满汉各设八旗，迄同光之际一百九十年间建置沿革、制度演变以及人物、掌故等。因驻地未经太平天国战争，八旗体制和规模大抵仍旧，为研究广东地方史和八旗制度的史料。

驻藏大臣 官名。清代派驻西藏的最高军政长官。全称"驻扎西藏办事大臣"。雍正五年(1727)置，初设二人。统掌前藏、后藏之军政，凡察举官弁、操阅藏兵、防守边隘、稽核财赋、平正刑罚、拟定法制以及喇嘛事务，皆归其总理。乾隆五十七年(1792)规定：驻藏大臣督办藏内事务，应与达赖喇嘛、班禅额尔德尼平等。自噶布伦(总办藏务之西藏官员)以下番目及管事喇嘛，均系属员，事无大小，均应禀明驻藏大臣办理。至扎什伦布(班禅驻地)诸务，亦俱一体禀知驻藏大臣办理，仍于巡边之便，就近稽察管束。此外，并兼辖达木蒙古八旗事务。驻藏大臣及所属理藩院司官、随印笔帖式、粮务、副粮务等官，均三年更换一次。光绪三十四年(1908)改设办事大臣、帮办大臣各一人，分驻前藏、后藏。宣统二年(1910)裁帮办大臣，改设左、右参赞各一人，左参赞驻前藏，右参赞监督江孜、噶大克、亚东三埠通商事宜。

柱 ❶相传为烈山氏(神农)之子，能种植百谷菜蔬，为农官。❷古建筑中柱架结构三部分之一。是屋中直立的主要承压构件，有圆形、方形、八角形，而以圆形为多。它是决定单体建筑规模、尺度的重要因素;不同的位置称呼则有不同。主要有四种柱:檐下的名檐柱,在檐柱以内的柱,除在建筑物纵中线上的名为金柱,在建筑物纵中线上,承顶屋脊,而不在山墙里的名为中柱,在山墙的正中一直顶到屋脊的名为山柱。

柱国 官名。(1)战国楚、赵置,位令尹、相国下,甚尊。《战国策·东周策》:"公爵为执珪,官为柱国,战而胜,则无加焉矣。"鲍彪注:"楚卿。"《战国策·赵策四》:"田驷谓柱国韩向曰",鲍彪注:"柱国,楚官,盖赵亦有。"秦汉之际,张楚农民政权置,有柱国房君。(2)柱国大将军省称。(3)隋代为正二品散官,炀帝大业三年(607)罢。唐代为十一转勋官,比从二品。宋代为十二等勋官第二等,从二品,政和三年(1113)罢。金代亦为十二阶勋官第二阶,从二品。元代为十阶勋官第二阶,从一品,只用于封赠。明代为十二阶武勋第二阶,从一品。

柱国大将军 官名。十六国后燕慕容垂燕元元年(384)置。北魏太武帝神䴥四年(431)亦置,位在太尉之上,后罢。北魏末复置,位在丞相上,用以安置权臣。尔朱荣自大将军迁此,后尔朱兆、高欢先后继任。西魏大统三年(537),以宇文泰为之,省称柱国。大统十六年以前共任命八人,称八柱国,是西魏的最高官职,其中六人分掌全国府兵。北周除授渐多,成为没有具体职掌的勋官,正九命。建德四年(575),在其上置上柱国。

柱国府 官署名。即柱国大将军官府。北周时设长史、司马、司录,皆正七命;中郎、掾、属,皆正五命;列曹参军,正四命;参军,正三命。诸僚属命品亦有高于上述规定者。《周书·裴文举传》:"(北周武帝)天和初,进骠骑大将军(九命)、开府仪同三司。寻为(韦)孝宽柱国府司马。"

柱架侧样 古建筑工序之一。在竖立柱梁大木之前,依一定比例,要把柱子水平距离和各步檩条高度画出,规定柱梁构件的长度、位置、卯眼分布及举架坡度。由于一般单体建筑中,各槽柱架都是相同的尺寸规格,因此大部分构件在组装以前的加工都以这个图样为依据,宋代把这一道画图的工序叫作定侧样。柱架侧样也就是柱架横断面图的意思。明《园冶》一书中记有八种柱架侧样。清《工部工程做法则例》一书,在前二十七卷中,每卷一种,共介绍二十七种柱架侧样。

柱下史 官名。一说即御史。常立殿柱之下,故名。周代置。秦沿置。《史记·张丞相列传》司马贞索隐:"周、秦皆有柱下史,谓御史也。"《汉书·张苍传》:"秦时为御史,主柱下方书。"颜师古注引如淳曰:"秦置柱下史,苍为御史,主其事。或曰主四方文书也。"师古曰:"下云苍自秦时为柱下御史,明习天下图书计籍,则主四方文书是也。柱下,居殿柱之下,若今侍立御史也。"又,《汉书·王莽传》:居摄元年(6),"置柱下五史,秩如御史,听政事,侍旁记疏言行"。

祝 官名。(1)掌宗庙祭祀祷告之赞辞。殷代始置。《殷墟文字甲编》第三九一六片:"贞叀祖丁祝用,王受年。丁丑卜,犾贞其求年于河,叀祖丁祝用。贞犾祝用。"西周时又置大祝,为众祝之长。《申簋铭》:"王命尹册命申,更乃祖考胥大祝,官司丰人及九戏祝。"春秋战国沿置。《国语·楚语下》曰:"从其时享,虔其宗、祝。"韦昭注:"宗,主祭祀。祝,主祝祈。"《周礼·春官》有太祝、小祝等职官。(2)掌诅盟载书之官。春秋宋、战国三晋置。《左传·哀公二十六年》:"使祝为载书","将盟之,祝襄以载书告皇非我。"《周礼·春官》有诅祝,掌盟诅之载辞。

祝版 祭祀文书之一。清代祭祝用祝版。以木为之,大祀、中祀、群祀方径各有差。皇帝亲祭,先一日阅祝版。中祀、群祀,寺官赴内阁径领送祭所。

祝册 周代祭礼时由史官宣读的祝祷文告。《书·洛诰》:"王命作册逸祝册。"

祝大椿(1856—1926) 江苏无锡人,字兰舫。清同治十一年(1872)赴沪,在铁行学徒。曾充怡和洋行和上海电车公司买办。光绪十一年(1885)左右,创办源昌号,经营煤铁五金商业。后又经营新加坡、上海、日本之间的海运业,并在沪经营房地产。自光绪十四年至民国初年,陆续创办源昌机器碾米厂、缫丝厂,合资开设华兴面粉公司、公益机器纺织公司、怡和源打包公司等。三十四年,因兴办实业有成,由清政府赏给二品顶戴。曾任上海商务总会董事、锡金商务分会总理。晚年任上海总商会董事。

祝聃 春秋时郑国大夫。郑庄公三十年(前714),北戎侵郑,郑设伏抗击。戎遇伏败退,他率部追逐,截断戎兵,大败之。三十七年(前707),周、郑战于繻葛(今河南长葛),他参与是役,射伤周桓王。

祝阿 春秋齐邑。在今山东长清县东北。《公羊传》襄公十九年(前554):"诸侯盟于祝阿",即此。《左传》作"督扬",《春秋》作"祝柯"。西汉置祝阿县。

祝阿县 本春秋齐祝阿邑,西汉置县。治今山东长清县东北。北周移治今禹城市西南。唐天宝元年(742)改为禹城县。《资治通鉴》:隋大业十年(614),涿郡卢明月,"众十余万,军祝阿",即此。两汉属平原郡,魏属济南国,两晋属济南郡,南朝宋至北朝齐属太原郡,北周属济南郡,隋、唐属齐州。

祝懽 战国秦孝公时人。因反对商鞅之法而被杀。见《史记·商君列传》。

祝柯 即"祝阿"。

祝穆 南宋建宁崇安(今福建武夷山市)人,字和甫,少名丙。幼孤,与弟癸同从姑父朱熹受业。原籍歙州(治今安徽歙县),世以资力闻,邸肆生业几有郡城之半,号半州祝家。北宋末,家业渐落,其父康国始迁崇安,以儒学昌盛其家。隐居不仕,著有《方舆胜览》、《事文类聚》等。

祝其 一名夹谷。春秋齐邑。《左传》定公十年(前500):"公会齐侯于祝其,实夹谷。"故地说法不一:一说在今山东莱芜市西南,一说在今江苏赣榆县西北,一说在今山东淄博市旧淄川县西南。

祝其县 西汉置。治今江苏赣榆县西北夹谷山附近。属东海郡。南朝宋废。唐武德四年(621)复置,八年又废。

祝钦明 唐雍州始平(今陕西兴平)人,字文思。少通经史百家之说。举明经。武则天时,累迁太子率更令,兼弘文馆学士。兼充东宫侍读。神龙元年(705),中宗即位,为国子祭酒,同中书门下三品,景龙三年(709),中宗将祀南郊,与国子司业郭山恽迎合韦后之意,曲解经典,使韦后得以助祭。中宗宴群臣,自言能"八风舞",其体肥拙,据地摇头转目,备极丑态,时人叹为"五经扫地"。景云初,被劾,贬饶州刺史。后入为崇文馆学士卒。

祝丘 春秋鲁邑。在今山东郯城县东北。《春秋》桓公五年(前 707):"城祝丘",即此。西汉置即丘县。

祝融 祝又作柷,融又作庸、诵、龢。或单称融,又称祝融氏、祝诵氏。(1)相传为上古帝王,居郑(今河南新郑)。(2)相传为上古官名,祝融以火行政,故火正称祝融。帝喾时重黎为祝融,被诛杀后,以吴回继为祝融。

祝史 ❶春秋时官名。职司祈祷告神,类似《周礼·春官》的大祝等官。❷吏职名。隋初于太常寺置太祝署,有祝史十六人。炀帝时废署,以之直隶太常寺。唐初置十二人,后减至六人。祭祀时,助理太祝掌出纳神主等事。为流外官。又五岳四渎亦置此职。

祝佗 佗一作鮀。春秋时卫国人,字子鱼。官太祝,以善于辞令、谙熟历史典章制度著闻。鲁定公四年(卫灵公二十九年,前 506),随卫灵公参加周王室大臣刘文公在皋鼬(今河南汝州南)举行的会盟。晋国以蔡祖蔡叔年长于卫祖康叔为由,欲列蔡于卫之前,他以周初分封以德不以长据理反驳,指出康叔有德而先被封,蔡叔叛乱曾被削国,又说晋文公所主践土之盟,也列卫于蔡前,晋乃从之。

祝文 举行祭祀典礼时宣读的祝辞。清制,祝文均有固定的格式,因故需举行特别祭告时,则由翰林院临时撰拟,进呈皇帝钦定。祭祀前将其书于祝版,临期由太常寺读祝官用满语宣读。皇帝亲祭时,先期行"阅祝版"仪。

祝由 用祝祷治病。《素问·移精变气论》:"古之治病,惟其移精变气,可祝由而已。"唐王冰注:"祝说病由,不劳针石。"后世把用符咒禳病者归祝由科。古代卫生机构中多设有此科。

祝允明(1460—1527) 明苏州长洲(今江苏苏州)人,字希哲,生而枝指,自号枝山,又号枝指生、枝山老樵等。为徐有贞外孙、李应祯婿。弘治举人。五岁能作径尺字,九岁能诗,稍长,博览群书。历官广东兴宁知县、迁应天(今南京)通判。嘉靖初谢病归里。善书法,篆、隶、楷、行、草皆精。工诗文,为吴中四才子之一。厌恶礼法,行为不拘,好饮,不事产业。晚年颇穷困,至讨债者相随于后,却以自喜。著有《怀星堂集》(即《祝氏集略》)、《祝氏文集》、《前闻记》、《读书笔记》、《九朝野记》、《江海歼渠记》、《苏材小纂》等。

祝宰 官名。春秋战国置。主司祭祀礼仪。汉代亦置。《后汉书·盖延传》:"修高祖庙,置啬夫、祝宰、乐人。"

祝宗 官名。春秋战国晋、齐等国置。掌祭祠祈祷。《左传·成公十七年》:"晋范文子反自鄢陵,使其祝宗祈死。"杜预注:"祝宗,主祭祀祈祷者。"《管子·五行》:"天子出令,命祝宗选禽兽之禁,五谷之先熟者,而荐之祖庙与五祀。"

祝宗人 官名。春秋、战国置。掌宗庙祭祀祝祷。《庄子·外篇·达生》:"祝宗人玄端以临牢筴说彘。"

著籍 东晋、南朝*土断制办法之一。即以现居地为断,将侨、旧民统编入籍。梁天监十七年(518),诏令若有流寓不还乡者,"即使著土籍为民"。陈天嘉元年(560),诏令来岁不问侨、旧民,"悉令著籍"。参见"土断"。

著县 西汉置。治今山东济阳县西北苏庙东。属济南郡。北齐废。

著帐户 见"著帐户司"。

著帐户司 官署名。辽代管理著帐户的机构。帝后贵族斡鲁朵的奴隶及诸色人犯罪籍没人户,为皇室服役,称著帐户。著帐户司官员称著帐节度使、著帐殿中。下设承应小底局,统领著帐户服各种杂役。

著帐节度使 官名。辽代北面官,著帐户司长官。下设殿中等职。

著帐局 官署名。辽代管理贵族世官罪犯家属籍没为皇室服役的机构。世宗时一度废免,后复设。有笔砚局、牌印局、裀褥局、灯烛局、床幔局、殿幄局、车舆局、御盏局、本班局等。诸局各设郎君,统属于著帐郎君院祗候郎君班详稳司。

著帐郎君 辽初,贵族世官罪犯家属没入瓦里,称著帐郎君,统领瓦里著帐户为皇室服役。世宗时赦免。其后,贵族犯罪者众,复设著帐郎君院,下设著帐局,为皇室服役。

著帐郎君院 官署名。辽代北面官,为管理著帐郎君的机构。下设祗候郎君班详稳司及著帐诸局,为皇室服务。

著作 官名。著作郎、佐著作郎、著作佐郎省称。《晋书·束皙传》:"转佐著作郎","迁转博士,著作如故"。夏竦《文庄集》卷十三《议职官》:"号为著作,罔知笔削之事。"

著作曹 官署名。隋代秘书省所领机构。置郎二员、佐郎八员及校书郎、正字等属官。唐武德四年(621)改曹为局。

著作局 官署名。三国魏太和中置。设著作郎为长官,其下设佐著作郎、著作令史等,掌国史修撰,隶中书省。西晋初沿置,元康二年(292),以秘书典艺文图籍,故由中书省转隶秘书省。一说转隶时间在元康元年。后改称著作省。北魏中期亦置,属秘书省,设著作郎二员,著作佐郎四员,后改称著作省。唐武德四年(621)复置,以著作郎二员为长官,设著作佐郎四员,书令史一员,校书郎二员,正字二员,楷书手五员,书吏二员,掌固四员。贞观三年(629)置史馆后,不复掌修国史,唯以修撰碑志、祝文、祭文为职。龙朔二年(662)改称司文局,咸亨元年(670)复旧。开元二十六年(738),减著作佐郎为二员,校书郎为一员。辽代属秘书监。金皇统六年(1146)设著作郎、佐郎各二员,编修日历,以学士院兼领之。后改隶秘书监,减著作郎、佐郎员为各一人。

著作郎 官名。(1)三国魏太和中置,为著作局长官,员一人,六品,隶中书省。西晋元康二年(292)改隶秘书省,一说改隶时间在元康元年。后著作局改省,仍以为长官,隶秘书省,六品。亦称大著作郎、大著作、著作、正郎等,掌国史及起居注修撰。其下设佐著作郎(后改称著作佐郎)。西晋、南北朝时为清要之官,出任者多为著名文学之士,或以司空、侍中、尚书等官领、典。南朝宋时曾作为宗室起家之官。六品。梁天监七年(508)定为六班。陈六品,秩六百石。北魏中期于秘书省设著作局,员二人,太和十七年(493)定为五品上,二十三年改为从五品上。北齐著作省亦置二员,从五品上。北周春官府设有著作上士,职掌同此。隋代为著作曹长官,员二人,隶秘书省。初为从五品上,大业三年(607)升为正五品,后复降为从五品。唐武德四年(621),改著作曹为局,仍为长官,员二人,从五品上。龙朔二年(662)改称司文郎中,咸亨元年(670)复旧。掌修撰碑志、祝文、祭文,与著作佐郎分判局事,不再掌国史修撰之事。北宋前期为寄禄官。元丰改制后,以奉议郎代之为新寄禄官,而以此职置于秘书省,为日历所长官,员一人,从七品。掌修日历,以宰执时政记、左右史起居注所书会集修撰,并撰祭祀祝辞。元丰八年(1085),诏吏部郎中曾肇、礼部郎中林希兼著作,以职事官兼职自此始。南宋因之。辽代仍置为著作局长官。金皇统六年(1146),设于著作局,员二人,从六品。掌编修日历,以学士院兼领之。后隶秘书监,减为员一人。元代属秘书监,员二人,从六品。(2)东宫官属。明代建文中,在詹事府下设资德院,置为资德院属官,二员。成祖即位后罢。

著作林 杂志名。清光绪三十二年(1906)在杭州创刊,三十四年七月迁上海。月刊。陈蝶仙(天虚我生)主编。木刻石印,从第十七期起改铅印。以"保存国粹"、"搜罗古董"为宗旨。怀旧厌世,吊古伤今,主张男女平权。主要刊载旧体诗词曲作。共出二十二期,三十四年底并入《国闻日报》。

著作令史 官名。三国魏置,著作局属官,协助著作郎、佐著作郎修撰国史。晋代因之。著作局改省后,为著作省属官。南北朝沿置。南朝宋时,著作令史吴癸曾制历法。魏、晋、宋八品,梁流外三品蕴位。

著作上士 官名。西魏恭帝三年(556)置,北周沿置。春官府外史下大夫属官,员二人,正三命。掌缀国录,下设著作中士以佐其职。隋开皇元年(581)罢。

著作省 官署名。西晋改著作局置,隶秘书省。以著作郎为长官,下设佐著作郎、著作令史等,负责国史与起居注修撰,或兼管秘书省所藏典籍。南朝、北魏、北齐沿之。北齐增置校书郎二员,又别置起居省,遂不再掌起居注修撰。

著作堂集 书名。一名《谭子雕虫》,又名《小化书》。明谭贞默撰。二卷。贞默,字梁生,别号埽庵。嘉兴(今属浙江)人。崇祯进士。崇祯十五年(1642)成书。有崇祯刻本,《四库全书存目》署题《谭子雕虫》。该书以各小虫为赋,每赋之后又自为注释。篇首(二段)"总赋",篇末(四段)"赋总"。其余三十一段则记述动物约九十种,除蛙、蜥蜴、蝙蝠外,均为无脊椎动物,而中以节肢动物为最多,多为嘉兴地区所产。对所收动物之形态、种类、生态习性以及经济用途,均有详细记载,是中国十七世纪的无脊椎动物专著。

著作下士 史官名。北周时改著作佐郎为此称。

著作佐郎 官名。三国魏太和中置佐著作郎,协助著作郎修撰国史及起居注。东晋改此名。六品。一说南朝宋改称,属著作省(局),掌搜集史料,供著作郎撰史。晋制,此职初到任,必撰名臣传一篇。南朝宋初,始建国,未有适合撰写者,此制遂废。由秘书监选用,无秘书监时,由吏部选用。本用文学之士,南北朝后期,因其职务清闲,成为世族高门子弟起家之官。梁天监七年(508)定为二班。陈七品,秩四百石。北魏秘书省著作局置四员。太和十七年(493)定为从五品上,二十三年改为七品。北齐著作省置八员,七品。隋文帝时属秘书省著作曹,员八人,正七品。大业三年(607)增置四员,共员十二人,升为正六品。唐武德四年(621),改著作曹为著作局,仍隶之,员四人,从六品上。龙朔二年(662),改称司文郎,咸亨元年(670)复旧。开元二十六年(738),减置二员,与著作郎分判局事。唐代执掌协助著作郎撰写碑志、祝文、祭文等,国史修撰改由史馆担任。北宋前期为八品寄禄官。元丰改制后,以宣德郎代之,于秘书省置此职为职事官,员二人,正八品。掌修日历及祭祀祝辞。南宋时减为一员。辽代秘书监著作局亦置。金皇统六年(1146),于著作局设二员,正七品。掌编修日历,以学士院兼领之。后隶秘书监,减为一人。元代属秘书监,员二人,正七品。

铸 一作祝。周封国名。任姓,在今山东肥城市南大汶河北岸铸乡。《吕氏春秋·慎大览》:"武王胜殷,命封黄帝之后于铸";《左传》襄公二十三年(前550):"臧宣叔娶于铸",皆即此。后为齐所灭。

铸局 清代铸钱机构。包括京局、省局、镇局。京局有隶属户部之宝泉局,所铸之钱,交户部承运库,为配钱发给兵饷之用;有隶属工部之宝源局,所铸之钱,交工部节慎库,以充各工之费。每局设管理钱法满、汉侍郎各一人,掌铸钱政令,下辖汉、满主事、监督各一人,以佐其政。设于省府、重镇之地方铸局,称省局或镇局,各依中央所定之格式、数量铸造铜钱,违式或迟延期限,皆予议处。清代铸局数常有增减,前后设置六十所以上。

铸炮铁模图说 见"铁模图说"。

铸钱监 ❶官署名。唐代置,分属所在州府而总隶于少府监，掌造钱币。置监一员，以所在都督、刺史判；副监一员，以州府上佐判；丞一员，以判司判；监事一员，以参军或县尉知之。凡七监，武宗会昌中增至八监，宣宗大中初废三监。宋代于诸矿山附近置，隶转运司或提点坑冶铸钱司。❷官名。唐代铸钱监长官，每监置一员，以所在州府都督、刺史判之，而总隶于少府监。

铸钱局　清代铸钱机构之统称。参见“铸局”。

铸钱使　使职名。唐开元二十五年(737)以监察御史罗文信充诸道铸钱使，天宝三载(744)杨慎矜除御史中丞充铸钱使，掌钱币铸造。大历五年(770)停。

铸钱伪黄金弃市律　律名。西汉文帝时听民私铸钱币，遂有将铅、铁等掺入铜钱内铸作“伪金”者。景帝中元六年(前144)，为杜绝流弊，颁行此律。《汉书·景帝纪》颜师古注引应劭曰：“文帝五年，听民放铸，律尚未除。先时多作伪金，伪金终不可成，而徒损费，转相诳燿，穷则起为盗贼，故定其律也。”此律规定，若铸钱作伪金者弃市。

铸铁脱碳钢　白口铁铸件脱碳退火得到的钢。此工艺萌芽于春秋晚期，成熟于汉魏，后渐衰。基体上没有或很少有石墨析出，具有与近代经退火处理的铸钢相类似的组织和性能。实际是处理得较好的白心可锻铸铁。主要用于制作刀、斧、剪一类刃器，及部分用于锻打加工的小铁板，较有代表性的制品有郑州东史马出土的东汉铁剪等。

铸锷　或称泻铸，金属铸造之古称。中国古代金属铸件，多采用陶范(或泥范)铸造、金属型铸造(铜范或铁范)与失蜡法，将金属或合金高温熔融成液态，复经浇注凝固成形，统称为铸锷，所用熔炉亦常称为铸锷炉。

铸锷务　官署名。北宋景德三年(1006)，改在京铸钱监置。掌造铜、铁、鍮石(黄铜)诸器及铙、钹、钟、磬等。设监官，以京朝官、三班使臣充任。

铸刑鼎　春秋时晋国于晋顷公十三年(前513)所颁布之成文法典。《左传·昭公二十九年》：“冬，晋赵鞅、荀寅帅师城汝滨，遂赋晋国一鼓铁，以铸刑鼎，著范宣子所为刑书焉。”

铸刑书　春秋时郑国子产于郑简公三十年(前536)制定并铸在鼎上颁布于众的成文法典。《左传·昭公六年》：“三月，郑人铸刑书。”杜预注：“铸刑书于鼎，以为国之常法。”当时晋叔向致书子产表示反对，谓铸刑书以后，民将以法为据，不畏其上而弃其礼，受到子产的反驳。

铸印局　官署名。掌铸印信之机构。元代始设，明清沿之，均隶礼部。元世祖至元五年(1268)置，掌刻印销印之事，秩正八品。设大使一员领其事，下设副使、直长各一员。明代设大使一人，副使二人，万历九年(1581)革副使一人。清顺治元年(1644)设员外郎、主事、大使各一员，掌铸造金宝、金印及内外百官之印信。宣统三年(1911)改隶典礼院。

铸印局大使　官名。明清礼部铸印局官员。明洪武设，一人，为主官。掌理铸造金宝、金印及内外百司之印信，并改铸、换铸印信。清乾隆二年(1737)设汉大使一人，为铸印局属官，未入流。由本部期满儒士选充，五年称职以应升官用。佐主官掌局事。

筑氏　官名。《周礼》冬官之属。一说周代置。掌制作书写工具曲刀(即书刀)的工官。

筑塘说　书名。明黄光升撰。系著者任浙江水利佥事时，在总结前人塘工经验和实地调查基础上写成。文中透彻分析了历代塘工的利弊得失，阐明了建筑海塘的技术要求和施工方法。并兼收明谭秀、王玺等各家之长，参以己见，介绍了所发明的五纵五横鱼鳞塘技术，显示了海塘工程建筑技术的更加完善。为海塘工程建筑学重要论著。

zhuā

抓枪　兵器。多用于头车、绪棚或地道等攻城具中，杆长六尺，前有剑形刃，长一尺五寸，刃后有四逆须，其后接杆，杆前二尺施铁刺如鸡距。以刺、钩之用。攻城掘地道将相透，可用来御敌。亦有蒺藜枪者，形制相似，用途亦同。

zhuān

专操管带　官名。清代神机营所辖二十五营之长官，额定二十四人。掌分辖营众训练之事。

专达　官名。后金(清)天聪八年(1634)，定八旗兵官名，以什长为专达。

专地盗土　刑法用语。汉代指非法侵占国家土地而为己有。据《汉书·匡衡传》，元帝时匡衡任丞相，利用郡图有误，多占封地四百顷，收取租谷千余石。司隶校尉骏、少府忠引“《春秋》之义，诸侯不得专地”，劾其“专地盗土以自益”。衡遂被免为庶人。

专典机密　唐代宰相名号，指以三省长官之外官员行宰相事。高宗以后渐少，玄宗后不复用此号。

专勾司　官署名。原为三司马步军专勾司，属三司。掌诸军兵马逃亡、收并等簿籍；诸司库务出纳之数；向粮料院批送文历，以审校和防止发放俸禄时伪冒、欺诈等弊。宋时设勾当官一员，以三班使臣充任，后改任京朝官。元丰改制，专勾司转属太府寺。南宋时，避宋高宗赵构名讳，改称审计司。

专管牛录　亦称恩出勒黑牛录(满语音译)。崇德改元前夕，从永管牛录中确定四十余个牛录为专管牛录，交由功臣勋戚专管，仍为旗属牛录，但与永管牛录不同，享有免除国家赋役的特权。

专利　西周厉王时实行由王室垄断各种产物之利的政策。周厉王时，听信荣夷公之言，实行专利。大夫芮良夫劝谏，厉王不听，激起国人反抗，将厉王流放。

专门司　官署名。清末学部所属机构。光绪三十二年(1906)设。掌大学堂及高等学校政艺专业。辖专门教务、专门庶务二科。置郎中二人，总理司务，下设员外郎、主事，分司各职。

专难 即“长昂”。

专史 叙述某一方面的事迹或某一学科的发展的历史著作。如政治史、经济史、文化史、文学史、史学史、哲学史等。

专司训练禁卫军大臣 官名。清光绪三十四年(1908)设,掌管禁卫军的筹建和训练。共三人,以皇族成员领事。

专一监视斗面官 官名。南宋省仓,丰储仓,草料场,淮东西、湖广总领所大军仓、草料场等各设一人,以武臣充任。

专折 文书名。清代奏折的一种,凡专以某一件事奏知皇帝的奏折称作“专折”。

专知 宋仓、库、场、务等的主管人员。常以手分等吏人与衙前充当,在监当官之下,主管仓、库、场、务等的各种事务,并督率库、仓、斗、秤、拣、掐子等工作。常与其副手合称“专副”。

专诸(?—515) 一作鱄设诸。春秋吴国堂邑(今江苏六合西北)人。伍子胥由楚奔吴,遇之于途,知其有勇力,推荐给公子光(即阖闾)。吴王僚十二年(前515),吴派兵乘丧伐楚。楚发兵断吴兵后路,吴兵不能归。公子光见时机到,要他刺杀吴王僚,他以“母老子弱”托于公子光。公子光设宴与吴王僚同饮,并伏甲士于壁中,使他藏剑于鱼腹中进献而刺杀吴王僚,他亦被杀。公子光遂立为吴王。后阖闾以其子为卿。

郇 古国名。在今山东郯城县东北。《春秋》成公六年(前585):“取郇”,即此。

郇陵之盟 春秋时齐景公谋使鲁昭公复国而主持的诸侯之盟。鲁昭公二十五年(前517),鲁昭公为“三桓”逼迫,逃至齐。次年,齐景公邀鲁昭公和杞、莒、郳国君在郇陵(今山东郯城北)结盟,拟使昭公返鲁复位。会后,季孙氏贿赂景公宠臣梁丘据,破坏会盟的决定。

砖工 清代黄河上主要用砖料构筑的险要河堤。道光十六年(1836)东河总督栗毓美在阳武首次用砖料封堵滩地支河,并在缺少石料的黄河下游逐步推广。砖坝比主要用柴草捆扎的埽工经久耐用,比石工节省经费。《栗恭勤公砖坝成案》详细记载了砖工的发明和应用。砖砌水工建筑物通常也称作砖工,《修防琐志》中单列一卷。

砖瓦院 西夏官署名。掌砖瓦与陶器制作。仁宗仁孝《天盛年改定新律》属五品(末品)。

鱄设诸 即“专诸”。

颛渠阏氏 西汉时匈奴呼韩邪单于稽侯姗之妻,呼衍王之女。建始二年(前31)呼韩邪病危,欲立其子且莫车,颛渠以且莫车年少,百姓未附,建议立其妹大阏氏之子雕陶莫皋,单于用其言。

颛孙师 即“子张”。

颛孙氏 即“子张”。

颛顼 ❶人名。相传为上古帝王。姬姓,号高阳氏,黄帝后裔。生于若水(今四川雅砻江)。相传长而佐少昊,二十岁登帝位,都于帝丘(今河南濮阳西南)。少昊氏衰,“九黎乱德,民神杂糅”(《国语·楚语下》),他命重为南正,掌管祭祀,使群神各有分序;命黎为火正,掌管土地和人民,各有所属。❷国名,相传上古有颛顼国,其人食黍(《山海经·大荒南经》)。

颛顼历(曆) 中国古代的规整历法之一。制作并始行用于春秋战国时期,秦统一后颁行于全国,至汉武帝太初元年(前104)为《太初历》所代替。以十月为岁首,置闰于年终,称为后九月。以一回归年为 $365\frac{1}{4}$ 日,以十九年七闰为闰法,以立春为一年节气之起算点。《汉书·艺文志》载有《颛顼历》二十一卷、《颛顼五星历》十四卷,隋以前已佚,今仅存片断,散见于《汉书·律历志》及诸子、纬书中。

颛臾 西周东夷小国,春秋鲁之附庸。风姓。在今山东平邑县东。《左传》僖公二十一年(前639):“任、宿、须句、颛臾,风姓也,实司大皞与有济之祀,以服事诸夏。”《论语·季氏》:季氏将伐颛臾。孔子曰:“夫颛臾,昔者先王以为东蒙主,且在邦域之中矣,是社稷之臣也,何以伐为?”

zhuǎn

转 ❶官吏调任曰转。指转任与原品秩相同的其他官职,或同职而仅调换任所,并无升级或降职之意。《汉书·彭宣传》:“迁御史大夫,转为大司空。”《后汉书·杜乔传》:“稍迁为南郡太守,转东海相。”汉代尚右黜左,故官吏降职亦称左转或左迁。❷指军功之勋级。北齐时谓得一勋级为蒙一“转”。北周时称加勋级为加“转”。唐代作为勋官等级之代称。唐之勋官有十二转,自上柱国至武骑尉,一转即一等。

转班 清代授官班秩之一。属同级官职迁调者称转班。如六部、理藩院右侍郎转左侍郎,翰林院侍讲学士转侍读学士,詹事府右庶子转左庶子等即是。

转般 即转般法。唐宋漕运方式之一。唐都长安,地狭人繁谷贵,开元二十二年(734)采纳江淮河南转运使裴耀卿之议,实行分段转输法。即在汴口(黄汴河合流处)附近,于河阴县设河阴仓,于河清县设柏崖仓,于三门峡东设集津仓,西设盐仓(亦称三门仓)。开三门山十八里陆道,以避三门峡湍险。此后,江淮漕运物资可先入河阴仓暂贮,后一经洛水送纳东都含嘉仓;一入黄河逐级送纳柏崖仓、集津仓。为避砥柱湍险,再经陆运至盐仓,并转水运逐级送纳太原、永丰及长安太仓,以实关中。此法行三年,运粮七百万石,省陆运佣钱三十万缗。宋代沿用,于长江、运河沿岸的真州(治今江苏仪征)、扬州、楚州(治今江苏淮安)、泗州(治今江苏盱眙对岸洪泽湖下)设转般仓,东南各路运米纲船,分别于四州转般仓下卸,再由吃水较浅的汴河纲船运至东京开封府(治今河南开封)等地。转般仓中常有数年存粮,以备漕运不继与开封急需。转般时,米损耗大,吏卒侵盗亦多。熙宁间被* 直达法所代替,后时复时废,或两法兼用。

转般仓　见"转般"。

转般法　即"转般"。

转漕　古代指由水路或陆路转运粮饷。《史记·萧相国世家》载,汉王二年(前 205)与楚战荥阳,"萧何转漕关中,给食不乏"。又《史记·平准书》:"转漕甚辽远。"司马贞索隐:"《说文》云:'漕,水转谷也。'一云车运曰转,水运曰漕也。"一般认为是水运与陆运的合称。参见"漕运"。

转调　见"旋相为宫"。

转对　官场用语。即百官轮次面奏时政得失。五代后晋天福中,令五日内殿起居,以两人转对,各具实封以闻。后汉乾祐初罢。宋建隆三年(962)复行,凡遇内殿起居日,在朝文班朝臣及翰林学士等,轮次指陈时政阙失,明举朝廷急务。天圣七年(1029)置看详转对章疏官,同年罢。八年,以群臣转对已周遍,暂罢。皇祐五年(1053)复行。元祐七年(1092)特免侍从官转对,八年职事官权侍郎以上皆免。绍圣四年(1097),复令百官皆转对。南宋绍兴二年(1132),令厘务官免对。

转兑　清代漕运术语。指漕粮运抵通州后,转交京仓、通仓收纳的过程。各省漕粮运至通州,交坐粮厅,由坐粮厅经纪、车户分别运往京仓、通仓。运京正兑漕粮,从通州石坝船载入通惠河,经过普济、平下、平上、庆丰四闸至大通桥,大通桥监督掣验数目无缺,乃分水陆运,交京仓收贮。运通仓的改兑漕粮,由通州土坝里河船载至通州城南,换陆运,交通仓收贮。

转垛　即盘根法。一种植树方法。元代,北方流行四句移树口诀:"种树无时,莫教树知,多留宿土,记取南枝。"为使根部多留宿土,创造此法。清代《花镜》记述其操作方法:如非小树苗,应于霜降后至春初尚未发芽前一段时间内,在树根旁将土又宽又深地掘开,再从树根侧面斜伸下去,截断主根,保留四周侧根,刨成一圆形根盘,然后在掘开处仍把土盖上筑实。不太大的树一年后即可移栽。大树每年掘树根一面,经三年,把树掘起,用稻草绳捆扎根盘,借以固定泥土,暂勿移动;掘土处仍用松土填满,并用肥水浇灌,待至下年二月,运到预定地点栽植。

转军钱　宋制,凡军士由一个番号调至另一番号。依例发放转军钱。

转徙余(餘)生记　书名。清许奉恩述,方濬颐记。作者于咸丰三年(1853)至同治二年(1863)由安徽桐城辗转至江苏、浙江,并由鄂入川,身历十三省。是书述其沿途见闻,其中记及苏、浙清军与太平军的争战以及太平天国乡官、门牌等制度。有《振绮堂丛书》刻本。

转员　宋代将校三年一次,依次升迁,称转员。转员的范围,包括自都一级的副兵马使、副都头,至厢一级的厢都指挥使;也包括军头、十将升迁为副兵马使、副都头,即由节级升迁为将校。

转运　❶转运司、转运使之简称。❷吴曦年号(1207)。

转运副使　见"转运使"。

转运河　明代运河名称。指淮扬至京口(今江苏镇江)以南之运河。

转运判官　见"转运使"。

转运使　官名。唐先天二年(713)始置水陆发运使,掌洛阳、长安之间漕运。开元二十二年(734),以裴耀卿为江淮河南转运使,掌东南水陆运输。后又置诸道转运使,掌全国粮食谷物调拨。安史之乱后,又于各地置巡院。因其转运力资多来自盐铁收入,故常兼盐铁使,合称盐铁转运使,一般由宰相充任,为唐后期中央最高财务长官。五代后唐时,废除三司使在各地巡院,改于诸道置转运使,以总当道财政。宋初设随军转运使、水陆计度转运使,供办军需。太宗以后,转运使渐成各路长官,经度一路全部或部分财赋,监察各州官吏,并以官吏违法、民生疾苦情况上报朝廷,有"漕司之称"。除转运使外,尚有都转运使、同转运使、副使、判官等名目。大抵两省官五品以上,或兼管数路者为都转运使。同转运使以下官,地位较低,但职责相同。各路或只置使,或增置副使、判官,或以二员同为转运使,或以二员同为转运副使,并无定制。都转运使与随军转运使废置不常,后随军转运使为都督府、宣抚使司等属官,职责与宋初同。皇帝巡幸,或设行在转运使。转运使官署称转运使司,也称转运司。辽代为都转运使司及转运司之长官,属南面财赋官。金亦置为转运司长官,正三品。

转运司　官署名。亦称转运使司。宋代诸道(路)皆置,均调一道(路)租税以供国家支用,以转运使、副使主其事,兼分巡所部,监察官吏能否,其属有转运判官。辽代置山西路都转运使司及奉圣州、蔚州、应州、朔州、保州转运使司,各设转运使、副使、同知转运使、转运判官掌其事,属南面财赋官。西夏亦仿宋制置,西夏语音"怀酪罗",其都转运司属中等司,三品;边境转运司属下等司,四品。金代于中都路置都转运司,其余各路置转运司,设使、同知、副使、都勾判官、户籍判官、支度判官、盐铁判官、都孔目官及知法等官,掌本路税赋钱谷、仓库出纳、权衡度量之制。上京路、北京路亦曾短期设过都转运司。泰和八年(1208)以其权轻,州县不畏,不能规措钱谷,遂加强其职权。诸路转运使由按察使兼任,同知转运使由按察司副使兼任,转运副使由签按察司事兼任。个别地区转运使兼任按察副使。

转桌　科举考试用语。清制,殿试阅卷不同于乡、会试分房阅卷,而是由皇帝亲派读卷大臣在一起审阅,读卷大臣不论多少,都要将试卷轮流遍阅,时称"转桌"。

转租　亦称转佃。谓佃者承赁地主田土不自耕,又租与他人耕种。清代南方诸省土地所有权(田骨)与土地使用权(田皮)分开,耕种者既要交纳地主骨租,又要向佃者交纳皮租。

zhuàn

传　❶一种通行凭证。《周礼·地官·掌节》:

"凡通达于天下者必有节,以传辅之。"是与节相辅而用。《汉书·酷吏传·宁成传》:"诈刻传出关归家。"颜师古注:"传,所以出关之符也。"故传亦称"符传",如《墨子·号令》:"符传疑若无符,皆诣县廷言,请问其所使。其有符传者善舍官府。"传以木或帛为之。《古今注》:"凡传皆以木为之,长五寸,书符信于上,又以一板封之,皆封以御史章所以为信也,如今之过所也。"《汉书·文帝纪》:"除关无用传。"如淳曰:"两行书缯帛,分持其一,出入关,合之乃得过,谓之传也。"颜师古注:"古者或用棨,或用缯帛。棨者,刻木为合符也。"❷驿站或驿站的车马。《左传·成公五年》:"梁山崩,晋侯以传召伯宗。"杜预注:"传,驿。"

传车 古代驿传之车。《史记·范雎蔡泽列传》:"于是秦昭王大说,乃谢王稽,使以传车召范雎。"《睡虎地秦墓竹简·秦律十八种·金布律》:"传车,大车轮,葆缮参邪,可殹(也)。"《汉书·高帝纪下》:"横惧,乘传诣雒阳"颜师古注:"传者,若今之驿,古者以车,谓之传车,其后又单置马,谓之驿骑。"

传吏 传舍小吏。《后汉书·光武帝纪》:"光武乃自称邯郸使者,入传舍。传吏方进食,从者饥,争夺之。"

传舍 ❶战国时齐国孟尝君飨客之舍名。分上、中、下三等,最高为代舍,次为幸舍,又次为传舍。《史记·孟尝君列传》:"冯欢见孟尝君,孟尝君先置之传舍,食无鱼;复迁之幸舍,食有鱼;又迁之代舍,出有舆矣。"司马贞索隐:"按:传舍、幸舍及代舍,并当上、中、下三等之客所舍之名耳。"❷设于交通线上之旅舍、客舍,供官员和行人休息之所。《三国志·魏志·陈群传》:"昔刘备自成都至白水,多作传舍,兴费人役。"

传舍吏 战国时赵国平原君和齐国孟尝君为养士而置传舍,管理传舍者称传舍吏。

传舍长 战国时齐国孟尝君客舍舍长。孟尝君养士数千,分置传舍、幸舍、代舍以居之,以代舍为最高。《史记·孟尝君列传》记冯欢以贫身归孟尝君,先置之传舍,继而迁之幸舍,又迁之代舍;而孟尝君均问其情于传舍长,知传舍长为三舍之长。

传食律 律名。关于驿传伙食供给的法律。秦"传食律"见于《睡虎地秦墓竹简·秦律十八种》。其中按照过往驿传人员职级、爵位,规定不同的伙食标准。

传役 西汉时桂阳郡的一种地方性徭役。始自武帝。《后汉书·循吏列传·卫飒传》:"先是含洭、浈阳、曲江三县,越之故地,武帝平之,内属桂阳。民居深山,滨溪谷,习其风土,不出田租。去郡远者,或且千里。吏事往来,辄发民乘船,名曰'传役'。"东汉建武初,桂阳太守卫飒凿山通道,罢亭传邮驿,于是废止。

传置 秦汉时沿交通线设置的驿站。备有车马,供乘传者换用。《汉书·文帝纪》:"太仆见马遗财足,余皆以给传置。"颜师古注:"置者,置传驿之所,因名置也。"

沌口 即沌水入长江之口,在今湖北武汉市汉阳区东南。《陈书·侯安都传》:陈初,侯安都、周文育西讨王琳,王琳兵至弇口(今湖北武汉市江夏区)。安都"悉众往沌口以御之,遇风不得进",即此。

沌阳县 西晋末置。因"处沌水之阳"(《水经·沔水注》),故名。治今湖北武汉市汉阳西。为江夏郡治。后改属江夏郡。南朝陈废。西晋建兴元年(313),杜弢别将王真袭沌阳;东晋太兴二年(319),梁州刺史周访攻杜曾,进至沌阳,皆即此。

转轮排字架 印刷工具。又称活字板韵转图。排版用的转轮。元王祯首创。其造法:"用轻木造为大轮,其轮盘径可七尺,轮轴高可三尺许,用大木砧凿窍,上作横架,中贯轮轴,下有钻臼,立转轮盘,以圆竹笆铺之。上置活字板面,各依号数上下,相次铺摆。凡置轮两面,一轮置监韵板面,一轮置杂字板面,一人中坐,左右俱可推转摘字。盖以人寻字则难,以字就人则易。此转轮之法,不劳力而坐致字数。取讫,又可铺还韵内,两得便也。"

撰文中书 官名。清代内阁属官。由大学士于内阁汉中书内委派,无定员。掌拟以皇帝名义发布的文稿。

篆书 书体名。"大篆"、"小篆"的统称。春秋战国时秦国曾使用籀文,后省改简化,逐渐演变为小篆。秦始皇统一全国后,为消除战国时代文字异形的现象,命李斯、赵高、胡毋敬等人进一步整理小篆,使之成为通行全国的规范文字。小篆字体整齐匀称、字形统一,异体较少,为汉字演变过程中的重要阶段。大篆相对小篆而言,狭义专指籀文,广义则包括早于小篆的所有古文字。许慎《说文解字叙》提及王莽时六书,其中有"篆书",则专指小篆。

zhuāng

庄 ❶战国时人。姓氏不详。秦昭王四十九年(前258)秦围赵都邯郸(今属河北),连攻十七个月而不能克。他赴军中,劝秦河东郡守王稽赐军吏以安军心,王稽不从。后军吏果因穷困而诬告王稽谋叛。见《战国策·秦策三》。❷元明时云南地区贝币的计数单位。元李京《云南志略》:"白人交易用贝子,每一枚称一庄。"❸见"庄田"。

庄暴 战国时齐国人。仕齐宣王。曾见孟子,言齐宣王好音乐之事。见《孟子·梁惠王下》。

庄伯 即"曲沃庄伯"。

庄绰 南宋太原清源(今山西清徐)人,字季裕,以字行。曾摄襄阳尉,历仕于原州、顺昌和澧州,建炎间知鄂州。与米芾、晁补之为友。学有渊源,见闻广博。精医道,著有《本草节要》、《明堂灸经》、《脉法要略》,皆散佚,今存《膏肓腧穴灸法》。另著有《鸡肋编》。

庄存与(1719—1788) 清江苏武进(今常州)人,字方耕,号养恬。乾隆进士,授翰林院编修。历内阁学士、礼部侍郎,曾督直隶学政。兼治六经,尤长于春秋公羊学,发挥《春秋》中之微言大义,借援古今时势。《清儒学案》谓其"在乾隆诸儒中,实别为一派”,与当时专事训诂之汉学家确有不同,为清代今文经学之首倡者,又是常州学派的始祖。此后治今文经学者,如孔广森、刘逢禄、宋翔凤、庄述祖等,莫不受其影响。龚自珍曾称誉其“以学术自任,开天下古今之故,百年一人而已”。著有《尚书说》、《春秋正辞》、《易说》、《毛诗说》、《周官说》、《味经斋文稿》等。

庄大田(1736—1788) 清福建平和人。农民出身。幼随父渡台,居凤山(今高雄)笃加港,为台湾南路天地会首领。乾隆五十一年(1786),聚众响应林爽文起义,攻占凤山,自称南路洪号辅国大元帅。次年,诱清总兵郝壮猷入凤山县城,几歼其军。旋与爽文合围台湾府城(今台南),然因首领庄锡舍叛降,撤至南潭,与清军相持。五十三年,清将福康安举兵南下,遂率众与清军激战于南潭、凤山等地,后退至琅峤(今恒春),兵败被俘,送府城凌迟死。

庄丁 亦称壮丁。清代对设在东北地区各类庄园中专供驱使的八旗壮丁的专称。额定每庄十人,内一人为庄头,从事农牧、渔猎、制盐、樵采等劳动。每十庄置一领催统管之。庄丁交纳给皇室、王府的实物额赋极重。参见“庄头”。

庄贾(?—前208) 秦末人。初随陈胜起义反秦,为御者。二世二年(前208)十二月,因义军主力接连败退,遂于下城父(今安徽涡阳东南)杀害陈胜,投降秦军。旋为陈胜部将吕臣所杀。

庄豪 即“庄蹻(jiǎo)”。

庄亨阳(1686—1746) 清福建南靖人,字元仲,号复斋。康熙进士。官淮徐海道,后出任河防。致力于算学推究。著作有《庄氏算学》。

庄户 ❶见“庄客”。❷明代松江(今属上海)牙行之一种。领商人之资代收*标布于乡民,再转售于标商。或为商人设肆代购,及其将行,始估银与布,捆载而去,获利甚厚。

庄蹻 一作庄豪。战国时楚将。楚顷襄王二十年(前279)左右,奉命率军冲过黔中郡,渡沅水,攻克且兰,征服夜郎,直攻到滇(今云南滇池附近)。二十二年,因秦遣蜀郡守张若再度进攻楚黔中郡、巫郡,归路断绝,遂以其众在滇称王,号庄王。变服从其俗。或说前后庄蹻本系一人,见梁玉绳《人表考》。

庄靖集 书名。金李俊民撰。十卷。凡诗七卷,文三卷。诗末偶有注语,不知谁作。通行《九金人集》本、《山右丛书初编》本。

庄客 唐以来地主田庄中佃农和雇农的通称。亦名田客、庄户、客、佃人等。因对生产资料占有关系的不同,身份地位也各异。具有一部或全部生产资料者,有一定自由。如唐颜真卿在郑州有庄,刘晏判官李邈,其庄田在高陵,“庄客悬欠租课,积五六年,邈因官罢归庄,方欲勘责。”颜真卿和李邈不监督庄客,主要剥削实物地租,劳役较少,人身依附关系不强。另有一种庄客称“私属”,无生产和生活资料,无人身自由,主客间具有严格隶属关系。

庄浪路 元初置。治今甘肃庄浪县西北。属陕西行省。大德八年(1304)降为州。

庄浪卫 明洪武五年(1372)平河西,改庄浪县为卫(一说十年改庄浪县为卫)。治今甘肃永登县。辖境相当今黄河以北的庄浪河和大通河下游之间地。十二年至二十六年间,陕西行都司治此。后降为千户所,永乐元年(1403)复为卫。清康熙二年(1663)又降为所,雍正二年(1724)改为平番县。地当长城要冲,为军事要地。

庄浪州 元大德八年(1304)降庄浪路为州。治今甘肃庄浪县西北。属陕西行省。明初属凤翔府。洪武八年(1375)降为县,改属静宁州。

庄烈帝 即“明思宗”。

庄陵 唐敬宗李湛墓。宝历二年(826)十二月敬宗卒,大和元年(827)七月葬此陵。在今陕西三原西北五里。堆土成陵,四面有门,门两侧侍石狮一对。神道两侧列石人、马等与各陵同。陪葬有悼怀太子。

庄票 清代钱庄发行之本票。在市面流通,视同现金。钱庄对自己发行之庄票,应客户要求,进行验付和保付手续,称为“照票”。

庄蹻 一作企足。战国时楚国人。楚怀王二十八年(前301),楚将唐昧被齐、魏、韩联军大败于垂沙(今河南唐河西南),他率领人民起义。《荀子·议兵》:楚“兵殆于垂沙,唐蔑(昧)死,庄蹻起,楚分而为三四”。曾攻至楚都郢(今湖北荆州西北)。《吕氏春秋·介立》以“庄蹻暴郢”与“秦围长平”并提。后世亦常以庄蹻与盗跖并提。

庄钦邻 明福建晋江人,字寅卿。万历进士。天启时任吏部郎中,忤魏党遭劾归。崇祯时召为户部侍郎,迁南京左都御史。十二年(1639)进户部尚书,未赴,以母老乞休归。

庄青翟(?—前115) 西汉人。文帝后元二年(前162)嗣爵为武强侯。武帝时曾为御史大夫、太子少傅,元狩五年(前118)为丞相。元鼎二年(前115),朱买臣等丞相三长史谋陷御史大夫张汤,汤自杀,武帝尽诛三长史。乃被牵连下狱,旋自杀。

庄史案辑论 书名。清朱邦彦撰。一卷。记述康熙时庄廷钱明史案始末。朱氏始得庄史案于传闻,于是搜集与是案有关资料,如顾炎武《书吴潘二子事》、全谢山《江浙两大狱记》、陈寅清《榴龛随笔》、杨凤苞《记庄廷钱史案本末》、费之穉《恭庵日记》及《南浔志》等三十余种,编撰成本书,所采资料均注明出处。

庄士敏 清江苏武进人,字仲求。同治中以府同知官福建,曾入马新贻等幕,后署霞浦令。据刘健《庭闻录》,删繁摘要,著《滇事总录》,叙吴三桂据滇叛清始末。尚著有《能惧思斋遗文》、《玉余尺牍》。

庄氏史案 清初因修史而造成的文字狱。庄廷钱,清初浙江乌程(今湖州)南浔人,家富,双目失明。因司马迁有“左丘失明,厥有《国语》”之说,遂奋欲著书。从其邻居明天启间宰辅朱国祯家后人购得有关明史未刊稿,延请文人宾客编成《明史辑略》,冠以己名。庄廷钱死后,其父将书刊行。书内有“建夷”、“夷寇”等辞,并涉及李成梁与建州卫以及明末抗清事迹,触犯清廷忌讳。浙人购得其书,多持之以恐吓敲诈庄氏。落职归安知县吴之荣亦购此书往诈,庄氏不予,吴乃摘取忌讳辞语入京上告。庄氏以重金贿赂查办官员,得免于罪,并改去书中忌讳之辞,重加刊刻。吴再购得初刻本呈之于朝,史狱顿起,廷𬬻虽已死,仍剖棺戮尸,家属十八人均处极刑;凡作序、校补、刻印、售书、买书者,乃至当地知府均遭惨戮。此案株连至死者凡七十二人,充军者百余人。后人将有关记载此次史案材料辑成《庄氏史案本末》六卷。

庄述祖(1750—1816) 清江苏武进(今常州)人,字葆琛,号珍艺。乾隆进士。官昌乐、潍县知县,后迁曹州府桃园同知。研求精密,于世儒所忽不经意者,深思独辟,推见本源。治《夏小正》、《逸周书》、《尚书大传》、《白虎通》尤勤,对其舛句讹字,佚文脱简,多有校核。著有《夏小正经传考释》、《尚书今古文考证》、《珍艺宧诗文钞》等。

庄田 ❶古代皇室、贵族、官僚、地主、寺观及政府出佃的田地。又名庄、庄宅、别业等,有时也称庄园。最早见于北齐、南朝梁。至唐逐渐增多,均田制破坏后,绝大多数土地变成地主庄田。《册府元龟·田制》:“王公百官及富豪之家,比置庄田,恣行吞并,莫惧章程。”宋至清各朝均有庄田。以占田者之不同,庄田又有各种类型及名目。如唐代有官庄、寺院庄田及世俗地主庄田之区别;明代有皇庄、宫庄、东宫庄、王府庄田、公主庄田、大臣庄田、勋戚庄田之分;清代有皇庄、内务府庄田、王公宗室庄田、八旗官兵庄田等名目。庄田面积大小不一,如唐代,大者数十顷,小者一二顷;明代的皇庄占地三万七千五百余顷;清代的皇庄占地三万三千六百余顷。唐代的官庄,土地所有权属于政府,设庄宅使、庄吏管理;私庄土地所有权则属庄主,由家仆管理,允许土地买卖。无论官庄与私庄,一般都由庄客佃耕。明、清的庄田属官田,不入地方田籍。其王府庄田、公主庄田、勋戚庄田等均由皇帝赐给,有时还随田赐给佃户。受赐庄田在本人死后若干代,或因罪削爵后,须将大部或全部交还。庄田租与屯田租一样,称为子粒。庄田以庄、屯等为单位,实行庄头制,每庄设庄头,监督佃户,收取地租。参见“皇庄”、“官庄”、“公主庄田”、“王庄”、“王公宗室庄田”、“勋戚庄田”、“内务府庄田”、“八旗庄田”等。❷广西地区土官及其家族霸占的村庄土地由自己直接经营管理,亦称庄田。分官庄和私庄两种,由土官直接管理者为官庄,由其家族经营者为私庄。

庄廷𬬻明史案 即“庄氏史案”。

庄头 明清时官庄和旗地中所设之管理人。明代在一些皇庄、勋戚庄田中设有庄头,负责催收庄田子粒(即田租)。清代内务府、八旗官兵及王公宗室官庄之基层生产单位粮庄、银庄、豆秸庄、棉花庄中均设。每庄有壮丁五人、七人或十人,一人为庄头。康熙八年(1669),将庄头分为四等,区别等级,每年缴纳一定数量之租银、税粮或其他实物。五十五年(1716)定例,根据当差年限和完纳钱粮情况,酌授八品或九品顶带。乾隆三十二年(1767),天下庄头总计六百零八名。

庄头地 清代分给庄头的土地。参见“庄头”。

庄秃赖 又称钟都赉卫征诺颜。明代蒙古袄儿都司部人。麦力艮之孙。住牧于延绥镇东北边外。俺答汗封贡后,授指挥佥事,于红山墩、清水营互市。曾与火落赤等盘踞西海,拥兵犯边,为明军挫败于甘州,并革市赏,后东归河套。万历二十年(1592)宁夏哱拜反明叛乱,他曾举兵往援。哱拜平,服罚后请复贡市。

庄锡舍 清福建晋江人。乾隆间渡台居凤山(今高雄)埤头庄。乾隆五十一年(1786)林爽文起义后,与庄大田于凤山聚众响应,然与大田不和。次年,南北两路义军合围台湾府城(今台南),受命攻南门,于阵前降清将常青,并率所部攻义军,迫使大田撤围。复诱擒义军女军师金娘以献常青,遂擢为守备。嘉庆间于海上追击蔡牵义军时,中炮死。

庄献太子 即“完颜守忠”。

庄辛 战国时楚国大臣。曾谏楚顷襄王任用不肖,“专淫逸侈靡,不顾国政,郢都必危”。顷襄王不听,遂请避于赵。后秦果攻楚,取鄢(今湖北宜城东南)、郢(今湖北荆州西北)、巫(今重庆巫山北)之地。顷襄王走城阳(今河南信阳北)。于是顷襄王使人征还,封阳陵君,赐与淮北之地。见《战国策·楚策四》。

庄严寺 在今江苏南京市内。东晋永和四年(348)谢尚舍宅建。南朝梁太清三年(549),百济贡使至建康,见城关荒圮,哭于端门,侯景怒,录送庄严寺,即此。

庄一夔 清江苏武进人,字在田。善医,尤精幼科。所著《福幼编》,详述小儿慢惊症之疗法。指出慢惊与急惊本属不同之症,其治法亦应有严格区别,纠正历来以一方治疗慢急两惊症者。又著有《遂生编》,对痘的治疗有新的成就。

庄银安(1855—1938) 福建同安(今厦门市)人,字吉甫,号希复。缅甸华侨。清光绪二十九年(1903)与陈甘泉等在仰光创办中华义学及益商夜校。次年被康有为任为全缅保皇会会长,主持《仰光新报》。三十一年脱离保皇会。三十四年当选为仰光同盟会会长,集资创办《光华报》,宣传革命。武昌起义后,被推为南洋同盟会代表回国,任福建都督府顾问、厦门参事会议长。袁世凯称帝后重返缅甸创办实业。晚年回国,曾任厦门侨务委员。

庄有恭(1713—1767) 清广东番禺人,字容可,号滋圃。乾隆状元。入值上书房。乾隆十六年(1751)授江苏巡抚。二十二年以未经奏闻擅准死罪收赎,革职发军台效力。二十四年起为浙江巡抚,经理海塘工程,得高宗嘉奖。二十七年调江苏巡抚,疏通太湖出水口及吴淞江、娄江、东江,以减上游漫淹之患。三十年授协办大学士。次年以包庇贪赃属员斩监候,旋赦罪补福建巡抚。后卒于福州。

庄宅使 使职名。唐武则天时置,为内诸司使之一,授宦官,掌两京官府庄田、磨坊、店铺、菜园、车坊等业。五代后梁沿置。宋代为西班诸司使之一,无职掌,仅为武臣转迁之阶,同六品。元丰改制定正七品，政和二年(1112)重定武臣官名改武节大夫。

庄宅牙人 五代时，专为业主典卖立契之职业牙人。始见于后周广顺二年(952)。为专业牙人之一。

庄帐 宋代税户的庄田籍帐，上列庄田顷亩、四至、税额。由各户造报，官府批印后发还，以为凭证。

庄州 本经制州。唐贞观三年(629)以南谢蛮首领谢强地置南寿州，四年更今名，为下州，领石牛等七县，属黔州都督府(治今重庆彭水)，隶江南道。圣历元年(698)升都督府，统三十六州。景龙二年(708)仍为州，属播州都督府。先天二年(713)复属黔州都督府。开元中降为羁縻州，属黔中采访处置使，隶黔中道。天宝元年(742)属黔中郡。乾元元年(758)仍属黔州都督府。大历十二年(777)属黔州经略招讨使。大顺元年(890)属武泰军节度使。后晋天福八年(943)州土官以其地附楚王马希范。宋太平兴国间州犹存。治石牛县，在今贵州惠水县，或谓在今独山县。

庄周 即"庄子❶"。

庄子 ❶(约前369—前286)战国宋国蒙(今河南商丘东北)人，名周，字子休。《汉书》避明帝刘庄讳，称严周。楚庄王后裔。做过蒙漆园吏。家贫，曾借粟于监河侯。不愿"为有国者所羁"，拒绝楚威王厚币迎聘。"其学无所不窥，然其要本归于老子之言"(《史记·老子韩非列传》)。继承发展老子"道法自然"观点，否认有鬼神主宰世界。认为道无为无形、超越时空，"自本自根，未有天地，自古以固存"(《庄子·大宗师》)，是万物的创造者，"物物者(道)非物，物出不得先物也"(《庄子·知北游》)。认为无动而不变，无时而不移，故"天下莫大于秋毫之末，而大山为小，莫寿于殇子，而彭祖为夭"(《庄子·齐物论》)。主张齐一物我、是非、大小、生死、贵贱。幻想一种"天地与我并生，万物与我为一"的精神境界。要人安时处顺，逍遥自得，"不谴是非以与世俗处"(《庄子·人间世》)，以养生避害。反对追求知识。认为人生有限，知识无边，以有限的生命追求无限的知识，是违反"养生"原则的危险行为。首先提出"万物之理"的范畴(见《庄子》的《秋水》、《天下》等篇)，并用"气""聚则为生，散则为死"(《庄子·知北游》)，解释人之成毁。对后代思想影响颇大。著书十余万言，攻击儒、墨，阐发老子之学。其文多取寓言形式，汪洋恣肆，想像丰富。唐天宝元年(742)诏封南华真人，宋、元皆有加封。著有《庄子》。❷书名。又称《南华经》。道家经典之一。庄子及其后学著。为战国至汉初道家庄子一派的著作总集。《汉书·艺文志》著录《庄子》五十二篇。今本经西晋郭象编定，共三十三篇。分内篇七、外篇十五、杂篇十一篇。一说内篇为庄周著，外、杂篇掺杂其门徒或后人之作。一说内篇、外篇和杂篇都反映了庄子的思想。文章汪洋恣肆，富于想像，多采用寓言、故事形式，阐述庄周思想，在哲学、文学上都有较高的研究价值。历代注释本极多，主要有晋郭象《庄子注》、明焦竑《庄子翼》、清王夫之《庄子解》、王先谦《庄子集解》、郭庆藩《庄子集释》等。

庄子解 篇名。明末清初王夫之著。内容以注解《庄子》为主，故名。文中分析《庄子》内篇和外篇、杂篇的思想倾向，断定内篇"意皆连属"、"指归则约"、"自说自扫，无所沾滞"，且对儒家态度缓和，系庄子所著；外、杂篇"徒为繁说而神理不挚"，"浅薄虚嚣之说杂而厌观"，"乃学庄者杂辑以成书"。收入《船山遗书》。

庄子通 篇名。明末清初王夫之著。主张对《庄子》"因而通之"，反对一概否定，故名。内容以《庄子》中的言论表达自己的思想观点。赞赏庄子哲学中的若干合理因素，肯定多寡、长短、轻重、大小等对立范畴之相互转化关系，要求人的认识不能只"目夺于成形"。但也批评庄子"不谴是非"、"逃之空虚"等消极遁世观点。收入《船山遗书》。

庄子学派 战国时期道家主要学派。代表人物庄子，即庄周。此派学人继承发挥老子的学说，认为"道"是宇宙的本体，但更为强调"道"的无中生有、变幻莫测。他们认为，"道"超越时空，无所不在，自本自根，又生成万物；万物皆"道"的化身，故万物皆有变化，惟"道"不变；万物皆相对，惟"道"绝对。因此，主张齐物我、齐是非、齐大小、齐生死、齐贵贱，企望达到"天地与我并生，而万物与我为一"(《庄子·齐物论》)的绝对自由的境界。此派在政治上向往"至德之世"，回归自然。对现实社会中的权势、富贵、仁义等一概予以否定和蔑弃，对现实社会采取不合作的态度。

庄子注 书名。魏晋之际向秀、郭象著。据《晋书·向秀传》，向秀作《庄子注》，郭象在向注的基础上，"述而广之"，别为一书。而据《晋书·郭象传》，向秀作《庄子注》，唯《秋水》、《至乐》二篇未竟而卒。郭象即注此二篇，修改《马蹄》一篇，其余众篇或点定文句而已。又据《列子》张湛注和陆德明《经典释文》所引向秀、郭象注文，向、郭二人观点有异，且所引郭象注亦不仅限于上述三篇之内。因向秀注早佚，故今本郭象注应视为二人之共同作品。其注以宣传万物在神秘的境界中"自生"、"自化"，反对"贵无"和"崇有"为主要内容，提出"名教即自然"、"安分自得"、"变化日新"、"遗知而知"、"无可无不可"等观点。近人王叔岷著有《郭象庄子注校记》。

桩朋银 明桩头银与朋合银之合称。

桩头银 明京营及边镇军队骑操马匹倒死、走失或被盗后，对领养该马之官兵所处之罚金。始于成化十三年(1477)。所罚金额视其原因和领养者之身份而异。地位越高者所罚越多，走失、被盗比倒死者所罚略重。罚金用以买补马匹。

装潢匠 吏职名。唐秘书省、崇文馆、司经局各置若干人。又弘文馆有熟纸装潢匠九人。

装书直 吏职名。唐开元六年(718)于集贤殿书院置。

装制敕匠 吏职名。唐中书省置一人。

zhuàng

壮丁 ❶旧指达到服劳役年龄的青壮年男子。宋代则作为乡役名。轮差乡村第四、五等户充当，隶属于*耆长。熙宁三年(1070)行免役法，各地壮丁并未全部改为雇役。实行保甲法后，废壮丁。❷旧指服兵役的青壮年男子。陶宗仪《辍耕录·纪隆平》："乡村农夫，离父母，弃妻子，投充壮丁，生不习兵而驱之死地，以故乌合瓦解，卒无成功。"❸参见"庄丁"。

壮锦 壮族著名传统纺织工艺品。用素色棉纱为经和各色丝绒为纬编织而成。质地结实，图案斑斓，色彩艳丽，富有民族风格。被用作挂包、背带、头巾及挂壁、画屏等实用品和装饰品。

壮学斋文集 书名。清周树槐著。十二卷。初刊于咸丰二年(1852)，咸丰八年重刊。收录论、议、说、序、记、传、书札、墓志等文。内容以反对有神论及关于风水、禄命、选日等迷信习俗为重点。此外还主张抗击英国武装侵略。反对禁银为币，谓"银之用五百有余年，国便之，民亦便之矣，乌乎废诸?"(《钱币论》)为研究作者思想之主要资料。

壮族 中国少数民族之一。自称布僮、布侬、布僚、布土、布偏、布越、布雅伊、布傣等。由古代百越的一支发展而来。秦汉以来被包括于西瓯、骆越、乌浒、俚、僚、俍、土等泛称中。南宋始称"撞"(僮)，明清与俍、土、侬、沙并称。以后，"僮"渐成为统一的族称。1965年，根据周恩来总理建议，改"僮"为"壮"。人口15 555 820人(1990年)。主要聚居于广西壮族自治区及云南省文山壮族苗族自治州，其余散居广东、湖南、贵州、四川等省。语言属汉藏语系壮侗语族壮傣语支，通用汉文。南宋时已出现一种用汉字构成的"土俗字"，未普遍通行。1955年创制了以拉丁字母为基础的拼音文字。主要从事农业，地区间社会发展不平衡。唐时西部地区多为岭南道邕、桂两管所辖羁縻州县，宋元建立土官制度，明清逐步实行改土归流，直至民国初年，土官制度全面崩溃。近代以来，生产水平始与东部渐相接近。社会经济发展程度现皆与当地汉族基本相同。有花山崖壁画、铜鼓、干栏建筑等古代文化。著名手工艺品有壮锦。民间文学丰富多采，有传统的歌舞和壮戏。富于革命传统，唐宋以来历次掀起反抗中央王朝的封建统治和民族压迫，明代抵御东南沿海倭寇，清末太平天国革命、中法战争，近代历次革命运动与解放战争，均有壮族参加并作出贡献。建国后实现了社会改革，各项事业都获得发展。

状 ❶选举制度用语。魏、晋、南北朝时期中正及其属官对士族人士才、德的简要评语，并据此及家世以评定其在士族内部之品级。状之好坏很大程度上取决于与中正之关系。《晋书·孙楚传》："初，楚与同郡王济友善，济为本州大中正，访问铨邑人品状，至楚，济曰：'此人非卿所能目，吾自为之。'乃状楚曰：'天才英博，亮拔不群。'"❷公文用语。唐以后通行公文之称。唐上行文书之一种。又通常指陈述、记叙、申诉或褒奖的文书和证件，如行状、传状、诉状、奖状等。

状头 见"状元"。

状元 科举称谓。始见于唐。唐代考生赴京应礼部试，中第后须以奏状报于朝，称第一名为状头或状元。宋以后始为文科、武科殿试第一名之称谓。开宝八年(975)殿试，重定礼部合格考生名次，正式用状元称第一名，始有省元、状元之别。后历代沿用。因其为殿试一甲第一名，故又称殿元。宋代太学上舍生积分和舍试分数最高者，称释褐状元。时亦将第一甲一、二、三名统称为状元。明、清文状元赐进士及第，授修撰。武状元之制，以明崇祯四年(1631)取录王来聘为始，授副总兵；清授一等侍卫。凡中状元者号为"大魁天下"，为科名中最高荣誉。

僮田 清代民田之一种。僮族人民所有之田地。主要分布于广西省。禁民置买。每亩科银九厘至二分二厘三毫、米三斗七合四勺至五斗三合五勺不等。

撞车 攻守城器械。据《武经总要》载，其以四轮车架上系撞木，铁叶裹其首，亦可锐锋，逐便移徙。守则伺飞梯等械临城，则撞之。攻则以撞城门等。

撞归 算学术语。珠算归除中当除数的首位与被除数的首位相同、但又不能商十时所用的一种算法。其方法是先假定最大商数为九，而把少商一所余的一个除数单位并入下位，以使归除各步骤能进行。该算法最早见于元贾亨《算法全能集》。

撞令郎 军种名。西夏军队之一种。战争中俘获汉人，抽其健壮勇敢者编为前军，称撞令郎。

zhuī

追驳 法律用语。明代大理寺之职掌。凡刑部、都察院移于大理寺之案件，经*圆审，招供仍不明者，则移他司再审，以明案情。

追夺 官制用语。对官员的处罚制度。即撤销封赠。明制，职官得封赠后，但犯贪赃，并行追夺。其祖、父原有官阶，不在追夺之例。万历八年(1580)又定，文官充军以上重罪，及考察以贪、酷除名者，追夺原给诰敕。清制，官员犯赃私，或失误军机、或贪污革职者，封赠俱行撤销。若属因公诖误，或因别项革职者，则免予撤销。凡官员祖父、父及革职有余罪人员捐请封典，如有匿情冒捐，经查出，即将原领执照诰轴追缴；如报捐自行呈明，准其补足银数，免追诰轴。妇人因夫与子得封赠者，不许再嫁，违者追夺诰敕，按律治罪。八旗职官已受封之妻，夫亡后愿回母家者，缴还诰敕。

追封 宗室王公死后予封爵位者，称为追封。《吴越春秋·吴太伯传》："追谥古公为大王，追封太伯于吴。"《后汉书·袁绍传》："(公孙度)自立为辽东侯、平州牧，追封父延为建义侯。"清制，孙子承袭祖父爵位者，其父母可予追封；以曾孙承袭曾祖父爵位者，其祖父母、父母亦可追封。如入继大宗为后，袭爵时，其本生父母不得追封。如嫡妻先故者，依其夫爵位追封。以庶子袭封者,嫡母已故,可封其生母,比嫡母低一等。宗室王公有旁支袭封者,其祖父未授封,可追封三代;凡应追封之三代内,有获罪革退者,不准追封。所有宗室王公以下,奉恩将军以上,其嫡继正室未经请封而先故者,准照其夫爵位追封;但再继之正室,不准追封。

追锋车 省称追锋。古代兵车名。用于戎阵之间,作驿传之用。因车行迅速轻便,故名。车去小平盖,加通幔,驾二马。三国魏明帝病危,太尉司马懿得手诏,乘追锋车驰至京师。高贵乡公常与中护军司马望等论文,帝性急,特给追锋车及虎贲卒五人,每有集会,望辄奔驰而至。

锥刺纹 又称剔刺纹。古代陶器纹饰。一般为陶器成型后,以锥形工具剔刺其表面所形成。多见于新石器时代。

zhuì

娷 书名。战国时人撰。作者佚名。《汉书·艺文志》著录一篇,列于兵权谋家。颜师古注:"盖说兵法者,人名也。"《世本·作篇》云垂作规矩、准绳、铫、耒耜。梁玉绳《汉书·人表考》曰:"垂又作倕,尧时巧工,亦曰巧倕。亦曰工倕。"清姚振宗《汉书艺文志条理》谓工倕即此娷,战国时依托为是书。久佚。

缀术 ❶书名。《算经十书》之一。南朝祖冲之撰,五卷(《旧唐书·经籍志》、《新唐书·艺文志》);一说祖暅撰(王孝通《上缉古算经表》,沈括《梦溪笔谈》)。一作《缀述》(《南齐书》、《南史》)。有的学者认为这是两部著作,后者是祖冲之的《九章算术注》,前者是祖氏父子的共同作品。由于本书失传,无法作出定论。《隋书·律历志》记载的祖冲之将圆周率计算到八位有效数字、开差幂、开差立,李淳风《九章算术注释》引述的祖暅开立圆术等成就,可能都是其内容。《隋书·律历志》说:此书"指要精密,算氏之最也。学官莫能究其深奥,是故废而不理",遂失传。❷算学术语。(1)南宋秦九韶认为是数术之一种,讨论天象历度。(2)清徐有壬创造的用算式表示幂级数的方法,详"割圜八线缀术"。

缀术释戴 书名。清左潜撰。一卷。作者因明安图九术只涉及弦、矢、弧度互求,故又据戴煦《外切密率》讨论正切、余切、正割、余割与弧度间的关系,亦改用缀术推演,成功地表述了这些幂级数及函数项级数式。光绪元年(1875)由长沙古荷池精舍刊刻,列入《白芙堂算学丛书》。

缀术释明 书名。清左潜撰。二卷。旨在用徐有壬之"缀术"阐释明安图之《割圜密率捷法》。此缀术系一套代数符号系统,但不含字母而凭数字(系数、指数等)的摆布位置显示。卷上介绍弧、弦相求,卷下包括弧、矢相求及弧矢弦正余互用法解等。从而将明安图原书之"明氏九术"的"借根方"表述改用缀术推演。该书表明中国传统筹式经改进可优于清初西方传教士介绍的借根方旧代数。光绪元年(1875)由长沙古荷池精舍刊刻,列入《白芙堂算学丛书》。

缀衣 官名。西周置。周王近侍大臣。一说为太仆之官。《尚书·周书·立政》:"王左右常伯、常任、准人、缀衣、虎贲。"孔安国传:"缀衣,掌衣服。"孔颖达疏:"衣服必连缀著之,此历言官人,知缀衣是掌衣服者,此言亲近大臣,必非造衣裳者","此掌衣服者,当是太仆之官也"。

甀 一作甾(《汉书·英布传》)。《汉书·地理志》作"甾乡"。在今安徽宿州市东南。属蕲县。《史记·高祖本纪》:十二年(前195),破淮南王黥布于甀。

赘 典身。《汉书·贾谊传》:"秦人家富子壮则出分,家贫子壮则出赘。"《说文》:"赘,以物质钱。"参见"赘子❷"。

赘其县 西汉置。治今江苏盱眙县西南。属临淮郡。东汉省,晋复置。南朝宋废。

赘婿 因家境贫困而入赘妻家的男子。《汉书·贾谊传》:"家贫子壮则出赘。"秦汉时,赘婿是一种贱民,要为妻家服役,身份地位很低,被列为七科谪之一。

赘子 ❶一作声子。战国时人。齐将。齐宣王八年(前312),秦、魏、韩攻齐,战于濮水之上,他兵败被俘。一说被杀。❷卖身抵押的变相奴隶。《汉书·严助传》:"岁比不登,民待卖爵、赘子以接衣食。"颜师古注引如淳曰:"淮南俗卖子与人作奴婢,名为赘子。三年不能赎,遂为奴婢。"或说赘子即赘婿。参见"赘婿"。

zhǔn

准 见"弦准"。

准备差遣 官名。宋代都督、制置使、总领、留守、安抚使、转运使、三衙长官等属官,以备临时派遣处置各种事务。

准备差使 官名。宋代制置使、留守、经略安抚使、安抚使、转运使、都大提举茶马、主管殿前司公事等属官,以备临时派遣处置各种事务。

准备干(幹)办 官名。宋代宣抚处置使等属官,以备临时派遣处置各种事务。

准备将 见"将"。

准备将领 官名。宋代都督、制置大使、经略使等属官,以备临时派遣处置各种事务。

准备使唤 官名。宋代都督等属官,以备临时派遣处置各种事务。

准部 又称天山北路。清初,今新疆天山山脉以北直抵俄罗斯鄂木河,西至巴尔喀什湖以南的地区,是准噶尔封建主统治下的厄鲁特蒙古人及其属部的辖地,故称这一地区为准部。乾隆平定准噶尔后,仍沿袭其称。

准夫 官名。又称准人。西周置,主狱讼刑罚。《尚书·周书·立政》:"立政:任人,准夫,牧,作三事。"

准噶尔 蒙古旧部名。清厄鲁特蒙古四部之一。因首领姓绰罗斯,故又名绰罗斯部。初游牧于额尔齐斯河上游和塔尔巴哈台以东霍博克河、萨里山一带,后以伊犁河流域为中心。至巴图尔珲台吉和噶尔丹统治时期,势渐强大,统辖厄鲁特各部及其他一些蒙古、突厥部落。策妄阿拉布坦和噶尔丹策凌统治时期,境内共有二十四鄂拓克、九集赛、二十一昂吉,畜牧业、农业、手工业均有所发展。公元十八世纪五十年代,内战频仍。清朝出兵统一西北,在其聚居地实行盟旗制度。

准衡 亦作准平、国衡。战国齐国财政术语。指国家运用粮食、货币的垄断优势,调节、控制各地市场物价,以散积聚,均有无,稳定经济,安集民众。见《管子》之《地数》、《揆度》、《山至数》诸篇。

准塔(?—1647) 清满洲正白旗人,佟佳氏。大臣扈尔汉第四子。初授牛录章京。崇德二年(1637)以攻明皮岛功,赐号巴图鲁,寻擢固山额真。顺治元年(1644)入关后,屡立军功,晋封三等子。旋死。

准自鸣钟推作自行车 明王征创制的一种机械装置。由接地行走的四个行轮和相互啮合的四个催轮(齿轮)组成。使用时置重物于车上,通过重物的重力带动相互啮合的齿轮系运转。转动中,四个催轮之一又把运动传给带齿的后行轮,由后行轮作为整个装置的驱动轮带动该车行走。因当时齿轮多系用于自鸣钟制造,故称该原理为准自鸣钟法。

zhuō

拙修集 书名。清吴廷栋著。十卷。咸丰九年(1859),方宗诚搜辑作者读书札记及与人论学书、家书等编次而成。同治七年(1868),又由杨德亨重加删定。于同治十年刊行。书中自称"生平笃信朱子,不敢师心自用,妄发一语"(《与方存之学博书》)。强调区别程、朱与陆、王之学,谓"性即理"与"心即理"二说,"毫厘之差而千里之谬"(《校订理学辨正按语》),指责王学"弥近理而大乱真"(《与方存之大会论大学条贯》)。主张"以程、朱之言""辨儒释",反对"合儒、释为一"。

拙轩集 书名。金王寂撰。六卷。原书已佚,清修《四库全书》从《永乐大典》中辑出。有武英殿聚珍本。又有《九金人集》本,多补遗一卷。

拙斋文集 书名。南宋林之奇撰。二十卷。包括记问(一名《道山记问》)二卷、诗一卷、杂文十七卷。末附吕祖谦祭文,李樃所作哀词和姚同所作行状。论多受儒、佛影响,但在"记问"中又主张"易理无非自然","阴阳之始,故必有变易"。

拙政园 明代园林。嘉靖时御史王献臣构建,位于今苏州东北街。园名取晋潘岳《居闲赋》中"欢园鬻蔬,是亦拙者之为政也"之意。园中水面约占五分之三,假山、回廊、亭台多傍水而成。巧割空间,因地设景,无重楼大厦,阁榭皆平浅宽敞。主要建筑有茗墅堂、待霜亭、倚玉轩、瑶圃、小飞虹等。有山水亭台交相掩映之胜。为全国重点文物保护单位。

拙尊园丛稿 书名。清末黎庶昌撰。六卷。为黎氏自编文集,包括奏折、序跋、碑传、书牍、札记、游记等。其中《书朱军门克金陵城事》、《禹门寺筑寨始末记》等为研究太平天国史料。《曾太傅毅勇侯别传》叙曾国藩事迹颇详。《奉使伦敦记》、《巴黎大赛会纪略》、《访徐福墓记》等,为其出使游记。其奏折、书牍及新政诸书之序跋,则阐发其改革主张。有光绪十九年(1893)石印本。

卓巴同(?—1427) 明贵州乖西(今开阳)昆祖比寨人。苗族。永乐、洪熙中,屡发动乖西诸寨少数民族农民,拒不输赋。宣德二年(1427),明廷命湖广贵州总兵官萧授调兵攻破昆祖比寨,他败走谷王山箐,终因力竭,在战斗中遇害。

卓秉恬(1785—1855) 清四川华阳(今成都)人,字静远,号海帆。嘉庆进士。历任山东道监察御史、奉天府丞、太常寺卿、内阁学士等职,以纠察时弊为己任,章疏凡数十上。道光十五年(1835)迁礼部侍郎,调吏部。督浙江学政。擢左都御史,召还京,兼管顺天府尹事。历兵部、户部、吏部尚书,协办大学士。二十四年,拜文渊阁大学士,晋武英殿大学士。

卓齿 即"淖齿"。

卓迪 明浙江奉化人,字民逸。工山水,笔法精密。永乐中召至京,兼以篆隶入翰林,绘报恩寺壁画。将授官而卒。绘有《修禊图卷》,奇峭深蔚,郁然沉劲,富林水之趣。

卓敬(?—1402) 明浙江瑞安人,字惟恭。洪武进士,授户科给事中。历官宗人府经历、户部侍郎,请定太子诸王服制。建文初,上密疏,请改封燕王于南昌,成祖即位被杀。博通律历,诗文峭拔磊落。有诗文五十卷,遗书十卷。

卓克基长官司 土司名。清置。在今四川阿坝藏族自治州马尔康县卓克基。其祖良尔吉,系杂谷土舍。乾隆十五年(1750)以征大金川功授长官司,辖十寨。寻以通叛被诛。

卓哩克图汗 即"渥巴锡"。

卓罗(?—1668) 清满洲正白旗人,佟佳氏。天聪间袭父爵三等副将。崇德时授刑部参政。顺治元年(1644)从入关,任正白旗梅勒额真。三年,从征湖广,擢吏部尚书兼镶白旗满洲固山额真。九年授靖南将军,率兵下广东。十六年从攻云南。后晋至二等伯。

卓茂(?—28) 西汉末南阳宛(今河南南阳)人,字子康。元帝时,游学长安,号为通儒。后以儒术举为侍郎。曾任密令、京部丞。更始时为侍中祭酒,旋以年老辞归。刘秀称帝后,闻名求之,任为太傅,封褒德侯。

卓其笃 一作卓杞笃、笃其卓。清末台湾鬼仔豆十八社人。高山族。同治六年(1867)三月,美船罗妹号船长等人窥伺台湾南部港口。登陆时被当地高山族袭杀。美驻华公使命驻厦门领事李仙得率军舰至台,企图占领琅峤(今恒春)以报复,但在高山族人民坚决抗击下败退。后又迫清廷派员会同查办。时卓其笃为当地头人,亲率二千多名高山族战士,在保利阿克与李仙得谈判，断然拒绝其在台湾设炮台的无理要求。

卓钦 蒙语，为宾客之意。清宫奏事处有《卓钦档》，为记载蒙古王公来京觐见事宜的档册。又侍卫处设有“卓钦侍卫”，专事照料来京蒙古王公。

卓氏 秦人。史失其名。先世为战国赵人，因冶铁致富。秦破赵，迁于蜀，夫妻推辇行。时被迁者皆求近处，他独请远徙临邛（今四川邛崃）。即铁山鼓铸，行贩于滇、蜀之间，以此致富，家僮达八百人，田池射猎之乐比于人君。

卓斯安抚司 土司名。清置。即一般所误称的卓斯甲布土司。治今四川阿坝藏族自治州金川县观音桥乡。其先资立于康熙四十年（1701）投诚授职，颁给安抚司印信号纸。乾隆三十七年（1772）征金川有功，于四十一年升宣抚司。隶明正土司。管辖二十九寨。宣统三年（1911）归流。

卓索图盟 清内蒙古诸盟之一。以会盟地在土默特右翼旗境内的卓索图地方，故名。隶理藩院。辖喀喇沁三旗、土默特二旗及附牧喀尔喀一旗，共三部六旗。南界盛京边墙，北界昭乌达盟。

卓筒井 又称筒井。宋仁宗庆历、皇祐年间四川出现的新型小口盐井。采用类似冲击顿挫原理，用圜刃，凿地如碗大，代替锸锹挖土；以巨竹去节，相衔为井筒；用熟牛皮作活塞阀门，借助井卤张力和卤筒压力，作为吸卤器。这是中国钻井史上划时代的工艺革新。这种小井由私人开凿，数量多而资力有限，但易于掩藏，逃避税课。因影响大型官盐井对食盐的垄断，官府经常限制开凿。

卓王孙 西汉临邛（今四川邛崃）人。武帝时著名大冶铁商，富至僮八百人。田池射猎之乐比于人君。其女卓文君为辞赋家司马相如之妻。

卓文君 西汉临邛（今四川邛崃）人。司马相如之妻。父卓王孙，为当时著名大冶铁商人。家赀富有，曾宴请司马相如。时文君新寡，相如以琴挑之，遂与之私奔成都。因其父反对，遂与相如俱至临邛当垆卖酒。其父耻之，乃分与僮百人、钱百万。复至成都买田宅，为富人。

卓岩（巖）明（？—945） 五代时莆田（今属福建）人，本名偃。后落发神光寺为僧，改名体明。闽天德三年（945），李仁达据福州，立之为帝，更名岩明（一云俨明），改为天福十年，称藩于后晋。旋闽军来攻，他无方略，但作法殿上，噀水散豆，谓可召鬼兵。旋被李仁达所杀。

卓异 选拔官吏制度。始于明正统十年（1445）。大计天下官吏，挑选其中才能优异，治绩显著者，予以破格升迁。有以按察司副使擢升布政使者。清代地方官员三年考绩，得“方守俱优”考语者，举荐为“卓异”，引见候旨升用。

卓异档 档案名称。清代军机处的档册。清制：地方官员三年考绩称为“大计”，得“才守俱优”考语者，举荐为“卓异”，引见候旨升用。该档所载咸丰七年（1857）各旗卓异人员衔名和履历，均为满文。已经任用者，用汉文注明某时放任某职。

捉钱 唐时官府放债收利的一项办法。初沿袭隋制，各级官署的办公费不发全数，只发一定数额的*公廨本钱，由各官署分发给有关的令史、府史（即“捉钱令史”）和一些民户（即“捉钱户”），让他们放债或经商，赚取利润，然后每人定时交纳大大超过所发本钱的钱财。官署往往私自扩大捉钱规模，捉钱人可得到相应官署的庇护，捉钱户可免徭役，商人可乘机营私，有时一官署捉钱人竟达数百。

捉钱令史 唐高祖、太宗时置公廨本钱，为诸司办公费用，以诸司令史主之，号捉钱令史。每司九人，补于吏部，岁满授官。一度废置。高宗以后改以典史主公廨本钱。参见“捉钱”。

涿 战国燕邑，以涿水得名。即今河北涿州市。《韩非子·有度篇》曰：“燕襄王以河为境，以蓟为国，袭涿、方城，残齐，平中山。有燕者重，无燕者轻。”秦置县。

涿郡 ❶西汉元狩六年（前 117）分广阳郡西南地置。“取涿水以为名”（《太平寰宇记》）。治涿县（今涿州市）。元凤末至元延末，辖境相当今北京市房山区，河北涿州、涞水、定兴、容城、安新、蠡县、博野、易县、高碑店、雄县、徐水、高阳、安国、清苑、霸州、肃宁、河间、任丘、永清、饶阳、安平等市县及定州市东部地。绥和元年（前 8），割西南部地区属中山国，辖境缩小。东汉属幽州。三国魏黄初七年（226）改为范阳郡。❷隋大业初改幽州置。治蓟县（今北京城西南隅）。辖境相当今北京市及河北霸州市和天津市海河以北，蓟运河以西，赤城、涿鹿等县以东地区。炀帝时开永济渠，南达于河，北通至此。唐武德初复名幽州。

涿鹿监 官署名。明永乐五年（1407）始置，初属北京苑马寺。十八年，随该寺并入太仆寺。掌蕃养马匹，以备军需。设监正一人，正九品；监副一人，从九品；录事一人。下辖汧池、鹿鸣、龙河、长兴四苑，苑设圉长一人，从九品，掌具体牧养之事。

涿鹿山 一作浊鹿山。在今河北涿鹿县东南。《史记·五帝本纪》：黄帝征师诸侯，“与蚩尤战于涿鹿之野，遂禽杀蚩尤”。《史记》裴骃集解引服虔曰：“涿鹿，山名。”

涿鹿县 西汉置。治今河北涿鹿县东南古城。属上谷郡。西晋改属广宁郡。《资治通鉴》：东晋义熙十一年（415），“魏主嗣行如濡源，遂至上谷涿鹿、广宁”，即此。北魏废。

涿鹿之战 相传黄帝之时，诸侯相侵伐，凌虐百姓，而蚩尤最暴，作乱，“于是黄帝乃征师诸侯，与蚩尤战于涿鹿之野，遂擒杀蚩尤”（《史记·五帝本纪》）。涿鹿，山名，在今河北涿鹿东南。

涿涂山 即“涿邪山”。

涿县 秦置。治今河北涿州市。历为涿郡、范阳郡治。唐武德七年（624）改置范阳县。1913 年又更涿州置涿县。1986 年改设涿州市。

涿邪山 亦名涿涂山。即今蒙古国戈壁阿尔泰东南额德伦金山。西汉以后，常为进向漠北要道所经。东汉永平十六年（73）前后，北匈奴皋林温禺犊王驻牧于此。元和二年(85),该王与南单于激战于此。公元五世纪前期,北魏多次越此山至漠北攻击柔然。

涿州 唐大历四年(769)析幽州置。治范阳县(今河北涿州市)。辖境相当于今河北涿州、高碑店、定兴、固安等市、县及北京市部分地区。元太宗八年(1236)改置涿州路。中统四年(1263)复故。1913年,改置涿县。

淖齿(?—前283) 又作卓齿、踔齿、悼齿。战国时人。楚将。楚顷襄王十五年(前284),燕将乐毅伐齐后,他受楚顷襄王命率军救齐,深得齐湣王信任,为齐相。后杀齐湣王于莒(今山东莒县)之鼓里,欲与燕分齐地,旋为齐人王孙贾所杀。

滚(涿)泽 见"浊泽"。

zhuó

汋陵 春秋宋地。在今河南宁陵县东南。《左传》成公十六年(前575):郑子罕伐宋,"败诸汋陵",即此。

灼然 晋时选举科目名。为九品中正之二品;一说为二品中之优异者。《晋书·邓攸传》载:攸以孝致称,清慎平简,"举灼然二品"。

浊官 官制术语。(1)魏、晋、南北朝时期寒士、寒人出任之官职,一般品阶较低,而且政事较为烦琐,如南朝梁时流外七班中的诸王国低级属官、台省令史等。(2)魏、晋、南北朝时期在士族所任的流内官中,亦有清浊程度的不同,如南朝时一些高门将尚书郎、御史台官属亦视为浊官,不屑于担任。但这些官职在一般士族中仍被认为是清官,须乡品二品的士族方可出任。

浊河 汉以前大河(河水)的别称。《战国策·燕策》:苏代说燕王:"齐有清济、浊河,可以为固。"《史记·高祖本纪》:齐"西有浊河之限"。皆指黄河。因河水含沙,水流混浊而得名。

浊鹿城 一名浊城,又名清阳城。在今河南修武县东北。《后汉书·献帝纪》曹丕即帝位,奉献帝为山阳公,"都山阳之浊鹿城",即此。北魏孝昌中分南修武县置北修武县,治于此。唐武德中曾于此置陟州。

浊水 ❶即今陕西中部石川河支流浊谷河。❷一名白水。源出今甘肃成县西北,东流经徽县南入嘉陵江。❸源出今湖北襄樊市北,东南流入白河。《战国策·楚策》:"(秦)与吴人战于浊水而大败之",即此。❹一名北阳水,今名北洋河。源出山东青州市西,东北流至寿光市入清水泊。❺即今江西赣江支流锦江。

浊泽 一作滚(涿)泽。《史记·魏世家》:惠王元年(前369),韩懿侯"乃与赵成侯合军并兵以伐魏,战于浊泽";《史记·赵世家》:成侯六年(前369),"伐魏,败滚(涿)泽,围魏惠王",皆即此。故地有两说:裴骃集解引徐广说、《续汉书·郡国志》刘昭注及《水经·渠水注》以为在长社,在今河南长葛市西北;张守节正义驳徐说,谓当时魏都安邑,韩、赵伐魏,不得远至河南之长社,应是"解县浊水",在今山西运城市解州西。

浊漳堤 在今河北南宫。唐显庆元年(656)筑,以防漳水。

酌古论 篇名。南宋陈亮撰。四卷。见于《龙川文集》。自称"独好伯(霸)王大略,兵机利害"(《序》),因论列刘秀、曹操、诸葛亮、李靖、李愬等前代帝王将相,剖判其得失功过,以为中兴之主临敌参酌。

酌中志 书名。明刘若愚撰。二十四卷。若愚为万历时宦官,善书,好学能文。天启初入内直房,主笔札。魏忠贤败,坐罪入狱。获释后,为辨明已之冤抑而作是书。书中记万历、天启两朝廷争及宫闱之事,于内监制度、宫廷织造、经版源流、内廷饮食好尚,尤为详实。崇祯十年(1637)曾以《皇明宫闱秘典》为名编为三卷刊刻。世传有清道光二十九年(1849)《海山仙馆丛书》本。明吕毖编《学津讨原》,取其十六至二十卷另成《明宫史》五卷单行。

琢坊 清代加工制作玉器之手工作坊。

琢器 陶瓷术语。专指形状较复杂不能完全依靠陶车制成的瓷器,如瓶、罐、缸、钵等。

琢玉轮 用以解剖、琢磨玉石的铁圆盘。其切割原理与现代的砂轮同。琢玉时,用盆装水沙,一边脚踏圆盘转动,一边添沙剖玉,一点点地将玉划割。沙细若面粉,使琢玉时玉不会耗损。玉解剖后,再用镔铁刀施以精工巧艺。其记载见于宋应星《天工开物》。

禚 春秋齐地。在今山东长清县西北。《春秋》庄公二年(前692):"夫人姜氏会齐侯于禚",即此。《公羊传》作"郜"。

擢用 清代吏部之铨选制度。即任用官员之方法。指不拘流品,越等破格任用贤才之例。凡经博学宏词、经济特科、孝廉方正等特科选拔,以及会推、保举荐擢之人才,均属此例。

濯缨亭笔记 书名。明戴冠撰。十卷。冠字章甫,苏州长洲(今江苏苏州)人。以选贡授绍兴府训导。是书记明代掌故,以苏州、绍兴两地人物风俗尤详,对研究明中叶江南社会状况与吴中方言有参考价值。

zī

齐衰 古代丧服名。五服之一。其服用粗麻布制成,因服缉边,故称"齐衰"。服期有三:一年者是孙为祖父母,夫为妻,称"齐衰期";五个月者是为曾祖父母;三个月者是为高祖父母之丧。参见"五服"。

孖地臣(James Matheson,1796—1878) 一称马地臣。英国苏格兰人,大鸦片贩子。爱丁堡大学毕业。清嘉庆二十三年(1818)至广州,任职于西班牙、丹麦商行,领得西、丹通商执照。道光三年(1823)乘西班牙商船,沿中国海岸进行鸦片走私,获取暴利。七年在澳门办《广州纪事报》(Canton Register),是外人在中国创办的第一家英文报纸。十二年与另一鸦片贩查顿合组查顿·孖地臣公司(怡和洋行前身),成为广州鸦片走私渠魁。二十年被林则徐驱逐回国。1843年被选为下院议员。后将公司移至香港,鸦片走私的规模更大。1846年受封为爵士。

孜本 一译仔本。藏语音译,意为审计官。旧时西藏地方政府噶厦设孜康(审计处),置孜本四名董其事,均四品俗官,例由大贵族世家子弟充任。主管西藏地方财政审计,稽核全藏财务、钱粮、军粮、差税,司理贵族出身俗官的培养、任免、调遣等事务。为西藏决策机构僧俗代表议事会正式成员。遇有世俗噶伦出缺,例在他们当中选人升补。

孜牙墩(?—1815) 清新疆喀什噶尔(今喀什)塔什密里克庄人。维吾尔族。黑山派阿訇。嘉庆十九年(1814),娶白山派和卓、居住京师之已革公爵喀申和卓女为次房妻室。喀什噶尔阿奇木伯克不准该女迁离和卓坟归居。乃与柯尔克孜族希布察克部落*比图尔第迈莫特结义,约会数百人,于次年八月举事反抗该阿奇木伯克,九月被捕。被诬谋作"南八城王子",与比图尔第迈莫特均被处死。

甾川国 甾一作菑、淄。汉文帝十六年(前164)分齐国置,封齐悼王子刘贤为王。治剧县(今山东昌乐西),景帝前三年(前154),因贤参与吴楚七国之乱,兵败被杀,乃徙济北王刘志王甾川。初时疆土大小与齐国相近。宣帝五凤中,因罪削去四县,辖地仅为今山东淄博市东部及寿光、青州等市部分地区。王莽时废王为侯。东汉建武二年(26),复以宗室刘终为淄川王。十三年,省入高密国。

甾丘县 西汉置。治今安徽宿州市北,属楚国。宣帝时改属彭城郡。东汉改为菑丘县,属彭城国。西晋废。

咨 文书名称。清代指官方的平行文书。高级衙门之间相互行文时使用。在京部院衙门之间,各部院与各省总督、巡抚、将军、都统之间,总督与巡抚之间,司道之间等相互行文时均使用咨文。文武衙门之间,如督抚与提督,巡抚、司道与总兵,布按二司与参将、游击之间相互行文亦使用之。

咨报 宋承唐制,翰林学士院发往三省的公文,不用*申状,而用尺纸直书事由,其末云:"咨报尚书省,伏候裁旨,月日押。"仅当值学士一人押字。

咨呈 文书名称。清代官府之间对地位略尊而无统属关系的衙门行文时所用的一种文书。如京中各部院行文宗人府;顺天府行文六部、都察院;太常寺、太仆寺、光禄寺、鸿胪寺、国子监、钦天监、太医院、宝泉局、宝源局、各仓监督行文六部;布政使护巡抚印篆时行文六部;各驻防将军、督抚行文军机处;副将行文总兵及驻防副都统;六部、各省督抚行文各国总理事务衙门及其后之外务部;总兵行文总督;司道、盐运使行文提督;府厅州县行文总兵;皆用咨呈文。

咨文 见"咨"。

咨议 官名。(1)麴氏高昌国所置官。(2)咨议参军的省称。

咨议参军 即"咨议参军事"。

咨议参军事 官名。(1)又称咨议参军,两晋公府皆置,掌咨询谋议军事,位在诸参军之上。南朝齐、梁、陈皆置。北魏、北齐亦置。西魏宇文泰任丞相及北周杨坚为左大丞相时,相府僚佐亦置。(2)隋三公府及诸王府各置一员,正五品上。掌咨谋众事。唐三公不开府,唯诸王府置,为闲员。

咨议官 官名。明太祖洪武三年(1370)于各王府置。九年罢。二十八年,于靖江府置咨议所,再置咨议一人。成祖即位,改咨议所为长史司,遂罢。清末陆军部亦置。光绪三十二年(1906)改兵部为陆军部,分属承政、参议两厅。每厅均设一、二、三等咨议官。无定员。宣统二年(1910)省。

咨议局 官署名。清末为筹备立宪而设立的各省地方咨议机构。光绪三十三年(1907)令设,宣统元年(1909)经选举成立。每省一所(新疆未及成立),设于督抚所驻之地。掌议决本省兴革事件,岁出入决算、税法、公债等事,以及申复督抚咨询事件。其议案,督抚有裁夺施行之权。置议长一人,副议长二人,常驻议员及议员若干人。分常年会与临时会,前者会期四十日,后者会期二十日。

咨议局常驻议员 官名。清末各省咨议局议员之一种。宣统元年(1909)置。由本局议员按十分之二比例互选,任期一年。除行使一般议员权力外,得常到局办事,协助议长、副议长处理会期外有关咨询、人民陈述等事宜。

咨议局副议长 官名。清末各省咨议局副长官。宣统元年(1909)置。每局一或二人,由本局议员选举产生,任期三年。掌协理全局事务,议长有事故时,得代行其职权。

咨议局联合会 清末立宪派团体。宣统二年七月五日(1910.8.9)各省咨议局赴京请愿代表团据上年十一月十六日各省咨议局代表上海会议之决议,成立于北京。推汤化龙为主席,蒲殿俊为副主席,孙洪伊、杨廷栋、刘崇佑、雷奋、周树标、汪龙光、孟森、吴赐龄、王法勤为审查员。通过向资政院提出请开国会案,联合各省督抚、民间团体、商会、地方士绅及海外侨商举行了大规模请愿活动。清政府被迫许诺缩短"预备立宪"期限。次年四月皇族内阁建立,又两次上书反对。五月以该会为基础组成宪友会。

咨议局议员 官名。清末各省咨议局成员。宣统元年(1909)依《各省咨议局章程》,反复选制产生。数额按各省取进学额百分之五并参酌漕粮数确定,多者一百四十人,少者三十人。掌参与咨议局职权内议案的提出,讨论与表决。

咨议局议长 官名。清末各省咨议局长官。宣统元年(1909)置。每局一人,由该局议员选举产生,任期三年。掌总理全局事务。

咨议军事 官名。原名计议官和详议官。南宋都督等属官,参预军事谋划。

咨议所 官署名。明洪武二十八年(1395)于靖江王府置,设咨议、记室、教授各一人。成祖即位,改置为长史司,置官与诸王府长史司同。

兹氏县 秦置。在今山西汾阳市东南。属太原郡。西汉初封夏侯婴为兹氏侯,即此。东汉建安中分匈奴左部居此。三国魏移治今汾阳市,曾为西河郡治。西晋改为隰城县。

资 官制用语。即官吏的任职资历。唐制,文武职事官、文武散官、卫官、勋官皆视为官资。如见任职事官、前资官、常选官属上资,文武散官、卫官、勋官五品以上属次资,五品以上子孙,上柱国、柱国子及六品以下勋官属下资,白丁、卫士属无资。宋制,以选人及京朝官阶官为官资。如选人七阶亦称选人七资。叙迁有循资、超资之别。

资德 官名。明建文时,增设资德院为太子官署,置为资德院主官,一人。成祖即位废。

资德大夫 文散官名。金、元皆置,四十二阶之第九阶。金正三品上。元正二品,宣授。明沿置。文官正二品,加授。

资德院 官署名。明建文元年(1399)更定官制,于太子官署詹事府下增置,设资德一人、资善二人,下设赞读、赞书、著作郎各二人,掌典籍各一人。成祖即位废。

资国院 官署名。元至大二年(1309),武宗从尚书省议变更钞法,印造至大银钞,并铸至大通宝和大元通宝两种铜钱,立资国院于大都(今北京),为主管机关,秩正二品,署院使、同知、副使、判官等员。下属泉货监六处,采铜提举司十九处。至大四年罢。

资江耆旧集 书名。清邓显鹤编辑。原为五十四卷,周诒朴补为六十卷。收录湖南资水流域即清代宝庆一府及今长沙、安化、益阳、湘阴、常德、沅江诸市、县三百人诗作。始于明代,止于清嘉庆、道光之际。其编次,一般以作者科目先后为次,布衣野老则略按世次年代,与科目间叙。其中闺秀、方外、一家父子兄弟汇集者均独自成卷。各人作品前均有作者介绍。为资水流域历史人物宝贵资料。

资绢 见“兵绢”。

资课 唐时散官、勋官、品子及课户白丁等纳钱代服色役,称为资课。唐初,四品以下,九品以上文武散官、勋官、三卫等所纳代役金称资,品子及课户白丁所纳代役金称课。开元时,始统称资课。因色役者身份不同,役种各异,服役时间有长短,故资课数额不一,简表如下:

役名及纳资者身份	岁纳资额
白直(白丁)	2 500 文
执衣(白丁中男)	1 000 文
防阁(白丁)	2 500 文
庶仆(白丁)	2 500 文
仗身(白丁)	2 560 文
门夫(中男及残疾)	850—1 000 文
丁匠(白丁)	2 000 文
太常音声人	2 000 文
丁奴	1 500 文
丁婢	300 文
中男奴	300 文
四五品文武散官	600 文
六品至九品文武散官	1 000 文
亲事(六七品官子)	1 500 文

开元时,社会经济发展,地主、商人乃至工匠皆纳资代役,色役伪滥,普遍资课化。二十二年(734),玄宗诏书中将资课和庸调并提,反映资课已成为国家经常税收。天宝初,资课有与其他赋税合并之势。安史乱后,财政制度混乱,影庇人户资课多归本使,不入国库,原以资课钱所付官员手力钱、工匠工资等仍由国家支付,故有时资课反成支出项目。

资陪 见“省庄田”。

资任案 官署名。北宋元丰改制后,吏部置,分属考功司,掌文武官资任之政令,由考功郎中、员外郎主管。南宋因之。

资善 官名。明建文时,增设资德院为太子官署,曾于资德院置,二人。成祖即位废。

资善大夫 文散官名。金、元皆置,四十二阶之第十一阶。金正三品下。元正二品,宣授。明沿置。正二品,初授。

资善堂 宋代皇帝子孙读书处。大中祥符八年(1015),仁宗为太子时建立。有直讲、翊善等官,都由儒臣担任。元丰八年(1085),哲宗初开讲筵时,曾命讲读官在资善堂讲读。南宋初,宰相赵鼎奉命在宫门内建造书院,绍兴五年(1135)完成,即作为资善堂。三十二年,孝宗即位后,又增说书、赞读等官。

资武库 官库名。元置。属詹事院。掌军器。有提点、大使。

资悉波折逋 官名。吐蕃官,掌帐册簿籍。

资暇集 书名。亦作《资暇》、《资暇录》。唐李匡乂撰。三卷。匡乂,字济翁。昭宗时,官宗正少卿。旧本或题李济翁撰,为宋刻本避讳。据匡乂自序,因世俗之谈多有讹误,故著此书。上篇正误,中篇谈原,下篇本物。今有《丛书集成》本。

资兴县 唐咸亨三年(672)分郴县置。治今湖南资兴市南。属郴州。北宋太平兴国后废。南宋嘉定二年(1209)复置。绍定初移治管子壕,改为兴宁县,即今资兴市。1914年因与广东兴宁县同名,复改为资兴县。1984年改设市。

资阳郡 隋大业三年(607)改资州置。治磐石县(今资中县)。辖境相当今四川内江、自贡、资中、资阳、乐至、安岳、荣县、威远等市、县地。唐武德元年(618)复为资州。天宝、至德时又曾改资州为资阳郡。

资阳人　距今约七千五百年旧石器时代晚期的古人类。因1951年发现于四川资阳县(今市)黄鳝溪而得名。化石为一老年女性头骨。资阳人尚带有一些原始特征,如眉弓比较发达等,属于新人类型的古人类。文化遗物有一件用刮削方法制成的三棱钝尖骨锥。

资正院　官署名。元顺帝至元六年(1340)置,掌完者忽都皇后财赋等事,正二品。设院使六员,同知、佥院、同佥、院判各二员。将昭功万户府司属,集庆路钱粮并入,有司每年验数拨付资正院。正宫皇后死后,册立完者忽都为皇后,改置崇政院。

资政　宋有资政殿,宋景德二年(1005)置大学士,以授罢职宰相,偶授其他大臣,通称资政。

资政大夫　散阶称号。金代始置,为文散官。正三品中,属四十二阶之第十阶。元代沿置,升为正二品,宣授。明代为文职正二品之升授。清初沿置,为文职正二品及武职中属八旗者正、从二品之封赠。乾隆三十二年(1767),始专封文职正二品,八旗正、从二品改同绿营,分别封武显大夫、武功大夫。

资政殿大学士　官名。宋置诸殿学士,出入侍从,以备顾问,无官守,无典掌而资望极高。景德二年(1005),参知政事王钦若罢政,真宗为之特置资政殿学士,以示尊宠。不久,又以王钦若为资政殿大学士。嗣后,资政殿学士、大学士,常由罢职辅臣充任,以示尊崇。南宋则常以从臣充任。

资政殿学士　见“资政殿大学士”。

资政新篇　书名。太平天国洪仁玕撰。不分卷。作者曾居香港,读过大量西方资产阶级社会科学、自然科学的书籍,此书为其由香港到南京后,向洪秀全提出的学习西方、改革政治的建议。分为《用人察失类》、《风风类》、《法法类》、《刑刑类》四部分。其论治重在“治国必先立政”,而立政必“自大至小,由下而上,权归于一”,“因时制宜,审势而行”。其关键在于“设法用人之得其当”。其要有三:“以风风之”、“以法法之”、“以刑刑之”,即移风易俗、改革政治、发展经济、健全法制,建立具有资本主义性质之政治经济体制,包括:加强中央集权,严禁“朋党”,行“君民一体”、清明廉洁之政治;兴办工矿、交通、运输业、银行业,奖励个人发明创造,发展民族经济;开医院、办学校、设立社会保险等福利事业;破除封建迷信,改变不良风俗习惯,提倡实学,反对八股虚文等。清咸丰九年(1859)经洪秀全批准刊行。因战争环境和历史条件之限制,上述主张未能施行。收入《中国近代史资料丛刊·太平天国》第二册。

资政院　官署名。清政府为筹备立宪而设立的中央咨议机关。宣统二年(1910)九月开院。宗旨是“钦遵谕旨,以取决公论,豫立上下议院基础”,掌议决国家预算、决算,税法及公债事项、新订法典及嗣后修改事项(但宪法不在此限),以及其余奉特旨交议事项等,各项议案须“具奏请旨裁夺”后方可生效。议员共二百名,钦选、民选各半。初设时有总裁二人,总理全院事务,旨派溥伦、孙家鼐充任;宣统三年改总裁一人,副总裁一人。1912年2月清帝退位后解散。

资政院公报　杂志名。清宣统三年(1911)七八月间在北京创刊。每日一期。资政院秘书厅主办。专刊资政院议案、决议和公告。十月停刊。

资政院民选议员　清末资政院议员。宣统二年(1910)由各省咨议局按定额从本局议员中选出,共九十八人(定额一百人,缺新疆二人)。掌参与资政院议案的讨论、表决。

资政院钦选议员　清末资政院议员。宣统二年(1910)选定,共九十八人(定额一百人)。由皇帝从年满三十岁以上的宗室王公世爵、满汉世爵、外藩王公世爵、各部院衙门官员、硕学通儒、纳税多额者六类候选人中钦定。掌参与资政院议案的讨论、表决。

资政院议员选举章程　清宣统二年(1910)九月清政府颁布。共一百三十一条。包括《宗室王公世爵选举资政院议员章程》九条,《满汉世爵选举资政院议员章程》九条,《外藩王公世爵选举资政院议员章程》八条,《宗室觉罗选举资政院议员章程》二十六条,《各部院衙门官选举资政院议员章程》二十六条,《硕学通儒选举资政院议员章程》八条,《纳税多额者选举资政院议员章程》二十六条,《各省咨议局互选资政院议员章程》十九条。规定议员分钦选、民选两部分。钦选议员由皇帝委派王公世爵、宗室、各部院衙门七品以上官员、硕学通儒和多额纳税者担任。民选议员名义上由各省咨议局选举产生,但须由督抚圈定批准,实际上也等于钦选。

资政院院章　清光绪三十四年(1908)由资政院总裁会同军机大臣奏定,复于宣统元年(1909)、三年改订和续订,并颁布施行。共十章六十五条。主要内容:总纲规定“资政院钦遵谕旨,以取决公论,豫立上下议院基础为宗旨”。设总裁二人总理全院事务,以王公大臣简充;副总裁二人佐理全院事务,以三品以上大员简充。会议分常年会议(每年一次)、临时会议(不定期)两种。并对议员的资格、名额分配、任期,以及资政院与行政衙门的关系、与各省咨议局的关系、与人民之关系,资政院的编制、纪律、经费等,均作明确规定。

资政院总裁　官名。清末资政院长官。光绪三十三年(1907)置。初为二人,由王公大臣内特简。宣统元年(1909)后仅一人。三年正式定制为一人。掌总理全院事务,主持资政院会议,充任议长。

资治少尹　明勋阶称号。授予从三品文官再考称职者。

资治通鉴　书名。北宋司马光撰。二百九十四卷,《目录》、《考异》各三十卷。光尝患历代史籍浩繁,学者难以遍览,意欲删取其要,为编年一书。初成《通志》八卷,起战国至秦二世,表进于朝为英宗所赞赏。治平三年(1066)诏置书局于崇文院,继续编写。光因奏调刘恕、刘攽、范祖禹等为协修,皆一时之彦。其法:先标事目,排比史料,以为丛目;继就史事异同详略,考订整理,以成长编,均由协修负责;最后由司马光删为定稿。历时十九年,于元丰七年

(1084)成书。神宗以其“鉴于往事，有资于治道”，命名为《资治通鉴》。是书上起周威烈王二十三年(前403)，下迄后周世宗显德六年(959)，记一千三百六十二年事，是编年体通史。所用史料除十七史以外，征引杂史诸书凡三百二十二家。于唐五代史事，甄采书籍最多，史传文集之外，还有实录、谱牒、家传、行状、小说等，经著者剪裁熔铸，成一家言。遇史实记载互歧者，并注明斟酌取舍之故，以为《考异》。书中还选录一些前人史论，又以“臣光曰”的形式，撰史论一百一十八篇。书成后，于元祐元年(1086)校定完毕，送杭州雕板。七年刊印行世。今元祐刻本已不可见，南宋绍兴二年(1132)有余姚重刻本，外间流传亦多残缺，惟北京图书馆藏有二百九十四卷的足本。注释本书的有南宋史炤《通鉴释文》、王应麟《通鉴地理通释》、宋末元初胡三省《资治通鉴音注》。明末清初严衍著《资治通鉴补正》，对《通鉴》和胡注都有所订正。

资治通鉴补正　书名。一名《资治通鉴补》。明末清初严衍等撰。二百九十四卷。衍读《资治通鉴》，既服其事核词盈，又病其于遗事轶闻甚多疏漏，乃与门人谈允厚共为补正。取正史与司马光所采摘者，句勘字校，为其拾遗补缺，对其讹误，加以刊正。有补正文与补分注两种：补正文系《通鉴》所记事或缺而不周，文或简而不畅，则逐卷补之；有未载者，而事有关于国家，言有系于劝惩，则特笔补之。补分注则一为附录，事虽可采而涉于琐或近于幻，故不入正文；二为备考，系《通鉴》所载与他书不相符合而事属可疑，故并存之；三为补注胡三省注未备或有讹舛则以己意释之。材料十之九取于正史，十之一取于稗官野史。衍又以史家纪传、编年异制同功，故于各史中节取古人轶事堪为师法者略叙生平，欲使纪传、编年两体兼备。书成后，允厚为之参校审定。钱大昕称是书辨正精审，有功于《通鉴》，为胡三省后所仅见。

资治通鉴纲目　书名。南宋朱熹撰。五十九卷。记事起周威烈王二十三年(前403)，迄后周世宗显德六年(959)，主要据司马光《资治通鉴》增损檃括而成。体例仿《春秋左传》，大书以提要者为纲，分注以备言者为目，纲如经，目如传。纲乃朱熹自作，颇寓褒贬之意。分注浩繁，命其弟子赵师渊写成。史料价值虽不高，但创立纲目体裁，对史书编纂具有较大影响。

资治通鉴后(後)编　书名。清徐乾学撰。一百八十四卷。鉴于宋元以来续补《通鉴》诸家皆不免疏舛，徐氏乃利用诏修《大清一统志》之机，与万斯同、阎若璩、胡渭诸人，编成是书。仿司马光之例，作考异以明史事去取。又采前人议论，录附于史事之下，其自出议论，则标“乾学曰”以示区别。全书起自宋太祖建隆元年(960)，迄元顺帝至正二十七年(1367)。中间所记南宋末年史事，则以端宗、帝昺继恭帝之后，系年纪号，并可正《宋史》之失。书成后乾学去世，未及进呈。由于许多宋人著作当时尚未辑出，如熊克《中兴小纪》、李心传《建炎以来系年要录》等均未得见，李焘《续资治通鉴长编》亦仅见残本，取材未广，故宋自嘉定以后，元自至顺以前，尤为简略。其长处在于宋元以来方志均可见到，阎、胡诸人长于地理，故书中有关舆地之事较为精审。

资治通鉴考异　书名。北宋司马光撰。三十卷。此书与《资治通鉴》同于元丰七年(1084)奏进。光修《资治通鉴》，采摭繁富，往往一事用三四出处写成。其间传闻异词，势所难免。既择其可信者从之，又参考同异，辨证谬误，以明去取之故，别为此书。不论实录正史或杂史小说，皆所取材，考订甚为精密，开史家著作未有之先例。后来不少学者沿用其法，以考订史事的得失。原与《资治通鉴》别行，胡三省作《资治通鉴音注》，始散入各文之下。

资治通鉴目录　书名。北宋司马光撰。三十卷。元丰七年(1084)随同《资治通鉴》奏进。《资治通鉴》一书，卷帙浩繁，光恐读者难于寻检，故于编纂之时，提纲挈要，并成此书，以便寻览。体裁全仿年表旧例，年经国纬，略举事目，并撮书中精要之语，散于其间。其上著以岁名，并载刘羲叟《长历》气朔闰月及各史天文志所记日月星辰之变。其下各标《资治通鉴》卷数，便知其事在某年，某年在某卷。实为今日所谓大事年表之先驱。合之则与《资治通鉴》为一体，分之则不失为《资治通鉴》之节本。

资治通鉴释文　书名。宋史炤撰。三十卷。《通鉴》体大文繁，浩博奥衍，学者艰于寻绎。炤始为诠释，于诸史之外，杂取六经诸子释音，《说文》、《尔雅》及古今小学家训诂辩释，地理，姓纂等，积十年而后成。然采摭既广，难免抵牾，胡三省作《通鉴释文辨误》以刊正之，而此书遂微。其实胡精地理，史擅音训，各有所长。《释文》首创之功，实不可没。胡注《通鉴》，亦多取之。

资治通鉴音注　书名。宋末元初胡三省注。司马光《资治通鉴》成书以后，最初为之注释者，有刘安世《音义》，世已无传；史炤《释文》，未免粗疏。三省始自宋理宗宝祐四年(1256)，迄于元世祖至元二十二年(1285)，穷三十年之力，撰成此书。凡记事之本末，地名之同异，州县之建置离合，制度之沿革损益，疏通证明，极为赅备。又于《资治通鉴》义例，随文疏解；史事讹误，尤多订正。三省当易代之际，感怀家国，间于注中发为议论。

资治尹　明勋阶称号。授予正三品文官再考称职者。

资中县　西汉置。治今四川资阳市。属犍为郡。南朝梁废。

资州　西魏废帝二年(553)置，“取资水为名”(《元和郡县志》)。治阳安县(今四川简阳市西北)，北周武成二年(560)移治资阳县(今市)，隋开皇七年(587)移治盘石县(今资中县)。大业初改为资阳郡，唐武德元年(618)复为资州。天宝元年(742)又改为资阳郡，乾元元年(758)复为资州。辖境相当今四川内江、资阳、资中等市、县地。宋先后属梓州路、潼川府路。元废。至正末明玉珍复置。明洪武四年(1371)降为资县。清雍正六年(1728)复置。属四川省。辖境扩大，有今内江、资中、资阳、仁寿、井研等市、县地。1913年废，改本州为资中县。

资州起义　清宣统三年四月(1911.5)四川保路运动声势日大，八月清廷派署四川总督端方统带湖北新军二千人入川镇压。途中获悉武昌起义消息，新军中的革命党人陈镇藩、李绍白等遂在四川资州(今资中)举兵反正。十月初六日(11.27)杀死端方及其弟端锦，协统邓承拔、标统曾广大缒城出逃。起义军推陈镇藩为统领，张贴"大汉国民革命军布告"。不久旋师回鄂参加对清军作战，后改编为鄂军教导团。

淄川煤矿　官办企业。清光绪十三年(1887)张曜创办于山东淄川。规模不大。十七年停办。

淄青　唐、五代方镇名。宝应元年(762)平卢节度使侯希逸为史朝义及奚族所逼，南保青州，遂并青密节度使、淄沂节度使为淄青平卢节度使，又称平卢淄青节度使，或单称淄青节度使、平卢节度使，治青州(今属山东)，领青、淄、沂、沧、德、棣、齐、海、密、登、莱等州。永泰元年(765)兼领押新罗、渤海两蕃使。大历十三年(778)至建中三年(782)、贞元四年(788)至元和十三年(818)，李正己、李纳、李师道割据时曾移治郓州(治今山东东平县西北)，一度占地至十五州，为当时最强大方镇之一。元和十四年平李师道后，辖境大缩。咸通后所领仅限青、淄、登、莱、齐、棣六州。天祐初为朱全忠所并，仍置淄青节度使。五代晋废，汉复置。北宋初废。

淄青平卢　唐、五代方镇名。见"淄青"。

淄青镇　唐方镇名。见"淄青"。

淄水　淄一作甾、菑。❶《书·禹贡》青州："潍、淄其道。"《周礼·职方》幽州："其浸菑、时。"即今山东淄河。下游古今有变迁。《汉书·地理志》泰山郡莱芜县："原山，甾水所出，东至博昌(今博兴县东南)入泲。"《水经·淄水注》："淄水东北合时水入海。"按《史记·河渠书》："于齐，则通菑、济之间。"其事约当在战国时，则战国前菑水本单独入海。沟通菑、济之初，盖分菑入济，菑水正流仍当入海。不知何时入济之流转盛，而入海之流遂绝，至西汉后期犹然，《汉书·地理志》所载即此时情况。东汉又还复入海故道，即《水经》郦注所载。金元以前大致走今小清河下游入海。金、元以后又改入清水泊。清代以来清水泊淤塞，淄水改合小清河入海。❷一名柴汶。上源即今山东新泰市西北羊流河，西南流合今小汶河，又西流至泰安市南大汶口入汶河。《左传》昭公二十六年(前516)："齐师围成。成人伐齐师之饮马于淄者。"杜预注："淄水出泰山梁父县西北入汶"，即此。

淄州　隋开皇十六年(596)置，大业初废。唐武德元年(618)复置，治淄川(今山东淄博市西南淄川)。天宝元年(742)为淄川郡，辖境约当今山东淄博、邹平、高青、桓台等地。乾元元年(758)复旧称。元曾改为淄州路、淄莱路、般阳路，明洪武初为般阳府，洪武九年(1376)改为淄川州，属济南府。十二年又改为县。1955年并入淄博市。

缁衣　周代卿士上朝听政时所穿黑色朝服。《诗经·郑风·缁衣》："缁衣之宜兮。"毛亨传："缁，黑色。卿士听朝之正服也。"

鄑　❶春秋时初属纪国。后入齐。在今山东昌邑市西北。《春秋》庄公元年(前693)："齐师迁纪郱、鄑、郚"，即此。❷春秋鲁地。约在今山东汶上县一带。《春秋》庄公十一年(前683)："公败宋师于鄑"，即此。

辎车　秦汉时一种有帷盖的车。既可载物，亦可供人卧息。《史记·留侯世家》："上虽病，强载辎车，卧而护之。"《释名·释车》："载辎重卧息其中之车也。"亦称"辎重车"、"重车"。

辎重车　即"辎车"。

嵫阳县　北宋大观四年(1110)，因避孔丘讳，改瑕丘县为瑕县，寻又改为嵫阳县。因在嵫山之阳，故名。治今山东兖州市。宋为袭庆府治，金、元为兖州治。明洪武初省入兖州。洪武十八年(1385)复置。成化七年(1471)改"嵫"为"滋"。明清为兖州府治。1958年并入曲阜县。

孳牧草场　明代牧马草场之一种。设于两畿、鲁、豫地区，供牧放种马之用。明中叶后由于豪强侵占和出佃收租，日益减少。

孳牧所　官署名。明代光禄寺所属机构。掌供宫廷所需牲畜之牧养。洪武八年(1375)始置，设大使一人，从九品；副使一人，未入流。十年改司牧司。

孳生监　官署名。宋代养马机构。掌繁殖良种马匹。设于大名府、洺州、卫州、相州，共七处，以府、州通判兼领。

滋溪文稿　书名。元苏天爵撰。三十卷。原三十七卷，诗稿七卷已佚。天爵任江浙行中书省参知政事时，属掾高明、葛元哲编。天爵藏书之所名滋溪书堂，因以名集。集中所收碑志、行状、传，凡一百零八篇。元代制度、人物，史传阙略者，多可考见。有天津徐氏影元刻本、中华书局出版点校本。

赀　亦称赀虏、阿柴虏。匈奴奴婢的称呼。东汉初，匈奴衰，其人数千户，包括大胡(指西域人)、丁令、羌自漠北逃至河西走廊一带，继续"畜牧逐水草"，并常抄掠凉州。后部落人口多至数万。西晋时，复被来自西拉木伦河流域的慕容鲜卑首领吐谷浑大量吸收，连同所领部落及羌人，逐渐形成吐谷浑部。

赀簿　十六国时北凉统计民户资产的官文书。赀即资产，按资产多少划分等第，据此以征发赋役等，是汉魏至南北朝时所通行的一种制度。汉代简牍中已有赀简，新疆吐鲁番地区发现一定数量的北凉赀簿文书。

赀赋　见"九品混通"。

赀谷　在今河南卢氏县南山之南。《资治通鉴》：南朝宋元嘉二十七年(450)伐魏，后军外兵参军庞季明"乃自赀谷入卢氏"，即此。

赀绢　即"户赀"。

赀戍　战国时秦国罚有罪者服戍役的法律术语。《睡虎地秦墓竹简·秦律杂抄》："军人买(卖)禀，禀所及过县，赀戍二岁。"赀戍期限，少则一年，多则数年。秦统一后有终身"谪戍"者。

貲刑 貲亦作訾。罚财物以抵罪的刑罚。《说文》:"貲,小罚以财自赎也。"《睡虎地秦墓竹简》中所记有关貲刑应用甚广,如"貲布"、"貲盾"、"貲甲"等。此外,尚有对无力缴纳财物者罚服徭役的情况,如"貲徭三旬"、"貲戍一岁"、"貲戍二岁"等。参见"貲徭"。

貲选 选官制度。亦作资选,即选拔官员应具备的财产标准。秦及西汉初年为选拔官吏的主要途径之一,郎吏多以富訾入选。汉初规定,家訾十算以上方得担任官职。景帝后元二年(前142)下诏减为訾算四得官。武帝时废除。后代或沿用,制度则有不同。

貲徭 战国时秦国罚有罪者服徭役之法律术语。《睡虎地秦墓竹简·法律答问》:"或盗采人桑叶,臧(赃)不盈一钱,可(何)论?貲繇(徭)三旬。"

𦍩宿 ❶星官名。早期称"𦍩觿"。二十八宿之一。西方白虎七宿的第六宿。有星三颗,即猎户座λ,φ_1,φ_2三星。《礼记·月令》:"仲秋之月,旦,𦍩觿中。"《史记·天官书》:"参为白虎。"张守节正义:"𦍩觿为虎首。"𦍩三星,在参宿右肩,如鼎足形。《晋书·天文志》:"𦍩觿三星为三军之候,行军之藏府。"以西南星为距星。❷天区名。除主体𦍩宿星官外,还有司怪、座旗等共三个星官。

訾 春秋周地。在今河南巩义市西南。《左传》昭公二十三年(前519):"单子取訾",即此。又称"东訾";二十四年,阴不佞从津人得成周宝珪,"王定而献之,与之东訾"。一说"单子取訾",为"西訾";"东訾"在今巩义市东。

訾家 訾通资。訾家即有资财的富裕之家。《居延汉简甲编》第192号简文:"使訾家延寿里上管霸就人安故里谭昌。"此即为訾家役使雇佣劳动的例证。汉景帝以前,法律规定家财在十万以上者方得担任官职,故訾家应为家财在十万以上之家。

訾娄 春秋卫邑。在今河南滑县西南,与长垣县接界。《左传》僖公十八年(前642):邢人、狄人伐卫,卫侯"师于訾娄",即此。

訾粟而税 战国时商鞅在秦推行的田税征收法。语出《商君书·垦令》:"訾粟而税,则上壹而民平。""訾"即计算,"粟"泛指谷物。意为政府一律按产量规定税额,百姓才得均平。具体作法是,每年先由中央根据各地作物长势测算出该地标准亩产量,各地再据此结合统一税率和农户受田之数计算出农户应纳之田税额,而后征收。

訾算 赋税名。訾通资,犹言资财。因按家财多少纳税,故名。《汉书·景帝纪》后元二年(前142)诏:"今訾算十以上乃得宦。"颜师古注引服虔曰:"訾万钱,算百二十七也。"又引应劭曰:"限訾十算,乃得为吏。十算,十万也。"訾算税率应为每万钱纳税一百二十七钱。景帝以前已有此制,可能承自秦代。

訾毋 春秋宋邑。在今河南鹿邑县南。《左传》襄公十年(前563):"楚子囊、郑子耳伐宋,师于訾毋",即此。

菑川国 郡国名。一作甾川国。西汉文帝十六年(前164)分临淄郡东部置,封齐悼王子贤为菑川王,都剧县(今山东寿光市南)。景帝三年(前154),因参与吴、楚七国之乱,贤被诛,徙济北王志为菑川王。初时封域较大:北濒渤海,南至临朐县。至元延中,辖境仅今山东青州市东北部及昌乐县、寿光市西部地。东汉建武十三年(37)并入北海国。

菑田 新开垦之耕地。《尔雅·释地》:"田一岁曰菑。"孙炎注:"菑,始灾杀其草木也。"其自然肥力最足,与开垦后第二年续种的"新田",第三年续种的"畬田"对称。

菑新畬 古代休耕制度。行于西周时期。见于《尚书》、《诗经》、《周易》等书。《尔雅·释地》:"田,一岁曰菑,二岁曰新田,三岁曰畬。"有多种解释,一说"菑"指不耕田,即撂荒地;"新"指已撂荒二年,正在复壮的地;"畬"是经过撂荒复壮,准备重新垦耕的地。三位一体是由撂荒制度到土地连种制的过渡形式。

齎律 关于财物保管的法规。齎,通"资",资财。《睡虎地秦墓竹简·秦律十八种》载:百姓领用武器,必须登记武器上的标记,并按照标记收还。缴回时若没有标记和不是该官府标记的,均没收归官,并依《齎律》责令赔偿。

zǐ

子 ❶爵名。周代始置,为五等爵中第四等。《礼记·王制》:"王者之制禄爵,公、侯、伯、子、男,凡五等。"一说子、男爵位属同一等。其后或废或置,魏、晋、南北朝各朝皆置,为六等爵之第五等,在"伯"之下,"男"之上。有"开国子"、"县子"等称号。三国魏咸熙元年(264)定爵制,诸子地方五十里,邑八百户,官一品。晋武帝时分大、次、小王国制,五千户以上之小国,始封支子为子爵。隋为九等爵之第八等,位于"伯"下、"男"上。置官府,有令、大农、尉、典卫等官。又称开国子,正四品。唐沿置,贞观十一年(637)加"开国"之称,正五品上。宋制,令邑五百户以上,七百户以下者封子。清为九等爵之第四等,原称"精奇尼哈番",乾隆元年(1736)改汉名为"子"。分为四等,有一等子兼一云骑尉、一等子、二等子、三等子。叙正一品。❷周代对小诸侯国之称呼。

子般(?—前662) 般又作斑。春秋时鲁庄公庶子。因庄公死后无嫡子,他被庄公之弟季友立为鲁君。在位不满两月,即为庆父派人所杀。

子部 古籍四部分类法之丙部,包括诸子百家著作及天文、医术等书。《隋书·经籍志三》为子部,著录儒、道、法、名、墨、纵横、杂、农、小说、兵诸家及天文、历数、五行、医方等共十四种,凡八百五十三部,六千四百三十七卷。《旧唐书·经籍志》丙部为子,分儒、道、法、名、墨、纵横、杂、农、小说诸家及兵法(兵书)、天文、历数(历算)、五行、医方等十四类。或又增杂艺术、类事、经脉为十七类。共七百五十三部,一万五千六百三十七卷。

子产(? —前 522) 春秋时郑国人,名侨(亦作乔),字子产,又字子美,谥成子。郑穆公之孙,子国(公子发)之子,因此又称公孙侨,或国侨;居东里,也称东里子产。郑简公十二年(前 554)为卿,任少正。二十三年,执掌国政。时晋、楚争霸,郑国逼处其间。面对郑"国小而逼,族大宠多"之局势,锐意改革。他举措得当,得以无事。为政宽猛相济,使"都鄙有章,上下有服,田有封洫,庐井有伍"(《左传・襄公三十年》)。作丘赋、铸刑书,择贤用能,不毁国人议论国政之乡校。二十五年晋侯病,大夫叔向问何神作祟,他认为此系国君饮食起居不慎所致。郑定公六年(前 524)心(大火)星出现,郑大夫裨灶预言将有天灾,他不信,指出:"天道远,人道迩,非所及也。"表示了对天道鬼神的怀疑态度。死后被孔子称为"古之遗爱"。

子常 即"囊瓦"。

子城 大城所属的小城,即内城或附在城垣上的瓮城或月城。《元和郡县志》天德军:"西城是开元十年张说所筑,今河水来侵,已毁其半。……不堪重修。……城南面即为水所坏,其子城犹坚牢。"

子城使 胥吏名。五代置。宋初沿之,徽宗政和三年(1113)罢。

子楚 即"秦庄襄王"。

子大叔(? —前 506) 一称游吉。春秋时郑国人。属"七穆"之一游氏。郑定公八年(前 522)为执政。时郑多"盗",聚于萑苻之泽,他发徒兵攻"盗",尽杀之。善于辞令,曾阐述礼与仪的区别。认为礼为天地经纬,上下纲纪,民人行为之准则。

子弟 ❶原意为子孙昆弟。泛指同族和邻里乡党的晚辈。《汉书・高帝纪》颜师古注:"乡邑之人,老及长者父兄之行,少及幼者子弟之党,故总而言之。"子弟与父老维系着宗法纽带,在秦汉之际结合成为一种社会政治势力。如刘邦起兵反秦后,沛县父老帅子弟共杀沛令,开城门迎刘邦。田儋也在豪吏、子弟的拥戴下自立为齐王。❷指弟子、学生。《孟子・公孙丑下》:"使己为政,不用,则亦已矣,又使其子弟为卿。"一说指儿子和兄弟。

子弟军 唐德宗时,镇海军节度使韩滉置子弟军,大州一千,小州八百,强者习弓弩,弱者习排枪,缓则修农,急则为兵。受官府组织与控制,为介于官健与民兵之间的军队。又河东张弘靖曾置子弟兵三千人,义武陈楚置子弟军一万人,性质当相同。

子弟书 原名清音子弟书。曲艺名。清道光、咸丰年间(一说乾隆年间)八旗子弟创作的一种新鼓词。只有唱词,无说白。以鼓板、三弦配合演唱,流传于东北地区和北京。内容以明清通俗小说,元、明、清杂剧、传奇以及北京风土人情为题材。著名作家有鹤侣和韩小窗。以鹤侣的《借靴》、《侍卫叹》、《柳敬亭》等和韩小窗的《全德报》、《糜氏托孤》、《露泪缘》等最有名。

子都大将 官名。北魏置,统兵镇守边境。太和十七年(493)职员令及二十三年复次职令时均未载其品阶。

子都督 官名。北魏置,西魏沿之。为统兵武官,位在都督下。亦可作为起家官。

子都将 官名。北魏置。为统兵官,多作为副佐随主将出征或镇守,地位与太守相似。太和十七年(493)职员令及二十三年复次职令时皆未载其品阶。

子反(? —前 575) 一称公子侧。春秋时楚国人。楚穆王之子。任司马。楚庄王十七年(前 597),率右军参与楚、晋邲之战。次年,率军围宋,历九月,被宋大夫华元夜入军帐逼盟撤围。后为中军将。楚共王十六年(前 575),随共王与晋大战于鄢陵(今河南鄢陵西北),夜以酒醉不能议事,楚军被迫撤退。旋为共王所责,自杀。

子服景伯 春秋末鲁国大夫。名何,谥景伯。事迹见《论语》、《左传》。汉代鲁峻石壁画七十二子像列有此人。

子高 即"诸梁"。

子羔 即"高柴"。

子庚(? —前 552) 春秋时楚国人,名午,一称公子午、王子午。楚庄王之子。官司马。楚共王三十一年(前 560),共王死,吴乘机侵楚,与养由基率师于庸蒲(今安徽无为南)败吴师,俘吴公子党。楚康王二年(前 558),任令尹。五年,郑子孔欲背晋附楚,借楚兵伐郑,除去诸大夫,他知诸侯与晋和睦,拒之。旋被楚康王严令率师伐郑,无功而还。后病死。1979 年河南淅川下寺楚墓出有七件铜鼎,铭文记为"令尹子庚自作𩰫彝旅鼎"。

子弓 即"馯臂子弓"。

子贡(前 520—?) 春秋时卫国人,姓端木,名赐,字子贡。列于孔门言语之科,善辞令。经商于曹、鲁间,富累千金。历仕鲁、卫,出使各国时与诸侯分庭抗礼。曾为鲁游说齐、吴、越、晋等国,促使吴伐齐救鲁。自谓"我不欲人之加诸我也,吾亦欲无加诸人"(《论语・公冶长》)。"君子之过也如日月之食焉,过也,人皆见之;更也,人皆仰之"(《论语・子张》)。平生厌恶三种人:一为剽窃他人之文者,二为以野蛮为勇敢者,三为以诽谤为正直者。孔子称其通达,有从政之才,批评其从商致富是"亿则屡中"。孔子死后,独自庐墓六年。后死于齐国。

子国 一称公孙宁。春秋末楚国人,名宁。子西之子。楚惠王十年(前 479),诸梁平白公胜之乱后,他任楚令尹。十二年,巴人攻楚围鄾(今湖北襄樊东北),他率师往战,败巴师,楚惠王将析(今河南淅川北)赐之为封邑。

子罕 ❶一称公子喜。春秋时郑国人。郑穆公之子。郑成公八年(前 577),率师伐许,为许所败。次年,率师侵楚,取新石(今河南叶县)。十年,率师伐宋,为宋败于汋陵(今河南商丘、宁陵间)。后乘宋军不备,进行袭击,败宋师于汋陵(今河南宁陵东南),俘将鉏、乐惧。十四年,执国政。❷春秋时宋国人,名乐喜。任司城,亦称司城子罕。宋平公二十年(前 556)秋,平公筑高台,妨农时,他请求俟农闲时再建,平公未允。三十年,向戌以倡议诸侯弭兵有功,请求封邑,以他反对而罢。三十二年,宋饥,他请出公粟借贷,使大夫都出粟借贷。

子禾子釜 战国时齐国青铜量器。清咸丰七年(1857)出土于山东胶县(今胶州)灵山卫。同出有陈纯釜、左关钿。小口,大腹,形似坛而有双耳。高38.5厘米,深38.2厘米,口径22.3厘米,腹径31.8厘米,底径19厘米。实测容量20 460毫升。腹壁刻铭文九行一百零八个字,多有磨泐,大意是,子禾子命令某往告陈得,左关使用之釜以官府廩仓之釜为准,左关使用之钿以廩斨为准。如关吏舞弊,减少或加大其量,都当制止,不从命者则论其事之轻重,施以刑罚。一说铭文中有人名陈得,亦见于齐宣王时的陈璋壶铭,两器时代当相近。或说子禾子即田齐太公田和子,此器当为田和立为诸侯(前386)前所铸,约在公元前404—前385年间。器铭自名为釜,应即是《左传·昭公三年》所记齐量"豆、区、釜、钟"之釜。由此器可知齐国陈氏(即田氏)新量中一釜之容量的实数,系了解战国时田齐容量制度的重要资料。现藏中国历史博物馆。

子合 古西域国名。王治呼犍谷,在今新疆叶城南。属西域都护。东汉初役属莎车。章帝元和三年(86),西域都护班超发诸国兵击败莎车,复属汉。其后,诸史所载朱驹波、朱居槃、悉居半、朱俱波,皆指此。唐时兼有西夜、蒲犁、依耐、德若四国地。清称哈尔噶里克、哈尔哈里克。

子华(前509—?) 春秋时鲁国人,姓公西,名赤,字子华。孔子弟子。性谦虚,慕"诲人不倦"精神。有外交才能,曾出使齐国。尝自言愿在宗庙祭祀或诸侯会盟时任司仪之职。孔子谓其"当宾客之事则达矣"。要求门人从其"学宾客之礼"(《孔子家语·弟子行》)。

子华子 战国时魏人。或认为即莫敖子华。继承杨朱"为我"思想。认为诸侯"愁身伤生"而争天下,是不值得的。注重养生,以"六欲"(生、死、耳、目、口、鼻)皆得其宜为"全生",部分得其宜为"亏生","六欲"莫得其宜为"迫生"。"全生为上,亏生次之","迫生不若死"(《吕氏春秋·贵生》)。传有《子华子》三卷,系后人伪托。

子画 商王武丁时诸子之一(见殷墟甲骨文)。参预征伐、田猎等活动,商王曾卜问其疾病等事。

子间 古族名。自称撒摩都。即清代散居云南府(治今昆明)属州、县之彝族。近代昆明郊区被汉族称为"子君"的彝族,即其后裔。

子贱 即"宓不齐"。

子将 官名。(1)唐代横河、高阳、唐兴、恒阳、北平等五军,每军一万人,五千人置总管一人领之,以折冲都尉充任,分三番教习,每一千人置子将一员,以果毅都尉充任。掌布列行阵金鼓和部署卒伍。(2)唐末魏博节度使乐彦祯子从训,于牙兵外另聚五百人,号子将,激起士兵变乱。

子君 见"子间"。

子口税 海关征收的国内关税之一。清咸丰八年(1858)中英签订的《天津条约》第二十八款和《通商章程善后条约》第七款规定,洋货从通商口岸行销内地,或中国土货从内地运至通商口岸出口,除交值百抽五的进出口关税外,一律只交一次子口税:洋货在海口交纳,土货在路经的第一个关口交纳。税率为货物价值的百分之二点五,其他各项内地税一概免除。以海关所在口岸为"母口",内地常关、厘卡所在地为"子口",故称此种代替内地关卡应缴的各种捐税为子口税。

子兰 战国时楚国人。楚怀王少子。楚怀王三十年(前299)秦昭王约楚怀王入秦相会,怀王患之。大臣屈原以为秦虎狼之国,不可信,劝王毋行,他独劝王入秦,怀王遂被秦拘留,后死于秦。顷襄王立,他为令尹,使上官大夫诬告屈原于楚王,屈原因此而遭放逐。

子良 ❶一称公子去疾。春秋时郑国人。郑穆公庶子。郑灵公元年(前605),灵公被杀,郑人欲立之为君,以非贤亦非长推辞,郑人遂立郑襄公。襄公欲尽除灵公之人及众公子,因其谏阻而罢。郑襄公八年(前597),郑为楚所败求和,他入质于楚,后得归郑。十七年,以许不事郑,率师伐之。郑简公十二年(前554),子展、子西率国人杀执政子孔,他惧而奔楚。❷战国时楚国大臣。官上柱国。楚怀王三十年(前299),怀王入秦被拘,入质于齐的楚太子欲归楚,齐湣王阻之,太子许割楚东地五百里,遂得归楚即位,是为楚顷襄王。齐使旋来索地,因劝顷襄王予地,以为"许强万乘之齐而不与,则不信,后不可以约结诸侯",并建议予地后再攻齐,以不示弱于齐。事见《战国策·楚策二》。

子路(前542—前480) 春秋末鲁国卞(今山东泗水)人,仲氏,名由,字子路,又称季路、季子。孔子弟子。为人勇武,信守承诺,忠于职守,擅长政事,曾助孔子"堕三都",随孔子周游列国。孔子说:"自吾得由,恶不入于耳。"(《论语·公冶长》)后任卫国大夫孔悝之蒲邑(今河南长垣)宰。孔悝被逼逐卫出公,迎立出公父蒯聩为卫君,在内讧中为孔悝部所攻,遂结缨而死。

子潞 即"乐茷"。

子美 即"子产"。

子明 汞的隐名。道家炼丹,称汞为子明。见《石药尔雅》。

子木 即"太子建"。

子南(?—前551) 一称公子追舒。春秋时楚国人。楚庄王之子。楚康王二年(前558),任箴尹。八年,升任令尹。次年,因所宠之观起未增俸禄而拥有马数十乘,为楚康王所猜忌,旋与观起均被杀。

子囊(?—前559) 一称公子贞。春秋时楚国人。楚共王二十三年(前568),任令尹。西联秦,攻郑、宋,与晋争霸。楚共王去世前,因鄢陵之战败于晋,遗言以"灵"或"厉"为谥。他因共王有功于楚,且知错,终以"共"为谥。楚康王元年(前559),率师伐吴,吴军不出,返时遭吴邀击,大败。归国不久即病死。临终嘱子庚必在郢筑城以防吴。

子皮(?—前529) 春秋时郑国人。又称罕虎,属"七穆"之一罕氏。子展之子。郑简公二十二年(前544),继父位为郑执政。时值饥荒,遂送给国人以粮食。次年,见子产贤而有才,将执政让于子产,并助子产理政。死后,子产为之痛哭。

子期(?—前479) 一称公子结。春秋时楚国人。楚平王之子。官司马。楚昭王十年(前506),楚都被吴攻占,乃随昭王奔随国。吴逼随交出昭王,因与昭王貌相似,愿代替,后因随拒绝吴的要求而罢。楚惠王十年(前479),白公胜为乱于郢,他被杀于朝。

子旗 即"蔓成然"。

子钱 亦称子贷,即高利贷资本。汉代对高利贷利息有法律规定,一般为"取息什一"或"岁万息二千",即百分之十或百分之二十。故《史记·货殖列传》称,子贷金钱千贯,其富足以比千乘之家。出贷子钱需向官府交纳租税,取息过律,则依法惩处。《汉书·王子侯表》:"(旁光侯刘殷)坐贷子钱不占租,取息过律,会赦免。"颜师古注:"以子钱出贷人,律合收租,匿不占,取息利又过多也。"

子钱家 专营高利贷的商人。西汉吴楚七国之乱时,长安列侯封君行从军旅,借贷子钱,子钱家因其国邑在关东,关东成败未决,莫肯贷与。唯毋盐氏以千金贷之,利息为贷款的十倍。吴楚乱平,毋盐氏以此富埒关中。

子然 即"驷歂"。

子商 商字甲骨文作𢀛,或说非商字。商王武丁时诸子之一(见殷墟甲骨文)。常参预祭祀、征伐、田猎。商王还对其疾病、祸福进行卜问,并卜及其配偶的生育。

子石 ❶(前498—?)春秋战国之际楚国(一说卫国)人。孔子弟子,在同辈中年最小。❷即"公孙龙❶"。

子使 官名。北魏为大使所统小使。北齐曾置为官,河清三年(564)定令,"缘边城守之地,堪垦食者,皆营屯田,置都使、子使以统之。一子使当田五十顷,岁终考其所入,以论褒贬"。唐代亦有此名。贞观十九年(645)征辽东,使韦挺主运粮,"以民部侍郎崔仁师为副使,任自择文武官四品十人为子使"。

子司 ❶尚书省各部中较次要的部门。唐、宋尚书省属部各辖四司,与本部名相同的司称本司,其余三司皆称子司。❷宋代三司等官署下属分支机构通称。如三部勾院、理欠司等皆称三司子司,转运司有时也称三司子司。

子思 ❶即"原宪"。❷(约前483—前402)战国初鲁国人,姓孔,名伋,字子思。孔子之孙,孔鲤之子。属儒家。相传曾受业于曾参,继承发挥了孔子的中庸思想,其学说经孟子发挥,形成了思孟学派。晚年为鲁穆公师。后代封建统治者尊他为"述圣"。《汉书·艺文志》著录《子思》二十三篇,今佚。现存《礼记》中的《中庸》、《表记》等,相传是他的著作。❸书名。也称《子思子》。战国时子思撰。《汉书·艺文志》著录二十三篇,列于儒家。《隋书·经籍志》、《新唐书》及《宋史·艺文志》、晁公武《郡斋读书志》皆著录七卷,唯《旧唐书·经籍志》著录八卷。宋王应麟《汉书·艺文志考证》谓沈约云《礼记》之《中庸》、《表记》、《坊记》、《缁衣》皆取自《子思子》。《太平御览》卷四百零三引《子思子》:"天下有道,则行有枝叶,天下无道,则言有枝叶",即《表记》文。沈约说似可信。宋以后佚。清汪頋煊有辑本。清顾宗伊有《子思子遗编辑注》三卷。

子思之儒 孔子后的儒家分派之一。代表人物是孔子之孙子思。这一学派着重发挥孔子的中庸思想,提倡"和而不流,强哉矫,中立而不倚"的"中庸之德",认为中庸是宇宙的根本法则,《礼记·中庸》云:"中也者天下之大本,和也者,天下之达道,致中和,天地位焉,万物育焉。"《汉书·艺文志》儒家有《子思》二十三篇,当为此派著作集。

子驷(?—前563) 一称公子騑。春秋时郑国人。郑穆公之子。郑成公十四年(前571),执国政。周旋于晋、楚二强之间。郑僖公五年(前566),随僖公参加晋主持的鄬之会,因不得僖公礼遇,遣人刺杀僖公,立简公。次年,郑群公子以僖公之死,共谋欲杀之,遂杀子狐、子熙等人。后开田间水沟、疆界,使司氏、堵氏、侯氏、子师等人丧去土田,又和尉止有隙。郑简公三年(前563),尉止联合丧田的四族及群公子之徒作乱,他与司马子国、司空子耳同时被杀。

子搜 即"越王无颛"。

子孙丁 清代部分地区对人丁的称呼。清制,每五年编审一次人丁,十六岁至六十岁的男子为人丁,交纳丁银,承服徭役。但在许多地区,人丁编审流于形式,幼壮长成不与加丁,老病故绝也不与除减,每户丁数俱沿袭旧数,祖孙数代在同一名下承顶丁徭,故称。

子孙犯过失流 刑罚名。唐律规定,子孙因"耳目所不及,思虑所不到之类"而误杀(过失杀)祖父母、父母者,流三千里。此流刑称子孙犯过失流。

子文 一称鬬縠於菟。春秋时楚国人。鬬伯比之子。幼时被弃,虎乳之。楚人称乳汁为"縠",称虎为"於菟",故名。楚成王八年(前664),任令尹,执法不避亲贵,又捐家财,以解楚国之难。十七年率师灭弦(今河南息县西南)。三十二年,率师伐随(今湖北随州),逼随附楚。三十五年,因子玉伐陈有功,以令尹之位让之。

子午道 从关中至汉中的南北通道。古人以"北"为"子","南"为"午",故名。《汉书·王莽传》:元始五年(5)王莽通子午道,"从杜陵(今长安县东)直绝南山(今秦岭),径汉中"。南口在今陕西安康县境。三国时魏、蜀交争常出此道。南朝梁另开新路,略向西移,自今西安市南至宁陕县。唐天宝间,剑南涪州贡生荔枝,即由此道以达长安。

子午流注 又称子午流注针法。中医针灸取穴的一种学说和方法。认为人体的气血在经脉中循行,随时间的变化而有盛衰开阖的不同。因以十二经脉肘膝以下的六十六个经穴为基础,根据出井、流荥、注俞、行经、入合的气血流注,配合阴阳、五行、天干、地支等来逐日按时选取针刺之穴。金何若愚撰、阎明广注的《子午流注针经》为此法专书。

子恶 即“郤宛”。

子西 ❶(？—前617)亦称鬬宜申、宜申。春秋时楚国人。官司马。晋、楚城濮之战时帅楚左军,大部被歼,拟自杀,适楚成王赦令至,未死。后为商公。楚穆王九年(前617)率众入郢,欲为乱,穆王问,惧而伪称请罪,乃任为工尹。旋又与子家谋杀穆王,事泄被杀。❷(？—前478)一称公子申。春秋时楚国人。楚平王庶子。平王死,令尹子常欲立之为王,他斥子常为乱国,子常惧,乃立平王太子,是为昭王。楚昭王十年(前506),郢被吴攻占,昭王逃至随,他仿王的舆服保护逃散的人。次年,乘吴国内乱,与救楚秦军败吴,昭王还郢都。十二年,任令尹,迁都于鄀(今湖北宜城东南),又改革楚政。楚惠王十年(前479),白公胜叛乱,被杀。

子皙(？—前529) 一称公子黑肱。春秋时楚国人。楚共王之子,灵王之弟。官宫厩尹。楚康王十四年(前546),晋、楚第二次弭兵之盟,先至宋与晋赵武商议盟约内容。楚郏敖四年(前541),公子围杀楚王郏敖自立,是为灵王,遂奔郑。楚灵王十二年(前529),趁灵王在乾谿(今安徽亳州东南)时,随公子弃疾、子干率陈、蔡、不羹、许、叶之师攻入楚都,杀灵王太子录,灵王自杀。子干为王,他为令尹,公子弃疾为司马。后受弃疾以灵王将至谣言恐吓,与子干被迫自杀。

子瑕 即“阳匄”。

子夏(前507—？) 春秋末晋国温(今河南温县西南)人,卜氏,名商,字子夏。孔子弟子。列于孔门文学之科。主张“仕而优则学,学而优则仕”、“博学而笃志,切问而近思”(《论语·子张》)。要求国君研读《春秋》,吸取教训,以防臣下篡位。宣称“死生有命,富贵在天”(《论语·颜渊》)。提出尊贤轻色,事亲竭力,事君尽忠,交友守信。其择友原则为“可者与之,不可者拒之”(《论语·子张》)。认为美德必须以礼成之,大德不可越轨,小德可有出入。孔子批评他守礼不严,诫其“无为小人儒”(《论语·雍也》)。孔子死后,到魏国西河讲学,魏文侯师事之。李悝、吴起、商鞅皆其门人。相传《诗》、《春秋》等经典皆赖其以传。

子夏之儒 孔子后的儒家分派之一。代表人物子夏,即卜商,是孔门文学科高才。其“仕而优则学,学而优则仕”(《论语·子张》)等语,被后学视同孔子的言论。此派重礼,且较为重视经验和功利。孔子亡后,子夏在魏国西河讲学传经。《后汉书·徐防传》云:“《诗》、《书》、《礼》、《乐》,定自孔子;发明章句,始于子夏。”魏文侯、李悝、吴起、田子方、段干木、禽滑厘等人都是他的弟子。其中,魏文侯于战国初年在魏国推行了改革,李悝、吴起是积极推动社会变革的著名改革家。

子象 战国时人。楚怀王时,楚与齐交战,宋国中立,齐告急于宋,宋许以助齐。乃为楚往说宋王偃,言宋从齐攻楚,未必有利,若齐胜,则将危及宋;若楚胜,亦将伐宋,宋国必危。事见《战国策·楚策一》。

子辛(？—前568) 一称公子壬夫。春秋时楚国人。楚穆王之子。楚共王十六年(前575)官右尹,率右军参加楚、晋鄢陵之战。二十一年任令尹,求索无厌,侵害小国,陈国为此背楚附晋。二十三年,楚质问陈叛楚之故,陈对以因子辛贪索,遂为楚共王所杀。

子虚赋 赋篇名。西汉司马相如撰。《史记·司马相如列传》全文录之。内容假托楚使子虚出使齐国,对乌有先生和亡是公夸耀楚王苑囿之广和田猎的声势;乌有先生则盛称齐地辽阔,物产丰富;而亡是公更以为齐、楚两诸侯国皆不足道,竭力铺陈上林宫苑的豪华壮观和天子游猎的盛况,最后提出应爱惜物力,归之于节俭。因寓讽谕之意,为西汉大赋的代表作。其内容在一定程度上反映了汉帝国文物之盛和中央皇朝的权势,篇制宏大,辞藻华丽,对答辩论极陈铺叙。这种表现手法,标志汉代新体赋已臻成熟。对后世赋作有重大影响。《文选》将此赋分作两篇,前半仍称《子虚赋》,后半题为《上林赋》。

子学 即“诸子学”。

子盐 清代场灶生产之余盐。官方收买存库,遇正盐迟缺时,拨配盐商行销,卖出价银,除缴还帑本外,所获盈余,归入京羡上报。

子央 商王武丁时诸子之一(见殷墟甲骨文)。曾参预祭祀、随王田猎。生病时,商王为之举行禳灾御祭。

子阳 ❶战国初名医扁鹊弟子。曾与扁鹊一起为虢国太子视疾。见《史记·扁鹊仓公列传》。❷亦作驷子阳、郑子阳。战国时郑缧公之相。后因为政严猛,刑无所赦,引起国人不满,因而被杀。相传他慕列子(列御寇)之名,令人遗赠以粟,列子不受。见《庄子·让王》。

子姚 即“罕达”。

子药图说 书名。清郝芗、关钟峭编辑。二卷。附图百余幅。光绪十五年(1889)成书,十七年在天津出版。郝芗等乃北洋海军军械学生,管理海军军械约库。时李鸿章筹措巨款,购入众多兵船、火器,为便于管理,遂派作者核定子药名目辑纂图说,汇为一书,为在局、在船司库者定准。书中对各种火药弹子构造、用法、管理方法等作了详细说明。

子夜歌 《吴声歌》之一。相传为晋女子名子夜者所作,故名。孝武帝时已颇为流行。《乐府诗集》收有晋、宋、齐之歌词凡四十二首。另有《子夜四时歌》、《大子夜歌》、《子夜警歌》、《子夜变歌》,皆为子夜歌曲之变种。

子仪 即“王子克”。

子义 战国时赵国人。赵孝成王元年(前265),赵臣触龙说赵太后以少子长安君为质于齐。事后,他评论说:人主之子,乃骨肉之亲,犹不能恃无功之尊,无劳之奉,而守金玉之重,何况人臣呢。事见《战国策·赵策四》。

子婴(？—前206) 秦始皇之孙(一说始皇之

侄)。秦二世即位后,曾谏劝勿诛大臣蒙毅。二世三年(前206)八月,赵高逼二世自杀,立其为王。后遂设计杀高于斋宫,夷其三族。刘邦率反秦义军进抵霸上后,系颈以组,白马素车,奉天子玺符归降,凡为秦王四十六日。降月余,为项羽所杀。

子游(前506—?) 春秋末吴国(一说鲁国)人,言氏,名偃,字子游。孔子学生。以文学著称。为鲁国武城(今山东费县)宰时,以礼乐为教,境内有弦歌之声。曾与孔子讨论大同、小康的社会理想,记录为《礼记·礼运篇》。

子游之儒 孔子后的儒家分派之一。代表人物子游,即言偃,是孔子的得意门生。他长于文学科,在礼的方面颇有造诣,以孔门的礼和仁为从政的原则。康有为据《荀子·非十二子》之言,认为子思、孟子一系孔门弟子出于子游氏之儒,其《孟子微》说:"子游受孔子大道之道,传之子思,而孟子受业于子思之门。"

子鱼 ❶春秋时宋国人,名目夷。宋桓公子,襄公庶兄。宋襄公即位,任他为司马。曾劝谏襄公勿图霸,不听。宋襄公十三年(前638),宋伐郑,与救郑的楚军战于泓水(今河南柘城西北)。楚军强大,他劝襄公候其半渡即进攻,襄公不听。当楚军已渡尚未列阵时,复劝进攻,襄公又以须待楚军列阵后方可,结果宋军大败,襄公受伤。事见《左传·僖公二十二年》。❷即"祝佗"。

子渔 商王武丁时诸子之一(见殷墟甲骨文)。常参预祭祀商先公先王。武丁常为其疾病、祸福占卜祈禳。在河南安阳殷墟小屯村北的18号墓发现有"子渔"铭文的青铜器。

子舆 即"曾参"。

子羽 即"澹台灭明"。

子玉(?—前632) 春秋时楚国人,名得臣。楚君若敖之孙。楚成王三十五年(前637)因与陈国作战有功,代子文任令尹。晋公子重耳(文公)流亡至楚,主张杀之以绝后患。重耳返晋即位后,宋叛楚归晋,楚成王欲伐宋,他奉命在芳地练兵,一日鞭笞士卒七人、穿三人耳。芳贾说他"刚而无礼,不可以治民"(《左传·僖公二十七年》)。并断言他带兵必败。四十年,在城濮(今山东鄄城西南)之战中,为晋大败,自杀。

子元(?—前664) 一称王子善。春秋时楚国人。楚武王之子,文王之弟。官令尹。楚成王六年(前666),欲引诱文王夫人息妫,遭斥责,旋率兵攻郑,无功而还。后为申公鬬班所杀。

子越(?—前605) 又称越椒、鬬椒、伯棼。春秋时楚国人,名椒。楚庄王三年(前611),庸乘楚荒年叛楚,乃与子贝率师灭庸。九年,令尹子文死,鬬般继任令尹,他任司马。后与芳贾诬杀鬬般,继任令尹。旋杀芳贾,并以族人处于蒸野(今湖北荆州),准备进攻庄王。庄王以文王、成王、穆王三王之子孙作为人质,以求和解,不允。遂与庄王战于皋浒(今湖北襄樊西),败死,其族被灭。

子展(?—前544) 一作公孙舍之。春秋时郑国人。事郑简公为大夫。郑简公十一年(前555),执政子孔欲借楚力除去诸大夫,引楚师伐郑,乃与子西加强防守,使楚师无功而返。次年,与子西率国人攻杀子孔,遂当国执政。十八年,与子产率军攻破陈都,点清俘获之数,释之而还。次年,以伐陈之功,被赐以八邑之地。

子张(前503—?) 春秋末陈国阳城(今河南登封)人,一说鲁国人。颛孙氏,名师,字子张。孔子学生。出身微贱,性偏激勇武。曾随孔子周游列国,困于陈、蔡。孔子死后,居于陈。其后学成为儒家一派,称为子张之儒。

子张之儒 孔子后的儒家分派之一。代表人物是孔子的学生颛孙师(字子张)。子张曾提出"士见危致命,见得思义"的观点,主张"君子尊贤而容从,嘉善而矜不能"。这一学派在"仁义"与"礼"的学说方面是孔子的传人,但子张对礼的理解超越了孔子所讲的范围,有人认为,此派有任侠风。

子之(?—前314) 战国时燕王哙相。位尊权重,多谋善断,深得王哙信任。燕王哙三年(前318),哙行禅让礼,传君位予他,并收三百石以上官吏印信交付之。行王事三年,国大乱。将军市被与太子平起兵,围公宫。遂率军杀太子平,相攻数月,死者数万。齐趁机侵伐燕国,攻城略地,他与燕王哙为齐兵所杀。

子仲姜镈 又名𬮎。春秋晚期齐国青铜器。传为清同治九年(1870)出土于山西荣河县(今万荣县)后土祠,高67厘米,有铭文一百七十二字。载𬮎之祖鲍叔有功于齐,齐侯赐予鄗地二百九十九邑,子孙世享其禄。鲍叔即鲍叔牙,辅佐桓公得位,荐管仲,使齐称霸。此铭详载鲍叔所任官职及封邑数量,可补史书记载之不足。

子重(?—前570) 一称公子婴齐。春秋时楚国人。楚穆王之子。楚庄王十七年(前597),任左尹,将左军参与楚、晋邲之战。楚共王二年(前589)任令尹,率师伐鲁,逼鲁以工匠贿楚求和。同年,又于蜀(今山东泰安附近)主持有鲁、齐、秦、蔡、许、宋、陈、卫、郑等国参加的会盟。十六年,与司马子反率师在鄢陵(今河南鄢陵西北)为晋大败。因楚共王斥责子反,遂逼子反自杀。二十一年,率师伐吴,遭吴反击,良将邓廖被俘,所部大半被歼,楚人归怨,忧愤成疾而死。

子州支父 支或作友,又称子州支伯。相传为尧、舜时贤人。尧和舜先后欲以天下让之,称病不受,后隐去。见《庄子·让王》。

子总管 官名。隋开皇十年(590)行军总管杨素平江南时曾置,以来护儿为之。唐初缘边军镇,每千人置一员,任期二年。

仔琫 官名。清代西藏地方政府官员之一。掌稽商上事务。凡喇嘛库藏出纳之所曰商上。前藏设三人,为四品官。隶于噶伦。遇有缺出,以叶尔仓巴、协尔帮、大中译及济仲喇嘛升补。

秭归县 西汉置。治今湖北秭归县。两汉属南郡。三国吴先属宜都郡,后改属建平郡。北周武帝改为长宁县。隋大业中复为秭归县,属巴东郡。唐以后为归州治。南宋端平三年(1236)迁治江南。明洪武初迁治江北(今县东南)。洪武四年(1371)又迁治江南。十年改为长宁县,十三年废入归州。1914年复改归州为秭归县,即今县。

梓材 《书·周书》篇名。周成王封康叔于卫,告以"明德",作为统治的法则。

梓宫 皇帝所用之棺椁。以梓木为之,故名。太皇太后、皇太后亦得用之。汉代或赐重臣以示殊宠。《汉书·霍光传》:光死赐梓宫,"皆如乘舆制度"。颜师古注:"以梓木为之,亲身之棺也。为天子制,故亦称梓宫。"

梓里表忠录 书名。清玛佳恒秾撰。四卷。成于同治八年(1869)。卷首为僧格林沁、文丰传。余专记咸同间满洲正白旗在各地与太平军、捻军作战死亡官兵事迹,分阵亡官员、阵亡兵丁、军营病故官兵三类列传。意在"表扬忠烈,激励戎行"。材料多取自清国史列传、旗储官册、邸抄军报、家乘传闻等。

梓人遗制 书名。元薛景石撰。景石,金末元初河中万泉(今山西万荣)人。是书初刻于元中统二年(1261),系木工机械设计专著。全书分为两部分。一是车舆制作,收有五明坐车子的用材、尺寸、功限和圈辇、靠背辇、屏风辇、亭子车的示意图。二是纺织机械的制作。记载华机子、立机子、罗机子、小布卧机子和掉籰座的用材、尺寸、功限,并附有装配图和零件图。是了解宋末元初纺织机械和技术的可靠资料。该书收于《永乐大典》。今有辑本。

梓潼 地名。战国蜀邑,后属秦。因倚梓林而枕潼水得名。即今四川梓潼县。《华阳国志·蜀志》:秦惠王"许嫁五女于蜀,蜀遣五丁迎之,还到梓潼",即此。西汉置县。

梓潼郡 东汉建安二十二年(217),刘备分广汉郡置梓潼郡,治梓潼(今属四川)。属益州。辖境相当今四川广元、青川、剑阁、梓潼、江油、绵阳和陕西宁强等市、县地。西晋永嘉后与侨巴西郡同治涪县(今绵阳市东),合称巴西。梓潼二郡。西魏废帝二年(553)移治安寿县(今梓潼县东南),改名潼川郡。

梓潼县 西汉元鼎元年(前116)置。治今四川梓潼县。属广汉郡。东汉建安末至东晋为梓潼郡治。西魏改置安寿县,徙治今梓潼县东南玛瑙西南。为潼川郡治。隋开皇三年(583)还旧治。大业三年(607)复更名梓潼县。属普安郡。唐至清历属剑州、隆庆府、绵州。

梓州 隋开皇末改新州置,"因梓潼水为名"(《元和郡县志》)。治昌城县(大业初改郪县,今三台县)。辖境相当今四川三台、盐亭、射洪等县地。大业初改为新城郡,唐武德元年(618)复为梓州。天宝元年(742)改为梓潼郡,乾元元年(758)复为梓州。辖境扩大至今中江县。北宋为梓州路治。重和元年(1118)升为潼川府。州城"左带涪水,右挟中江,居水陆冲要"(《元和郡县志》)。唐乾元后分蜀为东、西川,梓州常为东川节度使治。

梓州路 北宋咸平四年(1001)分峡路置,为川峡四路之一。治梓州(治今三台县)。辖境约当今四川嘉陵江下游,涪江中、下游和沱江中、下游和筠连县、合江县以北以西地区。重和元年(1118)改为潼川府路。

紫柏(1543—1604) 明吴江(今属江苏)人,俗姓沈,名真可,字达观,以号行。十七岁出家,始居苏州楞严寺。后游历庐山、五台山等地。于万历元年(1573)至京师参谒禅师遍融。与德清交善。主张儒、释、道三教一致。以梵夹本《大藏经》卷帙繁多,阅读不便,乃先后在五台山、径山创刻"方册藏",因称"径山藏"、"万历藏"。与莲池、憨山、蕅益并称明代"四大高僧"。说法之余,曾痛斥阉人矿税之祸。三十一年受妖书案之累,下狱死。著有《紫柏老人集》、《紫柏老人别集》等。

紫草 染料植物名。古代著名紫色染料。紫草科多年生草本植物,《尔雅》又称"藐",一名"紫茢"。春秋时盛产于齐。根部富含乙酰紫草宁,以明矾媒染可得鲜艳的紫红色,为春秋时齐国流行色。《韩非子·五蠹》载:"齐桓公好服紫,一国尽服紫。"当时紫色丝绸的价格数倍于素色丝绸。紫色为古代"五方间色"之一。

紫宸 紫宸殿学士之简称。

紫宸殿 唐都长安宫殿。位于大明宫宣政殿北,与含元殿、宣政殿合为东内三大殿,为内朝正殿,皇帝常日听政议事之处。

紫宸殿学士 官名。北宋庆历七年(1047),避真宗谥号,改文明殿学士置。八年,丁度罢参知政事,遂加此职。旋以御史言紫宸不可为官称,改为观文殿学士。

紫带子 清代束紫带人别称。清制,宗室腰束金黄带子,觉罗束红带子。宗室犯罪革退者给束紫带子。又,对改进满文作出贡献的达海被称为满洲圣人,其子孙亦准用紫带。

紫光阁 位于北京西苑(今中南海),始建于明,明武宗筑台阅骑射,称平台。后废台改建紫光阁。清乾隆二十五年(1760)重修,绘功臣图,刻御制诗置阁内。四十一年在廊内绘平定伊犁、回部、大小金川图。阁前为阅试武进士骑射之所,邀宴功臣、王公宗室及外藩使节在阁后武成殿举行。同治年间,清政府在此第一次正式接见外国使臣。

紫河 一作紫乾河。即今内蒙古和林格尔南浑河,蒙古语名乌兰穆伦河。上游有二水:北为内蒙古凉城县的宁远水;南为山西右玉县内的兔毛河。二水在内蒙古杀虎口外汇合西流,经清水河县北与清水合,西流入黄河。《隋书·炀帝纪》:大业三年(607),"发丁男百余万筑长城,西距榆林,东至紫河",即此。

紫花布 织物名。用天然土黄色棉花,手工纺织制成的棉布。因该土黄色棉开紫花而得名。是十九世纪三十年代英国绅士阶层流行的裤料。当时以南京为集散地,主要出产于江苏南通。经营这种棉布的东印度公司称它为"南京布",英文名 Nankeen。

紫花印 即"紫印"。

紫极宫 道教宫观。在今江苏南京。传为五代吴王杨溥所建。后改祥符宫、天庆观、玄妙观等名。明重建,改名朝天宫。现存殿宇为清代重建。

紫姜苗 明时苗族一部。分布于广西平乐一带。装束多同汉人。

紫金梁 即"王自用"。

紫金山 ❶又名岭山或麦山。在今河南孟州市西,北接太行山。唐贞观十一年(637),太宗行猎于此。❷在今安徽寿县东北、淮河南岸。五代周世宗显德四年(957)攻寿春,南唐遣齐王景达溯淮救之,军于紫金山,即此。❸在今四川盐亭县东北。《续资治通鉴》:南宋宝祐二年(1254),四川宣谕使余晦遣都统甘闰筑城于要地紫金山,为蒙古汪德臣所袭取,即此。

紫金石 一种含铁量较高的粘土矿。宋《太平寰宇记》:"吉州庐陵县(今江西吉安)落亭石,上有芝草,下有紫金。"

紫金鱼袋 唐宋官衔常有此名,紫指紫衣;金鱼袋,用以盛鲤鱼状金符。唐三品以上服紫佩鱼。金四品以上佩金鱼。

紫禁城 见"故宫"。

紫荆关 在今河北易县西北。地当太行山东西陉道,为冀、晋间交通要隘。蒙古成吉思汗伐金,明正统末也先自大同入犯,皆经此。

紫荆山 在今广西桂平市西北。中包村庄田地,周围百余里。与大藤峡相毗连,西连武宣,东接平南,北靠金秀大瑶山。进可攻,退可守。清道光二十四年(1844)冯云山至此进行宣传。三十年太平天国领袖洪秀全即在山前金田村起义。

紫口铁足 古陶瓷术语。指南宋官窑瓷器的一个重要特征。据科学分析,由于这种瓷器的胎骨含铁量高,氧化铁(Fe_2O_3)约为3.6%,在还原焰烧成时,部分铁离子被还原成低价氧化铁而形成磁性氧化铁(Fe_3O_4)分布在胎中,呈黑色,在底足部没有被釉覆盖住的部分呈现黑色的"铁足"。同时在釉层较薄的器口,透露胎的灰黑色而略泛紫色,即所谓的"紫口"。

紫蒙川 今辽宁老哈河上游支流,一说即今老哈河中下游。为东胡鲜卑族活动中心地之一。《晋书·慕容廆载记》:其先"邑于紫蒙之野,号曰东胡"。西晋时鲜卑宇文氏建国于此,东晋建元二年(344),为前燕慕容皝所灭。唐开元二十二年(734),幽州节度使张守珪平契丹,出师次于紫蒙川,大阅军实,宴赏将士。

紫陌 相传为河伯娶女处,在今河北临漳县西南古邺城西北五里,临漳水。本名祭陌,后名紫陌。《水经·浊漳水注》:"(后)赵建武十一年(345),造紫陌浮桥于(漳)水上,为佛图澄先造生墓于紫陌,建武十五年卒(一说十四年卒),十二月葬焉,即此处也。"

紫砂 陶器名。其烧造始于宋代,明中期起盛行。产地在今江苏宜兴丁蜀镇,故亦称宜兴紫砂。是一种质地细腻,含铁量高的特殊陶土烧制成的无釉细陶器。其制造完全以手工成型,表面砑光后烧造,不施釉。因原料紫泥中含铁量较高,故烧成后呈紫褐、淡黄或红褐色。主要作茶壶,还盛行雕塑和制作其他工艺品。紫砂陶为中国独特传统工艺品,在国内外享有盛誉。

紫山大全集 书名。元胡祗遹(号紫山)撰。二十六卷。原本六十七卷,其子胡持编,前有门人翰林学士刘赓序,久已散失。今传本为《四库全书》据《永乐大典》所载诗文辑出重编。卷一至八为赋、诗、诗余,卷八至十九文,卷二十至二十四杂著,卷二十五至二十六语录。集中序、记、神道碑、墓志铭等文,多可据以考证史事;杂著四卷,对当时朝政诸项事宜皆有论述。有《三怡堂丛书》本。

紫石砚 通称端砚。唐时端州(今广东肇庆)端溪水中石,色青;山半石,色紫;山顶石尤润,猪肝色。均宜以制砚,颇负盛名。

紫微宫碑 蒙古碑刻。在今河南济源市。刊刻元太宗窝阔台十二年(1240)三月大皇后懿旨,碑称"也可合敦大皇后"。内记沁州管民官杜丰提领雕造道藏经及修盖宫观事。碑为汉文。左侧刊蒙古文字三行,为现存较早的蒙古畏兀儿字文献。

紫微令 官名。即中书令。唐玄宗开元元年(713)改,五年复名中书令。

紫微舍人 官名。即中书舍人。唐开元元年(713)改,五年复名中书舍人。

紫微省 官署名。即中书省。唐开元元年(713)改,五年复名中书省。

紫微侍郎 官名。即中书侍郎。唐开元元年(713)改,五年复名中书侍郎。

紫溪山 在今云南曲靖市东南。明初沐春讨当地土酋于此。

紫溪水 水渠名。在唐江南道杭州於潜(今浙江临安西)南三十里。源出天目山,名锦江、浮溪,经县南,合众流为紫溪,又合昌化柳溪之水入分水县,再合桐庐之水以达浙江。贞元十八年(802)县令杜泳开,溉田四千余顷。又凿渠三十余里,以通舟楫。

紫霄宫 明代道观。武当山八大宫之一。在湖北均县(今丹江口市)武当山展旗峰下。明永乐十二年(1414)建。依山而立,气势雄伟。经东天门入,有龙虎殿、循碑亭、十方堂、紫霄大殿等。西侧为东、西宫,周围红墙,自成院落。紫霄大殿又称荷叶殿,宽深均为五间,重檐歇山顶,翠瓦丹墙,其额枋、斗栱、天花皆施彩画。殿前有长方形月台三层。殿内所供玉皇、灵官诸神,雕刻细腻。现为全国重点文物保护单位。

紫霄真人 即"谭峭"。

紫印 清代官文书用紫色盖印,一称紫印,一称紫花印。清制,凡宗人府、六部、都察院、通政司、大理寺、翰林院、詹事府、内务府、理藩院、太常寺、光禄寺、太仆寺、銮仪卫、武备院、上驷院、奉宸苑、顺天府尹、仓场侍郎等衙门,以及盛京五部、奉天府、各省总督、巡抚用紫印,惟本章内用朱色。衍圣公同。其余文武各衙门官文书盖印均用朱色。

紫云城 即今四川犍为县东南紫云。南宋宝祐中筑城置戍，德祐初，昝万寿以紫云城降元，即此。

紫云观 即“宗圣观”。

紫竹林之战 清末义和团运动期间天津军民抗击外国侵略者的战役。紫竹林原为天津城东南海河西岸一小村名。咸丰十年(1860)天津开港后，法国强划租界地于紫竹林，其旁为英、美租界。至九十年代末，德、俄、日又在海河两岸划定租界，因此泛称“紫竹林租界”。光绪二十六年(1900)春义和团运动兴起后，紫竹林成为各国侵略军的基地。四、五月间，各国公使调兵入京和西摩尔率各国军队北犯，均从紫竹林出发。五月二十日，俄国军队在紫竹林对岸天津火车站屠杀义和团众。次日，各国联军又攻陷大沽炮台，天津军民遂包围紫竹林，发炮轰击紫竹林各国武装据点。五月下旬，义和团首领曹福田、张德成率各县义和团两万余人参加进攻紫竹林的战斗。六月初，曹福田和清军马玉崑部在火车站与俄军激战，张德成率义和团一度攻入紫竹林。紫竹林之战历时月余，直至六月十八日天津城被侵略者攻陷才结束，给侵略者以沉重打击。

zì

自陈 ❶宋代对官员选择差遣的一项规定。官员奏请任某一宫观官，作为“自陈”，日后仍可恢复原职；若由朝廷下诏委任，则非“自陈”，一般不恢复原职。但亦有受朝廷特别优待，作为“自陈”者。❷官员自己向朝廷陈述或提出某一要求，如“自陈”致仕等。❸官员考核制度。清制，每三年举行京察、大计一次，五年举行考核中央机关及地方文武官员一次。中低级职官由主官出具考语，汇送吏部、兵部。三品(武职二品)以上主官则由本人直接向皇帝提出任职状况报告，称自陈。虽无明文规定格式，但久之成为习套，首籍贯履历，次任职以来概况，终言力不胜任，请求罢职。千篇一律，流于形式。乾隆十七年(1752)，停自陈之例。

自出 法律用语。即自首投案。《睡虎地秦墓竹简·法律答问》：“把其假以亡，得及自出，当为盗不当？自出，以亡论。其得，坐赃为盗。”又，《汉书·食货志》载武帝时对盗铸金钱“赦自出者百余万人”。秦汉时对自出者，均予以宽减。

自封投柜 清代税户自行纳税之法。顺治十八年(1661)，规定州县官不许私自称兑钱粮，令州县各置木柜，排列衙署前，由纳税户按其税额亲自将银、钱投入柜中，以户部统一制定的度量衡称兑，如不足数，可将原数退出，令纳税户当堂认补，禁止吏胥从中克扣。

自告 法律用语。即自首。《睡虎地秦墓竹简·法律答问》对自告有具体规定：“司寇盗百一十钱，先自告，何论？当耐为隶臣，或曰赀二甲。”《封诊式》有“盗自告”式例一篇。犯罪后自告可以减免刑罚。《汉书·衡山王传》：“闻律先自告除其罪。”“孝先自告反，告除其罪。”颜师古注：“先告有反谋，又告人与己反，而自得除反罪。”《后汉书·明帝纪》：吏人犯罪“其未发觉，诏书到先自告者，半入赎”。

自故 王充哲学的一对概念。“自”即自然而然之意。《论衡·自然篇》：“阳气自出，物自生长；阴气自起，物自成藏。”认为万物之生长系依照阴阳之变化，自然而然地进行，不受外力干扰。“故”指天有目的的安排。《物势篇》：“夫天不能故生人，则其生万物亦不能故也。天地合气，物偶自生矣。”认为人与万物均非天有目的之创造。

自化 道家用语。指事物之本然状态。《庄子·秋水》：“物之生也，若骤若驰。无动而不变，无时而不移。何为乎，何不为乎。夫固将自化。”《庄子·在宥》：“意，心养，汝徒处无为，而物自化。”主张对于万物应当顺应其本然状态，而不加任何干预，对于人类本身亦应任凭自然，不加雕琢。

自纪 《论衡》篇名。为著者王充晚年写成之自传。记述著者家世、生平及思想，列举若干著作篇目，并以问答形式驳正正统儒生对自己的责难，着重阐明撰写《论衡》之宗旨为抨击天人感应、谶纬迷信之“伪书俗文”，为后代留下一部“如衡之平，如鉴之开”之著作。为研究王充思想之重要资料之一。

自靖录考略 书名。一名《崇祯忠节录》。明末清初高承埏撰。八卷，外编一卷。所记以崇祯时忠烈事迹为主，由京畿而及各省，末卷载康熙二十二年(1683)清军平定台湾之事，乃其子佑釲所补撰。咸丰间同里王逢辰得其手抄底稿，为之校定重刊。

自来火枪 管形火器。用于清代。铸铁制。发火机衔燧石，旁有花轮，花轮与燧石摩擦发火。身管上设照门、照星。以木为托，内插搠杖，托下装有木叉，便于射击。

自立会 清末政治团体。光绪二十六年(1900)，流亡日本的维新派唐才常和留日学生秦力山、吴禄贞、林圭等二十余人在上海创立，初名正气会。订有《正气会会章》二十二条，号召“务合海内仁人志士，共讲爱国忠君之实”，并准备开译局、报馆等。经费由保皇会康有为从海外接济，又获革命派的实力支持。不久易名自立会。对外称“东文译社”，聘日人甲斐靖主持社务，以教授日文为掩护。内分军事、政治两部，筹设自立军，准备起兵“勤王”。以时务学堂学生、留日学生及国内青年学生为骨干，另有各省来沪之会党首领及其他武装志士参加。既接受康、梁指导，又遥奉孙中山为“极峰”。会员称“会友”，每人持富有票一张为凭证，并于上海开富有山堂，联络会党。七月，唐才常在上海张园召开“中国国会”，推容闳为会长，严复为副会长，唐才常为总干事。宣布以“保全中国自主之权，创造新自立国”，拥戴光绪帝当政为纲领，意在兼顾革命和保皇。容闳起草英文《对外宣言》八条，提出立二十世纪最文明之政治模范，予人民以立宪的政治权利等。后唐才常、林圭、秦力山等在汉口英租界内设自立军总机关，联络长江沿岸会党，策动清朝防军，组成自立军七军，势力遍及沿江沿海各省。同月，自立军起事失败后，自立会亦随之瓦解。

自立军 清末维新派组织的“勤王”武装。光绪二十六年(1900)唐才常、林圭、秦力山等自立会成员在汉口英租界组织秘密机关,联络长江沿岸会党,策动清朝防军,组织自立军,准备起兵"勤王",拥护光绪帝当政。分为七军:秦力山统前军驻安徽大通,田邦濬统后军驻安庆,陈犹龙统左军驻湖南常德,沈荩统右军驻湖南新堤,林圭统中军驻汉口,另设总会亲军和先锋军,唐才常任诸军督办。预定七月十五日(8.9)在汉口、汉阳、皖、赣、湘同时起兵,因等待康有为汇款接济而延期。秦力山未得延期通知,如期起兵,激战三日失败。湖广总督张之洞勾结英国领事,将自立军机关破获,捕杀唐才常、林圭等二十余人。自立军遂解体。

自流井风物名实说 书名。又名《自流井图说》。清吴鼒立撰。鼒立,字铭斋,河南固始人。主要记载四川自贡地区经营井盐和天然气情况。内容为自流井的地理区划;集资经营盐井的原则和雇佣关系;布置盐灶和导引卤水入灶方法;汲卤车和采卤唧筒的结构;钻井的工具和方法;排除盐井故障的工具;烧盐方法等。

自卖人 东汉外戚梁冀掠取的私奴婢。《后汉书·梁冀传》:"或取良人,悉为奴婢,至数千人,名曰'自卖人'。"

自鸣 古籍中记载共鸣的用语。古人将未曾发现声致振动的声源而出现的共鸣称为"自鸣",在历代正史的"五行志"中往往将其作灾祥异事记述下来。但有不少学者在掌握共振原理的基础上,通过改变物体的固有频率来消除共鸣。南朝宋刘敬叔《异苑》:"晋中朝时,蜀中有人蓄铜澡盆,晨夕恒鸣如人叩,乃问张华。华曰:'此盘与洛阳钟宫商相谐,宫中朝暮撞钟,故声相应。可镳令轻,则韵乖鸣自止也'。依其言,即不复鸣。"唐韦绚《刘宾客嘉话录》载洛阳有某僧,房中磬子,日夜辄自鸣。僧惧而成疾,僧的友人曹绍夔闻此事,特向僧问候,他听见斋钟叩鸣时,磬也作声。乃用锉镳磬数处,其声遂绝。僧问其所以,绍夔曰:"此磬与钟律合,故击彼应此"。

自鸣钟 又名候钟。机械时钟。明万历九年(1581),耶稣会士意大利人罗明坚(Michel Ruggieri,1543—1607)首次将西洋自鸣钟带入广州。后他将钟的刻度由二十四小时制改为中国的十二时辰制,每天分成一百刻。与中国传统计时器相比,它结构紧凑,尺寸较小,准确精巧,使用方便。十七世纪自鸣钟不断输入中国,颇受欢迎。明末已有中国人仿制。

自鸣钟表图法 书名。清徐朝俊著,成书于嘉庆十四年(1809)。内容包括钟表图说、钟表名目、钟表事件名目并图、配轮齿法与作法、修钟表停摆法、修打钟不准法、装拆钟表法、用钟表法、钟表琐略等,附有五十余幅机械零件图。总结了明末至十九世纪初有关钟表的种类、构造、性能、修造技术和使用保养方法,为中国第一部自鸣钟表专著。

自杞国 宋代贵州少数民族所建政权。以市马著称。《岭外代答》卷二称其地"三程至大理国之境",具体辖境不明。南宋时其人活动于大理、广南西路(今广西)一带,转卖大理所产良马,在沟通内地与西南边疆经济、文化交流中起过重要作用。

自强新政 见"洋务运动"。

自强学堂 学校名。又称湖北自强学堂。清光绪十九年(1893)十月湖广总督张之洞创办于武昌。蔡锡勇为总办。十五至二十四岁的士人入学肄习。分方言、格致、算学、商务四课,分斋讲授。二十二年算学改归两湖书院讲习,格致、商务停办,只设方言斋。内分英、法、德、俄语言文字四门,每门学生三十人,学制五年。学有成效,即予奖叙并送同文馆备用。二十三年专以方言及算术为功课,渐习地志、格致、理化诸书,增设日文。二十九年改为普通中学堂。

自强学斋治平十议 书名。自强学斋主人辑。选录戊戌变法前各家论新政变法的著作,共十种,即陈炽的《庸书》、冯桂芬的《校邠庐抗议》、马建忠的《适可斋记言记行》、薛福成的《筹洋刍议》、陈虬的《经世博议》和《救时要议》、宋育仁的《时务论》、许楣的《钞币论》、王守基的《盐法议略》。有清光绪二十三年(1897)文瑞楼石印本。

自然 ❶指"道"本来如此,即自然而然,不假人为。语出《老子》二十五章"道法自然"。后演变为魏晋玄学命题,旨在说明同"名教"的关系。何晏《无名论》:"夏侯玄曰:'天地以自然运,圣人以自然用,自然者,道也。'"(《列子·仲尼》张湛注引),认为自然是本体,圣人所设之名教,是本体之用,两者不可偏废。阮籍、嵇康偏重于"自然";向秀、郭象则偏重于"名教"。参见"名教"。❷《论衡》篇名。东汉王充认为人与万物皆由气构成,"天地合气,万物自生。犹夫妇合气,子自生矣"。把天看成"自然无为"的客观存在,批评天人感应的祥瑞灾异说。指出:"末世衰微,上下相非,灾异时至,则造谴告之言矣……谴告之言,衰乱之语也。"

自然铁 原存在于自然界中的铁。为人类最早接触和使用。包括陆上铁和陨铁两种。前者所见甚鲜。中国使用陨铁主要是商和西周,多用作兵器的刃部,所见有商代中期铜钺陨铁刃、西周铜戈陨铁刃。商周后未见。

自生火铳 管形火器。明崇祯八年(1635)毕懋康发明。其构造和性能与一般鸟铳无大差异,惟发火装置改为燧石发火。对夹火绳之龙头加以改造使火石磨擦发火,将中国使用二百多年的火绳点火法,改为燧石发火,使之在风雨天气射击更为方便。

自生派 魏晋玄学派别之一。以向秀、郭象为代表人物。向秀、郭象注《庄子》,认为"无既无矣,则不能生有,有之未生,又不能为生,然则生生者谁哉?块然而自生耳"(《庄子·齐物论注》)。以万物毫无原因,毫无凭借的忽然"自生",反对以无为本、为根,并否定万有的真实性,故名。主张名教出于"天理自然",人人应"安分自得",以名教即自然的命题,合儒道为一。宣传世界混沌一片,无须认识,也无法认识,故对是非的态度是"无可无不可"(《齐物论注》);对知识的态度是"以不知为宗"(《大宗师注》)。

自实法 又称手实法。南宋宝祐二年(1254)行自实法:民户排定保甲,自报实占田亩数,同保甲民户互相监察。在两浙、江东西、湖南各州军推行。三年罢。

自首减 刑罚名。唐律指犯法后知有人欲告发,即自首其罪,可减二等论罪。

自讼斋 宋学校斋名。北宋时太学生违反学规比较严重,即送入此斋反省。崇宁元年(1102)撤销,将“不率教”者转入辟雍。辟雍废后复置。徽宗时,州学亦置自讼斋,上书获罪士人和三舍生中讥讽时政者,遣回原籍后,于此听读。南渡后,诸王宫学亦设此斋,凡犯罪未至拘管程度的宗室于此“循省”。

自卫新知 见“洴澼百金方”。

自西徂东 书名。德国传教士花之安撰。清光绪十年(1884)在香港初版,十四年广学会整理重印。全书分仁、义、礼、智、信五集七十二章,附《西法何能行于中国》一章。论两国政事并与中国现状比较,宣传中国仿行西法。

自怡日记 书名。清龚又村撰。稿本。作者为秀才,以教书为生,本书以日记体裁记其生平经历。咸丰十年(1860)至同治元年(1862)日记中涉及太平军攻克常熟后的社会状况、太平天国在苏南的土地政策以及清朝官绅的动向。这一部分收入《太平天国资料丛编简辑》。

自由书 书名。近人梁启超著。六十三篇。因服膺英人约翰·弥勒(John Stuart Mill, 1806—1873)之自由说,故名。写于清光绪二十五年(1899)至宣统元年(1909)。大部发表于《清议报》和《新民丛报》,署名“饮冰子”或“饮冰室主人”。内容涉及世界名人传记、轶闻、时事、政治、哲学等方面。其《惟心》篇阐发佛教唯识宗“三界惟心”之旨。《英雄与时势》、《豪杰之公脑》诸篇宣扬英雄史观,谓“英雄”为世界之“造物主”,“舍豪杰则无世界”。《中国之社会主义》篇则认为马克思(原文“麦喀士”)的经济思想在中国古已有之,谓井田制度正与近世社会主义“同一立脚点”。收入《饮冰室合集》。

自由新报 报纸名。同盟会檀香山分会机关报。清光绪三十四年八月(1908.9)由《民生日报》改组而成。双日刊。卢信、温雄飞、吴新荣等先后主编。以“颠覆异族政府”、“建立中华共和国”为主旨。主张实行三民主义,倡言革命。与保皇党之《新中国报》长期论战。民国成立后继续出版。

自有耶 汉晋时期,指著籍在南中之汉族居民与土著夷人诸姓联婚者。

自在军 五代南唐末,宋师南下。后主李煜令募豪民以私财招聚无赖亡命之徒为兵,号自在军。

自在州 明永乐七年(1409)置,以安置北方降人。隶辽东都指挥使司。治所在三万卫城,即开元城,在今辽宁开原北。后徙置今辽宁辽阳市,与都司及定辽中卫等五卫同治一城。

自证分 佛教名词。与“相分”、“见分”、“证自证分”同为佛教大乘有宗认识学说,合称“四分”。“证”者,证明之义;“自”者,“识自体”之谓,指识自体之自证。据《成唯识论》卷二,“见分”虽能知“相分”,但“见分”不能自知“见分”,须由“自证分”来证明;否则,就不能回“忆”起曾经“缘虑”过的“相分”。如以尺量绢,“相分”如绢,“见分”如尺,“自证分”如知其所量之尺寸,故亦称“自证分”为“能量”。

自治报 杂志名。清光绪三十一年(1905)在江苏吴江创刊。周刊。自治学社学生自治会主办,柳亚子主编。自编自刻,蜡纸油印,每星期一张,发行六十七号,改名《复报》。

自治公所 清末地方自治机构。光绪三十四年十二月二十七日(1909.1.18)清政府颁布《城镇乡地方自治章程》,规定各地设立自治公所,以为城、镇、乡议事会会议及董事会办公之地。

自治学社 清末贵州革命团体。光绪三十三年(1907)张百麟与陈永锡、谭西庚、黄泽霖等在贵州组成,推钟昌祚为会长。揭橥“个人自治”、“地方自治”、“国家自治”“三大主义”,发行《自治学社杂志》和《西南日报》,创办法政学堂,借君主立宪相号召。不久分社遍布近五十州县,社员达一万四千余人。经同盟会员平刚介绍,集体加入同盟会。武昌起义后,联合陆军小学与新军中革命分子发动起义,宣布贵州独立。后立宪派倡乱,黄泽霖、钟昌祚相继遇害,学社解体。

自治学社杂志 杂志名。贵州自治学社机关刊物。清光绪三十三年(1907)冬在贵阳创刊。月刊。张鸿藻、张百麟主编。以“催促预备立宪,实行国民自治”为宗旨。文言白话各半。因抚院不准立案,第二期延至次年七月始出版。每期发行六百份,社内分销。现仅见三期,三十四年停刊。

字贯案 清乾隆朝文字狱。江西新昌举人王锡侯(1713—1777),作《字贯》一书,删改《康熙字典》。乾隆四十二年(1777)被人告发。高宗以其书中并不避讳圣祖、世宗及本人御名,指为“大逆不法”,“罪不容诛”,下令斩首。江西巡抚等官员亦受处分。

字寄 清代军机处用语。即不经内阁明发,而以军机大臣寄信的形式密发的上谕。其收文者,大都为各地封疆大吏或钦差大臣和高级武职官员。详“传谕”。

字林汉报 报纸名。清光绪十九年二月六日(1893.3.23)在汉口创刊。英商字林洋行主办。以博访时事、闻见益新为主旨。所刊论说新闻,与上海《字林沪报》多相采用。设社论、谕旨、电传、西报汇译等栏目,兼刊各货行情、汇兑银洋钱价,每日一大张。经营一年即停刊,由华人接办,改名《汉报》。二十二年转由日人宗方小太郎接办,仍名《汉报》出版。

字林沪报 报纸名。《字林西报》中文版,初名《沪报》,从第七十三号起改名《字林沪报》。清光绪八年四月二日(1882.5.18)在上海创刊。公共租界工部局主办,戴谱笙、蔡尔康主编,内容大半从《字林西报》选译。二十三年十一月发行副刊《消闲报》。二十六年日本东亚同文会顶办,改名《同文沪报》。

字林西报(North China Daily News) 又称《字林报》。英国人在上海创办的历时甚久的英文报纸。

英商字林洋行出版。清同治三年(1864)发刊。系由《北华捷报》发展而来。刊载中外新闻,发布上海租界政法、商业消息,为公共租界工部局的喉舌。1951年3月31日停刊。

字舞 唐舞名。有以舞人以身亚地布字者,有以舞队排字者,有以舞衣颜色成字者。《圣寿乐》即字舞。舞者百四十人,戴金铜冠,穿五色画衣,舞队每变一次摆一字,共摆十六字:“圣超千古,道泰百王。皇帝万年,宝祚弥昌。”

字验 宋代军事通信的一种保密方法。约军中之事为四十余条,如“请弓”、“请箭”、“请添兵”、“请移营”等,以旧诗四十字(字不得重复),依次配一条,作为暗号。军事行动前由主将编排,只限少数将领掌握。传令与通信时,即使插入传信牌之纸条落入敌手,仍可不泄漏军情。

zōng

枞阳会议 太平天国在安徽枞阳镇召开的军事会议。(1)清咸丰六年(1856)十一月,因清军围攻桐城甚急,太平军守将李秀成派人向陈玉成求救。陈、李在枞阳会商解救桐城的计划,即先由李秀成回守桐城正面,陈玉成引军东进,断清军粮道,折而西行以抄桐城之背,李秀成再出兵,前后夹攻围城清军。十二月,陈玉成按计划夺无为,取巢县,克庐江,然后抄桐城之后,李秀成自城内出击,次年一月大败清军,遂解城围。(2)咸丰八年六月下旬,太平天国将领在陈玉成主持下,聚会枞阳讨论解救天京(今南京)的军事计划,决定统一指挥和联合作战的方针,先破江北大营。会后,陈玉成和李秀成部在安徽乌衣和江苏江浦小店、浦口连连告捷,攻破清军江北大营,解除天京的北面威胁,恢复天京与浦口的交通。后陈、李两部又联合作战,夺得三河战役之捷,迫使清军从安庆外围败退,取得重大的军事胜利。

枞阳县 西汉元封五年(前106)置。治今安徽枞阳县。属庐江郡。东汉废。南朝梁复置,为枞阳郡治。隋开皇十八年(598)废。1954年湖东县移治枞阳镇,次年改为枞阳县,即今县。

宗 ❶群舒之国。在今安徽桐城市北。《左传》文公十二年(前615):“群舒叛楚。夏,子孔执舒子平及宗子。”❷藏语的音译。原意为城堡、营、寨,转义指县一级行政单位。其建置始于元末帕木竹巴地方政权在乌思藏设治。下辖若干溪卡(庄园)。有大、中、小三等,由西藏地方政府委任宗本(县官)一至二名主管。依清制按等级定为五品至七品,多由该宗世家贵族、上层喇嘛充任。其由基恰兼任宗本者称基宗,居于边防要地者称边宗,地位均在大宗之上。❸独龙语的音译。指独龙族的原始共产制大家庭。

宗爱(?—452) 北魏人。太武帝时宦官。官至中常侍,封秦郡公。性险暴,太子晃恶之。他于帝前构太子所宠给事中仇尼道盛罪,杀之,太子亦以忧卒。后帝常思念太子,惧诛,遂又杀帝,迎立南安王余,又杀秦王翰,自任大将军、太师,坐召公卿。余谋夺其权,因事泄被杀。羽林郎中刘尼密以状告殿中尚书源贺,贺乃与南部尚书陆丽定谋立皇孙拓跋濬,遂执杀宗爱,并夷三族。

宗兵 东汉末大乱,地方大姓往往把宗族子弟组成军队,时人称为宗兵。

宗炳(375—443) 南朝宋南阳涅阳(今河南邓州东北)人,字少文,又称宗居士。妙善琴书图画,精于言理。尝入庐山就释慧远考寻文义。晋、宋两朝屡辟为官,皆不就。好山水,爱远游,西至荆、巫,南登衡岳。因结宇于衡山。元嘉中,以老疾还居江陵,于室中画所历名山胜水,倡写意之法,为山水画创始人之一。又传习《金石弄》古琴曲。以疾卒。

宗伯 官名。(1)周始置。礼官之长,卿爵。掌宗室礼法及宗庙社稷祭祀礼仪。《国语·周语上》:“宗伯九之,王则大徇。”韦昭注:“宗伯,卿官,掌相王之大礼。若王不与祭则摄位。”《大戴礼记·盛德》:“父子不亲,长幼无序,君臣上下相乖,曰不可也。不和则饬宗伯。”又《周礼》列为六卿之一,为春官之长。有大、小宗伯之分职。西汉平帝元始四年(4)改宗正而置,掌皇族事务。新莽并其官于秩宗。东汉复旧名。西魏、北周时设为春官府长官。(2)明清时为礼部尚书之俗称。

宗部 东汉末年因社会混乱,地方豪强以宗族为核心聚众结伙据险自守,以保障财产不受侵犯,并拒征徭役、兵役,史称宗部、宗伍,或蔑称“宗贼”。宗部与汉晋间的坞壁相近似,具有地方割据性。其大者有五六千家,首领称宗帅。三国时宗部主要分布于今江苏、安徽、浙江、江西、湖北、广东、广西一带。宗帅之著名者有丹阳祖郎、吴郡严白虎等。吴国为政权的统一和加强控制劳动力,曾接连征讨宗部。魏国则利用宗部与孙吴政权的矛盾,曾多次派人笼络宗部,以策应对孙吴的进攻。

宗敞 十六国时凉州(治今甘肃武威)人。初仕后秦为凉州别驾。其文才称誉西土,时人比之陈琳、徐干。曾荐本州文武名士十余人于傉檀。后仕南凉,傉檀以为太府主簿、录记室事。

宗臣(1525—1560) 明兴化(今属江苏)人,字子相,号方城。嘉靖进士,授刑部主事,谢病辞归,读书于百花洲。后任稽勋员外郎。出为福建参议,以御倭寇功升福建提学副使。在京官任内,与李攀龙、王世贞等结社论诗文,为“后七子”之一。有《宗子相集》。

宗城县 隋仁寿元年(601)以广宗县改名。治今河北威县东。属清河郡。唐武德四年(621)于县置宗州,九年州废,改属贝州。天祐三年(906)改为广宗县。属魏州。五代唐复为宗城县。宋属大名府。崇宁四年(1105),徙治今威县东邵固。元初省。五代晋天福六年(941),天平节度使杜重威攻成德节度使安重荣于宗城,即此。

宗楚客(?—710) 唐蒲州汾阴(今山西万荣西南)人,字叔敖。武则天从姊子。进士出身。累迁户部侍郎。垂拱中,与兄秦客、弟晋卿俱被重用。后坐奸赃并配流岭外。岁余征还。万岁通天二年(697),以检校夏官侍郎同平章事。复坐事贬出。神龙初,入为太仆卿。武三思引为兵部尚书、同平章事。以谄附韦后,进中书令。与纪处讷共为朋党,世称“宗纪”。后临淄王李隆基(玄宗)举兵诛诸韦、武,与晋卿均被杀。

宗慈 东汉南阳安众(今河南邓州东北)人,字孝初。初举孝廉,九辟公府,不就,后为修武令,因太守出自权豪,以敛取货赂为能事,遂弃官而去。征拜议郎,于途中病卒。

宗端修(1150—1208) 金蔡州汝阳(今属河南)人,字平叔,一字伯正。避世宗父睿宗宗辅讳,改姓姬。大定进士。承安元年(1196),升监察御史。四年,以直言不为大臣所容,改大理司直。泰和四年(1204),升大理寺丞。因提议将知大兴府纥石烈执中言事涉私治罪,以所议不当,削官解职。后任全州盘安军节度副使,规措东北路军储,卒于泰州官署。

宗法 古代以嫡长继承制为中心的血缘制度。商代已有雏形,至周代盛行。狭义而言只施行于大夫、士阶层,其家族始祖一般为国君嫡长子之弟即别子。别子分出自立一家,由其长子继承,称为大宗,世袭下去,故百世不迁。别子之庶子的子孙只继承其父(祢),称为小宗,超过五世就不再有丧服的规定,故五世则迁。《礼记·大传》:“别子为祖,继别为宗,继祢者为小宗。有百世不迁之宗,有五世则迁之宗。百世不迁者,别子之后也。宗其继别子之所自出者,百世不迁者也。宗其继高祖者,五世则迁者也。”广义而言天子对诸侯,天子为大宗,诸侯对卿大夫,诸侯为大宗。以此定权位,分亲疏。

宗妇 ❶宗子之妇。《礼记·内则》:“祗事宗子、宗妇。”孔颖达疏:“宗妇,谓大宗子之妇。”❷官名。春秋时诸侯后宫女官。多由卿大夫的妻子担任。佐助诸侯国君夫人掌妇事礼法。《礼记·祭统》:“及迎牲,君执纼,卿大夫从,士执刍,宗妇执盎从夫人。”

宗干(斡) 即“完颜宗干”。

宗杲(1089—1163) 宋宣州宁国(今属安徽)人,俗姓奚,号妙喜。僧人。十二岁出家。遍阅诸家语录,尤喜云门宗语。后游郢州,研讨曹洞宗旨。复赴汴京天宁寺参圆悟克勤,得受克勤所著《临济正宗记》,遂以临济宗杨岐派传人,名震京师。绍兴十一年(1141),因触犯秦桧(一说与张九成结党“谋反”)被捃拾毁衣,充军衡州(今湖南衡阳)、梅州(今属广东)十余年。二十六年遇赦,恢复僧服。次年住径山,因称“径山宗杲”。三十二年赐号“大慧禅师”,故又称“大慧宗杲”。认为“诸佛菩提、畜生驴马、庭前柏子树、麻三斤、乾屎橛”均具“佛性”(《续传灯录》卷二十七)。宣称“我手何似佛手!”并谓“饮酒食肉不碍菩提,行盗行淫无妨般若”。反映后期禅宗“呵佛骂祖”的特点。精于禅宗“公案”,辑有《正法眼藏》。卒谥“普觉禅师”。其著述由弟子蕴闻、道先等编为《语录》、《法语》、《大慧普觉禅师普说》、《大慧普觉禅师宗门武库》、《大慧普觉禅师书》等。

宗哥 亦作总噶尔。藏语的音译。古城名。当今青海西宁市东之平安县。北宋大中祥符年间吐蕃族首领李立遵挟唃厮啰居此,自立为相,遣使通宋。唃厮啰与李立遵不和,东迁邈川,再迁青唐。宗哥成为唃厮啰系政权下的重要城镇,宗哥平川长百里,宗河(今湟河)沿岸皆为吐蕃族人居住,景色宛如荆楚。元符二年(1099)为宋将王赡所攻取,改名龙支城,旋弃守。崇宁三年(1104)王厚、童贯率兵再入。北宋亡后城降金,后归西夏。

宗哥族 湟水流域的吐蕃大族。居宗哥城(今青海平安)。北宋大中祥符元年(1008),首领温布始向宋入贡。其后,李立遵为大首领,立唃厮啰为赞普,有胜兵六、七万。唃厮啰徙邈川(今青海乐都),复徙青唐,宗哥族部归附唃厮啰。

宗工 官名。西周置。主管王室同姓宗人。《书·酒诰》:“惟亚惟服宗工。”

宗国 春秋战国时之同姓诸侯国。《孟子·滕文公上》:“吾宗国鲁先君莫之行。”

宗胡 战国楚邑。因春秋胡国,胡姓之宗,故名宗胡。在今安徽阜阳市。《史记·越世家》:“商、於、析、郦、宗胡之地,夏路以左,不足以备秦。”

宗极 魏晋时期的哲学用语。以江汉朝宗、星辰拱极的比喻,说明宇宙的本体、本源。“宗极”即“最根本”之意。裴頠《崇有论》:“夫总混群本,宗极之道也。”认为最根本的道是统括万有的,是宇宙的本体。沈约《神不灭论》:“穷其本源,尽其宗极。”认为本源与宗极同义,但以精神(灵魂)为不生不灭的本体。

宗家 同宗同族。《汉书·韦玄成传》:“贤门下生博士义倩等与宗家计议。”颜师古注:“宗家,贤之同族也。”西汉亦以指外戚。《史记·酷吏列传》:“(周阳)由以宗家任为郎。”司马贞索隐:“与国家有外戚姻属,比于宗室,故曰‘宗家’也。”

宗镜录 书名。北宋延寿编。一百卷。宋元丰年间始刊行。旨在以禅宗和华严宗教义,统一佛教各宗之说。分三章:“标宗章第一”,阐明宗旨;“问答章第二”,以去疑情;“引证章第三”,更引大乘经,诸祖语,圣贤集,以证所论。宣传以“心”为性,“天上天下唯我独尊”;以“心”为宗,“性体遍照,无幽不瞩”。认为禅宗之“顿悟”,华严宗之“圆融”,“可称宗镜以鉴幽微,无一法以逃形”,故名。

宗喀巴(1357—1419) 元末明初宗喀(今青海湟中)人。藏族。藏传佛教格鲁派(黄教)创始人。本名罗桑扎巴。父名鲁木布格,元末官达鲁花赤。幼时,从噶当派僧人顿珠仁钦出家于甲琼寺(在今青海循化)。十六岁进藏深造,住第瓦仅寺(在拉萨西南郊)。先后在前后藏各地投师求法,在噶当、萨迦诸大师指导下,系统学习近二十年,同时为人讲经传教,提倡僧人应持守戒律,颇著声望。明永乐七年(1409)初,在帕竹地方政权及其属下贵族支持下,创大祈愿法会于拉萨,又在拉萨东北汪古尔山建立甘丹寺,正式创立格鲁派。著有《菩提道次第广论》、《密宗道次第广论》等书。生前将衣钵传给首席弟子贾曹杰·达玛仁钦。圆寂后,由贾曹杰继法位。后其法嗣在蒙古和硕特部及清朝支持下，使格鲁派逐渐成为在西藏地方执政的教派，并在蒙藏地区广泛流行。

宗喀巴传 书名。清藏人楚杰王却吉撰。道光二十三年(1843)至二十四年间成书。记藏传佛教格鲁派创始人宗喀巴·罗桑扎巴一生事迹。有关宗喀巴生平的述作较多，此书成书略晚，故能兼收众长，取材完备。有1981年青海地方排印本。

宗科 明代为宗室开设的科举。天启元年(1621)，始行，朱慎鋆成进士，授中书舍人。崇祯元年(1628)，朱统鉓成进士，后官至南京国子监祭酒。明宗室进士，天启、崇祯朝共十一人。

宗老 ❶亦称宗人。管理宗事、主持礼乐的家臣。《国语·鲁语下》："公父文伯之母欲室文伯，飨其宗老，而为赋《绿衣》之三章。"韦昭注："家臣称老。宗，宗人，主礼乐者也。"❷同族中有地位的老人。《南史·萧琛传》："(梁武帝)每呼琛为宗老，琛亦奉陈昔恩。"

宗懔 南朝时南阳涅阳(今河南邓州东北)人，字元懔。少聪敏过人，读书昼夜不倦，凡语皆引古事，乡里因呼为"童子学士"。梁武帝普通六年(525)，举秀才。中大同二年(547)，任湘东王萧绎府记室。尝奉命作《龙川庙碑》，一夜便就，甚受萧绎赞美。后历临汝、建成、广晋三县令。绎即帝位，以为尚书侍郎，封信安县侯，累迁吏部尚书。承圣二年(553)，元帝诏议还都建康，力劝元帝仍都江陵(今湖北荆州)，被采纳。三年，西魏破江陵，被执至长安，太师宇文泰因其名重南土，以厚礼相待。北周孝闵帝拜为车骑大将军、仪同三司。后入麟趾殿刊定群书。保定中卒，年六十四。有集二十卷。撰《荆楚岁时记》，今有辑本多种。

宗令 官名。清代宗人府长官，总掌宗人府事。以亲王、郡王任之。详"宗人府"。

宗密(780—841) 唐果州西充(今属四川)人，俗姓何。僧人。家本豪富，少通儒书。元和二年(807)出家，受具足戒。五年，阅澄观《华严经疏》，至长安求教。长庆元年(821)北游五台山后，复回终南山(今陕西秦岭)，著述弘法。因常住圭峰草堂寺，世称圭峰大师。大和时，文宗屡召入内殿问佛法大意，赐紫方袍，赐号大德，朝臣士庶皆向风问道。九年(835)，甘露之变发生，卷入政争。欲隐藏宰相李训等，险为宦官仇士良捕杀。因主要阐述华严宗教义，完善该宗思想体系，故被尊为华严五祖。又力倡教禅一致，主张佛儒一源。著有《禅源诸诠集》、《华严原人论》等，凡二百余卷。卒谥定慧禅师。

宗庙 亦称宗、宗室、祖庙。周代天子、诸侯祭祀祖先神的场所。周天子有七庙，即太祖庙(太庙)，奉祀始祖后稷；文世室，奉祀周文王；武世室，奉祀周武王；考庙，又称祢庙，供奉亡父神主；王考庙，奉祀已故祖父；皇考庙，奉祀已故曾祖父；显考庙，奉祀已故高祖父。高祖父以上祖先的神主，分别放在文武二世室中奉祀。诸侯的宗庙无二世室，故只有五庙。宗庙祭祀有"月祭"、"殷祭"和"四时祭"(参见"宗庙四时祭")等。月祭在每月初一进行，又称"朝庙"。殷祭是大型祭典，其中包括三年一度的大祭"禘"和五年一度的大合祭"祫"(参见"大祫")。天子、诸侯凡有大事，包括会盟、征伐、爵命、大婚等，都在宗庙进行。汉代宗庙之制与周代不同，每帝即位，辄立一庙，其数不至于七，不列昭穆之序，京师立原庙，郡国一度也立祖宗庙。王莽代汉，又立九庙。东汉自章帝之后，权移臣下，宗庙之制渎乱不经。其后历朝宗庙虽各有不同，但无大异。

宗庙四时祭 周代人在春夏秋冬四季每季的首月，以刚收成的农作物报谢祖宗的祭祀。四时祭名，说法不一。据董仲舒《春秋繁露》说，春祭叫"祠"；夏祭叫"礿"(或作禴)；秋祭叫"尝"；冬季叫"烝"。其中，祠即"食"(后写作"饲")，是在孟春正月向祖先献祭刚成熟的韭菜。礿，即"汋"，义为"挹取"，是在孟夏四月向祖先献祭刚收的新麦。尝，是在孟秋七月，让祖先神灵品尝新收获黍稷。烝即"登"，又为"进献"，是在孟冬十月，进献新稻给祖先神灵。

宗女 同宗之女。清制，不入于*格格五等之宗室女儿皆称宗女。入八分公侧室所生女以上者，给五、六品俸，不封授，不入八分公以下宗女，不给俸，不封授。

宗钦(?—450) 北魏金城(今甘肃兰州西)人，字景若。博综群书，声著河右。先事北凉沮渠蒙逊，为中书郎。后入北魏，太武帝赐爵卧树男，加鹰扬将军，拜著作郎。为司徒崔浩所赏识。太平真君十一年(450)，因崔浩刊《国史》事，受株连，被杀。撰有《凉书》(亦称《蒙逊记》)十卷，已佚。

宗秦客(?—约690) 唐蒲州汾阴(今山西万荣西南)人。武则天从姊子，宗楚客兄。垂拱时，暗劝武后代唐称帝，累迁内史。复迁凤阁侍郎。载初元年(689)，改造"天"、"地"、"照"等十二字以献，制行之。后坐赃贬钦州遵化尉，岁余而死。

宗丘 春秋楚邑。在今湖北秭归县境。《左传》昭公十四年(前528)："楚子使然丹简上国之兵于宗丘，且抚其民"，即此。

宗悫(?—465) 南朝宋南阳涅阳(今河南邓州东北)人，字元干。少任气尚武，尝言"愿乘长风破万里浪"。文帝时，随江夏王刘义恭镇广陵(治今江苏扬州)。林邑(今越南中南部)王范阳迈常攻略宋境。元嘉二十三年(446)请缨伐之，除振武将军，为军前锋。智破象阵，及克林邑，所收异宝杂物，一无所取。后为随郡太守，随建威将军沈庆之伐雍州蛮。孝建中，累迁豫州刺史。大明三年(459)，以平竟陵王之叛，入为左卫将军。前废帝即位，迁宁蛮校尉、雍州刺史，寻卒。

宗人 官名。亦称宗老、宗司。春秋置。《左传·哀公二十四年》："使宗人衅夏献其礼。"杜预注："宗人，礼官也。"《国语·鲁语下》："公父文伯之母欲室文伯，飨其宗老，而为赋《绿衣》之三章，老请守龟室卜室之族。"韦昭注："家臣称老。宗，宗人。主礼乐者也。"❷明清时宗人府副长官，置左、右二员。详"左宗人"。

宗人府 官署名。明洪武二十二年(1389)改原大宗正院而置。设宗人令一人,左、右宗正各一人,左、右宗人各一人。掌皇族属籍,修纂玉牒,书宗室子女嫡庶、名封、嗣袭、生卒、婚嫁、谥葬之事。以亲王领之。永乐初以北京宗人府为行在宗人府,改以勋戚大臣署府事,不备官。洪熙元年(1425)南京亦置,设经历一人。其后事权渐移于礼部。清顺治九年(1652)沿置,改宗人令为宗令,一人;左、右宗正,左、右宗人均各一人,俱以宗室王公充任。设府丞一人,掌汉文之事。属官有堂主事,经历司经历,左、右二司理事官、副理事官、主事、委署主事及笔帖式、效力笔帖式等。除府丞为汉员,堂主事有二名汉官缺外,均以宗室充任。所属机构有经历司、左司、右司、银库、黄档房、空房,兼领左右翼宗学及八旗觉罗学。逢修玉牒之年,另立玉牒馆。

宗人府则例 书名。清书麟等奉敕纂。三十一卷。嘉庆十六年(1811)纂辑,道光、同治、光绪间数次续纂。该书对皇室宗族的册档、婚丧、命名、继嗣、封爵、仪制、教养、授官、优恤、职制、律例等方面均有详明规定,对某些危及国家和皇室根本利益的行为亦有多方面约束和限制。有道光二十九年(1849)、同治七年(1868)刻本,光绪二十年(1894)又续纂。见“钦定宗人府则例”。

宗人令 官名。明初宗人府正官。正一品。以亲王充任。掌皇室宗族事务。永乐后,制设实缺。详“宗人府”。

宗仁蒙古侍卫亲军都指挥使司 官署名。元侍卫亲军指挥机构之一。英宗至治二年(1322),丞相拜住奏请设宗仁卫,收赎被卖到民间为奴的蒙古子女。因诸王之乱而没入官府的亦乞列思部民一百户与所收蒙古子女通三千户,并匠户二千,归隶宗仁卫,置都指挥使司统领。又调各卫汉军二千充宗仁卫屯田卒,于大宁(在今内蒙古宁城)等处创立屯田。次年,所收蒙古子女额足万户。司置都指挥使(秩正三品)、副使、佥事等职,下设蒙古千户所十翼及屯田千户所、教官等。

宗睿(809—884) 日本京都人。僧人。出家于比睿山,学天台宗经典。咸通三年(862,贞观四年)乘唐商船,随日本真如法亲王入唐。曾巡礼五台山(在今山西)、天台山(在今浙江)等佛教圣地,于大华严寺举行千僧法会。后就学于长安、洛阳。六年,归国,带回大批佛教典籍,任日本东寺长者、僧正。著有《进官请来录》。

宗社党 清末民初政派。清宣统三年十二月(1912.1)由载涛、载泽、良弼、溥伟、铁良等满洲皇族要员所组成,旨在维持清朝统治,反对清帝退位,力主扑灭革命,阻挠袁世凯与革命政府议和。成员胸前均刺有二龙图形,以满文刺写姓名为标志,在天津、北京等地进行秘密活动。同月革命党人彭家珍炸死良弼,袁世凯又策动段祺瑞等发表通电,赞成共和,清室被迫退位。该组织成员遂纷纷潜遁。其残余势力在天津、东北仍有活动。后渐解体。

宗圣观 道教名观。亦名楼观、紫云观。在今陕西周至县东南终南山麓。传说周代尹喜在此结草楼而居,以待老子。老子在此讲说《老子五千文》(即《道德经》)。后有说经台。隋开皇初重修。唐初扩建并更此名。筑有台、殿、阁、宫、亭、塔、洞、池、泉等五十多处,为道教最早的宫观。

宗圣志 书名。清王定安编。二十卷。曾子宗裔世谱。原为明吕兆祥撰,载至崇祯止,十二卷。至清时曾氏宗裔世袭、祀典、林墓、祠庙、祭田等均阙无考。曾国荃嘱王氏重加编定,分图像、传记、弟子、旁裔等十七目,于光绪十六年(1890)成稿。

宗师 官名。(1)掌管宗室事务的官员。西汉末亦名宗卿师,郡国皆置。时王莽居摄,以其监视刘姓宗室活动。由二千石中选有德义者充任。纠察教训宗室。有不从教令者,因邮亭书言宗伯以闻。晋亦置。武帝咸宁三年(277)因宗室殷盛,无官统摄,乃置,一人,总领宗室事,训导观察,有不遵礼法,小者自行处理,大者随事奏闻。各郡国不置。多以太宰、三公领之。东晋称大宗师,地位甚重,在宗正之上。北魏亦置,职如中正,辨别姓族、门第、谱系、品举人才。均以诸王领之,地位甚崇。西魏称大宗师。北齐设,其制不详。北周称宗师中大夫,隶天官府,统辖小宗师下大夫,小宗师上士、中士,宗正上士、中士、下士等。隋代废罢。(2)明清时*提学官之俗称。

宗师中大夫 官名。西魏恭帝三年(556)置,北周沿之。天官府宗师司长官,正五命。掌管宗室定世系、辨昭穆等事务,并负有训导之责。以宗室中之亲贤者为之。属官有小宗师下大夫、小宗师上士、宗正上士等。隋开皇元年(581)罢。

宗士 官名。北魏永平四年(511)改宗子羽林置。由宗室子弟充任,在宫内值勤。由尚书计其本秩资集,叙从七品以下、从八品以上官职。

宗侍下士 官名。北魏原有宗子羽林,后改称宗士,又有宗子军、宗子队等名称。北周改为宗侍下士,分左右,秩正一命。为天官府宫伯中大夫属官,夜间在寝宫庭中执行戒备任务。

宗室 ❶初指同一宗族之人。《左传·昭公六年》:“女(汝)丧而宗室,于人何有?人亦于女(汝)何有?”《晋书·张昌传》:“惟江夏旧姓江安令王伛、秀才吕蕤不从。昌以三公位征之,伛、蕤密将宗室北奔汝南,投豫州刺史刘乔。”亦特指国君或皇帝的宗族。《史记·孙子吴起列传》:“及悼王死,宗室大臣作乱而攻吴起。”《汉书·平帝纪》:“惟宗室子皆太祖高皇帝子孙及兄弟吴顷、楚元之后,汉元至今,十有余万人。”其后则专指皇帝的宗族,即皇族。顾炎武《日知录·上下通称》:“今人以皇族称为宗室,考之于古不尽然,凡人之同宗者,即相谓曰宗室。”清制,皇族又按血缘的近远亲疏,分为宗室和*觉罗。凡太祖努尔哈赤父亲塔克世之直系子孙方称为宗室。因腰系金黄色带子为标志,又俗称为“黄带子”。❷指*宗庙。《诗·召南·采苹》:“于以奠之?宗室牖下。”毛传:“宗室,大宗之庙也。大夫、士祭于宗庙,奠于牖下。”

宗室黄册　清代宗室户籍册。清制，宗室出生子女，报宗人府登载于上，写明出生年、月、日，嫡庶次第，名姓，生母姓氏，亲王以下至辅国公由长史等官呈单报送，镇国将军以下至闲散宗室由族长呈单报送；如将抚养异姓捏报己子，或迟误不报，报不以实，皆按律治罪。该册用满、汉两种文字写成，生存者朱笔书名，死殁者墨笔书名，存掌于宗人府黄档房，为清代纂修玉牒的依据。

宗室爵　清皇族凡显祖(努尔哈赤之父塔克世)本支称"宗室"。崇德元年(1636)仿明制，并参以旧俗，始定宗室爵为和硕亲王、多罗郡王、多罗贝勒、固山贝子、镇国公、辅国公、镇国将军、辅国将军、奉国将军，凡九等。入关以后，于辅国公之后增"不入八分镇国公"和"不入八分辅国公"，奉国将军之后增"奉恩将军"，遂成十二等宗室封爵定制(若以世子、长子为爵号，亦有封爵十有四等之说)。宗室爵除世袭罔替者外，俱照例以次递降，至奉恩将军不替。

宗室缺　清代文职官缺之一。指额定由宗室人员补任之官职。宗人府官除府丞一人、堂主事二人为汉缺外，均为宗室缺。此外，六部、理藩院及陵寝衙门之郎中、员外郎、主事，亦各于满洲缺内分出一缺或二缺，定为宗室缺。

宗室宴　清帝每年元旦和上元节前一日(正月十四日)例于乾清宫曲宴近支王公贝勒，称"宗室宴"。此外，清帝还特别举行过几次大规模的宗室宴。第一次在乾隆十一年(1746)八月，皇帝赐宴王公宗室于西苑丰泽园之崇雅殿，特命长幼列坐，行家人礼，皇子行酒；又改崇雅殿为惇叙殿，以记其事。四十八年再普宴宗室于乾清宫，参与宴会及因事未参与宴会但得到赏赐的宗室达二千人。嘉庆九年(1804)，依故事复举宴于惇叙殿。

宗属寺　官署名。渤海国置，有大令、少令。

宗司　官名。又称宗人。春秋时鲁国置。掌理宗族礼法。《左传·哀公二十四年》："公子荆之母嬖，将以为夫人，使宗人衅夏献其礼。对曰：'无之。'公怒曰：'女为宗司，立夫人，国之大礼也，何故无之？'"

宗卫率府　隋文帝时、唐初至龙朔二年(662)、咸亨元年(670)至景云二年(711)均称左、右司御率府为左、右宗卫率府。

宗玄先生　即"吴筠"。

宗学　学校名。古代专为教授皇族子弟而设置的学校。汉平帝时始置宗师，掌教育宗室子弟。北魏武帝时设皇宗学。唐初于秘书省外别置小学，令宗室子孙就读。宋代的宗学分为小学与大学。神宗元丰六年(1083)始设宗室小学，检八至十四岁宗室子弟入学。徽宗崇宁元年(1102)，诸王宫设大、小二学，置教授。宗室子弟十岁以上入小学，二十岁以上入大学，由宗正寺兼领。四年，改教授为博士。南宋高宗绍兴十四年(1144)重建宗学于临安(今浙江杭州)，招收大、小学生一百人，置大、小学教授各一人。嘉定九年(1216)，诸王宫学并归宗学。凡有籍宗室子弟三年补试一次。明制，凡宗室子弟年未满二十者，均入学。万历中重定，十岁以上皆入学。衣冠同于生员，每年由提学官考试。以王府长史、纪善、伴读、教授学行优者为师。后令与生员同赴乡试，并有经乡试、会试得官者。清顺治十年(1653)，八旗各设宗学，选满洲生员为师，凡未封宗室子弟十岁以上者俱入学，习满文。雍正二年(1724)，改设左、右翼满、汉宗学各一。王、公、将军及闲散宗室子弟十八岁以下者，入学分习满、汉文，兼习骑射。每学各以王、公一人总其事，并设总管、副总管、满教习、汉教习、骑射教习，分别管理学务和教学。乾隆十一年(1746)定学额，左翼七十，右翼六十。后增为各百人，入学年龄也改为十至三十岁。学制五年。学满可与天下贡士同殿试，赐进士甲第，用于宗人府、翰林院等衙门。光绪三十四年(1908)，裁左、右翼宗学，设八旗高等学堂及左、右翼高等小学、初级小学堂。

宗预(约188—264)　三国时南阳安众(今河南镇平东南)人，字德艳。建安中，随张飞入蜀。蜀建兴初，丞相诸葛亮任为主簿，迁参军右中郎将。亮卒后，两次奉命使吴，孙权甚重之。自屯骑校尉累迁至镇军大将军。蜀亡，徙洛阳，病卒于途。

宗泽(1060—1128)　宋婺州义乌(今属浙江)人，字汝霖。元祐进士。为大名馆陶尉，即以"国尔忘家"称。靖康元年(1126)知磁州(今河北磁县)，缮城治械，招募义勇，阻金兵南下。康王赵构赴金求和，途经磁州，被他劝阻，遂回相州，开大元帅府。他任副元帅，率军援救京师，孤军奋战，获开德、卫南之捷。建炎元年(1127)，为东京留守，修武备，储粮食，招集王善、杨进等义军，联络河北八字军等诸路人马，拔岳飞为将，屡败金兵。先后上书二十余，奏请高宗自南京(今河南商丘南)还都，以图恢复，均为黄潜善等所抑。忧愤成疾，临终时犹连呼过河者三。著作有《宗忠简公集》。

宗正　官名。西周至战国已置，掌君主宗室亲族事务。秦、汉列位九卿，秩中二千石，例由宗室担任，管理皇族外戚事务，掌其名籍，分别嫡庶亲疏，编纂世系谱牒，参与审理诸侯王犯法案件。凡宗室亲贵有罪，须向其先请，方得处治。有丞，属官有都司空令丞、内官长丞及诸公主官属。平帝元始四年(4)改名宗伯，新莽时并入秩宗(太常)，东汉复旧。三国沿置。魏多任皇族，或亦暂以他姓代理，有丞，属官有公主官属、行夜督郎等，三品。西晋兼用外姓，又领太医令史、司牧掾等，三品，或尊称宗正卿、大宗正。东晋、南朝省，其职属太常，有事则权置兼官。梁、陈复置，定名宗正卿。北朝定名大宗正，官署名大宗正寺。隋、唐以来，官署移宗正寺，长官称宗正卿。辽、金、元又有大惕隐司、大宗正府、大睦亲府等称。明清其官署称宗人府，次官有左、右宗正，地位极高，明初正一品，并以亲王领之。后不备官，其职移归礼部。万历间，诸王府亦置宗正。清代宗人府左、右宗正皆由贝勒、贝子兼摄。

宗正丞　官名。秦、西汉为宗正副贰，秩千石，协助管理皇族外戚事务，参与审判宗室诏狱，由宗室充任。汉平帝元始四年(4)改宗正为宗伯后罢。东汉复置,秩比千石。魏、晋、南朝沿置,或以他姓暂代。魏、晋、宋七品,梁四班,陈八品、六百石。北魏、北齐为大宗正丞省称。隋、唐、五代置为宗正寺佐官,位次少卿,员二人,掌判本寺日常公务。亦称宗正寺少卿。隋初正七品,炀帝改从五品,唐从六品上。唐高宗、武则天时曾随本寺改名司宗丞、司属丞,寻各复旧。开元二十年(732)后悉以宗室充任。北宋沿置,初为五品寄禄官,别遣宗姓朝官以上知丞事,处理日常事务。大中祥符九年(1016)以后又作差遣,以郎中以下兼任。如卿、少卿缺,则代理寺务。元丰改制后,始单置为职事官,佐理寺务,不专用宗姓,从七品。南宋或置或省。辽代为南面朝官,无具体职掌。参见"宗正"、"宗正寺"。

宗正卿 官名。汉、魏、两晋为宗正尊称。南朝梁、陈为正式官称,位列十二卿,掌皇族外戚属籍,由宗室充任,梁十三班,陈三品、中二千石。隋代置为宗正寺长官,历代沿置,亦称宗正寺卿。隋初正三品,炀帝改从三品。唐初因之,玄宗天宝初改正三品。高宗、武则天时曾随本寺改名司宗正卿、司属卿,寻各复旧。开元二十五年(737)以后,又或兼掌诸宗庙,陵台及崇玄署。五代因之。北宋前期为三品寄禄官,不预寺务。大中祥符九年(1016)以后,又为差遣,由宗姓中丞、郎以上官兼任。神宗元丰改制后,始单置为职事官,正四品。当时因别有大宗正司管理皇族,本寺仅掌修纂谱系属籍,职权较轻,故不专用宗姓。南宋不常置。辽代为南面朝官,无实际职掌。参见"宗正"、"宗正寺"。

宗正上士 官名。西魏、北周时天官府宗师中大夫属官,正三命。掌管宗室事务。下设宗正中士、下士以佐其职。隋开皇元年(581)罢。

宗正少卿 官名。北魏、北齐为大宗正少卿的省称。隋、唐、五代为宗正寺次官,亦称宗正寺少卿,通判本寺事务。隋初置一员,正四品上;炀帝增为二员,从四品。唐初仅设一员,后增为二员,从四品上。高宗、武则天时曾随本寺改名司宗少卿、司属少卿,寻各复旧名。初或任外姓,开元二十年(732)后由宗室专任。北宋前期为四品寄禄官,大中祥符九年(1016)以后又为差遣,由给、舍以下兼少卿,元丰改制后复为职事官,从五品,协掌宗正寺事务。当时别有大宗正司管理皇族亲属,本寺为事务机构,故不专用宗姓。南宋寺卿不常置,少卿初以太常少卿兼任,绍兴三年(1133)始专置,主持寺务。辽代为南面朝官,无实际职掌。

宗正寺 官署名。北齐有大宗正寺,隋代改此名,为掌管皇室亲族属籍的事务机关。设卿、少卿为长贰,有丞、主簿等属官。不领署。唐代沿置,其政令仰承吏部司封司,属官又有知图谱官、修玉牒官、知宗子表疏官等。龙朔二年(662)改名司宗寺,咸亨元年(670)复旧;光宅元年(684)改名司属寺,神龙元年(705)复旧。开元二十年(732),诏本寺官员悉由皇族充任,二十五年又以崇玄署归属之。诸宗庙、陵台等署,则或隶太常,或属本寺。五代因之。北宋前期卿、少卿等皆为寄禄官,置判寺事二员,以宗姓两制以上充任,如缺则以宗姓朝官以上知丞事,掌奉宗庙、诸陵荐享之事及皇族属籍谱系。大中祥符九年(1016)以后,定丞、郎以上兼卿,给、舍以下兼少卿,郎中以下兼丞,京官兼主簿,卿缺则丞以下代理寺事,无知、判寺事之名。元丰改制后,诸官复为职事官。当时因别有大宗正司管理皇族,本寺仅掌修纂谱系属籍,职权较轻,其长贰不专用宗姓。辖属籍、知杂二案及修玉牒官等。南宋卿不常置,少卿初由太常少卿兼任,后专置。又领宗学、玉牒所。辽代置为南面官署,其职实归大惕隐司。金元所置称大宗正府、大睦亲府,明清所置称宗人府。

宗周 西周都邑。(1)即镐京。参见"镐"。(2)即"雒邑"。

宗周钟(鐘) 又名㝬(胡)钟。西周厉王时青铜器。甬长22.8厘米,栾长42.8厘米。篆间饰两头兽纹,鼓部饰象首纹。器主即周厉王胡。有铭文一百二十二字,追述周初文王、武王开疆辟土,南方𠬝子竟敢侵扰,王率军征伐,直抵都城,𠬝子臣服,南夷、东夷诸邦也来觐见,共有二十六国。此铭为研究西周王朝与东、南夷的关系提供了资料。

宗主 ❶即宗族之主。古代宗法制度中之嫡长。魏、晋、南北朝时,地方豪强荫庇其同族或非同族之依附者,聚族而居,建坞壁自守,其坞主称宗主。被荫者向宗主交纳租税和服役。宗主有较大权势,政府常任之为地方乡官。北魏初期,鲜卑族离散诸部,分土定居,其族长亦称宗主。三长制实行后,宗主又往往成为三长。❷宋代僧官,位最高者号宗主。❸明代司礼监属下对掌司礼监印太监之通称。

宗主督护制 北魏初期政治制度。十六国时,黄河流域之豪强大族多据坞壁自守,聚族而居,是为宗主。北魏政权建立后,任命鲜卑族部落主为宗主,以督护地方,是为宗主督护制。太和十年(486)改行三长制后,此制遂废。但三长仍多为宗主充任。

宗子 ❶古代宗法制度,嫡长子为族人兄弟所共宗,故称。《诗·大雅·板》:"怀德维宁,宗子维城。"毛传:"宗子,谓王之嫡子。"《礼记·曲礼下》:"支子不祭,祭必告于宗子。"❷贵族同族之子。《汉书·叙传》:"侯王之祉,祚及宗子。"

宗子试 科举考试中专为皇族子弟设置的考试。宋神宗熙宁十年(1077),始立宗子试法。分为宗子三科,即袒免亲有官锁应,非袒免亲无官应举,袒免亲无官取应。凡宗室袒免亲(即六世内)已授官者,可同其他有官人一起锁厅应举;但解试、省试则别作一项引试、考校,解额、省额均较一般士人有官锁应者比例要大;殿试赐第不入第五甲。非袒免亲(即六世外)无官者,不再授官,而许令应举;解试、省试亦另出题别试,较一般士人考试内容稍为简浅,解额、省额亦较一般士人比例大,录取较易;殿试赐第亦不入第五甲。以上两科属正奏名,与正奏名进士一起唱名赐第、赐宴期集、释褐授官。袒免亲尚未授官的宗子,亦许应举,其解试、省试、殿试均单独别试,其解额没有限制,较非袒免亲宗子应举更为容易。其属特奏名,取应合格者单独唱名赐第,其授官,上三人授保义郎,余授承节郎。金制亦有宗子赴会试、御试之例。明初不行此法,天启二年(1622)始别开宗科。清初宗室亦不应乡、会试,康熙三十六年(1697)诏宗室子弟有能力学属文者,准一体编号取中。乾隆八年(1743),宗人府试宗学,拔进士一体殿试。至嘉庆六年(1801)始定制,许宗室子弟应乡、会试,只考一日,别为一榜,乡试九人取中一人,会试视人数多寡酌取,取中者授庶吉士等官。

宗子羽林 见"宗士"。

宗族 以血缘关系为纽带的宗法组织,指同一父系大家长的子孙后代。《尔雅·释亲》:"父之党为宗族。"秦汉时宗族大都聚族而居,有共同的祭祀和墓地。有的强宗大族可达千余家。宗族内部存在着富贵贫贱的对立。族长或大家长通常都是经济上和政治上拥有强大势力的豪强地主,贫穷的宗族成员则往往沦为同族豪强地主的依附农民。豪强地主多凭借宗族势力横行乡里,如"济南瞯氏宗人三百余家,豪猾,二千石莫能制"(《史记·酷吏列传》);灌夫"家累数千万,食客日数十百人。陂池田园,宗族宾客为权利,横于颍川"(《史记·魏其武安侯列传》)。为掩盖其残酷的封建剥削和压迫,豪强地主也以小恩小惠"分施宗族","振赈贫乏"。东汉末年,不少豪强地主还将宗族宾客组织成私家武装,以对付农民起义和参加军阀混战。如许褚"聚少年及宗族数千家,共坚壁以御寇"(《三国志·魏志·许褚传》);任峻"收宗族及宾客家兵数百人"归顺曹操(《三国志·魏志·任峻传》)。其后,宗族势力的发展,使其宗法组织的特点越来越鲜明,建祠堂、修族谱、定族规已是相当普遍,族权也成为地主阶级统治劳动人民的又一手段。

综版式织机 织机名。利用综版进行开口、类似编织的织带用织机。产生于新石器时代。综版由几片到几十片正方形或六角形皮版组成。正方形皮版外形尺寸约7—9厘米,厚约2—3毫米。皮版上打有孔,孔径约2毫米,每孔穿一根或多根经纱。皮版数由织物宽度决定。织造时经纱顺次穿入综版,一端系于木柱,另一端系于织工腰部,织工手持皮版,顺时针旋转半周,形成梭口,引纬,打纬。再将皮版旋转半周,形成新的梭口。循环至一定次数后,须以同样次数反转。可织单层或双层织物。至今在中国西藏民间还广泛用于织制带子。

豵夷 豵一作朡、融,古国名。相传为祝融之后,董姓。《左传·昭公二十九年》:"昔有飂叔安,有裔子曰董父,……乃扰畜龙,以服事帝舜。帝赐之姓曰董,氏曰豢龙,封诸豵川,豵夷氏其后也。"在今山东定陶东北,为夏所灭。《潜夫论·志氏姓》作秃姓。

zǒng

总办 官名。清代后期于新设官署或办事机构中所置官员。其地位及权限因机构而异,多为某部门或方面主管官,故名。如神机营枪炮厂及机器局总办,即为该厂、局之长官。总理衙门之总办章京,为统率司员之官。大清银行所属各分行总办,为各分行之长官。各铁路局之总办,为各路局事务之主持人。各省新设机构如营务处之类,主官也多称总办。

总办章京 官名。清末总理衙门章京之一种。咸丰十一年(1861)设。满、汉各二人。掌承发、庶务之总,综理文书、收支、庶务等事;分配各股工作,监督各股人员办事;起草章奏;随王大臣办理交涉,担任记录;稽核各种经费收支情况。光绪二十七年(1901),外务部成立,改为左、右丞,左、右参议。

总本 一名总讲、贯串。清升平署剧本名称。其内容系将某出戏中所有角色扮相、科白、词句、谱板等项抄录成册,以备演唱,此为宫廷剧本中最完备的一种。

总兵 官名。(1)明代武官。亦称总兵官。无品级,无定员,总镇一方者为镇守,独镇一路者为分守。其上加提督、提调、巡视、备倭等衔,皆随事立名。初期多以公、侯、伯、都督充之,故各有本品。有挂印称将军者,如湖广曰平蛮将军;有总督漕运者。初时只是差遣之称,事毕交印回本任。后来渐成常驻之官,分驻九边及各直省等处,有二十二人。崇祯时授派分杂,事权不一。(2)清代绿营军高级将领,仅次于提督,正二品。所辖为绿营最高组织"标"。分设于内地各省,每省二至七人不等。水师中亦设。管辖本标及所属各协、营,镇守本镇所属地方,受本省总督与提督双重节制。因所辖部队称镇,故俗称"总镇"。各镇多以所驻之地取名。所属有副将、参将、游击、都司、守备、千总、把总、外委各官。(3)清入关前之八旗世职。后金天命五年(明万历四十八年,1620),清太祖努尔哈赤改设八旗官置,分为三等。太宗天聪八年(1634)改为昂邦章京,亦分三等。顺治四年(1647)改为精奇尼哈番。乾隆元年(1736)再改为子爵。

总兵官 见"总兵(1)"。

总部 官署名。明初六部均置为属部之一。隶吏部、兵部者设郎中、员外郎各一人,主事二人。洪武十三年(1380)改主事一人。隶户部者设郎中、员外郎各一人,主事四人。隶礼部者设郎中、员外郎各一人,主事三人。隶刑部者设郎中、员外郎各二人,主事六人。十三年改郎中、员外郎各一人,主事四人。隶工部者设郎中、员外郎各二人,主事八人。十三年改郎中、员外郎各一人,主事二人。二十二年,吏、户、礼、兵、刑、工六部总部分别改为选部、民部、仪部、司马部、宪部、营部。旋罢,又改为各部所属清吏司。

总材山 后突厥汗国发祥地。一作总林山、总管材山、总管林山。鄂尔浑突厥文碑Čuraiquzī的译名。一说在杭爱山,一说在阴山。永淳二年(683)唐平单于大都护府之乱,突厥骨咄禄亡匿此山,招集亡散,势力渐盛,乃破九姓,败契丹,建汗号,重建突厥汗国于漠北,史称后突厥,或称第二突厥汗国。

总裁 官名。(1)元、明、清朝廷修书的主持者。负责组织、裁定全书。元代修宋、金、辽三史,以丞相脱脱为都总裁，又置总裁若干。其后凡官修篇幅较大之书，例以进呈领衔之大臣为总裁。明代永乐中纂修永乐大典，自翰林院学士、史官以至僧儒布衣等皆得充任，多至十余人。后多以太子师保、殿阁大学士等充任。(2)明代直省乡试主考的通称。(3)清代会试主考之别称。

总参谋官 官名。清末新陆军军官。光绪三十年(1904)定新陆军营制，始置。每军一人，从二品，协都统充，简放。赞佐号令，参画机宜。平时不编军，故不常置。

总催 明代灶户差役。多由额监、人丁殷实灶户轮充。承担催办灶课、辨认盐引、督促生产、防止私煎、攒造黄册等事。五年一轮，亦有一年轮换者。

总典群牧使司 官署名。辽代置。北面官，总诸路群牧、马牛群之事。

总督 官名。别称总制、制台、督军、制军。明代置。始见于宣德时以巡抚总督税粮，初止施于工程钱谷等项，继有总督军务，总兵以下皆听节制。明正统六年(1441)，靖远伯王骥以兵部尚书征麓川，始以总督军务入衔。成化后，两广、川、贵及陕西三边与山西宣、大置，以部院兼衔出镇。正德时，武宗征宁王，自称总督军务镇国公，臣下俱不敢称，遂改为总制。嘉靖中复旧称。并添设蓟辽、漕运诸总督。清初沿明制，顺治元年(1644)始置，辖一省或二三省，初分合无定，然例提督军务，总理粮饷，察举官吏，综理军政事务，职权日重。并可节制巡抚，或代行巡抚事，为地方最高长官。每逢乡试充监临官，武科任主试官。康熙三十一年(1692)定总督加衔制，例兼都察院右都御史或兵部尚书衔，为从一品、正二品官。雍正后，总督辖区始成定制，例设两江(辖江苏、安徽、江西)、陕甘(辖陕西、甘肃)、闽浙(辖福建、浙江)、湖广(辖湖南、湖北)、四川、两广(辖广东、广西)、云贵(辖云南、贵州)、直隶总督。光绪末增置东三省(辖奉天、吉林、黑龙江)总督。又设河道总督掌治河渠，俗称河督；置漕运总督监理漕务，俗称漕督。

总督仓场 官名。明代户部督理京师及通州(今北京通州区)等处仓场粮储的职事官。永乐中设，以户部司员经理。宣德五年(1430)后，每以尚书或侍郎专治其事，不理部务。万历九年(1581)裁革，命本部侍郎分理其事。十一年复设。

总督仓场侍郎 官名。清代户部仓场衙门之主官。又称仓场总督、仓场侍郎。顺治元年(1644)仿明制置，设汉总督仓场侍郎一人。康熙十八年(1679)定满、汉侍郎各一人。掌理漕粮之积储及北运河运粮事务。下设笔帖式、经承、门吏等员。所辖有坐粮厅、大通桥、京通十三仓等处监督等官。光绪三十二年(1906)改隶度支部。

总督漕运总兵官 官名。明代负责漕运事务的总兵官。永乐二年(1404)设总兵、副总兵统领海运之事，后罢海运，专督漕运，一人，以公、侯、伯充任，下领协同督运参将一人，把总十二人。

总督京营戎政 官名。明嘉靖二十九年(1550)改原京营提督总兵官置，为京营总督。一人，以公、侯、伯等勋臣充任。隆庆初罢，仍改置提督，四年复置，详“戎政府”。

总督粮储 官名。明代置，掌督南京粮储之事。以南京都察院都御史或南京户部侍郎充任。

总干(幹) 官名。宋代总领所干办公事的简称。

总管 官名。(1)地方高级军政官员。东魏孝静帝武定六年(548)始置。西魏亦置。北周孝闵帝即位时，陇右已置总管府。明帝武成元年(559)正式改“都督诸州军事”为总管，加使持节，管理辖区军政民政，总管之设遂成定制。所辖区域增减无常，一般辖数州，多者可达数十州。隋及唐初因之，刺史以下官得承制补授。其品秩分三等：上总管视从二品，中总管视正三品，下总管视从三品。边镇大州或置大总管。唐高祖武德七年(624)改名都督、大都督。辽代北面边防官、南面军官有诸兵马都总管、副总管、五州都总管等；金代诸路总管府设都总管(府尹兼领，正三品)、同知副总管(从四品)、副都总管(正五品)，兼掌军事民政司法。元代诸路设都总管、总管，位次达鲁花赤，上路正三品，下路从三品，管理民政。清顺治十七年(1660)定驻防江南、浙江两处的“昂邦章京”汉名为总管，为总领当地驻防八旗军政事务的最高长官，康熙二年(1663)改名“将军”。热河、察哈尔、山海关亦曾置，后改置都统、副都统。又，盛京将军、黑龙江将军、新疆伊犁将军、热河都统、察哈尔都统等属官有总管(正三品)、副总管(正五品)，掌分理营务，率兵驻防，协领军政事务。(2)军事统帅。北周、隋及唐初有行军大总管、行军总管，为军队出征时临时委派的统帅。唐高祖武德七年(624)诸州总管改名都督后，出征将帅仍称总管。五代或置。后唐石敬瑭曾任蕃汉马步军都总管，为最高军事统帅。北宋初期军队出征置行营都部署、副都部署为统帅，屯驻、驻扎各地的禁军亦各置都部署、副都部署统领，官位较低、辖区较小、统兵较少者称部署、副部署，皆临时委派。后渐成定制，划定辖区，设于诸路、府、州，由驻地行政长官兼任，管理驻防禁军屯戍、攻防、训练、赏罚之事，为军事差遣，后因避英宗赵曙讳，改称马步军都总管、副都总管、总管、副总管，事权甚重。神宗改制，实行将兵法后，除兼任将官者外，渐成闲职。钦宗时一度设东、南、西、北道都总管，分领四方勤王兵。南宋初、中期仍为闲职，后期在一部分地区复为统兵官。金海陵王正隆六年(1161)攻宋，于诸统制、左右领军大都督下设三十二总管，各统营兵，冠以神策、神威、神捷、神锐、神毅、神翼、神勇、神果、神略、神锋、武胜、武定、武威、武安、武捷、武平、武成、武毅、武锐、武扬、武翼、武震、威定、威信、威胜、威捷、威烈、威毅、威震、威略、威军、威勇等名号。(3)管理专门事务的官员。元代宫廷、兵部、工部和各路下皆设，为诸总管府长官，品秩由正三品至从四品不等(参见“总管府”)。清代内务府、理藩院、宗人府、太仆寺、步军统领衙门等署皆置为属官，分掌具体事务，如陵寝总管、围场总管、盘山行宫总管、宗学总管、信炮总管等，员额、品秩不等，为低级官员。满名"乌赫哩达"。(4)元代后期僧官。文宗至顺二年(1331)立诸广教总管府,置为长官,以僧人充任,分领各地僧尼之政。顺帝元统二年罢。(5)清代管理少数民族事务的官员。满名"乌赫哩达"。设正、副,选各族上层人物充任,在各地驻防将军、都统、大臣统辖节制下,管本族事务。蒙古之察哈尔、额鲁特、明阿特、扎哈沁、乌梁海各部旗,伊犁、黑龙江将军所属之锡伯、索伦、达呼尔、鄂伦春、巴尔哈等,皆行其制。(6)总管大臣、总管太监的简称。

总管材山 即"总材山"。

总管畅春园事务大臣 官名。清代内务府所属畅春园主管官。掌理畅春园及附近恩佑寺、恩慕寺、圣化寺、西花园、虎城等处事务。乾隆二十九年(1764)设,由皇帝特简,无员限。

总管大臣 见"八大臣"。

总管府 官署名。北周明帝武成元年(559)始置,为地方最高行政机构,管理所属地区的军事民政,职权甚重。辖区增减无常,一般辖数州,多者可达数十州。设总管为长官,江陵总管府又设副总管。僚属有长史、司马、司录、治中、中郎、掾、属、列曹参军等,领诸州刺史、诸防防主。隋初因之,分上、中、下三等,炀帝大业元年(605)罢,唐初复置。边镇及大州或设大总管府。将帅出征或设行军大总管、总管府。唐高祖武德七年(624)改名都督府、大都督府。辽代南面官署有诸军兵马都总管府、五州都总管府。金代五京、诸路皆置,设都总管为长官,由府尹兼领,又置同知都总管、副都总管、总管判官、府判、推官、知法等官,兼掌军事民政司法。元代于大都路、上都路设都总管府,其余各路设总管府,管理地方司法民政事务,兼管劝农事,江北诸路另兼诸军奥鲁。十万户以上及要冲之地为上路,秩正三品;十万户以下为下路,秩从三品。置达鲁花赤、总管、同知、治中、判官、推官、经历、知事等官,下设儒学教授、学正、学录各一员,蒙古教授、医学教授、阴阳教授各一员,及司狱司、平准行用库、织染局、杂造局、府仓、惠民药局、税务、录事司等机构。其宫廷(帝、后、太后、太子)兵部、工部及诸王等位下亦设管理各种具体事务的总管府,有打捕鹰房、屯田、民匠、人匠、异样局、财赋等名目,常冠以地区名,分掌屯田、渔猎、手工业等生产收入,以为供奉,亦有管理宗教寺庙事务者,设官略同,品秩由正三品至从四品不等。文宗时又置管理僧尼之政的*广教总管府十六所。参见"总管"。

总管林山 即"总材山"。

总管轮 官名。清末海军技术官。正三品、正四品不等。同治、光绪年间筹办海军,除置管带等战官外,另设管轮等艺官。光绪十四年(1888)《北洋海军章程》规定,大舰每舰置总管轮一人,由游击、都司充;全军置总管轮(即"提标管轮")一人,参将充任。宣统年间,巡洋、长江两舰队与最大舰只"海圻"轮均置总管轮一人,正参领充。掌理、稽查轮机事务。

总管内务府大臣 亦称内务府总管。官名。清内务府主官。凡本府职官选除、仓储、财务、工程、刑罚及宫廷典礼、宴飨、祭祀、膳食、服御、赏赉、供应各事,皆归其核夺处理。顺治十八年(1661)始设,无定员,由上三旗满侍卫、本府郎中、内三院卿升补,或以王公、内大臣、尚书、侍郎兼任,皆满人。正二品。总管大臣除总领府事,还直接充任广储、营造、庆丰三司、上驷、武备、奉宸三院及官租房处、牺牲所、绮华馆等所属机构的值年或兼管大臣。其他特设管理大臣的机构,如升平署、御茶膳房、雍和宫、中正殿、咸安宫官学、圆明园等,其管理大臣也多以总管大臣兼充。此外如会同内阁学士盖用御印、宫内值宿、宫内后妃等进出宫所用仪仗扈从,也均属总管大臣职责。

总管太监 官名。清宫太监官职之一。品衔各不相同。其以四品充任者为宫殿监督领侍衔;五品者为宫殿监正侍衔;亦有以七品执守侍充任者。内务府敬事房设四品总管一人,五品总管二人,七品执守侍委署总管无定额。专司遵奉谕旨承应宫内事务与其礼节,收核外库钱粮,承办来往文移及巡察各门启闭、火烛关防等事,并负责太监之甄别、调补、赏罚,御膳房、景山、南府、圆明园等处均设,为执守侍衔。

总管圆明园事务大臣 官名。清代内务府所属圆明园主管官。掌圆明园岁修工程、陈设器皿及属官迁除奖罚诸事。雍正元年(1723)设,无定员,由皇帝特简。

总河 河道总督之俗称。

总计使 官名。北宋淳化四年(993)置,总领左、右计事。五年罢。

总甲 元、明以来地方职役。清代由州县派官充任。每甲辖数十百家,往往为一乡。乡中设乡约约束,有里长司劝化之事,而统归总甲管理。又,山西、陕西等处边外蒙古地方种地民人内亦设此官,位在十家长之上。每堡设牌头四名,总甲一名,皆于种地民人内择其诚实者充任,司稽查欠地租、偷窃为匪及来历不明者之事。

总检察厅 官署名。清光绪三十三年(1907)设立。隶大理院。对刑事案件实行搜查处分、提出公诉,并监察判断之执行;对民事及其他案件,则为诉讼当事人及公益代表人实行特定事宜。置厅丞一人,掌总司大理院刑、民案内之检察事务,并调度司法警察官吏监督下级检察厅。下有检察官六人,分任检察事务,以及主簿、录事等。

总检察厅检察官 官名。清末总检察厅属官。光绪三十三年(1907)设。六人,正五品,奏补。分任本厅检察事宜。

总检察厅厅丞 官名。清末总检察厅长官。光绪三十三年(1907)设。一人,从三品,请简。职司大理院刑民案件检察事务,调度司法警察官吏,并监督以下各检察厅。

总军械官 官名。清末新陆军职官。光绪三十年(1904)定新陆军营制,始置。每军一人,正三品,正参领充,简放。掌筹计全军战具军火等事务。平时不编军,故不常置。

总军需官 官名。清末新陆军职官。光绪三十年(1904)定新陆军营制,始置。每军一人,正三品,正参领充,简放。掌筹计全军粮饷服装等事务。平时不编军,故不常置。

总军医官 官名。清末新陆军职官。光绪三十年(1904)定新陆军营制,始置。每军一人,正三品。正参领充,简放。掌筹计全军卫生医药事宜。平时不编军,故不常置。

总理 官名。(1)明代加都御史衔的外职。如万历五年(1577)改原总督河道为总理河漕兼提督军务,一人。崇祯八年(1635)设总理南直隶、河南、山东、湖广、四川军务,一人。皆因事而特设,或随设随罢,职权甚大,地位在巡抚之上。(2)明代宦官各衙门的太监。地位仅次于掌印太监,总管本监、司事务。如内官监、尚膳监、惜薪司均设。(3)清末某些新设机构的主官,如商部京师劝工陈列所、邮传部交通银行总管理处、法部宪政筹备处等。其副手亦称协理。(4)清末内阁总理大臣的简称。

总理大臣 官名。(1)即"总理各国事务衙门大臣"。(2)清宣统三年(1911)四月设置,为责任内阁的首脑。根据皇帝的意志,决定政治方针、保持行政统一,并在内阁会议时担任议长。具体职责有对各地方长官颁发训示,并监督指挥其工作;可暂令停止各地方长官及各部大臣的命令、处分等,奏请皇帝裁决;奏请颁发阁令等等。需每日入对。三年九月,据《宪法信条》改由资政院公举,皇帝任命。

总理各国事务亲王 官名。清末总理各国事务衙门首席大臣。咸丰十年十二月(1861.1)设。以亲王、郡王、贝勒特简。率大臣、章京处理外交事务。大事上之,小事则行。光绪二十七年(1901)废。

总理各国事务衙门 官署名。初名总理各国通商事务衙门,旋在关防和各处行文中节去"通商"二字,简称总理衙门、总署或译署。清咸丰十年十二月(1861.1)清政府为办理洋务而设立的中央机构。初只恭亲王奕䜣、大学士桂良、户部左侍郎文祥三人管理,后增至八九人不等,统称总署大臣,或特简军机大臣兼领,或特简内阁部院满汉京堂充任,例由亲王一人领班。下属司员,亦称章京,由内阁部院、军机各司员章京内满汉各挑取八人为定额,嗣后逐渐增加,轮班办事。分设英国、法国、俄国、美国、海防五股及司务厅、清档房。掌对外交涉往来、海陆通商、各口关税、保护民教、边防疆界、海防、练兵、学堂、铁路电讯、矿务、制造、庆典、礼宾、选派出使各国使节,及官吏迁转考试等,职权范围极广,外人以"内阁中枢"目之。同文馆、海关总税务司皆归其管辖;南、北洋通商大臣所办事项按例皆由该衙门承转,但无直接隶属关系。光绪二十七年(1901)改为外务部,班列六部之首。

总理各国事务衙门大臣 官名。简称总理大臣、总理衙门大臣,又名总署大臣、译署大臣。清末总理各国事务衙门之长官。咸丰十年十二月(1861.1)设。分为三种:一为总理各国事务亲王、郡王、贝勒,特简;一为大臣,以军机大臣兼领,特简;一为大臣上行走、大臣上学习行走、办事大臣等,由内阁、部院满汉京堂内特简,均无定额。掌各国盟约、关税、通商、疆界、外交礼仪、文译传达、民教交涉等事务。光绪二十七年(1901),外务部设立后撤。

总理各国事务衙门大臣上行走 见"总理各国事务衙门大臣"。

总理各回城事务参赞大臣 即"总理回疆事务参赞大臣"。

总理海军事务衙门 官署名。简称海军衙门。清光绪十一年(1885)九月成立。以醇亲王奕譞总理海军事务,所有沿海水师悉归其节制调遣。以庆郡王奕劻、大学士直隶总督李鸿章为会办,正红旗汉军都统善庆、兵部右侍郎曾纪泽为帮办,实权为李鸿章所控制。二十一年二月因北洋海军覆灭,基地失陷,该衙门裁撤。

总理回部大臣 即"总理回疆事务参赞大臣"。

总理回疆事务参赞大臣 官名。又名总理回部大臣、回疆总理大臣或总理各回城事务参赞大臣。清乾隆二十四年(1759)设。驻喀什噶尔(今喀什),称喀什噶尔参赞大臣。辖新疆喀什噶尔、英吉沙尔、叶尔羌、和阗、乌什、阿克苏、库车、喀喇沙尔等城办事,领队大臣并军政事务。二十七年设伊犁将军后归其节制。三十年后迁乌什,称乌什参赞大臣。五十三年,仍迁回喀什噶尔。道光十年(1830),平定玉素甫叛乱后,迁叶尔羌,称叶尔羌参赞大臣。同治三年(1864),新疆维吾尔、回族农民起义后未再简放。光绪十年(1884),新疆建省后裁撤。

总理回务札萨克郡王 官名。清代新疆回部之最高首领。乾隆十九年(1754),封吐鲁番伯克为札萨克公,综理回务。后获罪,改封额敏和卓。不久又晋为郡王。其下设协理图撒拉克齐二人,佐理政务。

总理銮仪卫事内大臣 见"銮仪卫掌卫事大臣"。

总理清漪园园务大臣 官名。清代内务府所属清漪园之主管官。兼领静明园、静宜园。掌三园管理、修缮、器皿陈设及属官迁除奖罚事。乾隆十六年(1751),改瓮山、金海为清漪园,置总管大臣,无员限,由皇帝特简。

总理全营事务翼长 官名。清代八旗神机营之职官。又称全营翼长。咸丰十一年(1861)设,三人。以别于所属各处、局之翼长,故名。掌佐管理大臣,督理全营队伍及各处、局、厂、库事。

总理事略 书名。亦名《国父事略》。胡去非编。记孙中山革命生平。中山文化教育馆研究丛书之一,1937年商务印书馆印行,1945年再版。

总理事务处 官署名。清雍正十三年(1735)高宗继位,命庄亲王允禄,果亲王允礼,大学士鄂尔泰、张廷玉等辅政,为总理事务王大臣。罢军机处之名,改称总理事务处,其军机处原办之一切政务,改由总理事务处办理;原任之军机大臣,除已受命为总理事务大臣者外,皆回本任。乾隆二年(1737),高宗服满亲政,总理事务王大臣等自请罢职,遂撤总理事务处，恢复军机处之名称，接办一切事宜。

总理行营大臣 官名。清代掌管行营政令之长官。光绪初年置，六人，由宗室王公、蒙古王公及满大臣内特派兼管。下属有办事章京十六人，掌章奏文移，由护军参领兼任。

总理学务王 官名。清代左、右翼宗学长官。总领宗学事务。左、右翼各设一人，由皇帝在宗室王公内简派。

总理衙门 即“总理各国事务衙门”。

总理衙门大臣 即“总理各国事务衙门大臣”。

总理衙门大臣上行走 即“总理各国事务衙门大臣上行走”。

总理衙门章京 官名。清末总理各国事务衙门职官。咸丰十一年(1861)设。分为四种：总办章京，满、汉各二人，掌承发庶务；帮办章京，满、汉各一人，掌赞佐总办之职；章京，满、汉各七人；额外章京，满、汉各八人，掌各股之事，并分班轮流值宿。章京的品级与升补，按原衙门官职办理。光绪二十七年(1901)撤。

总林山 即“总材山”。

总领 官名。(1)即总领财赋或总领某路财赋军马钱粮。南宋置。建炎末，张浚始以赵开总领四川财赋，又相继命朝官总领都督府与各宣抚使司财赋，以供办军饷。绍兴十一年(1141)，收三大将兵权，设御前诸军，置淮东、淮西和湖广三总领，分掌各路上供财赋，供办诸军钱粮，实际成为户部派出机构。又专一报发御前军马文字，与闻军政。十五年，复置四川总领，其职权比东南三总领更重。总领官署称总领所。(2)清代设于虎枪营及内务府。虎枪营总领，康熙二十三年(1684)设三人，上三旗每旗一人。雍正元年(1723)增至六人，每旗二人。由一品至五品大臣、官员内特简，位虎枪营总统之下。与总统共掌辖本营官兵以备扈从。内务府设于御茶、膳房，为二房主官。掌理宫内备办饮食及典礼筵宴所用酒席之事。顺治初于茶房、膳房各设三人，康熙二十八年(1689)，膳房设委署总领一人。雍正元年(1723)，定授二等侍卫衔。乾隆十三年(1748)改由总管大臣统辖。二十四年，膳房总领改称“尚膳正”，茶房总领改称“尚茶正”。内务府奉宸苑及圆明园等园亦设，均为各处属官，员额不等，分掌各园庭看守、值宿事务，亦于乾隆二十四年改称“苑丞”。

总领措置官田所 见“提领官田所”。

总领事 官名。清末派驻外国的官员。光绪元年(1875)始设。秩四品，奏补。掌总领事馆事务，保护华侨。辖二等、三等书记各一人，二等通译官一人。

总领司 官署名。金代置。统军机构。正大二年(1225)选诸路精兵为总领司，直隶枢密院，每司军兵数万人。长官为总领，秩正四品。后改为都尉司。

总领所 官署名。简称总司。南宋初年，始置于四川，为宣抚处置使司措置财赋。绍兴六年(1136)，又置于镇江，以户部侍郎为长官，掌屯驻江淮诸军钱粮。同年，鄂州亦置，以户部郎官领之，掌岳飞军钱粮。十一年，收诸帅之兵改为御前军，分屯诸处，遂置淮东、淮西江东、湖广三总领所。以卿、少卿为总领，并带专一报发御前军马文字，使预闻军政。淮东总领掌镇江诸军钱粮；湖广总领掌鄂州、荆南、江州诸军钱粮；淮西江东总领掌建康、池州诸军钱粮。十五年，复置于四川，掌兴元、兴州、金州诸军钱粮，不隶宣抚司。各置分差粮料院、分差审计司、大军仓库机构。属官有干办公事、准备差遣等。开禧中，令皆由宣抚司节制。嘉定三年(1210)，复自为一司。

总马医官 官名。清代新陆军职官。光绪三十年(1904)定新陆军营制，始置。每军一人，从三品，副参领充，简放。掌筹计全军马匹卫生医药等事。平时不编军，故不常置。

总明观 又名东观。南朝学府之一。宋明帝泰始六年(470)，以国学废，初建总明观，置祭酒、访举各一人，分儒、玄、史、文四科，每科置学士各十人。一说分儒、玄、史、文、阴阳五部学，学士二十人。大体为元嘉四学之旧。齐高帝建元中，掌治五礼。武帝永明三年(485)，以国学建而省之。

总明观祭酒 见“总明观”。

总目 官名。清代农民起义军捻军所设职官。咸丰五年(1855)，捻军各路结为联盟，改编为五色总旗，每旗之统帅即称“总目”。

总旗 官名。明代低级军官。每百户下设二人，各领五小旗。

总摄司 官署名。元代管理佛教事务机构。世祖时设于路以上(亦有设总统所者)，统辖僧录司、僧正司、都纲司，掌理僧尼词讼。凡遇僧尼与百姓发生词讼，则与地方官府共同处理。长官为总摄，下设书吏、公使人等。至大四年(1311)二月，仁宗登极，下令罢各级僧司衙门，遂废。

总圣库 太平天国官名。金田起义时设，为天朝典官。设正、又正、副、又副共四人，职同检点。另设协理二人，职同将军。主管库藏金银、珠宝、钱钞、衣服等。每军设有典圣库正副二人，职同监军，主管全军军需。

总圣粮 官名。太平天国朝上职官。见“朝上典官”。

总师傅 官名。清代上书房主管官。负责教授皇子、皇孙。

总署 即“总理各国事务衙门”。

总税务司 官名。清末总税务司署主官。根据《中英通商章程善后条约》关于中国海关聘用英人帮办税务的规定，咸丰九年(1859)钦差大臣两江总督何桂清任用江海关税务司英人李泰国为总税务司，在上海设总税务司署。十年十二月由总理衙门正式札委，帮同总理稽查各口洋商完税事宜。旋因其受伤回国，由英人赫德代理。同治二年(1863)，李泰国被革职，赫德继任，将机构迁北京，掌管各海关征收课税，综理全国关税行政与官员任免等，至光绪三十四年(1908)回国。后续聘英人充任。

总税务司署 官署名。清末总理衙门所辖机构。咸丰九年(1859)设于上海(一说同治四年在北京设立)。同治二年(1863)迁北京。设总税务司一人,综理全国关税行政与关员任免事务。分设五科三处:总务科、机要科、统计科、汉文科、铨叙科、造册处(设于上海)、驻外办事处(设于伦敦)、内债基金处(设于北京)。各海关设税务司一人,管理全国海关行政。分设六课:总务、秘书、会计、统计、监查、验查。从成立起就由总理衙门管辖,后隶外务部,实为独立机构。光绪三十二年(1906)清政府设税务处,总税务司以次各官名义上受其节制,实为洋员所把持。高级职务半数属英籍,其他列强均占位置,华员仅任中下级职务,俯听指挥。参见"总税务司"。

总司 宋代总领所的简称。

总司稽查守卫事宜大臣 官名。清末稽查宫禁守卫长官。光绪三十四年(1908)置。三人,特简王大臣充任。掌稽查禁城、禁门、宫门、殿阁各处亲军、护军各营守卫事宜。宣统三年(1911)省。

总宿卫事 官名。辽代置。北面官。宿卫司长官。亦称典宿卫事。

总统 官名。(1)元代僧官。掌理佛教事务。世祖时,设总统所管领各地佛教之事。武宗至大四年(1311)二月,罢总统所,僧人诉讼统归有司。(2)清代八旗军制中属禁卫军各营之长官。如圆明园八旗内务府三旗护军营、火器营、健锐营、虎枪营、响导处、善扑营等均设总统大臣,简称总统,无员限,亦有设掌印总统大臣者。掌本营之政令,并督率操练演习之事。(3)清代用兵时,常授指挥各军的长官以总统名义,如张国梁的本官为提督,而在丹阳被太平军击杀时的全衔为"帮办军务、总统诸军、提督",当时简称为"张总统"。(4)清末新编陆军之长官,每军设总统官一人,统领一军,简称"总统"。

总统所 官署名。元代管理佛教事务之机构。世祖时设于路以上(亦有设总摄司者),统辖僧录司、僧正司、都纲司,掌理僧尼词讼。凡遇僧尼与百姓发生词讼,则与地方官府共同处理。长官为总统,下设书吏、公使人等。至大四年(1311)二月,仁宗登极,下令罢各级僧司衙门,遂废。

总统伊犁等处将军 简称伊犁将军。官名。清乾隆二十七年(1762)设,驻惠远城(今新疆霍城县境)。辖新疆全境。节制乌鲁木齐都统、总理回疆事务参赞大臣、伊犁参赞大臣、塔尔巴哈台参赞大臣;总统各地驻防、换防绿旗诸营官兵;兼理外藩交涉。同治十年(1871)至光绪八年(1882)沙俄侵占伊犁期间,暂驻塔城。光绪十年新疆建省后,仅辖塔城参赞大臣、塔城驻军,并节制伊塔道事务。辛亥革命后废除。

总务科 官署名。清末各省提学使司所辖六科之一。光绪三十二年(1906)设。掌办理机密文书事件,收发一切公文、函电、案卷、册籍,编纂统计报告及各种学务报告,编印教育官报,考核所属职官、教员功过,办理司内一切杂项事务。置科长一人、副长一人。

总务司 官署名。清末学部所属机构。光绪三十二年(1906)设。掌机要文移、审核图书典籍事。辖机要、案牍、审定三科。置郎中二人,总理司务,下设员外郎、主事,分司各职。

总务厅 官署名。清末军咨府、盐政院、典礼院等下属机构。掌综理庶务。军咨府总务厅设军咨使管理厅务,盐政院、典礼院总务厅各设厅长一人。

总宪 明清都察院左都御史别称。古称御史台为宪台,都察院职掌与之相近,故名。左副都御史亦称副宪。

总爷 清代绿营兵对军官守备之尊称。

总油盐 官名。太平天国朝上职官。

总章 唐高宗年号(668—670)。凡三年。

总章监 乐官名。掌宫廷舞蹈。《后汉书·献帝纪》:建安八年(203)"公卿初迎冬于北郊,总章始复备八佾舞"。李贤注:"总章,乐官名。"三国魏至南朝置总章监。又有总章工、总章校尉等官。

总镇 清代总兵之俗称。

总知汉儿司事 官名。辽代置。设于太祖时,以韩知古总知汉儿司事,统领汉人事务。置汉人枢密院后,废。

总知翰林院事 官名。辽代置。南面官,非常置,总领翰林院之事。

总知军国事 官名。辽代置。北面官。始于遥辇后期。耶律阿保机即位前,为*于越,总知军国事;即位后,以耶律曷鲁为阿鲁敦于越,总军国事,成为最高执政官。后演为北、南宰相府官员,参预国家大政。

总知宿卫事 官名。辽代置。北面官。宿卫司官员,在总宿卫事下。

总知中丞司事 官名。辽代置。北面官,北枢密院中丞司官员,又称总领中丞司事。在"北南枢密院点检中丞司事"下。

总执法官 官名。清末新陆军职官。光绪三十年(1904)定新陆军营制,始置。每军一人,正三品,正参领充,简放。掌考查全军法律。平时不编军,故不常置。

总志 《四库全书总目》分地理类为十属,除宫殿、河防、边防、山川、古迹、杂记、游记、外纪八种专志外,称记述在大一统下全国各级政区的地志为"总志之属",记述某一都市、政区、地域的地志为"都会郡县之属"。著录于"总志之属"的是《元和郡县志》、《太平寰宇记》、《元丰九域志》、《舆地广记》、《方舆胜览》、《大明一统志》、《大清一统志》七种。著录于"都会郡县之属"的是《吴郡图经续记》、《临安志》、《吴郡志》等若干两宋郡县志和元明清若干省、府、州、县志,共四十七部,近代习称方志或地方志。方志是一方之志,总志是全国之志;二者虽同为地志,但记述范围不同,《四库》予以区别,是正确的。近代学者常将总志也包括在方志之内,如张国淦《中国古方志考》首列历代总志,不妥。朱士嘉《中国地方志综录》、庄威凤等主编的《中国地方志联合目录》不录总志为是。

总制 ❶见"总督"。❷官名。太平天国置,起义之初即设。军中所设,共九十五员,为一军指挥官,监军以下悉归节制。以炎、水、木、金、土五字系衔,每字以下又有一至十九之数,自炎一总制至土十九总制依次类推。另有恩赏总制、职同总制无定额。地方每郡设钦命总制一人为守土官,主一郡民政、狱讼和钱粮事。后期成为乡官,由本地人充任。

总制钱 南宋向地方征调的若干项财赋和杂税之总称。绍兴五年(1135),参知政事孟庾提领措置财用,设总制司,奏请令州军再增收头子钱,又先次拘收耆户长雇钱、抵当四分息钱、转运司移用钱、勘合朱墨钱、常平司七分钱、人户合零就整二税钱、免役一分宽剩钱、官户不减半民户增三分役钱、常平司五分头子钱、出卖系官田舍钱、茶盐司袋息钱等二十余项,合称总制钱,别立帐收管,供朝廷调用。总制钱是南宋重要财政收入。

总制使 官名。南宋高宗绍兴五年(1135),参知政事孟庾提领措置财用,以总制使为名,创收总制钱。孟庾罢,沈与求继任。六年,沈与求罢,遂不复任命。其官署称总制使司或总制司。

总制院 官署名。元代置。掌管佛教事务及吐蕃地区,至元元年(1264)置。二十五年改宣政院。

总制院使 官名。元代置。释教总制院长官,例由国师推举,掌全国释教及吐蕃事务。

总佐 唐代南诏基层官吏。统领百家以上人口,约相当于明时的土百户。

zòng

从 古代算学术语。又称袤。图形之度量之一,与"广"相对。

纵横 一作从衡。"合纵离横"或"合纵连横"之简称。战国时两相对峙的外交方略。齐、楚、燕、赵、韩、魏等联合抗秦为纵;六国中某国或几国奉秦转相进攻为横。一说南北为纵,六国地连南北,故六国联合抗秦为合纵;东西为横,秦地偏西,六国居东,故秦与东方任何一国联合皆谓之连横。以张仪、公孙衍、庞煖等为其代表人物。

纵横家 战国时期从事外交游说活动的谋略家。《汉书・艺文志》列为"九流"之一。《韩非子・五蠹》:"从(纵)者,合众弱以攻一强也;而衡(横)者,事一强以攻众弱也。"战国后期秦国强大,关东六国渐弱。齐、楚、燕、赵、韩、魏等弱国联合抗秦,称为"合纵"。六国中某些国家追随秦国进攻其他国家,称为"连横"。公孙衍为合纵派主要代表,张仪为连横派主要代表。纵横家士无定主,"上诈谖而弃其信"(《汉书・艺文志》),朝秦暮楚,反复无常。其思想没有形成完整体系,设策划谋多以主观政治要求为转移,论证方法以长于颠倒是非或似是而非的诡辩为特色。《战国策》与 1973 年长沙马王堆三号汉墓出土的《战国纵横家书》,为研究纵横家之重要资料。

纵横图 算学术语。又称幻方。是将自 1 至 n^2 的自然数排列成纵横各有 n 个数的正方形,使每行、每列或每主对角线上 n 个数之和都相等的数的排列。东汉郑玄注《易纬・乾凿度》云:"太乙取其数以行九宫,四正四维皆合于十五"而得九宫,是为三阶幻方。南宋杨辉《续古摘奇算法》卷上始有此名,并给出了三至十阶的造法。目前是组合数学的研究课题,日益受到重视。

纵浦横塘 五代吴越国在大规模修筑圩田中形成的完整渠网体系。针对太湖地区四周高,中间低的地形特点,以通海干河为总纲,"或五里七里为一纵浦,又七里或十里为一横塘",构成塘浦阔深、堤岸高厚的纵横河网,普遍设置堰闸、斗门,防涝蓄水,使低田高田旱涝保收。见《吴郡图经续记・治水》。

纵囚 刑法名目。亦作故纵。即故意放纵人犯。《睡虎地秦墓竹简・法律答问》:"当论而端弗论,及傷其狱,端令不致,论出之,是谓纵囚。"《汉书・景武昭宣元成功臣表》颜师古注引晋灼云:"律说出罪为故纵,入罪为故不直。"后渐改为"官司出入人罪"。《大明律・刑律・断狱》:"凡官司出入人罪,全出全入者,以全罪论。"原注:"谓官吏因受人财及法外用刑,将本应无罪之人而故加以罪,及应有罪之人而故出脱之者,并坐官吏以全罪。"

zōu

邹 一作驺。本邾国,战国时通称为邹。参见"邾"。

邹必显 清江苏扬州人,号趣斋主人。扬州评话演员。乾隆间以演说自编的《飞跎传》著名("飞跎"为扬州方言,指以虚语欺人而其巧甚虚甚者)。与当时浦琳演《清风闸》齐名。

邹柄 北宋常州晋陵(今江苏常州)人,字德久。邹浩子。弱冠弃科举,从杨时游。靖康初,自布衣荐除枢密院编修,官终给事中,出守天台。编有《伊川语录》。

邹伯奇(1819—1869) 清广东南海人,字特夫,又字一鹗。通晓天文、数学、光学、仪器制造、地理测绘等,曾任上海机器局附设书院教习。以所创制器材拍摄下历久不脱色的照片,与欧洲银版照相法的发明几乎同时。还制造出演示地动说的"七动仪"以及观象仪、浑天仪、时钟、计算尺等器具。著述亦丰,撰成比较完整的几何、光学著作《格术补》,还著有《春秋经传日月考》、《甲寅恒星表》、《赤道星图》、《黄道星图》等。后人将其部分论著辑成《邹征君遗书》刊行。

邹伯颜 元高唐(今属山东)人,字从吉。初为番直禁卫。至正间,出为建宁崇安县尹。在任期间,均徭役,兴水利,颇有政绩。后迁漳州路判官。

邹代钧(1854—1908) 清湖南新化人,字甄伯,又字沅帆。夙究心史地之学。光绪十二年(1886),随刘瑞芬出使英、俄,作《西征纪程》。归而创设舆地学会,致力译绘中外地图。旋以清廷续修《会典》,上书建言兼采中西地图测绘法,测天度、地面,依率成图,并论经纬度定位之理,充会典馆纂修。调湖北,主修《湖北全省地图》。中日甲午战争爆发后,向当局提出采用新式练兵法、持久抗击日军等建议。二十八年,入都充编书局总纂,兼学务处提调,后补用直隶州知州。曾主讲两湖书院、京师大学堂。鉴于边患日亟,其舆地研究,对东南沿海、西北边地考索尤详。另著有《光绪湖北地记》、《直隶水道记》、《蒙古地记》、《中俄界记》、《日本地记》、《五洲疆域汇编》等。

邹干(幹)(1409—1492) 明余杭(今属浙江)人,字宗盛,号顺庵。永乐中太子少詹事邹济之子。以父故,入应天府学。正统进士。累官兵部员外郎。*土木之变后,以才干超升右侍郎。寻改任礼部,升左侍郎。请定诸生输粟入国子监读书,纳粟入监之例自此始。成化二年(1466),受命赈畿内饥民。次年,再升礼部尚书。在礼部十年,加太子少保。被劾请归。

邹汉勋(1805—1853) 清湖南新化人,字叔绩。咸丰举人。曾与其兄合撰《左氏地图说》等。后与同县邓显鹤修《宝庆府志》,又至黔中修贵阳、大定、兴义、安顺诸郡志。与魏源同撰《尧典释天》。太平军攻克江宁时,以援、堵、守三策致书曾国藩,并随江忠淑率楚勇千人援南昌,以知县用。寻在庐州被太平军所杀。著有《六国春秋》、《读书偶识》(仅存八卷)、《五均论》等。

邹浩(1060—1111) 北宋常州晋陵(今江苏常州)人,字志完,自号道乡居士。元丰进士。历扬州、颍昌府教授、太常博士,出为襄州教授,著《论语解义》、《孟子解义》。迁右正言,以谏立刘后,乃削官,羁管新州。徽宗立,召还,复为右正言,迁左司谏,上疏谓当"恤公议"、"谨独断"。进中书舍人,同修《神宗国史》,迁吏、兵部侍郎。知江宁府、越州、杭州。再以谏立刘后事,贬永州等地。崇宁五年(1106)返故里。著有《道乡集》。

邹缉(?—1422) 明江西吉水人,字仲熙。洪武中举明经,任教谕。永乐初迁翰林侍讲,兼左中允,屡署国子监事,参修《永乐大典》。永乐十九年(1421)借三殿灾极陈时政得失,疏请还都南京,几得祸。居官清操如寒士。博极群书,著有《素庵集》。

邹忌 又作驺忌、驺忌子。战国时人。齐国相。事田齐桓公、威王、宣王三朝。以讽喻善谏见称。齐威王继位后,不治朝事,委政卿大夫,诸侯并伐。他入讽威王,喻以妻妾亲私与琴音清浊、和谐,使威王纳谏。威王乃下令群臣吏民,有能面指王之过者受上赏,上书谏者受中赏,能谤议于市朝闻于王之耳者受下赏。他以此得威王赏识,被任为相。后封于下邳(今江苏睢宁北),号成侯。主张选贤任官,修订法律,以监督清除奸吏。后与田忌不睦,迫使田忌出奔。约死于宣王初年。

邹济(1357—1424) 明浙江余杭人,字汝舟。洪武时为余杭训导,累迁国子助教,以荐升山东平度知州。永乐初,预修《太祖实录》,进礼部郎中,迁左春坊左庶子。成祖欲易储,同僚多得罪,遂积忧成疾而卒。仁宗即位,赠太子少保。著有《颐庵集》。

邹家口 五代时黄河津渡口,在今山东东阿县东北。《资治通鉴》:五代唐同光元年(923),郭崇韬趣博州,至马家口渡黄河筑城,梁将王彦章将兵急攻新城,庄宗存勖引军救之,彦章解围,退保邹家口,即此。

邹捷(?—约312) 西晋南阳新野(今属河南)人,字太应。邹湛子。有文才,与潘岳、陆机等附会于贾谧,号为二十四友。永康初,为散骑侍郎。永康二年(301),赵王伦篡位,旋败死,与陆机等被疑为伦作禅位文,因下廷尉,遇赦免。后为太傅东海王越参军。

邹立文 清山东平度人,字宪章。与美国传教士狄考文合译《笔算数学》、《代数备旨》、《形学备旨》。

邹鲁(1885—1954) 广东大埔人,原名澄生,字海滨。清光绪三十一年(1905)加入中和堂及同盟会。后进广东政法学堂。尝与朱执信等策划举事,并在广州办《可报》鼓吹革命排满。宣统三年(1911)参加黄花岗起义,事败走香港。广东光复后,组织北伐军,任兵站总监,旋任广东银钱局总办。1912年当选众议员。曾参与倒袁和护法运动。后反对孙中山三大政策,参与西山会议派活动。曾任国民党中央常务委员、国民政府委员和中山大学校长等职。1949年去台湾。著有《中国国民党史稿》、《邹鲁文存》等。

邹鲁之士 邹、鲁(今山东西部)一带的文士。《庄子·天下》:"其在于《诗》、《书》、《礼》、《乐》者,邹鲁之士、搢绅先生多能明之。"

邹鸣鹤(1793—1853) 清江苏无锡人,字钟泉、松友。道光进士。初任知县。道光八年(1828)后,历官卫辉、开封知府。累迁至顺天府尹。咸丰元年(1851)擢广西巡抚,助赛尚阿镇压太平军。次年太平军攻桂林,他留城固守。太平军进入湖南,因未追击,被革职。三年起复,筹办长江防务。太平军攻克南京,被击毙。

邹平县 西汉置。在今山东邹平县西北。西晋永嘉后废。隋开皇三年(583)移平原县于邹平故县,十八年复改为邹平县。北宋景德元年(1004)移治济阳废县(汉梁邹城),即今治;一说梁邹城在今县北,金移今治。汉、晋属济南郡,隋属齐州,唐、宋、金属淄州,元属济南路,明、清属济南府。

邹普胜 元麻城(今属湖北)人。铁工出身。白莲教徒。至正十一年(1351)八月,与徐寿辉等在蕲州(今湖北蕲春)组织红巾军起义。十月,建天完政权,任太师。次年春,领兵攻取九江、武昌等地。二十年闰五月,陈友谅杀徐寿辉,建大汉,仍任太师。后不知所终。

邹容(1885—1905) 清四川巴县(今重庆市巴南区)人,原名绍陶,字蔚丹,又作威丹。光绪二十四年(1898)在重庆习英、日语,开始接受"新学"。二十八年留学日本,入东京同文书院。次年因剪留日陆军学生监督姚文甫发辫,被迫返上海。旋参加爱国学社，投身拒俄运动。四月谋创设中国学生同盟会。同年作《革命军》一书，宣传革命乃"天演之公例"，"世界之公理"，是"顺乎天而应乎人"的伟大行动。号召国民抗御外敌，推翻清朝封建专制制度，建立自由、独立、平等的"中华共和国"。书由章炳麟作序，刊行于《苏报》，影响甚大。"苏报案"发，自动至上海租界工部局投案，与章炳麟同被监禁，判刑二年。三十一年二月瘐死狱中，时年二十。1912 年 2 月由中华民国南京临时政府追赠为大将军。

邹山 即"峄山"。

邹师颜(?—1425) 明宜都(今属湖北)人。洪武中以国子生擢兵部主事，累官江西布政司左参政。永乐初坐事，免官。寻以荐任御史，以直言敢谏升任大理寺丞，并署官户部，然为官颇近严刻。永乐十九年(1421)冬，因反对成祖亲征，与夏原吉等系狱。仁宗即位得释，授礼部侍郎，以省墓归，途至通州而卒。贫不能归葬。宣宗命官给驿送归，京官卒给驿归葬自此始。

邹奭 战国时齐人。邹亦作驺。稷下学者。与邹忌、邹衍为齐三邹子。持邹衍之说，其文饰若雕镂龙纹，齐人称之为"雕龙奭"。《汉书·艺文志》阴阳家类著录《邹奭子》十二篇，已佚。

邹奭子 书名。"邹"亦作"驺"。战国齐邹奭著。《汉书·艺文志》著录十二篇，列于阴阳家。《史记·孟子荀卿列传》曰："邹奭者，齐诸驺子，亦颇采驺衍之术以纪文。"并对驺衍之文加以修饰，如雕镂龙纹，故有"雕龙奭"之称。《隋书·经籍志》已不载。久佚。

邹守益(1491—1562) 明江西安福人，字谦之，号东廓。正德进士。出王守仁门，授翰林编修，不久因直言罢归。后赴赣谒王守仁，讲学赣州。又参与平宁王朱宸濠之变。世宗即位，复官。一度谪为广德州判官。建复初书院，与学者讲授其间，复起为南京礼部郎中，升南京国子监祭酒。再以直言落职归，讲学里中，学问终老。其学以"敬敬无欲"为"良知"本体，以"慎独戒惧"为"致良知"工夫，主张"君子之学，以去其欲而全其本体而已"(《东廓集·录青原再会语》)。著有《东廓集》。

邹澍(1790—1844) 清江苏武进人，字润安。家贫积学，隐于医术。道光初，诏举各方隐士，乡人荐之不出。又通天文推步、地理形势及诗古文。著有《伤寒通解》、《伤寒金匮方解》、《医理摘要》，惜未刊行。刊行者有《本经疏证》、《本经序疏要》等。

邹文盛(1459—1536) 明湖广公安(今属湖北)人，字时鸣，号黄山。弘治进士，授吏科给事中。正德十一年(1516)以右副都御史巡抚贵州。嘉靖六年(1527)因镇压苗民起义功进户部尚书，于盐政、钱法多所用心。次年致仕归。卒谥庄简。著有《默庵集》、《邹庄简公存稿》等。

邹县 即驺县。在今山东邹城市东南，北齐移今治。见"驺县"。

邹衍(约前 305—前 240) 亦称驺衍。战国时齐国人。稍晚于孟子。为阴阳家代表人物。好谈天文，因其语"闳大不经"，时人称为"谈天衍"。居稷下，曾游魏、赵、燕等国，备受诸侯礼遇。燕昭王"请列弟子之座而受业，筑碣石宫，身亲往师之"(《史记·孟子荀卿列传》)。深观天地阴阳变化，述怪迂之变，提出五德转移说，认为历史按照土、木、金、火、水五行相克的顺序而循环。每个朝代受五行中一行支配。一个朝代的帝王将兴，天必先显示支配该朝代某一行兴盛的祥兆。此说成为汉代天人感应学说的重要来源。又推论自然史过程，追溯到天地未生以前。认为天下有八十一州，儒者所谓的中国(赤县神州)仅为其中之一。每九州为一单元，有小海环绕，称"大九州"。九个"大九州"另有大海环绕，再往外即为天地之边际。参见"邹子"。

邹阳 西汉齐人。初与严忌、枚乘俱仕吴，皆以文辩著名。见吴王濞称疾不朝，阴谋叛乱，乃以亡秦为喻，道齐、赵、淮南之难，奏书谏之。王不听，遂去吴至梁，为孝王门客。后被羊胜、公孙诡陷害入狱，乃上书自陈，得释。孝王与胜、诡使人刺杀汉谋臣袁盎等事发，曾亲赴长安疏通，使王得免于追究。《汉书·艺文志》纵横家有《邹阳》七篇，今佚。

邹一桂(1686—1772) 清江苏无锡人，字元褒，号小山，晚号二知老人。雍正进士。官礼部侍郎，赠尚书。善工笔花卉，条畅自如，设色明净，论者以为"南田(恽寿平)之后，惟有小山可媲美"。其画颇受高宗赏识，所进百花卷，高宗曾赐题绝句百首。间作山水写生，写有《盘山杏花图》。著有《小山画谱》，专论花卉画法，对后世有一定影响。

邹漪 明末清初江苏梁溪(今无锡)人，字流漪。曾入吴伟业门下。自崇祯十五年(1642)起，即广搜天启、崇祯两朝事迹，荟萃条例，略纪所知，名《启祯野乘》。不列帝后，不备表志，以别于史，于十七年付刻。其后又荟萃诸家志传墓表而排纂之，成《启祯野乘二集》，记崇祯、弘光以来朝野之士。又著有《明季遗闻》。

邹峄山 即"峄山"。

邹应龙 ❶(1172—1244)南宋邵武军泰宁(今属福建)人，字景初，号南容。庆元二年(1196)进士第一。累官起居舍人，与韩侂胄不合，出知赣州，有惠政。侂胄败死，入朝。历刑部、礼部尚书。嘉熙元年(1237)，为签书枢密院事兼参知政事。未几，出知庆元府兼沿海制置使，旋即提举宫观，立朝以刚直称。❷明长安(今陕西西安)人，字云卿。嘉靖进士。任御史时，侦知世宗对权臣严嵩眷宠已衰，嵩子世蕃贪纵不法，于是上疏弹劾，请斩世蕃，勒嵩退归乡里，因此得名。隆庆间，以兵部侍郎兼右佥都御史巡抚云南，发黔国公沐朝弼罪。万历中，因与太监冯保有隙，被令致仕。后又遭劾削籍为民，卒于家。万历十六年(1588)追复原官。

邹元标(1551—1624) 明江西吉水人，字尔瞻，号南皋。万历进士。初入仕即因疏劾张居正夺情，谪戍贵州都匀卫。万历十一年(1583)，召为吏科给事中，又以直谏忤帝。后丁忧归，筑仁文书院，讲学几三十年。天启元年(1621)官至刑部右侍郎，迁左都御史。与冯从吾建首善书院。不久遭魏忠贤党排挤,乞归。著有《愿学集》、《存真集》、《太乙山房疏草》等。

邹湛(?—约299) 西晋南阳新野(今属河南)人,字润甫。以才学知名。仕魏至太学博士。入晋,历尚书郎、征南从事中郎,为征南大将军羊祜所器重。复为太子中庶子。太康中,拜散骑常侍,出补勃海太守,转太傅杨骏长史,迁侍中。骏被杀,免官。寻起为散骑常侍、国子祭酒,转少府。著诗及论事议,为时所重。其集已佚,今存《周易统略》辑本。

邹喆 清江苏吴县人,字方鲁。工山水,兼长花草,画松尤奇。居江宁,为"金陵八家"之一。

邹振岳(?—1893) 清山东淄川(今淄博)人。同治进士,授湖南桂阳知县。光绪十四年(1888)擢宣化府知府。次年调任天津府知府,清厘积牍,严察属吏,较为持平地处理中外交涉事件。十九年山西奇灾,曾劝谕绅商赈济难民。旋因整治水利积劳病殁。

邹征(徵)君遗书 书名。清邹伯奇著,后人所辑。九卷。同治十三年(1874)付梓。包括《学计一得》二卷(有《古尺步考》、《五服辨》、《海内合图》、《赤道说》、《宣夜说》、《春秋经传日月考》、《戈戟考》、《磬求重心术》、《论西法皆古所有》等二十四文),《补小尔雅释度量衡》,《格术补》,《对数尺记》,《乘方捷术》,《邹征君存稿》(有《三统术说》、《律数说》、《求重心说》、《说自鸣钟》、《摄影之器记》、《答友问漏箭洞法》等十八文),以及《舆地全图》一册,《赤道南北恒星图》二幅(此二图有目无书)。为清季天文、数学、物理和地理之重要著作。书后另附刻《夏氏算学四种》、《徐氏算学三种》,为研究清季数学家夏鸾翔、徐有壬数学成就之重要文献。

邹子 书名。邹亦作驺、鄹。战国齐邹衍撰。《汉书·艺文志》著录四十九篇,另《邹子终始》五十六篇,共一百零五篇,列于阴阳家。《史记·孟子荀卿列传》称其"乃深观阴阳消息,而作怪迂之变,《终始》、《大圣》之篇,十余万言"。该书《隋书·经籍志》已不载。久佚。《吕氏春秋·应同篇》、《淮南子·齐俗训》、《史记·封禅书》、《史记·秦始皇本纪》中保留其残存材料。清辑本有马国翰《邹子》一卷,见《玉函山房辑佚书》;王仁俊《邹子书》一卷,见《玉函山房辑佚书续编》。

邹子终始 书名。战国齐邹衍撰。《汉书·艺文志》著录五十六篇,列于阴阳家。颜师古注:"亦邹衍所说。"刘歆《七略》:"邹子有《终始五德》,从所不胜,土德后木德继之,金德次之,火德次之,水德次之。"五德相克相生,周而复始。《史记·孟子荀卿列传》有关于邹衍学说的记载。《隋书·经籍志》已不载。久佚。清马国翰辑《邹子》一卷,见《玉函山房辑佚书》;王仁俊辑《邹子书》一卷,见《玉函山房辑佚书续编》。

驺 官名。(1)又称驺子。掌驾车之官。《左传·成公十八年》:"程郑为乘马御,六驺属焉,使训群驺知礼。"孔颖达疏:"驺是主驾之官也。"(2)骑士亦称驺骑。《汉书·惠帝纪》:"谒者、执楯、执戟、武士、驺比外郎。"颜师古注:"驺本厩之驭者,后又令为骑,因谓驺骑耳。"汉代常为皇帝出行之导从。

驺忌 即"邹忌"。

驺忌子 即"邹忌"。

驺人 即田驺。养马人。晋惠帝元康元年(291),诸公给田驺十人,特进给八人,太傅、少傅给六人。或释作随从骑卒。

驺县 驺一作邹。春秋邾国地,秦置县。因驺山为名。治今山东邹城市东南。北齐移治南平阳故城,即今邹城市。秦属薛郡,汉、晋属鲁国,南朝宋及北魏、东魏属鲁郡,隋、唐属兖州,北宋属袭庆府,金、元属滕州,明、清属兖州府。

驺衍 即"邹衍"。

驺虞幡 绘有驺虞图像之旗帜。晋制有白虎幡、驺虞幡,以白虎威猛,主杀,故用于督战;驺虞乃仁兽之名,每于危急时,用以传旨解兵罢战。《晋书·楚王玮传》:"帝用张华计,遣殿中将军王宫赍驺虞幡麾众曰:'楚王矫诏'。众皆释杖而走,玮左右无复一人。窘迫不知所为。"又《晋书·桓温传》:"(殷浩)欲以驺虞幡住温军。"

郰 即陬。在今山东曲阜市东南。《说文》:"郰,鲁下邑,孔子之乡。"《左传》襄公十年(前563):晋荀偃、士匄请伐偪阳,"偪阳人启门,诸侯之士门焉。县门发,郰人(叔梁)纥抉之以出门者"。参见"陬"。

陬 亦作郰、鄹。本邾国都,春秋为鲁邑。在今山东曲阜市东南。孔子父叔梁纥曾为陬邑大夫,《史记·孔子世家》:"孔子生鲁昌平乡陬邑。"

掫 一作蕞。在今陕西西安市临潼区东北。东汉建武元年(25)刘玄使李松军掫,以拒赤眉军。

掫子 一作聚子。周内史。见《汉书·古今人表》。事迹不详。

鄹 即陬。在今山东曲阜市东南。《论语·八佾》:"子入太庙,每事问。或曰:孰谓鄹人之子知礼乎?入太庙,每事问。"参见"陬"。

zǒu

走方医 又名走方郎中、铃医(以串铃招呼病者,故名)、草泽医,指民间医生。见于《串雅》序:"自草泽医始,世所谓走方医是也。"一般能使用一种或几种方法(草药、针灸、推拿及其他简易治疗方法等)为人治病。

走马 官名。(1)商周皆置。有左右走马、五邑走马。周朝掌养马。《元年师兑簋》:"王呼内史尹册命师兑匹师龢父辞左右走马、五邑走马。"(2)《周礼·夏官》有"趣马",一说即"走马"。

走马承受公事 官名。宋太宗时始置于诸转运司及沿边各路,以三班使臣或内侍充任,员各一至三人,掌监察部内官吏,亲军政,察边事。每年回京入奏一次,沿边有警则随时驰驿上闻,例许风闻言事。神宗定制,凡差拨军马、士卒私有陪费及将官措置乖失,皆须密具其事,及时奏闻。徽宗改为廉访使者,钦宗复旧名。南宋初因置,后废。

走马川 唐岑参《走马川行奉送出师西征》诗:“君不见走马川,雪海边,平沙莽莽黄入天。轮台九月风夜吼,一川碎石大如斗,……车师西门伫献捷”。此走马川当在唐轮台县(今新疆米泉市境)附近,古车师国即唐庭州的西境,应即今玛纳斯河或呼图壁河。

走卿 唐代司农卿之俗名。

走索 古代百戏节目。东汉张衡《西京赋》:“跳丸剑之挥霍,走索上而相逢。”薛综注:“索上,长绳系两头于梁,举其中央,两人各从一头上,交相度,所谓舞絙者也。”晋代以来均甚流行。

走洲 清代零星贩售瓷器之小商贩。景德镇附近黄家洲,为小本瓷摊所聚,镇上有一种提篮小商,专门采贩陶户挑剩之瓷器,零星转贩,俗呼为提洲篮者,亦名走洲。

zòu

奏 ❶臣下向君主进言或上书。《尚书·舜典》:“敷奏以言,明试以功,车服以庸。”孔传:“诸侯四朝,各使陈进治礼之言。”韩愈《读东方朔杂事》诗:“领头可其奏,送以紫玉珂。”❷文书名。一种公文程式。即臣子上帝王的文书。汉代“凡群臣上书于天子者,有四名:一曰章,二曰奏,三曰表,四曰驳议。”(蔡邕《独断》卷上)其后,奏作为一种重要的文书程式,发展变化很大,出现了一些更细的分类和不同的名称。如汉代的奏记,唐代的奏抄,宋代的奏札、奏状、奏笺,明清的奏本。清代分类最细,根据官员言事内容及章疏形式不同,又有奏片、奏书、奏折、奏帖等名称。

奏按 即奏案。见“奏狱”。

奏案 见“奏狱”。

奏本 ❶泛指上奏的文书。宋孔平仲《孔氏谈苑·吕申公不悦范希文》:“希文答元昊书,录本奏呈。吕在中书自语曰:‘岂有边帅与叛臣通书!’又云:‘奏本如此,又不知真所与书中何言也。’”❷文书名。原为明初臣民向皇帝奏事进言所用的唯一文书,后规定:凡内外衙门一应公事用题本,此外,若循例奏报奏贺,及乞恩、认罪、缴敕、谢恩等项私事,俱用奏本。清沿明制,题、奏本章并行,格式亦同于明制,为在京各衙门堂官、科道言官等及地方将军、督抚、都统、副都统、提镇等高级文武官员奏陈公私事务所使用的主要文书。二者运转过程及处理程序亦均相同。清初,题本及奏本的使用范围有所混乱,雍正三年(1725)始定:凡奏报公务,皆用题本,用印具题;本身私事,均用奏本,虽有印之官,不准用印。但在实际使用中,亦常有非公事用奏本且用印者。后因奏折文书日益盛行,除密奏事件外,其所奏事项往往与奏本相重复,至乾隆十五年(1750),遂下令废奏本而不用。

奏辟 即“辟差”。

奏补 官制术语。(1)宋代高、中级官员遇朝廷举行大礼及其他庆典,奏荫弟侄、子孙或门客,称“奏补”。(2)清代官缺补授方法之一。指官缺不入“月选”,请旨补授之例。如运使、道府之缺,皆由军机处请旨授官。参见“月选”。

奏裁 古代处理政务的专用语。即奏请裁决。《新唐书·百官志三》:“三司,谓御史大夫、中书、门下也。大事奏裁,小事专达。”宋制,凡各级官府遇疑案、要案,以及大理寺奉旨审讯案件,均须奏裁。

奏曹 官署名。西汉丞相府所属诸曹之一。东汉时三公府亦置,职掌奏议。以掾主之,秩比三百石。郡县亦置,掾秩百石。三国魏、吴沿置。

奏差 官名。元、明、清在某些官署中设置的供差遣的官职,品秩不一。明清又置为衍圣公府属官。明代以流官充任,清为正七品。

奏抄 唐代门下省上行公文之一,用于支度国用、授六品以下官、断流以下罪及除免官。

奏定币制则例 清宣统二年(1910)制订,二十四条。规定货币单位定名曰圆,种类为银币四种(一圆、五角、二角五分、一角)、镍币一种(五分)、铜币四种(二分、一分、五厘、一厘)。一圆为主币,五角以下为辅币,计算均以十进位。

奏定初等小学堂章程 《奏定学堂章程》的组成部分。清光绪二十九年(1903)颁布。共分立学总义、学科程度及编制、计年就学、教员管理员、屋场图书器具五章。分别就办学宗旨、学生入学条件、修业年限、课程设置与要求、教员职责、教法、管理、设备等作了规定。规定设初等小学堂,令七岁以上儿童入学学习,“以启其人生应有之知识,立其明伦爱国家之根基,并调护儿童身体,令其发育为宗旨”。学习年限五年。

奏定初级师范(範)学堂章程 《奏定学堂章程》的组成部分。清光绪二十九年(1903)颁布。共分立学总义、学科程度、考试入学、毕业效力义务、屋场图书器具、教员管理员六章。

奏定大学堂章程 《奏定学堂章程》的组成部分。清光绪二十九年(1903)颁布。共分立学总义、各分科大学科目、考录入学、屋场图书器具、教员管理员五章。规定:设大学堂,令高等学堂及大学预科毕业者入学深造,以造就通才为宗旨。内设分科大学堂八类(经学、政法、文学、医、格致、农、工、商)。京师大学堂务须八科大学齐全,省立大学有三科即可,不必求全。各分科大学均以三年为限;政法科及医科为四年。大学堂内另设通儒院,令大学堂毕业者入院专事研究,不须上课,五年毕业。大学堂设大学总监督,总管全堂各分科大学事务,统率全学堂人员;分科大学每科设监督一人,受总监督节制。

奏定高等小学堂章程 《奏定学堂章程》的组成部分。清光绪二十九年(1903)颁布。共分立学总义、学科程度及编制、计年就学、教员管理员、屋场图书器具五章,详细规定了办学宗旨、学生入学条件、课程设置、修业年限、教员职责、教学管理、图书设备等。规定设高等小学堂,令凡初等小学毕业者入学学习,以“培养国民之善性、扩充国民之知识、强壮国民之气体”为宗旨。城镇乡村均可设立。学习年限四年。

奏定高等学堂章程 《奏定学堂章程》的组成部分。清光绪二十九年(1903)颁布。共分立学总义、学科程度、计年入学、屋场图书器具、教员管理员五章。规定:设高等学堂,令普通中学毕业生入学深造,以教大学预科为宗旨。三年毕业。学科分为三类:第一类为预备入经学科、政治科、文学科、商科等大学而设置的课程;第二类为预备入格致科大学、工科大学、农科大学而设置的课程;第三类学科为预备入医科大学而设置的课程。该学堂设监督统辖全体教职员,主持全校教育事务。

奏定各直省官制章程 见“各省官制通则”。

奏定进士馆章程 《奏定学堂章程》的组成部分。清光绪二十九年(1903)颁布。规定:设进士馆,令新进士用翰林部属中书者入馆学习有实用的新学,明彻中外大局,并于法律、交涉、学校、理财、农、工、商、兵八项政事,皆能知其大要为目的。并对所设课程、考试入学规则、学习年限等均有明确规定。

奏定任用教员章程 《奏定学堂章程》的组成部分。清光绪二十九年(1903)颁布。对各类各级学堂正、副教员的聘任资格及暂时延聘资格作有明确规定。

奏定实业学堂通则 《奏定学堂章程》的组成部分。清光绪二十九年(1903)颁布。共分设学要旨、入学资序、学堂职务三章。规定:以振兴农工商各项实业、为富国裕民之本计,专求实际,不尚空谈为宗旨。分实业教员讲习所(即实业师范学堂)、农业学堂、工业学堂、商业学堂、商船学堂、水产学堂(属农业)、艺徒学堂(属工业)等。各项学堂分为三等:高等实业学堂,招收中学毕业生入学肄业,三年毕业;中等实业学堂,招收高小毕业生入学肄业,三年毕业;初等实业学堂,招收初小毕业生入学肄业,三年毕业。并具体规定了各类各等学堂的培养目标与办学宗旨等。

奏定学堂章程 又称癸卯学制。清末第一个在全国范围内实施的学制,由张百熙、荣庆、张之洞拟订,光绪二十九年(1903年,癸卯年)奏准颁行。包括《学务纲要》和大学堂(附通儒院)、高等学堂、中学堂、高等小学堂、初等小学堂、蒙养院(附家庭教育法)、优级师范学堂、初级师范学堂、实业教员讲习所、高等农工商实业学堂、中等农工商实业学堂、初等农工商实业学堂(附实业补习普通学堂及艺徒学堂)、译学馆、进士馆章程各一份,以及《各学堂管理通则》、《任用教员章程》、《各学堂奖励章程》等。分学制为三段七级,第一段为初等教育,含蒙养院(四年)、初等小学(五年)、高等小学(四年)三级;第二段为中等教育,设中学堂(五年)一级;第三段为高等教育,含高等学堂或大学预备科(三年)、分科大学堂(三至四年)、通儒院(五年)三级。高级师范教育和实业教育两系统与此系统并行。清亡后停止施行。

奏定译学馆章程 《奏定学堂章程》的组成部分。清光绪二十九年(1903)颁布。规定:设译学馆,以译外国语言文字,并通中国之文义为宗旨,培养高级翻译人才;考选中学毕业生或其他略通外文者入馆肄业,五年毕业。该馆“附学科”招收十二岁至二十岁口音清利、中文通顺的青少年入学学习一种外语,亦须兼习普通学科及专门各科。

奏定优级师范(範)学堂章程 《奏定学堂章程》的组成部分。清光绪二十九年(1903)颁布。共分立学总义、学科程度、考录入学、毕业效力义务、附属学堂、教员管理员六章。

奏定中学堂章程 《奏定学堂章程》的组成部分。清光绪二十九年(1903)颁布。共分立学总义、学科程度、计年入学、屋场图书器具、教员管理员五章,对办学宗旨、学生入学条件、课程设置、教员职责、教学管理等作了明确的规定。规定:中学堂定章各府必设一所,州县有条件者也应设立,令高等小学毕业生入学学习。课程分修身、读经讲经、中国文学、外语、历史、地理、算学、博物、物理及化学、法制及理财、图画、体操等十二门。学习年限五年。

奏记 汉代官员对上级长官陈述意见的呈文。《汉书·朱博传》:“文学儒吏时有奏记称说云云。”刘勰《文心雕龙·书记》:“迄至后汉,稍有品名,公府奏记,而郡将奏笺。”

奏笺 文书名。汉代向州郡长官陈述意见的文书称奏笺。刘勰《文心雕龙·书记》:“迄至后汉,稍有名品,公府奏记,而郡将奏笺。”姚华《论文后编·目录上》:“奏之为言进也,于天子曰奏,于王公曰奏书,于公府曰奏记,于郡将曰奏笺。”宋代官员、命妇进呈后妃、东宫文字,亦称“奏笺”。笺中不书“顿首”,而云“叩头”,亦不称臣,命妇则称“妾”,年月日下具丈夫或儿子官职、姓名等。

奏举 官制用语。宋代官员选举的方式之一。选人积累一定任数、考数,由一定员数举主推荐,经磨勘改为京官;中级以上官员奉朝廷命令,荐举同级或下级官员任某种差遣;中级以上官员及皇室贵族据荫补法,奏荐一定数额的子弟、亲属补授官职,皆属奏举。

奏可 省称“可”。谓皇帝允准上奏之事。《汉书·武帝纪》:“丞相绾奏:‘所举贤良,或治申、商、韩非、苏秦、张仪之言,乱国政,请皆罢。’奏可。”

奏片 文书名。上行文。为清代军机处在遵旨办理日常政务时随时向皇帝请示或报告事宜的文书格式。不具衔名,开首即陈述事项,末以“谨奏”二字结尾。在清代官文书中别具一格。

奏事处 官署名。设于清宫内廷,成立年代不可考,掌向内递进奏折、题本,向外传宣谕旨;安排八旗、侍卫处及各部院每日在朝值日班次;呈递引见官员的“膳牌”、王公大臣年节所进如意和外省、外藩所进土贡方物等。分“内奏事处”和“外奏事处”,简称“内奏事”、“外奏事”。内奏事处在乾清宫西侧月华门之南,以太监任执使,设奏事太监四人,随侍太监二人,记档太监四人,使令太监八人。外奏事处在景运门里九卿值房,由御前大臣兼管,设领班侍卫一人,章京六人,笔帖式二人,奏蒙古事侍卫六人。清制,外奏事官向内传递事件由奏事太监转达,内奏事太监向外传递事件由外奏事官转达。

奏事官 官名。金枢密院置。源于宋代。有承受圣旨、奏事、省院议事等专责。承受圣旨系由皇帝单独召见，宣授旨意。退后可向下传达圣旨，或与近侍局批写。奏事系有必须奏请皇帝裁夺之事，入殿上章题奏，退后须立文字为据，称为"检目"。省院议事在殿上参与议事，只能默记，议定归院后，立"检目"呈复。须赴尚书省议论之事，议论既定，由奏事官与省左右司官共同拟奏，呈复相臣，再由右司官上奏皇帝。

奏事太监 官名。亦称内奏事太监，清代内奏事处中任职之太监。共四人，专司传宣谕旨，行引召对人员，承接题奏事件。

奏事中散 官名。北魏中期由中散官分化而来，专司奏案，地位略高于中散。长期任职于某一曹署者，冠以机构名，如龙牧曹奏事中散、秘书奏事中散等。太和后期改官制时罢。

奏书 文书名。始于汉，为诸侯王国臣下向王公陈述意见的文书。刘勰《文心雕龙·书记》："战国以前，君臣同书。秦汉立仪，始有表、奏，王公国内，亦称奏书。"清代作为皇帝上书皇太后时使用的一种文书。如庆贺寿诞等。首书"子皇帝臣某某谨奏"，正文用骈体文句，末以"谨奏"作结。又外藩等上书皇帝，亦有称奏书者。

奏弹 ❶御史台上行公文，用于纠弹百官。《梁书·刘之遴传》："宪台奏弹，皆之遴草焉。"❷门下省上行公文，用于纠弹百官。《新唐书·百官志二》：门下省"下之通上，其制有六"，"二曰奏弹"。

奏帖 ❶泛指臣子向帝王进言陈事的文书。《金史·章宗纪二》："敕计议官所进奏帖，可直言利害，勿用浮辞。"❷清代奏折之别称。

奏销 古代财政制度之一。清制，地方政府征解地丁钱粮，须于年底统一销算。先由各府州县将本处征解各项钱粮开列细数，报至督抚。再由督抚将全省钱粮总数，起运、存留、拨过兵饷、办买颜料、余剩等各若干，详明造册具报送户部。另外，拨款采买粮食、物品，备办军需，营造修建工程等等，事毕，经管官员都必须将各项用度造册呈交户部或工部核查销算。为严明此项制度，清政府特定期限，延期不报者，分别议处。又定例，地方官员造报各项文册如有遗漏、数目草错等，驳回重造，并予罚俸等处分。

奏销案 清顺治十八年(1661)，朝廷下严禁拖欠钱粮之令，违禁官绅，一律斥革追索。江南巡抚朱国治列举欠粮绅监一万三千五百十七人，指为"抗粮"，尽行褫革，枷责追比，称奏销案。探花叶方蔼因欠粮银一厘(值制钱一文)，被革去编修。时有"探花不值一文钱"之谣。

奏销册 又称四柱册。清官方收缴赋税之统计册。顺治十三年(1656)始行。以各省钱粮完欠、支解与存留，按年分款，汇造清册，年底由县送府、由府送布政司、由司送部，据以销算考核。

奏削 即"举状"。

奏谳 对疑难重要案件，奏请朝廷复审，称奏谳。《后汉书·郭躬传》："肃宗善之，即下诏赦焉。躬奏谳法科，多所生全。"宋代规定，州县有疑狱许奏谳，由大理寺判决，刑部详议，上报中书，请皇帝定案。

奏谳掾 官名。属廷尉，助决狱。《汉书·兒宽传》：张汤为廷尉，"以宽为奏谳掾，以古法义决疑狱，甚重之"。

奏议辑览初稿 书名。清李宗棠辑。十六卷。选录光绪二十一年(1895)至二十四年间内外官员论富国强民的奏疏，凡一百六十二篇。所录奏议，均详载其年月；但对戊戌变法的重要材料，如康有为之历次上书，皆未收入。有光绪二十七年大兴李氏刻本。

奏狱 又称奏案、奏按。宋代各路提点刑狱司复审州郡申报死刑案件，以为情轻法重或情重法轻，事有怀疑，理可怜悯，奏申朝廷，取旨裁决，多获宽贷。

奏院 宋代进奏院的简称。

奏札 文书名。又称殿札。宋代使用的文书之一。凡在外官员仅前两府及奏军机密速者，在京官员仅上殿奏对及大两省，许用札子奏事，其他官员皆用表状。知州以上官员向皇帝告辞，亦用奏札。字体稍大，每行不超过十八字，每次不超过三札。

奏折 又称折子、奏帖、折奏。文书名。上行文。清代高级官员向皇帝陈奏公私事务时经常使用的重要文书。始行于康熙二十年(1681)以后(一说始于顺治年间)，盛行于康熙五十年以后，雍正后为内外官员所普遍使用。乾隆十三年(1748)，停用奏本，始与题本并重。至光绪二十七年(1901)，清廷改题为奏，题本基本废止，遂成为唯一的奏陈文书。始行之初，原无一定之规制。乾隆以后，逐渐划一了格式，并规定，中央各部院堂官，科道等言官及地方两司以上、武职总兵以上大员方有权具折奏事。具折人须派员或通过驿递，直接送达宫门呈进，由皇帝亲自拆阅并用朱笔批示。凡经朱批者，即称朱批奏折。雍正元年(1723)规定，凡经朱批者，在发还具奏人遵照执行后，必须定期缴还皇宫保存。以后成为定制。现在存世的清代朱批奏折共有七十余万件。军机处成立后，逐渐规定朱批奏折在发还原奏人之前，均由军机处抄录副本存档，每半月为一包，是为"月折包"，也称录副奏折。现在存世的录副奏折共有百余万件。有极少数奏折或因事涉机密，或因具奏人的请求，或因所奏为风闻无据，皇帝即将之留在宫中，简称"留中"。凡留中之奏折，一般不朱批，不录副，也不发抄，过后以原折(有的裁去衔名)交军机处归档。此类奏折现称"原折"。

奏折档 档案名称。清军机处档册。其所载内容为抄录的内外臣工之奏折，满汉文合璧。形式较其他档册大一倍。字体工整。此档之名称系用满文书写。中国第一历史档案馆现藏有奏折档四册，始于同治四年(1865)，迄于光绪十年(1884)。

奏折夹片 清初沿明制，大臣奏事用本章，由通政司转内阁呈送皇帝。雍正年间设奏事处，命大臣奏事皆用奏折。如有小事不足作折，即以双页纸书写，附别折同奏，称附片。如事务头绪过多，或保举人名甚多，即以事务纲要、人员姓名另写一片，夹于原折之内,称夹片。

奏状 文书名。宋代在外官员除前两府、在京官员除上殿奏事和大两省外,不能用札子,只准用表状,称奏状。奏状末云"谨录奏闻,谨状"。状前和封面用黄纸贴事目。《庆元条法事类》载有"奏状"式。

zū

苴可 彝语音译,为义士或死士。元李京《云南志略》云:彝族原土长,多养义士,平时厚待之,凡遇战斗,视死如归。清檀萃《农部琐录》亦云:"死士,爨蛮谓之苴可"。元、明、清时,川、滇、黔彝族地区皆有之。

苴穆 亦作租冒、祖莫。彝语音译,意为官。清檀萃《农部琐录》:"官,爨蛮谓之租冒",并云:知州,谓之"知祖冒";知县,谓之"海租冒";典史,则谓之"尾老祖莫";"练总",谓之"所栽祖莫"。

租调 即"田租"、"户调"。

租股 清末湖南、四川两省为自办铁路而筹集资本的形式之一。湘省人士在筹议赎回粤汉铁路时,曾提议"捐之于田租"的按租均抽之法。宣统二年(1910)实行"按租认股,随粮缴纳",五十石起征,采用累进租股法,共筹租股九十万两。四川首由留日学生在光绪三十年(1904)提出"酌照各粮户租亩多寡,劝令因粮摊认"的集股办法。三十一年,四川总督锡良奏定《川汉铁路总公司集股章程》,规定凡业田之家,收租在十石以上者按租抽谷百分之三十。同时颁布《川汉铁路按租抽谷详细章程》,进一步规定租股每股银五十两,年息四厘。当年秋收后各州县成立租股局,开始征收。铁路公司改为商办后,改订新章,继续征收。至宣统二年实筹租股九百二十八万余两。租股股东包括贫苦农民在内的农村各阶层民众。

租户 见"田主"。

租籍 战国齐国赋税类别之称。《管子·国蓄》:"租籍者所以强求也。"尹知章注:"在工商曰租籍。"谓专指工商税。或说泛指正常赋税之外的其他征敛。

租界 资本帝国主义各国在旧中国通商口岸强行划定的居留地与自行管理地域。清道光二十五年(1845)英国驻上海第一任领事巴富尔(George Balfour, 1809—1894)强迫苏松太道宫慕久擅自公布《上海租地章程》(又称《上海租界章程》),规定英国居留地的边界、租地手续及外侨应遵守事宜等,率先在上海创建租界,并逐渐扩大范围。二十八年,美国在上海虹口一带擅自广置土地、建造房屋。次年法国亦在上海建立租界。咸丰四年(1854)英、法、美在上海租界区内设立巡捕和收税,建立"工部局",实行完全独立于中国行政系统和法律制度之外的殖民制度。同治二年五月(1863.6)美国在上海正式建立"美租界",八月与英租界合并为"公共租界"。此外,厦门、广州、天津、汉口、九江等地亦相继建立租界。十九世纪末二十世纪初,俄、德、日等国先后在天津、汉口等地建立租界,仅天津就有九国"租界"。1924—1927年中国人民曾掀起收回租界的斗争高潮,并于1927年1月一度收回汉口、九江租界。直至1943年1月,英、美迫于形势,才声明废除租界。

租借地 一国根据条约在一定期限内将领土的一部分借与他国,借出的地区称租借地。租借土地的主权不得转移。租期的长短和承租国权利的大小等均由条约规定。光绪二十四年(1898)清政府被迫与帝国主义列强订立了许多不平等条约,先后将胶州湾租借给德国(租期九十九年)、旅顺口和大连湾租给俄国(租期二十五年)、威海卫及深圳河以南及界限街以北之九龙半岛租给英国(租期分别为二十五年、九十九年)、广州湾租给法国(租期九十九年)。日本经过日俄战争和第一次世界大战,于光绪三十一年和1919年分别从俄国及德国转取得中国旅顺和大连及胶州湾租借地。现均已收回。

租酒 古代租税形式之一。据新疆吐鲁番北朝时高昌墓葬出土文书,高昌地区的田租,特别是僧道田租,有以酒代谷缴纳者,盖因其地广种葡萄而酿酒业发达及国家亦需要之故。

租挈 收田租的约令。《汉书·沟洫志》:"今内史稻田租挈重,不与郡同。"颜师古注:"租挈,收田租之约令也。"汉代内史所辖公田多有假民种稻者,故立有租挈,租额似较郡县田租为重。

租银 清代杂赋之一。包括直隶旗地租银、各省府厅州县卫学田租银及各种公田、公地、官田、官园、官房之租银。用为赏赐八旗兵丁和赒济贫困生员。

租庸调 唐代前期的赋税制度。规定课户每丁纳租粟二石。调随乡土所产交绫(或绢、絁)二丈,如纳布为二丈五尺,输绫、绢、絁者纳绵三两,输布者纳麻三斤。凡丁岁役二旬,无事则收其庸(以纳绢、布代力役),每日折绢三尺(布加五分之一);有事而加役者,十五天免调,三十天则租调俱免,正役和加役不得超过五十天。租调征收时,据收成好坏,定减免办法。凡水旱虫霜灾害,十分损四以上免租,损六以上免调,损七以上课役俱免。若桑麻损尽者,各免调。特殊人户有豁免租庸调权。五品以上高官及皇亲、外戚等俱可按规定免赋役,六品以下、九品以上官吏可免本人课役,男老及男废疾、笃疾、寡妻妾、部曲、客女、奴婢等,亦不课。天宝年间,每年收入租钱二百余万缗,粟一千九百八十余万斛,庸调绢七百四十万匹,绵百八十余万屯,布一千零三十五万余端。租庸调以人丁为本,不论土地、财产多少,按丁交纳同等数量绢粟。后因土地兼并剧烈,农民大量逃亡,无法继续。建中元年(780)实行两税法时,正式废除。

租庸使 使职名。唐开元十一年(723)始置,以宇文融勾当租庸地税使,天宝二年(743)以陕郡太守韦坚兼知勾当租庸使,天宝六载(747)杨慎矜加诸郡租庸使,广德元年(763)考功郎中裴谞出为河东道租庸盐铁使,皆朝廷临时派往各地催办租庸赋税的使臣。永泰元年(765)停。大历五年(770),以刘晏与户部侍郎分领关内、河东、山南、剑南租庸青苗使,征办租庸、青苗税。僖宗又置租庸使,以征敛军用资粮。五代则为中央财政长官,可不通过节度使直接发符征调州县赋税,后唐天成元年(926)废。

租庸院 官署名。五代后唐同光二年(924)置,盐铁、户部、度支三司凡关钱物,皆委其管辖。天成元年(926)依旧归三司,以宰臣一人专判。

租铢之律 律名。亦作贩卖租铢之律。汉代征收商业税的有关法律。租铢,即按商业交易额征税。据《汉书·食货志》:元帝时,贡禹奏言"除其贩卖租铢之律"。但未被采纳。颜师古注:"租铢,谓计其所卖物价,平其锱铢而收租也。"

菹醯匠 吏职名。唐光禄寺掌醢署置八人,掌酱醋醯醢之事。

zú

足谷(縠)翁 即"韦宙"。

足陌 又称足钱。见"钱陌"。

卒 ❶春秋时齐国地方行政区划名。十邑为一卒。首长为卒帅。见《国语·齐语》。❷军队编制名。(1)周代军队一百人为一卒。《周礼·夏官》:"百人为卒。"(2)春秋时齐国军队二百名士卒为一卒。《国语·齐语》:"故二百人为卒,连长帅之。"❸太平天国军中及地方编制。军中以四两为一卒,设卒长一人。地方以一百零五家(一说为一百家)为一卒,设卒长一人为乡官。❹官名。周代置。军吏。统领二十五人的长官。《逸周书·武顺》:"卒不力,无以承训。"孔晁注:"卒,二十五人之帅,故以勇力为之也。"❺卿大夫死于官位的讳称。《礼记·曲礼下》:"大夫曰卒。"

卒哭 古代丧葬礼之一。死者下葬之前,孝子哀思,无时不哭,称"无时之哭"。死者葬后,孝子哀感渐平,故制"卒哭"之礼。卒,终也。从此以后,将"无时之哭"转为早晚一次的"有时之哭"。行卒哭礼的时间社会各阶层有所不同。《礼记·杂记下》:"士三月而葬,是月也,卒哭;大夫三月而葬,五月而卒哭;诸侯五月而葬,七月而卒哭。"行卒哭礼的用牲:上大夫用太牢,下大夫用少牢。卒哭礼之后,死者的神主便安放在宗庙内,生者要避免称呼其大名,见《左传·僖公三十三年》、《礼记·曲礼上》。

卒史 汉代官府属吏。武帝时左、右内史、大行及郡太守皆有卒史各二人。通常秩为百石,又称百石卒史。唯三辅郡卒史秩二百石。《汉书·循吏传·黄霸传》:"后复入谷沈黎郡,补左冯翊二百石卒史。"颜师古注引如淳曰:"三辅郡得仕用它郡人,而卒史独二百石。所谓尤异者也。"西汉中叶以后至东汉,碑、传所见多称掾、史,或冠曹名,而称卒史者较少,有之其地位亦较低。

卒帅 官名。春秋时齐国置。掌理一卒行政事务的长官。《国语·齐语》:"十邑为卒,卒有卒帅。"

卒长 官名。(1)周代设。为下级武官。又称连长。《管子·小匡》:"二百人为卒,连长率之。"《轻重乙》:"兵接弩张,谁能得卒长者,赐之百金。"又《周礼》夏官之属,军制百人为卒,其长官为卒长,上士爵。(2)太平天国军中及地方之职官。又名管长、营长。起义之初即仿古制设。军队基层编制为两,四两为一卒,五卒为一旅。每卒设卒长一人,以前、后、左、右、中和一、二、三、四、五编营系衔。其前、后、左、右、中与所在旅番号同,一、二、三、四、五则用以区别五个卒长。如"前二军右营后营后一卒长",右营指所在师,后营指所在旅,后一指后营旅帅属下一卒长。另有职同卒长,数不可考。地方以一百零五家(一说一百家)为一卒,设卒长一人为乡官,由地方推举。专司一卒民事、赋役和征兵事,然不如军中位尊。

卒正 官名。(1)领兵将官。汉武帝时,左将军荀彘出辽东,其属有卒正。(2)新莽郡一级地方行政机构长官。天凤元年(14)置。《汉书·王莽传》:"莽以《周官》、《王制》之文,置卒正、连率、大尹,职如太守。"以侯典郡者称卒正。东汉废。

倅长 倅,百人。倅长,百夫长之意。北周官名中常有此字样,即取此意,用为下级军官官名。

族 ❶官名。春秋时期齐国置,掌手工业。《管子·小匡》:"市立三乡,工立三族,泽立三虞,山立三衡。"《管子集校》王引之云:"乡,亦官名,与族、虞、衡同例。"❷古代地方基层组织,以百家为一族。《周礼·地官·大司徒》:"令五家为比,使之相保;五比为闾,使之相受;四闾为族,使之相葬;五族为党,使之相救。"郑玄注:"闾二十五家,族百家。"❸即灭族。一人犯罪,刑及亲族的刑罚。

族党 北朝地方基层组织单位之一。见"比邻"。

族师 官名。《周礼》地官之属。百家为一族,族师掌一族行政戒令。

族长 ❶官名。(1)周代地方基层机构置。《仪礼·士丧礼》:"族长莅卜,及宗人吉服立于门西、东面南上。"郑玄注:"有司掌族人亲疏者也。"(2)清代八旗佐领下所设,管束同族之人者。独户小族不设,由就近大族兼管。由该旗都统,于男爵、轻车都尉、骑都尉、云骑尉等官及举贡生监、护军、领催等项人内拣选补放。❷周代地方基层组织"族"与"长"的合称。或以为百家为族,二百五十家为长也。❸宗族组织之长。一般为本族辈高年长位尊之人充任。

族正 清代聚族而居丁口众多者,择族中有品望者一人,立之,该族良莠,由其查举。

族中承管佐领 即"族中承袭佐领"。

族中承袭佐领 又名族中承管佐领。清代八旗世管佐领之一。凡兄弟一同带来人丁编立及族人合编之佐领,或无根由佐领经一家管过五世以上者,佐领员缺于族人中通行拣选世管,名为族中承袭佐领。

率长 官名。亦作卒帅。春秋时齐国管仲所置。

《管子·小匡》:"制五家为轨,轨有长;六轨为邑,邑有司;十邑为率,率有长。"《国语·齐语》:"三十家为邑,邑有司;十邑为卒,卒有卒帅。"王念孙云:十邑为率,"率"当依《齐语》作"卒"。

镞 俗称箭头。古代狩猎工具与兵器。以石、骨、蚌或青铜、铁制成。石镞在中国开始出现于旧石器时代末期的山西朔县(今朔州)峙峪遗址,青铜镞出现于二里头文化,铁镞出现于战国时期。商至西周的青铜镞,镞身中脊两旁有翼,翼缘有刃,前端有锋,翼尖后掠;镞后部有铤(或称茎),以插接箭杆。春秋战国的青铜或铁镞,多三棱形或锥形,铤多延长。

zǔ

诅楚文 战国时秦国刻石文字。内容主要是秦王诅楚于神,祈求神之庇佑,以克制楚兵,后世因名"诅楚文"。文中列举楚怀王熊相(槐)之罪行,谓其于内行暴政,于外背叛与秦自秦穆王以来十八世之盟誓,又率诸侯之兵攻秦等事。据所述秦之世系与秦楚之冲突,所言应是秦惠文王与楚怀王时事。刻石时间,有秦惠文王更元十三年(前312)与更元十二年二说。原石发现有三块,内容、文句大致相同,字数略有参差,惟所祈告之神不同,后世以其各自祈告之神名名之,曰《巫咸文》、《大沈厥湫文》、《亚驼文》。三石于北宋时先后出土,《巫咸文》出于凤翔开元寺土下,《大沈厥湫文》出于朝那湫(今宁夏固原东南),《亚驼文》出于洛阳。苏轼、欧阳修、赵明诚、董逌等皆有记载。原石与原拓久已不存,传世拓本均翻刻,其中以《绛帖》、《汝帖》两本为流行,系合并《巫咸文》与《大沈厥湫文》而成,且《汝帖》有删节。1944年吴公望影印元至正中吴刊本,所据亦是原石拓本之覆刻,然三石俱全,各自成文,为现今所见最完整的拓本。

诅祝 官名。《周礼》春官之属。一说为周代置。掌盟诅祝祷及盟辞制作。《周礼·春官》:"诅祝,下士二人,府一人,史一人,徒四人"。

阻卜 古部族名。金译阻轐。辽、金对鞑靼的别称。狭义仅指塔塔儿部,广义则包括漠北诸部。辽代有北阻卜、西阻卜、西北阻卜、阻卜别部等分部,各设大王府及节度使司以统辖之。其降附者均受辽封。元代人讳言鞑靼,以此称代之。

阻轐 见"阻卜"。

阻午可汗 唐时契丹遥辇氏首领。名迪辇组里,唐赐姓名李怀秀(秀一作节)。开元二十五年(737),契丹被唐兵击败,重建八部联盟,被推选为八部联盟长,称阻午可汗。天宝四载(745)拜松漠都督,同年叛。十一载,范阳节度使安禄山发兵十余万征讨,大战于潢水(今西拉木伦河)南,唐军战败。

组甲 古代以丝带连结皮革或铁片而成的铠甲。组,用丝带贯穿。《尉缭子·兵教下》:"国车不出于阃,组甲不出于橐。"《管子·五行》:"天子出令,命左右司马衍组甲厉兵,合什为伍。"另说为漆成组纹之衣甲。

祖 ❶古代丧葬礼之一。古人远行,临行饮酒叫"祖"。古人认为,送死如送生,死者"远行",一去不返,故出葬时设祖奠为死者送行。这一仪式的主要内容是供祭和祷告,设祭的地方一般在庭中。祖奠以后,才将死者棺木送至墓地安葬。❷亦称"祖道"。祭祀路神的一种仪式,同时设宴饯行。《左传·昭公七年》:"梦襄公祖。"杜预注:"祖,祭道神。"《汉书·景十三王传》:"荣行,祖于江陵北门。"颜师古注:"祖者,送行之祭,因飨饮也。昔黄帝之子絫祖好远游而死于道,故后人以为行神也。"又《疏广传》:"公卿大夫故人邑子设祖道,供张东都门外。"颜师古曰:"祖道,饯行也。"

祖冲之(429—500) 南朝宋齐时范阳遒县(今河北涞水)人,生于建康(今南京)。字文远。曾任南徐州(今江苏镇江)从事史、公府参军、娄县(今江苏昆山东北)令、谒者仆射、长水校尉等职。时刘宋朝颁行何承天编制的《元嘉历》。他经长期研究、观测和推算,发现《元嘉历》所推冬至时太阳位置与实际差三度,冬至、夏至时刻差一天,五星出没时间差四十天等错误,遂自行编制新历。于大明六年(462)奏上。后世称之为*《大明历》。时遭倖臣戴法兴之辩难。他随戴之所难而辩析之,辩章坚持科学,反对浮词,为科学史上一篇名文。终其一生,《大明历》未得颁行。直到梁天监九年(510),经其子祖暅请求,才得颁行。曾深研《九章算术》及刘徽注,写成若干篇专论,附缀于刘徽注之后,遂称《缀述》。其后祖暅继承父业,完成《缀术》六卷(一称五卷)。他在圆周率计算方面达到很精密的程度。其结果有密率 $\pi=\frac{355}{113}$。并得 $3.1415926<\pi<3.1415927$。此式表明,其圆周率已准到小数点后七位。而密率与德国人奥托(Valentinus Otto)于1573年所得相同。他"又设开差幂,开差立,兼以正负参之"。当代数学史家认为他不但已能解二次及三次方程,而且可解其系数有正有负的方程,成为后来宋元时期提出的高次方程解法的先声。除历法和数学外,他还制造过各种奇巧的机械,如指南车、千里船(日行百里)、欹器、水碓磨等。他还通晓音律,史称"独绝"。著有《九章术义注》、《述异记》、《易义》、《老子义》、《庄子义》、《释论语》、《释孝经》、《安边论》等。

祖大寿(?—1656) 明末清初辽东(今辽宁辽阳)人,字复宇。明崇祯元年(1628)以守宁远功擢前锋总兵官,驻锦州。三年率部会孙承宗等收复永平四城。次年被清军围于大凌河,粮尽援绝,诈降。旋即逃往锦州坚守。后屡为清太宗招降,不从。十五年因清兵久围锦州,洪承畴来援兵败,乃率部出降,仍授总兵官,隶汉军正黄旗,礼遇甚厚,然不加重用。后病死于北京。

祖道 见"祖❷"。

祖丁 殷墟甲骨文又称小丁、后祖丁。商王。名新,祖辛之子。祖丁是庙号。继沃甲即位。殷墟卜辞中列为直系先王祭祀。

祖庚　商王。名曜(或作躍),武丁之子。祖庚是庙号。继武丁即位。殷墟卜辞中列为旁系先王祭祀。

祖国女界伟人传　书名。清咀雪庐主人编。不分卷。是书采集战国至清代妇女孟轲母、赵威后、寡妇清、缇萦、曹大家、吕母、秦良玉、洪宣娇等三十九人事迹,编撰而成。所引资料,皆出自古籍,取其长于文学,或工于武德,或有其他事迹者,以教育和鼓舞妇女。

祖国文明报　杂志名。孔圣会机关刊物。清光绪三十二年正月十五日(1906.2.8)在广州创刊。半月刊。以孔子生年纪年,记是年为"孔子降生二千四百五十七年"。李不懈主编。以"传教保种"为宗旨。设论说、保宗教、挽颓风、醒国魂、保国粹等栏目,鼓吹尊孔,反对革命。宣统元年七月(1909.8)改为旬刊,更名《孔圣会旬报》。二年改为周刊,更名《孔圣会星期报》。已见发行一百八十期,辛亥革命后停刊。

祖籍　一般指祖先的原籍。清代以民户开报入册之地方为祖籍。任何人不得在该地以外处报捐应考;地方官员、户刑二部司官、各道御史不得在该地任官,官员丁忧需返该地服丧;当差除名发还该地;奴婢放赎,送还该地;逃户捕获发还该地充差;僧道获罪发还该地为民。田粮差徭,俱在该地输供。

祖己　❶商臣。汤时贤臣仲虺之后裔,佐武丁治国。武丁祭成汤,有飞雉入庙,登鼎耳而鸣,武丁惧。他劝王勿忧,先修政事。又作训谏王,即《书·高宗肜日》。❷即"孝已"。

祖甲　又称帝甲。商王。名载,武丁之子,祖庚之弟。祖甲是庙号。继祖庚即位。《书·无逸》说祖甲即位"爰知小人之依,能保惠于庶民,不敢侮鳏寡"。在位三十三年。《国语·周语下》则说"帝甲乱之,七世而陨"。自祖甲至商纣共七王,两说不同。卜辞中列为直系先王祭祀。

祖君彦(?—618)　隋范阳(今北京西南)人。有才学,工文辞。大业末,任东平郡书佐,检校宿城令,世称祖宿城。后为义军所俘,李密署为军记室。军书羽檄,历书炀帝罪恶,皆出其手。密败,为王世充所杀。

祖可法(?—1656)　明末清初辽东(今辽宁辽阳)人。总兵祖大寿养子。积功至副将。崇祯初随大寿降清。崇德元年(1636)授一等梅勒章京,与张存仁同任都察院承政,屡上疏建白制度。后改右参政,隶汉军正黄旗。入关后,升右都督,充卫辉总兵,镇压河南抗清军。顺治二年(1645)官至左都督、镇守湖广总兵官。后病死于北京。

祖郎　东汉末泾县(今属安徽)人。宗部大帅。兴平元年(194),孙策往依丹阳太守吴景时,遭其袭击,几被杀害。建安三年(198),袁术遣之煽动山越攻策,为策生俘,并用为门下贼曹。

祖类　即"公叔祖类"。

祖龙　指秦始皇。据《史记·秦始皇本纪》,秦始皇三十六年(前211),有人持璧予秦使者曰:"为吾遗镐池君。因言曰'今年祖龙死'。"裴骃集解引苏林曰:"祖,始也;龙,人君象,谓始皇也。"

祖纳　晋范阳遒县(今河北涞水)人,字士言。逖异母兄。性至孝,少孤贫,常自炊养母。平北将军王敦辟为从事,转尚书三公郎,累迁太子中庶子。历官多所驳正,有补于时。后为中护军、太子詹事,封晋昌公。以洛下将乱,避地东南,丞相司马睿引为军咨祭酒。好弈,王隐说其废弈纂史以自强。他因荐隐于帝,谓有良史才。后为异母弟约所谗被废。温峤既用,荐为光禄大夫。卒于家。

祖钱　铸钱之铜胚。清铸钱先将铜凿成每枚约重二钱三分之铜胚,谓之祖钱。

祖台之　东晋范阳遒县(今河北涞水北)人,字元辰。太元年间官至侍中、光禄大夫。为尚书左丞时,尝为中书令王国宝酗酒所辱,畏不敢言,为御史中丞褚粲所弹。诏以其懦弱,非监司体,与国宝并坐免官。撰《志怪》行于世,已佚。

祖逖(266—321)　晋范阳遒县(今河北涞水)人,字士稚。少孤,轻财好侠,慷慨有志节。后侨居阳平(治今河北大名东北),与刘琨俱为司州主簿,共被同寝,中夜闻鸡起舞,励志建功立业。永嘉之乱,率亲党数百家南迁淮泗。琅邪王司马睿镇建邺(今江苏南京),用为徐州刺史,迁军咨祭酒,徙居京口(今江苏镇江)。建兴元年(313)自请北伐,睿乃以为奋威将军、豫州刺史,不给铠仗兵器,使自招募。他率旧时部曲百余家渡江,中流击楫,誓清中原。太兴二年(319),与后赵石虎战于浚仪(今河南开封),兵败,退屯淮南。三年,进屯雍丘(今河南杞县)、封丘(今河南封丘西南),与后赵相持河上。又和解赵固、李矩、郭默等部之冲突,遂皆受逖节度;河上坞堡听其两属,乃得闻后赵内情,故每战多捷,尽有河南之地。练兵积谷,图取河北,致勒不敢窥兵河南,乃下幽州为逖修葺祖墓,求通使互市。逖听其交易,获利十倍。并禁诸将侵暴河北,边境乂安。四年,晋元帝派遣亲信戴渊为征西将军,都督司、兖、豫等六州诸军事,镇合肥,逖忧任非其人,兼闻王敦、刘隗构隙,内乱堪虞,知大功不遂,激愤病死。不久,淮沔以北,复陷于勒。

祖逖北伐　见"祖逖"。

祖珽　北齐范阳遒县(今河北涞水)人,字孝征。有文才,通晓音律及鲜卑语。起家秘书郎。高洋为并州刺史,署为开府仓曹参军。好为声色之游,性放纵不羁。屡犯法,往往因其才辩而获免。齐后主即位,为秘书监加仪同三司。天统三年(567),谋宰相位,令黄门侍郎刘逖指责侍中和士开弄权等事,事泄,囚于地牢,双目因此失明。五年,后主思之,复为海州刺史,和士开亦欲引为谋主,旋复秘书监。武平二年(571),和士开被杀,乃得进位侍中。执政后,忌左丞相斛律光威望,诬之欲反。后主杀光、灭其家。然颇收举才望,又欲黜诸阉竖及群小辈,遂为宦者所共谮,四年出为北徐州刺史,卒于州。

祖图　畲族祭祀始祖槃瓠所供奉的一种连环画

式图像。画有槃瓠一生经历及本民族迁徙情况。祭祖时,悬图供奉,礼拜甚虔。每三年举行大祭一次。为畲族社会原始图腾信仰的一种遗存。

祖无择(1006—1085) 北宋蔡州上蔡(今属河南)人,字择之。少从穆修学古文,又从孙复受《春秋》。景祐进士。历知南康军、海州,提点淮南、荆湖北路刑狱,充广东转运使,入为太常博士、直集贤院。出知袁州(今江西宜春),首建学官,置生徒,学校始盛。英宗朝为同修起居注、知制诰,知开封府。神宗立,入知通进银台司。熙宁三年(1070),坐知杭州时借贷官钱等事受人告嘱,责授忠正军节度副使。八年,复秘书监、集贤院学士。元丰中主管西京御史台,移知信阳军。著有《龙学文集》。

祖武 即"槐"。

祖孝孙 唐幽州范阳(今北京西南)人。博学,晓算历。隋时,官协律郎,参定雅乐。入唐,历吏部郎、太常少卿。武德九年(626),受命更定雅乐。以陈、梁乐杂用吴楚之音,周、齐乐多涉胡戎之伎,乃斟酌南北,考以古音,制成大唐雅乐。贞观二年(628)完成。从三百六十律中选定十二律,以三分损益为基础,解决了十二律旋宫问题。

祖辛 商王。名旦,祖乙之子。祖辛是庙号。继祖乙即位。迁王都于庇(今山东鱼台附近)。殷墟卜辞中列为直系先王祭祀。

祖暅 一作祖暅之。南朝梁范阳遒县(今河北涞水)人,字景烁。祖冲之之子。继父志,精研历算。梁天监初,修订其父《大明历》,九年(510)得以颁行。曾监造八尺铜表,测量日影长度,发现北极星与北天极不动处相差一度有余。历官员外散骑侍郎、太府卿、南康太守、材官将军、奉朝请等。普通六年(525)被北魏俘获,与信都芳、元延明交往甚密,后南返。唐李淳风注释《九章算术·少广》开立圆术,引祖暅之开立圆术,在刘徽的*牟合方盖及有关截面积原理论述基础上,提出"夫迭棊成立积,缘幂势既同,则积不容异",今称祖暅原理,彻底解决了球体积公式。祖暅原理早于西方数学家提出同类原理(卡瓦列里〔B. Cavalieri〕原理)千余年。著有《缀术》、《漏刻经》、《天文录》等,大多已佚。

祖训录 书名。明太祖朱元璋撰。十三篇。第一篇为箴戒,其余各篇与皇明祖训同,内容、文字略有差异。卷首注称:"内府于谨身殿东庑及乾清宫东壁上粘贴,亲王府于正殿及内宫东壁上粘贴,时常观省,务在遵守。"参见"皇明祖训"。

祖伊 商臣。传为商臣祖己之后裔,见西伯昌(周文王)伐灭黎国(今山西长治西南),惧而告纣,纣不听。知纣不可再谏,叹商将亡。

祖颐 元人,又名漳纳心斋,字季贤父。大德进士。大德七年(1303)为朱世杰《四元玉鉴》作后序,叙述天元术发展概况。称平阳(今山西临汾)蒋周撰《益古》,后人始知有天元术。后李德载、刘大鉴等人发展为二元、三元高次联立方程解法。朱世杰又将此法推广到四元。是现存最早的天元术发展史记述。

祖乙 殷墟甲骨文作祖乙、下乙、高祖乙、中宗祖乙。商王。名滕,仲丁之子。祖乙是庙号。继河亶甲即位,迁王都于邢(又作耿,今河南温县东,一说今山西河津,或说今河北邢台地区),任巫贤为相,王朝复兴,死后被尊为中宗。《书·无逸》:"昔在殷王中宗,严恭寅畏,天命自度,治民祗惧,不敢荒宁,肆中宗之享国七十有五年。"殷墟卜辞中列为直系先王祭祀。

祖莹(?—约534) 北魏范阳遒县(今河北涞水)人,字元珍。好学耽书,夜以继昼。孝文帝时,以才名拜太学博士。累迁国子祭酒,领给事黄门侍郎。永安元年(528),北海王元颢降南朝梁,次年梁将陈庆之率军送颢入洛阳,颢任之为殿中尚书。及孝庄帝还宫,坐为颢作诏,免官。寻除秘书监、车骑大将军。东魏初,迁仪同三司,进爵为容城县伯。曾典造金石雅乐,三年乃成。

祖咏(约699—约746) 唐洛阳(今属河南)人。排行第三,时称祖三。开元进士。与王维为友,以文章名于世,曾被张说引为并州驾部员外郎。诗多写田园生活,宣扬隐逸情趣。边塞诗《望蓟门》雄浑隽拔,风格迥别。有辑本《祖咏集》一卷。

祖约(?—330) 晋范阳遒县(今河北涞水)人,字士少。幽州冠族,居乡里,宾客填门,占夺民田。永嘉末,随兄逖过江。元帝称制,引为掾属,转从事中郎,典选举。逖死,代领部曲,为豫州刺史,屯寿春(今安徽寿县)。王敦举兵,乃归卫京都,以功封五等侯,进号镇西将军。以名辈不后于郗鉴、卞壸,而不预明帝顾命,又望开府不见授任,遂怀怨望。咸和二年(327),从苏峻反。兵败降后赵,石勒溥其为人,杀之。

祖州 契丹耶律阿保机置,因阿保机的高祖、曾祖、祖、父皆出生于此,故名。治今内蒙古巴林左旗西南石房子村。辖境相当今巴林左旗西南部分。金天会八年(1130)改为奉州。阿保机秋季狩猎多在此,建有西楼。城高二丈,西北隅有内城及殿;东部为州廨、官舍、绫锦院等,东南横街四隅有楼,下连市肆。为契丹政治、经济、文化中心之一。

zuān

钻风船 亦称海鳅。明初海运船只之一种。略小于遮洋浅船。

钻荼(?—前341) 战国时人。魏将。魏惠王二十九年(前341)齐、魏马陵之战,魏军大败,他被杀。见《吕氏春秋·自知》。

zuǎn

纂修 官名。明代置。凡修实录、宝训及史志等书,皆置纂修官若干人,实任秉笔,众手成书。初,杂用部院、外官及山林隐逸之士,天顺后多用翰林院及詹事府官。成化后则多用翰林院官。清修书各馆局皆置。各修书馆局一般都设总纂、纂修、协修各职，负责编纂事务。总纂地位较高，不一定亲自参加具体编纂，而最后由其总成。纂修、协修分司具体编纂，而以纂修为主，其职多由内阁侍读学士、侍读及翰、詹人员充任。

zuàn

钻 穿孔工具。《物原》："般(鲁班)作铯钻。"由锥发展而来。商代早期就见有金属钻，分圆柱形和菱形两种。菱形钻的用法可能是把它缚在木棒的下端，用一块凹石或木顶住木棒上部，然后用一弓状物拉动，与今之牵钻同。汉代已使用铁钻。

zuì

最澄(767—822) 日本天台宗创始者。或称叡山大师、根本大师、山家大师。近江国滋贺郡人，俗姓三津首，幼名广野。十二岁时于近江国分寺出家。贞元二十年(804，桓武延历二十三年)与空海等为学问僧，随遣唐使藤原葛野麿使舶入唐。曾登天台山，从道邃、行满学天台宗经典，又于越州龙兴寺从顺晓学密宗经典，于禅林寺就翛然学禅法。次年归国。带回大批佛教典籍及佛画、佛具。元和元年(806，大同元年)上表请于日本增设天台宗，在比叡山设戒坛院，未果而卒。后追谥传教大师。著有《显戒论》、《法华秀句》等。

最近支那革命运动 书名。日本田野橘次撰。上海新智社编辑局补译。一册，十章。作者与兴中会、保皇会人友善，并参加其中一些活动，纂此编以鼓吹革命。记述洪秀全、谭嗣同、唐才常、孙中山及会党、赴日留学生事迹甚详。认为中国前途在革命。亦叙及康有为、梁启超等，对其保皇活动加以批评。首冠唐才常、谭嗣同、孙中山、康有为、邱菽园像。间录会党章程、诸家通信。译时于原著所叙内容稍有删节，而增补议论。有光绪二十九年(1903)新智社印本。

最新中国历(歷)史教科书 书名。一名《最新高等小学中国历史教科书》。清末姚祖义纂。四卷，凡六十课。叙太古至义和团运动失败、慈禧太后西逃及回京等有关史事。末附《人名地名异译表》。每课一百至三百余字，简明扼要，略古详今。为高等小学第一、二年教学之用。光绪三十年(1904)成书出版，为近代较早的简明中国通史小学教科书之一。

最新中学中国历(歷)史教科书 书名。近人夏曾佑撰。两篇，凡四章一百七十节。章节体中国通史。光绪二十八年(1902)，应商务印书馆之约，编撰成三册，自上古至隋。采用分期法，把中国古代历史分为三大时期，自草昧至周末为上古之世，自秦至唐为中古之世，自宋至清为近古之世。又结合当时考古学方面的成就，将三大时期细分为传疑期、化成期、极盛期、中衰期、复盛期、退化期、更化期等七个小时期，以表明历史进化过程。书末附有引用书目及历史上重要人物名单，说明其籍贯、官爵封位。文字浅显易懂。于1904至1906年陆续出版，颇受读者欢迎。1933年商务印书馆作为大学丛书之一重行出版，改称《中国古代史》。

罪隶 即"隶"。

罪惟录 书名。清初查继佐撰。近人张宗祥据诸版本校订整理，补入《荒节》、《叛逆》二传，计一百零二卷。作者曾任职南明鲁王兵部，矢志反清，遂以明遗民自居，而撰《明书》。其万历前事，多取自朱国桢《明史概》及庄廷鑨《明史辑略》等，崇祯后事，皆搜求访辑而得。自顺治元年(1644)至康熙十一年(1672)，历时二十九年，易稿数十次，访问数千人，始告完成。后因遭庄氏"明史狱"牵连，以"获罪惟此录书"，故名。书中帝纪二十二，包括南明诸帝；志二十七，其中食货分《土田》、《贡赋》、《屯田》三志，并有《九边志》以重北边边防；列传三十五，均为类传，依事而不依人。该书保存不少原始史料，可补《明史》不足。有1936年商务印书馆《四部丛刊》影印本、1986年浙江古籍出版社标点本。

罪止 刑法用语。即指犯罪处罚的最大限度。如唐律规定卖口分田者，一亩笞十，二十亩加一等，罪止杖一百。即卖至一顷八十一亩时，杖一百，所卖多此数额者，亦止杖一百，不再加重处罚。

蕞 一作掫。战国秦邑。在今陕西西安市临潼区东北。《史记·赵世家》：悼襄王四年(前241)，"庞煖将赵、楚、魏、燕之锐师，攻秦蕞"；《后汉书·刘玄传》：赤眉立刘盆子，更始使"李松军掫以拒之"，均即此。

醉翁亭 在今安徽滁州市西南琅邪山麓。北宋庆历六年(1046)欧阳修知滁州，命僧智仙修建，以为游憩之所。欧阳修登亭饮酒，"饮少辄醉"，故名醉翁亭，自号醉翁。作《醉翁亭记》，以记其事，苏轼书刻于碑。

醉舆 唐天宝时，申王每醉，即使宫伎将锦彩结一兜子，抬归寝室，故称。

檇李 又作醉李(《公羊传》)、"就李"(《越绝书》)。在今浙江嘉兴市西南。《春秋》定公十四年(前496)："于越败吴于檇李"，吴王阖闾病伤而死。《吴越春秋》越王勾践七年(前490)，吴王夫差增封勾践地"西至于檇李"，即此。旧时用为嘉兴市别称。

檇李之战 春秋时吴国、越国之间的战役。鲁定公十四年(前496)，吴王阖闾伐越，与越王勾践战于檇李(今浙江嘉兴西南)。勾践派死士冲击吴阵，被吴军杀退。勾践又命罪人于吴军阵前排成三行，以剑自刎，吴军注目惊愕，勾践突令全军冲击，大败吴军。阖闾伤重死。

檇王 即"王子余臣"。

zūn

尊 古代盛酒器。一般以青铜铸成，高颈粗腹，侈口广肩，高圈足。盛行于商至西周中期，在江南则延续到战国。商代的尊多数较粗大,广肩高颈,侈口;西周中期渐成束颈垂腹。同时出现方尊。另有模拟动物形状的鸟兽尊,商至战国均有。

尊德性 思孟学派修养方法。尊重至诚的德性。《礼记·中庸》:“故君子尊德性而道问学。”郑玄注:“德性,谓性之至诚者。”孔颖达疏:“君子尊德性者,谓君子贤人尊敬此圣人道德之性,自然至诚也。”参见“道问学”。

尊号 尊崇帝、后之称号。古代臣僚以尊崇的名号进于帝、后,或继位之皇帝尊前帝、后为太上皇、皇太后等,皆称之为上尊号。如《史记·秦始皇本纪》载:秦统一六国后,丞相王绾、御史大夫冯劫、廷尉李斯等,认为秦王政功盖五帝。谓“臣等昧死上尊号,王为泰皇,命为制,令为诏,天子自称曰朕。王曰:‘去泰著皇,采上古帝位号,号曰皇帝。’他如议”。又《高祖本纪》载:汉高祖刘邦即位后,“五日一朝太公”以尽父子之礼。后太公家令认为人臣拜人主于礼不合,“于是,高祖乃尊太公为太上皇”。刘邦死后,“群臣皆曰,‘高祖起微细,拨乱世反之正,平定天下,为汉太祖,功最高’,上尊号为高皇帝”。其后历代渐形成上尊号须先祭告天地、先祖之礼仪,属嘉礼之一。

尊卢氏 相传为上古帝王。在女娲氏之后。见《庄子·胠箧》。

尊身立本 见“淮南格物”。

尊圣 南诏大天兴国悼康帝赵善政年号(928—929)。凡二年。

尊贤 尊重才德高尚者。《礼记·中庸》:“仁者,人也,亲亲为大。义者,宜也,尊贤为大。亲亲之杀,尊贤之等,礼所生也。”《孟子·公孙丑上》:“尊贤使能。”本系周礼之要求,服从于亲亲,专指尊重贵族之贤者。春秋以后,打破族类界限,非贵族出身的才德之士始受重视。

尊尊 ❶尊敬先辈。《礼记·大传》:“上治祖祢,尊尊也。”❷尊敬高贵者。《谷梁传·成公元年》:“为尊者讳,敌不讳败,为亲者讳,败不讳敌,尊尊亲亲之义也。”

僎 古代指典礼饮宴时辅佐主人行仪节之人。《仪礼·乡饮酒》:“遵者降席东南面。”郑玄注:“今文遵为僎,或为全。”又《礼记·少仪》:“介爵、酢爵、僎爵,皆居右。”郑玄注:“古文《礼》‘僎’作‘遵’。遵为乡人为卿大夫来观礼者。”孔颖达疏:“僎谓乡人来观礼副主人者也。”明沈榜《宛署杂记·经费下》:“乡饮酒礼,每年二次,除十月大兴县外,宛平县该管正月分。相沿上席六卓(桌):正宾一、僎宾一、介宾一、主宾二、司正一。”《清史稿·礼志八》:“宾即席,延僎、介入,如宾礼。”

僎宾 古代乡饮酒礼诸宾之一,明清时多选参加者中有德行之致仕官员充任。参见“僎”。

遵化铁厂 明代官办铁冶工场。永乐间建于顺天遵化(今属河北)。规模甚大,有烧炭、淘沙、铸铁等各色工匠二千五百余名。夏月采石,秋月淘沙,冬月开炉,春尽炉止。铁解工部。正德四年(1509),炼成生铁四十八万六千斤,熟铁二十八万八千斤,钢铁六万二千斤。铁炉深12尺,广前2.5尺,后2.7尺,左右各1.6尺。万历九年(1581),铁厂山场封闭,裁革郎中及杂造局官吏,额设民夫匠价、地租银征收解部,卖铁支用。

遵行文义敏慧固始汗 即“固始汗”。

遵项 即“夏神宗”。

遵义府 明万历二十九年(1601)改播州宣慰司置。治遵义(今市)。属四川。辖境相当今贵州遵义市和桐梓、绥阳、仁怀、正安、赤水、习水等市、县地。清雍正七年(1729)改属贵州省。1913年废。

遵义教案 清同治八年(1869),贵州遵义教民杨希伯纠众打毁炎帝庙神像,激起众怒。民众群起打毁天主堂及教会医院,打死传教士一人,群众被打死二十多人。清政府以处死百姓一人,判刑四人,赔银三万两结案。

遵义军 北宋大观中置,治遵义(今贵州遵义市西南)。宣和时废为寨,南宋开禧时复升为军,嘉定时又废。

zuō

作 ❶即“作坊❶”。❷宋代手工业同业组织。又称作分。有时亦称行。包括手工作坊和个体工匠。官府置簿登记各种作坊和工匠,以便和雇差遣。行业上户充作头,并召铺户担保,负责轮差工匠当行,保证为官府造作的质、量和时限。当行工匠常被克扣工直,私行役使和预期科差,带有明显的强制性。❸明代制瓷工业中的专业生产组织。规模大小不一,皆以所造瓷器类别或大小式样命名。明民间制瓷,“窑有户,户有工,工有作,作有家”。所谓作,系按一户专作之器命名,计有十八作,即官古器作、上古器作、中古器作、釉古器作等。

作部徒 即“作徒”。

作坊 ❶旧指手工业者从事劳动生产的场所。亦称作场、坊(fáng)、作、房等。殷周时所造鼎,大者重达千斤;车辆制造分木、金、皮、漆等工种,证明当时已有相当规模并有适当分工的作坊。初期官府作坊多使用工匠奴隶,后改为徭役制和募雇制。生产品全部供最高统治者和官府享用。唐、宋时,手工业作坊有锻坊、铜坊、糖坊、纸坊、毯坊、糕作坊、锦绫坊、木作、漆作、金银作、杖鼓作、藤席作等多种,遍及宫廷内部与地方州县。民间作坊更遍及全国各地,主要经营商品生产,内部分工不及官府作坊之细,然仍可出精美产品。其高超的技能长期在家族或极小范围内秘密传续。历代对民间作坊的管理、征收都有具体规定。❷官署名。北宋初年置。开宝九年(976)分为南、北作坊,熙宁三年(1070)改为东、西作坊。掌造兵器、戎具、旗帜、油衣、藤漆什器等物。以京朝官、诸司使、诸司副使、内侍为监官。下属有木作、杖鼓作、藤席作等五十一作。六年隶属军器监,建炎三年(1129)并入御前军器所。

作坊使 官名。五代始置。北宋开宝九年(976)分置南、北使,属西班诸司使,多不领本职,仅为武臣迁转之阶。咸平元年(998),定为同六品。熙宁三年(1070),改东、西作坊使。元丰改制,改正七品。政和二年(1112)重定武臣阶官名,改武显大夫。

作坊物料库 官署名。北宋初置,下分三库,真宗时并为一库。掌收储铁、木、铅、锡、羽翎等材料,以供作坊之用。设监官,以京朝官、内侍充任。初隶三司提点司,熙宁中改隶军器监,元丰改制,隶将作监。

作头 ❶宋代手工业同业组织作之头目。参见“作❷”。❷对民间手工业作坊主之称谓。参见“行东”。❸旧指手工业作坊内之工头或技术指导。亦称匠头。苏轼《与程天侔书》:“差一人押木匠作头王皋,暂到郡外,令计料数间屋材。”明清手工业作坊、工场中均有。如明代官手工业工场之作头,多选工匠中丁力有余、行为端正者充任。统率各匠,督其役并考其成。时盔甲厂有作头九十名,王恭厂六十名,龙江船厂四十五名,役一休二,三年一审。私手工业作坊之作头则受雇于作坊主,负责指导、约束工匠进行生产。

作徒 又称作部徒。南朝各州作部所辖手工作坊中获罪判刑而服劳役者。

作院 官署名。南宋绍兴二年(1132),于行在临安府置,掌造器甲。以工部尚书、侍郎提点,工部郎官每旬点检其事。金沿置,兼管囚徒。设使、副使领院事,以都监掌收支。

zuó

莋都县 本莋都夷地,汉元鼎六年(前111)置。为沈黎郡治所。在今四川汉源东北。天汉四年(前97)并入蜀郡。

莋都夷 古族名。西南夷之一种,主要分布在今四川汉源一带。从事农耕和畜牧。汉武帝元鼎六年(前111)置莋都县。天汉四年(前97)并入蜀郡,置都尉主管。其地产莋马,巴蜀民多贩此致富。

莋马 汉代莋都所产名马。参见“莋都夷”。

笮桥 亦曰夷里桥。在今四川成都市西南。因桥用竹索编成,故名。东晋永和三年(347)桓温在此击败成汉军,乘胜长驱入成都。成汉遂亡。

zuǒ

左阿速卫亲军都指挥使司 元代侍卫亲军中主要以阿速军组成的军事机构。其下属有本投下达鲁花赤二员、镇巢县达鲁花赤二员、围宿把门千户所十三翼及教官一员。参见“右阿速卫亲军都指挥使司”。

左安乐王 官名。匈奴置。由单于子弟充任,统领部众,位左、右显禄王下。

左班殿直 官名。(1)武臣阶官。北宋前期置,系三班小使臣。元丰改制,定为正九品。政和二年(1112)重定武臣阶官名,改为成忠郎。(2)宦官。宋政和二年,重定内侍官名,改高品置。

左榜 科举考试用语。即元代科举中汉人、南人中式后所发布的文榜。参见“右榜”。

左宝贵(1837—1894) 清山东费县人,字冠廷。回族。行伍出身。咸丰六年(1856)入江南军营参加镇压太平军。同治间曾擒斩苗沛霖,升游击;继随僧格林沁镇压捻军,晋副将。光绪元年(1875)随刑部尚书崇实巡视奉天,遂统领奉军,擢记名提督。十五年授广东高州镇总兵,仍留奉天。二十年中日战争爆发,率部援朝鲜,与卫汝贵、马玉崑等部扼守平壤,力守玄武门,登城指挥,屡挫日军,不幸中炮牺牲。

左豹韬卫 官署名。即左威卫。唐光宅元年(684)改,神龙元年(705)复名左威卫。

左备身府 禁卫军指挥机构。(1)隋开皇十八年(598)置,大业三年(607)改为左骁骑。(2)隋大业三年(607)改左领左右府置,设备身郎将一员为长官,直斋二员以为副,与右备身府同掌侍卫皇帝左右的亲信禁军。统千牛左右、司射左右。有长史、录事及司兵、仓、骑曹参军等员。以折冲郎将三员总领骁果,以果毅郎将三员为其副。其骁果,分置左、右雄武府,各设雄武郎将领之,武勇郎将为其副。下有司兵、司骑二局,并置参军事。唐武德五年(622)改左领左右府,后又改左千牛府。

左伯 ❶东汉东莱(今山东莱州)人,字子邑。善写八分书,有名于时。又改进造纸方法,所造纸质量精美,时称“左伯纸”。❷见“左右伯”。

左伯桃 见“羊角哀”。

左补阙 官名。唐垂拱元年(685)始置左、右补阙,隶门下省,员各二人,从七品上,掌供奉讽谏。天授二年(691)各增至五人。其后除授颇为杂滥,故有“补阙连车载”之讥。宋初沿置,七品,多出领外任,或兼领别司,不专任谏职。端拱元年(988),改为左、右司谏。参见“左司谏”。

左部都尉 官名。三国魏末置,西晋沿置。为匈奴左部长官,由左部帅改名。或说西晋武帝太康中改。所统万余落,居于故太原兹氏县。

左部督 官名。(1)即“武昌左部督”。(2)西晋武帝时匈奴单于刘猛麾下置。《晋书·北狄传》:“(何桢)乃潜诱(刘)猛左部督李恪杀猛,于是匈奴震服,积年不敢复反。”

左部帅 官名。(1)东汉建安时曹操置,三国魏沿置。曹操将入居塞内的南匈奴分为左、右、南、北、中五部,各部立其贵者为帅,选汉人为司马以监督之。魏末改名左部都尉。一说西晋太康时改。(2)十六国时羌人姚襄置。统领羌人左部,以伏子成为之。

左部尉 官名。北齐置,为临漳县二尉之一,辖九行经途尉。九品上。

左采铁 官名。战国秦置,主铁官。《睡虎地秦墓竹简·秦律杂抄》:“大(太)官、右府、左府、右采铁、左采铁课殿,赀啬夫一盾。”

左参议 官名。(1)明清布政使司职官。明洪武十四年(1381)设,左、右各一人,正四品。后改从四品,无定员,皆因事添设,分司督粮道、分守道。清初沿设,称为守道。有通辖全省者,有分辖三、四府州者,因时裁设,衔额无定,皆视其升补之本职而不同。乾隆十八年(1753)裁。(2)明清通政使司职官。洪武十年(1377)设,左、右各一人,位左、右通政下,正五品。佐通政使掌司事。清初沿设,后不分左、右,满、汉各一人。正五品。光绪二十八年(1902)裁。(3)清末新官制。于中央各部左、右丞之下设左、右参议,员额不等,为重要司员,掌审议有关部务之法令。参见"参议"。

左曹 ❶西汉加官名号。武帝时置,与右曹合称诸曹。秩二千石。加此号者每日朝谒,在殿中收受平省尚书奏事,亲近皇帝,典掌枢机。东汉省。❷官署合称。宋代尚书省六部二十四司分左、右,吏部、户部、礼部为左名曹,其所属司封、司勋、考功、度支、金部、仓部、祠部、主客、膳部诸司为左曹。❸官署名。北宋神宗元丰改制后,于户部置。掌户口、税赋、土贡、征榷、田讼之事。设郎中、员外郎各二人领之。

左曹郎中 ❶宋代司封、司勋、考功、度支、金部、仓部、祠部、主客、膳部郎中统称。以诸司为左曹,故名。❷官名。宋神宗元丰改制后置,佐理户部左曹之事。

左曹侍郎 ❶宋代吏部、户部、礼部侍郎之统称。❷官名。宋神宗元丰改制后置,掌户部左曹之事。

左曹员外郎 ❶宋代司封、司勋、考功、度支、金部、仓部、祠部、主客、膳部员外郎统称。以诸司为左曹,故名。❷官名。宋元丰改制后置,属户部,员二人,佐理户部左曹之事。

左察 官名。突厥默啜可汗置,位小可汗下,以咄悉匐为之,统兵二万以攻唐朝陇西。

左单于 东汉末乌桓首领。袁绍因乌桓助其击公孙瓒,遣使拜乌桓三王皆为单于,《三国志·乌丸传》裴松之注引《英雄记》载其版文:"乌桓单于都护部众,左、右单于受其节度,他如故事。"

左阐教 官名。明清僧录司职官。分掌天下佛教之事。明洪武十五年(1382)设左、右阐教,各一人,从六品。清沿置,亦为从六品。左阐教循例升补右善世,缺出由右阐教升补。

左常侍 官名。(1)十六国西秦乞伏炽磐置,为高级执政官。《晋书·乞伏炽磐载记》:"罢尚书令、仆射、尚书、六卿、侍中、散骑常侍、黄门郎官,置中左右常侍、侍郎各三人。"(2)王、公国属官。两晋、南朝及北魏置左、右常侍,掌侍从左右,赞相礼仪,献替谏诤,员额依国之大小不等。参见"常侍❺"。(3)即"左散骑常侍"。

左车骑将军 官名。东汉末及三国蜀后主时均曾分置车骑将军为左、右,为领兵武职。

左成 战国时秦国人。秦武王三年(前308),甘茂攻韩宜阳(今河南宜阳西),历年不下,茂欲还军,他阻谏之,终拔宜阳。见《战国策·秦策二》。

左丞 官名。(1)东汉太官令佐贰官,掌供宫廷饮食。(2)即"尚书左丞"。(3)即"中书左丞"。(4)见"右丞(3)"。(5)清末新设各部之职官。外务部承政厅及民政部、巡警部、度支部、学部、陆军部、法部、农工商部、邮传部等皆设左、右丞各一员,位列各部侍郎(副大臣)下,掌机密文移,综领众务。左丞位右丞上。

左丞相 官名。战国秦始置,秦代沿置。为最高国务长官,辅助皇帝管理政务。亦省称丞相。西汉初唯置一丞相,惠帝六年(前189)分置左、右,文帝二年(前178)又置一丞相,武帝征和二年(前91)复分置。不久又置一员。秩皆万石,为宰相之任。三国吴一度分置左、右。两晋、南朝、北魏、北齐或置或省,皆特为权臣专设之名号,并非处理实际政务的宰相。置则位一品、秩万石(梁位十八班)。十六国后赵置左、右丞相,为丞相之副贰。唐开元元年(713)改尚书左仆射为左丞相,尚书右仆射为右丞相,均从二品,天宝元年(742)复旧;南宋乾道八年(1172)亦改尚书左、右仆射为左、右丞相,正一品,皆为宰相之任,处理国家政务。辽代为南面朝官,隶中书省,非定制,亦无实权。金为尚书省长官之一,与右丞相、平章政事合称宰相,总理政务,从一品。元沿置,初为中书省、尚书省长官之一,置省不常,员额不定。至大四年(1311)后,尚书省并入中书省,设右、左丞相各一员为中书省长官,总理政务,正一品。至顺元年(1330)专任右丞相,左丞相或置或省。明初沿置,正一品,洪武十三年(1380)罢中书省,遂废。秦、汉、元皆居右丞相下,北朝、唐、宋居右丞相上。参见"丞相"。

左承务 官名。即左司郎中。唐龙朔二年(662)改是称,咸亨元年(670)复名左司郎中。

左城 亦称左人城(《水经注》)。在今河北唐县西。《资治通鉴》:南朝梁普通七年(526),北魏"五原降户鲜于修礼等帅北镇流民反于定州之左城",即此。

左螭 唐代起居郎的别称。

左春坊 官署名。唐龙朔二年(662)改太子门下坊置,掌侍从赞相,驳正启奏,总领司经、典膳、药藏、内直、典设、宫门六局,职比门下省。咸亨元年(670)复名门下坊,景云二年(711)再改为左春坊。长官设左庶子二员,次官中允二员,另有司议郎二员、左谕德一员、左赞善大夫五员、录事二员、主事二员等。北宋置主管官二员,以内臣兼;同管官二员,以武臣兼;承受官一员,以内侍充。南宋因置。辽代置太子左庶子、太子中允、太子司议郎、太子左谕德、太子左赞善大夫,并领文学馆、司经局、典设局、宫门局之属。明清隶詹事府。明洪武十五年(1382)更定左、右春坊官,置大学士一员,掌太子上奏请、下启笺及讲读之事;又有左庶子、左谕德各一员,左中允、左赞善、左司直郎各二员。二十九年又增置左清纪郎、左司谏、左通事舍人。嘉靖、隆庆之后,仅为翰林编修、检讨升迁之阶。清顺治九年(1652)沿置,十五年裁。康熙十四年(1675)复置,掌记注、纂修之事,亦仅为翰林升转之所。置左庶子、左中允、左赞善,俱满、汉各一员。汉员分别兼翰林院侍读、编修、检讨衔。初有左谕德,乾隆十三年(1748)省。光绪二十八年(1902),詹事府省入翰林院,遂废。

左春坊大学士 官名。明洪武十五年(1382)于左春坊置,一人。二十五年定为正五品。与右春坊大学士掌太子上奏请、下启笺及讲读之事。不常授,景泰间,倪谦、刘定之而后,仅杨廷和一人任之,后不复设。

左慈 东汉庐江(治今安徽庐江西南)人,字元放。曹丕《典论》称其知补导之术。曹操恐其惑众,招致麾下,以为军吏(见曹植《辨道论》)。方士葛玄师事之,受《太清丹经》三卷,《九鼎丹经》、《金液丹经》各一卷。

左大丞相 官名。北魏以来常于丞相上加"大"字以示尊崇。北周大象二年(580)置左、右大丞相,令百官听命于左大丞相,而以杨坚任此职。旋去左、右之号。参见"大丞相"。

左大都督 官名。亦作左厢大都督。北魏末置,西魏沿置。《周书·贺拔胜传》:"以(贺拔)岳为持节、假卫将军、左大都督,又以征西将军代郡侯莫陈悦为右大都督,并为(尔朱)天光之副以讨之。"

左大将军 官名。十六国前秦置,地位尊崇。《晋书·苻生载记》:"以吕婆楼为侍中、左大将军。"参见"大将军"、"右大将军"。

左大司马 官名。新莽地皇元年(20)分大司马为前后左右中五员,分掌军政。更始政权亦分设左、右大司马。东汉初合为一员,旋罢。三国吴孙权赤乌九年(246)复分置左、右,孙亮建兴中减为一员。十六国后赵侯子光起事,聚众于杜南山,自称大皇帝,亦置左、右大司马。参见"大司马"。

左担道 自今甘肃文县东南至四川平武县东。因山径险窄,自北而南,担在左肩不得易右肩,故名。《资治通鉴》:三国魏景元四年(263)邓艾征蜀,进至阴平(今文县西北),"欲与诸葛绪由江油(今四川江油市北)趣成都",即经由此道。唐杜甫《愁坐》:"葭萌氐种迥,左担犬戎存。"

左纛 皇帝乘舆的特殊装饰,与黄屋并用,称黄屋左纛。《汉书·高帝纪》:"纪信乃乘王车,黄屋左纛。"颜师古注引李斐曰:"纛,毛羽幢也,在乘舆车衡左方上注之。蔡邕曰以牦牛尾为之,如斗,或在骓头,或在衡。"黄屋、左纛为皇帝专用,汉初南越王赵佗称帝,自作黄屋左纛,即为僭越。汉宣帝时霍光卒,以黄屋左纛为其送葬,乃属特例。

左典军 官名。三国吴置中、左、右典军,掌宿卫禁军。为皇帝身边亲信之臣。

左典牧都尉 官名。西晋置。与中、右典牧都尉同属太仆,掌管马、牛的牧养。六品。

左貂 唐显庆二年(657)分散骑常侍为左、右,隶门下、中书,皆金蝉、珥貂,左散骑常侍与侍中为左貂。

左都督 官名。北魏置,为统兵武臣,位在大都督之下。西魏亦置。元末朱元璋置为大都督府副长官,正二品。吴元年(1367)更定官制,革大都督,遂改置为大都督府长官,正一品。明洪武十三年(1380)改大都督府为五军都督府,遂置为各军都督府长官。位在右都督上。

左都候 ❶官名。东汉置,属卫尉,员一人,秩六百石。与右都候同主剑戟士,有丞一人,领吏员二十八人,卫士三百八十三人,徼巡皇宫。三国魏、西晋沿置。❷匈奴官号。与右都候皆由匈奴贵族四姓中乔氏出任。

左都护 官名。三国吴置,孙权黄龙元年(229)拜诸葛恪为大将军兼此,领豫州牧,权任极重。蜀亦置,地位稍低。

左都水长 官名。西汉置,属左冯翊,掌水利事务。下设左都水丞以佐其事。

左都威卫侍卫亲军都指挥使司 元代皇太子、太后的侍卫军机构。历属詹事院、徽政院和储政院。世祖至元十六年(1279),拨侍卫亲军一万户隶太子真金,立侍卫亲军都指挥使司。三十一年,成宗即位,改左都威卫使司,隶皇太后(真金妻)之隆福宫。秩正三品,设都指挥使三人,副使、佥事各二人。下辖镇抚所,二行军千户所,屯田左、右二千户所,二弩军千户所,资食库及教授二人。

左都御史 官名。又称总宪。明清都察院主官,掌院事。明洪武十六年(1383)设,左、右各一人,秩正三品。十七年升秩正二品。洪熙元年(1425),南京都察院设右都御史一人。清顺治元年(1644)改承政设,一人。五年定制,满、汉各一人。初制满员一品,汉员二品。十六年并改二品。雍正八年(1730)俱升为从一品。其右都御史为总督之兼衔,不设专员。

左督护 官名。西晋末凉州张轨置。为统兵武职,地位较一般州所置督护为高。见《晋书·张轨传》。

左独鹿王 官名。匈奴置。由单于子弟充任,统领部众,位左、右朔方王下。

左度辽将军 官名。东汉末置。《三国志·公孙瓒传》:"太祖与袁绍相拒于官渡,阎柔遣使诣太祖受事,迁护乌丸校尉,而(鲜于)辅身诣太祖,拜左度辽将军。"一说拜鲜于辅为右度辽将军。

左断刑 官署名。属大理寺。宋元丰二年(1079)置。掌各地奏劾命官、将校及大辟囚以下定罪处刑。定罪时,大理司直、大理评事决定后,由断丞审议,大理正审定。分三案:磨勘案掌批会吏部等处改官事,宣黄案掌凡断讫命官指挥,分簿案掌行分探诸案文书。

左娥英 妃嫔号。北齐置。《北齐书·后主纪》:"(武平)五年(574)春正月乙丑,置左、右娥英各一人。"比左、右丞相,位在左、右昭仪上。

左二护军府 官署名。唐初秦王、齐王府六护军府之一,掌侍卫陪从。置护军一人、副护军二人,长史、录事及仓、兵、铠曹参军各一人,统军二员、别将四员,分别掌领亲、勋卫及外军。

左芬(? —300) 西晋齐国临淄(今山东淄博东北)人,字兰芝。左思妹。少好学,善作文,武帝闻而纳之。泰始八年(272)拜修仪,后为贵嫔。以才德见称。曾受诏作《离思赋》、为杨皇后及万年公主献诔词、为纳悼后作颂。每有方物异宝,必诏为赋颂,屡获恩赐。有答兄思诗书及杂赋颂诔数十篇。原有集,已佚。

左奉宸卫 官署名。即左千牛卫。唐龙朔二年(662)改左千牛府置,旋改为左千牛卫。

左府 官署名。(1)战国秦置,掌官营手工业。亦以称其长官。《睡虎地秦墓竹简·秦律杂抄》:“大(太)官、右府、左府、右采铁、左采铁课殿,赀啬夫一盾。”(2)即左千牛卫。唐武德五年(622)改左备身府置,显庆五年(660)改左千牛府,后改为左千牛卫。(3)明代左军都督府的省称。

左府上士 官名。西魏恭帝三年(556)置,天官府太府中大夫属官,掌左府库中所藏器物,下设左府中士以佐其职。正三命。北周沿置。隋开皇元年(581)罢。

左辅 ❶官名。西汉孺子婴居摄元年(6)始置,以为辅弼之臣。《汉书·王莽传》:“以太傅、左辅、骠骑将军安阳侯王舜为太师。”十六国西秦乞伏国仁建义元年(385)置,位左、右相下。后燕慕容熙光始元年(401)于大单于台置,位尚书下。北魏泰常七年(422),太子拓跋焘监国,以重臣为之,坐东厢西面,与右弼共总百僚。明崇祯十六年(1643)李自成农民军在襄阳时置,为内阁官,位上相国下。旋废。❷汉代左冯翊郡别称。为拱卫京师三辅之一。因在京兆尹之左(东)得名。后世亦称京东之地为左辅。

左辅都尉 官名。三国吴置。孙权黄龙元年(229)立孙登为太子,置左辅、右弼、辅正、翼正都尉,以辅佐之,称四友。诸葛恪自中庶子转此职。

左辅将军 官名。十六国时乞伏述延置。为统兵武官。

左副都御史 官名。又称副宪。明清都察院副长官,佐左都御史掌院事。明洪武十六年(1383)设,左、右各一人,秩正四品。十七年升秩正三品。清顺治元年(1644),改参政设。三年,定设满、汉各二人,为正三品。其右副都御史为巡抚、河道总督、漕运总督之兼衔,不设专员。

左副管 官名。清初于御马、御用、尚衣、尚膳诸监俱设左、右副管各一人,为都管之副。后因改设郎中、员外郎等官,遂省。

左副留守 官名。明初以凤阳为中都,置中都留守司,设左、右副留守各一人,佐正留守统凤阳、长淮等八卫,保护皇陵。后改副留守只设一人,不分左、右,定正三品。

左傅 官名。明洪武三年(1370)于各王府分置,各一人,从二品,以辅弼诸王。九年罢。

左革五营 即“革左五营”。

左更 爵位名。战国时秦国置。《史记·秦本纪》:秦昭襄王十四年(前293),“左更白起攻韩、魏于伊阙。斩首二十四万,虏公孙喜,拔五城。”秦设二十等爵,十二级为左更,十三级为中更,十四级为右更。秦汉沿置。《汉书·百官公卿表》颜师古注:“更,言主领更卒,部其役使也。”

左宫门将 官名。即太子左监门率。隋大业三年(607)改,降为正五品,唐武德五年(622)复名左监门率。

左关鉌 战国时齐国青铜量器。清咸丰七年(1857)出土于山东胶县(今胶州市)灵山卫。同出有子禾子釜、陈纯釜。半球形而有流。器腹外壁刻“左关之鉌”两行四字。应即子禾子釜铭“关鉌节于廩枅”之“关鉌”。器高10.8厘米,深10.4厘米,口径19.2厘米,实测容量2 070毫升,约相当于子禾子釜与陈纯釜容量的十分之一。据《管子·轻重篇》所记齐国量制,一釜折五区或十斗,则一鉌容量相当于齐量半区或一斗。系了解战国时田齐量制之实物资料。现藏上海博物馆。

左官 官署名。春秋时宋国置。时设右师与左师。二师各有官属,右师辖右,治所为右官;左师辖左,治所为左官。

左官律 律令名。汉武帝元狩元年(前122)颁行。内容为贬抑诸侯王国官吏的政治地位,并规定曾仕王国官吏者不得在中央任职。《汉书·诸侯王表》颜师古注:“汉时依上古法,朝廷之列以右为尊,故谓降秩为左迁,仕诸侯为左官也。”又引服虔曰:“仕于诸侯为左官,绝不得使仕于王侯(当作朝)也。”

左悺(?—165) 东汉河南平阴(今河南孟津东北)人。桓帝初,为小黄门史。延熹二年(159),奉命与单超等五宦官诛除外戚梁冀,以此迁中常侍,封上蔡侯,为五侯之一。与单超等恃宠骄横,兄弟姻戚遍任州郡长官。又竞起第宅,穷极奢丽,掠取良人以为姬妾奴仆,收纳养子以传国袭封。百姓称之为“左回天”。后被司隶校尉韩演劾奏,畏罪自杀。

左光斗(1575—1625) 明安庆桐城(今属安徽)人,字遗直、共之,号浮丘。万历进士。授中书舍人,擢御史,奉命办理屯田事务,在北方大兴水利,垦水田,种水稻。泰昌元年(1620)与杨涟等迫光宗选侍李氏移宫。天启三年(1623)擢大理少卿。次年,拜左佥都御史。后与杨涟疏劾魏忠贤二十四大罪,又草奏劾忠贤及魏广微三十二斩罪。五年,被魏忠贤构陷下诏狱,酷刑拷讯致死。

左光禄大夫 官名。三国魏置。《三国志·刘放传》:“正始元年(240),更加(刘)放左光禄大夫,(孙)资右光禄大夫,金印紫绶,仪同三司。”作为在朝显职的加官,以示优崇,或授予年老有病者为致仕之官,亦常用为卒后赠官。无职掌。西晋时假金章紫绶,禄赐、班位、冠帻、车服、佩玉、置吏卒及诸所赐给与特进同。二品。其为加官者,唯章绶、禄赐、班位而已,不别给车服、吏卒。卒赠此位者,如本已有卿官,不复重给吏卒,其余皆给。光禄大夫在汉代属光禄勋;魏晋时地位提高,不复属之,南朝时仍属光禄勋。南朝梁天监七年(508)定为十六班,位在金紫光禄大夫上,加开府仪同三司者,升为十七班,置官属同三公。陈二品,秩中二千石。北魏太和十七年(493)定为从一品中,二十三年改为二品。北齐仍二品,北周正八命,亦在金紫光禄大夫上。隋初定为正二品,大业三年(607)降为从二品。唐初沿之,贞观后,唯设光禄大夫,不分左、右。宋元祐三年(1088),分光禄大夫为左、右两阶,大观二年(1108),左光禄大夫改称宣奉大夫。参见"光禄大夫"。

左光先(? —1645) 明末人。任总兵,崇祯十六年(1643)降李自成,任果毅将军。次年农民军撤出北京,奉命殿后,与清军战于定州,伤足。李自成死后,被清军俘虏而降,一说被杀。

左贵嫔 ❶即"左芬"。❷妃嫔号。十六国汉置。《晋书·刘聪载记》:"(聪)使其兼大鸿胪李弘拜(刘)殷二女为左、右贵嫔,位在昭仪上。"

左国城 故址在今山西离石东北。东汉光武初,匈奴南单于入居西河美稷(今内蒙古东胜东南),后迁离石等地,分五部。左国城初为匈奴左部所居,后为单于治事之所。晋永兴元年(304),刘渊在此称大单于,建立汉国(后改前赵)。

左国史 官名。三国吴置,为史官,与右国史同掌修国史。多以他官兼领。《三国志·韦曜传》:"为侍中,常领左国史。"

左果毅都尉 官名。唐代折冲府次官之一。贞观十年(636)改别将(车骑将军)置,一人,上府从五品下,中府正六品上,下府从七品下,与右果毅都尉掌通判府事,为折冲都尉副职。辽代诸卫各置二十八人。

左海公道报 杂志名。基督教会杂志。清宣统三年三月一日(1911.3.30)在福州创刊。半月刊。闽北圣书公会主办,与万国改良会关系密切。宣传禁烟禁赌、讲究卫生、改良社会陋习。特辟宗教栏,布道传教。辛亥革命后继续刊行。

左行 ❶军队建制。春秋时晋国置。晋文公时于上、中、下三军之外,增设左、中、右三行。后又废三行,改设新军。❷官名。春秋晋国武官,为左行军队的主将,卿爵。《左传·僖公十年》:"左行共华,右行贾华。"左、中、右三行废置后,是职亦废。

左禾(? —1415) 明云南大理蒙化(今巍山)土官。洪武十五年(1382)降明,授蒙城摩牙里火头、顺宁府通事。十七年春,升为本州判官。寻知土知州事。卒于任。子左伽继其职。

左候卫 禁卫军指挥机构。隋大业三年(607)改左武候置,为十二卫之一。置大将军一人、将军二人,统诸鹰扬府府兵。下设护军四人,辅佐将军,寻改武(虎)贲郎将,又设武(虎)牙郎将六人,有长史、录事参军,司仓、司兵、司骑、司铠等员。军士名佽飞。唐初沿置,龙朔二年(662)改名左金吾卫。

左候卫大将军 官名。隋大业三年(607)改左武候为左候卫而置,为十二卫大将军之一,一人,正三品,总其府事,并统诸鹰扬府。唐初沿置,龙朔二年(662)改名左金吾卫大将军。

左候卫将军 官名。隋大业三年(607)改左武候为左候卫而置,为十二卫将军之一,二人,从三品,佐大将军总府事。唐初沿置,龙朔二年(662),改名左金吾卫将军。

左虎贲率上士 官名。西魏恭帝三年(556)置,北周沿置。夏官府左武伯中大夫属官,统禁军虎贲士,负责皇帝临朝及出行的侍卫,下设左虎贲率中士、左虎贲倅长下士以佐其职。正三命。隋开皇元年(581)罢。

左户 ❶官署名。北魏置,隶度支尚书。掌全国计帐、户籍等事。设郎(郎中)。北齐沿置。且于诸公、都督府及州刺史下置,作为僚属诸曹之一。属诸公、都督府者设行参军,属州刺史者设掾史等员。❷即左民。唐人修《隋书》,避唐太宗李世民讳改。❸官名。唐代户部侍郎置二员,其中判使案者别居一署,谓之"左户"。元和后,选委华重,宰相多由此进。

左户郎 ❶见"左户郎中"。❷即"左民郎"。

左户郎中 官名。北魏、北齐置,亦称左户郎。为尚书省左户曹长官,六品上。掌全国计帐、户籍等事。隶度支尚书。

左户尚书 见"左民尚书"。

左护军 官名。东汉建安中曹操、孙权置。统诸军。三国蜀、吴亦置。

左护卫司 官署名。辽代置,属北面官。北、南护卫府各设左护卫司,以太保统领。下设左护卫等职。

左华 又作左爽。战国时人。时陈轸离楚至魏,张仪在魏惠王面前诋毁陈轸,以为陈轸仍然亲楚。他劝陈轸借助张仪的诋毁之言,返回楚国,以求得楚王信任。事见《战国策·魏策一》、《楚策三》。

左机令 官名。北魏置。《魏书·尉古真传》:"太宗时,(尉地干)为左机令。世祖少而善之,即位,擢为库部尚书,加散骑常侍、左光禄大夫,领侍辇郎。"

左积弩将军 官名。(1)三国、晋代置,领禁卫营兵,隶中领军(领军将军)。北魏为侍卫武职,从四品下。(2)见"太子左右积弩将军"。

左积射将军 官名。侍卫武官。北魏置,太和十七年(493)定为从四品下,二十三年改七品上。

左给事中 官名。明清*六科之副长官。与右给事中共同佐都给事中掌科事。明洪武二十四年(1391)设十二人,每科左、右各一人,秩从八品。永乐中升秩从七品。清顺治十八年(1661)沿设,二十四人,每科左、右满、汉各一人。康熙四年(1665),左、右给事中俱裁。

左给事中士 官名。北周天官府纳言中大夫属官。佐给事上士掌理六经及诸文志,给事于皇帝左右。正二命。隋开皇元年(581)罢。

左计使 见"三司❸"。

左家公山毛笔 战国时楚国所制毛笔。1954年出土于湖南长沙左家公山15号墓,此墓属战国小型楚墓。毛笔置于椁内头箱中,外套一细竹筒。笔通长18.5厘米,笔毛为上好兔毫,长2.5厘米。杆为细圆形实竹,直径0.4厘米。其制法是:将笔杆一端劈成数股,夹入兔毫,然后缠以丝线,在缠线处涂一层漆以防腐。系中国首次通过考古发掘发现的较早的毛笔实物。1957年发掘的信阳长台关楚墓1号墓亦出土形制相同的竹竿毛笔一支,通长23.4厘米、径0.8厘米,笔毛长亦为2.5厘米。是战国楚毛笔的又一发现。

左家公山天平砝码 战国时楚国衡器。1954年出土于湖南长沙南郊左家公山15号墓。此墓属战国楚墓。土坑竖穴,备一椁一棺,天平砝码置于椁内头箱中,天平用一木杆,作扁条形,长27厘米,杆正中钻一孔,孔内穿一丝线为提钮。杆两端内侧0.7厘米处各有一穿孔,内穿丝线,系两个直径4厘米的铜盘,丝线长9厘米,铜盘底略圜,边缘有四个对称的小孔用以系线。砝码共大小九个,铜质、环形,重量近似于依次减半,最大的重125克,最小的重0.6克。长沙楚墓中出天平砝码较多,一般认为是作称量楚国黄金货币之用。此套天平砝码是目前保存较完整的一套。系了解战国时楚国衡制之重要实物资料。现藏湖南省博物馆。

左监门府 禁卫军指挥机构。隋代置,与右监门府统率亲近禁军,同掌宫殿门禁及守卫事,职任颇重。设将军一人、郎将二人,校尉、直长各三十人,又有长史、司马、录事及仓、兵二曹参军事,铠曹参军等属。仁寿三年(603),又置门候百二十人。大业三年(607),改将军为郎将,置直阁六人,其官属同左备身府,又增门尉、门候,以分掌门禁守卫。唐代沿置,龙朔二年(662)去"府"字,称左监门卫。

左监门府将军 官名。隋置,一人,从三品,为左监门府长官。掌宫殿门禁及守卫事。大业三年(607)改名为左监门府郎将,正四品。唐武德五年(622)复旧称。

左监门府郎将 官名。(1)隋初左监门府次官,置二人,正四品,大业三年(607)废。(2)隋大业三年改左监门府将军置,为左监门府长官,一员,正四品,分掌门禁守卫。唐初复为左监门府将军,后改为左监门卫将军。

左监门卫 禁卫军指挥机构。唐龙朔二年(662)改左监门府置,十六卫之一。不领府兵,置大将军一人、将军二人、中郎将四人,与右监门卫率亲近禁军,共掌宫城诸门禁卫及门籍,判入,职任颇重。有长史、录事参军事,兵曹参军事兼掌仓曹,胄曹参军事兼掌骑曹。天授二年(691),置四色官及长上。贞元二年(786)置上将军一人,位大将军上。辽代置,设大将军、上将军、将军,领折冲都尉、果毅都尉。

左监门卫大将军 官名。唐龙朔二年(662)改左监门府为左监门卫而置,一人,正三品。贞元二年(786)置上将军前为左监门卫长官。掌宫城诸门禁卫及门籍,行幸则率属下于衙门监守。北宋置为环卫官,无定员,无职掌,多以宗室为之,亦用以为武臣赠典或武官责降散官。元丰改制,降为正四品。南宋多不除授,隆兴中复置。辽亦置,为加官。

左监门卫将军 官名。唐龙朔二年(662)改左监门府将军为之,二人,从三品,协掌宫城诸门禁卫及门籍,判入。北宋置为环卫官,无定员,无职掌,多以宗室为之,亦用以为武臣赠典或武官责降散官。元丰改制,降为从四品。南宋多不除授,隆兴时复置。辽亦置,为加官。

左监门卫上将军 官名。唐贞元二年(786)置,为左监卫长官,一人,从二品,位大将军上。掌宫城诸门禁卫及门籍,行幸则率属下于衙门监守。北宋置为环卫官,无定员,无职掌,多以宗室为之,亦用以为武臣赠典或武官责降散官。元丰改制前为三品,后降为从三品。南宋多不除授,隆兴中复置。辽亦置,为加官。

左监门卫中郎将 官名。唐龙朔二年(662)置,四人,正四品下,掌监诸门,检校出入。

左监丞 官名。明代上林苑置,左、右各一人,正七品。因本监左、右监正及左、右监副不常置,故往往署职,掌监事。此外,明初于内府神宫监、尚宝监、内官监等宦官衙门亦曾置左、右监丞,各一人,正五品。后革。

左渐尚王 官名。匈奴置。由单于之子弟充任,统领部众,位左、右於陆王下。

左谏议大夫 官名。秦始置谏议大夫,历代沿置。唐贞元四年(788),分置左、右,各四员。左谏议大夫隶门下省,掌侍从赞相,规谏讽谕。元和元年(806)罢左、右之号。会昌二年(842)复分置左、右。初为正五品上,后升为正四品下。北宋前期,多出领外任,或兼领别司,不专言职,用为五品寄禄官。元丰改制,复置为职事官,员一人,从四品,隶门下省,与右谏议大夫同掌规谏讽谕,领谏院。凡朝廷有失,大事则廷诤,小事则论奏。南宋建炎三年(1129),不复隶门下省。辽代置,为门下省左谏院长官,属南面官。掌侍从赞相,规谏讽谕。金代亦置,正四品,与右谏议大夫同掌谏院。

左谏院 见"谏院"。

左江 见"左右江"。

左江道 明设广西分守左江道驻浔州府,左江兵巡道驻南宁府。清设分巡左江兵备道驻南宁府,辖泗城、南宁、太平、镇安四府。

左将军 官名。汉代置,为重号将军之一。与前、右、后将军并位上卿,位次大将军及骠骑、车骑、卫将军。有兵事则典掌禁兵,戍卫京师,或任征伐。设长史、司马等僚属。平时无具体职务,一般兼任他官,常加诸吏、散骑、给事中等号,成为中朝官,宿卫皇帝左右,参与朝议。如加领尚书事衔则负责实际政务。不常置。魏、晋为常设官职,权位渐低,仅为武官名号,略高于一般杂号将军,不典禁兵,不与朝政,三品。初犹领兵征战,东晋、南北朝成为军府名号,用作加官,常不载官品。南朝宋三品,北魏太和十七年(493)定为从二品上,二十三年定为三品。北周正七命。隋废。

左讲经 官名。明清僧录司之职官。分掌天下佛教之事。明洪武十五年(1382)设左、右讲经,各一人,正八品。清沿置,亦为正八品。左讲经依例升迁右阐教,缺出由右讲经升补。

左降 官吏被贬降级。《晋书·应詹传》,应詹上疏云:"今宜峻左降旧制,可二千石免官,三年乃得叙用,长史六年,户口折半,道里倍之。"唐代官员因罪被贬至边远地方任职,称"左降官"。经一定年限或遇赦,可改迁近处任职。因其常有可能被再度征召入朝掌权,在地方仍被另眼相待。宋真宗时曾以星变赦天下,左降官羁管十年以上者放还京师。

左降官　见"左降"。

左校　❶官名。亦称邦左校。战国赵置,职掌兵器制造。❷官署名。详见"左校令"、"左校署。"

左校丞　官名。汉代置,为左校令副贰,秩三百石。西汉阳朔三年(前22)省。东汉复置。北齐、隋、唐为左校署次官。隋、唐置四员,隋从九品,唐正九品下。参见"左校令"、"左校署"。

左校令　官名。汉置,隶将作大匠(将作少府),领本署工徒修造宫室、宗庙、陵园、道路等,秩六百石。官吏犯法,常输左校为工徒。三国魏以其主天下木材,并入材官校尉。西晋亦置,隶少府,七品。东晋省并材官将军。十六国后赵置,掌土木工程。南朝宋、齐不置(一说宋仍置),梁、陈复置,隶大匠卿。北魏、北齐为太府寺左校署长官。隋唐置二人,改隶将作监。隋从八品上,唐正八品下。参见"左校署"。

左校署　官署名。南朝梁、陈皆置,隶大匠卿。北齐太府寺置,有令、丞掌之。隋代将作寺置,设令二人、丞四人、监作十二人。开皇二十年(600)改隶将作监。唐代因置,掌梓匠之事及宫室官修,置令二人、丞一人、监作十人。北宋初存其名而无职司。

左校司马　官名。春秋时吴国置。吴王夫差时吴国军队分中军、左校、右校。左、右两校各设司马。左、右校司马为左、右校的长官,掌其军政。

左校尉　官名。秦汉军制,于将军下分部,以校尉主之。部分左、右者,即设左、右校尉。《史记·陈涉世家》:"秦左右校复攻陈。"司马贞索隐:"即左右校尉军也。"然仅因事而置。东汉永平八年(65)置度辽将军以为常制,领左、右校尉等,将黎阳虎牙营士屯五原曼柏。遂常置。灵帝所置西园八校尉,亦有左、右校尉。

左教坊　官署名。唐开元二年(714)于西京长安、东都洛阳教坊属下各置左、右教坊。掌宫廷乐舞。西京左教坊在延政坊(原长乐坊),右教坊在光宅坊。东都左、右教坊俱在明义坊,左在东北,右在西南。参见"教坊司"。

左街大功德使　官名。又名左街功德使。唐贞元四年(788)崇玄馆罢大学士后置,与右街大功德使总领僧、尼之籍及功役。元和二年(807)又以道士、女冠隶之。会昌二年(842)以僧、尼改隶礼部主客司,六年复隶左、右街大功德使。

左街道录院　见"道录院"。

左街僧录司　见"僧录司"。

左街使　官名。唐代左、右金吾卫属官。有左、右街使,各置一员,掌分察六街徼巡,入夜则以骑卒巡行、武官暗探。

左节度　官名。三国吴孙权置,掌管军需粮谷及文书帐簿。《三国志·顾雍传》:"赤乌中,(顾谭)代(诸葛)恪为左节度,每省簿书,未尝下筹,徒屈指心计,尽发疑谬。"

左金王(?—1644或1651)　明末人。本名贺锦。初从高迎祥。崇祯八年(1635),为十三家之一,抵御四川、湖广明军。十一年转移英、霍山区,为"革左五营"主帅之一。十五年北附李自成。次年任制将军。不久入潼关,取兰州、河西诸地。十七年于西宁卫被诱杀。一说自成死后,曾与李过联明抗清。永历五年(1651)由黔入蜀时遭孙可望阻击,战死。

左金吾卫　禁卫军指挥机构。唐代十六卫之一。龙朔二年(662)改左候卫置。设大将军一人、将军二人,与右金吾卫同掌宫中、京城巡警,烽候道路,以执御非违,领翊府及诸折冲府府兵。下设长史、录事及仓、兵、骑、胄曹参军事。天授二年(691)又置司阶、中候、司戈、执戟四色官及长上等属,又有街使、判官等。其翊府有中郎将、郎将、兵曹参军事,又有校尉、旅帅、队正、副队正等员。贞元二年(786)置上将军一员,位大将军上。辽代置,设大将军、上将军、将军,领折冲都尉、果毅都尉。西夏置,掌京城巡警;仁宗时设上将军、正将军,多派为赴金使节。

左金吾卫大将军　官名。唐龙朔二年(662)改左候卫为左金吾卫而置,一人,正三品,贞元二年(786)置上将军前,为左金吾卫长官,掌宫中、京城巡警,及烽候、道路、水草之宜;凡翊府之翊卫及外府佽飞番上,皆属之。北宋置为环卫官,无定员,无职掌,多以宗室为之,亦用为武臣赠典或武官责降散官。元丰改制降为正四品。南宋多不除授,隆兴中复置,以节度使遥郡者为之。辽亦置,为加官。

左金吾卫将军　官名。唐龙朔二年(662),改左候卫为左金吾卫,设将军二人,从三品,佐大将军掌宫中、京城巡警,烽候、道路、水草之宜。北宋置为环卫官,无定员,无职掌,多以宗室为之,亦用为武臣赠典或武官责降散官。元丰改制降为从四品。南宋多不除授,隆兴中复置。辽亦置,为加官。

左金吾卫上将军　官名。唐贞元二年(786)置,为左金吾卫长官,一人,从二品,位大将军上,掌宫中、京城巡警,烽候、道路、水草之宜;凡翊府之翊卫及外府佽飞番上,皆属之。北宋置为环卫官,无定员,无职掌,多以宗室为之,亦用为武臣赠典或武官责降散官。元丰改制为从二品。南宋多不除授,隆兴中复置,以节度使领任,以正任为之。辽亦置,为加官。

左金吾卫中郎将　官名。唐龙朔二年(662)改左候卫为左金吾卫,其左翊府置为长官。一人,正四品下,掌领本府翊卫,督京城六街铺巡警。宋置为环卫官,无定员,无职掌,多以宗室为之,亦用为武臣赠典或武官责降散官。北宋前期为四品。南宋多不除授。

左金紫光禄大夫　官名。北周置,为朝中官员的加官,无具体职掌,八命。详见"金紫光禄大夫"。

左禁将军　官名。十六国前秦苻坚置,为四禁将军之一。统兵驻于京师,亦经常率军出外征讨。

左警巡院　官署名。辽五京均设警巡院,管理民政。金诸京亦设。元世祖至元六年(1269),在大都置警巡院,领民事及供需。至大三年(1310),改原警巡院为左、右警巡院,秩正六品,隶大都路都总管府。置达鲁花赤、警巡使各一员,副使三员。

左厩上士 官名。西魏恭帝三年(556)置,北周沿置。夏官府驾部中大夫属官,员一人,掌左厩中马匹。正三命。下设左厩中士、左厩闲长下士以佐其职,又领奉乘二十人、驭夫一百三十人。隋开皇元年(581)罢。

左沮渠 官名。匈奴置。与右沮渠均由四贵姓中的须卜氏(一译作卜氏)充任。

左觉义 官名。明清僧录司官员。分掌天下佛教之事。明洪武十五年(1382)设左、右觉义,各一人,从八品。清沿置,亦为从八品。左觉义依例升迁右讲经,缺出由右觉义升补。

左军 ❶左军统帅代称。周代及春秋战国越、赵等国置左、中、右三军,故称。与右军相对。❷魏、晋、南北朝左军将军省称。

左军都督府 官署名。明代五军都督府之一。初分领在京虎贲左卫、留守左卫、水军左卫、镇南卫、骁骑右卫、龙虎卫、英武卫、沈阳左卫、沈阳右卫。永乐后改水军左卫、英武卫隶南京左军都督府。并领在外浙江都司、辽东都司、山东都司所领卫所及南京左军都督府所领卫所。设左、右都督,正一品;都督同知,从一品;都督佥事,正二品,及经历等官。

左军将军 官名。三国魏置,四品。西晋时与前军、后军、右军将军合称四军将军。领营兵千人,掌宿卫。西晋初属中军将军,后属领军将军(中领军)。员一人,四品。东晋哀帝兴宁二年(364),改为游击将军,后复置此职。南朝宋明帝泰始以后,多以军功得官,无复员限,成为侍卫武职。梁武帝天监七年(508)定为九班,陈五品,秩千石。北魏太和十七年(493)定为从三品上,二十三年复次职令,降为从四品上。北齐时属左、右卫府,员五人,从四品上。隋初列为散号将军,从六品上,炀帝大业三年(607)罢。

左军师 官名。东汉建安中曹操置。为丞相府重要僚属,员一人,参议军国大事。三国吴亦置,掌军务,不属丞相府。

左军巡使 官名。五代梁开平三年(909)置,掌京都巡警之事。北宋于开封府、河南府、应天府置,与右军巡使分掌本府争斗及推鞫之事,正八品。

左君弼 元庐州(今安徽合肥)人。至正十一年(1351)起兵,与巢湖天完红巾军赵普胜部势相联结。十三年,与赵普胜等不和,独据庐州十余年。二十三年,张士诚将吕珍攻安丰(今安徽寿县),出兵助之,为朱元璋击败。次年,朱元璋军攻庐州,逃奔汴梁(今河南开封)降元,守陈州(今河南淮阳)。洪武元年(1368)降明,任广西卫指挥佥事等职。

左郡 南朝宋、齐时在蛮族聚居区所置的郡。因当时习称"蛮民"为"蛮左",故名。《宋书·州郡志》南豫州南陈左郡:"孝建二年以蛮户复立。"《南齐书·州郡志》郢州、司州均领有左郡。

左恪靖伯奏稿 书名。清左宗棠撰。初编三十八卷,续编九十六卷。汇辑左氏咸丰十一年(1861)至光绪六年(1880)间折片而成。以军务为主。其镇压太平军、捻军、回民起义以及从事新疆战事等前后折片均辑入。亦有设福州船政局等诸奏稿。可作研究各有关事件史料。有光绪刊本。

左客省使 官名。辽代置,为客省职官,属南面官,位客省使下。

左库曹 官署名。南朝宋元嘉中改内左库曹置,为御史台属曹之一。设侍御史。掌厩牧、牛、马、市租。

左匡政 官名。即尚书省左仆射。唐龙朔二年(662)改,咸亨元年(670)复名左仆射。

左郎将 官名。唐武德七年(624)改车骑将军为郎将,分左、右,左、右卫之亲、勋一、勋二、翊一、翊二凡五府及诸卫翊府皆置,为其府中郎将副贰,各一人,正五品上;太子卫率府之亲府、勋府、翊府三府亦置,各一人,正五品下,领其属宿卫。永徽三年(652)改左翊军郎,显庆元年(656)复名左郎将。

左蠡 即"左里"。

左里 城名。里一作蠡(《太平寰宇记》)。因在彭蠡湖(今鄱阳湖)之左得名。在今江西都昌县西北左蠡山下。《资治通鉴》:东晋义熙六年(410)卢循"走还寻阳,将趣豫章,乃悉力栅断左里",即此。

左良玉(1599—1645) 明末清初山东临清人,字昆山。初于辽东同后金作战获罪,后为总督侯恂赏识,由士卒超擢副将,率兵援辽,有战功。旋奉调入关镇压农民起义,久与李自成、张献忠战于豫楚,升总兵,扩军至数十万。后授平贼将军,封宁南伯,驻武昌。南明弘光立,进侯爵。弘光元年(顺治二年,1645)以"清君侧"为名,传檄讨马士英,举兵自武昌东下,行至九江病死。

左林牙 官名。辽代置,属北面官。大林牙院职官,掌文翰之事。在北面林牙下,右林牙上。相当南面翰林学士。

左领军 官名。三国吴孙权黄龙元年(229)置。

左领军府 官署名。隋代置,与右领军府同掌十二军帐籍、差科、辞讼之事。不置将军,唯有长史、司马、掾属、录事及功、仓、户、骑、兵曹参军,法、铠二曹行参军等员。又置明法,隶于法司,掌律令轻重。大业三年(607)改置为左屯卫,为十二卫之一。

左领军卫 禁卫军指挥机构。唐代采用前代领军名别置领军府,为十六卫之一。设大将军一人、将军二人。掌宫禁宿卫,大朝会则被青甲铠、弓箭刀楯旗等,为左厢仪仗,次立左威卫之下,凡分兵主守,则知皇城西面助铺及京城、苑城诸门,领翊府及诸折冲府府兵。有长史、录事及仓、兵、骑、胄四曹参军,司阶、中候、司戈、执戟等属。翊府有中郎将、郎将、兵曹参军事、校尉、旅帅、队正、副队正等。龙朔二年(662)改左戎卫,咸亨元年(670)复旧;光宅元年(684)改左玉钤卫,中宗神龙元年(705)再复旧。贞元二年(786)置上将军一人,位大将军上。辽亦置,设大将军、上将军、将军,领折冲都尉、果毅都尉。

左领军卫大将军 官名。唐武德五年(622)改左御卫为左领军卫,置大将军为长官,一人,正三品。

掌宫禁宿卫。龙朔二年(662)改为左戎卫大将军,咸亨元年(670)复旧;光宅元年(684)又改为左玉钤卫大将军,神龙元年(705)再复旧。贞元二年(786)置上将军后,居其次。北宋置为环卫官,无定员,无职掌,多以宗室为之,亦为武臣赠典或武官责降散官。元丰改制,降为正四品。南宋多不除授,隆兴中复置。辽亦置,为加官。

左领军卫将军 官名。唐武德五年(622),改左御卫为左领军卫,置将军二人,从三品。协掌宫禁宿卫,凡翊府之翊卫、外府射声番上者,分配之;凡分兵主守,则知皇城西面助铺及京城、苑城诸门。龙朔二年(662)改为左戎卫将军,咸亨元年(670)复旧;光宅元年(684)又改为左玉钤卫将军,神龙元年(705)再复。北宋置为环卫官,无定员,无职掌,多以宗室为之,亦为武臣赠典或武官责降散官。元丰改制,降为从四品。南宋多不除授,隆兴中复置。辽亦置,为加官。

左领军卫上将军 官名。唐贞元二年(786)置,为左领军卫长官,位大将军上,一人,从二品。掌宫禁宿卫。北宋置为环卫官,无定员,无职掌,多以宗室为之,亦用为武臣赠典。元丰改制前为三品,后为从三品。南宋多不除授,隆兴中复置。辽亦置,为加官。

左领左右府 禁卫军指挥机构。隋置,设大将军一人、将军二人,与右领左右府同掌侍卫皇帝左右的亲信禁军,供御兵仗,职任甚重。领千牛备身十二人,掌执千牛刀;备身左右十二人,掌供御弓箭;备身六十人,掌宿卫侍从;有长史、司马,录事及仓、兵二曹参军事,铠曹行参军等属官。大业三年(607)改名左备身府。

左领左右府大将军 官名。隋代左领左右府长官。置一人,正三品,掌领千牛备身、备身左右等侍卫皇帝左右,供御兵仗。大业三年(607)罢。

左领左右府将军 官名。隋代左领左右府次官。置二人,从三品,佐大将军掌领侍卫左右,供御兵仗。大业三年(607)罢。

左六司 官署合称。渤海国之忠、仁、义部及支司爵、仓、膳部总称。

左龙虎军大将军 官名。辽代置,属南面官。为加官,无实职。

左龙虎军将军 官名。辽代置,属南面官。加官,无实职。

左龙虎军上将军 官名。辽代置,属南面官。为加官,无实职。

左龙令 官名。北齐置,为太仆寺所属左龙署长官。掌驼马事。

左龙武军大将军 官名。唐代北衙禁军左龙武军统兵长官。开元二十七年(739)改左万骑营为左龙武军置,初一人。乾元二年(759)增为二人,正三品,掌领左龙武军,宿卫京师。

左龙武军将军 官名。唐代北衙禁军统兵长官之一。开元二十七年(739)改左万骑营为左龙武军置,二人,从三品。贞元三年(787)增为三人,为左龙武军大将军副贰。

左龙武军统军 官名。唐兴元元年(784)置,一员,从二品,以授节帅罢任者,无职事。

左谷蠡王 匈奴官名。谷又作奕。左、右谷蠡王位在左、右贤王之下。为单于子弟,依次可继为单于;允许自立庭帐,设官属。领西边分地。为四角之一,亦为二十四个万骑长之一。

左旅贲率上士 官名。西魏恭帝三年(556)置,北周沿置。夏官府左武伯中大夫属官。统禁军旅贲士,负责皇帝临朝及出行的侍卫。正三命。下设左旅贲率中士、左旅贲倅长下士以佐其职。隋开皇元年(581)罢。

左旅下大夫 官名。北周置。正四命。《隋书·韦世康传》:"周武帝时,(韦艺)数以军功,致位上仪同,赐爵修武县侯,邑八百户,授左旅下大夫。"

左率府副使 官名。明初置左、右率府副使,为太子官属。以勋旧大臣兼领。仅为虚职,不专掌辅导太子之事。洪武十五年(1382)以后不置。

左率府使 官名。明初置,为太子官属。以勋旧大臣兼领。仅为虚职,不专掌辅导太子之事。洪武十五年(1382)以后不置。

左懋第(1601—1645) 明末清初山东莱阳人,字仲及,号萝石。明崇祯进士,官户科给事中。南明弘光立,擢右佥都御史,巡抚应天。旋授兵部右侍郎,受命与陈洪范、马绍愉北上与清廷议和。临行前疏请整顿士马,加强战备。至北京后,抗言折辨,不稍屈服,被羁留劝降,坚不从。弘光元年(顺治二年,1645)被杀。有《左忠贞公集》、《左忠贞公剩稿》。

左门尉 官名。隋大业三年(607)于左监门府置,六十人,正六品,与右门尉同掌宫城门禁守卫等。

左猛贲 渤海国十卫之一。置大将军一人、将军一人。

左梦庚(? —1654) 明末清初山东临清人。明宁南侯左良玉子。崇祯十七年(1644)授平贼将军。弘光元年(顺治二年,1645)良玉举兵东讨马士英,病卒九江,遂被诸将推为帅。清兵至,率所部二十余万降清,入京隶汉军正黄旗。顺治六年(1649)从讨姜瓖于大同,擢本旗固山额真。后病死。

左民曹 官署名。(1)尚书省诸曹之一。三国魏改民曹置,设尚书为长官。掌修缮功作、盐池园苑等土木工程。西晋初改为驾部,旋复故。东晋、南朝沿置。属尚书省。梁、陈、北魏兼掌户籍。宋、齐领左民、驾部二曹,梁、陈增起部、屯田曹。余不详。北魏初亦置,后改置度支曹。(2)尚书省诸郎曹之一。两晋、南朝皆置。设郎(郎中),属左民尚书。北魏亦属之。初隶左民尚书,孝文帝太和改制后,属度支尚书。北齐省。

左民都令史 官名。两晋以来尚书省置都令史八人,协助尚书左、右丞管理都省事务,监督诸曹尚书,参与政要。权任虽重,用人常轻。南朝梁始重其选,置殿中、吏部、金部、左民、中兵五都令史。天监九年(510)诏令选用有才干士人,位仅二班,职权颇重,以左民都令史监督左民尚书政务。陈沿梁置。

北魏、北齐复置八都令史。

左民郎 官名。亦称左民郎中。西晋分民曹郎置,为尚书省左民曹长官通称。东晋、南朝以右民郎并入,属左民尚书。北魏复分置,初属左民尚书,太和改制后,属度支尚书。晋、宋六品,梁五班,陈四品,北魏太和十七年(493)定郎为从五品中,郎中五品上,二十三年皆称郎中,六品,仍可通称为郎。唐人修《隋书》,避唐太宗(李世民)讳,改称左户郎。

左民郎中 官名。西晋、北魏与左民郎互称,为尚书省左民曹长官。参见“左民郎”。

左民尚书 官名。三国魏改民曹尚书置,为五曹尚书之一。两晋、南朝皆置,为尚书省左民曹长官。魏、晋、宋、陈皆三品,梁十三班。北魏初亦置,后改度支尚书。唐人修《隋书》,避唐太宗(李世民)讳,改称左户尚书。

左名曹 宋代吏部、户部、礼部的统称。

左末 见“且末”。

左牧丞 官名。南朝梁、陈置左、右牧丞,掌宫廷用马。属太仆卿。

左能寨长官司 土司名。明洪武中置。治今云南红河县西南左能。居民主要有和泥,即今哈尼族先民。

左罴卫 渤海国十卫之一。置大将军一人、将军一人。

左牝署 官署名。北齐置,属太仆寺,掌驼马。设令、丞。领左牝局。

左冯翊 ❶官名。西汉畿辅地方行政长官之一。武帝太初元年(前104)改左内史置,职掌如郡太守。因其地属三辅,故不称郡。秩中二千石(一说秩二千石),地位较一般郡守高,位列九卿。属官有廪牺令、丞、尉及左都水、铁官、云垒、长安四市四长、丞。东汉迁都洛阳,以三辅陵庙所在,故不改其号,惟减其秩为二千石。❷与官名同名的政区名。西汉太初元年(前104)改左内史置。辖区相当于一郡,为*三辅之一。治长安(今西安市西北郊)。辖境约当今陕西渭河以北、泾河以东洛河中、下游地区。东汉移治高陵(今县)。属司隶校尉部。三国魏去“左”字,改辖区为冯翊郡,官名为冯翊太守,移治临晋(今大荔县)。

左评事 官名。明清大理寺职官。隋以后历代大理寺均设评事一官,至明代始分左、右,分别隶大理寺左、右二寺,与二寺主官同掌所管刑名案件。明代左、右评事各设四人,清减为各一人,均为正七品。

左仆(僕)射 即“尚书左仆射”。

左骐骥副使 官名。宋雍熙中置,后用为武臣阶官,属西班诸司使。咸平元年(998),定为同七品。元丰改制,改从七品。政和二年(1112)重定武臣阶官名,改武德郎。

左骐骥使 官名。北宋雍熙中置,后用为武臣阶官,属西班诸司使。咸平元年(998),定为同六品。元丰改制,改正七品。政和二年(1112)重定武臣阶官名,改为武德大夫。

左骐骥院 官署名。中央养马机构。宋初为左、右飞龙院,太平兴国五年(980)改为左、右天厩坊,雍熙二年(985)改为左、右骐骥院。勾当官各三人,掌国马,辨别良驽以待军国之用。

左骐骥院使 即“左骐骥使”。

左企弓(? —1123) 辽蓟州(今天津市蓟县)人,字君材。举进士,累迁知三司使事。天庆末为广陵军节度使、同中书门下平章事、知枢密院事。天庆十年(1120),上京陷,任中书侍郎平章事、监修国史。保大二年(1122),天祚帝西走,与耶律大石、萧干、李处温等在燕京立耶律淳为帝,守司徒,封燕国公,加侍中。金兵入燕,奉表降。复旧职,守太傅、中书令。天会元年(1123),奉金命,迁燕民北行,过平州,被平州军帅张觉杀死。

左千牛卫 禁卫军指挥机构。唐代十六卫之一。龙朔二年(662)改左奉宸卫置,设大将军一人、将军二人、中郎将二人,与右千牛卫统领亲近禁军,共掌侍卫宫禁及供御兵器仪仗,不领府兵。受朝之日,侍列于御座左、右。又有长史、录事及兵、胄参军及千牛备身、备身左右、主仗等属。天授二年(691)加置四色官。贞元二年(786)置上将军一人,位大将军上。辽代亦置,设大将军、上将军、将军,领折冲都尉、果毅都尉。

左千牛卫大将军 官名。唐龙朔二年(662)改左奉宸卫大将军而置,一人,正三品。贞元二年(786)添置上将军前,为左千牛卫长官。掌侍卫宫禁及供御兵器仪仗,皇帝受朝之日,领备身左右升殿列侍,亲射则率属以从。北宋置为环卫官,无定员,无职掌,多以宗室为之,亦用为武臣赠典或武官责降散官。元丰改制,降为正四品。南宋多不除授,隆兴中复置。辽亦置,为加官。

左千牛卫将军 官名。唐龙朔二年(662)改左奉宸卫将军置,二人,从三品,协掌侍卫宫禁及供御兵器仪仗。北宋置为环卫官,无定员,无职掌,多以宗室为之,亦用为武臣赠典或武官责降散官。元丰改制,降为从四品。南宋多不除授,隆兴中复置。辽亦置,为加官。

左千牛卫上将军 官名。唐贞元二年(786)置,为左千牛卫长官,一人,从二品,位大将军上,掌侍卫宫禁及供御兵器仪仗,凡千牛及备身左右以御刀仗升殿供奉者,皆领之。北宋置为环卫官,无定员,无职掌,多以宗室为之,亦用为武臣赠典。元丰改制前为三品,后为从三品。南宋多不除授,隆兴中复置。辽亦置,多为加官。

左千牛卫中郎将 官名。唐龙朔二年(662)改左奉宸卫中郎将而置,二人,正四品下,掌供奉侍卫,佐大将军职;有口敕,声不下闻者,则宣告。北宋置为环卫官,无定员,无职掌,多以宗室为之,亦用为武臣赠典或武官责降散官。南宋多不除授。

左迁 官制用语。官员贬职、降职之称呼。古以右为尊,左为卑,故云。《汉书·周昌传》:“吾极知其左迁。”颜师古注:“是时尊右而卑左,故谓贬秩位为左迁。”《晋书·杜预传》:“其优多劣少者叙用之,劣多优少者左迁之。”

左佥都御史 官名。明、清都察院职官。明洪武十六年(1383)置,二人,正五品,与左、右都御史,左、右副都御史,右佥都御史同掌都察院事。十七年升正四品。为皇帝耳目风纪之臣。后渐有以尚书、侍郎、少卿等官加授者,出外则为总督、巡抚,以总理一方军政。清初定为都察院之坐院官,而以右佥都御史为巡抚等官之加衔。乾隆十三年(1748)与右佥都御史俱罢。

左潜(?—1874) 清湖南湘阴人,字壬叟。生员。左宗棠之侄。自幼承其父内阁中书左宗植教,于经史诗赋天算多所窥。同治十年(1871)在长沙从丁取忠研习数学,助编《白芙堂算学丛书》,与黄宗宪、曾纪鸿等时相讨论、互有启发。通过整理补充徐有壬、吴嘉善之《割圜八线缀术》,体会甚深,并有创获。终年不足三十岁。著有《缀术补草》、《缀术释明》、《缀术释戴》。

左钦察卫 元大都督府所辖京城侍卫军组织。英宗至治二年(1322)分钦察卫为右、左,左钦察卫沿革、品秩同右卫。定置卫官有都指挥使、副使、佥事。下辖行军千户所十一翼,守城及屯田千户所各一,儒学教授一员。参见"右钦察卫"。

左钦察卫亲军都指挥使司 元代侍卫亲军指挥机构。秩正三品。至治二年(1322)二月,由钦察卫亲军都指挥使司分立。置都指挥使三人、副都指挥使二人、佥事二人。下辖十行军千户所,一守城千户所,一屯田千户所。置营于清州(今河北青县),衙司在大都(今北京)丽正门内。

左亲事府 官署名。唐初秦王、齐王府所领侍卫府之一。有统军一人,掌领亲事,侍卫陪从。又有长史、录事及兵、铠曹参军,库直等员。贞观以后不分左、右。参见"亲事府"。

左卿士 官名。春秋时期周王室执政大臣,以诸侯入朝担任。《左传·隐公九年》:"宋公不王,郑伯为王左卿士,以王命讨之。"

左清道卫 官署名。即太子清道率府。唐龙朔二年(662)改太子左虞候率府置,神龙元年(705)复改左虞候率府,开元初定置为左清道率府。

左清纪郎 官名。明洪武二十九年(1396)于詹事府左春坊置,一人,从八品。与左、右司直郎及右清纪郎掌太子东宫弹劾、纠举之事。不常设。

左丘明 春秋末年鲁国人。一说姓左名丘明,一说姓左丘名明。曾任鲁太史。著有《国语》,记载自西周穆王至春秋时期周王室及鲁、齐、晋、郑、楚、吴、越诸国君臣的言论。又著有《左氏春秋》(即《左传》),记载自鲁隐公元年(前722)至鲁哀公二十七年(前468)的历史,为中国第一部完整的编年史。但历来学者对他的时代、籍贯、官职及著作都有各种不同的说法,尚无定论。

左人 春秋狄邑。在今河北唐县西。《国语·晋语九》:"赵襄子使新稚穆子伐狄,胜左人、中人。"东汉有左人乡。属中山国唐县。六朝时称左人城。参见"左城"。

左人郢 春秋末鲁国人,名郢,字行,一作子行。孔子学生。

左日逐 官名。匈奴置。由四贵姓中地位最高的呼延氏(一译作呼衍氏)充任,与右日逐世为辅相。

左戎卫 官署名。即左领军卫。唐龙朔二年(662)改是称,咸亨元年(670)复名左领军卫。

左戎昭将军 官名。十六国后赵石虎置,地位高于左、右卫将军。

左孺子 皇储妃位号。北魏置。《魏书·刘芳传》:"芳乃称其族子长文之女,高祖乃为(太子)恂娉之,与郑懿女对为左、右孺子焉。"

左三部 官署名。元世祖中统三年(1262)置,掌吏、户、礼三部事。设尚书二员、侍郎二员、郎中四员、员外郎六员。至元元年(1264)罢,以吏礼为一部,另立户部。三年,复并为左三部。五年,又分为吏礼部和户部。七年,左、右二部始分为六部。

左三部检法司 官署名。金代置,属尚书省。掌吏、户、礼三部法律事宜。设司正二员,主管披详法状,秩正八品;检法二十二员,掌检断各司取法文字,秩从八品。

左三部照磨所 元官署名。掌吏、户、礼三部钱谷计帐事务。有照磨一员,典吏八人。

左三护军府 官署名。唐初秦王、齐王府六护军府之一,职掌、设官同左二护军府。

左散骑常侍 官名。唐、宋、辽置。详见"散骑常侍"。

左杀 官名。又称东杀。突厥领兵官。登利可汗从父曾任此职。典掌东厢之兵,皆精劲之属,号左杀。

左善世 官名。明清僧录司职官。分掌天下佛教之事。明洪武十五年(1382)设左、右善世,各一人,正六品。清沿置,亦为正六品。可兼充僧录司,左善世缺出由右善世升补。

左尚丞 官名。唐垂拱元年(685)改左尚方丞置,为左尚署次官,五员。初为正九品上,开元初升为从八品下。北宋存其名而罕除授。

左尚方丞 官名。三国魏置,四百石、九品。左尚方令之副贰。西晋沿置。南朝宋置一员,齐置一员。梁隶少府卿,为左尚方署次官,流外三品勋位。北齐太府寺左尚方署置为次官。隋代沿置八员,正九品。大业三年(607)隶少府监。唐初沿置,垂拱元年(685)改少府监为尚方监,去"方"字为左尚丞。

左尚方令 官名。西汉尚方已有中、左、右之分。东汉末设令,隶少府。三国魏沿置,六百石、七品。西晋亦置。东晋省并尚方令,主作御刀绶剑诸器物。南朝宋复置,额一员,掌造军器。齐沿置。梁隶少府卿,为左尚方署长官,一班。北齐属太府寺,从八品上。隋代沿置,二员,正八品。大业三年(607)升正六品,改隶少府监。唐初沿置,垂拱元年(685)改少府监为尚方监,去"方"字为左尚令。

左尚方署 官署名。南朝梁少府卿下属机构,设令、丞掌之。北齐太府寺置,有令、丞,又别领别局、乐器、器作三局丞。隋代隶太府寺,有令二员、丞八员。大业三年(607)改隶少府监,升令品。唐初沿置,垂拱元年(685)改少府监为尚方监,去“方”字为左尚署。

左尚令 官名。唐垂拱元年(685)改左尚方令置,为左尚署长官,一员。初为正八品上,开元初升从七品下。北宋存其名而罕除授。

左尚署 官署名。唐垂拱元年(685)改左尚方署置,隶尚方监(少府监),设令一员、丞五员为正副长官。掌车辇伞扇及画素刻镂与宫中蜡炬等杂作,供天子皇室妃主王公贵族车辂。另有监作、典事等官。初为中署,开元初升上署。北宋存其名而无职司。

左韶舞 官名。明清礼部教坊司属官。明初设,左、右各一人,皆从九品。掌乐舞承应,以乐户充之。南京礼部教坊司仅设右韶舞一人。清顺治元年(1644)沿置,亦设左、右各一人,从九品。雍正七年(1729),改教坊司为和乐署,遂裁。

左少监 官名。明初内府神宫监、尚宝监、内官监等以监为名的宦官衙门皆置,各一人,从四品,佐太监掌本监事。后渐革。

左射声率上士 官名。西魏恭帝三年(556)置,北周沿置。夏官府左武伯中大夫属官,统禁军射声士,负责皇帝临朝及出行的侍卫。正三命。下设左射声率中士、左射声倅长下士以佐其职。隋开皇元年(581)罢。

左神策军大将军 官名。唐代北衙禁军左神策军统兵长官。贞元二年(786)改神策左厢为左神策军而置,二人,正二品,掌卫兵及内外八镇兵,光启元年(885)以其为左神策诸都指挥使。辽亦置,为加官。

左神策军护军中尉 官名。唐贞元十二年(796)置,以宦官为之。乃禁军最高统兵官之一,权倾天下,皇帝废立,多出其可否。

左神策军将军 官名。唐代北衙禁军左神策军统兵官。贞元二年(786)改神策左厢为左神策军而置,二人,从三品。次年加置二人。辽亦置,为加官。

左神策军上将军 官名。辽代置,为南面官。加官,无实职。

左神策军统军 官名。唐贞元十四年(798)置,二人,从二品,以崇禁卫。

左神威军大将军 官名。唐代禁军左神威军统兵长官。贞元三年(787)改殿前左射生军为左神威军而置,设官二人,正三品,元和三年(808)罢。辽亦置,为加官。

左神威军将军 官名。唐代禁军左神威军统兵次官。贞元三年(787)改殿前左射生军为左神威军置,二人,从三品。元和三年(808)罢。辽亦置,为加官。

左神威军上将军 官名。辽代置,为南面官。加官,无实职。

左神武军大将军 官名。唐代北衙禁军左神武军统兵长官。开元二十六年(738)分羽林军而置,寻废。至德二载(757)以左、右羽林军减耗而又别置。初设一人,正三品,乾元二年(759)以战乱未息,增为二人,总领衙前射生兵。辽亦置,为加官。

左神武军将军 官名。唐代北衙禁军左神武军统兵官。至德二年(757)置,二人,从三品,贞元三年(787)增一人,为左神武军大将军副贰。辽亦置,为加官。

左神武军上将军 官名。辽代置,为南面官。加官,无实职。

左神武军统军 官名。唐兴元元年(784)置,一人,从二品,以授节帅罢任者,无职事。

左省 唐代门下省别称。以其官署位于中书省之左,故名。

左师 ❶军队建制。商代置。《甲骨文合集》第三三〇〇六片:“丁酉贞,王作师,左、中、右。”❷官名。(1)春秋时宋国置。六卿(执政大臣)之一,掌君臣百官教训,又与右师兼掌四乡政令。《左传·成公十五年》:“君臣之训,师所司也。”(2)战国赵置,有左师触龙,尊称左师公。❸官署名。战国时东周国置。

左拾遗 官名。唐垂拱元年(685)始置,属门下省,员二人,从八品上,掌供奉讽谏。天授二年(691)增至五人,后除授颇滥,故有“拾遗平斗量”之讥。宋初沿置,多出领外任,或兼领别司,不专任谏职。端拱元年(988)改名左正言。南宋淳熙十五年(1188)复置,专任谏诤,不兼纠劾之职,隶中书门下。绍熙二年(1191)复改左正言。辽代置,为南面官,隶门下省左谏院,掌供奉讽谏,扈从乘舆。金亦置,隶谏院,正七品。明建文改官制,于通政使寺及六科下皆置,成祖即位,遂废。

左史 ❶官名。史官之一。周代始设,为太史别称。时有左、右史之分,左史掌记事,书国史;右史掌记言。《礼记·玉藻》:“动则左史书之,言则右史书之。”郑玄注:“其书,《春秋》、《尚书》其存者。”孔颖达疏:“《春秋》是动作之事,故以《春秋》当左史所书。”一说左史记言,右史记事(《汉书·艺文志》)。春秋时晋、楚两国均置左史。后世亦有沿此者,然不常置。唐龙朔二年(662),改起居郎为左史,咸亨元年(670)复旧。宋之起居郎亦称左史。职掌均同前。明、清不设左、右史,直仿唐、宋,以起居注官行其职。太平天国于永安(今广西蒙山)建制时仿古制置,属朝上职官,正、副各一人,职同检点。主记事,兼为天王作起居注,为太平天国之史官。❷书名。北齐李概撰。六卷。已佚。

左士曹 官署名。西晋、北魏所置尚书省诸郎曹之一。参见“左士郎”。

左士郎 官名。亦称左士郎中。西晋置,为尚书省左士曹长官,六品。东晋省。北魏置。或说太和改制后隶都官尚书。太和十七年(493)定郎为从五品中,郎中五品上。二十三年皆称郎中,六品,仍可通称为郎。北齐改置膳部郎中。

左士师 官名。春秋战国置。主管官吏的爵秩等级,考核吏治。《管子·五行》:“天子出令,命左、右士师内御,总别列爵,论贤不肖士吏。”

左氏 战国卫邑。在今山东定陶县西。《韩非子·外储说右上》:“吴起,卫左氏中人也”;《战国策·宋卫策》:“胥靡逃之魏,卫赎之百金不与,乃请以左氏”,皆即此。

左氏春秋 即“左传”。

左氏春秋考证 书名。清刘逢禄著。二卷。上卷凡一百十九条(内有附证一条),下卷凡四十四条。分别摘引《春秋左氏传》、《史记》、《汉书》、《后汉书》、《说文解字》、孔颖达《春秋疏》、《经典释文》诸书,以证《春秋左氏传》非左氏旧文,左氏原不传《春秋》。认为《春秋左氏传》旧名《左氏春秋》,系左氏取所见载籍,如晋《乘》、楚《梼杌》等,“相错编年为之”,乃记事之书;后为东汉刘歆附益、窜改,“或缘经饰说,或缘左氏本文前后事,或兼采他书以实其年”,强以为传《春秋》,“自贾逵以后,分经附传,又非刘歆之旧,而附益改窜之迹益明”(上卷)。并谓《春秋左氏传》之书名乃刘歆所改。此书出,使“《左传》真伪成问题”(梁启超《清代学术概论》),对康有为撰《新学伪经考》有所启发。收入《皇清经解》。

左氏春秋年表 书名。北宋杨彦龄撰。二卷。元丰中成书。据《春秋》经传年月为表,首叙周、鲁,继以齐、晋、秦、宋、卫、陈、蔡、曹、郑、吴、楚、越十二国,其下总记周边各族之事。已佚。

左氏国纪 书名。或作《春秋左氏国纪》。南宋徐得之撰。二十卷。是书自周而下各系以国,对《左传》不载之史实有所增补,又因事而为之论断,可补《左传》之不足。

左氏章指 书名。南宋陈傅良撰。三十卷。取《左传》每段以数语括其大指,间有评驳。本书世少流传,元赵汸著《春秋左氏传补注》,以杜预注为宗,颇采其文附于杜注之下,故得以存其梗概。

左侍禁 官名。(1)武臣阶官。北宋淳化二年(991)置,系三班小使臣。元丰改制,定为正九品。政和二年(1112)重定武臣阶官名,改忠训郎。(2)宦官。北宋政和二年重定宦官名,改内西头供奉官置。(3)西夏于监军司内置,分左、右,汉族与党项均可领其职。

左侍郎 官名。(1)十六国西秦乞伏炽磐置,为高级执政官。《晋书·乞伏炽磐载记》:“罢尚书令、仆射、尚书、六卿、侍中、散骑常侍、黄门郎官,置中左右常侍、侍郎各三人。”(2)王、公国属官。掌侍从赞礼,通传教令。南朝或置,位在左、右常侍之下。参见“侍郎”。(3)明清六部及清代理藩院各设左、右侍郎,为各部之副长官。

左侍上士 官名。西魏、北周时天官府宫伯中大夫属官,正三命。与右侍上士共同负责皇帝寝宫安全,皇帝临朝及出行时亦随侍左右。皆披银甲,执凤环长刀,刀用银饰。北周多作为起家官。隋开皇元年(581)废。

左庶长 ❶爵名。战国秦置,为二十等爵第十级。庶长,意为众列之长。秦汉两代因之。秦时多以军功得之。汉武帝时,卜式以数入财物,亦得赐爵左庶长。❷官名。战国秦置,相当于将军。

左庶子 官名。秦汉置有太子庶子。西晋始分左、右。武帝咸宁四年(278)以朱冲任此职,定为太子东宫官属。掌侍从赞相,驳正启奏。隋为太子门下坊长官,员二人,正四品上。唐龙朔二年(662)改门下坊为左春坊,左庶子为左中护。咸亨元年(670)皆复旧。景云二年(711)再改门下坊为左春坊,庶子以比侍中,置二人,正四品上。宋不常置,每立太子,随宜除授,多以他官兼领。明代于詹事府左春坊置。洪武十五年(1382)更定左春坊官,定设一人,正五品,为左春坊主要官员,在大学士之下,谕德、中允、赞善、司直郎之上。其职在于陈古义,申典制,以规鉴太子。不常置。嘉靖后,詹事府坊局之官,仅为翰林官迁转之阶。清顺治九年(1652)沿置,十五年裁。康熙十四年(1675)复置。满、汉各一人,正五品。掌记注撰文。汉员则兼翰林院侍读。光绪二十八年(1902),詹事府省入翰林院,遂废。

左爽 即“左华”。

左顺门 ❶明代南京紫禁城诸门之一。位于奉天门外左庑。洪武十年(1377)建。❷明代北京紫禁城诸门之一。位于奉天门外左庑。永乐十八年(1420)仿南京宫室之制建。次年毁于火。正统六年(1441)重建。嘉靖三十六年(1557)又毁于火。四十一年重建,改称会极门。凡京官上本、接本皆于此,各项本奉旨发抄亦于此。

左朔方王 官名。匈奴置。由单于子弟充任,统领部众,位左、右渐尚王下。

左司 官署名。(1)初为尚书都省办事机构。隋、唐、五代皆置。隋代有郎一员,唐代有郎中、员外郎各一员,为尚书左丞副贰。掌监督管理吏部、户部、礼部十二司政务。北宋元丰改制后,监管吏部、户部、礼部、奏钞房、班簿房事务,亦有郎中、员外郎各一员。辽代沿置。金代掌本司奏事,总察吏、户、礼三部受事付事,兼带修注官,回避其间记述之事,有郎中、员外郎各一员。元代并尚书省入中书省,遂改隶中书省。世祖至元十五年(1278)置,掌吏礼房南吏、北吏、贴黄、保举、礼、时政记、封赠、牌印、好事九科,知除房资品、常选、台院选、见阙选、别里哥选五科,户杂房定俸、衣装、羊马、置计、田土、太监府、会总七科,科粮房海运、儹运、边远、赈济、事故、军匠六科,银钞房钞法、课程二科,应办房饮膳、草料二科,有郎中、员外郎各二员。元末朱元璋中书省置,有郎中、员外郎,明洪武十三年(1380)随中书省罢。(2)大理寺所统官署。明洪武十四年复置勘磨司,分左、右司,有司丞、司副各一员,二十年罢。建文初改大理左、右寺为左、右司,各置都评事、副都评事、都典簿等。永乐初复名左、右寺。(3)清代宗人府,盛京礼、兵、刑、工四部均设有左司,承办具体政务。

左司工 官名。司工即司空。战国司工官分左、右。战国官印有之,见《古玺汇编》第八十九号。

左司谏 官名。北宋端拱元年(988),改左、右补阙置左、右司谏。掌规谏讽谕,七品。其后多出居外任,或兼领别司。明道元年(1032)置谏院,非特旨供职不与言责。元丰改制后始专任谏诤。金代于谏院置,左、右各一人,并从五品。明洪武二十九年

(1396)于左、右春坊下置,左、右各一人,并从九品。不常置。掌箴诲鉴戒,以拾遗补过。凡有启事于东宫太子,与司直、清纪执笔记令旨,规正其伪谬者。

左司郎中 官名。唐太宗贞观二年(628)置,员一人,从五品上,为尚书左丞副贰,协掌尚书都省事务,监管吏、户、礼部诸司政务,举稽违、署符目、知直宿,位在诸司郎中上。龙朔二年(662)改名左承务,咸亨元年(670)复旧称。北宋初为寄禄官,元丰改制,置一员,正六品,领吏、户、礼部及奏钞、班簿房事。辽沿置。金尚书省左司置一员,正五品,掌本司奏事,总察吏、户、礼三部受事付事,兼带修注官。元中书省左司置二员,正五品,掌吏礼房九科、知除房五科、户杂房七科、科粮房六科、银钞房二科、应办房二科。元末朱元璋于中书省置,正五品,明洪武十三年(1380)罢。

左司隶 官名。十六国汉刘聪置左、右司隶,为左、右司隶部行政长官,领户二十余万,位次尚书仆射。见《晋书·刘聪载记》。

左司隶寺 官署名。十六国汉刘聪置。以左司隶为长官,掌管左司隶部民,领户二十余万,下设内史,每一内史领万户。见《晋书·刘聪载记》。

左司马 官名。司马之属,参掌军政。春秋时始置,战国时楚、赵等国俱设。《战国策·赵策一》:"张孟谈曰:'左司马见使于国家,安社稷,不避其死,以成其忠,君其行之。'"《战国策·燕策三》:"齐、韩、魏共攻燕,燕使太子请救于楚,楚王使景阳将而救之。暮舍,使左、右司马各营壁地。"秦汉之际刘邦亦置,使典武职。魏晋司马均为军府之官,在将军之下,综理一府之事,参与军事计划。十六国时汉安东大将军府置有左、右司马。宋代为大都督府属官,无职掌。

左司侍郎 官名。即尚书左丞。五代后梁开平二年(908)因避讳改,后唐同光元年(923)复名尚书左丞。

左司徒 官名。春秋战国置左、右司徒。掌民众百姓教化。《管子·五行》:"天子出令,命左右司徒内御,不诛不贞,农事为敬。"战国铭刻有左司徒、右司徒、大司徒等职官名,见《古玺汇编》第二十号。参见"司徒"。

左司卫 官名。西晋起,太子宿卫有左右二卫率。北周改左右二卫为左右司卫,率改称大夫,有左右司卫上大夫、左右司卫中大夫、左右司卫上士。

左司员外郎 官名。唐永昌元年(689)始置,隶尚书都省,一员,从六品上,与左司郎中同为尚书左丞副贰,监管吏、户、礼部诸司政务,举稽违、署符目、知宿直,位在诸司员外郎上。神龙元年(705)省,次年复置。北宋初为寄禄官。元丰改制后,置一员,从六品,与左司郎中监管吏、户、礼部及奏钞、班簿房。辽代沿置。金代尚书省左司置一员,正六品,佐郎中掌本司奏事及总察吏、户、礼三部受事付事。元代中书省左司置二员,正六品,佐郎中掌吏礼房九科、知除房五科、户杂房七科、科粮房六科、银钞房二科、应办房二科。元末朱元璋于中书省置为属官,正六品,明洪武十三年(1380)罢。

左司乐 官名。明清礼部教坊司之属官。明初置左、右司乐各一人。南京礼部教坊司亦设,左、右各一人。又嘉靖中增设显陵教坊司,亦设左、右各一人,皆正五品。掌乐舞承应,以乐户充之。清顺治元年(1644)沿置,左、右各一人,为正九品。雍正七年(1729),改教坊司为和声署,遂裁。

左司直郎 官名。明洪武十五年(1382)于左春坊置。二人,从六品。与右司直郎及左、右清纪郎共掌太子东宫弹劾、纠举之事。不常设。

左思 西晋齐国临淄(今山东淄博东北)人,字太冲。家世儒学。与石崇等附于贾谧,号为"二十四友"。尝为齐王冏记室督。貌寝口讷而辞藻壮丽。撰《齐都赋》,费时一年。复赋《三都》构思十年。自以所见不博,求为秘书郎。及赋成,皇甫谧为之序,中书著作郎张载为注《魏都》,中书郎刘逵为注《吴都》、《蜀都》并序,卫权为作《略解》。司空张华称赞不已,于是豪贵之家竞相传写,洛阳为之纸贵。后卒于冀州。诗亦佳,今有《左太冲集》。

左寺 官署名。明清大理寺所属机构,分掌狱讼复审工作。详"大理寺左寺"。

左寺正 官名。明大理寺有左右二寺,按地区分理天下刑狱。二寺各设寺正、正六品,寺副二人,从六品(后减右寺副一人),及评事四人。建文时曾改左右寺为司,寺正为都评事,寺副为副都评事。成祖时复旧制。

左肃机 官名。即尚书左丞。唐龙朔二年(662)改,咸亨元年(670)复名尚书左丞。

左肃政台 官署名。唐光宅元年(684)分肃政台置,监察在京百司及军旅。神龙元年(705)改左御史台。参见"右肃政台"。

左遂伯中大夫 官名。西魏恭帝三年(556)置,北周沿置。省称为左遂伯。地官府民部中大夫属官,每方设一人,协掌本方行政事务。正五命。隋开皇元年(581)罢。

左台 左御史台、左肃政台的省称。

左堂 清代县丞的别称。

左陶 官署名。战国燕置。主管陶器制作。战国燕国陶文有此官署。

左天驷监 宋代中央养马机构之一。置监官一人,掌国马,辨别良驽以待军国之用。

左通进 官名。辽代置,为南面官,属门下省通进司。职掌不详。

左通议大夫 官名。宋元祐三年(1088),分通议大夫置。绍圣二年(1095),复为通议大夫。

左通政 官名。明清通政使司副长官。佐主官掌司事。明洪武十年(1377)设,一人,正四品。清顺治元年(1644)沿设,满、汉各一人。乾隆十三年(1748)改为副使。

左徒 官名。战国时楚国置。《史记·楚世家》:楚顷襄王二十七年(前272),左徒黄歇"侍太子于秦"。考烈王即位,"以左徒为令尹,封以吴,号春申君"。《史记·屈原贾生列传》:屈原"为楚怀王左徒”。张守节正义:“盖今左右拾遗之类。”缪文远《七国考订补》引钱大昕《廿二史考异》卷五曰:“黄歇由左徒为令尹,则左徒亦楚之贵臣矣。”

左屠耆王 即“左贤王”。

左屯卫 ❶东宫宿卫武官。北周置。❷禁卫军指挥机构。隋代为十二卫之一,大业三年(607)改左领军府置,设大将军一人、将军二人,总府事,并统诸鹰扬府;其军士名羽林;置护军四人,寻改为武(虎)贲郎将,以武(虎)牙郎将六人副之;又有长史、录事参军,司仓、司兵、司骑、司铠等员。唐龙朔二年(662)改名左威卫。五代后周太祖广顺二年(952)复名左屯卫。宋代存其官而无职掌。

左屯卫大将军 官名。隋大业三年(607)改左领军府为左屯卫,置大将军一人为长官,正三品,总其府事,并统诸鹰扬府。唐龙朔二年(662),改名左威卫大将军。五代后周广顺二年(952)复名左屯卫大将军。北宋沿置,为环卫官,无定员,无职掌,多以宗室为之,亦用为武臣赠典或武官责降散官。元丰改制,降为正四品。南宋多不除授,隆兴中复置。

左屯卫将军 官名。隋大业三年(607)改左领军府为左屯卫,置将军二人,从三品,协助大将军总其府事,统诸鹰扬府。唐龙朔二年(662)改名左威卫将军。五代后周广顺二年(952)复名左屯卫将军。北宋沿置,为环卫官,无定员,无职掌,多以宗室为之,亦用为武臣赠典或武官责降散官。元丰改制,降为从四品。南宋多不除授。

左外兵曹 官署名。西晋分外兵曹置,为尚书省诸郎曹之一。与右外兵曹并掌京畿以外各地军队政令军务。属五兵尚书。设郎(郎中)。东晋、南朝省并外兵曹。北魏复置,与外兵曹、右外兵曹并属七兵尚书。北齐沿置,属五兵尚书,掌河南及潼关以东诸州兵士名籍及发召征兵之政令。

左外兵郎 官名。西晋分外兵郎置,为尚书省左外兵曹长官通称,亦称郎中,六品。属五兵尚书。东晋、南朝省并外兵郎。北魏复置,属七兵尚书。太和十七年(493)定郎为从五品中,郎中五品上;二十三年皆称郎中,六品,仍可通称为郎。北齐沿置,六品上,属五兵尚书。

左外兵郎中 官名。西晋、北朝与左外兵郎互称,为尚书省左外兵曹长官。参见“左外兵郎”。

左外兵尚书郎 即“左外兵郎”。

左王 官名。匈奴左贤王简称。《汉书·卫青传附赵破奴传》:“以浚稽将军将二万骑击匈奴左王。”参见“左贤王”。

左威卫 禁卫军指挥机构。唐代十六卫之一。龙朔二年(662)改左屯卫置,设大将军一人,将军二人,掌宫禁宿卫,大朝会则被黑甲铠、弓箭刀楯旗等,为左厢队,次左武卫之下。凡分兵主守,则知皇城东面助铺,领翊府及诸折冲府府兵。有长史、录事及仓、兵、骑、胄等曹参军事,司阶、中候、司戈、执戟四色官及长上等属。其翊府有中郎将、郎将、录事、兵曹参军事、校尉、旅帅、队正、副队正。光宅元年(684)改名左豹韬卫,神龙元年(705)复改左威卫。贞元二年(786)置上将军一人,位大将军上。辽亦置,设大将军、上将军、将军,领折冲都尉、果毅都尉。

左威卫大将军 官名。唐代十六卫大将军之一。龙朔二年(662)改左屯卫大将军置,一人,正三品。贞元二年(786)置上将军以前为左威卫长官,与左威卫大将军同掌宫禁宿卫,督其属翊府之翊卫、外府熊渠番上者。辽亦置,为加官。

左威卫将军 官名。唐代十六卫将军之一。龙朔二年(662)改左屯卫将军置,二人,从三品,佐左威卫大将军掌宫禁宿卫,督其属。辽代亦置,为加官。

左威卫上将军 官名。唐贞元二年(786)置为左威卫长官,一人,从二品,位大将军上,掌宫禁宿卫,督其属翊府之翊卫、外府熊渠番上者。辽亦置,为加官。

左卫 ❶禁卫军指挥机构。西晋武帝泰始元年(265)分中卫与右卫同置,设将军一员,掌领宿卫营兵。属官有长史、司马、功曹、主簿等,并掌佽飞虎贲,前驱、由基、强弩三部司马及虎贲、羽林、异力、上骑、命中虎贲五部督。南朝宋、齐、梁、陈沿置。北魏时置将军,并依第三品将军例置僚属。北齐开府,为左卫府,置将军一员为长官,隶领军府,掌领左厢,与右卫共主朱华阁外禁卫官,以武卫将军二人为副长官,有司马、功曹、主簿、录事,厘其事务。下辖御仗、直荡、直卫、直突、直閤等属官,又有武骑、云骑、骁骑、游击、前后左右四军将军及左右中郎将、五校尉、三将、殿中将军等禁卫官。西魏、北周亦置。隋代为十二卫之一,置大将军一员、将军二员,掌宫掖禁御,督摄仗卫。下设长史、司马及录事,功、仓、兵、骑等曹参军,法、铠曹行参军各一员,行参军六员;又有直閤、直寝、直斋、直后等将军,奉车都尉、武骑常侍、殿内将军、员外将军、殿内司马督、员外司马督,并以参军府朝,出使劳问;又统亲卫,领诸开府府(骠骑府)、仪同府(车骑府);诸府皆领军坊。开皇六年(586)罢殿内将军、司马督、武骑常侍等员。炀帝大业三年(607)改为左翊卫,改其所统亲、勋、翊三卫为三侍,废直閤将军以下员,军士名骁骑,领诸鹰扬府;又置护军四人,掌副贰将军,寻改为武贲郎将,以武牙郎将六人副之。唐高祖武德五年(622)复为左卫府,为十六卫之一,高宗龙朔二年(662)去“府”字,设大将军一人、将军二人,掌宫禁宿卫。德宗贞元二年(786)增置上将军一人,位大将军上;长史及录事、仓、兵、骑、胄诸曹参军事各一、二人。武则天天授二年(691)置司阶、中候、司戈、执戟四色官及长上各二人至二十五人,统亲、勋一、勋二、翊一、翊二凡五府及外府。宋代存其官而无职司。辽代沿置,设大将军、上将军、将军、折冲都尉、果毅都尉等。❷元世祖至元八年(1271)三分侍卫而置左卫及右、中两卫,为枢密院所领京城侍卫,秩正三品,掌宿卫扈从,兼屯田,国有大事则调度之。定置都指挥使三人、副都指挥使二人、佥事二人、经历二人、知事二人、照磨一人,蒙古学及儒学教授各一人。统镇抚所、行军千户所、弩军千户所、屯田左右千户所等属。❸官名。高昌置,位令尹(相国)、公(交河公、田地公)下,八长史上。

左卫大将军 官名。北齐置。隋代置一人,正三品,掌宫掖禁御,督摄仗卫。大业三年(607),改为左翊卫大将军,总府事,并统诸鹰扬府。唐武德五年(622)复为左卫府大将军。龙朔二年(662)去“府”字,置一人,正三品。贞元二年(786)置上将军前为长官,掌宫禁宿卫,总制五府及外府。宋代置为环卫官,无定员,无职掌,多以宗室为之,亦用为武臣赠典或武官责降散官。元丰改制,降为正四品。南宋多不除授,隆兴时又复置,以承宣使遥郡者为之。辽亦置,为加官。

左卫将军 官名。三国魏咸熙二年(265),司马炎分中卫将军为左、右卫将军。掌佽飞虎贲及前驱、由基、强弩三部司马,属下还有虎贲、羽林、上骑、异力、命中虎贲等五部督,负责宫禁宿卫。西晋初,属中军将军,后属领军将军(中领军)。为禁卫军主要统帅之一,多由皇帝亲信担任。员一人,四品。与领军、护军、右卫、骁骑、游击等五将军合称为六军。十六国前秦、北燕、南燕亦置。南朝宋四品。南齐建元二年(480)诏,二卫将军每晚留一人宿直宫中。南朝后期,亦统兵出征。梁天监七年(508)定为十二班。陈三品、秩二千石。北魏太和十七年(493)定为从二品下,二十三年降为三品,正光元年(520)改为二员。北齐时为左卫府长官,员一人,三品。掌左厢,与右卫将军共主朱华阁以外禁卫事务,各有武卫将军二员协助理事。隋初,为十二卫中左卫副长官,员二人,从三品,协助左卫大将军掌宫掖禁御,督摄仗卫。大业初,改左、右卫为左、右翊卫,遂改为左翊卫将军。唐复置,仍为左卫副长官,从三品。佐左卫大将军统领宫廷禁卫之法令,以督其属之队仗,而总诸曹之事。非上日,以一人押仗,阙员则以中郎将代之,为上将军佐贰。宋代为环卫官,无定员,无职掌,多以宗室为之,亦为武臣赠典,或为武官责降散官。北宋前期为三品,元丰改制后,降为从四品。辽沿置,属南面官。位右卫将军上,无实职。

左卫率府 见“太子左右卫率府”。

左卫亲军都指挥使司 元代侍卫亲军指挥机构,五卫之一。秩正三品。掌汉军万名。置营于东安州(今河北廊坊西),衙司在大都(今北京)丽正门内。设都指挥使三人,副都指挥使二人,佥事二人。下辖一镇抚所,十行军千户所,左、右屯田千户所及弩军千户所。

左卫上将军 官名。唐贞元二年(786),置为左卫长官,位大将军上,置一人,从二品。掌宫禁宿卫,总制五府及外府。宋代为环卫官,无定员,无职掌,多以宗室为之,亦为武臣赠官。元丰改制前为三品,后复为从二品。南宋多不除授,隆兴中复置,以承宣使正任为之。辽亦置,为加官。

左卫中郎将 官名。唐武德五年(622),改左翊卫为左卫府而置。龙朔二年(662)去“府”字,置一人,正四品下,将军缺员,则代之,掌贰上将军事。宋代置,为环卫官,无定员,无职掌,多以宗室为之,亦用为武臣赠官或武官责降散官。北宋前期为四品,南宋多不除授。

左尉 官名。南朝宋置,为大县所设二尉之一。

左文襄公年谱 书名。清罗正钧编。以记述左宗棠一生政治、军事活动为主,诸如组练楚军,镇压太平军和西北回民起义,统一新疆,办理洋务以及清廷海防、塞防之争均有详细记载。每事下系有关材料,并略有考订,颇便检索。光绪二十三年(1897)刊行。

左文襄公全集 书名。清左宗棠著,杨书霖等编。一百三十四卷。光绪十四年(1888)至十八年陆续编纂成书。有奏稿六十四卷,尚有谢恩折、诗文集、批札、书牍等。集中附有左宗棠起草的《张大司马(亮基)奏稿》和《骆文忠公(秉章)奏稿》。凡左宗棠从征后创办楚军,镇压太平天国、捻军和西北回民起义的活动,平定新疆阿古柏叛乱,在福建、甘肃举办船政局、织呢局、矿务局等洋务活动,加强塞防和抵抗外国侵略的言行,其他重大政治事件亦有反映。

左於陆王 官名。匈奴置。由单于子弟担任,统领部众,位左、右谷蠡王下。

左武伯中大夫 官名。西魏恭帝三年(556)置。夏官府左武伯司长官,省称左武伯。员一人,与右武伯中大夫共掌皇宫内外宿卫禁令,兼统虎贲、旅贲、射声、骁骑、羽林、游击等六率禁卫军士。皇帝临轩,则备三仗于庭,立于殿上东、西阶之侧。皇帝出行则列兵于帝之左右。下设左小武伯下大夫,左小武伯上士以佐其职,领左虎贲率上士、左旅贲率上士、左射声率上士、左骁骑率上士、左羽林率上士、左游击率上士等官属。北周沿置,建德二年(573)省。宣帝即位后,复置。正五命。隋开皇元年(581)罢。

左武大夫 官名。北宋政和二年(1112),重定武臣阶官名,改东上閤门使置,正六品。

左武候 禁卫军指挥机构。隋代十二卫之一,置大将军一人、将军二人,与右武候同掌车驾扈从。昼夜巡察烽候道路,执其营禁。分领诸骠骑府、车骑府府兵。有长史、司马、录事及功、仓、兵、骑曹参军,法、铠曹行参军等员,后加置司辰师、漏刻生。大业三年(607)改名左候卫,司辰师改隶太史局,增置察非掾,专司纠弹之事。

左武候大将军 官名。隋代十二卫大将军之一。一人,正三品,与右武候大将军同掌车驾出巡营卫,分领府兵。大业三年(607)改名左候卫大将军。

左武候将军 官名。隋代十二卫将军之一。置二人,从三品,为左武候大将军副贰。大业三年(607)改为左候卫将军。

左武郎 官名。北宋政和二年(1112)重定武臣阶官名,改东上閤门副使置,从七品。

左武侍率 官名。即太子左宗卫率。隋大业三年(607)改,唐武德五年(622)复名左宗卫率。

左武威 官署名。即左骁卫。唐光宅元年(684)改是称,神龙元年(705)复名左骁卫。

左武卫 禁卫军指挥机构。隋代为十二卫之一,置大将军一员、将军二员,掌宫掖禁御,督摄队仗,有长史、司马、录事,功、仓、兵、骑等曹参军事,法、铠曹行参军,统开府府、仪同府,并领外军宿卫。大业三年(607)以大将军、将军总府事,并统诸鹰扬府,所领军士名熊渠,置护军四员,掌副贰将军,将军缺则以其一人摄,寻改为武(虎)贲郎将,以武(虎)牙郎将副之,又置长史、录事参军,司仓、司兵、司骑、司铠等员。唐代为十六卫之一,置大将军一员、将军二员,统翊府及外府府兵,掌宫禁宿卫,大朝会在正殿前以其队次立于左骁卫之下,有长史、录事及仓、兵、骑、胄等曹参军,天授二年(691)又置司阶、中候、司戈、执戟四色官及长上等属,其翊府有中郎将、郎将、兵曹参军事、校尉、旅帅、队正、副队正等。光宅元年(684)改名左鹰扬卫,神龙元年(705)复名左武卫。贞元二年(786)置上将军一员,位大将军上。辽亦置,设大将军、将军,领折冲都尉、果毅都尉。

左武卫大将军 官名。隋代十二卫大将军之一。一人,正三品,总府事,并统诸鹰扬府。唐代沿置,掌宫禁宿卫。北宋置为环卫官,无定员,无职掌,多以宗室为之,亦为武臣赠典。元丰改制前为三品,后为正四品。南宋多不除授,隆兴中复置。辽亦置,为加官。

左武卫将军 官名。隋代十二卫大将军之一。置二人,从三品,佐大将军总府事并统诸鹰扬府。唐沿置,掌宫禁宿卫,凡翊府之翊卫、外府熊渠番上者,分配之。北宋置为环卫官,无定员,无职掌,多以宗室为之,亦为武臣赠典或武臣责降散官。元丰改制降为从四品。南宋多不除授,隆兴时复置。辽亦置,为加官。

左武卫上将军 官名。唐贞元二年(786)置为左武卫长官,一人,从二品,位大将军上,掌宫禁宿卫。北宋置为环卫官,无定员,无职掌,多以宗室为之,亦为武臣赠典。元丰改制前为三品,后为从三品。南宋多不除授,隆兴中复置。辽亦置,为加官。

左西属 官名。南朝宋始设,即司徒府之左西曹属。司徒府原有东、西曹,西曹主府吏署用之事,有掾、属。宋又分西曹为左、右,置左、右西曹属。

左辖 元代中书省、尚书省左丞的别称。

左先司马 官名。战国置。军队中的先锋官。

左贤王 匈奴官名。即左屠耆王。屠耆为匈奴语"贤",汉人因称左屠耆王为左贤王。为单于手下的最高官职。匈奴尚左,故常以太子担任此职。一般统率万余骑,居单于东方。下置千长、百长、什长、裨小王、相、都尉、当户、沮渠等官属,以管理辖地军政事务。十六国时后赵、前秦、后秦等国沿置,仇池杨氏亦自称此号。

左显禄王 官名。匈奴置。以单于子弟充任,统领部众,位左、右独鹿王下。

左县 南朝宋、齐时在蛮族聚居区所置之县。因当时习称"蛮民"为"蛮左",故名。《宋书·州郡志》南豫州晋熙郡太湖左县:"文帝元嘉二十五年以豫部蛮民立太湖、吕亭二县,属晋熙,后省,明帝泰始二年复立。"江州南新蔡郡阳唐左县:"孝武大明八年立。"《南齐书·州郡志》豫州南汝阴郡领南陈左县。

左相 官名。相传商汤、周成王皆置左、右相。春秋齐景公置右相为首相,左相为次相,辅佐国政。《史记·齐世家》:"景公立,以崔杼为右相,庆封为左相。"周赧王六年(前309),秦置丞相,以樗里疾为右相,甘茂为左相。十六国西秦乞伏国仁建义元年(385)亦置,以左相为首相,右相为次相。唐龙朔二年(662)至咸亨元年(670)改门下省为东台,侍中为左相。光宅元年(684)至神龙元年(705)改尚书省为文昌台,左仆射为文昌左相;中书省为西台,中书令为右相。天宝元年(742)至至德二载(757)复改侍中为左相,中书令为右相。南宋乾道八年(1172),改尚书左、右仆射为左、右丞相,简称左、右相。明洪武三年(1370)于诸王府设左、右丞相各一人,正二品,多由勋臣充任,共掌王府之政令,辅相规讽以匡王失,率府僚各供其事,而总其庶务。

左相国 官名。元至正二十四年(1364)正月,朱元璋于应天府(今江苏南京)自立为吴王,设中书省,置左相国。为中书省长官,正一品。初位次于右相国。吴元年(1367)改百官礼仪,以左为上,遂改原左相国为右相国。明洪武元年(1368)改置为左丞相。

左骁骑将军 官名。南朝梁天监六年(507)置,掌管宿卫事务,领朱衣直閤,并给仪从。多由侍中、散骑常侍等文职清官所兼领,七年定为十一班。陈沿置,四品,秩二千石。

左骁骑率上士 官名。西魏恭帝三年(556)置,北周沿置。夏官府左武伯中大夫属官,统禁军骁骑之士,负责皇帝临朝及出行的侍卫。正三命。下设左骁骑率中士、左骁骑倅长下士以佐其职。隋文帝开皇元年(581)罢。

左骁卫 禁卫军指挥机构。隋大业三年(607)改左备身府置,又称左骁骑,为十二卫之一。置大将军一人、将军二人,统诸鹰扬府府兵;置都护军四人,掌副贰将军,寻改武(虎)贲郎将,又置武(虎)牙郎将六人,有长史、录事参军,司仓、兵、骑、铠等员,军士名豹骑。唐沿置,为十六卫之一,位左、右卫下,掌宫禁宿卫,领翊府及诸折冲府府兵。凡翊府之翊卫、外府豹骑番上者,分配之;凡分兵守诸门,在皇城四面、宫城内外,与左、右卫分知助铺。天授二年(691)置司阶、中候、司戈、执戟四色官及长上。光宅元年(684)改称左武威,神龙元年(705)复名左骁卫。贞元二年(786)置上将军一人,位大将军上。辽亦置,设大将军、上将军、将军,领折冲都尉、果毅都尉。

左骁卫大将军 官名。隋大业三年(607)改左备身府为左骁卫,置为十二卫大将军之一,正三品,总府事,并统诸鹰扬府。唐沿置,光宅元年(684)改为左武威大将军,神龙元年(705)复名左骁卫大将军。贞元二年(786)置上将军前为左骁卫长官,掌宫禁宿卫。北宋置为环卫官,无定员,无职掌,多以宗室为之,亦用为武臣赠典或武官责降散官。元丰改制,降为正四品。南宋多不除授,隆兴中复置。辽亦置,为加官。

左骁卫将军 官名。隋大业三年(607),改左备身府为左骁卫,置二人,从三品,佐大将军总府事,并统诸鹰扬府。唐沿置,掌宫禁宿卫。光宅元年(684)改左武威将军,神龙元年(705)复名左骁卫将军。北宋置为环卫官,无定员,无职掌,多以宗室为之,亦用为武臣赠典或武臣责降散官。元丰改制后,降为从四品。南宋多不除授,隆兴中复置。辽亦置,为加官。

左骁卫上将军 官名。唐贞元二年(786)初置,一人,从二品,为左骁卫长官,位大将军上,掌宫禁宿卫。北宋置为环卫官,无定员,无职掌,多以宗室为之,亦用为武臣赠典或武官责降散官。元丰改制,降为从三品。南宋多不除授,隆兴中复置。辽亦置,为加官。

左小武伯下大夫 官名。西魏恭帝三年(556)置。夏官府左武伯司次官,员二人。佐左武伯中大夫与右武伯中大夫掌内外卫禁令,统虎贲、旅贲、射声、骁骑、羽林、游击等六率禁卫军士,皇帝临朝及出行时,负责侍卫。北周沿置。建德二年(573),省六府诸司中大夫,遂成为左武伯司长官,称左武伯下大夫。宣帝即位,复置六府诸司中大夫后,仍降为次官。正四命。隋开皇元年(581)罢。

左孝臣(?—1900) 清云南腾越(今腾冲)茨竹寨人。先世本四川华阳(今双流)籍,明初授漕涧土都司世职。传至道光二十四年(1844),其父大雄,以军功由云贵总督林则徐奏赏四品花翎义勇巴图鲁名号,世袭明光宣抚使衔土守备。咸丰五年(1855),父死袭职。光绪二十六年(1900),英国殖民者率兵数千,以察界为名侵入腾越境内。他率团勇六百余人拒战,于甘稗地阵亡。

左行人 官名。明洪武十三年(1380)于行人司置左、右行人,从九品。初位在行人下,寻改行人为司正,左、右行人为司副,更置行人三百四十五人,后减至三十七人。职任捧节、奉使之事。凡颁诏、册封、征聘及慰问、赈济等,皆受命出行。

左雄(?—138) 东汉南阳涅阳(今河南邓州东北)人,字伯豪。安帝时举孝廉,迁冀州刺史,不与豪族结交,奏案奸猾二千石,无所顾忌。顺帝永建初,征拜议郎,再迁尚书令。屡上疏陈时政,指责郡县官吏,"视民如寇仇,税之如豺虎",以致政损民伤。阳嘉元年(132),复请举孝廉限年四十以上,儒者试经学,文吏试章奏,皆被采纳。每有章表奏议,台阁奉为准则。后迁司隶校尉。坐法免,复为尚书。卒于官。

左雄武府 官署名。隋大业三年(607)置,隶左、右备身府,与右雄武府各置雄武郎将,领皇帝亲近禁军骁果,以武勇郎将为副贰,有司兵、司骑二局,并置参军事。

左熊卫 渤海国十卫之一。置大将军一人、将军一人。

左宣徽使 官名。金代置,为宣徽院长官,掌院事,秩正三品。

左玄义 官名。明代管理全国道教事务衙门道录司职官。洪武十五年(1382)置,左、右玄义各一人,从八品,以道士为之。

左选 宋代吏部尚书左选、侍郎左选通称。神宗元丰改制置,分掌文臣选调之事。

左选曹尚书 官名。十六国刘汉置,属尚书省,掌官吏铨选,位次尚书仆射。《晋书·刘聪载记》:"省吏部,置左、右选曹尚书。"

左选郎 官名。亦作左选部郎。三国蜀所置尚书郎,与右选郎、吏部郎同掌官吏铨选。见《三国志·邓芝传》。

左选侍郎 官名。宋神宗元丰改制,吏部设侍郎左选,若命他官兼掌,则称左选侍郎。参见"侍郎左选"。

左学 学校名。商代所置教育机构。相当于周代的"小学"。《礼记·王制》:"殷人养国老于右学,养庶老于左学。"郑玄注:"左学,小学也。"

左勋曹下大夫 官名。北周置。正四命。《隋书·和洪传》:"(洪)复从帝平齐,进位上仪同,赐爵北平侯,邑八百户,拜左勋曹下大夫。"

左勋卫 ❶北周宿卫官。❷隋代左、右卫所统领内府府兵之组织。设开府府(骠骑府),领军坊、乡团,掌宿卫宫禁。

左勋卫开府 ❶官署名。即隋代左、右卫所统左勋卫开府府(骠骑府)。置开府(骠骑将军)一员,下设长史、司马、录事及诸曹参军、行参军等官,领军坊、乡团,掌宫禁宿卫。❷官名。亦称骠骑将军。隋左勋卫开府府(骠骑府)长官,一员,正四品上。

左巡使 官名。唐代置,以殿中侍御史为之,掌纠察京城内百官违失。宋代亦以殿中侍御史兼任,掌正祭祀朝会武官之班序,纠其违失。

左巡御史 官名。唐代御史台置,初以侍御史掌纠察违失,分左、右巡,以左巡监察京城之内,后以殿中侍御史掌知。寻以务剧,又选用京畿县尉。

左演法 官名。明清道录司职官。分掌天下道教之事。明洪武十五年(1382)设左、右演法,各一人,从六品。清沿置,亦为从六品。左演法依例升迁右正一,缺出由右演法升补。

左曜武将军 官名。十六国后赵石虎置,地位高于左、右卫将军。

左一护军府 官署名。唐初秦王、齐王府六护军府之一,掌侍卫陪从。置护军一人、副护军二人,长史、录事及仓、兵、铠曹参军各一人,统军五员、别将十员,分别掌领亲、勋卫及外军。

左伊秩訾王 匈奴诸王。著名者有二:一为西汉宣帝时力劝呼韩邪单于附汉者;一为东汉初驻牧于今西拉木伦河西,受鲜卑首领偏何攻击者。

左夷离毕 官名。辽代置,属北面官。夷离毕院重要官员。低于夷离毕,高于右夷离毕,终辽之世,无汉人任此职者。掌刑狱之外,亦有上达下言之责。

左弋令 官名。《汉书·百官公卿表》少府属官有左弋令、丞。汉武帝太初元年(前104)更名佽飞令。职掌弋射,供宗庙祭祀用禽鸟。有九丞两尉。东汉省。

左邑县 秦置。属河东郡。即今山西闻喜县。

因在安邑之左,故名。东汉废入闻喜县。《水经·涑水注》:涑水"又西南径左邑县故城南,故曲沃也。……秦改为左邑县"。

左译长 官名。汉代西域各国与汉朝交往频繁,多置有译长,或分左、右。《汉书·西域传》载卑陆国有左、右译长各一人。

左奕蠡王 即"左谷蠡王"。

左翊二开府 ❶官署名。翊卫之府。隋代左、右卫所统,置开府一人,有长史,司马,录事及仓、兵等曹参军,法曹行参军,行参军等官,领军坊、乡团,掌宫禁宿卫。❷官名。隋代左、右卫所属左翊二开府长官,置一人,正四品上。

左翊蒙古侍卫亲军都指挥使司 元代侍卫亲军中指挥机构之一。世祖至元十八年(1281)以蒙古侍卫总管府依五卫之例,建指挥使司。成宗大德七年(1303)改左翊蒙古侍卫亲军都指挥使司。秩正三品,领以都指挥使三人,副使二人,佥事二人。下辖千户所七翼,蒙古字、儒学教授各一人。

左翊三开府 ❶官署名。翊卫之府。隋代左、右卫所统,置开府一人,有长史,司马,录事及仓、兵等曹参军,法曹行参军,行参军等官,领军坊、乡团,掌宫禁宿卫。❷官名。隋代左、右卫所属左翊三开府长官,置一人,正四品上。

左翊四开府 ❶官署名。翊卫之府。隋代左、右卫所统,置开府一人,有长史,司马,录事及仓、兵等曹参军,法曹行参军,行参军等官,领军坊、乡团,掌宫禁宿卫。❷官名。隋代左、右卫所属左翊四开府长官,置一人,正四品上。

左翊卫 隋炀帝时十二卫之两卫,原名*左右卫,炀帝改称左右翊卫。

左翊一开府 ❶官署名。翊卫之府。隋代左、右卫所统,置开府一人,有长史,司马,录事及仓、兵等曹参军,法曹行参军,行参军等官,领军坊、乡团,掌宫禁宿卫。❷官名。隋代左、右卫所属左翊一开府长官,置一人,正四品上。

左翼三万户 明达延汗统一东蒙古后所建。东蒙古左翼察哈尔万户、喀尔喀万户和兀良合万户的简称。与右翼三万户合称六万户。

左银青光禄大夫 官名。西魏、北周置,亦省称为左银青光禄。《寇遵考墓志》:"(明帝)武成二年(560),除前将军、左银青光禄、司寇府都上士。"为加官,无具体职掌,正七命。详见"光禄大夫"。

左尹 官名。春秋时楚国置。秦汉之际亦置。位次令尹。位尊,多以王室贵族任之。掌军事。《左传·昭公二十七年》:"左尹郤宛、工尹寿帅师至于潜,吴师不能退。"

左鹰扬卫 官署名。即左武卫。唐光宅元年(684)改为此称,神龙元年(705)复名左武卫。

左游击将军 官名。南朝梁天监六年(507)置,充当侍卫之任,有时亦率众出征。七年定为十一班。陈沿置,四品,秩二千石。

左游击率上士 官名。西魏恭帝三年(556)置,北周沿置。夏官府左武伯中大夫属官,统禁军游击士,负责皇帝临朝及出行的侍卫。正三命。下设左游击率中士、左游击倅长下士以佐其职。隋开皇元年(581)罢。

左右 君王近臣代称。《左传·昭公六年》:"左右谄谀。"《史记·廉颇蔺相如列传》:"左右欲刃相如,相如张目叱之,左右皆靡。"

左右备身 官名。北齐置,为侍卫武官,属领左右府,由左右备身正都督、副都督统领,掌宿卫侍从。从七品。隋唐时称备身左右。宋代仅存其名。

左右备身五职 北齐侍从武官左右备身都将、左右备身别将、左右备身统军、左右备身军主、左右备身幢主的合称。属领左右府,由左右备身正、副都督统领,负责宿卫侍从。七品。

左右备身正都督 官名。北齐置,皇帝侍从武官首领之一。属领左右府,下统左右备身副都督、左右备身五职、左右备身等,掌宿卫侍从。从四品上。

左右伯 官名。即左伯、右伯。春秋时齐国置。司空属官,掌治道路。《管子·轻重戊》:"(齐桓公)令谓左右伯沐涂树之枝。"《管子集校》引张佩纶云:"《周礼》'宫伯'注:'伯,长也。'《国语》'司空视涂'韦注:'司空,掌道路者。'则此左右伯,司空之属。案古者列树表道,左右伯沐涂树之枝,殆亦治道之一端。"

左右曹 左曹、右曹合称。见"左曹"、"右曹"。

左右大当户 匈奴官名。单于的重要辅臣,位在大都尉之下,其号世袭,各有分地。分别统军,指挥作战。为"万骑长"之一。世由兰氏为之。

左右骨都侯 匈奴官名。为匈奴异姓大臣之首,佐单于执政。

左右虎卫镇 军队名。明末清初郑成功的亲军。凡行军、出征,均以其为首程,随藩(郑成功)同行。

左右机要司 官署名。五代时楚国中枢权力机构。天成二年(927),后唐封马殷为楚国王,以潭州为长沙府,建宫殿,置官属,皆如天子之制,而名称略作变动。原枢密院即改为左右机要司。

左右江 明清时广西所谓左右江有二义:其一,即今广西南宁市以西郁江上游的左、右江,会合于南宁府(今市)西五十里;其二,以郁江为左江,黔江及其上游红水河、柳江为右江,会合于浔州府(今桂平市)城东。通常用第二义。有时为了区别二者,称前者为南宁府左右江,后者为浔州府左右江。

左右近侍 官名。十六国时代王拓跋什翼犍于建国二年(339)始置,无定员,有时至百人。掌侍值宫廷,传宣诏命。皆以诸部大人及豪族良家子弟中仪貌端庄、机辨才干者应选。至北魏道武帝时,已改称侍官。天赐四年(407)五月,增其员额,取八国良家,代郡(治今山西大同市北)、上谷(治今北京延庆)、广宁(治今河北涿鹿)、雁门(治今山西代县西南)四郡民中年长有器望者充任。太和十五年(491)置一百二十人。十七年改制后废。

左右两江道宣慰司 元初置。元贞元年(1295),改称广西两江道宣慰司。至正末,改置广西等处行中书省。治所在南宁路(今广西南宁市)。

左右哨 军事编制。(1)明京营编制之一。与中军、左右掖合称五军。参见“五军营”、“神机营”。(2)明南京京营编制之一。万历时,南京京营以三千一百二十人为一枝,每枝分中、左、右哨。

左右司 左司、右司合称。参见“左司”、“右司”。

左右司过 官名。战国时赵国置。掌谏议。《史记·赵世家》:“武灵王少,未能听政,博闻师三人,左右司过三人。”董说《七国考·赵职官》:“司过乃谏官耳。”

左右司空令 官名。西汉置。据《汉书·百官公卿表》,少府属官有左右司空令、丞。东汉省。

左右卫 左卫、右卫合称。参见“左卫”、“右卫”。

左右厢 即禁卫兵。北周宇文护伐北齐,曾征左右厢散隶秦、陇、巴、蜀之地方兵。

左右厢十二监军司 西夏地方驻军指挥机构。景宗元昊建国后,仿宋制立军名,分全国为左右厢,设十二监军司,规定驻地。左厢神勇军司驻弥陀洞,祥祐军司驻石州,嘉宁军司驻宥州,静塞军司驻韦州,西寿保泰军司驻柔狼山北,卓罗和南军司驻兰州黄河北岸喀罗川侧;右厢朝顺军司驻克夷门,甘州甘肃军司驻甘州,瓜州西平军司驻瓜州,黑水镇燕军司驻兀剌海城,白马强镇军司驻盐州,黑山威福军司驻汉居延故城。各监军司设都统军、副统军、监军使各一员,由贵族豪右担任。下设指挥使、教练使、左右侍禁官等数十员,由党项人和汉人分任。

左右掖 军事编制。明置。永乐二十二年(1424)于京营五军、神机二营分置。与中军、左右哨合称五军。各设管掖官,称坐营,以勋臣充任。平时驻训,战则从征。

左右翼世职官学总理大臣 学官名。清代掌管世职官学事务之大臣。乾隆时置,额设十人,于满洲一、二品大臣内特简。每五年主持在校学生的满语、骑射考试,分别等次以备使用。其属下有参领六人,章京四人,清书(满文)教习八人,骑射教习八人。

左右翼屯田万户府 元枢密院所属军屯组织。府二,分掌斡端、别失八里回还汉军及大名、卫辉新附军,迤东回军屯田。世祖至元二十六年(1289)始置。秩从三品,两府置达鲁花赤、万户、副万户各一员。下设千户所。

左右翼宗学 清代教授宗室子弟的学堂。雍正二年(1724)始设,隶宗人府。参见“宗学”。

左右柱国 勋官名。即左柱国、右柱国。明代置,以授文、武官正一品再考称职者。

左羽林军大将军 官名。唐代北衙禁军左羽林军统兵长官。龙朔二年(662)置,一人,正三品。武则天时地位日重,开元年间最为荣宠,成为举足轻重的禁军统兵官,多以宦官为之。乾元二年(759)增一人。辽代亦置,为加官。

左羽林军将军 官名。唐代北衙禁军左羽林军统兵次官。龙朔二年(662)置,二人,从三品。贞元三年(787)增一人。辽亦置,为加官。

左羽林军上将军 官名。辽代置,属南面官。为加官,无实职。

左羽林军统军 官名。唐兴元元年(784)置,一人,从二品,以授节帅罢任者,无职事。

左羽林率上士 官名。西魏恭帝三年(556)置,北周沿置。夏官府左武伯中大夫属官,统禁军羽林士,负责皇帝临朝及出行的侍卫,正三命。下设左羽林率中士、左羽林倅长下士以佐其职。隋文帝开皇元年(581)罢。

左玉钤卫 官署名。即左领军卫。唐光宅元年(684)改此名,神龙元年(705)复名左领军卫。

左谕德 官名。唐龙朔二年(662)始置太子左、右谕德各一人,正四品下,掌谕太子以道德,随事讽赞,分隶左、右春坊。宋仁宗、神宗、钦宗为太子时皆置,以他官兼任。金亦置,为东宫僚属,正五品,掌赞谕道德、侍从文章。明代隶詹事府左春坊,掌赞谕规谏太子,从五品,以翰林院官兼任。清顺治九年(1652)沿置,员一人,由汉人充任,隶詹事府左春坊,与左庶子等共掌记注纂修之事。十五年省。康熙十四年(1675)复置,满、汉各一人,汉员兼翰林院修撰衔。乾隆十三年(1748)废。

左御史大夫 官名。三国吴孙休永安五年(262)分御史大夫置。《三国志·孙休传》:“廷尉丁密、光禄勋孟宗为左、右御史大夫。”唐神龙元年(705)改左肃政大夫为左御史大夫,为左御史台长官,掌监察在京百司及军旅,后兼察地方长官,从三品。睿宗延和元年(712)废。元末朱元璋吴元年(1367)复置,与右御史大夫并为御史台长官,掌纠察朝廷内外百官,从一品。明洪武十三年(1380)废。参见“御史大夫”、“御史台”。

左御史台 官署名。唐神龙元年(705)改左肃政台置。及废右台,即去“左”字。参见“御史台”。

左御史中丞 官名。明洪武十三年(1380)于御史台置,左、右各一人,俱正二品。因当时不设御史大夫,故左、右中丞实为御史台长官。同年即罢。

左御卫 禁卫军指挥机构。隋大业三年(607)置,设大将军一人、将军二人,统诸鹰扬府府兵。又置护军四人,掌副贰将军,寻改武(虎)贲郎将,又置武(虎)牙郎将六人,有长史、录事参军,司仓、司兵、司骑、司铠等员,军士名射声。唐初沿置,武德五年(622)改名左领军卫。

左御卫大将军 官名。隋大业三年(607)置,为十二卫大将军之一,一人,正三品,总其府事,并统诸鹰扬府。唐初沿置,武德五年(622)改为左领军卫大将军。

左御卫将军 官名。隋大业三年(607)置,为十二卫将军之一,置二人,从三品,佐大将军总府事,并统诸鹰扬府。唐初沿置,武德五年(622)改为左领军卫将军。

左院 官署名。明建文二年(1400)改都察院为御史府,改十二道为左、右两院,只设御史二十八人。成祖即位,复旧制。

左允 官名。渤海国置。比唐尚书左丞。

左宰 官名。春秋时鲁国置。君主近侍大臣。《左传·襄公二十三年》:"季氏以公鉏为马正","(公鉏)又出为公左宰"。

左赞善 官名。金代始置,为詹事院属官,属东宫。分设左、右,均正六品。掌赞谕道德,侍从文章。明清为詹事府属官,掌记注纂修之事。明洪武十五年(1382),改赞善大夫设,亦分左、右,各二人。二十五年,改隶詹事府之左、右春坊,定秩从六品。清顺治九年(1652)沿设,左、右各二人,皆汉员。十五年裁。康熙十四年(1675)复设,左、右均满、汉各二人。五十二年定制,左、右均满、汉各一人。从六品。汉员兼翰林院检讨衔。光绪二十八年(1902),詹事府省入翰林院,遂废。

左藏 官库名。西晋始置左藏,为皇室库藏,属少府,其主官为令。东晋改为内左库。南朝宋与外左库合称左库。梁复置左藏,隶太府卿。陈沿之。北齐置左藏署,有令,属太府寺,掌库藏钱布帛。唐宋左藏库亦简称左藏。

左藏丞 官名。北齐置,为太府寺左藏署次官,协长官左藏令掌署事。隋沿置,四员,正九品。唐代置五员,从八品下。北宋初存其名而罕除授。金代改为左藏库副使,隶太府监。

左藏东西库 官署名。即左藏东库、左藏西库的合称。北宋政和六年(1116)置,掌受四方财赋之入,以为国家经费,供给官吏、军兵俸禄赐予。南宋因之。参见"左藏库"。

左藏东西库提辖 官名。南宋绍兴二十七年(1157)置,为左藏库之职官,员一人。由户部于辖下丞簿内选通晓财计者充任,掌检察送到纲运。任满无遗阙依左藏库监官例理赏,每月支给茶汤钱十贯。

左藏库 官署名。五代后梁置。宋沿置,太平兴国二年(977)分为二库,淳化四年(993)以右藏库并入。元丰改制后隶太府寺,分南、北二库,掌收受四方财赋,以为国家经费,供给官吏、军兵俸禄赐予。政和六年(1116),改置东、西二库。南宋因之。孝宗即位,拨御前桩管激赏库归左藏,置左藏南库。金亦置,属太府监。掌管金银珠玉、宝货钱币。设使、副使领库事,使秩从六品、副使秩从七品下。下设本把四人。

左藏库副使 官名。五代置。宋初用为武臣阶官,不领本职。咸平元年(998),定为同七品。元丰改制,改从七品。政和二年(1112)重定武臣阶官名,改武显郎。

左藏库使 官名。五代后梁置,掌左藏库,多以武职充任。宋代为西班诸司使,不领本职,为武臣迁转之阶,有西京左藏库使、左藏库使。元丰改制,定为正七品,政和二年(1112)改武经大夫、武显大夫。金代太府监左藏库置为长官,从六品,掌金银珠玉、宝货钱币。

左藏令 官名。西晋置,为少府属官。东晋省。南朝梁、陈皆置,隶太府卿。梁为流外三品勋位。北齐为太府寺左藏署长官,从八品上。隋沿置,员二人,正八品,大业三年(607)升为正六品。唐代置三员,从七品下,掌钱帛、杂彩等。北宋初存其名而罕除授。金代改为左藏库使,隶太府监。

左藏署 官署名。北齐太府寺置,有令、丞。隋代沿置,有令二员、丞四员。唐代太府寺置,令三员、丞五员、监事八员,掌钱帛、杂彩库藏。入藏,由太府卿、御史监阅,太府丞主帐簿;出库,则勘验本寺符契而发。北宋初存其名而无职司。金改为左藏库,隶太府监。

左藏院 隋国库名。开皇中,府库充实,开皇十二年(592),特置新院受纳容积,名左藏院。

左詹事 官名。(1)西汉承秦制置詹事,管理太后、皇后宫中事务,成帝时省并大长秋。哀帝即位,复置,分左、右,为恭皇太后、恭皇后宫中总管。后罢。(2)北魏前期置太子左、右詹事,分掌东宫事务,太和十七年(493)职员令定为二品下,至二十三年复次职令,改置詹事一人。明太祖洪武初年复于东宫置左、右詹事各一员,以勋旧大臣兼任。后设詹事府,改置詹事一员。参见"詹事"。

左长史 官名。(1)东汉末曹操为丞相时,分长史为左、右,总领相府诸曹。魏、晋、南北朝相国、丞相府例置。当时司徒府诸曹办理日常事务,司徒或置或缺,其左、右长史常置,统领诸曹。其余诸公唯置长史一员,加崇者方置左、右。秩千石。(2)十六国时都督府(太府)、牧府(少府)多置左、右长史,总执朝政,位冠僚首,实为国务长官之任,位在右长史上。(3)明代王府长史司长官设左、右长史。参见"长史"。

左帐内府 官署名。唐初与右帐内府同置,为秦王、齐王府所领侍卫府之一。掌领帐内,侍卫陪从。设官有统军、长史、录事及仓、兵、铠曹参军,别将等。贞观后不分左、右。

左昭仪 妃嫔号。北魏太武帝时置,孝文帝改定内官后,在皇后之下,位视大司马。北齐武成帝河清新令,位比丞相,后主武平五年(574)置左、右娥英后,降为比二大夫。

左折冲都尉 官名。辽置,属南面官。加官,无实职。

左镇人 距今约三万至一万年的旧石器时代晚期古人类。因1971年发现于台湾台南县左镇乡菜寮溪而得名。化石为一青年男性顶骨,脑的发育已经成熟,是新人类型的古人类。据研究,左镇人是由大陆迁入台湾的,是迄今为止台湾发现的最古老的人类化石。

左正言 见"正言"。

左正一 官名。明清道录司职官。掌理天下道教之事。明洪武十五年(1382)置左、右正一,各一人,正六品。清沿置,亦为正六品。可兼充道录司,左正一缺出由右正一升补。

左执 尚书仆射的别称。《陈书·张种传》:"宜居左执。"

左执法 官名。(1)战国齐威王置,为执法官。《姓氏书辨证》卷二引《世本》:"齐威王时有左执法公旗蕃。"(2)三国吴置。员一人,与中、右执法共平诸官事。《三国志·薛综传》:"孙皓初,(薛莹)为左执法,迁选曹尚书。"

左执法郎 官名。十六国后赵石勒置,属大执法。《晋书·石勒载记下》:"署张班为左执法郎,孟卓为右执法郎,典定士族,副选举之任。"

左至灵 官名。明清道录司职官。分掌天下道教之事。明洪武十五年(1382)设左、右至灵,各一人,正八品。清沿置,亦为正八品。左至灵依例升迁右演法,缺出由右至灵升补。

左至义 官名。明清道录司官员。掌天下道教之事。明洪武十五年(1382)设左、右至义,各一人,从八品。清沿置,亦为从八品。左至义依例升迁右至灵,缺出由右至义升补。

左中兵曹 官署名。西晋分中兵曹置,为尚书省诸郎曹之一。与右中兵曹并掌都城畿内军队政令军务。属五兵尚书。置郎(郎中)。东晋、南朝省并中兵曹。北魏复置,与中兵、右中兵曹并属七兵尚书。北齐沿置,属五兵尚书,掌诸郡督告身、诸宿卫官等事。

左中兵郎 官名。西晋分中兵郎置,为尚书省左中兵曹长官通称,亦称郎中,六品。属五兵尚书。东晋、南朝省并中兵郎。北魏复置,属七兵尚书。太和十七年(493)定郎为从五品中,郎中五品上。二十三年皆称郎中,六品,仍可通称为郎。北齐沿置,属五兵尚书,六品上。

左中兵郎中 官名。西晋、北朝与左中兵郎互称,为尚书省左中兵曹长官。参见"左中兵郎"。

左中护 官名。即太子左庶子。唐龙朔二年(662)改,咸亨元年(670)复名太子左庶子。

左中郎将 官名。西汉置,隶光禄勋。居宫禁中,与五官、右中郎将分领中郎,更直宿卫,协助光禄勋考核管理郎官、谒者、从官。秩比二千石。多由外戚及亲近之臣充任。东汉领左署中郎、侍郎、郎中,职掌训练、管理、考核后备官员,出居外朝。三国沿置。魏、西晋初不设五官、左右三郎署,其官仍置,职任渐轻,四品,居宫禁之外。西晋泰始九年(273)罢。南朝复置,为侍从武官,改隶中领军(领军将军)。宋四品,梁八班,陈五品、千石。北魏、北齐置五人,为冗职,用以安置闲散武臣,隶领军府所辖左、右卫府,从四品。北周为散官,六命。

左中允 官名。明清詹事府所属机构左春坊之职官。与左庶子、左谕德等共掌记注、纂修之事。明洪武十五年(1382)始置。二十五年,改詹事院为詹事府,始为詹事府左春坊属官。额二人,正六品。虽沿古制为太子东宫官属,实仅为翰林官迁转之阶。清沿置。初设二人,由汉人充任。康熙十四年(1675)定满、汉各二人。三十七年省满员一人,五十二年省汉员一人,只留满、汉各一人,遂成定制。亦正六品。汉员初兼翰林院编修衔,乾隆末停兼衔。光绪二十八年(1902),詹事府省入翰林院,遂废。

左忠毅公年谱定本 书名。清末马其昶撰。二卷。明左光斗年谱。马氏尝重编左氏遗集,见其曾孙宰所编年谱颇多疏舛,取舍失要,乃搜集志乘谱传,重纂为此编,以附左氏集后。起万历三年(1575)九月,迄天启五年(1625)七月左氏惨死于狱。亦叙崇祯、弘光年间昭雪、恤典之事。附有《记移宫始末》、左氏《狱中血书十二通》等。书中叙左氏劾魏忠贤三十二斩罪始末甚详。光绪十二年(1886)成书。有光绪三十年刊本。

左州 唐置。属邕州羁縻。治今广西崇左县东北。辖境相当今崇左县东北部地区。元属太平路。明属太平府,正德十五年(1520)移治今县东北左州。1912年改为左县。1951年与崇善县合并为崇左县。

左主客曹 官署名。尚书省诸郎曹之一。西晋置左、右、南、北主客曹,各设郎(郎中)。初属客曹尚书,后不详。东晋省并主客曹。北魏复置,或说属仪曹尚书。北齐省。

左主客郎 官名。西晋置,为尚书省左主客曹长官通称,亦称郎中,六品。东晋省并主客郎。北魏复置,太和十七年(493)定郎为从五品中,郎中五品上;二十三年皆称郎中,六品,仍可通称为郎。北齐省。

左主客郎中 官名。西晋、北魏为尚书省左主客曹长官。

左转 官制用语。指官员被降职。古时尊右,以左为下,故以此作为降职的代称,其义与左迁同。

左传 书名。亦称《左氏传》、《春秋左氏传》、《春秋左传》或《左氏春秋》。《春秋》三传之一。传为春秋末鲁太史左丘明所作,近人多认为完成于战国前期。按《春秋》编年体记述春秋史事,始自鲁隐公元年(前722),迄于鲁哀公二十七年(前468),并叙及鲁悼公四年(前464)之事。以记事为主,同时集录许多春秋以前的史事和传说,为中国第一部完整的编年史。汉代贾谊、尹咸、刘歆、郑众、贾逵、服虔、许惠卿等各为之训诂注释,当时系与《春秋》经别行。西晋杜预作《春秋经传集解》,始与经文合在一起。唐孔颖达作《春秋左传正义》,后列入《十三经注疏》。历代有关著作很多,清刘文淇《春秋左氏传旧注疏证》胜于孔疏,惜未完成。近人杨伯峻有《春秋左传注》。日本学者竹添光鸿亦作《左氏会笺》。关于本书的作者和时代,众说纷纭,现尚无定论。

左传补注 书名。清惠栋撰。六卷。原为所作《九经古义》之一,以先行刊出,故《九经古义》后仅虚列其目。是书繁征博引,以补杜预《左传集解》之疏误。然亦有过于牵强附会、泥于古义者。

左传杜解补正 书名。明末清初顾炎武撰。三卷。以杜预《左传集解》多有阙失,乃博考典籍,为之补正。考证详实,议论持平,对研读《左传》有一定参考价值。

左传纪事本末 书名。清高士奇撰。五十三卷。南宋章冲曾作《春秋左氏传事类始末》,清初马骕又作《左传事纬》。高士奇以为均非完善之作,乃以章书为基础,按周、鲁、齐、晋、宋、卫、郑、楚、吴、秦列国顺序排列,取左氏传文,以类相从,因事命题,篇末附以评论。是书编纂上显著的特点是参阅了先秦、两汉有关典籍,为之"补逸"、"考异"、"辨误"、"考证”、“发明”等，参详于各篇之中，对史实作了补充、考订及阐述，为其他纪事本末著作所未有。

左传事纬 书名。清初马骕撰。十二卷，分一百零八篇，附录八卷。取《左传》史事，依纪事本末体编成，每篇均有论断。附录有杜预、孔颖达《左传序》及骕所作《左丘明小传》共一卷，辨例三卷，图表一卷，《览左随笔》、《名氏谱》、《左传字奇》各一卷。

左传属事 书名。明傅逊撰。二十卷。本书发端于撰者友人王执礼，终由撰者续成。仿袁枢纪事本末体，变编年为属事。先事以题分，再题以国分。每记叙一事，必具首尾，以便得见其成败始终，盛衰离合。传文之后各述大意加以评论。自《公羊传》、《谷梁传》以及贾逵、杜预而下，举凡注释诠解无不加以纂集。对传文乖误者，时予纠正，对杜预《春秋经传集解》不当之处，亦多加改定。

左宗人 官名。明清宗人府之职官。分掌皇族属籍、纂修玉牒之事。明洪武二十二年(1389)设左、右宗人，各一人，位左、右宗正下，以勋戚大臣兼充，正一品。清顺治九年(1652)沿置，左、右各一人。初由贝勒、贝子、镇国公、辅国公或镇国将军、辅国将军内选充，后改任贤者，然非宗室不任。

左宗棠(1812—1885) 清湖南湘阴人，字季高。举人出身。道光十七年(1837)主讲醴陵渌江书院。咸丰二年(1852)助湘抚张亮基守长沙抗拒太平军。十年经曾国藩保荐以四品京堂襄办皖南军务。招募楚军五千人，赴江西、浙江与太平军作战。十一年败太平军于乐平，奉命襄办江南军务，十一月任浙江巡抚。同治二年(1863)升闽浙总督。次年攻陷杭州，封一等恪靖伯爵。四年奉命节制赣、粤、闽三省军务，入闽镇压太平军余部。五年九月创设福州船政局，十月调任陕甘总督。六年以钦差大臣督办陕甘军务，镇压捻军和回民起义。以“先捻后回，先秦后陇”的战略，先后攻灭捻军和回民起义军，授协办大学士。光绪元年(1875)以钦差大臣督办新疆军务，率军讨伐阿古柏，收复乌鲁木齐、和阗(今和田)等地，阻遏俄、英对新疆的侵略。自光绪三年起，曾一再吁请建立新疆行省。六年上书反对崇厚与沙俄签订的《里瓦几亚条约》，主张对俄“决之以战”。后创办兰州机器织呢局等新式企业。七年任军机大臣、总理衙门大臣。次年调两江总督兼通商事务大臣。中法战争爆发后，力主抗法，奉命入闽视师，病死于福州。遗著辑为《左文襄公全集》。

左宗卫 官名。本为北周宫廷宿卫之官，掌以宗人侍卫。武帝建德元年(572)建东宫后，改隶司卫，而为东宫宿卫之官。

左宗正 官名。明清宗人府宗正之副职。分掌皇族属籍、纂修玉牒之事。明洪武二十二年(1389)设左、右宗正各一人，位宗人令下。以勋戚大臣兼充，正一品。清顺治九年(1652)沿设，左、右各一人，位宗人令下。初由亲王、郡王及贝勒、贝子、镇国公、辅国公内选充，后改任贤者，然非宗室不任。

左驺 驺即骑士。东汉灵帝时，密敕州郡助军修宫钱，并于西园鬻官。拜三公者，皆须输礼钱千万，监督其事之中使则号“左驺”。

佐 ❶战国时魏国人。魏公子负刍之兄。其母为齐女，后被逐至秦。秦人韩春劝秦昭王娶之，并计划使负刍立为魏王，他欲定其弟之位而表赞同。见《战国策·秦策四》。❷官名。(1)朝廷各机构低级属吏。战国秦置，秩斗食。《睡虎地秦墓竹简·秦律杂抄》：“吏自佐、史以上负从马、守书私卒，令市取钱焉，皆迁。”汉代沿置。魏、晋、南北朝至唐，或相因之。(2)地方各级机构属吏。晋于千户以上乡置一人，五千户以上乡置二人。南朝梁三万户郡丞置一人。隋唐州(府、郡)、县、镇各曹皆置，称曹佐、司某佐。(3)隋代府兵组织军坊、乡团的辅佐官，皆各置二人。

佐贰 佐贰官之简称。

佐贰官 主官的副职或辅佐官之统称。如金熙宗时，以同知、佥院、副使、少尹、通判、丞称佐贰官。明清为地方政府主官的辅佐官之统称。如府同知、通判、推官，州同知、判官，县丞、主簿等。其品秩略低于主官，但非属员，与主官同为堂上官。

佐管大臣 官名。后金天命十一年(1626)，皇太极于八旗下设，每旗二人，与总管旗务八大臣共理国政，专责察办本旗事务，审断词讼。

佐霍尔迪音 即“作霍尔敦”。

佐将 官名。太平天国后期增设之朝上职官。天历庚申十年(清咸丰十年，1860)始设。此前，为军中带兵官之通称，后逐渐演变为次于主将的正式职官。又有大佐将之职，官阶亦低于主将。

佐吏 晋、南朝宋之间，诸军府中参谋议、备顾问之官员，称佐吏。

佐领 ❶清代八旗组织之基层编制单位。即牛录。❷官名。清代八旗组织中基层编制单位牛录的长官。满语称牛录额真、牛录章京。顺治十七年(1660)定汉名为佐领。定制：满洲六百八十一人，蒙古二百零四人，汉军二百六十六人，秩正四品。统壮丁三百，掌稽察所治牛录之户口、田宅、兵籍，岁时颁其教戒。分为世袭的世管佐领与拣选任命的公中佐领两种。又，驻防八旗中亦设此职，掌所辖驻防户籍，统以营丁。

佐钦寺 汉译大圆满寺。在四川德格东北。德格土司阿旺扎西为欢迎达赖五世弟子白玛仁增(1625—1697)，于清康熙二十三年(1684)兴建。为宁玛派在康区最大寺院。寺主以转世相承，第一世仁钦活佛即白玛仁增。属寺一百余座，遍布甘孜、阿坝、玉树等地区。

佐史 辅佐员吏，为斗食一类小吏。战国时秦国置。《睡虎地秦墓竹简·秦律杂抄》：“吏自佐、史以上负从马、守书私卒，令市取钱焉，皆迁。”《汉书·百官公卿表》：“百石以下有斗食、佐史之秩，是为少吏。”颜师古注：“《汉官名秩簿》云：斗食月奉十一斛，佐史月奉八斛也。”一说，斗食者，岁奉不满百石，计日而食，一斗二升，故云斗食也。隋唐为州(郡)、县低级属吏泛称。

佐弋 官名。始置于战国，掌弋射。《韩非子·

外储说左上》:“卫人有佐弋者,鸟至,因先以其裷麾之,鸟惊而不射也。”《史记·秦始皇本纪》:“卫尉竭、内史肆、佐弋竭、中大夫令齐等二十人皆枭首。”裴骃集解:“《汉书·百官公卿表》曰:秦时少府有佐弋,汉武帝改为佽飞,掌弋射者。”

佐著作郎 官名。三国魏明帝置,隶中书省,协助著作郎修撰国史、起居注。《史通·史官建置》:“佐郎职知博采,正郎资以草传。”初置一人,后增为三人,七品。西晋惠帝改隶秘书省,设八人。修史之外,整理秘书省图书。东晋哀帝减为四人,孝武帝又增为八人。因系职闲廪重的清要官,多为贵势所争。南朝宋改称著作佐郎。

zuò

作册 官名。殷代设置,见于甲骨文,参与祭祀,受王命出使,传宣王命。西周初期沿置,见于金文及《尚书·洛诰》。西周中期称作册内史或作命内史,其长官称作册尹或内史尹,简称尹氏。掌管编作简册,代王宣命。

作霍尔敦 一译佐霍尔迪音。清新疆吐鲁番郡王额敏和卓后裔,二等台吉。道光六年(1826),张格尔入寇时被掳至浩罕(今费尔干纳盆地内),转布哈拉为奴。次年逃出,经俄罗斯回国至塔尔巴哈台(今塔城),请赴军营,旋补授喀什噶尔商伯克。十一年升阿奇木伯克。十八年以开垦地亩,修筑回城(今喀什)有功,授散秩大臣衔。

作乐水 即“饶乐水”。

作雒 《逸周书》篇名。记周公平定三监、武庚之乱,修建洛邑之事。

作木朗 藏语的音译。清代西藏边界外的一部落,又指该部所居住的地区。该部头人每年向达赖喇嘛、班禅额尔德尼致书问候,在达赖喇嘛六世在位期间与西藏关系十分密切。乾隆四十七年(1782),为廓尔喀所并。五十七年清军入藏驱廓尔喀,曾檄作木朗出兵协助作战,不应。次年,作木朗请求驻藏大臣追廓尔喀退还故地,清不允。地在今尼泊尔西部那卡那里河流域,现译名作久木拉,盛产稻米、马匹。

作丘赋 春秋时郑国子产于郑简公二十八年(前538)进行的军赋变革,以一丘出一甸的军赋,与鲁国作丘甲相似。参见“作丘甲”。

作丘甲 春秋时鲁国于鲁成公元年(前590)进行的军赋变革。《左传·成公元年》:“为齐难故,作丘甲。”《司马法》载井田制下军赋,十六井为丘,四丘为甸,甸出兵车一乘,牛十二头,甲士三人,步卒七十二人。今使丘出甸的军赋,增重为四倍。

作三行 春秋时晋国建立的军制。晋文公即位后欲图霸业,于文公四年(前633),将军制由原有二军增为三军,即*作三军。次年为抵御狄人,又建立三行,行是步兵。以荀林父将中行,先縠将右行,先蔑将左行。晋于是有六军。因六军只有周天子才有,故改军为行。

作三军 春秋时晋国建立的军制。晋文公即位后欲图霸业。文公四年(前633),楚及诸侯围宋,宋告急于晋。先轸说:“取威定霸,于是乎在矣。”晋“于是乎蒐于被庐,作三军,谋元帅。”(《左传·僖公二十七年》)晋献公时只有二军,今新建为中上下三军。主将为中军元帅郤縠,以郤溱佐之,上军将狐偃,狐毛佐之,下军将栾枝,先轸佐之,荀林父为御戎,魏犨为右。三军建立后,出兵伐曹、卫,楚往救,宋围遂解。

作士 官名。新莽始建国元年(9)更名大理为作士,典全国刑狱。东汉复称廷尉。

作司 北魏女官官名。掌宫内诸事,次于内司,与外廷二品官相当。

作邑 商周时称建造城邑为作邑。殷墟甲骨卜辞有:“已亥卜内贞,王有石在麓北,东作邑于之。”(《殷墟文字乙编》第3212片)又“贞,作大邑于唐土”(《金璋所藏甲骨卜辞》第611片)。均为商代建造城邑。《书·康诰》:“周公初基作新大邑于东国洛(今河南洛阳)”,为西周初建造东都。

作墉 商代祭祀治作用语。见于商代甲骨文。即建筑城垣。武丁时期卜辞有:“基方作墉。”(《殷墟文字缀合》第一百二十一片)

作爰田 爰又作辕、趄。春秋时晋国推行的田制改革。晋惠公六年(前645)秦攻晋,晋惠公被擒,旋得释归国,晋于是“作爰田”。《左传·僖公十五年》杜预注:“分公田之税应入公者,爰之于所赏之众。”《国语·晋语三》:“作辕田。”韦昭注:“贾逵云:‘辕,易也,为易田之法,赏众以田。易者,易疆界也。’”学者大多认为即轮换休耕之法。清俞樾《茶香室经说》则云:“趄(按《说文》爰作趄)田易居,此乃古田三岁一易之制,与《左传》辕田无涉。”杨伯峻赞同俞说,并谓晋惠以大量土地赏人,所赏者众,公田恐难以满足,不能不开阡陌以益之。又引《汉书·地理志》:“孝公用商君,制辕田,开阡陌。”认为“商君之制辕田,即晋惠之作爰田也”。

作州兵 春秋时晋国推行的兵制变革。晋惠公六年(前645),秦攻晋,晋惠公被俘,旋得释归国,晋于是“作州兵”。《国语·晋语三》韦昭注、《左传·僖公十五年》杜预注均云系使州长“缮甲兵”。一州为三千五百家,五州为乡,兵器原为乡师所掌,今改由州缮作,扩大了制造兵器的规模。洪亮吉《春秋左传诂》谓系改易兵制,或使二千五百家略增兵额。今人多以为作州兵是取消郊(遂)服兵役的限制。杨伯峻注亦以此说为长。

坐办 ❶亦称坐派。明代上供物料的一种贡纳制度。与额办、杂办通称三办。无定期,无常数,额外不时坐派。凡因定额不足,即奉旨或户、礼、工部题准下令征派。❷见“坐办郎中”。

坐办郎中 官名。清户部属官。雍正十二年(1734)设井田科,隶于户部福建司,掌核八旗土田、内府庄户。凡入官房屋、地亩之征收岁租事宜皆属其责。由福建司选派满洲郎中坐办,称坐办郎中。

坐办堂郎中 官名。又称堂郎中。清内务府佐官。雍正十三年(1735)置。掌府内文官铨选,并查核所属各司处承办事务。

坐部伎 唐时,宫廷乐伎分两大类。玄宗即位,按曲名、演奏形式、技艺高下分坐、立两个乐部。堂上坐奏,技艺较高,乐伎三至十二人,以丝竹乐伴奏,音乐舞蹈较幽雅典丽,用于宴享朝会,谓坐部伎。其乐舞大抵有《宴乐》、《长寿乐》、《天授乐》、《鸟歌万岁乐》、《龙池乐》、《小破阵乐》等六部。

坐仓 北宋诸军有余粮愿籴入官,计价支钱,入其米于仓,谓之坐仓。始行于嘉祐初,熙宁三年(1070)自京师推广至河北、河东、陕西诸路。南宋继续实行。初为对军人的优惠,后成为克减月粮的手段。

坐舱钱 明代船商、货商向乘船官员行贿之钱。商人为免沿途关卡盘查勒索或为偷漏课税,招揽官员乘坐其载货船只,并赠银行贿。

坐床 藏传佛教新转世活佛接替前世活佛法位的升座仪式。经此仪式后,灵童始正式成为活佛。清例,达赖的转世灵童举行坐床,须由清廷指派大员(或驻藏大臣)主持仪式,新达赖要先至大昭寺朝佛,然后在布达拉宫日光殿内坐床。僧俗人等集会歌舞,燃烧松柏树枝以示庆贺。

坐更将军 明代侍卫军士,指皇城夜间值勤者。参见“锦衣卫侍卫将军”。

坐记 明代东厂派往各官府衙门及各城门监视、访缉之人。

坐粮厅 官署名。清顺治元年(1644)置,隶户部仓场衙门。满、汉各一人驻通州。掌验收漕粮、催督转运、北河浚浅、通济库出纳诸事。

坐名敕 文书名称。清代敕书之一种。参见“敕书”。

坐司官 官名。明三千营下设五司,司设一员。

坐堂 明代国子监监生读书制度。监生肄业期间,先后在六堂学习功课,按次升堂,最先属正义、崇志、广业堂,继升修道、诚心堂,最后入率性堂。各堂置勘合文簿,于上横立监生姓名,下有十框,一月通作三十日,出席一日即印红圈一个,缺席印黑圈,每名需至七百圈以上,方许升入率性堂。

坐忘论 道教书名。唐司马承祯撰。分《敬信》、《断缘》、《收心》、《简事》、《真观》、《泰定》、《得道》七篇,附《坐忘枢翼》一篇。论述去欲得道,坐忘安心之法。认为静定功夫乃修炼形气,养和心灵,长生久视的关键。主张信道敬德,断绝俗缘,净心除垢,简衣节食,达到“形如槁木,心若死灰,无感无求,寂泊之至”的“泰定”境界,以求得道。对北宋周敦颐“主静说”颇有影响。收入《道藏·太玄部》。

坐销引 清政府发给茶商贩茶凭证之一。茶商领引纳课,贩茶有固定地址和店铺。一般发给种茶园户,经纪坐销。

坐选 清代月选官员班秩之一。按例坐补原缺者,为坐选。如外官病痊起用、终养事毕开复者等,俱坐补原选之缺。其原缺系月选之缺,在部候补;原系题调之缺,赴该省候补。奉旨不必坐补原缺者,可归单月有关班内铨选。

坐营官 官名。明京军武官。永乐中设置。五军营大营及中军、左右掖、左右哨各一员,神机营中军、左右掖、左右哨坐营内臣、武臣各一员。以勋臣充任。嘉靖二十九年(1550)重定营制,三大营各设备兵坐营官一员,专收新补之兵,以备营兵之变。

坐赃 刑法用语。即以赃论罪。《睡虎地秦墓竹简·法律答问》规定,二人以上合谋盗窃,并赃以论;非合谋,则各坐赃。《后汉书·质帝纪》:“豫章太守虞续坐赃,下狱死。”后多以坐赃入刑律。唐律列为六赃之一。指官吏虽非直接贪赃,但行动有类似贪赃性质,故称坐赃致罪或坐赃论。如监临官贷所监临部下财物者,役使不应供己驱使者,受所辖部下猪羊供馈者等,皆以坐赃论。唐律规定,坐赃致罪者,一尺笞二十,一匹加一等;十匹徒一年,十匹加一等,*罪止徒三年。明沿唐律,定坐赃致罪刑律条,亦自一贯至五百贯以上,笞二十至杖一百,徒三年。

坐帐 汉、魏、六朝时流行之帷帐。有形如覆斗之斗帐和平顶纹帐二种,顶饰花纹,周饰流苏,供一人或数人用。

柞蚕 蚕名。食柞叶、橡叶等的蚕,起源于中国之一种绢丝昆虫。始见晋郭义恭《广志》:“柞蚕食柞叶,可以作绵。”此后关于“野蚕成茧”之记载不绝于书。宋元以前,只有个别地区少数山民运用原始方法人工放养。直到明中叶前后,由于商品经济发展,胶东半岛之柞蚕业开始迅速兴起,长期停滞于原始状态之柞蚕放养技术和柞蚕茧缫织技术,亦先后有所改进。明后期,胶东一带柞蚕业已相当发达,《沚亭文集》:“野蚕成茧,昔人谓之上瑞,乃今东齐山谷,在在有之,与家蚕等。”清初逐渐向全国各地推广。

胙 西周封国。姬姓。始封之君为周公之子。即今河南延津县北胙城。《左传》僖公二十四年(前636):富辰曰:“昔周公吊二叔之不咸,故封建亲戚以蕃屏周。……凡、蒋、邢、茅、胙、祭,周公之胤也。”《续汉书·郡国志》东郡燕县:“有胙城,古胙国。”

胙城县 隋开皇十八年(598)改东燕县置。治今河南延津县东北。属滑州。大业初属东郡。唐、宋属滑州。金属开封府。泰和八年(1208)移治华里店,即今延津县北胙城。属卫州。贞祐中移治宜村,为卫州治。元泰定初还治华里店。属卫辉路。明洪武十年(1377)废入汲县,十三年复置。属卫辉府。清雍正五年(1727)废入延津县。

座船 明代督运漕粮官员乘坐的官船。初制,提督运粮官员准许占用运粮浅船一只,但须仍量带官粮。后多就粮船起造官仓、茶亭,占为专用,更有以站船、红船等改制者,屡禁不止。

座师 科场称谓。又称座主。明清举人或进士称主考官或总裁为座师。详“座主”。

座位榜 又称混榜、座图、座次榜。宋代科举考试时在考场前颁布的一种图榜。大中祥符元年(1008),真宗亲试进士科举人,于崇政殿两廊设置座位,逐一标出举人姓名,又榜示座次,命举人依次入座。四年,据翰林学士晁迥等提议,举人预先向贡院交纳书桌,由贡院排定座位次序,使不同科目间隔而坐,省试前一天揭榜颁布。考试时依榜就座,不得改易。

座主 科场称谓。又称恩门、师门、座师。唐时,及第举子称主司为座主,自称门生。放榜后,门生须向座主谢恩。中唐后,此风益盛,座主、门生多结为朋党。会昌三年(843),敕停谢恩之礼。五代后唐长兴元年(930),中书门下奏,不得呼主司为恩门,自称门生。但积习已深,终不能禁绝。宋以后历代沿之。明清时,座主之师又称为大座师或太座师。

座主门生 见"座主"、"门生"。

zuou

𡢁𧉮壶 战国时中山王𰯼所铸青铜器。1977年出土于河北平山中山王墓一号墓。短颈鼓腹,两侧有二铺首,圈足,有盖,盖饰三钮,通高44.5厘米,腹径39厘米。圈足与腹部有铭文。圈足铭文共二十二字,前十三字与壶同时铸成,记载铸此壶时间是王𰯼十三年,约在前315—前308年间(参见"中山王𰯼鼎"),并记录了制器单位、负责人及工匠名,后九字系补刻,记壶重。腹部有五十九行加刻之铭文,共一百八十二字,系王𰯼之胤嗣𡢁𧉮在葬送其父时的悼词,今之壶名亦因此而得。铭文追颂了先王之政绩,告诫后人永远敬祀先王,保持新的疆土。文中还谴责燕相子之,并颂扬了相邦司马贯伐燕的战功与美德。铭文多袭用《诗经》词句,反映中山国贵儒学之事实。

集 ❶或隶定为𥜽。商代祭名。见于商代甲骨文。古代有献禽之礼。《周礼·夏官·大司马》载有仲春"献禽以祭社",仲夏"献禽以享礿",仲秋"致禽以祀祊",仲冬"致禽馌兽于郊,入,献禽以享烝"。商代无四时献禽,集为进献禽兽之牲祭。卜辞中有"王宓,祖甲集,无尤"(《殷墟书契》卷1第30页第1片)。"王狩,取唐集"(《卜辞通纂》别录二第9页第4片)。

𢿤钟(鐘) 即"宗周钟"。

𥀐虘 西周邑名。在今陕西白水县东北。《兮甲盘》:"王初各(略)伐厰𩍐(𤞤狁)于𥀐虘,兮甲从王",即其地。春秋时称彭衙。

𩀲 战国楚邑。《鄂君启节》铭文:自鄂往,"内入湘,庚𩀲。"当在湘水之滨,疑为《水经·湘水注》中的锡口戍,在今湘阴县南湘水西岸濠河口与乔口之间。

塱 西周宣王时的青铜器。宋代出土,原器已失传。铭文分铸于器与盖上,现仅存器铭一百五十字。铭文前段大意是:官吏们不务政事,致使其僚属、民众发生暴乱,酿成驱逐君长的事件;后段大意是:王教诫塱努力辅弼王室,明刑慎罚,并赐以美酒、衣物、车马具、马四匹等。塱感激天子恩德,作器留念。此塱是研究西周晚期历史事件的重要资料。

塱方鼎 西周成王时的青铜器。1927年出土于陕西宝鸡戴家湾。通高26.8厘米,口长21.1厘米,腹饰大鸟纹及扉棱,四足亦为鸟形。有铭文三十五字,大意是记述周公伐灭东夷丰伯、薄姑后,于戊辰日在周庙举行"饮臻饮"的祭祀,以庆祝凯旋,赏赐下属塱贝币百朋,塱作鼎纪念。此铭文为研究周公东征重要资料。

䍦羌钟(鐘) 战国时韩国属臣䍦羌所作青铜编钟。同铭之器见于著录者五件,形制同,大小相次。传1931年出土于河南洛阳金村古墓。钟铭在钲间,前后两面相连成文,凡六十一字,记述周威烈王二十二年(前404)䍦羌随韩军征秦后东伐齐国,"入长城,先会于平阴(今属山东)",继而疾夺"楚京",䍦羌因得受赏于韩宗、受命于晋公、并得昭告于周天子。铭文所记韩征齐之史实,与《竹书纪年》所记"晋烈公十二年,王命韩景子、赵烈子、翟员伐齐,入长城"相符。《水经·瓠子河注》引《竹书纪年》晋烈公十一年与《史记·六国年表》周威烈王二十一年皆记公孙会以廪丘(今山东郓城西北)叛于赵,知晋烈公十二年恰当周威烈王二十二年。此铭不仅为研究这一时期晋、齐之战的重要资料,亦可证《竹书纪年》记载之确。同出土器尚有已见于著录的䍦氏编钟九件,各铭"䍦氏之钟"四字,由知䍦为氏名。

词目首字笔画索引

说　明

一、本索引收入本书全部单字，包括繁体字和异体字。

二、多音字后用汉语拼音分列读音，单字或汉语拼音右侧的数字，表示该字在本书中所在的页码。

三、所有单字按笔画数分成大类，笔画数少的在前，笔画数多的在后。

四、笔画数相同的单字，按起笔至末笔的笔形排列。笔形的先后顺序为一丨丿丶乛。

五、为便于检索，大类再按下列规则划分小类：

（一）一至五画的，按第一笔笔形分成小类，并在小类前标明第一笔笔形。

（二）六至廿五画的，按第一、二笔的笔形分成小类，并在小类前标明第一、二笔的笔形。

（三）廿六画及以上的，虽仍按笔形顺序分列先后，但不再明确划分小类，只标明画数。

六、单字各笔画的顺序先后，根据国家语言文字工作委员会1999年颁布的语言文字规范《GB13000.1字符集汉字字序（笔画序）规范》确定。该规范中未收录的单字，其笔画顺序和排列序次比照规范中具有类似结构和相同部件的单字确定。

七、关于一丨丿丶乛以外的笔形处理：

（一）提（㇀）作横（一），如“刁”为“乛一”，“冫”为丶一，“氵”为丶丶一。

（二）捺（㇏）作点（丶），如“人”为丿丶，“又”为乛丶，“少”为丨丿丶丿，“羊”、“米”的第一、二笔为丶丿。

（三）笔形带钩或曲折的作折（乛），如“了”为乛乛，“心”的第一、二笔为丶乛；但“亅”作为“丨”，如“扌”的第一、二笔为一丨。

七画

九画

十画

十五画

图书在版编目(CIP)数据

中国历史大辞典：音序本 / 郑天挺等主编. —上海：上海辞书出版社，2007.8(2026.1重印)

ISBN 978-7-5326-2274-0

Ⅰ.中… Ⅱ.郑… Ⅲ.中国-历史-词典 Ⅳ.K2-61

中国版本图书馆 CIP 数据核字(2007)第 076903 号

ZHONGGUO LISHI DACIDIAN (YINXUBEN)

中国历史大辞典(音序本)

郑天挺等 主编

责任编辑 余 岚 林益明 赵 航 关春巧

装帧设计 姜 明

出版发行 上海世纪出版集团
上海辞书出版社(www.cishu.com.cn)

地　　址 上海市闵行区号景路159弄B座(邮政编码：201101)

印　　刷 浙江新华数码印务有限公司

开　　本 890毫米×1240毫米 1/32

印　　张 120.875 插页15

字　　数 9 020 000

版　　次 2007年8月第1版 2026年1月第13次印刷

书　　号 ISBN 978-7-5326-2274-0/K·435

定　　价 480.00元(全三册)